現代世界人名総覧 I

日外アソシエーツ

60,000 Foreigners
in The World Today

Compiled by
Nichigai Associates, Inc.

©2015 Nichigai Associates, Inc.
Printed in Japan

本書はディジタルデータでご利用いただくことができます。詳細はお問い合わせください。

●編集担当● 尾崎 稔

刊行にあたって

　本書は、20世紀末から21世紀初めにかけて現代世界をさまざまな分野においてリードしてきた海外の著名人6万人を一冊で一覧できるツールである。政治・経済・思想・学術・文学・芸能・スポーツなどにおける大御所的な人物だけでなく、この時期に一時的に大きな話題となって、やがていつのまにか記憶から消えていった人物や、通常の人名事典に掲載されるほどではないトピック的な活躍をした人物なども収録しており、現代世界を彩ってきた群像を一望できるものを目指した。

　本書編集に際しては、弊社の人物情報データベース「WHO」を利用した。「WHO」は原則として図書・雑誌・新聞などの公開情報をもとに1980年代から延々と人物情報の収集と更新を継続しており、その成果をオンラインサービスだけでなく、書籍という形でも公刊してきた。その一つに「現代外国人名録」がある。「現代外国人名録」は1992年以降4年毎に刊行されており、その時点で活躍中の海外の人物を収録することを企図した人名事典で、死去や引退で活動がみられなくなると掲載されなくなるという特徴がある。本書収録規準はこの「現代外国人名録」全6冊をベースとしており、各人物が「現代外国人名録」のどの版に収録されているのかを明記し、活躍時期を示している。そして個々の人物の記載内容については、最新の「WHO」データベースの記述を使用することとした。

　ただ「現代外国人名録」は4年毎の時点で直近の活躍人物をまとめているため、どうしても"速報"的な面が残ってしまう。例えば刊行後のデータ更新により、「WHO」には新たな情報が付加されたり、不正確な情報が修正されたりもする。本書で記載した「WHO」の人名表記・肩書・生没年月日等と「現代外国人名録」における記述とでは、一部に差異があることは御承知おき願いたい。なかでも排列に直接関わってくるカナ表記が「現代外国人名録」と大きく異なる(姓の排列に関わるような)場合には、それを本文中に明示して原本検索の際に混乱しないよう対処した。これにより、本書は「現代外国人名録」既刊全冊の総索引としても機能するようになっている。

　著名人の活躍は、その時には大きく報道されるが、時間の経過とともに記憶も薄れ、また年鑑類や人物事典に掲載される人物はごく一部に限られており、過去の人物の情報は意外に確認が難しい。本書の記載項目は基本的なものに限られているが、一方で一覧性にはすぐれている。またより詳細なプロフィールや活躍当時の肩書を知りたいときには「現代外国人名録」原本を引くことができるようになっている。本書が現代世界の著名人検索の情報源として、幅広く利用されることを期待したい。

2014年11月

日外アソシエーツ

凡　例

1．本書の内容

　　本書は、20世紀末から21世紀初めにかけて世界をリードしてきた海外の著名人を一覧できる人名総覧である。

2．収録対象

1) 「現代外国人名録」既刊全6冊に掲載された人物を収録した。原則1990年以降に、日本の新聞・雑誌・図書などの執筆者や、記事中に取り上げられた外国人が収録されている。従って1980年代に引退・物故した人物も一部含まれる。
2) また「現代外国人名録」刊行後に日本に帰化した人物もそのまま収録した。
3) 上記以外に、2012年以降にデータ収集した「現代外国人名録」未収録の人物も追加収録した。
4) 収録人数は61,092人である。

3．見出し

1) 人名カタカナ表記（＝読み）を見出しとして、ゴシック体で表示した。
2) 見出しには、原則データベース「WHO」における最新の採用人名を記載した。
3) 採用人名は、本名、別名（筆名・芸名・通称等）を問わず、一般に最も多く使用されているものである。
4) 姓・名の区別が可能な漢字圏以外の人物は、すべて「姓，名」の形で表記した。
5) 韓国・朝鮮系の人名は原則民族読みを採用、中国系の人名は原則日本でよく知られている読みを採用した。姓・名の区別が可能な人物は、「姓・名」の形で表記した。
6) 「現代外国人名録」原本における見出しと大きな差異が生じた場合は、収録事典の略号の後に補記した（後述）。
7) カタカナ表記の後には漢字表記、英字表記を付した。

4．見出しの排列

1) 見出し人名は、まず姓の五十音順に排列した。姓の排列が同じ場合は、次に名の五十音順とした。
2) 敬称や略号、姓と名に分かちがたい人名は、全体を姓と見なして排列した。
3) 排列上、濁音・半濁音は清音、拗音・促音は直音とみなし、長音符（音引き）は無視した。

5．記載内容

記載事項と順序は以下の通り。

人名カタカナ表記（見出し）／人名漢字表記／人名英字表記／本名・旧名・別名等／職業・肩書／[専] 専門分野／[国] 国籍／[生] 生年月日／[没] 没年月日／[典]「現代外国人名録」収録年度

6．「現代外国人名録」収録年度について

1) 本書収録人物が「現代外国人名録」のどの年度版に収録されているかを[典]の後に示した。

2) 本書のカタカナ表記と「現代外国人名録」のカタカナ表記とに大きな差異（姓の排列に関わるような差異）がある場合、「現代外国人名録」におけるカタカナ表記を（　）内に補記している。

3)「現代外国人名録」の年度略表示一覧

1992 ……「現代外国人名録」（1992.2 刊）
1996 ……「現代外国人名録 96」（1996.4 刊）
2000 ……「現代外国人名録 2000」（2000.4 刊）
2004 ……「現代外国人名録 2004」（2004.1 刊）
2008 ……「現代外国人名録 2008」（2008.1 刊）
2012 ……「現代外国人名録 2012」（2012.1 刊）

現代世界人名総覧　　　　　　　　　　　　　　　　アイス

【ア】

ア・オウ　阿旺　歌手　貴州省歌舞団副団長、中国音楽家協会貴州分会副主席　国中国　⊕1937年　®1996

ア・ケン　阿堅　詩人,エッセイスト　国中国　⊕1955年　®2004

ア・スイ　阿推　漫画家　国台湾　⊕1962年　®1992／1996

アー・ライ　阿来　作家　科幻世界雑誌社社長　国中国　⊕1959年　®2008

アア　亜亜　Yaya　歌手　国台湾　®2000

アイ・ウェイウェイ　艾未未　Ai, Wei-wei　現代美術家　国中国　⊕1957年8月28日　®2012（ガイ・ミミ）

アイアコッカ, リー　Iacocca, Lee A.　本名＝Iacocca, Lido Anthony Lee　実業家　アイアコッカ・キャピタル・グループ（ICG）会長　元・クライスラー社会長・CEO　国米国　⊕1924年10月15日　®1992／1996／2000

アイアランド, ジョン　Ireland, John　俳優　国米国　⊕1914年1月30日　⊖1992年3月21日　®1996

アイアランド, ジル　Ireland, Jill　女優　国米国　⊕1936年4月24日　⊖1990年5月18日　®1992

アイアランド, デービッド　Ireland, David　作家　国オーストラリア　⊕1927年　®1992

アイアンサイド, エリザベス　Ironside, Elizabeth　作家　国英国　®1996

アイアンサイド, バージニア　Ironside, Virginia　ジャーナリスト,作家　®2008

アイアンズ, ジェレミー　Irons, Jeremy　俳優　国英国　⊕1948年9月19日　®1992／1996／2000／2004／2008／2012

アイアンズ, ダイアン　Irons, Diane Havelick　ジャーナリスト,著述家　国米国　®2000

アイウトン　Ailton　サッカー選手(FW)　国ブラジル　⊕1973年7月19日　®2008

アイエロ, フランク　Iero, Frank　グループ名＝マイ・ケミカル・ロマンス、旧グループ名＝ペンシー・プレップ　ミュージシャン　国米国　⊕1981年10月31日　®2012

アイエンガー, シーナ　Iyengar, Sheena　心理学者　コロンビア大学ビジネススクール教授　®選択　国米国　⊕1969年

アイガー, ロバート　Iger, Robert Allen　通称＝アイガー, ボブ　実業家　ウォルト・ディズニー・カンパニー社長・CEO、アップル取締役　元・ABC社長　国米国　⊕1951年2月10日　®2012

アイギ, ゲンナジー　Aigi, Gennadii　詩人　国ロシア　⊕1934年　⊖2006年2月21日　®2000

アイク, オリバー　Ike, Oliver R.　実業家　アイクポッド・ウォッチ社長　⊕1965年　®2004

アイク, デービッド　Icke, David　著述家　国英国　⊕1952年4月29日　®2004／2012

アイグナー, マルティン　Aigner, Martin　数学者　ベルリン自由大学数学科教授　®組合せ論,離散数学,グラフ理論,探索理論　国オーストリア　⊕1942年　®2004／2008

アイクホフ, キャサリン　Eickhoff, Katharine　コンサルタント　元・米国行政管理予算局（OMB）次長　国米国　®1996

アイクマン, ジークフリート　Aikman, Siegfried　ホッケー指導者　元・ホッケー男子日本代表監督　国オランダ　⊕1959年4月28日　®2012

アイゲン, マンフレート　Eigen, Manfred　物理化学者　マックス・プランク生物物理化学研究所生化学速度論研究部長　国ドイツ　⊕1927年5月9日　®1992／1996

アイゲン, ルイス　Eigen, Lewis D.　ユニバーシティ・リサーチ・コーポレーション副社長　国米国　®1992

アイケングリーン, バリー　Eichengreen, Barry　経済学者　カリフォルニア大学バークレー校教授　®国際経済,経済史　国米国　®1996／2000／2004

アイケンベリー, G.ジョン　Ikenberry, G. John　政治学者　プリンストン大学教授　®国際関係論　⊕1954年　®2008

アイザック, クリス　Isaak, Chris　歌手,俳優　国米国　⊕1957年　®1996／2000／2012

アイザック, ジョン　写真家　®2000

アイザックス, アン　Isaacs, Anne　絵本作家　国米国　®2000

アイザックス, ジェーソン　Isaacs, Jason　俳優　国英国　⊕1963年6月6日　®2004／2008

アイザックス, スーザン　Issacs, Susan　ミステリー作家　国米国　®1992／1996／2000

アイザックソン, ウォルター　Isaacson, Walter　本名＝Isaacson, Walter Seff　作家　アスペン研究所理事長・CEO　元・「タイム」編集長、元・CNN・CEO　国米国　⊕1952年5月20日　®2012

アイザックソン, クリフ　Isaacson, Cliff　カウンセラー, 牧師　国米国　®2004

アイザード, ウォルター　Isard, Walter　経済学者　元・コーネル大学名誉教授　®摩擦管理,平和の経済学,地域経済論　国米国　⊕1919年4月19日　⊖2010年11月6日　®1996

アイザーマン, スティーブ　Yzerman, Steve　元・アイスホッケー選手　国カナダ　⊕1965年5月9日　®2000／2004／2008／2012

アイシャム, マーク　Isham, Mark　グループ名＝Group87　ミュージシャン　国米国　⊕1951年　®1992／2012

アイシンカクラ・イクガン　愛新覚羅　毓嵒　書家　溥儀の養子　国中国　⊕1918年5月　®1996

アイシンカクラ・ウロウキシュン　愛新覚羅　烏拉熙春　文学者　®女真語,満州語　国中国　⊕1958年　®2000

アイシンカクラ・ケンキ　愛新覚羅　顕琦　Aixinjueluo, Xian-qi　中国名＝金黙玉　愛心日本語学校校長　国中国　⊕1918年9月14日　®1992／1996／2000

アイシンカクラ・コウイ　愛新覚羅　恒懿　水墨画家　国中国　®2000

アイシンカクラ・フケツ　愛新覚羅　溥傑　Aixinjueluo, Pu-jie　元・中国全国人民代表大会（全人代）常務委員　国中国　⊕1907年4月16日　⊖1994年2月28日　®1992／1996

アイス・サランユー　Ice Sarunyu　本名＝サランユー・ウィナイパーニット　歌手　国タイ　⊕1984年9月12日　®2008／2012

アイスター, ジェームズ　Eyster, James J.　コーネル大学ホテル経営学部教授　®ホテル経営　国米国　®1996

アイスナー, トーマス　Eisner, Thomas　化学生態学者　元・コーネル大学名誉教授　®昆虫学　国米国　⊕1929年6月25日　⊖2011年3月25日　®1996／2000

アイスナー, マイケル　Eisner, Michael Dammann　実業家　元・ウォルト・ディズニーCEO　国米国　⊕1942年3月7日　®1992／1996／2000／2004／2008／2012

アイズナー, ロバート　Eisner, Robert　経済学者　ノースウェスタン大学教授　元・米国経済学会会長　®計量経済学　国米国　⊕1922年　®1996

アイズピリ, ポール　Aizpili, Paul　画家　国フランス　⊕1919年　®1992

アイスフィールド, エト・アル　Icefield, Et-Al　ペンギン研究家　⊕1950年　®1996

アイズマン, キャスリーン　Eisman, Kathryn　ライター, モデル　国オーストラリア　®2004／2008

アイスラー, バリー　Eisler, Barry　作家, 弁護士　国米国　⊕1964年　®2004／2012

アイスラー, マイク　Eisler, Mike　コンピューター技術者　国米国　®2004

アイスラー, リーアン　Eisler, Riane　著述家, 平和運動家　パートナーシップ研究所代表　®未来学, フェミニズム研究, 男女平等問題　国米国　⊕1931年7月22日　®1992／1996／2000

アイズレー, アーニー　Isley, Ernie　グループ名＝アイズレー・ブラザーズ　ギタリスト　国米国　⊕1952年3月7日　®2004／2008

アイズレー, ロナルド　Isley, Ronald　グループ名＝アイズレー・ブラザーズ　歌手　国米国　⊕1941年　®2008

1

アイゼミンガー, デービッド Iseminger, David コンピューターコンサルタント, テクニカルライター ㊗2004

アイゼン, ジョージ Eisen, George ポモナ工科大学スポーツ社会学教授 ㊣遊びとスポーツの社会学 ㊚米国 ㊊1943年 ㊗2000

アイゼン, ミッチェル Eisen, Mitchell ルポライター ㊚米国 ㊊1962年 ㊗1996

アイゼンク, ハンス Eysenck, Hans Jürgen 心理学者 元・ロンドン大学名誉教授 ㊚英国 ㊊1916年3月4日 ㊙1997年9月4日 ㊗1992/1996

アイゼンコルプ, ゲルハルト Eisenkolb, Gerhard 作家, ジャーナリスト ㊊1945年 ㊗1992

アイゼンシュタイン, フィリス Eisenstein, Phyllis ファンタジー作家, SF作家 ㊚米国 ㊊1946年 ㊗1992

アイゼンシュタット, シュモール Eisenstadt, Shmuel Noah 社会学者 元・ヘブライ大学名誉教授 ㊣比較政治社会学 ㊚イスラエル ㊊1923年9月10日 ㊙2010年9月2日 ㊗1992/1996

アイゼンシュテット, アルフレッド Eisenstaedt, Alfred 写真家, フォト・ジャーナリスト ㊚米国 ㊊1898年12月6日 ㊙1995年8月24日 ㊗1992/1996

アイゼンスタット, ゲール Eisenstodt, Gale ジャーナリスト 「フォーブス」誌東京支局長 ㊚米国 ㊊1963年 ㊗1996

アイゼンスタット, スチュアート Eizenstat, Stuart E. 元・米国財務副長官 ㊚米国 ㊊1943年1月15日 ㊗1996/2000/2004

アイゼンステイン, E.L. Eisenstein, Elizabeth L. 歴史学者 ミシガン大学名誉教授 ㊚米国 ㊗2004

アイゼンバーグ, ジェシー Eisenberg, Jesse 俳優 ㊚米国 ㊊1983年10月5日 ㊗2012

アイゼンバーグ, デニス Eisenberg, Dennis 作家, ジャーナリスト ㊚英国 ㊗1992

アイゼンバーグ, デービッド Eisenberg, David ハーバード大学医学部研究員 ㊣中国医学 ㊚米国 ㊗1992

アイゼンバーグ, デービッド Eisenberg, David 化学者 カリフォルニア大学ロサンゼルス校教授・ハワード・ヒューズ医学研究所研究員 ㊣生化学 ㊚米国 ㊊1939年 ㊗2004/2008

アイゼンバーグ, ハリー・ケイト Eisenberg, Hallie Kate 女優 ㊚米国 ㊊1992年8月2日 ㊗2004/2008

アイゼンバーグ, ミッキー Eisenberg, Mickey S. ワシントン大学医学教授・疫学准教授・医療センター緊急医療部長 ㊣救急医療 ㊚米国 ㊗2000

アイゼンハート, キャサリン Eisenhardt, Kathleen M. スタンフォード大学教授 ㊣経営学, 経営工学 ㊚米国 ㊗2000

アイゼンハワー, スーザン Eisenhower, Susan アイゼンハワー・グループ社長, ポスト・ソビエト研究センター所長 ㊚米国 ㊊1951年 ㊗2000

アイゼンハワー, ミルトン Eisenhower, Milton Stover 教育者 元・ジョンズ・ホプキンズ大学名誉学長, 元・米国大統領顧問 ㊚米国 ㊊1899年9月15日 ㊙1985年5月2日 ㊗1992

アイゼンマン, ピーター Eisenman, Peter 建築家 建築都市研究所(IAUS)主宰 ㊚米国 ㊊1932年 ㊗1992/1996

アイゼンライク, ジム Eisenreich, Jim 本名=Eisenreich,James Michael 元・大リーグ選手 ㊚米国 ㊊1959年4月18日 ㊗2000

アイゼンライヒ, ヘルペルト Eisenreich, Herbert 作家 ㊚オーストリア ㊊1925年 ㊗1996

アイソ, ジョン・フジオ Aiso, John Fujio 漢字名=相磯藤雄 元・GHQ民間諜報局員 ㊚米国 ㊊1909年12月14日 ㊙1987年12月29日 ㊗1992

アイーダ・アンブロシオ, クリスチーナ 芸名=クリスチーナとウーゴ フォルクローレ(民謡)歌手 ㊚アルゼンチン ㊊1986年6月5日 ㊗1992

アイタン, オラ Eitan, Ora 絵本作家 ㊚イスラエル ㊊1940年 ㊗2000

アイップ・ロシディ Ajip Rosidi 作家, 詩人, 評論家, スンダ文学研究者 大阪外国語大学客員教授 ㊚インドネシア ㊊1938年 ㊗1992/1996/2000

アイディド, フセイン ソマリア武装勢力指導者, ソマリア国民同盟(SNA)議長 ㊚ソマリア ㊗2000

アイディド, モハメド・ファラ Aidid, Mohammed Farrah 本名=ハッサン 軍人 元・ソマリア武装勢力指導者 ㊚ソマリア ㊊1996年8月1日 ㊗1996

アイテル, トーノ Eitel, T. 法学者, 元・外交官 ルール大学名誉教授 元・国連大使 ㊚ドイツ ㊗2000/2004

アイト, ヨハネス 版画家 ㊚ドイツ ㊊1936年 ㊗1992

アイドウ, クリスティナ・アマ・アタ Aidoo, Christina Ama Ata 本名=アイドウ, アマ・アタ 作家, 劇作家, 女性解放運動家 元・ガーナ教育大臣 ㊚ガーナ ㊊1942年 ㊗1992

アイトデハーゲ, ヨヘム Uytdehaage, Jochem スピードスケート選手 ㊚オランダ ㊊1976年7月9日 ㊗2004

アイトマートフ, チンギス Aitmatov, Chingiz Torekulovich 作家, 外交官 元・駐EU大使 ㊚キルギス ㊊1928年12月12日 ㊙2008年6月10日 ㊗1992/1996/2000/2004/2008

アイドル, ジョン Idol, Jhon D. 実業家 ダナ・キャラン・インターナショナルCEO ㊚米国 ㊗2000

アイドル, ビリー Idol, Billy 旧グループ名=ジェネレーションX ロックミュージシャン ㊚英国 ㊊1955年11月30日 ㊗1996

アイトン, サラ Ayton, Sarah ヨット選手 アテネ五輪・北京五輪セーリング女子イングリング級金メダリスト ㊚英国 ㊊1980年4月9日 ㊗2008/2012

アイナースン, ジョン Einarsen, John 「Kyoto Journal」編集長 ㊚米国 ㊗2004

アイナーセン, ジョン 「KYOTO JOURNAL」編集長 ㊚米国 ㊗2000

アイナート, ギュンター 政治家 ノルトライン・ヴェストファーレン(NRW)州経済・技術相 ㊚ドイツ ㊊1930年10月 ㊗1996

アイニ, M. Aini, Mohsen Ahmed al 政治家 元・イエメン・アラブ共和国首相兼外相 ㊚イエメン ㊊1932年10月20日 ㊗1996

アイネム, ゴットフリート・フォン Einem, Gottfried von 作曲家 ㊚オーストリア ㊊1918年1月24日 ㊙1996年7月12日 ㊗1992

アイバー, エリック Aybar, Erick 本名=Aybar,Erick Johan 大リーグ選手(内野手) ㊚ドミニカ共和国 ㊊1984年1月14日

アイバーセン, レスリー Iversen, Leslie L. 薬学者 パノス製薬創立者, オックスフォード大学薬学部客員教授, インペリアル・カレッジ医科大学臨床薬理学部客員教授 ㊚英国 ㊗2004/2008

アイバーソン, F.ケーネス ヌーコア会長 ㊚米国 ㊊1925年9月18日 ㊗1996

アイバーソン, アレン Iverson, Allen 元・バスケットボール選手 アテネ五輪バスケットボール男子銅メダリスト ㊚米国 ㊊1975年6月7日 ㊗2000/2004/2008/2012

アイバーソン, ウィル Iverson, Will コンピューター・コンサルタント ㊗2004/2008

アイバーソン, ケネス Iverson, Kenneth E. ㊣プログラミング言語APL ㊚米国 ㊊1920年 ㊗1992

アイバーソン, ケン Iverson, Ken 本名=Iverson,F.Kenneth 実業家 ニューコア会長 ㊚米国 ㊊1925年 ㊗2000/2012

アイビー, アレン Ivey, Allen E. マサチューセッツ大学アムハースト教授・カウンセリング心理学プログラム共同指導教授 ㊣カウンセリング心理学 ㊚米国 ㊗1992

アイビー, スーザン Ivey, Susan M. 実業家 レイノルズ・アメリカン会長・社長・CEO ㊚米国 ㊗2008/2012

アイヒヴァルト, マリア Eichwald, Maria バレリーナ シュトゥットガルト・バレエ団プリンシパル ㊚カザフスタン ㊗2012

アイヒベルク, ヘニング Eichberg, Henning ゲアリュウ・イドゥレットホイスコーレ附属イドゥレットフォルスク研究員 ㊣スポーツ文化, 身体文化 ㊚デンマーク ㊊1942年 ㊗2000

アイヒホルン, オイゲン Eichhorn, Eugen 数学者 ベルリン工科専門大学教授, 独日平和フォーラム代表 ㊚ドイツ ㊊1944年 ㊗2008

アイヒホルン, クルト Eichhorn, Kurt 指揮者 ㊚ドイツ ㊊1908年8月4日 ㊙1994年6月29日 ㊗1996

アイヒャー, ギセラ　Aicher, Gisela　栄養科学者　国ドイツ　生1959年　没2000

アイヒャー, テオフィル　Eicher, Theophil　ザールラント大学有機化学科教授　有機化学　国ドイツ　生1932年　没1996

アイヒラー, ウォルフガング　Eichler, Wolfgang　写真家　国ドイツ　生1954年　没1996

アイヒンガー, イルゼ　Aichinger, Ilse　小説家　国オーストリア　生1921年11月1日　没1992／2004

アイヒンガー, ベルント　Eichinger, Bernd　映画プロデューサー, 映画監督　国ドイツ　生1949年　没2011年1月24日

アイビンス, ニコラス　Ivins, Nicholas A.　ライター, 翻訳家　国英国　生1966年　没1996

アイブ, ジョナサン　Ive, Jonathan　インダストリアル・デザイナー　アップル・コンピュータ社インダストリアル・デザイン担当副社長　国英国　没2000

アイブス, ジャック　Ives, Jack D.　地理学者, 環境保護活動家　カールトン大学名誉教授, 国際山岳協会初代会長　国英国　没2004／2008

アイブス, バール　Ives, Burl　本名＝Ives,Burl Icle Ivanhoe　俳優, フォーク歌手　国米国　生1909年6月14日　没1995年4月14日　没1996

アイブル・アイベスフェルト, イレネウス　Eibl-Eibesfeldt, Irenäus　行動学者　ルードヴィヒ・ボルツマン都市エソロジー研究所名誉所長　元・ミュンヘン大学教授　ヒューマン・エソロジー　国オーストリア　生1928年　没2004／2008

アイベスター, ダグラス　Ivester, Douglas　実業家　元・コカ・コーラ会長・CEO　国米国　没2000／2004

アイベナー, マーク　Ivener, Mark A.　弁護士　国米国　生1942年5月2日　没1996／2000

アイヘル, ハンス　Eichel, Hans　政治家　ドイツ連邦議会議員　元・ドイツ財務相, 元・ヘッセン州首相　国ドイツ　生1941年12月24日　没2000（アイヒェル, ハンス）／2004／2008／2012

アイボリー, ジェームズ　Ivory, James　本名＝Ivory,James Francis　映画監督　国米国　生1928年6月7日　没1992／1996／2004／2008／2012

アイボリー, マイケル　Ivory, Michael　国ドイツ都市　没2004／2008

アイボリー, レズリー・アン　Ivory, Lesley Anne　画家, 版画家　国英国　没2008

アイマール, パブロ　Aimar, Pablo　本名＝アイマール, パブロ・セサル　サッカー選手（MF）　国アルゼンチン　生1979年11月3日　没2004／2008／2012

アイム, フィリップ　Haim, Philippe　映画監督, 作曲家　国フランス　没2000

アイヤー, リンダ　Eyre, Linda　教師, ミュージシャン, テレビ番組司会者　国アメリカ　没2008

アイヨー, エミール　建築家　国フランス　没1988年12月29日　没1992

アイラス, ティモ　Airas, Timo　建築家　国フィンランド　生1947年　没1996

アイリフ, ジョン　ウールワース会長　元・シドニー五輪組織委員会会長　国オーストラリア　没2000

アイリング, ヘンリー　Eyring, Henry　物理化学者　国米国　生1901年2月20日　没1992

アイル, ジョナサン　英国王立防衛研究所ソ連・東欧研究部長　ソ連・東欧研究　国英国　生1956年　没1992

アイルズ, グレッグ　Iles, Greg　作家　国米国　没2004／2012

アイルランド, イネス　Ireland, Innes　元・F1ドライバー　ブリティッシュ・レーシング・ドライバーズ・クラブ会長　国英国　生1930年　没1996（アイアランド, イネス）

アイワジアン, アルツール　Ayvazyan, Artur　射撃選手（ライフル）　北京五輪射撃男子ライフル伏射金メダリスト　国ウクライナ　生1973年1月14日　没2012

アインジガー, マイケル　Einziger, Michael　グループ名＝インキュバス　ロック・ギタリスト　国米国　生1976年6月21日　没2004／2008／2012

アインシュタイン, ポール　Einstein, Paul　音楽家, 俳優　生1959年3月25日　没1992

アインセルン, アレクサンダー　軍人　エストニア国軍総司令官　国米国　生1931年　没1996

アイン・ドゥック　Anh Duc　通称＝ブイ・ドゥック・アイ　作家　国ベトナム　生1935年　没1992／1996

アインホーン, エイミー　Einhorn, Amy　編集者　国米国　没2004

アインボンド, バーナード　詩人　レーマン大学教授　英文学　国米国　生1937年　没1992

アウ, コリン　Au, Colin　実業家　スタークルーズ社長　国マレーシア　生1949年　没2004

アウアー, ケン　Auer, Ken　コンピューター技術者　没2004

アウアー, マルティン　Auer, Martin　奇術師, エンターテイナー, 児童文学作家　国オーストリア　生1951年　没1992／1996

アヴァッローネ, シルヴィア　Avallone, Silvia　作家　国イタリア　生1984年　没2012

アヴァティ, プピ　映画監督　国イタリア　没1992（アバティ, プピ）

アヴァティ, マリオ　Avati, Mario　画家　国フランス　生1921年　没1992（アバティ, マリオ）／1996（アバティ, マリオ）

アヴァネシアン, ラチャ　Avanesyan, Hrachya　バイオリニスト　国アルメニア

アヴァンジ, フランシス　実業家　アリアンスペース社長・COO　国フランス　生1953年1月1日　没2000

アヴァンタン, クリスティーヌ　Aventin, Christine　作家　国ベルギー　生1971年8月13日　没1996（アバンタン, クリスティーヌ）

アウィータ, サイド　Aouita, Said　元・陸上選手（中距離）　国モロッコ　生1960年11月2日　没1992／1996／2004

アーウィット, エリオット　Erwitt, Elliott　写真家　元・マグナム会長　国米国　生1928年　没1992／1996／2008／2012

アーウィン, ジェームズ・B.　Irwin, James B.　宇宙飛行士, 福音伝道者　生1930年　没1991年8月8日　没1992

アーウィン, ジェーン　メゾ・ソプラノ歌手　国英国　生1968年　没1996

アーウィン, ダグラス　Erwin, Douglas H.　スミソニアン研究所自然史博物館古生物学部キュレーター　古生物学　国米国　没2000

アーウィン, デービッド　Irwin, David　美術史家　アバディーン大学名誉教授　18,19世紀ヨーロッパ美術史　没2004

アーウィン, ヘール　Irwin, Hale　プロゴルファー　国米国　生1945年6月3日　没1992／1996／2000／2004／2008

アーウィン, ラス　NEC・USA副社長・ゼネラルマネジャー　没1996

アーウィン, ロバート　Irwin, Robert　美術家　国米国　生1928年　没1996

アウェアウ, ネイザン　Aweau, Nathan　グループ名＝HAPA　ミュージシャン　国米国　没2012

アーヴェラー, エレーヌ　Ahrveiler, Hélène　ポンピドゥー文化センター館長, ソルボンヌ大学教授　中世史　国フランス　生1926年　没1992（アーベラー, エレーヌ）

アウエルバッハ, レーラ　Auerbach, Lera　作曲家, ピアニスト, 詩人　生1973年　没2008

アヴェルブフ, イリヤ　Averbukh, Ilia　元・フィギュアスケート選手（アイスダンス）　ソルトレークシティ五輪アイスダンス銀メダリスト　国ロシア　生1973年12月18日　没2012

アヴェロフ, エヴァンゲロス　Averoff, Evanghelos　政治家, 作家　元・ギリシャ外相　国ギリシャ　没1992（アベロフ, エパンゲロス）

アウクシュタイン, ルドルフ　Augstein, Rudolf　ジャーナリスト, 出版人　元・「シュピーゲル」創刊・発行人　国ドイツ　生1923年11月5日　没2002年11月7日　没1992

アウグスト　Augusto　本名＝ソウザ, アウグスト・ペドロ・デ　サッカー監督, 元・サッカー選手　国ブラジル　生1968年11月5日　没2004／2008／2012

アウグスト, ビレ　August, Bille　映画監督　国デンマーク　生1948年11月9日　典1996／2000／2008／2012

アウクラン, アンデシュ　Aukland, Anders　スキー選手（距離）　国ノルウェー　生1972年9月12日　典2004

アウケン, S.　Auken, Svend　政治家　デンマーク社会民主党党首　国デンマーク　生1943年5月24日　典1992

アウシ, ジャファリー　Aussi, Jaffary　画家　国タンザニア　生1960年　典1996

アウシェフ, ルスラン　Aushev, Ruslan Sultanovich　政治家　イングーシ共和国大統領　国ロシア　生1954年　典2000／2004／2008

アウスト・クラウス, エリザベート　Aust-Claus, Elisabeth　小児科医　生1957年　典2004／2008

アウスベルジェ, ラルフ　Augsburger, Ralph　画家　国スイス　生1932年　典1992

アウスラー, トニー　アーティスト, ミュージシャン　国米国　生1957年　典2000

アウダイール　Aldair　本名＝アウダイール, ナシメント・ドス・サントス　サッカー選手（DF）　国ブラジル　生1965年11月30日　典2004／2008

アウタリッジ, ネーサン　Outteridge, Nathan　ヨット選手（49er級）　ロンドン五輪セーリング男子49er級金メダリスト　国オーストラリア　生1986年1月28日

アヴデーエワ, ユリアンナ　Avdeeva, Yulianna　ピアニスト　国ロシア　生1985年　典2012

アウトゥオリ, パウロ　Autuori, Paulo　本名＝アウトゥオリ・デ・メロ, パウロ　サッカー監督　元・サッカー・ペルー代表監督　国ブラジル　生1956年8月25日　典2008／2012

アヴネリ, ウリ　Avnery, Uri　平和活動家, 政治家　元・イスラエル国会議員, 元・「ハオラム・ハツェー」編集長　国イスラエル　生1923年　典2000（アブネリ, ウリ）／2004／2008

アウーノー, コフィ　Awoonor, Kofi Nyidevu　詩人, 外交官　元・ケープコースト大学教授, 元・駐ブラジル・ガーナ大使　国ガーナ　生1935年3月13日　典1992

アウフガング, ジョエル　Aufgang, Joel　コンピューター技術者　典2004

アウフ・ダー・マウア, メリッサ　Auf Der Maur, Melissa　旧グループ名＝スマッシング・パンプキンズ　ベース奏者　国米国　典2004／2008

アウベス, ダニエウ　Alves, Daniel　サッカー選手（DF）　国ブラジル　生1983年5月6日　典2012

アウミール　Almir　本名＝ソウザ・フラガ, アウミール・デ　サッカー選手　国ブラジル　生1969年3月26日　典1996／2000／2004

アウラキ, アンワル　al-Awlaki, Anwar　イスラム原理主義過激派指導者　元・アラビア半島のアルカイダ（AQAP）幹部　国米国　没2011年9月30日

アヴリーヌ, クロード　Aveline, Claude　作家, 随筆家, 美術評論家　国フランス　生1901年　没1992年11月4日　典1992（アブリーヌ, クロード）／1996（アブリーヌ, クロード）

アヴリル, フィリップ　Avril, Philippe　金融家　BNPパリバ証券東京支店長　国フランス　生1960年　典2004

アウル, ジーン　Auel, Jean M.　作家　国米国　生1936年　典1992／1996／2012

アウレリオ, マルコ　Aurelio, Marco　本名＝モレイラ, マルコ・アウレリオ　サッカー監督　国ブラジル　生1952年2月10日　典2004／2008／2012

アウレンティ, ガエ　Aulenti, Gae　建築家, デザイナー　国イタリア　生1927年12月4日　没2012年10月31日　典1992／1996／2008／2012

アヴロン, フィリップ　Avron, Philippe　俳優, 劇作家　国フランス　生1928年9月18日　没2010年7月30日

アウン, ミシェル　Aoun, Michel　軍人, 政治家　元・キリスト教徒内閣首相兼国防情報相, 元・レバノン政府軍総司令官　国レバノン　生1935年　典1992

アウン・サン・スー・チー　Aung San Suu Kyi　民主化運動指導者, 政治家　国民民主連盟（NLD）議長, ミャンマー下院議員　国ミャンマー　生1945年6月19日　典1992／1996／2000／2004／2008／2012

アウン・ジー　Aung Gyi　政治家　元・ミャンマー国民民主連合（UNDP）議長　国ミャンマー　生1918年　典1992／1996

アウン・ミン　画家　国ミャンマー　典2004

アオロオ, オバフェミ　元・ナイジェリア西部州首相　国ナイジェリア　没1987年5月7日　典1992

アーカー, デービッド　Aaker, David A.　経営学者　カリフォルニア大学バークレー校ハース経営大学院名誉教授, プロフェット・ブランド・ストラテジー副会長, 電通顧問　専マーケティング戦略論　国米国　典1996／2004／2008

アカエフ, アスカル　Akayev, Askar Akayevich　政治家, 量子物理学者　モスクワ大学教授　元・キルギス大統領　国キルギス　生1944年11月10日　典1992／1996／2000／2004／2008／2012

アカカ, ダニエル　Akaka, Daniel Kahikina　政治家　米国上院議員（民主党）　国米国　生1924年9月1日　典1996／2000／2004／2012

アガ・カーン4世　Aga Khan IV　宗教家　イスラム教イスマイリ派9代教主, カリム王子　国パキスタン　生1936年12月13日　典1996／2000／2004／2008／2012

アガザデ, ゴラムレザ　Aqazadeh, Gholamreza　政治家　元・イラン副大統領・原子力庁長官, 元・イラン石油相　国イラン　生1948年　典1992／1996／2000／2012

アガシ, アンドレ　Agassi, Andre　元・テニス選手　国米国　生1970年4月29日　典1992／1996／2000／2004／2008／2012

アガシ, ヨセフ　Agassi, Joseph　哲学者　ヨーク大学名誉教授, テルアビブ大学名誉教授　専科学哲学, 科学史, 物理学, 形而上学　国イスラエル　生1927年　典2004／2008

アガジャニアン, A.K.　Agadjanian, A.K.　モスクワ大学教授, ロシア科学アカデミー古生物学研究所哺乳類研究部長　専古生物学, 化石研究　国ロシア　典1996

アガッター, ジェニー　Agutter, Jenny　女優　国英国　生1952年12月20日　典1996

アガツトン, アーサー　Agatston, Arthur　「サウスビーチ・ダイエット」の著者　典2008

アガフォーノフ, セルゲイ　Agafonov, Sergei　ジャーナリスト　「新イズベスチヤ」編集局長　国ロシア　生1959年12月　典1992／1996／2004

アカマツ, アン　Akamatsu, Anne　英語教師　国米国　生1962年　典2000

アガム, ヤーコブ　Agam, Yaacov　旧名＝Gipstein,Jacob　キネティック・アーティスト, 画家, 彫刻家　国イスラエル　生1928年　典1992／1996／2008／2012

アカーランド, ジョナス　Akerlund, Jonas　映像作家　国スウェーデン　生1965年　典2004／2008

アカルディ, ルイジ　Accardi, Luigi　筆名＝明出伊類似　物理学者　ローマ大学トアヴェルガータ校ヴォルテラセンター教授　専量子確率論, 無限次元解析, 数理物理学　国イタリア　生1947年　典2000

アガルバル, ラビ　実業家　パンデシック社長　国米国　典2000

アカレ, トマス　Akare, Thomas　作家　国ケニア　生1950年　典1996

アカロフ, ジョージ・アーサー　Akerlof, George Arthur　経済学者　カリフォルニア大学バークレー校教授　専情報の経済学　国米国　生1940年6月17日　典2004／2008／2012

アガワル, ヴィノード　Aggarwal, Vinod K.　経済学者　カリフォルニア大学バークレー校政治学部教授　典2008

アカンバーク, ジョエル　Achenbach, Joel　ジャーナリスト, コラムニスト　「ワシントン・ポスト」スタイル部取材記者　国米国　典2004

アガンベギャン, アベル　Aganbegyan, Abel Gezebich　経済学者　元・ソ連国民経済アカデミー総裁　国アルメニア　生1932年10月8日　典1992／1996

アガンベン, ジョルジョ　Agamben, Giorgio　哲学者, 美学者　ベネチア建築大学教授　国イタリア　生1942年　典2004／2012

アカンポーラ, ラルフ　Acampora, Ralph J.　テクニカルアナリスト　プルデンシャル証券チーフ・テクニカルアナリスト, 国際テクニカルアナリスト連盟(IFTA)初代会長　⑩米国　⑯2004／2008

アギアール　ブラデスコ・グループ経営審議会会長　⑩ブラジル　⑯1992

アキィヨル, トゥルカン　政治家　トルコ女性家族社会奉仕担当相, 社会主義女性インターナショナル(SIW)副議長　⑩トルコ　⑯1996

アギウス, マーカス　Agius, Marcus Ambrose Paul　銀行家　バークレイズ会長　⑩英国　⑬1946年7月22日　⑯2008／2012

アキーサ　Akissa　グループ名=allure　歌手　⑩米国　⑯2000

アキタ, ジョージ　Akita, George　日本姓=秋田　歴史学者　ハワイ大学名誉教授　⑭近代日本政治史　⑩米国　⑬1926年　⑯1992／1996／2000

アギニス, マルコス　Aguinis, Marcos　作家, 神経外科医, 精神分析家　⑩アルゼンチン　⑬1935年　⑯2012

アキノ, アガピト　Aquino, Agapito A.　政治家　フィリピン上院議員　⑩フィリピン　⑬1939年5月20日　⑯1992／1996

アキノ, コラソン　Aquino, Corazón　本名=アキノ, マリア・コラソン・コリー　旧名=コファンコ　政治家　元・フィリピン大統領　⑩フィリピン　⑬1933年1月25日　⑭2009年8月1日　⑯1992／1996／2000／2004／2008

アキノ, ベニグノ　Aquino, Benigno　本名=Aquino,Benigno Simeon,Jr.　ニックネーム=ニノイ　政治家　元・フィリピン上院議員　⑩フィリピン　⑬1932年11月27日　⑭1983年8月21日　⑯1992

アキノ, ベニグノ　Aquino, Benigno　本名=Aquino,Benigno Simeon Cojuangco,III　ニックネーム=ノイノイ　政治家　フィリピン大統領　⑩フィリピン　⑬1960年2月8日　⑯2012

アキノ, ミドリ　旧名=松岡緑　フィリピン・アキノファミリー一員の日本人女性　⑩フィリピン　⑬1987年9月7日　⑯1992

アキーノ, ルイス　Aquino, Luis　元・プロ野球選手　⑬1965年5月19日　⑯2000

アーキブージ, マーティアス・ケーニッヒ　Archibugi, Mathias Koenig　国際関係学者　ロンドン大学経済学院特別研究員　⑯2008

アキモフ, ボリス　Akimov, Boris　バレエ教師, 元・バレエダンサー　元・ボリショイ劇場バレエ団プリンシパル　⑩ロシア　⑬1946年　⑯2004／2008

アキヤマ, スティーブン　Akiyama, Steven K.　細胞生物学者　⑩米国　⑬1952年　⑯2000

アキヤマ, ミツオ　元・ハワイ島商工会議所書記　⑩米国　⑬1920年　⑯2000

アキュバロフ, A.　シーラット・トレーディング社社長　⑩イラン　⑬1952年　⑯1992

アギヨン, ガブリエル　Aghion, Gabriel　映画監督　⑩フランス　⑬1957年　⑯2000

アギラ, フレディ　歌手　⑩フィリピン　⑯1992／2000

アギラール, フェルナンド　Aguilar, Fernando　アマ棋士　囲碁6段　⑩アルゼンチン　⑬1959年7月16日　⑯2000／2004

アギラール, フランセスク　サッカー・ジャーナリスト　「エム・ムンド・デポルティーボ」編集局次長　⑩スペイン　⑬1955年　⑯2000

アギラール, ラファエル　フラメンコ舞踊家, 振付師　⑩スペイン　⑭1995年3月2日　⑯1996

アギーレ, ハビエル　Aguirre, Javier　サッカー監督, 元・サッカー選手　元・サッカー・メキシコ代表監督　⑩メキシコ　⑬1958年12月1日　⑯2004／2008／2012

アギーレ, ホセ・アントニオ　Aguirre, Jose Antonio　元・プロボクサー　元・WBC世界ミニマム級チャンピオン　⑩メキシコ　⑬1975年7月5日　⑯2004／2008

アギレラ, カルロス　Aguilera, Carlos　サッカー選手(MF)　⑩スペイン　⑬1969年5月22日　⑯2000／2008

アギレラ, クリスティーナ　Aguilera, Christina　本名=Aguilera, Christina Maria　歌手　⑩米国　⑬1980年12月18日　⑯2000／2004／2008／2012

アギレラ, マヌエル　政治家　元・メキシコ市長　⑩メキシコ　⑯1996

アーキン, アラン　Arkin, Alan　本名=Arkin,Alan Wolf　俳優, 音楽家, 脚本家, 映画監督, 童話作家　⑩米国　⑬1934年3月26日　⑯1992／1996／2008／2012

アーキン, ウィリアム　Arkin, William　軍事研究家, 軍縮運動家　グリーンピース軍事研究部長　⑭核戦略　⑩米国　⑯1992／1996

アーキン, ハーバート　Arkin, Herbert　会計監査サンプリング・コンサルタント　ニューヨーク市立大学バーナード・M・バルーク校名誉教授　⑩米国　⑯1992

アキン, ファティ　Akin, Fatih　映画監督, 脚本家　⑩ドイツ　⑬1973年　⑯2008／2012

アーキング, ロバート　Arking, Robert　生物学者　ウェイン州立大学教授　⑭老化生物学　⑯2004

アキンシャ, コンスタンチン　Akinsha, Konstantin　美術ジャーナリスト　⑯2000

アキンラデウォ, フォルケ　Akinradewo, Foluke　本名=Akinradewo,Foluke Atinuke　バレーボール選手　ロンドン五輪バレーボール女子銀メダリスト　⑩米国　⑬1987年10月5日

アクィスタ, アンジェロ　Acquista, Angelo　医師　ニューヨーク市危機管理局医療ディレクター　⑩米国　⑯2008

アグエイアス, ホセ　Argüelles, José　マヤ暦研究家　⑩米国　⑬1939年1月24日　⑯2000

アークエット, パトリシア　Arquette, Patricia　女優　⑩米国　⑬1968年4月8日　⑯1996／2000／2004／2008／2012

アークエット, ロザンナ　Arquette, Rosanna　女優, 映画監督　⑩米国　⑬1959年8月10日　⑯1992／1996／2000／2004／2008

アグエロ, イグナシオ　映画監督　⑭ドキュメンタリー　⑩チリ　⑯1992

アグエロ, セルヒオ　Aguero, Sergio　本名=アグエロ, セルヒオ・レオネル　サッカー選手(FW)　北京五輪サッカー男子金メダリスト　⑩アルゼンチン　⑬1988年6月2日　⑯2012

アクシューチツ, ヴィクトル　政治家　ロシア・キリスト教民主運動議長　⑩ロシア　⑬1949年　⑯1992／1996

アクショネンコ, ニコライ　Aksenenko, Nikolai Yemelyanovich　政治家　元・ロシア鉄道相, 元・ロシア第1副首相　⑩ロシア　⑬1949年3月15日　⑭2005年7月21日　⑯2004

アクショーノフ, アナトリー　Aksenov, Anatolii　政治家　サハリン州人民代議員大会議長　⑩ロシア　⑬1946年　⑯1996

アクショーノフ, アレクサンドル　Aksenov, Aleksandr Nikiforovich　政治家　元・ソ連国家ラジオ・テレビ委員会議長　⑩ソ連　⑬1924年　⑯1992

アクショーノフ, セルゲイ　Aksyonov, Sergey Valeryevich　政治家　クリミア自治共和国首相　⑩ロシア

アクショーノフ, ワシリー　Aksenov, Vasilii Pavlovich　作家　元・ジョージ・メーソン大学名誉教授　⑩ロシア　⑬1932年8月20日　⑭2009年7月6日　⑯1992／1996／2000／2004

アクス, セゼン　Aksu, Sezen　歌手　⑩トルコ　⑯2012

アクスト, ペーター　Axt, Peter　医学者　フルダ大学教授　⑭保健衛生学　⑩ドイツ　⑬1939年　⑯2004

アクスト・ガーデルマン, ミヒャエラ　Axt-Gadermann, Michaela　皮膚科医, 外科医　⑩ドイツ　⑬1967年　⑯2004

アクスワージー, ロイド　Axworthy, Lloyd　政治家　ブリティッシュ・コロンビア大学世界問題研究センター所長　元・カナダ外相　⑩カナダ　⑬1939年12月21日　⑯2000／2004／2008

アクゼル, アミール　Aczel, Amir D.　統計学者　ベントレー大学助教授　⑩米国　⑯2004／2008

アクセル, ガブリエル　Axel, Gabriel　映画監督　⑩デンマーク　⑬1918年4月18日　⑯1992

アクセル, リチャード　Axel, Richard　生化学者　コロンビア大学教授・ハワード・ヒューズ医学研究所研究員　⑭動物の嗅覚システム　⑩米国　⑬1946年7月2日　⑯2000(エクセル, リチャード)／2008／2012

アクセルロッド, ジュリアス　Axelrod, Julius　薬理学者, 生化学者　元・米国国立精神衛生研究所薬理学部長　⑩米国　⑬1912年5月30

日　[没]2004年12月29日　[典]1992／1996

アクセルロッド, ベス　Axelrod, Beth　人材育成コンサルタント　[国]米国　[典]2004

アクセルロッド, ロバート　Axelrod, Robert　ミシガン大学政治学公共政策学科教授　[専]複雑系, シミュレーション科学　[国]米国　[典]2004／2008

アクセン, ヘルマン　Axen, Hermann　政治家　元・東ドイツ社会主義統一党政治局員　[国]ドイツ　[生]1916年3月6日　[没]1992年2月15日　[典]1992／1996

アグタ, ラメック　Aguta, Lameck　マラソン選手　[国]ケニア　[生]1971年10月10日　[典]2000

アグダシュルー, ショーレ　Aghdashloo, shohreh　女優　[国]イラン　[生]1952年　[典]2008

アクターバーグ, ジーン　Achterberg, Jeanne　トランスパーソナル心理学協会会長　[専]トランスパーソナル心理学　[国]米国　[典]1996

アクタル, ベーガム　Akhtar, Begum　料理研究家　[国]インド　[典]2004

アクトン, ハロルド　Acton, Harold　本名=Acton,Harold Mario Mitchell　美術史家, 作家　[国]英国　[生]1904年7月5日　[没]1994年2月27日　[典]1996

アクーニャ, アレックス　Acuna, Alex　旧グループ名=ウェザー・リポート　ジャズ・ドラマー　[国]ペルー　[生]1944年12月12日　[典]2012

アクーニャ, ロベルト　Acuna, Roberto　サッカー選手(MF)　[国]パラグアイ　[生]1972年3月25日　[典]2008／2012

アグニュー, ジャン・クリストフ　Agnew, Jean-Christophe　エール大学教授　[専]アメリカ研究　[国]英国　[生]1946年　[典]1996

アグニュー, スピロ　Agnew, Spiro Theodore　政治家　元・米国副大統領(共和党)　[国]米国　[生]1918年11月9日　[没]1996年9月17日　[典]1992／1996

アグニュー, ハロルド　Agnew, Harold　本名=Agnew,Harold Melvin　核科学者　元・ロスアラモス研究所所長　[専]核兵器開発　[国]米国　[生]1921年3月28日　[没]2013年9月29日　[典]1992／1996

アクーニン, ボリス　Akunin, Boris　本名=チハルチシヴィリ, グリゴリー　推理作家, 日本文学研究者, 翻訳家, 文芸批評家　[専]日本文学　[国]ロシア　[生]1956年　[典]1996(チハルチシビリ, グリゴリー)／2004(チハルチシヴィリ, グリゴリー)／2008／2012

アグネッタ　Agnetha　本名=フェルツコーグ, アグネッタ　旧グループ名=ABBA　元・歌手　[国]スウェーデン　[生]1950年　[典]2004／2008／2012

アグノー, ミシェル　Haguenau, Michel　精神医学者　ラリボワジエール病院神経内科主任教授　[専]ウイルソン病, 脳血管障害　[国]フランス　[生]1932年　[典]2004

アクノフ, トゥルスンベク　Akunov, Tursunbek　人権活動家　キルギス人権擁護運動主宰者　[国]キルギス　[典]2000／2004／2008

アークハート, イアン　Urquhart, Ian　政治学者　アルバータ大学教授　[国]カナダ　[典]2004

アークハート, ブライアン・エドワード　Urquhart, Brian Edward　元・国連事務次長(特別政治問題担当)　[国]英国　[生]1919年2月28日　[典]1992／1996／2008

アグバヤニ, ベニー　Agbayani, Benny　本名=Agbayani,Benny Peter,Jr.　登録名=ベニー　プロ野球選手(外野手), 大リーグ選手　[国]米国　[生]1971年12月28日　[典]2004／2008／2012

アクブルト, イルディルム　Akbulut, Yildrim　政治家　元・トルコ首相, 元・トルコ祖国党総裁(党首)　[国]トルコ　[生]1935年　[典]1992／1996

アグラ, ダン　Uggla, Dan　本名=Uggla,Daniel Cooley　大リーグ選手(内野手)　[国]米国　[生]1980年3月11日

アグラジェ, コンスタンティン　Agladze, Konstantin　理論物理学者, 生物物理学者　京都大学物質-細胞統合システム拠点(iCeMS)教授　[専]心臓の拍動を制御する電流の研究　[国]ロシア　[典]2012

アグラマ, フランク　Agrama, Frank　映画監督, 映画製作・配給業者　ハーモニー・ゴールド代表取締役　[国]米国　[生]1930年　[典]2004／2008

アグラン, ラリー　Agran, Larry　政治家　元・アーバイン市長　[国]米国　[生]1945年2月2日　[典]1996

アークリー, アンドルー・ブルース　Arkley, Andrew Bruce　ジャパン・トレード・コンサルタンシー代表　「ぼくの見た皇太子殿下」を出版　[国]オーストラリア　[生]1958年　[典]1996

アクリー, ガードナー　Ackley, Gardner　本名=Ackley,Hugh Gardner　経済学者　元・ミシガン大学名誉教授, 元・米国大統領経済諮問委員会委員長　[国]米国　[生]1915年6月30日　[没]1998年2月12日　[典]1996

アグリエッタ, ミシェル　Aglietta, Michel　経済学者　パリ第10大学教授,CEPII(経済予測国際情報研究センター)研究顧問, フランス中央銀行顧問　[専]経済計画, 国際通貨論　[国]フランス　[生]1940年　[典]1992／1996／2000

アークル, ニック　ブリティッシュ・コロンビア州森林協会ディレクター　[国]カナダ　[生]1958年　[典]1992

アグレ, ピーター　Agre, Peter C.　生化学者　デューク大学医学センター教授　[専]血液学　[国]米国　[生]1949年　[典]2004／2008／2012

アグレスタ, ジュリー　Agresta, Julie　ソーシャルワーカー　[典]2004

アグレスティ, アレハンドロ　Agresti, Alejandro　映画監督　[国]アルゼンチン　[生]1961年　[典]1992

アグレスト, ダイアナ　Agrest, Diana I.　建築家　アグレスト&ガンデルソナス事務所代表　[国]米国　[典]1996

アクレドロ, リンダ　Acredolo, Linda P.　児童心理学者　カリフォルニア大学デービス校教授　[国]米国　[典]2004

アクロイド, ジョイス　Ackroyd, Joyce　クイーンズランド大学教授・日本文学部長　[専]日本文化, 日本文学, 新井白石　[国]オーストラリア　[生]1918年11月23日　[典]1992

アクロイド, ピーター　Ackroyd, Peter　作家, 映画・テレビ批評家　エール大学特別研究員　[国]英国　[生]1949年10月5日　[典]1992／1996／2000／2004／2008／2012

アーケン, エルンスト・ファン　医師　エアロビクス(有酸素運動)の提唱者　[国]ドイツ　[没]1984年4月2日　[典]1992

アーゴウ, ロナルド　Argo, Ronald　作家　[国]米国　[典]1996

アコス, ピエール　Accoce, Pierre　作家, ジャーナリスト　「レクスプレス」誌医療担当記者　[生]1928年　[典]1996

アコスタ, アルベルト・フェデリコ　Acosta, Alberto Federico　サッカー選手(FW)　[国]アルゼンチン　[生]1966年8月23日　[典]2000／2004

アゴスタ, ウィリアム　Agosta, William　有機化学者　ロックフェラー大学教授　[国]米国　[典]2004

アコスタ, カルロス　Acosta, Carlos　バレエダンサー　英国ロイヤルバレエ団プリンシパル　[生]1973年　[典]2004／2008

アコスタ, マニー　Acosta, Manny　プロ野球選手(投手), 元・大リーグ選手　[国]パナマ　[生]1981年5月1日

アゴスティ, シルヴァーノ　Agosti, Silvano　映画監督, 作家　[国]イタリア　[生]1938年　[典]2012

アゴスティネリ, マリア・エンリカ　Agostinelli, Maria Enrica　イラストレーター　[国]イタリア　[典]2004

アゴスティン, ピエランジェロ　d'Agostin, Pierangelo　ファッションデザイナー　ラム・デザイナー　[国]イタリア　[典]2004

アゴスト, ベンジャミン　Agosto, Benjamin　本名=Agosto, Benjamin Alexandro　元・フィギュアスケート選手(アイスダンス)　トリノ五輪フィギュアスケート・アイスダンス銀メダリスト　[国]米国　[生]1982年1月15日

アーゴフ, シェリー　Argov, Sherry　コメディエンヌ, コラムニスト　[国]米国　[典]2004／2012

アゴン, ジャン・ポール　Agon, Jean-Paul　実業家　ロレアルグループCEO　[国]フランス　[生]1956年7月6日　[典]2012

アゴンシリョ, テオドロ　Agoncillo, Teodoro A.　歴史学者　元・フィリピン大学教授　[国]フィリピン　[生]1912年　[没]1985年1月14日　[典]1992(アゴンシルリョ, テオドロ)

アーサー, オーエン　Arthur, Owen　政治家, 経済学者　元・バルバドス首相　[国]バルバドス　[生]1949年10月17日　[典]2004／2008／2012

アーサー, クリス　Arthur, Chris　エディンバラ大学研究員　[専]宗教

学　[国]英国　[生]1955年2月6日　[典]1992

アーサー, ケイ　Arthur, Kay　宗教家　プリセプト・ミニストリーズ・インターナショナル共同創設者・副会長　[国]米国　[典]2004／2008

アーサー, ジーン　Arthur, Jean　本名=グリーン, グラディス　女優　[国]米国　[生]1905年10月17日　[没]1991年6月19日　[典]1992

アーサー, ブライアン　Arthur, W.Brian　サンタフェ研究所招聘教授　[専]経済学　[国]米国　[生]1946年　[典]1996／2000／2012

アーサー, ロバート　映画プロデューサー　[国]米国　[没]1986年10月28日　[典]1992

アサイヤス, オリヴィエ　Assayas, Olivier　映画監督, 脚本家　[国]フランス　[生]1955年1月25日　[典]1996（アサヤス, オリビエ）／2000（アサヤス, オリヴィエ）／2012

アサウリャク, スベトラナ　バレエ教師　越智インターナショナルバレエ　[国]ロシア　[典]1996

アサガロフ, グリシャ　Asagaroff, Grischa　演出家　チューリヒ歌劇場芸術監督　[専]オペラ　[国]ドイツ　[典]2012

アーサ・サラシン　Arsa Sarasin　政治家　タイ日協会会長　元・タイ暫定政権外相　[国]タイ　[生]1936年　[典]1992／1996

アサダウスカイテ, ラウラ　Asadauskaite, Laura　近代五種選手　ロンドン五輪女子近代五種金メダリスト　[国]リトアニア　[生]1984年2月28日

アサティアニ, ヴァレリー　グルジア共和国文化大臣　[国]ソ連　[生]1950年11月　[典]1992

アサド, オダイル　Assado, Odair　本名=アサド・シマン, オダイル　ギタリスト　[国]ブラジル　[生]1956年　[典]2000／2004／2008／2012

アサト, シエラ　Asato, Sheila Mcnellis　画家　[国]米国　[生]1959年　[典]1996

アサド, セルジオ　Assado, Sergio　本名=アサド・シマン, セルジオ　ギタリスト　[国]ブラジル　[生]1952年　[典]2000／2004／2008／2012

アサド, タラル　Asad, Talal　宗教学者　ニューヨーク・シティ大学教授　[生]1933年　[典]2008

アサド, トマス・ジョゼフ　Assad, Thomas Joseph　英文学者　トゥーレイン大学名誉教授　[専]19世紀英文学, 英語に対するアラビア語の影響　[国]米国　[生]1922年　[典]2004

アサド, バッシャール・アル　Assad, Bashar al　政治家, 軍人　シリア大統領, シリア国軍最高司令官, バース党書記長　[国]シリア　[生]1965年9月11日　[典]2004／2008／2012

アサド, ハフェズ・アル　Assad, Hafez al　政治家, 軍人　元・シリア大統領　[国]シリア　[生]1930年10月6日　[没]2000年6月10日　[典]1992／1996／2000

アザド, フマユン　Azad, Humayun　言語学者, 作家　ダッカ大学教授　[国]バングラデシュ　[生]1947年4月　[典]2004／2008

アサド, リファアト・アル　Assad, Rifaat al　政治家　元・シリア副大統領　[国]シリア　[典]2000／2004

アザナヴィシウス, ミシェル　Hazanavicius, Michel　映画監督, 脚本家　[国]フランス　[生]1967年3月29日

アサーナス, イェオールイオス　Athanas, Georgios　詩人, 作家　[国]ギリシャ　[生]1893年　[典]1992

アサニゼ, ゲオルゲ　Asanidze, George　重量挙げ選手　[国]グルジア　[生]1975年8月30日　[典]2008

アザニン・アフマッド　舞踊家　スアサナ舞踊団設立者　[国]マレーシア　[典]1992

アサノ, ケビン　Asano, Kevin　柔道選手（60キロ級）　[国]米国　[生]1963年4月20日　[典]1992／1996

アサノビッチ, マーク　Asanovich, Mark　プロフットボール・コーチ　[国]米国　[生]1959年　[典]2008

アザム, レダ・イブラヒム　インシャズ原子力研究センター応用放射線化学部門　[国]エジプト　[典]1992

アサモア, ゲラルト　Asamoah, Gerald　サッカー選手（FW）　[国]ドイツ　[生]1978年10月3日　[典]2004／2008

アザリ, アスマニ　Azali, Assoumani　政治家, 軍人　元・コモロ大統領　[国]コモロ　[生]1959年1月1日　[典]2004／2008／2012

アザリア, ジェラルド　Asaria, Gérald　元・ジャーナリスト　ジャンヌ・ランバン社社長　[国]フランス　[生]1942年　[典]2000

アザール, エデン　Hazard, Eden　サッカー選手（MF）　[国]ベルギー　[生]1991年1月7日

アサル, ハイララ　Assar, Khairallah　アナバ大学教授　[専]社会心理学, 社会学方法論　[生]1935年　[典]1996

アザレンカ, ヴィクトリア　Azarenka, Victoria　テニス選手　ロンドン五輪テニス混合ダブルス金メダリスト　[国]ベラルーシ　[生]1989年7月31日

アサロ, キャサリン　Asaro, Catherine　SF作家, 科学者　モレキュダイン・リサーチ研究所設立者　[国]米国　[典]2004

アザロフ, ミコラ　Azarov, Mykola　本名=Azarov,Mykola Yanovych　政治家, 地質学者　ウクライナ首相, ウクライナ地域党党首　[国]ウクライナ　[生]1947年12月17日　[典]2012

アサワ, ブライアン　Asawa, Brian　カウンターテナー歌手　[国]米国　[生]1966年　[典]2000／2008／2012

アサンジ, ジュリアン　Assange, Julian　本名=Assange,Julian Paul　ジャーナリスト, 発行人　ウィキリークス創設者　[国]オーストラリア　[生]1971年　[典]2012

アジ, ブカリ　Adij, Boukari　政治家　元・ニジェール暫定内閣首相　[国]ニジェール　[典]2000

アシアイン, アウレリオ　詩人, エッセイスト, 編集者, 翻訳家, 批評家　在日メキシコ大使館文化担当官　元・「ブエルタ」編集長, 元・「パレンテシス」発行・編集人　[生]1960年　[典]2008

アジェージュ, クロード　言語学者　コレージュ・ド・フランス教授　[国]フランス　[生]1936年　[典]1996

アジェンデ, イサベル　Allende, Isabel　作家　[国]チリ　[生]1942年8月8日　[典]1996／2000／2004／2008／2012

アジェンデ, イサベル　外交官　キューバ外務次官　[国]キューバ　[生]1945年1月13日　[典]2000

アージェンティ, ポール　Argenti, Paul A.　ダートマス大学エイモス・タック・スクール教授　[専]経営学　[国]米国　[典]2000／2008

アシカリ, ロイ　芦刈, ロイ　本名=芦刈, ロイ・宏之　ニューヨーク医科大学外科教授　[専]癌外科学　[国]米国　[生]1932年　[典]1992／1996

アジキウェ, ナムディ　Azikiwe, Benjamin Nnamdi　政治家　元・ナイジェリア大統領（初代）　[国]ナイジェリア　[生]1904年11月16日　[没]1996年5月11日　[典]1992

アジジ, ホダダッド　Azizi, Khodadad　サッカー選手（FW）　[国]イラン　[生]1971年6月22日　[典]2000／2004

アシス　Assis　本名=モレイラ, ロベルト・デ・アシス　元・サッカー選手　[国]ブラジル　[生]1971年1月10日　[典]2000／2008／2012

アジズ, サルタジ　Aziz, Sartaj　政治家　元・パキスタン外相　[国]パキスタン　[生]1929年2月7日　[典]2000

アジズ, シャウカット　Aziz, Shaukat　政治家, 銀行家　元・パキスタン首相, 元・シティバンク副社長　[国]パキスタン　[生]1949年3月6日　[典]2000／2008／2012

アジズ, タリク・ミハイル　Aziz, Tariq Mikhail　政治家　元・イラク副首相・外相代行　[国]イラク　[生]1936年　[典]1992／1996／2000／2004／2008／2012

アジズ, ニク　政治家　全マレーシア・イスラム党（PAS）指導者, クランタン州首相　[国]マレーシア　[典]2000

アジズ, ラフィダ　Aziz, Rafidah　本名=Aziz,Tan Sri Paduka Rafidah　政治家　元・マレーシア通産相　[国]マレーシア　[生]1943年11月4日　[典]1992（アジズ, ラフィダ／ラフィダ, P.）／1996（ラフィダ・アジズ）／2000／2004／2012

アジッチ, ブラゴイエ　軍人　元・ユーゴスラビア国防相代行・参謀総長　[国]ユーゴスラビア　[典]1992／1996

アシート, マーク　Acito, Marc　作家, コラムニスト, 脚本家　[典]2012

アジミ, モリス　Adjmi, Morris　建築家　ストゥーディオ・ディ・アルキテトゥーラ理事　[国]米国　[生]1959年　[典]1992

アシモフ, アイザック　Asimov, Isaac　筆名=フレンチ, ポール　SF作家, 生化学者, 科学エッセイスト　[国]米国　[生]1920年1月2日　[没]1992年4月6日　[典]1992／1996

アシャ　Asa　シンガー・ソングライター　[生]1982年　[典]2012

ア

アシャー, ジェラルド　Asher, Gerald　ワイン商, ワイン愛好家　国米国　誕2000

アジャーニ, イザベル　Adjani, Isabelle　女優　国フランス　誕1955年6月27日　受1992／1996／2000／2004／2008／2012

アジャリロヴィック, リュシール　Hadzihalilovic, Lucile　映画監督　国フランス　誕1961年　受2000（アザリロヴィック, ルシール）

アジャール, ブライアン　Ajhar, Brian　イラストレーター　国米国　誕1957年　受2004

アシャンティ　Ashanti　本名＝ダグラス, アシャンティ　R&B歌手　国米国　誕1980年10月13日　受2004／2012

アシュウエル, ニール　Ashwell, Kneale H.　実業家　ウェッジウッドグループ会長・CEO　国英国　受1996

アシュカル, ジルベール　Achcar, Gilbert　政治学者　パリ第8大学教授　国フランス　受2008

アシュク, ウペンドラナート　Ashk, Upendra Nath　作家　国インド　誕1910年12月14日　受1996

アシュクラフト, ノーマン　Ashcraft, Norman　アランフィ大学准教授　専人類学　国米国　受2000

アシュクロフト, ジョン　Ashcroft, John　政治家　元・米国司法長官, 元・米国上院議員（共和党）, 元・ミズーリ州知事　国米国　誕1942年5月9日　受1996／2000／2004／2008／2012

アシュクロフト, フランセス　Ashcroft, Frances　生理学者　オックスフォード大学生理学部教授　専インシュリン　国英国　誕1952年　受2004

アシュクロフト, ペギー　Ashcroft, Peggy　女優　国英国　誕1907年12月22日　没1991年6月14日　受1992

アシュクロフト, リチャード　Ashcroft, Richard　グループ名＝ザ・ヴァーヴ　ロック歌手・ギタリスト　国英国　誕1971年9月11日　受2004／2008／2012

アシュケナージ, ヴォフカ　Ashkenazy, V.　ピアニスト　国アイスランド　受2004／2008

アシュケナージ, ウラディーミル　Ashkenazy, Vladimir　指揮者, ピアニスト　シドニー交響楽団首席指揮者・音楽監督, チェコ・フィルハーモニー交響楽団桂冠指揮者, NHK交響楽団桂冠指揮者　国アイスランド　誕1937年7月6日　受1992／1996／2000／2004／2008／2012

アシュケナージ, ディミトリ　Ashkenazy, Dimitri　クラリネット奏者　国アイスランド　誕1969年　受1996／2004／2008

アシュケナージ, マイケル　Ashkenazi, Michael　ベングリオン大学講師　専文化人類学　誕1950年　受1996

アシュケナス, ロン　Ashkenas, Ron　ビジネスコンサルタント　国米国　受2004

アシュダウン, パディ　Ashdown, Paddy　本名＝アシュダウン, ジェレミー　政治家　元・英国自由民主党（LDP）党首　国英国　誕1941年2月27日　受1992／1996／2000

アシュトン, イアン　Ashton, Jan B.　自閉症児教育者　国英国　受1992

アシュトン, キャサリン　Ashton, Catherine　本名＝アシュトン, キャサリン・マーガレット　政治家　EU外交安全保障上級代表（外相）, EU欧州委員会副委員長　国英国　誕1956年3月20日　受2012

アシュトン, クリス　Ashton, Chris　本名＝Ashton,Christopher John　ラグビー選手（WTB）　国英国　誕1987年3月29日

アシュトン, ジョン　Ashton, John　栄養学者　専食品栄養学, 健康環境問題　国オーストラリア　受2008

アシュトン, スージー　Ashton, Suzy　「チョコレートできれいになる」の共著者　国オーストラリア　受2008

アシュトン, ドリー　Ashton, Dore　美術評論家　国米国　受2000

アシュトン, ピーター・ショウ　Ashton, Peter Shaw　森林学者　ハーバード大学名誉教授　元・国際植物園連合会長　専熱帯植物生態学　国英国　誕1934年6月27日　受1992／2008／2012

アシュトン, フレデリック　Ashton, Frederick　振付師, バレエダンサー　元・ロイヤル・バレエ団芸術監督　国英国　誕1904年9月17日　没1988年8月18日　受1992

アシュナー, ローリー　Ashner, Laurie　サイコセラピスト, コラムニスト　国米国　受2004

アシュビー, ハル　Ashby, Hal　映画監督　国米国　誕1936年9月1日 没1988年12月27日　受1992

アシュフォード, エベリン　Ashford, Evelyn　陸上選手（短距離）　国米国　誕1957年4月15日　受1992／1996

アシュフォード, マリーウィン　Ashford, Mary-Wynne　医師　核戦争防止国際医師会議（IPPNW）共同会長　専終末期医療　国カナダ　受2004／2008

アジュベイ, アレクセイ　Adzhubei, Aleksei Ivanovich　ジャーナリスト　元・「イズベスチヤ」紙編集長　国ロシア　誕1924年1月　没1993年3月19日　受1992／1996

アシュホフ, グンター　Aschhoff, Gunther　DG銀行主任エコノミスト　専経済学　国ドイツ　誕1934年　受1992

アシュマン, ハワード　Ashman, Howard　作詞家, 脚本家, 演出家　国米国　没1991年3月14日　受1992

アシュミード, ジョン　日本語学者　元・ハバフォード大学名誉教授　国米国　没1992年2月7日　受1996

アシュモール, バーナード　考古学者　国英国　没1988年2月26日　受1992

アシュラウィ, ハナン・ミハイル　Ashrawi, Hanan Mikhail　人権活動家, 政治家, 英文学者　アラブ連盟報道官, パレスチナ自治評議会議員　元・パレスチナ自治政府高等教育相, 元・中東和平交渉パレスチナ代表団スポークスマン　国パレスチナ　誕1947年　受1996／2000／2004／2008

アシュラフ, ラジャ・ペルベズ　Ashraf, Raja Pervez　政治家　元・パキスタン首相　国パキスタン　誕1950年12月26日

アシュリー, アン　Ashley, Anne　ロマンス作家　国英国　受2008

アシュリー, トム　Ashley, Tom　ヨット選手　北京五輪セーリング男子RSX級金メダリスト　国ニュージーランド　誕1984年2月11日　受2012

アシュリー, ビリー　Ashley, Billy　大リーグ選手（外野手）　国米国　誕1970年7月11日　受1996／2000

アシュリー, マイク　Ashley, Mike　SF・ファンタジー・ホラー研究家, アンソロジスト　誕1948年　受2008

アシュリー, ロバート　Ashley, Robert　現代音楽家　国米国　誕1930年　受2000

アシュレイ, ニック　Ashley, Nick　ファッションデザイナー　国英国　誕1956年　受1996

アシュレイ, ブライアン　Ashley, Bryan　オルガン奏者　国米国　受1992／2004

アシュワース, ケネス　Ashwarth, Kenneth H.　テキサス高等教育調整委員会事務総長　国米国　誕1932年　受2000

アジュンワ, チオマ　Ajunwa, Chioma　走り幅跳び選手　国ナイジェリア　受2000

アジョウ　阿城　A Cheng　作家　国中国　誕1949年4月　受1992／1996

アショク, B.　Ashok, B.　写真家　国インド　誕1958年　受1996

アシルムラートワ, アルティナイ　Asylmuratova, Altynai　バレリーナ　ワガノワ・バレエ・アカデミー芸術監督　元・マリインスキー・バレエ団プリンシパル　国ロシア　誕1961年1月1日　受2012

アシン　Ashin　本名＝陳信宏　漢字名＝阿信　グループ名＝メイデイ　ミュージシャン　国台湾　誕1975年　受2012

アース, モニク　Haas, Monique　ピアニスト　元・パリ国立音楽院教授　国フランス　誕1909年10月20日　没1987年6月9日　受1992

アズィズ・ネスィン　Aziz Nesin　本名＝メフメト・ヌスレト　諷刺作家, コラムニスト　国トルコ　誕1915年　受1992／1996

アスカリ, フレッド　Askari, Fred K.　医学者　ミシガン大学医学部内科講師　専免疫療法　国米国　受2004

アスカリアン, ドン　Askarian, Don　映画監督　誕1949年　受1996

アスカルゴルタ, ハビエル　Azcargorta, Javier　元・サッカー監督　国スペイン　誕1953年9月26日　受2000

アスガルザデ, アリ　Asgharzadeh, Ali　作家　国イラン　誕1940年　受2004／2008

アスガルザデ, イブラヒム　政治家, 政治学者　テヘラン市議　[国]イラン　[典]2000

アスガロフ, トグルル　Asgarov, Toghrul　レスリング選手(フリースタイル)　ロンドン五輪レスリング男子フリースタイル60キロ級金メダリスト　[国]アゼルバイジャン　[生]1992年9月17日

アスキ, ピエール　Haski, Pierre　ジャーナリスト　「89通り」共同創立者　元・「リベラシオン」副編集長　[国]フランス　[典]2004／2012

アスキス, パメラ　Asquith, Pamela J.　人類学者　アルバータ大学教授　[国]カナダ　[典]2008

アスキース, ポール　Asquith, Paul　マサチューセッツ工科大学(MIT)客員准教授　[専]企業買収・合併(M&A),LBO　[国]米国　[典]1992

アスキュー, デービッド　Askew, David　モナシュ大学助教授　[専]法哲学, 政治思想史　[生]1965年　[典]2004

アスキュー, リュービン　Askew, Reubin O'Donovan　政治家　元・米国通商交渉大統領特別代表　[国]米国　[生]1928年9月11日　[典]1992／2004

アースキン, チェスター　Erskine, Chester　映画製作者・監督　[国]米国　[生]1905年11月29日　[没]1986年4月7日　[典]1992

アスキンズ, ロバート　Askins, Robert A.　鳥類生態学者　コネティカット・カレッジ動物学教室教授　[国]米国　[典]2004／2008

アスクイ, フェリベルト　Azcuy, Filiberto　本名＝アスクイ・アギレラ, フェリベルト　レスリング選手(グレコローマン)　[国]キューバ　[生]1972年10月13日　[典]2000(アスクイアギレラ, フェリベルト)／2004／2008

アスコット, ロイ・ファーガソン　Ascott, Roy Ferguson　アーティスト　ウェールズ大学インタラクティブ・アート高等研究センター所長　[専]デジタル・メディア・アート　[国]英国　[生]1934年　[典]2000

アスコナ, ホセ　Azcona Hoyo, José　政治家　元・ホンジュラス大統領　[国]ホンジュラス　[生]1927年1月26日　[没]2005年10月24日　[典]1992／1996

アスコリ, フィリップ　Hascali, Philippe　音楽プロデューサー　[国]フランス　[生]1965年10月　[典]2000

アスコリドフ, アレクサンドル　Askoldov, Aleksandr　映画監督　[国]ソ連　[生]1932年　[典]1992／1996

アスター, ガビン　Astor, G.　別名＝アスター・オブ・ヒーバー卿　元・「ザ・タイムス」(英紙)社主　[国]英国　[没]1984年6月28日　[典]1992

アスター, メアリー　Astor, Mary　女優　[国]米国　[生]1906年5月3日　[没]1987年9月25日　[典]1992

アスタシオ, ペドロ　Astacio, Pedro Julio　大リーグ選手(投手)　[生]1969年11月28日　[典]1996／2004／2008

アスターフィエフ, ヴィクトル　Astafiev, Viktor P.　作家　[国]ロシア　[生]1924年　[没]2001年11月29日　[典]1992

アスタプコヴィッチ, イーゴリ　Astapkovich, Igor　ハンマー投げ選手　[国]ベラルーシ　[生]1963年1月24日　[典]1992(アスタプコビッチ, イーゴリ)／1996(アスタプコビッチ, イーゴリ)／2000／2004／2008

アステア, フレッド　Astaire, Fred　俳優, ダンサー　[国]米国　[生]1899年5月10日　[没]1987年6月22日　[典]1992

アスティカ, フアン　Astica, Juan　画家　[国]チリ　[生]1953年　[典]2008

アステックス, クレール　Astaix, Claire　画家　[国]フランス　[生]1953年4月　[典]1992／1996

アストラ　Astra　詩人　オールド・フェミニスト・ネットワーク代表　[国]米国　[生]1927年　[典]2004

アストリュック, アレクサンドル　Astruc, Alexandre　映画監督, 作家　[国]フランス　[生]1923年7月13日　[典]1996

アストルガ, ノラ　Astorga, Nora　外交官　元・国連大使　[国]ニカラグア　[生]1949年　[没]1988年2月14日　[典]1992

アストン, マーガレット　Aston, Margaret　歴史学者　[国]英国　[生]1932年　[典]2000

アスナー, エド　Asner, Ed　俳優　[国]米国　[生]1929年11月15日　[典]1992／1996

アズナヴール, シャルル　Aznavour, Charles　本名＝アズナヴリアン, シャヌー　シャンソン歌手, 作詩・作曲家, 俳優　駐スイス・アルメニア大使　[国]アルメニア　[生]1924年5月22日　[典]1992(アズナブール, シャルル)／1996(アズナブール, シャルル)／2000／2004／2008／2012

アスナール・ロペス, ホセ・マリア　Aznar López, José Maria　政治家　元・スペイン首相, 元・スペイン国民党党首　[国]スペイン　[生]1953年2月25日　[典]2000(アスナール, ホセ・マリア)／2004／2008／2012

アスパー, カトリン　Asper, Kathrin　精神分析家　[国]スイス　[生]1941年　[典]2004

アスピナス, ジュゼップ・マリア　Espinàs, Josep Maria　作家, エッセイスト　[国]スペイン　[生]1927年　[典]1996

アスピン, レス　Aspin, Les　政治家　元・米国国防長官　[国]米国　[生]1938年7月21日　[没]1995年5月21日　[典]1996

アスプリージャ, ファウスティノ　Asprilla, Faustino　サッカー選手(FW)　[国]コロンビア　[生]1969年11月10日　[典]1996／2000／2004／2008

アスプリン, ロバート　Asprin, Robert　本名＝Asprin,Robert Lynn　SF作家　[国]米国　[生]1946年　[典]1996

アズベリー, スティーブン　Asbury, Stephen　情報処理技術者　[典]2008

アスベル, バーナード　Asbell, Bernard　作家　元・米国ジャーナリスト作家協会会長　[国]米国　[典]1996

アスマ, イザベル　Assemat, Isabelle　イラストレーター　[国]フランス　[生]1972年　[典]2008

アスマン, ハインツー・ディーター　Assmann, Heinz Dieter　法学者　テュービンゲン大学法学部教授　[国]ドイツ　[生]1951年　[典]2004／2008

アスマン, ペーター　Assmann, Peter　フラワーデザイナー　[国]スイス　[生]1947年　[典]2000

アスムス, ワルター　Asmus, Walter　教育学者　元・ギーセン教育大学教授　[国]ドイツ　[生]1903年　[典]1996

アスラニ, アルジュン・ゴビンドラム　Asrani, Arjun G.　外交官　元・駐日インド大使, 元・インダスインド銀行会長　[国]インド　[生]1934年　[典]1992／1996／2008

アスラニ, マリリン　Aslani, Marilyn　マッサージ師　[典]2004

アスラン, レザー　Aslan, Reza　作家, 宗教学者　カリフォルニア大学リバーサイド校創作学科准教授　[国]米国　[生]1972年　[典]2012

アズラン・シャー　Azlam Shah　ペラ州首長　元・マレーシア国王(第9代)　[国]マレーシア　[生]1928年　[典]1992／1996

アスリーヌ, ピエール　Assouline, Pierre　ジャーナリスト, 編集者, 伝記作家　[国]フランス　[生]1953年　[典]1992／2004／2008

アスルル・サニ　Asrul Sani　詩人, 作家, 映画人, 翻訳家　[国]インドネシア　[生]1926年　[典]1992

アスレット, ドン　Aslett, Don　実業家　[国]米国　[典]2008

アスローム, ブラヒム　Asloum, Brahim　元・プロボクサー　元・WBA世界ライトフライ級チャンピオン　シドニー五輪ボクシング・ライトフライ級金メダリスト　[国]フランス　[生]1979年1月31日　[典]2004／2008

アスンソン, マルコス　Assunçao, Marcos　サッカー選手(MF)　[国]ブラジル　[生]1976年7月25日　[典]2008

アゼアリアン, メアリー　Azarian, Mary　版画家　[国]米国　[典]2004

アゼヴェド, ホセ　Azevedo, Jose Pinheiro de　軍人, 政治家　元・ポルトガル首相　[国]ポルトガル　[生]1917年6月　[没]1983年8月10日　[典]1992(アゼベド, ホセ)

アセオ, アンリエット　Asséo, Henriette　[専]ジプシー史　[国]フランス　[典]2004

アセド, カルメン　Acedo, Carmen　新体操選手　[国]スペイン　[生]1975年2月10日　[典]1996

アセート, クリス　Aceto, Chris　ボディビル・トレーナー　[国]米国　[生]1966年12月30日　[典]2004

アセファ, テクレウォイニ　Assefa, Teklewoini　難民救済活動家　ティグレ救援協会会長　[国]エチオピア　[典]1996

アセベス, ヒルベルト　画家　[国]メキシコ　[生]1931年　[典]1996

アゼベド, ロベルト　Azevêdo, Roberto　本名=アゼベド, ロベルト・カルバーリョ・デ　外交官　世界貿易機関(WTO)事務局長　[国]ブラジル　[生]1957年10月3日

アゼマ, サビーヌ　Aszema, Sabine　女優　[国]フランス　[典]1992／1996／2000／2004／2008

アーセラス, ジョン　Arcelus, Jon　精神科医　[生]1965年　[典]2004

アーセル, レイ　Arcel, Ray　ボクシング・トレーナー　[国]米国　[生]1899年8月30日　[没]1994年3月7日　[典]1996

アーセング, ネイサン　Aaseng, Nathan　作家　[国]米国　[生]1953年　[典]1992

アセンシオ, アグスティ　Asensio, Agustí　絵本作家　[国]スペイン　[生]1949年　[典]1996

アセンシオ, ディエゴ　元・外交官　元・駐コロンビア米国大使　[国]米国　[典]2000

アソムハ, ナムディ　Asomugha, Nnamdi　プロフットボール選手(CB)　[国]米国　[生]1981年7月6日

アゾーラ, マルセル　アコーディオン奏者　[国]フランス　[典]2000

アゾール・ローザ, アルベルト　Asor Rosa, Alberto　文学者　ローマ大学教授　[国]イタリア　[生]1933年　[典]1992

アーダー, フィリップ　Ardagh, Philip　児童文学作家　[国]英国　[生]1961年　[典]2008

アダイウトン　Adailton　本名=ボウザン・マルティンス, アダイウトン　サッカー選手(FW)　[国]ブラジル　[生]1977年1月24日　[典]2000

アダイウトン　Adailton　本名=フェレイラ・ドス・サントス, アダイウトン　サッカー選手(MF)　[国]チュニジア　[生]1973年4月18日　[典]2004

アタイデ, アウストレジェジロ・デ　Athayde, Austregésilo de　元・ブラジル文学アカデミー総裁　[国]ブラジル　[生]1898年9月25日　[没]1993年9月13日　[典]1996

アタイデ, ロベルト　Athayde, Robert　劇作家　[国]ブラジル　[生]1949年　[典]1996

アタイヤ, エドワード　Atiyah, Edward Selim　作家　[国]シリア　[典]1992

アタヴァレー, ヴァサント・バラージ　Athavale, Vasant Balaji　医師　ボンベイ市立ロークマニャ・ティラク医科大学小児科名誉教授　[専]小児科　[国]インド　[生]1932年　[典]1996(アタバレー, バサント・バラージ)

アタシ, ヌレディン　Atasi, Nuruddin Mustafa　政治家　元・シリア大統領　[国]シリア　[生]1929年9月5日　[没]1992年12月3日　[典]1992／1996

アダチア, ラヒム　Adatia, Rahim　コンピューター技術者　Lokah・CEO　[典]2004

アタートン, エドワード　Atterton, Edward　俳優　[国]英国　[典]2004

アタナジオ, A.A.　SF作家　[国]米国　[典]1992

アタナシオ, トニー　大リーグ代理人　[国]米国　[生]1940年　[典]2004／2008

アタナソフ, ゲオルギ　Atanasov, Georgi　政治家　元・ブルガリア首相　[国]ブルガリア　[生]1933年7月25日　[典]1992／1996

アタナソフ, ジョン　Atanasoff, John V.　物理学者　元・アイオワ州立大学物理学教授　[専]理論物理学　[国]米国　[生]1903年　[没]1995年6月15日　[典]1992／1996

アタフ, アハメド　Attaff, Ahmed　政治家　アルジェリア外相　[国]アルジェリア　[生]1953年7月10日　[典]2000

アダボ, ジョゼフ　Addabbo, Joseph P.　元・米国下院議員(民主党)　[国]米国　[没]1986年4月10日　[典]1992

アーダマ, バーナ　Aardema, Verna　絵本作家　[国]米国　[生]1911年　[典]2000

アダミ, V.　Adami, Valerio　画家　[国]イタリア　[生]1935年　[典]1992

アダミー, アヤド・アリ　Adhamy, Ayad Al　グループ名=パッション・ピット　ミュージシャン　[国]米国　[典]2012

アダミ, エドワード・フェネク　Adami, Edward Fenech　政治家　元・マルタ大統領　[国]マルタ　[生]1934年2月7日　[典]1992／1996／2000／2004／2008／2012

アダム, カリーン　Adam, Karin　バイオリニスト　[国]オーストリア　[生]1962年　[典]1996

アダム, クリストファー　グラクソ・ウエルカム副会長　[国]英国　[生]1940年9月7日　[典]1996／2000／2004

アダム, テオ　Adam, Theo　バス・バリトン歌手　ドレスデン音楽大学教授　[国]ドイツ　[生]1926年8月1日　[典]1992／2000

アダム, ドリス　Adam, Doris　ピアニスト　[国]オーストリア　[生]1967年　[典]1996

アダム, バーバラ　Adam, Barbara　社会学者　ウェールズ大学カーディフ・カレッジ講師　[専]社会理論　[国]英国　[典]2000

アダム, ビルギット　Adam, Birgit　作家, 翻訳家　[国]ドイツ　[生]1971年　[典]2004／2008

アダムクス, ワルダス　Adamkus, Valdas　政治家　元・リトアニア大統領　[国]リトアニア　[生]1926年11月3日　[典]2000／2004／2008／2012

アダムズ, アリス　Adams, Alice　作家　[国]米国　[生]1926年　[典]1996

アダムズ, アレクサ　Adams, Alexa　ファッションデザイナー　[国]米国　[典]2012

アダムズ, アンセル　Adams, Ansel　写真家　[国]米国　[生]1902年2月20日　[没]1984年4月22日　[典]1992

アダムス, アンディ　Adams, Andy　ジャーナリスト　「SUMO WORLD」編集長・発行人　[国]米国　[生]1922年　[典]2000

アダムズ, エイドリアン　Adams, Adrienne　絵本作家　[国]米国　[生]1906年　[典]1996

アダムズ, エイミー　Adams, Amy　女優　[国]米国　[生]1974年　[典]2012

アダムス, オリータ　Adams, Oleta　グループ名=ティアーズ・フォー・フィアーズ　歌手　[国]米国　[生]1955年5月4日　[典]1992

アダムズ, カーライル　Adams, Carlisle　コンピューター科学者　エントラスト・テクノロジーズ主任暗号学者・標準プログラム担当主任管理者　[専]公開鍵インフラストラクチャ　[典]2004

アダムス, クリス　Adams, Chris　脳外科医　[専]頚髄の研究　[国]英国　[典]2004

アダムス, ジェームス　Adams, James　ジャーナリスト　UPI通信CEO　[国]英国　[生]1951年　[典]1996／2000

アダムズ, ジェリー　Adams, Gerry　本名=アダムズ, ジェラルド　政治家　英国下院議員, シン・フェイン党党首　[国]英国　[生]1948年10月6日　[典]1992／2000／2004／2008／2012

アダムズ, シャーマン　Adams, Sherman　アイゼンハワー元米大統領の首席補佐官　[国]米国　[没]1986年10月27日　[典]1992

アダムス, ジョージ　Adams, George　本名=Adams,George Rufus　ジャズテナーサックス奏者　[国]米国　[生]1940年4月29日　[没]1992年11月14日　[典]1992／1996

アダムス, ジョン　Adams, John　テレビプロデューサー　[典]2008

アダムズ, ジョン　Adams, John Michael Geoffrey Manningham　通称=Adams,Tom　政治家　元・バルバドス首相　[国]バルバドス　[生]1931年9月24日　[没]1985年3月11日　[典]1992

アダムス, スコット　Adams, Scott　著述家, 漫画家　[国]米国　[生]1957年　[典]2000

アダムズ, セシル　Adams, Cecil　コラムニスト　「シカゴ・リーダー」コラムニスト　[典]2004

アダムス, ダグラス　Adams, Douglas Noel　脚本家,SF作家　[国]英国　[生]1952年3月11日　[没]2001年5月11日　[典]1992／1996

アダムズ, チャールズ　Addams, Charles　漫画家　[国]米国　[没]1988年9月29日　[典]1992

アダムス, デボラ　メークアップアーティスト　ザ・イメージ・スタジオ・ジェネラルマネジャー　[国]カナダ　[典]1992／1996

アダムズ, トニー　Adams, Tony　サッカー監督, 元・サッカー選手　[国]英国　[生]1966年10月10日　[典]2000／2004／2012

アダムズ, ドーン　Addams, Dawn　女優　[国]英国　[生]1930年9月21日　[没]1985年5月7日　[典]1992

アダムズ, ニコラ　Adams, Nicola　ボクシング選手　ロンドン五輪ボクシング女子フライ級金メダリスト　国英国　生1982年10月26日

アダムズ, ネル　Adams, Nel　「消え去った世界一あるシャン藩王女の個人史」の著者　国英国　禄2004

アダムズ, バーバラ　Adams, Barbara　国際非政府組織連絡協議会事務局長　国英国　禄2000

アダムズ, バレリー　Adams, Valerie　旧名=ビリ, バレリー　砲丸投げ選手　北京五輪・ロンドン五輪陸上女子砲丸投げ金メダリスト　国ニュージーランド　生1984年10月6日　禄2012（ビリ, バレリー）

アダムズ, ハロルド　Adams, Harold　作家　国米国　生1923年　禄1996

アダムズ, ハンク　Adams, Hank M.　ガラス工芸家　国米国　生1956年　禄1992

アダムズ, ビリー　Adams, Billy　ジャーナリスト, 作家　国英国　禄2000

アダムズ, ブライアン　Adams, Bryan　ミュージシャン　国カナダ　生1959年11月5日　禄1992／1996／2000／2004／2008／2012

アダムズ, ブラッド　Adams, Brad　人権活動家　ヒューマン・ライツ・ウォッチ（HRW）アジア局長　国米国　生1960年　禄2008

アダムズ, フレッド　Adams, Fred C.　物理学者　ミシガン大学教授　国米国　禄2004

アダムズ, ブロック　Adams, Brock　政治家　元・米国運輸長官　国米国　生1927年1月13日　禄1996

アダムズ, ペッパー　Adams, Pepper　本名=Adams, Park　ジャズ・サックス奏者　国米国　生1986年9月10日　禄1992

アダムズ, ベン　Adams, Ben　グループ名=a1　歌手　国英国　生1981年11月22日　禄2004

アダムズ, マイケル　Adams, Michael　コンピューター技術者　禄2004

アダムズ, リチャード　Adams, Richard George　児童文学作家　国英国　生1920年　禄1992／1996

アダムズ, リン　Adams, Lynn W.　臨床心理学者　国米国　禄2008

アダムソン, アイザック　Adamson, Isaac　作家　国米国　禄2004／2008

アダムソン, アンドルー　Adamson, Andrew　映画監督　生1966年　禄2012

アダムソン, イブ　Adamson, Eve　ライター　国米国　禄2004

アダムソン, ジョイ　Adamson, Joy　動物作家, 画家　生1910年1月20日　没1980年1月3日　禄1992

アダムソン, ジョージ　Adamson, George　動物学者　国英国　没1989年8月20日　禄1992

アダムソン, レズリー・グラント　Adamson, Lesley Grant　フリーライター, 作家　国英国　生1942年　禄2000

アタムバエフ, アルマズベク　Atambayev, Almazbek　本名=Atambayev, Almazbek Sharshenovich　政治家　キルギス大統領, キルギス社会民主党（PSD）党首　元・キルギス首相　国キルギス　生1956年9月17日　禄2012

アダム・マリク　Adam Malik　政治家　元・インドネシア副大統領・外相　国インドネシア　生1917年7月22日　没1984年9月5日　禄1992（マリク, アダム）

アダメック, クリスティン　Adamec, Christine　医学ライター　国米国　禄2004

アダメッツ, ラジスラフ　Adamec, Ladislav　政治家　元・チェコスロバキア共産党議長, 元・チェコスロバキア連邦首相　国チェコスロバキア　生1926年9月10日　没2007年4月14日　禄1992／1996

アダモ, サルヴァトーレ　Adamo, Salvatore　シャンソン歌手, 作詞・作曲家　生1943年11月1日　禄1992／1996／2000／2004／2008／2012

アダモーヴィチ, アレクサンドル　Adamovich, Aleksandr　筆名=アダモーヴィチ, アレーシ　作家　元・ソ連映画芸術研究所所長　国ロシア　生1927年　没1994年1月26日　禄1992（アダモービチ, アレクサンドル）／1996（アダモービチ, アレクサンドル）

アダモフ, エフゲニー　Adamov, Evgenii Olegovich　原子力科学者, 政治家　元・ロシア原子力相　国ロシア　生1939年4月28日

禄2000／2004

アタリ, ジャック　Attali, Jacques　思想家, 文明批評家, 作家　元・フランス大統領特別顧問, 元・欧州復興開発銀行（EBRD）総裁　国フランス　生1943年11月1日　禄1992／1996／2000／2004／2008／2012

アタリ, ベルナール　Attali, Bernard　元・エールフランス会長　国フランス　生1943年11月1日　禄1992／1996

アダン, アブラハム　Adan, Avraham Bren　軍人　元・イスラエル南部軍司令官　国イスラエル　生1926年　禄1992

アチェベ, チヌア　Achebe, Chinua　本名=アチェベ, アルバート・チヌアルモグ　作家, 詩人　国ナイジェリア　生1930年11月15日　没2013年3月21日　禄1992／2004／2008／2012

アチキ, アブドルラーマン　Atīqī, 'Abd al-Rahmān Salīmal　政治家　クウェート国王顧問　元・クウェート石油相・財政相　国クウェート　生1928年4月5日　禄1992／1996

アチソン, デイヴィッド　Acheson, David　「数学はインドのロープ魔術を解く―楽しさ本位の数学世界ガイド」の著者　禄2008

アチット・ウライラット　Arthit Ourairat　政治家　元・タイ外相, 元・タイ科学技術環境相　国タイ　生1938年　禄1992／1996／2000／2004

アーチャー, ウィリアム　コンサルタント　Global Workplace創設者　禄2008

アーチャー, ジェフリー　Archer, Jeffrey Howard　本名=Archer of Weston-super-mare　作家, 政治家　英国上院議員　元・英国保守党副幹事長　国英国　生1940年4月15日　禄1992／1996／2000／2004／2008／2012

アーチャー, ジャック　Archer, Jack H.　国際沿岸海洋機構（ICO）理事, マサチューセッツ大学助教授　専海洋沿岸関連法・政策　国米国　生1938年　禄1996

アーチャー, スコット　Archer, Scott E.　コンピューターコンサルタント　FrontWay上級コンサルタント　禄2004

アーチャー, トム　Archer, Tom　コンピューターコンサルタント　国米国　禄2004

アーチャー, マーガレット・S.　Archer, Margaret S.　社会学者　ウォーリック大学社会学部教授　元・国際社会学会会長　禄2008

アチャーガ, ベルナルド　Atxaga, Bernardo　詩人, 作家　国スペイン　生1951年　禄2008

アチュカロ, ホアキン　Achúcarro, Joaquín　ピアニスト　国スペイン　生1932年11月1日　禄2004

アチュリー, ロバート　Atchley, Robert C.　社会学者　マイアミ大学Scripps Foundation Gerontology Center所長　専老年学　国米国　禄1992

アチリジエフ, イーゴリ　ジャーナリスト　「メガポリス・エキスプレス」紙副編集長　国ロシア　生1931年　禄1996

アーチン・パンジャバン　作家　国タイ　生1927年　禄1992

アーツ, ピーター　Aerts, Peter　格闘家　国オランダ　生1970年10月25日　禄2000／2004／2008／2012

アッカー, キャシー　Acker, Kathy　作家　国米国　生1948年4月18日　禄1996

アッカー, シェーン　Acker, Shane　映画監督　国米国　生1971年　禄2012

アッカーマン, ダイアン　Ackerman, Diane　ノンフィクション作家, 詩人　「ニューヨーカー」誌スタッフ・ライター　国米国　生1948年　禄1996／2000

アッカーマン, フィリップ　Akkerman, Philip　画家　国オランダ　生1957年　禄2000

アッカーマン, ヨゼフ　Ackermann, Josef　銀行家　ドイツ銀行頭取　国スイス　生1948年2月7日　禄2004／2008

アッカーマン, ラリー　Ackerman, Larry　経営コンサルタント　禄2008

アッカーマン, リタ　Ackermann, Rita　グループ名=エンジェル・ブラッド　画家　国米国　生1968年　禄2000

アッカーマン, ロジャー　Ackerman, Roger G.　コーニング・インコーポレイテッド社長　国米国　禄1996

ア

アッカーマン, ロニー　Ackermann, Ronny　元・スキー選手(複合)　ソルトレークシティ五輪スキー・ノルディック複合個人スプリント銀メダリスト　[国]ドイツ　[生]1977年5月16日　[典]2008／2012

アッカーマン, ロバート・アラン　Ackerman, Robert Allan　演出家　[国]米国　[典]1996／2000／2008／2012

アッカーマン, ローレンス　Ackerman, Laurence D.　経営コンサルタント　Siegel&Galeシニア・バイスプレジデント　[国]米国　[典]2004

アッカルド, サルヴァトーレ　Accardo, Salvatore　バイオリニスト, 指揮者　[国]イタリア　[生]1941年9月26日　[典]1992／2000／2012

アッギエーエ, サッチダーナンド・ヒーラーナンド・ヴァーツヤーヤン　Agyey, Sachchidānand Hīrānand Vātsyāyan　本名=バトサイヤン,S.H.　詩人, 作家, 編集者　[国]インド　[生]1911年3月7日　[没]1987年4月4日　[典]1992

アックス, エマニュエル　Ax, Emanuel　ピアニスト　[国]米国　[生]1949年6月8日　[典]2000／2012

アッグス, パトリス　Aggs, Patrice　イラストレーター, 版画家　[国]米国　[生]1952年　[典]1996

アックスロッド, アラン　Axelrod, Alan　別筆名=グリフィン, ジャック　作家　[典]2004

アッコラ, パウル　Accola, Paul　スキー選手(アルペン)　[国]スイス　[典]1996

アッコラ, パオリーノ　Accolla, Paolino　ジャーナリスト, 詩人　ANSA東京支局特派員　[国]イタリア　[生]1953年　[典]1992

アッシェンバッハ, ハンス・ゲオルグ　医師, 元・スキージャンプ選手　[専]スポーツ医学, 老人医学　[国]ドイツ　[典]2000

アッシャー　Usher　本名=レイモンド, アッシャー　歌手　[国]米国　[生]1978年10月14日　[典]2004／2012

アッシャー, キンカ　Usher, Kinka　CMディレクター　[典]2000

アッシャー, デービッド　Asher, David L.　経済コンサルタント　AEIアジア担当副部長, マサチューセッツ工科大学上級客員研究員　[専]日米経済問題　[国]米国　[典]2000／2004

アッシャー, デービッド　Asher, David　天文学者　アーマー天文台研究員, 日本スペースガードセンター研究員　[国]英国　[生]1966年　[典]2004／2008

アッシャー, トーマス　Usher, Thomas J.　実業家　USX会長・CEO,USスチールグループ会長・CEO　[国]米国　[典]1996／2004

アッシャー, ナンシー　外科医　カリフォルニア州立大学サンフランシスコ校(UCSF)医学部教授・外科部長　[専]肝臓移植　[国]米国　[典]1996

アッシャー, ニール　Asher, Neal　作家　[国]英国　[生]1961年　[典]2012

アッシャー, マーティ　Asher, Marty　編集者, 作家　[国]米国　[生]1945年　[典]2004

アッシュ, T.ガートン　Ash, Timothy Garton　歴史学者　[専]ドイツ近現代史　[国]ドイツ　[生]1955年　[典]2004

アッシュ, アーサー(Jr.)　Ashe, Arthur Robert (Jr.)　テニス選手　[国]米国　[生]1943年7月10日　[没]1993年2月6日　[典]1992／1996

アッシュ, ジェフリー　Ashe, Geoffrey　著述家　[国]米国　[生]1923年　[典]1996

アッシュ, メアリー・ケイ　Ash, Mary Kay　実業家　元・メアリーケイ名誉会長　[国]米国　[没]2001年11月　[典]1992／1996

アッシュ, ロイ　Ash, Roy Lawrence　実業家　元・リットン・インダストリー社長, 元・米国行政管理予算局長　[国]米国　[生]1918年10月20日　[没]2011年12月14日　[典]1992／1996

アッシュ, ロザリンド　Ashe, Rosalind　SF作家　[典]1992

アッシュクロフト・ノーウィッキ, ドロレス　Ashcroft-Nowicki, Dolores　魔術家　光の侍従(SOL)代表　[国]英国　[生]1929年　[典]2000

アッシュブルック, トム　Ashbrook, Tom　ジャーナリスト　「ホーム・ポートフォリオ・インク」発行人　[国]米国　[典]2004

アッシュベリー, ジョン　Ashbery, John Lawrence　詩人, 絵画批評家　[国]米国　[生]1927年7月28日　[典]1992／1996／2000／2004

アッシュレー, ローラ　服飾デザイナー　[国]英国　[没]1985年9月17日　[典]1992

アッシリ・タンマチョート　作家　[国]タイ　[生]1947年　[典]1992／1996

アッセルボーン, アリエル　Asselborn, Ariel　ギタリスト　[国]アルゼンチン　[生]1976年　[典]2012

アッセン, クラース・ファン　Assen, Klaas van　児童文学作家　[国]オランダ　[生]1952年　[典]2004

アッタス, ハイダル・アブ・バクル・アル　Attas, Haidal Abu Bakr al　政治家　元・イエメン首相　[国]イエメン　[生]1939年　[典]1992／1996

アッツォーニ, シルヴィア　Azzoni, Silvia　バレリーナ　ハンブルク・バレエ団プリンシパル　[生]1973年　[典]2012

アッツォパルディ, トレッツァ　Azzopardi, Trezza　作家　[国]英国　[典]2012

アッティカ, オーレ　Atika, Aure　女優　[国]フランス　[生]1970年7月12日　[典]2000

アッテンボロー, デービッド　Attenborough, David Frederick　動物学者, 自然誌学者, 映像プロデューサー　元・BBC(英国放送協会)プロデューサー　[国]英国　[生]1926年5月8日　[典]1992／1996／2000／2004／2008／2012

アッテンボロー, リチャード　Attenborough, Richard　本名=Attenborough,Richard Samuel　映画監督, 俳優　[国]英国　[生]1923年8月29日　[典]1992／1996／2000／2008／2012

アーツト, エドウィン・ルイス　Artzt, Edwin Lewis　実業家　元・プロクター・アンド・ギャンブル(P&G)会長・CEO　[国]米国　[生]1930年4月15日　[典]1992／1996

アットン, ピーター　Utton, Peter　絵本作家, イラストレーター　[国]英国　[典]2000

アッバス, サアディ・トゥマ　Abbas, Saadi Toamma　政治家, 軍人　イラク労働社会問題相　元・イラク国防相　[国]イラク　[典]1992／2000

アッバース, フェルハト　Abbas, Farhat　民族運動指導者, 政治家　元・アルジェリア大統領　[国]アルジェリア　[生]1899年　[没]1985年12月24日　[典]1992

アッバス, マフムド　Abbas, Mahmoud　通称=アブー・マーゼン　政治家　パレスチナ解放機構(PLO)議長, パレスチナ自治政府議長, ファタハ議長　元・パレスチナ首相・内相　[国]パレスチナ　[生]1935年3月26日　[典]1996／2000／2004／2008／2012

アッバス, ムハマド　Abbas, Mohammed Abul　通称=アブ・アッバス　政治家, ゲリラ指導者　元・パレスチナ民族解放戦線(PLF)議長　[国]パレスチナ　[没]2004年3月8日　[典]1992／1996

アッバース, ラウーフ　Abbas, Raouf　歴史学者　カイロ大学教授, 東京外国語大学アジア・アフリカ言語文化研究所客員教授　[専]現代史　[国]エジプト　[生]1939年　[典]1992

アップショウ, ドーン　Upshaw, Dawn　ソプラノ歌手　[国]米国　[生]1960年　[典]1996／2000／2012

アップダイク, ジョン　Updike, John　本名=アップダイク, ジョン・ホイヤー　作家, 詩人　[国]米国　[生]1932年3月18日　[没]2009年1月27日　[典]1992／1996／2000／2004／2008

アップダイク, デービッド　Updike, David　作家　[国]米国　[生]1957年　[典]1992／1996

アップトン, B.J.　Upton, B.J.　本名=Upton,Melvin Emmanuel　大リーグ選手(外野手)　[国]米国　[生]1984年8月21日　[典]2012(アップトン, B.J.)

アップトン, ジャスティン　Upton, Justin　本名=Upton,Justin Irvin　大リーグ選手(外野手)　[国]米国　[生]1987年8月25日

アップハム, フランク　ボストンカレッジ教授　[専]大規模小売店舗法　[国]米国　[生]1945年　[典]1992

アップリング, ルーク　Appling, Luke　本名=Appling,Lucius Benjamin　大リーグ選手　[国]米国　[生]1909年4月2日　[没]1991年1月3日　[典]1992

アップル, R.W.(Jr.)　Apple, R.W.　本名=アップル, レイモンド・ウォルター　ジャーナリスト　元・「ニューヨーク・タイムズ」紙ワシントン支局長　[国]米国　[生]1934年11月20日　[没]2006年10月4日　[典]1996

アップル, フィオナ　Apple, Fiona　ロック歌手　[国]米国　[生]1977年

9月13日　[典]2000／2004／2008／2012

アップル, マイケル　Apple, Michael W.　ウィスコンシン大学マディソン校教育学部教授　[専]教育学　[国]米国　[生]1942年　[典]1996

アップル, マックス　Apple, Max　作家　ライス大学教授　[国]米国　[生]1945年　[典]1992

アップルゲート, K.A.　Applegate, K.A.　作家　[国]米国　[生]1956年　[典]2008

アップルトン, スティーブ　Appleton, Steve　ミュージシャン　[国]英国　[生]1985年　[典]2012

アップルビー, スチュアート　Appleby, Stuart　プロゴルファー　[国]オーストラリア　[生]1971年5月1日　[典]2008

アップルマン, ダニエル　Appleman, Daniel　コンピューター技術者, フリーライター　[国]米国　[典]2004

アップルヤード, ブライアン　Appleyard, Bryan　作家, コラムニスト　[国]英国　[生]1951年　[典]2000

アッペルバウム, ポール　Appelbaum, Paul S.　精神医学者　マサチューセッツ大学医学部精神科主任教授　[国]米国　[生]1951年　[典]1996／2004

アッペルフェルド, アハロン　Appelfeld, Aharon　作家　ベングリオン大学教授　[専]ヘブライ文学　[国]イスラエル　[生]1932年2月16日　[典]2000

アツモン, モーシェ　Atzmon, Moshe　指揮者　名古屋フィルハーモニー交響楽団名誉指揮者　[国]イスラエル　[生]1931年7月30日　[典]1992／1996／2000

アッレーグリ, レンツォ　Allegri, Renzo　ジャーナリスト, 作家, 音楽評論家　[国]イタリア　[生]1934年　[典]1996／2000

アッレーグリ, ロベルト　Allegri, Roberto　ジャーナリスト　[国]イタリア　[生]1969年　[典]2000

アデ, サニー　アフリカ音楽演奏家, ギタリスト　[国]ナイジェリア　[典]1992

アデア, ギルバート　Adair, Gilbert　作家, エッセイスト　[生]1944年　[典]1996／2000／2012

アデア, ジョン　Adair, John　リーダーシップ研究者　[国]英国　[典]1992

アデア, チェリー　Adair, Cherry　ロマンス作家　[国]米国　[典]2004

アデア, ポール　Adair, Paul Neal　通称＝レッド・アデア　実業家, 油田火災消火専門家　元・レッド・アデア創業者　[国]米国　[生]1915年6月18日　[没]2004年8月7日　[典]1992

アデア, ロバート　Adair, Robert K.　エール大学教授　[専]物理学　[国]米国　[典]2000

アディウソン　サッカー選手　[国]ブラジル　[典]1992

アディカリ, ガウタム　ジャーナリスト　「タイムズ・オブ・インディア」編集局長　[国]インド　[典]1996

アディカリ, ナレッシュ・クマル　元・広島アジア大会ネパール選手団団長　[国]ネパール　[没]1994年10月2日　[典]1996

アディカリ, マン・モハン　Adhikari, Man Mohan　政治家　元・ネパール統一共産党議長, 元・ネパール首相　[国]ネパール　[生]1920年6月22日　[没]1999年4月26日　[典]1992／1996

アーティガン, アーメット　Ertegun, Ahmet M.　元・アトランティック・レコード創設者　[国]米国　[生]1923年10月29日　[没]2006年12月14日　[典]1996

アティサリ, マルティ　国連ナミビア特別代表　[国]フィンランド　[典]1992

アディシャクティ, ラレットナ　Adishakti, Laretna　建築家　ガジャマダ大学大学院講師　[専]都市計画　[国]インドネシア　[生]1958年　[典]2012

アディス, スティーブン　Addiss, Stephen　リッチモンド大学教授　[専]日本美術史　[国]米国　[生]1941年　[典]1996

アディゼス, イチャック　経営コンサルタント　アディゼス研究所主宰者　[国]米国　[生]1937年　[典]2000

アディソン, ジェゼフィーン　Addison, Josephine　ライター　[国]英国　[典]2004

アディーチェ, チママンダ・ンゴズィ　Adichie, Chimamanda Ngozi　作家　[国]ナイジェリア　[生]1977年　[典]2008／2012

アディチョンドロ, ジョージ　ニューカッスル大学講師　[専]社会学　[国]オーストラリア　[典]2000

アティック・CB　ロック歌手　[国]インドネシア　[生]1964年　[典]1996

アーティット・カムランエク　Arthit Kamlangek　政治家, 軍人　タイ国家発展党最高顧問　元・タイ副首相, 元・タイ国軍最高司令官・陸軍司令官　[国]タイ　[生]1925年8月31日　[典]1992（アチット・カムランエク）／1996

アディバ・アミン　Adibah Amin　筆名＝スリ・デリマ　作家, ジャーナリスト　「ERA」誌編集責任スタッフ　[国]マレーシア　[生]1936年　[典]1996

アティヤー, マイケル・フランシス　Atiyah, Michael Francis　数学者　元・レスター大学総長　[専]代数的位相幾何学, 偏微分方程式論　[国]英国　[生]1929年4月22日　[典]1992／1996／2000／2004／2008／2012

アーティンガー, ボルコ・フォン　Oetinger, Bolko von　経営学者　ボストンコンサルティンググループ（BCG）シニア・バイス・プレジデント,BCG戦略研究所ディレクター　[国]米国　[典]2004

アディントン, ジャック　Addington, Jack Ensign　宗教家, カウンセラー　豊かな生活財団設立者　[専]成功哲学　[国]米国　[典]1992／1996

アデコラ, アデモラ　Adekola, Ademola　画家　[国]ナイジェリア　[生]1961年　[典]1996

アデス, トーマス　作曲家, ピアニスト　[国]英国　[生]1971年　[典]2000

アーテスゼク, オルガ　デザイナー　[国]米国　[没]1989年9月15日　[典]1992

アデ・タポンツアン　チベット独立運動家　[生]1932年　[典]2004／2008

アデバヨ, アディグン　Adebayo, Adigun Junior　サッカー選手（MF）　[国]ナイジェリア　[生]1990年11月15日　[典]2012

アデミール　Ademir　本名＝マルケス・ド・メネゼス, アデミール　元・サッカー選手　[国]ブラジル　[生]1922年11月8日　[典]2004

アデリ, モハマド・ホセイン　Adeli, Muhammad Hossein　元・イラン中央銀行総裁　[国]イラン　[生]1952年　[典]1992／1996

アデル　Adele　本名＝アトキンス, アデル　シンガー・ソングライター　[国]英国　[生]1988年5月5日　[典]2012

アデール, ビージー　Adair, Beegie　ジャズピアニスト　[国]米国　[生]1937年12月11日　[典]2012

アーデル, ヤーノシュ　Áder, János　政治家　ハンガリー大統領　[国]ハンガリー　[生]1959年5月9日

アーデン, イブ　Arden, Eve　本名＝Quedens,Eunice　女優　[国]米国　[生]1912年4月30日　[没]1990年11月12日　[典]1992

アーデン, ジョン　Arden, John　劇作家　[国]英国　[生]1930年10月26日　[没]2012年3月28日　[典]1992

アーデン, ハービー　Arden, Harvey　ライター　[典]2004

アードイン, ジョン　Ardoin, John　音楽評論家　[国]米国　[典]1992

アドゥー, フレディ　Adu, Freddy　サッカー選手（FW）　[国]米国　[生]1989年6月2日　[典]2008／2012

アトウォーター, ハーベイ・リー　Atwater, Harvey Lee　政治家　元・米国共和党全国委員長　[国]米国　[生]1951年　[没]1991年3月29日　[典]1992

アトウッド, J.ブライアン　Atwood, J.Brian　米国国際開発庁長官　[国]米国　[典]2000

アトウッド, ジェーン・エブリン　Atwood, Jane Evelyn　写真家　[生]1947年　[典]1996

アトウッド, トニー　Attwood, Tony　本名＝Attwood,Anthony　臨床心理学者, 医師　[専]自閉症スペクトル障害, アスペルガー症候群　[国]英国　[生]1952年　[典]2000

アトウッド, マーガレット　Atwood, Margaret Eleanor　作家, 詩人, 批評家, 児童文学者　[国]カナダ　[生]1939年11月18日　[典]1992／1996／2000／2004／2008／2012

アトウッド, ラッセル　Atwood, Russell　ミステリー作家　[国]米国　[典]2004

アトキソン, アラン　AtKisson, Alan　環境コンサルタント　[典]2008

アトキンス, エース　Atkins, Ace　作家　[国]米国　[生]1970年

ア

◎2004／2012

アトキンス, クリス　Atkins, Chris　バーソン・マーステラUSA社上席副社長　⑱米国　⑳1992

アトキンス, スチュアート　Atkins, Stuart　コンサルタント　⑱米国　⑳2004

アトキンス, スティーブン　Atkins, Steven C.　臨床心理士　ダートマス・メディカルスクール小児精神科準教授　⑲特殊学習障害, ADHD, 発達理論　⑱米国　⑳2008

アトキンス, チェット　Atkins, Chet　ギタリスト, 音楽プロデューサー　⑱米国　⑯1924年6月20日　⑰2001年6月30日　⑳1992

アトキンス, デービッド　ダンサー, 振付師, 演出家　⑱オーストラリア　⑳1996

アドキンス, デリック　Adkins, Derrick　陸上選手(障害)　⑱米国　⑯1970年7月2日　⑳2000

アトキンス, ピーター・ウィリアム　Atkins, Peter William　物理化学者　オックスフォード大学リンカーン・カレッジ・フェロー　⑲量子理論　⑱英国　⑯1940年　⑳1992／1996／2000

アドキンズ, レスリー　Adkins, Lesley　考古学者　⑱英国　⑳2004

アドキンズ, ロイ　Adkins, Roy　考古学者　⑱英国　⑳2004

アトキンス, ロバート　Atkins, Robert　美術評論家, キュレーター　⑱米国　⑯1952年　⑳1996

アトキンソン, G.A.　実業家　モービル石油社長　⑱オーストラリア　⑳1996

アトキンソン, アンソニー　Atkinson, Anthony Barnes　経済学者　オックスフォード大学ナッフィールド・カレッジ学長　元・国際経済学会会長　⑲福祉国家論, 所得分配論　⑱英国　⑯1944年9月4日　⑳2004／2008／2012

アトキンソン, ケイト　Atkinson, Kate　作家　⑱英国　⑯1951年　⑳2012

アトキンソン, サリアン　Atkinson, Sallyanne　政治家　ブリスベーン市長　⑱オーストラリア　⑯1942年7月23日　⑳1992

アトキンソン, デービッド　Atkinson, David　銀行アナリスト　ゴールドマン・サックス証券マネージング・ディレクター　⑱英国　⑳1996／2000／2004

アトキンソン, ビル　Atkinson, Bill　ゼネラル・マジック社会長　⑲パソコン　⑱米国　⑳1992

アトキンソン, ブルックス　Atkinson, Justin Brooks　演劇評論家　⑱米国　⑯1894年11月28日　⑰1984年1月14日　⑳1992

アトキンソン, メアリー　Atkinson, Mary　セラピスト, リフレクソロジスト　⑳2004

アトキンソン, ユージン・D.　ゴールドマン・サックス・インターナショナル会長　⑱米国　⑳1996

アトキンソン, リック　Atkinson, Rick　ジャーナリスト　「カンザスシティ・タイムズ」紙記者　⑱米国　⑯1952年　⑳1996

アトキンソン, レオン　Atkinson, Leon　ソフトウェア開発者　⑲Clear ink　⑳2004

アトキンソン, ローワン　Atkinson, Rowan Sebastian　俳優, コメディアン　⑱英国　⑯1955年1月6日　⑳2000／2004／2008／2012

アドコック, トーマス　Adcock, Thomas　作家, ジャーナリスト, 編集者　⑱米国　⑯1947年　⑳1996／2000

アドコリ, アナンド　Adkoli, Anand　コンピューター技術者　⑱米国　⑳2004

アードス, メアリー・キャラハン　Erdoes, Mary Callahan　銀行家　JPモルガン・プライベート・バンクCEO　⑱米国　⑯1967年8月13日　⑳2008／2012

アードス, リチャード　Erdoes, Richard　作家, イラストレーター, 写真家　⑲インディアン　⑱米国　⑯1912年　⑳2004

アドナンクスマ, エイコ　アドナン・クスマ, 英子　染め織り収集家　⑲エイコ・クスマ・ギャラリー　⑲イカット, バティック　⑳2000

アドニス　Adonis　本名=ʻAlī Ahman Saʻīd Isber　詩人　⑱レバノン　⑯1930年　⑳1992

アドバニ, ラル・キシャンチャンド　Advani, Lal Kishanchand　政治家　インド下院野党リーダー　元・インド内相, 元・インド人民党(BJP)総裁　⑱インド　⑯1927年11月8日　⑳1996／2000／2004／2008／2012

アドフォカート, ディック　Advocaat, Dick　サッカー監督, 元・サッカー選手　元・サッカー・オランダ代表監督　⑱オランダ　⑯1947年9月27日　⑳2008／2012

アードマン, ポール　Erdman, Paul Emile　作家, エコノミスト　元・ユナイテッド・カリフォルニア銀行(UCB)頭取　⑱米国　⑯1932年5月19日　⑳1992／1996

アドラー, ウォーレン　Adler, Warren　作家　⑱米国　⑳1992／1996／2004／2008

アドラー, ジョセフ・A.　Adler, Joseph A.　ケニヨン・カレッジ宗教学科教授　⑳2008

アドラー, ビル　Adler, Bill　コラムニスト　⑳2004

アドラー, モーティマー　Adler, Mortimer Jerome　哲学者, 著述家　元・「エンサイクロペディア・ブリタニカ」編集長, 元・シカゴ大学教授, 元・アスペン研究所名誉理事　⑱米国　⑯1902年12月28日　⑰2001年6月28日　⑳1996

アドラー, リン・ピータース　Adler, Lynn Peters　フェニックス市高齢者対策市長委員会委員, 老人支援プログラム諮問委員会委員　⑱米国　⑳2000

アドラトフ, イブラヒム　Aldatov, Ibragim　レスリング選手(フリースタイル)　⑱ウクライナ　⑯1983年11月4日

アトラン, アンリ　Atlan, Henri　生物学者　パリ第6大学医学部教授, ヘブライ大学教授　⑲生物物理, 細胞生物学, 人工知能, 分子生物学　⑱フランス　⑯1931年　⑳1996／2000

アトランティック　Atlantique　歌手　⑱フランス　⑯1967年7月6日　⑳1996

アトラントフ, ウラジーミル　Atlantov, Vladimir　テノール歌手　⑱ロシア　⑯1939年2月19日　⑳1996

アートリー, アレグザンドラ　Artley, Alexandra　作家　⑱英国　⑳2000

アトリー, チェイス　Utley, Chase　本名=Utley,Chase Cameron　大リーグ選手(内野手)　⑱米国　⑯1978年12月17日

アトリー, フリーダ　Utley, Freda　本名=ベルジィチェフスキー, ウィニフリッド　ジャーナリスト　⑱英国　⑯1898年1月23日　⑳1996

アドリア, フェラン　Adrià, Ferran　本名=アドリア・アコスタ, フェラン　料理人, 実業家　エル・ブリ・シェフ・共同経営者　⑱スペイン　⑯1962年5月14日　⑳2008

アドリアーノ　Adriano　本名=アドリアーノ, レイチ・リベイロ　サッカー選手(FW)　⑱ブラジル　⑯1982年2月17日　⑳2004／2008／2012

アドリアーノ　Adriano　本名=Ferreira,Adriano Martins　サッカー選手(FW)　⑱ブラジル　⑯1982年1月21日　⑳2012

アドリエンヌ, キャロル　Adrienne, Carol　作家, 講演家　⑳2004

アドリオン, アレクサンダー　Adrion, Alexander　マジシャン, 心理学研究家　⑯1923年　⑳1996

アードリック, ルイーズ　Erdrich, Louise　本名=Erdrich,Karen Louise　作家, 詩人　⑱米国　⑯1954年6月7日　⑳1992／1996／2000／2004／2008／2012

アドリヤン, アンドラーシュ　フルート奏者　⑱デンマーク　⑯1944年　⑳1992

アドリントン, レベッカ　Adlington, Rebecca　元・水泳選手(自由形)　北京五輪競泳女子400メートル・800メートル自由形金メダリスト　⑱英国　⑯1989年2月17日　⑳2012

アトレーヤ, モーハン　Atreya, Mohan　コンピューター技術者　⑳2004／2008

アドロン, パーシー　Adlon, Percy　映画監督　⑱ドイツ　⑯1935年6月　⑳1992／1996／2012

アナ　Ana　歌手　⑱米国　⑯1974年2月22日　⑳1992

アナイ　Anahí　本名=アナイ・ジョヴァンナ・プエンテ・ポルティリョ　グループ名=RBD　タレント　⑱メキシコ　⑯1983年5月14日　⑳2008／2012

アナキエフ, ディミタル　Anakiev, Dimitar　俳人　⑱スロベニア

アナス, ジョージ　Annas, George J.　ボストン大学医学部教授・公衆衛生学部医事法学科主任教授　⑱医事法学　⑲米国　⑳1996

アーナズ, デジ　Arnaz, Desi　喜劇俳優, 元・ボンゴ奏者兼バンドリーダー　⑲米国　㉒1986年12月2日　⑳1992

アナスタシア　Anastacia　本名=ニューカーク, アナスタシア　歌手　⑲米国　㉑1973年9月17日　⑳2004/2008

アナスタス, ポール　Anastas, Paul T.　化学者　米国環境保護庁（EPA）産業化学部長　⑱グリーンケミストリー　⑲米国　⑳2000

アナセン, イェンス　Andersen, Jens　文芸批評家　⑲デンマーク　㉑1955年　⑳2008

アナセン, バオン　バング・アンド・オルフセン社長　⑲デンマーク　⑳1992

アナツイ, エル　Anatsui, El　彫刻家　⑲ガーナ　㉑1944年　⑳2012

アナニアシヴィリ, ニーナ　Ananiashvili, Nina　本名=Ananiashvili,Nina Gedevanovna　バレリーナ　グルジア国立バレエ団芸術監督　元・ボリショイ・バレエ団プリンシパル　⑲グルジア　㉑1963年3月28日　⑳1992（アナニアシビリ, ニーナ）/1996（アナニアシビリ, ニーナ）/2000/2004/2008/2012

アナビアン, プーリー　Anavian, Pouri　サントゥール奏者　大阪音楽大学講師　⑲イラン　㉑1945年　⑳1992

アナベラ　Annabella　本名=シャルパンティエ, シュザンヌ・ジョルジェット　女優　⑲フランス　㉑1910年7月14日　㉒1996年9月19日　⑳1992/1996

アナポール, デボラ　Anapol, Deborah M.　「ポリアモリー──恋愛革命」の著者　⑲米国　⑳2008

アナヤ, トニー　Anaya, Toney　政治家　元・ニューメキシコ州知事　⑲米国　㉑1941年4月29日　⑳1992/2000

アナヤ, ルドルフォ　Anaya, Rudolfo　作家　⑲米国　㉑1937年　⑳2000/2004

アナーリナ, ニーナ　Anarina, Nina　演劇研究者　ロシア国立演劇大学外国演劇科教授　㉑1945年　⑳2008

アナン, コフィ・アッタ　Annan, Kofi Atta　外交官　コフィ・アナン財団理事長　元・国連事務総長（第7代）　⑲ガーナ　㉑1938年4月8日　⑳2000/2004/2008/2012

アナン, ナーネ　Annan, Nane Lagergren　法律家　アナン国連事務総長の妻　⑲スウェーデン　⑳2004

アナンジアタ, ロバート　テレポート・コミュニケーションズ社長, 世界テレポート連合会長　⑲米国　⑳1992

アナンド, カレン　フードライター　⑲インド　⑳2004

アーナンド, ムルク・ラージ　Anand, Mulk Raj　作家　⑲インド　㉑1905年12月12日　㉒2004年9月28日　⑳1992/2004

アナン・パンヤラチュン　Anand Panyarachun　政治家, 実業家, 元・外交官　タイ工業連盟（FTI）会長, サハ・ユニオン社会長　元・タイ首相　⑲タイ　㉑1932年8月9日　⑳1992/1996/2000

アーニ, ファイズ　Arni, Faiz　コンピューター技術者　⑲米国　⑳2004

アニア, ジュディ　キュレーター　⑲ニュージーランド　㉑1951年　⑳1992

アニエスベー　アニエスb　Agnès b.　本名=トゥルブル, アニエス　ファッションデザイナー　⑲フランス　㉑1941年　⑳1996/2000/2012

アニエリ, ウンベルト　Agnelli, Umberto　実業家　元・フィアット会長, 元・イタリア上院議員（キリスト教民主党）　⑲イタリア　㉑1934年11月1日　㉒2004年5月27日　⑳1992/1996/2000/2004

アニエリ, ジョバンニ　Agnelli, Giovanni　実業家　元・フィアット名誉会長, 元・イタリア終身上院議員　⑲イタリア　㉑1921年3月12日　㉒2003年1月24日　⑳1992/1996/2000

アニエリ, スサンナ　Agnelli, Susanna　政治家　元・イタリア外相　⑲イタリア　㉑1922年4月24日　㉒2009年5月15日　⑳2000/2004/2008

アニエル, ヤニック　Agnel, Yannick　水泳選手（自由形）　ロンドン五輪競泳男子200メートル自由形金メダリスト　⑲フランス　㉑1992年6月9日

アニエロ, アレクシス　Agnello, Alexis　地中海クラブ・アジア太平洋インド洋地区会長　⑲イタリア　㉑1941年　⑳1992/1996

アニクスト, ミハイル　Anikst, Mikhail　グラフィックデザイナー　ソビエト・ハウス（出版社）チーフ・クリエイティブ・ディレクター　⑲ソ連　⑳1992

アニゴーニ, ピエトロ　画家　⑲イタリア　㉑1910年　㉒1988年10月28日　⑳1992

アニシナ, マリナ　Anissina, Marina　フィギュアスケート選手（アイスダンス）　⑲フランス　㉑1975年8月30日　⑳2004/2008

アニーシモフ, アルカージー　Anisimov, Arkadii　民俗学者　⑲ソ連　㉑1912年　⑳1996

アニス, バーバラ　Annis, Barbara　コンサルタント　⑲米国　⑳2004

アニストン, ジェニファー　Aniston, Jennifer　女優　⑲米国　㉑1969年2月11日　⑳2000/2004/2008/2012

アニチェベ, ビクター　Anichebe, Victor　サッカー選手（FW）　北京五輪サッカー男子銀メダリスト　⑲ナイジェリア　㉑1988年4月23日　⑳2012

アニーチキン, アレクサンドル　ジャーナリスト　「ウィ/ムィ」紙編集局　⑲ロシア　㉑1957年　⑳1996

アニー・ベイビー　Anny baby　中国名=安妮宝貝　作家　⑲中国　㉑1974年7月11日　⑳2008/2012

アニマル・ウォリアー　Animal Warrior　本名=ラリナイダス, ジョセフ　旧タッグ名=ザ・ロード・ウォリアーズ　プロレスラー　⑲米国　㉑1961年1月26日　⑳2004/2008/2012

アニマル・レスリー　Animal Lesley　本名=レスリー, ブラッドリー・ジェイ　通称=レスリー, ブラッド, 登録名=アニマル, 芸名=亜仁丸レスリー　プロ野球選手, タレント　⑲米国　㉑1958年9月11日　㉒2013年4月27日

アニュス, ミシェル　Hanus, Michel　精神科医　⑲フランス　⑳1992/1996

アーニング, エディ　Arning, Eddie　画家　⑲米国　㉑1898年　⑳1996

アヌイ, ジャン　Anouilh, Jean　劇作家　⑲フランス　㉑1910年6月23日　㉒1987年10月3日　⑳1992

アヌシュ, アドリアン　Annus, Adrian Zsolt　ハンマー投げ選手　⑲ハンガリー　㉑1973年6月28日　⑳2008

アヌスキェウィッツ, リチャード　Anuskiewicz, Richard Joseph　ポップアーティスト　⑲米国　㉑1930年5月23日　⑳1996

アヌット・アーバーピロム　作家, ジャーナリスト　⑲タイ　㉑1940年　⑳1992

アヌポン・パオチンダ　Anupong Paochinda　軍人　タイ陸軍司令官　⑲タイ　㉑1949年10月10日　⑳2008/2012

アヌワル, モハマッド　革命家, 元・レスリング選手　イスラム社会党司令官　㉑1953年　⑳1992

アーネ, ユーラン　Ahrne, Göran　社会学者　ストックホルム大学教授　⑲スウェーデン　⑳2004/2008

アーネット, ピーター　Arnett, Peter　ジャーナリスト, テレビリポーター　元・CNN記者, 元・NBC記者　⑲米国　㉑1934年　⑳1992/1996/2000/2004/2008/2012

アネモーヌ　Anémone　女優　⑲フランス　㉑1950年　⑳1996

アーネル, ピーター　Arnell, Peter　アートディレクター, デザイナー, 写真家　⑲米国　㉑1959年　⑳1992/2000/2012

アーネル, ボーガン　Arnell, Vaughan　映像作家　⑲英国　⑳2004/2008

アネル, ラルス　Anell, Lars　駐ジュネーブ・スウェーデン大使　⑲スウェーデン　⑳1992

アネルカ, ニコラ　Anelka, Nicolas　サッカー選手（FW）　⑲フランス　㉑1979年3月14日　⑳2004/2008/2012

アネンバーグ, ウォルター　Annenberg, Walter H.　出版人, 美術コレクター　元・トライアングル・パブリケーションズ社長, 元・駐英米国大使　⑲米国　㉑1908年3月13日　㉒2002年10月1日　⑳1996

アノー, ジャン・ジャック Annaud, Jean-Jacques 映画監督 [国]フランス [生]1943年10月1日 [典]1992／1996／2004／2008／2012

アノーチャ・ノダムチョ 外交官 在日タイ大使館科学技術参事官 [国]タイ [生]1941年6月 [典]1992

アーノット, ジェイク Arnott, Jake 作家 [国]英国 [生]1961年 [典]2004

アーノット, ロバート・ダグラス Arnott, Robert Douglas 実業家 ファースト・クォードラント社長・CEO [国]米国 [生]1954年6月29日 [典]2000

アーノルディ, ペア Arnoldi, Per 画家, グラフィックデザイナー, ステージデザイナー [国]デンマーク [生]1941年 [典]1992／2008

アーノルド, J.R.トニー Arnold, J.R.Tony フレミングカレッジ名誉教授 [国]米国 [典]2004

アーノルド, イブ Arnold, Eve 写真家 [国]英国 [没]2012年1月4日 [典]1992／2000

アーノルド, ウラディーミル Arnold, Vladimir Igorevich 数学者 元・ロシア科学アカデミー・スチェクロフ数学研究所教授, 元・パリ大学ドーフィン校名誉教授 [国]ロシア [生]1937年6月12日 [没]2010年6月3日 [典]2000

アーノルド, エディ Arnold, Eddy 歌手 [国]米国 [生]1918年5月15日 [没]2008年5月8日 [典]1992

アーノルド, ケン Arnold, Ken コンピューター技術者 [典]2004

アーノルド, ジュディス Arnold, Judith ロマンス作家 [国]米国 [典]1992／1996

アーノルド, スーザン Arnold, Susan E. 実業家 プロクター・アンド・ギャンブル・グローバル・ビューティ・ケア担当社長 [国]米国 [生]1954年3月8日 [典]2008／2012

アーノルド, デービッド Arnold, David ロンドン大学東洋アフリカ研究学院教授 [専]歴史学 [国]英国 [生]1946年 [典]2000

アーノルド, デービッド・C. エイボン・プロダクツ社長 [国]英国 [生]1947年9月6日 [典]1996／2000

アーノルド, ニック Arnold, Nick 作家 [国]英国 [生]1961年 [典]2008

アーノルド, マルコム Arnold, Malcolm 本名＝Arnold,Malcolm Henry 作曲家, トランペット奏者 [国]英国 [生]1921年10月21日 [没]2006年9月23日 [典]1996

アーノルド, ヨハン・クリストフ Arnold, Johann Christoph カウンセラー [国]米国 [典]2004

アノロ, マヌエル Anoro, Manuel 画家 [国]スペイン [生]1945年 [典]1996

アーノンクール, ニコラウス Harnoncourt, Nikolaus 指揮者, チェロ奏者, 古楽研究家 ウィーン・コンツェントゥス・ムジクス(CMW)主宰者 [国]オーストリア [生]1929年12月6日 [典]1996／2004／2008／2012

アバ, マルタ 女優 [国]イタリア [没]1988年6月24日 [典]1992

アーバイン, エディ Irvine, Eddie 元・F1ドライバー [国]英国 [生]1965年11月10日 [典]1996／2000／2004

アーバイン, ロバート Irvine, Robert B. 危機管理コンサルタント 危機管理研究所所長 [国]米国 [典]1992

アバーエフ, ハセン Abaev, Khasen Seilkhanovich さし絵画家 [国]ソ連 [生]1942年 [典]1992

アバカノヴィッチ, マグダレーナ Abakanowicz, Magdalena 彫刻家 [国]ポーランド [生]1930年6月20日 [典]1992(アバカノビッチ, マグダレーナ)／1996(アバカノビッチ, マグダレーナ)／2000／2004／2008／2012

アバキアン, アラム Avakian, Aram 映画監督・編集者 [国]米国 [生]1926年4月23日 [没]1987年1月17日 [典]1992

アバクモワ, マリア Abakumova, Maria やり投げ選手 北京五輪陸上女子やり投げ銀メダリスト [国]ロシア [生]1986年1月15日

アパサミー, A.J. Appasamy, A.J. キリスト教学者 [国]インド [生]1891年 [典]2000

アパ・シェルパ Appa Sherpa 登山ガイド [国]ネパール [典]2008(シェルパ, アパ)／2012

アバシーゼ, グリゴリー Abashidze, Grigol Grigorievich 詩人 [国]グルジア [生]1913年8月1日 [典]1996

アバス Abbas 写真家 マグナム会長 [生]1944年 [典]2004／2008

アーバス, エイミー Arbus, Amy 写真家 [国]米国 [生]1954年 [典]1996

アバチャ, サニ Abacha, Gen.Sani 政治家, 軍人 元・ナイジェリア暫定統治評議会議長(元首), 元・ナイジェリア軍最高司令官 [国]ナイジェリア [生]1943年9月20日 [没]1998年6月8日 [典]1996

アハティサーリ, マルティ Ahtisaari, Martti 政治家, 外交官 元・フィンランド大統領, 元・国連事務次長 [国]フィンランド [生]1937年6月23日 [典]1996／2000／2004／2008／2012

アバド, クラウディオ Abbado, Claudio 指揮者 元・ベルリン・フィルハーモニー管弦楽団首席指揮者・芸術監督, 元・ルツェルン祝祭管弦楽団首席指揮者・音楽監督 [国]イタリア [生]1933年6月26日 [没]2014年1月20日 [典]1992／1996／2000／2004／2008／2012

アバド, ダニエレ Abbado, Daniele オペラ演出家 レッジョ・エミリア市立劇場芸術監督 [国]イタリア [典]2008

アバド, マルチェッロ Abbado, Marcello ピアニスト, 作曲家, 指揮者 元・ヴェルディ音楽院院長 [国]イタリア [生]1926年10月7日 [典]2000

アバド, ロベルト Abbado, Roberto 指揮者 [国]イタリア [生]1954年12月30日 [典]2000

アバーナシー, ラルフ Abernathy, Ralph David 黒人運動指導者, 牧師 [国]米国 [生]1926年3月11日 [没]1990年4月17日 [典]1992

アバナシー, ロン フルーツオブザルーム日本セールス代表 [国]米国 [典]1996

アバネイシー, アン リュージュ選手 [国]米国 [典]2000

アバネイル, フランク Abagnale, Frank W. 詐欺対策コンサルタント [国]米国 [典]2004

アハマド, ザカリア・ハジ Ahmad, Zakaria Haji マレーシア国立大学教授・戦略研究所主幹, マレーシア国際関係フォーラム理事長 [専]国際関係論 [国]マレーシア [典]1992

アハマド, パルビーン Ahmad, Perveen 婦人運動家 女性のための技術向上センター(SDUW)代表 [国]バングラデシュ [典]1992／1996

アハマド, マンスール Ahmad, Mansur 外交官 元・駐日パキスタン大使 [国]パキスタン [生]1933年7月31日 [典]1996

アハマメッド, ヌルマメドフ 政治家 トルクメニスタン国会議員・石油省次官 [国]トルクメニスタン [生]1950年 [典]1996

アパム, フランク Upham, Frank ボストン大学法律大学院教授 [専]日本法 [国]米国 [典]1992

アハメド, イアジュディン Ahmed, Iajuddin 政治家, 土壌学者 元・バングラデシュ大統領 [国]バングラデシュ [生]1931年2月1日 [没]2012年12月10日 [典]2004／2008／2012

アハメド, シェイク・シャリフ Ahmed, Sheikh Sharif 本名＝Ahmed,Sheikh Sharif Sheikh 政治家 元・ソマリア暫定大統領 [国]ソマリア [生]1964年7月25日 [典]2012

アハメド, シャハブデン Ahmed, Shahabuddin 政治家 元・バングラデシュ大統領 [国]バングラデシュ [生]1930年1月 [典]1992／1996／2000／2004／2008

アハメド, モウドド Ahmed, Moudud 政治家 元・バングラデシュ副大統領 [国]バングラデシュ [生]1940年 [典]1992／1996

アハメド, ライラ Ahmed, Leila 宗教学者 ハーバード大学神学部宗教学科教授 [専]イスラム女性学 [典]2004

アバヤ, アントニオ コラムニスト 「ザ・マニラ・クロニクル」紙コラムニスト [国]フィリピン [生]1936年 [典]1996

アバヤ, マリル・ディアズ Abaya, Marilou Diaz 映画監督 [国]フィリピン [生]1955年3月 [典]1992／2000／2004／2008／2012

アバヤリ, アンジャネット 女優 [国]フィリピン [生]1970年 [典]1996

アパリー, ドーン Apperley, Dawn 絵本作家 [国]英国 [典]2004

アバルキン, レオニード Abalkin, Leonid Ivanovich 経済学者, 政治家 元・ロシア科学アカデミー経済研究所所長, 元・ソ連副首相 [国]ロシア [生]1930年5月5日 [没]2011年5月2日 [典]1992／1996／2000

アーバン, アマンダ Urban, Amanda リテラリー・エージェント

インターナショナル・クリエイティブ・マネージメント　国米国　歴1992

アハーン, セシリア　Ahern, Cecelia　作家　国アイルランド　生1981年9月30日　歴2008／2012

アハーン, バーティ　Ahern, Bertie　政治家　元・アイルランド首相,元・アイルランド共和党党首　国アイルランド　生1951年9月12日　歴1996／2000／2004／2008／2012

アーバン, ハル　Urban, Hal　作家　歴2008

アハーン, ブライアン　Aherne, Brian　映画俳優　国米国　没1986年2月10日　歴1992

アーバン, マイケル　Urban, Micheal C.　コンピューター技術者　国米国　歴2004

アビ　Avi　児童文学作家　国米国　生1937年　歴2000／2004／2008／2012

アビー, エドワード　Abbey, Edward　作家, 環境保護主義者　国米国　生1927年　没1989年3月14日　歴1992

アビー, マイケル　Abbey, Michael　コンピューター技術者, テクニカルライター　国米国　歴2004

アービィ, タニア　Aebi, Tania　「タニア18歳 世界一周一890日の青春航海記」の著者　国米国　生1966年10月7日　歴1996

アビシ, スールー・ミガン　政治家　元・ダオメー (現・ベニン) 大統領　国ベニン　生1914年　没1989年12月3日　歴1992

アビシット・ウェチャチワ　Abhisit Vejjajiva　政治家 タイ民主党党首 元・タイ首相　国タイ　生1964年8月3日　歴2000／2012

アヒジョ, アハマド　Ahidjo, Ahmadou　政治家　元・カメルーン大統領　国カメルーン　生1924年8月24日　没1989年11月30日　歴1992

アビーソン, バンティ　Avieson, Bunty　作家　国オーストラリア　歴2012

アビダル, エリック　Abidal, Eric　サッカー選手 (DF)　国フランス　生1979年9月11日　歴2012

アピチ, S.M.　Apithy, Sourou Migan　政治家　元・ダオメー大統領　国ベニン　生1913年　歴1996

アピチェート・ナークレーカー　作家, 医師　国タイ　生1948年　歴1992

アピチャッポン・ウィーラセタクン　Apichatpong Weerasethakul　映画監督　国タイ　生1970年　歴2012

アビッシュ, ウォルター　Abish, Walter　作家　国米国　生1931年　歴2004／2008

アビディ, シリル　Abidi, Cyril　キックボクシング選手　元・フランス・アマチュアボクシング・スーパーヘビー級チャンピオン　国フランス　生1976年2月15日　歴2004／2008

アビト, ルベン　Habito, Ruben L.F.　カトリック司祭　龍谷大学教授, マリア観音禅会主宰　専宗教学, 仏教学　生1947年10月2日　歴1992／1996／2000

アビトワ, インガ　Abitova, Inga　マラソン選手　国ロシア　生1982年3月6日　歴2012

アービブ, マイケル　Arbib, Michael A.　南カリフォルニア大学教授　専ニューロ・コンピューター　歴1992

アビラ, アレックス　Avila, Alex　本名＝Avila,Alexander Thomas　大リーグ選手 (捕手)　国米国　生1987年1月29日

アヒラム, エフィアイム　エコノミスト　ヘブライ大学レナード・デービス研究所上級研究員　専中東経済問題　国イスラエル　歴1992

アビル, イオル　Abil, Iolu Johnson　政治家　バヌアツ大統領　国バヌアツ　生1942年　歴2012

アビルドセン, ジョン　Avildsen, John G.　映画監督　国米国　生1936年12月21日　歴1992／1996

アービン, アンソニー　Ervin, Anthony　水泳選手 (自由形)　シドニー五輪競泳男子50メートル自由形金メダリスト　国米国　生1981年5月26日　歴2004／2008

アービン, サム　Ervin, Sam　本名＝Ervin,Samuel James,Jr.　弁護士, 政治家　元・米国上院司法委員長 (民主党)　国米国　生1896年9月27日　没1985年4月23日　歴1992

アービン, ニュートン　Arvin, Newton　文学評論家　スミス大学英語教授　国米国　生1900年　歴1996

アービン, マイケル　Irvin, Michael　元・プロフットボール選手　国米国　生1966年3月5日　歴2000／2004

アービン, リチャード　テレビディレクター　国米国　生1990年12月23日　歴1992

アービン, リード　メディアの正確度所長　国米国　生1922年　歴1996

アービング, エイミー　Irving, Amy　女優　国米国　生1953年9月10日　歴1992／1996

アービング, カイリー　Irving, Kyrie　バスケットボール選手　国米国;オーストラリア　生1992年3月23日

アービング, クライブ　Irving, Clive　ジャーナリスト, 編集者, テレビプロデューサー　歴2004

アービング, クリフォード　Irving, Clifford　作家　国米国　歴1996

アービング, ジュディ　Irving, Judy　映画監督　国米国　生1946年　歴1992

アービング, ジュリアス　Erving, Julius　元・バスケットボール選手　生1950年2月22日　歴2000

アービング, ジョン　Irving, John　本名＝Irving,John Winslow　作家　国米国　生1942年3月2日　歴1992／1996／2000／2004／2008／2012

アブ・アサド, ハニ　Abu Assad, Hany　映画監督　生1961年　歴2008／2012

アファナシエフ, ヴァレリー　Afanasiev, Valery　ピアニスト, 作家　国ベルギー　生1947年9月8日　歴1992／1996／2000／2012

アファナシエフ, ヴィクトル　Afanasiev, Viktor Grigorievich　ジャーナリスト, 哲学者　元・「プラウダ」編集長　国ロシア　生1922年11月18日　没1994年4月10日　歴1992／1996

アファナシエフ, エフゲニー　Afanasiev, Evgenii　本名＝Afanasiev,Evgenii Vladimirovich　外交官　駐日ロシア大使　国ロシア　生1947年5月25日　歴2000

アファナシエフ, ユーリー　Afanasiev, Yurii Nikolayevich　歴史学者, 政治家　ロシア国立人文大学学長　国ロシア　生1934年9月5日　歴1992／1996

アーフィエス, ベルトゥス　Aafjes, Bertus　本名＝アーフィエス, ラムベルトゥス　詩人　国オランダ　生1914年5月12日　歴1992

アブ・イヤド　Abū Iyād　本名＝ハラフ, サラフ　政治家　元・パレスチナ解放機構 (PLO) 幹部　国パレスチナ　生1933年　没1991年1月14日　歴1992

アフェヤン, ヌーバー　実業家　パーセプティブ・バイオシステムズ会長・CEO, ケムジェニックス・ファーマシティカルズ社長　国米国　歴2000

アブ・ガザラ, モハメド・アブデル・ハリム　Abu-Gazala, Muhammed Abdel Halim　政治家, 軍人　元・エジプト大統領補佐官　国エジプト　生1930年1月1日　歴1992／1996

アブサロン, ジュリアン　Absalon, Julien　自転車選手 (マウンテンバイク)　アテネ五輪・北京五輪金メダリスト　国フランス　生1980年8月16日　歴2008／2012

アブ・ジハド　本名＝ワジル, ハリル・アル　元・PLO主流派ファタハ軍事司令官　没1988年4月16日　歴1992

アブシャイア, デービッド　Abshire, David Manker　国際政治学者　元・戦略国際問題研究所 (CSIS) 所長　国米国　生1926年4月11日　歴1992／1996／2000／2004／2008

アブス, ヘルマン　Abs, Hermann J.　銀行家　元・ドイツ銀行名誉会長　国ドイツ　生1901年10月15日　没1994年2月5日　歴1992／1996

アプスティル, スティーブ　Upstill, Steve　コンピュータ技術者　Pixar社　専コンピュータ・グラフィックス　国米国　歴1992

アプセーカー, ハーバート　Aptheker, Herbert　歴史家, 哲学者　ニューヨーク市マルクス主義研究所所長, ニューヨーク市立大学教授, エール大学客員教授　国米国　生1915年7月31日　歴1996

アプター, マイケル　Apter, Michael J.　心理学者　ジョージ・ワシントン大学客員教授　国英国　歴1996

アブダラ, アハメド　Abdallah, Ahmed　政治家　元・コモロ大統領

アフタリオン, フレッド　Aftalion, Fred　トタル・シミー社役員　国フランス　生1922年　現1996

アブダルハミード, アマール　Abdulhamid, Ammar　作家, ジャーナリスト　国シリア　生1966年　現2004／2008

アブディエンコ, ゲンナジー　Avdeenko, Gennadii　走り高跳び選手　国ソ連　現1992

アブディカリコフ, アクタン　Abdykalykov, Aktan　映画監督　国キルギス　生1957年　現2000／2004

アブデッサラム, B.　Abd al-Salām, Belayd　政治家　元・アルジェリア首相, 元・アラブ石油輸出国機構（OAPEC）事務局長　国アルジェリア　生1928年7月　現1992／1996／2000

アプテッド, マイケル　Apted, Michael　本名＝Apted, Michael David　映画監督　国英国　生1941年2月10日　現1992／2012

アブデルガニ, モハメド・ベンアハメド　Abdelghani, Mohamed Benahmed　政治家　元・アルジェリア首相　国アルジェリア　生1927年3月18日　没1992

アブデル・マレク, アヌワール　Abdel-Malek, Anouar I.　社会学者　元・国際社会学会副会長, 元・立命館大学国際関係学部教授　国エジプト　生1924年10月23日　没2012年6月15日　現1996／2000

アフト, アンドレアス　Agt, Andreas A.M.van　政治家　元・オランダ首相　国オランダ　生1931年2月2日　現1992（ファン・アフト, アンドレアス）／1996／2000／2008

アブード, ウマイヤ　針きゅう師　日本赤軍摘発事件で拘束　国レバノン　現2000

アブード, ジョセフ　Abboud, Joseph　ファッションデザイナー　国米国　生1951年　現1996／2004／2008

アブドゥラ　Abdullah bin Haji Ahmad Datuk　政治家　マレーシア教育相　国マレーシア　生1939年11月　現1992（アブドラ）

アブドゥラ, ライアン　Abdullah, Rayan　デザイナー　ライプチヒ芸術印刷大学教授　生1957年　現2008

アブドゥラ・アブドゥリシト　政治家　新疆ウイグル自治区主席　国中国　現2000

アブドゥライ・フィナンシ・カ・ムチヤネ　Abdoullaye Phinansi Ka Mthiyane　ジャーナリスト, ファッションデザイナー　「リアルタイム・マガジン」編集記者　国南アフリカ　生1967年5月22日　現1996

アブドゥラエフ, ナミク　Abdullaev, Namig　レスリング選手（フリースタイル）　国アゼルバイジャン　生1971年1月4日　現2004／2008

アブドゥラエフ, ムハマト　Abdullaev, Mahamadkadyz　ボクシング選手　シドニー五輪ボクシングライトウエルター級金メダリスト　国ウズベキスタン　生1973年11月15日　現2004

アブドゥラチポフ, ラマザン　Abdulatipov, Ramazan Gadzhimuradovich　政治家　ロシア無所任相　国ロシア　生1946年8月4日　現2000

アブドゥル, ポーラ　Abdul, Paula　本名＝アブドゥル, ポーラ・ジュリー　歌手, ダンサー, 振付師　国米国　生1963年6月13日　現1996

アブドゥル・ラウフ, マームド　Abdul-Rauf, Mahmoud　別名＝ジャクソン, クリス　バスケットボール選手　国米国　生1969年3月6日　現2000／2008

アブドキリム, アブドゥブル　Abudokirim, Abudogupur　医学者　自然快気研究所所長　国中国　生1961年7月12日　現2004

アブドラ, アブドラ　Abdullah, Abdullah　政治家, 元・眼科医　元・アフガニスタン外相, 元・国連代表　国アフガニスタン　生1960年9月5日　現2004／2008／2012

アブドラ, シェイク・モハマド　Abdullah, Sheikh Mohamad　政治家　元・ジャム・カシミール州首相　国インド　生1905年12月5日　没1982年9月8日　現1992

アブドラ, ファルーク　Abdullah, Farooq　政治家　ジャム・カシミール州首相　国インド　生1937年10月21日　現1992

アブドラー, マジェド　Abdullah, Majed　元・サッカー選手　国サウジアラビア　生1959年11月1日　現2000

アブドライ, シディ・モハメド・ウルド・シェイフ　Abdallahi, Sidi Mohamed Ould Cheikh　政治家　元・モーリタニア大統領　国モーリタニア　生1938年　現2008（アブダライ, シディ・モハメド・ウルド・シェイク）／2012

アブドラ・イブン・アブドル・アジズ　Abdullah Ibn Abdul Aziz　サウジアラビア国王（第6代）, サウジアラビア首相　国サウジアラビア　生1921年8月　現1992／1996／2000／2004／2008／2012

アブドラザコフ, イシェンバイ　政治家, 外交官　キルギス・日本会長　元・キルギスタン国務長官, 元・札幌総領事　国キルギスタン　現1992／2000

アブドーラ・ザ・ブッチャー　Abdullah The Butcher　本名＝シュリーブ, ラリー　プロレスラー　生1936年1月1日　現1992（ブッチャー）／2004（ブッチャー）／2008（ブッチャー）／2012

アブドラ・バダウィ　Abdullah Badawi　政治家　元・マレーシア首相, 元・統一マレー国民組織（UMNO）総裁　国マレーシア　生1939年11月26日　現2000／2004／2008／2012

アブドラ・ビン・フセイン　Abdullah bin Hussein　ヨルダン国王（第4代）　国ヨルダン　生1962年1月30日　現2000／2004／2008／2012

アブドルアジズ, モハメド・ウルド　Abdelaziz, Mohamed Ould　政治家, 軍人　モーリタニア大統領　国モーリタニア　生1956年12月20日　現2012

アブドルガニ, アブドルアジズ　Abdulghani, Abdul-Aziz　政治家　元・イエメン首相　国イエメン　生1939年7月4日　没2011年8月22日　現1996／2000

アブドル・ジャバー, カリーム　Abdul-Jabbar, Kareem　本名＝アルシンダー, ルイス・フェルディナンド　バスケットボール選手　国米国　生1947年4月16日　現1992（ジャバー, カリーム・アブドル）／1996（ジャバー, カリーム・アブドル）／2000（ジャバー, カリーム・アブドル）／2004（ジャバー, カリーム・アブドル）

アブドルジャリル, ムスタファ　Abdul Jalil, Mustafa　本名＝Abdul Jalil,Mustafa Mohammed　政治家, 法律家　元・リビア国民評議会（TNC）議長　国リビア　生1952年　現2012

アフトルハノフ, アブドゥラフマン　Avtorkhanov, Abdurakhman　歴史家　元・全ロシア共産党（ボリシェヴィキ）中央委員　国ロシア史　国ソ連　現1992

アブドル・ファタ, モハマド　Abdel-fatah, Mohamed　レスリング選手（グレコローマン）　国エジプト　生1978年2月4日

アブドルラーマン, オマル　Abdul Rahman, Omar　イスラム原理主義活動家, イスラム導師　イスラム集団指導者　国エジプト　生1940年　現2004／2008

アブドワリエフ, アンドレイ　Abduvaliev, Andrei　ハンマー投げ選手　国ウズベキスタン　現1996／2000

アプトン, マーティン　Upton, Martin　レディング大学農業経済経営学科教授　農業開発経済・経営論, 地域農業計画論, 資源管理保全論　国英国　現1996

アプトン, ロバート　Upton, Robert　劇作家, ミステリー作家　国米国　現1992

アブナセル, ジュリンダ　アラブ女性問題研究所所長　国レバノン　現1996

アブ・ニダル　Abu Nidal　本名＝バンナ, サブリ・アル　元・ファタハ革命評議会指導者　国パレスチナ　生1937年　没2002年8月　現1992／1996／2000

アブネット, ジョン　Avnet, Jon　映画監督, 映画プロデューサー　アメリカン・フィルム・インスティテュート理事・高等映画研究センター副会長　国米国　生1949年　現1996／2000

アブバカル, アシリ　社会学者　フィリピン大学アジアセンター準教授　国東南アジア　国フィリピン　現2000

アブバカル, アブドルサラム　Abubakar, Abdulsalami　政治家, 軍人　元・ナイジェリア暫定統治評議会議長　国ナイジェリア　生1942年6月13日　現2004／2008

アブパシャ, ハサン　政治家　元・エジプト内相　国エジプト

アブホーワ, タチアナ　マトリョーシカ絵付け師　モスクワ美術工芸大学講師, アブラムツェボ工芸学校講師　国ロシア　現2000

アフマディネジャド, マフムード　Ahmadinejad, Mahmoud　政治

家　イラン大統領,イラン科学産業大学教授　元・テヘラン市長　[専]都市計画　[国]イラン　[生]1956年10月28日　[典]2008／2012

アフマド, カジ・フセイン　Ahmad, Qazi Hussain　政治家,宗教指導者　元・イスラム協会総裁　[国]パキスタン　[生]1938年　[没]2013年1月6日

アフマド, レファト・サイード　イスラム組織研究家　ヤファ研究所所長　[国]エジプト　[典]2000

アフマドゥーリナ, ベラ　Akhmadulina, Bella　本名＝アフマドゥーリナ,イザベラ・アハートヴナ　詩人　[国]ロシア　[生]1937年4月10日　[没]2010年11月29日　[典]1992／1996／2000／2004

アフメティ, ビルソン　Ahmeti, Vilson　政治家　元・アルバニア首相　[国]アルバニア　[生]1951年9月5日　[典]1996

アブ・モスタファ, Y.　Abu-Mostafa, Yaser S.　カリフォルニア工科大学電子工学コンピュータサイエンス科教授,ニューロダラーズ社社長　[専]電子工学　[国]米国　[典]1996

アプラ, アドリアーノ　Apra, Adriano　映画評論家,エッセイスト　[国]イタリア　[生]1940年　[典]2000

アフラク, ミシェル　Aflaq, Michel　政治家,政治理論家　元・バース党創設者　[国]シリア　[生]1910年　[没]1989年6月24日　[典]1992

アブラシモフ, ピョートル　Abrasimov, Petr Andreevich　外交官　元・駐日ソ連大使　[国]ソ連　[生]1912年5月14日　[典]1992

アーブラスター, アンソニー　Arblaster, Anthony　政治学者　シェフィールド大学教授　[国]英国　[生]1937年　[典]2004

アブラーゼ, テンギス　Abuladze, Tengiz Evgenievich　映画監督,脚本家　[国]グルジア　[生]1924年1月31日　[没]1994年3月6日　[典]1996

アブラバニ, アミール　Abravani, Amir　工業デザイナー　[国]イラン　[生]1968年　[典]2000

アブラバネル, モーリス　Abravanel, Maurice　指揮者　[国]米国　[生]1903年　[没]1993年9月22日　[典]1996

アブラハム, ケン　Abraham, Ken　作家　[国]米国　[典]2004

アブラハム, ペーター　Abraham, Peter　作家　[国]ドイツ　[生]1936年　[典]2000

アブラハムソン, ウラ　Abrahamsson, Ulla　スウェーデン放送協会主任研究員　[専]マスメディア,女性問題　[国]スウェーデン　[生]1937年　[典]1992

アブラモヴィッチ, マリナ　Abramović, Marina　美術家　[生]1946年11月30日　[典]1996（アブラモビッチ, マリナ）／2000／2004／2008

アブラモヴィッチ, ロマン　Abramovich, Roman Arkadyevich　石油王,政治家　チェルシー・オーナー　元・チュクチ自治管区知事,元・ロシア下院議員,元・シグネット取締役　[国]ロシア　[生]1966年10月24日　[典]2000（アブラモビッチ, ロマン）／2004／2008／2012

アブラモウィッツ, モートン　Abramowitz, Morton I.　元・外交官　カーネギー国際平和財団理事長　[国]米国　[典]1996（アブラモウィッチ, モートン）

アブラモビッツ, M.A.　Abramowicz, Marek Artur　イェーテボリ大学天体物理学部教授　[専]天体物理学　[国]スウェーデン　[典]1996

アブラーモフ, フョードル　Abramov, Fedor Aleksandrovich　作家　[国]ソ連　[生]1920年　[没]1983年　[典]1992

アブラン, ダン　Ablan, Dan　Webデザイナー　AGA Digital Studios社長　[国]米国　[典]2004

アブランパリスキー, ニコライ　プロジェクト・チェルノブイリ副代表　[国]ベラルーシ　[典]2000

アブリコソフ, アレクセイ　Abrikosov, Alexei Alexeyevich　物理学者　アルゴンヌ国立研究所研究員　[専]超電導　[国]米国　[生]1928年6月25日　[典]2004／2008／2012

アブリャジン, デニス　Ablyazin, Denis　本名＝Ablyazin,Denis Mikhaylovich　体操選手　ロンドン五輪体操男子跳馬銀メダリスト　[国]ロシア　[生]1992年8月3日

アブリル, ビクトリア　Abril, Victoria　本名＝Rojas,Victoria Mérida　女優　[国]スペイン　[生]1959年7月4日　[典]2000／2004／2008

アブリル, フェルナンド　Abril Martoreli, Fernando　政治家　元・スペイン副首相　[国]スペイン　[生]1936年8月31日　[没]1998年2月16日　[典]1992

アブリル, プロスペル　Avril, Prosper　政治家,軍人　元・ハイチ大統領　[国]ハイチ　[生]1937年12月12日　[典]1992／1996

アプリーレ, ジュゼッペ　Aprile, Giuseppe　精神分析学者　[国]イタリア　[生]1924年　[典]1996

アプリーレ, ピーノ　Aprile, Pino　ジャーナリスト　「現代（Oggi）」副主幹　[国]イタリア　[生]1950年　[典]2008

アーブル, ロバート　元・タイムズ・ミラー社長・CEO　[国]米国　[典]1996

アブー・ルゴド, ジャネット　Abu-Lughod, Janet L.　社会学者　ノースウェスタン大学名誉教授,新社会研究学院名誉教授　[専]都市社会学,都市史　[生]1928年　[典]2004

アブルゼッシ, ジェフ　Apruzzese, Jeff　グループ名＝パッション・ピット　ミュージシャン　[国]米国　[典]2012

アブルッツォ, ベン　Abruzzo, Ben　気球飛行家,スキー場経営者　太平洋・大西洋横断の"気球野郎"　[国]米国　[生]1930年6月　[没]1985年2月11日　[典]1992

アプルトン, アーニー　Appleton, Ernnie　ケンブリッジ大学工学講師,ケンブリッジ大学ガートン・カレッジ・フェロー　[専]製造技術,オートメーション,CIM　[国]英国　[典]1992／1996

アプルボーム, アン　Applebaum, Anne　ジャーナリスト,コラムニスト　「ワシントン・ポスト」論説委員　[国]米国　[生]1964年7月　[典]2012

アプルボーム, ロバート　Applebaum, Robert A.　社会学者　マイアミ大学教授,スクリプス・ジェロントロジー・センター副所長　[国]米国　[典]2004（アプルバウム, ロバート）

アブレイユ, ボビー　Abreu, Bobby　本名＝アブレイユ,ボブ・ケリー　大リーグ選手（外野手）　[国]ベネズエラ　[生]1974年3月11日　[典]2004（エイブリュー, ボブ）／2008（エイブリュー, ボブ）／2012

アブレウ, ネルタイル　Abreu, Neltair　ペンネーム＝サンティアゴ　漫画家　[国]ブラジル　[典]1992

アフレック, ベン　Affleck, Ben　本名＝Affleck Benjamin,Geza　俳優,脚本家,映画監督　[国]米国　[生]1972年8月15日　[典]2000／2004／2008／2012

アプロー, アンタル　Apro, Antal　政治家　元・ハンガリー国民議会議長　[国]ハンガリー　[生]1913年2月8日　[典]1992

アブロウ, キース・ラッセル　Ablow, Keith Russel　精神科医,ジャーナリスト,作家　トライシティ・コミュニティ精神医学センター医学部長,ヘリテージ・ヘルス・システムズ副主任　[専]法精神医学　[国]米国　[生]1961年　[典]2000／2012

アブロソワ, ニーナ　Abrosova, Nina　本名＝アブロソワ,ニーナ・アレクセエブナ　プロボクサー　[国]ロシア　[生]1983年11月27日　[典]2008

アフロメーエフ, セルゲイ　Akhromeev, Sergei Fedorovich　軍人　元・ソ連大統領顧問,元・ソ連軍参謀総長　[国]ソ連　[生]1923年5月5日　[没]1991年8月24日　[典]1992

アベ, ジョージ　Abe, George　デジタルメディア・コンサルタント　Palomar Venturesベンチャーパートナー　[典]2004

アペイ・アワンジンメイ　Apei Awangjinmei　漢字名＝阿沛・阿旺晋美　政治家,チベット族指導者　元・中国全国人民代表大会（全人代）常務委副委員長,元・チベット自治区人民委主席　[国]中国　[生]1910年2月　[没]2009年12月23日　[典]1992／1996

アベカシス, エリエット　Abécassis, Eliette　哲学者,作家　[国]フランス　[生]1969年1月27日　[典]2000

アベグレン, ジェームス・クリスチャン　Abegglen, James Christian　経営学者　元・上智大学教授,元・アジア・アドバイザリー・サービス会長,元・ジェミニ・コンサルティング会長　[専]経営管理論　[生]大正15年2月2日　[没]2007年5月2日　[典]1996／2000／2004

アベッド, ファズレ・ハサン　Abed, Fazle Hasan　BRAC創設者　[国]バングラデシュ　[生]1936年4月27日

アーベッド, モハマド　Abed, Mohammad Reza　イラン・カーペット公社総裁　[国]イラン　[典]1996

アベディ, アガ・ハッサン　銀行家　元・バンク・オブ・クレジット・アンド・コマース・インターナショナル（BCCI）創業者　[国]パキスタン　[没]1995年8月5日　[典]1992／1996

アベドン, ジョン　Avedon, John F.　ジャーナリスト　[国]米国

ア

アベドン, リチャード　Avedon, Richard　写真家　国米国　生1923年5月15日　没2004年10月1日　録1992／1996／2000／2004

アベラ, ゲザハン　Abera, Gezenge　マラソン選手　国エチオピア　生1978年4月23日　録2000／2004／2008

アベーラ, ジョージ　Abela, George　政治家　マルタ大統領　国マルタ　生1948年4月22日　録2012

アベランジェ, ジョアン　Havelange, João　本名＝Havelange,Jean Marie Fanstin Godefroid　法律家　元・国際サッカー連盟(FIFA)会長,元・国際オリンピック委員会(IOC)委員　国ブラジル　生1916年5月8日　録1996／2000

アペリ, ヤン　Apperry, Yann　作家　国フランス　録1972年　録2012

アベリル, エスター　Averill, Esther　絵本作家　国米国　生1902年　録1992年／1996

アーベル, アブナー　Arbel, Avner　エコノミスト　コーネル大学財政学教授　投資,財務管理,経済恐慌　国米国　録1992

アベル, アントン　Abele, Anton　政治家　スウェーデン国会議員　国スウェーデン　録2012

アベル, イーリ　Abel, Elie　ジャーナリスト　国米国　録1992

アベル, カトリン　Apel, Katrin　バイアスロン選手　国ドイツ　生1973年5月4日　録2000

アベル, カレル　Appel, Karel Christian　画家　国オランダ　生1921年4月15日　没2006年5月3日　録1992

アベル, ドミニク　Abel, Dominique　映画監督,俳優,道化師　国ベルギー　生1957年　録2012

アベル, ハンス　Apel, Hans Eberhard　政治家　元・西ドイツ国防相　国ドイツ　生1932年2月25日　録1992

アーベルス, カレル　Aalbers, Karel J.J.　実業家　SBVフィテッセ会長　国オランダ　録2000

アベルス, チャナ・バイヤーズ　Abells, Chana Byers　ナチス虐殺記念館(ヤド・ヴァシェム)勤務　国イスラエル　録1992

アペルト, キャシー　Appelt, Kathi　絵本作家　国米国　録2004

アペルト, クリスチャン　Appelt, Christian W.　弁理士　国ドイツ　録2004

アホ, エスコ　Aho, Esko Tapani　政治家　元・フィンランド首相,元・フィンランド中央党党首　国フィンランド　生1954年5月20日　録1992／1996

アボイテス, ハイメ　Aboites, Jaime　メトロポリタン自治大学ソチミルコ校経済系大学院主任教授　国メキシコ経済　国メキシコ　生1947年　録1996

アボクトウニガシ　阿木冬・尼牙孜　新疆ウイグル自治区人民代表大会常務委員会主任,中国共産党新疆ウイグル自治区委員会副書記　国中国　生1932年　録1996

アポストリデス, ジャン・マリー　Apostolidès, Jean-Marie　スタンフォード大学教授　社会学　国米国　生1943年　録2000

アボット, アンドルー　Abbott, Andrew　シカゴ大学社会学部教授　社会学　国米国　生1948年　録1996

アボット, ジェフ　Abbott, Jeff　作家　国米国　生1963年　録2000／2012

アボット, ジェフリー　Abbott, Geoffrey　作家　国英国　録2004

アボット, ジェレミー　Abbott, Jeremy　フィギュアスケート選手　国米国　生1985年6月5日　録2012

アボット, ジム　Abbott, Jim　元・大リーグ選手　国米国　生1967年9月19日　録1992／1996／2000

アボット, ジョージ　Abbott, George Francis　劇作家,演出家　国米国　生1887年6月25日　没1995年1月31日　録1992／1996

アボット, ダイアン　Abbott, Diane Julie　政治家　英国国会議員(労働党)　国英国　生1953年9月27日　録1992

アボット, トニー　Abbott, Anthony John "Tony"　政治家　オーストラリア首相　国オーストラリア　録2012

アボット, ベレニス　Abbott, Berenice　写真家　国米国　生1898年　没1991年12月10日　録1992／1996

アボット, ポール　Abbott, Paul David　大リーグ選手(投手)　国米国　生1967年9月15日　録2004／2008

アボット, ミーガン　Abbott, Megan E.　作家　国米国　録2012

アボット, モニカ　Abbott, Monica　本名＝Abbott,Monica Cecilia　ソフトボール選手(投手)　北京五輪ソフトボール銀メダリスト　国米国　生1985年7月28日

アボット, ローラ　Abbot, Laura　ロマンス作家　国米国　録2004

アホネン, ヤンネ　Ahonen, Janne　スキー選手(ジャンプ)　ソルトレークシティ五輪・トリノ五輪スキー・ジャンプ団体銀メダリスト　国フィンランド　生1977年5月11日　録2000／2004／2008／2012

アポンテ, マリ・カメルン　弁護士　国米国　録1992

アーポン・ティスヤーコーン　看護婦　国タイ　録2000

アーマー, アイ・クウェイ　Armah, Ayi Kwei　作家　国ガーナ　生1939年　録1992

アーマ, ショーラ　歌手　国英国　録2000

アーマー, トミー(3世)　Armour, Tommy(III)　プロゴルファー　国米国　生1959年10月8日　録1992／2008

アマゴアリク, ジョン　Amagoalik, John　ヌナブト施行委員会最高責任者　国カナダ　録2004

アマコスト, マイケル・ヘイドン　Armacost, Michael Hayden　政治学者,外交官　スタンフォード大学アジア太平洋研究センター特別フェロー　元・駐日米国大使　国際関係,日米関係,安全保障問題　国米国　生1937年4月15日　録1992／1996／2000／2004／2008／2012

アマコスト, ロバータ　Armacost　ピアニスト　アマコスト元駐日米国大使夫人　国米国　録1992／1996

アマダー, ザビア　Amador, Xavier　精神科医　コロンビア大学医学校心理学教授　録2008

アマチラ, リベルチン　医師,政治家　ナミビア地方自治住宅相　国ナミビア　録1992

アーマッド, デービッド・R.ミルザ　Ahmad, David R.Mirza　コンピュータ技術者　国カナダ　録2008

アマティ, ジョヴァンナ　Amati, Giovanna　F1ドライバー　国イタリア　生1962年7月20日　録1992／1996

アマデイ, リッカルド　Amadei, Riccardo　翻訳家,通訳　国イタリア　生1945年　録2004

アマディアール, カゼム　Ahmadyar, Kazem　医師　国アフガニスタン　録2004

アマート, ジュリアーノ　Amato, Giuliano　政治家　イタリア内相　元・イタリア首相　国イタリア　生1938年5月13日　録1996／2000／2004／2008／2012

アマード, ジョルジェ　Amado, Jorge　作家　国ブラジル　生1912年8月10日　没2001年8月6日　録1992／1996／2000

アマド, マンソール　ホッケー選手(GK)　国パキスタン　録1996

アマド, ルイ　作詞家　国フランス　生1915年1月　没1992年10月4日　録1996

アマトリアイン, アリシア　Amatriain, Alicia　バレリーナ　シュトゥットガルト・バレエ団プリンシパル　国ドイツ　録2012

アマナット, エブラヒム　Amanat, Ebrahim　精神医学者　南カリフォルニア医科大学精神医学科准教授,ロサンゼルスV.A.外来クリニックPTSD研究センター長　録2004

アマナール, シモナ　Amanar, Simona　元・体操選手　国ルーマニア　生1979年10月7日　録2000／2004

アマーマン, ジョン・W.　実業家　元・マテル社会長　国米国　生1932年　録1992／2000

アマラウ, ダンテ　Amaral, Dante　本名＝アマラウ, ダンテ・ギマラエス・サントス・ド　バレーボール選手　アテネ五輪バレーボール男子金メダリスト　国ブラジル　生1980年9月30日

アマラオ　Amaral　本名＝カルドーソ, ワグネル・ペレイラ　サッカー監督　国ブラジル　生1966年10月16日　録2000／2004／2008／2012

アマラシンゲ, サマンサ　Amarasinghe, Sumantha R.　ランカ水力研究所所長,国際沿岸海洋機構(ICO)会長,開発途上国沿岸港湾技

術世界会議（COPEDEC）終身会長　国沿岸計画・技術　国スリランカ　生1936年　出1996

アマラル, フランシスコ・シャビエル・ド　Amaral, Francisco Xavier do　東ティモール独立運動指導者　元・東ティモール社会民主連合党（ASDT）党首　国東ティモール　生1937年　没2012年3月6日

アマランテ, ジョゼ・アジウ　Amarante, Jose Ajiu　フットサル監督　国ポルトガル　生1965年12月14日　出2012

アマリア, ローラ　女優　国インドネシア　生1977年　出2004

アマリージャ　Amarilla　本名=Vera,Raul Vincent Amarilla　サッカー指導者, 元・サッカー選手　国パラグアイ　生1960年7月19日　出2008／2012

アマリンゴ, パブロ　Amaringo, Pablo　画家, 環境保護活動家, 元・シャーマン治療師　国ペルー　出1996／2000

アマルゴ, ジュリー　国際消費者機構（IOCU）名誉顧問, フィリピン消費者連盟代表　国フィリピン　出1992

アマルゴ, パブロ　Amargo, Pablo　イラストレーター　国ベネズエラ　出2004

アマルゴ, ラファエル　Amargo, Rafael　フラメンコダンサー, 振付師　国スペイン　生1975年　出2008／2012

アマル・シアムワラ　Ammar Siamwalla　タイ開発調査研究所長　国タイ　生1939年　出1992

アマルジャルガル, リンチンニャム　Amarjargal, Rinchinnyamiyn　政治家, エコノミスト　元・モンゴル首相　国モンゴル　生1961年2月27日　出2000／2004／2008

アマルリック, マチュー　Amalric, Mathieu　俳優, 映画監督　国フランス　生1965年　出2000／2012

アマン, シモン　Ammann, Simon　スキー選手（ジャンプ）　ソルトレークシティ五輪・バンクーバー五輪金メダリスト　国スイス　生1981年6月25日　出2004／2008／2012

アーマン, スコット　Urman, Scott　コンピューター技術者　出2004

アマン, ベティ　Amann, Betty　女優　国ドイツ　生1905年　出1996

アマン, モハメド　Aman, Mohammed　陸上選手（中距離）　国エチオピア　生1994年1月10日

アマンスハウザー, マルティン　Amanshauser, Martin　作家　国オーストリア　生1968年　出2004

アーマンソン, ハワード（Jr.）　慈善活動家　国米国　出2000

アーマンソン, ロベルタ　慈善活動家　国米国　出2000

アマンプール, クリスティアーヌ　Amanpour, Christiane　ジャーナリスト　国米国　生1958年1月12日　出2000／2008／2012

アミ, ジルベール　Amy, Gilbert　作曲家, 指揮者　国フランス　生1936年8月29日　出1992

アーミー, リチャード　Armey, Richard　政治家　米国共和党下院院内総務　国米国　生1940年7月7日　出1996／2000

アミエル, キャロル　Amiel, Carole　故・イヴ・モンタンの妻　国フランス　生1960年3月10日　出2000

アミーゴ, ビセンテ　Amigo, Vicente　フラメンコギタリスト　国スペイン　生1967年　出2000

アミジッチ, マリオ　卓球コーチ, 元・卓球選手　卓球日本男子ジュニア・ナショナル・コーチ　国クロアチア　生1954年10月31日　出2000／2004／2008

アミット　Amit　本名=Paul,Amit Sebastian　グループ名=A☆TEENS　歌手　国スウェーデン　生1983年10月29日　出2004

アーミテージ, アラン　Armitage, Allan M.　ジョージア大学園芸学部教授　園芸学　国米国　出2000

アーミテージ, キャロル　Armitage, Carol　「パワー・ポーズできれいになる！一体と心を変える『正しく美しい姿勢』の簡単エクササイズ」の著者　出2008

アーミテージ, ケネス　Armitage, Kenneth　彫刻家　国英国　生1916年7月18日　没2002年1月22日　出1996／2000

アーミテージ, サイモン　Armitage, Simon　詩人, 作家　国英国　生1963年　出2012

アーミテージ, マイケル　Armitage, Michael　本名=Armitage, Michael John　軍事評論家, 元・軍人　国中東軍事情勢　国英国　生1930年8月25日　出1992

アーミテージ, リチャード・リー　Armitage, Richard Lee　政策コンサルタント, 外交官　アーミテージ・インターナショナル社長　元・米国国務副長官, 元・米国国防次官補　国米国　生1945年4月26日　出1992／1996／2000／2004／2008／2012

アミナ　Amina　本名=アナビ, アミナ　歌手　国フランス　生1962年　出1992

アミハイ, イェフダ　Amichai, Yehuda　詩人, 作家　国イスラエル　生1924年　没2000年9月22日　出2000

アミルシャム・アジズ　銀行家　マラヤン・バンキング社長　国マレーシア　出2000

アミル・マフムッド　Amir Machmud　軍人, 政治家　元・インドネシア国民協議会（MPR）議長・国会（DPR）議長　国インドネシア　生1923年2月21日　出1992（アミル・マフムド）／1996／2000

アミーロフ, フョードル　Amirov, Feodor　ピアニスト　国ロシア　出2004

アミン　amin　本名=巫慧敏　シンガー・ソングライター　国中国　生1973年1月15日　出2012

アミン, アドナン　Amin, Adnan　国際再生可能エネルギー機関（IRENA）事務局長　国ケニア　生1957年　出2012

アミン, イディ　Amin Dada, Idi　本名=Amin Dada,Field Marshal Idi　政治家, 軍人　元・ウガンダ大統領　国ウガンダ　生1925年　没2003年8月16日　出1992／1996

アミン, サミール　Amin, Samir　経済学者　国エジプト　生1931年9月4日　出1992／1996

アミン, ハルン　Amin, Haron　外交官　駐日アフガニスタン大使　国アフガニスタン　生1969年7月19日　出2012

アミン, モハマッド　旧名=石井正治　実業家　アンビコ社代表　国インドネシア　生1916年　出2000

アームズ, リチャード（Jr.）　Arms, Richard W.（Jr.）　投資コンサルタント　国米国　出2004

アームストロング, B.J.　Armstrong, B.J.　本名=アームストロング, ベンジャミン・ロイ,Jr.　元・バスケットボール選手　ブルズGM特別補佐　国米国　生1967年9月9日　出1996／2000／2004

アームストロング, アリソン　Armstrong, Alison　ライター　生1955年　出2004

アームストロング, カレン　Armstrong, Karen　宗教学者, 元・尼僧　レオベック大学教授　国英国　出1996／2000

アームストロング, キャンベル　Armstrong, Campbell　別筆名=アルトマン, トーマス　作家　国英国　生1944年　出1992／1996

アームストロング, ギリアン　Armstrong, Gillian　映画監督　国オーストラリア　生1950年　出2000／2004／2008

アームストロング, クリスティン　Armstrong, Kristin　元・自転車選手（ロードレース）　北京五輪・ロンドン五輪自転車女子ロードレース個人タイムトライアル金メダリスト　国米国　生1973年8月11日　出2012

アームストロング, ゲーリー　Armstrong, Gary　経営学者　ノースカロライナ大学チャペルヒル校キーナン・フラグラー・ビジネス・スクール教授　国米国　出2004／2008

アームストロング, ジェニー　Armstrong, Jenny　ヨット選手　国オーストラリア　生1970年3月3日　出2004／2008

アームストロング, ジェニファー　Armstrong, Jennifer　作家　国米国　出2004／2008

アームストロング, ダグラス　Armstrong, Douglas　コンピューター技術者　国米国　出2004

アームストロング, ダンカン　Armstrong, D.　水泳選手（自由形）　国オーストラリア　出1992

アームストロング, デビー　スキー選手　国米国　出1992

アームストロング, デービッド　Armstrong, David Malet　哲学者　シドニー大学名誉教授　国オーストラリア　生1926年7月8日　出2000／2004

アームストロング, トーマス　Armstrong, Thomas　心理学者　アームストロング・クリエイティブ・トレーニングサービス理事長

⑱多面的能力理論　⑲米国　⑳2000

アームストロング, ニール・アルデン　Armstrong, Neil Alden　宇宙飛行士　⑯航空宇宙工学　⑲米国　⑰1930年8月5日　⑳2012年8月25日　⑳1992／1996／2000

アームストロング, バネッサ・ベル　Armstrong, Vanessa Bell　ゴスペル歌手　⑲米国　⑰1953年10月2日　⑳2008／2012

アームストロング, ハーベイ　シェフィールド大学教授　⑳2008

アームストロング, ビリー・ジョー　Armstrong, Billy Joe　グループ名＝グリーン・デイ　ミュージシャン　⑲米国　⑰1972年2月17日　⑳2012

アームストロング, フェリシティ　Armstrong, Felicity　教育学者　シェフィールド大学教育学部講師・インクルーシブ教育研究センター員　⑲英国　⑳2004

アームストロング, ブラッド　Armstrong, Brad　プロレスラー　⑲米国　⑰1961年6月15日　⑳2012年11月1日

アームストロング, ヘンリー　Armstrong, Henry　プロボクサー　⑲米国　⑰1912年12月12日　⑳1988年10月22日　⑳1992

アームストロング, マイケル　Armstrong, C.Michael　実業家　元・AT&T会長・CEO, 元・IBM上級副社長　⑲米国　⑰1938年10月18日　⑳1996／2000／2004／2012

アームストロング, ランス　Armstrong, Lance　本名＝Armstrong, Lance Edward　元・自転車選手　⑲米国　⑰1971年9月18日　⑳2000／2004／2008／2012

アームストロング, リンゼイ　Armstrong, Lindsay　ロマンス作家　⑲オーストラリア　⑳2004

アームストロング・ジョーンズ, アントニー・チャールズ・ロバート　Armstrong-Jones, Antony Charles Robert　写真家　スノードン伯爵　元・王室付き写真師　⑲英国　⑰1930年3月7日　⑳1996

アムゼガル, J.　Amouzegar, Jamshid　政治家　元・石油輸出国機構（OPEC）イラン全権代表, 元・イラン首相, 元・イラン・ラスタキズ党書記長　⑲イラン　⑰1923年6月25日　⑳1992

アームソン, J.O.　Urmson, J.O.　「アリストテレス倫理学入門」の著者　⑳2008

アムダー, ロバート　Amdur, Robert J.　医学者　フロリダ大学医学部教授　⑯放射線腫瘍学　⑲米国　⑳2008

アムダール, ジーン　Amdahl, Gene M.　アンドール・インターナショナル社長　⑲米国　⑰1922年　⑳1996

アムテ, ムルリンダル・デビダス　Amte, Murlidhar Devidas　通称＝バーバ・アムテ　社会活動家, 法律家　⑲インド　⑰1914年12月26日　⑳2008年2月9日　⑳1992

アムト, マーティン　元・フリア美術館館長特別補佐　⑲米国　⑳1992

アムナート・ジェンサバーイ　Amnat Yensabai　作家, 評論家　シーナカリン・ウィロート大学人文科学部芸術担当教授, 「芸術の世界（ロークシンラパ）」誌編集長　⑲タイ　⑰1947年7月11日　⑳1992／1996

アムヌアイ・ウィラワン　Amnuay Virawan　政治家　元・タイ副首相　⑲タイ　⑰1932年5月22日　⑳2000

アムバクシア, キース　Ambachtsheer, Keith P.　ファイナンシャル・アナリスト　KPAアドバイザリー・サービス設立者, カナダ金融調査基金会長　⑲カナダ　⑳1996

アムブロジウス, ゲーロルド　Ambrosius, Gerold　経済史家　ベルリン自由大学私講師　⑯20世紀ドイツ公企業史　⑲ドイツ　⑰1949年　⑳1992

アムブロシオ, グラシエラ・スサーナ　歌手　⑲アルゼンチン　⑳2000

アムブロジーニ, マッシモ　Ambrosini, Massimo　サッカー選手（MF）　⑲イタリア　⑰1977年5月29日　⑳2008

アムブローズィ, ハンス・ゲオルク　ドイツ国営ワイン醸造所（ヘッセン州エルトヴィレ）主管　⑲ドイツ　⑰1925年　⑳1992

アムホーン・ミスック　Ambhorn Meesook　国際社会福祉協議会会長　⑲タイ　⑳1992

アムラム, マーサ　Amram, Martha　コンサルタント　ポコモ・ソフトウェア社長　⑲米国　⑳2004

アムラン, マルク・アンドレ　Hamelin, Marc-André　ピアニスト　⑲カナダ　⑰1961年　⑳2000／2004／2008／2012

アームレーダー, ジョン　Armleder, John M.　アーティスト　⑯絵画, 彫刻, インスタレーション　⑲スイス　⑰1948年　⑳2004

アーメイ　A-MEI　本名＝張恵妹　漢字名＝阿妹　歌手　⑲台湾　⑰8月9日　⑳2000（張 恵妹 チョウ・ケイマイ）／2004（阿妹 アマイ）／2008（阿妹 アマイ）／2012

アメージング・コング　A.Kong　女子プロレスラー　⑲米国　⑳2008

アメチー, ドン　Ameche, Don　本名＝アミチー, ドミニク・フィリックス　俳優　⑲米国　⑰1908年5月31日　⑳1993年12月6日　⑳1996

アメット, ジャック・ピエール　Amette, Jacques-Pierre　作家, 批評家　⑲フランス　⑰1943年5月18日　⑳2008

アーメド, ジャラール　Ahmed, Jalal　児童文学作家　元・駐日バングラデシュ公使　⑲インド　⑰1940年　⑳2004

アーメド, ハワー・ザマン　Ahmed, Khawar Zaman　コンピューター技術者　⑳2004

アーメド, ムスタク　Ahmed, Khandakar Mustaque　政治家　元・バングラデシュ大統領　⑲バングラデシュ　⑰1918年　⑳1996年3月5日　⑳1992（アハメド, K.M.）

アーメド, ラフユーディン　国連アジア太平洋経済社会委員会（ESCAP）事務局長　⑲パキスタン　⑳1992／1996

アメナーバル, アレハンドロ　Amenabar, Alejandro　映画監督, 脚本家　⑲スペイン　⑰1973年　⑳2000／2004／2008／2012

アメミヤ, ユリコ　舞踊家　マーサ・グラハム舞踊団准芸術監督　⑲米国　⑳1996

アメリオ, ウィリアム　Amelio, William J.　別名＝アメリオ, ビル　実業家　元・レノボ・グループCEO　⑲米国　⑰1957年11月25日　⑳1996／2012

アメリオ, ギルバート　Amerio, Gilbert F.　実業家　パークサイド・グループ共同経営者　元・アップルコンピュータ会長・CEO　⑲米国　⑰1943年　⑳2000

アメリオ, ジャンニ　Amelio, Gianni　映画監督　⑲イタリア　⑰1945年　⑳1992／1996／2000／2008／2012

アメリカ, ジュリアン　America, Julian　実業家　ジョン・ロブ副社長　⑲英国　⑰1963年　⑳2004

アメリコ, ニコライ　Amelko, Nikolai Nikolaevich　軍人　ソ連外務省顧問, 共産党中央委員候補　⑲ソ連　⑰1914年11月12日　⑳1992

アメリス, ジャン・ピエール　Améris, Jean-Pierre　映画監督　⑲フランス　⑰1961年　⑳2012

アメリン, シャール　Hamelin, Charles　スピードスケート選手（ショートトラック）　バンクーバー五輪金メダリスト　⑲カナダ　⑰1984年4月14日　⑳2012

アメリン, フランソワ　Hamelin, François　スピードスケート選手（ショートトラック）　バンクーバー五輪スピードスケート・ショートトラック男子5000メートルリレー金メダリスト　⑲カナダ　⑰1986年12月18日　⑳2012

アメリング, エリー　Ameling, Elly　本名＝アメリング, エリザベス・サラ　ソプラノ歌手　⑲オランダ　⑰1938年2月8日　⑳1996／2000

アメール, ルイス　Amer, Luis　画家　⑲スペイン　⑰1943年11月2日　⑳2004

アメローイ, ヴィレケ・ファン　Ammelrooy, Willeke van　女優　⑲オランダ　⑰1944年　⑳2000

アモ, クロード　フランス剣道連盟名誉会長, パリ第五大学体育学部長　⑲フランス　⑰1927年　⑳1992

アモーソフ, ニコライ　Amosov, Nikolai Mikhailovich　心臓外科医, 医学者, 作家　元・キエフ心臓外科研究所名誉所長　⑲ウクライナ　⑰1913年12月6日　⑳2002年12月12日　⑳1992

アモテンスティーン, シェリー　Amatenstein, Sherry　ライター　⑲米国　⑳2008

アモリーニ, エリザベス・サリーナ　Amorini, Elisabeth Salina　実業家　SGS会長　⑲スイス　⑳1996

アモリン, セルソ Amorim, Celso 本名=アモリン, セルソ・ルイス・ヌーネス 政治家, 外交官 ブラジル外相 ㊞ブラジル ㊓1942年6月3日 ㊥2000（アモリム, セルソ）／2004（アモリム, セルソ）／2012

アモリン, ビセンテ Amorim, Vicente 映画監督 ㊞ブラジル ㊓1966年 ㊥2012

アモール, アン・クラーク Amor, Anne Clark 著述家 ルイス・キャロル・ソサィアティ会長 ㊞英国 ㊥2004／2008

アモール, ダニエル Amor, Daniel ビジネスコンサルタント ㊥2004

アモレ, ドム Amore, Dom 新聞記者 ㊥2008

アモローゾ, マルシオ Amoroso, Marcio 本名=アモローゾ・ドス・サントス, マルシオ サッカー選手（FW） ㊞ブラジル ㊓1974年7月5日 ㊥1996（アモローゾ・ドス・サントス, マルシオ）／2000／2004／2008／2012

アモロッシ, バネッサ Amorossi, Vanessa 歌手 ㊞オーストラリア ㊥2004／2008

アモン, ウルリヒ Ammon, Ulrich デュイスブルク大学教授 ㊔社会言語学 ㊞ドイツ ㊓1943年 ㊥1996

アモン, エルヴェ Hamon, Hervé ジャーナリスト, 作家, 編集者 ㊓1946年 ㊥2004

アーモン, クロッパー Almon, Clopper 経済学者 メリーランド大学経済学部教授 ㊞米国 ㊥2004

アーモンド, ガブリエル・エイブラハム Almond, Gabriel Abraham 政治学者 元・スタンフォード大学教授 ㊔比較政治学 ㊞米国 ㊓1911年1月12日 ㊨2002年12月25日 ㊥1992

アーモンド, デービッド Almond, David 作家 ㊞英国 ㊓1951年 ㊥2004／2008／2012

アーモンド, マーク 旧グループ名=ソフト・セル 歌手 ㊞英国 ㊓1958年 ㊥1992／1996

アーモンド, リンカーン Almond, Lincoln Carter 政治家 元・ロードアイランド州知事 ㊞米国 ㊓1936年 ㊥2000／2004

アヤラ, ジョーイ シンガー・ソングライター ジョーイ・アヤラとバーゴン・ルーマッドリーダー ㊞フィリピン ㊓1956年 ㊥1992

アヤラ, ハイメ・ゾベル・デ アヤラ・コーポレーション会長 ㊞フィリピン ㊓1934年 ㊥1992／1996

アヤーラ, フランシスコ Ayala, Francisco 作家, 社会学者, 随筆家, 文芸評論家 ㊞スペイン ㊓1906年3月16日 ㊨2009年11月3日 ㊥1992

アヤラ, フランシスコ Ayala, Francisco Jose 生物学者, 遺伝学者 カリフォルニア大学アーバイン校生物科学ドナルド・ブレン教授, 進化学会会長 ㊔生物学, 生態学, 進化生物学 ㊞米国 ㊓1934年3月12日 ㊥1996／2000／2012

アヤラ, ロベルト Ayala, Roberto 本名=アヤラ, ロベルト・ファビアン サッカー選手（DF） ㊞アルゼンチン ㊓1973年4月14日 ㊥2008

アヤラ・ラッソ, ホセ Ayala Lasso, José 元・国連人権高等弁務官 ㊞エクアドル ㊓1932年1月29日 ㊥1996／2000／2004

アユトン・クレナック インディオ自立運動指導者 ㊞ブラジル ㊓1953年 ㊥2000

アーヨ, フェリックス Ayo, Felix バイオリニスト ㊞イタリア ㊓1933年7月1日 ㊥1996

アヨーシ・バトエルデネ Ayuush Bat-erdene 馬頭琴奏者 ㊞モンゴル ㊓1975年 ㊥2004／2008

アラ Ara 女優 ㊞韓国 ㊓1990年2月11日 ㊥2008／2012

アライ, テッド 新井, テッド・K. 戦闘指導者, 元・軍人 アライ・ディフェンシブ・コンバット・アカデミーエグゼクティブ・ディレクター ㊞米国 ㊓1931年 ㊥2000

アライア, アズディン Alaia, Azzedine ファッションデザイナー ㊥1992／1996

アライエン, アンジェレス Arrien, Angeles 文化人類学者 ㊞米国 ㊥2004／2008

アライサ, フランシスコ Araiza, Francisco テノール歌手 ㊞メキシコ ㊓1950年10月4日 ㊥1992／1996

アライモ, シモーネ Alaimo, Simone バス・バリトン歌手 ㊞イタリア ㊥2004

アラウ, アルフォンソ Arau, Alfonso 映画監督, 俳優 ㊞メキシコ ㊥1996

アラウ, クラウディオ Arrau, Claudio ピアニスト ㊞チリ ㊓1903年2月6日 ㊨1991年6月9日 ㊥1992

アラウィ Alawi bin Abdullah, Yousef bin 政治家 オマーン国務相（外務担当） ㊞オマーン ㊓1942年 ㊥2000／2004

アラウィ, アヤド Allawi, Ayad 政治家 イラク国家戦略評議会議長, イラク国民合意（INA）代表 元・イラク暫定政府首相 ㊞イラク ㊓1945年 ㊥2008／2012

アラウージョ Araujo 本名=アラウージョ・ソアレス, クレメルソン・デ サッカー選手（FW） ㊞ブラジル ㊓1977年8月8日 ㊥2008／2012

アラウソ, ステラ Arauzo, Stella 舞踊家 アントニオ・ガデス舞踊団芸術監督 ㊞スペイン ㊥2012

アラガッパ, ムタイア Alagappa, Muthiah イースト・ウエストセンター上級研究員 ㊞マレーシア ㊓1942年 ㊥2000

アラガル, ハイメ Aragall, Jaime イタリア名=アラガル, ジャコモ テノール歌手 ㊞スペイン ㊓1939年6月6日 ㊥1996

アラガル, ハイメ（Jr.） Aragall, Jaime（Jr.） イタリア名=アラガル, ジャコモ テノール歌手 ㊞スペイン ㊓1965年 ㊥1996

アラキ, グレッグ Araki, Gregg 映画監督 ㊞米国 ㊓1959年 ㊥1996

アラキ, ジェームズ Araki, James T. 日本文学研究家, ジャズ・アルトサックス奏者 元・ハワイ大学名誉教授 ㊞米国 ㊓1925年6月18日 ㊨1991年12月22日 ㊥1992／1996

アラゴネス, ルイス Aragones, Luis サッカー監督, 元・サッカー選手 元・サッカー・スペイン代表監督 ㊞スペイン ㊓1938年7月28日 ㊥2008／2012

アラゴン, ルイ Aragon, Louis 詩人, 作家, 評論家 ㊞フランス ㊓1897年10月3日 ㊨1982年12月24日 ㊥1992

アラジェム, ベニー 実業家 元・パッカードベルNEC会長・CEO ㊞米国 ㊥2000

アラス, ダニエル Arasse, Daniel 文学者 パリ大学教授, エール大学客員教授, フランス学院（イタリア・フィレンツェ）主宰 ㊞フランス ㊓1944年 ㊥1992

アラーズ, フランツ Allers, Franz ミュージカル指揮者 ㊞米国 ㊓1905年8月6日 ㊨1995年1月26日 ㊥1996

アラスコッグ, ランド Araskog, Rand Vincent ITT会長・CEO ㊞米国 ㊓1931年10月30日 ㊥1992／1996

アラスト, セイエド・モルテザ Arastoo, Seyed Morteza テクノ・インターナショナル・コーポレーション主宰 ㊞イラン ㊓1949年8月24日 ㊥2004

アラタス, アリ Alatas, Ali 外交官 元・インドネシア外相 ㊞インドネシア ㊓1932年11月4日 ㊨2008年12月11日 ㊥1992／1996／2000／2008

アーラッカー, ブライアン Urlacher, Brian 元・プロフットボール選手 ㊓1978年5月25日 ㊥2008／2012

アラッド, ロン Arad, Ron 家具デザイナー, 建築家 ㊞イスラエル ㊓1951年 ㊥2004／2008

アラド, アビ Arad, Avi 映画プロデューサー マーブル・スタジオ社長・CEO ㊞米国 ㊓1948年 ㊥2004

アラード, ウェイン Allard, Wayne 政治家 元・米国上院議員（共和党） ㊞米国 ㊓1943年12月12日 ㊥2004／2012

アラード, リンダ Allard, Linda ファッションデザイナー ㊞米国 ㊥2000

アラーニア, カルロス Araña Osorio, Carlos Manuel 軍人, 政治家 元・グアテマラ大統領 ㊞グアテマラ ㊓1918年7月17日 ㊨2003年12月6日 ㊥1996（アラナ, オソリオ）

アラーニャ, ロベルト Alagna, Roberto テノール歌手 ㊞フランス ㊓1963年6月7日 ㊥2000／2008／2012

アラノヴィッチ, セミョーン Aranovich, Semyen 映画監督 ㊞ロシア ㊓1934年 ㊨1996年9月8日 ㊥1996（アラノビッチ, セ

アラバウ, マリナ　Alabau, Marina　本名＝Alabau Neira,Marina　ヨット選手（RSX級）　ロンドン五輪セーリング女子RSX級金メダリスト　国スペイン　生1985年8月31日

アラバスター, オリバー　Alabaster, Oliver　医師　ジョージ・ワシントン大学メディカルセンター病疾予防研究部門主任　典癌研究　典1992

アラバール, フェルナンド　Arrabal, Fernando　劇作家　国フランス　生1932年8月11日　典1992／1996／2000／2004／2008／2012

アラビ, ナビル　Araby, Nabil el-　外交官, 法律家　アラブ連盟事務局長　元・エジプト外相　国エジプト　生1935年3月15日　典2012

アラビー, マイケル　Allaby, Michael　著述家　典2004

アラビアン, ジスレーヌ　料理人　国フランス　生1948年　典2000

アラビンダン, G.　Aravindan, G.　映画監督　国インド　生1935年　没1991年3月16日　典1992

アラファト, ヤセル　Arafat, Yasser　別名＝アブ・アンマル　政治家　元・パレスチナ解放機構（PLO）議長,元・パレスチナ自治政府議長,元・ファタハ指導者　国パレスチナ　生1929年8月24日　没2004年11月11日　典1992／1996／2000／2004

アラーマ, ホリア　Arama, Horia　SF作家　国ルーマニア　生1930年　典1992

アラマラジュ, サブラマニヤム　Allamaraju, Subrahmanyam　コンピューター技術者　典2004

アラム, バクティアル　Alam, Bachtiar　インドネシア大学日本研究センター所長　典社会人類学,ASEAN・日本関係　国インドネシア　生1958年　典2000

アラム, ボブ　Arum, Bob　プロボクシング興行主, 弁護士　トップランク社CEO　国米国　生1931年12月8日　典1992／2000

アラム, ムスクマラスワミー　政治家　インド上院議員,世界宗教者平和会議（WCRP）国際委員会会長　国インド　典1996

アラムシャ, ラトゥプウィラネガラ　Alamsyah, Ratu Prawiranegara H.　政治家　元・インドネシア公共福祉担当調整相　国インドネシア　生1925年12月25日　没1998年1月8日　典1992

アラムナウ, アンドレイ　Aramnau, Andrei　重量挙げ選手　北京五輪重量挙げ男子105キロ級金メダリスト　国ベラルーシ　生1988年4月17日　典2012

アラヤルヴィ, ペンッティ　Arajarvi, Pentti　政治家　元・フィンランド国会議員　ハロネン・フィンランド大統領の夫　国フィンランド　典2008

アラルコン, ダニエル　Alarcón, Daniel　作家　国米国　生1977年

アラルコン, ミネラ　アテネオ・デ・マニラ大学文理学部物理学科助教授　典レーザー　国フィリピン　典1992

アラルコン, リカルド　Alarcón, Ricardo　本名＝アラルコン・デ・ケサダ, リカルド　政治家, 外交官　キューバ人民権力全国会議（国会）議長, キューバ共産党政治局員　元・キューバ外相　国キューバ　生1937年5月21日　典1992／2000／2004／2008／2012

アラルコン・リベラ, ファビアン　Alarcon Rivera, Fabian　政治家　元・エクアドル大統領　国エクアドル　生1947年4月14日　典2000

アラール・デキュジス, ジュリー　Halard-Decugis, Julie　元・テニス選手　国フランス　生1970年9月10日　典2004

アラン　alan　本名＝阿蘭達瓦卓瑪　歌手　国中国　生1987年7月25日　典2012

アラン, エリザベス　女優　国英国　生1990年7月27日　典1992

アラン, ジョン　Allan, John　心理療法士　ブリティッシュ・コロンビア大学名誉教授, 遊戯療法学会理事, ユング派分析家協会上級訓練分析家　典2008

アラン, スティーブン　Alan, Steven　ファッションデザイナー　スティーブン・アラン・デザイナー　国米国　生1966年　典2004／2012

アラン, テッド　博覧会国際事務局（BIE）名誉議長　国英国　典2000

アラン, ニコラス　Allan, Nicholas　絵本作家　国英国　典2004／2008

アラン, ビッキー　Allan, Vicky　ジャーナリスト　「スペクトラム」論説委員　国英国　典2004

アラン, マイケル・J.R.　デュポン・インターナショナル・S・A副社長　生1933年　典1992

アラン, マリー・クレール　Alain, Marie-Claire　オルガン奏者　国フランス　生1926年8月10日　没2013年2月26日　典1996／2004

アラン, マルク　Alyn, Marc　詩人　国フランス　生1937年　典1992

アラン, ルネ　Arend, René　シェフ　マクドナルド社新製品開発担当シェフ　典1992

アランサディ, クラウディオ　Aranzadi, Claudio　本名＝アランサディ・マルティネス, ホセ・クラウディオ　政治家　元・スペイン通産観光相, 元・スペイン国立産業公団総裁　国スペイン　生1946年10月9日　典1992／1996（アランサディ, クラウディオ／アランサディ・マルティネス, ホセ・クラウディオ）

アランスビア　Aranzubia　本名＝アランスビア, ダニエル　サッカー選手（GK）　国スペイン　生1979年9月18日　典2004

アーランド, チャールズ　Earland, Charles　オルガン奏者　国米国　生1941年5月24日　典1996

アランブレット, ノエル　Arambulet, Noel　プロボクサー　元・WBA世界ミニマム級チャンピオン　国ベネズエラ　生1974年5月18日　典2004／2008

アランベルリ, フリオ　Aramberri, Julio　スペイン運輸観光通信省観光促進局長　元・マドリード大学法学部教授　典レジャー社会学　国スペイン　典1992

アリー, D.W.　Urry, D.W.　アラバマ大学教授　典分子生物物理学　国米国　典1996

アリ, アヤーン・ヒルシ　Ali, Ayaan Hirsi　元・オランダ下院議員　典2008／2012

アリ, アルベール　Hari, Albert　聖書学者　国フランス　生1930年　典2000

アリー, インディア　Arie, India　歌手　国米国　典2004／2008

アリー, ウィリアム　Alley, William J.　アメリカン・ブランズ会長・CEO　国米国　生1929年12月27日　典1992／1996

アリ, カマル・ハッサン　Ali, Kamal Hassan　政治家　元・エジプト首相　国エジプト　生1921年9月18日　没1993年3月27日　典1992／1996

アリー, カール　アリー・アンド・ガーガノ会長　国米国　典1992

アリー, ゲッツ　Aly, Götz　ジャーナリスト　「ベルリナー・ツァイトゥング」編集者　典ナチズム史, 社会政策　国ドイツ　生1947年　典2000

アリ, サリム　鳥類学者　国インド　没1987年6月20日　典1992

アーリー, ジェラルド　Early, Gerald　評論家　ワシントン大学教授　典現代文学, ボクシング　国米国　生1952年　典2000

アーリ, ジョン　Urry, John　社会学者　ランカスター大学社会学科主任教授　国英国　生1946年　典1996／2008

アーリー, チャリティ・アダムズ　米国陸軍初の黒人女性士官　国米国　典1996

アリ, ハミドン　外交官　在日マレーシア大使館公使参事官　国マレーシア　典1992

アーリー, ピート　Early, Pete　作家, ジャーナリスト　国米国　典2000／2008

アーリー, フラン　Earley, Fran　ジャーナリスト, ロマンス作家　国米国　典1992

アリー, マイケル　Alley, Michael　テキサス大学工学部講師　典科学論文の書き方　国米国　典1992

アリ, モハメド　Ali, Muhammad　本名＝クレイ, カシアス・マーセラス, Jr.　旧名＝クレイ, カシアス　元・プロボクサー　元・世界ヘビー級チャンピオン　国米国　生1942年1月17日　典1992／1996／2000／2004／2008／2012

アリー, リチャード　Alley, Richard B.　気候学者　ペンシルベニア州立大学地球科学科教授　国米国　典2008

アリー, ルイ　Alley, Rewi　社会運動家　国ニュージーランド　生1897年12月2日　没1987年12月27日　典1992

アリ, ルビナ　Ali, Rubina　女優　国インド　典2012

アリ, レイラ　Ali, Laila　元・プロボクサー　元・IBA・IWBF・WIBA・WBC女子世界スーパーミドル級チャンピオン　国米国　生1977年12月30日　掲2000／2004／2008

アリーア　Alia　グループ名＝allure　歌手　国米国　掲2000

アリア, ラミズ　Alia, Ramiz　政治家　元・アルバニア大統領　国アルバニア　生1925年10月18日　没2011年10月7日　掲1992／1996／2000

アリアガ, ギジェルモ　Arriaga, Guillermo　本名＝アリアガ・ホルダン, ギジェルモ　作家, 脚本家, 映画監督　国メキシコ　生1958年　掲2008／2012

アリアス, アルヌルフォ　Arias, Arnulfo　元・パナマ大統領　国パナマ　生1901年8月15日　没1988年8月10日　掲1992

アリアス, アルフレド　Arias, Alfredo　演出家　国フランス　掲2000

アリアス, ジョージ　Arias, George　プロ野球選手(外野手)　国米国　生1972年3月12日　掲2004／2008

アリアス, ポンチョ　Ariaz, Poncho　彫刻家　国ペルー　生1939年　掲1992／1996

アリアス, マイケル　Arias, Michael　映画監督, アニメーション監督, CGプログラマー　国米国　生1968年　掲2008／2012

アリアス・サンチェス, オスカル　Arias-Sánchez, Oscar　政治家, 弁護士　元・コスタリカ大統領　国コスタリカ　生1940年9月13日　掲1992／1996／2000／2004／2008／2012

アリアディエール, ジェレミー　Aliadeire, Jeremie　サッカー選手(FW)　国フランス　生1983年3月30日　掲2004

アリエ, ジャン・エデルン　Hallier, Jean-Edern　作家, 思想家　国フランス　生1938年　掲1992

アリエズ, エリック　Alliez, Eric　哲学者　国フランス　生1957年　掲2000

アリエス, フィリップ　Ariès, Philippe　歴史家　国フランス　生1914年7月21日　没1984年2月8日　掲1992

アリエティ, シルバーノ　Arieti, Silvano　臨床精神医学者　国精神分裂病　国英国　生1914年　没1981年　掲1992

アリエフ, イルハム　Aliyev, Ilham　本名＝Aliyev,Ilham Heydar Oglu　政治家, 実業家　アゼルバイジャン大統領　国アゼルバイジャン　生1961年12月24日　掲2004／2008／2012

アリエフ, ヘイダル　Aliyev, Heydar　政治家　元・アゼルバイジャン大統領,元・ソ連第1副首相,元・ソ連共産党政治局員　国アゼルバイジャン　生1923年5月10日　没2003年12月12日　掲1992／1996／2000／2004

アリオー, フィリップ　Alliot, Philipe　F1ドライバー　国フランス　生1954年7月27日　掲1992／1996

アリオラ, ダンテ　Ariola, Dante　CMディレクター, 映像作家　国米国　掲2004／2008

アリグッド, K.T.　Alligood, Kathleen T.　数学者　ジョージ・メイスン大学教授　掲2008

アリゲール, マルガリータ　Aliger, Margarita Iosifovna　詩人　国ロシア　生1915年10月7日　没1992年8月1日　掲1992

アリーザーデ, ホセイン　Alizadeh, Hossein　タール奏者, セタール奏者　イラン国立音楽院院長　国イラン　生1951年　掲2004／2008

アリザデ, ホセイン　イラン伝統音楽家　シェイダ・アレフ楽団リーダー　国イラン　掲1992

アリシャバナ, タクディル　Alisjahbana, Sutan Takdir　言語学者, 文学者, 哲学者　元・インドネシア・ナショナル大学学長, 元・ジャカルタ・アカデミー会長　国インドネシア　生1908年2月11日　没1994年7月17日　掲1992／1996

アリス, フランシス　Alÿs, Francis　現代美術家　生1959年

アリスター, ウィリアム　Allister, William　作家, 画家　国カナダ　生1919年　掲2004

アリスティド, ジャン・ベルトラン　Aristide, Jean Bertrand　政治家, 解放の神学派神父　元・ハイチ大統領　国ハイチ　生1953年7月15日　掲1992／1996／2000／2004／2008／2012

アリストフ, ボリス　Aristov, Boris Ivanovich　政治家　元・ソ連外国貿易相　国ソ連　生1925年　掲1992

アリスバー, ビルゼル　Alisbah, Bilsel　世界銀行(国際復興開発銀行)副総裁　生1937年　掲1996

アリスマン, マーシャル　Arisman, Marshall　イラストレーター, 教師　国米国　掲1992

アリスムナンダル, ウィスモヨ　Arismunundar, Wismoyo　軍人　元・インドネシア陸軍参謀長　国インドネシア　掲1996

アリゼ　Alizée　歌手　国フランス　生1984年8月21日　掲2004／2008

アリソン, グラハム　Allison, Graham T.　政治学者　ハーバード大学教授　元・米国国防次官補(企画・政策担当)　米国外交・国防論　国米国　生1940年　掲1996／2000

アリソン, ジューン　Allyson, June　女優　国米国　生1917年10月7日　没2006年7月8日　掲1992／1996

アリソン, ドロシー　Allison, Dorothy　作家　国米国　生1949年　掲2000

アリソン, ハーバート(Jr.)　Allison, Herbert M.(Jr.)　実業家　元・メリルリンチ社長・COO　国米国　生1943年　掲2000

アリソン, メアリー・アン　Allison, Mary Ann　実業家　アリソン・グループ代表　掲2004

アリソン, ラルフ・ブリュースター　Allison, Ralph Brewster　精神科医　多重人格　国米国　生1931年5月13日　掲2000

アーリチャ, エイモス　Aricha, Amos　作家　国イスラエル　掲1992

アリーチェ　Alice　本名＝ビッシ, カルラ　シンガー・ソングライター　国イタリア　掲1992

アリーチェ, ジャンナ　Alice, Gianna　折紙作家　国イタリア　掲2004／2008

アーリック, グレテル　Ehrlich, Gretel　作家　国米国　生1946年　掲1996(エーリック, グレテル)

アーリックマン, ジョン　Ehrlichman, John Daniel　作家, 評論家　元・ニクソン大統領補佐官　国米国　生1925年3月20日　没1999年2月14日　掲1992／1996

アーリッヒ, グロリア　Erlich, Gloria C.　文学者　国ナサニエル・ホーソーン研究　国米国　掲2004／2008

アリディヒス, オメロ　Aridjis, Homero　詩人, 作家　元・国際ペンクラブ会長　国メキシコ　生1940年4月6日　掲2004／2008／2012

アリート, サミュエル　Alito, Samuel Anthony(Jr.)　法律家　米国連邦最高裁判事　国米国　生1950年4月1日　掲2008／2012

アリトミ, ビクトル　Aritomi, Victor　本名＝アリトミ・シント, ビクトル　日本姓＝有富　外交官　元・駐日ペルー大使, 元・ペルー松下電器取締役　国ペルー　生1936年　掲1992／1996／2004／2008

アリーナ, フェリーチェ　Arena, Felice　児童文学作家　国オーストラリア　生1968年　掲2012

アリーナ, ブルース　Arena, Bruce　サッカー監督, 元・サッカー選手, 元・ラクロス選手　元・サッカー米国代表監督　国米国　生1951年9月21日　掲2000／2004／2008／2012

アリナス, ギルバート　Arenas, Gilbert　バスケットボール選手　国米国　生1982年1月6日

アリーバス, アルフレード　Arribas, Alfredo　建築家　エリサバ・スクール・オブ・デザイン・インテリアデザイン学部長　国スペイン　生1954年　掲1992／1996

アリフ, モハメッド　マレーシア経済研究所所長　国経済学　国マレーシア　掲2000

アリフィレンコ, セルゲイ　Alifirenko, Sergei　射撃選手(ピストル)　国ロシア　生1959年1月21日　掲2004／2008

アリブクス, L.　Alibux, Liakat A.E.　政治家　元・スリナム首相・外相　国スリナム　生1908年　掲1992

アリベック, ケン　Alibek, Ken　ロシア名＝アリベコフ, カナジャン　生物兵器開発者, 防衛用生物学者　元・バイオプレパラト第一総局副局長　国米国　生1950年　掲2000

アリベルティ, ルチア　Aliberti, Lucia　ソプラノ歌手　国イタリア　生1957年　掲1992／1996／2000／2012

アリポフ, アレクセイ　Alipov, Alexei　射撃選手(クレー射撃)　アテネ五輪射撃男子クレー・トラップ金メダリスト　国ロシア

[生]1975年8月7日　[典]2008／2012

アリ・ムルトポ　Ali Murtopo　政治家, 軍人　元・インドネシア最高諮問評議会副議長・元情報相　[国]インドネシア　[生]1924年　[没]1984年5月15日　[典]1992

アリモ, ガイ　Alimo, Guy　作家　[生]1944年8月4日　[典]1996

アリモハンマディ, マスード　Ali-Mohammadi, Masoud　核物理学者　元・テヘラン大学教授　[国]イラン　[生]1959年8月24日　[没]2010年1月12日

アリモンディ, ヴィクトール　Arimondi, Victor　写真家　[国]イタリア　[生]1942年　[典]1992

アリヤラトネ, アハンガマジー・チューダー　Ariyaratne, A.T.　社会運動家　サルボダヤ運動指導者　[国]スリランカ　[生]1931年11月5日　[典]1992／1996／2000／2012

アリュー, イヴ・マリ　Allioux, Yves Marie　日本文学研究者　トゥールーズ・ル・ミライユ大学日本語学科助教授　[国]フランス　[典]1996

アリヨシ, ジョージ　Ariyoshi, George A.　政治家, 弁護士　元・ハワイ州知事　[国]米国　[生]1926年3月12日　[典]1992／1996／2000／2012

アリヨシ, リタ　Ariyoshi, Rita　ライター　[国]米国　[典]2004

アリョーシン, サムイル・ヨシフォヴィチ　Alyoshin, Samuil I.　劇作家　[国]ソ連　[生]1913年　[典]1996

アリヨマリ, ミシェル　Alliot-Marie, Michèle　本名=Alliot-Marie, Michèle Yvette Marie-Thérèse　政治家　元・フランス外相・内相・国防相, 元・フランス共和国連合 (RPR) 総裁　[国]フランス　[生]1946年9月10日　[典]2000／2004 (アリオマリ, ミシェル) ／2008／2012

アリン, ダグ　Allyn, Doug　ミステリー作家　[国]米国　[生]1942年10月10日　[典]1996／2012

アリーン, ラーシュ　Ahlin, Lars Gustaf　作家　[国]スウェーデン　[生]1915年4月4日　[典]1992

アーリントン, C.T.　Arrington, C.T.　コンピューター技術者　[典]2004

アーリントン, ラバー　Arrington, LaVar　元・プロフットボール選手　[国]米国　[生]1978年6月20日　[典]2008

アール, シルビア　Earle, Sylvia A.　海洋生物学者, 海洋探検家　[国]米国　[生]1935年　[典]1996／2000／2012

アール, デービッド　Ahl, David　エコノミスト　大和総研アメリカ・エネルギー総括シニア・アナリスト　[国]米国　[典]1992

アルー, フェリペ　Alou, Felipe Rojas　大リーグ監督, 元・大リーグ選手　[国]米国　[生]1935年5月12日　[典]1996／2000／2004／2008／2012

アルー, ベルナール　Allou, Bernard　サッカー選手 (MF)　[国]フランス　[生]1975年6月19日　[典]2000

アルー, モイセズ　Alou, Moises Rojas　大リーグ選手 (外野手)　[国]米国　[生]1966年7月3日　[典]2000／2004／2008

アール, リチャード　Earle, Richard C.B.　カナダ・ストレス研究所所長　[専]ストレス学　[国]カナダ　[生]1945年　[典]2000

アル・アザウイ, ヒクマト・ミズバン・イブラヒム　Al-Azzawi, Hikmat Mizban Ibrahim　政治家　元・イラク副首相・財務相　[国]イラク　[没]2012年1月27日

アル・アデル, サイフ　al-Adel, Saif　本名=メッカウィ, ムハンマド　イスラム原理主義過激派活動家　アルカイダ指導者　[国]エジプト　[典]2012

アルヴァニタ, ジョルジュ　Arvanitas, Georges　ジャズピアニスト, ジャズオルガン奏者　[国]フランス　[生]1931年6月13日　[典]1996 (アルバニタ, ジョルジュ)

アルヴィス, ミシェル　Alvis, Michel de　画家, ファッションデザイナー　[国]フランス　[生]1936年　[典]1992 (アルビス, ミシェル) ／1996 (アルビス, ミシェル)

アルウェイン, ヴィヴェク　Alwayn, Vivek　コンピューター技術者　[典]2004

アルヴェーン, ハネス　Alfvén, Hannes Olof Gösta　筆名=ヨハネッソン, ウロフ　物理学者, 作家　[国]スウェーデン　[生]1908年5月30日　[没]1995年4月2日　[典]1992 (アルベーン, H.) ／1996 (アルベーン, ハネス)

アルヴテーゲン, カーリン　Alvtegen, Karin　作家, テレビ脚本家　[国]スウェーデン　[生]1965年　[典]2012

アルエゴ, ホセ　Aruego, Jose　画家　[典]2004

アルカイヤ, ジョン　モルガン・スタンレー・アセット・マネジメント投信社長, 日本証券投資顧問業協会副会長　[典]2000

アルカティリ, マリ　Alkatiri, Mari　本名=Alkatiri,Mari bin Amude　政治家, 独立運動家　元・東ティモール首相　[国]東ティモール　[生]1949年11月26日　[典]1996／2004／2008／2012

アルカード, ジョルジュ　Alucard, George　「ゆらゆらガラス玉」の著者　[典]2008

アルカライ, スヴェン　Alkalaj, Sven　外交官　ボスニア・ヘルツェゴビナ外相　[国]ボスニア・ヘルツェゴビナ　[生]1948年11月11日　[典]2012

アルカライ, リリアーナ・トレヴェス　Alcalay, Liliana Treves　ギタリスト, 歌手, 作曲家　[国]イタリア　[典]2000

アルカラス, フランシス　Alcaraz, Frances　挿絵画家　[国]フィリピン　[生]1975年　[典]2004

アルカレイ, グレン　Alcalay, Glenn H.　医療人類学者　マーシャル諸島の被ばく調査をする科学者　[国]米国　[典]1992

アルガン, ジュリオ・カルロ　Argan, Giulio Carlo　美術史家, 美術批評家　元・ローマ市長, 元・ローマ大学教授　[国]イタリア　[生]1909年　[没]1992年11月11日　[典]1996

アルカン, ドゥニ　Arcand, Denys　映画監督　[国]カナダ　[生]1941年6月25日　[典]2008／2012

アルカンタラ, エウリペデス　Alcãntara, Euripedes　ジャーナリスト　「ヴェージャ」誌社会経済部部長　[国]ブラジル　[生]1956年　[典]1996

アルカンタラ, リカルド　Alcantara, Ricardo　児童文学作家　[国]ウルグアイ　[生]1946年11月24日　[典]1996／2004

アルキブジ, フランチェスカ　Archibugi, Francesca　映画監督　[国]イタリア　[生]1960年5月16日　[典]1996／2000／2004

アルク, ウムット　Arik, Umut　外交官　駐日トルコ大使　[国]トルコ　[生]1938年　[典]1992

アルグエリエス, ロメオ　外交官　元・駐日フィリピン大使　[国]フィリピン　[典]2000／2004

アルクスニス, ヴィクトル　Alksnis, Victor Imantovich　軍人, 政治家　元・ソユーズ指導者, 元・ソ連空軍大佐　[国]ロシア　[生]1950年6月　[典]1992／1996

アルグンエル, クッシ　Erguner, Kudsi　宗教指導者　メウレウィー教団代表　[国]フランス　[生]1952年　[典]1996

アルゲリッチ, マルタ　Argerich, Martha　ピアニスト　[国]アルゼンチン　[生]1941年6月5日　[典]1992 (アルヘリッチ, マルタ) ／1996／2000／2004／2008／2012

アルゲルスアリ, フランシスコ　写真家　[国]スペイン　[典]1996

アルコック, ジョン　Alcock, John　生物学者　アリゾナ州立大学教授　[国]米国　[典]2008

アルコック, ピート　Alcock, Pete　バーミンガム大学社会政策行政学部教授　[専]社会政策　[国]英国　[典]2004／2008

アルコック, ビビアン　Alcock, Vivien　作家　[国]英国　[生]1924年　[典]2004

アルコット, ニール　Alcott, Neall　ネットワーク技術者　Visalign LLC社アドバイザリーシステムエンジニア　[典]2004

アルコム・キティノパクン　Arkom Kittinoppakun　バイオリニスト　バンコク交響楽団　[国]タイ　[典]2000

アルコーン, ナンシー　Alcorn, Nancy　マーシー・ミニストリーズ創設者　[国]米国　[典]2004

アルサドゥーン, モハメッド　Al Sa'doun Mohammed　画家　[国]イラク　[生]1957年2月13日　[典]1992

アルサマコフ, イスライル　Arsamakov, Izrail　重量挙げ選手 (82.5キロ級)　[国]ソ連　[典]1992

アルザミル, アブドルアジズ　Al-Zamil, Abdulaziz　政治家, 実業家

サウジアラビア工業・電力相, サウジアラビア基礎産業公社（SABIC）総裁　国サウジアラビア　発1996

アルサヤーリ, ハマド　Al-Jasser, Muhammad　サウジアラビア通貨庁総裁　国サウジアラビア　生1941年　発2012

アルサル, ビタル　Alsar, Vital　冒険家　マリガランテ号船長　発1992

アルジェウ　本名＝ファッキス, アルジェリコ　サッカー選手（DF）　国ブラジル　生1974年9月4日　発2000

アルジェンディ, ハーリド　イスラム法学者・指導者　国エジプト　生1961年12月　発2004／2008

アルジェント, ダリオ　Argento, Dario　映画監督, 脚本家, 映画プロデューサー　国イタリア　生1940年9月　発1992／1996

アルシニエガス, ファビオ　Arciniegas, Fabio　コンピューター技術者　発2004

アルジャー, デービッド　Alger, David　実業家　フレッド・アルジャー・マネジメント社チーフインベスティメントオフィサー・社長・CEO　国米国　発2000

アルシャヴィン, アンドレイ　Arshavin, Andrei　サッカー選手（MF）　国ロシア　生1981年5月29日　発2012

アル・ジャバー, サミ　Al Jaber, Sami　サッカー選手（FW）　国サウジアラビア　生1972年12月11日　発2008／2012

アルシャマー, テレーズ　Alshammar, Therese　水泳選手（バタフライ）　競泳女子50メートルバタフライ世界記録保持者　国スウェーデン　生1977年8月26日

アルシャリク, アブドル・アジズ・アブドラティフ　Al-Sharekh, Abdul-Aziz Abdullatif　外交官　駐ドイツ・クウェート大使　国クウェート　生1943年　発1992／1996

アルシンド　Alcindo　本名＝サルトーリ, アルシンド　元・サッカー選手　国ブラジル　生1967年10月21日　発2012

アルジンバ, ウラジスラフ　Ardzinba, Vladislav　本名＝Ardzinba, Vladislav Grigoriyvich　政治家, 歴史学者　元・アブハジア自治共和国初代大統領　国グルジア　生1945年5月14日　没2010年3月4日

アルスー　本名＝サフィナ, アルスー　歌手　国ロシア　発2004／2008

アルス, アルバロ　Arzu, Alvaro　政治家, 実業家　元・グアテマラ大統領, 元・グアテマラ市長　国グアテマラ　生1946年1月14日　発1996／2000／2004／2008／2012

アルスゴール, トーマス　Alsgaard, Thomas　スキー選手（距離）　国ノルウェー　生1972年1月10日　発1996／2000／2004／2008

アールストローム, クリステル　Ahlström, Krister Harry　実業家　アールストローム社社長・CEO　国フィンランド　生1940年8月29日　発1996

アルスブルック, アニー　Allsebrook, Annie　ジャーナリスト　国英国

アルスラン, アントニア　Arslan, Antonia　作家　国イタリア　発2012

アルセ　Arce　本名＝アルセ, ロロン・フランシスコ・ハビエル　サッカー選手（DF）　国パラグアイ　生1971年4月2日　発2004／2008

アルセ, ホルヘ　Arce, Jorge　元・プロボクサー　元・WBC世界ライトフライ級チャンピオン　国メキシコ　生1979年7月27日

アルセ, ラウル・ディアス　サッカー選手（FW）　国エルサルバドル　生1970年2月1日　発2000

アルセオ, リワイワイ　Arceo, Liwayway A.　作家　国フィリピン　生1924年1月30日　発1992／1996

アルセニス, ゲラシモス　Arsenis, Gerasimos　政治家　ギリシャ国防相　国ギリシャ　生1931年　発2000／2004

アルセン, ギャリー　Althen, Gary　留学生アドバイザー, 教育アドバイザー　国米国　生1941年　発1996

アールセン, クリスチャン　絵本作家, イラストレーター　国ベルギー　生1953年　発2008

アルダ, アラン　Alda, Alan　本名＝D'Abruzzo, Alphonso　俳優　国米国　生1936年1月28日　発2000／2004／2008／2012

アルダー, ハリー　Alder, Harry　「CQアイデアの知能指数―発想が次々に生まれる人, 何も思いつかない人」の著者　発2008

アルダ, ベン　プロゴルファー　国フィリピン　発2000

アルダ, ロバート　Alda, Robert　映画俳優　国米国　没1986年5月3日　発1992

アルダイ, セシル　Ardail, Cecile　空中ブランコ芸人　シルク・ドゥ・ソレイユ団員　生1960年8月　発1996

アルタエフ, バフチヤル　Artaev, Bakhtiyar　ボクシング選手　アテネ五輪ボクシングウエルター級金メダリスト　国カザフスタン　生1983年5月14日　発2008

アルダナ, マヌエル　実業家　シーカル・コンセプツ（SCI）社長・CEO, インフォコム・テクノロジーズ社長　発2000

アルダラジー, モハメド　Al-daradji, Mohamed　映画監督　生1978年　発2012

アルドラン, ハイデ　Ardalan, Heydé　絵本作家　国スイス　発2004

アルダン, ファニー　Ardant, Fanny　女優　国フランス　生1949年3月22日　発2000／2004／2008／2012

アルタン, フランチェスコ・トゥーリオ　Altan, Francesco Tullio　漫画家, イラストレーター, 絵本作家　国イタリア　生1942年　発1992

アルタンゲレル, シュフーリン　Altangerel, Shukheriin　政治家　元・モンゴル外相　国モンゴル　生1951年　発2000

アルタンゲレル, バトオチルイン　Altangerel, Batochiryn　政治家　元・モンゴル人民大会議長・副首相　国モンゴル　生1934年　発1992

アルタンホヤグ, ノロブ　Altankhuyag, Norov　政治家　モンゴル首相, モンゴル民主党党首　国モンゴル　生1958年1月20日

アルチェーゼ, ジャンピエーロ　ファッションデザイナー　マレーラ社デザイナー　国イタリア　生1964年　発2004

アルチュイス, ジャン　政治家　フランス蔵相・経済開発計画相　国フランス　発1996

アルチュザラ, ジョセフ　Altuzarra, Joseph　ファッションデザイナー　発2012

アルチュセール, ルイ　Althusser, Louis　哲学者　発マルクス主義　国フランス　生1918年10月16日　没1990年10月22日　発1992

アルチューノフ, セルゲイ　Arutyunov, Sergei Aleksandrovich　民族学者　ソ連科学アカデミー民族学人類学研究所トランスコーカサス部長　国ソ連　生1932年　発1992

アルチュノフ, セルゲイ　民族学者　ロシア科学アカデミー民族学人類学研究所教授　国ロシア　生1932年7月　発2000／2004／2008

アルチュール・アッシュ　Arthur H.　本名＝イジュラン, アルチュール　シャンソン歌手　国フランス　生1967年　発1996／2000

アルチョウロン, G.　Alchouron, Guillermo E.　大来財団会長　国アルゼンチン　生1933年11月4日　発2000

アルチョーモフ, ウラジミール　Artemov, Vladimir　体操選手　国ソ連　生1964年12月7日　発1992

アルツィバーシェフ, セルゲイ　演出家, 俳優　ポクロフカ劇場芸術監督　国ロシア　発2004／2008

アルツコビッチ, アンドリヤ　ナチ戦犯の死刑囚　国ユーゴスラビア　没1988年1月16日　発1992

アルテ, ポール　Halter, Paul　作家　国フランス　生1955年　発2004／2012

アルディ, アドリアン　Hardy, Adrien　ボート選手　アテネ五輪ボート男子ダブルスカル金メダリスト　国フランス　生1978年7月30日

アルディ, フランソワーズ　Hardy, Françoise　作詞家, 歌手, 元・女優　国フランス　生1944年1月17日　発1992／1996／2000／2004／2008／2012

アルディ, ルネ　作家　国フランス　没1987年4月13日　発1992

アルティエ, ウィリアム　Altier, William J.　経営コンサルタント　プリンストン・アソシエイツ創設者　国米国　発2004

アルティッシモ, レナート　Altissimo, Renato　政治家　元・イタリア自由党書記長　国イタリア　生1940年10月4日　発1992／1996

アルディッティ, ピエール　Arditi, Pierre　俳優　国フランス　生1944年　発1996

アルティドール, ジョジー　Altidore, Jozy　本名=アルティドール, ジョズマー　サッカー選手（FW）　⑱米国　⑭1989年11月6日　⑭2012

アルティメット・ウォリアー　Ultimate Warrior　本名=ヘルウィッグ, ジェームス　プロレスラー　⑱米国　⑭1959年6月16日　⑳2014年4月8日

アルディレス, オズワルド　Ardiles, Osvaldo Cesar　本名=アルディレス, オズワルド・セサール　サッカー指導者　⑱アルゼンチン　⑭1952年8月3日　⑭2000／2004／2008／2012

アルデビリ, A.K.M.　Ardebili, Abdol Karim Musavi　元・イラン最高裁長官　⑱イラン　⑭1926年　⑭1992

アルデビリ, ホセイン・カゼンプール　Ardebili, Hossein Kazempour　外交官　駐日イラン大使　⑱イラン　⑭1952年　⑭1992／1996

アルデブロン, シャーロット　Aldebron, Charlotte　「私たちはいま、イラクにいます」の著者　⑱米国　⑭2004／2008

アル・テムヤト, ナワフ　Altemyat, Nawaf　サッカー選手（MF）　⑱サウジアラビア　⑭1976年6月28日　⑭2008

アルテュス・ベルトラン, ヤン　Arthus-Bertrand, Yann　写真家　⑱フランス　⑭1946年　⑭2000／2004／2008

アルテリオ, ドミニク　Alterio, Dominik　写真家　⑱ドイツ　⑭1946年　⑭1996

アルテール, マレク　Halter, Marek　作家, 画家, 映像作家　⑭1936年　⑭2000／2008（アルテ, マレク）

アルテンドルフ, クラウス　Altendorf, Klaus　ドイツ海外放送日本語課課長　⑱ドイツ　⑭1929年　⑭1992

アルデンドルフ, ヨハン　画家　⑱オランダ　⑭1924年9月1日　⑭2000

アルデンネ, マンフレート・フォン　Ardenne, Manfred von　電子工学者　⑱ドイツ　⑭1907年1月20日　⑳1997年5月26日　⑭1996

アルテンブルク, マティアス　Altenburg, Matthias　作家　⑱ドイツ　⑭1958年　⑭1996

アルト, キャロル　Alt, Carol　ファッションモデル, 女優　⑱米国　⑭1992／1996

アルトー, ピエール・イヴ　Artaud, Pierre Yves　フルート奏者　パリ高等音楽院教授　⑱フランス　⑭1946年7月13日　⑭1996／2000

アルト, フランツ　Alt, Franz　ジャーナリスト　⑱ドイツ　⑭1938年　⑭2004／2008

アルトー, フローレンス　ヨットセーラー　⑱フランス　⑭1957年10月　⑭1992

アルトゥング, ハンス　Hartung, Hans　抽象画家　⑱フランス　⑭1904年9月21日　⑳1989年12月7日　⑭1992

アルトーグ, フランソワ　Hartog, François　古典学者　フランス国立社会科学高等研究院教授　⑱古代史　⑱フランス　⑭1946年　⑭2012

アル・ドサリ, オバイド　Al Dossary, Obeid　サッカー選手（FW）　⑱サウジアラビア　⑭1975年10月2日　⑭2000／2004／2008

アルトネン, ヤリ　ヘガネス・ガデリウス社長　⑱スウェーデン　⑭1992

アルトハウス, ホルスト　Althaus, Horst　伝記作家　⑱ドイツ　⑭1925年　⑭2000

アルトバック, フィリップ　Altbach, Philip G.　ボストン大学教授・国際高等教育センター長　⑱教育学　⑱米国　⑭1941年5月3日　⑭1996／2000

アールドフ, ミハイル　Ardov, Mikhail　司祭, 元・作家　⑱ロシア　⑭1937年　⑭2004／2008

アルトーベ, アレクサンダー　Artopé, Alexander　欧州コミュニケーション委員会マネジング・エディター　⑭1969年　⑭2004

アルドベール, ジャン・ピエール　Aldebert, Jean Pierre　漫画家　⑱フランス　⑭1941年　⑭1992

アルトホフ, ゲルト　Althoff, Gerd　歴史学者　ミュンスター大学教授・初期中世研究所所長　⑱欧州中世史　⑱ドイツ　⑭1943年　⑭2008

アルトマン, エドワード　Altman, Edward I.　ニューヨーク大学教授,「ジャーナル・オブ・バンキング・アンド・ファイナンス」誌編集長　⑱金融学　⑱米国　⑭1992

アルトマン, シドニー　Altman, Sidney　生物学者　エール大学生物学教授　⑱米国　⑭1939年5月8日　⑭1992／1996

アルトマン, ジョン　Altman, John　作家　⑱米国　⑭1969年　⑭2004

アルトマン, ジルベール　Artman, Gilbert　サックス奏者　「アーバン・サックス」演出家・リーダー　⑱フランス　⑭1944年　⑭1992

アルトマン, マリア　Altmann, Maria　本名=ブロッホ・バウアー, マリア・ヴィクトリア　ナチスドイツに接収されたクリムトの絵画を訴訟で取り戻したユダヤ系女性　⑱米国　⑭1916年2月18日　⑳2011年2月7日

アルトマン, ロジャー　Altman, Roger　金融家　元・米国財務副長官, 元・ブラックストーン・グループ副会長　⑱米国　⑭1946年　⑭1992／1996／2000

アルトマン, ロバート　Altman, Robert　本名=Altman, Robert B.　映画監督　⑱米国　⑭1925年2月20日　⑳2006年11月20日　⑭1992／1996／2000／2004

アルドリッジ, セオニ・V.　Aldredge, Theoni V.　衣裳デザイナー　⑳2011年1月21日

アルドリッチ, ネルソン（Jr.）　Aldrich, Nelson W.（Jr.）　ジャーナリスト　⑱米国　⑭2000

アルドリーノ, エミール　映画監督　⑳1993年11月20日　⑭1996

アルナウ, サンチェス　アルゼンチン経済省次官　⑱アルゼンチン　⑭1941年　⑭1996

アルヌー, ルネ　Arnoux, René　元・F1ドライバー　⑱フランス　⑭1948年7月4日　⑭1992／1996

アルヌール, フランソワーズ　Arnoul, Françoise　本名=Gautsch, Françoise　女優　⑱フランス　⑭1931年6月3日　⑭1992／2000

アルネゼデール, ノラ　Arnezeder, Nora　女優　⑱フランス　⑭1989年　⑭2012

アルノー, ジョルジュ　作家　⑱フランス　⑭1987年3月5日　⑭1992

アルノー, ベルナール　Arnault, Bernard　実業家　LVMH（ルイ・ヴィトン・モエ・ヘネシー）会長・CEO　⑱フランス　⑭1949年3月5日　⑭1992／1996／2000／2004／2008／2012

アルノー, マリーエレーヌ　ファッションモデル　⑱フランス　⑳1986年10月6日（発見）　⑭1992

アルノルト, マティアス　Arnold, Matthias　美術史家　⑱15〜17世紀・19〜20世紀の西洋美術　⑱ドイツ　⑭1947年　⑭1996／2000

アルノルフィーナ　Arnolfina　本名=バルパヨーラ, アンドレイナ　イラストレーター, 絵本作家　⑱イタリア　⑭1954年5月29日　⑭1996

アルパ, アンジェロ　Arpa, Angero　カトリック神父　⑱イタリア　⑭1909年　⑭2004

アルバー, ウェルナー　Arber, Werner　細菌学者, 分子生物学者　元・バーゼル大学分子生物学教授　⑱スイス　⑭1929年6月3日　⑭1992／1996／2000／2004／2008

アルバ, ジェシカ　Alba, Jessica　女優　⑱米国　⑭1981年4月28日　⑭2004／2008／2012

アルバーグ, アラン　Ahlberg, Allan　絵本作家　⑱英国　⑭1938年　⑭1992／1996／2000／2004／2012

アルバーグ, ジャネット　Ahlberg, Janet　絵本画家, イラストレーター　⑱英国　⑭1944年　⑳1994年　⑭1996

アルバーグ, ロジャー　Ahlberg, Roger　ジャパン・イングリッシュ・サービス創設者　⑱米国　⑭1939年　⑭2000

アルバーサル, レスター・M.　Alberthal, Lester M.（Jr.）　実業家　元・エレクトロニック・データ・システム（EDS）会長・CEO　⑭1944年　⑭1992／2000

アルバジーノ, アルベルト　Arbasino, Alberto　作家, 批評家　⑱イタリア　⑭1930年　⑭1992

アルバーズ, アントニー　Alpers, Antony　クィーンズ大学名誉教授　⑱英文学　⑱ニュージーランド　⑭1919年　⑭2000

アルバス, ジム　Albus, Jim　プロゴルファー　⑱米国　⑭1940年6月18日　⑭1996／2000

アルバーズ, ジョージ・A.　PGAV社副社長　[国]米国　[典]1992

アルバタッジー, ラルフ　Albertazzie, Ralph　実業家, 作家, 元・パイロット, 米国空軍退役大佐　[国]米国　[典]1992／1996

アルバーツ, ブルース　Alberts, Bruce M.　カリフォルニア大学サンフランシスコ校教授, 米国科学アカデミー会長　[専]分子生物学　[国]米国　[典]1996

アールバック, アーリン　Erlbach, Arlene　ライター, 教育者　[国]米国　[典]2004

アルバッハ, ホルスト　Albach, Horst　エコノミスト　ベルリン科学アカデミー総裁, ボン大学経済研究所所長　[国]ドイツ　[生]1931年7月6日　[典]1992

アルバート, アレクサ　Albert, Alexa　医師　[国]米国　[典]2004

アルバート, エイブラハム　Albert, Abraham Adrian　数学者　シカゴ大学教授　[国]米国　[生]1905年11月9日　[典]1996

アルバート, カール　Albert, Carl Bert　政治家　元・米国下院議長, 元・米国民主党下院院内総務　[国]米国　[生]1908年5月10日　[没]2000年2月5日　[典]1992

アルパート, ジョン　Alpert, Jon　ビデオ・ジャーナリスト　[国]米国　[典]1992／2008／2012

アルバート, スティーブン　作曲家　[国]米国　[没]1992年12月27日　[典]1996

アルバート, チャールズ　Albert, Charles　社会運動家　ワールド・フレンドシップセンター館長　[国]米国　[典]2000

アルバート, デービッド　Albert, David Z.　コロンビア大学哲学科教授　[専]量子力学　[国]米国　[典]1996

アルバート, マービン　Albert, Marvin H.　作家　[国]米国　[生]1924年1月　[典]1992

アルバトフ, アレクセイ　Arbatov, Aleksei Georgievich　政治家, 核問題研究者　ヤブロコ副党首　元・ロシア科学アカデミー世界経済国際関係研究所（IMEMO）軍縮部長　[専]軍事戦略問題　[国]ロシア　[生]1951年　[典]1996／2012

アルパートフ, ウラジーミル　Alpatov, Vladimir Mikhailovich　ロシア科学アカデミー東洋学研究所言語部部長　[専]日本語　[国]ロシア　[生]1945年　[典]1996

アルバトフ, ゲオルギー　Arbatov, Georgii Arkadevich　歴史学者　元・ソ連科学アカデミー米国カナダ研究所所長, 元・ソ連共産党中央委員　[専]法学, 国際関係史　[国]ロシア　[生]1923年5月19日　[没]2010年10月1日　[典]1992／1996

アルバネシ, ジャンカルロ　化学者　パルマ大学工業化学部長・教授　[専]高分子化学, スキー指導　[国]イタリア　[典]1992

アルバネーゼ, リチア　Albanese, Licia　ソプラノ歌手　[国]米国　[生]1913年7月22日　[典]1992

アルハノフ, アル　Alkhanov, Alu Dadashevich　政治家　元・チェチェン共和国大統領　[国]ロシア　[生]1957年　[典]2008／2012

アルバラデホ, ジョナサン　Albaladejo, Jonathan　大リーグ選手（投手）　[生]1982年10月30日　[典]2012

アルバラード, アニータ　Alvarado, Anita　千田郁司青森巨額着服事件受刑者の妻　[国]チリ　[生]1972年12月25日　[典]2008

アルバラード, トリーニ　Alvarado, Trini　女優　[国]米国　[生]1967年1月10日　[典]1992／1996

アルバラン, エドアルド・ロホ　Albarrán, Eduardo Rojo　高校教師, 著述家　[国]スペイン　[生]1936年　[典]1992

アルバーリ, ベン　Albahari, Ben　コンピューター技術者　[国]オーストラリア　[典]2004

アルバレス, アダルベルト　Alvarez, Adalberto　グループ名＝アダルベルト・アルバレス・イ・ス・ソン, 旧グループ名＝ソン14　作曲家, ピアニスト　[国]キューバ　[生]1948年11月22日　[典]2004／2008

アルバレス, ウィルソン　Alvarez, Wilson　大リーグ選手（投手）　[国]ベネズエラ　[生]1970年3月24日　[典]1992／2000／2008

アルバレス, エルビス　プロボクサー　WBA世界フライ級チャンピオン　[国]コロンビア　[生]1965年2月2日　[典]1992／1996

アルバレス, カルロス　Álvarez, Carlos　バリトン歌手　[国]スペイン　[典]2004／2008／2012

アルバレス, サウル　Alvarez, Saul　プロボクサー　元・WBA・WBC世界スーパーウェルター級チャンピオン　[国]メキシコ　[生]1990年7月18日

アルバレス, セシル・ギドーテ　女優, テレビプロデューサー　[国]フィリピン　[典]1992

アルバレス, フーリア　Alvarez, Julia　詩人, 作家　[国]米国　[生]1950年　[典]2008／2012

アルバレス, ペドロ　Alvarez, Pedro　本名＝Alvarez,Pedro Manuel　大リーグ選手（内野手）　[国]ドミニカ共和国　[生]1987年2月6日

アルバレス, マルセロ　Alvarez, Marcelo　テノール歌手　[国]アルゼンチン　[生]1962年2月　[典]2000／2004／2008／2012

アルバレス, ルイス・ウォルター　Alvarez, Luis Walter　物理学者　[国]米国　[生]1911年6月13日　[没]1988年8月31日　[典]1992

アルバレス, ロセンド　Alvarez, Rosendo　プロボクサー　元・WBA世界ライトフライ級チャンピオン　[国]ニカラグア　[生]1970年5月6日　[典]2000／2004／2008／2012

アルバレス, ロバート　米国上院政府活動委員会核問題担当調査研究員　[専]核問題　[国]米国　[生]1946年　[典]1992

アルバレス・アルメジノ, グレゴリオ　Alvarez Armellino, Gregorio Conrado　政治家, 軍人　元・ウルグアイ大統領　[国]ウルグアイ　[生]1925年11月26日　[典]1992／1996（アルバレス, グレゴリオ）

アルバレス・ガンダラ, ミゲル　Alvarez Gandara, Miguel　市民運動家　仲裁全国委員会（CONAI）事務局長　[国]メキシコ　[典]2000

アルバレツ, ダニエル　Alvarez, Daniel　プリフィカシオン・ガルシア社社長　[国]スペイン　[生]1949年　[典]1992

アルバレンガ　Alvarenga　本名＝アルバレンガ・トラレス, ギド・ビルヒリオ　サッカー選手（MF）　[国]パラグアイ　[生]1970年8月24日　[典]2004／2008

アルバロ　Alvaro　イラストレーター　[国]米国　[生]1963年　[典]1992

アルバーン, デーモン　Albarn, Damon　グループ名＝ブラー, ゴリラズ　ロック歌手　[国]英国　[生]1968年3月23日　[典]2000／2004／2008／2012

アルハンゲリスキー, ワレンティン　Arkhangelskii, Valentin Akimovich　作家, ジャーナリスト　ロシア国会専門員　元・タシケント市長, 元・「イズベスチヤ」副編集長　[国]ロシア　[生]1928年　[典]2004

アルヒア, シナン・シー　Alhir, Sinan Si　コンピュータ技術者　[典]2008

アルビエフ, イスラム　Albiev, Islam　本名＝Albiev,Islam-Beka　レスリング選手（グレコローマン）　北京五輪レスリング男子グレコローマン60キロ級金メダリスト　[国]ロシア　[生]1988年12月28日　[典]2012

アルビオン, マーク　Albion, Mark　ユー・アンド・カンパニー設立者　元・ハーバード・ビジネス・スクール教授　[国]米国　[典]2004

アルビッツ, ポール　Albitz, Paul　ソフトウェアエンジニア　[国]米国　[典]2004

アルピノ, ジェラルド　Arpino, Gerald　本名＝Arpino,Gennaro Peter　バレエダンサー, 振付師　元・ジョフリー・バレエ団芸術監督　[国]米国　[生]1923年1月14日　[没]2008年10月29日　[典]2008

アルピーノ, ジョヴァンニ　Arpino, Giovanni　作家, 詩人　[国]イタリア　[生]1927年　[没]1987年　[典]1992

アルビノ, ジョニー　グループ名＝トリオ・ロス・パンチョス　ラテン歌手　[典]2000

アルヒポフ, イワン　Arkhipov, Ivan Vasil'evich　政治家　元・ソ連第1副首相　[国]ソ連　[生]1907年4月18日　[典]1992

アルビン, ジョン　画家, 映画ポスター作家　[国]米国　[没]2008年2月6日　[典]2004／2008

アルファイド, モハメド　Al Fayed, Mohamed　実業家　ハロッズ・オーナー, フルハム・オーナー　[国]エジプト　[生]1933年1月27日　[典]2000／2004／2008／2012

アルファウ, フェリペ　Alfau, Felipe　翻訳家, 作家　[国]米国　[生]1902年　[没]1999年　[典]2000

アルファン, リュック　Alphand, Luc　ラリードライバー, 元・スキー選手（アルペン）　[国]フランス　[生]1965年8月6日　[典]2000／

ア

アルファンデリ, エドモン　Alphandéry, Edmond　政治家, 経済学者　フランス電力公社総裁　⃝国フランス　⃝生1943年9月2日　⃝1996

アルフィ, H.　Alfi, Hussein Mohamed al-　政治家　元・エジプト内相　⃝国エジプト　⃝生1936年3月21日　⃝1996／2000

アルフォード, アラン　Alford, Alan F.　宇宙考古学者, 会計士　⃝国英国　⃝生1961年　⃝2000

アールフォルス, ラース・バレリアン　Ahlfors, Lars Valerian　数学者　元・ハーバード大学教授　⃝関数論　⃝国米国　⃝生1907年4月18日　⃝1992／1996

アルフォンシ, アリス　Alfonsi, Alice　共同筆名＝キンバリー, アリス, 別共同筆名＝コイル, クレオ　作家　⃝2012

アルフォンシン, ラウル　Alfonsín, Raúl　本名＝アルフォンシン・フォルケス, ラウル　政治家　元・アルゼンチン大統領, 元・アルゼンチン急進党党首　⃝国アルゼンチン　⃝生1927年3月13日　⃝没2009年3月31日　⃝1992／1996

アルフォンソ　Alfonso　本名＝アルフォンソ・ヘレーラ・ロドリゲス　愛称＝ポンチョ　グループ名＝RBD　タレント　⃝国メキシコ　⃝生1983年8月28日　⃝2008／2012

アルフォンゾ, エドガルド　Alfonzo, Edgardo　大リーグ選手（内野手）, プロ野球選手　⃝国ベネズエラ　⃝生1973年11月8日　⃝2012

アルフォンソ, ペレス　Alfonso, Perez　本名＝アルフォンソ, ペレス・ムニョス　サッカー選手（FW）　⃝国スペイン　⃝生1972年9月26日　⃝2008

アルフケン, ジョージ　Arfken, George B.　物理数学者　マイアミ大学教授　⃝国米国　⃝2004

アル・フサイニー, マフムード・アブ・ル・フダー　聖職者, 医師　アーディリーヤ・モスク・イマーム　⃝イスラム神学　⃝国シリア　⃝生1960年　⃝2004

アルフセイン, アリ・ビン　al-Hussein, Ali bin　イラク王子　元・イラク国民会議（INC）代表　⃝国イラク　⃝生1956年9月　⃝2004／2012

アルブーゾフ, アレクセイ　Arbuzov, Aleksei Nikolaevich　劇作家　⃝国ソ連　⃝生1908年5月26日　⃝没1986年4月20日　⃝1992

アールフッド, ギー・R.　ウォルト・ディズニー・エンタプライズ社長　⃝国ベルギー　⃝1996

アルフテル, エルネスト　Halffter, Ernesto　指揮者, 作曲家　⃝国スペイン　⃝生1905年1月16日　⃝没1989年7月5日　⃝1992

アルフテル, クリストバル　Halffter, Cristóbal　指揮者, 作曲家　⃝国スペイン　⃝生1930年3月24日　⃝1992

アルフテル, ロドルフォ　Halffter, Rodolfo　作曲家　⃝生1900年10月30日　⃝1992

アルフョロフ, ジョレス　Alferov, Zhores Ivanovich　物理学者　サンクト・ペテルブルク科学センター所長, ロシア科学アカデミー副院長, ロシア下院議員　⃝国ロシア　⃝生1930年3月15日　⃝2004／2008／2012

アルブリットン, サラ　Albritton, Sarah C.　コンサルタント　⃝2004

アルブール, ルイーズ　Arbour, Louise　法律家　元・カナダ最高裁判事, 元・国連人権高等弁務官　⃝国カナダ　⃝生1947年2月10日　⃝2000（アーバー, ルイーズ）／2008／2012

アルフレッド王子　Alfred, Prince　ウィーン未来科学アカデミー会長　⃝国リヒテンシュタイン　⃝生1951年　⃝1996

アルフレッドソン, ダニエル　Alfredsson, Daniel　アイスホッケー選手（FW）　リレハンメル五輪・トリノ五輪アイスホッケー男子金メダリスト　⃝国スウェーデン　⃝生1972年12月11日

アルフレッドソン, ヘレン　Alfredsson, Helen　元・プロゴルファー　⃝国スウェーデン　⃝生1965年4月9日　⃝1996／2000／2008／2012

アルフレッドソン, モニカ　Alfredsson, Monica　本名＝アルフレッドソン, モニカ・アンナ・アグネイタ　キックボクサー　元・キックボクシング女子66キロ級世界チャンピオン　⃝国スウェーデン　⃝生1986年7月13日

アルブレヒト, カール　Albrecht, Karl　経営コンサルタント　カール・アルブレヒト・インターナショナル社長　⃝サービスマネジメント, 企業戦略, 組織開発　⃝国米国　⃝1992／2004

アルブレヒト, カール　Albrecht, Karl　実業家　アルディ（ALDI）創業者　⃝国ドイツ　⃝生1920年　⃝2012

アルブレヒト, ゲオルゲ・アレクサンダー　Albrecht, George Alexander　指揮者　ワイマール歌劇場管弦楽団首席指揮者, ハノーファー音楽大学名誉教授　⃝国ドイツ　⃝生1935年2月15日　⃝2004／2008

アルブレヒト, ゲルト　Albrecht, Gerd　指揮者　元・チェコ・フィルハーモニー管弦楽団首席指揮者・音楽監督, 元・読売日本交響楽団桂冠指揮者　⃝国ドイツ　⃝生1935年7月19日　⃝没2014年2月2日　⃝1992／1996／2000／2004／2008／2012

アルブレヒト, マルク　Albrecht, Marc　指揮者　ネーデルランド・オペラ首席指揮者, ネーデルランド・フィルハーモニー管弦楽団首席指揮者　⃝国ドイツ　⃝生1964年　⃝2012

アルブレヒト, ユルク　Albrecht, Juerg　ベルン大学美術史研究室助手　⃝ドイツ美術史　⃝国ドイツ　⃝生1952年　⃝1996

アルペ, ペドロ　Arrupe, Pedro　カトリック神父　元・イエズス会総長　⃝没1991年2月5日　⃝1992

アルペアール, パトリシオ・フェルナンド　チリ外資委員会事務局長　⃝国チリ　⃝1992

アルベアル, ユリ　Alvear, Yuri　本名＝Alvear, Orjuela Yuri　柔道選手　ロンドン五輪柔道女子70キロ級銅メダリスト　⃝国コロンビア　⃝生1986年3月29日

アルペイ, アンゲラ　Alupei, Angela　ボート選手　⃝国ルーマニア　⃝生1972年5月1日　⃝2008

アルベス, ドミンゴス・サルメント　Alves, Domingos Sarmento　東ティモール人学生民族抵抗（レネティル）海外特別代表　⃝国インドネシア　⃝生1964年　⃝2000

アルベス, マリオ・L.　サンパウロ州環境保護局課長　⃝国ブラジル　⃝生1954年7月　⃝1996

アルベッソン, マッツ　経営学者　ゴーテンバーク大学教授　⃝国スウェーデン　⃝2004

アルヘフニ, ラティーバ　オペラ歌手　オペラ・ハウス館長　⃝国エジプト　⃝1992

アルベール2世　Albert II　本名＝Albert Félix Hambert Eugene Marie Théodore Christian Eugen Marie　ベルギー国王（第6代）　⃝国ベルギー　⃝生1934年6月6日　⃝1996／2000／2004／2008／2012

アルベール2世　Albert II　本名＝Albert Alexandre Louis Pierre Grimaldi　ボブスレー選手　モナコ公国大公（元首）　⃝国モナコ　⃝生1958年3月14日　⃝1996（アルベール王子）／2004（アルベール王子）／2008／2012

アルベール, ブリュース　Albert, Bruce　文化人類学者　⃝ヤノマミ民族　⃝国フランス　⃝生1954年　⃝1996

アルベール, ミシェル　Albert, Michel　EU委員会経済構造・開発名誉局長　⃝国フランス　⃝生1930年　⃝1996／2000／2012

アルベルタッツィ, ジョルジョ　Albertazzi, Giorgio　俳優, 演出家　⃝国イタリア　⃝生1925年　⃝1992

アルベルティ, バルバラ　Alberti, Barbara　脚本家, 作家　⃝国イタリア　⃝生1943年　⃝1996

アルベルティ, フランチェスコ　Alberti, Francesco　ジャーナリスト　「毎日デイリーニューズ」記者　⃝国イタリア　⃝生1965年　⃝1996

アルベルティ, ラファエル　Alberti, Rafael　詩人, 劇作家　⃝国スペイン　⃝生1902年12月16日　⃝没1999年10月28日　⃝1992

アルベルティーニ, デメトリオ　Albertini, Demetrio　元・サッカー選手　イタリアサッカー協会副会長　⃝国イタリア　⃝生1971年8月23日　⃝2004／2008／2012

アルベルト, フローリアン　Albert, Flórián　元・サッカー選手　⃝国ハンガリー　⃝生1941年9月5日　⃝2004／2008

アルベレス, ルネ・マリル　Albérès, René-Marill　文学史家, 批評家　⃝国フランス　⃝生1921年　⃝1992

アルベローニ, フランチェスコ　Alberoni, Francesco　社会学者, 作家　イタリア国立映画実験センター代表　⃝国イタリア　⃝生1929年　⃝1996／2000／2012

アルペロビッツ, ガー　Alperovitz, Gar　政策研究所所長, 全米経済代替案センター代表, メリーランド大学上級研究員　⃝歴史学, 政治経済学　⃝国米国　⃝生1936年　⃝1996

アルベローラ, ジャン・ミッシェル Alberola, Jean-Michael 現代美術家, 画家, 映画監督 ⓀフランスⒷ1953年Ⓡ1992／2012

アルボーチ, カルメン Alborch, Carmen 本名＝Alborch-Bataller, Maria del Carmen 政治家 スペイン下院議員(社会労働党) 元・スペイン文化大臣, 元・バレンシア大学法学部教授 ⓀスペインⒷ1947年Ⓡ1996／2004

アールボム, イェンス Ahlbom, Jens イラストレーター ⓀスウェーデンⓇ2004

アルボム, ミッチ Albom, Mitch コラムニスト 「デトロイト・フリープレス」スポーツコラムニスト Ⓚ米国Ⓑ1958年Ⓡ2000

アルボレート, ミケーレ Alboreto, Michele F1ドライバー ⓀイタリアⒷ1956年12月23日Ⓓ2001年4月25日Ⓡ1992／1996／2000

アルマー, サラ Ulmer, Sarah 自転車選手 ⓀニュージーランドⒷ1976年3月14日Ⓡ2008

アルマ, ジョルディ 画家, 彫刻家 ⓀスペインⒷ1924年Ⓡ1992

アルマ, ポール Arma, Paul 本名＝ワイスハウス, イムレ 作曲家 ⓀフランスⒷ1905年10月22日Ⓓ1987年11月30日Ⓡ1992

アールマーク, ベル Ahlmark, Per ジャーナリスト, 元・政治家 元・スウェーデン副首相 ⓀスウェーデンⒷ1939年1月15日Ⓡ1996

アル・マジド, アリ・ハッサン al-Majid, Ali Hassan 別名＝ケミカル・アリ 政治家 元・イラク国防相 ⓀイラクⒷ1941年11月30日Ⓓ2010年1月25日Ⓡ2008

アルマス, セレスティノ Armas, Celestino 政治家 元・ベネズエラ鉱業動力相, 元・石油輸出国機構(OPEC)議長 ⓀベネズエラⒷ1935年Ⓡ1992／1996／2000

アルマーニ, ジョルジョ Armani, Giorgio ファッションデザイナー ジョルジョ・アルマーニ社会長・CEO, 国連難民高等弁務官事務所(UNHCR)親善大使 ⓀイタリアⒷ1934年7月11日Ⓡ1992／1996／2000／2004／2008／2012

アル・マリク, アーメド・アブドゥラ 日興証券シニア・アドバイザー 元・サウジアラビア通貨庁(SAMA)副総裁 ⓀサウジアラビアⓇ1996

アルマン Arman 本名＝フェルナンデス, アルマン・ピエール 別名＝アルマン・ド・アルマン 画家, 彫刻家 Ⓚ米国Ⓑ1928年11月27日Ⓓ2005年10月22日Ⓡ1992／1996／2000／2004

アルマン, シルヴァン Allemand, Sylvain ジャーナリスト ⓀフランスⓇ2008

アルマン, ロイック Armand, Loic 日本ロレアル社長 ⓀフランスⒷ1951年12月31日Ⓡ2000／2004

アルマンゴウ, フランソワーズ Armengaud, Françoise 美術評論家 パリ第10大学講師 ⓀフランスⒷ1942年Ⓡ1996

アルミヤス, イグナシオ 国連人間居住センター(HABITAT)福岡事務所所長 ⓀメキシコⓇ2000

アルミランテ, ジョルジョ Almirante, Giorgio 政治家 元・イタリア社会運動(MSI)書記長 ⓀイタリアⒷ1914年7月27日Ⓓ1988年5月21日Ⓡ1992

アルミリアート, ファビオ Armiliato, Fabio テノール歌手 ⓀイタリアⒷ1962年Ⓡ2012

アルミンク, クリスティアン Arming, Christian 指揮者 新日本フィルハーモニー交響楽団音楽監督 元・ルツェルン歌劇場音楽監督, 元・ルツェルン交響楽団首席指揮者 ⓀオーストリアⒷ1971年Ⓡ2004／2008／2012

アルメイダ, フアン Almeida, Juan 本名＝アルメイダ・ボスケ, フアン 政治家, 作曲家 元・キューバ国家評議会副議長, 元・キューバ革命軍司令官 ⓀキューバⒷ1927年Ⓓ2009年9月11日Ⓡ2000／2004

アルメイダ, フェルナンダ・ロペス・デ Almeida, Fernanda Lopes de 児童文学作家 Ⓡ2004

アルメイダ, ホアキン・デ Almeida, Joaquim De 俳優 Ⓡ2000

アルメイダ, マティアス Almeyda, Matias 本名＝アルメイダ, マティアス・ヘスス サッカー選手(MF) ⓀアルゼンチンⒷ1973年12月21日Ⓡ2008

アルメイダ, ローリンド Almeida, Laurindo ジャズギタリスト Ⓚ米国Ⓑ1917年9月2日Ⓓ1995年7月26日Ⓡ1992／1996

アルメル, アリエット Armel, Aliette 作家 Ⓡ2012

アルメン, ジャン・クロード Armen, Jean-Claude 本名＝オージェ, ジャン・クロード 詩人, 画家, 旅行家 Ⓑ1934年Ⓡ1992

アルメンドロス, ネストール Almendoros, Nestor ドキュメンタリー映画作家, 映画カメラマン Ⓚ米国Ⓑ1930年Ⓓ1992年3月4日Ⓡ1992／1996

アルモディオ Armodio テンペラ画家 ⓀイタリアⓇ1992

アルモドバル, ペドロ Almodóvar, Pedro 本名＝Almodóvar Caballero,Pedro 映画監督, 脚本家 ⓀスペインⒷ1949年9月24日Ⓡ1992／1996／2000(アルモドヴァル, ペドロ)／2004(アルモドヴァル, ペドロ)／2008(アルモドヴァル, ペドロ)／2012(アルモドヴァル, ペドロ)

アルモンテ, ヘクター Almonte, Hector Radhames 元・プロ野球選手, 元・大リーグ選手 Ⓚドミニカ共和国Ⓑ1975年10月17日Ⓡ2004

アルモンテ, ホセ 政治家 フィリピン国務相・大統領国家安全保障顧問・国家安全保障評議会長官 ⓀフィリピンⓇ1996／2000

アルヤ・ロハリ 女優, モデル ミス・インドネシア ⓀインドネシアⓇ2000

アルユーニ, ヤーコブ Arjouni, Jakob 推理作家 ⓀドイツⒷ1964年Ⓡ2000

アルラッキ, ピーノ Arlacchi, Pino マフィア研究家 国連事務次長, 国連薬物統制と犯罪防止オフィス(ODCCP)事務局長 元・イタリア上院議員 ⓀイタリアⒷ1951年2月21日Ⓡ2004

アルラン, マルセル Arland, Marcel 作家, 評論家 ⓀフランスⒷ1899年7月5日Ⓓ1986年1月12日Ⓡ1992

アルリック, ロバート Ullrich, Robert L. オークリッジ国立研究所生物学部放射線発がん室室長・上級研究員 Ⓙ放射線研究 Ⓚ米国Ⓡ1992

アルリファイ, ラシード・モハメド・サイド Al-Rifai, Rashid M.S. 外交官 元・駐日イラク大使 ⓀイラクⒷ1929年5月Ⓡ1992／1996

アルレー, カトリーヌ Arley, Catherine 推理作家 ⓀフランスⒷ1935年Ⓡ1992／1996

アルレッティ Arletty 本名＝バティア, レオニー 女優 ⓀフランスⒷ1898年5月15日Ⓓ1992年7月23日Ⓡ1992／1996

アルレドンド, リカルド プロボクサー 元・世界ジュニアライト級チャンピオン ⓀメキシコⒷ1991年9月20日Ⓡ1992

アルロー, フィリップ Arlaud, Philippe 演出家, 舞台美術家 Ⓙオペラ ⓀフランスⓇ2004／2008／2012

アルワリア, モンテック・シン Ahluwalia, Montek Singh インド政府計画委員会副委員長 ⓀインドⒷ1943年11月23日Ⓡ2012

アルンス, パウロ・エヴァリスト カトリック枢機卿, 人権運動家 サンパウロ大司教 ⓀブラジルⒷ1921年Ⓡ1996

アルンス・ニウマン, ジルダ Arns Neumann, Zilda 小児科医, 社会事業家 元・パストラル・ザ・クリアンサ創設者 ブラジルのマザー・テレサと呼ばれる ⓀブラジルⒷ1934年8月25日Ⓓ2010年1月12日

アルント, ケネス Arndt, Kenneth A. ハーバード大学医学部教授 Ⓙ皮膚科学 Ⓚ米国Ⓑ1936年6月3日Ⓡ1992

アルント, ユーディト Arndt, Judith 元・自転車選手(ロードレース) アテネ五輪・ロンドン五輪銀メダリスト ⓀドイツⒷ1976年7月23日

アレ, シモーナ Halep, Simona テニス選手 ⓀルーマニアⒷ1991年9月27日

アーレー, ダーマット 軍人 国連事務総長次席軍事顧問 ⓀアイルランドⒷ1948年Ⓡ1992

アレ, モーリス Allais, Maurice 本名＝Allais,Maurice Félix Charles 経済学者 元・パリ国立高等鉱業学院教授 ⓀフランスⒷ1911年5月31日Ⓓ2010年10月9日Ⓡ1992／1996／2000／2004

アーレ, ヨー Aleh, Jo ヨット選手(470級) ロンドン五輪セーリング女子470級金メダリスト ⓀニュージーランドⒷ1986年5月

アレア, トマス・グティエレス　Alea, Tomás Gutiérrez　映画監督　⑱キューバ　㊤1928年12月11日　㊦1996年4月16日　㊋1996

アレアー, ポール　Allaire, Paul Arthur　実業家　ゼロックス会長・CEO　⑱米国　㊤1938年7月21日　㊋1992／1996／2000／2004

アレイクサンドレ, ビセンテ　Aleixandre, Vicente　本名＝Aleixandre y Merlo,Vicente　詩人　⑱スペイン　㊤1898年4月28日　㊦1984年12月14日　㊋1992

アレオラ, ファン・ホセ　Arreola, Juan José　作家　⑱メキシコ　㊤1918年　㊋1992

アレガウィ, アベバ　Aregawi, Abeba　陸上選手(中距離)　⑱スウェーデン　㊤1990年7月5日

アレキサンダー, エメリヤーエンコ　Aleksander, Emelianenko　格闘家　⑱ロシア　㊤1981年8月2日　㊋2008

アレキサンドル, クロード　Alexandre, Claude　写真家　⑱フランス　㊤1940年　㊋2000

アレキサンドロバ, テオドラ　新体操選手　⑱ブルガリア　㊤1981年9月24日　㊋2000

アレクサーシキン, セルゲイ　バス歌手　⑱ロシア　㊤1952年　㊋1996

アレクサンダー, R.マクニイル　Alexander, R.McNeill　本名＝Alexander,Robert McNeill　動物学者　リード大学教授　バイオメカニックス　⑱英国　㊤1934年7月7日　㊋1992／1996

アレクサンダー, アーサー　Alexander, Arthur J.　経済学者　ジャパン・エコノミック・インスティテュート(JEI)所長, ジョンズ・ホプキンズ大学客員教授　⑱日本経済　⑱米国　㊋1996／2000

アレクサンダー, キャリー　Alexander, Carrie　ロマンス作家　⑱米国　㊋2004／2008

アレクサンダー, クリストファー　Alexander, Christopher　建築家, 建築理論家　カリフォルニア大学バークレー校環境デザイン学部教授, 環境構造センター主宰　⑱米国　㊤1936年10月4日　㊋1992／1996

アレクサンダー, ジェフリー　Alexander, Jeffrey C.　カリフォルニア大学ロサンゼルス校(UCLA)社会学部教授　⑱社会学理論, 文化社会学, アメリカ市民社会　⑱米国　㊤1947年　㊋2000

アレクサンダー, ジェーン　Alexander, Jane　ジャーナリスト, ライター　⑱英国　㊋2004

アレクサンダー, シドニー　Alexander, Sidney　作家, 美術評論家　⑱イタリア・ルネサンス　⑱米国　㊤1912年　㊋1996

アレクサンダー, ジャック　Alexandre, Jacques　写真家　⑱フランス　㊤1944年　㊋1996

アレクサンダー, ショーン　Alexander, Shaun　元・プロフットボール選手　⑱米国　㊤1977年8月30日

アレクサンダー, ジョン　Alexander, John　コンピューター技術者　㊋2008

アレクサンダー, スー　Alexander, Sue　児童文学作家, 脚本家　⑱米国　㊤1933年　㊋1996

アレグザンダー, ダグラス　Alexander, Douglas Garven　政治家　元・英国国際開発相　⑱英国　㊤1967年10月26日　㊋2008／2012

アレクサンダー, チェリー　Alexander, Cherry　写真家　ブライアン・チェリー・アレクサンダー・フォトグラフィー　⑱英国　㊤1949年　㊋2000

アレクサンダー, トリシア　Alexander, Trisha　ロマンス作家　⑱米国　㊋2008

アレクサンダー, ナンシー　Alexander, Nancy J.　米国国立小児保健人間発達研究所人口センター避妊具開発部門長, ジョージタウン大学医学センター産婦人科教授　⑱産婦人科　⑱米国　㊋1996

アレクサンダー, ハーバート　Alexander, Herbert E.　南カリフォルニア大学教授, 市民研究財団理事　⑱政治学　⑱米国　㊋1996

アレクサンダー, ペーター・イェルク　Alexander, Petter-Jörg　職業教育学校教師　オスナブリュック大学共同研究員　⑱ドイツ　㊤1951年　㊋1996／2000

アレグザンダー, モンティ　Alexander, Monty　本名＝Alexander, Montgomery Bernard　ジャズピアニスト　⑱ジャマイカ　㊤1944年6月6日　㊋2008／2012

アレクサンダー, ラマー　Alexander, Lamer　本名＝Alexander, Andrew Lamer　政治家, 弁護士　米国上院議員(共和党)　元・米国教育長官, 元・テネシー州知事　⑱米国　㊤1940年7月3日　㊋1992／1996／2000／2004／2008／2012

アレクサンダー, ロイド　Alexander, Lloyd Chudley　児童文学作家　⑱米国　㊤1924年　㊦2007年　㊋1996(アリグザンダー, ロイド)

アレクサンダー・オブ・ウィードン　Alexander of Weedon, Lord　本名＝アレクサンダー, ロバート・スコット　弁護士, 銀行家　元・ナショナル・ウェストミンスター銀行会長, 元・エクセター大学名誉総長　⑱英国　㊤1936年9月5日　㊦2005年11月6日　㊋1996(アレクサンダー)／2000(アレクサンダー)

アレクサンダル2世　Aleksandar II　本名＝Aleksander II Karedjordjevic　セルビア王家カラジョルジェビッチ家当主　⑱セルビア　㊋2008／2012

アレクサンドル, マルク　Alexandre, M.　柔道選手(71キロ級)　⑱フランス　㊋1992

アレクサンドロフ, アナトリー　Aleksandrov, Anatolii Petrovich　原子物理学者　元・ソ連科学アカデミー総裁　⑱原子炉工学　⑱ロシア　㊤1903年2月13日　㊦1994年2月3日　㊋1992／1996

アレクサンドロフ, グリゴリー　Aleksandrov, Grigorii Vasilievich　映画監督, 脚本家　⑱ソ連　㊤1903年1月23日　㊦1983年12月19日

アレクサンドロフ, セルゲイ　Alexandrov, Sergei M.　グローバル・ダイアログ協会会長　⑱ソ連　㊋1992

アレクサンドロフ・アゲントフ, アンドレイ　Aleksandrov-Agentov, Andrei Mikhailovich　元・ソ連共産党書記長補佐官　⑱ソ連　㊤1918年　㊋1992

アレクサンドロワ, マリア　Alexandrova, Maria　バレリーナ　ボリショイ・バレエ団プリンシパル　⑱ロシア　㊋2012

アレクシー, シャーマン　Alexie, Sherman　詩人, 作家　⑱米国　㊤1966年　㊋2000

アレクシーウ, ハリス　Alexiou, Haris　本名＝ルパーカ, ハリークリア　歌手　⑱ギリシャ　㊤1950年12月27日　㊋1996

アレクシエーヴィッチ, スヴェトラーナ　Aleksievich, Svetlana　作家　⑱ベラルーシ　㊤1948年5月31日　㊋1996(アレクシエービッチ, スベトラーナ)／2000／2004／2012

アレクシス, アンドレ　Alexis, Andre　作家　⑱カナダ　㊤1957年　㊋2004

アレクシス, ジャック・エドゥアール　Alexis, Jacques-Edouard　政治家, 農学者　元・ハイチ首相, 元・キスケヤ大学学長　⑱ハイチ　㊤1947年9月21日　㊋2004／2008

アレクセイ2世　Aleksei II　本名＝リジゲル, アレクセイ　元・ロシア正教会総主教(第15代)　⑱ロシア　㊤1929年2月23日　㊦2008年12月5日　㊋1996／2000／2004／2008

アレクセイエフ, ニコライ　Alexeev, Nikolai　指揮者　サンクトペテルブルク・フィルハーモニー室内オーケストラ音楽監督・首席指揮者, サンクトペテルブルク・フィルハーモニー交響楽団準首席指揮者　⑱ロシア　㊤1956年　㊋2004

アレクセーエフ, セルゲイ　Alekseev, Sergei Sergeevich　法学者　ロシア大統領評議会委員　元・ソ連憲法監視委員会議長　⑱ロシア　㊤1924年7月　㊋1992／1996

アレクセーエフ, ワシリー　Alekseev, Vasilii　重量挙げ選手　⑱ソ連　㊤1942年1月7日　㊋1992

アレクセエフ, ワレンチン　Alekseev, Valentin Vladimirovich　外交官　在大阪ロシア総領事　⑱ロシア　㊤1931年10月28日　㊋1996

アレクナ, ウィルギリウス　Alekna, Virgilijus　円盤投げ選手　シドニー五輪・アテネ五輪男子円盤投げ金メダリスト　⑱リトアニア　㊤1972年2月13日　㊋2004／2008／2012

アレーグル, クロード　Allègre, Claude　地球科学者, 政治家　元・フランス国民教育研究技術相　⑱フランス　㊤1937年　㊋2004／2012

アレグレ, イヴ　Allégret, Yves　映画監督　⑱フランス　㊤1907年10月13日　㊦1987年1月31日　㊋1992

アレグレット, マイケル　Allegretto, Michael　作家　[国]米国　[生]1944年　[典]1992／1996

アレコ, アメリエ　Areco, Amelie　イラストレーター　[典]2004

アレサンドリ・ロドリゲス, ホルヘ　Alessandri Rodriguez, Jorge　元・チリ大統領　[国]チリ　[没]1986年8月31日　[典]1992

アレサンドロ　Alessandro　本名=デオリベイラ, アレサンドロ・アンドラーデ　サッカー選手(FW)　[国]ブラジル　[生]1973年5月27日　[典]2000

アレジ, ジャン　Alesi, Jean　レーシングドライバー, 元・F1ドライバー　[国]フランス　[生]1964年6月11日　[典]1992／1996／2000／2004／2008／2012

アレシンスキー, ピエール　Alechinsky, Pierre　画家　[国]ベルギー　[生]1927年　[典]1992

アレスレッブ, アンナ・ミー　Allerslev, Anna Mee　政治家　コペンハーゲン市長　[国]デンマーク

アレックス　Alex　本名=ソウザ, アレサンドロ・デ　サッカー選手(MF)　[国]ブラジル　[生]1977年9月14日　[典]2004／2008

アレックス　Alex　旧グループ名=インキュバス　ロック・ベース奏者　[国]米国　[生]1976年8月18日　[典]2004／2008／2012

アレックス　Alex　グループ名=クラジクワイ　歌手　[国]韓国　[生]1979年　[典]2012

アレックス・ミネイロ　Alex Mineiro　本名=カルドーゾ, アレシャンデル・ペレイラ　サッカー選手(FW)　[国]ブラジル　[生]1973年3月15日　[典]2008／2012

アレッサンドラ, トニー　Alessandra, Tony　セールスコンサルタント　[国]米国　[典]2000

アレッサンドラン, パトリック　Alessandrin, Patrick　映画監督, 脚本家　[国]フランス　[典]2004

アレッサンドリーニ, リナルド　Alessandrini, Rinaldo　指揮者, チェンバロ奏者　コンチェルト・イタリアーノリーダー　[国]イタリア　[生]1960年　[典]2000／2012

アレッサンドロ　Alessandro　本名=Nunes,Alessandro　サッカー選手(FW)　[国]ブラジル　[生]1982年3月2日　[典]2012

アレッシィ, アルベルト　Alessi, Alberto　実業家　アレッシィ社長　[国]イタリア　[生]1946年　[典]2000／2012

アレツハウザー, アルバート　Alletzhauser, Albert　作家, 実業家　「ザ・ハウス・オブ・ノムラ」の著者　[国]米国　[生]1960年　[典]1992／1996／2000

アレナス, アメリア　Arenas, Amelia　元・ニューヨーク近代美術館学芸員　[専]美術館教育　[典]2000

アレナス, ブラウリオ　Arenas, Braulio　作家　[国]チリ　[生]1913年　[典]1996

アレナス, レイナルド　Arenas, Reinaldo　小説家, 詩人　[国]キューバ　[生]1943年　[没]1990年　[典]1992／1996

アレニチェフ, ドミトリー　Alenitchev, Dmitri　サッカー選手(MF)　[国]ロシア　[生]1972年10月20日　[典]2000／2004／2008

アレバロ・ベルメモ, フアン・ホセ　Arévalo Bermujo, Juan José　政治家, 教育者　元・グアテマラ大統領　[国]グアテマラ　[生]1904年9月10日　[没]1990年10月7日　[典]1992

アレハンドロ, レアン　Alejandro, Lean　元・バヤン(新愛国主義者同盟)事務局長　[国]フィリピン　[没]1987年9月19日　[典]1992

アレフ, アブデル　Aref, Abdel Rahman Mohammed　政治家　元・イラク大統領　[国]イラク　[生]1916年　[没]2007年8月24日　[典]1996

アレフ, モハマド・レザ　Aref, Mohammad Reza　政治家　イラン第1副大統領, イラン管理計画庁長官　[国]イラン　[典]2004／2008

アレブア, エゼキエル　Alebua, Ezekiel　政治家　元・ソロモン諸島首相　[国]ソロモン諸島　[生]1947年　[典]1992

アレマン, リチャード　Alleman, Richard　俳優, 旅行作家　[国]米国　[典]1992

アレマンノ, ジャンニ　Alemanno, Gianni　政治家　ローマ市長　[国]イタリア　[生]1958年3月3日　[典]2012

アレマン・バルデス, ミゲル　Alemán Valdés, Miguel　政治家, 弁護士　元・メキシコ大統領　[国]メキシコ　[生]1900年9月29日　[没]1983年5月14日　[典]1992

アレマン・ラカヨ, アルノルド　Aleman Lacayo, Arnoldo　政治家　ニカラグア立憲自由党党首　元・ニカラグア大統領　[国]ニカラグア　[生]1946年1月23日　[典]2000／2004／2008

アレム, エルフィネッシュ　Alemu, Elfenesh　マラソン選手　[国]エチオピア　[生]1975年1月10日　[典]2008

アレール, フランソワ　アイスホッケー・コーチ　[国]カナダ　[生]1955年8月7日　[典]2000

アレン　Allen　本名=キムキボム　旧グループ名=U-KISS　歌手, 俳優　[国]韓国　[生]1990年12月29日　[典]2012

アレン, アーウィン　Allen, Irwin　映画プロデューサー　[国]米国　[生]1916年6月12日　[没]1991年11月2日　[典]1992

アレン, アービング・ルイス　Allen, Irving Lewis　コネティカット州立大学教授　[専]社会学　[国]米国　[生]1931年　[典]2000

アレン, ウィリアム　Allen, William Mcpherson　実業家　元・ボーイング社会長　[国]米国　[生]1900年9月1日　[没]1985年10月29日　[典]1992

アレン, ウォルター　Allen, Walter Ernest　作家, 批評家　[国]英国　[生]1911年2月23日　[没]1995年2月28日　[典]1992

アレン, ウディ　Allen, Woody　本名=コニングズバーグ, アレン・スチュアート　映画監督, 脚本家, 俳優　[国]米国　[生]1935年12月1日　[典]1992／1996／2000／2004／2008／2012

アレン, クリストファー　Allen, Christopher　コンピューターコンサルタント　[典]2004

アレン, グレアム　Allen, Graham　文学者　[生]1938年　[典]2004

アレン, ケイト　Allen, Kate　本名=Allen,Katherine　トライアスロン選手　[国]オーストリア　[生]1970年4月25日　[典]2008

アレン, ケビン　Allen, Kevin　映画監督, 俳優　[国]英国　[典]2000

アレン, サミュエル・G.　実業家　ザ・スポーツ・オーソリティ社社長　[国]米国　[生]1950年4月30日　[典]2000

アレン, ジェームズ　Allen, James　経営コンサルタント　ベイン・アンド・カンパニー・ディレクター　[国]米国　[典]2004

アレン, ジェリ　Allen, Geri　ジャズピアニスト　[国]米国　[生]1957年6月12日　[典]2000

アレン, ジャレッド　Allen, Jared　プロフットボール選手(DE)　[国]米国　[生]1982年4月3日

アレン, シャーロット・ベイル　Allen, Charlotte Vale　作家　[国]カナダ　[典]2004／2008

アレン, シャロン　Allen, Sharon　実業家　デロイト&トウシュUSA会長　[国]米国　[典]2008／2012

アレン, ジュディ　Allen, Judy　作家　[国]英国　[典]1996

アレン, ジョアン　Allen, Joan　女優　[国]米国　[生]1956年8月20日　[典]2004／2008／2012

アレン, ジョージ　Allen, George　政治家　元・米国上院議員(共和党), 元・バージニア州知事　[国]米国　[生]1952年3月8日　[典]1996／2000／2004／2008

アレン, ジョフレイ　Allen, Geoffrey　化学者　神戸製鋼所特別顧問, ロンドン大学インペリアカレッジ・フェロー　[専]高分子化学　[国]英国　[生]1928年10月29日　[典]1992

アレン, スティーブ　Allen, Steve　本名=Allen,Stephen Valentine Patrick William　テレビ司会者, コメディアン, 俳優, ジャズピアニスト　[国]米国　[生]1921年12月26日　[没]2000年10月30日　[典]1992

アレン, スティーブン　Allen, Stephen D.　経営コンサルタント　[国]米国　[典]2008

アレン, ストゥーレ　Allén, Sture　イェーテボリ大学名誉教授, スウェーデン・アカデミー事務局長, ノーベル文学賞選考委員　[専]言語学　[国]スウェーデン　[生]1928年　[典]2000／2004

アレーン, ソーレン　元・卓球全日本ヘッドコーチ　[国]スウェーデン　[典]2000

アレン, デービッド　Allen, David E.　科学ジャーナリスト　イギリス諸島植物学協会事務総長　[専]博物学, 植物学　[国]英国　[生]1932年　[典]1992

アレン, デビッド　Allen, David　経営コンサルタント, エグゼクティヴ・コーチ　デビッド・アレン社社長　[典]2008

ア

アレン, テリー　本名=ゴービア, エドワード　プロボクサー　元・世界フライ級チャンピオン　[国]英国　[没]1987年4月8日　[典]1992

アレン, トニー　Allen, Tony　バスケットボール選手　[国]米国　[生]1982年1月11日

アレン, トーマス　Allen, Thomas B.　作家　[国]米国　[典]1992

アレン, トーマス　Allen, Thomas　本名=Allen,Thomas Boaz　バリトン歌手　[国]英国　[生]1944年9月10日　[典]1996／2012

アレン, パメラ　Allen, Pamela　絵本作家　[国]オーストラリア　[生]1934年　[典]2000

アーレン, ハロルド　Arlen, Harold　作曲家　[国]米国　[生]1905年2月15日　[没]1986年4月23日　[典]1992

アレン, ハワード　Allen, Howard Pfeiffer　元・南カリフォルニア・エジソン会長・最高経営責任者　[国]米国　[生]1925年10月7日　[典]1992

アレン, ピーター　歌手, 作曲家, ダンサー　[没]1992年6月18日　[典]1996

アレン, ベベリー　Allen, Beverly　比較文学者　シラキュース大学教授　[国]米国　[典]2004

アレン, ポール　Allen, Paul　本名=アレン, ポール・ガードナー　実業家　バルカン会長, マイクロソフト共同創設者, ポートランド・トレイルブレイザーズオーナー　[国]米国　[生]1953年1月21日　[典]1996／2000／2004／2008／2012

アレン, マイケル　Allen, Michael　コンピューター科学者　ノースカロライナ大学シャーロット校コンピューター科学科教授　[専]エレクトロニクス設計, ソフトウェアシステム開発　[国]米国　[典]2004

アレン, マーカス　Allen, Marcus　宗教学者　[国]米国　[典]1992

アレン, マーカス　Allen, Marcus　元・プロフットボール選手　[国]米国　[生]1960年3月26日　[典]1996／2000／2004／2008

アレン, ラリー　Allen, Larry　元・プロフットボール選手　[国]米国　[生]1971年11月27日

アレン, リチャード　Allen, Richard V.　元・米国大統領補佐官(国家安全保障問題担当)　[国]米国　[生]1936年1月1日　[典]1992／1996

アレン, リック　Allen, Rick　グループ名=デフ・レパード　ロック・ドラマー　[国]英国　[生]1963年11月1日　[典]2000／2008／2012

アレン, ルイ　Allen, Louis　日本学者　元・ダーラム大学教授　[国]英国　[生]1922年　[没]1991年12月22日　[典]1992／1996

アレン, レイ　Allen, Ray　バスケットボール選手　シドニー五輪バスケットボール男子金メダリスト　[国]米国　[生]1975年7月20日　[典]2004／2008／2012

アレン, ロジャー　Allen, Roger E.　経営コンサルタント　アレン・アソシエイツ主宰　[典]2000

アレン, ロジャー・マクブライド　Allen, Roger MacBride　作家　[国]米国　[生]1957年　[典]2000

アレン, ロデリック　Allen, Roderick Bernet　元・プロ野球選手　[国]米国　[生]1959年10月5日　[典]2000／2012

アレン, ロバート　Allen, Robert G.　投資コンサルタント, 作家　[国]米国　[典]2004

アレン, ロバート・ユージン　Allen, Robert Eugene　実業家　ダイムラー・クライスラー監査役　元・AT&T会長・CEO　[国]米国　[生]1935年1月25日　[典]1992／1996／2000

アレンカール, シッコ　Alencar, Chico　政治家, 歴史学者　ブラジル下院議員　元・リオデジャネイロ連邦大学教授　[国]ブラジル　[生]1951年　[典]2004／2008

アレンカール, ジョゼ　Alencar, José　本名=Alencar Gomes da Silva,José　政治家　元・ブラジル副大統領　[国]ブラジル　[生]1931年10月17日　[没]2011年3月29日

アレンス, モシェ　Arens, Moshe　政治家, 航空工学者　元・イスラエル国防相　[国]イスラエル　[生]1925年12月7日　[典]1992／1996／2000

アーレンツ, アンジェラ　Ahrendts, Angela　実業家　バーバリーCEO　[国]米国　[生]1960年　[典]2012

アレント, ニコル　Arendt, Nicole　テニス選手　[国]米国　[生]1969年8月26日　[典]2004／2008

アーレント・シュルテ, イングリット　Ahrendt-Schulte, Ingrid　作家　[国]ドイツ　[生]1942年　[典]2004／2008

アレン・ミアーズ, ポーラ　Allen-Mears, Paula　ミシガン大学大学院学部長　[専]ソーシャルワーク　[国]米国　[典]2004／2008

アロー, ケネス　Arrow, Kenneth Joseph　理論経済学者　スタンフォード大学名誉教授　[専]厚生経済学　[国]米国　[生]1921年8月23日　[典]1992／1996／2000／2004／2008／2012

アロイージ, ジョン　Aloisi, John　サッカー選手(FW)　[国]オーストラリア　[生]1976年2月5日　[典]2008

アロイス　Alois　本名=Alois Philipp Maria　リヒテンシュタイン皇太子　[国]リヒテンシュタイン　[生]1968年6月11日

アロウェイ, ローレンス　Alloway, Lawrence　美術評論家　[国]米国　[没]1989年　[典]1992

アロジー, グローリー　Alozie, Glory　陸上選手(障害)　[国]スペイン　[生]1977年7月13日　[典]2004／2008

アロシュ, セルジュ　Haroche, Serge　物理学者　コレージュ・ド・フランス学長　[専]量子情報科学　[国]フランス　[生]1944年9月11日　[典]1996(ハロシ, セルジュ)

アローズ, グスタボ　Araoz, Gustavo　建造物保護学者　イコモス(国際記念物遺跡会議)会長　[国]米国　[典]2012

アロステギ, マーティン　Arostegui, Martin C.　ジャーナリスト　[専]軍事, 警察　[生]1955年　[典]2000

アロセメナ, カルロス・フリオ　Arosemena Monroy, Carlos Julio　政治家, 弁護士　元・エクアドル大統領　[国]エクアドル　[生]1919年8月24日　[没]2004年3月5日　[典]1996

アロッサ, アルベルト　スローフード研究家　マスター・オブ・フード講師　[国]イタリア　[典]2008

アロット, フィリップ　Allott, Philip J.　国連海洋法会議英国代表部顧問・代表代理　[典]2008

アロニ, シュラマイト　Aloni, Shulamit　旧名=アドレル　政治家　元・イスラエル国会議員　[国]イスラエル　[生]1928年11月29日　[没]2014年1月24日

アーロノビッチ, デービッド　Aaronovitch, David　ジャーナリスト　[国]英国　[生]1954年　[典]2012

アロノフ, フランセス・ウェバー　Aronoff, Frances Webber　ニューヨーク大学名誉教授　[専]音楽教育　[国]米国　[典]1992／2000

アロノフスキー, ダーレン　Aronofsky, Darren　映画監督　[国]米国　[生]1969年2月12日　[典]2000／2004／2008／2012

アロパルティオ, キルシ　児童劇団主宰者, 政治家　ヘボセンケンカ劇団代表　[国]フィンランド　[典]2000

アローホ, ロランド・アビラ　Arrojo, Rolando　大リーグ選手(投手)　[国]キューバ　[生]1964年5月29日　[典]2000

アロマー, サンディー(Jr.)　Alomar, Sandy (Jr.)　本名=Alomar, Santos　大リーグコーチ, 元・大リーグ選手　[国]米国　[生]1966年6月18日　[典]2000／2004／2008／2012

アロマー, ロベルト　Alomar, Robert　元・大リーグ選手　[生]1968年2月5日　[典]2000／2004／2008／2012

アロマリ, アハメド　Alomari, Ahmed　コンピューター技術者　[国]米国　[典]2004

アロヨ, グロリア・マカパガル　Arroyo, Gloria Macapagal　政治家, 経済学者　フィリピン下院議員　元・フィリピン大統領　[国]フィリピン　[生]1947年4月5日　[典]2000／2004／2008／2012

アローヨ, ブロンソン　Arroyo, Bronson　本名=Arroyo,Bronson Anthony　大リーグ選手(投手)　[国]米国　[生]1977年2月24日　[典]2008／2012

アロラ, サティシュ　タージマハールホテル総料理長　[国]インド　[典]1992

アーロン　Aaron　漢字名=炎亜綸　グループ名=飛輪海　歌手, 俳優　[国]台湾　[生]11月20日　[典]2012

アロン, Y.　Allon, Yigal　軍人, 政治家　元・イスラエル副首相・外相, 元・イスラエル・アフダット・ハボーダ党書記長　[国]イスラエル　[生]1918年10月10日　[没]1980年2月　[典]1992

アーロン, アーサー　Aron, Arther　社会心理学者　[国]米国　[典]2004

アーロン, エレーヌ　Aron, Elaine N.　社会心理学者, セラピスト　カリフォルニア大学サンタクルーズ校非常勤講師　[国]米国　[典]2004

アロン, ジャン・ポール　Aron, Jean Paul　哲学者,作家　元・フランス社会科学高等研究院部長　国フランス　没1988年8月20日　掲1992

アーロン, デービッド　Aaron, David　作家　国米国　生1938年　掲1996

アーロン, ハンク　Aaron, Hank　本名＝Aaron,Henry Louis　元・大リーグ選手　国米国　生1934年2月5日　掲1992／1996／2000／2004／2008／2012

アロン, ヘンク　Arron, Henck Alphonsos Eugène　政治家　元・スリナム初代首相　国スリナム　生1936年4月25日　没2000年12月4日　掲1996

アロン, レイモン　Aron, Raymond　社会学者,ジャーナリスト　国フランス　生1905年3月14日　没1983年10月17日　掲1992

アーロン, レイモンド　Aaron, Raymond　ビジネスコンサルタント　掲2004

アーロンズ, モーリーン　Aarons, Maureen　言語療法,自閉症　国英国　掲2004

アロンソ, アナ　Alonso, Ana　詩人,作家　国スペイン　生1970年　掲2012

アロンソ, アリシア　Alonso, Alicia　バレリーナ,振付師　キューバ国立バレエ団創立者　国キューバ　生1920年12月21日　掲1992／2004／2008／2012

アロンソ, ダマソ　Alonso, Dámaso　詩人,批評家,言語学者　元・マドリード大学教授　著ゴンゴラ研究　国スペイン　生1898年10月22日　没1990年1月24日　掲1992

アロンソ, フェルナンド　Alonso, Fernando　F1ドライバー　国スペイン　生1981年7月29日　掲2008／2012

アロンソ, マルセル　物理学者　フロリダ技術研究所教授　国米国　生1921年　掲1996

アロンソン, バージニア　Aronson, Virginia　ライター　国米国　掲2004

アロンソン, ブラッドリー　Aronson, Bradley　実業家　i-frontier社長　掲2004

アワ　AWA　ジャズ歌手　国フランス　生1977年　掲2012

アワー, ジェームズ　Auer, James E.　バンダービルト大学教授・米日研究協力センター所長　元・米国防総省国際安全保障局日本部長　著日本研究,国際安全保障　国米国　生1941年　掲1992／1996／2000／2004／2008／2012

アワダラー, アブー・バクル　Awadallah, Abu Bakr　政治家　元・スーダン首相　国スーダン　生1917年　掲1996／2004

アワナ, テヤブ　Awana, Theyab　サッカー選手　国アラブ首長国連邦　生1990年7月6日　没2011年9月25日

アン・ウヒ　安 宇熙　韓国電気研究所長　国韓国　生1939年2月12日　掲1996

アン・ウマン　安 又万　Ahn, Woo-mahn　政治家　元・韓国法相　国韓国　生1937年2月14日　掲1996／2000

アン・ウンモ　安 応模　元・韓国内相　国韓国　生1930年12月24日　掲1996

アン・カプジュン　安 甲濬　政治家　元・韓国国会議員　国韓国　生1926年12月22日　掲1996

アン・カヨウ　安 家瑤　An, Jia-yao　考古学者　中国社会科学院考古研究所副研究員　国中国　生1948年　掲1996

アン・キ　安 琪　女優　北京電影学院教員　国中国　掲1992

アン・キョンサン　安 景相　弁護士　国韓国　生1935年1月18日　掲1996

アン・キョンス　安 京洙　Ahn, Kyung-soo　実業家　富士通アジア・パシフィック営業本部副本部長,韓国富士通社長　国韓国　掲2004

アン・ギョンヒョン　安 庚鉉　An, Kyeong-hyeon　元・プロ野球選手　国韓国　生1970年2月13日　掲1996／2012

アン・キョンモ　安 京模　科総顧問,韓国遠隔探査学会名誉会長　国韓国　生1917年4月17日　掲1996

アン・クァング　安 光壱　Ahn, Kwang-koo　政治家　元・韓国通産相　国韓国　生1942年8月11日　掲1996／2000

アン・グムエ　An, Kum-ae　柔道選手　ロンドン五輪柔道女子52キロ級金メダリスト　国北朝鮮　生1980年6月3日

アン・ケンセイ　安 剣星　An, Jian-xing　星光代表　「僕は毛主席の紅小兵だった」の著者　国中国　生1963年　掲2000

アン・コンヒョク　安 恭赫　韓国保険監督院長　国韓国　生1937年6月21日　掲1996

アン・サンス　安 商守　Ahn, Sang-soo　政治家　元・ハンナラ党代表　国韓国　生1946年2月9日　掲2012

アン・サンス　安 相守　歌手　国韓国　生1962年11月10日　掲1996

アン・サンミ　安 尚美　An, Sang-mi　スピードスケート選手（ショートトラック）　国韓国　生1979年11月12日　掲2000

アン・シイ　安 士偉　An, Shi-wei　経名＝薩利赫　僧侶　元・中国イスラム教協会会長,元・世界イスラム教連盟アジア協調委員会執行委員　国中国　生1919年　没1998年7月14日　掲1996

アン・ジェウク　Ahn, Jae-wook　俳優,歌手　国韓国　生1971年9月12日　掲2004／2008／2012

アン・ジェソク　安 在碩　東南日報社長　国韓国　生1933年3月14日　掲1996

アン・ジェヒョン　安 宰亨　卓球選手　国韓国　生1992（アン・ゼヒョン）

アン・シカイ　安 子介　An, Tse-kai　実業家　元・中国人民政治協商会議副主席　国香港　生1912年　没2000年6月3日　掲1992／1996

アン・シヒョン　安 是眩　Ahn, Shin-hyun　プロゴルファー　国韓国　生1984年9月15日　掲2008

アン・シビン　安 志敏　An, Zhi-min　考古学者　中国社会科学院考古研究所教授・元副所長　著中国新石器時代考古学　国中国　生1924年4月5日　掲1992／1996

アン・ジュソブ　安 周燮　Ahn, Ju-sop　政治家　韓国大統領警護室長　国韓国　掲2000

アン・ジュンモ　安 準模　韓国教育人的資源部国際教育振興院音楽講師　著歌の文化史　国韓国　生1959年　掲2004

アン・ジョンスク　An, Choeng-sook　韓国映画振興委員会（KOFIC）委員長　元・「シネ21」編集長　国韓国　掲2008／2012

アン・ジョンヒョ　安 正孝　Ahn, Jung-hyo　作家　国韓国　生1941年

アン・ジョンファン　安 貞桓　Ahn, Jung-hwahn　元・サッカー選手　国韓国　生1976年1月27日　掲2000／2004／2008／2012

アン・スクソン　安 淑善　パンソリ唱者　国韓国　掲2004

アン・スンジュ　安 承周　公州大学総長　国韓国　生1937年1月30日　掲1996

アン・スンチャン　安 承賛　プロ野球選手（内野手）　国韓国　生1974年10月13日　掲1996

アン・スンチョル　安 承哲　国民銀行理事長　国韓国　生1935年11月26日　掲1996

アン・セヒ　安 世熙　延世大学教授　著物理学　国韓国　生1928年4月22日　掲1996

アン・ソンギ　Ahn, Sung-kee　漢字名＝安聖基　俳優　国韓国　生1952年1月1日　掲1992／1996／2000／2004／2008／2012

アン・ソンジュ　Ahn, Sun-ju　プロゴルファー　国韓国　生1987年8月31日　掲2012

アン・ソンジン　安 鮮鎮　サッカー選手（MF）　国韓国　生1975年9月19日　掲2004

アン・タイショウ　安 泰庠　旧名＝安邦鼎　考古学者　中国社会科学院考古研究所副所長,中国考古学会常務理事　著古生物学　国中国　生1924年　掲1996

アン・チュングン　安 春根　韓国中央大学新聞放送大学院客員教授　著出版学,書誌学　国韓国　生1926年7月27日　掲1996

アン・チュンセン　安 椿生　独立記念館館長　国韓国　生1912年8月12日　掲1996

アン・チュンヨン　安 忠栄　Ahn, Choong-yong　経済学者　韓国中央大学経済学科教授,朝興銀行理事会議長　著国際経済学,計量経済学　国韓国　生1941年　掲2000／2004

アン・チョルス　安哲秀　Ahn, Cheol-soo　英語名=Ahn,Charles　実業家,コンピューター科学者　アンラボ創業者,ソウル大学教授・融合科学技術大学院院長,韓国国会議員　[国]韓国　[生]1962年2月26日　[典]2004／2012

アン・デファン　安大煥　プロ野球選手(外野手)　[国]韓国　[生]1962年9月14日　[典]1996

アン・デホ　安台鎬　仁荷大学教授,アジア太平洋物流連合会長,消費者問題研究院長　[専]経営学　[国]韓国　[生]1927年10月10日　[典]1996

アン・ドゥヒ　安斗熙　韓国独立運動家・金九の暗殺犯　[国]韓国　[没]1996年10月23日　[典]1996

アン・ドヒョン　安度昡　詩人　[国]韓国　[生]1961年　[典]2004／2008／2012

アン・ドンイル　安東一　弁護士　韓国弁護士協会理事長　[国]韓国　[典]1992

アン・ドンジュン　安東濬　号=中山　元・政治家　東西文化環境研究会会長,忠州美徳学園理事長　元・韓国国会議員　[国]韓国　[生]1919年　[典]1996

アン・ニ　晏妮　映画研究者・評論家　新藤兼人監督を研究中の中国人留学生　[専]日本映画研究,日中映画交渉史　[国]中国　[典]1992

アン・ハンボン　安漢奉　An, Han-bong　レスリング選手(グレコローマン)　[国]韓国　[典]1996

アン・ビクトル　写真家　[国]ウズベキスタン　[生]1947年　[典]2004

アン・ヒョヨン　安孝錬　サッカー選手(FW)　[国]韓国　[生]1978年4月16日　[典]2004／2008

アン・ヒョンイル　安亨一　号=東泉　ソウル大学名誉教授,韓国国立オペラ団終身団員　[国]韓国　[生]1927年1月18日　[典]1996

アン・ビョンウォン　安丙元　プロ野球選手(投手)　[国]韓国　[生]1973年10月4日　[典]1996

アン・ビョンウォン　安丙元　作曲家　韓国福祉財団カナダトロント後援会会長　[国]韓国　[典]2004／2008

アン・ビョンウク　安秉煜　哲学者　崇実大学名誉教授　[国]韓国　[生]1920年6月26日　[典]1996

アン・ビョンギ　Ahn, Byeong-ki　漢字名=安兵基　映画監督　[国]韓国　[典]2004／2008

アン・ビョンギュ　安秉珪　政治家　元・韓国国会議員　[国]韓国　[生]1937年12月30日　[典]1996

アン・ビョンギョン　安柄京　タレント　[国]韓国　[生]1947年11月14日　[典]1996

アン・ビョングン　安柄根　元・柔道選手　[国]韓国　[典]1992

アン・ビョンジク　安秉直　Ahn, Pyong-jick　ソウル大学校経済学科教授　[専]韓国近代経済史　[国]韓国　[生]1936年　[典]1996

アン・ビョンジュ　安炳周　成均館大学教授,退溪学研究院院長　[専]儒教　[国]韓国　[生]1933年　[典]1996

アン・ビョンジュン　安秉俊　延世大学教授　[専]政治学　[国]韓国　[生]1936年　[典]2000

アン・ヒョンス　安賢洙　Ahn, Hyun-soo　ロシア名=アン,ヴィクトル　スピードスケート選手(ショートトラック)　トリノ五輪金メダリスト　[国]韓国　[生]1985年11月23日　[典]2008／2012

アン・ビョンチャン　安炳璨　ジャーナリスト　「時事ジャーナル」編集者・編集主幹　[国]韓国　[生]1937年10月4日　[典]1996

アン・ビョンテ　安炳泰　元・大邱科学大学日語専任教授,元・慶北大学講師　[国]韓国　[生]1916年　[典]2004

アン・ビョンテ　安秉泰　神父　西江大学財団理事長　[国]韓国　[生]1931年11月20日　[典]1996

アン・ビョンファ　安秉華　韓国電力社長　[国]韓国　[生]1931年1月6日　[典]1996

アン・ビョンフン　安秉勲　朝鮮日報常務理事,韓国新聞編集者協会会長　[国]韓国　[生]1938年11月23日　[典]1996

アン・ビョンマン　安秉万　韓国外国語大学副総長・大学院長　[専]政治学　[国]韓国　[生]1941年2月8日　[典]1996

アン・ビョンム　安炳茂　神学者　韓国神学大学教授　[国]韓国　[生]1922年　[典]1992

アン・ビョンヨン　安秉永　Ahn, Byung-young　政治家　元・韓国教育相,元・延世大学教授　[国]韓国　[生]1941年9月7日　[典]1996／2000

アン・ピルジュン　安弼濬　元・韓国保健社会相　[国]韓国　[生]1932年5月5日　[典]1996

アン・フィジュン　安輝濬　ソウル大学考古美術史学科教授,ソウル大学博物館長　[専]美術史　[国]韓国　[生]1940年10月25日　[典]1996

アン・ヘジ　安恵智　本名=安慶淑　歌手　[国]韓国　[生]1971年2月17日　[典]1996

アン・ホサン　安浩相　元・韓国文教相　[国]韓国　[生]1902年1月23日　[典]1996／2000

アン・ホトウ　安保冬　北首飾廠工場長　[国]中国　[典]1992

アン,ポール　Ahn, Paul　コンピュータ技術者　[国]米国　[典]2008

アン・ミョンジン　安明進　元・北朝鮮武装戦闘工作員　[国]韓国　[生]1968年8月26日　[典]1996／2000／2004／2008／2012

アン・ミョンチョル　安明哲　「図説・北朝鮮強制収容所」の著者　[国]韓国　[生]1969年　[典]2000

アン・ムヒョク　安武赫　元・韓国国家安全企画部長　[国]韓国　[生]1935年11月10日　[典]1996／2000

アン・モクダン　安牧丹　婦女福祉連合会長,未亡人母子福祉会代表理事　[国]韓国　[生]1936年8月13日　[典]1996

アン・ユホ　安有鎬　大邱日報社長　[国]韓国　[生]1940年3月1日　[典]1996

アン・ヨウショ　晏陽初　Yan, Yang-chu　本名=晏興復　字=陽初,別名=晏遇春,英語名=Yen,James Y.C.　教育家,社会教育運動家　[国]中国　[生]1893年10月26日　[典]1992／1996

アン・ヨンギョ　安溶教　建国大学総長　[専]憲法学　[国]韓国　[生]1926年6月25日　[典]1996

アン・ヨンチョル　安永哲　(株)韓国化学工業社長　[国]韓国　[生]1932年2月24日　[典]1996

アン・ヨンハッ　安英学　An, Yong-hak　サッカー選手(MF)　[国]北朝鮮　[生]1978年10月25日　[典]2008／2012

アン・ヨンヒ　Ahn, Young-hee　通訳,ライター　梨花女子大学講師　[国]韓国　[典]2004

アン・ヨンモ　安永模　同和銀行頭取　[国]韓国　[生]1926年3月4日　[典]1996

アンヴァイラー,オスカー　Anweiler, Osker　教育学者　ボッフム大学教授　[国]ドイツ　[生]1925年　[典]1996(アンバイラー,オスカー)

アン王女　Anne, Princess　本名=アン・エリザベス・アリス・ルイーズ　エリザベス英国女王の長女　[国]英国　[生]1950年8月15日　[典]1992／1996／2000／2004／2008／2012

アンガー,J.マーシャル　Unger, J.Marshall　言語学者　メリーランド大学ヘブライ東亜語学文学科主任教授　[国]米国　[生]1947年　[典]1996

アンカー,アンドルー　ホットワイヤード社長　[国]米国　[典]2000

アンガー,イアン　Unger, Ian Christpher　企業コンサルタント　[国]米国　[生]1940年　[典]2000

アンガー,ケネス　Anger, Kenneth　映画製作者　[国]米国　[生]1932年　[典]1992

アンガー,ダグラス　作家　[国]米国　[生]1952年　[典]1996

アンガー,ダニエル　ジョージタウン大学助教授　[専]政治学　[国]米国　[生]1955年　[典]2000

アンカ,ダリル　Anka, Darryl　チャネラー　[国]米国　[典]2012

アンガー,デボラ　Unger, Deborah KARA　女優　[国]カナダ　[典]2000

アンカ,ポール　Anka, Paul　ポピュラー歌手,作詞・作曲家　[国]米国　[生]1941年7月30日　[典]1992／2000／2004／2008

アンガマン,ラルフ　Ungermann, Ralph　ファースト・バーチャル・コーポレーション社長,アンガマン・バス創設者・元CEO　[専]コンピュータ・アーキテクチャー　[国]米国　[生]1942年　[典]1992／1996

アンガーミューラー,ルードルフ　Angermüller, Rudolph　ザルツブルク国際モーツァルテウム財団事務局長・学術部長　[国]オーストリア　[生]1940年　[典]1992

アンガラ,エドガルド　Angara, Edgardo J.　政治家　元・フィリピ

ン上院議長,元・フィリピン農相　国フィリピン　典1996/2000/2004/2008

アンガラ,ヘルナンド　マニラ首都圏交通警察長官　国フィリピン　典1992

アンキール,リック　Ankiel, Rick　本名=Ankiel,Richard Alexander　大リーグ選手(外野手)　国米国　生1979年7月19日　典2004/2008/2012

アングスター,オイゲン・M.　ドイツテレコム(日本法人)社長　国ドイツ　典2000

アンクチル,ジャック　自転車レース選手　国フランス　生1934年1月8日　没1987年11月18日　典1992

アングラード,ジャン・ユーグ　Anglade, Jean-Hugues　俳優　国フランス　生1955年7月29日　典1992/1996/2000/2004/2008

アンクリッチ,リー　Unkrich, Lee　アニメーション監督,アニメーション編集者　国米国　生1967年8月8日　典2004/2008/2012

アングル,カート　Angle, Kurt　プロレスラー,元・レスリング選手(フリースタイル)　アトランタ五輪レスリング男子フリースタイル100キロ級金メダリスト　国米国　生1968年12月9日　典2000/2004/2008/2012

アングル,コリン　Angle, Colin　実業家,ロボット研究者　アイロボットCEO　国米国　生1967年　典2012

アングルトン,ジェームズ　秘密情報活動専門家　国米国　没1987年5月11日　典1992

アングレール,フランソワ　Englert, François　物理学者　ブリュッセル自由大学名誉教授　国ベルギー　生1932年11月6日

アングロ　Anglo　本名=アングロ・バルデルレイ,ミゲル・アンヘル　サッカー選手(FW)　国スペイン　生1977年6月23日　典2004/2008

アンクワブ,アレクサンドル　Ankvab, Alexander　政治家　アブハジア自治共和国大統領　典2012

アングン　Anggun　本名=アングン・チプタ・サスミ　歌手　国フランス　生1974年4月　典2000

アンケ,ベルナール　Anquez, Bernard　実業家　エールフランス日本支社長　国フランス　生1952年5月12日　典2000

アンゲラー,トビアス　Angerer, Tobias　スキー選手(距離)　バンクーバー五輪スキー・クロスカントリー男子30キロパシュート銀メダリスト　国ドイツ　生1977年4月12日

アンゲリッシュ,ニコラ　Angelich, Nicolas　ピアニスト　国米国　生1970年　典2012

アンゲロプロス,ジアンナ　政治家　アテネ五輪組織委員会(ATHOC)会長　元・ギリシャ国会議員　国ギリシャ　生1955年　典2000/2008

アンゲロプロス,テオ　Angelopoulos, Théo　本名=アンゲロプロス,テオドロス　映画監督　国ギリシャ　生1935年4月27日　没2012年1月24日　典1992/1996/2000/2008/2012

アンコー・チャン　画家,イラストレーター　国カナダ　典2008

アンコビック,デニス　Unkovic, Dennis　弁護士,ビジネス・コンサルタント,著述家　メイヤー・アンコビック・アンド・スコット法律事務所上級パートナー　国米国　生1948年　典1992/1996/2000

アンサー,アル(Jr.)　Unser, Al (Jr.)　レーシングドライバー　国米国　生1962年4月19日　典1996/2000/2008

アンサリ,H.　Ansari, Houshang　政治家　元・イラン蔵相,元・イラン国有石油会社総裁　国イラン　生1928年　典1992

アンサール,オリヴィエ　Ansart, Olivier　外交官　(財)日仏会館学長　国フランス　典1996

アンジェイェフスキ,イェジィ　Andrzejewski, Jerzy　作家　国ポーランド　生1909年8月19日　没1983年4月19日　典1992

アンジェラコス,マイケル　Angelakos, Michael　グループ名=パッション・ピット　ミュージシャン　国米国　典2012

アンジェラベイビー　Angelababy　モデル　生1989年2月28日　典2012

アンジェリシ,ブルーノ　実業家　ゼネカ社長,ゼネカ薬品社長　国フランス　典2000

アンジェルッチ,エンツォ　Angelucci, Enzo　ジャーナリスト

国イタリア　典2004

アンジェレーリ,ジョヴァンニ　Angeleri, Giovanni　バイオリニスト,指揮者　オルケストラ・デッレ・ベネツィエ常任指揮者　国イタリア　生1971年　典2004

アンジェロ,イヴ　Angelo, Yves　映画監督,映画撮影監督　国フランス　生1956年1月　典1996

アンジェロウ,マヤ　Angelou, Maya　作家,脚本家,詩人　国米国　生1928年4月4日　典2000/2004/2008/2012

アンジェローニ,ウンベルト　Angeloni, Umberto　実業家　ブリオーニ・ローマン・スタイル社CEO,クラシコ・イタリア・アソシエーション会長　国イタリア　生1952年　典2000

アンシェン,ルース・ナンダ　Anshen, Ruth Nanda　哲学者　国米国　典2000

アンシプ,アンドルス　Ansip, Andrus　政治家　エストニア首相,エストニア改革党党首　国エストニア　生1956年10月1日　典2008/2012

アンジュー,アニー　Anzieu, Annie　医師　「子どもの精神分析ジャーナル」編集責任者,子どもの精神分析のための協会会長　専児童精神分析学　国フランス　生1924年　典2000

アンシュッツ・トームス,ダニエラ　Anschutz Thoms, Daniela　スピードスケート選手　トリノ五輪・バンクーバー五輪スピードスケート女子団体追い抜き金メダリスト　国ドイツ　生1974年11月20日　典2012

アーンズ,レーン　Earns, Lane R.　歴史学者　ウィスコンシン州立大学オシコシ校歴史学科教授　専日本史　国米国　典2004

アンスコム,ガートルード・エリザベス・マーガレット　Anscombe, Gertrude Elizabeth Margaret　哲学者　元・ケンブリッジ大学哲学教授　国英国　生1919年　典1996

アンスティー,エリック　Anstee, Eric E.　実業家　オールド・ミューチュアル金融部門CEO　典2004

アンスティー,ニック　Anstee, Nick　本名=Anstee,Alderman Nick　ロンドン金融街行政組織シティー市長(ロード・メイヤー)　国英国　生1958年　典2012

アンスティ,マーガレット　Anstee, Margaret J.　国連事務次長・ウィーン事務所長　国英国　典1992

アンスネス,レイフ・オヴェ　Andsnes, Leif Ove　ピアニスト　国ノルウェー　生1970年4月7日　典1996/2000/2004/2008/2012

アンスパック,ソルヴェーグ　Anspach, Solveig　映画監督　国アイスランド　典2004

アンスバッハ,チャールズ　指揮者　国米国　生1942年　典2000

アンズワース,バリー　Unsworth, Barry　作家　国英国　生1930年8月10日　没2012年6月5日　典2012

アンセット　Amsette　本名=ランベール,アンヌ・マリ　画家　国フランス　生1943年　典1992

アンセル,クライブ　実業家　日本BT社長,日本テレコム常務　国英国　典2000

アンゼルジャナム,ラリハムピカ　Antherjanam, Lalihambika　作家　国インド　生1909年　典1996

アンセルム,ダニエル　作家　国フランス　生1927年　没1989年2月3日　典1992

アンセルモ,ジョヴァンニ　Anselmo, Giovanni　彫刻家　国イタリア　生1934年　典1992/1996

アンセルモ,ルネ　Anselmo, Rene　パンナムサット会長　国米国　生1926年　典1996

アンセレム,ノラ　Amsellem, Norah　ソプラノ歌手　国フランス　典2004/2008

アンセン,エナール　Ansen, Yenal　銀行家　ハルクバンク総裁　国トルコ　典2000

アンソニー,イーブリン　Anthony, Evelyn　本名=Ward-Thomas, Evelyn Bridget Patricia　作家　国英国　生1928年7月3日　典1996

アンソニー,エリック　Anthony, Eric Todd　大リーグ選手(外野手)　国米国　生1967年11月8日　典2000

アンソニー,カーメロ　Anthony, Carmelo　バスケットボール選手

北京五輪・ロンドン五輪バスケットボール男子金メダリスト　国米国　生1984年5月29日　受2008/2012

アンソニー, ケニー　Anthony, Kenny Davis　政治家　元・セントルシア首相　国セントルシア　生1951年1月8日　受2008

アンソニー, ジェーク　Anthony, Jake　天才児教育者　国英国　生1940年　受1996

アンソニー, ジョーゼフ　Anthony, Joseph　映画監督　国米国　生1912年5月24日　没1993年1月20日　受1996

アンソニー, ジョン　Anthony, John Douglas　政治家　元・オーストラリア副首相兼貿易産業相　国オーストラリア　生1929年12月31日　受1996

アンソニー, デービッド　Anthony, David　本名=スミス, ウィリアム・デイル　作家　国米国　生1929年　受1992

アンソニー, ピアズ　Anthony, Piers　SF作家　国米国　生1934年　受1992/1996/2012

アンソニー, レイ　Anthony, Ray　ジャズトランペット奏者　国米国　生1922年1月20日　受1992

アンソニー, ロナルド　Anthony, Ronald　コンピューター技術者　国米国　受2004

アンソニー, ロナルド　Anthony, Ronald　作家　国米国　受2008

アンソニー, ロバート　Anthony, Robert　行動心理学者, 著述家　国米国　受1992/1996

アンソニー, ローラ　Anthony, Laura　ロマンス作家　受2004

アンゾフ, H.イゴール　Ansoff, H.Igor　経営学者　アンゾフ・アソシエイツ社長, USインターナショナル大学大学院教授　専戦略経営論　国米国　受1992/1996

アンダ, グリゼルダ　弁護士, 反公害運動家　国フィリピン　受1992

アンタイ, ピエール　Hantai, Pierre　チェンバロ奏者, 指揮者　コンセール・フランセ音楽監督　国フランス　生1964年　受2012

アンダーウッド, セシル　Underwood, Cecil H.　政治家, 実業家　元・ウェストバージニア州知事(共和党), 元・ハンティングトン・ファンデーション会長　国米国　生1922年11月5日　没2008年11月24日　受2000/2004

アンダーウッド, パトリシア　Underwood, Patricia R.　兵庫県立看護大学看護学部教授　専看護学　国米国　生1939年　受2004/2008

アンダーウッド, ブレアー　Underwood, Blair　俳優　生1964年8月25日　受2000

アンダーウッド, ポーラ　Underwood, Paula　教育コンサルタント　国米国　生1932年　受2000

アンダサロフ, ペトル　Andasarov, Petr　詩人, ジャーナリスト　「文芸出版社」編集長　国ブルガリア　生1937年　受1992

アンダーシ, フェデリコ　Andahazi, Federico　作家　国アルゼンチン　生1963年　受2004/2008

アンダース, ウィリアム・アリソン　Anders, William Alison　元・宇宙飛行士　元・ゼネラル・ダイナミックス(GD)会長　国米国　生1933年10月17日　受1996

アンダース, エドワード　Anders, Edward　化学者　シカゴ大学名誉教授　国米国　生1926年6月21日　受1996

アンダース, ギュンター　Anders, Günther　本名=シュテルン, ギュンター　著述家, 反核運動家　国米国　生1902年　没1992年12月　受1996

アンターゼ, ドミトリ　画家　トビリシ美術大学　国グルジア　受2000

アンダーセン, カート　Andersen, Kurt　作家, ジャーナリスト, コラムニスト　「ニューヨーカー」コラムニスト　国米国　受2004/2008

アンダーセン, クリストファー　Andersen, Christopher　作家　国米国　生1949年　受1996/2000

アンダーセン, ジョディ　Andersen, Jodi　ドッグ・トレーナー　国米国　受2004

アンダーセン, バージニア　Andersen, Virginia　コンピュータ科学者, テクニカルライター　国米国　受2004

アンダーセン, モーテン　Andersen, Morten　元・プロフットボール選手　国デンマーク　生1960年8月19日

アンダーソン, L.デサイ　Anderson, L.Desaix　KEDO理事長　元・米国国務省アジア局日本部長　国米国　生1936年　受1992

アンダーソン, M.T.　Anderson, M.T.　作家　国米国　受2012

アンダーソン, W.フレンチ　Anderson, W.French　南カリフォルニア大学医学部遺伝子治療研究室責任者・生化学小児科学教授　専遺伝子治療　国米国　受1996

アンダーソン, アダム　Anderson, Adam　デュオ名=ハーツ　ミュージシャン　国英国　生1984年5月14日　受2012

アンダーソン, アラン　Anderson, Allan W.　宗教学者, 詩人　サンディエゴ州立大学名誉教授　専東洋宗教　国米国　受1996

アンダーソン, アレン　Anderson, William Allen　エンジェルアニマル創始者　国米国　受2004

アンダーソン, アン　Anderson, Ann　コンサルタント　受2004

アンダーソン, イアン　Anderson, Ian　グループ名=ジェスロ・タル　ロック歌手　国英国　生1947年8月10日　受1996/2012

アンダーソン, ウィリアム　Anderson, William Charles　作家　国米国　生1920年5月7日　受1992/1996

アンダーソン, ウィリアム　Anderson, William T.　ローラ・インガルス・ワイルダー博物館副館長　国米国　受1992/1996

アンダーソン, ウィリアム　Anderson, William Robert　軍人, 政治家　元・米国下院議員(民主党)　世界初の原子力潜水艦ノーチラス号の艦長　国米国　生1921年6月17日　没2007年2月25日　受1996

アンダーソン, ウェイン　Anderson, Weyne　イラストレーター　国英国　受1996

アンダーソン, ウェス　Anderson, Wes　本名=Anderson, Wesley Wales　映画監督, 脚本家　国米国　生1969年5月1日　受2004/2008/2012

アンダーソン, ウォーレン　Anderson, Warren M.　元・ユニオン・カーバイド会長・CEO　国米国　生1921年11月29日　受1996

アンダーソン, エリック　Anderson, Erick　シンガー・ソングライター　国米国　生1943年　受1992

アンダーソン, オーケ　経済学者　スウェーデン王立工学科大学教授　国スウェーデン　受2000

アンダーソン, オーティス　プロフットボール選手(RB)　国米国　受1992

アンダーソン, オベ　Andersson, Ove　F1監督, ラリードライバー　元・トヨタモータースポーツ(TMG)社長　国スウェーデン　生1938年1月　没2008年6月11日　受2004

アンダーソン, カール・デービッド　Anderson, Carl David　物理学者　元・カリフォルニア工科大学名誉教授　国米国　生1905年9月3日　没1991年1月11日　受1992

アンダーソン, ギャビン　ギャビン・アンダーソン会長・CEO　国米国　受1996

アンダーソン, ギャレット　Anderson, Garret Joseph　大リーグ選手(外野手)　国米国　生1972年6月30日　受2004/2008

アンダーソン, キャロライン　Anderson, Caroline　ロマンス作家　国英国　受2004

アンダーソン, クリス　Anderson, Chris　編集者, 実業家　3Dロボティクス CEO　元・「ワイアード」編集長　生1961年　受2008

アンダーソン, クリスティン　Anderson, Kristin　経営コンサルタント　受2000

アンダーソン, グレッグ　Anderson, Greg　健康問題コンサルタント, 著述家　アメリカン・ウェルネス・プロジェクト会長　国米国　受2004/2008

アンダーソン, ケニー　Anderson, Kenny　本名=アンダーソン, ケネス　バスケットボール選手　国米国　生1970年10月9日　受1996/2008

アンダーソン, ケビン　Anderson, Kevin J.　SF作家, テクニカル・ライター　生1962年　受1996/2000

アンダーソン, ケント　Anderson, Kent　作家　国米国　受2000

アンダーソン, ジェイド　Anderson, Jade　歌手　国英国　生1981年　受2004/2008

アンダーソン, ジェシー・ジェイ　Anderson, Jasey-Jay　スノーボード選手　バンクーバー五輪スノーボード男子パラレル大回転金メダリスト　国カナダ　生1975年4月13日　載2012

アンダーソン, ジェームズ　Anderson, James　作家　国英　生1939年　載1992／1996

アンダーソン, ジム　ジャーナリスト　DPA通信ワシントン特派員　元・UPI通信国務省担当記者　国米国　載1992

アンダーソン, ジャック　Anderson, Jack Northman　ジャーナリスト, コラムニスト, 作家　国米国　生1922年10月19日　没2005年12月17日　載1992／1996

アンダーソン, シャンドン　Anderson, Shandon　バスケットボール選手　国米国　生1973年12月31日　載2000／2004／2008

アンダーソン, ジュディス　Anderson, Judith　本名＝Anderson-Anderson,Frances Margaret　女優　国米国　生1898年2月10日　没1992年1月3日　載1992／1996

アンダーソン, ジューン　Anderson, June　ソプラノ歌手　国米国　生1952年12月30日　載2000／2012

アンダーソン, ジョアンナ　Anderson, Johanna M.　小児作業療法士　国米国　載2008

アンダーソン, ジョーン　Anderson, Joan　ジャーナリスト, 作家　国米国　載2008

アンダーソン, ジョン　Anderson, John Bayard　政治家　元・米国下院議員（共和党）　国米国　生1922年2月15日　載1996

アンダーソン, ジョン　Anderson, Jon　グループ名＝イエス　ロック歌手　国英国　生1944年10月25日　載2000／2004／2008

アンダーソン, ジリアン　Anderson, Gillian　女優　国米国　生1968年8月9日　載2000／2008／2012

アンダーソン, ジーン　Anderson, Jean　ストレッチング社製品デザイナー　国米国　載2000

アンダーソン, スタントン　ロビイスト　米国大統領通商諮問委員　国米国　載1992

アンダーソン, スパーキー　Anderson, Sparky　本名＝アンダーソン, ジョージ・リー　大リーグ監督　国米国　生1934年2月22日　没2010年11月4日　載1992／1996／2004

アンダーソン, チャールズ　Anderson, Charles S.　デザイナー　国米国　生1958年　載1992／1996

アンダーソン, テリー　ジャーナリスト　元・AP通信中東支局長　国米国　載1996

アンダーソン, ドナルド　Anderson, Donald　実業家　ゴルフギア社長・CEO　国米国　生1950年　載2000

アンダーソン, トレーシー　Anderson, Tracy　トレーナー　国米国　載2012

アンダーソン, ドン　Anderson, Don　コンピューター技術者　マインドシェア　国デジタルエレクトロニクス, コンピューター設計　国米国　載2004

アンダーソン, ニール　Anderson, Neil T.　神学者　フリーダム・イン・クライスト・ミニストリーズ代表　国米国　載2000

アンダーソン, バージニア　Anderson, Virginia　デューク・コーポレート・エデュケーション取締役　国米国　載2004

アンダーソン, バートン　Anderson, Burton　ライター　国イタリア・ワイン　載2004

アンダーソン, パメラ　女優　国米国　載2000／2004

アンダーソン, ピート　Anderson, Pete　ギタリスト, 音楽プロデューサー　リトルドッグ・レコーズ・オーナー　載2004

アンダーソン, フィリップ　Anderson, Philipp Warren　物理学者　元・プリンストン大学教授, 元・日本学士院客員　国固体物理学, 超伝導　国米国　生1923年12月13日　没1988年　載1992／1996

アンダーソン, ブラッド　Anderson, Brad　映画監督　国米国　生1964年　載2000／2004／2008／2012

アンダーソン, ブレット　Anderson, Brett　グループ名＝スウェード　ミュージシャン　国英国　載2012

アンダーソン, ブレーディ　Anderson, Brady　大リーグ選手（外野手）　国米国　生1964年1月18日　載2000／2004／2008

アンダーソン, フレデリック・アービング　Anderson, Frederick Irving　作家, ジャーナリスト　国米国　載2004

アンダーソン, ペギー　Anderson, Peggy M.　編集者　載2004

アンダーソン, ペギー　Anderson, Peggy　作家, ジャーナリスト　国米国　載2004

アンダーソン, ベネディクト　Anderson, Benedict　政治学者　コーネル大学名誉教授　国東南アジア研究　国アイルランド　生1936年　載1996／2004／2008／2012

アンダーソン, ペリー　Anderson, Perry　思想家, 著述家　カリフォルニア大学ロサンゼルス校教授　国米国　生1938年　載2004／2008

アンダーソン, ヘンリー　Anderson, Henry L.N.　ロサンゼルス市立大学学長　国健康論　国米国　生1935年　載1996／2008

アンダーソン, ボブ　Anderson, Bob　ストレッチング指導者　国米国　載2000

アンダーソン, ポール　Anderson, Poul William　SF作家, ファンタジー作家　元・米国SFファンタジー作家協会会長　国米国　生1926年　没2001年7月31日　載1992／1996

アンダーソン, ポール　Anderson, Paul W.S.　映画監督, 脚本家　国英国　生1965年3月4日　載2004／2008／2012

アンダーソン, ポール・トーマス　Anderson, Paul Thomas　映画監督, 脚本家　国米国　生1970年1月1日　載2000／2004／2008／2012

アンダーソン, マーク　Anderson, Mark M.　コロンビア大学準教授　国ドイツ文学　国米国　生1955年　載2000

アンダーソン, マリアン　Anderson, Marian　アルト歌手　国米国　生1902年2月17日　没1993年4月8日　載1992／1996

アンダーソン, モーリス　Anderson, Maurice　パーク・レンジャー　パークス・エンフォースメント・パトロール　国米国　生1967年9月2日　載2000

アンダーソン, ライアン　高校野球選手　国米国　載2000

アンダーソン, ライアン　Anderson, Ryan　バスケットボール選手　国米国　生1988年5月6日

アンダーソン, ラファエラ　Anderson, Raffaëla　元・女優　国フランス　生1976年　載2004

アンダーソン, リチャード　Anderson, Richard W.　民俗学者　国米国　生1946年　載1996

アンダーソン, リチャード　Anderson, Richard H.　実業家　元・ノースウエスト航空CEO　国米国　載2004／2008

アンダーソン, リチャード　Anderson, Richard　ソフトウェアエンジニア, テクニカルライター　載2004

アンダーソン, リード　Anderson, Reid　バレエ監督, 元・バレエダンサー　シュトゥットガルト・バレエ団芸術監督　載2004

アンダーソン, リンゼイ　Anderson, Lindsay Gordon　映画監督　国英国　生1923年4月17日　没1994年8月31日　載1992／1996

アンダーソン, リンダ　Anderson, Linda C.　エンジェルアニマル創始者　国米国　載2004

アンダーソン, ルロイ　Anderson, C.LeRoy　国社会学　国米国　生1931年　載2000

アンダーソン, レイ　Anderson, Ray C.　実業家　インターフェイス会長・CEO　国米国　載2004

アンダーソン, レイチェル　Anderson, Rachel　ジャーナリスト　生1943年　載2000

アンダーソン, レオン　Anderson, Leon　アンダーソン・ダイレクト・レスポンス社代表　国米国　生1937年　載1996

アンダーソン, ロイ　Anderson, Roy Malcolm　ロンドン大学インペリアルカレッジ生物学科主任教授　国感染症　国英国　生1947年4月12日　載1996

アンダーソン, ロイ　Anderson, Roy　映画監督　国スウェーデン　生1943年　載2004／2008

アンダーソン, ロジャー　Anderson, Rodger N.　コロンビア大学エネルギーセンター　国石油関連技術　国米国　載2000

アンダーソン, ロス　Anderson, Ross J.　コンピューター科学者　国英国　載2004

アンダーソン, ロッキー　Anderson, Rocky　政治家, 弁護士　ソル

トレークシティ市長　国米国　執2004／2008

アンダーソン, ロナルド・J.　実業家　アメリカン・インターナショナル・グループ (AIG) カンパニーズ日本・韓国会長・CEO　生1928年　執1996

アンダーソン, ロバート　Anderson, Robert B.　政治家　元・米国財務長官　国米国　生1910年　没1989年8月14日　執1992

アンダーソン, ロバート　Anderson, Robert Geoffrey William　大英博物館館長　国英国　生1944年5月2日　執2004／2008

アンダーソン, ロビン　Anderson, Robin　精神科医　執2004

アンダーソン, ローリー　Anderson, Laurie　現代美術家, パフォーマンス・アーティスト　国米国　生1947年　執1992／1996／2008

アンダーソン, ローリー・ハルツ　Anderson, Laurie Halse　作家　国米国　生1961年　執2008／2012

アンダーソン・ダーガッツ, ゲイル　Anderson-Dargatz, Gail　作家　国カナダ　生1963年　執2004

アンダートン, マーク　Anderton, Mark　ソフトウェア・エンジニア　タンデムコンピューターズ社　国米国　執1992／1996

アンダーヒル, パコ　Underhill, Paco　実業家　エンバイロセルCEO　国米国　生1951年　執2004／2008／2012

アンタル, ヨゼフ　Antall, Jozef　政治家, 医学史学者　元・ハンガリー首相, 元・民主フォーラム (MDF) 党首　国ハンガリー　生1932年4月8日　没1993年12月12日　執1992／1996

アンチェロッティ, カルロ　Ancelotti, Carlo　サッカー監督, 元・サッカー選手　国イタリア　生1959年6月10日　執2008／2012

アンチャイルド, アネット　Annechild, Annette　カウンセラー　国米国　執2000

アン・チュリアン　Ang Chouleann　民族学者, クメール研究家　カンボジア王立芸術大学考古学教授　国カンボジア　生1949年　執2012

アンチ・ラソアナイフ　グループ名＝タリカ・サミィ　ミュージシャン　国マダガスカル　執2004／2008

アンティ　安替　Anti　英語名＝アンティ, マイケル　ジャーナリスト, コラムニスト　国中国　生1975年

アンディー　Andy　グループ名＝SHINHWA　歌手　国韓国　生1981年1月21日　執2004／2008／2012

アンティオプ, ガブリエル　Entiope, Gabriel　歴史学者　国フランス　生1947年　執1996

アンティカロフ, ウラジミール　Antikarov, Vladimir　コンピューターコンサルタント　執2004

アンティノリ, セベリノ　Antinori, Severino　医師　国不妊治療　国イタリア　生1945年　執2004／2008

アンティボ, サルヴァトーレ　Antibo, Salvatore　陸上選手 (長距離)　国イタリア　生1962年2月7日　執1992

アンティン, スティーブン　Antin, Steven　映画監督　国米国　生1958年　執2012

アンデション, アンドレアス　Andersson, Andreas　サッカー選手 (FW)　国スウェーデン　生1974年4月10日　執2000

アンデション, ウッラ　Andersson, Ulla　心理学者　国スウェーデン　生1947年　執1996

アンデション, シェル・オーケ　映画監督　国スウェーデン　生1957年　執1992

アンデション, パトリック　Andersson, Patrick　サッカー選手 (DF)　国スウェーデン　生1971年8月18日　執1992

アンデション, レーナ　Anderson, Lena　絵本作家　国スウェーデン　生1939年5月27日　執1992 (アンダーソン, レーナ)／1996／2000

アンテス, ホルスト　Antes, Horst　画家　国ドイツ　生1936年　執1992／1996／2000

アンテナ, イザベル　Antena, Isabelle　歌手　執1992／1996

アンデリン, ヘレン　Andelin, Helen　作家　国米国　執2004

アンデル, ティアード・ヘンドリック・ファン　Andel, Tjeerd H. van　海洋地質学者　ケンブリッジ大学地球科学科名誉教授　国地史学　国米国　生1923年　執1992／1996

アンデルシェフスキ, ピオトル　Anderszewski, Piotr　ピアニスト　国ポーランド　生1969年　執2004 (アンデジェフスキー, ピョートル)／2008 (アンデジェフスキー, ピョートル)／2012

アンデルシュ, アルフレート　Andersch, Alfred　作家　国ドイツ　生1914年2月4日　没1980年2月21日　執1992

アンデルセン, インガ　Andersen　社会福祉活動家　ネストベッズ市議, ネストベッズ市ソシアルワーカー　国デンマーク　執1992

アンデルセン, ウィリアム・テューネ　Andersen, William Thune　外交官　元・駐日デンマーク大使　国デンマーク　生1926年　執1992

アンデルセン, エスペン・スロス　Andersen, Esben Sloth　経営学者　オルボア大学経営学科助教授　国デンマーク　生1947年　執2008

アンデルセン, ガブリエラ　Andersen, Gabriele　マラソン選手　国スイス　生1945年3月20日　執1992／2004

アンデルセン, ハンス　Andersen, Hans George　外交官　元・NATO理事会アイスランド常任代表, 元・駐米アイスランド大使　国アイスランド　生1919年　没1994年　執1996

アンデルセン, ベント・ロル　Andersen, Bent Rold　ロスキル大学名誉教授　元・デンマーク社会福祉相, 元・自治体総合研究所所長　国福祉制度論, 社会政策論　国デンマーク　生1929年6月　執1992／1996／2000

アンデルセン, ヤルマール　Andersen, Hjalmar　スピードスケート選手　オスロ五輪スピードスケート金メダリスト　国ノルウェー　生1923年3月12日　没2013年3月27日　執1996

アンデルソン　Anderson　本名＝Anderson Luis de Abreu Oliveira　サッカー選手 (MF)　北京五輪サッカー男子銅メダリスト　国ブラジル　生1988年4月13日　執2012

アンデルソン, ステン　Andersson, Sten　政治家　元・スウェーデン外相　国スウェーデン　生1923年4月20日　没2006年9月16日　執1992／1996

アンデルソン, ソニー　Anderson, Sonny　本名＝シルバ, アンデルソン・ダ　サッカー選手 (FW)　国ブラジル　生1970年9月19日　執2000 (シルバ, アンデルソン・ダ)／2004／2008

アンデルソン・リマ　Anderson Lima　本名＝ベイガ, アンデルソン・リマ　元・サッカー選手　国ブラジル　生1973年3月18日　執2008／2012

アンデルテン, カリン　Anderten, Karin　心理学者, 心理療法家　ブレーメン精神分析研究所講師　国ドイツ　生1937年　執1996

アンデルブール, ポール　Anderbouhr, Paul　画家　国フランス　生1909年　執1992

アンテルム, ロベール　Antelme, Robert　作家　国フランス　生1917年　執1996

アンデレッグ, クロード　Anderegg, Claude A.　バセロン・コンスタンチン・マーケティング・セールス・ディレクター　国スイス　執2000

アンテロ, ビクトル・ウーゴ　Antelo, Victor Hugo　登録名＝ビクトル・ウーゴ　サッカー選手 (FW)　国ボリビア　生1964年11月2日　執2000

アーント, ベッティーナ　Arndt, Bettinna　ジャーナリスト　元・「オーストラリア・フォーラム・マガジン」編集者　国オーストラリア　執2000

アーント, マイケル　Arndt, Michael　脚本家　国米国　執2012

アントゥネス, メロ　Antunes, Melo　本名＝Antunes,Eduardo Augusto de Melo　軍人, 政治家　元・ポルトガル外相　国ポルトガル　生1933年　没1999年8月10日　執1992 (アンツネス)

アンドゥリザーニ, ジョン　Andrisani, John　ゴルフライター　国英国　執1992／2004

アンドゥル・ペデルセン, S.　Andur Pedersen, Stig　哲学者　ロスキレ大学センター科学論教授　国デンマーク　生1943年　執2000

アントゥーン, エリアス・J.　LSIロジック社長　執2000

アントキェビチ, ヘンリー　Antokiewicz, Henry　東テネシー州立大学歴史学部助教授　国ポーランド史, 東洋史, 世界史　国米国　生1942年　執1996

アントナコス, スティーブン　Antonakos, Stephen　ネオンアート作家　国パブリックアート　国米国　生1925年　執1992

アントーニ, ジャニーヌ　Antoni, Janine　彫刻家, 美術家　生1964

年 ㊦2000

アントニオ Antonio 本名=ルイス・ソレール，アントニオ 通称=グラン・アントニオ スペイン舞踊家，フラメンコダンサー ㊧スペイン ㊤1921年 ㊥1996年2月5日 ㊦1996

アントニオーニ, ミケランジェロ Antonioni, Michelangelo 映画監督 ㊧イタリア ㊤1912年9月29日 ㊥2007年7月30日 ㊦1992／1996／2000／2004

アンドニス, サマラキス Andhonēs, Samarhakēs ペンネーム=キプリアノス，ヨシフ 作家 ㊧ギリシャ ㊤1919年 ㊦1992

アントネッティ, フレデリック Antonetti, Frederic サッカー監督 ㊧フランス ㊤1961年8月16日 ㊦2000／2004

アントネッリ, パオラ Antonelli, Paola ニューヨーク近代美術館（MoMA）キュレーター ㊦2000／2012

アントネリ, ラウラ Antonelli, Laura 女優 ㊧イタリア ㊤1946年 ㊦1992／1996

アントノフ, アレクセイ Antonov, Aleksei Konstantinovich 政治家 元・ソ連副首相 ㊧ソ連 ㊤1912年6月8日 ㊦1992

アントノフ, オレグ Antonov, Oleg 航空機設計家 元・ソ連科学アカデミー会員，元・ソ連邦最高会議代議員 ㊧ソ連 ㊥1984年4月4日 ㊦1992

アントーノフ, セルゲイ Antonov, Sergei Petrovich 作家，批評家 ㊧ロシア ㊤1915年5月16日 ㊥1995年4月29日 ㊦1992

アントノワ, イリーナ Antonova, Irina 美術教育家 プーシキン美術館館長 ㊨ルネサンス美術 ㊧ソ連 ㊦1992

アントユフ, ナタリア Antyukh, Natalya 陸上選手（障害・短距離） ロンドン五輪陸上女子400メートル障害金メダリスト ㊧ロシア ㊤1981年6月26日

アンドラ, オアナ Andra, Oana メゾソプラノ歌手 ㊧ルーマニア ㊤1970年 ㊦2000

アンドラ, ポール Anderer, Paul コロンビア大学教授 ㊨日本文学，比較文学 ㊧米国 ㊤1949年 ㊦1996

アンドラジーニャ Andradina 本名=Marcal,Edi Carlos Dias サッカー選手（FW） ㊧ブラジル ㊤1974年9月13日 ㊦2004／2008

アンドラス, ジェリー Andrus, Jerry 奇術師，奇術解説家 ㊧米国 ㊤1918年 ㊦1996

アンドラス, セシル Andrus, Cecil D. 政治家 元・米国内務長官，元・アイダホ州知事 ㊧米国 ㊤1931年8月25日 ㊦1996

アンドラスキー, ジョセフ Andraski, Joseph 実業家 GCI CPFR委員会副委員長，OMIインターナショナル上級副社長，ミシガン州立大学教授，ペンシルベニア州立大学教授 ㊧米国 ㊦2004

アンドラデ, カルロス・ドルモンド・デ Andrade, Carlos Drummond de 詩人 ㊧ブラジル ㊤1902年 ㊥1987年8月17日 ㊦1992

アンドリアセン, ナンシー・C. Andreasen, Nancy C. アイオワ大学精神医学教室教授，米国精神医学会機関誌編集長 ㊦2008

アンドリアノフ, ニコライ Andrianov, Nikolai 本名=Andrianov, Nikolai Yefimovich 体操選手・指導者 元・体操・ソ連代表監督，元・ロシア共和国体操協会会長，元・朝日生命体操クラブジュニアクラスコーチ ミュンヘン五輪・モントリオール五輪・モスクワ五輪金メダリスト ㊧ロシア ㊤1952年10月14日 ㊥2011年3月21日 ㊦2000／2004

アンドリエフスキー, ドミトリー Andrievskii, Dmitrii 漫画家 ㊧ソ連 ㊤1959年 ㊦1992

アンドリース, キャロル Andreas, Carol 社会学者 ノーザン・コロラド大学 ㊨南米事情 ㊧米国 ㊦1996

アンドリーセン, フランス Andriessen, Frans 本名=Andriessen, Franciscus H.J.J. 政治家 元・EC委員会副委員長 ㊧オランダ ㊤1929年4月2日 ㊦1992／1996

アンドリーセン, マーク Andreessen, Marc L. プログラマー 元・ラウドクラウド会長，元・ネットスケープ・コミュニケーションズ技術担当副会長 ㊧米国 ㊤1971年7月9日 ㊦1996／2000／2004／2008／2012

アンドリセン, ルイ Andrisen, Louis Joseph 作曲家 ㊧オランダ ㊤1939年 ㊦2004／2008

アンドリッチ, ドラガン 水球コーチ 水球日本代表強化コーチ 元・水球ユーゴスラビア代表監督 ㊧ユーゴスラビア ㊦2000

アンドリュー, ロブ Andrew, Rob ラグビー監督，元・ラグビー選手 ㊧英国 ㊤1963年2月18日 ㊦2008

アンドルー Andrew グループ名=ヒューマン・ネイチャー 歌手 ㊧オーストラリア ㊤1974年6月20日 ㊦2008

アンドルー, ポール Andreu, Paul 建築家 パリ空港公団（ADP）副総裁 ㊧フランス ㊤1938年 ㊦1992／1996

アンドルー王子 Andrew, Prince 本名=アンドルー・アルバート・クリスチャン・エドワード 称号=ヨーク公 エリザベス英国女王の第二王子 ㊧英国 ㊤1960年2月19日 ㊦1992／1996／2000／2004／2008／2012

アンドルース, V.C. Andrews, V.C. 作家 ㊧米国 ㊥1986年12月 ㊦1992

アンドルース, アリス Andrews, Alice C. ジョージ・メイスン大学名誉準教授 ㊧米国 ㊤1928年 ㊦2000

アンドルース, エドワード Andrews, Edward 俳優 ㊧米国 ㊥1985年3月8日 ㊦1992

アンドルース, ギャビン Andrews, Gavin 精神医学者 ニューサウスウェールズ大学精神科教授 ㊧オーストラリア ㊦2004

アンドルース, ケネス Andrews, Kenneth R. ハーバード大学ビジネス・スクール・ドナルド・K・デービッド記念講座名誉教授 ㊨経営学 ㊧米国 ㊦1992

アンドルーズ, サラ Andrews, Sarah 作家，元・地質学者 ㊧米国 ㊦2004

アンドルーズ, ジェームズ 医師 ㊨スポーツ医学 ㊧米国 ㊦2000

アンドルーズ, ジュリー Andrews, Julie 本名=Edwards,Julie Andrews 旧名=ウェルズ，ジュリア・エリザベス 女優，童話作家 ㊧英国 ㊤1935年10月1日 ㊦1992／1996／2000／2004／2008／2012（アンドリュース，ジュリー）

アンドルース, スコット 写真家 米国ニコン技術スタッフ ㊧米国 ㊦2000

アンドルース, ステュアート 実業家 アーガイルホームテック社長 ㊧オーストラリア ㊤1962年 ㊦2000

アンドルーズ, ダナ Andrews, Dana 本名=Andrews,Carver Daniel 俳優 ㊧米国 ㊤1909年1月1日 ㊥1992年12月17日 ㊦1996

アンドルーズ, デービッド Andrews, David 政治家 元・アイルランド国防・海運相 ㊧アイルランド ㊤1935年 ㊦1996

アンドルーズ, ドナ Andrews, Donna 作家 ㊧米国 ㊦2004／2012

アンドルース, ハリー Andrews, Harry 俳優 ㊧英国 ㊤1911年11月10日 ㊥1989年3月7日 ㊦1992

アンドルース, フィリップ Andrews, Philip 写真家 ㊦2004

アンドルーズ, ポール Andrews, Paul ジャーナリスト ㊧米国

アンドルース, マイケル・アルフォード Andrews, Michael Alford 科学ドキュメンタリー制作者，作家 ㊧英国 ㊦2000

アンドルーズ, マーク Andrews, Mark アニメーション監督 ピクサー・アニメーション・スタジオ ㊧米国

アンドルーズ, リチャード Andrews, Richard 「イエスの墓」の共著者 ㊤1953年 ㊦2000

アンドルーズ, ルーク Andrews, Luke ラグビー選手（FW） ㊧ニュージーランド ㊤1976年1月16日 ㊦2012

アンドルーズ, ローリー Andrews, Lori B. 医学者，作家 ケント大学（シカゴ）終身教授 ㊨法医学，遺伝子学，生殖医療，クローン問題 ㊧米国 ㊦2004／2008／2012

アンドルチョプロス, A. Androutsopoulos, Adamantios 政治家，弁護士 元・ギリシャ首相 ㊧ギリシャ ㊤1919年 ㊥2000年11月10日 ㊦1996

アンドルフィー, マウリッチオ Andolfi, Maurizio 医師 家族精神療法アカデミア主宰 ㊨精神医学 ㊧イタリア ㊤1942年 ㊦1996

アントルモン, フィリップ Entremont, Philippe ピアニスト，指揮者 ㊧フランス ㊤1934年6月6日 ㊦2012

アンドレ, カール　Andre, Carl　美術家　国米国　生1935年9月16日　歴1996

アンドレ, クリストフ　André, Christophe　精神科医　国社会恐怖症,集団精神療法　国フランス　歴2004

アンドレー, ティム　Andree, Tim　本名=Andree,Timothy　電通ネットワーク・ウエストCEO　歴2012

アンドレ, モーリス　André, Maurice　トランペット奏者　国フランス　生1933年5月21日　没2012年2月25日　歴1996

アンドレアエ, サイモン　Andreae, Simon　ジャーナリスト,テレビプロデューサー　生1966年　歴2004

アンドレアキオ, マリオ　映画監督　国オーストラリア　生1955年　歴1996

アンドレアス, コニリー　Andreas, Connirae　コンサルタント　国米国　歴2008

アンドレアス, ジョエル　Andreas, Joel　漫画家,反戦活動家　ジョンズ・ホプキンス大学助教授　国米国　歴2004/2008

アンドレアス, タマラ　Andreas, Tamara　コンサルタント　国米国　歴2008

アンドレアソン, シェル　ノーベルファルマ日本社社長　国スウェーデン　生1950年　歴1992

アンドレアッタ, ベニャミーノ　Andreatta, Beniamino　政治家　元・イタリア国防相・外相　国イタリア　生1928年8月11日　歴1996/2000

アンドレイ, ステファン　Andrei, Stefan　政治家　元・ルーマニア外相　国ルーマニア　生1931年　歴1992

アンドレイアセン, ダン　Andreasen, Dan　挿絵画家　国米国　生1961年　歴2004

アンドレーエフ, ユーリ　ウィーン大学客員教授　国原子力技術　国ロシア　生1938年　歴1996

アンドレーエフ, レオニード　Andreev, Leonid Grigorievich　「外国の社会学研究・文学編」編集長　国フランス文学　国ロシア　生1922年　歴1996

アンドレーエワ, ニーナ　Andreeva, Nina　全ソ共産主義ボルシェビキ党書記長　国ソ連　歴1992/1996

アンドレオッティ, ジュリオ　Andreotti, Giulio　政治家　元・イタリア首相,元・イタリア終身上院議員　国イタリア　生1919年1月14日　没2013年5月6日　歴1992/1996/2000/2004

アンドレグ, ヴェロニク　Anderegg, Véronique　自然療法医,心理療法医　生1939年　歴1996

アンドレ・ザ・ジャイアント　Andre The Giant　本名=フェレ, ジーン　別名=ロシモフ, アンドレ, モンスター・ロシモフ　プロレスラー　生1946年5月19日　没1993年1月29日　歴1996

アンドレス, ウルスラ　Andress, Ursula　女優　生1936年3月19日　歴2000

アンドレス, タック　Andres, Tuck　デュオ名=タック&パティ　ギタリスト　国米国　生1952年　歴2012

アンドレスリーサウザンズ　アンドレ3000　Andre 3000　本名=ベンジャミン, アンドレ　グループ名=アウトキャスト　歌手　国米国　歴2008（アンドレ3000）

アンドレセン, フローデ　Andresen, Frode　バイアスロン選手　ソルトレークシティ五輪バイアスロン男子30キロリレー金メダリスト　国ノルウェー　生1973年9月9日　歴2004

アンドレッタ, ティエリー　Andretta, Thierry　実業家　ランバンCEO　生1957年　歴2012

アンドレッティ, マイケル　Andretti, Michael　元・レーシングドライバー,元・F1ドライバー　国米国　生1962年10月5日　歴1996/2000/2004/2008/2012

アンドレッティ, マリオ　Andretti, Mario Gabriel　元・レーシングドライバー,元・F1ドライバー　国米国　生1940年2月28日　歴1992/1996/2000/2004/2008/2012

アンドレッティ, マルコ　Andretti, Marco　本名=Andretti,Marco Michael　レーシングドライバー　国米国　生1987年3月13日

アンドレード, ジュアン　Andrade, Juan M.　ソフトウェア・エンジニア　AT&Tベル研究所　国米国　歴1992/1996

アンドレーフ, ウラジミール　Andreff, Wladimir　経済学者　グルノーブル第1大学教授　国国際経済学,計画経済論,企業組織論　国フランス　生1946年　歴1992

アンドロシュ, ハンネス　Androsch, Hannes　経済専門家　元・オーストリア副首相　国オーストリア　生1938年4月18日　歴1992

アンドロポフ, ユーリー　Andropov, Yurii Vladimirovich　政治家　元・ソ連共産党書記長,元・ソ連最高会議幹部会議長（元首）　国ソ連　生1914年6月15日　没1984年2月9日　歴1992

アントワーヌ, ロベール　Antoine, Robert　画家　国フランス　生1932年　歴1992

アントワン, カルル　興行師　花の万博遊園地キルメス演出監督　国ドイツ　歴1992

アントン, アベル　Anton, Abel　マラソン選手　国スペイン　生1962年10月24日　歴2000

アントン, シャーリー　Anton, Shari　ロマンス作家　国米国　歴2008

アントン, ジョン　Antone, John　実業家　インテル社長　国米国　歴2004

アントン, リンダ・ハント　Anton, Linda Hunt　ソーシャルワーカー　国米国　歴2004

アン・ナ　AN Na　作家　国米国　歴2004

アンナケイ　Annekei　シンガー・ソングライター　生1981年　歴2012

アンナニ, アディル　Annani, Adil　マラソン選手　国モロッコ　歴2012

アンバーグ, ビル　Amburg, Bil　デザイナー　国英国　生1961年　歴2000

アンバース, エミリオ　Ambase, Emilio　工業デザイナー,建築家,都市設計家　国アルゼンチン　生1943年　歴1992/1996

アンバチョウ・デジェネ　マラソン選手　国エチオピア　歴2000

アンバック, ゴードン　Amback, Gordon　全米州教育長協議会（CCSSO）専務理事　国米国　生1934年　歴1996

アンバニ, アニル　Ambani, Anil D.　実業家　アニル・ディルバイ・アンバニ・グループ会長・CEO　国インド　生1959年6月4日　歴2012

アンバニ, ムケシュ　Ambani, Mukesh D.　実業家　リライアンス・インダストリーズ会長　国インド　生1957年4月19日　歴2012

アンバルツーモフ, エフゲニー　Ambartsumov, Evgenii Arshakovich　歴史学者,政治学者,政治家　ロシア国家会議（下院）議員　元・ソ連科学アカデミー世界社会主義体制経済研究所副所長　国ロシア　生1929年8月19日　歴1992/1996/2000/2004

アンビーユ, ポール　Ambille, Paul　画家　国フランス　生1930年　歴1992/1996

アンフィンゼン, クリスチャン　Anfinsen, Christian Boehmer　生化学者　国米国　生1916年3月26日　没1995年5月14日　歴1992/1996

アンブラー, エリック　Ambler, Eric　スパイ小説家　国英国　生1909年6月28日　没1998年10月22日　歴1992

アンブラー, スコット　Ambler, Scott W.　コンピュータ技術者　歴2004

アンブラス, ヴィクター　挿絵画家　国ハンガリー　歴2008

アンブルジェ, ジャン　Hamburger, Jean　医学者　元・フランス科学アカデミー総裁　腎臓移植手術の先駆者　国フランス　生1909年7月15日　没1992年2月1日　歴1996

アンブルール, ジャン・イヴ　Empereur, Jean-Yves　フランス国立科学研究センター（CNRS）研究部長,アレクサンドリア研究センター主宰　国古典文学　国フランス　生1952年　歴2000

アンブレ, フランソワーズ　Humblet, Françoise　作家　国ベルギー　生1927年　歴2000

アンブロ, ダレル　Ambro, Darrell L.　コンピュータ技術者　国米国　歴2004

アンブロジーニ, フィリップ　Ambrosini, Philippe　俳優　国フランス　歴2000

アンブローズ, アリス　Ambrose, Alice　スミス・カレッジ名誉教授

[専]哲学　[生]1906年　[典]1996

アンブロスィウス, マリオ　Ambrosius, Mario　写真家　[生]1959年　[典]1996

アンベッケン, エルスマリー　ストックホルム大学講師　[国]スウェーデン　[典]2000

アンヘネント, ヘンク　Angenent, Henk　スケート・マラソン選手　[国]オランダ　[典]2000

アンベール, シャルル・ピエール　Humbert, Charles Pierre　画家　[国]フランス　[生]1920年　[典]1992

アンベール, ジャン=バティスト　Humbert, Jean-Baptiste　考古学者　エルサレム・フランス聖書考古学研究所考古学部門責任者　[典]2008

アンホールト, キャサリン　Anholt, Catherine　絵本作家　[国]英国　[典]2004

アンホールト, ローレンス　Anholt, Laurence　絵本作家　[国]英国　[典]2004／2012

アン・マーグレット　Ann-Margrett　本名=Olssan,Ann-Margrett　女優, 歌手　[国]米国　[生]1941年4月28日　[典]1992／1996／2008／2012

アンマニーティ, ニコロ　Ammaniti, Niccolò　作家　[国]イタリア　[生]1966年　[典]2012

アンメラール, レーンデルト　Ammeraal, Leendert　[専]コンピューター科学　[国]オランダ　[生]1937年　[典]1996

アンリ, エドモン・リュック　Henry, Edmond-Luc　フランス血友病協会副会長　「毒殺罪で告発されるエイズ」の著者　[国]フランス　[生]1950年　[典]1996

アンリ, ティエリ　Henry, Thierry　サッカー選手(FW)　[国]フランス　[生]1977年8月17日　[典]2000／2004／2008／2012

アンリ, ミシェル　Henry, Michel　哲学者, 作家　[国]フランス　[生]1922年　[典]1992／1996／2000

アンリ, ミシェル　Henry, Michel　画家　サロン・ドートンヌ事務局長　[国]フランス　[生]1928年　[典]1992／1996／2000

アンリオ, ジョゼフ　Henriot, Joseph　実業家　ブシャール・ペール・エ・フィス社長　[国]フランス　[典]2004／2008

アンリコ, ロベール　Enrico, Robert　映画監督　[国]フランス　[生]1931年4月13日　[没]2001年2月23日　[典]1992

アンリ大公　Henri, Grand Duc　本名=Henri Albert Félix Marie Guillaume　ルクセンブルク大公国元首　[国]ルクセンブルク　[生]1955年4月16日　[典]1996(アンリ皇太子)／2000(アンリ皇太子)／2004／2008／2012

アン・リタ・シェルパ　シェルパ(登山案内人)　アン・リタ・トレック・エクスペディション代表　[国]ネパール　[典]2000

アンリッシ, ケアリー　Umrysh, Cary E.　コンピューター技術者　[典]2004

アンリ伯　Henri, comte de Paris　通称=パリ伯　フランスの旧王族　[国]フランス　[生]1908年7月5日　[典]1992

アンルー, ジェシ　カルフォルニア州財務長官　[国]米国　[典]1992

アンルー, ジェームズ・A.　ユニシス社長・最高業務責任者(COO)　[国]米国　[典]1992

アーンルンド, クヌット　Ahnlund, Knut　作家　元・ノーベル文学賞選考委員　[国]スウェーデン　[生]1923年5月24日　[没]2012年11月28日

アンワース, エレン・フォン　Unwerth, Ellen von　写真家, 元・ファッションモデル　[生]1954年　[典]1996

アンワル, シティ・ダシアル　日本研究家　インドネシア大学専任講師・日本研究課課長　[専]日本文化論　[国]インドネシア　[生]1948年8月30日　[典]1996／2000

アンワル, ムハンマド　Anwar, Muhammad　ウォーリック大学エスニック関係研究センター教授　[国]英国　[典]2004

アンワル・イブラヒム　Anwar Ibrahim　政治家　マレーシア人民正義党(PKR)アドバイザー　元・マレーシア副首相・蔵相　[国]マレーシア　[生]1947年8月10日　[典]1996／2000／2004／2008／2012

【イ】

イ・アロ　李 娥路　女優　[国]韓国　[生]1969年7月7日　[典]1996

イ・イ　韋 唯　歌手　[国]中国　[典]1992／1996／2000

イ・イクソプ　李 翊燮　韓国語学者　ソウル大学名誉教授, 韓国語世界化財団理事長　[国]韓国　[生]1938年　[典]2008

イ・イチョル　李 義哲　ソウル大学名誉教授, 弘益学園理事　[国]韓国　[生]1913年9月12日　[典]1996

イ・イル　李 逸　弘益大学美術大学教授, 季刊「美術評壇」発行人, 韓国美術評論家協会会長, 国際美術評論家協会韓国本部会長　[国]韓国　[生]1932年1月22日　[典]1996

イ・イルウン　李 一雄　タレント　[国]韓国　[生]1942年7月5日　[典]1996

イ・イルギュ　李 一珪　弁護士　元・韓国大法院長　[国]韓国　[生]1920年12月16日　[典]1992／1996

イ・イルジェ　李 日載　俳優　[国]韓国　[生]1960年11月13日　[典]1996

イ・インオン　李 寅彦　ロッテホテル総厨房長, ソウル五輪選手村給食事業団次長　[国]韓国　[典]1992

イ・インジェ　李 仁済　Lee, In-je　政治家　韓国自由民主連合総裁代行　元・京畿道知事, 元・韓国労働相　[国]韓国　[生]1948年12月11日　[典]1996／2000／2004／2008

イ・インス　李 仁洙　朝鮮語学者　[国]韓国　[生]1927年　[典]1996

イ・インソク　作家　[国]韓国　[生]1960年　[典]2004

イ・インソプ　李 寅燮　ソウル市地方警察庁長　[国]韓国　[生]1936年5月25日　[典]1996

イ・インチョル　李 仁哲　Lee, In-chul　ジャーナリスト　元・「ハンギョレ新聞」論説委員　[国]韓国　[生]1935年　[典]2004

イ・インホ　李 仁浩　ソウル大学西洋史学科教授・ソ連東欧研究所長, KBS理事, 韓国国史編纂委員, 韓国西洋史学会会長　[国]韓国　[生]1936年5月19日　[典]1996

イ・インホ　李 仁浩　外交官　駐フィンランド韓国大使　[国]韓国　[典]2000

イ・インモ　李 仁模　ジャーナリスト　元・朝鮮人民軍文化部所属記者　北朝鮮に送還された非転向長期囚　[国]北朝鮮　[生]1917年10月10日　[没]2007年6月16日　[典]1996

イ・ウィキョン　李 渭京　翻訳家　[国]韓国　[生]1965年　[典]2004

イ・ウイル　李 宇逸　Lee, Woo-il　漫画家　[国]韓国　[典]2004

イ・ウォンギョン　李 源京　Lee, Wong-gyon　外交官　元・駐日韓国大使, 元・韓国外相　[国]韓国　[生]1922年1月15日　[没]2007年8月3日　[典]1992／1996

イ・ウォンギョン　李 源庚　演出家　[国]韓国　[生]1916年1月10日　[典]1996

イ・ウォンクック　李 元国　外交官　元・北朝鮮外務次官　[国]北朝鮮　[典]2000

イ・ウォンジョン　李 元鐘　Lee, Won-jong　元・ソウル市長　[国]韓国　[生]1942年4月4日　[典]1996

イ・ウォンス　李 元秀　漫画家　[専]時事漫画　[国]韓国　[生]1931年9月　[典]2000

イ・ウォンスク　李 元淑　Lee, Won-sook　社会事業家　世界的指揮者・鄭明勳(チョン・ミョンフン)の母　[国]韓国　[生]1918年　[没]2011年5月15日　[典]1996

イ・ウォンスル　李 元卨　歴史学者　韓南大学総長, 国史篇纂委員, 韓国中央教育審議委員長　[国]韓国　[生]1930年3月16日　[典]1996

イ・ウォンスン　李 原承　本名=李星珪　コメディアン　[国]韓国　[生]1960年3月10日　[典]1996

イ・ウオンスン　李 元淳　Lee, Won-soon　歴史学者　ソウル大学名誉教授　[専]朝鮮史, 歴史教育　[国]韓国　[生]1926年　[典]1996／2012

イ・ウォンゼ　李 源載　「週刊野球」紙編集長　[専]ジャーナリスト　[国]韓国　[典]1992／1996

イー, ウォン・ハーバート　Yee, Wong Herbert　グラフィックアーティスト, 絵本作家　[国]米国　[生]1953年　[典]1996

イ・ウォンヒ　李杬熹　Lee, Won-hee　柔道選手　アテネ五輪柔道男子73キロ級金メダリスト　[国]韓国　[生]1981年7月19日　[典]2008

イ・ウォンボク　李元馥　漫画評論家, 漫画家　徳成女子大学教授　元・韓国漫画アニメ学会会長　[国]韓国　[生]1946年　[典]1992／1996／2004／2008／2012

イ・ウォンホン　李元洪　韓国刊行物倫理委員会委員長　[国]韓国　[生]1929年4月3日　[典]1996

イ・ウジェ　李佑宰　韓国民衆党代表　[専]農業問題　[国]韓国　[生]1936年　[典]1992（リ・ユウサイ）／1996

イ・ウジェ　李祐在　Lee, Yoo-jae　政治家　元・韓国逓信相, 元・韓国電気通信公社社長　[国]韓国　[生]1934年5月5日　[典]1992（イ・ウゼ）／1996

イ・ウジュ　李宇柱　延世大学名誉教授・財団理事　[専]薬理学　[国]韓国　[生]1918年6月6日　[典]1996

イ・ウジョン　李愚貞　牧師, 神学者　韓国国会議員, 韓国民主党最高委員　[国]韓国　[生]1923年8月1日　[典]1992／1996

イ・ウス　李禹樹　プロ野球選手（内野手）　[国]韓国　[生]1972年4月20日　[典]1996

イ・ウセ　李禹世　韓国言論仲裁委員　[国]韓国　[生]1929年8月1日　[典]1996

イ・ウルソル　李乙雪　軍人　朝鮮労働党中央委員, 元帥, 北朝鮮国防委員会委員　[国]北朝鮮　[生]1921年　[典]1996／2000／2004／2008

イ・ウルファン　李乙煥　号＝仙岩　国語学者　[国]韓国　[生]1925年12月23日　[典]1996

イ・ウン　漢字名＝李恩　映画プロデューサー　ミョンフィルム製作理事　[国]韓国　[生]1961年　[典]2004／2008

イ・ウンウン　李殷雄　ソウル大学名誉教授, 韓国言論仲裁委員　[国]韓国　[生]1924年4月9日　[典]1996

イ・ウンギョン　李応敬　女優, タレント　[国]韓国　[生]1966年2月3日　[典]1996

イ・ウンジェ　李雲在　Lee, Woon-jae　サッカー選手（GK）　[国]韓国　[生]1973年4月26日　[典]2004／2008

イ・ウンジク　李殷植　大韓貿易振興公社（KOTRA）日本地域本部長　[国]韓国　[典]1992／1996

イ・ウンジュ　Lee, Eun-joo　漢字名＝李恩宙　女優　[国]韓国　[生]1980年11月16日　[没]2005年2月22日　[典]2004（イ・ウンジェ）

イ・ウンジュン　李応俊　軍人　元・韓国陸軍初代参謀総長　[国]韓国　[没]1985年7月8日　[典]1992

イ・ウンスン　李殷承　プロ野球選手（投手）　[国]韓国　[生]1971年2月12日　[典]1996

イ・ウンチャン　李殷昌　暁星女子大学校名誉教授, 韓国文化公報部文化財専門委員　[専]考古学, 韓国美術史学　[国]韓国　[生]1922年　[典]1992／1996

イ・ウンチョル　李垠澈　Lee, Eun-chul　射撃選手（ライフル）　[国]韓国　[典]1996

イ・ウンテク　李銀沢　翻訳家　釜山産業大学専任講師　[国]韓国　[生]1949年　[典]1992／1996

イ・ウンノ　李応魯　画家　[国]フランス　[没]1989年1月10日　[典]1992

イ・ウンヒョ　李膺孝　韓国データ通信技術顧問　[国]韓国　[生]1927年5月10日　[典]1996

イ・ウンヒョン　李雄賢　Lee, Woong-Hyeon　高麗大学大学院助教授　[専]東アジア　[国]韓国　[生]1962年4月　[典]2004

イ・ウンベク　李応百　号＝蘭台　ソウル大学名誉教授, 韓国伝統文化協議会会長, 韓国エッセイ文学振興会会長　[国]韓国　[生]1923年4月19日　[典]1996

イ・エジュ　李愛珠　舞踊家　ソウル大学助教授　[国]韓国　[生]1947年　[典]1992

イ・エリサ　李エリサ　元・卓球選手　卓球国家代表チーム首席コーチ　[国]韓国　[生]1954年8月15日　[典]1996

イ・オクジュ　李玉珠　コメディアン　[国]韓国　[生]1969年3月6日　[典]1996

イ・オクペ　Lee, Uk-Bae　イラストレーター　[生]1960年　[典]2008

イ・オリョン　李御寧　Lee, O-young　文芸評論家, 作家, 記号学者　元・韓国文化相　[専]比較文学, 日本文化論　[国]韓国　[生]1934年1月15日　[典]1992／1996／2000／2004／2008／2012

イ・オンヒ　Lee, Eon-hie　映画監督　[国]韓国　[生]1976年　[典]2008／2012

イ・カヒョン　李佳炯　韓国国民大学名誉教授　[専]アメリカ文学, 比較文学　[国]韓国　[生]1921年　[典]1996

イ・カプユン　李甲允　西江大学副教授　[専]韓国政治　[国]韓国　[生]1950年　[典]1996

イ・カンスク　李康淑　ソウル大学音楽学部教授, 韓国音楽研究会会長　[国]韓国　[生]1936年9月25日　[典]1996

イ・ガンソク　李康奭　Lee, Kang-seok　スピードスケート選手　トリノ五輪スピードスケート男子500メートル銅メダリスト　[国]韓国　[生]1985年2月28日　[典]2012

イ・カンチョル　李強喆　プロ野球選手（投手）　[国]韓国　[生]1966年5月24日　[典]1992／1996

イ・カントン　李康敦　プロ野球選手（外野手）　[国]韓国　[生]1962年2月27日　[典]1996

イ・ガンベク　李康白　劇作家　ソウル芸術大学劇作課教授　[国]韓国　[生]1947年　[典]2008／2012

イ・カンヨル　李康列　劇作家, 演劇評論家　劇団倉庫劇場代表　元・韓国戯曲作家協会会長　[国]韓国　[生]1952年　[典]2008／2012

イ・ギウ　Lee, Ki-woo　漢字名＝李己雨　俳優　[国]韓国　[生]1981年10月23日　[典]2008／2012

イ・キウル　李気乙　延世大学名誉教授　[専]経営学　[国]韓国　[生]1923年10月4日　[典]1996

イ・ギグァン　Lee, Gi-kwang　グループ名＝BEAST　歌手　[国]韓国　[生]1990年3月30日　[典]2012

イ・キジュ　李祺周　外交官　駐イタリア韓国大使　[国]韓国　[生]1936年12月27日　[典]1996

イ・キチュン　李基春　ソウル大学教授, ソウル大学家政学部長　[国]韓国　[生]1942年11月11日　[典]1996

イ・キテク　李基沢　Lee, Ki-taek　政治家　元・ハンナラ党副総裁　[国]韓国　[生]1937年7月25日　[典]1992／1996／2000／2004／2008

イ・キテク　李基鐸　延世大学教授　[専]国際政治　[国]韓国　[生]1935年　[典]1992／1996／2000

イ・キハ　李基夏　演出家　ソウル五輪組織委員会開閉式局長　[国]韓国　[典]1992

イ・キヒョン　李基珩　サッカー選手（MF）　[国]韓国　[生]1974年9月28日　[典]2000

イ・キベク　李基白　翰林大学教授　[専]韓国史　[国]韓国　[生]1924年10月21日　[典]1992／1996

イ・キベク　李基百　Lee, Ki-baek　政治家, 軍人　元・韓国国防相　[国]韓国　[生]1931年10月20日　[典]1992

イ・キホ　李起浩　Lee, Ki-ho　政治家　元・韓国労働相　[国]韓国　[生]1945年10月1日　[典]2000／2004／2008

イ・キボン　李基奉　韓国国際問題調査研究所首席研究員　[専]北朝鮮研究　[国]韓国　[生]1932年　[典]1996

イ・キムン　李基文　言語学者　ソウル大学名誉教授　[国]韓国　[生]1930年10月23日　[典]1996／2000

イ・ギュウォン　李揆媛　KBS（韓国国営放送）アナウンサー　[国]韓国　[典]1992

イ・キュソク　李葵錫　国民大学総長　[国]韓国　[生]1926年12月30日　[典]1996

イ・キュソク　李奎錫　歌手　[国]韓国　[生]1964年1月15日　[典]1996

イ・キュソン　李圭鮮　梨花女子大学美術学部長　[国]韓国　[生]1938年1月16日　[典]1996

イ・キュソン　李揆成　Lee, Kyu-song　政治家　元・韓国財政経済相　[国]韓国　[生]1939年1月11日　[典]1992／1996／2000

イ・キュタク　李圭卓　陶芸家　[国]韓国　[典]2000

イ・キュチャン　李奎昌　プロ野球選手（内野手）　[国]韓国　[生]1971年2月16日　[典]1996

イ・ギュチョル　李圭哲　日本名＝木下朝幹　「シベリア捕虜記」の著者　[国]韓国　[典]1992／1996

イ・キュテ　李 圭泰　コラムニスト　元・朝鮮日報論説顧問　[国]韓国　[生]1933年9月6日　[没]2006年2月25日　[典]1996

イ・キュヒョ　李 圭孝　弁護士　韓国国立公園協会会長　[国]韓国　[生]1933年5月29日　[典]1996

イ・キュヒョク　李 圭赫　コメディアン　[国]韓国　[生]1952年4月22日　[典]1996

イ・ギュヒョク　李 奎爀　Lee, Kyou-hyuk　スピードスケート選手　[国]韓国　[生]1978年3月16日　[典]2000／2012

イ・キュヒョン　李 奎炯　別名＝トマト・リー　ジャーナリスト「スポーツソウル」東京特派員　[専]日本文化　[国]韓国　[生]1957年　[典]2000／2004／2008

イ・キュヒョン　李 揆現　「中央日報」編集顧問　[国]韓国　[生]1922年4月27日　[典]1996

イ・キュフン　李 圭勲　イラストレーター　[国]韓国　[典]2004

イ・キュヘン　李 揆行　文化日報社長　[国]韓国　[生]1935年3月5日　[典]1996

イ・キュホ　李 奎浩　外交官　元・駐日韓国大使, 元・韓国文化教育相　[国]韓国　[生]1926年6月19日　[没]2002年4月19日　[典]1996

イ・ギョク　韋 鈺　電子工学者　南京工学院副院長, 中華全国婦女連合執行委員会副主席　[専]電子学　[国]中国　[生]1940年　[典]1996

イ・キョクショウ　韋 旭昇　Wei, Xu-sheng　北京大学東方学系教授・比較文学比較文化研究所教授　[専]中国古典文学, 朝鮮文学, 比較文学　[国]中国　[生]1928年　[典]2000

イ・キヨン　李 基栄　Lee, Ki-young　ソウル大学消費者学科教授　[国]韓国　[生]1948年　[典]2004

イ・ギヨン　李 箕永　Ri, Ki-yong　号＝民村　作家　元・北朝鮮文学芸術総同盟委員長, 元・祖国統一民主主義戦線中央委員　[国]北朝鮮　[生]1895年　[没]1984年8月9日　[典]1992

イ・キョンギュ　李 敬揆　コメディアン　[国]韓国　[生]1960年8月1日　[典]1996

イ・キョングン　李 璟根　Lee, Kyung-keun　元・柔道選手　[国]韓国　[典]1992

イ・キョンジェ　李 慶載　Lee, Kyong-jae　作家　[国]韓国　[典]2000

イ・キョンジェ　李 敬在　Lee, Kyung-jae　韓国大統領公報首席秘書官　[国]韓国　[生]1941年12月17日　[典]1996

イ・キョンシク　李 経植　Lee, Kyung-shick　政治家, 実業家　元・韓国副首相・経済企画院長官, 元・韓国銀行総裁　[国]韓国　[生]1933年6月28日　[典]1996／2004

イ・キョンジャ　李 環子　作家　[国]韓国　[生]1948年　[典]1996

イ・キョンジョ　李 敬祚　道路交通安全協議会理事長　[国]韓国　[生]1931年10月13日　[典]1996

イ・キョンシル　李 敬実　コメディアン　[国]韓国　[生]1966年2月10日　[典]1996

イ・キョンジン　李 鏡珍　タレント　[国]韓国　[生]1956年10月2日　[典]1996

イ・キョンスク　李 慶淑　ソウル大学音楽学部声楽科教授　[国]韓国　[生]1931年11月16日　[典]1996

イ・キョンスク　李 慶淑　淑明女子大学政治外交学科教授, 女性開発院諮問委員, 南北赤十字会談諮問委員　[国]韓国　[生]1943年3月6日　[典]1996

イ・キョンソ　李 景瑞　(株) 国際火災海上保険社長, 韓国科学財団副理事長, 科学技術団体総連合会副会長　[国]韓国　[生]1938年12月17日　[典]1996

イ・キョンソン　李 慶成　美術評論家　弘益大学名誉教授　元・韓国国立現代美術館館長　[国]韓国　[生]1919年2月17日　[典]1996／2000

イ・キョンピョ　李 瓊杓　タレント　[国]韓国　[生]1962年6月18日　[典]1996

イ・キョンフン　李 京勲　プロゴルファー　[国]韓国　[生]1991年

イ・キョンフン　李 景勲　実業家　元・大宇会長　[国]韓国　[生]1935年11月13日　[典]1996／2000

イ・キョンヘ　李 慶慧　ピアニスト　万寿台芸術団ピアニスト　[国]北朝鮮　[典]2000

イ・キョンホ　李 慶鎬　プロ野球選手(内野手)　[国]韓国　[生]1973年9月7日　[典]1996

イ・キョンボク　李 京福　プロ野球選手(内野手)　[国]韓国　[生]1970年11月19日　[典]1996

イ・キョンヨン　李 璟栄　俳優　[国]韓国　[生]1960年12月12日　[典]1996

イ・キョンレ　李 勁来　コメディアン　[国]韓国　[生]1961年8月17日　[典]1996

イ・キルヒョン　李 吉鉉　Lee, Gil-hyun　実業家　韓国親善協会中央会副会長　元・三星物産副社長, 元・韓日産業技術協力財団委員長　[国]韓国　[典]2000／2008

イ・キルヨン　李 吉永　KBS報道本部長, 韓国新聞協会監事　[国]韓国　[生]1941年11月7日　[典]1996

イ・キンキン　伊 欣欣　女優　[国]中国　[典]1992

イ・クァン　李 寛　標準科学研究院顧問　[国]韓国　[生]1930年11月10日　[典]1996

イ・クァンウ　李 光雨　プロ野球選手(投手)　[国]韓国　[生]1965年3月14日　[典]1996

イ・クァンウン　李 光殷　プロ野球コーチ　[国]韓国　[生]1955年6月28日　[典]1996

イ・クァンギュ　李 光奎　Lee, Kwang-kyu　ソウル大学人類学科教授　[専]人類学　[国]韓国　[生]1932年　[典]1996

イ・クァンギル　李 光吉　プロ野球選手(内野手)　[国]韓国　[生]1960年8月4日　[典]1996

イ・クァンジョ　李 光祚　歌手　[国]韓国　[生]1952年12月22日　[典]1996

イ・クァンス　李 光洙　映画監督　[国]韓国　[典]1992

イ・クァンソプ　李 光燮　プロ野球選手(投手)　[国]韓国　[生]1970年1月23日　[典]1996

イ・クァンピョ　李 光杓　元・ソウル新聞社長　[国]韓国　[生]1930年11月15日　[典]1996

イ・クァンファン　李 広煥　プロ野球監督　[国]韓国　[生]1948年3月8日　[典]1996／2012

イ・クァンホ　李 光鎬　文芸評論家　ソウル芸術大学教授　[国]韓国　[生]1963年　[典]2004

イ・クァンホ　李 洸鎬　ソウル大学医科大学教授, 韓国体育科学研究院理事長　[国]韓国　[生]1931年2月21日　[典]1996

イ・グァンモ　映画監督　[国]韓国　[生]1961年　[典]2000

イ・クァンヨン　李 寛永　大韓石炭公社理事長　[国]韓国　[生]1934年3月17日　[典]1996

イ・クァンリン　李 光麟　西江大学名誉教授　[国]韓国　[生]1924年2月9日　[典]1996

イ・グノ　李 根鎬　Lee, Keun-ho　サッカー選手(FW)　[国]韓国　[生]1985年4月11日　[典]2012

イ・クヨル　李 亀烈　美術評論家　韓国近代美術研究所所長　[国]韓国　[生]1932年11月28日　[典]1996

イ・クンサム　李 根三　西江大学文科大学教授・社会大学長　[国]韓国　[生]1929年6月27日　[典]1996

イ・クンシク　李 根植　Lee, Kun-sik　法学者　延世大学名誉教授　[専]民法　[国]韓国　[生]1925年5月5日　[典]1996

イ・クンモ　李 根模　Lee, Geun-mo　政治家　咸鏡北道党委責任書記　元・北朝鮮首相, 元・朝鮮労働党政治局員　[国]北朝鮮　[生]1924年　[典]1992／1996

イ・クンヨプ　李 根燁　プロ野球選手(内野手)　[国]韓国　[生]1972年2月21日　[典]1996

イ・クンヨン　李 瑾栄　元・韓国産業銀行総裁　[国]韓国　[典]2004／2008

イ・ケイク　李 啓謚　(株) 経済放送製作代表理事　元・韓国交通相　[国]韓国　[生]1937年10月8日　[典]1996

イ・ケイン　李 桂仁　タレント　[国]韓国　[生]1952年5月16日　[典]1996

イ・ケスン　李 季順　韓国放送委員会委員　[国]韓国　[生]1927年3月3日　[典]1996

イ・ケファン　李 啓煌　仁荷大学日語日本学科教授　[専]日本近代史　[国]韓国　[生]1954年　[典]2000

イ・ケベク 李 季白 政治家 元・朝鮮社会民主党委員長,元・朝鮮総連中央常任委副議長 国北朝鮮 生1906年 没1993年1月23日 載1996

イ・ケンコウ 尉 健行 Wei, Jian-xing 政治家 中華全国総工会主席 元・中国共産党政治局常務委員 国中国 生1931年1月 載1996／2000／2004／2008／2012

イ・コクセイ 韋 国清 Wei, Guo-qing 政治家 元・中国全人代常務委副委員長 国中国 生1913年 没1989年6月14日 載1992

イ・ゴンチュン 李 建春 Lee, Gun-chun 政治家 元・韓国建設交通相 国韓国 生1943年5月9日 載2000

イ・ゴンヒ 李 健熙 Lee, Kun-hee 実業家 サムスン電子会長 国韓国 生1942年1月9日 載1992／1996／2000／2004／2008／2012

イ・コンヨル 李 建烈 プロ野球選手(外野手) 国韓国 生1963年4月25日 載1996

イ・サムギュ 李 三圭 タレント 国韓国 生1962年8月4日 載1996

イ・サムヨル 李 三烈 プロ野球コーチ 国韓国 生1955年3月10日 載1996

イ・サンイ 李 祥義 韓国科学技術振興財団理事長 国韓国 生1938年9月1日 載1996

イ・サンイク 李 相翊 元・韓国国会議員 国韓国 生1928年12月17日 載1996

イ・サンイル 李 相日 成均館大学教授 国韓国 生1933年6月21日 載1996

イ・サンウ 李 祥雨 作家 ソウル新聞専務理事 国韓国 生1938年9月12日 載1996

イ・サンウ 李 相宇 歌手 国韓国 生1963年8月25日 載1996

イ・サンウ 李 相禹 西江大学政治学科教授・公共政策大学院長 国韓国 生1938年4月16日 載1996

イ・サンウン 李 尚恩 歌手 国韓国 生1970年3月12日 載1996

イ・サンオク 李 相億 言語学者 ソウル大学人文学部教授 国韓国 生1944年 載2008

イ・サンオク 李 相玉 Lee, Sang-ok 政治家,外交官 元・韓国外相 国韓国 生1934年8月25日 載1992／1996

イ・サング 李 相求 プロ野球選手(投手) 国韓国 生1963年2月27日 載1996

イ・サング 李 相球 水原大学待遇教授 国韓国 生1919年9月29日 載1996

イ・サングム 李 相琴 梨花女子大学幼児教育学科教授 専幼児教育 国韓国 生1930年 載1996

イ・サングン 李 相君 プロ野球選手(投手) 国韓国 生1962年4月21日 載1996

イ・サンジョ 李 相朝 元・軍人 元・朝鮮人民軍副総参謀長 生1915年 載1992(イ・サンジョ)／1996(リ・ソウチョウ)

イ・サンス 李 相洙 韓国科学技術院名誉教授 国韓国 生1925年10月4日 載1996

イ・サンソブ 李 相燮 韓国発明特許協会副会長,韓国化繊工業研究組合理事長,韓国化繊協会会長 生1927年3月5日 載1996

イ・サンソブ 李 相燮 ソウル大学薬学大学院教授,韓国遺伝工学学術協会副会長 国韓国 生1931年2月24日 載1996

イ・サンデ 李 相大 プロ野球選手(外野手) 国韓国 生1967年1月18日 載1996

イ・サンドク 李 相得 Lee, Sang-deuk 政治家 韓日議員連盟会長 元・韓国国会議員 国韓国 生1935年11月29日 載2012

イ・サンドン 李 相敦 韓国国土統一院顧問,韓国民主党顧問 国韓国 生1912年3月20日 載1996

イ・サンヒ 李 相喜 Lee, Sang-hee 軍人 元・韓国国防相 国韓国 生1945年8月12日 載2012

イ・サンヒ 李 相熙 元・韓国建設相 国韓国 生1932年1月8日 載1996

イ・サンヒョン 李 相鉉 プロ野球選手(投手) 国韓国 生1969年7月15日 載1996

イ・サンファ 李 相花 Lee, Sang-hwa スピードスケート選手 バンクーバー五輪金メダリスト,スピードスケート女子500メートル世界記録保持者 国韓国 生1989年2月25日 載2012

イ・サンフェ 李 相回 韓国民自党国策研究院副院長 国韓国 生1935年8月13日 載1996

イ・サンフン 李 尚勲 別名=サムソン・リー プロ野球選手(投手) 国韓国 生1971年3月11日 載1996／2000／2004

イ・サンフン 李 相勲 プロ野球選手(投手) 国韓国 生1971年3月21日 載1996

イ・サンフン 李 相薫 Lee, Sang-hoon 元・軍人 元・韓国国防相 国韓国 生1933年6月26日 載1992／1996

イ・サンベ 李 相培 Lee, Sang-bae 政治家 元・ソウル市長 国韓国 生1939年10月10日 載1996

イ・サンボム 李 相範 プロ野球選手(投手) 国韓国 生1971年2月23日 載1996

イ・サンボン 李 相蕃 プロ野球選手(投手) 国韓国 生1970年3月5日 載1996

イ・サンマン 李 商万 ソウル大学名誉教授,南北教授学術交流推進委員会副委員長,国際地質学総連韓国委員長 国韓国 生1926年2月11日 載1996

イ・サンムク 李 相睦 プロ野球選手(投手) 国韓国 生1971年4月25日 載1996

イ・サンムン 李 祥文 「健康長寿の減食調節法—食事(陽)のときは水(陰)を飲まない」の著者 載2008(リ・サンムン)

イ・サンユン 李 相潤 プロ野球コーチ 国韓国 生1932年12月21日 載1996

イ・サンユン 李 相潤 Lee, Sang-yoon サッカー選手(MF) 国韓国 生1969年4月10日 載2000

イ・サンヨン 李 相淵 Lee, Sahng-yeon 政治家 元・韓国国家安全企画部長 国韓国 生1936年2月6日 載1996

イ・サンヨン 李 相連 経済学者 韓国資産管理公社(KAMCO)長期発展企画団総括チーム長 国韓国 生1956年 載2004／2008

イ・サンヨン 李 相鎔 建国大学工学科教授 国韓国 生1934年11月21日 載1996

イ・サンリョン 李 相龍 Lee, Sang-ryon 政治家 元・韓国労働相,元・韓国建設部次官 国韓国 生1934年2月27日 載1996／2000／2004

イ・ジア Lee, Ji-a 女優 国韓国 生1982年2月2日 載2012

イ・ジィンジュー 李 軫周 Lee, Jin-joo 韓国科学技術院経営科学部教授 専経営学 国韓国 生1941年 載1992／1996

イ・ジェガン 李 済剛 政治家 元・朝鮮労働党第1副部長,元・北朝鮮最高人民会議代議員 国北朝鮮 生1930年 没2010年6月2日

イ・ジェグン 李 載根 黄登産業社長,錦城学園理事長 国韓国 生1937年4月5日 載1996

イ・ジェグン 李 在根 Lee, Jea-gun 北朝鮮に拉致されたのち帰還 国韓国 生1938年 載2004

イ・ジェジュ 李 在珠 プロ野球選手(捕手) 国韓国 生1973年12月25日 載1996

イ・ジェジュン 李 載俊 2002年W杯韓国組織委員会(KOWOC)広報官 元・韓国国政広報庁局長

イ・ジェジョン 李 在禎 Lee, Jae-joung 政治家,宗教家 元・韓国統一相 国韓国 生1944年3月1日 載2008／2012

イ・ジェジン Lee, Jae-jin グループ名=FTIsland ミュージシャン 国韓国 生1991年12月17日 載2012

イ・ジェソン 李 在銑 西江大学教授 国韓国 生1936年12月2日 載1996／2008(イ・ゼソン)

イ・ジェチャン 李 在昌 京畿道知事 国韓国 生1936年12月25日 載1996

イ・ジェチョル 李 在澈 号=威廷 法学者 韓国海洋研究所理事長 専民法 国韓国 生1923年1月9日 載1996

イ・ジェハク 李 載学 漫画家 国韓国 生1939年 載1992(イ・ゼハク)／1996

イ・ジェハン Lee, Jae-han 映画監督 国韓国 生1971年 載2012

イ・ジェヒョン　李 載瀅　Lee, Chai-hyung　政治家　元・韓日親善協会会長, 元・韓国国会議長　[国]韓国　[生]1914年11月7日　[没]1992年1月30日　[典]1992（李 載瀅 イ・ゼヒョン）／1996

イ・ジェファン　李 在煥　政治家　韓国国会議員, 韓国民自党住宅政策特委長, 大田地域開発研究所理事長　[国]韓国　[生]1937年4月21日　[典]1996

イ・ジェファン　李 在煥　プロ野球コーチ　[国]韓国　[生]1941年2月10日　[典]1996

イ・ジェホン　李 再弘　韓国放送広告公社監事,IOC報道分科委員　[国]韓国　[生]1932年7月9日　[典]1996

イ・ジェホン　李 載弘　プロ野球選手（投手）　[国]韓国　[生]1963年9月24日　[典]1996

イ・ジェヨン　Lee, J-yong　漢字名=李在容　映画監督　[国]韓国　[生]1965年　[典]2004／2008

イ・ジェヨン　李 在鎔　Lee, Jae-yong　実業家　サムスン電子社長・COO　[国]韓国　[生]1968年　[典]2012

イ・ジェリョン　李 載龍　崇実大学教授・大学院長, 国史編纂委員　[国]韓国　[生]1930年9月15日　[典]1996

イ・ジェリョン　李 在龍　英語講師　[国]韓国　[典]2004／2008

イ・ジェリョン　李 在龍　タレント　[国]韓国　[生]1964年9月24日　[典]1996

イ・ジグァン　李 智冠　僧侶　東国大学仏教大学教授　[国]韓国　[生]1932年12月9日　[典]1996

イ・ジヒョン　グループ名=CIRCLE　歌手　[国]韓国　[生]1983年　[典]2000

イ・ジヒョン　Lee, Ji-hyeon　女優　[国]韓国　[生]1978年9月30日　[典]2004／2008／2012

イ・ジャホン　李 慈憲　政治家　韓国国会議員, 韓国民自党院内総務　[国]韓国　[生]1935年4月14日　[典]1996

イ・ジャンス　プロデューサー　CBS TVプロダクション顧問, ロゴスフィルム代表理事　[生]1960年　[典]2008

イ・ジャンナク　李 長洛　ソウル大学名誉教授　[国]韓国　[生]1925年9月17日　[典]1996

イ・ジャンヒ　李 長熙　韓国外国語大学教授　[専]国際法　[国]韓国　[生]1950年　[典]1996

イ・ジャンホ　李 長鎬　映画監督　パン映画代表理事　[国]韓国　[生]1945年5月15日　[典]1992／1996／2000

イ・ジュチョン　李 柱天　韓国科学技術院教授, 韓国物理学会会長　[国]韓国　[生]1930年6月8日　[典]1996

イ・ジュノ　李 ジュノ　本名=李尚祐　歌手　[国]韓国　[生]1969年2月10日　[典]1996

イ・ジュハク　李 柱鶴　通訳　朝鮮人離散家族会会長　元・モスクワ放送ハバロフスク支局翻訳員　[国]ソ連　[典]1992／1996（リ・チュウカク）

イ・ジュヒ　李 周姫　タレント　[国]韓国　[生]1974年6月4日　[典]1996

イ・ジュヒョク　李 柱赫　韓国放送開発院常任理事　[国]韓国　[生]1940年12月15日　[典]1996

イ・ジュン　李 俊　画家　[専]西洋画　[国]韓国　[生]1919年8月14日　[典]1996

イ・ジュン　李 俊　Lee, Jun　政治家　元・韓国国防相　[国]韓国　[生]1940年6月30日　[典]2004／2008

イ・ジュンイク　Lee, Jun-ik　映画監督　[国]韓国　[生]1959年　[典]2008／2012

イ・ジュンギ　Lee, Jun-ki　漢字名=李準基　俳優　[国]韓国　[生]1982年4月17日　[典]2008／2012

イ・ジュングン　李 重根　弁護士　[国]韓国　[生]1935年11月23日　[典]1996

イ・ジュンジェ　李 重載　元・韓国国会議員　[国]韓国　[生]1925年1月20日　[典]1996

イ・ジュンスン　李 準昇　弁護士　韓国中央選挙管理委員　[国]韓国　[生]1934年3月15日　[典]1996

イ・ジュンヒョク　Lee, Jun-hyuk　漢字名=李浚赫　俳優　[国]韓国　[生]1984年3月13日　[典]2012

イ・ジュンファ　李 重和　プロ野球選手（外野手）　[国]韓国　[生]1964年2月11日　[典]1996

イ・ジュンボム　李 準範　号=秀山　高麗大学経営大学教授　[国]韓国　[生]1932年4月29日　[典]1996

イ・ジュンボム　李 仲範　檀国大学教授, 韓国国際法学会会長, 国際法協会韓国本部会長　[専]国際法　[国]韓国　[生]1933年1月26日　[典]1996

イ・シヨン　李 時英　詩人　[国]韓国　[生]1949年　[典]1996

イ・ジヨン　李 芝娟　歌手　[国]韓国　[典]1992

イ・ジヨン　李 知英　映画監督　[国]韓国　[典]2000

イ・ジョンイク　李 鍾益　清州大学社会大学教授,「コリアタイムズ」論説委員,「中部日報」論説委員　[国]韓国　[生]1932年2月27日　[典]1996

イ・ジョンイル　李 正一　Lee, Joung-il　政治家, 新聞人　韓国国会議員, 斗星社会福祉財団理事長　元・全南日報会長　[国]韓国　[生]1947年11月7日　[典]2004

イ・ジョンウ　李 廷雨　Lee, Joung-woo　経済学者　韓国大統領秘書室政策室長　[国]韓国　[生]1950年8月31日　[典]2004／2008

イ・ジョンウォン　李 鐘元　弁護士　東西経済法研究所理事長　[国]韓国　[生]1926年5月18日　[典]1996

イ・ジョンウク　李 鍾郁　Lee, Jong-wook　医師　元・世界保健機関（WHO）事務局長　[専]感染症　[国]韓国　[生]1945年4月12日　[没]2006年5月22日　[典]2004

イ・ジョンウク　李 鍾郁　生産技術研究院国際技術協力団長　[国]韓国　[生]1944年1月19日　[典]1996

イ・ジョンオ　李 鐘旿　Lee, Chong-oh　社会学者　韓国大統領職引き継ぎ委員会国民参与センター本部長, 啓明大学社会学科教授　[国]韓国　[生]1948年3月22日　[典]2004／2008

イ・ジョンオ　李 正五　韓国科学技術院生産工学科教授　[国]韓国　[生]1932年8月6日　[典]1996

イ・ジョンオク　李 鐘玉　Lee, Jhong-ok　政治家　元・北朝鮮国家副主席, 元・北朝鮮最高人民会議名誉副委員長, 元・朝鮮労働党政治局員　[国]北朝鮮　[生]1916年　[没]1999年9月23日　[典]1992（イ・ジォンオク）／1996

イ・ジョンオク　李 鐘沃　プロ野球選手（内野手）　[国]韓国　[生]1965年3月11日　[典]1996

イ・ジョンギュン　李 定均　ソウル大学医学部教授　[国]韓国　[生]1929年1月18日　[典]1996

イ・ジョンギル　李 正吉　タレント　[国]韓国　[生]1944年10月1日　[典]1996

イ・ジョング　李 鍾九　Lee, Jong-ku　軍人　元・韓国国防相　[国]韓国　[生]1935年11月21日　[典]1992（イ・ジォング）／1996

イ・ジョンクック　李 鍾国　忠清南道知事　[国]韓国　[生]1932年5月17日　[典]1996

イ・ジョンサン　李 鐘山　軍人, 政治家　元・朝鮮人民軍次帥, 元・北朝鮮最高人民会議代議員　[国]北朝鮮　[没]2011年7月23日

イ・ジョンジェ　Lee, Jung-jae　漢字名=李政宰　俳優　[国]韓国　[生]1973年3月15日　[典]2004／2008／2012

イ・ジョンス　李 政秀　エコノミスト　アジア開発銀行（ADB）駐日代表事務所代表　[国]韓国　[生]1944年　[典]1996／2000／2004

イ・ジョンス　李 政洙　Lee, Jung-su　スピードスケート選手（ショートトラック）　バンクーバー五輪スピードスケート・ショートトラック男子1000メートル・1500メートル金メダリスト　[国]韓国　[生]1989年11月30日　[典]2012

イ・ジョンス　李 正秀　Lee, Jung-soo　サッカー選手（DF）　[国]韓国　[生]1980年1月8日　[典]2012

イ・ジョンセ　李 鐘世　英会話教師　[国]韓国　[典]2008（リ・ショウセイ）

イ・ジョンソク　李 鍾奭　Lee, Jong-seok　元・韓国統一相　[専]北朝鮮研究　[国]韓国　[生]1958年5月11日　[典]1996／2004／2008／2012

イ・ジョンソク　李 鍾錫　南星学園理事, 韓中日報社長,（株）韓日研究所会長　[国]韓国　[生]1930年9月15日　[典]1996

イ・ジョンソク　李 政錫　歌手　[国]韓国　[生]1967年5月26日　[典]1996

イ・ジョンソン　李 鍾声　牧師　[国]韓国　[生]1922年4月8日　[典]1996

イ

イ・ジョンソン　李 鐘宣　考古学者　湖巌美術館副館長　[国]韓国　[生]1948年　[典]1996

イ・ジョンチャン　李 鍾燦　Lee, Jong-chan　政治家　韓国国家情報部長, 韓国国会議員（国民会議）　[国]韓国　[生]1936年4月29日　[典]1992（李 鍾賛 イ・ジョンチャン）／1996／2000

イ・ジョンチョル　李 鍾徹　Lee, Jong-cheol　哲学者　韓国精神文化研究院附属韓国学大学院副教授　[専]インド哲学　[国]韓国　[典]2004

イ・ジョンテ　李 鐘泰　Lee, Jong-tae　大韓貿易振興公社（KOTRA）海外市場課長　[国]韓国　[生]1945年　[典]1996

イ・ジョンド　李 鐘道　プロ野球コーチ　[国]韓国　[生]1952年5月22日　[典]1996

イ・ジョンドゥ　李 鍾斗　プロ野球選手（外野手）　[国]韓国　[生]1962年4月5日　[典]1996

イ・ジョンナム　李 種南　租税法律研究所長, 高麗大学大学院客員教授　[国]韓国　[生]1936年9月30日　[典]1996

イ・ジョンナム　李 鐘南　タレント　[国]韓国　[生]1963年4月3日　[典]1996

イ・ジョンハク　李 種学　推理作家, ジャズ・コラムニスト　[国]韓国　[生]1963年　[典]2000

イ・ジョンハン　李 鍾恒　政治学者　元・韓国国民大学学長　[専]韓国政治史　[国]韓国　[生]1919年　[典]1992（イ・ジョンハン）／1996

イ・ジョンヒ　李 貞熙　連合通信外信部長　[国]韓国　[生]1939年9月8日　[典]1996

イ・ジョンヒャン　Lee, Jung-hyang　映画監督, 脚本家　[国]韓国　[生]1964年　[典]2004／2008／2012

イ・ジョンヒョン　Lee, Jung-hyun　漢字名=李貞賢　女優, 歌手　[国]韓国　[生]1980年2月7日　[典]2008／2012

イ・ジョンヒョン　李 正鉉　歌手　[国]韓国　[生]1966年6月23日　[典]1996

イ・ジョンビン　李 廷彬　Lee, Joung-binn　外交官, 政治家　元・韓国外交通商相（外相）　[国]韓国　[生]1937年12月16日　[典]2000（イ・チョンビン）／2004

イ・ジョンファン　李 貞煥　韓国農村経済研究院首席研究委員　[国]韓国　[生]1946年8月19日　[典]1996

イ・ジョンファン　李 廷煥　号=逸松　（株）錦湖石油化学会長, 麗川工団理事長　[国]韓国　[生]1919年11月13日　[典]1996

イ・ジョンフン　李 鍾燻　韓国中央大学産業学部長, 韓国行政高等考試委員, 韓日経商学会会長　[専]経済学　[国]韓国　[生]1935年　[典]1992（イ・ジォンフン）／1996

イ・ジョンフン　李 政勲　プロ野球選手（外野手）　[国]韓国　[生]1963年8月28日　[典]1992／1996

イ・ジョンホ　李 鍾豪　プロ野球選手（内野手）　[国]韓国　[生]1967年2月15日　[典]1996

イ・ジョンホ　李 正鎬　作家, テレビプロデューサー　[国]韓国　[生]1964年　[典]2012

イ・ジョンボム　Lee, Jeong-beom　映画監督　[国]韓国　[生]1971年9月21日　[典]2012

イ・ジョンボム　李 鍾範　Lee, Jong-beom　プロ野球コーチ, 元・プロ野球選手　[国]韓国　[生]1970年8月15日　[典]2008／2012

イ・ジョンミン　李 鍾旼　プロ野球選手（内野手）　[国]韓国　[生]1972年12月25日　[典]1996

イ・ジョンム　李 适武　Lee, Jong-moo　政治家　韓国国会議員（自民連）　元・韓国建設交通相　[国]韓国　[生]1941年4月9日　[典]2000

イ・ジョンム　李 鍾武　画家　韓国水彩画作家会会長, 韓国現代写生会会長　[国]韓国　[生]1916年9月10日　[典]1996

イ・ジョンモク　李 宗木　元・北朝鮮第一外務次官・労働党中央委員・最高人民会議代議員　[国]北朝鮮　[没]1985年7月15日　[典]1992（イ・ジォンモク）

イ・ジョンユル　李 鍾律　新政治研究所所長　[国]韓国　[生]1941年9月26日　[典]1996

イ・ジョンユン　李 鍾潤　牧師　ソウル長老教会担任牧師　[国]韓国　[生]1940年8月23日　[典]1996

イ・ジョンユン　李 鐘允　韓国外国語大学教授　[専]経済学　[国]韓国　[生]1945年　[典]1992（イ・ジォンユン）／1996

イ・ジョンヨル　李 鍾烈　プロ野球選手（内野手）　[国]韓国　[生]1973年1月28日　[典]1996

イ・ジョンヨル　李 正烈　清潭物産社長, 日本長期信用銀行ソウル支店顧問　[国]韓国　[生]1926年2月10日　[典]1996

イ・ジン　李 進　韓国環境庁次官　[国]韓国　[生]1942年8月17日　[典]1996

イ・ジン　李 鎮　プロ野球選手（投手）　[国]韓国　[生]1966年9月15日　[典]1996

イ・シンウ　李 信雨　ファッションデザイナー　[国]韓国　[典]1992／1996

イ・ジンウ　李 珍雨　弁護士　[国]韓国　[生]1934年2月20日　[典]1996

イ・ジンサム　李 鎮三　元・韓国体育青少年部長官　[国]韓国　[生]1937年2月10日　[典]1996

イ・シンジェ　李 信宰　タレント　[国]韓国　[生]1943年5月21日　[典]1996

イ・シンジャ　李 信子　徳成女子大学産業美術科教授・芸術大学長, 韓国デザイン学会副会長, 韓国繊維美術家協会会長, 韓国美術協会工芸分科委員長　[国]韓国　[生]1931年9月3日　[典]1996

イ・ジンス　李 鎮洙　元・朝鮮労働党中央委員　[国]北朝鮮　[生]1920年　[没]1987年8月23日　[典]1992

イ・ジンスク　李 真淑　Lee, Jin-sook　ジャーナリスト　韓国文化放送（MBC）記者　[国]韓国　[典]2000／2004／2008

イ・ジンソル　李 鎮卨　韓国大統領経済首席秘書官　[国]韓国　[生]1939年3月25日　[典]1996

イ・ジンソン　李 真善　俳優　[国]韓国　[生]1964年1月1日　[典]1996

イ・スイン　李 寿仁　嶺南大学政治外交学科教授　[国]韓国　[生]1941年4月29日　[典]1996

イ・スガプ　李 寿甲　自主平和統一民族会議共同議長, 民族正気守護協議会常任議長　[国]韓国　[生]1926年　[典]1996

イ・スグァン　Lee, Su-kwang　作家　[国]韓国　[生]1954年　[典]2008

イ・スジョン　李 秀正　Lee, Soo-jung　元・韓国文化相　[国]韓国　[生]1940年2月1日　[典]1992／1996

イ・スソン　李 寿成　Lee, Soo-song　政治家, 法学者　民主平和統一諮問会議首席副議長　元・韓国首相, 元・ソウル大学総長　[国]韓国　[生]1939年3月10日　[典]1996／2000

イ・スチャン　李 寿昶　「シャトレーゼ」女子ハンドボールチーム監督　[国]韓国　[典]1992

イ・スチョル　李 秀哲　「北朝鮮人喰い収容所─飢餓と絶望の国」の訳者　[国]韓国　[生]昭和42年　[典]2004

イ・スナ　李 水那　本名=イスンジェ　タレント　[国]韓国　[生]1948年6月18日　[典]1996

イ・スヒョ　李 秀烋　韓国保険監督院長　[国]韓国　[生]1937年9月12日　[典]1996／2000

イ・スヒョク　李 秀赫　Lee, Soo-hyuck　外交官　韓国外交通商次官補　[国]韓国　[生]1949年1月4日　[典]2008

イ・スヨン　Lee, Su-youn　漢字名=李受娟　映画監督　[国]韓国　[生]1970年　[典]2008

イ・スンウ　李 承雨　Lee, Seung-u　作家　朝鮮大学文芸創作学科教授　[国]韓国　[生]1959年　[典]2012

イ・スンオク　李 順玉　「北朝鮮 泣いている女たち─价川女子刑務所の2000日」の著者　[生]1947年　[典]2000（リ・ジュンギョク）

イ・スンギ　Lee, Seung-gi　漢字名=李昇基　俳優, 歌手　[国]韓国　[生]1987年1月13日　[典]2012

イ・スンギ　李 升基　Ri, Sung-gi　化学者　元・北朝鮮最高人民会議代議員, 元・北朝鮮科学院咸興分院院長, 元・ソウル大学教授　[国]北朝鮮　[生]1905年　[没]1996年2月8日　[典]1992／1996

イ・スンゴン　李 承坤　韓国外務部外交政策企画室長　[国]韓国　[生]1937年5月1日　[典]1996

イ・スンジェ　李 順載　タレント　韓国国会議員　[国]韓国　[生]1935年10月10日　[典]1996

イ・スンシン　李 承信　翻訳家　[国]韓国　[典]2012

イ・スンチョル　Lee, Seung-chul　別名=RUI, 漢字名=李承哲　歌手　[国]韓国　[生]1966年12月5日　[典]1996／2008／2012

イ・スンチョル　李 順喆　プロ野球コーチ　⑳韓国　㊤1961年4月8日　㊨1992／1996／2012

イ・スンニョン　李 崇寧　ソウル大学名誉教授,漢陽大学名誉教授　⑳韓国　㊤1908年6月7日　㊨1996

イ・スンファン　李 承桓　歌手　⑳韓国　㊤1967年1月13日　㊨1996

イ・スンフン　李 承勲　Lee, Seung-hoon　スピードスケート選手　バンクーバー五輪スピードスケート男子1万メートル金メダリスト　⑳韓国　㊤1988年3月6日　㊨2012

イ・スンユン　李 承潤　Lee, Seung-yun　政治家　韓日協力委員会副会長　元・韓国副首相・経済企画院長官　⑳韓国　㊤1931年11月7日　㊨1992／1996／2012

イ・スンヨブ　承燁　Lee, Seung-yuop　プロ野球選手(内野手)　北京五輪野球金メダリスト　⑳韓国　㊤1976年8月18日　㊨2000／2004／2008／2012

イ・スンヨン　李 烝涓　タレント　⑳韓国　㊨1996

イ・セイ　韋 西　本名=黄桑輝　別名=沙夏,之深　作家　⑳シンガポール　㊤1935年9月　㊨1992

イ・セウン　Lee, Se-eun　漢字名=李世恩　女優　⑳韓国　㊤1980年8月31日　㊨2008／2012

イ・セギ　李 世基　Yi, Se-gi　政治家　韓国国会議員,韓国民自党党務委員　⑳韓国　㊤1936年12月3日　㊨1992／1996

イ・セドル　李 世乭　Lee, Se-dol　棋士　囲碁9段(韓国棋院)　⑳韓国　㊨2008／2012

イ・ソクチェ　李 錫采　Lee, Seak-chae　韓国情報通信部長官　⑳韓国　㊤1945年9月11日　㊨2000

イ・ソクヒ　李 奭熙　号=暁園　倫理学者　大宇財団理事長,韓国中央大学名誉教授・名誉総長　⑳韓国　㊤1919年9月1日　㊨1996

イ・ソクヒョン　李 錫玄　政治家　韓国国会議員(民主党)　⑳韓国　㊤1951年　㊨1996

イ・ソクヒョン　李 石珩　古代史研究家　韓日交渉史　⑳韓国　㊨1992／1996

イ・ソクユン　李 碩崙　慶熙大学経済学部名誉教授　経済学　⑳韓国　㊤1921年　㊨1996

イ・ソジン　Lee, Seo-jin　漢字名=李瑞鎮　俳優　⑳韓国　㊤1973年1月30日　㊨2008／2012

イ・ソヨン　Lee, So-young　時事英語社編集局ニューメディア主幹　⑳韓国　㊨2000

イ・ソルジュ　李 雪主　金正恩第1書記の妻　⑳北朝鮮　㊤1989年

イ・ソンギ　李 宜基　大韓貿易振興公社社長,韓国商業銀行理事会長　⑳韓国　㊤1929年9月8日　㊨1996

イ・ソンギョ　李 姓教　詩人　聖信女子大学国文学科教授　⑳韓国　㊤1932年11月29日　㊨1996

イ・ソンジェ　Lee, Sung-jae　漢字名=李誠宰　俳優　⑳韓国　㊤1970年8月23日　㊨2008／2012

イ・ソンジュ　李 盛周　昌原大学講師　考古学　⑳韓国　㊤1961年　㊨2000

イ・ソンジュン　李 善中　弁護士　⑳韓国　㊤1924年1月20日　㊨1996

イ・ソンシル　李 善実　本名=李花仙　政治家　朝鮮労働党政治局員候補　⑳北朝鮮　㊤1916年1月　㊨1996／2000

イ・ソンジン　李 成震　Lee, Sung-jin　アーチェリー選手　アテネ五輪・ロンドン五輪アーチェリー女子団体金メダリスト　⑳韓国　㊤1985年3月7日　㊨2012

イ・ソンスン　李 聖淳　弘益大学教授・大学院長　⑳韓国　㊤1930年1月27日　㊨1996

イ・ソンチャン　Lee, Sung-chan　ライター　⑳韓国　㊤1972年　㊨2004

イ・ソンデ　李 成大　Ri, Song-dae　政治家　北朝鮮対外経済委員会委員長　⑳北朝鮮　㊤1943年　㊨2000

イ・ソンヒ　李 仙姫　歌手,政治家　ソウル市議会議員(民主党)　⑳韓国　㊤1964年11月11日　㊨1992／1996

イ・ソンヒ　李 仙熙　Lee, Sun-hee　テコンドー選手　⑳韓国　㊨2004

イ・ソンヒ　李 善熙　プロ野球コーチ　⑳韓国　㊤1955年2月14日　㊨1996

イ・ソンブ　李 盛夫　詩人　⑳韓国　㊤1942年　㊨1992

イ・ソンファン　李 盛煥　Lee, Sung-fan　嶺南大学講師,慶北大学講師,大邱大学講師　近代東アジア史　⑳韓国　㊤1957年12月　㊨1992／1996

イ・ソンホ　李 星鎬　Lee, Sun-gho　延世大学教育学科教授　教育学　⑳韓国　㊤1946年　㊨2000

イ・ソンホン　李 性憲　Lee, Soung-hon　政治家　韓国国会議員(ハンナラ党)　⑳韓国　㊤1958年5月30日　㊨2004

イ・ソンミ　李 聖美　コメディアン　⑳韓国　㊤1959年12月25日　㊨1996

イ・ソンミン　李 宣旼　本名=李貞淑　コメディアン　⑳韓国　㊤1962年5月29日　㊨1996

イ・ソンム　李 成茂　韓国精神文化研究院教授・人文科学部長　⑳韓国　㊤1937年9月26日　㊨1996／2008

イ・ソンヨン　李 善栄　延世大学国文学科教授,民族文学史研究所共同代表　⑳韓国　㊤1930年8月16日　㊨1996

イ・チウ　李 致雨　タレント　⑳韓国　㊤1939年4月19日　㊨1996

イ・チェジュ　李 埰柱　ジャーナリスト　東亜日報常務理事・論説主幹　⑳韓国　㊤1934年12月17日　㊨1996

イ・チェホ　李 采鎬　弁理士　韓国発明特許協会顧問　⑳韓国　㊤1905年6月16日　㊨1996

イ・チオブ　李 致業　元・軍人　元・朝鮮警備士官学校校長代理　⑳韓国　㊨2004

イ・チソン　「チソン、愛してるよ。」の著者　⑳韓国　㊤1978年　㊨2008

イ・チヒ　李 知姫　Lee, Ji-hee　プロゴルファー　⑳韓国　㊤1979年2月12日　㊨2004／2008／2012

イ・チャマン　李 次満　サッカー監督　⑳韓国　㊨2000

イ・チャム　李 参　Lee, Cham　旧名=クバント, ベルンハルト　宗教者,俳優　韓国観光公社社長　⑳韓国　㊨2012

イ・チャンカブ　李 昌甲　忠南大学名誉教授　⑳韓国　㊤1926年1月22日　㊨1996

イ・チャンギ　李 昌紀　国立環境研究院長　⑳韓国　㊤1935年11月9日　㊨1996

イ・チャング　李 昌九　大韓国土設計技術公団顧問　⑳韓国　㊤1904年12月11日　㊨1996

イ・チャンサム　李 讚三　ジャーナリスト　「中央日報」シカゴ特派員　⑳米国　㊤1948年　㊨1992(リ・サンサン)／1996(リ・サンサン)

イ・チャンス　李 昌寿　柔道選手　⑳韓国　㊨1992(リ・チャンス)／1996

イ・チャンドン　Lee, Chang-dong　漢字名=李滄東　映画監督,脚本家,作家　元・韓国文化観光相　⑳韓国　㊤1954年4月1日　㊨2004／2008／2012

イ・チャンナム　李 昌男　芸名=イナミ　歌手　⑳韓国　㊤1948年8月3日　㊨1996

イ・チャンハ　李 昌夏　元・水泳選手(背泳ぎ)　大韓オリンピック委員会(KOC)職員　⑳韓国　㊤1977年7月　㊨1992／1996／2008

イ・チャンヒ　李 昌喜　ソウル長老会神学校社会福祉学科助教授　社会福祉学　⑳韓国　㊤1955年　㊨2000

イ・チャンヒ　李 昌煕　Lee, Chang-hi　元・セハンメディア会長　⑳韓国　㊤1933年5月24日　㊨1991年7月19日　㊨1992

イ・チャンヒョク　李 賛赫　労働問題研究所理事長,産業人力管理公団理事長　⑳韓国　㊤1924年1月8日　㊨1996

イ・チャンフン　李 昌訓　実業家,政治学者　ビベンディ・ウォーター・コリア社長,漢擎大学名誉総長　⑳韓国　㊨2004／2008

イ・チャンホ　李 昌浩　ジャーナリスト　「スポーツ朝鮮」紙記者　⑳韓国　㊨1992／1996

イ・チャンホ　李 昌鎬　Lee, Chang-ho　棋士　囲碁9段(韓国棋院)　⑳韓国　㊤1975年7月29日　㊨1992／1996／2000／2008／2012

イ・チャンミン　Lee, Chang-min　グループ名=2AM　歌手　⑳韓国　㊤1986年5月1日　㊨2012

イ・チャンヨル 李 昌烈 Lee, Chang-yul 実業家 サムスン社会奉仕団社長 元・日本サムスン社長 ⓝ韓国 ⓑ1949年 ⓡ2008／2012

イ・チャンヨン 李 昌鏞 Rhee, Chang-yong 経済学者 アジア開発銀行（ADB）チーフエコノミスト ⓝ韓国 ⓡ2012

イ・チュング 李 春九 Lee, Chun-Goo 政治家 元・韓国内相，元・韓民主自由党（民自党）代表委員 ⓝ韓国 ⓑ1934年11月18日 ⓡ1992／1996

イ・チュンクック 李 忠国 元・軍人 ⓑ1968年 ⓡ1996（リ・チュウコウ）

イ・チュングン 李 春根 ソウル大学歯学部名誉教授，ソウル国際サイエンスクラブ会長 ⓝ韓国 ⓑ1918年1月3日 ⓡ1996

イ・チュングン 李 春根 江原大学総長 ⓝ韓国 ⓑ1928年6月10日 ⓡ1996

イ・チュンシク 李 春植 タレント ⓝ韓国 ⓑ1941年3月22日 ⓡ1996

イ・チュンスン 李 充淳 プロ野球コーチ ⓝ韓国 ⓑ1946年4月20日 ⓡ1996

イ・チュンニョル Lee, Chung-ryoul 漢字名＝李忠烈 映画監督，テレビ演出家 ⓖドキュメンタリー ⓑ1966年 ⓡ2012

イ・チュンヨル 李 忠烈 作家 ⓝ韓国 ⓑ1954年 ⓡ2000

イ・チュンリョン 李 春寧 ソウル大学校農科大学名誉教授・元学長 元・韓国農化学会会長 ⓖ農芸化学 ⓑ1917年 ⓡ1992

イ・チョル 李 哲 政治家 韓国国会議員，韓民主党政治研修院長 ⓝ韓国 ⓑ1948年3月18日 ⓡ1992／1996

イ・チョルス 漢字姓＝李 ミグ19戦闘機で亡命した北朝鮮空軍大尉 ⓑ1966年6月21日 ⓡ2000

イ・チョルス 李 喆守 版画家 ⓝ韓国 ⓑ1954年 ⓡ2008

イ・チョルス 李 喆洙 Lee, Chul-soo 銀行家 元・第一銀行長 ⓝ韓国 ⓑ1936年10月15日 ⓡ2000

イ・チョルスン 李 哲承 Yi, Cheol-seung 政治家 韓国政策研究会長，韓国自由民主総連裁 元・新韓民主党党首 ⓝ韓国 ⓑ1922年5月15日 ⓡ1992／1996

イ・チョルヨン 李 哲鎔 筆名＝東哲 作家 ⓝ韓国 ⓑ1948年10月7日 ⓡ1996

イ・チョンシク 李 庭植 ペンシルベニア大学教授 ⓖ韓国現代政治史 ⓑ1931年 ⓡ1996（リ・テイショク）

イ・チョンジュン 李 清俊 Yi, Chong-jun 作家 ⓝ韓国 ⓑ1939年8月9日 ⓓ2008年7月31日 ⓡ1992／1996

イ・チョンス 李 天秀 Lee, Chun-soo サッカー選手（FW） ⓝ韓国 ⓑ1981年7月9日 ⓡ2004／2008／2012

イ・チョンヨン Lee, Chung-yong 漢字名＝李青龍 サッカー選手（MF） ⓝ韓国 ⓑ1988年7月2日

イ・テイル 李 太一 東亜大学総長，地域社会研究会会長 ⓖ政治学 ⓝ韓国 ⓑ1942年10月28日 ⓡ1996

イ・テイル 李 太逸 プロ野球選手（投手） ⓝ韓国 ⓑ1967年4月29日 ⓡ1996

イ・テウォン 李 泰元 映画プロデューサー 泰興映画社社長 ⓝ韓国 ⓡ1996

イ・デウォン 李 大源 弘益大学名誉教授，韓国芸術院副会長 ⓝ韓国 ⓑ1921年5月17日 ⓡ1996

イ・テギュ 李 泰圭 理論物理センター所長，韓国科学技術院名誉教授，ユタ大学名誉教授 ⓝ韓国 ⓑ1902年1月26日 ⓡ1996

イ・テジュ 李 泰柱 檀国大学演劇映画科教授，韓国演劇評論家協会会長，韓国公演倫理委員会委員，ユージンオニール学会会長，国際演劇評論家協会アジア太平洋地域センター委員長 ⓝ韓国 ⓑ1934年3月7日 ⓡ1996

イ・テジン 李 泰鎮 ソウル大学人文学部国史学科教授 ⓖ韓国社会史，政治史 ⓝ韓国 ⓑ1943年 ⓡ2000／2004

イ・テス 画家 ⓝ韓国 ⓑ1961年 ⓡ2004／2008

イ・テスン 李 大淳 政治家 韓日親善協会副会長 元・韓国通信公社理事長 ⓝ韓国 ⓑ1933年4月18日 ⓡ1996／2004／2008

イ・デソブ 李 台燮 元・韓国国会議員 ⓝ韓国 ⓑ1939年5月21日 ⓡ1996

イ・テソン Lee, Tae-sung 俳優 ⓝ韓国 ⓑ1985年4月21日 ⓡ2008／2012

イ・デソン 李 大成 国際関係学者，外交官 早稲田大学現代韓国研究所副所長・客員教授 元・駐日韓国公使 ⓖ日韓関係 ⓝ韓国 ⓑ1942年 ⓡ2004

イ・テヒョン 李 太鉉 Lee, Tae-hyun 格闘家，元・韓国相撲力士 ⓝ韓国 ⓑ1975年1月17日 ⓡ2008／2012

イ・テファン 李 泰煥 プロ野球選手（内野手） ⓝ韓国 ⓑ1974年3月9日 ⓡ1996

イ・テホ 李 泰昊 フリーライター ⓝ韓国 ⓑ1945年 ⓡ1996

イ・テホ 李 泰昊 本名＝李正浩 歌手 ⓝ韓国 ⓑ1964年2月3日 ⓡ1996

イ・テホ 李 泰鎬 市民運動家 韓国参与連帯市民監視局長 ⓝ韓国 ⓑ1968年 ⓡ2004

イ・デホ 李 大浩 Lee, Dae-ho プロ野球選手（内野手） 北京五輪野球金メダリスト ⓝ韓国 ⓑ1982年6月21日

イ・デヨプ 李 大燁 俳優 ⓝ韓国 ⓑ1935年5月10日 ⓡ1996

イ・テヨン 李 泰栄 大邱大学総長，国民精神啓発院理事長 ⓝ韓国 ⓑ1929年4月16日 ⓡ1996

イ・テヨン 李 兌栄 弁護士，女性人権運動家 元・家庭法律相談所理事長，元・韓国国際法律家委員会副会長，元・梨花女子大学教授 ⓝ韓国 ⓑ1914年9月18日 ⓓ1998年12月17日 ⓡ1996

イ・デロ 李 大路 タレント ⓝ韓国 ⓑ1939年10月13日 ⓡ1996

イ・テンチ 尉 天池 書家，政治家 南京師範大学美術系教授，中国書法協会理事，全国人民代表大会（全人代）常務委員 ⓖ書法（書道） ⓝ中国 ⓡ1992

イ・ドウイク 李 斗益 Li, Du-Ik 軍人，政治家 元・朝鮮労働党中央委員・中央軍事委員，元・次帥 ⓝ北朝鮮 ⓑ1921年 ⓓ2002年3月13日 ⓡ2000

イ・ドゥクリョル 李 得烈 文化放送（MBC）専務 ⓝ韓国 ⓑ1939年5月7日 ⓡ1996

イ・ドゥソプ 李 斗燮 タレント ⓝ韓国 ⓑ1954年12月15日 ⓡ1996

イ・ドゥチャン 李 斗贊 元・朝鮮労働中央委員・中将 ⓝ北朝鮮 ⓓ1984年6月26日 ⓡ1992

イ・ドゥヒョン 李 杜鉉 Lee, Du-hyun ソウル大学名誉教授 ⓖ韓国演劇史，韓国民俗学 ⓝ韓国 ⓑ1924年4月2日 ⓡ1992／1996

イ・ドゥフン 李 斗勲 中ソ離散家族会会長 ⓝ韓国 ⓡ1992

イ・ドゥホ 李 斗護 翰林大学教授 ⓝ韓国 ⓑ1937年5月2日 ⓡ1996

イ・ドゥヨン 李 斗鏞 映画監督 斗盛映画社代表理事 ⓝ韓国 ⓑ1942年12月24日 ⓡ1992

イ・ドゥヨン 李 度珩 ジャーナリスト 「韓国論壇」代表 ⓝ韓国 ⓑ1933年 ⓡ1992（イ・ドヒョン）／1996／2004／2008

イ・ドクイン 李 德仁 別名＝行願 僧侶 国際観音禅宗会総裁，在米弘法院長，国際仏教協議会総裁 ⓝ韓国 ⓑ1927年8月1日 ⓡ1996

イ・ドクファ 李 德華 タレント ⓝ韓国 ⓑ1952年5月8日 ⓡ1996

イ・ドクヘ 李 德恵 李王朝高宗帝の三女 ⓝ韓国 ⓑ1912年 ⓓ1989年4月21日 ⓡ1992

イ・ドヒョン 李 到炯 プロ野球選手（捕手） ⓝ韓国 ⓑ1970年5月24日 ⓡ1996

イ・ドンウ 李 東雨 韓国農村振興庁長 ⓝ韓国 ⓑ1935年11月27日 ⓡ1996

イ・ドンウォン 李 東元 Lee, Dong-woon 政治家 元・韓国外相 ⓝ韓国 ⓑ1926年9月8日 ⓓ2006年11月18日 ⓡ1992／1996／2000

イ・ドンウォン 李 東原 歌手 ⓝ韓国 ⓑ1951年4月15日 ⓡ1996

イ・ドンクック 李 東国 Lee, Dong-gook サッカー選手（FW） ⓝ韓国 ⓑ1979年4月29日 ⓡ2000／2004／2008

イ・ドンクック　李 東国　プロボクサー　[国]韓国　[典]2004

イ・ドンゴン　Lee, Dong-gun　漢字名＝李東建　俳優　[国]韓国　[生]1980年7月26日　[典]2008／2012

イ・ドンジュン　李 東俊　俳優　[国]韓国　[生]1960年3月5日　[典]1996

イー・トンシン　Yee, Tung-sing　漢字名＝爾冬陞　映画監督, 映画プロデューサー, 俳優　[国]香港　[生]1957年　[典]1996／2000／2012

イ・ドンシン　李 東信　タレント　[国]韓国　[生]1957年11月25日　[典]1996

イ・ドンスー　李 敦秀　大韓日蓮正宗法華講仏教徒会中央会総会長　元・韓国創価学会議長　[国]韓国　[生]1927年10月　[典]1992

イ・ドンソク　李 東錫　プロ野球選手(投手)　[国]韓国　[生]1964年1月11日　[典]1996

イ・ドンチャン　李 東燦　コーロングループ会長, ボラム銀行長　元・2002年W杯日韓共催韓国組織委員長　[国]韓国　[生]1922年8月5日　[典]1996／2000

イ・ドンチュン　李 東春　北朝鮮建材工業相, 朝鮮労働党中央委員, 朝鮮最高人民会議資格審査委員　[国]北朝鮮　[典]1996

イ・ドンヒョン　李 東炫　Lee, Dong-hyun　経営学者　カトリック大学経営学部教授　[国]韓国　[典]2004

イ・ドンフン　李 東勲　韓国工業振興庁長　[国]韓国　[生]1940年6月7日　[典]1996

イ・ドンフン　李 銅焄　韓国公正去来委員会課長　[国]韓国　[生]1954年　[典]2004

イ・ドンホ　李 同浩　Lee, Dong-ho　政治家　元・韓国内相　[国]韓国　[生]1937年6月9日　[典]1996

イ・ナギョン　李 洛淵　Lee, Nak-youn　政治家　韓日議員連盟幹事長, 韓国国会議員(民主党)　[国]韓国　[生]1952年12月20日　[典]2004(イ・ナクヨン)／2012

イ・ナクフン　李 楽薫　タレント　[国]韓国　[生]1936年3月27日　[典]1996

イ・ナムギ　李 楠基　韓国国際協力団体総裁　[国]韓国　[生]1931年9月19日　[典]1996

イ・ナヨン　Lee, Na-young　漢字名＝李奈英　女優　[国]韓国　[生]1979年2月22日　[典]2000／2008／2012

イ・ハイル　李 河一　政治家, 軍人　朝鮮労働党中央委員・部長, 北朝鮮国防委委員, 次帥　[国]北朝鮮　[典]2000

イ・ハウォン　李 夏源　コメディアン　[国]韓国　[生]1956年9月24日　[典]1996

イ・バクサ　李 博士　ポンチャック歌手　[国]韓国　[生]1954年　[典]2000

イ・ハクジョン　李 学鍾　延世大学経営学科教授, 韓国人事組織学会会長　[国]韓国　[生]1935年9月30日　[典]1996

イ・ハクソン　Li, Hak-son　レスリング選手(フリー)　[国]北朝鮮　[典]1996

イ・ハクソン　李 学聖　韓国貿易センター福岡館長　[国]韓国　[生]1936年　[典]1992

イ・ハソプ　李 河燮　政治家　北朝鮮最高人民会議代議員　元・北朝鮮農業相　[国]北朝鮮　[典]2000／2004

イ・ハナ　Lee, Ha-na　女優　[国]韓国　[生]1982年　[典]2008／2012

イ・ハンギ　李 漢基　法学者　元・韓日文化交流基金理事長, 元・韓国首相　[国]韓国　[生]1917年9月5日　[没]1995年2月2日　[典]1996

イ・ハング　李 漢久　大宇経済研究所所長　[専]経済学　[国]韓国　[生]1945年　[典]2000

イ・ハング　李 恒九　北朝鮮問題専門家, 評論家　[国]韓国　[生]1934年　[典]2000

イ・ハンス　李 漢洙　タレント　[国]韓国　[生]1952年9月24日　[典]1996

イ・パンソク　李 判石　慶尚北道知事　[国]韓国　[生]1934年1月17日　[典]1996

イ・ハンソプ　李 漢燮　高麗大学副教授　[専]語彙論　[国]韓国　[生]1949年　[典]2000

イ・ハンソン　李 恒星　本名＝李奎星　号＝五恒　版画家　[国]韓国　[生]1919年10月14日　[典]1996

イ・ハンチャン　李 範燦　Lee, Beom-chan　成均館大学法学部教授　[専]商法　[国]韓国　[生]1933年4月1日　[典]1996

イ・ハンドン　李 漢東　Lee, Han-dong　政治家　元・韓国首相, 元・韓国内相, 元・韓国自由民主連合(自民連)総裁　[国]韓国　[生]1934年12月5日　[典]1992／1996／2000／2004／2008

イ・ハンナ　李 ハンナ　本名＝李明遠　タレント　[国]韓国　[生]1956年7月26日　[典]1996

イ・ハンビン　李 漢彬　韓国科学技術研究院理事長　[国]韓国　[生]1921年2月9日　[典]1996

イ・ハンリョン　李 恒寧　弘益大学名誉教授, 国際ペンクラブ韓国本部顧問, 芸総顧問　[国]韓国　[生]1915年7月25日　[典]1996

イ・ヒイル　李 熹逸　Lee, Hee-il　韓国住宅公社理事長　[国]韓国　[生]1931年3月7日　[典]1992／1996

イ・ヒジェ　漫画家　[国]韓国　[生]1952年　[典]1992

イ・ヒス　李 熙守　プロ野球コーチ　[国]韓国　[生]1948年1月17日　[典]1996

イ・ヒスン　李 熙昇　Lee, Hui-sung　ハングル学者　元・東亜日報社長, 元・ソウル大学教授　[国]韓国　[生]1896年4月28日　[没]1989年11月27日　[典]1992

イ・ヒセ　李 稀世　Lee, Hi-se　画家, 朝鮮統一運動家　[典]1992／1996(リ・キセイ)

イ・ヒソン　李 熺性　Lee, Hee-sung　政治家, 軍人　元・韓国交通相, 元・韓国陸軍参謀総長　[国]韓国　[生]1924年12月29日　[典]1992／2000

イ・ヒソン　李 熙城　プロ野球選手(外野手)　[国]韓国　[生]1966年5月2日　[典]1996

イ・ヒド　李 熙道　タレント　[国]韓国　[生]1955年10月1日　[典]1996

イ・ヒホ　李 姫鎬　女性運動家　愛の友名誉総裁, 韓国愛の家づくり運動連合会名誉理事長　金大中元韓国大統領夫人　[国]韓国　[生]1922年9月21日　[典]2000／2012

イ・ヒボム　李 熙範　Lee, Hee-beom　韓国貿易協会会長　元・韓国産業資源相　[国]韓国　[生]1949年3月23日　[典]2008／2012

イ・ヒャンジン　Lee, Hyun-jin　漢字名＝李香鎮　社会学者　シェフィールド大学東アジア学部准教授　[専]ナショナリズム, トランスナショナリズム, 映画文化(韓国・北朝鮮・日本ほか)　[国]韓国　[典]2012

イ・ヒュンウ　李 炫祐　歌手　[国]韓国　[生]1967年3月6日　[典]1996

イ・ヒュンチュル　李 炯哲　Lee, Hyung-chul　元・プロボクサー　元・WBA世界ジュニアバンタム級チャンピオン　[国]韓国　[生]1969年12月13日　[典]1996

イ・ヒョサン　李 孝祥　Yi, Hyo-sang　政治家　元・韓国国会議長　[国]韓国　[生]1906年1月14日　[没]1989年6月18日　[典]1992

イ・ヒョジュン　李 孝貞　Lee, Hyo-jung　バドミントン選手　北京五輪バドミントン混合ダブルス金メダリスト　[国]韓国　[生]1981年1月13日　[典]2012

イ・ヒョジン　李 孝鎮　プロ野球選手(投手)　[国]韓国　[生]1974年4月7日　[典]1996

イ・ヒョン　李 炫　テノール歌手　[国]韓国　[生]1963年　[典]2000／2004

イ・ヒョンウ　李 賢雨　Lee, Hyun-woo　元・韓国国家安全企画部長官　[国]韓国　[生]1938年7月18日　[典]1996／2000

イ・ヒョンオ　李 亨五　Lee, Hyung-oh　経済学者　淑明女子大学助教授　[専]企業間システム　[国]韓国　[生]1964年　[典]2004

イ・ビョンギ　李 丙琪　Lee, Byung-kee　外交官　駐日韓国大使　[国]韓国　[生]1947年6月12日

イ・ビョンギ　李 丙基　(株)韓国総合化学社長　[国]韓国　[生]1939年3月15日　[典]1996

イ・ビョンギュ　李 炳圭　Lee, Byung-kyu　プロ野球選手(外野手)　[国]韓国　[生]1974年10月25日　[典]2000／2008／2012

イ・ヒョング　李 亨求　韓国精神文化研究院教授　[国]韓国　[生]1944年　[典]1996

イ・ヒョング　李 衡九　ジャーナリスト　元・朝鮮通信社長　[国]北朝鮮　[生]1928年　[没]2001年6月29日　[典]1996

イ・ヒョング　李 炯九　Lee, Hyung-koo　元・韓国労働相　[国]韓国　[生]1940年8月30日　[典]1996

イ・ヒョンジェ 李 賢宰 Lee, Hyun-jae 経済学者 韓国精神文化研究院長 元・韓国首相,元・ソウル大学総長 ⒩韓国 ⒝1929年12月20日 ⓠ1992（イ・ヒョンゼ）／1996

イ・ヒョンシク 李 炯植 Lee, Hyoung-sik 歴史学者 高麗大学 元・東京大学大学院総合文化研究科学術研究員 ⒲日本史 ⒩韓国 ⒝1973年7月 ⓠ2012

イ・ヒョンジュ 李 賢主 外交官 駐日大阪総領事 ⒩韓国 ⒝1956年 ⓠ2008／2012

イ・ヒョンジュ 李 賢珠 コメディアン ⒩韓国 ⒝1966年11月29日 ⓠ1996

イ・ビョンジュ 李 炳柱 元・韓国シベリア朔風会長 ⒩韓国 ⓣ2011年9月13日 ⓠ2000

イ・ビョンジュ 李 炳注 作家 ⒩韓国 ⒝1921年3月16日 ⓣ1992年4月3日 ⓠ1992／1996

イ・ヒョンジュン 李 炯峻 タレント ⒩韓国 ⒝1955年11月8日 ⓠ1996

イ・ビョンジョ 李 炳朝 筆名＝おっぱさま ガイド,通訳 ⒩韓国 ⓠ2004／2008

イ・ビョンス 李 昞珠 ジャーナリスト ⒩韓国 ⒝1942年 ⓠ1996

イ・ヒョンスン Lee, Hyun-seung 映画監督 ⒩韓国 ⒝1960年8月18日 ⓠ2004

イ・ヒョンスン 李 賢順 コメディアン ⒩韓国 ⒝1962年7月10日 ⓠ1996

イ・ビョンソク 李 炳浙 韓国農林水産部次官 ⒩韓国 ⒝1935年1月14日 ⓠ1996

イ・ビョンソク 李 秉錫 プロ野球選手（投手） ⒩韓国 ⒝1971年5月17日 ⓠ1996

イ・ヒョンソプ 李 衡燮 画家 ⒩韓国 ⒝1916年6月9日 ⓠ1996

イ・ビョンチェ 李 丙採 プロ野球選手（投手） ⒩韓国 ⒝1971年12月30日 ⓠ1996

イ・ビョンチョル 李 炳哲 タレント ⒩韓国 ⒝1949年2月1日 ⓠ1996

イ・ビョンチョル 李 秉喆 Yi, Byeong-chol 号＝湖巖 実業家 元・三星グループ会長 ⒩韓国 ⒝1910年1月30日 ⓣ1987年11月19日 ⓠ1992

イ・ビョンテ 李 炳台 Lee, Byoung-tae 元・軍人 元・韓国国防相 ⒩韓国 ⒝1937年2月1日 ⓠ1996

イ・ヒョンテク 李 弦沢 プロ野球選手（外野手） ⒩韓国 ⒝1964年9月28日 ⓠ1996

イ・ヒョンド 李 亨道 実業家 三星グループ副会長,三星中国本社会長 ⒩韓国 ⓠ2004／2008

イ・ビョンド 李 丙燾 Yi, Byeong-do 号＝李斗渓 歴史学者 ソウル大学名誉教授 元・韓国文相 ⒲朝鮮古代史,朝鮮思想史 ⒩韓国 ⒝1896年8月14日 ⓠ1992／1996

イ・ビョンハン 李 炳漢 ソウル大学教授・東亜文化研究所長 ⒩韓国 ⒝1933年4月25日 ⓠ1996

イ・ヒョンヒ 李 炫熙 聖信女子大学国史学科教授,韓国文化財委員 ⒲韓国史 ⒩韓国 ⒝1937年3月13日 ⓠ1996

イ・ビョンフ 李 炳厚 弁護士 ⒩韓国 ⒝1931年3月28日 ⓠ1996

イ・ビョンフィ 李 炳暉 韓国科学技術院教授,原子力研究所理事長,韓国電力理事 ⒩韓国 ⒝1930年12月19日 ⓠ1996

イ・ビョンフン Lee, Byung-hoon テレビプロデューサー・ディレクター ⒩韓国 ⓠ2008／2012

イ・ビョンフン 李 炳烈 演出家 竜仁大学演劇科教授 ⒩韓国 ⒝1952年 ⓠ2004／2008

イ・ビョンフン 李 炳勲 プロ野球選手（外野手） ⒩韓国 ⒝1967年5月17日 ⓠ1996

イ・ビョンボク 李 炫馥 ソウル大学人文学部言語学科教授・語学研究所長,韓国音声学会会長 ⒲言語学,音声学,韓国語 ⒩韓国 ⒝1936年10月26日 ⓠ1996

イ・ビョンボク 李 秉福 劇団「自由劇場」代表 ⒩韓国 ⒝1927年3月25日 ⓠ1996

イ・ビョンホン Lee, Byung-hun 漢字名＝李炳憲 俳優 ⒩韓国 ⒝1970年7月12日 ⓠ1996／2004／2008／2012

イ・ビョンワン 李 炳浣 Lee, Byong-wan 韓国大統領秘書室長 ⒩韓国 ⒝1954年11月11日 ⓠ2008

イ・ピルゴン 李 弼坤 Lee, Pil-kon 三星物産社長 ⒩韓国 ⒝1941年11月28日 ⓠ1992／1996

イ・ファス 李 和樹 本名＝李化洙 元・清州大学校芸術大学教授 ⒲グラフィックデザイン,色彩学 ⒩韓国 ⓠ1996

イ・ファンイ 李 桓儀 政治家 韓国国会議員,韓国中央大学大学院客員教授,韓国文化芸術振興協会会長 ⒩韓国 ⒝1931年9月16日 ⓠ1996

イ・フィヒャン 李 輝香 タレント ⒩韓国 ⒝1960年10月1日 ⓠ1996

イ・フェチャン 李 会昌 Lee, Hoi-chang 政治家,法律家 韓国自由先進党代表 元・ハンナラ党総裁,元・韓国首相,元・韓国最高裁判事 ⒩韓国 ⒝1935年6月2日 ⓠ1996／2000／2004／2008／2012

イ・フェテク 李 会沢 サッカー監督 浦項製鉄チーム監督 元・韓国ナショナルチーム監督 ⒩韓国 ⒝1946年10月11日 ⓠ1992／1996

イ・ブギョン 李 芙暻 大幸通信（株）代表理事 ⒩韓国 ⒝1952年 ⓠ1996

イ・ブクミョン 李 北鳴 Lee, Pung-myong 作家 元・朝鮮作家同盟委員長 ⒩北朝鮮 ⒝1908年 ⓠ1992／1996

イ・ブヨン 李 富栄 Lee, Boo-young 政治家 韓国国会議員 元・韓国民主党最高委員,元・ウリ党議長 ⒩韓国 ⒝1942年9月26日 ⓠ1996／2004／2008

イ・フラク 李 厚洛 Lee, Hu-rak 政治家,軍人 元・韓国国会議員,元・韓国中央情報部(KCIA)部長 ⒩韓国 ⒝1924年2月23日 ⓣ2009年10月31日 ⓠ1992／1996

イ・フランチェスカ 李 フランチェスカ 李承晩・韓国初代大統領夫人 ⒩韓国 ⒝1900年 ⓣ1992年3月19日 ⓠ1996

イ・ヘウォン 李 海元 元・ソウル市長 ⒩韓国 ⒝1930年9月14日 ⓠ1996

イ・ヘウク 李 海旭 韓国電気通信公社長 ⒩韓国 ⒝1938年8月2日 ⓠ1996

イ・ヘグ 李 海亀 政治家 韓国国会議員 元・韓国内相 ⒩韓国 ⒝1937年9月10日 ⓠ1996／2000

イ・ヘグ 李 恵求 ソウル大学音楽学部名誉教授 ⒩韓国 ⒝1909年1月10日 ⓠ1996

イ・ヘクン 李 恵権 タレント ⒩韓国 ⒝1974年6月25日 ⓠ1996

イ・ヘジュ 李 海珠 釜山大学教授,東亜経済学会会長 ⒲韓国経済史 ⒩韓国 ⒝1931年11月25日 ⓠ1996／2000

イ・ヘジュン 李 海濬 公州大史学科教授 元・ソウル大学校講師,元・漢陽大学校講師,元・木浦大学校講師 ⒩韓国 ⒝1952年 ⓠ2008

イ・ヘジョン 李 恵汀 タレント ⒩韓国 ⒝1965年8月17日 ⓠ1996

イ・ヘスク 李 恵淑 女優 ⒩韓国 ⒝1962年9月4日 ⓠ1992／1996

イ・ヘスク 李 恵淑 作家 ⒩韓国 ⒝1947年 ⓠ1996

イ・ヘソン 李 海成 漢陽大学総長,科学技術団体総連合会副会長 ⒩韓国 ⒝1928年1月19日 ⓠ1996

イ・ヘチャン 李 海瓚 Lee, Hae-chan 政治家 元・韓国首相,元・韓国教育相 ⒩韓国 ⒝1952年7月10日 ⓠ1996／2000／2008／2012

イ・ヘボク 李 蕙馥 言論人 韓国言論仲裁委員会副委員長,大韓言論人会会長 ⒩韓国 ⒝1923年7月6日 ⓠ1996

イ・ヘヨン 李 慧英 俳優 ⒩韓国 ⒝1962年11月25日 ⓠ1996

イ・ヘング 李 幸九 韓国対外文化協会理事長,東京韓国学園副理事長,長谷川ビル社長 元・韓国国会議員 ⒩韓国 ⒝1921年9月29日 ⓠ1992／1996

イ・ホ 李 浩 ソウルカントリークラブ理事長 ⒩韓国 ⒝1914年2月7日 ⓠ1996

イ・ホグァン 李 鎬光 政治コント作家 ⒩韓国 ⒝1950年1月 ⓠ1992

イ・ホジェ　Lee, Ho-jae　映画監督　国韓国 生1973年 表2012

イ・ホジェ　李昊宰　高麗大学政経学部政治外交学科教授　国際政治学,外交学　国韓国 生1937年1月1日 表1992(イ・ホゼ)／1996

イ・ホソク　李昊錫　Lee, Ho-suk　スピードスケート選手（ショートトラック）　トリノ五輪スピードスケート・ショートトラック男子5000メートルリレー金メダリスト　国韓国 生1986年6月25日 表2012

イ・ホソン　李昊星　プロ野球選手　国韓国 生1967年7月17日 没2008年3月 表1992／1996

イ・ホチョル　李浩哲　Yi, Ho-chol　作家　国韓国 生1932年3月15日 表1992／1996／2000／2004／2008／2012

イ・ボック　李福九　「標的は東京！北朝鮮弾道ミサイルの最高機密」の著者　生1946年5月27日 表2004／2008（リ・フクキュウ）

イ・ボヒ　李甫姫　女優　国韓国 生1959年5月25日 表1992

イ・ホベク　作家,編集者　チェミマジュ代表　国韓国 生1962年 表2008

イ・ボミ　Lee, Bo-mee　プロゴルファー　国韓国 生1988年8月21日 表2012

イ・ボムジュン　李範俊　元・韓国国会議員　国韓国 生1928年5月30日 表1996

イ・ボムジュン　李範俊　聖信女子大学政治外交学科教授,韓国外交政策諮問委員,韓国国際政治学会長　国韓国 生1933年6月29日 表1996

イ・ボムソク　李範錫　Lee, Bum-suk　政治家　元・韓国外相　国韓国 生1925年 表1992

イ・ボムソン　李範宣　作家　国韓国 生1920年 表1992

イ・ボムハク　李釩学　歌手　国韓国 生1966年7月2日 表1996

イ・ボムホ　李梵浩　Lee, Bum-ho　プロ野球選手（内野手）　国韓国 生1981年11月25日 表2012

イ・ボンウォン　李俸源　コメディアン　国韓国 生1963年8月5日 表1996／2004

イ・ボンウォン　李奉遠　Li, Bong-won　軍人　朝鮮労働党中央委軍事委員　元・朝鮮人民軍総政治局第1副部長　国北朝鮮 生1925年 表1996／2000

イ・ホンギ　Lee, Hong-gi　グループ名＝FTIsland　ミュージシャン　国韓国 生1990年3月2日 表2012

イ・ホンギ　李憲琦　韓国製薬協会理事長　元・韓国労働相　国韓国 生1938年8月10日 表1996

イ・ホンギュン　李弘杓　Lee, Hong-pyo　国際政治学者　九州大学法学部准教授　国韓国 生1953年 表1996／2004

イ・ボンギル　李奉吉　Li, Bong-gil　政治家　元・朝鮮労働党中央委員会検閲委員長　国北朝鮮 生1926年 没1993年11月9日 表1996

イ・ホング　李洪九　Lee, Hong-koo　政治家,政治学者　ソウル国際フォーラム理事長　元・韓国首相,元・新韓国党代表委員　国韓国 生1934年5月9日 表1992／1996／2000／2008／2012

イ・ホンジェ　李憲宰　Lee, Hun-jai　元・韓国副首相,元・韓国財政経済相（蔵相）　国韓国 生1944年4月17日 表2000／2004／2008／2012

イ・ボンジュ　李鳳周　工芸家　伝統工芸技術保存会理事長　国韓国 生1926年2月8日 表1996

イ・ボンジュ　李鳳柱　Lee, Bong-ju　元・マラソン選手　国韓国 生1970年10月11日 表2000／2004／2008／2012

イ・ホンジョ　李憲祖　実業家　LG電子会長　国韓国 生1932年7月13日 表1996

イ・ボンソ　李鳳瑞　元・韓国商工相　国韓国 生1936年2月24日 表1996

イ・ホンヒョン　李鴻衡　東国大学経商学部講師　国韓国経済 生1952年 表1996

イ・ホンボム　李洪範　プロ野球コーチ　国韓国 生1953年2月10日 表1996

イ・ホンム　李洪茂　檀国大学商経学部専任講師　国商学 国韓国 生1960年 表2000

イ・ボンレ　李奉来　作家　現代詩人協会会長　国韓国 生1922年4月6日 表1996

イ・マンガブ　李万甲　ソウル大学名誉教授　国社会学 国韓国 生1921年2月14日 表1996

イ・マンギ　李万基　プロシルム選手　国韓国 表1992／1996

イ・マンス　李万洙　元・プロ野球選手　国韓国 生1958年9月19日 表1992／1996

イ・マンソプ　李万燮　Lee, Man-sup　政治家　韓国国民会議総裁代行　元・国民新党総裁　国韓国 生1932年2月25日 表1996／2000

イ・マンソン　李晩誠　タレント　国韓国 生1972年5月11日 表1996

イ・マンボン　李万奉　仏画家,僧侶　国韓国 生1909年 表1996

イ・ミギョン　李美卿　Lee, Mi-gyon　政治家　韓国国会議員（新千年民主党）　元・韓国女性団体連合常任代表　国韓国 生1950年9月20日 表2004

イ・ミジ　李美枝　俳優　国韓国 生1962年6月25日 表1996

イ・ミジャ　李美子　Lee, Mi-ja　歌手　国韓国 生1941年10月30日 表1992／1996／2000／2008／2012

イ・ミスク　李美淑　女優　リーミス・インタナショナル設立者　国韓国 生1960年4月20日 表1992／1996

イ・ミスク　李美淑　ジャーナリスト　文化日報社政治部記者　国韓国 生1962年 表2000／2004

イ・ミニョン　Lee, Min-yong　漢字名＝李珉鎔　映画監督　生1958年6月14日 表2008

イ・ミヨン　Lee, Mi-yeon　漢字名＝李美妍　女優　国韓国 生1971年9月23日 表1996／2008／2012

イ・ミヨン　李美瑛　アナウンサー　MBCアナウンサー　国韓国 表1992

イ・ミヨン　李美英　タレント　国韓国 生1961年3月16日 表1996

イ・ミョンジェ　李明宰　文学評論家　韓国中央大学教授,韓国文学評論家協会会長　国韓国 生1939年1月25日 表1996

イ・ミョンジェ　李明載　Lee, Myung-jae　検察官,弁護士　韓国検察総長　国韓国 生1943年3月5日 表2004／2008

イ・ミョンス　李明洙　プロ野球選手（内野手）　国韓国 生1966年7月29日 表1996

イ・ミョンセ　I, Myeong-se　映画監督　国韓国 生1957年8月20日 表2008／2012

イ・ミョンドン　李命同　写真家　「写真芸術」発行人・代表　国韓国 生1920年12月2日 表1996

イ・ミョンバク　李明博　Lee, Myung-bak　政治家,実業家　元・韓国大統領（第17代）,元・ソウル市長,元・現代建設会長　国韓国 生1941年12月19日 表1996／2000／2004／2008／2012

イ・ミョンヒ　李明熙　弁護士　国韓国 生1933年10月12日 表1996

イ・ミョンヨン　李命英　Lee, Myong-yong　政治学者　元・成均館大学名誉教授　国金日成研究 国韓国 生1928年3月31日 没2000年6月20日 表1992／1996／2000

イ・ミレ　李美礼　映画監督　映画人闘争委員会広告担当　国韓国 表1992

イ・ミンウ　李敏雨　Yi, Min-u　号＝仁石　政治家　元・韓国国会副議長,元・新韓民主党総裁,元・韓国国会議員　国韓国 生1915年9月5日 没2004年12月9日 表1992／1996

イ・ミング　李敏九　プロ野球選手（捕手）　国韓国 生1973年6月15日 表1996

イ・ミンソブ　李敏燮　政治家　韓国国会議員　元・韓国文化体育相　国韓国 生1939年2月28日 表1996

イ・ミンソン　李敏成　Lee, Min-sung　サッカー選手（DF）　国韓国 生1973年6月23日 表2000／2004／2008

イ・ミンホ　Lee, Min-ho　漢字名＝李敏鎬　俳優　国韓国 生1987年6月22日 表2012

イ・ミンホ　李敏鎬　歴史学者　東京女子大学教授,ソウル大学名誉教授　国ヨーロッパ史 国韓国 表1996

イ・ミンボク　李 民馥　農業技術者　元・北朝鮮農業科学院畑作物研究所副所長　⊕1957年12月28日　ⓜ1996(リ・ミンフク)

イ・ムクウォン　李 黙園　タレント　国韓国　⊕1938年4月26日　ⓜ1996

イ・ムヨン　李 茂永　韓国警察庁長　ⓜ2004/2008

イ・ムング　李 文求　作家,詩人　国韓国　⊕1941年　ⓜ1996

イ・ムンヒ　李 文熙　「韓国日報」編集担当常務　国韓国　⊕1936年5月31日　ⓜ1996

イ・ムンヨル　李 文烈　作家　国韓国　⊕1948年5月18日　ⓜ1996/2000

イ・ムンヨン　李 文永　京畿大学大学院教授　国韓国　⊕1927年1月28日　ⓜ1996

イ・ヤンホ　李 養鎬　Lee, Yang-ho　政治家　元・韓国国防相　国韓国　⊕1937年6月16日　ⓜ1996/2000

イ・ユテ　李 惟台　画家　ⓢ韓国画　国韓国　⊕1916年4月6日　ⓜ1996

イ・ユヒョン　李 裕瀅　日本名＝森山　元・サッカー選手,元・サッカー監督　元・サッカー韓国代表監督　国韓国　ⓜ2004

イ・ユンウ　李 潤雨　Lee, Yoon-woo　実業家　サムスン電子副会長　ⓜ2004/2008/2012

イ・ユンギ　Lee, Yoon-ki　映画監督　国韓国　⊕1965年　ⓜ2008/2012

イ・ユンジャ　李 潤子　全国主婦教室中央会長　国韓国　⊕1928年3月12日　ⓜ1996

イ・ユンジュン　李 允中　韓国保健社会部中央薬事審議委員　国韓国　⊕1926年10月30日　ⓜ1996

イ・ユンスク　李 允淑　同徳女子大学自然大学長・大学院長,韓国老年学会会長　国韓国　⊕1930年8月20日　ⓜ1996

イ・ユンテク　李 潤沢　演出家　演戯団ゴリペ主宰者　国韓国　⊕1952年　ⓜ1992/1996

イ・ユンボク　李 潤福　「ユンボギ」の主人公　⊕1990年1月25日　ⓜ1992

イ・ヨウォン　Lee, Yo-won　女優　国韓国　⊕1980年4月9日　ⓜ2012

イ・ヨソプ　李 燿燮　プロ野球選手(投手)　国韓国　⊕1969年5月2日　ⓜ1996

イ・ヨン　李 涌　歌手　国韓国　⊕1957年4月25日　ⓜ1996

イ・ヨン　李 領　Yi, Yong　韓国放送大学日本学科助教授　ⓢ日韓交流史,高麗史　国韓国　⊕1959年　ⓜ2000

イ・ヨン　李 錬　鮮文大学新聞放送学科教授　ⓢ言論史　国韓国　⊕1952年　ⓜ2004

イ・ヨンイル　李 英一　映画評論家　「月刊映画芸術」発行人・編集人　ⓢ韓国映画　国韓国　⊕1931年　ⓜ1992/1996

イ・ヨンエ　Lee, Young-ae　漢字名＝李英愛　女優　国韓国　⊕1971年1月31日　ⓜ2004/2008/2012

イ・ヨンオク　李 暎玉　日本語ガイド　国韓国　ⓜ1992

イ・ヨンギョン　Lee, Young-kyoung　絵本作家　国韓国　⊕1966年　ⓜ2008/2012

イ・ヨングァン　李 庸観　Lee, Yong-kwan　映画祭ディレクター　韓国中央大学映画学科教授,釜山国際映画祭プログラム・ディレクター　国韓国　⊕1955年　ⓜ2004

イ・ヨンクック　李 英国　「私は金正日の極私警護官だった」の著者　国韓国　⊕1962年　ⓜ2004/2008

イ・ヨンジェ　李 咏宰　プロ野球選手(捕手)　国韓国　⊕1968年9月2日　ⓜ1996

イ・ヨンシク　李 永植　Lee, Young-sik　高麗大学文学部韓国史学科非常勤講師　ⓢ韓国古代史,日本古代史　⊕1955年　ⓜ1996

イ・ヨンシク　李 延植　西原大学教授　ⓢ政治学　国韓国　⊕1931年7月28日　ⓜ1996

イ・ヨンシク　李 龍植　コメディアン　国韓国　⊕1952年4月1日　ⓜ1996

イ・ヨンジャ　李 英子　本名＝李由美　コメディアン　国韓国　⊕1968年8月15日　ⓜ1996

イ・ヨンジュ　I, Yeong-ju　映画監督,脚本家　国韓国　⊕1970年

イ・ヨンジュン　朝鮮半島エネルギー開発機構政策部長　⊕1956年　ⓜ2008

イ・ヨンジュン　李 英俊　Lee, Young-joon　児童文学作家,脚本家　韓国文学教育研究会会長　国韓国　⊕1932年　ⓜ2000

イ・ヨンジュン　李 龍俊　韓国国民党労働委員長　国韓国　⊕1939年7月13日　ⓜ1996

イ・ヨンジン　Lee, Young-jin　女優　国韓国　⊕1981年2月24日　ⓜ2004

イ・ヨンス　李 淵守　プロ野球選手(外野手)　国韓国　⊕1963年3月3日　ⓜ1996

イ・ヨンス　李 容洙　韓国強制軍隊慰安婦被害者会共同代表　国韓国　⊕1928年12月13日　ⓜ1996/2000

イ・ヨンタク　李 永鈬　Lee, Young-tak　韓国国務総理国務調整室長　国韓国　⊕1947年2月5日　ⓜ1996(李 永鐸 イ・ヨンテク)/2004/2008

イ・ヨンチャン　李 永昶　韓国国会議員,韓国警察大学名誉教授　国韓国　⊕1932年12月25日　ⓜ1996

イ・ヨンチョル　李 容哲　政治家　元・朝鮮労働党中央軍事委員・第1副部長,元・北朝鮮最高人民会議代議員　国北朝鮮　⊕2010年4月26日

イ・ヨンテ　李 龍兌　(株)サムボコンピュータ会長,韓国情報産業連合会会長,情報文化センター会長　国韓国　⊕1933年3月3日　ⓜ1996

イ・ヨンデ　李 龍大　Lee, Yong-dae　バドミントン選手　北京五輪バドミントン混合ダブルス金メダリスト　国韓国　⊕1988年9月11日　ⓜ2012

イ・ヨンテク　李 衍沢　Lee, Yun-taek　大韓体育会長,大韓オリンピック委員会(KOC)委員長　国韓国　⊕1936年9月25日　ⓜ2008

イ・ヨンド　Lee, Young-do　ファンタジー作家　国韓国　⊕1972年　ⓜ2012

イ・ヨンドク　李 栄徳　Lee, Yung-duk　教育学者,政治家　ソウル大学名誉教授　元・韓国首相,元・明知大学総長　国韓国　⊕1926年3月6日　ⓜ1996

イ・ヨンノ　李 栄魯　梨花女子大学生涯教育院講師,韓国文化財委員　国韓国　⊕1920年12月25日　ⓜ1996

イ・ヨンハ　李 栄河　俳優,タレント　国韓国　⊕1950年1月17日　ⓜ1996

イ・ヨンヒ　李 永熙　Lee, Young-hee　政治家　元・韓国労働相　国韓国　ⓜ2012

イ・ヨンヒ　李 泳禧　評論家　元・漢陽大学名誉教授　ⓢ朝鮮半島問題　国韓国　⊕1929年12月2日　ⓧ2010年12月5日　ⓜ1996/2004

イ・ヨンヒ　李 英姫　ファッションデザイナー　国韓国　⊕1936年　ⓜ2004/2008

イ・ヨンヒ　李 英熙　伽倻琴(カヤグム)奏者　韓国中央大学音楽大学講師　国韓国　⊕1938年11月20日　ⓜ1996

イ・ヨンヒ　李 寧熙　Lee, Young-hee　作家　元・韓国女流文学人会会長　国韓国　⊕1931年12月16日　ⓜ1992/1996/2000

イ・ヨンヒ　李 龍熙　元・韓国国会議員　国韓国　⊕1931年6月10日　ⓜ1996

イ・ヨンヒョン　李 永鉉　随筆家　国韓国　ⓜ2004

イ・ヨンフ　李 栄厚　タレント　国韓国　⊕1940年7月18日　ⓜ1996

イ・ヨンフン　李 栄薫　経済学者　ソウル大学教授　ⓢ韓国近世農業史　国韓国　ⓜ2012

イ・ヨンフン　李 龍薫　弁護士　国韓国　⊕1927年2月9日　ⓜ1996

イ・ヨンヘ　李 英恵　編集者　デザインハウス代表　元・大韓出版文化協会理事　国韓国　ⓜ2004/2008

イ・ヨンホ　李 永鎬　韓国政策研究院長,ソウル市会議員　国韓国　⊕1935年1月11日　ⓜ1996

イ・ヨンホ　李 龍昊　プロ野球選手(投手)　国韓国　⊕1970年5月6日　ⓜ1996

イ・ヨンマン　李 龍万　元・韓国財務相　国韓国　⊕1933年8月29日

[典]1996

イアヴィコリ, ヴィンチェンツォ　Iavicoli, Vincenzo　インダストリアルデザイナー　筑波大学招聘教授　[国]イタリア　[生]1957年　[典]1992(イアビコリ, ビンチェンツォ)／1996(イアビコリ, ビンチェンツォ)

イアコブッチ, ドーン　Iacobucci, Dawn　経営学者　ノースウェスタン大学大学院ケロッグ・スクール教授　[典]2004

イアン, ジャニス　Ian, Janis　シンガー・ソングライター　[国]米国　[生]1951年4月7日　[典]1996／2004／2008／2012

イアンセス, ユベール　彫刻家　[国]フランス　[没]1987年10月6日　[典]1992

イイダ, コーネリアス　飯田, コーネリアス　Iida, Cornelius K.　旧日本名＝飯田国裕　キリスト教説教者, 評論家, 元・外交通訳官　[国]米国　[生]1930年　[典]1992／1996

イイホシ, ワルテル　Iihoshi, Walter Shindi　日本名＝シンジ　政治家, 実業家　ブラジル連邦議会下院議員　[国]ブラジル　[典]2012

イイヤマ, チズ　全米日系アメリカ人歴史協会副会長　[国]米国　[生]1921年　[典]1992／1996

イヴァシキン, アレクサンドル　Ivashkin, Alexander　チェロ奏者　ロンドン大学ゴールドスミス・カレッジ音楽部教授, ロシア音楽センター所長　元・ボリショイ劇場オーケストラ主席チェロ奏者　[国]ロシア　[生]1948年8月17日　[典]2004／2008

イヴァスク, イヴァ　Ivask, Ivar　詩人　オクラホマ大学近代言語・近代文学教授　[生]1927年　[典]1996(イバスク, イバ)

イヴァニク, ロズ　Ivanic, Roz　教師　ランカスター大学言語学上級講師　[典]2008

イヴァノヴィッチ, ジャネット　Evanovich, Janet　作家　[典]2000／2012

イヴァルディ, クリスティアン　Ivaldi, Christian　ピアニスト　パリ国立高等音楽院教授, 京都フランス音楽アカデミー音楽顧問　[国]フランス　[生]1938年9月2日　[典]1996(イバルディ, クリスティアン)

イーウェル, トム　Ewell, Tom　本名＝イーウェル, トムキンズ　俳優　[国]米国　[生]1909年4月29日　[没]1994年9月12日　[典]1996

イヴェンス, ヨリス　Ivens, Joris　本名＝イヴェンス, ゲオルグ・ヘンリ・アントン　記録映画監督　[国]オランダ　[生]1898年11月18日　[没]1989年6月28日　[典]1992(イベンス, ヨリス)

イヴォ, イズマエル　Ivo, Ismael　ダンサー　ウィーン・ソロ・フェスティバル芸術監督　[国]ブラジル　[生]1955年　[典]1992(イボ, イズマエル)

イヴォンニー, リーンドクヴィスト　Ivonny, Lindquist　セラピニスト　[専]プレイセラピー　[国]スウェーデン　[生]1920年　[典]2000

イウリアーノ, マルク　Iuliano, Mark　サッカー選手(DF)　[国]イタリア　[生]1973年8月12日　[典]2008

イエ・イン　葉 纓　Ye, Ying　旧名＝葉大鷹　映画監督　[国]中国　[生]1958年　[典]2004(ヨウ・エイ)／2012

イェ・チュンホ　芮 春浩　ハンギョレ社会研究所理事長　元・韓国国会議員　[国]韓国　[生]1927年2月7日　[典]1996

イエ, ティンシン　Ye, Ting-xing　中国名＝葉婷行　児童文学作家　[国]カナダ　[生]1952年　[典]2004

イェガー, ジャン　Yager, Jan　社会学者　[典]2008

イェーガー, ティモシー　Yeager, Timothy J.　エコノミスト　セントルイス連邦準備銀行エコノミスト・シニアマネジャー, ワシントン大学非常勤講師　[専]銀行業, リスク管理手法の教育, マクロ経済学　[国]米国　[生]1965年　[典]2004／2008

イエキニ, ラシディ　Yekini, Rashidi　サッカー選手　[国]ナイジェリア　[生]1963年10月23日　[没]2012年5月4日

イェーキン, ボアズ　Yakin, Boaz　映画監督, 脚本家　[国]米国　[典]1996

イエゲル, クラリーセ　Jaeger, Clarice　版画家　[国]ブラジル　[典]2004

イエゴ, アルフレッド・キーワ　Yego, Alfred Kirwa　陸上選手(中距離)　北京五輪陸上男子800メートル銅メダリスト　[国]ケニア　[生]1986年11月28日

イェジェイチャク, オティリア　Jedrzejczak, Otylia　水泳選手(バタフライ)　アテネ五輪競泳女子200メートルバタフライ金メダリスト　[国]ポーランド　[生]1983年12月13日　[典]2008

イェシス, ミッシェル　Yessis, Michael　カリフォルニア州立大学体育学教授,「ソビエト・スポーツ・ジャーナル」誌編集長　[専]体育学, ソビエト・スポーツ　[国]米国　[典]1992

イェーシュ, ジュラ　Illyés, Gyula　詩人, 作家　[国]ハンガリー　[生]1902年11月2日　[没]1983年4月15日　[典]1992

イェシュケ, ヴァルター　Jaeschke, Walter　哲学者　ボーフム大学教授　[生]1945年　[典]2004

イェシュケ, レックス　Jaeschke, Rex　コンピューターコンサルタント　[国]米国　[典]2004

イェジングハオス, インガ　Jesinghaus, Inga　市民運動家　「オールタナティブ地方政治」(AKP)誌編集部員　[国]ドイツ　[生]1958年　[典]1992

イエセンスキー, ゲーザ　Jeszenszky, Géza　政治家, 歴史学者　元・ハンガリー外相, 元・ブダペスト経済大学国際関係学部長　[国]ハンガリー　[生]1941年11月10日　[典]1992／1996／2000／2004

イェソン　Yesung　グループ名＝SUPER JUNIOR　歌手　[国]韓国　[生]1984年8月24日　[典]2012

イェーツ, アルデン　Yates, Alden Perry　ベクテル(米国)社長　[国]米国　[生]1928年7月12日　[典]1992

イェーツ, エリザベス　Yates, Elizabeth　作家　[国]米国　[生]1905年　[典]1992

イェーツ, スティーブン　中国問題専門家　ヘリテージ財団アジア研究センター上級政策アナリスト　[専]米中関係, 中朝関係　[国]米国　[典]2000

イェーツ, デービッド　Yates, David　映画監督, テレビ演出家　[国]英国　[生]1963年　[典]2008／2012

イェーツ, デボラ　Yates, Deborah　ダンサー, 女優　[国]米国　[典]2004／2008／2012

イエーツ, ピーター　Yates, Peter　映画監督, 映画プロデューサー, 演出家　[国]英国　[生]1929年7月24日　[没]2011年1月9日

イェーツ, フィリップ　Yates, Philip　絵本作家, 詩人　[典]2008

イェーツ, フランシス　Yates, Frances Amelia　歴史学者　元・ロンドン大学ワールブルグ研究所名誉研究員　[専]ルネサンス精神史　[国]英国　[生]1899年11月28日　[没]1981年9月29日　[典]1992

イェーツ, ブロック　Yates, Brock　モータースポーツ・ジャーナリスト, テレビ司会者, 脚本家　[国]米国　[典]1996

イェーツ, ロナルド　ジャーナリスト　「シカゴ・トリビューン」東京支局長　[国]米国　[生]1944年　[典]1992

イエッツ, ビレム　作曲家　[国]オランダ　[生]1959年　[典]2000

イエッツィ, アンジェロ　料理人　アンジェロとシモネッタ経営者　[国]イタリア　[典]2000

イェップ, ロレンス　Yep, Laurence　作家　[国]米国　[生]1948年　[典]1992(ヤップ, ローレンス)／1996(ヤップ, ローレンス)／2000

イェトニコフ, ウォルター　元・CBSレコーズ社長・最高経営責任者(CEO)　[国]米国　[典]1992

イェトマン, リンダ　Yeatman, Linda　童話作家　[国]英国　[生]1938年　[典]1996／2000

イェニー, ゾエ　Jenny, Zoë　作家　[国]スイス　[生]1974年　[典]2000

イエーニッシュ, ルドルフ　Jaenisch, Rudolf　医学者　マサチューセッツ工科大学教授　[国]米国　[典]2012

イェネイ, エメリック　元・サッカー監督　元・ハンガリー・サッカー代表チーム監督　[国]ルーマニア　[典]1996

イエフスチグネーエフ, ルーベン　エコノミスト　ソ連科学アカデミー国際政治経済研究所副所長　[国]ソ連　[典]1992

イエブネ, アーリン　Jevne, Erling　スキー選手(距離)　[国]ノルウェー　[生]1966年3月24日　[典]2000

イエーベ, マルテンス　HWF取締役　[国]ドイツ　[生]1950年　[典]1992

イエペス, ナルシソ　Yepes, Narciso　ギター奏者, リュート奏者　[国]スペイン　[生]1927年11月14日　[没]1997年5月4日　[典]1992／1996

イェホシュア, アブラハム　Yehoshua, Abraham B.　作家　ハイファ大学名誉教授　[専]比較文学, ヘブライ文学　[国]イスラエル

[生]1936年12月9日　[典]1992／2012

イエラス, ロベルト　金博物館副館長　[専]考古学　[国]コロンビア　[生]1954年　[典]2000

イエラビッチ, アンテ　Jelavić, Ante　政治家　ボスニア・ヘルツェゴビナ幹部会議長(国家元首)　[国]ボスニア・ヘルツェゴビナ　[生]1963年8月21日　[典]2000

イエリッチ, バーバラ　Jelić, Barbara　バレーボール選手　[国]クロアチア　[生]1977年5月8日　[典]2000

イェリネク, J.シュテファン　Jellinek, J.Stephan　調香師　元・ドラゴコ社長　[専]香り　[国]ドイツ　[生]1930年　[典]2004

イェリネク, エルフリーデ　Jelinek, Elfriede　作家, 劇作家, 詩人　[国]オーストリア　[生]1946年10月20日　[典]2000／2008／2012

イエリン, ジェリー　Yellin, Jerry　元・軍人　東西文化交流センター専務理事　[国]米国　[生]1924年　[典]2000

イェルシャルミ, ヨセフ・ハイーム　Yerushalmi, Yosef Hayim　コロンビア大学イスラエル・ユダヤ研究センター所長, レオ・ベック研究所総裁　[専]ユダヤ史　[国]米国　[生]1932年　[典]2000

イェルチン, アントン　Yelchin, Anton　俳優　[国]米国　[生]1989年　[典]2004／2012

イエルヒエル, ミヒャエル　Jerchel, Michael　ジャーナリスト, ライター　[国]ドイツ　[生]1956年　[典]2008

イエルムバレン, レナ　Hjelm-Wallén, Lena　政治家　スウェーデン外相　[国]スウェーデン　[生]1943年1月14日　[典]2000／2004／2008

イェルリカヤ, ハムザ　Yerlikaya, Hamza　元・レスリング選手(グレコローマン), 政治家　トルコ・レスリング協会会長　アトランタ五輪・シドニー五輪金メダリスト　[国]トルコ　[生]1976年6月3日　[典]2000／2004／2008

イエレミア, アピサイ　Ielemia, Apisai　政治家　元・ツバル首相　[国]ツバル　[生]1955年8月19日　[典]2008／2012

イェレミース, イエンス　Jeremies, Jens　サッカー選手(MF)　[国]ドイツ　[生]1974年3月5日　[典]2004／2008

イェレン, ジャネット　Yellen, Janet Louise　経済学者, 経営学者　カリフォルニア大学バークレー校教授　元・米国大統領経済諮問委員会(CEA)委員長　[専]国際経済　[国]米国　[生]1946年8月13日　[典]2000／2004／2008

イェーレンステン, ラーシュ　Gyllensten, Lars Johan Wictor　作家　元・ノーベル財団会長　[国]スウェーデン　[生]1921年11月12日　[没]2006年5月25日　[典]1996

イエロ, フェルナンド　Hierro, Fernando　本名＝イエロ, フェルナンド・ルイス　元・サッカー選手　[国]スペイン　[生]1968年3月23日　[典]2000／2004／2008／2012

イエロリーズ, ジェームス　カナダ・グローブ財団アジア太平洋地域代表　[国]カナダ　[生]1957年　[典]1992／1996(イエロリーズ, ジェームス／イエロリーズ, ジェームズ)

イェワダ・ダムマ　僧侶, 平和・人権運動家　[国]英国　[生]1929年　[典]1996

イェン, クレイグ・オウ　Yeung, Craig Au　漫画家　[国]香港　[生]1961年　[典]2004

イェン, ジェリー　Yan, Jerry　中国名＝言承旭, 英語名＝Jerry, 愛称＝暴龍　グループ名＝F4　歌手, 俳優　[国]台湾　[生]1977年1月1日　[典]2008／2012

イェン, ドニー　Yen, Donnie　中国名＝甄子丹　俳優, 映画監督　[国]香港　[生]1963年7月27日　[典]2000／2004／2008／2012

イェン, ロバート　本名＝厳思中　(株)シンガポール・エアロスペース代表取締役, (株)謝林代表取締役　[国]シンガポール　[生]1937年　[典]1992

イエン・サリ　Ieng Sary　本名＝キム・チャン　政治家　元・ポル・ポト派最高幹部, 元・民主カンボジア副首相　[国]カンボジア　[生]1925年10月24日　[没]2013年3月14日　[典]1992／1996／2000／2004／2008／2012

イェンス, ヴァルター　Jens, Walter　本名＝Jens,Walter Freiburger　筆名＝モモス　作家, 評論家, 古典文献学者　テュービンゲン大学名誉教授　[国]ドイツ　[生]1923年3月8日　[典]1992／1996／2000／2004／2008／2012

イェンセン, カーステン　作家　[国]デンマーク　[典]2008

イェンセン, クヌート・エーリク　Jensen, Knut Erik　映画監督　[国]ノルウェー　[典]2004

イェンセン, フランク　Jensen, Frank　政治家　デンマーク科学技術相　[国]デンマーク　[生]1961年　[典]2000

イェンセン, プレベン・スカック　ローヌ・プーランローラー(日本法人)社長, 藤沢ファイソンズ社長　[国]デンマーク　[典]2000

イェンソン, エミル　Jönsson, Emil　本名＝Jönsson,Karl Emil　スキー選手(距離)　[国]スウェーデン　[生]1985年8月15日

イェンソン, レイダル　Jönsson, Reidar　作家　[国]スウェーデン　[生]1944年6月　[典]1996

イェンチ, ユリア　Jentsch, Julia　女優　[国]ドイツ　[生]1978年　[典]2008／2012

イェンツ, トム　Jentz, Tom　[専]戦闘装甲車両　[生]1946年　[典]2004

イエンハーゲル, シェール　Enhager, Kjell　ゴルフ指導者　[国]スウェーデン　[生]1958年3月1日　[典]2000

イォーガン, ジョージ　Eogan, George　考古学者　ダブリン大学名誉教授, ディスカバリー・プログラム所長　[国]アイルランド　[生]1930年　[典]2000

イオザ・ギーニ, マッシモ　Iosa-Ghini, Massimo　インダストリアルデザイナー, 建築家　[国]イタリア　[生]1959年　[典]1992

イオセリアーニ, オタール　Iosseliani, Otar　映画監督, 脚本家　[国]グルジア　[生]1934年2月2日　[典]2004／2008／2012

イオッティ, レオニルデ　Iotti, Leonilde　政治家　元・イタリア下院議長　[国]イタリア　[生]1920年　[没]1999年12月4日　[典]1992(イオッチ, レオニルデ)／1996

イオネスク, ブライク　Ionescu, Vlaicu　ノストラダムス学者　全米ノストラダムス協会会長　[国]米国　[生]1922年　[典]1996

イオネスコ, イリナ　Ionesco, Irina　写真家　[国]フランス　[生]1935年　[典]1996(イヨネスコ, イリナ)

イオンズ, ベロニカ　Ions, Veronica　神話研究家　[国]英国　[典]1992

イカ　Ika　ファッションデザイナー　[国]香港　[典]2000

イーカー, イラ・クラレンス　元・退役陸軍大将　[国]米国　[没]1987年8月6日　[典]1992

イガサキ, ポール　Igasaki, Paul　弁護士　米国雇用機会均等委員会(EEOC)副委員長　[国]米国　[生]1955年7月25日　[典]2000

イガリ, ダニエル　Igali, Daniel　レスリング選手(フリースタイル)　[国]カナダ　[生]1974年2月3日　[典]2004／2008

イガリ, ディアナ　Igaly, Diana　射撃選手(クレー射撃)　[国]ハンガリー　[生]1965年1月31日　[典]2008

イーガン, エディ　元・ボクシング選手, 元・ボブスレー選手　五輪史上唯一の冬季・夏季両大会で金メダルを獲得　[国]米国　[典]2000

イーガン, キーアン　Egan, Kian　本名＝Egan,Kian John Francis　グループ名＝ウエストライフ　歌手　[国]アイルランド　[生]1980年4月29日　[典]2004(キーアン)／2008(キーアン)／2012

イーガン, グレッグ　Egan, Greg　SF作家　[国]オーストラリア　[生]1961年　[典]2000／2012

イーガン, ジェニファー　Egan, Jennifer　作家　[国]米国　[生]1962年　[典]2004／2012

イーガン, ジェラード　Egan, Gerard　経営コンサルタント　ロヨラ大学心理学教授　[専]心理学, 組織研究　[国]米国　[典]1996／2000

イーガン, ジョン　Egan, John Leopold　英国空港管理会社(BAA)社長　元・ジャガー会長　[国]英国　[生]1939年11月7日　[典]1992／1996

イーガン, マーク　Egan, Mark　グループ名＝エレメンツ　ベース奏者, アーティストプロデューサー　[国]米国　[生]1951年1月14日　[典]2000

イーガン, リチャード　俳優　[国]米国　[没]1987年7月21日　[典]1992

イカンガー, ジュマ　Ikangaa, Juma　元・マラソン選手　[国]タンザニア　[生]1957年7月19日　[典]1992／1996／2012

イキ, A.シュンジ　ナムコ・アメリカ取締役　[国]米国　[典]1992

イーキン, リチャード　Eakin, Richard M.　カリフォルニア大学バークレー校名誉教授　[専]動物学　[国]米国　[典]1996

イギンラ, ジャローム　Iginla, Jarome　アイスホッケー選手(FW)

ソルトレークシティ五輪・バンクーバー五輪アイスホッケー男子金メダリスト 国カナダ ⊕1977年7月1日 禄2004／2008／2012

イーク, ウィリアム Yeack, William R. コンサルタント 禄2008

イーク, ロジャー・フォン Oech, Roger von 経営コンサルタント 国米国 禄2004

イグアイン, ゴンサロ Higuain, Gonzalo サッカー選手（FW） 国アルゼンチン ⊕1987年12月10日 禄2012

イクス, ジャッキー Ickx, Jacky 元・F1ドライバー 国ベルギー ⊕1945年 禄1992／1996

イグセト, トールビョルン Yggeseth, Torbjørn スキー選手（ジャンプ） 元・国際スキー連盟（FIS）ジャンプ委員長 国ノルウェー ⊕1934年8月6日 ⊖2010年1月10日

イグダーラ, アンドレ Iguodala, Andre バスケットボール選手 国米国 ⊕1984年1月28日

イ・クト・スエントラ ジェゴグ演奏家 国インドネシア 禄2000

イグナショフ, アレクセイ Ignashov, Alexy 格闘家 国ベラルーシ ⊕1978年1月18日 禄2004／2008

イグナチエフ, セルゲイ・ミハイロヴィッチ Ignatiev, Sergei Mikhailovich ロシア中央銀行総裁 国ロシア ⊕1948年1月10日 禄2004／2008／2012

イグナチェンコ, ヴィタリー Ignatenko, Vitalii N. 政治家, ジャーナリスト タス通信社長 元・ロシア副首相 国ロシア ⊕1941年4月19日 禄1992／1996／2000／2004

イグナティエフ, マイケル Ignatieff, Michael 作家, 政治家 元・カナダ自由党党首, 元・ハーバード大学ケネディ行政大学院カー人権政策センター所長 国カナダ ⊕1947年5月12日 禄2000／2008／2012

イグナティエフ, ミハイル Ignatyev, Mikhail 本名=Ignatyev, Mikhail Borisovich 自転車選手 アテネ五輪自転車男子ポイントレース金メダリスト 国ロシア ⊕1985年5月7日 禄2008（イグナチェフ, ミハイル）

イグナトバ, リリア Ignatova, Lilia 新体操選手 国ブルガリア ⊕1965年5月17日 禄1992

イグナトビッチ, アレクサンドル 日本仏教研究家 国ロシア ⊕2001年11月25日 禄2000

イグナロ, ルイス Ignarro, Louis J. 薬理学者 カリフォルニア大学ロサンゼルス校（UCLA）医学部教授 国米国 ⊕1941年5月31日 禄2000／2008／2012

イグネーシアス, デービッド Ignatius, David ジャーナリスト, 作家 国米国 禄2000／2012

イクバル, ムハマド 俳優, モデル 国インドネシア ⊕1977年 禄2004

イクペバ Ikpeba 本名=イクペバ・ノザ, ビクトール サッカー選手（FW） 国ナイジェリア ⊕1973年6月12日 禄2000／2004／2008

イクラモフ, ガイラト Ikramov, Gairat スピリット代表 国ロシア ⊕1967年 禄1996

イーグル, ハリー Eagle, Harry 医学者 国細胞生物学 国米国 ⊕1905年7月13日 ⊖1992年12月6日 禄1992

イーグル・デーン・ジュンラパン Eagle Den Janlaphan 本名=デーン・ジュラパン 旧リング名=イーグル京和, イーグル赤倉 元・プロボクサー ・WBC世界ミニマム級チャンピオン 国タイ ⊕1978年12月4日 禄2008／2012

イーグルトン, クライブ Egleton, Clive 作家 国英国 ⊕1927年 禄1996

イーグルトン, テリー Eagleton, Terry 本名=Eagleton,Terence Francis 文芸批評家, 思想家 ランカスター大学特任教授 国英国 ⊕1943年2月22日 禄1992／1996／2000／2012

イーグルトン, トーマス Eagleton, Thomas Francis 政治家 元・米国上院議員（民主党） 国米国 ⊕1929年9月4日 ⊖2007年3月4日 禄1992

イーグルバーガー, ローレンス Eagleburger, Lawrence Sidney 外交専門家 元・米国国務長官 国米国 ⊕1930年8月1日 ⊖2011年6月4日 禄1992／1996／2000

イーグルハート, ハリー・オースティン Iglehart, Hallie Austen 宗教学者, 神話学者 国女神 国米国 禄2004

イーグルボーイ, テュレイ 宗教者, 薬師 国カナダ 禄2000

イクレ, フレッド Iklé, Fred Charles 元・米国国防次官, 元・戦略国際問題研究所（CSIS）最上級研究員 国国際戦略, 国防政策 国米国 ⊕1924年8月21日 ⊖2011年11月10日 禄1992／1996

イグレシアス, エンリケ Iglesias, Enrique V. 元・米州開発銀行（IDB）総裁 国ウルグアイ ⊕1931年7月26日 禄1992／1996／2000／2008／2012

イグレシアス, エンリケ Iglesias, Enrique 歌手 国スペイン ⊕1975年5月 禄2004／2008

イグレシアス, フリオ Iglesias, Julio 本名=イグレシアス・デラ・クェバ, フリオ シンガー・ソングライター 国スペイン ⊕1943年9月23日 禄1992／1996／2000／2004／2008／2012

イグレシアス, フリオ（Jr.） Iglesias, Julio (Jr.) 歌手 国スペイン 禄2000／2004

イグレシアス, ヘラルド Iglesias, Gerardo 政治家 元・スペイン共産党書記長 国スペイン ⊕1945年 禄1992／1996

イグレシアス, ラファエル Yglesias, Rafael 作家, 脚本家 国米国 禄1996／2000

イグレシアス, ロニエル Iglesias, Roniel 本名=Iglesias Sotolongo,Roniel ボクシング選手 ロンドン五輪ボクシング男子ライトウエルター級金メダリスト 国キューバ ⊕1988年8月14日

イーグレン, ジェーン ソプラノ歌手 国英国 禄2000

イーゴフ, シーラ Egoff, Sheila A. 児童文学者, 評論家 ブリティッシュ・コロンビア大学図書館古文書情報学部名誉教授 国カナダ ⊕1918年 禄1992

イーゴリ, ダニリン Igor Mikhailovich, Danilin シベリア森林研究所森林資源部首席研究員 国ロシア ⊕1957年 禄2008

イゴール Igor 本名=サルトーリ, イゴール・トーレス サッカー選手（FW） 国ブラジル ⊕1993年1月8日 禄2012

イコール, ロジェ Ikor, Roger 作家 国フランス ⊕1912年 ⊖1986年11月17日 禄1992

イーザー, ヴォルフガング Iser, Wolfgang 文学研究家 カリフォルニア大学アーヴァイン校英文学・比較文学教授 ⊕1926年 禄2008

イーサ, サラーハ ジャーナリスト 「アルアハーリー」紙編集担当 国エジプト 禄1992

イサイアス・アフェウェルキ Issaias Afewerki 政治家 エリトリア大統領 国エリトリア ⊕1946年2月2日 禄1996／2004／2008／2012

イーザウ, ラルフ Isau, Ralf ファンタジー作家 国ドイツ ⊕1956年 禄2004／2008／2012

イサエフ, マンスール Isaev, Mansur 柔道選手 ロンドン五輪柔道男子73キロ級金メダリスト 国ロシア ⊕1986年9月23日

イサカ, ジョセフ・N. 在日タンザニア大使館参事官 国タンザニア 禄1992

イサーク, ノルマン Isaac, Norman B. 漫画家 国フィリピン ⊕1947年 禄1992

イサコービチ, ミロスラフ Isaković, Miroslav SF作家 国ユーゴスラビア ⊕1937年 禄1992

イサコフ, ウラジーミル Isakov, Vladimir Borisovich ロシア下院総務局法律部長 元・ロシア下院議員 禄2000

イサ・ビン・スルマン・アル・ハリファ Isa bin Sulman al-Khalifa 元・バーレーン首長 国バーレーン ⊕1933年7月3日 ⊖1999年3月6日 禄1992／1996

イサレスク, ムグル Isărescu, Mugur 本名=Isărescu,Constantin Mugurel 政治家, 経済学者 ルーマニア中央銀行総裁 元・ルーマニア首相 国ルーマニア ⊕1949年8月1日 禄2000／2004／2008

イザンバール, セバスチャン Izambard, Sebastien グループ名=イル・ディーヴォ 歌手 国フランス ⊕1973年3月7日 禄2008／2012

イザンベール, エルベ 医師 国境なき医師団（MSF）フランス・プログラムディレクター 国フランス 禄2004／2008

イジー IZZY ソプラノ歌手 [国]英国 [典]2004

イーシアー, アンドレ Ethier, Andre 本名=Ethier,Andre Everett 大リーグ選手(外野手) [国]米国 [生]1982年4月10日

イーシア, ケイ Ethier, Kay コンピューター技術者 [国]米国 [典]2004

イシェ, フランソワ Icher, Francois 歴史学者 [国]フランス [典]2008

イーシェンコ, ナタリア Ishchenko, Natalia シンクロナイズドスイミング選手 北京五輪・ロンドン五輪シンクロナイズドスイミング・チーム金メダリスト [国]ロシア [生]1986年4月8日 [典]2012

イシカワ, トラビス Ishikawa, Travis 本名=イシカワ,トラビス・タカシ 大リーグ選手(内野手) [国]米国 [生]1983年9月24日 [典]2008／2012

イシグロ, カズオ Ishiguro, Kazuo 日本名=石黒一雄 小説家 [国]英国 [生]1954年11月8日 [典]1992／1996／2000／2004／2008／2012

イシゴニス, アレック 自動車設計者 [国]英国 [生]1906年 [没]1988年10月2日 [典]1992

イシコフ, アレクサンドル Ishkov, Aleksandr Akimovich 政治家 元・ソ連漁業人民委員(漁業相) [国]ソ連 [生]1905年8月29日 [没]1988年6月1日 [典]1992

イジコフスキー, クリス 臨床心理士 英国睡眠評価諮問局局長 [専]睡眠障害 [国]英国 [典]2004

イジス Izis 本名=ビーダーマン,イズラエル 写真家 [国]フランス [生]1911年1月17日 [没]1980年5月16日 [典]1992

イシノフ, K. Issinov, Keazim 画家 [国]ブルガリア [生]1940年 [典]1992

イジボア, ローラ Izibor, Laura ソウル歌手 [国]アイルランド [典]2012

イシマツ, I.K. 国際農友会後援会(IFAA)名誉会長 [国]米国 [典]1992

イシムラトワ, スベトラーナ Ishmouratova, Svetlana バイアスロン選手 トリノ五輪金メダリスト [国]ロシア [生]1972年4月20日 [典]2008／2012

イシャウッド, クリストファー Isherwood, Christopher 本名=Isherwood,Cristopher William Bradshaw 作家,劇作家 [国]米国 [生]1904年8月26日 [没]1986年1月4日 [典]1992

イシャグプール, ユセフ Ishaghpour, Youssef 哲学者 [生]1940年 [典]1996／2000

イジュラン, ジャック Higelin, Jacques 歌手,俳優 [国]フランス [生]1940年10月18日 [典]1996

イシンバエワ, エレーナ Isinbayeva, Yelena 棒高跳び選手 アテネ五輪・北京五輪陸上女子棒高跳び金メダリスト,女子棒高跳び世界記録保持者 [国]ロシア [生]1982年6月3日 [典]2008／2012

イスカン, F. Iscan, Ferit 画家 [国]イタリア [生]1931年 [典]1992／1996

イスカンダリャン, ムナツァカン Iskandarian, Mnatsakan レスリング選手(グレコローマン) [国]アルメニア [典]1996

イスカンダル, マルワン Iskandal, Marwan 経済評論家 [国]レバノン [生]1938年 [典]1996

イスカンダル・シャー Iskandar Shah 本名=マームド・イスカンダール マレーシア国王(第8代) [国]マレーシア [生]1932年4月8日 [典]1992

イスカンデル, ファジーリ Iskander, Fazil Abdulovich 作家 [国]グルジア [生]1929年3月6日 [典]1992／1996／2000／2004

イースタウェイ, ロブ Eastaway, Rob ビジネスコンサルタント [国]英国 [典]2004

イースターマン, ダニエル Easterman, Daniel ミステリー作家 [国]英国 [生]1949年 [典]1992／1996

イースタリー, ウィリアム Easterly, William 経済アナリスト ニューヨーク大学経済学部教授,センター・フォー・グローバル・デベロップメント非常勤シニア・フェロー,国際経済研究所非常勤シニア・フェロー [生]1957年 [典]2008

イスティチワヤ, ヴィオレル Isticioaia, Viorel 本名=Isticioaia Budura,Viorel 外交官 欧州連合欧州対外活動庁(EEAS)アジア局長 [国]ルーマニア [生]1952年7月31日 [典]2012

イーストー, マドレーヌ Eastoe, Madeleine バレリーナ オーストラリア・バレエ団プリンシパル [国]オーストラリア [典]2012

イースト, モーリス East, Morris プロボクサー 元・WBA世界ジュニアウエルター級チャンピオン [国]フィリピン [生]1973年8月8日 [典]1996

イーストウッド, カイル Eastwood, Kyle ジャズベース奏者 [国]米国 [生]1968年5月19日 [典]2000／2008／2012

イーストウッド, クリント Eastwood, Clint 本名=Eastwood, Clinton,Jr. 俳優,映画監督・プロデューサー [国]米国 [生]1930年5月31日 [典]1992／1996／2000／2004／2008／2012

イーストウッド, ジョウ Eastwood, Jo 経営コンサルタント,元・画家 [専]流通技術 [国]英国 [典]1992

イーストウッド, トム Eastwood, Tom 作曲家 [国]英国 [生]1922年 [典]2004

イーストウッド, ルパート Eastwood, Rupert 実業家 ジャパンインベスト・グループCEO [国]英国 [典]2008／2012

イーストハム, トニー Eastham, Tony R. クイーンズ大学電気コンピュータ工学科教授 [専]交通工学 [国]カナダ [典]1996

イーストバン, ラッドヤード Istvan, Rudyard L. ボストン・コンサルティング・グループ情報技術コンサルティング統括執行副社長 [国]米国 [典]1992

イーストマン, ジョゼフ Eastman, Joseph T. オハイオ大学準教授 [専]解剖学,動物学 [国]米国 [典]1992

イーストメント, デービッド Eastment, David ビジネスコンサルタント,教師 [典]2004

イーストン, シーナ Easton, Sheena 歌手 [国]英国 [生]1959年4月27日 [典]1992／1996／2000

イーストン, デービッド Easton, David 政治学者 元・米国政治学会会長 [専]政治体系分析 [国]米国 [生]1917年6月24日 [典]1992

イーストン, トーマス Easton, Thomas ジャーナリスト 「ボルティモア・サン」東京支局長 [国]米国 [生]1958年 [典]1996

イスナール, ジャンヌ バイオリニスト,バイオリン教育者 [国]フランス [没]1991年11月9日 [典]1992

イスハーク, ムハンマド Ishaq, Mohammad ジャーナリスト アフガニスタン国営放送(RTA)会長 [国]アフガニスタン [生]1952年 [典]2004

イズバサ, サンドラ Izbasa, Sandra 本名=Izbasa,Sandra Raluca 体操選手 北京五輪・ロンドン五輪金メダリスト [国]ルーマニア [生]1990年6月18日 [典]2012

イスフ, マハマドゥ Issoufou, Mahamadou 政治家 ニジェール大統領 元・ニジェール首相 [国]ニジェール [生]1952年 [典]2012

イズベック, ドミニク イメージ・コンサルタント ルック・コンサルティング社副社長,ファッション・アンド・イメージ・コンサルタント協会全米理事会理事 [国]米国 [典]1992

イスマイル Ismail, Abdul Fattah 政治家 元・南イエメン大統領 [国]南イエメン [生]1939年 [没]1986年1月13日 [典]1992

イスマイル・アイマット Ismail Aimat 漢字名=司馬義・艾買提 政治家 中国国務委員・国家民族事務委主任,中国共産党中央委員 [国]中国 [生]1935年9月 [典]1996／2000

イスマエル, ハフェズ エジプト国立中東問題研究所所長 [専]外交問題(中東) [国]エジプト [典]1992

イスマエルザーデ, ギュルセル Ismayilzada, Gursel 外交官 駐日アゼルバイジャン大使 [国]アゼルバイジャン

イスマ・サウィトリ Isma Sawitri 作家,詩人 [国]インドネシア [生]1940年11月21日 [典]1992

イスラ, カマロン・デ・ラ 本名=クルス,ホセ・モンヘ フラメンコ歌手 [国]スペイン [生]1950年 [没]1992年7月2日 [典]1996

イースラー, マイク Easler, Mike 本名=Easler,Michael Anthony 元・大リーグ選手,元・日本プロ野球選手 [国]米国 [生]1950年11月29日 [典]1992

イスライフ, カール・ハインツ Isleif, Karl-Heinz ベバスト・ニッポン取締役 [国]ドイツ [生]1944年 [典]1992／1996

イズラエリ, ユーリー　Izrael, Yurii Antonievich　大気物理学者　ソ連国家水文気象委員会議長　国ソ連　生1930年　典1992

イスラエルアチビリ, J.N.　Israelachvili, Jacob Nissim　物理学者　カリフォルニア大学サンタバーバラ校化学・核工学科および材料科学科教授　業高分子間、表面間、コロイド粒子間の静的ならびに動的な相互作用　国米国　生1944年8月19日　典1996/2000

イーズリー, マイク　Easley, Mike　本名＝Easley,Michael F.　政治家　元・ノースカロライナ州知事　国米国　生1950年3月23日　典2004/2008/2012

イズリングハウゼン, ジェイソン　Isringhausen, Jason　大リーグ選手（投手）　国米国　生1972年9月7日　典2000/2004/2008

イズレイエル, ピーター　Israel, Peter　ミステリー作家　G.P.プナトム社社長　国米国　典1992

イセキ・セイコウ　偉関 晴光　中国名＝韋晴光　卓球選手　生昭和37年7月2日　典1996（韋 晴光 イ・セイコウ）/2000（韋 晴光 イ・セイコウ）

イセトープ, トルモド　シモンズ・ジャパン社長　国ノルウェー　生1935年　典1996

イゼトベゴヴィッチ, アリヤ　Izetbegović, Alija　政治家　元・ボスニア・ヘルツェゴビナ中央政府幹部会初代議長（国家元首）　国ボスニア・ヘルツェゴビナ　生1925年8月8日　没2003年10月19日　典1996（イゼトベゴビッチ, アリヤ）/2000（イゼトベゴビッチ, アリヤ）/2004（イゼトベゴビッチ, アリヤ）

イゼトベゴヴィッチ, バキル　Izetbegović, Bakir　政治家　ボスニア・ヘルツェゴビナ幹部会員　国ボスニア・ヘルツェゴビナ　生1956年6月28日　典2012

イーゼル, ドン・F.　宇宙飛行士　元・スペース・エイジ・アメリカ社長　国米国　没1987年12月2日　典1992

イソコスキ, ソイレ　Isokoski, Soile　ソプラノ歌手　国フィンランド　生1957年　典2012

イダ・ガブリエレ　井田 ガブリエレ　弁護士　典2004

イタニ, フランシス　Itani, Frances　作家　国カナダ　生1942年　典2012

イダム・ハリド　Idham Chalid　政治家　元・インドネシア国民評議会（MPR）議長　国インドネシア　生1922年8月27日　典1992

イダルゴ, アンヌ　Hidalgo, Anne　政治家　パリ市長　国フランス

イダルゴ, デービッド　Hidalgo, David　グループ名＝ロス・ロボス　ミュージシャン　国米国　典2012

イチンノロブ　歴史学者　モンゴル歴史民族博物館館長　国モンゴル　生1940年　典1996

イックス, ウィリアム　Ickes, William　社会心理学者　典2008

イッサーリス, スティーブン　Isserlis, Steven　本名＝Isserlis, Steven John　チェロ奏者　国英国　生1958年12月19日　典1996/2000/2004/2008/2012

イッシンガー, ヴォルフガンク　ドイツ外務次官　国ドイツ　典2004

イットリング, ビョーン　Yttling, Björn　グループ名＝ピーター・ビョーン・アンド・ジョン　ミュージシャン　国スウェーデン　典2008/2012

イップ, グロリア　中国名＝葉蘊儀　女優、歌手　国香港　生1973年1月13日　典1992/1996/2000

イップ, サリー　Yip, Sally　中国名＝葉蒨文　女優、歌手　国カナダ　生1961年9月30日　典1992/1996

イップ, セシリア　Yip, Cecilia　中国名＝葉童　女優　国香港　生1963年　典1996

イップ, チャールズ　中国名＝葉国器　インドスエズキャピタル証券東京支店外国株式グループ・アジア株式部部長代理　生1950年11月　典1996

イップ, ディニー　Yip, Daenie　中国名＝葉徳嫻　女優、歌手　国香港　生1947年12月25日

イップ, ピーター　Yip, Peter　実業家　チャイナ・ドット・コムCEO・副会長　国香港　生1952年　典2004

イッポリート, A.　Hipolito, A.　画家　国ポルトガル　典1992

イッポリト, リチャード　Ippolito, Richard A.　経済学者　ジョージ・メーソン大学法学部教授　専年金　国米国　典2004

イツルビ, ホセ　Iturbi, José　ピアニスト、指揮者、作曲家　国スペイン　生1895年11月28日　没1980年6月28日　典1992（イトゥルビ, ホセ）

イティン, イリヤ　Itin, Ilya　ピアニスト　国ロシア　生1967年　典2000

イデム, ジョセファ　Idem, Josefa　本名＝Idem Guerrini, Josefa　カヌー選手（カヤック）　シドニー五輪カヌー女子カヤックシングル500メートル金メダリスト　国イタリア　生1964年9月23日　典2004/2008/2012

イーデルマン, リック　Edelman, Ric　ファイナンシャル・プランナー　イーデルマン・ファイナンシャル・サービス会長　典2004

イーデンスタン, グンナル　オルガン奏者　国スウェーデン　生1961年　典1992

イトウ, アーサー　日本名＝伊藤方　フラワー・ビュー・ガーデンズ店主　国米国　生1918年　典1992

イトウ, ウィリアム　Itoh, William　外交官　駐タイ米国大使　国米国　生1943年　典1996/2000

イトウ, トーマス　日本名＝伊藤潔　造園家　国米国　生1919年　典1992

イトウ, ナオコ　キルト作家　イースト・ベイ・ヘリテッジ・キルターズ主宰者　国米国　典1992

イドウ, フィリップス　Idowu, Phillips　三段跳び選手　北京五輪陸上男子三段跳び銀メダリスト　国英国　生1978年12月30日

イドウ, マビヌオリ・カヨデ　Idowu, Mabinuori Kayode　通称＝ID　音楽プロデューサー　国ナイジェリア　生1955年3月28日　典2000

イトウ, ランス　Ito, Lance　裁判官（判事）　国米国　生1950年　典1996/2000

イトウ, ルイス　Ito, Louis　日本姓＝伊藤　検察官、弁護士　元・ロサンゼルス郡検事局主任検事　国米国　典1992

イトウ, ロバート　日本姓＝伊藤　俳優　国米国　生1931年　典1992/1996

イートウェル, ジョン　Eatwell, John L.　経済学者　ケンブリッジ大学クイーンズ・カレッジ学寮長　元・英国上院議員　国英国　生1945年　典2004/2008

イトゥク　Leeteuk　グループ名＝SUPER JUNIOR　歌手　国韓国　生1983年7月1日　典2012

イトゥルビデ, グラシエラ　Iturbide, Graciela　写真家　国メキシコ　生1943年　典1996

イトコネン, E.　Itkonen, Erkki　言語学者　専ラップ語、フィン・ウゴル語　国フィンランド　生1913年　典1992/1996

イトコネン, ライヤ　Itkonen, Raija　ICA中央委員・執行委員, フィンランド生協中央国際担当・広報部長　国フィンランド　典1992

イードスン, トム　Eidson, Tom　本名＝イードスン, トーマス・E.　実業家　元・ヒル&ノールトンCEO　国米国　典1996

イドリス, カミール　Idris, Kamil E.　外交官, 法律家　世界知的所有権機関（WIPO）事務局長　国スーダン　生1954年　典2000/2008/2012

イドリス, モハメド　Idris, Mohamed　市民運動家　ペナン消費者協会会長, 地球の友マレーシア会長　国マレーシア　生1926年　典2004/2008

イドリス・シャー　Idris Shah　スランゴール州スルタン（第9代）　国マレーシア　典2004

イートン, アシュトン　Eaton, Ashton　十種競技選手　ロンドン五輪金メダリスト, 陸上男子十種競技世界記録保持者　国米国　生1988年1月21日

イートン, ロバート　Eaton, Robert James　本名＝Eaton, Robert James　実業家　元・ダイムラー・クライスラーCEO　国米国　生1940年2月13日　典1996/2000/2004

イナ, キョウコ　Ina, Kyoko　日本名＝伊奈恭子　フィギュアスケート選手（ペア）　国米国　生昭和47年10月11日　典2004

イナヤトゥラ, アティヤ　国際家族計画協会（IPPF）会長　元・パキスタン国会議員　国パキスタン　典2000

イナルディ, マッシモ　Inardi, Massimo　超心理学者　国イタリア　生1927年　典2000

イニエスタ, アンドレス　Iniesta, Andres　サッカー選手(MF)　国スペイン　⊕1984年5月11日　⑲2012

イニオンス, シンシア　Inions, Cynthia　ライター, スタイリスト　国英国　⑲2004

イニス, ロイ　公民権運動家　人種平等会議(CORE)議長　国米国　⑲1992

イニャリトゥ, アレハンドロ・ゴンサレス　Iñárritu, Alejandro González　映画監督, 脚本家, 映画プロデューサー　国メキシコ　⊕1963年8月15日　⑲2004／2008／2012

イニリクサ, エステバン　ペルー中央銀行筆頭理事　国ペルー　⑲1992

イヌヤマ, シャノン　Inuyama, Shannon Ken　作家　国米国　⊕1965年　⑲2004

イネス, ウィリアム・R.K.　エクソン・リサーチアンドエンジニアリング社長　国カナダ　⊕1942年5月5日　⑲1996／2000

イネス, ハモンド　Innes, Hammond　本名=ハモンド・イネス, ラルフ　筆名=ハモンド, ラルフ　冒険小説作家, 旅行家　国英国　⊕1913年7月15日　⊗1998年6月10日　⑲1992／1996

イネス, マイケル　Innes, Michael　本名=スチュアート, ジョン・イネス・マッキントッシュ　作家, 批評家, 英文学者　国英国　⊕1906年9月30日　⊗1994年11月12日　⑲1992／1996

イネス, リース　Innes, Leith　騎手　国ニュージーランド　⊕1978年4月3日　⑲2008／2012

イーノ, ブライアン　Eno, Brian　本名=Eno,Brian Peter George St.John Baptiste de la Salle　旧グループ名=ロキシー・ミュージック　ミュージシャン, 音楽プロデューサー　国英国　⊕1948年5月15日　⑲1992／2000／2004／2008／2012

イノー, ベルナール　Hinault, Bernard　ニックネーム=Le Blaireau　元・自転車選手　国フランス　⊕1954年11月14日　⑲1992

イノウ・シズカ　伊能 静　Inoh, Annie Shizuka　本名=呉靜　歌手, 女優　国台湾　⊕1969年3月4日　⑲1992（イ・ノウセイ）／1996／2000

イノウエ, ウェイン　Inouye, Wayne　実業家　元・ゲートウェイ社長・CEO　国米国　⑲2008／2012

イノウエ, カズコ　Inoue, Kazuko　ピアニスト　「ニューヨーク・イノウエ室内アンサンブル」代表　⑲1992

イノウエ・ケン　井上 ケン　アドバンスト・アメリカン・テクノロジー代表　国英語発音, 発声矯正　国米国　⊕1943年　⑲2000

イノウエ, ジェルバジオ　Inoue, Gervasio Tadash　サンパウロ州農業拓植協同組合中央会長　国ブラジル　⑲1992

イノウエ, ダニエル　Inouye, Daniel Ken　日本名=井上建　政治家　元・米国上院議員(民主党)　国米国　⊕1924年9月7日　⊗2012年12月17日　⑲1992／1996／2000／2004／2008／2012

イノウエ, チャールズ　日本文学研究者　タフツ大学助教授　国米国　⑲1996

イノック, ウェスリー　Enoch, Wesley　演出家, 劇作家　クイーンズランド・シアター・カンパニー芸術監督　国オーストラリア　⑲2004／2008／2012

イノニュ, エルダル　İnönü, Erdal　政治家, 物理学者　元・トルコ外相(社会民主人民党), 元・サバンチ大学教授　国トルコ　⊕1926年　⊗2007年10月31日　⑲1996／2000

イハ, ジェームス　Iha, James Jonas　日本名=井葉吉伸　旧グループ名=ザ・スマッシング・パンプキンズ　ロックギタリスト, ファッションデザイナー　国米国　⊕1968年3月26日　⑲2004／2008／2012

イバーカ, サージ　Ibaka, Serge　バスケットボール選手　国スペイン　⊕1989年9月18日

イーバート, ロジャー　Ebert, Roger　本名=Ebert,Roger Joseph　映画評論家　国米国　⊕1942年6月18日　⊗2013年4月4日

イバネット, サイモン　Evenett, Simon J.　エコノミスト　ベルン大学世界貿易研究所エコノミックリサーチ・ディレクター　⑲2008

イバラ, A.　Ibarra, A.　画家　国スペイン　⊕1924年　⑲1992／1996

イバーラ, ハーミニア　Ibarra, Herminia　経営学者　欧州経営大学院教授　⑲2004／2008

イバルグエン, カテリーン　Ibargüen, Caterine　本名=Ibargüen Mena,Caterine　三段跳び選手, 走り高跳び選手　ロンドン五輪陸上女子三段跳び銀メダリスト　国コロンビア　⊕1984年2月12日

イバルリ, ドロレス　Ibarruri, Dolores　政治家　元・スペイン共産党議長　国スペイン　⊕1895年12月9日　⊗1989年11月12日　⑲1992

イバロラ, アグネスティン　造形作家　国スペイン　⑲2004／2008

イバンチェビッチ, ラドミロ　サッカー監督, 元・サッカー選手　国ユーゴスラビア　⊕1950年9月4日　⑲2004

イヒマエラ, ウィティ　Ihimaera, Witi　作家, 外交官　国ニュージーランド　⊕1944年　⑲1992／2008

イヒレ, アンドレアス　Ihle, Andreas　カヌー選手(カヤック)　北京五輪カヌー男子カヤックペア1000メートル金メダリスト　国ドイツ　⊕1979年6月2日　⑲2012

イブ　Eve　本名=ジェファーズ, イブ・ジハン　グループ名=ラフ・ライダーズ　ヒップホップ歌手　国米国　⊕1979年　⑲2004／2008

イフエロス, オスカー　Hijuelos, Oscar　作家　国米国　⊕1951年　⊗2013年10月12日　⑲1996

イブセン, マルティン　Ibsen, Martin　本名=Ibsen,Martin Kirketerp　ヨット選手(49er級)　北京五輪セーリング49er級金メダリスト　国デンマーク　⊕1982年7月13日　⑲2012

イブヌ・ストウォ　Ibunu Sutowo　実業家, 軍人　元・プルタミナ総裁　国インドネシア　⊕1914年9月23日　⊗2001年1月12日　⑲1992（イブヌ・ストオ）／1996

イブラヒミ, Ibrahimi, Ahmed Talib　政治家　元・アルジェリア外相　国アルジェリア　⊕1932年　⑲1992／2000

イブラヒム, アブドゥーラ　Ibrahim, Abdullah　本名=Brand, Adolf Johannes　旧芸名=ブランド, ダラー　ジャズ・ピアニスト　国南アフリカ　⊕1934年10月9日　⑲1992（ブランド, ダラー）／1996（ブランド, ダラー）／2008（ブランド, ダラー）

イブラヒム, カラム　Ibrahim, Karam　レスリング選手(グレコローマン)　アテネ五輪レスリング男子グレコローマン96キロ級金メダリスト　国エジプト　⊕1979年9月1日　⑲2008

イブラヒモヴィッチ, ズラタン　Iburahimovic, Zlatan　サッカー選手(FW)　国スウェーデン　⊕1981年10月3日　⑲2008／2012

イブリー, ベンジャミン　Ivry, Benjamin　作家, 詩人, 翻訳家　国米国　⑲2004

イブンライモフ, イエルマハン　Ibraimov, Yermakhan　ボクシング選手　国カザフスタン　⊕1972年1月1日　⑲2004

イベリア　Iberia　画家　国フランス　⊕1956年　⑲1992

イベール, ファブリス　Hybert, Fabrice　現代美術家　国フランス　⊕1961年　⑲2004／2008／2012

イーベル, ロバート　エネルギー問題研究家　米国戦略国際問題研究所(CSIS)エネルギー国家安全保障部長　国旧ソ連の石油・エネルギー問題, エネルギー安全保障　国米国　⑲2004

イーベン, マイケル・トーマス　Iben, Michael Thomas　ゴールドマン・サックス証券会社金融戦略部副社長　国米国　⑲1992

イボウ, ポウル　Ibou, Paul　グラフィックデザイナー, アートディレクター　国ベルギー　⊕1939年　⑲1996

イボセフ, アレクサンドラ　Ivosev, Aleksandra　射撃選手(ライフル)　国ユーゴスラビア　⑲2000

イボットソン, エヴァ　Ibbotson, Eva　児童文学作家　国英国　⊕1925年1月21日　⊗2010年10月20日　⑲2012

イボルド, マーク　Ibold, Mark　グループ名=ペイブメント　ミュージシャン　国米国　⊕1960年1月4日　⑲2012

イマシェフ, サツタル　Imashev, Sattar Nurmashevich　政治家　元・ソ連共産党中央委員, 元・ソ連最高会議代議員・幹部会副議長, 元・カザフ共和国最高会議幹部会議長　国ソ連　⊕1925年　⊗1984年2月22日　⑲1992

イマーシャイン, リチャード　経営コンサルタント　IBMウォッチャー　国米国　⑲1992

イマスナー, ヨアキム　カトリック枢機卿　ケルン大司教　国ドイツ　⑲1992

イマニシ・カリ, テレザ　Imanishi-Kari, Thereza　タフツ大学医学部病理学部助教授　国米国　患2000

イマーマン, ロバート　Immerman, Robert M.　コロンビア大学東アジア研究所上級研究員　元・在日米国大使館参事官　多国間外交,日米関係,日米外交史　国米国　生1932年　患1992／1996

イム・インシク　林 寅植　牧師　崇実大学財団理事長　国韓国　生1925年3月22日　患1996

イム・インテク　林 寅沢　実業家　韓国航空宇宙産業社長　元・韓国建設交通相　国韓国　生1940年6月8日　患1996／2004／2008

イム・ウォンシク　林 元植　指揮者　元・KBS交響楽団名誉指揮者,元・韓国指揮者協会名誉会長　国韓国　生1919年6月24日　没2002年8月26日　患1996

イム・ウンギョン　Lim, Eun-kyung　漢字名=任恩敬　女優　国韓国　生1983年7月7日　患2004／2008／2012

イム・ウンジュ　任 銀珠　サッカー国際審判員,元・サッカー選手　国韓国　患2004

イム・ウンスン　林 応承　カトリック神父　国韓国　生1923年10月5日　患1992／1996

イム・オキョン　林 五卿　Lim, O-kyung　ハンドボール選手・監督　国韓国　患2008

イム・オクイン　林 玉仁　作家　YWCA名誉理事　国韓国　生1915年6月1日　患1996

イム・キュデ　林 奎大　プロ野球選手(投手)　国韓国　生1972年11月2日　患1996

イム・キョンオク　林 京玉　タレント　国韓国　生1972年1月12日　患1996

イム・キョンテク　林 璟沢　プロ野球選手(外野手)　国韓国　生1963年4月22日　患1996

イム・グォンテク　Im, Kwon-taek　漢字名=林権沢　映画監督　国韓国　生1936年5月2日　患1992(イム・ゴンテク)／1996／2000／2004／2008／2012

イム・サンス　Im, Sang-soo　映画監督,脚本家　国韓国　生1962年　患2012

イム・ジェウク　林 宰煜　グループ名=Position　歌手　国韓国　生1975年4月30日　患2004／2008

イム・ジェボム　任 宰範　歌手　国韓国　生1963年10月14日　患1996

イム・ジュテク　林 柱沢　プロ野球選手(外野手)　国韓国　生1968年9月25日　患1996

イム・ジュファン　Lim, Ju-hwan　俳優　国韓国　生1982年5月18日　患2012

イム・ジュンヒョン　林 中螢　本名=羅禎煥　写真研究家　国韓国　生1935年　患2000

イム・ジョン　林 正　Lim, Jung　文学者　⑲日本文学　国韓国　生1969年　患2004

イム・ジョンス　林 鍾守　徐羅伐大学観光日語通訳科教授　⑲韓国語,日本語　国韓国　患2004／2008

イム・ジョンソク　任 鐘哲　Im, Jong-seok　政治家　韓国国会議員(新千年民主党)　国韓国　生1966年4月24日　患2004

イム・ジョンヒョク　任 正爀　朝鮮大学理学部教員　生1955年　患1996(ジン・セイカク)

イム・ジンソク　林 珍錫　ハンドボール選手　国韓国　生1968年5月16日　患1992／1996

イム・スギョン　林 秀卿　反体制運動家　元・韓国全国大学生代表者協議会(全大協)代表　秘密訪朝した元韓国女子大生　患1992／1996／2000／2004

イム・スジョン　Lim, Soo-jung　女優　国韓国　生1980年7月11日　患2008／2012

イム・スジョン　林 秀貞　Lim, Su-jeong　テコンドー選手　北京五輪テコンドー女子57キロ級金メダリスト　国韓国　生1986年8月20日　患2012

イム・スロン　Lim, Seu-long　グループ名=2AM　歌手　国韓国　生1987年5月11日　患2012

イム・ソンウ　任 星雨　プロ野球選手(外野手)　国韓国　生1968年6月2日　患1996

イム・ソンジュン　任 晟準　Yim, Sung-joon　外交官　韓国国際交流財団理事長　元・韓国大統領外交安保首席秘書官　国韓国　生1948年9月19日　患2004／2008／2012

イム・ソンドン　林 仙東　プロ野球選手(投手)　国韓国　生1973年8月4日　患1996／2000

イム・ソンナム　林 聖男　バレエダンサー,振付師　元・韓国国立バレエ団理事長　国韓国　生1929年4月1日　没2002年5月25日　患1996

イム・ソンミン　林 成敏　本名=イムクァンベ　俳優,タレント　国韓国　生1957年4月18日　患1996

イム・チェム　林 采茂　俳優　国韓国　生1949年9月2日　患1996

イム・チャンサン　Lim, Chang-sun　映画監督　国韓国　生1969年　患2008／2012

イム・チャンシク　林 昌植　プロ野球選手(投手)　国韓国　生1969年3月7日　患1996

イム・チャンスン　任 昌淳　韓国文化財委員長,慶山大学理事長,泰東古典研究所長　国韓国　生1914年5月30日　患1996

イム・チャンセン　林 昌生　原子力研究所長　国韓国　生1940年11月21日　患1996

イム・チャンヨン　林 昌勇　Lim, Chang-yong　大リーグ選手(投手),元・プロ野球選手　国韓国　生1976年6月4日　患2000／2004／2012

イム・チュンエ　林 春愛　陸上選手　国韓国　生1969年7月1日　患1992／1996

イム・チュンチュ　林 春秋　Rim, Chun-chu　政治家　元・朝鮮労働党政治局委員・国家副主席　国北朝鮮　没1988年4月27日　患1992

イム・チョルスン　任 哲淳　永信アカデミー理事長　国韓国　生1937年8月4日　患1996

イム・テクグン　任 宅根　元・アナウンサー　韓国放送振興会監事,Frank B.Hall Korea会長　国韓国　生1932年11月11日　患1996

イム・テドク　林 太徳　Rim, Thae-dok　北朝鮮対外経済協力推進委員会委員長　国北朝鮮　患2000(リン・タイトク)

イム・テヒ　任 太熙　Yim, Tae-hee　政治家　韓国大統領室長　国韓国　生1956年12月1日　患2012

イム・ドクソン　任 徳盛　漢方医　翰林大学医科大学外来教授,ソウル市漢医師協会会長　国韓国　生1942年　患1992／1996

イム・ドンウォン　林 東源　Lim, Dong-won　政治家,外交官,元・軍人　元・韓国統一相,元・韓国国家情報院長　国韓国　生1934年7月25日　患2000／2004／2008／2012

イム・ドングォン　任 東権　Im, Dong-kwon　民俗学者　韓国中央大学名誉教授　⑲民謡,口碑文学,芸能,民間信仰,シャーマニズム　国韓国　生1926年5月22日　患1992／1996／2008／2012

イム・ドンジン　林 東真　本名=林東哲　タレント　国韓国　生1944年4月27日　患1996

イム・ドンスン　林 東昇　Lim, Dong-sung　エコノミスト　三星経済研究所所長　国韓国　生1936年8月15日　患1992／1996

イム・ドンヒ　任 敦姫　東国大学史学科教授,インディアナ大学招聘副教授　⑲比較民俗学　国韓国　生1944年　患1996

イム・ドンヒョク　Lim, Dong-hyek　ピアニスト　国韓国　生1984年　患2004／2008／2012

イム・ドンミン　Lim, Dong Min　ピアニスト　国韓国　生1980年　患2012

イム・ドンヨン　林 敦栄　プロ野球選手(外野手)　国韓国　生1971年4月29日　患1996

イム・ハリョン　林 河竜　コメディアン　国韓国　生1952年10月31日　患1996

イム・パルヨン　林 八龍　韓国外国語大学教授　⑲日本語文法論・表現論　国韓国　生1948年　患2000

イム・バンヒョン　林 芳鉉　政治家　韓国民自党党務委員　元・韓国国会議員　国韓国　生1930年12月3日　患1996

イム・ヒソプ　林 熹燮　高麗大学教授,韓国国務総理室司政諮問委員　国韓国　生1937年5月3日　患1996

イム・ヒョク 林赫 本名=林正赫 タレント 韓国 生1949年5月31日 著1996

イム・ヒョクジュ 林赫柱 タレント 韓国 生1955年6月23日 著1996

イム・ヒョジェ 任孝宰 ソウル大学考古美術史学科教授,全国国立博物館協会長 韓国 生1941年5月25日 著1996

イム・ビョンギュ 林炳圭 弁護士 国際法,国際政治学 韓国 著1992

イム・ヒョンシク 林玄植 タレント 韓国 生1945年12月31日 著1996

イム・ヒョンジュ Lim, Hyung-joo テノール歌手 韓国 生1986年5月7日 著2004/2008/2012

イム・ビョンス 林炳秀 歌手 韓国 生1960年8月8日 著1996

イム・ヒョンソク 林炯奭 プロ野球選手(内野手) 韓国 生1968年1月29日 著1996

イム・ビョンテ 林炳泰 考古学者 崇実大学教授 韓国 生1936年 著1996

イム・ホー Yim, Ho 中国名=厳浩 映画監督 香港 生1952年 著1996/2000

イム・ボンギュ 林鳳奎 画家 韓国 生1947年 著1992/1996

イム・ホンヨン 任軒永 文学評論家 韓国 生1941年1月15日 著1996

イム・ヤンジェ 任良宰 韓国環境処諮問委員,韓国生態学会会長,韓国自然保護協会副会長 生態学,植物学 韓国 生1926年6月2日 著1996

イム・ユファン 林裕煥 Lim, You-hwan サッカー選手(DF) 韓国 生1983年12月2日 著2004/2008

イム・ヨンウン 林英雄 演出家 劇団サンウリム代表 韓国 生1934年10月13日 著1996/2000

イム・ヨンギュ 林栄奎 タレント 韓国 生1956年4月6日 著1996

イム・ヨンギュン 林晗均 写真家 韓国 生1955年 著1992

イム・ヨンジュ 林永周 韓国文化財委員会専門委員 韓国美術史 韓国 生1943年 著1992

イム・ヨンソン 林永宣 Lim, Yong-seon 軍人 元・北朝鮮人民武力部軍事建設局中尉 生1963年7月26日 著1996(リン・エイセン)

イム・ヨンチュン 林永春 作家 韓国 生1932年 著1996

イム・ヨンチョル 任栄哲 言語学者 中央大学文科学部日語日文学科教授 日本語学,社会言語学 韓国 生1949年 著2008

イム・ヨンテク 林容沢 文学研究者 仁荷大学人文学部副教授 金素雲研究 韓国 生1958年 著2004

イム, ロコ Yim, Rocco 中国名=厳迅奇 建築家 香港 生1952年 著1996

イームズ, アン Eames, Anne ロマンス作家 米国 著2004

イムホフ, アビバ インターナショナル・リバーズ・ネットワーク・メコン川担当コーディネーター オーストラリア 著2000

イムリー, Y. Imry, Yoseph ワイズマン科学研究所教授 物理学 イスラエル 著1992

イメルト, ジェフリー Immelt, Jeffrey R. 実業家 ゼネラル・エレクトリック(GE)会長・CEO 米国 生1956年2月19日 著2004/2008/2012

イメルマン, トレバー Immelman, Trevor プロゴルファー 南アフリカ 生1979年12月16日 著2012

イメンガ, ウルリヒ ゲッティンゲン大学法学部教授 国際経済法 ドイツ 生1934年 著2008

イヨネスコ, ウージェーヌ Ionesco, Eugène 劇作家 フランス 生1912年11月26日 没1994年3月28日 著1992/1996

イヨン E-young グループ名=AFTERSCHOOL 歌手 韓国 生1992年8月16日 著2012

イラガン, ヴェナス Ilagan, Venus M. 社会福祉活動家 フィリピン国際障害者連盟会長 フィリピン 生1958年10月8日 著2004/2008

イラード, ジョセフ Ilardo, Joseph A. 臨床ソーシャルワーカー,心理療法医 米国 著2004

イラーニ, クシュロー ジャーナリスト 「ステーツマン」紙専務取締役,国際新聞編集者協会(IPI)理事長 インド 著1992

イラニ, ジャムシェド Irani, Jamshed Jiji 実業家 タタ製鉄社長・COO インド 生1936年6月2日 著2000

イラニ, レイ Irani, Ray R. オキシデンタル・ペトロリアム会長・社長・CEO 米国 生1935年1月15日 著1992/1996

イリー, アンドレア Illy, Andrea 実業家 イリーカフェ社長 イタリア 生1964年 著2008/2012

イリアディス, イリアス Iliadis, Ilias 柔道選手 アテネ五輪柔道男子81キロ級金メダリスト ギリシャ 生1986年11月10日 著2008/2012

イリアーヌ Eliane 本名=イライアス, イリアーヌ 歌手,ジャズピアニスト ブラジル 著1992(イライアス, イリアーヌ)/1996(イライアス, イリアーヌ)/2000(イライアス)/2012

イーリィ, スコット Ely, Scott 作家 米国 生1949年 著1996

イーリイ, デービッド Ely, David 本名=リリエンソール, デービッド・イライ, ジュニア 作家 米国 生1927年 著1992/2012

イリイチ, イバン Illich, Ivan 社会思想家,評論家 米国 生1926年9月4日 没2002年12月3日 著1992(イリッチ, イバン)/1996(イリッチ, イバン)/2000(イリッチ, イバン)

イリイチョフ, レオニード Iliichev, Leonid Fedorovich 外交官,政治家 元・ソ連外務次官,元・ソ連共産党中央委書記 ソ連 生1906年3月15日 没1990年8月17日 著1992

イリエ, アドリアン Ilie, Adrian サッカー選手(FW) ルーマニア 生1974年4月22日 著2000/2008

イリエ, セルドア 入江, セルドア・T. インフォネット副社長 米国 著1992

イリエスク, イオン Iliescu, Ion 政治家 元・ルーマニア大統領,元・ルーマニア上院議員 ルーマニア 生1930年3月3日 著1992/1996/2000/2004/2008/2012

イリエンコ, ユーリー Ilienko, Yurii 本名=Ilienko,Yurii Gerasimovich 映画監督,映画撮影監督 ウクライナ 生1936年7月18日 没2010年6月15日 著1992

イリガライ, リュス Irigaray, Luce フランス社会科学高等研究院教授 フランス 著1992/1996

イリタニ, エブリン Iritani, Evelyn ジャーナリスト 「ロサンゼルス・タイムズ」紙 米国 生1954年 著1996

イリック, スロボダン Ilić, Slobodan 医学者 ニーシ大学医学部教授 サイコネフロロジー,重篤な身体疾患患者,腎臓病患者のQOL,精神状態の変化,精神療法 ユーゴスラビア 生1953年 著2004/2008

イリッチ, ジョン Ilich, John 弁護士 ジョン・イリッチ・アソシエイツ代表 米国 著2004

イリナ, ベラ Ilina, Vera 飛び込み選手 ロシア 生1974年2月20日 著2004/2008

イリューシン, ヴィクトル Ilyoushin, Viktor 政治家 ロシア第1副首相 ロシア 生1947年 著1996/2000

イリュムジノフ, キルサン Ilyumzhinov, Kirsan 本名=Ilyumzhinov,Kirsan Nikolayevich 政治家,実業家 国際チェス連盟会長 元・カルムイク大統領 ロシア 生1962年4月5日 著1996/2000/2004/2008/2012

イリン, イリア Ilin, Ilya 重量挙げ選手 北京五輪・ロンドン五輪重量挙げ男子94キロ級金メダリスト カザフスタン 生1988年5月24日 著2012

イルガンク, ベルンハルト Irrgang, Bernhard 哲学者 ドレスデン工科大学学際的技術研究センター所長 ドイツ 生1953年 著2004/2008

イルグロヴァ, マルケタ Irglova, Marketa 女優,歌手 生1988年 著2012

イルサン, ルネ 出版人 元・サン・パレイユ社創業者 フランス 没1990年4月14日 著1992

イルシング, ニコラ・ド Hirsching, Nicolas de 小学校教師,児童文

学作家 [国]フランス [生]1956年 [典]1992／1996

イルスタ, アグスチン タンゴ歌手, 作曲家 [国]アルゼンチン [没]1987年4月25日 [典]1992

イルズリー, トニー Illsley, Tony 本名＝イルズリー, アンソニー・K. 日本ペプシコ社社長 [国]英国 [生]1954年7月8日 [典]1992／1996

イルチェンコ, ラリーサ Ilchenko, Larisa 水泳選手（オープン・ウオーター） 北京五輪オープン・ウオーター女子10キロ金メダリスト [国]ロシア [生]1988年11月18日 [典]2012

イルベス, トーマス・ヘンドリック Ilves, Toomas Hendrik 政治家 エストニア大統領 [国]エストニア [生]1953年12月26日 [典]2008／2012

イルメンゼー, カール Illmensee, Karl 生物学者 元・ジュネーブ大学動物学教室細胞分化研究室教授 [専]発生工学 [国]スイス [生]1939年 [典]1996

イレッシュ, アンドレイ Illesh, Andrei ジャーナリスト 「イズベスチヤ」紙ニュース編集部長 [国]ロシア [生]1949年 [典]1992／1996

イレト, ラファエル Ileto, Rafael M. 幼名＝イシドロ, ヌエバ 軍人, 政治家 元・フィリピン国防相 [国]フィリピン [生]1920年10月24日 [没]2003年12月21日 [典]1992

イレート, レイナルド Ileto, Reynaldo Clemeña シンガポール国立大学教授 [専]フィリピン革命, 東南アジア史 [国]フィリピン [生]1946年 [典]1992／2004／2008／2012

イレール, C. Hilaire, Camille 画家, 彫刻家, 版画家 エコール・デ・ボーザール教授 [国]フランス [生]1916年 [典]1992／1996

イレール, ローラン Hilaire, Laurent バレエダンサー パリ・オペラ座バレエ団メートル・ド・バレエ 元・パリ・オペラ座バレエ団エトワール [国]フランス [生]1962年 [典]2004／2008／2012

イロイロ, ジョセファ Iloilo, Josefa 本名＝Iloilovatu Uluivuda, Ratu Josefa 政治家 元・フィジー大統領 [国]フィジー [生]1920年12月29日 [没]2011年2月6日 [典]2004／2008

イワシェンコ, エレーナ Ivashchenko, Elena 柔道選手 [国]ロシア [生]1984年12月28日 [没]2013年6月15日

イワシコ, ウラジーミル Ivashko, Vladimir A. 政治家 元・ソ連共産党副書記長・政治局員 [国]ウクライナ [生]1932年10月28日 [没]1994年11月14日 [典]1992／1996

イワシュキェビチ, ヤロスロウ Iwaszkiewicz, Jarosław 作家, 詩人, 翻訳家 [国]ポーランド [生]1894年2月10日 [没]1980年3月2日 [典]1992

イワタ, ジャック 岩田, ジャック Iwata, Jack 本名＝岩田, ジャック・昌規 日本名＝岩田昌規 写真家 元・ジャックイワタフォトラボ主宰, 元・共同ニュース・カリフォルニア社顧問 [国]米国 [生]1912年10月1日 [没]1992年7月13日 [典]1992／1996

イワニエク, ドロタ Iwaniec, Dorota クイーンズ大学ベルファースト校ソーシャルワーク学科教授 [専]ソーシャルワーク [国]英国 [典]2004／2008

イワニシビリ, ビジナ Ivanishvili, Bidzina 政治家 野党連合「グルジアの夢」代表 [国]グルジア

イワニセヴィッチ, ゴラン Ivanisevic, Goran 元・テニス選手 [国]クロアチア [生]1971年9月13日 [典]1996（イワニセビッチ, ゴラン）／2000／2004／2008

イワネンコ, ヴァチェスラフ 競歩選手 [国]ソ連 [典]1992

イワノヴィッチ, アナ Ivanovic, Ana テニス選手 [国]セルビア [生]1987年11月6日 [典]2008／2012

イワノフ, アレクサンドル Ivanov, Aleksandr A. ジャーナリスト [国]ロシア [生]1950年 [典]1996

イワノフ, アレクサンドル Ivanov, Aleksandr 競歩選手 [国]ロシア [生]1993年4月25日

イワノフ, イーゴリ Ivanov, Igor 外交官 元・在札幌ソ連総領事館副領事 [国]ソ連 [典]1992

イワノフ, イーゴリ Ivanov, Igor Sergeevich 政治家, 外交官 元・ロシア安全保障会議書記, 元・ロシア外相 [国]ロシア [生]1945年9月23日 [典]2000／2004／2008／2012

イワノフ, イワン Ivanov, Ivan 重量挙げ選手 [国]ブルガリア [生]1971年8月28日 [典]1996／2004

イワノフ, ヴィクトル Ivanov, Viktor 本名＝Ivanov,Col Viktor Petrovich 元・ロシア大統領補佐官 [国]ロシア [生]1950年5月12日 [典]2008／2012

イワノフ, ヴャチェスラフ Ivanov, Vyacheslav Vsevolodovich 言語学者, 翻訳家 モスクワ人文大学教授 [専]記号学 [国]ロシア [生]1929年8月21日 [典]1992／1996

イワノフ, ウラジーミル Ivanov, Vladimir Ivanovich 国際政治学者 環日本海経済研究所主任研究員 [専]太平洋地域の経済政策・政治問題 [国]ロシア [生]1948年12月5日 [典]1992／1996／2000

イワノフ, ウラジーミル Ivanov, Vladimir 美術評論家 モスクワ教会アカデミー考古学主任教授 [専]ギリシャ正教会美術 [国]ソ連 [典]1992

イワノフ, エフゲニー Ivanov, Evgenii ゴスプラン総務部次長 [国]ソ連 [生]1927年 [典]1992

イワノフ, ゲオルギ Ivanov, Gjorge 政治家 マケドニア大統領 [国]マケドニア [生]1960年5月2日 [典]2012

イワノフ, コンスタンチン Ivanov, Konstantin バレエダンサー ボリショイ劇場バレエ団 [国]ロシア [典]2004／2008／2012

イワノフ, セルゲイ Ivanov, Sergei Borisovich 政治家 ロシア副首相 元・ロシア国防相, 元・ロシア安全保障会議書記, 元・ロシア連邦保安局（FSB）副長官 [国]ロシア [生]1953年1月31日 [典]2004／2008／2012

イワノフ, ミハイル Ivanov, Mikhail スキー選手（距離） [国]ロシア [生]1977年11月20日 [典]2004

イワノフスキー, エフゲニー Ivanovskii, Evgenii Filippovich 軍人 ソ連国防次官・地上軍総司令官 [国]ソ連 [生]1918年 [典]1992

イワノワ, アリナ Ivanova, Alina 競歩選手, マラソン選手 [国]ロシア [生]1969年3月16日 [典]2004

イワノワ, オリンピアダ Ivanova, Olimpiada 競歩選手 アテネ五輪陸上女子20キロ競歩銀メダリスト [国]ロシア [生]1970年5月5日 [典]2008

イワンコフ, イワン Ivankov, Ivan Aleksandrovich 体操選手 [国]ベラルーシ [生]1975年4月10日 [典]1996／2000／2008

イワンセビッチ, ジョン Ivancevich, John M. 経営学者 ヒューストン大学教授 [専]マネジメント [国]米国 [典]2004

イワンチク, アスコリド Ivanchik, Askolid I. 古代文明比較研究センター研究員 [国]ロシア [生]1965年 [典]1996

イワンチク, イーゴリ Ivanchik, Igori I. レベデフ物理学研究所研究員 [専]物理学 [国]ロシア [生]1932年 [典]1996

イワン・ファルス 歌手 [国]インドネシア [生]1961年 [典]1996

イン, アモラ・クァン Yin, Amorah Quan 「プレアデス覚醒への道—光と癒しのワークブック」の著者 [典]2008

イン・エングン 殷 燕軍 関東学院大学経済学部教授 元・中国南開大学政治学部教授, 元・ハーバード大学客員研究員 [生]1957年 [典]2008

イン・キ 尹 祺 映画監督 [国]台湾 [生]1950年 [典]2000

イン・ケイシュン 尹 景春 早稲田大学講師 [専]中国語 [国]中国 [典]2004

イン・ケン 殷 剣 Yin, Jian ヨット選手 北京五輪セーリング女子RSX級金メダリスト [国]中国 [生]1978年12月25日 [典]2012

イン・コクショウ 尹 克昇 中国共産党青海省委員会書記, 中国共産党中央委員 [国]中国 [生]1932年 [典]1996

イン・サンクン 尹 賛勲 地質学者, 古生物学者 [国]中国 [没]1984年1月27日 [典]1992

イン・シャクテツ 尹 錫喆 経営学者 ソウル大学校経営大学教授 [国]韓国 [生]1940年 [典]2008

イン・シュウチン 尹 秀珍 Yin, Xiu-zhen 美術家 [国]中国 [生]1963年 [典]2000

イン・ジュン 印 順 [専]仏教史 [国]中国 [生]1906年 [典]2000

イン・ショウテイ 尹 紹亭 Yin, Shao-ting 文化人類学者 雲南大学人文学院人類学系主任教授 [専]文化生態学, 民族地理学 [国]中国 [生]1947年 [典]2004

イン・ショウハク 尹 承伯 元・航空模型スポーツ選手, 監督 [国]中国 [生]1939年 [典]1996

イ

イン・センドウ　殷 占堂　Yin, Zhan-tang　画家　爽健堂画廊代表、爽健子供水墨画教室代表　⑬水墨画　⑭中国　⑮1944年　⑯1992／1996／2000

イン・ソン　殷 蓀　Yin, Sun　書家、書法学者　⑬中国書法　⑭中国　⑮1936年　⑯1996

インガソル、ラルフ　Ingersoll, Ralph　ジャーナリスト　元・タイム社総支配人　⑭米国　⑮1985年3月8日　⑯1992

インガソル、ロバート　Ingersoll, Robert Stephen　実業家、政治家　元・ボルグ・ワーナー会長、元・米国国務副長官、元・駐日米国大使　⑭米国　⑮1914年1月28日　⑰2010年8月22日　⑯1992／1996

インカビリア、ピート　Incaviglia, Pete　プロ野球選手　⑭米国　⑮1964年4月2日　⑯1996／2000

イングム、パトリシャ　Ingham, Patricia　英文学者　オックスフォード大学セント・アンズ・コレッジ上級研究員　⑭英国　⑯2012

インガルズ、レーチェル　Ingalls, Rachel　作家　⑭米国　⑯1992／1996

インキオフ、ディミーター　Inkiow, Dimiter　作家　⑭ドイツ　⑮1932年　⑯1992／1996

インキネン、ピエタリ　Inkinen, Pietari　指揮者、バイオリニスト　ニュージーランド交響楽団音楽監督、日本フィルハーモニー交響楽団首席客演指揮者　⑭フィンランド　⑮1980年　⑯2012

イングヴァル、ダーヴィド　Ingvar, David H.　ルンド大学準教授、臨床神経生理学科主任　⑬神経生理学、脳　⑭スウェーデン　⑮1924年　⑯1992（イングバル、ダービド）

インクスター、ジュリ　Inkster, Juli　本名＝インクスター、ジュリ・シンプソン　プロゴルファー　⑭米国　⑮1960年6月24日　⑯2000／2004／2008

イングスタッド、ベネディクト　Ingstad, Benedicte　オスロ大学一般診療・社会医学学科医療人類学教授　⑯2008

イングバー、ドナルド　Ingber, Donald E.　ハーバード大学医学部準教授　⑬病理学　⑭米国　⑯2000

イングベス、ステファン　Ingves, Stefan　国際通貨基金（IMF）金融為替局長　⑭スウェーデン　⑯2000

インクペン、ミック　Inkpen, Mick　グラフィックデザイナー、絵本作家　⑭英国　⑮1952年　⑯1992／1996／2000

イングペン、ロバート　Ingpen, Robert　絵本作家、挿絵画家、デザイナー　⑭オーストラリア　⑮1936年　⑯1992／1996

イングマン、ブルース　Ingman, Bruce　絵本作家　⑭英国　⑮1963年12月3日　⑯2004

イングラオ、ピエトロ　Ingrao, Pietro　政治家、ジャーナリスト　イタリア下院議員　元・イタリア共産党指導部委員・「ウニタ」編集長　⑭イタリア　⑮1915年3月30日　⑯1992／1996

イングラハム、ヒューバート・アレクサンダー　Ingraham, Hubert Alexander　政治家　バハマ首相・財務相　⑭バハマ　⑮1947年8月4日　⑯1996／2000／2004／2008／2012

イングラム、ジェイ　Ingram, Jay　サイエンスライター　⑭カナダ　⑯2004

イングラム、デクスター　Ingram, Dexter　ヘリテージ財団研究員　⑬国際政治　⑭米国　⑮1972年　⑯2008

イングラム、デレック　Ingram, Derek　ジャーナリスト　「コモンウェルス」「ジェミニ・ニュース」編集者、英連邦研究所所長、英連邦ジャーナリスト協会初代会長　⑭英国　⑯1992

イングランド、リチャード　England, Richard　建築家　ブエノス・アイレス大学教授、マルタ大学客員教授　⑭マルタ　⑮1937年　⑯1992／1996

イングリス、フィオナ　Inglis, Fiona　「二人ぼっち」の著者　⑭英国　⑯2008

イングリス、ブライアン　Inglis, Brian　ジャーナリスト　⑮1916年　⑰1993年2月　⑯1996

イングリス、フレッド　Inglis, Fred　ウォリック大学準教授　⑬美術教育　⑯1992／2004

イングリッシュ、デーブ　English, Dave　パイロット　⑯2004

イングリッシュ、ビル　English, Bill　テクニカルトレーナー、フリーライター、コンサルタント　⑭米国　⑯2004

イングリッシュ、マナラニ　English, Manalani　本名＝English, Manalani Mili Hokoana　フラダンサー　⑭米国　⑮1989年4月2日

イングリッシュ、ロッテ　Ingrisch, Lotte　作家　⑭オーストリア　⑮1930年　⑯2004

イングル、マーカス　Ingle, Marcus　ポートランド州立大学マーク・ハットフィールド行政大学院教授　⑯2008

イングレイド、ケン　Englade, Ken　作家　⑭米国　⑯1992／1996

インゲイト、メアリ　Ingate, Mary　探偵作家　⑭英国　⑯1992

インゲブリグトセン、クリスチャン　Ingebrigtsen, Christian　グループ名＝a1　歌手　⑮1977年1月25日　⑯2004

インケルス、アレックス　Inkeles, Alex　社会学者　元・スタンフォード大学名誉教授、元・フーバー戦争革命平和研究所名誉研究員　⑬ソ連社会研究　⑭米国　⑮1920年3月4日　⑰2010年7月9日　⑯1992／1996／2000／2004

インザーギ、シモーネ　Inzaghi, Simone　サッカー選手（FW）　⑭イタリア　⑮1976年4月5日　⑯2000／2004／2008

インザーギ、フィリッポ　Inzaghi, Filippo　サッカー監督、元・サッカー選手　⑭イタリア　⑮1973年8月9日　⑯2000／2004／2008／2012

インサナリ、サミュエル・ルドルフ　Insanally, Samuel Rudolph　外交官　ガイアナ大統領特別顧問　元・ガイアナ外相　⑭ガイアナ　⑮1936年6月23日　⑯2012

インジクル、ドーカス　Inzikuru, Docus　陸上選手（ハードル・長距離）　⑭ウガンダ　⑮1982年2月2日

インジュン　Injun　グループ名＝大国男児　歌手　⑭韓国　⑮1992年3月9日　⑯2012

インス、ポール　Ince, Paul　サッカー監督　⑭英国　⑮1967年10月21日　⑯2000／2012

インスコア、ジム　Inscore, Jim　コンピュータ技術者　⑯2004

インスルサ、ホセ・ミゲル　Insulza, José Miguel　本名＝Insulza Salinas, José Miguel　政治家　米州機構（OAS）事務総長　元・チリ内相　⑭チリ　⑮1943年6月2日　⑯2008／2012

インソク　Inseok　グループ名＝SHU-I　歌手　⑭韓国　⑮1988年2月19日　⑯2012

インタクン、サクン　Intakul, Sakul　「トロピカル・カラー（日本語版）─熱帯の花々が彩るライフスタイル」の著者　⑯2008

イン・タム　In Tam　政治家　カンボジア民主党党首　元・クメール共和国首相　⑭カンボジア　⑮1922年　⑯1992／1996

インダンガシ、ヘンリー　文学者　ナイロビ大学文学部教授、ケニア作家協会会長、ケニア口承文学協会副会長　⑭ケニア　⑮1947年　⑯2004／2008

インチケープ伯爵（第3代）　Inchcape, 3rd Earl of　本名＝インチケープ、ケネス　実業家　元・P&O社会長　⑭英国　⑮1917年12月27日　⑰1994年3月17日　⑯1992／1996

インチーザ、ニコロ　Incisa, Nicolò　実業家　サン・グイード農園社長　⑭イタリア　⑮1936年　⑯2012

インディアナ、ゲーリー　Indiana, Gary　作家　⑭米国　⑮1950年　⑯1992／1996

インディアナ、ロバート　Indiana, Robert　画家　⑭米国　⑮1928年　⑯1992

インディノク、イワン・イワノヴィチ　ノボシビルスク市長　⑭ソ連　⑯1992

インディラ、M.K.　Indira, M.K.　作家　⑭インド　⑯1996

インテマ、セオドア　元・フォード社副社長、元・シカゴ大学教授　⑬統計学、会計学　⑭米国　⑮1985年9月20日　⑯1992

インデューニ、M.　エッジ・テクノロジー（米国）社長　⑭米国　⑯1992

インデュライン、ミゲル　Induráin, Miguel　元・自転車選手　⑭スペイン　⑮1964年7月16日　⑯1992／1996／2000

インドラ、アロイス　Indra, Alois　政治家　元・チェコスロバキア共産党幹部会員・連邦議会議長　⑭チェコスロバキア　⑮1921年3

月17日 [没]1990年8月2日 [典]1992

インドラ, フリッツ エンジニア ゼネラル・モーターズ(GM)グループ先端技術責任者 [専]自動車開発, 次世代自動車 [典]2000

イントリリゲーター, マイケル Intriligator, Michael David 経済学者 カリフォルニア大学ロサンゼルス校教授 [専]計量経済学, 軍縮・軍備管理論, 安全保障の経済学 [国]米国 [生]1938年2月5日 [典]1996

インナウアー, アントン スキーコーチ, 元・スキー選手(ジャンプ) [国]オーストリア [典]1996

インネルホファー, クリストフ Innerhofer, Christof スキー選手(アルペン) [国]イタリア [生]1984年12月17日 [典]2012

インノチェンティ, ロベルト Innocenti, Roberto イラストレーター [国]イタリア [生]1940年 [典]1992／1996／2000／2004／2008／2012

インバー, デービッド Imber, David G. 編集者 [国]米国 [典]2000

インバート, ピーター・M. ロンドン警視庁警視総監 [国]英国 [典]1992

インバル, エリアフ Inbal, Eliahu 指揮者 東京都交響楽団首席指揮者, フェニーチェ歌劇場音楽監督 元・ベルリン交響楽団首席指揮者, 元・フランクフルト放送交響楽団首席指揮者 [国]イスラエル [生]1936年2月16日 [典]1992／1996／2004／2008／2012

インピー, オリバー・R. 日本美術研究家 オックスフォード大学教授・附属アシュモリアン美術博物館東洋美術部長 [専]日本の輸出美術品, 有田焼 [国]英国 [生]1936年5月28日 [典]1996／2000

インブルーリア, ナタリー Imbruglia, Natalie Jane 歌手 [国]英国 [生]1975年2月4日 [典]2000／2004／2012

インボーデン, クリストフ Imboden, Christoph 国際鳥類保護会議(ICBP)事務局長 [専]野鳥の生態学 [国]スイス [典]1992

インボーデン, トリス Imboden, Tris グループ名=シカゴ ロックドラム奏者 [国]米国 [生]1951年7月27日 [典]2004

インホフ, ジェームズ Inhofe, James 本名=Inhofe,James Mountain 政治家 米国上院議員(共和党) [国]米国 [生]1934年11月17日 [典]1996／2000／2004／2012

インマゼール, ジョス・ファン Immerseel, Jos van チェンバロ奏者, フォルテピアノ奏者, 指揮者 アニマ・エテルナ・オーケストラ指揮者・音楽監督 元・スウェーリンク音楽院学長 [国]ベルギー [生]1945年 [典]1992／2000／2004／2008／2012

インマン, ボビー・レイ Inman, Bobby 元・軍人 元・米国中央情報局(CIA)副長官 [国]米国 [生]1931年4月4日 [典]1996

インメンドルフ, ヨルク 画家 [国]ドイツ [生]1945年 [典]1996

インモン, ビル Inmon, Bill 本名=インモン,ウィリアム システム・コンサルタント パイン・コーン・システムズ創設者 [専]データ管理, データウェアハウス [国]米国 [典]2000

インラック・シナワット Yingluck Shinawatra 政治家, 実業家 タイ首相 [国]タイ [生]1967年6月21日 [典]2012

【ウ】

ウ・イングン 禹 麟根 ソウル大学名誉教授 [国]韓国 [生]1914年1月17日 [典]1996

ウ・インホ 記者 [国]韓国 [典]2008

ウー, ウェイウェイ Wuu, Weiwei 本名=巫謝慧 二胡奏者 [国]中国 [生]1968年 [典]2004／2008(ウェイウェイ・ウー)／2012

ウ・エイショウ 于 永昌 Yu, Yong-chang 医師, 気功師 国際気功協会会長 [専]東洋医学, 気功 [国]中国 [生]1951年 [典]1992／1996／2000

ウ・エイハ 于 永波 Yu, Yong-bo 軍人, 政治家 中国人民解放軍総政治部主任・上将, 中国共産党中央軍事委員会委員 [国]中国 [生]1931年9月 [典]1992／1996／2000／2004／2008

ウ・ガクゾウ 于 学増 華寧貿易社長, 遼寧対外貿易公司常務董事・副総経理 [国]中国 [生]1944年 [典]1992／1996

ウ・キチヘイ 于 吉平 射撃選手 [国]中国 [生]1956年 [典]1996

ウ・キョウ 于 強 作家 [国]中国 [生]1944年12月 [典]1996

ウ・ギョクリン 于 玉林 Yu, Yu-lin 会計学者 天津財経学院会計学系教授 [国]中国 [典]2004

ウ・ゲンヘイ 于 元平 実業家 熊谷組(香港)会長 [国]香港 [典]2000

ウ・コウエン 于 光遠 Yu, Guang-yuan 号=一于 経済学者 元・中国社会科学院副院長, 元・北京大学教授 [国]中国 [生]1915年7月15日 [没]2013年9月26日 [典]1992／1996

ウ・コウオン 于 洪恩 政治家 中華全国総工会書記処第一書記 元・中国共産党中央委員 [国]中国 [生]1927年 [典]1996

ウ・コウトク 于 厚徳 元・中国全人代代表・蘭州軍区政治部主任 [国]中国 [没]1984年3月16日 [典]1992

ウー, ゴードン Wu, Gordon 中国名=胡応湘 実業家 ホープウェル・ホールディングス会長 [国]香港 [生]1935年12月3日 [典]1996／2000

ウ・サイセイ 于 再清 Yu, Zai-qing 国際オリンピック委員会(IOC)副会長, 中国オリンピック委員会(COC)副会長 [国]中国 [生]1951年 [典]2004／2008／2012

ウー, サビオー ピッツバーグ大学教授 [専]整形外科 [国]米国 [典]2000

ウー, ジェイソン Wu, Jason ファッションデザイナー [典]2012

ウ・シガク 于 志学 画家 黒龍江省国画研究会会長, 中国美術家協会黒龍江分会副主席 [国]中国 [生]1935年 [典]1992／1996

ウー, ジャッキー Woo, Jacky 俳優, 歌手 [生]1960年 [典]2012

ウ・シュウカ 于 集華 陶芸家 虹華窰業公司会長 [国]中国 [典]1996

ウ・シュクセイ 于 淑青 深圳市羅湖区経済発展公司総経理 [国]中国 [典]1992／1996

ウ・ジュング 禹 重九 実業家 デジタルウェイ創業者 [国]韓国 [典]2004

ウー・ショウイン 本名=呉竹慶子 漢字名=呉小芸 歌手 [国]中国 [生]1963年7月4日 [典]1992

ウー, ジョン Woo, John 中国名=呉宇森 映画監督, 映画プロデューサー [国]香港 [生]1946年9月23日 [典]1992／1996／2000／2004／2008／2012

ウ・ジョンオク 禹 鍾億 啓明大学音楽大学長 [国]韓国 [生]1931年12月7日 [典]1996

ウ・ジョンホ 禹 鐘淏 外交官 元・在福岡韓国総領事 [国]韓国 [典]2004

ウ・シンブ 于 振武 Yu, Zhenwu 軍人, 元・パイロット 元・中国人民解放軍空軍司令官 [国]中国 [生]1931年 [典]1996／2000

ウー, スティーブン Wu, Stephen コンピューター技術者, 弁護士 [国]米国 [典]2004／2008

ウ・セイ 于 青 ジャーナリスト 「人民日報」東京特派員 [国]中国 [生]1952年 [典]1992／1996

ウ・ゼシ 于 是之 Yu, Shi-zhi 俳優 元・中国戯劇家協会副主席 [国]中国 [生]1927年7月9日 [没]2013年1月20日

ウ・セン 于 船 本名=孫裕川 旧名=孫英 獣医 中国畜牧獣医学会副理事長, 中国獣医研究会会長, 『中国獣医』編集主幹 [国]中国 [生]1924年 [典]1996

ウ・ソウヘイ 鄔 滄萍 人口学者 中国人口学養成センター副主任, 中国人口学会秘書長, 北京市人口学会会長 [国]中国 [生]1922年 [典]1996

ウ・ソクホ 禹 奭鎬 SBS(ソウル放送)報道理事 [国]韓国 [生]1940年7月25日 [典]1996

ウ・ソックン 禹 晳熏 経済学者 延世大学文化人類学科講師 [国]韓国 [典]2012

ウ・ソンスク ソプラノ歌手 [国]北朝鮮 [典]2000

ウ・タイキン 于 黛琴 翻訳家, 元・女優 中国青年芸術劇院 [国]中国 [典]1992／1996

ウ・タイブ 于 大武 Yu, Dawu 児童画家, 美術書編集者 中国人民美術出版総社児童月刊誌編集長 [国]中国 [生]1948年 [典]1992／1996／2004

ウー, ダニエル Wu, Daniel 中国名=呉彦相 俳優 [生]1974年9月30日 [典]2004／2008／2012

ウ・チジュン 于 致順 旧名=于治舜 医師 黒龍江中医学院鍼灸系主任 ⑱中国 ⑭1931年 ㊙1996

ウ・チャンモク 禹 賛穆 Woo, Chan-mok 銀行家 朝興銀行長 ⑱韓国 ⑭1936年11月30日 ㊙2000

ウ・チュウカ 于 仲嘉 医師 上海第二医科大学教授 整骨科 ⑱中国 ⑭1929年 ㊙1996

ウー・ティエンミン Wu, Tian-ming 漢字名=呉天明 映画監督 元・西安映画製作所所長 ⑱中国 ⑭1939年10月19日 ⑯2014年3月4日 ㊙1996(呉 天明 ゴ・テンメイ)／2000(呉 天明 ゴ・テンメイ)／2008／2012

ウー, デービッド Wu, David 中国名=呉大維 ビデオジョッキー, 俳優, 歌手 ⑱米国 ⑭1966年10月2日 ㊙2000

ウー, デービッド 中国名=呉燕和 香港中文大学人類学科主任教授 ⑱米国 ⑭1940年 ㊙2000

ウー, デービッド 中国名=呉振偉 政治家 米国下院議員(民主党) ⑱米国 ㊙2000

ウ・ドンチュク 禹 東則 U, Dong-chuk 軍人 朝鮮労働党政治局員候補・中央軍事委員, 北朝鮮国家安全保衛部第1副部長, 朝鮮人民軍大将 ⑱北朝鮮 ⑭1942年8月8日

ウ・ナムギュン 禹 南均 Woo, Nam-kyun 実業家 LG電子社長 ⑱韓国 ⑭1949年6月14日 ㊙2008

ウー, ノーベルト Wu, Norbert 写真家 ⑳水中写真 ⑱米国 ⑭1961年 ㊙1996

ウ・バイ 于 梅 パラシュート選手 ⑱中国 ⑭1963年 ㊙1996

ウー, バネス Wu, Vanness 中国名=呉建豪 グループ名=F4 歌手, 俳優 ⑱米国 ⑭1978年8月7日 ㊙2008／2012

ウー, ハリー Wu, Harry 中国名=呉弘達 人権活動家 ⑱米国 ⑭1937年 ㊙1996／2000

ウー・ハン 中国名=呉茵 ピアニスト ⑱米国 ㊙1992／1996

ウ・ヒ 于 飛 元・中国広東省人民代表大会副主任 ⑱中国 ⑭1929年 ㊙2000

ウー, ピーター Woo, Peter 中国名=呉光正 実業家 ウィーロック・ワーフ会長 ⑱香港 ⑭1946年 ㊙1992／1996／2000

ウー, ビビアン Wu, Vivian 中国名=鄔君梅 女優 ⑱中国 ⑭1966年2月5日 ㊙1992／2000／2004／2008

ウ・ビョウ 于 苗 ファッションモデル ⑱中国 ⑭1976年 ㊙1996

ウ・ヒョドン 禹 孝東 プロ野球選手(外野手) ⑱韓国 ⑭1970年2月9日 ㊙1996

ウ・ビョンギュ 禹 炳奎 韓国中央選挙管理委員 ⑱韓国 ⑭1929年11月20日 ㊙1996

ウー, ファン Wu, Fan 作家 ㊙2012

ウー・ファン 伍 芳 Wu, Fang 中国古筝奏者, 作曲家 ⑱中国 ⑭1972年 ㊙1996(ゴ・ホウ)／2000(ゴ・ホウ)／2004／2008／2012

ウ・フクン 于 付訓 「性愛の中国史」の共訳者 ⑱中国 ⑭1966年 ㊙2004

ウ・ヘイアン 烏 丙安 Wu, Bing-an 遼寧大学民俗研究中心主任教授 ⑳中国民俗学 ⑱中国 ⑭1929年 ㊙1996

ウー, ペース Wu, Pace 本名=呉佩慈 女優, 歌手 ⑱台湾 ⑭1978年10月4日 ㊙2000／2012

ウ・ホウトウ 于 鳳桐 Yu, Feng-tong スピードスケート選手 ⑱中国 ⑭1984年12月15日

ウー・ホン 美学者 シカゴ大学特任教授 ⑱中国 ⑭1945年 ㊙2008

ウ・マツガ 于 沫我 本名=杜又明 作家 ⑱中国 ⑭1915年 ㊙1992

ウ・ユリン 武 宇林 中国西北第二民族学院社会人類学・民族学研究所副所長, 教授 ⑭1955年 ㊙2008

ウ・ヨウ 于 洋 俳優, 映画監督 北京映画製作所俳優・監督 ⑱中国 ⑭1930年 ㊙1996

ウ・ヨウ 于 洋 Yu, Yang バドミントン選手 北京五輪バドミントン女子ダブルス金メダリスト ⑱中国 ⑭1986年4月7日 ㊙2012

ウ・ヨンドゥク 禹 竜得 プロ野球コーチ ⑱韓国 ⑭1950年2月13日 ㊙1996

ウ・ヨンヒ 禹 娟姫 女優 ⑱韓国 ⑭1970年4月9日 ㊙1996

ウー・ルーチュン 呉 汝俊 Wu, Ru-jun 芸名=呉東山 京胡奏者, 新京劇俳優 中国戯曲学院教授 ⑱中国 ⑭1963年 ㊙1996(ゴ・ジョシュン)／2004／2012

ヴァイアンクール, レミ Vaillancourt, Rémi 数学者 オタワ大学理学部数学科教授 ⑱カナダ ⑭1934年 ㊙2004

ヴァイオレット, ウルトラ Violet, Ultra 本名=デュフレーヌ, イザベル・コラン 「さよなら、アンディー・ウォーホルの60年代」の著者 ⑱フランス ⑭1935年 ㊙1992(バイオレット, ウルトラ)

ヴァイカート, マイケル Weikath, Michael グループ名=ハロウィン ロック・ギタリスト ⑱ドイツ ⑭1962年8月7日 ㊙2000／2008／2012

ヴァイクス, マリー・キャロライン・フォン Weichs, Marie-Caroline Von 「CEOアカデミー——最高の経営者たちが教える企業経営の極意」の著者 ㊙2008

ヴァイグル, エンゲルハルト Weigl, Engelhard アデレード大学ドイツ文学科教授 ⑳ドイツ文学, 哲学, 教育学 ⑱ドイツ ⑭1943年 ㊙1996(ワイグル, エンゲルハルト)

ヴァイグレ, セバスティアン Weigle, Sebastian 指揮者 フランクフルト歌劇場音楽監督 ⑱ドイツ ⑭1961年 ㊙2012

ヴァイゲルト, ウド Weigelt, Udo 児童文学作家 ⑱ドイツ ⑭1960年 ㊙2004

ヴァイス, ダヴィッド Weiss, David 現代美術家 ⑱スイス ⑭1946年 ⑯2012年4月27日 ㊙2012

ヴァイセンシュタイナー, フリードリヒ Weissensteiner, Friedrich 歴史家 ⑳オーストリア史 ⑱オーストリア ⑭1923年 ㊙2000

ヴァイセンバッハー, マンフレート Weissenbacher, Manfred 経営コンサルタント, 著述家 ⑱オーストリア ㊙2004

ヴァイデンフェルト, ヴェルナー Weidenfeld, Werner ヨハネス・グーテンベルク大学(マインツ大学)政治学教授 ⑳政治学 ⑱ドイツ ⑭1947年7月2日 ㊙1996(ワイデンフェルト, ベルナー)

ヴァイト, ハラルト Weydt, Harald Europa-Universität Viadrina言語学科主任教授 ⑳比較言語学, 社会言語学, ドイツ語学 ⑱ドイツ ⑭1938年 ㊙1996(ワイト, ハラルト)

ヴァイトマン, イエンス Weidmann, Jens ドイツ連邦銀行総裁 ⑱ドイツ

ヴァイネルト, フランツ Weinert, Franz Emanuel 心理学者 ハイデルベルク大学名誉教授 ⑱ドイツ ⑭1930年9月9日 ㊙1996(ワイネルト, フランツ)

ヴァイブリンガー, アンジェラ Waiblinger, Angela 心理療法家 ⑭1938年 ㊙2000

ヴァイラー, クラウス Weiler, Kraus エッセイスト ⑱ドイツ ⑭1928年 ㊙2000

ヴァイラオホ, ヴォルフガング Weyrauch, Wolfgang 作家 ⑱ドイツ ⑭1907年 ㊙1996(ワイラオホ, ボルフガング)

ヴァイリッヒ, クラウス Weyrich, Claus 実業家 シーメンス上級副社長 ⑱ドイツ ⑭1944年1月6日 ㊙2004

ヴァインガルテン, エルマー ベルリン・フィルハーモニー管弦楽団総監督 ⑱ドイツ ⑭1942年 ㊙2000

ヴァインドルッヒ, リチャード Weindruch, Richard ウィスコンシン大学医学部准教授・老化研究所副所長, 老年病研究教育診療センター研究員 ⑳老年病 ⑱米国 ㊙2000

ヴァインベルク, ヨハネス Weinberg, Johannes ミュンスター大学継続教育部教授 ⑳成人教育学 ⑱ドイツ ⑭1932年 ㊙1996(ワインベルク, ヨハネス)

ヴァインホルト, アンゲラ Weinhold, Angela イラストレーター ㊙2004

ヴァインリヒ, ハラルト Weinrich, Harald コレージュ・ド・フランス教授 ⑳ロマンス学 ⑱ドイツ ⑭1927年 ㊙2000

ヴァヴィロフ, アンドレイ Vavilov, Andrei P. 経済学者 ロシア財務省第1次官 ⑳数理経済学, 産業連関論 ⑱ロシア ⑭1961年 ㊙1996(バビロフ, アンドレイ)

ヴァヴェン, ベン　Verwaayen, Ben　実業家　アルカテル・ルーセントCEO　元・ブリティッシュ・テレコム（BT）CEO　[国]オランダ　[生]1952年2月　[典]2004／2008／2012

ヴァウクスキ, ヴィエスワフ　Wałkuski, Wiesław　画家, イラストレーター　[国]ポーランド　[生]1956年　[典]1996（バウクスキ, ビエスワフ）

ウァキ, ファビアン　Ouaki, Fabien　実業家　タチ・グループ会長　[国]フランス　[典]2004／2008

ヴァギネル　Vagner　本名=Silva Sarti,Vagner da　サッカー選手（MF）　[国]ブラジル　[生]1978年1月9日　[典]2004

ヴァキル, アルダシール　Vakil, Ardashir　作家　[国]インド　[生]1962年　[典]2004／2008

ヴァーゲナー, ゲルダ　Wagener, Gerda　絵本作家　[国]ドイツ　[生]1953年　[典]2000

ヴァーゲンバッハ, クラウス　Wagenbach, Klaus　編集者　K・ヴァーゲンバッハ書店経営　[国]ドイツ　[生]1930年　[典]1996（ワーゲンバッハ, クラウス）

ヴァサタ, ヴィリム　アートディレクター　ティームBBDO社会長　[国]ドイツ　[典]1992（バサタ, ビリム）

ヴァザレリー, ヴィクトル　Vasarely, Victor　画家　[国]フランス　[生]1908年4月9日　[没]1997年3月15日　[典]1992（バザレリー, ビクトル）

ヴァジラーニ, V.V.　Vazirani, Vijay V.　コンピューター科学者　[専]アルゴリズム　[典]2004

ヴァシレ, ラドゥ　Vasile, Radu　政治家　元・ルーマニア首相　[国]ルーマニア　[生]1942年10月10日　[典]2000

ヴァス, シーラ　Vance, Sheila　メガネデザイナー　サマ社長　[典]2004

ヴァズ, マーク・コッタ　Vaz, Mark Cotta　ライター　[国]米国　[典]2004

ヴァスク, マチアス　版画家　[国]ドイツ　[生]1944年　[典]1992（バスク, マチアス）

ヴァスティッチ, イヴィカ　Vastic, Ivica　サッカー選手（FW）　[国]オーストリア　[生]1969年9月29日　[典]2000／2004／2008／2012

ヴァスール, ヴェロニック　Vasseur, Véronique　医師　[専]拘禁医学　[国]フランス　[生]1951年　[典]2004

ヴァスルカ, ウッディ　Vasulka, Woody　ビデオアーティスト　[国]チェコスロバキア　[生]1937年　[典]1992（バスルカ, ウッディ）

ヴァセラ, ダニエル　Vasella, Daniel　実業家, 医師　ノバルティス会長・CEO　[国]スイス　[生]1953年　[典]2000／2012

ヴァッシーリ, アモリ　Vassili, Amaury　テノール歌手　[国]フランス　[生]1989年

ヴァッシーレヴァ, タチアナ　チェロ奏者　[国]ロシア　[生]1977年　[典]1996（バッシーレバ, タチアナ）

ヴァッスムー, ハルビヨルグ　Wassmo, Herbjorg　作家　[国]ノルウェー　[典]2000

ヴァットヴィール, ロレンス・ド　Watteville, Laurence de　IUT　[専]文化的イベント, 芸能史, メディア論　[国]フランス　[生]1965年　[典]1996（バットビール, ロレンス・ド）

ヴァーツラヴィーク, ミラン　Václavík, Milan　政治家, 軍人　元・チェコスロバキア国防相　[国]チェコスロバキア　[生]1928年3月31日　[典]1992（バーツラビーク, ミラン）／1996（バーツラビーク, ミラン）

ヴァツリーク, ルドヴィーク　Vaculík, Ludvík　作家　[国]チェコスロバキア　[生]1926年7月23日　[典]1992（バツリーク, ルドビーク）

ヴァディム, ロジェ　Vadim, Roger　本名=プレミアニコフ, ロジェ・ヴァディム　映画監督　[国]フランス　[生]1928年1月26日　[没]2000年2月11日　[典]1992（バディム, ロジェ）／1996（バディム, ロジェ）

ヴァドゥヴァ, レオンティーナ　Vaduva, Leontina　ソプラノ歌手　[生]1962年　[典]2000／2004／2008

ヴァドゥバ, イリエ　Vaduva, Ilie　政治家　元・ルーマニア外国貿易相　[国]ルーマニア　[典]1992（バドウバ, イリエ）

ヴァナス, D.J.　Vanas, D.J.　カウンセラー, 作家　[国]米国　[典]2012

ヴァネック, ピエール　Vaneck, Pierre　俳優　[国]フランス　[生]1931年4月15日　[没]2010年1月31日

ヴァネル, シャルル　Vanel, Charles　映画俳優　[国]フランス　[生]1892年8月21日　[没]1989年4月15日　[典]1992（バネル, シャルル）

ヴァプニャール, ラーラ　Vapnyar, Lara　作家　[国]米国　[生]1971年　[典]2012

ヴァラ, クリスティン　Valla, Kristin　ジャーナリスト, 作家　[国]ノルウェー　[生]1975年　[典]2008

ヴァラダーレス, リシア・ド・プラド　Valladares, Lícia Do Prado　リオデジャネイロ連邦大学教授　[専]社会政治学　[国]ブラジル　[生]1946年　[典]1996（バラダーレス, リシア・ド・プラド）

ヴァラダン, アルフレード　Valladào, Alfredo　政治経済学者　パリ政治学院教授　[専]国際関係論　[典]2004

ヴァリ, アリダ　Valli, Alida　本名=Altenburger,Alida Maria　女優　[国]イタリア　[生]1921年5月3日　[没]2006年4月22日　[典]1992（バリ, アリダ）

ヴァリ, エリック　Valli, Eric　映画監督, 写真家, 作家　[国]フランス　[典]2004

ヴァーリ, マルコス　Valle, Marcos　ボサノバ歌手, 作曲家　[国]ブラジル　[典]2000

ヴァリア, ラドゥ　Varia, Radu　キュレーター　コンスタンティン・ブランクーシ・インターナショナル財団創立者　[国]ルーマニア　[生]1940年　[典]1996（バリア, ラドゥ）

ヴァリエー, ラーシュ　Vargö, Lars　外交官, 日本文学研究家　駐韓国・スウェーデン大使　[国]スウェーデン　[生]1947年　[典]1996（バリエー, ラーシュ）／2000（バリエー, ラーシュ）／2004／2008／2012

ヴァリツキー, タマシュ　映像作家　[国]ハンガリー　[生]1959年　[典]2000

ヴァリッキオ, イーダ　Varricchio, Eda　画家　[国]米国　[生]1923年3月24日　[典]2004（バリッキオ, イーダ）／2008（バリッキオ, イーダ）／2012

ヴァリーン, アンダース　サンドビック社長　[国]スウェーデン　[生]1946年　[典]1996（バリーン, アンダース）／2000

ヴァリーン, ウルリカ　ガラス工芸家　[国]スウェーデン　[生]1938年　[典]1996（バリーン, ウルリカ）

ヴァリーン, バーティル　ガラス工芸家　[国]スウェーデン　[生]1938年　[典]1996（バリーン, バーティル）

ヴァール, アルフレッド　Wahl, Alfred　歴史学者　メッス大学教授　[専]ドイツ現代史　[典]2004

ヴァル, エリー・ウルド・モハメド　Vall, Ely Ould Mohamed　政治家, 軍人　モーリタニア軍事評議会議長　[国]モーリタニア　[生]1952年　[典]2008／2012

ヴァル・エスクリュー, ホルディ　Vall Escriu, Jordi　画家　[国]スペイン　[生]1928年　[典]1992（バル・エスクリュー, ホルディ）／1996（バル・エスクリュー, ホルディ）

ウーアルカイシ　Wuerkaixi　全名=多莱特・吾爾開希, 別名=吾爾凱西　中国民主化運動指導者　元・民主中国陣線副主席　[国]台湾　[生]1968年2月17日　[典]1992／1996／2000／2012

ヴァルガス, フレッド　Vargas, Fred　作家　[国]フランス　[典]2012

ヴァルガス, ラモン　Vargas, Ramon　テノール歌手　[国]メキシコ　[生]1960年　[典]2004／2008／2012

ヴァルギツォヴァ, ルヴィツァ　Wargizowa, Luviza　ソプラノ歌手　[典]2004／2008

ヴァールクヴィスト, マグヌス　Vahlquist, Magunus　外交官　駐日スウェーデン大使　[国]スウェーデン　[生]1938年　[典]1996（バールクビスト, マグヌス）

ヴァルグレン, アンニカ　Wallgren, Annika　元・FUB附属研究所ALA研究員　[国]スウェーデン　[典]2004

ヴァルグレン, カール・ヨーハン　Vallgren, Carl-Johan　作家　[国]スウェーデン　[生]1964年　[典]2012

ヴァルコニ, P.　Várkonyi, Péter　政治家　元・ハンガリー外相　[国]ハンガリー　[生]1931年　[典]1992（バルコニ, P.）

ヴァルス, マニュエル　Valls, Manuel Carlos　政治家　フランス首相　[国]フランス

ウ

ヴァルダ, アニエス　Varda, Agnès　映画監督, 脚本家, 写真家　[国]フランス　[生]1928年5月30日　[典]1992（バルダ, アニエス）／1996（バルダ, アニエス）／2000／2004／2008／2012

ヴァルター, ジーリア　Walter, Silja　詩人, 作家, 劇作家　[国]スイス　[生]1919年　[典]1992

ヴァルター, マンフレート　Walther, Manfred　ハノーファー大学教授, スピノザ・ゲゼルシャフト（スピノザ協会）代表,「Studia Spinozana」誌主幹　[専]スピノザの社会理論　[国]ドイツ　[生]1938年　[典]1996（ワルター, マンフレート）

ヴァルタニアン, アイヴァン　Vartanian, Ivan　装丁家　[典]2004

ヴァルタン, シルヴィ　Vartan, Sylvie　歌手, 女優　[国]フランス　[生]1944年8月15日　[典]1992（バルタン, シルビー）／1996（バルタン, シルビー）／2000／2004／2008／2012

ヴァルタン, マイケル　Vartan, Micael　俳優　[国]米国　[典]2000

ヴァルツ, クリストフ　Waltz, Christoph　俳優　[国]オーストリア　[生]1956年10月4日　[典]2012

ヴァルツ, サシャ　Waltz, Sasha　ダンサー, 振付師　サシャ・ヴァルツ&ゲスツ主宰, ベルリン・シャウビューネ劇場芸術監督　[専]コンテンポラリー・ダンス　[国]ドイツ　[典]2008／2012

ヴァルデ・マール　Walde-Mar de Andrade e Silva　画家　[国]ブラジル　[生]1933年　[典]2000

ヴァルデンゴ, ジュゼッペ　Valdengo, Giuseppe　バリトン歌手　[国]イタリア　[生]1914年5月24日　[典]2000

ヴァルデンブルク, ヘルマン　Waldenburg, Hermann　画家, グラフィック作家, 家具・オブジェ・デザイナー　[専]デザイン　[国]ドイツ　[生]1940年　[典]1992（バルデンブルク, ヘルマン）

ヴァルニエ, レジス　Wargnier, Rejis　映画監督　[国]フランス　[生]1948年　[典]1996（バルニエ, レジス）／2004／2008

ヴァルヒャ, ヘルムート　Walcha, Helmut　オルガン奏者, 作曲家　[国]ドイツ　[生]1907年10月27日　[没]1991年8月11日　[典]1992（バルヒャ, ヘルムート）

ヴァルムート, ズザンネ　Warmuth, Susanne　生物学者, 編集者　[生]1959年　[典]2008

ヴァルンケ, マルティン　Warnke, Martin　ハンブルク大学教授　[専]美術史　[国]ドイツ　[生]1937年　[典]1996（ワルンケ, マルティン）／2000／2008

ヴァレ, オドン　Vallet, Odon　宗教学者　パリ第1大学, パリ第7大学　[国]フランス　[生]1947年　[典]2004

ヴァレーク, ウラジミール　Válek, Vladimír　指揮者　プラハ放送交響楽団首席指揮者, チェコ・フィルハーモニー首席指揮者　[国]チェコ　[生]1935年9月2日　[典]2000

ヴァーレク, ミロスラウ　Válek, Miroslav　詩人　チェコスロバキア作家同盟議長　[国]チェコスロバキア　[生]1927年　[典]1992（バーレク, ミロスラウ）

ヴァレジョン, アドレアナ　Varejão, Adriana　現代美術家, 画家　[国]ブラジル　[生]1964年　[典]2008／2012

ヴァーレリー, バーナデット　Vallely, Bernadette　環境保護運動家　女性環境ネットワーク（WEN）会長　[国]英国　[典]1992（バーレリー, バーナデット）

ヴァレル, シルヴィ　Valayre, Sylvie　ソプラノ歌手　[国]フランス　[典]2004／2008

ヴァレーン, モッセ　Wallen, Mosse　ジャーナリスト　[国]フィンランド　[典]2004

ヴァレンシア　ロック歌手　[国]オランダ　[典]2000

ヴァレンタ, アレシュ　Valenta, Ales　スキー選手（フリースタイル）　[国]チェコ　[生]1973年2月6日　[典]2004

ヴァレンティーニ, ジャコモ　Valentini, Giacomo　本名＝ヴァレンティーニ, ジャコモ・マリオ　実業家　オロビアンコ社長　[国]イタリア

ヴァレンティーニ・テッラーニ, ルチア　Valentini-Terrani, Lucia　メゾソプラノ歌手　[国]イタリア　[生]1946年8月29日　[没]1998年6月11日　[典]1992（バレンティーニ・テッラーニ, ルチア）

ヴァレンティノ　Valentino　本名＝ガラヴァーニ, ヴァレンティノ　ファッションデザイナー　[国]イタリア　[生]1932年5月11日　[典]1996（ガラバーニ, バレンティノ）／2000（ガラヴァーニ, ヴァレンティノ）／2008／2012

ヴァレンティノ, マリオ　デザイナー　[専]革デザイン　[国]イタリア　[没]1991年1月31日　[典]1992（バレンティノ, マリオ）

ヴァロツォス, パナイオティス　Varotsos, Panayiotis　物理学者　アテネ大学教授　[専]地震　[国]ギリシャ　[典]1996（バロツォス, パナイオティス）

ヴァロー・ベルカセム, ナジャット　Vallaud-Belkacem, Najat　政治家　フランス女性の権利相・政府報道官　[国]フランス　[生]1977年10月4日

ヴァロワール, フレデリック　Valloire, Frédéric　パリ第12大学助教授　[国]フランス　[典]2004

ヴァロン, マリー・ドゥ　Valon, Marie De　画家　[国]フランス　[生]1948年　[典]1992（バロン, マリー・ドゥ）

ヴァンアイク, アレクサンダー・D.　元・アップル・コンピュータ・ジャパン社長　[国]米国　[生]1941年4月25日　[典]1992（バンアイク, アレクサンダー・D.）

ヴァンクリーヴ, テッド　VanCleave, Ted　「馬鹿で間抜けな発明品たち」の著者　[典]2008

ヴァンクレー, マルタン　Winckler, Martin　作家, 医師　[国]フランス　[生]1955年　[典]2012

ヴァンゲリス　Vangelis　本名＝パパサナシュー, エヴァンゲロス　旧バンド名＝アフロディテス・チャイルド　シンセサイザー奏者, 作曲家　[国]ギリシャ　[生]1943年3月29日　[典]2008／2012

ヴァン・コーヴラール, ディディエ　Van Couwelaert, Didier　作家　[国]フランス　[生]1960年　[典]1996（バン・コーブラール, ディディエ）

ヴァンサン, ガブリエル　Vincent, Gabrielle　本名＝マルタン, モニク　絵本作家, 画家　[国]ベルギー　[没]2000年9月24日　[典]1992（バンサン, ガブリエル）／1996（バンサン, ガブリエル）／2000

ヴァンサン, クリスチャン　Vincent, Christian　映画監督　[国]フランス　[生]1955年　[典]1992（バンサン, クリスチャン）

ヴァンサン, ジャン・ディディエ　Vincent, Jean-Didier　ボルドー第2大学神経生理学教授　[専]神経生理学　[国]フランス　[典]1996（バンサン, ジャン・ディディエ）

ヴァンサン, トマ　Vincent, Thomas　映画監督　[国]フランス　[生]1964年　[典]2000

ヴァンジ, ジュリアーノ　Vangi, Giuliano　彫刻家　[国]イタリア　[生]1931年3月13日　[典]1996（バンジ, ジュリアーノ）／2000／2004／2012

ヴァンスカ, オスモ　Vänskä, Osmo　指揮者　ミネソタ管弦楽団音楽監督　元・ラハティ交響楽団音楽監督　[国]フィンランド　[生]1953年　[典]2004／2008／2012

ヴァン・スロベ, アレクサンダー　Van Slobbe, Alexander　ファッションデザイナー　[国]オランダ　[生]1959年　[典]2000

ヴァン・ズワム, アルノ　Van Zuwam, Arno　サッカー選手（GK）　[国]オランダ　[生]1969年9月16日　[典]2004／2008

ヴァンダイク, フリッツ　ペリエヴィッテル社社長　[国]オランダ　[典]1996（バンダイク, フリッツ）／2000

ヴァン・ダム, シャルリー　Van Damme, Charlie　映画監督, 映画撮影監督　[国]ベルギー　[生]1946年5月30日　[典]1996（バン・ダム, シャルリー）

ヴァンチュラ, リノ　Ventura, Lino　本名＝ボルーニ, リノ　俳優　[国]フランス　[生]1919年7月14日　[没]1987年10月22日　[典]1992（バンチュラ, リノ）

ヴァンティロ, アルマン　ファッションデザイナー　[国]フランス　[生]1947年　[典]1996（バンティロ, アルマン）

ヴァン・デ・ヴェルデ, ジャン　Van De Velde, Jean　プロゴルファー　[国]フランス　[生]1966年5月29日　[典]1996（バン・デ・ベルデ, ジャン）／2000（バン・デ・ベルデ, ジャン）／2004／2008

ヴァンデケイビュス, ヴィム　Vandekeybus, Wim　演出家, 振付師, ダンサー, 映像作家　ウルティマ・ヴェス主宰　[専]モダンダンス　[国]ベルギー　[典]1996（バンデケイビュス, ビム）／2000

ヴァン・デ・ポール, エリック　Van de Poele, Eric　元・F1ドライバー　[国]ベルギー　[生]1961年9月30日　[典]1996（バン・デ・ポール,

エリック）／2000

ヴァン・デ・リート, H.　Van de Rijt, Hetty　小児科学者　[国]オランダ　[典]2008

ヴァンデルヴェーケン, ジョン　Vanderveken, John　国際自由労連（ICFTU）本部書記長　[国]ベルギー　[生]1930年2月4日　[典]1992（バンデルベーケン, ジョン）

ヴァン・デル・ハイデン, キース　Van derHeijden, Kees　経営学者　グローバル・ビジネス・ネットワーク共同設立者・ディレクター　[典]2004／2008

ヴァン・デル・ヒルスト, ロベール　写真家　[生]1940年　[典]1992（バン・デル・ヒルスト, ロベール）

ヴァンデルベーケ, ビルギット　Vanderbeke, Birgit　作家　[生]1956年　[典]2004／2008

ヴァンデルメルシュ, レオン　Vandermeersch, Léon　フランス国立高等研究院教授, フランス極東学院院長　[専]中国思想史, 中国法制史　[国]フランス　[典]1996（バンデルメルシュ, レオン）

ヴァント, ギュンター　Wand, Günter　指揮者　元・北ドイツ放送交響楽団終身名誉指揮者　[国]ドイツ　[生]1912年1月7日　[没]2002年2月14日　[典]1992（バント, ギュンター）／1996（ワント, ギュンター）／2000

ヴァン・パッセル, フランク　Van Passel, Frank　映画監督　[国]ベルギー　[生]1964年　[典]2000

ヴァンビーマ, マイケル　Van Biema, Michael　コロンビア大学ビジネススクール講師　[専]コーポレート・ファイナンス, 起業ファイナンス, バリュー投資　[典]2004

ヴァン・ヘイレン, エドワード　Van Halen, Edward　バンド名＝ヴァン・ヘイレン　ロック・ギタリスト　[国]米国　[生]1957年1月26日　[典]2000／2008／2012

ヴァンラール, ルック　エルエムエスジャパン技術部長　[国]ベルギー　[生]1962年　[典]2000

ウィ・キムウィ　Wee, Kim-wee　中国名＝黄金輝　政治家　元・シンガポール大統領　[国]シンガポール　[生]1915年11月4日　[没]2005年5月2日　[典]1992／1996

ウィ・ジョンヒョン　魏 晶玄　経済学者　韓国中央大学経営学科助教授　[国]韓国　[典]2008

ウィ・ソンボク　魏 聖復　銀行家　朝興銀行頭取　[国]韓国　[典]2004／2008

ウィー, ミシェル　Wie, Michelle　プロゴルファー　[国]米国　[生]1989年10月11日　[典]2004／2008／2012

ウィア, シャーリーン　Weir, Charlene　作家　[典]1996

ウィア, ジョニー　Weir, Johnny　本名＝Weir,John Garvin　元・フィギュアスケート選手　[国]米国　[生]1984年7月2日　[典]2012

ウィアー, チャールズ　Weir, Charles　コンピューターコンサルタント　[典]2004

ウィアー, ドフィ　Weir, Doffy　イラストレーター　[国]英国　[典]2004

ウィアー, ピーター　Weir, Peter Lindsay　映画監督　[国]オーストラリア　[生]1944年8月21日　[典]1992／2000／2008／2012

ヴィアイ　V.I　本名＝イスンヒョン　グループ名＝BIGBANG　歌手　[国]韓国　[生]1990年12月12日　[典]2012

ウィアーズマ, フレッド　Wiersema, Fred　ビジネスコンサルタント　ダイヤモンド・クラスター・ストラテジスト　[典]2004

ヴィアゼムスキー, アンヌ　Wiazemsky, Anne　作家, 女優　[国]フランス　[生]1947年　[典]2000／2004／2008／2012

ヴィアット, ジェルマン　ケ・ブランリー国立美術館準備館長　元・ポンピドー・センター国立近代美術館館長　[国]フランス　[生]1939年　[典]2000／2004

ヴィアラ, クロード　画家　[国]フランス　[生]1936年　[典]1996（ビアラ, クロード）

ヴィアル, ヴェロニク　Vial, Véronique　写真家　[国]フランス　[典]2008

ウィーヴァーバーグ, ジュリアン　Weverbergh, Julien　作家, 評論家　[生]1930年　[典]1992（ウィーバーバーグ, ジュリアン）

ヴィヴィオルカ, アネット　Wieviorka, Annette　歴史学者　フランス国立科学研究所研究主任　[典]2008

ヴィーヴェル, オーレ　Wivel, Ole　詩人　元・ギュレンダル出版社取締役　[国]デンマーク　[生]1921年　[典]1992（ビーベル, オーレ）

ヴィエラ, パトリック　Vieira, Patrick　元・サッカー選手　[国]フランス　[生]1976年6月23日　[典]2000（ヴィエイラ, パトリック）／2004／2008／2012

ヴィエラ・ダ・シルヴァ, マリア・エレナ　Vieira da Silva, Maria Elena　画家　[国]フランス　[生]1908年6月13日　[没]1992年3月6日　[典]1996（ビエラ・ダ・シルバ, マリア・エレナ）

ヴィエリ, クリスチャン　Vieri, Christian　サッカー選手（FW）　[国]イタリア　[生]1973年7月12日　[典]2000／2004／2008／2012

ヴィエン, ヴェロニク　Vienne, Véronique　ライター, 編集者, 企業コンサルタント　[典]2004

ヴィオースト, ジュディス　Viorst, Judith　作家　[国]米国　[生]1931年　[典]1992（ビオースト, ジュディス）

ヴィオッティ, マルチェロ　Viotti, Marcello　指揮者　元・ファニーチェ歌劇場音楽監督　[国]イタリア　[生]1954年　[没]2005年2月12日　[典]1996（ビオッティ, マルチェロ）／2000／2004

ヴィオレ, ファニー　Viollet, Fanny　手芸家　[専]刺し絵　[国]フランス　[典]2004／2008

ウィーガーズ, カール　Wiegers, Karl E.　コンピューターコンサルタント　[国]米国　[典]2004／2008

ヴィーガースハウス, ロルフ　Wiggershaus, Rolf　ルール大学精神科客員教授　[専]哲学　[国]ドイツ　[生]1944年　[典]2000

ヴィガン, デルフィーヌ・ドゥ　Vigan, Delphine De　作家　[国]フランス　[生]1966年　[典]2012

ウィキー, ジェニファー　Wicke, Jennifer A.　ニューヨーク大学助教授　[専]比較文学　[国]米国　[典]2000

ヴィギュド, アンドレ　Vigud, André　画家　[国]モロッコ　[生]1939年　[典]1992（ビグ, アンドレ）／2000

ウィギン, アディソン　Wiggin, Addison　「デイリー・レコニング」編集長　[典]2008

ウィギン, ジェリー　Wiggin, Jerry　本名＝Wiggin,Alfred William　政治家　元・英国下院議員　[国]英国　[生]1937年2月24日　[典]2000

ウィギンス, S.　Wiggins, Stephen　数学者　カリフォルニア工科大学応用機械科　[典]2004

ウィキンズ, ピーター　ニッサン・モーター・マニュファクチャリングUK取締役情報システム・人事部長　[国]英国　[典]1992

ウィギンズ, ブラッドリー　Wiggins, Bradley　自転車選手　アテネ五輪・北京五輪・ロンドン五輪金メダリスト　[国]英国　[生]1980年4月28日　[典]2008／2012

ウィギンズ, マリアンヌ　作家　「悪魔の詩」の作者サルマン・ラシディ氏の妻　[国]米国　[典]1992

ヴィーク, ヴィルフリート　Wieck, Wilfried　心理学者, セラピスト　レッシング単科大学講師　[生]1938年　[典]1992（ビーク, ビルフリート）／1996（ビーク, ビルフリート）／2000

ヴィーク, ドロテア　Wieck, Dorothea　女優　[国]ドイツ　[生]1908年　[没]1986年2月23日　[典]1992（ビーク, ドロテア）

ウィークス, エドワード　Weeks, Edward　元・「アトランチック・マンスリー」編集主幹　[国]米国　[生]1898年　[没]1989年3月11日　[典]1992

ウィークス, エリザベス　Weeks, Elizabeth　水球選手（GK）　[国]オーストラリア　[生]1971年9月22日　[典]2004

ウィークス, サラ　Weeks, Sarah　児童文学作家　[国]米国　[典]2012

ウィークス, シドニー・ハント　Weeks, Sidney H.　弁護士　サイバー・パテント・ドット・コム社長, テンプル大学ロースクール準教授　[国]米国　[典]2004

ウィークス, ジョン　Weeks, John　軍事専門家, 元・軍人　王立軍事大学歩兵兵器科教官　元・英国陸軍中佐　[国]英国　[典]2004

ウィークス, デービッド・ジョセフ　Weeks, David Joseph　神経心理学者　王立エディンバラ病院筆頭心理学臨床研究員　[国]米国　[典]2000

ウィークス, テリー　中学教師（セントラルミドルスクール）　[国]米国

ウ

ウィークス, リントン　Weeks, Linton　ジャーナリスト　国米国　歿2000

ヴィグセル, ハンス　Wigzell, Hans　免疫学者　スウェーデン国立感染症予防研究所所長　元・カロリンスカ医科大学学長　国スウェーデン　生1938年10月28日　歿1996(ビグセル, ハンス)／2004／2008／2012

ヴィクター, バーバラ　Victor, Barbara　ジャーナリスト, 作家　歿2004／2008

ヴィクトリア王女　Victoria, HRH Crown Princess　本名=Victoria Ingrid Alice Désirée,HRH Crown Princess　スウェーデン王女　国スウェーデン　生1977年7月14日　歿2004／2008／2012

ヴィクトール, ジャン・クリストフ　Victor, Jean-Christophe　欧州地政学研究所長, ソルボンヌ大学外交政策講座担当, フランス陸軍士官学校軍事アカデミー外交政策講座担当　防衛・戦略学　国フランス　歿1992(ビクトール, ジャン・クリストフ)

ヴィクトール, ポール・エミール　Victor, Paul-Emile　極地探検家, 人類学者　国フランス　生1907年6月28日　没1995年3月7日　歿1996(ビクトール, ポール・エミール)

ウィグナー, ユージン・ポール　Wigner, Eugene Paul　物理学者　元・プリンストン大学教授　理論物理学　国米国　生1902年11月17日　没1995年1月1日　歿1992／1996

ウィクラマシンハ, ラニル　Wickremasinghe, Ranil　政治家　スリランカ統一国民党(UNP)党首　元・スリランカ首相　国スリランカ　生1949年3月24日　歿1996／2004／2008

ウィクラマナヤケ, ラトナシリ　Wickremanayake, Ratnasiri　政治家　元・スリランカ首相　国スリランカ　生1933年5月5日　歿2008

ウィグラム, トニー　Wigram, Tony　音楽療法士　オルボルク大学音楽療法学科準教授, 英国音楽療法協会会長　元・世界音楽療法連盟会長　国英国　歿2004／2008

ウィークリー, ブー　Weekley, Boo　本名=ウィークリー, トーマス・ブレント　プロゴルファー　国米国　生1973年7月23日　歿2012

ウィケット, ジム　Wickett, Jim　ポイントキャスト上級副社長　国米国　生1951年2月9日　歿2000

ヴィコ　Viko　画家　国フランス　生1915年　歿1992(ビコ)

ヴィサージュ, アルベール　Visage, Albert　写真家　野生動物　国フランス　生1939年　歿2000

ウィザースプーン, リーズ　Witherspoon, Reese　女優　国米国　生1976年3月22日　歿2000／2004／2008／2012

ウィザリー, ジェフリ・L.　Witherly, Jeffre L.　国立ヒトゲノム研究所(NHGRI)科学教育部長　歿2008

ウィザリントン, ベン　Witherington, Ben　「イエスの弟ヤコブの骨棺発見をめぐって」の著者　歿2008

ヴィジェ, クロード　Vigée, Claude　詩人　国フランス　生1921年　歿1992(ビジェ, クロード)

ウィジェトンガ, ディンギリ・バンダ　Wijetunga, Dingiri Banda　政治家　元・スリランカ大統領　国スリランカ　生1922年2月15日　没2008年9月21日　歿1992／1996

ヴィージゲル, ヨヘン　Wiesigel, Jochen　作家　国ドイツ　生1946年　歿1996(ビージゲル, ヨヘン)

ウィシット・サーサナティエン　Wisit Sartsanatieng　映画監督, 脚本家, CMディレクター　国タイ　生1964年　歿2004／2012

ヴィジーニ, ネッド　Vizzini, Ned　本名=Vizzini,Edison Price　作家, 脚本家　国米国　生1981年4月4日　没2013年12月19日

ウィシニェフスキ・スネルグ, アダム　Wiśniewski-Snerg, Adam　作家　国ポーランド　生1937年　歿1992

ヴィシニョーワ, ディアナ　Vishneva, Diana　本名=Vishneva, Diana Viktorovna　バレリーナ　マリインスキー劇場バレエ団(キーロフ・バレエ)プリンシパル　国ロシア　生1976年7月13日　歿2004／2008／2012

ヴィシネフスカヤ, ガリーナ　Vishnevskaya, Galina Pavlovna　ソプラノ歌手　国ロシア　生1926年10月25日　没2012年12月11日　歿1992(ビシネフスカヤ, ガリーナ)／2000

ウィシャウス, エリック　Wieschaus, Eric F.　分子生物学者, 遺伝学者　プリンストン大学教授　国米国　生1947年6月8日　歿1996／2008／2012

ウィシャード, ウィリアム・バン・デューセン　Wishard, William Van Dusen　著述家, 評論家　元・米国商務長官特別補佐官　国米国　歿1992／1996

ヴィジャマジョール　Villamayor　本名=ヴィジャマジョール, ファン・カルロス　サッカー選手(DF)　国パラグアイ　生1969年3月5日　歿2000

ウィジャヤ, チャンドラ　Wijaya, Candra　バドミントン選手　シドニー五輪バドミントン男子ダブルス金メダリスト　国インドネシア　生1975年9月16日　歿2004／2008

ウィジャヤシリ, グナヤベダラゲ　Wijayasiri, Gunayavedalage　外交官　国スリランカ　歿2000

ヴィシュワナータン, ゴウリ　Viswanathan, Gauri　コロンビア大学教授　英文学, 比較文学　国インド　生1950年　歿2012

ヴィシュワナタン, サヴィトリ　Vishwanathan, Savitri　日本研究家　デリー大学教授　日本政治学　国インド　生1934年1月25日　歿1992(サビトリ, ビシュワナタン)／1996

ウィジョヤント, バンバン　Widjojanto, Bambang　弁護士　インドネシア法律扶助協会(YLBHI)会長　国インドネシア　生1959年10月　歿2000

ウィジョヨ・ニティサストロ　Widjojo Nitisastro　エコノミスト　元・インドネシア経済財政工業調整相　国インドネシア　生1927年9月23日　没2012年3月9日　歿1992／1996／2000

ウィジンガー, ヨハネス　Wiesinger, Johannes　電気工学者　国ドイツ　生1936年　歿2004／2008

ヴィース, エルンスト　Wies, Ernst W.　歴史家　中世史　国ドイツ　生1922年　歿2008

ウイース, トーマス・G.　国連システム学術評議会専務理事, ワトソン研究所副所長　国米国　生1946年　歿1996

ヴィス, ドミニク　Visse, Dominique　カウンター・テナー歌手　国フランス　生1955年　歿1996(ビス, ドミニク)／2000／2012

ヴィース, ベアト　Wyss, Beat　カールスルーエ造形大学美術史・メディア理論教授　生1947年　歿2008

ヴィスコチル, イヴァン　Vyskocil, Ivan　作家　国チェコ　生1929年　歿1996(ビスコチル, イバン)

ヴィスコンティ, グイド　Visconti, Guido　教師　生1955年　歿2004

ウィズダム, ステファン　Wisdom, Stephen　俳優, 歴史研究家　国英国　歿2004

ウィズダム, リンダ　Wisdom, Linda Randall　ロマンス作家　国米国　歿1992／1996

ウィースト, ダイアン　Wiest, Dianne　女優　国米国　生1948年3月28日　歿1996／2000／2004／2008／2012

ウィースト, ティモシー・S.　日本スプリント社長　国米国　歿1996

ウィストリヒ, ロバート　Wistrich, Robert S.　歴史学者　ロンドン大学ユニバーシティ・カレッジ教授　ユダヤ学　国英国　歿2004／2008

ウィーズナー, ジェローム　Wiesner, Jerome B.　電子工学者　元・マサチューセッツ工科大学学長　国米国　生1915年　没1994年10月21日　歿1996

ウィーズナー, シオドア　Weesner, Theodore　作家　エマーソン・カレッジ講師　創作法　国米国　歿1996

ウィーズナー, デービッド　Wiesner, David　絵本作家　国米国　歿1996／2000／2012

ウィーズナー, マサミ・コバヤシ　Wiesner, Masami Kobayashi　社会運動家　日系人の安心した老後を考える会会長　国米国　歿2000

ウィスナム, デービット(3世)　Wisnom, David(III)　経営コンサルタント　ヴァーサント・アイデンティティ共同創業者　歿2008

ウィスペルウェイ, ピーテル　Wispelwey, Pieter　チェロ奏者　国オランダ　生1962年　歿2004／2008／2012

ヴィースホイ, オットー　政治家　バイエルン州経済運輸技術大臣　国ドイツ　生1944年10月　歿2000

ウィスマン, トーマス　Wisman, Thomas　バスケットボール監督　バスケットボール・カタール代表監督　元・バスケットボール男子日本代表監督　国米国　生1949年3月28日　登2012

ヴィスロフ, カール　Wisloff, Carl Fr.　神学者　オスロ独立神学校教授　専教会史,ルター研究,実践神学　国ノルウェー　生1908年　登2004

ヴィセラーズ, パトリシア　V.セラーズ, パトリシア　Viseur-Sellers, Patricia　法律家　女性国際戦犯法廷首席検事　国米国　生1954年　登2004（ヴィザー・セラーズ, パトリシア）／2008

ウィーゼル, エリ　Wiesel, Elie　作家,哲学者,人種差別反対運動家　ボストン大学教授　国米国　生1928年9月30日　登1992／1996／2000／2004／2008／2012

ヴィーゼルティール, メイル　Wieseltier, Meir　詩人　国イスラエル　生1941年　登2000

ウィゼンガ, ハリー・ウェイン　実業家　リパブリック・ウェイスト社オーナー,マイアミ・ドルフィンズ・オーナー,フロリダ・マーリンズ・オーナー　国米国　登2000

ウィーゼンタール, サイモン　Wiesenthal, Simon　元・ナチ政権によるユダヤ人迫害犠牲者同盟記録センター設立者　国オーストリア　生1908年12月31日　没2005年9月20日　登1996／2000

ヴィゼンティーニ, マウロ　ゼニア・ジャパン・ゼネラルマネージャー　国イタリア　登2000

ヴィソツキー, ウラジーミル　Vysotskii, Vladimir Semyonovich　俳優,詩人,歌手　国ソ連　生1938年　没1980年7月24日　登1992（ビソツキー, ウラジーミル）

ヴィソルカス, ジョージ　Vithoulkas, George　医学者　バスク大学医学部教授,キエフ大学医学部教授　専クラシカル・ホメオパシー　国ギリシャ　生1932年　登2004／2008／2012

ウィーダー, ジム　Weider, Jim　グループ名＝ザ・バンド, ホンキー・トンク・グルズ　ロックギタリスト,音楽プロデューサー　国米国　登2000

ウィータース, マット　Wieters, Matt　本名＝Wieters,Matthew Richard　大リーグ選手（捕手）　国米国　生1986年5月21日

ヴィダラン, ロベール　Vidalin, Robert　俳優　国フランス　生1903年　没1989年12月3日　登1992（ビダラン, ロベール）

ヴィターリ, アンドレア　Vitali, Andrea　作家　国イタリア　生1956年　登2012

ヴィタリエフ, ヴィタリー　Vitaliev, Vitalii　ジャーナリスト,風刺文学作家　国ソ連　生1954年　登1992（ビタリエフ, ビタリー）

ヴィダル, アンヌ　Vidal, Anne　精神分析家　国フランス　生1941年　登1996（ビダル, アンヌ）

ヴィダル, ジャン・ピエール　Vidal, Jean-Pierre　元・スキー選手（アルペン）　ソルトレークシティ五輪金メダリスト　国フランス　生1977年2月24日　登2004／2008／2012

ヴィタール, ステファーノ　Vitale, Stefano　イラストレーター　国イタリア　生1958年　登2004

ヴィダル, ダニエル　Vidal, Daniele　歌手　国フランス　生1952年　登1992（ビダル, ダニエル）

ヴィダル・ナケ, ピエール　Vidal-Naquet, Pierre　本名＝ヴィダル・ナケ, ピエール・エマニュエル　歴史学者　元・フランス社会科学高等研究院教授・院長　専古代ギリシャ史　国フランス　生1930年7月23日　没2006年7月29日　登1996（ビダル・ナケ, ピエール）

ヴィターレ, グラツィアーノ　Vitale, Graziano　絵本作家,イラストレーター　国イタリア　生1964年　登2004

ヴィチェコンテ, エンリーコ　技師　「ラ・シビッラ」誌編集者,シモーネ出版社編集コンサルタント　生1955年　登1992（ビチェコンテ, エンリーコ）

ヴィチェック, タマス　Vicsek, Tamás　物理学者　ハンガリー科学アカデミー応用物理研究所主任研究員　国ハンガリー　登1992（ビチェック, タマス）

ウィチャン・ポンリド　Wijan Ponlid　ボクシング選手　国タイ　登2004

ウィッカー, トム　Wicker, Tom　本名＝Wicker,Thomas Grey　別名＝Connolly,Paul　ジャーナリスト,作家　元・「ニューヨーク・タイムズ」コラムニスト　国米国　生1926年6月18日　没2011年11月25日　登1992

ウィッカム, グリン　Wickham, Glynne Gladstone　ブリストル大学名誉教授　専演劇学,ヨーロッパ演劇史　国英国　生1922年5月22日　登1992

ウィッカム, マデリーン　Wickham, Madeleine　作家　国英国　生1969年　登2000

ウィツガル, ピーター　Witzgall, Peter　スウェーデン農業大学化学生態学教授,IOBCセミオケミカル部門委員長　生1957年　登2008

ウィック, ウォルター　Wick, Walter　写真家　国米国　生1953年　登1996／2000

ウィックス, クライブ　世界自然保護基金（WWF）英国委員会部長　国英国　生1936年　登1992

ウィッグス, スーザン　Wiggs, Susan　ロマンス作家　国米国　登2008

ウィックス, ランディ　Wicks, Randy　漫画家　国米国　生1954年　登1996

ウィックラマシンゲ, N.チャンドラ　Wickramasinghe, Nalin Chandra　天文学者　カーディフ大学教授　専赤外線天文学　国英国　生1939年1月20日　登1996／2000

ウィッグルズワース, ビンセント　Wigglesworth, Vincent Brian　昆虫学者　専昆虫生理学　国英国　生1899年4月17日　没1994年2月12日　登1992

ウィッケルト, エルウィン　作家,元・外交官　元・在日ドイツ大使館三等書記官　国ドイツ　生1915年　登1996

ウィッケンデン, ダン　作家　国米国　生1989年10月27日　登1992

ウィッケンハイザー, ヘイリー　Wickenheiser, Hayley　アイスホッケー選手,ソフトボール選手　ソルトレークシティ五輪・トリノ五輪・バンクーバー五輪アイスホッケー女子金メダリスト　国カナダ　生1978年8月12日　登2004／2008

ヴィッサー, リヒャルト　Wisser, Richard　元・マインツ大学教授　専哲学　国ドイツ　生1927年1月5日　登1996（ビッサー, リヒャルト）／2000

ヴィッサー・カンタップ　作家,ジャーナリスト　国タイ　生1953年　登1992

ヴィッシャー, ロベルト　Wischer, Robert　建築家　ベルリン工業大学教授・病院建築研究所常任理事　国ドイツ　登1992（ビッシャー, ロベルト）

ウィッセル, ハル　Wissel, Hal　バスケットボール・コーチ　国米国　登2000

ウイッタッカー, デービッド・ヒュー　Whittaker, David Hugh　同志社大学大学院ビジネス研究科教授　専産業社会学　国ニュージーランド　生1957年3月13日　登2000（ウイッタカー, D.H.）

ウィタム, シンシア　Whitham, Cynthia　クリニカル・ソーシャル・ワーカー　カリフォルニア大学ロサンゼルス校神経精神医学研究所スタッフ　国米国　登2004

ウィッタヤコン・チエンクーン　作家,詩人　バンコク銀行勤務,タイ国ペンクラブ理事　国タイ　生1946年　登1992

ウィッタヤー・スチャリタナル　チュラロンコン大学アジア研究所副所長・政治科学部準教授　専アジア研究　国タイ　生1939年　登1992

ウィッチ, ファン・フリオ　カトリック神父　国ペルー　生1932年4月18日　登1992

ウィッチェル, アレックス　Witchel, Alex　作家,ジャーナリスト　「ニューヨーク・タイムズ」記者　国米国　登2004

ウイッチョンキ, ロス　実業家　フォード・エレクトリックドライブ・カンパニー社長　国米国　登2000

ウィッティ, クリス　Witty, Christine　本名＝Witty,Christine Diane　スピードスケート選手,自転車選手　ソルトレークシティ五輪スピードスケート女子1000メートル金メダリスト　国米国　生1975年6月23日　登2000／2004

ウィッティ, ジェフ　Whitty, Geoff　ロンドン大学教育学部政策研究所教授　専教育学　国英国　生1946年　登1996

ウィッティントン, G.　Whittington, Geoffrey　会計学者　元・ケ

ンブリッジ大学教授　[国]英国　[典]2008

ウィッティントン, ハリー・ブラックモア　Whittington, Harry Blackmore　古生物学者, 地質学者　元・ケンブリッジ大学名誉教授, 元・ハーバード大学教授　[専]化石　[国]英国　[生]1916年3月24日　[没]2010年6月20日　[典]2004／2008

ウィッテーカー, トム　Whittaker, Tom　登山家　プレスコット単科大学教授　[国]米国　[典]2000

ウィッテフェーン, ヘンドリカス　Witteveen, Hendrikus Johannes　政治家　元・国際通貨基金(IMF)専務理事, 元・オランダ第1副首相・蔵相, 元・オランダ経済専門学校教授　[国]オランダ　[生]1921年6月12日　[典]1992／1996

ウィッテム, シャノン　Withem, Shannon　元・プロ野球選手　[国]米国　[生]1972年9月21日　[典]2004

ウィッテン, エドワード　Witten, Edward　理論物理学者, 数学者　プリンストン高等研究所自然科学部教授　[専]超ひも理論　[国]米国　[生]1951年8月26日　[典]1992／1996

ウィッテン, マーク　Whiten, Mark　大リーグ選手(外野手)　[国]米国　[生]1966年11月25日　[典]2000

ヴィッテンゾン, ジャンナ　Vittenzon, Janna Z.　脚本家　[生]1929年　[典]2008

ウィッテンボーン, ダーク　Wittenborn, Dirk　作家　[国]米国　[典]1992

ヴィッテンマルク, ビョーン　Wittenmark, Björn　ルンド工科大学教授　[専]自動制御　[国]スウェーデン　[生]1943年　[典]2000

ヴィット, カタリーナ　Witt, Katarina　元・フィギュアスケート選手　サラエボ五輪・カルガリー五輪金メダリスト　[国]ドイツ　[生]1965年12月3日　[典]1992(ビット, カタリーナ)／1996(ビット, カタリーナ)／2000／2012

ウィット, ボビー　Witt, Bobby　大リーグ選手(投手)　[国]米国　[生]1964年5月11日　[典]1996／2000

ウィット, マイク　Witt, Mike　大リーグ選手(投手)　[国]米国　[生]1960年7月20日　[典]1992

ヴィット, マイケル・デュドク・ドゥ　Wit, Michael Dudok de　アニメーション作家　[国]オランダ　[生]1953年　[典]2008

ヴィット, ユリエッテ・デ　Wit, Juliette de　イラストレーター　[国]オランダ　[生]1958年　[典]2004

ウィット, リア　タイムレス・レコード副社長　[国]オランダ　[生]1952年　[典]1992

ヴィットヴァー, レト　チガ・ホテルズ社長　[国]イタリア　[生]1948年　[典]1996(ビットバー, レト)

ウィットコム, クリストファー　Whitcomb, Christopher　作家　FBI特別捜査官　[国]米国　[典]2004／2008

ウィットコム, ジョン　Whitcomb, John E.　医師　[国]米国　[生]1951年　[典]2004

ウィットソン, アンドルー　Whitson, Andrew　グループ名=ブレアグ　画家, ミュージシャン　[国]アイルランド　[典]2004

ウィットソン, キース　Whitson, Keith R.　銀行家　HSBCホールディングズCEO　[国]英国　[典]2000

ウィットフィールド, スーザン　Whitfield, Susan　考古学者　大英図書館・国際敦煌プロジェクト運営　[専]中国, シルクロード　[国]英国　[典]2004／2008

ウィットフォーゲル, カール　Wittfogel, Karl August　社会学者, 経済学者　[専]中国研究　[国]米国　[生]1896年9月6日　[没]1990年　[典]1992

ウィットフォード, ハロルド　Whitford, Harold C.　元・コロンビア大学講師　[専]図書館学, 米語　[国]米国　[典]1992

ウィットフォード, ブラッド　Whitford, Brad　グループ名=エアロスミス　ロック・ギタリスト　[国]米国　[生]1952年2月23日　[典]2004／2008／2012

ウィットフォード, フランク　Whitford, Frank　美術史家　ロイヤル・アカデミー美術学校講師　[国]英国　[生]1941年　[典]1992／1996

ウィットベック, C.　Whitbeck, Caroline　哲学者　ケース・ウェスタン・リザーブ大学特別教授, The Online Ethics Center for Engineering&Science主宰　[専]科学技術倫理　[典]2004

ウィットマイヤー, キャサリン　政治家　ヒューストン市長　[国]米国　[典]1992

ウィットマン, サリー　Wittman, Sally　絵本作家　[国]米国　[生]1941年　[典]1996

ウィットマン, ジョン　Whitman, John R.　ビジネスコンサルタント　[国]米国　[典]2004

ウィットマン, ドナルド　Wittman, Donald A.　経済学者　カリフォルニア大学サンタクルーズ校教授　[国]米国　[典]2004／2008

ウィットマン, ロブ　サッカージャーナリスト　[典]2008

ウィットモア, エドワード　アメリカン・ブランズ会長　[国]米国　[生]1922年　[典]1992

ウィットモア, ダレル・ラモント　元・プロ野球選手　[国]米国　[生]1968年11月18日　[典]2000

ウィットロウ, ジェラルド　Whitrow, Gerald James　元・インペリアル・カレッジ教授　[専]科学哲学, 科学史　[国]英国　[生]1912年　[典]1996

ウィットロック, スコット　ホンダ・オブ・アメリカ執行副社長　[国]米国　[典]1992

ウイットワー, シルバン　Wittwer, Sylvan　農業研究家・コンサルタント　ミシガン州立大学農業試験所名誉所長　[国]米国　[典]1992

ウィットワース, ローラ　Whitworth, Laura　ビジネスコーチ　元・コーチズ・トレーニング・インスティテュート(CTI)共同創設者　[国]米国　[没]2007年2月28日　[典]2004

ウィッパースベルク, ワルター　Wippersberg, Walter J.M.　児童文学作家　ウィーン映画学校教授　[国]オーストリア　[生]1945年　[典]1992／1996

ウィディアント, ノヴァ　Widianto, Nova　バドミントン選手　北京五輪バドミントン混合ダブルス銀メダリスト　[国]インドネシア　[生]1977年10月10日

ヴィティエール, シンティオ　ホセ・マルティ研究所所長　[国]キューバ　[生]1921年　[典]2000

ウィティカー, エドワード　Whitacre, Edward E.　本名=ウィティカー, エドワード,Jr.　実業家　元・AT&T社CEO　[国]米国　[生]1941年11月4日　[典]2008／2012(ウィテカー, エドワード)

ウィティカー, トゥーションダ　Whitaker, Tu-Shonda L.　作家　[国]米国　[典]2012(ウィテカー, トゥーションダ)

ウィティグ, ゲオルグ　Wittig, Georg　有機化学者　元・ハイデルベルク大学名誉教授　[国]西ドイツ　[生]1897年6月16日　[没]1987年8月25日　[典]1992

ヴィティッグ, モニック　Wittig, Monique　作家　[国]フランス　[典]1992(ビティッグ, モニック)

ヴィディッチ, ネマニャ　Vidić, Nemanja　サッカー選手(DF)　[国]セルビア　[生]1981年10月21日

ヴィディヤランカール, A.　Vidyalankar, Anil　哲学者　[専]古代インド思想　[国]インド　[生]1928年　[典]2004

ヴィディヤランカール, B.B.　Vidyalankar, Bharat Bhushan　言語学者　[専]辞書編纂, 言語教育　[国]インド　[生]1931年　[典]2004

ウィテカー, パーネル　Whitaker, Parnell　元・プロボクサー　元・WBC世界ウエルター級チャンピオン　[国]米国　[生]1964年1月2日　[典]1996／2000

ウィテカー, フォレスト　Whitaker, Forest　俳優, 映画監督　[国]米国　[生]1961年7月15日　[典]2000(ウィティカー, フォレスト)／2004(ウィティカー, フォレスト)／2008／2012

ウィテカー, マーク　「ニューズウィーク」編集長　[国]米国　[典]2000

ヴィーデキング, ヴェンデリン　Wiedeking, Wendelin　実業家　元・ポルシェ社長・CEO　[国]ドイツ　[生]1952年8月28日　[典]2000／2004／2008／2012

ヴィテーズ, アントワーヌ　Vitez, Antoine　演出家　元・コメディ・フランセーズ総支配人　[国]フランス　[生]1930年12月　[没]1990年4月30日　[典]1992(ビテーズ, アントワーヌ)

ウイテマ, クリスチャン　Huitema, Christian　コンピューター科学者　マイクロソフト・アーキテクト,ISOC理事　元・IAB委員長　[専]インターネットルーティング　[典]2004

ヴィーデルベリ, ユーハン　Widerberg, Johan　俳優　[国]スウェー

デン　[生]1974年　[典]2000

ウィート, キャロリン　Wheat, Carolyn　作家　[国]米国　[典]2000

ヴィトゥー, フレデリック　Vitoux, Frédéric　作家, 評論家, エッセイスト　[生]1944年8月19日　[典]2000（ビトゥー, フレデリック）

ヴィトヴィ・ヤコブセン, トーキル　Hvitved-Jacobsen, Thorkild　環境反応工学研究家　オールボー大学・生命科学部教授　[国]デンマーク　[典]2008

ウィドウソン, ヘンリー・ジョージ　Widdowson, Henry George　言語学者　ロンドン大学教育研究所教授　[専]応用言語学, 語学教育　[国]英国　[生]1935年5月28日　[典]1992

ウィトキン, ジョージア　Witkin, Georgia　シナイ山医療センター精神医学科助教授　[専]ストレス　[国]米国　[典]2004

ウィトコウスキー, ヤン　Witkowski, Jan　コールド・スプリング・ハーバー研究所バンベリー・センター所長　[専]動物学, 生化学　[国]英国　[生]1947年　[典]2004

ウィトコフ, ケビン　Wittkopf, Kevin　ソフトウェア開発者　[典]2008

ウィドマーク, リチャード　Widmark, Richard　俳優　[国]米国　[生]1914年12月26日　[没]2008年3月24日　[典]2004／2008

ウィードマン, アウグスト・カール　Wiedmann, August K.　ロンドン大学ゴールドスミス・カレッジ　[専]美学, 美術史　[国]カナダ　[生]1928年　[典]1996

ヴィドラー, アンソニー　Vidler, Anthony　クーパー・ユニオンアーウィン・S・チェイニン記念建築学科学長　[生]1941年　[典]2008

ヴィトラック, ジャン・ピエール　Vitrac, Jean-Pierre　インダストリアル・デザイナー　ヴィトラック社主宰　[国]フランス　[生]1944年11月　[典]1992（ビトラック, ジャン・ピエール）

ウィートリー, マーガレット　Wheatley, Margaret J.　講演家　[国]米国　[典]2004／2008／2012

ウィドリグ, ドン　Widrig, Don　テクニカルライター, コンピューターコンサルタント　[国]米国　[典]2004

ヴィトリーノ　Vitorino　歌手　リッツ共同経営者　[国]ポルトガル　[典]2000

ヴィドルカン, クリスチャン　Vidrequin, Christian　マーケティング・コンサルタント　[国]フランス　[生]1944年5月　[典]1996（ビドルカン, クリスチャン）

ヴィトール・ジュニオール　Vitor Junior　サッカー選手（MF）　[国]ブラジル　[生]1986年9月15日　[典]2012

ヴィトルズ, アストリッド　Vitols, Astrid　ジャーナリスト　[国]フランス　[生]1956年　[典]2000

ヴィトン, アンリ・ルイ　Vuitton, Henry-Louis　ファッションデザイナー　ルイ・ヴィトン社長　[国]フランス　[生]1911年8月10日　[典]1992（ビトン, アンリ・ルイ）

ヴィトン, パトリック・ルイ　Vuitton, Patrick Louis　ルイ・ヴィトン社スペシャル・オーダー総責任者　[国]フランス　[生]1951年　[典]1996（ビトン, パトリック・ルイ）

ウィナー, エレン　Winner, Ellen　ボストン・カレッジ心理学科教授, ハーバード大学プロジェクト・ゼロ研究員　[専]発達心理学　[国]米国　[典]2000

ウィナー, ジョン　Wiener, Jon　カリフォルニア大学アービン校教授　[専]歴史学　[国]米国　[典]1996

ウィナー, デービッド　Winner, David　ジャーナリスト　[国]英国　[生]1956年　[典]1996

ウィナー, ラングドン　Winner, Langdon　政治哲学者　レンセラー工科大学教授　[国]米国　[生]1944年　[典]2004

ウィーナー, ローリ　Wiener, Lori S.　ソーシャルワーカー　[国]米国　[典]2004

ヴィーナネン, イーロ　Viinanen, Iiro　政治家　フィンランド蔵相　[国]フィンランド　[生]1944年　[典]1996（ビーナネン, イーロ）

ウィナンス, ピエール　Wynants, Pierre　料理人　トラディション・エ・キャリテ副会長, ベルギー司厨士協会副会長　[国]ベルギー　[生]1939年3月5日　[典]1996

ヴィニシウス, マルクス　Vinicius, Marucus　「ジーコ人生の教訓—挑戦、決断、努力が、人生に勝利をもたらす」の著者　[国]ブラジル　[生]1945年　[典]1996（ビニシウス, マルクス）

ヴィーニッカ, アンティ　ヘルシンキ副市長　[国]フィンランド　[生]1937年　[典]2000

ヴィニッキ, マルク　歯科医　[国]フランス　[生]1952年　[典]1996（ビニッキ, マルク）

ヴィーニャ, ジュゼッペ　Vigna, Giuseppe　音楽評論家　[専]ジャズ　[国]イタリア　[典]2000

ヴィニュロン, シリル　Vigneron, Cyrille　カルティエ・ジャパン社長　[生]1962年　[典]2000

ヴィニョー, ジル　Vigneault, Gilles　シャンソン歌手, 作家, 絵本作家, 詩人　[国]カナダ　[生]1928年10月27日　[典]2000

ヴィーニンガー, ペーター　Wieninger, Peter R.　作家　[国]オーストリア　[生]1966年　[典]2004

ウイニングスタッド, C.N.　フローティングポイントシステムズ社（FPS）会長, ラティス・セミコンダクター社会長　[国]米国　[生]1925年11月　[典]1992

ヴィネロン, チエリ　Vigneron, Thierry　棒高跳び選手　[国]フランス　[典]1992（ビネロン, チエリ）

ウィノグラード, テリー　Winograd, Terry Allen　スタンフォード大学教授　[専]コンピューター科学・言語学, 人工知能　[国]米国　[生]1946年　[典]1992／2000

ヴィノグラードフ, アンドレイ　Vinogradov, Andrei　リア・ノーボスチ社長　[国]ロシア　[生]1955年　[典]1992（ビノグラードフ, アンドレイ）／1996（ビノグラードフ, アンドレイ）

ヴィノグラードフ, イワン　Vinogradov, Ivan Matveeich　数学者　元・ソ連科学アカデミー数学研究所所長　[国]ソ連　[生]1891年9月14日　[没]1983年3月20日　[典]1992（ビノグラードフ, イワン）

ヴィノグラードフ, オレグ　Vinogradov, Oleg Mikhailovich　バレエ演出家　マリインスキー劇場バレエ団（キーロフ・バレエ）芸術監督　[国]ロシア　[生]1937年8月1日　[典]1996（ビノグラードフ, オレグ）

ヴィノグラードワ, A.M.　Vinogradova, A.M.　ジャーナリスト　モスクワ大学大学院日本語科講師　[国]ソ連　[生]1966年　[典]1992（ビノグラードワ, A.M.）

ヴィノクロフ, アレクサンドル　Vinokurov, Alexandr　本名=Vinokurov,Aleksandr Nikolayevich　自転車選手（ロードレース）　ロンドン五輪自転車男子ロードレース金メダリスト　[国]カザフスタン　[生]1973年9月16日

ヴィノクーロフ, エフゲニー　Vinokurov, Evgenii Mikhailovich　詩人　元・ゴーリキー研究所教員　[国]ロシア　[生]1925年10月22日　[没]1993年1月24日　[典]1992（ビノクーロフ, エフゲニー）

ヴィノック, ミシェル　Winock, Michel　歴史学者　パリ高等政治学院教授　[国]フランス　[生]1937年3月19日　[典]1996（ビノック, ミシェル）／2000

ウィーバー, イングリッド　Weaver, Ingrid　ロマンス作家　[典]2008／2012

ウィーバー, ジェレッド　Weaver, Jered　本名=Weaver,Jered David　大リーグ選手（投手）　[国]米国　[生]1982年10月4日

ウィーバー, シガーニー　Weaver, Sigourney　本名=ウィーバー, スーザン　女優　[国]米国　[生]1949年10月8日　[典]1992／1996／2000／2008／2012

ウィーバー, ジョーディン　Wieber, Jordyn Marie　体操選手　ロンドン五輪体操女子団体総合金メダリスト　[国]米国　[生]1995年7月12日

ウィーバー, ロナルド　Weber, Ronald　作家　ノートルダム大学アメリカ研究学教授　[専]現代文学　[国]米国　[典]1996

ウィーバーカ, ロバート　Weverka, Robert　別名=Robert McMahon　作家　[国]米国　[生]1926年11月17日　[典]1992

ウィーバーズ, マーティン　Wevers, Maarten　外交官　駐日ニュージーランド特命全権大使　[国]ニュージーランド　[生]1952年　[典]1996／2000

ウィバーリー, レナード・フランシス　Wibberley, Leonard Francis　冒険小説作家　[国]米国　[生]1915年　[典]1992

ヴィハンスキー, オレグ　Vikhanskii, Oleg S.　モスクワ大学経済学部教授・附属ビジネススクール学長　[専]数理経済学, マネジメント

国ロシア 生1946年 没1996(ビハンスキー, オレグ)

ウィービング, アンドルー Weaving, Andrew 美術商 センチュリー経営者 典2004

ヴィーフ, ロベルト Vích, Robert チェコ工科大学電気工学科教授 専電子工学 国チェコスロバキア 生1930年3月5日 典1992(ビーフ, ロベルト)

ウィプラー, パティ Wipfler, Patty 教育コンサルタント 国米国 典2008

ウィブリー, デリック Whibley, Deryck グループ名=サムフォーティーワン ミュージシャン 国カナダ 生1980年3月21日 典2008／2012

ウィベリー, ホーカン Wiberg, Hakan 平和学者 コペンハーゲン平和研究所教授 元・ヨーロッパ平和研究学会会長 国デンマーク 典2004

ウィマー, カート Wimmer, Kurt 脚本家 典2008

ウィモン・サイニムヌアン Wimol Sainimnuam 作家 国タイ 生1955年 典1996

ヴィヤス, マヘシュ エコノミスト インド経済監視センター社長 国インド 典2004

ヴィーユヴァン, ルーシー 美術・デザイン史研究家 国英国 典1992(ビーユバン, ルーシー)

ヴィヨーム, ジャン・ピエール Vuillaume, Jean-Pierre イラストレーター 典2008

ウィラー, J.クレイグ Wheeler, J.Craig 作家 テキサス大学教授 専天体物理学 国米国 生1943年 典1996

ウィラー, アーナ Wyller, Arne A. 天文学者 典2000

ウィーラー, キース Wheeler, Keith 作家 国米国 生1911年4月 典1992

ウィラー, キャロン 旧グループ名=ソウルIIソウル 歌手 国英国 典1992

ウィーラー, ジミー Wheeler, Jimmy W. エコノミスト 元・ハドソン研究所上級研究員 専日本の産業政策 国米国 典1992

ヴィラ, ジラード Vila, Gerard WEFAグループ会長・CEO 典1996(ビラ, ジラード)

ウィーラー, スティーブン Wheeler, Steven 経営コンサルタント ブーズ・アレン・アンド・ハミルトン・ミュンヘン・オフィス副社長・パートナー 国米国 典2004

ウィーラー, ティム Wheeler, Tim グループ名=アッシュ ミュージシャン 国英国 典2008／2012

ウィーラー, トニー Wheeler, Tony 編集者 ロンリー・プラネット創立者 専旅行ガイド 国英国 典1992／1996／2008

ウィーラー, トム Wheeler, Tom ジャーナリスト オレゴン大学ジャーナリズム科助教授 専ジャーナリズム, ギター研究 国米国 典2000

ウィーラー, ポール Wheeler, Paul 映画撮影監督 国英国 典2004

ウィーラー, ライル Wheeler, Lyle 映画美術監督 国米国 没1990年1月10日 典1992

ウィラサク・スントンシー Wirasak Sunthornsy 音楽家, 作家, 詩人 国タイ 生1949年 典1992

ヴィラジョンガ Vilallonga 本名=ヴィラジョンガ, マルティン・ラウル サッカー選手(FW) 国アルゼンチン 生1970年10月8日 典2004

ヴィラット・ティーカプティサクル Virat Teekaputisakul 編集者, 翻訳家 サイアム・インター・コミック編集局長 国タイ 生1955年 典2004

ウィラート, クリスチャン Willert, Christian E. 物理学者 DLR流体力学研究所計測科学グループ 専流体力学 典2004

ウィラード, ナンシー Willard, Nancy 作家, 詩人 バサー・カレッジ講師, ブレッド・ローフ・ライターズ・コンファレンス教師 典1992

ウィラトゥ師 Wirathu 僧侶 国ミャンマー 生1968年

ウィラポン・ナコンルアン・プロモーション Veeraphol Nakornluan Promotion 本名=Veeraphol Sahaprom 元・プロボクサー 元・WBA世界バンタム級チャンピオン, 元・WBC世界バンタム級チャンピオン 国タイ 生1968年11月16日 典2000／2004／2008／2012

ウィラポン・ラマンクン 政治家 タイ上院議員 元・タイ副首相 国タイ 典2000

ウィーラン, グロリア Whelan, Gloria 詩人, 作家 国米国 生1923年 典2004／2012

ウィーラン, チャールズ Wheelan, Charles ジャーナリスト 「エコノミスト」記者 国米国 典2004／2008

ウィラン, バルネ Wilen, Barney 本名=Wilen, Bernard Jean ジャズサックス奏者 専テナーサックス, ソプラノサックス 国フランス 生1937年3月4日 没1996年5月25日 典1992／1996

ウィランス, ドン 登山家 元・英国王立地理学会会員 国英国 生1985年8月3日 典1992

ウィラント Wiranto 政治家, 元・軍人 元・インドネシア調整相, 元・インドネシア国軍司令官 国インドネシア 生1947年 典2000／2004／2008

ウィーランド, ボブ Wieland, Bob 地雷で下半身を失い腕だけでアメリカ大陸を走破 国米国 生1946年 典2004／2008

ウィリー, リアン・ホリデー Willey, Liane Holliday 著述家 国米国 典2004

ウィリアム王子 William, Prince 本名=ウィリアム・アーサー・フィリップ・ルイス 称号=ケンブリッジ公 英国王子 チャールズ皇太子の第一王子 国英国 生1982年6月21日 典2000／2004／2008／2012

ウィリアムズ, G.J.B. 外交官 在大阪英国総領事 国英国 生1938年 典1992

ウィリアムズ, アーサー Williams, Arthur L. A.L.ウィリアムズ生命保険経営者 国米国 典1992／1996

ウィリアムズ, アーシュラ・モレイ Williams, Ursula Moray 児童文学作家, 挿絵画家 国英国 生1911年 典1992

ウィリアムズ, アラン Williams, Alan 作家 国英国 生1935年 典1992

ウィリアムズ, アル Williams, Al コンピュータープログラマー, 技術コンサルタント 国米国 典2004

ウィリアムズ, アンディ Williams, Andy グループ名=ウィリアムス・ブラザーズ 歌手 国米国 生1927年12月3日 没2012年9月25日 典1992／2008／2012

ウィリアムズ, イアン Willams, Ian M. 弁護士, 元・ラグビー選手 豪日交流基金理事 国オーストラリア 生1963年9月23日 典1992／1996／2004

ウィリアムズ, ウィリー 本名=ホーキンス, ジョン 空手家 国米国 生1951年7月14日 典2000

ウィリアムズ, ウィリアム Williams, William Appleman 歴史学者 オレゴン州立大学教授 国米国 生1921年6月12日 典1992

ウィリアムズ, ウォルター・ジョン Williams, Walter Jon 別筆名=ウィリアムズ, ジョン 作家 国米国 生1953年 典1996

ウィリアムズ, エイミー Williams, Amy 本名=Williams,Amy Joy スケルトン選手 バンクーバー五輪スケルトン女子金メダリスト 国英国 生1982年9月29日 典2012

ウィリアムズ, エバン Williams, Evan 実業家 ツイッター共同創業者 国米国 生1972年3月31日 典2012

ウィリアムズ, エリザベス Williams, Elizabeth 本名=パーキンズ, エリザベス 通称=ウィリアムズ, ベティ 平和運動家 国英国 生1943年5月22日 典1992(パーキンズ, エリザベス)／2008／2012

ウィリアムズ, エリック Williams, Eric Eustace 政治家, 歴史学者 元・トリニダードトバゴ首相 国トリニダードトバゴ 生1911年9月25日 没1981年3月29日 典1992

ウィリアムズ, ガイ Williams, Guy 本名=アタラノ, アルマンド 映画俳優 国米国 生1924年1月14日 没1989年5月 典1992

ウィリアムズ, カシャンバ Williams, KaShamba 作家 国米国 典2008／2012

ウィリアムズ, ガートルード Williams, Gertrude 社会経済学者

ロンドン大学名誉教授 職業訓練 英国 2004/2008

ウィリアムズ, キャシー　Williams, Cathy　ロマンス作家　2004

ウィリアムズ, ギャリー・G.　サンフランシスコ大学大学院マクラレン・ビジネススクール校長　米国 1992

ウィリアムズ, クーティ　Williams, Cootie　本名=Williams, Charles Mervin　ジャズトランペット奏者　米国 1910年7月24日 1985年9月15日 1992

ウィリアムズ, クラーク　Williams, Clark　ロンドン経済大学教授 経済学　英国 1952年 2000

ウィリアムズ, クリフ　Williams, Cliff　グループ名=ACDC　ロック・ベース奏者　オーストラリア 2004/2008/2012

ウィリアムズ, クレイグ　Williams, Craig　騎手　オーストラリア 1977年5月23日 2012

ウィリアムズ, ケビン　Williams, Kevin　プロフットボール選手 (DT)　米国 1980年8月16日

ウィリアムズ, コリン　Williams, Colin P.　量子物理学者　カリフォルニア工科大学ジェット推進研究所 2004

ウィリアムズ, ジェイソン　Williams, Jason　元・バスケットボール選手　米国 1975年11月18日 2000/2004/2008/2012

ウィリアムズ, ジェシー　Williams, Jesse　走り高跳び選手　米国 1983年12月27日

ウィリアムズ, ジェシカ　Williams, Jessica　ジャーナリスト, テレビプロデューサー　英国 2008

ウィリアムズ, ジェフ　Williams, Jeff　本名=ウィリアムズ, ジェフリー　プロ野球選手(投手)　オーストラリア 1972年6月6日 2008

ウィリアムズ, ジェフ　Williams, Geoff　言語学者　オーストラリア 2004

ウィリアムズ, ジェフリー　Williams, Jeffrey　スタンフォード大学食品研究所長　商品市場, 金融市場, 財政学 2000

ウィリアムズ, シェーン　Williams, Shane　本名=Williams, Shane Mark　ラグビー選手(WTB)　英国 1977年2月26日

ウィリアムズ, シドニー・リン　Williams, Sydney Linn　弁護士　ジョーンズ・デイ・リービス&ボーグ法律事務所パートナー　元・米国通商代表部(USTR)次席代表　日米流通問題　米国 1946年 1992/1996 (ウィリアムズ, シドニー・リン/ウィリアムズ, リン)/2000

ウィリアムズ, ジャスティン(Sr.)　Williams, Justin (Sr.)　歴史学者　元・連合国軍総司令部(GHQ)民政局国会対策担当課長, 元・ウィスコンシン大学教授　米国 1906年3月2日 2002年3月15日 1992/1996

ウィリアムズ, ジャック　ゼネラル・エレクトリック(GE)テクニカル・サービス・カンパニー副社長, 日本GE取締役 米国 1996

ウィリアムズ, シャーリー　Williams, Shirley　政治家　元・英国教育・科学相　英国 1930年7月27日 1992

ウィリアムズ, ジョイ　Williams, Joy　作家　米国 1942年 1992/1996

ウィリアムズ, ジョージ　Williams, George Christopher　進化生物学者　元・ニューヨーク州立大学名誉教授　米国 1926年5月12日 2010年9月8日 2004/2008

ウィリアムズ, ジョージ・M.　創価学会インターナショナル副会長, アメリカ日蓮正宗創価学会(NSA)理事長　米国 1930年 1992

ウィリアムズ, ジョセフ　Williams, Joseph　旧グループ名=トト　ロック歌手, 作曲家　米国 1960年 2000/2012

ウィリアムズ, ジョディ　Williams, Jody　NGO活動家　地雷禁止国際キャンペーン(ICBL)国際大使　米国 1950年10月9日 2000/2008/2012

ウィリアムズ, ショーン　Williams, Sean　作家　オーストラリア 2004/2008

ウィリアムズ, ジョン　Williams, John　本名=ウィリアムズ, ジョン・タウナー　作曲家, 指揮者　ボストン・ポップス管弦楽団常任指揮者　米国 1932年2月8日 1992/1996/2000

ウィリアムズ, ジョン　Williams, John　本名=ウィリアムズ, ジョン・クリストファー　ギタリスト　クラシカル・ギター　オーストラリア 1941年4月24日 1996/2012

ウィリアムズ, ジョン　Williams, John Tyerman　演劇学者, 英文学者, 歴史学者　英国 2004

ウィリアムズ, ジョン・A.　元・メリルリンチ・ジャパン会長　米国 1988年1月24日 1992

ウィリアムズ, スティーブ　Williams, Steve　プロレスラー　米国 1960年5月14日 2009年12月30日 2008

ウィリアムズ, セリーナ　Williams, Serena　テニス選手　シドニー五輪・北京五輪・ロンドン五輪テニス女子ダブルス金メダリスト　米国 1981年9月26日 2000/2004/2008/2012

ウィリアムズ, ソウル　Williams, Saul　詩人, 俳優　米国 2004

ウィリアムズ, ソニー・ビル　Williams, Sonny Bill　ラグビー選手(CTB)　ニュージーランド 1985年8月3日 2012

ウィリアムズ, ダリル・K.　イーストマン・ケミカルアジアパシフィック販売担当副社長　米国 1996

ウィリアムズ, チャック　ウィリアムズ・ソノマ社創業者　米国 2000

ウィリアムズ, ティモシー　Williams, Timothy　ミステリー作家　英国 1946年 1996

ウィリアムズ, テックス　カントリーウエスタン歌手　元・カントリーウエスタン音楽アカデミー初代会長　米国 1985年10月11日 1992

ウィリアムズ, テッド　Williams, Ted　本名=ウィリアムズ, セオドア・サミュエル　大リーグ選手　米国 1918年8月30日 2002年7月5日 1992/1996/2000

ウィリアムズ, テッド　Williams, Ted　元・アナウンサー　美声でスターになったホームレス男性　米国 2012

ウィリアムズ, デニース　歌手　米国 2000

ウィリアムズ, テネシー　Williams, Tennessee　本名=Williams, Thomas Lanier　劇作家　米国 1911年3月26日 1983年2月25日 1992

ウィリアムズ, デビー　Williams, Debbie　生活整理コンサルタント　レッツ・ゲット・イット・トゥギャザー代表取締役 2008

ウィリアムズ, デービッド　Williams, David J.　ケンブリッジ大学製造学講師, ダウニング・カレッジ・フェロー　製造工程, FA, CIM (Computer Integrated Manufacturing)　英国 1992

ウィリアムズ, デービッド　Williams, David Glyndwr Tudor　法学者　元・ケンブリッジ大学総長　環境問題　英国 1930年10月22日 2009年9月6日 1992

ウィリアムズ, テリー・テンペスト　Williams, Terry Tempest　作家　ユタ州立自然史博物館学芸員　米国 1955年 2000

ウィリアムズ, デロン　Williams, Deron　バスケットボール選手　米国 1984年6月26日

ウィリアムズ, ドナ　Williams, Donna　「自閉症だったわたしへ」の著者　オーストラリア 1963年 1996/2000

ウィリアムズ, ドナルド・リー　Williams, Donald Lee　ユング派分析家　心理学　米国 1943年 2000

ウィリアムズ, トニー　Williams, Tony　ジャズ・ドラマー　米国 1945年12月12日 1997年2月23日 1992/1996

ウィリアムズ, ナイジェル　Williams, Nigel　作家, 脚本家　英国 1948年 1996

ウィリアムズ, ニコラ　Williams, Nicola　ライター 2004

ウィリアムズ, ニール　Williams, Niall　作家　アイルランド 1958年 2004

ウィリアムズ, パトリック　Williams, Patrick　ローザリー・カレッジ準教授　図書館学　米国 1930年 1996

ウィリアムズ, バーナード　Williams, Bernard　本名=Williams, Bernard Arthur Owen　哲学者　元・オックスフォード大学教授, 元・ケンブリッジ大学キングス・カレッジ学寮長　倫理哲学　英国 1929年9月21日 2003年6月10日 1996

ウィリアムズ, バーナード　Williams, Bernard　陸上選手(短距離)　米国 1978年1月19日 2008

ウィリアムズ, バーニー　Williams, Bernie　本名＝Williams, Bernabe　元・大リーグ選手　国プエルトリコ　生1968年9月13日　著2000／2004／2008／2012

ウィリアムズ, バネッサ　Williams, Vanessa　歌手, 女優　国米国　生1963年3月18日　著1996／2000／2004／2008／2012

ウィリアムズ, ハロルド・S.　著述業　専外国人居留地の研究　国オーストラリア　生1987年1月15日　著1992

ウィリアムズ, ピーター　Williams, Peter　タスマニア州農務省栽培局長　国オーストラリア　著1992

ウィリアムズ, ビーナス　Williams, Venus　テニス選手　シドニー五輪・北京五輪・ロンドン五輪テニス女子ダブルス金メダリスト　国米国　生1980年6月17日　著2000／2004／2008／2012

ウィリアムズ, ビリー・ディー　Williams, Billy Dee　俳優　国米国　生1937年4月6日　著2004

ウィリアムズ, ビル　Williams, Bill　先物運用アドバイザー　著2004

ウィリアムズ, ファレル　Williams, Pharrell　グループ名＝ネプチューンズ, N.E.R.D.　歌手, 音楽プロデューサー　国米国　生1973年4月5日　著2012

ウィリアムズ, フィル　Williams, Phil　ピッツバーグ大学リッジウェー国際安全保障センター所長・大学院公共国際問題研究担当教授　専国際問題　国米国　著2000

ウィリアムズ, ブラッド　Williams, Brad　ビジュアル・アーティスト, 舞台デザイナー, 俳優　著1992

ウィリアムズ, フランク　Williams, Frank　本名＝Williams, Frank Owen Garbatt　F1オーナー　ウィリアムズ・グランプリ・エンジニアリング創立者・マネージャー　国英国　生1942年4月16日　著1992／1996／2000／2012

ウィリアムズ, ブルース　Williams, Bruce　写真家　国米国　生1953年　著1992

ウィリアムズ, ヘイリー　Williams, Hayley　本名＝Williams, Hayley Nichole　グループ名＝パラモア　ミュージシャン　国米国　著2012

ウィリアムズ, ベラ　Williams, Vera B.　絵本作家　国米国　生1927年　著2000

ウィリアムズ, ボニー　Williamus, Bonnie Tatem　マネジメント・コンサルタント　ウォーターブリッジ・インターナショナル創設者　国米国　生1955年　著2004

ウィリアムズ, ポール　シンガー・ソングライター　国米国　著2000

ウィリアムズ, ポール　Williams, Paul　ボブ・ディラン研究家, 著述家　国米国　生1948年　著1992／1996

ウィリアムズ, ポール　Williams, Paul　園芸家　国英国　著2004

ウィリアムズ, マイケル　英国国際戦略研究所上級研究員　国英国　著2000

ウィリアムズ, マット　Williams, Matt　大リーグ選手（内野手）　国米国　生1965年11月28日　著1996／2000／2004／2008

ウィリアムズ, マーティン　Williams, Martin　ジャズ評論家　国米国　生1924年8月9日　著1992／1996

ウィリアムズ, ミシェル　Williams, Michelle　女優　国米国　生1980年11月9日

ウィリアムズ, ミッキー　Williams, Mickey　コンピューター技術者　著2004

ウィリアムズ, ミッシェル　Williams, Michelle　旧グループ名＝デスティニーズ・チャイルド　歌手　国米国　生1980年　著2004／2008／2012

ウィリアムズ, メネン　元・ミシガン州知事, 元・ミシガン州最高裁長官　国米国　生1988年2月2日　著1992

ウィリアムズ, メルビン　Williams, Melvin H.　スポーツ医学者, マラソン選手　Old Dominion大学運動科学身体教育レクリエーション学部名誉教授, アメリカスポーツ医学会（ACSM）評議員　国米国　著2004

ウィリアムズ, ラリー　Williams, Larry　トレーダー　コモディティ・タイミング社代表　国米国　著2000／2008

ウィリアムズ, リチャード　Williams, Richard　ジャーナリスト, 音楽評論家　「インディペンデント」紙サンデー・レビュー・セクション編集人　専ポピュラー音楽　国英国　生1947年　著1996

ウィリアムズ, リッキー　Williams, Ricky　元・プロフットボール選手　国米国　生1977年5月21日　著2000／2004／2008

ウィリアムズ, リッチー　サッカー選手（MF）　国英国　生1970年6月3日　著2000

ウィリアムズ, ルシンダ　シンガー・ソングライター　国米国　著2000

ウィリアムズ, レイモンド　Williams, Raymond Henry　批評家　元・ケンブリッジ大学演劇学教授　国英国　生1921年8月31日　没1988年　著1992

ウィリアムズ, レジー　ディズニー・ワイド・ワールド・オブ・スポーツ副社長　著1992／2000

ウィリアムズ, レッドフォード　Williams, Redford　デューク大学精神医学部教授・医学部準教授・行動医学研究所長　専精神医学　国米国　著1996

ウィリアムズ, ロイ　Williams, Roy H.　著述家, コレクター　著2008

ウィリアムズ, ロザリンド　Williams, Rosalind H.　歴史学者, 技術史家　マサチューセッツ工科大学教養学部長　国米国　生1944年　著1996／2000

ウィリアムズ, ロバート　Williams, Robert　米国宇宙望遠鏡科学研究所所長　専天文学, 宇宙望遠鏡　国米国　生1940年　著2000／2008

ウィリアムズ, ロビー　Williams, Robbie　旧グループ名＝テイク・ザット　歌手　国英国　生1974年2月13日　著2000／2004／2008

ウィリアムズ, ロビン　Williams, Robin　俳優, コメディアン　国米国　生1951年7月21日　著1992／1996／2000／2004／2008／2012

ウィリアムズ, ロビン　Williams, Robin　ウェブデザイナー　著2004

ウィリアムズ, ローリー　Williams, Laurie　コンピューター科学者　ノースカロライナ州立大学コンピューターサイエンス学部助教授　国米国　著2004

ウィリアムズ, ローリン　Williams, Lauryn　陸上選手（短距離）　アテネ五輪陸上女子100メートル銀メダリスト　国米国　生1983年9月11日

ウィリアムズ, ローワン　Williams, Rowan Douglas　聖職者, 神学者　ケンブリッジ大学モードリンカレッジ学長　元・英国国教会カンタベリー大主教, 元・オックスフォード大学教授　国英国　生1950年6月14日　著2004／2012

ウィリアムズ・ダーリング, トニク　Williams Darling, Tonique　旧名＝ウィリアムズ, トニク　陸上選手（短距離）　アテネ五輪陸上女子400メートル金メダリスト　国バハマ　生1976年1月17日　著2008（ウィリアムズ, トニク）

ウィリアムス・ベル　Williams Belle　グループ名＝ヤマカシ　パフォーマー　国フランス　著2004／2008

ウィリアムソン, オリバー　Williamson, Oliver　経済学者　カリフォルニア大学バークレー校教授　国米国　生1932年　著2012

ウィリアムソン, ギルバート　Williamson, Gilbert P.　元・NCR会長　国米国　生1937年4月26日　著1992／1996

ウィリアムソン, グウィネス　Williamson, Gwyneth　挿絵画家　国英国　著2004

ウィリアムソン, グレン　アイスホッケー監督　アイスホッケー日本代表ゼネラルマネージャー　国カナダ　著2008

ウィリアムソン, ケビン　Williamson, Kevin　脚本家, 映画監督　国米国　著2000／2004

ウィリアムソン, ジャック　Williamson, Jack　本名＝Williamson, John Stewart　別名＝Will Stewart　SF作家　国米国　生1908年4月29日　没2006年11月10日　著1992／1996

ウィリアムソン, ジュディス　Williamson, Judith　作家　国英国　生1954年　著1996

ウィリアムソン, ジョン　Williamson, John　国際経済研究所（米国）上級研究員　専国際金融, 国際通貨制度　国英国　生1937年6月7日　著1996

ウィリアムソン, スティーブ　Williamson, Steve　ジャズサックス

奏者 　国英国　没1992

ウィリアムソン, スティーブン・M.　実業家　ローバージャパン取締役（財務管理部門担当）　国英国　生1948年　没2000

ウィリアムソン, チェット　Williamson, Chet　作家　国米国　生1948年　没2000

ウィリアムソン, デービッド　Williamson, David Keith　劇作家, 脚本家　国オーストラリア　生1942年2月24日　没1992

ウィリアムソン, トニー　Williamson, Tony　作家　国英国　生1932年　没1992

ウィリアムソン, ニコル　Williamson, Nicol　俳優　国英国　生1938年9月14日　没2011年12月16日　没1992／1996／2000

ウィリアムソン, ヒュー　Williamson, Hugh　ジャーナリスト　専労働問題　国英国　生1964年　没2000

ウィリアムソン, ブライアン　Williamson, Brian　本名＝Williamson,Robert Brian　実業家　ロンドン国際金融先物取引所（LIFFE）会長, ジェラード社会長　国英国　生1945年2月16日　没2000

ウィリアムソン, ボー　Williamson, Beau　コンピューター技術者, コンピューター・コンサルタント　没2004

ウィリアムソン, マリアンヌ　Williamson, Marianne　作家, 慈善家, 説教師　国米国　没2000／2012

ウィリアムソン, ロイ　フォーク歌手　国英国　没1990年8月12日　没1992

ウィリアン　William　本名＝バルボーサ, ウィリアン・シャビエル　サッカー選手（FW）　国ブラジル　生1983年9月22日　没2008

ヴィリエ, ジェラール・ド　Villiers, Gérard de　スパイ小説家　国フランス　生1929年　没1992（ビリエ, ジェラール・ド）

ヴィリエ, マルク・ド　Villiers, Marq De　ワインライター, 編集者「WHERE International」エディトリアル・ディレクター　国カナダ　没2004

ウィリス, ウィル　Willis, Will　ネットワーク技術者　国米国　没2004

ウィリス, クリント　Willis, Clint　登山家, 作家　国米国　没2008

ウィリス, コニー　Willis, Connie　SF作家　国米国　生1945年　没1996／2000／2012

ウィリス, サラ　Willis, Sarah　作家　国米国　没2004

ウィリス, ジェニー　Willis, Jeanne　絵本作家　国英国　生1959年　没2000

ウィリス, ジェーン　Willis, Jane　英語教師　国英国　没2008

ウィリス, テアロン　Willis, Thearon　Webコンサルタント　国米国　没2004

ウィリス, テッド　Willis, Ted　本名＝Willis,Edward Henry　作家　国英国　生1918年1月13日　没1992年12月22日　没1992／1996

ウィリス, ドントレル　Willis, Dontrelle　本名＝Willis,Dontrelle Wayne　大リーグ選手（投手）　国米国　生1982年1月12日

ウィリス, ノーマン　Willis, Norman David　労働運動家　元・英国労働組合会議（TUC）書記長　国英国　生1933年1月21日　没1992／1996

ウィリス, パトリック　Willis, Patrick　プロフットボール選手（ILB）　国米国　生1985年1月25日

ウィリス, ブライアン　Willis, Bryan　ヨットレース審判員　ISAFルール委員会メンバー　没2004

ウィリス, ブルース　Willis, Bruce　本名＝Willis,Bruce Walter　俳優　国米国　生1955年3月19日　没1992／2000／2004／2008／2012

ウィリス, マーク　Willes, Mark H.　実業家　タイムズ・ミラー社長・CEO　国米国　没1996／2000／2004

ウィリス, マリアエマ　Willis, Mariaemma　本名＝ペルロ・ウィリス, マリアエマ　教育コンサルタント　国米国　没2004

ウィリソン, ブルース　Willison, Bruce G.　経営学者, 元・銀行家　カリフォルニア大学ロサンゼルス校アンダーソンスクール学長　国米国　没2004

ウィリッグ, カーラ　Willig, Carla　心理学者　ロンドン市立大学教授　国英国　没2008

ヴィリリオ, ポール　Virilio, Paul　建築家, 思想家　国フランス　生1932年　没2004

ウィリンガム, ジョシュ　Willingham, Josh　本名＝Willingham, Joshua David　大リーグ選手（外野手）　国米国　生1979年2月17日

ウィル　Will　本名＝アンドラーデ, ウィル・ロブソン・エミリオ　サッカー選手（FW）　国ブラジル　生1973年12月15日　没2004／2008／2012

ウィール, アン　Weale, Anne　ロマンス作家　没2007年　没2004

ウィル, クリストフ　Wille, Christoph　ネットワークコンサルタント, プログラマー　没2004

ウィル, サラ　Will, Sarah　スキー選手（アルペン）　国米国　生1965年10月6日　没2000／2004

ウィル, ジョージ　Will, George F.　政治コラムニスト　国米国　生1941年　没1996

ウィール, ジョン　壁画家　国米国　没1992

ウィール, ジョン　Weal, John　イラストレーター　没2004

ウィル・アイ・アム　Will.I.Am　グループ名＝ブラック・アイド・ピーズ　ミュージシャン, 音楽プロデューサー　国米国　没2012

ヴィルヴァ, ホルガー　Wyrwa, Holger　心理療法家　国ドイツ　生1959年　没2004

ウィルカーソン, エドワード（Jr.）　Wilkerson, Edward（Jr.）　ジャズサックス奏者, 作曲家　国米国　生1953年　没1996

ウィルキー, アラン　Wilkie, Alan　サッカー審判員　元・日本サッカー協会トップレフェリーインストラクター　没2012

ウィルキン, カレン　Wilkin, Karen　美術史家, 美術評論家　専現代絵画・彫刻　国米国　没1992

ウィルキンス, ゲイブ　Wilkins, Gabe　元・プロフットボール選手　国米国　生1971年9月1日　没2000

ウィルキンス, バリー　Wilkins, Barrie　写真家　南アフリカ写真家協会副会長　専動物写真　国南アフリカ　没2000

ウィルキンス, モーリス　Wilkins, Maurice Hugh Frederick　生物物理学者　元・ロンドン大学名誉教授　専分子生物学　国英国　生1916年12月15日　没2004年10月5日　没1992／1996／2000／2004

ウィルキンソン, エンディミヨン　Wilkinson, Endymion　外交官　国英国　生1941年　没1996

ウィルキンソン, クリス　Wilkinson, Chris　建築家　国英国　生1945年　没1996

ウィルキンソン, ジェフリー　Wilkinson, Geoffrey　化学者　元・ロンドン大学名誉教授　専無機化学　国英国　生1921年7月14日　没1996年9月26日　没1992／1996／2000／2004

ウィルキンソン, ジェームズ・ハーディ　Wilkinson, James Hardy　数学者　専数値解析　国英国　没1986年10月5日　没1992

ウィルキンソン, ジグニー　Wilkinson, Signe　漫画家　国米国　没1996

ウィルキンソン, ジョニー　Wilkinson, Jonny　ラグビー選手（SO）　国英国　生1979年5月25日　没2000／2004／2008／2012

ウィルキンソン, スーザン　翻訳家　住井すゑ「橋のない川」の英訳者　国英国　没1992

ウィルキンソン, ダーリーン　Wilkinson, Darlene　宗教家　国米国　没2004／2008

ウィルキンソン, トム　Wilkinson, Tom　俳優　国英国　生1948年12月12日　没2012

ウィルキンソン, トレイシー　Wilkinson, Tracy　新聞記者　ロサンゼルス・タイムズローマ支局長　没2008

ウィルキンソン, バリー　Wilkinson, Barry　ノースカロライナ大学シャーロット校コンピューター科学科教授　専計算機科学　没2000／2004

ウィルキンソン, フィリップ　Wilkinson, Philip　ジャーナリスト, 編集者　国英国　生1955年　没1996

ウィルキンソン, ブルース　Wilkinson, Bruce H.　ウォーク・ス

ルー・ザ・バイブル・ミニストリーズ創設者 ⒩米国 ⓨ2004

ウィルキンソン, ヘレナ Wilkinson, Helena 作家, カウンセラー カイノス・トラスト会長 元・「ケアラー&カウンセラー」編集長 ⓢ摂食障害 ⒩英国 ⓨ2004

ウィルキンソン, ポール Wilkinson, Paul 政治学者 元・セント・アンドルース大学教授 ⓢ国際関係論, テロリズム ⒩英国 ⓑ1937年5月9日 ⓓ2011年8月11日 ⓨ1996／2000

ウィルキンソン, リー Wilkinson, Lee ロマンス作家 ⒩英国 ⓨ2004

ウィルキンソン, リチャード Wilkinson, Richard H. アリゾナ大学教授 ⓢエジプト学 ⒩米国 ⓑ1951年 ⓨ2000／2008

ウィルキンソン, リチャード Wilkinson, Richard G. 医学者 ノッティンガム大学名誉教授 ⒩英国 ⓑ1943年 ⓨ2004／2012

ウィルキンソン, ローラ Wilkinson, Laura 元・飛び込み選手 シドニー五輪女子高飛び込み金メダリスト ⒩米国 ⓑ1977年11月17日 ⓨ2004／2008

ウイルケ, マーガレット Wilke, Margaret 「悲しむ人たちをなぐさめよ」の共著者 ⓨ2004

ウィルクス, アンジェラ Wilkes, Angela 児童文学作家 ⒩英国 ⓑ1952年 ⓨ1996／2000

ウィルクス, マリア Wilkes, Maria D. 作家 ⒩米国 ⓨ2004／2008

ウィルクス, モーリス Wilkes, Maurice Vincent コンピューター工学者 元・ケンブリッジ大学名誉教授, 元・英国コンピューター学会初代会長 ⒩英国 ⓑ1913年6月26日 ⓓ2010年11月29日 ⓨ1992／1996

ウィルクス, リッチ Wilkes, Rich 映画監督, 脚本家 ⒩米国 ⓨ2004

ウィルケ, マンフレート Wilke, Manfred 歴史家 元・ベルリン経済単科大学教授 ⒩ドイツ ⓑ1941年

ヴィルケンス, ウルリッヒ Wilckens, Ulrich 神学者 北エルベ福音主義教会教区ホルスタイン・リューベック監督 ⓢ新約学 ⒩ドイツ ⓑ1928年8月5日 ⓨ2000

ウィルケンス, レニー Wilkens, Lenny 本名=Wilkens, Leonard バスケットボール監督 ⒩米国 ⓑ1937年10月28日 ⓨ2000／2004／2008

ウィルクオスン, ヘンリー Wilcoxon, Henry 映画俳優 ⒩米国 ⓑ1905年9月8日 ⓓ1984年3月6日 ⓨ1992

ウィルコック, デニス ダウ・パシフィック社長 ⓨ1996

ウィルコックス, クレイグ Willcox, D.Craig 医療人類学研究者 ⓢ医療人類学, 老年学, 保健学 ⓨ2008

ウィルコックス, コリン Wilcox, Collin 作家 ⒩米国 ⓑ1924年 ⓨ1992

ウィルコックス, ハーミッシュ Willcox, Hamish 元・ヨット選手 ダイヤモンド・セールセーリング・アドバイザー ⒩ニュージーランド ⓑ1961年 ⓨ1996

ウィルコックス, ブラッドリー Willcox, Bradley J. 老年医学研究者 ⓨ2008

ウィルコックス, マイケル Wilcox, Michael デザイナー ⒩英国 ⓨ2008

ヴィルコミルスキー, ビンヤミン 「断片―幼少期の記憶から・1939-1948」の著者 ⒩スイス ⓑ1941年 ⓨ2000

ウィルコン, ピョートル Wilkoń, Piotr 童話作家 ⒩ポーランド ⓑ1957年 ⓨ1992／1996／2000

ウィルコン, ヨゼフ Wilkoń, Józef 絵本画家, イラストレーター ⒩ポーランド ⓑ1930年 ⓨ1992／1996／2000／2008

ヴィルサラーゼ, エリソ Virsaladze, Elisso 本名=Virsaladze, Elisso Konstantinovna ピアニスト ⒩グルジア ⓑ1942年 ⓨ1996(ビルサラーゼ, エリソ)／2008／2012

ウィルシー, ショーン Wilsey, Sean 編集者, 作家 「マクスウィーニー」編集者 ⒩米国 ⓑ1970年 ⓨ2012

ウィルシャー, ジャック Wilshere, Jack サッカー選手(MF) ⒩英国 ⓑ1992年1月1日 ⓨ2012

ウィルシャー, スティーブン 画家 ⒩英国 ⓑ1974年 ⓨ1996

ウィルシンスキー, アレック 外交官 在札幌米国総領事 ⒩米国 ⓨ2004／2008

ウィルス, イザボー Wilce, Ysabeau S. 作家 ⓨ2012

ウィルス, ギャリー Wills, Garry 古典学者, 政治評論家, ジャーナリスト ノースウェスタン大学教授 ⒩米国 ⓨ1992／1996

ウィルス, ハロルド Wills, Harold Pete 実業家 PSINet社長・COO ⒩米国 ⓨ2000

ウィルス, ポーリン Wills, Pauline リフレクソロジスト, ヨガ指導者 ⓢリフレクソロジー ⒩英国 ⓨ2004／2008

ウィルス, モーリー Wills, Maury 元・大リーグ選手 ⒩米国 ⓑ1932年10月2日 ⓨ2000

ウィルズ, ラッセル Wills, Russel カリフォルニア大学サン・ジョーンズ校, スタンフォード大学研究員 ⓢ心理学, コミュニケーション理論 ⒩米国 ⓨ2000

ヴィルセン, カーリン Wirsén, Carin 絵本作家 ⒩スウェーデン ⓨ2012

ヴィルセン, スティーナ Wirsén, Stina アーティスト, イラストレーター ⒩スウェーデン ⓨ2012

ウイルソン Wilson 本名=Fonseca, Wilson Rodrigues サッカー選手(FW) ⒩ブラジル ⓑ1985年3月21日

ウィルソン, A.N. 作家 ⒩英国 ⓑ1950年 ⓨ1996

ウィルソン, F.ポール Wilson, F.Paul 作家, 医師 ⒩米国 ⓑ1946年 ⓨ1992／1996／2000

ウィルソン, H.G. Wilson, Howard G. ヒューズ航空会社副社長 ⓢソーラーカーの開発 ⒩米国 ⓨ1992

ウィルソン, H.ジェームズ Wilson, H.James 経営学者 アクセンチュア戦略的変革研究所研究員 ⓨ2004

ウィルソン, R.J. Wilson, Robin J. オープン大学 ⓢグラフ理論 ⓨ2004

ウィルソン, アーネスト Wilson, Ernest メリーランド大学国際開発紛争管理センター所長 ⓢアフリカ開発, ODA政策 ⒩米国 ⓨ2000

ウィルソン, アル Wilson, Al 元・プロフットボール選手 ⓑ1977年6月21日 ⓨ2008

ウィルソン, アレクサンダー Wilson, Alexander スキー選手(フリースタイル) ⒩米国 ⓑ1974年7月15日 ⓨ2000

ウィルソン, アン Wilson, Ann グループ名=ハート ロック歌手 ⒩米国 ⓑ1951年6月19日 ⓨ1996／2004／2008

ウィルソン, アンガス Wilson, Angus Frank Johnstone 作家 ⒩英国 ⓑ1913年8月11日 ⓓ1991年5月31日 ⓨ1992

ウィルソン, アンドルー・ノーマン Wilson, Andrew Norman 作家 ⒩英国 ⓑ1950年10月27日 ⓨ1996／2000

ウィルソン, イアン Wilson, Ian ジャーナリスト ⒩英国 ⓑ1941年 ⓨ2000

ウィルソン, エイドリアン Wilson, Adrian プロフットボール選手(SS) ⒩米国 ⓑ1979年10月12日

ウィルソン, エド Wilson, Ed ネットワーク技術者 ⒩米国 ⓨ2004

ウィルソン, エドワード・オズボーン Wilson, Edward Osborne 生物学者, 昆虫学者 ハーバード大学名誉教授 ⓢ社会生物学 ⒩米国 ⓑ1929年6月10日 ⓨ1992／1996／2000／2004／2008／2012

ウィルソン, エリアン Wilson, Eliane 作家 ⒩スイス ⓨ2004

ウィルソン, エリック Wilson, Eric H. 作家 ⒩カナダ ⓑ1940年 ⓨ1996／2000

ウィルソン, オーウェン Wilson, Owen 俳優, 映画プロデューサー ⒩米国 ⓑ1968年11月18日 ⓨ2004／2008／2012

ウィルソン, オーガスト Wilson, August 劇作家 ⒩米国 ⓑ1945年 ⓓ2005年10月2日 ⓨ2000／2004

ウィルソン, カサンドラ Wilson, Cassandra ジャズ歌手 ⒩米国 ⓑ1955年12月4日 ⓨ1992／1996／2000／2008／2012

ウィルソン, キンバリー Wilson, Kimberly A. 環境運動家 責任ある遺伝子学のための会議(CRG)ディレクター ⓢ遺伝子組み換え食品, バイオテクノロジー ⒩米国 ⓨ2004

ウィルソン, ゲイル　Wilson, Gayle　ロマンス作家　[典]2004

ウィルソン, ケネス　Wilson, Kenneth Geddes　物理学者　元・オハイオ大学教授　[専]素粒子論, 統計物理学, 場の量子論　[国]米国　[生]1936年6月8日　[没]2013年6月15日　[典]1992／1996／2000／2004／2008／2012

ウィルソン, コリン　Wilson, Colin　本名=Wilson,Colin Henry　評論家, 作家　[国]英国　[生]1931年6月26日　[没]2013年12月9日　[典]1992／1996／2000／2004

ウィルソン, コリン　Wilson, Colin　映画プロデューサー　[国]英国　[生]1961年6月25日　[典]1996

ウィルソン, ジェニ　Wilson, Jeni　教育学者　メルボルン大学教育学部教員　[国]オーストラリア　[典]2008

ウィルソン, ジェームズ・ハロルド　Wilson, James Harold　政治家　元・英国首相, 元・英国労働党党首　[国]英国　[生]1916年3月11日　[没]1995年5月24日　[典]1992／1996

ウィルソン, ジム　Wilson, Jim　映画プロデューサー　[国]米国　[典]2000

ウィルソン, ジャクリーン　Wilson, Jacqueline　児童文学作家　[国]英国　[生]1945年　[典]1996／2004／2012

ウィルソン, ジュディス　Wilson, Judith　ライター　[典]2004／2008

ウィルソン, ジョルジュ　Wilson, Georges　俳優, 演出家　[国]フランス　[生]1921年10月16日　[没]2010年2月3日　[典]2000

ウィルソン, ジョン　Wilson, John　作家　[国]英国　[典]2004

ウィルソン, ジョン・モーガン　Wilson, John Morgan　作家　[国]米国　[生]1945年　[典]2000

ウィルソン, スコット　Wilson, Scott　俳優　[国]米国　[生]1942年3月29日　[典]2000／2004

ウィルソン, スチュアート　外交官　在日カナダ大使館科学技術担当参事官　[国]カナダ　[生]1951年　[典]1996

ウィルソン, スティーブ　Wilson, Steve　コンピューター技術者　[典]2004

ウィルソン, チャック　Wilson, Chuck K.　本名=ウィルソン, チャールズ・ケント　タレント, フィットネス・コーディネーター　[国]米国　[生]1946年10月26日　[典]2004(チャック・ウィルソン)／2008

ウィルソン, ディック　Wilson, Dick　ジャーナリスト　[専]アジア　[国]英国　[生]1928年　[典]1992

ウィルソン, ティム　Wilson, Tim　作家　[国]英国　[生]1962年　[典]2000

ウィルソン, テディ　Wilson, Teddy　本名=Wilson,Teddy Theodore　ジャズピアニスト　[国]米国　[生]1912年11月24日　[没]1986年7月30日　[典]1992

ウィルソン, デービッド　Wilson, David M.　元・大英博物館館長　[専]中世考古学　[国]英国　[生]1931年10月30日　[典]1992／1996／2000

ウィルソン, デービッド　Wilson, David　外交官　元・香港総督　[国]英国　[生]1935年2月14日　[典]1992／1996

ウィルソン, デービッド・リー　Willson, Davidlee　俳優, 脚本家　[国]米国　[生]1970年　[典]2004

ウィルソン, トニー　Wilson, Tony　ファクトリー創設者　[国]英国　[典]2004

ウィルソン, トム　Wilson, Tom　大リーグ・トレーナー　[国]米国　[典]2004／2008

ウィルソン, トレーシー　Wilson, Tracy　コンピューター・コンサルタント　[典]2004

ウィルソン, ドン　Wilson, Don　グループ名=ベンチャーズ　ギタリスト　[国]米国　[生]1937年　[典]1996／2000／2004／2008／2012

ウィルソン, ナイジェル　Wilson, Nigel　大リーグ選手(外野手), 元・プロ野球選手　[国]カナダ　[生]1970年1月12日　[典]2004／2008

ウィルソン, ナンシー　Wilson, Nancy　ジャズ歌手　[国]米国　[生]1937年2月20日　[典]1992／1996

ウィルソン, ナンシー　Wilson, Nancy　グループ名=ハート　ロックギタリスト　[国]米国　[生]1954年3月16日　[典]1996

ウィルソン, ナンシー・ホープ　Wilson, Nancy Hope　児童文学作家　[国]米国　[典]2004

ウィルソン, バッジ　Wilson, Budge　児童文学作家　[国]カナダ　[典]2012

ウィルソン, パトリシア　Wilson, Patricia　ロマンス作家　[典]2004

ウィルソン, バレリー・プレイム　Wilson, Valerie Plame　作家　[国]米国　[生]1963年　[典]2012

ウィルソン, ピーター　Wilson, Peter　建築家　AAスクール講師　[国]オーストラリア　[生]1950年　[典]1992／1996

ウィルソン, ピーター　Wilson, Peter　本名=Wilson,Peter Robert Russell　射撃選手(クレー射撃)　ロンドン五輪射撃男子クレー・ダブルトラップ金メダリスト　[国]英国　[生]1986年9月15日

ウィルソン, ピッパ　Wilson, Pippa　ヨット選手　北京五輪セーリング女子イングリング級金メダリスト　[国]英国　[生]1986年2月7日　[典]2012

ウィルソン, ピート　Wilson, Pete　政治家　元・カリフォルニア州知事(共和党)　[国]米国　[生]1933年8月23日　[典]1992／1996／2000

ウィルソン, フォレスト　Wilson, Forrest　児童文学作家　[国]英国　[典]1992／1996

ウィルソン, ブライアン　Willson, S.Brian　反戦活動家　「非暴力活動実践研究所」設立者　[国]米国　[典]1992／1996

ウィルソン, ブライアン　Wilson, Brian　本名=ウィルソン, ブライアン・ダグラス　グループ名=ビーチ・ボーイズ　ミュージシャン　[国]米国　[生]1942年6月20日　[典]1992／2000／2008／2012

ウィルソン, ブライアン　Wilson, Brian　経営コンサルタント　[国]英国　[典]2000

ウィルソン, ブライアン・ロナルド　Wilson, Bryan Ronald　オックスフォード大学名誉教授, オールソルーズ・カレッジ名誉研究員　[専]宗教社会学　[国]英国　[生]1926年6月25日　[典]2000

ウィルソン, ブランドン　Wilson, Brendon J.　コンピューター技術者　[国]カナダ　[典]2004

ウィルソン, ブリジット　Wilson, Bridgette　女優　[国]米国　[生]1973年　[典]2000／2004

ウィルソン, プレストン　Wilson, Preston James David　大リーグ選手(外野手)　[国]米国　[生]1974年7月19日　[典]2004／2008

ウィルソン, ペネロペ　Wilson, Penelope　エジプト学者　ダーラム大学講師　[典]2008

ウィルソン, ホーリー・スコドル　Wilson, Holly Skodol　カリフォルニア大学サンフランシスコ校教授・看護教育コーディネーター　[専]精神看護, 地域看護, 看護管理, 看護教育　[国]米国　[典]2004／2008

ウィルソン, ポーリン　Wilson, Pauline　グループ名=シーウィンド　歌手　[国]米国　[典]2012

ウィルソン, ポール　Wilson, Paul　医療コンサルタント, 作家　[国]オーストラリア　[典]2004

ウィルソン, マイケル　Wilson, Michael Holcombe　政治家　アモコ社外重役　元・カナダ蔵相・貿易産業相　[国]カナダ　[生]1937年11月4日　[典]1996

ウィルソン, マーク　Wilson, Mark　コンピューター技術者　[典]2004

ウィルソン, マーク　Wilson, Mark　グループ名=JET　ミュージシャン　[国]オーストラリア　[典]2012

ウィルソン, マーゴ　Wilson, Margo　心理学者　マクマスター大学教授　[専]殺人, 幼児虐待　[国]カナダ　[生]1942年　[典]2004

ウィルソン, メレディス　作曲家　[国]米国　[没]1984年6月15日　[典]1992

ウィルソン, ラッセル　Wilson, Russell　プロフットボール選手(QB)　[国]米国　[生]1988年11月29日

ウィルソン, ラルフ　Wilson, Ralph F.　経営コンサルタント　[典]2004／2008

ウィルソン, ランフォード　Wilson, Lanford　劇作家　[国]米国　[生]1937年　[典]1992

ウィルソン, ランベール　Wilson, Lambert　俳優　[国]フランス　[生]1958年4月　[典]1996／2000

ウィルソン, リタ　Wilson, Rita　女優　[国]米国　[典]2000

ウィルソン, リチャード　Wilson, Richard L.　陶芸家　国際基督教大学教養学部教授　[専]美術史, 考古学　[国]米国　[生]1949年　[典]2008

ウィルソン, リチャード　Wilson, Richard　俳優　国英国　⊕1936年　⊕2000

ウィルソン, リード　Wilson, Reid　精神医学者,精神科医　ノース・カロライナ大学医学部助教授　⊕不安症　国米国　⊕2004

ウィルソン, ロイス　女優　国米国　⊗1988年3月3日　⊕1992

ウィルソン, ロジャー　元・ジャーディンマセソン社長　国英国　⊕1992／1996

ウィルソン, ロバータ　Wilson, Roberta　エドガー・ケイシー研究家　アロエ・プレス出版社代表　国米国　⊕2000

ウィルソン, ロバート　Wilson, Robert　演出家,前衛芸術家　国米国　⊕1941年10月4日　⊕1992／1996／2000／2004／2008／2012

ウィルソン, ロバート　Wilson, Robert　作家　国英国　⊕1957年　⊕2004／2012

ウィルソン, ロバート・アントン　Wilson, Robert Anton　SF作家,編集者　国米国　⊕1932年1月18日　⊗2007年1月11日　⊕1996

ウィルソン, ロバート・ウッドロー　Wilson, Robert Woodrow　電波天文学者　AT&Tベル研究所電波物理研究部長　国米国　⊕1936年1月10日　⊕1992／1996／2000

ウィルソン, ロバート・チャールズ　Wilson, Robert Charles　SF作家　国カナダ　⊕1953年12月15日　⊕2012

ウィルソン, ロブリー　Wilson, Robley　作家　国米国　⊕1930年　⊕2012

ウィルソン, ローラ　Wilson, Laura　ミステリ作家　国英国　⊕2012

ウィルソン, ローリー　Wilson, Lawrie　自然保護運動家　元・オーストラリア・ナショナルトラスト会長　国オーストラリア　⊕1992

ヴィルダ, イルケ　Wyludda, Ilke　円盤投げ選手　国ドイツ　⊕1969年3月28日　⊕1992(ビルダ, イルケ)／2000

ウィルダン・ヤティム　Wildan Yatim　作家　国インドネシア　⊕1933年　⊕1992

ウイルチェック, フランク　Wilczek, Frank　物理学者　マサチューセッツ工科大学教授　⊕素粒子　国米国　⊕1951年5月15日　⊕2008／2012

ウィルツ, カルメン・ビューヒャー　ホテル経営者　ハスラー・オーナー　国イタリア　⊕1996

ウィルツ, デービッド　Wiltse, David　ミステリー作家　国米国　⊕1996／2004

ウィルツ, ベルント　Wilz, Bernd　政治家　ドイツ連邦議会議員,キリスト教民主・社会同盟(CDU・CSU)国防部会長　国ドイツ　⊕1942年12月13日　⊕1992

ヴィルデ, ラルフ　Wilde, Ralf　ラインランド技検アジアグループ代表取締役　国ドイツ　⊕1952年　⊕2000

ウィルディング, マーク　Wilding, Mark　コンピューター技術者　⊕2004

ウィルドー, サラ　Wildor, Sarah　バレリーナ　元・英国ロイヤル・バレエ団プリンシパル　国英国　⊕1972年1月29日　⊕2004／2008／2012

ウィルト, ジャン　Wilt, Jan　ホームステイ留学生協会運営者　国米国　⊕1992

ヴィルト, ニクラウス　Wirth, Niclaus　コンピューター工学者　スイス連邦工科大学研究員　⊕プログラミング環境・基礎,ワークステーション設計,プロセッサー・アーキテクチャーの解析　⊕1992(ビルト, ニクラウス)

ウィルド, ローラン・ド　Wilde, Laurent de　ジャズミュージシャン　国フランス　⊕1960年　⊕2000

ヴィルトール, シルヴァン　Wiltord, Sylvain　元・サッカー選手　国フランス　⊕1974年5月10日　⊕2004／2008

ウィルトン, リチャード　Wilton, Richard　医師,コンピュータープログラマー　カリフォルニア大学ロサンゼルス校Medical Informatics計画メンバー　国米国　⊕1992

ウィルナー, ハル　Willner, Hal　音楽プロデューサー　国米国　⊕1956年　⊕1996

ヴィルノ, パオロ　Virno, Paolo　カラブリア大学教授　⊕コミュニケーション倫理学　国イタリア　⊕1952年　⊕2008

ウィルバー, ケン　Wilber, Ken　「レ・ヴィジョン」誌編集主幹,「超個人心理学(トランスパーソナル・サイコロジー)」誌編集顧問,シャンバーラ出版編集顧問　⊕超個人心理学　国米国　⊕1949年　⊕2000／2008

ヴィルハー, ゴラース　写真家,美術史家　国ユーゴスラビア　⊕1955年　⊕2000

ウィルバー, リチャード　Wilbur, Richard Purdy　詩人,翻訳家　国米国　⊕1921年3月1日　⊕1992／1996／2000／2004

ウィルハイド, エリザベス　Wilhide, Elizabeth　ライター　⊕2004

ウィルビー, ジェームズ　Wilby, James　俳優　国英国　⊕1958年2月20日　⊕1996

ウィルフォーク, ビンス　Wilfork, Vince　プロフットボール選手(DT)　国米国　⊕1981年11月4日

ウィルフォード, ジョン・ノーブル　Wilford, John Noble　科学ジャーナリスト　ニューヨークタイムズ記者　国米国　⊕1996

ウィルフォード, チャールズ　Willeford, Charles　ミステリー作家　国米国　⊕1919年　⊗1988年　⊕1992

ウィルフォード, ロナルド　音楽マネージャー　コロンビア・アーティスツ・マネジメント社(CAMI)社長　国米国　⊕1927年　⊕1996

ウィルヘルム, カティ　Wilhelm, Kati　バイアスロン選手　トリノ五輪バイアスロン女子10キロ追い抜き金メダリスト　国ドイツ　⊕1976年8月2日　⊕2004／2008／2012

ウィルヘルム, ケイト　Wilhelm, Kate　SF作家　国米国　⊕1928年　⊕1992／2004／2008

ウィルマース, クリストファー　彫刻家　国米国　⊗1987年11月19日　⊕1992

ウィルマン, ヴェロニク　Willemin, Véronique　建築家,写真家　国フランス　⊕2004

ヴィールマン, クリスティーヌ・ノーマン　Villemin, Christine Naumann　児童文学作家,言語療法士　国フランス　⊕1964年　⊕2008

ウィルムスタッド, ロバート　Willumstad, Robert B.　実業家　元・アメリカン・インターナショナル・グループ(AIG)会長・CEO,元・シティグループ社長　国米国　⊕2004／2008／2012

ヴィルムゼン, アンナ・マリア　彫刻家　国ドイツ　⊕1937年　⊕1996(ビルムゼン, アンナ・マリア)

ウィルムット, イアン　Wilmut, Ian　生物学者　エディンバラ大学名誉教授・再生医学センター所長　元・ロスリン研究所教授　⊕クローン　国英国　⊕1944年7月7日　⊕2000／2004／2008／2012

ウィルモア, ベン　Willmore, Ben　コンピューターコンサルタント　Digital Mastery創設者　国米国　⊕2004

ウィルモッツ, マルク　Wilmots, Marc　政治家,元・サッカー選手　ベルギー上院議員　国ベルギー　⊕1969年2月22日　⊕2004／2008

ウィルモット, ネーサン　Wilmot, Nathan　ヨット選手(470級)　北京五輪セーリング男子470級金メダリスト　国オーストラリア　⊕1979年12月13日　⊕2012

ウィルモット, ヒュー　経営学者　マンチェスター・マネジメント・スクール上級講師　⊕2004

ウィレット, ウォルター　Willett, Walter　ハーバード大学教授　⊕栄養疫学　国米国　⊕2008

ウィレット, レイモンド　Ouellete, Raymond　エドガー・ケイシー研究家　国米国　⊕2000

ウィレム・アレクサンダー皇太子　Willem-Alexander, Prince　本名=Willem-Alexander Claus George Ferdinand　称号=オラニエ公　オランダ皇太子　国オランダ　⊕1967年4月27日　⊕2004／2012

ウィレムス, トム　Willems, Thom　作曲家　国オランダ　⊕1955年　⊕2000

ヴィレル, ジャン・ピエール・ド　Villers, Jean-Pierre de　フランス文学者　⊕20世紀フランス文学　国フランス　⊕1940年　⊕2008

ウィレンソン, キム　Willenson, Kim　ジャーナリスト　⊕外交政策,軍事問題　国米国　⊕1992

ウィレンゼク, トマシュ　Wylenzek, Tomasz　カヌー選手　アテネ五輪カヌー男子カナディアンペア1000メートル金メダリスト　国ドイツ　⊕1983年1月9日　⊕2008／2012

ヴィロス, クリスチャン　Viros, Christian R.　タグ・ホイヤーCEO　国米国　⊕1948年　興1996（ビロス, クリスチャン）

ウィロック, コーレ　Willoch, Kaare Isaachsen　政治家　元・ノルウェー首相　国ノルウェー　⊕1928年10月3日　興1992

ウィロックス, ティム　Willocks, Tim　精神科医, 作家　国英国　⊕1957年　興2000

ウィロビー, ボブ　Willoughby, Bob　写真家　国米国　⊕1927年　興1996

ウィロポ　Wilopo　政治家　元・インドネシア首相　国インドネシア　⊕1909年　没1981年1月20日　興1992

ウィローム, アラン　Willaume, Alain　写真家　国フランス　⊕1956年　興1996

ヴィロル, ブノワ　Virole, Benoît　児童心理学者　国フランス　興2004

ヴィロンドー, アルマン　Virondeau, Armand　国境なき医師団（MSF）日本事務局長　国フランス　興2004／2008

ウィワ, ダイアナ　Wiwa, Diana Barikor　人権・環境活動家　国ナイジェリア　⊕1972年　興2000

ウィン, アンソニー　Wynn, Anthony　実業家　元・バイエル薬品社長　国英国　興2000／2004

ウィン, キーナン　Wynn, Keenan　本名＝ウィン, フランシス・エクザヴィア・アロイシウス・キーナン　俳優　国米国　⊕1916年7月27日　没1986年10月14日　興1992

ウィン, クリス　Winn, Chris　イラストレーター　国英国　⊕1952年　興2000

ウイン, グレビル　実業家　スパイ　国英国　⊕1990年2月27日　興1992

ウィン, スティーブ　Wynn, Steve　実業家, 美術品収集家　ミラージュ・リゾーツ経営者, ベラージオ経営者　ラスベガスのカジノ王　国米国　興2000／2008／2012

ウィン, ステファン　ミラージュ会長　国米国　⊕1942年1月27日　興1996

ウィン, ダン　Wynn, Don　画家　国米国　⊕1942年　興1996

ウィーン, フランシス　Wheen, Francis　ジャーナリスト, コラムニスト　国英国　⊕1957年　興2004／2012

ウィン, マーカス　Wynne, Marcus　作家　国米国　興2004／2008

ウィン, ランディ　Winn, Randy　本名＝Winn,Dwight Randolph　元・大リーグ選手　国米国　⊕1974年6月9日　興2004／2008／2012

ウィン・アウン　Win Aung　政治家, 外交官　元・ミャンマー外相　国ミャンマー　⊕1944年2月28日　没2009年11月4日　興2000／2004／2008

ウィンウッド, スティーブ　Winwood, Steve　グループ名＝トラフィック　ミュージシャン　国英国　⊕1948年5月12日　興1992／2008／2012

ウィンガー, デブラ　Winger, Debra　女優　国米国　⊕1955年5月16日　興1992／1996／2008／2012

ウィンキー, クリス　Weinke, Chris　プロフットボール選手（QB）　国米国　⊕1972年7月31日　興2000（ウェインク, クリス）／2004／2008

ウィンク, クリス　Wink, Chris　グループ名＝ブルーマングループ　パフォーマー　国米国　興2012

ウィング, ローナ　Wing, Lorna　精神科医　全国自閉症協会社会性コミュニケーション障害センター非常勤コンサルタント, 王立心理学院特別研究員　自閉症　国英国　興2000

ウィングズ, メアリー　Wings, Mary　ミステリー作家　国米国　⊕1949年　興1996

ウィンクラー, アーウィン　Winkler, Irwin　映画プロデューサー, 映画監督　国米国　興1996／2000／2004

ウィンクラー, アラン　Winkler, Allan M.　歴史学者　マイアミ大学教授　米国史　国米国　⊕1945年　興2000

ウィングローブ, デービッド　Wingrove, David　SF評論家,SF作家　国英国　⊕1954年　興1996／2000

ウィンゲート, ウィリアム　Wingate, William　作家, 弁護士　南アフリカ　興1992（ウィンゲイト, ウィリアム）

ヴィンケル, ハラルド　Winkel, Harald　経済学者　シュトゥットガルト大学教授　国ドイツ　⊕1931年　興1996（ビンケル, ハラルド）

ヴィンケルヘーフェル, ヤン　Winkelhöfer, Jan　外交官　駐日チェコスロバキア大使　国チェコスロバキア　⊕1931年　興1992（ビンケルヘーフェル, ヤン）／1996（ビンケルヘーフェル, ヤン）

ヴィンケルヘーフェロヴァー, ヴラスタ　Winkelhöferová, Vlasta　日本文学研究家　チェコ日本友好協会副会長　駐日チェコスロバキア大使夫人　国チェコ　⊕1932年　興1992（ビンケルヘーフェロバー, ブラスタ）／1996（ビンケルヘーフェロバー, ブラスタ）

ウィンサー, キム　Winser, Kim　実業家　アクアスキュータム社長・CEO　元・プリングル・スコットランドCEO　国英国　⊕1959年　興2004／2008／2012

ウィンザー, ジャニス　Winsor, Janice　テクニカルライター　興2004

ウィンザー, フィリップ　ロンドン大学経済学教授　ドイツ経済　国英国　⊕1935年　興1992

ウィンザー, マイケル　実業家　オグルヴィインタラクティブ・ワールドワイド社長　国米国　興2004

ウィンザー, ロイ　Winsor, Roy　推理作家　国米国　興1992

ウィンジェル, リチャード　Wingell, Richard J.　南カリフォルニア大学教授　音楽史,中世音楽　国米国　⊕1936年　興1996

ヴィンシャーマン, ヘルムート　Winschermann, Helmut　指揮者, オーボエ奏者　ドイツ・バッハ・ゾリステン創立者　バッハ　国ドイツ　⊕1920年3月22日　興2004／2012

ヴィンシュルス　Winshluss　本名＝バロノー, ヴァンサン　漫画家, アニメーション監督　国フランス　⊕1970年　興2012

ウィンスタンリー, デレク　Winstanly, Derek　日本ウエルカム社長　国南アフリカ　興2000

ヴィンストラ, ミンダルト　Wijnstra, Mindert　作家　国オランダ　⊕1945年　興2000

ウィンストン, アンドルー　Whingston, Andrew B.　経営学者　パーデュー大学経営学部教授　国米国　興2004

ウィンストン, アン・マリー　Winston, Anne Marie　ロマンス作家　国米国　興2004

ウィンストン, シャーリー・ラブ　Winston, Shirley Rabb　声楽家　元・ノースカロライナ大学音楽科助教授　国米国　興1992／2008

ウィンストン, ジョージ　Winston, George　ピアニスト　国米国　⊕1949年　興1996／2004／2008

ウィンストン, パトリック　Winston, Patrick Henry　コンピューター科学者　国米国　興2004

ウィンストン, ヘンリー　Winston, Henry　元・米国共産党全国委員長　国米国　⊕1911年　没1986年12月12日　興1992

ウィンストン, マーク・L.　Winston, Mark L.　昆虫学者　サイモン・フレーザー大学生物科学教授, モリス・J.ウォスク・ダイアローグ・センター特別研究員　国米国　興2008

ウィンストン, ロバート　生殖医療学者, コンサルタント, 作家, テレビキャスター　興2008

ウィンストン, ローランド　Winston, Roland　シカゴ大学物理学教授　非結像光学　国米国　興1992

ウィンスピア, ジャクリーン　Winspear, Jacqueline　作家　国英国　⊕1955年　興2012

ウィンスラー, アダム　Winsler, Adam　教育学者　アラバマ大学教育学部助教授　子どもの私的言語・自己制御, 幼児教育, 注意欠陥多動障害, バイリンガリズム, 認知発達の社会的文脈　国米国　興2004

ウィンスレイド, ジョン　Winslade, John　カウンセラー　ワイカト大学上級講師　興2004

ウィンスレット, ケイト　Winslet, Kate　本名＝Winslet,Kate Elizabeth　女優　国英国　⊕1975年10月5日　興2000／2004／2008／2012

ウィンズロウ, ドン　Winslow, Don　作家, コンサルタント　国米国　⊕1953年10月31日　興1996／2012

ウィンズロウ, ポーリン・グレン　Winslow, Paulin G.　作家

ウィンスロップ, エリザベス　Winthrop, Elizabeth　童話作家　国米国　⊕1934年9月　＠1992

ウィンソン, ジョナサン　Winson, Jonathan　ロックフェラー大学準教授　国神経科学　国米国　＠1992

ウィンター, アナ　Wintour, Anna　編集者　「ヴォーグ」(米国)編集長　国英国　⊕1949年11月3日　＠2000／2012

ウィンター, ジュディー　女優　国ドイツ　＠2004／2008

ウィンター, ジョニー　Winter, Johnny　ギタリスト　国米国　⊕1944年2月23日　＠2012

ウィンター, ダグラス　Winter, Douglas E.　評論家, アンソロジスト, 弁護士　国米国　⊕1950年　＠2004

ウィンター, ダナ　Wynter, Dana　本名=ウィンター, ダグマー　女優, ジャーナリスト　国英国　⊕1927年6月8日　＠2000

ヴィンター, フランツ　Winter, Franz　演出家　国ドイツ　⊕1950年　＠1996 (ビンター, フランツ)

ウィンター, ポール　Winter, Paul　ジャズサックス奏者, 環境保護運動家　国ソプラノサックス　国米国　⊕1939年8月31日　＠1992／1996／2008／2012

ウィンターズ, シェリー　Winters, Shelley　本名=シュリフト, シャーリー　女優　国米国　⊕1920年8月18日　＠2006年1月14日　＠1992／1996／2004

ウィンターズ, ジョナサン　Winters, Jonathan　俳優　国米国　⊕1925年11月11日　＠2013年4月11日　＠1992

ウィンターズ, テリー　Winters, Terry　画家　国米国　⊕1949年　＠1996

ウィンターズ, ナンシー　Winters, Nancy　詩人, 作家, トラベルライター　国英国　＠2004

ウインターズ, マット　Winters, Matt　本名=Winters,Matthew L.　元・プロ野球選手　国米国　⊕1960年3月18日　＠1996

ウィンターズ, レベッカ　Winters, Rebecca　ロマンス作家　国米国　＠2004／2008

ウィンターソン, ジャネット　Winterson, Jeanette　作家　国英国　⊕1959年8月27日　＠1992／1996／2012

ヴィンターハーガー, ダニエーレ　Winterhager, Daniele　挿絵画家　国ドイツ　＠2004／2008

ウィンターフェルト, ヘンリー　Winterfeld, Henry　児童文学作家　国米国　⊕1901年4月9日　＠1990年1月27日　＠1992

ヴィンターベア, トマス　Vinterberg, Thomas　映画監督　国デンマーク　⊕1969年　＠2000

ウィンターボーサム, F.W.　元・英国情報部員　国英国　⊕1990年1月28日　＠1992

ウィンターボトム, マイケル　Winterbottom, Michael　映画監督　国英国　⊕1961年3月29日　＠2000／2004／2008／2012

ウィンダム, ジェレミー　Wyndham, Jeremy　国数学　＠2004／2008

ウィンダム, ライダー　Windham, Ryder　ライター　＠2004

ヴィンチ, シモーナ　Vinci, Simona　作家　国イタリア　⊕1970年　＠2004

ウィンチ, ドナルド　Winch, Donald N.　本名=Whinch,Donald Norman　サセックス大学教授　国経済史　国英国　⊕1935年4月15日　＠1996／2000／2004

ヴィンチ, ロベルタ　Vinci, Roberta　テニス選手　国イタリア　⊕1983年2月18日

ウィンチェスター, サイモン　Winchester, Simon　作家, 冒険家, 出版人　国英国　⊕1944年　＠1996／2000／2008

ヴィンチェンツォーニ, ルチアーノ　Vincenzoni, Luciano　脚本家　国イタリア　⊕1926年3月7日　＊2013年9月22日

ウィンティ, パイアス　Wingti, Paias　政治家　元・パプアニューギニア首相　国パプアニューギニア　⊕1951年　＠1996

ウィン・ティン　Win Tin　ジャーナリスト, 政治家　元・ミャンマー国民民主連盟 (NLD) 創設メンバー　国ミャンマー　⊕1929年3月12日　＊2014年4月21日

ヴィンディング, トーマス　Winding, Thomas　児童文学作家　⊕1936年　＠2004

ウィンド, ジェリー　Wind, Jerry　経営学者　ペンシルベニア大学ウォートン・スクールマーケティング学部教授　国マーケティング　国米国　＠2004

ウィンド, ヨーラム・"ジェリー"　Wind, Yoram "Jerry"　エコノミスト　ペンシルベニア大学ウォートン・スクール・ローダー冠講座教授

ウィンド, ルース　Wind, Ruth　ロマンス作家　国米国　＠1992／1996

ウインド, ワブン　Wind, Wabun　呪医 (メディスンマン) ヘルパー, クリスタルリーダー　国米国　＠2000

ヴィントガッセン, アンティエ　Windgassen, Antje　著述家　国ドイツ　＠2008

ウィントホルスト, ラルス　ウィントホルスト・グループ社長　国ドイツ　⊕1976年11月　＠2000

ウインドロー, リチャード　Windrow, Richard　兵器マニア　国英国　⊕1938年　＠1996

ウィントン, ジョン　Winton, John　作家, 歴史家, 元・軍人　国英国　＠2000

ウィントン, マーク　Winton, Mark A.　医療社会学者, カウンセラー　国児童虐待, 性, 家族療法　国米国　＠2004

ヴィンニッカ, ヤドヴィガ　Winnicka, Jadwiga　詩人, エッセイスト　国ポーランド　＠1992 (ビンニッカ, ヤドヴィガ)

ヴィンニツカ, ルツィーナ　Winnicka, Lucyna　ジャーナリスト, 元・女優　「プシェクルイ」誌記者　国ポーランド　⊕1928年　＠1992 (ビンニッカ, ルツィーナ)／1996 (ビンニッカ, ルツィーナ)

ウィンバリー, ジェイミー　Wimberly, Jamie　国際エネルギーコンサルタント　米国消費者エネルギー会議研究財団副所長　国米国　＠2000

ウィンフィールド, デーブ　Winfield, Dave　本名=ウィンフィールド, デービット・マーク　元・大リーグ選手　国米国　⊕1951年10月3日　＠1996／2000／2004

ウィンブラード, ビョルン　Wiinblad, Bjorn　陶芸家　国デンマーク　⊕1918年　＠2004

ウィンフリー, アーサー　Winfree, Arthur T.　生物物理学者　アリゾナ大学生態進化生物学教室教授　国サーカディアンリズム　国米国　＠1996

ウィンフリー, オプラ　Winfrey, Oprah　本名=Winfrey,Orpah Gail　テレビ司会者, テレビプロデューサー, 女優　国米国　⊕1954年1月29日　＠1992／1996／2000／2004／2008／2012

ヴィーンホヴェン, ルート　Veenhoven, Ruut　社会学者　エラスムス大学教授, 世界幸福データベース主宰　国幸福学　国オランダ　＠2012

ウィン・リョウワーリン　Win Lyovarin　作家　国タイ　⊕1956年3月23日　＠2004

ウヴァーロフ, アンドレイ　Uvarov, Andrei　バレエダンサー　ボリショイ・バレエ団プリンシパル　国ロシア　⊕1971年9月28日　＠2004／2008／2012

ウー・ウィン・マウン　U Win Maung　本名=ウィン・マウン　政治家　元・ビルマ大統領　国ミャンマー　⊕1916年　＊1989年7月4日　＠1992

ウ・ウン　U Wun　筆名=ミントゥウン　ビルマ語学者, 詩人, 政治家　ミャンマー国会議員　国ミャンマー　⊕1909年2月10日　＠1992／1996

ヴェーア, ゲルハルト　Wehr, Gerhard　フリーライター　国ドイツ　⊕1931年　＠1996 (ベーア, ゲルハルト)／2000

ウェア, ジム　Ware, Jim　フリーライター　＠2004

ウェア, ジム　Ware, Jim　証券アナリスト　国米国　＠2008

ウェア, ジョージ　Weah, George　元・サッカー選手　元・サッカー・リベリア代表監督　国リベリア　⊕1966年10月1日　＠2000 (ウェア, ジョージ／ウエア, ジョージ)／2004／2012

ウェアー, デマーカス　Ware, DeMarcus　プロフットボール選手 (DE)　国米国　⊕1982年7月31日

ウエア, マイク Weir, Mike プロゴルファー [国]カナダ [生]1970年5月12日 [典]2004／2008

ウェアーハウザー, ジョージ Weyerhaeuser, George Hunt ウェアーハウザー会長 [国]米国 [生]1926年7月8日 [典]1992／1996

ウェアラム, ジョン Wareham, John ビジネス・コンサルタント ウェアラム・アソシエイツ代表 [国]米国 [生]1940年 [典]1996

ウェアリング, フレッド 作詞家, 指揮者 [国]米国 [没]1984年7月29日 [典]1992

ヴェアンス, クリスチャン Wörns, Christian サッカー選手(DF) [国]ドイツ [生]1972年5月10日 [典]2008

ウェイ, アンソニー ボーイソプラノ歌手 [国]英国 [生]1982年 [典]2000

ウェイ, クララ Wei, Clara 中国名=恵英紅, 旧芸名=ウェイ, ベティ 女優 [国]香港 [生]1960年 [典]1992／1996

ウェイ, ジェラルド Way, Gerard グループ名=マイ・ケミカル・ロマンス ミュージシャン [国]米国 [生]1977年4月9日 [典]2012

ウェイ, ジョン・R. 実業家 ルチール・アンド・ロス社長 [生]1943年 [典]1992

ウェイ・ダーション Wei, Te-sheng 漢字名=魏徳聖 映画監督 [国]台湾 [生]1968年 [典]2012

ウェイ, デービッド Wei, David 中国名=衛哲 実業家 アリババ・ドットコムCEO, アリババ・グループ副社長 [国]中国 [典]2012

ウェイ, マイキー Way, Mikey グループ名=マイ・ケミカル・ロマンス ミュージシャン [国]米国 [生]1980年9月10日 [典]2012

ウェイ, マーガレット Way, Margaret ロマンス作家 [典]2004

ウェイ・ユンジェ Wei, Yun-jye 漢字名=魏筠潔 プロゴルファー [国]台湾 [生]1979年9月13日 [典]2008／2012

ウェイアンズ, キーネン・アイボリー Wayans, Keenen Ivory 映画監督・プロデューサー, 俳優, コメディアン [国]米国 [生]1958年6月8日 [典]2004

ウェイアンズ, ショーン Wayans, Shawn 俳優, コメディアン, プロデューサー [国]米国 [生]1971年1月19日 [典]2004

ウェイアンズ, マーロン Wayans, Marlon 俳優, コメディアン, プロデューサー [国]米国 [生]1972年7月23日 [典]2004

ウェイアンド, ウィリアム Weyand, William J. 実業家 SDRC社長・会長・CEO [国]米国 [典]2000

ヴェイガ, マファルダ Veiga, Mafalda シンガー・ソングライター [国]ポルトガル [典]2000

ヴェイガン, ロベルト Weigand, Roberto イラストレーター [国]ブラジル [典]2004

ウェイガント, ジェリー Weygandt, Jerry J. 会計学者 ウィスコンシン大学教授 [国]米国 [典]2004

ウェイク, ウィリアム Wake, William C. プログラマー [典]2004

ウェイクマン, キャロリン Wakeman, Carolyn カリフォルニア大学バークレー校助教授 [専]ジャーナリズム, 国際関係, 中国関係 [国]米国 [典]1996

ウェイジャー, W.ウォレン Wager, W.Warren 歴史学者 ニューヨーク州立大学歴史学科教授 [国]米国 [生]1953年 [典]1996

ウェイジャー, ウォルター Wager, Walter 筆名=Tiger,John, Herman;Walter 作家 [国]米国 [生]1924年9月4日 [典]1992／1996／2000

ウェイズボード, メリリー Weisbord, Merrily ノンフィクション作家 [国]カナダ [典]2004／2008

ヴェイセ, サンドリーヌ Veysset, Sandrine 映画監督 [国]フランス [生]1967年 [典]2000／2004／2008

ウェイゼス, ラース Weisaeth, Lars 精神医学者 オスロ大学教授 [専]トラウマ [典]2004

ウエイター, トニー Waiters, Tony サッカー・コーチ [国]カナダ [典]1992

ウェイツ, ジュニー Waites, Junee 「自閉症の息子デーンがくれた贈り物」の著者 [国]オーストラリア [典]2004

ウェイツ, トム Waits, Tom 歌手, 俳優, 詩人 [典]2000／2012

ウェイツ, トム Waits, Tom グループ名=ティン・ハット・トリオ 歌手 [国]米国 [典]2004

ウェイツ, フランシス 筋肉セラピスト, 医師 [国]ベルギー [生]1962年 [典]2000

ウェイデンボス, シュール Wijdenboshe, Jules A. 政治家 元・スリナム大統領 [国]スリナム [生]1941年5月2日 [典]2000／2004

ウエイド, ウィリアム Wade, William C. (III) ネットワークシステムコンサルタント [典]2004

ウエイト, キャロル・コックス 責任ある連邦予算委員会委員長・CEO, 世界女性フォーラム(IWF)会長 [国]米国 [典]2000

ウェイド, ドウェイン Wade, Dwyane バスケットボール選手 北京五輪バスケットボール男子金メダリスト [国]米国 [生]1982年1月17日 [典]2008／2012

ウェイト, ミッチェル Waite, Mitchell テクニカルライター ウェイト・グループ社長・CEO [国]米国 [典]1992／1996／2000

ウェイト, リア Wait, Lea 作家 [国]米国 [典]2004

ウェイトリー, アリス Whately, Alice ジャーナリスト, ライター, 編集者 [典]2004／2008

ウェイトリー, デイナ Waitley, Dayna 経営コンサルタント [典]2004

ウェイトリー, デボラ Waitley, Daborah 経営コンサルタント [典]2004

ウェイナー, ジェニファー Weiner, Jennifer 作家 [国]米国 [生]1970年 [典]2004／2012

ウェイナー, ピーター Wayner, Peter テクニカル・ライター [国]米国 [典]2004

ウェイバーマン, レナード Waverman, Leonard トロント大学教授, ロンドン・ビジネススクール客員教授 [国]米国 [典]2004

ウェイマス, ティナ ミュージシャン [国]米国 [生]1950年11月22日 [典]1992

ウェイミュレール, フランソワ Weymuller, François 視学官, 元・外交官 [国]フランス [生]1909年 [典]2000

ヴェイユ, アンドレ Weil, André 数学者 元・プリンストン高等研究所名誉教授 [国]フランス [生]1906年5月6日 [没]1998年8月6日 [典]1992 (ベイユ, アンドレ) ／1996 (ベイユ, アンドレ)

ヴェイユ, シモーヌ Veil, Simone 政治家, 法律家 元・フランス社会問題厚生都市問題相 [国]フランス [生]1927年7月13日 [典]1992 (ベイユ, シモーヌ) ／1996 (ベイユ, シモーヌ) ／2012

ウェイラー, ケント Wheiler, K.W. ウェイヤーホイザー社 [専]マーケティング [典]2004

ウェイラー, ハヴィエ Weyler, Javier グループ名=ステレオフォニックス ミュージシャン [国]アルゼンチン [生]1975年7月3日 [典]2008／2012

ウェイラー, バニー Wailer, Bunny 元・グループ名=ザ・ウェイラーズ レゲエ歌手 [国]ジャマイカ [典]1996

ウェイレン, リチャード Whalen, Richard F. シェイクスピア・オックスフォード協会会長 [国]フランス [典]2000

ヴェイロン・ラクロア, ロベール Veyron-Lacroix, Robert ハープシコード奏者 パリ音楽院教授 [国]フランス [生]1922年12月13日 [典]1992 (ベイロン・ラクロア, ロベール)

ウェイン, ジョン Wain, John Barrington 詩人, 作家, 批評家 [国]英国 [生]1925年3月14日 [没]1994年5月24日 [典]1992

ウェイン, デービッド Wayne, David 本名=McKeekan,Wayne 俳優 [国]米国 [生]1914年1月30日 [没]1995年2月9日 [典]1996

ウェイン, ピーター Waine, Peter 実業家 ハンソン・グリーン共同創立者 元・英国産業連盟理事 [国]英国 [典]2004

ウェイン, ブレット Wayn, Brett 実業家 AOLジャパン社長・CEO [国]オーストラリア [生]1965年5月14日 [典]2008

ウェイン, レジー Wayne, Reggie 本名=ウェイン, レジナルド プロフットボール選手(WR) [国]米国 [生]1978年11月17日

ウェインガー, スコット Weinger, Scott 声優 [国]米国 [生]1975年 [典]1996

ウェインストック, アーノルド Weinstock, Arnold 実業家 元・ゼネラル・エレクトリック(GEC)社常務, 元・英国原子力公社総裁

ウ

[国]英国　[生]1924年7月29日　[没]2002年7月23日　[典]1992／1996

ウェインベルグ, セルジュ　Weinberg, Serge　実業家　ウェインベルグ・キャピタル・パートナーズ会長　元・ピノー・プランタン・ルドゥート（PPR）会長・CEO　[国]フランス　[生]1951年2月10日　[典]2004／2012

ウェインベルグ, デービッド　Weinberg, David R.　文化研究家, 日本木版画コレクター　[典]2004

ウェインホールド, バリー　Weinhold, Barry K.　コロンビア大学教授　[専]カウンセラー教育　[国]米国　[典]2000

ウェインライト, アダム　Wainwright, Adam　本名=Wainwright, Adam Parrish　大リーグ選手（投手）　[国]米国　[生]1981年8月30日

ウェインライト, アラン・G.　Wainwright, Alan　東京純心女子大学英米文化学科教授　[専]英語教育　[国]英国　[生]1952年　[典]2008

ウェインライト, スティーブン　Wainwright, Stephen A.　動物学者　デューク大学教授　[専]機能形態学, バイオメカニクス　[国]米国　[生]1931年　[典]1992

ウェインライト, ルーファス　Wainwright, Rufus　ミュージシャン　[国]カナダ　[生]1973年7月22日　[典]2000／2008／2012

ヴェーエ, ギュンター　Wöhe, Günter　経済学者　ザールブリュッケン大学教授　[専]会計学　[国]ドイツ　[生]1924年5月2日　[典]1996（ベーエ, ギュンター）

ヴェガ, パス　Vega, Paz　女優　[国]スペイン　[生]1976年　[典]2008

ウェーガー, ランダ　Wagar, Landa　英会話講師　[国]米国　[生]1953年　[典]1996

ウエキ, シゲアキ　Ueki, Sigeaki　日本名=植木成彬　ブラジル石油公団（ペトロブラス）総裁　[国]ブラジル　[生]1935年　[典]1992

ウエキ, ミノル　Ueki, Minoru　政治家　オイスカ産業開発協力団パラオ支部設立者　[国]パラオ　[典]1996

ウェグ, ケネス・E.　ブリストル・マイヤーズ・スクイブ（BMS）社長　[国]米国　[典]1996

ヴェーグ, シャーンドル　Végh, Sándor　バイオリニスト, 指揮者　元・カメラータ・ザルツブルク室内管弦楽団芸術監督　[国]ハンガリー　[生]1912年　[没]1997年1月7日　[典]1992（ベーグ, シャーンドル）／1996（ベーグ, シャーンドル）

ウエクスクル, ヤコブ・フォン　元・切手ディーラー・コンサルタント　ライト・ライブリフッド・アウォード（RLA）財団設立者, ヨーロッパ共同体議員　[国]ドイツ　[生]1944年　[典]1992

ウェクスラー, アリス　Wexler, Alice　遺伝病財団創立者　[国]米国　[典]2004／2008

ウェクスラー, ハスケル　Wexler, Haskel　映画撮影監督, 映画監督　[国]米国　[生]1926年　[典]1996

ウェクト, シリル　Wecht, Cyril　検屍官, 法医学者　元・米国法医学アカデミー学長　[国]米国　[生]1931年　[典]1996／2000

ウェグナー, J.W.　Wegner, J.W.　コンピューター技術者　エンパワーメント・グループ創始者・取締役　[国]米国　[典]2004

ヴェグナー, アクセル　Wegner, Axel　射撃選手（クレー・スキート）　[国]ドイツ　[典]1992（ベグナー, アクセル）／1996（ベグナー, アクセル）

ヴェグナー, ジョン　Wegner, John　バリトン歌手　[専]ヘルデンバリトン　[国]ドイツ　[典]2008／2012

ウェグナー, ハンス・ヨルゲン　Wegner, Hans Jorgen　家具デザイナー　[国]デンマーク　[生]1914年4月2日　[没]2007年1月26日　[典]1996／2000

ウェグナー, フリッツ　Wegner, Fritz　画家　[国]オーストリア　[生]1938年　[典]2000

ウェークフィールド, ティム　Wakefield, Tim　本名=Wakefield, Timothy Stephen　元・大リーグ選手　[国]米国　[生]1966年8月2日　[典]1996／2000／2008／2012

ウェークリー, ウィルフ　Wakely, Wilf　ブリティッシュ・コロンビア州関西事務所首席代表　[国]カナダ　[生]1950年　[典]1996

ウェークリー, ギル　Wakley, Gill　医師　[典]2008

ヴェゲナー, ウルズラ　Wegener, Ursula　フラワーデザイナー　フロリスティックスクール・ヴェゲナー主宰　[国]ドイツ　[生]1942年　[典]1992（ベゲナー, ウルズラ）／2004／2008

ヴェゲナー, パウル　Wegener, Paul　フラワーデザイナー　元・フロリスティックスクール・ヴェゲナー主宰　[国]ドイツ　[生]1931年　[没]1995年　[典]1992（ベゲナー, パウル）

ウェゲナー, ヨアヒム　ソルベイ副社長　[国]ベルギー　[典]2000

ウェザーズ, ベック　Weathers, Beck　医師　「死者として残されて―エヴェレスト零下51度からの生還」の著者　[国]米国　[生]1946年　[典]2004

ウェザーストーン, デニス　Weatherstone, Dennis　銀行家　元・J.P.モルガン会長・CEO　[国]米国　[生]1930年11月29日　[没]2008年6月13日　[典]1992／1996

ウェザビー, W.J.　Weatheby, W.J.　作家　[国]英国　[典]1992

ウェザビー, ジョージ　Wethersby, George　経営コンサルタント　AMA社長・CEO　[国]米国　[典]2000

ウエザーフォード, ジャック・マッキーバー　Weatherford, Jack McIver　人類学者　マカレスター・カレッジ助教授　[国]米国　[典]1992

ウェザリー, マイケル　Weatherly, Michael　俳優　[国]米国　[生]1968年7月8日　[典]2004

ウェザリル, バーナード　Weatherill, Bernard　本名=Weatherill, Bruce Bernard　別名=Weatherill,Lord　政治家　元・英国下院議長　[国]英国　[生]1920年11月25日　[没]2007年5月6日　[典]1992／1996

ウエザロール, アラン　Weatherall, Alan　IBM英国研究所CIMテクノロジ・マネジャー　[専]CIM（Computer Integrated Manufacturing）　[国]英国　[典]1992

ヴェージノフ, パーヴェル　Vezhinov, Pavel　本名=グノフ, ニコラ　作家　[国]ブルガリア　[生]1914年　[典]2000

ウェシュラー, トニー　Weschler, Toni　自己観察教育カウンセラー　[国]米国　[典]2008

ウェシュラー・ベレット, アーチャー　Weschler-Vered, Artur　著作家　[典]1992

ウェス, クルト　Wöss, Kurt　指揮者　[国]オーストリア　[生]1914年5月2日　[没]1987年12月4日　[典]1992

ヴェス, フレール　ウィーン大学助教授　[専]日本学　[国]オーストリア　[生]1953年　[典]1996（ベス, フレール）

ヴェズィログル, T.ネジャット　Veziroglu, T.Nejat　物理学者　マイアミ大学クリーン・エネルギー研究所所長,「国際水素エネルギー学会誌」編集長　[専]水素エネルギー　[典]2004／2008

ヴェズヴェレール, キャロル　Weisweiller, Carole　映画プロデューサー　[国]フランス　[典]2000

ウェスカー, アーノルド　Wesker, Arnold　劇作家, 演出家　[国]英国　[生]1932年5月24日　[典]1992／2004／2008／2012

ヴェスキ, アンネ　Veski, Anne　歌手　[国]エストニア　[典]2004／2008

ヴェスコ, エディー　Vesco, Edi　編集コンサルタント　[国]イタリア　[生]1955年2月　[典]2004

ウェスコット, セス　Wescott, Seth　本名=Wescott,Seth Benjamin　スノーボード選手（スノーボードクロス）　トリノ五輪・バンクーバー五輪スノーボード男子スノーボードクロス金メダリスト　[国]米国　[生]1976年6月28日　[典]2008／2012

ウェスターウェレ, ギド　Westerwelle, Guido　政治家　ドイツ外相　[国]ドイツ　[生]1961年12月27日　[典]2012

ウェスターガード, ジョン　Westergaard, John　英国社会学会会長　[生]1927年　[典]1996

ウェスターホフ, ゲイ・イー　Westerhoff, Gay-yee　グループ名=ボンド　チェロ奏者　[国]英国　[典]2004／2008

ヴェスターマン, クラウス　Westermann, Claus　神学者　[専]旧約聖書　[国]ドイツ　[生]1909年10月7日　[典]1996（ベスターマン, クラウス）

ウェスターマン, ジョン　Westermann, John　ミステリー作家　[国]米国　[生]1952年　[典]1996

ウェスターマン, ポール　Westerman, Paul　ビジネスコンサルタント　[典]2004

ウェステラ, ベッテ　Westera, Bette　児童文学作家　[国]オランダ　[生]1958年　[典]2004

ウェステンドロブ, カルロス　Westendrop, Carlos　外交官　ボスニア・ヘルツェゴビナ和平履行評議会上級代表　⒩スペイン　Ⓑ1937年1月7日　⒭2000

ウェスト, J.トーマス　West, J.Thomas　データゼネラル上級副社長（システム開発部門担当）　コンピューター・システム　⒩米国　Ⓑ1939年11月22日　⒭1992

ウェスト, W.J.　West, W.J.　歴史研究家　⒩英国　Ⓑ1942年　⒭1996

ウェスト, アニー　West, Annie　アートディレクター, 絵本画家　⒩英国　Ⓑ1943年　⒭1996

ウェスト, アンソニー　West, Anthony R.　アバディーン大学上級教授　⒮固体化学, セラミックス　⒩英国　Ⓑ1947年　⒭2000

ウェスト, エリオット　West, Elliot　作家　⒩米国　Ⓑ1924年　⒭1992

ウェスト, カニエ　West, Kanye　歌手, 音楽プロデューサー　⒩米国　Ⓑ1977年6月　⒭2008／2012

ウェスト, キャメロン　West, Cameron　作家　⒩米国　⒭2004

ウェスト, クリス　West, Chris　ジャーナリスト　⒭2008

ウェスト, ゲーリー　自転車監督, 元・自転車選手　自転車競技日本代表監督　⒩オーストラリア　Ⓑ1960年6月8日　⒭2004／2008

ウェスト, コーネル　ハーバード大学教授　⒮宗教学　⒩米国　⒭1996

ウェスト, ジェニファー　West, Jennifer　作家, 舞台監督　⒩米国　⒭1992

ウェスト, ジェフ・バン　West, Jeff Van　フリーライター, フライトインストラクター　⒭2004

ウェスト, スティーブ　West, Steve　グループ名＝ペイブメント　ミュージシャン　⒩米国　⒭2012

ウエスト, タリボ　West, Taribo　サッカー選手（DF）　⒩ナイジェリア　Ⓑ1974年3月26日　⒭2000／2004／2008

ウェスト, ダレル　West, Darrel M.　ブラウン大学政治学部長　⒮政治学　⒩米国　⒭2000

ウェスト, デビッド　West, David　元・プロ野球選手　⒩米国　Ⓑ1964年9月1日　⒭2000

ウェスト, トーゴー　West, Togo　実業家　元・米国復員軍人長官　⒩米国　⒭2004

ウェスト, トマス　West, Thomus G.　著述家, コンサルタント　⒩米国　⒭1996

ウェスト, ドリアン　West, Dorian　スタンフォード大学ソーラーカープロジェクトリーダー　⒩米国　⒭1996

ウェスト, ビング　West, Bing　作家　元・米国国防省次官（国際安全保障担当）　⒩米国　⒭2012

ウェスト, フランツ　West, Franz　芸術家　⒩オーストリア　Ⓑ1947年2月16日　Ⓓ2012年7月25日

ウェスト, マーサ　West, Martha　翻訳家, 著述家　⒩カナダ　⒭2000

ウェスト, ミシェール・リー　West, Michael Lee　作家, 看護婦　⒩米国　⒭2004

ウェスト, メイ　West, Mae　女優　⒩米国　Ⓑ1892年8月17日　Ⓓ1980年11月22日　⒭1992

ウェスト, モーリス　West, Morris Langlo　別名＝モーリス, ジュリアン, イースト, マイケル　作家, 劇作家　⒩オーストラリア　Ⓑ1916年4月26日　Ⓓ1999年10月9日　⒭1992／1996／2000

ウェストウッド, ジェニファー　Westwood, Jennifer　アングロサクソン・古ノルド学者　⒩英国　⒭1992

ウェストウッド, ビビアン　Westwood, Vivienne　本名＝Westwood, Vivienne Isabel　旧名＝Swire, Vivienne Isabel　ファッションデザイナー　⒩英国　Ⓑ1941年4月8日　⒭1996／2000／2008／2012

ウェストウッド, リー　Westwood, Lee　プロゴルファー　⒩英国　Ⓑ1973年4月24日　⒭2000／2008／2012

ウェストコット, ロス　Westcott, Ross　豪日交流基金在日事務所長　⒩オーストラリア　Ⓑ1951年　⒭1992

ウェストダイク, ロバート・ヤン　Westdijk, Robert Jan　映画監督　⒩オランダ　Ⓑ1964年　⒭2000

ウェストハイマー, ルース・カロラ　Westheimer, Ruth K.　性心理学セラピスト　Ⓑ1928年　⒭2000

ウェストパル, ポール　元・バスケットボール選手　⒩米国　Ⓑ1950年11月30日　⒭1996

ウェストハーレン, オットー　ハンブルク・ホテルレストラン協会会長, シュタット・アルトナ経営者　⒩ドイツ　Ⓑ1920年3月　⒭1992

ウェストビー, ジャック　Westoby, Jack　森林・林業研究家　⒩英国　Ⓑ1912年　Ⓓ1988年11月　⒭1992

ウェストフォール, リチャード　Westfall, Richard S.　歴史家, 科学史家　インディアナ大学教授　⒩米国　Ⓑ1924年　⒭1996

ウェストブルック, ピーター　フェンシング選手　⒩米国　Ⓑ1952年　⒭1992

ウェストブルック, ラッセル　Westbrook, Russell　バスケットボール選手　ロンドン五輪バスケットボール男子金メダリスト　⒩米国　Ⓑ1988年11月12日　⒭2012

ウェストブルック, ロバート　Westbrook, Robert　作家　⒩米国　⒭1996

ヴェストブロ, D.U.　Vestbro, Dick Urban　スウェーデン王立工科大学助教授　⒮住宅政策, 建築機能分析　⒩スウェーデン　Ⓑ1940年　⒭1992（ベストブロ, D.U.）

ウェストブロック, エヴァ・マリア　Westbroek, Eva-maria　ソプラノ歌手　⒩オランダ　Ⓑ1970年　⒭2012

ウェストヘッド, ポール　Westhead, Paul　バスケットボール監督　⒩米国　Ⓑ1939年2月21日　⒭2004／2008

ウエストベリ　Wastberg, Per　元・国際ペンクラブ会長　⒩スウェーデン　Ⓑ1933年　⒭1992

ウェストマン, インガリール　手芸家　⒩スウェーデン　⒭1992

ウェストモーランド, ウィリアム　Westmoreland, William Childs　軍人　元・米国陸軍参謀総長　⒩米国　Ⓑ1914年3月26日　Ⓓ2005年7月18日　⒭1992

ウェストモーランド, テリー　Westmoreland, T.　バレエ振付家　⒩ニュージーランド　Ⓑ1985年8月12日　⒭1992

ウェストラム, ウェス　Westrum, Wes　元・大リーグ選手　⒩米国　Ⓑ1922年11月28日　⒭2000

ウェストランド, パメラ　Westland, Pamela　フラワーデザイナー, 元・編集者　⒭2004

ウェストール, アンドレア　Westall, Andrea　Institute for Public Policy Research (IPPR) リサーチ・フェロー　⒭2004

ウェストール, ロバート・アトキンソン　Westall, Robert Atkinson　児童文学作家　⒩英国　Ⓑ1929年10月7日　Ⓓ1993年　⒭1992／1996

ウェストレイク, ドナルド　Westlake, Donald Edwin　別名＝スターク, リチャード, コウ, タッカー　作家　⒩米国　Ⓑ1933年　Ⓓ2008年12月31日　⒭1992／1996／2000／2004

ウェストン, アンソニー　Weston, Anthony　倫理学者　イーロン大学哲学科主任教授　⒩米国　Ⓑ1954年　⒭2008

ウェストン, ソフィー　Weston, Sophie　ロマンス作家　⒩英国　⒭2004

ウェストン, ランディ　Weston, Randy　本名＝Weston, Randolph E.　ピアニスト　⒩米国　Ⓑ1926年4月6日　⒭1996

ウェースバーグ, アネカ・ヴァン　Waesberghe, Anneke Van　イースト・ミーツ・ウェスト財団会長　⒩オランダ　Ⓑ1950年　⒭1992／1996

ウェズリー, チャールズ　元・ハワード大学教授, 元・セントラル・ステート大学長　⒮米国黒人史研究　⒩米国　Ⓓ1987年8月16日　⒭1992

ウェスリー, フレッド　Wesley, Fred　ジャズトロンボーン奏者　⒩米国　Ⓑ1943年　⒭1996

ウェスルマン, ハンク　Wesselman, Hank　人類学者　アメリカン・リバー・カレッジ, シエラ・カレッジ　⒩米国　⒭2000

ウェズレー, メアリー　Wesley, Mary　本名＝Siepmann, Mary Aline　作家　⒩英国　Ⓑ1912年6月24日　Ⓓ2002年12月30日　⒭1996（ウェズリー, メアリー）

ウェズレイ　Ueslei　本名＝シルバ, ウェズレイ・レイモンド・ペレイラ・ダ　元・サッカー選手　⑰ブラジル　⊕1972年4月19日　㊊2004／2008／2012

ヴェセリー, ヴィテスラフ　Veselý, Vítezslav　やり投げ選手　⑰チェコ　⊕1983年2月27日

ウエソ・カストリーリョ, ホルヘ　Huezo Castrillo, Jorge　外交官　駐日ニカラグア大使　⑰ニカラグア　⊕1941年7月　㊊1992

ウェソロウスキー, ジグマント　Wesolowski, Zygmant M.　軍用時計コレクター, 警察官　⑰英国　⊕1962年　㊊2000

ウェーツ, ニック　Wates, Nick　ジャーナリスト, コンサルタント　⑰英国　⊕1951年　㊊1996

ウェック, アレック　Wek, Alek　ファッションモデル　⑰英国　⊕1977年4月16日　㊊2000

ヴェックス, マリアンネ　Wex, Marianne　ボディーランゲージ研究者, 画家, 写真家　⑰ドイツ　⊕1937年　㊊2000

ヴェックマン, アンドレ　Weckmann, André　作家, 詩人　⑰フランス　⊕1924年　㊊1996（ベックマン, アンドレ）

ウェッグマン, ウィリアム　Wegman, William　画家, 写真家　⑰米国　⊕1942年　㊊1992

ウェッジ, エリック　Wedge, Eric　本名＝Wedge, Eric Michael　大リーグ監督, 元・大リーグ選手　⑰米国　⊕1968年1月27日　㊊2012

ウェッジ, クリス　Wedge, Chris　アニメーション監督　ブルー・スカイ共同設立者　⑰米国　⊕1957年3月20日　㊊2004／2008／2012

ウェッシェ, ホルスト　Waesche, Horst　元・ヘキストジャパン社長　⑰ドイツ　⊕1940年2月5日　⊗2002年3月13日　㊊1996

ウェッセル, デービッド　Wessel, David　ジャーナリスト「ウォールストリート・ジャーナル」エディター　⑰米国　㊊2012

ヴェッセルトフト, ブッゲ　Wesseltoft, Bugge　グループ名＝New Conception of Jazz　ジャズピアニスト　ジャズランド・レーベル創設者　⑰ノルウェー　㊊2004／2008

ウェッセルマン, トム　Wesselmann, Tom　筆名＝スティーリング ワース, スリム　画家　⑰米国　⊕1931年2月23日　⊗2004年12月17日　㊊1992／1996

ウェッソン, キャロリン　Wesson, Carolyn　セラピスト　⑰米国　㊊2000

ウェッタシンハ, シビル　Wettasinghe, Sybil　絵本作家　⑰スリランカ　⊕1928年　㊊1996／2000

ウェッツラー, スコット　Wetzler, Scott　臨床心理学者　アルバート・アインシュタイン医科大学準教授　㊀精神医学　⑰米国　㊊1996

ウェッツラー, ピーター　Wetzler, Peter　歴史学者　ルドヴィヒスハフェン州立大学教授・東アジアセンター日本学科長　㊀日本近代史　⑰米国　⊕1943年　㊊2004／2008

ウェッテランド, ジョン　Wetteland, John　大リーグコーチ, 元・大リーグ選手　⑰米国　⊕1966年8月21日　㊊2000／2012

ウェットモア, デボラ・J.　ウェットモア・アンド・カンパニー社長　⑰カナダ　㊊1996

ウェットローファー, スージー　Wetlaufer, Suzy　作家, ジャーナリスト　⑰米国　㊊2004

ウェットン, ジョン　Wetton, John　グループ名＝エイジア, 旧グループ名＝キング・クリムゾン　ロック・ベース奏者　⑰英国　⊕1949年6月11日　㊊2000／2008／2012

ウェブ, アリスク　Webb, Aliske　作家　⑰カナダ　⊕1951年　㊊2000

ウェブ, キャサリン　Webb, Catherine　作家　⑰英国　㊊2004

ウェブ, ジェームズ　Webb, James H.　政治家, 作家, ジャーナリスト, 元・軍人　米国上院議員（民主党）・元・米国海軍長官　⑰米国　⊕1946年2月9日　㊊1992／1996／2012

ウェブ, ジェームズ・エドウィン　Webb, James Edwin　元・米国航空宇宙局（NASA）長官　⑰米国　⊕1906年10月7日　⊗1992年3月28日　㊊1996

ウェブ, ジョージ　Webb, George　ラドヤード・キップリング研究家　⑰英国　⊕1929年　㊊2004

ウェブ, スティーヴン　Webb, Stephen　「広い宇宙に地球人しか見当たらない50の理由—フェルミのパラドックス」の著者　㊊2008

ウェブ, ダニエル　俳優　⑰英国　㊊1992

ウェブ, チャールズ　Webb, Charles Richard　作家　⑰米国　⊕1941年　㊊1992／2012

ウェブ, デブラ　Webb, Debra　「誘う追跡者—コルビー捜査ファイル〈1〉」の著者　㊊2008

ウェブ, バーバラ　Webb, Barbara　ノッティンガム大学心理学科　㊀人工知能　⑰英国　㊊2000

ウェブ, ペギー　Webb, Peggy　ロマンス作家　㊊2008

ウェブ, リチャード　Webb, Richard A.　IBMトーマス・ワトソン研究センター研究員　㊀低温量子現象研究　⑰米国　㊊1992

ウェデマイヤー, アルバート　Wedemeyer, Albert Coady　軍人　元・米国陸軍大将　⑰米国　⊕1897年7月9日　⊗1989年12月　㊊1992

ウェテリンク, ヤンウィレム・ファン・デ　Wetering, Janwillem van de　作家　⑰オランダ　⊕1931年　㊊1992／1996

ヴェデル, ピエール　Vedel, Pierre　料理人　ピエール・ヴェデル オーナー, メートル・キュイジニエ・ド・フランス理事長　⑰フランス　⊕1941年11月2日　㊊1992（ベデル, ピエール）

ウェデル, ポール　Wedel, Paul F.　ジャーナリスト　UPI通信社バンコク支局長　⑰米国　㊊1992

ヴェデルニコフ, アナトリー　Vedernikov, Anatolii　ピアニスト　⑰ロシア　⊕1920年　⊗1993年7月29日　㊊1996（ベデルニコフ, アナトリー）

ヴェデルニコフ, アレクサンドル　Vedernikov, A.　指揮者　ボリショイ劇場音楽監督　⑰ロシア　⊕1964年　㊊2004／2008

ヴェデルニコフ, ゲンナジー　Vedernikov, Gennadii Georgievich　政治家　ソ連副首相　⑰ソ連　⊕1937年8月5日　㊊1992（ベデルニコフ, ゲンナジー）

ヴェデルニコワ, オリガ　Vedernikova, Oliga　バイオリン教師　アナトリー・ヴェデルニコフの妻　⑰ロシア　㊊2000

ウェード, ドロシー　Wade, Dorothy　著述家　⑰英国　⊕1959年　㊊1996

ウェード, ニコラス　Wade, Nicholas　科学ノンフィクション作家「ニューヨーク・タイムズ」編集委員　⊕1942年　㊊1996／2000

ウェード・マシューズ, マックス　Wade-Matthews, Max　演奏家　⑰英国　㊊2004

ウエドラオゴ, イドリッサ　Ouedraogo, Idrissa　映画監督　⑰ブルキナファソ　⊕1954年　㊊1992

ヴェーナー, ブルクハルト　Wehner, Burkhard　ジャーナリスト　⑰米国　⊕1946年　㊊2004

ウェーナー, ヘルベルト　Wehner, Herbert　政治家　元・西ドイツ社民党副党首　⑰ドイツ　⊕1906年7月11日　⊗1990年1月19日　㊊1992

ヴェニンガー, ブリギッテ　Weninger, Brigitte　絵本作家　⑰オーストリア　⊕1960年　㊊2000

ウェニントン, ビル　Wennington, Bill　元・バスケットボール選手　⑰カナダ　⊕1963年4月26日　㊊2000／2008

ヴェーヌ, ポール　Veyne, Paul　歴史家　コレージュ・ド・フランス古代ローマ史講座主任教授　㊀古代ローマ史　⑰フランス　⊕1930年　㊊1996（ベーヌ, ポール）

ヴェネ, ベルナール　彫刻家　⑰フランス　⊕1941年　㊊1996（ベネ, ベルナール）

ウエノ, アントニオ　Ueno, Antônio　政治家　元・ブラジル下院議員　⑰ブラジル　⊕1923年　⊗2011年9月30日

ヴェノール, ヴォルフガング　歴史家, 著述家　⑰ドイツ　⊕1925年　㊊1992（ベノール, ボルフガング）

ウェーバー, アクセル　Weber, Axel A.　銀行家, 経済学者　元・ドイツ連邦銀行総裁, 元・ケルン大学教授　㊀金融・通貨政策　⑰ドイツ　⊕1957年3月8日　㊊2008／2012

ウェバー, クリス　Webber, Chris　本名＝ウェバー, マイス・エドワード・クリストファー, 3世　元・バスケットボール選手　⑰米国　⊕1973年3月1日　㊊2000／2004／2008／2012

ウエバー, クリス Wever, Chris 精神科医 [国]オーストラリア [典]2004／2008

ウェバー, ケン Weber, Ken 作家, 教育学者 元・トロント大学教授 [典]2004／2008

ウェバー, シェイ Weber, Shea アイスホッケー選手(DF) バンクーバー五輪アイスホッケー男子金メダリスト [国]カナダ [生]1985年8月14日

ウェーバー, ジョン・ポール Weber, John Paul 看護士 ヒーリング・センター・オブ・アリゾナ主宰者 [国]米国 [生]1948年 [典]2000

ウェバー, デービッド Weber, David 作家 [国]米国 [生]1952年 [典]2000／2012

ウェーバー, バーナード Waber, Bernard 絵本作家, グラフィックデザイナー [国]米国 [生]1924年 [典]2000

ウェバー, ピーター Webber, Peter 映画監督 [国]英国 [典]2008／2012

ウェーバー, フランツィスカ Weber, Franziska カヌー選手 ロンドン五輪カヌー女子カヤックペア500メートル金メダリスト [国]ドイツ [生]1989年5月24日

ウェーバー, ブルース Weber, Bruce 写真家, ドキュメンタリー映画作家 [生]1946年 [典]1992／1996

ウェーバー, ベアーテ 森鷗外研究家 ドイツ鷗外記念館総務理事 [専]日本演劇史 [国]ドイツ [典]1992／1996／2000

ヴェーバー, ベアーテ Weber, Beate 政治家 ハイデルベルク市長 [国]ドイツ [生]1943年12月12日 [典]1996

ウェバー, マーク Webber, Mark 本名＝ウェバー, マーク・アラン F1ドライバー [国]オーストラリア [生]1976年8月27日 [典]2008／2012

ウェバー, マーク Webber, Mark 俳優 [国]米国 [生]1980年 [典]2008／2012

ウェーバー, ユルゲン Weber, Jürgen ルフトハンザ・ドイツ航空社長 [国]ドイツ [生]1941年 [典]1992／1996

ウェーバー, ロバート Webber, Robert 俳優 [国]米国 [生]1924年10月14日 [没]1989年5月17日 [典]1992

ウェーバー・ケラーマン, インゲボルグ Weber-Kellermann, Ingeborg 民俗学者 [専]ドイツ民俗学 [国]ドイツ [生]1918年 [典]1996／2000

ウェバーゲール, ギャレット Weber-Gale, Garrett 水泳選手(自由形) 北京五輪競泳男子4×100メートルリレー・4×100メートルメドレーリレー金メダリスト [国]米国 [生]1985年8月6日

ウェヒター, エーベルハルト Wächter, Eberhard バリトン歌手 元・ウィーン国立歌劇場総支配人 [国]オーストリア [生]1929年7月8日 [没]1992年3月29日 [典]1996

ヴェヒター, フィリップ Waechter, Philip グラフィックアーティスト, イラストレーター, 絵本作家 [国]ドイツ [生]1968年 [典]2012

ヴェヒター, フリードリッヒ・カール Waechter, Friedrich Karl 絵本作家 [国]ドイツ [生]1937年 [典]1992(ベヒター, フリードリッヒ・カール)

ウェブ, カリー Webb, Karrie プロゴルファー [国]オーストラリア [生]1974年12月21日 [典]2000／2004／2008／2012

ウェブ, カレン Webb, Karen ネットワーク技術者 [典]2004

ウェブ, サラ Webb, Sarah ヨット選手 アテネ五輪・北京五輪セーリング女子イングリング級金メダリスト [国]英国 [生]1977年1月13日 [典]2008／2012

ウェブ, タミリー フィットネス・インストラクター [国]米国 [典]1992

ウェブ, ブランドン Webb, Brandon 本名＝Webb,Brandon Tyler 元・大リーグ選手 [国]米国 [生]1979年5月9日 [典]2012

ウェブ, マーク Webb, Marc 映画監督 [国]米国 [生]1974年8月31日

ウェブ, ルース Webb, Ruth 英語講師, 教育コンサルタント [専]バージニア・ウルフ研究 [典]2004

ウェブスター, ウィリアム Webster, William Hedgcock 法律家 元・米国中央情報局(CIA)長官 [国]米国 [生]1924年3月6日 [典]1992／1996

ウェブスター, エイドリアン Webster, Adrian コンサルタント [国]英国 [典]2008

ウェブスター, グローリア・クランマー 先住民族文化研究家 ブリティッシュ・コロンビア州先住民族省伝統言語文化評議会副委員長 [国]カナダ [典]2000

ウェブスター, チャールズ Webster, Charles 科学史家, 医学史家 オックスフォード大学オール・ソウルズ・カレッジ・シニア・リサーチ・フェロー [国]英国 [典]2000

ウェブスター, デービッド Webster, David S. オクラホマ大学准教授 [専]教育学 [国]米国 [典]1992

ウェブスター, ニキ 女優 [国]オーストラリア [典]2004／2008

ウェブスター, ポール・フランシス Webster, Paul Francis 作詞家 [国]米国 [没]1984年3月22日 [典]1992

ウェブスター, リチャード Webster, Richard 著述家 [専]サイキック, 風水 [国]ニュージーランド [生]1946年 [典]2004

ウェブスター, リチャード Webster, Richard ビジネストレーナー [国]米国 [典]2004

ヴェベール, フランシス Veber, Francis 本名＝Veber,Francis Paul 映画監督, 脚本家 [国]フランス [生]1937年7月28日 [典]2004／2012

ウェラー, アンソニー Weller, Anthony 作家 [国]米国 [典]2008／2012

ウェラー, トーマス Weller, Thomas Huckle 生理学者, 医学者 元・ハーバード大学名誉教授 [国]米国 [生]1915年6月15日 [没]2008年8月23日 [典]1992／1996

ヴェーラー, ハンス・ウルリヒ Wehler, Hans-Ulrich 歴史学者 ビーレフェルト大学正教授 [国]ドイツ [生]1931年9月11日 [典]2004

ウェラー, ピーター Weller, Peter 俳優 [国]米国 [生]1947年6月24日 [典]1992

ウェラー, ポール Weller, Paul 旧グループ名＝ジャム, スタイル・カウンシル ミュージシャン [国]英国 [生]1958年5月15日 [典]1992／1996／2000／2008／2012

ウェラー, ロニー Weller, Ronny 重量挙げ選手 [国]ドイツ [生]1969年7月22日 [典]1996／2004／2008

ウエラタ, タマ Werata, Tama 本名＝ギャッド, バーナード 作家 [国]ニュージーランド [生]1935年 [典]1992

ウェーリー, アリソン Waley, Alison 「源氏物語」の英訳者アーサー・ウェーリーの妻 [国]英国 [生]1901年4月29日 [典]1996

ウェーリー, ウィリアム・F. チルドレンズ・テレビジョン・ワークショップ(CTW)社社長 [国]米国 [典]1992

ウェリー, クリス Werry, Chris サンディエゴ州立大学助教授 [専]修辞作文法 [国]米国 [典]2004

ウェーリー, グレッグ Whalley, Greg 実業家 エンロン社長・COO [国]米国 [典]2004

ヴェリチコ, ウラジーミル Velichko, Vladimir M. 政治家 ソ連第一副首相 [国]ソ連 [生]1937年4月23日 [典]1992(ベリチコ, ウラジーミル)

ヴェリホフ, エフゲニー Velikhov, Evgenii Pavlovich 核物理学者, 政治家 元・ロシア科学アカデミー副総裁, 元・クルチャトフ原子力研究所所長 [国]ロシア [生]1935年2月2日 [典]1992(ベリホフ, エフゲニー)／1996(ベリホフ, エフゲニー)／2012

ウェリンガー, アンドレアス Wellinger, Andreas スキー選手(ジャンプ) ソチ五輪スキー・ジャンプ男子団体金メダリスト [国]ドイツ

ウェリントン, モニカ Wellington, Monica イラストレーター [国]英国 [生]1957年 [典]1996

ウエル, ピエール アジア開発銀行副総裁 [国]フランス [典]2000

ヴェルー, ラヴィンドラン ジャーナリスト 「ストレーツ・タイムズ」政治部編集委員 [国]シンガポール [典]2000

ウェルカム, ジョン Welcome, John 本名＝ブレナン, ジョン・ニードハム・ハガード 作家, 弁護士 [国]アイルランド [生]1914年 [典]2012

ウェルク, ローレンス Welk, Lawrence バンドリーダー, アコーディオン奏者 [国]米国 [生]1903年3月11日 [没]1992年5月17日 [典]1996

ヴェルクテール, ジャン Vercoutter, Jean 考古学者 [国]フランス [典]1992(ベルクテール, ジャン)

ヴェルクライセン, フランク　Vercruyssen, Frank　俳優　国ベルギー　生1965年8月19日　更2000

ヴェールケ, マンフレート　Wöhlcke, Manfred　社会学者　国ドイツ　生1942年　更2000

ヴェルコール　Vercors　本名=ブリュレル, ジャン　作家, 画家, 版画家　国フランス　生1902年2月26日　没1991年6月10日　更1992（ベルコール）

ヴェルサーチ, ジャンニ　Versace, Gianni　ファッションデザイナー　国イタリア　生1946年12月2日　没1997年7月15日　更1992（ベルサーチ, ジャンニ）

ヴェルサーチ, ドナテッラ　Versace, Donatella　ファッションデザイナー　ジャンニ・ヴェルサーチ・グループ副会長・スタイル&イメージディレクター　国イタリア　生1959年　更2008／2012

ウェルサム, アイリーン　Welsome, Eileen　ジャーナリスト　元・「アルバカーキ・トリビューン」記者　国米国　生1951年　更1996／2004

ヴェルザー・メスト, フランツ　Welser-Möst, Franz　指揮者　ウィーン国立歌劇場音楽監督, クリーブランド管弦楽団音楽監督　元・ロンドン・フィルハーモニー管弦楽団音楽監督　国オーストリア　生1960年8月16日　更1996（ベルザー・メスト, フランツ）／2000／2004／2012

ヴェルジェ, ジャック　Verger, Jacques　歴史学者　パリ第4大学教授, エコール・プラティーク・デ・オートゼチュード教授, 大学史研究国際委員会副会長　国フランス　生1943年　更2004

ヴェルジェ, ロジェ　Vergé, Roger　料理人　ムーラン・ド・ムージャン・オーナーシェフ　国フランス　生1930年　更1992（ベルジェ, ロジェ）

ヴェルシャヴ, フランソワ・グザヴィエ　Verschave, Francois-Xavier　アフリカ支援活動家　シュルヴィ会長　国フランス　更2004／2008

ウェルシュ, アービン　Welsh, Irvin　作家　国英国　生1958年　更2000／2004／2008／2012

ウェルシュ, ヴォルフガング　Welsch, Wolfgang　オットー・フォン・ゲーリッケ大学教授　哲学　国ドイツ　生1946年　更2000

ウェルシュ, エドワード　Welsh, Edward C.　反トラスト専門家　元・GHQ経済科学局反カルテル・トラスト課長　国米国　生1909年3月20日　更1996

ウェルシュ, ベティ　Welsh, Betty L.　ソーシャルワーカー　ウェイン州立大学名誉教授　国米国　更2004

ウェルシュ, マイケル　Welsh, Michael J.　アイオワ大学教授, ハワード・ヒューズ医学研究所研究員　生理学, 生物物理学　国米国　更2000

ウェルシュ, マット　Welsh, Matt　コンピューター科学者　コンピューター計算　国米国　更2004

ウェルシュ, ルイーズ　Welsh, Louise　ミステリー作家　国英国　更2004／2008

ヴェルシュ, レナーテ　Welsh, Renate　児童文学作家　国オーストリア　生1937年　更1996（ベルシュ, レナーテ）／2000

ヴェルジュリ, ベルトラン　Vergely, Bertrand　哲学者　国フランス　生1953年　更2008

ウェルズ, アンジェラ　Wells, Angela　ロマンス作家　更2004

ウェルズ, オーソン　Welles, Orson　本名=ウェルズ, ジョージ・オーソン　映画監督, 俳優, プロデューサー, 脚本家　国米国　生1915年5月6日　没1985年10月10日　更1992

ウェルズ, サイモン　Wells, Simon　映画監督, アニメーション監督　国米国　生1961年　更2004

ウェールズ, ジミー　Wales, Jimmy　実業家　Wikipedia創始者　国米国　更2008／2012

ウェルズ, ジュリエット　コンシューマーズ・アソシエーション消費者教育担当官　消費者教育　国英国　更2000

ウェルズ, スペンサー　Wells, Spencer　バイオ産業コンサルタント, ハーバード公衆衛生大学院客員教授　国イギリス　生1969年　更2008

ウェルズ, デービッド　Wells, David Lee　大リーグ選手（投手）　国米国　生1963年5月20日　更2000／2004／2008

ウェルズ, デービッド　Wells, David　パズル作家　国英国　生1940年　更2000

ウェールズ, ニム　Wales, Nym　本名=フォスター・スノー, ヘレン　ジャーナリスト, 著述家　国米国　生1905年　没1997年1月11日　更1992／1996

ウェルズ, バーノン　Wells, Vernon　大リーグ選手（外野手）　国米国　生1978年12月8日

ウェルズ, フランク　Wells, Frank G.　実業家, 登山家　元・ウォルト・ディズニー社長・COO　国米国　没1994年4月3日　更1992／1996

ウェルズ, マルコム　Wells, Malcolm　建築家, 作家　国米国　生1926年　更2004／2008

ウェルズ, メアリー　Wells, Mary　本名=Lawrence,Mary Wells　コピーライター　元・ウェルズ・リッチ・グリーン（WRG）社長　国米国　生1928年　更2000

ウェルズ, リンダ　Wells, Linda　ジャーナリスト　「アルーア」誌編集長　国米国　生1992

ウェルズ, レベッカ　Wells, Rebecca　作家, 脚本家, 女優　国米国　更2004

ウェルズ, レベッカ　Wells, Rebecca　「ニールズヤードレメディーズのホメオパシー」の著者　更2008

ウェルズ, ローレンス　Wells, Lawrence　作家　ヨクナパトウファ・プレス経営　国米国　生1941年9月14日　更1996

ウェルスマン, キャロル　Welsman, Carol　ジャズ歌手, ピアニスト　国カナダ　更2012

ウェルチ, クリス　Welch, Chris　編集者　生1941年　更2008

ウェルチ, ジョン（Jr.）　Welch, John Francis（Jr.）　通称=ウェルチ, ジャック　実業家　元・ゼネラル・エレクトリック（GE）会長・CEO　国米国　生1935年11月19日　更1992／1996／2000／2004／2008／2012

ウェルチ, スザンヌ　イーストマン・コダック・インターネット・マーケティング・チーム・ゼネラルマネージャー　国米国　更2000

ウェルチ, ダミアン　Welch, Damien　バレエダンサー　オーストラリア・バレエ団プリンシパル　国オーストラリア　更2008／2012

ウェルチ, フィリップ　Welch, Philip　ノベル日本法人社長　国米国　更2000

ウェルチ, ボブ　Welch, Bob　本名=Welch,Robert Lynn　大リーグ選手　国米国　生1956年11月3日　没2014年6月9日

ウェルチ, ラクエル　Welch, Raquel　本名=Tejada,Raquel　女優　国米国　生1940年9月5日　更2000／2004

ウェルチ, ロバート　Welch, Robert　実業家　元・ジョン・バーチ協会名誉会長　国米国　没1985年1月6日　更1992

ヴェルチェノワ, マリア　Verchenova, Maria　プロゴルファー　国ロシア　生1986年3月27日　更2008／2012

ヴェルデ, アンドレ　Verdé, André　詩人　国フランス　生1915年　更1992（ベルデ, アンドレ）

ヴェルデ, ジャン・ピエール　Verdet, Jean Pierre　パリ天文台教授　太陽および太陽系惑星, 古代天文学　国フランス　更1996（ベルデ, ジャン・ピエール）

ウェルティ, ユードラ　Welty, Eudora　作家　国米国　生1909年4月13日　没2001年7月23日　更1992／1996

ヴェルディエ, モーリス　Verdier, Maurice　画家　国フランス　生1919年　更1992（ベルディエ, モーリス）／1996（ベルディエ, モーリス）

ヴェルディリオーネ, アルマンド　Verdiglione, Armando　国際フロイト運動総裁, ヴェルディリオーネ文化財団代表　国イタリア　更1992（ベルディリオーネ, アルマンド）

ウェルテケ, エルンスト　Welteke, Ernst　政治家　元・ドイツ連邦銀行総裁, 元・ヘッセン州蔵相　国ドイツ　生1942年8月21日　更2000／2004／2008

ヴェルテンシュタイン, ヴァンダ　Wertenstein, Wanda　映画評論家　国ポーランド　生1917年　更2004

ウェルト, イザベル　Werth, Isabell　馬術選手　アトランタ五輪馬場馬術個人金メダリスト　国ドイツ　生1969年7月21日　更2000

（ベルト, イザベル）／2008（ベルト, イザベル）／2012

ウェルド, ウィリアム　Weld, William Floyd　政治家　元・マサチューセッツ州知事（共和党）　国米国　生1945年7月31日　掲1992／1996／2000

ヴェルト, ニコラ　Werth, Nicolas　「ロシア革命」の著者　掲2008

ウェルド, フィリップ　Weld, P.　元・ヘラルド・トリビューン紙国際版発行人　国米国　没1984年11月6日　掲1992

ヴェルトローニ, ヴァルター　Veltroni, Walter　政治家　ローマ市長, 欧州議会議員　元・イタリア副首相・文化相, 元・イタリア左翼民主党（DS）書記長　国イタリア　生1955年7月3日　掲2000（ベルトローニ, バルター）／2004（ベルトローニ, バルター）／2008／2012

ウェルドン, ウィリアム　Weldon, William C.　実業家　ジョンソン・エンド・ジョンソン会長・CEO　国米国　生1948年11月26日　掲2004／2008／2012

ヴェルドン, ジャン　Verdon, Jean　リモージュ大学文学人文科学部教授　専中世史　国フランス　生1937年　掲2000

ウェルトン, ダーナ・アン　元・在名古屋米国領事館領事, 元・名古屋アメリカン・センター館長　国米国　掲1992

ウェルドン, ダン　Wheldon, Dan　レーシングドライバー　国英国　生1978年6月22日　没2011年10月16日

ウェルドン, フェイ　Weldon, Fay　作家　国英国　生1931年9月22日　掲1992／1996／2000／2004

ウェルナー, アルフレッド　Werner, Alfred　美術史家, 批評家　国オーストリア　掲1992／1996

ウェルナー, ウェンデリン　Werner, Wendelin　数学者　パリ第11大学教授　国フランス　生1968年9月　掲2008／2012

ウェルナー, オスカー　Werner, Oskar　俳優　国オーストリア　生1922年11月13日　没1984年10月23日　掲1992

ウェルナー, ハインツ　絵付け師　元・マイセン・チーフデザイナー　国ドイツ　生1928年　掲2000

ウェルナー, ピエール　Werner, Pierre　政治家　元・ルクセンブルク首相　国ルクセンブルク　生1913年12月29日　没2002年6月24日　掲1992／2000

ウェルナー, ヘルムート　Werner, Helmut　実業家　元・メルセデス・ベンツ社長・CEO, 元・欧州自動車製造者協会（ACEA）会長　国ドイツ　生1936年9月2日　没2004年2月8日　掲1992／2000

ウェルナー, マンフレート　Wörner, Manfred　政治家　元・北大西洋条約機構（NATO）事務総長, 元・西ドイツ国防相　国ドイツ　生1934年9月24日　没1994年8月13日　掲1992／1996

ヴェルナー, ミロスラフ　Verner, Miroslav　考古学者　専エジプト史　国チェコ　生1941年　掲2008

ヴェルナー, リチャード　Werner, Richard A.　エコノミスト　プロフィット・リサーチ・センター取締役チーフエコノミスト　国ドイツ　生1967年　掲2008

ヴェルナン, ジャン・ピエール　Vernant, Jean-Pierre　哲学者, 心理学者　コレージュ・ド・フランス名誉教授　専古代ギリシャ文化　国フランス　生1914年1月4日　掲1996（ベルナン, ジャン・ピエール）

ヴェルヌ, マリオン　Vernoux, Marion　映画監督　国フランス　生1967年　掲1996（ベルヌ, マリオン）／2000

ヴェルヌイユ, アンリ　Verneuil, Henri　本名＝マラキアン, アショード　映画監督, 脚本家　国フランス　生1920年10月15日　没2002年1月11日　掲1996（ベルヌイユ, アンリ）／2000

ヴェルヌジュール, ロベール・ド　Vernejoul, Robert de　医師　専心臓外科　国フランス　生1890年3月19日　没1992年10月15日　掲1996（ベルヌジュール, ロベール・ド）

ヴェルネ, ダニエル　ジャーナリスト　「ル・モンド」紙編集局長　国フランス　掲1992（ベルネ, ダニエル）

ウェルバ, エリック　Werba, Erik　ピアニスト, 作曲家　国オーストリア　生1918年5月23日　没1992年4月9日　掲1996

ヴェールパル, アンドルス　Veerpalu, Andrus　元・スキー選手（距離）　ソルトレークシティ五輪・トリノ五輪金メダリスト　国エストニア　生1971年2月8日　掲2004／2008／2012

ウェルフェンス, パウル　Welfens, Paul J.J.　ドゥイスブルク大学経済学部助教授, ジョンズ・ホプキンス大学現代ドイツ研究所上級研究員　専経済学　国ドイツ　生1957年　掲1992

ウェルブルック, ウラ　Werbrouck, Ulla　柔道選手　国ベルギー　生1972年1月24日　掲2000／2004

ウェルフレ, グレッチェン　Woelfle, Gretchen　作家　国米国　掲2004

ウエルベック, ミシェル　Houellebecq, Michel　作家　国フランス　生1958年　掲2004／2012

ウェルベル, ベルナール　Werber, Bernard　作家, 元・科学ジャーナリスト　国フランス　生1962年　掲1996／2000／2012

ヴェルヘルスト, ティエリ　Verhelst, Thierry　文化と開発・南北ネットワーク所長　国ベルギー　生1942年　掲1996（ベルヘルスト, ティエリ）

ヴェルボーヴェン, アニェス　Verboven, Agnes　絵本作家　国ベルギー　生1951年　掲2000

ヴェールホフ, クラウディア・フォン　Werlhof, Claudia von　フェミニスト　インスブルック大学政治学研究所教授　国オーストリア　生1943年　掲1996（ベールホフ, クラウディア・フォン）／2008

ウェルマン, ウェイド　Wellman, Wade　作家, 詩人　国米国　掲1992

ウェルマン, エモリー・B.　トラメル・クロウ・ディストリビューション社長　国米国　掲1992

ウェルマン, マンリー・ウェイド　Wellman, Manly Wade　筆名＝フィールド, G.T.　作家, 詩人　国米国　生1905年　没1986年4月5日　掲1992

ヴェルメシ, ゲザ　Vermes, Geza　歴史学者　オックスフォード大学名誉教授　生1924年　掲2012

ヴェルレー, ベルナール　Verley, Bernard　俳優　国フランス　生1939年　掲1996（ベルレー, ベルナール）

ヴェルンホファー, ペーター　Wellnnhofer, Peter　古生物学者　バイエルン州立古生物・地史学コレクション管理長　専翼竜　国ドイツ　生1936年　掲1996（ベルンホファー, ペーター）

ヴェレ, ドミニク　Véret, Dominique　編集者　トンカム出版部長　国フランス　生1955年　掲2004

ウェレット, アンドレ　Ouellet, André　政治家　元・カナダ外相　国カナダ　生1939年4月6日　掲1996／2000

ヴェロ, パスカル　Verrot, Pascal　指揮者　仙台フィルハーモニー管弦楽団常任指揮者, 東京フィルハーモニー交響楽団首席客員指揮者　国フランス　生1959年1月9日　掲2000／2008／2012

ヴェローゾ, カエターノ　Veloso, Caetano　歌手, 作曲家　国ブラジル　掲1992（ベローゾ, カエターノ）／1996（ベローゾ, カエターノ）／2000（ベローゾ, カエターノ）／2004／2008

ヴェローゾ, ミゲウ　Veloso, Miguel　サッカー選手（MF）　国ポルトガル　生1986年5月11日　掲2012

ヴェローゾ, モレーノ　Veloso, M.　グループ名＝モレーノ＋2　歌手　国ブラジル　掲2004／2008

ヴェロネージ, サンドロ　Veronesi, Sandro　作家, ジャーナリスト　国イタリア　生1959年4月1日　掲1992（ベロネージ, サンドロ）／1996（ベロネージ, サンドロ）／2012

ウェン・シェンハオ　Wen, Sheng-hao　漢字名＝温昇豪　俳優　国台湾　生1978年2月22日　掲2012

ウェングラー, ジョン　Wengler, John　エンタジーCRO　国米国　掲2004／2008

ヴェングロシュ, ジョゼフ　Venglos, Jozef　サッカー監督, 元・サッカー選手　元・サッカー・チェコスロバキア代表監督　国スロバキア　生1936年2月18日　掲2004／2008

ヴェンゲーロフ, マキシム　Vengerov, Maxim　バイオリニスト　国ロシア　生1974年　掲1996（ベンゲーロフ, マキシム）／2000／2012

ヴェンザゴ, アルベルト　Venzago, Alberto　写真家　国スイス　生1950年　掲1996（ベンザゴ, アルベルト）

ウェンジャー, ウィン　Wenger, Win　教育心理学者　MCM所長　元・カークランドホール大学社会学部教授　専創造力開発　国米国　掲2008

ウェンストロム, マイケル　Wenstrom, Michael J.　コンピューター技術者　国米国　典2004

ウェン・セレイウット　Veng Sereivuth　政治家　カンボジア観光相　国カンボジア　典2000／2004

ヴェンダース, ヴィム　Wenders, Wim　本名＝ヴェンダース, アーンスト・ヴィルヘルム　映画監督　国ドイツ　生1945年8月14日　典1992（ベンダース, ビム）／1996（ベンダース, ビム）／2000／2004／2008／2012

ヴェンダース, ドナータ　Wenders, Donata　写真家　国ドイツ　生1965年　典2008／2012

ヴェンツーラ, アントニオ　Ventura, Antonio　児童文学作家　国ベネズエラ　典2004

ヴェンデ, グレゴア　実業家　ルフトハンザドイツ航空日本支社長　国ドイツ　生1953年9月9日　典2004／2008

ウェンデル, エリーザベト・モルトマン　神学者　国ドイツ　生1926年　典2000

ヴェンデル, ジークフリード　リューデスハイム自動楽器博物館長　国ドイツ　典1992（ベンデル, ジークフリード）

ウェント, アルバート　Wendt, Albert　作家　ハワイ大学客員教授　専太平洋諸島の口承文学, 太平洋学　国ニュージーランド　生1939年　典2008／2012

ウエント, ゲーリー　実業家　元・ゼネラル・エレクトリック・キャピタル会長・CEO　国米国　典2000

ウェント, フリッツ　Went, Frits Warmolt　植物学者　専植物生理学　国米国　生1903年5月18日　典1992

ウェント, ヘンリー　Wendt, Henry　スミスクライン・ビーチャム会長　元・日米経済協議会米国側会長　国米国　生1934年　典1992／1996

ヴェントゥーラ, ピエロ　Ventura, Piero　イラストレーター　国イタリア　生1938年　典1996（ベントゥーラ, ピエロ）

ヴェントゥーリ, ジャン・マルコ　Vanturi, Gian Marco　ファッションデザイナー　国イタリア　生1949年　典1992（ベントゥーリ, ジャン・マルコ）

ヴェントリリア, F.　Ventriglia, Ferdinand　ナポリ銀行頭取, ナポリ海洋大学教授　国イタリア　典1992（ベントリリア, F.）

ヴェンドリンガー, カール　Wendlinger, Karl　レーシングドライバー　国オーストリア　生1968年12月20日　典1996（ベンドリンガー, カール）／2004

ウェントワース, ケビン　プロゴルファー　国米国　生1968年10月17日　典2000

ウェントワース, サリー　Wentworth, Sally　ロマンス作家　国英国　典2004

ウェンプル, エリック　Wemple, Erik　通商・外交政策アナリスト　国米国　生1964年　典1996

ウォー, アレクサンダー　Waugh, Alexander　オペラ批評家, 漫画家, イラストレーター, 作曲家　国英国　生1963年　典2004／2008

ウォー, シルビア　Waugh, Sylvia　作家　国英国　典1996／2000／2008

ウォー, ヒラリイ　Waugh, Hillary　別名＝グランダウアー, エリッサ, テイラー, H.ボールドウィン, ウォーカー, ハーリー　推理作家　元・アメリカ探偵作家クラブ（MWA）会長　国米国　生1920年　典1992／1996

ヴォ・アン, サンドラ　Vo-Anh, Sandra　作家　国フランス　生1970年10月20日　典2000

ウォイケ, ウィヒャルト　Woyke, Wichard　ミュンスター大学教授　専ドイツ政治　国ドイツ　生1943年　典1996

ヴォイケ, ピーター　Woicke, Peter L.　セーブ・ザ・チルドレン世界連盟理事長　元・国際金融公社（IFC）専務理事　国ドイツ　典2012

ヴォイチェホフスキ, パウエル　Wojciechowski, Pawel　棒高跳び選手　国ポーランド　生1989年6月6日

ヴォイドフスキ, ボグダン　Wojdowski, Bogdan　作家, ジャーナリスト　国ポーランド　生1930年　典1996（ボイドフスキ, ボグダン）

ヴォイネア, カメリア　Voinea, Camelia　体操選手　国ルーマニア　生1970年3月1日　典1992（ボイネア, カメリア）

ヴォイノヴィチ, ウラジーミル　Voinovich, Vladimir Nikolaevich　作家　国ソ連　生1932年　典1992（ボイノビチ, ウラジーミル）／1996（ボイノビチ, ウラジーミル）

ヴォーウェライト, クラウス　Wowereit, Klaus　政治家　ベルリン特別市長, ドイツ社会民主党（SPD）副党首　国ドイツ　生1953年10月1日　典2004／2008／2012

ヴォヴェル, ミシェル　Vovelle, Michel　パリ第1大学教授　専宗教史, フランス革命史　国フランス　生1933年　典1996（ボベル, ミシェル）／2000

ヴォエヴォドスキー, ウラジーミル　Voevodsky, Vladimir　数学者　プリンストン高等研究所教授　専ミルナー予想　国米国　生1966年6月4日　典2004／2008／2012

ウォーカー, アリー　Walker, Ally　女優　国米国　典2000

ウォーカー, アリス　Walker, Alice Malsenior　作家　国米国　生1944年2月9日　典1992／1996／2000／2004／2008／2012

ウォーカー, アレクサンダー　Walker, Alexander　映画評論家, 作家　国アイルランド　生1930年3月22日　典1992／1996／2000

ウォーカー, アンドルー・ケビン　Walker, Andrew Kevin　脚本家　国米国　生1964年　典2004

ウォーカー, ウィリアム　Wolker, William　セントアンドリュース大学国際関係学部教授　専核政策　国英国　生1946年　典2000／2008

ウォーカー, ウォルター　Walker, Walter　弁護士, ミステリー作家　国米国　典1996

ウォーカー, ウォレス　Walker, Wallace　画家, 彫刻家　国米国　典2004

ウォーカー, ガブリエル　Walker, Gabrielle　サイエンスライター　専エネルギー, 気候変動　典2008／2012

ウォーカー, キャスリーン　Walker, Kathleen　本名＝ウォーカー, キャスリーン・ジーン・メアリー・ルスカ　詩人, 作家, エッセイスト, 演説家　国オーストラリア　生1920年　没1993年9月16日　典1992／1996

ウォーカー, クレイグ　Walker, Craig　ボランティア活動家　国英国　典2000

ウォーカー, ケイト　Walker, Kate　ロマンス作家　国英国　典2004

ウォーカー, ケント　Walker, Kent　「狂気の詐欺師一家―その愛憎と破滅の物語」の共著者　国米国　生1962年　典2004

ウォーカー, ジェイ　Walker, Jay S.　実業家　プライスライン・ドット・コム副会長, ウォーカー・デジタル会長　国米国　典2004

ウォーカー, ジェーン　Walker, Jane　サイエンスライター　国英国　生1956年　典2000

ウォーカー, ジョアン　Walker, Joan Hustace　作家　国米国　典2008

ウォーカー, ジョセフ　JPモルガン・マネジングディレクター・グローバルM&Aグループ責任者　国米国　典2000

ウォーカー, ジョン　Walker, John Ernest　化学者　英国分子生物医学研究所主任研究員　国英国　生1941年1月7日　典2000／2008／2012

ウォーカー, ジョン　Walker, John A.　歴史学者　ミドルセックス大学助教授　専美術デザイン史　典2004

ウォーカー, スティーブ　Walker, Steve　言語コンサルタント, 自然保護運動家　サミット・エンタープライズ社代表取締役　専応用言語学, 言語教育　国米国　生1948年　典2000

ウォーカー, スティーブン　Walker, Steven　映画監督　国英国　典2008／2012

ウォーカー, チャールズ　Walker, Charles　政治家　駐日フィジー大使　国フィジー　生1928年　典1996

ウォーカー, デービッド　Walker, David Alan　ロイズ銀行副会長　国英国　生1939年12月31日　典1992／1996

ウォーカー, ナンシー　Walker, Nancy　女優　国米国　生1922年5月10日　没1992年3月25日　典1996

ウォーカー, ハーシェル　Walker, Herschel　元・プロフットボール選手　国米国　生1962年3月3日　典2000

ウォーカー, ピーター　Walker, Peter Edward　政治家　英国

ウェールズ相　[国]英国　[生]1932年3月25日　[典]1992／1996

ウォーカー, ピーター　Walker, Peter　フィジカルセラピスト　[専]ベビーマッサージ　[典]2004

ウォーカー, ビリー　カントリー歌手　[国]米国　[生]1929年　[典]1992

ウォーカー, ビル　Walker, Bill　英語教師　オレゴン大学AEI専任講師　[典]2008

ウォーカー, ブラッド　Walker, Brad　棒高跳び選手　[国]米国　[生]1981年6月21日

ウォーカー, ブレット・L.　Walker, Brett L.　モンタナ州立大学準教授, モンタナ州立大学歴史学科長　元・イェール大学歴史学科助教授　[生]1967年　[典]2008

ウォーカー, ポール　Walker, Paul L.　会計コンサルタント　バージニア大学マッキンタイア商科スクール助教授　[国]米国　[典]2008

ウォーカー, ポール　Walker, Paul　本名=Walker,Paul William,IV　俳優　[国]米国　[生]1973年9月12日　[没]2013年11月30日

ウォーカー, マイク　Walker, Mike　脚本家　[国]英国　[典]2004

ウォーカー, マイケル　Walker, Michael J.　コンピューター技術者　[国]米国　[典]2004

ウォーカー, マーク　Walker, Mark H.　ゲームデザイナー, ジャーナリスト　[国]米国　[典]2004

ウォーカー, マーティン　Walker, Martin　作家　[国]英国　[典]1992

ウォーカー, マリアン　Walker, Marianne　作家　ケンタッキー大学ヘンダーソン・コミュニティ・カレッジ教授　[専]哲学, 英語　[国]米国　[典]2000

ウォーカー, マレー　BBC放送モータースポーツアナウンサー　[国]英国　[典]1992

ウォーカー, メリサ　Walker, Merissa　書道アーティスト　[国]オーストラリア　[生]1968年　[典]1996

ウォーカー, メレーン　Walker, Melaine　陸上選手(障害)　北京五輪陸上女子400メートル障害金メダリスト　[国]ジャマイカ　[生]1983年1月1日　[典]2012

ウォーカー, モートン　Walker, Morton　医学ジャーナリスト　[典]2004

ウォーカー, ラリー　Walker, Lally　大リーグ選手(外野手)　[国]カナダ　[生]1966年12月1日　[典]2000／2004／2008

ウォーカー, リチャード　Walker, Richard　[専]生物学　[典]2004

ウォーカー, ロバート　Walker, Robert　占星術師　[国]英国　[生]1950年　[典]2000

ウォーカー, ロバート　Walker, Robert W.　作家　[国]米国　[典]2000／2004／2012

ウォーカー, ワイヤット　Walker, Wyatt Tee　牧師, 公民権運動指導者　カナン・バプテスト教会主任牧師　[国]米国　[典]2004

ウォーカップ, ユーニス　Walkup, Eunice　作家　「カリフォーニア・ホースマン」フィーチュア・ライター, 元「デイリー・レーシング・フォーム」コラムニスト　[典]1992

ウォーキンショー, トム　Walkinshaw, Tom　レーシングドライバー,F1チームオーナー　[国]英国　[生]1946年11月17日　[没]2010年12月12日

ウォーク, ハーマン　Wouk, Herman　作家, 劇作家　[国]米国　[生]1915年5月27日　[典]1992／1996

ヴォグエ, ギスラン・ドゥ　Vogüe, G.de　モエ・ヘネシー副社長　[国]フランス　[典]1992(ボグエ, ギスラン・ドゥ)

ヴォーグベル, L.　Vaagberg, Lars　カーリング選手　[国]ノルウェー　[生]1967年1月30日　[典]2004

ヴォークレール, ジャック　Vauclair, Jacques　フランス国立科学研究機構認知神経科学研究所主任研究員　[専]比較認知神経科学, 動物行動学　[国]スイス　[生]1947年　[典]2000

ウォーケ, ジョン　Waucquez, Jean　バルコ社長　[国]ベルギー　[生]1964年　[典]2000

ウォーケン, クリストファー　Walken, Christopher　俳優　[国]米国　[生]1943年3月31日　[典]1992／1996／2000／2004／2008／2012

ウォザースプーン, ジェレミー　Wotherspoon, Jeremy Lee　スピードスケート選手　長野五輪銀メダリスト, スピードスケート男子500メートル世界記録保持者　[国]カナダ　[生]1976年10月26日　[典]2000／2004／2008／2012

ウォーシェル, アリー　Warshel, Arieh　化学者　南カリフォルニア大学特別教授　[国]米国　[生]1940年11月20日

ヴォジェル, ナディーヌ　Vogel, Nadine　料理研究家　[国]フランス　[典]2004

ウォシャウスキー, アンディ　Wachowski, Andy　本名=ウォシャウスキー, アンドルー・ポール　映画監督, 脚本家　[国]米国　[生]1967年12月29日　[典]2000／2004／2008／2012

ウォシャウスキー, ラリー　Wachowski, Larry　本名=ウォシャウスキー, ローレンス　映画監督, 脚本家　[国]米国　[生]1965年6月21日　[典]2000／2004／2008／2012

ウォーシャム, J.　GPAパシフィック・アンド・アジア会長　[典]1992

ヴォージュラード, アナイス　Vaugelade, Anaïs　絵本作家　[国]フランス　[生]1973年　[典]2004

ウォーショー, マーク　Warschauer, Mark　カリフォルニア大学アーバイン校教育学部助教授　[専]教育学　[国]米国　[典]2004

ウォス, アウグスト　Vos, August Eduardovich　政治家　ソ連最高会議民族会議議長　[国]ソ連　[生]1916年10月30日　[典]1992

ヴォース, ケン　Vose, Ken　本名=Vose,Kenneth E.　モーター・ジャーナリスト, 作家　[典]1996(ボース, ケン)

ヴォス, パトリック・ド　Vos, Patric de　日本文学研究家　東京大学助教授　[国]ベルギー　[生]1955年　[典]1992(ボス, パトリック・ドゥ)／1996(ボス, パトリック・ド)

ヴォスコボイニコフ, ワレリー　Voskoboinikov, Valerii Mikhailovich　児童文学作家　[国]ソ連　[生]1939年　[典]1992(ボスコボイニコフ, ワレリー)

ウォズニアク, スティーブ　Wozniak, Steve　通称=ウォズ　コンピュータ・プログラマー　アップルコンピュータ特別研究員　[生]1950年　[典]1992／2000／2012

ウォズニアコフスキー, ヘンリク　Woźniakowski, Henryk　ワルシャワ大学教授, コロンビア大学教授　[専]数学　[国]ポーランド　[典]1996

ウォズニアッキ, キャロライン　Wozniacki, Caroline　テニス選手　[国]デンマーク　[生]1990年7月11日　[典]2012

ヴォズニツキ, ボリス　Voznitski, Borys　美術史家　リヴィウ美術ギャラリー館長,ICOM(国際博物館会議)ウクライナ支部会長　[生]1926年　[典]2012

ヴォズネセンスカヤ, ユリヤ　Voznesenskaya, Julia　詩人, 作家　[生]1940年　[典]1996(ボズネセンスカヤ, ユリヤ)

ヴォズネセンスキー, アンドレイ　Voznesenskii, Andrei　本名=ヴォズネセンスキー, アンドレイ・アンドレーヴィチ　詩人　元・ロシアペンクラブ副会長　[国]ロシア　[生]1933年5月12日　[没]2010年6月1日　[典]1992(ボズネセンスキー, アンドレイ)

ウォスレイ, ジョン　Worsley, John　コンピューター技術者　[国]米国　[典]2004

ヴォスレンスキー, ミハイル　Voslensky, Michael S.　歴史学者, 哲学者　現代ソ連研究所所長　[国]ドイツ　[生]1920年　[典]1992(ボスレンスキー, ミハイル)

ヴォ・ダイ・トン　ベトナム民主化運動家　ベトナム復興連盟議長　[国]オーストラリア　[生]1936年　[典]1996(ボ・ダイ・トン)

ウォーターズ, サラ　Waters, Sarah　作家　[国]英国　[生]1966年　[典]2012

ウォーターズ, ジェイソン　Waters, Jason　ネットワークコンサルタント　[国]米国　[典]2004

ウォーターズ, ジョン　Waters, John　映画監督　[国]米国　[生]1946年4月22日　[典]2000／2004／2008／2012

ウォーターズ, ジョン　Waters, John M.(Jr.)　元・米国コーストガード航空部長　[国]米国　[典]2004／2008

ウォーターズ, デービッド　Waters, David　編集者　[典]2004

ウォーターズ, フランク　Waters, Frank　アメリカ大陸先住民研究家　[国]米国　[生]1902年　[典]1996

ウォーターズ, マーク　Waters, Mark　映画監督　[国]米国　[生]1964年　[典]2012

ウォーターズ, マディ　Waters, Muddy　本名＝モーガンフィールド, マッキンリー　ブルース歌手, ギタリスト　国米国　生1915年4月4日　没1983年4月29日　典1992

ウォーターズ, ロジャー　Waters, Roger　旧グループ名＝ピンク・フロイド　ロック・ベース奏者, ロック歌手　国英国　生1944年9月6日　典2004／2008／2012

ウォーターストーン, エリザベス　Waterston, Elizabeth　ゲルフ大学名誉教授　国カナダ　典2000

ウォータソン, ロクサーナ　Waterson, Roxana　シンガポール国立大学上級講師　専社会人類学, 建築人類学　生1954年　典2000

ウォーターハウス, レミ　Waterhouse, Rémi　脚本家, 作家, 映画監督　国フランス　生1956年1月　典2000

ウォータマン, ロバート (Jr.)　Waterman, Robert H. (Jr.)　企業コンサルタント　ウォータマン・アンド・カンパニー代表　国米国　典1992

ヴォダルス, ジーグルン　Wodars, Sigrun　陸上選手　国ドイツ　典1992（ボダルス, ジーグルン）

ヴォダルチク, アニタ　Wlodarczyk, Anita　ハンマー投げ選手　ロンドン五輪陸上女子ハンマー投げ銀メダリスト　国ポーランド　生1985年8月8日

ウォーターロー, ジュリア　Waterlow, Julia　フリーライター, 写真家　国英国　生1951年　典1996

ウォッシュ, ダニエル　Walsh, Daniel J.　イリノイ大学アーバナ・シャンペン校教授　専幼児教育　国米国　生1945年　典2000

ウォッシュバーン, ウィルコム・E.　スミソニアン協会アメリカ研究プログラムディレクター　国米国　生1925年　典1996

ウォッシュバーン, ジャーロッド　Washburn, Jarrod Michael　大リーグ選手（投手）　国米国　生1974年8月13日　典2004／2008

ウォッシュバーン, リビア　Washburn, Livia J.　作家　国米国　典2012

ウォッチマン, デービッド　ロイヤル・アカデミー・オブ・ダンシング (RAD) 理事長　国英国　生1937年　典1996

ウォッデル, マーティン　Waddell, Martin　別名＝セフトン, キャサリン　児童文学作家　国英国　生1941年　典1992／1996／2000

ヴォッレベク, クヌート　Vollebaek, Knut　政治家, 外交官　駐米ノルウェー大使　元・ノルウェー外相　国ノルウェー　生1946年2月11日　典2004／2008

ヴォー・ティ・ハーオ　作家, 脚本家, ジャーナリスト　「ホーチミン女性新聞」ハノイ支局長　国ベトナム　生1956年　典2000

ウォーデル, スティーブン　Wardell, Steven　「日本の高校生たち―スティーブンのホームステイ日記」の著者　国米国　生1971年　典1996

ウォデル, ロバート　Waddell, Robert　ボート選手（シングルスカル）　国ニュージーランド　典2004

ウォード, アンドルー　Ward, Andrew F.　コンピュータ技術者　スリーコム・ネットワーク管理者　典2004

ウォード, ウェンディ　Ward, Wendy　プロゴルファー　国米国　生1973年5月6日　典2008／2012

ウォード, キングスレイ　Ward, G.Kingsley　ビミー・リッジ・グループ会長　国カナダ　生1932年　典1996

ウォード, サイモン　Ward, Simon　俳優　国英国　生1941年10月19日　没2012年7月20日

ウォード, サリー　Ward, Sally　言語治療士　国英国　典2004

ウォード, ジョシュ　Ward, Josh　グループ名＝ビバ・ブラザーミュージシャン　国英国　典2012

ウォード, ジョン　元・カンタス航空社長　国オーストラリア　典1992／1996

ウォード, セラ　Ward, Sela　女優　国米国　生1956年　典1996

ウォード, デービッド　Ward, David S.　脚本家, 映画監督　国米国　生1945年　典1996

ウォード, ドナルド　メトリコム副社長　国米国　典2000

ウォード, ピーター　Ward, Peter T.　ロールス・ロイス会長　国英国　典1996

ウォード, ピーター　Ward, Peter Douglas　古生物学者　ワシントン大学教授　専地球科学, 動物学　国米国　典2004

ウォード, ビンセント　Ward, Vincent　映画監督　国ニュージーランド　生1956年　典1996

ウォード, ヘレン　Ward, Helen　イラストレーター　国英国　典2008

ウォード, ロバート　エコノミスト　エコノミスト・インテリジェンス・ユニット主任エコノミスト　国英国　生1965年　典2004

ヴォートラン, ジャン　Vautrin, Jean　本名＝エルマン, ジャン　作家, 映画監督　国フランス　生1933年5月17日　典2000

ウォートン, クリフォード　Wharton, Clifford　元・米国国務副長官　国米国　生1926年　典1996

ウォートン, トーマス　Wharton, Thomas　作家　国カナダ　生1963年　典2004／2008

ウォートン, ロビン　Wootton, Robin J.　昆虫古生物学者　エクセター大学生物科学助教授　専昆虫の飛翔　国英国　典1992

ヴォー・トン・スアン　Vo-Tong Xuan　農学者　アンザン大学学長　元・ベトナム国会議員　専稲, 農業技術　国ベトナム　生1940年　典2004／2008

ウォーナー, アラン　Warner, Alan　作家　国英国　生1964年　典2004

ウォーナー, キース　Warner, Keith　オペラ演出家　生1956年　典2004／2008

ウォーナー, サリー　Warner, Sally　作家　国米国　典2004

ウォーナー, ジュリアン　Warner, Julian　クイーンズ大学経営学部副学部長　専経営学　国英国　生1955年　典2000

ウォーナー, ジョン　Warner, John W.　政治家　元・米国上院議員（共和党）, 元・米国海軍長官　国米国　生1927年2月18日　典1996／2000／2004／2008／2012

ウォーナー, ジョン　Warner, John C.　化学者　マサチューセッツ大学助教授　専有機化学, グリーンケミストリー　国米国　典2000（ワーナー, ジョン）

ウォーナー, ジョン・C.　化学者　国米国　没1989年4月12日　典1992

ウォーナー, ダグラス (3世)　Warner, Douglas A. (III)　実業家　J.P.モルガン社長　国米国　典1996

ウォーナー, デニス　Warner, Denis Ashton　ジャーナリスト　「アジア・パシフィック・ディフェンス・レポーター」編集者　国オーストラリア　生1917年12月12日　典1996／2000

ウォーナー, デボラ　Warner, Deborah　演出家　ナショナル・シアター演出家　国英国　典1992

ウォーナー, フレデリック　Warner, Frederick Archibald　外交官　元・駐日英国大使　国英国　生1918年5月2日　没1995年9月30日　典1996

ウォーナー, マーク　Warner, Mark R.　政治家　米国上院議員（民主党）　元・バージニア州知事　国米国　生1954年12月15日　典2004／2008／2012

ウォーナー, レックス　Warner, Rex　本名＝Warner,Rex Ernest　作家, 詩人, 批評家, 古典学者　元・コネティカット大学教授　国英国　生1905年3月9日　没1986年6月24日　典1992

ウォーナー, ロジャー　Warner, Roger　ジャーナリスト　国米国　典1992（ワーナー, ロジャー）

ウォーバック, メルビン　Warbach, Melvyn R.　カリフォルニア大学ロサンゼルス校臨床教授　専栄養医学　国米国　典2000

ウォーフ, ケン　Wharfe, Ken　元・スコットランドヤード警部　国英国　典2004

ウォーフィールド, テリー　Warfield, Terry D.　会計学者　専財務会計原則, 会計情報開示の問題提起　国米国　典2004

ウォーホル, アンディ　Warhol, Andy　本名＝ウォーホラ, アンドルー　画家, 俳優, 映画監督　国米国　生1928年8月6日　没1987年2月22日　典1992

ウォボルディング, ロバート　Wubbolding, Robert E.　ゼービア大学教授　専カウンセリング　国米国　生1936年　典1996

ウォーマック, ジェームズ　Womack, James P.　リーン・エンター

プライズ協会会長　[専]日米欧製造業の比較研究, 国際自動車問題　[国]米国　[典]1992／1996／2000／2008

ウォマック, ジャック　Womack, Jack　作家　[国]米国　[典]1996

ウォマック, スティーブン　Womack, Steven　作家, 脚本家　[国]米国　[典]1996

ウォマック, トニー　Womack, Tony　本名=Womack,Anthony Darrell　大リーグ選手(内野手)　[国]米国　[生]1969年9月25日　[典]2000／2008

ヴォーマン, ガブリエーレ　Wohmann, Gabriele　作家, 詩人, 文芸評論家　[国]ドイツ　[生]1932年5月21日　[典]1996(ボーマン, ガブリエーレ)

ウォームズリー, ジェーン　Walmsley, Jane　ジャーナリスト　[国]英国　[典]2000

ウォーメル, クリス　Wormell, Chris　絵本作家　[国]英国　[生]1955年　[典]2008

ウォーメル, メリー　Wormell, Mary　「めんどりヒルダ」の著者　[典]2008

ウォーメンホーベン, ダン　実業家　ネットワーク・アプライアンス(NA)社長・CEO　[国]米国　[生]1950年　[典]2000

ウォラー, アンソニー　Waller, Anthony　映画監督　[国]レバノン　[生]1959年　[典]2000

ウォーラー, レスリー　Waller, Leslie　作家　[国]米国　[生]1923年　[典]1992／1996

ウォラー, ロバート・ジェームズ　Waller, Robert James　作家　[国]米国　[生]1939年8月1日　[典]1996／2004／2008／2012

ウォーラーズ, マーク　Wohlers, Mark　大リーグ選手(投手)　[国]米国　[生]1970年1月23日　[典]2000／2008

ウォラースタイン, ジュディス　Wallerstein, Judith　心理学者　[国]米国　[典]2000

ウォーラーステイン, イマニュエル　Wallerstein, Immanuel　社会学者, 経済学者　エール大学シニア・リサーチ・スカラー, ニューヨーク州立大学名誉教授　[国]米国　[生]1930年9月28日　[典]1992／1996／2000／2004／2008

ウォーラック, アン・トルストイ　Wallach, Anne Tolstoi　作家, クリエイティブ・ディレクター　[国]米国　[典]1992／2000

ウォラック, イーライ　Wallach, Ili　俳優　[国]米国　[生]1915年12月7日　[典]2008／2012

ウォーラック, ジャネット　Wallach, Janet　作家　[国]米国　[典]2004

ウォラル, デニス・ジョン　Worrall, Denis John　企業コンサルタント, 法律家, 元・政治家　オメガ・インベストメント・リサーチ会長　[国]南アフリカ　[生]1935年5月29日　[典]1996

ウオリ, G.K.　Wuori, G.K.　作家　[国]米国　[典]2008

ヴォリ, ペッカ　Vuori, Pekka　絵本作家, イラストレーター, グラフィックデザイナー　[国]フィンランド　[生]1935年　[典]2008／2012

ヴォリ, ユリア　Vuori, Julia　イラストレーター, 絵本作家　[国]フィンランド　[生]1968年　[典]2004／2012

ヴォリク, アナトリー　Volik, Anatolii　国立レーニン図書館館長　[専]情報科学　[国]ソ連　[典]1992(ボリク, アナトリー)／1996(ボリク, アナトリー)

ウォリス, ジム　Wallis, Jim　アスレチックトレーナー　ポートランド州立大学ヘッドアスレチックトレーナー・助教授　[国]米国　[生]1958年　[典]2004

ウォリス, ハル　Wallis, Hal B.　映画プロデューサー　[国]米国　[没]1986年10月5日　[典]1992

ウォーリス, ベルマ　Wallis, Velma　著述家　[国]米国　[生]1960年　[典]1996

ウォリスキー, アルカジー　Volskii, Arkadii Ivanovich　政治家　元・ロシア産業企業家同盟名誉会長　[国]ロシア　[生]1932年5月15日　[没]2006年9月9日　[典]1992／1996／2004

ウォリツァー, ヒルマ　Wolitzer, Hilma　作家　[国]米国　[典]1992

ウォリツァー, メグ　Wolitzer, Meg　作家　[国]米国　[典]1992

ウォリナー, ジェレミー　Wariner, Jeremy　陸上選手(短距離)　アテネ五輪陸上男子400メートル・4×400メートルリレー金メダリスト　[国]米国　[生]1984年1月31日　[典]2008／2012

ウォリバー, ロビー　Woliver, Robbie　ジャーナリスト　ガーズ・フォーク・シティ経営者　[国]米国　[典]1992

ウォリメル, ユーリー　Volmer, Yurii M.　ソ連海洋船舶相, ソ日協会会長　[国]ソ連　[生]1933年8月28日　[典]1992

ヴォリレヒト, シモ　Vuorilehto, Simo　ノキア社長　[国]フィンランド　[典]1992(ボリレヒト, シモ)

ウォリン, シェルドン　Wolin, Sheldon S.　元・プリンストン大学教授　[専]政治思想　[国]米国　[生]1922年　[典]1992／1996

ウォーリン, ダン　Wahlin, Dan　コンピューターコンサルタント　[典]2004

ウォリン, ポーリン　Wallin, Pauline　臨床心理学者　[専]認知療法　[国]米国　[典]2004

ウォリン, リチャード　Wolin, Richard　歴史学者　ニューヨーク市立大学大学院教授　[生]1952年　[典]2008

ウォーリング, マリリン　Waring, Marilyn　経済学者　マッセー大学上級講師, 国連統計委員会コンサルタント　[国]ニュージーランド　[生]1952年　[典]1996

ウォーリントン, ジョージ　Wallington, George　ジャズピアニスト　[国]米国　[生]1924年10月27日　[没]1993年2月15日　[典]1996

ウォール, エドモンド・デュ　Waal, Edmund de　陶芸家　ウェストミンスター大学教授　[国]英国　[生]1964年　[典]2000

ウォール, カート　Wall, Kurt　コンピューター技術者, テクニカルライター　[国]米国　[典]2004

ウォール, ジェフ　美術家　[国]カナダ　[生]1946年　[典]2000

ウォール, ジャン　Wahl, Jan　児童文学作家　[国]米国　[典]2000

ヴォル, ダニエル　Volle, Danielle　女優, 劇作家　[国]フランス　[生]1937年　[典]1996(ボル, ダニエル)

ウォール, デービッド　Wall, David　バレエダンサー　元・英国ロイヤル・バレエ団プリンシパル　[国]英国　[生]1946年3月15日　[没]2013年6月18日

ウォール, パトリック　Wall, Patrick David　解剖学者, 疼痛学者　元・ロンドン大学名誉教授　[専]痛み, ゲート・コントロール　[国]英国　[生]1925年4月5日　[没]2001年8月8日　[典]2004

ウォール, バートン　Wohl, Burton　作家　[国]米国　[典]1992

ウォール, ビル　Wall, Bill　アクセサリー・デザイナー, 服飾デザイナー　[国]米国　[生]1965年　[典]2000

ウォール, マックス　喜劇役者　[国]英国　[没]1990年5月22日　[典]1992

ウォール, ラリー　Wall, Larry　コンピューター技術者　[国]米国　[典]2004

ウォルカーズ, ヤン　Wolkers, Jan　作家, 彫刻家, 画家　[国]オランダ　[生]1925年　[典]1992

ヴォルクマン, クリスチャン　Volckman, Christian　映画監督, アニメーション監督　[国]フランス　[典]2008／2012

ヴォルコゴノフ, ドミトリー　Volkogonov, Dmitrii Antonovich　歴史家, 元・軍人　元・ロシア大統領軍事顧問　[国]ロシア　[生]1928年　[没]1995年12月6日　[典]1996(ボルコゴノフ, ドミトリー)

ウォルコット, ウィスター　パイロット・ネットワークサービシズ副社長　[典]2000

ウォルコット, ケショーン　Walcott, Keshorn　やり投げ選手　ロンドン五輪陸上男子やり投げ金メダリスト　[国]トリニダードトバゴ　[生]1993年4月2日

ウォルコット, ジョー　Walcott, Joe　プロボクシングトレーナー　[国]米国　[没]1988年8月14日　[典]1992

ウォルコット, セオ　Walcott, Theo　サッカー選手(FW)　[国]英国　[生]1989年3月16日　[典]2008／2012

ウォルコット, デレック　Walcott, Derek　詩人, 劇作家　元・ボストン大学教授　[国]トリニダードトバゴ　[生]1930年1月23日　[典]1992／1996／2000／2004／2008／2012

ウォルコット, ボブ　Wolcott, Bob　本名=Wolcott,Robert William　プロ野球選手(投手), 元・大リーグ選手　[国]米国　[生]1973年9月8日　[典]2000

ヴォルコフ, ウラジーミル　Volkoff, Vladimir　別名=ディボムリコ

フ, ラヴル 作家 [国]フランス [生]1932年 [典]1992（ボルコフ, ウラジーミル）／1996（ボルコフ, ウラジーミル）

ヴォルコワ, エカテリーナ Volkova, Ekaterina 陸上選手（ハードル） 北京五輪陸上女子3000メートルハードル銅メダリスト [国]ロシア [生]1978年2月16日

ウォルサー, ジョージ Walther, George R. ビジネスコンサルタント [国]米国 [典]2008

ヴォルシー, G.C. Volcy, Guy C. 造船技術者 元・ビューローベリタス船体部技術取締役 [国]ポーランド [生]1923年 [典]1996（ボルシー, G.C.）

ウォルシュ, アンソニー Walsh, Anthony ボイセ大学教授 [専]精神生物学 [国]米国 [生]1941年 [典]1996

ウォルシュ, ウィリー Walsh, Willie 実業家 ブリティッシュ・エアウェイズ（BA）CEO [国]アイルランド [生]1961年 [典]2012

ウォルシュ, カール・E. Walsh, Carl E. エコノミスト カリフォルニア大学サンタクルツ校教授 [典]2008

ウォルシュ, シアラン Walsh, Ciaran エコノミスト, 会計士 [典]2004

ウォルシュ, ジョー Walsh, Joe グループ名=イーグルス, 旧グループ名=ジェームス・ギャング, バーンストーム ロックギタリスト [国]米国 [生]1947年11月20日 [典]2008

ウォルシュ, シルビア・マウルターシュ Warsh, Sylvia Maultash 作家 [国]カナダ [典]2012

ウォルシュ, ディラン Walsh, Dylan 俳優 [国]米国 [典]2000

ウォルシュ, トマス 作家 [国]米国 [生]1908年 [典]1992／1996

ウォルシュ, トミー Walsh, Thommie 振付師, 俳優 [国]米国 [生]1950年3月15日 [没]2007年6月16日 [典]1996

ウォルシュ, ニール・ドナルド Walsch, Neale Donald 宗教家 ReCreation創立者 [典]2004

ウォルシュ, ピーター Walsh, Peter ジャーナリスト 「マンチェスター・イブニング・ニュース」副編集長 [国]英国 [生]1963年 [典]2004

ウォルシュ, ビル Walsh, Bill 本名=ウォルシュ, ウィリアム・アーネスト プロフットボール監督 元・49ersゼネラル・マネジャー [国]米国 [生]1931年11月30日 [没]2007年7月30日 [典]1996／2004

ウォルシュ, マイケル Walsh, Michael 音楽ジャーナリスト, 作家 [国]米国 [典]2004

ウォルシュ, メラニー Walsh, Melanie 絵本作家 [国]英国 [生]1964年 [典]2004

ウォルシュ, ラオール Walsh, Raoul 映画監督 [国]米国 [生]1887年3月11日 [没]1980年12月31日 [典]1992

ウォルシュ, ルビー Walsh, Ruby 騎手 [国]アイルランド [生]1979年5月14日

ウォルシュ・ジェニングス, ケリ Walsh Jennings, Kerri 旧名=ウォルシュ, ケリ ビーチバレー選手, 元・バレーボール選手 アテネ五輪・北京五輪・ロンドン五輪ビーチバレー女子金メダリスト [国]米国 [生]1978年8月15日 [典]2008（ウォルシュ, ケリ）／2012（ウォルシュ, ケリ）

ウォルシュレガー, ジャッキー Wullschläger, Jackie ジャーナリスト [国]英国 [生]1962年 [典]2000

ウォールス, トーマス Walls, Thomas K. [専]社会学 [国]米国 [生]1951年 [典]2000

ウォルスキー, アラン Wolsky, Alan M. エネルギー科学者 アルゴンヌ国立研究所エネルギー・環境部技術評価班員 [国]米国 [典]1992

ウォールステッター, アルバート Wohlstetter, Albert パン・ヒューリスティック・サービス社社長, 米国大統領外交情報諮問委員会委員 [専]戦略研究 [国]米国 [生]1913年 [典]1992

ウォルステンホルム, クリス Wolstenholme, Chris 本名=Wolstenholme,Christopher グループ名=ミューズ ミュージシャン [国]英国 [典]2012

ウォルズフェルド, ジャン・ルイ Wolzfeld, Jean Louis 外交官 駐日ルクセンブルク大使 [国]ルクセンブルク [生]1951年 [典]1996

ウォルソール, アン Walthall, Anne 日本史研究家 [生]1946年 [典]2008

ウォルソン, ジョン 元・サービス・エレクトリック有線テレビ会社会長・CEO 有線テレビ事業創始者 [国]米国 [没]1993年3月27日 [典]1996

ウォルソン, マーク Wolfson, Mark A. 会計学者 スタンフォード大学教授 [専]ファイナンス [国]米国 [典]2004

ウォルター, アラン Waltar, Alan E. 原子力学者 テキサスA&W大学教授 元・米国原子力学会（ANS）会長 [国]米国 [典]2000／2008

ウォルター, インゴ Walter, Ingo ニューヨーク大学教授 [専]国際経済, 国際金融, 国際銀行論 [国]米国 [典]1992

ヴォルタ, オルネラ Volta, Ornella エリック・サティ協会会長, エリック・サティ博物館館長 [国]フランス [典]1996（ボルタ, オルネラ）

ウォルター, ジェス Walter, Jess 作家 [国]米国 [典]2004

ウォルター, シェーン Walter, Shane 映像ディレクター [国]英国 [生]1967年 [典]2008／2012

ウォルター, ジョン 実業家 元・AT&T社長 [国]米国 [典]2000

ウォルター, ドンナ Walter, Dawna ライター [国]英国 [典]2008

ウォルターズ, J.ドナルド Walters, J.Donald 作家, 思想家, 詩人 [国]米国 [典]2000

ウォルターズ, アラン Walters, Alan Arthur 経済学者 元・ジョンズ・ホプキンズ大学教授, 元・サッチャー英国首相経済顧問 [国]英国 [生]1926年6月17日 [没]2009年1月3日 [典]1992

ウォルターズ, ガイ Walters, Guy 作家 [国]英国 [生]1971年 [典]2008

ウォルターズ, キャサリン Walters, Catherine 絵本作家 [国]英国 [生]1965年 [典]2000

ウォルターズ, チャールズ Walters, Charles 映画監督, 振付師 [国]米国 [生]1911年11月17日 [典]1996

ウォルターズ, デービッド Walters, David 水泳選手（自由形） 北京五輪競泳男子4×200メートルリレー金メダリスト [国]米国 [生]1987年9月27日

ウォルターズ, トニー Walters, Tony 「よろこびのレッスン」の著者 [典]2008

ウォルターズ, バーノン Walters, Vernon A. 外交官, 軍人 元・駐ドイツ米国大使, 元・国連大使, 元・米国中央情報局（CIA）副長官 [国]米国 [生]1917年1月3日 [没]2002年2月10日 [典]1992

ウォルターズ, バーバラ Walters, Barbara テレビジャーナリスト, キャスター [国]米国 [生]1929年9月25日 [典]2008／2012

ウォルターズ, マーク・ジェローム Walters, Mark Jerome ジャーナリスト 南フロリダ大学セントピーターズバーグ校教授 [専]伝染病の起源 [国]米国 [典]2008

ウォルターズ, ミネット Walters, Minette ミステリー作家 [国]英国 [典]1996／2000

ウォルターズ, リチャード Walters, Richard 医学ライター [国]米国 [典]2000

ウォルターズ, レックス Walters, Rex 元・バスケットボール選手 [国]米国 [生]1970年3月12日 [典]1996／2000

ウォルターズ, ロナルド ハワード大学教授・政治学部長 [専]政治学 [国]米国 [典]1996

ウォールタック, マーゴ Waltuch, Margot R. 教育家 国際モンテッソーリ協会（AMI）理事 [専]モンテッソーリ教育 [典]1992

ウォルツ, ケネス Waltz, Kenneth 本名=Waltz,Kenneth Neal 国際政治学者 元・カリフォルニア大学バークレー校名誉教授, 元・アメリカ政治学会会長 [国]米国 [生]1924年6月8日 [没]2013年5月12日

ウォルツ, パトリシア Woertz, Patricia A. 通称=ウォルツ, パット 実業家 アーチャー・ダニエルズ・ミッドランド社長・CEO [国]米国 [生]1953年3月 [典]2008／2012

ウォルツァー, マイケル Walzer, Michael 政治哲学者 プリンストン高等研究所教授 [国]米国 [生]1935年3月3日 [典]2000／2012

ウォルッシュ, マイケル Walsh, Michael H. 実業家 元・テネコ会長・CEO [国]米国 [生]1942年7月8日 [没]1994年5月6日 [典]1996

（ウォルシュ，マイケル）

ウォルデ，ミロン　Wolde, Millon　陸上選手（長距離）　国エチオピア　生1979年3月17日　覧2004

ヴォルティ，アントニッチ　Volti, Antoniucci　彫刻家　国フランス　生1915年　没1992（ボルティ，アントニッチ）

ウォルティス，ジョセフ　Wortis, Joseph　精神科医　専精神医学，ショック療法　国米国　覧1992

ヴォルデマン，ヴォルフラム　Wordemann, Wolfram　ビジネスコンサルタント　国ドイツ　覧2004

ウォルデン，ダニエル　Worden, Daniel J.　ワード・N・システムズ社コンサルタント，クラーク大学クライアント・サーバ教育プログラム助教授　国米国　覧2000

ウォールデン，ナラダ・マイケル　Walden, Narada Michael　音楽プロデューサー，元・ドラム奏者　M.O.L.LLC社CEO　国米国　生1952年　覧1996／2004／2008

ウォールド，イライジャ　Wald, Elijah　フリーライター，ミュージシャン　国米国　覧2004

ウォールド，ジョージ　Wald, George　生化学者　元・ハーヴァード大学名誉教授　国米国　生1906年11月8日　没1997年4月12日　覧1992／1996

ウォルト，スティーヴン・M.　Walt, Stephen M.　ハーヴァード大学ジョン・F・ケネディ行政学大学院教授（国際関係論）　生1955年　覧2008

ウォルドバウアー，ギルバート　Waldbauer, Gilbert　昆虫学者　イリノイ大学名誉教授　国米国　覧2004

ウォルドホルツ，マイケル　Waldholz, Michael　ジャーナリスト　「ウォール・ストリート・ジャーナル」科学記者　国米国　生1950年　覧2004

ウォルドマン，バーナード　核物理学者　国米国　生1986年11月12日　覧1992

ウォルドループ，ジェームズ　Waldroop, James　コンサルタント，心理学者　国米国　覧2004

ウォルドロン，アーサー　Waldron, Arthur　米国海軍大学教授，ブラウン大学教授　専中国及びアジア地域の歴史と政治　国米国　覧2000

ウォルドロン，マラ　歌手，作曲家　国米国　生1958年　覧2000

ウォルドロン，マル　Waldron, Mal　本名＝Waldron,Malcolm Earl　ジャズピアニスト，作曲家　国米国　生1926年8月16日　没2002年12月2日　覧1996／2000

ウォルトン，アーネスト　Walton, Ernest Thomas Sinton　物理学者　元・ダブリン大学トリニティ・カレッジ名誉研究員，元・ダブリン大学教授　専原子核物理学　国アイルランド　生1903年10月6日　没1995年6月25日　覧1992／1996

ウォルトン，ウィリアム　Walton, William Turner　作曲家　国英国　生1902年3月29日　没1983年3月8日　覧1992

ウォルトン，サム　Walton, Sam Moore　実業家　元・ウォルマート会長・CEO　国米国　生1918年　没1992年4月5日　覧1996

ウォルトン，ジェローム　Walton, Jerome　大リーグ選手（外野手）　国米国　生1965年7月8日　覧1992

ウォルトン，シーン　Walton, Sean　コンピューター技術者　国米国　覧2004

ウォルトン，ドナルド　Walton, Donald　著述家，講演家　国米国　生1917年　覧1992

ウォルトン，ヘンリー　Walton, Henry John　精神医学者，精神科医　元・エディンバラ大学名誉教授　専アルコール中毒症，自殺行為　国英国　生1924年2月15日　没2012年7月13日　覧2004／2008

ウォルトン，リチャード　Walton, Richard E.　ハーバード大学ビジネス・スクール教授　専組織行動学　国米国　覧1996

ウォルトン，ロジャー　Duncan Baird Publishersアート・ディレクター　覧2004

ウォルナー，ケント　Wallner, Kent　「前立腺がん，これで全快！―手術不要の最新療法ブラキセラピー」の著者　覧2008

ヴォルナー，フレート　Wollner, Fred　アロマセラピスト　生1959年　覧2004／2008

ウォルパー，デービッド・L.　Wolper, David Lloyd　映画プロデューサー　国米国　生1928年1月11日　没2010年8月10日

ウォルハイム，ドナルド・アレン　Wollheim, Donald A.　筆名＝グリンネル，デイビッド　SF作家，SF編集者，出版家　国米国　生1914年　没年不詳　覧1992

ウォールバーグ，ドニー　Wahlberg, Donnie　グループ名＝ニュー・キッズ・オン・ザ・ブロック　歌手　国米国　生1970年8月17日　覧1992（ワールバーグ，ドニー）

ウォールバーグ，マーク　Wahlberg, Mark　本名＝Wahlberg,Mark Robert　旧芸名＝マーキー・マーク　俳優　国米国　生1971年6月5日　覧2000／2004／2008／2012

ウォールバック，ビッキーリー　女優　国米国　生1961年　覧2000

ウォルピン，L.A.　カリフォルニア大学リウマチ・リハビリ臨床医学担当教授　専リウマチ物理療法　国米国　覧1992

ウォルフ，B.　ゼネラル・エレクトリック社副社長　国米国　覧1992

ウォルフ，アート　Wolfe, Art　写真家　国米国　生1951年　覧1996（ウルフ，アート）

ウォルフ，アレックス・デ　Wolf, Alex de　イラストレーター，絵本作家　国オランダ　生1958年　覧2008

ウォルフ，イザベル　Wolff, Isabel　ジャーナリスト　国米国　生1960年　覧2004

ヴォルフ，ヴィンフリード　Wolf, Winfried　作家　国ドイツ　生1943年　覧2000

ウォルフ，クリスタ　Wolf, Christa　作家　国ドイツ　生1929年3月18日　没2011年12月1日　覧1992／1996（ウルフ，クリスタ）

ヴォルフ，クリストフ　Wolff, Christoph　ハーバード大学教授　専哲学　国ドイツ　生1940年　覧2004

ウォルフ，ジェニー　Wolf Jenny　スピードスケート選手　バンクーバー五輪スピードスケート女子500メートル銀メダリスト　国ドイツ　生1979年1月31日　覧2012

ウォルフ，ステファン　Wolf, Stefan　本名＝カルムチャク，ロルフ　作家　国ドイツ　覧1992

ウォルフ，デービッド　Wolfe, David W.　生態学者　コーネル大学農芸学部生態学準教授　国米国　覧2004／2008

ヴォルフ，フランシス　Wolff, Francis　ランス大学助教授　専哲学　国フランス　生1950年　覧1996（ボルフ，フランシス）

ウォルフ，マルクス　Wolf, Markus　本名＝Wolf,Markus Johannes　愛称＝ミーシャ　作家　元・東ドイツ国家保安省対外情報収集総局（HVA）総局長　ギョーム事件指揮者　国ドイツ　生1923年1月19日　没2006年11月9日　覧1992／1996（ウルフ，マルクス）／2000

ヴォルフ，マンフレート　Wolf, Manfred　作家，ジャーナリスト　国ドイツ　生1934年　覧2004

ウォルフ，リザ　女優　国ドイツ　生1963年　覧1992

ウォルフ，レネ　Wolff, Rene　自転車選手　国ドイツ　生1978年4月4日　覧2008

ウォルファーズ，ニコラス　Wolfers, Nicolas L.M.　銀行家　マーチャント・バンク重役，英国三浦按針会会長，英国日本協会副会長　国英国　生1946年　覧1992／1996

ヴォールファルト，ギュンター　Wohlhart, Günter　ヴッパータール大学教授　専哲学　国ドイツ　生1943年　覧2000

ウォルフェンソン，ジェームズ　Wolfensohn, James D.　銀行家　元・世界銀行（IBRD）総裁（第9代）　国米国　生1933年12月1日　覧1996／2000／2004／2008／2012

ウォルフォウィッツ，ポール　Wolfowitz, Paul Dundes　元・世界銀行（IBRD）総裁，元・米国国防副長官，元・ジョンズ・ホプキンス大学高等国際問題研究所（SAIS）所長　国米国　生1943年12月22日　覧1992／1996／2000／2004／2008／2012

ウォルフォード，グレアム　実業家　栃木富士産業社長　国英国　覧2008

ウォルフォード，ジェフリー　Walford, Geoffrey　オックスフォード大学教育研究部講師・グリーン・カレッジフェロー　専教育社会学　国英国　生1949年　覧2000

ウォルフグラム，パエア　Wolfgramm, Paea　元プロボクサー　国トンガ　生1971年12月1日　覧2000／2008

ウ

ヴォルプス, ハンス・クリストフ　Worbs, Hans Christoph　著述家　[専]音楽学　[国]ドイツ　[生]1927年　[典]2000

ヴォルフスグルーバー, リンダ　Wolfsgruber, Linda　絵本作家　[生]1961年　[典]1996（ボルフスグルーバー, リンダ）／2000

ウォルフソン, エベリン　Wolfson, Evelyn　アメリカ・インディアン文化研究家　[国]米国　[典]2004

ウォルフソン, マーティン　Wolfson, Martin H.　ノートル・デーム大学人文学部経済学科准教授　[専]経済学　[国]米国　[生]1944年　[典]1996

ヴォルフゾーン, ミヒャエル　Wolffsohn, Michael　ドイツ連邦防衛大学教授　[専]ドイツ・イスラエル関係史　[国]ドイツ　[生]1947年　[典]1996（ボルフゾーン, ミヒャエル）

ウォルフレン, カレル・ファン　Wolferen, Karel G.Van　ジャーナリスト, 評論家　元・「NRCハンデルスブラット」紙極東特派員, 元・アムステルダム大学教授　[専]政治経済比較論　[国]オランダ　[生]1941年　[典]1992／1996／2000／2004／2008／2012

ウォルベン, ディック　Wolven, Dick　実業家　イーエムシージャパン社長　[国]米国　[生]1947年1月21日　[典]2004

ヴォルポーニ, パオロ　Volponi, Paolo　詩人, 作家　[国]イタリア　[生]1924年2月6日　[没]1994年8月23日　[典]1992（ボルポーニ, パオロ）／1996（ボルポーニ, パオロ）

ウォルポフ, ミルフォード　Wolpoff, Milford H.　ミシガン大学アン・アーバー校人類学教授　[専]古人類学　[国]米国　[典]1996

ヴォルマラ, ティモ　Vormala, Timo　建築家　[国]フィンランド　[生]1942年　[典]1996（ボルマラ, ティモ）

ウォールマン, ベンジャミン　Wolman, Benjamin B.　臨床心理学者　ロング・アイランド大学臨床心理学博士課程名誉教授　[専]心理学, 精神医学, 精神分析学　[国]米国　[典]1996

ヴォルム, ニコライ　Worm, Nicolai　栄養学者　[専]スポーツ栄養学, 栄養生理学　[国]ドイツ　[生]1951年　[典]2000

ウォルラス, キャシー　Walrath, Kathy　テクニカルライター　サン・マイクロシステムズ上級テクニカルライター　[国]米国　[典]2004

ウォレス, M.グレアム　実業家　ケーブル・アンド・ワイアレス（C&W）社長　[国]英国　[典]2000

ウォレス, T.C.　Wallace, Terry C.　地震学者　アリゾナ大学地球科学科教授　[国]米国　[典]2004

ウォーレス, アービング　Wallace, Irving　作家　[国]米国　[生]1916年3月9日　[没]1990年6月29日　[典]1992

ウォーレス, ウィリアム　Wallace, William John Lawrence　オックスフォード大学セント・アントニーズ・カレッジ上級研究フェロー　元・英国王立国際問題研究所副所長　[専]政治学　[国]英国　[生]1941年3月12日　[典]1996

ウォーレス, クレア　Wallace, Claire　社会学者　ダービー大学教授　[国]英国　[生]1956年　[典]2004／2008

ウォレス, クワベンジャネ　Wallis, Quvenzhane　女優　[国]米国　[生]2003年8月28日

ウォーレス, ケン　Wallace, Ken　カヌー選手　北京五輪カヌー男子カヤックシングル500メートル金メダリスト　[国]オーストラリア　[生]1983年7月26日　[典]2012

ウォーレス, ジェームズ　Wallace, James　ジャーナリスト　「シアトル・ポスト・インテリジェンサー」紙経済記者　[国]米国　[典]2000

ウォーレス, ジェラルディーン・A.・ケニー　マクマスター大学学長　[専]レーザー, オプトエレクトロニクス　[国]カナダ　[典]1996

ウォーレス, シッピー　Wallace　ブルース歌手　[国]米国　[没]1986年11月1日　[典]1992

ウォーレス, ジョージ　Wallace, George Corley　政治家　元・アラバマ州知事（民主党）　[国]米国　[生]1919年8月25日　[没]1998年9月13日　[典]1992

ウォーレス, ジョン　Wallace, John　絵本作家　[国]英国　[生]1966年　[典]2008

ウォレス, ショーン　Wallace, Shawn P.　プログラマー　[国]米国　[典]2004

ウォーレス, シルビア　Wallace, Sylvia　作家　[国]米国　[典]1992

ウォレス, ダグ　Wallace, Doug　コンピューター技術者　[典]2004

ウォーレス, ダニエル　Wallace, Daniel　作家, イラストレーター　[国]米国　[生]1959年　[典]2004

ウォーレス, ダニエル　Wallace, Daniel　広告プランナー, ライター　[国]米国　[典]2004

ウォーレス, デービッド　Wallace, David Rains　作家, 自然誌研究者　[国]米国　[典]1996

ウォレス, デービッド・フォスター　Wallace, David Foster　作家　[国]米国　[生]1962年　[没]2008年9月12日　[典]2000

ウォーレス, デュウィット　Wallace, DeWitt　元・リーダーズ・ダイジェスト社創設者　[国]米国　[生]1889年11月12日　[没]1981年3月30日　[典]1992

ウォーレス, ナンシー・エリザベス　Wallace, Nancy Elizabeth　切り絵作家, 絵本作家　[国]米国　[典]2008

ウォーレス, パトリシア　Wallace, Patricia　ジョンズ・ホプキンス大学有能青年センターシニア・ディレクター　[専]情報サービス, 教育技術　[国]米国　[典]2004

ウォーレス, ビリー　Wallace, Billy　ジャズピアニスト　[国]米国　[生]1929年8月20日　[典]1996

ウォーレス, ビル　Wallace, Bill　グラスゴー大学教授　[専]ソ連問題　[典]1992

ウォーレス, ベン　Wallace, Ben　元・バスケットボール選手　[国]米国　[生]1974年9月10日　[典]2008／2012

ウォレス, ヘンリー　Wallace, Henry D.G.　実業家　元・フォード・モーター・アジア・太平洋地域担当副社長・CFO, 元・マツダ社長　[国]英国　[生]1945年10月20日　[典]1996／2000／2004

ウォーレス, ポール　Wallace, Paul　経済ジャーナリスト　[国]英国　[典]2004

ウォーレス, マイク　Wallace, Mike　テレビ記者　元・CBS「60ミニッツ」リポーター　[国]米国　[生]1918年5月18日　[没]2012年4月7日　[典]2000

ウォーレス, マイケル　Wallace, Michael J.　Moray House大学The Scottish Centre for Education Overseasシニアレクチャラー　[専]TESOL　[国]英国　[生]1935年　[典]1992

ウォレス, マーシア　Wallace, Marcia　女優　[国]米国　[生]1942年11月1日　[没]2013年10月25日

ウォーレス, マリリン　Wallace, Marilyn　ミステリー作家　[国]米国　[生]1941年　[典]1996

ウォーレス, ラシード　Wallace, Rasheed　元・バスケットボール選手　[国]米国　[生]1974年9月17日　[典]2004／2008

ウォレス, ランダル　Wallace, Randall　映画監督, 脚本家　[国]米国　[典]2000／2004

ウォーレス, リラ　Wallace, Lila Bell　旧名＝アチソン, リラ　元・リーダーズ・ダイジェスト社社主　[国]米国　[生]1889年12月25日　[没]1984年5月8日　[典]1992

ウォーレス, ワンダ　Wallace, Wanda A.　テキサスA&M大学会計学教授, 米国会計学会副会長　[専]会計学　[国]米国　[典]1992／1996

ヴォレフ, ニコライ　Volev, Nikolai　映画監督　[国]ブルガリア　[生]1946年　[典]1992（ボレフ, ニコライ）

ウォーレル, トッド　Worrell, Todd　元・大リーグ選手　[国]米国　[生]1959年9月28日　[典]2000

ウォーレン, アール　Warren, Earl Rorald　ジャズ演奏家　[国]米国　[生]1914年7月1日　[没]1994年6月4日　[典]1996

ウォーレン, エステラ　Warren, Estella　女優, 元・シンクロナイズドスイミング選手　[国]カナダ　[生]1978年12月23日　[典]2004

ウォーレン, エド　Warren, Ed　ゴーストハンター　[専]悪魔祓い, 悪魔学　[国]米国　[典]1992／1996

ウォーレン, エドワード　Whalen, Edward　コンピューター・コンサルタント　パフォーマンス・チューニング社長　[国]米国　[典]2004

ウォーレン, クレイグ　Warren, Craig　プロゴルファー　[国]オーストラリア　[生]1964年3月8日　[典]1996

ウォーレン, サリー　Warren, Sally　コミュニケーション・コンサルタント, ライター　[典]2004

ウォーレン, ジョン　Warren, John　ライター　[国]米国　[典]2004／2008

ウォーレン, チャールズ　Warren, Charles　ゴルフ選手　国米国　生1975年6月21日　収2000

ウォーレン, デービッド　Warren, David Alexander　外交官　駐日英国大使　国英国　生1952年　収1996/2012

ウォーレン, ナンシー　Warren, Nancy　ロマンス作家　国カナダ　収2008

ウォーレン, ネイル・クラーク　Warren, Neil Clark　臨床心理学者　国米国　収2004

ウォレン, パット　Warren, Pat　ロマンス作家　国米国　収2004

ウォーレン, パトリシア・ネル　Warren, Patricia Nell　筆名＝キリーナ, パトリシア　作家　国米国　生1936年　収2000

ウォーレン, ブライアン　Warren, Brian　元・大リーグ選手(投手), 元・プロ野球選手　国米国　生1967年4月26日　収2000/2004

ウォーレン, リック　Warren, Rick　本名＝Warren,Richard D.　牧師, 作家　サドルバック教会主任牧師　国米国　生1954年1月28日　収2008/2012

ウォーレン, ロバート・ペン　Warren, Robert Penn　詩人, 作家, 文芸評論家　元・エール大学名誉教授　国米国　生1905年4月24日　没1989年9月15日　収1992

ウォーレン, ロビン　Warren, J.Robin　病理専門医, 病理学者　元・王立パース病院上級病理専門医　国ピロリ菌　国オーストラリア　生1937年6月11日　収2008/2012

ウォーレン, ロレイン　Warren, Lorraine　ゴーストハンター　国悪魔祓い, 悪魔学　国米国　収1992/1996

ウォレングリーン, クリストファー　バイオリニスト, 指揮者　ロンドン室内管弦楽団音楽監督, ロイヤル・アカデミー・オブ・ミュージック(RAM)教授　国英国

ウォロシュク, セミョーン　チェルノブイリとその他の放射能事故での住民の社会保護と被害地域の回復委員会議長　国ロシア　生1939年　収1996

ヴォロシン, アレクサンドル　Voloshin, Aleksandr Stalyevich　ロシア大統領府長官　国ロシア　生1956年3月3日　収2004/2008

ヴォロソジャル, タチアナ　Volosozhar, Tatiana　フィギュアスケート選手(ペア)　国ロシア　生1986年5月22日

ヴォロドス, アルカディ　Volodos, Arcadi　ピアニスト　国ロシア　生1972年　収2000/2004/2008/2012

ウォロトニコフ, ヴィタリー　Vorotnikov, Vitalii Ivanovich　政治家　元・ソ連共産党政治局員　国ソ連　生1926年1月20日　収1992

ウォロニン, ウラジーミル　Voronin, Vladimir Nikoraevich　政治家　モルドバ共産党第1書記　元・モルドバ大統領　国モルドバ　生1941年5月25日　収2004/2008/2012

ウォロニン, ビャチェスラフ　Voronin, Vyacheslav　走り高跳び選手　国ロシア　生1974年4月5日　収2000/2004/2008

ウォローニン, レフ　Voronin, Lev Alekseevich　政治家　元・ソ連第1副首相　国ソ連　生1928年2月22日　収1992/1996

ウォロノフ, ジョン　Woronoff, Jon　国際エコノミスト　国米国　生1938年　収1992/1996

ウォロンツォフ, アルクサンドル　Vorontsov, Aleksandr V.　ロシア科学アカデミー東洋学研究所朝鮮部長　国朝鮮問題　国ロシア　生1954年　収2008

ウォロンツォフ, ニコライ　Vorontsov, Nikolai Nikolaevich　遺伝学者, 動物学者, 政治家　元・ソ連科学アカデミー発生生物学研究所研究部長, 元・ソ連環境相　国ロシア　生1934年1月1日　没2003年3月3日

ウォロンツォフ, ユーリー　Vorontsov, Yurii Mikhailovich　外交官　元・駐米ロシア大使　国ロシア　生1929年10月7日　没2007年12月12日　収1992/1996/2000

ヴォロンテ, ジャン・マリア　Volonté, Gian Maria　俳優　国イタリア　生1933年4月9日　没1994年12月6日　収1996(ボロンテ, ジャン・マリア)

ヴォワザン, フレデリック　Voisin, Frederic　画家, グラフィックデザイナー　国フランス　生1957年　収1992(ボワザン, フレデリック)

ヴォワネ, ドミニク　Voynet, Dominique　政治家, 麻酔医　フランス環境国土整備相　国フランス　生1958年11月4日　収2004

ウォン, M.アンソニー　Wong, M.Anthony　グリニッチ・アセット・マネージメント社マネージング・ディレクター, グリニッジ・キャピタル・マーケット社シニア・バイス・プレジデント　国米国　生1954年　収1992

ウォン, T.K.　Wong, T.K.　シルクルート・ベンチャーズ社長　国シンガポール　収2000

ウォン, アーサー　Wong, Arthur　中国名＝黄岳泰　映画撮影監督　国香港　生1956年7月2日　収2000(黄 岳泰 コウ・ガクタイ)/2004(黄 岳泰 コウ・ガクタイ)/2008(黄 岳泰 コウ・ガクタイ)/2012

ウォン, アンソニー　Wong, Anthony　中国名＝黄秋生　俳優　国香港　生1961年9月2日　収2008/2012

ウォン, アンディ　Wong, Andy　「パワーストーン組合せ方ガイド―あなただけの「しあわせブレスレット」」の著者　収2008

ウォン・ウォングン　元 元根　プロ野球選手(内野手)　国韓国　生1967年3月2日　収1996

ウォン・ウヒョン　元 佑鉉　高麗大学政経学部新聞放送学科教授　国韓国　生1942年8月31日　収1996

ウォン・カーウァイ　Wong, Kar-wai　中国名＝王家衛　映画監督　国香港　生1958年7月17日　収1996/2000/2004/2008/2012

ウォン, カーク　Wong, Kirk　中国名＝黄志強　映画監督　国香港　生1949年　収2000

ウォン, カーユー　Wong, Kar-yiu　国際経済学者　ワシントン大学教授　国米国　生1950年　収1996

ウォン・キョンス　元 京洙　指揮者　ストックトンシンフォニーオーケストラ常任指揮者・音楽監督　国韓国　生1928年12月4日　収1996

ウォン, K.K.　Wong, K.K.　画家　国香港　生1951年　収1996

ウォン, ケント　Wong, Kent　カリフォルニア大学ロサンゼルス校労働研究教育センター所長　国米国　生1956年　収2008

ウォン, コクシュウ　実業家　野村シンガポール共同会長, シンガポール・テクノロジーズ・インダストリアル・コーポレーション(STIC)会長　国シンガポール　収1996/2000

ウォーン, コルストン　Warne, Colston Estey　消費者運動家　元・アメリカ消費者同盟(CU)初代会長, 元・アマースト大学教授　国米国　生1900年8月14日　没1987年5月20日　収1992

ウォン・ゴンシク　元 健植　Keow, Sik-won　デザイナー　Julia Ltd.デザイン部アートディレクター　国韓国　生1952年6月24日　収1992/1996

ウォン, サム　漢字名＝黄明昇　アクション監督　国香港　収2004/2008

ウォン・ジェスク　元 載淑　Won, Jae-sook　プロゴルファー　国韓国　生1969年6月21日　収1992(ウォン・ゼスク)/1996/2000/2004

ウォン, ジャネール　本名＝黄浩詩　歌手　生1973年10月8日　収2000

ウォン・ジャンヒョン　元 長賢　Won, Chang-hyun　韓国民俗楽器演奏家　国楽院民俗演奏団主席　国韓国　生1951年　収1996

ウォン・ジュン　元 曖　タレント　国韓国　生1963年12月19日　収1996

ウォン, ジョイ　Wang, Joey　中国名＝王祖賢　女優, 歌手　国台湾　生1967年7月31日　収1992/1996/2000

ウォン, ジョハンナ　Won, Johanna　クアキニ・ホーム・ヘルス・アクティビティ・コーディネーター　国米国　生1931年　収1996

ウォン, ジョン　Wong, John　経済学者　シンガポール大学東亜研究所所長　国国際経済学, アジア経済論　国シンガポール　生1939年　収1992/1996/2000

ウォン, ジョン・K.C.　Wong, John K.C.　国連東京広報センター所長　国マレーシア　収1996

ウォン, ダイアナ　Wong, Diana　マレーシア大学マレーシア国際研究所客員研究員　国社会科学, 東南アジア　国マレーシア　生1951年　収2000

ウォン, チャールズ　Wang, Charles B.　実業家　元・コンピュー

ター・アソシエイツ・インターナショナル会長　国米国　生1944年8月　著1992/1996/2000/2004

ウォン, デビー　Wong, Debbie　コンピューター技術者　国米国　著2004

ウォン, デービッド・ヘンリー　Hwang, David Henry　劇作家　国米国　生1957年　著1992/1996

ウォン, パトリック　Wong, Patrick Jonathan　実業家　アドソサエティCEO　国香港　著2004/2008

ウォン・ビョンオ　元 炳旿　Won, Sung-o　鳥類学者,野鳥保護運動家　慶熙大学名誉教授　国韓国　生1926年5月19日　著1996/2004/2008

ウォン・ヒリョン　元 喜龍　Won, Hee-ryong　政治家,弁護士　韓国国会議員(ハンナラ党)　国韓国　生1964年2月14日　著2004

ウォン, ビンダー　アジア太平洋インターネット協会(APIA)発起人,ダイナラブ・マーケティング担当責任者　国香港　生1969年　著2000

ウォン, フェイ　Wong, Faye　本名=王菲　旧芸名=王靖雯, ウォン, シャーリー　歌手,女優　国香港　生1969年8月8日　著1996/2000/2004/2008/2012

ウォン・ヘギョン　元 恵敬　Won, Hye-kyung　スピードスケート選手(ショートトラック)　国韓国　生1979年10月14日　著2000

ウォン・ヘヨン　元 恵栄　政治家　韓国国会議員(民主党)　国韓国　生1951年　著1996

ウォン・ミギョン　元 美京　タレント　国韓国　生1960年4月24日　著1996

ウォン・ミヨン　元 美淵　歌手　国韓国　生1965年3月23日　著1996

ウォン・メン・クァン　中国名=黄名光　シンガポール貿易発展局国際局長　国シンガポール　著1996

ウォン, ユージン　香港スーパーネットCEO,香港科技大学研究開発担当副学長　国コンピューター科学　国香港　著2000

ウォン・ヨンエ　元 英愛　女優　国韓国　著2004

ウォン・ヨンム　元 永武　仁荷大学総長・繊維工学科教授　国韓国　生1934年4月9日　著1996

ウォン, ルチア　ミュージシャン　国米国　著1992

ウォーンキー, ジョージア　Warnke, Georgia　哲学者　カリフォルニア大学リバーサイド校哲学部教授　国解釈学　国米国　著2004

ウォング, ジミー　Wang, Jimmy　本名=王正権　漢字名=王羽　俳優,映画監督・プロデューサー　国中国　生1943年3月18日　著2008/2012

ウォング, ジャン　Wong, Jan　中国名=黄明珍　ジャーナリスト「グローブ・アンド・メール」編集委員　国カナダ　生1952年　著2000

ウォング, ヘンリー　Wong, Henry　コンピューター技術者　国米国　著2004

ヴォンゲリヒテン, ジャンジョルジュ　Vongerichten, Jean-Georges　料理人　国フランス　著2004/2008

ウォンコムトン, ソムアッツ　Wongkhomthong, Som-Arch　医師　バンコク病院院長　元・マヒドン大学ASEAN健康開発研究所所長,元・東京大学医学部教授　国保健学　国タイ　生1950年　著2000/2012

ウォーンズ, デービッド　Warnes, David　作家,歴史教師　国英国　著2004

ヴォンダー, エーリッヒ　舞台美術家　ウィーン造形美術アカデミー教授　国オーストリア　生1944年　著2000

ウォンビン　Wonbin　本名=キムドジン　漢字名=元彬　俳優　国韓国　生1977年9月29日　著2004/2008/2012

ウォンボー, ジョゼフ　Wambaugh, Joseph　作家　国米国　生1937年　著1992/1996/2000/2012

ウォンルキエット, アリー　Wongluekiet, Aree　本名=ウォンルキエット, アリー・ソン　ゴルフ選手　生1986年5月1日　著2004

ウギ, ウト　Ughi, Uto　バイオリニスト　国イタリア　著2012

ウグエグブラム, ナムジョー・ゴッドフレイ　カトリック神父　国ベニン　著1996

ウグラス, マルガレータ・アフ　Ugglas, Margaretha af　政治家　元・スウェーデン外相　国スウェーデン　生1939年　著1996

ウケティツ, フランツ　Wuketits, Franz M.　ウィーン大学教授　国科学論・認識論,生物学　国オーストリア　生1955年　著1996　(ブケティツ, フランツ)

ウゴフスキ, テッド　Wugofski, Ted　エンジニア　W3C　国米国　著2004

ウゴルスキ, アナトール　Ugorski, Anatol　ピアニスト　デトモルト音楽大学教授　国ロシア　生1942年　著2000/2004/2008/2012

ウーゴ・ロペス, マルチン　芸名=クリスチーナとウーゴ　フォルクローレ(民謡)歌手　国アルゼンチン　生1986年6月5日　著1992

ウサチェフスキー, ウラジーミル　Ussachevsky, Vladimir　作曲家　国電子音楽　国米国　生1911年10月21日　没1990年1月4日　著1992

ウサチョフ, フセヴォロド　Usachov, Vsevolod Fillipovich　政治家　ヤルタ市長　国ウクライナ　生1935年　著1996

ウサ・ドゥアンサ　エイズ予防ケア計画事務所代表　国タイ　著2000

ウーサン, ジョエル　Houssin, Joël　作家　国フランス　生1953年　著2000

ウサン, ディディエ　医師　パリ第5大学医学部教授,フランス移植管理理事会理事　国小児の肝臓移植　国フランス　著1996

ウシク, オレクサンドル　Usyk, Oleksandr　ボクシング選手　ロンドン五輪ボクシング男子ヘビー級金メダリスト　国ウクライナ　生1987年1月17日

ウシチェフスキ, ラファウ　ピアニスト　国ポーランド　著1992

ウシャ, P.T.　Usha, P.T.　陸上選手(障害・短距離)　国インド　生1964年5月20日　著1992/1996

ウシャコワ, ナターリア　Ushakova, Natalia　ソプラノ歌手　国ロシア　著2012

ウジャン・スリアナ　Ujang Suryana　民族音楽家　国インドネシア　生1939年　著1996

ウーシュ, リュック・ド　Heusch, Luc De　社会人類学者,映像作家　ブリュッセル自由大学民族学教授　国ベルギー　生1927年　著2000

ウスタオウル, イエスィム　Ustaoglu, Yesim　映画監督　国トルコ　生1960年11月18日　著2004/2008

ウスチノフ, ドミトリー　Ustinov, Dmitrii Fedorovich　政治家　元・ソ連国防相・共産党中央委政治局員・元帥　国ソ連　生1908年10月30日　没1984年12月21日　著1992

ウストイウゴフ, エフゲニー　Ustyugov, Evgeny　バイアスロン選手　バンクーバー五輪バイアスロン男子15キロ金メダリスト　国ロシア　生1985年6月4日　著2012

ウーズナム, イアン　Woosnam, Ian　プロゴルファー　国英国　生1958年3月2日　著1992/1996/2000/2008

ウスペンスキー, エドゥアルド　Uspensky, Eduard　児童文学作家,詩人　国ロシア　生1937年　著2004/2008/2012

ウスペンスキー, ボリス　Uspenskii, Boris Andreevich　言語学者,記号学者　モスクワ大学教授　国言語構造類型論,ロシア語史　国ソ連　生1937年3月1日　著1992/1996/2000/2004

ウスマヌ, マハマヌ　Ousmane, Mahamane　政治家　元・ニジェール大統領　国ニジェール　生1950年1月20日　著1996/2000

ウスマノフ, グメル　Usmanov, Gumer Ismagilovich　政治家　元・ソ連共産党書記　国ロシア　生1932年3月16日　著1992/1996

ウスマン・ソウ　彫刻家　国セネガル　生1935年　著1992

ウスラー, デトレフ・フォン　Uslar, Detlev von　心理学者　チューリヒ大学心理学研究所・人間学的心理学科主任教授　国ドイツ　生1926年　著1992

ウスラル・ピエトリ, アルトゥロ　Uslar-Pietri, Arturo　作家,政治学者,政治家　元・ベネズエラ蔵相・文相・外相,元・ベネズエラ中央大学文学教授　国ベネズエラ　生1906年5月16日　没2001年2月26日　著1992

ウーズン　Wuzun　漢字名=呉尊　グループ名=飛輪海　歌手,俳優　生10月10日　著2012

ウー・セイン・ウィン　U Sein Win　軍人,政治家　元・ビルマ首相　国ミャンマー　生1919年3月19日　著1992(ウー・セイン・ウィン

／セイン・ウィン）

ウーゼンクラフト, キム　Wozencraft, Kim　作家　国米国　歴1996／2000／2012

ウソワ, マイヤ　Usova, Maiya　元・フィギュアスケート選手（アイスダンス）　国ロシア　生1964年5月22日　歴1996／2000

ウ・タウン　U Thaung　ジャーナリスト　元・チェーモン社主・主筆　歴2000

ウタマ, ヤコブ　Oetama, Jacob　ジャーナリスト　「コンパスデイリー」社主, コンパス・グラメディア・グループ会長　国インドネシア　生1931年　歴1996／2012

ウタミ, アユ　Utami, Ayu　作家, ジャーナリスト　国インドネシア　生1968年　歴2000／2012

ウダルチャク, クリストフ　Wlodarczyk, Krzysztof　プロボクサー　WBC世界クルーザー級チャンピオン　元・IBF世界クルーザー級チャンピオン　国ポーランド　生1981年9月19日

ウーダン, シェリル　WuDunn, Sheryl　ジャーナリスト　国米国　生1959年　歴1996／2008

ウチダ, ヨシコ　Uchida, Yoshiko　児童文学作家　国米国　生1921年　没1992年6月21日　歴1992／1996

ウチダ, ヨシュ　実業家, 柔道指導者　国米国　歴1992

ウー・チョー・ニエイン　U Kyaw Nyein　政治家　元・ビルマ副首相　国ミャンマー　生1915年　歴1992

ウッカー, ゲルト　Uecker, Gerd　バイエルン国立歌劇場オペラ監督　国ドイツ　生1946年　歴1996

ウック, ビクター　Wouk, Victor　自動車コンサルタント　ハイブリッド車, 電気自動車　国米国　歴2000

ウック・チア　Ouk Chea　カンボジア情報文化省遺跡局長　元・プノンペン芸術大学教授　考古学　国カンボジア　歴1992

ウッズ, W.ウィリアム　Woods, W.William A.　証券コンサルタント　バミューダ証券取引所CEO　国米国　歴2004

ウッズ, アラン　Woods, Alan　元・米国務省国際開発局局長　国米国　生1989年6月29日　歴1992

ウッズ, アール　Woods, Earl　元・タイガー・ウッズ財団会長　タイガー・ウッズの父　国米国　生1932年3月5日　没2006年5月3日　歴2000

ウッズ, エミリー　Woods, Emily　ファッションデザイナー　J.クルー社長　国米国　生1961年　歴1996

ウッズ, ジェームス　Woods, James　本名＝Woods,James Howard　俳優　国米国　生1947年4月18日　歴1992／1996／2012

ウッズ, シャイアン　Woods, Cheyenne Nicole　ゴルフ選手　国米国　生1990年7月25日

ウッズ, スチュアート　Woods, Stuart C.　作家　国米国　生1938年　歴1992／1996

ウッズ, タイガー　Woods, Tiger　本名＝ウッズ, エルドリック　プロゴルファー　国米国　生1975年12月30日　歴1996／2000／2004／2008／2012

ウッズ, タイロン　Woods, Tyrone　プロ野球選手（内野手）　国米国　生1969年8月19日　歴2008／2012

ウッズ, ダン　Woods, Dan　コンピュータ技術者　歴2008

ウッズ, ドナルド　Woods, Donald　社会運動家, ジャーナリスト　元・「デイリー・ディスパッチ」編集長　国南アフリカ　生1933年　没2001年8月19日　歴1992／1996

ウッズ, ドナルド　Woods, Donald R.　ゼロックス社　コンピューター・プログラミング　国米国　歴1992

ウッズ, ピーター・ジョセフ　元・ローバージャパン会長　国英国　生1936年　歴1992／1996／2000

ウッズ, フィル　Woods, Phil　本名＝Woods,Philip Wills　ジャズ・アルトサックス奏者　国米国　生1931年11月2日　歴1992／1996／2008／2012

ウッズ, ブレット　Woods, Brett　ジャーナリスト, 作家, 元・軍人　米国連邦裁判所副執行官　歴1992／1996

ウッズ, ポーラ　Woods, Paula L.　作家　国米国　歴2004／2008

ウッズ, レベウス　建築家　クーパー・ユニオン建築科, ヒューストン大学客員教授, コロンビア大学客員教授　国米国　生1940年　歴1996

ウッダード, リネット　Woodard, Lynette　バスケットボールコーチ, 元・バスケットボール選手　国米国　生1959年8月12日　歴1992／1996／2000／2008

ウッダム, スティーブン　フラワーデザイナー　国英国　生1964年　歴2000

ウッツォン, ヨルン　Utzon, Jørn　建築家　国デンマーク　生1918年4月9日　没2008年11月29日　歴1992／1996

ウッド, アダム　Wood, Adam　システムコンサルタント　国英国　歴2004

ウッド, アンドルー　Wood, Andrew　写真家　インテリア, ファッション　歴2004

ウッド, アンドルー　Wood, Andrew　コンサルタント, 著述家　パーソナル・クエスト社長　歴2004

ウッド, イーアン　Wood, Ean　脚本家, 映画監督　国英国　歴2000

ウッド, イライジャ　Wood, Elijah　俳優　国米国　生1981年1月28日　歴1996／2000／2004／2008／2012

ウッド, ウィリアム　Wood, William P.　作家　国米国　歴1992／1996

ウッド, エレン・メイクシンス　Wood, Ellen Meiksins　政治学者　「マンスリー・レビュー」編集責任者　国米国　生1942年　歴2004

ウッド, オードリー　Wood, Audrey　絵本作家　国米国　歴1996

ウッド, キース　Wood, Keith　元・ラグビー選手　国アイルランド　生1972年1月27日　歴2008

ウッド, クライブ　Wood, Clive　オックスフォード大学生理学教授, 王立医学協会編集部長　精神神経免疫学　国英国　歴1996

ウッド, クリストファー　Wood, Christopher　作家, 脚本家　国英国　生1935年　歴1992

ウッド, クリストファー　Wood, Christopher　ジャーナリスト　「エコノミスト」誌ニューヨーク支局長　国英国　生1957年6月25日　歴1996

ウッド, ケイティ　慈善活動家　マタニティ・アライアンス会員　歴2004

ウッド, ゲイビー　Wood, Gaby　ライター　国英国　生1971年　歴2008

ウッド, ケリー　Wood, Kerry　大リーグ選手（投手）　国米国　生1977年6月16日　歴2000／2004／2008／2012

ウッド, サラ　Wood, Sara　ロマンス作家　国英国　歴2004

ウッド, ジョン　実業家　キーコープ社長　国オーストラリア　歴2000

ウッド, ジョン　Wood, John　社会起業家　ルーム・トゥー・リード代表　国米国　歴2012

ウッド, ジョン　Wood, John　俳優　国英国　生1930年　没2011年8月6日

ウッド, ダグラス　Wood, Douglas　作家, ミュージシャン　国米国　生1951年　歴2008

ウッド, ダニー　Wood, Danny　グループ名＝ニュー・キッズ・オン・ザ・ブロック　歌手　国米国　生1970年5月14日　歴1992

ウッド, テッド　Wood, Ted　別筆名＝バーノオ, ジャック　ミステリー作家　国カナダ　歴1992／1996

ウッド, デニス　Wood, Denis　地理学者　ノースカロライナ州立大学デザイン学部教授　国米国　歴1996

ウッド, デービッド　Wood, David　コンピュータ技術者　Plugged In Software技術部長　国米国　歴2004

ウッド, ドロシー　Wood, Dorothy　手芸家　国英国　歴2008

ウッド, ドン　Wood, Don　イラストレーター　国米国　歴1996

ウッド, ナンシー　Wood, Nancy　詩人, 作家, 写真家　生1936年　歴2000

ウッド, ニコラス　Wood, Nicholas　不動産業者　「2+2は4ではない」の著者　国英国　生1931年　歴1996

ウッド, ネイト　Wood, Nate　グループ名＝コーリング　ロックドラム奏者　国米国　歴2004／2008

ウッド, バーバラ　Wood, Barbara　作家　国米国　⊕1947年
　⊗2004

ウッド, バリ　Wood, Bari　ミステリー作家　国米国　⊕1936年
　⊗1992／1996／2000

ウッド, フランシス　Wood, Frances　大英図書館中国部門主事
　国英国　⊗2000

ウッド, マイケル　元・アフリカ医療研究財団創設者　⊗1987年5月
16日　⊗1992

ウッド, マイロン　Wood, Myron　写真家　国米国　⊗2004／2008

ウッド, リチャード　Wood, Richard D.　実業家　イーライ・リ
リー会長　国米国　⊕1926年　⊗1992／1996

ウッド, レスリー　Wood, Leslie　イラストレーター　国英国
　⊕1920年　⊗2004

ウッド, ロバート・D.　元・CBSテレビ・ネットワーク社長　国米国
　⊗1986年5月20日　⊗1992

ウッド, ロン　Wood, Ron　本名＝Wood,Ronald David　通称
＝Wood,Ronnie　グループ名＝ローリング・ストーンズ　ロック・
ギタリスト　国英国　⊕1947年6月1日　⊗1992／1996／2000／
2004／2008／2012

ウッドウェル, ジョージ　Woodwell, George M.　生態学者　ウッズ
ホール・リサーチ・センター所長　国米国　⊗1992

ウッドゲート, スコット　Woodgate, Scott　コンピューター技術者
　⊗2004

ウッドコック, ジョアンヌ　Woodcock, JoAnne　マイクロソフト・
プレス社編集者　⊗2000

ウッドコック, ジョージ　Woodcock, George　評論家　元・ブリ
ティッシュ・コロンビア大学準教授　国カナダ　⊕1912年3月8日
　⊗1995年1月28日　⊗1992

ウッドコック, レナード　Woodcock, Leonard　外交官, 労働運動家
元・駐中国米国大使（初代）, 元・全米自動車労組（UAW）会長
　国米国　⊕1911年2月15日　⊗2001年1月16日　⊗1992

ウッドソン, アリ・オリ　Woodson, Ali-Ollie　本名＝Creggett,
Ollie　グループ名＝テンプテーションズ　ソウル歌手　国米国
　⊕1951年10月12日　⊗2010年5月30日

ウッドソン, ジャクリーン　Woodson, Jacqueline　作家　国米国
　⊕1963年　⊗2000／2004／2012

ウッドソン, チャールズ　Woodson, Charles　プロフットボール選
手（FS）　国米国　⊕1976年10月7日

ウッドハウス, クリストファー　Woodhouse, Christopher Montague
政治家,作家,歴史学者　元・英国下院議員（保守党）　⊗現代ギリ
シャ史　国英国　⊕1917年5月11日　⊗2001年2月13日　⊗2000

ウッドハウス, マーガレット　Woodhouse, Margaret　作家, 出版人
　⊕1955年　⊗2000

ウッドフォード, マイケル　Woodford, Michael C.　実業家　元・オ
リンパス社長　国英国　⊕1960年6月12日　⊗2012

ウッドフォード, マーク　Woodforde, Mark　元・テニス選手
　国オーストラリア　⊕1965年9月23日　⊗2000／2004

ウッドブリッジ, トッド　Woodbride, Todd　テニス選手　国オース
トラリア　⊕1971年4月2日　⊗2000／2004／2008

ウッドヘッド, トム　Woodhead, Tom　マーケティングコンサルタ
ント　⊗2004

ウッドヘッド, リンディ　Woodhead, Lindy　作家　⊗2008

ウッドヘッド, ロバート　Woodhead, Robert J.　ゲームデザイナー
AnimEigo社長　国米国　⊕1958年　⊗1992

ウッドマン, ナタリー　Woodman, Natalie　語学教師　国オースト
ラリア　⊗2008

ウッドマン, リチャード　Woodman, Richard　海洋作家　国英国
　⊕1944年　⊗1992／1996

ウッドヤード, サム　Woodyard, Sam　本名＝Woodyard,Samuel
ジャズドラマー　国米国　⊕1925年1月7日　⊗1988年9月20日
　⊗1992

ウッドラフ, ウィリアム　Woodruff, William　経済史家　フロリダ
大学大学院研究教授　⊗歴史経済学　⊕1916年　⊗1992

ウッドラフ, クリス　Woodruff, Chris　テニス選手　国米国
　⊕1973年1月2日　⊗2000

ウッドワース, デービッド　Woodworth, David　著述家　⊕1957年
　⊗1996

ウッドワース, リチャード　Woodworth, Richard H.　メリルリンチ
証券東京支社副社長　国米国　⊕1947年　⊗1992

ウッドワード, F.I.　Woodward, F.I.　シェフィールド大学動物植物
科学部教授　⊗植物生態学　国英国　⊗1996

ウッドワード, ウィリアム　経営コンサルタント　ハイパーマート経
営責任者　国米国　⊕1948年　⊗2000

ウッドワード, クリーブ　Woodward, Clive　ラグビー監督, 元・ラ
グビー選手　元・ラグビー・イングランド代表監督　国英国
　⊕1956年1月6日　⊗2008

ウッドワード, ケネス　Woodward, Kenneth　ジャーナリスト
「ニューズウイーク」記者　国米国　⊗2004／2008

ウッドワード, コマー・バン　Woodward, Comer Vann　歴史学者
元・エール大学名誉教授　国米国　⊕1908年11月13日　⊗1999年
12月17日　⊗1992／1996

ウッドワード, ジョアン　Woodward, Joanne　女優　国米国
　⊕1930年2月27日　⊗1992／1996

ウッドワード, ハリー　Woodward, Harry　ビジネスコンサルタン
ト　ルーミス・コンサルティング・グループ社長　国米国　⊗1996

ウッドワード, ボブ　Woodward, Bob　本名＝ウッドワード, ロバー
ト・アプシャー　ジャーナリスト, ノンフィクション作家　元・「ワ
シントン・ポスト」編集局次長　国米国　⊕1943年3月26日
　⊗1992／1996／2000／2004／2008／2012

ウッラ, モハメッド・アルシャド　Ullah, Muhammed Arshad
「竹取物語」をベンガル語に訳す　国バングラデシュ　⊕1951年
　⊗1992／2012

ウデ, アイケ　Ude, Ike　コンセプチュアル・アーティスト, 編集者
「aRUDE」編集者　⊗2000

ウデ, ステファン　Houdet, Stephane　車いすテニス選手　北京パ
ラリンピック車いすテニス男子ダブルス金メダリスト　国フランス
　⊕1970年11月20日

ウーデ, フランソワ　Houdé, François　写真家, 工芸家　国カナダ
　⊕1950年　⊗1992

ウーデ, ミラン　Ude, Milan　作家, 政治家　チェコ民族議会議長
　国チェコ　⊕1936年7月28日　⊗1996／2000

ウディチコ, クシュシトフ　Wodiczko, Krzysztof　現代美術家　マ
サチューセッツ工科大学教授　国米国　⊕1943年　⊗2000

ウティーム, カッサム　Uteem, Cassam　政治家　元・モーリシャス
大統領　国モーリシャス　⊕1941年3月22日　⊗1996／2000／
2004／2008

ウド, ニルス　Udo, Nils　造型作家　⊕1937年　⊗1992

ウドヴェンコ, ヘナジー　Udovenko, Hennadii Yosipovich　政治家,
外交官　元・ウクライナ外相, 元・国連大使　国ウクライナ
　⊕1931年6月22日　⊗2013年2月12日　⊗2000

ウトゥリアイネン, ライモ　Uturiainen, Raimo　彫刻家　国フィン
ランド　⊕1927年　⊗1992

ウドゥン, ジョン　Wooden, John R.　本名＝ウドゥン, ジョン・ロ
バート　バスケットボール指導者　国米国　⊕1910年10月14日
　⊗2010年6月4日　⊗1992

ウトカン, ネジャッティ　Utkan, Necati　外交官　駐日トルコ大使
　国トルコ　⊕1942年12月17日　⊗1996

ヴトケ, マルティン　Wuttke, Martin　俳優, 演出家　元・ベルリ
ナー・アンサンブル芸術監督　国ドイツ　⊗2008／2012

ウドラフ, ロバート　実業家　元・コカ・コーラ社社長　国米国
　⊗1985年3月7日　⊗1992

ウドリー, クリストファー　Udry, Christopher　経済学者　エール
大学経済成長センター教授　⊗開発経済学　国米国　⊗2004／2008

ウトリオ, カアリ　Utrio, Kaari　作家　元・ヘルシンキ大学文学部教
授　⊗ラテン・パラスケ研究　国フィンランド　⊕1942年　⊗2012

ウドレー, ジャン・クロード　Houdret, Jean-Claude　美容研究家
　⊗2008

ウートン, ライク　Wootten, Rike　INGベアリング証券東京支店長, 大阪証券取引所理事　[国]米国　[典]2000

ウドン・タオチャイ　サイアム・ニッソーデザイン部長　[専]ガラスエッチング　[国]タイ　[典]1992

ウドンポーン・ポルサク　Udomporn Polsak　重量挙げ選手　[国]タイ　[生]1981年10月6日　[典]2008

ウナイドゥン, ソルマズ　Ünaydin, Solmaz　外交官　駐日トルコ大使　[国]トルコ　[典]2004／2008

ウニョク　Eunhyuk　グループ名=SUPER JUNIOR　歌手　[国]韓国　[生]1986年4月4日　[典]2012

ウ・ヌー　U Nu　政治家　元・ミャンマー首相　[国]ミャンマー　[生]1907年5月25日　[没]1995年2月14日　[典]1992／1996

ヴヌーコフ, ニコラーイ　Vnukov, Nikolai　作家　[国]ロシア　[生]1925年　[典]2000

ウーバイ　Wu Bai　本名=呉俊霖　漢字名=伍佰, グループ名=伍佰&チャイナブルー　ロック歌手　[国]台湾　[生]1968年　[典]2004／2008

ウー・バ・スウェ　U Ba Swe　政治家　元・ビルマ首相　[国]ミャンマー　[生]1915年　[典]1992

ウ・バ・ヘイン　柔道家　[国]ミャンマー　[典]1992

ウー・バホリヨディン　Ou Baholyodhin　インテリア・デザイナー　[国]英国　[生]1966年　[典]2000

ウービナ, ウーゲット　Urbina, Ugueth　大リーグ選手(投手)　[国]ベネズエラ　[生]1974年2月15日　[典]2000(アービナ, ウーゲット)／2008

ウフェ・ボワニ, フェリックス　Houphouët-Boigny, Félix　政治家　元・コートジボワール大統領　[国]コートジボワール　[生]1905年10月18日　[没]1993年12月7日　[典]1992／1996

ウフナール, ペテル　Uchár, Peter　版画家, イラストレーター　[国]スロバキア　[生]1970年　[典]2004

ウーブリュー, ジャン・ベルナール　Ouvrieu, Jean Bernard　外交官　元・駐日フランス大使　[国]フランス　[生]1939年　[典]1996／2000

ウベジアン, アヴォ　Uvezian, Avo　ジャズピアニスト　[国]レバノン　[生]1926年　[典]2000

ウホフ, イワン　Ukhov, Ivan　走り高跳び選手　ロンドン五輪陸上男子走り高跳び金メダリスト　[国]ロシア　[生]1986年3月29日

ウー・マ　Wu Ma　本名=馮午馬　中国名=午馬　映画監督, 俳優　[国]香港　[生]1942年8月18日　[典]1996

ウマー, シャンカ　日本語教師　ボンベイ印日協会日本語教師　[国]インド　[典]1992

ウマガ, タナ　Umaga, Tana　元・ラグビー選手　[国]ニュージーランド　[生]1973年5月27日　[典]2008

ウーマック, ボビー　Womack, Bobby　本名=Womack,Robert Dwayne　ソウルミュージシャン, ギタリスト　[国]米国　[生]1944年3月4日　[典]1992／2012

ウマハノフ, ムラト　Oumakhanov, Mourad　レスリング選手(フリースタイル)　[国]ロシア　[生]1977年3月3日　[典]2004／2008

ウマラ, オジャンタ　Humala, Ollanta　本名=ウマラ・タッソ, オジャンタ　政治家, 元・軍人　ペルー大統領　[国]ペルー　[生]1962年6月27日　[典]2012

ウマラトワ, サジ　政治家　人民抵抗同盟幹部会議長　[国]ロシア　[生]1953年　[典]1996

ウマル, イデ　Oumarou, Ide　外交官, 作家　元・アフリカ統一機構(OAU)事務総長, 元・ニジェール外相　[国]ニジェール　[生]1937年　[没]2002年2月12日　[典]1992／1996

ウマル・ウィラハディクスマ　Umar Wirahadikusumah　政治家, 軍人　元・インドネシア副大統領, 元・インドネシア陸軍参謀総長　[国]インドネシア　[生]1924年10月10日　[没]2003年3月21日　[典]1992／1996

ウマル・カヤム　Umar Kayam　作家, 社会学者　元・ガジャマダ大学教授　[国]インドネシア　[生]1932年4月30日　[没]2002年3月16日　[典]1992

ウム・ジョンヒ　陰 貞姫　タレント　[国]韓国　[生]1971年4月30日　[典]1996

ウム・ゼファン　陰 在晃　韓国電気通信公社(KTA)東京事務所長　[国]韓国　[生]1930年10月　[典]1992

ウムバッハ, クラウス　Umbach, Klaus　編集者　[国]ドイツ　[生]1936年　[典]1996

ウモー, フローランス　Houmeau, Florence　トレンド・アナリスト　ロレアルグループ　[国]フランス　[生]1963年　[典]2000

ウーヤヒア, アハメド　Ouyahia, Ahmed　政治家　元・アルジェリア首相　[国]アルジェリア　[生]1952年7月2日　[典]1996(ウーヤヒヤ, アハメド)／2000／2012

ヴュートリッヒ, クルト　Wüthrich, Kurt　分子生物学者　スイス連邦工科大学教授, スクリプス研究所教授　[専]構造生物学　[国]スイス　[生]1938年10月4日　[典]2000／2004／2008／2012

ヴェリコフスキー, イマヌエル　Velikovsky, Immanuel　古代史研究者　[生]1895年　[典]1996(ブェリコフスキー, イマヌエル)

ウヨン　Wooyoung　本名=チャンウヨン　グループ名=2PM　歌手　[国]韓国　[生]1989年4月30日　[典]2012

ウヨンタナ　Wuyontana　漢字名=烏雲塔娜　歌手　[国]中国　[典]2000／2004／2012

ウラーエフ, ニコライ　ジャーナリスト　「太平洋の星」紙編集長　[国]ソ連　[生]1941年10月　[典]1992／1996

ウーラコット, マージョリー　Woollacott, Marjorie H.　オレゴン大学体育人体運動研究科教授　[専]運動生理学　[国]米国　[典]1996

ウラジスラヴレフ, アレクサンドル　Vladislavlev, Aleksandr P.　政治家　ロシア市民同盟政治会議員・書記長, ロシア産業企業家同盟第1副議長　[国]ロシア　[生]1936年　[典]1996(ウラジスラブレフ, アレクサンドル)

ウラジツェフ, ヴィタリー　元・軍人　シート(全ソ軍人労組)議長, ロシア連邦共和国人民代議員　[国]ソ連　[生]1944年　[典]1992

ウラジーミル, ソコロフ　Vladimir Alekseevich, Sokolov　シベリア森林研究所森林資源部長　[国]ロシア　[生]1940年　[典]2008

ウラジーモフ, ゲオルギー　Vladimov, Georgii Nikolaevich　本名=ヴォロセヴィッチ, ゲオルギー　作家, 文芸批評家　[国]ロシア　[生]1931年2月19日　[没]2003年10月　[典]1992

ウラソフ, アリベルト　Vlasov, Albert I.　元・ノーボスチ通信社長　[国]ソ連　[生]1930年7月26日　[典]1992

ウラソフ, アレクサンドル　Vlasov, Aleksandr Vladimirovich　政治家　元・ソ連共産党政治局員候補, 元・ロシア共和国首相　[国]ソ連　[生]1932年1月20日　[典]1992

ヴラダー, シュテファン　Vladar, Stefan　ピアニスト, 指揮者　[国]オーストリア　[生]1965年　[典]1992(ブラダー, シュテファン)／1996(ブラダー, シュテファン)／2000／2004／2012

ウーラッハ, ハンス　Urach, Hans　[専]哲学, 体育学　[国]オーストリア　[生]1956年　[典]2004

ヴラディ, マリナ　Vlady, Marina　本名=ポリアコフ・バイダロフ, マリナ・ド　女優　[国]フランス　[生]1938年5月10日　[典]1992(ブラディ, マリナ)／1996(ブラディ, マリナ)

ウーラード, エドガー(Jr.)　Woolard, Edgar Smith(Jr.)　実業家　元・米国デュポン会長　[国]米国　[生]1934年4月15日　[典]1992／1996／2000

ウラノワ, ガリーナ　Ulanova, Galina Sergeevna　バレリーナ　[国]ソ連　[生]1910年1月10日　[没]1998年3月21日　[典]1992

ウラム, スタニスラウ　Ulam, Stanislau　数学者　水爆の共同開発者　[国]米国　[生]1909年　[没]1984年5月11日　[典]1992

ウラン　烏蘭　Wulan　元・中華全国総工会書記・婦女工作部長　[国]中国　[生]1922年　[没]1987年4月5日　[典]1992

ウランフ　烏蘭夫　Ulanhu　別名=雲沢　政治家　元・中国全国人民代表大会常務副委員長・元国家副主席　[国]中国　[生]1906年　[没]1988年12月8日　[典]1992

ウーリアセーター, トーディス　Orjasaeter, Tordis　ノルウェー特殊教育研究所準教授　[専]障害児教育, 読書　[国]ノルウェー　[典]1992

ウリヴィエリ, レンツォ　Ulivieri, Renzo　サッカー監督　[国]イタリア　[生]1941年2月2日　[典]2004／2008

ウリエ, ジェラール　Houllier, Gerard　サッカー監督　元・サッカー・フランス代表監督　[国]フランス　[生]1947年9月3日　[典]2004／2008／2012

ウ

ウーリス, レベッカ　Woolis, Rebecca　カウンセラー　国米国　㊦2008

ウリダ, タリック　Oulida, Tarik　サッカー選手（MF）　国オランダ　㊤1974年1月19日　㊦2000／2004／2008

ウリツカヤ, リュドミラ　Ulitskaia, Liudmila　作家　国ロシア　㊤1943年　㊦2000／2004／2008／2012

ヴリナ, ジャン・クロード　Vrinat, Jean-Claude　実業家　元・タイユバンオーナー　国フランス　㊤1936年4月12日　㊥2008年1月7日　㊦1992（ブリナ, ジャン・クロード）／1996（ブリナ, ジャン・クロード）

ウリベ, ベロニカ　Uribe, Verónica　絵本作家　国ベネズエラ　㊦2004

ウリーベ, マヌエル　Uribe, Manuel　本名＝ウリーベ・カスタニェーダ, マヌエル　外交官, エコノミスト　駐日メキシコ大使　国メキシコ　㊤1938年　㊦1996／2004

ウリベ・ベレス, アルバロ　Uribe Vélez, Álvaro　政治家　元・コロンビア大統領, 元・コロンビア上院議員　国コロンビア　㊤1952年7月4日　㊦2004（ウリベ・ベレ, アルバロ）／2008／2012

ウリヤーノフ, ミハイル　Ulyanov, Mikhail Aleksandrovich　俳優　元・ワフタンゴフ劇場芸術監督　国ロシア　㊤1927年11月20日　㊥2007年3月26日　㊦1992／1996

ウリーン, ベングト　Ulin, Bengt　元・シュナイター学校クリストファー学園数学教師　㊇数学教育　国スウェーデン　㊤1928年　㊦1996

ウリンソン, ヤコフ　Urinson, Yakov Moiseevich　政治家　元・ロシア経済相　国ロシア　㊤1944年9月12日　㊦2000

ウール, ロバート　Wool, Robert　作家, 心理分析学者　国米国　㊦2008

ウ・ルウィン　U Lwin　政治家　元・ミャンマー国民民主連盟（NLD）書記　国ミャンマー　㊤1924年　㊥2011年12月6日

ウルクハート, ステファン　Urquhart, Stephen　実業家　オメガ社長　国スイス　㊤1946年5月　㊦2004／2008／2012

ウールジー, ジェームス　Woolsey, James　元・米国中央情報局（CIA）長官　国米国　㊤1941年9月21日　㊦1996／2000／2004／2008

ウルジカ, マリウス　Urzica, Marius Daniel　体操選手　国ルーマニア　㊤1975年9月30日　㊦2004／2008

ウルシニー, ティム　Ursiny, Timothy E.　臨床心理士　国米国　㊦2008

ウルス, デブラジ　Urs, Devraj D.　政治家　元・インド・ウルス派国民会議派総裁　国インド　㊤1915年8月20日　㊦1992

ウルス, ビュレント　Ulusu, Bülent　政治家　元・トルコ首相　国トルコ　㊤1923年　㊦1992

ウルステン, オラ　Ullsten, Ola　政治家　駐イタリア・スウェーデン大使　元・スウェーデン自由党党首, 元・スウェーデン外相　国スウェーデン　㊤1931年　㊦1992／1996

ウールステンフルム, ショーン　Woolstenhulme, Sean　グループ名＝コーリング　ロックギタリスト　国米国　㊦2004／2008

ウルスレアサ, ミハエラ　ピアニスト　国ルーマニア　㊦1992／1996

ウルセマル, ジョセフ　Urusemal, Joseph J.　政治家　元・ミクロネシア大統領　国ミクロネシア　㊤1952年3月19日　㊦2008／2012

ウルタド, フアン・カルロス　Hurtado, Juan Carlos Hiller　政治家　元・ペルー首相　国ペルー　㊤1940年　㊦1992／1996

ウルタド・ラレア, オスバルド　Hurtado Larrea, Oswald　政治家　元・エクアドル大統領　国エクアドル　㊤1940年　㊦1992

ヴルツ, アレックス　Wurz, Alex　本名＝ヴルツ, アレクサンダー　レーシングドライバー, F1ドライバー　国オーストリア　㊤1974年2月15日　㊦2000／2008／2012

ウルティア, マリア・イサベル　Urrutia, Maria Isabel　重量挙げ選手　国コロンビア　㊦2004／2008

ウルディノーラ, アントニオ　政治家　コロンビア蔵相　国コロンビア　㊦2000

ウルディン, キロ　Urdin, Kiro　画家　国ユーゴスラビア　㊤1945年　㊦1992

ウルド・ブラーム, ミリアム　Ould Braham, Myriam　バレリーナ　パリ・オペラ座バレエ団プルミエールダンスーズ　国フランス　㊦2012

ウルドリッチ, ジャック　Uldrich, Jack　「ナノテク ビジネス指南―小さな技術が起こす大変革」の著者　㊦2008

ウルバイ, マルレーネ　指揮者　キューバ国立バレエ団音楽監督　国キューバ　㊦1992

ウールバートン, リンダ　Woolverton, Linda　脚本家　国米国　㊦1996

ウルバニングルム, アナス　Urbaningrum, Anas　学生活動家　イスラム学生協会（HMI）会長　国インドネシア　㊤1969年7月　㊦2000

ウルバーネク, カレル　Urbanek, Karel　政治家　元・チェコスロバキア共産党書記長　国チェコスロバキア　㊤1941年3月22日　㊦1992／1996

ウルバン, ベーガール　Ulvang, Vegard　スキー選手（距離）　国ノルウェー　㊤1963年　㊦1996

ウルバン, ホルスト　Urban, Horst W.　元・コンチネンタル社長　国ドイツ　㊤1936年6月1日　㊦1992／1996

ヴルピッタ, ロマノ　Vulpitta, Romano　京都産業大学経営学部教授　㊇哲学, 日欧比較文化　国イタリア　㊤1939年2月24日　㊦2004

ウルビーナ, ペドロ・アントニオ　Urbina, Pedro Antonio　作家　国スペイン　㊤1936年　㊦1996

ウルフ, アイラ　イーストマン・コダック・アジア太平洋地区担当副社長　元・米国通商代表部（USTR）代表補　国米国　㊤1945年　㊦1996

ウルフ, アラン　Wolff, Alan　弁護士　デューイ・バレンタイン法律事務所ワシントン・マネージングパートナー　元・米国通商代表部（USTR）次席代表　国米国　㊤1942年　㊦1996／2004

ウルフ, カート　Wolff, Kurt　ライター, 編集者　国米国　㊦2004

ウルフ, カレン・アン　Wolf, Karen Anne　看護婦　国米国　㊦2004

ウルフ, クリスティアン　Wulff, Christian　本名＝Wulff, Christain Wilhelm Walter　政治家, 法律家　元・ドイツ大統領　国ドイツ　㊤1959年6月19日　㊦2012

ヴルフ, クリストフ　Wulf, Christoph　哲学者, 教育学者　ベルリン自由大学教授　国ドイツ　㊤1944年　㊦2004

ウルフ, ジェフリー　Wolff, Jeffrey　作家　国米国　㊤1937年　㊦1996

ウルフ, ジャネット　Wolff, Janet　ロチェスター大学教授　㊇芸術史, 比較芸術学, 視覚・文化研究　㊦2004／2008

ウルフ, ジョージ　Wolfe, George C.　劇作家, 演出家　㊤1954年　㊦1996／2000

ウルフ, ジョン　Wolf, John　外交官　米国国務省APEC担当大使　国米国　㊦2000

ウルフ, シルビア　Wolf, Sylvia　写真家　シカゴ美術館アシスタントキュレーター　国米国　㊤1957年　㊦1996

ウルフ, ジーン　Wolfe, Gene　SF作家　国米国　㊤1931年　㊦1996／2012

ウルフ, スコット　Wolf, Scott　俳優　国米国　㊦2000

ウルフ, スーザン　Wolfe, Susan　ミステリー作家　国米国　㊦1996

ウルフ, スチュアート・ジョーゼフ　Woolf, Stuart J.　歴史学者　エセックス大学教授　国英国　㊤1936年　㊦2004

ウルフ, ステファン　Wolf, Stephen M.　実業家　ユナイテッド航空会長・CEO, USエアウェイズ会長, ラザード・フレレス・シニアアドバイザー　国米国　㊤1941年8月7日　㊦1996／2000／2004／2008

ウルフ, チャールズ（Jr.）　Wolf, Charles（Jr.）　ランド研究所上級経済顧問　㊇国際経済　国米国　㊤1924年　㊦1992／2008／2012

ウルフ, ディック　Wolf, Dick　本名＝Wolf, Richard Anthony　テレビプロデューサー, 脚本家　国米国　㊤1946年12月20日　㊦2008／2012

ウルフ, トビアス　Wolff, Tobias　作家　国米国　㊤1945年6月19日　㊦1992／1996／2000／2004／2008

ウルフ, トム　Wolfe, Tom　本名＝ウルフ, トマス・ケナリー, Jr.　ノンフィクション作家, ジャーナリスト, 評論家　国米国　㊤1931年3

月2日 [典]1992／1996／2000／2004／2008／2012
ウルフ, ナオミ Wolf, Naomi 著述家, フェミニスト [国]米国 [生]1962年 [典]1996／2000
ウルフ, バージニア・ユウワー Wolff, Virginia Euwer 児童文学作家 [国]米国 [典]2000／2004
ウルフ, バーナード 作家 [国]米国 [没]1985年10月27日 [典]1992
ウルフ, ヒュー Wolff, Hugh 指揮者 フランクフルト放送交響楽団首席指揮者, セントポール室内管弦楽団音楽監督 [国]米国 [生]1953年 [典]2004／2008
ウルフ, ヒラリー Wolf, Hillary 柔道選手 [国]米国 [生]1977年2月7日 [典]2000
ウルフ, ブライアン Woolf, Brian 流通コンサルタント 元・フード・ライオンCFO [国]ニュージーランド [生]1945年 [典]2000
ウルフ, ブライアン Wolfe, Brian プロ野球選手(投手), 元・大リーグ選手 [国]米国 [生]1980年11月29日
ウルフ, フランク Wolf, Frank R. 政治家 米国下院議員(共和党)・下院競争力議員連盟日本部会共同議長 [国]米国 [生]1939年1月30日 [典]1996
ウルフ, フレッド・アラン Wolf, Fred Alan サンディエゴ州立大学教授 [専]理論物理学 [国]米国 [典]2000
ウルフ, ヘンリー Wolf, Henry 元・ニューヨーク・アート・ディレクターズ・クラブ会長 [国]米国 [生]1925年 [典]1996
ウルフ, ヘンリク Wulff, Henrik R. コペンハーゲン大学臨床的意思決定論臨床倫理学教授 [専]内科学, 胃腸病学 [国]デンマーク [生]1932年 [典]2000
ウルフ, マイケル Wolff, Michael 著述家, ジャーナリスト [国]米国 [生]1953年 [典]2000
ウルフ, マーク メシアン社長 [国]米国 [生]1956年 [典]2000
ウルフ, マーティン Wolf, Martin エコノミスト 「フィナンシャル・タイムズ」編集委員・チーフコメンテーター [国]英国 [典]2004
ウルフ, ラリー Wolff, Larry 歴史学者, 作家 ボストン・カレッジ歴史学準教授 [専]18・19世紀の思想史・文化史 [国]米国 [生]1957年 [典]1996
ウルフ, リー 釣り専門家 [国]米国 [没]1991年4月28日 [典]1992
ウルフ, リチャード Wolff, Richard D. マサチューセッツ州立大学アムハースト校経済学部教授 [専]マルクス経済学 [国]米国 [生]1942年 [典]1996
ウルフ, リンダ Wolfe, Linda ジャーナリスト, 作家 「ニューヨーク」誌編集者 [国]米国 [典]1992
ウルフ, レイチェル・ルービン Wolf, Rachel Rubin 作家, 編集者, アーティスト [国]米国 [典]2000
ウルフ, ロバート・ポール Wolff, Robert Paul 哲学者 マサチューセッツ大学教授 [国]米国 [生]1933年 [典]1992
ウルフェルダー, ハワード 医師, がん研究者 [専]産婦人科 [国]米国 [没]1990年4月30日 [典]1992
ウルフェンソーン, ジェームズ・D. ジェームズ・D・ウルフェンソーン社社長 [国]米国 [典]1992
ウルフォーク, アロン Woolfolk, Aaron 映画監督, 脚本家 [国]米国 [生]1969年 [典]2012
ウルブシス, ユオザス Urbshis, Yuozas 翻訳家, 元・外交官 [国]リトアニア [生]1896年2月29日 [典]1992
ウールフスン, リチャード・C. 児童心理学者, ライター [国]英国 [典]2004
ウルフソーン, マイケル Wolfsohn, Michael ブルース・ギタリスト [国]米国 [生]1950年 [典]1996
ウルフ・マチス, モニカ Wulf-Mathies, Monika 元・EU欧州委員会委員 [国]ドイツ [生]1942年3月17日 [典]2000
ウルフマン・ジャック Wolfman Jack 本名=スミス, ロバート ディスクジョッキー [国]米国 [生]1928年 [没]1995年7月1日 [典]1996
ウルフラム, スティーブン Wolfram, Stephen コンピューター科学者 ウルフラム・リサーチ社長・CEO [国]米国 [生]1959年 [典]1996／2000／2004
ウルベルアーガ, エミーリオ Urberuaga, Emilio 絵本画家 [国]スペイン [生]1954年 [典]2000
ウルマー, クリスチャン Wolmar, Christian ノンフィクション作家, ブロードキャスター [国]英国 [典]2004
ウルマーナ, ヴィオレッタ Urmana, Violeta ソプラノ歌手 [国]リトアニア [生]1961年 [典]2004／2008／2012
ウルマニス, グンティス Ulmanis, Guntis 政治家 元・ラトビア大統領 [国]ラトビア [生]1939年 [典]1996／2000
ウルマノフ, アレクセイ Urmanov, Aleksei フィギュアスケート選手 [国]ロシア [生]1973年12月17日 [典]1996／2000
ウルマン, ジェフリー Ullman, Jeffrey D. スタンフォード大学計算機科学部長 [専]コンピューター科学 [国]米国 [典]2000
ウルマン, ハーラン Ullman, Harlan K. 国際問題研究家 米国戦略国際問題研究所(CSIS)主任研究員 元・米国国防総省顧問, 元・米国大統領顧問 [専]安全保障政策 [国]米国 [生]1941年 [典]1992／2004
ウルマン, フレッド Uhlman, Fred 作家, 画家 [国]ドイツ [生]1901年 [典]2004
ウルマン, マイロン Ullman, Myron 元・R・H・メーシー会長・CEO [国]米国 [典]1996
ウールマン, マット Woolman, Matt グラフィックデザイナー, デザインコンサルタント バージニア・コモンウェルス大学芸術学部グラフィックデザイン学科長 [国]米国 [典]2004／2008／2012
ウールマン, ミヒャエル Uhrmann, Michael 元・スキー選手(ジャンプ) ソルトレークシティ五輪スキージャンプ団体金メダリスト [国]ドイツ [生]1978年9月16日 [典]2004／2012
ウルマン, リヴ Ullmann, Liv 本名=Ullmann,Liv Johanne 女優, 映画監督 [国]ノルウェー [生]1938年12月16日 [典]1992／1996／2004／2008／2012
ウルマン, リン Ullmann, Linn 作家 [国]ノルウェー [典]2008
ウルムス, ロブ ユダヤ中央評議会会長 [国]オランダ [生]1943年 [典]2004
ウルリッヒ, ハンス Ulrich, Hans 経済学者 元・ザンクトガレン大学教授 [国]スイス [生]1919年 [典]2000
ウルリッヒ, ヤン Ullrich, Jan 元・自転車選手 シドニー五輪自転車男子個人ロードレース金メダリスト [国]ドイツ [生]1973年12月2日 [典]2000(ウルリヒ, ヤン)／2004(ウルリヒ, ヤン)／2008(ウルリヒ, ヤン)
ウルリッヒ, ラーズ Ulrich, Lars グループ名=メタリカ ロックドラム奏者 [国]米国 [生]1963年12月26日 [典]2012
ウルリヒ, デーブ Ulrich, Dave 経営学者 ミシガン大学教授 [国]米国 [典]2004
ウーレット, ピエール Ouellette, Pierre カラカス・バンシクル・ウーレット社共同経営者 [国]米国 [生]1945年 [典]1996
ウロシェヴィッチ, ヴラダ Urošević, Vlada 詩人, 小説家 [国]ユーゴスラビア [生]1934年 [典]1992(ウロシェビッチ, ブラダ)
ウロルト 本名=涂紹民 漢字名=烏熱爾図 作家 ホロンバイル盟文学芸術界連合会主席 [国]中国 [生]1952年 [典]1996
ウン・ヒギョン 殷 熙耕 作家 [国]韓国 [生]1959年 [典]2004／2008／2012
ウンガラー, ウェルナー Ungerer, Werner 元・外交官 ヨーロッパ大学学長 元・ドイツ外相 [国]ドイツ [生]1927年4月22日 [典]1996(ウンガラー, ウェルナー／ウンゲレール, ウェルナー)／2000
ウンガロ, エマニュエル Ungaro, Emanuel 本名=Ungaro, Emanuel Mattéotti ファッションデザイナー [国]フランス [生]1933年2月13日 [典]1992／1996／2000
ウング, マイケル 実業家 iDNSネット・インターナショナルCEO [典]2004
ウンク・アジズ Ungku Aziz 本名=Ungku Abdul Aziz 経済学者 マレーシア国民生活協同組合会長 元・マラヤ大学総長 [専]農村経済学 [国]マレーシア [生]1922年1月28日 [典]1992／1996／2004／2008
ウングレアーヌ, ミハイ・ラズヴァン Ungureanu, Mihai-Razvan 政治家, 外交官 元・ルーマニア首相・外相 [国]ルーマニア

[生]1968年9月22日　[典]2008／2012

ウンゲラー, トミー　Ungerer, Tomi　グラフィックアーティスト, 画家, 絵本作家　[国]フランス　[生]1931年11月28日　[典]1992／1996／2000／2012

ウンジャン, ピーター　Oundjian, Peter　指揮者, 元・バイオリニスト　トロント交響楽団音楽監督, ロイヤル・スコティッシュ・ナショナル管弦楽団首席指揮者　元・東京クヮルテット第1バイオリニスト　[国]英国　[生]1955年　[典]2000

ウンジョン　Eunjung　グループ名＝T-ara　歌手　[国]韓国　[生]1988年12月12日　[典]2012

ウンジン, セバスティアン　Unsinn, Sebastian　ヴッパータール大学経済学部講師　[国]ドイツ　[生]1944年　[典]1996

ヴンダー, インゴルフ　Wunder, Ingolf　ピアニスト　[典]2012

ヴンダーリッヒ, パウル　Wunderlich, Paul　画家, 版画家　[国]ドイツ　[生]1927年　[典]1992（ブンダーリッヒ, パウル）／1996（ブンダーリッヒ, パウル）／2000

ウンテル, マリエ　Under, Marie　詩人　[生]1883年3月27日　[没]1980年　[典]1992

ウン・バン・キエム　Ung Van Khiem　政治家　元・北ベトナム外相　[国]ベトナム　[生]1910年　[没]1991年3月20日　[典]1992

ウン・フォト　Ung Huot　政治家　カンボジア第1首相　[国]カンボジア　[生]1947年1月1日　[典]2000

ウンベル, オルジャイ　Unver, Olcay I.H.　南東アナトリア開発計画（GAP）総裁　[国]トルコ　[生]1957年2月2日　[典]2000

ウンベルト2世　Umberto II　旧名＝ビエモンテ公　元・イタリア国王　[国]イタリア　[生]1904年9月15日　[没]1983年3月18日　[典]1992

ウンボ　Umbo　本名＝ウムベール, オットー　フォトジャーナリスト　[生]1902年　[没]1980年　[典]1992

【エ】

エア, クリス　Eyre, Chris　映画監督　[国]米国　[生]1970年　[典]2000

エア, リチャード　Eyre, Richard　本名＝Eyre,Richard Charles Hasting　演出家, 映画監督, テレビ監督　元・ロイヤル・ナショナル・シアター芸術監督　[国]英国　[生]1943年3月28日　[典]1992／2004／2008／2012

エアーズ, イアン　Ayres, Ian　法学者　エール大学ロースクール教授　[典]2008

エアース, レニー　Airth, Rennie　作家　[国]英国　[生]1935年　[典]1992

エアード, キャサリン　Aird, Catherine　本名＝マッキントッシュ, キン・ハミルトン　推理作家　ガール・ガイド協会ロンドン本部計理委員長　[国]英国　[生]1930年6月　[典]1992

エアネス, アントニオ　Eanes, António dos Santos Ramalho　政治家, 軍人　元・ポルトガル大統領　[国]ポルトガル　[生]1935年1月25日　[典]1992／1996

エアハート, バイロン　Earhart, Byron　ウエスタン・ミシガン大学宗教学部教授　[専]宗教学　[国]米国　[生]1935年　[典]1992／1996

エーアハルト, ウーテ　Ehrhardt, Ute　セラピスト　[国]ドイツ　[生]1956年　[典]2000

エアハルト, マイケル　Ehrhardt, Michael C.　経営学者　テネシー大学ノックスビル校ファイナンス学科教授　[国]米国　[典]2004

エアリク, ベッティーナ　Ehrlich, Bettina　絵本作家　[生]1903年　[典]1996

エアリス, マイケル　Aris, Michael　元・ハーバード大学客員教授　[専]チベット学　[国]英国　[生]1946年3月　[没]1999年3月27日　[典]1996

エイ, アレクサンドル　元・赤十字国際委員会（ICRC）委員長　[没]1991年8月23日　[典]1992

エイ・カ　英 華　Ying, Hua　ジャーナリスト　[国]中国　[典]2004

エイ・キジン　栄 毅仁　Rong, Yi-ren　政治家, 民族資本家　元・中国国家副主席, 元・中国国際信託投資公司（CITIC）理事長　[国]中国　[生]1916年5月1日　[没]2005年10月26日　[典]1992／1996／2000

エイ・ザンリ　衛 斯理　本名＝倪匡　作家　[国]香港　[生]1935年　[典]1996

エイ・ジャクセイ　英 若誠　Ying, Ruo-cheng　新劇俳優, 翻訳家　元・中国文化省次官　[国]中国　[生]1929年6月21日　[没]2003年12月27日　[典]1996

エイ・チケン　栄 智健　英語名＝Yung,Larry　実業家　CITIC（国際信託投資公司）常務・香港社長　[国]中国　[典]2000

エイ・トウ　衛 東　中国国家経済貿易委員会中小企業局長　[国]中国　[典]2000

エイヴンス, ロバーツ　Avens, Roberts　哲学者　[専]ユング思想, 元型的心理学, ハイデッガー思想　[生]1923年　[典]2004

エイオス　Eos　グループ名＝ボンド　バイオリニスト　[国]英国　[典]2004／2008

エイカーズ, デービッド　Akers, David　プロフットボール選手（K）　[国]米国　[生]1974年12月9日

エイキン, ジョーン　Aikin, Joan　児童文学作家, 小説家, 脚本家　[国]英国　[生]1924年　[没]2004年　[典]1996

エイキンス, C.メルビン　Aikens, C.Melvin　文化人類学者　オレゴン大学教授　[専]日本とアメリカの考古学　[国]米国　[生]1938年　[典]1996

エイギンス, テリー　Agins, Teri　ジャーナリスト　「ウォール・ストリート・ジャーナル」記者　[国]米国　[生]1953年　[典]2004

エイクボーン, アラン　Ayckbourn, Alan　劇作家, 演出家　スティーブン・ジョーゼフ劇場芸術監督　[国]英国　[生]1939年4月12日　[典]1992／1996

エイクマン, トロイ　Aikman, Troy　元・プロフットボール選手　[国]米国　[生]1966年11月21日　[典]2000／2004／2008／2012

エイクロイド, ダン　Aykroyd, Dan　本名＝エイクロイド, ダニエル・エドワード　俳優　[国]米国　[生]1952年7月1日　[典]2000／2004／2008／2012

エイケイ　衛慧　Wei-hui　本名＝周衛慧　作家　[国]中国　[生]1973年　[典]2004／2008／2012

エイケン, ジョーン・デラノ　Aiken, Joan Delano　作家　[国]英国　[生]1924年9月4日　[没]2004年　[典]1992／1996

エイケン, ダグ　Aiken, Doug　アーティスト　[国]米国　[生]1968年　[典]2000

エイケン, マリア　Aitken, Maria　女優　[国]英国　[典]1996

エイ・コ　Aye Ko　政治家　元・ミャンマー国家評議会副議長（副大統領）・国民統一党書記長　[国]ミャンマー　[生]1921年9月19日　[典]1992／1996

エイゴー, ウェストン　Agor, Weston H.　経営コンサルタント　テキサス大学エルパソ校行政学修士課程プログラム監督, ENFPエンタープライズ社社長　[国]米国　[典]1992

エイコック, アリス　Aycock, Alice　彫刻家　[国]米国　[生]1946年　[典]1992

エイジェイ　A.J.　本名＝マクリーン, アレクサンダー　別称＝マクリーン, A.J.　グループ名＝バックストリート・ボーイズ　歌手　[国]米国　[生]1978年1月9日　[典]2004（エー・ジェイ）／2008（エイジェー）／2012

エイジェイ　AJ　グループ名＝イーストウエスト・ボーイズ　歌手　[国]米国　[生]1992年5月27日　[典]2012

エイシャール, ピエール　Eychart, Pierre　画家　[国]フランス　[生]1943年　[典]1992／1996

エイスケンス, ガストン　Eyskens, Gaston　政治家　元・ベルギー首相　[国]ベルギー　[生]1905年4月1日　[没]1988年1月3日　[典]1992

エイスケンス, マーク　Eyskens, Mark　政治家　元・ベルギー外相　[国]ベルギー　[生]1933年4月29日　[典]1992／1996

エイズベット, ベブ　Aisbett, Bev　イラストレーター, 作家, カウンセラー　[典]2004

エイスモント, イエジ　Eysymontt, Jerzy　ポーランド中央計画庁長官　[国]ポーランド　[生]1937年　[典]1992

エイゼン, アルトゥール　Eisen, Artur　オペラ歌手（バス）　[国]ソ連　[生]1927年　[典]1992

エイダ, リタ　Eide, Rita　チャネラー　[国]ノルウェー　[生]1957年

[典]2004

エイ・チャン　神田外国語大学教授　[専]東南アジア史　[国]ミャンマー　[典]2004／2008

エイディー, ロバート　Adey, Robert Clive Smith　ミステリ収集家　[国]英国　[生]1941年　[典]2000

エイト, ジョン　Ayto, John　作家　[典]2004

エイトカン, マックス　元・デーリー・エクスプレス(英)社長, 元・サンデー・エクスプレス社長　[国]英国　[没]1985年4月30日　[典]1992

エイトケン, ブレット　Aitken, Brett　自転車選手　[国]オーストラリア　[典]2004

エイドリゲヴィチウス, スタシス　Eidrigevicius, Stasys　画家　[国]ポーランド　[生]1949年　[典]1992(エイドリゲビチウス, スタシス)／1996(エイドリゲビチウス, スタシス)／2000

エイナウディ, ルドヴィコ　Einaudi, Ludovico　ピアニスト　[国]イタリア　[生]1955年　[典]2012

エイバークロンビー, ジョゼフィーン　ボクシングプロモーター　[国]米国　[典]1992

エイバリー, レイチェル　Aberly, Rachel　映画広報従事者, ライター　[国]米国　[典]2000

エイバリー, ロジャー　映画監督, 脚本家　[生]1965年　[典]1996

エイピアー, ケビン　Appier, Kevin　大リーグ選手(投手)　[国]米国　[生]1967年12月6日　[典]1996／2004／2008

エイビス, エド　Avis, Ed　ジャーナリスト　[国]米国　[生]1967年　[典]2008

エイビス, デービッド　Avis, David　マッギル大学計算機学科教授　[専]数学　[国]カナダ　[生]1951年　[典]1996

エイビン, マーク　Abene, Mark　クロスバーセキュリティ社長　[専]ネットワーク・セキュリティ　[国]米国　[典]2000

エイブス, キャシー　Abes, Cathy　編集者　「Macworld」誌マッキントシュ・グラフィックス担当　[国]米国　[典]2000

エイフマン, ボリス　Eifman, Boris Yakovlevich　振付師　サンクトペテルブルク・バレエ・シアター芸術監督　[専]モダン・バレエ　[国]ロシア　[生]1946年7月22日　[典]1992／1996／2000／2004／2008／2012

エイブラハム, ジョージ　東南アジア諸国連合(ASEAN)商工会議所事務局長, シンガポール・インド系商工会議所常務理事　[国]シンガポール　[生]1948年　[典]1996

エイブラハム, スペンサー　Abraham, E.Spencer　政治家　元・米国エネルギー長官, 元・米国上院議員(共和党)　[国]米国　[生]1952年6月12日　[典]1996／2000／2004／2008

エイブラハム, マーリー　Abraham, F.Murry　俳優　[国]米国　[生]1940年10月24日　[典]1992／1996／2000

エイブラハム, ライムント　Abraham, Raimund　建築家　[国]米国　[生]1933年　[典]1992(アブラハム, ライムント)

エイブラハム, ラルフ　Abraham, Ralph H.　数学者　カリフォルニア大学サンタ・クルス校数学科教授　[専]ダイナミクス理論　[国]米国　[典]1992／1996

エイブラハムズ, ピーター　Abrahams, Peter　作家　[国]南アフリカ　[生]1919年3月19日　[典]1992／1996

エイブラハムズ, ピーター　Abrahams, Peter　作家　[国]米国　[典]2000

エイブラハムズ, マーク　Abrahams, Marc　編集者　イグ・ノーベル賞創設者　[典]2008

エイブラハムソン, ジェームズ　Abrahamson, James A.　元・宇宙飛行士　元・米国国防総省戦略防衛構想局長　[専]SDI(戦略防衛構想)　[国]米国　[生]1933年　[典]1992

エイブラムス, J.J.　Abrams, J.J.　映画監督, テレビ・映画プロデューサー, 脚本家　[国]米国　[生]1966年　[典]2012

エイブラムス, ダグラス　Abrams, Douglas　「ラブメイキングのすべて―タオが教える性奥義」の著者　[典]2008

エイブラムズ, フロイド　Abrams, Floyd　弁護士　米国法曹協会表現の自由に関する委員会委員長　[国]米国　[生]1937年　[典]1992

エイブラムス, レイチェル・カールトン　Abrams, Rachel Carlton　「ラブメイキングのすべて―タオが教える性奥義」の著者　[典]2008

エイブラムズ, ロンダ　Abrams, Rhonda　マネジメントコンサルタント, ビジネスコラムニスト　[国]米国　[典]2004

エイブラムソン, イアン　Abramson, Ian　コンピューター技術者　[典]2004

エイブラムソン, ジル　Abramson, Jill　ジャーナリスト　「ニューヨーク・タイムズ」編集主幹　[国]米国　[生]1954年　[典]2012

エイブリー, リチャード　Avery, Richard　別名=クーパー, エドマンド　SF作家, 工業ジャーナリスト　[国]英国　[生]1926年　[没]1982年　[典]1992(エーバリー, リチャード)

エイブリル, トーマス・フォックス　Averill, Thomas Fox　作家　[国]米国　[典]2004

エイベル, I.W.　Abel, I.W.　労働運動家　元・全米鉄鋼労組(USW)委員長　[国]米国　[生]1908年　[没]1987年8月10日　[典]1992

エイベル, エミリー　カリフォルニア大学助教授　[専]女性学　[国]米国　[典]1992

エイベル, デービッド・オリバー　Abel, David Oliver　政治家, 軍人　ミャンマー国家平和発展評議会(SPDC)議長担当相　元・ミャンマー国家計画経済開発相　[国]ミャンマー　[典]2000／2004

エイベル, ロジャー　Abell, Roger　コンピューター技術者　[典]2004

エイベルソン, フィリップ　Abelson, Philip Hauge　物理化学者　元・カーネギー研究所所長　[国]米国　[生]1913年4月27日　[没]2004年8月1日　[典]1996／2000

エイホー, C.マイケル　Aho, C.Michael　米国民主党外交評議会経済研究部長　[国]米国　[典]1992

エイボン卿　政治家　元・英国上院議員(保守党)・環境問題担当国務相　[国]英国　[没]1985年8月10日　[典]1992

エイマール=デュヴルネ, フランソワ　Eymard-Duvernay, Francois　パリ第10大学教授　[典]2008

エイマン, ロヤ　Ayman, Roya　イリノイ工業大学心理学部准教授　[専]心理学　[国]米国　[典]2000

エイミー, ジョージ・J.　映画編集者　[国]米国　[没]1986年12月18日　[典]1992

エイミス, キングズリー　Amis, Kingsley　別筆名=マーカム, ロバート　作家, 詩人　[国]英国　[生]1922年4月16日　[没]1995年10月22日　[典]1992／1996

エイミス, ハーディ　Amies, Hardy　本名=エイミス, エドウィン・ハーディ　ファッションデザイナー　エリザベス英国女王の衣装係　[国]英国　[生]1909年7月17日　[没]2003年3月5日　[典]2000

エイミス, マーティン　Amis, Martin　作家　[国]英国　[生]1949年8月25日　[典]1992／1996／2000／2004／2008／2012

エイミス, ロバート　Amis, Robert T.　元・GHQ経済科学局労働課長　[国]米国　[生]1900年1月23日　[典]1996

エイムズ, B.チャールズ　Ames, B.Charles　実業家　クレイトン・デュビリエ&ライス社共同経営者　[国]米国　[典]1996

エイムズ, オルドリッチ　Ames, Aldrich　元・米国中央情報局(CIA)ソ連東欧局スパイ対策部門責任者　ソ連のスパイ　[国]米国　[生]1941年　[典]1996

エイムズ, レオン　Ames, Leon　ロシア名=Waycoff　俳優　元・米国映画俳優組合創設者　[国]米国　[生]1903年　[没]1993年10月12日　[典]1996

エイメリー　Amerie　本名=ロジャース, エイメリー　歌手　[国]米国　[典]2004

エイメン, ダニエル　Amen, Daniel G.　臨床神経科学者, 精神科医　エイメンクリニック院長　[専]脳と行動, 注意欠陥障害(ADD)　[国]米国　[典]2004／2008

エイメンソン, クリストファー　Amenson, Christopher S.　臨床心理学者　[国]米国　[典]2004／2008

エイモス, W.J.　ライクス・ブラザーズ・スチームシップ社長　[国]米国　[典]1992

エイモス, ジョン　Amos, John B.　実業家　元・アメリカンファミリー創業者　[国]米国　[生]1924年6月5日　[没]1990年8月13日　[典]1992

エイモス, ジョン　Amos, John　俳優, 劇作家　[国]米国　[生]1939年　[典]1996

エイモス, ダニエル　Amos, Daniel P.　実業家　アフラック会長・CEO　国米国　⊕1951年　㊥1996／2000／2004／2008

エイモス, トーリ　Amos, Tori　歌手　国米国　㊥2000

エイモリー, クリーブランド　Amory, Cleveland　動物愛護運動家, 作家　国米国　㊤1998年10月14日　㊥1996

エイモン, クリス　Amon, Chris　元・F1ドライバー　国ニュージーランド　⊕1943年7月20日　㊥1992／1996

エイヤー, アルフレッド・ジュールズ　Ayer, Alfred Jules　哲学者　元・オックスフォード大学教授　国英国　⊕1910年10月29日　㊤1989年6月27日　㊥1992

エイラト, ロイス　Ehlert, Lois　絵本作家　国米国　⊕1934年　㊥1996

エイリー, アルビン　Ailey, Alvin　舞踊家, 振付師　元・アルビン・エイリー・アメリカン・ダンス・シアター主宰　国米国　⊕1931年1月5日　㊤1989年12月1日　㊥1992

エイリング, ロバート　Ayling, Robert　実業家　元・英国航空（BA）社長・CEO　国英国　⊕1946年8月3日　㊥2000／2004

エイルウィン, パトリシオ　Aylwin, Patricio　本名=Aylwin Azócar,Patricio　政治家　元・チリ大統領, 元・チリ・キリスト教民主党（PDC）総裁　国チリ　⊕1918年11月26日　㊥1992／1996／2000／2004／2008

エインジャー, ナタリー　Angier, Natalie　ジャーナリスト　国米国　㊥1992／2000

エインズリー, ジョン・マーク　Ainsley, John Mark　テノール歌手　国英国　⊕1963年　㊥2012

エインズリー, ベン　Ainslie, Ben　ヨット選手　シドニー五輪・アテネ五輪・北京五輪・ロンドン五輪金メダリスト　国英国　⊕1977年2月5日　㊥2004／2008／2012

エインズワース, ルース　Ainsworth, Ruth　児童文学作家　国英国　⊕1908年　㊥2000

エヴァ・サン　本名=チェプレギ, エヴァ　ロック歌手　国ハンガリー　㊥1992（エバ・サン）

エヴァン, ジャン　Even, Jean　画家　国フランス　⊕1910年　㊥1992（エバン, ジャン）／1996（エバン, ジャン）

エヴァン, ジャン・ポール　Hévin, Jean-Paul　ショコラティエ　ジャン・ポール・エヴァンオーナーシェフ　国フランス　⊕1957年12月　㊥2008／2012

エヴァンコ, ジャッキー　Evancho, Jackie　歌手　国米国　⊕2000年4月9日　㊥2012

エヴァンジェリスタ, フェルナンド　フェラガモジャパン・ジェネラルマネジャー　国イタリア　⊕1948年　㊥2000

エヴァンジェリスティ, ジョルジョ　Evangelisti, Giorgio　ジャーナリスト　国イタリア　⊕1933年　㊥2008

エヴァンジェリスティ, フランコ　Evangelisti, Franco　グループ名=ヌオーヴァ・コンソナンツァ　作曲家　国イタリア　⊕1926年1月21日　㊤1980年　㊥1992（エバンジェリスティ, フランコ）

エヴァンス, ジョン　Evans, John　本名=ブラウン, ハワード　ミステリー作家　国米国　⊕1908年　㊥1996（エバンス, ジョン）

エヴィア　本名=エヴィア, ホセ・アンヘル　バグパイプ奏者　国スペイン　㊥2000

エーヴェルス, H.G.　Ewers, H.G.　本名=ゲールマン, ホルスト　作家　国ドイツ　⊕1930年　㊥1992（エーベルス, H.G.）／1996（エーベルス, H.G.）

エヴォラ, セザリア　Évora, Césaria　歌手　国カボベルデ　⊕1941年8月27日　㊤2011年12月17日　㊥2000

エウゼビオ　Eusebio　本名=ダ・シルバ・フェレイラ, エウゼビオ　元・サッカー選手　国ポルトガル　⊕1942年1月25日　㊥1996／2000／2004／2012

エウバンク, アクセル　タイの三輪自動車で1万キロの旅に出る　国ベルギー　㊥2000

エウベル, ジョバン　Elber, Giovane　サッカー選手（FW）　国ブラジル　⊕1972年7月23日　㊥2000／2004／2008

エヴラ, パトリス　Evra, Patrice　サッカー選手（DF）　国フランス　⊕1981年5月15日　㊥2008／2012

エウレル　Euller　本名=エリアス・デ・カルバーリョ, エウレル　サッカー選手（FW）　国ブラジル　⊕1971年3月15日　㊥2000／2004／2008

エヴレン, ケナン　Evren, Kenan　政治家, 軍人　元・トルコ大統領　国トルコ　⊕1918年　㊥1992（エプレン, ケナン）

エカアン, アンリ　Hecaen, Henri　医師　パリ高等社会科学院大学院部長, 国立衛生医学研究所神経心理学・神経言語学部長, サンタンヌ中央精神外科病院神経科医　国神経心理学　国フランス　㊥1992

エーカーズ, ジョン　Akers, John Fellows　元・IBM会長・CEO　国米国　⊕1934年12月28日　㊥1992／1996

エガーズ, デーブ　Eggers, Dave　ライター　国米国　⊕1970年　㊥2004／2012

エガース, フィリップ　Eggers, Philipp　教育学者　ボン大学哲学部教育学教授　国ドイツ　⊕1929年　㊥1996

エーカーズ, ベス　Akers, Beth　グループ名=プラネッツ　オーボエ奏者　国英国　㊥2004

エカーズリー, デニス　Eckersley, Dennis Lee　元・大リーグ選手　国米国　⊕1954年10月3日　㊥1996／2000／2008

エカ・チプタ・ウィジャヤ　中国名=黄奕聡　実業家　シナール・マス・グループ会長　国インドネシア　㊥1996

エカテリノスラフスキー, ユーリー　ロシア実業家アカデミー副総裁　国ソ連　㊥1992

エカート, アーター　Ekert, Artur　量子物理学者　ケンブリッジ大学教授　国量子IT　㊥2004／2008

エーカフ, ロイ　Acuff, Roy　カントリー歌手, フィドル奏者　国米国　⊕1903年9月15日　㊤1992年11月23日　㊥1992／1996

エガワ, ディアゴ　Egawa, Diago　野球選手（投手）　国ブラジル　⊕1982年1月6日　㊥2000

エカンガキ, ンゾ　Ekangaki, Nzo　政治家　元・アフリカ統一機構（OAU）事務総長, 元・カメルーン民族民主党（KNDP）書記長　国カメルーン　⊕1934年3月22日　㊤2005年6月4日　㊥1992／1996／2000

エキ・キンセン　易錦銓　中国信託商業銀行東京駐在員事務所代表　国台湾　⊕1928年　㊥2000

エキ・ケンショウ　易建湘　漆画家　中国漆画研究会事務局長　国中国　㊥1992／1996

エキ・ジョ　亦舒　Yi, Shu　作家　国香港　⊕1946年　㊥2000

エキ・シレイ　易思玲　Yi, Si-ling　射撃選手（ライフル）　ロンドン五輪射撃女子エアライフル金メダリスト　国中国　⊕1989年5月6日

エキ・チゲン　易智言　映画監督　国台湾　㊥2000／2004

エギアガライ, ファン・マヌエル　Eguiagaray, Juan Manuel　本名=エギアガライ・ウセライ, ファン・マヌエル　政治家　元・スペイン工業エネルギー相（社会党）　国スペイン　⊕1945年12月25日　㊥1996／2000

エキモフ, ビャチェスラフ　Ekimov, Viacheslav　自転車選手　国ロシア　⊕1966年2月4日　㊥2004／2008

エギールスキー, リチャード　イラストレーター　国米国　⊕1952年　㊥1992

エーキン, デビン　Akin, Devin　コンピューター技術者　DevCommCEO　㊥2004

エーキンズ, クロード　Akins, Claude　俳優　国米国　⊕1918年5月25日　㊤1994年1月27日　㊥1996

エーキンズ, ジェームズ　Akins, James E.　中東問題研究家　元・駐サウジアラビア米国大使　国米国　⊕1926年10月15日　㊥1992（エイキンズ, ジェームズ・E.）／1996

エキンズ, ポール　Ekins, Paul　経済学者, エコロジスト　ブラッドフォード大学フェロー　国英国　⊕1950年　㊥1996

エクェンシー, シプリアン　Ekwensi, Cyprian　作家　国ナイジェリア　⊕1921年9月26日　㊤2007年11月4日　㊥1992／1996／2000／2004

エクスタイン, オットー　Eckstein, Otto　経済学者　元・データ・リソーシズ（経済予測分析会社）会長, 元・ハーバード大学経済学教授　国米国　㊤1984年3月22日　㊥1992

エクスタイン, ビリー　Eckstine, Billy　本名=Eckstein,William

Clarence　歌手, バンドリーダー　国米国　⊕1914年7月8日　⊗1993年3月8日　楓1996

エクスタイン, ルドルフ　Ekstein, Rudolf　児童精神医学者　国米国　楓1992

エクストレム, ヤーン　Ekström, Jan　ミステリー作家　国スウェーデン　⊕1923年　楓1996

エクスナー, ジョン(Jr.)　Exner, John E.(Jr.)　ロールシャッハ研究財団代表理事, SPA評議員　元・ロングアイランド大学教授　㊨臨床心理学, ロールシャッハ・テスト　国米国　⊕1929年4月18日　楓1996

エクスブレア, シャルル　Exbrayat, Charles　作家, ジャーナリスト　国フランス　⊕1906年　⊗1989年3月8日　楓1992

エクセター侯　Exeter, The Marquess of　本名＝David George Brownlow Cecil the Marquess of Exeter　旧名＝バレー卿　陸上選手(障害)　元・IOC終身名誉副会長, 元・国際陸上競技連盟(IAAF)会長　国英国　⊕1905年2月9日　⊗1981年10月22日　楓1992

エクソン, ジェームス(Jr.)　Exon, James(Jr.)　本名＝Exon, John James, Jr.　政治家　元・米国上院議員(民主党)　国米国　⊕1921年8月9日　⊗2005年6月10日　楓1996／2000

エクダール, リサ　Ekdahl, Lisa　シンガー・ソングライター　国スウェーデン　⊕1971年　楓2000

エクトン, ステファン　外交官　米国国務省日本部長　国米国　楓1996

エグネール, トールビョールン　Egner, Thorbjørn　児童文学作家, 作詞作曲家, 挿絵画家　国ノルウェー　⊕1912年　楓1996

エクバーグ, アニタ　Ekberg, Anita　女優　国米国　⊕1931年9月29日　楓1996

エグバーグ, ロジャー　医師　米国国立医学アカデミー上級研究員　国米国　⊕1903年　楓1996

エクメチッチ, ミロラド　Ekmecic, Milorad　歴史学者　ベオグラード大学教授　国ユーゴスラビア史　⊕1928年　楓1996

エグランジェ, フィリップ　作家, 歴史学者, 映画評論家　⊕1903年7月11日　⊗1987年11月24日　楓1992

エクランド, イーヴァル　Ekeland, Ivar　パリ＝ドーフィーヌ大学教授　⊕1944年　楓2008

エクランド, ゴードン　Eklund, Gordon　SF作家　国米国　⊕1945年7月24日　楓1992／1996

エグリ, ディエゴ　Egli, Diego　画家, 版画家　国アルゼンチン　⊕1978年　楓2008

エクリ, トム　Eckerle, Tom　写真家　国米国　楓1996

エークリン, ドナート　Acklin, Donat　ボブスレー選手　国スイス　楓1996

エクルズ, ジョン　Eccles, John Carew　生理学者　元・ニューヨーク州立大学医学部特別格教授　㊨神経生理学　国オーストラリア　⊕1903年1月27日　⊗1997年5月4日　楓1992／1996

エクルズ, ロバート　Eccles, Robert G.　経営学者　アドバイザリー・キャピタル・パートナーズ社長, ハーバード大学ビジネス・スクール名誉教授　㊨業績評価　国米国　楓2004

エクルスシェア, ジュリア　Eccleshare, Julia　作家, ブロードキャスター　楓2012

エグルストン, ウィリアム　Eggleston, William　写真家　国米国　⊕1939年7月27日　楓1996／2012

エグルトン, ジェイミー　プロアイススケーター, 元・フィギュアスケート選手　国カナダ　楓1992／1996

エクルンド, アルネ・ジグバルド　Eklund, Arne Sigvard　物理学者　元・国際原子力機関(IAEA)名誉事務総長　㊨核物理学　国スウェーデン　⊕1911年6月19日　⊗2000年1月30日　楓1992／1996／2000

エークルンド, ビルギッタ　Eklund, Birgitta　法律学者　国スウェーデン　⊕1952年　楓1996

エクレストン, バーニー　Ecclestone, Bernie　本名＝エクレストン, バーナード　実業家　国際自動車連盟(FIA)総裁　国英国　⊕1930年10月28日　楓1992／2000／2004／2012

エクロート, ロルフ　Eckrodt, Rolf　実業家　元・三菱自動車工業社長・CEO　国ドイツ　⊕1942年6月25日　楓2004／2008

エグロフ, ジョエル　Egloff, Joël　作家　国フランス　⊕1970年　楓2004

エゲブレヒト, ハラルト　Eggebrecht, Harald　作家　国ドイツ　⊕1946年　楓2000

エーゲラン, ヤン　ノルウェー外務次官　国ノルウェー　⊕1957年9月　楓1996

エゲリ, ジョルジ　Egely, György　物理学者　ハンガリー科学アカデミー中央物理学研究所主任研究員　㊨球電　国ハンガリー　楓1992

エゲルセギ, クリスティナ　Egerszegi, Krisztina　元・水泳選手(背泳ぎ)　国ハンガリー　⊕1974年8月16日　楓1992／1996／2000

エーコ, ウンベルト　Eco, Umberto　美学者, 言語学者, 記号学者, 作家　ボローニャ大学教授, 国際記号学会会長　国イタリア　⊕1932年1月5日　楓1992／1996／2000／2004／2008／2012

エコノミー, エリザベス　米国外交評議会研究員　㊨中国環境問題　国米国　楓2000

エコフェ, ジャン・フィリップ　Ecoffey, Jean-Philippe　俳優　国フランス　⊕1959年7月5日　楓2000

エゴヤン, アトム　Egoyan, Atom　映画監督　国カナダ　⊕1960年7月19日　楓1996／2000／2004／2008／2012

エゴーロフ, ウラジーミル　Egorov, Vladimir K.　ミハイル・ゴルバチョフ顧問団員　国ロシア　⊕1947年　楓1996

エゴロフ, ニコライ　Egorov, Nikolai D.　政治家　元・ロシア大統領府長官　国ロシア　⊕1951年　⊗1997年4月25日　楓1996

エゴロワ, リュボーフィ　Egorova, Lyubovi　スキー選手(距離)　国ロシア　⊕1966年5月5日　楓1996／2000

エゴロワ, ワレンティナ　Egorova, Valentina　元・マラソン選手　バルセロナ五輪金メダリスト　国ロシア　⊕1964年　楓1996／2000／2012

エーザー, アルビン　Eser, Albin　フライブルク大学教授, マックス・プランク外国刑法・国際刑法研究所所長, ドイツ学術会議評議員　㊨刑法　国ドイツ　⊕1935年1月26日　楓1992

エサヴァリ, フェルナンド　Echavarri, Fernando　ヨット選手(トーネード級)　北京五輪セーリング・トーネード級金メダリスト　国スペイン　⊕1972年8月13日　楓2012

エザール, ドミニク　美術家　㊨料紙, 書道　国フランス　⊕1951年　楓1992

エシー, アマラ　Essy, Amara　政治家　アフリカ連合(AU)暫定委員長　元・コートジボワール外相　国コートジボワール　⊕1944年12月20日　楓1996／2000／2004／2008

エージー, ジョン　Agee, Jon　絵本作家　国米国　楓2000

エジウソン　Edilson　本名＝ダ・シルバ・フェレイラ, エジウソン　サッカー選手(FW)　国ブラジル　⊕1970年9月17日　楓2000／2004／2008／2012

エシェヴェヒア, レジーナ　Echeverria, Regina Lico　ジャーナリスト　国ブラジル　⊕1951年8月6日　楓2004

エジェビット, ビュレント　Ecevit, Bülent　政治家, ジャーナリスト　元・トルコ首相, 元・トルコ民主左派党(DLP)党首　国トルコ　⊕1925年5月28日　⊗2006年11月5日　楓1992(エチェビット, B.)／2000／2004

エジェル, スティーブン　Edgell, Stephen　社会学者　サルフォード大学教授　楓2012

エシェル, ダビド　Eshel, David　軍事問題解説者　「Defense Update International」誌編集長, 「Military Technology」誌中東担当記者　元・イスラエル陸軍中佐　国イスラエル　⊕1928年　楓1992

エジソン　Edson　本名＝ソウザ, エジソン・アパレシド・デ　サッカー指導者　国ブラジル　⊕1962年11月29日　楓2008

エジミウソン, アルベス　Edmilson, Alves　サッカー選手(MF)　国ブラジル　⊕1976年2月17日　楓2008／2012

エジミウソン　Edimilson　本名＝マティアス, エジミウソン　サッカー選手(FW)　国ブラジル　⊕1974年3月26日　楓2000／2004／2008

エジミウソン　Edmilson　本名=ジョゼ・ゴメス・モラエス，エジミウソン　サッカー選手(DF)　㊧ブラジル　㊀1976年7月10日　㊈2004／2008／2012

エジミウソン　Edmilson　本名=Dos Santos Silva,Edmilson　サッカー選手(FW)　㊧ブラジル　㊀1982年9月15日　㊈2008／2012

エジムンド　Edumundo　本名=ソウザ・アウヴェス・ネット，エジムンド・デ　サッカー選手(FW)　㊧ブラジル　㊀1971年4月2日　㊈2004／2008

エジャクリア，イグナシオ　元・中央アメリカ大学(サンサルバドル)学長　㊧エルサルバドル　㊁1989年11月16日　㊈1992

エジャートン，ハロルド　Edgerton, Harold Eugene　電気技師　元・マサチューセッツ工科大学名誉教授　ストロボ装置の発明者　㊧米国　㊀1903年4月6日　㊁1990年1月4日　㊈1992

エシュコル，ナフム　Eshkol, Nahum　外交官　イスラエル外務省アジア・オセアニア担当次官補　元・駐日イスラエル大使　㊧イスラエル　㊀1930年　㊈1996

エシュテル，ダニエル　Hecther, Daniel　ファッションデザイナー　㊧フランス　㊀1938年　㊈1992

エシュノーズ，ジャン　Echenoz, Jean　作家　㊧フランス　㊀1947年12月26日　㊈2000(エシュノー，ジャン)／2004／2008／2012

エシュバッハ，アンドレアス　Eschbach, Andreas　作家　㊧ドイツ　㊀1959年　㊈2004／2008

エシュマンベトワ，ザミラ　キルギスタン国連常駐代表　㊧キルギスタン　㊈2000

エジル，メスト　Özil, Mesut　サッカー選手(MF)　㊧ドイツ；トルコ　㊀1988年10月15日　㊈2012

エージンガー，ポール　Azinger, Paul William　プロゴルファー　㊧米国　㊀1960年1月6日　㊈1996／2004／2008

エスイ　Esui　本名=ボドルマ・エルデンビレグ　女子プロレスラー　㊧モンゴル　㊀1985年5月9日　㊈2008／2012

エスキベル，マヌエル　Esquivel, Manuel　政治家　元・ベリーズ首相　㊧ベリーズ　㊀1940年5月2日　㊈1992／1996／2000

エスキベル，ラウラ　Esquivel, Laura　脚本家，作家　㊧メキシコ　㊀1950年9月30日　㊈1996

エスクデロ，セルヒオ　Escudero Sergio　本名=エスクデロ，セルヒオ・アリエル　サッカー選手(FW)　㊀昭和63年9月1日　㊈2008／2012

エスコバル，アンドレス　サッカー選手(DF)　㊧コロンビア　㊀1967年3月13日　㊁1994年7月2日　㊈1996

エスコバル，パブロ　Escobar, Pabro　麻薬密売組織メデジン・カルテルの首領　㊧コロンビア　㊀1949年　㊁1993年12月2日　㊈1996

エスコフィエ，アラン　フランス菓子教師　㊧フランス　㊀1947年　㊈1992

エスコフィエ，ジャン・イヴ　Escoffier, Jean-Yves　映画撮影監督　㊧フランス　㊀1950年　㊈1996／2000

エスターソン，A.　Esterson, A.　精神科医　㊧家族研究　㊧英国　㊀1923年　㊈1992

エスターハズ，ジョー　Eszterhas, Joe　脚本家　㊧米国　㊈1992／1996

エスタンゲ，トニ　Estanguet, Tony　カヌー選手(カナディアン)　シドニー五輪・アテネ五輪・ロンドン五輪カヌー男子カナディアンシングル金メダリスト　㊧フランス　㊀1978年5月6日　㊈2004／2008

エスツベット，オーレ・ヨハーン　ノルウェー海洋研究所上級研究員　㊧遠洋漁業資源　㊧ノルウェー　㊈2000

エスティアルテ，マヌエル　Estiarte, Manuel　元・水球選手　㊧スペイン　㊀1961年10月26日　㊈2000

エスティス，エレナー　Estes, Eleanor　児童文学作家　㊧米国　㊀1906年　㊁1988年7月　㊈1992(エステス，エレナー)

エスティビル，エドゥアール　Estivill, Eduard　小児医科，神経生理学者　バルセロナ大学附属デクセウス病院睡眠障害科主任教授　㊧スペイン　㊈2008

エスティル，フローデ　Estil, Frode　元・スキー選手(距離)　ソルトレークシティ五輪金メダリスト　㊧ノルウェー　㊀1972年5月31日　㊈2004／2008

エステス，エヴゲーニヤ　Estes, Evgenia　本名=アルタモノワ・エステス，エヴゲーニヤ　旧名=アルタモノワ，エヴゲーニヤ　バレーボール選手　㊧ロシア　㊀1975年7月17日　㊈2000(アルタモノワ，エブゲーニヤ)／2004(アルタモノワ，エヴゲーニヤ)／2008(アルタモノワ，エヴゲーニヤ)

エステス，エリオット　元・ゼネラル・モーターズ(GM)社長　㊧米国　㊀1988年3月24日　㊈1992

エステス，クラリッサ・ピンコラ　Estes, Clarissa Pinkola　医師　㊧精神分析　㊧米国　㊈2000

エステス，ビリー・ソル　Estes, Billie Sol　リンドン・ジョンソンの資金提供者　㊧米国　㊈2008

エステス，リチャード　Estes, Richard　画家　㊧米国　㊀1936年　㊈1992

エステファニア，ホアキン　ジャーナリスト　「エルパイス」紙編集局長　㊧スペイン　㊈1992

エステファン，グロリア　Estefan, Gloria　グループ名=マイアミ・サウンドマシーン　歌手　㊧米国　㊀1957年9月1日　㊈1992／1996／2000／2004／2008

エステベス，エミリオ　Estevez, Emilio　映画監督，俳優　㊧米国　㊀1962年5月12日　㊈1992／1996／2008／2012

エズデミア，チェム　政治家　ドイツ連邦議会議員(緑の党)　㊧ドイツ　㊈2000

エステル，アルニカ　Esterl, Arnica　作家　㊧ドイツ　㊀1933年　㊈2000

エステル，マーク　画家，ファッションデザイナー　㊧フランス　㊈1992

エステルハージ，ペーテル　Esterházy, Péter　作家，エッセイスト　㊧ハンガリー　㊀1950年4月14日　㊈2004／2012

エステルライヒャ，カール　指揮者　元・ウィーン音楽大学指揮科教授　㊧オーストリア　㊀1923年　㊈1996

エストラダ，ジョセフ　Estrada, Joseph　本名=Estrada,Joseph Marcelo Ejercito　別名=Estrada,Erap　政治家，元・俳優　元・フィリピン大統領　㊧フィリピン　㊀1937年4月19日　㊈1996／2000／2004／2008／2012

エストラーダ，ファン・ホセ　プロボクサー　元・WBA世界ジュニアフェザー級チャンピオン　㊧メキシコ　㊀1963年11月28日　㊈1992／2000

エストラーダ，フリオ　Estrada, Julio　作曲家，音楽学者　㊧メキシコ　㊀1943年　㊈2012

エストラーダ，ラウル　Estrada, Raul　外交官　アルゼンチン環境問題担当大使　元・駐中国アルゼンチン大使，元・気候変動枠組み条約交渉会議特別グループ(AGBM)議長　㊧アルゼンチン　㊀1938年　㊈2000／2008

エストリッジ，フィリップ・ドン　元・IBM社マイクロ・コンピューター開発責任者　㊧米国　㊁1985年8月2日　㊈1992

エストリッチ，スーザン　Estrich, Susan　ハーバード大学教授，デュカキス選対副委員長　㊧法律学　㊧米国　㊈1992

エストリン，ジュディ　コンピューター科学者，実業家　パケット・デザイン設立者　元・シスコシステムズCTO　㊧米国　㊈2000／2004／2008

エストロス，トーマス　Ostros, Thomas　政治家　スウェーデン教育相　㊧スウェーデン　㊀1965年　㊈2000／2004

エスパルタコ　Espartaco　本名=ルイス，ファン・アントニオ　闘牛士　㊧スペイン　㊀1962年　㊈1996

エスピー，マイク　Espy, Mike　政治家　元・米国農務長官　㊧米国　㊀1953年11月30日　㊈1996／2000

エスピノーザ　Espinosa　本名=エスピノーザ，パウジール・アタウアウパ・ラミーレス　サッカー監督，元・サッカー選手　元・サッカー・パラグアイ代表監督　㊧ブラジル　㊀1947年10月17日　㊈2012

エスピノサ，アンドレス　マラソン選手　㊧メキシコ　㊈1996

エスピノサ，オスカル　Espinosa, Oscar　本名=Espinosa Chepe, Oscar　エコノミスト　㊧キューバ　㊀1940年11月29日　㊁2013

年9月23日

エスピノーザ, カストロ　元・サッカー選手　国ブラジル　典1996

エスピノサ, パオラ　Espinosa, Paola　本名＝Espinosa,Sanchez Paola Milagros　飛込み選手　ロンドン五輪女子シンクロナイズド高飛込み銀メダリスト　国メキシコ　生1986年7月31日

エスピノーサ, フリオ・ガルシア　Espinosa, Julio-Garcia　映画監督, 脚本家　キューバ文化省副大臣　国キューバ　生1926年9月5日　典1992

エスピノーサ, マリア　Espinoza, Maria　本名＝Espinoza,Maria del Rosario　テコンドー選手　北京五輪テコンドー女子67キロ以上級金メダリスト　国メキシコ　生1987年11月29日　典2012

エスピン, ビルマ　Espin, Vilma　キューバ婦人同盟総裁　元・キューバ共産党政治局員　国キューバ　生1926年　典1992／1996

エスピン・アンデルセン, ゲスタ　Esping-Andersen, Gosta　社会学者　ポンペウ・ファブラ大学（スペイン）政治社会学部教授　生1947年　典2004

エスプール, フランソワ　国際戦略研究所（IISS）所長　国国際安全保障, 軍縮, 東西関係　国フランス　生1949年6月　典1992／1996

エスペランサ　Esperanza　本名＝スポルディング, エスペランサ　ジャズ・ベース奏者　バークリー音楽大学講師　国米国　生1984年　典2012

エスペル, ヌリア　Espert, Nuria　女優, 演出家　ヌリア・エスペル劇団座長　国スペイン　生1935年　典1992／1996

エスポジト, オメロ　元・タンゴ作詞家　国アルゼンチン　没1987年9月23日　典1992

エスポジート, ジョン　Esposito, John L.　宗教学者, 国際関係学者　ジョージタウン大学、ウォールシュ・スクール教授　国米国　典2008

エスマ　Esma　歌手　国マケドニア　典2004

エスマン, エリオット　Essman, Elliot T.　作家, 編集者　国米国　典2000

エスマン, ジャン　日仏経営センター講師　国経済学　国フランス　生1923年　典1996

エスマン, ミルトン　Esman, Milton J.　元・軍人　コーネル大学名誉教授　国政治学, 国際学　国米国　生1918年　典1992

エズモンド, ジル　Esmond, Jill　女優　国英国　生1990年7月28日　典1992

エズラティ, ミルトン　Ezrati, Milton　エコノミスト, 投資ストラテジスト　Lord.Abbett&Co.シニア・エコノミスト・ストラテジスト　元・ノムラ・アセット・マネジメント上級副社長　生1947年　典2004

エスリッジ, メリッサ　Etheridge, Melissa　シンガー・ソングライター　国米国　生1961年5月29日　典1992／2000／2008／2012

エスルマン, ローレン　Estleman, Loren Daniel　ミステリー作家　国米国　生1952年9月15日　典1992／1996／2004

エセリッジ, スティーブン　Etheridge, Stephen　実業家　チーニー社長　国英国　典2004／2008

エセル, オブライエン　Eselu, O'brian　フラダンサー　国米国　没2012年4月3日

エセル, ジェフリー　Ethell, Jeffrey　航空評論家　典1992／1996

エセル, ステファン　Hessel, Stéphane F.　作家, 外交官　国フランス　生1917年10月20日　没2013年2月27日

エセンベル, セルチュク　Esenbel, Selcuk　本名＝エセンベル, アイシェ・セルチュク　歴史学者　ボスポラス大学教授　国日本近代史　国トルコ　典2008／2012

エゾール, ジョナサン　Ezor, Jonathan I.　弁護士, コラムニスト　国インターネットビジネス　国米国　典2004

エダー, エルフリード　Eder, Elfriede　通称＝エルフィ　スキー選手　国オーストリア　生1970年1月5日　典1996

エーダー, クラウス　Eder, Klaus　デュッセルドルフ大学専任講師　国社会学　国ドイツ　生1946年　典1996

エチェベリ, マルコ　Etcheverry, Marco　サッカー選手（MF）　国ボリビア　生1970年9月26日　典2000

エチェベリア, ホセバ　Exteberria, Joseba　サッカー選手（FW）　国スペイン　生1977年9月5日　典2008

エチェベリア, ルイス　Echeverria Alvarez, Luis　政治家　元・メキシコ大統領　国メキシコ　生1922年1月17日　典1992／2004／2008

エチオーニ, アミタイ　Etzioni, Amitai　社会学者　ジョージ・ワシントン大学教授, コミュニタリアン・ネットワーク主宰　元・アメリカ社会学会会長　国米国　典2004／2008

エチクソン, ウィリアム　Echikson, William　ジャーナリスト　「リーダース・ダイジェスト・ヨーロッパ版」副編集長　国米国　生1959年　典2000

エチャバリ, ルイス　経済協力開発機構原子力機関（OECD/NEA）事務局長　国スペイン　典2000

エチャンゲ, アルベルト　本名＝ロドリグアイオンファンチ, フアン　タンゴ歌手　国アルゼンチン　生1987年2月11日　典1992

エッガー, ノルベルト　Egger, Norbert　システム開発者　CubeServ Group CEO　典2008

エッカー, ヘイリー　Ecker, Haylie　グループ名＝ボンド　バイオリニスト　国オーストラリア　典2004／2008

エッカート, アラン　Eckert, Allan W.　フリーライター　国米国　生1931年　典2004

エッカート, アーロン　Eckhart, Aaron　俳優　国米国　生1968年　典2008／2012

エッカート, カーター　Eckert, Carter J.　歴史学者　ハーバード大学教授・コリアン・インスティチュート所長　国朝鮮史　国米国　典2008

エッカート, ジョン・プレスパー　Eckert, John Presper　電子工学者　元・スペリー・ランド社ユニバック部門（現・ユニシス）副社長　国コンピューター（ENIAC,UNIVACの開発）　国米国　生1919年4月9日　没1995年6月3日　典1992／1996

エッカート, スコット　Eckert, Scott　デルコンピュータ・デル・オンライン部門ディレクター　国米国　生1967年　典2000

エッカードシュタイン, セヴェリン・フォン　Eckardstein, Severin von　ピアニスト　国ドイツ　生1978年　典2012

エッカーマン, エリック　Eckermann, Erik　自動車歴史家　国ドイツ　生1937年　典2000

エッキー, ポール　園芸家　国米国　没1991年6月21日　典1992

エッギマン, エルンスト　Eggimann, Ernst　詩人　国スイス　生1936年　典1992

エック, クリスチャン　Heck, Christian　ストラスブール大学美術史担当客員教授　元・ウンターリンデン美術館館長　国美術史　国フランス　典1996

エック, ダイアナ・L.　Eck, Diana L.　ハーヴァード大学神学部教授　生1945年　典2008

エック, トーマス　Eck, Thomas　コンピューター技術者　国米国　典2004

エック, ニコライ　Ekk, Nikolai　映画監督　国ソ連　生1902年6月1日　典1992

エック, マッツ　Ek, Mats　振付師　元・クルベリー・バレエ団芸術監督　国バレエ　国スウェーデン　生1945年　典2004／2008／2012

エックス, シャレル　Ex, Sjarel　ユトレヒト・セントラルミュージアム館長　国オランダ　生1957年　典2004／2008

エッグルトン, P.　在日カナダ大使館参事官（科学技術）　国カナダ　典1992

エッケス, ジョージ　Eckes, George　経営コンサルタント　エッケス・アンド・アソシエーツ（EAI）創業者　国米国　典2004／2008

エッケル, E.　レールダルメディカルジャパン社長　国ノルウェー　典2000

エッケル, エリック　Eckel, Erik　編集者　「ITコミュニティ」編集長　典2004

エッサー, オットー　Esser, Otto　実業家　元・E・メルク・パートナー, 元・ドイツ使用者連盟（BDA）会長　国ドイツ　生1917年6月1日　没2004年11月28日　典1992／1996

エッサー, マルティン　フォルクスワーゲン・グループ・ジャパンアウディブランド代表　[国]ドイツ　[生]1954年　[典]1996

エッジ　Edge　本名=エバンス, デーブ　グループ名=U2　ロック・ギタリスト　[国]英国　[生]1961年8月8日　[典]2000／2004／2008／2012

エッシェルマン, ボーン　Eshaelman, Vaughn　大リーグ選手（投手）　[国]米国　[生]1969年5月22日　[典]2000

エッシェン, マイケル　Essien, Michael　サッカー選手（MF）　[国]ガーナ　[生]1982年12月3日　[典]2012（エシエン, マイケル）

エッシェンバッハ, クリストフ　Eschenbach, Christoph　指揮者, ピアニスト　元・パリ管弦楽団音楽監督, 元・フィラデルフィア管弦楽団音楽監督　[国]ドイツ　[生]1940年2月20日　[典]1992／1996／2000／2004／2008／2012

エッシェンモーザー, アルベルト・ヤコブ　Eschenmoser, Albert Jakob　化学者　チューリヒ連邦工科大学教授　[専]有機化学　[国]スイス　[生]1925年8月5日　[典]1992／1996／2000

エッシグ, テリー　Essig, Terry　ロマンス作家　[典]2004

エッセン, L.　Essen, Laura　心理療法家　マイアミレーク・カウンセリングセンター所長　[専]虐待, トラウマ　[国]米国　[典]2004

エッター, デローレス　Etter, Delores M.　電気工学者　コロラド大学電気コンピュータ工学科教授　[国]米国　[典]2004

エッツ, マリー・ホール　絵本作家　[国]米国　[生]1895年　[没]1984年　[典]1992

エッティンガー, ダン　Ettinger, Dan　指揮者, ピアニスト　イスラエル交響楽団首席指揮者, マンハイム州立歌劇場音楽総監督, 東京フィルハーモニー交響楽団常任指揮者　[国]イスラエル　[生]1971年　[典]2012

エッテンバーグ, エリオット　Ettenberg, Elliott　マーケティングコンサルタント　[専]消費者問題　[典]2004

エッピング, ランディ・チャールズ　Epping, Randy Charles　経済コンサルタント　[国]米国　[典]2004

エッポリト, ルー　Eppolit, Lou　元・警察官　元・ニューヨーク市警刑事　[国]米国　[生]1948年　[典]1996

エッレゴード, カイサ　Ellegard, Kajsa　リンシェーピン大学教授, イェーテボリ大学教授　[専]産業転換論, 時系地理学　[国]スウェーデン　[典]2004

エディー　Eddie　デュオ名=SoRi　歌手　[国]韓国　[生]1981年9月29日　[典]2008／2012

エディ, アブドル・サッタル　別名=ファーザー・エディ　社会福祉活動家　エディ・ファウンデーション創設者　[国]パキスタン　[生]1932年　[典]1992／2000

エディ, デュアン　Eddy, Duane　ギタリスト　[国]米国　[生]1938年　[典]1992／1996

エディ, ポール　Eddy, Paul　作家, ジャーナリスト　[国]英国　[生]1944年　[典]2004／2008

エティエンヌ, ジャン・ルイ　Etienne, Jean-Louis　医師, 探検家　[専]スポーツ医学, 生物学　[国]フランス　[生]1946年　[典]1992

エティエンヌ, ロベール　Etienne, Robert　ボルドー第3大学教授　[専]ローマ史　[国]フランス　[典]1992

エディゲイ, イェジィ　Edigey, Jerzy　本名=コルィツキー, イェジィ　推理作家　[国]ポーランド　[典]1992

エディータ　歌手　[国]ポーランド　[典]2000

エティヤンブル, ルネ　Etiemble, René　作家, 比較文学者　元・ソルボンヌ大学比較文学研究所教授　[専]中国文学　[国]フランス　[生]1909年1月26日　[没]2002年1月7日　[典]1992

エディンガー, E.F.　Edinger, Edward F.　精神科医, ユング派分析家　[生]1922年　[没]1998年　[典]2008

エティンガー, エルジビエータ　Ettinger, Elżbieta　マサチューセッツ工科大学教授　[専]創作, 文学　[典]2000

エディングス, デービッド　Eddings, David　ファンタジー作家　[国]米国　[生]1931年　[没]2009年6月2日　[典]1996／2000

エディンバラ公　Edinburgh, The Duke of　旧名=マウントバッテン, フィリップ　称号=フィリップ殿下　世界自然保護基金（WWF）名誉総裁　エリザベス英国女王の夫　[国]英国　[生]1921年6月10日　[典]1992／1996／2000／2004／2008／2012

エテギー, エドワード　Ettedgui, Edouard　実業家　マンダリンオリエンタルCEO　[生]1951年

エテキ・ムブムア, ウィリアム　Eteki Mboumoua, William-Aurélien　政治家, 法律家　元・アフリカ統一機構（OAU）事務総長, 元・カメルーン外相　[国]カメルーン　[生]1933年10月20日　[典]1992

エテギュー, ジョセフ　ファッションデザイナー　ジョセフ・オーナー・ディレクター　[国]フランス　[典]2000

エーデュス, パスカル　Eyt-Dessus, Pascal　テイサン会長　[国]フランス　[典]2000

エーデラー, ギュンター　Ederer, Günter　ジャーナリスト, テレビディレクター　[国]ドイツ　[生]1941年　[典]1996

エデリー, パット　Eddery, Pat　元・騎手　[国]アイルランド　[生]1952年3月18日　[典]1996

エテル, アレックス　Etel, Alex　俳優　[国]英国　[生]1994年9月19日　[典]2012

エーデルウィッチ, ジェリー　Edelwich, Jerry　医療カウンセラー　[典]2004

エデルスタイン, スコット　Edelstein, Scott　作家, 編集者　[国]米国　[典]1992

エーデルハイト, ルイス　Edelheit, Lewis S.　ゼネラル・エレクトリック（GE）上席副社長・中央研究所所長　[国]米国　[生]1942年　[典]2000

エーデルマン, M.　Edelman, Murray　政治学者　ウィスコンシン大学名誉教授　[専]象徴政治批判学　[国]米国　[生]1919年　[典]1996

エーデルマン, オットー　Edelmann, Otto Karl　バスバリトン歌手　[国]オーストリア　[生]1917年2月5日　[没]2003年5月14日　[典]1996

エーデルマン, グウェン　Edelman, Gwen　作家　[国]米国　[典]2004

エーデルマン, ケネス　Adelman, Kenneth L.　外交評論家　ジョージタウン大学教授　[専]軍備管理問題　[国]米国　[生]1946年6月9日　[典]1992

エーデルマン, ジェラルド　Edelman, Gerald Maurice　生化学者　元・ロックフェラー大学教授　[国]米国　[生]1929年7月1日　[典]1992／1996／2000／2004／2008

エーデルマン, セルゲイ　Edelmann, Sergei　ピアニスト　リボフ音楽院名誉教授　[国]ベルギー　[生]1960年6月22日　[典]2012

エデルマン, ダニエル・J.　実業家　エデルマン・パブリック・リレーションズ・ワールドワイド会長・CEO　[国]米国　[典]2000

エーデルマン, ドリーン・M.　弁護士　ミラー・キャンフィールド・パドック・アンド・ストーン法律事務所　[国]米国　[典]1992

エーデルマン, ペーター　Edelmann, Peter　バリトン歌手　[国]オーストリア　[生]1962年　[典]1996

エーデルマン, マリアン・ライト　Edelman, Marian Wright　子供防衛基金理事長　[国]米国　[生]1939年　[典]1996

エトー, ケン　Eto, Ken　漢字表記=衛藤健　"東京ジョー"と呼ばれた日系人マフィア　[国]米国　[生]1919年10月19日　[没]2004年1月23日　[典]1992（ジョー, モンタナ）

エドゥー　Edú　本名=マランゴン, カルロス・エドゥアルド　元・サッカー選手　[国]ブラジル　[生]1963年2月2日　[典]1996／2000／2012

エドゥー　Edu　本名=サントス, エドゥアルド・アントニオ・ドス　サッカー選手（MF）　[国]ブラジル　[生]1967年2月2日　[典]1996

エドゥー　Edu　本名=コインブラ, エドゥアルド・アントゥネス　サッカーコーチ　[国]ブラジル　[生]1947年2月5日　[典]2004／2008／2012

エトウ, キンボウ・イシイ　Eto, Kinbo Ishii　指揮者　ベルリン・コーミッシェ・オーパー専属指揮者　[典]2004／2008／2012

エドゥアルド　Eduardo　タンゴ舞踊家, 演出家, 振付家　グローリア・アンド・エドゥアルド・タンゴ舞踊団　[国]アルゼンチン　[典]2008／2012

エドヴァルドソン, コルデリア　Edvardson, Cordelia　ジャーナリスト　[国]イスラエル　[生]1929年　[典]1996（エドバルドソン, コルデリア）

エドウィン　Edwin　本名=イファニー, エドウィン　サッカー選手

（MF）　国カメルーン　⊕1972年4月28日　⊛2000

エトヴェシュ, ペーテル　Eötvös, Peter　指揮者, 作曲家　元・アンサンブル・アンテルコンタンポラン音楽監督　国ドイツ　⊕1944年1月2日　⊛2012

エトオ, サミュエル　Eto'o, Samuel　サッカー選手（FW）　シドニー五輪サッカー男子金メダリスト　国カメルーン　⊕1981年3月10日　⊛2004／2008／2012

エドガー, ジェームズ　Edgar, James　政治家　元・イリノイ州知事（共和党）　国米国　⊕1946年7月22日　⊛1996／2000

エドガー, デービッド　Edgar, David　劇作家　国英国　⊕1948年　⊛1992

エドガー, トーマス　Edgar, Thomas F.　テキサス大学オースチン校教授　⑭化学工学　国米国　⊛2000

エドガー, フランク　Edgar, Frank　本名＝エドガー, フランク・ジェームス　通称＝エドガー, フランキー, 愛称＝ジ・アンサー　格闘家　国米国　⊕1981年10月16日

エドガー, ブレーク　Edgar, Blake　科学ライター, 編集者　国米国　⊛2008

エート・カラバオ　Ad Carabao　本名＝ユーンヨン・オパクル　グループ名＝カラバオ　歌手　国タイ　⊛2004／2008

エドガル　Edgar　本名＝パチェコ, エドガル・パトリシオ・カルバーリョ　サッカー選手（FW）　国ポルトガル　⊕1977年8月7日　⊛2004／2008

エドギュ, フェリット　Edgü, Ferit　著述家　アダ出版設立者　国トルコ　⊕1936年　⊛2000

エトキン, スーザン　アート作家　国米国　⊕1955年　⊛1992

エドキンズ, ダイアナ　Edkins, Diana　編集者　国米国　⊛2004

エトキンド, エフィム　Etkind, Efim Grigorievich　文芸学者, 翻訳家　元・パリ第10大学教授　⑭比較文学, 翻訳論, 翻訳史　国フランス　⊕1918年2月26日　⊗1999年11月22日　⊛1996

エトコフ, ナンシー　Etcoff, Nancy　心理学者　⑭認知科学　国米国　⊛2004

エドソール, トーマス　Edsall, Thomas Byrne　ジャーナリスト　「ワシントン・ポスト」紙政治記者　国米国　⊕1941年　⊛1996

エドソール, メアリー　Edsall, Mary D.　著述家　国米国　⊕1943年　⊛1996

エドソン, マーガレット　Edson, Margaret　劇作家　国米国　⊕1961年　⊛2004／2008

エードッシー, アダム　Erdossy, Adam　グループ名＝ブルーマングループ　パフォーマー　国米国　⊛2012

エドベリ, ステファン　Edberg, Stefan　元・テニス選手　国スウェーデン　⊕1966年1月19日　⊛1992／1996／2000

エードボム, ヤン・オーロフ　Edobom, Jan-Olof　アイススレッジホッケー選手（FW）　国スウェーデン　⊕1957年6月24日　⊛2000

エドマーク, トミマ　Edmark, Tomima　実業家　トップツイ・テイルを発明　国米国　⊛2000

エドマン, ヨナス　Edman, Jonas　射撃選手（ライフル）　国スウェーデン　⊕1967年3月4日　⊛2004／2008

エドマンズ, アラン　Edmands, Allan　（株）インフォ・クリエイツ英文マニュアル品質管理部長　⊕1942年　⊛1996

エドマンドソン, マーク　Edmundson, Mark　英文学者　バージニア大学助教授, 「ハーパーズ・マガジン」社外編集者　⊕1952年　⊛2004

エドモンズ, ジム　Edmonds, Jim　本名＝Edmonds, James Patrick　元・大リーグ選手　国米国　⊕1970年6月27日　⊛2012

エドラー, リチャード　Edler, Richard　ビジネスコンサルタント　国米国　⊛2000

エドランド, リチャード　Edlund, Richard　映画特撮監督　デジタル・ピラミッド会長　元・ボス・フィルム・スタジオ代表　国米国　⊕1940年12月6日　⊛1992／1996／2004／2008／2012

エードリアン, ネーサン　Adrian, Nathan　水泳選手（自由形）　ロンドン五輪競泳男子100メートル自由形金メダリスト　国米国　⊕1988年12月7日

エトロ, キーン　ファッションデザイナー　エトロ・アートディレクター・クリエイティブディレクター　国イタリア　⊛2000

エトロ, ジーモ　Etro, Gimmo　実業家, デザイナー　エトロ社長　⑭ファブリック, インテリア, ホームファッション　国イタリア　⊕1940年　⊛1992／2000

エドロサ・マトゥテ, ヘノベバ　Edroza-Matute, Genoveva D.　作家　国フィリピン　⊕1915年1月3日　⊛1992／1996

エドワーズ, F.R.　コロンビア大学金融先物研究所所長, 株式先物取引協議会主宰　⑭金融　国米国　⊛1992

エドワーズ, アラン　医師　元・C.G.ユング・クリニック医局長　⑭精神医学, 分析心理学　国英国　⊛1992

エドワーズ, アン　Edwards, Anne　伝記作家　国米国　⊛1992

エドワーズ, アンソニー　Edwards, Anthony　俳優　国米国　⊕1962年7月19日　⊛2000／2008／2012

エドワーズ, ウェイド　Edward, Wade　ネットワーク技術者　⊛2008

エドワーズ, エドウィン　Edwards, Edwin Washington　政治家　元・ルイジアナ州知事　国米国　⊕1927年8月7日　⊛1996

エドワーズ, エリザベス　Edwards, Elizabeth　本名＝Edwards, Elizabeth Anania　元米国副大統領候補ジョン・エドワーズの妻　国米国　⊕1949年7月3日　⊗2010年12月7日

エドワーズ, ガレス　Edwards, Gareth Owen　実業家, テレビ解説者, 元・ラグビー選手　マスターズ・インターナショナル社ラグビー部顧問　国英国　⊕1947年7月12日　⊛2000

エドワーズ, キャロリン・マックビッカー　Edwards, Carolyn McVickar　作家　国米国　⊛2008

エドワーズ, コーウィン　Edwards, Corwin D.　経済学者　元・日本財閥調査団団長, 元・米国連邦取引委員会（FTC）産業経済部長, 元・オレゴン大学教授　⊕1901年11月1日　⊛1992／1996

エドワーズ, コーリン　Edwards, Colin　オートバイライダー　国米国　⊕1974年2月27日

エドワーズ, サミュエル　Edwards, Samuel　作家　国米国　⊛1992

エドワーズ, サム　Edwards, Sam　本名＝エドワーズ, サミュエル・フレデリック　物理学者　ケンブリッジ大学教授　⑭高分子物理学, ゲルの動的挙動　国英国　⊕1928年2月1日　⊛1996

エドワーズ, サラ　Edwards, Sarah　ビジネスコンサルタント　パインマウンテン・インスティチュート主宰　国米国　⊛2004

エドワーズ, ジェームズ　Edwards, James B.　政治家　元・米国エネルギー長官　国米国　⊕1927年6月24日　⊛1992

エドワーズ, ジェームズ　Edwards, James　本名＝Edwards,James Franklin　元・バスケットボール選手　国米国　⊕1955年11月22日　⊛2000

エドワーズ, ジェリ　Edwards, Jeri　プログラム開発者, 実業家　BEAシステムズ副社長　⊛2004

エドワーズ, ジョナサン　Edwards, Jonathan　元・三段跳び選手　国英国　⊕1966年5月10日　⊛1996／2000／2004／2008

エドワーズ, ジョン　Edwards, John Reid　政治家, 弁護士　元・米国上院議員（民主党）　国米国　⊕1953年6月10日　⊛2004／2008／2012

エドワーズ, スティーブン　Edwards, Stephen R.　国際自然保護連合（IUCN）種の保存委員会事務局長　⊛1992

エドワーズ, ダグラス　ジャーナリスト, アンカーマン　国米国　⊗1990年10月13日　⊛1992

エドワーズ, テレサ　Edwards, Teresa　元・バスケットボール選手　国米国　⊕1964年7月19日　⊛2000／2004

エドワーズ, ノーキー　Edwards, Norkie　旧グループ名＝ベンチャーズ　リードギター奏者　国米国　⊕1936年　⊛1992／1996／2012

エドワーズ, バスター　本名＝エドワーズ, ロナルド　大列車強盗のリーダー　国英国　⊗1994年11月29日　⊛1996

エドワーズ, バーナード　グループ名＝シック　ベース奏者, 音楽プロデューサー　⊕1996年4月18日　⊛1992

エドワーズ, ブレーク　Edwards, Blake　本名＝マクエドワーズ, ウィリアム・ブレーク　映画監督, 脚本家　国米国　⊕1922年7月26日　⊗2010年12月15日　⊛1996／2000

エドワーズ, ベティ　Edwards, Betty　カリフォルニア州立大学教授　[専]美術教育　[国]米国　[典]1996

エドワーズ, ペニー　Edwards, Penny　ホメオパシー医師　[典]2008

エドワーズ, ベンジャミン(3世)　A・G・エドワーズ・アンド・サンズ会長・社長・CEO　[国]米国　[典]1996

エドワーズ, ポール　Edwards, Paul　哲学者　ニューヨーク市立大学ブルックリン校名誉教授　[国]米国　[典]2004

エドワーズ, ポール　Edwards, Paul　ビジネスコンサルタント　パインマウンテン・インスティチュート主宰　[国]米国　[典]2004

エドワーズ, リン　Edwards, Lynn　ナチュラルペインター　[国]英国　[典]2008

エドワーズ, レオナルド　Edwards, Leonard J.　外交官　駐日カナダ大使　[国]カナダ　[典]2000／2004

エドワーズ, ロバート　Edwards, Robert Geoffrey　生理学者　元・ケンブリッジ大学名誉教授　[専]体外受精　[国]英国　[生]1925年9月27日　[没]2013年4月10日　[典]1992／1996／2004／2008／2012

エドワード, ジョン　Edward, John　霊媒師, 作家　[国]米国　[典]2004

エドワード, ナイハイゼル　元・日本ゲートウェイ会長　[国]米国　[典]1992

エドワード, マーク　Edward, Mark　公認会計士試験対策講師　[国]米国　[典]2004

エドワード王子　Edward, Prince　本名=エドワード・アントニー・リチャード・ルイス　称号=ウェセックス伯爵　エリザベス英国女王の第三王子　[国]英国　[生]1964年3月10日　[典]1992／1996／2000／2004／2008／2012

エナルズ, マーティン　人権擁護活動家　元・アムネスティ・インターナショナル事務局長　[没]1991年10月5日　[典]1992

エナン, ジュスティーヌ　Henin, Justine　旧名=エナン・アーデン, ジュスティーヌ　元・テニス選手　アテネ五輪テニス女子シングルス金メダリスト　[国]ベルギー　[生]1982年6月1日　[典]2004(エナン・アーデン, ジュスティーヌ)／2008／2012

エニウトン　Enilton　本名=Miranda,Enilton Menezez de　サッカー選手(FW)　[国]ブラジル　[生]1977年10月11日　[典]2008

エニグ, ジャン・リュック　Hennig, Jean-Luc　作家, ジャーナリスト　元・カイロ大学教授　[生]1945年　[典]2004

エニス, ジェシカ　Ennis, Jessica　七種競技選手　ロンドン五輪陸上女子七種競技金メダリスト　[国]英国　[生]1986年1月28日

エニック, ナタリー　Heinich, Nathalie　社会学者　フランス国立科学研究センター(CNRS)主任研究員　[専]芸術社会学, 現代美術論, 女性・作家のアイデンティティ論　[国]フランス　[生]1955年　[典]2008／2012

エニュー, ジュディス　Ennew, Judith　社会人類学者　ケンブリッジ大学講師,Y Care International(YMCA補助機関)事務局長　[国]英国　[典]1992

エヌキン, マリー　Hennekinne, Marie　元・フランス工業省・研究省大臣官房補佐官(広報担当)　[国]フランス　[典]1992／1996

エヌキン, ロイック　Hennekinne, Loic　外交官　元・駐日フランス大使　[国]フランス　[生]1940年9月　[典]1992／1996

エヌマン, ローラン　Heynemann, Laurent　映画監督　[国]フランス　[生]1948年　[典]1996

エネー, ランシュブルグ　Jenó, Ranschburg　発達心理学者　[典]2008(ランシュブルグ, エネー)

エーネス, ジェームズ　Ehnes, James　バイオリニスト　[国]カナダ　[生]1976年　[典]2004／2012

エノー, ジャン・ノエル　日本磁気ベアリング社長, スネクマ東京リエゾン・オフィス代表　[国]フランス　[典]1992

エバ, エルメリー　ガラス工芸インストラクター　[国]スウェーデン　[典]1992

エバーショフ, デービッド　Ebershoff, David　編集者　ランダムハウス・出版ディレクター　[国]米国　[典]2004／2008

エバーズ, キャロライン　Evers, Caroline　本名=Evers-Swindell, Caroline　ボート選手　アテネ五輪・北京五輪ボート女子ダブルスカル金メダリスト　[国]ニュージーランド　[生]1978年10月10日　[典]2008／2012

エバーズ, ジョージナ　Evers, Georgina　本名=Evers-Swindell, Georgina　ボート選手　アテネ五輪・北京五輪ボート女子ダブルスカル金メダリスト　[国]ニュージーランド　[生]1978年10月10日　[典]2008／2012

エバーズ, バーナード　Ebbers, Bernard J.　実業家　ワールドコム創業者　元・MCIワールドコム社長・CEO　[国]米国　[生]1941年8月27日　[典]2000／2004

エバースタット, ニコラス　Eberstadt, Nicholas　国際政治学者　アメリカン・エンタープライズ公共政策研究所(AEI)客員研究員　[専]南北朝鮮問題　[国]米国　[典]2004／2008

エバーツ, ジェーク　Eberts, Jake　映画プロデューサー　[国]カナダ　[生]1941年7月10日　[没]2012年9月6日　[典]1996

エバーツ, ロバート　Eversz, Robert M.　作家, 脚本家　[国]米国　[典]2000／2012

エバット, エリザベス　国連規約人権委員会専門委員, オーストラリア法制改革委員会議長, ニューキャッスル大学総長　[国]オーストラリア　[典]2000

エバディ, シリン　Ebadi, Shirin　人権活動家, 弁護士　[国]イラン　[生]1947年　[典]2004／2008／2012

エバート, クリス　Evert, Chris　本名=Evert,Christine Marie　元・テニス選手　[国]米国　[生]1954年12月21日　[典]1992／1996／2012

エバートン, ノゲイラ　Everton, Nogueira　元・サッカー選手　[国]ブラジル　[生]1959年12月12日　[典]1996／2012

エバニアー, デービッド　Evanier, David　作家, 編集者　[典]2004

エハヌロフ, ユーリー　Yekhanurov, Yury Ivanovich　政治家　元・ウクライナ首相　[国]ウクライナ　[生]1948年8月23日　[典]2008

エバーハート, ジョージ　富士通PCコーポレーション社長　[典]2000

エバハート, トム　画家　[国]米国　[典]2004

エバハート, マーク・E.　Eberhart, Mark E.　コロラド鉱山大学教授　[典]2008

エーバーハルト, ヴォルフラム　Eberhard, Wolfram　カリフォルニア大学バークレー校教授　[専]社会学, 中国史　[国]ドイツ　[生]1909年　[典]1996

エーバーライン, ヨハン・コンラート　Eberlein, Johann Konrad　グラーツ大学教授　[生]1948年　[典]2008

エバリー, ウィリアム　Eberle, William Denman　実業家　元・全米自動車工業会会長　[国]米国　[生]1923年6月5日　[典]1992

エバリー, ジェームス　Eberle, James　本名=Eberle,James Henry Fuller　元・軍人　英国王立国際問題研究所(RIIA)所長　[専]国際問題, 安全保障問題　[国]英国　[生]1927年5月31日　[典]1992

エバリー, ジョージ　Everly, Jr., George S.　医学者　[国]米国　[典]2008

エーバーレ, クリストフ　Eberle, Christoph　指揮者, クラリネット奏者　ウィーン室内管弦楽団(WKO)首席指揮者, フォアアルベルク交響楽団首席指揮者　[国]オーストリア　[生]1959年　[典]2004／2008

エバン, アバ　Eban, Abba　幼名=ソロモン, オーブリー　政治家, 外交官　元・イスラエル外相, 元・イスラエル・ワイズマン科学研究所所長　[国]イスラエル　[生]1915年2月2日　[没]2002年11月17日　[典]1992

エバンジェリスタ, リンダ　Evangelista, Linda　ファッションモデル　[国]カナダ　[典]1996／2000

エバンス, アマンダ　Evans, Amanda Louise Elliot　フリーライター　[国]英国　[生]1958年5月19日　[典]2004

エバンズ, アラン　Evans, Alan　作家　[国]英国　[典]1992／1996

エバンス, カデル　Evans, Cadel　本名=Evans,Cadel Lee　自転車選手(ロードレース)　[国]オーストラリア　[生]1977年2月14日

エバンス, ガリー　Evans, Garry　エコノミスト　HSBC証券チーフ・ジャパン・ストラテジスト　[国]英国　[典]1992／2004／2008

エバンス, ギル　Evans, Gil　ジャズ作曲家・編曲家　[生]1912年5月13日　[没]1988年3月20日　[典]1992

エバンズ, ゲラint　Evans, Geraint Llewellyn　バリトン歌手　[国]英国　[生]1922年2月16日　[没]1992年9月20日　[典]1996

エバンズ, ゲーリー　Evans, Gary R.　経済学者　ハーヴェイ・マッ

ド大学人文・社会学部准教授,Bora Software社生産開発担当副社長 [専]マクロ経済学,貨幣・金融論 [国]米国 [典]1992

エバンズ, ゲーリー　Evans, Gary　プロゴルファー [国]英国 [生]1969年2月22日 [典]1996/2008

エバンス, ゲリス・ジョン　Evans, Gareth John　政治家　オーストラリア労働党副党首　元・オーストラリア外相 [国]オーストラリア [生]1944年9月5日 [典]1992/1996/2000

エバンズ, シビル　Evans, Sybil　ビジネスコンサルタント　シビル・エバンズ・アソシエイツ経営者 [国]米国 [典]2004

エバンス, ジム　Evans, Jim　本名=Evans,James Bremond　大リーグ審判 [国]米国 [生]1946年11月5日 [典]2000

エバンス, ジャネット　Evans, Janet　元・水泳選手　ソウル五輪・バルセロナ五輪金メダリスト [国]米国 [生]1971年8月28日 [典]1992/1996/2000/2012

エバンス, ジョン　Evans, John V.　コムサット・コーポレーション副社長・主任技師 [国]米国 [典]2000

エバンズ, ジョン　Evans, John　作家 [国]英国 [典]1996

エバンズ, ジョン　Evans, Jon　作家 [国]カナダ [生]1973年 [典]2012

エバンス, スーザン　ロンドン大学解剖学部助教授 [専]爬虫類化石 [国]英国 [典]2000

エバンス, タイリーク　Evans, Tyreke　バスケットボール選手 [国]米国 [生]1989年9月19日

エバンズ, ダグラス　Evans, Douglas　児童作家 [国]米国 [典]2004

エバンズ, ダグラス　Evans, Douglas K.　作家 [国]米国 [典]2004/2008

エバンズ, チャールズ　Evans, Robert Charles　登山家　元・ノース・ウェールズ大学学長 [国]英国 [生]1918年10月19日 [没]1995年12月5日 [典]1996

エバンス, ディラン [専]進化心理学 [国]英国 [典]2004

エバンス, デービッド　Evans, David　ジャーナリスト,元・軍人「シカゴ・トリビューン」紙軍事記者 [国]米国 [典]1992

エバンス, デービッド　Evans, David　音楽ライター [典]2004

エバンズ, デール　Evans, Dale　女優,カントリー歌手 [国]米国 [生]1912年 [没]2001年2月7日 [典]2000

エバンス, トム　Evans, Tom　本名=Evans,Thomas John　元・プロ野球選手,元・大リーグ選手 [国]米国 [生]1974年7月9日 [典]2004

エバンズ, ドン　Evans, Don　本名=エバンズ,ドナルド　実業家　元・米国商務長官,元・トム・ブラウン会長・CEO [国]米国 [生]1946年7月27日 [典]2004/2008

エバンス, ニコラス　Evans, Nicholas　作家 [国]英国 [生]1950年 [典]2000

エバンス, パトリシア　Evans, Patricia　カウンセラー　エバンス人間関係研究所代表 [国]米国 [典]2008

エバンズ, ハワード・エンサイン　Evans, Howard Ensing　昆虫学者　コロラド州立大学名誉教授 [国]米国 [生]1919年 [典]1992/1996

エバンス, ビル　Evans, Bill　ジャズ・サックス・フルート・キーボード奏者 [国]米国 [生]1958年2月9日 [典]1992

エバンズ, ビル　Evans, Bill　本名=Evans,William J.　ジャズピアニスト [国]米国 [生]1929年8月16日 [没]1980年9月15日 [典]1992

エバンズ, マックス　Evans, Max　作家 [国]米国 [生]1924年 [典]1992

エバンズ, マーティン　Evans, Martin John　医学者　カーディフ大学教授 [国]英国 [生]1941年1月1日 [典]2004/2008/2012

エバンズ, モーリス　Evans, Maurice　俳優 [国]米国 [生]1901年6月3日 [没]1989年3月13日 [典]1992

エバンス, リス　Ifans, Rhys　俳優 [国]英国 [典]2000/2004

エバンス, リチャード　Evans, Richard H.　実業家　ブリティッシュ・エアロスペース(BAe)社長 [国]英国 [典]1992

エバンス, リチャード　Evans, Richard Mark　外交官　元・駐中国英国大使 [国]英国 [生]1928年4月15日 [没]2012年8月24日 [典]1996

エバンズ, リチャード・ポール　Evans, Richard Paul　作家 [国]米国 [典]2000/2004

エバンズ, ロバート　Evans, Robert　元・ブリティッシュ・ガス会長 [国]英国 [生]1927年5月28日 [典]1992/1996

エバンズ, ロバート　Evans, Robert　本名=Evans,Robert J.　映画プロデューサー,俳優 [国]米国 [生]1930年6月29日 [典]2000/2004/2008/2012

エバンス, ローランド　Evans, Rowland　コラムニスト [国]米国 [生]1921年 [典]1996

エバンソン, ジェイムズ　Evanson, James　建築家,デザイナー　エール大学講師 [国]米国 [生]1946年 [典]1992

エピ　本名=ルイス,サン・エピファーニオ　バスケットボール選手 [国]スペイン [生]1959年6月12日 [典]1996

エピシェフ, アレクセイ　Epishev, Aleksei Alekseevich　軍人,政治家　元・ソ連陸海軍政治総局長(上級大将) [国]ソ連 [生]1908年5月18日 [没]1985年9月15日 [典]1992

エフィーモフ, ニコライ　Efimov, Nikolai I.　元・「イズベスチヤ」編集長 [国]ソ連 [生]1932年 [典]1992

エフィーモフ, ミハイル　Efimov, Mikhail B.　ジャーナリスト　ノーボスチ通信東京支局長 [国]ソ連 [生]1929年 [典]1992

エフィモワ, ユリア　Yefimova, Yuliya　水泳選手(平泳ぎ) [国]ロシア [生]1992年4月3日

エフィンジャー, ジョージ・アレック　Effinger, George Alec　SF作家 [国]米国 [生]1947年 [没]2002年4月26日 [典]1996

エフエックス　FX　セキュリティコンサルタント [典]2008

エフェルスベルク, アネ　フロリスト [国]ドイツ [典]2004

エフェンベルク, ステファン　Effenberg, Stefan　元・サッカー選手 [国]ドイツ [生]1968年8月2日 [典]2000/2004

エプス, オマー　Epps, Omar　俳優,ミュージシャン,映画監督 [国]米国 [生]1973年 [典]2004/2008

エプスタイン, アラン　Epstein, Alan　心理学者 [国]米国 [典]2000

エプスタイン, イスラエル　Epstein, Israel　漢字名=愛潑斯坦,伊斯雷爾　ジャーナリスト,作家　元・「今日中国」名誉編集長,元・中国人民政治協商会議全国委員会(全国政協)常務委員 [国]中国 [生]1915年 [没]2005年5月26日 [典]2000

エプスタイン, エドウィン　Epstein, Edwin M.　カリフォルニア大学バークレー校名誉教授,セントメリー・カレッジ・オブ・カリフォルニア経済経営学部長 [専]経済学,経営学 [国]米国 [生]1937年 [典]2000

エプスタイン, エドワード・J.　Epstein, Edward Jay　ジャーナリスト,作家 [国]米国 [生]1935年 [典]2008

エプスタイン, サミュエル・S.　Epstein, Samuel S.　イリノイ大学シカゴ校公衆衛生スクール教授,職業医学・環境医学名誉教授,がん予防連合(CPC)チェアマン,全米ライター・ユニオン・メンバー [典]2008

エプスタイン, ジェーソン　Epstein, Jason　編集者　「リーダーズ・カタログ」創設者　元・ランダムハウス副社長 [国]米国 [生]1928年 [典]2004/2008

エプスタイン, ジェラルド　Epstein, Gerald　精神科医　マウントサイナイ医療センター精神医学臨床助教授,米国心的イメージ研究所所長 [専]精神医学 [国]米国 [典]2000

エプスタイン, ジョゼフ　Epstein, Joseph　ライター,編集者 [国]米国 [典]2004/2008

エプスタイン, セオ　Epstein, Theo　カブス編成部門長　元・レッドソックスGM [国]米国 [生]1973年12月29日 [典]2012

エプスタイン, ブライアン　音楽プロデューサー　元・ビートルズ・マネージャー [国]英国 [生]1934年9月19日 [典]1996

エプスタイン, ヘレン　Epstein, Helen　作家,ジャーナリスト [国]米国 [生]1947年11月 [典]1992/2004/2008

エプスタイン, マックス　指揮者　元・メトロポリタン・オペラ指揮者 [国]米国 [没]1990年12月14日 [典]1992

エプスタイン, ミッチ　Epstein, Mitch　写真家 [国]米国 [典]2000

エブテカール, マスーメ　Ebtekar, Masoumeh　科学者,ジャーナリスト,政治家　テヘラン市議,平和と環境センター理事長　元・イラン副大統領・環境庁長官 [国]イラン [生]1960年9月21日 [典]2000(エブテカー, マスメー)/2004(エブテカー, マスメー)/2012

エ

エフトゥシェンコ, エフゲニー　Evtushenko, Evgenii Aleksandrovich　詩人　国ロシア　⊕1933年7月18日　⽂1992／1996／2004

エフドキモワ, エバ　Evdokimova, Eva　バレリーナ　国米国　⊕1948年12月1日　⊗2009年4月3日　⽂1992／1996／2000／2008

エブナ, オビ　Egbuna, Obi　作家, 劇作家　国ナイジェリア　⊕1938年　⽂1992

エブナー, マーティン　Ebner, Martin　金融家　BZグループ会長　国スイス　⽂2000

エブニー, マイク　Abney, Mike　コンピューター技術者　国米国　⽂2004

エブラ, イーゴリ　Yebra, Ygor　バレエダンサー　国スペイン　⽂2004／2008

エプラー, エアハルト　Eppler, Erhard　政治家　SPD基本人間特性委員会議長　国ドイツ　⊕1926年12月9日　⽂1996

エブラール, ジェフロア　Ebrard, Geoffroy　エス・テー・デュポン・コマーシャルディレクター　国フランス　⊕1953年　⽂2000

エフランド, ジョン　Ephland, John　ジャーナリスト　「DOWN BEAT」誌編集長　国米国　⽂1992

エブリー, ジョージ　Every, George　神学者　国英国　⊕1909年　⽂1996

エブリングハム, リック　画家　国オーストラリア　⊕1945年　⽂1992

エフレーモフ, オレグ　Efremov, Oleg Nikolaevich　演出家, 俳優　元・モスクワ芸術座芸術監督　国ロシア　⊕1927年10月1日　⊗2000年5月24日　⽂1992

エフロス, アナトリー　Efros, Anatolii Vasilievich　演出家　元・タガンカ劇場首席演出家　国ソ連　⊕1925年　⊗1987年1月13日　⽂1992

エフロン, ザック　Efron, Zac　俳優　国米国　⊕1987年　⽂2008／2012

エフロン, デリア　Ephron, Delia　作家, 脚本家　国米国　⽂2000／2004

エフロン, ノーラ　Ephron, Nora　作家, 脚本家, 映画監督　国米国　⊕1941年5月19日　⊗2012年6月26日　⽂1996／2000／2004／2008／2012

エブンソン, ブライアン　Evenson, Brian　作家　ブラウン大学文芸科主任教授　国米国　⊕1966年

エーベリング, ハンス　Ebeling, Hans　パーダーボルン大学教授　国哲学, 教育学, 古典文献学　国ドイツ　⊕1939年　⽂1996

エベール, アンヌ　Hébert, Anne　詩人, 作家　国カナダ　⊕1916年　⊗2000年1月22日　⽂1992

エペル, ナオミ　Epel, Naomi　ライター　国夢　国米国　⽂2004

エベルトン　Ewerthon　本名=エベルトン, エンリケ・デ・ソウザ　サッカー選手(FW)　国ブラジル　⊕1981年6月10日　⽂2004／2008

エベルハルター, シュテファン　Eberharter, Stephan　スキー選手(アルペン)　国オーストリア　⊕1969年3月24日　⽂2004／2008

エベレスト, ティモシー　Everest, Timothy　ファッションデザイナー　ダックス・クリエイティブディレクター　国米国　⊕1962年　⽂2000／2004／2008

エベレット, カール　Everett, Carl Edward　大リーグ選手(外野手)　国米国　⊕1971年6月3日　⽂2004／2008

エベレット, ダグラス・ヒュー　Everett, Douglas Hugh　物理化学者　元・ブリストル大学名誉教授, 元・国際コロイド科学界面科学者協会会長　国コロイド科学, 界面科学, 表面科学　国英国　⊕1916年12月26日　⊗2002年6月25日　⽂1996

エベレット, ルパート　Everett, Rupert　俳優　国英国　⊕1960年5月29日　⽂1992／1996／2000／2004／2008／2012

エボラ, ネルソン　Evora, Nelson　三段跳び選手　北京五輪陸上男子三段跳び金メダリスト　国ポルトガル　⊕1984年4月20日　⽂2012

エボワ, エマニュエル・オフォス　Yeboah, Emmanuel Ofosu　トライアスロン選手　国ガーナ　⊕1977年　⽂2008／2012

エマ　Emma　本名=Bunton,Emma Lee　グループ名=スパイス・ガールズ　歌手　国英国　⊕1978年1月21日　⽂2000／2004／2008／2012

エマーソン, アール　Emerson, Earl W.　ミステリー作家, 消防士　国米国　⊕1948年　⽂1992／1996

エマーソン, キース　Emerson, Keith　旧グループ名=エマーソン・レーク＆パーマー, ナイス　キーボード奏者　国英国　⊕1944年11月2日　⽂1996／2000／2004／2008

エマーソン, グラディス・アンダーソン　生化学者, 栄養学者　元・カリフォルニア大学ロサンゼルス校教授　国米国　⊕1903年6月1日　⽂1992

エマーソン, サンドラ　Emerson, Sandra L.　コンピューターコンサルタント　⽂2004

エマーソン, ジョン　Emmerson, John K.　外交官　元・駐日米国公使　国米国　⊕1908年3月17日　⊗1984年3月24日　⽂1992

エマソン, トーマス　法律家　元・エール大学名誉教授　国米国　⊕1991年6月21日　⽂1992

エマート, リチャード　Emmert, Richard J.　英語新作能音楽監督・演出家　シアター能楽芸術監督, 武蔵野大学文学部教授　国比較民族学, 演劇研究　国米国　⊕1949年12月28日　⽂1996／2000／2004／2008

エマニュエリ, アンリ　Emmanuelli, Henri Joseph　政治家　元・フランス国民議会(下院)財政委員長, 元・フランス社会党第一書記　国フランス　⊕1945年5月31日　⽂2000

エマニュエル, エリザベス　Emanuel, Elizabeth Florence　ファッションデザイナー　国英国　⊕1953年7月5日　⽂2000

エマニュエル, ピエール　Emmanuel, Pierre　本名=Mathieu,Noël　詩人, 評論家　国フランス　⊕1916年5月3日　⊗1984年9月22日　⽂1992

エマニュエル, ラーム　Emanuel, Rahm　本名=Emanuel,Rahm Israel　政治家, 銀行家　シカゴ市長　元・米国大統領首席補佐官　国米国　⊕1959年11月29日　⽂2012

エマヌ, ジブリズ　Emane, Gevrise　柔道選手　ロンドン五輪柔道女子63キロ級銅メダリスト　国フランス　⊕1982年7月27日

エマヌエリ, グザビエ　Emmanuelli, Xavier　医師　サミュ・ソシアル理事長, 国境なき医師団(MSF)共同創設者　国フランス　⊕1938年　⽂1996／2012

エマーリング, オイゲン　フランクフルト国際書籍見本市運営会社役員　国ドイツ　⽂1992

エマール, ピエール・ロラン　Aimard, Pierre-Laurent　ピアニスト　国フランス　⊕1957年　⽂2004／2008／2012

エミサ, ジェームズ・レスリー・メイン　Amisaah, James Leslie Mayne　外交官　駐日ガーナ大使　国ガーナ

エーミッヒ, ステファン　Emig, Stephan　グループ名=トリオセンス　ジャズ・ドラマー　国ドイツ　⊕1976年　⽂2012

エミネム　Eminem　本名=マザーズ, マーシャル　ミュージシャン　国米国　⊕1972年10月17日　⽂2004／2008／2012

エミリオ, パウロ　サッカー監督　⽂2000

エミルソン, ペイエ　Emilson, Peje　実業家　クレアブ・ギャビン・アンダーソン会長　⽂2012

エミン, トレイシー　Emin, Tracey　アーティスト　国英国　⊕1963年　⽂2000／2008／2012

エミンガー, オトマール　Emminger, Otmar　銀行家　元・西ドイツ連邦銀行総裁　国ドイツ　⊕1911年3月2日　⊗1986年8月3日　⽂1992

エムアイエイ　M.I.A.　本名=アルプラガサム, マヤ　ミュージシャン　⊕1977年7月17日　⽂2008(エムアイエー)／2012

エムシーハマー　M.C.ハマー　M.C.Hammer　本名=バレル, スタンリー・カーク　旧芸名=ハマー　歌手　国米国　⽂1992(ハマー)／1996(ハマー)／2000

エムシュウィラー, キャロル　Emshwiller, Carol　作家　国米国　⊕1921年　⽂2008／2012

エムシュウィラー, ジョン　Emshwiller, John R.　ジャーナリスト　「ウォール・ストリート・ジャーナル」調査報道記者　⽂2004

エムシュワイラー, エド　映像作家　カリフォルニア芸術研フィル

ム・ビデオ学部長 [国]米国 [生]1925年 [典]1992

エムズリー, ジョン Emsley, John 科学ライター [国]英国 [生]1938年 [典]1996／2000

エムボマ, パトリック Emboma 本名=アンリ・エムボマ,パトリック 元・サッカー選手 シドニー五輪金メダリスト [国]カメルーン [生]1970年11月15日 [典]2000／2004／2008／2012

エムラン, グスティー 「D&R」編集長 [国]インドネシア [典]2000

エムリヒ, ヴィルヘルム Emrich, Wilhelm 文学者,文学史家 [専]近代ドイツ文学 [国]ドイツ [生]1909年11月29日 [典]1996

エーメ, アヌーク Aimée, Anouk 本名=Sorya,Françoise 旧名=Dreyfus,Françoise 女優 [生]1932年4月27日 [典]2000／2004／2008／2012

エメット, ジョナサン Emmett, Jonathan 作家 [国]英国 [生]1965年 [典]2004

エメット, リタ Emmett, Rita 著述家,講演家 [国]米国 [典]2004

エメット, ローランド 漫画家 [国]英国 [没]1990年11月13日 [典]1992

エメリー, ジョン・C.(Jr.) Emery, John C.(Jr.) エメリー・エア・フレイト社長兼会長 [国]米国 [典]1992

エメリック, マイケル Emmerich, Michael 翻訳家 [専]日本文学 [国]米国 [生]1975年 [典]2004／2008／2012

エメリッヒ, ローランド Emmerich, Roland 映画監督,映画プロデューサー [国]ドイツ [生]1955年11月10日 [典]1996／2000／2004／2008／2012

エメリフ, ハビー・ファン Emmerich, Gaby Van 絵本作家,グラフィックデザイナー [国]オランダ [生]1963年 [典]2004

エメリヤノフ, ワシリー Emeliyanov, Vasilii Semenovich 冶金学者 元・ソ連閣僚会議原子力利用国家委員会議長 [国]ソ連 [生]1901年2月12日 [典]1992／1996

エメルソン Emerson 本名=アルブケルケ,マルシオ・パッソス・ジ サッカー選手(FW) [生]1978年12月6日 [典]2004／2008／2012

エメルソン Emerson 本名=フェレイラ・ダ・ロサ,エメルソン サッカー選手(MF) [国]ブラジル [生]1976年4月4日 [典]2004／2008／2012

エモット, ビル Emmott, Bill 本名=エモット,ウィリアム ジャーナリスト 元・「エコノミスト」編集長 [国]英国 [生]1956年8月6日 [典]1992／1996／2000／2004／2008／2012

エモンシュ, カテリナ Emmons, Katerina 旧名=クルコワ 英語名=エモンズ,カテリナ 射撃選手(ライフル) 北京五輪射撃女子エアライフル金メダリスト [国]チェコ [生]1983年11月17日 [典]2012

エモンズ, ウィリス Emmons, Willis M. 経営学者 ジョージタウン大学マクドナー・スクール・オブ・ビジネス準教授 [専]政府政策,産業力学,企業戦略,企業業績の相互作用 [国]米国 [典]2004

エモンズ, ニューエル Emmons, Nuel ジャーナリスト,写真家 [国]米国 [生]1927年 [典]1992

エモンズ, ハロルド 弁護士 元・極東裁判(横浜)弁護人 [国]米国 [没]1986年12月23日 [典]1992

エモンズ, ピーター Emmons, Peter H. ストラクチュラル・プレサベーション・システムズ社社長 [専]コンクリート工学 [国]米国 [典]1996

エモンズ, マシュー Emmons, Matthew 射撃選手(ライフル) アテネ五輪射撃男子ライフル伏射金メダリスト [国]米国 [生]1981年4月5日 [典]2008／2012

エヤーズ, ジョン 英国東洋陶磁学会委員長 [専]東洋美術(中国陶磁器) [国]英国 [生]1922年 [典]1992

エヤデマ, ニャシンベ Eyadéma, Gnassingbe 本名=Eyadéma, Etienne Gnassingbe 政治家 元・トーゴ大統領 [国]トーゴ [生]1937年12月26日 [没]2005年2月5日 [典]1992／1996／2000／2004

エラー, ウォルトン Eller, Walton Glenn 射撃選手(クレー射撃) 北京五輪射撃男子クレー・ダブルトラップ金メダリスト [国]米国 [生]1982年1月6日 [典]2012

エラー, ヘルムート Eller, Helmut 教育家 [国]ドイツ [生]1935年 [典]2008

エライユ, フランシーヌ Hérail, Francine 元・フランス国立東洋言語文化学院教授 [専]平安期の研究 [国]フランス [典]1996／2000

エラサール, エバン Eleazar, Evan O.A. PIAF調査部門長 [国]フィリピン [生]1965年 [典]2000

エーラース, ジョン Ehlers, John F. トレーダー,コンピューター技術者 [専]ロケット工学投資法 [国]米国 [典]2004

エラチ, チャールズ Elachi, Charles 米国航空宇宙局(NASA)ジェット推進研究所所長 [専]レーダー,地球観測,リモートセンシング [国]米国 [生]1947年4月18日 [典]2004

エラニ, サラ Errani, Sara テニス選手 [国]イタリア [生]1987年4月29日

エラヒ, チョードリ・ファザル Elahi, Chaudhury Fazal 政治家 元・パキスタン大統領 [国]パキスタン [生]1904年 [没]1982年6月1日 [典]1992

エラヒアン, カムラン Elahian, Kamran 実業家,起業家 ネオマジック社社長 [国]米国 [生]1954年 [典]2000

エラル, マルク 作曲家 [国]フランス [生]1920年 [没]1989年12月12日 [典]1992

エラン, ベルナール Helain, Bernard 実業家 フルニエ製薬社長 [国]フランス [典]2004

エラン, マイカ Elan, Maika 本名=Nguyen Thanh Hai 写真家 [国]ベトナム [生]1986年

エリアス, ジャコモ 応用物理学者 国際標準化機構(ISO)会長 [国]イタリア [典]2000

エリアス, ノルベルト Elias, Norbert 社会学者 元・フランクフルト大学名誉教授 [国]ドイツ [生]1897年6月22日 [没]1990年8月 [典]1992

エリアソン, オラファー Eliasson, Olafur 現代美術家 [国]デンマーク [生]1967年 [典]2008／2012

エリアソン, ヤン Eliasson, Jan 外交官 元・国連緊急援助調整官(事務次長級) [国]スウェーデン [生]1940年9月17日 [典]1992／1996

エリアッシュ, ヨハン 実業家 HTMスポーツ会長・CEO [国]スウェーデン [典]2000

エリアーデ, ミルチア Eliade, Mircea 宗教学者,作家 元・シカゴ大学名誉教授 [専]宗教史学,インド学 [国]ルーマニア [生]1907年3月9日 [没]1986年4月22日 [典]1992

エリアドール イラストレーター,画家 [国]フランス [生]1950年 [典]2000

エリアハウ, モルデハイ Eliahou, Mordechai ラビ ユダヤ教セファルディム系最高指導者 [国]イスラエル [生]1929年 [典]1996

エリオット, J.D. Elliott, J.D. エルダーズ・アイエクスエル会長・社長 [国]オーストラリア [典]1992

エリオット, アイラ Elliot, Ira グループ名=ナダ・サーフ ロック・ドラマー [国]米国 [典]2012

エリオット, アリソン Elliott, Alison 女優 [国]米国 [生]1970年 [典]2000

エリオット, ゲイル・パーセル Elliott, Gail Pursell 人事コンサルタント,教育コンサルタント [国]米国 [典]2004

エリオット, サム Elliott, Sam 本名=Elliott,Samuel Pack 俳優 [国]米国 [生]1944年8月9日 [典]2012

エリオット, ジェイ Elliot, Jay 実業家 ヌーベル創設者・CEO 元・アップル上級副社長 [国]米国

エリオット, ジェニファー Elliott, Jennifer A. 地理学者 ブライトン大学助教授 [典]2008

エリオット, ジョー Elliott, Joe グループ名=デフ・レパード ロック歌手 [国]英国 [生]1959年8月1日 [典]2000／2004／2008／2012

エリオット, ショーン Elliott, Sean 元・バスケットボール選手 [国]米国 [生]1968年2月2日 [典]2004

エリオット, ジョン Elliot, John テレビ・スクリプトライター [国]英国 [典]1992

エリオット, ステファン Elliot, Stephan 映画監督 [国]オーストラリア [生]1963年 [典]1996

エリオット, チャールズ　Elliott, Charles　園芸家, 編集者　国英国　生1930年　没2000

エリオット, デービッド　Elliott, David　イスタンブール・モダン館長, 国際美術館会議（CIMAM）名誉会長　元・森美術館館長, 元・ストックホルム近代美術館館長　専現代美術　国英国　生1949年　作2004／2008／2012

エリオット, デンホルム　Elliott, Denholm　俳優　国英国　生1922年5月31日　没1992年10月6日　作1996

エリオット, ハーマイオニ　Elliott, Hermione　看護婦　国英国　生1950年　作1996

エリオット, ピーター　Elliott, Peter　イラストレーター　国ベルギー　生1970年　作2008

エリオット, ピーター　Eliot, Peter B.　シティグループ・ジャパン・ホールディングス社長　元・シティバンク銀行社長　国ロシア

エリオット, ミッシー　Elliott, Missy　ラップ歌手, 作詞家, 音楽プロデューサー　国米国　生1971年7月1日　作2000／2008

エリオット, ミッシェル　Elliott, Michele　児童心理学者　キッドスケープ代表　国英国　作2004

エリオン, ガートルード　Elion, Gertrude Belle　生化学者　元・ウェルカム研究所名誉研究員　専核酸化学　国米国　生1918年1月23日　没1999年2月21日　作1992／1996

エリオン, ジャン　Helion, Jean　画家　国フランス　生1904年　没1987年10月28日　作1996

エリクセン, クリスティアン　Eriksen, Christian　サッカー選手（MF）　国デンマーク　生1992年2月14日　作2012

エリクセン, ロルフ　Eriksen, Rolf　実業家　H&M CEO　国デンマーク　生1944年　作2012

エリクソン, エヴァ　Eriksson, Eva　絵本作家, イラストレーター　国スウェーデン　生1949年　作1992／2000／2012

エリクソン, エリック　Erikson, Erik Homburger　精神分析学者, 精神病理学者　元・ハーバード大学名誉教授　国米国　生1902年6月15日　没1994年5月12日　作1992／1996

エリクソン, オーケ　作家, 画家　国スウェーデン　生1924年　没1993年　作1996

エリクソン, クリスティーナ・ワイス　Eriksson, Christina Wyss　著述家　作2004

エリクソン, ジョーン　Erikson, Joan M.　医師, 画家, 工芸家　専ライフサイクル理論　国米国　作1992／2000

エリクソン, ジョン　Erikkson, John　グループ名＝ピーター・ビヨーン・アンド・ジョン　ミュージシャン　国スウェーデン　作2008／2012

エリクソン, スヴェン・ゴラン　Eriksson, Sven Goran　サッカー監督　元・サッカー・イングランド代表監督, 元・サッカー・メキシコ代表監督, 元・サッカー・コートジボワール代表監督　国スウェーデン　生1948年2月5日　作2004／2008／2012

エリクソン, スティーブ　Erickson, Steve　作家　国米国　生1950年　作1992／1996／2000／2012

エリクソン, デューク　Erikson, Duke　グループ名＝ガービッジ　ミュージシャン　国米国　生1953年1月15日　作2004／2008／2012

エリクソン, ペール　Eriksson, Per　専聾者の歴史　国スウェーデン　生1952年　作2004／2008

エリクソン, メール　Erickson, Merle　会計学者　シカゴ大学助教授　国米国　作2004

エリクソン, ラッセル　Erickson, Russell E.　児童文学作家　国米国　生1932年　作1992

エリクソン, リーフ　Erickson, Leif　本名＝Anderson,William　映画俳優　国米国　生1914年10月27日　没1986年1月29日　作1992

エリザベス2世　Elizabeth II　本名＝エリザベス・アレクサンドラ・メアリー　英国女王　国英国　生1926年4月21日　作1992／1996／2000／2004／2008／2012

エリザベス皇太后　Elizabeth, the Queen Mother　本名＝Elizabeth Angela Marguerite　旧名＝エリザベス・ボウズ・リヨン　元・ジョージ6世王妃　国英国　生1900年8月4日　没2002年3月30日　作2000

エリサルデ, マヌエル　実業家　国フィリピン　没1985年6月15日　作1992

エリサルド, ジャンピエール　Elissalde, Jean-Pierre　ラグビー監督, 元・ラグビー選手　元・ラグビー日本代表ヘッドコーチ　国フランス　生1953年12月31日　作2008／2012

エリシュカ, ラドミル　Eliska, Radomil　指揮者　札幌交響楽団首席客演指揮者　国チェコ　生1931年　作2008／2012

エリス, アルバート　Ellis, Albert　臨床心理学者　元・アルバート・エリス研究所所長　国米国　生1913年9月27日　没2007年7月24日　作2000／2004

エリス, イブライン　元・ブラジル中央銀行総裁　国ブラジル　作1992

エリス, エドワード・ロブ　Ellis, Edward Robb　ジャーナリスト　国米国　生1911年　作2000

エリス, カーリーン　Ellis, Carlene　実業家　インテル教育担当副社長　国米国　作2004／2008

エリス, キース　Ellis, Keith　作家, コラムニスト, 経営コンサルタント　キース・エリス・セミナー社長　国米国　作2004／2008

エリス, クリストファー　Ellis, Christopher K.　実業家　ランドローバー・ジャパン社長・CEO　国米国　生1960年6月9日　作2004／2008

エリス, サラ　児童文学者　国カナダ　作1996

エリス, ジョゼフ　Ellis, Joseph J.　歴史家　マウントホリオク大学教授　専アメリカ史　国米国　作2004／2008

エリス, ジョナサン　Ellis, Jonathan　ノンフィクション・ライター　作2004

エリス, ジョン　Ellis, John Martin　元・カリフォルニア大学サンタ・クルーズ校教授　専ドイツ文学　国米国　生1936年5月31日　作1996／2000

エリス, スーザン　Ellis, Susan J.　エナジャイズ代表　国米国　作2004

エリス, チャールズ　Ellis, Charles D.　投資コンサルタント　グリニッジ・アソシエーツ取締役　国米国　生1937年　作2000／2004／2012

エリス, デービッド　Ellis, David　作家　国米国　作2004／2008

エリス, デボラ　Ellis, Deborah　作家, 平和活動家　国カナダ　作2004／2008／2012

エリス, ニーナ　Ellis, Neenah　ラジオプロデューサー, リポーター　国米国　作2004／2008

エリス, ハロルド　バスケットボール選手　国米国　作2000

エリス, ピート　Ellis, Pete　オートバイテル・ドット・コム創業者　国米国　生1946年　作2000

エリス, ブレット・イーストン　Ellis, Bret Easton　作家　国米国　生1964年　作1992／1996／2000

エリス, ペリー　Ellis, Perry　ファッションデザイナー　国米国　生1940年　没1986年5月30日　作1992

エリス, マーガレット　Ellis, Margaret A.　UNIXシステムラボラトリーズ技術本部　専計算機科学　作2000

エリス, モンテイ　Ellis, Monta　バスケットボール選手　国米国　生1985年10月26日

エリス, ロッド　Ellis, Rod　言語学者　オークランド大学応用言語学科教授　国英国　生1944年　作2004／2008

エリストン, ベン　Elliston, Ben　コンピューター・エンジニア　国GNU　作2004

エーリスマン, アルベルト　Ehrismann, Albert　詩人　国スイス　生1908年　作1992

エリセ, ビクトル　Erice, Victor　本名＝エリセ・アラス, ビクトル　映画監督, 脚本家　国スペイン　生1940年6月30日　作1992／1996／2008／2012

エリセーエフ, ヴァディム　Elisseeff, Vadime　歴史家, 東洋言語学者, 日本研究家　元・フランス美術館博物館名誉総監, 元・ギメ東洋美術館名誉館長　国フランス　生1918年5月4日　没2002年1月29日　作1992／1996

エリソン, ジェームズ　Ellison, James W.　作家　[典]2004

エリソン, ジェームズ　Ellison, James　著述家　[国]米国　[典]2004

エリソン, シーラ　Ellison, Sheila　著述家　[国]米国　[典]2004／2008

エリソン, ハーラン　Ellison, Harlan　SF作家　[国]米国　[生]1934年　[典]1992

エリソン, ブルック　Ellison, Brook　四肢麻痺ながらハーバード大学を卒業　[国]米国　[生]1978年　[典]2004

エリソン, ラリー　Ellison, Larry　本名=エリソン, ローレンス・ジョセフ　実業家　オラクルCEO　[国]米国　[生]1944年8月　[典]1996／2000／2012

エリソン, ラルフ　Ellison, Ralph Waldo　作家　[国]米国　[生]1914年3月1日　[没]1994年4月16日　[典]1992／1996

エリソンド, サルバドール　Elizondo, Salvador　作家　[国]メキシコ　[生]1932年　[典]1996

エリチベイ, アブルファズ　Elchibey, Abulfaz　本名=アリエフ　政治家　元・アゼルバイジャン大統領　[国]アゼルバイジャン　[生]1938年6月7日　[没]2000年8月22日　[典]1996

エリツィン, ナイナ　Yeltsin, Naina　ボリス・エリツィン・ロシア元大統領夫人　[国]ロシア　[典]1996／2000

エリツィン, ボリス　Yeltsin, Boris Nikolaevich　政治家　元・ロシア大統領　[国]ロシア　[生]1931年2月1日　[没]2007年4月23日　[典]1992／1996／2000／2004

エリック　Eric　本名=ムンジョンヒョク　グループ名=SHINHWA　歌手, 俳優　[国]韓国　[生]1979年2月16日　[典]2004／2008／2012

エーリック, ポール　Ehrlich, Paul Ralph　生物学者　スタンフォード大学生物科学部人口学教授　[専]昆虫学, 生態学, 人口学　[国]米国　[生]1932年5月29日　[典]1992／1996／2000

エーリッヒ, フランツ　Ehrlich, Franz　建築家, デザイナー, 画家　[国]ドイツ　[生]1907年　[没]1983年　[典]1992

エリティス, オディッセウス　Elýtis, Odýsseus　本名=アレプゼリス　詩人　[国]ギリシャ　[生]1911年11月2日　[没]1996年3月18日　[典]1992／1996

エーリヒゼン, ハンス・ウーヴェ　Erichsen, Hans-Uwe　ミュンスター大学学長　[専]公法学, 地方自治　[国]ドイツ　[生]1934年10月15日　[典]1992

エリュ, ジャック　アートディレクター　シャネル社アートディレクター　[国]フランス　[典]1992

エリュール, ジャック　Ellul, Jacques　法制史研究家, 評論家　ボルドー大学名誉教授　[国]フランス　[生]1912年　[典]1992

エリョーミン, ウラジーミル　ロシア科学アカデミー東洋学研究所日本研究センター上級研究員　[国]ロシア　[生]1928年　[典]2000

エリン, スタンリー　Ellin, Stanley　推理作家　[国]米国　[生]1916年　[没]1986年7月31日　[典]1992

エリング, カート　Elling, Kurt　ジャズ歌手　[国]米国　[典]2008／2012

エリントン, マーサー　Ellington, Mercer Kennedy　ジャズトランペッター, 作曲家　元・エリントン楽団リーダー　[国]米国　[生]1919年11月3日　[没]1996年2月9日　[典]1992／1996

エール, パット　Yale, Pat　ライター　[典]2008

エルヴァイラ　Elvira　本名=ピーターソン, カサンドラ<Peterson, Cassandra>　女優　[国]米国　[生]1951年9月17日　[典]1992（エルバイラ）

エルウィズ, ケーリー　Elwes, Cary　俳優　[国]英国　[生]1962年10月26日　[典]1996

エルウィス, ジョン　Elwes, John　テノール歌手　[国]英国　[生]1946年　[典]2012

エルウェイ, ジョン　Elway, John　元・プロフットボール選手　MVPドット・コム共同経営者　[国]米国　[生]1960年6月28日　[典]2000

エルウッド, アン　Elwood, Ann　作家　カリフォルニア大学サンマルコス校　[国]米国　[生]1931年　[典]2004

エルウッド, ウェイン　Ellwood, Wayne　ジャーナリスト　[典]2008

エルエスケー　LSK　本名=ケニー, リー・スティーブン　歌手　[国]英国　[生]1971年　[典]2004

エルエルクールジェイ　LL・クール・J　LL Cool J　本名=Smith, James Todd　ラップ歌手, 俳優　[国]米国　[生]1969年8月16日　[典]2000

エルカー, ペトラ　Oelker, Petra　ミステリー作家　[国]ドイツ　[生]1947年　[典]2004

エル・ガジョ　El Gallo　本名=モラレス, ミゲル・デル　シンガー・ソングライター　[国]キューバ　[生]1925年　[典]2004／2008

エルガマル, アバス　スタンフォード大学教授　[専]半導体　[国]米国　[典]2000

エルカン, アライン　Elkann, Alain　作家, ジャーナリスト　[国]米国　[生]1950年　[典]2000

エルギン, C.　Elgin, Catherine Z.　哲学者　ハーバード大学教授　[国]米国　[典]2004／2008

エルキン, スタンレー　Elkin, Stanley Lawrence　作家　元・ワシントン大学教授　[国]米国　[生]1930年5月11日　[没]1995年5月31日　[典]1992

エルキンズ, アーロン　Elkins, Aaron J.　ミステリー作家　[国]米国　[生]1935年7月24日　[典]1996／2000／2012

エルキンズ, シャーロット　Elkins, Charlotte　別筆名=スペンサー, エミリー　作家　[典]2012

エルキンド, デービッド　Elkind, David　児童心理学者, 発達心理学者　タフツ大学教授　[国]米国　[生]1931年　[典]1992／2004／2008

エルキントン, スティーブ　Elkington, Steve　プロゴルファー　[国]オーストラリア　[生]1962年12月8日　[典]1996／2000／2008

エルグリシィ, アルベール　Elgrissy, Albert　ペルノー・リカール・ジャパン社長　[国]フランス　[生]1950年　[典]1996

エルゲルージ, ヒシャム　El Guerrouj, Hicham　陸上選手（中距離）　[国]モロッコ　[生]1974年9月14日　[典]2000／2004／2008

エルザ　Elza　本名=ルンギーニ, エルザ　女優, 歌手　[国]フランス　[生]1973年5月20日　[典]1996

エル・サント　本名=ウエルタ, ロドルフォ・グスマン　プロレスラー　[国]メキシコ　[生]1916年2月17日　[没]1984年2月　[典]1992

エルジェ　Hergé　本名=レミ, ジョルジュ　漫画家　[国]ベルギー　[生]1907年　[没]1983年3月3日　[典]1992

エルシャド, フセイン・モハマド　Ershad, Hussain Mohammad　政治家, 詩人　バングラデシュ国民党（JP）エルシャド派党首　元・バングラデシュ大統領　[国]バングラデシュ　[生]1930年2月1日　[典]1992／1996／2000／2004／2008

エル・シャーラウィ, ステファン　El Shaarawy, Stephan　サッカー選手（FW）　[国]イタリア　[生]1992年10月27日

エルシュテイン, ジーン・ベスキー　Elshtain, Jean Bethke　バンダービルト大学教授　[専]政治学, 哲学　[国]米国　[生]1941年　[典]1996

エルショフ, エドワード　モスクワ大学地質学教授　[専]凍土学, 寒地環境学, 寒冷地形学　[国]ロシア　[典]1996

エルシリビーニー, マーヒル　日本語研究者　カイロ大学日本語日本文学科講師　[国]エジプト　[典]2004

エルシング, ピーター　マックスファクター会長　[国]ドイツ　[生]1942年　[典]1996／2000

エルス, アーニー　Els, Ernie　本名=Els,Theodore Ernest　プロゴルファー　[国]南アフリカ　[生]1969年10月17日　[典]1996／2000／2004／2008／2012

エルス, デービッド　Else, David　ライター　[国]英国　[典]2008

エルスケン, エド・ファン・デル　Elsken, Ed van der　写真家　[国]オランダ　[生]1925年3月10日　[没]1990年12月28日　[典]1992

エルスタッド, ジョン　Elstad, John　コンピューター技術者　[国]米国　[典]2004

エルスタッド, ダリン　Erstad, Darin　大リーグ選手（外野手）　[国]米国　[生]1974年6月4日　[典]2000／2004／2008

エルスティン, デービッド　テレビ・プロデューサー　チャンネル5ブロードカスティング（C5B）CEO　[国]英国　[典]2000

エルズバーグ, ダニエル　Ellsberg, Daniel　核戦略分析家, 平和運動家　マンハッタン・プロジェクト2主宰　元・ランド研究所所員, 元・米国国防次官補補佐官　[国]米国　[生]1931年4月7日　[典]1992／1996／2000／2012

エルズビエタ　Elzbieta　造形作家,詩人,写真家,絵本作家　⑱1992／1996

エルズブリー, ジャコビー　Ellsbury, Jacoby　本名＝Ellsbury, Jacoby McCabe　大リーグ選手(外野手)　⑭米国　⑬1983年9月11日　⑱2012

エルセバイ, アブデル・バセット　Elsebai, Abdel Baset　冶金学者　元・リヤド大学助教授,元・イスラミックセンター理事　⑭エジプト　⑬1938年　⑱2004

エルゾーグ, モーリス　Herzog, Maurice　登山家,政治家　元・国際オリンピック委員会(IOC)委員,元・シャモニー市長　⑭スイス　⑬1919年1月15日　⑯2012年12月13日　⑱1992／1996／2000

エルダー, アレクサンダー　Elder, Alexander　トレーダー,精神分析医　⑭米国　⑱2004

エルダー, ブラッド　Elder, Brad　プロゴルファー　⑭米国　⑬1975年3月17日　⑱2000／2008

エルダー, リンダ　Elder, Linda　教育心理学者　⑭米国　⑱2004／2008

エルダース, ダヴィド　Elders, David　ダヴィド・エルダース葬儀と火葬社代表　⑭オランダ　⑬1962年　⑱2000

エルダース, レオ　Elders, Leo J.　カトリック神父　ロルドック神学大学教授　⑦哲学,アリストテレス研究　⑭オランダ　⑬1926年8月7日　⑱2004

エルテ　Erté　本名＝ティルトフ,ロマン・ド　ファッション画家,イラストレーター　⑭フランス　⑬1892年11月10日　⑯1990年4月21日　⑱1992

エルデ, アンナ・カーリン　Elde, Anna-Karin　グラフィックデザイナー,イラストレーター,作家　⑭スウェーデン　⑱2004

エルティージェイブケム　LTJブケム　L.T.J.Bukem　ディスクジョッキー　グッド・ルッキング・レコード主宰者　⑭英国　⑬1967年9月　⑱2000

エルティス, ウォルター　Eltis, Walter Alfred　経済学者　英国経済開発庁総裁　⑭英国　⑬1933年5月23日　⑱1992

エルディーン, サード　アラブ経済計画研究所国連側代表　元・カイロ大学商学部教授　⑦アラブ政治経済　⑭エジプト　⑱1992

エルディーン, ハムザ　El Din, Hamza　ウード奏者　⑭エジプト　⑬1929年　⑯2006年5月22日　⑱1992／2000

エルティン, ヤッコ　Eltingh, Jacco　元・テニス選手　⑭オランダ　⑬1970年8月29日　⑱2000 (エルティング, J.)

エルデネ, センギーイン　Erdene, Sengijn　作家,詩人　⑭モンゴル　⑬1929年　⑱1992／1996

エルデネバートル, バティン　Erdenebaatar, Batiin　ジャーナリスト　「民主化新聞」記者　⑭モンゴル　⑬1957年　⑱1996

エルデネビレグ・シャグダルスレン　モトクロスライダー　⑭モンゴル　⑱2000

エルテル, クラウス　AEG電子エレクトロニクス部門代表取締役　⑭ドイツ　⑬1933年　⑱1992

エルデン, トロン・エイナル　Elden, Trond Einar　スキー選手(距離)　⑭ノルウェー　⑱2000／2004

エルドアン, レジェプ・タイップ　Erdogan, Recep Tayyip　政治家　トルコ首相,トルコ公正発展党(AKP)党首　⑭トルコ　⑬1954年2月26日　⑱2004／2008／2012

エルトゥル, ゲルハルト　Ertl, Gerhard　化学者　マックス・プランク研究協会フリッツ・ハーバー研究所名誉教授　⑦触媒化学　⑭ドイツ　⑬1936年10月10日　⑱1996／2008／2012

エルドス, トマ　Erdos, Thomas　芸術プロデューサー　⑭フランス　⑬1924年　⑯2004年2月25日　⑱2004

エルドホルム, オラフ　Eldholm, Olav　オスロ大学海洋地球物理学教授　⑦地球物理学　⑭ノルウェー　⑱1996

エルドマン, スージー　リュージュ選手　⑭ドイツ　⑱2000

エルトマン, モイツァ　Erdmann, Mojca　ソプラノ歌手　⑭ドイツ　⑬1975年

エルドリッジ, アリソン　Eldridge, Alison　チェロ奏者　⑭米国　⑬1971年　⑱1996／2004／2008

エルドリッジ, トッド　Eldredge, Todd　フィギュアスケート選手　⑭米国　⑬1971年8月28日　⑱2000／2004

エルドリッジ, ナイルズ　Eldridge, Niles　動物学者　アメリカ自然史博物館無脊椎動物研究部長　⑦古生物学,進化生物学　⑭米国　⑱1992／1996／2000

エルドリッジ, ロイ　Eldridge, David Roy　ジャズ・トランペット奏者　⑭米国　⑬1911年1月30日　⑯1989年2月26日　⑱1992

エルドリッジ, ロバート　Eldridge, Robert D.　大阪大学大学院国際公共政策研究科准教授,国際安全保障研究センター主任研究員　⑦国際政治,日本政治外交史　⑭米国　⑬1968年1月23日　⑱2008

エルトン, シャルロッテ　Elton, Charlotte　エコノミスト　パナマ社会行動研究センター(CEASPA)代表　⑦社会経済発展,環境問題　⑭パナマ　⑱1992／1996

エルトン, チャールズ　Elton, Charles Sutherland　動物生態学者　⑭英国　⑬1900年3月29日　⑯1991年5月11日　⑱1992

エルトン, ベン　Elton, Ben　コメディアン,作家　⑭英国　⑬1959年　⑱2000

エルナーニ, フランチェスコ　Ernani, Francesco　アレーナ・ディ・ベローナ総裁　⑭イタリア　⑬1937年　⑱1992

エルナンデス, アドリアン　Hernandez, Adrian　プロボクサー　WBC世界ライトフライ級チャンピオン　⑭メキシコ　⑬1986年1月10日

エルナンデス, アリエル　Hernandez Ascuy, Ariel　ボクシング選手　⑭キューバ　⑬1972年4月8日　⑱1996／2000

エルナンデス, アルトロ・クーヨ　ボクシングトレーナー　⑭メキシコ　⑬1990年11月20日　⑱1992

エルナンデス, オルランド　Hernandez, Orlando P　大リーグ選手(投手)　⑬1965年11月10日　⑱2000／2008／2012

エルナンデス, カルメン・R.アルフォンソ　Hernández, Carmen R. Alfonso　ジャーナリスト　⑭キューバ　⑱2000

エルナンデス, ハビエル　Hernández, Javier　本名＝Hernández Balcazar,Javier　サッカー選手(FW)　⑭メキシコ　⑬1988年6月1日

エルナンデス, フアン・マルティン　Hernandez, Juan Martin　ラグビー選手(SO)　⑭アルゼンチン　⑬1982年8月7日

エルナンデス, ヘナロ　Hernandez, Genaro　プロボクサー　元・WBA・WBC世界ジュニアライト級チャンピオン　⑭米国　⑬1966年5月10日　⑯2011年6月7日　⑱1996／2000

エルナンデス, リバン　Hernandez, Livan　大リーグ選手(投手)　⑭米国　⑬1975年2月20日　⑱2000／2004／2008

エルナンデス, ルイス　Hernandez, Luis　本名＝エルナンデス・カレオン,ルイス・アルトゥロ　サッカー選手(FW)　⑭メキシコ　⑬1968年12月22日　⑱2000／2004／2008

エルナンデス・サラサール, ダニエル　Hernández-Salazar, Daniel　写真家　⑭グアテマラ　⑬1956年　⑱2008

エルニ, ハンス　Erni, Hans　画家,版画家　⑭スイス　⑬1909年2月21日　⑱1992

エルニュ, シャルル　Hernu, Charles　政治家　元・フランス国防相　⑭フランス　⑬1923年7月3日　⑯1990年1月17日　⑱1992

エルノー, アニー　Ernaux, Annie　作家　⑭フランス　⑬1940年　⑱1996／2000

エルバー, ゲルハルト　ピアニスト　⑭ドイツ　⑱1992

エルバカン, ネジメティン　Erbakan, Necmettin　政治家　元・トルコ首相,元・イスラム福祉党党首　⑭トルコ　⑬1926年10月29日　⑯2011年2月27日　⑱1996／2000／2004／2008

エル・バシャ, アブデル・ラーマン　El Bacha, Abdel Rahman　ピアニスト,指揮者　⑭レバノン　⑬1958年11月5日　⑱2012

エルバス, アルベール　Elbaz, Alber　ファッションデザイナー　ランバン・クリエイティブディレクター　⑭モロッコ　⑬1961年　⑱2000／2012

エルバス, ヴァンサン　Elbaz, Vincent　俳優　⑭フランス　⑬1971年　⑱2000

エルバズ, オサマ　エジプト大統領政治顧問　⑭エジプト　⑱1992／2000

エル・バス, ファルーク　El-Baz, Farouk　地質学者　ボストン大学

リモートセンシング・センター所長 [国]米国 [生]1938年 [典]1996

エルバラダイ, ムハンマド・モスタファ Elbaradei, Muhammad Mostafa 外交官, 国際法学者 元・国際原子力機関(IAEA)事務局長 [国]エジプト [生]1942年6月17日 [典]2000／2004／2008／2012

エルバーリ, アブダラ El-bary, Abdallah 「メイヨ」(エジプト国民民主党機関紙)会長 [国]エジプト [典]1992

エルバン, エリザベート ピアニスト パリ市立音楽院教授 [国]フランス [典]1996

エル・ヒガンテ El Gigante 本名=ゴンザレス, ホルヘ リングネーム=ジャイアント・ゴンザレス プロレスラー [国]アルゼンチン [生]1966年 [没]2010年9月24日 [典]1992(ヒガンテ, エル)

エルビラ, ナルシソ Elvira, Narciso 元・プロ野球選手, 元・大リーグ選手 [国]メキシコ [生]1967年10月29日 [典]2004

エルファーズ, ヨースト Elffers, Joost 美術出版業者 [典]2000

エルブイク, エディ Hellebuyck, Eddy マラソン選手, 体育教師 ベルギー陸軍体育教官 [国]ベルギー [生]1961年1月 [典]1992

エルフェ, クロード Helffer, Claude ピアニスト [国]フランス [生]1922年6月18日 [典]1996

エルフマン, ダニー Elfman, Danny 作曲家 [専]映画音楽 [国]米国 [生]1953年5月29日 [典]1992／2008／2012

エルブリング, ピーター Elbling, Peter 作家, 俳優 [国]米国 [典]2004

エールブルック, ヴォルフ Erlbruch, Wolf イラストレーター, 絵本作家 [国]ドイツ [生]1948年 [典]1996／2008

エルベ, フランク 外交官 元・駐日ドイツ大使 [国]ドイツ [典]2000／2004／2008

エルベグドルジ, ツァヒャギン Elbegdorj, Tsakhiagiin 政治家 モンゴル大統領 元・モンゴル首相 [国]モンゴル [生]1963年3月30日 [典]2000／2008／2012

エルベック, ジャン・マルタン Herbecq, Jean-Martin マーケティングコンサルタント デリール創立者 [国]フランス [典]2004

エルベン, ヴァレンティン Erben, Valentin チェロ奏者 ウィーン音楽大学教授 [国]オーストリア [生]1945年 [典]2000／2004／2008

エルベンスポーク, M. Elwenspoek, Miko 機械工学者 Twente大学トランスジューサ技術学科教授 [専]シリコンマイクロ加工 [国]ドイツ [典]2004

エルペンベック, ジェニー Erpenbeck, Jenny 作家, 演出家 [国]ドイツ [生]1967年 [典]2008

エルボー, アンネ Eerbauts, Anne 絵本作家 [国]ベルギー [生]1975年12月27日 [典]2004

エルボー, ティア Hellebaut, Tia 走り高跳び選手 北京五輪陸上女子走り高跳び金メダリスト [国]ベルギー [生]1978年2月16日 [典]2012

エルマコワ, アナスタシア Ermakova, Anastasia シンクロナイズドスイミング選手 アテネ五輪・北京五輪シンクロナイズドスイミング・デュエット・チーム金メダリスト [国]ロシア [生]1983年4月8日 [典]2008／2012

エルマコワ, オクサナ Ermakova, Oxana フェンシング選手 [国]ロシア [生]1973年4月16日 [典]2008

エルマン, コリン Elman, Colin 政治学者 アリゾナ州立大学政治学部助教授 [国]米国 [典]2008

エルマン, バーバラ Elleman, Barbara 編集者 [国]米国 [典]2008

エルマン, ベンジャミン Elman, Benjamin J. カリフォルニア大学ロサンゼルス校歴史学部教授 [専]中国史(明清文化史) [国]米国 [生]1946年 [典]1996

エルマン, マイケル Ellman, Michael アムステルダム大学ミクロ経済学部教授 [専]計画経済学 [国]オランダ [典]1992

エルマン, ミリアム・フェンディアス Elman, Miriam Fendius 政治学者 アリゾナ州立大学政治学部準教授 [国]米国 [典]2008

エルマンジャ, マフディ Elmandjra, Mahdi 国際政治経済学者 モハマンド5世大学教授 元・世界未来研究連合会長 [専]未来研究 [国]モロッコ [生]1933年 [典]2004

エルミニアウィ, ワヒブ・ファーミ El-Miniawy, Wahib Fahmy 外交官 駐日エジプト大使 [国]エジプト [生]1933年 [典]1992

エルミーヌ, ミュリエル 水中バレリーナ, 元・シンクロナイズドスイミング選手 [国]フランス [生]1963年9月3日 [典]1996

エルミロワ, インナ アナウンサー 元・ソ連国営中央テレビアナウンサー [国]ソ連 [生]1950年 [典]1996

エルムーサ, シャリフ 世界資源研究所主任研究員 [専]発展途上国の経済, 中東問題 [生]1947年4月12日 [典]1992

エルムスリー, ブリタニー Elmslie, Brittany 水泳選手(自由形) ロンドン五輪競泳女子4×100メートルリレー金メダリスト [国]オーストラリア [生]1994年6月19日

エルムリッヒ, マンフレート Ermlich, Manfred 実業家 元・ビー・エム・ダブリュー(BMWJ)会長・社長 [国]ドイツ [典]2000／2004／2008

エルメ, ピエール Hermé, Pierre パティシエ [国]フランス [生]1961年 [典]2004／2008／2012

エルモア, ティム Elmore, Tim EQUIP副会長 [国]米国 [典]2004／2008

エルモシン, ウラジーミル Yermoshin, Vladimir V. 政治家 元・ベラルーシ首相 [国]ベラルーシ [生]1942年10月26日 [典]2004／2008

エルモラエフ, イワン イルクーツク市スポーツ委員会議長 [国]ソ連 [典]1992

エルランジェ, フィリップ 歴史家 カンヌ国際映画祭の創始者 [国]フランス [生]1903年7月11日 [没]1987年11月28日 [典]1992

エルランデル, ターゲ Erlander, Tage Fritiof 政治家 元・スウェーデン首相 [国]スウェーデン [生]1901年6月13日 [没]1985年6月21日 [典]1992

エルリッヒ, エヴァ Ehrlich, Eva ハンガリー世界経済研究所教授 [専]比較経済論 [国]ハンガリー [生]1932年 [典]1992

エールリッヒ, マックス Ehrlich, Max 劇作家, 小説家 [国]米国 [典]1992

エルロイ, ジェームズ Ellroy, James 本名=Ellroy,Lee Earle ミステリー作家 [国]米国 [生]1948年3月4日 [典]1992／1996／2000／2008／2012

エルンスト, リヒャルト Ernst, Richard Robert 化学者 スイス連邦工科大学(ETH)名誉教授 [国]スイス [生]1933年8月14日 [典]1992／1996／2008／2012

エーレ, イダ 女優 [国]ドイツ [没]1989年 [典]1992

エレガント, ロバート Elegant, Robert S. 作家, ジャーナリスト [国]米国 [典]2000

エレシナ, エレーナ Yelesina, Yelena 走り高跳び選手 [国]ロシア [生]1970年4月5日 [典]2004

エレゾヴィチ, ミア Elezović, Mia ピアニスト [国]ユーゴスラビア [生]1975年12月4日 [典]1996(エレゾビチ, ミア)

エレディア, リザ Heredia, Lisa 映画編集者, 女優 [生]1956年 [典]1996

エレニアック, エリカ 女優 [国]米国 [典]1996

エレフソン, デイブ Ellefson, Dave 本名=エレフソン, デービッド グループ名=メガデス ロック・ベーシスト [国]米国 [生]1964年11月12日 [典]2000／2004／2008／2012

エレマン・イエンセン, ウフェ Ellemann-Jensen, Uffe 政治家 元・デンマーク外相 [国]デンマーク [生]1941年11月1日 [典]1992／1996／2000

エレム, スーザン Erem, Suzan 「本当にママになりたいの？」の著者 [典]2008

エレラ, エドアルド Herrera, Eduardo プロゴルファー [国]コロンビア [生]1965年4月28日 [典]2000／2004／2008

エレラ, ルーチョ プロ自転車選手 [国]コロンビア [生]1961年5月4日 [典]1992／1996

エレラ・カンピンス, ルイス Herrera Campins, Luis 政治家 元・ベネズエラ大統領 [国]ベネズエラ [生]1925年5月4日 [没]2007年11月9日 [典]1992

エレロ, テレサ 書家 [専]かな文字 [国]スペイン [典]2008

エレング, ポール Ereng, P. 陸上選手 [国]ケニア [典]1992

エ

エーレンバーグ, アンドルー　Ehrenberg, Andrew　ロンドン・ビジネススクール・マーケティング・コミュニケーション研究センター所長　[専]マーケティング　[国]英国　[生]1926年　[典]1992

エレンビー, ジョン　Ellenby, John　コンピューター・メーカー経営者　クリティコム会長, アギリス会長　[国]英国　[生]1941年　[典]1992

エーレンベルク, ジョン　Ehrenberg, John　政治学者　ロング・アイランド大学教授　[国]米国　[生]1944年　[典]2004

エレンベルグ, ハインツ　Ellenberg, Heinz　植物生態学者　[国]ドイツ　[生]1913年8月1日　[典]1992

エーレンライク, バーバラ　Ehrenreich, Barbara　コラムニスト　[国]米国　[生]1941年　[典]2000／2008／2012

エロ, G.　Erro, Gudmundur Gudmundsson　画家　[国]アイスランド　[生]1932年　[典]1992

エロー, ジャンマルク　Ayrault, Jean-Marc　政治家　フランス首相　[国]フランス　[生]1950年1月25日

エローニコ, エジディオ　Eronico, Egidio　映画監督　[国]イタリア　[生]1955年　[典]2008

エロビッチ, リチャード　Elovich, Richard　グループ名＝アクト・アップ　ジャーナリスト, 俳優, 演出家　「ムーブメント・リサーチ」誌編集長　[国]米国　[典]1992

エロフィエバ, タマラ　Yerofeeva, Tamara　新体操選手　[国]ウクライナ　[生]1982年3月4日　[典]2008

エロフェーエフ, ヴィクトル　Erofeev, Victor　作家, 評論家　[国]ロシア　[生]1947年　[典]1996

エロフソン, ペール　Elofsson, Per　スキー選手（距離）　[国]スウェーデン　[生]1977年4月2日　[典]2008

エロール, デルウィシュ　Eroglu, Dervis　政治家　北キプロス・トルコ共和国大統領　[国]キプロス　[生]1938年　[典]2012

エロルデ, フラッシュ　Elorde, Flash　本名＝エロルデ, ガブリエル　プロボクサー　元・世界ジュニアライト級チャンピオン　[国]フィリピン　[生]1935年3月22日　[没]1985年1月2日　[典]1992

エロワ, ジャン・クロード　Eloy, Jean-Claude　作曲家　[国]フランス　[生]1938年6月15日　[典]1992／1996

エロン, アモス　Elon, Amos　ジャーナリスト, 歴史家　[国]イスラエル　[生]1926年　[典]2000

エロン, エムナー　Elon, Emna　作家, コラムニスト　[国]イスラエル　[生]1955年　[典]2000

エン・イミン　袁 偉民　Yuan, Wei-min　元・バレーボール選手・監督　中国国務院国家体育総局長　元・中国女子バレーボールチーム監督　[国]中国　[生]1939年7月8日　[典]1992／1996／2000／2004

エン・カ　袁 珂　中国神話学会主席, 四川省社会科学院研究員　[専]中国古代神話　[国]中国　[生]1916年　[典]1996／2000

エン・カ　袁 華　Yuan, Hua　柔道選手　[国]中国　[生]1974年4月16日　[典]2004

エン・カイ　閻 海　気功師, 編集者　中華全国体育総会委員, 中国気功科学研究会名誉理事　[国]中国　[生]1926年　[典]1996

エン・カイオウ　閻 海旺　Yan, Hai-wang　政治家　中国人民銀行副行長, 中国共産党中央委員　[国]中国　[生]1939年　[典]1996／2000／2004／2008

エン・コウハイ　袁 行霈　字＝春澍　中国古典文学者　北京大学中文系教授　[国]中国　[生]1936年　[典]1996

エン・コクシン　鄢 国森　化学者　四川省科学技術協会副主席　元・四川大学学長　[専]物理化学　[国]中国　[生]1930年　[典]1996

エン・コクリン　袁 国林　京劇俳優　[国]中国　[生]1933年10月4日　[典]1992

エン・シュウキ　袁 緝輝　上海大学文学院社会学研究室主任, 中国老年学会理事　[専]社会学　[国]中国　[生]1932年　[典]1992／1996

エン・シン　閻 森　Yan, Sen　卓球選手　[国]中国　[典]2004

エン・ジンエン　袁 任遠　元・中国政務院内務次官, 元・青海省省長　[国]中国　[没]1986年1月2日　[典]1992（エン・ニンエン）

エン・セイカイ　袁 世海　本名＝袁瑞麟　芸名＝袁盛鍾　京劇俳優　[国]中国　[生]1916年2月　[没]2002年12月11日　[典]1996／2000

エン・セイセキ　袁 世碩　古典文学者　山東大学教授, 中国水滸学会副会長, 中国作家協会山東分会副主席　[国]中国　[生]1929年　[典]1996

エン・トウヘイ　袁 冬平　写真家　[国]中国　[生]1956年　[典]2000

エン・ブ　袁 武　画家　長春市画廊創作部主任画家　[国]中国　[典]1996

エン・ブンエイ　袁 文英　実業家　EGLツアーズ創業者　[国]香港　[典]2012

エン・ホウカ　袁 宝華　Yuan, Bao-hua　中国企業管理協会会長, 中国国家計画委顧問　[国]中国　[生]1916年　[典]1996

エン・ボク　袁 木　Yuan, Mu　中国人民政治協商会議全国委員会（全国政協）常務委員　元・中国国務院研究室主任　[国]中国　[生]1928年　[典]1992／1996

エン・メイフク　閻 明復　Yan, Ming-fu　政治家　中国民政部副部長　[国]中国　[生]1931年11月　[典]1992／1996／2000

エン・ヨウ　袁 鷹　旧名＝田復春, 田鍾洛　筆名＝裴苓, 紀青山　詩人　[国]中国　[生]1924年　[典]1996

エン・リュウヘイ　袁 隆平　農学者　湖南省雑交水稲研究センター主任, 中国人民政治協商会議常務委員会委員・湖南省政治協商会議副主席　[専]水稲交配, ハイブリッド米　[国]中国　[生]1930年　[典]1996／2000／2004／2008

エン・レンカ　閻 連科　Yan, Lian-ke　作家　[国]中国　[生]1958年　[典]2012

エンガー, レイフ　Enger, Leif　作家　[国]米国　[典]2004／2008

エンギッシュ, カール　Engisch, Karl　ミュンヘン大学教授　[専]ドイツ法哲学, 刑法学　[国]ドイツ　[生]1899年　[典]1992

エンクイスト, トーマス　Enqvist, Thomas　本名＝Enqvist,Karl Johan Thomas　テニス選手　[国]スウェーデン　[生]1974年3月13日　[典]2008

エンクイスト, リュドミラ　Engquist, Ludmila　旧名＝ナロジレンコ　元・陸上選手（障害）　[国]スウェーデン　[生]1964年4月21日　[典]2000／2004

エンクヴィスト, ペール・ウーロヴ　Enquist, Per Olof　作家, 劇作家　[国]スウェーデン　[生]1934年9月23日　[典]1992（エンクビスト, ペール）／2012

エングウェノ, ヒラリー　Egweno, Hilary　「ウィークリー・レビュー」誌編集者・発行者, ステラグラフィックス社専務　[典]1992

エングダール, シルビア・ルイーズ　Engdahl, Sylvia Louise　SF作家　[国]米国　[生]1934年（？）　[典]1992

エングホルム, ビョルン　Engholm, Björn　政治家　元・ドイツ社民党（SPD）党首, 元・シュレスウィヒ・ホルシュタイン州首相　[国]ドイツ　[生]1939年11月9日　[典]1992／1996

エングラー, ジョン　Engler, John, Mathias　政治家　元・ミシガン州知事　[国]米国　[生]1948年10月12日　[典]1996／2000／2004

エングル, エド　Engle, Ed　ライター, 釣り師　[国]米国　[典]2008

エングル, ポール・ハミルトン　Engle, Paul Hamilton　詩人, 創作教育指導者　元・アイオワ大学創作科教授　[国]米国　[生]1908年10月12日　[没]1991年3月22日　[典]1992

エングル, ロバート　Engle, Robert F.　経済学者　ニューヨーク大学スターン経営大学院教授　[専]アーチモデル　[国]米国　[生]1942年　[典]2004／2008／2012

エングルハート, ボブ　Englehart, Bob　漫画家　[国]米国　[生]1945年　[典]1996

エンゲバック, ペール　Engebak, Per　ユニセフ東部南部アフリカ地域事務所長　[国]ノルウェー　[典]2012

エンゲラー, ブリジット　Engerer, Brigitte　ピアニスト　[国]フランス　[生]1952年10月27日　[没]2012年6月23日

エンゲル, ディーン　Engel, Dean　ビジネスコンサルタント　イースト・ウェスト・グループ　元・ニューヨーク大学教授　[国]米国　[典]2004

エンゲル, ピーター　Engel, Peter　作家, ビジネスマン　[専]マーケティング　[国]英国　[典]1992

エンゲル, ビバリー　Engel, Beverly　心理療法家　[国]米国　[典]2004

エンゲルガルト, ウラジーミル　Engelgardt, Vladimir Aleksandrovich　生化学者　元・ソ連科学アカデミー分子生物学研究所長　[国]ソ連　[生]1894年　[没]1984年7月10日　[典]1992

エンゲルシャル, ラルフ　Engelschall, Ralf S.　コンピューター技術者　⒢ドイツ　⒴2004

エンゲルス, ゲルト　Engels, Gert　サッカー指導者, 元・サッカー選手　サッカー・モザンビーク代表監督　⒢ドイツ　⒝1957年4月26日　⒴2000/2004/2008/2012

エンゲルバーガー, ジョセフ　ロボット研究家　ヘルプメイト・ロボティクス会長　⒢米国　⒝1925年　⒴2000

エンゲルバーグ, スティーブン　Engelberg, Stephen　ジャーナリスト　「ニューヨーク・タイムズ」調査報道記者　⒢米国　⒴2004

エンゲルバーグ, モリス　Engelberg, Morris　弁護士　⒢米国　⒴2004/2008

エンゲルハート, H.トリストラム（Jr.）　Engelhardt, H.Tristram (Jr.)　ベイラー医科大学教授　⒳バイオエシックス　⒢米国　⒝1941年　⒴1992/1996

エンゲルバート, ダグラス　Engelbart, Douglas Carl　コンピューター科学者, 発明家　元・ブートストラップ研究所所長　⒢米国　⒝1925年1月30日　⒟2013年7月3日　⒴2000

エンゲルハート, トム　Engelhardt, Tom　漫画家　⒢米国　⒝1930年　⒴1996

エンゲルハード, ビクター　Engelhard, Victor H.　バージニア大学健康科学センター・ベルネ・カーター免疫学研究センター教授　⒳微生物学, 免疫学　⒢米国　⒴1996

エンコ, トーマス　Enhco, Thomas　ジャズ・ピアニスト　⒢フランス　⒴2012

エンサイン, ジョン　Ensign, John　政治家　元・米国上院議員（共和党）　⒢米国　⒝1958年3月25日　⒴2004/2012

エンジ, マイク　Enzi, Mike　本名=エンジ, マイケル・ブラッドリー　政治家, 実業家　米国上院議員（共和党）　元・NZシューズ社長　⒢米国　⒝1944年2月1日　⒴2004/2012

エンジアイ, マリー　作家　⒢フランス　⒴1992

エンジェル, エドワード　Angel, Edward　コンピューター科学者　ニューメキシコ大学教授　⒳コンピューターグラフィックス, 科学的視覚化, 並行レンダリング　⒢米国　⒴2004

エンジェル, ジミー　Angel, Jimmy　歌手　⒢米国　⒝1935年5月16日　⒴2000

エンジェル, シンディ　Engel, Cindy　⒳動物行動学　⒢英国　⒴2008

エンジェル, ヘザー　Angel, Heather Hazel　動物学者, 写真家　元・ロイヤル・フォトグラフィック・ソサエティ会長　⒢英国　⒝1941年7月21日　⒴1996/2000

エンジェル, ロジャー　Angell, Roger　ベースボール作家　⒢米国　⒝1921年　⒴1996/2000

エンジェロス, ピーター　弁護士　ボルティモア・オリオールズオーナー　⒢米国　⒴2000

エンジボス, トーマス　Engibous, Thomas J.　実業家　テキサス・インスツルメンツ（TI）社長・会長・CEO　⒢米国　⒝1953年　⒴1996/2000/2004

エンストローム, スタファン　フィンランド航空日本・極東地区マーケティング部部長　⒝1947年　⒴1992

エンスバーグ, モーガン　Ensberg, Morgan　本名=Ensberg, Morgan Paul　元・大リーグ選手　⒢米国　⒝1975年8月26日

エンスラー, イブ　Ensler, Eve　劇作家, 女優　⒢米国　⒴2004

エンスール, アブドラ　Ensour, Abdullah　政治家　ヨルダン首相・国防相　⒢ヨルダン　⒝1939年1月20日

エンゼル, ロバート　Angel, Robert C.　サウスカロライナ大学国際政治学部準教授　⒳国際政治学（日米経済関係）　⒢米国　⒝1941年　⒴1996

エンゾ・エンゾ　Enzo Enzo　本名=ターノブツェフ, コリン　歌手　⒢フランス　⒝1959年8月29日　⒴1992

エンダー, コルネリア　元・水泳選手　⒢ドイツ　⒴1992/1996

エンダー, フェルザン　Önder, Ferzan　ピアニスト　⒢トルコ　⒴2004

エンダー, フェルハン　Önder, Ferhan　ピアニスト　⒢トルコ

⒴2004

エンダーズ, ウォルター　Enders, Walter　経済学者　アラバマ大学教授　⒳国際マクロ経済学, 応用経済時系列分析　⒢米国　⒴2008

エンダーズ, ジョン　Enders, John Franklin　微生物学者　元・ハーバード大学名誉教授　⒢米国　⒝1897年2月10日　⒟1985年9月8日　⒴1992

エンダダイエ, M.　Ndadaye, Melchior　政治家　元・ブルンジ大統領, 元・ブルンジ民主戦線党首　⒢ブルンジ　⒝1953年　⒟1993年10月21日　⒴1996

エンダラ, ギジェルモ　Endara, Guillermo　本名=エンダラ・ガリマニ, ギジェルモ　政治家　元・パナマ大統領　⒢パナマ　⒝1936年5月12日　⒟2009年9月28日　⒴1992/1996

エンダール, ウィリアム　エグゼクティブ・インテリジェンス・レビュー（EIR）エコノミック・エディター　⒳国際経済　⒢米国　⒝1944年　⒴1992

エンツ, ウェルナー　Enz, Werner　ジャーナリスト　ノイエ・チュルヒア新聞社東アジア特派員　⒢スイス　⒝1956年　⒴2000

エンツェンスベルガー, ハンス・マグヌス　Enzensberger, Hans Magnus　詩人, 評論家　⒢ドイツ　⒝1929年11月11日　⒴1992/1996/2000/2004/2008/2012

エンデ, ミヒャエル　Ende, Michael　本名=Ende,Michael Andreas Helmuth　児童文学作家　⒢ドイツ　⒝1929年11月12日　⒟1995年8月28日　⒴1992/1996

エンディコット, ジョン　国際政治学者, 元・軍人　ジョージア工科大学教授　⒢米国　⒴2000/2004

エントウィスル, ジョアン　Entwistle, Joanne　社会学者　エセックス大学社会学部教授　元・ノース・ロンドン大学講師　⒢イギリス　⒴2008

エントウィッセル, バーゼル　Entwistle, Basil　マキノカレッジ初代理事長　元・MRA（道徳再武装）日本駐在代表　⒢米国　⒴1992

エンドフィールド, サイ　Endfield, Cy　本名=Endfield,Cyril Raker　映画監督, 脚本家　⒢英国　⒝1914年11月　⒟1995年4月16日　⒴1996

エンドラー, ノーマン　Endler, Norman S.　心理学者　ヨーク大学教授, トロント・イースト総合病院コンサルタント　⒢カナダ　⒝1931年　⒴2000

エンドラー, フランツ　Endler, Franz　音楽評論家　⒢オーストリア　⒝1937年　⒟2002年4月5日　⒴1992/1996/2000

エンドレス, グスタボ　Endres, Gustavo　バレーボール選手　アテネ五輪バレーボール男子金メダリスト　⒢ブラジル　⒝1975年8月25日

エンドレス, ムーリオ　Endres, Murilo　バレーボール選手　北京五輪・ロンドン五輪バレーボール男子銀メダリスト　⒢ブラジル　⒝1981年5月3日

エンドレツィ, E.　Endröczi, Elemér　ハンガリー大学院医科大学教授, ハンガリー国立実験医学研究所長　⒳心理学, 実験医科学　⒢ハンガリー　⒴1996

エンバッハ, カルステン　Embach, Carsten　ボブスレー選手　⒢ドイツ　⒝1968年10月12日　⒴2004

エンバートン, デービッド　Emberton, David J.　プログラマー, テクニカルライター, コラムニスト　⒴2004

エンバリー, エド　Emberley, Ed　本名=Emberley,Edward R.　絵本作家　⒢米国　⒝1931年　⒴2000

エンブク, ポール・ショウドウ　日本姓=円福　ハワイ報知社会長・社長　⒢米国　⒴1996

エンフサイハン, メンドサイハニィ　Enkhsaikhan, Mendsaikhani　政治家　元・モンゴル首相　⒢モンゴル　⒝1955年6月4日　⒴2004/2008/2012

エンプソン, ウィリアム　Empson, William　批評家, 詩人　⒢英国　⒝1906年9月27日　⒟1984年4月15日　⒴1992

エンフバヤル, ナンバリン　Enkhbayar, Nambaryn　政治家, 作家　元・モンゴル大統領, 元・モンゴル首相　⒢モンゴル　⒝1958年6月1日　⒴2004/2008/2012

エンフボルド, ミエゴムビーン　Enkhbold, Miegombyn　政治家　モンゴル副首相　元・モンゴル首相, 元・モンゴル人民革命党党首

[国]モンゴル　[生]1964年7月19日　[典]2008／2012

エンブレム, アン　パッケージングコンサルタント　[典]2004

エンブレム, ヘンリー　パッケージングコンサルタント　[典]2004

エンペスタン, ロメオ　神父, キリスト教基礎共同体運動家　[国]フィリピン　[典]1992

エンメルハインツ, マーガレット　Emmelhainz, Margaret A.　デイトン大学マーケティング学部　[専]電子データ交換（EDI）　[国]米国　[典]1992

エンヤ　Enya　本名=Bhraonáin,Eithne Ni　歌手, 作曲家　[国]アイルランド　[生]1961年5月17日　[典]2000／2004／2008／2012

エンライト, D.J.　Enright, Dennis Joseph　号=猿来都　詩人, 文学者　元・シンガポール大学英語教授　[国]英国　[生]1920年3月11日　[没]2002年12月31日　[典]1992／1996

エンライト, アン　Enright, Anne　作家　[国]アイルランド　[生]1962年　[典]2004／2008

エンライト, ジョセフ　Enright, Joseph F.　元・軍人　元・米国海軍大西洋方面潜水艦隊参謀長　[国]米国　[生]1910年9月　[典]1992／1996

エンリケ　Henrique　本名=Henrique,Arlindo Etges　サッカー選手（DF）　[国]ブラジル　[生]1966年3月15日　[典]2000

エンリケ　Henrique　本名=ロドリゲス, カルロス・エンリケ・ライムンド　サッカー選手（FW）　[国]ブラジル　[生]1976年12月24日　[典]2000

エンリケス, アウグスト　Enriquez, Augusto　歌手　[国]キューバ　[典]2012

エンリケス, ジョイ　Enriquez, Joy　歌手　[国]米国　[典]2004

エンリケ・ソベル　実業家　アヤラ・インターナショナル社長　元・アヤラ・グループ総帥　[国]フィリピン　[典]2000

エンリコ, ロジャー　Enrico, Roger　実業家　ペプシコ会長・CEO　[国]米国　[典]1992／2004／2008

エンリレ, フアン・ポンセ　Enrile, Juan Ponce　政治家　元・フィリピン上院議員, 元・フィリピン国防相　[国]フィリピン　[生]1924年2月14日　[典]1992／1996／2004／2008

【オ】

オー, アンドレ　Auw, Andre　心理学者, サイコセラピスト　[国]米国　[生]1923年　[典]1996

オ・イクジェ　呉 益済　政治家　元・祖国平和統一委員会副委員長　[国]北朝鮮　[没]2012年9月1日

オ・インファン　呉 隣煥　Oh, In-whan　元・韓国公報庁長官　[国]韓国　[生]1939年1月1日　[典]1996／2000

オ・ウォングン　呉 元根　[専]コンピュータ　[国]韓国　[典]1992

オ・ウォンビン　Oh, Won-bin　旧グループ名=FTIsland　ミュージシャン　[国]韓国　[生]1990年3月26日　[典]2012

オ・ウクチョル　呉 旭哲　タレント　[国]韓国　[生]1959年2月5日　[典]1996

オ・ウンジン　呉 雄鎮　神父　[国]韓国　[生]1945年8月20日　[典]1996／2000

オ・ウンソン　呉 銀善　Oh, Eun-sun　登山家　[国]韓国　[典]2012

オ・キヒョン　呉 基亨　教育資源用役研究所長, 延世大学名誉教授　[国]韓国　[生]1921年6月2日　[典]1996

オ・キピョン　呉 淇坪　西江大学社会学部教授・社会科学研究所長　[国]韓国　[生]1934年11月20日　[典]1996

オ・ギファン　漢字名=呉基桓　映画監督, 脚本家　[国]韓国　[生]1967年9月16日　[典]2004

オ・キョンファン　呉 庚煥　神父　カトリック大学教授, カトリック社会科学研究会長　[国]韓国　[生]1937年1月18日　[典]1996

オ・クァンス　呉 光洙　煥基美術館館長　[国]韓国　[生]1938年11月20日　[典]1996

オ・クァンチ　呉 寛治　国防研究院軍備統制研究センター所長　[国]韓国　[生]1941年1月3日　[典]1996

オ・クックヨル　呉 克烈　O, Guk-ryol　政治家, 軍人　朝鮮労働党中央委軍事委員・中央委員, 朝鮮人民軍作戦部長　[国]北朝鮮　[生]1929年　[典]1992（オ・グクリョル）／1996／2000

オ・ケチル　呉 桂七　西江大学基礎科学研究所長・名誉教授　[国]韓国　[生]1925年12月6日　[典]1996

オ・サンウン　Oh, Sang-eun　漢字名=呉尚垠　卓球選手　ロンドン五輪卓球男子団体銀メダリスト　[国]韓国　[生]1977年4月13日

オー, サンドラ　Oh, Sandra　女優　[国]米国　[生]1971年　[典]2008／2012

オ・サンドン　呉 山童　Oh, San-dong　本名=呉泰鶴　画家　韓国中央大学芸術学部長　[国]韓国　[生]1938年　[典]1992／1996

オ・サンラク　呉 相洛　ソウル大学経営学科教授, 韓国商品学会副会長　[国]韓国　[生]1928年2月27日　[典]1996

オ・ジェウォン　呉 在元　元・万景台革命学院長　[国]北朝鮮　[没]1988年11月30日　[典]1992（オ・ゼウォン）

オ・ジェヒ　呉 在熙　Oh, Jae-hee　外交官　元・駐日韓国大使　[国]韓国　[生]1932年6月5日　[典]1992／1996

オ・ジホ　Oh, Ji-ho　漢字名=呉智昊　俳優　[国]韓国　[生]1976年4月14日　[典]2004／2008／2012

オ・ジャボク　呉 滋福　Oh, Ja-Bok　軍人, 政治家　元・韓国国防相　[国]韓国　[生]1930年6月16日　[典]1992

オ・ジョンソク　呉 鍾錫　釜山大学経営大学院長　[国]韓国　[生]1939年4月8日　[典]1996

オ・ジョンヒ　呉 貞姫　作家　[国]韓国　[生]1947年　[典]2000

オ・ジョンヘ　呉 貞孩　女優　[国]韓国　[生]1971年9月　[典]1996／2000

オ・ジョンム　呉 正茂　エネルギー技術研究所所長, 韓国太陽エネルギー学会会長　[国]韓国　[生]1944年3月6日　[典]1996

オ・ジョンワン　Oh, Joung-wan　漢字名=呉姃琓　映画製作者　ボム映画代表　[国]韓国　[生]1964年　[典]2004／2008／2012

オ・ジンウ　呉 振宇　O, Jin-u　政治家, 軍人　元・北朝鮮人民武力相（国防相）, 元・朝鮮労働党政治局常務委員・軍事委員, 元・元帥　[国]北朝鮮　[生]1917年3月3日　[没]1995年2月25日　[典]1992／1996

オ・ジンヒョク　呉 真爀　Oh, Jin-hyek　アーチェリー選手　ロンドン五輪アーチェリー男子個人金メダリスト　[国]韓国　[生]1981年8月15日

オ・ジンヨン　呉 鎮龍　世宗研究所先任研究委員　[専]中国研究　[国]韓国　[典]1992

オ・スヨン　Oh, Soo-yeon　シナリオライター　[国]韓国　[生]1968年　[典]2004

オ・スリョン　呉 寿龍　北朝鮮から韓国へ亡命した元在日朝鮮人　[国]韓国　[生]1934年　[典]2000

オ・スンファン　呉 昇桓　プロ野球選手（投手）　[国]韓国

オ・セフン　呉 世勲　Oh, Se-hoon　政治家, 弁護士　元・ソウル市長, 元・韓国国会議員（ハンナラ党）, 元・淑明女子大学教授　[国]韓国　[生]1961年1月4日　[典]2004／2008／2012

オ・ソクホン　呉 錫泓　ソウル大学行政大学院長, 韓国総務処内務部政策諮問委員　[国]韓国　[生]1936年5月14日　[典]1996

オ・ソンクック　呉 成国　韓国三井物産社長　[生]1928年　[典]2000（ゴ・セイコク）

オ・テクグン　呉 鐸根　弁護士　[国]韓国　[生]1921年6月12日　[典]1996

オ・テソク　呉 泰錫　演出家, 劇作家　劇団木花主宰　[国]韓国　[生]1940年　[典]1992／1996／2008／2012

オ・デソク　呉 大錫　プロ野球コーチ　[国]韓国　[生]1958年7月2日　[典]1996

オ・ヒジュ　呉 喜柱　プロ野球選手（投手）　[国]韓国　[生]1968年7月2日　[典]1996

オ・ヒョンギョン　呉 賢慶　タレント　[国]韓国　[生]1970年3月25日　[典]1996

オ・ヒョンギョン　呉 鉉京　タレント　[国]韓国　[生]1936年11月11日　[典]1996

オ・ヒョンミョン　呉 鉉明　声楽家　[国]韓国　[生]1924年　[典]2004／2008

オ・ビョンムン　呉 炳文　全南大学総長　元・韓国教育部長官

[国]韓国 [生]1928年10月20日 [典]1996

オ・フィヨン 呉 輝泳 漢陽大学環境科学大学院教授,IFLAアジア太平洋地域担当副会長 [国]韓国 [生]1937年12月27日 [典]1996

オ・ベクリョン 呉 白竜 O, Baek-ryong 政治家 元・北朝鮮労働党政治局員兼国防委副委員長 [国]北朝鮮 [没]1984年4月6日 [典]1992

オ・ホグン 呉 浩根 金融家 元・韓国企業構造調整委員会委員長,元・韓国総合金融社長 [国]韓国 [典]2004

オ・ボムソク Oh, Beom-seok サッカー選手(MF) [国]韓国 [生]1984年7月29日 [典]2012

オ・ボンオク 呉 奉玉 プロ野球選手(投手) [国]韓国 [生]1968年7月8日 [典]1996／2000

オ・ボンクック 呉 鳳国 韓国科学技術団体総連合会副会長,韓国農業科学協会会長 [国]韓国 [生]1925年10月28日 [典]1996

オ・ミョン 呉 明 Oh, Meung 東亜日報社長 [国]韓国 [生]1940年3月21日 [典]1996／2000

オ・ミラン 呉 美蘭 モデル [国]韓国 [生]1972年 [典]1996

オ・ユンデ 魚 允大 Euh, Yoon-dae 経営学者 高麗大学総長,韓国教育政策諮問委員会会長 [国]韓国 [生]1945年5月22日 [典]2004／2008

オ・ユンベ 魚 允培 崇実大学中小企業大学院長・中小企業開発研究所長,韓国中小企業学会会長 [国]韓国 [生]1934年7月20日 [典]1996

オ・ヨンウォン 呉 英元 Oh, Young-won 二松学舎大学名誉教授 [専]韓国近代文学,韓国語 [国]韓国 [生]1935年7月29日 [典]2008

オ・ヨンキョ 呉 盈教 韓国産業資源部貿易担当次官補 [国]韓国 [典]2000

オ・ヨンス 呉 娟受 タレント [国]韓国 [生]1971年10月27日 [典]1996

オ・ヨンドゥ Oh, Young-doo 映画監督,脚本家 [国]韓国 [生]1975年 [典]2012

オ・ヨンバン 呉 竜訪 政治家,軍人 元・北朝鮮人民武力次官,元・朝鮮労働党中央委員・中央軍事委員 [国]北朝鮮 [没]2000年6月6日 [典]2000

オ・ヨンホ 呉 連鎬 Oh, Yeon-ho ジャーナリスト 「オーマイニュース」代表 [国]韓国 [生]1964年 [典]2004／2008／2012

オ・リカ 於 梨華 Yu, Li-hua 作家 台湾海外華文女作家連誼会副会長 [国]台湾 [生]1931年 [典]1996

オアー, マイケル Oher, Michael プロフットボール選手(OT) [国]米国 [生]1986年5月28日 [典]2012

オア, マーク・テイラー Orr, Mark Taylor サウスフロリダ大学国際問題研究所所長 元・GHQ民間情報教育局教育課長 [専]国際問題 [国]米国 [生]1914年4月20日 [典]1996

オアー, ロバート(Jr.) Orr, Robert M.(Jr.) 日本モトローラ官公庁関連業務本部長 [専]日本政治・外交,海外援助政策 [国]米国 [典]1996

オイエン, ヴェンケ Oyen, Wenche 絵本画家,イラストレーター [国]ノルウェー [生]1946年 [典]1992／1996

オイストハイセン, ルイ Oosthuizen, Louis 本名=オイストハイセン,ロディウィーカス・セオドラス プロゴルファー [国]南アフリカ [生]1982年10月19日 [典]2012(ウェストヘーゼン, ルイ)

オイストラフ, イーゴリ Oistrakh, Igor Davidvich バイオリニスト [国]ロシア [生]1931年4月27日 [典]1996

オイ・ムバ, カシミル Oýe-Mba, Casimir 政治家,銀行家 元・ガボン首相 [国]ガボン [生]1942年4月20日 [典]1992／1996／2000

オイルシュレーガー, ハンス・ディーター Olschleger, Hans Dieter ドイツ日本研究所研究員 [専]日本研究,アイヌ [国]ドイツ [生]1952年 [典]1996

オウ・アンオク 王 安憶 Wang, An-yi 作家 元・上海作家協会副主席 [国]中国 [生]1954年3月6日 [没]1996年 [典]1992／1996

オウ・アンジ 王 安時 北京四通集団公司高級副総裁 [国]中国 [生]1936年 [典]1992／1996

オウ・アントク 王 安徳 上海陸家嘴金融貿易区開発会長・社長 [国]中国 [典]1996

オウ・イカ 王 偉華 中国共産党中央宣伝部幹部局副局長 [国]中国 [生]1942年11月18日 [典]1996

オウ・イクセン 王 毓銓 旧名=王伯衡 歴史学者 中国社会科学院歴史研究所研究員,中国古代経済史学会会長,中国経済史学会副会長,太平洋歴史学会顧問 [専]中国古代史 [国]中国 [生]1910年 [典]1996

オウ・イクトク 王 育徳 Ong, Iok-tek 元・明治大学商学部教授,元・台湾人元日本兵士の補償問題を考える会事務局長 [専]中国語(台湾語) [国]台湾 [生]1924年 [没]1985年9月9日 [典]1992

オウ・イクワ 汪 毓和 音楽研究者 中央音楽学院音楽研究所所長,中国音楽史学会副会長 [専]音楽史 [国]中国 [生]1929年 [典]1996

オウ・イチジン 王 一仁 留香茶芸館経営,総合ワールドトラベル代表取締役 [国]香港 [生]1948年 [典]1996

オウ・イチュウ 王 偉忠 テレビプロデューサー 福隆製作有限公司社長 [国]台湾 [生]1957年 [典]2004

オウ・イッピ 王 一飛 上海市生殖医学研究養成センター主任,中華医学会計画出産学会副理事長,中国生殖生物学会副理事長 [専]生殖医学,生殖生物学 [国]中国 [生]1939年 [典]1996

オウ・イン 王 穏 弁護士 [国]中国 [典]2008

オウ・ウンカイ 王 雲海 Wang, Yun-hai 一橋大学大学院法学研究科教授 [専]比較刑事法,現代中国法 [国]中国 [生]1960年10月 [典]2000

オウ・ウンキ 王 運熙 中国語学者 中国言語文学研究所所長,唐代文学学会副理事長 [国]中国 [生]1926年 [典]1996

オウ・ウンコン 王 雲坤 Wang, Yun-kun 政治家 中国共産党吉林省委員会書記 [国]中国 [生]1942年12月20日 [典]2000

オウ・ウンセイ 王 芸生 Wang, Yun-sheng 本名=王徳鵬 ジャーナリスト,日本問題研究家 元・中日友好協会副会長,元・大公報社長 [国]中国 [生]1901年 [没]1980年5月30日 [典]1992

オウ・エイ 王 栄 生物学者 中国科学院海洋研究所研究員 [専]海洋浮遊生物の研究 [国]中国 [生]1934年 [典]1996

オウ・エイ 王 穎 ソフトボール選手 中国女子ソフトボール・チーム主将 [国]中国 [生]1968年 [典]1996

オウ・エイカン 王 永寛 河南省社会科学院助理研究員 [国]中国 [生]1946年 [典]2000

オウ・エイギ 翁 永曦 Weng, Yong-xi 中国農村政策研究発展開発センター研究員,21世紀研究院研究員 [専]農村政策研究 [国]中国 [生]1948年 [典]1992

オウ・エイグン 王 衛軍 弁護士 [国]中国 [典]2000

オウ・エイケイ 王 永慶 Wang, Yung-ching 実業家 元・台湾プラスチック・グループ創業者 [国]台湾 [生]1917年1月18日 [没]2008年10月15日 [典]1992／1996

オウ・エイシュン 王 英春 黒竜江省人民政府外事弁公室日本処科長 [国]中国 [典]2000

オウ・エイショウ 王 永祥 歴史学者 元・南開大学周恩来研究センター所長 [専]周恩来研究 [国]中国 [典]2004

オウ・エイセイ 王 鋭生 哲学者 中国社会科学院哲学研究所歴史唯物主義研究室主任,中国歴史唯物主義研究会副総幹事 [国]中国 [生]1928年 [典]1996

オウ・エイセイ 汪 永生 舞踊家 シルクロード音楽舞踊団芸術総監督 [国]中国 [典]1992／1996

オウ・エイゼン 王 永全 日本語研究者 吉林大学副教授 [国]中国 [生]1943年 [典]1996

オウ・エイボン 王 英凡 Wang, Ying-fan 外交官 国連大使 [国]中国 [典]2004

オウ・エイミン 王 永民 電子工学者 [専]漢字コードの研究 [国]中国 [生]1943年 [典]1996

オウ・エツ 王 鉞 Wang, Yue 歴史学者 蘭州大学教授 [専]ロシア史,世界中世史 [国]中国 [生]1938年 [典]2004

オウ・エン 王 燕 オペラ歌手 中国歌劇舞劇院歌手 [国]中国 [典]2004／2008

オウ・オン 王 音 中国対外友好合作服務センター顧問 元・在札幌中国領事館館員 [国]中国 [生]1927年10月 [典]2000

オウ・カイ 王 海 Wang, Hai 軍人 中国人民解放軍空軍司令員・飛行安全指導委員会主任 [国]中国 [生]1925年 [典]1992／1996

オウ・カイ 王 海 にせ物摘発の賠償金稼ぎ [国]中国 [典]2000

オウ・カイネイ 王 懐寧 経済学者 中国社会科学院世界経済政治研究所副所長,中国世界経済学会副会長・秘書長 ⓝ中国 ⓑ1932年 ⓡ1996

オウ・カイハ 汪 海波 経済学者 中国社会科学院研究生院副院長 ⓝ中国 ⓑ1930年 ⓡ1996

オウ・カカ 王 家驊 Wang, Chia-hua 中興紙業会長 元・台湾テレビ社社長 ⓝ台湾 ⓡ1996

オウ・カカ 王 家驊 Wang, Jia-hua 南開大学歴史研究所博士指導教授 ⓔ日本史 ⓝ中国 ⓑ1941年 ⓡ1996／2000

オウ・ガクチュウ 王 学仲 Wang, Xue-zhong 画家,書家 元・中国書法家協会副主席,元・天津大学研究生院教授 ⓝ中国 ⓑ1925年 ⓓ2013年10月8日 ⓡ1996

オウ・ガクチン 王 学珍 Wang, Xue-zhen 元・北京大学共産党委員会書記・校務委員会主席 ⓝ中国 ⓑ1926年8月 ⓡ1992／1996

オウ・ガクブン 王 学文 Wang, Xue-wen 本名=王守椿 号=首春,筆名=王昂,王鉄鋒 経済学者 ⓝ中国 ⓑ1895年5月4日 ⓓ1985年2月22日 ⓡ1992

オウ・ガクブン 王 学文 「国際商報」副総編集長 ⓝ中国 ⓡ2000

オウ・ガクメイ 王 学明 広東省人民政府社会経済発展研究中心副研究員・外事処長 ⓔ中国経済 ⓝ中国 ⓑ1950年 ⓡ1996

オウ・カシン 王 嘉信 画家 河北定興県文化館創作員 ⓔ水墨画 ⓝ中国 ⓑ1963年 ⓡ1996

オウ・カタツ 王 家達 Wang, Jia-da 作家 甘粛省文聯副主席 ⓝ中国 ⓑ1939年 ⓡ2004

オウ・カテイ 王 家楨 元・中国人民政治協商会議第6期全国委員,元・中国国民党革命委中央委員 ⓝ中国 ⓓ1984年12月28日 ⓡ1992

オウ・カフク 王 家福 Wang, Jar-fu 法律学者 中国社会科学院法学研究所教授,中国科学技術法学会副会長,中国経済法研究会総幹事 ⓔ経済法 ⓝ中国 ⓑ1931年2月24日 ⓡ1996／2000

オウ・カン 王 瀚 本名=王春雄 海峡横断スイマー ⓝ台湾 ⓑ1953年 ⓡ1996

オウ・カンセイ 王 寛誠 元・中国人民政治協商会議全国委員会(全国政協)常務委員,元・香港中華総商会会長 ⓝ中国 ⓑ1907年 ⓓ1986年12月3日 ⓡ1992

オウ・カンヒン 王 漢斌 Wang, Han bin 政治家 中国全国人民代表大会(全人代)常務委員会副委員長 ⓝ中国 ⓑ1925年8月 ⓡ1996／2000

オウ・キ 王 毅 Wang, Yi 外交官 中国外相,中国共産党中央委員 元・中国国務院台湾事務弁公室主任,元・中国外務省党委書記・外務次官,元・駐日中国大使 ⓝ中国 ⓑ1953年10月 ⓡ2000／2004／2008／2012

オウ・キ 王 輝 Wang, Hui 天津社会科学院院長・教授 ⓔ社会学 ⓝ中国 ⓑ1930年 ⓡ1996／2000

オウ・キ 王 輝 Wang, Hui 卓球選手 ⓝ中国 ⓑ1978年10月26日 ⓡ2012

オウ・キ 王 埼 版画家 中央美術学院教授 ⓝ中国 ⓑ1918年 ⓡ1992／1996

オウ・ギ 王 巍 中国社会科学院考古研究所助教授 ⓔ考古学 ⓝ中国 ⓑ1954年 ⓡ1996／2000

オウ・ギカン 王 儀涵 Wang, Yi-han バドミントン選手 ロンドン五輪バドミントン女子シングルス銀メダリスト ⓝ中国 ⓑ1988年1月18日

オウ・キケツ 王 希傑 言語学者 南京大学教授 ⓝ中国 ⓑ1940年 ⓡ2004／2008

オウ・キサン 王 岐山 Wang, Qi-shan 政治家 中国共産党政治局常務委員・中央規律検査委員会書記 元・中国副首相,元・北京市長,元・中国建設銀行頭取 ⓝ中国 ⓑ1948年7月 ⓡ2000／2008／2012

オウ・キシン 王 貴宸 経済学者 中国社会科学院経済研究所所長,中国農業経済学会副理事長,国務院農村発展研究センター理事 ⓝ中国 ⓑ1929年 ⓡ1996

オウ・キテイ 王 驥程 工学者 浙江大学化工研究分所副所長,中国生物学会生物技術制御工程研究会副理事長 ⓔ化学工業の自動化 ⓝ中国 ⓑ1928年 ⓡ1996

オウ・キテツ 王 希哲 Wang, Xi-zhe 合成筆名=李一哲 民主運動家 ⓝ中国 ⓑ1948年 ⓡ1992／1996／2000

オウ・ギフ 王 義夫 Wang, Yi-fu 射撃選手(ピストル) ⓝ中国 ⓑ1960年12月4日 ⓡ1996／2004／2008

オウ・キメイ 王 基銘 Wang, Ji-ming 実業家 中国石油化工股份有限公司総裁 ⓝ中国 ⓑ1943年 ⓡ2004／2008

オウ・キュウゴウ 王 九剛 西安市文物管理局文物処助教授 ⓔ考古学 ⓝ中国 ⓑ1949年 ⓡ2000

オウ・キョウ 王 嬌 Wang, Jiao レスリング選手 北京五輪レスリング女子72キロ級金メダリスト ⓝ中国 ⓑ1988年1月4日 ⓡ2012

オウ・ギョウウン 王 暁雲 Wang, Xiao-yun 外交官 元・駐日中国公使 ⓝ中国 ⓑ1920年 ⓓ1983年6月2日 ⓡ1992

オウ・キョウグン 王 俠軍 通称=ワン・ヘンリー ガラス工芸家,陶磁器作家 ⓝ台湾 ⓑ1953年 ⓡ2004(ワン,ハインリック)／2012

オウ・ギョウケイ 王 暁京 音楽プロデューサー ⓝ中国 ⓡ2004／2008

オウ・ギョウコウ 王 暁紅 水泳選手 ⓝ中国 ⓑ1968年 ⓡ1996

オウ・ギョウシュウ 王 暁秋 北京大学歴史系教授・中国近代史教研室主任・日本研究センター・アジア太平洋研究センター研究員 ⓔ中国近代史,中日関係史 ⓝ中国 ⓑ1942年 ⓡ1996

オウ・ギョウトウ 王 暁棠 女優,映画監督 八一映画製作所副社長 ⓝ中国 ⓑ1934年 ⓡ1996

オウ・ギョウヘイ 王 暁平 天津師範大学教授,比較文学比較文化研究所所長 ⓔ比較文学 ⓝ中国 ⓑ1947年 ⓡ2000

オウ・ギョウリ 王 暁理 Wang, Xiao-li バドミントン選手 ⓝ中国 ⓑ1989年6月24日

オウ・ギョウリン 王 暁琳 ファッションデザイナー ⓝ中国 ⓡ2000

オウ・キョク 王 旭 Wang, Xu レスリング選手 ⓝ中国 ⓑ1985年9月27日 ⓡ2008

オウ・ギョクサン 王 玉珊 アジア・コンピューター・サイエンス(ACS)取締役システム部長 ⓔコンピューター・ソフト ⓝ中国 ⓑ1938年 ⓡ1992／1996

オウ・キョクセイ 王 極盛 中国管理科学研究院社会心理所所長,中国気功進修学院教授 ⓝ中国 ⓑ1937年10月25日 ⓡ1996／2000

オウ・ギョクチン 王 玉珍 歌手 中国音楽学院教員,中国音楽学院実験楽団1級演出家,湖北省演劇協会副主席 ⓝ中国 ⓑ1935年 ⓡ1996

オウ・ギョクリュウ 王 玉龍 「中華武術」編集委員 ⓝ中国 ⓑ1961年 ⓡ1996

オウ・キン 王 鑫 Wang, Xin 飛び込み選手 北京五輪女子シンクロ高飛び込み金メダリスト ⓝ中国 ⓑ1992年8月11日 ⓡ2012

オウ・キン 王 均 言語学者 中国民族言語学会副学会長,中国国家言語文字工作委員会副主任委員,中国社会科学院民族研究所研究員 ⓝ中国 ⓑ1922年 ⓡ1996

オウ・キンギョク 王 金玉 元・スピード・スケート選手 ハルビン氷上競技訓練基地副主任 ⓝ中国 ⓑ1940年 ⓡ1996

オウ・キンシ 王 錦之 旧名=王祖沢 漢方医 北京中医医学院基礎部主任,中華全国中医学会副会長,中薬学会会長,処方学研究会会長 ⓝ中国 ⓑ1923年 ⓡ1996

オウ・キンセイ 王 金星 画家 湖南省美術家協会副主席・秘書長 ⓝ中国 ⓑ1942年2月18日 ⓡ1996

オウ・キンペイ 王 金平 Wang, Jin-pyng 政治家 台湾立法院院長(国会議長),台湾国民党副主席 ⓝ台湾 ⓑ1941年3月17日 ⓡ2004／2008／2012

オウ・キンリン 王 金林 Wang, Jin-lin 天津社会科学院日本研究所教授 ⓔ日本古代史,考古学 ⓝ中国 ⓑ1935年 ⓡ1992／1996

オウ・クン 王 君 中国国家外国専家局文教司項目主任(日本) ⓝ中国 ⓑ1959年 ⓡ1996

オウ・グン 王 群 政治家 元・共産党内蒙古自治区人民代表常務委員主任 ⓝ中国 ⓑ1926年 ⓡ1996／2000

オウ・グン 王 軍 Wang, Jun 中国国際信託投資公司(CITIC)会

長 [国]中国 [生]1941年 [典]1992／1996

オウ・グンカ 王 軍霞 Wang, Jun-xia 元・陸上選手（長距離） [国]中国 [生]1973年1月9日 [典]1996／2000

オウ・クンケン 王 君健 力学者 華中理工大学生物工程研究所所長 [専]生物力学 [国]中国 [生]1931年 [典]1996

オウ・クンセイ 王 君正 Wang, Jun-zheng 映画監督 [国]中国 [生]1945年 [典]1996

オウ・グントウ 王 軍涛 Wang, Jun-tao 民主化運動指導者 [国]中国 [生]1958年 [典]1996

オウ・ケイグ 王 景愚 喜劇俳優 [国]中国 [典]1992

オウ・ケイケイ 王 慧炯 経済学者 国務院発展研究中心学術委員会副主任 [国]中国 [生]1925年 [典]2008

オウ・ケイケイ 翁 啓恵 Wong, Chi-huey 生化学者 台湾中央研究院院長 [専]糖鎖化学 [国]台湾 [生]1948年8月3日

オウ・ケイショウ 王 慶祥 Wang, Qing-xiang 歴史家, 作家 [専]中国近現代史 [国]中国 [生]1943年 [典]1992／1996

オウ・ケイセイ 王 慶成 歴史学者 中国社会科学院近代史研究所所長, 研究員 [専]中国近代史 [国]中国 [生]1928年 [典]1996

オウ・ケイメイ 王 啓明 電子工学者 中国科学院半導体研究所所長, 中国通信学会光通信専門委員会副主任 [専]半導体, 光通信 [国]中国 [生]1933年 [典]1996

オウ・ケン 王 堅 中国民主建国会中央委員会連絡部副部長・中央委員 [国]中国 [生]1948年 [典]1996

オウ・ケン 王 建 中国国家計画委員会研究員 [専]経済学 [国]中国 [典]2000

オウ・ゲン 王 元 数学者 中国数学会理事長, 中国科学院学部数学物理学部委員 [国]中国 [生]1930年 [典]1996

オウ・ゲン 王 元 Wang, Yuan 経営学者 [専]マーケティング, 経営管理 [国]中国 [典]2004

オウ・ケンカ 王 建華 体育教師, 通訳 [国]中国 [生]1953年10月10日 [典]1992／1996

オウ・ケンケン 王 建煊 Wang, Chien-hsuan 政治家 台湾新党主席 元・台湾財政部長（蔵相） [国]台湾 [生]1938年8月7日 [典]1996／2000

オウ・ケンコウ 王 建康 復旦大学講師 [専]日本文学 [国]中国 [生]1954年 [典]1996

オウ・ケンサイ 王 賢才 医師, 翻訳家 江西省医学科学研究所主任医師,『江西医薬』編集主幹 [国]中国 [生]1934年 [典]1996

オウ・ケンシン 王 建新 考古学者 西北大学教授 [専]青銅器, 遣唐使 [国]中国 [典]2008／2012

オウ・ケンセイ 王 建青 [専]電気通信工学 [国]中国 [生]1962年 [典]1996

オウ・ケンミン 王 建民 Wang, Chien-ming 大リーグ選手（投手） [国]台湾 [生]1980年3月31日 [典]2008／2012

オウ・コウ 王 宏 上海外国語学院教授, 中国日語教学研究会会長 [専]日本語学（文法）, 日中対照研究 [国]中国 [生]1925年 [典]1996

オウ・コウ 王 昂 元・軍人, 元・パイロット 中国航空工業省次官 [国]中国 [生]1935年 [典]1996

オウ・コウ 王 虹 歌手 [国]中国 [典]1992／1996

オウ・コウ 王 皓 Wang, Hao 卓球選手 ロンドン五輪卓球男子団体金メダリスト [国]中国 [生]1983年12月5日 [典]2012

オウ・コウ 汪 皓 Wang, Hao 飛び込み選手 ロンドン五輪女子シンクロナイズド高飛び込み金メダリスト [国]中国 [生]1992年12月26日

オウ・ゴウ 王 剛 Wang, Gang アーキビスト 中国共産党政治局員・直属機関工委書記 [国]中国 [生]1942年10月 [典]2008／2012

オウ・コウア 王 光亜 Wang, Guang-ya 外交官 中国外務次官 元・国連大使 [国]中国 [生]1950年3月 [典]2008／2012

オウ・コウイ 王 好為 Wang, Hao-wei 映画監督 [国]中国 [生]1940年 [典]1996

オウ・コウエイ 王 光英 Wang, Guang-ying 実業家, 政治家 中国全国人民代表大会（全人代）常務副委員長, 光大実業公司名誉理事長 [国]中国 [生]1919年 [典]1992／1996／2000

オウ・コウエイ 汪 向栄 Wang, Xiang-rong 元・中日関係史研究会常務理事 [専]中日関係史（主として古代） [国]中国 [生]1920年 [没]2006年6月 [典]1992／1996

オウ・コウギ 王 広義 Wang, Guan-gyi 画家 [国]中国 [生]1957年 [典]1996／2000

オウ・ゴウギ 王 剛義 弁護士 大連理工大学教授 中国の寒中水泳王“中国氷人” [国]中国 [典]2008／2012

オウ・コウケン 王 效賢 Wang, Xiao-xian 外交官 中日友好協会副会長, 中国人民対外友好協会副会長 [国]中国 [生]1930年6月1日 [典]1996

オウ・コウコウ 王 光浩 プロ野球選手（捕手） [国]台湾 [典]2000

オウ・コウコウ 王 宏甲 筆名＝宏甲 作家 [国]中国 [生]1953年 [典]1996

オウ・コウショウ 汪 鴻祥 中国上海杉達大学助教授 [国]中国 [典]2008

オウ・コウチ 王 浩智 ISS通訳研修センター主任講師 [専]中国語 [典]2008

オウ・コウチョク 王 功直 多くの秘薬の処方箋をもっている男 [国]中国 [生]1920年 [典]1992

オウ・コウテイ 王 鴻禎 地質学者 中国科学院学部委員, 中国国務院学位委員会学科評議会メンバー 元・武漢地質学院院長 [国]中国 [生]1916年 [典]1996

オウ・コウトウ 王 興東 Wang, Xing-dong 映画プロデューサー, 脚本家 長春映画撮影所プロデューサー [国]中国 [生]1951年 [典]1996

オウ・コウビ 王 光美 Wang, Guang-mei 政治家 元・中国人民政治協商会議全国委員会（全国政協）常務委員, 元・中国社会科学院副秘書長 劉少奇中国国家主席夫人 [国]中国 [生]1921年 [没]2006年10月13日 [典]1992／1996

オウ・コウブ 王 賡武 Wang, Geng-wu 歴史学者 香港大学学長 [専]東アジア史 [国]香港 [生]1930年 [典]1996

オウ・コウブン 王 洪文 Wang, Hong-wen 政治家 元・中国共産党副主席 [国]中国 [生]1935年 [没]1992年8月3日 [典]1992／1996

オウ・ゴウホウ 王 剛鋒 写真家 [国]カナダ [典]2000

オウ・コウミン 王 宏民 南京市市長 [国]中国 [生]1941年 [典]2000

オウ・コウリク 王 康陸 独立運動家 元・台湾独立建国聯盟秘書長, 元・米国東北電信公司系統発展部副主任 [国]台湾 [生]1941年1月4日 [没]1993年10月12日 [典]1996

オウ・コク 王 克 軍人 中国人民解放軍後勤部長, 中将, 中国共産党中央委員, 中国共産党中央軍事委員会委員 [国]中国 [生]1931年 [典]1996

オウ・コクギョウ 王 国堯 紋様絹織物の第一人者 [国]中国 [典]1992

オウ・コクキン 王 国鈞 元・ボクシング選手 中国ボクシング・チーム総監督 [国]中国 [生]1938年 [典]1996

オウ・コクケイ 王 克慶 彫刻家 全国城市彫刻企画組副組長・研究員 [国]中国 [生]1933年 [典]1996

オウ・コクケン 王 国権 Wang, Guo-quan 外交官 元・中国対外友好協会会長 [国]中国 [生]1910年 [典]1992／1996

オウ・コクシン 汪 国真 詩人 中国芸術研究院文芸年鑑編集部副主任 [国]中国 [生]1956年6月 [典]1992／1996

オウ・コクチン 王 克鎮 瀋陽市計画経済委員会駐日総代表 [国]中国 [生]1925年 [典]1992（オウ・カツチン）／1996

オウ・コクリン 王 克林 Wang, Ke-lin 考古学者 山西考古研究所所長・教授, 中国考古学会理事 [国]中国 [生]1935年 [典]1992／1996

オウ・コン 王 昆 Wang, Kun ソプラノ歌手 東方歌舞団団長 [国]中国 [生]1925年 [典]1992

オウ, コンダン Oh, Kongdan ランド研究所国際政治アナリスト [国]米国 [生]1949年 [典]1996

オウ・コンロン 王 昆侖 元・中国人民政治協商会議全国委員会副主席, 元・中国国民党革命委員会中央主席 [国]中国 [没]1985年8月23日 [典]1992

オウ・サク 王 朔 Wang, Shuo 作家 [国]中国 [生]1958年 [典]1996／2000

オウ・サクエイ 王 作栄 Wang, Tso-rong 経済学者 元・台湾大

オ

オウ・サクフ 王 作富 法律学者 中国人民大学法律系教授,中国法学会刑法学研究会幹事 ⓟ刑法学 ⓝ中国 ⓑ1928年 ⓡ1996

オウ・サン 王 山 作家,翻訳家 長城文化研究センター所長 ⓝ中国 ⓑ1952年 ⓡ1996

オウ・サン 王 珊 国際関係学者 中国現代国際関係研究所助教授 ⓟ現代中日関係 ⓝ中国 ⓡ2004／2008

オウ・サンハツ 王 燦発 Wang, Can-fa 法学者,弁護士 中国政法大学教授,中国政法大学公害被害者法律援助センター代表 ⓟ環境法 ⓝ中国 ⓡ2012

オウ・ジキョウ 王 自強 中国科学院力学研究所固体力学研究室副主任・研究員 ⓟ固体力学 ⓝ中国 ⓑ1938年 ⓡ1996

オウ・シキン 王 志勤 生物化学者 中国科学院上海分院院長 ⓟ人工合成牛インシュリン ⓝ中国 ⓑ1931年 ⓡ1996

オウ・シケイ 王 思敬 地質学者 中国科学院地質研究所研究員,地球科学国際発展協会理事長 ⓝ中国 ⓑ1934年 ⓡ1996

オウ・シコウ 王 之江 上海光学精密機械研究所所長,中国光学学会副理事長 ⓟ光学 ⓝ中国 ⓑ1930年 ⓡ1996

オウ・シコン 王 梓坤 数学者 北京師範大学学長,中国国家科学委員会数学組メンバー ⓝ中国 ⓑ1929年 ⓡ1996

オウ・ジシツ 王 治郅 Wang, Zhi-zhi バスケットボール選手 ⓝ中国 ⓑ1977年8月7日 ⓡ2004／2008

オウ・シジン 王 之任 中国宇宙工業省某研究所副所長,高級技師 ⓟロケット工学 ⓝ中国 ⓑ1928年 ⓡ1996

オウ・シトウ 王 志東 実業家 シナ・ドット・コム社長 ⓝ中国 ⓑ1968年 ⓡ2000

オウ・シブン 王 志文 俳優 ⓝ中国 ⓑ1966年6月26日 ⓡ2000

オウ・シヘイ 王 志平 画家,写真家 ⓑ1947年 ⓡ1992／1996

オウ・シヘイ 汪 志平 Wang, Zhi-ping 札幌大学経営学部教授 ⓟ企業形態論 ⓝ中国 ⓑ1963年 ⓡ2004／2008

オウ・シャクカ 王 錫華 アーチェリー選手 ⓝ中国 ⓑ1944年 ⓡ1996

オウ・ジャクスイ 王 若水 Wang, Ruo-shui 筆名＝五澈 反体制理論家,哲学者 元・「人民日報」副編集長 ⓝ中国 ⓑ1926年 ⓓ2002年1月10日 ⓡ1996

オウ・ジャクボウ 王 若望 Wang, Ruo-wang 本名＝王寿華 作家,評論家,反体制活動家 元・中国民主党代代主席 ⓝ中国 ⓑ1918年3月1日 ⓓ2001年12月19日 ⓡ1992／1996／2000

オウ, ジャスティン Oh, Justin ファッションデザイナー ⓡ2000

オウ・シュウシ 王 緝思 中国社会科学院アメリカ研究所所長 ⓟ国際関係論 ⓝ中国 ⓑ1948年 ⓡ2000

オウ・シュウショウ 王 秀璋 地質学者 中国科学院地球化学研究所研究員,中国鉱物岩石地球化学学会鉱床地球化学専門委員会主任委員 ⓝ中国 ⓑ1931年 ⓡ1996

オウ・シュウブン 王 秀文 遼寧師範大学助教授 ⓟ日本語,日本文化 ⓝ中国 ⓑ1951年 ⓡ1996

オウ・シュウヨウ 汪 集暘 地質学者 中国科学院地質研究所室主任 ⓝ中国 ⓑ1935年 ⓡ1996

オウ・シュウラン 王 秀蘭 スピードスケート選手(ショートトラック) ⓝ中国 ⓑ1971年 ⓡ1996

オウ・シュウレイ 王 秀麗 スピード・スケート選手 ⓝ中国 ⓑ1965年 ⓡ1996

オウ・シュカ 王 守華 Wang, Shou-hua ⓟ日本哲学 ⓝ中国 ⓑ1938年 ⓡ2000

オウ・ジュカン 王 綬琯 天文学者 北京天文台台長,中国科学院数理学部副主任・学部委員,中国天文学会理事長 ⓝ中国 ⓑ1923年 ⓡ1996

オウ・シュクキ 王 叔暉 画家 ⓝ中国 ⓑ1985年7月23日 ⓡ1992

オウ・シュクケン 王 淑賢 Wan, Shu-xian 中華全国婦女連合会副主席,国連婦人の地位委員会中国代表 ⓝ中国 ⓑ1937年 ⓡ2000

オウ・シュクブン 王 叔文 中国社会科学院法学研究所所長,中国法学会副会長 ⓟ憲法学 ⓝ中国 ⓑ1927年 ⓡ1996

オウ・ジュンキ 王 潤喜 Wang, Ran-xi 射撃選手(ピストル) ⓝ中国 ⓑ1960年 ⓡ1996

オウ・シュンゲン 王 春元 水墨画家 河北省工芸美術校校長,河北省政協委員 ⓝ中国 ⓑ1941年 ⓡ2000

オウ・ショウ 王 昇 Wang, Sheng 軍人 台湾国民党中央委員元・台湾国防部連合作戦訓練部主任 ⓝ台湾 ⓑ1917年 ⓡ1992／1996

オウ・ショウ 王 紹 旧名＝王尽仁 生理学者 白求恩医科大学基礎医学部生理研究室主任 ⓝ中国 ⓑ1930年 ⓡ1996

オウ・ショウキ 応 昌期 Ying, Chang-chi 囲碁棋士,実業家 元・国際票券金融公司名誉理事長,元・中国囲碁会長(台湾) ⓝ台湾 ⓓ1997年8月27日 ⓡ1992／1996

オウ・ショウキ 王 承喜 青海省文化庁副庁長 ⓝ中国 ⓡ2004

オウ・ショウシン 王 紹新 北京語言文化大学教授 ⓟ中国語 ⓝ中国 ⓑ1938年 ⓡ1996／2000

オウ・ショウスイ 王 湘穂 Wang, Xiang-sui 軍人 中国人民解放軍空軍大佐 ⓝ中国 ⓑ1954年 ⓡ2004

オウ・ショウネン 翁 松燃 英語名＝ウォン,バイロン 中文大学(香港)教授 ⓟ中国法 ⓑ1934年9月 ⓡ1992／1996／2000

オウ・ショウヒ 王 紹飛 経済学者 中国社会科学院研究生院教授 ⓝ中国 ⓑ1929年 ⓡ1996

オウ・ショウブ 王 紹武 気象学者 北京大学地球物理系教授,国連環境署気候影響企画科学委員会顧問 ⓝ中国 ⓑ1932年 ⓡ1996

オウ・ショウホウ 王 霄鵬 ジャーナリスト 「中華英才」総編集長 ⓝ中国 ⓡ2000

オウ・ショウメイ 王 承明 Wang, Cheng-ming 実業家 華閩集団会長 ⓝ中国 ⓡ1996／2000

オウ・ショウリツ 王 昌立 医学者 中国医科大学教授 ⓝ中国 ⓑ1938年 ⓡ2004

オウ・ショクハン 王 植範 Wang, Zhi-fan 元・駐大阪中国総領事 ⓝ中国 ⓑ1916年 ⓓ1993年11月30日 ⓡ1996

オウ・ジョセイ 汪 恕誠 Wang, Shu-cheng 中国水利部長 ⓝ中国 ⓑ1941年12月 ⓡ2004

オウ・ジョナン 王 汝南 Wang, Ru-nan 棋士(囲碁) 中国囲碁協会副主席,中国棋院副院長,中日友好囲棋会館館長 ⓝ中国 ⓑ1949年 ⓡ1996

オウ・ジョラン 王 汝瀾 中国民俗学会理事 ⓟ民俗学 ⓝ中国 ⓑ1920年 ⓡ1996／2000

オウ・シリョウ 王 志良 元・卓球選手 ⓝ中国 ⓑ1941年 ⓡ1996

オウ・シレツ 翁 史烈 上海交通大学学長,上海市科学技術協会主席,中国国務院学位委員会委員 ⓝ中国 ⓑ1932年 ⓡ1996

オウ・シン 王 振 Wang, Zhen 上海社会科学院部門経済研究所助理研究員 ⓟ農業経済 ⓝ中国 ⓑ1963年 ⓡ2000

オウ・シン 晋 Wang, Jin パフォーマンス・アーティスト ⓝ中国 ⓑ1962年 ⓡ2000

オウ・シン 王 進 映画監督 珠江映画撮影所副所長 ⓝ中国 ⓡ1996

オウ・シン 王 震 Wang, Zhen 政治家,軍人 元・中国国家副主席,元・中日友好協会名誉会長 ⓝ中国 ⓑ1908年4月 ⓓ1993年3月12日 ⓡ1992／1996

オウ・シン 王 晨 Wang, Chen 大阪市立大学大学院法学研究科教授 ⓟ民法,中国法学 ⓝ中国 ⓑ1963年2月8日 ⓡ2000／2004／2008

オウ・シン 王 晨 Wang, Chen ジャーナリスト 中国国務院新聞弁公室主任,中国共産党中央対外宣伝弁公室主任 元・「人民日報」社長・編集局長 ⓝ中国 ⓑ1950年12月 ⓡ2004／2008／2012

オウ・ジン 王 仁 旧名＝王靠白 中国科学院学部委員,中国地震学会副理事長,中国国務院学位委員会学科評議組メンバー ⓟ地震学

オウ・シンイン 王 神蔭 牧師 中国キリスト教三自愛国会副主席,中国人民政治協商会議全国委員会常務委員 ⓝ中国 ⓑ1915年 ⓡ1996

オウ・シンカ 王 晨霞 医師 晨霞掌紋医学研究所所長 ⓟ掌紋医学 ⓝ中国 ⓑ1953年 ⓡ2004

オウ・シンキン 王 振勤 「家庭中医薬」編集長,全国羅布麻研究セ

ンター副理事長・助教授　⑲植物薬　⑯中国　⑭1935年　⑳2000

オウ・シンケイ　王 新奎　上海対外貿易学院院長　⑯中国　⑳2000

オウ・シンコウ　王 森浩　Wang, Sen-hao　中国共産党中央委員　元・中国石炭工業相　⑯中国　⑭1933年　⑳1996／2000

オウ・シンコク　王 振国　Wang, Zhen-guo　吉林省抗癌協会長白山薬物研究所所長,中国国家衛生部医学研究員　⑲中医学　⑯中国　⑭1954年　⑳1996／2000／2004

オウ・シンサ　王 振鎖　南開大学歴史研究所（日本研究センター）日本史研究室主任教授　⑲日本戦後史　⑯中国　⑭1941年　⑳1996

オウ・シンシ　王 振之　経済学者　中国社会科学院研究生院教授,中国コスト研究会副会長・秘書長　⑯中国　⑭1928年　⑳1996

オウ・ジンジュウ　王 任重　Wang, Ren-zhong　政治家　元・中国人民政治協商会議全国委員会副主席,元・中国共産党中央委員　⑯中国　⑭1917年　⑮1992年3月16日　⑳1992（オウ・ニンジュウ）／1996

オウ・シンセイ　王 震西　Wang, Zhen-xi　中国科学院三環新材料研究開発公司総経理,中国科学技術大学教授　⑲磁学　⑯中国　⑭1943年　⑳1992（オウ・シンサイ）／1996

オウ・シンセイ　王 辰生　版画家,水墨画家,書家,絵本作家　⑯中国　⑭1952年　⑳1996

オウ・シンテイ　王 新亭　元・中国共産党中央顧問委員　⑯中国　⑮1984年12月11日　⑳1992

オウ・シンドウ　王 振堂　Wang, J.T.　実業家　エイサーグループ董事長・CEO　⑯台湾　⑳2012

オウ・ジンビ　王 人美　女優　元・中国映画人協会名誉理事　⑯中国　⑮1987年4月12日　⑳1992

オウ・ジンホウ　汪 刃鋒　Wang, Ren-feng　本名＝汪亦倫　版画家,木刻画　⑭1918年9月27日　⑳1992／1996

オウ・シンミン　王 晋民　千葉科学大学危機管理学部助教授　⑲心理学　⑯中国　⑭1962年　⑳2008

オウ・シンリ　王 進利　鍼灸師　⑯中国　⑭1958年　⑳2004

オウ・シンリョウ　王 真亮　「出路—ある中国農村青年の日記」の著者　⑯中国　⑭1967年　⑳1996

オウ・シンレイ　王 心麗　Wang, Xin-li　作家　⑯中国　⑭1956年　⑳2000

オウ・ズイリン　王 瑞林　Wang, Rui-lin　軍人　中国国家中央軍事委員　⑯中国　⑭1929年12月　⑳1996／2000／2004／2008

オウ・スウリン　王 崇倫　中国共産党ハルビン委員会副書記　元・中国共産党中央委員　⑯中国　⑭1927年　⑳1996

オウ・セイコウ　王 世光　作曲家　中央歌劇院1級作曲家　⑯中国　⑭1941年　⑳1996

オウ・セイコク　王 正国　病理学者　第三軍医大学野戦外科研究所研究員,中国国務院学位委員会学科評議組メンバー　⑲野戦外科創傷の病理　⑯中国　⑭1935年　⑳1996

オウ・セイショウ　王 世称　旧名＝王式脩　鉱物学者　長春地質学院総合情報鉱産預測研究所所長　⑯中国　⑭1931年　⑳1996

オウ・セイチュウ　汪 世忠　パシフィック・コンコード・ホールディングス（太平協和集団）会長　⑯香港　⑭1949年　⑳1996

オウ・セイビン　王 正敏　医学者　上海医科大学耳鼻咽喉科教育研究室主任,中華医学会耳鼻咽喉科学会副主任委員　⑲耳鼻咽喉科　⑯中国　⑭1935年　⑳1996

オウ・セツヒョウ　王 雪冰　Wang, Xue-bing　中国銀行会長・銀行長,中国共産党中央委員候補　⑯中国　⑭1953年　⑳2000

オウ・セツヒン　王 浙浜　Wang, Zhe-bin　脚本家　長春映画撮影所シナリオライター　⑯中国　⑭1952年　⑳1996／2000

オウ・センオン　汪 先恩　Wang, Xia-nen　医学者　華中科技大学同済医学院教授,順天堂大学消化器内科客員先任准教授　⑲中医学　⑯中国　⑭1961年　⑳2008／2012

オウ・センコン　王 泉根　Wang, Quan-gen　西南師範大学教授　⑲姓氏　⑯中国　⑭1949年　⑳1996

オウ・センホウ　王 占鵬　野球選手（投手）　⑯中国　⑭1975年5月29日　⑳2004

オウ・センリン　王 占林　工学者　北京航空宇宙大学自動制御系主任,中国航空液圧気動総公司理事　⑲ロケット工学　⑯中国

⑭1934年　⑳1996

オウ・ソ　王 楚　物理学者　北京大学無線電系主任　⑲量子力学,波動スペクトル学　⑯中国　⑭1933年　⑳1996

オウ・ゾウショウ　王 増祥　投資家　ニュービス・ホンコン・リミテッド社長　⑯香港　⑭1926年　⑳1992／2000

オウ・ソチン　王 素珍　元・パラシュート選手　⑯中国　⑭1940年　⑳1996

オウ・タイグン　王 大軍　ジャーナリスト　新華通信国際部高級編集者　⑯中国　⑭1946年　⑳1992／1996／2000

オウ・タイショウ　王 大章　華西医科大学付属口腔医院院長,中華医学会口腔医学会副主任委員　⑲口腔医学　⑯中国　⑭1935年　⑳1996

オウ・ダイネイ　王 乃衛　上海機械学院エネルギー源節約・開発研究所所長　⑲機械工学　⑯中国　⑭1931年　⑳1996

オウ・タイヘイ　王 泰平　Wang, Tai-ping　外交官　在大阪中国総領事　⑯中国　⑳2000／2004／2008

オウ・タク　王 拓　Wang, Tuo　本名＝王紘久　作家,評論家　⑯台湾　⑭1944年　⑳1992／1996

オウ・タン　王 丹　Wang, Dan　民主化運動指導者　⑯中国　⑭1969年2月　⑳1992／1996／2000／2004／2012

オウ・チオキアト　ハイ・サン・ハップ（HSH）会長　⑯シンガポール　⑭1945年　⑳1996

オウ・チュウウ　王 忠禹　Wang, Zhong-yu　政治家　元・中国人民政治協商会議筆頭副主席　⑯中国　⑭1933年2月　⑳1996／2000／2004／2008／2012

オウ・チュウシュ　王 仲殊　Wang, Zhong-shu　考古学者　中国社会科学院考古学研究所研究員　⑲漢代遺跡,中国古代都市,古代墓葬　⑯中国　⑭1925年10月25日　⑳1992／1996

オウ・チュウセイ　王 忠誠　医師　北京市神経外科研究所所長,中華神経外科学会主席,「中華神経外科」編集長,欧州アジア神経外科学会名誉副主席　⑲神経外科　⑯中国　⑭1925年　⑳1996

オウ・チュウレツ　王 忠烈　旧名＝王瀟　原子物理学者　山東大学副学長,中国全国高等教育管理学会副会長,「輻射欠陥と損害」アジア編集委員　⑯中国　⑭1935年　⑳1996

オウ・チョウグン　王 兆軍　Wang, Zhao-jun　作家　⑯中国　⑭1947年　⑳1996／1996

オウ・チョウコク　王 兆国　Wang, Zhao-guo　政治家　中国全人代常務副委員長,中国共産党政治局員,中華全国総工会主席　⑯中国　⑭1941年7月　⑳1992／1996／2000／2004／2008／2012

オウ・チョウブン　王 朝文　貴州省省長,中国共産党中央委員　⑯中国　⑭1930年　⑳1996／2000

オウ・チョウヨウ　王 超鷹　Wang, Chao-ying　美術デザイナー,書家　⑲篆刻,剪紙,中国画　⑯中国　⑭1958年　⑳2004

オウ・テイケン　王 廷娟　気功家　⑯中国　⑳1992／1996

オウ・テキソン　王 適存　航空学者　南京航空学院飛行機系主任,中国航空学会ヘリコプター専門委員会主任,国家航空工業部科学技術委員会委員　⑲ヘリコプター　⑯中国　⑭1926年　⑳1996

オウ・テツセイ　王 鉄成　俳優　中国児童芸術劇院　⑯中国　⑭1936年8月9日　⑳1996

オウ・テンサ　王 淀佐　鉱物学者　中国中南工業大学学長,中国金属学会選鉱学術委員会副主任委員　⑲浮選及び選鉱薬剤の研究　⑯中国　⑭1934年　⑳1996

オウ・トウ　王 涛　中国石油天然ガス総公司（CNPC）社長,中国共産党中央委員　⑯中国　⑭1931年　⑳1996

オウ・トウ　王 濤　Wang, Tao　卓球選手　⑯中国　⑭1968年　⑳1996／2000

オウ・ドウ　王 童　映画監督　⑯台湾　⑭1942年4月14日　⑳1996／2000

オウ・ドウカン　汪 道涵　Wang, Dao-han　元・海峡両岸関係協会会長,元・上海市長　⑯中国　⑭1915年3月　⑮2005年12月24日　⑳1996／2004

オウ・トウコウ　汪 東興　Wang, Dong-xing　政治家　元・中国共産党副主席　⑯中国　⑭1916年　⑳1992／1996

オウ・トウセイ　王 東生　画家　⑯中国　⑭1940年　⑳1996

オウ・トクエイ　王 徳瑛　中国共産党中央規律検査委員会副書記 ⓖ中国 ⓑ1931年 ⓡ1996

オウ・トクホウ　王 徳宝　生物学者　中国科学院学部委員,研究員 ⓢ核酸の研究 ⓖ中国 ⓑ1918年 ⓡ1996

オウ・トクユウ　王 徳有　中国大百科全書出版社副編集審定長・文化教育文芸編集部部長 ⓢ中国哲学史 ⓖ中国 ⓑ1944年 ⓡ1996

オウ,トニー　Au, Tony　中国名＝区丁平　映画監督,映画美術監督 ⓖ香港 ⓑ1954年1月5日 ⓡ1996

オウ・ナン　王 楠　元・卓球選手　シドニー五輪・アテネ五輪卓球女子ダブルス金メダリスト ⓖ中国 ⓑ1978年10月23日 ⓡ2004／2008／2012

オウ・ニンシ　王 忍之　Wang, Ren-zhi　政治家　中国社会科学院共産党委書記　元・中国共産党中央委員会宣伝部部長 ⓖ中国 ⓑ1933年 ⓡ1996／2000

オウ・ノウ　王 農　画家　中国現代水墨画協会理事長,中国衣妝美研究会常務理事,中国扇子芸術学会常務理事,中国北京青年中国画研究会秘書長,オランダ中国書画院名誉院長 ⓢ水墨画 ⓖ中国 ⓑ1953年 ⓡ1996

オウ・バイエイ　王 培栄　中国鉱業大学理学院准教授　中国共産党の腐敗幹部をインターネットで告発する ⓖ中国 ⓡ2012

オウ・バイコウ　王 倍公　Wang, Pei-gong　脚本家 ⓖ中国 ⓑ1943年 ⓡ2000

オウ・ビトウ　王 美桃　シンガポール松下無線機器（MESA）　松下電器工科短期大学海外研修生 ⓖシンガポール ⓡ1992

オウ・ヒン　王 賓　中国綜合研究中心研究員 ⓢ中日両国近代史の比較研究 ⓖ中国 ⓑ1962年 ⓡ2000

オウ・ビン　王 敏　Wang, Min　作家　法政大学国際日本学研究所教授 ⓢ日中比較文化論,日本研究,宮沢賢治研究 ⓖ中国 ⓑ1954年 ⓡ1992／1996／2000

オウ・ビン　王 敏　Wang, Min　グラフィックデザイナー　中央美術学院デザイン学院長 ⓖ中国 ⓡ2012

オウ・フクレイ　王 馥荔　女優 ⓖ中国 ⓑ1949年 ⓡ1996

オウ・フシュウ　王 富洲　登山家　中国登山協会秘書長,中国団体旅行服務公司社長 ⓖ中国 ⓑ1935年 ⓡ1996

オウ・ブセイ　汪 蕪生　写真家 ⓖ中国 ⓑ1945年 ⓡ1996／2000

オウ,フランシス　Ow, Francis M.Y.　中国名＝区琰淵　折り紙作家 ⓖシンガポール ⓑ1949年 ⓡ1992

オウ・ブン　王 文　Wang, Wen ⓢ日本語教育 ⓖ中国 ⓑ1959年 ⓡ2004

オウ・ブンカ　王 文華　「蛋白質ガール」の著者 ⓡ2008

オウ・ブンギ　王 文義　チャムス市副市長,黒龍江省科学協会副主席,高級技師 ⓢ電気工学 ⓖ中国 ⓑ1930年 ⓡ1996

オウ・ブンキョウ　王 文京　実業家　用友軟件（UFSoft）創業者 ⓖ中国 ⓡ2004

オウ・ブンキョウ　王 文教　バドミントン監督　中国バドミントン協会副主席,国際バドミントン連合会理事 ⓖ中国 ⓑ1933年 ⓡ1996

オウ・ブンケツ　王 文傑　水墨画家　河北テレビ局美術編集員,河北花鳥画協会副秘書長,河北書道家協会理事 ⓖ中国 ⓑ1944年 ⓡ1996

オウ・ブンケン　王 文娟　アーチェリー選手 ⓖ中国 ⓑ1956年 ⓡ1996

オウ・ブンセキ　王 汶石　Wang, Wen-shi　本名＝王礼曽　作家　中国作家協会理事 ⓖ中国 ⓑ1921年11月21日 ⓡ1992／1996

オウ・ヘイカン　王 丙乾　Wang, Bing-qian　政治家　元・中国全国人民代表大会（全人代）常務委員会副委員長,元・中国財政相 ⓖ中国 ⓑ1925年6月 ⓡ1992／1996／2000

オウ・ヘイショウ　王 炳章　民主化運動家　中国民主党顧問 ⓖ中国 ⓑ1948年 ⓡ1996

オウ・ヘイナン　王 炳南　元・中国人民対外友好協会顧問 ⓖ中国 ⓑ1910年 ⓓ1988年12月22日 ⓡ1992

オウ・ホウ　王 峰　Wang, Feng　飛び込み選手　北京五輪男子シンクロ板飛び込み金メダリスト ⓖ中国 ⓑ1979年4月17日 ⓡ2012

オウ・ホウ　王 芳　Wang, Fang　政治家　中国国務委員 ⓖ中国 ⓑ1920年9月 ⓡ1992／1996

オウ・ボウ　王 矛　Wang, Mao　ジャーナリスト　元・「中国青年報」国内部部長,元・北京人文通信大学副学長 ⓖ中国 ⓑ1951年 ⓓ1990年6月29日 ⓡ1992

オウ・ホウサン　王 宝燦　海洋学者　上海海岸資源開発研究センター副主任,中国国家海岸河口学会副理事長 ⓖ中国 ⓑ1931年 ⓡ1996

オウ・ホウシン　王 宝森　Wang, Bao-sen　政治家　元・北京市副市長 ⓖ中国 ⓓ1995年4月4日 ⓡ1996

オウ・ホウテイ　王 宝貞　工学者　ハルビン建築工程学院市政と環境工程系主任,中国国務院学位委員会学科評議組メンバー,教授 ⓢ放射性廃棄物処理 ⓖ中国 ⓑ1932年 ⓡ1996

オウ・ホウヘイ　王 宝平　関西大学文学博士 ⓑ1957年 ⓡ2008

オウ・ホクガク　王 北岳　名＝沢恒,字＝北岳,号＝子蒼　篆刻家　台湾総督府参議,台湾師範大学教授,中華芸術学院教授 ⓖ台湾 ⓑ1926年 ⓡ1992／1996

オウ・ホクセイ　王 北星　Wang, Bei-xing　スピードスケート選手　バンクーバー五輪スピードスケート女子500メートル銅メダリスト ⓖ中国 ⓑ1985年3月10日

オウ・ホジュ　王 保樹　Wang, Bao-shu　中国社会科学院法学研究所教授・副所長 ⓢ経済法,企業法 ⓖ中国 ⓑ1941年6月15日 ⓡ1996／2000

オウ・ホセイ　王 輔正　人物設計・メイキャップ専門家　上海戯劇学院舞台美術部人物設計教研室主任・助教授,中国舞台美術学会常務理事 ⓖ中国 ⓑ1931年 ⓡ1992／1996

オウ・ホトウ　王 保東　経営コンサルタント ⓖ中国 ⓑ1954年 ⓡ2004／2008

オウ・ボン　王 凡　旧名＝王宝臣　病理学者　白求恩医科大学地方病研究所病理研究室教授,中国地方病科学委員会副主任委員 ⓖ中国 ⓑ1924年 ⓡ1996

オウ・マンリ　王 曼利　Wang, Man-li　元・スピードスケート選手　トリノ五輪スピードスケート女子500メートル銀メダリスト ⓖ中国 ⓑ1973年3月17日

オウ・ムケイ　王 夢奎　Wang, Meng-kui　中国国務院発展研究センター議長 ⓖ中国 ⓑ1938年4月 ⓡ2000

オウ・メイ　王 名　Wang, Ming　清華大学公共管理学院副院長・NGO研究所長 ⓢNGO,NPO ⓖ中国 ⓑ1960年 ⓡ2004

オウ・メイ　王 明　旧名＝王則誠　歴史学者　中国社会科学院哲学研究所中国哲学史研究室主任,中国全国哲学史学会副会長 ⓖ中国 ⓑ1911年 ⓡ1996

オウ・メイエン　王 銘琬　Wang, Ming-wan　棋士　囲碁9段 ⓖ台湾 ⓑ1961年11月22日 ⓡ1992

オウ・メイケン　王 明権　Wang, Ming-quan　銀行家　中国交通銀行総裁 ⓖ中国 ⓑ1947年 ⓡ2000

オウ・メイケン　王 明娟　Wang, Ming-juan　重量挙げ選手　ロンドン五輪重量挙げ女子48キロ級金メダリスト ⓖ中国 ⓑ1985年10月11日

オウ・メイセン　汪 明筌　テレビタレント　中国全国人民代表大会（全人代）香港代表,香港特別行政区準備委員会委員 ⓖ香港 ⓡ2000

オウ・モウ　王 蒙　Wang, Meng　作家,政治家　南京大学兼職教授　元・中国文化相 ⓖ中国 ⓑ1934年10月15日 ⓡ1992／1996／2000

オウ・モウ　王 濛　Wang, Meng　スピードスケート選手（ショートトラック）　トリノ五輪・バンクーバー五輪ショートトラック女子500メートル金メダリスト ⓖ中国 ⓑ1985年4月10日 ⓡ2008／2012

オウ・モリン　王 茂林　Wang, Mao-lin　中国共産党中央委員　元・中国共産党湖南省委員会書記 ⓖ中国 ⓑ1934年12月 ⓡ1996／2000

オウ・ヤシュウ　王 冶秋　Wang, Ye-qiu　美術史家,作家,政治家　元・中国国家文物局長 ⓖ中国 ⓑ1910年1月2日 ⓓ1987年10月5日 ⓡ1992

オウ・ヤヘイ　王 冶坪　江沢民夫人 ⓖ中国 ⓑ1926年 ⓡ1996／2008

オウ・ユウ　王 勇　歴史学者　浙江工商大学教授・日本文化研究所所長　[専]中日文化交流史(古代)　[国]中国　[生]1956年　[典]1996／2000／2004／2008／2012

オウ・ユブン　王 渝文　女優, 元・モデル　[国]台湾　[生]1971年7月29日　[典]1996

オウ・ヨウ　汪 洋　Wang, Yang　政治家　中国副首相, 中国共産党政治局員, 広東省党委書記　[国]中国　[生]1955年3月12日　[典]2008／2012

オウ・ヨウゴウ　汪 涌豪　復旦大学副教授　[専]中国古典思想　[国]中国　[生]1962年　[典]2004

オウ・ヨウテイ　王 耀庭　故宮博物院書画所研究員　[専]中国絵画　[国]台湾　[生]1943年　[典]1996／2000

オウ・ライ　王 磊　Wang, Lei　政治家　元・中国共産党中央顧問委員会委員, 元・中国商業相　[国]中国　[没]1994年10月4日　[典]1996

オウ・ラクセン　王 楽泉　Wang, Le-quan　政治家　中国共産党政治局員, 新疆ウイグル自治区党委書記　[国]中国　[生]1944年12月　[典]2008／2012

オウ・ラチン　王 羅珍　上海中医薬大学附属上海市気功研究所副研究員　[専]気功　[国]中国　[生]1940年10月　[典]1996

オウ・ラン　王 嵐　歴史学者　[国]中国　[生]1965年　[典]2008

オウ・リキ　王 利器　字=蔵用, 号=暁伝, 室名=争朝夕斎　中日関係史研究会顧問,「中日研究」編集委員　[専]中日関係史　[国]中国　[生]1912年　[典]1996

オウ・リキ　王 力　言語学者　元・北京大学教授, 元・中国人民政治協商会議全国委員会(全国政協)委員(第6期)　[国]中国　[没]1986年5月3日　[典]1992

オウ・リョウ　汪 良　書家, 実業家　北京人民放送局局長, 北京放送公司会長・社長　[国]中国　[生]1952年　[典]2012

オウ・リンシン　王 林森　セイコー・インスツルメンツ・シンガポール社取締役　[国]シンガポール　[典]1992

オウ・レイキン　王 励勤　Wang, Li-qin　卓球選手　シドニー五輪卓球男子ダブルス金メダリスト　[国]中国　[生]1978年6月18日　[典]2004／2008／2012

オウ・レイケツ　王 黎傑　中国電影家協会対外連絡部幹部　[国]中国　[生]1955年8月19日　[典]1996

オウ・レイコウ　王 麗紅　ソフトボール選手(投手)　[国]中国　[生]1970年　[典]1996／2000

オウ・レイショ　王 霊書　Wang, Ling-shu　作家, ジャーナリスト「中国婦女報」記者　[国]中国　[生]1948年　[典]1996

オウ・レイナ　王 麗娜　射撃選手　[国]中国　[生]1971年　[典]1996

オウ・レイヘイ　王 麗萍　Wang, Li-ping　競歩選手　[国]中国　[生]1976年7月8日　[典]2004／2008

オウ・レンソウ　王 連錚　Wang, Lian-zheng　農学者　中国農業科学院院長　[専]種子遺伝学, 大豆育種　[国]中国　[生]1930年　[典]1992／1996

オヴァス, ジャン・マルク　Hovasse, Jean-Marc　作家　[国]フランス　[生]1970年　[典]2004

オーウィク, エイル　元・ノルウェー議会ノーベル賞委員会(ノーベル平和賞選考機関)委員長　[国]ノルウェー　[没]1990年7月19日　[典]1992

オーウィングス, ナサニエル・アレクサンダー　建築家　[国]米国　[没]1984年6月13日　[典]1992

オーウィングス, マイカ　Owings, Micah　本名=Owings,Micah Burton　大リーグ選手(内野手)　[国]米国　[生]1982年9月28日

オーヴェット, クリスチャン　Hauvette, Christian　建築家　[国]フランス　[生]1944年　[典]2000

オーウェンス, テレル　Owens, Terrell　プロフットボール選手(WR)　[国]米国　[生]1973年12月7日　[典]2004(オーエンス, テレル)／2008(オーエンス, テレル)

オウエンズ, バーバラ　SF作家　[国]米国　[生]193？年　[典]1992(オーエンズ, バーバラ)

オウエンズ, リンダ　テレビプロデューサー　KCSMテレビ局　[国]米国　[典]2000

オウジェリー, スティーブ　Augeri, Steve　グループ名=ジャーニーロック歌手　[国]米国　[典]2004／2008／2012

オウショーニッシ, ヒュー　O'Shaughnessy, Hugh　ジャーナリスト　[専]カリブ, ラテンアメリカ　[国]英国　[典]1996

オウスラント, ボルゲ　Ousland, Borge　極地冒険家　[国]ノルウェー　[典]2000／2012

オーウチ, グレン　Ouchi, Glenn I.　BREGO Research社社長　[専]パーソナルコンピューターの応用　[国]米国　[典]1992

オウティネン, カティ　Outinen, Kati　女優　[国]フィンランド　[生]1961年8月17日　[典]2004／2008

オウヨウ・サン　欧陽 山　Ou-yang, Shan　本名=陽鳳岐　別筆名=羅西, 龍貢公　作家　元・中国作家協会名誉副主席　[国]中国　[生]1908年12月11日　[没]2000年9月26日　[典]1992／1996

オウヨウ・ジエン　欧陽 自遠　地質学者　中国科学院地球化学研究所所長, 国際大地測量・地球物理連合会中国委員会主任委員　[専]核実験地質反応, 隕石, 天体化学　[国]中国　[生]1935年　[典]1996

オウヨウ・ブンヒン　欧陽 文彬　ジャーナリスト　「新民晩報」記者　[国]中国　[典]2004

オウヨウ・ヨ　欧陽 予　核技術専門家　秦山原子力発電所第一副総経理, 高級技師　[専]原子炉の設計　[国]中国　[生]1927年　[典]1996

オーヴルファッハ, ダニエル　Overgaac, Danielle　自転車選手, ファッションモデル　[国]オランダ　[生]1973年　[典]1996(オーブルファッハ, ダニエル)

オーエ, ミッシェル　スイス写真センター会長　世界一のカメラ・コレクター　[国]スイス　[典]1992

オエップ, ノエル　Hoeppe, Noelle　写真家　[国]フランス　[生]1958年　[典]2000

オーエン, クライブ　Owen, Clive　俳優　[国]英国　[生]1964年10月3日　[典]2008／2012(オーウェン, クライブ)

オーエン, ジェフリー　Owen, Geoffrey　実業家, 編集者　ロンドン・スクール・オブ・エコノミクス上級講師　[国]英国　[生]1934年　[典]2008

オーエン, ジェームズ　Owen, James.P.　投資コンサルタント　[国]米国　[典]2004

オーエン, デービッド　Owen, David　本名=Owen,David Anthony Llewellyn　政治家　元・英国外相, 元・英国社会民主党(SPD)党首　[国]英国　[生]1938年7月2日　[典]1992／1996／2000

オーエン, デービッド　Owen, David　作家, コラムニスト　[国]米国　[生]1955年　[典]2004

オーエン, デービッド　Owen, David　作家　[典]2004

オーエン, トーマス　Owen, Thomas　本名=Bertot,Gérald　幻想小説作家, 弁護士　[国]ベルギー　[生]1910年　[没]2002年　[典]1992／1996

オーエン, マイケル　Owen, Michael　元・サッカー選手　[国]英国　[生]1979年12月14日　[典]2000／2004／2008／2012(オーウェン, マイケル)

オーエン, マーク　Owen, Mark　グループ名=テイク・ザット　歌手　[国]英国　[典]2008／2012(オーウェン, マーク)

オーエンジョーンズ, リンゼイ　Owen-Jones, Lindsay　実業家　ロレアル会長・CEO　[国]英国　[生]1946年3月17日　[典]2004

オーエンス, ジェシー　Owens, Jesse　本名=オーエンス, ジェームス　陸上選手　元・米国オリンピック委員会委員　[国]米国　[生]1913年9月12日　[没]1980年3月31日　[典]1992

オーエンズ, ダイアナ　Owens, Diana L.　ビジネスコンサルタント　[国]米国　[典]2004

オーエンズ, バック　Owens, Buck　カントリー歌手, ギタリスト　[国]米国　[生]1929年8月12日　[没]2006年3月25日　[典]1992

オーエンズ, ビル　Owens, Bill　政治家　コロラド州知事　[国]米国　[生]1950年10月22日　[典]2004／2008

オオイシ, ジーン　Oishi, Gene　ジャーナリスト　メリーランド州教職員組合出版部長　[国]米国　[生]1933年　[典]1992

オオイワ・オスカール　大岩 オスカール　Oiwa, Oscar　本名=大岩オスカール幸男　美術家　[国]ブラジル　[生]1965年　[典]2012

オオシマ, マーク　大島, マーク　名取名=清元志磨太夫, 藤間豊羊明　歌舞伎研究家　[国]米国　[典]1996／2000／2004

オ

オオタ, ハーブ　Ohta, Herb　本名=オオタ,ハーバート・イチロー　通称=オオタサン　ウクレレ奏者　[国]米国　[生]1934年10月21日　[典]2004

オオタケ・トミエ　大竹 富江　洋画家,彫刻家　[国]ブラジル　[生]1913年　[典]1992／1996／2000／2004

オオツカ, エリーザ　大塚,エリーザ　ジャーナリスト　日刊スポーツ通信員　[国]ブラジル　[生]1963年　[典]2000

オオモリ, エミコ　Omori, Emiko　映像プロデューサー,映像技術者,映画監督,作家　[国]米国　[典]2004／2008

オオモリ, チズコ　Omori, Chizuko　映像プロデューサー,作家,映画批評家　[国]米国　[典]2004／2008

オーカー, エルデン　Auker, Eldon LeRoy　大リーグ選手　[国]米国　[生]1910年9月21日　[没]2006年8月4日　[典]2000

オカザキ, スティーブン　Okazaki, Steven　映画監督,映画プロデューサー　[国]米国　[生]1952年　[典]1992／1996／2000／2008／2012

オーガスチン, ノーマン　Augustine, Norman Ralph　実業家　元・ロッキード・マーチン会長・CEO,元・米国赤十字社総裁　[国]米国　[生]1935年7月27日　[典]2004

オーガスト, エリザベス　August, Elizabeth　ロマンス作家　[国]米国　[典]2004

オーガスト, ジョン　August, John　脚本家　[国]米国　[典]2008

オーガストソン, ピーター　Augustsson, Peter　実業家　サーブ・オートモービルAB筆頭副社長　[国]スウェーデン　[生]1955年　[典]2004

オカダ, ピーター　Okada, Peter Kazunori　日本の高校アメリカンフットボールの父　[国]米国　[生]1919年　[典]1996

オカフォー, エメカ　Okafor, Emeka　バスケットボール選手　アテネ五輪バスケットボール男子銅メダリスト　[国]米国　[生]1982年9月28日　[典]2008

オカーマ, トーマス　Okarma, Thomas B.　実業家　ジェロン社長・CEO　[国]米国　[典]2004／2008／2012

オカモト, ヨーイチ　Okamoto, Yoichi　カメラマン　[国]米国　[没]1985年4月24日　[典]1992

オカヨ, マーガレット　Okayo, Margaret　マラソン選手　[国]ケニア　[生]1976年5月30日　[典]2004／2008

オカリック, ポール　Okalik, Paul　政治家　ヌナブット準州首相　[国]カナダ　[典]2000／2004

オガルコフ, ニコライ　Ogarkov, Nikolai Vasilievich　軍人　元・ソ連軍参謀総長,元・ソ連共産党中央委員　[国]ロシア　[生]1917年10月30日　[没]1994年1月23日　[典]1992／1996

オーガン, クリストフ　ヨット選手　[国]フランス　[典]2000

オカンポ, サトル　Ocampo, Satur　フィリピン共産党中央委員　元・フィリピン民族民主戦線（NDF）代表　[国]フィリピン　[生]1939年4月7日　[典]1992／1996

オカンポ, ホアン　Ocampo, Juan M.　マッキンゼー社プリンシパル　[専]証券化研究　[国]米国　[典]1992

オギ, アドルフ　Ogi, Adolf　本名=Ogi,Adolf Fraubrunnen　政治家　スポーツ国連事務総長特別顧問　元・スイス大統領　[国]スイス　[生]1942年7月18日　[典]1996／2000／2004／2008／2012

オキ, スコット　実業家　オキ財団代表　元・マイクロソフト社経理営業担当副社長　[国]米国　[生]1948年10月5日　[典]2000

オキーフ, ジョージア　O'Keeffe, Georgia　画家　[国]米国　[生]1887年11月15日　[没]1986年3月6日　[典]1992

オキーフ, ショーン　O'Keefe, Sean　元・米国航空宇宙局（NASA）長官,元・米国行政管理予算局副長官,元・米国海軍長官　[国]米国　[生]1956年　[典]2004／2008

オキーフ, ジョン　O'Keeffe, John　実業家　プロクター&ギャンブル（P&G）副社長　[国]英国　[典]2000

オキーフ, ダニエル・ローレンス　O'Keefe, Daniel Lawrence　社会学者　[国]米国　[生]1928年　[典]2000

オキーフ, バーナード　O'Keefe, Bernard J.　電気工学者　元・EGG社最高経営責任者　[国]米国　[没]1989年7月20日　[典]1992

オキモト, ジーン　Okimoto, Jean Davies　作家,精神衛生カウンセラー　[国]米国　[典]1996

オキモト, ダニエル　Okimoto, Daniel I.　政治学者　スタンフォード大学名誉教授　[専]比較政治経済学,日米関係論,ハイテク論　[国]米国　[生]1942年8月14日　[典]1992／1996／2000／2004／2008／2012

オキャロル, ブレンダン　O'Carroll, Brendan　作家　[国]アイルランド　[生]1955年　[典]2004／2008

オギルビー, ジェフ　Ogilvy, Geoff　プロゴルファー　[国]オーストラリア　[生]1977年6月11日　[典]2008／2012

オギルビー, デービッド・マッケンジー　Ogilvy, David Mackenzie　コピーライター　元・オギルビー・アンド・マザー創業者　[国]米国　[生]1911年6月23日　[没]1999年7月21日　[典]1996（オグルビー, デービッド・マッケンジー）

オーキン, デービッド　Aukin, David　映画プロデューサー　HAL代表　[国]英国　[生]1942年　[典]2000

オーキンクロス, ルイス　Auchincloss, Louis Stanton　筆名=リー,アンドルー　作家,評論家,弁護士　[国]米国　[生]1917年9月27日　[没]2010年1月26日　[典]2004

オク, クリストファー　作家　[国]ナイジェリア　[典]2004

オーク, ジャネット　Oke, Janette　牧師,作家　[国]カナダ　[生]1935年　[典]2004

オク・ソンジョン　玉 璿鍾　明知大学教授,韓国物流学会会長　[専]物流学　[国]韓国　[生]1937年3月24日　[典]1996

オク・ボギョン　玉 宝京　芸名=オクソリ　女優　[国]韓国　[生]1968年12月23日　[典]1996

オーグ, ミシェル　Hoog, Michel　美術史家　フランス文化財名誉主任管理官　元・ルーブル美術学校教授　[国]フランス　[典]2004

オクジャワ, ブラート　Okudzhava, Bulat Shalvovich　詩人,作家　[国]ロシア　[生]1924年5月9日　[没]1997年6月12日　[典]1992／1996

オークショット, マイケル　Oakeshott, Michael Joseph　哲学者,政治学者　[専]政治思想史　[国]英国　[生]1901年12月11日　[没]1990年12月13日　[典]1992／1996

オークス, スコット　Oaks, Scott　コンピューター技術者　[国]米国　[典]2004

オクス, マイケル　Ochs, Michael　音楽ライター　[国]米国　[典]2004

オークス, マーク　Aakhus, Mark A.　社会学者　ラトガース大学コミュニケーション学部助教授　[国]米国　[典]2004／2008

オーグスト, ジョルジュ　Auguste, Georges　実業家　STマイクロエレクトロニクス上級副社長　[国]フランス　[生]1949年　[典]2004

オクスナー, チェスター　Oksner, Chester　作家　[国]米国　[典]1996

オクスレー, フィリップ　「移動の制約の解消が社会を変える」の著者　[典]2008

オクスレー, マット　Oxley, Mat　元・オートバイライダー　[国]英国　[生]1959年　[典]2004／2008

オクセンバーグ, マイケル　中国研究家　元・スタンフォード大学教授,元・ハワイ大学東西センター所長　[専]現代中国論　[国]米国　[生]1938年　[没]2001年2月22日　[典]1996

オクセンベリー, ヘレン　Oxenbury, Helen　絵本作家　[国]英国　[生]1938年　[典]1992／1996／2012

オクダ, デニス　グラフィックデザイナー　[国]米国　[典]2004／2008

オクダ, マイケル　Okuda, Michael　グラフィックデザイナー　[国]米国　[典]2004／2008

オグデン, ジョセフ　Ogden, Joseph P.　経済学者　ニューヨーク州立大学バッファロー校準教授　[国]米国　[典]2008

オグデン, ジョナサン　Ogden, Jonathan　元・プロフットボール選手　[生]1974年7月31日　[典]2008

オグデン, ジョン　Ogden, John C.　フロリダ海洋学研究所所長,南フロリダ大学生物学教授　[専]サンゴ礁生態学　[国]米国　[典]1996

オグデン, デイトン　Ogden, Dayton　実業家　スペンサースチュアート会長　[国]米国　[典]2004／2008

オグデン, トーマス　Ogden, Thomas H.　医師　[専]精神分析　[国]米国　[生]1946年　[典]2000

オグドン, ジョン　Ogdon, John　ピアニスト,作曲家　[国]英国　[生]1937年1月27日　[没]1989年8月1日　[典]1992

オクム, ワシントン　クランフィールド大学教授　[専]経済学　[国]ケニア　[生]1936年2月　[典]2000

オクメハ・ツルミ, マルシアーナ　政治家, 元・ダンサー　ハグナ市長　[国]フィリピン　[典]2000

オクモト, ユージ　Okumoto, Yuji　俳優　[国]米国　[生]1959年4月20日　[典]1992

オクラドニコフ, アレクセイ　Okladnikov, Aleksei Pavlovich　考古学者, 民族学者　[国]ソ連　[生]1908年10月3日　[没]1981年　[典]1992

オークラン, クリスティーヌ　Ockrent, Christine　ニュースキャスター　「レクスプレス」編集長　[国]フランス　[生]1944年4月　[典]2000／2008（オックラン, クリスチヌ）

オークリー, グレアム　Oakley, Graham　挿絵画家, 作家　[国]英国　[生]1929年　[典]1996／2012

オークリー, バリー　Oakley, Barry　作家　[国]オーストラリア　[生]1931年　[典]1992

オクリ, ベン　Okri, Ben　作家　[国]ナイジェリア　[生]1959年3月15日　[典]2000／2004／2008／2012

オグリツコ, タチアナ　Ogrizko, Tatiana　新体操選手　[国]ベラルーシ　[生]1976年5月28日　[典]1996

オクルー, エスター　社会運動家　世界女性銀行共同創立者　[国]ガーナ　[典]1992

オークレー, ピーター　Oakley, Peter　セーブ・ザ・チルドレン・ラテンアメリカ・カリブ海地域局長　[専]村落開発, ラテン・アメリカ研究　[国]英国　[生]1942年　[典]1996

オグレイディ, スチュアート　O'Grady, Stuart　本名=O'Grady, Stuart Peter　元・自転車選手　アテネ五輪自転車男子マディソン金メダリスト　[国]オーストラリア　[生]1973年8月6日　[典]2008

オグレーディ, ジョン　O'Grady, John　作家　[国]オーストラリア　[生]1907年　[典]1992

オグレディ, トーマス・F.　インテグレーテッド・オートモーティブ・リソーシズ社社長　[国]米国　[典]1992

オークレール, ミシェル　Auclair, Michel　俳優　[国]フランス　[生]1922年9月14日　[没]1988年1月7日　[典]1992

オークローズ, ロバート　Augros, Robert　セント・アンセルムカレッジ教授　[専]哲学, 科学論　[国]米国　[典]1996

オクンコフ, アンドレイ　Okounkov, Andrei　数学者　プリンストン大学教授　[国]ロシア　[生]1969年　[典]2008／2012

オケイセック, リック　Ocasek, Rick　旧グループ名=カーズ　ロックミュージシャン　[国]米国　[典]1996

オケット, アキレ　Occhetto, Achille　政治家　元・イタリア左翼民主党（PDS）書記長　[国]イタリア　[生]1936年3月3日　[典]1992／1996

オーケット, アメリア　Auckett, Amelia　看護婦　[国]オーストラリア　[典]2000

オケリー, ユージン　O'Kelly, Eugene D.　実業家　KPMG会長・CEO　[国]米国　[典]2004

オゲリーノ, クリス　Oggerino, Chris　コンピューター技術者　[国]米国　[典]2004

オーゲル, スティーブン　Orgel, Stephen　スタンフォード大学教授　[専]ジェンダー論　[国]米国　[生]1933年　[典]2000

オーゲル, レスリー　Orgel, Leslie E.　化学者　ソーク生物学研究所主任研究員・研究教授　[国]米国　[典]1996

オコチャ, ジェイジェイ　Okocha, Jay Jay　本名=オコチャ, オーガスティン　サッカー選手（MF）　[国]ナイジェリア　[生]1973年8月14日　[典]2008

オーコット, G.W.　ファイアストン社社長・最高運営責任者　[典]1992

オゴト, グレース　Ogot, Grace　作家　[国]ケニア　[生]1930年　[典]1992

オコト・ビテック　Okot p'Bitek　詩人, 文化人類学者　元・マケレレ大学教授　[国]ウガンダ　[生]1931年　[没]1982年　[典]1992

オコナー, J.D.　O'Connor, J.D.　ロンドン大学名誉教授　[専]音声学　[国]英国　[典]1996

オコナー, ケビン　O'Connor, Kevin　実業家　ダブルクリックCEO　[国]米国　[典]2000／2004

オコナー, ゴードン　O'Connor, Gordon　軍人　カナダ国務相　[国]カナダ　[生]1939年5月18日　[典]2008／2012

オコナー, サンドラ・デイ　O'Connor, Sandra Day　法律家　元・米国連邦最高裁判事　[国]米国　[生]1930年3月26日　[典]1992／1996／2008

オコナー, シアン　O'Connor, Cian　馬術選手　ロンドン五輪馬術障害飛越個人銅メダリスト　[国]アイルランド　[生]1979年11月12日　[典]2008

オコナー, ジョセフ　O'Connor, Joseph　作家　[国]アイルランド　[生]1963年　[典]1996／2000

オコナー, ジョン　O'Conor, John　ピアニスト　アイルランド国立音楽大学教授, ダブリン国際ピアノコンクール芸術監督　[国]アイルランド　[生]1947年　[典]1996／2012

オコナー, シンニード　O'Connor, Sinéad　歌手　[国]アイルランド　[生]1968年　[典]1992／2004／2008

オコナー, デービッド　O'Connor, David　馬術選手　[国]米国　[生]1962年1月18日　[典]2004／2008

オコナー, パトリシア　O'Conner, Patricia T.　ライター　[国]米国　[典]2004

オコナー, バーバラ　O'Connor, Barbara　作家　[国]米国　[典]2004

オコナー, ハービー　O'Conner, Harvey　作家　[国]米国　[生]1897年　[没]1987年9月1日　[典]1992

オコナー, フィリップ　O'Connor, Philip F.　経済学者　サザン・ユタ大学ファイナンス担当教授　[典]2008

オコナー, モーリーン　O'Connor, Maureen　ジャーナリスト, 作家　[国]英国　[生]1940年　[典]2000

オコナー, ロナルド・W.　医師　マネジメント・サイエンス・フォー・ヘルス（MSH）議長　[国]米国　[典]2000

オコナー, ロバート　O'Connor, Robert　作家　[国]米国　[生]1959年　[典]2004／2008

オコネル, ジャック　O'Connell, Jack　作家　[国]米国　[生]1959年　[典]1996

オコネル, ファーガス　O'Connell, Fergus　ビジネスコンサルタント　ETP会長　[国]アイルランド　[典]2004／2008

オゴルマン, ホアン　O'Gorman, Juan　画家, 版画家, 建築家　[国]メキシコ　[生]1905年　[没]1982年　[典]1992

オコンネル, キャロル　O'Connell, Carol　作家　[国]米国　[生]1947年　[典]1996（オコネル, キャロル）／2000

オコンネル, ジェニファー　O'Connell, Jennifer L.　作家　[国]米国　[典]2008

オコンネル, マーク　O'Connell, Mark F.　実業家　メイトリックスワン社長・CEO　[国]米国　[典]2000

オーサー, ブライアン　Orser, Brian　フィギュアスケート指導者　サラエボ五輪・カルガリー五輪フィギュアスケート男子シングル銀メダリスト　[国]カナダ　[生]1961年12月18日　[典]1992／2012

オザキ, ロバート　Ozaki, Robert S.　カリフォルニア州立大学ヘイワード校教授　[専]経済学　[国]米国　[生]1934年　[典]1996

オザク・エルシー　小作 エルシー　シンガポール観光局日本支局長　[国]シンガポール　[典]1992

オザクマン, トゥルグット　Özakman, Turgut　劇作家　元・トルコ国立劇場館長　[国]トルコ　[生]1930年　[典]2012

オザサ, シドニー　小笹, シドニー　ABCストア取締役社長　[国]米国　[生]1919年　[典]1992

オーサト, ソノ　元・バレリーナ　[国]米国　[生]1919年　[典]2000

オサリバン, ギルバート　O'Sullivan, Gilbert　本名=オサリバン, レイモンド・エドワード　シンガー・ソングライター　[国]英国　[生]1946年12月1日　[典]1996／2000／2004／2008

オサリバン, サディアス　O'sullivan, Thaddeus　映画監督　[国]アイルランド　[生]1947年　[典]1992／2000／2004／2008

オサリバン, ソニア　O'Sullivan, Sonia　陸上選手（中距離）　[国]アイルランド　[生]1969年11月20日　[典]1996／2000／2004／2008

オサリバン, デービッド　欧州委員会チーフ・オブ・キャビネット

オサリバン, ビンセント　O'Sullivan, Vincent　詩人, 作家, 評論家　国ニュージーランド　生1937年　典1992

オサリバン, ランス　O'sulivan, Lance　調教師, 元・騎手　国ニュージーランド　生1963年8月28日　典1996／2008

オザル, トルグト　Ozal, Turgut　政治家　元・トルコ大統領　国トルコ　生1927年　没1993年4月17日　典1992／1996

オザワ, マーサ　Ozawa, Martha N.　ワシントン大学教授　国米国　生1933年　典1996

オシー, D.　O'Shea, Donal　数学者　マウント・ホリヨーク大学数学部統計学・コンピューターサイエンス学科　典2004

オジー, レイモンド　Ozzie, Raymond　通称=オジー, レイ　ソフトウェア開発者　グループ・ネットワークス会長・CEO　国米国　生1955年　典2000／2004／2008

オージェ, アーリーン　Augér, Arleen　ソプラノ歌手　国米国　生1944年9月13日　没1993年6月10日　典1996

オージェ, クローディーヌ　Auger, Claudine　女優　国フランス　生1942年4月26日　典1996

オシェー, デスモンド・B.C.　アイ・シー・アイ・ジャパン社長　国英国　典1996

オジエ, パスカル　Ogier, Pascale　女優　国フランス　生1958年　没1984年10月26日　典1992

オジェ, マルク　Augé, Marc　人類学者　フランス社会科学高等研究院教授　国フランス　生1935年　典2004／2008

オジェック, ホルガー　Osieck, Holger　サッカー監督　元・サッカー・カナダ代表監督, 元・サッカー・オーストラリア代表監督　国ドイツ　生1948年8月31日　典2004／2008／2012

オジェホフスキ, マリアン　Orzechowski, Marian　政治家, 歴史学者　ポーランド統一労働者党政治局員　元・ポーランド外相　国ポーランド　生1931年10月24日　典1992

オシェロフ, ダグラス　Osheroff, Douglas Dean　物理学者　スタンフォード大学教授　国米国　生1945年8月1日　典2000／2008／2012

オーシオコン, P.　ゴールウェイ・ベイ社会長　国アイルランド　典1992

オシス, カーリス　Osis, Karlis　超心理学者　国米国　生1917年　典1992

オシダ, キャサリン　Oshida, Catherine　アラバマ州立大学講師　日本語, 日本文学　国米国　典2000

オジック, シンシア　Ozick, Cynthia　作家, 評論家　国米国　生1928年4月17日　典1996／2000

オシネロ, デービッド　日本ドリュー・アメロイドゼネラルマネジャー　国米国　生1939年　典1996

オシノフスキー, I.N.　Osinovskii, I.N.　ソ連科学アカデミー世界史研究所主任研究員, レーニン記念モスクワ国立教育学研究所古代・中世史講座教授　国トマス・モア研究　国ソ連　生1929年　典1992

オシピヤン, ユーリー　Osipiyan, Yurii Andreevich　物理学者　元・ソ連人民代議員, 元・ソ連科学アカデミー副総裁　国固体物理学　国ロシア　生1931年2月15日　典1992／1996／2000

オシペンコ, イナ　Osypenko, Inna　本名=Osypenko-Radomska, Inna　カヌー選手　北京五輪カヌー女子カヤックシングル500メートル金メダリスト　国ウクライナ　生1982年9月20日　典2012

オシポワ, ナタリヤ　Osipova, Natalia　バレリーナ　ボリショイ・バレエ団プリンシパル

オシム, アマル　Osim, Amar　サッカー監督, 元・サッカー選手　国ボスニア・ヘルツェゴビナ　生1967年7月17日　典2008／2012

オシム, イヴィチャ　Osim, Ivica　サッカー監督, 元・サッカー選手　ボスニア・ヘルツェゴビナサッカー連盟正常化委員長　元・サッカー日本代表監督, 元・サッカー・ユーゴスラビア代表監督　国ボスニア・ヘルツェゴビナ;オーストリア　生1941年5月6日　典2004／2008／2012

オシャチンスキ　政治家　ポーランド蔵相, ポーランド下院議員 (民主同盟)　国ポーランド　生1941年11月　典1996

オジャラン, アブドラ　Ocalan, Abdullah　政治家　クルド労働者党 (PKK) 創設者　国トルコ　生1948年4月4日　典2000／2004／2008／2012

オジャンドル, ジャック　Augendre, Jacques　スポーツジャーナリスト　国フランス　生1925年4月28日　典2004

オジュク, チュクエメカ　Ojukwu, Chukwuemeka Odumegwu　軍人, 政治家, 反政府指導者　元・ビアフラ共和国大統領　国ナイジェリア　生1933年11月4日　没2011年11月26日　典1992

オシュマン, ケネス　Oshman, Kenneth　実業家　エシェロン社長・CEO　国米国　生1940年　典2000

オシュリン, アンディ　Oshrin, Andy　ミリーCEO　国米国　生1964年　典2012

オシュンダレ, ニイ　英文学者, 評論家, コラムニスト, 劇作家, 詩人　イバダン大学英文学科長　国ナイジェリア　生1947年　典1996

オショティメイン, ババトゥンデ　Osotimehin, Babatunde　医師　国連人口基金 (UNFPA) 事務局長　元・ナイジェリア保健相　国ナイジェリア　生1949年　典2012

オージル, ダグラス　Orgill, Douglas　作家, 軍事史家　国英国　生1922年　典1992

オー・シール, ミホール　O Siadhail, Micheal　詩人　国アイルランド　生1947年　典2012

オージルヴィー・ヘラルド, クリス　Ogilvie-Herald, Chris　作家　典2008

オシンスカ, エヴァ　Oshinska, Eva　ピアニスト　国ポーランド　典1992

オズ, アモス　Oz, Amos　作家, 平和運動家　ベングリオン大学教授　国イスラエル　生1939年5月4日　典1992／1996／2000／2004／2008／2012

オース, トニー　Auth, Tony　漫画家　国米国　生1942年　典1996

オズ, トニー　Oz, Tony　トレーダー　国米国　典2004

オズ, ニコラ　Ozu, Nikola　システムアーキテクト, コンピューターコンサルタント　国米国　典2004

オズ, フランク　Oz, Frank　本名=オズノウィッツ, リチャード・フランク　映画監督, 声優　国英国　生1944年　典2008／2012

オスカー, ジョゼ　Oscar, Jose　本名=オスカー・ベルナルディ, ジョゼ　元・サッカー選手, 元・サッカー監督　国ブラジル　生1954年6月20日　典1992／1996／2000／2008／2012

オスカー, リー　グループ名=ウォー　ハーモニカ奏者　国デンマーク　典2000

オスカルション, マルクス　Oscarsson, Markus　カヌー選手　アテネ五輪カヌー男子カヤックペア1000メートル金メダリスト　国スウェーデン　生1977年5月9日　典2008 (オスカルソン, マルクス)

オズカン, ヒュセイン　Ozkan, Huseyin　柔道選手　シドニー五輪柔道男子66キロ級金メダリスト　国トルコ　生1972年1月20日　典2004／2008

オスキー, フランク　Oski, Frank A.　小児科学者　ジョンズ・ホプキンズ大学医学部教授　国米国　典2004／2008

オスグッド, チャールズ　Osgood, Charles Egerton　心理学者　元・イリノイ大学教授・コミュニケーション調査研究所長　国米国　生1916年11月20日　典1992／1996

オスタ, クレールマリ　Osta, Clairemarie　バレリーナ　パリ・オペラ座バレエ団エトワール　国フランス　生1971年7月10日　典2004／2008／2012

オスター, ジェリー　Oster, Jerry　ミステリー作家　国米国　典1996

オースター, ポール　Auster, Paul　作家, エッセイスト, 詩人, 映画監督　国米国　生1947年2月3日　典1992／1996／2000／2004／2008／2012

オスターヴァルダー, コンラッド　Osterwalder, Konrad　物理学者　国連大学学長　元・スイス連邦工科大学 (ETH) 学長　国理論物理学　国スイス　生1942年6月3日　典2008 (オスターバルダー, コンラッド) ／2012

オースタッド, スティーブン　Austad, Steven N.　動物学者　国米国　典2004／2008

オースターハメル, ユルゲン　Osterhammel, J.　歴史学者　ハーゲ

ン通信制放送大学教授 国ドイツ 生1952年 歴1996/2008

オスタプチュク, ナドゼヤ Ostapchuk, Nadzeya 砲丸投げ選手 アテネ五輪・北京五輪陸上女子砲丸投げ銅メダリスト 国ベラルーシ 生1980年10月28日

オスターブロック, ドナルド Osterbrock, Donald E. 天文学者 元・カリフォルニア大学サンタ・クルーズ校名誉教授, 元・リック天文台長 国米国 生1924年7月13日 没2007年1月11日 歴1996

オスターマイヤー, ミッシェリン ピアニスト,元・陸上選手 国フランス 生1922年 歴2000

オスターマン, キャサリン Osterman, Catherine 本名=Osterman,Catherine Leigh 通称=オスターマン, キャット ソフトボール選手(投手) アテネ五輪ソフトボール金メダリスト 国米国 生1983年4月16日 歴2012

オスターマン, ポール Osterman, Paul 経済学者 マサチューセッツ工科大学教授 国米国 生1946年 歴2004

オースチン, ストーンコールド・スティーブ Austin, Stone Cold Steve 本名=ウィリアムス, スティーブ プロレスラー,俳優 国米国 生1964年12月18日 歴2000/2008/2012

オースチン, ダラス Austin, Dallas 音楽プロデューサー 国米国 歴2000

オースティン, J.ポール Austin, J.Paul 実業家 元・コカ・コーラ社会長 国米国 生1985年12月26日 歴1992

オースティン, イアン Austin, Ian デイムズ・アンド・ムーア社東京支社長 国米国 生1952年 歴1996

オースティン, オリバー Austin, Oliver L. 鳥学者 元・GHQ天然資源局野外生物担当官 国米国 生1903年5月24日 没1988年12月31日 歴1992

オースティン, ジョン Austin, John 映画ジャーナリスト 国米国 生1922年 歴2000

オースティン, チャールズ Austin, Charles 走り高跳び選手 国米国 生1967年12月19日 歴1992/2000/2004

オースティン, デービッド Austin, David 園芸家 国英国 生1925年 歴2004

オースティン, デービッド Austin, David J.C. デビッド・オースチン・ロージズ社長 国英国 生1958年 歴2012(オースチン, デービッド)

オースティン, トム Austin, Tom 産業アナリスト ibg.com社長 専ネットワークセキュリティ 国米国 歴2004

オースティン, トレーシー Austin, Tracy 本名=ホルト, トレーシー テニス選手 国米国 生1962年12月12日 歴1996

オースティン, ナンシー Austin, Nancy K. コンサルタント 国米国 歴1992/1996

オースティン, バレリー Austin, Valerie 催眠療法士 国英国 歴2004

オースティン, モー ドリームワークスSKG・ミュージック代表 国米国 歴1996

オーステット, ビルガー Astedt, Birger ルンド大学産婦人科教室主任教授 専産婦人科学 国スウェーデン 歴1992

オステール, クリスチャン Oster, Christian 作家 国フランス 生1949年 歴2012

オステル, ピエール Oster, Pierre 詩人 国フランス 生1933年 歴1992

オステン, スザンヌ Osten, Suzanne 映画監督 国スウェーデン 歴1992

オスト, ダニエル Ost, Daniel フラワーアーティスト 国ベルギー 生1955年5月8日 歴2012

オストバーグ, エミル スキー選手(距離) 国スウェーデン 生1973年 歴2000

オストヘーレン, イングリッド Ostheeren, Ingrid 児童文学作家 国ドイツ 生1940年6月20日 歴1996/2000

オーストラ, ロエル Oostra, Roel テレビディレクター CTC代表 国オランダ 生1946年 歴2000

オストライカー, アリシア Ostriker, Alicia 詩人 ラトガース大学英文科教授 専ウィリアム・ブレイク研究 国米国 歴1992

オーストライカー, ジェームス Oesterreicher, James E. 元・J.C.ペニー会長・CEO 国米国 生1941年5月 歴2000/2004

オストランダー, シーラ Ostrander, Sheila 教師 専スーパーラーニングの研究・開発 歴1992/1996

オーストレム, カール Aström, Karl J. ルンド工科大学教授 専自動制御 国スウェーデン 生1934年 歴2000

オストロウスキー, ヘレン Ostrowski, Helen 実業家 ポーターノベリ会長 歴2004

オストローフ, スヴィトザール・アレクサンドロヴィチ Ostrov, Svetozar Aleksandrovich 挿絵画家 生1941年 歴2012

オストロブスキー, ジグムント Ostrowski, Zygmunt 小児科医 欧州児童食糧発展調査協会(ADE)代表 国フランス 歴2000

オストロフスキー, ビクター Ostrovsky, Victor 作家 元・モサド情報員 国イスラエル 生1949年 歴1996

オストロム, エリノア Ostrom, Elinor 政治学者 元・インディアナ大学教授 国米国 生1933年8月7日 没2012年6月12日 歴2012

オスネイ Osnei イラストレーター 国ブラジル 歴2004

オスビー, グレッグ Osby, Greg ジャズサックス奏者 国米国 生1960年8月3日 歴1996/2004/2008

オズーフ, モナ Ozouf, Mona フランス国立科学研究センター(CNRS)主任研究員 専フランス史 国フランス 生1931年 歴1996/2000

オズペテク, フェルザン Ozpetek, Ferzan 映画監督,脚本家 国トルコ 生1959年2月3日 歴2004/2012

オスペル, マルセル 銀行家 UBS頭取,SBCウォーバーグCEO 国スイス 歴2000

オズボーン, アダム ペーパーバック・ソフトウエア・インターナショナル社長 国米国 生1939年 歴1992

オズボーン, オジー Osbourne, Ozzy 本名=Osbourne,John 旧グループ名=ブラック・サバス ロック歌手 国英国 生1948年12月3日 歴1996/2000/2008/2012

オズボーン, キャロル 動物愛護運動家,獣医 アメリカン・ペット・インスティテュート創設者 国米国 歴2004

オズボーン, ジャック・L. TRWオーバーシーズ太平洋地域担当副社長 国米国 生1948年 歴1992

オズボーン, ジョーン Osborne, Joan 歌手 国米国 生1962年 歴2000

オズボーン, ジョン Osborne, John James 劇作家 国英国 生1929年12月12日 没1994年12月24日 歴1992/1996

オズボーン, ジョン・マーク コンピューター技術者 国米国 歴2004

オズボーン, スーザン Osborn, Susan 歌手 国米国 生1950年2月26日 歴1996

オズボーン, チャールズ Osborne, Charles 作家 国オーストラリア 生1927年 歴2004

オズボーン, デービッド Osborn, David TVカメラマン,広告プロデューサー,脚本家,作家 国米国 生1923年 歴1992/1996

オズボーン, ハロルド Osborne, Harold 南米研究者 英国美学会会長,国際美学会会長 国英国 歴1996

オズボーン, ポール Osborn, Paul 劇作家,シナリオ・ライター 国米国 生1901年 歴1992

オズボーン, マーク Osborne, Mark 映画監督 国米国 歴2012

オズボーン, メアリー・ポープ Osborne, Mary Pope 作家 国米国 生1949年 歴1996/2008/2012

オズボーン, リチャード Osborne, Richard 音楽評論家 国英国 歴1992/1996

オースマス, ブラッド Ausmus, Brad 本名=Ausmus,Bradley David 元・大リーグ選手 国米国 生1969年4月14日

オスマニ, モハマド・アタラル・ガニ バングラデシュ独立運動指導者 国バングラデシュ 生1984年2月16日 歴1992

オスマノグル, T.アーテム Osmanoglu, T.Ertem コンピューター技術者 歴2004/2008

オスマン, オッサマ Othman, Ossama コンピューター技術者 ワ

シントン大学分散オブジェクトコンピューティングセンター・メンバー [典]2004
オスメニア, セルジオ　Osmeña, Sergio　政治家　元・フィリピン上院議員　[国]フィリピン　[生]1878年　[没]1984年3月25日　[典]1992
オズメント, スティーブン　Ozment, Steven　歴史学者　ハーバード大学教授　[国]米国　[典]2004
オスメント, ハーレイ・ジョエル　Osment, Haley Joel　俳優　[国]米国　[生]1988年4月10日　[典]2000／2004／2008／2012
オズモンド, アンドルー　Osmond, Andrew　共同筆名＝レイド, フィリップ　作家　[国]英国　[生]1938年　[典]1992
オースランダー, ルドルフ・H.　ジャパン・エアラインズ・マネジメント社長　[国]米国　[生]1935年　[典]1992
オズランド, ルーラ・E.　女優　[国]米国　[没]1988年2月26日　[典]1992
オズリー, リー　Ozley, Lee　コンサルタント　[国]米国　[典]2004
オスルンド, アンデーシュ　Aslund, Anders　ストックホルム商科大学ソ連東欧経済研究所所長　[専]ソ連経済　[国]スウェーデン　[生]1952年　[典]1992
オズレー, マドレーヌ　Ozeray, Madeleine　女優　[国]フランス　[生]1910年　[没]1989年3月30日　[典]1992
オスロ, ミッシェル　Ocelot, Michel　アニメーション作家　[国]フランス　[典]2004／2008／2012
オズワルド, ゲラルド　Oswald, Gerhard　コンピューター技術者　[典]2008
オスワルド, ティム　Osswald, Tim A.　ウィスコンシン・マディソン大学機械工学科教授　[専]材料工学　[国]米国　[典]2000
オズワルト, ロイ　Oswalt, Roy　本名＝Oswalt,Roy Edward　大リーグ選手(投手)　シドニー五輪野球金メダリスト　[国]米国　[生]1977年8月29日　[典]2008／2012
オスンダーレ, ニーイ　Osundare, Niyi　詩人　イバダン大学講師　[国]ナイジェリア　[典]1992
オゼキ, ルース　Ozeki, Ruth L.　作家　[国]米国　[生]1956年　[典]2000
オーセン, リン　Osen, Lynn M.　女性研究家　カリフォルニア大学講師　[専]婦人問題, 女性学　[国]米国　[典]2004
オソウスキー, レオニー　Ossowski, Leonie　劇作家, 作家　[生]1925年　[典]1996
オソリオ, エルサ　Osorio, Elsa　シナリオライター, コラムニスト　バルセロナ大学文学部教授　[生]1952年　[典]2004
オソロ, オンドロ　Osoro, Ondoro　マラソン選手　[国]ケニア　[生]1967年12月3日　[典]2000／2004
オゾン, フランソワ　Ozon, François　映画監督, 脚本家　[国]フランス　[生]1967年11月25日　[典]2000／2004／2008／2012
オーター, アル　Oerter, Al　本名＝Oerter,Alfred Adolf,Jr.　円盤投げ選手　五輪の陸上の同一競技で4大会連続で金メダルを獲得　[国]米国　[生]1936年9月19日　[没]2007年10月1日　[典]1992／2000
オタイバ, マナ・サイド・アル　Otaiba, Mana Saeed al　政治家　元・アラブ首長国連邦(UAE)石油相　[国]アラブ首長国連邦　[生]1946年5月15日　[典]1992
オタシリオ・ゴンサウヴェス・ダ・シルバ, ジュニオル　元・サッカー監督　[国]ブラジル　[生]1940年6月16日　[典]1996(オタシリオ・ゴンサウベス・ダ・シルバ, ジュニオル)／2000
オダージンク, V.ウォルター　Odajnyk, V.Walter　精神分析医　[国]米国　[生]1938年　[典]2000
オータニ, レイモンド・ヨシテル　Otani, Raymond Yoshiteru　ニューヨーク国際文化交流協会代表理事, アプコテックテクノロジー社代表取締役　[国]米国　[典]1992／1996／2000
オダネル, ジョー　O'Donnell, Joe　写真家　[国]米国　[生]1922年5月　[没]2007年8月10日　[典]1996
オーダーマット, シーグフリード　Odermatt, Siegfried　ポスター作家　[国]スイス　[生]1926年　[典]1992
オダム, ユージン　Odum, Eugene Pleasants　生態学者　元・ジョージア大学名誉教授　[国]米国　[生]1913年9月17日　[没]2002年8月10日　[典]1992／1996
オタリ, ムハンマド・ナジ　Otari, Muhammad Naji al-　政治家　元・シリア首相　[国]シリア　[生]1944年　[典]2008／2012
オタルスルタノフ, ジャマル　Otarsultanov, Dzhamal　レスリング選手(フリースタイル)　ロンドン五輪レスリング男子フリースタイル55キロ級金メダリスト　[国]ロシア　[生]1987年4月14日
オダン, ミシェル　Odent, Michel　産科医　[国]フランス　[生]1930年　[典]1996／2000
オチョア, アルナルド　軍人　元・キューバ将軍・国防次官　[国]キューバ　[没]1989年7月13日　[典]1992
オチョア, アレックス　Ochoa, Alex　登録名＝Alex　元・大リーグ選手, 元・プロ野球選手　[国]米国　[生]1972年3月29日　[典]2004／2008／2012
オチョア, セベロ　Ochoa, Severo　生化学者　元・マドリード自治大学分子生物学研究所名誉所長　[専]分子生物学　[国]米国　[生]1905年9月24日　[没]1993年11月1日　[典]1992／1996
オチョア, ホアン　Ochoa, Juan F.　メキシコ・エル・ポヨ・ロコ社創業者　[国]メキシコ　[生]1944年　[典]1992
オチョア, ロレーナ　Ochoa, Lorena　本名＝Ochoa,Lorena Reyes　元・プロゴルファー　[国]メキシコ　[生]1981年11月15日　[典]2004／2008／2012
オチルスク　Ochirsukh, Dashzeveg　スキー選手(距離)　[国]モンゴル　[生]1977年12月7日　[典]2000
オチルバト, ゴムボジャビン　Ochirbat, Gombojavyn　政治家　元・モンゴル人民革命党中央幹部会議長　[国]モンゴル　[生]1929年　[典]1992／1996
オチルバト, ポンサルマーギン　Ochirbat, Punsalmaagiyn　政治家　元・モンゴル大統領　[国]モンゴル　[生]1942年　[典]1992／1996／2000
オチールフヤクトゥ　元・中国内モンゴル自治区人民代表大会常務委員会副主任　モンゴル族最後の王, ジンギス汗32代目の直系子孫　[国]モンゴル　[生]1900年　[没]1984年7月2日　[典]1992
オーツ, ジョイス・キャロル　Oates, Joyce Carol　別名＝スミス, ロザモンド, ケリー, ローレン　作家, 詩人, 批評家　[国]米国　[生]1938年6月16日　[典]1992／1996／2000／2004／2008／2012
オーツ, ジョニー　Oates, Jonny Lane　大リーグ監督　[国]米国　[生]1946年1月21日　[没]2004年12月24日　[典]1996／2000／2004
オーツ, ジョン　Oates, John　グループ名＝ホール&オーツ　ミュージシャン, ギタリスト　[国]米国　[生]1949年4月7日　[典]1992／2000／2004／2008／2012
オッカー, クラウス　Ocker, Claus　バリトン歌手　[国]ドイツ　[生]1923年12月10日　[典]2000
オーツカ, ジュリー　Otsuka, Julie　作家　[国]米国　[典]2004
オッカー, パトリシア　Okker, Patricia　文学者　ミズーリ大学準教授　[国]米国　[典]2004／2008
オック・ショーエ, ナタリー　Hocq-Choay Nathalie　実業家　ポアレ社オーナー・社長　[国]フランス　[典]2000
オックスフォード, レベッカ　Oxford, Rebecca L.　アラバマ大学教育学部副学部長　[専]言語学習　[国]米国　[典]2000
オッサーマン, ロバート　Osserman, Robert　スタンフォード大学数学科教授　[専]数学　[国]米国　[典]1996
オッセイユ, ジャン・ミッシェル　Ausseil, Jean-Michel　カンヌ国際視聴覚フェスティバル総代表補佐, カンヌ映画祭「監督週間」事務局長補佐　[国]フランス　[生]1951年9月6日　[典]1992
オーツセン, トニー　Ortzen, Tony　編集者　[典]2004
オッセン, ロベール　Hossein, Robert　本名＝Hosseinoff,Robert　俳優, 演出家　[国]フランス　[生]1927年12月30日　[典]1996
オッター, アンネ・ソフィー・フォン　Otter, Anne Sophie von　メゾ・ソプラノ歌手　[国]スウェーデン　[生]1955年　[典]2004／2008／2012
オッティ, マーリーン　Ottey, Merlene　陸上選手(短距離)　アトランタ五輪陸上女子100メートル銀メダリスト　[国]スロベニア　[生]1960年5月10日　[典]1992／1996／2000／2004／2008／2012
オッティエーリ, オッティエーロ　Ottieri, Ottiero　作家, 批評家　[国]イタリア　[生]1924年　[典]1992
オッテセン, ヤネッテ　Ottesen, Jeanette　本名＝Ottesen,Gray

Jeanette 水泳選手(自由形・バタフライ) 国デンマーク 生1987年12月30日

オッテリーニ, ポール Otellini, Paul S. 実業家 インテル社長・CEO 国米国 生1950年10月2日 掲2008／2012

オッテンザマー, エルンスト クラリネット奏者 ウィーンフィルハーモニー首席奏者 国オーストリア 生1955年 掲1996

オット, アリスサラ オット, アリス・紗良 Ott, Alice Sara ピアニスト 国ドイツ 生1988年 掲2012

オット, アルフレート Ott, Alfred E. 経済学者 テュービンゲン大学経済学部教授・応用経済研究所所長 国ドイツ 生1929年10月29日 掲1996

オットー, クリスティン Otto, Kristin 元・水泳選手 元・東ドイツ水泳連盟副会長 国ドイツ 生1966年2月7日 掲1992

オットー, ジルケ Otto, Sylke リュージュ選手 トリノ五輪金メダリスト 国ドイツ 生1969年7月7日 掲2004／2008／2012

オットー, スベン Otto, Svend イラストレーター 国デンマーク 生1916年 掲1996

オット, ニコラウス Ott, Nicolaus グラフィックデザイナー 国ドイツ 生1947年 掲1996

オット, ハーマン Ott, Hermann E. 政治学者 Wuppertal Institute for Climate, Environment and Energy気候政策部長 掲2004

オット, フーゴ フライブルク大学教授 専経済史, 社会史 国ドイツ 生1939年 掲1996

オットー, フライ Otto, Frei 建築家 元・シュトゥッツガルト大学軽量構造研究所創立所長, 元・ベルリン工科大学教授 専膜構造建築 国ドイツ 生1925年5月31日 掲1992／2008／2012

オット, ヘンリー Ott, Henry W. ヘンリー・オット・コンサルタント社長 元・ATTベル研究所技術スタッフ 国米国 掲1992

オット, ユルク Ott, Jurg 遺伝学者 ロックフェラー大学教授 専ヒト統計遺伝学 国米国 掲2004

オッドソン, デービッド Oddsson, David 政治家 アイスランド独立党党首 元・アイスランド首相 国アイスランド 生1948年1月17日 掲1992／1996／2000／2004／2008

オット・ピ Ot Pi 本名=イセルン, オット・ピ バイクトライアル選手 国スペイン 生1970年9月22日 掲1996

オッフェ, クラウス Offe, Claus 政治学者 元・ベルリン・フンボルト大学教授 国ドイツ 生1940年 掲2012

オッフェン, ニール・H. 訪問販売協会世界連盟事務局長, 米国訪問販売協会理事長 国米国 生1944年 掲2000

オッペン, ジョージ 詩人 国米国 没1984年7月7日 掲1992

オッペンハイマー, アンソニー 実業家 デビアス中央販売機構社長 生1937年6月 掲2000

オッペンハイマー, アンドレ Oppenheimer, Andres ジャーナリスト, コラムニスト 国米国 掲1996／2012

オッペンハイマー, ジェス テレビ・プロデューサー, 脚本家 国米国 生1988年12月27日 掲1992

オッペンハイマー, ハリー Oppenheimer, Harry Frederick 実業家 元・デビアス・コンソリデーテッド・マインズ会長, 元・アングロ・アメリカン会長 国南アフリカ 生1908年10月28日 没2000年8月19日 掲1992／1996／2000

オッペンハイマー, フィリップ Oppenheimer, Philip 実業家 元・デビアス中央販売機構(CSO)会長 国英国 生1911年10月29日 没1995年10月8日 掲1996

オッペンハイマー, フランク Oppenheimer, Frank 物理学者 国米国 没1985年2月3日 掲1992

オッペンハイム, ジャネット Oppenheim, Janet アメリカン大学歴史学部教授 専英国史(19・20世紀) 国米国 生1948年5月5日 掲1996

オッペンハイム, フィリップ Oppenheim, Phillip 本名=Oppenheim, Phillip Anthony Charles Lawrence 政治家 英国蔵相, 英国下院議員(保守党), 「What to Buy for Business」編集者 国英国 生1956年3月20日 掲1996／2000

オッペンレンダー, カール・ハインリッヒ Oppenländer, Karl Heinrich 経済学者 IFO経済研究所理事長, ミュンヘン大学経済学部教授 国ドイツ 生1932年1月17日 掲2000／2004

オデイ, アニタ O'Day, Anita 本名=Belle Colton, Anita ジャズ歌手 国米国 生1919年10月18日 没2006年11月23日 掲1996

オディ, ペネロピ Ody, Penelope ハーバリスト 国英国 掲2000

オディアール, ジャック Audiard, Jaques 映画監督, 脚本家 国フランス 生1952年 掲1996／2000／2008／2012

オディアール, ミシェル Audiard, Michel 脚本家, 映画監督 国フランス 生1920年5月15日 没1985年7月28日 掲1992

オーディアンズ, マリーアン ファッションデザイナー 国オランダ 掲2000

オディウェン, アンドルー Odewahn, Andrew コンピュータ技術者, コンピュータ・コンサルタント 掲2004

オディオーン, ジョージ Odiorne, George S. 経営学者 国米国 掲1996

オーティス, フラン Ortiz, Fran 写真家 国米国 生1931年 掲1996

オーティス, ホセ Ortiz, Jose D. 元・プロ野球選手, 元・大リーグ選手 国ドミニカ共和国 生1977年6月13日 掲2008／2012

オティーズ, ラス Ortiz, Russ 本名=Ortiz, Russel Reid 大リーグ選手(投手) 国米国 生1974年6月5日 掲2008

オディノ, アンドレ 元・フランス国民議会議員(保守系無所属), 元・フィガロ紙社長 国フランス 没1986年4月18日 掲1992

オディンガ, ライラ Odinga, Raila 本名=Odinga, Raila Amolo 政治家 ケニア首相, オレンジ民主運動党首 国ケニア 生1945年1月7日 掲2012

オデムウィンギー, ピーター Odemwingie, Peter 本名=オデムウィンギー, ピーター・オサゼ サッカー選手(FW) 北京五輪サッカー男子銀メダリスト 国ナイジェリア 生1981年7月15日 掲2012

オーデリン, トーマス バリー・インターナショナル取締役 生1923年9月29日 掲1992

オデル, スコット O'Dell, Scott 童話作家 国米国 生1903年 没1989年10月15日 掲1992

オテロ, マニュエル Otero, Manuel アニメーション作家・監督 シネマシオン撮影所長 国フランス 掲1992／1996

オテロ, ロベルト 写真家, ジャーナリスト 掲2000

オテロ・シルバ, ミゲル Otero Silva, Miguel 作家 国ベネズエラ 生1908年 没1985年 掲1992

オデンワルド, ステン Odenwald, Sten F. 天体物理学者 レイセオンSTXチーフ・サイエンティスト 専銀河 掲2004

オード, A.J. Orde, A.J. 別名=テッパー, シェリー・S., オリファント, B.J. 作家 国米国 生1929年 掲1996

オドー, ジャン・ピエール 料理人 国フランス 生1954年 掲1992

オドー, フランチェスコ Oddo, Francesco サッカー監督 国イタリア 生1946年6月24日 掲2004

オドゥアール, アントワーヌ Audouard, Antoine 作家 元・ラフォン・フィグゾ副社長 国フランス 生1956年 掲2004／2008

オートゥイユ, ダニエル Auteuil, Daniel 俳優 国フランス 生1950年10月24日 掲2004／2008／2012

オトゥール, ウィリアム O'Toole, William 漫画家 国米国 生1960年 掲2000

オトゥール, ピーター O'Toole, Peter 本名=O'Toole, Peter Seamus 俳優 国アイルランド 生1932年8月2日 没2013年12月14日 掲1992／1996／2000／2004／2008／2012

オドゥワン・マミコニアン, ソフィー Audouin-Mamikonian, Sophie 作家 生1961年 掲2008／2012

オトゥンバエワ, ローザ Otunbayeva, Roza Isakovna 政治家 元・キルギス大統領・首相 国キルギス 生1950年8月23日 掲2012

オドナー, マット Odhner, Matt コンピューター技術者 マイクロソフト 掲2004

オドナヒュー, ダニエル O'Donoghue, Daniel グループ名=スクリ

ブト ミュージシャン 国アイルランド ⊕1980年10月3日 愛2012

オトニエル, ジャン・ミシェル Othoniel, Jean-Michel 現代美術作家 国フランス ⊕1964年

オトネス, フレッド Otnes, Fred イラストレーター 国米国 ⊕1926年 愛1992

オドネル, クリス O'donnell, Chris 俳優 国米国 ⊕1970年6月26日 愛1996／2000／2004／2008／2012

オドネル, ジム O'Donnell, Jim 作家, ジャーナリスト 国米国 愛2000

オドネル, ダミアン O'Donnell, Damien 映画監督 国アイルランド ⊕1970年 愛2004／2008

オドネル, ロージー 女優 国米国 愛1996

オドノバン, デクラン O'Donovan, Declan 外交官 駐スペイン・アイルランド大使 元・駐日アイルランド大使 国アイルランド 愛2004

オドノヒュウ, ジョン O'Donohue, John 詩人, 哲学者 愛2004

オドバル, ソノミン Udval, Sonomyn 作家 国モンゴル ⊕1921年 愛1992

オードパン, ディディエ Haudepin, Didier 映画監督, 映画プロデューサー, 俳優 国フランス ⊕1951年 愛2000

オートブラッド, デニス 外交官 元・在札幌米国総領事 国米国 愛2004

オドム, ウィリアム Odom, William E. 軍事専門家, 元・軍人 エール大学教授 元・米国国家安全保障局長 専対ソ軍事・戦略問題 国米国 ⊕1932年6月 愛1992／1996

オドム, ウェンデル Odom, Wendell コンピュータ技術者 国米国 愛2004

オードム, ショーン Odom, Sean テクニカルライター グローバルネット・トレーニング・ソリューションズ講師 愛2004

オドム, メル Odom, Mel 作家 国米国 ⊕1957年 愛2004

オドム, ラマー Odom, Lamar バスケットボール選手 アテネ五輪バスケットボール男子銅メダリスト 国米国 ⊕1979年11月6日 愛2000／2008

オードラン, ポール Audrain, Paul André Marie 元・Société Crillion最高経営責任者, 元・クリスチャン・ディオール社長 国フランス ⊕1945年5月17日 愛1992／1996

オードリー, ウィルバート Awdry, Rev.Wilbert Vere 絵本作家 国英国 ⊕1911年6月15日 ⊖1997年3月21日 愛1992

オートリー, キース Oatley, Keith 作家 国英国 ⊕1939年 愛2012

オードリー, クリストファー Awdry, Christopher 絵本作家 国英国 愛1992／1996／2000

オートリー, ジェームズ Autry, James A. メレディス社雑誌グループ社長 国米国 愛1992

オドリオゾーラ, エレナ Odriozola, Elena 絵本画家 国スペイン ⊕1967年 愛2012

オドリクール, アンドレ・ジョルジュ Haudricourt, André-Georges フランス国立科学研究センター(CNRS)名誉教授 国フランス ⊕1911年 愛1996

オドリスコル, ブライアン O'Driscoll, Brian ラグビー選手 (CTB) 国アイルランド ⊕1979年1月21日 愛2008／2012

オドリッチ, バーバラ Odrich, Barbara 「フランクフルターアルゲマイネ」経済特派員 国ドイツ 愛2000

オトレー, デービッド Otley, David T. 会計学者 ランカスター大学会計ファイナンス学部KPMG Peat Marwick会計学教授・学部長 専経営統制システム 国英国 愛1996

オートン, ベス Orton, Beth 歌手 愛2000

オートン, マーク Orton, Mark グループ名=ティン・ハット・トリオ ギタリスト 国米国 愛2004

オートン, ランディ Orton, Randy 本名=オートン, ランディ・キース プロレスラー 国米国 ⊕1980年4月1日 愛2008／2012

オドンネル, リリアン O'Donnell, Lillian 推理作家 国イタリア 愛1992

オナイアンズ, ジョン Onians, John イースト・アングリア大学(イングランド南東部ノーウィッチ)教授(美術史専攻), 同美術史研究所所長 ⊕1942年 愛2008

オナシス, ジャクリーヌ・ケネディ Onassis, Jacqueline Kennedy 旧名=ケネディ, ジャクリーヌ 元・ケネディ第35代米国大統領夫人 国米国 ⊕1929年7月28日 ⊖1994年5月19日 愛1992／1996

オナム 悟南 本名=李鐘成 陶芸家 国韓国 ⊕1942年3月7日 愛1992

オニェフル, イフェオマ Onyefuru, Ifeoma 写真家 国ナイジェリア 愛2004

オニヅカ, エリソン Onizuka, Ellison S. 宇宙飛行士 国米国 ⊕1946年6月24日 ⊖1986年1月28日 愛1992

オーニッシュ, ディーン Ornish, Dean カリフォルニア大学臨床医学教授 専心臓病 国米国 愛2008

オニール, ウィリアム O'Neil, William J. 証券アナリスト, ライター 「投資家ビジネス日報」会長, ウィリアム・オニール創設者 国米国 愛2004

オニール, ケビン O'Niell, Kevin M. モンタナ州立大学助教授 専昆虫学 国米国 愛1996

オニール, ジェラード O'Neill, Gerard ジャーナリスト 愛2004

オニール, シャキール O'Neal, Shaquille 本名=オニール, シャキール・ラシャウン 元・バスケットボール選手 国米国 ⊕1972年3月6日 愛1996／2000／2004／2008／2012

オニール, ジャーメイン O'Neal, Jermaine バスケットボール選手 国米国 ⊕1978年10月13日 愛2008

オニール, ジョセフ O'Neill, Joseph 作家 ⊕1964年 愛2012

オニール, ジョゼフ O'Neil, Joseph コンピュータ技術者 国米国 愛2004

オニール, ジョン O'Neill, John ヨーク大学社会学教授, トロント大学大学院比較文学センター非常勤講師 専社会学 ⊕1933年 愛1996

オニール, ジョン O'Neil, John R. 人材教育コンサルタント 国米国 愛2008

オニール, スーザン O'Neill, Susan 元・水泳選手 国オーストラリア ⊕1973年8月2日 愛2000／2004

オニール, スーザン O'Neil, Susan イラストレーター 国米国 愛2004

オニール, スタンリー O'Neal, Stanley 本名=O'Neal,E.Stanley 金融家 元・メリルリンチ会長・CEO 国米国 ⊕1951年10月7日 愛2004／2008／2012

オニール, テータム O'Neal, Tatum 女優 国米国 ⊕1963年11月5日 愛1992／1996／2004／2008／2012

オニール, トーマス O'Neill, Thomas Philip(Jr.) 愛称=オニール, ティップ 政治家 元・米国下院議長(民主党) 国米国 ⊕1912年12月9日 ⊖1994年1月5日 愛1992／1996

オニール, トーマス・J. O'Neill, Thomas J. 実業家 ハリー・ウィンストンCEO, ハリー・ウィンストン・ダイヤモンド・コーポレーション社長 国米国 愛2012

オニール, パトリック O'Neal, Patrick 俳優 国米国 ⊕1927年 愛1996

オニール, パトリック O'neill, Patrick 文学者 クイーンズ大学人文学部ドイツ語ドイツ文学科教授 専物語理論 国カナダ 愛2004

オニール, パトリック・ジェフリー O'Neil, Patrick Geoffrey 日本語・日本文学研究家 ロンドン大学名誉教授 国英国 ⊕1924年8月9日 愛1996

オニール, バレット O'Neill, Barrett カリフォルニア大学ロサンゼルス校名誉教授 専微分幾何学, 相対性理論 国米国 愛2004

オニール, ピーター O'Neill, Peter 本名=O'Neill,Peter Charles Paire 政治家 パプアニューギニア首相, パプアニューギニア人民国民会議(PNC)党首 国パプアニューギニア ⊕1965年2月13日

オニール, ポール O'Neill, Paul Andrew 元・大リーグ選手 国米国 ⊕1963年2月25日 愛1996／2000／2004

オニール, ポール O'Neill, Paul H. 実業家 元・米国財務長官,

元・アルコア会長 ⑮米国 ⑯1935年12月4日 ⑱2004／2008

オニール, ポール O'Neill, Paul 「事例で学ぶOSCE基本臨床技能試験のコアスキル」の著者 ⑱2008

オニール, マイケル O'Neill, Michael 銀行家 元・バークレイズ銀行CEO ⑮米国 ⑱2000

オニール, ライアン O'Neal, Ryan 本名=オニール, パトリック・ライアン 俳優 ⑮米国 ⑯1941年4月20日 ⑱2004／2008／2012

オニール, リオ O'Neill, Leo C. 実業家 スタンダード・アンド・プアーズ(S&P)社長 ⑮米国 ⑯1940年 ⑱2004／2008

オニール, ロバート 国際戦略研究所(IISS)理事長, オックスフォード大学教授 ⑯国際戦略 ⑮英国 ⑱2000

オネッティ, フアン・カルロス Onetti, Juan Carlos 作家 ⑮ウルグアイ ⑯1909年7月1日 ⑰1994年5月30日 ⑱1992／1996

オーノ, アポロ・アントン Ohno, Apolo Anton 元・スピードスケート選手(ショートトラック) トリノ五輪スピードスケート・ショートトラック男子500メートル金メダリスト ⑮米国 ⑯1982年5月22日 ⑱2000／2004／2008／2012

オーノット, ジェイソン Arnott, Jason アイスホッケー選手(FW) ⑮カナダ ⑯1974年10月11日 ⑱2004／2008

オノディ, ヘンリエッタ Onodi, Henrietta 体操選手 ⑮ハンガリー ⑯1974年5月22日 ⑱1992／1996

オノデラ, マリレ・イヌボウ 洋画家 ⑯1943年 ⑱1992／1996

オノフリ, エンリコ Onofri, Enrico 指揮者, バイオリニスト ベッリーニ音楽院教授 ⑯古楽 ⑮イタリア ⑯1967年 ⑱2012

オノラ, ジャン・ジャック Honourat, Jean-Jacques 弁護士, 政治家 元・ハイチ首相 ⑮ハイチ ⑯1931年 ⑱1996

オノン, ウルグンゲ モンゴル国立大学栄誉教授, ケンブリッジ大学モンゴル内陸アジア学研究所主管 ⑯モンゴル学 ⑮モンゴル ⑯1919年 ⑱1996

オーバー, リサ Ober, L. イラストレーター ⑮米国 ⑱2004

オーバーエンド, ネッド マウンテンバイクレーサー ⑮米国 ⑱1996

オーバークフォル, クリスティーナ Obergfoll, Christina やり投げ選手 ロンドン五輪陸上女子やり投げ銀メダリスト ⑮ドイツ ⑯1981年8月22日

オバサンジョ, オルセグン Obasanjo, Olusegun 政治家, 軍人 元・ナイジェリア大統領 ⑮ナイジェリア ⑯1937年3月5日 ⑱1992／1996／2000／2004／2008／2012

オパス, パウリ Opas, Pauli S. 外交官 駐日フィンランド大使 ⑮フィンランド ⑱1992

オーバーストリート, ナッシュ Overstreet, Nash グループ名=ホット・シェル・レイ ミュージシャン ⑮米国 ⑯1986年1月3日

オバタ, ギョウ 日本名=小圃暁 建築家 ヘルムス・オバタ・アンド・カサバーム会長 ⑮米国 ⑱2000

オーバック, アン・ヘッジドーン Auerbach, Ann Hagedorn ジャーナリスト 元・「ウォール・ストリート・ジャーナル」記者 ⑮米国 ⑱2004

オバディア・ベラカサ, アルトゥーロ 「Numero」誌社主・編集長, ベラカサ・グループ顧問 ⑮ベネズエラ ⑯1930年 ⑱1992

オーバーテュアー, セバスチャン Oberthür, Sebastian 法学者 Ecologic,Centre for International and European Environment Reseach特別研究員 ⑱2004

オーバードーファー, ドン Oberdorfer, Don ジャーナリスト ジョンズ・ホプキンズ大学高等国際問題研究大学院客員研究員 元・「ワシントン・ポスト」記者 ⑮米国 ⑯1931年 ⑱1996／2000／2004／2008

オバートン, ティナ Overton, Tina 化学者 ハル大学化学科特別研究員 ⑮英国 ⑱2004

オハナ, モーリス 作曲家 ⑮フランス ⑯1914年6月12日 ⑰1992年11月13日 ⑱1996

オバナン, フランク O'Bannon, Frank Lewis 政治家 元・インディアナ州知事 ⑮米国 ⑯1930年6月 ⑰2003年9月13日 ⑱2000

オーバーバイ, デニス Overbye, Dennis 編集者, 作家 ⑮米国 ⑱2004／2008

オーバービー, チャールズ Overby, Charles M. 平和運動家 オハイオ大学名誉教授, 憲法第九条の会(米国)会長 ⑯産業システム工学 ⑮米国 ⑯1926年3月18日 ⑱1996／2000／2008／2012

オハブ, エドワルト Ochab, Edward 政治家 元・ポーランド統一労働者党第一書記 ⑮ポーランド ⑯1906年8月16日 ⑰1989年 ⑱1992

オーバーホッファー, ジョージ Oberhofar, George D. 金融コンサルタント 元・シカゴ・コーポレーション副社長 ⑮米国 ⑱1992

オーバーホルト, ウィリアム Overholt, William H. 政治学者 野村国際香港ストラテジスト ⑮米国 ⑯1945年 ⑱1996／2000

オバマ, バラク Obama, Barack 本名=オバマ, バラク・フセイン 政治家, 弁護士 米国大統領(第44代) ⑮米国 ⑯1961年8月4日 ⑱2008／2012

オバマ, ミシェル Obama, Michelle 弁護士 オバマ米国大統領夫人 ⑮米国 ⑯1964年1月17日 ⑱2012

オーハマ, リンダ Ohama, Linda 映画監督, 映像作家 ⑮カナダ ⑱2004／2008

オーバーマン, M. Oberman, Michelle 法学者 デポール大学教授 ⑮米国 ⑱2004

オハラ, モーリーン O'Hara, Maureen 本名=Fitzsimons, Maureen 女優 ⑮米国 ⑯1920年7月17日 ⑱1992／1996

オーバリー, マイケル Overly, Michael R. 法律コンサルタント フォレイ&ロードナー法律事務所コンサルタント ⑮米国 ⑱2004

オーバリー, リチャード Overy, Richard James 歴史家 ロンドン大学キングス・カレッジ教授 ⑯ドイツ史 ⑮英国 ⑯1947年12月23日 ⑱2004

オバリー, リチャード O'Barry, Richard 通称=オバリー, リック イルカ専門家, イルカ解放活動家 ドルフィン・プロジェクト設立者 ⑮米国 ⑯1939年 ⑱1996／2012

オパーリン, アレクサンドル Oparin, Aleksandr Ivanovich 生化学者 ⑮ソ連 ⑯1894年3月2日 ⑰1980年4月21日 ⑱1992

オパルカ, ローマン 美術家 ⑮ポーランド ⑱2000

オバルディア, ルネ・ド Obaldia, René de 作家, 劇作家 ⑮フランス ⑯1918年10月22日 ⑱1992／1996

オパレフ, マクシム Opalev, Maxim カヌー選手 北京五輪カヌー男子カナディアンシングル500メートル金メダリスト ⑮ロシア ⑯1979年4月4日 ⑱2012

オーバーワーター, ジョージーン Overwater, Georgien 絵本作家 ⑮オランダ ⑯1958年 ⑱1996

オーバン, アンリ・ジャン Aubin, Henri-Jean 精神科医 ⑮フランス ⑱2008

オバーン, パトリック O'Byrne, Patrick ハダースフィールド大学ソーシャルワーク学部上級講師, リーズ・カソリックケア・コンサルタント ⑯社会福祉学 ⑮英国 ⑱2004

オバンドー, シャーマン Obando, Sherman Omar 元・プロ野球選手, 元・大リーグ選手 ⑮パナマ ⑯1970年1月23日 ⑱2004／2008／2012

オハンロン, ビル O'Hanlon, Bill 心理療法士 ⑮米国 ⑱2004

オハンロン, マイケル 軍事研究家 ブルッキングス研究所研究員 ⑮米国 ⑱2000

オハンロン, レドモンド O'Hanlon, Redmond 作家 ⑮英国 ⑯1947年 ⑱1992／2012

オピー, ジュリアン Opie, Julian 本名=Opie,Julian Gilbert 現代美術家 ⑮英国 ⑯1958年12月12日 ⑱2008／2012

オービエ, エリック Aubier, Eric トランペット奏者 ⑮フランス ⑯1960年 ⑱2012

オビスポ, ウィルフィン Obispo, Wirfin プロ野球選手(投手) ⑮ドミニカ共和国 ⑯1984年9月26日 ⑱2008／2012

オービソン, ロイ Orbison, Roy ロック歌手 ⑮米国 ⑯1936年 ⑰1988年12月6日 ⑱1992

オピッツ, ゲルハルト Oppitz, Gerhard ピアニスト ミュンヘン音楽大学ピアノ科教授 ⑮ドイツ ⑯1953年 ⑱1996／2000／2012

オービッツ, マイケル　Ovitz, Michael　実業家　AMG社長　元・ウォルト・ディズニー・カンパニー社長,元・クリエイティブ・アーティスツ・エージェンシー(CAA)会長　⑲米国　⑭1946年12月　㊗1996／2000

オービンスキー, ジェームズ　Orbinski, James　国境なき医師団(MSF)国際評議会総裁　㊗2000

オフ, キャロル　Off, Carol　ジャーナリスト　㊗2008

オファマン, ホセ　Offerman, Jose　大リーグ選手(内野手)　⑭1968年11月8日　㊗1996／2000／2008

オーファリ, ロバート　Orfali, Robert　プログラム開発者　サンノゼ州立大学　㊗2004

オファーレル, ブリジッド　O'Farrell, Brigid　社会学者　マウント・バーノン大学客員研究員　㊗2004／2008

オファーレル, マギー　O'Farrell, Maggie　作家　⑲英国　㊗2004

オーフィス, ポール　Oreffice, Paul Fausto　実業家　元・ダウ・ケミカル会長　⑲米国　⑭1927年11月29日　㊗1992／1996

オフェイロン, ジュリア　O'Faolain, Julia　作家　⑲アイルランド　⑭1932年　㊗2004

オフェイロン, ショーン　O'Faoláin, Seán　本名=ウィーラン, ショーン　作家,評論家　⑲アイルランド　⑭1900年2月22日　㊣1991年4月20日　㊗1992

オフェイロン, ヌーラ　O'Faolain, Nuala　ライター　⑲アイルランド　⑭1940年　㊗2004

オフェルマルス, マルク　Overmars, Marc　サッカー選手(FW)　⑲オランダ　⑭1973年3月29日　㊗2000／2008／2012

オフシャク, イエージ　テレビキャスター　⑲ポーランド　㊗2000

オプダイク, イレーネ・グート　Opdyke, Irene Gut　「インマイハンズ」の著者　⑭1922年　㊗2004

オフチニコフ, セルゲイ　Ovchinnikov, Serguey　バレーボール監督　元・バレーボール女子ロシア代表監督　⑲ロシア　⑭1969年1月25日　㊣2012年8月29日

オフチニコフ, ミハイル　Ovchinnikov, Mikhil A.　モスクワ音楽院学長　⑲ロシア　⑭1949年　㊗2000

オフチニコワ, エレーナ　Ovchinnikova, Yelena　シンクロナイズドスイミング選手　北京五輪シンクロナイズドスイミング・チーム金メダリスト　⑲ロシア　⑭1982年6月17日

オフチャロフ, ドミトリ　Ovtcharov, Dimitrij　卓球選手　北京五輪卓球男子団体銀メダリスト　⑲ドイツ　⑭1988年9月2日

オプチョウスキー, ジャニス　元・米国商務次官補(通信・情報担当)　⑲米国　㊗1992／1996

オフチンニコフ, フセヴォロド　Ovchinnikov, Vsevolod　ジャーナリスト　ロ中友好協会副会長　⑲ソ連　㊗1992／2000

オフト, ハンス　Ooft, Hans　本名=オフト, マリウス・ヨハン　サッカー監督　元・サッカー日本代表監督　⑲オランダ　⑭1947年6月27日　㊗1996／2000／2004／2008／2012

オブホフ, アレクサンドル　Obukhov, Aleksandr Mikhailovich　地球物理学者　モスクワ大学教授　⑲ソ連　⑭1918年5月5日　㊗1992

オプホルツァー, K.　Obholzer, Karin　ジャーナリスト　⑲オーストリア　⑭1943年　㊗2004

オブマシック, マーク　Obmascik, Mark　ジャーナリスト　⑲米国　㊗2008

オフマン, カール　Offmann, Karl　政治家　元・モーリシャス大統領　⑲モーリシャス　⑭1940年11月25日　㊗2004／2008

オブラー, マーティン　Obler, Martin　心理学者,セラピスト　ニューヨーク市立大学ブルックリン校教授,ニューヨーク市警コンサルタント　⑲米国　㊗2004／2008

オブライアン, パトリック　O'Brian, Patrick　本名=ラス, パトリック　海洋作家,伝記作家　⑲英国　⑭1914年　㊣2000年1月2日　㊗1992／1996

オブライアン, ヒュー　O'Brian, Hugh　本名=Krampe,Hugh J.　俳優,青少年教育活動家　ヒュー・オブライアン青少年交流基金(HOBY)設立者　⑲米国　⑭1930年4月19日　㊗1996

オブライエン, エイダン　O'Brien, Aidan　調教師　⑲アイルランド　⑭1969年10月16日　㊗2004

オブライエン, エド　O'Brien, Ed　本名=O'Brien,Edward John　グループ名=レディオヘッド　ミュージシャン　⑲英国　⑭1968年4月15日　㊗2004／2008／2012

オブライエン, エドナ　O'Brien, Edna　作家　⑲アイルランド　⑭1932年　㊗1992

オブライエン, エドモンド　O'Brien, Edmond　俳優　⑭1915年9月10日　㊣1985年5月8日　㊗1992

オブライエン, キャシー　O'Brien, Cathy　マラソン選手　⑲米国　⑭1967年7月19日　㊗1992／1996

オブライエン, キャスリーン　O'Brien, Kathleen　ロマンス作家　⑲米国　㊗2004

オブライエン, グレン　O'Brien, Glenn　作家,詩人,エッセイスト　元・「インタビュー」コラムニスト　⑲米国　㊗2004／2008

オブライエン, コナー・クルーズ　O'Brien, Conor Cruise　筆名=O'Donnell,Donat　歴史家,文芸評論家,政治家　元・ダブリン大学名誉総長,元・アイルランド郵政相　⑲アイルランド　⑭1917年11月3日　㊣2008年12月18日　㊗1996／2000

オブライエン, ジョージ　O'Brien, George　俳優　⑲米国　⑭1900年4月19日　㊣1985年9月4日　㊗1992

オブライエン, ショーン　詩人　⑲英国　⑭1952年　㊗2000

オブライエン, ジョン　O'Brien, John　イラストレーター　「ニューヨーカー」スタッフアーティスト　⑲米国　㊗2004

オブライエン, ダーシイ　O'Brien, Darcy　作家　タルサ大学英文学教授　⑲米国　㊗2000

オブライエン, ダニエル　O'Brien, Daniel　映画史研究家・評論家　⑲英国　㊗2004

オブライエン, ダン　O'Brien, Dan　十種競技選手　⑲米国　⑭1966年7月18日　㊗1992／1996／2000

オブライエン, ダン　O'Brien, Dan　作家,生物学者　⑲米国　㊗1996

オブライエン, チャールズ　O'Brien, Charles　作家　⑲米国　㊗2004

オブライエン, ティム　O'Brien, Tim　作家　⑲米国　⑭1946年　㊗1992／1996／2000

オブライエン, ドミニク　O'Brien, Dominic　世界記憶力コンテストチャンピオン　㊗2004

オブライエン, ニアール・クラウリー　O'Brien, Niall Crowley　カトリック宣教師　⑲アイルランド　⑭1939年　㊗1992

オブライエン, バージニア　O'Brien, Virginia　フリーライター　⑲米国　㊗2004／2008

オブライエン, メアリー・バーマイヤー　O'Brien, Mary Barmeyer　「非戦の人ジャネット・ランキン―アメリカの良心と呼ばれた女性」の著者　㊗2008

オブライエン, メグ　O'brien, Meg　「緋色の影」の著者　㊗2008

オブライエン, リアム　弓道家,彫刻家　欧州弓道連盟会長　⑲英国　㊗2004／2008

オブラスツォフ, セルゲイ　Obraztsov, Sergei Vladimirovich　人形劇演出家, 俳優, 作家　元・モスクワ中央人形劇場創設者　⑲ソ連　⑭1901年7月5日　㊣1992年5月8日　㊗1992／1996

オブラスツォワ, エフゲーニヤ　Obraztsova, Yevgenia　バレリーナ　マリインスキー・バレエ団ソリスト　⑲ロシア　⑭1984年　㊗2012

オブラスツォワ, エレーナ　Obraztsova, Elena Vasilievna　オペラ歌手　⑲ロシア　⑭1939年7月7日　㊗1996

オフラナガン, シーラ　O'Flanagan, Sheila　作家,社債トレーダー　⑲アイルランド　㊗2004

オーブリ, セシル　Aubry, Cécile　児童文学作家,女優　⑲フランス　⑭1928年8月3日　㊣2010年7月19日　㊗1992

オーブリー, ブライアン　Awbrey, Brian J.　整形外科医　マサチューセッツ総合病院　⑲米国　㊗2004

オブリ, マルティーヌ　Aubry, Martine Louise Marie　政治家　リール市長　元・フランス社会党第1書記,元・フランス雇用連帯相　⑲フランス　⑭1950年8月8日　㊗1996／2000／2004／2012

オフルオグ, クリスティーン　Ohuruogu, Christine　陸上選手(短距

離）北京五輪陸上女子400メートル金メダリスト 国英国 生1984年5月17日 収2012

オプレ, ブラス Ople, Blas F. 政治家 元・フィリピン外相, 元・フィリピン上院議員 国フィリピン 生1927年2月3日 没2003年12月14日 収1992/1996

オーブレー, ロバート Aubrey, Robert 通称=オーブレー, ボブ 経営コンサルタント METIZO主宰者 収2000/2004

オフレアティ, リーアム O'Flaherty, Liam 作家 国アイルランド 生1896年 没1984年9月7日 収1992

オーフレイム, アリスター Overeem, Alistair 格闘家 国オランダ 生1980年5月17日 収2012

オブレヒト, テア Obreht, Téa 作家 国米国 生1985年

オープンショー, ピーター 医学者 ロンドン大学インペリアル・カレッジ教授, 心臓肺研究機関呼吸器感染科医長, セントメアリーズ病院呼吸器科顧問 収2008

オヘア, ショーン O'Hair, Sean プロゴルファー 国米国 生1982年7月11日 収2012

オヘイガン, アンドリュー O'Hagan, Andrew 作家 国英国 生1968年 収2012

オベイダト, アハマド Obeidat, Ahmad 政治家 元・ヨルダン首相兼国防相 国ヨルダン 生1938年 収1992

オベイド, アテフ Obeid, Atef Muhammad 政治家 元・エジプト首相 国エジプト 生1932年4月14日 収2000/2004/2008

オベイド, アブドゥル・カリム Obeid, Abdul Karim 革命家, 宗教指導者 ヒズボラ（イスラム教シーア派民兵組織）指導者 国レバノン 収1992

オベイド, トラヤ・アフマド Obaid, Thoraya Ahmed 元・国連人口基金（UNFPA）事務局長 国サウジアラビア 生1945年3月2日 収2004/2008/2012

オベーセーカラ, ガナナート Obeyesekere, Gananath 文化人類学者 プリンストン大学名誉教授 国スリランカ 生1933年 収2004

オベチキン, アレクサンドル Ovechkin, Alexander 通称=オベチキン, アレックス アイスホッケー選手（FW） 国ロシア 生1985年9月17日

オベニッシュ, ドミニク Obeniche, Dominique 画家 国フランス 生1949年 収2000

オベラート, ウォルフガング Overath, Wolfgang 元・サッカー選手 1FCケルン会長 国ドイツ 生1943年9月29日 収2000/2008/2012

オーベール, ピエール Aubert, Pierre 政治家 元・スイス大統領・外相 国スイス 生1927年 収1992

オベール, ブリジット Aubert, Brigitte 作家 国フランス 生1956年 収2000

オベール, ロジェ Aubert, Roger 神学者 ルーベン大学教授 専近代キリスト教史 国ベルギー

オベルティ, ディエデル Operti, Dieder 政治家 ウルグアイ外相 国ウルグアイ 収2000/2004/2008

オーベルディーク, ベルンハート Oberdieck, Bernhard 画家, イラストレーター 国ドイツ 生1949年 収2000

オーベルト, ヘルマン Oberth, Hermann Julius 宇宙工学者 専ロケット開発 国ドイツ 生1894年6月25日 没1989年12月28日 収1992

オベルトール, カレル Oberthor, Karel 画家 国チェコスロバキア 生1921年 収1992/1996

オベルリ, ベティナ Oberli, Bettina 映画監督 国スイス 生1972年 収2012

オベロイ, モハン・シン Oberoi, Mohan Singh 実業家 元・オベロイ・グループ会長, 元・インド上院議員 国インド 生1900年8月15日 没2002年5月3日 収1996

オボテ, ミルトン Obote, Apollo Milton 政治家 元・ウガンダ大統領 国ウガンダ 生1924年 没2005年10月10日 収1992

オボラー, アーチ Oboler, Arch 映画監督 国米国 生1909年 没1987年3月19日 収1992

オマツ, マリカ Omatsu, Maryka 法律家 オンタリオ州裁判所判事 国カナダ 生1948年 収1996/2000

オマホニー, ジョン O'Mahony, John フリーライター 国英国 生1956年 収2000

オマー・モハメッド, シャイク Omar Mohamed, Shaik マレーシア科学総合大学言語翻訳センター専任講師 専マレー語 国マレーシア 生1936年 収2000

オマリー, トーマス O'Malley, Thomas Patrick プロ野球コーチ 国米国 生1960年12月25日 収2004/2008/2012

オマリー, トーマス 実業家 トスコ会長・CEO 国米国 収2000

オマリー, ニック O'Malley, Nick グループ名=アークティック・モンキーズ ミュージシャン, ロックベーシスト 国英国 収2008/2012

オマリー, ピーター O'Malley, Peter 元・ドジャース会長 国米国 収2000/2012

オマル, M. Omar, Miftah al-Osta 政治家, 医師 国リビア 生1935年 収1992

オマル, ムサ・モハメッド Omer, Musa Mohammed 外交官 駐日スーダン大使 国スーダン 生1942年 収1992/1996

オマル, ムハマド Omar, Muhammad 元・タリバン最高指揮者 国アフガニスタン 生1959年 収2000/2004/2008/2012

オマン, モニク Osman, Monique 専生物学, 心理学 国フランス 収2004

オーマン, ロバート・ジョン Aumann, Robert John 数理経済学者 ヘブライ大学名誉教授 国イスラエル 生1930年6月8日 収2008/2012

オーマンディ, マスミ Ormandy, Masumi 英語教育コンサルタント パシフィックランゲージスクール（PLS）副校長 専児童英語教育

オーマンディ, ユージン Ormandy, Eugene 指揮者 元・フィラデルフィア交響楽団名誉指揮者 国米国 生1899年11月18日 没1985年3月12日 収1992

オーミー, ケビン Ohme, Kevin 元・プロ野球選手 国米国 生1971年4月13日 収2004

オミシュル, スティーブ Omischl, Steve スキー選手（フリースタイル） 国カナダ 生1978年11月16日

オミディア, ピエール Omidyar, Pierre M. 実業家 eベイ創業者 国米国 収2004/2008/2012

オミナミ, カルロス（3世） Ominami Pascual, Carlos (III) 本名=Ominami Pascual,Carlos Octavio 経済学者, 政治家 元・チリ経済相 国チリ 生1951年 収1996/2000/2012

オーミラー, ゲイリー Aumiller, Gary S. 心理学者, セラピスト FBI行動科学課常任コンサルタント 元・米国犯罪心理学協会会長 国米国 収2004

オミーリー, ロバート ビリー・ホリディ研究家 専黒人文化論 国米国 収1992

オム・キュベク 厳 圭白 教育者 養正高等学校校長 元・ソウル大学副教授 国韓国 生1932年 収2004

オム・サンイク 厳相益 弁護士 国韓国 生1954年 収2000

オム・テウン Uhm, Tae-woong 漢字名=厳泰雄 俳優 国韓国 生1974年4月5日 収2008/2012

オム・ナクヨン 厳 洛容 Uhm, Rak-young 銀行家 韓国産業銀行総裁 元・韓国財政経済省次官 国韓国 収2004/2008

オム・ホシム 厳 浩心 通訳, 翻訳家 国韓国 生1964年 収2004

オム・ホソン 厳 虎声 Om, Ho-song 政治家, 弁護士 韓国国会議員（ハンナラ党）国韓国 生1955年10月23日 収2004

オム・ユンチョル Om, Yun-chol 重量挙げ選手 ロンドン五輪重量挙げ男子56キロ級金メダリスト 国北朝鮮 生1991年11月18日

オム・ヨソプ 厳 堯燮 牧師 基督教産業社会研究所長, ハンギル教会牧師 国韓国 生1916年1月26日 収1996

オム・ヨンス 厳 龍洙 コメディアン 国韓国 生1953年8月8日 収1996

オム・ヨンソク 厳 永錫 韓国外国語大学経済学科教授, 韓国国民経済制度研究院長, 韓国経済教育協議会会長 国韓国 生1936年5月

18日 ㊚1996
オム・ヨンダル 厳永達 韓国民自党政策評価委員 ㊺韓国 ㊛1928年2月14日 ㊚1996
オームス, ヘルマン Ooms, Herman カリフォルニア大学ロサンゼルス校教授 ㊛1937年 ㊚1992／1996／2000
オームネス, フィリップ Omnes, Philippe フェンシング選手 ㊺フランス ㊚1996
オムルベク, ジャナケーエフ 通訳 キルギス日本科学技術文化センター日本語教師 ㉄日本語 ㊺キルギス ㊚2000
オームロッド, ロジャー Ormerod, Roger ミステリー作家 ㊺英国 ㊛1920年 ㊚1996
オメーラ, ビル シーキューブ・マイクロシステムズ社長 ㊺米国 ㊚1996
オメーラ, マーク・フランシス O'Meara, Mark Francis プロゴルファー ㊺米国 ㊛1957年1月13日 ㊚2000／2008
オメリヤネンコ, アレクサンドル・アンドレヴィチ 水中カメラマン ㊺ロシア ㊛1950年5月 ㊚1996
オメリヤンチク, オクサナ Omeliantchik, Oksana 体操選手 ㊺ソ連 ㊛1969年12月31日 ㊚1992
オメル, デボラ Omer, Devora 作家 ㊺イスラエル ㊚1992
オメン, シルヴィア・ファン Ommen, Sylvia van 画家,絵本作家 ㊺オランダ ㊛1978年12月16日 ㊚2008
オ・メンリィ, リアム O'Maonlai, Liam グループ名=ホットハウス・フラワーズ ロック歌手 ㊺アイルランド ㊚2000／2012
オモソト, コール ウェスタンケープ大学教授 ㉄現代アラブ文学,演劇 ㊺南アフリカ ㊛1943年 ㊚1996
オーモット, チェーティル・アンドレ Aamodt, Kjetil André 元・スキー選手（アルペン） アルベールビル五輪・ソルトレークシティ五輪・トリノ五輪金メダリスト ㊺ノルウェー ㊛1971年9月2日 ㊚1992／2000／2004／2008／2012
オモトショ, コレ Omotoso, Kole 作家,劇作家,批評家 イフェ大学教員 ㊺ナイジェリア ㊛1943年 ㊚1992
オーモン, マリー・ルイーズ Haumont, Marie-Louise 作家,ジャーナリスト ㊺ベルギー ㊚1992
オーモン, ミシェル Aumont, Michel 俳優 ㊺フランス ㊛1936年 ㊚1996
オーモンド, ジュリア Ormond, Julia 女優 ㊺英国 ㊛1965年1月4日 ㊚1996／2000／2004／2008
オモンド, トム ジャーナリスト 「ザ・シドニー・モーニング・ヘラルド」紙日本特派員,「シドニー」紙日本特派員 ㊺オーストラリア ㊛1960年 ㊚1992
オモンド, ロジャー Omond, Roger 「ガーディアン」紙海外局編集局補佐 ㊺米国 ㊛1944年 ㊚1992
オヤルサバル, アントニオ・デ Oyarsabal, Antonio de 本名=オヤルサバル・マルチェシ, アントニオ・デ 外交官 駐日スペイン大使 ㊺スペイン ㊛1935年 ㊚1996
オユンナ 本名=オユントゥルクール・ダムディンスレン 歌手 ㊺モンゴル ㊛1975年11月10日 ㊚1992／1996／2000／2004
オヨス, クリスティーナ Hoyos, Christina フラメンコダンサー クリスティーナ・オヨス舞踊団主宰 ㊺スペイン ㊛1946年 ㊚1996／2000／2004／2008
オヨノ, フェルディナン Oyono, Ferdinand Léopold 作家,外交官 元・駐フランス・カメルーン大使,元・国連カメルーン代表 ㊺カメルーン ㊛1929年9月14日 ㊚1992／1996
オヨン, エルデネバティン Ojuun, Erdenebatyn 劇作家,小説家 ㊺モンゴル ㊛1918年 ㊚1992
オーラ Orla 旧グループ名=ケルティック・ウーマン 歌手 ㊺アイルランド ㊚2008／2012
オラー, イシュトバーン Oláh, István 軍人 元・ハンガリー国防相 ㊺ハンガリー ㊙1985年12月15日 ㊚1992
オラー, ジョージ Olah, George Andrew 化学者 南カリフォルニア大学教授 ㉄有機化学 ㊺米国 ㊛1927年5月22日 ㊚1996／2000／2004／2008／2012
オーラー, ノルベルト Ohler, Norbert フライブルク大学講師 ㉄歴史学 ㊺ドイツ ㊛1935年 ㊚1992
オラ, リタ Ora, Rita シンガー・ソングライター ㊺英国 ㊛1990年11月26日
オライアン, ルブナ Olayan, Lubna S. 実業家 オライアン・ファイナンシング・カンパニーCEO ㊺サウジアラビア ㊚2008／2012
オライソラ, ホセ・ルイス Olaizola, José Luis 作家 ㊺スペイン ㊛1927年 ㊚2008
オライリー, アンソニー O'Reilly, Anthony J.F. 実業家 H.J.ハインツ社長,ウォーターフォード・ウェッジウッド・ローゼンタール・グループ会長 ㊺アイルランド ㊛1936年5月7日 ㊚1992／1996／2000
オライリー, ウィリアム O'Reilly, William E. 犯罪捜査・防犯関連コンサルタント 元・FBI捜査官 ㊺米国 ㊚1996
オライリー, エミリー O'Reilly, Emily 政治コラムニスト ㊺アイルランド ㊚2008
オライリー, ダニー O'Reilly, Danny グループ名=コローナズ ミュージシャン ㊺アイルランド ㊚2012
オライリー, チャールズ(3世) O'Reilly, Charles A.(III) 経営学者,経営コンサルタント スタンフォード大学ビジネススクール教授 ㉄企業文化,社員のコミットメント,役員報酬,社員構成,人材マネジメント ㊺米国 ㊚2004
オライリー, ティム O'Reilly, Tim 出版者 オライリー&アソシエーツ社長 ㊺米国 ㊚2000
オライリー, デーブ O'Reilly, Dave 本名=オライリー, デービッド 実業家 元・シェブロン・テキサコ会長・CEO ㊺米国 ㊛1947年1月 ㊚2008／2012
オライリー, ビクター O'reilly, Victor 作家 ㊺アイルランド ㊛1944年 ㊚1996
オライリー, ビル O'Reilly, Bill キャスター ㊺米国 ㊛1949年9月10日 ㊚2008／2012
オラサバル, ホセ・マリア Olazábal, José María プロゴルファー ㊺スペイン ㊛1966年2月5日 ㊚1996／2000／2004／2008
オラジュワン, アキーム Olajuwon, Hakeem 元・バスケットボール選手 ㊺米国 ㊛1963年1月21日 ㊚1996／2000／2004／2012
オラニット, フランシス Oranit, Francis 人権擁護活動家 ウガンダ聾協会理事長,世界聾連盟理事 ㊺ウガンダ ㊚2004
オラニョオ, S. デ・ラ・サール大学準教授 ㉄化学工学 ㊺フィリピン ㊚2000
オラフ5世 Olav V 元・ノルウェー国王 ㊺ノルウェー ㊛1903年7月2日 ㊙1991年1月17日 ㊚1992
オラフソン, オラフ Olafsson, Olaf 作家 ㊺アイスランド ㊛1962年 ㊚2012
オラム, ハーウィン Oram, Hiawyn 児童書作家 ㊺英国 ㊚1992／1996／2000
オラムス, マーク Orams, Mark マッセイ大学オールバニー校経営国際ビジネス学部上級講師 ㉄海洋観光学 ㊛1963年 ㊚2004／2008
オラモ, サカリ Oramo, Sakari 指揮者 ロイヤル・ストックホルム・フィルハーモニー首席指揮者,フィンランド放送交響楽団首席指揮者 ㊺フィンランド ㊛1965年 ㊚2004／2008／2012
オラリア, ロランド 元・フィリピン人民党(PNB)初代議長 ㊺フィリピン ㊙1986年11月13日（遺体発見） ㊚1992
オラール, フェリドゥン Oral, Feridun イラストレーター ㊺トルコ ㊛1961年 ㊚1996
オラル, マリア Olaru, Maria 元・体操選手 ㊺ルーマニア ㊛1982年6月4日 ㊚2004
オランデール, モーリス Olender, Maurice フランス社会科学高等研究院助教授 ㉄ギリシャ・ローマ神話史 ㊺フランス ㊛1946年 ㊚1996
オランド, フランソワ Hollande, François 本名=Hollande, François Gérard Georges 政治家 フランス大統領 元・フランス社会党第1書記 ㊺フランス ㊛1954年8月12日 ㊚2012
オーリー, ロバート Horry, Robert 元・バスケットボール選手 ㊺米国 ㊛1970年8月25日 ㊚2004／2008

オーリア, パスカル　シャンソン歌手,作詞家　国フランス　生1948年2月7日　没1989年1月18日　載1992

オーリアン, スーザン　Orlean, Susan　ノンフィクション作家,ジャーナリスト　国米国　生1955年　載1992／2004

オリアンティ　Orianthi　ロック・ギタリスト　国オーストラリア　載2012

オリヴィエ, クリスティアーヌ　Olivier, Christiane　精神分析医　エクサン・プロヴァンス大学フェミニズム学科講師　専フロイト理論　国フランス　生1938年　載2000

オリヴィエ, レーモン　元・グランプェフール料理長　国フランス　没1990年11月5日　載1992（オリビエ, レーモン）

オリヴェイラ, アントニオ　Oliveira, Antonio　サッカー監督, 元・サッカー選手　元・サッカー・ポルトガル代表監督　国ポルトガル　生1952年6月10日　載2004／2008

オリヴェイラ, エルマー　バイオリニスト　国米国　載1996（オリベイラ, エルマー）

オリヴェイラ, オズワルド　Oliveira, Oswaldo　本名＝オリヴェイラ, フィリヨ・オズワルド・デ　サッカー監督　国ブラジル　生1950年12月5日　載2008／2012

オリヴェイラ, カルロス・デ　Oliveira, Carlos de　詩人,作家　国ポルトガル　生1921年　没1981年　載1992（オリベイラ, カルロス・デ）

オリヴェイラ, フェルナンド・デ　Oliveira, Fernando de　政治家　ポルトガル商業観光相　国ポルトガル　載1996（オリベイラ, フェルナンド・デ）

オリヴェイラ, マノエル・デ　Oliveira, Manoel de　本名＝オリヴェイラ, マノエル・カンディド・ピント・デ　映画監督,脚本家　国ポルトガル　生1908年12月11日　載1996（オリベイラ, マノエル・デ）／2000／2004／2008／2012

オリーヴェクローナ, カール　Olivecrona, Karl　法哲学者, 訴訟法学者　元・ルンド大学教授　国スウェーデン　生1897年10月25日　没1980年2月5日　載1992（オリベクローナ, カール）

オリヴェリオ, アルベルト　Oliverio, Alberto　心理学者　ローマ大学ラ・サピエンツァ校精神生物学精神薬理学研究所所長　専記憶　国イタリア　載2004／2008

オリヴェーロ, マグダ　Olivero, Magda　ソプラノ歌手　国イタリア　生1910年3月25日　載2000

オリヴェンシュタイン, クロード　Olievenstein, Claude　精神科医　マルモッタン・メディカルセンター医長, リヨン第2大学研究部長　国フランス　生1933年　載2000

オリエ, ユベール　元・外交官　九州日仏学館館長　国フランス　載2004／2008

オリエル, クリフ　Ollier, Cliff　地質学者　ニューイングランド大学教授　専火山,風化,地形発達,変動地形　国オーストラリア　生1931年　載1992

オリオーダン, ドロレス　O'Riordan, Dolores　グループ名＝クランベリーズ　歌手　国アイルランド　載2008／2012

オリオードン, P.デクラン　O'Riordan, P.Declan　経営コンサルタント　アンダーセン・コンサルティング社情報技術諮問委員会メンバー　専情報システム　国米国　載1992

オリオール, ジャック・フィリップ　Auriol, Jacques-Philippe　実業家　ボーム＆メルシエ社長　国フランス　生1958年　載2004

オリオール, ローランス　Oriol, Laurence　本名＝ロリオ, ノエル　作家　国フランス　載1992／1996

オリオロ, ジョセフ・D.　漫画家　国米国　没1985年12月25日　載1992

オリガ　Origa　シンガー・ソングライター　国ロシア　生1970年10月12日　載2000

オリガス, ジャン・ジャック　Origas, Jean-Jacques　日本文学研究家, 比較文学者　元・フランス国立東洋言語文化研究所日本語学科教授　専近代日本文学,日本語教育　国フランス　生1937年　没2003年1月26日　載1992／1996

オリコ, ステイシー　Orrico, Stacie　歌手　国米国　生1986年3月3日　載2004／2008／2012

オリサデベ, エマニュエル　Olisadebe, Emmanuel　サッカー選手（FW）　国ポーランド　生1978年12月22日　載2004／2008

オリシヴァング, ヴァレンチン　Olshvang, V.　アニメーション作家　生1961年　載2008

オリセー, サンディ　Oliseh, Sunday　サッカー選手（MF）　国ナイジェリア　生1974年9月14日　載2000／2004／2008

オリチニー, ジョン　Olichney, John J.　内科医　コロンビア大学医学部教授, ニューヨーク・メッツ内科医　国米国　載2004

オリツィオ, リッカルド　Orizio, Riccardo　ジャーナリスト　国イタリア　生1961年　載2008

オーリック, ジョルジュ　Auric, Georges　作曲家　国フランス　生1899年2月15日　没1983年7月23日　載1992

オーリッグ, ステファニー・フェリチタス　Ohlig, Stefanie Felicitas　美術史家　ヘキスト磁器工房輸出PRマネージャー　国ドイツ　載2004

オーリック, テリー　Orlick, Terry　スポーツ心理学者　オタワ大学教授　専メンタルトレーニング　国カナダ　載2000

オリバ　Oliva　本名＝オリバ, フェルナンド・ニコラス　サッカー選手（MF）　国アルゼンチン　生1971年9月26日　載2000／2004／2012

オリバー, アントニー　Oliver, Anthony　ミステリー作家　国英国　載1992／1996

オリバー, サイ　Oliver, Sy　本名＝Oliver,Melvin James　ジャズ編曲者・トランペット奏者　国米国　生1910年12月12日　没1988年5月27日　載1992

オリバー, ジェイミー　Oliver, Jamie　料理人　国英国　生1975年5月27日　載2004

オリバー, スーザン　Oliver, Susan　女優　国米国　生1937年2月13日　没1990年5月10日　載1992

オリバー, スティーブ　Oliver, Steve　作家　国米国　載2004

オリバー, ダミアン　騎手　国オーストラリア　生1972年6月22日　載1996

オリバー, ダレン　Oliver, Darren Christopher　大リーグ選手（投手）　国米国　生1970年10月6日　載2004／2008

オリバー, チャド　Oliver, Chad　SF作家, 人類学者　国米国　生1927年　没1993年8月9日　載1992／1996

オリバー, デービッド　Oliver, David　陸上選手（ハードル）　北京五輪陸上男子110メートルハードル銅メダリスト　国米国　生1982年4月24日

オリバー, トーマス　Oliver, Thomas R.　フェデラル・エクスプレス上級副社長（マーケティング・顧客サービス担当）　国米国　生1941年　載1992

オリバー, ポール　Oliver, Paul　オックスフォード・ブルックス大学大学院・伝統建築コース教授, 王立人類学協会特別会員, 王立建築家協会名誉会員　元・AAスクール大学院初代校長　生1927年　載2008

オリバー, リチャード　Oliver, Richard W.　経営学者, 経営コンサルタント　バンダービルト大学教授　専戦略論　載2004

オリバー, ローランド　Oliver, Roland Anthony　アフリカ学者　国英国　生1923年3月30日　没2014年2月9日

オリバレス, ルベン　Olivares, Ruben　元・プロボクサー　元・世界バンタム級・フェザー級チャンピオン　国メキシコ　生1947年1月14日　載1992／1996

オリビエ, シー・ドナルド　サッカー選手（FW）　国コートジボワール　生1970年4月3日　載2000

オリビエ, ローレンス　Olivier, Laurence Kerr　俳優　国英国　生1907年5月22日　没1989年7月11日　載1992

オリベイラ, ジョイユ・デ　Oliveira, Johil de　格闘家　国ブラジル　生1969年8月7日　載2004

オリベイラ, ファビアナ　Oliveira, Fabiana　本名＝Oliveira, Fabiana Alvim de　バレーボール選手　北京五輪・ロンドン五輪バレーボール女子金メダリスト　国ブラジル　生1980年3月7日

オリベロス, ポーリン　Oliveros, Pauline　作曲家, アコーディオン奏者　国米国　生1932年　載1996／2000

オリベンシア, マヌエル　Olivencia, Manuel　セビリア万博政府代

表　[国]スペイン　[生]1931年　[典]1992

オリユー, ジャン　Orieux, Jean　伝記作家, 歴史家　[専]カトリーヌ・ド・メディシス　[国]フランス　[生]1907年　[没]1990年　[典]1992

オリラ, ヨルマ　Ollila, Jorma　実業家, 元・銀行家　ノキアCEO　[国]フィンランド　[生]1950年8月15日　[典]1996／2000／2004／2008

オーリリア, リッチ　Aurilia, Rich　本名=Aurilia,Richard Santo　大リーグ選手(内野手)　[国]米国　[生]1971年9月2日　[典]2004／2008

オリン, レナ　Oline, Lena　女優　[国]スウェーデン　[生]1955年　[典]1992／1996／2000／2004／2008

オリンド, ペレツ　Olindo, Perez M.　動物学者, アフリカゾウ保護運動家　アフリカゾウ国際保護基金(AEF)設立者　元・ケニア国立公園局長　[国]ケニア　[典]1996

オール, カート　Wall, Curt　コンピューター技術者　US West　[典]2004

オール, ハーバート　工業デザイナー　[国]ドイツ　[生]1926年　[典]1992

オルガッド, ドリット　Orgad, Dorit　作家, ジャーナリスト　[国]イスラエル　[典]2004／2008

オルーク, ジム　O'Rourke, Jim　旧グループ名=ソニック・ユース　ミュージシャン, 音楽プロデューサー　[国]米国　[生]1969年　[典]2004／2008／2012

オールーク, ヘーザー　映画子役スター　[国]米国　[没]1988年2月1日　[典]1992

オルグレン, ネルソン　Algren, Nelson　作家　[国]米国　[生]1909年3月28日　[没]1981年5月9日　[典]1992

オールクロフト, ブリット　Allcroft, Britt　テレビプロデューサー　ブリット・オールクロフト社社長　[国]英国　[典]1996

オルコット, ジョン　Alcott, John　映画撮影監督　[国]英国　[没]1986年7月28日　[典]1992

オルコット, リチャード　Olcott, Richard M.　建築家　ポルシェック&パートナー社エグゼクティブ　[国]米国　[典]2000

オルシ, マリーア・テレーザ　ローマ・ラ・サピエンツァ大学日本語日本文学教授　[専]日本語, 近代日本文学　[国]イタリア　[生]1940年　[典]1996

オルシェフスキ, ヤン　Olszewski, Jan　弁護士, 政治家　元・ポーランド首相, 元・連帯顧問　[国]ポーランド　[生]1930年8月20日　[典]1992／1996

オルシャーク, ブランシュ　Olshak, Blanche C.　東洋学者　[専]チベット学, 中央アジア古代史, 仏教哲学　[国]オーストリア　[生]1913年　[典]1992

オルズカー, ハリイ　Olesker, Harry　作家, テレビ・プロデューサー　[国]米国　[典]1992

オルスタット, ルイス　モービル石油会長　[生]1943年3月8日　[典]1996／2000

オールストン, アーロン　Allston, Aaron　作家, 元・ゲーム・デザイナー　[国]米国　[典]2004

オールストン, ウォルター　Alston, Walter　本名=Alston,Walter Emmons　大リーグ監督　[国]米国　[生]1911年12月1日　[没]1984年10月1日　[典]1992

オールズバーグ, クリス・バン　Allsburg, Chris Van　絵本画家　[国]米国　[生]1949年　[典]1992／1996

オルセナ, エリク　本名=アルノー, エリク　作家　フランス最高行政裁判所審査官　[国]フランス　[生]1947年3月　[典]1992

オルセン, E.A.　米国海軍大学校教授　[専]国家安全保障問題　[国]米国　[生]1941年　[典]1996

オルセン, アシュレイ　Olsen, Ashley　女優　[国]米国　[生]1986年6月13日　[典]2004／2008

オルセン, アンディ　Olsen, Andy　コンピューターコンサルタント　[国]英国　[典]2004

オルセン, イブ・スパング　Olsen, Ib Spang　画家, 絵本作家, 挿絵画家　[国]デンマーク　[生]1921年　[没]2012年　[典]1996

オルセン, ケネス・ハリー　Olsen, Kenneth Harry　通称=オルセン, ケン　実業家, コンピューター科学者　元・ディジタル・イクイプメント(DEC)創業者・CEO　[国]米国　[生]1926年2月20日　[没]2011年2月6日　[典]1992／1996／2004

オルセン, ジャスティン　Olsen, Justin　ボブスレー選手　バンクーバー五輪ボブスレー男子4人乗り金メダリスト　[国]米国　[生]1987年4月16日　[典]2012

オルセン, ジョセフ　Olshan, Joseph　作家　ニューヨーク大学助教授　[国]米国　[生]1956年　[典]1996

オールセン, ジョディー　Olsen, Jody　全米国際教育文化交流団体連盟(アライアンス)代表　[国]米国　[典]1996

オルセン, ダン(Jr.)　Olsen, Dan R.(Jr.)　ブリガムヤング大学教授　[専]コンピューター科学　[国]米国　[生]1953年　[典]1996

オルセン, デービッド　Olsen, David　実業家　パタゴニアCEO　[国]米国　[生]1946年　[典]2000

オルセン, トゥパーナク・ロジン　Olsen, Tupaarnaq Rosing　編集者　[国]デンマーク　[生]1955年　[典]1996

オルセン, メアリー・ケート　Olsen, Mary-Kate　女優　[国]米国　[生]1986年6月13日　[典]2004／2008

オルセン, モルテン　Olsen, Morten　サッカー監督, 元・サッカー選手　サッカー・デンマーク代表監督　[国]デンマーク　[生]1949年8月14日　[典]2000／2004／2008／2012

オルソップ, ジョセフ(Jr.)　Alsop, Joseph Wright(Jr.)　ジャーナリスト, 政治評論家　[国]米国　[生]1910年10月11日　[没]1989年8月28日　[典]1992

オールソップ, マリン　Alsop, Marin　指揮者　ボルティモア交響楽団音楽監督　[国]米国　[生]1956年10月16日　[典]2012

オルソン, P.J.　Olsson, P.J.　ミュージシャン　[国]米国　[典]2004

オルソン, エベレット　Olson, Everett C.　動物学者　カリフォルニア大学名誉教授　[国]米国　[生]1910年11月6日　[典]1992

オルソン, オレ　ハンドボール監督　元・ハンドボール男子日本代表監督　[国]スウェーデン　[典]2000

オルソン, カイル　Olson, Kyle B.　生物化学兵器管理研究家　TASC上級研究員　[国]米国　[生]1954年　[典]1996

オールソン, ギャリック　Ohlsson, Garrick　ピアニスト　[国]米国　[生]1948年4月3日　[典]2012

オルソン, クリスチャン　Olsson, Christian　三段跳び選手　[国]スウェーデン　[生]1980年1月25日　[典]2004／2008

オルソン, グレグ　Olson, Gregg　大リーグ選手(投手)　[国]米国　[生]1966年10月11日　[典]1992

オルソン, グレッグ　Olson, Greg　本名=Olson,Gregory William　元・大リーグ選手　[国]米国　[生]1960年9月6日　[典]2000

オールソン, シヴァー　Ohlsson, Siwer　写真家　[国]スウェーデン　[生]1940年　[典]1996

オルソン, シャノン　Olson, Shannon　作家　[典]2004

オルソン, バージニア　Ohlson, Virginia M.　看護学者　イリノイ州立大学看護学部教授　元・GHQ看護課長　[国]米国　[生]1914年10月31日　[典]1992

オルソン, ハンス・オロフ　ボルボ・ジャパン社長　[生]1941年　[典]1992

オルソン, マンサー　Olson, Mancur　経済学者　元・メリーランド大学経済学部教授, 元・米国東部経済学会副会長　[国]米国　[生]1932年1月22日　[没]1998年2月19日　[典]1996

オルソン, ミリアム　Olson, Miriam　宣教師　TELL(東京イングリッシュ・ライフライン)代表　[国]米国　[典]1992

オルソン, ヨハン　Olsson, Johan　スキー選手(距離)　バンクーバー五輪スキー距離男子40キロリレー金メダリスト　[国]スウェーデン　[生]1980年3月19日　[典]2012

オルソン, ラッセル　Olson, Russell L.　実業家　元・イーストマン・コダック世界統括責任者ディレクター　[典]2004

オルソン, リビー　Olson, Libby　能・狂言役者, 女優, 劇団マネージャー　[専]演劇　[国]米国　[典]1992

オルソン, ローレンス　Olson, Lawrence　日本研究学者　元・ウェズリアン大学名誉教授　[専]日本政治史, 日本の外交政策　[国]米国　[生]1918年　[没]1992年3月17日　[典]1996

オルター, ベイリー　Olter, Bailey　政治家　元・ミクロネシア大統領　[国]ミクロネシア　[生]1932年3月7日　[典]1996

オルター, マイケル　Alter, Michael J.　体操コーチ, 元・体操選手, 高校教師　国米国　典2004

オールター, ロバート　Alter, Robert　文学研究家, 批評家　カリフォルニア大学バークレー校教授　専ユダヤ文学, 比較文学　国米国　生1935年　典1996

オルダーソン, ブライアン　Alderson, Brian　児童文学研究家　国英国　典2004

オルタロ・マーニェ, フランソワ　Ortalo-Magné, Francois　ロンドン経済大学講師　専不動産経済, 農業政策　国フランス　典2004

オルチ, L.　Orci, Lelio　ジュネーブ大学医学部解剖学科主任・組織学細胞生物学教室教授　典2000

オルティス, アルフォンソ　Ortiz, Alfonso　ニューメキシコ大学人類学教授　専アメリカ・インディアン　国米国　生1939年　典2000

オルティス, イダリス　Ortiz, Idalys　本名=Ortiz Boucurt,Idalys　柔道選手　ロンドン五輪柔道女子78キロ超級金メダリスト　国キューバ　生1989年9月27日

オルティス, ギジェルモ　政治家　元・メキシコ蔵相　国メキシコ　典1996／2000

オルティーズ, クリスティーナ　Ortiz, Christina　ピアニスト　国ブラジル　生1950年4月17日　典2012

オルティス, クリスティーナ　Ortiz, Christina　ファッションデザイナー　サルヴァトーレ・フェラガモ・チーフ・デザイナー　国スペイン　典2000／2012

オルティス, デービッド　Ortiz, David　本名=Ortiz,David Americo　大リーグ選手(内野手)　生1975年11月18日　典2008／2012

オールディス, ブライアン・ウィルスン　Aldiss, Brian Wilson　SF作家　国英国　生1925年　典1992／1996／2000／2004／2012

オルディネール, アンドレ　Ordinaire, André　画家　国フランス　生1941年　典1992

オルテガ, アリエル　Ortega, Ariel　本名=オルテガ, アルナンド・アリエル　サッカー選手(FW)　国アルゼンチン　生1974年3月4日　典2000／2004／2008／2012

オルテガ, ウンベルト　Ortega, Unberto　本名=Ortega Saavedra, Unberto　政治家, 革命指導者　元・ニカラグア国防相・国防軍総司令官　国ニカラグア　生1948年　典1992／1996

オルテガ, ケニー　Ortega, Kenny　映画監督　典2012

オルテガ, ダニエル　Ortega, Daniel　本名=オルテガ・サーベドラ, ホセ・ダニエル　政治家, 革命指導者　ニカラグア大統領, サンディニスタ民族解放戦線(FSLN)党首　国ニカラグア　生1945年11月11日　典1992／1996／2004／2008／2012

オルテガ, ホルヘ・アルベルト　元・サッカー選手　国アルゼンチン　典2004

オルテガ, ヨベル　Ortega, Yober　プロボクサー　元・WBA世界スーパーバンタム級チャンピオン　国ベネズエラ　生1965年8月21日　典2004／2008

オルテガ・ガオナ, アマンシオ　Ortega Gaona, Amancio　実業家　インディテックス創業者・会長　国スペイン　生1936年3月28日　典2004／2008／2012

オルデネビッツ, フランク　Ordenewitz, Frank　サッカー選手(MF)　国ドイツ　生1965年3月25日　典1996／2000

オルテン, スティーブ　Alten, Steve　作家, 海洋学・古生物研究家　国米国　典2004

オールデン, デービッド　Alden, David　オペラ演出家　国米国　典2004

オルデン, バーノン　ボストン市日米協会会長, ボストン交響楽団理事　国米国　生1922年　典1992

オルデンバーグ, クレス　Oldenburg, Claes Thure　美術家　専ポップアート　国米国　生1929年1月28日　典1992／1996／2000／2004／2008

オルデンバーグ, リチャード　Oldenburg, Richard Erik　元・ニューヨーク近代美術館館長　国米国　生1933年9月21日　典1996／2000

オルト, エルンスト　Orth, Ernst Wolfgang　トリーア大学教授　専哲学, 現象学　国ドイツ　生1936年　典1996

オールト, マイケル　Ault, Michael R.　コンピューター技術者　DBMentors International共同経営者　典2004

オールト, ヤン・ヘンドリック　Oort, Jan Hendrik　天文学者, 天体物理学者　元・ライデン大学名誉教授, 元・ライデン天文台長　専銀河天文学, 電波天文学　国オランダ　生1900年4月28日　没1992年11月5日　典1992／1996

オルトゥー, ロベルト　Ortuno, Roberto　画家　国スペイン　生1953年　典1992

オールドコーン, アンドルー　プロゴルファー　国英国　典1996

オルドーニェス, エフライン　タンゴダンサー　国アルゼンチン　典2000

オルドニェス, フランシスコ・フェルナンデス　Ordóñez, Francisco Fernandez　政治家　元・スペイン外相　国スペイン　生1930年　没1992年8月7日　典1992／1996

オルドネス, マグリオ　Ordonez, Magglio　本名=Ordonez,Magglio Jose　元・大リーグ選手　国ベネズエラ　生1974年1月28日　典2004／2008／2012

オルドネス, レイ　Ordonez, Rey　大リーグ選手(内野手)　国米国　生1972年11月11日　典2000／2008

オルトハイル, ハンス・ヨゼフ　Ortheil, Hanns-Josef　作家　国ドイツ　生1951年　典2012

オルトフー, ブリス　Hortefeux, Brice　政治家　元・フランス内相　国フランス　生1958年5月11日　典2012

オールドフィールド, アメリア　Oldfield, Amelia　音楽療法士, クラリネット奏者　アングリアポリテクニク大学大学院音楽療法コース教員　国英国　典2004／2008

オールドフィールド, ブルース　Oldfield, Bruce　ファッションデザイナー　国英国　生1950年7月14日　典1992

オールドマン, オリバー　ハーバード大学法学部教授　専税制問題　国米国　典1992／1996

オールドマン, ゲーリー　Oldman, Gary　俳優　国英国　生1958年3月21日　典1996／2000／2004／2008／2012

オルトラーニ, リズ　Ortolani, Riz　本名=Ortolani,Riziero　作曲家　専映画音楽　国イタリア　生1926年　没2014年1月23日

オルトリ, フランソワ　Ortoli, François-Xavier　政治家, エコノミスト　元・EC委員長　国フランス　生1925年2月16日　没2007年11月30日　典1992／1996

オールドリッジ, アルフレッド　Aldridge, Alfred Owen　イリノイ大学名誉教授　専比較文学　生1951年　典1996

オルドリッジ, ラマーカス　Aldridge, LaMarcus　バスケットボール選手　国米国　生1985年7月19日

オルドリッチ, リチャード　Aldrich, Richard　教育学者　ロンドン大学教育研究所教授　国英国　典2004

オルドリッチ, リチャード　Aldrich, Richard J.　政治学者　ノッティンガム大学政治学部教授・アジア太平洋研究所所長　典2004／2008

オルドリッチ, ロバート　Aldrich, Robert　映画監督　国米国　生1918年8月9日　没1983年12月5日　典1992

オルトリーブ, パトリック　Ortlieb, Patrick　元・スキー選手(アルペン)　国オーストリア　生1967年5月20日　典1996／2000

オルドリン, バズ　Aldrin, Buzz　本名=オルドリン, エドウィン,Jr.　宇宙飛行士　米国宇宙協会(NSS)理事長　国米国　生1930年1月20日　典1992／1996／2000／2012

オルトリンガム, ジョン　Altringham, John D.　リーズ大学生物学部　専動物学　国英国　生1954年　典2000

オルトレブ, ライナー　Ortleb, Rainer　政治家　元・ドイツ教育科学相, 元・東ドイツ自由民主同盟(BFD)党首　国ドイツ　生1944年6月5日　典1992／1996

オルナ, エリザベス　Orna, Elizabeth　情報コンサルタント　典2004／2008

オルネ, アンドレオ　作詞家　国フランス　生1905年5月12日　没1989年3月10日　典1992

オルバー, エリザベス　ジュエリーデザイナー　国英国　典2004

オールバラ, ジェズ　Alborough, Jez　絵本作家　国英国　生1959年　典2004

オールバリー, ニコラス　Albery, Nicholas　心理療法士　自然死センター　国英国　生1948年　没1996

オルバン, ヴィクトル　Orbán, Viktor　政治家　ハンガリー首相, フィデス・ハンガリー市民連盟党首　国ハンガリー　生1963年5月31日　著2000／2004／2008／2012

オールビー, エドワード　Albee, Edward Franklin　劇作家　国米国　生1928年3月12日　著1992／1996／2008

オールビュリー, テッド　Allbeury, Ted　筆名=バトラー, リチャード　作家　著スパイ小説　国英国　生1917年10月　著1992／1996

オルフ, カール　Orff, Carl　作曲家, 指揮者, 音楽教育家　国ドイツ　生1895年7月10日　没1982年3月29日　著1992

オルフィーラ　Orfila, Alejandro　外交官　元・米州機構(OAS)事務局長　国アルゼンチン　生1925年　著1992

オルフェノフ, アレクサンドル・ボリソヴィチ　モスクワ大学アジア・アフリカ学院専任講師, ノーボスチ通信アジア太平洋局顧問　著日本経済・社会・政治　国ソ連　著1956年

オルブライト, マデレーン　Albright, Madeleine　本名=Albright, Madeleine Korbel　国際政治学者　オルブライト・グループ代表　元・米国国務長官, 元・国連大使　著国際関係　国米国　生1937年5月15日　著1996／2000／2004／2008／2012

オルブライト, ロバート　Albright, Robert　ジョンソンCスミス大学学長　国米国　生1944年　著1992

オルブライト, ローラ　Albright, Lola　女優　国米国　生1925年7月20日　著2000

オルブリッチ, フレニイ　Olbrich, Freny　推理作家　国英国　著1992

オルブリヒト, ベルント　Olbricht, Bernd　ウエラ社主　国ドイツ　生1945年　著1992

オルブロウ, マーティン　Albrow, Martin　社会学者　ニューヨーク州立大学教授, ウェールズ大学カーディフ校名誉教授　国英国　生1937年　著2004／2008

オルベウス, ダン　Olweus, Dan　ベルゲン大学心理学部教授　著児童心理学　国ノルウェー　著1996

オルホフ, フレッド　Allhoff, Fred　作家　国米国　生1905年　著1992

オルマー, ライオネル　Olimer, Lionel H.　弁護士　元・米国商務次官　国米国　著1992／2000

オールマン, ウィリアム　Allman, William F.　ジャーナリスト　国米国　著2000

オールマン, エリック　Allman, Eric　プログラマー　USENIX Association会計担当　国米国　著2000

オルミ, エルマンノ　Olmi, Ermanno　映画監督　国イタリア　生1931年7月24日　著1992／2004／2008／2012

オルムグレン, アキ　Almgren, Ake　実業家　キャプストン・タービン社長　国スウェーデン　著2004

オルメ, フランソワ　Heaulme, François　画家　国フランス　生1927年　著1992／1996

オルメド, ドロレス　Olmedo, Dolores　美術収集家, 実業家　オルメド美術館設立者　国メキシコ　著2004

オルメルト, エフド　Olmert, Ehud　政治家　元・イスラエル首相, 元・エルサレム市長　国イスラエル　生1945年9月30日　著2008／2012

オルメロッド, ポール　Ormerod, Paul　エコノミスト　マンチェスター大学客員教授　国英国　著1996

オルモス, エドワード・ジェームス　Olmos, Edward James　俳優, 映画監督　国米国　生1947年2月2日　著1996

オルランド, シルビオ　Orlando, Silvio　俳優　国イタリア　生1957年6月30日　著2012

オルリアック, カテリーヌ　Orliac, Catherine　フランス国立科学研究センター(CNRS)研究員　国フランス　生1950年　著2000

オルリアック, ミシェル　Orliac, Michel　フランス国立科学研究センター(CNRS)技術者, パリ第1大学講師　国フランス　生1944年　著2000

オルルド, ジョン　Olerud, John　大リーグ選手(内野手)　国米国　生1968年8月5日　著2000／2004／2008

オルレアン, アンドレ　Orléan, André　国立科学研究所主任研究員, 理工科学校応用エピステモロジー研究センター副部長　著貨幣論　国フランス　生1950年　著1992

オルレブ, ウリ　Orlev, Uri　児童文学作家　国イスラエル　生1931年　著1996／2000

オルロイ, アンドレイ　Orlov, Andrei　ジャーナリスト　元・タス通信論説委員　国ソ連　著1992／1996

オルロフ, ヴィクトル　Orlov, Viktor Petrovich　政治家　ロシア天然資源相代行　国ロシア　生1940年　著2000

オルロフ, ウラジーミル　Orlov, Vladimir　政治家　元・ソ連蔵相　国ロシア　生1936年11月28日　著1992／2000

オルロフ, ウラジーミル　Orloff, Vladimir　チェロ奏者　国カナダ　生1928年5月26日　著1996

オルロフ, ジュディス　Orloff, Judith　教育コンサルタント　エデュケーションディスカバリー社長, バーリントン大学設立者　著2004

オルワ, ピーター　Orwa, Peter　元・プロボクサー　アフリカ世界ボクシング協会副会長, ナイロビ国立博物館研究員, マッキー総合学園ケニア校校長　国ケニア　生1949年　著2000

オルンステイン, セベロ　コンピューター技師　CPSR代表　国米国　生1930年　著2004

オレアリ, ブライアン・トッド　O'Leary, Brian Todd　惑星科学者, 元・宇宙飛行士　元・プリンストン大学教授　国米国　生1940年　著1992／2000／2004

オレアリー, ブレダン　ロンドン大学教授　著政治学　生1958年　著1996

オレアリー, ヘーゼル　O'Leary, Hazel　元・米国エネルギー長官　国米国　生1937年5月17日　著1996／2000

オレイ, カル　Orey, Cal　フリーライター　国米国　著2008

オーレイドン・シスサマーチャイ　Oleydong Sithsamerchai　プロボクサー　元・WBC世界ミニマム級チャンピオン　国タイ　生1985年7月17日

オレイニク, ビアチェスラフ　Oleynyk, Vyacheslav　レスリング選手(グレコローマン)　国ウクライナ　生1966年4月27日　著2000

オレイニチャク, ヤーヌシュ　Olejniczak, Janusz　ピアニスト　国ポーランド　生1952年　著1996

オレイリー, マイク　O'Reilly, Mike　マラソン選手　国英国　著1996(オライリー, マイク)

オレグ, ラファエル　バイオリニスト　国フランス　生1959年　著1996

オレクシー, ウォルター　Oleksy, Walter　ジャーナリスト, 著述家　国米国　著1992

オレクシ, ユゼフ　Oleksy, Józef　政治家　ポーランド民主左翼連合(SLD)幹部　元・ポーランド首相　国ポーランド　生1946年6月22日　著1996／2000／2004／2008

オレセン, オーゼ　Olesen, Aase　政治家　元・デンマーク厚相　国デンマーク　生1934年9月24日　著1992／1996

オーレッタ, ケン　Auletta, Ken　ジャーナリスト, 作家　「ニューヨーカー」記者　国米国　生1942年　著1992／1996／2012

オレッリ, ジョルジョ　Orelli, Giorgio　詩人, 小説家　国スイス　生1921年　著1992

オレハ・アギレー, マルセリーノ　Oreja Aguirre, Marcelino　政治家　元・EU欧州委員会委員　国スペイン　生1935年　著1992／1996／2000

オレホフスキ, アンジェイ　Olechowski, Andrzej　政治家　元・ポーランド外相　国ポーランド　生1949年9月9日　著1996

オレホフスキ, タデウシ　Olechowski, Tadeusz　政治家, 外交官　元・ポーランド外相　国ポーランド　生1926年1月10日　著1992／1996

オレラーノ　Orellano　本名=オレラーノ, ラファエル　元・プロ野球選手　国プエルトリコ　生1973年4月28日　著2004

オレール　アーティスト　国フランス　生1965年　著2000

オーレン, ダニエル　Oren, Daniel　指揮者　サレルノ・ヴェルディ

歌劇場芸術監督　国イスラエル　生1955年5月25日　載2000／2004／2012

オレンジ, ジェイソン　Orange, Jason　グループ名＝テイク・ザット　歌手　国英国　載2008／2012

オレンシュタイン, アービー　Orenstein, Arbie　ピアニスト, ラヴェル研究者　ニューヨーク市立大学クィーンズ・カレッジ講師, アーロン・コープランド・スクール・オブ・ミュージック講師　載2008

オーロイ, トル・ホグネ　Aaroy, Tor Hogne　サッカー選手（FW）　国ノルウェー　生1977年3月20日　載2012

オルーク, P.J.　O'Rourke, P.J.　ジャーナリスト　「ローリング・ストーン」誌ワシントン特派員　国米国　生1947年　載1996

オロスコ, ジェシー　Orosco, Jesse　元・大リーグ選手　国米国　生1957年4月21日　載2000／2004／2008

オロフソン, アンナ・カリン　Olofsson, Anna carin　バイアスロン選手　トリノ五輪バイアスロン女子金メダリスト　国スウェーデン　生1973年4月1日　載2008

オロワカンディ, マイケル　Olowokandi, Michael　バスケットボール選手　国ナイジェリア　生1975年4月3日　載2000／2008

オワイラン, サイード・アル　Owairan, Saeed　サッカー選手（FW）　国サウジアラビア　生1967年8月19日　載2000

オーワント, ジョン　Orwant, Jon　コンピュータ技術者　オライリー・アンド・アソシエーツCTO　国米国　載2004

オン, エディー　シンガポール航空（SIA）日本支社長　国シンガポール　生1947年　載1992

オン, カホウ　温 家宝　Wen, Jia-bao　政治家　元・中国首相, 元・中国共産党政治局常務委員　国中国　生1942年9月15日　載1992／1996／2000／2004／2008／2012

オン・ゲンガイ　温 元凱　Wen, Yuan-kai　生化学者, 反体制指導者　中国科学技術大学教授・化学教研室主任　国中国　生1946年　載1992

オン・ケンセン　Ong, Keng-sen　中国名＝王景生　舞台芸術家, 演出家　シアターワークス芸術監督　国シンガポール　生1963年　載2004／2012

オン・ケンヨン　Ong, Keng-yong　中国名＝王景栄　東南アジア諸国連合（ASEAN）事務局長　国シンガポール　生1954年1月6日　載2008／2012

オン・スイピン　Wen, Sui-pin　漢字名＝温翠蘋　女優, 歌手　国台湾　生1971年6月4日　載2000／2008／2012

オン・セイジン　温 世仁　Wen, Shih-jen　実業家　国台湾　生1948年　載2000／2008

オン・タンセイ　温 端政　Wen, Duan-zheng　山西省社会科学院言語研究所所長, 中国語言学会理事・「語文研究」主編　国中国語　生1933年　載1992／1996

オン・テンチョン　Ong, Teng-cheong　中国名＝王鼎昌　政治家　元・シンガポール大統領　国シンガポール　生1936年1月22日　没2002年2月8日　載1992／1996／2000

オンガニア, フアン・カルロス　Onganía, Juan Carlos　軍人, 政治家　元・アルゼンチン大統領　国アルゼンチン　生1914年3月17日　没1995年6月8日　載1992／1996

オング, ウォルター　Ong, Walter J.　セントルイス大学名誉教授　古典学, 英語学, ラムス研究　国米国　生1912年　載1996

オン・ジョー　Ohn Gyaw　政治家　元・ミャンマー外相　国ミャンマー　生1932年3月3日　載1996／2000

オーンスタイン, ロバート　Ornstein, Robert　精神分析学者, 作家　人間の知識研究研究所長　国米国　載1992／1996

オンスワース, アレック　Ounsworth, Alec　グループ名＝クラップ・ユア・ハンズ・セイ・ヤー　ミュージシャン　国米国　載2008／2012

オンダーチェ, マイケル　Ondaatje, Michael　作家, 詩人　国カナダ　生1943年9月12日　載1996／2000／2004／2008／2012

オンチット・バティヤセビ　国立プーケット水族館館長　海亀の研究　国タイ　生1944年　載1996

オンディエキ, ヨベス　Ondieki, Yobes　陸上選手（長距離）　国ケニア　生1961年2月21日　載1992／1996

オンディエキ, リサ・マーティン　Ondieki, Lisa Martin　旧名＝マーティン, リサ　マラソン選手　国オーストラリア　生1960年5月12日　載1992（マーティン, リサ）／1996

オンドサバル, カルメン　Ondosabar, Carmen　モンセラ・サルト理論に基づく読書へのアニマシオン協会会長　国スペイン　載2004

オンピン, ハイメ　Ongpin, Jaime　元・フィリピン蔵相, 元・ベンゲット鉱山社長　国フィリピン　没1987年12月7日（遺体発見）　載1992

オンボゴ, エンマ　ケニア市民連合募集作文最優秀賞に選出　国ケニア　載2000

オンヤンゴ, ザイタン　Onyango, Zeituni　オバマ米国大統領の叔母　国米国　生1952年5月29日　没2014年4月8日　載2014

オンユ　Onew　グループ名＝SHINee　歌手　国韓国　生1989年12月14日　載2012

【カ】

カー, E.バートレット　Kerr, E.Bartlett　戦史家　第二次大戦　国米国　載2004

カー, J.L.　Carr, James Lloyd　作家　国英国　生1916年　載1996

カー, アール　Carr, Earl Alexander　外交官　駐日ジャマイカ大使　国ジャマイカ　載2000

カー, アレックス　Kerr, Alex　東洋文化研究家, 作家　東アジア, 特に日本の伝統文化の研究・研修・保存活動　国米国　生1952年6月16日　載1996

カー, アレン　Carr, Allen　禁煙活動家　国英国　生1934年9月2日　没2006年11月29日　載2004

カー, アンドルー　世界自然保護基金（WWF）温暖化防止キャンペーン欧州担当　国英国　載2000

カ・イ　何 偉　医師　眼科病理学アトラス「網膜血管閉塞症」を中国語に翻訳　眼科　国中国　載1992／1996

カ・イ　夏 伊　Xia, Yi　「雲上的少女」の著者　国中国　生1988年　載2008

カ・イツハン　柯 逸梵　ジャーナリスト　「経済日報」社会面担当デスク　国香港　載1992／1996

カ・ウ　夏 雨　俳優　国中国　生1976年　載2000

カ・ウンロ　柯 雲路　旧名＝鮑国路　作家　山西省作家協会創作研究室副主任　国中国　生1946年　載1996

カ・エイ　何 英　He, Ying　外交官　元・全国人民代表大会常務委員会委員, 元・中国外務次官　国中国　生1914年　没1993年10月3日　載1996

カ・エイカ　賈 英華　作家　国中国　生1952年　載2004

カー, エドワード　Carr, Edward Hallett　国際政治学者, 歴史学者　元・ケンブリッジ大学教授　国英国　生1892年6月28日　没1982年11月3日　載1992

カー, エロール　Kerr, Errol　スキー選手（スキークロス）　国ジャマイカ　生1986年4月12日　載2012

カ・エン　夏 衍　Xia, Yan　本名＝沈乃煕　字＝端先, 別筆名＝沈宰白, 黄子布　劇作家, シナリオ作家　元・中華日本学会名誉会長, 元・中日友好協会会長, 元・中国電影家協会主席　国中国　生1900年10月30日　没1995年2月6日　載1992／1996

カ・オウキン　何 応欽　He, Ying-chin　字＝敬之　軍人, 政治家　元・中華民国行政院長　国台湾　生1889年　没1987年10月21日　載1992

カ・オウゲン　夏 応元　中国社会科学院歴史研究所研究員・教授　日本史, 中日関係史　国中国　生1929年　載1996／2000

カ・カエイ　何 可永　作家　国中国　生1962年　載2004

カ・カキン　何 可欣　He, Ke-xin　体操選手　北京五輪体操女子段違い平行棒・団体総合金メダリスト　国中国　生1992年1月1日　載2012

カ・カクキョ　何 郝炬　四川省人民代表大会常務委員会主任　国中国　生1922年　載1996

カ・キカ　柯 旗化　第一出版社社長　[国]台湾　[生]1929年　[典]1996

カ・キクカ　夏 菊花　中国文学芸術界連合会副主席, 中国雑技芸術家協会主席　元・雑技演出者　[国]中国　[生]1937年　[典]1996／2000

カ・キシュウ　何 其宗　軍人　中国人民解放軍副総参謀長, 中将, 中国共産党中央委員　[国]中国　[生]1943年　[典]1996

カー, キャサリーン・トーモッド　Carr, Kathleen Thormod　写真家　[国]米国　[生]1946年　[典]2000

カ・キョウケン　何 享健　実業家　美的集団総裁　[国]中国　[典]2004／2008

カ・ギョウコウ　夏 暁虹　北京大学中文系助教授　[専]中国近代文学　[国]中国　[生]1953年　[典]2000

カ・ギリン　何 義麟　国際関係学者　台北師範学院社会科教育学科助理教授　[国]台湾　[生]1962年　[典]2008

カ・キンチュウ　賈 金柱　画家　[国]中国　[生]1962年　[典]2004

カー, クラーク　Kerr, Clark　カリフォルニア大学バークレー校名誉学長・名誉教授　[専]高等教育　[国]米国　[生]1911年5月17日　[典]1996／2000

カー, グラハム　Kerr, Graham　料理人　[国]英国　[生]1934年　[典]2004／2008

カー, クリス　Carr, Chris　マサチューセッツ工科大学ソーラーカー・チーム代表　[国]米国　[典]2000

カー, クリスティ　Kerr, Cristie　プロゴルファー　[国]米国　[生]1977年10月12日　[典]2004／2008／2012

カ・クンブ　華 君武　Hua, Jun-wu　漫画家　[国]中国　[生]1915年4月　[典]1996

カ・ゲイ　果 芸　Kuo, Yün　コンピュータ情報処理家　資訊工業策進会副会長　[国]台湾　[典]1996

カ・ケイケン　賈 蕙萱　Jia, Hui-Xuan　北京大学日本研究センター教授　[専]日本研究　[国]中国　[生]1941年3月2日　[典]1992／1996／2000／2004／2008

ガ・ケイシ　賀 敬之　He, Jing-zhi　筆名＝艾漠, 荊直　劇作家, 詩人, 政治家　中国人民政治協商会議全国委員会（全国政協）常務委員　元・中国文化相代行　[国]中国　[生]1924年11月5日　[典]1992／1996

カ・ケイリン　賈 慶林　Jia, Qing-lin　政治家　元・中国共産党政治局常務委員, 元・中国全国政治協商会議（政協）主席, 元・北京市長　[国]中国　[生]1940年3月　[典]1996／2000／2004／2008／2012

カー, ゲーリー　Carr, Gary　コントラバス奏者　[国]米国　[生]1941年11月20日　[典]2012

カー, ケーレブ　Carr, Caleb　ミステリー作家, 脚本家　[国]米国　[生]1955年　[典]1996／2000

ガ・ケン　賀 健　内蒙古畜牧科学院副研究員　[専]飼料の開発　[国]中国　[生]1939年　[典]1996

カ・ケンショウ　何 建章　He, Jian-zhang　北京外国語学院中文系主任教授・学部長　[国]中国　[生]1925年　[典]1992／1996

カ・ケンビン　華 建敏　Hua, Jian-min　政治家　元・中国国務委員・国務院秘書長, 元・上海市副市長　[国]中国　[典]1996／2000／2012

カ・ケンメイ　何 建明　ノンフィクション作家　「中国作家」副編集長　[国]中国　[典]2008

カ・コウ　何 康　He, Kang　政治家　元・中国農業相　[国]中国　[生]1923年2月　[典]1992／1996

カ・ゴウ　夏 剛　Xia, Gang　立命館大学国際関係学部教授　[専]日中比較文学・比較文化　[国]中国　[生]1954年7月25日　[典]1992／1996

カ・コウイ　何 光暐　He, Guang-wei　中国国家観光局長　[国]中国　[生]1944年　[典]2000

カ・コウエン　何 光遠　He, Guangyuan　中国共産党中央委員　元・中国機械工業相　[国]中国　[生]1930年　[典]2000

カ・コウカ　何 厚鏵　Ho, Hau-wah　英語名＝Ho,Edmund H.W.　政治家, 銀行家　元・マカオ特別行政区行政長官　[国]中国　[生]1955年3月13日　[典]2000／2004／2008／2012

ガ・コクキョウ　賀 国強　He, Guo-qiang　政治家　元・中国共産党政治局常務委員・中央規律検査委員会書記　[国]中国　[生]1943年10月　[典]1996／2004／2008／2012

カ・コクホウ　華 国鋒　Hua, Guo-feng　本名＝蘇鋳　政治家　元・中国首相, 元・中国共産党主席　[国]中国　[生]1921年2月　[没]2008年8月20日　[典]1992／1996／2000／2004／2008

カー, サイモン　Carr, Simon　画家　[国]米国　[典]2000

カ・サン　華 山　ジャーナリスト, 作家　[国]中国　[没]1985年9月22日　[典]1992

カ・シ　何 姿　He, Zi　飛び込み選手　ロンドン五輪女子シンクロナイズド板飛び込み金メダリスト　[国]中国　[生]1990年12月10日　[典]2012

カ・ジウ　夏 時雨　中国書法家, 書法理論家, 著述家　「大千」雑誌社副社長, 保定市文化連盟副研究員, 保定書画大学教授　[国]中国　[生]1935年　[典]1996

カ・ジェチャン　賈 在暢　Ka, Jae-chang　忠南大学行政学科教授　[専]行政学　[国]韓国　[生]1936年11月24日　[典]2000

カ・ジェファン　賈 在桓　Ka, Jae-wan　司法官　韓国司法研修院長　[国]韓国　[生]1940年12月8日　[典]2000

カー, ジェームズ　Carr, James E.　心理学者　ウエスタン・ミシガン大学心理学部助教授　[専]発達障害, 情報障害, チック障害, 注意欠陥障害　[国]米国　[典]2004

ガー, ジェームズ　Gaa, James C.　マックマスター大学会計学準教授・哲学科準会員　[専]会計学　[国]カナダ　[典]1992

カ・シエン　夏 之炎　本名＝林洲　作家　[国]中国　[生]1931年　[典]1992／1996

カ・シケツ　賈 志傑　Jia, Zhi-jie　政治家　中国共産党中央委員　元・湖北省党委書記, 元・湖北省省長　[国]中国　[生]1935年　[典]1996／2004／2008

カ・シコウ　何 士光　作家　貴州省作家協会専任作家　[国]中国　[生]1942年　[典]1996

カ・シコウ　過 士行　脚本家　中国国家話劇院脚本家　[国]中国　[生]1952年　[典]2008／2012

ガ・シチン　賀 子珍　He, Zi-zhen　別名＝賀子貞　故毛沢東主席の2番目の夫人　[国]中国　[没]1984年4月19日　[典]1992

カー, ジム　Kerr, Jim　グループ名＝シンプル・マインズ　ロックミュージシャン　[国]英国　[典]1996

カー, シャーミアン　Carr, Charmian　インテリアデザイナー, 元・女優　[国]米国　[生]1947年　[典]2000

カー, ジュディス　Kerr, Judith　絵本作家　[生]1923年　[典]1992／1996／2012

カ・シュンエイ　華 春瑩　Hua, Chun-ying　外交官　中国外務省報道官　[国]中国　[生]1970年4月

カ・シュンオウ　賈 春旺　Jia, Chun-wang　政治家　元・中国最高人民検察院検察長（検事総長）, 元・中国公安相, 元・中国国家安全相, 元・中国共産党中央委員　[国]中国　[生]1938年5月　[典]1992／1996／2000／2004／2008／2012

カ・シュンギョク　夏 春玉　経済学者　東北財経大学教授　[専]流通　[国]中国　[生]1962年　[典]2004

カ・ショウ　何 衝　He, Chong　飛び込み選手　北京五輪男子板飛び込み金メダリスト　[国]中国　[生]1987年6月10日　[典]2012

ガ・ショウコウ　賀 小紅　元・パラシュート選手　[国]中国　[生]1961年　[典]1996

カ・ショウセイ　過 惕生　棋士（囲碁）　[国]中国　[没]1989年12月7日　[典]1992

ガ・ショウデン　賀 照田　文学者, 思想家　中国社会科学院文学研究所副研究員　[国]中国　[生]1967年

ガ・ショウトウ　賀 暁東　He, Xiao-dong　経済学者　中国社会科学院経済研究所研究員　[国]中国　[典]2004

カ・ショウマン　夏 小万　Xia, Xiao-wan　画家　中央戯劇学院　[国]中国　[生]1959年　[典]1996

カ・ショウリン　華 紹林　元・パラシュート選手　中国パラシュート審判委員会主任, 国際パラシュート審判員　[国]中国　[生]1942年　[典]1996

カー, ジョージ　Kerr, George　柔道家　英国柔道協会会長　元・英国柔道協会会長　[国]英国　[生]1937年　[典]2012

カー, ジョン　Kerr, John Robert　政治家　元・オーストラリア総督　[国]オーストラリア　[没]1991年3月24日　[典]1992

カー, ジョン　日本アーンストアンドヤングコンサルティングパートナー　国米国　⊕1955年　⦿2000

カー, ジョン　Kerr, John Olav　外交官　英国外務事務次官　国英国　⊕1942年2月22日　⦿2000／2004

カ・シン　何新　中国社会科学院文学研究所研究員, 中国人民政治協商会議委員　国際戦略論, 神話研究　国中国　⊕1949年9月　⦿1992／1996

カ・シンセイ　何振盛　台湾新党副秘書長　国台湾　⊕1962年　⦿2000

カ・シンヨウ　柯森耀　翻訳家　上海師範大学教授, 中国翻訳家協会理事　国中国　⊕1920年1月　⦿1996

カ・シンリョウ　何振梁　He, Zhen-liang　国際オリンピック委員会(IOC)委員　元・中国オリンピック委員会(COC)委員長, 元・国際オリンピック委員会(IOC)副会長　国中国　⊕1929年12月29日　⦿1992／1996／2000

カー, スティーブ　Kerr, Steve　元・バスケットボール選手　⊕1965年9月27日　⦿2000／2008

カー, スティーブ　Kerr, Steve　ゴールドマン・サックスCLO　国米国　⦿2004／2008

カ・セイショウ　賈成祥　元・パラシュート選手　中国パラシュート監督委員会主任, 国際パラシュート審判員　国中国　⊕1935年　⦿1996

カ・セイヒン　何世斌　He, Shin-bin　実業家　嘉陵工業股份有限公司理事長・総裁　国中国　⊕1948年9月　⦿1992

カ・セイレン　何清漣　He, Qing-lian　経済学者　中国経済　⊕1956年　⦿2004／2008／2012

カ・セキ　賈石　Chia, Shih　元・中国国際貿易促進委員会会長, 元・中国国際商会会長　国中国　⊕1988年9月4日　⦿1992

カ・セツハン　柯雪帆　中医師　上海中医学院教授　傷寒論　国中国　⊕1927年5月　⦿2000

カ・センハ　賈占波　Jia, Zhan-bo　射撃選手(ライフル)　アテネ五輪射撃男子ライフル3姿勢金メダリスト　国中国　⊕1974年3月15日　⦿2008

カ・センユウ　夏占友　在日中国大使館1等書記官, 対外経済貿易大学国際貿易研究所副所長　国中国　⦿1996

カ・ダイ　夏鼐　Xia, Nai　考古学者　元・中国社会科学院副院長・考古研究所名誉所長　西域考古学　国中国　⊕1910年　⊗1985年6月19日　⦿1992

カ・タイサン　賈大山　作家　国中国　⦿1992

ガー, ダグ　Garr, Doug　経済ジャーナリスト　国米国　⦿2004

カ・タツ　夏達　Xia, Da　漫画家　国中国　⊕1981年4月4日　⦿2012

カ・チクコウ　何竹康　He, Zhu-kang　政治家　政協常務委員　元・中国共産党中央委員　国中国　⊕1932年　⦿1996／2000／2004／2008

カ・チョウコウ　何長工　革命家　国中国　⊕1900年　⊗1987年12月29日　⦿1992

カー, デボラ　Kerr, Deborah　本名=Viertel,Deborah Kerr　旧名=カー・トリマー, デボラ・ジェーン　女優　国英国　⊕1921年9月30日　⊗2007年10月16日　⦿1992／1996／2004

カー, テリー　Carr, Terry　SF作家, 編集者, アンソロジスト　国米国　⊕1937年2月19日　⊗1987年4月7日　⦿1992

カ・テンギ　何天義　石家荘市党史研究会副会長　中国人強制連行　国中国　⦿2000

カ・トウ　何桐　雲南省対外経済貿易庁長　国中国　⦿1992

カ・ドゥクヨム　賈得焔　プロ野球選手　国韓国　⊕1969年10月1日　⦿1992

カ・トウショウ　何東昌　He, Dong-chang　中国人民政治協商会議全国委員会(全国政協)常務委員　元・中国国家教育委員会副主任　国中国　⊕1923年　⦿1996

カ・トクジン　夏徳仁　政治家, 経済学者　大連市長　元・東北財形大学学長　国中国　⦿2004／2008

カー, ドナルド　英国国際戦略研究所(IISS)航空情報・中東情報担当　航空情報, 中東問題　国英国　⊕1933年　⦿1992

カー, トム　穀物商　元・カー・ギフォード社社長　国米国　⊕1982年　⦿1992

カ・ネヨン　賈来映　プロ野球選手(投手)　国韓国　⊕1971年3月29日　⦿1996

カ・バイ　華梅　美学者　国中国　⊕1951年　⦿2004／2008

カ・ハクデン　何博伝　He, Bo-zhuan　中山大学科学哲学室副教授・企業文化研究センター副主任, 中国未来研究会理事　科学哲学, コンピュータ　国中国　⦿1992／1996

カ・ハクネン　柯柏年　元・中国人民外交学会副会長　国中国　⊗1985年8月9日　⦿1992

カ・ヒン　何頻　ジャーナリスト　「中国時報」編集委員, 中国情勢分析センター主任　国中国　⊕1965年8月　⦿1996／2000

カー, フィリップ　Kerr, Philip　筆名=カー, P.B.　作家　国英国　⊕1956年2月22日　⦿1996／2000／2012

カ・フウギ　賈風義　牡丹江市人民政府外事弁公室職員　ホテルの経営管理研修のために来日　国中国　⦿1992

カー, フレッド　Kerr, Fred A.　政治家　カンザス州上院議員(共和党)　国米国　⊕1940年　⦿1996

カ・ブンイ　華文漪　Hua, Wen-yi　昆劇女優　元・中国戯劇家協会理事, 元・上海昆劇団団長　国中国　⊕1941年　⦿1992

カ・ブントク　何文徳　台湾人返郷権利促進会会長　国台湾　⊕1930年　⦿1992

カ・ブンナ　何雯娜　He, Wen-na　トランポリン選手　北京五輪女子トランポリン金メダリスト　国中国　⊕1989年1月19日　⦿2012

カ・ヘイ　何平　He, Ping　映画監督　国台湾　⦿1992／1996

カ・ヘイ　夏平　中国武術家　平陽武術学校副校長　国中国　⦿2000

ガ・ヘイ　賀平　He, Ping　軍人, 実業家　元・中国人民解放軍総参謀部装備部長　国中国　⦿1996／2000

カ・ヘイオウ　賈平凹　Jia, Ping-wa　幼名=平娃　作家　国中国　⊕1952年2月21日　⦿1992／1996／2000／2004／2008／2012

カ・ヘイケン　何秉賢　新疆心血管病研究所長　国中国　⊕1931年　⦿1992

カ・ヘイテイ　何炳棣　Ho, Ping-ti　歴史学者　カリフォルニア大学歴史・社会科学科特別客員教授　中国史　国米国　⊕1917年　⦿1996

カー, ベイン　Kerr, Baine　弁護士, 作家, ジャーナリスト　国米国　⊕1946年　⦿2004

カ・ホウ　何方　He, Fang　中国国際問題研究センター副総幹事　国際政治　国中国　⦿1996

カ・ホウケン　戈宝権　筆名=葆荃, 北泉　ロシア文学者　中国社会科学院文学研究所・外国文学研究所研究員　国中国　⊕1913年　⦿1996

ガ・ホウネン　賀彭年　He, Peng-nian　上海航空会長　国中国　⦿1996

カー, マイク　マイクロリンガー代表　国英国　⊕1940年11月5日　⦿1996

カー, ミランダ　Kerr, Miranda　モデル　⊕1983年4月20日　⦿2012

カ・ユウ　何勇　中国監察相　国中国　⊕1940年　⦿2000／2004

カ・ユウ　何勇　Her, Young　ロック歌手　国中国　⊕1969年　⦿1996

カ・ユウフク　賈又福　画家　中央美術学院教授　山水画, 水墨画　国中国　⊕1942年　⦿1996

カ・ヨウシュウ　華庸洲　本名=鄭亜年　別名=杜紅, 白畢, 少白, 陸陵, 宋戈, 王天　詩人, 作家, 翻訳家, シナリオライター　シンガポール創作者協会会長　国シンガポール　⊕1936年　⦿1992

カ・ラコウ　華羅庚　Hua, Luo-geng　数学者　元・中国人民政治協商会議全国委員会副主席, 元・中国科学技術大学副校長　オペレーションズ・リサーチ　国中国　⊕1910年11月12日　⊗1985年6月12日　⦿1992

カ・ラン　柯蘭　Ke, Lan　中国作家協会天津分会理事, 中華孔子研究所編集委員　国中国　⦿1992

カ・ランハ　賈蘭坡　Jia, Lan-po　古人類学者, 考古学者　元・中

国中央地質調査所研究員 [専]北京原人, 旧石器 [国]中国 [生]1908年11月2日 [没]2001年7月8日 [典]2000

カ・リッケン 夏 立憲 [専]民営大学 [国]中国 [生]1954年 [典]2004

カ・リョウ 火 亮 Huo, Liang 飛び込み選手 北京五輪男子シンクロ高飛び込み金メダリスト [国]中国 [生]1989年9月29日 [典]2012

カ・リン 何 琳 通訳 河南省観光局 [国]中国 [生]1957年 [典]1996

カー, ルシアン Carr, Lucien ジャーナリスト 元・「ユナイテッド・プレス・インターナショナル」副編集長 [国]米国 [生]1925年 [没]2005年1月28日 [典]2000

カー, ロビン Carr, Robyn 作家 [国]米国 [典]1992

カ・ロレイ 何 魯麗 He, Lu-li 政治家 中国国民党革命委員会主席, 中国人民政治協商会議全国委員会(全国政協)常務委員 元・北京市副市長 [国]中国 [生]1934年 [典]1992／1996／2000

カアイフエ, キラ Ka'aihue, Kila プロ野球選手(内野手), 元・大リーグ選手 [国]米国 [生]1984年3月29日

カイ・ガクシ 解 学詩 Xie, Xue-shi 吉林省社会科学院満鉄資料館名誉館長 [専]中日関係史 [国]中国 [生]1928年 [典]2000

カイ, クリストバル Kay, Cristóbal ハーグ社会問題研究所準教授 [専]ラテンアメリカ農業問題 [生]1944年 [典]2004

ガイ・ケイ 艾 敬 Ai, Jing シンガー・ソングライター [国]中国 [生]1969年 [典]1996／2000

ガイ・サンリン 蓋 山林 考古学家 内蒙古文物考古研究所研究員, 中国人民政治協商会議全国委員会委員 [専]岩画の研究 [国]中国 [生]1936年 [典]1996

ガイ, ジャスミン Guy, Jasmine ダンサー, 女優, 歌手 [国]米国 [典]1992／1996

カイ・シンカ 解 振華 Xie, Zhen-hua 中国国家環境保護総局長 [国]中国 [典]2000

カイ・シンギ 会 心儀 本名=曽台生 作家 [国]台湾 [生]1948年 [典]1992

ガイ・ズイ 蓋 瑞 本名=Ozuna,Gabriel プロ野球選手(投手) [国]ドミニカ共和国 [典]2000

ガイ・セイ 艾 青 Ai, Qing 本名=蔣海澄 別名=義伽, 克阿 詩人, 評論家 [国]中国 [生]1910年3月27日 [没]1996年5月5日 [典]1992／1996

カイ・タイフ 蒯 大富 Kuai, Da-fu 元・北京市革命委員会常務委員 紅衛兵指導者 [国]中国 [典]1992／1996

ガイ・チセイ 艾 知生 Ai, Zhi-sheng 政治家 元・中国放送映画テレビ相, 元・中国共産党中央委員 [国]中国 [生]1928年 [没]1997年7月20日 [典]1996

ガイ, バディ Guy, Buddy ブルース歌手, ギタリスト [国]米国 [生]1936年7月30日 [典]1996／2000

ガイ・メイシ 艾 明之 旧名=黄志堃 作家 上海映画脚本創作所シナリオ・ライター [国]中国 [生]1925年2月 [典]1996

ガイ, リチャード Guy, Richard 数学者 カルガリー大学教授 [専]数論, 組合せ論, グラフ理論, ゲーム理論 [国]カナダ [生]1916年9月30日 [典]1996

カイ・リョウギョク 回 良玉 Hui, Liang-yu 政治家 中国副首相, 中国共産党政治局員 [国]中国 [生]1944年10月 [典]1996／2000／2004／2008／2012

ガイ・レイヘイ 艾 麗娅 女優 [国]中国 [典]2000

ガイ・レイレイ 蓋 麗麗 女優 [国]中国 [典]1996

ガイ, ローザ Guy, Rosa 作家 [生]1925年9月 [典]1992

ガイアット, ゴードン Guyatt, Gordon 医学者 マクマスター大学 [典]2004

ガイアット, ニコラス Guyatt, Nicholas [専]歴史学 [典]2004

カイアム, ビクター Kiam, Victor レミントン社会長 [国]米国 [生]1927年 [典]1992／2000

カイエ, ビバリー Kaye, Beverly キャリアコンサルタント [国]米国 [典]2004

カイエ, ポール・アンリ Cahier, Paul Henri カメラマン [国]フランス [生]1952年11月7日 [典]1996

ガイエティ, ゲーリー Gaetti, Gary Joseph 元・大リーグ選手 [国]米国 [生]1958年8月19日 [典]2000／2004

カイエール, アルメル Cahierre, Armel 元・三城社長 [国]フランス [生]1959年8月1日 [典]2008／2012

ガイエル, アーロン Guiel, Aaron 元・大リーグ選手, 元・プロ野球選手 [国]カナダ [生]1972年10月5日 [典]2012

カイオ・ジュニオール Caio Junior 本名=サローリ, ルイス・カルロス サッカー監督 [国]ブラジル [生]1965年3月8日 [典]2012

カイカー, ダグラス Kiker, Douglas 作家, ニュース記者, ジャーナリスト [国]米国 [典]1996

ガイガー, レイノルド Geiger, Reinold 実業家 ロクシタン会長・CEO [生]1947年 [典]2000

ガイゲス, アドリアン 編集者 モスクワ・プログレス社編集者 [国]ロシア [生]1960年 [典]1996

カイザー, カール Kaiser, Karl 政治学者 ドイツ外交政策協会研究所教授 [専]外交政策, 安全保障政策, 核拡散問題 [国]ドイツ [生]1934年12月8日 [典]1992／1996／2004

カイザー, ケイ ミュージシャン, 俳優 [国]米国 [没]1985年7月23日 [典]1992

カイザー, トーマス Keiser, Thomas W. 臨床心理学者 米国ファミリー協会顧問 [国]米国 [典]1996

カイザー, ハラルド Kaiser, Harald モータージャーナリスト 「シュテルン」誌チーフエディター [国]ドイツ [生]1950年 [典]1996

カイザー, ヨアヒム Kaiser, Joachim 音楽評論家 シュトゥットガルト芸術大学教授 [国]ドイツ [生]1928年 [典]1996／2000

カイザー, ルドルフ Kaiser, Rudolf ヒルデスハイム大学英語・英語教育学教授 [専]英語学, 古言語学 [国]ドイツ [生]1927年 [典]1996

カイザー, ロバート Kaiser, Robert G. ジャーナリスト 「ワシントン・ポスト」特派員・編集局次長 [国]米国 [生]1943年 [典]1996／2000

ガイサート, アーサー Geisert, Arthur [専]絵本作家 [国]米国 [典]2000

ガイサート, ボニー Geisert, Bonnie 絵本作家 [国]米国 [典]2004

カイザーリンク, リンデ・フォン Keyserlingk, Linde von 心理治療士 [典]2008

カイサル, A.ジャン Qaisar, Ahsan Jan 技術史家 インド国立科学アカデミー科学史委員会諮問会議座長 [専]中世インド [国]インド [生]1933年 [典]2000

カイシ, ラビ・アル 考古学者 イラク考古遺産庁長官 [専]メソポタミア文明 [国]イラク [典]2004

ガイジュセク, ダニエル・カールトン Gajdusek, Daniel Carleton 小児科医, ウイルス学者, 文化人類学者 元・米国国立衛生研究所(NIH)神経系研究所所長 [国]米国 [生]1923年9月9日 [没]2008年12月12日 [典]1992／1996／2000／2004

ガイスト, リチャード Geist, Richard A. ハーバード大学メディカルスクール専任講師 [専]心理学, 精神分析 [国]米国 [典]2004

ガイスバース, ノーマン Gysbers, Norman C. ミシガン大学教授 [専]カウンセリング [国]米国 [典]2004

ガイスラー, ウヴェ Geissler, Uwe 磁器絵付家 [国]ドイツ [典]2000

ガイスラー, エーリッヒ Geissler, Erich E. 哲学者, 教育学者 ボン大学教授・教育科学インスティテュート所長 [国]ドイツ [生]1928年 [典]1996

ガイスラー, ダグマール Geisler, Dagmar 画家, イラストレーター [国]ドイツ [生]1958年 [典]1996

ガイスラー, ワーナー Geissler, Werner 実業家 プロクター・アンド・ギャンブル(P&G)グループ・プレジデント [国]ドイツ [生]1953年4月25日 [典]2004／2008

カイスラニエミ, イルポ ヴァルツィラ日本駐在代表 [国]フィンランド [典]1992

ガイゼル, エルネスト Geisel, Ernesto 政治家 元・ブラジル大統領 [国]ブラジル [生]1907年8月3日 [没]1996年9月12日 [典]1992

カイゼル, ベルト Keizer, Bert 医師 [国]オランダ [生]1947年 [典]2000

カイソン・ポムビハン Kaysone Phomvihane 政治家 元・ラオス

大統領,元・ラオス人民革命党議長 国ラオス 生1920年12月13日 没1992年11月21日 典1992/1996

ガイダル, エゴール Gaidar, Egor Timurovich 政治家,経済学者 元・ロシア第1副首相 国ロシア 生1956年3月19日 没2009年12月16日 典1996/2000/2004/2008

ガイダルベコフ, ガイダルベク Ghaydarbekov, Gaydarbek ボクシング選手 国ロシア 生1976年10月6日 典2008

ガイチャード, ジム Guichard, Jim ネットワークコンサルタント シスコ・システムズ・シニアネットワークデザインコンサルタント 典2004

ガイテル, クラウス Geitel, Klaus 音楽評論家 国ドイツ 生1924年 典2004

カイテル, ハーベイ Keitel, Harvey 俳優 国米国 生1939年5月13日 典1996/2000/2004/2008/2012

カイト, ディルク Kuyt, Dirk サッカー選手(FW) 国オランダ 生1980年7月22日 典2008/2012

カイト, トム Kite, Tom 本名=カイト,トーマス・O.,Jr. プロゴルファー 国米国 生1949年12月9日 典1992/1996/2000/2008

カイト, ピート 実業家 チェックフリーCEO 国米国 典1996

カイドセブシ, ベジ Caid Essebsi, Beji 政治家 チュニジア首相 国チュニジア 典2012

ガイトナー, ティモシー Geithner, Timothy 本名=Geithner, Timothy Franz エコノミスト 元・米国財務長官,元・ニューヨーク連邦準備銀行総裁 国米国 生1961年8月18日 典2012

カイネロ, キアラ Cainero, Chiara 射撃選手(クレー射撃) 北京五輪射撃女子クレー・スキート金メダリスト 国イタリア 生1978年3月24日 典2012

カイパー, ピート Kuiper, Piet C. 精神医学者 元・アムステルダム大学教授 国オランダ 生1919年 典2000

カイバース, ルーク Cuyvers, Luc ジャーナリスト,テレビプロデューサー 専海洋問題 国米国 典1992/1996

ガイブ 艾蕪 Ai Wu 本名=湯道耕 作家 国中国 生1904年6月20日 没1992年12月5日 典1992/1996

カイマー, マルティン Kaymer, Martin プロゴルファー 国ドイツ 生1984年12月28日 典2012

ガイム, アンドレ Geim, Andre 物理学者 マンチェスター大学メゾサイエンス・ナノテクノロジー研究所所長 国オランダ 生1958年 典2012

カイヤット, アンドレ Cayatte, André 映画監督,作家 国フランス 生1909年2月3日 没1989年2月6日 典1992

カイヤール, クリスチャン Caillard, Christian 画家 国フランス 生1899年 典1992

ガイヤール, ミシェル Gaillard, Michel ジャーナリスト 「カナール・アンシェネ」紙社長・発行人 国フランス 典1996

カイユ, アラン 動物文学者 国英国 生1914年 典1992

ガイヨー, ジャック Gaillot, Jacques カトリック神父 国フランス 生1935年 典1996/2008

カイヨー, ロドルフ Caillaux, Rodolphe 画家 国フランス 生1904年 典1992

カイラ, カーリナ Kaila, Kaarina 絵本作家 国フィンランド 生1941年 典1996

カイラモ, エルッキ Kairamo, Erkki 建築家 国フィンランド 生1936年 典1996

カイリー, ダン Kiley, Dan 心理学者 国米国 生1996年2月24日 典1992/1996

カイル, ジョン Kyl, Jon 本名=Kyl,Jon Llewellyn 政治家 米国上院議員(共和党) 国米国 生1942年4月25日 典1996/2000/2004/2008/2012

カイル, ダリル Kile, Darryl 大リーグ選手 国米国 生1968年12月2日 没2002年6月22日 典2000

カイル, ダンカン Kyle, Duncan 本名=ブロックスホルム,ジョン・F. 冒険小説作家 国英国 生1930年 典1992/1996/2000

カイル, チェスター Kyle, Chester R. カリフォルニア大学ロングビーチ校準教授 専機械工学,ソーラーカーの開発 典1992

カイル, デービッド Kyle, David A. SF作家,イラストレーター 国米国 生1919年 典1996

カイロ, ミゲル Cairo, Miguel 大リーグ選手(内野手) 国ベネズエラ 生1974年5月4日 典2008/2012

ガイン Gain グループ名=ブラウン・アイド・ガールズ 歌手 国韓国 生1987年9月20日 典2012

ガウ, イアン Gow, Ian 政治家 元・英国下院議員(保守党) 国英国 生1937年2月11日 没1990年7月30日 典1992

カヴァコス, レオニダス Kavakos, Leonidas バイオリニスト 国ギリシャ 生1967年 典1996(カバコス,レオニダス)/2012

ガウアーズ, ティモシー Gowers, Timothy 数学者 ケンブリッジ大学ラウズ・ボール教授 典2008

ガヴァッツェーニ, ジャンアンドレア Gavazzeni, Gianandrea 指揮者,作曲家,評論家 国イタリア 生1909年7月25日 没1996年2月5日 典1996(ガバッツェーニ,ジャンアンドレア)

カヴァナ, フランソワ Cavanna, Francois 作家,編集者 国フランス 生1923年 典2008

カヴァーニ, エディンソン Cavani, Edinson サッカー選手(FW) 国ウルグアイ 生1987年2月14日 典2012

カヴァノー, パトリック Kavanaugh, Patrick 作曲家,指揮者 キリスト者舞台芸術家フェローシップ・エグゼクティブ・ディレクター 典2004

カヴァラリス, フェドロス Kavallaris, Faidros 作曲家 国キプロス 生1950年 典1996(カバラリス,フェドロス)

カヴァリエレ, アリク Cavaliere, Alik 彫刻家 元・ミラノ・アカデミー学長 国イタリア 生1926年 没1998年1月5日 典1992(カバリエレ,アリク)/1996(カバリエレ,アリク)

カヴァーリ・スフォルツァ, フランチェスコ Cavalli-Sforza, Francesco 映像作家 国イタリア 生1950年 典1996(カバーリ・スフォルツァ,フランチェスコ)/2004

カヴァーリ・スフォルツァ, ルーカ Cavalli-Sforza, Luca 遺伝学者 スタンフォード大学名誉教授 専人類遺伝学 国イタリア 生1922年 典1996(カバーリ・スフォルツァ,ルーカ)/2004

カヴァルカンテ, ウィルソン Cavalcante, Wilson 版画家 国ブラジル 生1950年 典2008

カヴァルカンティ, アルベルト Cavalcanti, Alberto 本名=カヴァルカンティ,アルベルト・ド・アルメイダ 映画監督,映画製作者 国ブラジル 生1897年2月6日 没1982年8月23日 典1992(カバルカンティ,アルベルト)

ガヴァルダ, アンナ Gavalda, Anna 作家 国フランス 生1970年 典2004/2008

カウアン, アンドルー Cowan, Andrew 作家 国英国 典2000

カウアン, ピーター Cowan, Peter 作家 国オーストラリア 生1914年 典1992(コーワン,ピーター)

カウイー, A.P. Cowie, A.P. リーズ大学準教授 専辞書学 典2004/2008

カウイ・チョンキタウォン ジャーナリスト 「ネーション」編集長 国タイ 典2000/2004/2008

ガーウィン, リチャード 水爆研究家 元・米国大統領科学諮問委員 国米国 典1996

カウウェンホーフェン, アルレッテ Kouwenhoven, Arlette 編集者,評論家 典2004

ガウヴォン, マルコス Galvao, Marcos 本名=ガウヴォン,マルコス・ベゼーハ・アボッチ 外交官 駐日ブラジル大使 国ブラジル 典2012

カウエ, フランク Cahouet, Frank V. 銀行家 メロン・バンク会長 国米国 典2000

カーウェイ, ピーター カリフォルニア大学教授 専日米関係,国際貿易・投資政策 国米国 典1996

ガーウェイン, シャクティー Gawain, Shakti 著述家 典1992/1996

カヴェーリン, ヴェニアミン Kaverin, Veniamin Aleksandrovich

本名=カヴェーリン, ジリベル 作家 国ソ連 生1902年4月19日 没1989年5月2日 典1992 (カベーリン, ベニアミン)

カウエン, ブライアン Cowen, Brian 政治家 元・アイルランド首相, 元・アイルランド共和党党首 国アイルランド 生1960年1月10日 典2012

カーウォスキー, リチャード Karwoski, Richard C. ニューヨークシティ・テクニカル・カレッジ教授 専水彩画, 美術教育 国米国 典1996

カーウォーディン, マーク Carwardine, Mark 著述家 専野生動物 国英国 典1992

ガヴォワイユ, クリスチャン Gavoille, Kristian プロダクトデザイナー 国フランス 生1956年 典1996 (ガボワイユ, クリスチャン)

ガウク, ヨアヒム Gauek, Joachim 政治家, 牧師, 人権活動家 ドイツ大統領 元・旧東ドイツ国家公安局資料委託人機関代表 国ドイツ 生1940年1月24日 典1996／2000

ガウグラー, エドワルト Gaugler, Eduard マンハイム大学経営経済学部教授, アイヒシュテット・カトリック大学経済科学部C4教授 専経営人事論 国ドイツ 生1928年 典1992／1996

カウズ Kaws グラフィティ・アーティスト 国米国 生1974年 典2004

カウスブルック, ルディ Kousbroek, Rudy 作家, 評論家 国オランダ 生1929年 典2000

カウズマン, ウォルター Kauzmann, Walter Joseph 化学者 元・プリンストン大学名誉教授 専物理化学 国米国 生1916年8月18日 没2009年1月27日 典2004

ガウダー, ハートヴィッヒ Gauder, Hartwig 元・競歩選手 モスクワ五輪男子50キロ競歩金メダリスト 国ドイツ 生1954年 典2004／2008／2012

ガウダシンスキー, スタニスラフ Gaudassinskii, Stanislav 演出家 レニングラード国立歌劇場芸術監督・主席演出家 国ソ連 生1937年3月4日 典1992／1996

ガウチ, V.J. 外交官 駐日マルタ大使 (在オーストラリア) 国マルタ 生1931年4月 典1992

ガウチ, アレッサンドロ Gaucci, Alessandro 実業家 ガレックス会長, ペルージャ社長, ビテルベーゼ会長 国イタリア 生1973年2月20日 典2004／2008

カウチ, ナオ 筆名=泉尚子 元・シナリオライター アメリカの小学校で日本文化を教える 国米国 典1992

ガウチ, パトリシア・リー Gauch, Patricia Lee 児童文学作家 国米国 生1934年 典1992

ガウチ, ルチアーノ Gaucci, Luciano ペルージャ・オーナー 国イタリア 生1938年 典2000／2004／2008

ガーウッド, ジュリー Garwood, Julie ロマンス作家 国米国 典2004／2012

ガーウッド, デーブ Garwood, Dave ビジネスコンサルタント 国米国 典2008

ガウディ, バーバラ Gowdy, Barbara 作家 国カナダ 生1950年 典2004

ガウディオ, ガストン Gaudio, Gaston 元・テニス選手 国アルゼンチン 生1978年12月9日 典2008

カヴート, ニール Cavuto, Neil ビジネス・ジャーナリスト, ニュース番組司会者 国米国 生1958年 典2008

カウパー, リチャード Cowper, Richard 本名=マリ, コリン・ミドルトン 筆名=マリ, コリン SF作家 国英国 生1926年 典1992

カウプ, チャールズ (Jr.) Kaupu, Charles Kauhi (Jr.) ディスクジョッキー 国米国 生1957年 典2000

カウフマン, N.H. Kaufman, Natalie Hevener 政治学者 サウスカロライナ大学 典2004

カウフマン, アルトゥール Kaufmann, Arthur 法学者 元・ミュンヘン大学名誉教授 専法哲学, 刑法 国ドイツ 生1923年5月10日 没2001年10月20日 典1996／2000

カウフマン, アンドレアス Kaufmann, Andreas M. 芸術家 国ドイツ 生1961年 典1996

カウフマン, ウィリアム Kaufmann, William W. マサチューセッツ工科大学名誉教授 元・米国国防長官顧問 専米国の国防・安全保障政策 国米国 典1996

カウフマン, グレン Kaufman, Glen 画家 ジョージア大学教授 国米国 生1932年 典1996

カウフマン, ゴードン Kaufman, Gordon D. 神学者 ハーバード大学神学部教授 国米国 生1925年 典1996

カウフマン, ジョン Kauffman, John コンサルタント 国米国 典2004

カウフマン, ジルビア・イボン 政治家 欧州議会議員, ドイツ民主社会党 (PDS) 副党首 国ドイツ 生1955年 典2000

カウフマン, ステュアート Kauffman, Stuart A. サンタフェ研究所客員教授 専生物物理学, 生化学 国米国 典1996／2000

カウフマン, チャーリー Kaufman, Charlie 映画監督, 脚本家 国米国 生1958年 典2012

カウフマン, ドナ Kauffman, Donna ロマンス作家 国米国 典2004

カウフマン, トマス・ダコスタ Kaufmann, Thomas DaCosta プリンストン大学教授 専美術史, 考古学 国米国 典1996

カウフマン, フィリップ Kaufman, Philip 映画監督, 脚本家 国米国 生1936年10月23日 典1992／1996／2004／2008／2012

カウフマン, ヘンリー Kaufman, Henry エコノミスト, 財政専門家 元・ソロモン・ブラザーズ主任エコノミスト 国米国 生1927年10月20日 典1992／1996／2000／2008／2012

カウフマン, マイケル 社会活動家 ホワイトリボン・キャンペーン会長 国カナダ 典2004

カウフマン, マイケル Kaufman, Michael T. ジャーナリスト 典2008

カウフマン, ヨナス Kaufmann, Jonas テノール歌手 国ドイツ 生1969年 典2004／2008／2012

カウフマン, ラー Kaufman, Lar テクニカルライター 国米国 典2004／2008

カウフマン, リチャード Kaufman, Richard 作家, イラストレーター 「GENII」出版人 国米国 生1958年 典2008／2012

カウフマン, ロス Kauffman, Ross 映画監督 国米国 典2012

カウフマン, ロン Kauffman, Ron コンピューター技術者 典2004

カウラカ・カウラカ 文化人類学者, 詩人 クック諸島政府文化省 国ニュージーランド 生1951年 典2000

ガヴラス, ジュリー Gavras, Julie 映画監督 生1970年 典2012

ガウラン, デニス Gouran, Dennis S. ペンシルベニア州立大学スピーチコミュニケーション学科教授・学科長 専コミュニケーション理論, スモールグループコミュニケーション 国米国 典2000

カウリー, アワド Khoury, Awad 言語学者 元・ブラジル大統領私設秘書 典2004

カウリー, ジョイ Cowley, Joy 児童文学作家 国ニュージーランド 生1936年 典2008／2012

カウリー, マルコム Cowley, Malcolm 批評家, 詩人 国米国 生1898年8月24日 没1989年3月27日 典1992

ガウリー卿 Gowrie (Lord) 元・ランカスター公領相 国英国 生1939年11月26日 典1992

カウリスマキ, アキ Kaurismäki, Aki 映画監督, 脚本家 ヴィレアルファ設立者 国フィンランド 生1957年4月4日 典1992／1996／2000／2004／2008／2012

カウリスマキ, ミカ Kaurismäki, Mika 映画監督 ヴィレアルファ設立者 国フィンランド 生1955年 典1996

ガヴリーロフ, アンドレイ Gavrilov, Andrei Vladimirovich ピアニスト 生1955年9月21日 典1996 (ガブリーロフ, アンドレイ)／2004／2008／2012

カウル, フリードリヒ・カール Kaul, Friedrich Karl 法律学者 フンボルト大学法学部付属現代法制史研究所教授 国ドイツ 典1996

カウルス, アリベルト Kauls, Albert 政治家 ソ連人民代議員 国ソ連 生1938年 典1992

カウンダ, ケネス・デービッド Kaunda, Kenneth David 民族主義運動指導者, 政治家 元・ザンビア大統領, 元・ザンビア統一民族

独立党(UNIP)党首　[国]ザンビア　[生]1924年4月28日　[典]1992／1996／2000

カエオ, メリケ　Kaeo, Merike　コンピューター技術者　[国]米国　[典]2004

ガエーゴス, デービッド　Gallegos, David　画家　[国]米国　[生]1954年　[典]2004

カエタノ, ビッキー　Cayetano, Vicky　ハワイ州知事の妻　[国]米国　[典]2000

カエタノ, ベンジャミン　Cayetano, Benjamin J.　政治家　元・ハワイ州知事　[国]米国　[生]1939年11月14日　[典]2000／2004／2008

カエターノ, マルセロ　Caetano, Marcello José das Neves Alves　政治家　元・ポルトガル首相　[国]ポルトガル　[生]1906年8月17日　[没]1980年10月26日　[典]1992

ガーエル, エヴドキヤ・アレクサンドロヴナ　民族学者　ロシア北方民族社会経済発展国家委員会次官　元・ソ連最高会議議員　[国]ロシア　[生]1934年　[典]1996

カエン, アルフレッド　Cahen, Alfred　外交官　元・駐フランス・ベルギー大使, 元・西ヨーロッパ同盟(WEU)事務局長　[国]ベルギー　[生]1929年9月28日　[没]2000年4月19日　[典]1996／2000

カオ, チャールズ　Kao, Charles　旧名=KaoKuen　電気工学者　元・ITXサービス会長・CEO, 元・香港中文大学副学長　[専]光ファイバー通信　[国]米国　[生]1933年11月4日　[典]2000／2008／2012

ガオ・モンジェ　漢字名=高盟傑　俳優　[国]台湾　[生]1981年　[典]2004／2008

カオ・ユエンユエン　Gao, Yuan-yuan　漢字名=高円円　女優　[国]中国　[生]1979年10月5日　[典]2008(カオ・ユアンユアン)／2012

ガオ・ユーリング　Gao, Yu-ling　医師　中国人民解放軍総医院看護師長　[国]中国　[典]2004

ガオグライ・ゲーンノラシン　Kaoklai Kaennorsing　ムエタイ選手　[国]タイ　[生]1983年9月13日　[典]2008

カオサイ・ギャラクシー　Kaosay Galaxy　本名=セラ・センカーム　元・プロボクサー　元・WBA世界ジュニアバンタム級チャンピオン　[国]タイ　[生]1959年5月15日　[典]1992／1996

カカ　Kaká　本名=レイチ, リカルド・イゼクソン・ドス・サントス　サッカー選手(MF)　[国]ブラジル　[生]1982年4月22日　[典]2004／2008／2012

ガカッド, ロメオ　写真家　AFP通信マニラ支局写真記者　[国]フィリピン　[典]2000

カーカップ, ジェームズ　Kirkup, James　本名=Kirkup,James Harold　詩人, 随筆家, 作家　元・英国俳句協会会長, 元・京都大学英文学教授　[国]英国　[生]1918年4月23日　[没]2009年5月10日　[典]1992／1996

カガノヴィッチ, ラザリ　Kaganovich, Lazar Moiseevich　政治家　元・ソ連副首相　[国]ソ連　[生]1893年11月22日　[没]1991年7月25日　[典]1992(カガノビッチ, ラザリ)

カカバツェ, ヨランダ　国際自然保護連合(IUCN)会長　[国]エクアドル　[生]1948年　[典]2000

カーカフ, ロバート　Carkhuff, Robert R.　カウンセリング心理学者, 社会科学者　カーカフ・ヒューマン・テクノロジー研究所主宰　[国]米国　[生]1934年　[典]1996

カガーマン, ヘニング　Kagermann, Henning　実業家　SAP共同会長・CEO　[国]ドイツ　[典]2000／2004

カガメ, ポール　Kagame, Paul　政治家　ルワンダ大統領　[国]ルワンダ　[生]1957年10月23日　[典]1996／2000／2004／2008／2012

カガルリツキー, ボリス　Kagarlitskii, Boris　社会学者　モスクワ市ソビエト議員　[国]ソ連　[生]1958年　[典]1992

カガン, オレグ　Kagan, Oleg　バイオリニスト　[国]ソ連　[生]1946年11月21日　[没]1990年7月15日　[典]1992

カーキート, デービッド　Carkeet, David　ミステリー作家　ミズーリ大学助教授　[国]米国　[生]1946年　[典]1992

カキャシビリス, アカキオス　Kakiashvilis, Akakios　旧名=カヒアチヴィリ　重量挙げ選手　[国]ギリシャ　[生]1969年7月13日　[典]1996(カヒアチビリ, カヒ)／2000(カキアスビリス, カヒ)／2004／2008

ガーギャン, エドワード　Gargan, Edward A.　ジャーナリスト「ニューヨーク・タイムズ」紙記者　[国]米国　[典]1992／1996

カーク, アンディ　Kirk, Andy　本名=Kirk,Andrew Dewey　ジャズ音楽家　[国]米国　[生]1898年5月28日　[没]1992年12月11日　[典]1996

カク・アンナ　郭 安娜　Guo, An-na　日本名=佐藤オトミ　元・中国人民政治協商会議全国委員会(全国政協)委員　郭沫若夫人　[国]中国　[生]1894年　[没]1994年8月15日　[典]1992／1996

カク・イッセイ　郝 一生　Hao, Yi-sheng　反体制活動家　民主中国陣線日本支部主席　元・天津社会科学院経済研究室副主任　[国]中国　[典]1992／1996

カク・エイシュウ　郭 影秋　教育家, 歴史家　元・中国人民大学名誉学長　[国]中国　[生]1909年　[没]1985年10月29日　[典]1992

カク・エイトウ　霍 英東　実業家　元・香港中華総商会会長, 元・中国全国政治協商会議副主席　[国]香港　[生]1923年　[没]2006年10月28日　[典]1996

カク・エン　郭 焱　Guo, Yan　卓球選手　[国]中国　[生]1982年6月24日

カク・エンヨウ　郭 婉容　Kuo, Wan-jung　英語名=KuoShirley W.Y.　政治家　台湾行政院政務委員, 台湾国民党中央常務委員　[国]台湾　[生]1930年1月25日　[典]1992／1996

カク・カウ　郭 柯宇　女優　[国]中国　[典]1996

カク・ガコン　郭 雅坤　Guo, Ya-kun　北京外文出版社日本語部副教授　[専]日本語　[国]中国　[生]1944年　[典]2000／2004

カク・カズオ　郭 和夫　化学者　元・中国全国人民代表大会(全人代)代表, 元・中国科学院大連化学物理研究所所長　[専]有機化学　[国]中国　[生]1917年　[没]1994年9月13日　[典]1992／1996

カク・ガンソウ　郭 雁壮　女優, プロデューサー　[国]中国　[生]1962年10月13日　[典]1996

カク・ギ　郭 義　中医学者　天津中医学院教授・鍼灸学部長　[専]鍼灸学　[国]中国　[典]2004

カク・ギ　霍 巍　四川連合大学文学院副院長・大学博物館館長　[国]中国　[生]1957年　[典]2000

ガク・キホウ　岳 岐峰　Yue, Qi-feng　政治家　政協常務委員　元・中国共産党黒龍江省委員会書記　[国]中国　[生]1931年12月　[典]1992／1996／2000／2004／2008

カク・ギョウトウ　郝 暁彤　経営学者　[国]中国　[生]1961年　[典]2004

カク・キン　郭 忻　中医師　上海中医薬大学中薬学院教授　[専]中薬学　[国]中国　[典]2008

カク・キンリュウ　郭 金龍　Guo, Jin-long　政治家　中国共産党政治局員・北京市党委員会書記　元・北京市長　[国]中国　[生]1947年7月

カク・ケイギ　霍 慧儀　英語名=Fattedad,Sandra　万嘉策略投資有限公司(MEGA)執行董事　[国]香港　[生]1954年　[典]1996

カク・ケイコウ　郭 勁宏　米国名=クオ, ジョージ　カイロン社研究員　[専]生命科学　[典]1992

カク・ケンシュウ　郝 建秀　Hao, Jian-xiu　政治家　中国共産党中央委員　元・中国国家発展計画委員会副主任　[国]中国　[生]1935年11月　[典]1992／1996／2000／2004／2008

カク・コウケツ　郭 黄傑　デザイナー　[国]台湾　[生]1971年　[典]2000

カク・コウタツ　郭 孝達　医師　元・中国胃がん研究会副理事長　[国]中国　[没]1986年9月20日(?)　[典]1992

カーク, コニー・アン　Kirk, Connie Ann　児童文学者　マンスフィールド大学教授　[専]児童文学, アメリカ文学, 詩人エミリー・ディキンソンの研究　[国]米国　[典]2008

カーク, サイモン　Kirke, Simon　グループ名=バッド・カンパニー, 旧グループ名=フリー　ロックドラム奏者　[国]英国　[生]1949年7月28日　[典]2012

カク・ジュゲン　郭 樹言　中国共産党中央委員候補　元・湖北省省長　[国]中国　[生]1935年　[典]1996

カク・ショウショウ　郭 晶晶　Guo, Jing-jing　元・飛び込み選手　アテネ五輪・北京五輪金メダリスト　[国]中国　[生]1981年10月15日　[典]2008／2012

カク・ショウビン　郭 承敏　元・沖縄大学法経学部教授　[専]中国現代史　[国]中国　[生]1927年12月29日　[没]2012年4月21日　[典]1996

カク・ショウレツ　郭 炤烈　Guo, Zhao-lie　上海市台湾研究会会長,

上海国際問題研究所副所長, 上海市日本学会会長　[専]国際関係論, 台湾研究, 日本学　[国]中国　[生]1924年　[典]2000

カク・シンエン　郭 震遠　中国国際問題研究センター国際戦略與安全研究室副主任・高級研究員　[専]国際政治　[国]中国　[生]1943年　[典]1996

カク・シンケン　郭 振乾　Guo, Zhen-qian　全人代常務委員　元・中国審計署審計長　[国]中国　[生]1932年　[典]1996／2000／2004／2008

ガク・シンブン　楽 震文　水墨画家　上海大学美術学院助教授・国画系副学部長, 日本炭水会中国画研究室講師　[国]中国　[生]1956年　[典]2000

カク・スイ　郝 帥　Hao, Shuai　卓球選手　[国]中国　[生]1983年10月1日

カク・スイ　郝 水　旧名=郝世魁　生物学者　東北師範大学遺伝・細胞研究所所長, 吉林省科学技術協会副主席　[国]中国　[生]1926年　[典]1996

カーク, スティーブン　Kirk, Stephen　テーマパーク・デザイナー　ウォルト・ディズニー・イマジニアリング　[国]米国　[典]2004

ガク・セイギ　楽 靖宜　Le, Jingyi　水泳選手(自由形)　[国]中国　[典]2000

ガク・セイヨウ　鄂 世鏞　遼寧大学歴史系教授　[専]中国史, 中国哲学　[国]中国　[生]1926年　[典]1996

カク・セイリョウ　郭 正亮　政治評論家　東呉大学副教授　元・民進党政策委員会執行長　[国]台湾　[典]2004

カク・セツハ　郭 雪波　Guo, Xue-bo　編集者　[国]中国　[生]1948年　[典]2004

カク・ソウ　郭 爽　Guo, Shuang　自転車選手(トラックレース)　ロンドン五輪自転車女子ケイリン・チームスプリント銀メダリスト　[国]中国　[生]1986年2月26日

カク・タイ　郭 泰　作家　[国]台湾　[典]2000

ガク・タイウン　楽 黛雲　北京大学教授・比較文学比較文化研究所所長　[専]比較文学　[国]中国　[生]1931年　[典]1996

カク・タイゲン　郭 泰源　Kuo, Tai-yuan　元・プロ野球選手　野球・台湾代表コーチ　元・野球・台湾代表監督　[国]台湾　[生]1962年3月20日　[典]2008／2012

カク・タイメイ　郭 台銘　Gou, Tai-ming　実業家　鴻海精密工業会長　[国]台湾　[生]1950年　[典]2012

カク・タイレツ　郭 大烈　民族学者　雲南民族学会会長　[専]ナシ族史, トンパ文字　[国]中国　[生]1941年　[典]2008／2012

カーク, ダグラス　Kirk, Douglas　アメリカンフットボールコーチ, 作家　[国]米国　[典]2008

カク・チギュン　Kwak, Ji-gyoon　映画監督　[国]韓国　[没]2010年5月25日

カク・チュウケイ　郭 中奎　環球実業総公司(洛陽市)総経理　[国]中国　[典]1996

カク・チュウタン　郭 中端　LEF環境造形代表　[国]台湾　[生]1949年　[典]1996

カク・チョウジン　郭 超人　Guo, Chao-ren　ジャーナリスト　元・新華社社長, 元・中国共産党中央委員　[国]中国　[生]1934年　[没]2000年6月15日　[典]1996／2000

カク・テヒ　郭 泰輝　Kwak, Tae-hwi　サッカー選手(DF)　[国]韓国　[生]1981年7月8日　[典]2012

カク・テン　郭 展　カリフォルニア大学ロサンゼルス校社会科学研究所助手　[専]半導体産業　[国]香港　[典]1992／1996

カク・トウハ　郭 東坡　中国国務院僑務弁公室主任　[国]中国　[生]1937年　[典]2000

ガーグ, ドミトリー　Gaag, Dmitriy　トライアスロン選手　[国]カザフスタン　[生]1971年3月20日　[典]2004／2008

ガク・ナン　岳 南　作家, ジャーナリスト　「紫光閣」誌記者　[国]中国　[生]1962年　[典]1996

ガク・バイ　岳 梅　ファッションモデル　[国]中国　[典]2000

カク・ハクソン　郝 柏村　Hao, Po-tsun　字=伯春　政治家, 軍人　元・台湾国民党副主席, 元・台湾行政院院長(首相)　[国]台湾　[生]1919年7月13日　[典]1992／1996

カク・ハクユウ　郭 伯雄　Guo, Bo-xiong　軍人　中国共産党政治局員・中央軍事委員会副主席, 中国国家中央軍事委員会副主席　[国]中国　[生]1942年7月　[典]2004／2008／2012

カク・ハクリン　郝 柏林　理論物理学者　中国科学院理論物理研究所所長,「中国物理快報」編集主幹, 中国科学院数学物理学部学部委員　[専]計算物理, 統計物理　[国]中国　[生]1934年　[典]1996

カク・ヒ　格 非　Ge, Fei　本名=劉勇　作家　上海華東師範大学副教授　[生]1964年8月　[典]2000

カク・ヒョウコウ　郭 冰光　Guo, Bing-guang　本名=郭嘉　字=石士, 号=石楽斎, 東湖石室　書家　嘉応書画研究会副秘書長　[国]中国　[生]1952年　[典]1992／1996

カク・ビン　郭 敏　Guo, Min　揚琴奏者　[国]中国　[典]1992／2004

カク・フクコウ　郭 福厚　Guo, Fu-hou　武術家　武当山武当拳法研究会客員研究員　[専]太極拳　[国]中国　[生]1923年　[典]2000

カク・ブンガク　霍 文学　武術教師　中国民間武術家連誼会副会長, 北京精武武術運動発展センター顧問, 中国八極拳香港総会顧問, 北京武術協会八極拳研究会名誉副会長　[生]1938年　[典]2008

カク・ブンクン　郭 文珺　Guo, Wen-jun　射撃選手(ピストル)　北京五輪・ロンドン五輪射撃女子エアピストル金メダリスト　[国]中国　[生]1984年6月22日　[典]2012

カク・ブントウ　郭 文韜　Guo, Wen-tao　中国農業科学院農業遺産研究室研究員、南京農業大学教授　[専]中国農業科学技術史(耕作制度史, 耕作技術史)　[国]中国　[生]1930年　[典]1992／2000

カク・ブンヒ　郭 雯飛　評茶師, 農学者　浙江大学化学系助教授　[国]中国　[典]2008

カーク, ベティ　Kirke, Betty　コスチューム修復師, 衣服研究家　[専]ヴィオネ研究　[国]米国　[典]2000

カク, ミチオ　Kaku, Michio　理論物理学者　ニューヨーク市立大学教授　[専]宇宙創造理論　[国]米国　[典]2004／2008

カク・ヤク　郭 躍　Guo, Yue　卓球選手　北京五輪・ロンドン五輪卓球女子団体金メダリスト　[国]中国　[生]1988年7月17日　[典]2008／2012

カク・ヤクカ　郭 躍華　元・卓球選手　元・福建省体育委員会副主任　[国]中国　[生]1956年　[典]1996

カク・ヨテキ　郭 予適　古典文学者　華東師範大学出版社社長　[国]中国　[生]1933年　[典]1996

カク・ラキ　郭 羅基　哲学者　コロンビア大学教授　[国]米国　[典]1996

カク・リ　郭 莉　外交官　駐日中国大使館公使参事官　[国]中国　[典]2000

カク・リュウヒン　郝 龍斌　Hau, Lung-bin　政治家　台北市長　元・台湾大学教授　[国]台湾　[生]1952年8月22日　[典]2008／2012

カク・リョウ　郭 良　Guo, Liang　武術家, 気功師　気幸会主宰　[国]中国　[生]1956年2月3日　[典]1996

カク・レンフク　郭 連福　台湾元日本軍人軍属遺族協会会長　[国]台湾　[典]1996

カグウェ, ジョン　Kagwe, John　マラソン選手　[国]ケニア　[典]2000

カークウッド, ジェームス　劇作家　[国]米国　[没]1989年4月21日　[典]1992

カークウッド, トム　Kirkwood, Tom　老化学者　ニューカッスル・アポン・タイン大学医学部教授　[国]英国　[典]2004

カクシュカ, トマス　Kakuska, Thomas　ビオラ奏者　元・アルバン・ベルク弦楽四重奏団ビオラ奏者, 元・ウィーン音楽大学教授　[国]オーストリア　[生]1940年8月25日　[没]2005年7月4日　[典]2000／2004

カクセイサツフ　確精扎布　別名=哈扎布　言語学者　中国蒙古語文学会副理事長　元・蒙古語文研究所所長　[国]中国　[生]1931年　[典]1996

カクタ, ガエル　Kakuta, Gaël　サッカー選手(MF)　[国]フランス　[生]1991年6月21日　[典]2012

カクタニ, ミチコ　Kakutani, Michiko　コラムニスト　[国]米国　[典]2000／2008／2012

カークパトリック, ジーン　Kirkpatrick, Jeane Duane Jordan　政治学者, 政治家　元・国連大使, 元・ジョージタウン大学教授　[国]米国　[生]1926年11月19日　[没]2006年12月7日　[典]1992／1996

カークパトリック, ラルフ　Kirkpatrick, Ralph　チェンバロ奏者, 音楽学者　国米国　生1911年6月10日　没1984年　掲1992

カークビー, エマ　Kirkby, Emma　本名=Kirkby,Carolyn Emma　ソプラノ歌手　国英国　生1949年2月26日　掲1996/2012

カクフラ・ジュンキ　郭布羅 潤麒　溥儀の義弟　国中国　掲2004

カークブライド, ロナルド　Kirkbride, Ronald　作家　国米国　掲1992

カクラマナキス, ニコラオス　Kuklamanakis, Nikolaos　ヨット選手　アトランタ五輪セーリング男子ミストラル級金メダリスト　国ギリシャ　生1968年8月19日　掲2000/2008

カークランド, ジョゼフ・レーン　Kirkland, Joseph Lane　労働運動家　元・米国労働総同盟産別会議(AFL-CIO)会長　国米国　生1922年3月12日　没1999年8月14日　掲1992/1996

カークランド, ダグラス　Kirkland, Douglas　写真家　生1934年　掲2000/2012

カークランド, レボン　Kirkland, Levon　プロフットボール選手(LB)　国米国　生1969年2月17日　掲2000

ガグリエルミ, ジョー　タリジェント社会長・CEO　国米国　掲1996

カーゲル, マウリシオ　Kágel, Mauricio Raúl　作曲家　元・ケルン音楽院教授　国ドイツ　生1931年12月24日　没2008年9月18日　掲1992

ガーケン, ティル　Gerken, Till　コンピューターコンサルタント　掲2004

ガーゲン, デービッド　Gergen, David　政治評論家　国米国　生1941年　掲1996

カーケンドール, アーネスト　Kirkendall, Ernest O.　金属学者　国米国　掲2000

ガゴシアン, ラリー　Gagosian, Larry　画商　ガゴシアン・ギャラリーオーナー　国米国　掲1992

カー・ゴム, サラ　Carr-Gomm, Sarah　美術史家　アート・ヒストリー・アブロード社創設者　掲2008

カコヤニス, マイケル　Cacoyannis, Michael　本名=Lacoyannis, Mihalis　映画監督,脚本家,演出家　国ギリシャ　生1922年6月11日　没2011年7月25日　掲1992/2008

カコリアン, カーク　Kerkorian, Kirk　投資家　国米国　生1917年6月　没2000/2008/2012

カザ, グレゴリー　Kasza, Gregory J.　インディアナ大学政治学部教授　専政治学　国米国　生1951年　掲2000

カサー, ジョン　Cassar, Jon　テレビドラマ製作者・監督　国米国　掲2008/2012

ガーザ, マット　Garza, Matt　本名=Garza,Matthew Scott　大リーグ選手(投手)　国米国　生1983年11月26日　掲2012

ガーサイド, ロバート　Garside, Robert　マラソンで地球一周に挑戦　国英国　掲2000

カザウス, ジョルディ・プラネス　Casals, Jordi Planes　バルセロナ大学国際歴史学研究所長　専スペイン内戦亡命史　国スペイン　生1941年　掲1996

カザケーヴィチ, ヴェチェスラフ　Kazakevich, Vecheslav　詩人　富山大学人文学部客員教授　生1951年　掲2008

カザコフ, D.　Kazakov, Dimiter　画家　国ブルガリア　生1933年　掲1992

カザコフ, アレクサンドル　Kazakov, Aleksandr I.　政治家　元・ロシア副首相　国ロシア　生1948年5月24日　掲2000

カザコフ, ユーリー　Kazakov, Yurii Pavlovich　作家　国ソ連　生1927年8月8日　没1982年　掲1992

カザコワ, オクサナ　Kazakova, Oksana　元・フィギュアスケート選手(ペア)　国ロシア　生1975年4月8日　掲2000

カザコワ, リムマ　Kazakova, Rimma Fedorovna　詩人　国ソ連　生1932年　掲1992/1996

カザズ, シャヒク　クルド民族運動家　ロンドン・クルド文化センター会長　国イラク　生1934年　掲1992/1996

カサス, フリオ　Casas, Julio　本名=カサス・レゲイロ, フリオ　政治家　元・キューバ国家評議会副議長,元・キューバ国防相　国キューバ　生1936年2月16日　没2011年9月3日

カサック, フレッド　Kassak, Fred　本名=アンブロ, ピエール　推理作家　国フランス　生1928年　掲2004/2008

カサトキナ, ナタリア　振付師　モスクワ・クラシック・バレエ芸術監督　国ロシア　生1934年　掲1996

ガザニガ, マイケル　Gazzaniga, Michael S.　神経生理学者　コーネル大学メディカル・カレッジ認識神経科学研究所所長,ダートマス・メディカル・スクール教授　国米国　掲1992

カザノヴァ, パスカル　Casanova, Pascale　文学批評家　パリ第1大学研究員　国フランス　生1959年　掲2004

カサノヴァ, ホセ　Casanova, José　社会学者　ニュー・スクール・フォア・ソーシャル・リサーチ助教授　専社会学理論,宗教社会学　掲2000

カサノバ, リリア　国連環境計画国際環境技術センター副所長　国フィリピン　生1946年　掲2000/2004

カサプ, フョードル　Kassapu, Fedor　重量挙げ選手　国モルドバ　掲1996

カサブランカス, ジュリアン　Casablancas, Julian　グループ名=ストロークス　ミュージシャン　国米国　生1978年8月23日　掲2012

カサブランカス, ジョン　Casablancas, John　エリート社社長　国米国　生1942年12月12日　掲1992

カサベテス, ジョン　Cassavetes, John　映画監督,俳優　国米国　生1929年12月9日　没1989年2月3日　掲1992

カサベテス, ゾエ　Cassavetes, Zoe　映画監督　国米国　掲2012

カサベテス, ニック　Cassavetes, Nick　映画監督,脚本家,俳優　国米国　生1959年5月21日　掲2004/2008/2012

カサベルデ, ロサリオ　陶芸家　ポンティフィシア・カトリック大学教授　国ペルー　生1954年　掲1996

カザマヨール　本名=フュステル, セルジュ　法律家　元・パリ控訴院判事,元・バンセンヌ控訴院判事　国フランス　生1988年10月29日　掲1992

カサマヨル, ホエル　Casamayor, Joel　プロボクサー　元・WBA世界スーパーフェザー級チャンピオン　バルセロナ五輪ボクシングバンタム級金メダリスト　生1971年7月12日　掲1996/2000/2004/2008

カサモンティ, マルコ　Casamonti, Marco　インテリア・デザイナー　国イタリア　生1965年　掲1996

カザリス, アンヌ・マリ　Cazalis, Anne-Marie　作家　国フランス　没1988年7月30日　掲1992

カサール, マリオ　Kassar, Mario　映画プロデューサー　カロルコ社長　国米国　掲1996

カサルテリ, ファビオ　Casartelli, Fabio　自転車選手　国イタリア　生1970年8月16日　没1995年7月18日　掲1996

ガザーレ, アルベルト　Gazale, Alberto　バリトン歌手　国イタリア　生1968年　掲2012

ガザレ, ミッドハット　Gazalé, Midhat　国際電話通信コンサルタント　AT&Tフランス会長　掲2004/2008

ガザレク, サラ　Gazarek, Sara　ジャズ歌手　国米国　掲2012

カザレス, マリア　Casarès, Maria　本名=Casarès Quiroga,Maria　女優　国フランス　生1922年11月22日　没1996年11月22日　掲1992/1996

カザレット, エドワード　Cazalet, Edward G.　実業家　APX会長　国米国　掲2004/2008

ガザレリ, イレーネ　証券アナリスト　米国シェアソン・リーマン・ハットン社上級副社長　国米国　掲1992

ガーザレリ, エレン　Garzarelli, Elaine　エコノミスト　ガーザレリキャピタル社長　国米国　掲2000

カサローヴァ, ヴェッセリーナ　Kasarova, Vesselina　メゾソプラノ歌手　国ブルガリア　生1965年　掲2000/2004/2008/2012

カザロリ, アゴスティノ　Casaroli, Agostino　カトリック枢機卿　元・ローマ法王庁国務省長官(首相)　国バチカン　生1914年11月24日　没1998年6月8日　掲1992

カザン, エリア　Kazan, Elia　本名=カザンジョグロウ, エリア　映画監督,演出家　国米国　生1909年9月7日　没2003年9月28日　掲1992/1996/2000

カザンジアン, マイケル　Kazanjian, Michael　宝石商　⑱米国　⊕1937年　⑳1996

カザンジャン, ジョン　Kazanjian, John A.　弁護士　オンタリオ州国際ビジネスセンター諮問委員会メンバー　⑰競争法,M&A, 通商政策　⑱カナダ　⑳1992

カザンツェフ, ウラジミル　ジャーナリスト,社会運動家　私は日本を愛します会代表,「タワーリシチ」紙記者　⑱ソ連　⑳1992

カザンニク, アレクセイ　法律家　元・ロシア検事総長　⑱ロシア　⑳1996

カジ, アシュラフ　Qazi, Ashraf Jehangir　外交官　国連事務総長イラク特別代表　⑱パキスタン　⊕1942年4月2日　⑳2008

カーシー, ジャッキー　Kersee, Jackie　旧名＝ジョイナー, ジャッキー　元・七種競技選手,元・走り幅跳び選手　⑱米国　⊕1962年3月3日　⑳1992／1996／2000／2004／2008

カーシー, シンシア　Kersey, Cynthia　作家, 講演家　⑱米国　⑳2004

カーシー, デービッド　Keirsey, David　セラピスト　カリフォルニア州立大学　⑰行動障害　⑱米国　⑳2004

カーシィエロ, リチャード・D.　イラストレーター　⑱米国　⊕1953年　⑳1992

カジェゲリジン, アケジャン　Kazhgel'din, Akezhan M.　政治家　元・カザフスタン首相　⑱カザフスタン　⑳1996／2000

カージェス, マイク　Kersjes, Mike　教師　スペース・イズ・スペシャル代表　⑱米国　⑳2008

カジェハス, ラファエル・レオナルド　Callejas, Rafael Leonardo　政治家　元・ホンジュラス大統領　⑱ホンジュラス　⊕1943年11月14日　⑳1992／1996

ガジェフ, ガジ　Gadzhiev, Gadzhi　元・サッカー監督　元・サッカーロシア代表コーチ　⑱ロシア　⊕1945年10月28日　⑳2004／2008

カージェール, オードリー　Kargere, Audrey　科学者, カラーセラピスト　⑰カラーヒーリング　⑱米国　⑳2004

カーシェンバウム, ハワード　Kirschenbaum, Howard　教育コンサルタント　サガモア研究所主任研究員　⑳2004

カーシェンバウム, リチャード　Kirshenbaum, Richard　広告業者　カーシェンバウム・ボンド＆パートナーズ会長・クリエイティブ局総括責任者　⑱米国　⑳2004／2008

ガーシェンフェルド, ニール　Gershenfeld, Neil　コンピューター科学者　マサチューセッツ工科大学メディア・ラボ準教授　⑰インターフェース　⑱米国　⑳2004

カシオーリ, ジャンルカ　Cascioli, Gianluca　ピアニスト, 指揮者, 作曲家　⑱イタリア　⊕1979年　⑳2000／2004／2008／2012

カシージャス, イケル　Casillas, Iker　本名＝カシージャス・フェルナンデス, イケル　サッカー選手（GK）　⑱スペイン　⊕1981年5月20日　⑳2004／2008／2012

カジシュキー, ローラ　Kasischke, Laura　詩人, 作家　⑱米国　⑳2004（カシシュケ, ローラ）

カージス, マーク　Carges, Mark T.　ソフトウェア・エンジニア　UNIXシステムラボラトリーズ（USL）　⑱米国　⑳1992／1996

ガジズリン, ファリト　Gazizullin, Farit R.　政治家　元・ロシア国家資産相　⑱ロシア　⊕1946年　⑳2000／2004

ガジック, J.P.　Gadzik, Jonathan P.　コンピューター技術者　⑱米国　⑳1996

ガジーナ, タデウシ　Gadzina, Tadeusz　バイオリニスト　ワルシャワ音楽院教授　⑱ポーランド　⊕1946年　⑳1996

カシニョール, ジャン・ピエール　Cassigneul, Jean-Pierre　画家　⑱フランス　⊕1935年7月13日　⑳1992／1996／2000

カシネジョ, エミリオ　セビリア万博公社総裁　⑱スペイン　⑳1992

カシブルク, ウラジーミル　択捉島クリール防衛委員会委員長, クリール地区議会副議長　⑱ソ連　⊕1958年　⑳1996

カシヤノフ, ミハイル　Kasyanov, Mikhail Mikhailovich　政治家　元・ロシア首相　⑱ロシア　⊕1957年12月8日　⑳2004／2008／2012

カージャラ, デニス　Karjala, Dennis S.　アリゾナ州立大学法学部教授・法学科学技術センター長　⑰コンピューター著作権法　⑱米国　⊕1939年12月19日　⑳1992／1996

ガジャルド, マルセロ　Gallardo, Marcelo　本名＝ガジャルド, マルセロ・ダニエル　サッカー選手（MF）　⑱アルゼンチン　⊕1976年1月18日　⑳2008

カシャン, フランソワーズ　Caçhin, Françoise　オルセー美術館館長, フランス全国国立美術館監督官　⑱フランス　⑳1996

カーシュ, エフライン　ロンドン大学キングス・カレッジ教授　⑰戦争学, 中東問題　⑳1992

カーシュ, トシュテン　Cars, Thorsten　裁判官　ストックホルム高等裁判所部長判事　⑱スウェーデン　⊕1930年　⑳1996

カシュカシャン, キム　Kashkashian, Kim　ビオラ奏者　⑱米国　⊕1952年　⑳2012

カーシュナー, アービン　Kershner, Irvin　映画監督　⑱米国　⊕1923年4月29日　⊗2010年11月27日　⑳1992

カシュナー, エレン　Kushner, Ellen　ファンタジー作家　⑱米国　⑳1996／2012

カーシュナー, ミア　Kirshner, Mia　女優　⑱カナダ　⑳2012

カーシュナー, リック　Kirschner, Rick　医師, コンサルタント　インスティテュート・フォー・マネジメント・スタディーズ専任教授　⑳2004／2012

カーシュナー, リッチ　Kirchner, Rich　写真家　⑰動物写真　⑱米国　⊕1949年　⑳2000

カーシュナー, ロバート　Kirshner, Robert P.　天文学者　ハーバード大学教授　⑰超新星, 系外銀河天文学　⑱米国　⊕1949年8月　⑳1996／2000

カーシュバウム, ラルフ　Kirshbaum, Ralph　チェリスト　⑱米国　⊕1946年　⑳1992／1996

ガシュパロヴィッチ, イヴァン　Gašparovič, Ivan　政治家　スロバキア大統領　⑱スロバキア　⊕1941年3月27日　⑳2008／2012

カジュフィンジェ, セルジュ　ファッションデザイナー　⑱フランス　⊕1955年　⑳2000

カシュモア, エリス　Cashmore, Ellis　社会学者　スタッフォードシャー大学人文学部教授　⑱英国　⊕1946年　⑳2004／2008

ガジュモフ, ヘタグ　Gazumov, Khetag　レスリング選手（フリースタイル）　北京五輪・ロンドン五輪レスリング男子フリースタイル96キロ級銅メダリスト　⑱アゼルバイジャン　⊕1983年4月24日

カーショー, アレックス　Kershaw, Alex　ジャーナリスト, 脚本家　⑳2008

カーショー, イアン　Kershaw, Ian　歴史学者　シェフィールド大学教授　⑰ドイツ近現代史　⑱英国　⊕1943年　⑳2000

カーショー, クレイトン　Kershaw, Clayton　本名＝カーショー, クレイトン・エドワード　大リーグ選手（投手）　⑱米国　⊕1988年3月19日　⑳2012

ガショー, ベルトラン　Gachot, Bertrand　F1ドライバー　⑱フランス　⊕1962年12月22日　⑳1992／1996

カショギ, アドナン　Khashoggi, Adnan Mohamad　実業家　トライアド・グループ総帥　⑱サウジアラビア　⊕1935年6月25日　⑳1992／1996

ガーション, ジーナ　Gershon, Gina　女優　⑱米国　⊕1962年6月10日　⑳2000／2004

ガーション, フレディ　弁護士　ミュージック・シアター・インタナショナル（MTI）会長　⑱米国　⑳1996

カジラギ, ピエルルイジ　Casiraghi, Pierluigi　サッカー選手（FW）　⑱イタリア　⊕1969年3月4日　⑳2000

カシーン, オーサ　Karsin, Asa　絵本作家　⑱スウェーデン　⊕1969年　⑳2004

カシンジャ, ファウジーヤ　Kassindja, Fauziya　「ファウジーヤの叫び」の著者　⑱米国　⊕1977年　⑳2000

カシンバーム, ミラ　Kirshenbaum, Mira　ハーバード・メディカルクリニック講師, チェスト・ナット・ヒル研究所クリニック責任者　⑱米国　⊕1945年　⑳2000

ガース, ジェニー　Garth, Jennie　本名＝ガース, ジェニー・イブ　女優　⑱米国　⊕1972年4月3日　⑳2000／2004／2012

カスー, ジャン　Cassou, Jean　別名=ノワール, ジャン　詩人, 作家, 美術評論家　元・国民作家組合会長, 元・近代美術館館長　[国]フランス　[生]1897年9月　[没]1986年　[典]1992

カーズ, ジャン・ミッシェル　Cazes, Jean Michel　ワイン醸造家　シャトー・ランシュ・バージュ・オーナー, シャトー・レ・ゾルム・ド・ペス・オーナー　[国]フランス　[生]1935年　[典]2004

カース, パトリシア　Kaas, Patricia　歌手　[国]フランス　[生]1966年12月5日　[典]1992／1996／2004／2008

カーズ, マシュー　Caws, Matthew　グループ名=ナダ・サーフ　ミュージシャン　[国]米国　[典]2012

カス, レオン　Kass, Leon R.　哲学者, 文学者　シカゴ大学教授　[国]米国　[典]2004

カス, レオン・R.　Kass, Leon R.　医学者　大統領生命倫理委員会委員長　[典]2008

カースィミー, アフマド・ナディーム　Qāsimī, Ahmad Nadīm　作家, 詩人　パキスタン進歩主義作家協会幹事　[国]パキスタン　[生]1916年　[典]1992／1996

カズウェル, ジュリー　Caswell, Julie A.　経済学者　[専]食品安全　[国]米国　[典]2004

カスガ, カルロス　春日, カルロス　Kasuga, Carlos　KAY産業社長, パンアメリカン日系協会会長　[国]メキシコ　[典]1996

ガスカース, アレックス　Gaskarth, Alex　グループ名=オール・タイム・ロウ　ミュージシャン　[国]米国　[典]2012

ガスカール, ピエール　Gascar, Pierre　本名=フルニエ, ピエール　作家　[国]フランス　[生]1916年3月13日　[没]没年不詳　[典]1992／1996／2004

カスキー, トーマス　メルク・リサーチ・ラボラトリーズ上級副社長, メルク・ゲノム・リサーチ・インスティテュート社長　[国]米国　[典]2000

カスクーナ, マイケル　Cuscuna, Michael　ジャズ・プロデューサー　ブルーノート・ハウスプロデューサー　[国]米国　[生]1948年9月20日　[典]2000

カスグラン, フィリップ　ジャン・カスグラン社社長　[国]フランス　[生]1937年　[典]1992

カスケ, カールハインツ　Kaske, Karlheinz　実業家　元・シーメンス社長　[国]ドイツ　[生]1928年4月19日　[没]1998年9月27日　[典]1992／1996

ガスケ, リシャール　Gasquet, Richard　テニス選手　ロンドン五輪テニス男子ダブルス銅メダリスト　[国]フランス　[生]1985年6月18日

カスケン, ジョン　作曲家　[国]英国　[生]1949年　[典]1992

ガスコイン, ポール　Gascoigne, Paul　元・サッカー選手　[国]英国　[生]1967年5月27日　[典]1996／2000／2012

カズサ　本名=アラウジョ・ネト, アゲノル　ロック歌手　[国]ブラジル　[没]1990年7月7日　[典]1992

カスタ, レティシア　Casta, Laetitia　ファッションモデル, 女優　[国]フランス　[生]1978年　[典]2000／2004

カスタニェーダ, ホルヘ　Castañeda, Jorge　政治学者, コラムニスト　メキシコ外相　[国]メキシコ　[典]1992／1996／2004／2008

カスタニェット, ジーザス　Castagnetto, Jesus M.　化学者　The Scripps Resarch Institute　[典]2004

カスタニェル, イラリオ　元・サッカー監督　[国]イタリア　[生]1940年12月18日　[典]2000

カスターニャ, バネッサ　Castagna, Vanessa J.　実業家　マービンズ会長　[国]米国　[典]2008／2012

カスタルド, メグ　Castaldo, Meg　作家　[国]米国　[典]2004

カスタ・ローザ, ファビエンヌ　Casta-Rosaz, Fabienne　ジャーナリスト, 歴史家　[典]2004

カスダン, ローレンス　Kasdan, Lawrence　映画監督, 脚本家　[国]米国　[生]1949年　[典]1996

ガスディア, チェチーリア　Gasdia, Cecilia　ソプラノ歌手　[国]イタリア　[生]1960年　[典]1996／2012

カスティオーニ, ニコル　Castioni, Nicole　政治家　元・ジュネーブ州議会議員　[国]スイス　[生]1958年7月14日　[典]2004

ガスティネル, アンヌ　チェロ奏者　[国]フランス　[典]2000

カスティーヤ, ビニー　Castilla, Vinny　元・大リーグ選手　[国]メキシコ　[生]1967年7月4日　[典]2000／2008／2012

カスティーヨ, ホセ　Castillo, Jose　大リーグ選手(内野手), プロ野球選手　[国]ベネズエラ　[生]1981年3月19日　[典]2012

カスティーヨ, マウリリオ　Castillo, Maurilio　マラソン選手　[国]メキシコ　[典]1996

カスティーヨ, ミシェル・デル　Castillo, Michel del　本名=Castillo,Michel Xavier Janicot del　作家　[国]フランス　[生]1933年8月2日　[典]2000／2004／2008／2012

カスティーヨ, ルイス　Castillo, Luis　本名=Castillo,Luis Antonio　元・大リーグ選手　[国]ドミニカ共和国　[生]1975年9月12日　[典]2008／2012

カスティリオーニ, アキッレ　Castiglioni, Achille　インテリアデザイナー, 建築家, 工業デザイナー　[国]イタリア　[生]1918年　[没]2002年12月2日　[典]2000

カスティリオーネ, エンリーコ　Castiglione, Enrico　作家, 音楽学者, 音楽プロデューサー, 編集者　「Musicalia」主宰　[国]イタリア　[生]1968年　[典]2000

カーステッター, マイロン　Kerstetter, Myron F.　ガートナー・グループ副社長(スモール・コンピュータ・システムズ担当)　[国]米国　[典]1992

カステッラッツィ, ダヴィデ　Castellati, Davide　編集者　[国]イタリア　[生]1966年　[典]2004

カステニェード, トマ　Castaignède, Thomas　ラグビー選手　[国]フランス　[生]1975年1月21日　[典]2000

カステラーニ, エンリコ　Castellani, Enrico　美術家　[国]イタリア　[生]1930年　[典]2012

カステラーノ, J.A.　スタンフォード・リソーセズ社長　[国]米国　[生]1937年　[典]1996

カステラン, ジョルジュ　Castellan, Georges　歴史学者　パリ第3大学名誉教授　[専]バルカン史　[国]フランス　[生]1920年　[典]1996／2004

カステリ, クリノ　Castelli, Clino　色彩専門家, デザイナー　カステリ・デザイン・ミラノ社設立者　[国]イタリア　[生]1944年6月　[典]1992

カステル, マニュエル　Castells, Mannuel　社会学者　南カリフォルニア大学教授　[専]都市社会学　[生]1942年　[典]1992／2000／2012

カステルッチ, ロメオ　Castellucci, Romeo　演出家　[国]イタリア　[生]1960年　[典]2012

カステルヌオーヴォ, ニーノ　Castelnuovo, Nino　俳優　[国]イタリア　[生]1937年　[典]1996(カステルヌオーボ, ニーノ)

カステルバジャック, ジャン・シャルル・ドゥ　ファッションデザイナー　[国]フランス　[生]1949年　[典]2000

カステレ, ノルベール　洞穴探検家　[専]洞穴学　[国]フランス　[没]1987年7月20日　[典]1992

カーステン, ドロシー　Kirsten, Dorothy　ソプラノ歌手　[国]米国　[生]1917年7月6日　[没]1992年11月18日　[典]1996

カーステン, リッキ　日本研究家　シドニー大学アジア太平洋研究所研究課長　[国]オーストラリア　[典]2000

カステンバウム, ロバート　Kastenbaum, Robert　臨床心理学者　アリゾナ州立大学教授　[専]死学　[国]米国　[典]2004

カースト, ヴェレーナ　Kast, Verena　スイス分析心理学会会長　[専]分析心理学　[国]スイス　[生]1943年　[典]1992／1996

ガストー, テレーズ　国連欧州本部広報部長　[国]フランス　[典]1992

ガスト, マシュー　Gast, Matthew　コンピューター技術者　[国]米国　[典]2004

カスト・ツァーン, アネッテ　Kast-Zahn, Annette　心理療法家　[国]ドイツ　[生]1956年　[典]2004

カストリアディス, コルネリュウス　Castoriadis, Cornelius　元・社会科学高等研究院指導教官　[専]哲学　[国]フランス　[生]1922年　[没]1997年12月　[典]1992／1996

ガーストル, アンドルー　ロンドン大学教授　[専]日本文学　[国]米国　[典]2000

カストルノフ, セルゲイ　ロシア外務省サハリン代表部代表　⑭ロシア　⑰2000

カストレイ, W.A.　AT&Tアジア・パシフィック副社長　元・日本エヌ・シー・アール会長　⑭オーストラリア　⑮1935年5月1日　⑰1996

カストレル, アルフレッド　Kastler, Alfred　物理学者　⑭フランス　⑮1902年5月3日　⑯1984年1月7日　⑰1992

カストロ, エミリオ　Castro, Emilio　牧師　メソジスト派世界協議会（WCC）総長　⑭ウルグアイ　⑰1996

カストロ, エリザベス　Castro, Elizabeth　テクニカルライター　⑰2004

カストロ, シェイラ　Castro, Sheilla　本名＝Castro,Sheilla Tavares de　バレーボール選手　北京五輪・ロンドン五輪バレーボール女子金メダリスト　⑭ブラジル　⑮1983年7月1日

カストロ, ダナ　Castro, Dana　臨床心理学者　⑱児童心理学　⑭フランス　⑰2004

カストロ, フィデル　Castro, Fidel　本名＝カストロ・ルス, フィデル　革命家, 政治家　元・キューバ国家評議会議長（元首）, 元・キューバ閣僚評議会議長, 元・キューバ革命軍最高司令官　⑭キューバ　⑮1926年8月13日　⑰1992／1996／2000／2004／2008／2012

カストロ, ヘルマン　Castro, Germán　ノンフィクション作家　⑮1940年　⑰2004

カストロ, マリエラ　Castro, Mariela　キューバ国立性教育センター（CENESEX）所長　⑭キューバ　⑮1962年　⑰2012

カストロ, ラウル　Castro, Raúl　本名＝カストロ・ルス, ラウル　政治家　キューバ国家評議会議長（元首）, キューバ閣僚評議会議長, キューバ共産党第1書記　⑭キューバ　⑮1931年6月3日　⑰1992／1996／2000／2004／2008

カストロ, リカルド　ピアニスト　フリブール音楽院　⑮1964年　⑰1996

カストロ, ルイ　Castro, Ruy　編集者　⑭ブラジル　⑮1948年　⑰1996

カストロ・ネヴィス, オスカー　Castr-Neves, Oscar　ギタリスト, 作・編曲家　⑭ブラジル　⑮1940年5月15日　⑰1992（カストロ・ネビス, オスカー）

カストロネヴェス, エリオ　Castro-Neves, Helio　レーシングドライバー　⑭ブラジル　⑮1975年5月10日　⑰2004／2008

カストロノバ, ディーン　Castronovo, Deen　グループ名＝ジャーニー, 旧グループ名＝ワイルド・ドッグス　ロック・ドラマー　⑭米国　⑰2004／2008／2012

カーズナー, ハロルド　Kerzner, Harold　経営学者　ボールドウィン・ワラス大学システム経営担当教授　⑭米国　⑰2004／2008

ガースナー, ルイス（Jr.）　Gerstner, Louis Vincent (Jr.)　通称＝ガースナー, ルー　実業家　元・IBM会長・CEO　⑭米国　⑮1942年3月1日　⑰1992（ガーストナー, ルイス）／1996／2000／2004／2008

カスパーソン, ジェームズ　Kasperson, James　ストーリーテラー, ミュージシャン　⑰2004

カスバート, エリシャ　Cuthbert, Elisha　女優　⑭米国　⑮1982年11月30日　⑰2012

ガスパーリ, ロベルタ　Guaspari, Roberta　本名＝Guaspari-Tzavaras,Roberta　音楽教師　映画「ミュージック・オブ・ハート」のモデル　⑭米国　⑰2004

ガスパリーニ, インノチェンツォ　経済学者　元・ボッコーニ大学学長　⑭イタリア　⑮1985年1月28日　⑰1992

ガスパリーノ, チャールズ　Gasparino, Charles　ジャーナリスト　『ニューズウィーク』シニアライター　⑰2008

カスパロフ, ゲーリー　Kasparov, Garri Kimovich　本名＝Wainstein,Harry　別名＝ワインシタイン, ゲツリク　元・チェス選手, 反体制指導者　もう一つのロシア代表　元・チェス世界チャンピオン　⑭ロシア　⑮1963年4月13日　⑰1992／1996／2000／2004／2008／2012

カスビ, アンドレ　ソルボンヌ大学教授・北米史研究所所長　⑱北米史　⑭フランス　⑮1937年　⑰2004

カスピット, ドナルド　Kuspit, Donald　美術批評家　ニューヨーク州立大学教授　⑱哲学, 美術史　⑭米国　⑮1935年　⑰1992

ガスペリーニ, ジャン・ピエロ　Gasperini, Gian Piero　サッカー監督　⑭イタリア　⑮1958年1月26日　⑰2012

カスペルスキー, ユージン　Kaspersky, Yevgeny　実業家　カスペルスキーラブスCEO　⑭ロシア　⑰2012

カズマレック, トム　Kaczmarek, Tom　ボクシング審判　WBC審判委員長　⑰2004

ガスマン, ピエール　Gassmann, Pierre　現像技師, 写真家　⑭ドイツ　⑮1913年　⑰1992

ガスミー, チャールズ　建築家　⑭米国　⑮1938年　⑰2000

カスミア, シャリン　Kasmir, Sharryn　文化人類学者　ホフストラ大学人類学部助教授　⑭米国　⑰2004

カズミアー, スコット　Kazmir, Scott　本名＝Kazmir,Scott Edward　大リーグ選手（投手）　⑭米国　⑮1984年1月24日　⑰2008／2012

ガズメル, ラタン　Gazmere, Ratan　人権活動家　アフラ・ブータン代表　⑰1996

ガスリー, A.B.(Jr.)　Guthrie, A.B.(Jr.)　作家　⑭米国　⑯1991年4月26日　⑰1992

カースリー, グレッグ　Kearsley, Greg　教育コンサルタント　⑰2008

ガスリー, ジェレミー　Guthrie, Jeremy　本名＝Guthrie,Jeremy Shane　大リーグ選手（投手）　⑭米国　⑮1979年4月8日　⑰2012

ガスリー, レット　Guthrie, Rhett　コンピューター技術者　Axys Solution上級技術パートナー　⑭Java　⑰2004

ガスリーニ, ジョルジオ　Gaslini, Giorgio　ジャズピアニスト, 作曲家, 指揮者　⑭イタリア　⑮1929年10月22日　⑰1996

カースル, バーバラ　Castle, Barbara Anne　政治家　元・英国社会保障相, 元・英国労働党議長　⑭英国　⑮1910年10月6日　⑯2002年5月3日　⑰1992

カスン, マーク　Casson, Mark　経済学者　レディング大学経済学部教授　⑭英国　⑰2004

カズンズ, ノーマン　Cousins, Norman　ジャーナリスト, 作家, 平和運動家　元・カリフォルニア大学ロサンゼルス校教授, 元・「サタデー・レビュー・オブ・リテラチャー」編集長　⑭米国　⑮1915年6月24日　⑯1990年11月30日　⑰1992

カズンズ, フランク　Cousins, Frank　労働運動家, 政治家　元・英国技術相　⑭英国　⑮1904年9月4日　⑯1986年6月11日　⑰1992

カズンズ, ルーシー　Cousins, Lucy　絵本作家　⑭英国　⑮1964年　⑰2000／2004／2008／2012

カズンズ, ロビン　プロスケーター　アイス・キャッスル・メインコーチ　⑭米国　⑮1957年8月17日　⑰1992

カゼ, アンジェロ　Casè, Angelo　詩人, 小学校教師　⑭スイス　⑮1936年　⑰1992

カゼ, ロジェール　レストラン経営者　元・ブラスリ・リップ社長　⑭フランス　⑯1987年4月23日　⑰1992

カセム, アブドル・ラウフ　Kassem, Abdul Rauf　政治家　元・シリア首相　⑭シリア　⑮1932年　⑰1992

カセム, マルワン　Kassem, Marwan　政治家　ヨルダン副首相・外相　⑭ヨルダン　⑮1938年5月　⑰1992

カセム, メディ・ベラ　Kacem, Mehdi Belhaj　小説家, 俳優　⑭フランス　⑮1973年　⑰2004／2008

カセムサモソーン・カセムシー　Kasem-Samosorn Kasemsri　政治家　元・タイ副首相　⑭タイ　⑮1931年3月9日　⑰2000

カセームスィー, ビラボン　Kasemsri, Birabhongse　駐日タイ大使　⑭タイ　⑰1992

カセーム・スワンナクーン　Kasem Suwannakul　タイ国際航空会長　元・タイ副首相, 元・チュラロンコーン大学学長　⑭タイ　⑮1930年　⑰1996

カセムヤール, イスマエル　法律家　緊急ロヤ・ジルガ招集のための特別独立委員会委員長　元・アフガニスタン最高裁判事　⑭アフガニスタン　⑰2004／2008

カゼーラ, マックス　Casella, Max　俳優　⑭米国　⑰2000

カセール, ジョン　Kacere, John　画家　⑰米国　⊕1920年6月23日　⊗2000

カセーロ, アルフレード　Casero, Alfredo　俳優,歌手　⑰アルゼンチン　⊗2004／2008

ガーゼン, ジョン　Goerzen, John　コンピューター技術者,UNIXシステム管理者　⊗2004

カソヴィッツ, マチュー　Kassovitz, Mathieu　映画監督,俳優　⑰フランス　⊕1967年8月3日　⊗2000／2004／2008／2012

ガーソフ, レイモンド　ブルッキングズ研究所上級研究員　⊗核戦略,ソ連研究　⑰米国　⊕1929年3月　⊗1992

ガソル, パウ　Gasol, Pau　バスケットボール選手　北京五輪・ロンドン五輪バスケットボール男子銀メダリスト　⑰スペイン　⊕1980年7月6日

ガソル, マーク　Gasol, Marc　バスケットボール選手　北京五輪・ロンドン五輪バスケットボール男子銀メダリスト　⑰スペイン　⊕1985年1月29日

カソルラ, サンティ　Cazorla, Santi　本名＝ゴンサレス, サンティアゴ・カソルラ　別称＝カソルラ, サンチャゴ　サッカー選手(MF)　⑰スペイン　⊕1984年12月13日　⊗2012

カーソン, キアラン　Carson, Ciaran　詩人,作家,フルート奏者,歌手　クイーンズ大学シェイマス・ヒーニー記念ポエトリー・センター所長　⑰英国　⊕1948年　⊗2000／2008

ガーソン, グリア　Garson, Greer　女優　⑰米国　⊕1908年9月29日　⊗1996年4月6日　⊗1992／1996

ガーソン, ジェリー・ロバート　Gerson, Jerry Robert　医学者　⊗糖尿病　⑰米国　⊕1945年　⊗2004

カーソン, ジョニー　Carson, Johnny　本名＝カーソン, ジョン・ウィリアム　司会者,コメディアン　⑰米国　⊕1925年10月23日　⊗2005年1月23日　⊗1996

カーソン, テッド　Curson, Ted　本名＝Curson,Theodore　ジャズトランペッター　⑰米国　⊕1935年6月3日　⊗1992

カーソン, ポール　Carson, Paul　作家,小児科医　⑰アイルランド　⊗2004

ガーゾン, マーク　Gerzon, Mark　ファシリテーター, リーダーシップトレーナー　メディエーターズ財団代表　⑰米国　⊗2012

カーソン, リチャード　Carson, Richard T.　カリフォルニア大学サンディエゴ校経済学部教授　⑰米国　⊗2004

カーソン, リリアン　Carson, Lillian　ソーシャルワーカー　⑰米国　⊗2004

カーソン, ローズ　北アイルランド工業開発庁(IDB)自動車事業開発ディレクター　⑰英国　⊗1992

カーター, C.スー　Carter, C.Sue　メリーランド大学教授　⊗動物学　⑰米国　⊗1996

カーター, アール　Carter, Earl　コンピューター技術者　⊗2004／2008

カーター, アーロン　ダンス音楽歌手　⑰米国　⊗2000

カーター, アンジェラ　Carter, Angela　作家　⑰英国　⊕1940年　⊗1992年2月16日　⊗1992／1996

カーター, エリオット　Carter, Elliott　本名＝Carter,Elliott Cook, Jr.　作曲家　⑰米国　⊕1908年12月11日　⊗2012年11月5日　⊗1992／2004

カーター, クリス　Carter, Chris　テレビプロデューサー,脚本家,映画監督　⑰米国　⊕1956年10月13日　⊗2000／2012

カーター, クリス　Carter, Cris　プロフットボール選手(WR)　⑰米国　⊕1965年11月25日　⊗2004

カーター, ケビン　Carter, Kevin　本名＝カーター, ケビン・パトリック　写真家　⑰南アフリカ　⊕1960年9月13日　⊗1994年7月27日　⊗1996

カーター, ゲーリー　Carter, Gary Edmund　大リーグ選手　⑰米国　⊕1954年4月8日　⊗2012年2月16日　⊗2000／2004／2008／2012

カーター, ゴードン　Carter, Gordon R.　微生物学者　バージニア・メリーランド大学獣医科大学名誉教授　⊗病原微生物学　⊗2004

カーター, ジェイ　Carter, Jay　執筆家,カウンセラー　⊗2008

カーター, ジェラルド　Carter, Gerald　コンピュータ技術者　⊗2008

カーター, ジミー　Carter, Jimmy　本名＝カーター, ジェームズ　政治家　元・米国大統領(第39代)　⑰米国　⊕1924年10月1日　⊗1992／1996／2000／2004／2008／2012

カーター, シャーロット　Carter, Charlotte　ミステリー作家　⑰米国　⊗2004

カーター, ジョー　Carter, Joe　大リーグ選手(外野手)　⑰米国　⊕1960年3月7日　⊗1992／1996／2000

カーター, ジョン　Carter, John Wallace　ジャズクラリネット奏者　⑰米国　⊕1929年9月24日　⊗1991年3月31日　⊗1992

カーター, スティーブン　Carter, Stephen L.　法学者,作家　エール大学法学大学院教授　⑰米国　⊗2004

カーター, ダン　Carter, Dan　本名＝Carter,Daniel William　ラグビー選手(SO)　⑰ニュージーランド　⊕1982年3月5日　⊗2008／2012

カーター, デービッド　Carter, David E.　グラフィックデザイナー, 著述家,CIコンサルタント　⑰米国　⊗1992／1996／2004／2008

カーター, デービッド　Carter, David A.　イラストレーター　⑰米国　⊗2000

カーター, デービッド　Carter, David　劇作家,演出家　⑰英国　⊗2004／2008

カーター, ハミシュ　Carter, Hamish　本名＝Carter,Hamish Clive　トライアスロン選手　アテネ五輪トライアスロン男子金メダリスト　⑰ニュージーランド　⊕1971年4月28日　⊗2008

カーター, ハリエット　Carter, Harriet H.　弁護士　⑰米国　⊗2004

カーター, ビンス　Carter, Vince　バスケットボール選手　シドニー五輪バスケットボール男子金メダリスト　⑰米国　⊕1977年1月26日　⊗2000／2004／2008／2012

カーター, フィリップ　Carter, Philip　IQ(知能指数)が148以上の人たちによる国際的な組織"MENSA"メンバー　⑰英国　⊗2004

カーター, ベッツイ　Carter, Betsy　ジャーナリスト　「ニューヨーク・ウーマン」編集長　⑰米国　⊗1992

カーター, ベニー　Carter, Benny　本名＝Carter,Bennett Lester　ジャズ・アルトサックス奏者,作曲家　⑰米国　⊕1907年8月8日　⊗2003年7月12日　⊗1992／1996／2000

カーター, ホディング(3世)　Carter, Hodding (III)　ジャーナリスト,コラムニスト　⑰米国　⊕1935年　⊗1992

カーター, マリー　Carter, Mary Ellen　フリーライター　⑰米国　⊕1923年　⊗1996

カーター, リタ　Carter, Rita　医療ジャーナリスト　⊗2008

カーター, ルービン　元・プロボクサー　⑰米国　⊗1992／2004

カーター, レジーナ　ジャズバイオリニスト　⑰米国　⊗2000

カーター, ロザリン　Carter, Rosalynn　カーターセンター副会長　カーター元大統領夫人　⑰米国　⊗1992

カーター, ローズマリー　Carter, Rosemary　ロマンス作家　⑰カナダ　⊗2004

カーター, ロブ　Carter, Rob　グラフィックデザイン　⑰米国　⊗2004

カーター, ローレンス　人権平和運動家　モアハウス大学哲学宗教学部教授　⑰米国　⊕1941年　⊗2004／2008

カーター, ロン　Carter, Ron　本名＝Carter,Ronald Levin　ジャズ・ベース奏者　⑰米国　⊕1937年5月4日　⊗1996／2000／2004／2008／2012

カタイ, エトガール　翻訳家　⑰ソ連　⊗1992

カダイアー, マイケル　Cuddyer, Michael　本名＝Cuddyer,Michael Brent　大リーグ選手(外野手)　⑰米国　⊕1979年3月27日

ガダイエット, ドルガ　軍人,マラソン選手　ネパール陸軍軍曹　⑰ネパール　⊗1992

カタイネン, ユルキ　Katainen, Jyrki　政治家　フィンランド首相, フィンランド国民連合党党首　⑰フィンランド　⊕1971年10月14日　⊗2012

ガーダイン, ブルース　政治家　元・英国国務相　⑰英国　⊗1990年

4月15日 ⓓ1992

ガタウリン, ロディオン 棒高跳び選手 ⓒソ連 ⓑ1965年11月23日 ⓓ1992

カターエフ, ワレンチン Kataev, Valentin Petrovich 作家 ⓒソ連 ⓑ1897年1月28日 ⓔ1986年4月12日 ⓓ1992

カタオカ, バーバラ 片岡, バーバラ Kataoka, Barbara 美術評論家 スタンフォード大学コミュニケーション学科アドミニストレーター ⓓ2004

カタコフ, ノーマン Katkov, Norman 作家 ⓓ1996

カータースコット, シェリー Carter-Scott, Chérie U. カスタムデザインプログラム・コンサルタント モチベーション・マネージメント・サービス会長 ⓒ米国 ⓓ1992/1996

カタソノワ, エレーナ Katasonova, Elena L. 全国抑留者補償協議会 ⓒシベリア抑留者問題 ⓒロシア ⓓ1992/1996/2000/2004

カタトニ, サード Katatny, Mohamed Saad El- 政治家 自由公正党党首 元・エジプト人民議会議長 ⓒエジプト

カタナック, エヴァン ウィスキー蒸留技術者 ジョニーウォーカー親善大使 ⓒ英国 ⓓ1992

カタニー, トニ Catany, Toni 写真家 ⓒスペイン ⓑ1942年 ⓓ1992

カターニア, エンツォ Catania, Enzo ジャーナリスト,作家 ⓒイタリア ⓑ1940年 ⓓ2004/2008

カタネオ, エルナン Cattaneo, Hernan DJ ⓒアルゼンチン ⓓ2008/2012

カダフィ, セイフ・アラブ Qaddafi, Saif Al-Arab カダフィ大佐の息子 ⓒリビア ⓔ2011年4月30日

カダフィ, セイフ・イスラム Qaddafi, Saif al-Islam al- 政治家 元・カダフィ国際慈善財団(カダフィ財団)総裁 ⓒリビア ⓑ1972年6月25日 ⓓ2008/2012

カダフィ, ハミス Qaddafi, Khamis 軍人 カダフィ大佐の息子 ⓒリビア ⓔ2011年8月5日

カダフィ, ムアマル・アル Qaddafi, Muammar al- 本名=Qaddafi,Muammar Muhammad al- 通称=カダフィ大佐 政治家,軍人 元・リビア最高指導者 ⓒリビア ⓑ1942年9月 ⓔ2011年10月20日 ⓓ1992/1996/2000/2004/2008

ガダマー, ハンス・ゲオルク Gadamer, Hans Georg 哲学者 元・ハイデルベルク大学名誉教授,元・ライプツィヒ大学学長 ⓒドイツ ⓑ1900年2月11日 ⓔ2002年2月14日 ⓓ1992/1996/2000

ガーダムバ, ミヤタビーン Gaadamba, Shanzhmjatavyn 作家 ⓒモンゴル ⓑ1927年 ⓓ1992

カタラノ, グレース Catalano, Grace 著述家 ⓒ米国 ⓓ2000

カタラーノ, ニック Catalano, Nick ペイス大学パフォーミング・アーツ担当教授 ⓒジャズ ⓓ2004/2008

カタラノット, フランク Catalanotto, Frank John 大リーグ選手(外野手) ⓒ米国 ⓑ1974年4月27日 ⓓ2004/2008

カタラン, ジャン・クロード レヴィヨン・リュックス社長 ⓒフランス ⓑ1937年8月 ⓓ1992

ガタリ, フェリックス Guattari, Félix 本名=Guattari,Pierre Félix 共同筆名=ドゥルーズ・ガタリ 精神分析家,哲学者 元・ラ・ボルド診療所共同所長 ⓒフランス ⓑ1930年 ⓔ1992年8月29日 ⓓ1992/1996

ガターリッジ, リンジイ Gutteridge, Lindsay ミステリー作家 ⓒ英国 ⓑ1923年 ⓓ1992

カタリン, タラヌ Catalin, Taranu 棋士 囲碁5段 ⓒルーマニア ⓑ1973年3月31日 ⓓ2008

カダル, ヤーノシュ Kádár, János 政治家 元・ハンガリー社会主義労働者党書記長 ⓒハンガリー ⓑ1912年5月26日 ⓔ1989年7月6日 ⓓ1992

カタルド, クリス Cataldo, Chris M. 清泉女子大学講師 ⓒ英語 ⓒ米国 ⓓ1992

カダレ, イスマイル Kadaré, Ismaïl 作家 ⓒアルバニア ⓑ1936年1月28日 ⓓ1992/1996/2000/2008/2012

カダローラ, ルカ レーシングドライバー ⓒイタリア ⓓ1996

カダンニコフ, ウラジーミル Kadannikov, Vladimir Vasilievich 政治家,実業家 ロシア第1副首相,アフトバズ社長 ⓒロシア ⓑ1941年9月3日 ⓓ2000

ガーダンバ, シャンジミャタビン 言語学者,作家,詩人 モンゴル民族自由作家連盟会長 ⓒモンゴル ⓑ1924年 ⓓ1996

カーチ, オラフ Kerch, Olaf コンピューター技術者 ⓓ2004

カチック, フレデリック メリーランド大学化学生化学部助教授 ⓒ生化学 ⓑ1950年 ⓓ2000

カーチャー, ドナルド 元・カール・カーチャー・エンタープライズィズ社長 ⓒ米国 ⓑ1992年5月 ⓓ1996

カチャノフ, キム Kachanoff, Kim 獣医 ⓒカナダ ⓓ2004

カチュマレク, ヤン A.P. Kaczmarek, Jan A.P. 本名=Kaczmarek,Jan Andrzej Pawel 作曲家 ⓑ1953年 ⓓ2012

カチョー 美術家 ⓒキューバ ⓑ1970年 ⓓ2000

カチョ, フェルミン C.Ruiz, Fermin 陸上選手(中距離) ⓒスペイン ⓓ1996

カチョロフスキ, リシャルド 元・ポーランド共和国(亡命政府)大統領 ⓒポーランド ⓓ1992

カチンスキ, ヤロスワフ Kaczyński, Jarosław Aleksander 政治家,法律家 法と正義党党首 元・ポーランド首相 ⓒポーランド ⓑ1949年6月18日 ⓓ2008/2012

カチンスキ, レフ Kaczyński, Lech Aleksander 政治家 元・ポーランド大統領,元・ワルシャワ市長,元・ポーランド法相 ⓒポーランド ⓑ1949年6月18日 ⓔ2010年4月10日 ⓓ2004/2008

カーツ, ウェルウィン・ウィルトン Katz, Welwyn Wilton 作家 ⓒ英国 ⓓ1992 (カッツ, ウェルウィン・ウィルトン)

カーツ, キャサリン Kurtz, Katherine 作家 ⓒ米国 ⓑ1944年 ⓓ1996

カツ・キンホウ 葛 金芳 湖北大学教授 ⓒ中国経済史 ⓒ中国 ⓑ1946年 ⓓ2000

カーツ, ゲーリー Kurtz, Gary 映画プロデューサー エンターテインメント・フィルム・プロダクション社長 ⓒ米国 ⓑ1940年7月27日 ⓓ1992/1996

カツ・コウショウ 葛 洪昇 浙江省省長,中国共産党中央委員 ⓒ中国 ⓑ1931年 ⓓ1996

カツ・ショウケン 葛 象賢 ジャーナリスト 新華通迅社高級記者・経済情報部総編輯室副総編輯 ⓒ中国 ⓑ1946年 ⓓ1996

カツ・シンアイ 葛 新愛 元・卓球選手 河南省卓球チーム監督 ⓒ中国 ⓑ1953年 ⓓ1996

カツ・ソラン 葛 祖蘭 詩人 ⓒ日本俳句研究 ⓒ中国 ⓔ1987年9月24日 ⓓ1992

カツ・チョウコウ 葛 兆光 清華大学中文系教授・漢学研究所副所長 ⓒ中国 ⓑ1950年 ⓓ1996

カーツ, ハワード Kurtz, Howard ジャーナリスト 「ワシントン・ポスト」メディア担当記者 ⓒ米国 ⓓ2004

カツ・ヒ 葛 菲 バドミントン選手 ⓒ中国 ⓑ1975年10月9日 ⓓ2004

カツ・ホウ 葛 萌 中国航海模型スポーツ選手 ⓒ中国 ⓑ1959年 ⓓ1996

カツ・ミンキ 葛 民輝 英語名=コット,エリック,グループ名=軟硬天師 映画監督,俳優,歌手,DJ ⓒ香港 ⓓ2000

カーツァー, デービッド Kertzer, David I. ボウドゥン大学教授 ⓒ人類学 ⓒ米国 ⓑ1948年 ⓓ2004

カツァブ, モシェ Katsav, Moshe 政治家 元・イスラエル大統領 ⓒイスラエル ⓑ1945年12月5日 ⓓ2004/2008/2012

カツァリス, シプリアン Katsaris, Cyprien ピアニスト ⓒフランス ⓑ1951年5月5日 ⓓ1992/1996/2012

ガツァロフ, ハジムラト Gatsalov, Khadjimourat レスリング選手(フリースタイル) アテネ五輪レスリング男子フリースタイル96キロ級金メダリスト ⓒロシア ⓑ1982年12月11日 ⓓ2008

カーツィグ, サンドラ Kurtzig, Sandra 実業家 元・ASKコンピューター・システムズ社会長・CEO ⓒ米国 ⓑ1946年10月21日 ⓓ2000

カツィール, エフライム　Katzir, Ephraim　旧名＝カチャルスキ, エフライム　生物物理学者, 政治家　元・イスラエル大統領, 元・テル・アビブ大学教授, 元・ワイズマン科学研究所教授　国イスラエル　⊕1916年5月16日　2009年5月30日　1992／1996／2000／2008

カツィール, ダン　Katzir, Dan　映画監督　国イスラエル　⊕1969年　2004

カツェラス, ミルトン　Katselas, Milton　映画監督, 舞台演出家　国米国　⊕1933年12月22日　2000

カツオヤニス, パナヨティス　生化学者　マウント・サイナイ医科大学生化学教授　国米国　⊕1924年　1992

カッサーノ, アントニオ　Cassano, Antonio　サッカー選手（FW）　国イタリア　⊕1982年7月12日　2004／2008／2012

カッサーノ, シルヴァーノ　Cassano, Silvano　実業家　ベネトンCEO　国イタリア　⊕1956年　2004／2008

カッサボバ, カプカ　Kassabova, Kapka　詩人　国ニュージーランド　⊕1973年　2004

カッサム, アスム　Quasem, Asm　ニューエイジ・ガーメント社長　国バングラデシュ　1992

カツシェフ, コンスタンチン　Katushev, Konstantin Fedorovich　政治家　元・ソ連対外経済連絡相　国ロシア　⊕1927年12月1日　1992／1996

カッシーナ, イゴル　Cassina, Igor　体操選手　国イタリア　⊕1977年8月15日　2008

カッシネリ, アッティリオ　Cassinelli, Attilio　絵本作家　⊕1923年　2004

カッシング, スティーブン　Cushing, Steven　センシメトリック社システム開発部長, ユニオン大学大学院助手　国ヒューマンファクターズ, フライト・マネージメント　国米国　2004

カッシング, ピーター　Cushing, Peter　俳優　国英国　⊕1913年5月26日　1994年8月11日　1996

カッスーム, ジャミール　銀行家　世界銀行（IBRD）副総裁　国タンザニア　2004／2008

カッスラー, クライブ　Cussler, Clive　冒険小説作家　国米国　⊕1931年7月　1992／1996／2000／2004／2012

カッスル, クリスティン　Cassel, Christine K.　シカゴ大学医学部教授・一般内科学主任教授・高齢化健康保健センター所長　国保健公共政策学　国米国　1996

カッセバーム, ナンシー　Kassebaum, Nancy Landon　本名＝ベーカー, ナンシー・カッセバーム　政治家　元・米国上院議員（共和党）　国米国　⊕1932年7月29日　1996／2000／2004

カッセラ, ウィリアム（Jr.）　Cassella, William N.（Jr.）　ニューヨーク行政研究所上級研究員　国行政学　国米国　⊕1922年　1996

カッセル, ヴァンサン　Cassel, Vincent　俳優　国フランス　⊕1966年11月23日　2000／2004／2008／2012

カッセル, シーモア　Cassel, Seymour　俳優　国米国　⊕1935年1月22日　1996

カッセル, ジャン・ピエール　Cassel, Jean-Pierre　本名＝クロション, ジャン・ピエール　俳優, 歌手　国フランス　⊕1932年10月27日　2007年4月19日　2000／2004

カッセル, フレデリック　Cassel, Frédéric　ショコラティエ　ルレ・デセール会長　国フランス　⊕1967年5月25日　2012

カッセル, ポール　Cassel, Paul　システムコンサルタント, テクニカルライター　国米国　2004

カッセン, ベルナール　Cassen, Bernard　パリ第8大学教授・ヨーロッパ研究院研究長　国ヨーロッパ学　国フランス　⊕1937年　1996

カッソーラ, カルロ　Cassola, Carlo　作家　国イタリア　⊕1917年3月17日　1987年　1992

カッター, ボーマン　ウォーバーグ・ピンカス・マネージング・ディレクター　元・米国大統領補佐官　国米国　2004／2008

カッタイ, エドガルス　通訳, 翻訳家　ラトビア日本協会会長　国ラトビア　2004／2008

カッタネオ, ピーター　Cattaneo, Peter　映画監督　国英国　⊕1964年　2004／2008／2012

カッチャー, ベン　Katchor, Ben　漫画家　国米国　⊕1951年　2008

カッチャーリ, マッシモ　Cacciari, Massimo　美学者, 政治家　ベネチア大学教授, ベネト州議会参事　国イタリア　⊕1944年　2004／2008

カッツ, ウィリアム　Katz, William　作家　国米国　⊕1940年　1992／1996

カッツ, エリユ　Katz, Elihu　ペンシルベニア大学アンネンバーグ・コミュニケーション研究所委嘱教授, ガットマン応用科学研究所科学主事　国メディア論　⊕1926年　2000

カッツ, カレン　Katz, Karen　絵本作家　国米国　2008

カッツ, サミュエル　Katz, Samuel　軍事ライター　国中東問題, イスラエル軍事史　国イスラエル　⊕1963年　1996

カッツ, ジェフリー　アトメル社副社長　国米国　⊕1943年8月　1996

カッツ, ジェームズ　Katz, James E.　社会学者　ラトガース大学コミュニケーション学部教授　国米国　1996

カッツ, ジャック　カリフォルニア大学ロサンゼルス校教授　国法社会学　国米国　1996

カッツ, ジュリアス　米国通商代表部次席代表（ワシントン常駐）, ガバメント・リサーチ・コーポレーション会長　国米国　1992

カッツ, デービッド　Katz, David　指揮者　元・クイーンズ交響楽団常任指揮者　国米国　⊕1987年5月21日　1992

カッツ, ドナルド　Katz, Donald　作家, ジャーナリスト　国米国　2000

カッツ, バーナード　Katz, Bernard　生理学者　元・ロンドン大学ユニバーシティ・カレッジ名誉教授　国神経生理学　国英国　⊕1911年3月26日　2003年4月20日　1992／1996

カッツ, マイケル　Katz, Michael B.　歴史学者　ペンシルベニア大学歴史学教授・「都市研究プログラム」ディレクター　国米国　1992

カッツ, モリー　Katz, Molly　作家　国米国　2000／2004

カッツ, ラウル　Katz, Raul L.　ビジネスコンサルタント　ブーズ・アレン&ハミルトン副社長　2004

カッツ, ラルフ　Katz, Ralph　経営学者　ノースイースタン大学経営学部教授　国米国　2008

カッツ, リチャード　Katz, Richard　ジャーナリスト　「オリエンタル・エコノミスト・リポート」シニア・エディター　国日米関係, アジア経済　国米国　⊕1951年　2000

カッツ, リリアン　Katz, Lilian G.　幼児教育学者　イリノイ大学アーバナ・シャンペーン校名誉教授　国米国　2008

カッツ, リリアン・バーノン　Katz, Lillian Vernon　リリアン・バーノン経営者　国米国　⊕1927年　1992／1996

カッツ, ローレンス　Katz, Lawrence C.　神経生物学者　デューク大学医学センター教授　国米国　2004

ガッツェローニ, セヴェリーノ　Gazzelloni, Severino　フルート奏者　国イタリア　⊕1919年1月5日　1992年11月21日　1992（ガッゼローニ, セベリーノ）／1996

カッツェン, モーリー　Katzen, Mollie　料理研究家, イラストレーター　国米国　2000

カッツェンスタイン, ピーター　Katzenstein, Peter J.　コーネル大学教授　国国際政治学　国米国　⊕1945年　1996／2008

カッツェンバーグ, ジェフリー　Katzenberg, Jeffrey　映画プロデューサー　ドリームワークス・アニメーションSKG・CEO　元・ウォルト・ディズニー・スタジオ会長, 元・ドリームワークスSKG主宰　国米国　⊕1950年12月21日　1996／2000／2004／2008／2012

カッツェンバック, ジョン　Katzenbach, John　ミステリー作家　国米国　⊕1950年6月23日　1992／1996

カッツェンバック, ジョン　Katzenbach, John R.　経営コンサルタント　カッツェンバック・パートナーズLLCシニア・パートナー　元・マッキンゼー・ディレクター　国米国　⊕1932年　2000／

2004

ガッツォス, ニコス　Gatsos, Nikos　詩人, 翻訳者, 作詞家　国ギリシャ　生1911年　没1992

カッツマン, ケネス　Katzman, Keneth　米国議会調査局中東担当専門調査員　国米国　出2000

ガッティ, クラウディオ　Gatti, Claudio　ジャーナリスト　「エウロペア」誌アメリカ支局長　国イタリア　生1955年　出1992

ガッティ, ダニエレ　Gatti, Daniele　指揮者　チューリヒ歌劇場首席指揮者・音楽監督, フランス国立管弦楽団音楽監督　国イタリア　生1961年　出2000／2012

ガッティ, フランチェスコ　ベネチア大学副学長, ベネチア大学教授　専中亜極東諸国制度史・政治史　国イタリア　生1935年　出2000

ガッティカー, ウルス　Gattiker, Urs E.　コンピューター科学者　オールボー大学教授　出2004／2008

カッティン, カルロ・ドナト　Cattin, Carlo Donato　政治家　元・イタリア労働相　国イタリア　没1991年3月17日　出1992

カッティング, ポーリン　Cutting, Pauline　外科医　国英国　生1952年　出1996

カッティング, リンダ・キャサリン　Cutting, Linda Katherine　ピアニスト　ロンジー音楽院　国米国　出2004

ガッテーニョ, ジャン・ピエール　Gattégno, Jean-Pierre　作家　パリ第8大学教授　専英文学　国フランス　生1935年　出1996／2000

ガッド　Gad　本名=Gadoud,Claude　漫画家　国フランス　生1905年　出1992

カット, ジム　Kaat, Jim　本名=Kaat,James Lee　元・大リーグ選手　国米国　生1938年11月7日　出2000

ガッド, スティーブ　Gadd, Steve　ジャズ・ドラマー　国米国　生1945年4月9日　出1992／2008／2012

ガットゥーゾ, ジェンナーロ　Gattuso, Gennaro　本名=ガットゥーゾ, ジェンナーロ・イヴァン　サッカー監督, 元・サッカー選手　国イタリア　生1978年1月9日　出2004／2008／2012

ガットゥング, テレサ　Gattung, Theresa　実業家　テレコム・ニュージーランドCEO　国ニュージーランド　出2008／2012

ガットマン, エイミー　Gutmann, Amy　政治学者　ペンシルバニア大学総長　出2008

ガットラブ, ブルース　ワイン醸造技術者, ワインコンサルタント　ココ・ファーム・ワイナリー醸造責任者　国米国　生1961年　出1996

ガーツバーグ, レビー　ゾーラン社社長・CEO　国米国　出2000

ガッバーナ, ステファノ　Gabbana, Stefano　ファッションデザイナー　ドルチェ&ガッバーナ社長　国イタリア　生1962年11月14日　出2000／2012

カッパーフィールド, デービッド　Copperfield, David　本名=Kotkin,David　イリュージョニスト　国米国　生1956年9月16日　出2000／2004／2008／2012

カフ, アルバート　Kaff, Albert E.　ジャーナリスト　コーネル大学付属通信社論説委員　専ビジネス, 国際関係　国米国　出1992

カップ, ロッシェル　Kopp, Rochelle　経営コンサルタント　ジャパン・インターカルチュラル・コンサルティング社長　国米国　生1964年6月29日　出1996／2000／2008／2012

カーツマン, ハービー　Kurtzman, Harvey　漫画家　風刺漫画誌「マッド」の創刊者　国米国　生1924年　没1993年2月21日　出1996

カラ, ハロッテ　Kalla, Charlotte　スキー選手(距離)　バンクーバー五輪スキー距離女子10キロフリー金メダリスト　国スウェーデン　生1987年7月22日　出2012

ガッリ, パオロ　Galli, Paolo　外交官　駐日イタリア大使　国イタリア　生1934年　出2012

ガッリズガロ, アンナマリア　Gallizugaro, Annamaria　翻訳家　元・イタリア出版翻訳家協会会長　国イタリア　出1996

ガッロ, ルチオ　Gallo, Lucio　バリトン歌手　国イタリア　生1958年　出2012

カーツワイル, アレン　Kurzweil, Allen　作家　国米国　出2004／2008

カーツワイル, レイ　Kurzweil, Ray　発明家　国米国　生1947年

出2004

ガテ, アレクサンドル　Gattet, Alexandre　オーボエ奏者　パリ管弦楽団首席オーボエ奏者　国フランス　出2004

ガデ, フランソワーズ　Gadet, Françoise　パリ第10大学(ナンテール大学)助教授　専社会言語学, 言語学史, フランス語教育法　国フランス　生1947年　出1996

カーティ, ジェフ　Kurtti, Jeff　作家, プロデューサー　国米国　出2000／2004

カーティ, ドナルド　Carty, Donald J.　実業家　アメリカン航空会長・CEO　国カナダ　出2004

カーティス, ウィリアム　Curtis, William J.R.　建築学者　国英国　生1948年　出1992／1996

カーティス, クリストファー・ポール　Curtis, Christopher Paul　児童文学作家　国米国　生1953年　出2004／2008

カーティス, ケネス　Courtis, Kenneth S.　エコノミスト　ドイツ銀証券ストラテジスト, ドイツ銀ケッツ・リミテッド副社長・首席エコノミスト　国カナダ　生1950年　出1996

カーティス, ケン　Curtis, Ken　セキュアード・キャピタル社日本代表　国米国　生1954年　出1996

カーティス, ジェイミー・リー　Curtis, Jamie Lee　別名=Lady Haden-Guest　女優, 児童文学作家　国米国　生1958年11月22日　出1996／2004／2008／2012

カーティス, ジェラルド　Curtis, Gerald L.　政治学者, 日本研究家　コロンビア大学政治学部教授　専現代日本政治, 国際関係学, 比較政治学　国米国　生1940年9月18日　出1992／1996／2000／2004／2008／2012

カーティス, ジャック　Curtis, Jack　作家, 詩人　国英国　出1996

カーティス, シャーロット　Curtis, Charlotte Murray　ジャーナリスト　国米国　生1928年12月19日　没1987年4月16日　出1992

カーティス, トニー　Curtis, Tony　本名=Schwartz,Bernard　俳優　国米国　生1925年6月3日　没2010年9月29日　出1992／2000／2004／2008

カーティス, ナイジェル　Curtiss, Nigel　ファッションデザイナー　国英国　生1957年　出2000

カーティス, ビリー　俳優　国米国　没1988年11月9日　出1992

カーティス, ベン　Curtis, Ben　プロゴルファー　国米国　生1977年5月26日　出2004／2008

カーティス, リチャード　Curtis, Richard　脚本家　生1956年　出2000

ガディッシュ, オリット　Gadiesh, Orit　ベイン・アンド・カンパニー会長　国米国　出2000

ガーディナー, ジョン・エリオット　Gardiner, John Eliot　指揮者　モンテベルディ合唱団常任指揮者　国英国　生1943年4月20日　出1992／1996／2012

ガーディナー, パトリック　Gardiner, Patrick Lancaster　オックスフォード大学名誉教授　専哲学, 哲学史　国英国　生1922年3月17日　出2000

ガーディナー, リンゼイ　Gardiner, Lindsey　絵本作家　国英国　生1971年　出2004

ガーディナー, ロビン　Gardiner, Robin　ノンフィクション作家　国英国　生1948年　出2004／2008

カーディナル, キャサリン　Cardinal, Catherine　ダンス療法セラピスト　国米国　生1953年　出2000

ガーディノ, ハリー　Guardino, Harry　俳優　国米国　生1925年12月23日　没1995年7月17日　出1996

カーディフ, ジャック　Cardiff, Jack　映画撮影監督, 映画監督　国英国　生1914年9月18日　没2009年4月22日　出1992／1996／2004／2008

カティブ, ダト　Khatib, Tan Sri H.M.　外交官　駐日マレーシア大使　国マレーシア　生1938年　出1996／2000

カティヤ・サワディポン　Khattiya Sawasdipol　軍人　元・タイ陸軍少将　国タイ　生1951年6月24日　没2010年5月17日

カーディル, ラビア　Kadeer, Rabiya　人権活動家　世界ウイグル会議主席　生1946年11月15日　出2012

カディール・ジャシン, アブドル　Kadir Jasin, Abdul　ジャーナリスト　ニュー・ストレイツタイムズ・シンジケートグループ編集長, マレーシア・プレス協会副会長　国マレーシア　生1947年　典1996

カディロフ, アフマト　Kadyrov, Akhmed　本名=Kadyrov, Akhmed-Khadzhi Abdulkhamidovich　政治家, イスラム指導者　元・チェチェン共和国大統領　国ロシア　生1951年8月23日　没2004年5月9日　典2004

カディロフ, ラムザン　Kadyrov, Ramzan Akhmadovich　政治家　チェチェン共和国大統領　国ロシア　生1976年10月5日　典2012

カーティン, フィリップ　Curtin, Philip D.　歴史学者　ジョンズ・ホプキンス大学名誉教授　国米国　典2004

ガデス, アントニオ　Gades, Antonio　舞踊家, 振付師　元・アントニオ・ガデス舞踊団主宰, 元・スペイン国立バレエ団芸術監督　フラメンコ　国スペイン　生1936年11月16日　没2004年7月20日　典1992／1996／2004

ガーデ・ドゥエ, ウルリク　Garde Due, Ulrik　実業家　ジョージ・ジェンセンCEO　国デンマーク　生1963年1月14日　典2012

ガーデナー, ジョン　ブラッドフォード大学教授・大学院長　電子技術, 無線通信　国英国　典1996

ガーデナー, ダリル　Gardener, Daryl　プロフットボール選手（DT）　国米国　生1973年2月25日　典2000／2008

カデナ, フレディ　Cadena, Freddy　指揮者　国エクアドル　典2000

ガーデニア, ビンセント　Gardenia, Vincent　俳優　国米国　生1922年1月7日　没1992年12月9日　典1996

カデム・ミサーク, ビジャン　Khadem-Missag, Bijan　バイオリニスト　ウィーン・トーンキュンストラー管弦楽団コンサートマスター　国オーストリア

カテラン, マウリツィオ　Cattelan, Maurizio　現代美術家　国イタリア　生1960年　典2004／2008

カーデリーニ, リンダ　Cardellini, Linda　女優　国米国　生1975年6月25日　典2004／2012

ガーデルズ, ネイサン　Gardels, Nathan P.　編集者　「NPQ」編集者,「グローバル・ビューポイント」編集者　国米国　典2000

カーデルバッハ, シュテファン　Kadelbach, Stefan　法学博士　フランクフルト大学教授　元・ミュンスター大学正教授　生1959年8月6日　典2008

カデロ, マンリオ　Cadelo, Manlio　ジャーナリスト　イタリアンプレスサービス代表, 駐日サンマリノ名誉総領事　国イタリア　生1953年　典2000

ガーテン, ジェフリー　Garten, Jeffrey E.　エール大学スクール・オブ・マネジメント学長　元・米国商務次官　国米国　生1946年　典1992／1996／2004／2008

ガーデン, ティモシー　Garden, Timothy　別名=Garden,Lord　元・英国王立国際問題研究所所長　国国際問題, 安全保障　国英国　生1944年4月23日　没2007年8月9日　典2000

ガーデンハイアー, ロン　Gardenhire, Ron　本名=Gardenhire, Ronald Clyde　大リーグ監督　国米国　生1957年10月24日　典2012

カード, アンドルー　Card, Andrew　本名=Card,Andrew H.,Jr.　別名=Card,Andy　政治家, 実業家　テキサスA&M大学公共政策学部長代行　元・米国大統領首席補佐官, 元・米国運輸長官, 元・ゼネラルモーターズ（GM）副社長　国米国　生1947年5月10日　典1996／2000／2004／2008／2012

カード, オースン・スコット　Card, Orson Scott　SF作家　国米国　生1951年　典1992／1996／2000

カトー, ジョーン　弁護士　ベル・ボイド&ロンド法律事務所弁護士　典1992

ガード, デーブ　グループ名=キングストン・トリオ　フォーク歌手　国米国　生1991年3月22日　典1992

カート, ラリー　俳優　国米国　生1991年6月5日　典1992

カト・イイダ, マヌエル　Kato Yda, Manuel　神父, 社会福祉家　エマヌエルホーム設立者　国ペルー　典1992

カドウミ, ファルーク　Kaddoumi, Farouk　政治家　パレスチナ解放機構（PLO）・ファタハ中央委員会委員長　国パレスチナ

生1931年　典1992／1996／2004／2008／2012

カトク・リン　何徳 倫　和光電子グループ日本支社会長　国中国　生1950年　典2000

ガートサイド, グリーン　Gartside, Green　グループ名=スクリッティ・ポリッティ　ミュージシャン　国英国　生1956年6月22日　典2000／2008／2012

ガドジン, マーティン　Gudgin, Martin　コンピューター技術者

カードーゾ, ピーター　Cardozo, Peter　作家　国米国　生1916年　典1992

カトッポ, マリアンヌ　Katoppo, H.Marianne　作家　国インドネシア　生1943年　典1992

ガードナー, エイドリアン　オンタリオ州観光局広報担当　国カナダ　生1951年　典1992

ガードナー, エバ　Gardner, Ava Lavinnia　本名=ジョンソン, ルーシー　女優　国米国　生1922年12月24日　没1990年1月25日　典1992

ガードナー, カレン　Gardner, Karen M.　コンピューター技術者　典2004

ガードナー, クレイグ・ショー　Gardner, Craig Shaw　作家　国米国　生1949年　典1996／2000

ガードナー, ケイティ　Gardner, Katy　人類学者, 作家　国英国　典2004

ガードナー, ケネス　Gardner, Kenneth Burslam　日本研究家, ライブラリアン　国英国　生1924年6月5日　没1995年4月19日　典1996

カトナ, コルネリウス　Katona, Cornelius　精神医学者　ロンドン大学名誉教授　典2004

ガードナー, ジェームズ　Gardner, James C.　精神科医　国米国　典2004

ガードナー, ジェームズ・アラン　Gardner, James Alan　作家　国カナダ　生1955年　典2000

ガードナー, ジョン　Gardner, John　作家　国英国　生1926年　典1992／1996

ガードナー, ジョン　Gardner, John　本名=Gardner,John Champlin,Jr.　作家, 批評家, 詩人　国米国　生1933年7月21日　没1982年9月14日　典1992

ガードナー, ジョン・ウィリアム　Gardner, John William　著述家, 市民運動指導者　元・スタンフォード大学ビジネススクール顧問教授, 元・コモン・コーズ創設者　国米国　生1912年10月8日　没2002年2月16日　典1996／2000

ガードナー, デデ　Gardner, Dede　映画プロデューサー　プランBエンターテインメント社長　国米国　典2012

ガードナー, ハワード　心理学者　ハーバード大学教育学教授　国米国　生1943年　典1996

ガードナー, ヒラリー　Gardener, Hilary　「ファットレディス・クラブ」の共著者　国英国　典2004

ガードナー, ブース　Gardner, W.Booth　政治家　元・ワシントン州知事, 元・米国通商代表部（USTR）次席代表　国米国　生1936年8月21日　没2013年3月15日　典1996

ガートナー, マイケル　新聞人　元・NBCニュース社長　国米国　生1938年　典1996

ガードナー, マーティン　Gardner, Martin　数学者, 科学ライター, 文芸評論家, パズル作家　国米国　生1914年10月21日　没2010年5月22日　典1992／1996／2000／2004

ガードナー, リサ　Gardner, Lisa　別名=スコット, アリシア　ロマンス作家　国米国　典2004

ガードナー, リチャード　Gardner, Richard A.　コロンビア大学医学部準教授　国児童精神医学, 精神分析学　国米国　生1931年　典1992／1996

ガードナー, ルーロン　Gardner, Rulon　レスリング選手（グレコローマン）　シドニー五輪レスリンググレコローマン130キロ級金メダリスト　国米国　生1971年8月16日　典2000／2004／2008／2012

カトナー, ロバート　Kuttner, Robert　経済ジャーナリスト　「ニュー・リパブリック」記者　国米国　典2000

ガードナー, ワイン　Gardner, Wayne　レーシングドライバー, 元・オートバイライダー　国オーストラリア　生1959年10月11日　典1996／2000／2004／2008

ガートフ, レイモンド　ブルッキングズ研究所上級研究員　専安全保障問題, 軍備管理, 東西関係　国米国　典1992

カートマン, チャールズ　Cartman, Charles　外交官　朝鮮半島エネルギー開発機構（KEDO）事務局長　元・朝鮮半島和平協議米国特使　国米国　典2000／2004／2008

ガトームソン, リク　Guttormson, Ricky　本名＝Guttormson,Rick Lee　プロ野球選手（投手）　国米国　生1977年1月11日　典2008／2012

カドムツェフ, ボリス　Kadomtsev, Boris Borisovich　物理学者　元・クルチャトフ原子力研究所プラズマ物理学部長　国ロシア　生1928年11月9日　没1998年8月19日　典1992

カトラー, クリス　Cutler, Chris　グループ名＝ヘンリー・カウ, カシーバー　ミュージシャン, 批評家　国英国　生1947年1月4日　典2000／2008／2012

カトラー, ジェーン　Cutler, Jane　児童文学作家　国米国　生1936年　典2004

カドラ, ヤスミナ　Khadra, Yasmina　本名＝ムルセフール, ムハマド　作家　国フランス　生1955年　典2012

カトラー, ロナルド　Cutler, Ronald　ラジオプロデューサー, 脚本家, 作家　国米国　典2012

カートライト, トーマス　Cartwright, T.C.　農学者　テキサス農業工科大学名誉教授　生1924年　典2008

カートライト, ピーター　Cartwright, Peter　法学者　ノッティンガム大学講師　専消費者法, 銀行法　国英国　典2004

カートライト, フレデリック・フォックス　Cartwright, Frederick Fox　医師　専麻酔科, 医史学　国英国　生1909年　典2000

カトラマ, ヨルマ　コントラバス奏者　ヘルシンキ・フィルハーモニー首席奏者　国フィンランド　生1936年　典2000

カトラン, ベルナール　Cathelin, Bernard　画家　国フランス　生1919年5月20日　没2004年4月17日　典1992／1996

カートランド, バーバラ　Cartland, Barbara　本名＝カートランド, メアリ・バーバラ・ハミルトン　ロマンス作家, 劇作家　国英国　生1901年7月9日　没2000年5月21日　典1992／1996／2000

カトリ, パドマ　Khatri, Padma Bahadur　元・ネパール外相　国ネパール　生1915年　没1985年7月19日　典1992

カドーリ, ローレンス　Kadoorie, Lawrence　富豪　国香港　生1899年6月2日　没1993年8月25日　典1996

カートリッジ, カトリン　Cartlidge, Katrin　女優　国英国　生1961年5月15日　没2002年9月7日　典2000

カートリッジ, ブライアン　Cartledge, Bryan G.　ソ連問題専門家, 元・外交官　オックスフォード大学リナカー・カレッジ学長　元・駐ソ英国大使　国英国　典1992

カートリッジ, ミシェル　Cartlidge, Michelle　画家　国英国　生1950年　典1996

カトリーヌ　グループ名＝リリキューブ　歌手　国フランス　典2000

ガトリフ, トニー　Gatlif, Tony　映画監督　国フランス　生1948年9月10日　典2000／2004／2008／2012

カトリン, キャサリン　Catlin, Katherine　コンサルタント　カトリン・グループ創業者　典2004

ガトリン, ジャスティン　Gatlin, Justin　陸上選手（短距離）　アテネ五輪陸上男子100メートル金メダリスト　国米国　生1982年2月10日　典2008／2012

カトリング, アラン　インチケープ・ジャパン社長　国英国　生1950年3月29日　典1996／2000

ガドル, ピーター　Gadol, Peter　作家　国米国　生1964年4月15日　典2000

カトル, リック　Cattell, Rick　コンピューター技術者　典2004

カドルディン, ミアン　Quadrud-Din, Mian　国連広報センター（東京）所長　国パキスタン　生1938年　典1992

カトロウィッツ, アレックス　ジャーナリスト　「ウォールストリート・ジャーナル」誌記者　国米国　生1955年　典1996

ガートン, クリス　Garton, Cris　英国航空日本支社長　典1996

カートン, ジョン　Kirton, John　トロント大学教授　国カナダ　典2012

ガードン, ジョン・バートランド　Gurdon, John Bertrand　生物学者　元・ケンブリッジ大学教授　専細胞生物学　国英国　生1933年10月2日　典1992／2012

ガーナー, アラン　Garner, Alan　児童文学作家　国英国　生1934年　典1992

ガーナー, ジェニファー　Garner, Jennifer　女優　国米国　生1972年　典2008／2012

ガーナー, ジェームズ　Garner, James　本名＝Baumgarner,James Scott　俳優　国米国　生1928年4月7日　典2004／2008／2012

ガーナー, ジェームズ・フィン　Garner, James Finn　作家, パフォーマー　国米国　生1960年　典1996／2000

ガーナー, ジョアン・エリザベス　政治家　ビクトリア州首相　国オーストラリア　典1992

ガーナー, デービッド　Garner, David M.　医学者　摂食障害アカデミー・フェロー　専摂食障害　典2008

カナー, バーニス　Kanner, Bernice　コラムニスト, ジャーナリスト　国米国　典2004

ガーナー, フィル　Garner, Phil　本名＝Garner,Philip Mason　大リーグ監督, 元・大リーグ選手　国米国　生1949年4月30日　典2004／2008／2012

ガーナー, ヘレン　作家　国オーストラリア　典1992

カナー, レオ　Kanner, Leo　児童精神医学者　国米国　生1894年　没1981年　典1992

カナヴァジオ, ジャン　Canavaggio, Jean　伝記作家　パリ第10大学教授, ベラスケス会館館長　専セルバンテス研究　国フランス　生1936年　典2004／2008

カナヴァロフ, ボリス　ピアニスト　ノボシビルスク音楽院教師　国ソ連　典1992（カナバロフ, ボリス）

カナエワ, エフゲニヤ　Kanayeva, Yevgenia　元・新体操選手　北京五輪・ロンドン五輪新体操女子個人総合金メダリスト　国ロシア　生1990年4月2日　典2012

ガナッシ, ソニア　Ganassi, Sonia　メゾソプラノ歌手　国イタリア　生1966年　典2012

カナット, ヤキマ　映画スタントマン　国米国　没1986年5月24日　典1992

カーナハン, ジョー　Carnahan, Joe　本名＝Carnahan,Joseph Aaron　映画監督, 脚本家　国米国　生1969年5月9日　典2012

カーナハン, ジーン　Carnahan, Jean　政治家, 作家　元・米国上院議員（民主党）　国米国　生1933年12月20日　典2004

カーナハン, メル　Carnahan, Mel Eugene　政治家　元・ミズーリ州知事　国米国　生1934年2月11日　没2000年10月16日　典1996／2000

カナリック, クレイグ　Kanarick, Craig　Webデザイナー・コンサルタント, 実業家　レーザーフィッシュ副会長・チーフサイエンティスト　国米国　生1967年　典2004

カナル, ジャラ・ナート　Khanal, Jhala Nath　政治家　元・ネパール首相　国ネパール　生1950年3月20日　典2012

カーナル, スティーブン　Kanar, Stephen　作家, 弁護士　国米国　典2004

カナル, トニー　Kanal, Tony　グループ名＝ノー・ダウト　ベース奏者　国米国　生1970年8月27日　典2004／2008

ガナール, ライナー　美術家　国オーストリア　生1961年　典1996

カナーレス, アントニオ　Canales, Antonio　フラメンコダンサー, 振付師　アントニオ・カナーレス舞踊団主宰　国スペイン　生1961年　典2000／2004／2008

カーナン, アルビン　Kernan, Alvin　プリンストン大学名誉教授, アンドリュー・メロン財団人文科学部門顧問　生1923年　典2004／2008

カナーン, トニー　Kanaan, Tony　レーシングドライバー　国ブラジル　生1974年12月31日

カーニー, アート Carney, Art 俳優 [国]米国 [生]1918年11月4日 [没]2003年11月9日 [典]1992／1996

ガーニー, エリック Gurney, Eric 漫画家, 作家 [国]米国 [典]2000

カーニー, キャシディー・ユミコ Kearney, Cassidy Yumiko 「天才マイケル 育児の秘密」の著者 [国]米国 [生]1957年9月17日 [典]1996

カーニー, ケビン・ジェームズ Kearney, Kevin James 元・米国海軍将校 「天才マイケル 育児の秘密」の著者 [国]米国 [生]1954年2月13日 [典]1996

ガーニー, ジェームス Gurney, James 画家 [国]米国 [典]2000

カーニー, ジョン 陸上選手(長距離) [国]ケニア [典]2000

カーニー, ジョン Carney, John 旧グループ名=ザ・フレイムス 映画監督 [国]アイルランド [生]1970年 [典]2008／2012

カーニー, スーザン Kearney, Susan ロマンス作家 [国]米国 [典]2008

カーニー, ダニエル Carney, Daniel 作家 [国]ジンバブエ [生]1944年 [没]1987年1月 [典]1992

ガーニー, ダン Gurney, Dan 元・F1ドライバー [国]米国 [生]1931年 [典]1996

カーニー, トニー Kearney, Tony デザイナー デザイン・メーカーズ社共同設立者・役員 [国]オーストラリア [生]1958年 [典]1992／1996

カーニー, ハナ Kearney, Hannah スキー選手(フリースタイル) バンクーバー五輪フリースタイルスキー女子モーグル金メダリスト [国]米国 [生]1986年2月26日 [典]2012

カーニー, ロバート Carney, Robert B. 軍人 元・米国海軍作戦部長 [国]米国 [没]1990年6月25日 [典]1992

カニア, カリン Kania, Karin 旧名=エンケ, カリン スピードスケート選手 [国]ドイツ [生]1961年6月20日 [典]1992

カニア, スタニスワフ Kania, Stanislaw 政治家 元・ポーランド統一労働者党第1書記 [国]ポーランド [生]1927年 [典]1992

ガニア, バーン Gagne, Verne 本名=ガニア, ラバーン・クラレンス 元・プロレスラー [国]米国 [生]1926年2月26日 [典]2012

カーニアック, ローレンス Cherniak, Laurence 俳優 [国]カナダ [典]1996

ガニエ, エリック Gagne, Eric Serge 元・大リーグ選手 [国]カナダ [生]1976年1月7日 [典]2004／2008／2012

ガーニエリ, ジョニー Guarnieri, Johnny 本名=Guarnieri,John A. ジャズ・ピアニスト [国]米国 [生]1917年3月23日 [没]1985年1月8日 [典]1992

ガニェール, ピエール Ggagnaire, Pierre 料理人 [国]フランス [生]1950年 [典]2000／2008／2012

ガニオ, デニス Ganio, Denys バレエダンサー 元・マルセーユ・バレエ団プリンシパル [国]フランス [生]1949年4月25日 [典]2008／2012

ガニオ, マチュー Ganio, Mathieu バレエダンサー パリ・オペラ座バレエ団エトワール [国]フランス [生]1984年3月16日 [典]2008／2012

ガニオン, クロード Gagnon, Claude 映画監督, 脚本家, 映画プロデューサー [国]カナダ [生]1949年12月18日 [典]2004／2008／2012

ガニオン, マルク Gagnon, Marc スケート選手(ショートトラック) [国]カナダ [生]1975年5月24日 [典]2000(ガニョン, マルク)／2004

ガニオン, ユリ・ヨシムラ Gagnon, Yuri Yoshimura 映画プロデューサー アスカ・フィルム社長 [国]カナダ [生]1948年 [典]1992／2012

カニカ・ヤンケーソン タイ教育省ノン・フォーマル・エデュケーション部門振興役 [国]タイ [生]1946年 [典]1996

カニグズバーグ, E.L. Konigsburg, E.L. 本名=カニグズバーグ, エレイン・ローブル 児童文学作家 [国]米国 [生]1930年2月10日 [没]2013年4月19日 [典]1992／1996／2004／2008

カニーゲル, ロバート Kanigel, Robert サイエンス・ライター, 編集者 [国]米国 [典]1996

カニサーレス, サンティアゴ Cañizares, Santiago サッカー選手(GK) [国]スペイン [生]1969年2月18日 [典]2004／2008

ガニサン, インディラ Ganesan, Indira 作家 サザンプトン大学英文科助教授 [国]米国 [典]2000

カニージャ, クラウディオ Caniggia, Claudio 本名=カニージャ, クラウディオ・ポール サッカー選手(FW) [国]アルゼンチン [生]1967年1月9日 [典]1992／1996／2000／2004／2008

カーニス, アーロン・ジェイ Kernis, Aaron Jay 作曲家 [国]米国 [生]1960年 [典]2004

ガーニス, マイケル Gurnis, Michael 地球物理学者 カリフォルニア工科大学教授 [国]米国 [典]2004

カニスキナ, オルガ Kaniskina, Olga 競歩選手 北京五輪陸上女子20キロ競歩金メダリスト [国]ロシア [生]1985年1月19日 [典]2012

カニストラーロ, ビンセント Cannistraro, Vincent 元・CIAカウンター・テロリズム局長 [国]米国 [生]1944年 [典]1996

カーニック, サイモン Kernick, Simon 作家 [国]英国 [典]2004

カニーノ, ブルーノ Canino, Bruno ピアニスト ミラノ音楽院教授 [国]イタリア [生]1935年12月30日 [典]1992

カーニハン, ブライアン Kernighan, Brian W. コンピューター技術者 ルーセント・テクノロジーズ・ベル研究所計算機科学研究センター [典]2004

カニャバテ, ミゲル・O. イスパニア社長 [国]スペイン [生]1960年 [典]1996

ガニラウ, ペナイア Ganilau, Penaia Kanatabatu 政治家 元・フィジー大統領 [国]フィジー [生]1918年7月28日 [没]1993年12月15日 [典]1992／1996

カニンガム, ウォード Cunningham, Ward コンピューター技術者 [典]2004

カニンガム, エレイン Cunningham, Elaine 作家 [国]米国 [典]2004

カニンガム, オーエン 弁護士 [国]米国 [没]1987年2月5日 [典]1992

カニンガム, グレン Cunningham, Glenn 陸上選手 [国]米国 [生]1909年 [没]1988年3月10日 [典]1992

カニンガム, サイモン Cunningham, Simon 実業家 ケーブル・アンド・ワイヤレスIDC社長・CEO [国]英国 [生]1960年3月7日 [典]2000

カニンガム, ジャネット Cunningham, Janet セラピスト ブレイクスルー・トゥ・ジ・アンコンシャス主宰 [専]退行療法 [国]米国 [典]2004

カニンガム, ステイス Cunningham, Stace システムエンジニア, テクニカルライター [国]米国 [典]2004

カニンガム, デービッド(Jr.) Cunningham, David L.(Jr.) 実業家 フェデラルエクスプレス・アジア太平洋地域社長 [国]米国 [典]2004／2008

カニンガム, ハリー Cunningham, Harry Blair 元・Kマート創設者 [国]米国 [生]1907年7月23日 [没]1992年11月11日 [典]1996

カニンガム, バリー Cunningham, Barry 編集者 [国]英国 [典]2012

カニンガム, ピーター Cunningham, Peter 別名=ローダー, ピーター 作家 [生]1947年 [典]1996

カニンガム, マイケル Cunningham, Michael R. クリーブランド美術館キュレーター(日本・朝鮮美術担当) [国]米国 [生]1945年 [典]2004

カニンガム, マイケル Cunningham, Michael 作家 [国]米国 [生]1952年11月6日 [典]1996／2008／2012

カニンガム, マイケル Cunningham, Michael J. 愛称=カニンガム, マイク コンサルタント ハーバード・コンピューティング・グループCEO [典]2004

カニンガム, ランドール Canningham, Randall 元・プロフットボール選手 [国]米国 [生]1963年3月27日 [典]2000／2004

カニンガム, ランドル(Jr.) Cunningham, Randall(Jr.) 軍人 元・米国第7艦隊司令官参謀 [国]米国 [生]1941年12月8日 [典]1992

カニンガム, ローレンス Cunningham, Lawrence A. 法学者 エシバ大学教授 [国]米国 [典]2004

カニング, ビクター Canning, Victor 別名=グールド, アラン 作家 [国]英国 [生]1911年6月16日 [典]1996

カニングハム, マース　Cunningham, Merce　現代舞踊家,振付師　元・マース・カニングハム・ダンス・カンパニー芸術監督　国米国　生1919年4月16日　没2009年7月26日　収1992(カニンガム, マース)／1996(カニンガム, マース)／2000(カニンガム, マース)／2008(カニンガム, マース)

カニンバ, ピエール　医師　イブカ運営委員　国ルワンダ　収2000

カヌ, ヌワンコ　Kanu, Nwankwo　サッカー選手(FW)　国ナイジェリア　生1976年8月1日　収2000／2004／2008

カヌーセン, ジム　Knudsen, Jim　専英文学,政治学　国米国　生1946年　収1996

カネ, ギヨーム　Canet, Guillaume　俳優　国フランス　生1973年4月10日　収2000／2004／2012

カーネ, チェリッサ　Kane, Cherissa　本名＝カーネ, チェリッサ・ヘノヘアナーブアイカワオケレ　フラダンサー　国米国　生1983年7月2日　収2012

カーネギー, ドロシー　Carnegie, Dorothy　自己啓発家,経営コンサルタント　国米国　生1912年　収1996／2004

カネギ, ルース　言語学者　オレゴン大学東洋言語学科助教授　専イマージョン教育,第二言語習得　国米国　生1952年　収2000

カネコ, アン　兼子, アン　映画監督　国米国　収2004

ガネサン, ソーマ　Ganesan, Soma　精神科医　ブリティッシュ・コロンビア大学教授　国カナダ　収2000

カネシロ・タケシ　金城 武　俳優　生昭和48年10月11日　収1996

カネッサ, ロベルト　Canessa, Roberto　医師　飛行機事故での奇跡の生還者　国ウルグアイ　生1953年1月17日　収1996

カネッティ, エリアス　Canetti, Elias　作家,思想家　国英国　生1905年7月25日　没1994年8月14日　収1992／1996

ガーネット, ケビン　Garnett, Kevin　バスケットボール選手　シドニー五輪バスケットボール男子金メダリスト　国米国　生1976年5月19日　収2000／2004／2012

ガーネット, デービッド　Garnett, David　作家　国英国　生1892年3月9日　没1981年　収1992

ガネット, ルース・スタイルス　Gannett, Ruth Stiles　児童文学作家　国米国　生1923年　収2000／2004

ガネフ, ストヤン　Ganev, Stoyan　政治家　元・ブルガリア副首相・外相　国ブルガリア　生1955年7月　収1996／2000

カネブ, パトリシア　Kaneb, Patricia A.　プリシラ・オブ・ボストン社長　国米国　生1962年　収2000

カネフスキー, ヴィタリー　Kanevskii, Vitalii　映画監督　国ロシア　生1935年　収1996／2012

カーネマン, ダニエル　Kahneman, Daniel　心理学者,経済学者　プリンストン大学教授　専行動経済学　国米国　生1934年3月5日　収2004／2008／2012

ガネム, シュクリ　Ghanem, Shukri　本名＝ガネム, シュクリ・ムハンマド　政治家　元・リビア全人民委員会書記(首相),元・リビア国営石油会社総裁　国リビア　生1942年10月9日　没2012年4月29日　収2008

ガネム, ファラジ・ビン　Ghanim, Faraj Said bin　政治家　元・イエメン首相　国イエメン　生1937年9月1日　没2007年8月5日　収2000

ガネリ, アニタ　Ganeri, Anita　科学読物作家　生1961年　収1996

ガネル, サリー　陸上選手(障害)　国英国　収1996

カネル, セヴリーヌ　Caneele, Sevrine　女優　国フランス　収2000

カネロプーロス, パナヨティス　Kanellopoulos, Panagiotis　政治家　元・ギリシャ首相　国ギリシャ　没1986年9月11日　収1992

カノ, アルフォンソ　Cano, Alfonso　本名＝Sáenz Vargas, Guillermo León　ゲリラ指導者　元・コロンビア革命軍(FARC)最高指導者　国コロンビア　生1948年7月22日　没2011年11月4日

カノ, ルイス・ガブリエル　Cano, Luis Gabriel　「エル・エスペクタドール」紙社長　国コロンビア　収1992

ガーノー, ロス　オーストラリア国立大学経済学部教授　専経済政策　国オーストラリア　生1946年7月　収1996

カノ, ロビンソン　Canó, Robinson　本名＝Canó, Robinson José　大リーグ選手(内野手)　国ドミニカ共和国　生1982年10月22日

カーノカン, W.B.　Carnochan, W.B.　スタンフォード大学教授　専教育学　国米国　生1930年　収2000

カノックポン・ソンソムバン　作家　国タイ　生1966年2月9日　収2000

カーノードル, ジョージ　Kernodle, George R.　アーカンソー大学名誉教授　専演劇学,ヨーロッパ演劇　国米国　生1907年　収1992／1996

ガノール, ソリー　Ganor, Solly　「日本人に救われたユダヤ人の手記」の著者　生1928年　収2000

カノルド, ミッチェル　ソニー・オンライン・ベンチャー社長　国米国　収2000

ガーノン, ヘレン　Gernon, Helen　オレゴン大学大学院経営学研究科準教授　専会計学　国米国　収1996

カバー, アフマド・テジャン　Kabbah, Ahmad Tejan　政治家　元・シエラレオネ大統領,元・シエラレオネ人民党(SLPP)党首　国シエラレオネ　生1932年2月16日　収2000／2004／2008／2012

カバ, アレックス　Kava, Alex　作家　国米国　収2004

カーバー, アンジェリーク　Kerber, Angelique　テニス選手　国ドイツ　生1988年1月18日

カーバー, ウィンダム　Carver, W.Du Boulay　実業家　ワイバーン・インターナショナル社統括社長　国英国　生1944年　収1996

カーバー, ジェフリー　Carver, Jeffrey A.　作家　国米国　生1948年　収1996

カーバー, ジーン　Carper, Jean　医療ジャーナリスト　専栄養学,衛生学　国米国　収1992／1996／2000／2012

カーバー, トム　Carper, Thom　本名＝カーバー, トーマス　政治家,元・軍人　米国上院議員(民主党)　元・デラウェア州知事　国米国　生1947年1月23日　収1996／2000／2004／2012

ガーバー, バリー　Gerber, Barry　コンピュータ・コンサルタント　カリフォルニア大学ロサンゼルス校メディカルセンター情報システム・コンサルタント　収2004

ガーバー, マイケル　Gerber, Michael　ライター　国米国　生1969年　収2004

ガーバー, マイケル　Gerber, Michael E.　経営コンサルタント　収2004

ガーバー, リチャード　Gerber, Richard　医学者,内科医　ウェイン州立大学　専代替医学,エネルギー医学

カーバー, リンダ　Kerber, Linda K.　歴史学者　アイオワ大学教授,アメリカ学会会長　専女性史　国米国　収2004／2008

カーバー, レイモンド　Carver, Raymond　作家,詩人　国米国　生1938年5月　没1988年8月2日　収1992

カバイヴァンスカ, ライナ　Kabaivanska, Raina　ソプラノ歌手　国イタリア　生1934年12月15日　収2000

カバイエ, ロナルド　Cavaye, Ronald　ピアニスト　国英国　収2000

カバエワ, アリーナ　Kabaeva, Alina　新体操選手　ロシア下院議員　アテネ五輪金メダリスト　国ロシア　生1983年5月12日　収2000／2004／2008／2012

カーバーガー, キンバリー　Kirberger, Kimberly　青少年支援活動家　収2004

カバコ・シルバ, アニバル　Cavaco-Silva, Anibal　政治家,経済学者　ポルトガル大統領　元・ポルトガル首相,元・ポルトガル社会民主党党首　国ポルトガル　生1939年7月15日　収1992／1996／2008／2012

カバコフ, アレクサンドル　Kabakov, Aleksandr　作家,元・新聞記者　国ロシア　生1944年　収1992／1996

カバコフ, イリヤ　Kabakov, Ilya　美術家,挿絵画家　国ロシア　生1933年9月30日　収1996／2000／2008／2012

カバコフ, エミリア　Kabakov, Emilia　美術家　国ロシア　生1945年　収2008／2012

カバサ, エンニョ　Capasa, Ennio　ファッションデザイナー　国イタリア　生1960年　収2000／2012

ガバシ, サーシャ　Gervasi, Sacha　脚本家,映画監督　生1966年

[典]2012

カバジアス, ニコス　作家　[生]1910年1月24日　[典]1992

カバジェロ, セレスティーノ　Caballero, Celestino　プロボクサー　元・WBA世界フェザー級チャンピオン, 元・WBA・IBF世界スーパーバンタム級チャンピオン　[国]パナマ　[生]1976年6月21日

カバゾス, ラウロ　Cavazos, James Lauro　解剖学者　元・米国教育長官, 元・テキサス工科大学学長　[国]米国　[生]1927年　[典]1992

ガーバック, エルビス　Grbac, Elvis　元・プロフットボール選手　[国]米国　[生]1970年8月13日　[典]2004

ガバッチア, ダナ　Gabaccia, Donna R.　歴史学者　ノースカロライナ大学シャーロット校教授　[専]アメリカ史, イタリア移民史　[国]米国　[典]2004／2008

カバット, アダム　Kabat, Adam　武蔵大学教授　[専]近世・近代日本文学, 比較文学　[国]米国　[生]1954年3月26日　[典]1996／2000／2004

カバット・ジン, ジョン　Kabat-Zinn, Jon　マサチューセッツ大学医学部準教授　[専]ストレス　[国]米国　[生]1944年　[典]1996

カパディア, クンダニカ　Kapadia, Kundanika　作家, ジャーナリスト　[国]インド　[生]1927年　[典]1996

ガーバーディング, ジュリー・ルイーズ　Gerberding, Julie Louise　薬学者　米国疾病対策予防センター（CDC）所長　[専]感染症, 公衆衛生学　[国]米国　[生]1955年8月22日　[典]2008／2012

カバデール, デービッド　Coverdale, David　グループ名=ホワイトスネイク, 旧グループ名=ディープ・パープル　ロック歌手　[国]英国　[生]1951年9月22日　[典]2000／2004／2008／2012

カーハート, T.E.　Carhart, Thad E.　ライター, ジャーナリスト　[国]アイルランド　[典]2004

ガバート, カイル　Gabhart, Kyle　コンピューター技術者　[国]米国　[典]2004

ガーバート, フィリップ　Gerbert, Philipp　経営コンサルタント　[典]2004

ガバート, マイケル　元・「スター」紙編集長　[国]英国　[没]1988年5月19日　[典]1992

カバトゥー, イザベル　オペラ歌手　[典]2000

カバナ, サーラ　レーシングドライバー　[国]アイルランド　[典]2000

カバナー, ジョン・パトリック　Kavanagh, John Patrick　作家, 弁護士　[国]米国　[典]1996

カバナー, ポール　Kavanagh, Paul　外交官　国連広報センター所長　[国]アイルランド　[典]2000

カパーナ, マリオ　Capanna, Mario　政治家　イタリア下院議員　[国]イタリア　[生]1945年　[典]1992

カハナー, ラリー　Kahaner, Larry　ジャーナリスト　元・「ビジネスウィーク」ワシントン通信員　[国]米国　[典]2004

カバナー, ローランド　Cavanagh, Roland R.　経営コンサルタント　[国]米国　[典]2004／2008

ガバナス, ゲーリー　Govanus, Gary　コンピューターコンサルタント　[典]2004

カバーニ, アネリ・ウーテ　南東欧州研究所（ミュンヘン）ルーマニア主任研究員　[専]ルーマニア問題　[国]ドイツ　[典]1992

カバニス, ジョゼ　Cabanis, José　作家　[国]フランス　[生]1922年3月24日　[没]2000年10月6日　[典]1992

カハネ, メイア　元・イスラエル国会議員, 元・ユダヤ防衛同盟創設者　反アラブ極右ユダヤ人指導者　[国]イスラエル　[没]1990年11月5日　[典]1992

カパーノ, カルロ・ペローネ　中亜極東協会（イズメオ）イタリア・日本文化センター会長　元・駐日イタリア大使　[国]イタリア　[典]2000

ガバーラ, G.A.　Gaballa, G.A.　エジプト考古庁長官, カイロ大学教授　[専]エジプト考古学　[国]エジプト　[典]2000

カバラロ, ダニエル　Cavallaro, Daniel　医学者　ライフガード・エア・アンビュランス・シニア・メディカル・オフィサー　[専]救急医学　[国]米国　[典]2004

カバリエ, モンセラート　Caballé, Montserrat　ソプラノ歌手　[国]スペイン　[生]1933年4月12日　[典]1996／2000

ガバリェロ・カルデロン, エドゥアルド　Caballero Calderón, Eduardo　作家, 外交官　[国]コロンビア　[生]1910年3月6日　[没]1993年4月3日　[典]1992／1996

カバリティ, アブドル・カリム・アル　Kabariti, Abdul Kalim Al　政治家　元・ヨルダン首相・外相・国防相　[国]ヨルダン　[生]1949年12月15日　[典]2000

ガバルドン, ダイアナ　Gabaldon, Diana　作家　[国]米国　[典]2004／2008／2012

カバレフスキー, ドミトリー　Kabalevskii, Dmitrii Borisovich　指揮者, 作曲家　[国]ソ連　[生]1904年12月30日　[没]1987年2月17日　[典]1992

カバロ, ドミンゴ・フェリペ　Cavallo, Domingo Felipe　政治家　アルゼンチン共和国行動党党首　元・アルゼンチン経済財政相, 元・エクアドル政府経済顧問　[国]アルゼンチン　[生]1946年7月21日　[典]1996／2000／2004／2008

カバロス, ヴィクトール　宝飾デザイナー　[国]スペイン　[生]1952年　[典]1996

ガバン, ヘスス　Gabán, Jesús　イラストレーター, 絵本作家　[国]スペイン　[生]1957年　[典]1996

カバンス, チャック　Cavaness, Chuck　コンピューター技術者　[典]2004

カバントゥ, アラン　Cabantous, Alain　歴史学者　ソルボンヌ大学, フランス国立科学研究センター（CNRS）主任研究員　元・ラバル大学客員教授　[専]宗教史　[国]フランス　[典]2004／2008

カヒ　Kahi　グループ名=AFTERSCHOOL　歌手　[国]韓国　[生]1980年12月25日　[典]2012

カービー, ウィリアム　元・ダウ・ジョーンズ社会長　[国]米国　[没]1989年3月19日　[典]1992

カービー, ジョン　Kirby, John　外交官　駐日英国公使　[国]英国　[典]1996／2000

ガービー, スティーブ　Garvey, Steve　本名=Garvey,Steven Patrick　元・大リーグ選手　[国]米国　[生]1948年12月22日　[典]1992／2012

カピ, マーク　Kauppi, Mark V.　政治学者　[国]米国　[生]1950年　[典]1996

カビア, モハメッド　Kabir, Mohammed J.　コンピューター技術者　[典]2004

ガービィー, H.　ノーザン・テレコム・ジャパン社長　[国]カナダ　[典]1992

カヒーガ, サミュエル　Kahiga, Samuel　作家　[国]ケニア　[生]1940年　[典]1992

カビガ, ジャクソン　Kabiga, Jackson　マラソン選手　[国]ケニア　[典]2000

カビーゼル, ジム　Caviezel, Jim　本名=Caviezel,James Patrick　俳優　[国]米国　[生]1968年9月26日　[典]2000／2004／2008／2012

カピタニチ, ホルヘ　Capitanich, Jorge　政治家　アルゼンチン首相　[国]アルゼンチン　[典]2004／2008

カピッチ, スアダ　Kapic, Suada　ジャーナリスト, テレビプロデューサー　FAMA代表　[国]ボスニア・ヘルツェゴビナ　[生]1952年2月　[典]1996／2000

カピッツァ, ピョートル　Kapitsa, Petr Leonidovich　通称=Kapitza,Peter　物理学者　元・ソ連科学アカデミー幹部会員・原子力委委員　[専]低温物理学, 磁力物理学　[国]ソ連　[生]1894年7月9日　[没]1984年4月8日　[典]1992

カピッツァ, ミハイル　Kapitsa, Mikhail Stepanovich　中国問題研究家　元・ソ連外務次官, 元・ロシア科学アカデミー東洋学研究所所長　[国]ウクライナ　[生]1921年11月5日　[没]1995年11月15日　[典]1992／1996

カビッボ, ニコラ　Cabibbo, Nicola　理論物理学者　元・ローマ大学教授, 元・ENEA総裁　[専]素粒子物理学　[国]イタリア　[生]1935年4月30日　[没]2010年8月16日

ガヒード, トニ　Garrido, Toni　グループ名=シダーヂ・ネグラ　歌手, 俳優　[国]ブラジル　[典]2004

カピトノフ, イワン　Kapitonov, Ivan Vasilievich　政治家　元・ソ連共産党中央監査委議長　[国]ソ連　[生]1915年2月23日　[典]1992

カ

カピュ, アレックス　Capus, Alex　作家　国スイス　生1961年　著2012

カビラ, ジョセフ　Kabila, Joseph　政治家,軍人　コンゴ大統領　元・コンゴ陸軍参謀総長　国コンゴ　生1971年6月4日　著2004／2008／2012

カビラ, ローラン　Kabila, Laurent Désiré　政治家　元・コンゴ大統領・国防相　国コンゴ　生1939年11月27日　没2001年1月18日　著2000

ガビリア, シモン　Gaviria, Simon Muñoz　政治家　コロンビア自由党党首　国コロンビア

ガビリア, セサル　Gaviria, César　本名=ガビリア・トルヒジョ, セサル　政治家　元・コロンビア大統領,元・米州機構（OAS）事務総長　国コロンビア　生1947年3月31日　著1992（ガビリア・トルヒーヨ, セサル）／1996／2008

カビール, ナスリーン・ムンニー　Kabir, Nasreen Munni　テレビプロデューサー,テレビディレクター,映画研究家　国インド　著2004／2008

カピロッシ, ロリス　Capirossi, Loris　元・オートバイライダー　国イタリア　生1973年4月5日　著2000／2008／2012

ガビン, アンディ　ゲームソフト・クリエーター　国米国　著2000

カービン, チャド　Carvin, Chad　水泳選手　国米国　著2000

ガービン, ティム　Girvin, Tim　デザイナー　国米国　生1953年　著1992

ガービン, デービッド　Garvin, David A.　経営学者　ハーバード・ビジネススクール教授　国米国　著2004

カヒン, ブライアン　Kahin, Brian　インターネット政策研究所フェロー　インターネット政策　国米国　著2004

カフー　Cafu　本名=モラエス, マルコス・エヴァンジェリスタ・デ　サッカー選手（DF）　国ブラジル　生1970年6月7日　著2004／2008

ガーブ, アンドルー　Garve, Andrew　本名=ウインタートン, ポール　別名=バックス, ロジャー, ソマーズ, ポール　推理作家　国英国　生1908年　没2001年　著1992／1996

カープ, ジュディス　Karp, Judith　国連子どもの権利委員会（CRC）副委員長,イスラエル副検事総長　国イスラエル　著2000

カープ, ダニエル　Carp, Daniel A.　実業家　イーストマン・コダック会長・CEO・COO　国米国　著2000／2004／2008

カープ, デービッド　Karp, David　実業家　タンブラーCEO　国米国　生1986年7月6日

カープ, ハーベイ　Karp, Harvey　医学者,小児科医　カリフォルニア大学ロサンゼルス校医学部小児科助教授　国米国　著2004／2008

ガフ, マイケル　Gough, Michael　コンサルタント　著2008

カープ, リチャード　Karp, Richard　本名=カープ, リチャード・マニング　コンピューター科学者　カリフォルニア大学バークレー校教授　計算機科学,OR,数学　国米国　生1935年1月3日　著1992／2012

カプーア, アニッシュ　Kapoor, Anish　彫刻家　国英国　生1954年3月12日　著1992／1996／2000／2012

カブア, アマタ　Kabua, Amata　政治家　元・マーシャル諸島大統領　国マーシャル諸島　生1928年11月17日　没1996年12月20日　著1996

カブア, イマタ　Kabua, Imata　政治家　元・マーシャル諸島大統領　国マーシャル諸島　生1943年5月20日　著2000

ガファリ, マット　Gaffari, Matt　プロレスラー　国米国　生1961年11月11日　著2004／2008

ガファール, アファン　政治学者　ガジャマダ大学教授,インドネシア総選挙委員会副委員長　社会政治学　国インドネシア　著2000

ガファル・カーン, アブドル　Gaffar Khan, Abdul　反英独立運動指導者　国パキスタン　生1891年　没1988年1月20日　著1992

カファロ, ジョセフ　実業家　旭硝子アメリカ会長　国米国　著1996

ガーファンクル, アート　Garfunkel, Art　本名=Garfunkel,Arthur　旧グループ名=サイモン・アンド・ガーファンクル　シンガー・ソングライター,俳優　国米国　生1941年11月5日　著1992／1996／2004／2008／2012

カフィ, アリ　Kafi, Ali　政治家　元・アルジェリア国家評議会議長　国アルジェリア　生1928年　没2013年4月16日　著1996／2000

カフィ, アレックス　Caffi, Alex　F1ドライバー　国イタリア　生1964年3月18日　著1992／1996

ガーフィールド, アンドルー　Garfield, Andrew　俳優　国英国　生1983年8月20日

ガーフィールド, パトリシア　Garfield, Patricia　夢研究家　国米国　著2004

ガーフィールド, ブライアン　Garfield, Brian Wynne　作家　国米国　生1939年　著1992／1996

ガーフィールド, レオン　Garfield, Leon　児童文学作家　国英国　生1921年7月14日　没1996年　著1996

ガーフィンクル, タッド　Garfinkle, Todd　ジャズ・ピアニスト,音楽プロデューサー　生1956年1月18日　著1992

ガーフィンケル, シムソン　Garfinkel, Simson　ジャーナリスト,コンピューター・コンサルタント　コンピューターセキュリティー　生1965年7月12日　著2004

ガフェニー, フランク　安全保障政策研究所所長　軍事問題　国米国　著1992

カーフェマン, バルバラ　Kavemann, Barbara　女性運動家　国ドイツ　生1949年　著1996

カフェルニコフ, エフゲニー　Kafelnikov, Yevgeny　テニス選手　国ロシア　生1974年2月18日　著2000／2004／2008

カーフェン, イングリット　Caven, Ingrid　本名=Schmidt,Ingrid　女優,歌手　国ドイツ　生1938年8月3日　著2004／2008

カプシチンスキ, リシャルト　Kapuściński, Ryszard　ジャーナリスト,作家　国ポーランド　生1932年3月4日　没2007年1月23日　著1992／1996／2004

カブース・ビン・サイド　Qaboos bin Said　本名=Qaboos bin Said as-Said　政治家　オマーン国王・首相・国防相・外相・財務相　国オマーン　生1940年11月18日　著1992／1996／2000／2004／2008／2012

カプソン, ゴーティエ　Capuçon, Gautier　チェロ奏者　国フランス　生1981年　著2012

カプソン, ルノー　Capuçon, Renaud　バイオリニスト　国フランス　生1976年　著2004／2008／2012

カプター, マーシー　Kaptur, Marcy C.　政治家　米国下院議員（民主党）　国米国　生1946年6月17日　著1992

カプチャー, ディータ　Kasprzak, Dieter　靴職人,靴デザイナー　エコーCEO　国ドイツ　生1950年　著2012

カプチャン, チャールズ　米国外交評議会メンバー　国米国　著2000

カプチーリ, アリサ・サテン　Capucilli, Alyssa Satin　作家　国米国　著2008

カプッチ, ロベルト　Capucci, Roberto　ファッションデザイナー　国イタリア　生1930年　著2004／2008

カプデヴィラ, ルゼ　Capdevila, Roser　絵本画家　国スペイン　生1939年　著1992（カプデビラ, ルゼ）

カプト, ダンテ・マリア　Caputo, Dante　元・アルゼンチン外相　国アルゼンチン　生1943年11月25日　著1992

カブナー, ロバート　クリエーティブ・アーティスト・エージェンシー幹部　元・AT&T上級副社長　国米国　著1992／1996

カプフェレ, ジャン・ノエル　Kapferer, Jean-Noël　社会学者　高等商業学校（HEC）教授,うわさに関する研究および情報協会会長　国フランス　著1996

カフマン, グレッグ　パシフィック・ホエール財団代表,ハワイ・ホエール・ウオッチング協会会長,海生哺乳類協会創立委員　ザトウクジラ　国米国　著1992

カプラ, グレッグ　Capra, Greg　投資コンサルタント　国米国　著2004

ガブラ, シャフィーク・ナーゼム　クウェート大学准教授,「社会科学ジャーナル」編集長　政治学　国クウェート　著2000

カプラー, ジョン　Kappler, John　生化学者　ハワードヒューズ医学研究所研究員　免疫学　国米国　生1943年　著1996

カフラ, デニス　Kafura, Dennis　コンピューター科学者　バージニア工科大学コンピューター科学科教授　国米国　授2004

カプラ, フリッチョフ　Capra, Fritjof　物理学者,環境運動家　エコ・リテラシーセンター代表　専理論物理学,高エネルギー物理学,環境問題　生1939年　授1992／1996／2000／2004／2008

カープラス, マーティン　Karplus, Martin　化学者　ハーバード大学名誉教授　国米国　生1930年3月15日

カブラル, ルイ　Cabral, Luis de Almeida　政治家　元・ギニア・ビサウ国家評議会議長　国ギニア・ビサウ　生1931年　授1992

カブラル・デ・メーロ・ネト, ジョアン　Cabral de Melo Neto, Joan　詩人,元・外交官　国ブラジル　生1920年　没1999年10月9日　授1992／1996

カプラン, E.アン　Kaplan, E.Ann　ニューヨーク州立大学教授　専比較文学　国米国　授2004／2008

カプラン, アンドルー　Kaplan, Andrew　作家　国米国　生1941年　授1996

カプラン, ウィリアム　Kaplan, William　法律家　授2004

カプラン, サラ　Kaplan, Sarah　経営コンサルタント　国米国　授2004

カプラン, ジョナサン　Kaplan, Jonathan　コンピューター技術者　国米国　授2008

カプラン, スティーブン　Kaplan, Stephen　超心理学者　米国超心理学研究所主宰　国米国　生1940年9月19日　授2000

カプラン, デービッド　Kaplan, David A.　ライター　「ニューズウィーク」シニアライター　授2004

カプラン, デービッド　Caplan, David L.　トレーダー　国米国　授2004

カプラン, デービッド・E.　ジャーナリスト　国米国　生1955年　授1992

カプラン, バリー　Kaplan, Barry Jay　作家　国米国　授1992

カプラン, ハワード　Kaplan, Howard　スパイ小説家　国米国　授1992

カプラン, ブルース　Kaplan, Bruce Eric　イラストレーター,脚本家　国米国　授2008

カプラン, ヘルムート　Kaplan, Helmut F.　哲学者,作家　生1952年　授2008

カプラン, ヘレン・シンガー　Kaplan, Helen Singer　精神科医　コーネル大学医学部ニューヨーク病院精神科臨床教授・同科ヒューマン・セクシュアル・プログラム開発者兼ディレクター　国米国　授1992

カプラン, ヘンリー・S.　放射線医学者　国米国　生1984年2月4日　授1992

カプラン, モートン　Kaplan, Morton A.　政治学者　シカゴ大学教授　国米国　生1921年5月9日　授1992

カプラン, ラザール　宝石商　元・ラザール・カプラン・アンド・サンズ社創業者　国米国　生1883年　没1986年2月12日　授1992

カプラン, リンカーン　Caplan, Lincoln　ジャーナリスト　「ニューズウィーク」寄稿編集者　授1996

カプラン, ロバート　Kaplan, Robert D.　ジャーナリスト　国米国　授2000

カプラン, ロバート　Kaplan, Robert　数学者　国米国　授2004

カプラン, ローレンス　Kaplan, Lawrence F.　政治活動家　「ザ・ニュー・リパブリック」主席編集者　国米国　授2004／2008

カブリ, フレッド　Kavli, Fred　実業家　元・カブリ財団創設者,元・カプリコ・コーポレーション創立者　国米国　生1927年　没2013年11月21日

カプリアティ, ジェニファー　Capriati, Jennifer　テニス選手　国米国　生1976年3月29日　授1996／2000／2004／2008

ガブリエル, ウルリケ　Gabriel, Ulrike　アーティスト　シュテーデル大学ニューメディア研究所　国ドイツ　生1964年　授1996／2000

ガブリエル, クリスティン　Gabriel, Kristin　ロマンス作家　国米国　授2008

ガブリエル, ピーター　Gabriel, Peter　旧グループ名=ジェネシス　ロック歌手　国英国　生1950年2月13日　授1992／2004／2008／2012

ガブリエル, ヤン　ガラスデザイナー　フルム・ガラス工場主任ガラスデザイナー　国チェコスロバキア　生1930年　授1996

ガブリエルス, ジェラルド　Gabrielse, Gerald　ハーバード大学物理学教授　専量子力学　国米国　授1996

カプリオーロ, パオラ　Capriolo, Paola　作家　国イタリア　生1962年　授1996

ガブリリュク, アレクサンダー　Gavrylyuk, Alexander　ピアニスト　国ドイツ　生1984年8月　授2004／2012

ガブリリュク, ニーナ　Gavryliouk, Nina　スキー選手(距離)　国ロシア　生1965年4月13日　授2000

カブール, エルネスト　Cavour, Ernesto　チャランゴ演奏家,作曲家,フォルクローレ研究家　国ボリビア　生1940年　授1992／1996／2008／2012

カプール, シェカール　Kapur, Shekhar　映画監督　国インド　生1945年　授2000／2004／2008／2012

カプール, プロミラ　Kapur, Promilla　社会学者,結婚・家族・麻薬問題カウンセラー　国インド　生1928年10月28日　授1996

カプール, ラジ　Kapoor, Raj　俳優,映画監督　国インド　生1924年12月4日　没1988年6月2日　授1992

カプルス, フレッド　Couples, Fred　プロゴルファー　国米国　生1959年10月3日　授1996／2000／2008／2012

カブレラ, アズドルバル　Cabrera, Asdrubal　本名=Cabrera, Asdrubal Jose　大リーグ選手(内野手)　国ベネズエラ　生1985年11月13日

カブレラ, アレックス　Cabrera, Alex　本名=カブレラ, アレクサンダー　プロ野球選手(内野手),大リーグ選手　国ベネズエラ　生1971年12月24日　授2000(亜 力士 ア・リキシ)／2004／2008／2012

カブレラ, アンヘル　Cabrera, Angel　プロゴルファー　国アルゼンチン　生1969年9月12日　授2008／2012

カブレラ, オーランド　Cabrera, Orlando　本名=Cabrera, Orlando Luis　元・大リーグ選手　国コロンビア　生1974年11月2日

カブレラ, ジェーン　Cabrera, Jane　絵本作家　国英国　授2004

カブレラ, ダニエル　Cabrera, Daniel　プロ野球選手(投手),元・大リーグ選手　国ドミニカ共和国　生1981年5月28日

カブレラ, ミゲル　Cabrera, Miguel　本名=Cabrera, Miguel Jose　大リーグ選手(内野手)　国ベネズエラ　生1983年4月18日

カブレラ, メルキー　Cabrera, Melky　大リーグ選手(外野手)　国ドミニカ共和国　生1984年8月11日

カブレラ・インファンテ, ギリェルモ　Cabrera Infante, Guillermo　作家　生1929年4月22日　没2005年2月21日　授1992／2000

カプレール, クロード　Kappler, Claude　フランス国立科学研究所研究員　専東西交渉史　国フランス　生1946年　授2000

カプロー, アラン　Kaprow, Allan　美術家　ハプニングの創始者　国米国　生1927年8月23日　没2006年4月5日　授1992

カフーン, キース　Cahoon, Keith　タワーレコード代表取締役　国米国　生1955年　授1996／2000

カベサス, オマル　Cabezas, Omar　反政府活動家　元・ニカラグア内務次官　国ニカラグア　生1950年　授1996

カペッキ, マリオ・レナト　Capecchi, Mario R.　生物学者　ユタ大学教授　専遺伝子学　生1937年10月6日　授1996／2000／2004／2008／2012

カーベック, ハンク　Carbeck, Hank　コンピューターコンサルタント　trainAbility　国米国　授2004

ガベッタ, ソル　Gabetta, Sol　チェロ奏者　国アルゼンチン　生1981年　授2012

カペッロ, ファビオ　Capello, Fabio　サッカー監督,元・サッカー選手　サッカー・ロシア代表監督　元・サッカー・イングランド代表監督　国イタリア　生1946年6月18日　授2004(カペロ, ファビオ)／2008(カペロ, ファビオ)／2012

ガーベラ, キャサリン　Garbera, Katherine　ロマンス作家　国米国　授2004

カペラス, マイケル　Capellas, Michael D.　実業家　ヒューレット・パッカード社長　元・コンパック・コンピューター社長・会長・CEO　国米国　般2000／2004／2008

カペラーチョヴァー, カーチャ　日本文化研究者　チェコ日本協会会長　国チェコ　般1996（カペラーチョバー, カーチャ）

カペリ, イヴァン　Capelli, Ivan　F1ドライバー　国イタリア　生1963年5月24日　般1992／1996

ガベリーニ, セルジオ　彫刻家　国イタリア　般1992

ガベリーニ, マイケル　Gabellini, Michael　建築家　国米国　般2000

カペル, ジョン　Capel, John　陸上選手(短距離)　国米国　生1978年11月27日　般2004／2008

カベル, スタンリー　Cavell, Stanley　哲学者　ハーバード大学哲学部名誉教授　国米国　生1926年　般2008／2012

ガベル, マーティン　Gabel, Martin　俳優　国米国　生1912年　没1986年5月22日　般1992

カペーロ, ドミニク　Cappello, Dominic　教育学者　"キャン・ウィー・トーク？"創案者　国米国　般2004

カベロス, ジーン　Cavelos, Jeanne　科学ジャーナリスト, 作家　国米国　般2004／2008

ガーベン, コード　Garben, Cord　ピアニスト, 指揮者, レコードプロデューサー　国ドイツ　生1943年　般2008

カーベン, デービッド　Kerven, David　クラーク・アトランタ大学工学科助教授　⑨コンピュータ工学　国米国　生1967年　般2000

カーベン, ロザリンド　Kerven, Rosalind　作家　国英国　生1954年　般2000

カーペンター, エドマンド　Carpenter, Edmund　人類学者　生1922年　般2004／2008

カーペンター, キャメロン　Carpenter, Cameron　オルガン奏者　国米国　般1981年

カーペンター, クリス　Carpenter, Chris　本名＝Carpenter, Christopher John　大リーグ選手(投手)　国米国　生1975年4月27日　般2008／2012

カーペンター, ケニス　Carpenter, Kenneth J.　元・カリフォルニア大学栄養学部教授　⑨栄養学　国英国　生1923年　般2000

カーペンター, ケネス　円盤投げ選手　国米国　没1984年3月　般1992

カーペンター, ジョン　Carpenter, John　本名＝Carpenter, John Howard　映画監督, 脚本家　国米国　生1948年1月16日　般1992／1996／2004／2008／2012

カーペンター, スコット　Carpenter, Scott　本名＝Carpenter, Malcom Scott　軍人, 宇宙飛行士　国米国　生1925年　没2013年10月10日　般1996

カーペンター, テッド・G.　Carpenter, Ted Galen　カトー研究所副所長(防衛・外交部門)　般2008

カーペンター, テレサ　Carpenter, Teresa　作家　国米国　般1992／1996

カーペンター, ハンフリー　Carpenter, Humphrey　英文学者　ケンブリッジ大学教授　国英国　般1996

カーペンター, フィル　Carpenter, Phil　本名＝Carpenter, Philip　マーケティング・コンサルタント　クリティカル・パス・マーケティング・ディレクター　般2004

カーペンター, マイケル　キダー・ピーボディ・グループ会長・社長・CEO　国米国　般1996

カーペンター, ミンディ　Carpenter, Mindi　リチャード・カーペンターの三女　国米国　般2012

カーペンター, メアリー・チェイピン　カントリー歌手　国米国　般1996

カーペンター, リチャード　Carpenter, Richard　グループ名＝カーペンターズ　音楽プロデューサー, 歌手　国米国　生1945年10月　般2000／2004／2008／2012

カーペンター, リチャード・M.　元・ジョンソン社長・CEO　国米国　般1996

カーペンティア, チャールズ　Carpentier, Charles　作家, 俳優, 映画

制作者　国米国　般1992

カーボー, ジョン(Jr.)　Carbaugh, John E.(Jr.)　弁護士, ロビイスト　元・マディソン・グループ代表　国米国　生1945年9月　没2006年3月19日　般1992／1996

カボイ・マカイ, H.　Kapolyi Makai, Heduig　画家　国ハンガリー　生1940年　般1992

カポダグリ, ビル　Capodagli, Bill　経営コンサルタント　カポダグリ・ジャクソン・コンサルティング共同経営者　国米国　般2004

カボット, ルイス・ウェリントン　Cabot, Louis Wellington　ブルッキングズ研究所所長　元・カボット・コーポレーション会長　国米国　生1921年8月3日　般1996

カボット, ローリイ　商工会議所役員　マサチューセッツ・オフィシャル・ウイッチ　国米国　般1992

カポーティ, トルーマン　Capote, Truman　本名＝パーソンズ, トルーマン・ストレックファス　作家　国米国　生1924年9月30日　没1984年8月25日　般1992

ガボリオ, リンダ　Gaboriau, Linda　翻訳家　般2008

ガボール, エバ　Gabor, Eva　女優　国米国　生1921年2月11日　没1995年7月4日　般1996

ガボール, ザ・ザ　Gabor, Zsa Zsa　本名＝Gabor,Sari　女優　国米国　生1919年2月6日　般1992／2008／2012

ガボール, ドン　Gabor, Don　話し方インストラクター　般2008

カボレ　Cabore　本名＝エヴェラルド・デ・ヘスス・ペレイラ　サッカー選手(FW)　国ブラジル　生1980年2月19日　般2012

ガボワ, エレーナ　児童文学作家　国ロシア　生1952年　般2004

カーボーン, エリーサ　Carbone, Elisa　児童文学作家　国米国　般2004／2008

ガマー, ジョン　Gummer, John Selwyn　政治家　欧州保守グループ会長　元・英国環境相　国英国　生1939年11月26日　般1992／1996／2000／2008／2012

カーマ, セレツェ　Khama, Seretse　政治家　元・ボツワナ初代大統領　国ボツワナ　生1921年7月1日　没1980年7月13日　般1992

カーマ, セレツェ・カーマ・イアン　Khama, Seretse Khama Ian　政治家　ボツワナ大統領　国ボツワナ　生1953年2月27日　般2012

カーマー, ネッド　Calmer, Ned　作家, 元ジャーナリスト　国米国　生1907年　般1992

ガマー, ピーター　Gummer, Peter　シャンドウィック(ロンドン)会長　国英国　生1942年　般1992

カーマイケル, ウェイン　Carmichael, Wayne W.　ライト州立大学教授　⑨水生毒性学　国米国　般1996

カーマイケル, ジェシー　Carmichael, Jesse　グループ名＝マルーン5, 旧グループ名＝カーラズ・フラワーズ　ミュージシャン　国米国　般2008／2012

カーマイケル, ストークリー　Carmichael, Stokely　本名＝カワメ・トーレ　黒人運動指導者　元・ブラック・パンサー党党首　国米国　生1941年6月21日　没1998年11月15日　般1992

カーマイケル, ホーギー　Carmichael, Hoagy　ジャズピアニスト, 作曲家, 俳優　国米国　生1899年11月22日　没1981年12月27日　般1992

カーマイケル, レイチェル　Carmichael, Rachel　コンピューター技術者　DBAスペシャル・インタレスト・グループ主宰　国オラクル　般2004

カマイティス, ダイニュス　Kamaitis, Dainius　外交官　駐日リトアニア臨時代理大使　国リトアニア　般2000

ガマシー, モハメド　Gamassi, Mohamed Abdul Ghani al-　軍人, 政治家　元・エジプト国防相　国エジプト　生1921年9月9日　没2003年6月7日　般1992

カーマジン, メル　Karmazin, Mel　実業家　バイアコム社長・COO　国米国　生1944年　般2000／2004

カマチョ, ヘクター　Camacho, Hector　プロボクサー　元・世界スーパーライト級・ライト級・ジュニアウエルター級チャンピオン　国プエルトリコ　生1962年5月24日　没2012年11月24日

カマーチョ, ホセ・アントニオ　Camacho, José Antonio　サッカー監督, 元・サッカー選手　元・サッカー・中国代表監督, 元・サッ

カー・スペイン代表監督 国スペイン 生1955年6月8日 没2004／2008／2012

カマト, クンダプール・バマン Kamath, K.V. 銀行家 ICICI・CEO 国インド 生1947年 没2012

カマフェルド, エリザベス エイズ研究財団理事 国米国 生1931年8月 没1992

カマラ, アンリ Camara, Henri サッカー選手(FW) 国セネガル 生1977年5月10日 没2004／2008

ガマーラ, カルロス Gamarra, Carlos 本名=ガマーラ, カルロス・アルベルト サッカー選手(DF) 国パラグアイ 生1971年2月17日 没2008

カマラ, ヘルダー・ペソア Câmara, Hélder Pessôa カトリック大司教, 平和運動家 元・カトリック教会ブラジル名誉大司教 国ブラジル 生1909年2月7日 没1999年8月28日 没1992／1996

カマラ, ムサ・ダディ Camara, Moussa Dadis 軍人 ギニア陸軍大尉 国ギニア 生1964年 没2012

ガマーリー, シャクール・アル 政治家 オマーン諮問議会議員 国オマーン 没2000

カマリロ, ゴンザロ Camarillo, Gonzalo コンピューター技術者 没2004

カマリング, レナード 映画監督 アラスカ大学ドキュメンタリー・フィルムセンター・ディレクター 国米国 没2000

ガマリンダ, エリック 作家, ジャーナリスト フィリピン調査報道センター 国フィリピン 生1956年10月14日 没1992

カマール, アブドゥル Kamal, Abdul N. 物理学者 アルバータ大学教授 素粒子現象論, フレーバー物理学 生1935年 没2000

カマルゴ, クリスチャン Camargo, Christian 俳優 国米国 生1971年 没2004／2008

カマルゴ, ミルトン Camargo, Milton 児童文学作家 国ブラジル 没2004

カマルゴ, ルイス Camargo, Luis 社会人野球選手(捕手) 国ブラジル 生1976年9月20日 没2000

カーマン, ジョーゼフ Kerman, Joseph 本名=カーマン, ジョーゼフ・ウィルフレッド カリフォルニア大学バークレー校音楽学部教授 音楽学 国米国 生1924年4月3日 没1996

カーマン, ジョン Carman, John B. 神学者 ハーバード大学神学部教授・世界宗教研究所所長 国米国 生1930年 没1996

カマンダ, カマ Kamanda, Kama 本名=Kamanda,Kama Sywor 詩人, 作家 国ルクセンブルク 生1952年11月11日 没2004／2008／2012

カミ, マイケル Kami, Michael J. 経営コンサルタント 国米国 没1992

カミツカ, ジョン 神塚, ジョン ピアニスト 国米国 没2000

カミニティ, ケン Caminiti, Ken 本名=Caminiti,Kenneth Gene 大リーグ選手 国米国 生1963年4月21日 没2004年10月10日 没1996／2000／2004

カミヤ, マルコ ジャーナリスト 「アクチュアリダッド・エコノミカ」誌東京特派員 国ペルー 没1992

カミュ, ジャン・ポール Camus, Jean-Paul カミュ社長 国フランス 生1945年6月13日 没1992／1996

カミュ, フィリップ Camus, Philippe 実業家 ヨーロピアン・エアロノーティック・ディフェンス・アンド・スペース(EADS)共同CEO 国フランス 生1948年6月28日 没2008

カミュ, ルノー Camus, Renaud 作家 国フランス 生1946年 没1996

カミラ Camilla 旧名=シャンド, カミラ・ローズマリー 称号=コーンウォール公爵夫人 チャールズ英国皇太子夫人 国英国 生1947年7月17日 没2008／2012

カミリエリ, マルティーヌ Camillieri, Martine アートディレクター 国フランス 没2008

カミレリ, ルイス Camilleri, Louis C. 実業家 アルトリア・グループ会長・CEO 国米国 生1955年 没2008／2012

カミロ, ティアゴ Camilo, Tiago 本名=Camilo,Tiago Henrique de Oliveira 柔道選手 シドニー五輪柔道男子73キロ級銀メダリスト 国ブラジル 生1982年5月24日

カミロ, ミシェル Camilo, Michel ジャズピアニスト, 作曲家 国ドミニカ共和国 生1954年4月4日 没2008／2012

カミロフ, アブドゥラジズ Kamilov, Abdulaziz Khufizovich 政治家 ウズベキスタン外相 国ウズベキスタン 生1947年11月16日 没2000

カミン, アーロン Kamin, Aaron グループ名=コーリング ロック・ギタリスト 国米国 没2004／2008／2012

カミング, キャサリン インテリアデコレーター 国英国 没2004

カミング, デービッド Cumming, David 編集者, ジャーナリスト 国英国 生1953年 没1996

カミング, ロバート Cumming, Robert 美術評論家 没2008

カミングス, アンジェラ Cummings, Angera 宝石デザイナー 国米国 生1944年 没1992

カミングス, ウィリアム Cummings, William K. 京都情報大学院大学教授 元・ハーバード大学教授 学校・企業内教育国際比較研究 国米国 生1943年 没1992／2008

カミングス, パット Cummings, Pat 画家 没1996

カミングス, プリシラ Cummings, Priscilla 児童文学作家 国米国 没2004

カミングス, ブルース Cumings, Bruce シカゴ大学教授 アメリカ外交, 東アジア政治経済, 朝鮮現代史 国米国 生1943年 没1992／1996／2000／2008

カミングズ, ロバート Cummings, Robert 俳優 国米国 生1910年6月9日 没1990年12月2日 没1992

カミンズ, ポール Cummins, Paul F. 教育者 クロスロードスクール学園長 国米国 没2004

カミンスキ, P. Kaminsky, Philip 生産工学者 カリフォルニア大学バークレー校助教授 国米国 没2004

カミンスキー, アンネリーゼ Kaminski, Anneliese 宗教指導者 ベルリン・ブランデンブルク領邦教会総会議長 国ドイツ 没2004／2008

カミンスキー, スチュアート Kaminsky, Stuart 映画評論家, 推理作家 元・フロリダ州立大学教授 映画史 国米国 生1934年9月29日 没2009年10月9日 没1992／1996／2000

カミンスキー, ダン Kaminsky, Dan セキュリティコンサルタント 没2008

カミンスキ, パトリシア フラワーエッセンス療法教師, カウンセラー フラワーエッセンス協会(FES)ディレクター 国米国 没2004

カミンスキー, ハワード Kaminsky, Howard ライター 国米国 没2004

カム, ウィリー Kamm, Willie 本名=Kamm,William Edward 大リーグ選手 国米国 生1900年2月2日 没1988年12月21日 没1992

カム・ウソン Kam, Woo-sung 漢字名=甘宇成 俳優 国韓国 生1970年10月1日 没2008／2012

カム, オッコ Kam, Okko 指揮者 ラハティ交響楽団首席指揮者 国フィンランド 生1946年 没2012

カム, シャロン Kam, Sharon クラリネット奏者 国イスラエル 生1971年 没1996／2000

カム, ジョセフィン Kamm, Josephine 作家 国英国 没1992

ガム, ハンス・ヨヘン Gamm, Hans-Jochen 教育学者 ダルムシュタット工科大学教授 国ドイツ 生1925年 没1996

ガムザートフ, ラスール Gamzatov, Rasul Gamzatovich 詩人 元・ソ連最高会議幹部会員 国ロシア 生1923年9月8日 没2003年11月3日 没1992

ガムサフルディア, ズビアド Gamsakhurdia, Zviad Konstantinovich 政治家, 文学者 元・グルジア共和国大統領 国グルジア 生1939年3月31日 没1993年12月31日 没1992／1996

カムーソー, フランク Cammuso, Frank 漫画家 国米国 生1965年 没1996

カムタイ・シパンドン Khamtay Siphandone 政治家, 軍人 元・

ラオス大統領, 元・ラオス人民革命党(LPRP)議長　国ラオス　⊕1924年2月8日　㊗1992／1996／2000／2004／2008

カムチャイ・ライサミ　Kamchai Laismit　経済学者　鹿児島国際大学教授　㊙アジア経済学, グローバル金融　国タイ　㊗2000（カムチャイ・ライスミ）

カムドシュ, ミシェル　Camdessus, Michel Jean　銀行家　フランス中央銀行名誉総裁　元・国際通貨基金(IMF)専務理事, 元・フランス経済予測国際情報センター(CEPII)会長　国フランス　⊕1933年5月1日　㊗1992／1996／2000／2004／2008／2012

カムヌーン・シティサマーン　「プーチャッガーン」編集長　国タイ　⊕1955年　㊗2000

カムハイ, モーリイ　Camhi, Morrie　写真家　㊙肖像写真　国米国　⊕1928年　㊗1992

カムプーン・ブンタビー　Knamphun Bunthawi　作家　国タイ　⊕1931年　㊗1992

カムレー, ピオトール　アニメーション作家　㊗1992

カメザスカ, エットーレ　パルマ大学教授　㊙修復理論・技術　㊗1996

ガメス, レオ　Gamez, Leo　本名＝ガメス, シルビオ・ラファエル　元・プロボクサー　元・WBA世界スーパーフライ級チャンピオン　国ベネズエラ　⊕1963年8月8日　㊗1992／1996／2004

ガメス, ロバート　プロゴルファー　国米国　㊗1996

カメダ, コー ガブリエル　亀田, コー・ガブリエル　Kameda, Kob Gabriel　バイオリニスト　国ドイツ　⊕1975年　㊗1992／2000／2004

カメニ, イドリス　Kameni, Idriss　本名＝カメニ, イドリス・カルロス　サッカー選手(GK)　シドニー五輪サッカー男子金メダリスト　国カメルーン　⊕1984年2月18日　㊗2004／2008

カメラー, ドーロ　Kammerer, Doro　フリーライター　㊗2008

カメリーノ, ジュリアーナ・コーエン　Camerino, Giuliana Coen　ファッションデザイナー　元・ロベルタ・ディ・カメリーノ創設者　国イタリア　⊕1920年12月8日　㊚2010年5月11日　㊗1996

カメル, ユーセフ　Kamel, Yusuf　本名＝Kamel,Yusuf Saad　ケニア名＝Konchellah,Gregory　陸上選手（中距離）　国バーレーン　⊕1983年3月29日　㊗2012

カメロン, ドナルド　実業家　マリンクロット・ジャパン社長　国英国　㊗2000

カーメン, D.M.　Kammen, D.M.　物理学者　カリフォルニア大学バークレー校教授　国米国　㊗2004

カーメン, ジュリー　Carmen, Julie　女優　国米国　⊕1955年　㊗1992／1996

カメンツェフ, ウラジーミル　Kamentsev, Vladimir Mikhailovich　政治家　元・ソ連副首相　国ソ連　⊕1928年1月6日　㊗1992

ガモウ, サンドラ　蒲生, サンドラ　Gamo, Sandra T.　米国商務省観光局日本・アジア地区支局副支局長　国米国　㊗1996

ガモス, アルベルト　Gamos, Albert E.　イラストレーター, ブックデザイナー　国フィリピン　⊕1951年　㊗2004

カー・モース, ロビン　Karr Morse, Robin　家庭セラピスト　国米国　㊗2004

カーモード, フランク　Kermode, Frank　本名＝Kermode,John Frank　英文学者, 文芸批評家　元・ケンブリッジ大学教授　国英国　⊕1919年11月29日　㊚2010年8月17日　㊗1992／1996

カーモナ, リチャード　Carmona, Richard　外科医　米国医務総監, アリゾナ大学教授　国米国　㊗2004／2008

ガモワ, エカテリーナ　Gamova, Ekaterina　バレーボール選手　シドニー五輪・アテネ五輪バレーボール女子銀メダリスト　国ロシア　⊕1980年10月17日

カモン・ベンシィヌクン　チュラロンコン大学講師・アジア研究所日本担当講師　㊙政治学　国タイ　⊕1956年3月　㊗1996

ガヤ, アンジェロ　ガヤ社長　国イタリア　㊗2000

ガヤルド, ヨバニ　Gallardo, Yovani　大リーグ選手（投手）　国メキシコ　⊕1986年2月27日

ガユーム, マウムーン・アブドル　Gayoom, Maumoon Abdul　政治家　元・モルディブ大統領　国モルディブ　⊕1937年12月29日

㊗1992／1996／2000／2004／2008／2012

ガラ, アントニオ　Gala, Antonio　詩人, 劇作家, 小説家, ジャーナリスト　国スペイン　⊕1936年10月2日　㊗2012

カーラー, イリヤ　バイオリニスト　国米国　⊕1963年　㊗1996

カラー, ジョナサン　Culler, Jonathan　コーネル大学教授　㊙近現代フランスの思想・文学　国米国　⊕1944年　㊗2012

カラ, ユスフ　Kalla, Yusuf　政治家　インドネシア副大統領, ゴルカル党総裁　国インドネシア　⊕1942年5月15日　㊗2008（ユスフ・カラ）／2012

カラアンゴフ, ペトル　Karaangov, Petr　詩人　ブルガリア国立図書館館長　国ブルガリア　⊕1931年　㊗1992

カーライ, ジュラ　Kállai, Gyula　政治家　元・ハンガリー首相, 元・ハンガリー国民議会議長　国ハンガリー　⊕1910年6月1日　㊚1996年3月12日　㊗1992

ガライ, ダン　Galai, Dan　経済学者　ヘブライ大学ファイナンス・ビジネス学科教授,Sigma P.C.M.社長　㊗2008

カーライ, ドゥシャン　Kállay, Dušan　絵本画家, 版画家　国スロバキア　⊕1948年　㊗1992／1996／2012

ガライ, ロモーラ　Garai, Romola　女優　国英国　⊕1982年　㊗2012

カーライル, クランシー　Carlile, Clancy　作家　国米国　㊗1992

カーライル, バディ　Carlyle, Buddy　本名＝Carlyle,Earl L.,III　大リーグ選手（投手）, 元・プロ野球選手　国米国　⊕1977年12月21日　㊗2004／2012

カーライル, ベリンダ　Carlisle, Belinda　ポップ・シンガー　国米国　⊕1958年8月17日　㊗1992

カーライル, リズ　Carlyle, Liz　ロマンス作家　国米国　㊗2008

カーライル, ロバート　Carlyle, Robert　俳優　国英国　⊕1961年4月14日　㊗2000／2004／2008／2012

カラウ, マキシモ　自然保護グループ「ハリボン」代表　国フィリピン　㊗1992

カラヴァカ, エリック　Caravaca, Eric　俳優　国フランス　㊗2000

カラヴァン, ダニ　Karavan, Dani　環境造形家, 彫刻家　国イスラエル　⊕1930年12月7日　㊗1996（カラバン, ダニ）／2000／2008／2012

カラオスマンオル, アッティラ　Karaosmanoglu, Attila　世界銀行（国際復興開発銀行）副総裁　国トルコ　㊗1992

カラカー, ロジャー　Karraker, Roger　サンタ・ロサ短期大学教授, アップルコンピュータ社DTP部門コンサルタント　㊙ジャーナリズム　国米国　㊗1996

カラガノフ, セルゲイ　Karaganov, Sergei Aleksandrovich　ロシア科学アカデミー欧州研究所副所長　㊙外交政策, 欧州安全保障問題　国ロシア　⊕1952年9月12日　㊗1992／2000

カラガール　Carragal　画家　国スペイン　⊕1935年　㊗1992

ガラグリー, カール・フォン　Garaguly, Carl　バイオリニスト, 指揮者　⊕1900年12月28日　㊗1992

カラ・コステア, フィリップ　Cara Costea, Philippe　画家　国フランス　⊕1925年　㊗1992

カラザス, ピーター　オペラ歌手　国米国　㊗1992

カラザース, メアリー　Carruthers, Mary　ニューヨーク大学英文学部教授, 中世ルネサンス研究所ディレクター　㊙中世文学　⊕1941年　㊗2000

カラジック, アン　Carasik, Anne　コンピューター・エンジニア　SSHコミュニケーションズ・セキュリティー・コンサルティングエンジニア　国米国　㊗2004

カラジッチ, ラドバン　Karadžić, Radovan　政治家, 精神科医, 詩人　元・セルビア民主党(SDS)党首　セルビア人勢力指導者　国セルビア　⊕1945年6月19日　㊗1996／2000／2004／2008／2012

カラシニコフ, ミハイル　Kalashnikov, Mikhail Timofeevich　軍事技師　元・ロシア陸軍技術中将, 元・イジマシュ設計責任者　カラシニコフ銃の設計者　国ロシア　⊕1919年11月10日　㊚2013年12月23日　㊗1996／2000／2004／2012

カラジャ, キャーニ　音楽家　㊙トルコ古典音楽　国トルコ　㊗2004

／2008

カラシン, グリゴリー　Karasin, Grigory　本名=Karasin,Grigory Borisovich　外交官　ロシア外務次官　[国]ロシア　[生]1949年8月23日　[典]2000／2012

カラス, G.ブライアン　Karas, G.Brian　イラストレーター, 絵本作家　[国]米国　[典]2000

カラス, アレックス　Karras, Alex　俳優, プロフットボール選手　[国]米国　[生]1935年7月13日　[没]2012年10月10日

カラス, アントン　Karas, Anton　作曲家, チター奏者　[国]オーストリア　[生]1906年7月　[没]1985年1月10日　[典]1992

カラス, クラウス　Kalas, Klaus　ビーバー研究家　[国]ドイツ　[生]1947年　[典]1996

カラス, シーム　Kallas, Siim　政治家　元・エストニア首相　[国]エストニア　[生]1948年10月2日　[典]2004／2008

カラス, シュビレ　Kalas, Sybille　動物行動学者　[国]ドイツ　[生]1949年　[典]1996

カラス, ニコラス　フェアレイ・ディキンソン大学教授　[専]美術史　[典]1996

カラスカラオ, マヌエル　Carascalao, Manuel　政治家　東ティモール民族抵抗評議会(CNRT)総裁　[国]東ティモール　[生]1933年　[典]2008／2012

カラスカラオ, マリオ　Carrascalao, Mario Viegas　政治家　元・東ティモール民族抵抗評議会(CNRT)総裁　[国]東ティモール　[典]2004／2008

カラスコ, ディエゴ　Carrasco, Diego　ギタリスト, 歌手, 作曲家　[国]スペイン　[生]1954年　[典]2012

カラスコ, マヌエラ　フラメンコ舞踊家　[国]スペイン　[典]2000

カラスコ, マノロ　Carrasco, Manolo　フラメンコ・ピアニスト, 作曲家　[国]スペイン　[生]1972年　[典]2004／2008

カラスコ, マルタ　Carrasco, Marta　絵本作家　[生]1939年　[典]2000

カラスラヴォフ, ゲオルギ　Karaslavov, Georgi Slavov　作家　元・ブルガリアペンクラブ会長　[国]ブルガリア　[生]1904年12月1日　[没]1980年　[典]1992(カラスラボフ, ゲオルギ)

ガラセ, ライセニア　Qarase, Laisenia　政治家　元・フィジー首相　[国]フィジー　[生]1941年2月4日　[典]2004／2008／2012

カラソ, ロドリゴ　Carazo, Rodrigo　本名=カラソ・オディオ, ロドリゴ　政治家　元・コスタリカ大統領　[国]コスタリカ　[生]1926年12月27日　[没]2009年12月9日　[典]1992／2004／2008

カラタイウド, スリア　Calatayud, Zulia　本名=Calatayud Torres, Zulia Inés　陸上選手(中距離)　[国]キューバ　[生]1979年11月9日

カラダウィ, ユスフ　イスラム法学者　[典]2004

ガラーツ, クリストフ　Gallaz, Christophe　ジャーナリスト　[国]スイス　[生]1948年　[典]2004

カラックス, レオス　Carax, Leos　本名=デュポン, アレックス　映画監督　[国]フランス　[生]1960年11月22日　[典]1992／1996／2000／2004／2008／2012

カラッザーズ, ロイ　Carruthers, Roy　グラフィックデザイナー　[国]米国　[生]1938年　[典]1992

ガラッシー, ピーター　Gallassi, Peter　写真家　ニューヨーク近代美術館(MOMA)写真部門ディレクター　[国]米国　[生]1951年　[典]1996

ガラッチオ, アーニャ　Gallaccio, Anya　アーティスト　[国]英国　[生]1963年　[典]2000

カラトラバ, サンティアゴ　建築家　[国]スペイン　[生]1951年　[典]1992／1996

カラトローニ, セルジオ　建築家, デザイナー　東京大学客員教授　[国]イタリア　[生]1952年　[典]1992／2000

カラノ, ジミー　Calano, Jimmy　経営コンサルタント　[国]米国　[典]1992／1996／2000

カラバエワ, イリーナ　Karavaeva, Irina　トランポリン選手　シドニー五輪トランポリン女子個人金メダリスト　[国]ロシア　[生]1975年5月18日　[典]2004／2008

カラバハル, ペテコ　フォルクローレ歌手　[国]アルゼンチン　[典]2000

カラプリス, アリス　Calaprice, Alice　編集者　プリンストン大学出版会上級編集員　[国]米国　[典]2004

カラブレーゼ, オマル　Calabrese, Omar　美学者　ボローニャ大学視覚芸術学部助教授　[専]芸術記号論　[国]イタリア　[典]2004

カラブロ, ヴィーコ　画家　[専]フレスコ画　[国]イタリア　[生]1938年　[典]2004

ガラポン, アントワーヌ　Garapon, Antoine　法社会学者, 元・裁判官　パリ高等司法研究所所長, 「エスプリ」編集委員　[国]フランス　[生]1952年　[典]2004／2008

カラマンリス, コンスタンティノス　Karamanlis, Konstantinos　政治家　元・ギリシャ大統領　[国]ギリシャ　[生]1907年3月8日　[没]1998年4月23日　[典]1992／1996

カラマンリス, コンスタンティノス　Karamanlis, Konstantinos　別名=カラマンリス, コスタス　政治家　ギリシャ新民主主義党(ND)党首　元・ギリシャ首相　[国]ギリシャ　[生]1956年9月14日　[典]2008／2012

カラミ, オマル　Karami, Omar　政治家　元・レバノン首相　[国]レバノン　[生]1935年5月　[典]1992／1996／2008

カラミ, ラシド　Karami, Rashid　政治家　元・レバノン首相　[国]レバノン　[生]1921年　[没]1987年6月1日　[典]1992

カラム　Karam　グループ名=大国男児　歌手　[国]韓国　[生]1991年6月28日　[典]2012

カラム, アブドル　Kalam, Abdul　本名=Kalam,Aavul Pakkri Jainulabidin Abdul　核兵器開発者　元・インド大統領　[国]インド　[生]1931年10月15日　[典]2000／2004／2008／2012

カラム, アンリ　美術家　[国]フランス　[生]1967年　[典]2000

カラム, ジェイミー　Cullum, Jamie　ジャズ歌手　[国]英国　[生]1979年　[典]2012

カラムルザ, アレクセイ　ロシア科学アカデミー附属哲学研究所教授　[専]哲学　[国]ロシア　[典]2000

カラメロ, チャールズ　Caramello, Charles　20世紀研究センター出版局員　[専]ポストモダン文化　[国]米国　[典]1992

カラヤニ, トニー　Karayianni, Tony　筆名=キャリントン, トーリ　ロマンス作家　[典]2008

カラヤニ, ローリ　Karayianni, Lori　筆名=キャリントン, トーリ　ロマンス作家　[典]2008

カラヤニ・パンチェット　実業家　MMCシティポール会長　[国]タイ　[典]1996

カラヤルチュン, ムラト　Karayalcin, Murat　政治家　元・トルコ副首相　[国]トルコ　[生]1943年　[典]1996／2000

カラヤン, イザベル　Karajan, Isabel　女優　[生]1960年6月25日

カラヤン, ヘルベルト・フォン　Karajan, Herbert von　指揮者　元・ベルリンフィルハーモニー管弦楽団常任指揮者　[国]オーストリア　[生]1908年4月5日　[没]1989年7月16日　[典]1992

カラーラ, ジオバニ　Carrara, Giovanni　大リーグ選手(投手)　[国]ベネズエラ　[生]1968年3月4日　[典]2000／2004／2008

ガララーガ, アンドレス　Galarraga, Andres　大リーグ選手(内野手)　[国]米国　[生]1961年6月18日　[典]1996／2000／2004／2008

カラーリ, エリザベス　Callari, Elizabeth S.　看護婦　Human Service Allianceメンバー　[国]米国　[生]1935年　[典]1992

ガラール, ミシェル・ド　Gallard, Michel de　画家　[国]フランス　[生]1921年4月22日　[典]1992／1996

カラン, アナ　Caram, Ana　歌手　[国]ブラジル　[生]1958年　[典]1992／1996

カラン, ジェームズ　Curran, James Patrick Prendergast　歴史学者　ロンドン大学教授　[専]マスコミュニケーションの理論　[国]英国　[生]1945年　[典]2004／2008

ガラン, ジョン　Garang, John　スーダン南部黒人反体制指導者, 軍人　元・スーダン第1副大統領, 元・スーダン人民解放軍(SPLA)最高司令官, 元・スーダン人民解放運動(SPLM)議長　[国]スーダン　[没]2005年7月30日　[典]1992／1996／2004

カラン, ピーター　Curran, Peter Ferguson　生理学者　エール大学教授　[国]米国　[生]1931年　[典]2004

ガラン, ブレーズ　Galland, Blaise　社会学者　ローザンヌ理工科大

学建築学部　国スイス　生1954年　収2000

カラン, ボブ　Curran, Bob　神話研究家　国アイルランド　収2004／2008

カラン, ポール　Curran, Paul　演出家　ノルウェー国立歌劇場芸術監督　国オペラ演出　収2012

ガラン, ルイス・カルロス　政治家　元・コロンビア上院議員（自由党）　国コロンビア　生1989年8月18日　収1992

カランサ, ビクトル　Carranza, Victor　実業家　国コロンビア　生1935年10月8日　没2013年4月4日

カランジャ, ジョセファト　Karanja, Josphat Njuguna　政治家　元・ケニア副大統領・内相　国ケニア　生1931年2月5日　没1994年2月28日　収1992

カーランスキー, マーク　Kurlansky, Mark　作家　国米国　生1948年　収2008

ガランチャ, エリーナ　Garanča, Elina　メゾソプラノ歌手　国ラトビア　生1976年　収2012

ガラント, アドルフ　Galland, Adolf　軍人　国ドイツ　生1912年　没1996年2月8日　収1996

ガーランド, アレックス　Garland, Alex　作家　国英国　生1970年　収2000／2004／2008

ガーランド, グニラ　Garland, Gunilla　「あなた自身のいのちを生きて」の著者　国スウェーデン　収2004

ガーランド, リンダ　Garland, Lynda H.　世界バトントワリング連合会長　国カナダ　収1992

ガーランド, レッド　Garland, Red　本名=Garland, William M.　ジャズ・ピアニスト　国米国　生1923年5月23日　没1984年4月23日　収1992

ガーランド, ロバート　Garland, Robert　古典学者　コルゲート大学教授　国古典学, 古代史　国英国　収2012

ガランボス, ルイス　Galambos, Louis　歴史学者　ジョンズ・ホプキンズ大学教授, 米国経営史学会会長　国米国経済史・経営史　国米国　収1996

カーリー, ゲルハルト　Kahry, Gerhard　ウィーン国立音楽大学声楽科主任教授　国オーストリア　収1992

カリー, ジェフリー　Curry, Jeffrey Edmund　投資コンサルタント　VIEN経営者　国米国　収2004

カリー, ジャック　Curry, Jack　編集者　生1952年　収1996

カリ, シュリ　Cally, Sully　俳優, 演奏家, ダンサー, 歌手　国フランス　生1955年　収2000

カーリー, ジョン　Curley, John　ガネット会長　国米国　収1992／1996／2000／2004

カリー, ジョン　Curry, John Anthony　フィギュアスケート選手　国英国　生1949年9月9日　没1994年4月15日　収1996

カリー, ステフォン　Curry, Stephen　バスケットボール選手　国米国　生1988年3月14日

カリー, デーブ　写真家, グリーンピース活動家　環境調査機関（EIA）理事　アフリカ象保護運動　国英国　収1992／1996

カーリー, トム　Curley, Tom　本名=カーリー, トーマス　AP通信社長・CEO　元・「USA TODAY」社長・発行人　国米国　生1948年7月6日　収1992／2004／2012

カーリー, ドロシー　Curley, Dorothy F.　ビデオ・プロデューサー, テレビ・プロデューサー, 脚本家　国旅行ビデオ　国米国　収1992

カーリ, フィリップ　Carli, Philip　無声映画伴奏者, 作曲家　国米国　収2008

カリー, フィリップ　Currie, Philip　古生物学者　ロイヤル・ティレル古生物学博物館恐竜研究部主任　国恐竜　国カナダ　生1949年　収1996／2004

ガリ, ブトロス・ブトロス　Ghali, Boutros Boutros　政治家, 政治学者　元・国連事務総長（第6代）, 元・国際フランス語圏機構事務局長　国エジプト　生1922年11月14日　収1992／1996／2000／2004／2008／2012

ガリ, ベス　Galí, Beth　建築家　国スペイン　生1950年　収1996

ガリ, マウロ　Galli, Mauro　実業家　El.En.Group取締役　生1957年　収2004／2008

カリー, マルコム　GMヒューズ・エアクラフト名誉会長　国米国　収1996

ガリー, リチャード　Galli, Richard　訴訟弁護士　国米国　収2004

カリー, ロバート　ディスプレイ・アーティスト　国米国　収1992

ガリ, ロマン　Gary, Romain　本名=カチェフ, ロマン　別名=アジャール, エミール　作家, 映画監督　国フランス　生1914年5月8日　没1980年12月2日　収1992

ガリア, アドリアン　Garia, Adrian　舞踊家　アントニオ・ガデス舞踊団第一舞踊手　国スペイン　収2012

カリアー, ジェーン　Kallir, Jane　美術評論家　収2004／2008

ガリアーガ, ペケ　Gallaga, Peque　映画監督　国フィリピン　生1943年8月25日　収1992

ガリアッツォ, マルコ　Galiazzo, Marco　アーチェリー選手　アテネ五輪アーチェリー男子個人金メダリスト　国イタリア　生1983年5月7日　収2008

ガリアーノ, ジョン　Galliano, John　本名=ガリアーノ, ホアン・カルロス・アントニオ　ファッションデザイナー　国英国　生1960年11月28日　収1992／1996／2000／2008／2012

ガリアーノ, リシャール　Galliano, Richard　アコーディオン奏者　国フランス　収2000

カリアリ, アルシール　Calliari, Alcir A.　ブラジル銀行総裁　国ブラジル　収1996

ガリアン, クレール　Gallian, Claire　Fondation Franco-Japonaise Sasakawa事務局長　国都市計画, 都市計画史　国フランス　生1950年　収1996

カリウキ, ジュリアス　Kariuki, J.　陸上選手（障害）　国ケニア　収1992

カリウス, オットー　Carius, Otto　元・軍人　国ドイツ　生1922年5月27日　収1996／2000

カリウス, トルステン　Carlius, Torsten　陸上選手　世界ベテランズ陸上競技協会（WAVA）会長, スウェーデン体育協会理事　国スウェーデン　収2000

ガリエナ, アンナ　Galiena, Anna　女優　生1955年12月　収1996

カリエール, B.　Carrière, Beate　理学療法師　収2004／2008

カリエール, エリック　Carriere, Eric　サッカー選手（MF）　国フランス　生1973年5月24日　収2004／2008

カリエル, サージ　マイクロ・インテル社社長　国カナダ　収1996

カリエール, ジャン　Carrière, Jean Paul Jacques　作家　国フランス　生1932年8月6日　収2000／2004

カリエール, ジャン・クロード　Carrière, Jean-Claude　脚本家　国フランス　生1931年　収1992／1996／2004／2008／2012

カリオティ, ジュゼッペ　Caglioti, Giuseppe　ミラノ理工科大学教授　国物理学　国イタリア　収2000

ガリグ, アンヌ　Gurrigue, Anne　ジャーナリスト　国フランス　収2000

ガリクソン, ビル　Gullickson, Bill　本名=Gullickson, William Lee　大リーグ選手（投手）　国米国　生1959年2月20日　収1992

ガリケ, フランツ　Galliker, Franz　元・スイス銀行コーポレーション会長　国スイス　生1926年3月29日　収1992／1996

カリコウ, ピーター　不動産家　「ニューヨーク・ポスト」紙社主　国米国　収1992／1996

カリスカ, エレーナ　Kaliska, Elena　カヌー選手　アテネ五輪・北京五輪カヌー女子カヤックシングル金メダリスト　国スロバキア　生1972年1月19日　収2008／2012

ガリスコ, アンソニー　Guarisco, Anthony　原爆復員兵士連盟会長　国米国　収2000

カリス・スズキ, セバン　Cullis-Suzuki, Severn　環境活動家　国カナダ　生1979年　収2004（スズキ, セバン）／2008／2012

カリスマ, クララ　エコツーリズム運動家　国ケニア　収2000

ガリソン, ジナ　Garrison, Zina　テニス選手　国米国　生1963年11月16日　収1992（ギャリソン, ジナ）／1996（ギャリソン, ジナ）

カリチェフスキー, ウラジーミル　Kalichevsky, Vladimir Anatole

化学工学者　国米国　⊕1895年4月9日　黄1992／1996

カリッシュ,リチャード　Kalich, Richard　作家　国米国　黄2004／2008

カリッシュ,ロバート　Kalich, Robert　作家　国米国　黄2004／2008

カーリッチ,アミール　Karic, Amir　サッカー選手(MF)　国スロベニア　⊕1973年12月31日　黄2004／2008

ガリッリ,アレッシア　Garilli, Alessia　絵本作家　国イタリア　⊕1959年　黄2004

カリーナ,アンナ　Karina, Anna　本名=Bayer,Hanne Karin Blarke　女優　国フランス　⊕1940年9月22日　黄1992／2000／2004／2008／2012

カリナ・スカルノ　Karina Sukarno　正式名=サリ,カルティカ デヴィ夫人の娘　国インドネシア　⊕1967年3月7日　黄1996

カリーニ,ファビアン　Carini, Fabian　サッカー選手(GK)　国ウルグアイ　⊕1979年12月26日　黄2004／2008

カリニコス,アレックス　Callinicos, Alex T.　社会学者　ヨーク大学教授　国英国　⊕1950年　黄2004

カリーニナ,ワレンチナ　Kalinina, Valentina　サンクトペテルブルク市立第83学校副校長　国ロシア　⊕1949年　黄2008

カリニャーニ,パオロ　Carignani, Paolo　指揮者　元・フランクフルト歌劇場音楽総監督　国イタリア　⊕1961年　黄2012

カリパリ,ジョン　Calipari, John　バスケットボール監督　国米国　⊕1959年2月10日　黄2000／2008

ガリブ,アンディ　インドネシア最高検察庁検事総長　国インドネシア　黄2000

ガリブ,ジャワアド　Gharib, Jaouad　マラソン選手　北京五輪マラソン男子銀メダリスト　国モロッコ　⊕1972年5月22日　黄2012

カリフィア,パット　Califia, Pat　ライター　黄2004

ガーリー・ブラウン,ヘレン　Gurley Brown, Helen　旧名=Gurley, Helen　雑誌編集者,作家　元・「コスモポリタン」国際版編集長　国米国　⊕1922年2月18日　没2012年8月13日　黄1992(ブラウン,ヘレン・ガーリー)／2000(ブラウン,ヘレン・ガーリー)／2012

カリベ　Carybé　画家　国ブラジル　⊕1911年　黄1992

カリミ,アリ　Karimi, Ali　本名=カリミ,モハメド・アリ　サッカー選手(MF)　国イラン　⊕1978年11月8日　黄2008／2012

カリム,サリナ　マレーシアMSCベンチャーCEO,マルチメディア開発公社(MDC)副総裁　国マレーシア　黄2000

カリムルー,ラミン　Karimloo, Ramin　ミュージカル俳優,歌手　⊕1978年9月19日

カリモフ,イスラム　Karimov, Islam Abduganievich　政治家　ウズベキスタン大統領　国ウズベキスタン　⊕1938年1月30日　黄1992／1996／2000／2004／2008／2012

カリヤ,スティーブ　Kariya, Steve　アイスホッケー選手(FW)　国カナダ　⊕1977年12月22日　黄2000／2004／2008

カリヤ,ポール　Kariya, Paul　本名=カリヤ,ポール・テツヒコ　日本名=狩谷哲彦　元・アイスホッケー選手　ソルトレークシティ五輪アイスホッケー男子金メダリスト　国カナダ　⊕1974年10月16日　黄1992／1996／2000／2004／2008／2012

カリヤーギナ,タチアナ・イワノヴナ　経済学者　ソ連国家計画委員会(ゴスプラン)経済研究部長　国ソ連　⊕1943年　黄1992

カリヤーギン,アレクサンドル　Kalyagin, Aleksandr　俳優,演出家　ロシア共和国演劇人同盟議長,エトセトラ劇場芸術監督　国ロシア　⊕1942年5月25日　黄2004／2008／2012

カリャーキン,ユーリー　Karyakin, Yurii　文芸学者,社会評論家,歴史学者　国際労働研究所所員,ソ連人民代議員　国ソ連　⊕1930年　黄1992

カリュー,ジョン　Carew, John　サッカー選手(FW)　国ノルウェー　⊕1979年9月5日　黄2004／2008／2012

カリョ,チェッキー　Karyo, Tcheky　俳優　国フランス　⊕1953年10月4日　黄2000／2004／2008

カリリョ,サンティアゴ　Carrillo, Santiago　政治家　元・スペイン共産党書記長　国スペイン　⊕1915年1月18日　没2012年9月18日　黄1992

ガーリン,アレクサンドル　Galin, Alexander　劇作家　国ソ連　⊕1947年　黄1992

カーリン,シドニー　Karin, Sidney　サンディエゴ・スーパーコンピュータ・センター(SDSC)理事,カリフォルニア大学サンディエゴ校準教授　⊕電子工学,コンピュータ科学　国米国　黄1992

カーリン,ジャン　Carline, Jan D.　ワシントン大学医学教育部門教員　⊕登山者向けファーストエイド　国米国　黄2004

カリン,ネド　Kalin, Ned H.　医師　ウィスコンシン大学マジソン校医学部教授・ウィスコンシン地区霊長類研究センター・ハーロウ霊長類研究所員　⊕精神医学,心理学　国米国　黄1996

カーリン,マイケル　セキュリティー・ファースト・ネットワーク・バンク(SFNB)頭取・COO　国米国　黄2000

カーリン,ロバート　Carlin, Robert　米国国務省東アジア・太平洋地域情報調査局北東アジア部長　国米国　⊕1947年　黄1992

カーリング,ウィル　Carling, Will　元・ラグビー選手　国英国　⊕1965年12月12日　黄2000

カーリンスキー,サイモン　ロシア文学者　カリフォルニア大学バークレー校スラブ言語文学科教授　国米国　⊕1922年　黄1996

ガリンスキー,ハインツ　Galinski, Heinz　元・ドイツ・ユダヤ人中央評議会議長　国ドイツ　⊕1912年11月28日　没1992年7月19日　黄1996

カリンティ,フェレンツ　Karinthy, Ferenc　作家　国ハンガリー　⊕1921年6月2日　没1992年2月29日　黄1992

ガリンド,ルディ　フィギュアスケート選手　国米国　黄2000／2004

カリンドロ,アーサー　Caliandro, Arthur　牧師　マーブル教会主任牧師　国米国　⊕1933年　黄2004

ガリン・ヌグロホ　Garin Nugroho　映画監督　国インドネシア　⊕1961年　黄1996／2000／2008／2012

ガリンベルティ,ウンベルト　Galimberti, Umberto　哲学者,精神分析学者　ベネチア大学教授　国イタリア　黄2008

ガリン・ヨンパルト,フェリペ・ビセンテ　プラド美術館館長　国スペイン　⊕1943年　黄1992

カール16世　Carl XVI　本名=Carl Gustaf Folke Hubertus　別称=グスタフ7世　スウェーデン国王　国スウェーデン　⊕1946年4月30日　黄1992／2004／2008／2012

カール,M.S.　Karl, M.S.　本名=シューマン,マルコム・カール　筆名=シューマン,M.K.　人類学者,作家　ルイジアナ州立大学地学博物館助教授　⊕マヤ文明　国米国　⊕1941年　黄1992／1996

カール,エリック　Carle, Eric　絵本作家　国米国　⊕1929年6月25日　黄1992／1996／2000／2012

カール,ギ・デ　Cars, Guy Des　作家　国フランス　⊕1911年　没1993年12月21日　黄1992／1996

カール,グーラム・ムスタファ　政治家　パキスタン水利・電力相　国パキスタン　黄1992

カール,ジェローム　Karle, Jerome　物理化学者　米国海軍物質構造研究所教授　国米国　⊕1918年6月18日　黄1992／1996

カル,ソフィ　Calle, Sophie　アーティスト　国フランス　⊕1953年　黄2004／2008／2012

カル,ダビド　Cal, David　カヌー選手(カナディアン)　アテネ五輪カヌー男子カナディアンシングル1000メートル金メダリスト　国スペイン　⊕1982年10月10日　黄2008／2012

カル・チョンムン　葛 天文　Kal, Chun-moon　GTV社長　国韓国　⊕1938年11月19日　黄2000

カル,ヒナ・ラバニ　Khar, Hina Rabbani　政治家　パキスタン外相　国パキスタン　⊕1977年1月19日　黄2012

カール,ファイストマントル　元・リュージュ指導者　元・札幌五輪リュージュ専属コーチ　国オーストリア　黄2000

カール,ブルースター　Kahle, Brewster　インターネット・アーカイブ社創立者　国米国　黄2012

カール,ベンヤミン　Karl, Benjamin　スノーボード選手　バンクーバー五輪スノーボード男子パラレル大回転銀メダリスト　国オーストリア　⊕1985年10月16日

カル・ボングン　葛 奉根　Kal, Bong-kun　韓国比較憲法学会会長,同志社大学客員教授　⊕韓国憲法史　国韓国　⊕1932年4月6日

[典]1996／2000

カール, ミルト　アニメーター　[国]米国　[没]1987年4月19日　[典]1992

ガル, ルーベン　カルメン社会科学研究所長　[専]心的外傷治療　[国]イスラエル　[生]1942年　[典]1996

カルー, ロッド　Carew, Rod　本名=Carew,Rodney Cline Scott　元・大リーグ選手　[国]米国　[生]1945年10月1日　[典]1992

カール, ロバート　Curl, Robert Floyd　化学者　ライス大学化学科主任教授　[国]米国　[生]1933年8月23日　[典]2000

カール, ローランス・デ　Cars, Laurence Des　美学者　オルセー美術館学芸員　[国]フランス　[典]2004

カルイ, ハミド　Karoui, Hamid　政治家　元・チュニジア首相　[国]チュニジア　[生]1927年12月30日　[典]1992／1996／2000

カルヴァシ, ペテル　Karvaš, Peter　作家, 劇作家　[国]チェコスロバキア　[生]1920年　[典]1992（カルバシ, ペテル）／1996（カルバシ, ペテル）

カルヴィ, ジャン　Calvi, Gian　イラストレーター　[典]2004

カルヴィーティス, アイガルス　Kalvitis, Aigars　政治家　元・ラトビア首相　[国]ラトビア　[生]1966年6月27日　[典]2008／2012

カルヴィーノ, イタロ　Calvino, Italo　作家, ジャーナリスト　[国]イタリア　[生]1923年10月15日　[没]1985年9月19日　[典]1992（カルビーノ, イタロ）

カルヴェ, ジャック　Calvet, Jacques　実業家, 銀行家　元・プジョー・シトロエン・グループ会長　[国]フランス　[生]1931年9月19日　[典]1992（カルベ, ジャック）／1996（カルベ, ジャック）／2000

カルヴェ, ルイ・ジャン　Calvet, Louis-Jean　パリ第5大学言語学科教授　[専]社会言語学, 記号学　[国]フランス　[生]1942年　[典]1996（カルベ, ルイ・ジャン）／2000

ガルウェイ, W.ティモシー　Gallwey, W.Timothy　インナー・ゲーム・インスティテュート設立者　[国]米国　[生]1938年　[典]1996／2004

カルヴェッティ, パオラ　Calvetti, Paola　作家　[国]イタリア　[典]2004／2008

カルカー, ハーマン　Kalckar, Herman Moritz　生化学者　元・ボストン大学教授　[専]生物エネルギー代謝研究　[国]デンマーク　[生]1908年3月26日　[没]1991年5月17日　[典]1992

カルカテラ, ロレンゾ　Carcaterra, Lorenzo　作家　[国]米国　[生]1954年　[典]2000

ガルガーニ, ロバート・ウィリアム　実業家　リーバイ・ストラウス・ジャパン社長　[国]米国　[典]2000

カルカベッキア, マーク　Calcavecchia, Mark　プロゴルファー　[国]米国　[生]1960年6月12日　[典]1992／1996／2000／2004／2008

ガルキナ, グルナラ　Galkina, Gulnara　本名=サミトワ・ガルキナ, グルナラ　陸上選手（障害）　北京五輪金メダリスト, 陸上女子3000メートル障害世界記録保持者　[国]ロシア　[生]1978年7月9日　[典]2012（サミトワガルキナ, グルナラ）

ガルキナ, リュボフ　Galkina, Lioubov　射撃選手（ライフル）　アテネ五輪射撃女子ライフル3姿勢金メダリスト　[国]ロシア　[生]1973年3月15日　[典]2008／2012

カルーギン, オレグ　元・ソ連国家保安委員会（KGB）諜報局次長・少将　[国]ソ連　[生]1936年　[典]1992／1996

カルキン, キーラン　Culkin, Kieran　俳優　[国]米国　[生]1982年9月30日　[典]2004／2008／2012

カルキン, マコーレー　Culkin, Macaulay　俳優　[国]米国　[生]1980年8月26日　[典]1992／1996／2000／2004／2008／2012

カールグレン, ビルジッタ　Karlgren, Birgitta　世界食糧計画（WFP）平壌事務所長　[国]スウェーデン　[典]2000

ガルサ　本名=Rodrigues,Edson　サッカー選手（DF）　[国]ブラジル　[生]1967年3月13日　[典]1996

ガルサ, ネストール　Garza, Nestor　元・プロボクサー　元・WBA世界スーパーバンタム級チャンピオン　[国]メキシコ　[生]1976年11月24日　[典]2000

カルサー, マハン　Khalsa, Mahan　ビジネスコンサルタント　フランクリン・コビー副社長　[国]米国　[典]2004

カルザイ, アフメド・ワリ　Karzai, Ahmed Wali　政治家　元・カンダハル州議会議長　[国]アフガニスタン　[生]1963年　[没]2011年7月12日

カルザイ, ハミド　Karzai, Hamid　政治家　アフガニスタン大統領　元・アフガニスタン外務次官　[国]アフガニスタン　[生]1957年12月24日　[典]2004／2008／2012

カルザゲ, ジョー　Calzaghe, Joe　本名=Calzaghe,Joseph　元・プロボクサー　元・WBA・WBC・IBF・WBO世界スーパーミドル級チャンピオン　[国]英国　[生]1972年3月23日

カルサーズ, ガリー・エドワード　Carruthes, Garry Edward　政治家　全米大学ゴルフ協会会長　元・ニューメキシコ州知事　[国]米国　[生]1939年8月29日　[典]1992／2000

カルサディジャ, アルマンド　元・野球選手　キューバ体育学院教授　[国]キューバ　[生]1948年　[典]1996

ガルサン, ジェローム　Garcin, Jérôme　編集者, テレビ司会者, 作家　[国]フランス　[生]1956年　[典]2012

ガルシア, アダム　Garcia, Adam　俳優　[国]オーストラリア　[典]2004／2008

ガルシア, アニエル　Garcia, Anier　陸上選手（障害）　[国]キューバ　[生]1976年3月9日　[典]2004／2008

ガルシア, アンディ　Garcia, Andy　本名=Garcia Menendez, Andres Arturo　俳優, 映画プロデューサー　[国]米国　[生]1956年4月12日　[典]2000／2004／2008／2012

ガルシア, エリック　Garcia, Eric　作家　[国]米国　[生]1973年　[典]2004

ガルシア, カリム　Garcia, Karim　プロ野球選手（外野手）, 元・大リーグ選手　[国]メキシコ　[生]1975年10月29日　[典]2008／2012

ガルシア, クロヴィス　Garcia, Clóvis　挿絵画家　[国]ブラジル　[典]2004

ガルシア, サムエル・ルイス　Garcia, Samuel Ruiz　人権擁護活動家, カトリック司教　元・チアパス州サンクリストバルデラスカサス教区名誉司教　[国]メキシコ　[生]1924年11月3日　[没]2011年1月24日　[典]2004／2008

ガルシア, ジェフ　Garcia, Jeff　元・プロフットボール選手　[国]米国　[生]1970年2月24日　[典]2004／2008

ガルシア, ジェリー　Garcia, Jerry　グループ名=グレートフル・デッド　ロックギタリスト　[国]米国　[生]1942年　[没]1995年8月9日　[典]1996

ガルシア, セルヒオ　Garcia, Sergio　プロゴルファー　[国]スペイン　[生]1980年1月9日　[典]2000／2004／2008／2012

ガルシア, ダニー　Garcia, Danny　プロボクサー　WBA・WBC世界スーパーライト級チャンピオン　[国]米国　[生]1988年3月20日

ガルシア, ディグノ　Garcia, Digno　音楽家　[国]パラグアイ　[没]1984年2月4日　[典]1992

ガルシア, ニコール　Garcia, Nicole　女優, 映画監督　[国]フランス　[生]1946年4月22日　[典]2004

ガルシア, ビクトル　Garcia, Victor　演出家　[国]アルゼンチン　[生]1934年　[没]1982年　[典]1992

ガルシア, ファビアン・T.　マックスファクター社長　[国]ベネズエラ　[典]1996

ガルシア, フォン　Garcia, Fons　画家　[国]スペイン　[生]1928年　[典]1992

ガルシア, フレディ　Garcia, Freddy　本名=Garcia,Freddy Antonio　大リーグ選手（投手）　[国]ベネズエラ　[生]1976年6月10日　[典]2008

ガルシア, ホセ　ベルギー借家人組合代表　[国]ベルギー　[生]1957年　[典]2000

ガルシア, マルシ・フロホック　Garcia, Marci Frohock　本名=Garcia,Marcilina S.Frohock　コンピューター・コンサルタント　パフォーマンス・チューニング・シニアコンサルタント　[国]米国　[典]2004

ガルシア, リカルド　Garcia, Ricardo　本名=Garcia,Ricardo Bermudez　バレーボール選手　アテネ五輪バレーボール男子金メダリスト　[国]ブラジル　[生]1975年11月19日

ガルシア, ルディ　Garcia, Rudi　サッカー監督, 元・サッカー選手　[国]フランス　[生]1964年2月20日　[典]2012

ガルシア, ロドリゴ　Garcia, Rodrigo　映画監督,脚本家　⊕1959年　㊥2004／2008／2012

ガルシア, ロベルト　人類学者　メキシコ国立人類学歴史研究所所長　国メキシコ　㊥1992／1996

ガルシア・アギレーラ, キャロリーナ　Garcia-Aguilera, Carolina　推理作家　国米国　⊕1949年　㊥2000

ガルシア・グティエレス, ペドロ・フランシスコ　García Gutiérrez, Pedro Francisco　美術評論家　国スペイン　㊥2004

ガルシアパーラ, ノーマー　Garciaparra, Nomer　元・大リーグ選手　国米国　⊕1973年7月23日　㊥2000／2004／2008／2012

ガルシーア・ベッリオ, アントニオ　García-Berrio, Antonio　コンプルテンセ大学文学理論教授　⑰文学理論　国スペイン　⊕1940年　㊥1992

ガルシア・ベルナル, ガエル　García Bernal, Gael　俳優　国メキシコ　⊕1978年10月30日　㊥2004(ベルナル,ガエル・ガルシア)／2008／2012

ガルシア・ペレス, アラン・ガブリエル　García Pérez, Alan Gabriel　本名=García Pérez,Alan Gabriel Ludwig　政治家　元・ペルー大統領　国ペルー　⊕1949年5月23日　㊥1992(ガルシア,アラン)／1996(ガルシア,アラン)／2004(ガルシア,アラン)／2008／2012

ガルシア・マルケス, ガブリエル　García Márquez, Gabriel　本名=García Marquez,Gabriel José　別名=García Marquez,Gabo　作家　国コロンビア　⊕1928年3月6日　㊥1992／1996／2000／2004／2008／2012

ガルシア・メサ, ルイス　Garcia Meza, Luis　政治家　元・ボリビア大統領　国ボリビア　⊕1930年　㊥1996

ガルシア・モラレス, アデライダ　García Morales, Adelaida　作家　国スペイン　⊕1945年　㊥2012

ガルシア・ロブレス, アルフォンソ　García Robles, Alfonso　政治家,外交官　元・メキシコ外相,元・国連軍縮委員会メキシコ代表　国メキシコ　⊕1911年3月20日　㊤1991年9月3日　㊥1992

カルージュ, ミシェル　Carrouges, Michel　文芸評論家　国フランス　⊕1910年2月　㊤1988年6月13日　㊥1992

カルース, キャシー　Caruth, Cathy　エモリー大学教授　⑰英文学,批評理論　国米国　㊥2004

カルズー, ジャン　Carzou, Jean　画家　国フランス　⊕1907年　㊤2000年8月12日　㊥1992／1996

カルース, マイケル　Carruth, Michael　ボクシング選手　国アイルランド　㊥1996

ガルス, マヤ　Gallus, Maya　映画監督,脚本家　国カナダ　㊥2000

カルース, レイ　Carruth, Rae　プロフットボール選手(WR)　国米国　⊕1974年1月20日　㊥2000／2004

カルスタ, マグネ・J.　外交官　在日ノルウェー大使館産業技術参事官　国ノルウェー　㊥2000

カールスタート, ゲール　Karlstad, Geir　スピードスケート選手　国ノルウェー　㊥1996

カルステン, エカテリーナ　Karsten, Ekaterina　本名=カルステン・ホドトビッチ,エカテリーナ　旧名=ホドトビッチ,エカテリーナ　ボート選手(シングルスカル)　アトランタ五輪・シドニー五輪ボート女子シングルスカル金メダリスト　国ベラルーシ　⊕1972年6月2日　㊥2000(ホドトビッチ,エカテリナ)／2004／2012

カルステンス, アグスティン　Carstens, Agustin　メキシコ中央銀行総裁　元・メキシコ財務相,元・国際通貨基金(IMF)副専務理事　国メキシコ　⊕1958年　㊥2012

カルステンス, カール　Carstens, Karl　政治家　元・西ドイツ大統領　国ドイツ　⊕1914年12月14日　㊤1992年5月30日　㊥1992／1996

ガルースト, ジェラール　Garouste, Gérard　画家　国フランス　⊕1946年　㊥1992／1996

ガルストヤン, アルセン　Galstyan, Arsen　柔道選手　ロンドン五輪柔道男子60キロ級金メダリスト　国ロシア　⊕1989年2月19日

カールストローム, ナンシー・ホワイト　Carlstrom, Nancy White　児童文学作家　国米国　⊕1948年　㊥1996／2000

カールスン, フィル　Karlson, Phil　映画監督　国米国　⊕1908年7月2日　㊤1985年12月12日　㊥1992

ガルセス, フアン　Garces, Juan　画家　国スペイン　⊕1935年　㊥1992／1996

カルセル, イヴ　Carcelle, Yves　実業家　ルイ・ヴィトンマルティエ会長・CEO　国フランス　⊕1948年5月18日　㊥1992／2000／2008／2012

カールセン, エリザベス　映画プロデューサー　⊕1960年　㊥2004／2008

カールセン, マグナス　Carlsen, Magnus　チェス棋士　国ノルウェー　㊥2012

カルーソ, D.J.　Caruso, D.J.　映画監督　国米国　⊕1965年　㊥2012

カルーソ, デービッド　Caruso, David R.　ビジネスコンサルタント　ワーク・ライフ・ストラテジー代表,エール大学心理学部研究員　国米国　㊥2004

カルーソ, デービッド　Caruso, David　俳優　国米国　⊕1956年1月7日　㊥2012

カルソープ, ピーター　Calthorpe, Peter　都市計画家　国米国　㊥2000

カールソン, P.M.　Carlson, P.M.　本名=カールソン,パトリシア・マケルロイ　作家　⊕1940年　㊥1996

カールソン, アーヴィド　Carlsson, Arvid　薬理学者　イェーテボリ大学名誉教授　⑰神経精神薬理学　国スウェーデン　⊕1923年1月25日　㊥1996／2004／2008／2012

カールソン, アーニー　Carlson, Arne Helge　政治家　元・ミネソタ州知事(共和党)　国米国　⊕1934年9月24日　㊥1996／2000

カールソン, イングバル　Carlsson, Ingvar G.　政治家　元・スウェーデン首相,元・スウェーデン社会民主労働党党首　国スウェーデン　⊕1934年11月9日　㊥1992／1996／2000

カールソン, エリック　Carlsson, Erik　元・ラリードライバー　国英国　㊥2000

カールソン, カロリン　Carlson, Carolyn　舞踊家,振付師　国米国　⊕1943年　㊥1996

カールソン, クリスティーン　Carlson, Kristine　作家　国米国　㊥2004／2008

カールソン, ジェフ　Carlson, Jeff　作家,Webデザイナー　国米国　⊕1970年

カールソン, ジェームズ　Carlson, James D.　コンピューター技術者　国米国　㊥2004

カールソン, デービッド　Carlson, David　コンピューター技術者,コンピューターコンサルタント　国米国　㊥2004

カールソン, ナタリー・サベッジ　Carlson, Natalie Savage　作家　国米国　⊕1906年　㊥2004

カールソン, パット・モス　Carlsson, Pat Moss　元・ラリードライバー　国英国　㊥2000

ガルソン, バルタザール　Garzón, Baltasar　裁判官　スペイン最高裁判事　国スペイン　⊕1955年　㊥1996

カールソン, ミカエル　アクシス社社長　国スウェーデン　㊥1996

カールソン, ヤン　Carlzon, Jan　実業家　NETネット会長　元・スカンジナビア航空(SAS)グループ社長・CEO　国スウェーデン　⊕1941年6月25日　㊥1992／1996

カールソン, リチャード　Carlson, Richard　セラピスト,心理学者　国米国　⊕1961年　㊥1992／1996／2000／2012

カルダー, ケント　Calder, Kent E.　日本政治研究家　ジョンズ・ホプキンス大学高等国際問題研究大学院(SAIS)日本学部部長・教授・ライシャワー東アジア研究所長　元・駐日米国大使館特別補佐官(経済担当)　⑰政治学,日米関係　国米国　⊕1948年4月18日　㊥1992／1996／2000／2004／2008／2012

カルタ, ファビオ　Carta, Fabio　スピードスケート選手(ショートトラック)　ソルトレークシティ五輪ショートトラック男子5000メートル銀メダリスト　国イタリア　⊕1977年10月6日

カルダー, ボビー　Calder, Bobby J.　経営学者　ノースウェスタン大学大学院ケロッグ・スクール教授　⑰マーケティング戦略,メディア戦略,市場調査,消費者行動　国米国　㊥2008

カルダノフ, モウラト　Kardanov, Mourat　レスリング選手(グレ

コローマン）　国ロシア　生1971年1月4日　没2004

カルダン, アニー　Cardin, Annie　装飾美術家　国フランス　生1938年　選1992

カルダン, ピエール　Cardin, Pierre　ファッションデザイナー, 実業家　ピエール・カルダン社長, エスパス・ピエール・カルダン劇場ディレクター　国フランス　生1922年7月2日　選1992／1996／2000／2004／2008／2012

カルタンマルク, M.　宗教学者　エコール・プラティーク・デ・オートゼチュード第5部門教授　専東洋宗教学, 道教　国フランス　生1910年　没2004

カールーチ, フランク　Carlucci, Frank Charles　カーライル・グループ会長　元・米国国防長官　国米国　生1930年10月18日　選1992／1996

ガルーチ, ロバート　Gallucci, Robert　外交官　米国イランミサイル問題対ロシア交渉大使, ジョージタウン大学外交関係大学院院長　元・米国国務次官補　国米国　生1946年2月11日　選1996／2000

カルチェ, アントニオ　Calce, Antonio　実業家　コルムCEO　国スイス　生1967年　選2012

カルチェ, レイモン　Cartier, Raymond　ジャーナリスト, 写真家　元・「パリ・マッチ」誌共同編集者　国フランス　選1992（カルティエ, レイモン）

カルツァ, ジャン・カルロ　Calza, Gian Carlo　国際北斎リサーチ・センター所長　元・ベネチア大学教授　専東洋美術史　国イタリア　生1940年　没2012

ガルツァバルデス, レオンシオ　Garza-Valdes, Leoncio A.　微生物学者, 小児科医　テキサス大学健康科学センター教授　専微生物考古学　選2004

カルティア, ルイジ　ピアニスト　国イタリア　生1966年　選2000

ガルティエ, クリストフ　Galtier, Christophe　サッカー監督, 元・サッカー選手　国フランス　生1966年8月23日　選2012

カルティエ・ブレッソン, アンリ　Cartier-Bresson, Henri　写真家　国フランス　生1908年8月22日　没2004年8月3日　選1992／1996

ガルティエリ, レオポルド・フォルトナト　Galtieri, Leopoldo Fortunato　政治家, 軍人　元・アルゼンチン大統領　国アルゼンチン　生1926年7月15日　没2003年1月12日　選1992（ガルチエリ, レオポルド・フォルトナト）／1996（ガルチエリ, レオポルド・フォルトナト）／2000（ガルチエリ, レオポルド・フォルトナト）

ガルディカス, ビルーテ　Galdikas, Birute　動物学者　国オランウータン　選2000

カルディコット, ヘレン　Caldicott, Helen　反核運動家　核政策研究所代表　専核政策　国米国　生1938年　選2012

カルディナル, マリ　Cardinal, Marie　作家　国フランス　生1929年　選1996

カルディナーレ, クラウディア　Cardinale, Claudia　女優　国イタリア　生1939年4月15日　選1992／1996／2000／2008／2012

ガルディーニ, ウバルド　Gardini, Ubaldo　オペラコーチ　元・東京芸術大学客員教授, 元・ジュリアード音楽学校客員教授　国イタリア　没2011年11月24日

ガルディーニ, ラウル　Gardini, Raul　実業家　元・フェルッツィ・グループ会長　国イタリア　生1933年7月7日　没1993年7月23日　選1992／1996

カルテス, オラシオ　Cartes Jara, Horacio Manuel　政治家　パラグアイ大統領　国パラグアイ

カルデッラ, ラーラ　作家　国イタリア　生1969年11月13日　選1992／1996／2000

カルデナス, クアウテモック　Cárdenas Solorzano, Cuauhtémoc　政治家　元・メキシコ市長, 元・民主革命党(PRD)党首　国メキシコ　生1935年5月1日　選2000／2004

カルデナル, エルネスト　Cardenal, Ernesto　カトリック神父, 詩人　ニカラグア文化相　国ニカラグア　生1925年　選1992／1996

カルデネス, アンドレス　Cardenes, Andres　バイオリニスト　ピッツバーグ交響楽団コンサートマスター　国米国　選2000

カルデラ, ラファエル　Caldera, Rafael　本名=カルデラ・ロドリゲス, ラファエル・アントニオ　政治家, 法律家　元・ベネズエラ大統領　国ベネズエラ　生1916年1月24日　没2009年12月24日　選1996／2000／2004／2008

カルテリエーリ, ウルリヒ　Cartellieri, Ulrich　元・ドイツ銀行代表取締役　国ドイツ　生1937年9月21日　選1996／2008

カルデロン, アルマンド　Calderon, Armando　本名=カルデロン・ソル, アルマンド　エルサルバドル民族主義共和同盟(ARENA)党首　元・エルサルバドル大統領　専政治家　国エルサルバドル　生1948年6月24日　選1996／2000

カルデロン, グロリア　Calderón, Gloria　イラストレーター　国コロンビア　選2004

カルデロン, フィリップ　Calderon, Phillipe　映画監督　国フランス　生1955年10月30日　選2012

カルデロン, フェリペ　Calderón, Felipe　本名=カルデロン・イノホサ, フェリペ・デヘスス　政治家, 弁護士　メキシコ大統領　国メキシコ　生1962年8月18日　選2008／2012

カルデロン, ホセ　Calderon, Jose　バスケットボール選手　北京五輪・ロンドン五輪バスケットボール男子銀メダリスト　国スペイン　生1981年9月28日

カルデロン, ラファエル・アンヘル　Calderon, Rafael Angel　政治家　元・コスタリカ大統領　国コスタリカ　生1949年3月14日　選1992／1996

ガルデン, ゲーリー　Gulden, Gary K.　CSCインデックス副社長　国米国　生1942年

カルドー, メアリー　ロンドン大学グローバルガバナンス研究センター教授　専国際関係論, 世界市民社会論　国英国　生1946年　選2004／2008

カルドア, ニコラス　Kaldor, Nicholas　経済学者　元・ケンブリッジ大学教授　専経済政策論　国英国　生1908年5月12日　没1986年10月1日　選1992

ガルドゥーニョ, フロール　Garduño, Flor　写真家　国メキシコ　生1957年　選2004

ガルトゥング, ヨハン　Galtung, Johan　社会学者, 平和学者　立命館大学国際関係学部客員教授　元・オスロ国際平和研究所所長　国ノルウェー　生1930年10月24日　選1992／2000／2008

カルドーソ, オネリオ・ホルヘ　作家　国キューバ　生1914年　選1992

カルドゾ, フェルナンド・エンリケ　Cardoso, Fernando Henrique　政治家, 社会学者　元・ブラジル大統領　国ブラジル　生1931年6月18日　選1996／2000／2004／2008／2012

カルドソ, ホセ　Cardozo, Jose　サッカー選手(FW)　国パラグアイ　生1971年3月19日　選2008

カルドーソ・イ・クーニャ, アントニオ　Cardoso e Cunha, Antonio　政治家　元・EC委員会委員　国ポルトガル　生1933年1月28日　選1992

カルドーゾ・デ・メロ, ゼーリア・マリア　Cardoso de Mello, Zélia Maria　サンパウロ大学経済学部助教授　元・ブラジル経済相　国ブラジル　生1953年　選1992

カルドナ, マニュエル　Cardona, Manuel　物理学者　マックス・プランク固体研究所教授　国スペイン　生1934年9月7日

ガルトフ, メル　Gurtov, Mel　国際政治学者　ポートランド州立大学ハットフィールド政治校教授, 「アジア・パースペクティブ」編集長　専東アジアの政治・安全保障　国米国　選2004／2008

カールトン, ジム　Carlton, Jim　ジャーナリスト　「ウォール・ストリート・ジャーナル」記者　国米国　生1955年　選2000

カルトン, ジャン　Carton, Jean　彫刻家　元・フランス彫刻家連盟会長　国フランス　生1912年　没1988年11月　選1992

カールトン, スティーブ　Carlton, Steve　本名=Carlton, Stephen Norman　元・大リーグ選手　国米国　生1944年12月22日　選1992／1996／2000

カールトン, バネッサ　Carlton, Vanessa　シンガー・ソングライター　国米国　生1980年8月16日　選2004／2012

カールトン, モーリス・ジャン　Carton, Maurice Jean　料理人　専菓子　国フランス　生1956年　選2000

カールトン, ラリー　Carlton, Larry　本名=カールトン, ラリー・ユージン　旧グループ名=クルセイダーズ, フォープレイ　ジャ

ズ・ギタリスト　国米国　生1948年3月2日　発2000／2008／2012

ガルナシ, インギット　元スカルノ・インドネシア初代大統領夫人　国インドネシア　生1984年4月13日　発1992

カルナラトネ, クスマ　Karunaratne, Kusuma　コロンボ大学上級教授　専シンハラ語文学　国スリランカ　発2008

カルネ, マルセル　Carné, Marcel　映画監督　国フランス　生1906年8月18日　没1996年10月30日　発1992／1996

カルネック, アンドレ　Carnec, André　教育者　フランス文部省所属県視学官, エコール・ノルマル名誉校長　国フランス　生1907年　発1992

カルバー, ギャリー　Culver, Gary　作家　国米国　発2004

ガルバ, ジョゼフ　Garba, Joseph Nanven　外交官　元・国連総会議長（第44回）　国ナイジェリア　生1943年7月17日　没2002年6月1日　発1992

カルバー, ブルース　Culver, Bruce　「Sd.Kfz.251ハーフトラック1939・1945」の著者　発2008

カルバスチ, ゴラムホセイン　Karbaschi, Gholamhossein　政治家　「シャフルバンデ・エムルズ」社主　元・テヘラン市長　国イラン　発2012

カールパーティ, ヤーノシュ　Kárpáti, János　音楽学者　リスト音楽アカデミー教授・図書館長　国ハンガリー　生1932年　発2000

カルバート, アシュトン　外交官　駐日オーストラリア大使　国オーストラリア　発1996

カルバート, スコット　Kalvert, Scott　映画監督　国米国　生1964年8月　没2014年3月5日

ガルバーニ, モーリーン　Galvani, Maureen　イラストレーター　発2004

カルバハル, マガリー　バレーボール選手　国キューバ　生1969年12月　発1992／1996

ガルバリーノ, ジェームズ　Garbarino, James　心理学者　コーネル大学家族生活開発センター共同所長・教授　国米国　発2004／2008

カルバリョ・ドスサントス, テオフィロ　元・ポルトガル国会議長　国ポルトガル　生1986年3月24日　発1992

ガルバルスキ, サム　Garbarski, Sam　映画監督　国ベルギー　生1948年　発2012

ガルバレク, ヤン　Garbarek, Jan　ジャズ・テナーサックス奏者　国ノルウェー　生1947年3月4日　発1992／2008／2012

ガルバン, エンリケ・チエルノ　元・マドリード市長　国スペイン　生1986年1月19日　発1992

ガルバン, マヌエル　Galbán, Manuel　ギタリスト　国キューバ　生1931年1月14日　没2011年7月7日

カルパンティエ, ミシェル　欧州共同体（EC）第13総局長（情報技術・技術革新担当）　国フランス　生1930年　発1996

カルビ, マハディ　Karrubi, Mahdi　政治家　元・イラン国会議長　国イラン　生1937年　発1992／1996／2004／2008

カルピ, ルシア　Carpi, Lúcia　専歴史学　国ブラジル　発2004

ガルビス, ナタリー　Gulbis, Natalie　プロゴルファー　国米国　生1983年1月7日　発2000（グルビス, ナタリー）／2004（グルビス, ナタリー）／2008／2012

カルピン, ヴァレリー　Karpin, Valeri　元・サッカー選手　国ロシア　生1969年2月2日　発2004／2008／2012

ガルビン, クリストファー　Galvin, Christopher B.　実業家　モトローラ会長・CEO　国米国　発1992／1996／2000

ガルビン, ジョン　Galvin, John Rogers　退役米国陸軍大将　フレッチャー法律外交大学院学長　元・NATO欧州連合軍最高司令官　国米国　生1929年5月13日　発1996／2000

ガルビン, ジョン　Galvin, John P.　メリルリンチCMA本部長　国米国　発2000

カルビン, メルビン　Calvin, Melvin　生化学者　元・カリフォルニア大学教授　国米国　生1911年4月8日　没1997年1月8日　発1992／1996

ガルビン, ロバート　Galvin, Robert William　実業家　元・モトローラ会長・CEO　国米国　生1922年10月9日　没2011年10月11

日　発1992／1996／2000／2004／2008

カルプ, ジェニファー　Culp, Jennifer　グループ名＝クロノス・クァルテット　チェロ奏者　国米国　発2004

カルプ, ジョウナ　Kalb, Jonah　ビジネスコンサルタント, 著述家　国米国　発2000

カルプ, スティーブン　Culp, Steven　俳優　国米国　発2004／2008

カルプ, ブライアン　Culp, Brian　コンピューター技術者　発2004

カルブ, マービン　Kalb, Marvin　元・放送記者　元・ハーバード大学教授　専政治学, 外交　国米国　発2000／2012

カルファーニャ, マーラ　Carfagna, Mara　政治家　イタリア機会均等担当相　国イタリア　生1975年12月18日　発2012

ガルフィオン, ジャン　Galfione, Jean　棒高跳び選手　国フランス　発2000

ガルブゾフ, ワシーリー　Garbuzov, Vasilii Fedorovich　政治家　元・ソ連蔵相　国ソ連　生1911年　没1985年11月12日　発1992

カルフーニ, ドミニク　Khalfouni, Dominique　バレリーナ　元・マルセーユ・バレエ団プリンシパル, 元・パリ・オペラ座バレエ団エトワール　国フランス　生1951年6月23日　発1992／2000／2008／2012

ガルブレイス, ジェイ・R.　Galbraith, J.R.　南カリフォルニア大学組織有効性研究所教授・主任研究員　専経営学　国米国　発2000

ガルブレイス, ジェームズ　Galbraith, James Kennes　経済学者　テキサス大学オースティン校教授　国米国　生1952年　発1992／2000

ガルブレイス, ジュディ　Galbraith, Judy　教育学者　専英才児　国米国　発2004

ガルブレイス, ジョン・ケネス　Galbraith, John Kenneth　経済学者　元・ハーバード大学名誉教授　国米国　生1908年10月15日　没2006年4月29日　発1992／1996／2000

ガルブレイス, ベン　Galbraith, Ben　コンピューター技術者　国米国　発2004

カルフーン, ジョン　Calhoun, John Cozart　元・米国大統領特別補佐官　国米国　生1937年　発1992

カルペジアニ, パウロ・セザール　Carpeggiani, Paulo Cesar　サッカー監督, 元・サッカー選手　元・サッカー・パラグアイ代表監督　国ブラジル　生1949年2月17日　発2000

ガルベス, バルビーノ　Galvez, Balvino　プロ野球選手（投手）, 元・大リーグ選手　国ドミニカ共和国　生1964年3月31日　発2004

ガルベス, ホセ・オリバ　Galvez, Jose Oliva　大リーグ選手（内野手）　国ドミニカ　生1971年3月3日　発2000

カルペッパー, ダンテ　Culpepper, Daunte　元・プロフットボール選手　国米国　生1977年1月28日　発2004／2008

ガルペリン, グレブ　Galperin, Gleb　本名＝Galperin,Gleb Sergeyevich　飛込み選手　北京五輪男子高飛込み・シンクロナイズド高飛込み銅メダリスト　国ロシア　生1983年5月25日

カルペンティエル, アレホ　Carpentier, Alejo　作家　国キューバ　生1904年12月26日　没1980年4月25日　発1992

ガルボ, グレタ　Garbo, Greta　本名＝グスタフソン, グレタ・ロビッサ　女優　国米国　生1905年9月18日　没1990年4月15日　発1992

カルボコレッシー, ピーター　Calvocoressi, Peter　本名＝Calvocoressi,Peter John Ambrose　法律家, 著述家　国英国　生1912年11月17日　没2010年2月5日　発1996／2000／2004

カルボ・ソテロ, レオポルド　Calvo-Sotelo, Leopoldo　本名＝Calvo-Sotelo y Bustelo,Leopoldo　政治家　元・スペイン首相　国スペイン　生1926年4月14日　没2008年5月3日　発1992

カルボナール, アラン　バイオリン製作者, 元・ピアニスト　国フランス　生1950年　発1992

カルボナーレ, アレッサンドロ　Carbonare, Alessandro　クラリネット奏者　聖チェチーリア音楽院管弦楽団首席クラリネット奏者　国イタリア　生1967年　発2008

カルボーネ, ベニト　Carbone, Benito　サッカー選手（FW）　国イタリア　生1971年8月14日　発2008

カルボネル, オナ　Carbonell, Ona　本名＝Carbonell Ballestero, Ona　シンクロナイズドスイミング選手　ロンドン五輪シンクロナ

イズドスイミング・デュエット銀メダリスト [国]スペイン [生]1990年6月5日

カルポフ, ヴィクトル Karpov, Viktor Pavlovich 外交官 元・ロシア外務省無任所大使 [国]ロシア [生]1928年10月9日 [没]1997年2月2日 [典]1992

カルポフ, ヴィクトル・ワシーリエヴィチ Karpov, Viktor V. 軍人 ウクライナ軍中央博物館館長 [国]ウクライナ [生]1960年 [典]2004／2008

カルホーン, クレイグ Calhoun, Craig J. ニューヨーク大学社会学科長, オスロ大学教授 [専]人類学, 社会学 [国]米国 [生]1952年 [典]1996／2000

カルホーン, リー 陸上選手(障害) [国]米国 [没]1989年6月22日 [典]1992

カルマカール, カリダス 版画家 [国]バングラデシュ [生]1946年 [典]1992

カルマ・ゲレク・ユトク チベット仏教僧 ダライ・ラマ法王日本代表部代表 [典]1996

カルマチャリャ, イシュワリ Karmacharya, Ishwari 画家 [国]ネパール [生]1955年 [典]2000

カルマ・チョペル Karma Chophel 政治家 亡命チベット代表者議会(ATPD)議長 [生]1949年 [典]2012

カルマノビッチ, シャブタイ 実業家 チシンカ社長 [国]ロシア [典]2000

カルマパ17世 Karmapa XVII 本名=ウゲン・ティンレー・ドルジェ 宗教指導者 チベット仏教カギュー派最高位活仏 [生]1985年6月26日 [典]2000／2004／2008／2012

カルマル, バブラク Karmal, Babrak 政治家 元・アフガニスタン革命評議会議長(元首), 元・アフガニスタン首相 [国]アフガニスタン [生]1929年1月6日 [没]1996年12月1日 [典]1992／1996

カルマン, ジャンヌ Calment, Jeanne 本名=Calment,Jeanne Louise 世界一長生きした人物 [国]フランス [生]1875年2月21日 [没]1997年8月4日 [典]2000

カルマン, タワックル Karman, Tawakel ジャーナリスト, 人権活動家 鎖のない女性ジャーナリスト創設者 [国]イエメン [典]2012

カルマン, ティボー Kalman, Tibor グラフィックデザイナー M&CO主宰者 [国]米国 [典]1992

カルマン, ルドルフ・エミル Kalman, Rudolf Emil フロリダ大学大学院研究教授, スイス連邦工科大学教授 [専]システム工学, 制御工学 [国]米国 [生]1930年5月19日 [典]1992

カルミ, エウジェニオ Carmi, Eugenio 画家, 彫刻家, インダストリアルデザイナー [国]イタリア [典]1992

カルミ, ダニエラ Carmi, Daniella 作家, 脚本家 [国]イスラエル [典]2004

カルミッツ, マリン Karmitz, Marin 映画プロデューサー, 映画監督 [国]フランス [生]1938年 [典]1996

カルミナーティモリーナ, エマヌエーレ Carminati Molina, Emanuele 実業家 ヴァレクストラ・オーナー [国]イタリア [生]1952年

カルミニョーラ, ジュリアーノ Carmignola, Giuliano バイオリニスト ベニス・バロック・オーケストラ(VBO)独奏バイオリニスト [国]イタリア [生]1951年 [典]2004／2008／2012

カルミレイ, ミシュリン Calmy-Rey, Micheline 政治家 元・スイス大統領・外相 [国]スイス [生]1945年7月8日 [典]2008／2012

カルミレッリ, ピーナ Carmirelli, Pina バイオリニスト 元・イ・ムジチ合奏団コンサートマスター [国]イタリア [生]1914年1月23日 [没]1993年2月26日 [典]1996

カルメ, ジャン Carmet, Jean 俳優 [国]フランス [生]1921年4月25日 [没]1994年4月20日 [典]1996

カルメン, エリック 旧グループ名=ラズベリーズ シンガー・ソングライター [国]米国 [典]2000

カルメン・デル・オレフィス ファッションモデル [国]米国 [生]1931年 [典]1996

カルヤライネン, アハチ Karjalainen, Ahti Kalle Samuli 政治家 元・フィンランド首相 [国]フィンランド [没]1990年9月7日 [典]1992

カルリ, グイド Carli, Guido 銀行家, 政治家 元・イタリア財務相, 元・イタリア中央銀行総裁, 元・イタリア工業連盟会長 [国]イタリア [生]1914年3月28日 [没]1993年4月22日 [典]1992／1996

カルル, クリストフ フランス国際関係研究所(IFRI)主任研究員 [専]核の安全性と軍備, 核兵器 [国]フランス [生]1961年 [典]1996

カルルッチ, コジモ 彫刻家 [国]イタリア [没]1987年5月1日 [典]1992

カルレイ, カルロ Carlei, Carlo 映画監督 [国]イタリア [生]1961年4月16日 [典]1996

カルレーカル, マラビカ Karlekar, Malavika 女性と開発研究センター教授 [専]女性学 [国]インド [典]2000

カルレスク・バデア, ラウラ Carlescu Badea, Laura Gabriela フェンシング選手 [国]ルーマニア [生]1970年3月28日 [典]2000(バデア, ラウラ)／2008

カルロ, マキシム Carlot, Maxime 政治家 元・バヌアツ首相 [国]バヌアツ [生]1941年 [典]1996／2000

カルロス Carlos 本名=プリード, カルロス 元・プロ野球選手 [国]ベネズエラ [生]1971年8月5日 [典]2004

カルロス, バーニー Carlos, Bun E. グループ名=チープ・トリック ドラム奏者 [国]米国 [典]2012

カルロス・クラーク, ボブ Carlos Clarke, Bob 写真家 [国]英国 [生]1950年 [典]1996

カルロス・マルチネス Carlos Martinez 本名=ラミレス・サンチェス, イリッチ 通称=カルロス 国際テロリスト [生]1949年 [典]1992／1996／2000

カルロフ, ウラジーミル Karlov, Vladimir Alekseevich 政治家 元・ソ連共産党中央委農業食糧部長 [国]ソ連 [生]1914年3月15日 [典]1992

カルロン Carlao 本名=カルロス・アレシャンドレ・デ・ソウザ・シウバ サッカー選手(FW) [国]ブラジル [生]1986年8月1日 [典]2012

カールワイス, ジョージ Karlweis, Georges エドモン・ドゥ・ロスチャイルド・プライベート銀行副会長 [典]1996

カルン, K. Karun, K. コンピューター技術者 オラクル・マネジャー [典]2004

ガルン, トーニ Garrn, Toni モデル [国]ドイツ [典]2012

カルンバッハ, ジークリンデ パフォーミング・アーチスト [国]ドイツ [生]1960年 [典]1992

カルンベルジン, ヤン Kalnberzin, Yan Eduardovich 政治家 元・ラトビア共和国共産党第1書記・最高会議幹部会議長 [国]ソ連 [没]1986年2月4日 [典]1992

カレ, アラン Carré, Alain インダストリアル・デザイナー アラン・カレ・デザイングループ代表者 [国]フランス [生]1945年 [典]1992

ガレアーノ, エドゥアルド Galeano, Eduardo ジャーナリスト, 作家 [国]ウルグアイ [生]1940年9月3日 [典]1996／2000

ガーレイロ, ミゲル Guerreiro, Miguel 歌手 [国]ポルトガル [生]1998年11月21日 [典]2012

ガレエフ, マフムト Gareyev, Makhmud Akhmedovich 軍人 ロシア連邦軍事アカデミー総裁 元・ソ連参謀本部副総長, 元・アフガニスタン大統領軍事顧問 [国]ロシア [生]1923年7月23日 [典]2004

カレカ Careca 本名=フィーリョ, アントニオ・デ・オリベイラ 元・サッカー選手 [国]ブラジル [生]1960年10月5日 [典]1992(カレッカ)／1996(カレッカ)／2000／2004／2008

ガレゴ, オーグスチン・P. サンディエゴ・コミュニティー・カレッジ・ディストリクト(SDCCD)総長 [専]教育心理学 [国]米国 [典]1996

カレジェッスキー, エドワード Kolodzieski, Edward 本名=カレジェッスキー, エドワード・ジェームズ 実業家 西友CEO 元・ウォルマート・ストアーズ国際部門COO [国]米国 [生]1960年1月31日 [典]2008／2012

カーレシモ, P.J. Carlesimo, P.J. バスケットボール監督 [国]米国 [生]1949年5月30日 [典]2000

カレス, エリカ Karres, Erika V.Shearin 教育学者 ノースカロライナ大学教育学部助教授 [専]校内暴力 [国]米国 [典]2004

カーレス, エリーザベト　オペラ歌手　バーデン市立劇場芸術監督　国オーストリア　愛2000

ガレスピー, ディジー　Gillespie, Dizzy　本名=Gillespie,John Birks　ジャズ・トランペット奏者, 作曲家　国米国　生1917年10月21日　没1993年1月6日　愛1992／1996

ガレタ, アンヌ　Garréta, Anne　作家　国フランス　生1963年　愛1996

ガレッド, ポール　Garred, Paul　グループ名=クークス　ミュージシャン　国英国　愛2012

カーレット, ルイス　全国一般労組書記次長　国米国　愛2008

カーレディ, メッデー　レスリング審判員　国イラン　愛1992／1996

カレーニョ, ホセ・マニュエル　Carreño, Jose Manuel　バレエダンサー　元・アメリカン・バレエ・シアター (ABT) プリンシパル　国キューバ　生1968年5月25日　愛2000／2004／2008／2012

カレフ, カメン　Kalev, Kamen　映画監督　国ブルガリア　愛2012

カレヤ, ジョセフ　Calleja, Joseph　テノール歌手　国マルタ　生1978年　愛2012

カレーラス, ホセ　Carreras, José　本名=Carreras,José María　テノール歌手　国スペイン　生1946年12月15日　愛1992／1996／2000／2004／2008／2012

カレリン, アレクサンドル　Karelin, Aleksandr　政治家, 元・レスリング選手　ロシア下院議員　ソウル五輪・バルセロナ五輪・アトランタ五輪レスリング男子グレコローマン130キロ級金メダリスト　国ロシア　生1967年9月19日　愛1992／1996／2000／2004／2012

カレール, エマニュエル　Carrère, Emmanuel　作家　国フランス　生1957年　愛2000／2008／2012

カレル, スティーブ　Carell, Steve　俳優　国米国　生1962年8月16日

カレル, パウル　Carell, Paul　ジャーナリスト, ノンフィクション作家　第二次大戦　国ドイツ　生1911年　没1997年6月　愛2000

ガレル, フィリップ　Garrel, Philippe　映画監督, 脚本家　国フランス　生1948年4月6日　愛1992／2004／2008／2012

カレルズ, マイケル　Karels, Michael J.　コンピュータ技術者　国米国　愛2008

カレール・ダンコース, エレーヌ　Carrère d'Encausse, Hélène　歴史学者　ロシア政治史, ロシア外交政策　国フランス　生1929年7月6日　愛1992／1996／2000／2012

ガレン, エウジェーニオ　Garin, Eugenio　歴史学者　スクオーラ・ノルマーレ・スペリオーレ (ピサの研究者養成大学) 名誉教授　国イタリア・ルネサンス　国イタリア　生1909年　愛2004

カレン, クリスチャン　Cullen, Christian　ラグビー選手　国ニュージーランド　生1976年2月12日　愛2008

カレン, トーマス　Curran, Thomas　ソフトウェア・プログラマー　国米国　愛2000

カーレン, ヘレナ　Karlén, Helena　アジア観光子ども売春根絶国際キャンペーン (ECPAT) 副会長　国スウェーデン　生1949年　愛2000

カレン, ロバート　Cullen, Robert　ジャーナリスト　国米国　愛1992／1996／2000

カレンスカ, ゾルニッツァ　Kalenska, Zornitsa　新体操選手　国ブルガリア　生1976年2月3日　愛1996

カレンダー, ジョン　Callender, John　Web開発コンサルタント　愛2004／2008

カレンダー, レッド　Callender, Red　本名=Callender,George Sylvester　ジャズベース奏者　国米国　生1918年3月6日　没1992年3月8日　愛1996

カレンティエワ, イリナ　Kalentieva, Irina　本名=Kalentieva,Irina Nikolayevna　自転車選手 (マウンテンバイク)　北京五輪自転車女子マウンテンバイク銅メダリスト　国ロシア　生1977年11月10日

カレンバーグ, トム　Calenberg, Thomas　イラストレーター　国米国　愛2004

カレンバック, アーネスト　Callenbach, Ernest　作家, エコロジスト　国米国　生1929年　愛1992／1996

カロ　Karo　写真家　国ドイツ　生1949年　愛1996

ガーロ, アレッシャンドレ・タデウ　Gallo, Alexandre Tadeu　サッカー監督, 元・サッカー選手　国ブラジル　生1967年5月29日　愛2008／2012

カロ, アンソニー　Caro, Anthony　彫刻家　国英国　生1924年3月8日　没2013年10月23日　愛1992／1996／2000／2008／2012

カロ, イザベル　Caro, Isabelle　モデル　国フランス　生1982年9月12日　没2010年11月17日

ガロ, マックス　Gallo, Max　歴史家, 作家, 政治家　国フランス　生1932年1月7日　愛1992／2008／2012

カーロ, ロバート　Caro, Robert A.　伝記作家　国米国　生1935年

カーロウ, アイザック・ビクター　Kerlow, Isaac Victor　コンピューター技術者　国コンピュータグラフィックス　国米国　愛2004

カロウ, サイモン　Callow, Simon　俳優, 映画監督, 演出家　国英国　生1949年　愛1996

ガロッタ, ジャン・クロード　Gallotta, Jean-Claude　舞踊家, 振付師　エミール・デュボワ主宰者　国モダンダンス　国フランス　生1950年　愛1992／1996／2000／2008／2012

ガロディ, ロジェ　Garaudy, Roger Jean Charles　哲学者, 政治家　元・フランス共産党政治局員, 元・ポワティエ大学文学部教授　国フランス　生1913年7月17日　没2012年6月13日　愛1992／2000

カロテヌート, アルド　Carotenuto, Aldo　心理学者　ローマ大学教授　国パーソナリティ理論　国イタリア　生1933年　愛1992

ガローネ, リカルド　Garrone, Riccardo　実業家　元・サンプドリア会長　国イタリア　生1936年1月23日　没2013年1月21日

カロビッチ, イボ　Karlovic, Ivo　テニス選手　国クロアチア　生1979年2月28日　愛2012

ガロファノ, クリントン　美術家　国オーストラリア　生1962年　愛1992

ガロファロ, ジャンルカ　Garofalo, Gianluca　絵本作家　国イタリア　生1968年　愛2004

カロフィーリオ, ジャンリーコ　Carofiglio, Gianrico　作家, 検察官　国イタリア　生1961年　愛2012

カロリー, ベラ　Caroli, Bela　体操コーチ　国米国　生1942年9月13日　愛2004

カロリス, ナターレ・デ　Carolis, Natale de　バス・バリトン歌手　国イタリア　愛2004

ガロワ, ソフィ　Gallois, Sophie　作家　国フランス　生1963年　愛2000

ガロワ, パトリック　Gallois, Patrick　フルート奏者, 指揮者　ユヴァスキュラ・シンフォニア音楽監督　国フランス　生1956年　愛1992／1996／2012

ガロワ, ルイ　Gallois, Louis　実業家　フランス国鉄総裁　国フランス　生1944年1月26日　愛2000

ガロワ・モンブラン, レーモン　Gallois-Montbrun, Raymond　バイオリニスト, 作曲家　国フランス　生1918年8月15日　没1994年8月13日　愛1996

ガロン, シェルドン　Garon, Sheldon　歴史学者　プリンストン大学教授　国日本近現代史　国米国　生1951年　愛2004／2008

カロン, ジャン　Karon, Jan　作家　国米国　愛2004

カーロン, パトリシア　Carlon, Patricia　作家　国オーストラリア　生1927年　愛2000

カロン, モハメド　Kallon, Mohamed　サッカー選手 (FW)　国シエラレオネ　生1979年10月6日　愛2004／2008

カロンヌ, ローランド・ドゥ　リュイナール社専務取締役　国フランス　愛1992

ガワー, アダム　Gower, Adam　ユナイテッド・シネマ・インターナショナルジャパン社長　国英国　生1964年　愛2000

カワイエス, J.　Cavaillès, Jules　画家　国フランス　生1901年　愛1992／1996

カワカミ, クラーク　河上, クラーク　Kawakami, Clark H.　ジャーナリスト　元・同盟通信特派員　国米国　没1985年4月13日　愛1992

カワカミ, バーバラ　川上, バーバラ　Kawakami, Barbara F.　服飾研究家　国ハワイ日系移民の服飾　国米国　生1921年　愛2000

カワカミ, リチャード　元・ハワイ州下院議長　[国]米国　[没]1987年3月8日　[典]1992

カワサキ, ガイ　Kawasaki, Guy　マーケティングコンサルタント, コラムニスト　ガレージ・コムCEO, アップル社名誉研究員　[国]米国　[生]1954年　[典]2000

カワシマ, スー　Kawashima, Sue A.　日本名=川島, スー　ニューヨーク市立大学ハンター・カレッジ日本語・日本文化プログラム部長　[専]日本語, 日本文化　[国]米国　[典]2004

カーワディン, マーク　Carwardine, Mark　動物学者, 作家, 写真家　[国]英国　[生]1956年　[典]2000／2012

ガワド, アハメド・アブデル　中東問題専門家　カイロ放送英語ニュース部員　[国]エジプト　[生]1939年10月27日　[典]1996

カワバタ, ダグラス　Kawabata, Douglas K.　エコノミスト　アメリカン・イースタン・セキュリティーズ日本担当エコノミスト　[国]米国　[典]2004

カワハラ, オリン　プロ野球選手(投手)　[国]米国　[生]1977年12月11日　[典]2000

カワムラ, リリ　川村, リリ　Kawamura, Lili　社会学者　カンピーナス大学教授, 筑波大学大学院客員教授　[専]労働社会学, 文化社会学, 国際移民　[国]ブラジル　[典]2004

カワレロウィッチ, イエジー　Kawalerowicz, Jerzy　映画監督　[国]ポーランド　[生]1922年1月19日　[没]2007年12月27日　[典]1992

カーワン, ジョン　Kirwan, John　ラグビー監督, 元・ラグビー選手　元・ラグビー日本代表ヘッドコーチ　[国]ニュージーランド　[生]1964年12月16日　[典]1992／2000／2004／2008／2012

カワン・スタント　Kawan Soetantu　早稲田大学教授　[専]医用生体工学, 生体材料学　[国]インドネシア　[生]1951年3月10日　[典]2008(スタント, カワン)

ガン, C.　Gunn, C.Chan　ワシントン大学医学部附属病院総合ペインセンター教授・コンサルタント, ガン・ペイン・クリニック医療責任者　[専]ペイン・クリニック　[国]カナダ　[典]1996

カン, T.W.　Kang, T.W.　グローバル・シナジー・アソシエーツ代表取締役　[生]1957年　[典]1992／1996／2000

カン・アイヘイ　韓 愛萍　元・バドミントン選手　大阪サントリバドミントンクラブ・コーチ　[国]中国　[生]1962年　[典]1996

カン・アイラン　姜 愛蘭　Kang, Ae-ran　現代美術家　梨花女子大学美術大学教授　[国]韓国

カーン, アイリーン　Khan, Irene Zubaida　元・アムネスティ・インターナショナル事務総長　[国]バングラデシュ　[生]1956年12月24日　[典]2004／2008／2012

カーン, アクラム　Khan, Akram　振付師, ダンサー　[専]コンテンポラリーダンス　[国]英国　[生]1974年　[典]2008／2012

カーン, アスガル　Khan, Mohammed Asghar　パキスタン国民主権運動(TI)党首　[国]パキスタン　[生]1921年1月17日　[典]1992

カーン, アトランティック　Kahn, Atlantique　ミュージシャン　[国]フランス　[生]1967年7月　[典]2000

ガン, アーネスト・ケロッグ　Gann, Ernest Kellogg　作家　[国]米国　[生]1910年　[没]1991年12月19日　[典]1992／1996

カーン, アブドル・カディール　Khan, Abdul Qadeer　原子力科学者　元・カーン研究所所長　[国]パキスタン　[生]1935年　[典]2000／2004／2008／2012

カーン, アミール　Khan, Amir　プロボクサー　元・WBA・IBF世界スーパーライト級チャンピオン　アテネ五輪ボクシング・ライト級銀メダリスト　[国]英国　[生]1986年12月8日

ガン, アラステア　Gunn, Alastair S.　倫理学者　ワイカト大学　[専]応用倫理学　[国]ニュージーランド　[典]2004

ガン, アレクサンダー　Gann, Alexander　遺伝子学者　[典]2008

カン・アンヒ　姜 顔熙　Kang, An-hi　弁護士　[国]韓国　[生]1915年4月30日　[典]2000

カン・イエン　管 惟炎　物理学者　元・中国科学技術大学学長　[専]超伝導　[国]中国　[生]1928年　[典]1996

カン・イカン　甘 渭漢　元・中国共産党中央顧問委員会委員・中央整党指導委員会委員　[国]中国　[没]1986年4月1日　[典]1992

カーン, イザベル　Cahn, Isabelle　美術史家, アーキビスト　オルセー美術館アーキビスト　[国]フランス　[生]1954年5月9日　[典]2000

カン・イジュン　姜 儀中　Kang, Eui-joong　漢陽大学法学科教授　[専]法学　[国]韓国　[生]1936年12月1日　[典]2000

カン・イス　姜 二秀　崇実大学経商学部長　[国]韓国　[生]1941年8月10日　[典]1996

カン・イソク　姜 義錫　Kang, Eui-suk　弁護士　[国]韓国　[生]1917年5月24日　[典]2000

カン・イド　姜 渭斗　Kang, Wi-du　釜山大学法学科教授　[専]法学　[国]韓国　[生]1936年2月15日　[典]2000

カーン, イムラン　Khan, Imran　本名=Khan Niazi,Imran　政治家, 元・クリケット選手　パキスタン正義行動党(PTI)代表　元・パキスタン下院議員　[国]パキスタン　[生]1952年11月25日　[典]2000

カン・イヨン　姜 渭栄　Kang, Wi-yung　大邱大学特殊教育学科教授　[専]特殊教育　[国]韓国　[生]1936年8月4日　[典]2000

カン・イルギュ　姜 日圭　Kang, Il-kyu　実業家　韓国レンタル会長　[国]韓国　[生]1934年4月16日　[典]2000

カン・インウォン　姜 仁遠　歌手　[国]韓国　[生]1956年12月6日　[典]1996

カン・インウォン　姜 仁遠　Kang, Ihn-won　ジャーナリスト　[国]韓国　[生]1941年2月13日　[典]2000

カン・イング　姜 仁求　精神文化研究院教授　[国]韓国　[生]1937年1月14日　[典]1996

カン・イング　姜 寅求　Kang, In-goo　韓国国立環境研究院環境保険研究部部長　[国]韓国　[生]1940年5月31日　[典]2000

カン・インソプ　姜 仁燮　Kang, In-sop　政治家, 詩人　韓国国会議員(新韓国党)　[国]韓国　[生]1936年8月20日　[典]2000

カン・インソン　康 仁善　言語学者　ソウル大学校人文大学講師　[国]韓国　[生]1952年　[典]1992／1996

カン・インソン　姜 仁仙　ジャーナリスト　「朝鮮日報」記者　[国]韓国　[典]2004／2008

カン・インドク　康 仁徳　Kang, In-duk　政治家　極東問題研究所理事長　元・韓国統一相　[専]極東問題, 北朝鮮問題　[国]韓国　[生]1932年11月10日　[典]1992／1996／2000／2008／2012

カン・インドク　姜 仁徳　タレント　[国]韓国　[生]1949年11月15日　[典]1996

カン・ウイル　姜 禹一　Kang, U-il　カトリック神父　カトリックソウル大教区補佐主教, カトリック大学総長　[国]韓国　[生]1945年10月12日　[典]2000

カン・ウォンイル　姜 原一　Kang, Won-il　弁護士　[国]韓国　[生]1942年12月28日　[典]2000

カン・ウォンド　姜 元道　Kang, Won-do　韓国内務部消防局長　[国]韓国　[生]1940年1月15日　[典]2000

カン・ウォンリョン　姜 元龍　号=如海　牧師　元・韓国クリスチャンアカデミー理事長, 元・京東協会名誉牧師, 元・アジア宗教人平和会議議長・総会長　[国]韓国　[生]1917年10月30日　[没]2006年8月17日　[典]1996／2004

カン・ウソク　Kang, Woo-suk　漢字名=康祐碩　映画監督　シネマサービス会長　[国]韓国　[生]1960年　[典]2000／2008／2012

カン・ウチョル　康 宇哲　Kang, Woo-chul　梨花女子大学名誉教授　[専]歴史教育　[国]韓国　[生]1927年1月12日　[典]2000

カン・ウバン　姜 友邦　Kang, Woo-bang　東洋美術史家　梨花女子大学美術史学科招聘教授　[国]韓国　[生]1941年11月20日　[典]2000／2008

カン・ウヒョン　康 禹鉉　イラストレーター, グラフィックデザイナー　南怡島社長　[国]韓国　[生]1953年　[典]1992／1996／2008

カン・ウヒョン　姜 雨蛍　Kang, Woo-hyong　高麗大学物理学科教授　[専]物理学　[国]韓国　[生]1932年2月21日　[典]2000

カン・ウヨン　姜 友永　Kang, Woo-young　別名=楊江斎　公証人　元・韓国大法院判事　[国]韓国　[生]1924年6月4日　[典]2000

カン・ウンオ　姜 応五　Kang, Eung-oh　淑明女子大学経営学科教授, 韓国人事管理学会会長　[専]経営学　[国]韓国　[生]1932年12月31日　[典]1996／2000

カン・ウンシク　姜 雄植　Kang, Wumg-sik　外交官　韓国外務部在外国民領事局長　[国]韓国　[生]1943年8月4日　[典]2000

カン・ウンテ　姜 雲太　Kang, Un-tae　政治家　韓国国会議員　元・韓国内相,元・光州市長　国韓国　生1948年11月15日　選1996／2000／2004

カン・エイネン　関 永年　太極棒気功専門家　国中国　生1937年　選1992／1996

カーン, エドガー　Cahn, Edgar　弁護士　タイムダラー研究所所長　国米国　選2004

カーン, オリバー　Kahn, Oliver　元・サッカー選手　国ドイツ　生1969年6月15日　選2004／2008／2012

カン・カイウン　管 開雲　植物学者　中国科学院昆明植物研究所教授・植物園長　国中国　選2008

カン, カニー　Kang, Connie K.　朝鮮名＝姜堅実　ジャーナリスト　「ロサンゼルス・タイムズ」論説委員　国米国　生1942年　選2000

カン・ガノウ　関 雅濃　京劇作曲家　中央戯曲学院音楽系副主任,1級作曲家　国中国　生1933年　選1996

カン・カン　韓 寒　作家　国中国　生1982年　選2004

カン・キウォン　姜 基遠　Kang, Gui-won　弁護士　国韓国　生1942年5月3日　選2000

カン・キウン　姜 起雄　プロ野球選手（内野手）　国韓国　生1964年2月25日　選1992／1996

カン・キチョン　姜 起千　Kang, Ki-chon　元・軍人　韓日協会顧問,韓国イスラエル親善協会名誉会長　国韓国　生1927年11月11日　選2000

カン・キュソク　姜 奎錫　Kang, Kyu-sock　江陵大学総長　専物理学　国韓国　生1938年1月16日　選2000

カン・キュソン　姜 奎晟　プロ野球選手（投手）　国韓国　生1969年3月25日　選1996

カン・ギョウ　韓 暁　侵華日軍第七三一部隊罪証陳列館館長　国中国　生1937年　選1996

カン・ギョウホウ　韓 暁鵬　Han, Xiao-peng　スキー選手（フリースタイル）　トリノ五輪フリースタイルスキー男子エアリアル金メダリスト　国中国　生1983年12月13日　選2008／2012

カン・キョク　韓 旭　気功治療研究家　清華大学医院CT診断室主任　国中国　生1940年　選1992／1996

カン・キョングン　姜 京根　法学者　崇実大学法学部教授　国韓国　生1954年　選2008

カン・キョンシク　姜 慶植　Kang, Kyong-shik　政治家　元・韓国副首相・財政経済院長官　国韓国　生1936年5月10日　選2000

カン・キョンシク　姜 慶植　Kang, Kyong-shik　号＝一丁　政治家　韓国自民連釜山鎮甲地区党委員長　国韓国　生1940年12月12日　選2000

カン・キョンナム　姜 京男　Kang, kyong-nam　仏教放送総務局長　国韓国　生1954年2月20日　選2000

カン・キョンフン　姜 敬憲　Kang, Kyung-heun　嶺南総合金融社長　国韓国　生1936年2月11日　選2000

カン・キルウォン　姜 吉源　Kang, Khil-won　画家　国韓国　生1939年3月8日　選2000

カン・キルブ　姜 吉夫　Kang, Ghil-boo　韓国建設交通部中央土地収用委員会常任委員　国韓国　生1942年6月5日　選2000

カン・キルリョン　姜 佶龍　プロ野球選手（投手）　国韓国　生1968年10月14日　選1996

カン・キンセイ　管 金生　元・万国証券公司社長　国中国　生1947年　選1992／1996

カン・ク　甘 苦　Gan, Ku　元・中国全国人民代表大会（全人代）常務委副委員長,元・広西チワン族自治区人民代表大会常務委員会主任　国中国　生1924年　没1993年7月25日　選1996

カン・クァン　姜 寛　Kang, Kwan　コーロン（株）中央研究所　国韓国　生1941年5月24日　選2000

カン・クァンウォン　姜 珀沅　Kang, Kwan-won　仁河大学名誉教授　専水文学,土木工学　国韓国　生1929年3月18日　選2000

カン・クァンシク　姜 光植　政治学者　精神文化研究院教授・政治経済研究室長　国韓国　生1944年2月26日　選1996

カン・クァンジュ　姜 寛周　別名＝姜周一　政治家　朝鮮労働党対外連絡部長　国北朝鮮　生1930年7月　選2008

カン・クァンヒ　姜 光熙　Kang, Kwang-hui　韓国電話番号簿社長　国韓国　生1940年2月27日　選2000

カン・クァンフェ　姜 光会　プロ野球選手（外野手）　国韓国　生1968年6月23日　選1996

カン・クムシク　姜 金植　Kang, Kum-sik　成均館大学経営学科教授　専経営学　国韓国　生1941年5月29日　選2000

カン・グムシル　康 錦実　Kang, Kum-sil　政治家,法律家　元・韓国法相　国韓国　生1957年2月12日　選2000／2008

カーン, グーラム・イスハク　Khan, Ghulam Ishaq　政治家　元・パキスタン大統領　国パキスタン　生1915年1月20日　没2006年10月27日　選1992／1996

カン, クララ・ジュミ　Kang, Clara Jumi　バイオリニスト　国ドイツ　生1987年　選2012

カン・クンテク　姜 根鐸　Kang, Keun-taik　外交官　釜山市国際関係顧問大使　国韓国　生1945年10月13日　選2000

カン・クンヒ　姜 斤熙　Kang, Keun-hee　韓国産業安全公団教育広報理事　国韓国　生1934年8月1日　選2000

カン・クンヒ　姜 權謹　Kang, Keun-whan　キリスト教学者　韓国教会史学会長　元・ソウル神学大学総長　国韓国　生1934年11月10日　選2000

カン・クンホ　姜 根鎬　Kang, Keun-ho　政治家　韓国国民会議中央委員,バンド朝鮮アーケイド代表理事社長　国韓国　生1934年1月25日　選2000

カン・クンボク　康 根福　Kang, Keun-bok　忠南大学行政学科教授　専行政学　国韓国　生1953年9月11日　選2000

カン・ケイ　宦 郷　Huan, Hsiang　国際問題専門家　元・中国国際問題研究センター総幹事　国中国　生1910年　没1989年2月28日　選1992（カン・キョウ）

カン・ケウォン　姜 啓遠　Kang, Ke-won　韓国科学技術院教授・人体生命工学研究センター所長　専生物学,遺伝学　国韓国　生1934年7月3日　選2000

カン・ケシク　姜 桂植　Kang, Kye-sik　俳優　韓国演劇協会顧問　国韓国　生1917年7月3日　選2000

カン・ケジュ　姜 桂珠　Kang, Ke-juo　晋州文化放送常務　国韓国　生1939年12月12日　選2000

カン・ケスル　姜 啓述　Kang, Kye-sool　法名＝昔眛　僧侶　七宝寺祖室,曹渓宗中央僧伽大学名誉学長,東国譯経院理事長　国韓国　生1909年3月4日　選2000

カン・ケン　韓 健　元・バドミントン選手　国中国　生1956年　選1996

カン・ゲンリュウ　甘 彦龍　航空模型スポーツ選手　国中国　生1940年　選1996

カン・コウシン　韓 康信　中国社会科学院考古研究所副研究員　専自然人類学（古人骨）　国中国　生1931年　選1996

カン・コウフ　関 広富　湖北省人代常務委主任,中国共産党中央委員　国中国　生1931年　選1996

カーン, サドルディン・アガ　Khan, Sadruddin Aga　外交官　元・国連難民高等弁務官　国イラン　没2003年5月12日　選1992

カーン, サハブサダ・ヤクブ　Khan, Sahabzada Yaqub　政治家,外交官,軍人　元・パキスタン外相　国パキスタン　生1920年12月23日　選1992／1996

カーン, サミー　Cahn, Sammy　作詞家　国米国　生1913年1月18日　没1993年1月15日　選1996

カン・サムジェ　姜 三載　Kang, Sam-jae　政治家　元・韓国国会議員,元・新韓国党事務総長　国韓国　生1952年7月1日　選2000／2008

カン・サンウォン　姜 相遠　Kang, Sang-won　元・全羅北道知事　国韓国　生1932年10月9日　選2000

カン・サンウク　姜 尚郁　Kang, Sang-wook　ソウルチェイン会長,韓国物流センター代表理事,コスカ商易会長　国韓国　生1929年2月28日　選2000

カン・サンゲツ　関 山月　Guan, Shan-yue　旧名＝沢霈　中国画家　元・広東芸術学校校長,元・中国全国人民代表大会（全人代）広東省代表　専南画　国中国　生1912年10月　没2000年7月3日　選1996

カン・サンチョル　姜 湘哲　Kang, Sang-chol　韓国平生教育研究会代表　⑫教育学　国韓国　⊕1932年1月19日　⑳2000

カン・サンテク　姜 祥沢　Kang, Sang-taik　歴史学者　韓国海洋大学博物館長　国韓国　⊕1943年8月20日　⑳2000

カン・サンファン　姜 祥煥　Kang, Sang-hwan　号=五谷　経営学者　全州大学経営学科教授　国韓国　⊕1934年9月18日　⑳2000

カン・ジウォン　姜 智遠　Kang, Ji-won　韓国司法研修院教授　国韓国　⊕1949年3月17日　⑳2000

カン・ジェギュ　Kang, Je-gyu　漢字名=姜帝圭　映画監督,脚本家　カン・ジェギュ・フィルム代表　国韓国　⊕1962年11月27日　⑳2004／2008／2012

カン・ジェソプ　姜 在渉　Kang, Jae-sup　政治家　元・ハンナラ党代表(党首)　国韓国　⊕1948年3月28日　⑳2000／2008／2012

カン・ジェチョン　姜 済天　Kang, Jea-chun　ジャーナリスト　湖南毎日新聞社常任顧問　国韓国　⊕1924年6月15日　⑳2000

カン・ジェホ　姜 再鎬　行政学者　釜山大学行政学科助教授　国韓国　⊕1959年　⑳2004

カーン, ジェームズ　Kahn, James　SF作家,脚本家,医師　国米国　⑳1992／2000

ガン, ジェームズ　Gunn, James E.　SF作家　カンザス大学教授　国米国　⑳1992

カン・シジュン　姜 時中　Kang, Shi-joong　全州大学総長　⑫数学教育　国韓国　⊕1933年5月1日　⑳2000

カン・ジスン　姜 志淳　Kang, Ji-soon　政治家　済州道政務副知事　国韓国　⊕1941年9月2日　⑳2000

カン・ジファン　kang, Ji-hwan　俳優　国韓国　⊕1977年3月20日　⑳2012

カーン, ジャッド　Kahn, Judd　経営コンサルタント　国米国　⑳2004

カン, シャーリー　Kwan, Shirley　中国名=関淑怡　歌手　国香港　⊕1966年8月15日　⑳1992／1996／2000

カーン, シャー・ルク　Khan, Shah Rukh　俳優　国インド　⊕1965年11月2日　⑳2012

カーン, シャン　Khan, Shan　劇作家,脚本家　国英国　⑳2008／2012

カン・ジャンソク　姜 長錫　Kang, Jang-seok　韓国国会事務処国際局長　国韓国　⊕1953年7月10日　⑳2012

カン・シユウ　関 志雄　筆名=Kwan,C.H.　エコノミスト　野村資本市場研究所シニアフェロー　⑫中国・アジア経済,円通貨圏　国香港　⊕1957年5月12日　⑳1996／2000／2004

カン・ジュジン　姜 周鎮　号=尚雲　(財)成均館理事長　国韓国　⊕1919年3月31日　⑳1996

カン・シュチュウ　関 守中　作家,シナリオ作家　ハルビン市文学芸術界連合会副作室専業作家　国中国　⊕1932年8月24日　⑳1992

カン・ジュンギル　康 俊吉　Kang, June-gill　光云大学電子学科教授・総長　⑫電子工学　国韓国　⊕1945年2月15日　⑳2000

カン・シュンコウ　韓 俊光　延辺史研究所所長　元・図門市市長　国中国　⊕1930年　⑳1996

カン・ジュンシン　姜 重信　Kang, Joong-shin　啓明大学医科大学外科教授　⑫外科学　国韓国　⊕1932年11月2日　⑳2000

カン・ジュンヒョン　姜 俊馨　Kang, Jun-hyong　号=楽村　詩人,牧師　韓国芸術院宣教院長,総神大学教授　国韓国　⊕1936年1月27日　⑳2000

カン・ジョ　韓 叙　Han, Xu　外交官　元・中国人民対外友好協会会長,元・駐米中国大使　国中国　⊕1924年5月26日　⊗1994年7月19日　⑳1992／1996

カン・ショウコウ　韓 少功　作家　湖南省作家協会創作員,湖南省青年連合会主席　国中国　⊕1953年　⑳1996／2000

カン・ショウズイ　韓 昌瑞　元・射撃選手　中国射撃チーム監督　国中国　⊕1940年　⑳1996

カン・ショウボウ　韓 小忙　考古学者,歴史学者　寧夏大学西夏研究所副所長　国中国　⊕1963年7月　⑳2004

カン・ジョンイル　姜 正一　Kang, Jung-il　韓国農村経済研究院副院長　⑫農業経済学　国韓国　⊕1945年2月14日　⑳2000

カン・ジョンウォン　姜 宗遠　Kang, Johng-won　外交官　駐バンクーバー韓国総領事　国韓国　⊕1937年8月30日　⑳2000

カン・ジョンギル　姜 正吉　プロ野球選手(内野手)　国韓国　⊕1962年7月25日　⑳1996

カン・ジョング　姜 貞求　Kang, Jung-koo　淑明女子大学教育心理学科教授　⑫教育学　国韓国　⊕1935年7月29日　⑳2000

カン・ジョンスク　康 宗淑　Kang, Chong-sook　号=青石　恵静団理事,アガ(子供)の家院長　国韓国　⊕1922年2月18日　⑳2000

カン・ジョンソク　姜 正錫　Kang, Jeong-seok　朝鮮大学英文科教授　⑫英文学　国韓国　⊕1943年2月15日　⑳2000

カン・ジョンモ　姜 正模　政治家　北朝鮮貿易相　国北朝鮮　⑳2000

カン・ジョンモ　姜 正模　Kang, Jung-mo　慶熙大学貿易学科教授　⑫貿易学　国韓国　⊕1946年5月18日　⑳2000

カーン, ジョン・ワーナー　Cahn, John Werner　材料科学者　米国国立標準技術研究所名誉上級研究員,ワシントン大学客員教授　国米国　⊕1928年1月9日　⑳2012

カン・シンウ　姜 信雨　Kang, Shin-woo　浦項鉄鋼管理公団理事長,三一会長,璧山学院財団理事長　国韓国　⊕1926年12月17日　⑳2000

カン・ジンウ　姜 晋佑　Kang, Jin-woo　実業家　ロッテ百貨店社長　国韓国　⊕1933年12月26日　⑳2000

カン・シンウク　姜 信旭　Kang, Shin-wook　検察官　清州地検検事長　国韓国　⊕1944年4月1日　⑳2000

カン・シンウン　姜 信雄　Kang, Shin-woong　建一エンジニアリング会長　国韓国　⊕1930年12月20日　⑳2000

カン・シンオク　姜 信玉　弁護士　韓国国会議員　国韓国　⊕1936年11月28日　⑳1996

カン・ジング　姜 晋求　Kang, Jin-ku　実業家　三星電子電官電機総括会長　国韓国　⊕1927年3月1日　⑳1996／2000

カン・シンジェ　康 信哉　作家　韓国小説家協会代表委員長　国韓国　⊕1924年5月8日　⑳1996／2000

カン・シンジョ　姜 信祚　Kang, Shin-jo　政治家　韓国国会議員(新韓国党)　国韓国　⊕1935年1月4日　⑳2000

カン・シンソン　姜 信盛　Kang, Shin-sung　外交官　駐ホノルル韓国総領事　国韓国　⊕1937年8月5日　⑳2000

カン・ジンソン　姜 振声　Kang, Jin-sung　成形外科医　啓明大学医科大学成形外科教授　国韓国　⊕1935年9月20日　⑳2000

カン・シンテク　姜 信沢　Kang, Shin-taek　ソウル大学行政大学院教授　⑫行政学　国韓国　⊕1933年5月7日　⑳2000

カン・シンハン　姜 信沆　成均館大学教授　⑫韓国語　国韓国　⊕1930年5月8日　⑳1996

カン・シンファ　姜 信和　Kang, Shin-hwa　慶尚南道教育監　国韓国　⊕1941年10月1日　⑳2000

カン・シンホ　姜 信浩　東亜製薬会長　国韓国　⊕1927年5月27日　⑳1996／2008／2012

カン・シンミョン　姜 信明　Kang, Shin-myung　医師　カルビン神学大学健康学科教授　⑫産婦人科学　国韓国　⊕1922年9月9日　⑳2000

カン・シンム　姜 信武　韓国駐EC代表部公使　国韓国　⊕1937年8月5日　⑳1996

カン・シンムン　姜 信文　ジャーナリスト　「スポーツソウル」紙記者　国韓国　⑳1992／1996

カン・シンヨン　姜 信英　Kang, Shin-young　弁護士　全羅南道教育庁公職者倫理委員長　国韓国　⊕1932年6月25日　⑳2000

カン・スウォン　姜 守遠　Kang, Soo-weon　扶安郡守　国韓国　⊕1934年7月15日　⑳2000

カン・スージー　本名=姜修智　歌手　国韓国　⊕1971年5月20日　⑳1996／2000／2004／2008

カン, スージン　Kang, Sue-jin　漢字名=姜秀珍　バレリーナ　シュトゥットガルト・バレエ団プリンシパル　国韓国　⊕1967年4月24日　⑳2004／2008／2012

カーン, スティーブ　実業家　パワー・コンピューティング会長・CEO　国米国　⑳2000

カーン, スティーブン　Kern, Stephen　歴史学者　ノーザン・イリノイ大学教授　⑱米国　⑭1943年　⑱1996/2000/2008

カン・スヨン　Kang, Soo-yeon　漢字名=姜受延　女優　⑱韓国　⑭1966年8月18日　⑱1992/1996/2000/2004/2008/2012

カン・スリム　姜 秀淋　Kang, Su-lim　政治家　韓国民主党広津甲地区党委員長　⑱韓国　⑭1947年4月13日

カン・スング　姜 勝求　外交安保研究院名誉教授　⑱韓国　⑭1931年2月5日　⑱1996

カン・スンス　姜 昇秀　Kang, Seung-soo　大韓送油管公社副社長　⑱韓国　⑭1936年7月10日　⑱2000

カン・スンソン　康 順善　Kang, Soon-suon　済州大学農化学科教授　⑲農芸化学,生化学　⑱韓国　⑭1935年9月23日　⑱2000

カン・スンヨン　Kang, Seung-yong　映画美術監督　⑱韓国　⑭1965年11月15日　⑱2008/2012

カン・セイワ　関 成和　Guan, Chen-ghe　歴史学者　ハルビン市人民政府地方志編纂弁公室副主任,ハルビン市地方史研究所主任　⑲ハルビン市史　⑱中国　⑭1927年　⑱2000

カーン, セドリック　Kahn, Cedric　映画監督,脚本家　⑱フランス　⑭1966年6月17日　⑱2004/2008/2012

カン・センソ　韓 先楚　元・中国全国人民代表大会(全人代)常務委副委員長　⑱中国　⑳1986年10月3日　⑱1992

カン・ソク　姜 錫　コメディアン　⑱韓国　⑭1952年7月21日　⑱1996

カン・ソクウ　康 石雨　タレント　⑱韓国　⑭1957年10月1日　⑱1996

カン・ソクキュ　姜 錫圭　Kang, Suk-kyu　湖西大学総長　⑲電気工学　⑱韓国　⑭1913年12月7日　⑱2000

カン・ソククン　姜 錫根　Kang, Suk-kun　ソウル市公務院教育院長　⑱韓国　⑭1937年5月13日　⑱2000

カン・ソクジョン　姜 錫廷　Kang, Seok-jung　陝川郡守　⑱韓国　⑭1941年12月8日　⑱2000

カン・ソクチュ　姜 錫柱　Kang, Sok-ju　外交官,政治家　北朝鮮副首席,朝鮮労働党政治局員　元・北朝鮮第1外務次官　⑱北朝鮮　⑭1939年8月4日　⑱1996(カン・ソクジュ)/2000(カン・ソクジュ)/2004(カン・ソクジュ)/2008/2012

カン・ソクチョン　姜 錫千　プロ野球選手(内野手)　⑱韓国　⑭1967年12月12日

カン・ソクチョン　姜 錫天　Kang, Suck-cheon　韓国国務総理室司正政策審議官　⑱韓国　⑭1942年2月23日　⑱2000

カン・ソクテ　姜 錫泰　Kang, Suk-tai　物理学者　延世大学物理学科教授　⑱韓国　⑭1946年3月18日　⑱2000

カン・ソクヒ　姜 碩熙　作曲家　ソウル大学音楽学部作曲科教授　⑱韓国　⑭1934年10月22日　⑱1992/1996

カン・ソクヒョン　姜 錫鉉　俳優　⑱韓国　⑭1960年2月8日　⑱1996

カン・ソクボク　姜 錫福　Kang, Suk-bog　弁護士　元・元老法曹会会長　⑱韓国　⑭1904年8月11日　⑱2000

カン・ソクホン　姜 錫弘　Kang, Suk-hong　元・外交官　国際教会成長研究院会長　⑱韓国　⑭1930年7月6日　⑱2000

カン・ソクムン　姜 錫文　新韓銀行福岡支店長　⑱韓国　⑱2000

カン・ソヨン　姜 素妍　東洋美術史家　韓国美術史研究院研究員　⑲仏教美術　⑱韓国　⑱2008/2012

カン・ソンウ　姜 盛友　プロ野球選手(捕手)　⑱韓国　⑭1970年1月5日　⑱1996

カン・ソンウィ　姜 声渭　韓国外国語大学教授　⑱韓国　⑭1932年2月27日　⑱1996

カン・ソンウォン　康 誠元　Kang, Sung-won　誠元牧場代表　⑱韓国　⑭1928年12月2日　⑱2000

カン・ソング　姜 成求　Kang, Sung-koo　韓国文化放送社長　⑱韓国　⑭1940年9月12日　⑱2000

カン・ソンサン　姜 成山　Kang, Song-san　政治家　元・北朝鮮首相　⑱北朝鮮　⑭1931年3月3日　⑱1992/1996/2000

カン・ソンジェ　姜 声才　Kang, Sung-jae　政治家　韓国国会議員(新韓国党),図書出版ドブロ代表　⑱韓国　⑭1939年3月11日　⑱2000

カン・ソンジュ　姜 聖柱　Kang, Sung-ju　連合通信外信局局長級企画委員　⑱韓国　⑭1938年8月2日　⑱2000

カン・ソンダル　姜 星達　Kang, Sung-dal　元・韓国立法調査局長　⑱韓国　⑭1934年10月17日　⑱2000

カン・ソンモ　姜 聖模　Kang, Sung-mo　実業家　リンナイコリア会長　⑱韓国　⑭1933年4月18日　⑱2000/2004/2008

カン・ソンユン　姜 声允　東国大学教授,韓国統一省諮問委員,韓国統一問題研究所協議会幹事　⑲北朝鮮体制　⑱韓国　⑭1945年6月　⑱2004

カン・ソンユン　姜 声然　Kang, Sung-yun　全北大学農学部教授　⑲林政学　⑱韓国　⑭1933年10月16日　⑱2000

カン・ソンヨン　姜 声龍　Kang, Sung-yong　韓国環境部広報官　⑱韓国　⑭1951年3月2日　⑱2000

カン・ソンヨン　姜 善泳　本名=姜春ይ　舞踊家　韓国国会議員,姜善泳古典舞踊研究所長　⑱韓国　⑭1926年3月30日　⑱1996/2000

カン・タイケイ　関 大慶　Guan, Da-qing　青島日高副総経理　⑱中国　⑭1959年　⑱2004

カン・タイゲン　韓 大元　Han, Day-uan　中国人民大学法学院副教授・法学研究所副所長,中国法学会憲法学研究会幹事　⑲法学　⑱中国　⑭1960年　⑱2000

カン・ダイヘイ　関 乃平　Guan, Nai-ping　画家　東洋美術学校中国画科主任教授,中国中央美術学院客員助教授,中国国立浙江美術学院客員講師,国際水墨画交流協会(会長)　⑱中国　⑭1945年9月12日　⑱1996/2000

カン・ダルス　姜 達秀　Kang, Dal-soo　弁護士　⑱韓国　⑭1927年10月16日　⑱2000

カン・チャンオン　康 昌彦　Kang, Chang-eon　延世大学電気工学科教授,韓国通信学会名誉会長　⑲電子工学　⑱韓国　⑭1938年8月26日　⑱1996

カン・チャンソン　姜 昌成　韓国国会議員,明知大学教授　⑱韓国　⑭1927年9月1日　⑱1996

カン・チャンヒ　姜 昌熙　Kang, Chang-hee　政治家　韓国国会議員(自民連)　元・韓国科学技術相　⑱韓国　⑭1946年8月3日　⑱2000

カン・チュウ　関 中　Kuan, Chung　英語名=KuanJohn C.,号=一中　台湾民主基金会董事長　⑱台湾　⑭1940年7月　⑱1996

カン・チュングン　姜 春根　Kang, Chun-keun　実業家　オリエント時計社長　⑱韓国　⑭1947年9月5日　⑱2000

カン・チョヒョン　姜 俏賢　Kang, Cho-hyan　射撃選手(エアライフル)　⑱韓国　⑱2004

カン・チョヒン　韓 杼浜　Han, Zhu-bin　政治家　元・中国最高人民検察院検察長,元・中国鉄道部長　⑱中国　⑭1932年2月　⑱1996/2000/2004/2008

カン・チョルギュ　姜 哲圭　Kang, Chul-kyu　ソウル市立大学経済学科教授　⑲経済学　⑱韓国　⑭1945年12月25日　⑱2000

カン・チョルグ　姜 哲求　Kang, Cheol-koo　韓国全州地法院長　⑱韓国　⑭1942年1月5日　⑱2000

カン・チョルス　本名=裴潤植　漫画家　⑱韓国　⑱1992/1996

カン・チョルヒ　姜 哲熙　Kang, Chul-hee　高麗大学電子学科教授　⑲電子通信学　⑱韓国　⑭1947年1月1日　⑱2000

カン・チョンソク　姜 天曑　ジャーナリスト　「朝鮮日報」国際部長　⑱韓国　⑭1948年　⑱1992/1996

カン・チンショウ　韓 鎮渉　中国社会科学院アジア太平洋研究所研究員・韓国研究センター秘書長　⑲北東アジア政治経済　⑱中国　⑭1937年　⑱2000

ガーン, デイブ　Gahan, Dave　グループ名=デペッシュ・モード　ミュージシャン　⑭1962年5月9日　⑱2008

カン・デイン　姜 大仁　Kang, Dae-in　啓明大学新聞放送学科教授　⑲新聞,放送　⑱韓国　⑭1942年2月4日　⑱2000

カン・テウォン　姜 泰遠　プロ野球選手(投手)　⑱韓国　⑭1971年5月15日　⑱1996

カン・テギ　姜 邰起　本名=姜聲浩　タレント　⑱韓国　⑭1950年7月

カン・テギョン　姜 泰景　啓明大学経済学科教授　⑩韓国　⑭1932年2月15日　㊕1996

カン・テクック　康 泰国　Kang, Tai-kook　号＝一粒　牧師　韓国中央聖書教会元老牧師、韓国聖書神学校名誉学長　⑩韓国　⑭1904年6月10日　㊕2000

カン・デジン　姜 大榛　Kang, Dai-jin　三映フィルム会長　⑩韓国　⑭1932年9月22日　㊕1996／2000

カン・デスン　康 大淳　Kang, Dae-soon　ビサボル建設電気コンクリート会長、全州日報社長、平統全北副議長　⑩韓国　⑭1934年7月7日　㊕2000

カン・テソン　姜 泰成　Kang, Tai-sung　彫刻家　梨花女子大学名誉教授　⑩韓国　⑭1927年6月17日　㊕2000

カン・テフン　康 太勲　Kang, Tae-hoon　政治家　済州道南済州郡守　⑩韓国　⑭1940年2月7日　㊕2000

カン・テンコウ　韓 天衡　書画家・篆刻家　上海中国画院副院長、1級画師　⑩中国　⑭1940年　㊕1996

カン・テンロウ　関 天朗　Guan, Tian-lang　ゴルフ選手　⑩中国　⑭1998年10月25日

カーン，ドアン　電気工学者　元・NECリサーチ・インスティテュート社長　⑭1992年5月13日　㊕1996

カン・ドゥゴン　姜 斗坤　プロ野球選手(内野手)　⑩韓国　⑭1969年4月29日　㊕1996

カン・ドゥシク　姜 斗植　Kang, Tou-shik　ドイツ文学者　全北産業大学総長、ソウル大学名誉教授　⑩韓国　⑭1927年3月25日　㊕1996

カン・ドゥヒ　姜 斗熙　延世大学医学部教授・医学部長　⑩韓国　⑭1928年9月5日　㊕1996

カン・ドゥヒョン　姜 斗鉉　Kang, Du-hyoun　号＝厳香　檀国大学行政大学院教授　⑩韓国　⑭1931年4月13日　㊕2000

カン・トウホウ　韓 東方　民主活動家　民主派労組キリスト教工業委員会資料センター　⑩中国　㊕2000

カン・ドクキ　姜 徳基　Kang, Deock-ki　茂朱全州冬期ユニバシアード大会組織委員会事務総長　⑩韓国　⑭1936年2月18日　㊕2000

ガン，トム　Gunn, Thom　本名＝ガン,トムソン・ウィリアム　詩人　⑩英国　⑭1929年8月29日　⑫2004年4月25日　㊕1992

カン・トンウォン　姜 通源　Kang, Tong-won　詩人、英文学者　済州大学英文科教授　⑩韓国　⑭1935年3月11日　㊕2000

カン・ドンウォン　Gang, Dong-won　漢字名＝姜棟元　俳優　⑩韓国　⑭1981年1月18日　㊕2008／2012

カン・ドンソク　姜 東錫　Kang, Dong-suk　元・韓国建設交通相、元・麗水世界博覧会組織委員長　⑩韓国　⑭1938年8月18日　㊕2000

カン・ナクスン　姜 洛昇　Kang, Rak-seung　伽倻琴（かやきん）奏者　⑩韓国　⑭1916年2月2日　㊕2000

カン・ナムギル　姜 南吉　タレント　⑩韓国　⑭1958年8月27日　㊕1996

カン・ナムジュ　姜 南周　Kang, Nam-chu　民俗学者、詩人、文芸評論家　元・釜慶大学総長　⑩韓国　⑭1939年　㊕2004／2012

カン・ナムヒョン　姜 南馨　Kang, Nam-hyung　号＝奄谷　実業家　韓国流通情報センター監事　⑩韓国　⑭1927年8月12日　㊕2000

カン・ヌンス　姜 能洙　Kang, Nung-su　政治家　北朝鮮文化相、北朝鮮共和国公報委員会委員長　⑩北朝鮮　㊕2000／2004／2008

カン・ネンリュウ　韓 念竜　Han, Nian-long　外交官　元・中国外務次官、元・中日平和友好条約交渉首席代表　⑩中国　⑭1910年5月24日　⑫2006年6月2日　㊕1992／1996

カン・バイシン　韓 培信　江蘇省人民代表大会常務委員会主任　元・中国共産党中央委員　⑩中国　⑭1921年　㊕1996

カン・バクグァン　姜 博光　標準科学研究院基礎科学支援センター所長　⑩韓国　⑭1941年1月18日　㊕1996

カーン，ハーマン　Kahn, Herman　物理学者、数学者、戦略研究家　元・ハドソン研究所会長　⑩米国　⑭1922年2月15日　⑫1983年7月7日　㊕1992

カン，ハンス　Kann, Hans　ピアニスト　元・ウィーン国立音楽大学名誉教授　⑩オーストリア　⑭1927年2月14日　⑫2005年6月24日　㊕1996

カン・ハンヨン　姜 漢永　韓国国立唱劇団長、韓国パンソリ学会名誉会長　⑩韓国　⑭1913年8月12日　㊕1996

カン・ヒウォン　姜 希源　Kang, Hui-won　政治家　元・北朝鮮副首相、元・朝鮮労働党政治局員候補　⑩北朝鮮　⑭1921年⑫1994年7月29日　㊕1992（カン・フィウォン）／1996

カン・ヒカプ　姜 煕甲　Kang, Hee-kap　明知大学法学科教授　⑩法学　⑩韓国　⑭1941年2月10日　㊕2000

カン,ピーター　Kann, Peter Robert　ジャーナリスト　ダウ・ジョーンズ会長、「ウォールストリート・ジャーナル」発行人・編集長　⑩米国　⑭1942年12月13日　㊕1996

カン・ヒャンヒ　姜 向熙　Kang, Hyang-hee　実業家　祐盛産業会長、昌原石林会長　⑩韓国　⑭1945年3月3日　㊕2000

カン・ヒョソプ　康 孝燮　Kang, Hyo-sop　大田文化放送常務　⑩韓国　⑭1942年4月20日　㊕2000

カン・ビョンウ　姜 炳宇　Kang, Byung-woo　韓国放送公社編成運営本部長　⑩韓国　⑭1942年6月2日　㊕2000

カン・ヒョンウク　姜 賢旭　Kang, Hyon-wook　政治家　元・韓国環境相　⑩韓国　⑭1938年3月27日　㊕1996／2000

カン・ビョンギ　姜 炳基　建築家　漢陽大学教授　⑩韓国　⑭1932年4月28日　㊕1996

カン・ビョンギュ　姜 柄圭　プロ野球選手(投手)　⑩韓国　⑭1968年1月16日　㊕1996

カン・ビョンギュ　姜 秉奎　新国政協議会総裁　⑩韓国　⑭1931年7月19日　㊕1996

カン・ビョンゴン　姜 炳健　Kang, Byung-gun　銀行家　江原銀行長　⑩韓国　⑭1929年4月20日　㊕2000

カン・ヒョンジュン　姜 玹中　Kang, Hyon-jung　弁護士　韓国国民大学法学科教授　⑩韓国　⑭1943年9月20日　㊕2000

カン・ヒョンス　康 賢洙　政治家　元・朝鮮労働党平壌市責任書記・党中央委員　⑩北朝鮮　⑫2000年9月17日　㊕1996

カン・ヒョンソク　姜 炯碩　プロ野球選手(外野手)　⑩韓国　⑭1968年1月7日　㊕1996

カン・ビョンソプ　姜 秉燮　Kang, Byung-sup　裁判官　水原地法首席部長判事　⑩韓国　⑭1949年7月23日　㊕2000

カン・ヒョンチョル　映画監督　⑩韓国　⑭1974年

カン・ヒョンチョル　姜 顕哲　プロ野球選手(投手)　⑩韓国　⑭1968年1月17日　㊕1996

カン・ビョンチョル　姜 秉徹　プロ野球二軍監督　⑩韓国　⑭1946年8月12日　㊕1996／2008／2012

カン・ビョンテ　姜 炳泰　朝鮮人被爆者　⑩北朝鮮　㊕1992／1996

カン・ヒョンドゥ　康 賢斗　ソウル大学新聞学科教授　⑩韓国　⑭1937年5月29日　㊕1996

カン・ビョンヒ　康 炳喜　Kang, Byung-hee　ジャーナリスト　済州新聞編集理事　⑩韓国　⑭1939年4月25日　㊕2000

カン・ヒョンブ　姜 衡富　漢陽大学電気工学科教授　⑩韓国　⑭1937年8月29日　㊕1996

カン・ヒョンブ　姜 衡富　Kang, Hyng-boo　漢陽大学電気工学科教授　⑩電気工学　⑩韓国　⑭1937年8月29日　㊕1996

カン・ビョンホ　姜 炳浩　Kang, Byoung-ho　法務士　元・韓国法院公務院教育院長　⑩韓国　⑭1934年12月22日　㊕2000

カン・ヒョンリョン　姜 馨龍　Kang, Hyung-ryong　号＝効泉　朝鮮大学薬学科教授、韓国保険社会部中央薬事審議委員　⑩有機薬化学　⑩韓国　⑭1934年5月17日　㊕2000

カーン,ビル　グループ名＝ネクサス　打楽器奏者　⑩カナダ　㊕2000

カン・ビン　姜 彬　Kang, Bin　韓国中央公務院教育委員　⑩韓国　⑭1940年8月6日　㊕2000

カン・ビング　姜 浜口　Kang, Bin-gou　泰永坂紙社長　元・ソウル大学商学部教授　⑩韓国　⑭1933年2月4日　㊕2000

カン・ファンソク　姜 晃釈　Kang, Hwang-suk　ジャーナリスト　東亜日報論説委員　⑩韓国　⑭1939年4月8日　㊕2000

カーン, フィリス　政治家, 生物学者　米国下院議員　国米国　愚2000

カーン, フィリップ　Kahn, Philip R.　実業家　インプライズ会社・CEO, スターフィッシュ・ソフトウエア会長　愚1992／1996／2000

カン・フクキ　干 福熹　光学研究者　中国科学院学部委員, 上海光学精密機械研究所研究員　国中国　生1933年　愚1996

カン・ブジャ　姜 富子　タレント　韓国国会議員　国韓国　生1941年2月8日　愚1996

カン・フンジュ　姜 興周　Kang, Hung-zuh　韓国外国語大学ロシア語科教授　専ロシア語, ロシア文化　国韓国　生1939年4月25日　愚2000

カン・ブンシュウ　韓 文洲　作家, 脚本家　国中国　愚1992

カン・ヘウォン　姜 恵遠　Kang, Hea-won　居昌道立専門大学長　国韓国　生1935年6月2日　愚2000

カン・ベクヨン　康 伯栄　Kang, Paik-yong　実業家　太原物産社長　国韓国　生1936年7月27日　愚2000

カン・ヘジョン　Gang, Hae-jeong　漢字名＝姜蕙娅　女優　国韓国　生1982年1月4日　愚2008／2012

カン・ホウ　関 鋒　Guan, Feng　筆名＝何明　哲学者　元・中国中央軍事委員会総政治部主任　国中国　生1919年　愚2000

カン・ボクチャン　康 福昌　Kang, Bok-chang　韓国体育大学体育社会学科教授　専体育社会学　国韓国　生1939年9月28日　愚2000

カン・ボソン　姜 普性　Kang, Bo-seong　政治家　元・韓国農林水産相　国韓国　生1930年11月5日　愚1992／1996

カーン, ボブ　コンピューター科学者　元・BBNチーフアーキテクト, 元・マサチューセッツ工科大学電気工学科助教授　専情報理論, 通信理論　国米国　生1938年　愚2004

カン・ボムソク　姜 範錫　Kang, Bom-sok　京郷新聞東亜本部長（東京駐在）　元・駐日韓国公使　国韓国　生1934年　愚1992／1996

カン・ホヤン　姜 鎬洋　号＝世民　統一研修院教授　専政治学　国韓国　生1947年1月10日　愚1996

カーン, ポール　Kahn, Paul　Webデザイナー　IRIS取締役, ロードアイランド・デザインスクール非常勤講師　国米国　愚2004

ガン, ポール　Gann, Paul　減税運動家　国米国　生1989年9月11日　愚1992

カン・ボンギュン　康 奉均　Kang, Bong-kyun　元・韓国財政経済相, 元・韓国情報通信相　国韓国　生1943年8月13日　愚2000

カン・ボング　姜 鳳求　Kang, Bong-koo　実業家　韓国石油会長　国韓国　生1939年12月28日　愚2000

カン・ボンシク　康 鳳植　Kang, Bong-shik　翻訳家　高麗大学名誉教授　専英文学　国韓国　生1923年1月14日　愚2000

カン・ホンジュ　姜 洪周　Kang, Hong-joo　弁護士　国韓国　生1939年3月9日　愚2000

カン・ボンジン　姜 奉辰　Kang, Bong-jin　号＝一坡　建築家　国宝伝統建築研究所代表　国韓国　生1917年9月26日　愚2000

カン・ボンス　姜 奉秀　プロ野球選手（投手）　国韓国　生1971年12月9日　愚1996

カーン, マイケル　Kahn, Michael　精神科医, 精神医学者　カリフォルニア大学名誉教授　国米国　愚2004

カーン, マデリーン　Kahn, Madeline　女優　国米国　生1942年9月29日　没1999年12月3日　愚1996

カン・マルギル　姜 末吉　Kang, Mal-gil　実業家　LG流通社長　国韓国　生1943年3月3日　愚2000

カン・マンギル　姜 万吉　「社会評論」発行人　元・高麗大学教授　専韓国近現代史　国韓国　生1933年10月25日　愚1996／2000

カン・マンシク　姜 万植　Kang, Man-sik　号＝瑞峰　ソウル大学自然科学大学生物学科教授, ソウル大学細胞分化研究所所長　専生物学　国韓国　生1933年9月15日　愚2000

カン・マンス　姜 万守　Kang, Man-soo　バレーボール監督, 元・バレーボール選手　バレーボール韓国男子代表チーム監督　国韓国　生1955年8月24日　愚1992

カン, ミシェル　Quint, Michel　作家　国フランス　生1949年　愚2012

カン・ミズホ　韓 瑞穂　Han, Rui-sui　日本名＝平山瑞子　北京国際関係学院教授　専日本文学　国中国　生1922年　愚2004

カン・ミソン　姜 美善　舞踊家　韓国体育大学教授　国韓国　愚2000

カーン, ミック　Karn, Mick　本名＝Michaelides, Anthony　グループ名＝ジャパン　ロック・ベース奏者　国英国　生1958年7月24日　没2011年1月4日

カン・ミョンギュ　姜 命圭　Kang, Myoung-kyu　号＝月岩　ソウル大学商学大学経営学科教授　専経営学, 経済学　国韓国　愚2000

カン・ミョンスン　康 明順　Kang, Myung-soon　水原専門大学長, 韓国工業標準審議委員長, 漢陽大学名誉教授　専機械工作　国韓国　生1921年11月15日　愚2000

カン・ミョンド　康 明道　亡命した北朝鮮首相の娘婿　国韓国　生1959年　愚1996／2000

カン・ミン　韓 民　Han, Min　中国国家教育発展研究センター研究員・教育体制改革研究室副室長　専教育学　国中国　生1958年　愚2000

カン・ミン　姜 珉　Kang, Min　檀国大学行政学科教授　専政治学　国韓国　愚2000

カン・ミンギ　姜 敏基　プロ野球選手（投手）　国韓国　生1970年8月27日　愚1996

カン・ミンギョン　姜 旼炅　タレント　国韓国　生1973年7月17日　愚1996

カン・ミング　姜 敏求　Kang, Min-koo　実業家　ドラゴン旅行社会長　国韓国　生1926年2月25日　愚2000

カン・ミンヒョン　姜 敏馨　Kang, Min-hyung　裁判官　ソウル地法東部支院部長判事　国韓国　生1945年8月8日　愚2000

カン・ムカク　関 夢覚　Kuan, Meng-chueh　経済学者　元・中国人民政治協商会議全国委員会（全国政協）常務委員, 元・中国民主同盟（民盟）中央副主席　国中国　没1990年1月26日　愚1992

カン・ムンジュ　康 文柱　Kang, Mun-ju　光州教育大学名誉教授　専生物学　国韓国　生1928年7月6日　愚2000

カン・ムンジョン　康 文鐘　Kang, Moon-jong　裁判官　釜山高等法院部長判事　国韓国　生1947年5月29日　愚2000

カン・ムンヨン　姜 文英　タレント　国韓国　生1967年8月15日　愚1996

カン・モウリョウ　韓 孟亮　政治家　北京市門頭溝区川底下村村長　国中国　愚2000

ガン, モーゼス　Gunn, Moses　俳優　国米国　生1929年10月2日　没1993年12月17日　愚1996

カン・ユウシン　簡 又新　Chien, Yu-hsin　別名＝Chien, Eugene　政治家　元・台湾外交部長（外相）　国台湾　生1946年2月4日　愚2004／2008／2012

カン・ユンモ　康 充豪　Kang, Yun-mo　号＝青巌　弁護士　国韓国　生1934年7月5日　愚2000

カン・ユンモ　康 充模　Kang, Yun-mo　韓国大統領経済秘書官　国韓国　生1942年7月30日　愚1996

ガン・ヨク　雁 翼　詩人, 作家, 評論家　国中国　生1927年　愚2000

カン・ヨンアン　姜 栄安　西江大学教授, 韓国カント学界会長　国韓国　生1952年　愚2008

カン・ヨンギ　姜 英奇　Kang, Young-gi　政治家　元・光州市長　国韓国　生1939年8月4日　愚2000

カン・ヨンギュ　姜 永奎　韓日交流基金理事　国韓国　生1924年12月31日　愚1996

カン・ヨング　姜 永求　韓国文化放送（MBC）東京支社長　国韓国　生1941年10月4日　愚1996

カン・ヨング　姜 容求　弁護士　韓国弁護士協会総会副会長　国韓国　生1932年1月4日　愚1996

カン・ヨンシク　康 容植　Kang, Yong-sik　政治家　韓国国会議員（新韓国党）　国韓国　生1939年5月8日　愚1996

カン・ヨンシク　姜 容植　Kang, Yong-sik　大田産業大学学術文化財団理事長　専建築学　国韓国　生1935年1月11日　愚2000

カン・ヨンス　姜 永寿　号＝白潭　漢陽大財団理事長, 基督教新聞代表理事会長　国韓国　生1912年10月26日　愚1996

カン・ヨンス　姜 永寿　プロ野球選手（外野手）　国韓国　生1965年

2月10日 ㊥1996

カン・ヨンス 姜 泳琇 Kang, Yong-soo 釜山発展研究院院長, 釜山経営者協会名誉会長 ㊫日本経済論 ㊐韓国 ㊓1927年12月28日 ㊥1996

カン・ヨンスク 姜 映淑 元・アナウンサー 礼智院院長 ㊐韓国 ㊓1932年9月20日 ㊥1996

カン・ヨンソク 姜 栄石 Kang, Young-suk 実業家 青岩企業代表理事会長, 漢拏日報会長, 済州経済団体協議会長 ㊐韓国 ㊓1938年3月11日 ㊥2000

カン・ヨンソプ 康 永燮 宗教家 元・朝鮮キリスト教徒連盟中央委員長, 元・北朝鮮最高人民会議代議員 ㊐北朝鮮 ㊓1931年10月 ㊚2012年1月21日

カ

カン・ヨンソン 姜 永善 Kang, Young-sun ソウル市文化財委員会副委員長, ソウル大学名誉教授 ㊫動物学 ㊐韓国 ㊓1917年5月23日 ㊥2000

カン・ヨンチョル 姜 永哲 Kang, Yong-chul 韓国国史編纂委員会資料管理室長 ㊫韓国史 ㊐韓国 ㊓1944年1月1日 ㊥2000

カン・ヨンテク 姜 永沢 Kang, Young-taek 実業家 浦項ハウトン社長 ㊐韓国 ㊓1935年12月4日 ㊥2000

カン・ヨンヒ 康 栄熹 Kang, Young-hee 国際植物組織培養学会韓国代表, 延世大学名誉教授 ㊐韓国 ㊓1930年4月11日 ㊥1996／2000

カン・ヨンフン 姜 英勲 Kang, Young-hoon 政治家 世宗財団理事長 元・韓国首相 ㊐韓国 ㊓1922年5月30日 ㊥1992／1996／2000

カン・ヨンボク 姜 永福 Kang, Young-bok 号＝暁渓 世宗大学会計学科教授 ㊫経営学, 会計学 ㊐韓国 ㊓1931年11月28日 ㊥2000

カーン, リズ Khan, Riz テレビキャスター, ジャーナリスト ㊥2008

カーン, リチャード Kahn, Richard Ferdinand 経済学者 元・ケンブリッジ大学教授 ㊫ケインズ経済学 ㊐英国 ㊓1905年8月10日 ㊥1992

カン・リナ 姜 利奈 女優 ㊐韓国 ㊓1964年4月2日 ㊥1996

カン, ルイ Cane, Louis 画家, 彫刻家 ㊐フランス ㊓1943年 ㊥1996

カーン, レオン Kahn, Leon 「哀悼のいとまなく―あるユダヤ・パルチザン闘士の回想」の著者 ㊐カナダ ㊓1925年 ㊥2000

カン・ロ 韓 璐 画家 中国美術学院国際培訓部教授 ㊫花鳥画 ㊐中国 ㊓1969年 ㊥2000

カーン, ロイ Calne, Roy Y. 医師 ケンブリッジ大学教授, 国際移植学会理事長 ㊫肝臓移植 ㊐英国 ㊥1996

カーン, ロジャー Kahn, Roger ジャーナリスト, 著述家 ㊐米国 ㊥2000

カーン, ロバート Kahn, Robert L. 社会心理学者 ミシガン州立大学名誉教授 ㊫公衆衛生学 ㊐米国 ㊓1918年 ㊥2004

カーン, ロバート Kahn, Robert 本名＝カーン, ロバート・エリオット 実業家, コンピューター科学者 コーポレーション・フォー・ナショナル・リサーチ・イニシアチブ(CNRI)社長・会長・CEO ㊫情報通信の理論と技術, 分散型交換機の設計開発 ㊐米国 ㊓1938年12月23日 ㊥2012

カーン, ロバート・W. 元・大学教授 間欠ワイパーの発明者 ㊐米国 ㊥1992

カーン, ワリ Khan, Wali 政治家 アワミ民族党(ANP)党首 ㊐パキスタン ㊓1917年1月11日 ㊥1992

カン・ワング 姜 完求 Kang, Wan-gu 裁判官 ソウル高等法院部長判事 ㊐韓国 ㊓1945年9月4日 ㊥2000

カンイン Kangin グループ名＝SUPER JUNIOR 歌手 ㊐韓国 ㊥2012

カンガァール, ドゥルカア Khanghar, Tsewang Dolkar 医師 ㊓1960年 ㊥2000

カンガス, ユハ Kangas, Juha 指揮者 オストロボスニア室内管弦楽団指揮者 ㊐フィンランド ㊓1945年 ㊥2004／2008

カンギュル・リンポチェ チベット仏教僧 ㊐中国 ㊥2000

カンギレム, ジョルジュ Canguilhem, Georges 科学哲学者, 科学史家 元・パリ大学科学史・技術史研究所長 ㊐フランス ㊓1904年 ㊥1992

カンクネン, ユハ Kankkunen, Juha ラリードライバー ㊐フィンランド ㊓1959年4月2日 ㊥1996／2000／2008

ガングリー, アショック Ganguly, Ashok Sekhar 生物学者 ヒンドゥスタン・リーバ会長 ㊐インド ㊓1935年7月28日 ㊥1992

ガンサー, アウグスト Gansser, Augusto 地質学者 米国科学アカデミー会員, イタリア科学アカデミー会員 ㊐スイス ㊓1910年 ㊥1992

カンザ, ロクア Kanza, Lokua 旧名＝ロクア, パスカル ユニット名＝ロクア・カンザ ミュージシャン ㊐フランス ㊓1958年4月21日 ㊥1996

ガンサー, ロバート Gunther, Robert E. コミュニケーションコンサルタント ㊐米国 ㊥2004

ガンザレイン, ラモン Ganzarain, Ramon エモリー大学医学部精神科教授, アトランタ精神分析インスティテュート・教育スーパービジョン訓練アナリスト ㊫精神科学, 精神分析 ㊐チリ ㊥2000

ガンジー, アルン Gandhi, Arun クリスチャンブラザーズ大学ガンジー非暴力研究所代表 ㊐米国 ㊥2000

ガンジー, インディラ Gandhi, Indira Priyadarshini 政治家 元・インド首相 ㊐インド ㊓1917年11月19日 ㊚1984年10月31日 ㊥1992

ガンジー, ソニア Gandhi, Sonia 旧名＝マイノ, ソニア 政治家 インド国民会議派総裁, ラジブ・ガンジー財団総裁 ㊐インド ㊓1946年12月9日 ㊥1992／1996／2000／2004／2008／2012

ガンジー, マネカ Gandhi, Manek Anand 政治家 インド下院議員 元・インド国務相(環境担当) ㊐インド ㊓1956年8月26日 ㊥1992／2000

ガンジー, ラジブ Gandhi, Rajiv 政治家 元・インド国民会議派総裁, 元・インド首相 ㊐インド ㊓1944年8月20日 ㊚1991年5月21日 ㊥1992

ガンジー, ラジモハン Gandhi, Rajimohan 歴史家, 人権・平和運動家 カリフォルニア大学ロサンゼルス校客員教授 元・インド上院議員 ㊐インド ㊓1935年8月7日 ㊥1992／1996／2000／2004／2008

ガンジー, ラフル Gandhi, Rahul 政治家 インド下院議員, インド国民会議派代表幹事 ㊐インド ㊓1970年6月19日 ㊥2012

カンジーニョ Candinho 本名＝マイオール, カンジード・ソット サッカー監督, 元・サッカー選手 元・サッカー・ブラジル代表暫定監督 ㊐ブラジル ㊓1945年1月18日 ㊥2004／2008

カンジャ, エスター Canja, Esther 社会活動家 全米退職者協会(AARP)会長 ㊐米国 ㊥2004／2008

ガンス, アベル Gance, Abel 映画監督 ㊐フランス ㊓1889年10月25日 ㊚1981年11月10日 ㊥1992

ガンズ, クリストフ Gans, Christophe 映画監督, 脚本家 ㊐フランス ㊥2004／2008

カーンズ, ケビン Kearns, Kevin L. 米国ビジネス評議会会長 元・国務省職員 ㊫安全保障問題, 日米関係(Bチーム構想) ㊐米国 ㊓1947年9月 ㊥1992／1996／2000

カンス, シルビアンヌ ファッションデザイナー ジバンシィ・メンズチーフデザイナー ㊥1992

カーンズ, デービッド Kearns, David Todd 実業家 元・ゼロックス会長 ㊐米国 ㊓1930年8月11日 ㊥1992／1996

カーンズ, ブルース Carnes, Bruce A. シカゴ大学老化センター上級研究員 ㊫統計生態学 ㊥2004

カーンズ, マイケル Carns, Michael 元・軍人 元・米国空軍副参謀総長 ㊐米国 ㊥1996

カーンズ, ロバート Kearns, Robert Laurence 経済戦略研究所(ESI)特別研究員 ㊫世界経済 ㊓1941年 ㊥1996

ガンズ, ローマ Gans, Roma 教育学者 コロンビア教育大学教授 ㊫幼児教育 ㊥2004

ガンストン, ビル Gunstone, Bill 航空評論家, 元・軍人 元・英国空軍パイロット ㊐英国 ㊥2000

ガンズーリ, カマル　Ganzuri, Kamal Ahmad Al　政治家　元・エジプト首相　国エジプト　生1933年　任1996／2000

カンセコ, ホセ　Canseco, José　格闘家,元・大リーグ選手　国米国　生1964年7月2日　任1992／1996／2000／2004／2008／2012

カンゼル, エリック　Kunzel, Erich　指揮者　元・シンシナティ・ポップス・オーケストラ指揮者　国米国　生1935年3月21日　没2009年9月1日　任2000

ガンソン, クリストファー　Gunson, Christopher　イラストレーター　国英国　生1962年　任2000

カンター, ジョエル　Kanter, Joel P.　カンター・コンピューティング社長　専シンクライアント／サーバーコンピューティング　国米国　任2000

ガンター, パウル　ガンター・シュー・ファブリック社長　国ドイツ　生1931年　任1992

カンター, マンフレート　Kanther, Manfred　政治家　元・ドイツ内相　国ドイツ　生1939年5月26日　任2000

カンター, ミッキー　Kantor, Mickey　弁護士　モルガン・スタンレー上級顧問　元・米国商務長官　国米国　生1939年8月7日　任1996／2000

カンター, ロザベス・モス　Kanter, Rosabeth Moss　旧名=Moss　経営コンサルタント　ハーバード大学ビジネススクール教授, グッドメジャー社創立者　専経営学　国米国　生1943年5月15日　任1992（キャンター, ロザベス・モス）／1996／2000

ガンダヴァラム, シシャ　Gundavaram, Shishir　コンピュータ技術者　任2004

カンダオ, ザカリア　政治家　ミンダナオ自治州国王, フィリピン下院議員　国フィリピン　任1992

ガンダーシーマー, カレン　Gundersheimer, Karen　イラストレーター, 絵本作家　国米国　生1936年　任1996

ガンダートン, ルシンダ　Ganderton, Lucinda　手芸家, 著述家　専ニードルワーク　任2004

カンタメッサ, ジーン・S.　Cantamessa, Gene S.　サウンド・ミキサー　国米国　生1931年2月17日　没2011年11月8日

カンタレッリ　Cantarelli　本名=カンタレッリ, アントニオ・ルイス　サッカー指導者, 元・サッカー選手　元・サッカー日本代表GKコーチ　国ブラジル　生1953年9月26日　任2004／2008／2012

ガンダーロイ, マイク　Gunderloy, Mike　コンピュータ技術者, テクニカルライター　国米国　任2004

ガンチェフ, イワン　Gantschev, Ivan　絵本作家　国ドイツ　生1925年1月4日　任1992／1996／2000

カンチェラーラ, ファビアン　Cancellara, Fabian　自転車選手（ロードレース）　北京五輪自転車男子ロードレース個人タイムトライアル金メダリスト　国スイス　生1981年3月18日　任2012（カンセララ, ファビアン）

カンチェーリ, ギヤ　Kancheli, Giya　作曲家　国グルジア　生1935年8月10日　任2000

カンチェルスキス, アンドレイ　Kanchelskis, Andrei　サッカー選手（MF）　国ロシア　生1969年1月23日　任2000

カンチャー, キャロル　Kanchier, Carole　心理学者　専発達心理学　国カナダ　任2004

カンチャナ・シラパアチャ　政治家　タイ下院議員　国タイ　任1996

カンチュガ, アレクサンドル　元・教師　「ビキン川のほとりで」の著者　国ロシア　任2004

ガンツ, ジョー　Gantz, Joe　写真家, 著述家　国米国　生1954年　任1996

ガンツ, ブルーノ　Ganz, Bruno　俳優　国スイス　生1941年3月22日　任1992／2000／2008／2012

ガンツ, ロバート　Gandt, Robert　作家　国米国　任2004／2008

カンテ, モリ　Kante, Mory　ミュージシャン　任1992

カンテ, ローラン　Cantet, Laurent　映画監督　国フランス　生1961年6月15日　任2012

カンディ, アンガス　Cundey, Angus　実業家　ヘンリープール社長　国英国　生1937年　任2012

カンディ, ネストル　Candi, Nestor　画家　国アルゼンチン　任2008

カンディーナス, テオ　Candinas, Theo　詩人, 小説家, 劇作家　国スイス　生1929年　任1992

カンディール, ヒシャム・ムハンマド　Qandil, Hisham Muhammad　政治家　元・エジプト首相　国エジプト　生1962年9月17日

カーン・ディン, アユーブ　Khan-Din, Ayub　作家, 劇作家　任2004

カンティンフラス, マリオ・モレーノ　Cantinflas, Mario Moreno　本名=レイエス, マリオ・モレーノ　喜劇俳優　国メキシコ　生1911年　没1993年4月20日　任1992／1996

カンデラ, ヴァンサン　Candela, Vincent　サッカー選手（DF）　国フランス　生1973年10月24日　任2004／2008

カンデル, エリック　Kandel, Eric Richard　神経生物学者, 生化学者　コロンビア大学医学部教授, ハワード・ヒューズ医学研究所上級研究員　国米国　生1929年11月7日　任1996／2004／2008／2012

カンテル, ゲルド　Kanter, Gerd　円盤投げ選手　北京五輪陸上男子円盤投げ金メダリスト　国エストニア　生1979年5月6日　任2008

カンデル, ジョセフ　Kandel, Joseph　神経科学者　ネープルズ神経学センター・メディカルディレクター　任2004

カンデル, マイケル　Kandel, Michael　SF作家, 翻訳家　国米国　任1996

ガント, デービッド　日本アイオメガ社長　国米国　任2000

カント, ヘルマン　Kant, Hermann　作家　国ドイツ　生1926年　任1992

ガンドウ, アンドレアス　Gandow, Andreas　ジャーナリスト　「ハンデルスブラット」東京特派員　国ドイツ　生1951年　任1992／1996／2004

カントゥ, マルコ　Cantù, Marco　コンピュータ技術者　国イタリア　任2004

カントウェル, クリスチャン　Cantwell, Christian　砲丸投げ選手　北京五輪陸上男子砲丸投げ銀メダリスト　国米国　生1980年9月30日

カントウェル, マリア　Cantwell, Maria E.　政治家　米国上院議員（民主党）　国米国　生1958年10月13日　任2004／2012

カントゥルコバ, エバ　作家, 政治家　チェコスロバキア国会議員　国チェコスロバキア　任1992

カントナ, エリック　Cantona, Eric　俳優, 元・サッカー選手　国フランス　生1966年　任1996／2000／2012

ガントナー, ヨーゼフ　Gantner, Joseph　美術史家　元・バーゼル大学美術史主任教授　国スイス　生1896年9月11日　没1988年4月7日　任1992

カントナー, ロブ　Kantner, Rob　ミステリー作家　国米国　生1952年　任1996

ガントネル, ベルナール　Gantner, Bernard　画家　国フランス　生1928年8月16日　任1996

カンドリ, コンテ　Candoli, Conte　本名=Candori,Secondo　ジャズトランペット奏者　国米国　生1927年7月12日　任1996

ガンドル, アハマド　カイロ大学政治経済学部教授・学部長　専アラブ政治と国際経済　国エジプト　任1996

カントール, タデウシュ　Kantor, Tadeusz　演出家, 舞台美術家, 画家　元・劇団クリコット2主宰　国ポーランド　生1915年4月6日　没1990年12月8日　任1992

ガンドルフィ, シルヴァーナ　Gandolfi, Silvana　児童文学作家　国イタリア　任2004／2008

ガンドルフィ, ロマーノ　Gandolfi, Romano　指揮者　元・ミラノ・スカラ座合唱指揮者　国イタリア　任2000

ガンドルフィーニ, ジェームズ　Gandolfini, James　俳優　国米国　生1961年9月18日　没2013年6月19日

カントレク, パベル　元・マラソン選手　国チェコ　任2000

カントレル, ジェリー　グループ名=アリス・イン・チェインズ　ロックギタリスト　国米国

カントロヴィチ, レオニード　Kantorovich, Leonid Vitalievich　経済学者, 数学者　元・レニングラード大学教授　専数理経済学, 関数

解析 [国]ソ連 [生]1912年1月19日 [没]1986年4月7日 [典]1992（カントロビチ, レオニード）

カントロビッツ, エイドリアン 医師 サイナイ病院（デトロイト）教授 [専]心臓外科, 人工臓器研究 [国]米国 [典]1992

カントロフ, ジャン・ジャック Kantorow, Jean-Jacques バイオリニスト, 指揮者 [国]フランス [生]1945年10月 [典]2012

ガントン, ボブ Gunton, Bob 俳優 [国]米国 [典]2000

カントン, マーク 元・ソニー・ピクチャーズ・エンターテインメント製作総責任者 [国]米国 [典]1996／2000

カントン, マリア Canton, Maria P. コンピューター科学者 ミネソタ州立大学准教授, スキパノン・ソフトウェア・カンパニー社長 [国]米国 [典]2004

カ

カンナヴァーロ, ファビオ Cannavaro, Fabio サッカー選手（DF） [国]イタリア [生]1973年9月13日 [典]2004／2008／2012

カンナヴォー, カンディド ジャーナリスト 「ガゼッタ・デロ・スポルト」編集長 [国]イタリア [生]1930年11月29日 [典]2004

ガンヌーシ, モハメド Ghannouchi, Mohamed 政治家 元・チュニジア首相 [国]チュニジア [生]1941年8月18日 [典]2004／2008／2012

ガンバ, ジャンバティスタ Gamba, Giambattista サルトリエ・リウニテ社社長 [国]イタリア [生]1966年 [典]2000

カンバーグ, スコット Kannberg, Scott グループ名=ペイブメント ミュージシャン [国]米国 [生]1958年7月31日 [典]2012

ガンパート, ゲーリー Gumpert, Gary ニューヨーク市立大学クィーンズ校コミュニケーション学科教授・学科長 [専]コミュニケーション・メディア研究, 放送メディア [国]米国 [生]1933年 [典]1992

ガンバート, ボビー Gombert, Bobby イラストレーター [国]米国 [典]2004

ガンパート, リン キュレーター [国]米国 [典]1992

カンパーニュ, クロード Campagne, Claude 本名=デュブルゥイユ, ジャン・ルイ&デュブルゥイユ, ブリジット 児童文学作家 [国]フランス [典]1992

カンパーニュ, ラド 政治家 ルーマニア国民自由党書記長 [国]ルーマニア [生]1924年 [典]1992

カンパニーレ, パスクァーレ・フェスタ Campanile, Pasquale Festa ユーモア作家, 映画監督 [国]イタリア [生]1927年 [没]1986年2月25日 [典]1992

カンバーバッチ, ベネディクト Cumberbatch, Benedict 俳優 [国]英国 [生]1976年7月19日

カンバーランド, クリス Cumberland, Chris 本名=カンバーランド, クリストファー プロ野球選手（投手） [国]米国 [生]1973年1月15日 [典]2004

ガンバリ, I. Gambari, Ibrahim Agboola 外交官 国連事務総長特別顧問 元・ナイジェリア外相 [国]ナイジェリア [生]1944年11月24日 [典]2000／2008／2012

ガンバリーニ, ロバータ Gambarini, Roberta ジャズ歌手 [国]イタリア [典]2012

カンビアッソ, エステバン Cambiasso, Esteban 本名=カンビアッソ, エステバン・マティアス サッカー選手（MF） [国]アルゼンチン [生]1980年8月18日 [典]2004／2008／2012

ガンビエ, フェルナン 軍人 [国]フランス [没]1989年3月29日 [典]1992

カンピオーネ, メアリー Campione, Mary テクニカルライター, プログラマー サン・マイクロシステムズ上級テクニカルライター [国]米国 [典]2004

カンピオン, アンナ Campion, Anna 作家, 元・女優 [生]1952年 [典]2004

カンピオン, ジェーン Campion, Jane 映画監督, 脚本家 [国]ニュージーランド [生]1954年4月30日 [典]1992／1996／2000／2004／2008／2012

カンビス, タヒア Cambis, Tahir 映画監督, 俳優 [国]オーストラリア [生]1956年 [典]2000

ガンビーノ, クリストファー Gambino, Christopher J. 作家, 実業家 [国]米国 [典]2012

カンプ, カール・ハインツ Kamp, Karl-Heinz コンラート・アデナウアー財団研究員 [専]ドイツ政治 [国]ドイツ [生]1957年 [典]1996

カンプラード, イングバル Kamprad, Ingvar 実業家 イケヤ・インターナショナル会長 [国]スウェーデン [生]1926年3月30日 [典]2012

ガンブラン, ジャック Gamblin, Jacques 俳優 [国]フランス [生]1957年11月16日 [典]2004／2008／2012

カンプリアーニ, ニッコロ Campriani, Niccoló 射撃選手（ライフル） ロンドン五輪射撃男子ライフル3姿勢金メダリスト [国]イタリア [生]1987年11月6日

カンブール, ラビ Kanbur, Ravi 経済学者 コーネル大学教授 [専]国際経済学 [国]英国 [生]1954年8月24日 [典]2004

カンブルラン, シルヴァン Cambreling, Sylvain 指揮者 読売日本交響楽団常任指揮者, バーデンバーデン&フライブルクSWR（南西ドイツ放送交響楽団）首席指揮者 [国]フランス [生]1948年7月2日 [典]2012

ガンペル, グレン Gumpel, Glenn 実業家 ユー・エス・ジェイ（USJ）社長 [国]米国 [生]1947年8月19日 [典]2008／2012

カンペルマン, マックス Kampelman, Max M. 弁護士 元・米国国務省顧問 [国]米国 [生]1920年11月7日 [没]2013年1月25日 [典]1992

ガンボア, ヘラルド メキシコ証券取引所統計部長 [国]メキシコ [生]1960年 [典]1996

ガンボア, ユリオルキス Gamboa, Yuriorkis 本名=Gamboa Toledano,Yuriorkis プロボクサー WBA世界ライト級暫定チャンピオン 元・WBA・IBF世界フェザー級チャンピオン, 元・WBA世界スーパーフェザー級暫定チャンピオン アテネ五輪ボクシングフライ級金メダリスト [国]キューバ [生]1981年12月23日 [典]2008

ガンボアコイズミ ガンボア小泉 Gamboa Koizumi 本名=ガンボア, ジョマ プロボクサー 元・WBA世界ミニマム級チャンピオン [国]フィリピン [生]1973年4月25日 [典]2000（ガンボア, ジョマ）／2004／2008

カンポス, ホルヘ Campos, Jorge 本名=カンポス・ナヴァレーテ, ホルヘ 元・サッカー選手 [国]メキシコ [生]1966年10月15日 [典]1996／2000／2004／2008

カンポラ, ヘクトル Cámpora, Héctor José 政治家 元・アルゼンチン大統領 [国]アルゼンチン [生]1909年3月26日 [没]1980年12月19日 [典]1992

カンポーリ, アルフレード Campoli, Alfredo バイオリニスト [国]英国 [生]1906年10月20日 [没]1991年3月27日 [典]1992

カンポリス, エマニュエル・アンドリュー Kampouris, Emmanuel Andrew 実業家 アメリカン・スタンダード会長・社長・CEO [国]ギリシャ [生]1934年12月14日 [典]1996

カンポレージ, ピエーロ Camporesi, Piero 作家, 文学者 ボローニャ大学文学部教授 [専]イタリア文学・文化史 [国]イタリア [生]1926年 [典]2000

カンボン, ケネス Cambon, Kenneth 外科医 元・ブリティッシュ・コロンビア大学教授 [国]カナダ [生]1923年 [典]1996

ガンボン, マイケル Gambon, Michael 俳優 [国]アイルランド [生]1940年10月19日 [典]2000

カンマレリ, ロベルト Cammarelle, Roberto ボクシング選手 北京五輪ボクシング男子スーパーヘビー級金メダリスト [国]イタリア [生]1980年7月30日 [典]2012

カーン・ユスフザイ, U.D. Khan-Yousufuzai, Umar Daraz ジャーナリスト 「アラブニューズ」駐日特派員 [国]パキスタン [生]1934年 [典]1996

ガーンライチ, ルディ デザイナー [国]米国 [生]1922年 [没]1985年4月21日 [典]1992

カンリフ, バリー Cunliffe, Barry オックスフォード大学教授 [専]考古学 [国]英国 [生]1939年 [典]2000

カーンリャン, ジョン Khanlian, John F. 無名の反戦運動家 [国]米国 [生]1945年6月27日 [典]1992

【キ】

キー　Key　グループ名=SHINee　歌手　国韓国　⊕1991年9月23日　㊞2012

ギー，E.ゴードン　Gee, E.Gordon　オハイオ州立大学学長　国米国　㊞1996

ギー，アリス　Guy, Alice　映画監督　㊞2004

キ・ウシク　奇 宇植　ソウル・ソロモンブラザース投資銀行社長，ラッキー金星経済研究所常任顧問　国韓国　⊕1932年12月28日　㊞1996

キ・ウハン　奇 宇恒　慶北大学数学科教授　⊚数学　国韓国　⊕1936年3月2日　㊞1996

キ・エイリキ　祁 英力　ジャーナリスト，作家　㊞2004

ギー，エドウィン　Gee, Edwin Austin　化学者　米国製紙業協会会長 元・インターナショナル・ペーパー会長　国米国　⊕1920年2月19日　㊞1992

ギ・カ　魏 稼　中医師，鍼灸士　江西中医学院教授・主任医師，中国国家衛生部医学科学委員会針灸委員　国中国　⊕1933年　㊞2004／2008

ギ・カイビン　魏 海敏　女優　国台湾　⊕1957年　㊞1996

ギ・キチュウ　魏 紀中　Wei, Jiz-hong　元・バレーボール選手　中国オリンピック委員会秘書長　国中国　㊞1996

ギ・キョウセイ　魏 京生　Wei, Jing-sheng　筆名=金生　民主化運動活動家　国中国　⊕1950年5月　㊞1992／1996（ギ・ケイセイ）／2000（ギ・ケイセイ）／2004（ギ・ケイセイ）／2008（ギ・ケイセイ）／2012（ギ・ケイセイ）

ギ・コクチュウ　魏 国忠　黒龍江省社会科学院歴史研究所渤海研究室主任・教授　⊚東北アジア民族学・古代史　国中国　㊞2000

ギ・サンサン　魏 珊珊　画家　国ドイツ　⊕1955年　㊞2000

キー，ジミー　Key, Jimmy　大リーグ選手　国米国　⊕1961年4月21日　㊞2000

キ・ジュンソ　奇 俊舒　Kee, Joon-seo　牧師，神学者　キリスト神学大学教授　国韓国　⊕1941年12月4日　㊞2000

キ・ジュンソン　奇 埈成　自然食療法家　国韓国　⊕1926年　㊞1992／1996／2000

ギ・ジョウカイ　魏 常海　北京大学哲学部副教授　⊚日本哲学，日本思想史　国中国　⊕1944年　㊞1996

キー，ジョン　Key, John　政治家　ニュージーランド首相，ニュージーランド国民党党首　国ニュージーランド　⊕1961年8月9日　㊞2012

キ・スウイ　季 崇威　Ji, Chong-wei　北京大学教授，中国国務院発展研究センター高級研究員　⊚経済学　国中国　㊞1996

キ・セイ　紀 政　Chi, Cheng　元・陸上選手（障害）　台湾陸上連盟会長　国台湾　⊕1944年　㊞1992／1996

キ・セイク　奇 世翊　Ki, Se-ik　元・韓国警察総合学校校長　国韓国　⊕1939年3月4日　㊞2000

キ・セフン　奇 世勲　弁護士　国韓国　⊕1914年4月21日　㊞1996

キ・センリン　季 羨林　Ji, Xian-lin　別名=希逋，斉奘　古代インド学者 元・北京大学副学長　⊚古代インド文化，古典仏教　国中国　⊕1911年8月2日　㊣2009年7月11日　㊞1996

キ・ゾウミン　季 増民　椙山女学園大学文化情報学部教授　⊚人文地理，農村計画　国中国　⊕1955年　㊞2008

キ・ソンヨン　奇 誠庸　Ki, Sung-yueng　サッカー選手（MF）　ロンドン五輪サッカー男子銅メダリスト　国韓国　⊕1989年1月24日　㊞2012

キ・チョウチュウ　冀 朝鑄　Chi, Chao-chu　外交官　国連事務次長　国中国　⊕1926年　㊞1992／1996

キ・トウケイ　紀 登奎　Ji, Deng-kui　政治家　元・中国副首相　国中国　⊕1923年3月17日　㊣1988年7月13日　㊞1992

キ・ハツゲン　季 発元　元・重量挙げ選手　湖北省重量挙げチーム監督　国中国　⊕1937年　㊞1996

キー，ハワード・クラーク　Kee, Haward Clark　ボストン大学名誉教授，ペンシルベニア大学高等研究員　⊚宗教学　国米国　⊕1920年　㊞2000

ギー，ファブリス　Guy, Fabrice　スキー選手（複合）　国フランス　㊞1996

ギ・フカイ　魏 富海　Wei, Fu-hai　元・大連市長　国中国　⊕1930年2月　㊞1996／2012

ギー，フランソワ・フレデリック　Guy, François-Frederic　ピアニスト　国フランス　⊕1969年　㊞2004／2008

キ・ホウヒ　姫 鵬飛　Ji, Peng-fei　政治家　元・中国共産党中央顧問委常務委員，元・中国外相，元・中国国務委員，元・香港マカオ弁公室主任　国中国　⊕1910年　㊣2000年2月10日　㊞1992／1996

キ・ボベ　奇 甫倍　Ki, Bo-bae　アーチェリー選手　ロンドン五輪アーチェリー女子個人・団体金メダリスト　国韓国　⊕1988年2月20日

ギ・メイ　魏 明　中華全国体育総会副主席，中国棒球（野球）協会主席　国中国　㊞1992

ギ・メイイツ　魏 鳴一　Wei, Ming-yi　元・中国国際信託投資公司（CITIC）会長　国中国　⊕1923年　㊞1996

キ・ユンス　奇 連洙　Kee, Yun-soo　韓国外国語大学ロシア語学科教授　⊚ロシア語学，ロシア問題　国韓国　⊕1943年12月27日　㊞2000

キ・ロク　眭 禄　Sui, Lu　体操選手　ロンドン五輪体操女子平均台銀メダリスト　国中国　⊕1992年4月1日

キア，ウド　Kier, Udo　俳優　⊕1944年10月14日　㊞2008／2012

キア，サンドロ　Chia, Sandro　画家　国イタリア　⊕1946年　㊞2000

ギア，リチャード　Gere, Richard　俳優　国米国　⊕1949年8月31日　㊞1992／1996／2000／2004／2008／2012

ギアツ，クリフォード　Geertz, Clifford James　文化人類学者　元・プリンストン高等科学研究所名誉教授　⊚解釈人類学　国米国　⊕1926年8月26日　㊣2006年10月30日　㊞1992／1996

キアラ　Ciara　本名=Newell,Ciara　グループ名=ベルファイア　歌手　国アイルランド　⊕1983年7月7日　㊞2004

キアーラ，マリア　Chiara, Maria　ソプラノ歌手　国イタリア　⊕1942年11月24日　㊞1992／1996／2000

ギアリン・トッシュ，マイケル　Gearin-Tosh, Michael　英文学者　オックスフォード演劇学校校長　国英国　㊞2004／2008

キアルディ，ジョン　Ciardi, John　詩人　国米国　⊕1916年　㊣1986年3月30日　㊞1992

キアロスタミ，アッバス　Kiarostami, Abbas　映画監督，映画プロデューサー　国イラン　⊕1940年6月22日　㊞1996／2000／2004／2008／2012

キイズ，J.グレゴリイ　Keyes, J.Gregory　作家　国米国　⊕1963年

キイス，ダニエル　Keyes, Daniel　作家　国米国　⊕1927年8月　㊞1992／1996／2000

キヴィニエミ，マリ　Kiviniemi, Mari　本名=Kiviniemi,Mari Johanna　政治家　フィンランド首相，フィンランド中央党党首　国フィンランド　⊕1968年9月27日　㊞2012

キウーラ，ジョアン　Ciulla, Joanne B.　リッチモンド大学ジェプソン・スクール・オブ・リーダーシップ教授　⊚ビジネス倫理，リーダーシップ，クリティカルシンキング　㊞2008

キウロ，ピーター　Ciullo, Peter A.　科学者　国米国　⊕1954年

キエーザ，アンドレア　Chiesa, Andrea　F1ドライバー　国スイス　⊕1964年5月6日　㊞1996

キエーザ，エンリコ　Chiesa, Enrico　サッカー選手（FW）　国イタリア　⊕1970年12月29日　㊞2000／2008

キェシロフスキ，クシシュトフ　Kieslowski, Krzysztof　映画監督　国ポーランド　⊕1941年6月27日　㊣1996年3月13日　㊞1992／1996

キエソ，D.E.　Kieso, Donald E.　会計学者　ノーザン・イリノイ大学名誉教授　国米国　㊞2004

キエツリーニ, ジョルジョ　Chiellini, Giorgio　サッカー選手(DF)　アテネ五輪サッカー男子銅メダリスト　国イタリア　生1984年8月14日

キエフ, アリ　Kiev, Ari　精神科医　国米国　著2004/2008

キエフスキー, カレン　Kijewski, Karen　作家　国米国　著2000

ギエム, シルヴィ　Guillem, Sylvie　バレリーナ　英国ロイヤル・バレエ団客員プリンシパル　元・パリ・オペラ座バレエ団エトワール　国フランス　生1965年2月23日　著1992/1996/2000/2004/2008/2012

キェルガード, ジム　Kjelgaard, Jim　児童文学作家　国米国　著1992

ギエレク, エドワルト　Gierek, Edward　政治家　元・ポーランド統一労働者党第1書記　国ポーランド　生1913年　没2001年7月29日　著1992

ギーエン, オジー　Guillen, Ozzie　本名=Guillen,Oswaldo Jose　大リーグ監督,元・大リーグ選手　国ベネズエラ　生1964年1月20日　著2008/2012

キエン・グエン　Kien Nguyen　歯科医　「憎しみの子ども―ヴェトナム戦争後のもうひとつの悲劇」の著者　国米国　生1967年　著2004

キエン・ティラウィト　政治学者　チュラロンコン大学教授・アジア研究所顧問　国タイ　著1996

キエン・ファム　社会事業家,実業家　ベトナム・フォーラム・ファウンデーション創設者　国米国　生1958年　著2004

キーオ, ジョン　Kehoe, John　講演家　国米国　著2008

キーオ, マット　Keough, Mat　本名=Keough,Matthew Lon　元・大リーグ選手,元・プロ野球選手　国米国　生1955年7月3日　著1992/2012

ギオマール, ジュリアン　Guiomar, Julien　俳優　国フランス　生1928年　没2010年11月22日

ギーガー, H.R.　Giger, H.R.　画家,デザイナー　国スイス　生1940年2月5日　著1996/2000

キーガン, ケビン　Keegan, Kevin　サッカー監督　元・サッカー・イングランド代表監督　国英国　生1951年2月1日　著2000/2004/2008/2012

キーガン, ジョン　Keegan, John　軍史研究家　元・「デイリー・テレグラフ」防衛問題担当編集者,元・サンドハースト陸軍士官学校上級講師　国英国　生1934年5月15日　没2012年8月2日　著2000

キーガン, メアリー　Keegan, E.Mary　会計コンサルタント　著2004

キキ　Qiqi　ファッションモデル　生1968年　著1996

ギグ, エリザベート　Guigou, Élisabeth Alexandrine Marie　政治家　元・フランス法相・雇用連帯相　国フランス　生1946年8月6日　著1992/1996/2000/2004/2008/2012

ギグー, ジャンニ　Gigou, Gianni　サッカー選手(MF)　国ウルグアイ　生1975年2月22日　著2008

キクウェテ, ジャカヤ・ムリショ　Kikwete, Jakaya Mrisho　政治家　タンザニア大統領　国タンザニア　生1950年10月7日　著2008/2012

キクチ, ユリコ　Kikuchi, Yuriko　振付師,ダンサー　国米国　著1992

キグリー, ジョーン　Quigley, Joan　占星術師　国米国　著1992

キグリー, マーティン　Quigley, Martin S.　コロンビア大学　国米国　生1917年　著1996

ギグリエリ, マイケル　Ghiglieri, Michael Patrick　人類学者　北アリゾナ大学助教授　国米国　著2004

キクルビッチ, J.ベロニカ　Kiklevich, J.Veronika　獣医　国米国　著2004/2008

ギグレ, エリック　Giguère, Eric　ソフトウェアエンジニア　著2004

ギーゲレンツァー, ゲルト　Gigerenzer, Gerd　マックス・プランク人間発達学研究所適応行動・認識学センター所長　国行動科学,人間発達学　国ドイツ　著2008

キーザー, ジェフ　Keezer, Geoff　ジャズピアニスト　国米国　生1970年11月20日　著2000

キザール, タケシャ・メシエ　Kizart, Takesha Meshé　ソプラノ歌手　国米国　著2012

ギザン, ドミニク　スキー選手(アルペン)　ソチ五輪アルペンスキー女子滑降金メダリスト　国スイス

ギジ, グレゴール　Gysi, Gregor　弁護士,政治家　元・ドイツ民主社会党(PDS)党首　国ドイツ　生1948年1月16日　著1992/1996

キージー, ケン　Kesey, Ken Elton　作家　国米国　生1935年9月17日　没2001年11月10日　著1992/1996

キージー, スコット　Keagy, Scott　ネットワーク・コンサルタント　SK Networks共同設立者　著2004

ギジコワ, イネッサ　新体操選手　国ロシア　生1977年3月7日　著2000

キシタ, カート　野球選手　国米国　生1973年4月4日　著1992

キシチャク, チェスワフ　Kiszczak, Czesław　政治家,軍人　ポーランド統一労働者党政治局員　元・ポーランド内相・副首相　国ポーランド　生1925年　著1992

ギシャール, オリヴィエ　Guichard, Olivier Marie Maurice　政治家　元・フランス法相,元・ラ・ボール市長　国フランス　生1920年7月27日　没2004年1月20日　著2000

キシュ, アンドラーシュ　Kiss, András　バイオリニスト　リスト音楽院教授,ハンガリー国立交響楽団芸術監督・第1コンサートマスター　国ハンガリー　生1943年10月15日　著2000(キッシュ, アンドラーシュ)

キシュ, エーヴァ　Kiss, Éva　美術史家　ペテーフィ応用美術館家具部門学芸員　国ハンガリー　著1992(キッシュ, エーバ)

キシュ, ダニロ　Kiš, Danilo　作家,詩人　国ユーゴスラビア　生1935年　没1989年10月15日　著1992

キシュ, バラシ　Kiss, Balazs　ハンマー投げ選手　国ハンガリー　生1972年3月21日　著2000

ギシュー, ルネ　Gouichoux, René　絵本作家　国フランス　著2008

ギシュラー, ビクター　Gischler, Victor　ミステリー作家　国米国　著2004/2008

キジョー, アンジェリーク　Kidjo, Angélique　歌手　国ベナン　生1960年　著1996/2012

ギショー, イザベル　実業家　ヴァン・クリーフ&アーベル(VCA)インターナショナル社長　国フランス　生1964年　著2000

キーシン, エフゲニー　Kissin, Evgenii　本名=Kissin,Evgenii Igorevich　ピアニスト　国ロシア　生1971年10月10日　著1992/1996/2000/2012

キシン, マイケル　メルボルン交響楽団コンサートマスター　国オーストラリア　生1948年　著1992

キージンガー, クルト・ゲオルク　Kiesinger, Kurt Georg　政治家　元・西ドイツ首相　国西ドイツ　生1904年4月6日　没1988年3月9日　著1992

キージング, ロジャー　Keesing, Roger M.　文化人類学者　生1935年　没1993年　著1996

キス, D.　ノボトレード副社長　国ハンガリー　著1992

キーズ, アリシア　Keys, Alicia　本名=クック, アリシア・オージェロ　シンガー・ソングライター　国米国　生1981年1月25日　著2004/2008/2012

キース, ケント　Keith, Kent M.　著述家　国米国　生1949年　著2004

キーズ, ジェシカ　Keyes, Jessica　テックインサイダー・ニューアート社社長　国米国　著2000

キース, ジム　Keith, Jim　世界陰謀史研究家　元・イルミ・ネット・プレス社長　国米国　生1949年　没1999年　著1996/2000

ギース, ジョゼフ　Gies, Joseph　作家　国米国　著2004

キース, ジョン　Keith, John P.　ニューヨーク行政研究所上級研究員　国行政学　国米国　生1921年　著1996

キース, ダグ　Keith, Doug　イラストレーター　国米国　著2004

キース, トーマス　リンカン・ミント(LMN)社長　国米国　著1996

ギス, ピエール　Giess, Pierre D.　画家　国フランス　生1943年9月26日　著1992

キース, ビッキー　水泳教師　米国・カナダ両国にまたがる五大湖の完泳に世界で初めて成功　㊹1992

ギース, フランシス　Gies, Frances　作家　国米国　㊹2004

キーズ, マリアン　Keyes, Marian　作家　国アイルランド　㊹2004

キース, ラルフ　Keyes, Ralph　心理学者　ウエスタン行動科学研究所フェロー　国米国　㊹2004

キース, ロイス　Keith, Lois　作家　国英国　㊹2004／2008

ギース, ロバート　Giese, Robert F.　アルゴンヌ国立研究所エネルギー・環境部技術評価班員　㊥実験物理学　国米国　㊹1992

ギスタ, ルシ　Ghista, Rusi　実業家　国インド　㊤1931年　㊹2000

キスタノフ, ワレリー　ロシア科学アカデミー東洋学研究所日本センター研究員　㊥日本研究　国ロシア　㊹2000

キスビー, ラス　健康増進運動家　パティシパクション社長　国カナダ　㊹1992

キスラー, ゲーリー　Kissler, Gary D.　経営コンサルタント　デトロイトトーマツコンサルティングPeople Competency統括責任者, 元・パフォーマンス・イノベーション社長　国米国　㊹2004

キースラー, サラ　Kiesler, Sara　カーネギーメロン大学教授　㊥社会心理学, 社会科学　国米国　㊹1996

キスラー, ダーシー　Kistler, Darci　バレリーナ　元・ニューヨーク・シティ・バレエ団(NYCB)プリンシパル　国米国　㊤1964年6月4日　㊹2000／2004／2008／2012

キースラー, リヒャルト　Kiessler, Richard　ジャーナリスト　「ノイエ・ルール/ライン・ツァイトウング」編集局長　国ドイツ　㊤1944年　㊹2004／2008

ギースランド, ジャック　Geasland, Jack　作家　国米国　㊹1992

キースリンク, シュテファン　Kiessling, Stefan　サッカー選手(FW)　国ドイツ　㊤1984年1月25日　㊹2012

ギーセック, ハートムット　キャピタルインターナショナル社長　国ドイツ　㊹1992

ギーゼム, アンドレ・ヴァン　Gyseghem, Andre van　演出家, 俳優　国英国　㊹1992

キセレワ, マリア　Kiseleva, Maria　シンクロナイズドスイミング選手　国ロシア　㊤1974年9月28日　㊹2004／2008

ギダー, イスケンダー　Gider, Iskender　絵本作家, グラフィックデザイナー　国ドイツ　㊤1957年　㊹2000

キタ, ジョー　Kita, Joe　ジャーナリスト　国米国　㊹2004

キダー, トレーシー　Kidder, Tracy　ノンフィクション作家　国米国　㊤1945年　㊹1996

ギタイ, アモス　Gitai, Amos　映画監督　国イスラエル　㊤1950年　㊹2000／2004／2008

キタイ, ロナルド　Kitai, Ronald B.　画家　国米国　㊤1932年10月29日　㊹1996／2000

ギタウ, マット　Giteau, Matt　本名=Giteau,Matthew James　ラグビー選手(CTB・SO)　国オーストラリア　㊤1982年9月29日

キタエンコ, ドミトリー　Kitaenko, Dmitrii　指揮者　モスクワ音楽院教授　元・モスクワ・フィルハーモニー常任指揮者, 元・ヘッセン放送交響楽団芸術監督・常任指揮者　国ロシア　㊤1940年8月18日　㊹1992／2012

キタガワ, ジョセフ・ミツオ　Kitagawa, Joseph Mitsuo　日本名=北川三夫　元・シカゴ大学名誉教授　㊥宗教学　国米国　㊣1992年10月7日　㊹1996

ギダスポフ, ボリス　Gidaspov, Boris Veniaminovich　化学者, 政治家　元・ソ連国立応用化学研究所所長, 元・ソ連共産党中央委員会書記　国ロシア　㊤1933年4月16日　㊣2007年8月11日　㊹1992

キタムラ・フェデリカ　北村 フェデリカ　作家　国スイス　㊹1992

ギーチ, ピーター・トーマス　Geach, Peter Thomas　哲学者　リーズ大学名誉教授　国英国　㊤1916年3月29日　㊹1996／2000

キーツ, ジョアン　Keatz, Joann　個人投資コンサルタント　メリル・リンチ投資コンサルタント　国米国　㊤1957年　㊹2000

キツ・シンホウ　吉 新鵬　Ji, Xin-peng　バドミントン選手　国中国　㊤1977年12月20日　㊹2004

キツ・ハイテイ　吉 佩定　Ji, Pei-ding　外交官　中国外務省駐香港代表　国中国　㊹2004／2008

ギーツィー, ティーハ・フォン　Ghyczy, Tiha von　経営学者　バージニア大学経営大学院教授, ボストンコンサルティンググループ(BCG)戦略研究所フェロー　㊥経営戦略　国米国　㊹2004

ギッグス, ライアン　Giggs, Ryan　サッカー選手(MF)　国英国　㊤1973年11月29日　㊹2000／2008／2012

キッザ, ジョセフ・ミッガ　Kizza, Joseph Migga　テネシー大学　㊥ソーシャルコンピューティング, 人工知能　㊹2004

キッシュ, エリー　Kish, Ely　画家, 彫刻家　国米国　㊤1924年　㊹1996

ギッシュ, リリアン　Gish, Lillian Diana　本名=ギッシュ, リリアン・ド　女優　国米国　㊤1893年10月14日　㊣1993年2月27日　㊹1992／1996

キッシンジャー, ヘンリー　Kissinger, Henry Alfred　政治家, 政治学者　キッシンジャー・アソシエーツ社会長　元・米国国務長官・大統領補佐官, 元・ハーバード大学教授　国米国　㊤1923年5月27日　㊹1992／1996／2000／2004／2008／2012

キッス, カトリン　Kiss, Kathrin　精神心理学カウンセラー, エッセイスト, 絵本作家　国ドイツ　㊤1967年　㊹2000

キツセ, ジョン　Kitsuse, John I.　社会学者　カリフォルニア大学サンタ・クルズ校　国米国　㊹1992／1996

ギッセル, クリストファー　Gissell, Christopher　本名=Gissell, Christopher Odell　プロ野球選手(投手)　国米国　㊤1978年1月4日　㊹2008／2012

キッツィンガー, シーラ　Kitzinger, Sheila　本名=Kitzinger,Sheila Helena Elizabeth　旧名=Webster　出産教育家　英国出産協会諮問委員, 国際出産教育協会顧問　㊥異文化の出産, 母乳育児・子育て　国英国　㊤1929年3月29日　㊹1992／1996／2000

キッツハーバー, ジョン　Kitzhaber, John Albert　政治家　オレゴン州知事, オレゴン・ヘルス・サイエンス大学準教授　国米国　㊤1947年3月5日　㊹2000／2004／2008

キッツマン, アリソン　Kitzman, Alison Brook　英語教師　近畿大学非常勤講師　㊥コミュニケーション学　国米国

ギッテルソン, ジョセフ　Gitelson, Yosif Isayevich　生物物理学者　ロシア科学アカデミー生物物理学研究所顧問　国ロシア　㊤1928年7月6日　㊹2004

ギッテンズ, テッサ　Gittens, Tessa　㊥言語療法, 自閉症　国英国　㊹2004

ギット, グラハム　Guit, Graham　映画監督　国フランス　㊤1968年　㊹2000

キッド, ジェイソン　Kidd, Jason　バスケットボール監督　シドニー五輪・北京五輪バスケットボール男子金メダリスト　国米国　㊤1973年3月23日　㊹2000／2004／2008／2012

キッド, スー・モンク　Kidd, Sue Monk　作家　国米国　㊹2012

キッド, デービッド　Kidd, David　著述家　大本日本伝統芸術学苑創設者　国米国　㊤1926年　㊹1996

キッドマン, ニコール　Kidman, Nicole　女優　国オーストラリア　㊤1967年6月20日　㊹1996／2000／2004／2008／2012

キットラー, フリードリヒ　Kittler, Friedrich　思想家　ベルリン・フンボルト大学文化学・芸術学研究所教授　㊤1935年　㊹2008

キッド・ロック　Kid Rock　本名=Ritchie, Robert James　通称=リッチー, ボブ　歌手　国米国　㊤1971年1月17日　㊹2004／2008

キッパー, ジュディス　ブルッキングズ研究所客員研究員, 外交関係評議会中東フォーラム主宰　㊥中東問題　国米国　㊹1992／1996

キッパー, バーバラ・アン　Kipfer, Barbara Ann　著述家, 辞書編集者　国米国　㊤1955年　㊹1996

ギッパー, ヘルムート　Gipper, Helmut　言語学者　ミュンスター大学教授　元・ミュンスター大学一般言語研究所所長　㊥一般言語学　国ドイツ　㊤1919年8月9日　㊹2000

ギップス, キャロライン　Gipps, Caroline V.　教育学者　ロンドン大学教育学部・ディーン研究所教授　国英国　㊹2004／2008

キップハルト, ハイナー　Kipphardt, Heinar　劇作家　国ドイツ　㊤1922年3月8日　㊣1982年11月18日　㊹1992

キッペンハーン, ルドルフ　Kippenhahn, Rudolf　サイエンスライ

ター，天文学者　元・マックス・ブランク学術協会天体物理学研究所所長，元・ゲッティンゲン大学教授　国ドイツ　⊕1926年　歿2004

キッペンベルク，ハンス・G.　Kippenberg, Hans G.　宗教学者　エアフルト大学マックス・ウェーバー研究所フェロー　元・ブレーメン大学教授　国ドイツ　⊕1939年　歿2008

キッポラ，トム　Kippola, Tom　マーケティングコンサルタント　国米国　歿2004

ギディコフ，ボリスラフ　重量挙げ選手(75キロ級)　国ブルガリア　歿1992

キティサック・ミーチャロン　銀行家　タイ中央銀行総裁補　国タイ　歿2000

キーディス，アンソニー　Kiedis, Anthony　グループ名=レッド・ホット・チリ・ペッパーズ　ロック歌手　国米国　⊕1962年11月1日　歿2004／2008／2012

キティラット・ナラノン　Kittirat Na Ranong　政治家　タイ副首相・商業相　国タイ　歿2012

キーティング，H.R.F.　Keating, H.R.F.　本名=Keating,Henry Reymond Fitzwalter　ミステリー作家,ミステリー評論家　国英国　⊕1926年10月31日　⊗2011年3月27日　歿1992／1996／2000／2004

キーティング，ケビン　Keating, Kevin　ジャーナリスト　国米国　歿2004

キーティング，フランク　Keating, Frank　本名=Keating,Francis Anthony,II　政治家　オクラホマ州知事　国米国　⊕1944年2月10日　歿2000／2004／2008

キーティング，ポール　Keating, Paul John　政治家　元・オーストラリア労働党首，元・オーストラリア首相　国アジア　オーストラリア　⊕1944年1月18日　歿1992／1996／2000

キーティング，マイケル　Keating, Michael　実業家,システムエンジニア　シノプシス・デザインリユース・グループエンジニアリング担当副社長　国米国　歿2004

キーティングス，ダニエル　Keatings, Daniel　体操選手　国英国　⊕1990年1月4日　歿2012

ギティンズ，ロジャー　ライター　国米国　歿2008

ギテルマン，ツビイ　Gitelman, Zvi　ミシガン大学アナーバー校政治学部教授　国ユダヤ学　国米国　歿2000

ギデンズ，アンソニー　Giddens, Anthony　社会学者　元・ロンドン大学経済政治学院(LSE)学長　国英国　⊕1938年1月18日　歿1996／2000／2012

キート，アンディ　Keate, Andy　写真家　国英国　⊕1956年　歿2000

キート，マイケル　Keet, Michael　リフレクソロジスト　歿2008

キド，マルキス　Kido, Markis　バドミントン選手　北京五輪バドミントン男子ダブルス金メダリスト　国インドネシア　⊕1984年8月11日　歿2012

キート，ルイーズ　Keet, Louise　リフレクソロジスト　歿2008

キトナ，ジョン　Kitna, Jon　元・プロフットボール選手　国米国　⊕1972年9月21日　歿2000／2008

キドランド，フィン　Kydland, Finn K.　経済学者　カリフォルニア大学サンタバーバラ校教授　国金融・財政政策,労働経済学　国米国　⊕1943年　歿2008／2012

キートリー，アラン　Keightley, Alan　作家,宗教哲学者　国英国　⊕1945年　歿1992

ギトリス，イヴリー　Gitlis, Ivry　バイオリニスト　国イスラエル　⊕1927年8月25日　歿1992／2000

キトリッジ，ウィリアム　Kittredge, William　作家,エッセイスト　モンタナ大学　国米国　⊕1932年　歿1996

ギトリン，トッド　Gitlin, Todd　社会学者　ニューヨーク大学教授　国米国　⊕1943年　歿1996／2004

キドロン，ビーバン　Kidron, Beeban　映画監督　国英国　⊕1961年　歿2008

キドロン，ペレツ　Kidron, Peretz　作家　国イスラエル　歿2004／2008

ギトン，ジャン　Guitton, Jean　本名=Guitton,Jean Marie Pierre　哲学者　元・パリ大学教授　歿現代キリスト教哲学　国フランス　⊕1901年8月18日　⊗1999年3月21日　歿1992／1996

キートン，ダイアン　Keaton, Diane　本名=ホール,ダイアン　女優　国米国　⊕1946年1月5日　歿1992／1996／2000／2008／2012

ギドン，ニエデ　考古学者　アメリカ大陸人類研究所所長　国ブラジル　⊕1933年　歿1992

キートン，マイケル　Keaton, Michael　本名=ダグラス,マイケル・ジョン　俳優　国米国　⊕1951年9月9日　歿1992／2004／2008／2012

キーナー，キャサリン　Keener, Catherine　女優　国米国　⊕1959年3月26日　歿2012

キナストン，デービッド　Kynaston, David　歴史家　リーズ大学上級研究員　国英国　⊕1951年　歿2000

キーナート，マーティ　Kuehnert, Marty　本名=キーナート,マーティン・ポール　スポーツジャーナリスト，スポーツコメンテーター　東北大学特任教授，楽天イーグルス社長補佐　歿スポーツビジネス全般　国米国　⊕1946年7月19日　歿1996／2000／2004

キナフ，アナトーリー　Kinakh, Anatolii Kyrilovich　政治家　ウクライナ国会議員,ウクライナ産業企業家同盟議長　元・ウクライナ首相　国ウクライナ　⊕1954年8月4日　歿2004／2008

キーナン，ポール　Keenan, Paul　作家,神父　国米国　歿2004

ギナンジャール・カルタサスミタ　Ginandjar Kartasasmita　政治家　インドネシア大統領諮問会議委員　元・インドネシア調整相・国民協議会副議長　国インドネシア　⊕1941年4月9日　歿1992(ギナンジャール)／1996／2000

ギニー，イーモン　Guiney, Eamonn　経営コンサルタント　国米国　歿2004

キーニー，スパージョン　米国軍備管理協会会長　歿軍備管理,国際関係　国米国　歿2004／2008

キーニー，ティモシー　Keeney, Timothy R.E.　米国海洋大気庁(NOAA)海洋沿岸資源管理局長　歿環境法,沿岸域管理,海岸哺乳類保護,漁業問題施策　国米国　⊕1948年　歿1996

キーニー，ブラッドフォード　Keeney, Bradford P.　セント・トマス大学教授　歿カウンセリング心理学,家族療法　国米国　⊕1951年　歿1996

キニア，グレッグ　Kinnear, Greg　俳優,TVホスト　国米国　歿2000／2004

キニア，ジム　Kinnear, Jim　作家　国英国　⊕1959年　歿2004

キニャティ，マイナ・ワ　Kinyatti, Maina wa　ハンター・カレッジ客員教授　歿ケニア史　国米国　⊕1944年4月4日　歿1996

ギニヤール，シルヴァン　別名=ギニヤール,シルヴァン旭斎　琵琶奏者　大阪学院大学国際学部教授　歿日本音楽史　国スイス　⊕1951年　歿1996

キニャール，パスカル　Quignard, Pascal　作家,チェロ奏者　国フランス　⊕1948年4月23日　歿1992／1996／2000／2008／2012

キニャンジュイ，ローズマリー　Kinyanjui, Rosemary　ケニア母親連盟代表　国ケニア　歿2000

キニョネス・アバルカ，アニバル・エンリケ　Quiõnez Abaraca, Anibal Enrique　外交官　駐日ホンジュラス大使　国ホンジュラス　歿1992

キネア，ピーター　写真家　歿2000

キネア，ロイ　Kinnear, Roy　俳優　国英国　⊕1934年8月1日　⊗1988年9月20日　歿1992

ギネス，アーサー　Guinnes, Arthur Francis Benjamin　別名=アイバ伯爵　元・ギネス社社長　国英国　⊕1937年5月20日　⊗1992年6月18日　歿1996

ギネス，アレック　Guinness, Alec　俳優　国英国　⊕1914年4月2日　⊗2000年8月5日　歿1992／1996

キネータ，クリス　Kinata, Chris　テクニカルライター　歿コンピュータサイエンス　国米国　歿1996

キネリョフ，ウラジーミル　Kinelev, Vladimir Georgievich　政治家　元・ロシア教育相　国ロシア　⊕1945年　歿2000

キネーン，マイケル　Kinane, Michael Joseph　騎手　国アイルラン

キノ　Quino　本名＝Labado,Joaquein Salvador　漫画家　⑩1932年　⑱1992

キノック, ニール　Kinnock, Neil Gordon　政治家　欧州委員会副委員長　元・英国労働党党首　⑭英国　⑩1942年3月28日　⑱1992／1996／2000

キノネス, ケネス　Quinones, C.Kenneth　インターナショナル・センター朝鮮半島担当部長　元・米国国務省北朝鮮担当官　⑭米国　⑩1943年　⑱2004／2008

キノン, ピエール　Quinon, Pierre　棒高跳び選手　ロス五輪陸上男子棒高跳び金メダリスト　⑭フランス　⑩1962年2月20日　⑳2011年8月17日　⑱1992

キバキ, ムワイ　Kibaki, Mwai　政治家　ケニア大統領　⑩1931年11月15日　⑱2004／2008／2012

キバス, シンシア　Gibas, Cynthia　コンピュータ生物学者　バージニア工科大学生物学部助教授　⑯ゲノム構造, タンパク質の表層や接触面の特性, タンパク質構造の予測, バイオインフォマティクス　⑭米国　⑱2004

ギバード, レス　Gibbard, Les　イラストレーター　⑱2004

ギバラ, サミール・F.　実業家　グッドイヤー・タイヤ・アンド・ラバー社長・CEO　⑱2000

ギビー, マイク　Gibbie, Mike　絵本作家　⑭英国　⑩1972年　⑱2004

キーブ, アブドゥルラヒム　Keib, Abdurrahim al-　政治家, 電気工学者　元・リビア暫定政府首相　⑭リビア　⑩1950年　⑱2012

ギブ, アンディ　Gibb, Andy　歌手　⑭オーストラリア　⑩1958年　⑳1988年3月10日　⑱1992

ギブ, カミーラ　Gibb, Camilla　作家　⑭カナダ　⑩1968年　⑱2004

キーフ, デービッド　ブラウン大学準教授　⑯産婦人科学　⑭米国　⑱2000

キーフ, ドナルド　Kufe, Donald W.　ハーバード大学医学部内科教授　⑯内科学　⑭米国　⑱2000

ギフ, パトリシア・ライリー　Giff, Patricia Reilly　児童文学作家　⑭米国　⑱2004／2008／2012

ギブ, バリー　Gibb, Barry　グループ名＝ビージーズ　歌手　⑭オーストラリア　⑩1947年9月1日　⑱2004／2008

ギブ, ビル　ファッションデザイナー　⑭英国　⑩1988年1月2日　⑱1992

キーフ, ロバート　Keefe, Robert J.　ロビイスト　キーフ社会長　⑭米国　⑱1992

ギーブ, ロバート　Gieve, Robert　本名＝Gieve,Robert James Watson　ギーブス・アンド・ホークス社副会長　⑭英国　⑩1938年　⑱1992／1996

ギブ, ロビン　Gibb, Robin　グループ名＝ビージーズ　ミュージシャン　⑭英国　⑩1949年12月22日　⑳2012年5月20日　⑱2004／2008

キーファー, アンゼルム　Kiefer, Anselm　画家, 写真家　⑭ドイツ　⑩1945年5月8日　⑱1992／1996／2000／2008／2012

キーファー, ウォーレン　Kiefer, Warren　ミステリー作家　⑭米国　⑩1929年12月18日　⑱1996

キーファー, ジョージ　Kieffer, George D.　キーファー社長　⑭米国　⑱1992

ギーファー, トーマス　Giefer, Thomas　テレビプロデューサー　⑭ドイツ　⑱1992

キーファー, フィリップ　ビスタコン・ジャパン社長　⑭米国　⑩1947年　⑱1996

ギーファー, レーナ　Giefer, Rena　テレビプロデューサー　⑭ドイツ　⑱2004

ギフォーズ, ガブリエル　Giffords, Gabrielle　政治家　元・米国下院議員（民主党）　⑭米国　⑩1970年6月8日　⑱2012

ギフォード, クライブ　Gifford, Clive　作家, サッカー・コーチ　⑭英国　⑱2004

ギフォード, ゲーリー・L.　カパルア・ランド社長　⑭米国　⑩1947年　⑱1992

ギフォード, ジェーン　Gifford, Jane　写真家　⑭英国　⑱2004／2008

ギフォード, トーマス　Gifford, Thomas　筆名＝マクスウェル, トマス　作家　⑭米国　⑩1937年　⑳2000年10月　⑱1992

ギフォード, バリー　Gifford, Barry　小説家, 詩人, 脚本家　⑭米国　⑩1946年　⑱1992／1996／2000

ギフォード, ヘンリー　Gifford, Henry　元・ブリストル大学英文学比較文学教授　⑯ロシア文学　⑭英国　⑱1996

キプケテル, ウィルソン　Kipketer, Wilson　陸上選手（中距離）　⑭デンマーク　⑩1972年12月12日　⑱2000／2004／2008

キプケテル, ウィルソン・ボイト　Kipketer, Wilson Boit　陸上選手（障害）　⑭ケニア　⑩1973年10月6日　⑱2000／2004

キプコリル, ジョナサン　Kipkorir, Jonathan　本名＝Kipkorir, Jonathan Kosgei　マラソン選手　⑭ケニア　⑩1982年12月29日　⑱2012

キプサング, ウィルソン　Kipsang, Wilson　本名＝キプサング・キプロティチ, ウィルソン　マラソン選手　ロンドン五輪陸上男子マラソン銅メダリスト, 陸上男子マラソン世界記録保持者　⑭ケニア　⑩1982年3月15日　⑱2012

キプサング, サリム　Kipsang, Salim　本名＝キプサング, サリム・キムタイ　マラソン選手　⑭ケニア　⑩1979年12月22日

ギブス, ジェームズ　Gibbs, James Christopher　英語教育　⑭米国　⑩1965年　⑱2004

ギブス, ジョー　Gibbs, Joe　プロフットボール監督　ワシントン・レッドスキンズ社長　⑭米国　⑩1940年9月25日　⑱2008

ギブス, ロイス・マリー　Gibbs, Lois Marie　環境活動家　健康環境正義支援センター創設者　⑭米国　⑱2004

ギブス, ロバート　Gibbs, Robert　米国大統領報道官　⑭米国　⑩1971年3月29日　⑱2012

ギブソン, アラン　Gibson, Alan　映画監督　⑭英国　⑩1938年4月28日　⑳1987年7月5日　⑱1992

ギブソン, イアン　英国日産自動車製造（NMUK）社長　⑭英国　⑱1992／1996

ギブソン, ウィリアム　Gibson, William　SF作家　⑭カナダ　⑩1948年3月17日　⑱1992／1996／2000／2012

ギブソン, ウィリアム　Gibson, William　劇作家　⑭米国　⑩1914年11月13日　⑳2008年11月25日　⑱1992

ギブソン, ウィリアム　Gibson, William　実業家　マニュジスティックス社長・CEO　⑭米国　⑱2000

ギブソン, ウォルター　Gibson, Walter S.　美術史家　ケース・ウェスタン・リザーブ大学教授　⑯北方ルネサンス美術, 16世紀フランドル絵画　⑭米国　⑩1932年　⑱1992／1996

ギブソン, カーク　Gibson, Kirk　本名＝Gibson,Kirk Harold　大リーグ監督, 元・大リーグ選手　⑭米国　⑩1957年5月28日　⑱1992／2000／2012

ギブソン, ダフ　Gibson, Duff　元・スケルトン選手　トリノ五輪金メダリスト　⑭カナダ　⑩1966年8月11日　⑱2008／2012

ギブソン, デビー　Gibson, Debbie　歌手, 作曲家　⑭米国　⑩1970年8月31日　⑱1992／2000

ギブソン, ヒュー　Gibson, Hugh　実業家　ロイヤルクラウンダービー会長・CEO　⑭英国　⑩1946年　⑱2012

ギブソン, ボブ　Gibson, Bob　本名＝Gibson,Robert　元・大リーグ選手　⑭米国　⑩1935年11月9日　⑱1992

ギブソン, メル　Gibson, Mel　俳優, 映画監督　⑭オーストラリア　⑩1956年1月3日　⑱1992／1996／2000／2004／2008／2012

ギブソン, リック　プロゴルファー　⑭カナダ　⑩1961年10月27日　⑱1992／1996

ギブソン, ロジャー・C.　ギブソン・キャピタル・マネジメント社社長　⑱1996

キプタヌイ, モーゼス　Kiptanui, Moses　陸上選手（障害）　⑭ケニア　⑩1971年9月1日　⑱1992／1996

ギフト, ローランド　Gift, Roland　ミュージシャン　⑭英国　⑱1992／2008／2012

ギブニー, フランク　Gibney, Frank Bray　別名=吉布尼　ジャーナリスト, 日本研究家　元・ポモナ大学環太平洋研究所所長, 元・TBSブリタニカ副会長　[国]米国　[生]1924年9月21日　[没]2006年4月9日　[典]1992／1996／2000

キブラー, ドナルド　Kibbler, Donald　通称=キブラー, ドン　カウラ市日本文化センター会長　[国]オーストラリア　[典]1992／2012

キプラガト, エドナ　Kiplagat, Edna　本名=Kiplagat,Edna Ngeringwony　マラソン選手　[国]ケニア　[生]1979年11月15日

キプラガト, ローナ　Kiplagat, Lornah　マラソン選手, 陸上選手(長距離)　[国]オランダ　[生]1974年5月1日　[典]2004／2008／2012

キブリア, シャー・A.M.S.　Kibria, Shah A.M.S.　政治家, 外交官　元・バングラデシュ財務相, 元・ESCAP事務局長　[国]バングラデシュ　[生]1931年5月1日　[没]2005年1月27日　[典]1992／2000／2004

キプリアヌ, スピロス　Kyprianou, Spyros　政治家　元・キプロス大統領　[国]キプロス　[生]1932年10月28日　[没]2002年3月12日　[典]1992

キプルト, ビンセント　Kipruto, Vincent　マラソン選手　[国]ケニア　[生]1987年9月13日

キプルト, ブリミン・キプロプ　Kipruto, Brimin Kiprop　陸上選手(障害)　北京五輪陸上男子3000メートル障害金メダリスト　[国]ケニア　[生]1985年7月31日　[典]2012

キプロティク, スティーブン　Kiprotich, Stephen　マラソン選手　ロンドン五輪陸上男子マラソン金メダリスト　[国]ウガンダ　[生]1989年2月27日

キプロプ, アスベル　Kiprop, Asbel　本名=Kipruto Kiprop,Asbel　陸上選手(中距離)　北京五輪陸上男子1500メートル金メダリスト　[国]ケニア　[生]1989年6月30日

ギブンス, ブライアン・アラン　Givens, Braian　元・プロ野球選手　[国]米国　[生]1965年11月6日　[典]2000

ギベス, ビンセント　ピーエスアイネット社長　[国]米国　[典]2000

キベト, ルーク　Kibet, Luke　本名=Kibet Bowen,Luke　マラソン選手　[国]ケニア　[生]1983年4月12日

キベラ, レオナルド　Kibera, Leonard　作家　[国]ケニア　[生]1940年　[典]1992

ギーベル, アグネス　Giebel, Agnes　ソプラノ歌手　[国]ドイツ　[典]2000

ギベール, エルヴェ　Guibert, Hervé　作家　[国]フランス　[生]1955年12月　[没]1991年12月27日　[典]1996

キボム　Kibum　グループ名=SUPER JUNIOR　俳優, 歌手　[国]韓国　[典]2012

ギボンズ, アラン　Gibbons, Alan　作家　[国]英国　[典]2004／2008

ギボンズ, イアン・リード　Gibbons, Ian Read　生物学者　元・ハワイ大学教授　[専]細胞生物学　[国]英国　[生]1931年10月30日　[典]1996／2000

ギボンズ, ケイ　Gibbons, Kaye　作家　[国]米国　[生]1960年　[典]1992

ギボンズ, サム　Gibbons, Sam M.　政治家　米国下院議員(民主党)　[国]米国　[生]1920年1月20日　[典]2000

ギボンズ, ジョン　Gibbons, John H.　物理学者　元・米国大統領補佐官　[国]米国　[生]1929年1月15日　[典]1996／2000

ギボンズ, デーブ　Gibbons, Dave　コンピューター技術者　Cardboard String Media社長　[国]米国　[典]2004

ギ・マニュエル　Guy-Manuel　本名=Christo,Guy-Manuel de Homen　グループ名=ダフト・パンク　ミュージシャン　[国]フランス　[生]1974年2月8日　[典]2004／2008／2012

ギマランイス, ウリセス・シルベイラ　Guimaraes, Ulysses Silveira　政治家　ブラジル下院議長　[国]ブラジル　[生]1916年10月6日　[典]1992

ギマール, ポール　Guimard, Paul　作家, ジャーナリスト　[国]フランス　[生]1921年3月3日　[典]1996

キ・マンテブ・スダルソノ　Ki Manteb Soedharsono　人形遣い　[専]ワヤン・クリ(影絵芝居)　[国]インドネシア　[生]1948年　[典]2000／2012

キミット, ロバート　外交官　元・米国国務次官　[国]米国　[典]1992／2000

キミナル, カトリーヌ　Cuiminal, Catherine　パリ18大学教授, フランス人類学会会長　[専]社会人類学　[国]フランス　[生]1941年　[典]1996

ギミンガム, チャールズ・ヘンリー　Gimingham, Charles Henry　アバディーン大学植物科学部教授・学部長　[専]植物学, 植物生態学　[国]英国　[生]1923年4月28日　[典]1992

キム　Kim　本名=アーハーン, キム　グループ名=リリックス　ミュージシャン　[国]カナダ　[生]1979年10月16日　[典]2008

キム, E.　元・アシュトン・テート社副社長　[国]米国　[典]1992

キム, W.チャン　Kim, W.Chan　INSEADボストン・コンサルティング・グループ・ブルース・D・ヘンダーソン寄付講座教授　[典]2008

キム・アジュン　Kim, A-jung　女優　[国]韓国　[生]1982年10月16日　[典]2012

キム・アラ　金 亜羅　演出家　舞天主宰　[国]韓国　[典]1996

キム・アンスク　金 安淑　通訳　大光社(観光土産品店)　[国]韓国　[典]1992／1996

キム, アンドレ　Kim, Andre　本名=金鳳男　ファッションデザイナー　[国]韓国　[生]1935年8月　[没]2010年8月12日　[典]1992／2004／2008

キム・イウォン　金 儀遠　暻園大学教授　[専]都市計画学　[国]韓国　[生]1931年2月20日　[典]1992(キム・ウィウォン)／1996

キム・イギョン　金 義卿　劇作家　劇団「現代」顧問, 国際児童青少年演劇協韓国本部理事長　[国]韓国　[生]1936年9月13日　[典]1996

キム・イクジェ　金 益宰　プロ野球選手(投手)　[国]韓国　[生]1968年7月23日　[典]1996

キム・イスク　金 二淑　実業家　イーコーポレーションCEO　[国]韓国　[典]2004

キム・イチョル　金 義徹　Kim, Eui-chul　実業家　ニューコアグループ会長　[国]韓国　[生]1942年10月15日　[典]2000

キム, イー・ハン　Kim, E.Han　経済学者　ミシガン大学教授　[専]財政学, 経営管理　[生]1946年5月27日　[典]1992

キム・イファン　金 義煥　コメディアン　[国]韓国　[生]1961年10月16日　[典]1996

キム・イヘ　金 利恵　韓国舞踊家　[国]韓国　[生]1953年　[典]2000／2004(キム・リエ)／2008(キム・リエ)／2012

キム・イヨン　金 異然　作家　[国]韓国　[生]1942年11月9日　[典]1996

キム・イル　Kim, Il　レスリング選手(フリー)　[国]北朝鮮　[生]1971年7月25日　[典]1996／2000

キム・イル　金 一　Kim, Il　本名=金在範　政治家　元・北朝鮮国家副主席　[国]北朝鮮　[生]1910年3月20日　[没]1984年3月9日　[典]1992

キム・イルグ　金 一球　Kim, Il-koo　パンソリ唱者　国立国学院　[国]韓国　[典]1996

キム・イルゴン　金 日坤　号=史路　経済学者　釜山大学商学部教授・日本問題研究所長　[国]韓国　[生]1932年2月21日　[典]1996

キム・イルジン　金 日進　指揮者　万寿台芸術団管弦楽指揮者　[国]北朝鮮　[生]1956年1月　[典]1992／1996

キム・イルソン　金 日成　Kim, Il-song　本名=金成柱　政治家　元・北朝鮮国家主席, 元・朝鮮労働党総書記・政治局常務委員, 元・大元帥　[国]北朝鮮　[生]1912年4月15日　[没]1994年7月8日　[典]1992／1996

キム・イルチョル　金 鎰喆　Kim, Il-chol　軍人, 政治家　北朝鮮国防委員会委員, 次帥　元・北朝鮮人民武力相(国防相)　[国]北朝鮮　[生]1928年　[典]1996／2000／2004／2008／2012

キム・イルドゥ　金 一斗　弁護士　[国]韓国　[生]1923年9月28日　[典]1996

キム・イルヒョク　金 一赫　プロ野球選手(外野手)　[国]韓国　[生]1970年1月26日　[典]1996

キム, イルピョン・J.　政治学者　コネチカット大学政治学部教授　[専]東アジアを中心とする国際政治　[国]米国　[典]1992

キム・イルファン　金 一煥　慶興学院理事長, 交通新聞社会長　[国]韓国　[生]1914年8月15日　[典]1996

キム・イルフン　金 一勲　プロ野球選手(内野手)　[国]韓国　[生]1973年3月28日　[典]1996

キム・インギ　金 仁基　韓国中央大学経済学科教授, 韓国金融学会会

キム・インキョン　Kim, In-kyung　漢字名=金寅敬　プロゴルファー　国韓国　生1988年6月13日

キム・イングォン　金仁権　プロ野球選手(投手)　国韓国　生1968年12月28日　典1996

キム・インジャ　金仁子　西江大学教授,韓国心理相談研究所長　国韓国　生1932年8月17日　典1996

キム・インジュン　金仁埈　経済学者　ソウル国立大学国際経済学部教授　専国際収支,貿易論　国韓国　典1992／1996

キム・インスク　金仁淑　作家　国韓国　生1963年　典1996

キム・インチョル　金仁哲　プロ野球選手(内野手)　国韓国　生1972年6月11日　典1996

キム・インチョル　金寅哲　プロ野球選手(投手)　国韓国　生1971年7月14日　典1996

キム・インドゥク　金仁得　実業家　碧山グループ名誉会長,韓国経営者総協会顧問　国韓国　生1915年8月17日　典1996

キム・インフェ　金仁会　号＝綿石　延世大学教育学科教授　国韓国　生1938年2月27日　典1996

キム・インペ　金仁培　高校教師,韓日古代史研究家　国韓国　生1948年　典1996

キム・インホ　金仁鎬　プロ野球選手(内野手)　国韓国　生1967年1月26日　典1996

キム・インムン　金仁文　タレント　国韓国　生1939年9月1日　典1996

キム・ウィヒョン　金渭顕　Kim, Wee-hoyun　明知大学教授・人文学部長　専東洋史学　国韓国　生1939年1月28日　典2000

キム・ウオク　金雨玉　演出家　ソウル芸術専門大学教授,東郎レパートリー劇団代表　国韓国　生1934年9月8日　典1996

キム,ウォン　Kim, Won　UniSQL社社長・CEO　専データベース・システム　国米国　典1992／1996

キム・ウォン　金洹　建築家　建築研究所「広場」代表,図書出版「広場」代表,建築大展招待作家　国韓国　生1943年3月10日　典1996

キム・ウォン　金源　号＝一粒　画家　弘益大学名誉教授,韓中芸術連合会副会長　国韓国　生1912年2月2日　典1996

キム・ウォン　金源　Kim, Won　ソウル市立大学教授・副総長　専都市計画　国韓国　生1936年2月27日　典2000

キム・ウォンイル　金源一　作家　国韓国　生1942年3月15日　典1992／1996

キム・ウォンウン　金元雄　韓国国会議員　国韓国　生1944年3月8日　典1996／2008

キム・ウォンギ　金元基　Kim, Won-ki　政治家　韓国国会議員,韓国ひらかれたウリ党共同議長　国韓国　生1937年2月16日　典1992／1996／2000／2004／2008

キム・ウォンギ　金元基　双龍グループ常任顧問,国民大学理事長,韓国産業協同財団監事　国韓国　生1924年12月3日　典1996

キム・ウォンギル　金元吉　Kim, Won-gil　政治家　韓国国会議員(ハンナラ党)　元・韓国保健福祉相　国韓国　生1943年1月2日　典2000／2004

キム・ウォング　金元亀　Kim, Won-koo　音楽評論家　国韓国　生1923年9月20日　典2000

キム・ウォングン　金元根　プロ野球選手(内野手)　国韓国　生1968年4月7日　典1996

キム・ウォンシク　金元植　プロ野球選手(投手)　国韓国　生1967年5月7日　典1996

キム・ウォンスル　金源述　号＝素斉　国楽人(パンソリ)　韓国伝統芸術振興会理事長,韓国国楽協会顧問　国韓国　生1921年7月12日　典1996

キム・ウォンセ　金元世　Kim, Won-se　実業家　東星鉄鋼工業会長,現代金属会長　国韓国　生1939年2月19日　典2000

キム・ウォンセ　金元世　Kim, Won-se　画家　慶北大学教授　国韓国　生1939年11月29日　典2000

キム・ウォンソク　金元錫　児童文学作家　月刊「ナイテ」編集主幹　国韓国　生1947年7月5日　典1996

長　専金融学　国韓国　生1940年11月6日　典1996

キム・ウォンデ　金源大　Kim, Won-dai　号＝亀亭　啓蒙会長,啓蒙文化財団理事長　国韓国　生1922年5月20日　典2000

キム・ウォンテク　金元沢　専経営学　国韓国　典2004

キム・ウォンドン　金元東　韓国プロサッカー連盟事務局長　生1957年　典2004

キム・ウォンヒョン　金円衡　プロ野球選手(投手)　国韓国　生1972年7月5日　典1996

キム・ウォンボク　金元福　号＝雲河　ソウル大学名誉教授,韓国音楽協会顧問　国韓国　生1908年7月25日　典1996

キム・ウォンリョン　金元龍　Kim, Won-yong　号＝三仏　考古学者　元・ソウル大学名誉教授,元・韓国国立博物館館長　国韓国　生1922年8月24日　没1993年11月14日　典1992／1996

キム・ウグァン　金又寛　Kim, Woo-gwan　号＝海厳　慶北大学教授,慶北地理情報体系研究所所長,韓国地域地理学会会長　専地理学,地形学　国韓国　生1935年8月13日　典2000

キム・ウグン　金禹根　産業開発研究院顧問,(株)韓国産業開発投資常任顧問　国韓国　生1921年11月12日　典1996

キム・ウシク　金雨植　Kim, Woo-sik　化学工学者　延世大学教授・新エネルギー環境システム研究所所長,韓国工学技術会会長　国韓国　生1940年1月26日　典2000

キム・ウジュン　金宇中　Kim, Woo-joong　実業家　元・大宇グループ創業者　国韓国　生1936年12月19日　典1992／1996／2000／2004／2008

キム・ウジョン　金宇鍾　Kim, U-jong　文学評論家,エッセイスト　韓国大学新聞社主筆　元・徳成女子大学教授　国韓国　生1930年2月4日　典1996／2000

キム・ウジョン　金宇鍾　牧師　江原日報理事会長　国韓国　生1905年10月21日　典1996

キム・ウジョン　金佑鐘　Kim, Woo-jhong　駐アルバニア北朝鮮大使　元・朝日友好促進親善協会会長　国北朝鮮　生1923年4月1日　典1992(キム・ウジョン)／1996

キム・ウソク　金佑錫　Kim, Woo-suk　政治家　元・韓国内務部長官　国韓国　生1936年10月15日　典2000

キム・ウソン　金祐善　Kim, Woo-sun　イラストレーター　国韓国　生1958年

キム・ウチュン　金雨春　Kim, U-choon　実業家　建岩建設代理事,南道日報代表理事　国韓国　生1942年1月11日　典2000

キム・ウチョル　金宇哲　KBS特任本部長　国韓国　生1938年5月31日　典1996

キム・ウニ　Kim, Eun-hee　脚本家　国韓国　生1973年4月2日　典2004／2008／2012

キム・ウヒョン　金于鉉　プロ野球選手(外野手)　国韓国　生1967年10月13日　典1996

キム・ウリョン　金寓龍　Kim, U-ryong　号＝華白　韓国外国語大学新聞放送学科教授,現代放送諮問教授　専放送学　国韓国　生1943年7月18日　典2000

キム・ウリョン　金佑龍　Kim, Oue-ryong　晋州産業大学教授・大学院長　専農林学　国韓国　生1942年6月11日　典2000

キム・ウルトン　金乙東　Kim, Eul-dong　女優,政治家　韓国国会議員　国韓国　生1945年9月5日　典1996／2012

キム・ウヌ　金恩雨　哲学者　国際キリスト教大学教授協議会(ICPA)会長　専教育哲学,実存哲学,キリスト教学　国韓国　生1916年2月22日　典1992／1996

キム・ウンウ　金銀祐　コメディアン　国韓国　生1960年8月25日　典1996

キム・ウンギョン　幼名＝キムヘギョン　北朝鮮に拉致された横田めぐみさんの娘　国北朝鮮　生1987年9月13日　典2004(キム・ヘギョン)

キム・ウング　金銀九　Kim, Eun-ku　KBS理事　国韓国　生1938年2月20日　典2000

キム・ウングク　Kim, Un-guk　重量挙げ選手　ロンドン五輪金メダリスト,重量挙げ男子62キロ級世界記録保持者　国北朝鮮　生1988年10月28日

キム・ウンクック　金応国　プロ野球選手(外野手)　国韓国

キム・ウンサン　金 殷湘　Kim, Eun-sang　大韓貿易投資振興公社社長　⑱韓国　⑭1935年4月18日　㊺2000

キム・ウンジュン　金 殷中　Kim, Eun-jung　サッカー選手（FW）　⑱韓国　⑭1979年4月8日　㊺2004／2008／2012

キム・ウンジョン　金 恩貞　タレント　⑱韓国　⑭1970年6月26日　㊺1996

キム・ウンジン　金 応振　Kim, Eung-jin　医師　乙支中央医療院医務院長，ソウル大学医学部名誉教授　⑳消化器病学, 糖尿病学　⑱韓国　⑭1916年1月15日　㊺2000

キム・ウンス　金 応守　Kim, Eung-soo　号＝何南　遠洋漁業開発代表理事　⑱韓国　⑭1926年4月6日　㊺2000

キム・ウンスル　金 応述　Kim, Eung-sul　棋士　将棋9段（韓国棋院），大韓将棋協会理事長　⑱韓国　⑭1940年1月17日　㊺2000

キム・ウンソク　金 応錫　タレント　⑱韓国　⑭1967年2月20日　㊺1996

キム・ウンテ　金 雲泰　号＝精山　ソウル大学名誉教授，韓国国史編纂委史料研究委員　⑱韓国　⑭1921年11月17日　㊺1996

キム・ウンテ　金 銀泰　コメディアン　⑱韓国　⑭1965年6月18日　㊺1996

キム・ウンファン　金 沄桓　Kim, Woon-hwan　政治家　韓国国会議員（国民新党）　⑱韓国　⑭1946年12月13日　㊺2000

キム・ウンヨル　金 応烈　Kim, Eung-ryul　高麗大学教授，アジア問題研究所日本研究室長　⑳社会学, 日本学　⑱韓国　⑭1946年5月18日　㊺2000

キム・ウンリョン　金 雲龍　Kim, Un-yong　政治家　国際オリンピック委員会（IOC）副会長　元・韓国国会議員（新千年民主党）　⑱韓国　⑭1931年3月19日　㊺1992（キム・ウンヨン）／1996／2000／2004／2008

キム・ウンリョン　金 応龍　元・プロ野球監督　サムスン球団社長　元・野球韓国代表監督　⑱韓国　⑭1941年9月15日　㊺1996／2000／2004／2012

キム, エイミー・ジョー　Kim, Amy Jo　Webサイト設計者　Naima設立者・クリエイティブディレクター，スタンフォード大学講師　⑳オンライン設計　⑱米国　㊺2004

キム・エキョン　金 愛敬　タレント　⑱韓国　⑭1950年2月12日　㊺1996

キム・エヨン　金 愛栄　Kim, Aie-yung　画家　徳成女子大学芸術学部西洋画科教授・学部長　⑳水彩画　⑱韓国　⑭1944年8月10日　㊺2000

キム・エラン　金 愛爛　作家　⑱韓国　⑭1980年

キム, エリザベス　Kim, Elizabeth　ジャーナリスト　⑱米国　㊺2004

キム, エレイン　Kim, Elaine H.　カリフォルニア大学バークレー校エスニック研究学科教授　⑳アジア系アメリカ研究　⑱米国　⑭1942年　㊺2004

キム・オク　金 オク　別名＝キムソンオク　北朝鮮国防委員会課長　⑱北朝鮮　⑭1964年　㊺2008／2012

キム・オクキル　金 玉吉　Kim, Ok-gill　元・韓国文教相, 元・梨花女子大学名誉総長　⑱韓国　⑭1921年3月10日　㊷1990年8月25日　㊺1992

キム・オクジョ　金 玉照　Kim, Ok-jo　仁川放送社長　⑱韓国　⑭1940年8月16日　㊺2000

キム・オクシン　金 玉信　Kim, Ok-sin　裁判官　済州地法部長判事　⑱韓国　⑭1954年9月3日　㊺2000

キム・オクジン　金 玉振　号＝沃山　画家　錬真会会長, 韓国国展審査委員　⑱韓国　⑭1928年9月28日　㊺1996

キム・オクジン　金 玉珍　ロッテグループ企画調整室社長　⑱韓国　⑭1929年8月17日　㊺1996

キム・オクスク　金 玉淑　盧泰愚元韓国大統領夫人　⑱韓国　⑭1935年8月　㊺1992／1996／2004

キム・オクソン　金 玉仙　（財）ホーリーランド理事長, 韓国国家経営研究院理事長　⑱韓国　⑭1934年4月2日　㊺1996

キム・オクドゥ　金 玉斗　Kim, Ok-doo　政治家　韓国国会議員（国民会議）　⑱韓国　⑭1938年8月18日　㊺2000

キム・オクニョン　金 億年　Kim, Ok-nyun　実業家　大宇グループロシア地域社長　⑱韓国　⑭1942年4月4日　㊺2000

キム・オクヨル　金 玉烈　淑明女子大学政治外交学科教授, 韓国教育政策諮問委員　⑱韓国　⑭1930年1月2日　㊺1996

キム・カク　金 珏　Kim, Kak　ジャーナリスト　「コリアヘラルド」論説委員　⑱韓国　⑭1934年6月8日　㊺2000

キム・カクチュン　金 珏中　実業家　韓国全国経済人連合会（全経連）会長　⑱韓国　⑭1925年2月26日　㊺1996／2004

キム・カプジュ　金 甲周　Kim, Kap-joo　東国大学教授・新羅文化研究所所長　⑳仏教学, 史学　⑱韓国　⑭1934年8月9日　㊺2000

キム・カプジュン　金 甲中　プロ野球選手（外野手）　⑱韓国　⑭1970年8月15日　㊺1996

キム・ガブス　Kim, Kap-soo　漢字名＝金甲洙　俳優　⑭1957年4月7日　㊺2004／2008／2012

キム・カプスン　金 甲順　YWCA連合会名誉委員　⑱韓国　⑭1914年5月23日　㊺1996

キム・カプソン　金 甲成　Kim, Kap-sung　韓国林友会副会長, 林産茸研究会会長　⑳林学　⑱韓国　⑭1924年4月22日　㊺2000

キム・カプチャン　金 甲粲　Kim, Kap-chan　弁護士　⑱韓国　⑭1927年7月6日　㊺2000

キム・カプチョル　金 甲哲　号＝青虚　建国大学政治大学長, 大学統一問題研究所協議会長　⑱韓国　⑭1932年8月25日　㊺1996

キム・カプテ　金 甲泰　Kim, Gap-tae　尚志大学林学科教授　⑳林学　⑱韓国　⑭1954年3月4日　㊺2000

キム・カプヒョン　金 甲現　韓国放送公社理事　⑱韓国　⑭1932年5月21日　㊺1996

キム・ガヨン　Kim, Ka-yeon　女優　⑱韓国　⑭1972年9月9日　㊺2008／2012

キム・カングン　金 剛権　Kim, Kang-kwun　韓国農業科学技術院院長　⑳農学　⑱韓国　⑭1939年12月12日　㊺2000

キム・カンスー　Kim, Kwang-soo　漢字名＝金洸秀　医学者　ハーバード大学医学部准教授　⑳人工多能性幹細胞（iPS細胞）　⑱韓国　㊺2012

キム・カンチョル　金 庚哲　Kim, Kyung-chul　外交官　駐オランダ韓国大使　⑱韓国　⑭1936年1月3日　㊺2000

キム・カンファン　金 江煥　Kim, Gang-hwan　軍人　朝鮮労働党中央委軍事委員会委員・軍事部長, 朝鮮人民軍副総参謀長, 万景台革命学院院長　⑱北朝鮮　⑭1931年　㊺1996

キム・キイン　金 基仁　タバコ人参公社社長　⑱韓国　⑭1940年5月20日　㊺1996

キム・キウン　金 基運　Kim, Ki-woon　実業家　百済薬品会長, 草堂薬品会長　⑱韓国　⑭1921年8月6日　㊺2000

キム・キウン　金 基雄　考古学者　韓国文化公報部文化財常任専門委員　⑳韓国古墳文化研究　⑱韓国　⑭1923年　㊺1992／1996

キム・キオブ　金 基業　Kim, Ki-up　韓国国民年金管理公団常任理事　⑱韓国　⑭1933年11月13日　㊺2000

キム・キサム　金 洪森　Kim, Ki-sam　朝鮮大学教授　⑳政治学　⑱韓国　⑭1937年8月26日　㊺2000

キム・キジェ　金 杞載　Kim, Ki-jae　政治家　元・韓国行政自治相　⑱韓国　⑭1946年9月6日　㊺2000

キム・キジュ　金 基周　Kim, Ki-joo　元・ソウル教育大学総長　⑳東洋史学　⑱韓国　⑭1934年9月1日　㊺2000

キム・キジュン　金 基駿　Kim, Ki-joon　ソウル地検北部支庁刑事二部長　⑱韓国　⑭1946年12月1日　㊺2000

キム・キジン　金 基鎮　Kim, Ki-chin　文学者, 詩人, 作家　⑱北朝鮮　⑭1903年　㊷1985年　㊺1992／1996

キム・キス　金 琦洙　外交官　駐ニューヨーク総領事　⑱韓国　⑭1928年11月8日　㊺1996

キム・キス　金 瑾洙　Kim, Ki-soo　舞踏家　⑱韓国　⑭1936年8月2日　㊺2000

キム・キス　金 基秀　順川郷大学工学部長　⑱韓国　⑭1929年6月18日　㊺1996

キム・キス　金基洙　漢陽大学行政大学院長, 韓国不動産法学会会長　[国]韓国　[生]1932年6月7日　[典]1996

キム・キス　金基洙　Kim, Ki-soo　政治家　韓国国会議員（新韓国党）　[国]韓国　[生]1936年11月28日　[典]2000

キム・キス　金機洙　Kim, Kee-soo　医師　[専]泌尿器外科　[国]韓国　[生]1918年4月22日　[典]2000

キム・キスン　金基昇　Kim, Ki-sung　号＝原谷　書道家　[国]韓国　[生]1909年5月16日　[典]1996／2000

キム・キソク　金基石　Kim, Ki-sok　ジャーナリスト　「コリアヘラルド」編集局長　[国]韓国　[生]1942年5月8日　[典]2000

キム・キソプ　金基燮　タレント　[国]韓国　[生]1952年6月25日　[典]1996

キム・キソプ　金己燮　Kim, Ki-sup　元・韓国安全企画部運営次長　[国]韓国　[生]1939年12月7日　[典]2000

キム・キソプ　金箕燮　弁護士　大韓商事仲裁院仲裁委員　[国]韓国　[生]1945年9月1日　[典]1996

キム・キソプ　金淇燮　Kim, Key-sop　韓国教員大学教授　[専]英文学, 英語教育学　[国]韓国　[生]1939年8月13日　[典]2000

キム・キソン　金基善　平壌外国語大学学長, 朝鮮労働党中央委員, 開成市党責任秘書・人民委員長, 北朝鮮中央人民委員　[国]北朝鮮　[生]1929年　[典]1996

キム・キタク　金基鐸　号＝石堂　三華実業会長　[国]韓国　[生]1921年9月14日　[典]1996

キム・キチャン　金基昶　Kim, Ki-cahng　号＝雲甫　画家　[国]韓国　[生]1913年2月18日　[典]2000

キム・キチュン　金淇春　政治家　韓国国会議員　元・韓国野球委員会（KBO）総裁, 元・韓国法務部長官（法相）　[国]韓国　[生]1939年11月25日　[典]1996／2000

キム・キチョル　金奇哲　Kim, Ki-cheul　元・忠北大学教授　[専]食品工学　[国]韓国　[生]1930年10月24日　[典]2000

キム・キテ　金杞泰　Kim, Ki-tae　プロ野球二軍監督　[国]韓国　[生]1969年5月23日　[典]1992／1996／2012

キム・キテク　金基沢　Kim, Kie-taek　号＝剛山　信一大学学長　[専]経済学　[国]韓国　[生]1924年2月5日　[典]2000

キム・キテク　金基釈　Kim, Ki-tak　実業家　三華実業会長　[国]韓国　[生]1921年9月14日　[典]2000

キム・キド　金基道　Kim, Khee-do　韓国外国語大学新聞放送学科外来教授　元・韓国国会議員　[国]韓国　[生]1945年6月30日　[典]2000

キム・キドク　金基徳　韓国中央労働委員長　[国]韓国　[生]1937年3月11日　[典]1996

キム・キドク　金基徳　プロ野球選手（投手）　[国]韓国　[生]1968年6月4日　[典]1996

キム・キドク　金基徳　Kim, Kee-duk　アナウンサー　[国]韓国　[生]1943年8月4日　[典]2000

キム・キドク　金基悳　Kim, Kee-duk　映画監督　ソウル芸術専門大学映画科主任教授　[国]韓国　[生]1934年11月6日　[典]2000／2004

キム・キドク　金起徳　プロ野球選手（投手）　[国]韓国　[生]1968年7月2日　[典]1996

キム・ギドク　Kim, Ki-duk　本名＝KimKi-duk,II　漢字名＝金基徳　映画監督　[国]韓国　[生]1960年12月20日　[典]2004／2008／2012

キム・キドン　金基東　Kim, Ki-dong　号＝虎声　牧師　[国]韓国　[生]1928年4月10日　[典]2000

キム・キドン　金箕東　牧師　ソウル聖楽バプテスト教会主管牧師, ソウルバプテスト神学研究院院長, ベレヤ大学総長　[国]韓国　[生]1938年　[典]2004

キム・キナム　金己男　北朝鮮外務省参事・駐中共代理大使, 朝鮮労働党中央委員・書記・宣伝担当　[国]北朝鮮　[生]1926年　[典]1996／2000

キム・キハン　金基桓　Kim, Ki-hwan　大韓貿易振興公社理事長　元・韓国商工省次官　[国]韓国　[生]1932年2月15日　[典]1996

キム・キハン　金基瀚　Kim, Ki-han　デザイナー　啓明大学美術学部応用美術学科教授　[国]韓国　[生]1937年9月25日　[典]2000

キム・キヒョン　金基衡　Kim, Kee-hyoung　号＝瑞正　韓国科学技術院理事長　[国]韓国　[生]1925年9月22日　[典]1996／2000

キム・キファン　金基煥　Kim, Ki-whan　ソウル大学医学部教授　[専]滑筋学　[国]韓国　[生]1941年12月11日　[典]2000

キム・キフン　金基興　Kim, Gee-heung　政治家　瑞山市長　[国]韓国　[生]1938年10月10日　[典]2000

キム・キフン　金琪焄　Kim, Ki-hoon　スピードスケート選手（ショートトラック）　[国]韓国　[典]1996

キム・ギフン　Kim, Kih-hoon　映画監督　[国]韓国　[典]2012

キム・キベ　金杞培　政治家　韓国国会議員, 韓国民自党労働問題特委員長　[国]韓国　[生]1936年6月22日　[典]1996

キム・キホ　金基鎬　双龍重工業社長　[国]韓国　[生]1941年3月23日　[典]1996

キム・キホ　金起鎬　Kim, Ki-ho　号＝素晶　医師　聖光医療財団附属病院院長, 延世大学医科大学名誉教授　[国]韓国　[生]1922年3月11日　[典]1996／2000

キム・キボム　金起範　プロ野球選手（投手）　[国]韓国　[生]1965年12月13日　[典]1996

キム・キホン　金起弘　プロ野球選手（内野手）　[国]韓国　[生]1970年2月26日　[典]1996

キム・キミョン　金基明　Kim, Ki-myong　公認会計士　仁荷大学経営学科教授　[専]経営学　[国]韓国　[生]1943年9月24日　[典]2000

キム・キュ　金圭　西江大学新聞放送学科教授, 韓国放送文化振興会理事　[国]韓国　[生]1934年11月16日　[典]1996

キム・キュイル　金奎一　Kim, Kyu-il　崇実大学行政学科教授　[専]行政学　[国]韓国　[生]1946年7月7日　[典]2000

キム・キュウォン　金奎元　Kim, Kyu-won　嶺南大学農畜産学部園芸学科教授　[専]農学　[国]韓国　[生]1945年5月12日　[典]2000

キム・キュサム　金奎三　延世大学名誉教授・同財団監事　[国]韓国　[生]1913年10月15日　[典]1996

キム・キュシク　金圭植　Kim, Kyoo-sik　ソウル大学歯学部教授　[専]歯科学　[国]韓国　[生]1931年11月19日　[典]2000

キム・キュシク　金奎式　Kim, Kyu-sik　実業家　ロッテ製菓社長　[国]韓国　[生]1934年8月12日　[典]2000

キム・キュソプ　金圭燮　Kim, Kyoo-sop　検察官　全州地検次長検事　[国]韓国　[生]1945年12月1日　[典]2000

キム・キュテ　金圭泰　Kim, Kyu-tae　ジャーナリスト, 詩人　国際新聞論説主幹　[国]韓国　[生]1934年3月26日　[典]2000

キム・キュドン　金奎東　詩人　ハンイル出版社社長, 民族文学作家会議顧問　[国]韓国　[生]1925年2月13日　[典]1996

キム・ギュファン　金圭煥　元・ソウル大新聞研究所長, 元・韓国放送委員会副委員長, 元・アジア新聞財団副会長　[国]韓国　[生]1929年　[没]1985年7月5日　[典]1992

キム・キュホ　金奎昊　Kim, Kyu-ho　韓国労働総連盟副委員長　[国]韓国　[生]1937年6月13日　[典]2000

キム・キュヨン　金奎栄　カトリック神学大学教授　[国]韓国　[生]1919年9月26日　[典]1996

キム・キュヨン　金奎応　Kim, Kyu-eung　韓国環境庁廃棄物資源局長　[国]韓国　[生]1941年2月15日　[典]2000

キム・ギュリ　Kim, Gyu-ri　本名＝キムムンソン　漢字名＝金奎里　女優　[国]韓国　[生]1979年6月27日　[典]2004／2008／2012

キム・キュン　金均　Kim, Kewn　外交官　元・在シアトル韓国総領事　[国]韓国　[生]1942年11月24日　[典]2000

キム・キョシク　金教植　現代歴史資料研究所理事長　[国]韓国　[生]1934年2月28日　[典]1996

キム・キョシク　金教植　Kim, Kyo-sick　外交官　元・駐モンゴル韓国大使　[国]韓国　[生]1934年1月11日　[典]2000

キム・キョチャン　金教昌　Kim, Kyo-chang　忠北大学食品工学科教授　[専]食品工学　[国]韓国　[生]1934年7月25日　[典]2000

キム・キョナム　金教男　Kim, Kyo-nam　実業家　味元油化社長　[国]韓国　[生]1937年5月2日　[典]2000

キム・キョムス　金謙洙　Kim, Kyoum-soo　銀行家　全銀リース代表理事　[国]韓国　[生]1935年10月31日　[典]2000

キム・キヨル　金基烈　プロ野球選手（投手）　[国]韓国　[生]1968年11月23日　[典]1996

キム・キョン 金卿 韓国紙研究家 ⑰紙工芸 ⑱韓国 ㊍1992

キム・キヨン 金基永 延世大学経営大学院長,韓国経営学会会長 ⑱韓国 ㊍1937年10月7日 ㊔1996

キム・キヨン 金基容 Kim, Ki-yong 号=整林 蔚山大学医学部教授 ⑰整形外科学 ⑱韓国 ㊍1936年8月26日 ㊔2000

キム・キヨン 金綺泳 映画監督 元・有星映画社長 ⑱韓国 ㊍1923年10月1日 ㊡1998年2月5日 ㊔1996

キム・キョンイル 金京一 Kim, Kyung-il 裁判官 ソウル高法部長判事 ⑱韓国 ㊍1944年1月5日 ㊔2000

キム・キョンイル 金経一 中国文学者 祥明大学中文科教授 ⑱韓国 ㊍1959年 ㊔2004

キム・キョンウォン 金敬遠 プロ野球選手(投手) ⑱韓国 ㊍1971年8月18日 ㊔1996

キム・キョンウォン 金瓊元 Kim, Kyung-won 政治学者,外交官 高麗大学国際大学院教授 元・駐米韓国大使 ⑱韓国 ㊍1936年6月12日 ㊔1992/1996/2000/2004/2008

キム・キョンウク 金京郁 Kim, Kyung-wook アーチェリー選手 ⑱韓国 ㊍1970年4月18日 ㊔2000

キム・キョンウン 金京雄 Kim, Kyung-woong 韓国統一院広報官 ⑱韓国 ㊍1953年12月10日 ㊔2000

キム・キョンオ 金璟梧 飛行士 国際航空連盟韓国代表,韓国航空協会常任副会長 ⑱韓国 ㊍1932年5月28日 ㊔1996

キム・キョンオク 金景沃 韓中芸術連合会事務総長,北朝鮮研究所監事 ⑱韓国 ㊍1926年4月2日 ㊔1996

キム・キョンキ 金敬起 プロ野球選手(内野手) ⑱韓国 ㊍1968年4月5日 ㊔1996/2000

キム・キョングン 金景根 Kim, Kyong-kun 高麗大学新聞放送学科教授 ⑰新聞学,放送学 ⑱韓国 ㊍1939年1月15日 ㊔2000

キム・キョンジェ 金炅済 Kim, Kyung-je 東国大学農学科教授 ⑰農学 ⑱韓国 ㊍1938年11月8日 ㊔2000

キム・キョンジェ 金慶済 Kim, Kyung-je 韓国通商産業部産業技術教育センター所長 ⑱韓国 ㊍1939年12月19日 ㊔2000

キム・キョンジェ 金景梓 Kim, Kyung-jae 政治家 韓国国会議員(国民会議) ⑱韓国 ㊍1942年11月3日 ㊔2000

キム・キョンシク 金景植 韓国放送審議委員 ⑱韓国 ㊍1934年11月4日 ㊔1996

キム・キョンジュン 金景中 Kim, Kyeong-joong 韓国証券電算社長 ⑱韓国 ㊍1936年12月23日 ㊔2000

キム・キョンス 金卿秀 プロ野球選手(内野手) ⑱韓国 ㊍1967年4月9日 ㊔1996

キム・キョンス 金敬洙 号=以石 政治学者 成均館大学名誉教授,(財)成均館館長 ⑱韓国 ㊍1921年5月31日 ㊔1992/1996

キム・キョンスク 金敬淑 Kim, Kyung-suk 実業家 新漢絹織社長 ⑱韓国 ㊍1939年10月20日 ㊔2000

キム・キョンソン 金京璇 作家 ⑱韓国 ㊔1992

キム・キョンチョル 金景徹 Kim, Kyong-cheol 韓国中央日報常務 ⑱韓国 ㊍1938年3月24日 ㊔2000

キム・キョンテ 金景泰 韓国関税庁次長 ⑱韓国 ㊍1938年3月13日 ㊔1996

キム・キョンテ 金庚泰 Kim, Kyung-tae プロゴルファー ⑱韓国 ㊍1986年9月2日 ㊔2012

キム・キョンドン 金璟東 ソウル大学社会学科教授 ⑰社会学 ⑱韓国 ㊍1937年11月11日 ㊔1996

キム・キョンドン 金敬東 Kim, Kyung-dong 釜山放送社長 ⑱韓国 ㊍1934年9月9日 ㊔2000

キム・キョンハ 金慶夏 プロ野球選手(外野手) ⑱韓国 ㊍1970年10月10日 ㊔1996

キム・キョンハン 金璟漢 美術家 ⑱韓国 ㊍1961年 ㊔2000

キム・キョンハン 金慶桓 神父 ⑱韓国 ㊍1933年9月11日 ㊔1996

キム・キョンヒ 金璟姫 延世大学家政学部児童学科教授 ⑰児童心理学 ⑱韓国 ㊍1942年8月18日 ㊔1996

キム・キョンヒ 金京煕 Kim, Kyung-hee 韓国電子出版協会会長 ⑱韓国 ㊍1938年4月15日 ㊔2000

キム・ギョンヒ 金敬姫 Kim, Kyong-hui 政治家 朝鮮労働党政治局員・部長,朝鮮人民軍大将 ⑱北朝鮮 ㊍1946年5月30日 ㊔2008/2012

キム,キョン・ファ Kim, Kyung-hwa 画家 ㊍1956年 ㊔2000

キム・キョンファン 金景煥 Kim, Kyoung-hwan 実業家 三養ジェネックス社長 ⑱韓国 ㊍1931年11月11日 ㊔2000

キム・キョンフェ 金坰会 Kim, Kyung-hoi 韓国鉄道庁長 ⑱韓国 ㊍1938年11月14日 ㊔2000

キム・キョンフェ 金慶会 Kim, Kyung-hoi 弁護士 元・釜山高検検事長 ⑱韓国 ㊍1939年11月20日 ㊔2000

キム・キョンフン 金慶訓 Kim, Kyong-hun テコンドー選手 ⑱韓国 ㊔2004

キム・キョンフン 金敬勲 時事評論家 ⑱韓国 ㊍1965年 ㊔2000

キム・キョンヘ 金景海 Kim, Kyung-hae 韓国国立映画制作所長 ⑱韓国 ㊍1940年11月2日 ㊔2000

キム・キョンボン 金慶鳳 朝鮮労働党中央委員 元・北朝鮮科学院長 ⑱北朝鮮 ㊔2000

キム・キョンマン 金京万 情報処理開発研究院長 ⑱韓国 ㊍1937年2月16日 ㊔1996

キム・キョンミ 金慶美 料理研究家 キムチ博物館研究室長,ソウル保健大学伝統料理科講師 ⑰韓国伝統料理 ㊔2004

キム・キョンミン 金慶敏 軍事アナリスト 漢陽大学教授 ⑰政治外交学 ⑱韓国 ㊍1954年 ㊔2000

キム・キョンリン 金璟麟 Kim, Kyung-lin 詩人 世起総合技術公社会長 ⑱韓国 ㊍1918年4月24日 ㊔2000

キム・キョンレ 金景来 「国民日報」論説顧問,(株)碧山常任顧問 ⑱韓国 ㊍1928年4月3日 ㊔1996

キム・キリョン 金基龍 中央通信社長,北朝鮮共和国公報委員会委員,朝鮮労働党中央委員 ⑱北朝鮮

キム・キリョン 金基龍 Kim, Gi-ryong ジャーナリスト 京仁日報言論仲裁委員 ⑱韓国 ㊍1944年7月22日 ㊔2000

キム・キリョン 金基鈴 Kim, Gi-ryoung 号=霞堂 延世大学名誉教授 ⑰耳鼻咽喉科学 ⑱韓国 ㊍1926年5月4日 ㊔1996/2000

キム・キルジャ 金吉子 Kim, Kil-ja 韓国矯正矯化事業研究所副理事長,敬仁女子専門学校校長 ⑱韓国 ㊍1941年9月9日 ㊔2000

キム・キルチャン 金吉俊 Kim, Kil-chun 群山市長 ⑱韓国 ㊍1935年9月22日 ㊔1996

キム・ギルチャン 金吉昌 Kim, Gil-chang 韓国科学技術院電算学科教授 ⑰電算学 ⑱韓国 ㊍1938年10月30日 ㊔2000

キム・キルファン 金佶煥 Kim, Kil-hwan 政治家 韓国国会議員(新韓国党) ⑱韓国 ㊍1944年9月2日 ㊔2000

キム・キルホン 金吉弘 政治家 韓国国会議員,韓国民自党政策調整室副室長,韓国政治文化研究所理事長 ⑱韓国 ㊍1942年7月5日 ㊔1996

キム・キワン 金基完 Kim, Ki-wan 慶北大学教授 ⑰電子工学 ⑱韓国 ㊍1935年12月1日 ㊔2000

キム・ギンソック Kim, Kyoung-suk 格闘家,元・韓国相撲力士 ⑱韓国 ㊍1981年12月28日 ㊔2008/2012

キム,キンバリー Kim, Kimberly プロゴルファー ⑱米国 ㊍1991年8月23日 ㊔2012

キム・クァンイル 金光一 Kim, Kwang-il 弁護士 韓国大統領秘書室長 ⑱韓国 ㊍1939年9月11日 ㊔1996

キム・クァンイル 金光日 Kim, Kwang-il 漢陽大学医学部教授・神経精神科長 ⑰神経精神医学 ⑱韓国 ㊍1936年12月6日 ㊔2000

キム・クァンイン 金光仁 Kim, Kwang-in 韓国文化芸術振興院事務総長 ⑱韓国 ㊍1932年2月27日 ㊔2000

キム・クァンウン 金光云 Kim, Kwang-won 政治家 韓国国会議員(新韓国党) ⑱韓国 ㊍1940年12月15日 ㊔2000

キム・クァンウン 金光雄 Kim, Kwang-woong 韓国中央人事委

員会委員長,ソウル大学教授,韓国中央公務員教育院教授　Ⓟ行政学,政治学　Ⓒ韓国　Ⓑ1941年10月4日　Ⓓ2000

キム・クァンオン　金 光彦　Kim, Kwang-on　仁荷大学社会教育学科教授　Ⓟ社会教育学　Ⓒ韓国　Ⓑ1939年2月28日　Ⓓ2000

キム・クァンキュ　金 光圭　Kim, Kwang-kyu　漢陽大学文学部ドイツ文学科教授　Ⓟドイツ文学　Ⓒ韓国　Ⓑ1941年1月7日　Ⓓ2000

キム・クァンサム　金 光三　Kim, Kwang-sam　ジャーナリスト　図書出版ヨシアムン代表,現代仏教新聞社長　Ⓒ韓国　Ⓑ1941年9月14日　Ⓓ1996／2000

キム・クァンシク　金 光植　Kim, Kwang-shick　号=青岩　作家　韓国小説家協会代表委員　Ⓒ韓国　Ⓑ1921年1月8日　Ⓓ1996／2000

キム・クァンシク　金 光植　Kim, Kwang-sik　気象予報官　韓国気象学会名誉会長　Ⓒ韓国　Ⓑ1925年7月13日　Ⓓ1996／2000

キム・クァンシク　金 光植　外交官　駐日韓国文化院長　Ⓒ韓国　Ⓑ1936年7月18日　Ⓓ1996

キム・クァンシク　金 光植　Kim, Kwang-sic　麗州専門大学学長,漢陽大学名誉教授　Ⓟ機械力学　Ⓒ韓国　Ⓑ1927年10月31日　Ⓓ2000

キム・クァンシク　金 光植　Kim, Kwang-sic　忠北地方警察庁長　Ⓒ韓国　Ⓑ1943年2月20日　Ⓓ2000

キム・クァンジュ　金 光洲　Kim, Kwang-ju　韓国大統領警護室次長　Ⓒ韓国　Ⓑ1950年1月14日　Ⓓ2000

キム・クァンジュン　金 珖俊　Kim, Kwang-joon　裁判官　大邱地法部長判事　Ⓒ韓国　Ⓑ1953年2月24日　Ⓓ2000

キム・クァンジョン　金 官鍾　Kim, Kwan-chong　東西証券社長　Ⓒ韓国　Ⓑ1937年2月8日　Ⓓ1996／2000

キム・クァンジン　金 光鎮　Kim, Gwang-jin　軍人　元・朝鮮労働党中央軍事委員会委員,元・北朝鮮第一人民武力次官,元・次帥　Ⓒ北朝鮮　Ⓑ1927年　Ⓓ1997年2月27日　Ⓓ1996

キム・グァンジン　金 寬鎮　Kim, Kwan-jin　政治家,軍人　韓国国防相　元・韓国合同参謀本部議長　Ⓒ韓国　Ⓑ1949年8月27日　Ⓓ2012

キム・クァンス　金 光秀　現代自動車割賦管理部長　Ⓒ韓国　Ⓑ1945年6月　Ⓓ1992

キム・クァンス　金 光洙　Kim, Kwang-soo　政治家　韓国国会議員（自民連）　Ⓒ韓国　Ⓑ1922年8月15日　Ⓓ1996／2000

キム・クァンス　金 光洙　Kim, Kwang-soo　崇実大学経済学科教授　Ⓟ社会主義経済学　Ⓒ韓国　Ⓑ1933年10月23日　Ⓓ2000

キム・クァンス　金 光洙　Kim, Kwang-soo　ソウル放送企画本部長　Ⓒ韓国　Ⓑ1939年5月12日　Ⓓ2000

キム・クァンソク　金 観錫　牧師　南北言論文化研究院理事長　Ⓒ韓国　Ⓑ1922年7月27日　Ⓓ1996

キム・クァンソク　金 光錫　Kim, Kwang-suk　世界経済研究院常任諮問委員　Ⓟ経済学　Ⓒ韓国　Ⓑ1929年3月10日　Ⓓ1996／2000

キム・クァンソク　金 光石　歌手　Ⓒ韓国　Ⓑ1964年1月22日　Ⓓ1996年1月6日　Ⓓ1996

キム・クァンソク　金 光石　Kim, Kwang-suk　軍人　韓国大統領警護室長　Ⓒ韓国　Ⓑ1938年5月18日　Ⓓ2000

キム・クァンソプ　金 光渉　Kim, Kwang-sup　号=中堂　ジャーナリスト　元・大韓言論人協会会長　Ⓒ韓国　Ⓑ1912年11月4日　Ⓓ1996／2000

キム・クァンドゥ　金 広斗　Kim, Kuwang-doo　西江大学経済学科教授　Ⓟ経済学　Ⓒ韓国　Ⓑ1947年8月5日　Ⓓ2000

キム・クァンナム　金 光男　Kim, Kwang-nam　ソウル大学歯学部教授,大韓歯科補綴学会会長　Ⓟ歯科学　Ⓒ韓国　Ⓑ1940年8月10日　Ⓓ2000

キム・クァンヒ　金 珖熙　東亜日報工務局長・電算製作（CTS）開発本部長　Ⓒ韓国　Ⓑ1935年12月11日　Ⓓ1996

キム・クァンヒョン　金 光鉉　ソウル市立大学校工科大学副教授　Ⓟ建築学　Ⓒ韓国　Ⓑ1953年　Ⓓ1992／1996

キム・クァンヒョン　金 光鉉　Kim, Kwang-hyun　韓国長期信用銀行長　Ⓒ韓国　Ⓑ1933年4月20日　Ⓓ2000

キム・グァンヒョン　金 広鉉　Kim, Kwang-hyun　プロ野球選手（投手）　北京五輪野球金メダリスト　Ⓒ韓国　Ⓑ1988年7月22日　Ⓓ2012

キム・クァンベ　金 光培　Kim, Kwang-bae　大韓電気学会学術理事　Ⓟ電気学　Ⓒ韓国　Ⓑ1938年3月28日　Ⓓ2000

キム・クァンホ　金 寬鎬　Kim, Kwan-ho　東亜住宅割賦金融顧問　Ⓒ韓国　Ⓑ1923年4月28日　Ⓓ2000

キム・クァンホ　金 光浩　Kim, Kwang-ho　実業家　三星電子副社長　Ⓒ韓国　Ⓑ1940年1月23日　Ⓓ2000

キム・クァンミョン　金 光明　Kim, Kwang-myung　実業家　元・現代建設社長　Ⓒ韓国　Ⓑ1940年9月7日　Ⓓ2000／2004

キム・クァンモ　金 光模　Kim, Kwang-mo　テクノサービス社長　Ⓒ韓国　Ⓑ1933年9月23日　Ⓓ1996／2000

キム・クァンヨン　金 寬泳　Kim, Kwan-young　江原大学自然科学部統計学科教授　Ⓟ統計学　Ⓒ韓国　Ⓑ1935年5月18日　Ⓓ2000

キム・クァンヨン　金 寬泳　Kim, Kwan-young　星信洋灰社長　Ⓒ韓国　Ⓑ1940年9月17日　Ⓓ2000

キム・クァンリム　金 光林　Kim, Kwang-rim　詩人　元・韓国詩人協会会長,元・長安専門大学教授　Ⓒ韓国　Ⓑ1929年9月21日　Ⓓ1996／2000／2012

キム・クァンリム　金 光林　プロ野球選手（外野手）　Ⓒ韓国　Ⓑ1961年3月9日　Ⓓ1996

キム・クァンリョル　金 光烈　Kim, Kwang-ryul　ジャーナリスト　光州日報論説主幹　Ⓒ韓国　Ⓑ1939年7月28日　Ⓓ2000

キム・クィゴン　金 貴坤　Kim, Guy-kon　円光大学行政学科教授　Ⓟ行政学　Ⓒ韓国　Ⓑ1939年10月4日　Ⓓ2000

キム・クィニョン　金 貴年　Kim, Kwi-nyeon　昌文女子高校校長　Ⓒ韓国　Ⓑ1936年5月30日　Ⓓ2000

キム・クィヒョン　金 貴炫　Kim, Kwi-hyun　尚志大学経営学科教授　Ⓟ経営学　Ⓒ韓国　Ⓑ1939年5月30日　Ⓓ2000

キム・クォンテク　金 權沢　Kim, Kwon-taik　弁護士　Ⓒ韓国　Ⓑ1945年7月1日　Ⓓ2000

キム・クォンマン　金 權万　元・外交官　韓国富士フイルム副社長　元・在札幌韓国総領事　Ⓒ韓国　Ⓑ1935年12月6日　Ⓓ1996

キム・グクソク　金 国石　元・北朝鮮人民軍大尉　「拉致被害者は生きている」の著者　Ⓓ2008

キム・クジャ　金 亀子　梨花女子大学医学部教授　Ⓒ韓国　Ⓑ1929年3月20日　Ⓓ1996

キム・クジン　金 九鎮　Kim, Kyu-jin　弘益大学歴史学科教授　Ⓟ韓国史学　Ⓒ韓国　Ⓑ1941年10月20日　Ⓓ2000

キム・クソプ　金 釦燮　韓国国防研究院北韓研究室長　Ⓟ国防政策,北朝鮮問題　Ⓒ韓国　Ⓓ2000

キム・クックジン　金 国振　ジャーナリスト　韓国「中央日報」東京特派員　Ⓒ韓国　Ⓑ1961年　Ⓓ2000

キム・クックチョン　金 極天　Kim, Keuck-chun　ソウル大学名誉教授　Ⓟ造船海洋工学　Ⓒ韓国　Ⓑ1930年9月23日　Ⓓ2000

キム・クックテ　金 国泰　金日成高級党学校長,朝鮮労働党中央委員・書記・組織担当　Ⓒ北朝鮮　Ⓑ1924年　Ⓓ1996／2000

キム・クックテ　金 国泰　作家　秋渓芸術学校文芸創作科教授　Ⓒ韓国　Ⓑ1938年6月4日　Ⓓ1996

キム・クックファン　金 国煥　歌手　Ⓒ韓国　Ⓑ1948年8月1日　Ⓓ1996

キム・クヒョン　金 丘炫　韓国地方自治団体国際化財団東京事務所長　Ⓒ韓国　Ⓓ2000

キム・クムジ　金 錦枝　俳優　劇団「自由」団員　Ⓒ韓国　Ⓑ1942年3月13日　Ⓓ1996

キム・クムス　金 錦守　韓国労働社会研究所理事長　Ⓒ韓国　Ⓑ1936年　Ⓓ2004／2008

キム・クムヨン　金 錦容　タレント　Ⓒ韓国　Ⓑ1968年7月4日　Ⓓ1996

キム・クンジン　金 健鎮　Kim, Kun-jin　ジャーナリスト　韓国中央日報時事誌担当局長　Ⓒ韓国　Ⓑ1943年9月14日　Ⓓ2000

キム・クンス　金 瑾洙　Kim, Keun-soo　政治家　尚州市長　元・韓国国会議員　Ⓒ韓国　Ⓑ1934年11月6日　Ⓓ2000

キム・グンチョル　金 根哲　Kim, Geun-chol　サッカー選手(FW)　[国]韓国　[生]1983年6月24日　[典]2008
キム・クンテ　金 根泰　Kim, Gun-tae　ジャーナリスト　江原日報論説委員　[国]韓国　[生]1940年1月26日　[典]2000
キム・クンテ　金 槿泰　Kim, Geun-tae　民主化運動家, 政治家　元・韓国保健福祉相　[国]韓国　[生]1947年2月14日　[没]2011年12月30日　[典]2000／2008／2012
キム・クンド　金 今道　Kim, Keum-do　慶尚南道地方警察庁長　[国]韓国　[生]1937年7月17日　[典]2000
キム・クンベ　金 根培　建国大学生活文化大学学長, 韓国デザイナー協会理事　[国]韓国　[生]1935年10月12日　[典]1996
キム・クンホ　金 肯鎬　Kim, Kung-ho　大邱染色工業公団社長　[国]韓国　[生]1928年4月2日　[典]2000
キム・クンホ　金 根鎬　Kim, Keun-ho　ジャーナリスト　韓国経済新聞論説委員　[国]韓国　[生]1937年12月30日　[典]2000
キム, ゲオルギー　Kim, Georgii F.　元・ソ連東洋学研究所第一副所長　[国]ソ連　[生]1924年　[没]1989年4月29日　[典]1992
キム・ゲグァン　金 桂寛　Kim, Kye-gwan　外交官　北朝鮮第1外務次官　[国]北朝鮮　[生]1943年1月　[典]2008／2012
キム・ケス　金 桂洙　韓国外国語大学政治外交学科教授　[国]韓国　[生]1927年9月8日　[典]1996
キム・ケフィ　金 桂輝　Kim, Kye-hwi　韓国電力副社長　[国]韓国　[生]1937年2月2日　[典]2000
キム・コイン　金 居仁　Kim, Kur-in　韓国証券金融社長　元・ソウル地方国税庁長　[国]韓国　[生]1939年7月13日　[典]2000
キム・コソン　金 高盛　Kim, Ko-seong　政治家　韓国国会議員(自民連)　[国]韓国　[生]1941年7月5日　[典]2000
キム・コン　金 健　ジャーナリスト　「土曜新聞」政経部記者　[国]韓国　[生]1958年　[典]1996
キム・コン　金 建　Kim, Kum　元・韓国銀行総裁　[国]韓国　[生]1929年6月20日　[典]1996
キム・コンウ　金 建友　プロ野球選手(内野手)　[国]韓国　[生]1963年8月30日　[典]1996
キム・ゴンジュン　金 健中　Kim, Kun-jung　88観光開発株式会社監事　元・韓国国家報勲所報勲研修院院長　[国]韓国　[生]1935年4月5日　[典]2000
キム・コンス　金 健洙　Kim, Gun-soo　実業家　協進洋行社長　[国]韓国　[生]1942年11月10日　[典]2000
キム・コンソク　金 建錫　Kim, Kon-seok　社会科学者　江陵大学社会科学学部地域開発学科教授　[専]地域開発学　[国]韓国　[生]1953年　[典]2004
キム・コンチル　金 公七　済州大学日語日文科教授　[専]日本語研究　[国]韓国　[生]1934年　[典]2000
キム・コンヨル　金 建烈　ソウル大学医学部教授・結核研究所所長・保健診療所長　[国]韓国　[生]1936年12月21日　[典]1996
キム・コンヨン　金 健永　Kim, Gun-young　元・京仁日報社長　[国]韓国　[生]1939年1月19日　[典]2000
キム, サック　Kim, Suck　精神科医　ミネソタ大学精神科衝動制御障害クリニック　[典]2008
キム・サムス　金 三洙　ソウル産業大学産業経営学科専任講師　[専]経済学　[国]韓国　[生]1955年　[典]1996
キム・サムスン　金 三純　菌学会名誉会長　[国]韓国　[生]1909年2月3日　[典]1996
キム・サムボン　金 三奉　韓国独立記念館事務局長　[国]韓国　[生]1934年11月22日　[典]1996
キム・サムリョン　金 三龍　号=文山　圓光大学総長, ソウル平和教育センター理事長　[国]韓国　[生]1925年11月1日　[典]1996
キム・サヨプ　金 思燁　Kim, Sa-yeup　号=清渓　元・東国大学教授・日本学研究所所長, 元・大阪外国語大学客員教授　[専]朝鮮語, 朝鮮文学, 日本学, 日韓文学の比較研究　[国]韓国　[生]1912年2月8日　[没]1992年8月20日　[典]1992(キム・サヨップ)／1996
キム・サンア　金 象牙　歌手　[国]韓国　[生]1970年12月9日　[典]1996
キム・サンウ　金 庠佑　プロ野球選手(外野手)　[国]韓国　[生]1966年12月14日　[典]1996
キム・サンウ　金 翔宇　Kim, Sang-woo　政治家　韓国国会議員(国民会議)　[国]韓国　[生]1954年10月14日　[典]2000
キム・サンウン　金 相応　Kim, Sang-eung　実業家　三養社会長, 三養総合金融会長, 大韓製糖会長　[国]韓国　[生]1946年3月29日　[典]2000
キム・サンオク　金 相沃　詩人　[国]韓国　[生]1920年　[典]1996
キム・サンギ　金 相琪　東亜日報常任顧問, 省谷学術文化財団監事　[国]韓国　[生]1918年4月14日　[典]1996
キム・サンギ　金 相基　Kim, Sang-kee　裁判官　ソウル行政法院院長　[国]韓国　[生]1945年2月11日　[典]2004／2008
キム・サンギュ　金 相圭　大邱大学社会福祉学科教授　[国]韓国　[生]1931年3月22日　[典]1996
キム・サンギュ　金 翔圭　Kim, Sang-kyu　東国大学土木工学科教授・産業技術大学院長　[専]土木工学　[国]韓国　[生]1933年9月28日　[典]2000
キム・サンギョン　Kim, Sang-kyung　漢字名=金相慶　俳優　[国]韓国　[生]1972年6月1日　[典]2008／2012
キム・サンクック　金 相国　プロ野球選手(捕手)　[国]韓国　[生]1963年4月5日　[典]1996
キム・サングン　金 相根　Kim, Sang-keun　韓国外国語大学中国語学科教授・東洋語学部長　[専]中国語　[国]韓国　[生]1934年5月3日　[典]2000
キム・サングン　金 相根　Kim, Sang-keun　嶺南大学総長　[専]英語, 英文学　[国]韓国　[生]1937年7月2日　[典]2000
キム・サンジェ　金 商財　プロ野球選手(外野手)　[国]韓国　[生]1968年4月24日　[典]1996
キム・サンジュ　金 尚周　ソウル大学工学部金属工学科教授・大学副総長　[国]韓国　[生]1930年10月20日　[典]1996
キム・サンジン　金 尚珍　プロ野球選手(投手)　[国]韓国　[生]1970年3月15日　[典]1996
キム・サンジン　金 相振　ジャーナリスト　大韓サッカー協会常勤副会長, 韓国プロサッカー連盟副会長, 2002年サッカーW杯韓国組織委員会(KOWOC)執行役員　[国]韓国　[生]1930年　[典]2004／2008
キム・サンス　金 常秀　Kim, Sang-soo　KBS国営放送局長　[国]韓国　[生]1943年1月9日　[典]2000
キム・サンス　金 相秀　Kim, Sang-soo　演出家, 芸術家, 作家　[国]韓国　[生]1958年　[典]2004／2008
キム・サンスン　金 相淳　タレント　[国]韓国　[生]1937年10月20日　[典]1996
キム・サンテ　金 善台　スピードスケート(ショートトラック)コーチ　スピードスケート・ショートトラック日本代表ヘッドコーチ　[国]韓国　[生]1976年
キム・サンハ　金 相廈　Kim, Sang-ha　実業家　三養食品会長, 大韓商工会議所名誉会長, 韓日経済協会会長　[国]韓国　[生]1926年4月27日　[典]1992／1996／2000／2004／2008
キム・サンヒョプ　金 相浹　Kim, Sang-hyup　政治学者　元・高麗大学名誉総長, 元・韓国首相　[専]中国政治学　[国]韓国　[生]1920年4月20日　[没]1995年2月21日　[典]1992／1996
キム・サンヒョン　金 尚鉉　ジャーナリスト　国際学生旅行社理事長, 韓国国際青年学生交流会理事長　[国]韓国　[生]1922年3月1日　[典]1996
キム・サンヒョン　金 相賢　政治家　韓国国会議員, 韓国環境保護協議会長　[国]韓国　[生]1935年12月6日　[典]1996／2000
キム・サンヒョン　金 相賢　プロ野球選手(投手)　[国]韓国　[生]1968年4月28日　[典]1996
キム・サンフン　金 尚勲　Kim, Sang-hoon　釜山日報社長　[国]韓国　[生]1936年4月9日　[典]2000
キム・サンフン　金 相勲　プロ野球選手(内野手)　[国]韓国　[生]1960年7月6日　[典]1996
キム・サンベ　金 尚培　Kim, Sang-bae　ソウル市立大学教授・文理学部長　[専]倫理学　[国]韓国　[生]1950年11月9日　[典]2000
キム・サンホ　金 湘昊　プロ野球選手(外野手)　[国]韓国　[生]1965年10月19日　[典]1996
キム・サンホ　金 相浩　コメディアン　[国]韓国　[生]1964年7月23日

[典]1996
キム・サンホン　金 相洪　Kim, Sang-hong　号=雪村　檀国大学漢文教育学科教授, 韓国漢文教育学会副会長　[専]漢文学　[国]韓国　[生]1944年9月7日　[典]2000
キム・サンホン　金 相鴻　Kim, Sang-hong　号=南嶺　実業家　三養グループ名誉会長　[国]韓国　[生]1923年12月17日　[典]2000
キム・サンマン　映画監督, 映画美術監督　[国]韓国　[生]1970年
キム・サンマン　金 相万　Kim, Sang-man　元・東亜日報名誉会長, 元・高麗中央学院理事長　[国]韓国　[生]1910年1月19日　[没]1994年1月26日　[典]1992／1996
キム・サンモ　金 相模　プロ野球選手(捕手)　[国]韓国　[生]1969年12月19日　[典]1996
キム・サンヨプ　金 相燁　プロ野球選手(投手)　[国]韓国　[生]1970年5月11日　[典]1996
キム・サンヨン　金 尚栄　産業政策研究所理事長　[国]韓国　[生]1914年11月26日　[典]1996
キム・サンヨン　金 相栄　Kim, Sag-young　電子新聞社長　[国]韓国　[生]1934年2月3日　[典]2000
キム・サンヨン　金 相容　Kim, Sang-yong　楊州別山サムルノリ保存委員会会長　[国]韓国　[生]1926年10月17日　[典]2000
キム・ジイル　金 志一　Kim, Ji-il　「愛のため自由のために―北朝鮮エリート恋の脱出行」の著者　[国]韓国　[生]1964年　[典]1996
キム・シウ　金 時雨　映画監督　ソウル芸術専門大学映画学科講師　[国]韓国　[典]2000
キム・ジウ　金 智羽　Kim, Ji-u　通訳, 翻訳家　[生]1967年　[典]2008／2012
キム・ジウォン　金 智元　Kim, Ji-won　社会起業家　アロー・アドバタイジング・コリア代表　[国]韓国　[典]2012
キム・ジウン　Kim, Ji-woon　漢字名=金知雲　映画監督, 舞台演出家　[国]韓国　[生]1964年　[典]2004／2008／2012
キム・ジウン　金 芝雲　成均館大学新聞放送学科教授, 韓国言論学会会長　[国]韓国　[生]1929年7月31日　[典]1996
キム・ジエ　金 智愛　本名=童吉英　歌手　[国]韓国　[生]1962年3月10日　[典]1996
キム, ジェイ　韓国名=金昌準　政治家　米国下院議員(共和党), ジェイ・キム・エンジニアリング設立者　[国]米国　[生]1939年　[典]1996
キム・ジェウォン　Kim, Jae-won　漢字名=金載沅　俳優　[国]韓国　[生]1981年2月18日　[典]2008／2012
キム・ジェウォン　金 載元　Kim, Chae-won　考古学者　[国]韓国　[生]1909年2月22日　[典]1992(キム・ゼウォン)／1996
キム・ジェウォン　金 在元　雑誌「女苑」「職場人」「新婦」発行人, 韓国雑誌協会副会長　[国]韓国　[生]1939年7月11日　[典]1996
キム・ジェウン　金 在恩　梨花女子大学教育心理学科教授・教育大学院長, 韓国児童研究会会長　[国]韓国　[生]1931年3月20日　[典]1996
キム・ジェオク　金 在玉　Kim, Jai-ok　国際消費者機構(CI)副会長　[国]韓国　[生]1946年4月28日　[典]2008／2012
キム, ジェオン　実業家　ルーセント・テクノロジーズ　[国]米国　[典]2000
キム・ジェギュ　金 載圭　Kim, Chae-gyu　軍人, 政治家　元・KCIA部長　朴正熙韓国大統領の射殺犯　[国]韓国　[生]1926年　[没]1980年5月24日　[典]1992(キム・ゼギュ)
キム・ジェグァン　金 在寛　画家　清州大学芸術学部教授　[国]韓国　[生]1947年2月15日　[典]1996
キム・ジェグァン　金 在光　Kim, Jae-kwang　政治家　韓国国会副議長(民自党)　[国]韓国　[生]1922年5月21日　[典]1992(キム・ゼグァン)／1996
キム・ジェグン　金 在瑾　ソウル大学名誉教授　[国]韓国　[生]1920年1月25日　[典]1996
キム・ジェスク　金 在淑　外交官　元・北朝鮮外務次官　[国]北朝鮮　[典]2000
キム・ジェスン　金 在淳　Kim, Jae-sun　政治家　元・韓日議員連盟会長, 元・韓国国会議長　[国]韓国　[生]1926年11月30日　[典]1992(キム・ゼスン)／1996
キム・ジェソン　金 宰成　プロ野球選手(投手)　[国]韓国　[生]1969年5月27日　[典]1996
キム・ジェチュン　金 在春　外交官　駐インドネシア韓国大使　[国]韓国　[生]1929年12月8日　[典]1996
キム・ジェドク　金 在徳　プロ野球選手(内野手)　[国]韓国　[生]1973年5月1日　[典]1996
キム・ジェバク　金 在博　Kim, Jae-bak　プロ野球監督　[国]韓国　[生]1954年5月23日　[典]1996／2000／2008／2012
キム・ジェヒョプ　金 載協　「背後―金賢姫の真実」の著者　[典]2008
キム・ジェファ　金 載華　元・韓国民主回復統一促進国民会議議長, 元・韓国国会議員　[国]韓国　[没]1987年3月5日　[典]1992(キム・ゼファ)
キム・ジェホ　金 在浩　暁星カトリック大学講師　[国]韓国　[生]1951年　[典]2000
キム・ジェボム　金 宰範　Kim, Jae-bum　柔道選手　ロンドン五輪柔道男子81キロ級金メダリスト　[国]韓国　[生]1985年1月25日
キム・ジェホン　金 在洪　Kim, Jae-hong　ジャーナリスト　「東亜日報」編集局政治2部次長　[国]韓国　[生]1950年　[典]1996
キム・ジェミョン　金 在命　元・韓国交通部長官　[国]韓国　[生]1925年9月21日　[典]1996
キム・ジェユ　金 在油　医師　大韓医学協会会長, 韓国医師国家試験院理事長, 韓国科学技術団体総連合会副会長　[国]韓国　[生]1924年11月7日　[典]1996
キム・ジェヨプ　金 載燁　元・柔道選手　[国]韓国　[典]1992(キム・ゼファ)
キム・ジョンチョル　金 鐘哲　Kim, Chong-chul　政治家　元・韓国国民党総裁　[国]韓国　[生]1920年　[没]1986年11月4日　[典]1992
キム・シジュン　金 始中　元・韓国科学技術処長官　[国]韓国　[生]1932年8月19日　[典]1996
キム・シジン　金 始真　プロ野球監督　[国]韓国　[生]1958年3月20日　[典]1996／2008／2012
キム・ジス　Kim, Ji-soo　本名=ヤンソンユン　漢字名=金志秀　女優　[国]韓国　[生]1972年10月24日　[典]2004／2008／2012
キム・シチョル　金 時哲　詩人　韓国文人協会副理事長　[国]韓国　[生]1930年3月21日　[典]1996
キム・ジハ　金 芝河　Kim, Ji-ha　本名=金英一　詩人, 劇作家　[国]韓国　[生]1941年2月4日　[典]1992／1996／2000／2008／2012
キム・ジヒ　金 芝希　暁星女子大学工芸科教授　[国]韓国　[生]1939年9月26日　[典]1996
キム・ジヒャン　金 芝郷　詩人　漢陽女子専門大学教授, 韓国女流文学会会長, 韓国キリスト者文学家協会会長　[国]韓国　[生]1938年9月17日　[典]1996／2000
キム・シヒョン　金 時衡　韓国動力資源部次官　[国]韓国　[生]1939年6月18日　[典]1996
キム・ジプ　金 準　韓国青少年連盟総裁　[専]スポーツ医学　[国]韓国　[生]1926年12月15日　[典]1996
キム・ジフン　Kim, Joo-sung　映画監督　[国]韓国　[生]1971年　[典]2012
キム・シボク　金 時福　韓国大統領政務秘書官　[国]韓国　[生]1943年4月17日　[典]1996
キム・ジホン　金 志軒　脚本家　[国]韓国　[生]1930年　[典]2000
キム・ジミ　金 芝美　本名=金明子　女優, 映画プロデューサー　[国]韓国　[生]1940年7月15日　[典]1996
キム, ジム・ヨン　Kim, Jim Yong　医学者　世界銀行総裁(第12代)　元・ダートマス大学学長　[国]米国　[生]1959年12月8日
キム・ジャオク　金 慈玉　タレント　[国]韓国　[生]1951年10月11日　[典]1996
キム・ジャギョン　金 慈環　ソプラノ歌手　金慈環オペラ団長, オペラアカデミー院長　[国]韓国　[生]1917年9月9日　[典]1996
キム, ジャクリーン　Kim, Jacqueline　コンピューターコンサルタント　[典]2004
キム・ジャングォン　金 長権　世宗研究所研究委員　[専]近代日本地方自治　[国]韓国　[生]1956年　[典]1996

キム・ジャンソプ　金 長渉　弁護士　[国]韓国　[生]1910年8月17日　[典]1996

キム・ジャンミ　金 牆美　Kim, Jang-mi　射撃選手（ピストル）　ロンドン五輪射撃女子25メートルピストル金メダリスト　[国]韓国　[生]1992年9月25日

キム・ジュイル　金 周鎰　韓国経済企画院予算室予算総括審議官　[国]韓国　[生]1937年7月11日　[典]1996

キム・ジュウォン　Kim, Joo-won　漢字名=金姝沅　バレリーナ　韓国国立バレエ団（KNB）プリンシパル　[国]韓国　[典]2004

キム・ジュス　金 疇洙　Kim, Choo-soo　法学者　延世大学法学部教授　[専]民法　[国]韓国　[生]1928年5月15日　[典]1996

キム・ジュスン　金 周承　タレント　[国]韓国　[生]1961年9月3日　[典]1996

キム・ジュソン　金 鋳城　サッカー指導者, 元・サッカー選手　韓国サッカー協会技術委員, 釜山アイコンス青少年サッカースクール監督　[国]韓国　[生]1964年1月17日　[典]2004

キム・ジュニョン　金 周年　日本名=滝沢明　元・在日大韓民国居留民団北海道地方本部団長, 元・三共商事社長　[国]韓国　[没]1984年1月11日　[典]1992

キム・ジュハン　金 宙漢　韓国最高裁判事　[国]韓国　[生]1937年11月3日　[典]1996

キム・ジュヒョン　金 柱亨　ゴルフ選手　[国]韓国　[生]1974年10月15日　[典]2000

キム・ジュホ　金 周浩　世界食糧農業機構（FAO）韓国協会長, 韓国飼料協会会長　[国]韓国　[生]1933年1月9日　[典]1996

キム・ジュヨン　金 周暎　タレント　[国]韓国　[生]1952年9月13日　[典]1996

キム・ジュヨン　金 柱演　文芸評論家　淑明女子大学ドイツ文学科教授, ドイツ語圏文化研究所長　[国]韓国　[生]1941年8月18日　[典]1996

キム・ジュン　金 準　韓国青少年連盟総裁　[国]韓国　[生]1926年4月25日　[典]1996

キム・ジュンウン　金 重雄　（株）韓国信用情報社長, 韓国監査院政策諮問委員, 世界銀行諮問役　[国]韓国　[生]1941年11月7日　[典]1996

キム・ジュンギ　金 俊起　実業家　東部会長　[国]韓国　[生]1944年12月4日　[典]2000

キム・ジュンギル　金 俊吉　駐ニューヨーク韓国文化院長　[国]韓国　[生]1940年1月20日　[典]1996

キム・ジュングォン　金 重権　Kim, Chung-kwon　政治家　元・韓国大統領府秘書室長　[国]韓国　[生]1939年11月25日　[典]1996／2000

キム・ジュンス　金 仲秀　韓国開発研究院院長　[国]韓国　[典]2004／2008

キム・ジュンソク　金 重石　市立交響楽団常任指揮者, 檀国大学教授　[国]韓国　[生]1940年11月17日　[典]1996

キム・ジュンソプ　金 仲燮　社会学者　慶尚大学社会学部教授　[国]韓国　[典]2004／2008

キム・ジュンソン　金 埈成　Kim, Jun-sung　号=素人　大宇会長　[国]韓国　[生]1920年6月1日　[典]1996

キム・ジュンチョル　金 俊哲　清州大学総長, 韓国平統諮問会議副議長, 赤十字社中央委員　[国]韓国　[生]1923年6月22日　[典]1996

キム・ジュンファン　金 重煥　国民家計経済研究所会長　[国]韓国　[生]1934年1月24日　[典]1996

キム・ジュンファン　金 準桓　プロ野球コーチ　[国]韓国　[生]1955年9月19日　[典]1996

キム・ジュンベ　金 重培　ハンギョレ新聞理事待遇　[国]韓国　[生]1934年3月26日　[典]1996

キム・ジュンホ　金 濬浩　（株）コリアナチュア旅行代表理事　[国]韓国　[生]1931年12月17日　[典]1996

キム・ジュンボ　金 俊輔　韓国農業経済学会名誉会長　[国]韓国　[生]1915年7月21日　[典]1996

キム・ジュンマン　写真家　[生]1954年　[典]2008

キム・ジュンミ　金 重美　作家　[国]韓国　[生]1963年　[典]2004

キム・ジュンヨプ　金 俊燁　Kim, Chun-yop　韓国社会科学院理事長, 高麗大学名誉教授, 亜洲大学財団理事長　[専]中国学, 共産圏研究　[国]韓国　[生]1920年8月26日　[典]1996

キム・ジュンリン　金 仲麟　Kim, Jung-rin　政治家　元・朝鮮労働党書記, 元・最高人民会議代議員　[国]北朝鮮　[生]1924年　[没]2010年4月28日　[典]1992／1996／2000

キム・ジョクギョ　金 迪教　漢陽大学経済学科教授, 韓国工業発展審議委員会委員長　[国]韓国　[生]1935年1月28日　[典]1996

キム, ジョセフ　Kim, Joseph J.　ICGジャパン社長・CEO　[国]米国　[典]2004／2008

キム・ジョムソン　金 點善　Kim, Jom-son　画家　[国]韓国　[生]1946年4月24日　[典]2004／2008

キム・ジヨン　Kim, Ji-young　漢字名=金志暎　バレリーナ　オランダ国立バレエ団　[国]韓国　[典]2004

キム・ジヨン　金 志研　Kim, Ji-yeon　フェンシング選手（サーブル）　ロンドン五輪フェンシング女子サーブル個人金メダリスト　[国]韓国　[生]1988年3月12日

キム・ジヨン　金 芝娟　作家　韓国文人協会監事　[国]韓国　[生]1942年10月　[典]1996

キム・ジョンイル　金 正日　Kim, Jong-il　政治家　元・北朝鮮国防委員会委員長, 元・朝鮮労働党総書記・政治局常務委員・中央軍事委員長, 元・朝鮮人民軍最高司令官・元帥　[国]北朝鮮　[生]1942年2月16日　[没]2011年12月17日　[典]1992／1996／2000／2004／2008／2012

キム・ジョンイン　金 鍾仁　Kim, Jong-in　政治家　元・韓国大統領経済主席秘書官　[国]韓国　[生]1940年7月11日　[典]1992（キム・ジォンイン）／1996／2000

キム・ジョンウ　金 正宇　Kim, Jong-u　外交官　元・北朝鮮対外経済協力推進委委員長　[国]北朝鮮　[生]1942年　[没]1997年12月　[典]1996

キム・ジョンウン　Kim, Jung-eun　漢字名=金廷恩　女優　[国]韓国　[生]1975年3月4日　[典]2008／2012

キム・ジョンウン　金 鍾雲　プロ野球選手（外野手）　[国]韓国　[生]1966年4月6日　[典]1996

キム・ジョンウン　金 正恩　Kim, Jong-un　政治家　朝鮮労働党第1書記, 北朝鮮国家国防委員会第1委員長, 朝鮮人民軍最高司令官, 共和国元帥　[国]北朝鮮　[生]1983年1月8日　[典]2012

キム・ジョンオク　金 正鈺　演出家　韓国文芸振興院院長, 劇団自由創立者, 国際演劇協会（ITT）会長　[国]韓国　[生]1932年2月11日　[典]1996／2000／2004／2008

キム・ジョンガク　金 正角　Kim, Jong-kak　軍人, 政治家　朝鮮労働党政治局員・中央軍事委員, 北朝鮮国防委員会委員, 次帥　[国]北朝鮮　[生]1941年7月20日

キム・ジョンカプ　金 鍾申　プロ野球選手（外野手）　[国]韓国　[生]1964年6月18日　[典]1996

キム・ジョンギ　金 鍾琪　Kim, Jong-gy　デジタルアーティスト　東西大学デジタルデザイン学部マルチメディアデザイン学科副教授・デジタルデザイン革新センター所長　[専]コンピュータグラフィック　[国]韓国　[生]1954年2月9日　[典]2008

キム・ジョンギ　金 正基　翰林大学史学科教授　[国]韓国　[生]1930年3月3日　[典]1996

キム・ジョンギュ　金 鍾圭　KOC副委員長　[国]韓国　[生]1927年12月11日　[典]1996

キム・ジョンギュ　金 廷奎　プロ野球選手（内野手）　[国]韓国　[生]1973年8月27日　[典]1996

キム・ジョンギル　金 正吉　Kim, Jong-kil　政治家　韓国大統領府首席秘書官　元・韓国国会議員（国民会議）　[国]韓国　[生]1945年5月28日　[典]1992／1996／2000

キム・ジョンギル　金 正吉　韓国学術振興財団国外研修室長　[国]韓国　[生]1940年11月6日　[典]1996

キム・ジョンギル　金 正吉　Kim, Jong-gil　政治家　韓国国会議員（国民会議）　[国]韓国　[生]1935年10月20日　[典]2000

キム・ジョンギル　金 正吉　Kim, Jong-gil　政治家, 弁護士, 元・検察官　元・韓国法相　[国]韓国　[生]1937年4月28日　[典]2000／2004

キム・ジョング　金 貞九　歌手　[国]韓国　[生]1916年7月15日　[没]1998年　[典]1996

キム・ジョングォン　映画監督　国韓国　生1969年　歴2004

キム・ジョングン　金正根　ソウル大学保健大学院教授　専保健学　国韓国　生1933年12月28日　歴1996

キム・ジョンシク　金正植　コメディアン　国韓国　生1959年5月5日　歴1996

キム・ジョンジャ　金静子　版画家　ソウル大学美術学部産業デザイン科教授　国韓国　生1929年4月12日　歴1996

キム・ジョンジュン　金廷俊　プロ野球選手(内野手)　国韓国　生1970年2月11日　歴1996

キム・ジョンジン　金晟鎮　ソウル大学名誉教授　専ドイツ文学　国韓国　生1919年4月6日　歴1996

キム・ジョンス　金楨寿　プロ野球選手(外野手)　国韓国　生1963年3月15日　歴1996

キム・ジョンス　金井秀　歌手　国韓国　生1949年12月1日　歴1996

キム・ジョンス　金正秀　Kim, Jeung-soo　政治家　韓国国会議員、元・韓国保健社会相　国韓国　生1937年12月3日　歴1992/1996

キム・ジョンス　金正洙　プロ野球選手(投手)　国韓国　生1962年7月24日　歴1996

キム・ジョンス　金正洙　プロ野球選手(内野手)　国韓国　生1972年11月16日　歴1996

キム・ジョンスク　金貞淑　韓国女性政治文化研究所長,韓国民自党女性2分科委員長・党務委員　生1946年8月21日　歴1996

キム・ジョンソ　金宗書　歌手　国韓国　生1965年2月23日　歴1996

キム・ジョンソ　金宗西　韓国教育部中央教育審議会生涯教育分科委員長,ユネスコ韓国委員,韓国地域社会教育中央協議会常任副会長　国韓国　生1922年7月5日　歴1996

キム・ジョンソク　金宗奭　プロ野球選手(投手)　国韓国　生1964年7月6日　歴1996

キム・ジョンソク　金鍾錫　プロ野球選手(内野手)　国韓国　生1971年2月28日　歴1996

キム・ジョンソク　金鐘錫　コメディアン　国韓国　生1959年5月8日　歴1996

キム・ジョンソル　金鍾高　韓国文化財保護協会監事　国韓国　生1929年3月5日　歴1996

キム・ジョンソン　金鍾先　梨花女子大学体育科教授・体育大学長,大韓体育会副会長,韓国学校体育研究会名誉会長　国韓国　生1935年11月6日　歴1996

キム・ジョンソン　金鐘星　プロ野球選手(外野手)　国韓国　生1969年7月23日　歴1996

キム・ジョンチョル　金鍾哲　プロ野球選手(投手)　国韓国　生1968年7月18日　歴1996

キム・ジョンチョル　金正哲　Kim, Jong-chul　金正日朝鮮労働党総書記の二男　国北朝鮮　生1981年　歴2004/2008/2012

キム・ジョンテ　金宗太　光州日報社長,韓国新聞協会副会長　国韓国　生1939年12月24日　歴1996

キム・ジョンテ　金正泰　大韓商議相談役　国韓国　生1926年5月2日　歴1996

キム・ジョンテ　金正泰　銀行家　韓国国民銀行頭取　国韓国　歴2004

キム・ジョンドゥ　金鍾斗　経営学者　大邱カトリック大学経営学部教授　国韓国　生1955年　歴2008

キム・ジョンドク　金鍾徳　Kim, Jong-duck　プロゴルファー　国韓国　生1961年6月4日　歴2000/2004/2012

キム・ジョンナム　金正男　Kim, Jong-nam　金正日朝鮮労働党総書記の長男　国北朝鮮　生1971年10月5日　歴2000/2004/2008/2012

キム・ジョンハク　Kim, Jeong-hak　漢字名=金鍾学　テレビドラマ監督・プロデューサー　国韓国　生1951年11月　没2013年7月23日　歴2012

キム・ジョンハン　金定漢　国際文化協会編集主幹,内外ニュースソウル支社長　国韓国　生1923年6月15日　歴1996

キム・ジョンハン　金廷漢　作家　国韓国　生1908年　歴1992

キム・ジョンヒョン　金宗炫　経済学者　ソウル大学経済学部教授　国韓国　生1931年　歴1996

キム・ジョンピル　金鍾泌　Kim, Jong-pil　号=雲庭　政治家　元・韓国首相,元・韓国自由民主連合(自民連)総裁,元・韓日議員連盟会長　国韓国　生1926年1月7日　没1992(キム・ジョンピル)/1996/2000/2004/2008/2012

キム・ジョンピン　金正彬　本名=金徳彬　作家　国韓国　生1953年　歴1992

キム・ジョンファ　Kim, Jong-hwa　女優　国北朝鮮　歴1992

キム・ジョンフィ　金宗輝　元・韓国大統領外交安保首席秘書官　国韓国　生1935年9月5日　歴1996/2000

キム・ジョンフム　金貞鈇　高麗大学物理学科教授,韓国天文学会監事,韓国文芸学術著作権協会会長　国韓国　生1927年4月20日　歴1996

キム・ジョンフン　金宗壎　Kim, Jong-hoon　外交官　元・韓国外交通商省通商交渉本部長　国韓国　生1952年5月5日　歴2012

キム・ジョンフン　金正勲　プロ野球選手(捕手)　国韓国　生1970年7月29日　歴1996

キム・ジョンフン　金正勲　文学者　全南科学大学助教授　専日本文学　国韓国　生1962年　歴2004

キム・ジョンフン　金廷勲　本名=金一明　俳優　国韓国　生1961年12月2日　歴1996

キム・ジョンヘ　金鍾海　詩人　「文学世界」代表,京郷文学人会会長　国韓国　生1941年7月23日　歴1996

キム・ジョンベ　金正培　実業家　三星電管相談役　国韓国　生1931年5月8日　歴1996

キム・ジョンホ　金井鎬　全南都文化財委員,郷土文化振興院理事長　国韓国　生1937年6月19日　歴1996

キム・ジョンホ　金政鎬　国土開発研究院住宅研究室長,韓国住宅公社諮問委員,住宅銀行経済顧問　国韓国　生1946年6月16日　歴1996

キム・ジョンホン　金鍾憲　プロ野球選手(外野手)　国韓国　生1966年7月22日　歴1996

キム・ジョンマン　金正万　ソウル大公園動物部長　国韓国　生1934年10月26日　歴1996

キム・ジョンミン　金楨敏　プロ野球選手(捕手)　国韓国　生1969年5月24日　歴1996

キム・ジョンミン　金正敏　プロ野球選手(捕手)　国韓国　生1970年3月15日　歴1996

キム・ジョンム　金正武　プロ野球コーチ　国韓国　生1954年10月30日　歴1996

キム・ジョンムン　金鍾文　元・駐日韓国文化院長　専韓国文化,韓国映画　国韓国　歴2004/2008/2012

キム・ジョンムン　金鐘文　プロ野球選手(捕手)　国韓国　生1964年11月10日　歴1996

キム・ジョンモ　金鍾模　プロ野球選手(外野手)　国韓国　生1959年11月1日　歴1996

キム・ジョンヨム　金正濂　Kim, Chung-yum　韓国商友会会長,東アジア経済研究院顧問　元・韓国大統領秘書室長　国韓国　生1924年1月3日　歴1992/1996

キム・ジョンヨル　金鍾烈　三和製繊顧問,大韓体育会長兼KOC委員長,アジア競技大会評議会副会長　国韓国　生1918年2月12日　歴1996

キム・ジョンヨル　金正烈　コメディアン　国韓国　生1961年1月15日　歴1996

キム・ジョンヨル　金貞烈　Kim, Chong-yol　政治家,実業家　元・韓日協力委員会会長,元・韓国首相　国韓国　生1917年9月29日　没1992年9月7日　歴1992/1996

キム・ジョンヨン　金正妍　Kim, Jung-yoo　元・北朝鮮諜報員　国韓国　生1949年　歴2000

キム・ジョンラク　金鍾珞　KOC副委員長,世界野球連盟アジア地域副会長,アジア野球連盟会長,韓国野球協会会長　国韓国　生1920年5月16日　歴1996

キム・ジョンリョン　金丁龍　ソウル大学医科大学教授,韓国肝臓研究財団理事長,アジア太平洋消化器病理学会会長,韓国内科学会理事長　国韓国　生1935年5月9日　歴1996

キム・ジョンリョン　金 貞玲　声楽家　[専]ソプラノ　[国]韓国　[典]1996

キム・ジョンレ　金 正礼　韓国女性政治連盟総裁　[国]韓国　[生]1927年11月12日　[典]1996

キム・ジリョン　金 智龍　著述家　[専]日本文化論　[国]韓国　[生]1964年　[典]2000

キム・ジン　金 璡　Kim, Jin　ジャーナリスト　「中央日報」政治部記者　[国]韓国　[生]1959年　[典]1996

キム・シンウク　金 信旭　米国宣教本部世界巡回師　[国]韓国　[生]1914年　[典]2000

キム・ジンギュ　金 珍圭　Kim, Jin-kyu　サッカー選手(DF)　[国]韓国　[生]1985年2月16日　[典]2008

キム・ジンギュ　金 鎮圭　プロ野球選手(外野手)　[国]韓国　[生]1965年5月10日　[典]1996

キム・ジンギョン　Kim, Jin-kyung　作家, 詩人　[国]韓国　[生]1953年　[典]2012

キム・ジンギョン　金 真景　女優　[国]韓国　[生]1965年5月1日　[典]1996

キム・シングォン　金 信権　Kim, Shin-kwon　実業家　韓独薬品会長　[国]韓国　[生]1915年7月1日　[典]2000

キム・シンゴン　金 信坤　Kim, Shin-kon　全南大学医学部教授・附属病院長　[専]腎臓学　[国]韓国　[生]1944年5月16日　[典]2000

キム・シンジォ　金 新朝　牧師　キリスト人帰順勇士宣教会理事長　元・北朝鮮特攻隊員　[国]韓国　[典]1992／2000

キム・ジンス　金 珍洙　プログラマー　[国]韓国　[典]2004

キム・ジンソン　金 振成　Kim, Jin-sung　実業家　ヒュンダイモータージャパン社長　[国]韓国　[生]1951年　[典]2004／2008

キム・ジンソン　金 振宣　Kim, Jin-sun　政治家　江原道知事　[国]韓国　[生]1946年11月10日　[典]2004／2008

キム・シンタク　金 伸卓　Kim, Shin-tak　実業家　日進総合建設社長　[国]韓国　[生]1942年5月28日　[典]2000

キム・ジンテ　金 振泰　漫画家　[国]韓国　[生]1968年　[典]1992／1996

キム・ジンピョ　金 振杓　Kim, Jin-pyo　元・韓国副首相・財政経済相　[国]韓国　[生]1947年5月4日　[典]2004／2008／2012

キム・ジンヒョン　Kim, Jin-hyeon　サッカー選手(GK)　[国]韓国　[生]1987年7月6日　[典]2012

キム・ジンヒョン　金 鎮炫　元・ジャーナリスト　韓国経済新聞会長　元・韓国科学技術庁長官, 元・「東亜日報」論説主幹　[国]韓国　[生]1936年　[典]1996

キム・ジンベ　Kim, Jin-bae　構成作家　韓国産業教育連合会講師, HDCユーモア開発教育院院長　[専]ユーモア学　[国]韓国　[典]2004

キム・ジンホ　金 鎮浩　コメディアン　[国]韓国　[生]1959年7月25日　[典]1996

キム・ジンホ　金 鎮浩　実業家　エムスタ会長, 韓国インターネット企業協会副会長　[国]韓国　[典]2004

キム・ジンボク　金 鎮福　ソウル大学医学部外科教授, 大韓癌協会理事長, 大韓外科学会会長, 東アジア消化器外科学会会長, アジア太平洋癌学会会長　[国]韓国　[生]1933年5月5日　[典]1996

キム・ジンマン　金 振晩　銀行家　ハンビット銀行頭取　[国]韓国　[典]2000

キム・ジンミョン　金 辰明　Kim, Jin-myung　作家　[国]韓国　[生]1957年　[典]1996／2012

キム・ジンリョン　金 真寧　女優　[国]韓国　[生]1969年1月5日　[典]1996

キム・スアク　金 寿岳　本名＝金順女　号＝春堂　重要無形文化財保有者(剣舞)　金寿岳民族芸術学院長, 晋州市立国楽学校指導教授　[国]韓国　[生]1926年12月10日　[典]1996

キム・スイム　金 寿姙　慈善事業家　[国]韓国　[典]2000／2004

キム・スウォン　金 水源　Kim, Su-won　号＝白石　啓明大学工学部土木工学科教授・学部長　[専]土木工学　[国]韓国　[生]1936年3月24日　[典]2000

キム・スクジャ　金 淑子　Kim, Sook-ja　舞踊家　漢城大学舞踊科教授　[国]韓国　[生]1944年4月16日　[典]2000

キム・スクヒ　金 淑喜　栄養学者　元・韓国教育相, 元・梨花女子大学教授　[国]韓国　[生]1937年7月30日　[典]1996

キム・スクヒ　金 淑姫　教育学者　[専]幼児教育, 英語教育法　[国]韓国　[生]1963年　[典]2004／2008

キム・スクヒョン　金 淑鉉　檀国大学財団理事長　[国]韓国　[生]1918年4月14日　[典]1996

キム・スグン　金 寿根　Kim, SwooGeun　建築家　元・韓国国民大学造形学部長, 元・韓国建築家協会会長　[国]韓国　[没]1986年6月14日　[典]1992

キム・スグン　金 寿根　Kim, Soo-keun　号＝海崗　実業家　大成グループ会長　[国]韓国　[生]1916年8月28日　[典]2000

キム・スゴン　金 秀坤　慶熙大学経営大学院長　[国]韓国　[生]1934年5月17日　[典]1996

キム・スサ　金 修史　元・東京ビジョン会長, 元・元韓国駐日代表部顧問　[国]韓国　[没]1984年10月22日　[典]1992

キム・スジ　金 秀智　梨花女子大学看護学科教授・大学長　[国]韓国　[生]1942年12月4日　[典]1996

キム・スージャ　Kim, Soo-ja　現代美術家　[国]韓国　[生]1957年　[典]2012

キム・スジャン　金 秀壮　Kim, Soo-jang　棋士　囲碁9段　[国]韓国　[生]1957年11月15日　[典]2000

キム・スジョン　金 水正　漫画家　[国]韓国　[生]1950年　[典]1992／1996

キム・スジン　金 守珍　神学者　中央総神大学院博士院院長　[国]韓国　[生]1935年　[典]2008

キム・スソク　金 守錫　Kim, Su-suk　釜山大学美術学科教授, 韓国色彩教育学会会長　[専]色彩教育　[国]韓国　[生]1933年5月29日　[典]2000

キム・スチョル　金 秀哲　歌手, 作曲家　[国]韓国　[生]1957年4月7日　[典]1996

キム・スナム　金 秀男　写真家　[国]韓国　[生]1949年　[典]1996／2000

キム・スニョン　金 水寧　Kim, Soo-nyuong　アーチェリー選手　[国]韓国　[典]1992(キム・スヨン)／1996(キム・スリョン)／2004(キム・スリョン)／2008

キム・スハン　金 守漢　Kim, Soo-han　韓国国会議長, 韓日親善協会会長　[国]韓国　[生]1928年8月20日　[典]1996／2000

キム・スハン　金 洙漢　光復出版社社長　[国]韓国　[生]1944年7月7日　[典]1996

キム・スヒョン　Kim, Soo-hyun　俳優　[国]韓国　[生]1988年2月16日　[典]2012

キム・スファン　金 寿煥　Kim, Sou-hwan　教名＝ステファノ　カトリック枢機卿　元・韓国カトリック教会ソウル大教区長　[国]韓国　[生]1922年5月8日　[没]2009年2月16日　[典]1992／1996／2000／2004／2008

キム・スミ　金 守美　タレント　[国]韓国　[生]1951年9月3日　[典]1996

キム・スヨン　金 洙容　Kim, Soo-yong　映画監督　[国]韓国　[生]1929年9月23日　[典]1996／2000

キム・スロ　Kim, Su-ro　俳優　[国]韓国　[生]1973年5月7日　[典]2004／2008／2012

キム・スンイル　金 勝一　偽名＝蜂谷真一　大韓航空機墜落事件　[国]北朝鮮　[没]1987年12月1日　[典]1992

キム・スンウ　Kim, Seung-woo　漢字名＝金勝友　俳優　[国]韓国　[生]1969年2月24日　[典]1996／2008／2012

キム・スンエ　金 順愛　作曲家　梨花女子大学生涯教育院講師, 韓国作曲家協会副会長　[国]韓国　[生]1920年12月22日　[典]1996

キム・スンオク　金 承鈺　作家　[国]韓国　[生]1941年　[典]1992

キム・スンギ　金 順基　Kim, Soon-ki　全北大学自然科学部統計学科教授・学部長　[専]統計学　[国]韓国　[生]1938年10月5日　[典]2000

キム・スンギョン　金 順慶　Kim, Sun-gyong　旅行作家, 料理コラムニスト, 編集者　韓国旅行作家協会会長　[国]韓国　[生]1940年　[典]2004／2008

キム・スンギョン　金 昇卿　Kim, Sung-kyung　銀行家　中小企業銀行長　[国]韓国　[生]1936年12月10日　[典]2000

キム・スング　金 順九　Kim, Soon-ku　実業家　東遠建設社長　[国]韓国　[生]1941年7月20日　[典]2000

キム・スング　金 承久　平壌映画大学教授　[国]北朝鮮　[典]1996

キム・スンクック　金 承国　Kim, Seung-kook　檀国大学特殊教育学科教授・大学院長　[専]特殊教育　[国]韓国　[生]1937年9月12日　[典]2000

キム・スンゴン　金 舜坤　建国大学待遇教授　[国]韓国　[生]1930年11月3日　[典]1996

キム・スンゴン　金 勝坤　Kim, Seung-kon　実業家　錦湖電気社長, ヘラコリア会長　[国]韓国　[生]1932年1月1日　[典]2000

キム・スンナム　金 承南　プロ野球選手（投手）　[国]韓国　[生]1972年6月28日　[典]1996

キム・スンニョン　金 承年　実業家　元・現代・起亜自動車グループ社長　[国]韓国　[没]2010年7月18日

キム・スンハン　金 昇漢　人間発達福祉研究所理事長, 韓国社会教育協会会長　[国]韓国　[生]1925年10月2日　[典]1996

キム・スンホ　金 承鎬　Kim, Sung-ho　作家　天真学会創立者　[国]韓国　[生]1949年　[典]2004／2008

キム・スンホ　金 昇浩　保寧粧業代表理事, 保寧製薬会長　[国]韓国　[生]1932年1月6日　[典]1996

キム・スンボム　金 昇範　Kim, Seun-bun　映画プロデューサー　イルシン創業投資会社主席審査役, 韓国映像投資開発代表, TUBEエンターテイメント代表　[国]韓国　[生]1963年　[典]2004

キム・スンヨル　金 勝烈　Kim, Seung-ryeol　韓国国民大学情報管理学科教授・情報科学大学院長　[専]情報管理　[国]韓国　[生]1952年6月12日　[典]2000

キム・スンヨン　金 舜鏞　医師　聖愛病院名誉院長　「醜い韓国人」抗議グループ代表　[国]韓国　[生]1922年　[典]1996

キム・スンヨン　金 承淵　版画家　弘益大学版画科教授　[専]銅版画　[国]韓国　[生]1955年　[典]2004

キム・スンヨン　金 承龍　Kim, Seung-youg　サッカー選手（MF）　[国]韓国　[生]1985年3月14日　[典]2012

キム・スンヨン　金 昇淵　Kim, Seung-youn　実業家　ハンファ・グループ会長　[国]韓国　[生]1952年2月7日　[典]1996／2000／2008／2012

キム・スンレ　金 昇来　Kim, Seung-lei　江原冬季アジア大会組織委員会行事本部長　元・春川市長　[国]韓国　[生]1938年1月27日　[典]2000

キム・セウォン　金 世源　ソウル大学国際経済学科教授　[国]韓国　[生]1939年3月24日　[典]1996

キム・セオク　金 世鈺　Kim, Se-ok　韓国警察庁長　[国]韓国　[生]1940年12月28日　[典]2000

キム・セキョン　金 世景　Kim, Se-kyung　医師　韓国病院皮膚泌尿器科長, 高麗大学名誉教授　[専]泌尿器科学　[国]韓国　[生]1920年9月29日　[典]2000

キム・セジュン　金 世俊　俳優　[国]韓国　[生]1963年2月12日　[典]1996

キム・セジン　金 世鎮　Kim, Se-jin　元・バレーボール選手　[国]韓国　[生]1974年1月30日　[典]1996／2008

キム・セテク　金 世沢　Kim, Se-taek　外交官　在大阪韓国総領事　[国]韓国　[生]1938年8月16日　[典]2000

キム・セヒョン　金 世炯　作曲家　韓国作曲家協会名誉会長　[国]韓国　[生]1904年2月18日　[典]1996

キム・セホ　金 世鎬　朝鮮労働党対外情報調査部工作員　久米裕さん拉致事件の容疑者　[国]北朝鮮　[典]2004／2008

キム・セミン　金 世民　高麗大学医学部教授・学長　[国]韓国　[生]1934年3月10日　[典]1996

キム・セユン　金 世潤　本名＝金昌世　タレント　[国]韓国　[生]1940年5月6日　[典]1996

キム・セヨル　金 世烈　Kim, Se-yeul　号＝心空　韓南大学総長, 台湾土地改革訓練所国際教授　[専]地域開発　[国]韓国　[生]1936年1月7日　[典]2000

キム・セヨン　金 世栄　政治家　元・北朝鮮資源開発相, 元・北朝鮮最高人民会議代議員, 元・朝鮮労働党中央委候補委員　[国]北朝鮮　[没]1995年10月22日　[典]1996

キム・センギ　金 生基　永進薬品会長, 韓国発明特許協会会長　[国]韓国　[生]1921年10月10日　[典]1996

キム・ソクウォン　金 錫元　Kim, Suk-won　実業家　双龍グループ顧問　元・韓国国会議員（ハンナラ党）　[国]韓国　[生]1945年4月22日　[典]1992／1996／2000

キム・ソクキ　金 錫基　プロ野球選手（投手）　[国]韓国　[生]1967年10月7日　[典]1996

キム・ソクギュ　金 奭圭　Kim, Suk-kyu　外交官　元・駐日韓国大使　[国]韓国　[生]1936年3月10日　[典]2000／2004

キム・ソクジュン　金 錫俊　Kim, Suk-joon　実業家　双竜グループ会長　[国]韓国　[生]1953年4月9日　[典]2000

キム・ソクジュン　金 錫俊　Kim, Suk-joon　梨花女子大学法政学部行政学科教授・情報科学大学院長　[専]政治経済学　[国]韓国　[生]1950年6月15日　[典]2000

キム・ソクス　金 碩洙　Kim, Suk-soo　政治家, 元・裁判官　元・韓国首相, 元・韓国中央選挙管理委員会委員長, 元・韓国最高裁判事　[国]韓国　[生]1932年11月20日　[典]1996／2004／2008

キム・ソクドゥク　金 錫得　延世大学国文学科教授・大学院長, 韓国ハングル学会理事　[国]韓国　[生]1931年4月29日　[典]1996

キム・ソクドン　金 錫東　Kim, Sok-dong　英語名＝Kim,Miltin S.　金融家　双龍投資証券社長　[国]韓国　[生]1961年2月11日　[典]2000

キム・ソクヒャン　金 錫亨　Kim, Soku-hyong　歴史学者　元・社会科学院歴史学研究所顧問, 元・金日成総合大学学長　[国]北朝鮮　[生]1912年　[没]1996年11月26日　[典]1992（キム・ソクヒョン）／1996

キム・ソクヤ　金 石野　放送作家, 劇作家　KBSソウル中央放送局テレビ制作課長　[国]韓国　[生]1929年10月16日　[典]2000

キム・ソクヨン　金 錫営　Kim, Sok-yong　随筆家　太陽総合商事会長, 国際ペンクラブ韓国本部理事, 自由知性300人会総務　[国]韓国　[生]1931年12月26日　[典]2000

キム・ソクヨン　金 石年　Kim, Seckk-yon　広告デザイナー　国際広告協会（IAA）世界会長　[国]韓国　[生]1934年2月14日　[典]2000

キム・ソクヨン　金 石連　プロ野球選手（外野手）　[国]韓国　[生]1968年8月16日　[典]1996

キム・ソチョン　金 素天　Kim, So-chun　本名＝金永満　童話作家, 編集者　[国]韓国　[生]1951年　[典]2004

キム・ソッフン　Kim, Suk-hoon　俳優　[国]韓国　[生]1972年4月15日　[典]2008／2012

キム・ソナ　Kim, Sun-a　漢字名＝金宣兒　女優　[国]韓国　[生]1975年10月1日　[典]2008／2012

キム・ソヒ　金 素姫　本名＝金順玉　号＝晩汀　パンソリ唱者　元・国学芸高財団理事, 元・韓国中央大学講師　[国]韓国　[生]1917年12月1日　[没]1995年4月17日　[典]1992／1996

キム・ソヒョン　漢方医　[生]1969年　[典]2008

キム・ソボン　金 瑞鳳　号＝尚何　画家　国際書道芸術連盟韓国本部副理事長, 国際造形芸術協会副会長　[国]韓国　[生]1924年5月27日　[典]1996

キム・ソヨン　Kim, So-yeon　女優, タレント　[国]韓国　[生]1980年11月2日　[典]2004／2008／2012

キム・ソヨン　金 昭暎　基督教書会社長,「キリスト教思想」発行人　[国]韓国　[生]1930年10月28日　[典]1996

キム・ソヨン　金 素妍　Kim, So-yeon　医師　[専]自然療法　[国]韓国　[生]1949年　[典]2004

キム・ソラ　金 曙囉　本名＝金英林　女優　[国]韓国　[典]1992／1996

キム, ソン　Kim, Sung　外交官　駐韓国米国大使　[国]米国　[生]1960年

キム・ソン　金 瑢　号＝愚斉　弁護士　韓国内務部地方税審査請求分科委員長, 韓国刑事政策研究院理事長　[国]韓国　[生]1920年7月8日　[典]1996

キム・ソンイル　金 松日　Kim, Song-il　蔚山大学教授・教育大学院長　[専]教育学　[国]韓国　[生]1947年1月15日　[典]2000

キム・ソンイル　金 誠一　韓国中央大学客員教授　[専]教育学　[国]韓国　[生]1920年1月12日　[典]1996

キム・ソンイル　金 仙一　プロ野球選手（捕手）　[国]韓国　[生]1965年8月2日　[典]1996

キム・ソンウ　金 宣佑　プロ野球選手（捕手）　[国]韓国　[生]1973年7月2日　[典]1996

キ

キム・ソンウォン　金聖元　大邱大学農学部助教授, 音楽企画「ファルコン」主宰　[専]家畜　[国]韓国　[典]1992

キム・ソンウォン　金聖源　タレント　[国]韓国　[生]1936年1月2日　[典]1996

キム・ソンエ　金星愛　歌手　パンソリ保存研究会会員　[専]唱劇, パンソリ　[国]韓国　[生]1954年　[典]1992／1996

キム・ソンエ　金聖愛　Kim, Song-ae　朝鮮労働党中央委員　元・朝鮮民主女性同盟委員長　故金日成主席夫人　[国]北朝鮮　[生]1940年　[典]1992／1996／2000／2004／2008

キム・ソンガク　金成塼　ノースダコタ州立大学農業経済学科研究員　[専]農業経済学, 畜産経営学　[国]韓国　[生]1959年　[典]2004

キム・ソンカプ　金性甲　プロ野球選手(内野手)　[国]韓国　[生]1962年5月3日　[典]1996

キム・ソンキ　金善基　Kim, Sun-ki　政治家　平沢市長　[国]韓国　[生]1953年3月1日　[典]2000

キム・ソンギ　金星基　プロ野球選手(内野手)　[国]韓国　[生]1972年10月24日　[典]1996

キム・ソンギ　金星基　Kim, Seong-kie　全南大学行政学科教授・法学部長　[専]行政学　[国]韓国　[生]1946年9月28日　[典]2000

キム・ソンギ　金聖基　弁護士　住宅銀行理事長, 東洋総合法律事務所法人代表弁護士　[国]韓国　[生]1935年8月16日　[典]1996

キム・ソンギュ　金成珪　外交官　在仙台韓国総領事　[国]韓国　[典]2000

キム・ソンギュ　金星圭　プロ野球選手(外野手)　[国]韓国　[生]1965年12月9日　[典]1996

キム・ソンギル　金成吉　Kim, Sung-kil　韓国交通放送編成局長　[国]韓国　[生]1941年6月4日　[典]2000

キム・ソンギル　金誠吉　旧日本名＝金本誠吉　プロ野球選手(投手)　[国]韓国　[生]1956年5月22日　[典]1996

キム・ソンギル　金善吉　Kim, Son-gil　政治家　韓国国会議員(自民連)　元・韓国海洋水産相　[国]韓国　[生]1934年1月8日　[典]2000

キム・ソングン　金星根　Kim, Sung-keun　プロ野球監督　[国]韓国　[生]1942年12月13日　[典]1996／2000／2008／2012

キム・ソンゴン　金星坤　Kim, Sung-gon　政治家　韓国国会議員(国民会議)　[国]韓国　[生]1952年11月6日　[典]2000

キム・ソンシク　金成植　歴史学者　[国]韓国　[没]1986年1月24日　[典]1992

キム・ソンシク　金成植　プロ野球選手(投手)　[国]韓国　[生]1972年5月23日　[典]1996

キム・ソンジプ　金成執　Kim, Seong-jip　漢陽大学産業工学科教授・産業大学院長　[専]産業工学, 経済性工学　[国]韓国　[生]1937年12月27日　[典]2000

キム・ソンジプ　金晟集　号＝文石　元・重量挙げ選手　大韓体育会副会長, 泰陵選手村村長,KOC副委員長　[国]韓国　[生]1919年1月13日　[典]1996

キム・ソンジャン　金成長　Kim, Sung-jang　円光大学教授・教育学部長　[専]仏教学　[国]韓国　[生]1947年6月18日　[典]2000

キム・ソンジュ　金善珠　Kim, Sun-ju　ハンギョレ新聞出版本部長　[国]韓国　[生]1947年6月15日　[典]2000

キム・ソンジュ　金善冑　指揮者　高麗交響楽団常任指揮者, 慶熙大学音楽学部教授　[国]韓国　[生]1929年10月5日　[典]1996

キム・ソンジュン　金性俊　プロボクサー　元・WBCジュニアフライ級チャンピオン　[国]韓国　[没]1989年2月3日　[典]1992

キム・ソンジュン　金宣中　Kim, Seon-joong　実業家　真露会長　[国]韓国　[生]1934年12月27日　[典]2000

キム・ソンジョン　金聖鐘　ミステリー作家　韓国推理作家協会副会長　[国]韓国　[生]1941年　[典]2012

キム・ソンジン　金星振　大笒(デグム)奏者　韓国国立国楽院演奏団員・元院長　[国]韓国　[生]1916年12月30日　[典]1996

キム・ソンジン　金聖珍　崇実大学教授　[国]韓国　[生]1929年3月21日　[典]1996

キム・ソンジン　金聖鎮　Kim, Seong-jin　元・駐シンガポール韓国大使, 元・韓国文化公報相, 元・連合通信社長　[国]韓国　[生]1931年10月14日　[典]1992／1996

キム・ソンジン　金宣鎮　プロ野球選手(内野手)　[国]韓国　[生]1967年5月5日　[典]1996

キム・ソンジン　金善鎮　Kim, Sun-jin　実業家　柳韓洋行社長　[国]韓国　[生]1942年6月8日　[典]2000

キム・ソンス　Kim, Song-soo　漢字名＝金性洙　映画監督　[国]韓国　[生]1961年11月15日　[典]2008

キム・ソンス　Kim, Sung-su　映画監督　[国]韓国　[生]1971年1月15日　[典]2012

キム・ソンス　金成寿　日本名＝大立俊雄　韓国人元日本兵　[国]韓国　[生]1924年　[典]1996

キム・ソンス　金聖洙　Kim, Sung-soo　号＝陶星　実業家　韓国特殊陶磁器代表理事, 韓陶通商代表理事, 韓国陶磁器代表理事, 水安堡パークホテル会長　[国]韓国　[生]1948年6月10日　[典]2000

キム・ソンチャン　金成讃　タレント　[国]韓国　[生]1954年6月9日　[典]1996

キム・ソンテ　金聖泰　作曲家　韓国芸術院会長, ソウル大学名誉教授,(株)礼音顧問　[国]韓国　[生]1910年11月9日　[典]1996

キム・ソンドン　金鮮東　Kim, Sun-dong　実業家　双龍精油社長, 大韓石油協会長　[国]韓国　[生]1942年11月2日　[典]2000

キム・ソンニョ　金星女　女優　[国]韓国　[典]2004

キム・ソンハン　金城漢　元・プロ野球選手　[国]韓国　[生]1958年5月18日　[典]1992／1996／2000／2012

キム・ソンハン　金声翰　Kim, Song-han　歴史小説家, 元・ジャーナリスト　元・「東亜日報」論説委員　[国]韓国　[生]1919年1月17日　[典]1992／1996

キム・ソンヒョン　金成鉉　プロ野球選手(捕手)　[国]韓国　[生]1963年8月21日　[典]1996

キム・ソンファン　金成煥　タレント　[国]韓国　[生]1950年5月25日　[典]1996

キム・ソンファン　金星煥　Kim, Seong-hwan　漫画家　[国]韓国　[生]1932年10月8日　[典]1996／2000／2004／2008／2012

キム・ソンファン　金星煥　Kim, Sung-hwan　政治家, 外交官　元・韓国外相　[国]韓国　[生]1953年4月13日　[典]2012

キム・ソンフン　金成勲　Kim, Song-hoon　号＝月浦　農業経済学者, 政治家　韓国中央大学教授　元・韓国農林相　[国]韓国　[生]1939年9月20日　[典]1996／2000／2004

キム・ソンフン　金星熏　プロ野球選手(投手)　[国]韓国　[生]1969年12月17日　[典]1996

キム・ソンプン　金善豊　Kim, Sun-poong　号＝徳山　韓国中央大学民俗学科教授, 韓国民俗学会会長　[専]民俗学　[国]韓国　[生]1940年3月6日　[典]2000

キム・ソンホ　金成鎬　Kim, Soung-ho　政治家, ジャーナリスト　韓国国会議員(新千年民主党)　元・「ハンギョレ新聞」政治部記者　[国]韓国　[生]1962年3月3日　[典]2004

キム・ソンホン　記者　[国]韓国　[典]2008

キム・ソンホン　金善弘　実業家　元・起亜グループ会長　[国]韓国　[生]1932年9月25日　[典]1996／2000

キム・ソンミン　金聖玫　自由北朝鮮放送代表　元・脱北者同志会会長　[国]韓国　[典]2008／2012

キム・ソンム　金声武　Kim, Sung-mu　実業家　太平洋生命保険社長　[国]韓国　[生]1933年6月11日　[典]2000

キム・ソンヨル　金聖悦　Kim, Seung-yul　新聞人　元・東亜日報社長　[国]韓国　[生]1922年8月20日　[没]2002年11月7日　[典]2000

キム・ソンヨン　金成勇　Kim, Seng-yong　サッカー選手(FW)　[国]北朝鮮　[生]1987年2月26日　[典]2012

キム・ソンリョン　金成鈴　タレント　[国]韓国　[生]1967年2月8日　[典]1996

キム・ソンレ　金声来　プロ野球コーチ　[国]韓国　[生]1961年12月3日　[典]1996／2012

キム, ダニエル　Kim, Daniel H.　コンサルタント　[専]組織学習　[国]米国　[典]2004

キム・ダルシク　金達植　Kim, Dal-shik　弁護士　[国]韓国　[生]1934年7月28日　[典]2000

キム・ダルジュン 金達中 延世大学政治外交学科教授 ⑯韓国 ㊌1938年4月2日 ㊙1996

キム・ダルヒョン 金達鉉 Kim, Dal-hyon 政治家 朝鮮労働党政治局員候補 元・北朝鮮副首相・国家計画委員長 ⑯北朝鮮 ㊌1941年1月 ㊙1996

キム・チェギョム 金埰謙 Kim, Chae-kyum 双龍グループ総括副会長,韓国生産性本部監事,ソウル商議副会長 ⑯韓国 ㊌1934年10月23日 ㊙1992／1996

キム・チス 金治洙 Kim, Chie-sou 梨花女子大学教授・人文科学部長,梨花女子大学通訳大学院院長 ㊛フランス文学 ⑯韓国 ㊌1940年12月17日 ㊙2000

キム・チソン 金致善 労使発展研究院長,国際労働法学会韓国支部会長,国際法律家協会理事長,国際労働法・社会保障学会アジア地域副会長 ⑯韓国 ㊌1922年8月24日 ㊙1996

キム・チウン 金次雄 東亜日報社会部記者 ⑯韓国 ㊙1992

キム・チャン 金燦 Kim, Chan ジャーナリスト ⑯韓国 ㊌1954年 ㊙1996／2000

キム・チャンウ 金燦佑 タレント ⑯韓国 ㊌1969年3月8日 ㊙1996

キム・チャンオク 金昌億 画家 ⑯韓国 ㊌1920年9月9日 ㊙1996

キム・チャンギュ 金昌圭 Kim, Chang-kyu 実業家 大宇副社長 ⑯韓国 ㊌1941年10月11日 ㊙2000

キム・チャンギョム 金昌謙 Kim, Chang-gyom 映像美術家 ⑯韓国 ㊌1961年4月12日 ㊙2008

キム・チャングック 金昌国 元・駐札幌韓国総合教育院長 ⑯韓国 ㊌1933年 ㊙1996／2004

キム・チャンジェ 金昌済 元・卓球選手・監督 韓国卓球協会理事 ⑯韓国 ㊙1992／1996

キム・チャンシク 金昶植 Kim, Chang-sik 民族統一中央協議会議長 元・韓国交通相 ⑯韓国 ㊌1929年12月25日 ㊙1992／1996

キム・チャンジュ 金昌柱 政治家 元・北朝鮮副首相 ⑯北朝鮮 ㊌1922年 ㊣2003年11月19日 ㊙2000

キム・チャンジュン 金昌俊 コメディアン ⑯韓国 ㊌1957年10月14日 ㊙1996

キム・チャンジン 金賛鎮 弁護士 比較法研究所長 ⑯韓国 ㊌1941年2月24日 ㊙1996

キム・チャンス 金昌寿 Kim, Chang-soo 建築家 三宇設計代表所長 ⑯韓国 ㊌1945年12月5日 ㊙2000

キム・チャンス 金章洙 Kim, Jang-soo 軍人 元・韓国国防相 ⑯韓国 ㊌1948年2月26日 ㊙2008／2012

キム・チャンスク 金昌淑 ファッションデザイナー ⑯韓国 ㊌1946年 ㊙1992

キム・チャンスク 金昌淑 タレント ⑯韓国 ㊌1949年1月15日 ㊙1996

キム・チャンスン 金昌順 号=山石 北韓研究所理事長 ⑯韓国 ㊌1920年3月20日 ㊙1996

キム・チャンナム 金昌男 東亜大学教授 ㊛開発経済学,国際経済学 ⑯韓国 ㊌1947年 ㊙2000

キム・チャンヒ 金昌熙 Kim, Chang-hee 実業家 大宇証券社長 ⑯韓国 ㊌1937年4月10日 ㊙1992／1996／2000

キム・チャンヒョク 金昌赫 プロ野球選手(投手) ⑯韓国 ㊌1974年7月20日 ㊙1996

キム・チャンファン 本名=金昌煥 音楽プロデューサー ⑯韓国 ㊙2000

キム・チャンファン 金昌煥 Kim, Chang-whan 韓国学術院副会長,高麗大学名誉教授 ㊛昆虫学 ⑯韓国 ㊌1920年6月9日 ㊙2000

キム・チャンホ 金贊鎬 「ことばは届くか─韓日フェミニスト往復書簡」の著者 ㊙2008

キム・チャンホ 金昌虎 元・北朝鮮電子自動化工業委員長,元・朝鮮労働党中央委候補委員 ⑯北朝鮮 ㊣1995年11月26日 ㊙1996

キム・チャンホ 金昌浩 Kim, Chang-ho 実業家 日新紡織会長 ⑯韓国 ㊌1935年6月20日 ㊙2000

キム・チャンホ 金昌浩 ソウル市農水産物都売市場管理公社社長 ⑯韓国 ㊌1944年5月23日 ㊙2000

キム・チャンボン 金昌鳳 Kim, Chang-pong 別名=金昌奉 軍人 元・北朝鮮副首相 ⑯北朝鮮 ㊌1919年 ㊙1992／1996

キム・チャンマン 金昌滿 Kim, Chang-man 政治家 元・北朝鮮副首相 ⑯北朝鮮 ㊌1907年 ㊙1992／1996

キム・チャンラク 金昌洛 Kim, Chang-rak 金融家 東亜生命保険社長 ⑯韓国 ㊌1932年12月4日 ㊙2000

キム・チュンイル 金忠一 Kim, Choong-il 政治家 韓国国会議員(ハンナラ党) ⑯韓国 ㊌1945年6月5日 ㊙2000

キム・チュンギ 金忠起 Kim, Choong-ki 号=正軒 教育学者 建国大学師範学部教授,建国大学教育大学院長,韓国進路教育学会会長 ⑯韓国 ㊌1938年12月14日 ㊙2000

キム・チュンシク 金忠植 Kim, Choong-seek ジャーナリスト 「東亜日報」東京支社長 ⑯韓国 ㊌1953年 ㊙1996／2008

キム・チュンジョ 金忠兆 Kim, Choong-jo 政治家 韓国国会議員(国民会議) ⑯韓国 ㊌1942年8月24日 ㊙2000

キム・チュンス 金春洙 詩人 ⑯韓国 ㊌1922年11月25日 ㊣2004年 ㊙1996

キム・チュンセ 金忠世 Kim, Choong-seh 実業家 高麗化学社長 ⑯韓国 ㊌1940年11月28日 ㊙2000

キム・チュンハン 金忠漢 Kim, Choong-han 韓国総合メディア社長 元・韓国日報副社長 ⑯韓国 ㊌1937年1月8日 ㊙2000

キム・チュンヒョン 金忠顕 号=一中 書道家 梧山学院理事長 ⑯韓国 ㊌1921年4月2日 ㊙1996

キム・チュンファン 金忠煥 Kim, Choong-hwan 実業家 韓国電子代表理事社長 ⑯韓国 ㊌1944年11月13日 ㊙2000

キム・チュンミ 金春美 Kim, Choon-mie 高麗大学名誉教授 元・韓国日本学会会長 ㊛日本語,日本文学 ⑯韓国 ㊌1943年1月20日 ㊙2008／2012

キム・チュンミン 金忠珉 プロ野球選手(捕手) ⑯韓国 ㊌1970年3月5日 ㊙1996

キム・チュンヨル 金春烈 Kim, Choon-yul 韓国カトリック大学医学大学教授,大韓核医学会会長 ㊛放射線医学,核医学 ⑯韓国 ㊌1936年3月1日 ㊙2000

キム・チョヘ 金初蕙 詩人 ⑯韓国 ㊌1943年9月4日 ㊙1996

キム・チョミ 金初美 北朝鮮から韓国へ亡命した元在日朝鮮人 ⑯韓国 ㊌1941年 ㊙1996

キム・チョル 金哲 政治家 元・社会民主文化研究所理事長,元・韓国社会民主党委員長 ⑯韓国 ㊌1926年7月1日 ㊣1994年8月11日 ㊙1996

キム・チヨル 金致烈 第一生命保険顧問 ⑯韓国 ㊌1921年9月15日 ㊙1996

キム・チョルウ 金鉄佑 実業家,金属工学者 浦項総合製鉄副社長待遇・技術研究所長 ⑯韓国 ㊌1926年3月9日 ㊣2013年12月7日 ㊙1996

キム・チョルウン 金徹運 号=愚済 週刊「物価新聞」発行人,韓国産業技術情報院理事 ⑯韓国 ㊌1934年8月8日 ㊙1996

キム・チョルギュ 金哲珪 国立ソウル精神病院長 ⑯韓国 ㊌1936年3月27日 ㊙1996

キム・チョルス 金喆寿 Kim, Chul-su 世界貿易機関(WTO)事務局次長 元・韓国商工相 ⑯韓国 ㊌1941年1月26日 ㊙1996／2000

キム・チョルス 金哲洙 ソウル大学法学部公法学科教授,韓国教育法学会会長,韓国法学教授会会長,世界憲法学会韓国支会長 ⑯韓国 ㊌1933年7月10日 ㊙1996／2000

キム・チョルス 金佶洙 Kim, Chul-soo 工業デザイナー 韓国国民大学工業デザイン学科教授・芸術学部長,韓国国民大学デザイン大学院長 ⑯韓国 ㊌1947年3月8日 ㊙2000

キム・チョルマン 金喆万 軍人 朝鮮労働党政治局員候補 ⑯北朝鮮 ㊌1918年 ㊙1996／2000

キム・チョルミョン 金澈明 朝鮮社会科学者協会第1副委員長 ㊛哲学 ⑯北朝鮮 ㊙1992

キム・チョン　金清　本名＝金清姫　タレント　[国]韓国　[生]1962年6月1日　[典]1996

キム・チヨン　金致泳　Kim, Chi-young　経済学者　韓国農林部農業観測委員会委員，韓国飼料協会企画調査部部長　[国]韓国　[典]2004

キム・チョンギル　金千吉　写真家　元・AP通信ソウル支局カメラマン　[国]韓国　[生]1929年3月30日　[典]1996

キム・チョンジュ　金天柱　韓国消費者保護院消費者紛争審議委員，韓電原子力発展諮問委員　[国]韓国　[生]1933年9月16日　[典]1996

キム・チョンス　金清守　プロ野球選手（投手）　[国]韓国　[生]1966年6月6日　[典]1996

キム・チョンフン　金千興　重要無形文化財保有者（奚琴・僧舞舞踊・仮面製作）　国立国楽院芸術士・諮問委員・師範，国立劇場終身団員，無形文化財芸術団長　[国]韓国　[生]1909年2月9日　[典]1996

キム・チョンホ　金天浩　漢陽女子大学教授　[専]栄養学，食文化　[国]韓国　[生]1938年　[典]1996

キム・チョンマン　金千万　Kim, Chun-man　実業家，建築家　極東建設社長　[国]韓国　[生]1942年5月15日　[典]2000

キム・チルファン　金七煥　Kim, Chil-hwan　政治家　韓国国会議員（自民連）　[国]韓国　[生]1951年8月5日　[典]2000

キム・デイ　金大儀　Kim, Dea-eui　サッカー選手（MF）　[国]韓国　[生]1974年5月30日　[典]2000

キム・テウ　金泰佑　バルンソン社長　[国]韓国　[生]1946年9月　[典]2000

キム・テウ　金泰佑　Kim, Tae-woo　裁判官　釜山地法部長判事　[国]韓国　[生]1954年11月4日　[典]2000

キム・テウォン　金兌源　プロ野球選手（投手）　[国]韓国　[生]1964年1月28日　[典]1996

キム・デウォン　金大円　Kim, Dae-won　全羅北道地方警察庁長　[国]韓国　[生]1943年11月15日　[典]2000

キム・デウォン　金大元　Kim, Dae-won　全羅日報編集局長　[国]韓国　[生]1941年4月12日　[典]2000

キム・デキュ　金大挙　Kim, Dai-keu　号＝大山　僧侶　円仏教上師　[国]韓国　[生]1914年3月16日　[典]2000

キム・テギュン　Kim, Tae-kyun　漢字名＝金泰均　映画監督　[国]韓国　[生]1960年　[典]2004／2008／2012

キム・テギュン　金泰均　Kim, Tae-kyun　プロ野球選手（内野手）　[国]韓国　[生]1982年5月29日　[典]2012

キム・デギュン　編集者　「TIME研究」編集委員　[専]英語　[国]韓国　[典]2004／2008

キム・テギル　金泰吉　哲学文化研究所理事長，ソウル大学名誉教授　[国]韓国　[生]1920年11月15日　[典]1996

キム・テクァン　記者　元・アメリカ，ジョージタウン大学訪問教授，元・中央大学言論大学院客員教授　[生]1958年3月28日　[典]2008

キム・テグォン　漫画家　[国]北朝鮮　[典]2004／2008

キム・テクキ　金宅起　Kim, Taek-kee　金融家　東部火災海上保険社長　[国]韓国　[生]1950年7月3日　[典]2000

キム・テクギュ　金宅圭　号＝斗山　文化人類学者，民俗学者　元・嶺南大学教授　[国]韓国　[生]1929年5月27日　[没]1999年　[典]1996

キム・テクヨル　金沢烈　牧師　ソウル聖楽バプテスト教会宣教牧師　[国]韓国　[生]1929年　[典]2004

キム・テジ　金太智　Kim, Tae-ji　外交官　駐日韓国大使　[国]韓国　[生]1935年2月20日　[典]1996／2000

キム・テシク　Kim, Thae-sik　映画監督　[国]韓国　[生]1959年　[典]2012

キム・テシク　金太植　Kim, Tae-sick　実業家　サンバンウル社長　[国]韓国　[生]1934年10月7日　[典]2000

キム・テシク　金台植　Kim, Tai-shick　政治家　韓国国会議員（国民会議）　[国]韓国　[生]1939年8月12日　[典]2000

キム・デジュン　金大中　Kim, Dae-jung　政治家　元・韓国大統領，元・新千年民主党総裁　[国]韓国　[生]1924年1月6日　[没]2009年8月18日　[典]1992／1996／2000／2004／2008

キム・デジュン　金大中　プロ野球選手（投手）　[国]韓国　[生]1963年3月16日　[典]1996

キム・デジュン　金大中　Kim, Dae-joong　ジャーナリスト　朝鮮日報主筆，韓国新聞編集人協会副会長　[国]韓国　[生]1939年9月3日　[典]2000

キム・デジン　金大鎮　Kim, Dae-jin　ピアニスト　韓国芸術総合学校音楽院教授　[国]韓国　[典]2008／2012

キム・デジン　金大鎮　プロ野球コーチ　[国]韓国　[生]1955年12月22日　[典]1996

キム・デスン　映画監督　[国]韓国　[生]1967年　[典]2008

キム・テソク　金泰錫　プロ野球選手（投手）　[国]韓国　[生]1967年2月12日　[典]1996

キム・デソン　金大成　Kim, Dae-sung　済州新聞社長　[国]韓国　[生]1944年2月3日　[典]2000

キム・テチャン　金泰昌　Kim, Tae-chang　政治学者　公共哲学共働研究所所長　[専]現代政治，比較政治社会哲学　[国]韓国　[生]1934年8月1日　[典]1992／1996／2004／2008／2012

キム・テドン　金泰東　Kim, Tea-dong　経済学者　成均館大学貿易学科教授　元・韓国大統領府（青瓦台）政策企画首席秘書官　[国]韓国　[典]2000

キム・テドン　金台東　プロ野球選手（内野手）　[国]韓国　[生]1970年12月12日　[典]1996

キム・テハン　金泰漢　プロ野球選手（投手）　[国]韓国　[生]1969年10月22日　[典]1996

キム・テヒ　Kim, Tae-hee　漢字名＝金泰希　女優　[国]韓国　[生]1980年3月29日　[典]2008／2012

キム・テヒ　金娧稀　大田世界博覧会ミス・エキスポ　[国]韓国　[典]1996

キム・テヒョン　金泰亨　プロ野球選手（捕手）　[国]韓国　[生]1967年9月12日　[典]1996

キム・テヒョン　金泰亨　プロ野球選手（投手）　[国]韓国　[生]1972年4月25日　[典]1996

キム・テヒョン　金泰亨　歌手　[国]韓国　[生]1965年11月6日　[典]1996

キム・テファン　金泰煥　Kim, Tae-whan　号＝青空　実業家　錦湖シェル化学社長　[国]韓国　[生]1943年9月24日　[典]2000

キム・デファン　金大煥　Kim, Dae-hwan　梨花女子大学名誉教授　[専]社会学　[国]韓国　[生]1928年3月24日　[典]1996／2000

キム・テフン　金泰勲　日本大学文理学部講師　[専]日韓教育関係史，比較教育学　[国]韓国　[典]2004

キム・テフン　金泰熏　Kim, Tae-hoon　実業家　柳韓クロラックス会長　[国]韓国　[生]1937年10月3日　[典]2000

キム・テホ　金泰浩　サッカー・サポーター　レッドデビルス会長　[国]韓国　[生]1973年3月　[典]2004／2008

キム・テホ　金泰鎬　Kim, Tae-ho　政治家　元・韓国内相　[国]韓国　[生]1935年3月3日　[典]1992／1996

キム・テホ　金台鎬　政治家　元・慶尚南道知事　[国]韓国　[生]1962年　[典]2012

キム・テボ　金泰保　Kim, Tae-bo　済州大学教授・経商学部長，済州大学経営大学院院長　[専]経済学　[国]韓国　[生]1949年10月12日　[典]2000

キム・デホ　金大虎　筆名＝亡郷詩人　詩人　元・北朝鮮核開発部隊員　[生]1959年4月9日　[典]2004／2008

キム・テホン　金泰弘　Kim, Tai-hong　東国大学教授，韓国統一経済研究会会長　[専]貿易学　[国]韓国　[生]1941年7月8日　[典]2000

キム・デモ　金大模　Kim, Dae-mo　韓国労働研究院院長　[専]経済学　[国]韓国　[生]1943年3月10日　[典]2000

キム・デユン　金大淵　Kim, Dae-yun　弘益大学教育学科教授　[専]教育学　[国]韓国　[生]1934年8月19日　[典]2000

キム・テヨン　Kim, Tae-yeon　女優，モデル　[国]韓国　[生]1976年1月3日　[典]2004／2008／2012

キム・テヨン　Kim, Thae-yong　映画監督　[国]韓国　[生]1969年12月9日　[典]2008／2012

キム・テヨン　金泰栄　Kim, Tae-young　政治家，軍人　元・韓国国防相　[国]韓国　[生]1949年1月13日　[典]2012

キム・テヨン　金泰永　Kim, Tae-yeong　号＝千石　慶熙大学教授，

慶熙大学大学院院長　[専]歴史学　[国]韓国　[生]1937年10月19日　[典]2000

キム・テヨン　金 泰淵　韓国観光公社社長　[国]韓国　[典]2000

キム・デヨン　金 大泳　産業研究院長　[国]韓国　[生]1937年9月12日　[典]1996

キム・テリョン　金 泰龍　プロ野球選手(内野手)　[国]韓国　[生]1968年2月23日　[典]1996

キム・テリョン　金 泰蓮　Kim, Tae-lyon　梨花女子大学教授, 梨花女子大学附属高校校長, 韓国女性心理研究会会長　[専]教育心理学　[国]韓国　[生]1937年11月4日　[典]2000

キム・テワン　金 泰完　プロ野球選手(内野手)　[国]韓国　[生]1966年8月20日　[典]1996

キム・ドゥグァン　金 斗官　Kim, Doo-gwan　政治家　韓国行政自治相, 農漁村社会研究所理事, 21世紀南海発展企画団長　[国]韓国　[生]1959年4月10日　[典]2004／2008

キム・ドゥシク　金 斗植　Kim, Doo-shick　ハンギョレ新聞顧問　[国]韓国　[生]1943年2月20日　[典]2000

キム・ドゥジン　金 杜珍　Kim, Doo-jin　号=石泉　韓国国民大学国史学科教授・韓国学研究所長　[専]韓国史学　[国]韓国　[生]1945年4月19日　[典]2000

キム・ドゥナム　金 斗南　Kim, Du-nam　軍人, 政治家　元・朝鮮人民軍大将, 元・朝鮮労働党中央委員　[国]北朝鮮　[没]2009年3月11日　[典]1996

キム・ドゥヒ　金 斗熙　Kim, Doo-hee　元・韓国法相　[国]韓国　[生]1927年5月28日　[典]1996

キム・ドゥヒ　金 斗熙　Kim, Doo-hee　号=惺雲　東国大学医学部教授・学部長　[専]保健医学　[国]韓国　[生]1935年9月17日　[典]2000

キム・ドゥヒョン　金 斗鉉　弁護士　大韓商事仲裁院仲裁委員, 韓米教育文化財団理事長　[国]韓国　[生]1926年9月25日　[典]1996

キム・ドゥファン　金 斗璜　公認会計士　韓国公認会計士会会長　[国]韓国　[生]1931年2月11日　[典]1996

キム・ドゥファン　金 斗煥　崇実大学教授, 韓国航空法学会首席副会長　[国]韓国　[生]1934年2月28日　[典]1996

キム・ドゥファン　金 斗煥　Kim, Doo-whan　実業家　韓国化粧品社長　[国]韓国　[生]1940年9月4日　[典]2000

キム・ドゥマン　金 斗万　Kim, Doo-man　実業家　星又会副会長　[国]韓国　[生]1927年2月16日　[典]2000

キム・ドゥユン　金 斗潤　韓国国会議員(共和党)　[国]韓国　[典]1992

キム・ドゥヨン　金 斗英　政治家　元・北朝鮮副首相　[国]北朝鮮　[没]1985年9月11日　[典]1992

キム・ドウン　金 道彦　Kim, Do-eun　政治家, 検察官　韓国国会議員(新韓国党)　元・韓国検察庁長　[国]韓国　[生]1940年6月15日　[典]2000

キム・ドウン　金 道鉉　Kim, Do-eun　韓国大学電子学科教授　[専]電子学　[国]韓国　[生]1943年5月15日　[典]2000

キム・ドギュン　金 徒均　Kim, Do-kyun　サッカー選手(MF)　[国]韓国　[生]1977年1月13日　[典]2004／2008／2012

キム・ドキョン　金 禱経　Kim, Do-kyung　元・同徳女子大学社会科学大学長　[国]韓国　[生]1930年11月21日　[典]1996／2000

キム・ドク　金 悳　Kim, Deok　国際政治学者　元・韓国副首相・統一院長官　[国]韓国　[生]1935年5月25日　[典]1996

キム・ドクキ　金 徳起　Kim, Duck-ki　サッカー・ジャーナリスト「スポーツトゥディ」記者,「月刊サッカーベストイレブン」主幹　[国]韓国　[典]2004／2008

キム・ドクキュ　金 徳圭　Kim, Duk-kyu　政治家　韓国国会議員(国民会議)　[国]韓国　[生]1941年3月9日　[典]2000

キム・ドクキョム　金 徳謙　Kim, Duk-kyum　産業デザイナー　淑明女子大学美術大学産業工芸科教授　[国]韓国　[生]1941年2月15日　[典]2000

キム・ドクコン　金 徳弘　元・北朝鮮労働党中央委員会資料研究室副室長, 元・朝鮮黎光貿易連合総会社総社長　[生]1938年12月　[典]2000(キン・トクコウ)

キム・ドクジェ　金 徳在　Kim, Duck-jae　韓国中央大学建築科教授　[専]建築工学　[国]韓国　[生]1942年6月8日　[典]2000

キム・ドクジュ　金 徳柱　韓国最高裁判長　[国]韓国　[生]1933年9月29日　[典]1996

キム・ドクジュン　金 徳中　Kim, Duck-choong　元・韓国教育相　[専]経済学　[国]韓国　[生]1934年6月9日　[典]2000

キム・ドクジン　金 悳鎮　Kim, Duc-jin　電子工学者　高麗大学教授　[国]韓国　[生]1933年12月12日　[典]2000

キム・ドクス　Kim, Duk-soo　漢字名=金徳洙　チャンゴ奏者, 音楽プロデューサー　サムルノリ創始者, 韓国芸術総合大学伝統芸術院教授　[国]韓国　[生]1952年9月24日　[典]1992／1996／2004／2008／2012

キム・ドクス　金 徳寿　韓国科学技術研究院技術情報室研究員　[専]経済学　[国]韓国　[生]1960年　[典]1996

キム・ドクファン　金 得榥　Kim, Duk-whang　号=孤岩　東方児童福祉会理事長　[国]韓国　[生]1915年10月7日　[典]2000

キム・ドクファン　金 徳煥　(株)双龍社長　[国]韓国　[生]1943年8月15日　[典]1996

キム・ドクファン　金 徳煥　Kim, Duck-hwan　東京韓国人学校校長　[国]韓国　[生]1940年7月5日　[典]2000

キム・ドクヨン　金 悳泳　Kim, Duk-yung　元・軍人　ハニスポーツ社長　[国]韓国　[生]1937年2月28日　[典]2000

キム・ドクリョン　金 徳龍　Kim, Deog-ryong　政治家　ハンナラ党副総裁　元・韓国政務第1長官　[国]韓国　[生]1941年4月6日　[典]1996／2000

キム・ドクン　金 稌根　Kim, Do-kun　号=古岩　実業家　東一ゴムベルト会長　[国]韓国　[生]1917年5月20日　[典]2000

キム・ドグン　金 都根　Kim, Doh-keun　サッカー選手(MF)　[国]韓国　[生]1972年3月2日　[典]2004／2008

キム・ドジン　金 道鎮　Kim, Doh-jin　嶺南世界ニュース社長　[国]韓国　[生]1940年5月15日　[典]2000

キム・ドス　金 道洙　Kim, Do-soo　檀国大学特殊教育学科教授　[専]特殊教育学, 社会教育　[国]韓国　[生]1934年11月4日　[典]2000

キム・ドソン　金 道善　プロ野球選手(内野手)　[国]韓国　[生]1972年3月6日　[典]1996

キム・ドチャン　金 道昶　弁護士　法制研究院理事長, 行政科学研究所長　[国]韓国　[生]1922年11月19日　[典]1996

キム・ドヒョン　金 都亨　経済学者　産業研究院日本研究センター所長　[専]日韓産業協力　[国]韓国　[生]1944年1月　[典]1992／1996／2000

キム・ドヒョン　金 度亨　プロ野球選手(投手)　[国]韓国　[生]1967年7月28日　[典]1996

キム・ドフン　金 度勲　Kim, Do-hoon　サッカー選手(FW)　[国]韓国　[生]1970年7月21日　[典]2000／2004／2008

キム・ドヨン　金 都栄　サハリン韓人老人会の統一会長, コルサコフ韓人協会会長　[国]ロシア　[典]2000

キム・ドヨン　金 度連　タレント　[国]韓国　[生]1966年1月19日　[典]1996

キム・ドンイク　金 東益　Kim, Dong-ik　ジャーナリスト　韓国ロシア文化院理事長　元・韓国政務第一長官, 元・中央日報代表理事　[国]韓国　[生]1933年12月22日　[典]2000

キム・ドンイル　金 東一　韓国科学技術団体総連合会元老科学技術諮問団長, 韓国芸術院名誉会長, 国際サイエンスクラブ名誉会長　[国]韓国　[生]1908年3月9日　[典]1996

キム・ドンウォン　金 東園　Kim, Dong-won　本名=金東爀　俳優　韓国国立劇場名誉団員　[国]韓国　[生]1916年11月14日　[典]1996／2000

キム・ドンウォン　金 東垣　Kim, Dong-won　ソウル大学名誉教授　[専]機械設計学　[国]韓国　[生]1926年10月14日　[典]2000

キム・ドンウォン　金 東元　Kim, Domg-won　グンジャ農園代表理事会長, Green Villa会長, 安城畜産開発会長, 東亜相互信用金庫会長　[国]韓国　[生]1937年5月27日　[典]2000

キム・ドンウォン　金 東源　Kim, Dong-won　韓国畜産流通代表理事　[国]韓国　[生]1936年1月20日　[典]2000

キム・ドンウク　Kim, Dong-wook　漢字名=金東旭　俳優　[国]韓国　[生]1983年7月29日　[典]2012

キム・ドンウク　金 東旭　Kim, Dong-wook　号=南丁　政治家

キ

韓国国会議員(新韓国党) 国韓国 ⊕1938年1月4日 (R)2000

キム・ドンウック Kim, Dong-wook 格闘家, 元・韓国相撲力士 国韓国 ⊕1977年6月6日 (R)2008／2012

キム・ドンギ 金 東基 Kim, Dong-ki 高麗大学経営学部教授 ⑱経営学 国韓国 ⊕1934年6月28日 (R)1996／2000

キム・ドンギ 金 東基 プロ野球選手(捕手) 国韓国 ⊕1964年3月5日 (R)1996

キム・ドンギ 金 東起 Kim, Dong-gee 元・北朝鮮工作員 国北朝鮮 ⊕1932年 (R)2004

キム・ドンキュ 金 東圭 Kim, Dong-kyu 元・政治家 大韓住宅公社社長 元・韓国国会議員 国韓国 ⊕1932年10月24日 (R)2000

キム・ドンキュン 金 燉均 Kim, Don-kyoun 釜山大学医学部教授, 大韓産業医学会会長 ⑱予防医学 国韓国 ⊕1936年3月15日 (R)2000

キム・ドンギル 金 東吉 Kim, Dong-gill 政治家, 歴史学者 韓国国会議員, 韓国国民党代表最高委員 元・延世大学史学科教授・副総長 国韓国 ⊕1928年10月2日 (R)1992／1996

キム・ドングン 金 東根 Kim, Dong-kun 政治家 韓国国会議員 (新韓国党) 国韓国 ⊕1930年10月3日 (R)2000

キム・ドンコン 金 東建 Kim, Doung-kun ソウル大学大学院行政研究科教授, 韓国環境経済学会会長 ⑱経済学 国韓国 ⊕1943年10月16日 (R)2000

キム・ドンゴン 金 東建 Kim, Dong-gun 裁判官 ソウル地方法院院長 国韓国 ⊕1946年11月2日 (R)2004／2008

キム・ドンジェ 金 東再 プロ野球選手(内野手) 国韓国 ⊕1960年10月31日 (R)1996

キム・ドンジブ 金 東集 カトリック大学院長・医科大学癌センター所長 国韓国 ⊕1933年8月31日 (R)1996

キム・ドンジュ Kim, Dong-ju 漢字名=金東柱 映画プロデューサー ショーイースト代表理事 国韓国 ⊕1965年 (R)2008／2012

キム・ドンジュ 金 東柱 Kim, Dong-joo プロ野球選手(内野手) 北京五輪野球金メダリスト 国韓国 ⊕1976年2月3日 (R)2012

キム・ドンジョ 金 東祚 Kim, Dong-jo 号=海吾 外交官, 弁護士 元・韓国外相 国韓国 ⊕1918年8月14日 ⊗2004年12月9日 (R)1996

キム・ドンシン 金 東信 Kim, Dong-shin 政治家, 軍人 元・韓国国防相, 元・韓国陸軍参謀総長 国韓国 ⊕1941年3月13日 (R)2004

キム・ドンジン 金 東振 Kim, Dong-jin 作曲家 慶熙大学名誉教授 国韓国 ⊕1913年3月22日 (R)2000

キム・ドンジン 金 東鎮 Kim, Dong-jin 軍人, 政治家 元・韓国国防相 国韓国 ⊕1938年 (R)2000

キム・ドンス 絵本作家 国韓国 (R)2008

キム・ドンス 金 東守 プロ野球選手(投手) 国韓国 ⊕1968年8月4日 (R)1996

キム・ドンス 金 東洙 プロ野球選手(捕手) 国韓国 ⊕1968年10月27日 (R)1996／2000／2012

キム・ドンス 金 東洙 Kim, Dong-soo 実業家 韓国陶磁器工業会組合理事, 韓国陶磁器グループ会長 国韓国 ⊕1936年3月5日 (R)2000

キム・ドンス 金 東洙 Kim, Dong-soo 実業家 巨星グループ会長, 三益家具会長 国韓国 ⊕1946年6月11日 (R)2000

キム・ドンスー 実業家 デュポン・アジア・パシフィック・リミテッド社長, 韓国デュポン会長 国韓国 (R)2000

キム・ドンスン 金 東順 ファッションデザイナー 国韓国 ⊕1945年10月13日 (R)2000

キム・ドンスン 金 東順 Kim, Dong-soon ソウル大学名誉教授 ⑱歯科学 国韓国 ⊕1920年6月3日 (R)1996／2000

キム・ドンソ 金 東昭 韓国語学者 大邱カトリック大学人文学部教授 国韓国 ⊕1943年 (R)2004／2008

キム・ドンソク 金 東石 Kim, Dong-sok 韓国国際文化協会常任顧問 国韓国 ⊕1928年8月13日 (R)2000

キム・ドンソン 金 東璿 Kim, Dong-sun 実業家 東部ジャパン社長 国韓国 ⊕1943年5月20日 (R)2000

キム・ドンソン 金 東璿 釜山外国語大学総長 ⑱英文学 国韓国 ⊕1930年7月8日 (R)1996

キム・ドンソン 金 東成 Kim, Dong-sung 韓国中央大学教授 ⑱政治外交学 国韓国 ⊕1946年9月12日 (R)2000

キム・ドンソン 金 東聖 Kim, Dong-sung 元・スピードスケート選手(ショートトラック) 国韓国 ⊕1980年2月9日 (R)2000／2004／2008

キム・ドンソン 金 東聖 Kim, Dong-sung エスミディコム社長 国韓国 ⊕1945年10月1日 (R)2000

キム・ドンソン 金 東晟 Kim, Dong-sung 政治家 元・韓国国会議員, 元・明知大学教授 ⑱英文学 国韓国 ⊕1925年12月25日 (R)1996／2000

キム・ドンチョル 金 東哲 歴史学者 釜山大学教授 ⑱韓国近世経済史・社会史 国韓国 ⊕1955年 (R)2004

キム・ドンハン 金 東漢 Kim, Dong-han 浦項工学大学大学院長 ⑱化学 国韓国 ⊕1934年8月10日 (R)2000

キム・ドンヒ 金 東希 Kim, Dong-heui 日本へ逃れてきた韓国陸軍脱走兵 ⊕1935年10月24日 (R)1996(キン・トウキ)

キム・ドンヒ 金 東熙 檀国大学農学部長, 韓国農畜水産流通研究院長 国韓国 ⊕1929年5月20日 (R)1996

キム・ドンヒョン 金 東炫 プロ野球選手(投手) 国韓国 ⊕1966年10月12日 (R)1996

キム・ドンヒョン 金 東鉉 本名=金豪城 タレント 国韓国 ⊕1951年6月10日 (R)1996

キム・ドンフェ 金 東会 Kim, Dong-hoi 実業家 世林産業会長 国韓国 ⊕1924年8月13日 (R)2000

キム・ドンベ 金 洞培 Kim, Dong-bae 号=庭湖 忠州市奨学財団理事 国韓国 ⊕1929年1月27日 (R)2000

キム・ドンホ 金 東虎 Kim, Dong-ho 元・釜山国際映画祭執行委員長, 元・韓国文化部副長官 国韓国 ⊕1937年8月6日 (R)1996／2008／2012

キム・ドンマン 金 東万 Kim, Dong-man 実業家 海東火災海上保険会長 国韓国 ⊕1909年10月13日 (R)2000

キム・ドンムン 金 東文 Kim, Dong-moon バドミントン選手 アトランタ五輪・アテネ五輪メダリスト 国韓国 ⊕1975年9月22日 (R)2000／2004／2008

キム・ドンユン Kim, Dong-yoon 漢字名=金東允 俳優 国韓国 ⊕1980年8月30日 (R)2008／2012

キム・ドンヨン 金 東永 Kim, Dong-young 韓国交通安全振興公団振興理事 国韓国 ⊕1934年11月19日 (R)2000

キム・ドンヨン 金 東英 Kim, Dong-Young 政治家 元・韓国政務第1長官 国韓国 ⊕1936年12月23日 ⊗1991年8月19日 (R)1992

キム・ドンリ 金 東里 Kim, Tong-ni 本名=金始鍾 作家 元・韓国芸術院会長 国韓国 ⊕1913年11月24日 ⊗1995年6月17日 (R)1992／1996

キム・ドンリプ 金 東立 Kim, Dong-leep 号=アグァン 元・現代経済日報社長 国韓国 ⊕1928年6月3日 (R)2000

キム・ドンワン Kim, Dong-wan グループ名=SHINHWA 歌手, 俳優 国韓国 ⊕1979年11月21日 (R)2004(ドンワン)／2008(ドンワン)／2012

キム・ナウン 金 那芸 タレント 国韓国 ⊕1970年6月15日 (R)1996

キム・ナクキ 金 楽冀 プロ野球選手(投手) 国韓国 ⊕1966年10月28日 (R)1996

キム・ナクギ 金 楽冀 Kim, Nak-gi 政治家, 労働運動家 韓国国会議員(ハンナラ党) 元・韓国全国連合労働連盟委員長 国韓国 ⊕1941年8月8日 (R)2004

キム・ナクジュン 金 洛駿 Kim, Nak-joon 出版人 金星出版社社長, 韓国出版文化協会名誉会長 国韓国 ⊕1932年2月2日 (R)2000

キム・ナクソン 金 洛性 Kim, Nak-seong 韓国通信ケーブルテレビ社長 国韓国 ⊕1936年5月5日 (R)2000

キム・ナクドゥ 金 洛斗 ソウル大学薬学部長 国韓国 ⊕1933年12月1日 (R)1996

キム・ナクニョン　金 洛年　Kim, Nak-nyeon　経済学者　東国大学社会科学部経済学科副教授　⑱韓国　⑭1957年　⑱2004

キム・ナミ　金 娜美　スキー選手　⑱韓国　⑭1971年　⑱1996

キム・ナミル　金 南一　Kim, Nam-il　サッカー選手(MF)　⑱韓国　⑭1977年3月14日　⑱2012

キム・ナムイル　金 南一　Kim, Nam-il　ソウル女子大学経営学科教授　⑱経営学　⑱韓国　⑭1939年6月27日　⑱2000

キム・ナムガク　金 南珏　Kim, Nam-gak　建築家　江原大学建築科教授　⑱韓国　⑭1936年1月15日　⑱2000

キム・ナムギル　Kim, Nam-gil　旧芸名=イハン　俳優　⑱韓国　⑭1981年3月13日

キム・ナムシク　金 南植　統一問題研究家　韓国平和研究院院長　⑱韓国　⑭1925年　⑱1996／2000

キム・ナムジュン　金 南俊　軍人　元・朝鮮人民軍少尉　⑭1962年　⑱1996(キン・ナンシュン)

キム・ナムジョ　金 南祚　詩人　淑明女子大学名誉教授　⑱韓国　⑭1927年9月26日　⑱1996／2000

キム・ナムジン　金 南珍　芸名=南珍　歌手　⑱韓国　⑭1945年9月25日　⑱1996

キム・ナムス　金 南洙　教名=アンジェロ　神父　カトリック水原教区長,カトリック主教会議議長　⑱韓国　⑭1922年6月4日　⑱1996

キム・ナムテ　金 南泰　Kim, Nam-tae　裁判官　ソウル地法東部支院部長判事　⑱韓国　⑭1943年10月1日　⑱2000

キム・ナムドク　金 南得　Kim, Nam-deuk　関東大学教授　⑱行政学　⑱韓国　⑭1938年1月24日　⑱2000

キム・ナムヒョン　金 南鉉　Kim, Nam-hyun　延世大学医学部主任教授　⑱整形外科学　⑱韓国　⑭1935年6月20日　⑱2000

キム・ナンス　金 蘭洙　光州大学総長　⑱韓国　⑭1929年4月15日　⑱1996

キム,ネリー　Kim, N.　体操国際審判員,元・体操選手　⑱ソ連　⑭1957年7月29日　⑱1992

キム・ノギョン　金 禄永　元・韓国国会議長,元・新韓民主党副総裁　⑱韓国　⑭1985年7月10日　⑱1992

キム・ノシク　金 魯植　Kim, Noh-shik　雪岳飲料社長　元・韓国国会議員　⑱韓国　⑭1945年5月10日　⑱2000

キム・ノス　金 魯洙　Kim, No-soo　ソウル大学名誉教授　⑱繊維工学　⑱韓国　⑭1926年3月26日　⑱2000

キム・ハイン　金 河仁　作家　⑱韓国　⑱2004／2008

キム・ハギ　本名=金栄　漢字名=金河杞　作家　⑱韓国　⑭1958年　⑱1996／2000

キム・ハクウォン　金 学元　Kim, Hak-won　政治家　韓国自民連代表　⑱韓国　⑭1947年10月15日　⑱2000／2008／2012

キム・ハクジュン　金 学俊　Kim, Hak-joon　政治学者　仁川大学総長　⑱韓国近現代史,ロシア革命史　⑱韓国　⑭1943年1月28日　⑱1992／1996／2000

キム・ハクス　金 学洙　画家　⑱韓国歴史風俗画　⑱韓国　⑭1919年　⑱1996

キム・ハクソン　金 学成　Kim, Hak-seong　工業デザイナー　淑明女子大学教授・美術学部長　⑱韓国　⑭1946年3月28日　⑱2000

キム・ハクナム　金 学男　声楽家　韓国国立オペラ団団員　⑱韓国　⑭1950年1月8日　⑱1996

キム・ハクムク　金 学黙　Kim, Hak-mook　韓国脳性麻痺福祉会会長,亜細亜太平洋地域脳性麻痺祉会会長　⑱韓国　⑭1916年5月25日　⑱1996

キム・ハクレ　金 鶴来　コメディアン　⑱韓国　⑭1954年8月25日　⑱1996

キム・ハジュン　金 夏中　Kim, Ha-joon　外交官　元・韓国統一相　⑱韓国　⑭1947年1月9日　⑱2004／2012

キム,バーディー　Kim, Birdie　本名=金柱演　プロゴルファー　⑱韓国　⑭1981年8月26日　⑱2008／2012

キム,パティ　Kim, Patty　本名=金恵子　歌手　⑱韓国　⑭1939年4月1日　⑱1992／1996

キム,パティ　Kim, Patty　ドキュメンタリー監督　⑱カナダ　⑭1969年　⑱2008／2012

キム・ハヌル　Kim, Ha-neul　女優　⑱韓国　⑭1978年2月21日　⑱2004／2008／2012

キム・ハンギル　金 ハンギル　Kim, Han-gil　政治家,作家　元・韓国文化観光相,元・韓国国会議員(国民会議)　⑱韓国　⑭1953年9月17日　⑱2000／2004

キム・ハンクック　金 漢国　コメディアン　⑱韓国　⑭1961年2月24日　⑱1996

キム・ハングン　金 漢根　プロ野球コーチ　⑱韓国　⑭1955年3月5日　⑱1996

キム・ハンゴン　金 漢坤　韓国農林水産部次官　⑱韓国　⑭1934年8月10日　⑱1996

キム・ハンジュ　金 翰周　韓国社会政策研究院長,韓国私学年金管理公団理事長　⑱韓国　⑭1931年1月6日　⑱1996

キム・ハンス　金 翰秀　Kim, Han-soo　プロ野球コーチ　⑱韓国　⑭1971年10月30日　⑱2000／2012

キム・ハンドク　金 恒徳　Kim, Hang-duk　実業家　元・SKグループ会長　⑱韓国　⑭1941年12月21日　⑱2000／2004

キム・バンハン　金 芳漢　ソウル大学名誉教授,韓国言語学会会長　⑱韓国　⑭1925年8月17日　⑱1996

キム・ハンモク　金 恒黙　Kim, Hang-mook　釜山大学教授,韓国自然史環境学会会長　⑱地質学　⑱韓国　⑭1943年11月6日　⑱2000

キム・ハンヨン　金 漢龍　児童文学作家　⑱韓国　⑭1927年2月10日　⑱1996

キム・ヒエ　金 喜愛　女優　⑱韓国　⑭1967年4月23日　⑱1996

キム・ヒオ　金 喜午　Kim, Hee-oh　東国大学教授,東国大学地域開発大学院院長　⑱政治学　⑱韓国　⑭1939年3月28日　⑱2000

キム・ヒゴン　金 喜坤　日本語教師　⑱韓国　⑭1929年　⑱1996

キム・ヒジェ　Kim, Hee-jae　脚本家　⑱韓国　⑱2008

キム・ヒジブ　金 熙執　高麗大学総長・経営学科教授　⑱韓国　⑭1931年4月16日　⑱1996

キム・ヒジュン　金 照中　Kim, Hee-jung　棋士　囲碁9段(韓国棋院)　⑱韓国　⑭1950年8月5日　⑱2000

キム・ヒジョ　金 熙祚　指揮者　韓国国立劇場終身団員　⑱韓国　⑭1920年11月21日　⑱1996

キム・ヒジョン　漢字名=金熙静　モデル　⑱韓国　⑭1968年8月11日　⑱2000

キム・ヒジン　金 喜鎮　韓国文化財専門委員,韓国メドゥプ研究会会長　⑱韓国　⑭1934年5月3日　⑱1996

キム・ヒジン　金 希珍　タレント　⑱韓国　⑭1958年4月26日　⑱1996

キム・ヒソン　Kim, Hee-seon　漢字名=金喜善　女優　⑱韓国　⑭1977年2月25日　⑱2000／2008／2012

キム・ヒソン　金 希宣　Kim, Hee-sun　政治家　韓国国会議員　⑱韓国　⑭1943年10月23日　⑱2000／2004

キム・ヒチョル　金 熙哲　Kim, Hi-chull　実業家　碧山グループ会長,韓国貿易協会副会長　⑱韓国　⑭1937年3月8日　⑱1996／2000

キム・ヒャンス　金 向洙　Kim, Hyang-soo　号=牛穀　実業家　亜南グループ名誉会長　⑱韓国　⑭1912年11月14日　⑱2000

キム・ヒャンスク　金 香淑　作家　⑱韓国　⑭1951年　⑱1996

キム・ヒョギュ　金 孝圭　亜洲大学総長,大宇医療財団理事長　⑱韓国　⑭1917年5月4日　⑱1996

キム・ヒョクソプ　金 革燮　プロ野球選手(投手)　⑱韓国　⑭1974年5月5日　⑱1996

キム・ヒョサン　金 孝相　プロ野球選手(投手)　⑱韓国　⑭1969年12月25日　⑱1996

キム・ヒョジュン　金 孝俊　Kim, Hyo-jun　実業家　BMWコリア社長,21世紀エグゼクティブフォーラム会長　⑱韓国　⑭1957年1月16日　⑱2004／2008

キム・ヒョジン　Kim, Hyo-jin　女優　⑱韓国　⑭1984年2月10日　⑱2008／2012

キム・ヒョソン　金 孝淳　ジャーナリスト　「ハンギョレ新聞」論説委員　⑱韓国　⑭1953年　⑱2004

キム・ヒョナ　Kim, Hyun-a　グループ名=4Minute　歌手　[国]韓国　[生]1992年6月6日　[典]2012

キム・ヒョファン　金孝晃　Kim, Hyo-hwang　実業家　済民日報代表理事会長, 在日本大韓民国民団(民団)大阪本部副団長　[国]韓国　[生]1943年7月29日　[典]2000

キム・ヒョンア　金賢雅　タレント　[国]韓国　[生]1971年7月16日　[典]1996

キム・ビョンイク　金炳翼　評論家　「文学と知性」社代表　[国]韓国　[生]1938年11月5日　[典]1996

キム・ビョンイル　金炳日　Kim, Byung-il　韓国企画予算庁長官　[国]韓国　[生]1945年9月1日　[典]2008

キム・ピョンイル　金平日　Kim, Pyong-il　外交官　駐ポーランド北朝鮮大使　[国]北朝鮮　[生]1954年8月10日　[典]1992／1996／2000／2004／2008

キム・ヒョンウ　金炫雨　Kim, Hyeon-woo　レスリング選手(グレコローマン)　ロンドン五輪レスリング男子グレコローマン66キロ級金メダリスト　[国]韓国　[生]1988年11月6日

キム・ヒョンウ　金亨宇　外交官　アジア太平洋平和委員会副委員長　元・国連大使　[国]北朝鮮　[典]2000

キム・ビョンウ　金炳宇　Kim, Byung-woo　号=然亭　尚志大学生物学科教授・理工学部長　[専]生物学　[国]韓国　[生]1945年4月21日　[典]2000

キム・ヒョンウク　金顕煜　Kim, Hyun-uk　政治家　韓国国会議員(自民連)　[国]韓国　[生]1939年1月22日　[典]2000

キム・ヒョンウク　金炯郁　Kim, Hyung-wook　弘益大学教授, 弘益大学国際経営大学院院長　[専]経営学　[国]韓国　[生]1952年3月26日　[典]2000

キム・ビョンウン　金秉雲　Kim, Byung-woon　医師　惟誠堂韓医院院長　[専]韓医学　[国]韓国　[生]1938年5月15日　[典]2000

キム・ヒョンオ　金炯旿　Kim, Hyung-o　政治家　韓国国会議員(ハンナラ党)　[国]韓国　[生]1947年11月30日　[典]2000

キム・ヒョンギ　金炯基　元・韓国統一省次官　[国]韓国　[典]2000／2008

キム・ビョンギ　金炳基　タレント　[国]韓国　[生]1948年11月2日　[典]1996

キム・ヒョンギュ　金亨奎　ソウル大学名誉教授　[国]韓国　[生]1911年7月21日　[典]1996

キム・ヒョンギュ　金亨圭　Kim, Hyung-kyu　内科医　高麗大学附属安岩病院腎臓内科長, 高麗大学腎臓病研究所所長　[専]腎臓病　[国]韓国　[生]1949年9月18日　[典]2000

キム・ヒョンギュ　金鉉圭　Kim, Hyun-kyiu　政治家　元・韓国民主党総裁代行　[国]韓国　[生]1937年1月19日　[典]1992／1996

キム・ビョンギュ　金秉圭　Kim, Byong-kyu　号=玄石　随筆家　東亜大学名誉教授, 釜山毎日新聞論説委員　[専]法哲学　[国]韓国　[生]1920年6月18日　[典]2000

キム・ヒョンギョング　作家　[国]韓国　[生]1960年　[典]2004

キム・ビョンギル　金炳吉　Kim, Pyung-kil　延世大学医学部小児科教授・腎臓疾患研究所長　[専]小児科学, 小児腎臓学　[国]韓国　[生]1931年12月17日　[典]2000

キム・ヒョング　金鉉球　歴史家　高麗大学師範学部教授・学部長, 韓国日本史研究学会会長　[専]日本古代史, 韓日関係史　[国]韓国　[生]1944年　[典]2000／2004／2008

キム・ビョングァン　金炳琯　ジャーナリスト, 新聞人　元・「東亜日報」名誉会長　[国]韓国　[生]1934年7月24日　[没]2008年2月25日　[典]1996／2004

キム・ヒョングォン　金亨権　Kim, Hyung-kwon　号=海岩　舞踊家　[専]霊山スェモリデギ　[国]韓国　[生]1922年9月9日　[典]2000

キム・ヒョングク　金炯国　Kim, Hyung-kook　ソウル大学環境大学院教授, 韓国都市研究所理事長, 韓国未来学会会長　[専]都市計画, 未来学　[国]韓国　[生]1942年8月20日　[典]2000

キム・ヒョンゴン　金賢坤　Kim, Hyeon-gon　実業家　三星証券代表理事副社長　[国]韓国　[生]1944年4月24日　[典]2000

キム・ヒョンゴン　金玄坤　Kim, Hyeon-gon　実業家　ヘテ飲料副会長　[国]韓国　[生]1934年9月1日　[典]2000

キム・ビョンジ　金秉址　Kim, Byung-ji　サッカー選手(GK)　[国]韓国　[生]1970年4月8日　[典]2000／2004／2008

キム・ヒョンシク　金賢植　韓国国家情報研修院講師　元・金日成総合大学教授　[国]韓国　[生]1930年　[典]2000

キム・ビョンシク　金炳植　Kim, Byong-sik　政治家　元・北朝鮮国家副主席, 元・朝鮮社会民主党中央委員会顧問　[国]北朝鮮　[生]1919年2月　[没]1999年7月21日　[典]1996

キム・ヒョンジャ　金賢子　Kim, Hyun-ja　政治家　韓国女性開発院理事長, 韓国女性政治連盟総裁　元・韓国国会議員　[国]韓国　[生]1928年3月23日　[典]2000

キム・ヒョンジャ　金炯子　タレント　[国]韓国　[生]1950年9月18日　[典]1996

キム・ヒョンジュ　金賢珠　タレント　[国]韓国　[生]1963年10月16日　[典]1996

キム・ヒョンジュン　Kim, Hyung-joong　漢字名=金賢重　グループ名=SS501　歌手, 俳優　[国]韓国　[生]1986年6月6日　[典]2012

キム・ビョンジョ　金昞助　プロ野球選手(内野手)　[国]韓国　[生]1969年5月2日　[典]1996

キム・ビョンジョ　金炳朝　コメディアン　[国]韓国　[生]1950年4月7日　[典]1996

キム・ヒョンジョン　金鉉宗　Kim, Hyun-chong　元・韓国外交通商省通商交渉本部長　[国]韓国　[生]1959年9月27日　[典]2008／2012

キム・ヒョンジン　金亨鎮　朝鮮オリンピック委副委員長, 南北体育会談北側代表団長　[国]北朝鮮　[典]1992／1996

キム・ピョンジン　金坪珍　Kim, Pyong-chin　済州日報会長　[国]韓国　[生]1926年4月2日　[典]2000

キム・ビョンス　金炳洙　Kim, Byong-soo　延世大学総長・医学部教授, 大韓癌協会理事長　[専]がん　[国]韓国　[生]1936年5月8日　[典]2000

キム・ヒョンソク　金亨錫　プロ野球選手(外野手)　[国]韓国　[生]1962年8月18日　[典]1992／1996

キム・ヒョンソク　金亨錫　哲学者　延世大学名誉教授　[国]韓国　[生]1920年7月6日　[典]1996

キム・ヒョンソク　金鉉錫　サッカー選手(FW)　[国]韓国　[生]1967年5月5日　[典]2004

キム・ヒョンソン　金亨成　Kim, Hyung-sung　プロゴルファー　[国]韓国　[生]1980年5月12日

キム・ヒョンチャン　金亨燦　編集者　[国]韓国　[生]1907年4月13日　[典]1996

キム・ヒョンチョル　金賢哲　金泳三韓国大統領の次男　[国]韓国　[典]2000

キム・ヒョンチョル　金顕哲　Kim, Hyun-chul　ソウル大学国際大学院教授　元・筑波大学大学院ビジネス科学研究科助教授　[専]マーケティング論, 流通論　[国]韓国　[生]1962年　[典]2008

キム・ビョンチョル　金秉哲　韓国中央大学名誉教授　[専]英文学　[国]韓国　[生]1921年12月29日　[典]1996

キム・ビョンチョル　金秉哲　プロ野球選手(投手)　[国]韓国　[生]1972年7月2日　[典]1996

キム・ビョンチョン　金並総　本名=キムソンテク　作家　韓国文学同友会会長　[国]韓国　[生]1939年2月21日　[典]1996

キム・ヒョンテ　金炯兌　プロ野球選手(内野手)　[国]韓国　[生]1969年9月7日　[典]1996

キム・ビョンテ　金炳台　建国大学経営大学院長, 韓国農畜水産物流通研究所研究委員　[専]農業経済学　[国]韓国　[生]1927年5月26日　[典]1996

キム・ヒョンテク　金炯沢　プロ野球選手(投手)　[国]韓国　[生]1971年10月11日　[典]1996

キム・ビョンド　金炳道　嶺南大学地域開発学科教授　[国]韓国　[生]1933年4月9日　[典]1996

キム・ビョンド　金秉涛　Kim, Byung-do　カトリック神父　九宜洞聖堂主任神父　[国]韓国　[生]1935年1月22日　[典]2000

キム・ビョンドゥ　金炳斗　プロ野球選手(内野手)　[国]韓国　[生]1972年1月23日　[典]1996

キム・ビョンハ　金炳夏　啓明大学社会科学大学教授, 韓国経済史学

キム・ヒョンヒ 金賢姫 Kim, Hyon-hui 偽名=蜂谷真由美,工作員名=金玉花 元・朝鮮労働党中央委員会調査部所属特殊工作員 大韓航空機爆破事件の元死刑囚 ⊕1962年1月27日 ⑧1992／1996／2000／2012

キム・ヒョンヒ 金賢姫 Kim, Hyun-hee 刺繍作家,ポジャギ作家 ⑧韓国 ⑧2000

キム・ヒョンヒョ 金炳孝 哲学者 精神文化研究院教授 ⑧韓国 ⊕1940年3月16日 ⑧1996

キム・ビョンヒョン 金炳賢 Kim, Byung-hyun プロ野球選手（投手）,元・大リーグ選手 ⑧韓国 ⊕1979年1月19日 ⑧2000（キム・ビュンヒュン）／2004（キム・ビュンヒュン）／2008／2012

キム・ビョンフン 金炳勲 Kim, Pyong-hun 作家 朝鮮作家同盟第1副委員長 ⑧北朝鮮 ⊕1929年 ⑧1992／1996

キム・ヒョンベ 金顕培 Kim, Hyun-bae 実業家 三美グループ会長 ⑧韓国 ⊕1958年3月6日 ⑧1996

キム・ヒョンベ 金炳培 韓国中小企業振興公団理事長 ⑧韓国 ⊕1932年2月4日 ⑧1996

キム・ビョンホ 金炳浩 釜慶大学教授 ⑧水産経済 ⑧韓国 ⊕1957年 ⑧2000

キム・ビョンムク 金昞黙 法学者 慶煕大学法学部長 ⑧韓国 ⊕1943年5月19日 ⑧1996

キム・ヒョンユル 金亨律 外交官 元・駐カンボジア北朝鮮大使 ⑧北朝鮮 ⊕1995年1月6日 ⑧1996

キム・ヒョンヨン 金賢英 コメディアン ⑧韓国 ⊕1968年7月29日 ⑧1996

キム・ビョンヨン 金炳連 外交官 駐ノルウェー韓国大使 ⑧韓国 ⊕1930年11月30日 ⑧1996

キム・ビョンロ 金炳魯 韓国民族統一研究院北韓人権情報センター研究委員 ⑧北朝鮮社会 ⑧韓国 ⊕1960年 ⑧2000

キム・ビョンロ 金炳魯 Kim, Byung-ro 政治家 鎮海市長 ⑧韓国 ⊕1943年11月21日 ⑧2000

キム・ピルリップ 金必立 日韓サッカーW杯開催都市自転車ツアーの企画者 ⑧韓国 ⑧2000

キム・ファジュン 金花中 Kim, Hwa-joong 政治家,保健学者 元・韓国保健福祉相 ⑧韓国 ⊕1945年2月20日 ⑧2004／2008

キム・ファソン 金華盛 Kim, Hwa-sung ジャーナリスト 「東亜日報」体育部次長 ⑧韓国 ⑧2004

キム・ファドン 金華東 経済学者 韓国企画予算省課長,アジア経済研究所客員研究員 ⑧韓国 ⊕1956年 ⑧2004

キム・ファナム 金和男 Kim, Hwa-nam 韓国国会議員（自民連）元・韓国警察庁長 ⑧韓国 ⊕1943年1月30日 ⑧2000

キム・ファン 金渙 Kim, Hwan 政治家 朝鮮労働党中央委員 元・北朝鮮副首相・化学工業相 ⑧北朝鮮 ⊕1929年 ⑧1996／2000

キム・ファンシク 金滉植 Kim, Hwang-sik 政治家,法律家 元・韓国首相,元・韓国最高裁判事 ⑧韓国 ⊕1948年8月9日 ⑧2012

キム・ファンジョ 金滉嶠 Kim, Hwang-joe 延世大学教授・商経学部長 ⑧経済学 ⑧韓国 ⊕1941年4月23日 ⑧2008

キム・ファンヨン イラストレーター ⑧韓国 ⊕1959年 ⑧2004／2008

キム・ブギ 金富基 Kim, Boo-kee カトリック神父 韓国毎日新聞社長,韓国言論研究院理事長 ⑧韓国 ⊕1943年5月30日 ⑧2000

キム・フギョン 金厚卿 韓国国史編纂委員会研究官,韓国独立記念館諮問委員,韓国民族運動研究会会長 ⑧韓国 ⊕1930年3月2日 ⑧1996

キム・ブソン 金富成 Kim, Bu-sung 医師 韓国カトリック大学医学部内科教授,韓国カトリック中央医療院医務院長 ⑧内科学,成人病予防 ⑧韓国 ⊕1935年11月6日 ⑧2000

キム・フナ 金燻我 韓国誠信女子大学講師 ⑧日本文学研究 ⑧韓国 ⊕1963年 ⑧2008

キム・フラン 金后蘭 本名=金炯徳 詩人,エッセイスト 韓国女性政治連盟副総裁 ⑧韓国 ⊕1934年12月26日 ⑧1996

キム・フン 金薫 Kim, Hoon 作家 ⑧韓国 ⊕1948年5月5日 ⑧2008／2012

キム・フンウ 金興雨 Kim, Heung-woo 号=方覚 劇作家,演出家 新協代表,韓国文化芸術人法会会長,東国大学教授 ⑧韓国 ⊕1940年10月15日 ⑧2000

キム・フンギ 金興基 タレント ⑧韓国 ⊕1946年7月28日 ⑧1996

キム・フンギ 金興起 錦湖石油化学代表理事会長 ⑧韓国 ⊕1932年12月17日 ⑧1996

キム・フンギュ 金興圭 Kim, Heung-kyu 仁荷大学教授,仁荷大学教育大学院長,韓国全国教育大学院長協議会会長 ⑧教育学 ⑧韓国 ⊕1940年6月29日 ⑧2000

キム・フンクック 金興国 歌手 ⑧韓国 ⊕1959年4月11日 ⑧1996

キム・フンス 金興洙 画家 ⑧韓国 ⊕1992／2004／2008

キム・フンチュン 金興重 ジャーナリスト メディア通信社代表 ⑧韓国 ⊕1965年 ⑧2004

キム・フンマン 金興万 プロ野球選手（投手） ⑧韓国 ⊕1972年6月10日

キム・ヘオク 金恵玉 タレント ⑧韓国 ⊕1958年5月9日 ⑧1996

キム・ヘカク 金慧覚 Kim, Hyei-kak 号=一翁 彫刻家,僧侶 ⑧韓国 ⊕1905年7月9日 ⑧2000

キム・ヘグォン 金海権 タレント ⑧韓国 ⊕1940年6月6日 ⑧1996

キム・ベクボン 金白峰 本名=金忠実 舞踊家 ⑧韓国舞踊 ⑧韓国 ⊕1927年2月12日 ⑧1996

キム・ヘグン 金海根 雅号=金海月,法名=海巌 僧侶 大韓仏教涅槃宗宗正,韓国仏教臥牛精舎理事長 ⑧韓国 ⊕1940年7月7日 ⑧2004

キム・ヘシキ 金恵植 Kim, Hae-shick バレリーナ 韓国芸術総合学校舞踊院長,世界舞踊連盟極東アジア本部副会長・韓国本部会長 ⑧韓国 ⊕1942年4月29日 ⑧2000

キム・ヘジャ Kim, Hye-ja 漢字名=金恵子 女優 ⑧韓国 ⊕1941年10月25日 ⑧1996／2012

キム・ヘジョン Kim, Hye-jeong ドキュメンタリー作家 韓国映画「奇跡の夏」の原作者 ⑧2008／2012

キム・ヘジョン 金恵貞 ピアニスト ⑧韓国 ⑧1992／1996

キム・ヘジョン 金恵貞 タレント ⑧韓国 ⊕1961年2月14日 ⑧1996

キム・ヘス Kim, Hye-soo 漢字名=金恵秀 女優 ⑧韓国 ⊕1970年9月5日 ⑧1992／1996／2008／2012

キム・ヘスク 金海淑 タレント ⑧韓国 ⊕1955年12月30日 ⑧1996

キム, ヘスク・スージー Kim, Hesook Suzie 看護学者 ロードアイランド大学看護学部教授 ⑧2008

キム・ヘソン 金海星 詩人 ソウル女子大学国文学科教授,月刊「韓国詩」発行人,韓国文人協会副理事長 ⑧韓国 ⊕1935年8月19日 ⑧1996

キム・ヘソン 金恵仙 タレント ⑧韓国 ⊕1969年9月28日 ⑧1996

キム・ヘヨン 金海栄 東西文化協会企画委員 元・泰緬鉄道俘虜収容所監視員 ⑧韓国 ⊕1919年 ⑧1996

キム・ヘヨン 金恵英 歌手,女優 ⑧韓国 ⊕1975年7月24日 ⑧2000／2008／2012

キム・ヘヨン 金恵英 世界女記者作家協会（AMMPE）韓国支部会長 ⑧韓国 ⊕1927年12月5日 ⑧1996

キム・ヘヨン 金恵英 タレント ⑧韓国 ⊕1973年5月10日 ⑧1996

キム・ヘヨン 金恵英 Kim, He-young 東国大学教授,韓国ジャガイモ研究会副会長 ⑧農学 ⑧韓国 ⊕1940年5月12日 ⑧2000

キム・ヘリ 金慧利 タレント ⑧韓国 ⊕1969年12月23日 ⑧1996

キム・ヘンヒ 金幸喜 プロ野球選手（外野手） ⑧韓国 ⊕1966年12月12日 ⑧1996

キム・ホ 金湖 プロ野球選手(投手) 国韓国 生1967年5月3日 現1996

キム・ホ 金浩 サッカー監督,元・サッカー選手 元・サッカー韓国代表監督 国韓国 現2004

キム・ホイル 金浩一 Kim, Ho-il 政治家 韓国国会議員(ハンナラ党),韓国建設政策研究院院長,韓国在外同胞政策研究院理事長,東北石油開発研究院理事長 国韓国 生1942年12月12日 現2000

キム・ホギ 金虎起 韓国国家科学技術諮問会議事務処長,ユネスコ韓国委員 国韓国 生1942年8月20日 現1996

キム・ホギョン 金甫炅 Kim, Bo-kyung サッカー選手(MF) ロンドン五輪サッカー男子銅メダリスト 国韓国 生1989年10月6日 現2012

キム・ホギル 金浩吉 浦項工科大学学長 国韓国 生1933年10月15日 現1996

キム・ボクシン 金福信 Kim, Bok-sin 政治家 北朝鮮副首相・軽工業委員長,朝鮮労働党政治局員候補・中央委員 国北朝鮮 生1926年 現1996/2000

キム・ボクソン 金福善 韓国強制軍隊慰安婦被害者会共同代表 国韓国 生1926年 現1996

キム・ボクドン 金復東 Kim, Bok-dong 政治家,元・軍人 元・韓国自由民主連合(自民連)首席副総裁 国韓国 生1933年3月5日 没2000年4月19日 現1992／1996

キム・ボクヒ 金福喜 Kim, Bock-hee 舞踊家 漢陽大学舞踊科教授,韓国現代踊協会理事,大韓舞踊学会会長 国韓国 生1948年10月4日 現2000

キム・ボクヨン 金福鏞 Kim, Bok-yong 号＝晋厳 実業家 韓国毎日乳業会長 国韓国 生1920年3月12日 現2000

キム・ホグン 金鎬根 プロ野球選手(捕手) 国韓国 生1960年6月29日 現1996

キム・ボグン 金報根 Kim, Bo-geun 実業家 建設交通ジャーナル社長 国韓国 生1935年1月18日 現2000

キム・ホシク Kim, Ho-sig 作家 国韓国 生1975年 現2004／2008

キム・ホジン 金浩鎮 政治家,政治学者 元・韓国労働相 国韓国 政治 国韓国 生1939年 現1996／2004

キム・ホジン 金昊振 タレント 国韓国 生1969年5月5日 現1996

キム・ホソン 金鎬善 映画監督 韓国映画監督協会会長 国韓国 生1941年3月9日 現1996

キム・ボソン 金普善 プロ野球選手(投手) 国韓国 生1966年3月15日 現1996

キム・ホタク 金浩卓 Kim, Ho-tak ソウル大学教授・農業生命科学部長,韓国農業経済学会会長 現農業経済学 国韓国 生1939年11月10日 現2000

キム・ホテ 金鎬泰 Kim, Ho-tae 実業家 大宇精密工業社長 国韓国 生1936年3月9日 現2000

キム・ホナム 金許男 Kim, Hur-nam 政治家 韓国国会議員(自民連) 国韓国 生1920年4月13日 現2000

キム・ボヒョン 金甫炫 百済文化開発研究院長,韓国地方行政研究院研究諮問委員 現地方行政 国韓国 生1924年7月2日 現1996

キム・ボム Kim, Bum 俳優 国韓国 生1989年7月7日 現2012

キム・ボムソン 金範成 Kim, Bom-song 脚本家 国韓国 生1932年1月20日 現1996

キム・ボムミョン 金範明 Kim, Bum-myung 政治家 韓国国会議員(自民連) 国韓国 生1943年9月10日 現2000

キム・ボムリョン 金範龍 歌手 国韓国 生1960年6月3日 現1996

キム・ホヨン 金昊淵 Kim, Ho-yon 実業家 ビングレ代表理事会長 国韓国 生1955年4月29日 現2000

キム・ボヨン 金甫妍 タレント 国韓国 生1957年12月31日 現1996

キム・ボンイム 金鳳壬 オペラ歌手 慶煕大学音楽大学学長,ソウルオペラ団団長 国韓国 生1936年1月19日 現1996

キム・ホンイル 金弘一 政治家 韓国国会議員 国韓国 現2000

キム・ホンイン 金洪仁 三星電子ジャパン専務 国韓国 現1996

キム・ボンウン 金奉殷 長期信用銀行顧問 国韓国 生1919年3月16日 現1996

キム・ホンギ 金弘基 プロ野球選手(外野手) 国韓国 生1968年10月3日 現1996

キム・ホンギ 金弘基 Kim, Hong-ki 実業家 コーロン商事社長 国韓国 生1942年2月28日 現2000

キム・ホンギュ 金洪奎 Kim, Hong-kyu 法学者 延世大学法学部教授 国韓国 生1931年12月18日 現1996

キム・ボンギュ 金奉圭 三省出版社社長 国韓国 生1934年1月25日 現1996

キム・ボンギュン 金鳳均 ソウル大学名誉教授,地質古生物学研究所長 国韓国 生1920年10月19日 現1996

キム・ホング 金弘九 Kim, Hong-goo 実業家 斗山開発代表理事社長 国韓国 生1946年12月3日 現2000

キム・ホンゴン 金弘建 Kim, Hong-kun 実業家 新星貿易会長 国韓国 生1949年5月17日 現2000

キム・ホンシク 金泓殖 Kim, Hong-shick 実業家 金福酒会社,慶州法酒会長 国韓国 生1928年1月20日 現2000

キム・ホンシク 金本植 Kim, Bon-shik 全羅南道地方警察庁長 国韓国 生1939年8月3日 現2000

キム・ホンジプ 金弘集 プロ野球選手(投手) 国韓国 生1971年1月30日 現1996

キム・ホンジプ 金洪埶 プロ野球選手(内野手) 国韓国 生1969年9月16日 現1996

キム・ホンジュン 金弘中 Kim, Hong-jung 銀行家 極東相互信用金庫会長 国韓国 生1951年11月1日 現2000

キム・ボンジュン 金奉準 プロボクサー 元・WBAミニマム級世界チャンピオン 国韓国 生1992／1996

キム・ボンジョ 金奉祚 Kim, Bong-jo 政治家 韓国国会議員(ハンナラ党) 国韓国 生1939年4月15日 現2000

キム・ホンシン 金洪信 Kim, hong-shin 作家 国韓国 生1947年3月19日 現1996

キム・ホンジン 金鴻振 Kim, Hong-zin 崇実大学教授・人文部長 現ドイツ文学 国韓国 生1938年12月29日 現2000

キム・ホンス 金洪洙 弁護士 大韓弁護士協会会長 国韓国 生1923年9月16日 現1996

キム・ボンセン 「韓国新聞」論説委員 国韓国 現1992

キム・ホンナム 金紅男 Kim, Hong-nam 梨花女子大学大学院教授,梨花女子大学博物館館長 現美術史学 国韓国 生1948年1月23日 現2000

キム・ボンハク 金鳳鶴 済州銀行長 国韓国 生1922年11月10日 現1996

キム・ボンホ 金珤鎬 政治家 韓国国会議員・副議長 国韓国 生1933年5月10日 現1996／2000／2004

キム・ボンモ 金鳳模 Kim, Bong-mo 釜山大学国語国文学科教授・人文学部長 現韓国語 国韓国 生1944年5月14日 現2000

キム・ボンユル 金奉律 軍人 元・北朝鮮人民武力省次官,元・朝鮮労働党中央委員,元・人民軍次帥 国北朝鮮 生1917年 没1995年7月19日 現1996

キム・ボンヨン 金奉永 プロ野球選手(投手) 国韓国 生1973年2月25日 現1996

キム・ボンヨン 金奉淵 プロ野球コーチ 国韓国 生1952年1月13日 現1996

キム・ボンロク 金奉緑 Kim, Bong-lok 牧師 元・基督教大韓監理会監督会長 国韓国 生1925年7月10日 現2000

キム・マリア 金マリア 人権活動家 国ロシア 生1930年12月12日 現2004(キン・マリア)／2008(キン・マリア)

キム・マンオク 金万玉 Kim, Man-ok 作家 国韓国 生1938年11月25日 現2000

キム・マンギ 金楠起 ジャーナリスト 国際コミュニケーション研究所代表 国韓国 生1931年2月28日 現1996

キム・マングム 金万金 元・北朝鮮労働党中央委員,元・北朝鮮祖

国統一民主主義戦線議長,元・元北朝鮮副首相　⑩北朝鮮　⑭1984年11月2日　㊙1992

キム・マンジェ　金満堤　実業家　元・韓国副首相・経済企画院長官,元・浦項総合製鉄会長　⑩韓国　⑭1934年12月3日　㊙1996／2000

キム・マンジョ　金晩助　ソウル大学農芸化学科助教授　㊨食品工学　⑩韓国　⑭1928年　㊙2004

キム・マンジョ　金満祚　プロ野球選手(投手)　⑩韓国　⑭1969年7月11日　㊙1996

キム・マンジョン　金万亭　早稲田大学教育学部講師・理工学研究所特別研究員,韓国地形学会長,暁星女子大学校師範大学長　㊨地形学　⑩韓国　⑭1930年　㊙1992／1996

キム・マンス　金万洙　Kim, Man-soo　号＝青村　実業家　東亜タイヤ社長　⑩韓国　⑭1930年12月18日　㊙2000

キム・マンフ　金満后　プロ野球コーチ　⑩韓国　⑭1964年3月26日　㊙1996

キム・マンボク　金万福　Kim, Man-bok　元・韓国国家情報院院長　⑩韓国　⑭1946年4月25日　㊙2008／2012

キム・マンボク　金万福　Kim, Man-pok　指揮者　淑明女子大学音楽学部教授・学部長,ソウル市交響楽団名誉指揮者　⑩韓国　⑭1926年6月25日　㊙2000

キム・ミギョン　金美経　Kim, Mi-kyung　梨花女子大学食品栄養学科教授・人間生活環境研究所長　㊨食品栄養学　⑩韓国　⑭1945年3月19日　㊙2000

キム・ミジョン　金美廷　Kim, Mi-jung　柔道選手　⑩韓国　㊙1996

キム・ミスク　金美淑　タレント　⑩韓国　⑭1959年3月26日　㊙1996

キム・ミヌ　金民友　Kim, Min-woo　サッカー選手(MF)　⑩韓国　⑭1990年2月25日　㊙2012

キム・ミヒョン　金美賢　Kim, Mi-hyun　元・プロゴルファー　⑩韓国　⑭1977年1月13日　㊙2000／2004／2008／2012

キム・ミファ　金美花　コメディアン　⑩韓国　⑭1964年9月22日　㊙1996

キム・ミホ　金美鎬　プロ野球選手(内野手)　⑩韓国　⑭1967年10月7日　㊙1996

キム・ミョンオク　金明玉　芸名＝羅美　歌手　⑩韓国　⑭1957年1月1日　㊙1996

キム・ミョンギ　金明基　Kim, Myung-ki　号＝又田　明知大学法政学部教授・一般大学院長　㊨国際法　⑩韓国　⑭1936年5月10日　㊙2000

キム・ミョンギュ　金明圭　Kim, Myeong-kyu　政治家　韓国国会議員(国民会議)　⑩韓国　⑭1942年2月1日　㊙2000

キム・ミョンゴル　金命傑　「ハンギョレ新聞」代表理事　⑩韓国　⑭1938年1月7日　㊙1996

キム・ミョンゴン　金明坤　Kim, Myung-gon　俳優,演出家,劇作家　劇団アリラン主宰　元・韓国文化観光相,元・韓国国立中央劇場場長　⑩韓国　⑭1952年12月3日　㊙1992／1996／2008／2012

キム・ミョンシク　金明植　詩人　アジア・アフリカ・ラテンアメリカ研究院院長　⑩韓国　⑭1944年　㊙1992／1996

キム・ミョンジャ　金明子　Kim, Myong-ja　政治家,化学者　元・韓国環境相,元・淑明女子大学教授　⑩韓国　⑭1944年7月13日　㊙2000

キム・ミョンジュン　金明俊　Kim, Myeong-joon　映画監督　⑩韓国　⑭1970年　㊙2012

キム・ミョンス　金明水　タレント　⑩韓国　⑭1966年8月27日　㊙1996

キム・ミョンスン　金明順　Kim, Myung-soon　号＝寧静軒　嶺南大学国語教育学科教授,韓国古小説学会副会長　⑩韓国文学　⑩韓国　⑭1944年12月19日　㊙2000

キム・ミョンソプ　金明燮　Kim, Myung-sup　政治家,薬剤師　韓国国会議員(ハンナラ党)　⑩韓国　⑭1938年7月27日　㊙2000

キム・ミョンソン　金明成　プロ野球コーチ　⑩韓国　⑭1946年9月3日　㊙1996

キム・ミョンチョル　軍事・外交評論家　㊨朝鮮半島政治情勢・軍事問題　⑩韓国　⑭1944年　㊙2000／2008

キム・ミョンドク　金明徳　コメディアン　⑩韓国　⑭1960年3月20日　㊙1996

キム・ミョンニョン　金命年　Kim, Myung-nyun　実業家　大林水産会長　⑩韓国　⑭1924年6月20日　㊙2000

キム・ミョンファ　金明和　Kim, Myung-hwa　劇作家,演劇評論家　⑩韓国　⑭1966年　㊙2004／2008／2012

キム・ミョンファン　金明桓　韓国科学技術院電気・電子工学科教授,コーネル大学名誉教授　⑩韓国　⑭1932年2月8日　㊙1996

キム・ミョンフェ　金明会　「コリアオブザーバー」(英文学術誌)理事長　⑩韓国　⑭1923年4月8日　㊙1996

キム・ミョンホ　金命鎬　号＝白雲　延世大学名誉教授　⑩韓国　⑭1923年9月22日　㊙1996

キム・ミョンホ　金明浩　元・韓国銀行総裁　⑩韓国　⑭1935年3月9日　㊙1996(金 明浩／金 明鎬)

キム・ミョンホ　金明浩　徳成女子大学教授,韓国デザイナー協会副理事長　⑩韓国　⑭1936年3月25日　㊙1996

キム・ミョンミン　Kim, Myung-min　漢字名＝金明民　俳優　⑩韓国　⑭1972年10月8日　㊙2008／2012

キム・ミョンユン　金明潤　Kim, Myung-yoon　政治家　韓国国会議員(ハンナラ党)　⑩韓国　⑭1924年5月3日　㊙2000

キム・ミン　金旻　Kim, Min　バイオリニスト　ソウル大学音楽学部器楽科教授,ソウルバロク合奏団音楽監督　⑩韓国　⑭1942年8月10日　㊙2000

キム・ミンウ　金民雨　本名＝キムサンジン　歌手　⑩韓国　⑭1969年5月18日　㊙1996

キム・ミンギ　金敏基　Kim, Min-gi　演出家,作曲家　⑩韓国　⑭1951年　㊙2004／2008

キム・ミンゴン　金旻坤　韓国外国語大学物理学科教授　㊨物理学　⑩韓国　⑭1938年1月14日　㊙1996

キム・ミンジェ　金敏宰　プロ野球選手(内野手)　⑩韓国　⑭1973年1月3日　㊙1996

キム・ミンジュン　Kim, Min-joon　俳優　⑩韓国　⑭1976年7月24日　㊙2012

キム・ミンジョン　金旻鐘　歌手　⑩韓国　⑭1972年3月23日　㊙1996

キム・ミンス　金敏洙　高麗大学名誉教授,周時経研究所長　⑩韓国　⑭1926年3月19日　㊙1996

キム・ミンソク　金民錫　Kim, Min-seok　政治家　韓国国会議員(国民会議)　⑩韓国　⑭1964年5月29日　㊙2000

キム・ミンソン　Kim, Min-seon　女優　⑩韓国　⑭1979年8月16日　㊙2004／2008／2012

キム・ミンテ　金玟泰　プロ野球選手(投手)　⑩韓国　⑭1971年3月23日　㊙1996

キム・ミンヒ　金玟希　タレント　⑩韓国　⑭1976年4月15日　㊙1996

キム・ミンヒ　金民姫　タレント　⑩韓国　⑭1972年8月28日　㊙1996

キム・ミンホ　金敏浩　プロ野球選手(内野手)　⑩韓国　⑭1969年3月19日　㊙1996

キム・ミンホ　金旻浩　プロ野球選手(内野手)　⑩韓国　⑭1961年4月28日　㊙1992／1996

キム・ム　金武　Kim, Moo　英語名＝Kim,Stephen Moo　実業家　亜南SNT社長　⑩韓国　⑭1935年9月2日　㊙2000

キム・ムゴン　金武坤　Kim, Moo-kon　社会心理学者　東国大学社会科学部新聞放送学科教授　㊨新聞放送学　⑩韓国　⑭1961年10月29日　㊙2008

キム・ムセン　金茂生　タレント　⑩韓国　⑭1943年3月16日　㊙1996

キム・ムソン　金武星　Kim, Moo-sung　政治家　韓国国会議員(ハンナラ党)　⑩韓国　⑭1951年9月20日　㊙2000

キム・ムンウン　金文雄　Kim, Moon-ung　大邱大学教育大学院長　㊨韓国語　⑩韓国　⑭1940年8月22日　㊙2000

キム・ムンギョン　金 文経　Kim, Mun-gyong　崇実大学名誉教授　[専]東洋史学　[国]韓国　[生]1931年2月9日　[典]2000

キム・ムンギル　金 文吉　釜山外国語大学日本語科教授　[専]日本語学, 日本史　[国]韓国　[生]1945年　[典]2000／2004／2008

キム・ムンジェ　金 文在　C&B社長, インター・ビジネス・コンサルタント(IBC)社長　[国]韓国　[生]1947年8月1日　[典]1996

キム・ムンジャ　金 文子　Kim, Mun-ja　号=逸峯　声楽家　韓国建国大学音楽教育学科教授　[国]韓国　[生]1938年5月10日　[典]2000

キム・ムンス　金 文洙　作家　正韓出版社主幹　[国]韓国　[生]1939年　[典]1992

キム・ムンス　金 文洙　Kim, Moon-su　政治家　韓国国会議員, ハンナラ党院内副総務　[国]韓国　[生]1951年8月27日　[典]2000

キム・ムンスク　金 文淑　女性運動家　挺身隊問題対策釜山協議会会長　[国]韓国　[典]1996

キム・ムンスク　金 文淑　Kim, Moon-suk　舞踊家　金文淑舞踊芸術学院長, ソウルダンスアカデミー会長　[国]韓国　[生]1928年12月27日　[典]1996／2000

キム・ムンヒ　金 文姫　龍文高校長　[国]韓国　[生]1928年10月13日　[典]1996

キム・ムンベ　金 文培　作家　[国]韓国　[生]1952年　[典]1996

キム・メジャ　金 梅子　舞踊家, 振付師　創舞会(チャンムフェ)主宰, 創舞(チャンム)芸術院理事長, 北京舞踊大学名誉教授　[国]韓国　[生]1943年5月31日　[典]1992／1996／2000／2004／2008／2012

キム・モイム　金 慕妊　政治家　元・韓国保健福祉相　[国]韓国　[生]1935年5月23日　[典]1996／2000

キム・ヤンイル　金 洋一　韓国コンピュータ専務理事　[国]韓国　[生]1941年3月7日　[典]1996

キム, ヤン・ウク　Kim, Young Uck　バイオリニスト　[生]1947年9月1日　[典]1992／1996

キム, ヤング　Kim, Young C.　国際政治学者　ジョージ・ワシントン大学名誉教授　[専]東アジア, 朝鮮半島問題　[国]米国　[生]1928年　[典]1996／2000／2004／2008／2012

キム, ヤング　「わたしはAgnostic、不可知論者」の著者　[国]韓国　[生]1926年　[典]2008

キム・ヤンゴン　金 養建　Kim, Yang-gon　政治家　朝鮮労働党中央委員会統一戦線部長・政治局員候補・書記, 北朝鮮国防委員会参事　[国]北朝鮮　[生]1938年4月24日　[典]1996／2000／2004／2008／2012

キム・ヤンシク　金 良植　Kim, Yang-shik　詩人　韓国女流文学人会理事, 韓・インド文化研究会会長　[国]韓国　[生]1931年1月4日　[典]1996

キム・ヤンジュ　金 良住　培材大学世界地域学部助教授　[専]文化人類学　[国]韓国　[生]1956年　[典]2000

キム・ヤンス　金 良洙　Kim, Yang-soo　号=耆山　文芸評論家　ユネスコ仁川会長　[国]韓国　[生]1933年4月25日　[典]2000

キム・ヤンホ　金 良浩　Kim, Yang-ho　韓国言語文化院院長, 韓国産業教育連合会会長　[専]言語学(スピーチ)　[国]韓国　[生]1943年4月9日　[典]2000

キム・ユサン　金 祐祥　Kim, You-sang　韓国投資信託協会会長, 韓国証券分析学会会長　元・韓国国会議員　[国]韓国　[生]1937年10月7日　[典]2000

キム・ユジン　金 柳珍　プロ野球選手(投手)　[国]韓国　[生]1969年6月25日　[典]1996

キム・ユジン　金 裕珍　Kim, Yu-jin　映画監督　[国]韓国　[生]1950年　[典]1996

キム・ユスン　金 裕淳　外交官　元・駐ルーマニア北朝鮮大使, 元・朝鮮オリンピック委員長　[国]北朝鮮　[没]1996年8月10日　[典]1996

キム・ユソン　金 裕盛　法学者　ソウル大学法学部教授　[国]韓国　[生]1940年　[典]2004

キム・ユチェ　金 祐采　Kim, Yoo-chae　韓国産業技術大学総長　[国]韓国　[生]1943年2月1日　[典]2000

キム・ユナ　グループ名=紫雨林　ロック歌手　[国]韓国　[生]1974年3月　[典]2004／2008

キム・ユナム　金 裕南　檀国大学政治外交学科教授, 韓国国防部政策諮問委員長, 韓国法務部諮問教授　[国]韓国　[生]1939年11月19日　[典]1996

キム・ユハン　金 祐恒　Kim, Yoo-hang　仁荷大学教授　[専]化学　[国]韓国　[生]1945年4月29日　[典]2000

キム・ユヒョク　金 裕赫　檀国大学地域開発学科教授, 安重根義士記念館館長, 韓国地域社会開発学会会長　[国]韓国　[生]1932年9月26日　[典]1996

キム・ユミ　Kim, Yumi　漢字名=金有美　女優　[国]韓国　[生]1980年10月12日　[典]2004／2008／2012

キム・ユン　金 銃　Kim, Yoon　実業家　三養社長　[国]韓国　[生]1953年1月24日　[典]2000

キム・ユン　金 潤　詩人　[国]韓国　[生]1932年　[典]1996

キム・ユン　金 潤　Kim, Youn　忠南大学医学部教授・附属病院神経外科長　[専]神経外科　[国]韓国　[生]1943年9月1日　[典]2000

キム・ユンギ　金 允起　Kim, Yoon-ki　元・韓国建設交通相　[国]韓国　[生]1942年2月5日　[典]2000／2004

キム・ユンギョン　漢字名=金潤敬　女優　[国]韓国　[典]2004

キム・ユンギョン　金 允景　本名=金紅福　タレント　[国]韓国　[生]1949年11月17日　[典]1996

キム・ユングン　金 潤根　Kim, Yun-gun　元・軍人　元・韓国水産開発公社社長, 元・韓国海兵中将　[国]韓国　[生]1926年5月　[典]2000

キム・ユンジェ　金 倫材　グラフィックデザイナー　南ソウル大学アニメーション学科教授　[国]韓国　[典]2004

キム・ユンシク　金 允植　文芸評論家　ソウル大学国文学科教授　[国]韓国　[生]1936年8月10日　[典]1996

キム・ユンシム　金 允心　自伝「海南の空へ」を出版した元従軍慰安婦　[国]韓国　[典]2004

キム・ユンジャ　金 潤子　声楽家　淑明女子大学教授, 韓国現代オペラ団総務理事　[専]ソプラノ　[国]韓国　[典]1992

キム・ユンジン　Kim, Yun-jin　漢字名=金允珍　女優　[国]米国　[生]1973年11月7日　[典]2004／2008／2012

キム・ユンス　金 允秀　Kim, Yoon-soo　釜山毎日新聞社長　[国]韓国　[生]1954年10月26日　[典]2000

キム・ユンス　金 潤洙　美術評論家　「創作と批評」発行人, 嶺南大学美術学部教授　[国]韓国　[生]1936年2月11日　[典]1996／2004

キム・ユンセ　金 侖世　Kim, Yoon-se　仁山竹塩工業代表, 「身土不二健康」発行人, 韓国竹塩工業協同組合理事長　[国]韓国　[生]1955年6月3日　[典]2000

キム・ユンソク　Kim, Yun-seok　俳優　[国]韓国　[生]1967年1月21日　[典]2012

キム・ユンソン　金 潤成　号=閑石　詩人　[国]韓国　[生]1926年3月24日　[典]1996

キム・ユンドク　金 胤徳　Kim, Yun-duk　韓国女性指導者協議会会長, 韓国国民新党最高委員　元・韓国国会議員　[国]韓国　[生]1936年7月15日　[典]2000

キム・ユンハク　金 玧学　プロ野球選手(捕手)　[国]韓国　[生]1972年5月3日　[典]1996

キム・ユンハク　金 允学　Kim, Youn-hak　韓国中央投資信託社長　[国]韓国　[生]1946年9月30日　[典]2000

キム・ユンファン　金 潤煥　Kim, Yoon-whan　雅号=虚舟　政治家　元・ハンナラ党副総裁, 元・韓日議員連盟会長, 元・韓国国会議員　[国]韓国　[生]1932年6月7日　[没]2003年12月15日　[典]1992／1996／2000／2004

キム・ユンファン　金 潤煥　号=至川　高麗大学名誉教授, 韓国国民経済社会協会共同議長　[国]韓国　[生]1921年3月22日　[典]1996

キム・ユンベ　金 允培　弁理士　大韓商議工業所有権相談役, 国際工業所有権研究所長, 韓国特許庁不正競争審議委員長　[国]韓国　[生]1943年5月29日　[典]1996

キム・ユンホ　金 潤浩　Kim, Youn-ho　検察官　釜山地検東部支庁長　[国]韓国　[生]1947年12月22日　[典]2000

キム・ユンミ　金 潤美　Kim, Yun-mi　スピードスケート選手(ショートトラック)　[国]韓国　[生]1980年12月1日　[典]2000

キム・ヨス　金 麗寿　Kim, Yer-su　ソウル大学哲学科教授　[専]哲学　[国]韓国　[生]1936年12月30日　[典]2000

キム・ヨソプ　金 燿燮　詩人　[国]韓国　[生]1927年4月6日　[典]1996

キム・ヨナ　Kim, Yu-na　漢字名=金姸児　フィギュアスケート選手　バンクーバー五輪フィギュアスケート女子シングル金メダリスト　[国]韓国　[生]1990年9月5日　[典]2008／2012

キム・ヨファン　金 麗煥　Kim, Yoe-hwan　実業家　大韓通運社長, 韓国物流協会会長　[国]韓国　[生]1938年9月17日　[典]2000

キム・ヨムジェ　金 稔堤　Kim, Yum-je　マーケイション社長　[専]広告学　[国]韓国　[生]1941年3月27日　[典]2000

キム・ヨルリム　金 列林　ヨルリム企画委員長　[国]韓国　[生]1960年　[典]2000

キム・ヨン　金 鏞　Kim, Yong　MBCアカデミー社長　[国]韓国　[生]1941年9月29日　[典]2000

キム・ヨン　金 勇　タレント　北朝鮮から韓国へ亡命した青年　[生]1958年5月　[典]1996（キン・ユウ）

キム・ヨン　金 龍　Kim, Young　舞踏家　[専]処容舞　[国]韓国　[生]1933年4月20日　[典]2000

キム・ヨンイル　金 栄馹　Kim, Young-iel　政治家　韓国国会議員（ハンナラ党）　[国]韓国　[生]1942年7月7日　[典]2000

キム・ヨンイル　金 栄一　聯合通信専務理事, 韓国新聞編集人協会副会長　[国]韓国　[生]1940年9月29日　[典]1996

キム・ヨンイル　金 栄一　Kim, Young-il　裁判官　昌原地法院長　[国]韓国　[生]1940年3月13日　[典]2000

キム・ヨンイル　金 永日　Kim, Yong-il　外交官　北朝鮮外務次官　[国]北朝鮮　[生]1945年4月7日　[典]2008／2012

キム・ヨンイル　金 英逸　Kim, Yong-il　政治家　元・北朝鮮首相　[国]北朝鮮　[生]1944年5月2日　[典]2008／2012

キム・ヨンウ　金 用雨　元・韓国国防相　[国]韓国　[没]1985年9月13日　[典]1992

キム・ヨンウォン　金 容元　Kim, Yong-won　図書出版生と夢社長　[国]韓国　[生]1935年7月20日　[典]2000

キム・ヨンウォン　金 容源　Kim, Yong-won　ナレテレコム社長　[国]韓国　[生]1956年10月25日　[典]2000

キム・ヨンウク　金 永旭　亜洲大学化学工学科教授, 韓国生産技術研究院長　[国]韓国　[生]1935年7月29日　[典]1996

キム・ヨンウン　金 容雲　Kim, Yong-woon　数学者, 哲学者, 文化評論家　漢陽大学名誉教授　[専]位相数学, 数学史, 文明論, 比較文化論, 外交論　[国]韓国　[生]1927年9月6日　[典]1992（キム・ヨンウ）／1996（金 容雲／金 容曇）／2000／2012

キム・ヨンエ　金 姈愛　タレント　[国]韓国　[生]1951年4月21日　[典]1996

キム・ヨンオ　金 容午　Kim, Yong-oh　僧侶　釜山大覚寺住志　[国]韓国　[生]1928年3月5日　[典]2000

キム・ヨンオク　金 容沃　評論家　[専]東洋学, 韓国映画史　[国]韓国　[典]1992

キム・ヨンカプ　金 容甲　民主改革研究所理事長　[国]韓国　[生]1936年9月28日　[典]1996

キム・ヨンギ　金 永琪　文学評論家　江原日報付設太白文化研究所長, 韓国文学評論家協会理事　[国]韓国　[生]1938年3月1日　[典]1996

キム・ヨンギュン　金 英均　檀国大学医療院長, ソウル大学名誉教授　[国]韓国　[生]1926年4月2日　[典]1996

キム・ヨンギュン　金 容均　Kim, Yong-kyun　ハースメディア会長　[国]韓国　[生]1937年8月9日　[典]2000

キム・ヨンギュン　金 容鈞　弁護士　[国]韓国　[生]1942年2月18日　[典]1996

キム・ヨンギョ　金 栄教　高麗大学畜産学科教授　[国]韓国　[生]1933年5月13日　[典]1996

キム・ヨンギョン　金 軟景　Kim, Yeon-koung　バレーボール選手　[国]韓国　[生]1988年2月26日　[典]2012

キム・ヨンギル　金 栄吉　写真家　Sang-ji Young-seo大学教授　[国]韓国　[生]1965年　[典]2004

キム・ヨンギル　金 永吉　日本名=永田絃次郎　オペラ歌手　[国]北朝鮮　[生]1909年　[没]1985年　[典]2000

キム・ヨンギル　金 泳吉　Kim, Young-gil　韓東大学総長, 韓国創造科学学会会長　[専]金属工学　[国]韓国　[生]1939年10月3日　[典]2000

キム・ヨング　金 栄亀　Kim, Young-koo　政治家　韓国国会議員（ハンナラ党）　[国]韓国　[生]1940年1月12日　[典]2000

キム・ヨング　金 栄球　Kim, Young-koo　実業家　慶南製糸会長　[国]韓国　[生]1938年2月17日　[典]2000

キム・ヨング　金 容九　Kim, Yong-koo　実業家　韓火情報通信社長　[国]韓国　[生]1944年7月18日　[典]2000

キム・ヨング　金 鎔九　Kim, Yong-koo　実業家　韓国国際商事社長　[国]韓国　[生]1943年4月12日　[典]2000

キム・ヨングァン　金 永寛　牧師　[国]韓国　[典]2000

キム・ヨングァン　金 永光　元・韓国国会議員, 元・韓日親善協会副会長　[国]韓国　[生]1931年10月20日　[没]2010年9月13日　[典]1996

キム・ヨングァン　金 永光　Kim, Young-kwang　実業家　エネックス社長　[国]韓国　[生]1944年12月10日　[典]2000

キム・ヨンクック　金 用国　プロ野球選手（内野手）　[国]韓国　[生]1962年4月5日　[典]1992（キム・ヨングク）／1996

キム・ヨングン　金 英権　Kim, Young-gwon　サッカー選手（DF）　[国]韓国　[生]1990年2月27日　[典]2012

キム・ヨンゴル　金 英傑　浦項工科大学大学院長　[国]韓国　[生]1930年9月11日　[典]1996

キム・ヨンゴン　金 容建　タレント　[国]韓国　[生]1946年5月8日　[典]1996

キム・ヨンサム　金 泳三　Kim, Young-sam　号=巨山　政治家　元・韓国大統領, 元・韓国民自党総裁　[国]韓国　[生]1927年12月20日　[典]1992／1996／2000／2004／2008／2012

キム・ヨンサン　金 栄燦　Kim, Young-san　韓国中央大学コンピュータ工学科教授・情報産業大学院長　[専]コンピューター工学　[国]韓国　[生]1942年11月22日　[典]2000

キム・ヨンサン　金 永祥　Kim, Young-sang　号=蓬岡　又石大学法学科教授・人文社会科学部長　[専]法学　[国]韓国　[生]1936年4月5日　[典]2000

キム・ヨンシク　金 永植　元・韓国文相　[国]韓国　[生]1930年5月4日　[典]1996

キム・ヨンシク　金 溶植　外交官　元・韓国外相　[国]韓国　[生]1913年11月11日　[没]1995年3月31日　[典]1992／1996

キム・ヨンジク　金 永稷　プロ野球選手（外野手）　[国]韓国　[生]1960年9月26日　[典]1996

キム・ヨンジク　金 容稷　Kim, Yong-jik　文学評論家　ソウル大学文理学部教授　[専]韓国近代文学　[国]韓国　[生]1932年11月30日　[典]2000

キム・ヨンジャ　Kim, Yon-ja　本名=金蓮子　歌手　[国]韓国　[生]1959年1月25日　[典]1992／1996／2000／2004／2008／2012

キム・ヨンジャク　金 栄作　元・国民大学政治外交学科教授・日本学研究所長　[国]韓国　[生]1941年1月4日　[典]1996／2008

キム・ヨンジャン　金 容章　月刊「旅路」発行・編集者, 社会開発研究所理事長　[国]韓国　[生]1922年7月2日　[典]1996

キム・ヨンジュ　金 英柱　Kim, Yong-ju　政治家　北朝鮮最高人民会議常任委員会名誉副委員長　元・北朝鮮国家副主席　[国]北朝鮮　[生]1920年　[典]1996／2000／2004／2008／2012

キム・ヨンジュ　金 龍周　元・駐日韓国公使, 元・全紡社会長　[国]韓国　[没]1985年1月27日　[典]1992

キム・ヨンジュン　金 栄俊　駕洛国史跡開発研究院理事長　[国]韓国　[生]1916年12月4日　[典]1996

キム・ヨンジュン　金 永俊　Kim, Young-jun　号=松正　政治家　韓国国会議員（ハンナラ党）　[国]韓国　[生]1941年4月27日　[典]2000

キム・ヨンジュン　金 永俊　Kim, Young-jun　実業家　LG創業投資社長　[国]韓国　[生]1941年11月27日　[典]2000

キム・ヨンジュン　金 永駿　韓国監査院長　[国]韓国　[生]1928年6月19日　[典]1996

キム・ヨンジュン　金 泳中　彫刻家　ソウル現代彫刻公募展運営委員長　[国]韓国　[生]1926年3月15日　[典]1996

キム・ヨンジュン　金 容俊　韓国最高裁判事　[国]韓国　[生]1938年12月2日　[典]1996

キム・ヨンジュン 金連俊 漢陽大学財団理事長,韓国音楽協会名誉理事長 国韓国 生1914年2月20日 没1996

キム・ヨンジョ 金演祚 Kim, Yun-joe 韓国中央総合金融社長 国韓国 生1937年3月19日 没2000

キム・ヨンジョン 金栄禎 Kim, Yung-chung 韓国赤十字社副総裁,元・韓国政務第2長官 国韓国 生1929年10月5日 没1992／1996

キム・ヨンジョン 金鎔貞 Kim, Yong-jeung 編集者 「科学思想」編集人,東国大学名誉教授 専東洋哲学 国韓国 生1930年12月28日 没2000

キム・ヨンジン 金栄珍 Kim, Young-jin 政治家 韓国国会議員(ハンナラ党) 国韓国 生1940年11月18日 没2000

キム・ヨンジン 金栄鎮 Kim, Young-jin 号=緑山 韓国乳加工協会会長 国韓国 生1931年9月19日 没2000

キム・ヨンジン 金永進 Kim, Young-jin 進道社長 国韓国 生1941年2月17日 没1996

キム・ヨンジン 金永鎮 Kim, Young-jin 「セボッ(新しい友)」発行人,聖書教材代表理事 国韓国 生1944年6月16日 没2000

キム・ヨンジン 金泳鎮 Kim, Young-jin 政治家 韓国国会議員(民主党),元・韓国農林相 国韓国 生1947年11月17日 没2000／2004／2008

キム・ヨンジン 金寧珍 Kim, Young-jin 実業家 韓独薬品社長 国韓国 生1956年11月22日 没2000

キム・ヨンジン 金容振 作曲家 ソウル大学音楽学部長 国韓国 生1930年3月3日 没1996

キム・ヨンジン 金容鎮 Kim, Yong-chin 韓国銀行監督院長 国韓国 生1939年1月17日 没2000

キム・ヨンス 金栄洙 韓国放送開発院長 国韓国 生1935年1月23日 没1996

キム・ヨンス 金栄洙 Kim, Young-soo 実業家 韓国電装会長,韓国電原会長,Itt Cannon Korea会長,韓国IST会長 国韓国 生1940年12月27日 没2000

キム・ヨンス 金永秀 Kim, Young-soo 号=南松 文学評論家 清州大学国文学科教授,忠清語文学会会長 国韓国 生1933年3月20日 没2000

キム・ヨンス 金英秀 西江大学教授 専北朝鮮の政治文化 国韓国 生1957年 没1996／2008／2012

キム・ヨンス 金龍洙 プロ野球選手(投手) 国韓国 生1960年5月2日 没1992／1996

キム・ヨンス 金龍洙 金剛企画国際担当理事 国韓国 生1927年5月26日 没1996

キム・ヨンス 金衍洙 作家 国韓国 生1970年 没2008／2012

キム・ヨンスク 金用淑 国文学者 元・淑明女子大学文科大学長 国韓国 生1923年8月25日 没1996

キム・ヨンスン 重量挙げ選手 国北朝鮮 没1992

キム・ヨンスン 金容淳 Kim, Yong-sun 政治家,外交官 元・朝鮮労働党中央委員会書記(対南担当),元・アジア太平洋平和委員会委員長,元・祖国平和統一委員会副委員長 国北朝鮮 生1934年7月5日 没2003年10月26日 没1992／1996／2000／2004

キム・ヨンソ 金栄昭 Kim, Young-so 外交官 在福岡韓国総領事 国韓国 生1954年5月15日 没2008

キム・ヨンソ 金龍瑞 梨花女子大学教授 専政治学 国韓国 生1939年 没1996

キム・ヨンソク 金栄石 大韓教育保険社長・代表理事副会長 国韓国 生1940年2月3日 没1996

キム・ヨンソク 金容奭 号=知山 韓国精密光電気会長,韓国システム技術会長 国韓国 生1935年9月18日 没1996

キム・ヨンソプ 金容燮 外交官 駐カンボジア北朝鮮大使 国北朝鮮 没2000

キム・ヨンソプ 金容燮 歴史学者 専韓国農業史 国韓国 生1931年 没2004

キム・ヨンソン 金映宣 Kim, Young-sun 政治家 韓国国会議員(ハンナラ党) 国韓国 生1960年5月16日 没2000

キム・ヨンソン 金永先 元・韓国国会議員 国韓国 生1929年8月2日 没1996

キム・ヨンソン 金永善 元・駐日韓国大使 国韓国 没1987年2月17日 没1992

キム・ヨンソン 金容誠 Kim, Yong-sung 作家 仁荷大学国文科副教授 国韓国 生1940年11月22日 没2000

キム・ヨンソン 金容仙 プロ野球選手(内野手) 国韓国 生1970年8月9日 没1996

キム・ヨンソン 金容善 Kim, Yong-sun 号=竹麓 島山学術研究院院長,光州興士団会長 専教育学 国韓国 生1932年8月18日 没2000

キム・ヨンソン 金龍成 社会福祉活動家 元・ナザレ園理事長 国韓国 生1919年 没2003年3月15日 没2000

キム・ヨンチェ 金鎔采 Kim, Yong-chae 政治家 元・韓国建設交通相,元・韓国自由民主連合副総裁,元・韓国国会議員 国韓国 生1932年10月5日 没2000／2004

キム・ヨンチャン 金容纂 Kim, Yong-chan 西原大学経営学科教授・人文社会学部長 専経営学 国韓国 生1937年11月27日 没2000

キム・ヨンチュン 金栄春 Kim, Young-chun 政治家 韓国国会議員(ハンナラ党) 国韓国 生1962年2月5日 没2004

キム・ヨンチュン 金永春 Kim, Yong-chun 軍人 北朝鮮人民武力相(国防相),北朝鮮国防委員会副委員長,朝鮮労働党政治局員・中央軍事委員,次帥 元・朝鮮人民軍総参謀長 国北朝鮮 生1936年3月4日 没2000／2004／2008／2012

キム・ヨンチョル 金永喆 実業家 (株)進道会長,北米パンサー自動車社長,KEICO自動車社長 国韓国 生1938年 没1992／1996

キム・ヨンチョル 金永哲 タレント 国韓国 生1953年2月25日 没1996

キム・ヨンチョル 金容哲 弁護士 国韓国 生1924年12月17日 没1996

キム・ヨンチョル 金容哲 プロ野球選手(外野手) 国韓国 生1957年9月21日 没1996

キム・ヨンテ 金瑢泰 Kim, Yong-tae 政治家 韓国民自党院内総務 国韓国 生1936年1月19日 没1996／2000

キム・ヨンテ 金栄泰 Kim, Young-tai 詩人,舞踊評論家 国韓国 生1936年11月22日 没2000

キム・ヨンテ 金英泰 Kim, Young-tai 号=南亭 工芸家 啓明大学美術学部産業美術学科教授・美術学部長 国韓国 生1940年11月9日 没2000

キム・ヨンテ 金英泰 Kim, Young-tai 韓国産業銀行総裁 国韓国 生1942年6月10日 没2000

キム・ヨンテ 金然泰 Kim, Yon-tae 裁判官 ソウル高等法院部長判事 国韓国 生1945年12月5日 没2000

キム・ヨンデ 金英大 Kim, Young-tae 実業家 韓国物流用役代表理事,大成酸素会長,大成ヘンケル化学副会長 国韓国 生1942年10月2日 没2000

キム・ヨンド 金永棹 Kim, Young-do 登山家,翻訳家 韓国登山研究所所長 国韓国 生1924年10月18日 没2000

キム・ヨンドク 金栄徳 現代コーポレーションUSA社長 国韓国 没1992

キム・ヨンドク 金永徳 プロ野球監督 国韓国 生1936年1月27日 没1996

キム・ヨンドク 金永徳 韓国放送振興院研究員 専日韓の放送比較 国韓国 生1964年 没2008

キム・ヨンドク 金容徳 Kim, Yong-deok 歴史家 ソウル大学国際大学院長 専東洋史,日本史 国韓国 生1944年 没1996／2004／2008／2012

キム・ヨンドン 金栄墩 Kim, Young-don 号=玄旨 元・済州大学教育大学院長 専韓国文学,韓国民謡学 国韓国 生1933年3月22日 没2000

キム・ヨンナム 金永南 Kim, Yong-nam 政治家 北朝鮮最高人民会議常任委員会委員長,朝鮮労働党政治局常務委員 元・北朝鮮副首相・外相 国北朝鮮 生1928年2月4日 没1992／1996／2000／2004／2008／2012

キム・ヨンナム　金 英男　Kim, Young-nam　実業家　オリオン電気社長　[国]韓国　[生]1942年3月19日　[典]2000

キム・ヨンナム　金 勇男　プロ野球コーチ　[国]韓国　[生]1958年2月26日　[典]1996

キム・ヨンハク　金 永学　Kim, Young-hak　号=丁山　彫刻家　[国]韓国　[生]1926年12月2日　[典]2000

キム・ヨンハン　金 英漢　Kim, Young-han　号=思彗　崇実大学教養学科教授・基督教学大学院長　[専]キリスト教学　[国]韓国　[生]1946年10月18日　[典]2000

キム・ヨンヒ　金 永熙　Kim, Young-hie　ジャーナリスト　中央日報常務　[国]韓国　[生]1936年8月26日　[典]2000

キム・ヨンヒ　金 用熙　プロ野球コーチ　[国]韓国　[生]1955年10月4日　[典]1996

キム・ヨンヒョン　Kim, Young-hyun　脚本家　[国]韓国　[生]1966年　[典]2008／2012

キム・ヨンファ　金 龍華　Kim, Yong-wha　湖南大学社会科学部教授・大学院長　[専]法学　[国]韓国　[生]1943年8月7日　[典]2000

キム・ヨンファ　金 龍華　韓国脱北者同志会広報部長　[国]韓国　[生]1953年　[典]2004／2008

キム・ヨンファン　金 栄煥　神父　暁星女子大学総長　[国]韓国　[生]1930年4月15日　[典]1996

キム・ヨンファン　金 栄煥　Kim, Young-hwan　号=松園　実業家　松園グループ会長　[国]韓国　[生]1934年1月4日　[典]2000

キム・ヨンファン　金 栄煥　Kim, Young-hwan　号=素山　実業家　新韓社長　[国]韓国　[生]1940年2月5日　[典]2000

キム・ヨンファン　金 栄煥　Kim, Young-hwan　実業家　現代電子社長　[国]韓国　[生]1942年8月8日　[典]2000

キム・ヨンファン　金 栄煥　Kim, Young-hwan　政治家, 詩人　韓国国会議員(国民会議)　[国]韓国　[生]1955年5月27日　[典]2000

キム・ヨンファン　金 永煥　旧ペンネーム=鋼鉄　北朝鮮研究家, 元・学生運動家　青い共同体21会長,「時代精神」編集委員　[国]韓国　[生]1963年　[典]2000／2012

キム・ヨンファン　金 龍煥　日本名=北宏二　漫画家　統一日報社顧問　[国]韓国　[生]1912年　[典]1996

キム・ヨンファン　金 龍煥　Kim, Yong-hwan　政治家　韓国国会議員　元・韓国自由民主連合副総裁　[国]韓国　[生]1932年2月5日　[典]2000／2004

キム・ヨンフィ　金 永徽　韓国ロータリー総裁団議長　[国]韓国　[生]1913年9月4日　[典]1996

キム・ヨンベ　金 栄培　Kim, Young-bae　実業家　三進製薬代表理事会長, 一進製薬代表理事会長, 韓国医薬品輸出入協会会長　[国]韓国　[生]1937年4月15日　[典]2000

キム・ヨンベ　金 英培　Kim, Young-bae　号=杏村　東国大学名誉教授　[専]韓国語, 韓国方言　[国]韓国　[生]1931年12月8日　[典]2000

キム・ヨンベ　金 令培　政治家　韓国国会議員　[国]韓国　[生]1932年12月23日　[典]1996／2000

キム・ヨンホ　金 栄浩　Kim, Young-ho　大林時計代表理事,「時計」発行人　[国]韓国　[生]1938年7月17日　[典]2000

キム・ヨンホ　金 永浩　政治家　朝鮮社会民主党委員長　[国]北朝鮮　[典]2000

キム・ヨンホ　金 永浩　Kim, Young-ho　フェンシング選手　[国]韓国　[典]2004

キム・ヨンホ　金 泳鎬　経済学者　慶北大学経済学部教授　元・韓国産業資源相　[専]アジア経済　[国]韓国　[生]1940年　[典]1992／1996／2000／2004

キム・ヨンホ　金 容晧　Kim, Yong-ho　実業家　韓国電子部品工業社長　[国]韓国　[生]1936年7月16日　[典]2000

キム・ヨンボク　金 容福　Kim, Yong-bok　基督教アジア研究院院長, 全州韓一神学校総長　[専]キリスト教学　[国]韓国　[生]1938年11月1日　[典]2000

キム・ヨンボム　金 龍範　聯合通信東北アジア情報文化センター常任理事,IPI韓国委員会事務局長　[国]韓国　[生]1942年1月14日　[典]1996

キム・ヨンマン　金 容万　指揮者　ソウル市立国楽管弦楽団常任指揮者, ロサンゼルス韓国文化研究所共同所長　[国]韓国　[生]1947年11月30日　[典]1996

キム・ヨンマン　金 龍万　コメディアン　[国]韓国　[生]1967年11月30日　[典]1996

キム・ヨンミ　金 英美　ソプラノ歌手　韓国芸術総合学校教授　[国]韓国　[典]2004

キム・ヨンミョン　金 永明　Kim, Yong-myung　政治学者　翰林大学教授　[国]韓国　[生]1954年　[典]1996

キム・ヨンミョン　金 永明　Kim, Young-myung　建国大学医学部教授・附属病院医療院長　[専]医学　[国]韓国　[生]1935年10月13日　[典]2000

キム・ヨンミン　Kim, Yeong-min　俳優　[国]韓国　[生]1971年11月5日　[典]2008／2012

キム・ヨンモ　金 泳謨　Kim, Young-mo　韓国中央大学社会福祉学科教授, 韓国社会福祉政策学会会長　[専]社会福祉学　[国]韓国　[生]1937年3月2日　[典]2000

キム・ヨンヨル　金 永烈　Kim, Young-yol　ソウル経済新聞代表理事社長　[国]韓国　[生]1937年10月21日　[典]2000

キム・ヨンラン　金 英蘭　タレント　[国]韓国　[生]1956年8月19日　[典]1996

キム・ヨンリム　金 永琳　美術家　[国]韓国　[典]2004／2008

キム・ヨンリム　金 容琳　タレント　[国]韓国　[生]1940年3月3日　[典]1996

キム・ヨンレ　金 庸来　ソウルオリンピック記念事業会長　元・韓国総務処長官, 元・ソウル市長　[国]韓国　[生]1934年3月15日　[典]1992／1996

キム・ヨンワン　金 容完　号=東隠　元・韓国全経連名誉会長, 元・(株)ギョンバン育英会理事長・名誉会長　[国]韓国　[生]1904年4月9日　[没]1996年1月17日　[典]1996

キム, リチャード　Kim, Richard E.　本名=金恩国　作家, 評論家　[国]米国　[生]1932年　[典]1996

キム・リン　教育学者　ソンムン大学教養語学部教授　[典]2008

キム・レウォン　Kim, Rae-won　漢字名=金来沅　俳優　[国]韓国　[生]1981年3月19日　[典]2008／2012

キム, レーホ　Kim, Rekho　漢字名=金麗湖　ロシア科学アカデミー世界文学研究所教授　[専]日本文学　[国]ロシア　[生]1928年　[典]1992／1996／2000／2004

キム・ワンジン　金 完鎮　ソウル大学国文学科教授, 韓国国語学会会長　[国]韓国　[生]1931年8月26日　[典]1996

キム・ワンス　金 完洙　韓国観光開発研究院理事長　[国]韓国　[生]1927年3月15日　[典]1996

キム・ワンスン　金 完淳　高麗大学経営大学貿易学科教授, 韓国商工部貿易委員長　[国]韓国　[生]1935年8月28日　[典]1996

キム・ワンソク　金 旺石　Kim, Wang-suk　韓国中央大学新聞放送学科教授・新聞放送大学院長　[専]新聞放送学　[国]韓国　[生]1953年3月13日　[典]2000

キム・ワンソプ　金 完燮　Kim, Wan-seop　作家, 評論家, ジャーナリスト　[国]韓国　[生]1963年　[典]2004／2008／2012

キム・ワンソン　金 完宣　本名=キムイソン　歌手　[国]韓国　[生]1969年5月16日　[典]1992／1996

キム・ワンヒ　金 完熙　Kim, Wan-hee　慶熙大学韓医学科教授　[専]韓医学　[国]韓国　[生]1932年12月23日　[典]2000

キムジーハウス, ヘンリー　Kimsey-House, Henry　ビジネスコーチ　[国]米国　[典]2004

キム・シン　歌手　[国]ベトナム　[生]1930年4月2日　[典]1992／1996

ギムゼウスキー, ジェームズ　IBMチューリヒ研究所プロジェクトリーダー　[典]2000

キムラ, ドリーン　Kimura, Doreen　ウェスタンオンタリオ大学心理学教授・神経内科学教室名誉講師　[専]神経内科学　[国]カナダ　[典]1996

キムラ, リリアン　ソーシャルワーカー　全米日系市民協会(JACL)会長, 全米YWCA副会長　[国]米国　[典]1996

キムラ・スティーブン, チグサ　Kimura-Steven, Chigusa　カンタベリー大学教授　[専]日本近代文学　[生]1942年　[典]1996／2000

キ

ギーメシュ, ヨーゼフ　Gemes, Jozsef　アニメーション作家　国ハンガリー　生1939年　没1992

キメット, デニス　Kimetto, Dennis　本名=キメット, デニス・キプルト　マラソン選手　国ケニア　生1984年1月22日

キメル, エリザベス・コーディー　Kimmel, Elizabeth Cody　作家　国米国　没2004／2012

キメル, シドニー　Kimmel, Sidney　実業家　ジョーンズ・アパレル・グループ (JAG) 代表　国米国　生1928年　没2004

キメル, ダグラス　Kimmel, Douglas C.　心理学者　ニューヨーク市立大学心理学科名誉教授　発達心理学, 同性愛　国米国　没2004

キメル, ポール　Kimmel, Paul　コンピュータ技術者　Software Conceptions創立者　国米国　没2004

キメルドーフ, ハワード　Kimeldorf, Howard　ミシガン大学社会学部助教授　社会学　国米国　生1950年　没1996

キメルバーグ, ハロルド　Kimelberg, Harold K.　オルバニー医科大学教授　脳外科学, 生化学, 薬学, 毒物学　国米国　没1992

キモ　Kimo　格闘家　生1964年1月4日　没2008

キモト・トミタ, メリー　Kimoto Tomita, Mary　元・図書館司書　国米国　生1918年　没2000

ギャウロフ, ニコライ　Ghiaurov, Nicolai　バス歌手　国ブルガリア　生1929年9月13日　没2004年6月2日　没2004

キャグニー, ウィリアム　Cagney, William　映画監督　国米国　没1988年1月3日　没1992

ギャグニー, グレグ　Gagne, Greg　大リーグ選手（内野手）　国米国　生1961年11月12日　没2000

キャグニー, ジェームズ　Cagney, James　俳優　国米国　生1899年6月17日　没1986年3月30日　没1992

ギャグノン, ブルース・K.　反軍拡運動家, 元・農民運動指導者　宇宙反核地球ネットワーク・コーディネーター　国米国　没2004／2008

キャサー, マリオ　キャロルコ会長　国米国　没1996

キャサーウッド, フレデリック　Catherwood, Henry Frederick Ross　元・英国経営者連盟会長, 元・EC議会副議長　国英国　生1925年1月30日　没2000

ギャザース, ハンク　バスケットボール選手　国米国　没1990年3月4日　没1992

ギャザラ, ベン　Gazzara, Ben　本名=Gazzarra,Biago　俳優　国米国　生1930年8月28日　没2012年2月3日　没1996

キャサリン妃　Catherine　旧名=ミドルトン, キャサリン　別称=ケンブリッジ公夫人, 旧称=ケイト　ウィリアム英国王子夫人　国英国　生1982年1月9日　没2008（ミドルトン, ケイト）／2012

キャサレット, A.　コーネル大学副総長　放射能生物学　国米国　生1930年　没1992

キャシー　Cathy　本名=Newell,Cathy　グループ名=ベルファイア　歌手　国アイルランド　生1982年7月14日　没2004

キャシディ, アン　Cassidy, Anne　作家　国英国　生1952年　没2008

キャシディ, エレーン　女優　国アイルランド　没2000／2004

キャシディ, カーラ　Cassidy, Carla　ロマンス作家　国米国　没2004

キャシディ, ジョアンナ　Cassidy, Joanna　女優　国米国　生1944年　没1992

キャシディー, トマス　ニュースキャスター　元・CNNテレビ・キャスター　国米国　没1991年5月26日　没1992

キャシレス, バリー　Cassileth, Barrie R.　医学者　ノースカロライナ大学医学部助教授, デューク大学地域医療顧問教授　癌　没2004

ギャス, ウィリアム・ハワード　Gass, William Howard　作家, 評論家　国米国　生1924年　没1992／2004

キャスカート, パティ　Cathcart, Patti　本名=キャスカート, パトリシア　デュオ名=タック＆パティ　ジャズ歌手　没2012

キャスキー, キャロライン　アイデンティジーン社長　国米国　没2000

ギャスキン, フランコ　壁画家　国米国　没2004

ギャスケル, ジェーン　Gaskell, Jane　本名=Gaskell Lynch,Jane　SF作家, ファンタジー作家　国英国　生1941年　没1996

ギャスコイン, デービッド　Gascoyne, David Emery　詩人　国英国　生1916年　没1992

キャスタン, フランソワ　Castaing, François J.　クライスラー副社長　国フランス　生1945年　没2000

キャスティ, ジョン　Casti, John L.　数学者, 作家　ウィーン工科大学教授, サンタフェ研究所研究員　複雑系　国米国　生1943年　没2000

ギャスディン, カジ　Ghiyasuddin, Kazi　画家　国バングラデシュ　生1951年　没2000

キャステリ, レオ　Castelli, Leo　画商　国米国　生1907年9月4日　没1999年8月22日　没1992

キャストラ, ジョルジュ　Castera, Georges　詩人, 挿絵画家　ハイチ作家協会副書記　国ハイチ　没2004／2008

キャスパー, ビリー　Casper, Billy　プロゴルファー　国米国　生1931年　没1992

キャスパリー, ベラ　作家　国米国　没1987年6月13日　没1992

ギャスライト, ジュリアン・スーザン　画家　国カナダ　生1966年　没2000

キャセバウム, ナンシー　米国上院議員（共和党）　国米国　生1932年　没1992

キャタラス, ルイス　実業家　TRW・SSJ社長　国米国　没2000

キャッシュ, ジョニー　Cash, Johnny　本名=Cash,John R.　カントリー歌手, ギタリスト, 作詞・作曲家　国米国　生1932年2月26日　没2003年9月12日　没1992／1996

キャッシュ, ロザリンド　Cash, Rosalind　女優　国米国　生1938年12月31日　没1995年10月31日　没1996

キャッシュダン, シェルドン　Cashdan, Sheldon　心理学者　マサチューセッツ大学名誉教授　国米国　没2004／2008

キャッシュマン, ジム　アイルランド政府産業開発庁（IDA）極東代表　国アイルランド　生1938年　没1992

キャッシュマン, ブライアン　Cashman, Brian　ニューヨーク・ヤンキースGM　国米国　生1967年7月3日　没2004／2008／2012

キャッチ, エイブラハム　Katsh, Abraham I.　元・ドロプシー大学学長　ヘブライ語　国米国　没1996

ギャッチェル, ロバート　Gatchel, Robert J.　テキサス大学健康科学センター精神科心理学部教授　臨床心理学　国米国　没1996

キャッチポール, ブライアン　Catchpole, Brian　著述家, 歴史教育家　ドーセット陸軍士官候補生部隊長　20世紀現代史, 航空史　国英国　生1929年　没1992／1996

キャッチングス, タミカ　Catchings, Tamika　バスケットボール選手　アテネ五輪・北京五輪・ロンドン五輪バスケットボール女子金メダリスト　国米国　生1979年7月21日　没2000

キャッツ, サフラ　Catz, Safra A.　実業家　オラクル社長・CFO　国米国　没2008／2012

キャッツ, スティーブン　Katz, Steven D.　脚本家　キュリオス・ピクチャーズ社デジタル・プロダクション部門長　国米国　没2000

キャッツ, マイケル　セガ・オブ・アメリカ（サンフランシスコ）消費者部門社長・最高業務責任者　国米国　没1992

キャットムル, エドウィン　Catmull, Edwin　コンピュータ・グラフィックス・デザイナー　ピクサー・アニメーション・スタジオ社長　国米国　生1946年3月31日　没2008／2012

キャップ, リチャード　指揮者, 作曲家　フィルハーモニア・ヴァーチュオージ創立者・音楽監督　国米国　生1936年　没1992

キャディ, アイリーン　Caddy, Eileen　宗教家, チャネラー　フィンドホーン共同体創設者　生1917年　没1996／2000

ギャディス, ウィリアム　Gaddis, William　作家　国米国　生1922年　没1998年12月16日　没1992

ギャディス, ジョン　Gaddis, John Lewis　歴史学者　エール大学歴史学部教授　米国外交史, 冷戦期の米ソ関係史　国米国　没2004

キャトー, ヘンリー　Catto, Henry Edward　外交官　元・米国広報文化交流庁長官, 元・駐英米国大使　国米国　生1930年12月6日

[没]2011年12月18日　[典]1996／2000

キャドウ, ジャニーン　Kadow, Jeannine　作家, テレビリポーター, ニュースキャスター　[典]2004

ギャドニー, レグ　Gadney, Reg　作家, 美術史家　ロンドン国立映画劇場副支配人　[国]英国　[生]1941年　[典]2000

キャドバリー, デボラ　Cadbury, Deborah　サイエンス・ジャーナリスト　[国]英国　[生]1942年　[典]2000

キャドベリー, エイドリアン　Cadbury, Adrian　本名=Cadbury, George Adrian Hayhurst　実業家　元・キャドベリー・シュウェップス会長　[国]英国　[生]1929年4月15日　[典]2004／2008

キャトラル, キム　Cattrall, Kim　女優　[生]1956年8月21日　[典]1992／2004／2012

キャトリィ・カールソン, M.　カナダ国際開発援助庁総裁　[国]カナダ　[生]1942年　[典]1992

キャナダイン, デービッド　Cannadine, David　歴史学者　ロンドン大学歴史研究所所長　[国]英国　[生]1950年　[典]2008

ギャニオン, アンドレ　ピアニスト, 作曲家　[国]カナダ　[生]1942年　[典]1992／1996／2000

キャニオン, クリストファー　Canyon, Christopher　イラストレーター　[国]米国　[典]2004

キャニオン, ロッド　インソース・マネージメント・グループ会長　元・コンパック・コンピューター社長・CEO　[国]米国　[典]1992／1996

キャニデイト, トラング　Canidate, Trung　元・プロフットボール選手　[国]米国　[生]1977年3月3日　[典]2004／2008

キャネル, スティーブン　Cannell, Stephen　本名=Cannell, Stephen Joseph　プロデューサー, 脚本家, 作家　[国]米国　[生]1941年2月5日　[没]2010年9月30日　[典]2000

キャネル, ドロシー　Cannell, Dorothy　ミステリー作家　[国]米国　[典]1996

ギャネンドラ・ビル・ビクラム・シャー・デブ　Gyanendra Bir Bikram Shah Dev　元・ネパール国王　[国]ネパール　[生]1947年7月7日　[典]2004／2008／2012

キャノン, J.G.　Cannon, Joseph G.　化学者　アイオワ大学名誉教授　[国]米国　[典]2004

キャノン, ジェフ　Cannon, Jeff　ドラフトデジタル上級副社長　[国]米国　[典]2008

キャノン, ジェフリー　Cannon, Geoffrey　ジャーナリスト　世界がん研究基金科学部門ディレクター　[国]英国　[典]2000

キャノン, ジャック　Canan, Jack C.　軍人　元・GHQ参謀第2部（G2）情報将校（中佐）　[国]米国　[生]1914年3月　[没]1981年3月8日　[典]1992

キャノン, ジョゼフ　Kanon, Joseph　作家　[国]米国　[典]2000／2012

キャノン, ジョン　Cannon, Jon　軍人　[国]米国　[典]2008

キャノン, トゥイリー　Cannon, Twilly　反核運動家　グリーンピース船長　[国]米国　[典]1996

キャノン, ドロレス　Cannon, Dolores　前世研究家　[国]米国　[生]1931年　[典]1996

キャノン, ニック　Cannon, Nick　歌手, 俳優　[国]米国　[生]1980年10月8日　[典]2012

ギャノン, マイケル　Gannon, Michael　歴史学者　フロリダ大学歴史学教授　[専]軍事史　[国]米国　[典]2004／2008

ギャノン, リッチ　Gannon, Rich　元・プロフットボール選手　[国]米国　[生]1965年12月20日　[典]2004／2008

キャパ, コーネル　Capa, Cornell　旧名=フリードマン, コーネル　写真家　元・国際写真センター（ICP）名誉館長, 元・マグナム代表　[国]米国　[生]1918年4月10日　[没]2008年5月23日　[典]1992／1996／2000

キャパス, ジョン　Kappas, John G.　精神分析医, 催眠療法士, 医師　ヒプノシス・モチベーション学院HMI創設者　[典]2008

ギャバート, スティーブン　ギャバード・アソシエーツ社代表　元・全米精米業者協会（RMA）理事長　[国]米国　[生]1944年　[典]1992

キャバナ, H.ドワイト　Cavanagh, H.Dwight　テキサス大学サウスウエスタンメディカルセンター眼科主任教授　[専]眼科学　[国]米国　[典]2000

キャパニック, コリン　Kaepernick, Colin　プロフットボール選手（QB）　[国]米国　[生]1987年11月3日

キャバノー, アーサー　Cavanaugh, Arthur　作家　[国]米国　[典]1992

キャバリエ, ジャック　Cavallier, Jacques　調香師　フィルメニッヒ・フランス社調香師　[国]フランス　[生]1962年1月24日　[典]2000

キャパレル, ステファニー　Capparell, Stephanie　ジャーナリスト　[典]2004

キャバレロ, カーメン　Cavallero, Carmen　ピアニスト　[国]米国　[生]1917年5月6日　[没]1989年10月12日　[典]1992

キャバン, バネッサ　Cabban, Vanessa　画家, 絵本作家　[国]英国　[生]1971年　[典]2004

キャピュシーヌ　Capucine　本名=ルフェブル, ジェルメーヌ　女優　[生]1932年1月6日　[没]1990年3月17日　[典]1992

キャフィー, ジェイソン　Caffey, Jason　プロバスケットボール選手　[国]米国　[生]1973年6月12日　[典]2000／2008

キャプショー, ケート　Capshaw, Kate　女優　[国]米国　[生]1953年　[典]1992

ギャフニー, フランク　Gaffney, Frank J.　コラムニスト　米国安全保障政策研究所所長　[国]米国　[生]1953年　[典]2000

ギャブラー, ニール　Gabler, Neal　映画解説者, 評論家　[国]米国　[典]1992

キャプラ, フランク　Capra, Frank R.　映画監督　[国]米国　[生]1897年5月18日　[没]1991年9月3日　[典]1992

キャプラン, ギルバート　指揮者　「インスティチューショナル・インベェスター」社長・編集主幹　[国]米国　[典]1992

キャプラン, シドニー・ジャネット　英文学者　ワシントン大学準教授　[専]20世紀女性作家, バージニア・ウルフ, キャサリン・マンスフィールド, 女性研究　[国]米国　[生]1939年　[典]1992

キャプラン, ジョナサン　Kaplan, Jonathan　映画監督　[国]米国　[生]1947年11月25日　[典]1996

キャプラン, ロバート・S.　Kaplan, Robert S.　ハーバード大学ビジネススクール・マービン・ハウワー基金講座教授　[典]2008

キャプロン, ジャン・ピエール　Capron, Jean-Pierre　画家　[国]フランス　[生]1921年　[典]1992／1996

キャペリー, ピーター　Cappelli, Peter　経営学者　ペンシルベニア大学ウォートン校経営大学院教授　[専]雇用　[国]米国　[典]2004／2008

キャボット, スーザン　Cabot-Roman, Susan　女優　[国]米国　[没]1986年12月10日　[典]1992

キャボット, トレーシー　Cabot, Tracy　心理学者, ジャーナリスト　人間関係研究センター所長　[典]2000

キャボット, メグ　Cabot, Meg　別名=キャボット, パトリシア　ロマンス作家, イラストレーター　[国]米国　[典]2004

キャムセル, ダン　Camsell, Don　警備コンサルタント, 元・軍人　元・英国海兵隊特殊舟艇隊（SBS）曹長　[国]英国　[典]2004

キャメロン, N.D.　Cameron, Neil Donald　遺伝学者　ロスリン研究所プロジェクトリーダー　[専]動物遺伝学, 量的遺伝学　[国]英国　[生]1954年2月　[典]2004／2008

キャメロン, W.ブルース　Cameron, W.Bruce　コラムニスト　[国]米国　[生]1960年　[典]2004

キャメロン, アン　Cameron, Ann　児童文学作家　[国]米国　[典]1992

キャメロン, サンディ　スコットランド開発公社（SDA）東京連絡事務所駐在代表　[国]英国　[典]1992

キャメロン, ジェームズ　Cameron, James　ジャーナリスト　[国]英国　[没]1985年1月26日　[典]1992

キャメロン, ジェームズ　Cameron, James　本名=Cameron,James Francis　映画監督, 映画プロデューサー, 脚本家　ライトストーム・エンターテインメント会長・CEO　[国]カナダ　[生]1954年8月16日　[典]1992／1996／2000／2004／2008／2012

キャメロン, ジュリア　Cameron, Julia　アーティスト, ライター, 映画監督　[国]米国　[典]2004

キャメロン, ステラ　Cameron, Stella　ロマンス作家　[国]米国　[典]1992／1996

キ

キャメロン, ダン　Cameron, Dan　キュレーター, 美術評論家　ニューミュージアム・シニア・キュレーター　国米国　⊕1956年　㊞2000

キャメロン, デービッド　Cameron, David　本名=Cameron,David William Duncan　政治家　英国首相,英国保守党党首　国英国　⊕1966年10月9日　㊞2008／2012

キャメロン, ピーター　Cameron, Peter　作家　国米国　⊕1959年　㊞2012

キャメロン, マイク　Cameron, Mike　本名=Cameron,Michael Terrance　元・大リーグ選手　国米国　⊕1973年1月8日　㊞2004／2008／2012

ギャモン, デービッド　Gamon, David　言語学者　㊙歴史言語学,言語の普遍的特徴,言語類型学　⊕1960年　㊞2004

キャラウェー, ポール　Caraway, Paul W.　軍人　元・沖縄高等弁務官　国米国　⊕1905年12月23日　㊟1986年12月13日　㊞1992

キャラウェイ, エリー　実業家　キャラウェイ・ゴルフ会長　元・バーリントン・インダストリー社長　国米国　㊞1996

キャラウェイ, フィリップ　Callaway, Phillip R.　宗教学者　㊞2008

ギャラガー, BJ　Gallagher, BJ　人材コンサルタント　ピーコック・プロダクション社長　国米国　㊞2004

ギャラガー, スティーブン　Gallagher, Stephen　作家　国英国　⊕1954年　㊞1996／2000

ギャラガー, セイリグ　Gallagher, Sealig　イラストレーター　⊕1959年　㊞1996

ギャラガー, テス　Gallagher, Tess　詩人,作家　国米国　⊕1943年　㊞1992／1996／2004／2008／2012

ギャラガー, ノエル　Gallagher, Noel　本名=Gallagher,Noel David Thomas　旧グループ名=Oasis　ロックミュージシャン　国英国　⊕1967年5月29日　㊞1996／2000／2004／2008／2012

ギャラガー, ヒュー　Gallagher, Hugh　作家　国米国　㊞2004／2008

ギャラガー, リアム　Gallagher, Liam　本名=Gallagher,Liam William John Paul　グループ名=Oasis　ロックミュージシャン　国英国　⊕1972年9月21日　㊞2000／2004／2008／2012

ギャラガー, ロリー　Gallager, Rory　ロックギタリスト　国アイルランド　⊕1949年3月2日　㊟1995年6月14日　㊞1996

キャラダイン, ジョン　Carradine, John　本名=Carradine, Richmond Reed　俳優　国米国　⊕1906年2月5日　㊟1988年11月28日　㊞1992

ギャラット, ジョン　Garratt, John　化学者　ヨーク大学化学科専任講師　国英国　㊞2004

ギャラップ, ジュニア, ゴードン　Gallup, Jr., Gordon　ニューヨーク州立大学オールバニー校心理学教授・学科長　㊞2008

ギャラップ, ジョージ　Gallup, George Horace　心理学者,世論統計家　元・ギャラップ社(世論調査機関)創設者　国米国　⊕1901年11月18日　㊟1984年7月27日　㊞1992

ギャラップ, ジョージ(Jr.)　Gallup, George(Jr.)　ギャラップ世論研究所所長　国米国　㊞1996

ギャラップ, スティーブン　Gallup, Stephen　アメリカン・ユニバーシティ教授　㊞1996

キャラディン, キース　Carradine, Keith　俳優　国米国　⊕1948年8月8日　㊞1996

ギャラード, エディ　Gaillard, Eddie　本名=Gaillard,Julian Edward,III　プロ野球選手(投手), 元・大リーグ選手　国米国　⊕1970年8月13日　㊞2004

キャラナン, パトリック　Callanan, Patrick　結婚家族療法家　国米国　㊞2008

ギャラハー, ケビン　Gallahcer, Kevin　サッカー選手(FW)　国英国　⊕1966年11月23日　㊞2000

ギャラハー, ジョン　プロラグビー選手(FB)　国ニュージーランド　㊞1992

キャラハー, チャールズ　Carraher, Charles E.　フロリダアトランティック大学教授,米国化学会高分子教育委員会議長　㊙高分子化学　国米国　㊞1996

ギャラハグ, アレン　Gallehugh, Allen　作家　国米国　㊞2004

ギャラハグ, スー　Gallehugh, Sue　カウンセラー　国米国　㊞2004

キャラハン, ウィリアム　Callaghan, William M.　軍人　元・米国海軍中将, 元・戦艦ミズーリ艦長　国米国　㊟1991年7月8日　㊞1992

キャラハン, ジェームズ　Callaghan, James　本名=Callaghan, Leonard James　政治家　元・英国首相, 元・英国労働党党首　国英国　⊕1912年3月27日　㊟2005年3月26日　㊞1992／1996

キャラハン, スティーブン　Callahan, Steven　ヨット設計家　国米国　⊕1952年　㊞2000

キャラハン, ダニエル　Callahan, Daniel　ヘイスティングス・センター所長　㊙老人医療　国米国　㊞2008(カラハン, ダニエル)

キャラハン, モーリー・エドワード　Callaghan, Morley Edward　作家　国カナダ　⊕1903年2月22日　㊟1990年8月25日　㊞1992

キャラハン, ロジャー　Callahan, Roger J.　セラピスト　元・イースタン・ミシガン大学準教授　国米国　㊞2004

ギャラファー, ヒュー・グレゴリー　Gallagher, Hugh Gregory　作家　国米国　㊞2000

キャラン, ダナ　Karan, Donna　ファッションデザイナー　ダナ・キャラン社設立者　国米国　⊕1948年10月2日　㊞1996／2000／2008／2012

ギャランタ, マーク　Galanter, Marc　ウィスコンシン大学教授　㊙法社会学,紛争解決制度　国米国　⊕1931年　㊞1996

キャリー, ジム　Carrey, Jim　本名=キャリー, ジェームズ・ユージーン　俳優　国米国　⊕1962年1月17日　㊞1996／2000／2004／2008／2012

キャリー, ジョン　Calley, John　映画プロデューサー, 実業家　元・ソニー・ピクチャーズ・エンタテインメント(SPE)会長・CEO, 元・ワーナー・ブラザーズ社長　国米国　⊕1930年　㊟2011年9月13日　㊞2000

キャリー, マライア　Carey, Mariah　歌手　国米国　⊕1970年3月27日　㊞1992／1996／2000／2004／2008／2012

ギャリー, レン　Garry, Len　グループ名=クオリーメン　ミュージシャン　国英国　㊞2008

ギャリオット, リチャード　Garriott, Richard Allen　実業家, 冒険家　オリジン社上級副社長　⊕1961年7月　㊞2000

キャリオン, マーク　Carreon, Mark　元・プロ野球選手　国米国　⊕1963年7月9日　㊞2000

ギャリガン, ジョン　Garrigan, John　キュレーター, グラフィックデザイナー　㊞1992

キャリガン, セーラ　Carrigan, Sara　自転車選手　国オーストラリア　⊕1980年9月7日　㊞2008

キャリスン, ブライアン　Callison, Brian　海洋作家　国英国　⊕1934年　㊞1992／1996

ギャリソン, ジェフ　Garrison, Jeffrey G.　駒澤大学グローバル・メディア・スタディーズ学部教授　⊕1948年　㊞2008

ギャリソン, ジム　Garrison, Jim　法律家,作家　元・ルイジアナ州第四巡回区控訴裁判所判事,元・ニューオリンズ地方検事　国米国　⊕1921年　㊟1992年10月21日　㊞1992／1996

キャリソン, ダン　Carrison, Dan　「デッドラインを守れ！―プロジェクトを成功に導く, 最強の「時間戦術」」の著者

ギャリック, フィオナ　Garrick, Fiona　イラストレーター, ブックデザイナー　レッド・ポニープレス社代表　国カナダ　⊕1948年　㊞2000

キャリック, マイケル　Carrick, Michael　サッカー選手(MF)　国英国　⊕1981年7月28日　㊞2012

ギャリティ, ロバート　Garrity, Robert E.　ハワイ大学シニア講師, シャミナード大学準教授,日米経営科学研究所長　㊙経営科学　国米国　⊕1938年　㊞1996

キャリリオーネ, レオナルド　SDMI財団最高責任者　㊙MPEG　国イタリア　㊞2000

キャリントン, テリ・リン　Carrington, Terri Lyne　グループ名=モザイク・プロジェクト　ジャズドラマー　国米国　⊕1965年　㊞2012

キャリントン, ピーター　Carrington, Peter A.R.　政治家　元・北

大西洋条約機構（NATO）事務総長，元・英国外相 ⑱英国 ⑭1919年6月6日 ㊞1992／1996／2000

キャリントン，リサ　Carrington, Lisa　カヌー選手　ロンドン五輪カヌー女子カヤックシングル200メートル金メダリスト　⑱ニュージーランド　⑭1989年6月23日

キャリントン，レオノーラ　Carrington, Leonora　作家，画家　⑱英国　⑭1917年4月6日　⑮2011年5月25日　㊞1992／2000／2004

ギャル，フランソワ　Gall, Francois　画家　サロン・アンデパンダン副会長　⑱ルーマニア　⑭1912年　㊞1992

ギャール，ブリス　Guyart, Brice　フェンシング選手（フルーレ）シドニー五輪・アテネ五輪金メダリスト　⑱フランス　⑭1981年3月15日　㊞2008

ギャルソン，フレッド　Garson, Fred　映画監督　⑱フランス　⑭1970年　㊞2004

ギャルビン，ダニエル　Galvin, Daniel　ヘアカラーリスト　⑱英国　⑭1944年　㊞2000

ギャルピン，ロドニー　Galpin, Rodney Desmond　スタンダード・チャータード会長・CEO　⑱英国　⑭1932年2月5日　㊞1992／1996

キャルロッタ　Carlotta　イラストレーター　⑱フランス　㊞2004

キャレイ，コルビー　Caillat, Colbie　シンガー・ソングライター　⑱米国　⑭1985年5月28日　㊞2012

ギャレット，ジョージ　Garrett, George　作家　㊞1996

ギャレット，デービッド　バイオリニスト　⑱ドイツ　⑭1980年　㊞2000

ギャレット，ピーター　Garrett, Peter　旧グループ名＝ミッドナイト・オイル　政治家，ロック歌手　オーストラリア環境相　⑱オーストラリア　⑭1953年　㊞2004／2008

ギャレット，ヘンリー　Garrett, Henry Adrian　元・大リーグ選手，元・プロ野球選手　⑱米国　⑭1943年1月3日　㊞2000

ギャレット，マイケル・W.O.　ネッスル副社長　⑱オーストラリア　⑭1942年5月24日　㊞1992／1996

ギャレット，マルコム　Garrett, Malcolm　デザイナー　Assorted images（Ai）デザインディレクター，マンチェスター工科大学デザイン科大学院講師　⑱英国　⑭1956年　㊞1992

ギャレット，ランドル　Garrett, Randall　本名＝ギャレット，ランドル・フィリップ　別名＝ランガート，ダレル，ブレイド，アレクザンダー　SFミステリー作家　⑱米国　⑭1987年12月31日　㊞1992

ギャレット，ルース　Garrett, Ruth G.　コラムニスト　ジョージア大学教授，シニアネット代表　⑲老年学，教育学　⑱米国　㊞1996

ギャレット，ローリー　Garrett, Laurie　サイエンスライター　⑱米国　㊞2004

ギャレット，ローレンス（3世）　Garret, Henry Lawrence（III）　元・米海軍長官　⑱米国　⑭1939年6月24日　㊞1992／1996

ギャレルス，ロバート　Garrels, Robert Minard　地球化学者，地質学者　元・ノースウェスタン大学教授　⑱米国　⑭1916年8月24日　⑮没年不詳　㊞1992／1996

ギャロ，ビンセント　Gallo, Vincent　俳優，映画監督，ミュージシャン，画家　⑱米国　⑭1962年4月11日　㊞2000／2004／2008／2012

キャロ，マルク　Caro, Marc　コンビ名＝ジュネ＆キャロ，コスモフォニック　映像作家，ミュージシャン　⑱フランス　⑭1956年　㊞1996／2000／2004／2008／2012

ギャロ，ロバート　Gallo, Robert Charles　生体臨床医学者　メリーランド大学教授　元・米国立衛生研究所（NIH）腫瘍細胞生理学部長　⑲エイズ　⑱米国　⑭1937年3月23日　㊞1992／1996／2000／2008／2012

ギャロウェイ，イシュベル　Galloway, Ishbel　英語教師　元・東海大学専任講師　㊞2004

キャロウェイ，エリー　Callaway, Ely R.　実業家　元・キャロウェイゴルフ創業者　⑱米国　⑮2001年7月5日　㊞1996

キャロウェイ，キャブ　Calloway, Cab　ジャズ歌手　⑱米国　⑭1907年12月25日　⑮1994年11月18日　㊞1996

ギャロウェイ，ジョセフ　Galloway, Joseph L.　通称＝ギャロウェイ，ジョー　ジャーナリスト　元・UPI通信記者　⑱米国　⑭1941年　㊞2004

キャロス，エリック　Karros, Eric　大リーグ選手（内野手）　⑱米国　⑭1967年11月4日　㊞1996／2000／2004／2008

ギャロップ，ジェーン　Gallop, Jane　ウィスコンシン大学ミルウォーキー校教授　⑲フェミニズム　⑱米国　⑭1952年　㊞2004

キャロラン，ピーター　Carolan, Peter　グループ名＝ゴンドワナランド　音楽家　⑱オーストラリア　⑭1948年7月　㊞1996

キャロル，アンディ　Carroll, Andy　本名＝キャロル，アンドルー　サッカー選手（FW）　⑱英国　⑭1989年1月6日　㊞2012

キャロル，ウィラード　Carroll, Willard　映画監督　⑱米国　㊞2004

キャロル，コリーン　Carroll, Colleen　教育コンサルタント　⑲美術教育　⑱米国　㊞2000

キャロル，ジム　Carroll, Jim　詩人，ロック歌手　⑱米国　⑭1950年　⑮2009年9月11日　㊞1992／1996

キャロル，ジョナサン　Carroll, Jonathan　作家　⑱米国　⑭1949年1月26日　㊞1996／2000／2012

キャロル，ジョン　Carroll, John M.　コンピューター科学者　ペンシルベニア州立大学情報科学技術学部教授　⑱米国　⑭1950年　㊞2008（キャロル，ジョン／キャロル，ジョン・M.）

キャロル，ショーン・B.　Carroll, Sean B.　ハワード・ヒューズ医学研究所研究員，ウィスコンシン大学マディソン校教授　⑭1961年　㊞2008

キャロル，シンシア　Carroll, Cynthia　実業家，地質学者　アングロ・アメリカンCEO　⑱米国　㊞2008／2012

キャロル，ダイアン　Carroll, Diahann　女優，歌手　⑱米国　⑭1935年7月17日　㊞1996

キャロル，デービッド　Carroll, David A.C.　メリーランド州チェサピーク湾コーディネーター　⑲環境計画管理，地域資源管理，土地計画　⑱米国　⑭1946年　㊞1996

キャロル，パトリック　Carroll, Patrick　マラソン選手　⑱オーストラリア　⑭1961年8月17日　㊞1996／2000／2008

キャロル，ピート　Carroll, Peter J.　「無の書」の著者　⑱英国　⑭1953年　㊞2008

キャロル，ユージン　Carrol, Eugene J.　反核運動家，元・海軍少将　元・米国国防情報センター（CDI）副所長，元・空母ミッドウェー艦長　⑲防衛問題　⑱米国　⑮2003年2月19日　㊞1992／2000

キャロル，リー　Carroll, Lee　チャネラー　⑱米国　㊞2004

キャロン，アン　Caron, Ann F.　発達心理学者　㊞2004

キャロン，ジェラール　Caron, Gérard　デザイナー　カレ・ノアール社創業者，静岡文化芸術大学招聘客員教授　⑱フランス　⑭1938年8月30日　㊞1992／2000／2008／2012

キャロン，ジョセフ　Caron, Joseph　外交官　元・駐日カナダ大使　⑱カナダ　⑭1947年　㊞2008

キャロン，レスリー　Caron, Leslie　本名＝キャロン，レスリー・クレール・マーガレット　女優，ダンサー　⑱フランス　⑭1931年7月1日　㊞2012

ギャン，アサモア　Gyan, Asamoah　サッカー選手（FW）　⑱ガーナ　⑭1985年11月21日

ギャン，スティーブン　アドバンス・アンド・アソシエイツ社長　⑱米国　㊞1996／2000

キャンシラ，ドロシー　Cancilla, Dorothy　「HMOに娘は殺された」の著者　⑱米国　⑭1920年　㊞2004／2008

キャンター，ノーマン　Cantor, Norman F.　歴史学者　元・ニューヨーク大学教授　⑲中世史　⑱米国　⑭1929年　⑮2004年　㊞2000／2004／2008

キャンディ，ジョン　Candy, John　俳優，脚本家　⑱米国　⑭1951年10月31日　⑮1994年3月4日　㊞1996

キャンディオッティ，トム　Candiotti, Tom　大リーグ選手（投手）　⑱米国　⑭1957年8月31日　㊞1996／2000／2004

キャンデラ，フェリックス　Candela, Félix　本名＝カンデーラ・オテリーニョ，フェリックス　建築家，エンジニア　⑱米国　⑭1910年1月27日　⑮1997年12月7日　㊞1996

キャンデローロ，フィリップ　Candeloro, Philippe　プロスケー

ター, 元・フィギュアスケート選手　国フランス　⊕1972年2月17日　沒1996／2000

キャントウェル, アラン(Jr.)　Cantwell, Alan(Jr.)　医師　⊕皮膚科　国米国　⊕1934年　沒1996

キャンドランド, ポール　Candland, Paul　ウォルト・ディズニー・ジャパン社長　国米国　⊕1958年　沒2012

キャントン, マーク　映画プロデューサー　コロンビア・ピクチャーズ会長　国米国　沒1992／1996

キャンパー, フランク　Camper, Frank　諜報活動家, 作家　国米国　⊕1946年　沒1992／1996

キャンパネラ, ロイ　Campanella, Roy　大リーグ選手　国米国　⊕1921年11月19日　没1993年6月26日　沒1992／1996

ギャンバレ, フランク　Gambale, Frank　グループ名＝リターン・トゥ・フォーエバー　ジャズ・ギタリスト　国オーストラリア　⊕1958年12月22日

キャンビー, マーカス　Camby, Marcus　バスケットボール選手　国米国　⊕1974年3月22日

キャンビィ, シーラ　Canby, Sheila Randolph　美術史家, キュレーター　大英博物館中東古代部門主事　国米国　⊕1949年1月10日　沒2000

キャンピージー, デービッド　Campese, David Ian　ラグビー選手　国オーストラリア　⊕1962年10月21日　沒1996／2000／2012

キャンプ, キャンディス　Camp, Candace　別名＝グレゴリー, リサ, ジェームズ, クリスティン　作家　国米国　沒2004

キャンプ, ジム　Camp, Jim　コンサルタント　コーチ2100社長　国米国　沒2008

キャンプ, ソカリ・ダグラス　Camp, Sokari Douglas　彫刻家　⊕1958年　沒1996

キャンプ, リンゼイ　Camp, Lindsay　児童文学作家　国英国　⊕1957年　沒2000

キャンプ, ロバート　Camp, Robert C.　クオリティー・ネットワーク社長, ロチェスター工科大学講師　⊕ベンチマーキング開発　国米国　沒1996

キャンフィールド, キャス　編集者　元・ハーパー＆ロー社会長　国米国　没1986年3月27日　沒1992

キャンフィールド, ジャック　Canfield, Jack　講演家, 著述家　沒2004

キャンプベル, グレゴリー　プラズマ・マテリアルズ・テクノロジーズ(PMT)社長　国米国　沒2000

キャンプリン, アリサ　Camplin, Alisa　元・スキー選手(フリースタイル)　ソルトレークシティ五輪フリースタイルスキー女子エアリアル金メダリスト　国オーストラリア　⊕1974年11月10日　沒2004／2008／2012

ギャンブル, アンドルー　Gamble, Andrew　シェフィールド大学政治学科教授　⊕政治学　国英国　⊕1947年　沒2000

ギャンブル, エド　Gamble, Ed　漫画家　国米国　⊕1943年　沒1996

ギャンブル, クライブ　Gamble, Clive　サザンプトン大学助教授　⊕人類学　沒2000

キャンベル　エイ・ティ・アール音声翻訳通信研究所主幹研究員　⊕音声翻訳通信　国英国　沒2000

キャンベル, アンドリュー　Campbell, Andrew　アシュリッジ・ストラテジック・マネジメント・センター・ディレクター　沒2008

キャンベル, ウィリアム　Campbell, William E.　ドッグ・コンサルタント　国米国　沒1992

キャンベル, エリック　Campbell, Eric　作家　国英国　⊕1941年　沒2000

キャンベル, カート　Campbell, Kurt M.　米国国務次官補(東アジア太平洋担当), 新米国安全保障研究所(CNAS)所長　元・米国戦略国際問題研究所(CSIS)上級副所長, 元・米国国防次官補代理　国米国　沒2004／2008／2012

キャンベル, キース　Campbell, Keith　生物学者　元・ノッティンガム大学教授　世界初のクローン羊ドリーを誕生させた　⊕動物発生学, クローン　国英国　⊕1954年5月23日　没2012年10月5日

キャンベル, キム　Campbell, Kim　政治家　ロス総領事　元・カナダ首相　国カナダ　⊕1947年3月10日　沒1996／2000

キャンベル, キャサリン　Campbell, Catherine Bergman　元・ジャーナリスト　駐日カナダ大使夫人　国カナダ　沒2000

キャンベル, クリス　Campbell, Chris　プロゴルファー　国オーストラリア　⊕1975年11月20日　沒2008／2012

キャンベル, クレイトン　画家　国米国　⊕1951年　沒1996

キャンベル, グレン　Campbell, Glen　カントリー歌手　国米国　⊕1938年4月10日　沒1992

キャンベル, ゲイロン・サンフォード　Campbell, Gaylon Sanford　⊕生物環境物理学　国米国　⊕1940年　沒2004／2008

キャンベル, ケート　Campbell, Cate　水泳選手(自由形)　ロンドン五輪競泳女子4×100メートルリレー金メダリスト　国オーストラリア　⊕1992年5月20日

キャンベル, ゴードン・A.　チップス・アンド・テクノロジー社長　国米国　⊕1944年5月　沒1992

キャンベル, コリン　Campbell, Colin　作家　「ダイアナ妃」の著者　国英国　沒2000

キャンベル, ジェフ　Campbell, Jeff　クリーン・チーム代表　国米国　沒2004

キャンベル, ジェリー　元・米国連邦捜査局(FBI)特捜官　デリンジャーを射殺　国米国　没1991年1月1日　沒1992

キャンベル, ジェレミー　Campbell, Jeremy　科学ジャーナリスト　国英国　沒1992

ギャンベル, ジャン　Gimpel, Jean　中世史家　⊕中世技術史, 産業考古学　⊕1918年　沒2000

キャンベル, ジョン　Campbell, John Creighton　政治学者　ミシガン大学政治学部教授　⊕日本の政治・医療政策・政策決定過程　国米国　⊕1941年　沒1992／1996／2000／2004／2008

キャンベル, ジョン　Campbell, John T.　衛星通信技術者, テクノスリラー作家　国米国　沒1996

キャンベル, ジョン　Campbell, John　金融経済学者　ハーバード大学教授　⊕金融市場, ポートフォリオ理論　国英国　⊕1958年　沒2004

キャンベル, ソル　Campbell, Sol　元・サッカー選手　国英国　⊕1974年9月18日　沒2000／2004／2008／2012

キャンベル, ダンカン　ジャーナリスト　「ニュー・ステーツマン・アンド・ソサエイティ」誌副編集長　国英国　沒1992

キャンベル, チャド　Campbell, Chad　プロゴルファー　国米国　⊕1974年5月31日　沒2008

キャンベル, デービッド　Campbell, David G.　アイオワ州グリンネル・カレッジ教授, ニューヨーク植物園グッゲンハイム(財)特別研究員　⊕生物学, 生態学　国米国　⊕1949年　沒1996

キャンベル, テビン　Campbell, Tevin　歌手　国米国　⊕1976年11月12日　沒1996／2000

キャンベル, デリック・ネイサン　Campbell, Derrick Nathan　スケート選手(ショートトラック)　国カナダ　⊕1972年2月18日

キャンベル, ドン　音楽研究家, 著述家　⊕音楽療法　国米国　沒2004

キャンベル, ナオミ　Campbell, Naomi　ファッションモデル　国英国　⊕1970年5月22日　沒1996／2000／2008／2012

キャンベル, ニッキー　Campbell, Nikki　プロゴルファー　国オーストラリア　⊕1980年9月9日　沒2008／2012

キャンベル, ネート　Campbell, Nate　本名＝Campbell,Nathaniel　プロボクサー　元・WBA・IBF・WBO世界ライト級チャンピオン　国米国　⊕1972年3月7日

キャンベル, ネーブ　Campbell, Neve　本名＝Campbell,Neve Adrienne　女優　国カナダ　⊕1973年10月3日　沒2000／2004／2008／2012

キャンベル, ノーマン　Campbell, Norman　ミュージカル演出家, 作曲家　国カナダ　沒2004

キャンベル, フィオナ　歩いて世界一周　国英国　沒1996

キャンベル, フィリップ　「ネイチャー」編集長　国英国　沒2000

キャンベル, ブライアン　Campbell, Brian　アイスホッケー選手（DF）　⒈カナダ　⒉1979年5月23日

キャンベル, ベン・ナイトホース　Campbell, Ben Nighthorse　政治家,元・柔道選手　元・米国上院議員(共和党)　⒈米国　⒉1933年4月13日　⒊1996／2000／2004／2008／2012

キャンベル, マイケル　Campbell, Michael　プロゴルファー　⒈ニュージーランド　⒉1969年2月23日　⒊2008／2012

キャンベル, マーク　会計士　⒈米国　⒊2004

キャンベル, マーティン　Campbell, Martin　映画監督　⒉1940年　⒊2004／2008／2012

キャンベル, マルコム　会計士,元・マラソン選手　国際ウルトラランナーズ協会(IAU)会長　⒈英国　⒊1996

キャンベル, マルコム　Campbell, Malcolm　ゴルフライター　⒈英国　⒊2000

キャンベル, マレー　コンピューター研究者　IBMワトソン研究所　⒈米国　⒊2000

キャンベル, ラムゼー　Campbell, Ramsey　怪奇小説作家　⒈英国　⒉1946年　⒊1992／1996／2012

キャンベル, ルーク　Campbell, Luke　ボクシング選手　ロンドン五輪ボクシング男子バンタム級金メダリスト　⒈英国　⒉1987年9月27日

キャンベル, ロバート　Campbell, Robert　東京大学大学院総合文化研究科教授　⒉江戸文学,明治文学,漢詩文　⒈米国　⒉1957年　⒊1996／2000

キャンベル, ロバート　Campbell, Robert Wright　別筆名＝キャンベル,R.ライト　ミステリー作家,脚本家　⒈米国　⒉1927年6月9日　⒉2000年9月21日　⒊1992／1996

キャンベル, ローリー　Campbell, Laurie　ロマンス作家　⒈米国　⒊2004

キャンベル・ブラウン, ベロニカ　Campbell-Brown, Veronica　旧名＝キャンベル,ベロニカ　陸上選手(短距離)　アテネ五輪・北京五輪陸上女子200メートル金メダリスト　⒈ジャマイカ　⒉1982年5月5日　⒊2008(キャンベル, ベロニカ)／2012

キャンペン, トーマス　Kampen, Thomas　⒉中国政治　⒊2008

ギユー, ジャン　Guillou, Jean　オルガン奏者,作曲家　聖ユスタシュ教会オルガニスト　⒈フランス　⒉1930年4月4日　⒊1996

ギュー, ルイ　Guilloux, Louis　作家　⒈フランス　⒉1899年1月15日　⒊1992

キュアロン, アルフォンソ　Cuarón, Alfonso Orozco　映画監督,脚本家　⒈メキシコ　⒉1961年11月28日　⒊2004／2012

キュアロン, カルロス　Cuarón, Carlos　映画監督,脚本家　⒈メキシコ　⒉1966年　⒊2012

ギュイヨン, マキシム　Guyon, Maxime　騎手　⒈フランス　⒉1989年5月7日　⒊2012

キュウ・イロク　邱 蔚六　歯科医　上海第二医科大学付属第九人民医院院長,中国首腫瘤外科研究会副主席　⒈中国　⒉1932年　⒊1996

キュウ・カイトウ　邱 海濤　ジャーナリスト　「中文導報」中国支局長　⒈中国　⒉1955年　⒊2004

ギュウ・カイロク　牛 懐禄　武術選手・監督　⒈中国　⒉1942年　⒊1996

ギュウ・カン　牛 漢　Niu, Han　本名＝史成漢　詩人　⒈中国　⒉1923年　⒊2000

キュウ・ギジン　邱 義仁　政治家　元・台湾行政院副院長,元・台湾総統府秘書長,元・台湾国家安全会議秘書長　⒈台湾　⒉1950年　⒊2004／2008／2012

キュウ・キンチ　邱 金治　バレーボール選手　⒈台湾　⒊1992／1996

キュウ・ケイメイ　邱 慧明　中阮奏者　プライス・ウォーターハウス日系企業サービス部主任　⒈シンガポール　⒉1960年　⒊1992

キュウ・ケイリュウ　邱 継龍　英語名＝チウ,ロビン　香港貿易発展局(HKTDC)首席駐日代表　⒈香港　⒉1948年　⒊2000

キュウ・ケン　邱 健　Qiu, Jian　射撃選手(ライフル)　北京五輪射撃男子ライフル3姿勢金メダリスト　⒈中国　⒉1975年6月25日　⒊2012

キュウ・コウバイ　邱 紅梅　医師　桑楡塾主宰　⒉中医学　⒈中国　⒉1962年　⒊2000／2004

ギュウ・ジャクホウ　牛 若峰　旧名＝牛計保　経済学者　中国農業科学院農業経済・科学技術発展研究センター主任,『農業経済問題』常務副編集長　⒉農業経済　⒈中国　⒉1928年　⒊1996

キュウ・ジャクリュウ　邱 若龍　著述家　⒈台湾　⒉1965年　⒊1996

キュウ・ショウケイ　邱 鍾恵　元・卓球選手　中国卓球協会副主席　⒈中国　⒉1935年　⒊1996

キュウ・シン　邱 晨　バスケットボール選手　中国女子バスケットボール選手　⒈中国　⒉1963年　⒊1996

キュウ・シンセイ　丘 振声　Qiu, Zhen-shen　広西社会科学院文学研究所所長,広西民族学院教授,三国志演義学会理事　⒉中国古典文学,三国志　⒈中国　⒉1934年　⒊1992／1996

キュウ・ズイスイ　邱 瑞穂　河洛文化交流基金会海外代表,中国炎黄女子詩書画家連誼センター理事　⒈中国　⒉1928年　⒊1996

キュウ・ソウカン　邱 創煥　Chiu, Chuang-huan　政治家　台湾国民党副主席　元・台湾行政院副院長　⒈台湾　⒉1925年7月25日　⒊1992／1996／2000

キュウ・タン　九 丹　Jiu, Dan　本名＝朱子屏　作家　⒈中国　⒉1968年　⒊2004／2008

キュウ・ハ　邱 波　Qiu, Bo　飛込み選手　ロンドン五輪男子高飛込み銀メダリスト　⒈中国　⒉1993年1月31日

キュウ・ヒソウ　邱 丕相　Qiu, Pi-xiang　武術家　上海体育学院教授,中国体育科学学会理事,中国武術協会委員　⒈中国　⒉1943年　⒊1996

ギュウ・ブンゲン　牛 文元　中国科学院科学技術政策研究所学術委員会副主任　⒈中国　⒉1939年　⒊2000

キュウ・ミョウシン　邱 妙津　作家　⒈台湾　⒉1969年　⒊1995年

キュウ・メイケン　邱 明軒　医師,疫学者　元・中国疫病防止研究施設所長　⒈中国　⒊2004

キュウ・モリョウ　邱 茂良　漢方医　江蘇省中医学院教授,中華全国鍼灸学会副主任委員,世界鍼灸連合会顧問　⒈中国　⒉1912年　⒊1996

キュウ・リツホン　邱 立本　Qiu, Li-ben　ジャーナリスト　「亜洲週刊」編集長　⒈香港　⒉1943年　⒊1996

キュウ・リョウ　邱 良　「撮影生活」誌編集長　⒈香港　⒉1941年　⒊2000

ギュヴィック, ウージェーヌ　Guillevic, Eugène　詩人,作家　⒈フランス　⒉1907年8月5日　⒉1997年3月19日　⒊1992(ギュビック, ウージェーヌ)

キュヴェリエ, ヴァンサン　Cuvellier, Vincent　作家　⒈フランス　⒉1969年　⒊2008／2012

キューウェル, ハリー　Kewell, Harry　サッカー選手(FW)　⒈オーストラリア　⒉1978年9月22日　⒊2000(キューエル, ハリー)／2004／2008／2012

ギュウギュウ　牛牛　NiuNiu　ピアニスト　⒈中国　⒉1997年　⒊2012

ギュウブン　牛文　画家,版画家　中国美術家協会四川分会秘書長　⒈中国　⒉1922年　⒊1992／1996

キューカー, ジョージ　Cukor, George　映画監督　⒈米国　⒉1899年7月7日　⒉1983年1月24日　⒊1992

キューザック, ジョーン　Cusack, Joan　女優　⒈米国　⒉1962年10月11日　⒊1996／2000／2004／2008

キューザック, ジョン　Cusack, John　俳優　⒈米国　⒉1966年6月28日　⒊1996

キューザック, シリル　Cusack, Cyril　俳優　⒈アイルランド　⒉1910年11月26日　⒉1993年10月7日　⒊1996

キュー・サムファン　Khieu Samphan　政治家　元・民主カンボジア(ポル・ポト派)代表(議長)　⒈カンボジア　⒉1931年7月27日　⒊1992／1996／2000／2004／2008／2012

キュザン, ジャン・ピエール　Cuzin, Jean-Pierre　ルーブル美術館絵画部長　⒈フランス　⒊2000

キュシュ, ディディエ　Cuche, Didier　スキー選手(アルペン)　長

野五輪アルペンスキー男子スーパー大回転銀メダリスト　国スイス　生1974年8月16日　出2012

キュジョン　Kyu-jong　本名=キムキュジョン　漢字名=金圭鐘　グループ名=ss501　歌手　国韓国　生1987年2月24日　出2012

キュジンズ, R.A.　ロールスロイス日本支社総支配人　専機械工学　国英国　出1992

キュステンマッハー, ヴェルナー・ティキ　Kustenmacher, Werner Tiki　グラフィックデザイナー, イラストレーター　生1953年　出2004／2008

キュステンマッハー, マリオン　Küstenmacher, Marion　元・編集者　国ドイツ　出2008

キュッヒル, ライナー　Küchl, Rainer　バイオリニスト　ウィーン・ムジークフェライン弦楽四重奏団創立者, ウィーン音楽大学教授　元・ウィーン・フィルハーモニー管弦楽団（VPO）第1コンサートマスター　国オーストリア　生1950年8月25日　出1996（キュッヒェル, ライナー）／2004（キュッヒェル, ライナー）／2008（キュッヒェル, ライナー）／2012

キュナスト, レナーテ　Küenast, Renate　政治家　ドイツ消費者保護食糧農業相, 90年連合緑の党代表　国ドイツ　生1955年12月15日　出2004

キュニー, アラン　Cuny, Alain　俳優　国フランス　生1913年7月12日　没1994年5月17日　出1996

ギュネイ, ユルマズ　Guney, Yulmaz　本名=プトゥン, ユルマズ　映画監督, 作家　国トルコ　生1937年4月1日　没1984年9月9日　出1992（グネイ, イルマズ）

ギュネス, セノル　Gunes, Senol　サッカー監督, 元・サッカー選手　元・サッカー・トルコ代表監督　国トルコ　生1952年6月1日　出2004／2008

ギュネール, カーン　Güner, Kagan　画家, イラストレーター　国トルコ　生1963年　出1996

キューバート, アダム　Kubert, Adam　漫画家　出2004

キューバン, マーク　Cuban, Mark　起業家　ダラス・マーベリックス・オーナー, ブロードキャスト・ドット・コム創設者　国米国　生1958年　出2000／2004／2008／2012

キュービット, ドン　Cupitt, Don　宗教学者　ケンブリッジ大学エマニュエル・カレッジ・レクチャラー　専キリスト教神学, 宗教哲学　国英国　生1934年5月22日　出2004

キュービー・マクダウエル, マイケル　Kube McDowell, Michael P.　本名=マクドウェル, マイケル・ポール　SF作家　国米国　生1954年　出1996／2000

キュヒョン　Kyuhyun　グループ名=SUPER JUNIOR　歌手　国韓国　生1988年2月3日　出2012

キューブ, アイス　ラップミュージシャン　国米国　生1969年　出1996

キューブラー, ローラント　作家　国ドイツ　生1953年　出2004

キューブラー・ロス, エリザベス　Kübler-Ross, Elisabeth　精神科医, 社会活動家　専ターミナル・ケア, サナトロジー　国米国　生1926年　没2004年8月24日　出1996／2000

キューブリック, クリスティアーヌ　Kubrick, Christiane　旧名=ハーラン, クリスティアーヌ・スザンヌ　芸名=クリスティアーヌ, スザンヌ　画家, 女優　生1932年　出2008

キューブリック, スタンリー　Kubrick, Stanley　映画監督, 映画プロデューサー　国米国　生1928年7月26日　没1999年3月7日　出1992／1996

ギュボー, ジャン・クロード　Guillebaud, Jean-Claude　ジャーナリスト, 評論家　国フランス　生1944年　出2000

ギュマーシュ, アラン　ロンドン経済大学欧州研究所副所長　専欧州政治　国英国　生1960年　出2000

ギュマン, ファビエンヌ　Guillemin, Fabienne　聖心インターナショナル・スクール講師　専フランス語　国フランス　出2004

キュメナル, フレデリック　Cumenal, Frédéric　実業家　モエ・エ・シャンド社長・CEO　国フランス　生1959年　出2012

ギュラルニック, ピーター　Guralnick, Peter　作家　国米国　出2000

キュリ　Qri　グループ名=T-ara　歌手　国韓国　生1986年12月12日　出2012

ギュリ　Gyu-ri　本名=パクギュリ　グループ名=KARA　歌手　国韓国　生1988年5月21日　出2012

キュリアン, ユベール　Curien, Hubert　鉱物学者　元・フランス国立宇宙研究センター所長, 元・フランス科学技術相　専結晶学　国フランス　没2005年2月6日　出2008

ギュリヴェール, リリー　Gulliver, Lili　別名=ボワソノー, ディアンヌ　ジャーナリスト, 作家　出2008

キュリス, ディアーヌ　Kurys, Diane　映画監督, 元・女優　国フランス　生1948年12月3日　出1996／2012

ギューリック, ルーサー　Gulick, Luther Halsey　行政学者　元・行政研究所所長　国米国　生1892年　出1992

キュリレンコ, オルガ　Kurylenko, Olga　女優　生1979年　出2012

キューリンク, ユルゲン　裁判官　ドイツ連邦憲法裁判所判事　国ドイツ　生1934年　出2000

ギュル, アブドラ　Gül, Abdullah　政治家　トルコ大統領　国トルコ　生1950年10月29日　出2004／2008／2012

キュール, カール　Kuehl, Karl　本名=Kuehl, Karl-Otto　元・大リーグ選手・コーチ・監督　国米国　生1937年9月5日　出1996

キュルティス, ジャン・ルイ　Curtis, Jean-Louis　本名=ラフィット, ルイ　作家　国フランス　生1917年5月21日　没1995年11月11日　出1992

ギュルトラー, ヘルガ　Gürtler, Helga　作家, 心理学者　専幼児教育, 親子関係　国ドイツ　生1936年　出2004／2008

キュルバル, フィリップ　Curval, Philippe　科学ジャーナリスト, 作家, 批評家　国フランス　生1929年　出1992

ギュルミ・ワンダー　Jurme Wangda　ダライ・ラマ法王日本代表部事務所情報国際局長　生1951年　出2000

ギュレ, オレリー　Guillerey, Aurélie　絵本作家　国フランス　生1975年　出2004

ギュレー, スィベル　画家　国トルコ　出2004

キューン, デトレフ　全ドイツ問題研究所所長　国ドイツ問題　国ドイツ　生1936年11月16日　出1992

キューン, ヨハネス　詩人　国ドイツ　生1934年　出1996

キュング, ハンス　Küng, Hans　神学者　地球倫理財団会長, 世界宗教者平和会議（WCRP）国際委員会共同会長　元・テュービンゲン大学教授　専比較宗教学　国スイス　生1928年3月19日　出1992／2008／2012

キュンク, ペーター　赤十字国際委員会（ICRC）東アジア代表部首席代表　国スイス　生1941年　出1992

ギュンター, インゴ　Günter, Ingo　サテライト・アーティスト, ビデオ・アーティスト　国ドイツ　生1957年　出1992／1996／2008／2012

ギュンター, エーベルハルト　Günther, Eberhard　法律家　西ドイツカルテル庁長官（初代）, ベルリン技術大学法律学名誉教授　国ドイツ　生1911年12月25日　出1992／1996

ギュンター, ジークバルトホルスト　医師　イエロー・クロス・インターナショナル代表　国ドイツ　生1925年2月　出2000

ギュンディッシュ, カーリン　Gündisch, Karin　児童文学作家　国ルーマニア　生1948年　出2012

キョ・エイヤク　許永躍　Xu, Yong-yue　政治家　中国国家安全相　国中国　生1942年7月　出2000／2004

キョ・エンバイ　許艶梅　飛込選手　国中国　生1971年　出1996

キョ・カイシ　許悔之　詩人, 編集者　国台湾　生1966年　出2012

キョ・カイシュ　許海珠　Xu, Hai-zhu　国士舘大学政経学部助教授　専中国経済論, アジア経済論　国中国　生1962年　出2004

キョ・カイホウ　許海峰　射撃選手　国中国　生1957年　出1996

キョ・カイリン　許介鱗　政治学者　仏光大学政治研究所教授, 台湾大学名誉教授　国台湾　出2008

キョ・カトウ　許嘉棟　台湾財政部長（蔵相）　元・台湾中央銀行副総裁　国台湾　出2000／2004

キョ・カトン　許家屯　Xu, Jia-tun　元・政治家　元・新華社通信

香港支社長,元・中国共産党中央委員　⑱米国　⑮1916年　㊙1992／1996／2000

キョ・カロ　許嘉璐　Xu, Jia-lu　言語学者　全人代常務委員会副委員長,中国民主促進会会長　㊗訓詁学,漢語言文字学　⑱中国　⑮1937年6月　㊙1996／2000／2004／2008

キョ・キリョウ　許其亮　Xu, Qi-liang　軍人,政治家　中国共産党政治局員・中央軍事委員会副主席,中国国家中央軍事委員会副主席　⑱中国　⑮1950年3月

キョ・キン　許昕　Xu, Xin　卓球選手　⑱中国　⑮1990年1月8日

キョ・キン　許勤　江西省人民代表大会常務委員会主任　⑱中国　⑮1928年　㊙1996

キョ・キントク　許金徳　Hsu, Chin-te　実業家,政治家　元・国賓大飯店会長,元・台湾テレビ会長　⑱台湾　⑮1908年　㊣1990年10月27日　㊙1992

キョ・ケイ　許競　登山家　中国登山協会副主席　⑱中国　⑮1927年　㊙1996

キョ・ケイユウ　許慶雄　淡江大学大学院日本研究学科教授　㊗比較憲法　⑱台湾　⑮1948年　㊙1996／2000

キョ・ゲッチン　許月珍　Hui, Yu-tjan　翻訳家　⑱台湾　⑮1972年1月　㊙2004

キョ・ケン　許健　旧名=景炎,艾謡　音楽研究者　中国音楽研究所副主任,北京古琴研究会副会長　⑱中国　⑮1923年　㊙1996

キョ・ケントウ　許建東　日本将棋連盟上海支部長,上海市将棋学校設立者　⑱中国　㊙2004

キョ・コウセイ　許抗生　北京大学哲学学部教授　㊗哲学,中国仏教学　⑱中国　⑮1937年　㊙1996

キョ・コクユウ　許国雄　教育者,政治家　元・東方工商専科大学学長,元・台湾国民大会代表　⑱台湾　⑮1922年10月1日　㊣2002年5月20日　㊙1996／2000

キョ・コクリョウ　許国良　力学者　華中理工大学工学部副教授　㊗熱流体力学　⑱中国　㊙2004

キョ・シエイ　許志永　Xu, Zhi-yong　人権活動家,法学者　元・北京郵電大学講師　"新公民運動"創設者　⑱中国

キョ・シケツ　許士傑　Xu, Shi-jie　政治家　元・中国共産党中央委員,元・海南省人民代表大会常務委員会主任　⑱中国　⑮1920年　㊣1991年7月21日　㊙1992

ギョー, シャルル　シスリー・インターナショナル社長　⑱フランス　⑮1942年

キョ・シュウキョウ　許宗強　広西省アクロ体操チーム総監督　⑱中国　⑮1939年　㊙1996

キョ・ショウイ　許少偉　香港貿易発展局駐日代表　⑱香港　㊙1992／1996

キョ・ショウキョウ　許少強　上海財経大学教授　㊗経済学　⑱中国　⑮1952年　㊙1996

キョ・ショウハツ　許勝発　Hsu, Sheng-fa　実業家,政治家　太子自動車工業会長,台湾国民党中央常務委員　⑱台湾　⑮1925年1月24日　㊙1996

キョ・ショウハツ　許紹発　元・卓球選手　中国国家卓球チーム総監督　⑱中国　⑮1945年　㊙1996

キョ・シン　許真　本名=許雄培　軍人　元・モスクワ国際大学理事長,元・国際高麗人協会顧問　⑱ロシア　⑮1928年　㊣1997年1月1日　㊙1996

キョ・シンリョウ　許信良　Hsu, Sin-liang　政治家　元・台湾民主進歩党(民進党)主席　⑱台湾　⑮1941年5月27日　㊙1992／1996／2000／2004

キョ・スイトク　許水徳　Hsu, Shui-te　政治家　元・台湾考試院長　⑱台湾　⑮1931年8月1日　㊙1992／1996／2000／2004／2012

キョ・スウトク　許崇徳　法学者　中国人民大学法学院教授,中国政治学会副会長,中国憲法学研究会副会長　㊗憲法学,政治学　⑱中国　⑮1928年　㊙1996

キョ・セイカイ　許世楷　Hsu, Shih-kai　国際政治学者　津田塾大学名誉教授　元・台北駐日経済文化代表処代表(駐日台湾大使)　㊗国際法学,憲法学,政治史(日本・東アジア政治外交史)　⑱台湾　⑮1934年7月7日　㊙2008／2012

キョ・セイユウ　許世友　Xu, Shi-you　政治家,軍人　元・中国共産党中央顧問委員会副主任,元・中国人民解放軍広州部隊司令官　⑱中国　⑮1905年　㊣1985年10月22日　㊙1992

キョ・ソウ　許総　江蘇省社会科学院副研究員,西北大学国際唐代文化研究センター教授　㊗中国詩史,唐詩　⑱中国　⑮1954年　㊙2000

キョ・チュウ　許忠　ピアニスト　⑱中国　㊙1996

キョ・チュウデン　許中田　新聞人　元・人民日報社長,元・中国報業協会主席　⑱中国　⑮1940年7月　㊣2002年10月24日　㊙2000

キョ・チョウ　許超　中国国家版権局法律所所長　⑱中国　⑮1951年2月2日　㊙2000

キョ・テキシン　許滌新　Xu, Di-xin　経済学者　元・中国社会科学院副院長　⑱中国　⑮1906年　㊣1988年2月8日　㊙1992

キョ・トクコウ　許徳珩　Xu, De-heng　政治家,社会学者　元・九三学社名誉主席　⑱中国　⑮1890年　㊣1990年2月8日　㊙1992

キョ・トクナン　許徳楠　北京言語文化大学(北京語言学院)教授　㊗言語学,中国語　⑱中国　⑮1932年　㊙2000

ギョ・フ　魚夫　Yu, Fu　漫画家　「自立晩報」政治漫画担当　⑱台湾　⑮1960年　㊙1992／1996(ギョ・フウ)

キョ・ブンリュウ　許文龍　実業家　奇美グループ総帥　⑱台湾　⑮1928年2月25日　㊙1996／2000／2012

キョ・ヨウケイ　許葉景　日本舞踊家　台北市日本舞踊舞踊研究協会理事長,中華民国日本舞踊舞踊研究会理事長　⑱台湾　㊙1996

キョ・ヨウモ　許容茂　実業家　上海世茂集団創業者　⑱中国　㊙2004

キョ・リ　許莉　Xu, Li　レスリング選手　北京五輪レスリング女子55キロ級銀メダリスト　⑱中国　⑮1989年12月17日　㊙2012

キョ・リキイ　許力以　Xu, Li-yi　元・ジャーナリスト　中国出版工作者協会副主席　⑱中国　⑮1923年　㊙1996

キョ・リツグン　許立群　旧名=楊承棟　筆名=楊耳　中国社会科学院哲学研究所名誉所長,中国社会科学院顧問,『真理の追求』編集主幹　⑱中国　⑮1927年　㊙1996

キョー, レイニー　ニットデザイナー　⑱アイルランド　⑮1957年　㊙2004

キョウ・イ　姜維　私営企業家　⑱中国　⑮1950年　㊙1996

キョウ・イヘイ　姜維平　書家,元・ジャーナリスト　⑱中国　㊙2008／2012

キョウ・ウ　喬羽　劇作家　中国歌劇舞劇院院長,中国歌詞研究会会長　⑱中国　⑮1927年　㊙1996

キョウ・エイ　強衛　Qiang, Wei　中国共産党青海省委員会書記　⑱中国　⑮1953年　㊙2012

キョウ・エイ　姜英　バレーボール選手　⑱中国　㊙1992

キョウ・オンチュウ　姜恩柱　Jiang, En-zhu　外交官　香港特別行政区連絡弁公室主任,中国共産党中央委員　⑱中国　⑮1938年12月14日　㊙1996／2000／2004／2008

キョウ・カイ　姜戎　作家,経済学者　⑱中国　⑮1946年　㊙2012

キョウ・カンカ　喬冠華　Qiao, Guan-hua　号=喬木　外交官　元・中国外相　⑱中国　⑮1913年　㊣1983年9月22日　㊙1992

キョウ・キョウズイ　喬亨瑞　民族学者　⑱中国　⑮1950年7月　㊙1992／1996

キョウ・クンシン　姜君辰　経済学者　⑱中国　㊣1985年10月29日　㊙1992

キョウ・ケツ　姜傑　航空模型スポーツ選手　⑱中国　⑮1954年　㊙1996

キョウ・ケンセイ　姜建清　Jiang, Jian-qing　銀行家　中国工商銀行頭取　⑱中国　⑮1953年2月　㊙2004／2008

キョウ・コウ　喬紅　Qiao, Hong　卓球選手　⑱中国　㊙1996／2000

キョウ・コウ　姜光　北京華能地学高技術連合公司総経理　㊗地質構造　⑱中国　⑮1940年6月　㊙1992／1996

キョウ・コン　姜昆　Jiang, Kun　漫才師　中国放送芸術説唱団団長,中国曲芸家協会副主席　⑱中国　⑮1950年　㊙1996

キョウ・シドウ　龔之同　農学者　中国科学院南京土壌研究所研究員　㊗土壌資源の考察　⑱中国　⑮1931年　㊙1996

キヨウ・ジュウコウ 喬 十光 旧名=喬士先 うるし絵家 中央工芸美術学院教授,中国うるし絵研究会会長 ⑳中国 ㊗1937年 ㊙1996

キヨウ・シュウワイ 喬 宗淮 外交官 元・駐北朝鮮中国大使 ⑳中国 ㊗1944年 ㊙2000

キヨウ・シュンウン 姜 春雲 Jiang, Chun-yun 政治家 中国全国人民代表会議(全人代)常務委副委員長,元・中国共産党政治局員,元・中国副首相 ⑳中国 ㊗1930年4月 ㊙1996／2000／2004／2008

キヨウ・ショウキン 姜 笑琴 遼寧省商業庁副庁長 ⑳中国 ㊗1941年 ㊙1996

キヨウ・ショウフ 匡 尚富 土木工学 ⑳中国 ㊗1963年4月 ㊙1992

キヨウ・ショウレイ 姜 勝玲 元・アーチェリー選手 ⑳中国 ㊗1956年 ㊙1996

キヨウ・ショタク 龔 書鐸 旧名=温凌 歴史学者 北京師範大学教授,中国社会科学院近代史研究所学術委員 ⑳中国近代史 ⑳中国 ㊗1929年 ㊙1996

キヨウ・セイヘイ 龔 世萍 鞍山市副市長,中国国民党革命委員会中央常務委員 ⑳冶金学 ⑳中国 ㊗1945年 ㊙1996

キヨウ・セキ 喬 石 Qiao, Shi 本名=蔣志丹 政治家 元・中国全国人民代表大会(全人代)常務委員長,元・中国共産党政治局常務委員 ⑳中国 ㊗1924年12月24日 ㊙1992／1996／2000／2004／2012

キヨウ・セツ 龔 雪 女優 ⑳中国 ㊙1992

キヨウ・チチョウ 龔 智超 Gong, Zhi-chao バドミントン選手 ⑳中国 ㊗1977年5月3日 ㊙2004

ギョウ・チュウ 暁 冲 Xiao, Chong 編集者,政治評論家 「前哨」編集長,夏菲爾国際出版社社長・編集長 ⑳香港 ㊙2004／2008

キヨウ・チンホウ 姜 椿芳 元・中国大百科全書出版社社長 ⑳中国 ㉒1987年12月17日 ㊙1992

キヨウ・トクリュウ 龔 徳龍 刻印作者 ⑳中国 ㊗1950年 ㊙1996

キヨウ・ハクク 姜 伯駒 数学者 南開大学数学研究所副所長,第3世界科学院院士,中国科学院数学物理学部学部委員 ⑳トポロジー ⑳中国 ㊗1937年 ㊙1996

キヨウ・ホウ 姜 豊 Jiang, Feng 作家 ⑳中国 ㊗1970年 ㊙2000

キヨウ・ユ 姜 瑜 中国外務省副報道局長 ⑳中国 ㊗1964年 ㊙2012

ギョウ・ユウ 仰 融 実業家 華晨控股創業者 ⑳中国 ㊙2004／2008

キヨウ・リ 姜 莉 Jiang, Li 中国国家税務総局国際交流合作司副処長 ⑳中国 ㊗1958年 ㊙2000

キヨウ・リョウ 喬 良 Qiao, Liang 作家,軍人 中国人民解放軍空軍政治部創作室副室長・空軍大佐 ⑳中国 ㊗1955年 ㊙2004

キョク・ウ 旭 宇 字=白陽,号=京東 書家,詩人 中国散文詩学会副主席 ⑳中国 ㊗1940年 ㊙1996

キョク・ウンカ 曲 雲霞 Qu, You-xia 元・陸上選手(中・長距離) ⑳中国 ㊙1996／2000

キョク・カイジュン 曲 魁遵 Qu, Kui-zen 筆名=ドクター・チィー 医師 青島大学医学院皮膚病学教授,中国伝統医学パシフィック協会客員教授,国際医療美容学会顧問 ⑳皮膚科 ⑳中国 ㊙2000

キョク・カクヘイ 曲 格平 Qu, Ge-ping 中国全国人民代表大会(全人代)常務委員・環境資源保護委員会委員長,中華環境保護基金会理事長 ⑳中国 ㊗1930年5月 ㊙1992／1996／2000

キョク・ゲン 曲 元 Qu, Yuan 医師 ⑳針灸治療 ⑳中国 ㊗1914年 ㊙1996

キヨサキ, トーマス 元・ハワイ州体育部長 ⑳米国 ㉒1990年10月12日 ㊙1992

キヨサキ, ロバート Kiyosaki, Robert 実業家,投資家,著述家 ⑳米国 ㊗1947年 ㊙2004／2008／2012

ギヨマン, デニー ウォーターフォード・ウェッジウッド・ジャパン社長 ⑳フランス ㊙1996／2000

ギヨーム, ギュンター Guillaume, Gunther ブラント元西ドイツ首相を辞任に追い込んだ大物スパイ ⑳ドイツ ㊗1927年 ㉒1995年4月10日 ㊙1992／1996

ギヨーム, マルク Guillaume, Marc 経済学者 デカルト協会代表 ⑳フランス ㊗1940年 ㊙1996

キョン・インソン 慶 仁善 タレント ⑳韓国 ㊗1960年10月1日 ㊙1996

キョン・ウォンハ 慶 元河 物理学者 元・春川農業大学講師 ⑳衝撃波工学,核開発,爆縮 ⑳北朝鮮 ㊗1928年9月20日 ㊙2008／2012

キョン・カプヨル 景 甲龍 Kyeong, Kap-ryong カトリック神父 天主教大田教区長 ⑳韓国 ㊗1930年3月11日 ㊙2000

キョン・ジュヒョン 景 周鉉 Kyong, Joo-hyon 実業家 三星総合化学会長 ⑳韓国 ㊗1939年7月23日 ㊙2000

キョン・ジョンチョル 景 鐘哲 Kyung, Jong-chul 韓国大統領科学技術秘書官 ⑳韓国 ㊗1941年9月18日 ㊙2000

キョン・チャンフン 慶 昌憲 Kyung, Chang-fun 外交官 駐上海韓国総領事 ⑳韓国 ㊗1939年8月25日 ㊙2000

キョン・チャンホ 慶 昌浩 Kyong, Chang-ho OBベアース社長 ⑳韓国 ㊗1941年1月15日 ㊙2000

キョン・ヒョソプ 権 孝燮 Kwon, Hyo-sop 韓国国立公園協会副会長 ⑳韓国 ㊗1925年5月1日 ㊙2000

キョン・ミリ 甄 美里 タレント ⑳韓国 ㊗1964年9月19日 ㊙1996

キョンキョラ, カッレ 政治家 ヘルシンキ市会議員,障害者インターナショナル(DPI)議長 ⑳フィンランド ㊙2000

キラ, アレクサンダー Kira, Alexander コーネル大学建築学科教授 ⑳衛生学 ⑳米国 ㊙1992／1996

ギラー, エスター Giller, Esther シドラン財団代表 ㊙2004／2008

キーラ, ギャリソン Keillor, Garrison Edward 作家,ブロードキャスター,コラムニスト ⑳米国 ㊗1942年8月7日 ㊙1996

キーラー, クリスティン Keeler, Christine プロヒューモ事件 ⑳英国 ㊗1942年 ㊙1992

キーラー, ジャック Kuehler, Jack D. 元・IBM副会長 ⑳米国 ㊙1992／1996

キーラー, ルビー Keeler, Ruby ミュージカル女優 ⑳米国 ㊗1909年8月 ㉒1993年2月28日 ㊙1996

キライ, カーチ Kiraly, Karch 本名=Kiraly,Charles バレーボール指導者,元・バレーボール選手,元・ビーチバレーボール選手 バレーボール女子米国代表監督 ロス五輪・ソウル五輪・アトランタ五輪金メダリスト ⑳米国 ㊗1960年11月3日 ㊙1992／2000／2008

キライ, ベラ 政治家,元・軍人 ハンガリー国会議員 元・ハンガリー国防軍参謀 ⑳ハンガリー ㊙1992

キラカ, ジョン Kilaka, John 「チンパンジーとさかなどろぼう―タンザニアのおはなし」の著者 ㊙2008

ギラーズ, ミルドレッド Gillars, Mildred 第2次大戦時のナチのラジオ・アナウンサー ㉒1988年7月1日 ㊙1992

ギラード, ジュリア Gillard, Julia 本名=Gillard,Julia Eileen 政治家,弁護士 オーストラリア首相,オーストラリア労働党党首 ⑳オーストラリア ㊗1961年9月29日 ㊙2012

ギラニ, サイヤド・ユサフ・ラザ Gilani, Syed Yousuf Raza 政治家 元・パキスタン首相 ⑳パキスタン ㊗1952年6月9日 ㊙2012

キラニン, マイケル Killanin, Michael Morris 実業家 元・国際オリンピック委員会(IOC)会長 ⑳アイルランド ㊗1914年7月30日 ㉒1999年4月25日 ㊙1992／1996

ギラマン, ポール Guiramand, Paul 画家,彫刻家 ⑳フランス ㊗1926年2月1日 ㊙1992／1996

キラール, ヴォイチェフ Kilar, Wojciech 作曲家 ⑳ポーランド ㊗1932年7月17日 ㉒2013年12月29日

ギラン, イアン Gillan, Ian グループ名=ディープ・パープル,旧グループ名=ギラン,ブラック・サバス ロック歌手 ⑳英国

ギラン, ロベール　Guillain, Robert　ジャーナリスト　元・「ル・モンド」紙極東総局長　⒞フランス　⒢1908年9月4日　⒠1998年12月29日　⒴1992／1996

ギランダース, アン　Gillanders, Ann　リフレクソロジスト　⒞英国　⒴2004

ギリ, アンナ　Gili, Anna　デザイナー　⒞イタリア　⒢1960年　⒴1996

キーリー, ウィリアム　Keighley, William　映画監督　⒞米国　⒢1893年8月4日　⒠1984年6月24日　⒴1992

キリー, ジャン・クロード　Killy, Jean-Claude　元・スキー選手（アルペン）　ワールド・スポーツ・マーケティング社社長　⒞フランス　⒢1943年8月30日　⒴1992／1996／2000

キーリー, パトリック　バルーニスト　ジュネーブ気球クラブ会長, ダニエル・スキーラ印刷会社社長　⒞英国　⒴1992

ギリ, バラハ・ベンカタ　Giri, Varahagiri Venkata　政治家　元・インド大統領（第4代）　⒞インド　⒢1894年8月9日　⒠1980年6月24日　⒴1992

キーリー, レオ　元・D&Bテクノロジー・アジア社長　⒴1996／2000

キリアコフ, タニョ　Kiriakov, Tanyu　射撃選手（ピストル）　⒞ブルガリア　⒢1963年3月20日　⒴1992／1996／2004／2008

キリアシス, サンドラ　Kiriasis, Sandra　ボブスレー選手　トリノ五輪ボブスレー女子2人乗り金メダリスト　⒞ドイツ　⒢1975年1月4日　⒴2008／2012

ギリアット, シドニー　Gilliat, Sidney　映画脚本家, 映画監督　⒞英国　⒢1908年2月15日　⒠1994年6月1日　⒴1996

ギリアム, テリー　Gilliam, Terry　本名＝Gilliam, Terry Vance　映画監督, アニメーター, 俳優　⒞英国　⒢1940年11月22日　⒴1996／2000／2008／2012

キリアン, イリ　Kylian, Jiří　振付師　彩の国キリアン・プロジェクト芸術監督　元・ネザーランド・ダンス・シアター（NDT）芸術監督　⒞バレエ　⒢1947年　⒴1992／1996／2000／2004／2008／2012

キリアン, ジェームズ・R.　元・マサチューセッツ工科大学（MIT）学長　⒞米国　⒢1988年1月29日　⒴1992

ギリエゴ, ボニファシオ　フィリピン下院議員・農地改革委員長　⒞フィリピン　⒴1992

ギリェン, ニコラス　Guillén, Nicolás　詩人, スペイン文学研究者　⒞キューバ　⒢1902年7月10日　⒠1989年7月16日　⒴1992

ギリェン, ホルヘ　Guillèn, Jorge　詩人　⒞スペイン　⒢1893年1月13日　⒠1984年2月6日　⒴1992

ギリェン, ローリス　映画監督　⒞フィリピン　⒢1947年　⒴1996

キリエンコ, セルゲイ　Kirienko, Sergei Vladilenovich　政治家　沿ボルガ連邦管区大統領全権代表　元・ロシア首相　⒞ロシア　⒢1962年7月27日　⒴2000／2004／2008

ギリオーニ, マイケル　Ghiglione, Michael　東京インターナショナル・ビジネス・センター社長　⒴2000

ギリガン, スティーブン　Gilligan, Stephen　心理療法家　⒞米国　⒢1954年　⒴2004

キリ・ゴンサレス　Kily, Gonzales　本名＝ゴンサレス・ペレト, クリスチャン・アルベルト　サッカー選手（MF）　⒞アルゼンチン　⒢1974年8月4日　⒴2008

ギリス, ジョン・R.　Gillis, John R.　プリンストン大学助教授, ラトガーズ大学教授　元・オックスフォード大学客員教授　⒢1939年　⒴2008

ギリス, マーギー　ダンサー, 振付師　⒞カナダ　⒴1996

ギリスピー, チャールズ　Gillispie, Charles Coulson　科学史家　プリンストン大学名誉教授　⒞米国　⒢1918年8月6日　⒴1996

キリチェンコ, アレクサンドル　Kirichenco, Aleksandr　自転車選手　⒞ソ連　⒴1992

キリチェンコ, アレクセイ　Kirichenko, Aleksei A.　ロシア科学アカデミー東洋学研究所対外交流部長　⒟外交問題, 日ソ関係（第2次大戦中）　⒞ロシア　⒢1936年　⒴1992／1996

キリツォフ, ステファン　Kiritzov, Stefan　コンピュータ技術者　オラクル・技術スタッフ・プリンシパルメンバー　⒴2004

ギリック, パット　Gillick, Pat　大リーグGM　元・マリナーズGM, 元・フィリーズGM　⒞米国　⒢1937年　⒴2004／2008／2012

キリノ　Quirino　本名＝キリノ・ダ・シルバ, チアゴ　サッカー選手（FW）　⒞ブラジル　⒢1985年1月4日　⒴2012

ギリブランド, シドニー　ブリティッシュ・エアロスペース（BAe）防衛グループ会長　⒞英国　⒴1992

キリル　Kill　ロシア正教会総主教（第16代）　⒞ロシア　⒢1946年　⒴2012

キリレンコ, アンドレイ　Kirilenko, Andrei Pavlovich　政治家　元・ソ連共産党政治局員・書記　⒞ソ連　⒢1906年9月8日　⒠1990年5月12日　⒴1992

ギリンガム, ジョン　Gillingham, John　歴史家　ロンドン大学経済学部国際史学科上級講師　⒞英国　⒴1992

ギル, B.M.　Gill, B.M.　ミステリー作家　⒞英国　⒴1992／1996

キルー, アド　Kyrou, Ado　映画批評家, 映画製作者　⒞ギリシャ　⒢1923年　⒴2000

ギル, カンワルパル・シン　インド・オリンピック協会副会長　元・パンジャブ州警察長官　⒞インド　⒴2000

キール, クリスティ・マリナ　スキー選手　⒞ドイツ　⒴1992

ギル, ケンドール　Gill, Kendall　バスケットボール選手　⒞米国　⒢1968年5月25日　⒴1996／2004／2008

キール, サルバ　Kiir, Salva　本名＝キール・マヤルディ, サルバ　政治家, 元・軍人　南スーダン大統領（初代）, スーダン人民解放運動（SPLM）議長　元・スーダン第1副大統領　⒞南スーダン　⒢1951年　⒴2012

キル・サン　吉翔　ジャーナリスト　⒞韓国　⒢1964年　⒴2004

キル・ジェギョン　吉在京　外交官　元・朝鮮労働党中央委書記局副部長・中央委員　⒞北朝鮮　⒢1924年　⒠没年不詳　⒴2000

ギル, ジェリー　Gill, Jerry H.　哲学者, 宗教学者　セイント・ローズ大学名誉教授　⒞米国　⒢1933年　⒴2008

ギル, ジョニー　歌手　⒢1967年　⒴2000

キール, ジョン　Keel, John A.　著述家　「ファンク・アンド・ワグナルズ」科学編集者　⒞米国　⒢1930年　⒴2000

キル・ジョンウ　吉炡宇　民族統一研究院政策研究室長　⒟朝鮮統一問題　⒞韓国　⒢1955年2月4日　⒴1996

キル・ジョンシク　吉典植　Kil, Joun-sik　号＝南崗　政治家　韓国民族中興同志会常任副会長　元・韓国国会議員　⒞韓国　⒢1924年10月27日　⒴1996／2000

キル・ジョンソプ　吉宗燮　Kil, Jong-sop　ジャーナリスト　韓国放送公社報道部委員　⒞韓国　⒢1947年1月8日　⒴1996／2000

ギル, スティーブン　Gill, Stephen　国際関係学者　ヨーク大学（カナダ）政治学部教授　⒞英国　⒢1950年　⒴1992／1996／2000

キル・スンフム　吉昇欽　Kil, Soong-hoom　政治家, 政治学者　韓国国会議員（国民会議）　元・ソウル大学教授　⒞韓国　⒢1937年7月11日　⒴2000

ギル, タイソン　Gill, Tyson　ソフトウェア開発者　カリフォルニア州立大学サンディエゴ校講師　⒞米国　⒴2004

ギル, トム　Gill, Tom　ジャーナリスト　東京大学社会科学研究所助教授　⒟文化人類学　⒞英国　⒢1960年10月25日　⒴1992

ギル, ニコラス　Gill, Nicolas　柔道選手　⒞カナダ　⒢1972年4月24日　⒴1996／2004／2008

ギル, バーソロミュー　Gill, Bartholomew　作家　⒞米国　⒢1943年　⒴1996

キール, フィリップ　Keel, Philipp　作家, 映画製作者, 写真家　⒢1968年　⒴2004

キル・ホンギュ　吉洪圭　プロ野球選手（内野手）　⒞韓国　⒢1965年3月31日　⒴1996

ギルー, ヤン　Guillou, Jan　作家, ジャーナリスト　⒞スウェーデン　⒢1944年1月17日　⒴2008（ギィユー, ヤン）

キル・ヨンア　吉永雅　Gil, Young-ah　バドミントン選手　⒞韓国　⒢1970年4月11日　⒴2000

キル・ヨンウ　吉用祐　タレント　⒞韓国　⒢1955年12月17日　⒴1996

ギル, ロビン　Gill, Robin　コラムニスト,編集者　専日本人論,日本語　国米国　生1951年　作1992/1996

キルイ, アベル　Kirui, Abel　マラソン選手　ロンドン五輪陸上男子マラソン銀メダリスト　国ケニア　生1982年6月4日

キルカー, パトリック　Kilcarr, Patrick J.　カウンセラー　国米国　作2004

ギルキー, リチャード　画家　国米国　生1925年　没1992

キルキラス, ゲディミナス　Kirkilas, Gediminas　政治家　元・リトアニア首相　国リトアニア　生1951年8月30日　作2008/2012

ギールグッド, ジョン　Gielgud, John　本名=ギールグッド, アーサー・ジョン　俳優,演出家　国英国　生1904年4月14日　没2000年5月21日　作1992/1996/2000

ギールグッド, メイナ　Gielgud, Maina　振付師,元・バレリーナ　オーストラリア・バレエ団芸術監督　生1945年1月14日　作1996/2000

ギルクリスト, エレン　Gilchrist, Ellen　作家　国米国　生1935年　作1992

ギルクリスト, マンゴ　Gilchrist, Mungo R.　ジャーディン・ワインズ・アンド・スピリッツ常務,欧州ビジネス協議会洋酒委員会副会長　国英国　作1996

キルコモンズ, デニス　Kilcommons, Denis　ジャーナリスト,作家　国英国　生1941年　作1996

キルゴール, アーサー　Kilgore, Arthur　ロンドン大学ロンドン・スクール・オブ・エコノミックス(LSE),リッチモンド大学　専国際関係　国英国　作1992

ギルシェ, ジャン・ミシェル　Guilcher, Jean-Michel　作家　国フランス　生1914年　没2008

キルジャプキン, セルゲイ　Kirdyapkin, Sergey　競歩選手　ロンドン五輪陸上男子50キロ競歩金メダリスト　国ロシア　生1980年1月16日

キルシュ, ザーラ　Kirsch, Sarah　詩人　国ドイツ　生1935年4月16日　作1992/1996/2004/2008

キルシュ, トマス　医師　元・国際分析心理学会副会長　専分析心理学　国米国　作1992

キルシュ, フレデリック・E.　バドワイザー・ジャパン社長　国米国　生1952年7月28日　作2000

キルシュ, ヨラム　Kirsh, Yoram　物理学者　エブリマン大学物理部門代表　専物性物理実験　国イスラエル　生1945年　作1992

キルシュナー, ヨーゼフ　Kirschner, Josef　コンサルタント,作家　国ドイツ　生1931年　作2004

キルシュネライト, マティアス　Kirschnereit, Matthias　ピアニスト　ローズストック音楽演劇アカデミー教授　国ドイツ　生1962年　作2004

キルスティラ, ペンッティ　Kirstilä, Pentti　ミステリー作家,翻訳家　国フィンランド　生1948年　作2004

キルステッド, カーラ　Kihlstedt, Carla　グループ名=ティン・ハット・トリオ　バイオリニスト　国米国　作2004

キルステン, ドロシー　オペラ歌手　国米国　生1917年　没1992年11月18日　作1996

キルスト, ハンス・ヘルムート　Kirst, Hans Hellmut　作家　国ドイツ　生1914年12月5日　作1992/1996

ギルストラップ, ジョン　Gilstrap, John　作家,環境コンサルタント　国米国　作2004/2008

ギルソン, スチュアート　Gilson, Stuart C.　経営学者　ハーバード・ビジネススクール教授　国米国　作2004/2008

ギルダー, ジョージ　Gilder, George F.　経済学者,社会学者,作家　生1939年　作1996

ギルダー, ネミール　インベストコープ社長・CEO　国米国　生1946年　作1996

キルチネル, ネストル　Kirchner, Néstor Carlos　政治家　元・アルゼンチン大統領,元・南米諸国連合(UNASUR)初代事務局長　国アルゼンチン　生1950年2月25日　没2010年10月27日　作2004/2008

ギルデイ, エドムンド　Gilday, Edmund　ボードウィン大学助教授　専宗教学,アジア研究　国米国　作1992

ギルディング, ポール　Gilding, Poul　環境保護運動家　グリーンピース・インターナショナル事務局長　国オーストラリア　作1996

ギルド, トリシア　Guild, Tricia　インテリアデザイナー・コーディネーター　デザイナーズギルド・オーナー　国英国　作1992/1996

ギルド, ニコラス　Guild, Nicholas　作家　国米国　作1996

キルナー, クレア　Kilner, Clare　映画監督　国英国　生1964年8月4日　作2004/2008

キルナニ, スニル　Khilnani, Sunil K.R.　政治学者　ロンドン大学バークベック・カレッジ上級講師　国インド　生1960年　作2000

ギルバー, ジェームス(Jr.)　Gilbaugh, James H.(Jr.)　医師　専泌尿器科　国米国　生1937年　作1996

キールバーガー, クレイグ　Kielburger, Craig　児童労働問題活動家　フリー・ザ・チルドレン(FTC)代表　国カナダ　生1982年　作2004/2008/2012

キルバーグ, ウィリアム　Kilberg, William J.　弁護士　法律事務所ギブソン・ダン・クラッチャー労働法担当パートナー　国米国　生1946年　作1996

ギルバーグ, クリストファー　Gillberg, Christopher　イェーテボリ大学児童青年精神医学科　専精神医学,自閉症　国スウェーデン　作2000

キルバソワ, マリヤ　Kirbasova, Mariya　ロシア兵士の母親委員会代表　国ロシア　作2000

ギルバート　Gilbert　グループ名=ギルバート&ジョージ　アーティスト　生1943年　作1996/2000

ギルバート, G.ナイジェル　Gilbert, G.Nigel　社会学者　サリー大学社会学部教授　国英国　作2008

ギルバート, アラン　Gilbert, Alan　本名=ギルバート, アラン・タケシ　指揮者　ニューヨーク・フィルハーモニック音楽監督　国米国　生1967年　作1996/2000/2008/2012

ギルバート, アルバート　Gilbert, Albert Shawn(Jr.)　元・プロ野球選手,元・大リーグ選手　国米国　生1965年3月12日　作2004

ギルバート, ウォルター　Gilbert, Walter　生化学者　専遺伝子生物学　国米国　生1932年3月21日　作1992/1996/2000/2012

ギルバート, エイドリアン　Gilbert, Adrian　著述家,出版コンサルタント　ソロス・プレス代表　作2004

ギルバート, ジュリー・ゴールドスミス　Gilbert, Julie Goldsmith　女優,作家　国米国　生1947年(?)　作1992

ギルバート, スーザン　Gilbert, Susan　ジャーナリスト　国米国　作2004

ギルバート, ダニエル　Gilbert, Daniel　ハーバード大学社会心理学部教授・学部長　作2008

ギルバート, ブライアン　Gilbert, Brian　映画監督　国英国　生1949年　作1996

ギルバート, ブラッド　Gilbert, Brad　元・テニス選手　国米国　生1961年8月9日　作1992/1996/2000

ギルバート, ポール　Gilbert, Paul　グループ名=レーサーX, ミスター・ビッグ　ギタリスト　国米国　生1966年11月6日　作2004/2008/2012

ギルバート, マイケル　Gilbert, Michael A.　ヨーク大学(トロント)教授　生1947年　作2000

ギルバート, マイケル・フランシス　Gilbert, Michael Francis　ミステリー作家,弁護士　国英国　生1912年7月17日　没2006年2月8日　作1992

ギルバート, マーティン　Gilbert, Martin　本名=Gilbert,Martin John　歴史家　オックスフォード大学マートン・カレッジ特別研究員　国英国　生1936年10月25日　作1992/1996/2000/2012

ギルバート, メリッサ　Gilbert, Melissa　女優　国米国　生1964年5月8日　作2012

ギルバート, ルイス　Gilbert, Lewis　映画監督　国英国　生1920年3月6日　作1992

キルビー, ジャック　Kilby, Jack St.Clair　電子技術者,発明家　元・テキサス・インスツルメンツ(TI)技術者　IC(集積回路)の発明者　国米国　生1923年11月8日　没2005年6月20日　作1992/

キルヒ, レオ　Kirch, Leo　実業家　元・キルヒ創業者　国ドイツ　生1926年10月21日　没2011年7月14日　典2004／2008

キルヒシュラーガー, アンゲリカ　Kirchschlager, Angelika　メゾソプラノ歌手　国オーストリア　生1965年　典2000／2012

キルヒシュレーガー, ルドルフ　Kirchschläger, Rudolf　政治家, 元・外交官　元・オーストリア大統領　国オーストリア　生1915年3月20日　没2000年3月30日　典1992

キルヒナー, エミール　Kirchner, Emil J.　エセックス大学ヨーロッパ問題研究センター所長　専ヨーロッパ問題,EC　国ドイツ　生1942年　典1996

キルヒナー, ゲオルク　Kirchner, Georg　キルヒナー・ウント・ヴィルヘルム商会　専放射感知術　国ドイツ　生1922年4月　典1992

キルヒナー, マルク　Kirchner, Mark　バイアスロン選手　国ドイツ　生1970年　典1996／2000

キルヒベルガー, ヨー　フリーライター　専歴史　国米国　生1910年　典1996

キルヒホフ, ウルリヒ　Kirchhoff, Ulrich　馬術選手　国ドイツ　生1967年8月9日　典2000／2008

キルヒマー, M.　Kirchmer, Mathias F.W.　コンピューター技術者　IDSシェアー・ジャパンCEO　国米国　典2004

キルヒャー, アストリッド　写真家　国ドイツ　生1938年　典1996

ギルピン, ロバート (Jr.)　Gilpin, Robert G. (Jr.)　政治学者　プリンストン大学政治学部教授　専国際政治　国米国　生1930年　典1992

ギルフォイル, デービッド・M.　元・MHDディアジオモエヘネシー社長　典2000／2004

ギルフォード, ジャック　Gilford, Jack　喜劇俳優　国米国　生1907年7月25日　没1990年6月4日　典1992

ギルフォード, ジョイ・ポール　Guilford, Joy Paul　心理学者　元・南カリフォルニア大学教授　専精神測定法　国米国　生1897年3月7日　典1992

ギルフォード, ヒラリー　映画プロデューサー, 女優　典2000

キルブリュー, ハーモン　Killebrew, Harmon　本名=Killebrew, Harmon Clayton　大リーグ選手　国米国　生1936年6月29日　没2011年5月17日　典1992 (キルブルー, ハーマン)／2000

ギルブレス, マーク　元・日本アルテラ社長　国米国　典2000

キルベスニエミ, ハリ　Kirvesniemi, Harri　元・スキー選手(距離)　国フィンランド　生1958年5月10日　典2000

キルベスニエミ, マリア・リーサ　Kirvesniemi, Marja-Liisa　元・スキー選手(距離)　国フィンランド　典1996

ギルボー, エルベ　Guilbaud, Hervé　フランス通信社(AFP)編集局次長(運動部担当)　専軍事問題　国フランス　典1992

キルマー, バル　Kilmer, Val　本名=Kilmer, Val Edward　俳優　国米国　生1959年12月31日　典2000／2004／2008／2012

ギルマ・ウォルドギオルギス　Girma Woldegiorgis　政治家　エチオピア大統領　国エチオピア　生1925年12月　典2004／2008／2012

ギルマーチン, レイモンド　Gilmartin, Raymond V.　実業家　メルク会長・社長・CEO　国米国　生1941年6月3日　典2000

ギルマーティン, ブライアン　Gilmartin, Brian G.　モンタナ州立大学ノーザン校教授　専社会心理学　国米国　生1940年　典1996／2000

ギルマン, J.D.　Gilman, J.D.　本名=Fishman, Jack　スリラー作家　国英国　生1920年7月14日　典1992

ギルマン, アルフレッド　Gilman, Alfred Goodman　薬理学者　テキサス大学サウスウェスタン医学センター教授・薬理学部長　国米国　生1941年7月1日　典1996／2000／2008／2012

ギルマン, サンダー　Gilman, Sander L.　批評家　シカゴ大学人間生物学部教授　専文化史, 医学史　国米国　生1944年　典2000

ギルマン, シェリル　Gilman, Cheryl　転職コンサルタント　典2004

ギルマン, スーザン　Gilman, Susan　作家, エッセイスト　国米国　典2004

ギルマン, ソフィー　Guillemin, Sophie　女優　国フランス　典2004

ギルマン, ドロシー　Gilman, Dorothy　児童文学作家, ミステリー作家　国米国　典1996／2008／2012

ギルマン, フィービ　Gilman, Phoebe　絵本作家　国カナダ　典2000

ギルマン, ベンジャミン　Gilman, Benjamin A.　政治家　米国下院外交委員長(共和党)　国米国　生1922年12月6日　典1996

ギルマン, ロジャー　Guillemin, Roger Charles Louis　生理学者　国米国　生1924年1月11日　典1992／1996

ギルメット, ジョナサン　Guilmette, Jonathan　スピードスケート選手(ショートトラック)　国カナダ　生1978年8月18日　典2004

キルモア　Kilmore　グループ名=インキュバス　DJ　国米国　生1973年1月21日　典2004／2008

ギルモア, カール　Gilmore, Carl P.　弁護士　プレストン・ゲイツ・アンド・エリス法律事務所訴訟部シニア・パートナー　国米国　生1943年　典2000

ギルモア, ジェームズ　Gilmore, James H.　実業家　ストラテジック・ホライズンズ創立者　典2004

ギルモア, ジム　Gilmore, Jim　本名=Gilmore, James Stuart, III　政治家　バージニア州知事　元・米国共和党全国委員長　国米国　生1949年11月6日　典2000／2004／2008

ギルモア, ジョン　Gilmour, John J.　ボーイング・ジャパン社長　国カナダ　生1928年5月　典1992

ギルモア, ジョン　Gilmore, John　ノンフィクション作家, 脚本家, 俳優, 映画監督　国米国　典2004

ギルモア, ジリー　肝臓移植センターレシピエント・コーディネーター　国オーストラリア　生1955年8月26日　典1996

ギルモア, ダニー　Gilmore, Danny　俳優　国カナダ　生1973年　典2000

ギルモア, ダン　Gillmor, Dan　ジャーナリスト　国米国　生1951年3月30日　典2008／2012

ギルモア, デービッド　Gilmore, David D.　ニューヨーク市立大学ハンター・カレッジ教授　専人類学　国米国　生1943年　典2000

ギルモア, デーブ　Gilmour, Dave　本名=ギルモア, デービッド　旧グループ名=ピンク・フロイド　ロック・ギタリスト　国英国　生1947年3月6日　典1992／1996／2000／2004／2008／2012

ギルモア, ピーター　Gilmour, Peter　ヨット選手　ワンワールドチャレンジ帆走責任者　元・ニッポンチャレンジ・ヘッドコーチ　国オーストラリア　生1960年1月　典2000／2004／2008

ギルモア, マイケル　Gilmore, Mikal　作家, 音楽評論家　国米国　生1951年　典2000

ギルロイ, トニー　Gilroy, Tony　脚本家, 映画監督　国米国　生1956年　典2008／2012

ギルロイ, フランク・ダニエル　Gilroy, Frank Daniel　劇作家　国米国　生1925年　典1992

ギルロイ, ポール　Gilroy, Paul　文化研究者　ロンドン・スクール・オブ・エコノミクス&ポリティカル・サイエンス社会学部教授　専カルチュラル・スタディーズ, ポストコロニアル理論　国英国　生1956年　典2008／2012

キルワース, ギャリー　Kilworth, Garry　別名=ダグラス, ギャリー, サルウッド, F.K.　作家　国英国　生1941年　典2004／2012

キレーエフ, イワン　カヌー選手　国ウズベキスタン　典1996

キレス, ポール　Quilès, Paul　政治家　フランス国民議会軍事防衛委員会委員長　元・フランス内相　国フランス　生1942年1月27日　典1992／1996／2000／2004

ギレスピー, アンガス　Gillespie, Angus Kress　ラトガース大学助教授　専建築, エンジニアリング, 交通　国米国　典2004

ギレスピー, ウィリアム　Gillespie, William H.　精神分析家　ロンドン大学フロイト記念教授・名誉客員教授　国英国　生1905年　典1996

ギレスピー, ジョン　Gillespie, John K.　クラーク・コンサルティング・グループ・ニューヨーク支局長　専比較演劇　国米国　生1945年　典1996／2000

ギレスピー, ボビー　グループ名=プライマル・スクリーム　ドラム奏者　国英国　典2000

ギレメッテ, ニル　Guillemette, Nil　カトリック司祭　ロヨラ神学校教授　[国]フィリピン　[典]1996

ギレリス, エミール　Gilels, Emil Grigorievich　ピアニスト　[国]ウクライナ　[生]1916年10月19日　[没]1985年10月15日　[典]1992

ギレルマン, ダン　Gillerman, Dan　実業家　イスラエル商工協会, イスラエル・ビジネス機構議長, ビザ・アルファカード会長　[国]イスラエル　[生]1944年　[典]2000

ギレン, ブレット　Gillen, Brett　グループ名＝ブルーマングループ　パフォーマー　[国]米国　[典]2012

キレン, ヘザー　Killen, Heather　実業家　ヤフー上級副社長　[国]米国　[典]2004

キレン, マイケル　Killen, Michael　企業コンサルタント　キレン・アンド・アソシエーツ社社長　[国]米国　[典]1992

ギーレン, ミヒャエル　Gielen, Michael　本名＝Gielen,Michael Andreas　指揮者, 作曲家　元・南西ドイツ放送交響楽団首席指揮者, 元・フランクフルト歌劇場音楽総監督　[国]オーストリア　[生]1927年7月20日　[典]2012

ギレンコ, アンドレイ　Girenko, Andrei Nikolaevich　政治家　元・ソ連共産党書記　[国]ソ連　[生]1936年3月16日　[典]1992

キレンズ, ジョン・オリバー　作家　[国]米国　[生]1916年　[典]1992

ギレンホール, ジェイク　Gyllenhaal, Jake　俳優　[国]米国　[生]1980年12月19日　[典]2008／2012

ギレンホール, マギー　Gyllenhaal, Maggie　女優　[国]米国　[生]1977年11月16日　[典]2008／2012

ギロ, ダビデ　Gilo, Davidi　実業家　DSPテクノロジー代表　[国]イスラエル　[典]2000

ギロウ, ジョン　Gillow, John　織物研究家　[典]2004

キロガ, ホルヘ・フェルナンド　Quiroga Ramírez, Jorge Fernando　政治家　ボリビア民族民主行動（AND）副党首　元・ボリビア大統領　[国]ボリビア　[生]1960年5月5日　[典]2004／2008

キロット, アナ・フィデリア　Quirot, Ana Fidelia　元・陸上選手（中距離）　[国]キューバ　[生]1963年3月23日　[典]1992／1996／2000

ギロビッチ, トーマス　Gilovich, Thomas　心理学者　コーネル大学教授　[国]米国　[典]2004

キロフスキー, ヨハン　サッカー選手（MF）　[国]米国　[典]2000

ギロン, キアーラ　Ghiron, Chiara　化学者　オックスフォード・アシンメトリー・インターナショナル　[国]イタリア　[生]1965年　[典]2004

ギワ, デレ　元・「ニューズウォッチ」編集長　[国]ナイジェリア　[没]1986年10月19日　[典]1992

キワヌーカ, マイケル　Kiwanuka, Michael　シンガー・ソングライター　[国]英国　[生]1988年

キーン, E.B.　政治学者　ケンブリッジ大学日本研究所助教授　[専]日本政治　[国]米国　[生]1953年　[典]1996

キーン, M.ラマー　Keene, M.Lamar　元・霊能者　元・世界心霊主義者協会理事　[典]2004

キーン, アーネスト・ジョン　Keen, Ernest John　バックネル大学教授　[専]臨床心理学　[国]米国　[生]1937年　[典]1992

キン・イツメイ　金 逸銘　Jin, Yi-ming　作家　上海ゴールド・アップル貿易社長　[国]中国　[生]1955年　[典]1996

キン・ウセイ　靳 羽西　実業家　靳羽西化粧品公司社長　[国]米国　[生]1947年　[典]2004／2008

キン・エン　金 焰　映画俳優　元・上海映画製作所芸術委員会副主任　[国]中国　[生]1910年4月7日　[没]1983年12月27日　[典]1992

キン・エンバイ　金 艶梅　飛び込み選手（高飛び込み）　[国]中国　[典]1992

キン・オウハン　金 泓汎　福建社会科学院上級研究員　[専]経済学　[国]中国　[生]1932年　[典]1996

キン・カ　金 華　料理人　[国]中国　[生]1950年　[典]2004

ギン・カ　銀 花　作家　[典]2004

キン・ガクテツ　金 学鉄　朝鮮名＝キムハクチョル　作家　[国]中国　[生]1916年　[典]1992／1996

キン・ガクリン　金 岳霖　哲学者, 論理学者　元・中国人民政治協商会議全国委委員　[国]中国　[没]1984年10月19日　[典]1992

キン・カントウ　金 観濤　Jin, Guan-tao　思想家　中文大学中国文化研究所高級研究員　[国]香港　[生]1947年　[典]1996／2000

キン・ギセイ　金 義成　Jin, Yi-cheng　中医師　上海中医薬大学附属岳陽中西医病院主任医師　[専]推拿　[国]中国　[生]1944年8月　[典]2004

キン・キトク　金 熙徳　Jin, Xi-de　政治学者　中国社会科学院日本研究所教授　[専]日本外交, 日中関係, 北東アジア研究　[国]中国　[生]1954年　[典]2004

キン・キメイ　靳 輝明　哲学研究者　中国共産党中央委員会宣伝部理論局局長　[専]マルクス主義哲学　[国]中国　[生]1934年　[典]1996

キン・キン　金 鑫　Jin, Xin　本名＝金祖剛　中国国家税務局局長　[国]中国　[生]1925年　[典]1996／2000

キーン, クリストファー　Keene, Christopher　指揮者　元・ニューヨーク・シティー・オペラ総監督　[国]米国　[生]1946年12月21日　[没]1995年10月8日　[典]1996

キーン, グレン　Keane, Glen　アニメーター　[典]1996／2000

キン・クン　金 勲　Jin, Xun　北京大学外国語学院日本語系副教授　[専]仏教学　[国]中国　[生]昭和38年　[典]2004

キン・ケイソウ　金 啓孮　遼寧省民族研究所教授・元所長　[専]満族文化史　[国]中国　[生]1918年　[典]1996

キン・ケイメイ　金 慧明　Jin, Hui-ming　医師　陶然亭医院足穴病理按摩科主任, 中国中医薬学会内科学会中国特色医療専業委員会常務委員, 中医研究院西単医薬センター外来専門医師　[専]内科　[国]中国　[生]1931年　[典]2000

キン・ゲン　金 源　元・撫順戦犯管理所所長, 元・中国国際友誼促進会顧問　[国]中国　[生]1926年4月　[没]2002年3月7日　[典]1996

キン・コウテイ　金 孝廷　Jin, Xiao-ting　気功師　[国]中国　[生]1928年1月　[典]1996

キン・ザイコク　金 在国　作家　[国]中国　[生]1959年　[典]2000

キーン, サム　Keen, Sam　著述家, 編集者　[生]1931年　[典]1996／2000

キン・ジャクギ　金 若宜　日本応用技術交流促進会責任者　[国]中国　[生]1930年　[典]1992

キン・シュンメイ　金 春明　中国共産党中央党学校教授, 中国共産党党史学会常務理事　[専]中国共産党史　[国]中国　[生]1932年　[典]2000

キン・シリン　靳 之林　Jin, Zhi-lin　画家　中国中央美術学院教授, 中国民間剪紙研究会会長　[専]油絵　[国]中国　[生]1928年　[典]2000

キン・ジンケイ　金 人慶　Jin, Ren-qing　中国国務院発展研究センター副主任　[国]中国　[生]1944年　[典]1996／2000／2008／2012

キン・セイヨウ　金 正耀　Jin, Zheng-yao　中国社会科学院世界宗教研究所副教授　[専]中国道教, 中国古代金属技術史　[国]中国　[生]1956年　[典]1996

キン・セイリン　金 世琳　Jin, Shi-lin　中国軽工業科学研究所名誉研究所長　[国]中国　[生]1919年　[典]1996

キン・ゼン　欣 然　元・ラジオパーソナリティー　[生]1958年　[典]2008

キン・タイキョウ　靳 埭強　Kan, Tai-keung　デザイナー　[国]香港　[生]1942年　[典]1996

キン・チエイ　金 智栄　翻訳家　北京国際政治学院中央編訳局日文処処長　[国]中国　[生]1933年3月1日　[典]1996

キン・チュウキュウ　金 冲及　Jin, Chong-ji　歴史家　中国共産党中央文献研究室副主任　[国]中国　[生]1930年　[典]1996

キーン, デービッド・A.　政治コンサルタント　キーン・シャーリー・アンド・アソシエーツ代表　[専]国際政治　[国]米国　[典]1992

キン・トウショウ　金 東翔　元・射撃選手　[国]中国　[生]1957年　[典]1996

キン・トクキン　金 徳琴　Jin, De-qin　銀行家　元・中国国際信託投資公司（CITIC）副会長, 元・香港嘉華銀行会長　[国]中国　[典]2000

キーン, ドナルド　Keene, Donald　漢字名＝鬼怒鳴門　日本文学研究者　コロンビア大学名誉教授　[専]日本文学, 日本文化史　[国]米国　[生]1922年6月18日　[典]1992／1996／2000／2004

キーン, ノエル・P.　弁護士　米国不妊症センター（ICNY）社長　[国]米国　[生]1938年12月　[典]1996

キーン, ピーター　Keen, Peter　コンサルタント　キーン・イノ

ベーション創業者・会長　国米国　典2004

キーン, ビル　Keane, Bil　漫画家　国米国　生1922年　典1996

キン・フトウ　金扶東　国際傑人会世界総会長　国台湾　生1921年　典2000

キン・ブンガク　金文学　Jin, Wen-xue　作家, 評論家　呉大学社会情報学部講師, 福山大学人間文化学部兼任講師　比較文学, 比較文化, 文化人類学　国日本　生昭和37年9月20日　典2008

キン・ホウゼン　金宝善　元・北京医学院衛生学科教授　国中国　生1984年11月11日　典1992

キン・ホンリツ　欽本立　Qin, Ben-li　ジャーナリスト　元・「世界経済導報」紙編集長　国中国　生1918年　典1991年4月15日　典1992

キーン, マーク・ピーター　造園建築家　京都造形芸術大学講師　国米国　生1958年　典1996／2000

キン・モンオウ　金門王　本名＝王英坦　歌手, ギタリスト　国台湾　没2002年5月5日　典2000

キン・ユウヨ　金有予　首都医科大学教授　薬学　国中国　典2000

キン・ヨウ　金庸　Jin, Yong　本名＝査良鏞　作家　「明報」創立者　国中国　生1924年　典2000／2004／2008／2012

キン・ヨウキ　金耀基　Chin, Yao-chi　英語名＝King, Ambrose Yeo-chi　中文大学教授・副学長　社会学　国香港　生1937年　典1996

キン・レイ　金黎　Chin, Li　元・中国国際友好連絡会副会長　国中国　生1990年9月30日　典1992

キーン, ロイ　Keane, Roy　本名＝キーン, ロイ・モーリス　サッカー指導者, 元・サッカー選手　国アイルランド　生1971年8月10日　典2000／2004／2008／2012

キーン, ロビー　Keane, Robbie　サッカー選手(FW)　国アイルランド　生1980年7月8日　典2004／2008／2012

キーン, ロブ　Kean, Rob　作家　国米国　典2004

キン・オーンマー　Khin Ohmar　民主化運動家　ビルマ・パートナーシップコーディネーター　国ミャンマー　典2012

キンカ　金河　旧名＝徐鴻　作家　遼寧省作家協会専任作家, 中国作家協会遼寧分会副主席　国中国　生1943年　典1996

キンガリー, デービッド　Kingery, David W.　材料科学者　アリゾナ大学教授　セラミックス材料科学, 人類学　国米国　生1926年　典2000

ギンガリッチ, スーザン　Gingerich, Susan　医療コンサルタント　デラウェア精神医療センター・コンサルタント　精神分裂病　典2004

キング, J.E.　King, J.E.　La Trobe大学助教授　経済学　国英国　生1947年　典2000

キング, アルバート　ブルース歌手, ギタリスト　国米国　生1923年　没1992年12月21日　典1992／1996

キング, アンガス　King, Angus S. (Jr.)　政治家　元・メーン州知事　国米国　生1944年3月31日　典2000／2004／2008

キング, オードリー　King, Audrey J.　作家, 芸術家, 社会活動家　カナダアビリティー財団評議員　典2008

キング, カレン・L.　King, Karen L.　ハーヴァード大学神学部教授　典2008

キング, キャロル　King, Carole　本名＝クレイン, キャロル　シンガー・ソングライター　国米国　生1942年2月9日　典1992／2012

キング, キャロル・ソーセック　King, Carol Soucek　元・「Designers West」編集長　国米国　典2000

キング, クリストファー　King, Christopher M.　コンピュータ技術者　典2004

キング, ゲーリー　King, Gary　ハーヴァード大学教授　計量政治学, 政治学方法論　国米国　典2008

キング, ザルマン　King, Zalman　映画監督, 脚本家, 映画プロデューサー　国米国　生1942年5月23日　没2012年2月3日

キング, ジェフ　スポーツ・ライター　典2004

キング, ジェームズ　King, James　翻訳家　元・九州大学非常勤講師　国英国　生1949年　典1996

キング, ジェームズ　King, James　女優　国米国　典2004

キング, ジャック　King, Jack L.　コンサルタント　典2004

キング, ジョナサン　King, Jonathon　作家　国米国　典2012

キング, ジョニー　King, Johnny　中国名＝金祖齢　歌手　国米国　典2004／2008

キング, ショーン　King, Shaun　プロフットボール選手(QB)　国米国　生1977年5月29日　典2000／2008

キング, ジョン　King, John Leonard　別称＝King of Wartnaby　実業家　元・ブリティッシュ・エアウェイズ(BA)名誉会長　国英国　生1918年8月29日　没2005年7月12日　典1996／2000

キング, ジョン・A.　在日米国州政府事務所協議会(ASOA)会長　国米国　典1992

キング, スザンヌ　King, Suzanne　スキー選手(距離)　国米国　生1964年5月12日　典2000

キング, スティーブン　King, Stephen　本名＝キング, スティーブン・エドウィン　別名＝バックマン, リチャード　作家, 脚本家　国米国　生1947年9月21日　典1992／1996／2000／2004／2008／2012

キング, スティーブンソン　King, Stephenson　政治家　セントルシア首相　国セントルシア　典2012

キング, セシル　King, Cecil Harmsworth　元・新聞経営者　国英国　生1901年　没1987年4月17日　典1992

キング, ダイアナ　King, Diana　歌手　国ジャマイカ　生1970年　典1996／2000／2004

キング, タビサ　King, Tabitha　作家　国米国　生1949年　典1996

キング, チャールズ　King, Charles Glen　生化学者　元・ピッツバーグ大学教授, 元・アメリカ生化学会会長　栄養学　国米国　生1896年10月22日　没1988年1月24日　典1992

キング, デービッド　King, David C　政治学者　ジョン・F.ケネディ行政大学院准教授　公共政策　国米国　典2004

キング, デーブ　King, Dave　アイスホッケー監督　元・アイスホッケー日本代表監督　国カナダ　生1947年12月22日　典1996／2004／2008

キング, デブラ　King, D.Flintoff　陸上選手(400メートル障害)　国オーストラリア　典1992

キング, トーマス・ジェレミ　King, Thomas Geremy　政治家　元・英国国防相　国英国　生1933年6月13日　典1992／1996

キング, トム　King, Tom　ヨット選手　国オーストラリア　典2004

キング, ドン　King, Don　本名＝キング, ドナルド　プロボクシング興行主　ドン・キング・プロダクション社長　国米国　生1931年8月20日　典1992／1996／2000／2012

キング, ノーマン　King, Norman　マーケティング・コンサルタント, 作家　アメリカン・マーケティング・コンプレックス社会長, トラベル・クラブ国際協会会長, テレムービー・インターナショナル会長　国米国　生1926年　典1992／1996

キング, ピーター　King, Peter　ミステリー作家　国米国　典2004

キング, ビリー・ジーン　King, Billie Jean　本名＝King, Billie Jean Moffit　テニス指導者, 元・テニス選手　女子テニス協会初代会長　元・アトランタ五輪・シドニー五輪テニス米国代表監督　国米国　生1943年11月22日　典1992／1996／2000／2004／2012

キング, フィリップ　King, Philip　彫刻家　国英国　生1934年5月1日　典1996／2000

キング, ブライアン　King, Brian　脚本家　典2004

キング, ブライアン　King, Brian　「本当にあった嘘のような話—「偶然の一致」のミステリーを探る」の著者　典2008

キング, ブラッド　King, Brad　ライター　典2008

キング, フランク・H.　ジャーナリスト　元・AP通信記者　国米国　没1990年1月19日　典1992

キング, フランシス　King, Francis Henry　作家, 批評家　元・国際ペンクラブ副会長　国英国　生1923年3月4日　没2011年7月3日　典1992／1996

キング, ベッツィ　King, Betsy　プロゴルファー　国米国　生1955年8月13日　典1992／1996／2000／2004／2008

キング, ペリー　King, Perry A.　デザイナー　生1938年　典1992

キ

キング, ベン・E. King, Ben E. 旧グループ名＝ドリフターズ 歌手 国米国 生1938年9月28日 没2012

キング, マイケル・パトリック King, Michael Patrick 映画監督, テレビ監督 国米国 没2012

キング, マーティン King, Martin 「フーリィファン―傷だらけの30年」の共著者 収2004

キング, マーティン・ルーサー King, Martin Luther 牧師 1968年暗殺されたキング牧師の父 国米国 生1984年11月11日 収1992

キング, マービン King, Mervyn Allister エコノミスト イングランド銀行総裁 専税制学,財政学 国英国 生1948年3月30日 収1996／2000／2004／2008／2012

キング, メアリ・クレア King, Mary-Claire 遺伝学者 カリフォルニア大学バークレー校分子細胞生物学部・公衆衛生学部 国米国 生1946年 収1996

キング, ラリー 作曲家,オルガン奏者 国米国 生1990年4月12日 収1992

キング, ラリー King, Larry 本名＝ザイガー,ローレンス インタビュアー,キャスター 元・CNNトーク番組ホスト 国米国 生1933年11月19日 収1996／2008／2012

キング, ロス King, Ross 作家 国カナダ 生1962年 収2004

キング, ロドニー King, Rodney G. ロス暴動の引き金となった警官による殴打事件の被害者 国米国 没2012年6月17日

キング, ロバート King, Robert コンピューター技術者 収2004

キング, ローリー King, Laurie R. 作家 国米国 生1952年 収1996／2000／2012

キング・アドロック King Ad-Rock 本名＝ホロビッツ,アダム グループ名＝ビースティ・ボーイズ ミュージシャン 国米国 生1966年10月31日 収2008

キングストン, ショーン Kingston, Sean レゲエ歌手 国米国 生1990年 収2012

キングストン, マキシーン・ホン Kingston, Maxine Hong 作家 国米国 生1940年10月27日 収1992

キングズバリ, ミカエル Kingsbury, Mikaël スキー選手（フリースタイル） 国カナダ 生1992年7月14日

キング・スミス, ディック King-Smith, Dick 児童文学作家 国英国 生1922年3月27日 没2011年1月4日 収1996／2000／2008

キングズリー, カザ Kingsley, Kaza 作家 国米国 収2012

キングスリー, ジェレミー Kingsley, Jeremy 弁護士 Gard保険組合ロンドン事務所勤務 専P&I保険 国英国 収1992

キングズリー, シドニー Kingsley, Sidney 劇作家 国米国 生1906年10月18日 没1995年3月20日 収1992／1996

キングスリー, ベン Kingsley, Ben 本名＝バンジー,クリシュナ 俳優 国英国 生1943年12月31日 収1992／2004（キングスレー, ベン）／2008（キングスレー, ベン）／2012

キングズレーク, ブライアン Kingslake, Brian 牧師 国英国 生1907年 収1996

キングズレーク, ルドルフ Kingslake, Rudolf ロチェスター大学名誉教授 専光学 国英国 生1903年8月28日 収2000

キングダム, ロジャー Kingdom, R. 陸上選手（障害） 国米国 生1962年 収1992／2000

キングドン, デービッド Kingdon, David G. 精神医学者 サウザンプトン大学精神科教授 専認知療法,地域精神保健サービス,成人の精神保健政策 国英国 収2004

キング・ヘレ, デズモンド King-Hele, Desmond George 物理学者,著述家 国英国 生1927年11月3日 収1996

キングマ, ダフニ・ローズ Kingma, Daphne Rose セラピスト 専結婚,家族関係 国米国 収1992

キングリッチ, ニュート Gingrich, Newt 本名＝Gingrich,Newton Leroy 政治家 ギングリッチ・グループCEO 元・米国下院議長（共和党） 国米国 生1943年6月17日 収1996／2000／2004／2008／2012

キンケイド, キャスリーン Kinkade, Kathleen ツイン・オークス・コミュニティー創設者 国米国 収2004／2008

キンケイド, ジャメイカ Kincaid, Jamaica 本名＝ポッター・リチャドソン, エレイン 作家 国グアテマラ 生1949年 収1996

キンケイド, ナンシー Kincaid, Nanci 作家 国米国 収2008

キンケイド・コルトン, キャロル Kincaid-Colton, Carol A. ジョージタウン大学医学部助教授 専生理学,生物物理学 国米国 収2000

キンケード, トーマス Kinkade, Thomas 画家 国米国 生1958年 没2012年4月6日

キンケル, クラウス Kinkel, Klaus 政治家 元・ドイツ副首相・外相,元・ドイツ自由民主党（FDP）党首 国ドイツ 生1936年12月17日 収1996／2000

ギンゴナ, テオフィスト Guingona, Teofisto 政治家 フィリピン副大統領,ラカス代表 元・フィリピン外相 国フィリピン 生1928年7月4日 収1992／2000／2004

キンコフ, エリック Kinkoph, Eric ジャーナリスト,作家 国米国 収1996

ギンゴールド, ハーマイオニ 女優 国米国 生1897年 没1987年5月24日 収1992

キンザー, アル BMW米国現地法人CEO 国米国 収1996

ギンズ, マドリン Gins, Madeline H. 詩人 国米国 生1941年 没2014年1月8日 収1996／2000

キン・スエ・ウー Khin Swe U. 作家 国ミャンマー 生1933年 収1992

キンスキー, ナスターシャ Kinski, Nastassja 本名＝Nakszynski, Nastassja 女優 生1961年1月24日 収1992／1996／2000／2004／2008／2012

ギンズバーグ, アレン Ginsberg, Allen 詩人,反戦運動家 国米国 生1926年6月3日 没1997年4月5日 収1992／1996

ギンスバーグ, デービッド Ginsburg, David コンピューター技術者 Shasta Networksコンサルティング・エンジニアリング部門ディレクター 収2004

ギンズバーグ, マドレーヌ Ginsburg, Madeleine ビクトリア・アンド・アルバート美術館テキスタイル・ファーニッシング及び服飾部門キューレーター 専ファッション史 国英国 収1992

ギンズバーグ, ミラ Ginsburg, Mirra 作家,翻訳家 収2004／2008

ギンズバーグ, ルース Ginsburg, Ruth Jone Bader 裁判官 米国最高裁判事 国米国 生1933年3月15日 収1996／2012

ギンスバーグ, ロイ スキッドモア大学教授,欧州政治研究センター（CEPS）客員研究員 専欧州政治 国米国 収1996

ギンスバッハ, ユーリア Ginsbach, Julia イラストレーター 国ドイツ 生1967年 収2004

ギンズブルグ, ヴィタリー Ginzburg, Vitalii Lazarevich 理論物理学者 元・レベジェフ記念物理研究所教授 専超電導 国ロシア 生1916年10月4日 没2009年11月8日 収1992／1996／2004／2008

ギンズブルグ, カルロ Ginzburg, Carlo 歴史家 カリフォルニア大学ロサンゼルス校教授 専社会主義,労働民衆史,大衆文化,図像論,少数民族文化,女性史,ルネッサンス史 国イタリア 生1939年 収1992／1996／2000／2004

ギンズブルグ, ナタリーア Ginzburg, Natalia 作家 国イタリア 生1916年7月14日 没1991年10月8日 収1992

キンセラ, W.P. Kinsella, William Patrick 作家 国カナダ 生1935年5月25日 収1992／1996／2000

キンセラ, ジェームズ Kinsella, James ジャーナリスト ハバフォード・カレッジ 国米国 生1960年 収1996

キンセラ, ソフィー Kinsella, Sophie 作家 国英国 収2004

キンセラ, デービッド Kinsella, David 専国際関係論 国米国 収2004

キンゼル, オーガスタス 冶金学者 国米国 没1987年10月23日 収1992

キンダー, ジョージ Kinder, George ファイナンシャル・プランナー 専マネー・マチュリティ 国米国 収2004

ギンター, ピーター Ginter, Peter 写真家 国ドイツ 生1958年 収2004

キンダー, メルビン Kinder, Melvyn サイコセラピスト カリフォルニア大学ロサンゼルス校講師 国米国 典1992

ギンタス, ハーバート Gintis, Herbert 政治経済学者 中央ヨーロッパ大学教授 国米国 生1940年 典2004

キンタナ, ミゲル Quintana, Miguel 本名=Quintana Rivalta, Yandro Miguel レスリング選手(フリースタイル) 国キューバ 生1980年1月30日 典2008

キンタナール, ロムロ ゲリラ指導者 元・フィリピン新人民軍(NPA)最高司令官 国フィリピン 典1992/1996

キンダマン, ジャンマリ Kindermans, Jean-Marie 医師 国境なき医師団(MSF)国際評議会事務総長 国フランス 典2000

キンダーマン, ハインツ Kindermann, Heinz 演劇学者 元・ウィーン大学教授 国オーストリア 生1985年10月3日 典1992

ギンディキン, シモン Gindikin, Simon G. 数学者 ラトガース大学教授 国米国 生1937年 典2000

ギンディン, アレクサンドル Gindin, Alexander ピアニスト 国ロシア 生1977年 典2000/2004/2008/2012

キンディング, ビヨン Kinding, Björn アイスホッケー男子日本代表監督 国スウェーデン 生1957年4月29日 典2000

キンデラン, オレステス 野球選手 国キューバ 生1964年11月1日 典1992/1996/2000/2004/2008

キンデラン, マリオ Kindelan, Mario 本名=Kindelan Mesa, Mario Cesar ボクシング選手 国キューバ 生1971年8月10日 典2004/2008

キントナー, ジル Kintner, Jill 自転車選手(BMX) 北京五輪自転車女子BMX銅メダリスト 生1981年10月24日

キンドラー, ジェフリー Kindler, Jeffrey B. 実業家, 弁護士 ファイザーCEO 国米国 生1955年5月13日 典2008/2012

キンドルバーガー, チャールズ Kindleberger, Charles Poor 経済学者 元・マサチューセッツ工科大学名誉教授 専経済史, 国際金融 国米国 生1910年10月12日 没2003年7月7日 典1992/1996/2000

キンドロン, ダン Kindlon, Dan 心理学者 ハーバード大学教授 専児童心理学 国米国 生1953年 典2000

キン・ニュン Khin Nyunt 政治家, 軍人 元・ミャンマー首相, 元・大将 国ミャンマー 生1939年10月11日 典1996/2000/2004/2008/2012

キンヌネン, キムモ やり投げ選手 国フィンランド 生1968年3月 典1992/1996

キンブル, マイケル Kimball, Michael 作家 国米国 生1949年 典2000

キンブル, メリンダ 米国国務次官補代理 国米国 典2000

キンブレル, クレイグ Kimbrel, Craig 本名=Kimbrel,Craig Michael 大リーグ選手(投手) 国米国 生1988年5月28日

ギンベル, ピーター 映像ジャーナリスト 国米国 没1987年7月13日 典1992

キンボール, スペンサー・W. 元・モルモン教会大管長 国米国 生1895年3月 没1985年11月5日 典1992

キーンホルツ, エドワード Kienholz, Edward 造形作家 国米国 生1927年10月23日 没1994年6月10日 典1992/1996

キン・マウン・ギイ, フェリックス Khin-Maung-Gyi, Felix A. 研究コンサルタント 典2008

キンメル, アネリス 自由ドイツ労働組合同盟(FDGB)議長 国ドイツ 典1992

キンモンス, アール Kinmonth, Earl H. 歴史学者, 日本研究家 シェフィールド大学日本研究センター上級講師 国米国 生1946年

キンモント, アレクサンダー Kinmont, Alexander モルガン・スタンレー証券東京支店ストラテジスト 典2000

キーンリーサイド, サイモン Keenlyside, Simon バリトン歌手 国英国 生1959年 典2008/2012

【ク】

クー・イーチェン 柯一正 Ko, Yi-cheng 映画監督, 俳優 国台湾 生1949年 典2004(カ・イッセイ)/2008(カ・イッセイ)/2012

グ・イチジュ 具一寿 「カンフーテクノロジー——打撃力の本質」の著者 典2008

ク・イムフェ 具妊会 号=仁江 医師 仁江園理事長, ソウル市医師会顧問 国韓国 生1919年2月17日 典1996

ク・イルフェ 具一会 Koo, Il-hoe 韓国情報技術研究院院長 国韓国 生1931年6月25日

ク・インファン 丘人煥 号=雲堂 ソウル大学師範大学国語教育科教授 国韓国 生1929年9月16日 典1996

ク・ウォルファン 丘月煥 Koo, Wol-whan 連合通信出版局局長 国韓国 生1942年3月25日 典2000

ク・オッキ 具玉姫 Ku, Ok-hee プロゴルファー 国韓国 生1956年8月1日 没2013年7月10日 典1996(ク・オクヒ)/2000(ク・オクヒ)/2004/2008/2012

ク・クァンギル 具光吉 Koo, Kwang-gil 実業家 丘山物産社長 国韓国 生1941年7月20日 典2000

ク・クックフェ 具国会 Koo, Kook-huoe 号=石汀 東南保健専門大学長 専病理学 国韓国 生1919年6月20日 典2000

ク・サン 具常 詩人 ソウル中央大学院客員教授 国韓国 生1919年9月16日 典1996/2000

ク・ジェデ 丘在台 Koo, Jae-tae 忠清南道地方警察次長 国韓国 生1942年12月12日 典2000

ク・ジャウォン 具滋元 Koo, Cha-won LG金属副会長 国韓国 生1935年11月29日 典2000

ク・ジャギョン 具滋暻 Koo, Ja-gyong 雅号=上南 実業家 LGグループ名誉会長, 韓国全国経済人連合会(全経連)名誉会長 国韓国 生1925年4月24日 典1992/1996

クー・ジャシュン 具滋賢 Koo, Ja-hyun 版画家 国韓国 生1955年 典2008

ク・ジャジュン 具滋正 Koo, Ja-jung ボラム銀行長 国韓国 生1940年6月27日 典2000

ク・ジャスン 具滋順 Koo, Ja-soon 漢陽大学社会学科教授 専社会学 国韓国 生1946年11月20日 典2000

ク・ジャチュン 具滋春 政治家 元・韓国自民連副総裁, 元・韓国国会議員 国韓国 生1932年5月11日 没1996年2月10日 典1996

ク・ジャチョル Koo, Ja-cheol 漢字名=具滋哲 サッカー選手(MF) ロンドン五輪サッカー男子銅メダリスト 国韓国 生1989年2月27日

ク・ジャハク 具滋学 Koo, Cha-hak 実業家 LG半導体会長, LG建設会長, LGエンジニアリング会長 国韓国 生1930年7月15日 典2000

ク・ジャヒョン 具滋賢 Koo, Ja-hyun 建国大学教授 専生化学 国韓国 生1947年3月27日 典2000

ク・ジャホン 具滋洪 Koo, Ja-hong LG電子社長, 韓国ディスプレイ研究組合理事長 国韓国 生1946年12月11日 典2000

グー, ジャン・ジョゼフ Goux, Jean-Joseph ライス大学教授 専哲学 国フランス 生1943年 典2000

クー・ジュンション 柯俊雄 Ko, Chun-hsiung 俳優 国台湾 生1945年1月15日 典1996(カ・シュンユウ)/2004(カ・シュンユウ)/2008(カ・シュンユウ)/2012

ク・ジュンソ 具仲書 Koo, Joong-suh 文芸評論家 水原大学国文学科教授, 韓国民族芸術人総連合理事長 国韓国 生1936年12月10日 典2000

ク・ジョンソ 具宗書 Koo, Jhong-suh 三星経済研究所国際政治担当専門委員, 韓国政治学会副会長 専政治学, 国際政治 国韓国 生1938年3月26日 典2000

ク・ジョンテ 具鐘泰 Koo, Jong-tae 韓国警察庁防犯局局長 国韓国 生1939年11月29日 典2000

ク・ジョンモ　具 正謨　Koo, Jung-mo　大邱百貨店代表理事　国韓国　生1953年4月3日　没2000

クー・スウィーチャウ　Khoo, Swee-chiow　冒険家　国シンガポール　没2012

ク・ソンフェ　具 聖会　Koo, Seong-hee　インダストリアルデザイナー　プリズム（デザイン・スタジオ）メンバー，フロント（デザイン・スタジオ）　国韓国　生1951年　没1992／1996

ク・チャドゥ　具 滋斗　Koo, Cha-too　LG流通副会長　国韓国　生1932年1月15日　没2000

クー・チャンウェイ　Gu, Chang-wei　漢字名＝顧長衛　映画監督，映画撮影監督　国中国　生1958年　没2008／2012

ク・チャンモ　具 昌模　歌手　国韓国　生1954年4月27日　没1996

ク・チャンリム　具 昌林　Koo, Chang-rim　政治家　21世紀政策研究院理事，自民連永登浦区地区党委員長　元・韓国国会議員（民自党）　国韓国　生1941年8月15日　没2000

ク・チュンソ　具 忠書　Koo, Choong-seo　ソウル地法南部支院部長判事　国韓国　生1953年5月10日　没2000

ク・チュンフェ　具 春会　Koo, Choon-hoe　韓国開発リース会長　国韓国　生1926年4月3日　没2000

ク・チュンフェ　具 忠会　Koo, Choong-whay　元・外交官　慶煕大学講師，韓国外国語大学講師　専スペイン語　国韓国　生1929年5月3日　没2000

ク・チョンソ　具 千書　プロ野球選手（内野手）　国韓国　生1963年8月15日　没1996

ク・チョンソ　具 天書　Koo, Cheon-seo　政治家　韓国国会議員（自民連）　国韓国　生1950年2月28日　没2000

ク・デソン　具 台晟　Koo, Dae-sung　プロ野球選手（投手）　国韓国　生1969年8月2日　没2000／2004／2008／2012

ク・テフェ　具 泰会　Koo, Tai-hwoi　号＝春谷　LGグループ創業顧問　元・韓国国会議員（公和党）　国韓国　生1923年6月24日　没2000

ク・ドゥフェ　具 斗会　Koo, Doo-hwoi　実業家　LGグループ創業顧問　国韓国　生1928年9月12日　没2000

ク・ドククァン　具 徳寛　Koo, Tuck-kwan　元・監理教神学大学教授　専キリスト教学　国韓国　生1931年10月17日　没2000

ク・ドワン　具 度完　Ku, Do-wan　環境学者，社会学者　韓国環境政策評価研究院環境部長官諮問官　国韓国　生1962年　没2004／2008

ク・ドンウ　丘 東宇　プロ野球選手（投手）　国韓国　生1966年10月20日　没1996

ク・ドンフェ　具 惇会　Koo, Don-hoi　ソウル市建設安全管理本部長　国韓国　生1937年6月13日　没2000

ク・バク　具 博　Koo, Bahk　元・韓国放送公社ニューメディア局長　国韓国　生1940年6月10日　没2000

クー，ハーゲン　社会学者　ハワイ大学社会学部教授　専労働運動　生1941年　没2008

ク・ハソ　具 河書　Koo, Hah-seogh　成均館大学名誉教授　専貿易学，保険学　国韓国　生1928年4月26日　没2000

ク・ハンソン　具 漢星　プロ野球選手（内野手）　国韓国　生1970年1月7日　没1996

ク・ヒョンウ　具 亨佑　Koo, Hyong-woo　ハンソル製紙代表理事　国韓国　生1942年3月2日　没2000

ク・ビョンサク　丘 秉朔　高麗大学名誉教授，韓日法学会会長，アジア太平洋公法学会会長　国韓国　生1926年6月29日　没1996

ク・ビョンサン　丘 秉参　Ku, Pyong-sham　高麗大学医務副総長　専産婦人科学　国韓国　生1936年8月20日　没2000

ク・ビョンフェ　具 平会　実業家　韓国貿易協会会長　元・LG商事会長　国韓国　生1926年6月30日　没1996

ク・ビョンリム　具 丙林　韓国大学協議会事務総長　国韓国　生1933年2月15日　没1996

クー，フーネン　Khoo, Hoo-neng　アジア女子大学学長　没2012

ク・ヘヨン　具 暳瑛　作家　韓国女流文学人会会長　国韓国　生1931年2月15日　没1996

ク・ボムモ　具 範謨　精神文化研究院韓国学大学院長　国韓国　生1932年1月7日　没1996

ク・ボングン　具 奉權　Koo, Bong-kuen　号＝和久　忠北大学工学部教授　専土木工学　国韓国　生1940年5月2日　没2000

ク・ボンジャン　具 本璋　Koo, Bon-jang　大田大学経営学科教授　専経営学　国韓国　生1944年1月15日　没2000

ク・ボンス　具 奉洙　Koo, Bong-soo　清州大学総長　専教育学　国韓国　生1937年9月17日　没2000

ク・ボンスル　具 本術　仁荷大学医科大学教授・付属病院眼科長　国韓国　生1925年7月5日　没1996

ク・ボンソン　具 本盛　Koo, Bon-sung　検察官　ソウル地検西部支庁特捜部長検事　国韓国　生1952年9月6日　没2000

ク・ボンテ　具 本泰　Koo, Bon-tae　新韓国党陽川乙地区党委員長　国韓国　生1947年9月15日　没2000

ク・ボンホ　具 本湖　Koo, Bon-ho　エコノミスト　漢陽大学経済学科教授　国韓国　生1932年9月4日　没1992／1996

ク・ボンホ　具 本湖　Koo, Bon-ho　大邱百貨店会長，大百プラザ会長　国韓国　生1920年9月19日　没2000

グ・ボンム　具 本茂　Koo, Bon-moo　実業家　LGグループ会長・共同CEO　国韓国　生1945年2月10日　没1996／2000

ク・ボンヨン　具 本英　Koo, Bon-young　ソウル女子大学文献情報学科教授　専文献情報学　国韓国　生1938年3月3日　没2000

ク・ボンヨン　具 本英　Bohn-young　韓国大統領経済首席秘書官　国韓国　生1947年5月24日　没2000

ク・ミンフェ　具 珉会　Koo, Min-hae　実業家　星安合織社長　国韓国　生1937年10月24日　没2000

クー・ユールン　柯 宇綸　Ko, Yu-luen　俳優　国台湾　生1977年　没2004／2012

ク・ユン　具 潤　プロ野球選手（外野手）　国韓国　生1963年6月18日　没1996

ク・ユンソク　具 允錫　東洋仏石開発会社会長，FAO韓国協会顧問　国韓国　生1913年7月3日　没1996

グー・ヨウ　Ge, You　漢字名＝葛優　俳優　国中国　生1957年4月19日　没1996（葛 優 カツ・ユウ）／2008（グォ・ヨウ）／2012

ク・ヨンチュン　具 然春　Ku, Youn-choon　韓国産業安全管理代行協会理事長　国韓国　生1935年3月20日　没2000

ク・ヨンノク　具 本禄　Koo, Yong-nok　ソウル大学政治学科教授　専政治学　国韓国　生1934年7月8日　没2000

クー，リチャード　Koo, Richard C.　エコノミスト　野村総合研究所主席研究員　専マクロ経済，金融・銀行行政，為替，日本・アジアの安全保障　国米国　生1954年　没1996／2000／2004

クー，ルイス　Koo, Louis　中国名＝古天楽　俳優　国香港　生1970年10月21日　没2004／2008／2012

グーア，イラナ　Goor, Ilana　彫刻家　没1992

グアイ，エリック　Guay, Erik　スキー選手（アルペン）　国カナダ　生1981年8月5日　没2012

クァク・イムファン　郭 壬煥　Kwak, Im-hwan　ジャーナリスト　全北議政研究所理事長，韓白損害査定法人会長　国韓国　生1935年1月2日　没2000

クァク・ウォンモ　郭 元模　Kwak, Won-mo　産業デザイナー　韓国中央大学産業デザイン学科教授，韓国産業デザイナー協会会長　国韓国　生1935年7月11日　没2000

クァク・ウンス　郭 銀洙　Kwak, Eun-soo　ピアニスト　国韓国　生1926年11月25日　没2000

クァク・キョルホ　郭 決鎬　Kwak, Kyul-ho　元・韓国上下水道局長　国韓国　生1946年3月15日　没2000

クァク・キョンテク　Kwak, Kyung-taek　漢字名＝郭曖沢　映画監督，脚本家　国韓国　生1966年　没2004／2008／2012

クァク・サムヨン　郭 三溁　Kwak, Sam-yong　実業家　高麗産業開発会長　国韓国　生1930年10月9日　没2000

クァク・サンギョン　郭 相璟　Kwak, Sang-kyung　高麗大学経済学科教授　専経済学　国韓国　生1937年5月31日　没2000

クァク・ジェソン　郭 宰星　プロ野球選手（投手）　国韓国　生1973

クァク・ジェムン 郭在文 コメディアン 国韓国 生1955年6月22日 典1996

クァク・ジェヨン Kwak, Jae-young 漢字名=郭在容 映画監督,脚本家 国韓国 生1959年 典2004／2008／2012

クァク・ジョンウォン 郭鍾元 文芸評論家 韓国公演倫理委員会委員 国韓国 生1917年5月13日 典1996

クァク・ジョンソ 郭正昭 Kwak, Jeong-so 実業家 韓国電子社長 国韓国 生1955年 典1996

クァク・ジョンチョル 郭正出 Kwak, Jung-chul 実業家,政治家 元・セハンメディア社長,元・韓国国会議員 国韓国 生1937年5月21日 典2000

クァク・ジョンヒョン 郭定鉉 Kwak, Jung-hyun 実業家 三現電子会長 国韓国 生1933年2月6日 典2000

クァク・ジョンファン 郭貞煥 映画監督 ソウルシネマタウン代表,ソウル劇場協会会長 国韓国 生1930年12月4日 典1996

クァク・スイル 郭秀一 Kwak, Soo-il ソウル大学経営学科教授,韓国通信理事,韓国経営研究院理事長 専経営学 国韓国 生1941年6月30日 典2000

クァク・ソソク 郭小石 Kwak, So-seok 実業家 サニー電気会長 国韓国 生1918年11月22日 典2000

クァク・チェジン 郭菜振 プロ野球選手(投手) 国韓国 生1973年3月1日 典1996

クァク・チミン Kwak, Ji-min 女優 国韓国 生1985年2月13日 典2008／2012

クァク・チョル 郭鉄 Kwak, Chul 慶南大学化学工学科教授 専化学工学 国韓国 生1942年5月17日 典2000

クァク・チヨン 郭治栄 Kwak, Chi-yong 実業家,政治家 デイコム(DACOM)代表理事社長,韓国国会議員(新千年民主党) 国韓国 生1941年4月22日 典2004

クァク・デヨン 郭大淵 Kwak, Dae-yeon ジャーナリスト 大田日報編集局長 国韓国 生1943年6月11日 典2000

クァク・ドンヒョ 郭東曙 Kwak, Dong-hyo 裁判官 大邱高法部長判事 国韓国 生1946年12月17日 典2000

クァク・ドンビョク 郭東壁 Kwak, Dong-byawk 忠北大学英文科教授 専英文学 国韓国 生1933年11月20日 典2000

クァク・ノドク 郭魯得 Kwak, Ro-duk 実業家 東亜精密機器相談役 国韓国 生1926年7月20日 典2000

クァク・ヒョソク 郭孝錫 Kwak, Hyo-suk ジャーナリスト 「コリアヘラルド」論説委員・審議委員 国韓国 生1929年8月6日 典2000

クァク・ビョング 郭柄球 Kwak, Byeng-ku 韓国航空宇宙産業振興協会副会長 国韓国 生1934年11月21日 典2000

クァク・ビョンソン 郭柄善 Kwak, Byong-sun 韓国教育開発院教育課程研究本部長 専教育学 国韓国 生1942年1月25日 典2000

クァク・フソプ 郭厚燮 Kwak, Hoo-sup 韓国全国相互信用金庫連合会長 国韓国 生1932年2月21日 典2000

クァク・ボクロク 郭福禄 号=静石 西江大学名誉教授 専ドイツ文学 国韓国 生1922年2月28日 典1996

クァク・マンソプ 郭満燮 Kwak, Mahn-sup 元・韓国山林庁長 国韓国 生1938年7月18日 典2000

クァク・ミョンドク 郭明徳 弁護士 韓米親善クラブ会長 国韓国 生1919年12月4日 典1996

クァク・ムグン 郭茂根 Kwak, Moo-keun 検察官 大邱地検特捜部長 国韓国 生1955年12月19日 典2000

クァク・ユングン 郭潤根 Kwak, Yoon-keun 韓国科学技術院機械工学科教授 専機械工学 国韓国 生1944年6月26日 典2000

クァク・ヨンウ 郭泳宇 Kwak, Yong-woo 号=醒石 全北大学師範大学教育学科教授 専教育学 国韓国 生1936年9月15日 典2000

クァク・ヨンス 郭演秀 プロ野球選手(外野手) 国韓国 生1967年3月18日 典1996

クァク・ヨンチョル 郭英哲 Kwak, Yeong-Cheol 実業家 東亜建設社長 国韓国 生1940年11月19日 典2000

クアストホフ, トーマス Quasthoff, Thomas バリトン歌手 デトモルト音楽大学教授 国ドイツ 生1959年 典2000／2012

グアゼ, アンドレ Gouazé, André 医学者 トゥール大学名誉教授 専医学教育 国フランス 典2004

グァダーニョ, アントン Guadagno, Anton 指揮者 東京フィルハーモニー首席客演指揮者,パームビーチ・オペラ音楽監督 国米国 生1923年 典2000

グアダルービ, ジアンニ Guadalupi, Gianni ライター,翻訳家,編集者 国イタリア 生1943年 典2004／2008

クアトリーリオ, ジュゼッペ Quatriglio, Giuseppe ジャーナリスト,作家 国イタリア 生1922年 典2000

クアトレカサス, ペドロ 生化学者 バローズ・ウェルカム研究所所長 国米国 生1936年 典1992

クアトロ, スージー Quatro, Suzi ロック歌手 国米国 生1950年6月3日 典1992

クアドロス, ジアニオ Quadros, Jânio 政治家 元・ブラジル大統領,元・サンパウロ市長 国ブラジル 生1917年1月25日 没1992年2月16日 典1992／1996

クアドロス, ブルーノ Quadros, Bruno 本名=クアドロス,ブルーノ・エベルトン サッカー選手(DF) 国ブラジル 生1977年2月3日 典2008／2012

クアリオッティ, アンナ・マリア ナポリ大学助教授 専ガンダーラ美術の図像学的研究 国イタリア 生1946年 典1996

グアルダド, エディー Guardado, Eddie 本名=Guardado, Edward Adrian 大リーグ選手(投手) 国米国 生1970年10月2日 典2008

グアルディオラ, ジョゼップ Guardiola, Josep 本名=グアルディオラ・イ・サラ,ジョゼップ サッカー監督,元・サッカー選手 バルセロナ五輪サッカー男子金メダリスト 国スペイン 生1971年1月18日 典2000／2004／2008／2012

グアルニエーリ, パオロ Guarnieri, Paolo 美術評論家 専現代絵画 国イタリア 生1961年 典2004

クァレシー, サフィー・U. ASTリサーチ社社長・CEO 国米国 典1996

クァレスマ, リカルド Quaresma, Ricardo 本名=Quaresma Andrade,Ricardo Bernardo サッカー選手(FW) 国ポルトガル 生1983年9月26日 典2012

グァンス Kwang-soo グループ名=超新星 歌手 国韓国 生4月22日 典2012

グァンヒ Kwang Hee 本名=ファンガンヒ グループ名=ZE:A 歌手 国韓国 生1988年8月25日 典2012

グイ・ルンメイ Guey, Lun-mei 漢字名=桂綸鎂 女優 国台湾 生1983年12月25日 典2004／2008／2012

グイエ, アンリ Gouhier, Henri Gaston 哲学者 元・ソルボンヌ大学文学部教授,元・リール大学教授 専哲学史,宗教思想史,演劇美学 国フランス 生1898年12月5日 没1994年3月31日 典1992

クイグリー, エリー Quigley, Ellie コンピューター技術コンサルタント ラーニング・エンタープライゼズ社長 典2004

クイケン, ヴィーラント Kuijken, Wieland バロック・チェロ奏者,ビオラ・ダ・ガンバ奏者 国ベルギー 生1938年8月31日 典2000／2004／2008／2012

クイケン, ジギスヴァルト Kuijken, Sigiswald バロック・バイオリン奏者,ビオラ・ダ・ガンバ奏者 ラ・プティット・バンド主宰者 国ベルギー 生1944年2月16日 典2012

クイケン, バルトルド Kuijken, Barthold フラウト・トラヴェルソ奏者,リコーダー奏者 国ベルギー 生1949年3月8日 典2004／2008／2012

クイスト, ラスムス Quist, Rasmus ボート選手 ロンドン五輪ボート男子軽量級ダブルスカル金メダリスト 国デンマーク 生1980年4月5日

クイゼンベリー, ダン Quisenberry, Dan 元・大リーグ選手(投手) 国米国 生1953年2月7日 典1992

クイック, アマンダ Quick, Amanda 別名=クレンツ,ジェーン・

アン，キャッスル，ジェーン，ジェームズ，ステファニー　ロマンス作家　⑬米国　㉕2004

クイック，ウィリアム・トーマス　Quick, William Thomas　SF作家,脚本家　⑬米国　㉕2004

クイック，ジョナサン　Quick, Jonathan　アイスホッケー選手（GK）　バンクーバー五輪アイスホッケー男子銀メダリスト　⑬米国　㊂1986年1月21日

クイットニー，アリサ　Kwitney, Alisa　作家,編集者　㉕2008

グイップ，エイミー　Guip, Amy　フォトイラストレーター　⑬米国　㊂1965年　㉕1996

グイディ，ステファニア　Guidi, Stefania B.　彫刻家　⑬イタリア　㊂1932年　㉕1992／1996

クイトゥネン，ビルピ　Kuitunen, Virpi　本名=サラスヴォ，ビルピ　スキー選手（距離）　トリノ五輪・バンクーバー五輪銅メダリスト　⑬フィンランド　㊂1976年5月20日

グイドロッティ，ピーノ　Guidolotti, Pino　写真家　⑬イタリア　㊂1947年1月22日　㉕1996

クイネット，ポール　Quinnett, Paul　エッセイスト,臨床心理学者　ワシントン医科大学

クィネル，A.J.　Quinnell, A.J.　冒険作家　⑬英国　㊂1940年　㊃2005年7月10日　㉕1992／1996／2000／2004

グイネル，エステル　Gwinnell, Esther　精神科医　エマニュエル病院ネットワークプロジェクト・リーダー　⑬米国　㉕2004

クィヨニ　Guiyeoni　本名=イユンセ　作家　⑬韓国　㊂1985年1月24日　㉕2008／2012

クイリン，パトリック　Quillin, Patric　医師　米国がん栄養療法センター副所長,がん栄養治療国際学会会長　⑬がん栄養療法　⑬米国　㉕2000

クイレー，ミッシェル　実業家　フラマトム・コネクターズ・インターナショナル（FCI）CEO　⑬フランス　㉕2000

クィレン，ダニエル　Quillen, Daniel G.　数学者　元・オックスフォード大学教授　⑬位相幾何学　⑬米国　㊂1940年6月27日　㊃2011年4月30日　㉕1992／1996

クイン，アンソニー　Quinn, Anthony　本名=Quinn,Anthony Rudolph Oaxaca　俳優　⑬米国　㊂1915年4月21日　㊃2001年6月3日　㉕1992／1996

クイン，エイダン　Quinn, Aidan　俳優　⑬米国　㊂1959年3月8日

クイン，エリック　Quinn, Eric　コンピューター技術者　⑬米国　㉕2004

グイン，ケニー　Guinn, Kenny　政治家　元・ネバダ州知事　⑬米国　㊂1936年8月24日　㉕2004／2008

クイン，ジェームス　Quinn, James B.　ダートマス大学エイモスタック・ビジネススクール経営学教授・学部長　⑬経営学　⑬米国　㉕1992

クイン，ジェームズ・E.　Quinn, James E.　実業家　ティファニー社長　⑬米国　㊂1952年　㉕2012

クイン，ジュリア　Quinn, Julia　ロマンス作家　㉕2012

クイン，タラ　Quinn, Tara Taylor　作家　⑬米国　㉕2004

クイン，パトリシア　Quinn, Patricia O.　児童精神科医　⑬ADHD（注意欠陥多動性障害）,LD（学習障害）,知的発達の遅れ　⑬米国　㉕2004

クィン，ビル　Quinn, Bill　ジャーナリスト　⑬米国　㉕2004

クイン，ファーガル　Quinn, Feargal　実業家,政治家　スーパークイン・スーパーマーケット・グループ創業者,アイルランド上院議員　⑬アイルランド　㉕2004

クイン，ブライアン　Quinn, Brian　野村バンク・インターナショナル会長　⑬英国　㊂1936年11月18日　㉕2000

クイン，ブライアン　Quinn, Brian P.　ソーシャルワーカー　⑬米国　㉕2004／2008

クイン，フランチェスコ　Quinn, Francesco　本名=Quinn, Francesco Daniele　俳優　⑬米国　㊂1963年3月22日　㊃2011年8月5日

クイーン，メル　Queen, Mel　本名=Queen,Melvin Douglas　大リーグ選手,大リーグコーチ　⑬米国　㊂1942年3月26日　㊃2011年5月13日

グインター，スコット　Guenter, Scot M.　サンノゼ州立大学人文学科准教授　⑬旗章学　⑬米国　㊂1956年　㉕2000

クインタヴァレ，ジュリア　Quintavalle, Giulia　柔道選手　北京五輪柔道女子57キロ級金メダリスト　⑬イタリア　㊂1983年3月6日

クィンタナ，マリウス　Quintana, Màrius　建築家,都市計画家　⑬スペイン　㊂1954年　㉕1996

クィンドレン，アンナ　Quindlen, Anna　コラムニスト　「ニューヨーク・タイムズ」紙コラムニスト　⑬米国　㊂1953年　㉕1996／2000／2008

クィントン，ジョン・グランド　Quinton, John Grand　バークレイズ会長　⑬英国　㊂1929年12月21日　㉕1992／1996

クインビル，ジョエル　Quenneville, Joel　アイスホッケー監督,元・アイスホッケー選手　⑬カナダ　㊂1958年9月15日

クインラン，カレン・アン　Quinlan, Karen Ann　尊厳死訴訟の女性　⑬米国　㊂1954年　㊃1985年6月11日　㉕1992

クインラン，デービッド　Quinlan, David　映画ジャーナリスト・ライター　⑬英国　㉕2004

クインラン，マイケル　Quinlan, Michal Robert　実業家　マクドナルド会長　⑬米国　㊂1944年12月9日　㉕1992／1996／2000

クインラン，マイケル・エドワード　Quinlan, Michael Edward　元・ディッチリー財団所長,元・英国国防次官　⑬英国　㊂1930年8月11日　㊃2009年2月26日　㉕2000／2004

グウ・ラキン　遇羅錦　Yu, Luo-jin　作家　⑬中国　㊂1946年　㉕1992／1996

クヴァーリチュ，ヘルムート　Quaritsch, Helmut　法学者　シュパイヤー行政学院教授・学長　⑬ドイツ　㊂1930年4月20日　㉕1996（クバーリチュ，ヘルムート）

クヴァル，シュタイナー　Kvale, Steiner　心理学者　オールフス大学心理学研究所教授・質的調査センター所長,セイブルク研究所非常勤講師　⑬デンマーク　㉕2004

クヴィエチェン，マリウシュ　Kwiechen, Mariusz　テノール歌手　⑬ポーランド　㉕2012

グヴィシアニ，ジェルメン　Gvishiani, Jermen Mikhailovich　社会学者,哲学者,政治家　元・モスクワ大学教授　⑬グルジア　㊂1928年12月24日　㊃2003年5月18日　㉕1992（グビシアニ，ジェルメン）／1996（グビシアニ，ジェルメン）

クヴィツィンスキー，ユーリー　Kvitsinskii, Yurii Aleksandrovich　政治家,外交官　元・ロシア下院議員,元・ソ連第1外務次官　⑬ロシア　㊂1936年9月28日　㊃2010年3月3日　㉕1992（クビツィンスキー，ユーリー）

クウィック・キアン・ギー　Kwik Kian Gie　政治家,経済学者,経済評論家　インドネシア国家開発企画庁長官,インドネシア闘争民主党副党首　元・インドネシア調整相　⑬インドネシア　㊂1935年　㉕2004／2008

クヴィーデラン，レイモン　Kvideland, Reimund　ベルゲン大学教授　元・国際口承文芸学会会長　㉕2008

クヴィトヴァ，ペトラ　Kvitova, Petra　テニス選手　⑬チェコ　㊂1990年3月8日　㉕2012

クウィートニオスキー，リチャード　Kwietniowski, Richard　映画監督　⑬英国　㊂1957年　㉕2000

グウィン，ジョエル　Gwinn, Joel A.　ルイビル大学物理学教授　⑬光学,原子分光学,天文学の歴史　⑬米国　㉕1996

グウィン，トニー　Gwynn, Tony　本名=Gwynn,Anthony Keith　元・大リーグ選手　⑬米国　㊂1960年5月9日　㉕1996／2000／2004／2008／2012

グウィン，フレッド　Gwynne, Fred　俳優　⑬米国　㊂1926年7月10日　㊃1993年7月2日　㉕1996

グウィン，マーカス　Gwyn, Marcus　本名=グウィン，マーカス・エドウィン　大リーグ選手（投手），プロ野球選手　⑬米国　㊂1977年11月4日　㉕2012

クウエイデン，ジャック　Koeweiden, Jacques　グラフィックデザイ

ナー　クウエィデン・ポストマ創設者　[国]オランダ　[生]1957年　[典]1992

クウェイト, ボブ　広告クリエイター　フィリップス・ラムゼイ広告PR社副社長・クリエイティブ・ディレクター　[国]米国　[典]1992

クウェスキン, ジム　Kweskin, Jim　歌手　[国]米国　[生]1940年7月18日　[典]1996

クウェルチ, ジョン　Quelch, John A.　ハーバード大学ビジネス・スクール教授　[専]経営学　[国]米国　[典]1996

クーヴ・ド・ミュルヴィル, モーリス　Couve de Murville, Maurice　本名=クーヴ・ド・ミュルヴィル, ジャック・モーリス　政治家, 元・外交官　元・フランス首相・外相　[国]フランス　[生]1907年1月24日　[没]1999年12月24日　[典]1992（クーブ・ド・ミュルビル, モーリス）

グーエ, イルムトゥラウト　Guhe, Irmtraud　画家　[国]ドイツ　[生]1954年　[典]1996

クエイ, スティーブ　Quay, Steve　共同作家名=ブラザーズ・クエイ　アニメーション作家, 映画作家　[国]米国　[生]1947年　[典]2000／2012

クエイ, ティム　Quay, Tim　共同作家名=ブラザーズ・クエイ　アニメーション作家, 映画作家　[国]米国　[生]1947年　[典]2000／2012

クェイ, フィンリー　Quaye, Finley　ミュージシャン　[国]英国　[生]1974年3月25日　[典]2004／2012

クエイド, デニス　Quaid, Dennis　俳優　[国]米国　[生]1954年4月9日　[典]1992（クウェイド, デニス）／1996（クウェイド, デニス）／2004／2008／2012

クエコ, アンリ　画家　[国]フランス　[生]1929年　[典]1992

グエチェバ, バニア　カヌー選手　[国]ブルガリア　[典]1992

クェック・ホンプン　実業家　元・ホンリョン・グループ創業者　[国]シンガポール　[没]1994年11月8日　[典]1996

クェック・レンベン　実業家　ホンリョン・グループ会長　[国]シンガポール　[生]1941年　[典]2000

クエノ, ミシェル　脳科学者　チューリヒ大学教授・脳研究所所長, 国際ヒューマン・フロンティア・サイエンス・プログラム推進機構事務局長　[国]スイス　[典]1996

グエラシメンコ, オクサナ　バンドゥーラ奏者　[国]ソ連　[典]1992

クエリナド, マーロン　Kuelinad, Marlon　絵本作家, 熱帯雨林保護運動家　[国]パプアニューギニア　[生]1960年6月25日　[典]2000

クエール, アンソニー　Quayle, Anthony　本名=Quayle,John Anthony　俳優, 演出家, 小説家　[国]英国　[生]1913年9月7日　[没]1989年10月20日　[典]1992

クエール, ダン　Quayle, Dan　本名=クエール, ジェームズ・ダン　政治家　元・米国副大統領　[国]米国　[生]1947年2月4日　[典]1992／1996／2000／2004

グエル・ギス, サビエル　Güell Guix, Xavier　建築家　[国]スペイン　[生]1950年　[典]1996

クエルシア, オレステス　Quércia, Orestes　政治家　サンパウロ州知事　[国]ブラジル　[生]1938年　[典]1992

クエルテン, グスタボ　Kuerten, Gustavo　元・テニス選手　[国]ブラジル　[生]1976年9月10日　[典]2000／2004／2008／2012

クエルマルツ, ウド　Quellmalz, Udo　柔道選手　[国]ドイツ　[生]1967年3月8日　[典]2000

クエーン, エンリコ　Kuehn, Enrico　ボブスレー選手　[国]ドイツ　[生]1977年3月10日　[典]2004

グエン, ダット　Nguyen, Dat　プロフットボール選手（LB）　[国]米国　[生]1975年9月25日　[典]2004／2008

グエン, ホン・コック　Nguyen, Hung Quoc　実業家, コンピューター技術者　ソフトウェア・テクノロジー社長・CEO　[典]2004

グエン・アン・チュン　サイゴン・モーターズ社長　[国]ベトナム　[典]2000

グエン・カオ・キ　Nguyen Cao Ky　軍人, 政治家　元・南ベトナム副大統領　[国]ベトナム　[生]1930年9月8日　[没]2011年7月23日　[典]1992／1996／2008

グエン・カーン　Nguyen Khang　政治家　元・南ベトナム大統領　[国]ベトナム　[生]1927年11月　[典]1992

グエン・キム・ディエン　元・ベトナム・カトリック教会フエ大司教　[国]ベトナム　[生]1921年　[没]1988年6月8日　[典]1992

グエン・クイ・クイ　元・ベトナム外務省プレス・センター日本語課長　[国]ベトナム　[没]1999年6月23日　[典]1992

グエン・クイ・フン　ニャンチンろう学校学長　[国]ベトナム　[典]2000

グエン・コ・タク　Nguyen Co Thach　政治家, 外交官　元・ベトナム副首相・外相, 元・ベトナム共産党政治局員　[国]ベトナム　[生]1923年5月15日　[没]1998年4月10日　[典]1992／1996

グエン・スアン・オアイン　Nguyen Xuan Oanh　エコノミスト, 政治家　元・ベトナム国会副議長, 元・ベトナム政府経済顧問　[国]ベトナム　[生]1921年7月　[没]2003年8月29日　[典]1992／1996／2000

グェン・スァン・クエ　マーケティング大学学長　[専]経済学　[国]ベトナム　[典]2000

グエン・スアン・フック　Nguyen Xaun Phuc　政治家　ベトナム官房長官　[国]ベトナム　[生]1954年7月20日　[典]2012

グエン・ズイ・ズン　Nguyen Duy Dung　ベトナム日本研究センター副所長・上級研究員　[専]国際政治学, 国際経済学　[国]ベトナム　[生]1957年　[典]2004

グエン・ズイ・チン　Nguyen Duy Trinh　政治家　元・ベトナム副首相・外相, 元・ベトナム共産党政治局員　[国]ベトナム　[生]1910年　[没]1985年4月20日　[典]1992

グエン・タン・ズン　Nguyen Tan Dung　政治家　ベトナム首相, ベトナム共産党政治局常務委員　[国]ベトナム　[生]1949年11月17日　[典]2000／2004／2008／2012

グェン・タン・バン　Nguyen Thanh Bang　科学技術戦略と予測研究所副所長　[国]ベトナム　[生]1938年　[典]1996

グエン・タン・ブー　Nguyen Thang Vu　出版人　ベトナム紙芝居クラブ会長　[国]ベトナム　[典]2004／2008

グエン・チ・ゴク・フォン　Nguyen Thi Ngoc Phuong　医師　ツーズー産婦人科病院副院長, ベトナム国会議員　分離手術を受けたベトちゃん・ドクちゃんの主治医　[国]ベトナム　[生]1944年　[典]1992

グエン・チ・シエン　1989年度「書く自由」賞を送られた獄中詩人　[国]ベトナム　[典]1992

グエン・チ・ディン　Nguyen Thi Dinh　政治家　元・ベトナム国家評議会副議長　[国]ベトナム　[生]1920年　[没]1992年8月26日　[典]1996（グエン・ティ・ディン）

グエン・チ・ビン　Nguyen Thi Binh　政治家　元・ベトナム国家副主席（副大統領）　[国]ベトナム　[生]1927年　[典]1992／1996／2000／2004

グエン・チ・ミン・ヒエン　小児科医　サンファン平和村施設長　[国]ベトナム　[典]2004

グエン・チュオン・タウ　歴史学者　ベトナム社会科学委員会史学院教授　[専]東遊運動研究　[国]ベトナム　[典]1992

グエン・ティエン・ナム　Nguyên Thiên Nam　言語学者　ハノイ大学ベトナム語教官, 東京外国語大学客員助教授　[国]ベトナム　[典]2004／2008

グエン・ティ・クック　Nguyen Thi Cuc　税理士　ベトナム税理士会会長　元・ベトナム国税総務局次長　[国]ベトナム　[典]2012

クエンティン, カルロス　Quentin, Carlos　本名=Quentin,Carlos José　大リーグ選手（外野手）　[国]米国　[生]1982年8月28日　[典]2012

クエンティン, パトリック　Quentin, Patrick　本名=ホイーラー, ヒュー　別名=スタッジ, ジョナサン　推理作家　[国]米国　[生]1912年　[典]1992／2004

グエン・ドク　Nguyen Duc　ベトナム戦争の枯れ葉剤被害者　[国]ベトナム　[生]1981年2月25日　[典]2004／2008／2012

グエン・ドク・クアン　ベトナム国家証券委員会（SSC）委員長　[国]ベトナム　[典]2004

グエン・ドク・タム　Nguyen duc Tam　政治家　元・ベトナム共産党政治局員　[国]ベトナム　[生]1920年7月28日　[典]1992

グエン・ドク・トアン　Gguen Duc Tuan　政治家　元・ベトナム労働組合総同盟議長, 元・ベトナム共産党中央委員　[国]ベトナム　[生]1916年　[没]1985年10月4日　[典]1992

グエン・ドク・ビン　Nguyen Due Binh　政治家　ホーチミン国家政治学院院長　元・ベトナム共産党政治局員　[国]ベトナム　[典]2004／2008

ク

グエン・ドク・ホウエ　Nguyen Duc Hoe　東遊日本語学校校長 元・バン・ハン大学工学部長　国ベトナム　典2000

グエン・バン・スアン　Nguyen Van Xuan　政治家 元・南ベトナム首相　国ベトナム　生1892年4月3日　没1989年1月14日　典1992

グエン・バン・タム　Nguyen Van Tam　政治家 元・ベトナム首相　国フランス　没1990年11月23日　典1992

グエン・バン・ティエウ　Nguyen Van Thieu　軍人, 政治家 元・南ベトナム大統領　国ベトナム　生1923年4月5日　没2001年9月29日　典1992 (グエン・バン・チュー)

グエン・バン・ヒュー　Nguyen Van Hieu　政治家 元・南ベトナム民族解放戦線中央委員会書記長　国ベトナム　生1922年11月24日　没1991年3月6日　典1992

グエン・バン・ボン　Nguyen Van Bong　筆名=チャン・ヒュー・ミン　作家 ベトナム作家会議常任委員　国ベトナム　生1921年　典1992

グエン・バン・リン　Nguyen Van Linh　政治家 元・ベトナム共産党書記長　国ベトナム　生1915年　没1998年4月27日　典1992／1996

グエン・バン・ロク　Nguyen Van Loc　政治家 元・南ベトナム首相　国ベトナム　生1922年　没1991年5月31日　典1992

グエン・フー・コ　Nguyen Huu Co　元・南ベトナム副首相・国防相　国ベトナム　生1930年　典1992

グエン・フー・チョン　Nguyen Phu Trong　政治家 ベトナム共産党書記長　国ベトナム　生1944年4月14日　典2008／2012

グエン・フー・ト　Nguyen Huu Tho　政治家 元・南ベトナム解放民族戦線議長　国ベトナム　生1910年7月10日　没1996年12月24日　典1992／1996

グエン・ベト　Nguyen Viet　ベトナムの結合双生児　国ベトナム　生1981年2月25日　没2007年10月6日　典2004

グエン・マイン・カム　Nguyen Manh Cam　政治家, 外交官 ベトナム副首相 元・ベトナム共産党政治局員　国ベトナム　生1929年9月15日　典1992／1996／2000／2008

グエン・マイン・フン　大阪外国語大学タイ・ベトナム語学科客員教授　専日本・ベトナム比較文化, 日越漢字　国ベトナム　生1943年　典1992／1996

グエン・ミン・チェット　Nguyen Minh Triet　政治家 元・ベトナム国家主席 (大統領)　国ベトナム　生1942年10月8日　典2008／2012

グエン・ミン・ヒエン　ハノイ工科大学学長　専応用物理学, 量子エレクトロニクス　国ベトナム　生1948年　典1996

グエン・ラン・フン　Nguyen Lan Phuong　女優　国ベトナム

クオ, F.ケイ　漢字名=郭煥圭　国際政治学者 サイモン・フレイザー大学政治学部教授・学部長　国カナダ　生1933年1月　典1992／2008 (郭 煥圭 カク・カンケイ)

クオ, チュエン　棋士 囲碁5段 (中国囲棋協会)　国オランダ　生1960年5月1日　典1996

クオ・チンミン　郭 敬明　Guo, Jing-ming　作家, 編集者 「最小説」編集責任者　国中国　生1983年　典2012 (ゴ・ジンミン)

クォ, ディラン　Kwok, Dylan　中国名=郭品超　俳優　国台湾　生1977年6月8日　典2008／2012

グオ・フォン　郭 峰　音楽家　国中国　生1962年　典1992 (カク・ホウ)／1996 (カク・ホウ)

クォ, ペイ　Guo, Pei　ファッションデザイナー　国中国　生1967年　典1996 (カク・バイ)／2012

クォーターマン, ジョン　Quarterman, John S.　コンピュータ技術者　国米国　典2008

クォック, アーロン　Kwok, Aaron　中国名=郭富城　俳優, 歌手　国香港　生1965年10月26日　典2000 (コック, アーロン)／2004／2008／2012

クォック, カール　Kwok, Karl C.　実業家 ウィンオン・インターナショナル・ホールディングズ会長　国香港　典1996

クォック, ゼニー　Kwok, Zeny　中国名=郭善璵　女優　国香港　生1984年2月24日　典2004／2008

クォック, デレク　Kwok, Derek　中国名=郭子健　映画監督, 脚本家　国香港

クォック, ロバート　Kwok, Robert　中国名=郭鶴年　実業家 ケリー・グループ会長　国マレーシア　典1992 (クォク, ロバート)／1996／2000

クォーツマン, バーナード　ジャーナリスト 「ニューヨーク・タイムズ」外信部長　国米国　典1992

クォートン, マージョリー　Quarton, Marjorie　作家, ブリーダー　国アイルランド　典2000

クォメン, デービッド　Quammen, David　サイエンス・ジャーナリスト　国米国　生1948年　典2000

クオモ, マリオ　Cuomo, Mario Matthew　政治家 元・ニューヨーク州知事　国米国　生1932年6月15日　典1992／1996／2000

クォーリン, ユージン　オプトメトリスト (視力検定医)　国米国　典1992

クォン・イク　権 翼　Kwon, Ik　政治家 釜山市北区庁長　国韓国　生1940年1月15日　典2000

クォン・イクヒョン　権 翊鉉　Kwon, Ik-hyun　号=亭岩 政治家 元・韓日議員連盟会長　国韓国　生1934年2月17日　典1992／1996

クォン・イジョン　権 彝鐘　Kwon, Yi-chong　韓国教員大学教授　専教育学　国韓国　生1940年10月8日　典2000

クォン・イダム　権 彝淡　Kwon, Yi-dam　木浦市長, 木浦文化放送非常任監事　国韓国　生1929年10月15日　典2000

クォン・イヒョク　権 彝赫　Kwon, Yi-hyock　韓国学術院会長, ソウル大学名誉教授　専医学　国韓国　生1923年7月13日　典2000

クォン・インハ　権 仁夏　歌手　国韓国　生1959年8月13日　典1996

クォン・インヒョク　権 仁赫　Kwon, In-hyock　外交官 駐オランダ韓国大使　国韓国　生1937年3月11日　典2000

クォン・ウォンギ　権 原基　科学財団事務総長　国韓国　生1934年9月18日　典1996

クォン・ウォンヨン　権 源庸　Kwon, Won-yong　ソウル市立大学都市行政学科教授　専都市行政学　国韓国　生1945年10月7日　典2000

クォン・オイク　権 五翼　韓国学術院元老会員　国韓国　生1905年11月15日　典1996

クォン・オイル　権 五鎰　Kwon, Oh-ill　号=白揚 ソウル市立大学教授, 劇団星座主宰, ソウル劇団代表者協議会会長　国韓国　生1932年3月3日　典2000

クォン・オウル　権 五乙　Kwon, Oh-eul　政治家 韓国国会議員 (民主党)　国韓国　生1957年3月17日　典2000

クォン・オギ　権 五琦　Kwon, O-gi　政治家, ジャーナリスト 元・韓国副首相・統一院長官, 元・東亜日報社長　国韓国　生1932年12月10日　没2011年11月3日　典1992／1996／2000／2008

クォン・オギュ　権 五奎　Kwon, O-kyu　政治家 元・韓国副首相・財政経済相　国韓国　生1952年6月27日　典2008／2012

クォン・オグァン　権 五寛　Kwon, O-kwan　韓国科学技術研究所副院長　専潤滑工学　国韓国　生1941年12月14日　典2000

クォック・オクヨン　権 玉淵　画家 金谷博物館長　国韓国　生1923年7月4日　典1996

クォン・オゴン　権 五坤　Kwon, O-gon　水原地法部長判事　国韓国　生1953年9月2日　典2000

クォン・オサン　権 五相　Kwon, O-sang　コーロン商事社長　国韓国　生1943年2月7日　典2000

クォン・オサン　権 五庠　Kwon, O-sang　韓国住公総合監理公団社長　国韓国　生1935年8月29日　典2000

クォン・オジュン　権 五埈　Kwon, Oh-joon　大宇精密社長　国韓国　生1939年8月12日　典2000

クォン・オソク　権 五錫　Kwon, Oh-seok　号=忍松 長安牧場代表 元・韓国国会議員　国韓国　生1923年4月3日　典2000

クォン・オチャン　権 五昌　Kwon, Oh-chang　忠清南道礼山郡守　国韓国　生1934年11月20日　典2000

クォン・オチョン　権 五千　Kwon, Oh-cheun　漢陽大学化学科教授, 大韓化学会会長　専物理化学　国韓国　生1931年12月23日　典2000

クォン・オテ　権 五台　Kwon, Oh-tae　政治家　新韓国党顧問　[国]韓国　[生]1927年1月15日　[典]2000

クォン・オテク　権 五宅　Kwun, Oh-taek　詩人,英文学者　大邱大学英文学科教授,韓国英米語文学会会長　[国]韓国　[生]1934年　[典]2000

クォン・オヒョン　権 五賢　釜山都市ガス会長,大韓体育会理事　[国]韓国　[生]1928年8月20日　[典]1996

クォン・オボク　権 五福　江原大学森林経営学科教授,世界林学会評議員　[国]韓国　[生]1928年2月12日　[典]1996

クォン・オボン　権 五鳳　Kwon, Oh-bong　釜山地法部長判事　[国]韓国　[生]1949年7月25日　[典]2000

クォン・オヨプ　権 五曄　忠南大学日本語日本文学科講師　[専]日本文学　[国]韓国　[典]1992／1996

クォン・カプテク　権 甲沢　Kwon, Kap-taek　元・韓国国立中央科学館館長　[国]韓国　[生]1942年5月11日　[典]2000

クォン・キジョン　権 奇悰　Kwon, Kee-jong　仏教文化研究院長　[専]仏教学　[国]韓国　[生]1940年11月5日　[典]2000

クォン・キスル　権 琪述　Kwon, Ki-sul　政治家　韓国国会議員(民主党)　[国]韓国　[生]1938年4月1日　[典]2000

クォン・キソン　権 奇星　Kwon, Ki-sung　忠南大学化学科教授　[専]化学　[国]韓国　[生]1934年5月21日　[典]2000

クォン・キソン　権 棋善　タレント　[国]韓国　[生]1960年5月10日　[典]1996

クォン・ギテ　権 奇泰　Kwon, Ki-tae　漢拏グループ建設海外総括担当社長　[国]韓国　[生]1932年7月2日　[典]2000

クォン・ギホン　権 奇洪　Kwon, Ki-hong　経済学者　元・韓国労働相,元・嶺南大学教授　[国]韓国　[生]1949年3月5日　[典]2004／2008

クォン・キョンゴン　権 景坤　Kwon, Kyung-kon　薬剤師　玄菴薬局代表,韓国麻薬退治運動本部理事　[国]韓国　[生]1935年8月27日　[典]2000

クォン・クァンセ　権 光世　Kwon, Kwang-sae　文化日報常務理事　[国]韓国　[生]1944年1月9日　[典]2000

クオン・クエンシャン　画家　[典]2008

クォン・クンスル　権 根述　Kwon, Keun-sool　ハンギョレ新聞会長　[国]韓国　[生]1941年10月20日　[典]2000

クォン・サンウ　Kwon, Sang-woo　漢字名=権相佑　俳優　[国]韓国　[生]1976年8月5日　[典]2008／2012

クォン・サンチョル　権 相鉄　Kwon, Sang-cheol　教育者　竹圃学園理事長　[国]韓国　[生]1914年2月16日　[典]2000

クォン・ジェソン　権 在善　Kwon, Jai-son　大邱大学国文科教授　[専]韓国文学　[国]韓国　[生]1934年8月13日　[典]2000

クォン・ジュンダル　権 重達　Kwon, Joong-dal　韓国中央大学史学科教授　[専]中国史　[国]韓国　[生]1941年2月28日　[典]2000

クォン・ジュンドン　権 重東　権重東労働問題研究所長　[国]韓国　[生]1932年9月10日　[典]1996

クォン・ジュンフィ　権 重輝　Kwon, Joon-whi　元・ソウル大学総長　[専]英文学　[国]韓国　[生]1905年3月9日　[典]2000

クォン・ジュンホン　権 準憲　プロ野球選手(内野手)　[国]韓国　[生]1971年12月1日　[典]1996

クォン・ジョンジュン　権 鐘濬　Kwon, Jong-jun　安東大学英語教育学科教授　[専]英語教育　[国]韓国　[生]1932年1月4日　[典]2000

クォン・ジョンセン　権 正生　本名=権景守　詩人,児童文学作家　[国]韓国　[生]1937年　[典]1996／2000

クォン・ジョンダル　権 正達　Kwon, Jung-dal　政治家　世界韓国情勢研究所理事長　元・韓国国会議員　[国]韓国　[生]1936年6月14日　[典]1992／1996

クォン・ジンウン　権 鎮雄　Kwon, Jin-woong　裁判官　大田地法洪城支院長・判事　[国]韓国　[生]1955年10月26日　[典]2000

クォン・シンハン　権 臣漢　慶熙大学産業学部長　[国]韓国　[生]1931年1月4日　[典]1996

クォン・スクイル　権 粛一　Kwon, Sook-il　政治家　元・韓国科学技術庁長官　[国]韓国　[生]1935年7月29日　[典]1996／2000

クォン・スクピョ　権 粛杓　環境学者　延世大学名誉教授　[国]韓国　[生]1920年9月29日　[典]1996／2004

クォン・スチャン　権 秀昌　Kwon, Su-chang　政治家　韓国国会議員(自民連)　[国]韓国　[生]1943年1月17日　[典]2000

クォン・スンウ　権 承雨　Kwon, Seung-woo　韓国輸出入銀行専務　[国]韓国　[生]1938年12月26日　[典]2000

クォン・スンギョン　権 順慶　Kwon, Sun-kyong　徳成女子大学製薬学科教授　[専]薬学　[国]韓国　[生]1940年10月14日　[典]2000

クォン・スンソク　権 純錫　Kwon, Sun-sok　号=仁斎　東亜大学工科大学教授　[専]自動車工学,空気調和工学　[国]韓国　[生]1935年11月29日　[典]2000

クォン・スンチャン　権 純纉　Kwon, Soon-chan　号=石村　元・蓮庵工業専門学校校長　[国]韓国　[生]1924年11月25日　[典]2000

クォン・スンチョル　権 純哲　Kwon, Soon-chul　慶北大学教授,韓国税経研究所長　[専]税務学　[国]韓国　[生]1939年7月24日　[典]2000

クォン・スンデ　権 純大　Kwon, Soon-dae　外交官　駐ケニア韓国大使　[国]韓国　[生]1942年3月5日　[典]2000

クォン・スンヒョン　権 純享　陶芸家　ソウル大学美術学部工芸科教授　[国]韓国　[生]1929年6月23日　[典]1996

クォン・スンヨン　権 淳永　Kwon, Soon-yung　蔚山総合ガス会長　[国]韓国　[生]1932年10月7日　[典]2000

クォン・ソヒョン　Kwon, So-hyun　グループ名=4Minute　歌手　[国]韓国　[生]1994年8月30日　[典]2012

クォン・ソン　権 誠　Kwon, Seong　ソウル高裁法部長判事　[国]韓国　[生]1941年8月14日　[典]2000

クォン・ソンウ　権 盛祐　Kwon, Sung-woo　大隆精密代表理事　[国]韓国　[生]1947年4月8日　[典]2000

クォン・ソンテク　権 善宅　Kwon, Sun-taik　大田市企画管理室長　[国]韓国　[生]1955年12月1日　[典]2000

クォン・チクァン　権 致寛　Kwon, Chi-koan　ジャーナリスト　慶南新聞言論仲裁委員　[国]韓国　[生]1934年12月15日　[典]2000

クォン・チャン　権 燦　Kwon, Chan　外交官　韓国外務部本部大使　[国]韓国　[生]1937年9月29日　[典]2000

クォン・チャンテ　琴 昌泰　Kwon, Chang-tac　「中央日報」編集人,韓国中央日報専務　[国]韓国　[生]1938年8月10日　[典]1996(クム・チャンテ)／2000

クォン・チュノ　権 春五　編集者,翻訳家　「ブックコスモス」編集長　[国]韓国　[生]1973年　[典]2004／2008

クォン・チョルヒョン　権 哲賢　Kwon, Chol-hyun　政治家,行政学者　元・韓国国会議員(ハンナラ党),元・駐日韓国大使,元・東亜大学教授　[国]韓国　[生]1947年1月2日　[典]2000／2012

クォン・デウク　権 大旭　Kwon, Tae-wook　実業家　韓宝代表理事　[国]韓国　[生]1951年1月15日　[典]2000

クォン・テウン　権 泰雄　Kwon, Tai-woong　外交官　韓国外交安保研究院名誉教授　[国]韓国　[生]1931年6月24日　[典]2000

クォン・テミョン　権 泰鳴　Kwon, Tai-myung　東亜出版社長　[国]韓国　[生]1939年12月25日　[典]2000

クォン・テワン　権 泰完　食料品研究院常任顧問　[国]韓国　[生]1932年2月16日　[典]1996

クォン・ドゥジョ　権 斗祚　プロ野球コーチ　[国]韓国　[生]1951年6月10日　[典]1996

クォン・ドクジュ　権 徳周　Kwon, Duck-jou　淑明女子大学中国文学科教授　[専]中国文化　[国]韓国　[生]1934年2月28日　[典]2000

クォン・ドホン　権 度洪　Kwon, Do-hong　図書出版青山代表　[国]韓国　[生]1932年5月2日　[典]2000

クォン・ドンマン　権 東万　Kwon, Tong-man　外交官　[国]韓国　[生]1930年1月5日　[典]2000

クォン・ドンヨル　権 東烈　Kwon, Dong-yul　フォーシス社長　[国]韓国　[生]1941年1月2日　[典]2000

クォン・ナムヒョク　権 南赫　Kwon, Nam-hyuk　光州高法部長判事　[国]韓国　[生]1949年6月10日　[典]2000

クォン・ノカプ　権 魯甲　Kwon, Rho-kap　政治家　韓国国会議員(国民会議)　[国]韓国　[生]1930年2月18日　[典]2000

クォン・ヒジェ　権 熙宰　Kwon, Hee-jae　江原大学行政学科教授

[専]行政学　[国]韓国　[生]1941年8月4日　[典]2000

クォン, ピーター　Kwong, Peter　ニューヨーク州立大学準教授　[専]政治学　[国]米国　[生]1941年　[典]1992

クォン・ヒョクジュン　権 赫重　韓国火薬副会長　[国]韓国　[生]1924年9月15日　[典]1996

クォン・ヒョクジョ　権 赫祚　Kwon, Hyock-jo　Posco経営研究所専任研究員　[国]韓国　[生]1938年1月15日　[典]1996／2000

クォン・ヒョクスン　権 赫昇　ソウル経済新聞社長, 韓国商工部貿易委員　[国]韓国　[生]1933年12月30日　[典]1996

クォン・ヒョクソ　権 赫紹　慶熙大学名誉教授　[国]韓国　[生]1920年12月28日　[典]1996

クォン・ヒョクチャン　権 赫昌　Kwon, Hyuck-chang　韓国住宅事業共済組合常任監事　[国]韓国　[生]1934年12月18日　[典]2000

クォン・ヒョクト　画家　[国]韓国　[生]1955年　[典]2008

クォン・ヒヨン　権 熙瑛　Kwon, Hee-young　ソウル地方矯正庁長　[国]韓国　[生]1938年2月17日　[典]2000

クォン・ビョンギュ　権 炳奎　Kwon, Byung-kyu　慶北大学名誉教授　[専]生物学, 科学教育　[国]韓国　[生]1928年8月24日　[典]2000

クォン・ビョンタク　権 丙卓　Kwon, Byong-tack　伝統治鉄匠ドドリジプ経営者　元・嶺南大学教授　[専]韓国経済史　[国]韓国　[生]1929年7月7日　[典]2000

クォン・ビョンチュ　権 炳秋　韓国監査院副監査官　[国]韓国　[生]1949年　[典]1996

クォン・ビョンヒョン　権 丙鉉　Kwon, Byong-hyon　外交官　駐オーストラリア韓国大使　[国]韓国　[生]1938年3月24日　[典]2000

クォン・フェソプ　権 会燮　Kwon, Hoe-sop　実業家　京畿化学社長　[国]韓国　[生]1949年8月2日　[典]2000

クォン, ヘヒョ　Kwon, Hae-hyo　漢字名=権海孝　俳優　[国]韓国　[生]1965年11月6日　[典]2012

クォン・ボサン　権 甫相　Kwon, Bo-sang　東洋創業投資社長　[国]韓国　[生]1939年2月25日　[典]2000

クォン・ミョングァン　権 明光　Kwon, Myung-kwang　グラフィックデザイナー　弘益大学視覚デザイン学科教授, 韓国視覚デザイナー協会会長　[国]韓国　[生]1941年7月27日　[典]2000

クォン・ミョンチョル　権 明哲　プロ野球選手（投手）　[国]韓国　[生]1969年10月28日　[典]1996

クォン・ミンジュン　Kwon, Min-joong　女優　[国]韓国　[生]1976年4月27日　[典]2004／2008／2012

クォン・ムシク　権 戊植　Kwon, Moo-sik　成均館大学遺伝工学科教授　[専]遺伝工学　[国]韓国　[生]1945年8月10日　[典]2000

クォン・ムス　権 武穂　Kwon, Moo-soo　韓国国民大学政治外交学科教授　[専]政治学　[国]韓国　[生]1945年1月24日　[典]2000

クォン・ユンジュ　Kwon, Yoon-joo　漢字名=權潤珠　イラストレーター, 漫画家　[国]韓国　[典]2004

クォン・ユンドク　Kwon, Yoon-deok　絵本作家　[国]韓国　[生]1960年　[典]2000

クォン・ヨンウ　権 寧禹　Kwon, Young-woo　政治家　世明大学財団理事長　[国]韓国　[生]1942年3月1日　[典]2000

クォン・ヨンウ　権 容友　Kwon, Yong-woo　誠信女子大学地理学科教授　[専]地理学　[国]韓国　[生]1948年4月7日　[典]2000

クォン・ヨンウ　権 龍雨　Kwon, Yong-woo　檀国大学法学科教授　[専]民法　[国]韓国　[生]1942年5月25日　[典]2000

クォン・ヨンガク　権 寧珏　Kwon, Young-gack　号=松巌　政治家　韓国土地開発公社社長　元・韓国建設相　[国]韓国　[生]1931年6月15日　[典]1992／1996

クォン・ヨンキョン　権 容景　日本語教師, 中国語教師　[国]韓国　[典]2008

クォン・ヨンサン　権 延相　Kwon, Yun-sang　弁護士　[国]韓国　[生]1940年10月5日　[典]2000

クォン・ヨンジャ　権 英子　元・韓国政務第2長官　[国]韓国　[生]1938年　[典]1996

クォン・ヨンジュン　権 永純　Kwon, Young-jun　元・外交官　韓国外交安保研究院教授　[国]韓国　[生]1932年3月19日　[典]2000

クォン・ヨンジュン　権 龍重　Kwon, Yong-joong　韓国スポーツテレビ社長　[国]韓国　[生]1936年12月28日　[典]2000

クォン・ヨンジン　権 映晋　プロ野球選手（投手）　[国]韓国　[生]1968年3月15日　[典]1996

クォン・ヨンジン　権 寧鎮　Kwon, Young-jin　銀行家　新韓銀行常任監事　[国]韓国　[生]1939年4月15日　[典]2000

クォン・ヨンス　権 寧収　Kwon, Young-su　韓国情報通信部監査官, 万国郵便連合（UPU）総会議長　[国]韓国　[生]1937年3月29日　[典]2000

クォン・ヨンソク　権 寧石　Kwon, Young-suk　検察官　大邱高検検事　[国]韓国　[生]1954年7月20日　[典]2000

クォン・ヨンチョル　権 寧徹　Kwon, Yung-chul　暁星女子大学名誉教授　[専]韓国文学　[国]韓国　[生]1928年4月29日　[典]2000

クォン・ヨンチョル　権 容徹　Kwon, Young-chel　童話作家　韓国刊行物倫理委員会審議室長　[国]韓国　[生]1943年9月8日　[典]2000

クォン・ヨンテ　権 龍太　詩人　[国]韓国　[生]1937年2月12日　[典]1996

クォン・ヨンデ　権 寧大　Kwon, Young-dai　東国大学名誉教授　[専]林学　[国]韓国　[生]1922年7月28日　[典]2000

クォン・ヨンハ　権 寧河　Kwon, Young-ha　韓国絹織研究院長　[専]蚕糸学　[国]韓国　[生]1932年4月25日　[典]2000

クォン・ヨンブ　権 寧夫　Kwon, Young-boo　著述家　[国]韓国　[生]1961年　[典]2004

クォン・ヨンヘ　権 寧海　Kwon, Young-hae　元・軍人　元・韓国国家安全企画部長, 元・国防相　[国]韓国　[生]1937年9月9日　[典]1996／2000

クォン・ヨンミン　権 寧民　Kwon, Young-min　外交官　駐ノルウェー韓国大使　[国]韓国　[生]1946年4月11日　[典]2000

グカシャン, アルカジー　Ghukasian, Arkadii Arshavirovich　政治家　元・ナゴルノカラバフ大統領　[国]アゼルバイジャン　[生]1957年6月21日　[典]2008／2012

クーカーズ, アリアナ　Kukors, Ariana　水泳選手（自由形）　競泳女子200メートル個人メドレー世界記録保持者　[国]米国　[生]1989年6月1日

クガート, ザビア　Cugat, Xavier　ラテン音楽奏者, 作曲家　ルンバの王様　[国]米国　[生]1900年1月1日　[没]1990年10月27日　[典]1992

クカーリ, アティリオ　Cucari, Attilio　海洋ジャーナリスト, 元・ヨットレーサー　[国]イタリア　[典]2004

クーガン, ジャッキー　Coogan, Jackie　俳優　[国]米国　[生]1914年10月26日　[没]1984年3月1日　[典]1992

クーガン, マーク　Coogam, Mark　マラソン選手　[国]米国　[生]1966年5月1日　[典]2000

グギ, ジョン　Ngugi, John　陸上選手　[国]ケニア　[典]1992

グギノ, カーラ　Gugino, Carla　女優　[国]米国　[生]1971年8月29日　[典]2004

グギ・ワ・ジオンゴ　Ngugi wa Thiong'o　別筆名=グギ, ジェームズ　作家, 劇作家, 批評家　ニューヨーク大学教授　[国]ケニア　[生]1938年1月5日　[典]1992／1996

ククチカ, イエジ　登山家　[国]ポーランド　[没]1989年10月24日　[典]1992

グクーニ・ウエッディ　Goukouni Oueddei　政治家　チャド国民平和政府大統領　[国]チャド　[生]1944年　[典]1992

クーグラー, ヴァルター　Kugler, Walter　ルドルフ・シュタイナー文書館館長　[典]2004／2008

クグラー, ポール　Kugler, Paul　心理学者　[国]米国　[典]2000

ククリット・プラモート　Kukrit Pramoj　政治家, 作家, ジャーナリスト　元・タイ首相, 元・タイ社会行動党（SAP）創設者　[国]タイ　[生]1911年4月20日　[没]1995年10月8日　[典]1992／1996

ククリンスキ, リシャルト　Kuklinski, Courtesy Ryszard　元・ポーランド軍事顧問・補佐官　元・スパイ　[没]2004年2月　[典]2000

クーグル, ティム　Koogle, Tim　本名=クーグル, ティモシー　実業家　元・ヤフー社長・CEO　[国]米国　[生]1952年　[典]2004／2008

ククレワ, ガリーナ　Koukleva, Galina　元・バイアスロン選手　[国]ロシア　[生]1972年11月21日　[典]2000

グゴー, アンリー　Gougaud, Henri　作家, 民話・伝説研究家　国フランス　生1936年　没1992

グーゴー, ジャン・イヴ　Gougaud, Jean Yves　写真家　国フランス　生1945年　没1996

クーコッチ, トニー　KuKoc, Toni　バスケットボール選手　国クロアチア　生1968年9月18日　没2000／2004／2008／2012

グコーワ, ユーリア　Gukova, Julia　絵本作家　国ロシア　生1961年　没1996／2000

クーサ, ムーサ　Koussa, Moussa　本名=クーサ, ムーサ・ムハンマド　政治家　元・リビア外相　没2012

クサマ, カリン　Kusama, Karyn　映画監督, 脚本家　国米国　生1968年　没2004／2008

クザーリ, V.V.　ジャーナリスト, 軍人　「赤い星」国際部編集委員・記者　国ソ連　生1946年11月　没1992

クーザン, ピエール・ジャン　Cousin, Pierre Jean　針療法士, ハーバリスト　国英国　没2004

グサン・マルトハルトノ　Gesang Martohartono　シンガー・ソングライター　国インドネシア　生1917年10月　没2010年5月20日　没1992（ゲサン・マルトハルトノ）／2004（ゲサン・マルトハルトノ）

クーシ, M.　Kuusi, Matti　民俗学者　元・ヘルシンキ大学教授　国フィンランド　生1914年　没1992

グージ, アイリーン　Goudge, Eileen　作家　国米国　生1950年　没2000／2012

グージ, エリザベス　Goudge, Elizabeth　作家　国英国　生1900年4月24日　没1992

グジー, ナターシャ　Gudzy, Nataliya　本名=グジー, ナターシャ・ミハイロフ　歌手, バンドゥーラ奏者　国ウクライナ　生1980年　没2004／2008／2012

クシ, ミロシュラフ　Kusy, Miroslav　人権運動家, 政治学者, 政治家　コメニウス大学教授・ユネスコ人権委員会議長　元・チェコスロバキア情報相　国スロバキア　生1931年　没2004

クーシ, ヨハニ　Kuusi, Juhani　原子物理学者　ノキア・リサーチ・センター所長, ノキア上級副社長　国フィンランド　生1938年　没2000／2004／2008

クシェラ, クルト　Kuschela, Kurt　カヌー選手　ロンドン五輪カヌー男子カナディアンペア1000メートル金メダリスト　国ドイツ　生1988年9月30日

グージェルミン, マウリシオ　Gugelmin, Mauricio　レーシングドライバー　国ブラジル　生1963年4月20日　没1992／1996／2000

グジェロンスカ, ウルシュラ　Grzelonska, Urszla　ワルシャワ中央計画統計大学教授・経営管理学科長　経営管理学　国ポーランド　没1992

グジェンコ, チモフェイ　Guzhenko, Timofei Borisovich　政治家　元・ソ連海運相　国ソ連　生1918年2月15日　没1992

クジス, アルギルダス　建築家　国リトアニア　没2000

クーシスト, ペッカ　Kuusisto, Pekka　バイオリニスト　国フィンランド　生1976年　没2012

グチン, レフ　Gushchin, Lev N.　ジャーナリスト　「アガニョーク」誌編集長　国ロシア　生1944年　没1996

クシニエレウィッチ, マテウス　Kusznierewicz, Mateusz　ヨット選手　アトランタ五輪セーリング男子フィン級金メダリスト　国ポーランド　生1975年4月29日　没2000／2008

クシニッチ, デニス　Kucinich, Dennis J.　政治家　米国下院議員 (民主党)　国米国　生1946年10月8日　没2000 (クシニチ, デニス)

クシニル, アントン　Kushnir, Anton　本名=Kushnir,Anton Sergeyevich　スキー選手 (フリースタイル)　国ベラルーシ　生1984年10月13日

グジネビチウテ, ダイナ　Gudzineviciute, Daina　射撃選手 (クレー射撃)　国リトアニア　没2004

クシマノ, マリアン　Cusimano, Maryann　政治学者　国米国　没2004

クジミン, グリゴリー・イワノヴィチ　歴史家, 元・軍人　朝鮮史, 朝鮮問題　生1923年　没1996

クジムク, アレクサンドル　政治家, 軍人　ウクライナ国防相　国ウクライナ　没2000

クシャクレフスキ, マリアン　Krzaklewski, Marian　政治家　連帯議長　国ポーランド　生1950年　没1992／1996

クシュナー, トニー　Kushner, Tony　劇作家　国米国　没1996

クシュネル, ベルナール　Kouchner, Bernard　政治家, 医師　国境なき医師団 (MSF) 創設者, 世界の医師団創設者　元・フランス外相・保健相, 元・国連コソボ暫定統治機構 (UNMIK) 事務総長特別代表　国フランス　生1939年11月1日　没1992／1996／2000／2004／2008／2012

クシュバン, パスカル　Couchepin, Pascal　政治家　スイス内相　元・スイス大統領　国スイス　生1942年4月5日　没2004／2008／2012

クシュマン, カレン　Cushman, Karen　作家　国米国　生1942年　没2000

クーシュマン, ジェーソン　Couchman, Jason S.　データベースコンサルタント　没2004

クシュラー, クリス　Küchler, Christopher　バレース・サラバンド社代表　国米国　没1996

グジュラル, インデル・クマール　Gujral, Inder Kumar　政治家　元・インド首相・外相　国インド　生1919年12月4日　没2012年11月30日　没1992／2000

グシュルバウアー, テオドール　Guschlbauer, Theodor　指揮者　元・ラインラント・プファルツ・フィルハーモニー管弦楽団首席指揮者　国オーストリア　生1939年4月14日　没2000／2012

グシンスキー, ウラジーミル　Gusinskii, Vladimir Aleksandrovich　実業家　メディア・モスト会長　国ロシア　生1952年10月6日　没2000／2004／2008

グース, アリー・デ　Geus, Arie de　ロンドン・ビジネススクール講師　元・在蘭英国商工会議所会頭　国英国　没2000

グーズ, ステファン　Center for Defense Information主任研究員　軍事問題　国米国　没1992

クズイ, フラン・ルーベル　葛井, フラン・ルーベル　Kuzui, Fran Rubel　映画監督, 映画プロデューサー　クズイ・エンタープライズ副社長　没1996

クスケ, ケヴィン　Kuske, Kevin　ボブスレー選手　ソルトレークシティ五輪・トリノ五輪・バンクーバー五輪金メダリスト　国ドイツ　生1979年1月4日　没2004／2008／2012

グスタフソン, アグネ　Gustavson, A.　政治学者　地方自治　国スウェーデン　生1925年　没1996

グスタフソン, アンダース　Gustafsson, Anders　経営学者　カールスタッド大学准教授　国スウェーデン　没2004

グスタフソン, セーン　Gustafson, Thane　ジョージタウン大学教授, ケンブリッジ・エナジー・リサーチ・アソシエーツ旧ソ連問題研究部長　旧ソ連研究　国米国　没1996

グスタフソン, ソフィー　Gustafson, Sophie　プロゴルファー　国スウェーデン　生1973年12月27日　没2008

グスタフソン, マッツ　Gustavson, Mats　ファッション・イラストレーター　国スウェーデン　生1951年　没1992

グスタフソン, ラールス　Gustafsson, Lars　詩人, 作家, 批評家　国スウェーデン　生1936年　没1992

グスティ　Gusti　イラストレーター　国アルゼンチン　生1963年7月13日　没2004

クステイエ, ジュ　Coustellier, Gilles　自転車選手 (マウンテンバイク)　国フランス　生1986年5月31日

クストー, ジャック・イヴ　Cousteau, Jacques Yves　海洋探検家, 海洋学者　元・クストー・ソサエティ創設者　国フランス　生1910年6月11日　没1997年6月25日　没1992／1996

グストフ, ワジム　Gustov, Vadim A.　政治家　ロシア第1副首相　国ロシア　生1948年　没2000

クストリッツァ, エミール　Kusturica, Emir　バンド名=エミール・クストリッツァ&ノー・スモーキング・オーケストラ　映画監督, ミュージシャン (ギター)　国ボスニア・ヘルツェゴビナ　生1954年11月24日　没1996／2000／2004／2008／2012

グーズナー, メリル　Goozner, Merrill　ジャーナリスト　「シカゴ・トリビューン」東京支局長　国米国　生1950年　人1996

クズネツォフ, アンドレイ　Kuznetsov, Andrei M.　元・ソ連対外文化友好連盟　国ロシア　生1965年　人1996

クズネツォフ, セルゲイ・イリイチ　Kuznetsov, Sergei Il'ich　歴史学者　イルクーツク国立大学教授　日ロ関係史　国ロシア　生1956年　人2008／2012

クズネツォフ, ニコライ　航空機エンジン設計者　国ロシア　没1995年7月30日　人1996

クズネツォフ, パーヴェル　Kuznetsov, Pavel　重量挙げ選手（100キロ級）　国ソ連　人1992

クズネツォフ, ワシリー　Kuznetsov, Vasilii Vasilievich　政治家　元・ソ連共産党政治局員候補・最高会議幹部会第1副議長　国ソ連　生1901年2月13日　没1990年6月5日　人1992

クズネツォワ, スベトラナ　Kuznetsova, Svetlana　テニス選手　国ロシア　生1985年6月27日　人2008／2012

クズネッツ, サイモン　Kuznets, Simon Smith　経済学者　国米国　生1901年4月30日　没1985年7月9日　人1992

クスマ, アラン・ブディ　Kusuma, Allan Budi　バドミントン選手　国インドネシア　人1996

クスマウル, ウォルフガング　バイオリニスト　国ドイツ　生1953年　人1996

クスマウル, ライナー　Kussmaul, Rainer　バイオリニスト　元・ベルリン・フィルハーモニー管弦楽団（BPO）コンサートマスター　国ドイツ　生1946年6月3日　人1992／2000／2012

グズマオ, ファティマ　独立運動家　人1992

クスマノ, マイケル　Cusumano, Michael A.　マサチューセッツ工科大学スローン経営大学院教授　経営学　国米国　生1954年　人1992／1996／2000

グスマン, アビマエル　Guzmán Reynoso, Abimael　ゲリラ指導者　元・センデロ・ルミノソ最高指導者, 元・アヤクチョ・ウアマンガ大学哲学教授　国ペルー　人1996／2000／2008／2012

グスマン, アントニア・ヘンリケス　グスマン東ティモール初代大統領の母　国東ティモール　人2004

グスマン, ジェラルド　Guzman, Geraldo Moreno　大リーグ選手（投手）　国ドミニカ共和国　生1972年11月28日　人2004

グスマン, シャナナ　Gusmão, Xanana　本名＝グスマン, ホセ・アレクサンドル　独立運動家　東ティモール首相　元・東ティモール大統領, 元・東ティモール民族抵抗評議会（CNRT）議長　国東ティモール　生1946年6月20日　人2000／2004／2008／2012

グスマン, ネストル　彫刻家　国コロンビア　生1962年　人2000

グスマン, マリア・エステル　Gusmán, Maria Esther　ギタリスト　国スペイン　生1967年9月22日　人1992／1996

クズミナ, アナスタシア　Kuzmina, Anastazia　バイアスロン選手　バンクーバー五輪バイアスロン女子7.5キロスプリント金メダリスト　国スロバキア　生1984年8月28日　人2012

クーズミン, アファナジ　射撃選手　国ソ連　人1992

クーゼ, ヘルガ　Kuhse, Helga　生命倫理学者　元・モナッシュ大学ヒューマン・バイオエシックス・センター所長　バイオエシックス　国オーストラリア　人2000／2004

クゼ, ヨジップ　Kuze, Josip　サッカー監督　元・サッカー・アルバニア代表監督　国クロアチア　生1952年11月13日　没2013年6月16日　人2000／2008／2012

グセイノフ, スレト　Guseinov, Suret　軍人, 政治家　元・アゼルバイジャン首相　国アゼルバイジャン　生1959年　人1996

グセイノフ, ナジム　Guseinov, Nazim　柔道選手　国アゼルバイジャン　人1996

クーゼス, ジェームズ　Kouzes, James M.　サンタクララ大学教授, リービー経営大学院教授　国米国　人1996／2012

クセトウノビッチ, アンドレイ　外交官, 元・記者　元・駐ベルギーポーランド大使　国ポーランド　人2000

クセナキス, イアニス　Xenakis, Iannis　作曲家, 数学者, 建築家　推計音楽　国フランス　生1922年5月29日　没2001年2月4日　人1992／1996／2000

グーセフ, ウラジーミル　Gusev, Vladimir Kuzimich　政治家　元・ソ連副首相　国ソ連　生1932年4月16日　人1992

グゼリミアン, アラ　Guzelimian, Ara　カーネギーホール・シニア・ディレクター・芸術顧問　人2008

クセルゴン, ジュリア　Csergo, Julia　歴史家　19世紀パリ社会史　国フランス　生1954年　人1996

グーセン, セオドア　ヨーク大学準教授, 国際日本文化研究センター客員助教授　日本文学　国カナダ　人2000

グーセン, レティーフ　Goosen, Retief　プロゴルファー　国南アフリカ　生1969年2月2日　人2004／2008

クゼンコワ, オリガ　Kuzenkova, Olga　ハンマー投げ選手　アテネ五輪陸上女子ハンマー投げ金メダリスト　国ロシア　生1970年10月4日　人2008

グーセンス, マイケル　Goossens, Michel　元・TEX Users Group（TUG）代表　人2004

グーセンス, レオン　Goossens, Leon　オーボエ奏者　国英国　生1897年6月12日　没1988年2月12日　人1992

グーゼンバウアー, アルフレート　Gusenbauer, Alfred　政治家　元・オーストリア首相, 元・オーストリア社会民主党党首　国オーストリア　生1960年2月8日　人2004／2008／2012

クーゼンベルグ, セバスチアン　写真家　国ドイツ　生1958年　人1996

クーダー, ライ　Cooder, Ry　旧グループ名＝ライジング・サンズ　ギタリスト　スライドギター　国米国　生1947年3月15日　人1992／2000／2012

グターソン, デービッド　Guterson, David　作家　国米国　生1956年5月4日　人2000

クダート, アーシャ　世界銀行上下水道課上級計画担当官　人1992

クタホフ, パーベル・S.　Kutakhov, Pavel S.　元・ソ連空軍総司令官・国防次官　国ソ連　没1984年12月3日　人1992

クタヤール, マイケル・ザミット　気候変動枠組み条約事務局長　国マルタ　生1940年　人2004／2008

グタール, ノエル　Goutard, Noel　実業家　ヴァレオ会長・CEO　国フランス　生1931年12月22日　人2000／2004

グーダル, ビヨルン・トーレ　Godal, Bjoern Tore　政治家　元・ノルウェー外相　国ノルウェー　生1945年1月20日　人1996／2000／2004／2008

クチェレンコ, オレグ　Kucherenko, Oleg　レスリング選手（グレコローマン）　国ウクライナ　人1996

クチキ, ナターシャ　フィギュアスケート選手　国米国　人1992／1996

クーチク, イリヤ　Kutik, Ilía　詩人　ノースウェスタン大学　生1960年　人2000

クチコ, ウラジーミル　ジャーナリスト　元・タス通信副社長・東京支局長　国ロシア　生1946年　没2011年6月29日　人1992／1996

クチネリ, ブルネロ　Cucinelli, Brunello　実業家　ブルネロ・クチネリ社長　国イタリア　生1953年　人2012

クチノッタ, マリア・グラツィア　Cucinotta, Maria Grazia　女優　国イタリア　人2000

クチマ, レオニード　Kuchma, Leonid Danilovich　政治家　元・ウクライナ大統領　国ウクライナ　生1938年8月9日　人1996／2000／2004／2008

クーチャー, マット　Kuchar, Matt　プロゴルファー　国米国　生1978年6月21日　人2000／2008／2012

クーチャン, ミラン　Kućan, Milan　政治家　元・スロベニア大統領　国スロベニア　生1941年1月14日　人1996／2000／2004／2008

クチュヒーゼ, メデア　Kuchukhidze, Medea　演出家　マルジャニシビリ劇場　国ソ連　人1992

クチュルク, オクサーナ　Kutcheruk, Oksana　バレリーナ　レニングラード国立バレエ団プリンシパル　国ロシア　生1978年2月4日　人2004／2008

クチンスキー, ペドロ・パブロ　Kuczynski, Pedro-Pablo　エコノミスト, 実業家　元・ペルー首相, 元・ファースト・ボストン・インターナショナル会長　国ペルー　生1938年　人1992／2004／2008

／2012

クチンスキー, ユルゲン　Kuczynski, Jurgen　経済学者, 統計学者　[国]ドイツ　[生]1904年9月17日　[没]1997年　[典]1992

クーツ, アリシア　Coutts, Alicia　水泳選手（個人メドレー・バタフライ）　ロンドン五輪競泳女子4×100メートルリレー金メダリスト　[国]オーストラリア　[生]1987年9月14日

クツ・イエイ　屈 維英　ジャーナリスト　新華通訊社秦皇島記者站站長　[国]中国　[生]1943年　[典]1996

クツ・ギンカ　屈 銀華　登山家　[国]中国　[生]1935年　[典]1996

グツー, タチアナ　Gutsu, Tatiyana　体操選手　[国]ウクライナ　[生]1976年9月5日　[典]1996／2000

クツ・ブ　屈 武　Qu, Wu　政治家　元・中国国民党革命委員会名誉主席, 元・中国人民政治協商会議全国委員会（全国政協）副主席　[国]中国　[生]1898年7月　[没]1992年6月13日　[典]1996

クーツ, ラッセル　Coutts, Russell　ヨット選手　[生]1962年　[典]2008

クツィエ, ヘンドリック　Coetsee, Hendrik Jacobus　政治家　元・南アフリカ上院議長　[国]南アフリカ　[生]1931年4月19日　[没]2000年7月25日　[典]1996

クッカスヤルヴィ, イルマ　Kukkasjärvi, Irma　テキスタイルデザイナー　[国]フィンランド　[生]1941年　[典]1996（クッカスヤルビ, イルマ）

クッカルト, ユーディット　Kuckart, Judith　作家　[国]ドイツ　[生]1959年　[典]2000

クッキ, エンツォ　Cucchi, Enzo　画家, 立体造形家　[国]イタリア　[生]1949年11月14日　[典]1992／2000

グッキン, ダン　Gookin, Dan　テクニカルライター　[専]コンピューター科学　[国]米国　[典]2000

クック, アリステア　Cooke, Alistair　本名=Cooke,Alfred Alistair　放送ジャーナリスト, 著述家　[国]米国　[生]1908年11月20日　[没]2004年3月30日　[典]1992／1996／2000／2004

クック, エドワード　Cook, Edward M.　ブリュー・ユニオン・カレッジ　[専]聖書学, 北西セム語（文献）学　[国]米国　[生]1952年　[典]1996

クック, エライシャ　Cook, Elisha　俳優　[国]米国　[生]1906年11月26日　[没]1995年5月18日　[典]1996

クック, キャサリン・タプスコット　Cook, Katherine Tapscott　ミズーリ・ウェスタン州立大学助教授　[国]米国　[典]2008

クック, グレン　Cook, Glen　作家　[国]米国　[生]1944年　[典]1996

クック・ケナム　鞠 快男　Cook, Kwe-nam　世紀商事会長　[国]韓国　[生]1922年3月16日　[典]2000

クック, ケニス　Cook, Kenneth　作家　[生]1929年　[典]1992

クック, ジェイミー　Cook, Jamie　グループ名=アークティック・モンキーズ　ミュージシャン, ロックギタリスト　[国]英国　[典]2008／2012

クック, ジェームス　ボストン・ビール会長・CEO　[国]米国　[典]2000

クック, ジュニア　Cook, Junior　本名=Cook,Herman　ジャズサックス奏者　[専]テナーサックス　[国]米国　[生]1934年7月22日　[没]1992年2月4日　[典]1996

クック, ジョナサン　Cook, Jonathan　データベース技術者　国際技術サポート機関（ITSO）オースティン・センターDB2プロジェクト・リーダー　[典]2004

クック・ジョンナム　鞠 鐘男　Kook, Chong-nam　大一フィルム会長　元・韓国国会議員（民主党）　[国]韓国　[生]1937年5月8日　[典]2000

クック, スコット　Cook, Scott D.　インテュイット経営委員会会長　[国]米国　[生]1952年　[典]2000

クック, ステファニー　Cook, Stephanie　近代五種選手　[国]英国　[生]1972年　[典]2004

クック, ステファン・アーサー　Cook, Stephen Arthur　トロント大学講師　[専]計算機科学　[国]米国　[典]1992

クック・スンオク　鞠 淳玉　Kuk, Sun-ok　仁荷大学法学科教授　[専]法学　[国]韓国　[生]1937年12月5日　[典]2000

クック, セオドール・F.　ウィリアム・パターソン大学教授　[専]歴史学, 軍事社会学　[国]米国　[生]1947年　[典]1992／2000

クック, ダグラス　Cook, Douglas S.　脚本家　オーロラ・プロダクション副社長　[国]米国　[典]2000

クック・チャングン　鞠 琯根　Kook, Chang-keon　政治家　韓国国会議員（国民会議）　[国]韓国　[生]1939年1月31日　[典]2000

クック, ティム　Cook, Tim　本名=クック, ティモシー　実業家　アップルCEO　[国]米国　[生]1960年11月1日　[典]2008／2012

クック, デイン　Cook, Dane　コメディアン, 俳優　[国]米国　[生]1972年3月18日　[典]2008／2012

クック, デービッド　Cook, David　トロント大学スカーボロ・カレッジ助教授　[国]カナダ　[生]1946年　[典]1996

クック, デービッド　Cook, David　画家　[専]色鉛筆画　[国]英国　[典]2004

クック, トーマス　Cook, Thomas H.　ミステリー作家　[国]米国　[生]1947年　[典]1992／1996／2000／2012

クック, ナタリー　Cook, Natalie　ビーチバレー選手　シドニー五輪ビーチバレー女子金メダリスト　[国]オーストラリア　[生]1975年1月19日　[典]2004／2008

クック, ニコラス　Cook, Nicholas　サウザンプトン大学教授　[専]音楽学　[国]英国　[生]1950年　[典]1996

クック, ニコール　Cooke, Nicole　本名=Cooke,Nicole Denise　自転車選手（ロードレース）　北京五輪自転車女子個人ロードレース金メダリスト　[国]英国　[生]1983年4月13日　[典]2012

クック, ニック　Cook, Nick　軍事評論家, 冒険小説家　「ジェーンズ・ディフェンス・ウィークリー」（軍事専門誌）記者　[専]ハイテク航空学　[国]英国　[典]1992／1996

クック, バーナディン　Cook, Bernadine　児童文学作家　[国]米国　[生]1924年　[典]2004

クック, バリー　Cook, Barry　アニメーション監督　[国]米国　[典]2000

クック, ピーター　Cook, Peter　建築家　ロンドン大学ユニバーシティ・カレッジ教授　[国]英国　[生]1936年　[典]1992／1996

クック, ピーター　Cook, Peter　政治家　元・オーストラリア産業科学技術相　[国]オーストラリア　[生]1943年11月8日　[典]1996／2000

クック, ブレント　Cook, Brent　トフルゼミナール英語教育研究所研究員　[専]英語教育,TOEFL　[国]米国　[生]1967年　[典]2000

クック, ボブ　Cook, Bob　作家　[国]英国　[生]1961年　[典]1996

クック, ポール　Cook, Paul　グループ名=セックス・ピストルズ　ロックドラマー　[国]英国　[生]1956年7月20日　[典]2008／2012

クック・ホンイル　鞠 泓一　Kook, Hong-il　医師　[専]皮膚科　[国]韓国　[生]1937年2月10日　[典]2000

クック, マイケル　Cook, Michael　公認会計士　デロイト・トウシュ会長　[国]米国　[典]1992

クック・ヨンジョン　鞠 永棕　Kook, Young-johng　韓国科学技術院翰林院正会員　[専]腎臓学　[国]韓国　[生]1930年11月24日　[典]2000

クック, ラムゼイ　Cook, Ramsay　ヨーク大学歴史学科教授　元・カナダ歴史学会会長　[専]フランス系カナダ史　[典]1992／1996

クック, リー　Cook, Lee　霊媒師　[国]米国　[生]1957年8月23日　[典]2004

クック, リチャード　Cook, Richard W.　実業家　元・ウォルト・ディズニー・スタジオ会長　[国]米国　[典]2004／2008／2012

クック, リチャード　Cook, Richard　音楽ライター, 編集者　[国]英国　[典]2004

クック, リンダ　Cook, Linda Zarda　実業家　ロイヤル・ダッチ・シェル・グループ・エグゼクティブディレクター　[国]米国　[生]1958年6月　[典]2008／2012

クック, レイチェル・リー　Cook, Rachael Leigh　女優　[国]米国　[生]1979年10月4日　[典]2004

クック, ロビン　Cook, Robin　ミステリー作家, 眼科医　ハーバード大学医学部講師　[国]米国　[生]1940年　[典]1992／1996

クック, ロビン　Cook, Robin　本名=Cook,Robert Finlayson　政治家　元・英国外相, 元・英国下院院内総務　[国]英国　[生]1946年2月28日　[没]2005年8月6日　[典]2000／2004

ク

クックス, アルビン　Coox, Alvin D.　歴史学者　元・サンディエゴ日米センター所長,元・サンディエゴ州立大学名誉教授　⑲日本軍事史　⑭米国　⑮1924年　⑯1999年11月4日　⑰1992／1996

グッゲンビュール・クレイグ, アドルフ　Guggenbühl-Craig, Adolf　国際分析心理学会会長　元・ユング研究所所長　⑲分析心理学　⑭スイス　⑮1923年　⑰1992

グッゲンモース, ヨゼフ　Guggenmos, Josef　児童文学作家,翻訳家　⑮1922年　⑰1992

クッシュ, グルデブ・シン　Khush, Gurdev Singh　農学者,遺伝学者　元・国際稲研究所(IRRI)稲育種部長　⑲育種学(稲育種)　⑭インド　⑮1935年8月22日　⑰1992／1996／2000／2008／2012

クッシュ, ポリカーブ　Kusch, Polykarp　物理学者　元・コロンビア大学教授,元・テキサス大学教授　⑲理論物理学,原子物理学　⑭米国　⑮1911年1月26日　⑯1993年3月20日　⑰1992／1996

クッシュマン, サミュエル　生化学者　国立衛生研究所　⑭米国　⑮1941年　⑰1996

クッシング, リンカーン　Cushing, Lincoln　「革命！キューバポスター集」の著者　⑰2008

クツダス, ハインツ・ヨゼフ　Kuzdas, Heinz Joseph　写真家　⑭ドイツ　⑮1948年　⑰1992

グッチ, アルド　Gucci, A.　元・グッチ・ショップス社相談役・元会長　⑯1990年1月　⑰1992

グッチ, アレサンドラ　Gucci, Alessandra　AG創設者　⑭イタリア　⑰2012

グッチ, パトリツィア　Gucci, Patrizia　ファッションデザイナー　元・グッチ広報担当役員　⑭イタリア　⑰2004

グッチ, マウリツィオ　Gucci, M.　実業家　元・グッチ会長　⑭イタリア　⑯1995年3月27日　⑰1996

グッチオーニ, ボブ(Jr.)　Guccione, Bob(Jr.)　ジャーナリスト　「スピン」誌編集長　⑭米国　⑰1996

グッチョウ, ニールズ　Gutschow, Niels　建築史家,修復建築家　ハイデルベルク大学先端研究拠点教授　⑭ドイツ　⑮1941年　⑰2012

グッチョーネ, ボブ　Guccione, Bob　本名=Guccione,Robert Charles Joseph Edward Sabatini　別名=ザ・グーチ　出版者,映画プロデューサー　元・「ペントハウス」創刊者　⑭米国　⑮1930年12月17日　⑯2010年10月20日　⑰2000

グッチョン, ベス　Gutcheon, Beth　作家　⑭米国　⑮1945年3月18日　⑰1992

クッツ, ハンス・ユルゲン　Kuč, Hans-Jürgen　カメラ研究家　⑭ドイツ　⑮1946年　⑰1996

クッツェー, J.M.　Coetzee, J.M.　本名=クッツェー, ジョン・マクスウェル　作家, 批評家　⑭南アフリカ　⑮1940年2月9日　⑰1992(コーツェ, J.M.)／1996(コーツェ, J.M.)／2000／2004／2008／2012

グッツオーニ, アルフレッド　Guzzoni, Alfredo　思想家,造形美術家　⑲ドイツ哲学・文学　⑭イタリア　⑮1931年　⑰1992

グッツォーニ, ウテ　Guzzoni, Ute　哲学者　フライブルク大学教授　⑭ドイツ　⑮1934年　⑰2004

グッツーゾ, レナード　Guttuso, Renato　画家　⑭イタリア　⑮1912年1月2日　⑯1987年1月17日　⑰1992

クッツリ, ルドルフ　Kutzli, Rudolf　シュタイナー教育者　⑭スイス　⑮1915年　⑰2000

グッディソン, ポール　Goodison, Paul　ヨーロッパ・リサーチ・オフィス主任研究員　⑭米国　⑮1960年　⑰1996

グッディング, キューバ(Jr.)　Gooding, Cuba(Jr.)　俳優　⑭米国　⑮1968年1月2日　⑰2000／2004／2008／2012

グッデス, メルビン・ラッセル　Goodes, Melvin Russell　ワーナーランバート会長・CEO　⑭カナダ　⑮1935年4月11日　⑰1992／1996／2000

グッデル, ジェフ　Goodell, Jeff　ジャーナリスト,脚本家　⑭米国　⑰2000

グッデン, アキコ　旧日本名=神戸晃子　テニス選手　⑭米国　⑮1974年2月14日　⑰1992／1996

グッデン, ドワイト　Gooden, Dwight　元・大リーグ選手　⑭米国　⑮1964年11月16日　⑰1992／1996／2000／2004／2012

グッテンベルク, カール・テオドール・ツー　Guttenberg, Karl-Theodor zu　政治家　元・ドイツ国防相・経済技術相　⑭ドイツ　⑰2012

グッド, エリカ　Goode, Erica　ジャーナリスト　「USニューズ＆ワールド・リポート」アシスタント・マネージング・エディター　⑭米国　⑰2000

グッド, ダイアン　Goode, Diane　イラストレーター,絵本作家　⑭米国　⑮1949年　⑰1996

グッド, ティモシー　Good, Timothy　UFO研究家　⑭英国　⑮1942年　⑰2000

グッド, ナンシー　Good, Nancy　セラピスト,作家　⑭米国　⑰2004

グッド, バイロン　Good, Byron J.　医療人類学者　ハーバード大学医学部社会医学科主任教授代行　⑭米国　⑮1944年　⑰2004

グッド, ロバート　南フロリダ大学医学部教授　⑲免疫学,骨髄移植　⑭米国　⑮1922年　⑰1992／1996

グッド, ロバート　Good, J.Robert　ソフトウェア・エンジニア　ロバートグッドアソシエーツ社　⑭米国　⑰1992／1996

グッドイナフ, ジョン　Goodenough, John B.　物理学者　テキサス大学教授　⑲固体科学,材料科学　⑭米国　⑮1922年7月2日　⑰2004／2008／2012

グッドウィル, ジェームズ　Goodwill, James　コンピューター技術者　Virtuas Solutionsチーフインターネットアーキテクチャ・プリンシパル　⑰2004

グッドウィン, ジェイソン　Goodwin, Jason　作家　⑰2012

グッドウィン, ジョン　Goodwin, John　実業家　元・ナショナル・スチール(NSC)社長・CEO　⑭米国　⑰1996／2000

グッドウィン, スーザン　Goodwyn, Susan W.　児童心理学者　カリフォルニア州立大学スタニスラウス校教授　⑲児童発達学　⑭米国　⑰2004

グッドウィン, リチャード　Goodwin, Richard Murphey　シエナ大学名誉教授　⑲経済学　⑮1913年2月24日　⑰1996

クッドゥース, イフサン・アブデル　作家,ジャーナリスト　⑭エジプト　⑮1990年1月11日　⑰1992

グッドカインド, テリー　Goodkind, Terry　作家　⑭米国　⑮1949年　⑰2004

グッドステイン, ジャネット　Goodstein, Jeanette　経営コンサルタント,ライター　元・アリゾナ州立大学公務センター准教員,元・児童発達学会会長　⑭米国　⑰2004

グッドステイン, レナード　Goodstein, Leonard D.　心理学者　元・アリゾナ州立大学教授,元・アメリカ心理学会会長　⑲コンサルティング心理学　⑭米国　⑰2004

グッドセル, デービッド　Goodsell, David S.　分子生物学者　スクリプス研究所教授　⑲結晶構造解析　⑭米国　⑰2004

グッドソン, ピーター　レクイトン・アンド・デュブリエ・パートナー　⑭米国　⑮1943年　⑰1996

グッドソン, ラリー　Goodson, Larry P.　政治学者　ベントレー大学助教授　元・米国パキスタン研究所特別研究員　⑲国際関係論, アフガニスタン現代史　⑭米国　⑰2004

グッドハート, アネット　Goodheart, Annette　サイコセラピスト　⑭米国　⑰2000

グッドハート, チャールズ　Goodhart, Charles Albert Erie　経済学者　ロンドン・スクール・オブ・エコノミクス教授　⑭英国　⑮1936年10月23日　⑰1992／2012

グッドハート, フィリップ　Goodhart, Philip　政治家　英国下院議員(保守党)　⑭英国　⑮1925年11月3日　⑰1996

グッドフェロー, ジョフリー　Goodfellow, Geoffrey S.　SRI International社コンピュータ・サイエンス・ラボ勤務　ハッカー　⑲コンピューター工学　⑭米国　⑰1992

グッドフェロー, ロブ　Goodfellow, Rob　経営学者　⑲アジア・ビジネス文化　⑰2004

グッドフレンド, ジョン　投資コンサルタント　元・ソロモン社長・社長・CEO　⑭米国　⑮1929年　⑰1996／2000

グッドマン, アラン　ジョージタウン大学教授　⑭国際関係学　⑮米国　⑯1996

グットマン, アレン　Guttmann, Allen　アマースト大学アメリカ研究科教授　⑭スポーツ史,スポーツ社会学　⑮米国　⑯1932年10月13日　⑯2000

グットマン, アン　Gutman, Anne　絵本作家　⑯1970年　⑯2004／2012

グッドマン, キャロル　Goodman, Carol　作家　⑮米国　⑯2004／2008

グッドマン, ジョーダン　Goodman, Jordan　マンチェスター大学インスティテュート・オブ・サイエンス・アンド・テクノロジー経営学部上級講師　⑮英国　⑯1948年　⑯2000

グッドマン, ジョーダン・エリオット　Goodman, Jordan Elliot　ファイナンシャル・アナリスト　⑮米国　⑯2004

グッドマン, ジョナサン　Goodman, Jonathan　作家　⑮英国　⑯1931年1月17日　⑯1992

グッドマン, ジョン　Goodman, John　俳優　⑮米国　⑯1952年6月20日　⑯2000／2004／2008／2012

グッドマン, スチーブ　Goddman, Steve　シンガー・ソングライター　⑮米国　⑯1948年　⑲1984年9月20日　⑯1992

グッドマン, ソウル　Goodman, Saul　ティンパニ奏者　元・ニューヨーク・フィルハーモニック主席ティンパニ奏者　⑮米国　⑯1906年7月16日　⑯1992

グッドマン, ダニー　Goodman, Danny　テクニカル・ライター　⑮米国　⑯1996

グッドマン, デービッド　Goodman, David Gordon　日本文学研究家,翻訳家　元・イリノイ大学教授　⑭日本近代演劇,原爆文学,比較文学　⑮米国　⑯1946年2月12日　⑲2011年7月25日　⑯1992／2000

グッドマン, ネルソン　Goodman, Nelson　哲学者　元・ハーバード大学名誉教授　⑭科学哲学,言語哲学　⑮米国　⑯1906年8月7日　⑲1998年　⑯1992

グッドマン, ベニー　Goodman, Benny　本名＝Goodman, Benjamin David　ジャズ・クラリネット奏者　⑮米国　⑯1909年5月30日　⑲1986年6月13日　⑯1992

グットマン, マイケル　Guttman, Michael　コンピューター技術者　ジェネシス・デベロップメントCTO　⑯2004／2008

グッドマン, ミシェル　Goodman, Michelle S.　看護学者,看護婦　ラッシュ大学看護学部助教授,ラッシュ癌研究所クリニカル・ナース・スペシャリスト　⑭癌看護学　⑮米国　⑯2004

グットマン, ルートヴィヒ　Guttmann, Ludwig　神経医学者　パラリンピック創始者　⑮ドイツ　⑯1899年7月3日　⑲1980年　⑯1992

グッドマン, ロジャー　Goodman, Roger　社会人類学者　国立民族学博物館客員教授　⑮英国　⑯1960年　⑯1996／2000

グッドマン, ローリー　Goodman, Laurie　生物学者　⑭ゲノム　⑮米国　⑯1962年　⑯2004

グッドマン, ワイルド・ビル　Goodman, Wild Bill　ミスク・ワード・コーポレーション代表　⑭英会話　⑮米国　⑯2000

グッドラッド, ジョン　Goodlad, John I.　ワシントン大学大学院教授・教育再生センター所長,全米教育再生ネットワーク（NNER）代表　⑭教育学　⑮米国　⑯1996

グッドランド, ロバート　Goodland, Robert　世界銀行（国際復興開発銀行）本部環境問題アドバイザー　⑮米国　⑯1939年　⑯1996

グッドリッジ, ゲーリー　Goodridge, Gary　格闘家　⑮トリニダードトバゴ　⑯1966年1月17日　⑯2004／2008

グットルムソン, ロフトゥル　Guttormsson, Loftur　アイスランド教育大学教授　⑭歴史学　⑮アイスランド　⑯1938年　⑯2000

グッドレム, デルタ　Goodrem, Delta　シンガー・ソングライター　⑮オーストラリア　⑯1984年11月9日　⑯2012

クッペルマン, フレッド　歴史家　⑮フランス　⑲1988年4月27日　⑯1992

グティ　Guti　本名＝グティエレス・エルナンデス, ホセ・マリア　サッカー選手（MF）　⑮スペイン　⑯1976年10月31日　⑯2004（グティエレス, ホセ・マリア）／2008／2012

グディ, ジャック　Goody, Jack　本名＝Goody, John Rankine　社会人類学者　セント・ジョーンズカレッジ教授　⑮英国　⑯1919年7月27日　⑯1996

クティ, フェミ　Kuti, Femi　グループ名＝ポジティブ・フォース　ミュージシャン,サックス奏者　⑮ナイジェリア　⑯1962年　⑯2000

グティエレス, カルロス　Gutierrez, Carlos M.　実業家　元・米国商務長官,元・ケロッグCEO・会長　⑮米国　⑯1953年11月4日　⑯2008／2012

グティエレス, グスタボ　Gutiérrez, Gustavo　カトリック神父　ラリア教区司祭　⑮ペルー　⑯1928年6月8日　⑯1992／1996

グーティエレズ, トーマス　Gutierrez, Thomas　実業家　デンセイ・ラムダ社長　⑯1948年10月8日　⑯2000

グティエレス, フランクリン　Gutierrez, Franklin　本名＝Gutierrez, Franklin Rafael　大リーグ選手（外野手）　⑮ベネズエラ　⑯1983年2月21日

グティエレス, ペドロ・ファン　Gutiérrez, Pedro Juan　作家　⑮キューバ　⑯1950年　⑯2008

グティエレス, ベニテス・セルヒオ　旧リング名＝フライ・トルメンタ　神父,元・プロレスラー　⑮メキシコ　⑯1992（フライ・トルメンタ）／1996（フライ・トルメンタ）／2000

グティエレス, ホルヘ　Gutierrez, Jorge　ボクシング選手　⑮キューバ　⑯2004

グティエレス, ルシオ　Gutiérrez, Lucio　本名＝Gutiérrez Borbúa, Lucio Edwin　政治家,元・軍人　エクアドル愛国的社会党（PSP）党首　元・エクアドル大統領　⑮エクアドル　⑯1957年3月23日　⑯2004／2008／2012

グディカンスト, ウィリアム　Gudykunst, William B.　カリフォルニア州立大学フラトン校スピーチコミュニケーション学科教授　⑭コミュニケーション理論,異文化コミュニケーション論　⑮米国　⑯1996

クーティク, クリスチアーネ　Kutik, Christiane　インテリアデザイナー,家具デザイナー,シュタイナー教育家　⑮ドイツ　⑯1949年　⑯2000

グディソン, ポール　Goodison, Paul　ヨット選手（レーザー級）　北京五輪セーリング男子レーザー級金メダリスト　⑮英国　⑯1977年11月29日　⑯2012

クディラ, フランシス　Kurdyla, Francis J.　経営コンサルタント　F・J・クディラ・アンド・アソシエイト（株）社長　⑮米国　⑯1933年　⑯1992／1996

グディングス, アントン　Goodings, Anton　神田外語学院学院長　⑮英国　⑯1996

クーテニコフ, デービッド　Kootnikoff, David　英語教師　⑮カナダ　⑯2004

クーテフ, マリア　ブルガリア国立合唱団スーパーバイザー　⑮ブルガリア　⑯1992

クーデルカ, ジョセフ　Koudelka, Josef　写真家　⑮フランス　⑯1938年1月10日　⑯1996／2012

クデルシェ, ジャン・ジャック　プジョー・ジャポン社長　⑮フランス　⑯1992

グテレス, アントニオ　Guterres, António Manuel　本名＝Guterres, António Manuel de Oliveira　政治家　国連難民高等弁務官　元・ポルトガル首相　⑮ポルトガル　⑯1949年4月30日　⑯1996／2000／2004／2008／2012

グテレス・ロペス, アニセト　Guterres Lopes, Aniceto　人権活動家　東ティモール真実和解委員会委員長　⑮東ティモール　⑯1967年　⑯2008

グーテンベルク, エーリッヒ　Gutenberg, Erich　経済学者　ケルン大学名誉教授　⑭経営経済学　⑮ドイツ　⑯1897年12月13日　⑯1992

クーデンホーフ・カレルギー, ミヒャエル　Coudenhove-Kalergi, Michael　画家　⑮オーストリア　⑯1937年　⑯2012

グード, アンジェラ　Goode, Angela　コラムニスト　⑮オーストラリア　⑯1948年　⑯1996

グート, ヴィルフリート　Guth, Wilfried　銀行家　ドイツ銀行監査

役 国ドイツ ⊕1919年7月8日 ㊣2000

グート, クラウス　Guth, Claus　オペラ演出家　国ドイツ　㊣2012

クドー, ミテキ　Kudoh, Miteki　本名＝クドー, ミテキ・サンドリーヌ　日本名＝工藤美笛　バレリーナ　パリ・オペラ座バレエ団スジェ　国フランス　⊕1970年11月14日　㊣2012

グート, ライナー・エミル　Gut, Rainer Emil　実業家　CSホールディング会長, ネスレ会長　国スイス　⊕1932年9月24日　㊣1992／1996／2000／2004／2008

グート, ララ　Gut, Lara　スキー選手（アルペン）　国スイス　⊕1991年4月27日

グード, リチャード　Goode, Richard　本名＝Goode,Richard Stephen　ピアニスト　国米国　⊕1943年　㊣1996／2000／2012

クートー, リュシアン　Coutaud, Lucien　画家　国フランス　⊕1904年12月13日　㊣1992／1996

クートゥア, スーザン・アーキン　Couture, Susan Arkin　作詞家　㊣2004

クートゥア, ランディ　Couture, Randy　格闘家　国米国　⊕1963年6月22日　㊣2008／2012

クトゥジス, ミッシェル　Koutouzis, Michel　民族学者　㊣2004

クドゥホフ, ベシク　Kudukhov, Besik　レスリング選手（フリースタイル）　ロンドン五輪レスリング男子フリースタイル55キロ級銀メダリスト　国ロシア　⊕1986年8月15日

クトゥリエ, パスカル　Couturier, Pascal　オートバイライダー　国フランス　⊕1963年10月4日　㊣1996

グートキンド, リー　Gutkind, Lee　科学ライター　㊣1996

クドシ, ナジム・エル　Kudsi, Nazem el　政治家　元・シリア大統領　国シリア　⊕1905年　㊣1998年2月6日　㊣1992

グートマン, ナターリャ　Gutman, Natalia　本名＝Gutman, Natalia Grigorievna　チェロ奏者　国ロシア　⊕1942年11月14日　㊣2000／2004／2008／2012

グートマン, マリリン　Gootman, Marilyn E.　教育学者　国米国　㊣2004

グードムンドソン, マグナス　Gudmundsson, Magnus　ジャーナリスト　国アイスランド　⊕1953年　㊣1996

クドリャフツェフ, ウラジーミル　Kudryavtsev, Vladimir Nikolaevich　法学者　ソ連科学アカデミー副総裁, ソ連大統領顧問　国ソ連　⊕1923年　㊣1992

クドリャフツェワ, ヤナ　Kudryavtseva, Yana　新体操選手　国ロシア　⊕1997年9月30日

クドリン, アレクセイ　Kudrin, Aleksei Leonidovich　政治家　元・ロシア副首相・財務相　国ロシア　⊕1960年10月12日　㊣2004／2008／2012

グドール, ジェーン　Goodall, Jane　動物行動学者, 環境保護運動家　ジェーン・グドール研究所創立者, ゴンベ・ストリーム研究センター（タンザニア）学部長, 国連平和大使　野生チンパンジーの研究, 霊長類学　国英国　⊕1934年4月3日　㊣1992／1996／2000／2004／2008／2012

グドール, レジナルド　Goodall, Reginald　指揮者　国英国　⊕1905年7月13日　㊣1990年5月5日　㊣1992

クードレイ, ジャン・リュック　Coudray, Jean-Luc　作家, イラストレーター　国フランス　⊕1960年　㊣2004

クードレイ, フィリップ　Coudray, Philippe　イラストレーター　国フランス　⊕1960年　㊣2004

クドレイ, ムラダ　Khudolei, Mlada　ソプラノ歌手　マリインスキー劇場（キーロフ・オペラ）団員　国ロシア　㊣2004

クードロー, リサ　Kudrow, Lisa　女優　国米国　⊕1963年7月30日　㊣2000／2004／2008／2012

クーナ, シェイフ・エル・アフィア・ウルド・モハメド　Khouna, Cheikh El Afia Ould Mohamed　政治家　元・モーリタニア首相　国モーリタニア　⊕1956年　㊣2000／2004／2008

クナイス, ハンス・マリア　Kneihs, Hans Maria　チェロ奏者, リコーダー奏者　ウィーン音楽院教授・教育学部長, ウィーン・ブロックフレーテ・アンサンブル主宰　国オーストリア　⊕1934年　㊣1992

クナイフェル, ハンス　Kneifel, Hans　SF作家　国ドイツ　⊕1936年　㊣1996

クナウス, ハンス　Knauss, Hans　スキー選手（アルペン）　国オーストリア　⊕1971年2月9日　㊣2000／2008

クナウス, ベルンハルト　Knauss, Bernhard　元・スキー選手（アルペン）　国スロベニア　⊕1965年6月25日　㊣2000

クナーエフ, ジンムハメド　Kunaev, Dinmukhamed Akhmedovich　政治家　元・ソ連共産党政治局員, 元・カザフ共和国共産党第1書記　国カザフスタン　⊕1912年1月12日　㊣1993年8月22日　㊣1992／1996

クナーゼ, ゲオルギー　Kunadze, Georgii Fridrikhovich　日本研究家, 外交官　元・駐韓ロシア大使, 元・ロシア外務次官　国ロシア　⊕1948年12月21日　㊣1992／1996／2000／2004／2008／2012

クナック, トーマス　Knak, Thomas　DJ名＝オピエート, 旧グループ名＝フューチャー3　ミュージシャン　国デンマーク　㊣2004／2008

グナッシア, ジル・ディックス　Ghnassia, Jill Dix　文学者　ハートフォード大学準教授　㊣2008

クナッパー, ゲルト　Knäpper, Gerd　陶芸家　国ドイツ　⊕1943年1月25日　㊣2012年11月2日　㊣1996／2000

クナッパート, ヤン　Knappert, Jan　元・ロンドン大学教授　国アフリカ民族学　⊕1927年　㊣1992

クナップ, ルボル　高校教師, 少年野球指導者　国チェコスロバキア　㊣1992

グナティラカ, スサンタ　Goonatilake, Susantha　人民銀行研究所長, アジア経済研究所客員研究員　国社会学　国スリランカ　⊕1937年　㊣1992

クナプコバ, ミロスラバ　Knapková, Miroslava　ボート選手　ロンドン五輪ボート女子シングルスカル金メダリスト　国チェコ　⊕1980年9月19日

クナーベ, ギュンター　Knabe, Günter　ジャーナリスト　ドイチェ・ヴェレ放送協会アジア部長　国ドイツ　⊕1941年　㊣1996

クナーベ, ベルンハルト　Knabe, Bernhard　作家　国ドイツ　㊣2004

グナワン, ウィダルティ　Gunawan, Widarti　ジャーナリスト　「フェミナ」編集長　国インドネシア　㊣2000

グナワン, トニー　Gunawan, Tony　バドミントン選手　シドニー五輪バドミントン男子ダブルス金メダリスト　国米国　⊕1975年4月9日　㊣2004

グナワン・モハマッド　Goenawan Mohamad　ジャーナリスト, 作家, 詩人, 評論家　「テンポ」論説委員　国インドネシア　⊕1941年　㊣1992／1996／2000／2004

クーニー, ジョーン・ガンツ　テレビプロデューサー　元・チルドレンズ・テレビジョン・ワークショップ（CTW）理事長　国米国　㊣1996

クーニー, スティーブン　全米製造業者協会（NAM）国際投資・金融部長　国米国　㊣1992

クーニー, バーバラ　Cooney, Barbara　絵本作家, 挿絵画家　国米国　⊕1917年　㊣2000年3月10日　㊣1992／1996／2000

クーニー, レイ　Cooney, Ray　本名＝Cooney,Raymond George Alfred　俳優, 劇作家, 演出家, 映画プロデューサー　国英国　⊕1932年5月30日　㊣1996

クーニイ, キャロライン　Cooney, Caroline B.　作家　国米国　⊕1947年　㊣1992（クーニー, キャロライン）

クーニグ, エズラ　Koenig, Ezra　グループ名＝バンパイア・ウィークエンド　ミュージシャン　国米国　⊕1984年　㊣2012

クニスター　Knister　作家, 作曲家　国ドイツ　⊕1952年　㊣2004／2008

クニフキー, ソフィー　Kniffke, Sophie　童話作家, 挿絵画家　国フランス　⊕1955年　㊣1996

クーニャ, アウロラ　マラソン選手　国ポルトガル　⊕1959年5月31日　㊣1992

クニャーゼフ, アレクサンドル　Kniazev, Alexander　チェロ奏者, オルガン奏者　国ロシア　⊕1961年4月21日　㊣2004／2012

クニャル, アルヴァロ　Cunhal, Alvaro　政治家　元・ポルトガル共産党(PCP)書記長　⒩ポルトガル　⊕1913年11月10日　⊗2005年6月13日　⒭1992／1996

クニョーネス, ケン　米国平和研究所研究員　朝鮮半島問題　⒩米国　⒭2008

クヌース, ドナルド・エルヴィン　Knuth, Donald Ervin　スタンフォード大学教授　コンピューター科学　⒩米国　⊕1938年1月10日　⒭1992／1996／2000／2008

クヌッセン, アナース　Knutsen, Anders　バング&オルフセン社長・CEO　⒩デンマーク　⊕1947年　⒭2000

クヌッドソン, アルフレッド・ジョージ(Jr.)　Knudson, Alfred George(Jr.)　遺伝学者, 医師　フォックス・チェイスがんセンター上級顧問　小児科学, 内科学　⒩米国　⊕1922年8月9日　⒭2008／2012

クヌート, カルル　Cneut, Carll　イラストレーター　⒩ベルギー　⊕1969年　⒭2004

グネイズダ, ロバート　Gnaizda, Robert　弁護士　グリーン・ライニング連合顧問弁護士　⒩米国　⒭1996

クネイプ, アンドレ　書道研究家　フランス国立東洋語学校教授, フランス書道協会副会長　⒩フランス　⒭1996

グネウシェフ, バレンティン　サーカス演出家　⒩ロシア　⊕1951年　⒭2000

グネーギ, ルドルフ　Gnägi, Rudolf　政治家　元・スイス大統領・国防相　⒩スイス　⊗1985年4月21日　⒭1992

クネズ, ピーター　Knez, Peter　ゴールドマン・サックス証券会社　⒩米国　⒭1992／1996

グネーディッヒ, ペーテル　Gnädig, Péter　物理学者　ローランド・エートベス大学原子物理学科講師　高エネルギー物理学　⒭2004／2008

クネーネ, マジシ　Kunene, Mazisi　本名=クネーネ, マジシ・レイモンド　詩人　元・クワズールー・ナタール大学教授　⒩南アフリカ　⊕1930年5月12日　⊗2006年8月12日　⒭1992／1996／2000／2004

クネーベル, カール・ペーター　Knebel, Karl-Peter　ハイデルベルク大学体育スポーツ科学部　トレーニング学　⒩ドイツ　⊕1941年　⒭2000

クネーラー, ホルスト　Knörrer, Horst　数学者　スイス連邦工科大学数学科教授　幾何学, 数理物理学　⒩ドイツ　⊕1953年7月31日　⒭2000

クーネルト, ギュンター　Kunert, Günter　詩人　⒩ドイツ　⊕1929年　⒭1992

クーネン, ヤン　Kounen, Jan　映画監督　⒩フランス　⊕1964年5月2日　⒭2000

クネンシルト, カーク　Knoernschild, Kirk　コンピューターコンサルタント　⒭2004

クノーキ, ウィリアム　Knoke, William　ハーバードキャピタルグループ社長　⒩米国　⊕1953年　⒭2000

クノス, ジュリス　Kunnoss, Juris　詩人　⒩ラトビア　⊕1948年　⒭1996

クノッセン, S.　Cnossen, Sijbren　エラスムス大学教授　財政学　⒩オランダ　⊕1936年　⒭1992

クノッフ, アルフレッド　Knopf, Alfred A.　元・クノッフ出版社(米国)創業者　⒩米国　⊕1892年　⊗1984年8月11日　⒭1992

クノップ, グイド　Knopp, Guido　テレビ・プロデューサー　ZDF(ドイツ第2テレビ)現代史番組部局長　⒩ドイツ　⒭2004

クノップ, クリス　Knopf, Chris　作家　⒭2012

クノテク, イバン　Knotek, Ivan　政治家　元・チェコスロバキア連邦副首相, 元・スロバキア共和国首相　⒩チェコスロバキア　⊕1936年8月26日　⒭1992

クノール, ウォルフガング　Knoll, Wolfgang　マックスプランク高分子科学研究所所長　高分子科学　⒩ドイツ　⊕1949年　⒭1996

クノール, モニク　自転車選手(ロードレース)　⒩オランダ　⒭2004

クーパー, H.H.A.　Cooper, H.H.A.　ニューヨーク大学刑法教育研究センター所長・法精神医学センター副所長, ウェーブビーダス・インターナショナル社(保安問題研究専門会社)社長　保安問題　⒩米国　⒭1992

クーパー, M.ビクスビー　Cooper, M.Bixby　経営学者　ミシガン州立大学マーケティング・サプライチェーン学准教授　⒩米国　⒭2008

クーパー, アダム　ジャーナリスト　「オートスポーツ」誌記者　⒩英国　⊕1965年6月4日　⒭1996

クーパー, アダム　Cooper, Adam　バレエダンサー　元・英国ロイヤル・バレエ団プリンシパル　⒩英国　⊕1971年7月22日　⒭2004／2008／2012

クーパー, アービン　脳外科医　⒩米国　⊗1985年10月30日　⒭1992

クーパー, アリス　Cooper, Alice　本名=ファーニア, ヴィンセント　ロック歌手　⒩米国　⊕1948年2月4日　⒭1992／2008／2012

クーパー, アル　Kooper, Al　シンガーソングライター, 音楽プロデューサー　⒩米国　⊕1944年2月5日　⒭1992／2008／2012

グハー, アルチャナー　Guha, Archana　人権運動家　⒩デンマーク　⒭1992

グーハ, アントン・アンドレアス　Guha, Anton Andreas　ジャーナリスト　「フランクフルター・ルントシャウ」紙編集委員　⒩ドイツ　⊕1937年　⒭1996

クーパー, ウォーレン　Cooper, Warren E.　政治家　元・ニュージーランド外相・外国貿易相　⒩ニュージーランド　⊕1933年2月21日　⒭1992

クーパー, エイブラハム　Cooper, Abraham　サイモン・ウィーゼンタール・センター副館長　⒩米国　⊕1950年　⒭2000

クーパー, エマニュエル　Cooper, Emmanuel　陶芸家, 著述家　⒩英国　⊕1938年12月12日　⊗2012年1月21日　⒭1996

クーパー, エリシャ　Cooper, Elisha　作家, イラストレーター　⒩米国　⒭2004

クーパー, キャロン　Cooper, Caron　料理人　フォス・ファームハウス・オーナーシェフ　⒩英国　⒭2000

クーパー, クリス　Cooper, Chris　本名=Cooper,Christopher　俳優　⒩米国　⊕1951年7月9日　⒭2004／2008／2012

クーパー, クリスティーナ・レイコ　Cooper, Kristina Reiko　デュオ名=クリスティーナ・アンド・ローラ　チェロ奏者　⒩米国　⊕1970年　⒭2000／2004／2008

クーパー, ケネス　Cooper, Kenneth H.　元・外科医　⒩米国　⒭1992／2000

クーパー, サイモン　Kuper, Simon　サッカー・ジャーナリスト　⒩英国　⊕1969年　⒭2004／2008／2012

クーパー, サイモン　Cooper, Simon　コンピューター技術者　⒩米国　⒭2004

クーパー, サイモン　Cooper, Simon　実業家　ザ・リッツ・カールトン社長・COO　⒩英国　⊕1945年　⒭2012

クーパー, ジェフ　Cooper, Jeff　トレーダー　⒩米国　⒭2004

クーパー, ジェームズ　Cooper, James W.　コラムニスト　IBMトーマス・J.ワトソン・リサーチ・センター先端情報検索分析部門研究スタッフ　⒭2004

クーパー, ジャック　Kuper, Jack　クーパー・プロダクション代表　⒩カナダ　⊕1932年　⒭2000

クーパー, シンシア　Cooper, Cynthia　元・バスケットボール選手　⒩米国　⒭2000／2004

クーパー, スコット　Cooper, Scott　カリフォルニア州ペタルーマ・ウォー学校区教育委員　⒩米国　⒭2004

クーパー, スーザン　Cooper, Susan　ファンタジー作家　⒩米国　⊕1935年　⒭2004／2012

クーパー, セオドア　Cooper, Theodore　実業家　元・アップジョン会長・CEO, 元・セントルイス大学外科教授　⒩米国　⊕1928年12月28日　⊗1993年4月22日　⒭1992

クーパー, ダイアナ　Cooper, Diana　映画女優　⒩英国　⊗1986年6月16日　⒭1992

クーパー, ダグラス　Cooper, Douglas　美術史家, 美術評論家　⒩英国　⊕1911年　⒭1992／1996

クーパー, デニス　Cooper, Dennis　詩人, 作家　[国]米国　[生]1952年　[典]1996

クーパー, デービッド　Cooper, David　精神医学者　元・現象学研究所長　[生]1931年　[典]2004

クーパー, デービッド　Cooper, David K.C.　移植免疫学者　マサチューセッツ総合病院移植生物学研究センター, ハーバード大学医学部助教授, 国際異種移植学会会長　[国]米国　[典]2004／2008

クーパー, バリー・ジョン　Cooper, Barry John　化学者　ジョンソン・マッセイ・カタリティック・システムズ部門副社長　[専]排出ガス浄化触媒　[国]英国　[生]1942年　[典]2004／2008

クーパー, ピーター　Cooper, Peter J.　レディング大学教授, ケンブリッジ大学上級研究員, ウエストバークシャー保健局コンサルタント　[専]心理学　[国]英国　[生]1951年　[典]2000

クーパー, フラン　Cooper, Fran　メイクアップ・アーティスト　[国]米国　[典]2000

クーパー, ヘレン　Cooper, Helen　絵本作家　[国]英国　[生]1963年　[典]2004

クーパー, マイケル　Cooper, Michael　上智大学モニュメンタ・ニポニカ所長,「モニュメンタ・ニポニカ」編集長　[専]日欧交渉史（16世紀）　[国]英国　[生]1930年　[典]1996

クーパー, マーク　Cooper, Mark　セキュリティコンサルタント　[国]米国　[典]2004

クーパー, マシュー　Cooper, Matthew Heald　ノンフィクション作家　[国]英国　[生]1952年　[典]1992

クーパー, マシュー　Cooper, Matthew　ジャーナリスト　「タイム」記者　[国]米国　[典]2008

クーパー, マルコム　射撃選手　[国]英国　[典]1992

クーパー, ユーリ　画家　[国]英国　[生]1940年　[典]1996／2000

クーパー, リチャード　Cooper, Richard Newell　経済学者　ハーバード大学教授　元・米国国務次官　[国]米国　[生]1934年6月14日　[典]1992／1996／2004／2008／2012

クーパー, レオン　Cooper, Leon N.　物理学者　元・ニューラル・サイエンス研究所所長　[専]超電導, ニューラルネットワーク（神経回路網）　[国]米国　[生]1930年2月28日　[典]1992／1996／2000／2004

クーパー, ロス　Cooper, Ross　元・ラグビー選手　ラグビー日本代表コーチ, ニュージーランド・ラグビー協会専属スタッフコーチ　[国]ニュージーランド　[典]2004

クーバー, ロバート　Coover, Robert　本名=Coover,Robert Lowell　作家　[国]米国　[生]1932年2月4日　[典]1996／2000

クーパー, ロバート　Cooper, Robert　国連難民高等弁務官　[専]人類学　[典]2000

クーパー, ロバート　Cooper, Robert　外交官　欧州連合（EU）対外活動庁顧問　[国]英国　[生]1947年8月28日　[典]2012

クーパー, ロビン　Cooper, Robin　会計学者　エモリー大学ゴイズエタ・ビジネススクール教授　[専]コスト管理システム　[国]米国　[典]2004

グバイドゥーリナ, ソフィア　Gubaidulina, Sofia Asgatovna　作曲家　[国]ロシア　[生]1931年10月24日　[典]1992／1996／2000／2008／2012

クバス, ラウル・グラウ　Cubas, Raúl Grau　政治家　元・パラグアイ大統領　[国]パラグアイ　[生]1943年8月23日　[典]2000

クバソフ, ワレリー　Kubasov, Valery　宇宙飛行士　[国]ロシア　[生]1935年1月7日　[没]2014年2月19日

クバタ, ブルーノ・キルンガ　Kubata, Bruno Kilunga　病理学者　大阪バイオサイエンス研究所研究員　[専]アフリカ睡眠病, シャーガス病　[国]コンゴ　[典]2004／2008

クバツキ, ラファエル　Kubacki, Rafael　格闘家　[国]ポーランド　[生]1967年3月23日　[典]2000

クーバッハ, ヴォルフガング　彫刻家　[国]ドイツ　[生]1936年　[典]1996

クバリッチ, ロジャー　Kubarych, Roger M.　エコノミスト　米国外交評議会上級研究員　[専]為替問題　[国]米国　[典]1992／2000

クハルスキ, トマシュ　Kucharski, Tomasz　ボート選手　[国]ポーランド　[生]1974年2月16日　[典]2008

グバレフ, ウラジーミル　Gubalev, Vladimir　科学ジャーナリスト, 劇作家　「プラウダ」科学部長　[国]ソ連　[典]1992／1996

クービー, ロナルド　弁護士　[国]米国　[典]2000

クヒアニチェ, ニノ　女優　[典]2004

クビアン, ダーウィン　Cubillan, Darwin　プロ野球選手（投手）　[国]ベネズエラ　[生]1972年11月15日　[典]2008／2012

クビカ, アンジェイ　Kubica, Andrzej　サッカー選手（FW）　[国]ポーランド　[生]1972年7月7日　[典]2004／2008

クビショヴァ, マルタ　Kubisova, Marta　歌手　[国]チェコ　[生]1942年11月1日　[典]1992（クビショバ, マルタ）／2012

クビツァ, ロベルト　Kubica, Robert　F1ドライバー　[国]ポーランド　[生]1984年12月7日　[典]2008／2012

クピード, アルベルト　Cupido, Alberto　テノール歌手　[国]イタリア　[典]2004／2008／2012

クープ, C.エベレット　Koop, C.Everett　医師　元・米国公衆衛生局長官, 元・ダートマス大学C・エベレット・クープ研究所上級研究員　[国]米国　[生]1916年10月14日　[没]2013年2月25日　[典]1992／1996／2000

クーファー, レミ　Kauffer, Rémi　ジャーナリスト　ジャーナリスト養成センター（パリ）主任講師　[国]フランス　[典]1992

クフェルナーゲル, ハンカ　Kupfernagel, Hanka　自転車選手（シクロクロス）　シドニー五輪自転車女子個人ロードレース銀メダリスト　[国]ドイツ　[生]1974年3月19日

クフォー, サミュエル　Kuffour, Samuel　本名=クフォー, サミュエル・オセイ　元・サッカー選手　[国]ガーナ　[生]1976年9月3日　[典]2004／2008

クフォー, ジョン・アジェクム　Kufuor, John Agyekum　政治家　ガーナ新愛国党（NPP）党首　元・ガーナ大統領　[国]ガーナ　[生]1938年12月8日　[典]2004／2008／2012

グプタ, ウダヤン　Gupta, Udayan　経営コンサルタント, ビジネス・ジャーナリスト　「ウォールストリート・ジャーナル」上級特別記者　[国]米国　[典]2004

グプタ, スニル　Gupta, Sunil　ミシガン大学ビジネススクール助教授　[国]米国　[典]2000

グプタ, パルメーシュワリ・ラール　Gupta, Parmeshwari Lal　歴史学者　インド貨幣研究所所長　[専]貨幣史　[国]インド　[生]1914年12月24日　[典]2004／2008

グプタ, ヤシュ　Gupta, Yash　経営学者　ジョンズ・ホプキンズ大学経営大学院院長　[専]経営学　[国]インド　[生]1953年　[典]2012

グプタ, ラジャット・クマール　Gupta, Rajat Kumar　金融家　マッキンゼー・アンド・カンパニー・マネージングディレクター　[国]米国　[生]1948年　[典]2000

クプタナ, ローズマリー　Kuptana, Rosemarie　イヌイット政府機関代表　[国]カナダ　[典]1996

クプツォフ, ワレンチン　Kuptsov, Valentin A.　政治家　ロシア下院議員, ロシア共産党副党首　[国]ロシア　[生]1937年　[典]1992／1996／2000

グプテ, アモール　Gupte, Amole　映画監督, 脚本家, 俳優　[国]インド　[生]1962年

グプテ, パルソー　Gupte, Partho　映画「スタンリーのお弁当箱」に主演　[国]インド　[生]2001年

クプファー, ハリー　Kupfer, Harry　オペラ演出家　コーミッシェ・オーパー首席演出家・芸術監督　[国]ドイツ　[生]1935年　[典]1992／1996／2000／2004／2008

クープマンス, チャリング　Koopmans, Tjalling Charles　経済学者　[専]計量経済学　[国]米国　[生]1910年8月28日　[没]1985年2月26日　[典]1992

クープランド, ケン　Coupland, Ken　ライター, 編集者　[典]2004

クープランド, ダグラス・キャンベル　Coupland, Douglas Campbell　作家　[国]カナダ　[生]1961年12月30日　[典]1996／2000／2004／2008

クーベリック, ラファエル　Kubelík, Rafael　指揮者, 作曲家　[国]スイス　[生]1914年6月29日　[没]1996年8月11日　[典]1992（クベリーク, ラファエル）／1996

クーペル, エクトル　Cúper, Héctor　本名=クーペル, エクトル・ラウル　サッカー監督, 元・サッカー選手　元・サッカー・グルジア

代表監督 [国]アルゼンチン [生]1955年11月16日 [典]2000／2004／2008／2012

グベール, ピエール Goubert, Pierre 歴史学者 パリ第1大学(ソルボンヌ)教授 [専]歴史人口学 [国]フランス [生]1915年 [典]1996

クベルカ, スザンナ Kubelka, Susanna 著述家 [国]オーストリア [生]1942年 [典]1996

クベンカ, ジェフ Kubenka, Jeff 本名=Kubenka,Jeffrey 元・プロ野球選手,元・大リーグ選手 [国]米国 [生]1974年8月24日 [典]2004

グベンコ, ニコライ Gubenko, Nikolai N. 俳優,演出家,映画監督 ソ連文化相,タガンカ劇場首席演出家 [国]ソ連 [生]1941年 [典]1992

クボタ, マーシャル 医師 ソノマ郡立ヘルスセンター [国]米国 [生]1953年3月5日 [典]1996

グマイナー, ヘルマン Gmeiner, Hermann 社会事業家 SOS子供の村運動 [国]オーストリア [没]1986年4月26日 [典]1992

クマラトゥンガ, チャンドリカ・バンダラナイケ Kumaratunga, Chandrika Bandaranaike 政治家 元・スリランカ大統領 [国]スリランカ [生]1945年6月29日 [典]1996／2000／2004／2008／2012

クマリタシビリ, ノダル Kumaritashvili, Nodar リュージュ選手 [国]グルジア [生]1988年11月25日 [没]2010年2月12日

クマール, スシル Kumar, Sushil レスリング選手(フリースタイル) ロンドン五輪レスリング男子66キロ級銀メダリスト [国]インド [生]1983年5月26日

クマール, ビノード Kumar, Vinod 実業家 ワールドコム・ジャパン社長 元・グローバルワン(日本法人)社長 [生]1965年12月14日 [典]2000／2004／2008

クマロ, レレティ Khumalo, Leleti 女優 [国]南アフリカ [生]1970年3月30日 [典]1996

クーマン, C. Koeman, Cornelis ユトレヒト大学名誉教授 [専]地図学 [国]オランダ [生]1918年 [典]2000

クーマン, ロナルド Koeman, Ronald サッカー監督,元・サッカー選手 [国]オランダ [生]1963年3月21日 [典]1996／2008／2012

クミン, ジュディス Kumin, Judith 国連難民高等弁務官事務所(UNHCR)ジュネーブ本部広報部長・専任報道官 [国]米国 [生]1950年 [典]2000

クーミン, マキシン Kumin, Maxine 詩人 [国]米国 [生]1925年 [典]2004

クム・クァンオク 琴 光玉 プロ野球コーチ [国]韓国 [生]1956年12月19日 [典]1996

クム・ジョンガプ 琴 中甲 Kum, Choung-kap 実業家 日盛新薬代表理事副会長 [国]韓国 [生]1943年3月21日 [典]2000

クム・ジョンホ 琴 正鎬 Kum, Jung-ho 外交官 駐アラブ首長国連邦韓国大使 [国]韓国 [生]1943年12月26日 [典]2000

クム・ジョンレ 琴 鐘来 Kum, Jong-rae 韓国大統領政務秘書官 [国]韓国 [生]1950年11月16日 [典]2000

クム・ジンホ 琴 震鎬 政治家 国際貿易経営研究院会長,韓国貿易協会顧問 元・韓国国会議員(民自党) [国]韓国 [生]1932年1月20日 [典]1996／2000

クム・スヒョン 作曲家 元・月刊音楽社代表,元・韓国作曲家協会会長 [国]韓国 [生]1919年7月22日 [没]1992年8月 [典]1996

クム・スンホ 琴 承鎬 Kum, Sung-ho 韓国教育部大学教育政策官 [国]韓国 [生]1941年5月22日 [典]2000

クム・ドンシン 琴 東信 檀国大学産業労使大学院長 [国]韓国 [生]1934年5月2日 [典]1996

クム・ナンセ 指揮者 水原交響楽団指揮者 [国]韓国 [生]1947年9月25日 [典]1996

クームサップ, プライポーン Koomsup, Praipol タマサート大学副学長 [専]経済学 [国]タイ [生]1948年 [典]1992

クームズ, ロッド Cooms, Rod マンチェスター工科大学経営学部教授・組織経営技術変化研究センター長 [専]経営学 [国]英国 [生]1950年 [典]1996／2000

クムリーン, クリスター Kumlin, Krister 外交官 駐日スウェーデン大使 [国]スウェーデン [典]2000

クヤテ, ラミン Kouyate, Lamine ファッションデザイナー [典]2000

クユコフ, カリプベック 反核運動家 ネバダ・セミパラチンスク運動(NSM)メンバー [国]ソ連 [典]1992

クユムジャン, アボ Kuyumjian, Avo [専]ピアニスト [生]1959年 [典]1996

クラー, スサン 千島アイヌ研究家 [国]スイス [典]2000

クーラー, ステファン Kohler, Stephan 工芸家 [国]ドイツ [生]1959年 [典]1996／2000

クーラ, ホセ Cura, José テノール歌手,指揮者 元・シンフォニア・ヴァルソヴィア首席客演指揮者 [国]アルゼンチン [生]1962年12月5日 [典]2000／2008／2012

クラー, ルイス Kraar, Louis ジャーナリスト 「フォーチュン」編集委員 [専]アジア経済 [国]米国 [生]1934年 [典]1996

クライ, マックス Kley, Max Dietrich 実業家 BASF副社長 [国]ドイツ [生]1940年 [典]2004

クライエ, ヴァルター Kreye, Walter 絵本作家,俳優 [国]ドイツ [生]1942年 [典]1996

クライゲル, セルゲイ Kraigher, Sergej 政治家 元・ユーゴスラビア連邦幹部会議長(大統領) [国]スロベニア [生]1914年5月30日 [没]2001年1月 [典]1992

クライシュテルス, キム Clijsters, Kim 元・テニス選手 [国]ベルギー [生]1983年6月8日 [典]2004／2008／2012

クライシュニク, モムチロ Krajisnik, Momcilo 政治家 元・ボスニア・ヘルツェゴビナ中央政府幹部会員(セルビア人勢力代表) [国]ボスニア・ヘルツェゴビナ [生]1944年11月20日 [典]2000

グライシンガー, セス Greisinger, Seth プロ野球選手(投手),元・大リーグ選手 [国]米国 [生]1975年7月29日 [典]2008／2012

グライス, ジェフリー Grice, Jeffrey ピアニスト [国]ニュージーランド [典]2000

グライス, ミヒャエル Greis, Michael バイアスロン選手 トリノ五輪金メダリスト [国]ドイツ [生]1976年8月18日 [典]2008／2012

クライス, ワルター ビュルケルト・コントロマチック会長 [国]スイス [生]1940年 [典]1996

クライスキー, ブルノ Kreisky, Bruno 政治家 元・オーストリア首相,元・オーストリア社会党名誉総裁 [国]オーストリア [生]1911年1月22日 [没]1990年7月29日 [典]1992

クライスターリー, ジェラルド Kleisterlee, Gerald J. 実業家 ボーダーフォン・グループ会長 元・フィリップス社長・CEO [国]オランダ [生]1946年9月28日 [典]2008／2012

クライスバーグ, フランス 彫刻家 [国]ブラジル [生]1921年 [典]2000

クライスベルグ, ロイ Krejberg, Roy ファッションデザイナー ケンゾー紳士服デザイナー [国]デンマーク [生]1961年 [典]2004

クライスマン, ジェロルド Kreisman, Jerold Jay 精神医学者 [典]2008

クライスラー, ウォルター(Jr.) Chrysler, Walter (Jr.) 美術収集家 クライスラー社創設者の子息 [国]米国 [没]1988年9月 [典]1992

クライスラー, クリスティン・フォン Kreisler, Kristin Von ジャーナリスト [典]2004

クライスラー, ピーター Kriesler, Peter 経済学者 ニューサウスウェールズ大学準教授 [専]経済学説史,経済分析 [国]オーストラリア [生]1956年 [典]2004

クライゼル, ヴィルフリート Kreisel, Wilfried 元・世界保健機関(WHO)神戸センター所長 [国]ドイツ [生]1942年7月20日 [典]2008

グライダー, キャロル Greider, Carol W. 分子生物学者 ジョンズ・ホプキンス大学教授 [国]米国 [生]1961年4月15日 [典]2000／2012

クライダー, ビル Crider, Bill ミステリー作家 [国]米国 [生]1941年 [典]1996

グライター, ヨルク 建築家 元・バウハウス大学助教授 [国]ドイツ [生]1960年 [典]2004

クライチェク, リカルト Krajicek, Richard テニス選手 [国]オランダ [生]1971年12月6日 [典]2000／2008

クライツァー, グレッグ Critser, Greg ジャーナリスト [国]米国 [典]2004／2008

グライツマン, モーリス Gleitzman, Morris 児童文学作家

ク

[国]オーストラリア [生]1953年 [典]2008

クライトン Claiton 本名=Santos,Claiton Alberto Fontoura Dos サッカー選手(MF) [国]ブラジル [生]1978年1月25日 [典]2012

クライトン, クリストファー Creighton, Christopher 本名=エインズワース・デービス, ジョン・クリストファー 作家 [国]英国 [典]2004

クライトン, マイケル Crichton, Michael 本名=Crichton,John Michael 別名=ハドソン, ジェフリー, ラング, ジョン, ダグラス, マイケル 作家, 映画監督 [国]米国 [生]1942年10月23日 [没]2008年11月4日 [典]1992／1996／2000／2004／2008

クライトン, ロバート Crichton, Robert 作家 [国]米国 [典]1992

クライナー, マリオン Kreiner, Marion スノーボード選手 バンクーバー五輪スノーボード女子パラレル大回転銅メダリスト [国]オーストリア [生]1981年5月4日

クライナー, ヨーゼフ Kreiner, Josef 日本研究家 ボン大学名誉教授, 法政大学特別教授 [専]民族学, 文化人類学, 日本文化, 日独交流史 [国]オーストリア [生]1940年3月15日 [典]1992／1996／2000／2008／2012

グライナー, ワルター Greiner, Walter 物理学者 フランクフルト大学教授・理論物理学研究所所長 [専]原子核理論, 重イオン理論, 場の理論, 原子物理学 [国]ドイツ [生]1935年10月29日 [典]1996／2000

クライバー, カルロス Kleiber, Carlos 指揮者 [国]オーストリア [生]1930年7月3日 [没]2004年7月13日 [典]1992／1996／2000

クライバーン, ダニー Clyburn, Danny (Jr.) 大リーグ選手 [国]米国 [生]1974年4月6日 [没]2012年2月7日

クライバーン, バン Cliburn, Van 本名=クライバーン, ハービー・ラバン,Jr. ピアニスト, 指揮者 [国]米国 [生]1934年7月12日 [没]2013年2月27日 [典]1992／2000／2004／2008

グライヒ, ジャッキー Gleich, Jacky 絵本作家 [国]ドイツ [生]1964年 [典]2004

グライフ, アブナー Greif, Avner スタンフォード大学準教授 [専]経済学 [国]米国 [生]1955年 [典]2000

クライフ, ジョルディ Cruyff, Jordi 本名=クライフ, ヨハン・ジョルディ サッカー選手(MF) [国]オランダ [生]1974年2月9日 [典]1996／2000／2008

クライブ, ジョン Clive, John 作家, 俳優 [国]英国 [生]1933年 [典]1992

グライフ, ジーン コラージュ・アーティスト [国]米国 [生]1954年 [典]1996

クライフ, ポール・ド 著述家 [専]細菌学, 血清学 [国]米国 [生]1890年 [典]1992

クライフ, ヨハン Cruyff, Johan 本名=クライフ, ヨハネス・ヘンドリクス サッカー監督, 元・サッカー選手 サッカー・カタルーニャ代表監督 元・サッカー・オランダ代表監督, 元・バルセロナ名誉会長 [国]オランダ [生]1947年4月25日 [典]1992／1996／2000／2008／2012

クライブ, リチャード 日本宇宙有人システム・コミニケーション・エンジニア 元・フリーメーソンリー・グランド・ロッジ・マスター [国]米国 [生]1944年 [典]1996

クライファート, パトリック Kluivert, Patrick サッカー選手(FW) [国]オランダ [生]1976年7月1日 [典]2000／2008／2012

クライフェルズ, スーザン Kreifels, Susan ジャーナリスト 「パシフィック・スターズ・アンド・ストライプス」紙日本支局長 [国]米国 [生]1951年3月 [典]1996

グライフェンクラウ, マテュシュカ シュロス・フォルラーツ(名門醸造所)27代目当主, ドイツ・プレディカーツワイン醸造所連盟会長 [国]ドイツ [典]1992

クライブリンク, ベンヤミン Kleibrink, Benjamin 本名=Kleibrink,Benjamin Philipp フェンシング選手(フルーレ) 北京五輪フェンシング男子フルーレ個人金メダリスト [国]ドイツ [生]1985年7月30日 [典]2012

クライマー, スーザン・K. (財)バイオインダストリー協会(BIDEC)研究員 [専]バイオインダストリー [国]米国 [典]1992

クライマー, ニール Clymer, Neil 経営コンサルタント [国]米国 [典]2004／2008

グライムス, ウィリアム Grimes, William W. 政治学者 ボストン大学国際関係学部助教授 [専]日本の金融政策 [国]米国 [生]1965年9月 [典]2000

グライムス, ジョセフ・A. ヒル・アンド・ノウルトン・ジャパン社長 [国]米国 [生]1932年6月26日 [典]1992

グライムズ, マーサ Grimes, Martha ミステリー作家 [国]米国 [典]1992／1996／2000

グライユ, パトリック Graille, Patrick 歴史学者 ウェスレヤン大学教員 [国]フランス [典]2004／2008

クライン, T.E.D. 作家 [国]米国 [典]1992

クライン, アレン Klein, Allen 著述家, 講演家 [国]米国 [典]2004

クライン, アンドルー Klein, Andrew D. 実業家 ウィット・キャピタル副会長, ウィット・キャピタル証券取締役 [国]米国 [典]2000／2004

クライン, ウィリアム Cline, William R. エコノミスト 国際経済研究所(IIE)上級研究員 [専]国際経済学 [国]米国 [典]1992／1996

クライン, ウィリアム Klein, William 写真家, 映画監督 [国]米国 [生]1928年4月19日 [典]1992／1996／2000

クライン, エセル コロンビア大学政治学科準教授 [専]アメリカ女性の政治参加 [国]米国 [典]1992

クライン, エリック Klein, Eric チャネラー [国]米国 [典]2000

クライン, カルバン Klein, Calvin 本名=Klein,Calvan Richard ファッションデザイナー [国]米国 [生]1942年11月19日 [典]1992／2000／2008／2012

クライン, ケビン Kline, Kevin 本名=Klein,Kevin Delaney 俳優 [国]米国 [生]1947年10月24日 [典]1992／1996／2000／2004／2008／2012

クライン, ケビン Kline, Kevin コンピューター技術者 [国]米国 [典]2004

クライン, ゲーリー Klein, Gary 心理学者 ライトステート大学助教授, クライン・アソシエーツ社長 [専]意思決定 [国]米国 [典]2000

クライン, ザカリー Klein, Zachary 作家 [国]米国 [典]1996

クライン, ジョージ Klein, George 医学者, 作家 [専]免疫, がん [国]スウェーデン [生]1925年7月28日 [典]1992／1996／2004／2008／2012

クライン, スティーブン Klein, Steve 経営コンサルタント [国]米国 [典]2004／2008

クライン, ステフェン・ジェイ Kline, Stephen Jay スタンフォード大学機械工学教授 [専]機械工学, イノベーション(技術革新)理論 [国]米国 [生]1922年 [典]1996

クライン, ダニエル Kline, Daniel アラスカ大学助教授 [専]中世文学, 文化論, コンピューター支援教育 [国]米国 [典]2004

クライン, ダニエル Klein, Daniel 作家 [国]米国 [典]2004

クライン, ディーター フンボルト大学副学長・学際文明研究所所長 [国]ドイツ [典]1992

クライン, デービッド Kline, David 経営コンサルタント [国]米国 [典]2004

クライン, テリー(Jr.) Cline, C.Terry (Jr.) 作家 [国]米国 [典]2000

クライン, ナオミ Klein, Naomi 作家, ジャーナリスト [国]カナダ [生]1970年 [典]2004／2012

クライン, ノーマ Klein, Norma 作家 [国]米国 [生]1938年 [典]1992

クライン, ハンス Klein, Hans 政治家 元・ドイツ新聞情報庁長官 [国]ドイツ [生]1931年7月11日 [没]1996年11月26日 [典]1992

クライン, ピーター Klein, Peter 舞台芸術プロデューサー リビング・アーツ社代表 [生]1945年 [典]1992

クライン, ピーター Kline, Peter 教育・就職コンサルタント [国]米国 [典]2004

クライン, フォルカー Klein, Volker 職業教育教師 [国]ドイツ [生]1954年 [典]1996／2000

クライン, フリッツ Klein, Fritz 精神科医 [専]性志向, 性関係 [典]2000

クライン, ヘルムート　Klein, Helmut　元・フンボルト大学総長　[専]教育学　[国]ドイツ　[生]1930年3月2日　[典]1992

クライン, モーリー　Klein, Maury　ロードアイランド大学教授　[典]2004／2008

クライン, ラルフ　Klein, Ralph Phillip　政治家　元・アルバータ州首相, 元・カルガリー市長, 元・カナダ環境相　[国]カナダ　[生]1942年11月1日　[没]2013年3月29日　[典]1996

クライン, リチャード　Klein, Richard　コーネル大学教授,「ダイアクリティクス」編集委員　[専]フランス文学　[国]米国　[生]1941年　[典]2000

クライン, リチャード　Klein, Richard G.　人類学者　スタンフォード大学教授　[国]米国　[典]2008

クライン, レイ　Cline, Ray Steiner　元・米国中央情報局(CIA)副長官　[専]国際政治　[国]米国　[生]1918年6月4日　[没]1996年3月15日　[典]1992

クライン, レナーテ　Klein, Renate D.　フィンレージ創立メンバー　[典]1992

クライン, ロビン　Klein, Robin　児童文学作家　[国]オーストラリア　[生]1936年　[典]1992／1996／2000

クライン, ローレンス　Klein, Lawrence Robert　経済学者　元・ペンシルベニア大学名誉教授　[専]計量経済学　[国]米国　[生]1920年9月14日　[没]2013年10月20日　[典]1992／1996／2000

クラインシュミット, ハラルド　Kleinschmidt, Harald　筑波大学大学院人物社会科学研究科教授　[専]ヨーロッパ史　[国]ドイツ　[生]1949年　[典]2008

クラインシュミット, ユタ　Kleinschmidt, Juta　ラリードライバー　[国]ドイツ　[生]1962年8月29日　[典]2000／2004／2008

グラインドル, ヨーゼフ　Greindle, Josef　バス歌手　[国]ドイツ　[生]1912年12月23日　[没]1993年4月16日　[典]1996

クラインフェルト, クラウス　Kleinfeld, Klaus　実業家　アルコア会長・CEO　元・シーメンス社長・CEO　[国]ドイツ　[生]1957年11月6日

クラインマン, アーサー　Kleinman, Arthur　精神科医　ハーバード大学医学部教授・アジア・センター長　[専]医療人類学, 精神医学　[国]米国　[生]1941年3月11日　[典]1996／2012

クラインマン, ダニエル　Kleinman, Daniel　CMディレクター, 映像作家　[国]英国　[典]2004／2008

クラインロック, レナード　Kleinrock, Leonard　別名=クラインロック, レン　コンピューター科学者　カリフォルニア大学ロサンゼルス校(UCLA)教授, テクノロジー・トランスファー・インスティテュート会長　[専]インターネット技術　[国]米国　[生]1934年6月13日　[典]2004(クレインロック, レン)／2012

グラウ, ロドリゴ　Gral, Rodrigo　サッカー選手(FW)　[国]ブラジル　[生]1977年2月21日　[典]2004／2008／2012

クラウアー, アレックス　実業家　UBS会長　[典]2000

グラウアー, ピーター　Grauer, Peter T.　金融家　ブルームバーグ会長　[国]米国　[生]1945年

グラウアー, フレデリック・L.A.　ウェルス・ファーゴ日興インベストメント・アドバイザーズ会長, ウェルス・ファーゴ・インスティテューショナル・トラスト社会長, ウェルス・ファーゴ銀行執行副社長　[国]米国　[典]1996

クラウィツ, バート　アイダホ国立工学研究所研究開発部長, ロッキード・マーチン社副社長　[国]米国　[典]2000

クラヴィッツ, レニー　Kravitz, Lenny　ミュージシャン　[国]米国　[生]1964年5月26日　[典]1992(クラビッツ, レニー)／1996(クラビッツ, レニー)／2000(クラビッツ, レニー)／2004(クラビッツ, レニー)／2008(クラビッツ, レニー)／2012

グラヴィニチ, トーマス　Glavinic, Thomas　作家　[国]オーストリア　[生]1972年　[典]2004／2008

クラヴェル, ギャランス　Clavel, Garance　女優　[国]フランス　[生]1973年4月11日　[典]2000

クラーヴェン, ジョン　Craven, John　ポーツマス大学学長　元・ケント大学カンタベリー校社会科学部学部長・副学長・学長代理　[生]1949年　[典]2008

クラウケ, ユルゲン　現代美術家　[国]ドイツ　[生]1943年　[典]2000

クラウジオ　Claudio　本名=ルイス・アスンソン・デ・フレイタス, クラウジオ　サッカー選手(DF)　[国]ブラジル　[生]1972年3月31日　[典]2000／2004／2012

クラヴジック, ジェラール　Krawczyk, Gerard　映画監督　[国]フランス　[生]1953年5月17日　[典]2000／2004／2008／2012

クラウジノ, ファビアナ　Claudino, Fabiana　本名=Claudino, Fabiana Marcelino　バレーボール選手　北京五輪・ロンドン五輪バレーボール女子金メダリスト　[国]ブラジル　[生]1985年1月24日

クラウス, アリソン　Krauss, Alison　ブルーグラス歌手　[国]米国　[生]1971年7月23日　[典]2012

クラウス, アルバート　Kraus, Albert　格闘家　[国]オランダ　[生]1980年8月3日　[典]2004／2008

クラウス, アルフレート　Kraus, Alfred　精神科医　ハイデルベルク大学教授　[国]ドイツ　[生]1934年　[典]2004／2008

クラウス, アルフレード　Kraus, Alfredo　テノール歌手　[国]スペイン　[生]1927年9月24日　[没]1999年9月10日　[典]1996

クラウス, アレクシス　Krauss, Alexis　デュオ名=スレイ・ベルズ　ロック歌手　[国]米国　[典]2012

クラウス, ヴァツラフ　Klaus, Václav　政治家, 経済学者　チェコ大統領　元・チェコ首相, 元・チェコ下院議長　[国]チェコ　[生]1941年6月19日　[典]1992／1996／2000／2004／2008／2012

クラウス, ウイリー　Kraus, Willy　経済学者　ボッフムルール大学教授　[専]東アジア経済, 日本研究　[国]ドイツ　[生]1918年　[典]1992

クラウス, ウテ　Krause, Ute　絵本作家　[国]ドイツ　[生]1960年　[典]2000

クラウス, エリカ　Krouse, Erika　作家　[国]米国　[生]1969年　[典]2004

クラウス, クリス　Kraus, Chris　作家, 映像作家　[典]2004／2008

クラウス, クリス　Kraus, Chris　映画監督　[国]ドイツ　[生]1963年　[典]2008／2012

クラウス, タマシ　Kraus, Tamash　歴史学者　ブダペスト大学東ヨーロッパ部教授・学部長　[専]ロシア史　[国]ハンガリー　[生]1948年　[典]2004／2008

クラウス, トーマス　Kraus, Tomáš　スキー選手(フリースタイル)　[国]チェコ　[生]1974年3月3日

クラウス, トリシア　Krauss, Trisha　イラストレーター　[国]米国　[典]2004

クラウス, ニコラ　Kraus, Nicola　作家　[国]米国　[典]2004／2008

クラウス, ニコール　Krauss, Nicole　詩人, 作家　[生]1974年　[典]2008／2012

クラウス, ヒューホ　Claus, Hugo Maurice Julien　作家, 劇作家　[国]ベルギー　[生]1929年　[没]2008年3月19日　[典]1992／1996

クラウス, マイケル　Krausz, Michael　グリン・モー・カレッジ準教授　[専]哲学　[国]米国　[典]1992

クラウス, マリヌス　Kraus, Marinus　スキー選手(ジャンプ)　ソチ五輪スキー・ジャンプ男子団体金メダリスト　[国]ドイツ

クラウス, リリ　Kraus, Lili　ピアニスト　[国]英国　[生]1905年4月3日　[没]1986年11月6日　[典]1992

クラウス, ルース　Krauss, Ruth　作家　[国]米国　[生]1911年　[没]1993年　[典]2004

クラウス, ロザリンド　Krauss, Rosalind E.　コロンビア大学美術史教授　[専]美術史　[国]米国　[生]1940年11月30日　[典]1996

クラウス, ローレンス　Krause, Lawrence B.　太平洋経済協力会議(PECC)米国委員会副委員長　[専]経済学　[国]米国　[生]1929年　[典]1996／2000

クラウス, ローレンス　Krauss, Lawrence M.　ケースウェスタン・リザーブ大学物理学部長・アンブローズ・スウェーシー教授職　[専]理論物理学　[国]米国　[典]2000

クラウス殿下　Claus, Prince　本名=アムスベルク, クラウス・フォン　外交官　オランダ・ベアトリクス女王の夫　[国]オランダ　[生]1926年　[没]2002年10月6日　[典]1992

クラウスハール, シルケ　Kraushaar, Silke　リュージュ選手　長野五輪リュージュ女子1人乗り金メダリスト　[国]ドイツ　[生]1970年10月10日　[典]2000／2004

クラウズリー・トンプソン, ジョン・レオナード　Cloudsley Thompson, John Leonard　動物学者　ロンドン大学名誉教授　[専]動物生態学　[国]英国　[生]1921年5月23日　[典]1992／1996

クラウセ, エンリケ　Krauze, Enrique　歴史家、評論家　「Letras Libres」誌編集長　[生]1947年　[典]2008

クラウゼ, ギュンター　Krause, Günter　政治家　元・ドイツ運輸相　[国]ドイツ　[生]1953年9月13日　[典]1992／1996

クラウゼ, ステファン　Krausse, Stefan　元・リュージュ選手　[国]ドイツ　[生]1967年9月17日　[典]1996／2000

クラウゼ, ダグマー　Krause, Dagmar　グループ名=スラップ・ハッピー　歌手　[国]ドイツ　[生]1950年6月4日　[典]2004／2012

クラウセン, レイ　彫刻家　[国]米国　[典]1996

クラウダー, キャロリン　Crowder, Carolyn　心理学者, カウンセラー　[専]しつけ　[国]米国　[典]2004

クラウダー, ロバート　Crowder, Robert　日本画家, インテリアデザイナー　[専]屏風絵　[国]米国　[生]1911年　[没]2010年12月8日　[典]2000

クラウチ, グレゴリー　外交官　元・福岡アメリカン・センター館長　[国]米国　[典]2000／2004

クラウチ, コーリン　Crouch, Colin　社会学者　ウォーリック大学ビジネススクール教授　[国]英国　[生]1944年　[典]2004／2008

クラウチ, スタンリー　Crouch, Stanley　ジャズ評論家, 作家　[国]米国　[生]1945年　[典]2004／2008

クラウチ, トム　Crouch, Tom D.　航空宇宙博物館(NASM)学芸員　[専]米国史, 航空機発達史　[国]米国　[典]1992／1996

クラウチ, ピーター　Crouch, Peter　サッカー選手(FW)　[国]英国　[生]1981年1月30日　[典]2008／2012

クラウティア, マリッサ　Cloutier, Marissa　栄養学者　[国]米国　[典]2004

クラウディオ, セルジオ　Claudio, Sergio　本名=クラウディオ・ドス・サントス, セルジオ　別名=セルジーニョ　サッカー選手(MF)　[国]ブラジル　[生]1971年6月27日　[典]2008

クラウド, ヘンリー　Cloud, Henry　カウンセラー　クラウド・タウンゼント・コミュニケーションズ共同主宰　[国]米国　[典]2004

グラウバー, ロイ　Glauber, Roy J.　物理学者　ハーバード大学教授　[専]量子光学　[国]米国　[生]1925年9月1日　[典]2008／2012

グラウビッツ, ヨアヒム　学術政治財団教授　[専]東アジアの国際関係　[国]ドイツ　[生]1929年　[典]1992

クラウ・ヤコブセン, セーン　Kragh-Jacobsen, Soren　映画監督, ミュージシャン　[国]デンマーク　[生]1947年3月2日　[典]2000／2004／2008

グラウラー, ケン　Grauer, Ken　フロリダ大学地域保健家庭医療科教授　[専]家庭医療　[国]米国　[典]1996

クラウリー, デール　Crowley, Dale　ラジオジャーナリスト　[国]米国　[生]1928年　[典]1996

クラヴリイ, ジャン　Claverie, Jean　挿絵画家　[国]フランス　[生]1946年　[典]1996(クラブリイ, ジャン)

クラヴルー, ニコル　Claveloux, Nicole　「薔薇と嵐の王子」の著者　[典]2008

クラウン, ヘンリー　Crown, Henry　実業家　元・ゼネラル・ダイナミックス社名誉会長　[国]米国　[没]1990年8月14日　[典]1992

クラエ, ジュール・フランソワ　Crahay, Jules-François　ファッションデザイナー　[国]フランス　[生]1917年5月　[没]1988年1月5日　[典]1992

クラーエ, バーバラ　Krahé, Barbara　ポツダム大学社会心理学教授　[専]心理学　[国]ドイツ　[典]2000

グラエル, トロベン　Grael, Torben　ヨット選手　[国]ブラジル　[生]1960年7月22日　[典]2008

クラカワー, ジョン　Krakauer, Jon　登山家, 文筆家　[生]1954年　[典]2000／2004／2012

クラガン, リチャード　Cragun, Richard　バレエ・ダンサー　元・ベルリン・ドイツ・オペラ・バレエ監督, 元・シュトゥットガルト・バレエ団プリンシパル　[国]米国　[生]1944年10月5日　[没]2012年8月6日

クラーク, アーサー　Clark, Arthur E.　米国海軍戦略研究所応用物理部門稀土類磁性材料研究責任者　[専]固体材料の磁気弾性学　[国]米国　[典]1996

クラーク, アーサー・C.　Clarke, Arthur Charles　SF作家, 科学評論家, 電子工学者　[国]英国　[生]1917年12月16日　[没]2008年3月19日　[典]1992／1996／2000／2004／2008

クラーク, アンソニー　Clark, Anthony　ロンドン博物館クラーク研究室　[専]古地磁気の研究　[国]英国　[典]2000

クラーク, アンソニー　柔道選手　[国]オーストラリア　[典]2004

クラーク, アンディ　Clark, Andy　コンピューター技術者　[国]米国　[典]2004

クラーク, ウィリアム　Clark, William P.　政治家　元・米国国務次官補　[国]米国　[生]1931年10月23日　[典]1992／1996

クラーク, ウィリアム　Clark, William　作家　元・世界銀行副総裁　[国]英国　[没]1985年6月27日　[典]1992

クラーク, ウィリアム　Clark, William (Jr.)　外交官　元・ニューヨーク・ジャパン・ソサエティ理事長, 元・米国国務次官補(東アジア・太平洋担当)　[国]米国　[生]1930年10月12日　[没]2008年1月22日　[典]1996／2000／2004／2008

クラーク, ウィリアム　Clark, William R.　カリフォルニア大学ロサンゼルス校名誉教授　[専]細胞免疫学　[国]米国　[典]2000

クラーク, ウィリアム・A.　IRコンサルタント　IRJグループ・シニア・アドバイザー　[国]米国　[生]1928年　[典]1992

クラーク, ウィル　Clark, Will　元・大リーグ選手　[国]米国　[生]1964年3月13日　[典]1992／2000／2004

クラーク, ウェズリー　Clark, Wesley K.　政治家, 元・軍人　元・北大西洋条約機構(NATO)欧州連合軍最高司令官, 元・米国陸軍大将　[国]米国　[生]1944年12月23日　[典]2004／2008

クラーク, ウェスレイ　コンピューター科学者　[典]2004

クラーク, エリス・エマヌエル・イノセント　Clarke, Ellis Emmanuel Innocent　政治家　元・トリニダードトバゴ大統領　[国]トリニダードトバゴ　[生]1917年12月28日　[没]2010年12月30日　[典]1992

クラーク, キム　Clark, Kim B.　ハーバード大学ビジネススクール教授　[専]経営学　[国]米国　[典]1996／2008

クラーク, キャロル・ヒギンズ　Clark, Carol Higgins　ミステリー作家　[国]米国　[典]1996

クラーク, グラハム　画家, 詩人, 劇作家　[国]英国　[生]1941年　[典]1996

クラーク, クリス　Clark, Chris　コンピューター技術者　[国]米国　[典]2004

クラーク, グレゴリー　Clark, Gregory　国際教養大学副学長, 多摩大学名誉学長　[専]経済学, 政治学, 日本人論　[国]オーストラリア　[生]1936年5月19日　[典]1992／1996／2000／2004

クラーク, ケニー　Clarke, Kenny　本名=Clarke,Kenneth Spearman　ジャズドラマー　[国]米国　[生]1914年1月9日　[没]1985年1月25日　[典]1992

クラーク, ケネス　Clark, Kenneth Mackenzie　美術史家, 美術評論家　元・ロンドン・ナショナル・ギャラリー館長　[国]英国　[生]1903年7月13日　[没]1983年5月21日　[典]1992

クラーク, ケネス・ハリー　Clarke, Kenneth Harry　政治家　元・英国蔵相　[国]英国　[生]1940年7月2日　[典]1992／1996／2000

クラーク, ケネディ　Clark, Kennedy　コンピューター技術者　[典]2004

クラーク, ケリー　Clark, Kelly　スノーボード選手(ハーフパイプ)　ソルトレークシティ五輪スノーボード女子ハーフパイプ金メダリスト　[国]米国　[生]1983年7月26日　[典]2004／2012

クラーク, コリン　Clark, Colin Grant　経済学者, 統計学者　元・オックスフォード大学農業経済研究所長, 元・オーストラリア産業労働省次官　[国]英国　[生]1905年11月2日　[典]1992

クラーク, サイモン　Clark, Simon　作家　[国]英国　[生]1958年　[典]2008

クラーク, ジェイソン　Clark, Jason D.　ソフトウェア開発者・コンサルタント　[国]米国　[典]2004

クラーク, ジェームズ・L.　UNIXシステム・ラボラトリーズ(USL)パシフィック(株)社長　[国]米国　[典]1996

クラーク, ジェーン　Clarke, Jane　ビジネスコンサルタント　⑭2004

クラーク, ジム　Clark, Jim H.　本名=クラーク, ジェームズ　実業家　シャッターフライ・ドット・コム会長　元・ネットスケープ・コミュニケーションズ会長・CEO　⑮米国　⑫1944年3月　⑭1996／2000／2004

クラーク, ジュディス　Clarke, Judith　児童文学作家　⑮オーストラリア　⑭2008

クラーク, ジュディス・フリーマン　Clark, Judith Freeman　牧師　⑮米国　⑭2004

クラーク, ジョン　Clarke, John　物理学者　カリフォルニア大学バークレー校教授, ローレンス・バークレー研究所上級研究員　超伝導　⑮英国　⑫1942年2月10日　⑭1996

クラーク, ジョン・ペッパー　Clark, John Pepper　詩人, 劇作家　ラゴス大学教授　⑮ナイジェリア　⑫1935年　⑭1992／1996

クラーク, ジーン　Clark, Gene　グループ名=バーズ　フォーク歌手, 作曲家　⑮米国　⑫1941年11月17日　⑬1991年5月24日　⑭1992

クラーク, スザンナ　Clarke, Susanna　作家　⑮英国　⑫1959年　⑭2012

クラーク, スタンリー　Clarke, Stanley　グループ名=リターン・トゥ・フォーエバー　ジャズ・ベース奏者　⑮米国　⑫1951年6月30日

クラーク, スティーブ　Clark, Steve　本名=クラーク, スティーブン・メイナード　グループ名=デフ・レパード　ロックギタリスト　⑮英国　⑬1991年1月8日　⑭1992

クラーク, ダグラス　写真家, ライター, キューレター　⑮カナダ　⑫1952年　⑭1992

クラク, ダリル　Kulak, Daryl　コンピューターコンサルタント　⑮米国　⑭2004

クラーク, ダレン　Clarke, Darren　プロゴルファー　⑮英国　⑫1968年8月4日　⑭2004／2008／2012

クラーク, ダン　Clark, Dan　著述家, 講演家　⑮米国　⑭2004

クラーク, チャールズ・ジョセフ　Clark, Charles Joseph　通称=クラーク, ジョー　政治家　元・カナダ首相　⑮カナダ　⑫1939年6月5日　⑭1992／1996

クラーク, ティモシー　Clark, Timothy　大英博物館日本部学芸員　⑭日本美術史　⑮英国　⑫1959年　⑭1996

クラーク, デービッド　Clark, David　ポートフォリオ・マネジャー　⑮米国　⑭2004

クラーク, デービッド　Clark, David M.　精神医学者　オックスフォード大学医学部精神科教授　⑮英国　⑭2004／2008

クラーク, ドナルド　Clark, Donald　フリーライター　⑭ポピュラー音楽　⑮米国　⑫1940年　⑭2000

クラーク, トニー　Clark, Tony　大リーグ選手(内野手)　⑮米国　⑫1972年6月15日　⑭2000／2008

クラーク, トニー　Clarke, Tony　ポラリス研究所理事　⑭2008

クラーク, ニール・レックス　Clark, Neil Rex　フォスターズ・ブルーイング・グループ会長　⑮オーストラリア　⑫1929年7月9日　⑭1992

クラーク, バートン　Clark, Burton R.　カリフォルニア大学ロサンゼルス校名誉教授　⑭教育学, 社会学　⑮米国　⑫1921年　⑭2000

クラーク, バーニー　Clark, Barney　俳優　⑮英国　⑫1993年6月25日　⑭2008／2012

クラーク, ハルダ　Clark, Hulda Regehr　生物学者, 生理学者　⑮米国　⑭2000

クラーク, ハワード(Jr.)　Clark, Howard(Jr.)　実業家　シェアソン・リーマン・ブラザーズ会長・CEO　⑮米国　⑫1944年　⑭1996／2004

クラーク, フィル　Clark, Phill　本名=Clark,Phillip Benjamin　元・大リーグ選手, 元・プロ野球選手　⑮米国　⑫1968年5月6日　⑭2004

クラーク, ブライアン　Clark, Brian　テレビ脚本家, 劇作家　⑮英国　⑫1932年　⑭1992

クラーク, フランシス　Clark, Frances　ピアニスト, 作曲家　⑮米国　⑭2000

クラーク, フランセス　社会活動家　ベネチア救済民間団体協会代表　⑮英国　⑫1930年　⑭2004／2008

クラーク, ヘレン　Clark, Helen　本名=Clark,Helen Elizabeth　政治家　国連開発計画(UNDP)総裁　元・ニュージーランド首相, 元・ニュージーランド労働党党首　⑮ニュージーランド　⑫1950年2月26日　⑭1996／2000／2004／2008／2012

クラーク, ボニー　Clark, Bonnie R.　作家, 元・英語教師　⑮米国　⑭2004

クラーク, ボブ　アイスホッケーカナダ代表ゼネラルマネジャー　⑮カナダ　⑭2000

クラーク, ボブ・カルロス　Clarke, Bob Carlos　写真家　⑮アイルランド　⑫1950年　⑭1996

クラーク, ポール　環境問題研究家　⑮米国　⑭1992

クラーク, マイケル　Clark, Michael　舞踊家, 振付師　マイケル・クラーク・アンド・カンパニー設立者　⑮英国　⑫1962年　⑭1992

クラーク, マーク　Clark, Mark W.　軍人　元・米国陸軍大将　⑮米国　⑫1896年5月1日　⑬1984年4月17日　⑭1992

クラーク, マニング　Clark, Manning　本名=クラーク, チャールズ・マニング・ホープ　歴史家, 作家　元・オーストラリア国立大学名誉教授　⑮オーストラリア　⑫1915年3月3日　⑬1991年5月23日　⑭1992

クラーク, メアリー　Clarke, Mary　元ダイアナ妃養育係　⑮英国　⑭2000

クラーク, メアリ・ジェイン　Clark, Mary Jane　作家, テレビプロデューサー　CBSニュース・プロデューサー　⑭2004

クラーク, メアリ・ヒギンズ　Clark, Mary Higgins　サスペンス作家　⑮米国　⑫1929年12月24日　⑭1992／1996／2000／2004／2008／2012

クラーク, ユージニー　Clark, Eugenie　魚類学者　メリーランド大学動物学教授　⑭紅梅の魚類の生態, 魚類の生殖行動, 魚類形態学分類学　⑮米国　⑫1922年　⑭1992

クラーク, ラムゼイ　Clark, Ramsey　弁護士, 人権活動家　元・米国司法長官　⑮米国　⑫1927年12月18日　⑭1992／1996／2000／2004

クラーク, ラリー　Clark, Larry　写真家　⑮米国　⑫1943年　⑭1996／2000

クラーク, リチャード　Clarke, Richard A.　元・米国大統領特別補佐官(サイバースペース・セキュリティ担当)　⑮米国　⑭2008

クラーク, リン　Clark, Lynn　臨床心理学者　ウェスタン・ケンタッキー大学心理学部名誉教授　元・ボストン大学教育学部準教授, 元・ウェスタン・ケンタッキー大学心理学部教授　⑭2008

クラーク, リンダ　Clark, Linda　作家, 編集者　⑮米国　⑭2004

クラーク, ロジャー　Clark, Roger H.　建築家　ノースカロライナ州立大学デザイン学部教授, 「建築教育ジャーナル」編集委員　⑮米国　⑭1992

クラーク, ロバート　Clark, Robert　作家　⑮米国　⑫1953年　⑭2004

クラーク, ロビン　Clark, Robin E.　精神医学者　ダートマス大学医学大学院助教授　⑭子どもの虐待　⑮米国　⑭2004

クラーク, ロン　Clark, Ron　小学校教師　⑮米国　⑭2008

クラクシ, ベッティーノ　Craxi, Bettino　政治家　元・イタリア首相, 元・イタリア社会党書記長　⑮イタリア　⑫1934年2月24日　⑬2000年1月19日　⑭1992／1996

クラクストン, ウィリアム　Claxton, William　写真家, デザイナー, 映画監督　⑮米国　⑫1927年10月12日　⑬2008年10月11日　⑭1996／2004／2008

クラークソン, ウェンズリー　Clarkson, Wensley　ジャーナリスト, 脚本家, 作家　⑮英国　⑭2000

クラークソン, ジョン　Clarkeson, John S.　ボストンコンサルティング・グループ社長　⑮米国　⑫1942年　⑭1992／1996

クラークソン, ジョン　Clarkson, John　作家, コピーライター　⑮米国　⑫1947年　⑭1996

クラークソン, パトリシア　Clarkson, Patricia　女優　国米国　生1959年12月29日　収2012

クラケット, デーブ　Clackett, Dave　編曲家　Hands On MIDI Software設立者　国英国　収2000

クラコフ, アナトリー　ロシア産業企業家同盟軍民転換問題代表　専防衛・産業問題,物理学,エネルギー工学　国ロシア　生1938年　収1996

クラコフスキ, イェルゼイ　Krakowski, Jedrzej　経済学者　国ポーランド　生1940年　収1992

クラザー, シンディ　Crother, Cyndi　「まず心の声を『キャッチ』せよ！一仕事と人生の主人公になる秘訣」の著者　収2008

グラーザー, ペルニラ　Glaser, Pernilla　舞台演出家　国スウェーデン　生1972年　収2004

グラーザー, ヘルマン　Glaser, Hermann　著述家　ベルリン工業大学非常勤教授　元・ニュルンベルク市教育文化局長　国ドイツ　生1928年8月28日　収1996

グラサウア, ウィリー　Glasauer, Willi　絵本画家　生1938年　収2004

クラザズ, スキャットマン　Crothers, Scatman　歌手,俳優　国米国　没1986年11月22日　収1992

クラシ, ムハメディン　Kullashi, Muhamedin　翻訳家　国ユーゴスラビア　生1949年　収1996

グラジア, フロランス　Grazia, Florence　絵本作家　収2008

グラジアニ, トニー　Graziani, Tony　プロフットボール選手（QB）　国米国　生1973年12月23日　収2004／2008

グラジアーノ, ダン　Graziano, Dan　新聞記者　収2008

グラジアーノ, ロバート　Graziano, Robert　実業家　ドジャース社長　国米国　生1958年2月24日　収2004／2008

グラジアノ・ダ・シルバ, ジョゼ　Graziano da Silva, José　国連食糧農業機関（FAO）次期事務局長　元・ブラジル食料安全保障飢餓撲滅特命相　国ブラジル　生1949年11月17日　収2012

クラシヴィリ, ボリス　Kurashvili, Boris P.　経済学者　ソ連科学アカデミー国家・法研究所　国ソ連　生1925年　収1992（クラシビリ, ボリス）

グラジエフ, セルゲイ　Glaziev, Sergei Yurryevich　政治家　ロシア安全保障会議局長,ロシア民主党党首　元・ロシア対外経済関係相　国ロシア　生1961年1月1日　収1996／2000

クラシェフスキ, アンジェイ　Kraszewski, Andrzej　環境工学者　ポーランド環境相　国ポーランド　生1948年6月27日　収2012

クラシコフ, アナトリー　ロシア宗教団体関係会議事務局長　国ロシア　収1996

クラシコワ, ワレンチナ　植物学者　サハリン大学生物学部長　国ロシア　収2004

クラシツキ, イグナツィ　Krasicki, I.　ジャーナリスト,コラムニスト　国ポーランド　生1928年　収1992／1996

クラジュキ, アンリ　Krasucki, Henri　政治家,労働運動家　元・フランス労働総同盟（CGT）書記長,元・世界労働組合連合副議長　国フランス　生1924年9月2日　没2003年1月24日　収1992／1996

グラショー, シェルドン・リー　Glashaw, Sheldon Lee　物理学者　ハーバード大学教授　国米国　生1932年12月5日　収1992／1996／2000

クラショ, ミクロス　ハンガリー動乱の立役者の一人　国ハンガリー　没1986年1月10日　収1992

クラジラフスキー, フィリス　Krasilovsky, Phyllis　児童文学作家　国米国　生1926年　収2004

グラジーリン, アナトリー　Gladilin, Anatolii Tikhonovich　作家　国ロシア　生1935年8月21日　収1992／1996

クラシロフスキー, M.ウィリアム　Krasilovsky, M.William　法律家　ニューヨーク州立大学準教授　国米国　収2000

グラス, アン・ジゼル　Glass, Ann-Gisél　女優　国フランス　生1964年6月17日　収1996

クラース, ウィリー　Claes, Willy　政治家　元・北大西洋条約機構（NATO）事務総長　国ベルギー　生1938年11月24日　収1996／2000

グラス, ギュンター　Grass, Günter Wilhelm　作家　国ドイツ　生1927年10月16日　収1992／1996／2000／2004／2008／2012

グラス, グラハム　Glass, Graham　コンピュータ技術者　マインド・エレクトリックCEO　収2004

グラス, ジュリア　Glass, Julia　ジャーナリスト,編集者　国米国　収2008

グラス, スザンヌ　Glass, Suzanne　作家,ジャーナリスト　国英国　収2012

クラース, デービッド　Klass, David　作家　国米国　収2012

グラス, フィリップ　Glass, Philip　作曲家　国米国　生1937年1月31日　収1992／1996／2000／2004／2008

グラース, フランクシナ　Glass, Frankcina　作家　国米国　収1992

クラース, ペリー　Klass, Perri　作家　国米国　生1958年　収1992

グラス, リリアン　Glass, Lillian　カウンセラー　国米国　収2008

グラース, ルー　医療ソシアルワーカー　米国高齢女性連盟（OWL）会長　国米国　収1992

グラス, レスリー　Glass, Leslie　作家,精神分析家　グラス精神分析リサーチ研究所所長,ニューヨーク市警財団理事　国米国　収2004

グラスキン, ラドウィック　ジャズドラマー　国米国　生1989年10月13日　収1992

クラスツ, グンタルス　Krasts, Guntars　政治家　元・ラトビア首相　国ラトビア　生1957年10月16日　収2000

グラスドルフ, ジル・ヴァン　Grasdorff, Gilles Van　ジャーナリスト　国フランス　収2008

クラズナー, スティーブン　Krasner, Stephen David　スタンフォード大学政治学部教授　専国際政治経済学,国際政治学,国際関係論　国米国　生1942年　収1996

クラスナホルカイ, ラースロー　Krasznahorkai, László　小説家　国ハンガリー　生1954年　収2012

クラスノー, アイリス　Krasnow, Iris　ジャーナリスト　国米国　収2004

クラスノシチョーコワ, エレーナ　ジョージア大学教授,北海道大学スラブ研究センター客員研究員　生1934年　収1996

クラスノフ, ヴラジスラフ　モンテレー国際関係研究所教授　国米国　収1992

グラスビー, アル　Grasby, Al　政治家　元・オーストラリア移民多文化問題相　国オーストラリア　生1926年　収2004

グラスリー, チャールズ　Grassley, Charles　本名＝Grassley, Charles Ernest　政治家　米国上院議員（共和党）　国米国　生1933年9月17日　収1996／2000／2004／2008／2012

クラセ・チャナウォン　政治家　パランタム党副党首　元・タイ外相　国タイ　収1996

クラーゼン, カール　Klasen, Karl　法律家,銀行家　元・ドイツ連銀総裁,元・ドイツ銀行取締役会代表　国ドイツ　生1909年4月23日　没1991年4月22日　収1992

クラーゼン, ペーター　Klasen, Peter　美術家　国フランス　生1935年　収1996

クラーソン, T.　Claeson, Tord　チャルマース工科大学教授　専物理学　国スウェーデン　収1996

クラターバック, リチャード　Clutterbuck, Richard　本名＝Clutterbuck,Richard Lewis　エクセター大学教授,コントロールリスク社顧問　専国際警察,政治暴力,テロリズム　国英国　生1917年11月22日　収1992／1996

グラチアノ, ロッキー　Graziano, Rocky　プロボクサー,タレント　元・ボクシング世界ミドル級チャンピオン　国米国　生1922年6月7日　没1990年5月22日　収1992

グラチョフ, アンドレイ　Grachev, Andrei Serafimovich　立命館大学客員教授　元・ソ連大統領報道官　国ロシア　生1941年7月9日　収1992／1996

グラチョフ, パーヴェル　Grachev, Pavel Sergeevich　軍人,政治家　元・ロシア国防相　国ロシア　生1948年1月1日　没2012年9月23日　収1996／2000

グラチョーワ, ナジェージダ　Gracheva, Nadezhda　バレリーナ

ボリショイバレエ団プリマ 国ロシア ⊕1969年 ⊛1996／2000

グラツィア, セバスティアン・デ Grazia, Sebastian de 政治学者 ⊕1917年 ⊛1996／2000

クラッカワー, P. Krakower, P. マルチクリエイティブディレクター 国フランス ⊕1953年 ⊛1996

グラツキー, アレクサンダー Gradsky, Alexander 作曲家, ロックミュージシャン, 声楽家 モスクワ・ロック・クラブ会長 国ロシア ⊕1949年11月3日 ⊛1992／1996

グラック, キャロル Gluck, Carol 歴史学者 コロンビア大学教授 ⊕近代日本史・思想史 国米国 ⊕1941年 ⊛1996／2000／2012

クラック, ジェニファー Clack, Jennifer A. 古生物学者 ケンブリッジ大学動物学博物館主任研究員 ⊕脊椎動物 国英国 ⊕1947年 ⊛2004

グラック, ジュリアン Gracq, Julien 本名=Poirier,Louis 作家, 詩人 国フランス ⊕1910年7月27日 ⊖2007年12月22日 ⊛1992／1996／2000／2004

グラック, チェリン Gluck, Cellin 映画監督 国米国 ⊕1958年 ⊛2012

クラッグ, トニー Cragg, Tony 本名=Cragg,Anthony Douglas 彫刻家 国英国 ⊕1949年4月9日 ⊛2000／2008／2012

クラック, マイケル Kruk, Michael グループ名=プラネッツ ドラム・パーカッション奏者 国英国 ⊕1978年10月14日 ⊛2004

クラッコフ, リード Krakoff, Reed デザイナー リード・クラッコフ創業者 元・コーチ・エグゼクティブ・ディレクター 国米国 ⊕1964年 ⊛2004／2012

グラッサ, M.カルメン Grassa, M.Carmen 画家 国スペイン ⊕1938年 ⊛1992／1996

グラッサー, ウィリアム Glasser, William 精神科医 米国ウィリアム・グラッサー協会理事長 国米国 ⊕1925年 ⊛1996／2004

グラッサー, カーリーン Glasser, Carleen 教育活動家 ⊛2004／2008

グラッサー, ブライアン Glasser, Brian ジャズ評論家 国英国 ⊕1958年 ⊛2008

グラッシ, アネリーズ アメリカン・エンタープライズ・インスティテュート(AEI)研究助手 ⊕国際関係論 ⊛1992

グラッシ, パオロ Grassi, Paolo 演出家, 演劇評論家 元・ミラノスカラ座総監督, 元・ミラノピッコロ座創立者 国イタリア ⊕1919年 ⊖1981年 ⊛1992

クラッシェン, スティーブン Krashen, Stephen D. 南カリフォルニア大学教育学部教授 ⊕言語教育 国米国 ⊕1941年 ⊛2000

クラッシュ, ケビン 人形演技者 国米国 ⊛1996

クラッセン, キャサリン Classen, Catherine 臨床心理士 スタンフォード大学医学部精神医学・行動科学科シニア・リサーチ・サイエンティスト ⊕心的外傷経験に対するグループ療法の効果 ⊛2008

クラッセン, コンスタンス Classen, Constance フリーライター 国カナダ ⊛2000

クラッセン, シンディ Klassen, Cindy 本名=Klassen,Cynthia スピードスケート選手 トリノ五輪金メダリスト, スピードスケート女子1500メートル・3000メートル世界記録保持者 国カナダ ⊕1979年8月12日 ⊛2008／2012

グラッソ, セシル Nowak, Cecile 旧名=ノワク, セシル 柔道家 バルセロナ五輪金メダリスト 国フランス ⊛1996(ノワク, セシル)／2012

グラッソ, リチャード Grasso, Richard A. 金融家 元・ニューヨーク証券取引所(NYSE)会長・CEO 国米国 ⊛2004／2008

グラッタン・ギネス, イボール Grattan-Guinness, Ivor ミドルセックス・ポリテクニック数学科講師,「Annals of Science」編集委員 ⊕数学史, 哲学 国英国 ⊕1941年 ⊛2000

クラッチフィールド, エドワード Crutchfield, Edward ファースト・ユニオン会長 国米国 ⊛1992

クラッチャー, クリス Crutcher, Chris 作家 国米国 ⊕1946年 ⊛2008

クラッツ, ロナルド Klatz, Ronald M. 生命工学産業コンサルタント 米国抗老化医学会(A4M)会長 ⊕抗老化医学 国米国 ⊛2004

グラッツァー, ロス 実業家 元・プロディジー社長・CEO 国米国 ⊛1996

グラッツァー, ロバート Glatzer, Robert ラジオパーソナリティ, 脚本家, 映画評論家 国米国 ⊛2004／2008

クラッテン, スザンネ Klatten, Susanne 実業家 BMW監査役, アルタナ副会長・監査役 国ドイツ ⊕1962年4月28日 ⊛2008／2012

グラッデン, ダン Gladden, Dan 本名=グラッデン, クリントン・ダニエル3世 元・大リーグ選手, 元・プロ野球選手 国米国 ⊕1957年7月7日 ⊛1996／2000／2004

クラッド, ジェームズ カーネギー国際平和財団上級研究員 国米国 ⊛1992

グラット, ジョン Glatt, John ジャーナリスト ⊛2004

クラット, デトレフ Klatt, Detlef フローリスト 国ドイツ ⊕1967年11月25日 ⊛2008

グラッドウェル, マルコム Gladwell, Malcolm 作家, ジャーナリスト 元・「ワシントン・ポスト」ニューヨーク支局長 国米国 ⊕1963年 ⊛2004／2008／2012

グラッドスター, ローズマリー Gladstar, Rosemary ハーブ研究家 ユナイテッド・プラント・セイバーズ代表 国米国 ⊛2004／2008

クラッパー, ピーター バイオリニスト ザ・リンゼイズ・リーダー 国英国 ⊛2000

クラッパム, マイケル Clapham, Michael John Sinclair 実業家 元・インペリアル・メタル・インダストリーズ社会長 国英国 ⊕1912年1月17日 ⊖2002年11月11日 ⊛1992／1996

クラップ, ジェームズ(3世) Clapp, James F.(III) 産婦人科医 ⊛2004

グラップ, デイビス Grubb, Davis 作家 国米国 ⊕1919年 ⊛1992／2000

グラップ, トマス(Jr.) Grubb, Thomas C.(Jr.) 鳥類学者 オハイオ州立大学教授 国米国 ⊕1944年 ⊛1992

クラップ, ニコラス Clapp, Nicholas ドキュメンタリー映画製作者, ウバール研究者 国米国 ⊛2004

グラッブス, ロバート Grubbs, Robert H. 化学者 カリフォルニア工科大学教授 ⊕有機合成におけるメタセシス反応の開発 国米国 ⊕1942年2月27日 ⊛2008／2012

クラッベ, エロン Krabbe, Jeroen 本名=Krabbe,Jeroen Aart 俳優, 映画監督 国オランダ ⊕1944年12月5日 ⊛2000／2008／2012

グラッペリ, ステファン Grappelli, Stephane ジャズ・バイオリニスト, ピアニスト 国フランス ⊕1908年1月26日 ⊖1997年12月1日 ⊛1992／1996

クラディ, ウェイン プロゴルファー 国オーストラリア ⊕1957年7月26日 ⊛1992

グラディス Gladys 写真家 国フランス ⊕1950年 ⊛1992

クラティラカ, ナリン Kulatilaka, Nalin 経営学者 ボストン大学ビジネス・スクール・ファイナンス学科教授 ⊕リアル・オプション, リスク・マネジメント, 国際金融 ⊛2004／2008

グラディン, アニタ Gradin, Anita 政治家 元・スウェーデン貿易相, 元・EU欧州委員会委員 国スウェーデン ⊕1933年 ⊛1992／1996／2000

グーラート, ロン Goulart, Ron 本名=Goulart,Ronald Joseph 筆名=ケインズ, ジョゼフィン, Kearny,Jillian, ステファン, コン, Silva,Joseph 作家 国米国 ⊕1933年1月13日 ⊛1992(ケインズ, ジョゼフィン)／2012

グラトウィック, キャサリン Gratwicke, Catherine 写真家 ⊛2004

クラドストラップ, ドン Kladstrup, Don ライター ⊛2008

クラドストラップ, ペティ Kladstrup, Petie ライター ⊛2008

クラドック, スティーブ Cradock, Steve グループ名=オーシャン・カラー・シーン ロック・ギタリスト 国英国 ⊕1969年8月22日 ⊛2004／2008／2012

クラドック, パーシー Cradock, Percy 外交官 元・駐中国英国大

使 [国]英国 [生]1923年10月26日 [没]2010年1月22日 [典]2000

グラトン, リンダ　Gratton, Lynda　ロンドン大学MBAコース副学長 [専]産業心理学 [国]英国 [典]2000

グラナー, ロナルド　Gruner, Ronald H.　アライアント・コンピュータ・システムズ社長 [国]米国 [生]1947年 [典]1992

グラナスティン, ジャック　Granatstein, Jack L.　歴史学者　ヨーク大学教授 [専]カナダ史 [国]カナダ [典]1996

グラナドス, トサール　Granados, Tosar　画家 [国]スペイン [生]1945年 [典]1992／1996

クラニー, ケヴィン　Kuranyi, Kevin　サッカー選手(FW) [国]ドイツ [生]1982年3月2日 [典]2012

グラニエウスキー, パウエル　大和ヨーロッパ社長 [国]ポーランド [典]2000

クラニチャル, ズラトコ　Kranjčar, Zlatko　愛称=ツィーツォ　サッカー監督, 元・サッカー選手　元・サッカー・クロアチア代表監督, 元・サッカー・モンテネグロ代表監督 [国]クロアチア [生]1956年11月15日 [典]2008／2012

クラニチャル, ニコ　Kranjčar, Niko　サッカー選手(MF) [国]クロアチア [生]1984年8月13日 [典]2008／2012

グラニッチ, マテ　Granič, Mate　政治家　元・クロアチア外相 [国]クロアチア [生]1947年9月19日 [典]1996／2000／2004／2012

グラニット, ラグナル・アートゥル　Granit, Ragnar Arthur　生理学者　元・カロリンスカ王立研究所ノーベル医学研究所名誉教授 [専]神経生理学 [国]スウェーデン [生]1900年10月30日 [没]1991年8月10日 [典]1992／1996

グラーニン, ダニール　Granin, Daniil Aleksandrovich　本名=ゲルマン,D.A.　作家 [国]ロシア [生]1918年 [典]1992／1996

グラニンジャー, クラーク　Guraninja, Clark　本名=グラニンジャー, クラーク・ダグラス　実業家　アプラス会長 [国]米国 [生]1968年1月27日 [典]2008／2012

グラネ, アメリー　Granet, Amélie　フランス建築学士院ドキュマンタリスト(文書係) [専]建築史 [国]フランス [典]1992

グラノット, ハイム　Granot, Hayim　危機管理・災害/被害学専門家　バールイラン大学社会学部教授 [典]2008

グラノフ, カティア　詩人, 画廊主 [国]フランス [没]1989年4月16日 [典]1992

グラバー, ケイトー　元・米国提督, 元・空母「エンタープライズ」艦長 [国]米国 [没]1988年11月5日 [典]1992

グラバー, セービオン　タップダンサー, 振付師 [国]米国 [典]2000

グラバー, ラロイ　Glover, La'Roi　プロフットボール選手(DT) [生]1974年7月4日 [典]2008

クラハト, クラウス　Kracht, Klaus　フンボルト大学日本学研究所所長・森鷗外記念館館長 [専]日本思想史 [国]ドイツ [生]1948年 [典]2000

グラハム, イアン　Graham, Ian S.　コンピューター・コンサルタント　トロント大学アカデミック・テクノロジー・センター [典]2004

グラハム, ウィリアム　Graham, William　愛称=グラハム, ビル　政治家　元・カナダ外相 [国]カナダ [生]1939年3月17日 [典]2004／2012

グラハム, オットー　Graham, Otto　プロフットボール選手 [国]米国 [生]1921年12月6日 [没]2003年12月17日 [典]2000

グラハム, キャサリン　Graham, Katherine Meyer　元・ワシントン・ポスト会長 [国]米国 [生]1917年6月16日 [没]2001年7月17日 [典]1992(グレアム, キャサリン)／1996(グレアム, キャサリン)／2000

グラハム, キャロリン　Graham, Carolyn　別名=シャウト, キャロリーナ　ニューヨーク大学教授 [専]英語教授法 [国]米国 [典]1996(グレアム, キャロリン)

グラハム, ジェフリー　Graham, Jeffrey A.　コンピューター技術者 [典]2004

グラハム, ジョン　Graham, John　実業家 [国]米国 [典]1992(グレアム, ジョン)

グラハム, スティーブ　Graham, Steve　コンピューター技術者 [典]2004

グラハム, デービッド　Graham, David　本名=Graham,Anthony David　プロゴルファー [国]オーストラリア [生]1946年5月23日 [典]1996(グレアム, デービッド)／2000／2008

グラハム, トニー　Graham, Tony　コンピューター技術者　マルベリー・テクノロジー・シニアコンサルタント [専]SGML [典]2004

グラハム, トーマス・C.　AKスチール会長・CEO [国]米国 [典]1996(グレアム, トーマス・C.)

グラハム, バック　Graham, Buck　ネットワークコンサルタント [国]米国 [典]2004

グラハム, ビリー　Graham, Billy　本名=グラハム, ウィリアム・フランクリン　キリスト教伝道師・牧師 [国]米国 [生]1918年11月7日 [典]1996(グレアム, ビリー)／2000／2008／2012

グラハム, ビル　Graham, Bill　ドイツ名=グラヨンカ, ヴォルフガング　プロモーター [国]米国 [生]1931年 [没]1991年10月25日 [典]1992(グレアム, ビル)

グラハム, ヘザー　Graham, Heather　女優 [国]米国 [生]1970年1月29日 [典]2000／2004／2008／2012

グラハム, ボブ　Graham, Bob　本名=グラハム, ダニエル・ロバート　政治家　元・米国上院議員(民主党), 元・フロリダ州知事 [国]米国 [生]1936年11月9日 [典]2004

グラハム, ポール　Graham, Paul　写真家 [国]英国 [生]1956年 [典]1996(グレアム, ポール)

グラハム, ポール　Graham, Paul　コンピューターコンサルタント [国]米国 [典]2004

グラハム, マイク　Graham, Mike　プロレスラー [国]米国 [生]1951年9月22日 [没]2012年10月19日

グラハム, マーク　Graham, Mark　作家 [国]米国 [典]2004

グラハム, マーサ　Graham, Martha　舞踊家, 振付師　元・マーサ・グラハム舞踊団主宰 [国]米国 [生]1894年5月11日 [没]1991年4月1日 [典]1992(グレアム, マーサ)

グラハム, ロナルド　Graham, Ronald L.　数学者　AT&T研究所首席科学者, アメリカ数学会会長 [国]米国 [生]1935年 [典]1996(グレアム, ロナルド)／2000

グラハム, ロバート　Graham, Robert　コンピュータ技術者 [典]2008

クラバン, アンドルー　Klavan, Andrew　筆名=ピーターソン, キース, トレイシー, マーガレット　サスペンス作家 [国]米国 [生]1954年 [典]1992(ピーターソン, キース)／1996(ピーターソン, キース)／2000(ピーターソン, キース)／2012

クラパンザーノ, ビンセント　Crapanzano, Vincent　ニューヨーク州立大学大学院教授 [専]人類学, 比較文学 [国]米国 [生]1939年 [典]1992／2000

クラピーヴィン, ウラジスラフ　Krapivin, Vladislav Petrovich　児童文学作家 [国]ソ連 [生]1938年 [典]1992(クラピービン, ウラジスラフ)

クラビオット, サウル　Craviotto, Saúl　本名=Craviotto Rivero, Saul　カヌー選手(カヤック)　北京五輪カヌー男子カヤックペア500メートル金メダリスト [国]スペイン [生]1984年11月3日 [典]2012

クラピシュ・ズュベール, クリスティアーヌ　Klapisch-Zuber, Christiane　歴史学者　社会科学高等研究院中世イタリア歴史人口学・歴史人類学教授 [専]人口, 家族の構成史 [国]フランス [生]1936年11月30日 [典]1996

クラピッシュ, セドリック　Klapisch, Cédric　映画監督 [国]フランス [生]1961年 [典]2000／2004／2008／2012

クラビン, トーマス　Clavin, Thomas　ジャーナリスト　「ニューヨーク・タイムズ」記者 [国]米国 [典]2004

グラビン, トム　Glavine, Tom　元・大リーグ選手 [国]米国 [生]1966年3月25日 [典]1992／1996／2000／2004／2008／2012

グラーフ, カスパー・ド　Graaf, Kasper de　アソーティド・イメージズ社社長 [国]英国 [生]1951年 [典]2000

グラフ, シュテフィ　Graf, Steffi　元・テニス選手 [国]ドイツ [生]1969年6月14日 [典]1992／1996／2000／2004／2008／2012

グラブ, ジョン　Glubb, John Bagot　通称=グラブ・パシャ　軍人

元・ヨルダン・アラブ軍団司令官　国英国　⊕1897年4月16日　⊗1986年3月17日　典1992

グラフ, トッド　Graff, Todd　脚本家,映画監督,俳優　国米国　⊕1959年　典1996／2008

グラーフ, ハンス　Graf, Hans　ピアニスト　元・ウィーン音楽大学名誉教授　国オーストリア　⊕1928年　⊗1994年1月9日　典1996

グラーフ, フリードリヒ・ヴィルヘルム　Graf, Friedrich Wilhelm　神学者　ミュンヘン大学神学部教授,国際トレルチ学会会長　国ドイツ　⊕1948年　典2004／2008

グラーフ, ベルンハルト　Graf, Bernhard　「癒しの石一宝石のもつヒーリングパワー」の著者　典2004

グラブ, マイケル　Grubb, Michael　元・英国王立国際問題研究所（RIIA）エネルギーと環境プログラム（EEP）リーダー　国英国　典2004

グラフ, マーク　Graff, Mark G.　情報セキュリティ専門家　ローレンスリバモア国立研究所チーフ・サイバーセキュリティ・オフィサー　国米国　典2008

クラーフ, ヨハン　Craag, Johan　政治家　スリナム共和国暫定大統領,スリナム国民党名誉総裁　国スリナム　典1992

グラフ, ラインハルト　Graf, Reinhard　グラーツ大学非常勤教授　⑲整形外科学　国オーストリア　⊕1946年　典2000

クラフェック, コンラート　Klapheck, Konrad　画家　国ドイツ　⊕1935年　典1996

グラフォフ, ボリス　Grafov, Boris Vasilyevich　画家　⑲フォークアートペインティング　国ロシア　典2004／2008

クラフキ, ヴォルフガング　Klafki, Wolfgang　教育学者　マールブルク大学教育学教授　⑲学校論,教授学　国ドイツ　⊕1927年　典1996

クラフチェンコ, レオニード　Kravchenko, Leonid P.　「イズベスチヤ」編集長　元・ソ連国家テレビ・ラジオ公社代表　国ロシア　⊕1938年5月10日　典1992／1996

クラフチック, シュテファン　作家,元・フォーク歌手　国ドイツ　⊕1955年　典2000

クラフチュク, レオニード　Kravchuk, Leonid Makarovich　政治家　ウクライナ国会議員　元・ウクライナ大統領　国ウクライナ　⊕1934年1月10日　典1992／1996／2004／2008

クラフティ, スティーブン　Crafti, Stephen　ライター　典2004

クラフト, エーヴァ　Kraft, Eva S.　元・ベルリン国立図書館東洋部司書　国ドイツ　⊕1923年　典1996

クラフト, カティア　火山学者　国フランス　⊕1942年　⊗1991年6月3日　典1992

クラフト, ジョセフ　Kraft, Joseph　評論家　国米国　⊗1986年1月10日　典1992

クラフト, チャールズ　Kraft, Charles H.　フラー神学校世界宣教学部教授　国米国　典1996

クラフト, ハインツ　Kraft, Heinz　テニスコーチ　ドイツテニス連盟（DTB）コンディショニング・コーチ　国ドイツ　典2004

クラフト, ハーブ　Kraft, Herbert R.　コンピューター技術者,弁護士　国米国　典2004

クラフト, メリッサ　Craft, Melissa　「MCSEスキルチェック問題集」の著者　典2008

クラフト, モーリス　火山学者　元・ヴィルケン火山センター設立者　国フランス　⊕1946年　⊗1991年6月3日　典1992

クラフト, リチャード・A.　アメリカ松下電気社長　国米国　典1992

クラフト, ルーシー　Craft, Lucy　「ザ・ナイトリー・ビジネス・レポート」東京特派員　国米国　⊕1957年　典1996

クラプトン, エリック　Clapton, Eric　本名＝Clapp,Eric Patrick　旧グループ名＝クリーム, ヤードバーズ　ロックギタリスト,ロック歌手　国英国　⊕1945年3月30日　典1992／1996／2000／2004／2008／2012

グラフトン, スー　Grafton, Sue　ミステリー作家　国米国　⊕1940年4月24日　典1996／2000／2004／2008／2012

グラフ・マリーノ, グスタボ　Graef-Marino, Gustavo　映画監督　国チリ　⊕1955年　典1996

グラブレフ, ミトコ　重量挙げ選手（56キロ級）　国ブルガリア　典1992

クラベ, アントニ　Clavé, Antoni　画家　国スペイン　⊕1913年4月5日　⊗2005年8月31日　典1992／1996／2000

クラベ, ティム　Krabbé, Tim　作家,ジャーナリスト　国オランダ　⊕1943年　典1996／2000

クラベツ, イネッサ　Kravets, Inessa　三段跳び選手　国ウクライナ　典2000

グラベット, クリストファー　Gravett, Christopher　歴史家　英国王立武器庫副館長　⑲中世　国英国　⊕1951年　典2004／2008

クラベル, ジェームズ　Clavell, James　作家,映画監督,脚本家　国米国　⊕1924年　⊗1994年9月6日　典1992／1996

グラボー, スティーブン　Grabow, Stephen　建築学者　カンザス大学教授　国米国　⊕1943年　典1992

クラポ, マイク　Crapo, Mike　本名＝クラポ, マイケル・ディーン　政治家,弁護士　米国上院議員（共和党）　国米国　⊕1951年5月20日　典2004／2012

クラホネ, トラビス　Kurahone, Travis T.　ライター　国米国　典2008

グラマー, カール　Grammer, Karl　ルートヴィッヒ・ボルツマン都市行動学研究所所長,ウィーン大学教授　⑲人間行動学　国ドイツ　⊕1950年　典2000

クラマー, クリス　CNN副社長　典2000

グラマ, ジョルジュ　Grammat, Georges　古代史研究家,画家　⑲古代エジプト史　国フランス　典1992

クラマー, スヴェン　Kramer, Sven　スピードスケート選手　バンクーバー五輪金メダリスト,スピードスケート男子5000メートル・1万メートル世界記録保持者　国オランダ　⊕1986年4月23日　典2012

クラマー, デットマル　Cramer, Dettmar　サッカー指導者　元・国際サッカー連盟（FIFA）専任コーチ　国ドイツ　⊕1925年4月4日　典1992／2004／2008／2012

クラマー, フリードリッヒ　Cramer, Friedrich　化学者　元・ゲッティンゲン・マックス・プランク研究所主任教授　国ドイツ　⊕1923年　典2000

クラマー, ラリー　DBC副社長　国米国　典2000

グラマン, アレックス　Graman, Alex　本名＝グラマン, アレックス・ジョセフ　大リーグ選手（投手）,プロ野球選手　国米国　⊕1977年11月17日　典2008

クラーマン, ハロルド　Clurman, Harold Edgar　演出家,演劇評論家　国米国　⊕1901年9月18日　⊗1980年　典1992

クラム, キャシー　Kram, Kathy E.　経営学者　ボストン大学経営大学院教授　⑲組織行動学　国米国　典2004／2008

クラム, スティーブ　Cram, Steve　陸上選手（中距離）　国英国　典1992

クラム, ドナルド・ジェームズ　Cram, Donald James　化学者　元・カリフォルニア大学ロサンゼルス校名誉教授　⑲有機化学,分子合成　国米国　⊕1919年4月22日　⊗2001年6月17日　典1992／1996

クラム, ハイジ　Klum, Heidi　ファッションモデル,女優　国ドイツ　⊕1973年6月1日　典2008／2012

グラム, フィル　Gramm, Phil　本名＝グラム, ウィリアム・フィリップ　政治家　米国上院議員（共和党）　国米国　⊕1942年7月8日　典1996（グラム, ウィリアム・フィリップ／グラム, フィル）／2000／2004

クラム, ルイース　Krumm, Louise　ジョージタウン大学外国人英語学部長　⑲英語教育　国米国　⊕1942年　典2004

クラム, ロバート　Crumb, Robert　漫画家　国米国　⊕1943年　典1996／2000／2012

グラムズ, ロッド　Grams, Rod　政治家,テレビプロデューサー　米国上院議員（共和党）, サン・リッジ・ビルダーズ社長・CEO　国米国　⊕1948年　典1996／2000／2004

クラムリー, ジェームズ　Crumley, James　推理作家　国米国　⊕1939年　⊗2008年9月16日　典1992／1996／2000

グラメス, エバハルト　Grames, Eberhard　写真家　国ドイツ

㊋1953年 ㊚2000

グラメーニヤ, ピエール　Gramegna, Pierre　外交官　駐日ルクセンブルク特命全権大使　㊈ルクセンブルク　㊋1958年　㊚2000

クラメール, H.　Cramér, Harald　数学者　元・ストックホルム大学長　㊈スウェーデン　㊋1893年　㊚1992

クラメール, ベルトラン　Cramer, Bertrand　ジュネーブ大学医学部教授, ジュネーブ市乳幼児童相談センター所長　⊛児童精神医学　㊈スイス　㊋1934年　㊚1996

グラモフ, マラート　Gramov, Marat V.　ソ連国家体育スポーツ委員会議長, ソ連五輪委員長, IOC委員　㊈ソ連　㊋1927年　㊚1992

クララ, スティナ　Clara, Stina　看護婦　スウェーデン痴呆症協会理事長, クロッカルゴールデン基金創設者　㊈スウェーデン　㊚2000／2004／2008

グララ, プレストン　Gralla, Preston　コンピューター技術者　㊈米国　㊚2008

クラリー, タイラー　Clary, Tyler　水泳選手(背泳ぎ・バタフライ)　ロンドン五輪競泳男子200メートル背泳ぎ金メダリスト　㊈米国　㊋1989年3月12日

クラリッジ, マーティン　Claridge, Marten　ミステリー作家　㊈英国　㊋1956年　㊚1996

クラール, ダイアナ　Krall, Diana　ジャズ歌手, ジャズピアニスト　㊈カナダ　㊋1966年11月16日　㊚2000／2004／2008／2012

クラルスフェルド, アンドレ　Klarsfeld, André　生物学者　フランス国立科学研究センター・アルフレッド・フェサール研究所研究員　㊈フランス　㊋1958年　㊚2004／2008

クラルブ, トルレイフ　銀行家　ノルディック・バルティック・ホールディング(NBH) CEO　㊈デンマーク　㊚2004／2008

クラワー, アレックス　Krauer, Alex　チバガイギー会長・CEO　㊈スイス　㊚1996

クラン, ジャン　Klein, Jean　ソルボンヌ大学教授, フランス国際関係研究所研究員　⊛政治学　㊈フランス　㊋1936年　㊚2000

クラン, マリ・ヴェロニック　Clin, Marie-Véronique　パリ医学史博物館館長　⊛ジャンヌ・ダルク研究　㊈フランス　㊋1954年　㊚1996

クラン, ミッシェル　Klein, Michel　ファッションデザイナー　ミッシェル・クラン有限会社設立者　㊈フランス　㊋1957年　㊚1992／2000

クラン, ミルトン　Guran, Milton　写真家　㊈ブラジル　㊋1948年　㊚1996

グランヴァル・ジャスティス, ソフィー　Grandval-Justice, Sophie　画家　㊈フランス　㊋1936年　㊚1992(グランバル・ジャスティス, ソフィー)

グランヴィル, パトリック　Grainville, Patrick　作家　㊈フランス　㊋1947年6月1日　㊚1992(グランビル, パトリック)／2000／2004／2008／2012

クラングル, ミーヴ・バーン　Crangle, Maeve Byrne　心理学者　⊛飛行恐怖　㊈アイルランド　㊚2004

グランサム, チャールズ　Grantham, Charles　経営学者　カリフォルニア大学バークレー校ハース・ビジネス・スクール客員リサーチ・フェロー, ISDW・CEO　⊛コミュニティ, 組織設計, イノベーション, 自己啓発　㊈米国　㊚2004

クランシー, アンブローズ　Clancy, Ambrose　作家　㊋1948年　㊚1992

クランシー, ケビン　Clancy, Kevin J.　ボストン大学教授　⊛マーケティング　㊈米国　㊚1996

グランシー, ジョナサン　Glancey, Jonathan　新聞記者　「ガーディアン」建築・デザイン担当記者　㊚2004

クランシー, トム　Clancy, Tom　本名=Clancy,Thomas Leo,Jr.　作家　㊈米国　㊋1947年3月12日　㊛2013年10月1日　㊚1992／1996／2000／2004／2008／2012

クランシー, トム　歌手, 俳優　㊈アイルランド　㊋1990年11月7日　㊚1992

グランジェ, ジャン・クリストフ　Grange, Jean-Christophe　ミステリー作家　㊈フランス　㊋1961年　㊚2004

グランジェ, ジル・ガストン　Granger, Gilles-Gaston　科学哲学者　コレージュ・ド・フランス比較認識論講座正教授　㊈フランス　㊚2000

グランジェ, ミッシェル　Granger, Michel　画家　㊈フランス　㊋1946年　㊚1996

グランジャー, ダニー　Granger, Danny　バスケットボール選手　㊈米国　㊋1983年4月20日

グランジャン, エティヌ　Grandjean, Etienne　元・スイス連邦立工科大学衛生学・労働生理学研究所所長　⊛人間工学　㊈スイス　㊋1914年　㊚1992

グランジャン, フィリップ　オデンス大学環境医学教授　⊛金属の毒性　㊈デンマーク　㊚1996

グランジュ, ケイティ・アリソン　Granju, Katie Allison　コラムニスト　㊈米国　㊚2004

グランジョン, ベルナール　医師　「世界の医師」副会長　㊈フランス　㊋1938年　㊚1992

クランスキー, イワン　Klánsky, Ivan　ピアニスト　ショパン国際フェスティバル会長　㊈チェコ　㊋1948年5月13日　㊚2000

グランスタイン, マイケル　Grunstein, Michael　カリフォルニア大学ロサンゼルス校教授　⊛分子生物学　㊚1996

グランストローム, アイビー　世界ベテランズ陸上選手権で世界記録を樹立した盲目の陸上選手　㊈カナダ　㊋1911年9月　㊚2000

グランストローム, ブリタ　Granström, Brita　イラストレーター　㊈スウェーデン　㊚2004

クランストン, アラン　Cranston, Alan　政治家, 反核運動家　元・米国上院民主党院内副総務　㊈米国　㊋1914年6月19日　㊛2000年12月31日　㊚1992／2000

クランストン, エドウイン　Cranston, Edwin A.　日本文学研究者　ハーバード大学日本文学教授　⊛和歌, 古代和歌の翻訳と解説　㊈米国　㊋1932年　㊚2012

グランゾット, ジャンニ　元・ANSA(イタリアの代表的通信社)会長　㊈イタリア　㊛1985年3月8日　㊚1992

クランダ, チョナイ　ジャーナリスト　「アルドチラル・タイムズ」紙日本支局記者　㊈モンゴル　㊋1958年　㊚1996

グランダーソン, カーティス　Granderson, Curtis　大リーグ選手(外野手)　㊈米国　㊋1981年3月16日

クランタン, S.オスマン　Kelantan, S.Othman　本名=サイド・オスマン・ビン・サイド・オマル・アル・ヤヒヤ　作家　マレーシア国民大学文化研究所講師・研究員　㊈マレーシア　㊋1938年　㊚1996

クランツ, ジュディス　Krantz, Judith　作家　㊈米国　㊋1928年　㊚1992／1996／2000

クランツ, スティーブン　Krantz, Steven G.　数学教師　㊈米国　㊚2000

クランツ, デービッド　Krantz, David S.　ユニフォームド・サービス・ユニバーシティ・オブ・ヘルスサイエンス教授　⊛医学心理学　㊈米国　㊚1996

クランツ, デービッド　Kranz, David　コンピューター技術者　㊈米国　㊚2008

グランツ, デービッド　Glantz, David M.　⊛軍事史　㊈米国　㊚2004／2008

グランツ, ノーマン　Granz, Norman　ジャズプロデューサー　㊈米国　㊋1918年8月6日　㊛2001年11月22日　㊚1992

クランツ, レイチェル　Kranz, Rachel　ライター　㊚2004

グランディン, テンプル　Grandin, Temple　コロラド州立大学助教授, グランディン畜産動物扱いシステム会社社長　㊈米国　㊋1947年　㊚1996／2000

グランデス, アルムデナ　Grandes, Almudena　作家　㊈スペイン　㊋1960年　㊚1996

グラント, アブラム　Grant, Avram　サッカー監督　元・サッカーイスラエル代表監督　㊈イスラエル　㊋1955年5月4日　㊚2012

グラント, ケーリー　Grant, Cary　本名=リーチ, アレグザンダー　俳優　㊈米国　㊋1904年1月18日　㊛1986年11月29日　㊚1992

グラント, サラ　Grant, Sara　ロマンス作家　㊈英国　㊚1992

グラント, ジェームス　Grant, James　経済アナリスト　[国]米国　[生]1949年　[典]2000

グラント, ジェームズ　Grant, James Pineo　元・ユニセフ(UNICEF)事務局長　[国]米国　[生]1922年5月12日　[没]1995年1月28日　[典]1992／1996

グランド, ジョー　Grand, Joe　電子エンジニア　[典]2008

グラント, ジョシュア　Grant, Joshua　舞台名=ビッチコーバ, カテリーナ　バレエダンサー　トロカデロ・デ・モンテカルロバレエ団　[国]米国　[生]1982年　[典]2012

グランド, ジョセフ・キングピン　Grand, Joseph Kingpin　エンジニア, 製品デザイナー　[国]米国　[典]2008

グラント, ジョン　Grant, John　ジャガーリミテッド副会長　[国]英国　[生]1945年　[典]1992／1996

グラント, ジョン　Grant, Jon　精神科医　ミネソタ大学精神科衝動制御障害クリニック　[国]米国　[典]2008

グラント, チャールズ　Grant, Charles L.　ホラー作家　[国]米国　[生]1942年　[典]1992／1996

グラント, チャールズ　Grant, Charles　ジャーナリスト　「エコノミスト」誌防衛問題担当エディター　[国]英国　[生]1958年　[典]1996

グラント, バーニー　政治家　英国下院議員, アフリカ賠償運動議長　[国]英国　[典]2000

グラント, バーバラ・ローズマリー　Grant, Barbara Rosemary　生物学者　プリンストン大学名誉教授　[国]英国　[生]1936年10月8日　[典]2012

グラント, バリー・キース　Grant, Barry Keith　「フィルム・スタディーズ事典―映画・映像用語のすべて」の著者　[典]2008

グラント, ピーター・レイモンド　Grant, Peter Raymond　生物学者　プリンストン大学名誉教授　[専]生態学, 進化生物学　[国]英国　[生]1936年10月26日　[典]1996／2012

グラント, ヒュー　Grant, Hugh　本名=Grant,Hugh John Mungo　俳優　[国]英国　[生]1960年9月9日　[典]1996／2000／2004／2008／2012

グラント, ホーレス　Grant, Horace　バスケットボール選手　[国]米国　[生]1965年7月4日　[典]1996／2000／2008

クーランド, マイケル　Kurland, Michael　作家　[国]米国　[生]1938年　[典]2008

グランド, マーク　Grand, Mark　ソフトウェア開発者, 技術コンサルタント　[専]Java　[国]米国　[典]2004

グラント, リー　Grant, Lee　女優　[国]米国　[生]1927年10月31日　[典]1992／1996

グラント・ウィリアムズ, レニー　Grant-Williams, Renee　ボイストレーナー　ミュージック・サービス社長　[国]米国　[典]2004／2008

グランドジョージ, ディディエ　Grandgeorge, Didier　医師　[専]小児科, ホメオパシー　[典]2004／2008

クランドール, ロバート　Crandall, Robert W.　経済学者　ブルッキングス研究所上級フェロー　[国]米国　[典]2004

クランドール, ロバート・ロイド　Crandall, Robert Lloyd　実業家　元・アメリカン航空会長・CEO　[国]米国　[生]1935年12月6日　[典]2000

グラントン, リチャード・H.　バーンズ財団理事長　[国]米国　[生]1946年　[典]1996

グランバック, ドリス　Grumbach, Doris　評論家, 作家　[国]米国　[生]1918年　[典]2004

グランビル, キース　元・英国航空(BA)創設者　[国]英国　[没]1990年4月8日　[典]1992

グランビル, ブライアン・レスター　Glanville, Brian Lester　サッカー評論家, ジャーナリスト　「ザ・タイムズ」スポーツコラムニスト　[国]英国　[生]1931年9月24日　[典]2000

クランプ, ジョン　Crump, John　ヨーク大学　[専]政治学　[国]英国　[生]1944年　[典]2000

クランプ, トーマス　Crump, Thomas　アムステルダム大学教授　[専]文化人類学　[典]1996／2000

クランプ, ラリー　Crump, Larry　グリフィス大学(オーストラリア)アジア・国際学部・国際経営学科比較経営学講師　[専]国際的交渉, 摩擦処理, 異文化間経営　[国]米国　[生]1953年　[典]1996／2000

クランプトン, R.J.　Crampton, R.J.　歴史学者　オックスフォード大学教授　[専]東欧史　[国]英国　[典]2008

グランブラ, ピエール　Grimblat, Pierre　映画監督　[国]フランス　[生]1926年　[典]2004／2008

グランベール, アヌーク　Grinberg, Anouk　女優　[国]フランス　[生]1966年　[典]2000

グランベール・アルニス, ジャン　Grimbert Arnys, Jean　アルニス社長　[国]フランス　[生]1946年　[典]1996／2000

グランベール・アルニス, ミシェル　Grimbert Arnys, Michel　アルニス会長　[国]フランス　[生]1940年　[典]2000

グランモン, ジャン・ミシェル　Grandmont, Jean-Michel　経済学者　エコール・ポリテクニク経済学部教授　[国]フランス　[生]1939年　[典]2004

クリ, アウグスト・ジョルジェ　Cury, Augusto Jorge　精神科医, 科学者　[典]2008

グーリー, ヴィタリー　Gulii, Vitalii Valentinovich　ジャーナリスト, 政治家　「ソビエツキー・サハリン」記者, ソ連人民代議員　[国]ソ連　[生]1952年　[典]1992

クーリー, ジョン　Cooley, John K.　ジャーナリスト　ABC特派員　[典]2004

グーリー, トリスタン　Gooley, Tristan　作家, 探検家　トレイルファインダーズ副会長　[国]英国

グリ, ハイム　Gouri, Haim　詩人, 作家, ジャーナリスト　[国]イスラエル　[生]1923年　[典]2000

クーリー, マイク　Cooley, Mike　ブレーメン大学客員教授, マンチェスター大学科学技術研究所客員教授, 大ロンドン市企業委員会技術部長　[専]コンピュータ　[国]英国　[生]1934年　[典]1992

クリ, ヤリ　Kurri, Jari　アイスホッケー選手　国際オリンピック委員会(IOC)委員　[国]フィンランド　[生]1960年5月18日　[典]2000

クーリー, レイモンド　Khoury, Raymond　作家　[生]1960年　[典]2012

グーリ, ロマン　ロシア文学者　[国]米国　[生]1896年　[没]1986年6月30日　[典]1992

グリア, アーネスト・P.　日本スチールケース社長　[国]米国　[典]2000

グリーア, カサンドラ　Greer, Cassandra　英語教師, 翻訳家　[生]1966年　[典]2004

クーリア, ジム　Courier, Jimm　元・テニス選手　[国]米国　[生]1970年8月17日　[典]1992／1996／2000／2004

グリア, ジャーメイン　Greer, Germaine　ケンブリッジ大学英文学教授　[生]1939年　[典]2008

グリアー, パム　Grier, Pam　本名=Grier,Pamela Suzette　女優　[国]米国　[生]1949年5月26日　[典]2000／2004／2008／2012

グリア, ホセ・アンヘル　Gurria, José Angel　本名=グリア・トレビニョ, ホセ・アンヘル　政治家, エコノミスト　経済協力開発機構(OECD)事務総長(第5代)　元・メキシコ財務相・外相　[国]メキシコ　[生]1950年5月8日　[典]2000／2004／2008／2012

クリアウォーター, スコット　Clearwater, Scott H.　量子物理学者　[典]2004

クリアリー, ジョン　Cleary, Jon　本名=Cleary,Jon Stephen　ミステリー作家　[国]オーストラリア　[生]1917年11月22日　[没]2010年7月19日　[典]1992

クリアリー, ステファン　Cleary, Stephan　著述家　[国]英国　[生]1961年　[典]1996

クリアリー, ビバリー　Cleary, Beverly　児童文学作家　[国]米国　[生]1916年　[典]1992／1996／2000／2012

クリアレーゼ, エマヌエール　Crialese, Emanuele　映画監督　[国]イタリア　[生]1965年

クリアンサク・チャマナン　Kriangsak Chamanand　政治家, 軍人　元・タイ国家民主党(NDP)党首, 元・タイ首相, 元・タイ国軍最高司令官・陸軍大将　[国]タイ　[生]1917年　[没]2003年12月23日　[典]1992

クリアンスキー, ジュディ　Kuriansky, Judy　臨床心理学者, セックスセラピスト　ニューヨーク大学心理学教授, センター・フォー・マリタル・アンド・ファミリー・セラピィ　[国]米国　[典]1996

クリイック, カリ　クラリネット奏者　国フィンランド　⊕1960年　㊨1992

クリヴィヌ, エマニュエル　Krivine, Emmanuel　指揮者　ルクセンブルク・フィルハーモニー管弦楽団音楽監督　国フランス　⊕1947年　㊨1996（クリビン, エマニュエル）/2000（クリヴィン, エマニュエル）/2012

クリヴィーレ, アレックス　Criville, Alex　元・オートバイライダー　国スペイン　⊕1970年3月4日　㊨2004

クリヴェリョワ, スヴェトラーナ　Kriveleva, Svetlana　砲丸投げ選手　バルセロナ五輪陸上女子砲丸投げ金メダリスト　国ロシア　⊕1969年6月13日　㊨1996（クリベリョワ, スベトラーナ）/2000/2008

クリウコフ, ニキータ　Kriukov, Nikita　スキー選手（距離）　バンクーバー五輪スキー距離男子個人スプリント金メダリスト　国ロシア　⊕1985年5月30日　㊨2012

クーリエ, ロバート　音楽評論家　国米国　㊨2004

クリエジェル, ブランディーヌ　政治学者　リヨン第3大学教授　㊧法思想史　国フランス　㊨1996

クリーエフ, カイスイン　Kuliev, Kaisyn Sh.　詩人　国ソ連　⊕1917年　㊥1985年6月4日　㊨1992

グリエル, ユリエスキ　Gourriel, Yuliesky　野球選手（内野手）　アテネ五輪野球金メダリスト　国キューバ　⊕1984年6月9日　㊨2012

グリエルソン, ロデリック　Grierson, Roderick　歴史学者　ハーバード大学　㊧アフロ・アメリカン研究　㊨2004

グリエルミンピエトロ, アンドレス　Guglielminpietro, Andres　サッカー選手（MF）　国アルゼンチン　⊕1974年4月14日　㊨2008

グリエルモ, アンソニー　Guglielmo, Anthony　マッサージ・セラピスト, 動物マッサージ療法士　国米国　㊨2004

クーリオ　Coolio　ラップ歌手, 俳優　国米国　⊕1963年8月1日　㊨2004

グリオリ, デビ　Gliori, Debi　イラストレーター　国英国　㊨2004

クリーガー, デービッド　Krieger, David　反核運動家　核時代平和財団会長　国米国　⊕1942年　㊨2000/2004/2008/2012

クリーガー, ヘンリー　Krieger, Henry　作曲家　国米国　⊕1945年　㊨1996

クリカリョフ, セルゲイ　宇宙飛行士　国ロシア　⊕1958年　㊨1996

グリーグ, ジェームス　陶芸家　元・マッセー大学美術デザインセンター主任陶芸家　国ニュージーランド　⊕1936年　㊥1986年9月25日　㊨1992

グリクセン, クリスチャン　Gullichsen, Kristian　建築家　国フィンランド　⊕1932年　㊨1996

クリーゲル, フォルカー　Kriegel, Volker　ジャズギタリスト, 作曲家, 翻訳家, 作家, イラストレーター　国ドイツ　⊕1943年12月24日　㊥2003年　㊨1996

クリーゲル, ミッシェル　画家　国フランス　⊕1944年　㊨1992

グリーコ, リチャード　俳優　国米国　⊕1965年　㊨1996

クリコフ, アナトリー　Kulikov, Anatolii S.　政治家　元・ロシア副首相・内相　国ロシア　⊕1946年9月4日　㊨2000

クリコフ, ヴィクトル　Kulikov, Viktor Georgievich　軍人, 政治家　元・ソ連ワルシャワ条約統一軍総司令官, 元・ソ連共産党中央委員　国ロシア　⊕1921年7月5日　㊨1992/1996

グリゴリアン, ゲガム　Grigoryan, Gegam　テノール歌手　国アルメニア　㊨2000

グリゴリアン, スラヴァ　Grigoryan, Slava　ギタリスト　国オーストラリア　㊨2000

グリゴリアンツ, セルゲイ・イワノヴィチ　ジャーナリスト　「グラスノスチ」編集長　国ソ連　⊕1941年5月　㊨1992

グリゴリエフ, エフゲニー　ロシア国立クリール自然保護区所長　㊧自然保護　国ロシア　⊕1958年　㊨2000/2004

グリゴリエフ, レオニード　Grigoriev, Leonid　ロシア科学アカデミー世界経済国際関係研究所（IMEMO）市場構造研究部長　㊧米国経済　国ロシア　⊕1947年3月22日　㊨1992/1996

グリゴリエワ, タチアナ　Grigorieva, Tatiyana Petrovna　日本文学研究家　ロシア科学アカデミー東洋学研究所教授　国ロシア　⊕1929年　㊨1996/2000

グリゴリエワ, タチアナ　Grigorieva, Tatiana　棒高跳び選手　国オーストラリア　⊕1975年10月8日　㊨2000/2004

グリゴーレ, ダン　ピアニスト　元・エネスコ・フィルハーモニー管弦楽団音楽総監督　国ルーマニア　⊕1943年　㊨1992

グリゴレンコ, ピョートル・G.　元・ソ連反体制派将軍　国米国　㊥1987年2月21日　㊨1992

グリゴローヴィチ, ユーリー　Grigorovich, Yurii Nikolaevich　バレエ振付師・演出家　グリゴローヴィチ・バレエ・カンパニー芸術監督　元・ボリショイ劇場バレエ団芸術監督　国ロシア　⊕1927年1月2日　㊨1992（グリゴロービチ, ユーリー）/1996（グリゴロービチ, ユーリー）/2004/2008/2012

グリゴロフ, キロ　Gligorov, Kiro　政治家　元・マケドニア大統領　国マケドニア　⊕1917年5月3日　㊥2012年1月1日　㊨1996/2000/2004

グリーザー, ディートマー　Grieser, Dietmer　ジャーナリスト, 作家　国ドイツ　⊕1934年　㊨2000

クリジャイ, ボーヤン　Krizaj, Bojan　スキーヤー　フェニックス（日本・スキーウェアメーカー）・アドバイザリースタッフ, エラン（ユーゴ・スキーウェアメーカー）・アドバイザリースタッフ　国ユーゴスラビア　⊕1957年3月1日　㊨1992

クリジャノビッチ, ヨゾ　Križanović, Jozo　政治家　元・ボスニア・ヘルツェゴビナ幹部会員（クロアチア人代表）　国ボスニア・ヘルツェゴビナ　⊕1944年7月28日　㊨2004/2008

グリシャム, ジョン　Grisham, John　ミステリー作家　国米国　⊕1955年2月8日　㊨1996/2000/2004/2008/2012

グリシュク, パーシャ　Grishuk, Pasha　旧名＝グリシュク, オクサナ　元・フィギュアスケート選手（アイスダンス）　国ロシア　⊕1971年3月17日　㊨1996/2000

クリシュナスワミ, スリダール　ジャーナリスト　「ザ・ヒンドゥー」紙記者　国インド　㊨1992

クリシュナムルティ, ジッドゥ　Krishnamurti, Jiddu　哲学者, 宗教家　国インド　⊕1895年5月　㊥1986年2月17日　㊨1992

クリシュナムルティ, バラチャンダー　Krishnamurthy, Balachander　コンピューター科学者　AT&Tラボラトリーズ・リサーチ研究員　㊧ワールドワイドウェブ, ネットワーク　㊨2004

グリシン, アレクセイ　Grishin, Alexei　スキー選手（フリースタイル）　バンクーバー五輪フリースタイルスキー男子エアリアル金メダリスト　国ベラルーシ　⊕1979年6月18日　㊨2012

グリシン, ヴィクトル　Grishin, Viktor Vasilievich　政治家　元・ソ連共産党政治局員　国ソ連　⊕1914年9月18日　㊥1992年5月25日　㊨1992/1996

クリス　Chris　本名＝Kirkpatrick, Chris　グループ名＝イン・シンク　歌手　国米国　㊨2004

クリス　Chris　グループ名＝イーストウエスト・ボーイズ　歌手　国米国　⊕1989年3月28日　㊨2012

クリス, デュエイン　実業家　ハワイ・ウインターリーグ創設者・オーナー　国米国　㊨2000

クリス, ピーター　Criss, Peter　本名＝クリスコーラ, ピーター　旧グループ名＝キッス　ロックドラム奏者　国米国　⊕1945年12月20日　㊨2004/2008

グリズウォルド, イライザ　Griswold, Eliza　ジャーナリスト, 詩人　国米国　㊨2012

グリズウォルド, ベンジャミン　アレックス・ブラウン・アンド・サンズ会長　国米国　㊨1996

クリスカ, ローラ　作家　国米国　⊕1965年　㊨2000

クリスクオーロ, C.クラーク　Criscuolo, C.Clark　ロマンス作家　国米国　㊨2004

クリスターソン, グニラ　Christersson, Gunilla　㊧障害児教育　国スウェーデン　㊨2004

クリスタル, グレイフ　Crystal, Graef S.　カリフォルニア大学バークレー校ビジネススクール組織行動・産業関係学科教授　元・タワー・ペリン・フォスター・クロスビー副社長　㊧報酬制度　国米

国 [典]1992

クリスタル, デービッド　Crystal, David　言語学者　ウェールズ大学ユニバーシティ・カレッジ・オブ・ノース・ウェールズ名誉教授特別研究員　[国]英国　[生]1941年7月6日　[典]1996

クリスタル, ビリー　Crystal, Billy　コメディアン, 俳優, 司会業　[国]米国　[生]1947年3月14日　[典]1996／2000／2004／2008／2012

クリスタル, マーティ　Krystall, Marty　クラリネット奏者　[国]米国　[生]1951年4月12日　[典]1992／1996

クリスタル, リンダ　Cristal, Linda　女優　[生]1934年2月25日　[典]2000

クリスタルディ, フランコ　Cristaldi, Franco　映画プロデューサー　[国]イタリア　[生]1924年10月3日　[没]1992年7月1日　[典]1996

クリスタン, ピエール　Christin, Pierre　別名＝リニュス　SF作家, コミックス原作者　ボルドー大学教授　[国]フランス　[生]1938年　[典]1992

クリスタント, ヨハネス　Kristanto, J.B.　ジャーナリスト　「コンパス」論説委員長　[国]インドネシア　[生]1944年　[典]1996

クリスチナ王女　Christina, Princess　スペイン王女　[国]スペイン　[典]2000／2004

クリスチャコフ, ビクトル　Chistyakov, Viktor　棒高跳び選手　[国]オーストラリア　[生]1975年2月9日　[典]2000

クリスチャン　Christian　本名＝ホセ・クリスチャン・シャベズ・ガルザ　グループ名＝RBD　タレント　[国]メキシコ　[生]1983年8月7日　[典]2008／2012

クリスチャン, ニック　Christian, Nick　作家, 会社社長　[国]米国　[典]1996

クリスチャン・ジャック　Christian-Jaque　本名＝モデ, クリスチャン　映画監督　[国]フランス　[生]1904年9月4日　[没]1994年7月8日　[典]1996

クリスチャンセン, イングリッド　Kristiansen, Ingrid　陸上選手（長距離）　[国]ノルウェー　[生]1956年3月21日　[典]1992／1996

クリスチャンセン, ケル・キアク　Kristiansen, Kjeld Kirk　実業家　レゴ・グループ副会長　[国]デンマーク　[生]1947年12月27日　[典]2004／2008／2012

クリスチャンセン, トム　Christiansen, Tom　コンピューター技術者　[専]Perl　[国]米国　[典]2004

クリスチャンソン, ライアン　Christianson, Ryan　大リーグ選手（捕手）　[国]米国　[生]1981年4月21日　[典]2004

クリスチャンソン, レイフ　Kristiansson, Leif　教育者, 作家　[国]スウェーデン　[生]1937年　[典]2000

クリスティ, ウィリアム　Christie, William Lincorn　指揮者, チェンバロ奏者　レ・ザール・フロリサン主宰者　[国]フランス　[生]1944年12月19日　[典]1992／2004／2008／2012

クリスティ, グレゴリー　Christie, Gregory　イラストレーター, 絵本作家　[国]米国　[生]1971年　[典]2004／2008／2012

クリスティ, シェリー　Christie, Sherry　ライター　[国]米国　[典]2004

クリスティ, ジュリー　Christie, Julie　本名＝Christie,Julie Frances　女優　[国]英国　[生]1940年4月14日　[典]1992／1996／2012

クリスティ, ジューン　Christy, June　ジャズ歌手　[国]米国　[生]1925年11月20日　[没]1990年6月21日　[典]1992

クリスティー, ニルス　Christie, Nils　犯罪学者　オスロ大学教授　[国]ノルウェー　[生]1928年　[典]1996／2004

クリスティ, ペリー・グラッドストン　Christie, Perry Gladstone　政治家, 弁護士　バハマ首相　[国]バハマ　[生]1943年8月21日　[典]2004／2008／2012

クリスティ, マーサ　Christy, Martha M.　「尿療法バイブル―あなた自身がつくりだす究極の良薬」の著者　[典]2008

クリスティ, リンフォード　Christie, Linford　陸上選手（短距離）　[国]英国　[生]1960年4月2日　[典]1996／2000

クリスティアニ, アルフレド　Cristiani, Alfredo F.　政治家, 実業家　元・エルサルバドル大統領　[国]エルサルバドル　[生]1947年11月22日　[典]1992／1996

クリスティアーノ・ロナウド　Cristiano Ronaldo　本名＝ドス・サントス・アヴェイロ, クリスティアーノ・ロナウド　サッカー選手（FW）　[国]ポルトガル　[生]1985年2月5日　[典]2004（ロナウド, クリスティアーノ）／2008／2012

クリスティアン　Christian　本名＝Diorisio,Christian Correa　サッカー選手（FW）　[国]ブラジル　[生]1975年4月23日　[典]2008

クリスティアン・ジャック　Christian-Jaque　本名＝モーデ　映画監督　[国]フランス　[生]1904年9月4日　[典]1992

クリスティアンス, ウィルヘルム　Christians, F.Wilhelm　銀行家　元・ドイツ銀行頭取　[国]ドイツ　[生]1922年5月1日　[典]1992／1996

クリスティソン, フィリップ　Christison, Philip　本名＝Christison, Alexander Frank Philip　英国陸軍大将　[国]英国　[生]1893年11月17日　[没]1993年12月21日　[典]1996

クリスティナ, ロバート　Christina, Robert W.　ペンシルベニア大学教授・筋肉運動研究所所長　[専]運動学, スポーツ教育学　[国]米国　[典]1992

クリスティーナ・アルメイダ・カストロ, マリア　Cristina Almeida Castro, Maria　弁護士, 政治家, 人権運動家　スペイン国会議員（イスキエルダ・ウニーダ）　[国]スペイン　[生]1944年　[典]1992

クリステヴァ, ジュリア　Kristeva, Julia　記号学者, 精神分析医　パリ第7大学教授　[国]フランス　[生]1941年　[典]1992（クリステバ, ジュリア）／1996（クリステバ, ジュリア）／2000

クリステラー, ポール・オスカー　Kristeller, Paul Oskar　コロンビア大学名誉教授　[専]ルネサンス哲学, 中世哲学　[国]米国　[生]1905年　[典]1996

クリステル, シルビア　Kristel, Sylvia　女優, 画家　[国]オランダ　[生]1952年9月28日　[没]2012年10月17日　[典]2000

クリステン, レスリー　Christen, Lesley　高校教師　[専]ドラマ教育　[国]オーストラリア　[典]2004／2008

クリステンセン, T.　Kristensen, Thorkil　経済学者, 政治家　元・OECD事務総長, 元・デンマーク蔵相, 元・コペンハーゲン商科大学教授　[国]デンマーク　[生]1899年10月9日　[典]1992

クリステンセン, カレン　Christensen, Karen　作家, 編集者　[専]ガーデニング　[生]1957年　[典]2004

クリステンセン, クレイトン　Christensen, Clayton M.　経営学者　ハーバード大学経営大学院教授　[国]米国　[生]1952年　[典]2008／2012

クリステンセン, ジョン　Christensen, John　映画製作者　チャートハウス最高経営責任者　[国]米国　[典]2004

クリステンセン, トム　Kristensen, Tom　レーシングドライバー　[国]デンマーク　[生]1967年7月7日　[典]1996／2000

クリステンセン, ヘイデン　Christensen, Hayden　俳優　[国]カナダ　[生]1981年4月19日　[典]2004／2008／2012

クリステンセン, ヘレナ　Christensen, Helena　写真家, 元・ファッションモデル　[国]デンマーク　[生]1968年　[典]2000

クリステンセン, ベンテ　Christensen, Bente Lis　社会学者　[国]デンマーク　[典]2004

クリステンセン, マータ　Christensen, Martha　作家　[国]デンマーク　[生]1926年　[典]1996

クリステンセン, マッケイ　Christensen, Mckay　大リーグ選手（外野手）　[国]米国　[生]1975年8月14日　[典]2000／2004／2008

クリスト　Christo　本名＝ヤバチェフ, クリスト　共同名＝クリスト&ジャンヌ・クロード　環境芸術家　[国]米国　[生]1935年6月13日　[典]1992／1996／2000／2004／2008／2012

クリスト, ウィリアム・デイル　Crist, William D.　カリフォルニア州公務員退職年金基金会長　[専]経済学　[国]米国　[典]1996／2000

クリスト, ウォルフラム　Christ, Wolfram　ビオラ奏者　フライブルク音楽大学教授　元・ベルリン・フィルハーモニー管弦楽団首席ビオラ奏者　[国]ドイツ　[生]1955年　[典]2012

クリスト, マイケル　Crist, Michael K.　コンピューター技術者　[典]2004

クリストフ, アゴタ　Kristóf, Ágota　作家　[国]スイス　[生]1935年　[没]2011年7月26日　[典]1992／1996

クリストフ, アジズ　Kristof, Aziz　宗教家　[生]1962年　[典]2004

クリストフ, ニコラス　Kristof, Nicholas D.　ジャーナリスト　「ニューヨーク・タイムズ」副編集長　[国]米国　[生]1959年　[典]1996／2000／2004／2008

クリストフ, ボリス　Christoff, Boris　バス歌手　国ブルガリア　⊕1919年5月18日　⊗1993年6月28日　⑮1996

クリストファー　Christopher　本名=クリストファー・アレキサンダー・ルイ・カシリャス・ヴォン・ウッカーマン　グループ名=RBD　タレント　国メキシコ　⊕1986年10月21日　⑮2008／2012

クリストファー, ウィリアム　Christopher, William F.　経営コンサルタント　マネジメント・イノベーション・グループ代表　国米国　⑮2000

クリストファー, ウォーレン　Christopher, Warren Minor　政治家, 法律家　元・米国国務長官, 元・オメルベニー・アンド・メイヤーズ・シニア・パートナー　国米国　⊕1925年10月27日　⊗2011年3月18日　⑮1992／1996／2000／2004／2008

クリストファー, ジョン　Christopher, John　本名=ヨード, サミュエル　別筆名=ヨード, C.S.　SF作家, 児童文学作家　国英国　⊕1922年　⑮2012

クリストファー, マーティン　Christopher, Martin　経済学者　クランフィールド経営大学院教授　国マーケティング, ロジスティクス　国英国　⑮1996／2004

クリストファーセン, ヘニング　Christophersen, Henning　政治家　デンマーク議会議員　元・EU欧州委員会副委員長　国デンマーク　⊕1939年11月8日　⑮1992／1996／2000

クリストファーソン, クリス　Kristofferson, Kris　本名=Carson, Kris　シンガー・ソングライター, 俳優　国米国　⊕1936年6月22日　⑮1992／2000／2004／2008／2012

クリストル, ウィリアム　Kristol, William　政治活動家　「ザ・ウィークリー・スタンダード」編集長　国米国　⑮2004／2008

クリストル, スティーブン　Cristol, Steven M.　マーケティングコンサルタント　⑮2004

クリスプ, クエンティン　Crisp, Quentin　作家　国英国　⊕1908年12月25日　⊗1999年11月21日　⑮1992

クリスプ, トニー　Crisp, Tony　ドリーム・セラピスト　国英国　⊕1937年　⑮1996／2000

クリス・マス　Keris Mas　本名=カマルディン・ビン・ムハンマド　作家　国マレーシア　⊕1922年　⊗1992年3月　⑮1996

クリスマニッチ, セバスティアン　Crismanich, Sebastián　本名=Crismanich, Sebastián Eduardo　テコンドー選手　ロンドン五輪テコンドー男子80キロ級金メダリスト　国アルゼンチン　⊕1986年10月3日

クリスマン, アーノルド　Grisman, Arnold　作家　国米国　⊕1920年　⑮1996

グリースマン, ユージン　Griessman, B.Eugene　社会学者　ジョージア工科大学社会学客員教授, ナショナル・メディア・リレーションズ・ディレクター　国米国　⑮1992／1996／2000

グリズロフ, ボリス　Gryzlov, Bolis Vyacheslavovich　政治家　ロシア下院議長　元・ロシア内相, 元・統一ロシア党首　国ロシア　⊕1950年12月15日　⑮2004／2008／2012

グリースン, ジャッキー　Gleason, Jackie　俳優　国米国　⊕1916年2月26日　⊗1987年6月24日　⑮1992

グリセール・ペカール, タマラ　Griesser-Pecar, Tamara　歴史研究家　⊕1947年　⑮1996

グリセンディ, アデレ　Grisendi, Adele　市民活動家　国イタリア　⊕1947年　⑮2008

グリゾリア, ミッシェル　Grisolia, Michel　ミステリー作家, 作詞家, 映画ジャーナリスト　国フランス　⊕1948年　⑮1992

グリーソン, ケリー　Gleeson, Kerry　ビジネス・コンサルタント　ビジネス・テクノロジー協会会長　国米国　⑮2004

クリダ, フランス　Clidat, France　ピアニスト　国フランス　⊕1938年　⑮2012

クリーチ, シャロン　Creech, Sharon　作家　国英国　⊕1945年　⑮2000／2012

クリチコ, ヴィタリ　Klitschko, Vitali　プロボクサー, 政治家　WBC世界ヘビー級チャンピオン, ウダル党首　元・WBO世界ヘビー級チャンピオン　国ウクライナ　⊕1971年7月19日　⑮2008／2012

クリチコ, ウラジーミル　Klitchko, Vladimir　プロボクサー　IBF・WBO・WBA世界ヘビー級統一王者　アトランタ五輪ボクシングスーパーヘビー級金メダリスト　国ウクライナ　⊕1976年3月25日　⑮2000／2004／2008／2012

クーリック, イリヤ　Kulik, Ilya　フィギュアスケート選手　国ロシア　⊕1977年5月23日　⑮1996（クリク, イリヤ）／2000／2004

グリック, ジョエル　Glick, Joel　宝石デザイナー, 彫金家, 鉱物学者　国米国　⑮2000

グリッグ, ニール　Grigg, Neil S.　コロラド州立大学工学部土木環境工学科教授　国水資源　⑮2004

クリック, バーナード　Crick, Bernard　政治学者　元・ロンドン大学バークベック・カレッジ名誉教授, 元・エディンバラ大学名誉研究員　国英国　⊕1929年12月16日　⊗2008年12月19日　⑮1992

クリック, フランシス　Crick, Francis Harry Compton　分子生物学者　元・ソーク生物学研究所（米国）名誉所長　国英国　⊕1916年6月8日　⊗2004年7月28日　⑮1992／1996／2000／2004

グリッグ, レイモンド　Grigg, Raymond G.　実業家　ゼネラルモーターズ・アジア・パシフィック・ジャパン（GMAP）社長, 日本ゼネラルモーターズ会長・CEO　国オーストラリア　⊕1941年　⑮2004／2008

クリックステイン, アーロン　Krickstein, Aaron　テニス選手　国米国　⊕1967年8月2日　⑮1992

グリックスバーグ, チャールズ　Glicksberg, Charles Irving　文学者　国米国文学, 現代ヨーロッパ文学, 比較文学　⊕1900年　⑮2000

グリックマン, ダン　Glickman, Dan　本名=グリックマン, ダニエル・ロバート　政治家　元・米国農務長官, 元・米国映画協会（MPAA）会長　国米国　⊕1944年11月24日　⑮1996／2000／2004／2012

グリッグリー, ジョセフ　Grigely, Joseph　現代美術家　国米国　⊕1956年　⑮2004／2008

グリッケン, ハリー　火山学者　元・東京都立大学理学部客員研究員　国火山地質学　⊗1991年6月3日　⑮1992

グリッサン, エドゥアール　Glissant, Édouard　詩人, 作家, 思想家　国クレオール文学　国フランス　⊕1928年9月21日　⊗2011年2月3日　⑮2004／2008

グーリッジ, スコット　Guelich, Scott　コンピューター技術者　⑮2004

クーリッジ, マーサ　Coolidge, Martha　映画監督　国米国　⊕1946年　⑮1996／2000

クーリッジ, リタ　Coolidge, Rita　歌手　国米国　⊕1944年5月1日　⑮1996／2008／2012

クリシャー, バーナード　Krisher, Bernard　ジャーナリスト　「ザ・カンボジア・デイリー」発行人・編集長　国米国　⊕1931年　⑮1992／1996／2000

グリッソ, トマス　Grisso, Thomas　心理学者　マサチューセッツ大学医学部精神科教授　元・米国司法心理学会長　国司法心理学　国米国　⊕1942年　⑮2004

グリッソム, マーキス　Grissom, Marquis　大リーグ選手（外野手）　国米国　⊕1967年4月17日　⑮1996／2000／2004／2008

クリッチリー, サイモン　Critchley, Simon　哲学者　ニュー・スクールフォー・ソーシャル・リサーチ哲学科教授　国1960年　⑮2008

クリッツィンク, クラウス・フォン　Klitzing, Klaus von　物理学者　マックス・プランク固体物理学研究所教授　国ドイツ　⊕1943年6月28日　⑮1992／1996

クリッツマン, マーク　Kritzman, Mark P.　証券アナリスト　国米国　⑮2004

グリッティ, ジュール　Gritti, Jules　記号学者　パリ第4大学情報・コミュニケーション科学高等研究院教授　国フランス　⊕1924年　⑮1996

グリッパンド, ジェームズ　Grippando, James　作家, 元・弁護士　国米国　⊕1958年　⑮2004／2008

クリップ, レグ　Cribb, Reg　劇作家, 俳優　国オーストラリア　⑮2012

クリップス, アンドルー　Cripps, Andrew　実業家　ユナイテッド・インターナショナル・ピクチャーズ（UIP）社長・COO　国米国

[典]2008

クリッペン, フラン Crippen, Fran 水泳選手(オープン・ウオーター) [国]米国 [生]1984年4月17日 [没]2010年10月23日

グリッランディ, マッシモ Grillandi, Massimo 詩人, 作家 [国]イタリア [生]1931年 [没]1987年 [典]1992

グリッロ, ベペ Grillo, Beppe コメディアン [国]イタリア [生]1948年 [典]2012

クリーディ, ジョー Crede, Joe 本名=Crede,Joseph 元・大リーグ選手 [国]米国 [生]1978年4月26日

クリード, ジョン Creed, John 本名=マクナミー, オウエン 作家 [国]英国 [生]1961年 [典]2008／2012

グリトン, チャールズ Griton, Charles E. 中学校教師 [国]米国 [典]1992

クリトンドン, ロバート Crittendon, Robert ビジネスコンサルタント [国]米国 [典]2004／2008

グリーナー, アンソニー Greener, Anthony Armitage ギネス会長 [国]英国 [生]1940年5月26日 [典]1992／1996

グリーナウェイ, ピーター Greenaway, Peter 映画監督, 画家, 美術史家 [国]英国 [生]1942年4月 [典]1992／1996／2000／2004／2008／2012

グリナート, エド Glinert, Ed ライター 「プライベート・アイ」スタッフ・ライター [典]2004

グリニェフスキー, オレグ 軍縮問題専門家 欧州通常戦力交渉(CFE)ソ連代表 [国]ソ連 [生]1930年 [典]1992

グリネンコ, ユーリー カザフスタン・シュシンスク市森林保護研究室室長 [国]ソ連 [生]1945年 [典]1992／1996

クリーノ, ロッコ Crino, Rocco 臨床心理士 [国]オーストラリア [典]2004

クリーバー, ダグラス Kleiber, Douglas A. 社会心理学者 ジョージア大学レクリエーション・レジャー学部教授 [典]2008

グリバウスカイテ, ダリア Grybauskaitė, Dalia 政治家 リトアニア大統領 [国]リトアニア [生]1956年3月1日 [典]2012

クリハラ, マック Kurihara, Mack ボクシングトレーナー [国]米国 [生]1932年12月4日 [典]1996／2000

グリパリ, ピエール Gripari, Pierre 詩人, 作家 [国]フランス [生]1925年 [典]2004／2008

クーリバリ, マック Coulibaly, Mack M. ネットワーク技術者 シスコ・システムズIOS Serviceability Program Manager [典]2004

クリバンスキー, レイモンド Klibansky, Raymond 哲学史家 国際哲学研究所名誉所長 [国]英国 [生]1905年10月15日 [典]1992

クリビ, シェドリ Klibi, Chedli 政治家 元・アラブ連盟事務局長 [国]チュニジア [生]1925年9月6日 [典]1992

クリビリス, ロバート Clivilles, Robert グループ名=C+Cミュージック・ファクトリー 歌手, 音楽プロデューサー [国]米国 [典]2000

グリビン, ジョン Gribbin, John 科学ジャーナリスト, サイエンスライター 「ニュー・サイエンティスト」物理学部門コンサルタント [専]地球物理学, 気候変動 [国]英国 [生]1946年 [典]1992／1996／2000

クリフ, ジミー Cliff, Jimmy 本名=Chambers,James レゲエ歌手 [国]ジャマイカ [生]1948年4月1日 [典]1992／1996／2012

グリーブ, ブラッドリー・トレバー Greive, Bradley Trevor アーティスト [国]オーストラリア [典]2004

グリーブ, ベン Grieve, Ben 本名=Grieve,Benjamin 大リーグ選手(外野手) [国]米国 [生]1976年5月4日 [典]2000／2004／2008

グリブ, メチェスラフ Grib, Mecheslav I. 政治家 ベラルーシ最高会議議長 [国]ベラルーシ [生]1938年 [典]1996

グリフィー, ケン Griffey, Ken 本名=Griffey,George Kenneth 元・大リーグ選手 [国]米国 [生]1950年4月10日 [典]1992／2000／2004

グリフィー, ケン(Jr.) Griffey, Ken (Jr.) 本名=Griffey,George Kenneth,Jr. 元・大リーグ選手 [国]米国 [生]1969年11月21日 [典]1992／1996／2000／2004／2008／2012

グリフィス, アンディ Griffith, Andy 本名=Griffith,Andrew Samuel 俳優 [国]米国 [生]1926年6月1日 [没]2012年7月3日

グリフィス, イアン Griffiths, Ian 会計士 [国]英国 [典]2004

グリフィス, エイドリアン Griffiths, Adrian 医師 サンド研究所健康管理・医療経済部門部長, 健康管理研究所リサーチ部門部長 [専]健康管理, 疫学 [国]英国 [典]1992

グリフィス, エミール プロボクサー [典]1992

グリフィス, ジェイ Griffiths, Jay 作家 [国]英国 [典]2004

グリフィス, ジェローム Griffith, Jerome 実業家 トゥミ社長・CEO [国]米国 [生]1957年 [典]2012

グリフィス, ジェーン 政治家 英国下院議員(労働党) [国]英国 [生]1954年 [典]2000

グリフィス, トレバー Griffiths, Trevor 劇作家 [国]英国 [生]1935年4月4日 [典]1992

グリフィス, ナンシー Griffith, Nanci シンガー・ソングライター [国]米国 [生]1953年 [典]1996

グリフィス, ニコラ Griffith, Nicola 作家 [国]英国 [生]1960年 [典]2000

グリフィス, フィリップ・ジョーンズ Griffiths, Philip Jones 写真家 元・マグナム会長 [国]英国 [生]1936年 [没]2008年3月18日 [典]1996

グリフィス, ヘレン Griffith, Helen V. 児童文学作家 [国]米国 [生]1934年 [典]2000

グリフィス, ポール Griffiths, Paul 音楽評論家 [生]1947年 [典]2004／2008

グリフィス, メラニー Griffith, Melanie 女優 [国]米国 [生]1957年8月9日 [典]1992／1996／2000／2004／2008／2012

グリフィス, リチャード Griffiths, Richard 俳優 [国]英国 [生]1947年7月31日 [没]2013年3月28日

グリフィス, レイチェル Griffiths, Rachel 女優 [国]オーストラリア [生]1968年 [典]2004

グリフィン, ケリー Griffin, Kelley ジャーナリスト [国]米国 [典]1992

グリフィン, ジョン Griffin, John ソフトウェアコンサルタント [典]2004

グリフィン, スーザン Griffin, Susan 詩人, 劇作家, エッセイスト [国]米国 [生]1943年 [典]1996

グリフィン, ドナルド Griffin, Donald Redfield ロックフェラー大学名誉教授 [専]動物行動学, 動物生理学 [国]米国 [生]1915年8月3日 [典]1992／1996

グリフィン, ブレイク Griffin, Blake バスケットボール選手 [国]米国 [生]1989年3月16日

グリフィン, マイケル Griffin, Michael ジャーナリスト [典]2004

グリフィン, マイケル Griffin, Michael D. ロケット科学者 元・米国航空宇宙局(NASA)長官 [国]米国 [典]2008／2012

グリフィン, ロバート(3世) Griffin, Robert (III) プロフットボール選手(QB) [国]米国 [生]1990年2月12日

グリフィン, ローラ Griffin, Laura ロマンス作家 [典]2012

クリフォード, クラーク Clifford, Clark McAdams 政治家, 弁護士 元・米国国防長官 [国]米国 [生]1906年12月25日 [没]1998年10月10日 [典]1992／1996

クリフォード, グレム Clifford, Graeme 映画監督 [生]1942年9月 [典]1996

クリフォード, ジェームズ Clifford, James 文化人類学者, 文化批評家 カリフォルニア大学サンタ・クルーズ校特別功労教授 [国]米国 [生]1945年 [典]2004／2008／2012

クリフォード, チャールズ Clifford, Charles J. 実業家 トゥミ・ラゲッジ会長 [国]米国 [典]2004／2008

クリフォード, リチャード Clifford, Richard M. ノースカロライナ大学助教授 [専]学校教育, 乳幼児保育 [国]米国 [典]2008

グリーブス, アレックス 騎手 [国]英国 [典]1996／2000

クリーブス, アン Cleeves, Ann 作家 [国]英国 [生]1954年 [典]2012

グリーブス, メル Greaves, Mel 医学者 英国がん研究所白血病研究基金センター所長, ロンドン大学教授 [専]白血病 [国]英国 [典]2004

クリフツォフ, アンドレイ　Krivtsov, Andrei　外交官　在札幌ロシア総領事　⦿ロシア　⊕1951年　⊛1996／2000

クリフト, エレノア　Clift, Eleanor　ジャーナリスト, 政治解説者　⦿米国　⊕1940年　⊛2000

クリフトフ, ナタリー　Christophe, Nathalie　画家, テキスタイルデザイナー　⦿フランス　⊕1960年　⊛2000

クリフトン, ドナルド　Clifton, Donald O.　実業家　ギャラップ・インターナショナル・リサーチ・アンド・エデュケーション・センター会長　⦿米国　⊛2004

クリフトン, ルシール　Clifton, Lucille　詩人, 作家　⦿米国　⊕1936年　⊛2004／2008

クリーブランド, ジェームズ　宗教音楽家, カトリック司祭　⦿米国　⊕1931年　⊗1991年2月9日　⊛1992

クリーブランド, ポール　Cleveland, Paul Matthews　外交官　米国朝鮮半島エネルギー開発機構（KEDO）大使　⦿米国　⊕1931年8月25日　⊛1992

グリーペ, マリア　Gripe, Maria　児童文学作家　⊕1923年　⊛2008

グリベンベルク, モニカ　英文学者, 翻訳者　⦿ドイツ　⊕1949年　⊛2000

クリーマ, イヴァン　Klíma, Ivan　作家　⦿チェコ　⊕1931年9月14日　⊛2000／2004

クリマ, イヴァン　Klima, Ivan　作家　⦿チェコ　⊕1931年9月14日　⊛2004／2008／2012

クリマ, ヴィクトール　Klima, Viktor　政治家, 実業家　元・オーストリア首相, 元・オーストリア社民党党首　⦿オーストリア　⊕1947年6月4日　⊛2000／2004／2008

クリーマー, ポーラ　Creamer, Paula　プロゴルファー　⦿米国　⊕1986年8月5日　⊛2008／2012

クリーマー, マーク　Creamer, Mark　精神医学者　メルボルン大学精神科教授　⦿オーストラリア　⊛2004

クリマコフ, セルゲイ　マラソン選手　⦿ロシア　⊛1996

グリマルディ, アウレリオ　映画監督, 作家　⦿イタリア　⊕1957年　⊛1996

グリマン, デービッド　プロボクサー　WBA世界フライ級チャンピオン　⦿ベネズエラ　⊕1967年3月　⊛1996

グリミネッリ, アンドレア　Griminelli, Andrea　フルート奏者　⦿イタリア　⊕1959年　⊛2004／2012

クリミンス, キャシー　Crimmins, Cathy　作家　⦿米国　⊛2004

グリム, アレクサンダー　Grimm, Alexander　カヌー選手　北京五輪カヌー男子スラローム・カヤックシングル金メダリスト　⦿ドイツ　⊕1986年9月6日　⊛2008

グリム, クラウス　Grimm, Claus　バイエルン歴史館館長, ミュンヘン大学社会学教授　⦿美術史　⦿ドイツ　⊕1940年　⊛1996

クリム, ジャクリーン　Krim, Jacqueline　ノースイースタン大学物理学科教授　元・米国真空学会評議会議長　⦿物理学, 真空学　⦿米国　⊛2000

グリム, パメラ　Grim, Pamela　医師　救急医療　⦿米国　⊛2004

グリム, ハンス・ウルリッヒ　Grimm, Hans-Ulrich　ライター　⦿ドイツ　⊕1955年　⊛2004

クリム, マイケル　Klim, Michael　水泳選手（バタフライ・自由形）　⦿オーストラリア　⊕1977年8月13日　⊛2000／2004／2008

クリム, マシルド　Krim, Mathilde　米国エイズ研究財団理事長　⦿インターフェロン　⦿米国　⊛1992

グリムウッド, ケン　Grimwood, Ken　本名＝グリムウッド, ケネス　作家　⦿米国　⊗2003年6月5日　⊛1996／2000

グリムショー, シャーロット　Grimshaw, Charlotte　作家　⦿ニュージーランド　⊛2004

グリムショウ, ニコラス　Grimshaw, Nicholas Thomas　建築家　⦿英国　⊕1939年10月9日　⊛1996

グリムソン, オラフル・ラグナル　Grimsson, Olafur Ragnar　政治家　アイスランド大統領　⦿アイスランド　⊕1943年5月14日　⊛2000／2004／2008／2012

グリモー, エレーヌ　Grimaud, Hélène　ピアニスト　ニューヨーク・ウルフ・センター設立者　⦿フランス　⊕1969年　⊛1992／1996／2008／2012

グリモー, ポール　Grimault, Paul　アニメーション作家　⦿フランス　⊕1905年3月23日　⊗1994年3月29日　⊛1996

クリモワ, マリーナ　Klimova, Marina　フィギュアスケート選手　⦿ロシア　⊕1966年7月22日　⊛1992／1996

グリャシキ, アンドレイ　Gulyashkn, Andrei　作家　⦿ブルガリア　⊕1914年　⊛1996

クリャチェフ, ミハイル　全ソ商工会議所会頭代行　⦿ソ連　⊛1992

クーリャック, アシム　Kurjak, Asim　医師　ザグレブ大学産婦人科主任教授・超音波研究所所長, ユーゴスラビア超音波医学会会長　⦿産婦人科, 超音波医学　⦿ユーゴスラビア　⊕1942年9月13日　⊛1996

クリャムキン　財団世論分析センター長　⦿ロシア　⊛2000

クリュエフ, ウラジーミル　Klyuev, Vladimir Grigorievich　元・ソ連軽工業相　⦿ソ連　⊕1924年　⊛1992／1996

グリュエンツィヒ, アンドレス　心臓血管専門家　⦿米国　⊗1985年10月27日　⊛1992

グリュオー, ルネ　イラストレーター　⦿フランス　⊕1909年　⊛1996

クリューガー, アンディ　刺青店主　⊛2000

クリューガー, ヴォルフガング　Kruger, Wolfgang　ヘンケル社長　⦿ドイツ　⊕1936年9月21日　⊛1992

クリューガー, ハンス・ペーター　科学哲学者　マックスプランク研究所　⦿ドイツ　⊕1954年　⊛1996

クリューガー, ミハエル　Krüger, Michael　ミュンスター大学教授　⦿スポーツ史, スポーツ教育学　⦿ドイツ　⊕1955年　⊛2004

クリューガ, リサ　Krueger, Lisa　映画監督　⦿米国　⊕1960年　⊛2000

クリュガー, ルート　Klüger, Ruth　ドイツ文学者, 文筆家　⦿ドイツ文学　⦿米国　⊕1931年　⊛2000

クリューガー, レナーテ　Krüger, Renate　作家　⊕1934年7月23日　⊛2000

クリュギン, セルゲイ　Kliugin, Sergei　走り高跳び選手　⦿ロシア　⊕1974年3月24日　⊛2004／2008

クリュコフ, ニコライ　Kryukov, Nikolay　体操選手　⦿ロシア　⊕1978年11月11日　⊛2008

クリュザ, ロジェ　Crusat, Roger　画家　⦿フランス　⊕1916年　⊛1992

グリュジンスキ, セルジュ　Gruzinski, Serge　フランス国立科学研究センター（CNRS）メキシコ・中米・アンデス研究所副所長　⦿アステカ文化　⦿フランス　⊕1949年　⊛1996

クリュス, ジェームス　Krüss, James Jakob Heinrich　児童文学作家　⦿ドイツ　⊕1926年5月31日　⊗1997年　⊛1996

クリュゾー・ラノーヴ, ジャン　Cluseau-Lanauve, Jean　画家　⦿フランス　⊕1914年11月7日　⊛1996（クリュゾー・ラノーブ, ジャン）

クリュチコフ, ウラジーミル　Kryuchkov, Vladimir A.　政治家　元・ソ連国家保安委員会（KGB）議長　⦿ロシア　⊕1924年2月29日　⊗2007年11月23日　⊛1992／1996／2000

クリュッグ, オリヴィエ　Krug, Olivier　実業家　クリュッグ6代目当主　⦿フランス　⊕1966年　⊛2012

グリュック, マンフレッド　Glück, Manfred　編集者　⦿ドイツ　⊛2000

クリュックシャンク, ベニタ　Cruickshank, Benita　英語教師　⊛2008

グリュックスマン, アンドレ　Glucksmann, André　哲学者　フランス国立科学研究所研究員　⦿フランス　⊕1937年　⊛1992／1996／2000

グリュデ, クロード　Grudet, Claude　通称＝マダム・クロード　世界のVIPに高級娼婦を紹介し続けた売春組織の女親分　⦿フランス　⊕1923年7月6日　⊛1996／2000

クリュードソン, グレゴリー　Crewdson, Gregory　美術家, 写真家

国米国 生1962年 著2000

グリューナー, ジョージ　Grüner, George　カリフォルニア大学ロサンゼルス校教授　専物理学　著1996

グリューネヴァルト, ヘルゲ　Grünewald, Helge　ベルリン・フィルハーモニー広報担当者　国ドイツ　生1947年　著2000

クリュフト, カロリナ　Klüft, Carolina　七種競技選手, 走り幅跳び選手　アテネ五輪陸上女子七種競技金メダリスト　国スウェーデン　生1983年2月2日　著2008／2012

グリューベル, オズワルド　Grübel, Oswald J.　銀行家　元・USBグループCEO, 元・クレディ・スイス・グループCEO　国ドイツ　生1943年　著2008／2012

グルミオー, アルチュール　Grumiaux, Arthur　バイオリニスト　国ベルギー　生1921年3月21日　没1986年10月16日　著1992

クリュル, マリアンネ　Krüll, Marianne　社会学者　ボン大学講師　国ドイツ　生1936年　著2000

グリューン, アルノ　Gruen, Arno　精神分析家　生1923年　著2004

グリュンダール, キルスティ・コレ　Groendahl, Kirsti Kolle　政治家　ノルウェー国会議長　国ノルウェー　生1943年　著1996／2000

グリュンバルト, オスカラ　オーストリア国営企業管理公社総裁　国オーストリア　著1992

グリュンベルク, ペーター　Grünberg, Peter　物理学者　ユーリヒ固体物理研究所教授　国ドイツ　生1939年　著2008／2012

グリュンマルク, スコット　Gronmark, Scott　筆名＝シャーマン, ニック　作家　生1952年　著1996

グリュンワルド, リサ　Grunwald, Lisa　作家, 編集者　国米国　生1959年　著1996

クリョーヒン, セルゲイ　ジャズピアニスト　国ソ連　著1992

クリランド, マックス　Cleland, Max　本名＝Cleland, Joseph Maxwell　政治家　元・米国上院議員（民主党）　国米国　生1942年8月24日　著2000／2004／2008

グリーリ, ピーター　Grilli, Peter　日米文化交流家　ジャパン・ソサエティ（ボストン）理事長　国米国　生1942年　著1996／2000／2004／2008

グリーリー, ロナルド　Greeley, Ronald　惑星科学者　アリゾナ大学地質学・隕石研究センター教授　専地質学　国米国　生1939年　著1992

クリーリー, ロバート　Creeley, Robert White　詩人, 作家, 英語学者　元・ニューヨーク州立大学教授　国米国　生1926年5月21日　没2005年3月30日　著1992／1996

クリルクベリア, マヌシャル　Kvirkelia, Manuchar　レスリング選手（グレコローマン）　北京五輪レスリング男子グレコローマン74キロ級金メダリスト　国グルジア　生1978年10月12日　著2012

グリルナー, ステン　Grillner, Sten　カロリンスカ研究所神経科学研究部門長, ノーベル研究所所長　専神経科学　国スウェーデン　著2000

グリロ, ジョアン・マリオ　Grilo, João Mário　映画監督　国ポルトガル　生1958年　著2000

グリロ, フランク　ジャズ歌手　元・マチート楽団リーダー　生1984年4月17日　著1992

クリロフ, ウラジーミル　Kurilov, Vladimir I.　ロシア極東国立総合大学学長　専労働法　国ロシア　著1992／2012

グリーン, アーマン　Green, Ahman　プロフットボール選手（RB）　生1977年2月16日　著2008

グリーン, アラン　Green, Allan David　元・英国検事総長　国英国　生1935年3月1日　著1992

グリン, アラン　Glynn, Alan　作家　著2008

グリーン, アンソニー　Green, Anthony　画家　国英国　著1992

グリン, アンドルー　Glyn, Andrew　経済学者　オックスフォード大学コープス・クリスティ・カレッジ・フェロー　専マルクス経済学　国英国　生1943年　著1996

グリーン, エリック　Greene, Eric　ライター　生1968年　著2004

グリン, エリマル　Grin, Elimar　作家　国ロシア　生1909年 著1996

グリーン, エルマー　Green, Elmer E.　心理学者　メニンガー研究所自己コントロール部名誉部長, 米国バイオフィードバック学会会長　国米国　生1917年　著1992

グリーン, オーエン　Green, Owen Whitley　BTR会長　国英国　生1925年5月14日　著1992／1996

グリーン, カレン　お産カウンセラー　著1992

グリーン, ガロ　Green, Garo　ウェブ・インストラクター　国米国　著2004

グリーン, クリスタル　Green, Crystal　ロマンス作家　国米国　著2008

グリーン, クリスティン　Green, Christine　作家, 元・看護婦　国英国　著2004

グリーン, グレアム　Greene, Graham　作家, 劇作家　国英国　生1904年10月2日　没1991年4月3日　著1992

グリーン, グレイス　Green, Grace　ロマンス作家　著2004

グリーン, ゲイル　Greene, Gayle　英文学者　スクリップス大学準教授　専シェイクスピア, 女性研究　国米国　生1943年　著1992

グリーン, ケビン　Greene, Kevin Darwin　元・プロフットボール選手　国米国　生1962年7月31日　著1992

グリーン, ゲール　Greene, Gael　ジャーナリスト, 作家　国米国　著1992／1996

グリーン, サイモン　Green, Simon R.　作家　国英国　生1955年　著1996

グリーン, ジェニファー　Green, Jennifer　別名＝グラント, ジーン　ロマンス作家　国米国　著1992／1996／2000

グリーン, ジェームス　Green, James　歴史学者　マサチューセッツ州立大学ボストン校地域公共サービス学部教授　国米国　生1944年　著2004／2008

グリーン, ジェームズ・ハリー　Green, James Harry　通信コンサルタント　パシフィックネットコム社社長　国米国　著1996

グリーン, ジェーン　Green, Jane　作家　著2004

グリーン, ジェン　Green, Jen　作家, 編集者　国英国　著2004／2008

クリーン, シモン　Crean, Simon　政治家, 労働運動家　元・オーストラリア雇用教育訓練相　国オーストラリア　生1949年2月26日　著1992／1996／2000

グリン, ジャイ　Glynn, Jay　コンピューター技術者　国米国　著2004

グリーン, ジャードソン・C.　実業家　ウォルト・ディズニー・アトラクションズ社長　国米国　著1996／2000

グリーン, ジュリアン　Green, Julien　作家　国米国　生1900年9月6日　没1998年8月13日　著1992／1996

グリーン, ジョーイ　Green, Joey　ライター　国米国　著2004／2008

グリーン, ジョージ・ドーズ　作家　国米国　著1996／2000

グリーン, ジョナソン　Green, Jonathon　作家, ジャーナリスト, 辞書編纂家　国英国　生1948年　著1992／2000

グリーン, ショーン　Greene, Shawn David　元・大リーグ選手　国米国　生1972年11月10日　著2004／2008／2012

グリーン, ジョン　Green, John　作曲・編曲家, 指揮者　国米国　生1908年10月10日　没1989年5月15日　著1992

グリーン, シンシア　Green, Cinthia R.　医学者　マウント・サイナイ医科大学助教授, メモリー・アーツ社長　専記憶の研究　国米国　著2004／2008

グリーン, ステファン　Green, Stephen K.　銀行家　HSBCグループ会長　国英国　生1948年11月7日　著2008／2012

グリーン, タミー　Green, Tammie　プロゴルファー　国米国　生1959年12月17日　著1992／2000

グリーン, ダリル　Green, Darryl E.　ボーダフォン社長　元・ボーダフォンホールディングス社長　国米国　生1960年7月　著2000／2004

グリーン, ティム　Green, Tim　作家, 元・プロフットボール選手

国米国 宙2000

グリーン, デービッド　Greene, David B.　ノース・カロライナ大学芸術研究所長・大学研究教授　⊕音楽学　国米国　⊕1937年　宙1992

グリーン, デービッド　Greene, David　陸上選手(ハードル)　国英国　⊕1986年4月11日

グリーン, トーマス　Green, Thomas H.　司祭(イエズス会)　サン・ホセ神学院(マニラ)霊の指導司祭, アテネオ大学(マニラ)哲学・神学教授　国米国 宙1996

グリーン, トミー　Greene, Tommy　大リーグ選手(投手)　国米国　⊕1967年4月6日 宙1992

グリーン, トレント　Green, Trent　プロフットボール選手(QB)　⊕1970年7月9日 宙2008

グリーン, ハナ　Green, Hannah　本名=Greenberg,Joanne　作家　国米国　⊕1932年 宙2000

グリーン, ハリー(2世)　Green, Harry W.(II)　カリフォルニア大学リバーサイド校教授・地球惑星物理学科長　⊕地球物理学,地質学　国米国 宙1996

グリーン, ビビアン　Green, Vivian Hubert Howard　神学者, 歴史学者　オックスフォード大学リンカン・カレッジ名誉会員　国英国　⊕1915年11月18日 宙1996

グリーン, ヒュー　元・英国放送協会(BBC)会長　国英国　⊕1987年2月19日 宙1992

グリーン, ブライアン　Greene, Brian　本名=Greene,Brian R.　物理学者　コロンビア大学教授　⊕超ひも理論　国米国　⊕1963年 宙2004/2008/2012

グリーン, ブライアン・オースティン　Green, Brian Austin　俳優　国米国　⊕1973年7月15日 宙2000

グリーン, フレディー　Green, Freddie　本名=Green,Frederik William　ジャズギタリスト　国米国　⊕1911年3月31日 ⊗1987年3月1日 宙1992

グリーン, ボブ　Greene, Bob　コラムニスト　国米国　⊕1947年5月10日 宙1992/1996/2000

グリーン, ホリー・ウィルソン　Greene, Holly Wilson　スポーツトレーナー, フィジカルセラピスト　国米国 宙1992

グリーン, ポール　Green, Paul Eliot　劇作家　国米国　⊕1894年3月17日 ⊗1981年 宙1992

グリーン, マイケル　Green, Michael J.　国際政治学者　ジョージタウン大学准教授, 米国戦略国際問題研究所(CSIS)日本部長　元・米国国家安全保障会議(NSC)上級アジア部長　⊕日本政治, 日米安全保障　国米国　⊕1961年 宙1996/2000/2004/2008/2012

グリーン, マーシャル　Green, Marshall　外交官　元・米国国務次官補　⊕極東問題　国米国　⊕1916年1月27日 ⊗1998年6月6日 宙1992/1996

グリーン, マーティン　Green, Martin Burgess　タフツ大学英文科主任教授　⊕英文学史　⊕1927年 宙1996/2000/2008

グリーン, マリアン　Green, Marian　魔術研究家　「クエスト」編集長　国英国 宙2000

グリーン, ミエコ　Greene, Mieko　英会話講師, 日本語講師　国米国　⊕1949年 宙1992

グリーン, ミッチェル　プロボクサー　国米国 宙1992

グリーン, ミランダ　Green, Miranda J.　考古学者　ユニバーシティ・オブ・ウェールズ・カレッジ附属文化考古学宗教伝記文学大学院センター長　⊕古代ケルト文化　国英国 宙2004/2008

グリーン, モーリス　Green, Maurice　元・陸上選手(短距離)　シドニー五輪金メダリスト　国米国　⊕1974年7月23日 宙2000/2004/2008/2012

グリン, ライアン　Glynn, Ryan　プロ野球選手(投手)　国米国　⊕1974年11月1日 宙2008/2012

クーリン, ルーディ　Kuling, Ruedi　グラフィック・デザイナー　ゼメックス設立者　国スイス 宙2000

グリーン, ロサリオ　Green, Rosario　政治家　元・メキシコ外相　国メキシコ 宙2000/2004

グリーン, ロス　Greene, Ross W.　心理学者　ハーバード医科大学精神科準教授　国米国 宙2004/2008

グリーン, ロバート　Greene, Robert　作家 宙2004

グリーン, ロバート・D.　反核運動家, 元・軍人　中堅国家構想(MPI)設立者　元・英国国防省海軍参謀次長付き幕僚　国英国 宙2000/2004

グリーン, ローランド　Green, Roland　作家　国米国　⊕1944年 宙1996

グリーン, ローン　俳優　国米国　⊕1987年9月11日 宙1992

グリーン, ワーナー　Greene, Warner C.　グラッドストーン・ウィルス学免疫学研究所長, カリフォルニア大学サンフランシスコ校教授　⊕免疫学　国米国 宙1996

クリーン, ワルター　Klien, Walter　ピアニスト　国オーストリア　⊕1928年11月27日 ⊗1991年2月9日 宙1992

グリーンウェル, マイク　Greenwell, Mike　本名=Greenwell,Michael Lewis　大リーグ選手(外野手), 大リーグ・コーチ　国米国　⊕1963年7月18日 宙2000/2004/2008

グリーンウォルド, シーラ　Greenwald, Sheila　本名=グリーン, シーラ・エレン　イラストレーター, 児童文学作家　国米国　⊕1934年 宙1996

グリーンウォルド, ブルース　Greenwald, Bruce　経済学者　コロンビア大学ビジネススクール教授　⊕バリュー投資, 生産性分析, 情報経済学　国米国 宙2004/2008

グリーンウォルド, レイチェル　Greenwald, Rachel　結婚カウンセラー　国米国 宙2008

グリーンウッド, コリン　Greenwood, Colin Charles　グループ名=レディオヘッド　ミュージシャン　国英国　⊕1969年6月26日 宙2004/2008/2012

グリーンウッド, ジョニー　Greenwood, Jonny　本名=Greenwood, Jonathan Richard Guy　グループ名=レディオヘッド　ミュージシャン　国英国　⊕1971年11月5日 宙2004/2008/2012

グリーンウッド, ジョーン　Greenwood, Joan　女優　国英国　⊕1921年3月4日 ⊗1987年2月28日 宙1992

グリーンウッド, ブライアン　Greenwood, Brian　医学者　ロンドン大学衛生熱帯医学校教授　アフリカ・ロンドン・ナガサキ(ALN)奨学基金創設者　国英国　⊕1938年11月11日 宙2012

グリーンウッド, ブルース　Greenwood, Bruce　俳優　国カナダ　⊕1956年 宙2004/2008

グリーンウッド, ローレンス　Greenwood, Lawrence　外交官　米国国務省APEC主席担当官　国米国 宙2004/2008

グリーンガード, ポール　Greengard, Paul　生理学者　ロックフェラー大学教授　国米国　⊕1925年12月11日 宙2004/2008/2012

クリンク, イアン　実業家　テスコ・パーソナル・ファイナンスCEO　国英国 宙2004

クーリング, ウェンディ　Cooling, Wendy　児童書評論家 宙2008

クリング, ティム　Kring, Tim　テレビプロデューサー, 脚本家　国米国 宙2012

クリングヴァル, レーナ・マリア　ゴスペル歌手　障害を克服してパラリンピックなどに出場　国スウェーデン　⊕1968年9月28日 宙1996(ヨハンソン, レーナ・マリア)/2000(ヨハンソン, レーナ・マリア)/2004/2008

クリングス, アントゥーン　Krings, Antoon　絵本作家　国フランス　⊕1962年 宙2004

クリングベリ, ヨーテ　ルンド大学教育学部教授　元・国際児童文学学会会長　⊕児童文学　国スウェーデン　⊕1918年 宙1992

グリーングラス, ポール　Greengrass, Paul　映画監督, テレビディレクター　国英国　⊕1955年8月13日 宙2004/2008/2012

グリーングロス, サリー　Greengross, Sally　社会福祉活動家　エージ・コンサーン・イングランド理事長, ロンドン大学キングズカレッジ老年医学研究所理事会議長　⊕老年学　国英国 宙1992

クリンケ, ギュンター　Klinge, Günther　ドイツ俳句作家　クリンゲ財団ホルディングKG社長, ザルツブルク大学名誉理事, 独協大学名誉理事　国ドイツ　⊕1910年4月15日 宙1992/1996

クリンゲ, ハインツ・ヘルムート　バイオリニスト　ベルリン交響楽団コンサートマスター・ソリスト　国ドイツ 宙1992

クリンゲル, ハンス　Klingel, Hans　ブラウンシュワイク工科大学動物学研究所教授　⑳動物学　国ドイツ　⊕1932年　愚1996

クリンケン, ヤープ・ファン　Klinken, Jaap van　宗教家　改革派オランダ教会拡大ディアコニア局初代事務局長　国オランダ　⊕1927年　愚2008

グリンコフ, セルゲイ　Grinkov, Sergei　フィギュアスケート選手　国ロシア　愚1995年11月20日　愚1996

グリンゴルツ, イリア　Gringolts, Ilya　バイオリニスト　国ロシア　⊕1982年　愚2012

クリンジマン, ピーター　Klingeman, Peter C.　オレゴン州立大学名誉教授　⑳河川工学　国米国　愚2004／2008

グリーンシュタイン, ジャック　Greenstein, Jack　教師　国米国　愚1992

クリンジリー, ロバート　Cringely, Robert X.　ジャーナリスト　元・スタンフォード大学教授　⑳コンピュータ　国米国　⊕1953年　愚1996／2004／2008

グリーンスパン, アラン　Greenspan, Alan　エコノミスト　元・米国連邦準備制度理事会（FRB）議長　国米国　⊕1926年3月6日　愚1992／1996／2000／2004／2008／2012

グリーンスパン, カレン　Greenspan, Karen　スキドモア・カレッジ英文学部助教授　⑳中世ヨーロッパの文学・女性　国米国　愚2004／2008

グリーンスパン, デービッド　Greenspan, David　映画監督　国米国　⊕1972年　愚2004／2008

グリーンスパン, バド　Greenspan, Bud　映像ディレクター　国米国　⊕1926年　愚2010年12月25日　愚2000

グリーンスパン, フィリップ　コンピューター科学者, 実業家　マサチューセッツ工科大学教授, アーズデジタ会長　国米国　愚2004

グリーンスパン, ラルフ　Greenspan, Ralph J.　ニューヨーク大学生物学神経科学教授・W.M.ケック分子神経生物学研究所所長　⑳神経生物学　国米国　愚1996

クリンスマン, ユルゲン　Klinsmann, Jürgen　サッカー監督, 元・サッカー選手　サッカー・米国代表監督　元・サッカー・ドイツ代表監督　国ドイツ　⊕1964年7月30日　愚1992／1996／2000／2008／2012

グリンセル, ロバート　Grinsell, Robert　ミサイル・デザイン・エンジニア　⊕1938年　愚2004

グリーンソン, ラルフ　Greenson, Ralph R.　精神分析医　国米国　愚1980年　愚1992

クリンチ, ニコラス　Clinch, Nicholas B.　登山家, 法律家　元・米国山岳会長　国米国　⊕1930年11月9日　愚1992／2000

クリンティング, ラーシュ　Klinting, Lars　絵本作家　国スウェーデン　⊕1948年　愚2004

グリント, ルパート　Grint, Rupert　本名＝Grint, Rupert Alexander Lloyd　俳優　国英国　⊕1988年8月24日　愚2004／2008／2012

グリンドリー, サリー　Grindley, Sally　児童文学作家　国英国　愚2000

クリントン, ジョージ　Clinton, George　ミュージシャン　⊕1941年7月22日　愚1996

クリントン, チェルシー　Clinton, Chelsea　NBCテレビ記者　クリントン第42代米国大統領の長女　国米国　⊕1980年　愚2004／2012

クリントン, ヒラリー　Clinton, Hillary　本名＝クリントン, ヒラリー・ロダム　旧名＝ロダム, ヒラリー　政治家　元・米国国務長官, 元・米国上院議員（民主党）　国米国　⊕1947年10月26日　愚1996／2000／2004／2008／2012

クリントン, ビル　Clinton, Bill　本名＝クリントン, ウィリアム・ジェファーソン　政治家　元・米国大統領（第42代）　⊕1946年8月19日　愚1992／1996／2000／2004／2008／2012

グリーンナウェイ, デービッド　Greenaway, David　ノッティンガム大学教授・経済学科長　⑳経済学　愚1996

グリーンハウス, スティーブン　Greenhouse, Steven　ジャーナリスト　「ニューヨーク・タイムズ」紙記者　国米国　⊕1952年　愚1996

グリーンバウム, シドニー　Greenbaum, Sidney　ロンドン大学ユニバーシティ・カレッジ教授　⑳英語学　国英国　⊕1929年12月31日　愚1996

グリーンバーガー, デニス　Greenberger, Dennis　臨床心理学者　カリフォルニア大学アーバイン校医学部助教授　⑳鬱病　国米国

グリーンバーグ, J.M.　Greenberg, J.Mayo　天体物理学者　ライデン大学天体物理学研究所設立者　⑳宇宙塵　国米国　愚2004

グリーンバーグ, アラン　Greenberg, Alan C.　実業家　ベア・スターンズ会長　国米国　⊕1927年　愚1996／2000

グリーンバーグ, エドワード　Greenberg, Edward S.　コロラド大学政治学部教授　⑳資本主義国家論, 政治経済学　国米国　⊕1942年　愚1996

グリーンバーグ, キース・エリオット　Greenberg, Keith Elliot　作家, テレビプロデューサー　国米国　愚2008／2012

グリーンバーグ, クレメント　Greenberg, Clement　美術評論家　国米国　⊕1909年1月16日　愚1994年5月7日　愚1992／1996

グリーンバーグ, ジャック　Greenberg, Jack　実業家　マクドナルドCEO・社長　国米国　愚2000

グリーンバーグ, スティーブ　Greenberg, Steve　漫画家　国米国　⊕1954年　愚1996

グリーンバーグ, ダン　Greenburg, Dan　作家　国米国　愚2012

グリンバーグ, ドナルド　Grinberg, Donald I.　建築家　国米国　愚1992

グリーンバーグ, バレリー　Greenberg, Valerie D.　心理学者　ツーラン大学ニューカム・カレッジ教授　愚2004

グリーンバーグ, ハンク　Greenberg, Hank　本名＝Greenberg, Henry Benjamin　大リーグ選手　国米国　⊕1911年1月1日　愚1986年9月4日　愚1992

グリーンバーグ, ポール　Greenberg, Paul　ライブ・ワイヤー上席副社長　愚2004

グリーンバーグ, マーティン　Greenberg, Martin H.　アンソロジスト　国米国　⊕1941年　愚2011年6月　愚2000

グリーンバーグ, マーティン　Greenberg, Martin　医師　⑳精神科　国米国　⊕1941年　愚1996

グリンバーグ, ラーリ　アーバン・コネクションズ社長　国米国　愚1996

グリーンバーグ, レイモンド　Greenberg, Raymond S.　医学者　サウスカロライナ医科大学学長　愚2008

クリンバス, C.　Krimbas, Costas B.　アテネ農科大学教授　⑳遺伝学　国ギリシャ　愚1996

グリーンバーム, スティーブン・J.　ポストネット社長　国米国　⊕1961年8月　愚2000

グリーンヒル, ロバート　実業家　グリーンヒル・アンド・カンパニー創設者　国米国　愚1996／2000

クリンプ, ダグラス　Crimp, Douglas　芸術批評家　ロチェスター大学客員教授　国米国　⊕1944年　愚1996

グリーンフィールド, ジェフ　Greenfield, Jeff　ジャーナリスト, 弁護士　ABCニューズ政治コメンテーター　国米国　⊕1943年　愚1996

グリーンフィールド, スーザン　Greenfield, Susan A.　薬理学者　英国王立研究所所長, オックスフォード大学教授　国英国　愚2000／2008

グリーンフィールド, デービッド　Greenfield, David　編集者　愚2004

グリーンフィールド, ロバート　Greenfield, Robert　脚本家, 劇作家　国米国　愚1996

グリーンフィールド・サンダース, ティモシー　Greenfield-Sanders, Timothy　写真家　国米国　⊕1952年　愚1992

グリーンフェルド, カール・タロー　Greenfeld, Karl Taro　コロンビア大学ナイト・バジョット特別研究員　国米国　⊕1964年　愚2000

グリーンフェルド, ジョシュ　Greenfeld, Josh　作家　国米国　⊕1928年　愚1992／1996／2000

グリンフェルド, ハワード　Greenfeld, Howard　作家　国米国

[生]1928年 [典]2000

グリーンブラット, キャシー・スタイン　Greenblat, Cathy Stein　ラトガース大学教授 [専]社会学 [国]米国 [典]1996

グリーンブラット, ジョエル　Greenblatt, Joel　投資家 [国]米国 [典]2004

グリーンブラット, スティーブン　Greenblatt, Stephen J.　カリフォルニア大学英文学1932年記念講座教授 [専]英文学, ルネサンス [国]米国 [生]1943年11月7日 [典]1996

グリーンブラット, ブルース　Greenblatt, Bruce　コンピューター技師 Directory Toolsand Services社長 [国]米国 [典]2004

グリーンブラット, ロドニー　Greenblat, Rodoney　アーティスト [国]米国 [生]1960年 [典]2000

グリーンマン, ロバート　Greenman, Robert　英語学者 [専]現代米語 [国]米国 [典]1992

グリーンラー, ロバート　Greenler, Robert　ウィスコンシン大学ミルウォーキー校物理学教授 [専]物理学 [国]米国 [典]1996

グリーンランド, コリン　Greenland, Colin　作家 [国]英国 [生]1954年 [典]1996

グリーンリーフ, スティーブン　Greenleaf, Stephen　ミステリー作家, 元・弁護士 [国]米国 [生]1942年 [典]1992／1996／2000

グリーンリーフ, ニューコウム　Greenleaf, Newcomb　コロンビア大学コンピューター・サイエンス学部教授 [専]コンピューター科学 [国]米国 [典]1996

グリーンロー, リンダ　Greenlaw, Linda　漁師　「わたしは女、わたしは船長」を執筆したマグロ漁船の女性船長 [国]米国 [典]2004

グリーンワルド, ジェラルド　Greenwald, Gerald　オリンピア・アンド・ヨーク・デベロップメンツ(O&Y)社長 [国]米国 [生]1935年9月11日 [典]1996／2000

グルー, カトリーヌ　Grout, Catherine　美術評論家 [国]フランス [典]2000

クール, デービッド　Kuhl, David　医師 [国]カナダ [典]2004／2008

クール, デービッド　Kuhl, David E.　放射線医学者　ミシガン大学医学部放射線医学教授 [国]米国 [生]1929年10月27日 [典]2012

クール, トレ　Cool, Tre　グループ名=グリーン・デイ　ミュージシャン [生]1972年12月9日 [典]2012

グール, バチヤ　Gur, Batya　ミステリー作家 [国]イスラエル [典]2000

クール, パトリシア　Kuhl, Patricia K.　心理学者　ワシントン大学発話聴覚学部教授 [国]米国 [典]2004

グールー, ピエール　Gourou, Pierre　人文地理学者 [国]フランス [生]1900年 [典]1992

グルー, ブノワト　Groult, Benoîte　作家, 女性運動家 [国]フランス [生]1920年 [典]2000／2004／2008

グルー, フロラ　Groult, Flora　作家 [国]フランス [生]1924年 [没]2001年6月3日 [典]1992

グール, モルデハイ　Gur, Mordechai　政治家, 軍人　元・イスラエル国防次官 [国]イスラエル [没]1995年7月16日 [典]1996

クルーイ, ミシェル　Crouhy, Michel　リスクマネージャー [典]2008／2012

グルイヤール, オリビエ　Grouillard, Olivier　F1ドライバー [国]フランス [生]1958年9月2日 [典]1992／1996

クルーヴァー, ビリー　Klüver, Billy　科学技術者, 美術プロデューサー [生]1927年 [典]2000

グルエフスキ, ニコラ　Gruevski, Nikola　政治家　マケドニア首相, マケドニア国家統一民主党(VMRO-DPMNE)党首 [国]マケドニア [生]1970年8月31日 [典]2008／2012

グルーエン, ボブ　Gruen, Bob　写真家 [専]ロックミュージシャンの写真 [国]米国 [生]1945年10月23日 [典]1992／2004

グルーエンフェルド, リー　Gruenfeld, Lee　作家 [国]米国 [生]1950年 [典]1996

クルーガー, アラン　Krueger, Alan Bennett　経済学者　米国大統領経済諮問委員会(CEA)委員長, プリンストン大学教授 [専]労働経済学, 教育の経済分析 [国]米国 [生]1960年9月17日 [典]2012

クルーガー, アン　Krueger, Anne O.　経済学者　スタンフォード大学経済学部教授 [専]発展途上国の貿易・開発論 [国]米国 [生]1934年2月12日 [典]1996／2000

クルーガー, ウィリアム　Krueger, William Kent　作家 [国]米国 [典]2004

クルーガー, オットー　Kroeger, Otto　カウンセラー　オットー・クルーガー・アソシエイツ創設者 [専]性格学 [国]米国 [典]1996

クルーガー, ダイアン　Kruger, Diane　フランス名=クルージェ, ディアーヌ　女優 [国]ドイツ [生]1975年7月15日 [典]2008／2012

クルーガー, チャド　Kroeger, Chad　グループ名=ニッケルバック　ミュージシャン [国]カナダ [典]2004／2012

クルーガー, バーバラ　アーティスト [国]米国 [典]2000

クルーガー, フリッツ　Krodger, Fritz　A.T.カーニー社副社長 [国]ドイツ [生]1944年2月8日 [典]1992

クルーガー, マイク　Kroeger, Mike　グループ名=ニッケルバック　ベース奏者 [国]カナダ [典]2004／2012

クルーガー, マイロン　Krueger, Myron W.　アーティフィシャル・リアリティー社社長 [国]米国 [生]1942年 [典]1996

クルカルニ, シリクリシュナ　Kulkarni, Shrikrishna G.　実業家　ファナック・インディア社長 [国]インド [生]1963年 [典]1996／2012

グルキュフ, ヨアン　Gourcuff, Yoann　サッカー選手(MF) [国]フランス [生]1986年7月11日 [典]2012

クルーグ, アーロン　Klug, Aaron　生化学者　元・ロイヤル・ソサエティ会長 [専]分子生物学 [国]英国 [生]1926年8月11日 [典]1992／1996／2000／2004／2008／2012

クルーグ, クリス　Klug, Chris　本名=クルーグ, クリストファー　スノーボード選手　ソルトレークシティ五輪スノーボード男子パラレル大回転銅メダリスト [国]米国 [生]1972年11月18日 [典]2004／2012

クルーク, ハンス　Kruuk, Hans　動物学者　アバディーン大学名誉教授 [国]イギリス [生]1937年 [典]2008

クルーク, マックス　Kruk, Max　ジャーナリスト, 著述家 [国]ドイツ [生]1913年 [典]1992

クルーグマン, ポール　Krugman, Paul Robin　経済学者　プリンストン大学教授 [専]国際経済学, 国際金融 [国]米国 [生]1953年2月28日 [典]1992／1996／2000／2004／2008／2012

クルーグマン, マイケル　Krugman, Michael　ライター [国]米国 [典]2004

クルーグマン, リチャード　Krugman, Richard D.　小児科学者　コロラド大学医学部小児科教授 [国]米国 [典]2008

グルグリーノ・デ・ソウザ, エイトール　Gurgulino de Souza, Heitor　教育者, 物理学者　元・国連大学学長 [国]ブラジル [生]1928年8月1日 [典]1992／1996／2000

クルーゲル, ミッシェル　画家 [国]フランス [生]1944年 [典]1992

クルサード, デービッド　Coulthard, David　元・F1ドライバー [国]英国 [生]1971年3月27日 [典]1996／2000／2004／2008／2012

クルージー, ジェニファー　Crusie, Jennifer　ロマンス作家 [国]米国 [典]2004

クルージ, ジョン　Kluge, John　本名=クルージ, ジョン・ワーナー　実業家, 慈善家　元・メトロメディア会長 [国]米国 [生]1914年9月21日 [没]2010年9月7日 [典]1992／1996(クルーギ, ジョン)

クルーシェ, ホアン　Croucier, Juan　音楽プロデューサー [国]米国 [生]1959年 [典]2000

クルシェネク, エルンスト　Křenek, Ernst　作曲家 [国]米国 [生]1900年8月23日 [没]1991年12月23日 [典]1992／1996

グルシコ, ワレンチン　Glushko, Valentin Petrovich　ロケット工学者 [国]ソ連 [生]1908年9月2日 [没]1989年1月10日 [典]1992(グリシコ, ワレンチン)

グルシュケ, アンドレアス [専]地理学, 民族学, 中国学 [国]スイス [生]1960年 [典]1992

グルジラネック, マーク　Grudzielanek, Mark　本名=Grudzielanek,Mark James　元・大リーグ選手 [国]米国 [生]1970年6月30日

クルジン, イーゴリ　Kurdin, Igor　軍人　元・ソ連原子力潜水艦艦

長 国ロシア 泡2004

グルーシン, デーブ　Grusin, Dave　音楽プロデューサー, ジャズピアニスト, 作曲家　国米国　⊕1934年6月26日　泡2000／2004／2008／2012

グルジンスキ, アルベルト　Grudzinski, Albert　ポーランド・ショパン協会会長　国ポーランド　泡1996

クルーズ, F.G.　Cruz, Francisco G.　精神分析医　マイアミ大学医学部教授　国米国　泡2004

クルス, アドニス　プロボクサー　国ニカラグア　⊕1970年6月14日　泡2000

クルーズ, アンソニー　騎手　国香港　⊕1956年12月24日　泡2000

クルス, アンドレス・C.　作家　国フィリピン　⊕1929年　泡1992

クルーズ, イバン　Cruz, Ivan　元・大リーグ選手, 元・プロ野球選手　国プエルトリコ　⊕1968年5月3日　泡2004／2008

クールス, エバ　Keuls, Eva C.　ミネソタ大学教授　国古典学, 古代ギリシャ女性史　国米国　泡1992

クルーズ, ジョン　Kruse, John　作家　国英国　泡1992／1996

クルス, ゾー　Cruz, Zoe　銀行家　モルガン・スタンレー共同社長　国米国　⊕1955年2月2日　泡2008／2012

クルーズ, デービッド　Crews, David　テキサス大学オースティン校教授　国動物学　国米国　泡1996

クルーズ, トム　Cruise, Tom　本名=クルーズ・マパサー, トーマス, 4世　俳優, 映画プロデューサー　国米国　⊕1962年7月3日　泡1992／1996／2000／2004／2008／2012

クルス, ネリー　Kroes, Neelie　政治家　欧州委員会デジタルアジェンダ担当委員　国オランダ　⊕1941年7月19日　泡2012

クルス, フリオ・リカルド　Cruz, Julio Ricardo　サッカー選手　国アルゼンチン　⊕1974年10月10日　泡2000／2008

クルス, ペネロペ　Cruz, Penélope　女優　国スペイン　⊕1974年4月28日　泡2000／2004／2008／2012

クルス, ホセ　Cruz, Jose　イラストレーター, 映画美術監督　国米国　泡2004

クルス, ヨアキム　Cruz, Joaquim　陸上選手　国ブラジル　泡1992

クルース, リチャード　Krooth, Richard　弁護士　泡2008

グルスカ, ヨゼフ　Gruska, Jozef　電子工学者　チェコ・マサリク大学教授　泡2008

グルスキー, アンドレアス　Gursky, Andreas　写真家　国ドイツ　⊕1955年1月15日

グルースキナ, アンナ　Gluskina, Anna Evgenevna　日本文学者　ソ連科学アカデミー東洋学研究所学術研究員　国ソ連　⊕1904年　泡1992

グルースベーク, マレーン　Groesbeek, Marleen Janssen　ジャーナリスト　「フィナンシャル・ダグブラッド」紙外信記者　国オランダ　⊕1963年　泡1996

グルーズマン, ヴァディム　Guluzman, Vadim　バイオリニスト　国イスラエル　⊕1973年　泡2004

クルーゼ, アンドレアス　Kruse, Andreas　ハイデルベルク大学老人学研究室助手　国老人学　国ドイツ　⊕1955年　泡1996

クルーゼ, マリアンネ　Kruuse, Marianne　バレリーナ　ハンブルク・バレエ学校副校長　元・ハンブルク・バレエ団プリンシパル　⊕1942年　泡2012

クルゼウスキー, テッド　Kluszewski, Ted　本名=Kluszewski, Theodore Bernard　大リーグ選手　国米国　⊕1924年9月10日　⊖1988年3月29日　泡1996

クルセベク, ガイ　Kulcevsek, Guy　グループ名=ポルカしかないぜバンド　アコーディオン奏者, 作曲家　国米国　⊕1947年　泡1996

クルータ, バンセスラス　フランス国立高等研究院教授　国ケルト学　国フランス　⊕1939年　泡1996／2000

グルダ, フリードリヒ　Gulda, Friedrich　ピアニスト, 作曲家　国オーストリア　⊕1930年5月16日　⊖2000年1月27日　泡1992／1996

グルダ, リコ　ピアニスト　国オーストリア　泡2000／2004

クルターマン, ウード　Kultermann, Udo　ワシントン大学建築学部教授　国建築学　国ドイツ　⊕1927年　泡1996

クルタン, ティエリー　Courtin, Thierry　イラストレーター, デザイナー　国フランス　⊕1954年　泡1996

クルチ, ニコラス　Kurti, Nicholas　物理学者　元・オックスフォード大学名誉教授　国低温物理学, 磁気学　国英国　⊕1908年5月14日　⊖1998年11月24日　泡1996

クルチェツキ, クリス　Kulczycki, Chris　カヤック・カヌー製作者　チェサピーク・ライト・クラフト創立者　国米国　泡2004

クルチェト, フアン・エステバン　Curuchet, Juan Esteban　自転車選手(マディソン)　北京五輪自転車男子マディソン金メダリスト　国アルゼンチン　⊕1965年2月4日　泡2012

クルチナ, ニコライ　Kruchina, Nikolai Efimovich　政治家　元・ソ連共産党中央委員会事務局長　国ソ連　⊕1928年5月14日　⊖1991年8月　泡1992

クルチャール, カールマン　Kulcsár, Kálmán　政治家, 法律家, 社会学者　ハンガリー科学アカデミー副総裁　元・ハンガリー法相　国ハンガリー　泡1992

クルツ, イシュトヴァン　Kurucz, István　画家　国ハンガリー　⊕1914年　泡1992／1996

クルツ, エフレム　Kurtz, Efrem　指揮者　国米国　⊕1900年11月7日　⊖1995年6月27日　泡1996

クルツ, オディール　Kurtz, Odile　画家　国スペイン　⊕1936年　泡2000

クルーツ, オリン　Kreutz, Olin　元・プロフットボール選手　⊕1977年6月9日　泡2008

クルツ, カルメン　Kurtz, Carmen　作家　国スペイン　⊕1911年　泡2000

クルツ, ジョージ　Kurtz, George　セキュリティコンサルタント　FoundstoneCEO　泡2004

クルツ, レイ　Cruz, Ray　イラストレーター　泡2004

クルツ, ロン　Kurtz, Ron　セラピスト　ハコミ研究所所長　国米国　⊕1934年　泡1996／2000

クルツァー, マンフレート　Kurzer, Manfred　射撃選手(クレー射撃)　国ドイツ　⊕1970年1月10日　泡2008

クルック, レイコ　クルック, 麗子　Kruk, Reiko　別表記=クルック, レイコ　メイクアップアーティスト　国特殊メイク　⊕昭和10年　泡1992／1996／2000

クルックシャンク, ジェフリー　Cruikshank, Jeffrey L.　コーン・クルックシャンク・インク共同設立者　泡2004

クルッグマン, ポール　経済学者　マサチューセッツ工科大学教授　国米国　泡1996

クルッツェン, パウル　Crutzen, Paul　化学者　ユトレヒト大学名誉教授　元・マックスプランク化学研究所大気化学部門長　国大気化学　国オランダ　⊕1933年12月3日　泡2000／2008／2012

クルップ, ヘルマール　Krupp, Helmar　物理学者　東京大学教養学部客員教授　元・フラウンホッファー社システムイノベーション研究所所長　国ドイツ　⊕1924年6月1日　泡1996

クルツマン, ジョエル　Kurtzman, Joel　エコノミスト　「ストラテジー・アンド・ビジネス」誌編集長　国米国　泡2000

クルーテ, ヘストリー　Cloete, Hestrie　走り高跳び選手　国南アフリカ　⊕1978年8月26日　泡2008

クルディ, ジャン・クロード　Courdy, Jean Claude　ジャーナリスト　仏日記者協会会長, OPTIQUE TELEVISION会長　国フランス　泡1996

クルディ, モハメッド・バシール　Kurdi, Mohamed Bashir Ali　外交官　駐日サウジアラビア大使　国サウジアラビア　泡2000／2004／2008

クルーティエ, アレブ・リトル　Croutier, Alev Lytle　シナリオライター, ノンフィクション作家　国米国　⊕1944年　泡1992／1996／2000

クルティエ, マヌエル　政治家　元・国民行動党(PAN)党首　国メキシコ　⊕1989年10月1日　泡1992

クールティヨン, ピエール　Courthion, Pierre　著作家, 批評家, 美術史家　国スイス　⊕1902年　泡1992／1996

グールディング, ジューン　Goulding, June　「マグダレンの祈り」の著者　⊕1927年　⊗2008

クルーティンク, ハルム　Klueting, Harm　ケルン大学教授　⑳ドイツ　⊕1949年　⑲1996／2000

グールディング, マラック　Goulding, Marrack　本名=グールディング, マラック・アービン　外交官　元・国連事務次長(PKO担当)　⑳英国　⊕1936年9月2日　⊗2010年7月9日　⑲1992／1996／2000／2004／2008

グルーデン, ジョン　Gruden, Jon　プロフットボール監督　⑳米国　⊕1963年8月17日　⑲2004／2008

グールド, K.ランス　Gould, K.Lance　医学者　テキサス大学医学部ヒューストン校教授　⑳内科学　⑳米国　⑲2004／2008

グールド, エリオット　Gould, Elliot　俳優　⑳米国　⊕1938年8月29日　⑲1992

グールド, グレン　Gould, Glenn Herbert　ピアニスト, 作曲家　⑳カナダ　⊕1932年9月25日　⊗1982年10月4日　⑲1992

クルート, ジョン　Clute, John　SF評論家　⑲2000

グールド, スティーブン　Gould, Steven　SF作家　⑳米国　⊕1955年　⑲2000／2012

グールド, スティーブン・ジェイ　Gould, Stephen Jay　古生物学者, 科学エッセイスト　元・ハーバード大学教授　⑳進化生物学, 科学史　⑳米国　⊕1941年9月10日　⊗2002年5月20日　⑲1992／1996／2000

グールド, ステファン　Gould, Stephen　テノール歌手　⑳米国　⑲2012

グルート, ドナルド　Glut, Donald F.　シンガー・ソングライター, 作家　フロントライン・エンタテインメント代表　⑲2004

クルト, ハンス　Kurth, Hans　実業家　元・オメガ社長　⑳スイス　⊕1942年　⑲1996／2000／2004

グールド, ヘイウッド　Gould, Heywood　作家　⑳米国　⊕1942年　⑲1996

グールド, マイケル　ブルーミングデール会長・CEO　⑳米国　⑲1992

クルト, ランベルト　元・バイエル薬品社長　⑳ドイツ　⑲1996／2000

クルトゴーロフ, ユーリー　Krutogorov, Yurii　児童文学作家　⑳ロシア　⊕1932年　⑲1996

クルードソン, ジョン　Crewdson, John　ジャーナリスト, 著述家　「シカゴ・トリビューン」紙通信員　⑳米国　⊕1945年　⑲1992／1996

グールドナー, アルビン・ウォード　Gouldner, Alvin Ward　社会学者　⑳米国　⊕1920年7月29日　⊗1980年12月15日　⑲1992

クルトネゴロ, マディ　Kertonegoro, Madi　作家, 画家, 詩人, 演出家, 役者, ダンサー, 振付師　⑳インドネシア　⊕1955年　⑲2000

グールドモンターニュ, モーリス　Gourdault-Montagne, Maurice　外交官　駐英フランス大使　元・駐日フランス大使　⑳フランス　⊕1953年11月16日　⑲2000／2004／2008／2012

クールナン, アンドレ　Cournand, André Frédéric　内科学者　元・コロンビア大学名誉教授　⑳心臓病　⑳米国　⊕1895年9月24日　⊗1988年1月19日　⑲1992

クルーニー, ジョージ　Clooney, George　本名=Clooney,George Timothy　俳優, 映画監督・プロデューサー　⑳米国　⊕1961年5月6日　⑲2000／2004／2008

クルーニー, ローズマリー　Clooney, Rosemary　歌手, 女優　⑳米国　⊕1928年5月23日　⊗2002年6月29日　⑲1996

グルニエ, ロジェ　Grenier, Roger　作家　ガリマール書店顧問　⑳フランス　⊕1919年9月19日　⑲1992／1996／2000／2004

クルニコワ, アンナ　Kournikova, Anna　テニス選手　⑳ロシア　⊕1981年6月7日　⑲2000／2004／2008

クルニッチ, ボスコ　Krunic, Bosko　政治家　元・ユーゴスラビア共産主義者同盟幹部会議長(党首)　⑳ユーゴスラビア　⊕1929年10月21日　⑲1992

グルーネウェーゲン, ピーター　Groenewegen, Peter Diderik　シドニー大学経済学部教授・経済学史研究センター所長, オーストラリア経済学史学会会長　⑳経済学史　⑳オーストラリア　⊕1939年2月13日　⑲1992

グルノー, リチャード　Gruneau, Richard　サイモン・フレイザー大学コミュニケーション学部教授　⑳社会学　⑳カナダ　⊕1948年　⑲2000

グルーバー, エルマー　Gruber, Elmar R.　心理学者　⊕1955年　⑲2000

グルーバー, ゲルノート　Gruber, Gernot　ミュンヘン音楽大学教授, 国際モーツァルト研究所所員　⑳オーストリア　⊕1939年　⑲1996

グルーバー, ジャン　Groover, Jan　写真家　⊕1943年　⑲1996

クルーバー, ブライアン　Cruver, Brian　元・エンロン・トレーダー　「強欲の解剖」の著者　⑳米国　⑲2004

グルーバー, ベルンハルト　Gruber, Bernhard　スキー選手(複合)　バンクーバー五輪スキー・ノルディック複合団体金メダリスト　⑳オーストリア　⊕1982年8月12日　⑲2012

グルーバー, マイケル　Gruber, Michael　作家　⊕1940年　⑲2008／2012

グルーバー, マーティン　Gruber, Martin　プログラマー, ライター　⑲2004

グルーハイス, ステファン　Groothuis, Stefan　スピードスケート選手　⑳オランダ　⊕1981年11月23日

グルーバーガー, リサ・ミュニッツ　Gruberger, Risa Munitz　教育活動家　⑳米国　⑲2004

クールハース, レム　Koolhaas, Rem　本名=Koolhaas,Remment　建築家, 都市デザイナー　OMA(オフィス・オブ・メトロポリタン・アーキテクチュア)主宰, ハーバード大学教授　⑳オランダ　⊕1944年11月17日　⑲1992(コールハース, レム)／1996／2004／2008／2012

クールバック, ヴィクトル　Koulbak, Victor　画家　⑳ソ連　⊕1946年　⑲1992

クルハビ, ヤロスラフ　Kulhavý, Jaroslav　自転車選手(マウンテンバイク)　ロンドン五輪自転車男子マウンテンバイク金メダリスト　⑳チェコ　⊕1985年1月8日

クルピ, レヴィー　Culpi, Levir　サッカー監督　⑳ブラジル　⊕1953年2月28日　⑲2004／2008／2012

クルピヤンコ, ミハイル　Krupianko, Mikhail Ivanovich　ロシア科学アカデミー付属東洋学研究所主任研究員, 岡山大学助教授　⑳ロシア　⊕1944年　⑲1996

クルピンスキ, ロレッタ　Krupinski, Loretta　イラストレーター　⑲2004

クルプニコビッチ, ネボイシャ　Krupnikovic, Nebojasa　サッカー選手(MF)　⑳セルビア・モンテネグロ　⊕1973年8月15日　⑲2008

グループマン, ジェローム　Groopman, Jerome　医学者　ハーバード大学医学部教授, ベス・イスラエル・ディーコネス医療センター実験医学主任　⑳米国　⊕1952年　⑲2004／2008／2012

グルーベ, オモー　Grupe, Ommo　元・テュービンゲン大学教授　⑳スポーツ教育学　⑳ドイツ　⊕1930年11月4日　⑲2004

グルーベ, ニコライ　考古学者　テキサス大学教授, ボン大学教授　⑳マヤ碑文学　⑳米国　⑲2004

クルベリ, ミルック　Kullberg, Mirkku　実業家　アルテックCEO　⑳フィンランド　⊕1962年

グルーベル, ニルス　Grueber, Nils　外交官　在大阪神戸ドイツ総領事　⑳ドイツ　⊕1933年　⑲2000

グルーベル, ルース　Grubel, Ruth M.　宣教師　関西学院院長　⑳国際関係論　⑳米国　⊕1950年9月14日　⑲2008

グルベローヴァ, エディタ　Gruberová, Edita　ソプラノ歌手　⑳スロバキア　⊕1946年12月23日　⑲1992(グルベローバ, エディタ)／1996(グルベローバ, エディタ)／2000／2004／2008／2012

クールボー, マイク　Coolbaugh, Mike　本名=Coolbaugh,Michael Robert　大リーグ選手・コーチ　⑳米国　⊕1972年6月5日　⊗2007年7月22日

グルボー, マルティーヌ　Gourbault, Martine　イラストレーター　⑲2004

クルボアジェ, ジャック　Crevoisier, Jacques　サッカー監督　サッカー・フランス・ユース代表監督　[国]フランス　[典]2004

グルボコフスキー, ミハイル・コンスタチーノビッチ　政治家　ロシア下院議員（ヤブリンスキー連合）　[国]ロシア　[生]1948年　[典]2000

クルマ, アマドゥ　Kourouma, Ahmadou　作家　[国]コートジボワール　[生]1927年　[典]2004／2008

クルマス, フロリアン　Coulmas, Florian　ドイツ日本研究所所長　[専]社会言語学　[国]ドイツ　[生]1949年　[典]2004／2012

クルマン, オスカー　Cullmann, Oscar　神学者, 哲学者　元・ソルボンヌ大学名誉教授, 元・バーゼル大学名誉教授　[専]聖書神学（新約聖書）, 古代教会史　[国]フランス　[生]1902年2月25日　[没]1999年1月16日　[典]2000

クールマン, ジャン　生化学者　マールブルク大学教授　[専]内分泌生化学　[国]ドイツ　[典]2000

クールマン, ハンス　デットモルト音楽大学教授　[専]ドイツ語発音技法　[国]ドイツ　[典]1996

クールマン, ヘルベルト・エルンスト　Culmann, Herbert Ernst　エアロクラブ会長　元・ルフトハンザ航空会長　[国]ドイツ　[生]1921年2月15日　[典]1992／1996

クルミー, アンドルー　Crumey, Andrew　作家　[国]英国　[生]1961年　[典]2012

クルミニャ, ブリギッタ　Kruminya, Brigitta A.　日本語研究者　ラトビア日本語文化学習所校長　[国]ラトビア　[典]2008／2012

グルーム, ウィンストン　Groom, Winston　作家, シナリオライター　[国]米国　[生]1948年　[典]1996

クルーム, ジェフ　Crume, Jeff　コンピューター技術者　[国]米国　[典]2004

クルム, ミハエル　Krumm, Michael　レーシングドライバー　[国]ドイツ;スウェーデン　[生]1970年3月19日　[典]2004／2008／2012

グルームス, レッド　現代美術家　[国]米国　[生]1937年　[典]1996

クルメ, レイモンド　Krumme, Raimund　アニメーター　[国]ドイツ　[生]1950年　[典]2004

グルメク, ミルコ　Grmek, Mirko D.　オート・ゼチュード（高等学術院）教授　[専]医学史, 生物学　[生]1924年　[典]1996

クルーラス, イヴァン　Cloulas, Ivan　歴史家　フランス国立古文書館主任調査官　[専]ヨーロッパ中世史, ルネサンス　[国]フランス　[典]1992

クルラーポフ, ワレリー　ロシア極東国立総合大学東洋学部日本語学科主任教授, ロシア極東国立総合大学函館校学部長　[専]日本語, 日本文学　[国]ロシア　[典]1996

クルール, マレック　政治家　ポーランド統一労働者党中央委員会書記,「フプロスト」編集長　[国]ポーランド　[生]1953年　[典]1992

グルレ, ジルベール　Grellet, Gilbert　フランス通信社（AFP）営業局長　[国]フランス　[典]1992

クルレジャ, ミロスラヴ　Krleza, Miroslav　詩人, 小説家　[国]ユーゴスラビア　[生]1893年7月7日　[没]1981年12月29日　[典]1992

クルーロー, レス　Clewlow, Les　金融学者　[専]エネルギー・商品リスク管理, 価格設定, エキゾチックオプションヘッジ, 金利モデル, 数値解法アルゴリズム　[典]2008

クルロヴィッチ, アレクサンドル　Kourlovitch, Aleksandr　重量挙げ選手（108キロ以上級）　[国]ベラルーシ　[生]1961年7月28日　[典]1992（クルロビッチ, アレクサンドル）／1996（クルロビッチ, アレクサンドル）／2000

クルーン, キアラン　経営コンサルタント　I.G.Iプロモーションズ社長　[国]アイルランド　[典]1996

クルーン, シャーロット・ボイル　水泳選手　[国]米国　[没]1990年10月3日　[典]1992

グルン, チャンドラ　Gurung, Chandra P.　環境コンサルタント　国際基督教大学アジア文化研究所研究員　[国]ネパール　[生]1949年　[典]2000

グルン, プラバル　Gurung, Prabal　ファッションデザイナー　[典]2012

クルーン, マーク　Kroon, Marc Jason　大リーグ選手（投手）, 元・プロ野球選手　[国]米国　[生]1973年4月2日　[典]2008／2012

クルーン, レーナ　Krohn, Leena　作家　[国]フィンランド　[生]1947年　[典]2000／2008／2012

クルンカー, ヴィル　Klunker, Will　医師, 哲学者　[専]類似療法, 現有分析医学　[生]1923年　[典]2004

グルンツ, ジョルジュ　Gruntz, George　本名＝グルンツ, ジョルジュ・ポール　ジャズピアニスト, 作曲家, 編曲家　ジョルジュ・グルンツ・コンサート・ジャズ・バンドリーダー　[国]スイス　[生]1932年6月24日　[典]1996

グルンディッヒ, マックス　Grundig, Max　元・グルンディッヒ・グループ創業者・元社長　[国]ドイツ　[没]1989年12月7日　[典]1992

グルンドフェスト, ジョセフ　法律家, エコノミスト　スタンフォード大学教授, 米国証券取引委員会（SEC）委員　[国]米国　[生]1951年　[典]1992

グルントヘーバー, フランツ　Grundheber, Franz　バリトン歌手　[国]ドイツ　[生]1937年9月27日　[典]2012

グレ, アリックス　Grés, Alix　本名＝バルトン, アリックス　通称＝マダム・グレ　ファッションデザイナー　元・パリ・オートクチュール組合名誉会長　[国]フランス　[生]1903年　[没]1993年11月24日　[典]1996

クレー, アレクサンダー　Klee, Alexander　画家　[国]スイス　[生]1940年10月6日　[典]1992／1996

クレー, エルンスト　Klee, Ernst　障害者教育家　フランクフルト市民大学「環境克服」プロジェクトリーダー　[国]ドイツ　[生]1942年　[典]1992

グレー, ジェームズ　Gray, James N.　ソフトウェア・エンジニア　ディジタル・イクイップメント（DEC）社サンフランシスコ・システムズセンター　[専]オンライントランザクション処理（OLTP）　[国]米国　[典]1992（グレイ, ジェームズ）／1996（グレイ, ジェームズ）

グレー, ジョン・イー　世界エネルギー会議米国委員長　[専]エネルギー問題, 原子力問題　[国]米国　[生]1922年　[典]1996（グレイ, ジョン・イー）

クレア, エリザベス　Claire, Elizabeth　ESLコンサルタント　[国]米国　[典]2004

クレア, ジョージ　Clare, George　旧名＝クラール, ゲオルク　著述家　[国]英国　[生]1920年　[典]1996

クレア, デビー　Cryer, Debby　[専]乳幼児保育　[国]米国　[典]2008

クレア, マイケル　Klare, Michael　軍事評論家　ハンプシャー大学教授　[専]平和・国際安全保障研究　[国]米国　[生]1943年　[典]2000

グレアム, アラステア　Graham, Alastair　イラストレーター, 絵本作家　[国]英国　[生]1945年　[典]1996

グレアム, ウィンストン　Graham, Winston　作家　[国]英国　[典]1992

グレアム, キャロライン　Graham, Caroline　ミステリー作家　[国]英国　[典]1996

グレアム, グロリア　Grahame, Gloria　女優　[国]米国　[生]1923年11月28日　[没]1981年10月5日　[典]1992

グレアム, コリン　Graham, Colin　オペラ演出家　元・セントルイス・オペラ芸術監督　[国]米国　[没]2007年4月6日　[典]2004

グレアム, スーザン　Graham, Susan　メゾソプラノ歌手　[国]米国　[生]1960年7月23日　[典]2004（グラハム, スーザン）／2012

グレアム, ヘザー　Graham, Heather　筆名＝ドレイク, シャノン　ロマンス作家　[国]米国　[典]2004／2012

グレアム, マーガレット・ブロイ　Graham, Margaret Bloy　絵本作家　[国]カナダ　[生]1920年　[典]2008

グレアム, リン　Graham, Lynne　ロマンス作家　[生]7月30日　[典]2004

グレアム, ロイド　Graham, Lloyd B.　社会学者　元・トロント大学大学院教授　[国]カナダ　[典]2004

クレアリー, エリザベス　Crary, Elizabeth　教育家　[国]米国　[典]2004

グレイ, A.W.　Gray, A.W.　ミステリー作家　[国]米国　[典]1992／1996

クレイ, アフマド　Quray, Ahmad　別名＝アブ・アラ　政治家　元・パレスチナ自治政府首相　[国]パレスチナ　[生]1937年　[典]1996／2000／2004／2008／2012

グレイ, アラスター　Gray, Alasdair　作家　⑩英国　⑭1934年　㊞2000／2012

グレイ, アンソニー　Grey, Anthony　作家　BBC海外ニュース解説者　⑩英国　⑭1938年　㊞1992

グレイ, イアン　Gray, Ian　シントニー・プロダクション共同経営者　⑩米国　⑭1940年　㊞1996

グレイ, ウィリアム(3世)　Gray, William H.(III)　政治家, 牧師　米国民主党下院院内幹事　⑩米国　⑭1941年8月20日　㊞1992

グレイ, エドウィン　Gray, Edwyn　作家　⑩英国　㊞2004

グレイ, エリック　Gray, Eric W.　コンピューター技術者　⑩米国　㊞2004

グレイ, キース　Gray, Keith　児童文学作家　⑩英国　⑭1972年　㊞2004／2008

グレイ, キャット　グループ名＝13キャッツ　ミュージシャン　⑩米国　㊞2000

グレイ, クリス　Gray, Kris M.　コンピューター技術者, テクニカルライター　㊞2008

グレイ, ゲイリー　Gray, F.Gary　映画監督　⑩米国　㊞2000／2004

グレイ, ケス　Gray, Kes　児童文学作家　⑩英国　⑭1960年　㊞2004

グレイ, ゲーリー　Gray, Gary　テクニカルライター　㊞2008

グレイ, ジェイミーリン　Gray, Jamie Lynn　射撃選手（ライフル）　ロンドン五輪射撃女子ライフル3姿勢金メダリスト　⑩米国　⑭1984年5月26日

グレイ, ジェニファー　Grey, Jennifer　女優　⑩米国　⑭1960年　㊞1996

グレイ, ジェームズ　Gray, James　映画監督, 脚本家　⑩米国　⑭1970年　㊞2000／2004／2008

グレイ, ジーナ　Gray, Ginna　ロマンス作家　⑩米国　㊞2004

グレイ, ジム　Gray, Jim　コンピューター技術者　⑩トランザクション処理　⑩米国　㊞2004

クレイ, シーモア　Cray, Seymour　実業家　元・クレイ・リサーチ創設者　⑩米国　⑭1925年　㊡1996年10月5日　㊞1996

グレイ, シャーロット　Gray, Charlotte　作家, 詩人　⑩英国　⑭1937年　㊞1992／2000

クレイ, ジャン　Clay, Jean　美術史家, 美術評論家　元・ソルボンヌ大学講師　⑩近代絵画　⑩フランス　⑭1934年　㊞1992

グレイ, ジョージ・ウィリアム　Cray, George William　ハル大学名誉教授　⑩材料科学　⑩英国　⑭1926年9月4日　㊞1996／2000

クレイ, ジョーダン　Cray, Jordan　作家　⑩米国　㊞2004

グレイ, ジョン　Gray, John　アバディーン大学名誉教授　⑩ヘブライ語　⑩英国　⑭1913年6月9日　㊞1996

グレイ, ジョン　Gray, John　心理学者, カウンセラー　⑩米国　㊞2000

グレイ, ジョン　Gray, John　政治学者　ロンドン・スクール・オブ・エコノミクス(LSE)教授　⑩政治哲学, 欧州思想史　⑩英国　⑭1948年　㊞2004

クレイ, デービッド　Cray, David　作家　㊞2004

グレイ, デービッド　Gray, David　シンガー・ソングライター　⑩英国　⑭1970年　㊞2004

グレイ, トニー　Grey, Tony　ジャズ・ベース奏者　⑭1975年3月23日　㊞2012

グレイ, ニコラス・スチュアート　Gray, Nicholas Stuart　作家, 脚本家, 俳優, 舞台監督, イラストレーター　⑩英国　⑭1922年10月23日　㊡1981年3月17日　㊞1992

グレイ, ピーター　Gray, Peter M.D.　アバディーン大学講師　⑩データベース　⑩英国

グレイ, ピーター　外交官　駐日オーストラリア大使　⑩オーストラリア　⑭1948年　㊞2000

クレイ, ブライアン　Clay, Bryan　十種競技選手　北京五輪陸上男子十種競技金メダリスト　⑩米国　⑭1980年1月3日　㊞2012

グレイ, ブレット　Gray, Brett　プロ野球選手（投手）　⑩米国　⑭1966年8月19日　㊞2004

グレイ, メイシー　Gray, Macy　シンガー・ソングライター　⑩米国　㊞2000／2004／2008

クレイ, リタ　Clay, Rita　本名＝エストラーダ, リタ・C.　ロマンス作家　㊞1992

グレイ, ロッキー　Gray, Rocky　グループ名＝エヴァネッセンス　ロックドラム奏者　⑩米国　㊞2008

クレイギー, ピーター　Craigie, Peter C.　元・カルガリー大学文学部長　⑩ウガリト学, 聖書研究　⑩カナダ　㊡1985年　㊞1992

クレイグ, アンドルー　Craig, Andrew　実業家　元・チャンピオンシップ・オート・レーシング・チームズ(CART)会長・CEO　⑩英国　㊞2004

クレイグ, エドワード　Craig, Edward Anthony　演劇・映画プロデューサー, 美術監督　⑩英国　⑭1905年1月3日　㊞2000

クレイグ, キット　Kraig, Kit　別筆名＝リード, キット, ハイド, シェリー　作家　⑩米国　⑭1932年　㊞1996

クレイグ, ゲーリー　Craig, Gary　ハル大学社会正義学部教授　⑩社会政策　⑩英国　㊞2004／2008

クレイグ, ゴードン　Craig, Gordon A.　スタンフォード大学名誉教授, ベルリン自由大学名誉教授　⑩歴史学, ドイツ史　⑩米国　⑭1913年　㊞1996／2000

クレイグ, ジェームズ　Craig, James　本名＝Craig, Albert James Macqueen　英国中東協会会長　元・駐サウジアラビア英国大使　⑩中東問題　⑩英国　⑭1924年7月13日　㊞1992／1996

クレイグ, ジョン　Craig, John　版画家, イラストレーター　⑩米国　⑭1944年　㊞1996

クレイグ, ダニエル　Craig, Daniel　俳優　⑩英国　⑭1968年3月2日　㊞2008／2012

クレイグ, ハーモン　Craig, Harmon　地球化学者　カリフォルニア大学教授　⑩米国　⑭1926年3月15日　㊞1992

クレイグ, ヘレン　Craig, Helen　写真家, 挿絵画家　⑩英国　㊞1992／1996／2000

クレイグ, マイキー　Craig, Mikey　本名＝クレイグ, マイケル　グループ名＝カルチャー・クラブ　ベース奏者　⑩英国　⑭1960年2月15日　㊞2000／2004／2008

クレイグ, ラリー　Craig, Larry Edwin　政治家　元・米国上院議員（共和党）　⑩米国　⑭1945年7月20日　㊞1996／2000／2004／2008／2012

クレイクラフト, J.　Cracraft, Joel　生物学者　イリノイ大学　⑩鳥類形態・分類　⑩米国　㊞1992

クレイサ, ジュリア　Krejsa, Julia　科学ジャーナリスト　⑩オーストリア　㊞1992

グレイザー, ブライアン　Grazer, Brian　映画プロデューサー　イマジン・エンターテイメント社長, イマジン・フィルム・エンターテイメント共同会長　⑭1951年　㊞1996／2004／2008／2012

クレイサ, ロバート・P.　東レ・ダウコーニング・シリコーン会長　⑩米国　⑭1946年12月6日　㊞1996／2000

グレイシー, アン　Gracie, Anne　ロマンス作家　⑩オーストラリア　㊞2008

グレイシー, シャールズ　Gracie, Charles　柔術家　㊞2004／2008

グレイシー, ハイアン　Gracie, Ryan　柔術家　⑩ブラジル　⑭1974年8月14日　㊡2007年12月15日　㊞2004／2008

クレイシ, ハニフ　Kureishi, Hanif　作家, 脚本家, 映画監督　⑩英国　⑭1954年12月5日　㊞2000／2004／2008／2012

グレイシー, ヒクソン　Gracie, Rickson　柔術家　⑩グレイシー柔術　⑩ブラジル　⑭1958年11月21日　㊞1996／2000／2004／2008／2012

グレイシー, ヘンゾ　Gracie, Renzo　柔術家　⑩ブラジル　⑭1967年3月11日　㊞2004／2008

グレイシー, ホイス　Gracie, Royce　柔術家, 総合格闘家　⑩米国　⑭1966年12月12日　㊞2000／2004／2008／2012

グレイシー, ホイラー　Gracie, Royler　柔術家　⑩ブラジル　⑭1965年12月6日　㊞2004／2008

グレイシー, ホジャー　Gracie, Roger　本名＝Gracie,Roger Gomes　柔術家　ホジャー・グレイシー柔術アカデミー主宰　国ブラジル　⊕1981年9月26日　⊠2012

クレイス, ジム　Crace, Jim　作家, 劇作家　国英国　⊕1946年3月1日　⊠2004／2012

クレイス, ロバート　Crais, Robert　作家　国米国　⊕1953年6月　⊠2000／2004／2012

グレイスティーン, ウィリアム（Jr.）　Gleysteen, William H.（Jr.）　外交官　元・ジャパン・ソサエティ（ニューヨーク）理事長　国米国　⊕1926年　⊠2002年12月6日　⊠1992／1996

グレイスミス, ロバート　Graysmith, Robert　ノンフィクション作家　国米国　⊕1942年　⊠2008／2012

クレイスン, クライド　Clason, Clyde B.　推理作家　国米国　⊕1903年　⊠2000

グレイソン, J.ポール　Grayson, J.Paul　マイクログラフィックス社会長・CEO, ウィンドウズ・プレゼンテーション・マネージャー協会（WPMA）会長　⊠1996

クレイソン, アラン　Clayson, Alan　音楽ライター, ミュージシャン　国英国　⊕1951年　⊠2004

グレイソン, ジョン　Greyson, John　映画監督　国カナダ　⊕1960年　⊠2000

クレイター, W.グラハム　元・米国海軍長官, 元・アムトラック総裁・会長　国米国　⊠1994年5月14日　⊠1996

クレイダー, リチャード　Kreider, Richard B.　スポーツ医学者　メンフィス大学助教授　⊠2004

クレイダーマン, リチャード　Clayderman, Richard　本名＝パジェス, フィリップ　ピアニスト　国フランス　⊕1953年12月28日　⊠1992／1996／2000／2008／2012

グレイツァー, ソル　ビオラ奏者　国米国　⊠1989年8月31日　⊠1992

クレイドマン, エレン　Kreidman, Ellen　著述家, 講演家　ライト・ユア・オウン・ファイア創始者　国米国　⊠2004

クレイドラー, ウィリアム　Kreidler, William J.　教育者　⊠2004

クレイトン, アダム　Clayton, Adam　グループ名＝U2　ロック・ベース奏者　国英国　⊕1960年3月13日　⊠2000／2004／2008／2012

クレイトン, キャスリーン　Creighton, Kathleen　ロマンス作家　国米国　⊠2004

グレイドン, ジェイ　ギタリスト, 作曲家, 音楽プロデューサー　国米国　⊕1949年　⊠1996

クレイトン, ジャック　Clayton, Jack　映画監督　国英国　⊕1921年　⊠1995年2月25日　⊠1996

クレイトン, ジョン・W.　ウェアーハウザー社長・CEO　国米国　⊠1996

クレイトン, ドナ　Clayton, Donna　ロマンス作家　⊠2004

クレイトン, バック　Clayton, Buck　本名＝Clayton,Wilbur Dorsey　ジャズトランペット奏者　国米国　⊕1911年11月12日　⊠1991年12月8日　⊠1996

クレイトンリー, トニー　Clayton-Lea, Tony　フリーライター　⊠2004

クレイナー, スチュアート　Crainer, Stuart　ライター　⊠2004

クレイナー, デーヴィッド　Kreiner, David　スキー選手（複合）　バンクーバー五輪ノルディック複合男子団体金メダリスト　国オーストリア　⊕1981年3月8日　⊠2012

グレイニング, ジェーン　Graining, Jane　フリーライター, スタイリスト　⊠2004

クレイノヴィチ, エルヒム・アブラモヴィチ　言語学者, 民族学者　国ロシア　⊕1906年　⊠1996（クレイノビチ, エルヒム・アブラモビチ）

クレイバーグ, ジル　Clayburgh, Jill　女優　国米国　⊕1944年4月30日　⊠2010年11月5日　⊠1992／1996／2008

グレイバーズ, マシュー　Grevers, Matthew　通称＝グレイバーズ, マット　水泳選手（背泳ぎ）　ロンドン五輪競泳男子100メートル背泳ぎ金メダリスト　国米国　⊕1985年3月26日

クレイビル, ドナルド　Kraybill, Donald B.　社会学者　エリザベスタウン大学教授　国アーミッシュ, アナバプテスト　国米国　⊕1945年　⊠2000

クレイフィ, ミシェル　Khleifi, Michel　映画監督　国ベルギー　⊕1950年　⊠2000

クレイプール, ノーマ　親から見放された重度身心障害児たちを養子にして育てる　国米国　⊠1992

クレイブン, サラ　Craven, Sara　ロマンス作家　国英国　⊠2000

クレイブンス, ギネス　Cravens, Gwyneth　作家, 編集者　「ハーパース・マガジン」執筆編集者　⊠1992

クレイペルズ, エドワード　Krapels, Edward N.　石油エコノミスト　ペトロリアム・エコノミックス（PEL）代表取締役, 北米PEL社長, エナージー・セキュリティ・アナリシス（ESAI）社長　国米国　⊠1992

クレイマー, リチャード・ベン　ジャーナリスト　国米国　⊕1951年6月12日　⊠1996

クレイマン, カレン　Kleiman, Karen R.　医療ソーシャルワーカー　産後ストレスセンター代表　国米国　⊠2000

クレイマン, ナウーム　Kleiman, Naum　映画学者　ロシア国立中央映画博物館長　国ロシア　⊕1937年　⊠2000／2008

クレイムズ, ジェフリー　Krames, Jeffrey A.　ジャーナリスト　⊠2008

クレイン, エミリー　Klein, Emilee　プロゴルファー　国米国　⊕1974年6月11日　⊠2000／2004／2008

クレイン, バリー　テレビディレクター　国米国　⊠1985年7月5日　⊠1992

クレイン, ミネ　画家　国米国　⊕1917年　⊠1992

グレインキー, ザック　Greinke, Zack　本名＝Greinke,Donald Zackary　大リーグ選手（投手）　国米国　⊕1983年10月21日　⊠2012（グリンキー, ザック）

グレインジャー, キャサリン　Grainger, Katherine　ボート選手　ロンドン五輪ボート女子ダブルスカル金メダリスト　国英国　⊕1975年11月12日

クレインベルジェ, ロランス　Kleinberger, Laurence　絵本作家　⊠2008

グレーヴィチ, アロン　Gurevich, Aron Yakovlevich　歴史学者　ロシア科学アカデミー世界文学研究所　中世史　国ロシア　⊕1924年　⊠1992（グレービチ, アロン）／1996（グレービチ, アロン）

グレーヴィチ, ウラジーミル　Gurevich, Vladimir　ジャーナリスト　「モスコー・ニューズ」紙経済部長　国ソ連　⊕1950年　⊠1992（グレービチ, ウラジーミル）／1996（グレービチ, ウラジーミル）

グレーヴェ, ケネット　Greve, Kenneth　バレエダンサー　フィンランド国立バレエ団芸術監督　元・デンマーク・ロイヤルバレエ団プリンシパル　⊠2012

クレオパトラ　Cleopatra　グループ名＝クレオパトラ　歌手　国英国　⊠2000

クレオール, キッド　グループ名＝キッド・クレオール・アンド・ザ・ココナッツ　歌手　国米国　⊠1992

グレーガー, アンドレアス　チェロ奏者　ベルリン国立歌劇場管弦楽団首席チェロ奏者　国ドイツ　⊕1962年2月28日　⊠2004／2008

グレガーセン, ハル　Gregersen, Hal B.　経営学者　ブリガム・ヤング大学マリオット・ビジネス・スクール准教授　国米国　⊠2004

グレーガン, ジョージ　Gregan, George　元・ラグビー選手　国オーストラリア　⊕1973年4月19日　⊠2008／2012

グレギーナ, マリア　Guleghina, Maria　ソプラノ歌手　国ウクライナ　⊕1959年　⊠2000／2012

クレク, バルトシュ　Kurek, Bartosz　バレーボール選手　国ポーランド　⊕1988年8月29日

グレコ, エミーリオ　Greco, Emilio　彫刻家　元・ローマ・アカデミア教授　国イタリア　⊕1913年10月11日　⊠1995年4月5日　⊠1992／1996

グレコ, サム　Greco, Sam　格闘家　WAKO世界ムエタイ・スーパーヘビー級チャンピオン　国オーストラリア　⊕1967年5月3日　⊠2000／2004／2008

グレコ, ジュリエット　Gréco, Juliette　シャンソン歌手, 女優　国フランス　生1926年2月7日　典1992/1996/2000/2004/2012

グレゴリー, サンドラ　Gregory, Sandra　「『バンコク・ヒルトン』という地獄―女囚サンドラの告白」の著者　国英国　生1965年　典2008

グレゴリー, ジェームズ　Gregory, James R.　グレゴリー・アンド・クライビューン会長　国米国　典1996

グレゴリー, ジュリー　Gregory, Julie　作家　著ミュンヒハウゼン症候群　国米国　典2008

グレゴリー, トーマス　Gregory, Thomas　シズラー・レストラン・インターナショナル社長　国米国　典1992

グレゴリー, ドーン　Gregory, Doane　写真家　国米国　典2000

グレゴリー, ナン　Gregory, Nan　作家　典2004

グレゴリー, パスカル　Greggory, Pascal　俳優　国フランス　典2000

グレゴリー, バリスカ　Gregory, Valiska　児童文学作家　バトラー大学児童文学研究所ディレクター　国米国　生1940年　典2004

グレゴリー, ピーター　Gregory, Peter H.　システムエンジニア　ITエンジニアリング・マネジャー　専セキュリティ　典2004

グレゴリー, マイク　Gregory, Mike J.　チャーチル・カレッジ・フェロー・製造工学研究ディレクター　専製造工学,CIM（Computer Integrated Manufacturing）　国英国　典1992

グレゴリー, リチャード　Gregory, Richard L.　心理学者　ブリストル大学　専知覚心理学　国英国　典2004

グレゴリアン, バータン　Gregorian, Vartan　カーネギー財団会長　元・ブラウン大学総長　専歴史学　国米国　生1934年4月8日　典1996/2000

グレゴリッチ, バーバラ　Gregorich, Barbara　作家　国米国　生1943年　典1996

グレーコワ, イリーナ　Grekova, Irina Nikolaevna　本名=ヴェンツェリ,エレーナ・セルゲーヴナ　作家　国ロシア　生1907年3月21日　没2002年4月16日　典1996

グレーザー, エリザベス　Glaser, Elizabeth　エイズ撲滅運動家　元・小児エイズ基金設立者　国米国　没1994年12月4日　典1996

グレーザー, コニー　Glazer, Connie　ビジネスコンサルタント, 著述家　国米国　典2004/2008

グレーザー, ジョナサン　Glazer, Jonathan　CMディレクター　国英国　典2008

グレーザー, ドナルド　Glaser, Donald Arthur　物理学者, 分子生物学者　元・カリフォルニア大学バークレー校教授　国米国　生1926年9月21日　没2013年2月28日　典1992/1996/2008/2012

グレーザー, ネーサン　Glazer, Natham　社会学者　ハーバード大学教授　専教育社会学　国米国　生1923年　典1996

グレーザー, バイロン　Glaser, Byron　グラフィックデザイナー　国米国　典2004

グレーザー, マルコム　Glazer, Malcolm　実業家　元・ファースト・アライド社長・CEO,元・マンチェスター・ユナイテッド・オーナー　国米国　生1928年5月25日　没2014年5月28日

グレーザー, ミッチ　Glazer, Mitch　脚本家　典2008

グレーザー, ミルトン　Glaser, Milton　グラフィックデザイナー, イラストレーター　国米国　生1929年　典2000/2012

グレーザー, ロブ　Glaser, Rob　実業家　リアルネットワークス会長　典2000

クレシ, モイーン　Qureshi, Moeen Ahmad　エコノミスト　元・パキスタン暫定首相,元・世界銀行副総裁　国パキスタン　典1996

クレシェンツォ, ルチアーノ・デ　Creschenzo, Luciano De　作家, 映画監督,脚本家,俳優　国イタリア　生1928年　典2000/2012

クレージュ, アンドレ　Courréges, André　ファッションデザイナー　国フランス　生1923年3月9日　典2012

クレシュ, ポール　Kresh, Paul　音楽評論家,エディター,プロデューサー　国米国　典1992

グレシュ, ロイス　Gresh, Lois H.　作家　典2004

グレース, J.ピーター　Grace, J.Peter　実業家　元・W.R.グレース会長　国米国　生1913年5月25日　没1995年4月19日　典1996

クレス, W.ジョン　Kress, W.John　生物学者　スミソニアン協会自然史博物館植物部部長　国米国　典2004/2008

グレース, アレクサンダー　Grace, Alexander M.　作家　国米国　典2000

グレース, キャサリン・オニール　Grace, Catherine O'neill　高校教師　国米国　典2008

グレース, キャシー　Grace, Cathy　教育家　専教師教育　国米国　典2004

グレース, キャロル　Grace, Carol　ロマンス作家　典2004

クレース, クリスチャン　Klees, Christian　射撃選手（ライフル）　国ドイツ　典2000

グレース, ジェームズ　Grace, James　ライター, 法律家　国米国　典2004

グレーズ, デルフィーヌ　Gleize, Delphine　映画監督　国フランス　生1973年5月5日　典2008

クレス, ナンシー　Kress, Nancy　作家　国米国　生1948年　典2012

グレース, パトリシア　Grace, Patricia　作家　国ニュージーランド　生1937年　典1992

グレース, マーク　Grace, Mark Eugene　元・大リーグ選手　国米国　生1964年6月28日　典2004/2008/2012

クレスウェル, ジャスミン　Cresswell, Jasmine　ロマンス作家　国英国　典1992

クレスウェル, ルーク　グループ名=STOMP　芸人　国英国　典2000

グレース王妃　Grace　本名=グラシア・パトリシア・グリマルディ　旧名=ケリー, グレース・パトリシア　芸名=ケリー, グレース　女優　元・モナコ公国王妃　国モナコ　生1928年11月12日　没1982年9月14日　典1992（ケリー, グレース）

クレスコ, ライアン　Klesko, Ryan　大リーグ選手（外野手）　国米国　生1971年6月12日　典2000/2008

クレスティル, トーマス　Klestil, Thomas　政治家,元・外交官　元・オーストリア大統領　国オーストリア　生1932年11月4日　没2004年7月6日　典1996/2000/2004

クレストン, ポール　Creston, Poul　作曲家　国米国　生1906年10月10日　没1985年8月24日　典1992

グレースナー, ゲルト・ヨアヒム　Glaessner, Gert-Joachim　政治学者　フンボルト大学教授　国ドイツ　生1944年　典1996

クレスパン, マルソー　Crespin, Marceau　フランス・シラク市長　フランス・スポーツ界の長老　国フランス　没1988年7月19日　典1992

クレスパン, レジーヌ　Crespin, Régine　ソプラノ歌手　国フランス　生1927年2月23日　没2007年7月5日　典1992/1996

クレスピ, ミシェル　Crespy, Michel　作家　国フランス　生1946年　典2004

クレスポ, エルナン　Crespo, Hernan　本名=クレスポ, エルナン・ホルヘ　サッカー選手（FW）　アトランタ五輪サッカー男子銀メダリスト　国アルゼンチン　生1975年7月5日　典2000/2004/2008/2012

クレスマン, エッカルト　Klessmann, Eckart　作家　国ドイツ　生1933年　典2000

クレスマン, クリストフ　Klessmann, Christoph　元・ビーレフェルト大学歴史学部教授,元・ポツダム大学歴史学教授　生1938年　典2008

グレスリン, ユルゲン　Grässlin, Jürgen　著述家　ダイムラー・クライスラー批判の株主協会（KADC）議長　国ドイツ　典2004

クレーゼルバーグ, レニー　Krayzelburg, Lenny　水泳選手（背泳ぎ）　国米国　生1975年9月28日　典2004/2008

グレーダー, ウィリアム　Greider, William　ジャーナリスト　国米国　生1936年　典1996/2000

グレチコ, ゲオルギー　航空機関士, 元・宇宙飛行士　元・ロシア科学アカデミー大気物理学研究所実験室長　国ロシア　生1931年　典2004

クレチマル, A.V.　Krechmar, A.V.　ロシア科学アカデミー北方問題研究所鳥類学研究室主任研究員　専動物学,鳥類学　国ロシア

[生]1931年8月30日　[典]2000

グレーツィンガー, カール・エーリヒ　Grözinger, Karl Erich　ポツダム大学教授　[専]ユダヤ学　[国]ドイツ　[典]1996

グレツィンゲル, ロベルット　Gretzyngier, Robert　歴史研究家「Skrzydlata Polska」編集者　[専]ポーランド空軍　[国]ポーランド　[典]2004

グレツキー, ウェイン　Gretzky, Wayne　元・アイスホッケー選手　[国]カナダ　[生]1961年1月26日　[典]1992／1996／2000／2004／2008／2012

グレツキ, ヘンリク・ミコワイ　Górecki, Henryk Mikołaj　作曲家　[国]ポーランド　[生]1933年12月6日　[没]2010年11月12日　[典]1996／2000／2004／2008

グレッグ, ジャド　Gregg, Judd　政治家　元・米国上院議員（共和党）, 元・ニューハンプシャー州知事　[国]米国　[生]1947年2月14日　[典]1996／2000／2004／2012

クレッグ, ジョニー　ロック・ミュージシャン　[生]1953年　[典]1992

グレッグ, ドナルド　外交官　米国韓国協会会長　元・駐韓米国大使　[国]米国　[典]1996／2000

クレッグ, ニック　Clegg, Nick　本名=Clegg,Nicolas William Peter　政治家　英国副首相, 英国自由民主党（LDP）党首　[国]英国　[生]1967年1月7日　[典]2012

グレッグ, バージニア　女優　[国]米国　[没]1986年9月15日　[典]1992

クレッグ, ブライアン　Clegg, Brian　コンサルタント　クリエイティビティ・アンリーシュト設立者　[典]2004

グレッグ, ランディー　アイスホッケー選手　[国]カナダ　[生]1956年2月19日　[典]1992

グレッグ, ロナルド　Greg, Ronald　画家　[国]英国　[生]1929年　[典]1992

グレッグソン, ウォレス　Gregson, Wallace　元・軍人　元・米国国防次官補（アジア・太平洋担当）　[国]米国　[典]2012

クレッグホーン, スティーブン　Cleghorn, Steven　ビジネス・コンサルタント, 英会話教師　[典]2008

グレッサー, ジュリアン　Gresser, Julian　弁護士　[国]米国　[生]1943年　[典]1992／2000

クレッシェル, カール　Kroeschell, Karl　フライブルク大学教授　[専]ドイツ法史　[国]ドイツ　[生]1927年11月14日　[典]1992／1996

クレッセ, ブリギット　Klesse, Brigitte　コローニュ工芸美術館館長, コローニュ大学教授　[専]美術史　[国]ドイツ　[生]1929年9月28日　[典]1996

クレッソン, エディット　Cresson, Edith　政治家　元・フランス首相, 元・EU欧州委員会委員　[国]フランス　[生]1934年1月27日　[典]1992／1996／2000／2004／2008

クレッター, リチャード　Kletter, Richard　ローン・マウンテン・カレッジ（サンフランシスコ）メディア・センター所長　[専]コミュニケーション論　[国]米国　[典]1992

クレッチマー, ペーター　Kretschmer, Peter　カヌー選手　ロンドン五輪カヌー男子カナディアンペア1000メートル金メダリスト　[国]ドイツ　[生]1992年2月15日

クレッチマー, ヘルムート　Kretschmer, Helmut　ウィーン州・市立古文書館主任, オーストリア歴史研究所研究員　[専]ウィーン文化史・音楽史　[国]オーストリア　[生]1944年　[典]1992

クレッチュマン, ウィンフリート　Kretschmann, Winfried　政治家　バーデン・ビュルテンベルク州首相　[国]ドイツ　[典]2012

グレッチュマン, クラウス　ドイツ経済財政局長　[国]ドイツ　[典]2000

クレッツ, トレーバー　Kletz, Trevor　ローボーロ工科大学客員特別教授　[専]化学工学　[国]英国　[典]1996

クレッツ, フランツ・クサーファー　Kroetz, Franz Xaver　劇作家, 演出家, 俳優　[国]ドイツ　[生]1946年2月25日　[典]2012

クレット, ヴァリー　Klett, Wally　フロリスト　[国]ドイツ　[典]2000

クレッヒエル, ウルズラ　作家　[国]ドイツ　[生]1947年　[典]1992

グレッフェ, フィリップ　Greffet, Philippe　アリアンス・フランセーズ（民間のフランス語海外教育機関）事務局長　[国]フランス　[典]1992

クレッペ, トゥール　Kleppe, Thor　アイススレッジホッケー技術指導者　国際パラリンピック委員会氷上競技委員長　[国]ノルウェー　[典]2000

クレツリ, W.ランドルフ　Kloetzli, W.Randolph　宗教学者　[国]米国　[典]2004

グレーディ, ウエイン　Grady, Wayne　ジャーナリスト　[国]カナダ　[生]1948年　[典]1996

グレーディ, ジェームズ　Grady, James　作家, ジャーナリスト　[国]米国　[生]1949年　[典]1996

クレティエ, ジャン・リュック　Cretier, Jean-Luc　スキー選手（アルペン）　[国]フランス　[生]1966年4月28日　[典]2000

クレティエン, ジャン　Chrétien, Jean　本名=Chrétien,Joseph Jacques Jean　政治家　元・カナダ首相　[国]カナダ　[生]1934年1月11日　[典]1992／1996／2000／2004／2008

グレーデル, T.E.　Graedel, T.E.　エール大学教授　[専]地球システム科学　[国]米国　[典]2008

クレデーン, クヌート　バイエル社長, 日本カール・デュイスベルク協会会長　[国]ドイツ　[典]1996

グレド・アプティドン, ハッサン　Gouled Aptidon, Hassan　政治家　元・ジブチ大統領　[国]ジブチ　[生]1916年　[没]2006年11月21日　[典]1992（グールド・アプティドン, ハッサン）／1996／2000／2004

クレートン, ドナルド　Creighton, Donald Crant　歴史家　元・トロント大学教授　[専]カナダ史　[国]カナダ　[生]1902年　[没]1980年　[典]1992（クレイトン, ドナルド）

グレニー, エベリン　Glennie, Evelyn　本名=Glennie,Evelyn Elizabeth Ann　打楽器奏者　[国]英国　[生]1965年7月19日　[典]1992／1996／2000／2012

グレニー, ジョセフ　Grenny, Joseph　「言いにくいことを上手に伝えるスマート対話術」の著者　[典]2008

グレニー, マイケル・F.　実業家　リップルウッド・ホールディングス社長, フェニックスリゾート社長　[国]米国　[典]2004／2008

グレーニィエツ, ミカル　Grejniec, Michael　イラストレーター　[生]1955年　[典]1996／2000

グレノ, ネイサン　Greno, Nathan　アニメーション監督　[国]米国　[典]2012

クレノビッチ, アディル　スタジオ99編集局長　[国]ボスニア・ヘルツェゴビナ　[生]1949年11月　[典]1996

グレノン, ウィル　Glennon, Will　作家, 社会福祉活動家　ランダム・アクツ・オブ・カインドネス基金代表　[国]米国　[生]1948年　[典]2004

グレノン, リンダ　Glennon, Lynda M.　ローリングス大学社会学部教授　[専]社会学　[国]米国　[生]1940年　[典]1996

クレバー, トッド　Clever, Todd　本名=Clever,Todd Stanger　ラグビー選手（FL）　[国]米国　[生]1983年1月16日

グレーバー, ドリス　Graber, Doris Appel　イリノイ大学教授　[専]政治学　[国]米国　[生]1923年　[典]2000

クレパックス, グイド　Crepax, Guido　漫画家, グラフィックデザイナー　[国]イタリア　[生]1924年　[典]2000

クレバノフ, イリヤ　Klebanov, Ilya Iosifovich　政治家　ロシア北西連邦管区大統領全権代表　元・ロシア副首相　[国]ロシア　[生]1951年5月7日　[典]2004／2008／2012

グレバン, カンタン　Gréban, Quentin　イラストレーター　[国]ベルギー　[生]1977年　[典]2008

グレバン, タンギー　Gréban, Tanguy　作家　[国]ベルギー　[生]1974年　[典]2008

クレビアジック, シャンタール　Kreviazuk, Chantal　ロック歌手　[国]カナダ　[生]1974年　[典]2000／2008／2012

グレフ, ゲルマン　Gref, German Oskarovich　政治家　ロシア経済発展貿易相　[国]ロシア　[生]1964年2月8日　[典]2004／2008／2012

クレフシェニア, セルゲイ　Klevshenya, Sergei　元・スピードスケート選手　[国]ロシア　[生]1971年1月21日　[典]1996／2000

クレブス, エドウィン　Krebs, Edwin Gerhard　生化学者　元・ワシントン大学名誉教授, 元・ハワードヒューズ医学研究所名誉上級研究員　[国]米国　[生]1918年6月6日　[没]2009年12月25日　[典]1996／

ク

2000／2008

クレブス, エベルハルト BASFエンジニアリング・プラスチック社長 国ドイツ ㊺1996

クレブス, ジョン・リチャード Krebs, John Richard 動物学者 英国上院議員, オックスフォード大学イエズスカレッジ学長 元・英国食品基準庁(FSA)長官, 元・オックスフォード大学教授 ㊞採餌理論, 学習・空間記録 国英国 ㊤1945年4月11日 ㊺1992／1996／2012

グレーブズ, ダグラス Graves, Douglas R. 美術家 国米国 ㊺1992

グレーブズ, ダニー Graves, Danny 本名=Graves,Daniel Peter 大リーグ選手(投手) 国米国 ㊤1973年8月7日 ㊺2004／2008

クレプス, デービッド Kreps, David M. 経済学者 スタンフォード大学教授 国米国 ㊤1950年 ㊺2004

グレーブズ, デービッド 全米精米業者協会(RMA)理事長 国米国 ㊤1944年9月 ㊺1992／1996

グレーブズ, ナンシー Graves, Nancy 彫刻家 国米国 ㊤1940年 ㊺1992／1996

クレブス, ハンス Krebs, Hans Adolf 生化学者 元・オックスフォード大学教授 国英国 ㊤1900年8月25日 ㊥1981年11月22日 ㊺1992

グレーブズ, ピーター Graves, Peter 本名=Aurness,Peter 俳優 国米国 ㊤1926年3月18日 ㊥2010年3月14日

グレーブズ, ビル Graves, Bill 本名=Graves,William Preston 政治家 元・カンザス州知事 国米国 ㊤1953年1月9日 ㊺2000／2004／2008

グレーブズ, マイケル Graves, Michael 建築家 プリンストン大学建築学科教授 国米国 ㊤1934年 ㊺1992／1996／2000

グレーブズ, ミルフォード Graves, Milford Robert 旧グループ名=ピーシズ・オブ・タイム ジャズドラマー, パーカッション奏者 国米国 ㊤1941年8月20日 ㊺1996

グレーブズ, リチャード Graves, Richard L. 作家 国米国 ㊤1928年11月 ㊺1992

グレーブズ, ルパート Graves, Rupert 俳優 国英国 ㊤1963年6月30日 ㊺1996

グレーブズ, ロバート Graves, Robert Ranke 詩人, 小説家, 批評家 国英国 ㊤1895年7月24日 ㊥1985年12月7日 ㊺1992

グレブスト, アーソン ジャーナリスト 国スウェーデン ㊺1992

クレーブン, ウェス Craven, Wes 映画監督 国米国 ㊤1939年8月2日 ㊺2000／2004／2008

クレーブン, フィリップ Craven, Philip 元・車いすバスケットボール選手, 元・車いす水泳選手 国際パラリンピック委員会(IPC)会長 国英国 ㊤1950年7月4日 ㊺2004／2008

クレーベル サッカー選手(MF) 国ブラジル ㊤1976年2月14日 ㊺2000

クレベール, ジャン・ポール Clébert, Jean-Paul 作家 国フランス ㊤1926年 ㊺2004

クレーベルク, ミヒャエル Kleeberg, Michael 作家 国ドイツ ㊤1959年 ㊺2000

クレベルスベルク, ディーター Klebelsberg, Dieter インスブルック大学教授 ㊞交通心理学 国オーストリア ㊤1928年 ㊺1992

クレベン, エリサ Kleven, Elisa 絵本作家 国米国 ㊤1958年 ㊺1996

クレヘンビュール, ピエール Krähenbühl, Pierre 赤十字国際委員会(ICRC)事業局長 国スイス ㊤1966年 ㊺2012

クレボン, マイケル ヘンリー・スティムソン・センター所長 ㊞核・軍縮問題 国米国 ㊤1946年 ㊺2000／2004

クレポン, マルク Crépon, Marc 哲学者 フランス国立科学研究センター(CNRS)研究員 国フランス ㊤1962年 ㊺2008

クレーマー, ウイリアム Kraemer, William J. スポーツ医学者 国米国 ㊺2004／2008

クレーマー, ウテ Craemer, Ute ボランティア活動家 モンチ・アズール住民協会創立者 国ブラジル ㊤1938年 ㊺1996／2012

クレーマー, エーファ・マリア Kramer, Eva Maria 犬学者 国ドイツ ㊤1949年5月2日 ㊺1996

クレーマー, エリック Kramer, Eric M. 社会学者 オクラホマ大学準教授 ㊞異文化コミュニケーション, マスコミュニケーション 国米国 ㊺2000／2004

クレーマー, ギュンター Krämer, Günter 演出家 元・ケルン・オペラ劇場総監督 国ドイツ ㊤1940年 ㊺1996／2004／2008

クレーマー, ゲイル Cramer, Gail L. アーカンソー大学教授 ㊞農業マーケティング・政策論 国米国 ㊤1941年9月27日 ㊺1992／1996

クレーマー, ケネス Kraemer, Kenneth L. カリフォルニア大学アーバイン校経営大学院教授・情報テクノロジー情報組織研究所所長 ㊞情報システム応用学, コンピュータ経営学, 国際経営学 国米国 ㊺2000

クレーマー, サイデル Kramer, Sydelle 著述家 国米国 ㊤1948年 ㊺1996／2000

クレーマー, サミュエル Kramer, Samuel Noah オリエント学者 ペンシルベニア大学名誉教授・付属博物館粘土板文書室名誉室長 ㊞シュメール学 国米国 ㊤1897年9月28日 ㊺1992

クレーマー, ジム Cramer, Jim トレーダー, 元・ジャーナリスト クレーマー&カンパニー代表 国米国 ㊺2000

クレーマー, ジョーイ Kramer, Joey グループ名=エアロスミス ロック・ドラム奏者 国米国 ㊤1950年6月21日 ㊺2004／2008／2012

クレーマー, ジョン Cramer, John 作家, 実験物理学者 ワシントン大学理学部教授 国米国 ㊤1934年 ㊺2000

クレーマー, スタンリー Kramer, Stanley 映画監督, 映画プロデューサー 国米国 ㊤1913年9月29日 ㊥2001年2月19日 ㊺1992／1996

クレーマー, スティーブン Kramer, Stephen 作家 国米国 ㊺2004／2008

クレマー, チャック Kremer, Chuck 公認会計士 エデュケーショナル・ディスカバリーズ・インク(EDI)シニア・ビジネス・リテラシー・コンサルタント 国米国 ㊺2004

クレーマー, ハーバート Kroemer, Herbert 物理学者 カリフォルニア大学サンタバーバラ校教授 国米国 ㊤1928年8月25日 ㊺2004／2008／2012

クレーマー, ハンス・ヨアヒム Krämer, Hans Joachim 哲学者 テュービンゲン大学哲学科教授 国ドイツ ㊤1929年 ㊺2004

クレーマー, フランクリン 米国国防次官補 国米国 ㊺2000

クレーマー, ヘルマン Krämer, Herman VEBA(フェーバ)社長 国ドイツ ㊤1935年3月14日 ㊺1996

クレーマー, ワルター Krämer, Walter ドルトムント大学教授 ㊞経済・社会統計学 国ドイツ ㊤1948年 ㊺2000

グレマス, アルジルダス・ジュリアン Greimas, Algirdas Julien パリ社会科学高等研究院(EHESS)研究指導教授 ㊞記号論 ㊤1917年 ㊺1996

クレーマー・バドーニ, ルドルフ Krämer-Badoni, Rudolf 作家, 評論家, 随筆家 国ドイツ ㊤1913年 ㊺1992

クレマン, カトリーヌ Clément, Catherine 作家, 哲学者 国フランス ㊺2000

クレマン, フレデリック Clément, Frédéric 作家 国フランス ㊤1949年 ㊺2000

クレマン, ルネ Clément, René 映画監督 国フランス ㊤1913年3月18日 ㊥1996年3月17日 ㊺1992／1996

グレミリオン, リー Gremillion, Lee コンサルタント ㊺2004

クレーム, ベンジャミン Creme, Benjamin 画家, 伝導瞑想普及家 「シェア・インターナショナル」誌編集長 国英国 ㊤1922年 ㊺1996

クレムシェーフスカヤ, ガリーナ バレエ評論家, バレリーナ 国ソ連 ㊤1913年 ㊥1995年 ㊺2008

クレメニュク, ヴィクトル・アレクサンドロヴィチ ソ連科学アカデミー米国カナダ研究所副所長 ㊞国際関係 国ソ連 ㊺1992

クレーメル, ギドン Kremer, Gidon バイオリニスト クレメラータ・バルティカ音楽監督 国ドイツ ㊤1947年2月27日 ㊺1992／

1996／2000／2012

クレメール, ブルーノ　Crémer, Bruno　俳優　国フランス　生1929年10月6日　没2010年8月7日

クレメール・マリエッティ, アンジェル　Kremer-Marietti, Angèle　アミアン大学講師　専哲学　国フランス　生1927年　著1996

クレメンス, ジョン　Clemens, John K.　経営学者　ハートウィック大学（ニューヨーク州）準教授, ハートウィック経営学研究所人文科学研究所所長　国米国　著1992

クレメンス, ロジャー　Clemens, Roger　本名=Clemens,William Roger　元・大リーグ選手　国米国　生1962年8月4日　著1992／1996／2000／2004／2008／2012

クレメンチェフ, セルゲイ　ナレーター　国ロシア　生1922年　著1996

クレメンツ, アンドルー　Clements, Andrew　児童文学作家, 絵本作家　国米国　生1949年　著2004

クレメンツ, ジョン　俳優　国英国　生1988年4月6日　著1992

クレメンツ, ロン　Clements, Ron　アニメーション監督　国米国　生1953年　著2000／1992

クレメンテ, フランチェスコ　Clemente, Francesco　画家　国イタリア　生1952年　著1992／1996／2000／2008／2012

クレメンティ, デービッド　Clementi, David Cecil　銀行家　元・イングランド銀行（BOE）副総裁　国英国　生1949年2月25日　著2000／2004／2008／2012

クレメンティエフ, イワン　カヌー選手　国ソ連　著1992

クレメント, ウォルフガング　Clement, Wolfgang　政治家, ジャーナリスト　元・ドイツ経済相・労働相, 元・ドイツ社会民主党（SPD）副党首　国ドイツ　生1940年7月7日　著2004／2012

クレメント, カーロン　Clement, Kerron　陸上選手（ハードル）　北京五輪陸上男子400メートルハードル銀メダリスト　国米国　生1985年10月31日

クレメント, ハル　Clement, Hal　本名=Stubbs,Harry Clement　SF作家　国米国　生1920年　著1992

クレメント・デービース, デービッド　Clement-Davies, David　旅行ジャーナリスト, 作家　国英国　著2004

クレモンズ, クラレンス　Clemons, Clarence　愛称=ビッグマン　グループ名=E・ストリート・バンド　サックス奏者　国米国　生1942年1月11日　没2011年6月18日

クレモンズ, スティーブン　Clemons, Steven　日本研究家　ニュー・アメリカ財団シニアフェロー　専国際政治学　国米国　生1962年　著1996／2000／2004／2012

クレモンティーヌ　Clémentine　歌手　国フランス　生1963年　著1996／2000／2008／2012

グレーラー, ルイ　Graeler, Louis　バイオリニスト　元・武蔵野音楽大学客員教授　国米国　生1913年　没1987年12月8日　著1992

クレーリー, ジョナサン　Crary, Jonathan　コロンビア大学準教授　専近代技術文化　国米国　著2000

クレリデス, グラフコス　Clerides, Glafkos John　政治家　元・キプロス大統領　国キプロス　生1919年4月24日　著1992（クリリデス, グラフコス）／1996／2000／2004／2008

クレール, ヴァンサン　Clerc, Vincent　ラグビー選手（WTB）　国フランス　生1981年5月7日

クレール, ドゥニ　Clerc, Denis　エコノミスト　エネルギー制御のためのフランス事務局代表団員, 「オルターナティブ経済」誌編集責任者　国フランス　生1942年　著1992

クレール, ピエール　Clerc, Pierre　画家　国フランス　生1923年　著1992／1996

クレール, ミシェル　Clerc, Michel　国際ジャーナリスト, 作家　国フランス　著1992

クレール, ルネ　Clair, René　本名=ショメット, ルネ　映画監督　国フランス　生1898年11月11日　没1981年3月14日　著1992

クレルグ, ルシアン　Clergue, Lucien　写真家　国フランス　生1934年　著1996

クレルマン, ハンスペーター　Krellmann, Hanspeter　音楽評論家　国ドイツ　生1935年　著1996

グレン, H.ステファン　Glenn, H.Stephen　家族療法家　国米国　著2004

グレン, イアン　Glen, Iain　俳優　国英国　生1961年　著2004／2008

クーレン, イザベル・ファン　Keulen, Isabelle van　バイオリニスト, ビオラ奏者　国オランダ　生1966年　著2012

グレン, ウォルター　Glenn, Walter J.　コンピューター・コンサルタント　著2004

グレン, ジョン　Glen, John　映画監督　国英国　生1932年　著1992

グレン, ジョン（Jr.）　Glenn, John Herschel（Jr.）　政治家, 宇宙飛行士　元・米国上院議員（民主党）　国米国　生1921年7月18日　著1992／1996／2000

グレン, スコット　Glenn, Scott　俳優　国米国　生1942年1月26日　著2004／2008

クレーン, ティム　Crane, Tim　ロンドン大学講師　専哲学　国英国　生1962年　著2004

グレン, テリー　Glenn, Terry　プロフットボール選手（WR）　国米国　生1974年7月23日　著2000／2008

クレーン, ドワイト　Crane, Dwight B.　経営学者　ハーバード大学ビジネス・スクール教授・金融論研究主幹　専金融論, 金融機関経営　国米国　著2004

クレーン, ピーター　Crane, Peter Robert　古生物学者, 植物学者　元・英国王立キュー植物園長, 元・シカゴ大学教授　国英国　生1954年7月18日　著2004／2008／2012

クレーン, フィリップ　Crane, Philip M.　政治家　米国下院議員（共和党）　国米国　生1930年11月3日　著1996

クレンゲル, ホルスト　Klengel, Horst　考古学者　ベルリン古代史考古学中央研究所長, フンボルト大学名誉教授　専古代史　国ドイツ　生1933年　著1992

グレンコ, スタニスラフ　Gurenko, Stanislav I.　政治家　元・ウクライナ共産党第1書記, 元・ソ連共産党政治局員　国ソ連　生1936年5月30日　著1992／1996

グレンジ, レッド　Grange, Red　本名=グレーンジ, ハロルド　プロフットボール選手　国米国　生1903年6月13日　没1991年1月28日　著1992

グレンジャー, クライブ　Granger, Clive W.J.　経済学者　元・カリフォルニア大学サンディエゴ校名誉教授　専コインテグレーション　国英国　生1934年9月4日　没2009年5月27日　著2004／2008

グレンジャー, スチュアート　Granger, Stewart　本名=スチュアート, ジェームズ　俳優　国英国　生1913年5月6日　没1993年8月16日　著1996

グレンジャー, ビル　Granger, Bill　作家, ジャーナリスト　国米国　生1944年　著1992／1996

クレンショー, テレサ　Crenshaw, Theresa L.　セラピスト　クレンショー・クリニック主宰　専性医学　国米国　著2000

クレンショー, ベン　Crenshaw, Ben　プロゴルファー　国米国　生1952年1月11日　著1996／2008

クレンズ, トーマス　Krens, Thomas　元・グッゲンハイム美術館長　国米国　生1946年12月26日　著1992／2004／2008／2012

クレンツ, エゴン　Krenz, Egon　政治家　元・東ドイツ国家評議会議長（元首）, 元・東ドイツ社会主義統一党書記長　国ドイツ　生1937年3月　著1992／1996／2000／2012

クレンツァー, ロルフ　Krenzer, Rolf　障害児教育者, 著述家　国ドイツ　生1936年　著1996

グレンデニング, パリス　Glendening, Parris Nelson　政治家　元・メリーランド州知事　国米国　生1942年6月11日　著2000／2004／2008

クレンナー, ヘルマン　法哲学者　国ドイツ　著1992

グレンプ, ユゼフ　Glemp, Józef　カトリック枢機卿　元・ポーランドカトリック教会首座大司教, 元・ワルシャワ名誉大司教　国ポーランド　生1929年12月18日　没2013年1月23日　著1992／1996／2004／2008／2012

グレンライト, ジェリー　Glenwright, Jerry　ジャーナリスト, テクニカルライター　著2004

クロー, J.D.　Crowe, J.D.　漫画家　⒧米国　㊛1959年　㊞1996

クロー, アンドレ　Clot, André　ジャーナリスト　㊚中近東史　⒧フランス　㊞2000

クロー, エーバルト　ヨーロッパ筋ジストロフィー協会会長　⒧デンマーク　㊞1996

クロー, クラウス　EACジャパン社長　⒧デンマーク　㊛1944年9月25日　㊞1992

クロー, クロチルド　Courau, Clotilde　女優　⒧フランス　㊞2000／2004

クロー, ゲオルク・フォン　Krogh, Georg Von　経営学者　サン・ガレン大学教授・インスティチュート・オブ・マネジメント・ディレクター　㊞2004

グロー, シャーリー・アン　Grau, Shirley Ann　作家　⒧米国　㊛1929年　㊞1992

クロー, トラメル　不動産業者　トラメル・クロー社設立者　⒧米国　㊛1914年　㊞1992（クロウ, トラメル）

グロ, フレデリック　Gros, Frédéric　哲学者　㊚ミシェル・フーコー研究　⒧フランス　㊛1965年　㊞2004

グロー, マルクス　Groh, Markus　ピアニスト　⒧ドイツ　㊛1970年　㊞2000／2004／2008

クローアンズ, ハロルド　Klawans, Harold L.　医師, ミステリー作家　ラッシュ大学（シカゴ）教授，「クリニカル・ニューロファーマコロジー」誌編集主幹，「ハンドブック・オブ・クリニカル・ニューロロジー」誌編集委員　㊚神経学, 薬学　⒧米国　㊞1992／1996／2000

グロイス, ボリス　Groys, Boris　本名＝Groys,Boris Efimovich　批評家, 芸術理論家　⒧ドイツ　㊛1947年3月19日　㊞2004／2008／2012

クロイツァー, ハンス・ヨアヒム　Kreutzer, Hans Joachim　ドイツ文学・音楽研究者　ドイツ・レーゲンスブルク大学名誉教授・哲学博士, ハインリヒ・フォン・クライスト協会名誉会長　㊛1935年　㊞2008

グロイテル, ウルシナ　Greuter, Ursina　車いす陸上選手　⒧スイス　㊞2004／2008

グロイリッヒ, N.　化学者　ショット・グループ研究部員　⒧ドイツ　㊛1951年　㊞1996

クロウ, アレン　テキサコ上席副社長・最高財務責任者　⒧米国　㊞1992

クロウ, ウィリアム　Crowe, William James（Jr.）　外交官, 元・軍人　元・駐英米国大使, 元・米国統合参謀本部議長　⒧米国　㊛1925年1月2日　㊡2007年10月18日　㊞1992／1996／2000

クロウ, キャメロン　Crowe, Cameron　映画監督, 脚本家　⒧米国　㊛1957年7月13日　㊞2000／2004／2008／2012

クロウ, ジェームズ　Crowe, James Q.　実業家　レベル3CEO　元・ワールドコム会長　㊞2004

クロウ, シェリル　Crow, Sheryl　ロック歌手　⒧米国　㊛1962年2月11日　㊞1996／2000／2004／2008／2012

クロウ, トラメル・S.　トラメル・クロウ・インターナショナル社長　⒧米国　㊛1951年　㊞1992

クロウ, バーバラ・ハンド　Clow, Barbara Hand　「プレアデス銀河の夜明け」の著者　㊞2008

クロウ, ビル　Crow, Bill　本名＝Crow,William Orral　ジャズベース奏者, ジャズ評論家　⒧米国　㊛1927年12月27日　㊞2000

クロウ, マイケル　Crowe, Michael J.　哲学者　ノートルダム大学教授　㊚科学哲学　㊞2004

クロウ, ラッセル　Crowe, Russell　俳優　⒧オーストラリア　㊛1964年4月7日　㊞2000／2004／2008／2012

クロウ, ロジャー　Clough, Roger　ランカスター大学教授　㊚社会福祉, レジデンシャルワーク　⒧英国　㊞2004

クロウェ, デービッド　Crowe, David M.　歴史学者　イーロン大学史学部教授・学部長　元・米国国立公文書館調査員　⒧米国　㊞2004／2008

クロウエル, W.H.　Crouwel, Wilm Hendrick　エラスムス大学芸術文化学部教授, ボイマンス・ファン・ボイニンゲン美術館館長　㊚工業デザイン　⒧オランダ　㊞1996

クロウサー, ブルース　Crowther, Bruce　作家　⒧米国　㊞1992

クロウチェック, サリー　Krawcheck, Sallie L.　銀行家　シティグループ・グローバル・ウェルス・マネジメント部門会長・CEO　⒧米国　㊛1965年　㊞2008／2012

クロウリー, ジョン　Crowley, John　SF作家　⒧米国　㊛1942年　㊞1992（クローリー, ジョン）／1996／2000／2012

クロエ　Chloë　本名＝ハンスリップ, クロエ　バイオリニスト　⒧英国　㊛1987年　㊞2004／2008

クロエ　Chloe　グループ名＝ケルティック・ウーマン　歌手　⒧アイルランド　㊞2008／2012

クロエス, ニーリー　Kroes, Neelie　政治家, エコノミスト　EU欧州委員会委員（競争政策担当）　⒧オランダ　㊛1941年7月19日　㊞2008／2012

クロエドフ, ウラジーミル　軍人　ロシア海軍総司令官　⒧ロシア　㊞2000

クローカー, アーサー　Kroker, Arthur　政治学者　ビクトリア大学教授　⒧カナダ　㊛1945年　㊞1996

クローク, クリーブ　ジャーナリスト　「エコノミスト」誌経済編集員　⒧英国　㊞1992

クローク, ビッキー　Croke, Vicki　ジャーナリスト　㊞2004

クローグ, ボーディル　Krogh, Bodil　ノルウェー国立女性博物館理事　⒧ノルウェー　㊞2004／2008

クログスガード, ヤン　Krogsgaard, Jan　映像作家　⒧デンマーク　㊛1958年　㊞2012

クロケット, アーサー　Crocket, Arthur　予言研究家　⒧米国　㊞2000

クロケット, アンドルー　Crockett, Andrew Duncan　銀行家　元・国際決済銀行（BIS）総支配人, 元・JPモルガン・チェース・インターナショナル社長　⒧英国　㊛1943年3月23日　㊡2012年9月3日　㊞1996／2004／2008／2012

クロコウ, クリスティアン・グラーフ・フォン　Krockow, Christian Graf von　政治学者, 歴史家, 作家　⒧ドイツ　㊛1927年5月26日　㊞1992／1996／2000

クロコフ, セルゲイ　Klokov, Sergei V.　ソ連ユネスコ委員会文化担当　⒧ソ連　㊞1992

クローサー, ウィル　プログラマー　⒧米国　㊞2004

クローザー, キティ　Crowther, Kitty　絵本作家　㊛1970年　㊞2004／2012

グローサー, トム　Glocer, Tom　トムソン・ロイターCEO　⒧米国　㊛1959年10月8日　㊞2004／2008／2012

クロザック, ジョセフ　Krozak, Joseph　情報処理技術者　㊞2008

クローシェイ, デービッド　Crawshay, David　ボート選手　北京五輪ボート男子ダブルスカル金メダリスト　⒧オーストラリア　㊛1979年8月11日　㊞2012

グロジェバ, マリア　Grozdeva, Maria　射撃選手（ピストル）　シドニー五輪・アテネ五輪射撃女子25メートルピストル金メダリスト　⒧ブルガリア　㊛1972年6月23日　㊞2004／2008

クロージャー, マイケル　Crozier, Michael　ジャーナリスト　「インディペンデント」紙編集局次長　⒧英国　㊛1948年　㊞1992

グロジャン, ジャン　Grosjean, Jean　詩人　⒧フランス　㊛1912年

グロジャン, セバスチャン　Grosjean, Sebastien Rene　元・テニス選手　⒧フランス　㊛1978年5月29日　㊞2008

グロジャン, ロマン　Grosjean, Romain　F1ドライバー　⒧フランス　㊛1986年4月17日

グロシュー, ドミニク　Glocheux, Dominique　文筆家　⒧フランス　㊞2000

クローショー, アルウィン　Crawshaw, Alwyn　画家, 文筆家　⒧英国　㊞2000

クロージング, ドン　Clausing, Don P.　マサチューセッツ工科大学客員教授　㊚経営工学　㊞2000

クロス, アマンダ　Cross, Amanda　本名＝ハイルブラン, キャロライン　ミステリー作家　コロンビア大学教授　㊚英文学, フェミニ

クーロス, アレクシス　Kouros, Alexis　児童文学作家　⊕1961年　㊙2004

グロス, アンドレアス　Gross, Andreas　政治家　スイス国会議員，軍隊のないスイスをめざすグループ(GSoA)代表　国スイス　⊕1952年　㊙1996

グロス, ウィリアム　パシフィック・インベストメント・マネジメント（ピムコ）常務　国米国　㊙2000

クロス, ウォルター　Kross, Walter　軍人　米国輸送司令部兵站部長　国米国　㊙2004

グロス, ガッド・ヨハネス　写真家　国ドイツ　㊤1991年3月29日　㊙1992

グロース, カーロイ　Grosz, Károly　政治家　元・ハンガリー首相，元・ハンガリー社会主義労働者党（社会党）書記長　国ハンガリー　⊕1930年8月1日　㊤1996年1月7日　㊙1992／1996

クロス, キャロライン　Cross, Caroline　ロマンス作家　国米国　㊙2008

グロース, ギュンター　Gross, Guenter F.　経営コンサルタント　国ドイツ　㊙2004

クロス, クリストファー　歌手　国米国　⊕1951年5月3日　㊙1992／1996／2000

クローズ, グレン　Close, Glenn　女優　国米国　⊕1947年3月19日　㊙1992／1996／2000／2004／2008／2012

クロス, ケンドール　Cross, Kendall　レスリング選手（フリースタイル）　ノース・カロライナ大学レスリング・アシスタントコーチ　国米国　⊕1968年2月24日　㊙1992

クロス, サム　Cross, Sam Y.　元・ニューヨーク連邦準備銀行副総裁，元・国際通貨基金（IMF）理事　㊐国際通貨・為替問題　国米国　㊙2004

クロス, ジョルディ　Clos Llombart, Jordi　古代遺品収集家　エジプト博物館設立者，ダービーホテル社長　国スペイン　㊙2000

グロス, ジョン　Groth, John　諷刺画家　⊕1908年　㊤1988年　㊙1992

クロス, ジリアン　Cross, Gillian　作家　国英国　⊕1945年　㊙1996／2000

グロス, スタニスラフ　Gross, Stanislav　政治家　元・チェコ首相　国チェコ　⊕1969年10月30日　㊙2008

グロース, セミョーン　Gross, Semen Kuzimich　政治家　元・モルダビア共和国党委第1書記　国ソ連　⊕1934年　㊙1992

クローズ, チャック　Close, Chuck　画家　国米国　⊕1940年　㊙1992／1996

クロス, デービッド　Cross, David　コンピューターコンサルタント　国英国　㊙2004

グロス, デービッド　Gross, David J.　物理学者　カリフォルニア大学サンタバーバラ校カブリ理論物理学研究所所長・教授　㊐素粒子　⊕1941年2月19日　㊙1992／2008／2012

グロス, デミアン　Gross, Damian D.　英語講師　メール・チェック・サービス代表取締役　国カナダ　⊕1968年　㊙2000

グロス, テレンス　Gross, Terence　映画監督　国英国　⊕1958年　㊙2004／2008

グロース, トロイ　Glaus, Troy Edward　大リーグ選手（内野手）　国米国　⊕1976年8月3日　㊙2004／2008

グロース, ノーラ・エレン　Groce, Nora Ellen　チルドレンズ・ホスピタル，ハーバード大学医学部　㊐文化医療人類学　国米国　⊕1952年　㊙2004

クロス, パトリック　日本ケーブル＆ワイヤレス社長，C&WCSL社長　国英国　㊙1996

グロス, ハロルド　レーシングドライバー　国ドイツ　㊙1992

グロス, ビル　Gross, Bill　本名＝Gross, William H.　実業家　ピムコ・マネージングディレクター　国米国　⊕1944年　㊙2004／2012

クロース, フランク　Close, Frank　理論物理学者　ラザフォード・アップルトン研究所上級研究員　㊐素粒子物理学　国英国　⊕1945年　㊙1996／2000／2004

グロス, ヘルムート　Gross, Helmut　オスナブリュック大学フェヒタ校教授　㊐社会学　国ドイツ　⊕1937年　㊙2000

グロース, ポール　映画美術監督　国米国　㊤1987年5月4日　㊙1992

グロス, マイケル　Gross, Michael　コラムニスト，著述家　国米国　⊕1952年　㊙2000

グロス, マーティ　Gross, Marty　映画監督　国カナダ　㊙2012

グロス, ミハエル　Gross, Michael　水泳選手　国ドイツ　㊙1992

クーロス, ヤニス　ウルトラマラソンランナー　⊕1956年2月13日　㊙1992

グロス, ヤーン　Kross, Jaan　詩人，作家　国エストニア　⊕1920年2月19日　㊤2007年12月27日　㊙1996

グロス, ラファエル　Gross, Raphael　歴史学者　㊐政治史　⊕1966年　㊙2004

クロス, ランディ　Cross, Randy　人材派遣コンサルタント　国米国　㊙2004／2008

グロス, リコ　Gross, Ricco　バイアスロン選手　国ドイツ　⊕1970年8月22日　㊙2000／2004

グロス, リチャード　Gross, Richard　医学者　ウィスコンシン医科大学教授　国米国　㊙2004

グロス, リンダ　Grose, Lynda　ファッションデザイナー　エスプリ社ヘッドデザイナー　国英国　⊕1959年7月　㊙1996

グロス, レナード　Gross, Leonard　ジャーナリスト，作家　国米国　㊙1992／1996

クローズ, ロバート　Clouse, Robert　映画監督　⊕1928年　㊙2000

クロス, ロバート　実業家　オートデスク副社長　国米国　㊙2000

グロース, ワルター　Gross, Walter　詩人　国スイス　⊕1924年　㊙1992

グロースコプフ, ヨルグ　ドイツ相撲リーガ事務局長　国ドイツ　㊙2000

グロスター公　Gloucester　本名＝Richard Alexander Walter George　称号＝The Duke of Gloucester　ジョージ5世の孫で，エリザベス女王の従弟　国英国　⊕1944年8月26日　㊙2000／2004／2008／2012

クロスナー, マイケル　Klausner, Michael　ニューヨーク大学法学部助教授　国米国　㊙1992

グロスバック, ロバート　Grossbach, Robert　作家，エンジニア　国米国　⊕1941年12月31日　㊙1992

グロスバード, ウール　Grosbard, Ulu　映画監督，演出家　国米国　⊕1929年1月9日　㊤2012年3月19日　㊙1996

クロスビー, アルフレッド　Crosby, Alfred W.　歴史学者　国米国　⊕1931年　㊙2008

クロスビー, グレーム　オートレーサー　グレーム・クロスビー・モーターサイクル経営者　国ニュージーランド　⊕1955年7月4日　㊙1992

クロスビー, シドニー　Crosby, Sidney　アイスホッケー選手（FW）　バンクーバー五輪アイスホッケー男子金メダリスト　国カナダ　⊕1987年8月7日　㊙2012

クロスビー, ジョン　Crosbie, John Carnell　政治家　元・カナダ国際貿易相　国カナダ　⊕1931年1月30日　㊙1992／1996

クロスビー, スーザン　Crosby, Susan　ロマンス作家　㊙2008

クロスビー, デービッド　Crosby, David　グループ名＝クロスビー，スティルス，ナッシュ＆ヤング，旧グループ名＝クロスビー，スティルス＆ナッシュ　ロック歌手　国米国　⊕1941年8月14日　㊙2004／2008

クロズビー, フィリップ　Crosby, Philip　経営コンサルタント，実業家　元・フィリップ・クロズビー協会（PCA）創設者，元・キャリアIV会長　㊐品質管理　国米国　㊤2001年8月21日　㊙2000

クロスビー, ボブ　Crosby, Bob　本名＝Crosby, George Robert　ジャズ歌手，元・ビッグ・バンド・リーダー　国米国　⊕1913年8月23日　㊤1993年3月9日　㊙1996

グロスピロン, エドガー　Grospiron, Edgar　スキー選手（フリースタイル）　国フランス　⊕1969年3月17日　㊙1996／2000

グロスフェルト, ベルンハルト　Grossfeld, Bernhard　ヴェスト

フェーリッシェ・ヴィルヘルム大学(ミュンスター大学)正教授・国際経済法研究所長　®民法,商法,経済法,租税法,国際私法,比較法　⑱ドイツ　⊕1933年12月30日　®1992

グロスマン, アグネス　Grossmann, Agnes　指揮者　元・ウィーン少年合唱団音楽監督　®2000／2008

グロスマン, アルバート　Grossman, Albert　音楽プロデューサー・マネジャー　⑱米国　⊕1986年1月25日　®1992

グロスマン, デービッド　Grossman, David　作家,平和運動家　⑱イスラエル　⊕1954年　®1996／2008／2012

グロスマン, デーブ　Grossman, Dave　心理学研究家,元・軍人　元・アーカンソー州立大学軍事学教授　⑱米国　®2008

グロスマン, マーク　Grossman, Mark　述作家　®2004／2008

クロスランド, ジョナサン　Crossland, Jonathan　コンピューター技術者　Makoot常務　®2004

クロスランド, マーガレット　Crosland, Margaret　作家,翻訳家　®2004

クロスリー, ポール　Crossley, Paul　ピアニスト　⑱英国　⊕1944年5月17日　®1996／2000

クロスレー・ホーランド, ケビン・ジョン・ウィリアム　Crossley-Holland, Kevin John William　詩人,作家　⑱英国　⊕1941年2月7日　®1992

クロースン, ダン　Clawson, Dan　社会学者　マサチューセッツ大学アムハースト校教授,「Comtemporary Sociology」編集責任者　⑱米国　⊕1948年　®1996

クローゼ, ミロスラフ　Klose, Miroslav　サッカー選手(FW)　⑱ドイツ　⊕1978年6月9日　®2004／2008／2012

グロセール, アルフレート　Grosser, Alfred　現代ドイツ情報研究センター所長　®政治学,国際関係論,欧州現代史　⑱フランス　⊕1925年2月1日　®1992／1996

クローセン, オルデン　Clausen, Alden Winship　銀行家　元・バンカメリカ(Bankamerika)会長・CEO,元・世界銀行総裁　⑱米国　⊕1923年2月17日　®1992／1996

クロソウスカ・ド・ローラ, ハルミ　クロソウスカ・ド・ローラ,春美　Klossowska de Rola, Harumi　宝飾デザイナー　⑱スイス　⊕1973年　®2000(クロソウスキー・ド・ローラ,春美)／2004／2008／2012

クロソウスキー, ピエール　Klossowski, Pierre　作家,評論家,画家,思想家　⑱フランス　⊕1905年8月9日　®2001年8月12日　®1992／1996

クローダ　Clodagh　トータルデザイナー　クローダ・デザイン・インターナショナル主宰者　®2000

グロータース, ウィレム　Grootaers, Willem A.　別名=愚老足　カトリック神父,言語学者　®日本方言地理学,言語地理学　⑱ベルギー　⊕1911年5月26日　®1999年8月9日　®1996

グロタンディエク, アレキサンドル　Grothendiek, Alexander　数学者　元・高等科学研究所(IHES)教授　®代数幾何学　⊕1928年3月28日　®1992／1996

クロチェッティ, ヴェナンツォ　Crocetti, Venanzo　彫刻家　⑱イタリア　⊕1913年　®2003年2月3日　®1992／1996／2000

クロチェンワ, オルガ　Klochneva, Olga　射撃選手(ピストル)　⑱ロシア　⊕1968年11月17日　®2004

クロチコ, リュボフィ　マラソン選手　⑱ソ連　®1992

クロチコワ, ヤナ　Klochkova, Yana　元・水泳選手(個人メドレー・自由形)　シドニー五輪・アテネ五輪競泳女子200メートル個人メドレー・400メートル個人メドレー金メダリスト　⑱ウクライナ　⊕1982年8月7日　®2004／2008

クロッカー, イアン　Crocker, Ian　水泳選手(バタフライ)　⑱米国　⊕1982年8月31日　®2004／2008

クロッカー, チェスター　Crocker, Chester Arthur　ジョージタウン大学研究教授　元・米国国務次官補　®アフリカ学　⑱米国　⊕1941年10月29日　®1992／1996

グロッガー, パウラ　Grogger, Paula　作家,詩人　⑱オーストリア　⊕1892年7月12日　®1992

クロック, ティモ　Glock, Timo　F1ドライバー　⑱ドイツ　⊕1982年3月18日

クログ, リチャード　Clogg, Richard　歴史学者　ロンドン大学教授　®現代バルカン史　®2008

クロック, レイ　Kroc, Ray A.　元・マクドナルド社創業者　⑱米国　⊕1902年10月5日　®1984年1月14日　®1992

クロックフォード, ダグラス　エレクトリック・コミュニティーズ会長・CEO　⑱米国　®2000

クロッグマン, デーン・ピズッチ　Krogman, Dane Pizzuti　シナリオライター　ノースカロライナ美術学校教員　⑱米国　⊕1950年　®2004／2008

グロッサー, マンフレート　Grosser, Manfred　ミュンヘン工科大学教授　®トレーニング学,運動学　⑱ドイツ　®1996

クロッサン, ジョン・ドミニク　Crossan, John Dominic　宗教学者　デポール大学名誉教授　®聖書学　⑱米国　®2000／2004／2008

グロッセンバッハー, トーマス　チェロ奏者　北ドイツ放送交響楽団団員　⑱ドイツ　®1992

クロッツ, アービング　Klotz, Irving Myron　化学者　元・ノースウェスタン大学名誉教授　⑱米国　⊕1916年1月22日　®2005年4月27日　®1992

クロッツ, エバ　ボルザーノ県会議員,南チロル愛国者連盟リーダー　⑱イタリア　®1992

グロッツ, ペーター　Glotz, Peter　政治家,コミュニケーション学者　元・ドイツ社会民主党(SPD)幹事長　⑱ドイツ　⊕1939年3月6日　®2005年8月25日　®1992／2004

クロット, ジャン　Clottes, Jean　考古学者　®洞窟美術　⑱フランス　®2004

クーロット・フリッシュ, ダニエラ　Kulot-Frisch, Daniela　絵本作家　⑱ドイツ　⊕1966年　®2000

クロッパー, スティーブ　Cropper, Steve　グループ名=ブッカー・T&ザ・MG's　ギタリスト,音楽プロデューサー　⑱米国　⊕1942年　®1996／2012

クロップ, ユルゲン　Klopp, Jürgen　サッカー監督,元・サッカー選手　⑱ドイツ　⊕1967年6月16日　®2012

クロップ, リサ　Cropp, Lisa　騎手　⑱ニュージーランド　®1996

グロッペル, ジャック　Groppel, Jack　テニスコーチ　全米テニス協会スポーツ科学委員会会長　®スポーツ科学　⑱米国　®1992

クロッペンボルグ, ティモシー　Kloppenborg, Timothy J.　経営コンサルタント　⑱米国　®2004／2008

クロディー, エリック　Croddy, Eric　®安全保障問題　⑱米国　®2004／2008

グローデル, エバン　Glodell, Evan　映画監督　⑱米国　⊕1980年8月4日

クローデル, フィリップ　Claudel, Philippe　作家,脚本家　⑱フランス　⊕1962年　®2012

グローテンフェルト, ヨーリ　Grotenfelt, Georg　建築家　ヘルシンキ工科大学建築史助手　⑱フィンランド　⊕1951年　®1996

クロード, アルベール　Claude, Albert　細胞学者　元・ブリュッセル大学ジュール・ボルデ研究所所長　⑱米国　⊕1899年8月24日　®1983年5月22日　®1992

グロート, クラウス　Groth, Klaus　機械工学者　元・ピストン機関研究所所長　®エンジン　⑱ドイツ　⊕1923年　®2004

グロート, コルドゥラ　Groth, Cordura　写真家　⑱ドイツ　⊕1948年　®2000

グロート, ディアン・ド　Groat, Diane De　イラストレーター　⑱米国　®2004

クロート, トーマス　Kroth, Thomas　サッカー代理人,元・サッカー選手　⑱ドイツ　⊕1959年8月26日　®2012

クロート, ハロルド　Kroto, Harold Walter　化学者　サセックス大学教授　®炭素材料化学　⑱英国　⊕1939年10月7日　®2000／2004／2008／2012

グロード, ピエール　Glaudes, Pierre　文学者　⑱フランス　⊕1957年　®2004／2008

クロード, フランシス　批評家,音楽プロデューサー　⑱フランス

クロドゥマー　政治家　元・ナウル大統領　国ナウル　旬2000

グロートカー, トルシュテン　Grötker, Thorsten　コンピューター技術者　旬2004

グロートフ, ハンス・ヘルマン　Groothoff, Hans-Hermann　教育学者　ケルン大学名誉教授　国ドイツ　生1915年　旬1996

グロトフスキ, イェジ　Grotowski, Jerzy　演出家, 演劇理論家　国ポーランド　生1933年8月11日　没1999年1月14日　旬1992

グロートホイゼン, アンドレアス　ピアニスト　国ドイツ　旬1996

クローニン, アーチボルド・ジョーゼフ　Cronin, Archibald Joseph　作家　国英国　生1896年7月19日　没1981年1月6日　旬1992

Cronin, ジェームス　Cronin, James Watson　物理学者　シカゴ大学教授　国米国　生1931年9月29日　旬1992／1996

クローニン, ジョー　元・ア・リーグ(大リーグ)名誉会長　国米国　没1984年9月7日　旬1992

クローニン, ジョン　Cronin, John　環境保護活動家　国米国　生1950年　旬2004

クローニン, パトリック　Cronin, Patrick M.　米国平和研究所調査部長　国米国　生1958年　旬1996／2000

クローニン, ヒューム　Cronyn, Hume　俳優　生1911年7月18日　没2003年6月15日　旬1996

クローニン, リチャード　米国議会図書館議会調査局外交国防部アジア問題担当スペシャリスト　国米国　生1941年　旬1996

クローネ, ファビアン　Krone, Fabian　A・ランゲ&ゾーネCEO　国ドイツ　生1963年　旬2012

グローネマイヤー, アンドレア　Gronemeyer, Andrea　舞台監督　コメディア劇場芸術監督　旬2008

クローネンバーグ, デービッド　Cronenberg, David　映画監督, 脚本家　国カナダ　生1943年3月15日　旬1992／1996／2000／2004／2008／2012

クロノン, ウィリアム　Cronon, William　ウィスコンシン大学マディソン校教授　専歴史学, 地理学, 環境研究　国米国　生1954年　旬1996

クローバー, シオドーラ　Kroeber, Theodora　作家　国米国　生1897年　没1980年　旬1992

グローバー, セビアン　Glover, Savion　振付師, タップダンサー　国米国　生1973年　旬2000／2008／2012

グローバー, ダニー　Glover, Danny　俳優　国米国　生1946年7月22日　旬2012

グローバー, ティム　Grover, Tim S.　スポーツトレーナー, 元・バスケットボール選手　国米国　生1964年11月1日　旬2004／2008

グローバー, デービッド　Glover, David M.　ダンディー大学医学研究所分子遺伝学講座教授・同研究所キャンサー・リサーチ・キャンペーン(CRC)細胞周期遺伝学グループ部長　専生化学　旬1996

グローバー, ヘレン　Glover, Helen　ボート選手　ロンドン五輪ボート女子かじなしペア金メダリスト　国英国　生1986年6月17日

グローバー, ルーカス　Glover, Lucas　プロゴルファー　国米国　生1979年11月12日　旬2012

グローバー, ロバート　元・米国財務次官　国米国　旬1992／1996

グローバーグ, D.　Groberg, D.　経営コンサルタント　インターナショナル・マネージメント・コンサルタンツ社長　国米国　旬1992

グローバーマン, ディナ　Glouberman, Dina　サイコセラピスト　スキロス・センター理事,「EYE-to-EYE」顧問編集者　旬2000

グローバー・ライト, ジェフリー　Glover Wright, Geoffrey　作家　生1940年　旬1992

グローバン, ジョシュ　Groban, Josh　テノール歌手　国米国　生1981年2月27日　旬2008／2012

グローブ, アンドルー　Grove, Andrew S.　別名＝Grove,Andy S.　実業家　インテル会長　国米国　生1936年9月　旬1992／1996／2000

グロフ, スタニスラフ　Grof, Stanislav　精神科医　国際トランスパーソナル学会初代会長　超個心理学の提唱者　生1931年　旬1992／1996

グローブ, ドナルド　Grobe, Donald　テノール歌手　国米国　生1929年12月16日　没1986年4月1日　旬1992

クロフ, フェリクス　Kulov, Feliks Sharshenbayevich　政治家　元・キルギス首相　国キルギス　生1948年10月29日　旬2008／2012

グローブ, モニカ　メゾソプラノ歌手　国フィンランド　旬2004／2008

クロファー, ドルナド　出版人　元・ランダム・ハウス社創立者　国米国　没1986年5月30日　旬1992

クロフォード, T.S.　Crawford, Terence Sharman　編集者, 郷土史家　国英国　生1945年　旬2004

クロフォード, ウィリアム　Crawford, William　コンピューター技術者　Invantage　国米国　旬2004

クロフォード, オリバー　Crawford, Oliver　作家　国米国　生1917年　旬1992

クロフォード, カール　Crawford, Carl　本名＝Crawford,Carl Demonte　大リーグ選手(外野手)　国米国　生1981年8月5日　旬2012

クロフォード, ジャック　テニス選手　国オーストラリア　生1991年9月10日　旬1992

クロフォード, ジャマール　Crawford, Jamal　バスケットボール選手　国米国　生1980年3月20日

クロフォード, シャロン　Crawford, Sharon　テクニカルライター　旬2008

クロフォード, ショーン　Crawford, Shawn　陸上選手(短距離)　アテネ五輪陸上男子200メートル金メダリスト　国米国　生1978年1月14日　旬2008／2012

クロフォード, ジョン　Crawford, John　元・オーストラリア国立大学長　国オーストラリア　没1984年10月28日　旬1992

クロフォード, シンディ　Crawford, Cindy　ファッションモデル, 女優　国米国　生1966年2月20日　旬1996／2000／2004／2008／2012

クロフォード, スタンレー　Crawford, Stanley　作家　国米国　生1937年　旬1996

クロフォード, スティーブ　Crawford, Steve　ライター　国英国　旬2004

クロフォード, チャンドラ　Crawford, Chandra　スキー選手(距離)　トリノ五輪スキー距離女子個人スプリント金メダリスト　国カナダ　生1983年11月19日　旬2008／2012

クロフォード, テッド　Crawford, Ted　コミュニケーション研究家　国米国　旬2004

クロフォード, ドロシー　Crawford, Dorothy H.　医学者　専ウイルス, 癌　国英国　旬2004

クロフォード, ニール　Crawford, Neill　精神療法家　タビストック・コンサルタンシー・サービス主任コンサルタント　国英国　生1954年　旬2008

クロフォード, ハンク　Crawford, Hank　ジャズサックス奏者　国米国　生1934年12月21日　旬1996

クロフォード, ビリー　歌手　国米国　旬2000

クロフォード, ブロデリック　Crawford, Broderick　俳優　国米国　生1911年12月9日　没1986年4月26日　旬1992

クロフォード, マイケル　Crawford, Michael A.　脳栄養化学研究所教授, ナフィールド比較医学研究所栄養生化学部長, ノッティンガム大学特別教授　専栄養学　国英国　旬1992

クロフォード, ランディ　Crawford, Randy　歌手　国米国　生1952年2月18日　旬2012

グローブス, クリスティナ　Groves, Kristina　本名＝Groves, Kristina Nicole　元・スピードスケート選手　トリノ五輪・バンクーバー五輪スピードスケート女子1500メートル銀メダリスト　国カナダ　生1976年12月4日

グローブズ, サラ　Groves, Sarah　「ファットレディス・クラブ」の共著者　国英国　旬2004

グローブズ, ジュディ　Groves, Judy　イラストレーター, デザイナー　旬2008

グローブズ, チャールズ　Groves, Charles　指揮者　国英国

[生]1915年3月10日 [没]1992年6月20日 [典]1996

グロフスキー, ミェチスワフ　Górowski, Mieczysław　ポスター作家 [国]ポーランド [生]1941年 [典]1992

クロフツ, アンドルー　Crofts, Andrew　作家 [国]英国 [生]1953年 [典]1992

クロフト, マイケル　Croft, Michael　元・英国青年劇場創立者 [国]英国 [没]1986年11月15日 [典]1992

クロプフェル, ゲルハルト　元・ナチ親衛隊将軍 [国]ドイツ [没]1987年1月28日 [典]1992

グローブマン, リチャード　Glaubman, Richard　小学校教師 「101歳、人生っていいもんだ。」の共著者 [国]米国 [典]2004

クロボー, セバスチャン　Kloborg, Sebastian　バレエダンサー　デンマーク・ロイヤル・バレエ団ソリスト [国]デンマーク [生]1986年6月23日 [典]2012

グロボカール, ヴィンコ　Globokar, Vinko　トロンボーン奏者, 作曲家 [国]ユーゴスラビア [生]1934年7月7日 [典]1992

グロホラ, エルヴィン　Grochla, Erwin　経済学者　元・ケルン大学経済社会科学部教授 [専]経営組織論 [国]ドイツ [生]1921年 [没]1986年6月 [典]1992

クロマ, アーニー　俳優, 演出家, 振付師 [国]フィリピン [典]2000

クロマー, ジョージ　Cromer, George　本名=ベアリング, ジョージ　元・イングランド銀行総裁, 元・駐米英国大使 [国]英国 [生]1918年7月28日 [没]1991年3月16日 [典]1992

クロマー, マイケル　Cromer, Michael　MCM社社長 [国]ドイツ [生]1939年 [典]1996

クロマティ, ウォーレン　Cromartie, Warren Livingston　元・プロ野球選手 [国]米国 [生]1953年9月29日 [典]1992／1996／2000／2008／2012

グロムイコ, アンドレイ　Gromyko, Andrei Andreevich　外交官, 政治家　元・ソ連共産党政治局員・最高会議幹部会議長 [国]ソ連 [生]1909年7月18日 [没]1989年7月2日 [典]1992

クロムウェル, ジェームズ　Cromwell, James　俳優 [国]米国 [生]1940年1月27日

クロムス, ベス　Krommes, Beth　イラストレーター [国]米国 [典]2004

クロムハウト, リンデルト　Kromhout, Rindert　児童文学作家 [国]オランダ [生]1958年 [典]1992／2000

クロムランク, パトリック　Crommelynck, Patrick　コンビ名=デュオ・クロムランク　ピアニスト [国]ベルギー [生]1945年 [没]1994年7月10日 [典]1996

クローメ, ペーター　ジャーナリスト, 作家 [国]ドイツ [生]1938年 [典]1996

グロメック, ジョセフ　Gromek, Joseph R.　実業家　ブルックス・ブラザーズ社長・CEO [国]米国 [生]1946年 [典]2004

クロモビジョヨ, ラノミ　Kromowidjojo, Ranomi　水泳選手(自由形)　ロンドン五輪競泳女子50メートル・100メートル自由形金メダリスト [国]オランダ [生]1990年8月20日

グロモフ, アレクセイ　Gromov, Aleksei Alekseyevich　政治家, 外交官　ロシア大統領府副長官 [国]ロシア [生]1960年 [典]2004／2012

グロモフ, フェリクス　Gromov, Felix Nikolaevich　軍人　元・ロシア海軍総司令官 [国]ロシア [生]1937年8月 [典]2000

グロモフ, ボリス　Gromov, Boris Vsevolodovich　軍人　元・ロシア国防次官 [国]ロシア [生]1943年 [典]1996

グロモフ, ミハイル　Gromov, Mikhail M.　飛行家, 軍人 [国]ソ連 [没]1985年1月22日 [典]1992

グロモフ, ミハイル　Gromov, Mikhael Leonidovich　数学者　フランス高等科学研究所(IHES)教授 [専]幾何学 [国]フランス [生]1943年12月23日 [典]2004／2008／2012

グロモワ, マリア　Gromova, Mariya　シンクロナイズドスイミング選手　アテネ五輪・北京五輪・ロンドン五輪シンクロナイズドスイミング・チーム金メダリスト [国]ロシア [生]1984年7月20日

クローリー, マート　Crowley, Mart　劇作家 [国]米国 [生]1935年8月21日 [典]1992

グローリア　Gloria　本名=パウラ, グローリア　タンゴ舞踊家, 振付師　グローリア・アンド・エドゥアルド・タンゴ舞踊団 [国]アルゼンチン [生]1946年 [典]2008／2012

クロール, エリック　Kroll, Eric　写真家 [国]米国 [生]1946年 [典]1996(ロール, エリック)／2004

クロール, ジョン・A.　Krol, John, A.　実業家　元・デュポンCEO [典]1996／2000

クロル, シルビオ　Kroll, Sylvio　体操選手 [国]ドイツ [生]1965年4月29日 [典]1992

グロール, デーブ　Grohl, Dave　本名=Grohl,David Eric　グループ名=フー・ファイターズ, 旧グループ名=ニルヴァーナ　ミュージシャン [国]米国 [生]1969年1月14日 [典]2000／2004／2008／2012

グロル, ヘンク　Grol, Henk　本名=Grol,Hindrik Harmannus Arnoldus　柔道選手　北京五輪・ロンドン五輪柔道男子100キロ級銅メダリスト [国]オランダ [生]1985年4月14日

クロール, ルシアン　Kroll, Lucien　建築家 [生]1927年 [典]1992

グロルマン, アール　Grollman, Earl A.　ユダヤ教牧師 [国]米国 [典]1992

クローロ, カール　Krolow, Karl　詩人　元・ドイツ言語文学アカデミー会長 [国]ドイツ [生]1915年3月11日 [没]1999年6月21日 [典]1992

クロワ, アラン　Croix, Alain　レンヌ第2大学教授 [専]ブルターニュ近世史 [国]フランス [生]1944年 [典]2000

グロワ, エレナ　Gurova, Elena　体操選手 [国]ソ連 [生]1972年12月30日 [典]1992

クロン, アラン　Coulon, Alain　パリ第8大学サン・デュニ校エスノメソドロジー研究所主宰者・教育学科教授 [専]教育学, 社会学 [国]フランス [生]1947年 [典]2000

クロン, クリス　Cron, Chris　グループ名=メイレイ　ミュージシャン [国]米国 [典]2012

クローン, ジュリー　Krone, Julie　騎手 [国]米国 [生]1963年7月24日 [典]1992／1996

クローン, メルビン　ウィスコンシン大学教授 [専]ソ連研究 [国]米国 [生]1931年 [典]1996

クーロン, ヤツェク　Kuroń, Jacek Jan　政治家, 反体制活動家, 歴史学者, 社会学者　元・ポーランド労働社会政策相, 元・ポーランド社会救済委員会(KOR)指導者, 元・連帯創設メンバー [国]ポーランド [生]1934年5月3日 [没]2004年6月17日 [典]1992／1996／2000

クローン, ライナー　Crone, Rainer　美術史家　コロンビア大学美術史学科準教授 [国]米国 [生]1942年 [典]1996

クローン, リーナ　Krohn, Leena　元・フィンランド国家女性評議会事務局長 [国]フィンランド [典]2004

クロンカイト, ウォルター(Jr.)　Cronkite, Walter (Jr.)　本名=クロンカイト, ウォルター・リーランド　ジャーナリスト, ニュースキャスター　元・CBSテレビニュースキャスター [国]米国 [生]1916年11月4日 [没]2009年7月17日 [典]1992／1996／2000

クロンカイト, キャシー　Cronkhite, Cathy　コンピューター技術者　ゼロックス・コネクト・チーフコンサルタント [典]2004

クロンカイト, ユージン　医師 [専]血液学 [国]米国 [典]2000

クーロンジュ, アンリ　Coulonges, Henri　作家 [国]フランス [生]1936年 [典]1992

クロンゼーダー, ヘルマン　Kronseder, Hermann　実業家　クロネス会長・社長 [国]ドイツ [生]1924年10月3日 [典]1996

クロンゼック, アラン・ゾラ　Kronzek, Allan Zola　ライター [専]マジック [国]米国 [典]2004

グロンダール, ヒシュティ・コッレ　Grondahl, Kirsti Kolle　政治家　ノルウェー国会議長 [国]ノルウェー [生]1943年9月1日 [典]2004

グロンディン, ロバート　Grondine, Robert F.　弁護士　在日米国商工会議所(ACCJ)特別顧問 [国]米国 [典]2004／2008

クロンバッハ, ハーヨ　Krombach, Hayo B.E.D.　ロンドン・スクール・オブ・エコノミクス(LSE)科学哲学研究センター [専]哲学 [生]1945年8月 [典]2000

クロンビー, デボラ　Crombie, Deborah　作家 [国]米国 [典]2004

クロンベルガー, ペトラ　Kronberger, Petra　元・スキー選手(アルペン) [国]オーストリア [典]1996

グロンホルム, マークス　Grönholm, Marcus　元・ラリードライバー　国フィンランド　⽣1968年2月5日　掲2004／2008／2012

クロンメ, ゲルハルト　Cromme, Gerhard　フリード・クルップ社長　国ドイツ　⽣1943年2月25日　掲1996

クワイニー, アンソニー　Quiney, Anthony　グリニッチ大学建築(景観)学科教授,英国建築史学会会長　建築史　国英国　掲1996

クワイン, ウィラード・バン・オーマン　Quine, Willard van Orman　論理学者,哲学者　元・ハーバード大学名誉教授　数理論理学　国米国　⽣1908年6月25日　没2000年12月25日　掲1992／1996／2000

クワイン, リチャード　Quine, Richard　映画監督　国米国　⽣1920年11月12日　没1989年6月10日　掲1992

クワーク, ランドルフ　Quirk, Randolph　英語学者,英文学者　ロンドン大学ユニバーシティ・カレッジ特別研究員　元・ロンドン大学副学長　国英国　⽣1920年7月12日　掲1996

クワコウ, ジャン＝マルク　Coicaud, Jean-Marc　ニューヨーク国連本部国連大学事務所長,国連システム学術評議会(ACUNS)理事,グローバル政策刷新諮問会議員(ニューヨーク),仏政治刷新財団顧問　⽣1957年　掲2008

クワシニエフスキ, アレクサンデル　Kwaśniewski, Aleksander　政治家　元・ポーランド大統領,元・ポーランド社会民主党党首　国ポーランド　⽣1954年11月15日　掲1992／1996／2000／2004／2008／2012

クワシュニン, アナトーリー　Kavashnin, Anatolii V.　軍人　ロシア軍参謀総長　国ロシア　⽣1946年8月15日　掲2000

クワスト, シーモア　Chwast, Seymour　グラフィックデザイナー　クーパー・ユニオン美術学校教授　国米国　⽣1931年　掲1992／2000

クワック, メアリー　Kwak, Mary　「柔道ストラテジー――小さい企業がなぜ勝つのか」の著者

クワメ, ミッシェル　ジャーナリスト　「フラテニテ・マタン」紙編集長　国コートジボワール　⽣1950年1月8日　掲1992

クワン・ウェンキン　中国名＝関永堅　ジャーナリスト　「ザ・ストレイツ・タイムズ」東京特派員　国シンガポール　⽣1952年　掲1996(クワン・ウェン・キン／クワン・ウェンキン)／2000

クワン, スタンリー　Kwan, Stanley　中国名＝関錦鵬　映画監督　国香港　⽣1957年10月9日　掲1996／2000／2004／2008／2012

クワン, トレイシー　Quan, Tracy　作家　国米国　掲2004／2008

クワン, ミシェル　Kwan, Michelle　フィギュアスケート選手　国米国　⽣1980年7月7日　掲2000／2004／2008／2012

クワン, ロザムンド　Kwan, Rosamund　中国名＝関之琳　女優　国香港　⽣1962年9月24日　掲1996

グワングワ, ジョナス　Gwangwa, Jonas　トロンボーン奏者　アマンドラ総監督　⽣1937年　掲1992

クワンダー, ゲオルク　Quander, George　ベルリン国立歌劇場総裁　国ドイツ　掲2000

クワント, ウィリアム　ブルッキングズ研究所上級研究員　中東問題,エネルギー問題　国米国　⽣1941年　掲1992

クワント, スベン　実業家　三菱自動車モータースポーツ(MMSP)社長　国ドイツ　掲2008

クワント, マリー　Quant, Mary　ファッションデザイナー　国英国　⽣1934年5月3日　掲1992／1996

クワン・ピヤンハタイ　本名＝ウォンチット・ウォンワラーパー　作家　国タイ　⽣1952年

クーン, アレクサンダー・バルダマール　外交官　元・駐日南アフリカ大使　国南アフリカ　⽣1938年　⽣1992年11月12日　掲1996

クン, キャンディー　Kung, Candie　中国名＝龔怡萍　プロゴルファー　⽣1981年8月8日　掲2004／2008

クーン, グスタフ　Kuhn, Gustav　指揮者,演出家　オペラ・アカデミー主宰　国オーストリア　⽣1945年8月28日　掲1992／1996／2000

クーン, トーマス　Kuhn, Thomas Samuel　科学史家,科学哲学者　元・マサチューセッツ工科大学教授　国米国　⽣1922年7月18日　没1996年6月17日　掲1992／1996

クーン, フォルカー　Kühn, Volker　版画家　国ドイツ　⽣1948年　掲1992(キューン, フォルカー)

クーン, フリッツ　Kuhn, Fritz　政治家,言語学者　90年連合緑の党代表　国ドイツ　⽣1955年6月29日　掲2004

クーン, ローズマリエ　福音ルーテル教会監督　国ノルウェー　⽣1939年　掲1996

クーン, ロバート・ローレンス　Kuhn, Robert L.　企業コンサルタント　ニューヨーク大学教授,IMIJ会長　経営学　国米国　⽣1944年　掲1992

グンガードルジ, シャラビン　Gungaadorj, Sharavyn　政治家　元・モンゴル首相　国モンゴル　⽣1935年　掲1992

クンケ, B.C.　外交官　在日カナダ大使館参事官　国カナダ　⽣1954年　掲1992

クンケル, テッド　実業家　フォスターズ社長・CEO　国オーストラリア　掲2000

クンケル, デニス　Kunkel, Dennis　顕微鏡学者,写真家　国米国　掲2004／2008

クン・サ　Khun Sa　中国名＝張奇天　元・モン・タイ軍司令官　"黄金の三角地帯"を支配した麻薬王　国ミャンマー　没2007年10月26日　掲1992／1996

クーンズ, ジェフ　Koons, Jeff　アーティスト　国米国　⽣1955年　掲2008／2012

クンスラー, ウィリアム　Kunstler, William M.　弁護士　国米国　⽣1919年　没1995年9月4日　掲1992／1996(カンスラー, ウィリアム／クンスラー, ウィリアム)

グンダーセン, トゥルー　Gundersen, Tor　フラワーアーティスト　国ノルウェー　⽣1963年6月2日　掲1996

クンダチーナ, ラドミル　画家　国ユーゴスラビア　⽣1948年　掲1992

クンタルソ, プジ　Koentarso, Poedji　外交官　元・駐日インドネシア大使　国インドネシア　⽣1932年　掲1996／2012

クンチェ, セイニ　Kountché, Seyni　政治家,軍人　元・ニジェール最高軍事評議会議長　国ニジェール　⽣1931年　没1987年11月10日　掲1992

クンチャラニングラット　Koentjaraningrat　文化人類学者　インドネシア大学名誉教授　国インドネシア　⽣1923年　掲1996

クンツ, アニタ　Kunz, Anita　イラストレーター　国カナダ　⽣1956年　掲2000

クンツ, アンドレ　Kunz, Andre　ジャーナリスト　国スイス　⽣1961年　掲2000

クンツ, エーリヒ　Kunz, Erich　バス・バリトン歌手　国オーストリア　⽣1909年5月20日　没1995年9月8日　掲1996

クーンツ, オットー　Coontz, Otto　作家,イラストレーター　国米国　⽣1946年　掲2000

クンツ, ケビン　Kunz, Kevin　リフレクソロジー専門家　掲2008

クーンツ, スティーブン　Coonts, Stephen　作家　国米国　⽣1946年　掲2004／2012

クーンツ, ステファニー　Coontz, Stephanie　エバーグリーン州立大学教授　家族史,社会史,女性史　掲2004／2008

クーンツ, ディーン　Koontz, Dean R.　別名＝コフィ, ブライアン, ドワイヤー, K.R.　作家　国米国　⽣1945年　掲1992／1996／2000／2012

クンツ, デービッド　Kundtz, David　作家,サイコセラピスト,元・カトリック司祭　インサイド・トラック・セミナー所長　国米国　掲2004

クンツ, トム　Kuntz, Tom　グループ名＝KUNTZ & McGUIRE　CMディレクター　国米国　掲2004／2008

クンツ, バーバラ　Kunz, Barbara　リフレクソロジー専門家　掲2008

クンツ, ヨアヒム　Kunz, J.　重量挙げ選手(67.5キロ級)　国ドイツ　掲1992

クンツェ, ミヒャエル　Kunze, Michael　作家,脚本家,作詞家　国ドイツ　⽣1943年　掲1996／2000／2008／2012

クンツェ, ライナー　Kunze, Reiner　詩人, 作家　国ドイツ　⊕1933年8月16日　㊥1992／1996／2000／2004／2008／2012

クンデラ, ミラン　Kundera, Milan　詩人, 小説家, 劇作家　国フランス　⊕1929年4月1日　㊥1992／1996／2000／2004／2008／2012

クントレーラ, パスクアレ　麻薬王　国イタリア　㊥2000

グンナション, トシュテン　スウェーデン国立美術館学芸員, ウプサラ大学助教授　国スウェーデン　⊕1945年　㊥1996

クンナス, タルモ　Kunnas, Tarmo　ヘルシンキ大学教授　国比較文学　⊕1942年　㊥1992

クンナス, マウリ　Kunnas, Mauri　絵本作家　国フィンランド　⊕1950年　㊥1992／2000

グンナーソン, ボー　Gunnarsson, Bo　ジャーナリスト　「アルベーテット」紙アジア特派員　国スウェーデン　⊕1937年　㊥1996

クンバ, ユミレイディ　Cumba, Yumileidi　本名＝Cumba Jay, Yumileidi　砲丸投げ選手　アテネ五輪陸上女子砲丸投げ金メダリスト　国キューバ　⊕1975年2月11日　㊥2008

クンバーヌス, アストリート　Kumbernuss, Astrid　砲丸投げ選手　国ドイツ　⊕1970年2月5日　㊥2000／2008

グンバリゼ, ギビ　政治家　グルジア共和国共産党第1書記・最高会議幹部会議長　国ソ連　⊕1945年　㊥1992

【ケ】

ケー・スンヒ　Kye, Sun-hi　漢字名＝桂順姫　柔道コーチ, 元・柔道選手　アトランタ五輪柔道女子48キロ級金メダリスト　国北朝鮮　⊕1979年8月2日　㊥2000／2004／2008／2012

ケアー, マーク　Kerr, Mark　格闘家　国米国　⊕1968年12月21日　㊥2000／2004／2008

ケアード, ジョン　Caird, John　本名＝Caird,John Newport　演出家　ロイヤル・シェークスピア劇団(RSC)名誉アソシエート・ディレクター　国英国　⊕1948年9月22日　㊥2000／2008／2012

ゲアハルト, ウォルフガング　Gerhardt, Wolfgang　政治家　ドイツ自由民主党(FDP)党首　国ドイツ　⊕1943年12月31日　㊥2000

ゲーアマン, カーチァ　Gehrmann, Katja　絵本作家　国ドイツ　⊕1968年　㊥2004／2008

ケアリー, エドワード　Carey, Edward　作家　国英国　⊕1970年　㊥2004

ケアリー, ジェームス　Carey, James O.　「はじめてのインストラクショナルデザイン」の著者　㊥2008

ケアリー, ジャネット・リー　Carey, Janet Lee　作家, ミュージシャン　国米国　㊥2004／2008

ケアリー, ジョージ　Carey, George Leonard　聖職者, 神学者　英国国教会カンタベリー大主教　国英国　⊕1935年11月13日　㊥1992

ケアリー, ジョン　Carey, John　オックスフォード大学教授　国英文学　国英国　⊕1934年4月5日　㊥1992

ケアリー, スザンナ　Carey, Suzanne　ロマンス作家　国米国　㊥2004

ケアリー, ティモシー　Carey, Timothy　俳優　国米国　㊣1994年5月11日　㊥1996

ケアリー, デニス　Carey, Dennis C.　実業家　CEOアカデミー創立者, スペンサー・スチュアート副会長　㊥2008

ケアリー, バーバラ　Kerley, Barbara　作家　国米国　㊥2004／2008

ケアリー, ピーター　Carey, Peter　作家　国オーストラリア　⊕1943年5月7日　㊥1992／2000／2004／2008／2012

ケアリー, リック　Carey, Richard　水泳選手　国米国　㊥1992

ケアリー, ルー　Carey, Lou　「はじめてのインストラクショナルデザイン」の著者　㊥2008

ケアンクロス, アレクサンダー　Cairncross, Alexander Kirkland　経済学者　元・グラスゴー大学総長　国英国　⊕1911年2月11日　㊣1998年10月21日　㊥1996

ケアンクロス, フランシス　Cairncross, Frances　ジャーナリスト　「エコノミスト」誌シニアエディター　国英国　⊕1944年8月30日　㊥1996／2000

ケアンズ, ジョージ　Cairns, George　経営学者　㊥2004／2008

ケアンズ, ジョン　Cairns, Hugh John Forster　元・ハーバード大学教授　国医学, 分子生物学, ウイルス学　国英国　⊕1922年11月21日　㊥2000

ケイ　K　シンガーソングライター　国韓国　⊕1983年11月16日　㊥2008／2012

ケイ, C.M.　Kay, Carol McGinnis　英文学者　サウスカロライナ大学教授　㊥2004

ケイ, アイラ　Kay, Ira T.　ワトソン・ワイアット取締役　国米国　㊥2000

ケイ, アラン　Kay, Alan C.　本名＝ケイ, アラン・カーティス　コンピューター科学者, 実業家　ビューポインツ・リサーチ・インスティテュート代表　元・ウォルト・ディズニー・イメージニアリング副社長　国米国　⊕1940年5月　㊥1996／2000／2004／2008／2012

ゲイ, ウスマン　Gueye, Ousmane　彫刻家　⊕1956年　㊥2000

ケイ, ウンスク　桂 銀淑　歌手　国韓国　⊕1962年7月28日　㊥1992(ケ・ウンスク)／1996／2000

ケイ, ウンテ　桂 応泰　Kye, Ung-tae　政治家　元・朝鮮労働党政治局員・書記　国北朝鮮　⊕1925年2月　㊣2006年11月23日　㊥1992(ケ・ウンテ)／1996／2000

ケイ・エイコウ　奚 永江　鍼灸師　「上海鍼灸雑誌」副編集主幹, 上海市鍼灸学会副主任　国中国　⊕1925年　㊥1996

ゲイ・エイショウ　倪 永昌　中国貿易促進会中国国際展覧センター副総経理　国中国　㊥1992

ケイ・エイセイ　恵 永正　化学者　中国国家科学技術委員会副主任　国中国　⊕1939年　㊥1996

ケイ・エイネイ　邢 永寧　軍人　中国国防科学技術工業委員会政治委員, 中将　国中国　⊕1924年　㊥1996

ゲイ, エドワード　エコノミスト　シグナ・コーポレーション・チーフエコノミスト　国米国　㊥1992

ケイ・カ　景 嘉　儒教学者　元・アジア問題研究会顧問　㊣1986年11月20日　㊥1992

ゲイ, カレン　倪 夏蓮　元・卓球選手　国中国　⊕1963年　㊥1996

ケイ, キャティー　Kay, Katty　ジャーナリスト　BBC東京特派員　国英国　⊕1964年　㊥1996

ケイ・ケイナ　邢 慧娜　Xing, Hui-na　陸上選手(長距離)　アテネ五輪陸上女子1万メートル金メダリスト　国中国　⊕1984年2月25日　㊥2008

ケイ・コウ　啓 功　Qi, Gong　満州名＝愛新覚羅元白　書家, 文物鑑定家　元・中国書法家協会名誉主席, 元・北京師範大学教授, 元・中国人民政治協商会議全国委員会(全国政協)常務委員　国古典文学　国中国　⊕1912年7月　㊣2005年6月30日　㊥1996

ゲイ・コウフク　倪 鴻福　Ni, Hong-fu　政治家　中国共産党上海市委員会副書記　国中国　⊕1933年　㊥1992／1996

ケイ, コニー　Kay, Connie　本名＝Kirron,Conrad Henry　ジャズドラマー　国米国　⊕1927年4月27日　㊣1994年11月30日　㊥1996

ケイ, サミー　ダンス楽団リーダー, クラリネット奏者　国米国　㊣1987年6月2日　㊥1992

ケイ, ジェイ　Kay, Jay　本名＝ケイ, ジェイソン　グループ名＝ジャミロクワイ　ミュージシャン　国英国　⊕1969年　㊥2000／2004／2008／2012

ゲイ・シキン　倪 志欽　元・走高飛選手　福建省体育委員会副主任　元・中国陸上チーム監督　国中国　⊕1942年　㊥1996

ケイ・シツヒン　邢 質斌　アナウンサー　中央テレビアナウンサー　国中国　㊥1992／1996

ゲイ・シフク　倪 志福　Ni, Zhi-fu　政治家　中国全国人民代表大会(全人代)常務委副委員長, 中国共産党中央委員　元・中華全国総工会主席　国中国　⊕1933年5月　㊥1992／1996

ケイ, ジャネット　Kay, Janet　歌手, 作曲家, 女優　国英国　㊥1992／1996／2000

ケイ・シュクヘイ　経 叔平　Jing, Shu-ping　実業家　元・中華全国

工商業連合会（全国工商連）主席，元・中国全国政治協商会議（全国政協）副主席，元・中国民生銀行会長　国中国　生1918年　没2009年9月14日　辞2000

ゲイ・ジュンホウ　倪 潤峰　実業家　四川長虹電子集団公司会長　国中国　生1944年2月　辞2000

ゲイ・シン　倪 震　脚本家　北京電影学院教授　国中国　生1938年7月　辞2000

ケイ・スウチ　邢 崇智　Xing, Chong-zhi　政治家　元・中国共産党河北省委員会書記，元・中国共産党中央委員　国中国　生1927年　没2000年3月3日　辞1996

ゲイ・セイユウ　倪 世雄　復旦大学米国研究センター副主任・国際政治学部教授　専国際政治学　国中国　辞2000

ケイ・セイヨウ　桂 世鏞　Gui, Shi-yong　経済学者　元・中国国家計画委員会副主任，元・中国共産党中央委員候補　国中国　没2003年11月28日　辞1996

ゲイ，タイソン　Gay, Tyson　陸上選手（短距離）　ロンドン五輪陸上男子4×100メートルリレー銀メダリスト　国米国　生1982年8月9日　辞2008／2012

ケイ，ダグ　Kaye, Doug　技術経営コンサルタント　辞2008

ケイ，ダニー　Kaye, Danny　本名＝コミンスキー，ダニエル　喜劇俳優　国米国　生1913年1月18日　没1987年3月3日　辞1992

ケイ・チャンオプ　桂 昌業　Keh, Chang-up　号＝小山　弁護士　国韓国　生1916年4月27日　辞2000

ケイ・チュウブン　奚 仲文　映画監督，映画美術監督　国香港　生1951年11月24日　辞2000／2004／2008

ケイ，デービッド　Kay, David　元・CIA特別顧問　国米国　生1996／2008

ケイ，テリー　Kay, Terry　作家　国米国　生1938年　辞2000／2004／2008／2012

ケイ，トニー　Kaye, Tony　CMディレクター　国米国　辞2000

ケイ，ノラ　Kaye, Nora　本名＝Koreff, Nora　バレリーナ　国米国　生1920年　没1987年2月28日　辞1992

ケイ，バディ　Kaye, Buddy　本名＝ケイ, J.レナード　作詞家，作曲家，レコード・プロデューサー　国米国　没2002年11月24日　辞1996

ゲイ，ピーター　Gay, Peter　旧名＝Flölich　歴史学者　エール大学教授　専比較思想史　国米国　生1923年6月20日　辞1996／2000／2004

ケイ・ヒャンスン　桂 亨純　元・朝鮮労働党中央委員，元・北朝鮮機械工業相　国北朝鮮　没1993年11月30日　辞1996

ケイ・ヒヨル　桂 禧悦　Kay, Hee-yol　高麗大学法学大学院教授　専法学　国韓国　生1936年12月23日　辞2000

ケイ・ヒョンチョル　桂 澄鐵　プロ野球コーチ　国韓国　生1953年4月13日　辞1996

ケイ，ブライアン　Kaye, Brian H.　ローレンシャン大学教授　専物理学　国英国　生1932年　辞2000

ケイ，ブライアン　銀行家　ソシエテ・ジェネラル銀行在日代表・CEO　辞2000

ケイ・フン　邢 芬　重量挙げ選手　国中国　生1973年　辞1996

ケイ・フンシ　邢 賁思　旧名＝邢承墉　哲学研究者　中国共産党中央党学校副校長　国中国　生1929年　辞1996

ゲイ・ヘイ　倪 萍　Ni, Ping　テレビキャスター，女優　国中国　生1959年　辞2004／2008

ゲイ，ポール・ドゥ　Gay, Paul du　社会学者　オープン・ユニバーシティ社会学部講師・社会学社会人類学部パビス・センター事務官　辞2004

ケイ・ボンヒョク　桂 鳳赫　Kay, Bong-hyuk　ソウル国際コンサルティング代表理事　国韓国　生1925年9月25日　辞2000

ケイ，マイケル　Kay, Michael　コンピュータ技術者　ICLフェロー　辞2004

ゲイ，マービン　Gaye, Marvin　ソウル歌手　国米国　生1939年4月2日　没1984年4月1日　辞1992

ゲイ，ミシェル　Gay, Michel　絵本作家，イラストレーター　国フランス　生1947年　辞1992／1996／2004／2012

ケイ，メアリ　Kaye, Mary Margaret　作家　生1911年　辞1996

ゲイ，メアリー・ルイーズ　Gay, Marie-Louise　イラストレーター　国カナダ　生1952年　辞2004／2008

ケイ・ユウセイ　邢 裕盛　地質学者　中国地質科学院地質博物館館長　専前寒武紀及古生代微古植物，前寒武紀地層　国中国　生1930年　辞1996

ケイ・ヨウ　瓊 瑤　Chiung, Yao　本名＝陳喆　作家　国台湾　生1938年4月20日　辞1992／1996／2000

ケイ・ヨクウ　恵 浴宇　Hui, Yu-yu　政治家　元・中国共産党中央顧問委員会委員，元・江蘇省党委書記・省長　国中国　生1909年　没1989年7月8日　辞1992

ケイ，リチャード　Kay, Richard　ジャーナリスト　「デーリー・メール」コラムニスト　専英国王室　国英国　生1957年2月　辞2012

ゲイ，ルディ　Gay, Rudy　バスケットボール選手　国米国　生1986年8月17日

ケイ，レスリー　カンタベリー大学教授　国英国　辞1992

ケイ，ローズマリー　Kay, Rosemary　脚本家，元・女優　国英国　辞2004

ケイアールエスワン　KRSワン　KRS-ONE　ラップ歌手　国米国　辞2000

ケイオー，ジョン　Kao, John　スタンフォード大学マネージング・イノベーション実行プログラムアカデミックディレクター　専経営革新　国米国　生1950年12月14日　辞2000

ゲイガン，スティーブン　Gaghan, Stephen　脚本家，映画監督　国米国　生1965年　辞2008／2012

ケイギル，マージョリー　Caygill, Marjorie　大英博物館館長補佐　国英国　辞2004

ケイシー　K-Ci　本名＝ヘイリー, セドリック　デュオ名＝ケイシー＆ジョジョ，グループ名＝ジョデシー　歌手　国米国　辞2004／2008

ケイシー　Kaci　歌手　国米国　生1987年　辞2004

ケイシー，エドガー・エバンス　Cayce, Edgar Evans　ARE保管委員長　国米国　生1918年　辞1996

ケイジ，ニコラス　Cage, Nicolas　本名＝コッポラ, ニコラス　俳優　国米国　生1964年1月7日　辞1992（ケージ, ニコラス）／1996（ケージ, ニコラス）／2000（ケージ, ニコラス）／2004（ケージ, ニコラス）／2008（ケージ, ニコラス）／2012

ゲイシャイトー，フィリス　Gershator, Phillis　児童文学作家　国米国　辞2004

ゲイズ，ジェラリン　Gaes, Geralyn　「わが子が、がんになったとき」の著者　国米国　生1955年8月9日　辞1996

ゲイスフォード，サイモン　Gaysford, Simon　政策アドバイザー　ロンドン・エコノミクス代表　国英国　辞2000

ケイセン，カール　Kaysen, Carl　経済学者　元・マサチューセッツ工科大学（MIT）名誉教授，元・米国大統領特別補佐官　国米国　生1920年3月5日　没2010年2月8日　辞1992／1996

ケイセン，スザンナ　Kaysen, Susanna　作家　国米国　生1948年　辞1996／2004

ケイタ，イブラヒム　Keita, Ibrahim　本名＝ケイタ, イブラヒム・ブバカル　政治家　マリ大統領　国マリ　生1945年1月29日

ケイタ，サリフ　Keita, Salif　歌手　国マリ　生1939年　辞1992／1996／2000

ゲイター，ジョン　Gaeta, John　視覚効果撮影監督　国米国　辞2004／2008

ケイター，マイケル　Kater, Michael H.　歴史学者　トロント・ヨーク大学ドイツ・ヨーロッパ学研究センター史学科教授　国カナダ　生1937年　辞2004／2008

ゲイツ，アントニオ　Gates, Antonio　プロフットボール選手（TE）　国米国　生1980年6月18日

ゲイツ，ビル　Gates, Bill　本名＝ゲイツ, ウィリアム・ヘンリー　実業家　マイクロソフト会長，ビル・アンド・メリンダ・ゲイツ財団共同会長　専パソコンソフト　国米国　生1955年10月28日　辞1992（ゲーツ, ウィリアム）／1996（ゲーツ, ビル）／2000／2004

／2008／2012

ケイツ, メリンダ　Gates, Melinda　本名=ゲイツ, メリンダ・フレンチ　旧名=フレンチ, メリンダ・アン　慈善活動家　ビル・アンド・メリンダ・ゲイツ財団共同会長　[国]米国　[生]1964年8月15日　[典]2008／2012

ゲイツ, ラッセル　Gates, Russel　コンピューター技術者　[国]米国　[典]2004

ケイツ, ロバート・ウィリアム　Kates, Robert William　地理学者　ブラウン大学名誉教授　元・米国地理学会会長　[国]米国　[生]1929年1月31日　[典]1996／2000／2004／2008

ゲイツキル, メアリー　Gaitskill, Mary　作家　[国]米国　[典]1992／1996／2000

ケイディーラング　kdラング　歌手　[国]カナダ　[典]1996

ケイディン, マーティン　Caidin, Martin　作家, 航空評論家　[生]1927年　[没]1997年　[典]1992／1996

ケイド, マーク　Cade, Mark　ソフトウエアエンジニア　[典]2004

ケイド, ランス　Cade, Lance　プロレスラー　[国]米国　[生]1980年3月2日　[没]2010年8月13日

ケイトウ, ロバート　Cato, Robert Milton　政治家　元・セントビンセントグレナディーン首相　[国]セントビンセントグレナディーン　[生]1915年6月3日　[没]1997年2月10日　[典]1992

ケイトン, ヘレン　Caton, Helen　ジャーナリスト, ビジネス・プランナー, マーケティング・コンサルタント　[国]英国　[典]2004

ケイトン・ジョーンズ, マイケル　Caton-Jones, Michael　映画監督　[国]英国　[生]1957年10月15日　[典]1992（ジョーンズ, マイケル・ケイトン）／1996／2008／2012

ゲイナー, ジャネット　Gaynor, Janet　女優　[国]米国　[生]1906年10月6日　[没]1984年9月14日　[典]1992

ケイナー, ジョナサン　Cainer, Jonathan　占星術師　[国]英国　[典]2004

ケイナック, ドナルド・P.　元・ニコス生命保険社長　[国]米国　[生]1952年12月20日　[典]1992／1996／2000

ケイナーン　K'naan　歌手　[生]1978年　[典]2012

ケイノ, キプチョゲ　元・陸上選手　ケニア・オリンピック委員会会長　[国]ケニア　[典]1992／2000

ゲイブリエル, ジョイス　Gabriel, Joyce　ライター　[国]米国　[典]2004

ケイプリング・アラキジャ, シャロン　Capeling-Alakija, Sharon　元・国連ボランティア計画（UNV）事務局長　[国]カナダ　[生]1944年5月6日　[没]2003年11月4日　[典]1996（アラキジャ, シャロン）／2000（アラキジャ, シャロン・ケイプリング）／2004

ケイブル, ケイト　Cable, Kayte　英会話講師　[国]英国　[典]2008

ゲイマン, ニール　Gaiman, Neil　ファンタジー作家　[国]英国　[生]1960年　[典]2004／2008／2012

ケイミューレン, ヤン　Keymeulen, Jan　映画監督　[国]ベルギー　[生]1947年　[典]2004／2008

ケイム, ジャン　Keime, Jean　画家　パリ国立グラフィック美術学校教授　[国]フランス　[生]1932年　[典]1992

ゲイモン, ジャン・ルイ　柔道選手　元・柔道欧州大会チャンピオン　[国]フランス　[没]1991年12月27日　[典]1996

ゲイラード, スリム　Gaillard, Bulee Slim　ジャズ演奏家　[国]米国　[生]1916年1月14日　[没]1991年2月26日　[典]1992

ゲイラニ, サイド・アハマド　イスラム教聖職者　イスラム革命民族戦線代表　[典]1992（ガイラニ, サイド・アーメド）／1996

ゲイリン, ウィラード　Gaylin, Willard　精神分析医, 教育学者　コロンビア大学教授　[国]米国　[典]2008

ゲイル, マイク　Gayle, Mike　作家, ジャーナリスト　[国]英国　[典]2004

ゲイル, リンダ　在日英国大使館商務官　[国]英国　[典]1996

ケイロス, カルロス　Queiroz, Carlos　サッカー監督, 元・サッカー選手　サッカー・イラン代表監督　元・サッカー・ポルトガル代表監督　[国]ポルトガル　[生]1953年3月1日　[典]2004／2012

ケイロース, ディナー　Queiroz, Dinah Silveira de　作家, コラムニスト, 評論家　[国]ブラジル　[生]1910年　[典]1992

ケイロース, ラケル・デ　Queiroz, Rachel de　作家, ジャーナリスト　[国]ブラジル　[生]1910年12月19日　[典]1992

ケイン, アンドルー　Kain, Andrew　元・英国陸軍教官　[国]英国　[典]2004／2008

ケイン, ゴードン　ケイン・ケミカル会長　[国]米国　[典]1992

ケイン, ジョナサン　Cain, Jonathan　グループ名=ジャーニー　キーボード奏者　[国]米国　[生]1950年2月26日　[典]2004／2008

ケイン, パトリック　Kane, Patrick　アイスホッケー選手（FW）　バンクーバー五輪アイスホッケー男子銀メダリスト　[国]米国　[生]1988年11月19日

ケイン, ハーマン　Cain, Herman　実業家, コラムニスト　元・ゴッドファーザーズ・ピザ会長・CEO　[国]米国　[生]1945年12月13日　[典]1996／2012

ケイン, ピーター　Cain, Peter Joseph　シェフィールド・ハーラム大学教授　[専]社会経済史　[国]英国　[生]1941年　[典]1996／2000

ケイン, マイケル　Caine, Michael　本名=ミッケルホワイト, モーリス・ジョセフ　俳優　[国]英国　[生]1933年3月14日　[典]1992／1996／2000／2004／2008

ケイン, マイケル　Cain, Michael L.　応用生物学者　ローズハルマン工科大学準教授　[国]米国　[典]2008

ゲイン, マーク　Gayn, Mark Julius　旧名=ギンズバーグ, モー　ジャーナリスト　[国]カナダ　[生]1909年4月21日　[没]1981年12月17日　[典]1992

ケイン, マーク・E.　CDウェアハウスCEO　[国]米国　[生]1954年6月　[典]2000

ケイン, マット　Cain, Matt　本名=Cain,Matthew Thomas　大リーグ選手（投手）　[国]米国　[生]1984年10月1日　[典]2012

ケイン, マデリン　Cain, Madelyn　作家, 元・女優　[国]米国　[典]2004

ゲインズ, アーネスト　Gaines, Ernest J.　作家　サウスウェスタン・ルイジアナ大学教授　[専]英語学　[国]米国　[生]1933年　[典]2000

ケインズ, ランドル　Keynes, Randal　科学史家, ダーウィン研究家　[国]英国　[生]1948年　[典]2008／2012

ゲインズ, リー　ジャズ歌手, 作詞家　[国]米国　[没]1987年7月15日　[典]1992

ケーラー, ライナー　Köhler, Rainer　南ドイツ新聞極東通信員　[国]ドイツ　[生]1950年　[典]1992（ケーラー, ライナー）

ケオ, フィリップ　Quéau, Philippe　フランス国立視聴覚研究所（INA）未来学部門主任研究員, 日仏シンボル協会会長　[国]フランス　[生]1952年　[典]1992／2000

ゲオルギウ, アンジェラ　Gheorghiu, Angela　ソプラノ歌手　[国]ルーマニア　[生]1965年9月7日　[典]2000／2004／2008／2012

ゲオルギウ, ヴィルジル　Gheorghiu, Virgil　本名=ゲオルギウ, コンスタンタン・ヴィルジル　作家　元・コンスタンティノープル総主教　[生]1916年9月15日　[没]1992年6月22日　[典]1992／1996

ゲオルギエヴァ, ミラ　Georgieva, Mila　バイオリニスト　[国]ブルガリア　[生]1976年2月21日　[典]1992（ゲオルギエバ, ミラ）／1996（ゲオルギエバ, ミラ）

ゲオルギエフスキ, リュプチョ　Georgievski, Ljubčo　政治家　マケドニア国家統一民主党（VMRO・DPNE）党首　元・マケドニア首相　[国]マケドニア　[生]1966年1月17日　[典]2000／2004／2008

ケーガン, アンドリュー　Kagan, Andrew　美術史家, 美術評論家　[国]米国　[典]1992

ゲーガン, マイケル　Geoghegan, Michael F.　銀行家　HSBCホールディングス・グループCEO　[国]英国　[生]1953年10月4日　[典]2008／2012

ケーガン, ロバート　Kagan, Robert　カーネギー国際平和財団上級研究員　[国]米国　[典]2004／2008／2012

ケギー, イアン　Keaggy, Ian　グループ名=ホット・シェル・レイ　ミュージシャン　[国]米国　[生]1987年6月16日

ゲキ・ホウキョウ　郄 鳳卿　医師　天津市立中医薬研究員附属病院心身医学部長　[専]心身医学, 中国医学　[国]中国　[生]1953年12月7日　[典]1996（ゲキ・ホウケイ）／2000

ケキ, ユーリー　Chechi, Yury　体操選手　[国]イタリア　[生]1969年

10月11日　[典]2000／2004／2008

ゲキチ, ケマル　Gekić, Kemal　ピアニスト　[国]米国　[生]1962年　[典]1992／1996／2000／2004／2008／2012

ゲーグル, エリザベト　Goergl, Elisabeth　スキー選手(アルペン)　バンクーバー五輪アルペンスキー女子大回転・滑降銅メダリスト　[国]オーストリア　[生]1981年2月20日　[典]2012

ケーグル, カート　Cagle, Kurt　テクニカルライター, コンピューター技術者　[典]2004

ケーグル, グレッチェン　Cagle, Gretchen　画家　元・米国デコラティブ・ペインターズ協会(SDP)会長　[専]トールペインティング　[国]米国　[典]2004

ケケーニ, ロランド　Kökény, Roland　カヌー選手　ロンドン五輪カヌー男子カヤックペア1000メートル金メダリスト　[国]ハンガリー　[生]1975年10月24日

ゲケラー, ハンス　Gekeler, Hans　グラフィックデザイナー, 画家　ダルムシュタット美術大学教授　[国]ドイツ　[生]1930年　[典]1992

ケーゲル, ベルンハルト　Kegel, Bernhard　作家　[国]ドイツ　[生]1953年　[典]2004

ゲーゲン, サイモン　ラグビー選手　[国]アイルランド　[生]1968年9月1日　[典]1992

ケーザー, マイケル　Kaser, Michael　オックスフォード大学ソ連東欧研究所長　[専]ソ連・東欧経済　[国]米国　[生]1926年　[典]1992

ケサヴァン, クーナヴァッカム・ヴィンジャムール　Kesavan, Kuunnavakkam Vinjamur　元・ネール大学国際関係学部教授　[専]日本政治経済史　[国]インド　[生]1940年　[典]2000(ケサバン, クナバッカム・V.)／2012

ゲザーズ, ピーター　Gethers, Peter　共同筆名＝アンドルース, ラッセル　脚本家, 作家　[国]米国　[典]1996／2000／2004

ケサダ, デッサ　Quesada, Dessa　本名＝ケサダ, ロサンナ・モデスタ・メレンデス　女優, 歌手, 演劇指導者　[国]フィリピン　[生]1964年　[典]1992／2000

ケサダ・トルーニョ, ロドルフォ　Quezada Toruno, Rodolfo　カトリック枢機卿　元・グアテマラ大司教　[国]グアテマラ　[生]1932年　[没]2012年6月4日

ケーサム, ケーシー　Kasem, Casey　ラジオ司会者, DJ　[国]米国　[生]1932年4月27日　[没]2014年6月15日

ゲザリ, サリマ　「ラ・ナシオン」編集長　[国]アルジェリア　[典]2000

ケーシー, ウィリアム　Casey, William Joseph　元・米国中央情報局(CIA)長官　[国]米国　[生]1913年3月13日　[没]1987年5月6日　[典]1992

ゲージ, エリザベス　Gage, Elizabeth　作家　[国]米国　[典]1996／2000

ケージ, ジョン・ミルトン(Jr.)　Cage, John Milton (Jr.)　作曲家, 前衛思想家　[国]米国　[生]1912年9月5日　[没]1992年8月12日　[典]1992／1996

ケーシー, シーン　Casey, Sean Thomas　大リーグ選手(内野手)　[国]米国　[生]1974年7月2日　[典]2000／2008

ケーシー, ドエン　バスケットボール・コーチ　シアトル・スーパーソニックス・アシスタントコーチ　[国]米国　[典]2000

ケーシー, ドナルド　Casey, Donald M.　ランドーアソシエイツ会長　[国]米国　[生]1935年9月28日　[典]1992／1996

ケーシー, フィリップ・E.　フロリダスティール社会長・CEO　[典]1996

ゲージ, フレッド　Gage, Fred H.　医学者　ソーク研究所教授　[専]幹細胞　[国]米国　[典]2004／2012

ケーシー, ロバート　Casey, Robert P.　政治家　元・ペンシルベニア州知事　[国]米国　[生]1932年1月9日　[没]2000年5月30日　[典]1996

ケシャ　KE$HA　シンガー・ソングライター　[国]米国　[生]1987年3月1日　[典]2012

ケシャヴァーズ, モハマッド・アリ　Keshavarz, Mohamad-Ali　俳優　[国]イラン　[生]1930年4月15日　[典]1996(ケシャバーズ, モハマッド・アリ)

ゲージュ, ドゥニ　Guedj, Denis　数学者, 作家　元・パリ第8大学教授　[専]科学史　[国]フランス　[生]1940年　[没]2010年　[典]1992／1996／2008

ゲシュケ, チャールズ　Geschke, Charles M.　実業家　アドビシステムズ共同会長　[国]米国　[典]1992／2004／2012

ケシュトマンド, スルタン・アリ　Keshtmand, Sultan Ali　政治家　アフガニスタン副大統領・元首相　[国]アフガニスタン　[典]1992／1996

ケシュミニエン, アウシュラ　外科医　チェルノブイリ医療センター院長　[国]リトアニア　[生]1955年　[典]1996

ケジリワル, アービンド　Kejriwal, Arvind　社会活動家　“反汚職のインド”リーダー　[国]インド　[生]1968年

ケージン, アルフレッド　Kazin, Alfred　英文学者, 文芸批評家　元・ニューヨーク市立大学ハンター・カレッジ教授　[国]米国　[生]1915年6月5日　[没]1998年6月5日　[典]2000(ケイジン, アルフレッド)

ゲシン, デービッド　Gethin, David　スパイ小説家　[国]英国　[生]1948年　[典]1992

ゲース, アルブレヒト　Goes, Albrecht　作家, 詩人　[国]ドイツ　[生]1908年3月22日　[没]2000年2月23日　[典]1992

ケース, ジョン　Case, John　編集者　ハーバード・ビジネス・スクール出版編集長　[国]米国　[典]2004

ケース, ジョン　Case, John　作家　[生]1943年　[典]2008

ケース, スティーブ　Case, Steve　実業家　AOL創業者　元・AOLタイム・ワーナー会長　[国]米国　[生]1958年8月21日　[典]1996／2000／2004／2008

ゲース, ミヒャエル　Gees, Michael　ピアニスト, 作曲家　[国]ドイツ　[生]1953年　[典]2012

ケース, リチャード　Case, Richard　コンピューター技術者　[国]英国　[典]2004

ゲスキエール, ニコラ　Ghesquiere, Nicholas　ファッションデザイナー　バレンシアガ・ヘッドデザイナー　[国]フランス　[生]1971年　[典]2004

ケスキネン, カレヴィ　Keskinen, Kalevi　軍事研究家　[国]フィンランド　[典]2004／2008

ケスター, W.カール　Kester, W.Carl　ハーバード大学経営大学院経営学教授　[専]国際金融・財務論, 企業財務管理論　[典]1996

ケスター, バーナード　ロサンゼルス・カウンティ美術館ミュージアム・デザイナー　[生]1928年　[典]1996

ケスター・レッシェ, カーリ　Köster-Lösche, Kari　獣医　カールスルーエ大学国際フォーラムメンバー　[専]牛海綿状脳症(狂牛病)　[国]ドイツ　[典]2004

ケスティング, ユルゲン　Kesting, Jürgen　音楽評論家　[国]ドイツ　[生]1940年　[典]2004／2008／2012

ゲスト, ジュディス　Guest, Judith　作家　[国]米国　[生]1936年3月29日　[典]1992／1996

ケストナー, ウーベ　Kaestner, Uwe　外交官　元・駐日ドイツ大使　[国]ドイツ　[典]2004／2008

ケストナー, ラーズ　Kestner, Lars N.　トレーダー　[典]2004

ケストラー, アーサー　Koestler, Arthur Otto　作家, ジャーナリスト　[国]英国　[生]1905年9月5日　[没]1983年3月3日　[典]1992

ケスパー, イングリット　Kesper, Ingrid　イラストレーター　[国]ドイツ　[典]2004

ケースマイケル, アンヌ・テレサ・ドゥ　Keersmaeker, Anne Teresa De　振付師, ダンサー　ローザス芸術監督　[専]コンテンポラリー・ダンス　[国]ベルギー　[生]1960年　[典]1996／2004／2008／2012

ケズマン, マテヤ　Kežman, Mateja　サッカー選手(FW)　[国]セルビア　[生]1979年4月12日　[典]2008／2012

ケースメント, アン　Casement, Ann　精神分析家　英国王室人類学研究所フェロー, 連合王国心理療法会議議長　[国]英国　[典]2004

ケースメント, チャールズ　Casement, Charles　ジャーナリスト　parent-child literacy program運営委員　[専]教育問題　[典]2004

ケスラー, アラン　Kessler, Alan J.　実業家　パームCOO　[国]米国　[典]2004

ケスラー, デービッド　Kessler, David A.　米国食品医薬品局(FDA)長官　[国]米国　[典]1992／1996

ケ

ケスラー, デービッド　Kessler, David　ホスピス・ケア専門家　[国]米国　[典]2004

ケスラー, ハインツ　Kessler, Heinz　政治家　元・東ドイツ国防相　[国]ドイツ　[生]1920年1月26日　[典]1992／1996

ケスラー, ミッケル　Kessler, Mikkel　プロボクサー　元・WBA・WBC世界スーパーミドル級チャンピオン　[国]デンマーク　[生]1979年3月1日

ケスラー, リズ　Kessler, Liz　作家, 児童文学編集コンサルタント　[国]英国　[典]2008

ケスラー, ロナルド　Kessler, Ronald　ノンフィクション作家　[国]米国　[典]2000／2004／2008

ケスラー, ロバート　Kessler, Robert　コンピューター科学者　ユタ大学教授　[国]米国　[典]2004／2008

ケスラー, ローレン　Kessler, Lauren　ジャーナリスト, 社会歴史学者　[国]米国　[生]1950年　[典]1996

ケスリ, シタラム　Kesri, Sitaram　政治家　元・インド国民会議派総裁　[国]インド　[没]2000年10月24日　[典]2000

ケスレール, フィリップ　セレット・グループ会長　[国]フランス　[典]1996

ケースワニ, ラージクマール　Keswani, Raajkumar　ジャーナリスト　[国]インド　[典]1992

ケセル, カール　Kesel, Karl　イラストレーター　[国]米国　[生]1959年　[典]1996

ケセルマン, ジェフ　Kesselman, Jeff　コンピューター技術者　[典]2004

ケーソン, アンドレ　陸上選手(短距離)　[国]米国　[典]1996

ゲダ, シギタス　Geda, Sigitas　詩人　[国]リトアニア　[生]1943年　[典]1996

ケターレ, ウルフガング　Ketterle, Wolfgang　物理学者　マサチューセッツ工科大学教授　[国]ドイツ　[生]1957年10月21日　[典]2004／2008／2012

ゲーチル, レナーテ　Götschl, Renate　元・スキー選手(アルペン)　ソルトレークシティ五輪アルペンスキー女子複合銀メダリスト　[国]オーストリア　[生]1975年8月6日　[典]2000／2004

ゲーツ, ダリル　Gates, Daryl　ロサンゼルス市警察署(LAPD)署長　[国]米国　[生]1926年8月30日　[典]1992

ゲーツ, ロバート　Gates, Robert Michael　ウィリアム・アンド・メアリー大学総長　元・米国国防長官, 元・米国中央情報局(CIA)長官　[国]米国　[生]1943年9月25日　[典]1992／1996／2008／2012

ゲック, マルティン　Geck, Martin　音楽学者　[国]ドイツ　[生]1936年　[典]1996

ケック, ヨルン　Keck, Jörn　駐日欧州委員会代表部大使　[国]ドイツ　[生]1938年　[典]1992／1996

ケッコネン, ウルホ　Kekkonen, Urho Kaleva　政治家　元・フィンランド大統領　[国]フィンランド　[生]1900年9月3日　[没]1986年8月31日　[典]1992

ケッコーネン, ヘレナ　フィンランド平和教育研究所事務総長　[専]平和教育　[国]フィンランド　[典]1992

ゲッジ, ナタリー　Guedj, Nathalie　カレラ・イ・カレラCEO　[生]1958年　[典]2012

ゲッスル, ペール　ユニット名=ロクセット　歌手　[国]スウェーデン　[典]2000

ケッセル, ジョン　Kessel, John　SF作家　ノースカロライナ州立大学助教授　[専]英米文学　[国]米国　[生]1950年9月24日　[典]1996

ケッセル, ニール　Kessel, Neil　精神医学者　マンチェスター大学精神病学科教授　[専]自殺行為, 自家中毒的行為, 心身症の諸病, 一般的精神病, アルコール中毒症　[国]英国　[典]2004／2008

ケッセル, バーニー　Kessel, Barney　ジャズギタリスト　[国]米国　[生]1923年10月17日　[没]2004年5月6日　[典]1992

ケッチャム, キャサリン　Ketcham, Katherine　ノンフィクション作家　[国]米国　[生]1949年　[典]2004

ケッチャム, ジャック　Ketchum, Jack　本名=マイヤー, ダラス・ウィリアム　作家　[国]米国　[生]1946年　[典]2000／2012

ゲッツ, ゲーリー　Getz, Gary　ビジネスコンサルタント　[典]2004

ゲッツ, ケン　Getz, Ken　コンピューター技術者, テクニカルライター　[典]2004

ゲッツ, スタン　Getz, Stan　本名=Getz,Stanley　ジャズ・テナーサックス奏者　[国]米国　[生]1927年2月2日　[没]1991年6月6日　[典]1992

ゲッツ, ハンス・ヴェルナー　Goetz, Hans-Werner　歴史学者　ハンブルク大学教授　[専]ドイツ中世史　[国]ドイツ　[生]1947年　[典]2008

ゲッツ・アッカーマン, ビッキー　Goetze-Ackerman, Vicki　プロゴルファー　[国]米国　[生]1972年10月17日　[典]1992(ゲッツ, ビッキー)／1996(ゲッツ, ビッキー)／2000(ゲッツ, ビッキー)／2004(ゲッツ, ビッキー)／2008

ゲッツェ, ベルント　弁護士　[国]ドイツ　[生]1950年　[典]1996

ゲッツェ, マリオ　Götze, Mario　サッカー選手(MF)　[国]ドイツ　[生]1992年6月3日

ゲッティエール, ベネディクト　Guettier, Bénédicte　絵本作家　[国]フランス　[生]1962年　[典]2004／2008

ゲッディス, シャーリーン　Geddis, Shareen　歌手　[国]米国　[生]1951年　[典]1992

ゲッパー, ロジャー　ケルン大学教授　[専]密教美術　[国]ドイツ　[典]2000

ゲッパート, リチャード　Gephardt, Richard Andrew　別名=ゲッパート, ディック　政治家, 弁護士　元・米国民主党下院院内総務　[国]米国　[生]1941年1月31日　[典]1992／1996／2000／2004／2008／2012

ケップフ, ゲルハルト　Köpf, Gerhard　作家　[国]ドイツ　[生]1948年　[典]1996

ケッペル, フランシス　元・米国教育局長, 元・アスペン研究所教育政策部長　[専]教育政策　[国]米国　[没]1990年2月19日　[典]1992

ケッペル, ボビー　Keppel, Bobby　プロ野球選手(投手), 元・大リーグ選手　[国]米国　[生]1982年6月11日　[典]2012

ケッペル, ホルスト　サッカーコーチ, 元・サッカー監督　[国]ドイツ　[生]1948年5月17日　[典]2004

ゲッベルス, ハイナー　Goebbeles, Heiner　グループ名=カシーバー　作曲家, キーボード奏者　[国]ドイツ　[生]1952年8月17日　[典]1996

ゲッベルス, ロベール　Goebbels, Robert　政治家　元・ルクセンブルク経済相・動力公共事業相　[国]ルクセンブルク　[生]1944年　[典]1992(ゲベルス, R.)／1996／2000

ケッペン, ウォルフガング　Koeppen, Wolfgang　作家　[国]ドイツ　[生]1906年6月23日　[典]1992／1996

ケッペン, ピーター　Koeppen, Peter　イラストレーター　[国]米国　[典]2008

ケッペン, マルギット　ドイツ金属産業労組チーフエコノミスト　[専]国際経済　[国]ドイツ　[典]2000

ゲーデ, ダニエル　Gaede, Daniel　バイオリニスト　ニュルンベルク音楽大学教授　元・ウィーン・フィルハーモニー管弦楽団コンサートマスター　[国]ドイツ　[生]1969年　[典]2000／2004／2008／2012

ゲティー, ドナルド　Getty, Donald　政治家　アルバータ州首相　[国]カナダ　[生]1933年8月30日　[典]1992

ゲディギアン, ロベール　Guédiguian, Robert　映画監督, 映画プロデューサー, 脚本家　[国]フランス　[生]1953年12月3日　[典]2000(ゲディギャン, ロベール)／2004／2008／2012

ケーディス, チャールズ　Kades, Charles Louis　軍人, 弁護士　元・GHQ民政局(GS)次長　[国]米国　[生]1906年3月12日　[没]1996年6月　[典]1992／1996

ゲディーナ, クリスチャン　Ghedina, Kristian　スキー選手(アルペン)　[国]イタリア　[生]1969年11月20日　[典]1996／2000／2008

ゲティングス, フレッド　Gettings, Fred　オカルト研究家, 美術史家　[生]1937年　[典]1996

ゲーデフェルト, ダニエル　Goeudevert, Daniel　フォルクスワーゲン社(VW)福社長　[国]ドイツ　[生]1942年1月31日　[典]1992／1996

ゲーデラー, ラインハルト　Goerdeler, R.　クレインベルト・メイン・ゲーデラー(KMG)会長　[典]1992

ケテラール, マジョリーン　Ketelaar, Marjolijn　医学者　ユトレヒト大学　[専]小児リハビリテーション　[国]オランダ　[生]1965年

ケテル, ジョセフ　Keter, Joseph　陸上選手(障害)　⊕1969年6月13日　⊕ケニア　⊕2000

ケート, エリカ　Köth, Erika　オペラ歌手(ソプラノ)　⊕ドイツ　⊕1925年9月15日　⊕1989年2月20日　⊕1992

ゲートマン・ジーフェルト, アンネマリー　Gethmann-Siefelt, Annemarie　哲学者　ボーフム大学上級教員　⊕ドイツ概念論, ハイデッガー研究, 美学, 芸術理論　⊕ドイツ　⊕1945年　⊕2004

ケトラ, ジーン　Ketola, Jeanne　規格コンサルタント　パスウェイ・コンサルティング最高責任者　⊕米国　⊕2004

ケトリー, バリー　Ketley, Barry　軍事航空研究家　⊕2004

ケトル, アーノルド　Kettle, Arnold　英文学者　⊕英国　⊕1986年　⊕1992

ケトル, ドナルド　Kettl, Donald F.　政治学者　メリーランド大学公共政策大学院教授　⊕政治学, 公共政策, 公共経営　⊕米国　⊕2004／2008

ケトルウェル, キャロライン　Kettlewell, Caroline　「スキンゲーム」の著者　⊕米国　⊕1962年　⊕2004

ケドロヴァ, リラ　Kedrova, Lila　女優　⊕フランス　⊕1919年10月9日　⊕1992(ケドロバ, リラ)／1996(ケドロバ, リラ)

ケドロフ, コンスタンチン　Kedrov, Konstantin Aleksandrovich　詩人, 批評家　⊕ロシア　⊕1942年　⊕1996

ケナー, ケビン　Kenner, Kevin　ピアニスト　⊕米国　⊕1963年　⊕1996

ケーナー, サイモン　Kaner, Simon　歴史学者　セインズベリー日本芸術研究所副所長　⊕縄文時代　⊕英国　⊕1962年　⊕2012

ケナー, ジュリー　Kenner, Julie　ロマンス作家　⊕米国　⊕2004

ケーナー, ジョーゼフ・レオ　Koerner, Joseph Leo　美術史家　ハーバード大学美術学科助教授　⊕米国　⊕1958年　⊕1996

ケーナー, セム　Kaner, Cem　コンピューターコンサルタント, 法律家　⊕2004

ケナウェイ, アドリエンヌ　Kennaway, Adrienne　画家, アフリカ民族文化研究家　⊕1945年　⊕1996

ケナード, ショーン　Kennard, Sean　ピアニスト　⊕米国　⊕1984年　⊕2012

ケナン, ジョージ　Kennan, George Frost　外交官, 外交評論家　元・駐ソ連米国大使, 元・プリンストン高等学術研究所名誉教授　⊕外交史, アメリカ外交論, ロシア外交論　⊕米国　⊕1904年2月16日　⊕2005年3月17日　⊕1992／1996／2000

ケニー　Kenny　デュオ名＝SoRi　歌手　⊕韓国　⊕1981年11月19日　⊕2008／2012

ケニー, アンソニー・ジョン・パトリック　Kenny, Anthony John Patrick　哲学者　オックスフォード大学ベリオル・カレッジ学長　⊕英国　⊕1931年3月16日　⊕1996

ケニー, エンダ　Kenny, Enda　政治家　アイルランド首相, 統一アイルランド党党首　⊕アイルランド　⊕1951年4月24日　⊕2012

ケニー, ジェーソン　Kenny, Jason　自転車選手(トラックレース)　ロンドン五輪自転車男子スプリント・チームスプリント金メダリスト　⊕英国　⊕1988年3月23日

ゲーニー, テリー　Ganey, Terry　ジャーナリスト　⊕米国　⊕1992

ケニー, マット　レイカル・ミルゴ社長　⊕米国　⊕1992

ケニー・G　Kenny-G　本名＝ゴアリック, ケニー　サックス奏者　⊕米国　⊕1957年　⊕1992／2000　⊕1996

ケーニグ, ジョゼフ　Koenig, Joseph　ミステリー作家　⊕米国　⊕1992／1996

ケーニグ, マーク　Koenig, Mark　本名＝Koenig,Mark Anthony　大リーグ選手　⊕米国　⊕1902年7月19日　⊕1993年4月22日　⊕1996

ケーニグ, レアド　Koenig, Laird　劇作家, 脚本家, ミステリー作家　⊕米国　⊕1927年　⊕1992

ケニソン, カトリーナ　Kenison, Katrina　編集者　⊕米国　⊕2004

ケーニッヒ, ホルガー　König, Holger　建築家, 建築コンサルタント　エコ・プラス創設者　⊕ドイツ　⊕1951年　⊕2004

ケーニヒ, オットー　Koenig, Otto　生物学者　⊕文化比較行動学　⊕オーストリア　⊕1914年　⊕1992

ケーニヒ, ルネ　König, René　社会学者　元・ケルン大学教授, 元・国際社会学協会会長　⊕ドイツ　⊕1906年7月5日　⊕1992年3月21日　⊕1992／1996(ケーニッヒ, ルネ)

ケーニヒスワルト, グスタフ　Koenigswald, Gustav　本名＝Koenigswald,Gustav Heinrich Ralph von　古生物学者, 古人類学者, 考古学者　元・ユトレヒト大学教授　⊕ドイツ　⊕1902年11月13日　⊕1982年7月10日　⊕1992

ケニヤッタ, ウフル　Kenyatta, Uhuru Muigai　政治家　ケニア大統領　⊕ケニア　⊕1961年10月26日

ケニヨン, トニー　Kenyon, Tony　コンピューター技術者　⊕英国　⊕2008

ケニヨン, ニコラス　Kenyon, Nicholas　音楽評論家　BBCプロムス監督官　⊕英国　⊕2004

ケニーリー, ジェリー　Kennealy, Jerry　作家　⊕米国　⊕1938年　⊕2004

ケニロレア, ピーター　Kenilorea, Peter　政治家　元・ソロモン諸島首相　⊕ソロモン諸島　⊕1943年　⊕1992

ケーニン, イーサン　Canin, Ethan　作家　⊕米国　⊕1960年　⊕1992／1996／2000

ケネソン, クロード　Kenneson, Claude　チェロ奏者, 指揮者　アルバータ大学名誉教授　⊕カナダ　⊕2004

ゲネット, ピア　Guenette, Pierre　テコンドー選手　⊕カナダ　⊕1969年7月4日　⊕2000

ケネディ, アーサー　Kennedy, Arthur　俳優　⊕米国　⊕1914年2月17日　⊕1990年1月5日　⊕1992

ケネディ, アラン　Kennedy, Allan A.　経営コンサルタント, 著述家　⊕米国　⊕2004

ケネディ, アンソニー　Kennedy, Anthony M.　米連邦最高裁判事　⊕米国　⊕1941年1月31日　⊕1992

ケネディ, イアン　Kennedy, Ian　本名＝Kennedy,Ian Patrick　大リーグ選手(投手)　⊕米国　⊕1984年12月19日

ケネディ, イブリン・S.　PRIDE事業団代表者, アメリカ家政学会ヒーブ部会国際関連会長　⊕米国　⊕1927年　⊕1992

ケネディ, ウィリアム　Kennedy, William　作家　⊕米国　⊕1992／1996

ケネディ, ウィリアム　Kennedy, William P.　経済アナリスト, 経営ジャーナリスト　⊕米国　⊕1992／1996

ケネディ, エドワード　Kennedy, Edward　本名＝ケネディ, エドワード・ムーア　政治家　元・米国上院議員(民主党)　⊕米国　⊕1932年2月22日　⊕2009年8月25日　⊕1992／1996／2000／2004／2008

ケネディ, カラ　Kennedy, Kara　エドワード・ケネディ米国上院議員の長女　⊕米国　⊕1960年2月27日　⊕2011年9月16日

ケネディ, キャスリーン　Kennedy, Kathleen　映画プロデューサー　⊕米国　⊕1992／1996

ケネディ, ギャビン　Kennedy, Gavin　交渉コンサルタント　ヘリオット・ワット大学教授　⊕防衛学, 財政学, 交渉術　⊕英国　⊕1996

ケネディ, クリストファー　Kennedy, Christopher　マーチャンダイス・マート副社長　⊕米国　⊕1964年　⊕1996

ケネディ, グレース　Kennedy, Grace　歌手, 女優　⊕英国　⊕1958年　⊕1996

ケネディ, コリン　実業家　日本エア・リキード会長・社長・CEO　⊕オーストラリア　⊕1945年4月10日　⊕2000／2004／2008

ケネディ, ジミー　作詞家　⊕アイルランド　⊕1984年4月6日　⊕1992

ケネディ, ジム　Kennedy, Jim　オーストラリア米生産者協同組合総支配人　⊕オーストラリア　⊕2000

ケネディ, ジョージ　Kennedy, George　俳優　⊕米国　⊕1925年2月18日　⊕1992／1996

ケネディ, ジョシュア　Kennedy, Joshua　本名＝ケネディ, ジョシュア・ブレイク　サッカー選手(FW)　⊕オーストラリア　⊕1982

年8月20日 ⓓ2012

ケネディ, ジョン　Kennedy, John M.　トロント大学スカルボロフカレッジ　ⓔ知覚　ⓕ英国　ⓐ1942年　ⓓ2000

ケネディ, ジョン・F.(Jr.)　Kennedy, John Fitzgerald (Jr.)　元・「ジョージ」編集長　ケネディ第35代米国大統領の長男　ⓕ米国　ⓐ1960年11月25日　ⓑ1999年7月16日　ⓓ1992/1996

ケネディ, ダイアン　Kennedy, Diane M.　全米注意欠陥障害協会メンバー　ⓕ米国　ⓓ2008

ケネディ, ダグラス　Kennedy, Douglas　作家　ⓕ米国　ⓐ1955年　ⓓ2000

ケネディ, デービッド　Kennedy, David　スタンフォード大学教授　ⓔ歴史学　ⓕ米国　ⓐ1941年　ⓓ2000

ケネディ, トレバー　Kennedy, Traver　実業家　ASPインダストリー・コンソーシアム会長　ⓕ米国　ⓓ2000

ケネディ, ナイジェル　Kennedy, Nigel　本名=Kennedy,Nigel Paul　別名=ケネディ　バイオリニスト　ⓕ英国　ⓐ1956年12月28日　ⓓ1992/2000/2004/2008/2012

ケネディ, ビル　Kennedy, Bill　コンピューター技術者　ⓕ米国　ⓓ2004

ケネディ, フィリッパ　Kennedy, Philippa　コラムニスト, ショービジネス・ライター　ⓕアイルランド　ⓓ2000

ケネディ, ベッツィ　Kennedy, Betsy　バンダービルト大学看護学部講師　ⓔ産科看護, 新生児看護, 母子医療　ⓕ米国　ⓓ2004

ケネディ, ポール　Kennedy, Paul Michael　歴史学者　エール大学歴史学部教授　ⓔ国際関係論, 戦略史　ⓕ英国　ⓐ1945年6月17日　ⓓ1992/1996/2000/2004/2008/2012

ケネディ, マイケル　元・騎手　日本中央競馬会（JRA）競馬学校教官　ⓕアイルランド　ⓓ1996

ケネディ, マッジ　女優　ⓕ米国　ⓑ1987年6月9日　ⓓ1992

ケネディ, メアリー・リチャードソン　Kennedy, Mary Richardson　ケネディ大統領の甥で弁護士ロバート・ケネディ(Jr.)の妻　ⓕ米国　ⓑ2012年5月16日

ケネディ, リー　Kennedy, E.Lee　建築家, CADコンサルタント　ⓕ米国　ⓓ1992

ケネディ, リチャード　Kennedy, Richard　児童文学作家　ⓕ米国　ⓐ1932年　ⓓ1992/1996/2000

ケネディ, ルードビック　Kennedy, Ludovic　本名=Kennedy, Ludovic Henry Coverley　放送キャスター, 作家　ⓕ英国　ⓐ1919年11月3日　ⓑ2009年10月18日　ⓓ1992

ケネディ, ローズ・フィッツジェラルド　Kennedy, Rose Fitzgerald　ジョン・F.ケネディ元大統領の母　ⓕ米国　ⓐ1890年7月22日　ⓑ1995年1月22日　ⓓ1996

ケネディ, ロバート(Jr.)　Kennedy, Robert (Jr.)　弁護士　ペース大学教授　ⓔ環境法　ⓕ米国　ⓓ1996/2000

ゲネフケ, インゲ・ケンプ　Genefke, Inge Kemp　拷問被害者センター医療部長　ⓔ神経科　ⓕデンマーク　ⓓ1992

ケネリー, マイク　Keneally, Mike　ギタリスト, ロックミュージシャン　ⓕ米国　ⓐ1961年　ⓓ1996

ケネル, ピーター　Quennell, Peter　本名=Quennell,Peter Courtney　批評家, 伝記作家, 詩人　ⓕ英国　ⓐ1905年3月9日　ⓑ1993年10月27日　ⓓ1992

ケネン, ピーター　Kenen, Peter B.　経済学者　プリンストン大学経済学部教授　ⓔ国際通貨制度, 国際金融　ⓕ米国　ⓓ1996

ゲーノ, ジャン・マリ　Guéhenno, Jean-Marie　国際関係学者　パリ政治学院教授　ⓕフランス　ⓐ1949年　ⓓ1996

ゲノ, スティーブ　Guenot, Steeve François Fabien　レスリング選手（グレコローマン）　北京五輪レスリング男子グレコローマン66キロ級金メダリスト　ⓕフランス　ⓐ1985年10月2日　ⓓ2012

ケノヴィッチ, アデミル　Kenovic, Ademir　映画監督　ⓕボスニア・ヘルツェゴビナ　ⓐ1950年　ⓓ2000

ケーパー, ミッチェル　Kaper, Mitchell　オン・テクノロジー会長, エレクトロニック・フロンティア財団理事長　ⓕ米国　ⓐ1950年　ⓓ1992（ケイポア, ミッチェル・D./ケーパー, ミッチェル）/1996

ケーパース, ドム　Capers, Dom　プロフットボール監督　ⓕ米国

ⓐ1950年8月7日　ⓓ2000/2008

ゲハニ, ナーレン　Gehani, Narain　コンピュータ技師　AT&Tベル研究所　ⓕ米国　ⓓ1992

ゲバラ, アレイダ　Guevara, Aleida　小児科医　革命家チェ・ゲバラの娘　ⓕキューバ　ⓓ2012

ケビッチ, ヴャチェスラフ　Kebich, Vyacheslav Frantsevich　政治家　元・ベラルーシ首相　ⓕベラルーシ　ⓐ1936年6月10日　ⓓ1996

ケーヒル, ティム　Cahill, Tim　サッカー選手（FW・MF）　ⓕオーストラリア　ⓐ1979年12月6日

ケビン　Kevin　本名=Richardson,Kevin Scott　旧グループ名=バックストリート・ボーイズ　歌手　ⓕ米国　ⓐ1971年10月3日　ⓓ2004/2008/2012

ケビン　Kevin　グループ名=ZE：A　歌手　ⓕ韓国　ⓐ1988年2月23日　ⓓ2012

ケーブ, デービッド　Cave, David　ノーザン・ケンタッキー大学　ⓔ宗教学　ⓕ米国　ⓓ2000

ケフ, トータイ　Kefu, Toutai　ラグビー選手（FW）　ⓕオーストラリア　ⓐ1974年4月8日　ⓓ2008

ケーブ, ニック　Cave, Nick　グループ名=バッド・シーズ, 旧グループ名=ボーイズ・ネクスト・ドア, バースデイ・パーティ　ロック歌手　ⓕオーストラリア　ⓐ1957年9月22日　ⓓ1992/1996/2000

ケーブ, ピーター　Cave, Peter　作家　ⓕ英国　ⓓ1992

ケーブ, ヒュー　Cave, Hugh B.　作家　ⓕ米国　ⓐ1910年　ⓓ1992

ゲフィン, デービッド　Geffen, David　実業家, 音楽プロデューサー, 映画プロデューサー　ⓕ米国　ⓐ1943年2月21日　ⓓ1996/2000

ケフェレック, アンヌ　Queffélec, Anne　ピアニスト　ⓕフランス　ⓐ1948年1月17日　ⓓ1996/2000/2012

ケプケ, ヘルマン　Koepke, Hermann　教育者　ⓔシュタイナー教育　ⓕドイツ　ⓐ1937年　ⓓ2000（コェプケ, ヘルマン）/2004/2008

ゲブザ, アルマンド・エミリオ　Guebuza, Armando Emílio　政治家　モザンビーク大統領　ⓕモザンビーク　ⓐ1943年1月20日　ⓓ2008/2012

ケーブズ, リチャード　Caves, Richard E.　経済学者　ⓔ貿易理論　ⓕ米国　ⓐ1931年　ⓓ2004/2008

ケプセル, デービッド　Koepsell, David R.　哲学者　ニューヨーク州立大学バッファロー校応用存在論センター事務局長・助教授　ⓕ米国　ⓓ2004/2008

ゲフテル, ミハイル　Gefter, Mikhail Yakovlevich　歴史家　ⓕロシア　ⓐ1918年8月24日　ⓑ1995年2月16日　ⓓ1992

ケプナー, チャールズ　Kepner, Charles H.　ケプナー・アソシエーツ社代表　ⓕ米国　ⓐ1922年　ⓓ2000

ケプフ, ハーバード・H.　土壌科学者　元・ホーヘンハイム大学教授　ⓕドイツ　ⓓ2000

ケプラー, ウルリッヒ　スルザー・ジャパン社長　ⓓ1996

ゲーブル, ダン　レスリング選手　アイオワ大学レスリング部コーチ　ⓕ米国　ⓓ1992

ケブルズ, ダニエル　Kevles, Daniel J.　カリフォルニア工科大学科学史教授　ⓔ科学史　ⓕ米国　ⓐ1939年　ⓓ1996

ゲブレシラシエ, ハイレ　Gebrselassie, Haile　マラソン選手, 陸上選手（長距離）　アトランタ五輪・シドニー五輪陸上男子1万メートル金メダリスト　ⓕエチオピア　ⓐ1973年4月18日　ⓓ1996/2000/2004/2008/2012

ケベデ, ツェガイエ　Kebede, Tsegaye　マラソン選手　北京五輪陸上男子マラソン銅メダリスト　ⓕエチオピア　ⓐ1987年1月15日　ⓓ2012

ゲベナス, ホルツナー・モニカ　旧名=ブルーク　元・スピードスケート選手　ⓕドイツ　ⓐ1954年3月1日　ⓓ1992

ケベル, ジョン　元・外交官　ⓕ米国　ⓐ1917年　ⓓ1992

ケベル, ジル　Kepel, Gilles　パリ政治学院教授　ⓔイスラム　ⓕフランス　ⓐ1955年　ⓓ1996/2008/2012

ゲーベル, レオニー　造園家　ⓕドイツ　ⓓ2000

ゲーベルス, カール・ハインツ　Goebels, Karl-Heinz　ドイツ労働総

同盟（DGB）外国人労働者担当部長　国ドイツ　生1934年　収1996

ゲーベルト，コンスタンティ　Gebert, Konstanty　ジャーナリスト「ミドラシュ」編集長　国ポーランド　収1992／2000

ケボーキアン，ジャック　Kevorkian, Jack　医師　国病理学　国米国　生1928年5月26日　没2011年6月3日　収1996（キボキアン，ジャック）／2000

ケマケザ，アラン　Kemakeza, Allan　政治家　元・ソロモン諸島首相　国ソロモン諸島　生1951年　収2008

ゲマワット，パンカジュ　Ghemawat, Pankaj　経営学者　ハーバード・ビジネススクール教授　収2004

ケミスペティ，マーク　英国セイルトレーニング協会（STA）マリン＆トレーニングマネジャー　収2000

ケーム，ザビーネ　Kehm, Sabine　スポーツジャーナリスト　国ドイツ　収2004／2008

ケメニー，ジョン　Kemeny, John G.　数学者　元・ダートマス大学名誉学長　コンピューター言語BASICの開発者　国米国　生1926年　没1992年12月26日　収1992／1996

ケメニー，ジョン　Kemeny, John　映画・テレビプロデューサー　国カナダ　生1925年4月17日　没2012年11月23日

ケメーニュ，デジェ　Kemény, Dezső　作家　国ハンガリー　生1925年　収1992

ケメルマン，ハリー　Kemelman, Harry　推理作家　国米国　生1908？年　収1992

ケーメン，ディーン　Kamen, Dean　発明家　DEKAリサーチ社長　国米国　生1951年　収2004／2008／2012

ケーメン，ポーラ　Kamen, Paula　ジャーナリスト　ノースウェスタン大学女性研究プログラム研究員　国米国　収2004

ケーメン，ロバート・マーク　Kamen, Robert Mark　脚本家　国米国　収2004

ケラー，アダム　パレスチナ国家樹立運動家　イスラエルとパレスチナの平和のためのイスラエル協議会（ICIPP）執行部員，「ジー・アザー・イスラエル」誌編集長　国イスラエル　収1996

ケーラー，アンゲラ　ドイツ通信（ADN）・国営TV東京支局勤務　国ドイツ　生1951年　収1992

ケラー，アンドレアス　ホッケー選手　国ドイツ　収1996

ケラー，ヴェルナー　Keller, Werner　出版人，著述家　国ドイツ　生1909年　没1980年　収1992

ケラー，エブリン・フォックス　Keller, Evelyn Fox　マサチューセッツ工科大学教授　国理論物理学，数理生物学　国米国　生1936年　収1996／2000

ケラー，クラウディア　Keller, Claudia　作家　国ドイツ　生1944年　収1996

ケラー，ケイシー　Keller, Kasey　サッカー選手（GK）　国米国　生1969年11月29日　収2008

ケーラー，ゲオルゲス　Köhler, Georges J.F.　免疫学者　元・マックス・プランク免疫生物学研究所所長　国ドイツ　生1946年4月17日　没1995年3月1日　収1992／1996

ケラー，ケビン・レーン　Keller, Kevin Lane　経営学者　デューク大学フクア・ビジネス・スクール客員教授　国消費者マーケティング　国米国　収2004

ケラー，コルネリウス　Keller, Cornelius　化学者　カールスルーエ工科大学放射化学教授，カールスルーエ原子核研究所（Kfk）先端技術環境研修センター（FTU）所長　国放射化学　国ドイツ　生1931年　収1996

ゲラー，サラ・ミシェル　Gellar, Sarah Michelle　女優　国米国　生1977年4月14日　収2000／2004／2008／2012

ケラー，ジュンパスカル　ケラー，純パスカル　バイオリニスト　ウィーン国立歌劇場管弦楽団　収2004／2008

ケーラー，ダニエル　Kehrer, Daniel　ジャーナリスト　国経営・金融問題　国米国　収1992

ケラー，ディートマル　Keller, Dietmar　元・東ドイツ文化相　国ドイツ　収1992

ケーラー，テイビー　Kahler, Taibi　臨床心理学者，行動科学者　ケーラー・コミュニケーションズ社長　国米国　生1943年　収1996

ケーラー，トーマス　Kehler, Thomas P.　インテリコープ会長・社長　生1947年　収1992

ケラー，トーマス　Keller, Thomas A.　料理人　国米国　生1955年　収2012

ケラー，ハリー　映画製作者・監督・編集者　国米国　没1987年1月19日　収1992

ケラー，ビル　Keller, Bill　ジャーナリスト　元・「ニューヨークタイムズ」編集主幹　国米国　生1949年1月18日　収2000／2004／2008／2012

ゲラ，ファン・ルイス　Guerra, Juan Luis　グループ名=440　シンガー・ソングライター　国ドミニカ共和国　生1957年　収2012

ケラー，ホリー　Keller, Holly　絵本作家　国米国　生1942年　収2004

ケーラー，ホルスト　Köhler, Horst　政治家，銀行家　元・ドイツ大統領（第9代），元・国際通貨基金（IMF）専務理事，元・欧州復興開発銀行（EBRD）総裁　国ドイツ　生1943年2月22日　収2000／2004／2008／2012

ゲラー，マーガレット　Geller, Margaret J.　ハーバード大学教授　国天体物理学　国米国　収1996

ケラー，マリアン　Keller, Maryann N.　自動車産業アナリスト　元・プライスライン自動車部門社長　国米国　収1992／1996／2000／2004

ゲラー，ユリ　Geller, Uri　超能力者　国イスラエル　生1946年　収1992／1996／2000／2008／2012

ケラー，ラモーナ　歌手　国米国　生1967年2月25日　収1992

ゲーラ，ルイ　Guerra, Ruy　映画監督　生1931年　収1992

ゲラー，ロバート　Geller, Robert James　東京大学大学院理学系研究科教授　国地球物理学，地震学　国米国　生1952年2月9日　収2008

ケラー，ローリー　Keller, Laurie　絵本作家，挿絵画家，イラストレーター　国米国　生1961年　収2004

ケラウェイ，ロジャー　Kellaway, Roger　ジャズピアニスト，作曲家　国米国　生1939年11月1日　収1992

ゲラゴス，マーク　Geragos, Mark　弁護士　国米国　生1957年　収2012

ゲラシチェンコ，ヴィクトル　Gerashchenko, Viktor Vladimirovich　銀行家　元・ロシア中央銀行総裁，元・ソ連国立銀行（ゴスバンク）総裁　国ロシア　生1937年12月21日　収1992／1996／2000／2004／2008

ゲラシモフ，アナトリー　Gerasimov, Anatolii　政治家　元・レニングラード市党委第1書記　国ソ連　収1992

ゲラシモフ，イノノケンティー　Gerasimov, Innokentii Petrovich　地理学者　ソ連科学アカデミー地理学研究所所長　元・国際地理学連合（IGU）副会長　国土壌地理学，地形学　国ソ連　生1905年12月22日　収1992

ゲラシモフ，ゲンナジー　Gerasimov, Gennadii　駐ポルトガル・ソ連大使　国ソ連　収1992

ゲラシモフ，セルゲイ　Gerasimov, Sergei Apollinarievich　映画監督　国ソ連　生1906年5月21日　没1984年11月28日　収1992

ゲラシモフ，ワジム　Gerasimov, Vadim　ゲームソフト開発者　国ソ連　生1969年6月15日　収1992

ケラス，ジャン・ギアン　Queyras, Jean-Guihen　チェロ奏者　シュトゥットガルト音楽大学教授　国フランス　生1967年　収2004／2008／2012

ゲラスコフ，リュボミル　体操選手　国ブルガリア　収1992

ゲラトゥリ，アングス　Gellatly, Angus　認知心理学者　キール大学心理学科科長　国視覚と認知　国ドイツ　収2004

ケラドマンド，ファルハッド　Kheradmand, Farhad　俳優　国イラン　生1940年11月24日　収1996

ゲラナ，ティキ　Gelana, Tiki　マラソン選手　ロンドン五輪陸上女子マラソン金メダリスト　国エチオピア　生1987年10月22日

ケラハー，バイロン　Kelleher, Byron　ラグビー選手　国ニュージーランド　生1976年12月3日　収2008

ケラハー，ビクター　Kelleher, Victor　作家　国オーストラリア

⊕1939年 ⊗2000

ケラペス, ドリー Kelepecz, Dolly ネバダ州立大学教授 ⊕1956年 ⊗2008

ケラーマン, ジョナサン Kellerman, Jonathan 作家,医師 小児臨床心理学 ⑩米国 ⊕1949年 ⊗1992／1996／2000／2004

ケラーマン, ジョン Kellerman, John コンピューター技術者 ⑩米国 ⊗2008

ゲラマン, ソール Gellerman, Saul W. 経営コンサルタント,経営学者 ダラス大学経営学教授・大学院経営学部長 ⑩米国 ⊗1996

ケラーマン, ピーター・フェリックス Kellermann, Peter Felix 臨床心理士 サイコドラマ ⑩イスラエル ⊗2000

ケラーマン, フェイ Kellerman, Faye ミステリー作家 ⑩米国 ⊕1952年 ⊗1996

ケラーマン, モニカ Kellermann, Monika 栄養士 ⑩ドイツ ⊕1951年 ⊗2000

ゲラン, イザベル Guérin, Isabelle バレリーナ パリ・オペラ座バレエ団エトワール ⑩フランス ⊗2008／2012

ゲラン, ジャン・ポール 調香師 元・ゲラン香水開発責任者 ⑩フランス ⊗1992／2000／2004

ゲラン, ダニエル Guérin, Daniel 作家,ジャーナリスト ⑩フランス ⊕1904年5月19日 ⊖1988年4月14日 ⊗1992

ゲラン, フィリップ Guerlain, Philippe ゲラン社長 ⑩フランス ⊕1928年 ⊗1992

ゲラン, ロジェ・アンリ Guerrand, Roger-Henri 歴史学者 元・パリ・ベルビル国立建築学校教授 生活史,社会史 ⑩フランス ⊕1923年 ⊖2006年 ⊗2000

ケリー Kelly 本名=ギマラエンス,クレズリー・エバンドロ サッカー選手(FW) ⑩ブラジル ⊕1975年4月28日 ⊗2004／2008

ケリー Kelly 本名=Kilfeather,Kelly グループ名=ベルファイア 歌手 ⑩アイルランド ⊕1979年3月23日 ⊗2004

ケリー, アンソニー・ノエル 彫刻家 ⑩英国 ⊗2000

ケリー, ウィリアム ターナー・インターナショナル日本支社長 ⑩アイルランド ⊗1996

ケリー, ウィリアム・メルビン Kelley, William Melvin 作家 ⑩米国 ⊕1937年 ⊗1992

ケリー, ウィリアム・ライト Kelly, William Wright 文化人類学者 エール大学教授 ⑩米国 ⊗2000／2012

ケリー, エドワード Kelley, Edward Watson (Jr.) 実業家 米国連邦準備理事会(FRB)理事 ⑩米国 ⊕1932年1月27日 ⊗2004

ケリー, エルスワース Kelly, Ellsworth 画家,版画家,彫刻家 ⑩米国 ⊕1923年5月31日 ⊗1992／2004／2008／2012

ケーリ, オーティス Cary, Otis 日本文化研究家 元・同志社大学名誉教授,元・アーモスト大学名誉教授 日米交渉史・比較文化論 ⑩米国 ⊕1921年10月20日 ⊖2006年4月14日 ⊗1996／2000

ケーリー, オリーブ 女優 ⑩米国 ⊖1988年3月13日 ⊗1992

ケリー, カレン 外交官 在沖縄米国領事館広報文化担当領事 ⑩米国 ⊗2004

ケリー, キティ Kelley, Kitty フリーライター,伝記作家 ⑩米国 ⊗1992

ケリー, キャシー Kelly, Cathy 作家 ⑩アイルランド ⊗2004

ケリー, ケビン Kelley, Kevin プロボクサー 元・WBC世界フェザー級チャンピオン ⑩米国 ⊕1967年6月29日 ⊗1996／2000／2004／2008

ケリー, ケビン Kelly, Kevin ジャーナリスト 「ワイヤード」エグゼクティブ・エディター ⑩米国 ⊕1952年 ⊗2000

ケリー, ゲーリー Kelley, Gary イラストレーター ⑩米国 ⊕1945年 ⊗1996／2000

ケリー, ジェイソン Kelly, Jason 作家 ⑩米国 ⊕1971年1月 ⊗2000

ケリー, ジェーソン Queally, Jason 自転車選手 ⑩英国 ⊕1970年5月11日 ⊗2004

ケリー, ジェームス Kelly, James P. 実業家 元・ユナイテッド・パーセル・サービス(UPS)会長・CEO ⑩米国 ⊕1943年4月18日 ⊗2004

ケリー, ジェームズ Kelly, James A. 元・米国国務次官補 ⑩米国 ⊗2004／2008

ケリー, ジム Kelly, Jim 元・プロフットボール選手 ⑩米国 ⊕1960年2月14日 ⊗2000／2004

ゲーリー, ジム 芸術家 古い車の部品で「恐竜」を制作 ⑩米国 ⊗1992

ケリー, ジャック Kelly, Jack 作家 ⑩米国 ⊗2004

ゲリー, ジャン・フランソワ Guerry, Jean François 写真家,元・外交官 元・駐日スイス大使館一等書記官 ⑩スイス ⊕1943年 ⊗1992／2004

ケリー, ジョン Kerry, John 本名=ケリー, ジョン・フォーブス 政治家 米国国務長官 元・上院外交委員長(民主党) ⑩米国 ⊕1943年12月11日 ⊗1992／1996／2000／2004／2008／2012

ケリー, ジョン Kelly, John ジャーナリスト ⑩米国 ⊕1943年 ⊗1996

ケリー, ジョン(Jr.) Kelly, John B. (Jr.) ボート選手 元・米国オリンピック委員会委員長 ⑩米国 ⊕1985年3月2日 ⊗1992

ケリー, ジーン Kelly, Gene 本名=Kelly,Eugene Curran 俳優,舞踊家 ⑩米国 ⊕1912年8月23日 ⊖1996年2月2日 ⊗1992／1996

ケリー, スーザン Kelly, Susan 作家 ⑩米国 ⊗2000

ケリー, スザンヌ Kelly, Susanne 実業家 シティバンク・コーポレート・テクノロジー・オフィス担当副社長 ⊗2004

ケリー, チャールズ Kelley, Charles トリオ名=レディ・アンテベラム 歌手 ⑩米国 ⊕1981年9月11日 ⊗2012

ケリー, ティニーシャ Keli, Tynisha 歌手 ⑩米国 ⊕1985年7月28日 ⊗2012

ケリー, デービッド・E. Kelley, David E. テレビプロデューサー, 脚本家 ⑩米国 ⊕1956年 ⊗2004／2012

ケリー, トーマス Kelly, Thomas 作家 ⑩米国 ⊗2000

ケリー, トーマス・J. グラマン社情報管理担当副社長 航空宇宙工学 ⑩米国 ⊕1929年 ⊗1992

ケリー, トム Kelly, Tom 本名=Kelly,Jay Thomas 大リーグ監督,元・大リーグ選手 ⑩米国 ⊕1950年8月15日 ⊗1996／2000／2004／2008

ケリー, トム Kelley, Tom 本名=ケリー,トーマス 実業家 IDEO副社長 ⑩米国 ⊕1955年 ⊗2004

ケリー, ナンシー Kelly, Nancy 女優 ⑩米国 ⊕1921年3月25日 ⊖1995年1月2日 ⊗1996

ケリー, パトリック Kelly, Patrick ファッションデザイナー ⑩米国 ⊕1952年 ⊖1990年1月1日 ⊗1992

ケーリー, ハリー(Jr.) Carey, Harry (Jr.) 俳優 ⑩米国 ⊕1921年5月16日 ⊖2012年12月27日 ⊗2000

ケリー, ファーガス Kelly, Fergus ノンフィクション作家 ⊗2004

ケリー, フランク パイロット 米国初のジェットパイロット ⑩米国 ⊖1989年5月3日 ⊗1992

ゲーリー, フランク Gehry, Frank Owen 建築家 ⑩米国 ⊕1929年2月29日 ⊗1992／1996／2000／2004／2008／2012

ケリー, ペトラ Kelly, Petra Karin 旧名=レーマン,ペトラ 政治家 元・緑の党代表 ⑩ドイツ ⊕1947年11月29日 ⊖1992年10月 ⊗1992／1996

ケリー, ベン Kelly, Ben インテリアデザイナー ⑩英国 ⊕1949年 ⊗2000

ケリー, ボブ Kerrey, Bob 本名=ケリー,ロバート 政治家 米国上院議員(民主党) ⑩米国 ⊕1943年8月27日 ⊗1992／1996／2000

ケリー, マイク Kelley, Mike 美術家 ⑩米国 ⊕1954年 ⊖2012年1月31日 ⊗2000

ケリー, マリー Kelly, Marie T. 作家 ⑩カナダ ⊗1996

ケリー, ミンカ Kelly, Minka 女優 ⑩米国 ⊕1980年6月24日 ⊗2012

ケリー, リサ Kelly, Lisa グループ名=ケルティック・ウーマン

歌手　国アイルランド　典2008（リサ）／2012

ケリー, リチャード　Kelly, Richard　映画監督, 脚本家　国米国　生1975年3月28日　典2004／2012

ケリー, レスリー　Kelly, Leslie A.　写真家, 旅行作家　国米国　典2000

ケリー, レスリー　Kelly, Leslie　ロマンス作家　国米国　典2004

ケリー, ロバート　Kelley, Robert E.　カーネギー・メロン大学企業経営大学院経営学教授　国リーダーシップ研究　生1950年　典1996／2000

ゲリエ, レーモン　Guerrier, Raymond　画家　国フランス　生1920年　典1992

ケリガン, ジャスティン　Kerrigan, Justin　映画監督　国英国　生1973年　典2004

ケリガン, ナンシー　Kerrigan, Nancy　フィギュアスケート選手　国米国　典1996

ケリガン, フィリップ　Kerrigan, Philip　作家　国英国　生1959年10月16日　典1996／2000

ケリガン, マイケル　Kerrigan, Michael　著述家　国英国　典2004

ゲーリッヒ・バーギン, マルサ　Gierlich-Burgin, Marisa　ライター　国米国　典2004

ケリードー, ルネ　Querido, René M.　教育家　ルドルフ・シュタイナー大学学長　国シュタイナー教育, 人智学　典1992

ゲーリマン, アレクサンドル　Galman, Alexander　劇作家　国ソ連　生1933年　典1992／1996

ケーリン, トム　Kalin, Tom　映画監督, 映画・ビデオプロデューサー　国米国　生1962年　典1996（カーリン, トム）／2000／2012

ゲリン, ホセ・ルイス　Guerín, José Luis　映画監督　国スペイン　生1960年　典2012

ゲリンガス, ダヴィド　Geringas, David　チェロ奏者, 指揮者　九州交響楽団首席客演指揮者　国ドイツ　生1946年7月29日　典1996／2000／2008／2012

ゲーリング, ヴァルター・ヤコブ　Gehring, Walter Jakob　遺伝学者　バーゼル大学教授　国発生生物学　国スイス　生1939年3月20日　典2004／2012

ケリング, ジョージ　Kelling, George L.　刑事司法学者　ルトガーズ大学刑事司法学部教授　元・ニューヨーク市警顧問　国治安, 防犯　国米国　典2004／2008

ゲリンジャー, ジム　Geringer, Jim　本名＝ゲリンジャー, ジェームズ　政治家　元・ワイオミング州知事　国米国　生1944年4月24日　典1996／2000／2004

ゲリンジャー, チャーリー　Gehringer, Charlie　本名＝Gehringer, Charles Leonard　大リーグ選手　国米国　生1903年5月11日　没1993年1月21日　典1996

ゲリンジャー, ローラ　Geringer, Laura　児童文学作家　国米国　典2004／2008

ケール, J.J.　Cale, J.J.　本名＝ケール, ジョン　音楽家, ギタリスト　国米国　生1938年　典1992／1996

ゲール, キャシー　Gale, Cathy　イラストレーター　国英国　典2004

ケール, ジョン　旧グループ名＝ベルベット・アンダーグラウンド　ミュージシャン　生1940年12月3日　典1996／2000

ケール, セバスチャン　Kehl, Sebastian　サッカー選手（MF）　国ドイツ　生1980年2月13日　典2004／2008／2012

ゲール, テリー　Gale, Terry　元・プロゴルファー　豪州ニュージーランドプロゴルフ協会会長　国オーストラリア　生1946年6月7日　典1992／1996

ゲール, トリスタン　Gale, Tristan　スケルトン選手　国米国　生1980年8月10日　典2004

ゲール, パトリック　Gale, Patrick　作家　国英国　生1962年　典1996

ケール, ポーリン　Kael, Pauline　映画評論家　国米国　生1919年6月19日　没2001年9月3日　典1992／1996

ゲール, マシュー　Gale, Mathew　美術評論家　国20世紀美術

国英国　典2004

ゲール, ヤン　Gehl, Jan　デンマーク王立芸術学院建築学部アーバンデザイン科主任教授　国建築学　国デンマーク　生1936年　典1992

ゲール, リチャード　Gale, Richard Blackwell　別名＝ゲール, リッチ　元・プロ野球選手　国米国　生1954年1月19日　典2000

ゲール, ロジャー　Gale, Roger W.　ワシントン・インターナショナル・エネルギー・グループ社代表　元・米国連邦エネルギー規制委員会渉外部長　国米国　生1946年　典1992／1996

ケルアック, ジャン　Kerouac, Jan Michele　作家　国米国　生1952年　典1992／1996／2000

ケルヴェラ, マルセル　Kervella, Marcel　画家　国フランス　生1930年　典1992（ケルベラ, マルセル）／1996（ケルベラ, マルセル）

ケルヴェルヌ, アラン　Kervern, Alain　俳句研究家　国芭蕉　国フランス　典1992（ケルベルヌ, アラン）

ゲルギエフ, ヴァレリー　Gergiev, Valery Abesalovich　指揮者　マリインスキー劇場管弦楽団芸術総監督・総裁, ロンドン交響楽団首席指揮者　国ロシア　生1953年5月2日　典1996／2000／2004／2008／2012

ゲルギエワ, ラリーサ　Gergieva, Larissa　声楽指導家, ピアニスト　マリインスキー劇場（キーロフ・オペラ）附属キーロフ・アカデミー芸術監督　国ロシア　典2004／2008

ゲルク, ヒルデ　Gerg, Hilde　スキー選手（アルペン）　国ドイツ　生1975年10月19日　典2000／2004

ケルクホフ, イアン　Kerkhof, Ian　映画監督　国オランダ　生1964年　典2000

ケルサレ, ヤン　Kersale, Yann　美術家　国フランス　生1955年　典2000

ゲルサンライター, デービッド　Gelsanliter, David　作家, ジャーナリスト　国米国　生1938年　典1992

ケルシー, フランシス　Kelsey, Frances Oldham　元・米国食品医薬品局（FDA）科学審査部長　国米国　生1914年6月24日　典1992

ゲルシコビチ, アレクサンドル　Gershkovich, Alexander　演劇・文芸評論家, 文化史家, ハンガリー演劇研究者　ハーバード大学付属ロシア研究センター研究員　国米国　生1924年　典1992

ケルシズ, スタニスラス・ド　Quercize, Stanislas de　実業家　ヴァン・クリーフ＆アーベルインターナショナル社長・CEO　国フランス　生1957年　典2012

ゲルシャウ, ヘルムート　体操コーチ　国ドイツ　典1992／1996

ケルシュ, ロバート　ゼネラル・マジック上級副社長・COO　典2000

ゲルシンガー, パット　Gelsinger, Pat　本名＝Gelsinger,Patrick P.　実業家　インテル副社長・CTO　国米国　典2004／2008

ゲルスター, ゲオルグ　Gerster, Georg　写真家, 著述家　国スイス　生1928年4月30日　典1992／1996

ケルステン, ヴォルフガング　Kersten, Wolfgang　美術史家　国パウル・クレー研究　国スイス　生1954年　典2000

ケルステン, デトレフ　Kersten, Detlef　編集者, 絵本画家　「トレッフ」編集長　国ドイツ　生1948年　典1992／1996

ケルステン, ホルガー　Kersten, Holger　宗教史研究家　生1951年　典2000

ケルステン, ヨアヒム　メルボルン大学犯罪学科講師　国少年犯罪　国ドイツ　典1992

ゲルステンマイアー, オイゲン　Gerstenmaier, Eugen K.A.　元・西ドイツ連邦議会議長　国ドイツ　没1986年3月13日　典1992

ゲルストナー, カール　Gerstner, Karl　造形作家, 画家, グラフィックデザイナー, 写真家　国スイス　生1930年　典1992

ケルスマケル, アン・テレーザ・ド　モダンダンス振付師　国ベルギー　典1992

ゲルズマーワ, ヒブラ　Gerzmava, Khibla　ソプラノ歌手　スタニスラフスキー＆ネミロヴィチ・ダンチェンコ劇場プリマドンナ　国グルジア　生1970年　典1996／2000／2004／2008／2012

ケルソー, ケン　映画監督, 脚本家, 作家　国オーストラリア　典1996

ゲルソン, シャルロッテ　Gerson, Charlotte　ゲルソン協会設立者

ゲルソン療法　国ドイツ　歿2004

ゲルダ, スティーブ　Guerdat, Steve　馬術選手　ロンドン五輪馬術障害飛越個人金メダリスト　国スイス　生1982年6月10日

ゲルタン, ギレーヌ　Guertin, Ghyslaine　エドゥアール・モンプティ大学教授　専哲学, 音楽美学　国カナダ　生1941年　出1992/2000

ゲルツ, ハインリッヒ　Goertz, Heinrich　文筆家　国ドイツ　生1911年　歿1996

ゲルツァーラー, ヘンリー　Geldzahler, Henry　美術史家　専20世紀美術　国米国　歿1992

ゲルディー, クリスチャン　Göldi, Christian　土木技師　チューリヒ州建設局河川保護建設部　国スイス　生1943年　出1996

ケルテース, アーコシュ　Kertész, Akos　作家　国ハンガリー　生1932年　出1996

ケルテス, アンドレ　Kertész, André　写真家　国米国　生1894年　歿1985年9月28日　出1992

ケルテース, イムレ　Kertész, Imre　作家　国ハンガリー　生1929年11月9日　出2004/2008/2012

ゲルデンヒューズ, キム　Geldenhuys, Kim　CMディレクター　出2004

ゲルトナー, ハインツ　オーストリア国際政治研究所上級研究員　専国際政治　国オーストリア　生1951年3月　出1992（ゲアトナー, ハインツ／ゲルトナー, ハインツ）

ゲルドフ, ピーチズ　Geldof, Peaches　タレント　国英国　生1989年3月16日　歿2014年4月7日

ゲルドフ, ボブ　Geldof, Bob　ロック歌手, 慈善活動家　国アイルランド　生1954年10月5日　出2008/2012

ケルトン, W.D.　Kelton, W.David　経営工学者　ペンシルベニア大学教授　専シミュレーションモデリング　国米国　出2004

ゲルトン, フィリップ　Guelton, Philippe　出版人　元・アシェット婦人画報社社長　国フランス　出2004/2008

ゲルナー, アーネスト　Gellner, Ernest André　社会人類学者　元・中央ヨーロッパ大学ナショナリズム研究センター所長, 元・ケンブリッジ大学ウィリアム・ワイズ教授　国英国　生1925年12月9日　歿1995年11月5日　出1992/1996

ケルナー, ヴォルフラム　Körner, Wolfram　医師, 版画・書籍収集家　専外科学, スポーツ医学　生1920年　出1996

ケルナー, シャルロッテ　Kerner, Charlotte　ジャーナリスト, ノンフィクション作家　国ドイツ　生1950年　出1992/1996

ケルナー, ステファン　Körner, Stephan　哲学者　元・ブリストル大学教授, 元・エール大学教授　国英国　生1913年9月26日　歿2000年8月18日　出2004

ケルナー, ヘルベルト・アントン　Kellner, Herbert Anton　物理学者, チェンバロ愛好家　出1992

ケルナー, ローレンス　Kellner, Lawrence　別称=ケルナー, ラリー　実業家　コンチネンタル航空社長　国米国　出2004/2008

ゲルネ, マティアス　Goerne, Matthias　バリトン歌手　国ドイツ　生1967年　出2004/2008/2012

ゲルネール, ネルソン　ピアニスト　国アルゼンチン　生1969年　出1992/1996

ゲルバー, ジャック　Gelber, Jack Allen　劇作家　国米国　生1932年4月12日　出1992

ゲルバー, ブルーノ・レオナルド　Gelber, Bruno-Leonardo　ピアニスト　国アルゼンチン　生1941年3月19日　出1996/2012

ケルバーケル, アンドレア　Kerbaker, Andrea　作家　国イタリア　生1960年　出2008

ゲルバーヘス, マヤ　Gerber-Hess, Maja　作家　国スイス　生1946年11月5日　出2000

ゲルハーヘル, クリスティアン　Gerhaher, Christian　バリトン歌手　国ドイツ　生1969年　出2012

ゲルハルセン, エイナル　Gerhardsen, Einar Henry　元・ノルウェー首相　国ノルウェー　生1897年5月10日　歿1987年9月19日　出1992

ゲルハルト, アルバン　Gerhardt, Alban　チェロ奏者　国ドイツ　生1969年5月25日　出1992

ケルビー, スコット　Kelby, Scott　編集者, テクニカルライター　KW Media Group社長,「Mac Design Magazine」編集長　国米国　出2004/2008

ケルビン　Calvin　漢字名=辰亦儒　グループ名=飛輪海　歌手, 俳優　国台湾　生11月10日　出2012

ゲルブ, アーサー　Gelb, Arthur　ジャーナリスト　ニューヨーク・タイムズ財団理事長　国米国　出1996

ゲルブ, ピーター　Gelb, Peter　音楽プロデューサー, 映画・テレビプロデューサー　メトロポリタン歌劇場総裁　元・ソニー・クラシカル社長　国米国　生1953年　出2008/2012

ゲルブ, マイケル　Gelb, Michael J.　HPL（High Performance Learning）社社長　国米国　出1996

ゲルブ, レスリー　Gelb, Leslie H.　元・ジャーナリスト　米国外交問題評議会理事長　国米国　生1937年　出1996

ゲルファント, イズライル　Gelfand, Izrail Moiseevich　数学者　元・モスクワ大学教授, 元・ラトガース大学名誉客員教授　専関数解析学　国ロシア　生1913年9月2日　歿2009年10月5日　出1992/1996/2004

ゲルファント, ブランチ　Gelfant, Blanche H.　アメリカ文学研究者・評論家　ダートマス大学教養学部名誉教授　国米国　出2004

ゲールブラン, アラン　Gheerbrant, Alain　詩人, 作家, 映画作家, 探検家　国フランス　生1920年　出1996

ケルブレ, ハルトムート　Kaelble, Hartmut　社会史学者　フンボルト大学教授　国ドイツ　生1940年　出2000

ゲルベン, マイケル　Gelven, Michael　哲学者　ノーザン・イリノイ大学哲学科主任教授　国米国　生1937年　出2004

ゲルホーン, アーネスト　弁護士　ジョーンズ・デイ・リービス・アンド・ポーグ弁護士　国米国　出1992

ゲルホーン, ウォルター　法律学者　元・コロンビア大学ロースクール名誉教授, 元・日本学士院客員会員　専公法学　国米国　生1995年12月9日　出1996

ケールマイアー, ミヒャエル　Köhlmeier, Michael　作家, 脚本家　国オーストリア　生1949年　出2000

ゲルマン, アレクサンダー　Gelman, Alexander　アーティスト, グラフィックデザイナー　国米国　生1967年　出2012

ゲルマン, アレクセイ　German, Aleksei　本名=German,Aleksei Georgievich　映画監督　国ロシア　生1938年7月20日　歿2013年2月21日　出1996/2000/2004/2008/2012

ケルマン, ジュディス　Kelman, Judith　作家　国米国　出1992/1996

ケールマン, ダニエル　Kehlmann, Daniel　作家　国ドイツ　生1975年　出2012

ケルマン, ナージャ　Kelman, Nadia　通訳　ピースボート・コーディネーター　国米国　出1992

ゲルマン, マーク　Gellman, Marc　ラビ, 作家　国米国　出2004

ゲル・マン, マリー　Gell-Mann, Murray　理論物理学者　サンタフェ研究所特別フェロー, カリフォルニア工科大学名誉教授　専素粒子論　国米国　生1929年9月15日　出1992/1996/2000/2004/2008/2012

ケルメンディ, マイリンダ　Kelmendi, Majlinda　柔道選手　国コソボ　生1991年5月9日

ゲルラッハ, マンフレート　Gerlach, Manfred　政治家　元・東ドイツ国家評議会議長代行, 元・ドイツ自由民主党党首　国ドイツ　生1928年5月8日　出1992

ケルロック, ジャン・ピエール　Kerloc'h, Jean-Pierre　文学者, 児童文学作家　国フランス　出2004

ゲルンハート, ロベルト　Gernhardt, Robert　作家, 画家　生1937年　出1996

ゲレ, イスマイル・オマル　Guelleh, Ismael Omar　政治家　ジブチ大統領　国ジブチ　生1947年11月27日　出2004/2008/2012

ゲレ, エルノー　Gerö, Ernö　政治家　元・ハンガリー共産党第1書記, 元・ハンガリー副首相　国ハンガリー　生1898年7月8日　歿1980年3月12日　出1992

ケレク, マチュー　Kerekou, Mathieu　政治家,軍人　元・ベナン大統領　国ベナン　⊕1933年9月2日　奥1992／1996／2000／2004／2008／2012

ゲレス, ピーター　Gelles, Peter A.　弁護士　国米国　奥2000

ケレット, エトガー　Keret, Etgar　作家,映画監督　国イスラエル　⊕1967年　奥2012

ケレット, ジョン・ハリス　外交官　在札幌オーストラリア領事　国オーストラリア　奥2000

ゲレトシュレーガー, ロベルト　Geretschläger, Robert　数学者　ブルンデス・ギムナジウム教諭　国オーストリア　⊕1957年　奥2004

ゲレメク, ブロニスワフ　Geremek, Bronisław　政治家,歴史学者　元・ポーランド外相,元・欧州議会議員　国ポーランド　⊕1932年3月6日　⊗2008年7月13日　奥1992／1996／2000／2004／2008

ゲーレルス, トム　Gehrels, Tom　天文学者　アリゾナ大学聖書科学科教授　国米国　奥2000

ゲレロ, ウィルトン　Guerrero, Wilton　大リーグ選手(内野手)　国米国　⊕1974年10月24日　奥2000

ゲレロ, ウラジミール　Guerrero, Vladimir　本名=Guerrero, Vladimir Alvino　元・大リーグ選手　国ドミニカ共和国　⊕1976年2月9日　奥2004／2008／2012

ゲレロ, トミー　Guerrero, Tommy　ユニット名=ゲレロyゴンザレス　ミュージシャン,元・スケートボード選手　国米国　奥2004

ゲレロ, ラファエル　彫刻家　国メキシコ　奥1992

ゲーレン, ハリー　Geelen, Harrie　映画監督,グラフィックデザイナー,作曲家,絵本作家　国オランダ　⊕1939年　奥1996

ゲレン, ボブ　Geren, Bob　本名=Geren, Robert Peter　大リーグ監督,元・大リーグ選手　国米国　⊕1961年9月22日　奥2012

ケレンスキー, オレグ　Kerenskii, Oleg Aleksandrovich　帝政ロシア最後の首相の息子　国ソ連　⊕1984年6月25日　奥1992

ケレンバーガー, ヤコブ　Kellenberger, Jakob　外交官　赤十字国際委員会(ICRC)委員長　国スイス　⊕1944年10月19日

ケレンフィー, J.　NGK-LOCKE社社長　⊕1930年　奥1992

ゲレンベ, デニス　Gelenbe, Deniz　ピアニスト　国トルコ　奥1992

ケーロ, アレッサンドロ　Chelo, Alessandro　ビジネスコンサルタント　国イタリア　⊕1958年　奥2008

ケロッグ, スティーブン　Kellog, Steven　絵本作家　国米国　奥1992

ケロッグ, デービッド　Kellogg, David　ジャーナリスト　「フォーリン・アフェアーズ」発行責任者　国米国　⊕1950年　奥1992

ケロール, ジャン　Cayrol, Jean　詩人,作家　国フランス　⊕1910年6月6日　⊗2005年2月10日　奥1992／1996

ゲロルド, ウルリケ　Gerold, Ulrike　脚本家,児童文学作家,ジャーナリスト　国ドイツ　⊕1956年　奥2008

ケーン, アレックス　Kane, Alex　経済学者　カリフォルニア大学サンディエゴ校国際関係太平洋研究大学院教授　国米国　奥2008

ゲン・アンセイ　厳 安生　北京外国語大学教授,北京日本学研究センター主任教授　國日本近代文学,近代日中比較文学史　国中国　⊕1937年11月　奥1992／1996／2000

ケーン, アンドレア　Kane, Andrea　作家　奥2008

ゲン・エンセキ　権 延赤　作家　国中国　⊕1945年　奥1992(ゴン・エンセキ)／1996

ゲン・カエン　厳 家炎　旧名=厳賽　文学理論者　北京大学中文系教授　國中国現代文学　国中国　⊕1933年　奥1996／2000

ゲン・カカン　厳 家淦　Yen, Chia-kan　字=静波　政治家　元・台湾総統　国台湾　⊕1905年10月23日　⊗1993年12月24日　奥1992／1996

ゲン・カキ　厳 家其　Yan, Jia-qi　政治学者,反体制活動家　元・民主中国陣線主席,元・中国社会科学院政治学研究所長　国中国　⊕1942年12月25日　奥1992／1996／2004／2008

ゲン・カレイ　厳 歌苓　Yan, Ge-ling　作家　国米国　⊕1958年　奥2000

ゲン・ギサン　阮 儀三　同済大学城市規画学院(上海)教授　國都市史,都市計画　国中国　⊕1934年　奥1996

ゲン・ケイコク　厳 慶谷　京劇俳優　上海京劇院　国中国　⊕1970年　奥2004／2008

ケーン, ゴードン　Kane, Gordon　理論物理学者　ミシガン大学教授　國理論素粒子学,超対称性　国米国　奥2004

ゲン・サイジ　厳 済慈　Yan, Ji-ci　物理学者　元・九三学社名誉主席,元・中国全国人民代表大会(全人代)副委員長　国中国　⊕1900年　⊗1996年11月2日　奥1992／1996

ゲン・ショウトウ　厳 紹璗　北京大学教授　國日本文化,日本文学　国中国　⊕1940年　奥1996

ゲン・ショウヘイ　阮 湘平　外交官　中国科学技術参事官　国中国　⊕1962年　奥1992

ゲン・ジョカン　厳 汝嫻　元・中国社会科学院民族研究所研究員　國民族学　国中国　⊕1933年　奥2000

ゲン・シン　厳 新　気功師　重慶市中医研究所医師　国中国　⊕1950年　奥1996

ゲン・スウトク　阮 崇徳　高級工程師　深圳市先科激光電子有限総公司社長　国中国　⊕1934年　奥1992／1996

ゲン・スウブ　阮 崇武　Ruan, Chong-wu　政治家　元・中国共産党中央委員,元・海南省省長　国中国　⊕1933年　奥1992／1996／2000／2004

ケーン, ダン　Kehn, Dan　コンピューター技術者　国米国　奥2008

ゲン・タンネイ　阮 丹寧　女優　国中国　奥2000

ケーン, ドロレス　Keane, Dolores　グループ名=デ・ダナン　歌手　国アイルランド　奥1992／2000／2008／2012

ケーン, ナンシー　Koehn, Nancy F.　経済学者,歴史学者　ハーバード・ビジネス・スクール経済学部教授　奥2004／2008

ゲン・ブンセイ　厳 文井　Yan, Wen-jing　本名=厳文錦　児童文学作家,文芸理論家　元・中国ペンセンター副会長,元・中国作家協会理事,元・中国人民文学出版社社長　国中国　⊕1915年10月15日　⊗2005年7月21日　奥1992／1996

ゲン・ブンメイ　厳 文明　Yan, Wen-ming　考古学者　北京大学考古文博院教授,中国考古学会副理事長　国中国　⊕1932年　奥2000／2004

ケーン, ヘンリイ　Kane, Henry　作家　国米国　⊕1918年　奥1992

ゲン・ホウキ　阮 芳紀　歴史学者　「歴史研究」副編審　国中国　⊕1935年　奥1992／1996

ケーン, マイケル　ケンタッキー大学日米国際マネジメント研究所長　國経営学　国米国　奥1992

ゲン・メイ　厳 明　Yan, Ming　文学者　蘇州大学教授　國漢詩　国中国　⊕1956年　奥2004

ゲン・メイ　阮 銘　政治学者　国中国　⊕1931年　奥1996

ケーン, ローリー　Kane, Lorie　プロゴルファー　国カナダ　⊕1964年12月19日　奥2004／2008

ケンウェル, スーザン　Kennewell, Susan　テキスタイル・アーティスト　国英国　⊕1958年　奥1996

ゲンゲル, ロン　エンバ・ミンク飼育者協会会長　国米国　⊕1935年　奥1992

ケンゴ・ワ・ドンド　Kengo wa Dondo　政治家　元・ザイール首相　国コンゴ　⊕1935年　奥1992／2000

ゲンジ, N.E.　Genge, Ngaire E.　執筆家　奥2008

ケンジット, パッツィ　Kensit, Patsy　女優,歌手　国英国　⊕1968年3月4日　奥1992

ゲンシャー, ハンス・ディートリヒ　Genscher, Hans-Dietrich　政治家　ドイツ自由民主党(FDP)名誉党首　元・ドイツ外相　国ドイツ　⊕1927年3月21日　奥1992／1996／2000／2004／2008／2012

ゲンズブール, シャルロット　Gainsbourg, Charlotte　女優　国フランス　⊕1971年7月21日　奥1992／1996／2000／2004／2008／2012

ゲンズブール, セルジュ　Gainsbourg, Serge　本名=Ginsburg, Lucien　作曲家,作詞家,歌手,俳優,映画監督,作家　国フランス　⊕1928年4月2日　⊗1991年3月2日　奥1992

ケンダル, キャロル　Kendall, Carol　児童文学作家　国米国　⊕1917年　奥1996

ゲンツ, アルパード Göncz, Árpád 政治家, 作家 元・ハンガリー大統領 [国]ハンガリー [生]1922年2月10日 [典]1992／1996／2000／2004／2008

ゲンツ, シュテファン Genz, Stephan バリトン歌手 [国]ドイツ [生]1973年 [典]2000／2004／2008

ケンツェ・ノルブ Khyentse Norbu 僧侶名=ゾンサル・ジャムヤン・ケンツェ・リンポチェ 映画監督, 僧侶 [国]ブータン [生]1961年 [典]2004／2008

ケンディ, パトリチア Chendi, Patricia 作家 [生]1970年 [典]2004／2008

ケンテリス, コンスタンティノス Kenteris, Konstantinos 陸上選手(短距離) [国]ギリシャ [生]1973年7月11日 [典]2004／2008

ケント, アイリーン プレイボーイ・エンタープライズ副社長 [典]2000

ケント, アリソン Kent, Alison ロマンス作家 [国]米国 [典]2008

ケント, アレクサンダー Kent, Alexander 別名=リーマン, ダグラス 作家 [国]英国 [生]1923年 [典]1992／1996

ケント, アレグラ Kent, Allegra バレリーナ [国]米国 [生]1938年 [典]1996

ケント, ジェフ Kent, Jeff 本名=Kent,Jeffrey Franklin 元・大リーグ選手 [国]米国 [生]1968年3月7日 [典]2004／2008／2012

ケント, ジャック Kent, Jack 漫画家, 童話作家 [国]米国 [生]1920年 [没]1985年 [典]1992

ケント, ジュリー Kent, Julie バレリーナ アメリカン・バレエ・シアター(ABT)プリンシパル [国]米国 [生]1969年7月11日 [典]2004／2012

ケント, ジョナサン Kent, Jonathan 舞台演出家 元・アルメイダ劇場共同芸術監督 [国]英国 [生]1951年 [典]2004／2008／2012

ケント, ノーマン・A. スカイダイビング・フォトグラファー [国]米国 [生]1956年 [典]1992

ケント, マーガレット Kent, Margaret 弁護士 [典]1992

ケンドリック, アナ Kendrick, Anna 女優 [国]米国 [生]1985年8月9日 [典]2012

ケンドリック, シャロン Kendrick, Sharon ロマンス作家 [国]英国 [典]2004

ケンドリック, ジョン・W. Kendrick, John W. 経済学者 ジョージ・ワシントン大学名誉教授 [国]米国 [生]1917年 [典]1992

ケントリッジ, ウィリアム Kentridge, William 現代美術家, アニメーション作家 [国]南アフリカ [生]1955年4月28日 [典]2012

ケンドール, ジェイソン Kendall, Jason 大リーグ選手(捕手) [国]米国 [生]1974年6月26日 [典]2000／2008

ケンドルー, ジョン Kendrew, John Cowdery 物理化学者, 分子生物学者 元・国際学術連合会議議長, 元・ヨーロッパ分子生物学研究所所長 [国]英国 [生]1917年3月24日 [没]1997年8月23日 [典]1992／1996

ケンドール, ドナルド Kendall, Donald McIntosh 実業家 元・ペプシコ会長 [国]米国 [生]1921年3月16日 [典]1992／1996

ケンドール, フランシス Kendall, Frances 市民運動家, ジャーナリスト [国]南アフリカ [典]1992

ケンドール, ブルース ヨット選手 [国]ニュージーランド [典]1992

ケンドール, ヘンリー Kendall, Henry Way 物理学者 元・マサチューセッツ工科大学教授 [専]素粒子論 [国]米国 [生]1926年12月9日 [没]1999年2月15日 [典]1992／1996

ケンドール, ミリー Kendall, Millie マーケティング・コンサルタント ルビー&ミリー [国]英国 [典]2004

ケントン, レスリー Kenton, Leslie 作家 [生]1941年 [典]2000

ケーントン・インダラットナ チュラロンコン大学経済学部助教授 [専]保健経済学 [国]タイ [典]1992

ケンナ, マイケル Kenna, Michael 写真家 [専]D827 [国]英国 [生]1953年 [典]2008／2012

ゲンニマタス, ゲオルゲ Gennimatas, George 政治家, 土木工学者 元・ギリシャ蔵相・国家経済相 [国]ギリシャ [生]1939年 [没]1994年4月25日 [典]1996

ゲンヌ, ファイーザ Guène, Faïza 作家, 映画監督, 脚本家 [国]フランス [典]2012

ケンネル, チャールズ Kennel, Charles F. カリフォルニア大学ロサンゼルス校教授,TRWシステム・グループ顧問, アラスカ大学地球物理学教室客員教授 [専]物理学 [国]米国 [典]1992

ゲンネワイン, ヴォルフガング Gennenwein, Wolfgang 指揮者 元・ビュルテンベルク州立劇場総監督 [国]ドイツ [生]1933年 [典]1996

ケンパー, スティーブ Kemper, Steve 「世界を変えるマシンをつくれ!―「セグウェイ」をつくった天才発明家とエンジニアたち」の著者 [典]2008

ゲンバーグ, アイラ Genberg, Ira 作家, 弁護士 [国]米国 [典]2004

ゲンバーグ, ハンス ジュネーブ高等国際問題研究所教授 [専]国際金融 [典]2000

ケンプ, ウィル Kemp, Will バレエダンサー, 俳優 [国]英国 [生]1977年6月29日 [典]2008／2012

ケンプ, ウィルヘルム Kempff, Wilhelm ピアニスト [国]ドイツ [生]1895年11月25日 [没]1991年5月23日 [典]1992

ケンプ, ウォルフガング Kemp, Wolfgang マールブルク大学教授 [専]美術史学 [国]ドイツ [生]1946年 [典]1996

ケンプ, エバン・J.(Jr.) 米国均等雇用機会委員会(EEOC)委員長 [国]米国 [生]1937年 [典]1992

ケンプ, ケニー Kemp, Kenny 作家, 映画製作者 [国]米国 [生]1955年 [典]2004

ケンプ, ジャック Kemp, Jack F. 政治家 元・米国住宅都市開発長官 [国]米国 [生]1935年7月13日 [没]2009年5月2日 [典]1992／1996／2000

ケンプ, ショーン Kemp, Shawn バスケットボール選手 [国]米国 [生]1969年11月26日 [典]1996／2000／2004／2008

ケンプ, ジリアン Kemp, Gillian フリーライター, 占い師 [専]占星術 [国]英国 [典]2008

ケンプ, フレディ Kempf, Freddy ピアニスト [国]英国 [生]1977年 [典]2000／2004／2012

ケンプ, フレデリック Kempe, Frederick ジャーナリスト 「ウォールストリート・ジャーナル」紙記者 [国]米国 [典]1992

ケンプ, マット Kemp, Matt 本名=Kemp,Matthew Ryan 大リーグ選手(外野手) [国]米国 [生]1984年9月23日

ケンプ, マーティン Kemp, Martin レオナルド・ダ・ヴィンチ研究家 オックスフォード大学美術史教授 [典]2008

ケンプ, リンゼイ Kemp, Lindsay ダンサー, 俳優 [国]英国 [生]1938年5月3日 [典]1996／2000／2012

ケンプ, ルース Kempe, Ruth S. 小児科医, 精神科医 コロラド医科大学名誉助教授 [国]米国 [典]2008

ケンプ, ロジェ Kempf, Roger チューリヒ連邦高等理工科学校フランス文学講座正教授 [専]フランス文学 [国]フランス [生]1927年 [典]1992

ケンプソーン, ダーク Kempthorne, Dirk Arthur 政治家 元・米国上院議員(共和党), 元・アイダホ州知事 [国]米国 [生]1951年10月29日 [典]1996／2000／2004／2008／2012

ケンプトン, マレー Kempton, Murray ジャーナリスト 「ニューズデイ」紙コラムニスト [国]米国 [典]1992

ケンプナー, S.マーシャル 元・ウェスト銀行頭取 [国]米国 [没]1987年8月1日 [典]1992

ケンプナー, ケン Kempner, Kenneth オレゴン大学準教授 [専]教育学 [国]米国 [典]2000

ケンプニー, ヨーセフ Kempny, Josef 政治家 チェコスロバキア共産党幹部会員, チェコ民族評議会議長 [国]チェコスロバキア [生]1920年7月19日 [典]1992

ケンププ, マルチーヌ ケンプフ(電子計算機販売)社長 カタラボックス発明者 [典]1992

ケンプレコス, ポール Kemprecos, Paul 作家 [国]米国 [典]2004

ケンペス, マリオ Kempes, Mario 本名=ケンペス, マリオ・アルベルト 元・サッカー選手 [国]アルゼンチン [生]1954年7月15日 [典]1996／2012

ケンボイ, エゼキエル　Kemboi, Ezekiel　陸上選手(障害)　アテネ五輪・ロンドン五輪陸上男子3000メートル障害金メダリスト　⑯ケニア　⑭1982年5月25日　⑰2008／2012

ケンリック, ダグラス・ムーア　Kenrick, Douglas Moore　著述家　ケンリック極東会社会長, ケン・ライン船舶会社会長　⑯ニュージーランド　⑭1912年　⑮1996

ケンリック, トニー　Kenrick, Tony　ミステリー作家　⑯オーストラリア　⑭1935年　⑰1992／1996／2000

ケンワージー, ダンカン　Kenworthy, Duncan　映画プロデューサー　⑯英国　⑭1949年9月9日　⑰2000／2008／2012

【コ】

コー, O.ケイシー　Corr, O.Casey　ジャーナリスト　「シアトル・タイムズ」記者　⑯米国　⑰2004

コー, アルフレッド　写真家　⑯香港　⑰2000

ゴ・アンカ　呉 安家　政治学者　台湾行政院大陸委員会副主任委員　⑯台湾　⑰2000

コ・アンコウ　胡 鞍鋼　経済学者　清華大学教授　元・中国科学院生態環境研究センター国情分析室主任　⑯中国　⑭1953年　⑰1996／2000／2004／2008

ゴー, アンリ　Gault, Henri　ジャーナリスト, 料理評論家　⑯フランス　⑭1929年　⑮2000年7月9日　⑰1996

コ・イ　胡 偉　Ko, i　画家　中国中央美術学院中国画材科技法工作室主任教授　⑱東洋画　⑯中国　⑭1957年　⑰2004

コ・イキン　顧 維鈞　Gu, Wei-jun　字=少川　外交官, 政治家　元・中華民国首相, 元・駐米中国大使　⑯台湾　⑭1885年　⑮1985年11月15日　⑰1992

コ・イクベ　高 翊培　Koh, Ik-bae　全南大学薬学部教授, 韓国臨床薬学会長　⑱薬学　⑯韓国　⑭1931年11月30日　⑰2000

コ・イジャン　高 義長　Ko, Eui-jang　世宗大学地球科学学科教授, 大洋天文台長　⑱地理学　⑯韓国　⑭1940年7月22日　⑰2000

ゴ・イツキョウ　呉 溢興　香港賠償請求協会代表　⑯香港　⑰1992／1996

ゴ・イッケン　呉 一堅　実業家　金花企業集団創業者, 中国人民政治協商会議全国委員会(全国政協)委員　⑯中国　⑰2004／2008

コ・イッシュウ　胡 一秀　実業家　福建茶葉進出口公司社長　⑯中国　⑭1946年　⑰2000

ゴ・イメイ　呉 偉明　日本文化愛好家　香港中文大学教授　⑱思想史　⑯香港　⑰2012

コ・イルウン　高 一雄　Ko, Yil-woong　済州道農村振興院長　⑯韓国　⑭1940年4月17日

コ・ウィコン　高 委恭　Koh, Wee-kong　弘益大学ドイツ文学科教授　⑱ドイツ文学　⑯韓国　⑭1944年2月22日　⑰2000

コ・ウォンジュン　高 源駿　Koh, Won-jun　実業家　蔚山石油化学団地協議会長　⑯韓国　⑭1943年8月18日　⑰2000

コ・ウン　高 銀　Ko, Un　本名=高銀泰　法名=一超　詩人, 作家　⑯韓国　⑭1933年8月1日　⑰1992／1996／2000／2004／2008／2012

ゴ・ウンホウ　呉 雲鵬　力学者　重慶大学生物力学工程研究センター主任　⑱生物力学　⑯中国　⑭1936年　⑰1996

コ・エイカ　胡 栄華　中国将棋名人　⑯中国　⑭1945年　⑰1996

ゴ・エイギ　呉 栄義　Wu, Jung-i　経済学者　台湾経済研究院院長, 台湾総統府国策顧問　⑯台湾　⑭1939年12月15日　⑰1996／2004／2008

ゴ・エイセイ　伍 栄生　気象学者　南京大学災害性天気気候研究所所長, 中国国務院学位委員会学科評議組メンバー　⑱動力気象学　⑯中国　⑭1933年　⑰1996

ゴ・エイビン　伍 鋭敏　医師　中日友好病院中医外科主任・教授　⑱中医外科　⑯中国　⑭1938年10月　⑰1992(ゴ・エイシュン)／1996／2000／2008(ウ・ルイミン)

コ・エキテイ　顧 亦棣　「舌診カラーガイド」の著者　⑰2008

ゴ・オンバイ　呉 恩培　作家, 脚本家　蘇州職業大学呉文化研究所副所長・助教授　⑯中国　⑰2008

コ・カ　古 華　旧名=羅鴻玉　作家　⑯中国　⑭1942年　⑰1996

コ・カ　胡 佳　Hu, Jia　人権活動家　⑯中国　⑭1973年7月25日　⑰2012

ゴ・カイエン　呉 海燕　Wu, Hai-yan　ファッションデザイナー　中国美術学院工芸系副教授　⑯中国　⑭1958年　⑰1996

ゴ・カイオウ　扈 海鷗　江蘇省国際交流センター駐日代表　⑯中国　⑰1996

ゴ・カイヘイ　呉 階平　Wu, Jie-ping　医学者　元・中国全国人民代表大会(全人代)常務委員会副委員長, 元・九三学社主席　⑱泌尿器外科　⑯中国　⑭1917年1月22日　⑮2011年3月2日　⑰1996／2000／2004

ゴ・カイボク　伍 懷璞　Tin, Chau-ng　風水師, コラムニスト　聯合株式発展会社副社長, 香港大学専業進修学院講師　⑯香港　⑭1965年　⑰2000

ゴ・ガクケン　呉 学謙　Wu, Xue-qian　政治家　元・中国副首相, 元・中国外相　⑯中国　⑭1921年12月　⑮2008年4月4日　⑰1992／1996／2000／2004／2008

ゴ・ガクブン　呉 学文　Wu, Xue-wen　日本研究家, ジャーナリスト　中国現代国際関係研究所顧問　元・新華通信国際部編集委員　⑯中国　⑭1923年　⑰1992／2000

ゴ・カシュン　呉 家駿　経済学者　中国社会科学院工業経済研究所副所長, 中国青年経営者協会副会長　⑱工業経済の研究　⑯中国　⑭1932年　⑰1996

ゴ・カショウ　呉 稼祥　Wu, Jian-xiang　政治学者, 著述家　ハーバード大学ジョン・K・フェアバンク研究センター客員研究員　⑯中国　⑭1955年　⑰2004／2008

ゴ・カンエイ　呉 冠英　ピアニスト　台湾国立芸術大学教授, ニューヨーク大学助教授　⑯台湾　⑰1996

ゴ・カンコウ　呉 桓興　医師　元・中日がん病院院長, 元・中国抗がん協会理事長, 元・全人代常務委員, 元・帰国華僑連合会副主席　⑱がん　⑯中国　⑭1986年10月30日　⑰1992

ゴ・カンセイ　呉 官正　Wu, Guan-zheng　政治家　元・中国共産党政治局常務委員　⑯中国　⑭1938年8月25日　⑰1996／2000／2004／2008／2012

ゴ・ガンタク　呉 雁沢　歌手　武漢歌舞劇院ソリスト　⑯中国　⑭1940年　⑰1996

ゴ・カンチュウ　呉 冠中　Wu, Guan-zhong　別名=呉荼　画家　元・中国中央工芸美術学院教授, 元・中国美術家協会常務理事　⑱油絵, 中国画　⑯中国　⑭1919年8月29日　⑮2010年6月25日　⑰1996

ゴ・カンリン　伍 漢霖　魚類学者　上海水産大学教授　⑯中国　⑰1996

ゴ・ギ　呉 儀　Wu, Yi　政治家　元・中国副首相, 元・中国共産党政治局員　⑯中国　⑭1938年11月17日　⑰1996／2000／2004／2008／2012

コ・キジュン　高 基俊　牧師　元・朝鮮社会民主党中央委員, 元・朝鮮キリスト教徒連盟中央委書記長, 元・北朝鮮最高人民会議最高委員　⑯北朝鮮　⑭1921年　⑮1994年3月30日　⑰1996

ゴ・キデン　呉 基伝　Wu, Ji-chuan　政治家　中国情報産業相, 高級技師, 中国共産党中央委員候補　⑯中国　⑭1937年　⑰2000／2004

コー, ギデンズ　Ko, Giddens　本名=柯景騰　中国名=九把刀　映画監督, 作家, 脚本家　⑯台湾　⑭1978年8月25日

ゴ・キナン　呉 寄南　国際政治学者　上海国際問題研究所日本研究室長　⑱日本政治, 対日政策　⑯中国　⑭1947年8月28日　⑰2000／2004／2008

コ・キヒョン　高 基玄　Ko, Gi-hyun　スピードスケート選手(ショートトラック)　⑯韓国　⑭1986年5月11日　⑰2004

ゴ・ギョウハ　呉 暁波　ジャーナリスト　新華社記者　⑯中国　⑰2004／2008

コ・キョウボク　胡 喬木　Hu, Qiao-mu　本名=胡鼎新　政治家, 社会科学者　元・中国共産党中央顧問委員会委員, 元・中国社会科学院名誉院長　⑯中国　⑭1912年　⑮1992年9月28日　⑰1992／1996

コ・ギョウメイ　胡 暁明　英語名=フー, ハーマン　実業家　菱電専

コ・ギョククン 呉 旭君 毛沢東の元看護婦長 国中国 生1932年7月26日 掲2000

コ・ギョクラン 胡 玉蘭 元・卓球選手 中国卓球チーム・コーチ 国中国 生1945年 掲1996

コ・ギョクリョウ 呉 玉良 Wu, Yu-liang 元・亜東関係協会理事長 国台湾 生1916年 没1987年12月22日 掲1992

コ・キョンオク 高 敬沃 Koh, Kyung-ok 西帰浦老人学校長 国韓国 生1917年4月16日 掲2000

コ・キンコウ 胡 錦光 Hu, Jin-guan 中国人民大学法学院副教授, 中国法学会憲法学研究会幹事 専法学 国中国 生1960年 掲2000

コ・キンチ 顧 金池 Gu, Jin-chi 政治家 全人代常務委員 元・中国共産党中央委員 国中国 生1932年2月 掲1996／2000／2004／2008

コ・キントウ 胡 錦濤 Hu, Jin-tao 政治家 元・中国国家主席・国家中央軍事委主席, 元・中国共産党総書記・中央軍事委主席・政治局常務委員 国中国 生1942年12月25日 掲1992／1996／2000／2004／2008／2012

コ・キンハツ 呉 錦発 作家 「民衆日報」副刊編集主任 国台湾 生1954年 掲1996／2000

コ・キンメイ 呉 金明 Wu, Jinming 江南大学外系長 国中国 生1954年 掲1996／2000

コ・クァンウク 高 光昱 漢陽大学医学部附属病院院長, ソウル大学名誉教授, 韓国小児学会名誉会長 専小児科学 国韓国 生1926年3月16日 掲1996

コ・クァンソ 高 冠瑞 Koh, Kwan-soh 鮮文大学教授, 釜山水産大学名誉教授 専水産学 国韓国 生1929年1月10日 掲2000

コ・クァンドゥク 高 光得 大韓体育科学大学長 国韓国 生1924年5月18日 掲1996

コ・クァンミン 高 光敏 Koh, Kwang-min 民俗学者 済州大学附属博物館研究員, 済州学研究所主任研究員 国韓国 生1952年 掲2004

ゴー・クウィーレン 青果店主 国シンガポール 掲2000

コ・クムヨン 高 金永 Koh, Keum-yong 韓国特許庁抗告審判官 国韓国 生1939年5月21日 掲2000

ゴ・クンタク 呉 訓鐸 中国海洋石油総公司駐東京代表処首席代表 国中国 生1934年7月 掲1992／1996

コ・ケイ 胡 佳 Hu, Jia 飛び込み選手 アテネ五輪男子高飛び込み金メダリスト 国中国 生1983年1月10日 掲2008

コ・ケイチュウ 胡 慧中 Hu, Hui-chung 映画女優 国台湾 掲1996

コ・ケイメイ 呉 慶明 編集者, 作家 国中国 生1956年 掲2008

コ・ケイリツ 胡 啓立 Hu, Qi-li 政治家 中国人民政治協商会議全国委員会（全国政協）副主席 元・中国共産党中央委員, 元・中国電子工業相 国中国 生1929年 掲1992／1996／2000／2004／2008

ゴ・ケイレン 呉 敬璉 Wu, Jig-lian 経済学者 中国国務院経済技術社会発展研究センター教授, 「経済社会体制比較」編集長 国中国 生1930年1月24日 掲1992／1996／2000

コ・ゲツイ 胡 月偉 作家 国中国 掲1992

ゴ・ゲツガ 呉 月娥 「ある台湾人女性の自分史」の著者 国米国 生1921年 掲2000

コ・ケツゴウ 顧 頡剛 Gu, Jie-gang 本名=顧誦坤 字=銘堅 歴史学者 元・燕京大学教授, 元・中国民間文芸研究会副主席 専中国古代史 国中国 生1893年5月8日 没1980年12月25日 掲1992

コ・ケツブン 胡 厥文 Hu, Chueh-wen 政治家 元・中国全国人民代表大会常務副委員長, 中国民主建国会名誉主席 国中国 生1894年 没1989年4月16日 掲1992

ゴ・ゲン 古 元 Gu, Yuan 版画家 中国美術家協会副主席 専木版画 国中国 生1918年8月5日 掲1992／1996

ゴ・ゲン 顧 原 Gu, Yuan ハンマー投げ選手 国中国 生1982年5月9日 掲2000

ゴ・ケンジョウ 呉 建常 Wu, Jian-chang 実業家 中国非鉄金属工業総公司社長 国中国 掲1996

ゴー・ケンスイ Goh, Keng Swee 中国名=呉慶瑞 政治家 元・シンガポール第1副首相 国シンガポール 生1918年10月6日 没2010年5月14日 掲1992／1996

ゴ・ケンブン 伍 献文 生物学者 元・中国科学院水生生物研究所名誉所長 専魚類学, 水生生物学 国中国 没1985年4月3日 掲1992

ゴ・ケンヘイ 呉 建屏 医学研究者 中国科学院上海脳研究所所長 国中国 生1934年 掲1996

ゴ・ケンミン 呉 建民 Wu, Jian-min 中国外交学院院長 国中国 生1939年 掲2008

ゴ・コウシュウ 呉 鴻洲 上海中医薬大学副教授 専中国医学史, 医学教育 国中国 生1950年 掲2000

ゴ・コウジン 呉 宏仁 実業家 UMC社長, ユー・エム・シー・ジャパン（UMCJ）社長 国台湾 生1952年6月28日 掲2004

ゴ・コウミン 呉 康民 Wu, Kang-min 中国全国人民代表大会（全人代）香港代表団団長 国中国 生1926年 掲2000

ゴ・コクコウ 呉 国光 Wu, Guo-guang 政治学者, ジャーナリスト, 評論家 香港中文大学政治行政学部助教授 国中国 生1958年 掲1996／2000

ゴ・コクテイ 呉 国禎 化学者 中国科学院化学研究所研究員, 台湾民主自治同盟中央主席団委員 国中国 生1947年 掲1996

コ・コン 高 健 Koh, Kern ソウル大学計算統計学科教授 専電算学 国韓国 生1948年9月6日 掲2000

コ・ゴン 高 建 Koh, Kun 政治家 元・韓国首相, 元・ソウル市長 国韓国 生1938年1月2日 掲1996／2000／2004／2008／2012

コ・コンテン 胡 根天 書画家 国中国 没1985年6月27日 掲1992

ゴ・サクジン 呉 作人 Wu, Zuo-ren 画家, 美術教育者 元・中国美術家協会主席, 元・中国中央美術学院名誉院長 専油絵, 中国画 国中国 生1908年11月3日 没1997年4月9日 掲1996

コ・サンスン 高 相淳 Koh, Sang-soon 全州大学会計学科教授 専会計学 国韓国 生1946年1月17日 掲2000

コ・サンリョン 高 翔龍 成均館大学校法科大学（韓国）教授 専民法 国韓国 生1939年 掲2000

ゴ・サンレン 呉 三連 Wu, San-lien 字=江雨 元・「自立晩報」（台湾夕刊紙）発行人 国台湾 生1899年10月3日 没1988年12月29日 掲1992

コ・ジェイル 高 在一 Ko, Jai-il 元・韓国建設部長官 国韓国 生1929年9月9日 掲2000

コ・ジェウク 高 在旭 サッカー監督 国韓国 掲2000

コ・ジェウン 高 在雄 Ko, Jae-ung 建国大学工学部教授 専土木工学 国韓国 生1933年8月6日 掲2000

コ・ジェグン 高 在坤 Koh, Chae-koon 号=仁汝 ソウル大学名誉教授 専農業工学 国韓国 生1928年12月6日 掲2000

コ・ジェグン 高 在根 グループ名=Y2K ロック歌手 国韓国 掲2000（高 在権 コウ・ザイカン）

コ・ジェジョン 高 斎鈿 Koh, Jeo-Jeon 韓国広報部非常計画官 国韓国 生1939年2月6日 掲2000

コ・ジェチョル 高 済哲 Koh, Jae-chul 実業家 松原百貨店会長, 光州毎日新聞会長, 麗川タンクターミナル会長 国韓国 生1930年1月1日 掲2000

コ・ジェビル 高 在珌 Koh, Jae-pil 号=河南 弁護士 元・韓国国会議員 国韓国 生1913年4月20日 掲2000

ゴ・シギュウ 呉 子牛 映画監督 国中国 生1952年 掲1996

コ・シキョウ 胡 志強 Hu, Chih-chiag 政治家 元・台湾外交部長（外相） 国台湾 生1948年5月15日 掲1992／1996／2000／2004

コ・シコウ 胡 志昂 文学研究家 専日本文学, 上代文学 国中国 生1955年 掲2000

ゴ・シコウ 呉 士宏 Wu, Shi-hong 実業家 TCLグループ副会長 元・マイクロソフト中国支社社長, 元・IBM中国販売社長 国中国 掲2004／2008

ゴ・シショウ 呉 思鍾 Wu, Ssu-chung 企業家 西陵電子公司董事長 国台湾 生1954年12月1日 掲1996

コ・シトク 胡 之徳 化学者 蘭州大学学長, 化学系教授 専分析化学 国中国 生1931年 掲1996

ゴ・シャクグン 呉 錫軍 江蘇省副省長, 教授 専化学工業関連技術

ゴ・ジャクセキ 呉 若石 本名=オイグスター，ジョゼフ カトリック神父 21若石健康研究会名誉会長 ⑮1940年 ⑯1992／1996
コー，ジャン Cau, Jean 作家，評論家 ⑮フランス ⑯1925年7月8日 ⑯1993年6月18日 ⑯1996
コ・ジャングォン 高 長權 Koh, Jang-gwon 済州大学総長 ⑮韓国 ⑮1935年12月10日 ⑯2000
ゴ・ジュウエン 呉 重遠 Wu, Zhong-yuan 中国オリンピック委員会副会長，北京アジア大会組織委員会新聞部長 ⑮中国 ⑯1992／1996
ゴ・シュウケン 伍 修權 Wu, Xiu-quan 別名=呉寿泉 軍人，政治家 元・中ソ友好協会会長，元・中国人民解放軍副総参謀長，元・外務次官，元・中国共産党中央顧問委員会常務委員 ⑮中国 ⑯1908年3月6日 ⑯1997年11月9日 ⑯1992／1996
ゴ・シュウレン 顧 秀蓮 Gu, Xiu-lian 政治家，エコノミスト 中華全国婦女連合会主席 元・中国化学工業相，元・中国全国人民代表大会（全人代）常務副委員長 ⑮中国 ⑯1936年12月 ⑯1996／2000／2008／2012
ゴ・シュクチン 呉 淑珍 Wu, Shu-chen 元・台湾立法委員 陳水扁元台湾総統夫人 ⑮台湾 ⑯1952年7月11日 ⑯2004／2008／2012
ゴ・シュクドウ 顧 祝同 Ku, Chu-tung 字=墨三 軍人 元・台湾国民党・中央評議委員会主席団主席，元・台湾陸軍1級上級大将 ⑮台湾 ⑯1893年 ⑯1987年1月17日 ⑯1992
ゴ・シュクヘイ 呉 叔平 北京語言学院副教授，東京外国語大学外国語学部中国語学科客員教授 ⑮中国語 ⑮中国 ⑯1938年 ⑯1996
ゴ・ジュセイ 呉 樹青 Wu, Shu-qing 政治経済学者 全人代常務委員 元・北京大学学長 ⑮マルクス主義政治経済学 ⑮中国 ⑯1933年 ⑯1996／2000／2004／2008
ゴ・シュン 顧 俊 Gu, Jun バドミントン選手 ⑮中国 ⑯1975年1月3日 ⑯2004
コ・ シュンカ 胡 春華 政治家 中国共産党政治局員，内モンゴル自治区党委書記 ⑮中国 ⑯1963年4月
コ・ジュンソク 高 重錫 Koh, Joong-suk 裁判官 韓国憲法裁判所裁判官 ⑮韓国 ⑯1937年9月18日 ⑯2000
コ・ジュンソク 高 峻石 Ko, Jun-soku 筆名=林鳳 著述業，社会運動家 元・「ウリ（われら）新聞」主筆 ⑮朝鮮政治史 ⑮韓国 ⑯明治43年11月15日 ⑯1992
コ・ジュンファン 高 濬煥 Go, Zoon-hwan 韓国教授仏子連合会会長，ジョージ・ワシントン大学交換教授 ⑮法学 ⑮韓国 ⑯1942年 ⑯2000
コ・ジョウ 胡 縄 Hu, Sheng 歴史学者，哲学者 元・中国共産党中央委史研究室主任，元・中国社会科学院院長 ⑮中国共産党史 ⑮中国 ⑯1918年1月 ⑯2000年11月5日 ⑯1992／1996
コ・ショウコウ 胡 勝高 航海模型スポーツ選手 ⑮中国 ⑯1956年 ⑯1996
コ・ショウショウ 古 勝祥 英語名=クー，ダニエル S.C. 香港小売業協会名誉会長，瑞興百貨有限公司主席（会長・社長） ⑮香港 ⑯1923年8月25日 ⑯1992／1996
コ・ショウセン 呉 小璇 射撃選手 中国射撃チーム選手 ⑮中国 ⑯1957年 ⑯1996
ゴ・ショウソ 伍 紹祖 Wu, Shao-tsu 元・中国国務院国家体育総局局長，元・中国オリンピック委員会（COC）委員長 ⑮中国 ⑯1939年4月8日 ⑯2012年9月18日 ⑯1992／1996／2000／2004
ゴ・ジョコウ 呉 汝康 中国科学院古脊椎動物・古人類研究所教授 ⑮中国・古人類学 ⑮中国 ⑯1916年 ⑯1992
ゴ・ショヒン 呉 緒彬 中国国際放送局記者，中国国際放送出版社編集長 ⑮中国 ⑯1992
コ・ジョフン 高 照興 Koh, Jo-heung 検察官 大邱地検刑事2部長 ⑮韓国 ⑯1952年11月23日 ⑯2000
コ・ジョライ 胡 如雷 Hu, Ru-lei 歴史学者 ⑮隋・唐・五代史 ⑮中国 ⑯1926年 ⑯2004
コ・ジョンウン 高 正云 Ko, Jeong-woon サッカー選手（FW・MF） ⑮韓国 ⑯1966年6月27日 ⑯2000

コ・ジョンシク 高 丁植 プロ野球選手（捕手） ⑮韓国 ⑯1965年5月15日 ⑯1996
コ・ジョンス 高 宗秀 Ko, Jong-su サッカー選手（MF） ⑮韓国 ⑯1978年10月30日 ⑯2004／2008
コ・ジョンヒ 高 静熙 詩人 「女性新聞」編集主幹 ⑮韓国 ⑯1992
コ・ジョンフン 高 貞勲 Koh, Jung-hoon 政治家 元・韓国民社党党首，元・韓日議員連盟副会長 ⑮韓国 ⑯1920年4月22日 ⑯1988年11月25日 ⑯1992
コ・ジョンフン 高 定勲 Ko, Jeong-hoon 天道教宗法師 ⑮韓国 ⑯1920年4月20日 ⑯2000
ゴ・シン 呉 振 天津市人民代表大会常務委員会主任 ⑮中国 ⑯1922年 ⑯1996
コ・ジンキュ 高 真奎 Ko, Jin-kyu ツリー・スター（Tree Star）社長，三星ラジエター工業会長 ⑮韓国 ⑯1920年9月19日 ⑯2000
コ・シンホ 辜 振甫 Ku, Chen-fu 字=公亮 実業家 元・台湾セメント会長，元・海峡交流基金会理事長，元・台湾工商協進会名誉会長 ⑮台湾 ⑯1917年1月6日 ⑯2005年1月3日 ⑯1992／1996／2000／2004
コ・ジンポウ 胡 仁宝 漢方医 ⑮中国 ⑯1945年 ⑯2004
コ・ス Ko, Soo 漢字名=高洙 俳優 ⑮韓国 ⑯1978年10月4日 ⑯2008／2012
ゴ・スウトク 呉 数徳 重量挙げ選手 ⑮中国 ⑯1959年 ⑯1996
コー，ステラ 生け花師範（草月流） イケバナ・インターナショナル・ロンドン支部名誉総裁 ⑮英国 ⑯1901年12月 ⑯1992
コ・スヒ Ko, Su-heui 女優 ⑮韓国 ⑯1976年7月18日 ⑯2012
コ・スンジェ 高 承済 韓国経済学会名誉会長 ⑮韓国 ⑯1917年2月5日 ⑯1996
コ・スンヒ 高 承禧 Koh, Seung-hee 檀国大学商経学部教授 ⑮会計学 ⑮韓国 ⑯1941年 ⑯1996
コ・スンボク 高 順福 Koh, Soon-bok 大韓保証保険社長 ⑮韓国 ⑯1936年12月15日 ⑯2000
ゴ・セイイツ 呉 征鎰 植物学者 中国科学院昆明植物研究所教授・名誉所長 ⑮植物科学 ⑮中国 ⑯1916年 ⑯1996／2000／2004
ゴ・セイカ 伍 精華 中国国家民族事務委員会副主任 元・中国共産党中央委員 ⑮中国 ⑯1931年 ⑯1996
ゴ・セイギョク 呉 静鈺 Wu, Jin-gyu テコンドー選手 北京五輪・ロンドン五輪テコンドー女子49キロ級金メダリスト ⑮中国 ⑯1987年2月1日 ⑯2012
ゴ・セイゴウ 胡 星剛 中国アクロ体操選手 ⑮中国 ⑯1961年 ⑯1996
ゴ・セイショウ 呉 世昌 元・中国社会科学院文学研究所研究員 ⑮紅楼夢研究 ⑮中国 ⑯1986年8月31日 ⑯1992
コ・セイタイ 胡 正大 英語名=フー，ジェンダ 台湾電子工業研究所（ERSO）所長，台湾半導体産業協会（TSIA）専務理事 ⑮台湾 ⑯2000
ゴ・セイブン 伍 世文 Wu, Shih-wen 政治家，軍人 元・台湾国防部長（国防相） ⑮台湾 ⑯1934年7月24日 ⑯2004
コ・セイル 高 世一 Ko, Se-il 韓国国会電算室長，韓国コンピュータウイルス対策協会運営委員 ⑮コンピュータ ⑮韓国 ⑯1942年10月17日 ⑯2000
ゴ・セイレン 呉 倩蓮 北京語名=ウーチェンリン 女優，歌手 ⑮台湾 ⑯1968年 ⑯2000
コ・セキイ 胡 績偉 Hu, Ji-wei ジャーナリスト 元・人民日報社長，元・中国全国人民代表大会（全人代）常務委員会委員，元・中国新聞学会連合会会長 ⑮中国 ⑯1916年 ⑯2012年9月16日 ⑯1996／2000
コ・セジン 高 世鎮 Ko, Se-jin 実業家 宇洲総合建設会長 元・韓国国会議員 ⑮韓国 ⑯1933年10月20日 ⑯2000
コー，セバスチャン Coe, Sebastian 政治家，元・陸上選手（中距離） 2012年夏季五輪ロンドン招致委員会委員長，国際陸上競技連盟（IAAF）副会長 元・英国下院議員（保守党） モスクワ五輪・ロス五輪陸上男子1500メートル金メダリスト ⑮英国 ⑯1956年9月29日 ⑯1992／1996／2008／2012

ゴ・ソキョウ 呉 祖強 作曲家 中国音楽家協会副主席,中国文学芸術界連合会副主席 ⑩中国 ⑭1927年 ⑱1996

コ・ソクウォン 高 錫元 Koh, Sock-won ソウル大学繊維工学科教授 ⑲繊維工学 ⑩韓国 ⑭1935年4月5日 ⑱2000

ゴ・ソコウ 呉 祖光 Wu, Zu-guang 劇作家,書道家 元・中国戯劇家協会副主席,元・全国政協委員 ⑩中国 ⑭1917年4月21日 ⑳2003年4月9日 ⑱1992/2000

ゴ・ソタク 呉 祖沢 血液学者 中国軍事医学科学院放射医学研究所副所長 ⑲実験血液学 ⑩中国 ⑭1935年 ⑱1996

コ・ソヨン Go, So-young 漢字名=高素栄 女優 ⑩韓国 ⑭1972年10月6日 ⑱2000/2004/2008/2012

コ・ソルボン 高 雪峰 Koh, Seol-bomg 号=鎮雯 俳優 ⑩韓国 ⑭1913年4月10日 ⑱2000

コ・ソンクァン 高 成光 Ko, Sung-kwang 大田文化放送社長,韓国放送協会理事長 ⑩韓国 ⑭1941年11月1日 ⑱2000

コ・ソンクン 高 聖健 Koh, Sung-kun 太平洋国際医学会副会長 ⑲泌尿器科学 ⑩韓国 ⑭1937年3月2日 ⑱2000

ゴ・タイエイ 呉 大英 旧名=呉徳音 法学者 中国社会科学院政治学研究所所長,法学基礎理論研究会副総幹事 ⑩中国 ⑭1932年 ⑱1996

コ・タイギョク 顧 大玉 「娘とわたしの戦争」の共著者 ⑩中国 ⑭1977年 ⑱2008

ゴ・タイサイ 呉 大才 成都体育学院附属病院院長 ⑲龍形気功 ⑩中国 ⑱1992/1996

ゴ・ダイトク 呉 乃徳 台湾中央研究院民族学研究所副研究員 ⑩台湾 ⑭1949年 ⑱1996

コ・ダイブ 胡 乃武 経済学者 中国人民大学教授 ⑩中国 ⑭1934年 ⑱1996

ゴ・ダイユウ 呉 大猷 Wu, Ta-yu 物理学者 元・台湾中央研究院院長 ⑲原子物理学 ⑩台湾 ⑭1907年9月29日 ⑳2000年3月4日 ⑱1996

コ・タイレイ 胡 台麗 作家,文化人類学者 台湾中央研究院民族研究所助教授 ⑩台湾 ⑭1950年 ⑱1996

ゴ・タクシン 呉 沢森 中医師 呉迎上海第一治療院院長 ⑲東洋医学 ⑭1946年 ⑱2000/2004

ゴ・チアン 呉 治安 外交官 元・在札幌中国総領事 ⑩中国 ⑭1938年8月 ⑱1996

コー・チャイホン 軍人 シンガポール空軍大尉 ⑩シンガポール ⑱1992

コ・チャンス 高 昌秀 Koh, Chang-soo 外交官,詩人 駐パキスタン韓国大使 ⑩韓国 ⑭1934年12月5日 ⑱2000

コ・チャンスン 高 昌舜 Koh, Chang-soon ソウル大学医科大学教授 ⑩韓国 ⑭1932年4月20日 ⑱2000

コ・チャンソブ 高 昌燮 Ko, Chang-sub 経営コンサルタント 韓国人力開発院長 ⑩韓国 ⑭1943年4月9日 ⑱2000

コ・チャンヒョン 高 昌鉉 Ko, Chang-hyun 号=梅石 朝鮮大学名誉教授,韓国民事法学会長,湖南民事法学会長 ⑲民法 ⑩韓国 ⑭1927年9月1日 ⑱2000

ゴ・チュウチョウ 呉 仲超 Wu, Zhong-chao 元・故宮博物院院長 ⑩中国 ⑳1984年10月7日 ⑱1992(ゴ・チュウエツ)

ゴ・チョウギョウ 呉 長鄴 画家 西泠印社社員,上海文史館館員,上海海墨画社副社長 ⑩中国 ⑭1920年 ⑱1992/1996

ゴー・チョクトン Goh, Chok Tong 中国名=呉作棟 政治家 元・シンガポール首相 ⑩シンガポール ⑭1941年5月20日 ⑱1992/1996/2000/2004/2008/2012

コ・チョンジン 高 宗鎮 Ko, Chong-chin 東洋麦酒副会長 ⑩韓国 ⑭1937年12月8日 ⑱2000

コ・チョンソン 高 青松 Koh, Chong-son 「金正日の秘密兵器工場—腐敗共和国からのわが脱出記」の著者 ⑩韓国 ⑭1961年 ⑱2004

コ・デシク 高 大植 Koh, Dae-shick 全北大学農学科教授 ⑲林学 ⑩韓国 ⑭1932年1月23日 ⑱2000

コ・テマン 高 泰万 Koh, Tae-man 医師 韓国病院運営委員長 ⑩韓国 ⑭1941年11月16日 ⑱2000

ゴ・テンシャク 呉 天錫 中国農業省外事局顧問 ⑩中国 ⑭1927年4月 ⑱1992(ゴ・テンセキ)/1996

コ・テンセン 胡 天泉 笙奏者 中国人民解放軍済南部隊前衛歌舞団俳優 ⑩中国 ⑭1934年 ⑱1996

コ・ドゥシム 高 斗心 タレント ⑩韓国 ⑭1951年5月22日 ⑱1996

ゴ・トク 呉 徳 Wu, De 政治家 元・北京市長,元・中国共産党政治局員,元・中国全国人民代表大会(全人代)常務委員副委員長 ⑩中国 ⑭1913年 ⑳1995年12月 ⑱1992/1996

コ・トクセイ 古 徳生 工学者 中南工業大学資源開発工程系主任 ⑲鉱床連続採掘技術及び設備 ⑩中国 ⑭1937年 ⑱1996

コ・トクヘイ 胡 徳平 Hu, De-ping 中国共産党中央統一戦線工作部第5局長 ⑩中国 ⑭1939年 ⑱1996

コー, トミー Koh, Tommy Thong Bee 法学者,外交官 シンガポール政策研究所会長 元・アジア欧州基金総裁 ⑩シンガポール ⑭1937年11月12日 ⑱2000/2008/2012

ゴ・トンギ 呉 敦義 Wu, Den-yih 政治家 台湾行政院院長(首相) 元・高雄市長 ⑩台湾 ⑭1948年1月30日 ⑱2000/2012

コ・ドンジュ 高 銅柱 Koh, Dong-joo 政治家 統営市長 ⑩韓国 ⑭1936年8月22日 ⑱2000

コ・ネイヨウ 胡 寧揚 アナウンサー ⑩中国 ⑱2012

ゴ・ネンシン 呉 念真 Wu, Nien-jen 本名=呉文欽 脚本家,映画監督,小説家 ⑩台湾 ⑭1952年8月5日 ⑱1992/1996/2012

ゴ・バイキョウ 呉 培亨 電子工学者 南京大学教授,国家超伝導技術専門家委員会委員 ⑲電子物理学 ⑩中国 ⑭1939年 ⑱1996

ゴ・ハクユウ 呉 伯雄 Wu, Poh-hsiung 政治家 台湾国民党名誉主席 元・台北市長 ⑩台湾 ⑭1939年6月19日 ⑱1992/1996/2000/2008/2012

ゴ・ハクリン 呉 柏林 医学者 ハーバード大学助教授 ⑲生命工学 ⑩中国 ⑭1986年 ⑱2004

コ・パンナム 高 判南 Ko, Pan-nam 実業家 世豊グループ会長 元・韓国国会議員 ⑩韓国 ⑭1912年10月30日 ⑱2000

コー, ピーター Coe, Peter N. 陸上コーチ ⑩英国 ⑱2004

コ・ビョンイク 高 柄翊 Koh, Byong-ik 中国史学者 日韓賢人会議韓国側座長 元・ソウル大学総長 ⑩韓国 ⑭1924年3月5日 ⑱1992/1996

コ・ビョンウ 高 炳佑 Koh, Byung-woo 茂朱全州冬季ユニバシアード大会組織委員長 元・韓国証券去来所理事長 ⑩韓国 ⑭1933年11月2日 ⑱2000

コ・ヒョンウク 高 鉉旭 Koh, Hyun-wook 慶南大学経済学科教授 ⑲経済学 ⑩韓国 ⑭1949年7月28日 ⑱2000

コ・ビョンオク 高 炳鈺 Koh, Byung-ok 実業家 世豊グループ会長 ⑩韓国 ⑭1932年2月15日 ⑱2000

コ・ヒョンギュ 高 炯奎 Koh, Hyung-kyu 弁護士 ⑩韓国 ⑭1939年5月18日 ⑱2000

コ・ヒョンゴン 高 亨坤 Koh, Hyong-kon 号=聴松 元・ソウル大学文理学部教授,元・韓国国会議員 ⑲哲学 ⑩韓国 ⑭1906年4月16日 ⑱2000

コ・ビョンジュン 高 丙俊 Koh, Byung-joon 韓国放射線同位元素協会副会長 ⑲原子力安全性,放射線同位元素 ⑩韓国 ⑭1929年12月12日 ⑱2000

コ・ヒョンジョン 高 賢貞 タレント ⑩韓国 ⑭1971年3月2日 ⑱1996

コ・ヒョンチョル 高 鉉哲 Koh, Hyeon-chul 裁判官 韓国法院行政処人事管理室長 ⑩韓国 ⑭1947年2月18日 ⑱2000

ゴ・ヒン 呉 浜 Wu, Bin 作家 ⑩中国 ⑭1958年6月 ⑱2000

ゴ・ビンカ 呉 敏霞 Wu, Min-xia 飛び込み選手 アテネ五輪・北京五輪・ロンドン五輪金メダリスト ⑩中国 ⑭1985年10月11日 ⑱2008/2012

コ・ブアン 高 富安 Koh, Bu-an 韓国公報所政府刊行物製作所長 ⑩韓国 ⑭1946年5月6日 ⑱2000

コ・ファンギョン 高 鳳京 Koh, Whang-kyung 号=バルム ソウル女子大学名誉総長 ⑲社会学 ⑩韓国 ⑭1909年3月6日 ⑱2000

ゴ・フウ　呉 楓　Wu, Feng　歴史学者　東北師範大学歴史系教授・古籍整理研究所長,中国唐史学会副会長,国家教育委員会高校古籍整理研究委員会委員,武則天研究会理事長　国中国　生1926年　典1992／1996

コ・ブコウ　胡 武功　Hu, Wu-gong　写真家　国中国　生1949年　典2000

コ・フコク　胡 富国　中国共産党山西省委員会書記,高級技師,中国共産党中央委員　国中国　生1937年　典1996／2000

ゴ, フランク　Go, Frank M.　経営学者　香港ポリテクニック大学教授　専観光マネジメント　国香港　典2004

ゴ・フンア　高 勲峨　プロ野球選手(投手)　国韓国　生1972年5月15日　典1996

ゴ・ブンエイ　呉 文英　Wu, Wen-ying　政治家　元・中国共産党中央委員,元・中国紡織総会会長　国中国　生1932年　没2007年5月10日　典1996／2000

コ・ブンカク　胡 文閣　俳優　国中国　生1967年　典2000

コ・フンギル　高 興吉　Kho, Fun-gil　政治家,ジャーナリスト　韓国国会議員(ハンナラ党)　元・「韓国中央日報」編集局長　国韓国　生1944年8月13日　典2004

ゴ・ブンシュウ　呉 文繡　英語名=ウー,サンドラ　実業家　国際航業ホールディングス社長　元・日本アジアホールディングズ社長,元・日本アジアグループ社長　国台湾　生1963年12月23日　典2004／2008／2012

ゴ・ブンシュン　呉 文俊　数学者　中国科学院系統科学研究所名誉所長,中国科学院数学物理学部学部委員　専トポロジー　国中国　生1919年　典1996

ゴ・ブンソウ　呉 文藻　社会学者,民族学者　国中国　没1985年9月24日　典1992

コ・フンチル　高 興七　Koh, Heung-chul　MBC芸術団社長　国韓国　生1938年7月20日　典2000

コ・フンファ　高 興化　Koh, Heung-hwa　韓国中央大学心理学科教授　専心理学　国韓国　生1933年12月23日　典2000

コー・ブンフィー　Koh, Boon-hwee　実業家　シンガポール・テレコム・グループ会長　国シンガポール　典1996

コ・フンムン　高 興門　Koh, Heung-Moon　政治家　韓国憲政会顧問　元・韓国国会議員　国韓国　生1921年8月5日　典2000

コー・ブンワン　シンガポール通産省事務次官　国シンガポール　典2004

コ・ヘイ　胡 平　中国商業相,中国共産党中央委員　国中国　生1930年　典1996

ゴ・ヘイシン　呉 炳新　実業家,生物化学者　三株グループ総裁　国中国　生1938年　典2000／2004／2008

コ・ヘイリュウ　胡 炳榴　映画監督　珠江映画製作所総監督　国中国　生1940年　典2000

コ・ヘジョン　Ko, Hye-jung　放送作家　国韓国　生1968年　典2012

ゴ・ホウ　呉 鵬　Wu, Peng　水泳選手(バタフライ・背泳ぎ)　国中国　生1987年5月16日　典2004／2008／2012

コ・ホウカ　胡 宝華　歴史学者　南開大学文学部歴史系副教授　専唐代　国中国　生1954年　典2004

ゴ・ホウケン　呉 法憲　Wu, Fa-xian　軍人　元・中国人民解放軍副総参謀長　国中国　生1915年　典1992／1996

ゴ・ホウコク　呉 邦国　Wu, Bang-guo　政治家　元・中国全国人民代表大会(全人代)常務委員長,元・中国共産党政治局常務委員　国中国　生1941年7月22日　典1996／2000／2004／2008／2012

ゴ・ホウシ　呉 鳳之　書道家　長城硯友書画社会長　国中国　生1926年　典1996

コ・ホギョン　高 昊敬　Ko, Ho-gyeong　女優　国韓国　生1980年4月13日　典2004／2012

コ・ボムジュン　高 範俊　Koh, Pum-joon　号=佑潭　韓国貿易学会名誉会長,蘭協会名誉会長　専貿易学,国際商事仲裁　国韓国　生1916年8月30日　典2000

コ・ボムソ　高 範瑞　Koh, Bum-soe　翰林大学哲学科教授,平和統一諮問会議対北韓人権特委員長　専哲学　国韓国　生1926年7月13日　典2000

コ・ボンジン　高 奉鎮　Koh, Bong-jin　韓国日報「マルチメディア」代表理事・発行人　国韓国　生1938年6月28日　典2000

コー, マイケル　Coe, Michael D.　考古学者　エール大学名誉教授　専メソアメリカ考古学　国米国　生1929年　典2004／2008

コー, マーティン　Khor, Martin　中国名=KhorKok-peng　環境保護運動家,エコノミスト　第三世界ネットワーク代表　国マレーシア　生1951年　典1996／2000

コ・マンシュン　胡 万春　Hu, Wan-chun　作家　国中国　生1929年1月7日　没1992(コ・バンシュン)／1996

ゴ・ミッサツ　呉 密察　Wu, Mi-cha　歴史学者　台湾歴史博物館館長,台湾大学歴史系教授　専台湾近現代史　国台湾　生1956年　典1992／1996／2000／2008／2012

ゴ・ミンミン　呉 民民　小説家　国中国　生1951年　典1996／2008／2012

コ・ムソン　高 茂松　Koh, Moo-song　実業家　亜辰開発会長,平亜産業社長　国韓国　生1941年6月18日　典2000

コ・ムンソク　高 文錫　号=舟山　漢陽大学名誉教授　国韓国　生1922年5月27日　典1996

ゴ・メイ　呉 梅　中国語講師　国中国　典2004

コ・メイエン　顧 明遠　教育学者　北京師範大学副学長,世界比較教育連合会副主席　専比較教育学　国中国　生1929年　典1996

ゴ・メイゲツ　呉 明月　Wu, Ming-yeh　プロゴルファー　国台湾　生1949年3月28日　典2008／2012

コ・メイユ　呉 明瑜　中国国務院発展研究センター副主任　国中国　生1931年　典1996

ゴ・メンキ　呉 綿季　Wu, Mian-ji　専哲学・政治理論,日本語教育　国中国　生1924年　典2004

コ・モウコウ　胡 孟浩　上海外語学院長,中国ロシア語学会会長　専ロシア語教育　国中国　生1927年　典1992

コ・モウジン　古 蒙仁　本名=林日楊　作家　国台湾　生1951年　典1996

ゴ・モウブ　呉 孟武　民主の女神号の船主　国台湾　生1954年4月　典1996

コ・モゲン　胡 茂元　Hu, Mao-yuan　実業家　上海汽車工業集団総公司総裁　国中国　生1951年4月　典2004

ゴ・モコン　呉 茂昆　Wu, Maw-kuen　物理学者　台湾中央研究院物理研究所長　専超電導　国台湾　生1949年　典2012

コ・ヤンソン　高 良成　Koh, Yang-sung　江原大学人文学部教授　専英文学　国韓国　生1944年1月13日　典2000

コ・ユシ　胡 愈之　Hu, Yu-zhi　評論家,エスペランチスト　元・中国全国人民代表大会(全人代)常務委副委員長,元・中国民主同盟主席代行　専国際政治学　国中国　生1895年　没1986年1月16日　典1992

コ・ユボン　高 有峰　Koh, You-bong　済州大学海洋学科教授,韓国地球科学会理事　専水産学　国韓国　生1945年11月11日　典2000

コ・ユンソク　高 允錫　Koh, Yoon-suk　円光障碍福祉館長,ソウル大学名誉教授　専物理学　国韓国　生1927年1月13日　典2012

コ・ヨウ　胡 蓉　漫画家　国中国　典2000／2012

コ・ヨウ　顧 蓉　湖北文学行政管理系政治学部主任教授　専中国政治制度,行政管理　国中国　生1944年　典2000

コ・ヨウホウ　胡 耀邦　Hu, Yao-bang　政治家　元・中国共産党総書記　国中国　生1915年11月20日　没1989年4月15日　典1992

コ・ヨングン　高 永根　Ko, Yeong-kun　牧師　韓国牧民宣教会会長,ソウル西老会伝道牧師　国韓国　生1933年1月18日　典2000

コ・ヨングン　高 永根　Ko, Yeong-kun　ソウル大学国文学科教授　専韓国文学　国韓国　生1936年11月6日　典2000

コ・ヨンジュ　高 永宙　Ko, Yong-ju　検察官　韓国大検察庁公安企画担当官　国韓国　生1949年2月21日　典2000

コ・ヨンジン　高 栄珍　Ko, Young-jin　済州道選挙管理委員会事務局長　国韓国　生1941年11月1日　典2000

コ・ヨンドウ　高 永杜　Koh, Yung-du　慶尚大学畜産学科教授,慶南酪農学研究会長　専畜産学　国韓国　生1940年9月21日　典2000

コ・ヨンヒ 高 英姫 本名=高春幸 金正日朝鮮労働党総書記夫人 国北朝鮮 生1953年6月 没2004/2008

コ・ヨンピョン 高 鎔平 Koh, Yong-pyung ロッテ駅舎常任理事 国韓国 生1937年1月19日 没2000

コ・ヨンファン 高 英煥 Ko, Yong-fan 元・外交官 韓国統一政策研究所研究員 元・北朝鮮外務省アフリカ担当課長 国韓国 生1953年7月14日 没1992/1996/2000/2004/2008

コ・ヨンホ 高 永鎬 Koh, Young-ho 大田大学経済学科教授,大田日報論説委員 分経済学 国韓国 生1941年8月6日 没2000

コ・ヨンボク 高 永復 Koh, Young-bok 元・ソウル大学名誉教授 分社会学 国韓国 生1928年3月30日 没2000

コ・リキ 古力 棋士 囲碁9段(中国棋院) 国中国 没2008/2012

コ,リディア Ko, Lydia ゴルフ選手 国ニュージーランド 生1997年4月24日

コ・リュウ 古龍 Ku, Lung 本名=熊耀華 作家 国台湾 生1936年 没1985年/2000

ゴ・リョウヒ 呉 凌非 滋賀県立大学国際教育センター講師 分自然言語処理 国中国 生1961年 没2004

コ・リンホウ 顧 林昉 中国国家主席特別助理・国家麻薬禁止委員会副主任 国中国 生1928年 没1996

ゴ・レイガ 呉 麗娥 「珠江流転」の著者 生1915年 没2004

ゴ・レイセイ 呉 冷西 Wu, Leng-xi ジャーナリスト 元・中国全国新聞工作者協会名誉主席,元・新華社社長,元・中国人民政治協商会議全国委員会(全国政協)常務委員 国中国 生1919年 没2002年6月16日/1992/1996

ゴ・レンシ 呉 連枝 Wu, Lian-zhi 呉氏開門八極拳7世宗家(八極拳の祖・呉鐘末裔),開門八極拳研究会会長,孟村回族自治県体育運動委員会主任 国中国 生1947年8月13日 没1996

コ・レンショウ 辜 濂松 Ku, Lien-sung 英語名=クー,ジェフリー 実業家 元・中国信託ホールディングス会長,元・台湾工商協進会理事長 国台湾 生1933年9月8日 没2012年12月5日/1996/2000/2004/2008

ゴア,アルバート(Jr.) Gore, Albert(Jr.) 本名=Gore,Albert Arnold 愛称=ゴア,アル 政治家,環境問題専門家 元・米国副大統領 国米国 生1948年3月31日 没1992/1996/2000/2004/2008/2012

ゴア,アルバート(Sr.) Gore, Albert(Sr.) 政治家 元・米国上院議員 国米国 生1907年12月26日 没1998年12月5日/1992

コアー,アンドレア Corr, Andrea グループ名=コアーズ ミュージシャン 国アイルランド 没1992/1996/2004/2012

ゴア,イヴ Cohat, Yves 国立科学研究所(CNRS)研究員 分海洋人類学 国フランス 生1953年 没1996

コアー,キャロライン Corr, Caroline グループ名=コアーズ ミュージシャン 国アイルランド 没2004/2008/2012

ゴア,クリスティン Gore, Kristin 脚本家,小説家 国米国 没2012

コアー,ジム Corr, Jim グループ名=コアーズ ミュージシャン 国アイルランド 没2004/2008/2012

コアー,シャロン Corr, Sharon グループ名=コアーズ ミュージシャン 国アイルランド 没2004/2008/2012

ゴア,ティッパー Gore, T. 本名=Gore,Mary Erizabeth 旧名=Aitcheson,Mary Erizabeth PMRC(Parents Music Resource Center)創立者 ゴア元米国副大統領夫人 国米国 生1948年 没1992/1996/2000/2004/2008

ゴア,マイケル ゴア・グループ・オブ・カンパニー社長 国オーストラリア 生1941年 没1992

ゴア,マーティン Gore, Martin ミュージシャン 生1961年7月23日 没2008

ゴアシリューター,ユッタ Gorschlüter, Jutta 社会教育者,作家 国ドイツ 生1960年 没2004

ゴアズ,ジョー Gores, Joe 本名=Gores,Joseph N. ハードボイルド作家 国米国 生1931年12月25日 没2011年1月10日/1992/1996/2000

コアトムール,ジャン・フランソワ Coatmeur, Jean François 作家 国フランス 生1925年 没1996

ゴアハン,ジャン・クリストフ Goarin, Jean Christophe 実業家 元・カルフール・ジャパン社長 国フランス 没2004/2008

ゴーアンス,ジェームス 国際HFSP推進機構事務総長 元・英国医学研究会議事務局長 国英国 没1992

コアント,ジャン・フィリップ Cointot, Jean-Philippe スポーツジャーナリスト 「レキップ」記者 国フランス 生1961年 没2004

ゴーイ,グレン Goei, Glen 映画監督,舞台演出家 国シンガポール 没2004/2008

コイヴ,サク Koivu, Saku アイスホッケー選手(FW) トリノ五輪アイスホッケー男子銀メダリスト 国フィンランド 生1974年11月23日 没2004/2008

コイヴィスト,セッセ Koivisto, Sesse 動物学者,作家 国フィンランド 生1937年5月24日 没2000

コイヴマー,ミッコ Koivumaa, Mikko 外交官 駐日フィンランド大使館報道・文化担当参事官 国フィンランド

ゴイコエチェア,アンドニ Goikoetxea, Andoni サッカー監督,元・サッカー選手 国スペイン 生1956年8月23日 没2000/2004/2008

コイシ,パヴェル Koyš, Pavel 詩人 スロバキア文部大臣 国チェコスロバキア 生1932年 没1992

コイシェ,イサベル Coixet, Isabel 映画監督 国スペイン 生1962年 没2012

ゴイズエタ,ロベルト Goizueta, Roberto C. 実業家 元・コカ・コーラ会長・CEO 国米国 生1931年11月 没1997年10月18日/1992/1996

コイズミ,アリアンヌ モデル,女優 国米国 生1964年 没1996

ゴイティア,アリミ Goitia, Alimi 元・プロボクサー 元・WBA世界ジュニアバンタム級チャンピオン 国ベネズエラ 生1970年6月28日 没2000

ゴイティア,フェルナルド・チュエッカ Goitia, Fernando Chueca 建築家 マドリード工科大学建築学部建築都市史講座教授 国スペイン 生1911年 没1992

ゴイティソロ,フアン Goytisolo, Juan 作家 国スペイン 生1931年1月5日 没1992/1996/2000/2004/2008/2012

コイナー,ブライアン Coyner, Brian M. コンピューター技術者 国米国 没2008

コイビスト,マウノ Koivisto, Mauno Henrik 政治家 元・フィンランド大統領 国フィンランド 生1923年11月25日 没1992/1996

コイヤー,フース Kuijer, Guus 児童文学作家 国オランダ 生1942年 没2012

コイララ,ギリジャ・プラサド Koirala, Girija Prasad 政治家 元・ネパール首相,元・ネパール会議派(NCP)総裁 国ネパール 生1925年3月 没2010年3月20日/1992/1996/2000/2004/2008

コイララ,ビシュエシュワル・プラサド Koirala, Bisweswar Prasad 政治家 元・ネパール首相,元・ネパール会議派(NCP)総裁 国ネパール 生1914年 没1982年7月21日/1992

コイララ,マニーシャー Koirala, Manisha 女優 国インド 没2000

コイル,ジョセフ 精神医学者 ハーバード大学精神科部門長 元・ソサエティ・フォー・ニューロサイエンス会長 国米国 生1943年 没2004

コイル,ダイアン Coyle, Diane ビジネスコンサルタント,金融ジャーナリスト,コラムニスト エンライトメント・エコノミックス代表 国英国 没2004/2008

コイル,ダニエル Coil, Daniel 編集者 「アウトサイド」編集長 国米国 没2004

コイル,ネッサ Coyle, Nessa 看護婦 スローン・ケタリング記念がんセンター疼痛と緩和ケアサービス・サポーティブケア・プログラム部長 分がん看護 国米国 没2000

コイル,ハロルド Coyle, Harold W. 作家,元・陸軍軍人 国米国

[典]2000

コイル, フランク Coyle, Frank P. コンピューター科学者 サザンメソジスト大学エクゼクティブソフトウェア工学プログラム責任者 [国]米国 [典]2004

コイン, ジョン Coyne, John 作家 [国]米国 [生]1940年 [典]1992／1996

コーイング, ヘルムート Coing, Helmut 法学者 元・ゲーテ大学法学部教授, 元・マックス・プランク・ヨーロッパ法史研究所初代所長 [専]ヨーロッパ法史 [国]ドイツ [生]1912年2月28日 [没]2000年8月15日 [典]1992

コインブラ, ブルーノ Coimbra, Bruno 旧グループ名＝ソ・ノ・サパチーニョ 歌手 [国]ブラジル [典]2000／2004／2008

コウ・アンショウ 黄 安捷 アクトンテクノロジィ台湾本社副社長 [国]台湾 [生]1955年6月19日 [典]2000

コウ・イエキ 孔 維益 元・台湾国立芸専教授 孔子の第78代嫡孫 [国]台湾 [没]1989年2月26日 [典]1992

コウ・イクフク 黄 育馥 Huang, Yu-fu 中国社会科学院文献信息中心研究員(教授) [国]中国 [生]1945年 [典]2000

コウ・イクン 黄 瑋熏 園芸家 高雄市蘭協会審査員 [国]台湾 [典]2000

コウ・イグン 黄 惟群 Huang, Wei-qun 作家 [国]オーストラリア [生]1953年 [典]2004／2008

コウ・イチョウ 黄 葦町 経済研究家 紅旗出版社事業部主任・所長 [国]中国 [生]1947年 [典]2000

コウ・イロク 黄 緯禄 Huang, Wei-lu ロケット科学者 元・中国科学院技術科学部委員 [国]中国 [生]1916年12月 [没]2013年11月23日

コウ・ウスン 高 又順 Ko, Woo-soon プロゴルファー [国]韓国 [生]1964年4月21日 [典]2004／2008／2012

コウ・ウン 江 雲 画家 上海戯劇学院舞台美術部服装設計教研究室教師 [国]中国 [生]1950年 [典]1992／1996

コウ・エイ 高 永 漫画家 [国]台湾 [生]1966年7月3日 [典]2008

コウ・エイ 高 纓 Gao, Ying 詩人, 作家 [国]中国 [生]1929年12月25日 [典]1996

コウ・エイ 虹 影 Hong, Ying 作家, 詩人 [国]中国 [生]1962年 [典]2000

コウ・エイイ 高 穎維 貴友百貨店(北京)社長 [国]中国 [典]1996

コウ・エイギョク 黄 永玉 画家 中央美術学院教授, 中国美術家協会副主席 [国]中国 [生]1924年 [典]1996

コウ・エイケツ 高 英傑 野球コーチ, 元・日本プロ野球選手 台北体育専門学校助手 [国]台湾 [生]1956年8月16日 [典]1992／1996

コウ・エイショウ 黄 永勝 Huang, Yong-sheng 軍人, 政治家 元・中国人民解放軍総参謀長 [国]中国 [生]1910年 [典]1992／1996

コウ・エイセイ 洪 永世 Hong, Yong-shi 元・アモイ市長 [国]中国 [生]1942年 [典]2004

コウ・エキチュウ 黄 奕中 Huang, Yi-zhong 棋士 囲碁5段(中国棋院), 中国天元 [国]中国 [生]1981年8月24日 [典]2004／2008

コウ・オウソ 黄 桜楚 元・台湾製糖農務課長 [国]台湾 [典]2008

コウ・カ 黄 華 Huang, Hua 本名＝王汝梅 別名＝黄裕民 政治家, 外交官 元・中国副首相・外相 [国]中国 [生]1913年 [没]2010年11月24日 [典]1992／1996

コウ・カ 黄 華 バトミントン選手 [国]中国 [典]1992／1996

コウ・カイ 黄 海 Huang, hai 中国国内貿易部商業経済研究所副所長 [国]中国 [生]1947年7月 [典]1996

コウ・カイセイ 項 懐誠 中国財政相 [国]中国 [生]1939年 [典]2000／2004

コウ・ガイロ 侯 外廬 元・中国社会科学院歴史研究所名誉所長, 元・中国人民政治協商会議全国委員会(全国政協)常務委員 [専]中国社会史・思想史 [国]中国 [生]1901年 [没]1987年9月14日 [典]1992

コウ・カカイ 江 河海 Jiang, He-hai 編集者, 著述家, 脚本家 [国]中国 [生]1955年 [典]2000

コウ・ガク 高 鍔 Gao, E 元・外交官 中国国際問題研究センター副総幹事, 中国国際友好連絡会顧問 [国]中国 [生]1926年 [典]1996

コウ・ガクチ 洪 学智 Hong, Xue-zhi 軍人, 政治家 元・中国国家中央軍事委委員, 元・中国人民政治協商会議全国委員会副主席 [国]中国 [生]1913年2月2日 [没]2006年11月20日 [典]1992／1996／2000

コウ・カシ 黄 家駟 元・中国医学科学院名誉院長 [国]中国 [没]1984年5月14日 [典]1992

コウ・カショウ 候 加昌 元・バドミンソン選手 中国バドミントン・チーム監督 [国]中国 [生]1942年 [典]1996

コウ・カフク 江 家福 数学者 中国国家民族事務委員会副主任, 中国人民政治協商会議全国委員会常務委員 [国]中国 [生]1938年 [典]1996

コウ・カリョウ 江 加良 卓球コーチ, 元・卓球選手 [国]中国 [典]1992／1996

コウ・ギカ 江 宜樺 Jiang, Yi-huah 政治家 台湾行政院院長(首相) [国]台湾 [生]1960年11月18日

コウ・キク 黄 菊 Huang, Ju 政治家 元・中国副首相, 元・中国共産党政治局常務委員, 元・上海市長 [国]中国 [生]1938年9月 [没]2007年6月2日 [典]1992／1996／2000／2004

コウ・キクカ 黄 菊花 北京外国語大学講師 [専]日本語 [国]中国 [生]1953年 [典]2000

コウ・キクトク 高 菊徳 陶磁研究家 開封高氏北宋官瓷研究所所長 [国]中国 [典]2000

コウ・キシュン 黄 寄春 Huang, Ji-chun 中国国際信託投資公司(CITIC)副社長 [国]中国 [典]1996

コウ・キショウ 黄 其祥 ジャーナリスト 「人民日報」国際部アジア太平洋組主任編集委員 [国]中国 [典]2000

コウ・キセイ 黄 毅誠 中国エネルギー相, 高級技師 [国]中国 [生]1926年 [典]1996

コウ・キハン 黄 奇帆 Huang, Qi-fan 政治家 重慶市長, 中国共産党中央委員 [国]中国

コウ・キョウ 黄 強 Huang, Qiang 中部大学国際関係学部国際文化学科教授 [専]中国民俗学, 文化人類学 [国]中国 [生]1953年 [典]2000／2004／2008

コウ・キョウ 黄 強 経済学者 暨南大学副教授 [専]マクロ経済学, 金融改革 [国]中国 [典]2000

コウ・ギョウエン 高 暁燕 黒龍江省社会科学院歴史研究所副研究員 [専]中国東北地方史 [国]中国 [生]1958年 [典]2000

コウ・キョウカ 黄 強華 アニメーション監督, 脚本家, 人形師 [専]布袋戯 [国]台湾 [生]1955年 [典]2004／2008

コウ・キョウキ 黄 強輝 元・重量挙げ選手 中国重量挙げチーム総監督, 中国重量挙げ協会副主席, アジア重量挙げ連合会副主席 [国]中国 [生]1930年 [典]1996

コウ・ギョウシュン 黄 暁春 日本舞踊家 北京舞踏学院青年舞踊団団員・教師 [国]中国 [典]2000

コウ・キョウジョ 侯 鏡如 Hou, Jing-ru 政治家 元・中国人民政治協商会議全国委員会(全国政協)副主席 [国]中国 [生]1902年10月 [没]1994年10月25日 [典]1996

コウ・ギョウセイ 高 暁声 Gao, Xiao-sheng 作家 中国作家協会理事 [国]中国 [生]1928年7月8日 [典]1992／1996

コウ・ギョクヒン 黄 玉斌 元・体操選手 中国体操チーム監督 [国]中国 [生]1958年 [典]1996

コウ・ギョクロウ 黄 玉郎 本名＝黄振隆 劇画家 玉郎国際集団総師 [国]香港 [生]1950年 [典]1992

コウ・キンリョウ 黄 金陵 化学者 福建省科学技術協会副主席 元・福州大学学長 [専]物理化学・構造化学の研究 [国]中国 [生]1932年 [典]1996

コウ・クンゲン 洪 君彦 北京大学国際経済学部教授・同主任 [専]政治経済学 [国]中国 [生]1932年 [典]1992

コウ・クンヘキ 黄 君璧 Huang, Chun-pi 画家 [専]山水画 [国]台湾 [生]1898年 [没]1991年10月29日 [典]1992

コウ・ケイウン 康 慶雲 中国電影出版社社長, 中国電影基金会秘書長 [国]中国 [生]1930年8月7日 [典]1996

コウ・ケイシ 高 慶獅 電子工学者 中国科学院計算機研究所研究員, 中国科学院技術科学部学部委員 [専]コンピュータの設計 [国]中

国 [生]1934年 [典]1996
コウ・ケイショウ　黄 勁松　Huang, Jin-song　松厦青業冷気公司董事長 [国]中国 [生]1959年 [典]1996
コウ・ケイホウ　洪 啓峰　プロ野球選手（内野手） [国]台湾 [典]2000
コウ・ケイリュウ　黄 椇隆　プロ野球選手（外野手） [国]台湾 [典]2000
コウ・ケツ　孔 傑　中国医薬学院教授 [国]台湾 [典]1992
コウ・ケツ　高 傑　ファッションモデル [国]中国 [生]1966年 [典]1992
コウ・ゲツ　黄 月　アニメーション製作者　北京大衆娯楽伝播公司総経理 [国]中国 [典]1996
コウ・ケツセイ　洪 潔清　立命館大学外国語常勤講師 [専]中国語学 [国]中国 [典]2004
コウ・ケン　孔 健　Kong, Jian　本名=孔祥林　ジャーナリスト　チャイニーズドラゴン新聞社主幹, 中国孔子文化大学教授, 日中経済貿易促進協会理事長, 中国画報協会副会長 [専]新聞学, 孔子学, 中国地域学 [国]中国 [生]1958年5月7日 [典]1992／1996／2000／2004
コウ・ケン　高 健　元・体操選手　中国男子体操チーム監督 [国]中国 [生]1948年 [典]1996
コウ・ゲン　高 厳　Gao, Yan　政治家　中国共産党中央委員, 国家電力公司総経理 [国]中国 [生]1942年12月 [典]1996／2000／2004／2008
コウ・ケンショウ　洪 健昭　Hung, Chien-chao　中央通迅社社長 [国]台湾 [生]1932年 [典]1996
コウ・ケンチュウ　黄 建中　映画監督 [国]中国 [生]1940年 [典]2000
コウ・ケントウ　孔 憲涛　免疫学者　中国人民解放軍第二軍医大学教授 [専]臨床免疫 [国]中国 [生]1932年 [典]1996
コウ・ケンペイ　高 剣平　西安冶金建築学院電脳技術服務部経理 [国]中国 [典]1992
コウ・ケンワ　黄 健和　Huang, Chien-ho　作家, 漫画・映画研究家 [国]台湾 [生]1962年 [典]2004
コウ・コ　洪 虎　中国国家経済体制改革委員会副主任, 中国共産党中央委員 [国]中国 [典]2000
コウ・コウ　黄 璜　中国共産党中央委員　元・中国共産党寧夏回族自治区委員会書記 [国]中国 [生]1933年 [典]1996／2000
コウ・コウ　黄 幸　Huang, Xin　著述家, 翻訳家, 元・外交官　元・在日中国大使館参事官 [国]中国 [生]1924年 [典]2004
コウ・コウ　黄 庚　走り幅跳び選手 [国]中国 [生]1970年7月10日 [典]2000
コウ・コウ　高 恒　中国社会科学院教授 [専]安全保障論, 戦略論 [国]中国 [典]2000
コウ・コウケツ　高 耀潔　医師 [国]中国 [典]2012
コウ・コウケン　高 行健　Gao, Xing-Jian　作家, 劇作家, 画家　元・北京人民芸術劇院創作員 [国]フランス [生]1940年1月4日 [典]1996／2004／2008／2012
コウ・コウコク　黄 興国　対外貿易発展協会（CETRA）理事長, 遠東貿易サービスセンター社長, 台北世界貿易センター社長 [国]台湾 [典]1996
コウ・コウシュウ　黄 孝宗　台湾エアロスペース会長 [国]台湾 [典]1996
コウ・コウジュウ　洪 光住　中国科学院自然科学史研究所副研究員 [専]中国食品科学技術史 [国]中国 [生]1940年12月 [典]1992（コウ・コウジュ）／1996
コウ・コウリン　孔 光臨　中国科学院半導体研究所研究員 [専]材料物理学, 半導体材料 [国]中国 [生]1933年 [典]1996
コウ・コクセイ　黄 克誠　Huang, Ke-cheng　軍人, 政治家　元・中国共産党中央軍事委顧問 [国]中国 [生]1899年 [没]1986年12月28日 [典]1992
コウ・コクセイ　康 克清　Kang, Ke-qing　女性運動家　元・中国人民政治協商会議全国委員会（全国政協）副主席, 元・中華全国婦女連合会名誉主席 [国]中国 [生]1910年 [没]1992年4月22日 [典]1992／1996
コウ・コジョウ　高 虎城　政治家　中国商務相 [国]中国
コウ・コンエキ　黄 坤益　高級工程師　中国専利技術開発公司董事長, 中国工業産権研究会理事長 [国]中国 [典]1992
コウ・コンキ　黄 昆輝　Huang, Kun-hui　元・台湾国民党秘書長 [国]台湾 [生]1936年11月8日 [典]2000／2004
コウ・サリン　黄 佐臨　Huang, Zuo-lin　演出家, 映画監督 [国]中国 [生]1906年10月 [没]1994年6月1日 [典]1996
コウ・サンサン　黄 珊汕　Huang, Shan-shan　トランポリン選手　ロンドン五輪トランポリン女子銀メダリスト [国]中国 [生]1986年1月18日
コウ・サンシン　黄 燦新　気功治療師　中国気功科学研究協会応用委員, 広東省体育気功治療研究センター主任 [専]随意気功 [国]中国 [生]1942年 [典]1992／1996
コウ, ジェニファー　バイオリニスト [国]米国 [典]1996
コウ, ジェフリー　Coe, Jeffrey T.　ネットワーク技術者　Calence ネットワークセキュリティ顧問 [典]2004
コウ・シコウ　黄 子交　タレント [国]台湾 [生]1972年 [典]2004／2008
コウ・シコウ　黄 志紅　Huang, Zhi-hong　砲丸投げ選手 [国]中国 [生]1965年5月7日 [典]1992／1996
ゴヴ, シドニー　Govou, Sidney　サッカー選手（FW） [国]フランス [生]1979年7月24日 [典]2004（ゴブ, シドニー）／2008
コウ・シホウ　黄 志芳　Huang, Chih-fang　政治家, 外交官　元・台湾外交部長（外相） [国]台湾 [生]1958年9月14日 [典]2008／2012
コウ・シュウカ　黄 秀華　深圳市科学技術発展基金会（FDST）秘書長, 中国交通銀行深圳支店董事, 深圳市技術引進諮詢委員会委員 [国]中国 [生]1946年 [典]1992／1996
コウ・シュウヒン　候 宗賓　中国共産党中央委員　元・中国共産党河南省委員会書記 [国]中国 [生]1929年 [典]1996
コウ・シュウフク　高 秋福　Gao, Qiu-fu　新華社副社長 [国]中国 [典]2000
コウ・シュブン　黄 主文　Huang, Chu-wen　政治家　台湾団結連盟（台連）首席　元・台湾内相, 元・台湾国民党中央評議会委員 [国]台湾 [生]1941年8月20日 [典]2004／2008
コウ・ジュン　耿 諄　花岡事件の賠償請求訴訟の元原告団団長 [国]中国 [没]2012年8月27日 [典]1992／1996／2000／2004
コウ・ジュンコウ　黄 順興　Huang, Shung-xing　政治家　元・中国全国人民代表大会（全人代）常務委員, 元・台湾立法委員 [国]中国 [生]1923年3月12日 [没]2002年3月5日 [典]1992／1996
コウ・シュンメイ　黄 春明　Huang, Chun-ming　作家 [国]台湾 [生]1936年 [典]1992／1996／2000／2004
コウ・シュンメイ　高 俊明　牧師　台湾基督長老教会牧師 [国]台湾 [生]1929年 [典]1996／2000
コウ・ショウ　黄 翔　Huang, Hsiang　政治家, 写真家　元・中国人民政治協商会議全国委員会（全国政協）常務委員 [国]中国 [没]1990年1月26日 [典]1992
コウ・ショウ　候 捷　Hou, Jie　中国共産党中央委員　元・中国建設相 [国]中国 [生]1931年 [典]1996／2000
コウ・ショウカ　黄 少華　実業家　エイサー・グループ総財務長 [国]台湾 [典]2004
コウ・ショウコウ　康 少洪　医師　中国針灸康治療院院長 [専]鍼灸, 整形外科 [典]2008
コウ・ショウシュン　黄 鍾駿　美術編集者, 画家　人民画報社高級編集者, 中国春秋書画会会長 [国]中国 [生]1931年 [典]1996
コウ・ショウショウ　黄 承祥　Huang, Cheng-xiang　北京市外事弁公室主任 [国]中国 [典]2000
コウ・ショウセイ　孔 捷生　作家　広東省文学芸術界連合会委員 [国]中国 [生]1952年 [典]1996
コウ・ショウセイ　孔 祥星　考古学者　中国歴史博物館副研究員 [国]中国 [生]1939年2月 [典]2004
コウ・ショウテイ　孔 祥楨　政治家　元・中国労働相 [国]中国 [没]1986年10月26日 [典]1992
コウ・ショウドウ　黄 昭堂　Huang, Chao-tang　別名=黄有仁　台湾独立運動家, 政治学者　元・台湾独立建国連盟主席, 元・昭和大学名誉教授 [国]台湾 [生]1932年9月21日 [没]2011年11月17日

コウ・ショウフ　黄 承富　ジャーナリスト, 写真家　「民生報」東京特派員　[国]台湾　[典]1992／1996

コウ・ショウホウ　黄 翔鵬　古代音楽研究家　中国芸術研究院音楽研究所所長　[国]中国　[典]2000

コウ・ショウレイ　高 昌礼　Gao, Chang-li　政治家　元・中国司法相　[国]中国　[生]1937年7月　[典]2000／2004

コウ・ショク　洪 燭　詩人, エッセイスト　[国]中国　[生]1967年　[典]2004／2008

コウ・ショクキン　黄 蜀芹　Huang, Shu-qin　映画監督　[国]中国　[生]1939年　[典]1996

コウ・シリュウ　黄 志龍　プロ野球選手（投手）　[国]台湾　[生]1989年2月22日　[典]2012

コウ・シレン　黄 枝連　香港バプチスト学院社会学部首席講師, アジア太平洋21世紀学会会長　[専]国際関係論　[国]香港　[生]1939年　[典]1992／1996

コウ・シン　高 新　ハーバード大学費正清研究センター客員研究員, 「中国時代」編集長　[専]中国政治　[国]中国　[生]1955年　[典]2000

コウ・ジン　江 迅　Jiang, Xun　本名＝梁敏洲　ジャーナリスト「亜州週刊」記者, 「明報月刊」顧問　[国]中国　[生]1947年　[典]1996

コウ・シンウ　高 振宇　陶芸家　中国芸術研究院研究員　[国]中国　[典]2000

コウ・ジンウ　黄 仁宇　英語名＝Huang,Ray　元・ニューヨーク州立大学教授　[専]中国史　[生]1918年　[典]1992／1996

コウ・シンカイ　黄 信介　Huang, Hsin-chieh　字＝金竜　政治家　元・台湾総統府顧問, 元・台湾民主進歩党（民進党）主席　[国]台湾　[生]1928年　[没]1999年11月30日　[典]1992／1996

コウ・シンセン　黄 心川　南アジア史研究者　中国社会科学院玄奘研究センター主任, 中国南アジア学会副会長, 教授　[国]中国　[生]1928年　[典]1996

コウ・シンネイ　江 心寧　Jiang, Xin-ning　江蘇省国家税務局渉外税務管理処処長　[国]中国　[生]1957年　[典]2000

コウ・ジンボウ　黄 仁峰　徳正食品工業有限公司社長　[国]香港　[典]1992

コウ・スイケン　洪 翠娟　Hung, Tsui-kuen　糖朝オーナー　[国]香港　[典]2004

コウ・スウジン　黄 崇仁　英語名＝Huang,Frank　実業家　UMAXエリート・グループ会長, パワーチップ・セミコンダクターCEO　[国]台湾　[生]1949年　[典]1996

コウ・セイ　弘 征　本名＝楊衡鍾　湖南文芸出版社長　[国]中国　[典]1992

コウ・セイ　江 青　Jiang, Qing　本名＝李進　芸名＝藍蘋　政治家, 元・女優　元・中国共産党政治局員　毛沢東未亡人　[国]中国　[生]1914年3月　[没]1991年5月14日　[典]1992

コウ・セイオン　康 世恩　Kang, Shi-en　政治家　元・中国副首相, 元・中国共産党中央顧問委常務委員　[国]中国　[生]1915年　[没]1995年4月21日　[典]1992（コウ・セオン）／1996

コウ・セイケイ　黄 世恵　Huang, Shih-hui　実業家, 元・医師　慶豊集団会長　[国]台湾　[生]1926年5月7日　[典]1996

コウ・セイケイ　高 西慶　Gao, Xi-qing　中国投資有限責任公司（CIC）社長　[典]2012

コウ・セイゲン　高 清愿　Kao, Ching-yuan　実業家　統一企業集団総裁　[国]台湾　[生]1929年5月24日　[典]2000（高 清願 コウ・セイガン）／2004／2008

コウ・セイフ　洪 醒夫　本名＝洪媽従　作家　[国]台湾　[生]1949年　[没]1982年7月　[典]1992

コウ・セキリン　黄 碩琳　上海水産大学教授　[専]国際海洋法, 漁業管理　[国]中国　[生]1954年　[典]2000

コウ・ゼン　浩 然　Hao, Ran　本名＝梁金広　作家　元・北京市作家協会名誉主席　[国]中国　[生]1932年3月25日　[没]2008年2月20日　[典]1992／1996／2000

コウ・センジョ　紅 線女　旧名＝鄺健廉　粤劇女優　広東省粤劇院副院長　[国]中国　[生]1927年　[典]1996

ゴウ・ソ　豪 甦　元・米国中央情報局（CIA）Non-official Cover　[生]1934年　[典]2004

コウ・ゾウケツ　高 増傑　中国社会科学院大学院教授・日本研究所副所長　[専]日本文化, 比較文化, 中日関係　[国]中国　[生]1944年　[典]1996／2000／2004

コウ・ソケイ　江 素恵　光華ニュース文化センター代表　[国]台湾　[典]2000

コウ・タク　康 濯　Kang, Zhuo　本名＝毛季常　農民文学作家　[国]中国　[生]1920年　[典]1992／1996

コウ・タクミン　江 沢民　Jiang, Ze-min　政治家　元・中国国家主席, 元・中国共産党総書記, 元・中国国家中央軍事委主席　[国]中国　[生]1926年8月17日　[典]1992／1996／2000／2004／2008／2012

コウ・チュウ　耿 忠　女優, 元・新体操選手　ムーラン・プロモーション代表　[国]中国　[生]1969年7月20日　[典]2000／2004／2008／2012

コウ・チュウキ　孔 仲起　山水画家　浙江美術学院教授　[国]中国　[生]1934年　[典]1992／1996

コウ・チュウキュウ　江 鋳久　棋士　囲碁9段（中国棋院）　[国]中国　[典]1992／2000／2004

コウ・チン　黄 鎮　Huang, Zhen　外交官　元・中国文化相・駐米連絡事務所長　[国]中国　[生]1909年12月　[没]1989年12月10日　[典]1992

コウ・チンセン　高 珍先　中国技術輸出入総公司駐日代表事務所総代表, 兆華貿易社長　[国]中国　[生]1938年　[典]1992

コウ・チントウ　黄 鎮東　Huang, Zhen-dong　政治家　重慶市党委書記, 中国共産党中央委員　[国]中国　[生]1941年　[典]2000／2004

コウ・テキ　高 狄　Gao, Di　中国人民政治協商会議全国委員会（全国政協）常務委員　元・人民日報社社長　[国]中国　[生]1927年　[典]1992／1996

コウ・テッカ　耿 鉄華　集安県博物館副館長　[専]中国史　[国]中国　[生]1947年　[典]1996

コウ・ドウホウ　黄 道芳　発明家　[専]中国伝統天文暦法　[国]中国　[生]1936年　[典]1996

コウ・トク　高 徳　漢方医　中国衛生省中医研究院副院長　[国]中国　[生]1939年　[典]1996

コウ・トクケン　侯 徳健　Hou, De-jian　シンガー・ソングライター, 反体制活動家　[国]中国　[生]1956年　[典]1992／1996

コウ・トクセン　高 徳占　Gao, De-zhan　政治家　全人代常務委員　元・中国共産党天津市委員会書記　[国]中国　[生]1932年8月　[典]1996／2000／2004／2008

コウ・トクボウ　孔 徳懋　Kong, De-mao　中国人民政治協商会議全国委員, 中国孔子基金副会長　[国]中国　[生]1917年　[典]1992／1996

コウ・トクリュウ　黄 得龍　歌人　[国]台湾　[典]1996

コウ・トクリン　洪 徳麟　漫画家, 漫画研究家　[国]台湾　[生]1949年　[典]1992／1996

コウ・ハ　黄 波　Bo, Huang　考古学者　鄆城県文物管理所所長　[国]中国　[生]1964年3月　[典]2000

コウ・ハ　江 波　実業家　香港招商局企業集団常務副会長　[国]中国　[生]1925年　[典]1996

コウ・ハク　康 白　大連医科大学教授　[専]微生物生態学　[国]中国　[生]1928年　[典]2000

コウ・ハクキ　孔 柏基　Kong, Bai-ji　画家　[国]中国　[生]1932年　[典]1992／1996

コウ・ハン　孔 繁　哲学者　中国社会科学院世界宗教研究所所長　[専]中国哲学史, 儒学　[国]中国　[生]1930年　[典]1996

コウ・ビゲン　黄 美元　気象学者　中国科学院大気研究所研究員, 中国気象学会大気化学・汚染気象委員会主任　[専]雲・降水物理　[国]中国　[生]1934年　[典]1996

コウ・ヒボ　洪 丕謨　著述家　[国]中国　[生]1940年　[典]1996

コウ・ヒョウ　耿 飈　Geng, Biao　政治家　元・中国副首相, 元・中国共産党中央顧問委常務委員　[国]中国　[生]1909年8月26日　[没]2000年6月23日　[典]1992／1996

コウ・ビョウシ　黄 苗子　Huang, Miao-zi　書家, 画家, 美術評論家　中国美術協会理事, 中国書法家協会理事　[専]中国美術史　[国]中国　[生]1913年　[典]1992（コウ・ミョウシ）／1996

コウ・ビン　高 敏　Gao, Min　元・飛び込み選手（飛び板）　[国]中国　[生]1970年9月28日　[典]1996

コ

コウ・ヒンカ 黄 彬華 Wong, Pimg-fah ジャーナリスト, コラムニスト 元・「聯合早報」論説委員 ⑩シンガポール ⑭1936年 ⑮1996/2000

コウ・ビンコウ 高 敏行 遼寧大学日本研究所助教授 ⑯経済学, 日本経済 ⑩中国 ⑭1921年 ⑮1996

コウ・ビンショウ 洪 敏昌 Hung, Min-chang 企業家 台湾松下公司董事長 ⑩台湾 ⑭1945年5月5日 ⑮1996

コウ・ブンケン 高 文謙 作家 ⑩中国 ⑭1953年 ⑮2012

コウ・ブンタク 黄 文択 映画プロデューサー, 人形師, 声優 ⑯布袋戯 ⑩台湾 ⑭1956年 ⑮2004/2008

コウ・ブンホウ 黄 文放 Huang, Wen-fang 政治評論家 元・新華社香港支社台湾事務部長 ⑯中台問題 ⑩香港 ⑰2000年11月23日 ⑮2000

コウ・ブンユウ 黄 文雄 Huang, Wen-hsiung 人権活動家 台湾国策顧問 ⑩台湾 ⑮2004/2008

コウ・ヘイ 黄 平 社会学者 中国社会科学院社会学研究所副所長, 「読書」編集長 ⑩中国 ⑭1958年 ⑮2008

コウ・ヘイ 江 平 法律学者 全国人民代表大会常務委員会委員兼法律委員会副主任委員, ベルギーゲント大学名誉法学博士 元・中国政法大学学長 ⑯民法, 経済法 ⑩中国 ⑭1930年 ⑮1996

コウ・ヘイコン 江 丙坤 Chiang, Ping-kun 政治家 海峡交流基金会理事長, 台湾国民党副主席 元・台湾立法院副院長 ⑩台湾 ⑭1932年12月16日 ⑮1992/1996/2000/2004/2008/2012

コウ・ヘイヨウ 黄 平洋 プロ野球選手(投手) ⑩台湾 ⑮2000/2004

コウ・ヘキギ 孔 碧儀 香港大学教師 ⑯広東語 ⑩香港 ⑮2004

コウ・ヘキジュン 黄 壁洵 Huang, Bie-shyun プロゴルファー ⑩台湾 ⑭1956年10月16日 ⑮2008/2012

コウ・ホウカク 耿 鳳閣 画家 河北日報社主任編集員, 河北省花鳥画会会長, 河北新聞美術学会会長 ⑯水墨画 ⑩中国 ⑭1943年 ⑮1996

コウ・ホウキ 高 鳳禧 押し花作家 鳳分押し花研究所代表 ⑩台湾 ⑭1956年 ⑮2004/2008

コウ・ホウリン 侯 宝林 Hon, Bao-lin 旧名=候保麟 漫才師 元・中国曲芸家協会副主席 ⑩中国 ⑭1917年11月 ⑰1993年2月4日 ⑮1996

コウ・ホウレン 高 鳳蓮 柔道選手 ⑩中国 ⑮1992/1996

コウ・マンリ 黄 万里 清華大学水力工学部教授 ⑯水利工学 ⑩中国 ⑭1911年 ⑮2000

コウ・ミョンサム 高 明三 電気工学者 ソウル大学名誉教授 ⑯計測, 制御, 半導体 ⑩韓国 ⑭1930年 ⑮2008/2012

コウ・メイケン 高 銘喧 Gao, Ming-xuan 法学者 中国人民大学法学院教授, 中国法学会副会長 ⑯刑法 ⑩中国 ⑭1928年 ⑮1996/2000/2004

コウ・メイシュ 孔 明珠 編集者, 記者 ⑩中国 ⑭1934年 ⑮2000

コウ・メイジュ 洪 明寿 識字運動家 四川省巴中県副県長 ⑩中国 ⑮1992

コウ・メイセン 黄 明川 映画監督 ⑩台湾 ⑭1955年 ⑮1996/2000/2004

コウ・モウ 黄 茂雄 実業家 香港台湾商会会長 ⑩台湾 ⑮1996

コウ・ヤクミン 黄 葉眠 文芸評論家, 作家 ⑩中国 ⑰1987年9月3日 ⑮1992

コウ・ユ 高 瑜 ジャーナリスト ⑩中国 ⑮2000

ゴウ・ユウ 剛 勇 Gang, Yong 漢方医学者 中日友好病院講師, 中国老年学学会骨粗鬆学会事務局次長, 「日本医学紹介」編集委員 ⑯内分泌代謝学 ⑩中国 ⑭1958年 ⑮1996

コウ・ユウホウ 黄 佑鋒 ジャーナリスト 「中国時報」紙記者 ⑩台湾 ⑮1992/1996

コウ・ヨンチョル 高 永喆 Koh, Young-choul 軍事評論家, 元・軍人 ⑩韓国 ⑭1953年 ⑮2008/2012

コウ・ライ 江 雷 中国科学院化学研究所教授 ⑯光触媒 ⑩中国 ⑭1965年 ⑮2012

コウ・リュウ 江 流 政治学者 中国社会科学院副院長, 中国科学社会主義学会会長 ⑩中国 ⑭1922年 ⑮1996

コウ・リョウ 高 峻 Gao, Ling 元・バドミントン選手 シドニー五輪・アテネ五輪バドミントン混合ダブルス金メダリスト ⑩中国 ⑭1979年3月14日 ⑮2004/2008

コウ・リョクヒョウ 洪 緑萍 通訳, 翻訳家 ⑩中国 ⑮2008

コウ・レイキ 孔 令輝 Kong, Ling-hui 卓球監督, 元・卓球選手 卓球中国女子代表監督 シドニー五輪卓球男子シングルス金メダリスト ⑩中国 ⑭1975年10月18日 ⑮2000/2004

コウ・レイケン 耿 麗娟 元・卓球選手 ⑩中国 ⑭1963年 ⑮1996

コウ・レイシ 黄 霊芝 筆名=国江春菁 作家, 俳人, 彫刻家 ⑩台湾 ⑭1928年 ⑮2004/2008/2012

コヴァーチ, ミクラーシ Kováč, Mikuáš 詩人 ⑩チェコスロバキア ⑭1934年 ⑮1992(コバーチ, ミクラーシ)

コヴァチ, ミハル Kováč, Michal 政治家, エコノミスト 元・スロバキア大統領 ⑩スロバキア ⑭1930年8月5日 ⑮1996(コバチ, ミハル)/2000

コヴァチェヴィッチ, ダルコ Kovacevic, Darko サッカー選手(FW) ⑩セルビア・モンテネグロ ⑭1973年11月18日 ⑮2008

コヴァーチュ, イザベラ Kovács, Isabella C. 元・上智大学専任講師 ⑯文化史 ⑩オーストリア ⑮1996(コバーチュ, イザベラ)

コヴァライネン, ヘイキ Kovalainen, Heikki F1ドライバー ⑩フィンランド ⑭1981年10月19日

コヴァルスキー, オルドジフ Kowalski, Oldrich 数学者 カレル工科大学教授 ⑯微分幾何学 ⑩チェコ ⑭1936年 ⑮2004

コヴァルスキー, ピオトル 造形美術家 ⑭1927年 ⑮1996(コバルスキー, ピオトル)

コヴァルスキー, ヨッヒェン Kowalski, Jochen カウンター・テナー歌手 ⑩ドイツ ⑭1954年 ⑮1992(コバルスキ, ヨッヒェン)/1996(コバルスキー, ヨッヒェン)/2000/2004/2012

コーヴァン, パトリック Cauvin, Patrick 本名=クロッツ, クロード 別筆名=レイネ 作家 ⑩フランス ⑭1932年10月6日 ⑰2010年8月13日 ⑮1992(コーバン, パトリック)

コヴィッチ, カエタン Kovič, Kajetan 作家, 詩人, ジャーナリスト 「ドゥルジャブナ・ザロジュバ・スロベニエ」編集長 ⑩ユーゴスラビア ⑭1931年 ⑮1992(コビッチ, カエタン)

ゴーウィン, エメット 写真家 ⑩米国 ⑭1941年 ⑮1996

コーウィン, チャールズ Corwin, Charles 宣教師 ⑩米国 ⑭1925年 ⑮2004

コーウィン, リチャード ブリティッシュ・カウンシル福岡事務所代表 ⑩英国 ⑮2000

ゴウヴェイア, ジョゼ・メーロ Gouveia, Jose Eduardo Mello 外交官 駐日ポルトガル大使 ⑩ポルトガル ⑮1992(ゴウベイア, ジョゼ・メーロ)

コーウェル, アドリアン Cowell, Adrian テレビ番組制作者, 環境保護活動家 ⑩英国 ⑭1934年 ⑮1996

コーウェル, サイモン Cowell, Simon 音楽プロデューサー ⑩英国 ⑭1959年10月7日 ⑮2008/2012

コーウェン, ナナル Keohane, Nannerl Overholser 政治学者 プリンストン大学客員教授 元・デューク大学学長 ⑩米国 ⑭1940年9月18日 ⑮2004/2012

コーウェンス, デーブ Cowens, Dave バスケットボール監督, 元・バスケットボール選手 ⑩米国 ⑭1948年10月25日 ⑮2000/2004

ゴヴォロフ, ワレリー Govorov, Valerii バスケットボール選手 ソウル五輪金メダリスト ⑩ソ連 ⑰1989年9月7日 ⑮1992(ゴボロフ, ワレリー)

ゴウォン, ヤクブ Gowon, Yakubu 軍人, 政治家 元・ナイジェリア最高軍事評議会議長(元首) ⑩ナイジェリア ⑭1934年10月19日 ⑮1992/1996

コウカツハソウ 貢嘎巴桑 登山家 ⑩中国 ⑭1946年 ⑮1996

ゴウダ, H.D.デーベ Gowda, H.D.Deve 政治家 元・インド首相 ⑩インド ⑭1933年5月18日 ⑮2000

コウチヤマ, ユリ 日本名=河内山百合 人権擁護運動家 ⑩米国

[生]1921年　[典]1996／2000

コウチュウ　黄冑　Hung-zhou　本名＝梁黄冑　画家　[国]中国　[生]1925年3月31日　[没]1997年4月23日　[典]1996／2000

ゴウディン, セス　Godin, Seth　実業家, 著述家　元・ヤフー副社長　[国]米国　[典]2000／2008（ゴーディン, セス）／2012

コウト, イルジー　Kout, Jiří　指揮者　プラハ交響楽団首席指揮者　[国]チェコ　[生]1937年12月26日　[典]2012

コウト, フェルンナンド　Couto, Fernando　本名＝コウト, フェルナンド・マヌエル・シウヴァ　サッカー選手（DF）　[国]ポルトガル　[生]1969年8月2日　[典]2008

コウフ　貢布　登山家　チベット自治区体育委員会副主任, 中国登山協会副主席　[国]中国　[生]1933年　[典]1996

ゴウラー, イアン　Gawler, Ian　社会福祉家　ゴウラー財団代表　[国]オーストラリア　[生]1950年　[典]2008

コウリ, マルユットゥ　Kouri, Marjut　フィンランド語教師　[国]フィンランド　[典]2004

コウレス, リビー　Cowles, Libby　教育者　エデュケーターズ・フォー・ソーシャル・リスポンシビリティ（ESR）プログラムアソシエイト　[典]2004

コウロスキー, マリア　Kowroski, Maria　バレリーナ　ニューヨーク・シティ・バレエ団（NYCB）プリンシパル　[国]米国　[生]1976年　[典]2004／2008／2012

コエーリョ, ウンベルト　Coelho, Umberto　サッカー監督, 元・サッカー選手　元・サッカー韓国代表監督, 元・サッカー・ポルトガル代表監督　[国]ポルトガル　[生]1950年4月10日　[典]2004／2008

コエーリョ, パウロ　Coelho, Paulo　作家, 作詞家　[国]ブラジル　[生]1947年8月24日　[典]1996／2000／2004／2008／2012

コエリョ, ペドロ・パソス　Coelho, Pedro Passos　本名＝Passos Coelho,Pedro Manuel Mamede　政治家　ポルトガル首相, ポルトガル社会民主党（PSD）党首　[国]ポルトガル　[生]1964年7月24日　[典]2012

コエリョ, ルイス・ピント　Coelho, Luis Pinto　造形アーティスト　[国]ポルトガル　[典]2000

ゴエール, ドゥニ　Gauer, Denys　外交官　在日フランス大使館公使　[国]フランス　[生]1955年　[典]1996

コーエン, アイビー　Cohen, Ivy　ジャスト・セイ・ノー財団専務理事　[国]米国　[典]1992

コーエン, アダム　Cohen, Adam　シンガー・ソングライター　[国]米国　[生]1972年　[典]2000

コーエン, アーノルド　Cohen, Arnold　J・クルーグループ社長・COO　[国]米国　[典]1996

コーエン, アビー　Cohen, Abby Joseph　金融家　ゴールドマン・サックス主任投資ストラテジスト　[国]米国　[生]1952年2月29日　[典]2000／2008／2012

コーエン, アラン　Cohen, Alan　自己啓発家　[国]米国　[典]2004

コーエン, イーサン　Coen, Ethan　映画監督, 映画プロデューサー, 脚本家　[国]米国　[生]1957年9月21日　[典]1992／1996／2000／2004／2008／2012

コーエン, イラン・デュラン　Cohen, Ilan Duran　映画監督, 作家　[国]フランス　[典]2004／2008

コーエン, ウィリアム　Cohen, William S.　政治家, 作家　元・米国国防長官　[国]米国　[生]1940年8月28日　[典]1996／2000／2004／2008／2012

コーエン, ウィリアム　Cohen, William A.　経営学者　カリフォルニア州立大学教授　[専]リーダーシップ論, マーケティング論　[国]米国　[典]2004

コーエン, エイブラハム　Cohen, Abraham E.　実業家　元・中外製薬取締役　[国]米国　[生]1936年6月24日　[没]2012年11月22日

コーエン, エリオット　Cohen, Eliot　ジョンズ・ホプキンズ大学高等国際問題研究所所長　[国]米国　[典]2004

コーエン, ガブリエル　Cohen, Gabriel　作家　[国]米国　[典]2004／2008

コーエン, キャスリーン　Cohen, Kathleen　美術史家　サン・ホセ州立大学教授, コンピューターズ・イン・アート・デザイン・リサーチ・アンド・エデュケーション・インスティテュート副所長　[国]米国　[典]1996

コーエン, クローディーヌ　Cohen, Claudine　フランス社会科学高等研究院助教授　[専]科学史　[国]フランス　[生]1951年　[典]2004／2008

コーエン, サーシャ　Cohen, Sasha　本名＝Cohen,Alexandra Pauline　フィギュアスケート選手　トリノ五輪フィギュアスケート女子シングル銀メダリスト　[国]米国　[生]1984年10月26日　[典]2008／2012

コーエン, サシャ・バロン　Cohen, Sacha Baron　俳優, 脚本家　[国]英国　[生]1971年10月13日　[典]2008／2012

コーエン, ジェフ　Cohen, Jeff　弁護士, ジャーナリスト, コラムニスト, コメンテーター　FAIR設立者　[国]米国　[典]2004／2008

コーエン, シェリー　Cohen, Sherry　ジャーナリスト, 著述家　[国]米国　[典]1992

コーエン, シェリー・スイブ　Cohen, Sherry Suib　ジャーナリスト　「マッコールズ」ライター編集者　[国]米国　[典]2004

コーエン, ジェローム・アラン　Cohen, Jerome Alan　ハーバード大学東アジア法研究所所長・大学院講師　[専]東アジア法, 中国問題　[国]米国　[生]1930年　[典]1992

コーエン, ジャック　Cohen, Jack S.　ジョージタウン大学メディカルセンター教授　[専]薬理学, 生化学, 分子生物学　[国]米国　[典]1996

コーエン, ジュリエット　Cohen, Juliet　ライター　[典]2004

コーエン, ジョエル　Coen, Joel　映画監督, 映画プロデューサー, 脚本家　[国]米国　[生]1954年11月29日　[典]1992／1996／2000／2004／2008／2012

コーエン, ジョエル・E.　ロックフェラー大学人口学研究所主任教授, コロンビア大学教授　[専]人口学　[国]米国　[生]1944年　[典]2000

コーエン, ジョセフ　カウエン会長・CEO　[国]米国　[典]1996

コーエン, ジーン　Cohen, Gene D.　医学者　ジョージ・ワシントン大学加齢健康人間性研究センター所長　元・アメリカ老年学会会長　[専]老年学　[国]米国　[生]1945年　[典]2004／2008

コーエン, スタンレー　Cohen, Stanley　生化学者　バンダービルト大学医学部名誉教授　[国]米国　[生]1922年11月17日　[典]1992／1996／2000／2008／2012

コーエン, スティーブン　Cohen, Stephen D.　アメリカン大学教授　[専]国際経済学, 貿易政策　[国]米国　[典]1996

コーエン, スティーブン・フィリップ　Cohen, Stephen Philip　政治学者　ブルッキングス研究所上席研究員, ジョージタウン大学兼任教授　[国]米国　[生]1936年　[典]2004／2008

コーエン, タイラー　Cowen, Tyler　経済学者　ジョージ・メイソン大学経済学教授　[国]米国　[生]1962年　[典]2012

コーエン, ダニエル　Cohen, Daniel　生物学者　ジェンセット社長　[専]分子生物学　[生]1951年　[典]2000

コーエン, チャールズ　Cohen, Charles　実業家　ビーンズ・ドット・コム会長・CEO・CTO　[国]英国　[典]2004

コーエン, ディーン　Cohen, Dean S.　コンサルタント　デロイト・コンサルティング・プリンシパル　[典]2008

コーエン, デービッド　Cohen, David　著述家, ジャーナリスト, テレビディレクター　[専]心理学, 心　[国]英国　[生]1946年　[典]2000

コーエン, デービッド　Cohen, David B.　心理学者　テキサス大学教授　[典]2004

コーエン, ドナルド　Cohen, Donald　数学教育者　[国]米国　[生]1930年　[典]2000

コーエン, ドン　Cohen, Don　ライター, コンサルタント　[典]2008

コーエン, ネーサン　Cohen, Nathan　ボストン大学教授　[専]電波天文学　[国]米国　[典]1996

コーエン, ネーサン　Cohen, Nathan　ボート選手　ロンドン五輪ボート男子ダブルスカル金メダリスト　[国]ニュージーランド　[生]1986年1月2日

コーエン, バリー　Cohen, Barry M.　セラピスト　[国]米国　[典]2004／2008

コーエン, ハロルド　Cohen, Harold　画家　アーロン開発者　[国]英国　[生]1928年　[典]2000

コーエン, ピーター　実業家　元・シェアソン・リーマン・ハットン会長　国米国　生1946年　著1992/1996

コーエン, ピーター　Cohan, Peter S.　ピーターS.コーエン・アンド・アソシエーツ社長　国米国　著2000

コーエン, ベツィー　Cohen, Betsy　心理療法医, セラピスト　国米国　著1992/1996

コーエン, ペーテル　Cohen, Peter　ドキュメンタリーフィルム作家, 絵本作家　生1946年　著1996

コーエン, ベンジャミン　Cohen, Benjamin J.　国際政治経済学者　カリフォルニア大学サンタバーバラ校教授　国米国　著2004

コーエン, ポーラ　Cohen, Paula　作家　国米国　著2004

コーエン, ポール・ジョセフ　Cohen, Paul Joseph　数学者　元・スタンフォード大学教授　専数学基礎論, 公理論的集合論　国米国　生1934年4月2日　没2007年3月23日　著1992/1996

コーエン, モートン　Cohen, Morton N.　伝記作家　ニューヨーク市立大学名誉教授　国米国　著2000

コーエン, ランディ　Cohen, Randy　コラムニスト, 脚本家　著2008

コーエン, リオ　Cohen, Lyor　実業家　アイランド・デフ・ジャムミュージックCEO　国米国　生1959年　著2004/2008

コーエン, リチャード　Cohen, Richard　ジャーナリスト　「ワシントン・ポスト」コラムニスト　国米国　著1996/2004

コーエン, レナード　Cohen, Leonard　シンガー・ソングライター, 詩人, 作家　国カナダ　生1934年9月21日　著1992/2000/2012

コーエン, ロジャー　Cohen, Roger　ジャーナリスト　「ニューヨーク・タイムズ」紙メディア・リポーター　国英国　生1955年　著1992

コーエン, ロビン　Cohen, Robin　社会学者　ウォーウィック大学教授　国英国　著2004/2008

コーエン, ロブ　Cohen, Rob　映画監督, 映画製作者　国米国　生1949年3月12日　著2004/2008/2012

コーエン, ローレンス　Cohen, Lawrence J.　心理学者　国米国　著2004

コーエンタヌジ, クロード　Cohen-Tannoudji, Claude Nessim　物理学者　元・コレージュ・ド・フランス教授, 元・エコール・ノルマル・シュペリウール教授　国フランス　生1933年4月1日　著2000/2008/2012

コエントラン, ファビオ　Coentrão, Fábio　本名=Coentrão,Fábio Alexandre da Silva　サッカー選手(DF)　国ポルトガル　生1988年3月11日

ゴオー, ガブリエル　Gohau, Gabriel　リセ・ジャンソン・ド・サイイ教授　専地質学史　国フランス　生1934年　著2000

コカロヤイヤ, ロレリー　ウルグアイ労働省漁業協議会会長　国ウルグアイ　著1992

コガワ, ジョイ・ノゾミ　Kogawa, Joy Nozomi　作家, 詩人　国カナダ　生1935年　著1992/2000/2012

コーガン, ジェームス　Cogan, James R.　カリフォルニア大学ロサンゼルス校(UCLA)眼科准教授　専眼科学　国米国　著1992

コーガン, ジュディス　Kogan, Judith　ハープ奏者, 弁護士　国米国　著1992

コガン, ドナルド　Coggan, Donald　本名=コガン, フレドリク・ドナルド　別称=Coggan of Canterbury　聖職者, ヘブライ語学者　元・英国国教会カンタベリー大主教　国英国　生1909年10月9日　没2000年5月17日　著1992/1996/2000

コーガン, ビリー　Corgan, Billy　本名=コーガン, ウィリアム・パトリック　旧グループ名=スマッシング・パンプキンズ　ロック・ギタリスト, ロック歌手　国米国　生1967年3月17日　著2004/2008/2012

コーガン, レオニード　Kogan, Leonid Borisovich　バイオリニスト　国ソ連　生1924年11月14日　没1982年12月17日　著1992

コキナーキ, ウラジーミル　テスト・パイロット　元・ソ連邦功労テスト・パイロット, 元・元ソ連最高会議代議員　国ソ連　没1985年1月7日　著1992

コーキンス, ゲーリー　Cokins, Gary M.　経営コンサルタント　ABCテクノロジーズ・ディレクター　専コストマネジメント, ABCマネジメント　国米国　著2000

コク・エイコウ　谷 永江　華潤集団会長　元・中国対外貿易経済協力省次官　国中国　著2000

コク・ゲンヨウ　谷 源洋　経済学者　中国社会科学院学術委員会委員　国中国　生1934年　著2000/2008

コーク, スティーブン　Koke, Stephen　スウェーデンボルグ研究家　著2004

コク・セイコウ　谷 正綱　Ku, Cheng-kang　字=叔常　政治家　元・台湾国民党中央常務委員　国台湾　生1901年3月23日　没1993年12月11日　著1996

コク・ゼンケイ　谷 善慶　軍人　中将, 中国共産党中央委員　元・中国人民解放軍北京軍区政治委員　国中国　生1931年　著2000

コーク, チャールズ　Koch, Charles　本名=Koch,Charles de Ganahl　実業家　コーク・インダストリーズ会長・CEO　国米国　生1935年11月1日

コク・チョウゴウ　谷 超豪　Gu, Chao-hao　数学者　元・中国科学技術大学学長　専偏微分学　国中国　生1926年5月15日　没2012年6月24日　著1996

コーク, デービッド　Koch, David　本名=Koch,David Hamilton　実業家　コーク・インダストリーズ上級副社長　国米国　生1940年5月3日

ゴーグ, ハリー　Gaugh, Harry F.　美術史家　専アメリカ美術(第2次大戦後)　国米国　著1992

コクー, フィリップ　Cocu, Philip　サッカー選手(MF)　国オランダ　生1970年1月29日　著2008

コク・ボク　谷 牧　Gu, Mu　政治家　元・中国人民政治協商会議全国委員会(全国政協)副主席, 元・中国国務委員, 元・中国副首相　国中国　生1914年10月27日　没2009年11月6日　著1992/1996

コク・メイ　黒 明　写真家　国中国　生1964年　著2000

ゴーク, レジナルド　Goeke, Reginald W.　マーケティングコンサルタント　国米国　著2008

ゴー・クアン・ハーイ　Ngo Quang Hai　映画監督, 俳優　国ベトナム　生1967年　著2008/2012

コグズウェル, ジェフリー　Cogswell, Jeffrey M.　コンピュータ・コンサルタント　国米国　著1996

コグズウェル, セオドア　Cogswell, Theodore R.　SF作家　国米国　没1987年2月3日　著1992

コグズウェル, デービッド　Cogswel, David　ジャーナリスト　国米国　著2008

コクソン, グラハム　Coxon, Graham　グループ名=ブラー　ロックギタリスト　国英国　著2000/2004/2008/2012

ゴクチェン, サビハ　パイロット, 元・軍人　トルコ初の女性パイロット　国トルコ　生1913年　著2004

コグート, デービッド　Kogut, David H.　元・ジャーナリスト　GCI副社長　国米国　生1953年　著1996

コグラン, イーモン　陸上選手(長距離)　国アイルランド　生1952年11月

コグラン, クリス　Coghlan, Chris　本名=Coghlan,Christopher B.　大リーグ選手(外野手)　国米国　生1985年6月18日　著2012

コクラン, ジェニファー　Cochrane, Jennifer　マクドナルド出版社マクドナルド・ジュニア参考図書編集長　専生態学　国英国　著1992

コクラン, ジャクリーン　Cochran, Jacqueline　飛行家　国米国　生1910年　没1980年8月9日　著1992

コクラン, タッド　Cochran, Thad　政治家　米国上院議員(共和党)　国米国　生1937年12月7日　著1996/2000/2004/2008/2012

コクラン, モリー　Cochran, Molly　共同筆名=ストライカー, デブ　作家　生1949年　著1996

コクラン, ライアン　Cochrane, Ryan　本名=Cochrane,Ryan Andrew　水泳選手(自由形)　ロンドン五輪競泳男子1500メートル自由形銀メダリスト　国カナダ　生1988年10月29日

コクラン, リオネル　Koechlin, Lionel　イラストレーター, 絵本作家　国フランス　生1948年　著2000

コーグリン, ナタリー　Coughlin, Natalie　水泳選手(背泳ぎ・自由

形）アテネ五輪・北京五輪競泳女子100メートル背泳ぎ金メダリスト　国米国　生1982年8月23日　収2004（コフリン，ナタリー）/2008（コフリン，ナタリー）/2012

コケー，ジャン・ルイ　コケー社社長　国フランス　収1992

ココ，ジェームズ　俳優　国米国　生1930年　没1987年2月25日　収1992

ココ，フランチェスコ　Coco, Francesco　元・サッカー選手　国イタリア　生1977年1月8日　収2004/2008/2012

ココシュカ，オスカー　Kokoschka, Oskar　画家，劇作家　国オーストリア　生1886年3月1日　没1980年2月22日　収1992

ココシン，アンドレイ　Kokoshin, Andrei Afanasievich　元・ロシア安全保障会議書記　国ロシア　生1945年10月26日　収1996/2000

コーコス，ダニエル　Corcos, Daniel M.　イリノイ大学シカゴ校体育学部講師，ラッシュ医科大学神経外科学部講師　回体育学　国米国　収1992

ココーニン，ウラジーミル　Kokonin, Vladimir　ボリショイ劇場エグゼクティブ・ディレクター　国ロシア　生1938年　収1996

コゴマ，ジャック　Kogoma, Jack C.　本名＝小々馬千秋　スポーツ事業オーガナイザー　国米国　収1992

コ・コ・マウン　Ko Ko Maung　漫画家　国ミャンマー　生1945年　収1996

コーコラン，バーバラ　不動産業者　コーコラン・グループ社長　国米国　収1996

ココレフ，ボリス　Kokorev, Boris　射撃選手（ピストル）　国ロシア　生1959年4月20日　収2000/2008

ココレワ，イリナ　極東国立総合大学講師　回日本語　国ロシア　生1966年　収1996

ゴコンウェイ，ジョン　Gokongwei, John（Jr.）　中国名＝呉奕輝　実業家　J・G・サミット社会長　国フィリピン　生1926年　収1996

コーサ，アダム　Kosa, Adam　政治家　欧州議会議員　国ハンガリー

コーザー，ルイス　Coser, Lewis Alfred　社会学者　元・ニューヨーク州立大学社会学教授　国米国　生1913年11月27日　収1992

コーザイン，ジョン　Corzine, Jon Stevens　投資家，政治家　元・ゴールドマン・サックス会長，元・米国上院議員（民主党），元・ニュージャージー州知事　国米国　生1947年1月1日　収2000/2004/2008/2012

コザキェビッチ，ミコライ　Kozakiewicz, Mikolai　社会学者，政治家　ポーランド科学アカデミー教授，ポーランド下院議長，家族開発協会会長　国ポーランド　収1992

コザック，ウォーリー　Kozak, Wally　アイスホッケー・コーチ　アイスホッケー日本チーム・アドバイザーコーチ　国カナダ　生1945年12月22日　収2000

コザック，ダヌタ　Kozák, Danuta　カヌー選手　ロンドン五輪カヌー女子カヤックシングル500メートル金メダリスト　国ハンガリー　生1987年1月11日

ゴサード，デービッド　Gothard, David　演出家　国英国　収2004

コーサナンダ　Ghosananda　僧侶，平和活動家　国カンボジア　没2007年3月12日　収1996（マハ・コサナンダ）

ゴザリ，シド・アハメド　Ghozali, Sid Ahmed　実業家，政治家　元・アルジェリア首相　国アルジェリア　生1937年3月31日　収1996/2000

ゴーサンス，フィリップ　Goossens, Philippe　絵本作家，イラストレーター　収2008

コシェ，アンリ　Cochet, Henri　テニス選手　国フランス　生1901年　没1987年4月1日　収1992

ゴーシェ，マルセル　Gauchet, Marcel　哲学者，編集者　フランス社会科学高等研究院教授　国フランス　生1946年　収2004/2012

コジェヴニコフ，ワジム　Kozhevnikov, Vadim Mikhailovich　作家　国ソ連　生1909年　没1984年10月20日　収1992（コジェブニコフ，ワジム）

コジェナー，マグダレナ　Žená, Magdalena　メゾ・ソプラノ歌手　国チェコ　生1973年5月26日　収2004/2012

コジェニョフスキ，ロベルト　Korzeniowski, Robert　競歩選手　国ポーランド　生1968年7月30日　収2000/2004/2008

ゴジェネチェ，ロベルト　タンゴ歌手　国アルゼンチン　生1926年　没1994年8月27日　収1996

コージェル，ジェームズ　IBMゼネラル・マネジャー　国米国　収2004

コシェレワ，タチアナ　Kosheleva, Tatiana　バレーボール選手　国ロシア　生1988年12月23日

コシガ，フランチェスコ　Cossiga, Francesco　政治家　元・イタリア大統領，元・イタリア終身上院議員　国イタリア　生1928年7月26日　没2010年8月17日　収1992/1996

コシナ，シルバ　Koscina, Sylva　女優　国クロアチア　生1933年8月22日　没1994年12月26日　収1996

コジマ，マイケル　Kojima, Michael　元・CIAリアイゾン　生1942年　収2004/2008

コージャ，キャシー　Koja, Kathe　作家　国米国　生1960年　収2000

コーシャ，フェレンツ　Kosa, Ferenc　映画監督，政治家　ハンガリー国会議員　国ハンガリー　生1937年　収1992

コジャニツ，クラウディオ　作曲家　国イタリア　収1992

ゴージャン，ジーナ　Gogean, Gina　元・体操選手　国ルーマニア　生1977年9月9日　収1996/2008

ゴーシュ，アミタヴ　Ghosh, Amitav　作家　生1956年7月11日　収2004/2008/2012

ゴシュコ，ジョン　Goshko, John　ジャーナリスト　「ワシントン・ポスト」記者　国米国　生1933年　収2000

コシュチャーク，V.　在日チェコスロバキア大使館商務参事官　国チェコスロバキア　生1931年　収1992

コシュトニツァ，ボイスラフ　Koštunica, Vojislav　政治家，憲法学者　セルビア民主党（DSS）党首　元・ユーゴスラビア連邦大統領，元・セルビア首相　国セルビア　生1944年3月24日　収2004/2008/2012

コシュニック，ハンス　Koschnick, Hans　政治家　元・西ドイツ社民党副党首　国ドイツ　生1929年　収1992

コシュノ，ボリス　バレエシナリオ作家　没1990年12月8日　収1992

コシュマン，J.ピクター　Koschmann, J.Victor　本名＝コシュマン，ジュリアン・ピクター　歴史学者　コーネル大学歴史学部教授　回日本思想史　国米国　生1942年　収1992/1996/2000/2004/2012

コシュラー，ズデニェク　Košler, Zdeněk　指揮者　国チェコ　生1928年3月25日　没1995年7月2日　収1996

コシュロー，ピエール　Cochereau, Pierre　オルガン奏者　国フランス　生1924年7月9日　没1984年3月5日　収1992

コジョ，エデム　Kodjo, Edem　政治家　元・トーゴ首相　国トーゴ　生1938年　収1992/1996/2000

コジョウ　顧城　詩人　国中国　生1956年　没1993年10月8日　収1996

コジョカル，アリーナ　Cojocaru, Alina　バレリーナ　英国ロイヤル・バレエ団プリンシパル　生1981年5月27日　収2004/2008/2012

コージョーンズ，ドーン　Coe-Jones, Dawn　プロゴルファー　国カナダ　収1996

コシール，ユーレ　Kosir, Jure　スキー選手（アルペン）　国スロベニア　生1972年4月24日　収1996/2000/2008

コジンスキー，イエールジ　Kosinski, Jerzy Nikodem　作家　国米国　生1933年　没1991年5月3日　収1992

コシンスキー，ジョセフ　Kosinski, Joseph　映画監督　国米国　生1974年

コシンスキー，ジョン　Kocinski, John　オートバイライダー　国米国　生1968年3月20日　収2000

ゴス，アンドルー　Goth, Andrew　映画監督，脚本家，俳優　国英国　生1966年　収2000

ゴース，エバ　スウェーデン国会議員，環境政党「緑の党」スポークスウーマン　国スウェーデン　収1992

ゴース, ゴータム　Ghose, Goutam　映画監督, 俳優　[国]インド　[生]1950年　[典]1996

ゴス, ポーター　Goss, Porter J.　政治家　元・米国中央情報局(CIA)長官, 元・米国下院議員　[国]米国　[生]1938年11月26日　[典]2008／2012

コース, マイケル　Kors, Michael　ファッションデザイナー　[国]米国　[生]1959年8月9日　[典]2000／2008／2012

コス, ヨハン・オラフ　Koss, Johann Olav　元・スピードスケート選手　[国]ノルウェー　[生]1968年　[典]1996／2000／2004／2008／2012

ゴス, ルイーズ　Goss, Louise　ピアニスト, 作曲家　[国]米国　[典]2000

コ

コース, ロナルド　Coase, Ronald　本名=Coase,Ronald Harry　経済学者　元・シカゴ大学名誉教授　[専]法経済学　[国]米国　[生]1910年12月29日　[没]2013年9月2日　[典]1992／1996／2000

ゴス, ロバート　Goss, Robert　アストロテク・インタナショナル社長　[国]米国　[典]1992

コスイギン, アレクセイ　Kosygin, Aleksei Nikolaevich　政治家　元・ソ連首相　[国]ソ連　[生]1904年2月21日　[没]1980年12月18日　[典]1992

コズィラ, アグネシカ　Kozyra, Agnieszka　日本学者　ワルシャワ大学日本学科助教授　[国]ポーランド　[生]1963年5月22日　[典]2004

コズイレフ, アンドレイ　Kozyrev, Andrei Vladimirovich　政治家, 外交官　ロシア国家会議(下院)議員(無所属)　元・ロシア外相　[国]ロシア　[生]1951年3月27日　[典]1992／1996／2000／2004

コズィン, アラン　Kozinn, Allan　音楽ジャーナリスト　「ニューヨーク・タイムズ」音楽批評記者　[国]米国　[典]2004／2008

ゴズウェル, リチャード　実業家　ケーブル・アンド・ワイヤレス(C&W)東南アジア太平洋地域担当責任者　[国]英国　[典]2000

コスカレリー, ドン　Coscarelli, Don　作家　[国]米国　[典]1992

コスキー, コーリー　Koskie, Corey　本名=Koskie,Cordel Leonard　大リーグ選手(内野手)　[国]カナダ　[生]1973年6月28日　[典]2004／2008

コスキネン, ジョン　政治家　ワシントン副市長　元・米国大統領2000年問題対策協議会委員長　[国]米国　[典]2004

コスグレーブ, リアム　Cosgrave, Liam　政治家　元・アイルランド首相　[国]アイルランド　[生]1920年4月13日　[典]1992

コスグローブ, ピーター　Cosgrove, Peter　軍人　オーストラリア軍最高司令官　元・東ティモール多国籍軍司令官　[国]オーストラリア　[典]2000／2004

コスケイ, クリストファー　Koskei, Christopher　陸上選手(障害)　[国]ケニア　[生]1974年8月14日　[典]2000

コスゲイ, サリナ　Kosgei, Salina　本名=Kosgei,Salina Jebet　マラソン選手　[国]ケニア　[生]1976年11月16日　[典]2012

コスゲイ, ポール　Kosgei, Paul　陸上選手(長距離)　[国]ケニア　[生]1978年4月22日　[典]2004／2008

コスゲイ, ルーベン　Kosgei, Reuben　陸上選手(障害)　[国]ケニア　[生]1979年8月2日　[典]2004

コースゴール, オヴェ　Korsgaard, Ove　自由教育大学校長　[専]グルントビ思想, デンマーク体操, スポーツ社会学　[国]デンマーク　[生]1942年　[典]1996／2000

コスース, ジョゼフ　Kosuth, Joseph　美術家　[国]米国　[生]1945年1月31日　[典]1996／2000／2012

コスタ, アルベルト　Costa, Albert　テニス選手　[国]スペイン　[生]1975年6月25日　[典]2004／2008

コスタ, オラチオ　Còsta, Orazio　演出家　ローマ国立演劇アカデミー校長　[国]イタリア　[生]1911年　[典]1992

コスタ, ガル　Costa, Gal　歌手　[国]ブラジル　[典]1992／1996／2000／2008／2012

コスタ, ニッカ　Costa, Nikka　歌手　[国]米国　[典]2004／2008

コスター, ピーター　Coster, Peter　マーサー・コンサルティンググループ社長　[典]1996

コスタ, ペドロ　Costa, Pedro　映画監督, ドキュメンタリー作家　[国]ポルトガル　[生]1959年3月3日　[典]2008／2012

コスター, ヘンリー　Koster, Henry　本名=Kosterlitz,Hermann　映画監督　[国]米国　[生]1905年5月1日　[没]1988年9月21日　[典]1992

コスタ, マリア・ファティマ・ベーリョ・ダ　Costa, Maria Fatima Velho da　作家　[国]ポルトガル　[典]1992

コスタ, モンティ　Costa, Monte　写真家　[国]米国　[典]2008

コスタ, ルシオ　Costa, Lúcio　建築家, 都市計画者　ブラジリアの都市計画設計者　[国]ブラジル　[生]1902年2月27日　[没]1998年6月13日　[典]1992

コスタ・ガヴラス, コンスタンタン　Costa-Gavras, Constantin　本名=ガヴラス, コンスタンティノス　映画監督　[国]フランス　[生]1933年2月13日　[典]1992(コスタ・ガブラス, コンスタンチン)／1996(コスタ・ガブラス, コンスタンチン)／2000／2012

コスタクルタ, アレッサンドロ　Costacurta, Alessandro　元・サッカー選手　[国]イタリア　[生]1966年4月24日　[典]2008／2012

コスタコス, チャールズ　Kostakos, Charles N.　ケミカル・アブストラクツ・サービス(CAS)マネージャー　[国]米国　[典]1992

コスタディノワ, ステフカ　Kostadinova, Stefka　走り高跳び選手　[国]ブルガリア　[生]1965年3月25日　[典]1996／2000

コスタビ, マーク　Kostabi, Mark　本名=Kostabi,Kalev Mark　画家　[国]米国　[生]1960年11月27日　[典]1996／2004／2008／2012

コスタ・メンデス, ニカノル　Costa Méndez, Nicanor　政治家　元・アルゼンチン外相　[国]アルゼンチン　[生]1922年10月30日　[没]1992年8月2日　[典]1996

コスタンティーニ, フラヴィオ　Costantini, Flavio　グラフィックデザイナー, イラストレーター, 画家　[国]イタリア　[生]1926年　[典]1992

コスタンドフ, レオニード　Kostandov, Leonid Arkadievich　政治家　元・ソ連副首相・共産党中央委員　[国]ソ連　[生]1915年11月27日　[没]1984年9月5日　[典]1992

コスチコフ, ヴィャチェスラフ　Kostikov, V.　ジャーナリスト　駐バチカンロシア大使　元・ロシア大統領報道官　[国]ロシア　[典]1996

コスチン, イーゴリ　Kostin, Igor F.　写真家　ノーボスチ通信社キエフ支局カメラマン　[国]ソ連　[典]1992

コスティキアン, グレグ　Costikyan, Greg　ゲームデザイナー　[国]米国　[生]1959年　[典]2000

コスティナ, オクサナ　Kostina, Oksana　新体操選手　[国]ロシア　[生]1972年4月15日　[没]1993年2月11日　[典]1996

コスティル, デービッド　Costill, David L.　ボール大学ヒューマンパフォーマンス研究所所長　[専]運動生理学　[国]米国　[生]1936年　[典]1996

コステビッチ, オレーナ　Kostevych, Olena　射撃選手(ピストル)　アテネ五輪射撃女子エアピストル金メダリスト　[国]ウクライナ　[生]1985年4月14日　[典]2008

ゴステフ, ボリス　Gostev, Boris I.　政治家　ソ連蔵相　[国]ソ連　[生]1927年9月15日　[典]1992

コステラック, ジョン(Jr.)　Kostelac, John A.(Jr.)　コンピューターコンサルタント　[典]2004

コステラネッツ, アンドレ　Kostelanetz, André　指揮者　[専]ポピュラー音楽　[国]米国　[生]1901年12月22日　[没]1980年1月13日　[典]1992

コステリッツ, イヴィツァ　Kostelić, Ivica　スキー選手(アルペン)　バンクーバー五輪アルペンスキー男子回転・スーパー複合銀メダリスト　[国]クロアチア　[生]1979年11月23日　[典]2012

コステリッツ, ヤニツァ　Kostelić, Janica　元・スキー選手(アルペン)　ソルトレークシティ五輪・トリノ五輪金メダリスト　[国]クロアチア　[生]1982年1月5日　[典]2004／2008／2012

コステールス, ブライアン　Costales, Bryan　コンピュータ・プログラマー　Mercury Mail社技術部部長　[専]コンピュータ・ソフト, UNIX　[国]米国　[典]2000

コステレツキー, ダヴィド　Kostelecky, David　射撃選手(クレー射撃)　北京五輪射撃男子クレー・トラップ金メダリスト　[国]チェコ　[生]1975年5月12日　[典]2012

コステーロ, ウィリアム　Costello, William　漫画家　[国]米国　[生]1967年　[典]1996

コステロ, ウィリアム　実業家　QVC上級副社長・CFO　[国]米国　[典]2004

コステロ, エルビス　Costello, Elvis　本名=マクマナス, デクラン・パトリック　グループ名=アトラクションズ　ロック歌手　[国]英国　[生]1954年8月25日　[典]1992／1996／2000／2004／2008／2012

コステロ, チャールズ　カーター・センター　[専]途上国開発援助　[国]米国　[生]1942年　[典]2004

コステロ, マシュー　Costello, Matthew J.　作家　[国]米国　[典]2000

ゴスデン, ロジャー　Gosden, Roger　生物学者　リーズ大学教授　[専]生殖生物学　[国]英国　[典]2004

ゴースト, マーティン　Gorst, Martin　テレビディレクター, ライター　[国]英国　[典]2004／2008

コストウーソフ, アナトリー　Kostousov, Anatolii Ivanovich　政治家　元・ソ連工作機械・工具工業相　[国]ソ連　[生]1906年　[没]1985年2月22日　[典]1992

コストナー, イゾルデ　Kostner, Isolde　スキー選手(アルペン)　[国]イタリア　[生]1975年3月20日　[典]2000／2004／2008

コストナー, カロリナ　Kostner, Carolina　フィギュアスケート選手　[国]イタリア　[生]1987年2月8日　[典]2012

コストフ, イワン　Kostov, Ivan　政治家, 経済学者　元・ブルガリア首相　[国]ブルガリア　[生]1949年12月23日　[典]2000／2004／2008

コストマロフ, ロマン　Kostomarov, Roman　元・フィギュアスケート選手(アイスダンス)　トリノ五輪フィギュアスケート・アイスダンス金メダリスト　[国]ロシア　[生]1977年2月8日　[典]2008／2012

コスナー, ケビン　Costner, Kevin　俳優, 映画監督　[国]米国　[生]1955年1月18日　[典]1992／1996／2000／2004／2008／2012

ゴズネル, ラジャ　Gosnell, Raja　映画監督　[国]米国　[典]2004

ゴスパー, ケバン　Gosper, Kevan　元・陸上選手　国際オリンピック委員会(IOC)副会長　[国]オーストラリア　[典]2000

コスビー, ビル　Cosby, Bill　俳優, コメディアン, 作家　[国]米国　[生]1937年7月12日　[典]1992／1996

コズビル, ドナルド　Cogsville, Donald J.　ハーレム開発公社(HUDC)会長　[国]米国　[生]1937年5月16日　[典]1992

コスマン, ニーナ　Kossman, Nina　詩人, ライター, 画家　[国]米国　[生]1959年　[典]1996

ゴスマン, フレッド　Gosman, Fred　ライター　[国]米国　[生]1950年　[典]2004／2008

コズマン, マドレーヌ・ペルナー　Cosman, Madeleine Pelner　医師, 歴史学者　ニューヨーク市立大学教授　[専]中世・ルネッサンス史　[国]米国　[典]1992

ゴズミット, ヤープ　Goudsmit, Jaap　ウイルス学者　アムステルダム大学教授, 国際エイズワクチン開発科学委員会議長　[典]2004／2008

コズミンスキー, ピーター　Kosminsky, Peter　テレビプロデューサー・ディレクター, 映画監督　ヨークシャー・テレビ・ドキュメンタリー部　[国]英国　[生]1956年　[典]1992／1996

コズムス, プリモジュ　Kozmus, Primož　ハンマー投げ選手　北京五輪陸上男子ハンマー投げ金メダリスト　[国]スロベニア　[生]1979年9月30日　[典]2012

コスモフスキ, アンジェイ　Kosmowski, Andrzej　詩人　ワルシャワ作家青年クラブ会長　[国]ポーランド　[生]1953年　[典]1992

コースラ, ビノッド　Khosla, Vinod　投資家　コスラ・ベンチャーズ創業者, サン・マイクロシステムズ創業者　[国]米国　[生]1955年1月28日　[典]2004／2012

コーズリー, チャールズ　Causley, Charles Stanley　詩人　[国]英国　[生]1917年8月24日　[没]2003年11月4日　[典]1992

ゴスリン, ジェームズ　Gosling, James　ソフト開発者　サン・マイクロシステムズ・フェロー　[国]米国　[典]2000

ゴズリング, ポーラ　Gosling, Paula　ミステリー作家　[国]英国　[生]1939年　[典]1992／1996

ゴスリング, マックス　実業家　マッキャンエリクソン社長・CEO　[国]米国　[典]2000

コスロシャヒ, ビジャン　Khosrowshahi, Bijan　実業家　元・富士火災海上保険社長　[国]米国　[生]1961年7月23日　[典]2008／2012

コズロフ, グリゴリイ　Kozlov, Grigorii　ロシア文化省, プーシキン美術館　[国]ロシア　[典]2000

コズロフ, セルゲイ　Kozlov, Sergei　児童文学作家　[国]ロシア　[生]1939年　[典]2004

コスロフスキー, ペーター　Koslowski, Peter　ヴィッテン大学教授・ハノーファ哲学研究所所長　[専]哲学　[国]ドイツ　[生]1952年　[典]1996

コズロワ, アンナ　Kozlova, Anna　シンクロナイズドスイミング選手　[国]米国　[生]1972年12月30日　[典]2004／2008

ゴスワミ, インディラ　Goswami, Indira　作家　デリー大学近代インド語学科アッサム語講師　[国]インド　[生]1942年　[典]1996

ゴスワミ, ウーシャ　Goswami, Usha　心理学者　[国]英国　[生]1960年　[典]2004／2008

コスワンディ, シルビア　フェンシング選手　[国]インドネシア　[典]1992

コセ, マリア・ビクトリア　Coce, María Victoria　[専]演劇史　[国]アルゼンチン　[生]1968年　[典]2004

ゴセージ, リッチ　Gossage, Rich　本名=Gossage,Richard Michael　元・大リーグ選手, 元・プロ野球選手　[国]米国　[生]1951年7月5日　[典]1992／1996／2012

コゼット, エミリー　Cozette, Emilie　バレリーナ　パリ・オペラ座バレエ団エトワール　[国]フランス　[典]2012

コーゼル, エド　ミスコシステムズ副社長　[国]米国　[典]2000

コソフスキー, ニアー　Kossovsky, Nir　実業家　パテント&ライセンス・エクスチェンジ(pl-X)社長・CEO　[国]米国　[典]2000／2004

コソラポフ, リチャルド　Kosolapov, Richard　哲学者　モスクワ大学哲学科教授　[国]ロシア　[生]1930年　[典]2004／2008

コゾル, ジョナサン　Kozol, Jonathan　教育家　[国]米国　[生]1936年　[典]1992／2000

コソル, ヤドランカ　Kosor, Jadranka　旧名=Vlaisavljević, Jadranka　政治家　クロアチア民主同盟(HDZ)党首　元・クロアチア首相　[国]クロアチア　[生]1953年7月1日　[典]2012

コーソン, リチャード　Corson, Richard　演劇研究家, 舞台化粧コンサルタント, 俳優　[専]演劇学　[国]米国　[典]2000

コソーン・スラコモン　バンチャン総合製造社社長　[国]タイ　[典]1996

ゴダ, クリスティナ　Goda, Krisztina　映画監督　[国]ハンガリー　[生]1968年　[典]2012

ゴーター, ジム　国連地域開発センター　[国]英国　[典]1996

コダーイ, シャロータ　Kodaly, Sarolta　ソプラノ歌手　[国]ハンガリー　[生]1940年　[典]1996

コタヴォ, アンドレ　Cottavoz, André　画家　[国]フランス　[生]1922年　[典]1992(コタボ, アンドレ)

コータッチ, ヒュー　Cortazzi, Hugh　日本学者, 元・外交官　元・駐日英国大使　[国]英国　[生]1924年5月2日　[典]1992／1996／2000／2004／2008

ゴダード, ケネス　Goddard, Kenneth　ミステリー作家　[国]米国　[典]1992／1996

ゴダード, ポーレット　Goddard, Paulette　本名=リーブ, マリオン　女優　チャップリン元夫人　[国]米国　[生]1911年6月3日　[没]1990年4月23日　[典]1992

ゴダート, マイケル　Goddart, Michael　宗教家　[典]2004／2008

ゴダード, ロバート　Goddard, Robert　作家　[国]英国　[生]1954年　[典]1996／2000

コターリー, ラージニー　Kothari, Rajni　政治学者　[国]インド　[典]2000

ゴダール, ジャン・リュック　Godard, Jean-Luc　映画監督, 脚本家　[国]スイス　[生]1930年12月3日　[典]1992／1996／2000／2004／2008／2012

ゴダール, ハインツ　Goddar, Heinz　弁理士　ブレーメン大学講師　元・マインツ大学教授　[専]特許　[国]ドイツ　[典]2004

ゴダール, ペーテル　Gothar, Peter　映画監督　[国]ハンガリー　[生]1947年　[典]2000

ゴダン, ニコラ　Godin, Nicolas　グループ名=エール　ミュージシャン　[国]フランス　[典]2004／2008／2012

コタンスキ, ヴィエスワフ　Kotański, Wiesław Roman　日本文化研究家　元・ワルシャワ大学日本学科名誉教授　[国]ポーランド

⊕1915年 ⊗2005年8月8日 ㊼1992／1996／2000

コチ, ヴラダン　Koci, Vladan　チェロ奏者　プラハ・チェンバー・デュオチェリスト, プラハ音楽院教授　㊀チェコ　㊼2012

コーチ, グレッグ　Couch, Greg　イラストレーター　㊀米国　㊼2004

コーチ, スー　Couch, Sue　テキサス・テック大学教授　㊁家庭科教育学　㊀米国　㊼2004

コチ, マルタ　Koci, Marta　絵本作家　⊕1945年　㊼2008

ゴーチェ, フィリップ　Gautier, Philippe　画家　㊀フランス　⊕1928年　㊼1992

コチシュ, ゾルターン　Kocsis, Zoltán　ピアニスト, 作曲家　ハンガリー国立交響楽団音楽監督　㊀ハンガリー　⊕1952年5月30日　㊼1992／1996／2012

コチャリャン, ロベルト　Kocharian, Robert Sedrakovich　政治家　元・アルメニア大統領　㊀アルメニア　⊕1954年8月31日　㊼2000／2004／2008／2012

コーチャン, アーチボルド・カール　Kotchian, Archibold Carl　実業家　元・ロッキード副会長　㊀米国　⊕1914年7月17日　⊗2008年12月14日　㊼1992／1996

コーチャン, トマス　Kochan, Thomas A.　社会学者　マサチューセッツ工科大学スローンスクール教授　㊀米国　⊕1947年　㊼2008

コチュラック, ロナルド　Kotulak, Ronald　ジャーナリスト, 作家　元・全米科学作家協会議長　㊀米国　㊼2000

コチョ, ヨハネス　Kotjo, Johannes B.　実業家　コチョ・アンド・アソシエーツ代表　㊀インドネシア　⊕1951年6月10日　㊼2000

コーツ, ダニエル　Coats, Daniel　本名=Coats,Daniel Ray　政治家　米国上院議員（共和党）　㊀米国　⊕1943年5月16日　㊼2000／2012

コーツ, ナイジェル　Coates, Nigel　建築家　ブランソン・コーツ・アーキテクチュア代表, アーキテクチュアル・アソシエーション・スクール・ディプロマユニット教授　㊀英国　⊕1949年　㊼1992／1996

コーツ, パム　Coats, Pam　映画プロデューサー　㊀米国　㊼2000

コーツ, ルーシー　Coats, Lucy　絵本作家　㊀英国　⊕1961年　㊼1996

コーツィー, フェリックス　Coetzee, Felix　騎手　㊀南アフリカ　⊕1959年3月7日　㊼2012

コツウィンクル, ウィリアム　Kotzwinkle, William　作家, 詩人　㊀米国　⊕1938年　㊼1992／1996／2012

コッカ, ユルゲン　Kocka, Jürgen　歴史学者　ベルリン自由大学歴史学部教授　㊁社会構造史　㊀ドイツ　⊕1941年　㊼2004

コック, ウィム　Kok, Wim　政治家　オランダ労働党（PVDA）党首　元・オランダ首相　㊀オランダ　⊕1938年9月29日　㊼1996／2000／2004／2008

コック, スタニスラス　Cock, Stanislas E.　西欧リネン連盟会長　㊀ベルギー　⊕1923年　㊼1992

コックス, D.　Cox, David　数学者　アムハースト大学数学・コンピューター・サイエンス学部　㊼2004

コックス, アーチボルト　ファースト・ボストン社長・CEO　㊀米国　⊕1940年　㊼1996

コックス, アーチボルド　Cox, Archibald　法律家　元・ハーバード大学教授, 元・カール・M・ロープ大学名誉教授　ウォーターゲート事件の調査特別検察官　㊀米国　⊕1912年5月17日　⊗2004年5月29日　㊼1992／1996

コックス, アレックス　Cox, Alex　映画監督　㊀英国　⊕1954年12月15日　㊼1992／1996／2000／2004／2012

コックス, アンソニー　在日英国大使館科学技術参事官　㊁冶金学　㊀英国　⊕1938年　㊼2000

コックス, アンディ　ミュージシャン　㊀英国　㊼1992

コックス, インゲマル・J.　NEC北米研究所シェア研究員　㊁情報通信　㊼2000

コックス, ガードナー　肖像画家　㊀米国　⊗1988年1月15日　㊼1992

コックス, クリストファー　Cox, Christopher　政治家　元・米国証券取引委員会（SEC）委員長, 元・米国下院議員（カリフォルニア州）　㊀米国　⊕1952年　㊼2008／2012

コックス, ジョン　Cox, John D.　元・英国国立物理学研究所熱計測・標準材料部長　㊁有機物理化学　㊀英国　⊕1926年　㊼1996

コックス, スー　Cox, Sue　看護師, 助産師　タスマニア大学講師　㊁ラクテーション（授乳学）　㊀オーストラリア　⊕1946年　㊼2004

コックス, ダニー　Cox, Danny　講演家　㊀米国　㊼2004

コックス, チャーリー　Cox, Charlie　俳優　㊀英国　⊕1982年12月21日　㊼2008／2012

コックス, トレイシー　Cox, Tracey　カウンセラー　㊀英国　㊼2004

コックス, パトリック　Cox, Patrick　政治家, エコノミスト　元・欧州議会議長　㊀アイルランド　⊕1952年11月28日　㊼2004／2008

コックス, ハワード　Cox, Howard　経営学者　サウスバンク大学教授　㊁国際経営論, 経営史　㊀英国　⊕1954年　㊼2004

コックス, ピーター　Cox, Peter　料理ライター, テレビキャスター　㊀英国　⊕1955年　㊼2000

コックス, ピーター　Cox, Peter　元・ダーティントン・ホール・トラスト芸術部門管理官　㊀英国　⊕1918年　㊼2004／2008

コックス, ビル　Cox, Bill　地質学・環境コンサルタント　ライフ・アンダスタンディング・ファウンデーション代表　㊀米国　⊕1921年　㊼2000

コックス, ボビー　Cox, Bobby　本名=Cox,Robert Joseph　元・大リーグ監督, 元・大リーグ選手　㊀米国　⊕1941年5月21日　㊼1992／2000／2004／2008／2012

コックス, ポール　Cox, Paul　画家, 絵本作家　㊀フランス　⊕1959年　㊼1992

コックス, ポール　Cox, Paul　映画監督　㊀オーストラリア　⊕1940年4月16日　㊼2000／2004／2008／2012

コックス, ポール・アラン　Cox, Paul Alan　植物学者　シーコロジー創設者　元・米国立熱帯植物園園長, 元・ブリガム・ヤング大学教授・教養学部名誉学部長　㊀米国　㊼1996／2004／2008／2012

コックス, マイケル　Cox, Michael　作家, 編集者　㊀英国　⊕1948年　⊗2009年

コックス, モーリス　Cox, Maurice　コンピュサーブ社長・CEO　㊀米国　㊼1996

コックス, モーリーン　Cox, Maureen V.　心理学者　ヨーク大学心理学科リーダー　㊁教育心理学　㊀英国　⊕1946年　㊼2000

コックス, リチャード　Cox, Richard　作家　㊀英国　⊕1931年　㊼1992／1996

コックス, ロニー　Cox, Ronny　俳優, シンガー・ソングライター　㊀米国　⊕1938年8月23日　㊼2000

コックス, ロバート　Cox, Robert M.　コンピューター技術者　㊀米国　㊼2004

コックニー, アンガス　探検家, 元・スキー選手（クロスカントリー）　㊀カナダ　㊼1992

コックバーン, ミルトン　ジャーナリスト　シドニー五輪委員会（SOCOG）広報部長　元・「シドニー・モーニング・ヘラルド」編集長　㊀オーストラリア　⊕1950年4月5日　㊼2004

コッグヒル, ロジャー・ウィリアム　Coghill, Roger Williams　㊁電磁波問題, 生体磁気環境　㊀英国　㊼2000

コックラウト, ランス　Cockcroft, Lance　ネットワーク技術者　ケネソー州立大学インストラクター　㊀米国　㊼2004

コックレル, クリストファー　Cockerell, Christopher Sydney　技術者　元・国際ホーバークラフトエンジニアリング協会創設者　㊀英国　⊕1910年6月4日　⊗1999年6月1日　㊼1992／1996

コッケル, クラウス　Kockel, Klaus　ドイツ連邦統計局ベルリン支局　㊀ドイツ　⊕1933年　㊼1996

コッジ, ファン・マルチン　Coggi, Juan Martin　元・プロボクサー　元・WBA世界ジュニアウエルター級チャンピオン　㊀アルゼンチン　⊕1961年12月19日　㊼1996／2000

コッス, スコット　Cossu, Scott　ピアニスト　国米国　㊤1951年　㊥1992

コッソット, フィオレンツァ　Cossotto, Fiorenza　メゾ・ソプラノ歌手　国イタリア　㊤1935年4月22日　㊥1992／2004／2008／2012

コッタ, アラン　Cotta, Alain　経済学者　ドーフィン大学教授　国フランス　㊤1934年　㊥1996

コッダ, ケイス　環境保護運動家　ア・シード・ヨーロッパキャンペーン・コーディネーター　㊥2000

コッター, ジョン　Kotter, John P.　ハーバード大学ビジネススクール名誉教授　㊨組織論, リーダーシップ論　国米国　㊤1947年　㊥1992／1996／2000／2012

コッタリル, コリン　Cotterill, Colin　作家　国英国　㊤1952年　㊥2012

コッタンソー, マルセル　料理人　シャルキュトゥリ・トレトゥール国家連盟顧問, シャルキュトゥリ組合副議長　国フランス　㊤1924年　㊥1992

コッチ, エドワード　Koch, Edward Irving　通称=コッチ, エド　政治家, 弁護士　元・ニューヨーク市長　国米国　㊤1924年12月12日　㊦2013年2月1日　㊥1992

コッチ, エドワード　Koch, Edward T.　投資コンサルタント　フリート・インベストメント・アドバイザー執行副社長　国米国　㊥2004

コッチ, ハワード　Koch, Howard　脚本家　国米国　㊤1902年12月12日　㊦1995年8月17日　㊥1996

コッチ, リチャード　Koch, Richard　投資家, 経営コンサルタント　オデッセイ創業者　国米国　㊥2004

ゴッツ, ヴェルーシュカ　Götz, Veruschka　デザイナー　国ドイツ　㊥2004

ゴッツィ, パトリシア　Gozzi, Patricia　女優　国フランス　㊤1949年　㊥1992

コッツェン, ロイド　竹工芸収集家, 実業家　国米国　㊥2004

コッツェンバーグ, セージ　スノーボード選手　ソチ五輪スノーボード男子スロープスタイル金メダリスト　国米国

コッティ, フラヴィオ　Cotti, Flavio　政治家　元・スイス外相　国スイス　㊤1939年10月18日　㊥1992／1996／2000

コッティング, アンドルー　映画監督　国英国　㊥2004／2008

コッティングウール, シルヴィア　Kotting-Uhl, Sylvia　政治家　ドイツ国会議員(緑の党)　国ドイツ　㊤1952年　㊥2012

ゴッテスマン, アービング　Gottesman, Irving I.　バージニア大学心理学教室主任教授, 英国王立精神医学協会名誉会員　㊨精神医学, 精神分裂病　国米国　㊤1930年　㊥1996／2000

コッテル, アーサー　Cotterell, Arthur　キングストンアポンテムズカレッジ学長　㊨古代文明　国英国　㊥1996

ゴッデン, ルーマー　Godden, Rumer　本名=Hayes-Dixon, Rumer　作家, 児童文学作家　国英国　㊤1907年12月10日　㊦1998年11月8日　㊥1992／1996／2000／2004

ゴット, J.リチャード　Gott, J.Richard　宇宙物理学者　プリンストン大学宇宙物理学教授　㊥2004／2008

ゴット, イヴ　Got, Yves　絵本作家　国フランス　㊥2004

コッド, エドガー　Codd, Edgar F.　Codd and Data Consulting Group社社長　㊨データベース管理システム　国米国　㊥1992／1996

コット, ジョナサン　Cott, Jonathan　音楽評論家, 詩人　「ローリング・ストーン」編集者　国米国　㊤1942年　㊥1992／2000

コット, ミゲール　Cotto, Miguel　本名=コット, ミゲール・アンヘル　プロボクサー　元・WBA世界ウェルター級・スーパーウェルター級チャンピオン, 元・WBO世界スーパーライト級チャンピオン　国プエルトリコ　㊤1980年10月29日

コット, ヤン　Kott, Jan　演劇学者, 文芸評論家　元・ニューヨーク州立大学名誉教授　㊨比較文学, 比較演劇学　国米国　㊤1914年10月27日　㊦2001年12月22日　㊥1992／1996

ゴット, リチャード　Gott, Richard　ジャーナリスト　元・「ガーディアン」誌記者　国英国　㊥1992／1996

ゴットフリー, H.J.　クロール・アソシエイツ・アジア地区統括社長　元・米国連邦捜査局(FBI)アジア全土安全対策本部長　国米国　㊤1945年　㊥2004／2008

ゴッドフリー, ボブ　Godfrey, Bob　本名=ゴッドフリー, ロバート　アニメーター, アニメ監督・プロデューサー　国英国　㊤1921年5月27日　㊦2013年2月21日

ゴットフリート, ギルバート　Gottfried, Gilbert　俳優　国米国　㊥1996

ゴットマン, ジャン　Gottmann, Jean-Iona　地理学者　元・オックスフォード大学名誉教授　㊨人文地理学　国フランス　㊤1915年10月10日　㊦1994年3月28日　㊥1996

ゴットマン, ジョン　Gottman, John M.　ワシントン大学教授　㊨臨床心理学　国米国　㊥2000

ゴッドミロー, ジル　Godmilow, Jill　映画監督　国米国　㊤1943年　㊥1992

ゴットリー, スティーブ　Gottry, Steve　「1分間自己管理—「先延ばし癖」を克服する3つの原則」の著者　㊥2008

ゴットリーブ, アニー　Gottlieb, Annie　評論家, エッセイスト　国米国　㊥1992／2000

ゴットリーブ, フィリス　Gotlieb, Phyllis　作家, 詩人　国カナダ　㊤1926年5月25日　㊥1992

ゴットリーブ, ロバート　Gottrieb, Robert　ジャーナリスト　「ニューヨーカー」誌編集長　国米国　㊤1931年　㊥1992

ゴットワルト, フェリックス　Gottwald, Felix　元・スキー選手(複合)　トリノ五輪・バンクーバー五輪金メダリスト　国オーストリア　㊤1976年1月13日　㊥2004／2008／2012

コットン, エリザベス　元・フォーク歌手, 元・作曲家　国米国　㊦1987年6月29日　㊥1992

コットン, ジョセフ　Cotten, Joseph　俳優　国米国　㊤1905年5月15日　㊦1994年2月6日　㊥1992／1996

コットン, ヘンリー　プロゴルファー　国英国　㊦1987年12月22日　㊥1992

コットン, マイケル　Cotton, Michael　モータースポーツ・ジャーナリスト　国英国　㊤1938年1月18日　㊥2000

コットンウッド, ジョー　Cottonwood, Joe　作家　国米国　㊥1992

コッパー, ヒルマー　Kopper, Hilmar　実業家, 銀行家　ダイムラー・クライスラー監査役・株主代表　元・ドイツ銀行代表取締役会議長(頭取)　国ドイツ　㊤1935年3月13日　㊥1992／1996／2000

コッパー, リサ　Kopper, Lisa　絵本作家　㊤1950年　㊥1992／1996

ゴッビ, ティト　Gobbi, Tito　バリトン歌手　国イタリア　㊤1915年10月24日　㊦1984年3月5日　㊥1992

コッピ, ファウスト　自転車選手　国イタリア　㊤1919年　㊥1992

コッピョル　本名=李コッピョル　ヘグム奏者　国韓国　㊥2008

コッピング, ピーター　Copping, Peter　ファッションデザイナー　ニナ・リッチ・アーティスティックディレクター　国英国　㊤1966年　㊥2012

コブ, アーネット　Cobb, Arnette Cleophus　ジャズ・サクソホン奏者　国米国　㊤1918年8月10日　㊦1989年3月24日　㊥1992

コブ, ジェームズ　Cobb, James H.　作家　国米国　㊥2004

コブ, ナンシー　Cobb, Nancy　ジャーナリスト　国米国　㊥2004

コプス, カルステン　Kobs, Karsten　ハンマー投げ選手　国ドイツ　㊤1971年9月16日　㊥2000

コップス, シーラ　Copps, Sheila Maureen　政治家　カナダ民族遺産相　国カナダ　㊤1952年11月27日　㊥2000／2004

コップル, バーバラ　Koople, Barbara　ドキュメンタリー映画監督　国米国　㊤1953年　㊥2004／2008

コッペル, アルフレッド　Coppel, Alfred　作家　国米国　㊤1921年　㊥1992／1996

ゴッベル, ジョン　Gobbel, John J.　冒険小説作家　国米国　㊥1996

コッペル, テッド　Koppel, Ted　放送ジャーナリスト　元・ABCテレビ「ナイトライン」アンカーマン　国米国　㊤1940年2月8日　㊥1992(コッペル, テッド／コペル, テッド)／2000(コペル, テッド)／2008／2012

コッペルマン, ジョエル　Koppelman, Joel M.　マネジメント・コンサルタント　プリマベラ・システムCEO　㊗2008

コッホ, E.R.　Koch, Egmont R.　ジャーナリスト　国ドイツ　⊕1950年　㊗2000

コッホ, エリーザベト　Koch, Elisabeth　画家　国ドイツ　⊕1923年　㊗2000

コッホ, エーリッヒ　Koch, Erich　元・東プロシア知事　ナチ戦犯　国ドイツ　㊣1986年11月15日　㊗1992

コッホ, クリストフ　Koch, Christof　生物物理学者　カリフォルニア工科大学教授　㊙ニューロン　国米国　㊗2004

コッホ, トマス　Koch, Thomas J.　動物学者　国米国　㊗1992

コッボ, ロレッタ　Ngcobo, Lauretta　作家　国南アフリカ　⊕1932年　㊗2000

コッホウェザー, カイオ　Kochweser, Caio　銀行家　ドイツ大蔵次官　元・世界銀行専務理事　国ドイツ　⊕1944年7月25日　㊗2000 (コックウェザー, カイオ)

コッポラ, イマーニ　Coppola, Imani　歌手　国米国　㊗2000

コッポラ, エレノア　Coppola, Eleanor　映画監督　国米国　㊗2004

コッポラ, カーマイン　Coppora, Carmine　作曲家,指揮者　国米国　⊕1910年6月11日　㊣1991年4月26日　㊗1992

コッポラ, ソフィア　Coppora, Sofia　映画監督,映画プロデューサー,脚本家,女優　国米国　⊕1971年5月14日　㊗1992/1996/2000/2004/2008/2012

コッポラ, チェチリア　Coppola, Cecilia　作家,画家　国イタリア　㊗1996

コッポラ, フランシス・フォード　Coppola, Francis Ford　映画監督,映画プロデューサー,脚本家　国米国　⊕1939年4月7日　㊗1992/1996/2000/2004/2008/2012

コッポラ, ロマン　Coppola, Roman　映画監督,映画プロデューサー　国米国　⊕1965年　㊗1996/2004/2008

コッラ, エンリコ　Colla, Enrico　経営学者　国イタリア　㊗2008

コッラーディ, マリオ　演出家　国イタリア　㊗2000

コッリーナ, ピエルルイジ　Collina, Pierluigi　元・サッカー審判員　国イタリア　⊕1960年2月13日　㊗2004(コリーナ, ピエルルイジ)/2008/2012

ゴデ, ロラン　Gaude, Laurent　作家,劇作家　国フランス　⊕1972年　㊗2012

コディ, アン　Cody, Ann　コンサルタント　国米国　㊗2004/2008

コーディ, エリザベス・ベティー　テレビドラマ制作者　国米国　㊣1987年11月　㊗1992

ゴーディ, ジョン　Godey, John　作家　国米国　⊕1912年　㊗1992

コディ, ディアブロ　Cody, Diabro　脚本家　国米国　⊕1978年6月14日　㊗2012

ゴーディ, ベリー(Jr.)　Gordy, Berry (Jr.)　モータウン創始者　国米国　⊕1929年　㊗1996

コーディ, マイケル　Cordy, Michael　作家　国英国　⊕1961年　㊗2000/2004

コーディ, メアリー・フランシス　Coady, Mary Frances　作家,編集者　国カナダ　㊗2004

コディ, リザ　Cody, Liza　作家　国英国　⊕1944年4月11日　㊗1992/1996

コーディア, ジーン　Cordier, Jean E.　ESSECグループ・アグロビジネス部門研究所教授　㊙マーケティング　国フランス　㊗1992

ゴディヴィエ, ジャン・ルイ　Godivier, Jean-Louis　建築家　国フランス　⊕1952年　㊗1992(ゴディビエ, ジャン・ルイ)

ゴティエ　Gotye　シンガー・ソングライター　国オーストラリア　⊕1980年5月21日

ゴーティエ, クリストフ・R.　シイベルヘグナー社長,日本シイベルヘグナー社長　国スイス　㊗1996

ゴティエ, ディック　Gautier, Dick　俳優,画家　国米国　⊕1939年　㊗2004/2008

ゴディオ, フランク　Goddio, Franck　考古学者　フランク・ゴディオ協会主宰　㊙海洋考古学　国フランス　⊕1947年8月12日　㊗2012

コティック, ヤン　画家　国ドイツ　⊕1916年　㊗1996

ゴーディナ, エレーナ　Godina, Elena　バレーボール選手　シドニー五輪バレーボール女子銀メダリスト　国ロシア　⊕1977年9月17日　㊗2000

ゴーディマ, ナディン　Gordimer, Nadine　作家　国南アフリカ　⊕1923年11月20日　㊗1992/1996/2000/2004/2008/2012

コティヤール, マリオン　Cotillard, Marion　女優　国フランス　⊕1975年　㊗2008/2012

コーディングリ, デービッド　Cordingly, David　フリーライター　元・英国国立海事博物館研究員　㊙海事史　国英国　㊗2004

コディントン, グレース　Coddington, Grace　ファッション・エディター,スタイリスト　「アメリカン・ヴォーグ」クリエイティブ・ディレクター　国英国　⊕1941年　㊗2004/2008/2012

コデス, ヤン　元・テニス選手　国チェコスロバキア　㊗1992/1996

コーデラス, ハリー　Cordellos, Harry C.　体育指導者　国米国　⊕1937年11月28日　㊗2000

コテラワラ, ジョン　Kotelawala, John Lionel　政治家　元・スリランカ首相　国スリランカ　⊕1897年4月4日　㊣1980年10月2日　㊗1992

ゴデール, アルメン　Godel, Armen　作家,俳優,演出家　元・ジュネーブ音楽院演劇学部教授　国スイス　⊕1941年　㊗2000/2012

コーテン, デービッド　Korten, David C.　民衆中心の開発フォーラム代表　国米国　⊕1937年　㊗1996/2000

コート, アネット　実業家　ダイレクトラインCEO　国英国　㊗2004/2008

コード, クリス　Code, Chris　言語病理学者　サウス・グラモーガン高等教育研究所客員教授,レスター・ポリテクニック客員教授　㊙失語症　国英国　⊕1948年　㊗1992

ゴドー, ジャン　Godeaux, Jean　銀行家　元・ベルギー中央銀行総裁,元・国際決済銀行(BIS)総裁　国ベルギー　⊕1922年7月3日　㊣2009年4月27日　㊗1992/1996/2000

コトー, ヘンリー　Cotto, Henry　元・プロ野球選手,元・大リーグ選手　国米国　⊕1961年1月5日　㊗1996

コート, ルイズ　Cort, Louise A.　米国国立スミソニアン研究所附属サックラー美術館学芸員　㊙陶芸　国米国　㊗1992/1996

コート, ロランス　Cote, Laurence　女優　国フランス　⊕1966年　㊗2000/2004

ゴドイフィリョ, ジルベルト　Godoy Filho, Gilberto　本名=Godoy Filho,Gilberto Amauri de　バレーボール選手　アテネ五輪バレーボール男子金メダリスト　国ブラジル　⊕1976年12月23日

ゴトウ, バロン　日本名=後藤安雄　元・ビショップ博物館移民資料館館長　㊙熱帯農業　国米国　㊣1985年11月15日　㊗1992

ゴドウィン, アン　Godwin, Anne　本名=Godwin,Beatrice Anne　元・英国労働組合会議(TUC)議長　国英国　⊕1897年　㊣1992年1月　㊗1996

ゴドウィン, ゲイル　Godwin, Gail　本名=Godwin,Gail Kathleen　作家　国米国　⊕1937年6月18日　㊗2012

ゴドウィン, ジェーン　Godwin, Jane　児童文学作家　国オーストラリア　⊕1964年　㊗2004

ゴドウィン, ジョスリン　Godwin, Joscelyn　コルゲート大学教授　㊙音楽史,宗教学,神秘学,オカルティズム　⊕1954年　㊗1992/1996

ゴドウィン, トム　Godwin, Tom　SF作家　国米国　⊕1915年　㊗1992

ゴドウィン, マルコム　Godwin, Malcolm　著述家,イラストレーター　国英国　㊗2004

ゴドウィン, ローラ　Godwin, Laura　別名=バック, ノラ　児童文学作家　国カナダ　㊗2008

コードウェル, サラ　Caudwell, Sarah　作家　国英国　⊕1939年　㊗1992/1996

ゴドゥノフ, アレクサンダー　Godunov, Alexander　バレエダンサー,俳優　国米国　⊕1949年11月28日　㊣1995年5月18日

[典]1996

ゴー・トゥー・ハー　モデル　[国]ベトナム　[生]1979年1月20日　[典]2000

コドゥマニダルウィッシュ, バスマ　フランス国際関係研究所(IFRI)主任研究員　[専]中東問題　[国]フランス　[典]1992

コトキン, ジョエル　Kotkin, Joel　ジャーナリスト　「インク」誌編集者, ペーパーダイン大学特別研究員　[国]米国　[生]1952年　[典]1992／1996

ゴドショー, ジャック　歴史学者　[国]フランス　[生]1907年1月3日　[没]1989年8月下旬　[典]1992

コードバ, マーティ　Cordova, Marty　本名=Cordova,Martin Keevin　大リーグ選手(外野手)　[国]米国　[生]1969年7月10日　[典]1996／2004／2008

ゴトビ, アフシン　Ghotbi, Afshin　サッカー監督　元・サッカー・イラン代表監督　[国]米国　[生]1964年2月8日　[典]2012

ゴドブー, ジャック　Godbout, Jacques　詩人, 作家, エッセイスト, 映画作家　[国]カナダ　[生]1933年　[典]2000

ゴドフリー, A.ブラントン　Godfrey, A.Blanton　統計学者　ジュラン研究所所長・最高経営責任者　[国]米国　[典]2004

ゴドフリー, トニー　Godfrey, Tony　現代美術研究家　サザビーズ・インスティテュート講師　[国]英国　[典]2004

ゴドフロワ, フィリップ　Godefroid, Philippe　音楽評論家, オペラ演出家　パリ・オペラ座特任員　[専]リヒャルト・ワーグナー　[国]フランス　[生]1954年　[典]2000

ゴドマニス, イワルス　Godmanis, Ivars　政治家, 物理学者　元・ラトビア首相　[国]ラトビア　[生]1951年11月27日　[典]1992／1996

コトメル, ボフミル　Kotmel, Bohumil　バイオリニスト　チェコ・フィルハーモニー管弦楽団コンサートマスター　[国]チェコ　[生]1957年　[典]2000

コトラー, ジェフリー　Kottler, Jeffrey　心理療法家, 心理学者　ネバダ州立大学ラスベガス校教授　[国]米国　[典]2004

コトラー, フィリップ　Kotler, Philip　ノースウエスタン大学経営大学院課程教授　[専]マーケティング　[国]米国　[典]1992／1996／2000

ゴードラ, マリー　Gaudrat, Marie Lourence　画家　[国]フランス　[生]1952年　[典]1992

ゴドラ, マリー・アニエス　Gaudrat, Marie-Agnés　編集者　[国]フランス　[生]1954年　[典]2000

コートライト, デービッド　Courtwright, David T.　歴史学者　ノースフロリダ大学歴史学教授　[国]米国　[生]1952年　[典]2004／2008

コードリー, P.I.　オレ・アイダフーズ社長　[国]米国　[典]1992

ゴードリ, エツィオ　Godoli, Ezio　フィレンツェ大学教授　[専]建築史　[国]イタリア　[生]1945年　[典]1996

ゴドリエ, モーリス　Godelier, Maurice　人類学者　社会科学高等研究院研究指導教員(教授級)　元・フランス国立科学研究センター(CNRS)人間社会科学部長　[国]フランス　[生]1934年　[典]2004／2012

コトリコフ, ローレンス　Kotlikoff, Laurence J.　経済学者　ボストン大学経済学部教授　[国]米国　[生]1951年　[典]1996／2004

ゴトリーブ, ジョルジュ　日本文学研究家, 司書　アルジャントイユ市立図書館　[国]フランス　[典]2000

コトリャール, ニコライ　Kotlyar, Nikolai I.　政治家　元・ソ連漁業相　[国]ロシア　[生]1935年5月5日　[典]1992／1996

コトルバス, イレアナ　Cotrubas, Ileana　ソプラノ歌手　[国]ルーマニア　[生]1939年6月9日　[典]1992

ゴドレジ, アディ　Godrej, Adi　本名=Godrej,Adi Burjor　実業家　ゴドレジグループ会長　[国]インド　[生]1942年4月3日　[典]2012

ゴドレジ, ジャムシド　Godrej, J.N.　実業家　ゴドレジ・グループ代表, ゴドレジ&ボイス・マニュファクチャリング社長　[国]インド　[典]2000

ゴドレジ, ディンヤル　Godrej, Dinyar　ジャーナリスト　[国]インド　[典]2008

ゴドレーシュ, ジュディット　Godrèche, Judith　女優　[国]フランス　[生]1972年3月23日　[典]1996／2000

コドレスク, アンドレイ　Codrescu, Andrei　詩人　[国]米国　[生]1946年　[典]1996

コトロネーオ, イヴァン　Cotroneo, Ivan　脚本家, 翻訳家, 作家　[国]イタリア　[生]1968年　[典]2004

コトロフツェフ, ニコライ　Kotlovtsev, Nikolai　軍人, 政治家　全ソ陸海空軍後援会議長, ソ連人民代議員　[国]ソ連　[典]1992

コトワ, ニーナ　チェロ奏者, 元・モデル　[国]ロシア　[典]2000／2004／2008

ゴードン, W.テレンス　Gordon, W.Terrence　言語学者　ダルハウジー大学教授　[国]カナダ　[生]1942年　[典]2004

ゴードン, アレックス　Gordon, Alex　本名=Gordon,Alex Jonathan　大リーグ選手(外野手)　[国]米国　[生]1984年2月10日　[典]2008／2012

ゴードン, アンソニー　Gordon, Anthony　写真家　[国]南アフリカ　[生]1963年　[典]1996

ゴードン, アンドルー　Gordon, Andrew　歴史学者　ハーバード大学教授　[専]日本近現代史　[国]米国　[生]1952年　[典]2004／2008／2012

ゴートン, イアン　Gorton, Ian　コンピューターコンサルタント　[専]分散オブジェクトシステム　[典]2004

ゴドン, イングリッド　Godon, Ingrid　イラストレーター　[国]ベルギー　[生]1958年　[典]2004

ゴードン, キース　Gordon, Keith　グループ名=琉球アンダーグラウンド　ミュージシャン　[国]英国　[典]2004／2008／2012

ゴードン, キム　Gordon, Kim　グループ名=ソニック・ユース　ベース奏者　[国]米国　[生]1953年4月28日　[典]1996／2004／2008

ゴードン, クリーブ　Gordon, Clive　テレビディレクター　[国]英国　[生]1950年　[典]1996

ゴードン, ゲーリー　Gordon, Gary F.　医師　[専]血液浄化療法　[国]米国　[典]2004

ゴードン, ゲール　Gordon, Gale　俳優　[国]米国　[生]1906年　[没]1995年6月30日　[典]1996

ゴードン, シェイラ　Gordon, Sheila　作家　[典]1996

ゴードン, ジェヒュー　Gordon, Jehue　陸上選手(ハードル)　[国]トリニダードトバゴ　[生]1991年12月15日

ゴードン, ジェフ　Gordon, Jeff　レーシングドライバー　[国]米国　[生]1971年8月4日　[典]2008／2012

ゴードン, ジェームズ・エドワード　Gordon, James Edward　レディング大学名誉教授　[専]プラスチック材料　[国]英国　[生]1913年　[典]1996／2000

ゴードン, ジャック　Gordon, Jack　[専]論理療法　[国]英国　[生]1921年　[典]2004

ゴートン, ジュリア　Gorton, Julia　「10本のまっかなバラ」の著者　[典]2008

ゴードン, ジューン　Gordon, June A.　教育学者　カリフォルニア大学サンタ・クルーズ校教育学部準教授　[典]2008

ゴートン, ジョン　Gorton, John Grey　政治家　元・オーストラリア首相　[国]オーストラリア　[生]1911年9月9日　[没]2002年5月19日　[典]1992

ゴードン, スザンヌ　Gordon, Suzanne　ジャーナリスト　マッギル大学看護学部助教授　[専]保健医療問題, 看護問題, 女性問題　[国]米国　[生]1945年　[典]2000

ゴードン, スチュアート　Gordon, Stuart　映画監督　[国]米国　[典]1996

ゴートン, スレード　Gorton, Slade　政治家　米国上院議員(共和党)　[国]米国　[生]1928年1月8日　[典]1996／2000／2004

ゴードン, ダグラス　現代美術家　[国]英国　[生]1966年　[典]2000

ゴードン, ダン　Gordon, Dan　脚本家, 映画プロデューサー, 作家　[国]米国　[典]2004

ゴードン, ツーラ　Gordon, Tuula　社会学者　タンペレ大学女性学部教授　[専]教育問題, ジェンダー問題, 家族問題, 女性学　[典]2004／2008

ゴードン, デクスター　Gordon, Dexter　ジャズ・テナーサックス奏者　[国]米国　[生]1923年2月27日　[没]1990年4月25日　[典]1992

ゴードン, デボラ　Gordon, Deborah M.　生物学者　スタンフォード大学准教授　[国]米国　[典]2004

ゴードン, トーマス　Gordon, Thomas　臨床心理学者　元・ゴードン国際訓練協会(GTI)会長　[専]しつけ, 親業　[国]米国　[没]2002年8月26日　[典]1992

ゴードン, トム　Gordon, Tom　大リーグ選手(投手)　[国]米国　[生]1967年11月18日　[典]2000／2008／2012

ゴードン, ニール　Gordon, Neil　ミステリー作家　[生]1958年　[典]2004

ゴードン, ノア　Gordon, Noah　作家　[国]米国　[典]2000／2004／2008

コ

ゴードン, バーナード　ニューハンプシャー大学政治学教授　[専]アジアの外交問題　[国]米国　[典]1992

ゴードン, パメラ　Gordon, Pamela　テレビ・プロデューサー　元・テスティモニー・フィルムズ共同プロデューサー　[国]英国　[典]2004

ゴードン, ハリー　Gordon, Harry　ジャーナリスト, 作家, 歴史家　オーストラリア国立戦争記念館顧問　[国]オーストラリア　[生]1925年　[典]2000

ゴードン, ピーター　Gordon, Peter　グループ名=ラブ・オブ・ライフ・オーケストラ　ジャズサックス奏者　[国]米国　[生]1951年6月20日　[典]1996

ゴードン, ピーター　料理人　シュガー・クラブ・シェフ　[国]英国　[生]1964年　[典]2000

ゴードン, フィオナ　Gordon, Fiona　映画監督, 女優, 道化師　[国]カナダ　[生]1957年　[典]2012

ゴードン, ベアテ・シロタ　Gordon, Beate Sirota　旧名=シロタ, ベアテ　元・GHQ民政局日本国憲法起草委員会メンバー, 元・ジャパン・ソサエティー・ディレクター　[国]米国　[生]1923年　[没]2012年12月30日　[典]1996／2000／2008／2012

ゴードン, マイク　Gordon, Mike　漫画家, 挿絵画家　[国]米国　[典]2004／2008

ゴードン, マイケル　Gordon, Michael　映画監督　[国]米国　[生]1909年9月6日　[没]1993年4月29日　[典]1996

ゴードン, マイケル　ジャーナリスト　「ニューヨーク・タイムズ」核・軍事担当チーフ　[国]米国　[典]1996

ゴードン, マイケル　Gordon, Michael　コンピューター技術者　[国]米国　[典]2008

ゴードン, マージョリー　Gordon, Marjory　ボストン・カレッジ名誉教授　[専]看護診断, 看護教育　[国]米国　[典]2000

ゴードン, マックス　Gordon, Max　元・ビレジ・バンガード(ジャズクラブ)オーナー　[国]米国　[没]1989年5月11日　[典]1992

ゴードン, メアリー　Gordon, Mary　作家　[国]米国　[生]1949年　[典]1996

ゴードン, リチャード　Gordon, Richard　著述家　[国]英国　[生]1921年　[典]1996

ゴードン, リチャード　政治家　フィリピン・スビック湾開発庁長官　[国]フィリピン　[生]1945年8月　[典]2000

ゴードン, リチャード　Gordon, Richard　ヒーラー　[専]クォンタムタッチ　[典]2008

ゴードン, ルース　Gordon, Ruth　女優　[国]米国　[生]1896年10月30日　[没]1985年8月28日　[典]1992

ゴードン, レックス　Gordon, Rex　本名=ヒュー, スタンリー・ベネット　SF作家　[国]英国　[生]1917年　[典]1992

ゴードン, ローズマリー　Gordon, Rosemary　医師　[専]分析心理学　[国]英国　[典]1992

ゴードン, ロバート　Gordon, Robert J.　エコノミスト　ノースウェスタン大学経済学部教授　[専]マクロ経済学　[国]米国　[典]2000

ゴードン, ロバート　Gordon, Robert　ディスクジョッキー　元・サンベルナルディーノ・バレー・カレッジ教官　[専]ジャズ史　[国]米国　[生]1938年11月30日　[典]1996

ゴードン, ロバート　Gordon, Robert　ラグビー選手　[国]ニュージーランド　[生]1965年8月7日　[典]2000

ゴードン, ローレンス　Gordon, Lawrence　映画プロデューサー　元・ラルゴ・エンターテインメント会長, 元・20世紀フォックス社社長　[国]米国　[生]1936年3月25日　[典]1992／1996

ゴードン・レビット, ジョセフ　Gordon-Levitt, Joseph　俳優　[国]米国　[生]1981年2月17日　[典]2012

コーナー, E.J.H.　Corner, E.J.H.　本名=コーナー, エドレッド・ジョン・ヘンリー　植物学者　元・ケンブリッジ大学名誉教授　[専]熱帯植物学　[国]英国　[生]1906年1月12日　[没]1996年9月14日　[典]1992／2000

コーナー, アレクシス　音楽家　[国]英国　[没]1984年1月1日　[典]1992

コナー, クリス　Connor, Chris　ジャズ歌手　[国]米国　[生]1927年11月8日　[没]2009年8月29日　[典]2000

コナー, ディック　Connor, Dick　マネジメント・コンサルタント　元・ブーズ・アレン・アンド・ハミルトン・コンサルタント　[典]2004

コナー, デニス　Conner, Dennis　ヨットレーサー, 実業家　デニス・コナー・スポーツ社長　[国]米国　[生]1942年9月　[典]1992／1996

コナー, バート　体操コーチ　[国]米国　[生]1958年　[典]1996／2000

コーナー, フレデリック　脚本家, 作家　[国]米国　[没]1986年7月6日　[典]1992

コナー, リチャード　イルカ研究家　[国]米国　[典]1992

コナウェイ, ジェームズ　Conaway, James　ジャーナリスト, コラムニスト　「ワシントン・ポスト」記者・コラムニスト　[国]米国　[典]2004

コナウェイ, チャールズ　Conaway, Charles C.　実業家　元・Kマート会長・CEO　[国]米国　[典]2004

コナーズ, ジミー　Connors, Jimmy　本名=Connors,James Scott　テニス指導者, 元・テニス選手　[国]米国　[生]1952年9月2日　[典]1992／2000／2012

コナーズ, チャック　Connors, Chuck　本名=Connors,Kevin Joseph　俳優　[国]米国　[生]1921年4月10日　[没]1992年11月10日　[典]1996

コナーズ, ドナルド　Connors, Donald L.　ショート・ホール&スチュワート共同経営者　[専]環境法, 土地利用管理　[国]米国　[生]1936年　[典]1996

コナーズ, ローレンス　Connors, Laurence A.　投資コンサルタント, トレーダー　[国]米国　[典]2004

コナトフスキー, ジョン　エンプレス・ソフトウェア社社長　[国]カナダ　[典]1996

コナフトン, R.M.　Connaughton, R.M.　軍人　英国陸軍大佐　[国]英国　[典]1992

コナブル, バーバー(Jr.)　Conable, Barbar B.(Jr.)　銀行家, 政治家　元・世界銀行総裁, 元・米国下院議員(共和党)　[国]米国　[生]1922年11月2日　[没]2003年11月30日　[典]1992／1996

コナブル, バーバラ　Conable, Barbara　「音楽家ならだれでも知っておきたい「呼吸」のこと―美しく豊かな歌声のために」の著者　[典]2008

ゴーナム, マンドゥ　Ghoneum, Mamdooh　カリフォルニア大学医学部教授　[専]免疫学　[国]エジプト　[生]1950年　[典]2000

コナリー, ジョン　Connally, John Bowden　政治家　元・米国財務長官　[国]米国　[生]1917年2月27日　[没]1993年6月15日　[典]1992／1996

コナリー, マイケル　Connelly, Michael　ミステリー作家　元・米国探偵作家クラブ(MWA)会長　[国]米国　[生]1956年　[典]1996／2000／2004／2008／2012

コナル, ロビー　画家　[国]米国　[生]1945年　[典]1996

コナレ, アルファ・ウマル　Konaré, Alpha Oumar　政治家　アフリカ連合(AU)委員長　元・マリ大統領　[国]マリ　[生]1946年2月2日　[典]1996／2000／2004／2008／2012

コナレン, ジム　Conallen, Jim　コンピューター技術者　Rational Software社　[典]2004

コナン, マーカス　Conant, Marcus　医師　カリフォルニア医科大学教授, カリフォルニアエイズリーダーシップ委員会委員長　[専]エイズ　[国]米国　[典]1996

コナン, ヤニック　Connan, Yannick　Webアートディレクター　ペッパークラフト代表　[典]2004

コナント, メルビン　Conant, Melvin A.　コナント・アンド・アソ

シエーツ社長，「エネルギーの地政学」編集長　®中東問題　®米国　®1992

コーニイ，マイケル　Coney, Michael　SF作家　®英国　®1932年　®2005年　®1992

コニグリアロ，トニー　Conigliaro, Tony　本名＝Conigliaro, Anthony Richard　大リーグ選手　®米国　®1945年1月7日　®1990年2月24日　®1992

コニシ，マサカズ　Konishi, Masakazu　カリフォルニア工科大学教授　®神経行動学　®米国　®1992／1996

コニツァー，ロバート　Konizer, Robert　コンピューター技術者　®2004

コーニッキー，ピーター　Kornicki, Peter Francis　日本文化研究家　ケンブリッジ大学東洋学部助教授　®英国　®1950年5月1日　®1996

ゴーニック，エイプリル　Gornic, April　画家　®米国　®1953年　®1992

コーニック，ニコラ　Cornick, Nicola　ロマンス作家　®英国　®2008

コニック，ハリー（Jr.）　Connick, Harry (Jr.)　ジャズピアニスト・ボーカリスト，俳優　®米国　®1967年9月11日　®1992／1996／2000／2008／2012

コニック，マイケル　Konik, Michael　コラムニスト　®米国　®2004

ゴニック，ラリー　Gonick, Larry　漫画家　®米国　®2004

コーニッツ，ウィリアム　Caunitz, William J.　ミステリー作家　®米国　®1933年　®1996

コニッツ，リー　Konitz, Lee　サックス奏者　®英国　®1927年10月13日　®1996

コニフ，リチャード　Conniff, Richard　ジャーナリスト，エッセイスト　®2008

コニューホフ，フョードル　冒険家　®ソ連　®1951年　®1992

ゴニル　Geon-il　グループ名＝超新星　歌手　®韓国　®11月5日　®2012

コーヌ，アントワーヌ・ド　Caunes, Antoine de　俳優　®フランス　®2000

コネスキ，ブラジェ　Koneski, Blaže　作家，詩人，言語学者　マケドニア・アカデミー院長（初代）　®ユーゴスラビア　®1921年12月19日　®1992

コーネット，デレク　Cornett, Derek　ギタリスト，作曲家　®2000

コネット，ポール　Connett, Paul　化学者　セントローレンス大学化学科教授　®産業廃棄物　®米国　®2000

コネラン，トム　Connellan, Tom　ビジネスコンサルタント　®米国　®2004

コネリー，アナ　Connelly, Ana Paula　バレーボール選手（CBV）　®ブラジル　®1972年2月13日　®2000

コネリー，クリストファー　編集者　「プレミア」誌副編集長　®米国　®1992

コネリー，ジェニファー　Connelly, Jennifer　女優　®米国　®1970年12月12日　®1996／2004／2008／2012

コネリー，ショーン　Connery, Sean　本名＝Connery, Thomas Sean　俳優　®英国　®1930年8月25日　®1992／1996／2000／2004／2008／2012

コネリー，マーク　Connelly, Marc　本名＝Connelly, Marcus Cook　劇作家　®米国　®1890年12月13日　®1980年12月21日　®1992

コーネリアス，W.A.　カリフォルニア大学政治学部教授・米国メキシコ研究センター所長　®政治学　®米国　®1996

コーネル，アンディ　デュオ名＝スウィング・アウト・シスター　キーボード奏者　®英国　®2000

コーネル，アン・ワイザー　Cornell, Ann Weiser　フォーカシング専門家　®米国　®2000

コーネル，エリック　Cornell, Eric Allin　物理学者　コロラド大学教授，米国国立標準技術研究所研究員　®米国　®1961年12月19日　®2004／2008／2012

コーネル，クリス　Cornell, Chris　旧グループ名＝サウンドガーデン　ミュージシャン　®米国　®1964年7月20日　®2000／2008／2012

コーネル，ジェームズ　科学ジャーナリスト　ハーバード・スミソニアン天体物理センター広報部長，国際科学ジャーナリスト協会（ISWA）会長　®米国　®1938年　®1996

コーネル，ジョー　Connell, Jo　陶芸家，陶芸教師　®英国　®2004

コーネル，ジョセフ　Cornell, Joseph Bharat　ナチュラリスト　シェアリング・ネイチャー財団会長　®米国　®1950年　®1992／2000

コーネル，ドゥルシラ　Cornell, Drucilla　法学者，フェミニスト　ラトガース大学教授　®法学，政治学，女性学　®2004

ゴーネル，ハイディ　Goennel, Heidi　イラストレーター，絵本作家　®米国　®1952年　®1996

コノートン，ジェームズ　Connaughton, James L.　米国環境評議会議長　®米国　®2008／2012

コノバー，テッド　Conover, Ted　作家　®米国　®1958年　®1992／1996

コノパセク，ロジャー　Konopasek, Roger　実業家　®2004

コノリー，ジョン　Connolly, John　作家　®アイルランド　®1968年　®2008

コノリー，ビリー　Connolly, Billy　コメディアン，俳優　®英国　®1942年11月24日　®2000／2004／2008／2012

ゴーノル，ヌーラ　Dhomhnaill, Nuala Ní　詩人　®アイルランド　®2004／2008

コーノルト，ヴルフ　Konold, Wulf　ニーダーザクセン国立劇場芸術顧問，ハノーバー音楽大学講師　®音楽史　®ドイツ　®1946年　®2000

コノワロフ，アレクサンドル　軍事政策　ロシア米国カナダ研究所軍事政策分析センター長　®ロシア

コーバー，アメリエ　Kober, Amelie　スノーボード選手　トリノ五輪スノーボード女子パラレル大回転銀メダリスト　®ドイツ　®1987年11月16日

ゴーバー，ケビン　弁護士　元・米国内務次官補・インディアン局長　®米国　®2004

コパー，ベイジル　Copper, Basil　怪奇小説作家　®英国　®1924年　®1992

コパ，レイモン　本名＝コパゼウスキ，レイモン　元・サッカー選手　®フランス　®1931年10月13日　®2004

コハヴィ，ノラ　陶芸家　®イスラエル　®1934年　®1992（コハビ，ノラ）

コバーガー，アネリーゼ　Coberger, Annelise　スキー選手（アルペン）　®ニュージーランド　®1971年9月16日　®1996

コバーシック，ウィリアム　Kovacic, William Evan　ジョージ・メーソン大学法学部教授，ジョージ・ワシントン大学客員教授　®法学　®米国　®1952年10月1日　®2000

コバシッチ，ジェラルド　Kovacich, Gerald L.　セキュリティー・コンサルタント　ロサンゼルス市立大学教員　®ハイテク犯罪　®米国　®2004

ゴ・バ・タイン　政治家，法律家　ベトナム国会議員，ベトナム法律家協会副会長　®ベトナム　®1931年　®2000

コバチ，アグネシュ　Kovacs, Agnes　水泳選手（平泳ぎ）　®ハンガリー　®1981年7月13日　®2004／2008

コバチ，アンタル　Kovacs, Antal　柔道選手　®ハンガリー　®1972年5月28日　®1996／2004／2008

コバチ，イシュトバン　Kovacs, Istvan　元・プロボクサー　元・WBO世界フェザー級チャンピオン　®ハンガリー　®1970年8月17日　®2000

コバチ，カタリン　Kovács, Katalin　カヌー選手（カヤック）　アテネ五輪・北京五輪・ロンドン五輪金メダリスト　®ハンガリー　®1976年2月29日　®2008／2012

コバチンスカヤ，パトリツィア　Kopatchinskaja, Patricia　バイオリニスト　®モルドバ　®1977年　®2012

コバック，クルト　Kovach, Kurt R.　ソフトウェア・エンジニア

AT&Tベル研究所　国米国　艦1992／1996

コバック, スー　Kovach, Sue　ライター　国米国　⊕1955年　艦2000

コバッチ, ビル　元・ジャーナリスト　ハーバード大学ニーマン財団総責任者　国米国　艦2000

コーバット, イー・トーマス　元・エイボン・プロダクツ社長　国米国　⊕1944年7月19日　艦2000／2004

ゴバディ, バフマン　Ghobadi, Bahman　映画監督, 脚本家　国イラン　⊕1968年2月1日　艦2004／2008／2012

コバート, E.　Covert, Eugene E.　マサチューセッツ工科大学T・ウィルソン航空学講座教授・空気力学研究センター長　国航空宇宙学　国米国　艦1996

コハネ, I.S.　Kohane, Isaac S.　「統合ゲノミクスのためのマイクロアレイ データアナリシス」の著者　艦2008

コーバベル, リーネ　Kaaberbol, Lene　作家　国デンマーク　⊕1960年　艦2004／2008

コバヤシ, カサンドラ　Kobayashi, Cassandra　弁護士　国カナダ　艦1996

コバヤシ, コリン　Kobayashi, Kolïn　美術家, 評論家　⊕1949年　艦2000／2004

コバヤシ, ジュセッペ　小林, ジュセッペ　ブロードビジョン副社長　艦2000

ゴーパーラクリシュナン, アドゥール　Gopalakrishnan, Adoor　映画監督　国インド　⊕1941年　艦1996

ゴパラクリシュナン, クリス　Gopalakrishnan, Kris　実業家　インフォシス共同会長　国インド　艦2012

ゴパラワ, ウィリアム　Gopallawa, William　外交官, 政治家　元・スリランカ大統領 (初代)　国スリランカ　⊕1897年9月17日　⊖1981年1月30日　艦1992

ゴハリ, マフムード・エル　元・サッカー選手　サッカー・エジプト代表チーム監督　国エジプト　艦1992

コバリウ, ミハイ　Covaliu, Mihai　フェンシング選手　シドニー五輪フェンシング男子サーブル個人金メダリスト　国ルーマニア　⊕1977年11月5日　艦2004／2008／2012

コバリエル, トーマス　Kåberger, Tomas　自然エネルギー財団理事長　元・スウェーデンエネルギー庁長官　国スウェーデン　艦2012

コバリオ, ジェーコブ　Kovalio, Jacob　カールトン大学歴史学部准教授　国現代日本政治, 国際関係史　国米国　⊕1943年　艦1996

ゴパール, P.K.　Gopal, P.K.　統合尊厳経済の向上をはかる国際協会 (IDEA) 代表　国インド　艦2000

コパール, ズデネック　Kopal, Zdeněk　天文学者　元・マンチェスター大学名誉教授　国英国　⊕1914年4月4日　⊖1993年6月23日　艦1996

コバルスキー, ウラディスラフ　ピアニスト　デートル大学音楽学部長　⊕1947年　艦1992

コバルチク, アウグスト　俳優, 演出家　アウシュビッツ強制収容所からの生還者　国ポーランド　艦2000

コバレフスカヤ, リュボフィ　Kovalevskaya, Lyubov　ジャーナリスト　国ウクライナ　艦2000

コーバーン, アリスター　Cockburn, Alistair　コンピューター技術者　艦2004

コバン, イヴ　Coppens, Yves　コレージュ・ド・フランス古人類・先史学部門長　国人類進化学, 先史学　国フランス　⊕1934年8月9日　艦1996

コバーン, カート　Cobain, Kurt　旧グループ名＝ニルヴァーナ　ロック歌手　国米国　⊕1967年2月20日　⊖1994年4月5日　艦1996

コバーン, ジェームズ　Coburn, James　俳優　国米国　⊕1928年8月31日　⊖2002年11月18日　艦2000

コバーン, パトリック　Cockburn, Patrick　ジャーナリスト　国アイルランド　⊕1950年　艦2008／2012

コバーン, ブーロトン　Coburn, Broughton　ライター　国米国　⊕1951年　艦2004／2008

コバーン, ベブ　Cobain, Bev　看護婦　国米国　艦2004

コーバン, リタ　Kobán, Rita　カヌー選手 (カヤック)　国ハンガリー　⊕1965年4月10日　艦2000

コバントン, メアリー　Covernton, Mary　コピーライター, ジャーナリスト, 編集者　国オーストラリア　艦1992

コビー, ジャーヌ　Cobbi, Jane　民族学者, 日本文化研究家　フランス国立科学研究所 (CNRS) 主任研究員　国フランス　艦2000／2012

コビー, ショーン　Covey, Sean　実業家, 講演家　フランクリン・コビー副社長　国米国　艦2004

コビー, スティーブン　Covey, Stephen R.　企業コンサルタント　フランクリン・コビー社共同創設者・副会長　国リーダーシップ　国米国　⊕1932年　艦1992／2000／2012

コービー, ブライアン　Corby, Brian　社会学者　セントラル・ランカシャー大学教授　国ソーシャルワーク, 子どもの虐待　国英国　艦2004

コピエテルス, ベルニス　Coppieters, Bernice　バレリーナ　モナコ公国モンテカルロ・バレエ団エトワール　国ベルギー　艦2004／2008／2012

コビック, ロン　Kovic, Ron　反戦運動家　国米国　⊕1947年7月4日　艦1992／1996

コピット, アーサー　Kopit, Arthur L.　劇作家　国米国　⊕1937年5月10日　艦1992／1996

コビルカ, ブライアン　Kobilka, Brian　本名＝Kobilka, Brian Kent　生化学者　スタンフォード大学教授　国分子生物学　国米国　⊕1955年5月30日

コービン, ジェーン　Corbin, Jane　ジャーナリスト　BBCテレビ国際リポーター　国英国　艦1996

ゴフ, イアン　Gough, Ian　マンチェスター大学社会政策ソーシャルワーク学部専任講師　国福祉国家論　国英国　⊕1942年　艦1996

ゴフ, クレア　Gough, Clare　コンピューター技術者　国英国　艦2004

コブ, ジミー　Cobb, Jimmy　本名＝Cobb, Wilbur James　ジャズドラマー　国米国　⊕1929年1月20日　艦2004／2008

ゴフ, ジュリアン　Gough, Julian　作家, 元・ミュージシャン　国アイルランド　⊕1966年　艦2004

ゴフ, ジョン　Gough, John B.　パシフィック・ダンロップ会長, メルボルン大学ビジネススクール理事長　国オーストラリア　艦1992

ゴフ, デーモン　Gough, Damon　アーティスト名＝バッドリー・ドローン・ボーイ　ミュージシャン　国英国　⊕1970年10月2日　艦2004

コブ, ビッキー　Cobb, Vicki　科学読み物ライター　国米国　艦2000

ゴフ, マディソン・リー　Goff, Madison Lee　昆虫学者　ハワイ大学マノア校教授　国法医昆虫学　国米国　⊕1944年　艦2004

コブ, リンダ　Cobb, Linda　「そうじの女王が教える世界一のそうじ術」の著者　国米国　艦2004

ゴフ, ローレンス　Gough, Laurence　ミステリー作家　国カナダ　艦1996

コーファックス, サンディ　Koufax, Sandy　本名＝Koufax, Sanford　元・大リーグ選手　国米国　⊕1935年12月30日　艦1992／2000

コファンコ, アントニオ　Cojuangco, Antonio　フィリピン長距離電話 (PLDT) 社長　元・フィリピン航空会長・社長, 元・PRホールディングス会長・社長　国フィリピン　⊕1951年　艦1996

コファンコ, エドゥアルド (Jr.)　Cojuangco, Eduardo (Jr.)　実業家, 政治家　コファンコ財閥当主, サンミゲル社会長　元・フィリピン下院議員　国フィリピン　⊕1935年　艦1992／1996／2000

ゴフィー, ニック　Goffey, Nic　本名＝Goffey, Nicholas　グループ名＝DOM & NIC　CMディレクター, 映像作家　国英国　艦2004

コフィ, ピエール・ネルソン　Coffi, Pierre Nelson　元・駐日コートジボワール大使　国コートジボワール　艦1992

コフィゴ, ジョゼフ・ココー　Koffigoh, Joseph Kokou　政治家　元・トーゴ首相　国トーゴ　⊕1948年　艦1996

コーフィールド, キャサリン　Caufield, Catherine　ジャーナリスト, 環境コンサルタント　国米国　艦1992

コーフィールド, フランシス・アーサー　Cockfield, Francis Arthur　別名=Cockfield,Lord　政治家,実業家　元・欧州共同体(EC)副委員長　国英国　⽣1916年9月28日　没2007年1月8日　典1992／1996

ゴフィン, ジョセ　Goffin, Josse　イラストレーター, デザイナー, 絵本作家　国ベルギー　⽣1938年　典1996／2004／2012

コフウ　胡風　Hu-feng　本名=張光人　筆名=谷非, 高荒　文芸評論家, 詩人　元・中国人民政治協商会議全国委員会(全国政協)常務委員　国中国　⽣1902年11月1日　没1985年6月8日　典1992

ゴブサック・チュティクン　タイ外務省経済局長　国タイ　典2004

ゴフスタイン, M.B.　Goffstein, Marilyn Brooke　絵本作家　国米国　⽣1940年　典2008

コプチュク, ワレンチン　Koptyug, Valentin Afanacievich　有機化学者　元・ロシア科学アカデミー副総裁・シベリア支部長　国ロシア　⽣1931年6月9日　没1997年1月10日　典1992

コブニー, ピーター　Coveney, Peter　ウェールズ大学講師　専物理化学　国英国　⽣1960年　典1996

ゴプニク, アダム　Gopnik, Adam　ジャーナリスト　国米国　典2004／2008

ゴプニク, アリソン　Gopnik, Alison　心理学者　カリフォルニア大学バークレー校心理学部教授　国米国　典2004／2008

コブネイ, ジェームズ　Coveney, James　バース大学名誉教授　専近代言語学　国英国　⽣1920年4月4日　典1996(コブニー, ジェームズ)／2000

ゴフマン, アービング　Goffman, Erving　社会学者　国米国　⽣1922年6月11日　没1983年　典1992

コフマン, カート　Coffman, Curt　マネジメント・コンサルタント　ギャラップ・ワークプレイス・マネジメント・プラクティス・グローバルリーダー　典2004

コフマン, サラ　Kofman, Sarah　哲学者　元・パリ第1大学教授　国フランス　⽣1934年　没1994年　典1996

コフマン, ジャン・クロード　Kaufmann, Jean-Claude　社会学者　ソルボンヌ大学教授　国フランス　⽣1948年4月12日　典2004

コフマン, ジャン=クロード　Kaufmann, Jean-Claude　社会学者　パリ第5大学(ソルボンヌ大学)社会学研究所(CERLIS=CNRS・Paris V)研究員　国フランス　⽣1948年　典2008

ゴフマン, ジョン　Gofman, John W.　元・カリフォルニア大学バークレー校名誉教授　専放射線医学　国米国　⽣1918年9月21日　没2007年8月15日　典1992

コープマン, トン　Koopman, Ton　本名=Koopman,Antonius Gerhardus Michael　ハープシコード奏者, オルガン奏者, 指揮者　オランダ王立音楽院教授, アムステルダム・バロック管絃楽団主宰者　国オランダ　⽣1944年10月2日　典1992／1996／2000／2012

コフマン, ラリー　Kaufmann, Larry　カトリック神父, 反アパルトヘイト運動家　国南アフリカ　典1992

コフラー, アンドレアス　Kofler, Andreas　スキー選手(ジャンプ)　トリノ五輪・バンクーバー五輪スキー・ジャンプ団体金メダリスト　国オーストリア　⽣1984年5月17日　典2012

コブラー, マーティン　Koebler, Martin　ソーラーカー研究家　国ドイツ　⽣1969年8月10日　典2004

コフラー, ミヒャエル・マルティン　フルート奏者　ミュンヘン・フィルハーモニー　国ドイツ　⽣1966年　典1996

コプラッシュ, ロバート　Kopprasch, Robert W.　ゴールドマン・サックス証券会社債券部副社長　国米国　典1992

コプランズ, ペタ　Coplans, Peta　絵本作家, 画家　⽣1951年　典1996

コープランド, アーロン　Copland, Aaron　作曲家　国米国　⽣1900年11月14日　没1990年12月2日　典1992

コープランド, キャサリン　Copeland, Katherine　通称=Copeland,Kat　ボート選手　ロンドン五輪ボート女子軽量級ダブルスカル金メダリスト　国英国　⽣1990年12月1日

コープランド, ジャック　Copeland, Jack L.　コープランド・コンサルティング社長　国米国　⽣1934年　典2000

コープランド, スチュアート　Copeland, Stewart　グループ名=ポ

リス　ドラム奏者　国英国　⽣1952年7月16日　典2000／2008／2012

コープランド, デービッド　Copeland, David　自己開発家　国米国　典2004

コープランド, トム　Copeland, Tom　経営コンサルタント　モニター・カンパニー・ディレクター　国米国　典2000

コープランド, ピーター　Copeland, Peter　ジャーナリスト, 編集者　国米国　典2004

コープリー, ジム　Copley, Jim　別名=コープリー, ジミー　グループ名=マグナム　ロック・ドラム奏者　国英国　⽣1953年12月29日　典2012

コプリー, シャルト　Copley, Sharlto　俳優, 映画監督, 映画プロデューサー　国南アフリカ　⽣1973年11月27日　典2012

コブリー, ポール　Cobley, Paul　社会学者　ギルドホール大学上級講師　専コミュニケーション学　国英国　典2004

コブリック, イアン　Koblick, Ian G.　海洋資源開発財団総裁　専海中居住学　国米国　典1996

コブリッツ, ニール　Koblitz, Neal　ワシントン大学数学科教授　専数学　国米国　⽣1948年12月24日　典2000

コブリン, アレクサンドル　Kobrin, Alexander　ピアニスト　国ロシア　⽣1980年　典2012

コフリン, コン　Coughlin, Con　ジャーナリスト　「サンデーテレグラフ」編集主幹　国英国　典2004／2008

コプリン, ジェームズ　Coplien, James O.　独立コンサルタント, コンピューター科学者　マンチェスター工科大学コンピューテーション学部客員教授　専マルチパラダイムデザイン　国米国　典2004

ゴブル, ポール　Goble, Paul　絵本作家, 画家　典1992／1996

ゴーブロー, キンバリー　Gauvreau, Kimberlee　専臨床統計　典2004

コプロスキ, クリス　Koprowski, Chris　英会話講師　典2004

コプロビッツ, ケイ　USAケーブル・ネットワーク社長, 女性スポーツ基金理事長　国米国　典1992

コーヘー, ピーター　カリフォルニア大学サンディエゴ校教授　専政治学　国米国　典1996

ゴーベ, マーク　Gobé, Marc　経営コンサルタント　デグリップゴーベグループCEO　国米国　典2004

コヘイン, ナナレル　ウェルズリー女子大学学長　専政治学　国米国　典1996

コヘイン, ロバート　Keohane, Robert O.　政治学者　ハーバード大学教授　専国際政治経済学　国米国　⽣1941年　典1996

ゴベジシビリ, デビッド　レスリング選手(フリー130キロ級)　国ソ連　典1992

ゴベッチ, セルジオ　Gobetti, Sergio　本名=ゴベッチ, セルジオ・アパレシード　サッカーコーチ　国ブラジル　⽣1959年4月4日　典2012

コーベット, ウィリアム　Corbett, Wiliam J.　児童文学作家　典1996

コーベット, リディア　Corbett, Lydia　洗礼名=デービッド, シルベット　画家　ピカソの元モデル　国英国　⽣1936年　典1992

コベリ, エンリコ　Coveri, Enrico　ファッションデザイナー　国イタリア　⽣1952年2月26日　典1992

ゴーベル, タエブ・モハマッド　実業家　元・インドネシア日本合弁企業家協会会長　国インドネシア　⽣1984年7月21日　典1992

コペル, トム　Koppel, Tom　フリーライター　バラード社　国カナダ　典2004

ゴーベル, ラフマット　Gobel, Rachmat　実業家　ゴーベル・インターナショナル総帥, インドネシア日本友好協会(PPIJ)理事長　国インドネシア　⽣1962年9月3日　典2012

コペルソン, アーノルド　Kopelson, Arnold　映画プロデューサー　国米国　⽣1935年2月14日　典1996

コーヘン, エリ　Cohen, Eli　外交官　元・駐日イスラエル大使　国イスラエル　⽣1949年　典2012

コーペン, サンドラ　Kopen, Sandra　新相撲選手, 柔道選手　国ド

コーヘン, ダリア・B. 作家 国イスラエル 生1944年 収1996
コーベン, ハーラン Coben, Harlan ミステリー作家 国米国 生1962年 収2000／2012
コペン, ビバリー Copen, Beverly Kievman 起業コンサルタント mbグローバル・エンタープライズ社長,コーペンズ・コミュニケーションズ・インターナショナル社長 国米国 収2004
コベーン, マット Cockbain, Matt ラグビー選手 国オーストラリア 生1972年9月19日 収2008
コベントリー, カースティ Coventry, Kirsty 水泳選手(背泳ぎ) IOC委員 アテネ五輪・北京五輪金メダリスト,競泳女子100メートル・200メートル背泳ぎ世界記録保持者 国ジンバブエ 生1983年9月16日 収2008／2012
コーペンヘイバー, ブライアン Copenhaver, Brian P. 哲学者 カリフォルニア大学ロサンゼルス校教授 収ルネサンス哲学史 収2008
コホ, エンリケ・エル フラメンコダンサー 国スペイン 生1985年3月28日 収1992
コホウ・バンリ 孤蓬 万里 本名=呉建堂 歌人,医師 元・台北歌壇主宰,元・台湾地区婦幼衛生中心嘱託医師 国台湾 生1926年4月1日 没1998年12月15日 収1996
コホウト, パヴェル Kohout, Pavel 劇作家,作家 国チェコ 生1928年7月20日 収1992／1996／2004／2008
コホウトコヴァ, バルボラ Kohoutková, Barbora バレリーナ フィンランド国立バレエ団プリンシパル 国チェコ 生1978年10月19日 収2004／2008
コボザ, パーシー ジャーナリスト 国南アフリカ 没1988年1月17日 収1992
コホバ, マッティ ジャーナリスト フィンファクツ理事長 国フィンランド 収1992
コボルド, リチャード Cobbold, Richard 元・軍人 王立統合防衛研究所(RUSI)所長 元・英国海軍少将 国防,防衛 国英国 収2004／2012
コーホン, ジョージ Cohon, George A. マクドナルド・レストラン・オブ・カナダ社長・最高経営責任者 国カナダ 収1992
コマイコ, リア Komaiko, Leah 児童文学作家 国米国 収2004
コマイユ, ジャック Commaille, Jacques 政治社会学者 フランス国立科学研究センター(CNRS)研究主幹 収法と家族政策 国フランス 生1937年 収2004
コマス, エリック Comas, Erik F1ドライバー 国フランス 生1963年9月28日 収1992(コマ, エリック)／1996／2000
ゴマソール, スティーブン Gomersall, Stephen John 実業家,外交官 日立取締役,日立ヨーロッパ会長 元・駐日英国大使 国英国 生1948年1月17日 収2000／2012
コーマック, アラン Cormack, Allan MacLeod 医学物理学者 元・タフツ大学名誉教授 国米国 生1924年2月23日 没1998年5月7日 収1992／1996
コマネチ, ナディア Comăneci, Nadia 元・体操選手 モントリオール五輪・モスクワ五輪メダリスト 国米国 生1961年11月12日 収1992／1996／2000／2004／2008／2012
コマラ, ジョセフィーン バティック・プロデューサー ビン・ハウス(ジャワ更紗工房)主宰者 国インドネシア 生1955年 収1996
コマル, バルラジュ Komal, Balraj 詩人,作家 デリー教育委員会委員長代理 国インド 生1928年 収1996
コマロフスキー, ゲオルギー Komarovskii, George E. 外交官,比較宗教学者 元・駐大阪ロシア総領事 国ロシア 生1933年 没2004年8月8日 収1992／1996／2000
コマロワ, スタニスラワ Komarova, Stanislava 水泳選手(背泳ぎ) アテネ五輪競泳女子200メートル背泳ぎ銀メダリスト 国ロシア 生1986年6月12日 収2008／2012
コーマン, エイブリー Corman, Avery 作家 生1935年 収1992／2012
ゴーマン, エド Gorman, Ed 別名=ランサム, ダニエル ミステリー作家 「ミステリー・シーン」(ミステリー情報誌)発行人 国米国 生1941年11月 収1996

ゴーマン, グレッグ Gorman, Greg 写真家 国米国 生1949年 収1992／1996
コーマン, ゴードン Korman, Gordon 児童文学作家 国米国 収2004
ゴーマン, ジャック Gourman, Jack 教育学者 全米教育標準研究所所長 元・カリフォルニア州立大学教授 生1925年2月 収2004
ゴーマン, ジョセフ Gorman, Joseph Tolle 実業家 TRW会長・CEO,米日経済協議会会長 国米国 生1937年10月 収1992／1996／2000
ゴーマン, トム テニス監督 デビスカップ杯米国チーム監督 国米国 収1996
ゴーマン, トム Gorman, Tom マーケティング・コンサルタント 国米国 収2004
ゴーマン・ミチコ ゴーマン 美智子 Gorman, Michiko 旧名=諏訪 元・マラソン選手 国米国 生1936年8月14日 収1992
ゴーマン, リオン Gorman, Leon A. 元・軍人 エル・エル・ビーン社長
コーマン, ロジャー・ウィリアム Corman, Roger William 映画プロデューサー,映画監督 ニューホライズン・コーポレーション社長 国米国 生1926年4月5日 収1992／1996／2000／2012
コマンスキー, デービッド Komansky, David 実業家 元・メリルリンチ会長・CEO 国米国 収1996／2000／2004
コーミア, ロバート Cormier, Robert 作家 国米国 生1925年 没2000年11月2日 収1992／1996
コミサジェフスキー, クリストファー 実業家 バーソン・マーステラCEO 国米国 収2000
コミスキー, ユージン Comiskey, Eugene E. 会計学者 ジョージア工科大学デュプリー経営学カレッジキャラウエー会計学教授 収2008
コミッサール, ミハイル ジャーナリスト 元・ロシア大統領府副長官 国ロシア 収1992／2000
ゴー・ミン・トゥイ Ngô Minh Thuy ハノイ国家大学教官 国ベトナム 生1965年 収2004
ゴム, ジーン Gomm, Jean 経済協力開発機構(OECD)人事部次長 収1992
コムシッチ, ジェリコ Komšić, Željko 政治家 ボスニア・ヘルツェゴビナ幹部会員(クロアチア人代表) 国ボスニア・ヘルツェゴビナ 生1964年1月20日 収2008／2012
コムストン, マーティン Compston, Martin 俳優 国英国 生1984年 収2004／2008
コムチェフ, アタナス Komchev, A. レスリング選手(グレコローマン90キロ級) 国ブルガリア 収1992
コムラード, パスカル Comelade, Pascal ミュージシャン 国フランス 生1955年 収1996
ゴームリー, アントニー Gormley, Antony 彫刻家 国英国 生1950年 収1996／2000
ゴームリー, ジョー Gormley, Joe 本名=Gormley,Joseph 労働運動家 元・英国全国炭鉱労組(NUM)委員長 国英国 生1917年7月5日 没1993年5月27日 収1996
コムリー, バーナード Comrie, Bernard 言語学者 南カリフォルニア大学教授 国米国 生1947年 収2004
ゴムリンガー, オイゲーン Gomringer, Eugen 詩人 国スイス 生1925年 収1992
ゴムルカ, ウラジスラウ Gomułka, Władysław 政治家 元・ポーランド統一労働者党第1書記 国ポーランド 生1905年2月6日 没1982年9月1日 収1992
コメイ, キャサリン Comet, Catherine 指揮者 グランド・ラピッズ交響楽団音楽監督,アメリカ交響楽団音楽監督 国米国 収1996
ゴメス 国連財務官 国アルゼンチン 収1992
ゴメス, アイーダ Gómez, Aida スペイン舞踊家 元・スペイン国立バレエ団芸術監督 国スペイン 生1967年6月12日 収2000／2008／2012
ゴメス, アラン Gomez, Alan Michel 実業家 トムソン会長

ゴメス、アリス　パーカッション奏者　国米国　歴2000

ゴメス、アンジェラ　Gomez, Angela　国際家族計画連盟（IPPF）会長　国コロンビア　歴2004／2008

ゴメス、アンドレス　Gomez, Andres　テニス選手　国エクアドル　生1960年2月27日　歴1992／1996／2000

ゴメス、エディ　Gomez, Eddie　本名＝Gomez,Edger　ジャズベース奏者　国米国　生1944年10月4日　歴1992

ゴメス、エルナン・ダリオ　Gomez, Hernan Dario　サッカー監督　サッカー・エクアドル代表監督　国コロンビア　生1956年2月3日　歴2004／2008

ゴメス、ヌーノ　Gomes, Nuno　本名＝リベイロ、ヌノ・ミゲル・ソアレス・ペレイラ　サッカー選手（FW）　国ポルトガル　生1976年7月5日　歴2004／2008

ゴメス、フェレイラ　軍人　国連アンゴラ検証団（UNAVEM）団長、ブラジル陸軍准将　国ブラジル　歴1992

ゴメス、フランシスコ　Gomes, Francisco Da Costa　政治家、軍人　元・ポルトガル大統領　国ポルトガル　生1914年6月30日　没2001年7月31日　歴1992

ゴメス、フローラ　映画監督　国ギニアビサウ　生1949年　歴1992

ゴメス、マリオ　Gomez, Mario　サッカー選手（FW）　国ドイツ　生1985年7月10日　歴2012

ゴメス、マルセロ　Gomes, Marcelo　バレエダンサー　アメリカン・バレエ・シアター（ABT）プリンシパル　生1979年9月26日　歴2012

ゴメス、ユウジ　ゴメス、雄二　本名＝ゴメス、クリスチャン・ユウジノ　旧名＝ゴメス、ユウジ　プロボクサー　元・日本フェザー級チャンピオン　国米国　生1972年6月11日　歴2004

ゴメス、レオ　Gomez, Leo　元・プロ野球選手，元・大リーグ選手　国プエルトリコ　生1967年3月2日　歴2004

ゴメス、ロイド　Gomez, Lloyd F.　海洋生物学者　サンフランシスコ市スタインハート水族館　魚類学、熱帯海洋魚類、珊瑚礁の生態系　国米国　生1937年　歴1996

ゴメス・アレマン、M.G.　Gomez, Manuel Garcia　PENTALFA（総合ナチュロパタセンター）講師　国スペイン　生1926年　歴1996

ゴメス・オチョア、デリオ　元・ゲリラ司令官　国キューバ　歴2000

ゴメッツ、レフティ　Gomez, Lefty　本名＝Gomez,Vernon Louis　大リーグ選手　国米国　生1908年11月26日　没1989年2月17日　歴1992（ゴメス、レフティ）

コメッティ、ジル　Cometti, Gilles　ブルゴーニュ大学助教授　スポーツトレーニング　国フランス　生1949年　歴2004

コーメニー、マイケル　Cormany, Michael　作家　国米国　歴1996

コモ、ペリー　Como, Perry　本名＝Como,Pierino Roland　歌手　国米国　生1912年8月15日　没2001年5月12日　歴1996

コモー、ルイーズ　環境保護運動家　シエラ・クラブ・カナダエネルギー・大気キャンペーン部長　国カナダ　歴2000

コモナー、バリー　Commoner, Barry　植物生理学者，生態学者　クイーンズ・カレッジ名誉教授・自然系生物学センター所長　国米国　生1917年5月28日　歴1992／1996

コモネン、マルック　Komonen, Markku　建築家　国フィンランド　生1945年　歴1996

コモロフスキ、ブロニスワフ　Komorowski, Bronisław　本名＝Komorowski,Bronisław Maria　政治家　ポーランド大統領　国ポーランド　生1952年6月4日　歴2012

コモワ、ビクトリア　Komova, Viktoria Aleksandrovna　体操選手　ロンドン五輪体操女子個人総合・団体総合銀メダリスト　国ロシア　生1995年1月30日

コモン　Common　旧芸名＝コモン・センス　歌手　国米国　歴2000

コモンズ、ドーマン　Commons, Dorman L.　元・オキシデンタル・オイル社役員　国米国　生1988年　歴1992

コーヤ、シュテファン　キュレーター　ベルヴェデーレ宮オーストリア絵画館キュレーター　国オーストリア　生1962年　歴2000

コヤマ、マイケル・S.　Koyama, Micael S.　筆名＝コーゾル、ジェーソン　経済学者，作家　ワシントン大学名誉教授　日本経済史，経済成長　国米国　歴1996（コーゾル、ジェーソン）／2012

コラー、アーノルド　Koller, Arnold　政治家　元・スイス司法警察相　国スイス　生1933年8月29日　歴1992／1996／2000

コラー、クサヴァー　映画監督　国スイス　生1944年　歴1992／1996

コーラー、ジョン・E.　ヒューズ・アジア・パシフィック社長・CEO、ヒューズ・エアクラフト副社長　国米国　生1941年　歴1996

コラー、シーラ　Kohler, Sheila　作家　国米国　生1941年　歴1996

コラー、ティム　Koller, Tim　経営コンサルタント　マッキンゼー＆カンパニー・パートナー　国米国　歴2000

コーラー、フォイ　Kohler, Foy D.　外交官，ソ連問題専門家　元・駐ソ米国大使　国米国　没1990年12月23日　歴1992

コラー、ヤン　Koller, Jan　サッカー選手（FW）　国チェコ　生1973年3月30日　歴2004／2008／2012

コーラー、ユルゲン　Kohler, Jürgen　愛称＝コクス　サッカー監督，元・サッカー選手　サッカー・コートジボワール代表監督　国ドイツ　生1965年10月6日　歴2008／2012

コラーシ、J.　Kolář, Jiří　前衛芸術家　国チェコスロバキア　生1914年9月24日　歴1992

コラス、ギルバート　Colas, Guilbaut　スキー選手（フリースタイル）　国フランス　生1983年6月18日

コラス、リシャール　Collasse, Richard　シャネル日本法人社長　国フランス　生1953年7月8日　歴2000／2004／2008／2012

コラータ、ジーナ　Kolata, Gina　ジャーナリスト　「ニューヨーク・タイムズ」紙記者　国米国　歴1996／2000

コラツォラ、ヤン　Corazolla, Jan　指揮者　ライン室内管弦楽団首席指揮者　国ドイツ　生1931年　歴1996

コラッサ、ミック　Kolassa, Mick　医薬品価格設定　国米国　歴2004

コラッジオ、ピーター　Coraggio, Peter　ピアニスト　ハワイ大学ピアノ科主任教授，アーツ・イン・パフォーマンス主宰者　国米国　歴2000

コラディーニ、ディーディー　Corradini, Deedee　政治家　ソルトレークシティ市長，ソルトレーク五輪組織委員会委員，全米市長会議副会長　国米国　歴2000

コラナ、ハー　Khorana, Har Gobind　生化学者，分子化学者　元・マサチューセッツ工科大学名誉教授　核酸の有機化学　国米国　生1922年1月9日　没2011年11月9日　歴1992／1996

コラナド、ギターンジャリ・スーザン　Kolanad, Gitanjali Susan　舞踊研究家，ダンサー　インド古典舞踊　生1954年　歴2004

コラピント、ジョン　Colapinto, John　ジャーナリスト　歴2004

コラブ、カール　Korab, Karl　グラフィックデザイナー，イラストレーター　国オーストリア　生1937年　歴1992

ゴーラブ、ハーベイ　Golub, Harvey　実業家　アメリカン・エキスプレス（アメックス）会長・CEO　国米国　生1939年4月16日　歴1996／2000／2004

ゴラブ、リチャード　Golub, Richard　弁護士，ロックシンガー　国米国　歴1992

ゴラブ、レオン　Golub, Leon　現代美術家，画家　国米国　生1922年　没2004年8月8日　歴2000

ゴーラム、ダン　元・日本語通訳　国米国　生1917年　歴1996

コラール、カトリーヌ　Collard, Catherine　ピアニスト　国フランス　生1947年　没1993年10月10日　歴1996

コラール、ジャン・フィリップ　Collard, Jean-Philippe　ピアニスト　国フランス　生1948年1月27日　歴2000／2012

コラール、シリル　Callard, Cyril　作家，映画監督　国フランス　生1957年12月19日　没1993年3月5日　歴1996

コラール、マリア　修道女　元・英知大学教師　国スペイン　没1987年5月3日　歴1992

コラルーチ、ジャンルイージ　Colalucci, Gianluigi　壁画修復士　中央修復学校教授　国イタリア　歴1996

コラーレス, マリア・メルセデス　Corrales, Maria Mercedes M.　実業家　スターバックス・コーヒージャパン取締役　元・スターバックス・コーヒージャパン代表取締役CEO　国フィリピン　誕1949年7月13日　掲2004/2008/2012

コラン, グレゴワール　Colin, Gregoire　俳優　国フランス　誕1975年7月25日　掲2000/2004/2008

コラン, ダニエル　Colin, Daniel　アコーディオン奏者　国フランス　誕1941年　掲2012

コラン, ポール　Colin, Paul　ポスター作家　国フランス　誕1892年　掲1992/1996

コランタン, フィリップ　Corentin, Philippe　本名=Le Saux, Philippe　絵本作家　国フランス　誕1936年2月16日　掲1996

コーリー, エリアス・ジェームス　Corey, Elias James　化学者　ハーバード大学教授　専有機合成化学　国米国　誕1928年7月12日　掲1992/1996/2008/2012

コリ, カール　Cori, Carl Ferdinand　生理学者,生化学者,薬理学者　国米国　誕1896年12月5日　没1984年　掲1992

ゴーリー, コナー　Gorry, Conner　ライター　掲2004/2008

コーリー, ジェラルド　Corey, Gerald　カウンセラー　カリフォルニア州立大学名誉教授　国米国　掲2008

コーリー, ジョン　作家,医師　「ジ・オブザーバー」誌コラムニスト　国英国　誕1955年　掲1992/1996

コーリー, テレサ　Corley, Theresa　作家　国米国　掲2008

ゴーリー, フランク・B.　生態学者　国際生態学会議会長, ジョージア大学教授　専景観生態学, 都市生態学　国米国　誕1930年9月　掲1992

ゴーリー, ポール　Gourley, Paul L.　サンディア国立研究所研究員　専半導体ナノレーザー,半導体光学素子　国米国　掲2000

コーリー, マイケル　Corey, Michael　コンピューター技術者　国米国　掲2004

コーリー, マリアンネ・シュナイダー　Corey, Marianne Schneider　カウンセラー, 結婚家族療法家　国米国　掲2008

コリア, ギレルモ　Coria, Guillermo　元・テニス選手　国アルゼンチン　誕1982年1月13日　掲2008

ゴリア, ジョヴァンニ　Goria, Giovanni Giuseppe　政治家　元・イタリア首相　国イタリア　誕1943年7月30日　没1994年5月21日　掲1992/1996

コリア, ジョン　Collier, John Gordon　Nuclear Electric会長　元・英国原子力公社総裁　専熱工学,原子力工学　国英国　誕1935年1月22日　掲1996

コリアー, ジョン　Collier, John　イラストレーター　国米国　誕1948年　掲1992

コリア, チック　Corea, Chick　本名=Corea,Armando Anthony　グループ名=リターン・トゥ・フォーエバー　ジャズピアニスト　国米国　誕1941年6月12日　掲1996/2000/2008/2012

コリア, バンジャマン　Coriat, Benjamin　パリ第13大学教授・産業経済研究所(CREI)所長　専経済学　国フランス　誕1948年　掲1996

コリアー, ブライアン　Collier, Bryan　画家,絵本作家　国米国　掲2004

コリア, マーク　Collier, Mark　考古学者　リバプール大学考古学古典古代オリエント学科講師　専古代オリエント学　掲2004

コリアー, リチャード　Collier, Richard　ノンフィクション作家　国英国　掲1992

コリアー, レスリー　Collier, Lesley　バレリーナ　ロイヤル・バレエ団プリマ　国英国　誕1947年　掲1992

コリアス, ジョルジョ　元・イタリア貿易振興会東京事務所所長　国イタリア　没1987年8月23日　掲1992

コリエネック, ジーン　Korienek, Gene　コンピュータ技術者　掲2008

コリエル, ジュリアン　Coryell, Julian　ギタリスト　国米国　誕1973年　掲1996

コリガン, ウィルフレッド　Corrigan, Wilfred J.　実業家　LSIロジック創設者　国米国　掲1996/2004/2008/2012

コリガン, ジェラルド　Corrigan, E.Gerald　銀行家,エコノミスト　ゴールドマン・サックス・マネジングディレクター　元・ニューヨーク連銀総裁　国米国　誕1941年6月3日　掲1992/1996/2000/2004/2012

コリガン, ドロシー　Corrigan, Dorothy　科学評論家　米国図書館協会特別顧問　専能力開発　国米国　掲1992

コリガン, パトリック　Corrigan, Patrick H.　ザ・コリガン・グループ取締役　専LAN　国米国　掲1996

コリガン, パトリック　Corrigan, Patrick　イラストレーター　国米国　掲2004

コリガン, ロバート　元・IBM副社長(パソコン担当)　国米国　掲1992/1996

コリガン・テイラー, カレン　Colligan-Taylor, Karen　日本文学研究家　アラスカ大学名誉教授　専宮沢賢治研究　国米国　掲2004

コリガン・マグワイア, メイリード　Corrigan-Maguire, Mairead　旧名=コリガン, メイリード　平和運動家　国英国　誕1944年1月27日　掲1992(マグアイア, メイリード)/1996(コリガン・マグワイア, メイリード)/2004/2008/2012

コリゲチ　元・コソボ自治州幹部会議長　国ユーゴスラビア　掲1992

コリシェフスキ　Kolisevski, Lazar　ユーゴスラビア連邦幹部会員　国ユーゴスラビア　誕1914年　掲1992

コリシュ, ブレンダン　政治家　元・アイルランド副首相・労働党首　国アイルランド　没1990年2月17日　掲1992

コリダン, ジョン・M.　神父　米映画「波止場」のバリー神父のモデル　没1984年7月1日　掲1992

ゴリチ, ジル　画家　国フランス　誕1939年　掲2000

コーリック, ケイティー　Couric, Katie　本名=コーリック,キャサリン　テレビ司会者,ジャーナリスト　国米国　誕1957年1月7日　掲2004/2012

ゴーリック, ディーター　Gawlick, Dieter　ソフトウェア・エンジニア　ディジタル・イクイップメント社(DEC)　国米国　掲1992/1996

コリック, マーティン　Collick, Martin　本名=Collick,Robert Martin Vesey　社会学者　関西学院大学商学部教授・国際交流部長　専日本と英国の比較社会史　国英国　誕1937年　掲1992

ゴーリック, ユーリー　法学者　ケメロボ大学助教授,法秩序維持機関活動調整委員会委員長　専刑法　国ソ連　掲1992

ゴーリッツ, アレクサンドル　ジャーナリスト　「イトーギ」安全保障問題担当記者　国ロシア　掲2000

コリーニ, ステファン　Collini, Stefan　ケンブリッジ大学講師　誕1947年　掲1996

コリネリ, アンドレア　Collinelli, Andrea　自転車選手　国イタリア　掲2000

コリノ, リチャード　インテルサット事務局長　国米国　掲1992

コリモア, スタン　Collymore, Stan　サッカー選手(FW)　国英国　誕1971年1月22日　掲2000/2004

ゴリヤーキン, ニコライ　ジャーナリスト,評論家　国ソ連　誕1957年　掲1992

コリューシュ　本名=コルッシ, ミシェル　喜劇俳優　国フランス　没1986年6月19日　掲1992

コリリン, エラン　Kolirin, Eran　映画監督,脚本家　国イスラエル　誕1973年　掲2008/2012

コリル, サミー　Korir, Sammy　マラソン選手　国ケニア　誕1971年12月12日　掲2008/2012

ゴリン, アル　Golin, Al　実業家　ゴリンハリス・インターナショナル会長　国米国　掲2004

コリン, サラ　Corrin, Sara　絵本作家　国英国　掲1992

コリン, ステファン　Corrin, Stephen　絵本作家,翻訳家　国英国　掲1992

コリン, ハーモニー　Korine, Harmony　映画監督,脚本家　国米国　誕1973年　掲2000/2012

コリン, フィル　Collen, Phil　グループ名=デフ・レパード, 旧グループ名=ガール　ロック・ギタリスト　国英国　誕1957年12月8

日 [典]2000／2004／2008／2012

コリング, ティム サイモン・フレイザー大学教授 [専]工学科学 [国]カナダ [典]2000

コーリング, マーク Cowling, Marc バーミンガム大学ビジネス・スクール産業戦略研究センター所長 [典]2004／2008

コリングス, テリー Collings, Terry コンピューター技術者 [典]2004

コリンジ, ウィリアム Collinge, William 医学者 [専]サトル・エネルギー, 全体医学 [典]2004

コリンズ, アイリーン Collins, Eileen Marie 宇宙飛行士, 軍人 ディスカバリー船長, 米国空軍大佐 [国]米国 [生]1956年11月19日 [典]2000／2008／2012

コリンズ, アシュリン Collins, Ashlinn 語り部 [専]夢研究 [国]アイルランド [生]1927年 [典]2004

コリンズ, アルバート Collins, Albert ブルース・ギタリスト, 歌手 [国]米国 [生]1932年8月1日 [没]1993年11月24日 [典]1992／1996

コリンズ, アンドルー Collins, Andrew アース・ミステリー研究家 [国]英国 [生]1957年 [典]1996

コリンズ, ウォリック Collins, Warwick 詩人, ヨット・デザイナー, 防衛問題専門家, 作家 [典]1992／1996

コリンズ, エライザ Collins, Eliza G.C. 編集者 エグゼクティブ・デベロップメント・センター共同経営者 [国]米国 [典]1992／1996

コリンズ, キム Collins, Kim 陸上選手(短距離) [国]セントクリストファー・ネビス [生]1976年4月5日 [典]2004／2008／2012

コリンズ, キャロリン・ストーム Collins, Carolyn Storm 著述家 [典]2004

コリンズ, コリーン Collins, Colleen ロマンス作家 [典]2008

コリンズ, コルニー Collins, Corny 女優 [国]ドイツ [典]2000

コリンズ, ジェーソン Collins, Jason バスケットボール選手 [国]米国 [生]1978年12月2日

コリンズ, ジェームズ Collins, James C. 別名=コリンズ, ジム 経営学者, 企業コンサルタント 元・スタンフォード大学教授 [国]米国 [生]1958年 [典]1996／2004／2008／2012

コリンズ, ジェラルド Collins, Gerard 本名=Collins,James Gerard 政治家 元・アイルランド外相 [国]アイルランド [生]1938年10月16日 [典]1992／1996

コリンズ, ジミー Collins, Jimmy ユー・マスト・クリエイト(YMC)ビジネスパートナー [国]英国 [生]1968年 [典]2000

コリンズ, ジム Collins, Jim ソフトウェア・エンジニア タンデムコンピューターズ社大規模システムマーケティング支援部 [国]米国 [典]1992／1996

コリンズ, ジュディ Collins, Judy 歌手 [国]米国 [生]1939年5月1日 [典]1996

コリンズ, ジョーン Collins, Joan 本名=Collins,Joan Henrietta 女優 [国]英国 [生]1933年5月23日 [典]2000／2004／2008／2012

コリンズ, ジョン Collins, John 英国シェル石油社長 [国]英国 [生]1941年 [典]1992

コリンズ, スーザン Collins, Susan 本名=Collins,Susan Margaret 政治家 米国上院議員(共和党) [国]米国 [生]1952年12月7日 [典]2004／2012

コリンズ, ティモシー Collins, Timothy Clark 通称=コリンズ, ティム 金融家 RHJインターナショナルCEO, リップルウッド・ホールディングスCEO [国]米国 [生]1956年10月8日 [典]2000／2004／2008／2012

コリンズ, テリー Collins, Terry 児童文学作家 [国]米国 [典]2004

コリンズ, テリー Collins, Terry Lee 大リーグ監督 元・野球・中国代表監督 [国]米国 [生]1949年5月27日 [典]2008／2012

コリンズ, トッド Collins, Todd プロフットボール選手(QB) [国]米国 [生]1971年11月5日 [典]2000／2008

コリンズ, トーマス Collins, Thomas L. DMコンサルタント, コラムニスト マキシマーケティング研究所インターナショナル創設者, ラップ&コリンズ社創始者 [国]米国 [典]1996／2000／2004

コリンズ, ハリー Collins, Harry 社会学者 カーディフ大学教授 [典]2004

コリンズ, ピーター F1チーム「ベネトンチーム」マネージャー [国]オーストラリア [典]1992

コリンズ, フィル Colins, Phil 旧グループ名=ジェネシス, ブランドX ミュージシャン [国]英国 [生]1951年1月30日 [典]1992／1996／2000／2004／2008／2012

コリンズ, フランシス・S. Collins, Francis S. 遺伝学者 米国国立保健研究所(NIH)所長 [専]ヒトゲノム解読 [国]米国 [典]2004／2008／2012

コリンズ, ポーリン Collins, Pauline 女優 [国]英国 [典]1992

コリンズ, マイケル Collins, Michael 本名=リンズ, デニス 筆名=クロウ, ジョン, ハリディ, ブレット, サドラー, マーク, アーデン, ウィリアム ミステリー作家 [国]米国 [生]1924年 [没]2005年 [典]1992／1996

コリンズ, マイケル Collins, Michael 航空宇宙問題コンサルタント, 元・宇宙飛行士 [国]米国 [生]1930年10月31日 [典]1992／1996／2000

コリンズ, マックス・アラン Collins, Max Allan 作家 [国]米国 [生]1948年 [典]1992／1996／2000／2004／2012

コリンズ, ラリー Collins, Larry 作家 [国]米国 [生]1929年 [没]2005年6月20日 [典]1992／1996／2000

コリンズ, リリー Collins, Lily 女優 [国]米国 [生]1989年

コリンズ, ロバート Collins, Robert J. ボイデン・インターナショナル社参与, 東京アメリカン・クラブ会長 [国]米国 [生]1939年 [典]1992

コリンソン, ディアーネ Collinson, Diané 哲学者 オープン大学上級講師 [国]英国 [典]2004

コリントン, ピーター Collington, Peter イラストレーター [国]英国 [典]2004

コリンバ, アンドレ Kolingba, André 政治家, 軍人 元・中央アフリカ大統領・首相・国防相 [国]中央アフリカ [生]1936年8月12日 [典]1992／1996

コール, K.C. Cole, K.C. サイエンス・ライター 「ロサンゼルス・タイムズ」サイエンス・ライター [国]米国 [典]2004

コール, アシュリー Cole, Ashley サッカー選手(DF) [国]英国 [生]1980年12月20日 [典]2004／2008／2012

コール, アニー Call, Annie Payson セラピスト [国]米国 [典]2004

コール, アンディ Cole, Andy 元・サッカー選手 [国]英国 [生]1971年10月15日 [典]2008／2012

コール, イェスパー Koll, Jesper J.W. エコノミスト メリルリンチ日本証券チーフエコノミスト [生]1961年 [典]1996／2000／2004

コール, クレスリー Cole, Kresley ロマンス作家 [典]2012

コール, ゲリット Cole, Gerrit 大リーグ選手(投手) [国]米国 [生]1990年9月8日 [典]2012

コール, ケン Coar, Ken エンジニア IBM上級ソフトウェアエンジニア [典]2008

コール, シェリル Cole, Cheryl 旧名=Tweedy,Cheryl Ann グループ名=ガールズ・アラウド 歌手 [国]英国 [生]1983年6月30日 [典]2012

コール, ジョー Cole, Joe サッカー選手(MF) [国]英国 [生]1981年11月8日 [典]2004／2008／2012

コール, ジョアンナ Cole, Joanna 児童文学作家 [国]米国 [生]1944年 [典]1996／2000

コール, ジョネッタ Cole, Johnnetta 文化人類学者 スペルマン大学学長 [国]米国 [典]1992／1996

コール, スターリング 元・国際原子力機関(IAEA)事務局長 [国]米国 [没]1987年3月15日 [典]1992

コール, スティーブ Coll, Steve ジャーナリスト ニューアメリカ財団会長 元・「ワシントン・ポスト」編集局長 [国]米国 [生]1958年 [典]2000／2012

コール, スニール Kaul, Sunil 実業家 元・シティバンク銀行社長 [国]インド [典]2012

コール, ダニエル Cole, Daniel パリ・J・ウェルター・トンプソン会長 [国]フランス [生]1951年5月 [典]1996

コ

コール, デービッド・E. Cole, David E. ミシガン大学教授・自動車輸送研究所（OSAT）所長　㊗自動車産業　国米国　㊔1996

コール, ナタリー Cole, Natalie ジャズ歌手　国米国　㊊1950年2月6日　㊔1992／1996／2000／2004／2012

コール, ハーバート Kohl, Herbert H. 通称＝コール, ハーブ　政治家　米国上院議員（民主党）　国米国　㊊1935年2月7日　㊔2004／2012

コール, バベット Cole, Babette 作家, イラストレーター　㊔2000

コール, ピーター Cole, Peter 元・ジャーナリスト　セントラル・ランカシャー大学ジャーナリズム学部長　㊗ジャーナリズム　国英国　㊔2000

コール, ビリー オーストラリア観光局マネジャー　国オーストラリア　㊊1969年　㊔2000

コール, フレディ Cole, Freddie 歌手　国米国　㊊1931年　㊔2008／2012

コール, ブロック Cole, Brock 児童文学作家　国米国　㊊1938年　㊔1996／2000

コール, ヘルムート Kohl, Helmut 本名＝コール, ヘルムート・ヨーゼフ・ミハエル　政治家　元・ドイツ首相, 元・キリスト教民主同盟（CDU）党首　国ドイツ　㊊1930年4月3日　㊔1992／1996／2000／2004／2008／2012

コール, ポーラ Cole, Paula バンド名＝ポーラ・コール・バンド　シンガー・ソングライター　国米国　㊊1968年　㊔2000

コール, ホリー Cole, Holly ジャズ歌手　国カナダ　㊊1963年　㊔1996／2000／2008／2012

コール, マイケル Cole, Michael 教育学者　カリフォルニア大学サンディエゴ校コミュニケーション学部教授・比較人間認識実験室所長　国米国　㊊1938年　㊔2004

コール, マックス Call, Max 作家　国米国　㊔1992

コール, マルティナ Cole, Martina 作家　国英国　㊔2008

コール, リリー Cole, Lily 女優, ファッションモデル　㊊1988年　㊔2012

コール, レオポルト Kohr, Leopold 経済学者　㊣1994年2月26日　㊔1996

コール, ロバート Cole, Robert Eran 社会学者　カリフォルニア大学バークレー校教授　㊗産業社会学, 日本の社会構造, 経営学　国米国　㊊1938年　㊔1992／1996／2004

コール・ウィッタカー, テリー Cole-Whittaker, Terry カウンセラー　㊔2000

コルウィン, ローリー Colwin, Laurie 作家　国米国　㊊1944年　㊣1992年　㊔1992

ゴールウェイ, ジェームズ Galway, James フルート奏者, 指揮者　国英国　㊊1939年12月8日　㊔1996／2004／2008／2012

コルウェル, アイリーン Colwell, Eileen 元・ヘンドン図書館児童図書館員　㊗図書館学　国英国　㊊1904年　㊔1996／2000

コールウェル, リタ・ロッシ Colwell, Rita Rossi 微生物学者　国米国　㊊1934年11月23日　㊔2000／2008／2012

コールカー, カールローン Colker, Carlon M. 医師, 医療コンサルタント　㊗肥満, 老化　国米国　㊔2000

コルカット, マーティン Collcutt, Martin 日本史研究家　プリンストン大学東洋学部教授　㊗日本中世文化史　国米国　㊊1939年　㊔1992／1996／2004／2012

コルガノフ, アレクサンドル Korganoff, Alexandre 作家　国フランス　㊔1992

コルガン, ジェニー Colgan, Jenny 作家　国英国　㊊1972年　㊔2004

コルガン, ドン 遺伝学者　オーストラリア博物館主任研究員　国オーストラリア　㊊1953年　㊔2004／2008

ゴルキン, ジュリアン 本名＝ゴメス, ガルシア　政治家　国スペイン　㊣1987年8月20日　㊔1992

コルクルー, デービット・W. デュポン・カナダ・インク社長・CEO　㊔1996／2000

コルコ, ガブリエル Kolko, Gabriel 歴史学者　ヨーク大学（カナダ）教授　国米国　㊔1992／1996

コールサート, ボー Coolsaet, Bo 医学者　アントワープ大学泌尿器科・男子病科教授　㊗男子病学　㊔2004

コルシア, ローラン Korcia, Laurent バイオリニスト　国フランス　㊔2004／2012

コールジーグ, オラフ Kölzig, Olaf 通称＝Kölzig,Olie 元・アイスホッケー選手　国ドイツ　㊊1970年4月6日　㊔2000／2008

ゴルシコ, ニコライ Golushko, Nikolai Mikhailovich 政治家　元・ロシア保安相　国ロシア　㊊1937年　㊔1996

ゴルシコフ, セルゲイ Gorshkov, Sergei Georgievich 軍人　元・ソ連海軍元帥・元総司令官　国ソ連　㊊1910年2月26日　㊣1988年5月13日　㊔1992

ゴルシコフ, ミハイル Gorshkov, Mikhail マルクス・レーニン主義研究所第1副所長　国ソ連　㊔1992

コルシーニ, カトリーヌ Corsini, Catherine 映画監督, 脚本家　国フランス　㊔2000／2004

コルジャコフ, アレクサンドル Korzhakov, Aleksandr Vasilievich 政治家, 元・軍人　ロシア下院議員　元・ロシア大統領警護局長　国ロシア　㊊1950年1月31日　㊔2000

コルジャーン, ヤロスラフ 美術商　ギャラリー代表者　元・プラハ市長　国チェコ　㊔2000

コルシュノフ, イリーナ Korshunow, Irina 作家, 児童文学者　国ドイツ　㊊1925年12月31日　㊔1992／1996／2000

コールズ, ガードナー・マイク 元・「ルック」（米）創刊者　国米国　㊣1985年7月8日　㊔1992

コールズ, ジョン Coales, John Flavell 元・ケンブリッジ大学名誉教授, 元・世界環境資源審議会会長, 元・IFAC会長　㊗自動制御工学　国英国　㊊1907年9月14日　㊣1999年6月6日　㊔1992／1996

コールズ, ダイアナ Coles, Diana 童話作家　国英国　㊔1996

コールズ, ダーネル Coles, Darnell 元・プロ野球選手　国米国　㊊1962年6月2日　㊔2000

コールズ, ロバート Coles, Robert Martin ハーバード大学医学部教授　㊗精神科　国米国　㊊1929年10月12日　㊔2000

ゴールズマン, アキバ Goldsman, Akiva 脚本家, 映画プロデューサー　国米国　㊊1963年　㊔2004

ゴールズワージー, アンディ Goldsworthy, Andy 造形作家　国英国　㊊1956年　㊔1992／1996／2000

ゴールズワーシー, エイドリアン Goldsworthy, Adrian 歴史学者　国英国　㊊1969年　㊔2004／2008

コルセッティ, レナート Corsetti, Renato エスペランチスト　世界エスペラント協会会長　国イタリア　㊔2008／2012

コルゼンパ, ダニエル Chorzempa, Daniel Walter オルガン奏者, ピアニスト　ザルツブルク・モーツァルテウム教授　国米国　㊊1944年12月7日　㊔2000

コルソン, チャールズ Colson, Charles 本名＝Colson,Charles Wendell　通称＝コルソン, チャック　政治家, 宗教活動家　元・米国大統領特別顧問, 元・プリズン・フェローシップ代表　国米国　㊊1931年10月16日　㊣2012年4月21日

コルダ, アルベルト Korda, Alberto 本名＝ディアス・グティエレス, アルベルト　写真家　国キューバ　㊊1928年　㊣2001年5月25日　㊔2000

コールター, アレン Coulter, Allen 映画監督, テレビディレクター　国米国　㊔2008／2012

コールター, アン Coulter, Ann 弁護士, ニュース・コメンテーター　㊔2008

コールター, カーラ Colter, Cara 筆名＝ワイルダー, クイン　ロマンス作家　国カナダ　㊔2004

コールター, キャサリン Coulter, Catherine ロマンス作家　国米国　㊔2004／2008

コルター, サイラス Colter, Cyrus 作家, 弁護士　国米国　㊊1910年　㊔1992

コールダー, ナイジェル Calder, Nigel 科学ジャーナリスト　国英国　㊊1931年12月2日　㊔1992／1996／2008

ゴールダー, ピーター　Golder, Peter N.　経営学者　ニューヨーク大学スターン校準教授　⒩米国　⓶2004

コルダ, ペトル　Korda, Petr　元・テニス選手　⒩チェコ　⓵1968年1月23日　⓶2000

コルダ, マイケル　Korda, Michael　著述家　元・サイモン・アンド・シェスター社副社長　⒩英国　⓵1933年　⓶1992

コールダー, リチャード　Calder, Richard　作家　⒩英国　⓵1956年　⓶1996

コルタサル, フリオ　Cortázar, Julio　幻想作家　⓵1914年8月26日　⓶1984年2月12日　⓶1992

ゴルダン, ジャン　Gordin, Jean　医師　⓹肝臓, 腸, 消化器系　⓶2004

ゴルチエ, ジャン・ポール　Gaultier, Jean-Paul　ファッションデザイナー　⒩フランス　⓵1952年4月24日　⓶1992／1996／2000／2004／2008／2012

コルチャーク, ヨゼフ　Korčak, Josef　政治家　チェコスロバキア共産党幹部会員　⒩チェコスロバキア　⓵1921年12月17日　⓶1992

ゴルチャコーワ, ガリーナ　Gorchakova, Galina Vladimirovna　ソプラノ歌手　⒩ロシア　⓵1963年12月28日　⓶2000／2004

コルチャノフ, ルドリフ　Kolchanov, Rudolf S.　ジャーナリスト　「トルード」紙副編集長　⒩ソ連　⓵1932年6月11日　⓶1992

コルチュルク, ファハリ　Koruturk, Fahri　政治家　元・トルコ大統領　⒩トルコ　⓵1903年　⓶1987年10月12日　⓶1992

ゴルツ, アンドレ　Gorz, André　筆名=ボスケ, ミシェル　思想家, ジャーナリスト　⒩フランス　⓵1923年　⓶2007年9月24日　⓶1992／1996／2000

コルッチ, フランク　Colucci, Frank　グループ名=ビバ・ブラザー　ミュージシャン　⒩英国　⓶2012

コルテ, アンドレアス　Korte, Andreas　エッセンス療法家　⓶2004

ゴールディー　Goldie　ミュージシャン, 音楽プロデューサー　⒩英国　⓶2000

ゴルディチューク, ワレンチン　Gordiychuk, Valentin　画家, 絵本作家　⒩ウクライナ　⓵1947年　⓶2000

コルデイロ, ポーラ　Cordeiro, Paula A.　教育学者　サンディエゴ大学教育学部長　⒩米国　⓶2004／2008

ゴールディン, ダニエル　Goldin, Daniel S.　元・米国航空宇宙局（NASA）長官, 元・TRW副社長　⒩米国　⓵1940年7月23日　⓶1996／2004

ゴールディーン, ドロシー　画商　ドロシー・ゴールディーン・ギャラリー主宰者　⒩米国　⓶1992

ゴールディン, ナン　Goldin, Nan　写真家　⒩米国　⓵1953年　⓶1996／2000

ゴールディング, ウィリアム　Golding, William Gerald　作家　⒩英国　⓵1911年9月19日　⓶1993年6月19日　⓶1992／1996

ゴールディング, ジュリア　Golding, Julia　作家　⒩英国　⓵1969年　⓶2012

ゴールディング, ブルース　Golding, Bruce　政治家　ジャマイカ首相　⒩ジャマイカ　⓵1947年12月5日　⓶2012

ゴールディング, マシュー　Golding, Matthew　バレエダンサー　オランダ国立バレエ団プリンシパル　⓵1985年9月17日　⓶2012

ゴルデーエフ, アレクセイ　Gordeyev, Aleksei Vassilyevich　政治家　ロシア農相　⒩ロシア　⓵1955年2月28日　⓶2004／2008／2012

ゴルデーエフ, ヴャチェスラフ　Gordeev, Viatcheslav　バレエ演出家, 振付師, 元・バレエダンサー　ボリショイ・バレエ団芸術監督　⒩ロシア　⓶1996

コルテス, ホアキン　Cortés, Joaquin　フラメンコダンサー　⒩スペイン　⓵1969年2月22日　⓶1996／2000／2004／2008／2012

コルテス, ホセ・ルイス　グループ名=NGラ・バンダ　ミュージシャン　⒩キューバ　⓵1951年　⓶1996

コルデス, ワルター　Cordes, Walter　ベルリン工業大学名誉教授　⓹財務論, 会計学, 税務論, 環境保護, 病院制度　⒩ドイツ　⓵1907年　⓶1992

ゴルデル, ヨースタイン　Gaarder, Jostein　哲学者　⒩ノルウェー　⓵1952年　⓶1996／2000／2004／2008／2012

ゴルデーワ, エカテリーナ　Gordeeva, Ekaterina　フィギュアスケート選手　⒩ロシア　⓵1971年　⓶1996／2000

ゴールデン, アーサー　Golden, Arthur　作家　⒩米国　⓵1956年　⓶2000／2008

ゴールデン, パット　Golden, Pat　キャスティング・ディレクター　⒩米国　⓶1996

ゴールデンバーグ, ホセ　Goldenberg, Jose　ブラジル科学技術局長官　元・サンパウロ大学教授　⓹原子物理学　⒩ブラジル　⓶1996

ゴールデンベルグ, シュライベル　Goldenberg, Schreiber Efrain　政治家　元・ペルー首相・外相　⒩ペルー　⓵1929年12月8日　⓶1996／2000

ゴールド, アーネスト　Gold, Ernest　作曲家　⓹映画音楽　⒩米国　⓵1921年7月13日　⓶1999年3月17日　⓶1992

ゴールド, アラン　Gauld, Alan　プログラマー　⓶2004

ゴールド, アリソン・レスリー　Gold, Alison Leslie　作家, ジャーナリスト, テレビプロデューサー　⒩米国　⓶2000

ゴールド, アン　Gold, Anne　ロンドン大学教育学研究所マネジメント開発センター講師　⓹経営管理

ゴールド, アンドルー　Gold, Andrew　グループ名=ブリンドル, ワックス　シンガー・ソングライター, 音楽プロデューサー　⒩米国　⓵1951年8月2日　⓶2011年6月3日

ゴールド, キャロリン　Gold, Carolyn J.　作家　⒩米国　⓵1944年　⓶2000

ゴールド, クリスティ　Gold, Kristi　ロマンス作家　⒩米国　⓶2008

ゴールド, クリスティーナ　Gold, Christina　実業家　ウエスタン・ユニオン・フィナンシャル・サービスCEO　⒩カナダ　⓶2008／2012

ゴールド, グレーシー　Gold, Gracie　フィギュアスケート選手　ソチ五輪フィギュアスケート団体銅メダリスト　⒩米国　⓵1995年8月17日

ゴールド, グレン・デービッド　Gold, Glen David　作家　⒩米国　⓶2004／2008

ゴールド, ケビン　実業家, 元・料理人　リアル・フード・オーナー　⒩英国　⓵1959年　⓶2004

ゴールド, ジュリー　Gold, Julie　シンガー・ソングライター　⒩米国　⓵1978年　⓶2004

ゴールド, ジョイス　マンハッタンの歴史研究家　⒩米国　⓵1942年11月30日　⓶1992

ゴールト, スタンレー　Gault, Stanley C.　グッドイヤー・タイヤ・アンド・ラバー会長・CEO　⒩米国　⓵1926年1月6日　⓶1992／1996

ゴールド, スチュアート　Gold, Stuart Avery　実業家　紅茶共和国共同経営者　⒩米国

ゴールド, デービッド　Gold, David　実業家　99センツ・オンリー・ストアーズ創設者・CEO　⒩米国　⓶2004／2008

ゴールド, ドゥリー　軍事研究家　国連大使　元・テルアビブ大学ジャッフェ戦略研究所米国外交防衛政策研究部長　⓹政治学, 中東における米軍事力研究　⒩イスラエル　⓵1953年　⓶1992／1996／2000

ゴールド, トッド　Gold, Todd　雑誌記者　「ピープル」通信記者　⓶2008

ゴールド, トーマス　Gold, Thomas　天文学者　元・コーネル大学名誉教授　⒩米国　⓵1920年5月22日　⓶2004年6月22日　⓶2004

ゴールド, ハーバート　Gold, Herbert　作家　⒩米国　⓵1924年　⓶1992

ゴールド, ビクター　Gold, Victor　ジャーナリスト, 政治評論家　⒩米国　⓶1992

ゴールド, ビル　元・ロサンゼルス郡検視局広報官　⒩米国　⓶1987年12月16日　⓶1992

ゴールドウィン, サミュエル（Jr.）　Goldwyn, Samuel（Jr.）　映画プロデューサー　サミュエル・ゴールドウィン・カンパニー社長　⒩米国　⓵1926年9月7日　⓶1992

コールドウェル, H.ミッチェル　Caldwell, H.Mitchell　法学者, 法

律家　ペパーダイン法科大学教授　⑬米国　⑭2004

コールドウェル, アースキン　Caldwell, Erskine Preston　作家　⑬米国　⑰1903年12月7日　⑱1987年4月11日　⑭1992

コールドウェル, クリス　Caldwell, Chris K.　数学者　⑬米国　⑭2008

コールドウェル, サリー　Caldwell, Sally　社会学者　⑭2004

コールドウェル, ジュナビ　Caldwell, Jenabe　アリューシャン開発社社長・会長　⑬米国　⑰1926年　⑭2000

コールドウェル, ジョン　Coldwell, John S.　⑮ファーミング・システム研究　⑭2004

コールドウェル, ブルース　Caldwell, Bruce J.　経済学者　ノースカロライナ大学グリーンズボロ校教師　⑬米国　⑭1992

コールドウェル, ボビー　Caldwell, Bobby　シンガー・ソングライター, 音楽プロデューサー　⑬米国　⑰1952年8月15日　⑭2000／2004／2012

コールドウェル, ポーレット　Caldwell, Paulette　ニューヨーク大学ロースクール教授　⑮セクシャル・ハラスメント　⑬米国　⑰1944年12月22日　⑭1996

コールドウェル, ローラ　Caldwell, Laura　作家　⑬米国　⑭2008

ゴールドウォーター, バリー　Goldwater, Barry Morris　政治家　元・米国上院議員（共和党）　⑬米国　⑰1909年1月1日　⑱1998年5月29日　⑭1992／1996

ゴールドウォーター, バリー（Jr.）　Goldwater, Barry M.（Jr.）　政治家　米国下院議員（共和党）　⑬米国　⑰1938年7月15日　⑭1992

ゴールドウォーター, ロバート　Goldwater, Robert　美術研究家　⑬米国　⑰1907年　⑭1996

コルトゥノフ, アンドレイ　Kortunov, Andrei Vadimovich　ロシア科学アカデミー米国カナダ研究所米国対外政策部長　⑮安全保障問題　⑬ロシア　⑰1957年　⑭1992／1996

ゴルドシェデル, セシル　美術史家　⑬フランス　⑱1988年8月3日　⑭1992

ゴールドシュタイン, アネット　Goldstein, Anette　ファッションデザイナー　エスモードパリ学長　⑬フランス　⑭1996

ゴルトシュトゥッカー, エドゥアルド　Goldstücker, Eduard　カフカ研究家, 文学者　元・サセックス大学名誉教授, 元・カレル大学教授　⑬チェコ　⑰1913年5月30日　⑱2000年11月　⑭2000

ゴールドシュナイダー, ゲイリー　Goldschneider, Gary　占い研究家　⑭2004

ゴールドシュミット, ティス　Goldschmidt, Tijs　著述家　⑮動物学　⑬オランダ　⑰1953年　⑭2000

ゴールドシュミット, ニール・エドワード　Goldschmidt, Neil Edward　政治家, 弁護士　元・オレゴン州知事　⑬米国　⑰1940年6月16日　⑭1992／1996／2000

ゴールドシュミット, バートランド　Goldschmidt, Bertrand　原子力学者　元・フランス原子力委員会国際部長, 元・国際原子力機関フランス代表　⑬フランス　⑰1912年11月2日　⑭1996

ゴールドシュミット, バートルド　Goldschmidt, Berthold　作曲家, 指揮者　⑬英国　⑰1903年1月18日　⑱1996年10月17日　⑭1996

ゴールドシュミット, ポール　Goldschmidt, Paul　本名＝Goldschmidt,Paul Edward　大リーグ選手（内野手）　⑬米国　⑰1987年9月10日

ゴールドスタイン, インゲ　Goldstein, Inge F.　公衆衛生学者　コロンビア大学準教授　⑬米国　⑭2004

ゴールドスタイン, サム　Goldstein, Sam　ユタ大学教授　⑮児童発達神経心理学　⑬米国　⑭2004

ゴールドスタイン, ジョセフ・レナード　Goldstein, Joseph Leonard　遺伝学者　テキサス大学サウスウェスタン医学部教授　⑮分子遺伝学　⑬米国　⑰1940年4月18日　⑭1992／1996（ゴールドシュタイン, ジョセフ・レオナルド）／2000／2008／2012

ゴールドスタイン, デービッド　Goldstein, David　英国図書館ヘブライ語本写本部長　⑮ユダヤ文明研究　⑬英国　⑭1992／1996

ゴールドスタイン, ドナルド　Goldstein, Donald M.　政治学者, 元・軍人　ピッツバーグ大学助教授　⑮国際関係論　⑬米国　⑭2004

ゴールドスタイン, ヘンリー　Goldstein, Henry B.　弁護士　⑬米国　⑰1951年5月17日　⑭2000

ゴールドスタイン, マーティン　Goldstein, Martin　化学者　元・ヤシバ大学教授　⑬米国　⑭2004

ゴールドスタイン, モリス　国際経済研究所上席研究員　⑮経済学　⑬米国　⑭2000

ゴールドスタイン, リサ　作家　⑬米国　⑰1953年　⑭1996

ゴールドスタイン, リチャード・S.　弁護士　米国移民法弁護士協会ニューヨーク支部長　⑬米国　⑰1945年1月　⑭1992

ゴールドスタイン, レオナルド　Goldstein, Leonard J.　経営者　ミラー・ブルーイング・カンパニー会長・社長　⑬米国　⑭1992

ゴールドスタイン, ロバート・ジャスティン　Goldstein, Robert Justin　政治学者　オークランド大学教授　⑬米国　⑭2004（ゴールドスティーン, ロバート・ジャスティン）／2008

ゴールドストーン, ナンシー　Goldstone, Nancy　作家　⑬米国　⑭2000

ゴールドストーン, リチャード　Goldstone, Richard J.　裁判官　南アフリカ憲法裁判所判事　元・旧ユーゴスラビア国際戦争犯罪法廷（ICTFY）主任検察官　⑬南アフリカ　⑰1938年10月26日　⑭2000

ゴールドストーン, ローレンス　Goldstone, Lawrence　作家　⑬米国　⑰1947年　⑭2000

ゴールドスミス, アンドルー　Goldsmith, Andrew Feyk　コンサルタント　⑭2004

ゴールドスミス, エドワード　Goldsmith, Edward　環境問題運動家, 生態学者　⑬フランス　⑰1929年　⑭2000

ゴールドスミス, オリビア　Goldsmith, Olivia　本名＝レンダル, ジャスティン　作家　⑬米国　⑱2004年1月15日　⑭2004

ゴールドスミス, ジェリー　Goldsmith, Jerry　本名＝ゴールドスミス, ジェラルド・キング　作曲家　⑮映画音楽　⑬米国　⑰1929年2月29日　⑱2004年7月21日　⑭1996／2000

ゴールドスミス, ジュディス　Goldsmith, Judith　⑮民族文化学　⑬米国　⑭2000

ゴールドスミス, ジョエル　Goldsmith, Joel　作曲家　⑮映画音楽　⑬米国　⑰1957年　⑱2012年4月29日

ゴールドスミス, スチュアート　Goldsmith, Stuart　作家, 脚本家　⑬英国　⑰1953年　⑭2000

ゴールドスミス, ドナルド　Goldsmith, Donald　天文学者, ジャーナリスト　スタンフォード大学客員教授　⑭1996／2004

ゴールドスミス, マイケル　ジャーナリスト　元・AP通信記者　⑬英国　⑱1990年10月24日　⑭1992

ゴールドスミス, マーシャル　Goldsmith, Marshall　エグゼクティブコーチ　マーシャル・ゴールドスミス・パートナーズ創業者　⑰1949年　⑭2012

ゴールドスミス, マーティン　Goldsmith, Martin　音楽評論家　⑬米国　⑭2004

コルドバ, イバン　Cordova, Ivan　本名＝コルドバ, イバン・ラミロ　元・サッカー選手　⑬コロンビア　⑰1976年8月11日　⑭2008／2012

コルドバ, ホセ　Cordova, Jose　メキシコ大統領府調整室長　⑬メキシコ　⑰1950年6月1日　⑭1996

ゴールドバーグ, B.Z.　Goldberg, B.Z.　映画監督　⑬米国　⑭2004／2008

ゴールドバーグ, アーサー・ジョセフ（Jr.）　Goldberg, Arther Joseph（Jr.）　法律家　元・米国最高裁判事, 元・国連大使　⑮労働問題　⑬米国　⑰1908年8月8日　⑱1990年1月19日　⑭1992

ゴールドバーグ, ウーピー　Goldberg, Whoopi　本名＝ジョンソン, ケアリン　女優　⑬米国　⑰1955年11月13日　⑭1992／1996／2004／2008／2012

ゴールドバーグ, エドワード・デービッド　Goldberg, Edward David　地球化学者　スクリップス海洋学研究所教授　⑬米国　⑰1921年8月2日　⑭1992／1996／2000

ゴールドバーグ, エリック　アニメーター　⑬米国　⑰1955年　⑭1996／2000

ゴールドバーグ, ジェフ　Goldberg, Jeff　テレビプロデューサー, ジャーナリスト　⑭2004

ゴールドバーグ, ジェラルド　Goldberg, Gerald Jay　作家　カリフォルニア大学ロサンゼルス校教授　英語学　米国　1996

ゴールドバーグ, ジム　Goldberg, Jim　写真家　米国　2000

ゴールドバーグ, スタンリー　スミソニアン協会コンサルタント　米国　1934年　1996

ゴールドバーグ, ステファン　Goldberg, Stephen B.　法学者　ノースウエスタン大学法科大学院教授　米国　2004／2008

ゴールドバーグ, デービッド　Goldberg, David E.　イリノイ大学助教授　遺伝的アルゴリズム　米国　1996

ゴールドバーグ, ハーブ　精神科医　米国　2008

ゴールドバーグ, ビッキー　Goldberg, Vicki　写真評論家, 美術史家　米国　1992／1996

ゴールドバーグ, ビル　Goldberg, Bill　本名＝ゴールドバーグ, ウィリアム・スコット　プロレスラー, 元・プロフットボール選手　米国　1966年12月27日　2000／2004／2008／2012

ゴールドバーグ, フィリップ　Goldberg, Philip　企業コンサルタント　米国　1944年　1992

ゴールドバーグ, マイラ　Goldberg, Myla　作家　米国　2004

ゴールドハーゲン, ダニエル・ジョナ　Goldhagen, Daniel Jonah　ハーバード大学ヨーロッパ研究センター助教授　政治学, 社会研究　米国　1959年　2000

ゴルトハンマー, クラウス　Goldhammer, Klaus　欧州コミュニケーション委員会マネジング・エディター　1967年　2004

コルドバ・リバス　Córdova Rivas, Rafael　ニカラグア国家再建政府委員会メンバー（財務担当）　ニカラグア　1923年　1992

コルドピカ　Koldobika　彫刻家　スペイン　1959年10月9日　1992

ゴールドファーブ, ジェフリー　Goldfarb, Jeffrey C.　ニューヨーク社会研究新大学院社会学教授・人文専攻委員長　社会学　米国　1949年　1996

ゴールドファーブ, ダニエル　Goldfarb, Daniel A.　カウンセラー, セラピスト　FBI行動科学課常任コンサルタント　元・米国犯罪心理学協会会長　米国　2004

ゴールドフェダー, ブランドン　Goldfedder, Brandon　コンピューターコンサルタント　2004

ゴールドブラム, ジェフ　Goldblum, Jeff　俳優　米国　1952年10月22日　1992（ゴールドブルム, ジェフ）／1996（ゴールドブルム, ジェフ）／2000（ゴールドブルム, ジェフ）／2012

コルドベス, エル　本名＝ベニテス, マヌエル　闘牛士　スペイン　1936年　2000

コルドベス, ディエゴ　Córdoves, Diego　元・エクアドル外相　エクアドル　1935年　1992／2000

ゴルトベルガー, アンドレアス　Goldberger, Andreas　元・スキー選手（ジャンプ）　オーストリア　1972年11月29日　2000／2004

ゴールドベルグ, シモン　Goldberg, Szymon　バイオリニスト, 指揮者　元・新日本フィルハーモニー交響楽団指揮者　米国　1909年6月1日　1993年7月19日　1996

ゴールドベルグ, ヨアヒム　Goldberg, Joachim　市場アナリスト　Cognitrend設立者　行動ファイナンス　ドイツ　2004

ゴールドマン, アルバート　Goldman, Albert　伝記作家　ポップカルチャー　米国　1994年3月28日　1996

ゴールドマン, イレーン・イラー　Goldman, Elaine Eller　精神神経学者　米国　2008

ゴールドマン, ウィリアム　Goldman, William　作家, 脚本家　米国　1931年8月12日　1992／1996

ゴールドマン, カレン　Goldman, Caren　ジャーナリスト　米国　2004

ゴールドマン, クリント　Goldman, Clint　映画プロデューサー　米国　2000

ゴールドマン, ゲイリー　アニメ映画監督　米国　2000／2004

ゴールドマン, ジム　Goldman, Jim　実業家　ゴディバ・ショコラティエ社長・CEO　米国　1958年　2012

ゴールドマン, シャーウィン・M.　オペラプロデューサー　シャーウィン・M・ゴールドマン・プロダクション代表　米国　1941年　1992

ゴールドマン, ジャン・ジャック　Goldman, Jean Jacques　ロック歌手　フランス　1951年10月　1992

ゴールドマン, ジョン　インターナショナル・ストラテジック・アライアンセズ社共同経営者　米国　1992／1996

ゴールドマン, スティーブン　Goldman, Steven　アジリティフォーラムCEO　米国　2000

ゴールドマン, バート　Goldman, Burt　ビジネストレーナー　シルバ・メソッド　2004

ゴールドマン, マーシャル　Goldman, Marshall I.　経済学者　ハーバード大学ロシア研究センター副所長　ソ連経済　米国　1930年　1992／1996／2008

ゴールドマン, マット　Goldman, Matt　グループ名＝ブルーマングループ　パフォーマー　2012

ゴールドマン・ラキッチ, パトリシア　Goldman-Rakic, Patricia S.　エール大学医学部神経学科教授　神経生物学　米国　1996

ゴールドラット, エリヤフ　Goldratt, Eliyahu M.　物理学者　イスラエル　1948年　2004

コールドレイク, ウィリアム　Coldrake, William　建築学者　メルボルン大学教授　江戸時代の建築　オーストラリア　1952年　2004／2008

コルトレーン, ジェームズ　Coltrane, James　作家, 弁護士　米国　1938年　1992

コルトレーン, ラビ　Coltrane, Ravi　バンド名＝グランド・セントラル　サックス奏者　米国　1965年8月6日　2000

コルトレーン, ロビー　Coltrane, Robbie　俳優　英国　1950年3月30日　2004／2008／2012

ゴールドワサー, イジー　サイミックス・テクノロジーズ社長・COO　米国　2000

ゴールドワッサー, ベン　Goldwasser, Ben　グループ名＝MGMT　ミュージシャン　米国　2012

コルドン, クラウス　Kordon, Klaus　作家, 児童文学作家　ドイツ　1943年　1992／1996／2000

コルトン, ティモシー・J.　ハーバード大学ロシア研究所長・教授　ロシアの政治・軍事問題　米国　1947年　1996

コルナイ, ヤーノシュ　Kornai, János　経済学者　ハーバード大学教授　ハンガリー　1928年1月21日　1992／1996／2000／2004

コルニエンコ, ゲオルギー　Kornienko, Georgii Markovich　元・ソ連共産党中央委国際部第1副部長　ソ連　1925年　1992

コルニツキ, ピーター　ケンブリッジ大学日本学科助教授　日本史　英国　1950年　1992

ゴルニッシュ, ブルーノ　Gollnish, Bruno　欧州議会議員　フランス　1992

コルニュエル, ピエール　Cornuel, Pierre　画家　フランス　1952年　1992

コルヌヴァン, エレーヌ　Cornevin, Hélène　ジャーナリスト　元・「ラ・クロワ」紙東京特派員　フランス　1992（コルヌバン, エレーヌ）

コルヌコフ, アナトリー　Kornukov, Anatolii Mikhailovich　軍人　元・ロシア空軍総司令官　ロシア　1942年1月10日　2014年7月1日

コルネア, ドイナ　反体制派運動家, フランス文学者　ルーマニア　1992

コルネイユ　Corneille　シンガー・ソングライター　カナダ　1977年3月24日　2008／2012

コルノー, アラン　Corneau, Alain　映画監督　フランス　1943年8月7日　2010年8月30日　1996／2000

コルノー, ギー　Corneau, Guy　精神分析家　モントリオール・ユング・サークル所長　カナダ　1951年　1996／2000

ゴルノスターエヴァ, ヴェーラ　Gornostaeva, Vera V.　ピアニスト　モスクワ音楽院ピアノ科教授, モスクワ音楽家同盟総裁　ロシア

⊕1929年 ⊗1996（ゴルノスターエバ, ベーラ）

コルノフスキ, ボイチェフ コルビタ病院経営者 ⊠ポーランド ⊛2000

コールハウゼン, マルティン Kohlhaussen, Martin 銀行家 元・コメルツ銀行頭取 ⊠ドイツ ⊕1935年11月6日 ⊛1992／2004／2008／2012

コルバーグ, シェリ Colberg, Sheri オールド・ドミニオン大学運動科学運動教育レクリエーション学部助教授 ⊕糖代謝, 運動時の代謝, 糖尿病 ⊠米国 ⊛2004

コルパコワ, イリーナ Kolpakova, Irina バレリーナ アメリカン・バレエ・シアター（ABT）バレエ・ミストレス 元・キーロフ劇場バレエ団プリンシパル ⊠ロシア ⊕1933年5月22日 ⊗2012

ゴルバチョフ, バレリー Gorbachev, Valeri 絵本作家 ⊕1944年 ⊛2004／2012

ゴルバチョフ, ミハイル Gorbachev, Mikhail Sergeevich 政治家 ロシア社会民主主義者同盟議長, ゴルバチョフ基金総裁 元・ソ連大統領, 元・ソ連共産党書記長 ⊠ロシア ⊕1931年3月2日 ⊛1992／1996／2000／2004／2008／2012

ゴルバチョフ, ライサ Gorbachev, Raisa Maksimovna ゴルバチョフ元ソ連大統領夫人 ⊠ロシア ⊕1932年1月5日 ⊗1999年9月20日 ⊛1992／1996

コルバート, エドウィン・ハリス Colbert, Edwin Harris 古生物学者 ⊕古脊椎動物学, 恐竜 ⊠米国 ⊕1905年9月28日 ⊛1996

コルバート, デービッド Colbert, David テレビ脚本家, 編集者, 作家 ⊠米国 ⊛2004

コルバルト, ラーシュ Korvald, Lars 政治家 元・ノルウェー首相, 元・ノルウェーキリスト教人民党議長 ⊠ノルウェー ⊕1916年4月29日 ⊗2006年7月4日 ⊛1992

コルバン, アラン Corbin, Alain 歴史学者 パリ第1大学教授 ⊕19世紀史 ⊠フランス ⊕1936年 ⊛1992／1996／2000／2004／2008／2012

コルバン, ユベール Corbin, Hubert 作家 ⊠フランス ⊕1951年 ⊛2004

コルビー, ウィリアム Colby, William Egan 弁護士 元・CIA長官 ⊠米国 ⊕1920年1月4日 ⊗1996年 ⊛1992／1996

コルピ, キーラ Korpi, Kiira フィギュアスケート選手 ⊠フィンランド ⊕1988年9月26日 ⊛2012

コルビー, ジム Kolbe, Jim 政治家 米国下院議員（共和党） ⊠米国 ⊕1942年 ⊛1996

コルビ, ドミニク Corby, Dominique 料理人 サクラ料理長 ⊠フランス ⊕1965年 ⊛2000／2004

コルビー, ロバート Colby, Robert ミステリー作家 クイーンズ大学教授 ⊕図書館学 ⊠米国 ⊕1920年 ⊛1992

コルビオ, ジェラール Corbiau, Gérard 映画監督 ⊠ベルギー ⊕1941年 ⊛1996／2004／2008／2012

コルビル, ジョン Colville, John Rupert 元・英国首相秘書官 ⊠英国 ⊕1915年1月28日 ⊗1987年11月19日 ⊛1992

コルビン, ゲンナジー Kolbin, Gennadii Vasilievich 政治家 元・ソ連憲法監視委員長・人民統制委議長 ⊠ロシア ⊕1927年5月7日 ⊛1992／1996

コルビン, ショーン シンガー・ソングライター ⊛2000

コルビン, ニール・R. フェニックス会長・社長・CEO・チーフサイエンティスト ⊛1992

コルブ, イーゴリ Kolb, Igor バレエダンサー マリインスキー・バレエ団プリンシパル ⊠ロシア ⊛2012

コルフ, ウィレム Kolff, Willem Johan 外科学者 元・ユタ大学名誉教授・コルフ研究所長 ⊕人工臓器, 医用生体工学 ⊠米国 ⊕1911年2月14日 ⊗2009年2月11日 ⊛1992／1996／2000

ゴルブ, ベネット Golub, Bennett W. ブラックロック設立パートナー・マネージングディレクター ⊠米国 ⊛2004

コルブ, マーク Kolb, Mark A. ソフトウェア設計者 ⊠米国 ⊛2004

コルファー, オーエン Colfer, Eoin 作家 ⊠アイルランド ⊕1965年 ⊛2004／2012

コルフェライ, ルカ Colferai, Luca ジャーナリスト コンパニア・デ・カルツァ・イ・アンティーキ会長 ⊠イタリア ⊕1962年 ⊛2000

ゴルブチコワ, ワレンチナ・D. ジャーナリスト 「北の大地」誌編集長 ⊠ソ連 ⊕1934年 ⊛1992

コルブト, オルガ Korbut, Olga 元・体操選手 オルガ・コルブト財団設立者 ⊛1992／2000／2004

ゴルブノフ, アナトリー Gorbunovs, Anatoliis V. 政治家 ラトビア議会議長 ⊠ラトビア ⊕1942年 ⊛1992／1996／2000／2004

コルブラン, グレッグ Colbrunn, Greg 大リーグ選手（内野手） ⊠米国 ⊕1969年7月26日 ⊛2004／2008

コルベ, ペーター・ミヒャエル ボート選手 ⊠ドイツ ⊕1953年8月 ⊛1992

コルベ, ベロニク Corpet, Véronique 教育・婦人問題評論家 ⊠フランス ⊕1936年 ⊛1992

コルベット, ジョナサン Corbet, Jonathan コンピューター技術者 ⊠米国 ⊛2004

ゴルベフ, アレクサンドル Golubev, Alexander 元・スピードスケート選手 ⊠ロシア ⊕1972年5月19日 ⊛1996

コルベール, グレゴリー Colbert, Gregory 写真家 ⊕1960年 ⊛1996／2008／2012

コルベール, クローデット Colbert, Claudette 本名＝シュショワン, リリー・クローデット 女優 ⊠米国 ⊕1903年9月30日 ⊗1996年7月 ⊛1992／1996

コルベル, セシル Corbel, Cécile 歌手, ハープ奏者 ⊠フランス ⊕1980年 ⊛2012

コルボ, ミシェル Corboz, Michel 指揮者 ⊕合唱指揮 ⊠スイス ⊕1934年2月14日 ⊛1992／1996／2000／2012

ゴルボフスキー, アレクサンドル・アルフレドヴィチ Gorbovskii, Aleksandr アジア諸国民研究所上級研究員 ⊕ベンガル語, 英語, 国情学 ⊠ロシア ⊕1930年 ⊛1996

コルボーン, ティオドラ Colborn, Theodora E. 本名＝Colborn, Theodora Emily Decker 動物学者 フロリダ大学名誉教授 ⊠米国 ⊕1927年3月28日 ⊛2000／2004／2012

コルボンスキ, アンジェイ カリフォルニア州立大学ロサンゼルス校ロシア・東欧問題研究所長・教授 ⊕ソ連・東欧問題 ⊠米国 ⊛1992

コールマン, ウィリアム Coleman, William 通称＝コールマン, ビル 軍人 元・米国空軍大佐 ⊠米国 ⊕1923年 ⊛1992

コールマン, オーネット Coleman, Ornette ジャズサックス奏者, 作曲家 フリー・ジャズの祖 ⊕アルトサックス ⊠米国 ⊕1930年3月19日 ⊛1992／1996／2000／2004／2008／2012

コールマン, キャロル Colman, Carol ジャーナリスト ⊠米国 ⊛2004

コールマン, クレア Calman, Claire 作家 ⊠英国 ⊛2004

コールマン, サイ Coleman, Cy 本名＝Kaufman,Seymour ピアニスト, 作曲家 ⊠米国 ⊕1929年6月14日 ⊗2004年11月18日 ⊛1996

コールマン, サミュエル Coleman, Samuel 文化人類学者 元・ノースカロライナ州立大学日本センター副所長 ⊕日本社会 ⊠米国 ⊛2004

コールマン, ジェームズ Coleman, James Samuel 社会学者 元・シカゴ大学教授 ⊕数理社会学 ⊠米国 ⊕1926年5月12日 ⊗1995年3月25日 ⊛1992／1996

コールマン, ジェームズ Collman, James P. 化学者 スタンフォード大学教授 ⊠米国 ⊕1932年 ⊛2008

コールマン, シェルドン 元・コールマン社会長 ⊠米国 ⊗1988年9月21日 ⊛1992

コールマン, ジョージ Coleman, George ジャズサックス奏者 ⊠米国 ⊕1935年3月8日 ⊛1996

コールマン, ジョン Coleman, John 元・軍人 「ワールド・イン・レビュー」発行者 元・英国諜報部将校 ⊠米国 ⊕1935年 ⊛2004／2012

コールマン, ジョン Coleman, John C. 心理学者 青年研究財団

所長 ⑭青年心理学 ⑮英国 ⑯1940年 ⑰2008

ゴルマン, ステファヌ　シャンソン歌手・作詞・作曲家　⑮フランス ⑯1921年 ㊣1987年4月8日 ⑰1992

コールマン, ダグラス　Coleman, Douglas　生化学者　ジャクソン研究所名誉教授　⑮米国 ⑯1931年 ⑰2012

ゴールマン, ダニエル　Goleman, Daniel　心理学者　⑮米国 ⑯1946年 ⑰2000

コールマン, デリック　Coleman, Derrick　バスケットボール選手　⑮米国 ⑯1967年6月21日 ⑰2004／2008

コールマン, ネイミー　Coleman, Naimee　歌手　⑮アイルランド ⑰2000／2004

コールマン, ビル　Coleman, Bill　写真家　⑮米国 ⑰2004

コールマン, ビンス　Coleman, Vince　大リーグ選手　⑮米国 ⑯1961年9月22日 ⑰1992／1996

コールマン, ポール　Coleman, Paul　心理学者, 家族カウンセラー　⑮米国 ⑰2004／2008

コールマン, マーク　Coleman, Mark　格闘家　ハンマーハウス主宰　⑮米国 ⑯1964年12月20日 ⑰2004／2008

コールマン, リチャード　Coleman, Richard M.　睡眠科学者　⑮米国 ⑰1992

ゴルム, ルイス・C.　元・日本AT&T社長・CEO　⑰1996／2000

コルモゴロフ, アンドレイ　Kolmogorov, Andrei Nikolaevich　数学者　元・モスクワ大学数学力学研究所所長　⑮ソ連 ⑯1903年4月25日 ㊣1987年10月20日 ⑰1992

ゴルラッチ, アレクセイ　Gorlatch, Alexej　ピアニスト　⑮ウクライナ ⑯1988年 ⑰2012

コルンハウザー, アレクサンドラ　Kornhauser, Aleksandra　化学者　リュブリャナ大学教授・国際化学研究センター理事長　⑮スロベニア ⑯1926年 ⑰2004／2008

コルンビス, オードリー　Couloumbis, Audrey　作家　⑮米国 ⑰2004

コルンフーバー, ハンス　Kornhuber, Hans Helmut　神経医学者　ウルム大学名誉教授　⑮ドイツ ⑯1928年 ⑰2008

コレア, S.M.　Correa, Susan M.　⑬幼児英語教育, スペイン語教育, 音楽教育 ⑯1954年 ⑰2004

コレア, アルナルド　Correa, Arnaldo　作家　⑮キューバ ⑯1935年 ⑰2012

コレア, チャールズ　Correa, Charles M.　建築家　⑮インド ⑯1930年9月1日 ⑰1996／2008／2012

コレア, ラファエル　Correa, Rafael　本名=コレア・デルガド, ラファエル・ビセンテ　政治家, 経済学者　エクアドル大統領　⑮エクアドル ⑯1963年4月6日 ⑰2008／2012

ゴーレイヴィッチ, フィリップ　Gourevitch, Philip　ライター ⑯1961年 ⑰2004

コレイン, ヘレン　Colijn, Helen　翻訳家, 雑誌記者　⑮オランダ ⑯1920年 ⑰2004

コレク, テオドール　Kollek, Theodor　別称=Kollek,Teddy　政治家　元・エルサレム市長, 元・イスラエル博物館理事長　⑮イスラエル ⑯1911年5月27日 ㊣2007年1月2日 ⑰1992／1996／2000

ゴレグリャード, ウラジスラフ　Goreglyad, Vladislav Nikanorovich　日本文学研究家　ソ連科学アカデミー東洋学研究所レニングラード支部極東部長, レニングラード大学日本語科主任教授　⑮ソ連 ⑯1932年10月24日 ⑰1992

コレシュ, デービッド　本名=ハウエル, バーノン　宗教家　元・ブランチ・ダビデアンズ教祖　⑮米国 ⑯1959年 ㊣1993年4月19日 ⑰1996

コレスニコフ, ミハイル　Kolesnikov, Mikhail Petrovich　軍人　元・ロシア軍参謀総長　⑮ロシア ⑯1939年 ⑰1996／2000

コレスニコワ, イリーナ　Kolesnikova, Irina　バレリーナ　サンクトペテルブルク・バレエ・シアター (SPBT) プリンシパル　⑮ロシア ⑰2012

コレチャ, アレックス　Corretja, Alex　テニス選手　⑮スペイン ⑯1974年4月11日 ⑰2000／2004／2008

ゴレッティ, フェデリコ　実業家　フィアット・オート・ジャパン社長　⑮イタリア ⑰2000

コーレット, ウィリアム　Corlett, William　作家, 脚本家, 俳優　⑮英国 ⑯1938年10月8日 ⑰1992

コレット, ジム　騎手　⑮ニュージーランド ⑯1960年5月24日 ⑰2000

コレット, バディ　Collette, Buddy　本名=コレット, ウィリアム・マーセル　ジャズサックス奏者・クラリネット奏者　⑮米国 ⑯1921年8月6日 ⑰1996

コレット, ピーター　Collett, Peter　社会心理学者 ⑰2008

コレッリ, フランコ　Corelli, Franco　テノール歌手　⑮イタリア ⑯1921年4月8日 ㊣2003年10月29日 ⑰1996 (コレルリ, フランコ)

コーレバ, エリザベート　Koleva, Elizabeth　元・新体操選手　スラビア (新体操クラブ) コーチ　⑮ブルガリア ⑯1972年11月9日 ⑰1992

ゴレ・バハドゥール・カパンギ・マガール　先住民族運動家　ネパール・マガール協会会長　⑮ネパール ⑰2004

コレマイネン, ミッコ　Kolehmainen, Mikko Yrjo　カヌー選手 (カヤック) ⑮フィンランド ⑰1996

コレマツ, フレッド　Korematsu, Fred　在米日系人の権利擁護活動家　日系人の名誉回復に尽力　⑮米国 ㊣2005年3月30日 ⑰2000

コレーラ, アンヘル　Corella, Angel　バレエダンサー　コレーラ・バレエ団創設者・芸術監督　元・アメリカン・バレエ・シアター (ABT) プリンシパル　⑮スペイン ⑯1975年11月8日 ⑰2004／2008／2012

コレラス, キース　ナショナル・セミコンダクター・ジャパン (NSJ) 会長　⑮米国 ⑯1946年1月 ⑰1996

コレラン, ケイト　Colleran, Kate　性問題研究家　⑮米国 ⑯1959年 ⑰1996

コレリスキー, ウラジーミル　ロシア漁業委員会議長　⑮ロシア ⑰2000

コレリッツ, ジーン・ハンフ　Korelitz, Jean Hanff　詩人, 書評家　⑮米国 ⑰2000

コレル, A.D.ピート　ジョージア・パシフィック (GP) 会長・CEO ⑰1996

コーレン, ジブ　Koren, Ziv　報道写真家　⑮イスラエル ⑯1970年 ⑰2012

コレン, スタンレー　Coren, Stanley　心理学者　ブリティッシュ・コロンビア大学教授　⑮カナダ ⑰1996／2004／2012

ゴーレン, チャールズ　Goren, Charles Henry　ブリッジの世界的名手　⑮米国 ⑯1901年3月4日 ㊣1991年4月3日 ⑰1992

コーレン, マイケル　Coren, Michael　伝記作家　⑯1959年 ⑰2004

コレン, レナード　Koren, Leonard　ジャーナリスト　⑮米国 ⑯1948年 ⑰1992／1996

コレンティ, ジョン　実業家　ヌーコア社長・CEO　⑮米国 ⑰2000

コレンバーグ, ジュリー　カリフォルニア大学ロサンゼルス校シーダースシナイ・メディカルセンター小児科教授　⑬ダウン症　⑮米国 ⑰1996

ゴレンビオフスキー, イーゴリ　Golembiovskii, Igor Nesterovich　ジャーナリスト　元・「イズベスチヤ」編集長　⑮ロシア ⑯1935年9月7日 ㊣2009年10月2日 ⑰1996／2000

コロ, ルネ　Kollo, René　テノール歌手　⑮ドイツ ⑯1937年11月20日 ⑰1992／1996／2000

コロウィ, ウィワ　Korowi, Wiwa　政治家　元・パプアニューギニア総督　⑮パプアニューギニア ⑯1948年7月7日 ⑰2000

ゴロヴィン, エリック　Golowin, Erik　格闘家　⑮スイス ⑯1961年 ⑰2004

ゴロヴニン, ワシリー　Golovnin, Vasilii　ジャーナリスト　イタル・タス通信アジア太平洋総局長　⑮ロシア ⑯1955年 ⑰2000／2004

ゴログ, クリス　Gorog, Chris　実業家　ロキシオ社長・会長・CEO　⑮米国 ⑰2004／2008

コロシェッツ, ステファン　Korosec, Stefan　政治家　元・ユーゴスラビア共産主義者同盟中央委員会幹部会書記　国ユーゴスラビア　典1992

コロシオ, ルイス・ドナルド　Colosio, Luis Donaldo Murrieta　政治家　元・メキシコ社会開発相　国メキシコ　生1950年3月23日　典1996

コロシート, ネストル・ラウル　Gorosito, Nestor Raul　サッカー監督　国アルゼンチン　生1964年5月14日　典2000／2004

コロスティアガ, ハビエル　Gorostiaga, Xabier　中米・カリブ地域社会経済研究調整センター（CRIES）所長　国パナマ　生1937年　典1992

コロステワ, ユリア　体操選手　国ロシア　生1980年11月24日　典2000

ゴロソワ, エレナ　ソ連科学アカデミー付属植物園樹木部研究員　国ソ連　典1992

ゴロタ, アンドルー　Golota, Andrew　プロボクサー　国ポーランド　生1968年1月5日　典2000／2004／2008

コロチコワ, エラ　バドミントン選手　国ロシア　典2004

コローチチ, ヴィタリー　Korotich, Vitalii　ジャーナリスト, 小児科医　元・「アガニョーク」編集長　国ウクライナ　生1936年　典1992／1996

ゴロチュツコフ, アントン　Golotsutskov, Anton　本名＝Golotsutskov,Anton Sergeyevich　体操選手　北京五輪体操男子ゆか・跳馬銅メダリスト　国ロシア　生1985年7月28日

コロナ, ジャン　Colonna, Jean　ファッションデザイナー　国アルジェリア　生1955年　典2000

コロニー, ジョージ　実業家　フォレスター・リサーチ会長　国米国　典2000／2004

コロニチ, ジョルジュ　Kolonics, György　カヌー選手（カナディアン）　アトランタ五輪・シドニー五輪カヌー男子金メダリスト　国ハンガリー　生1972年6月4日　没2008年7月15日　典2004

コロニャ, ダリオ　Cologna, Dario　スキー選手（距離）　バンクーバー五輪スキー距離男子15キロフリー金メダリスト　国スイス　生1986年3月11日　典2012

コロネ, バーイ　Kolone, Vaai　政治家　元・西サモア首相・外相　国西サモア　生1911年　典1992

コロノヴィッツ, クリスチャン　Kolonovits, Christian　指揮者　ウィーン交響楽団指揮者　国オーストリア　生1952年2月25日　典1992（コロノビッツ, クリスチャン）

ゴロビン, タチアナ　Golovin, Tatiana　テニス選手　国フランス　生1988年1月25日　典2008

ゴロブ, イグナッツ　Golob, Ignac　元・外交官　元・スロベニア外務次官　国スロベニア　生1931年2月17日　典2000

ゴロブ, ズボニミル　Golob, Zvonimir　詩人, 作詩・作曲家　国ユーゴスラビア　生1927年　典1992

ゴロフキン, ゲンナジー　Golovkin, Gennady　プロボクサー　WBA・IBO世界ミドル級チャンピオン　アテネ五輪ボクシング・ミドル級銀メダリスト　国カザフスタン　生1982年4月8日

コロブコフ, パベル　Kolobkov, Pavel　フェンシング選手　国ロシア　生1969年9月29日　典2004／2008

コロブチンスキー, イーゴリ　Korobchinskii, Igor　体操選手　国ウクライナ　生1969年8月16日　典1992／1996

コロボワ, ダリア　Korobova, Daria　シンクロナイズドスイミング選手　ロンドン五輪シンクロナイズドスイミング・チーム金メダリスト　国ロシア　生1989年2月7日

コロマ, アーネスト・バイ　Koroma, Ernest Bai　政治家　シエラレオネ大統領　国シエラレオネ　生1953年10月2日　典2012

コロマー, エドモン　指揮者　スペイン・ナショナル・ユース・オーケストラ芸術監督・首席指揮者　国スペイン　生1951年　典1996

コロミーエツ, マクシム　Kolomiets, Maksim　編集者　国ロシア　生1968年　典2004／2008／2012

コロミーナ, ビアトリス　Colomina, Beatriz　プリンストン大学助教授　専建築学　典2000

コロルチク, ヤニナ　Karolchik, Yanina　砲丸投げ選手　国ベラルーシ　生1976年12月26日　典2004

コロル・デ・メロ, フェルナンド　Collor de Mello, Fernando　政治家　元・ブラジル大統領　国ブラジル　生1949年8月12日　典1992／1996

コロレフ, ユーリー　Korolev, Yuri　体操選手　国ソ連　生1962年8月25日　典1992

コロローソ, バーバラ　Coloroso, Barbara　教育家, 講演家　国米国　典2004

コロン, アルバロ　Colom, Álvaro　本名＝コロン・カバジェロス, アルバロ　政治家, 実業家　元・グアテマラ大統領　国グアテマラ　生1951年6月15日　典2008／2012

ゴロン, アン　Golon, Anne　作家　国フランス　典1992／1996

コローン, ウィリー　Colón, Willie　サルサ歌手, 作曲家, トロンボーン奏者　国米国　生1950年4月28日　典1992／2004

コロン, クリストバル　Colon, Cristobal　サンタ・マリア号を復元したコロンブスの子孫　国スペイン　典1992

コローン, バートロ　Colon, Bartolo　大リーグ選手（投手）　国ドミニカ共和国　生1973年5月24日　典2000／2004／2008／2012

コロン, フランソワ・P.　東京ウォッチテクニカム校長　国フランス　生1958年　典2004／2008

コロン, ベルトラン　Collomb, Bertrand　実業家　ラファージュ会長・CEO　国フランス　生1942年8月14日　典2004／2008

コロン・デ・カルバハル, アヌンシアーダ　Colon, Anunciada　歴史学者　国スペイン　生1954年2月23日　典1996

コロン・デ・カルバハル, クリストバル　元・スペイン海軍提督（少将）　コロンブスの直系子孫　国スペイン　生1986年2月6日　典1992

コロンナ, ジェリー　映画俳優　国米国　没1986年11月21日　典1992

コロンバス, クリス　Columbus, Chris　映画監督, 脚本家　国米国　生1958年9月10日　典1996／2000／2004／2008／2012

コロンバニ, ジャン・マリー　Colombani, Jean-Marie　ジャーナリスト　元・ルモンド社長　国フランス　生1948年7月7日　典1996／2004／2008

コロンバーラ, カルロ　Colombara, Carlo　バス歌手　国イタリア　生1964年　典2004

コロンボ, ウンベルト　Colombo, Umberto　元・イタリア大学科学研究相, 元・イタリア国立エネルギー研究機関（ENEA）総裁　国イタリア　生1927年12月20日　典1992／1996

コロンボ, エミリオ　Colombo, Emilio　政治家　元・イタリア終身上院議員, 元・イタリア首相・外相・財務相　国イタリア　生1920年4月11日　没2013年6月24日　典1992／1996

コロンボ, フーリオ　Colombo, Furio　作家, ジャーナリスト　国イタリア　生1931年　典1992

コワコフスキー, レシェク　Kołakowski, Leszek　哲学者, 評論家　元・シカゴ大学教授, 元・ワルシャワ大学教授　専哲学史, 宗教史, 文化哲学　国ポーランド　生1927年10月23日　没2009年7月17日　典1992／1996

コワセビチ, スティーブン　Kovacevich, Stephen　ピアニスト　国米国　生1940年10月17日　典2000／2004／2008／2012

コワテ, アビブ　シンガー・ソングライター　国マリ　典2000

コワリョフ, アナトリー　Kovalev, Anatolii Gavrilovich　外交官　元・ソ連第1外務次官　国ロシア　生1923年5月18日　典1992／1996／2000

コワリョフ, セルゲイ　Kovalev, Sergei Adamovich　人権活動家, 政治家　ロシア下院議員（ロシア右派勢力連合）　国ロシア　生1930年3月2日　典1996／2000／2004／2008

コワルスキー, ゲーリー　Kowalski, Gary　動物愛護運動家, 牧師　国米国　生1982年　典2004

コワルスキ, コリーヌ　Kowalski, Corinne　画家　国フランス　生1956年　典1992

コワルスキー, マイケル　Kowalski, Michael J.　実業家　ティファニー会長・CEO　国米国　生1952年3月14日　典2000／2004／2012

コワルスキ, ロビン　Kowalski, Robin M.　社会心理学者　ウエスタン・カロライナ大学助教授　専対人不安, 健康と病気における社会心

理学的要因, ジェンダー, 攻撃, 嫌悪的な対人行動 [国]米国 [典]2004

コワルチク, ユスチナ Kowalczyk, Justyna スキー選手(距離) バンクーバー五輪スキー距離女子30キロクラシカル金メダリスト [国]ポーランド [生]1983年1月23日 [典]2012

コワレーニン, ドミトリー Kovalenin, Dmitrii 翻訳家, 日本文学研究者 [国]ロシア [生]1966年 [典]2004／2012

コワレンコ, イワン Kovalenko, Ivan Ivanovich 元・ソ連共産党中央委国際部日本課長 [国]ロシア [生]1918年 [没]2005年7月27日 [典]1992

コーワン, J.A. Cowan, J.A. オハイオ州立大学化学科教授 [専]無機生化学, 免疫化学 [国]英国 [生]1961年 [典]2000

コーワン, アンドリュー Cowan, Andrew ラリー・ドライバー [生]1936年 [典]1992

コーワン, コーネル Cowan, Connell サイコセラピスト カリフォルニア大学ロサンゼルス校講師 [国]米国 [典]1992

コーワン, ジェームズ Cowan, James 作家, 詩人 [国]オーストラリア [生]1942年 [典]2000

コーワン, ジョージ Cowan, George 本名=Cowan,George Arthur 化学者 元・サンタフェ研究所初代所長 マンハッタン計画に参加した化学者 [国]米国 [生]1920年2月15日 [没]2012年4月20日

コーワン, ジョン Cowan, John 経営コンサルタント [生]1936年 [典]1996

ゴワンス, ジェームス Gowans, James 医師 国際HFSP推進機構事務局長 [専]細胞免疫学 [国]英国 [典]1992

コーン, A.ユージン 建築家 KPF設立者 [国]米国 [生]1930年 [典]1992

コン, D.K. Conn, David K. 精神医学者 トロント大学精神科教授 [国]米国 [典]2004

コーン, アル Cohn, Al 本名=Cohn,Alvin Gilbert ジャズ・テナーサックス奏者 [国]米国 [生]1925年11月24日 [没]1988年2月15日 [典]1992

コーン, アルフィ Kohn, Alfie 評論家 [国]米国 [典]1996／2012

コーン, アレクサンダー Kohn, Alexander テルアビブ大学医学部名誉教授 [専]ウィルス学, 科学史 [国]イスラエル [生]1919年 [典]1992

コン・イシク 孔 義植 プロ野球選手(外野手) [国]韓国 [生]1970年9月26日 [典]1996

コン・イソン 孔 伊松 Kong, Yee-song ジャーナリスト 光州日報主筆 [国]韓国 [生]1940年8月2日 [典]2000

コーン, イルゼ Koehn, Ilse アート・ディレクター, イラストレーター [生]1929年 [典]2000

コーン, ウォルター Kohn, Walter 化学者 カリフォルニア大学サンタバーバラ校名誉教授 [専]量子化学 [国]米国 [生]1923年3月9日 [典]2000／2008／2012

コーン, オリー Cornes, Ollie コンピューター技術者 [典]2004

ゴーン, カルロス Ghosn, Carlos 実業家 日産自動車社長・共同会長・CEO, ルノー会長・CEO [国]フランス [生]1954年3月9日 [典]2000／2004／2008／2012

コン・カンピョ 孔 康杓 Kong, Kang-pyo 銀行家 高麗総合金融副会長 [国]韓国 [生]1932年1月14日 [典]2000

コーン, ザンビル Cohn, Zanvil A. 生化学者 ロックフェラー大学教授・細胞生理学免疫学研究室主任 [典]1992

コン, シャントン Kong, Xiang-ong 中国名=孔祥東 ピアニスト [国]米国 [生]1968年 [典]1996

コン・ジョン 孔 枝泳 作家 [国]韓国 [生]1963年 [典]2000／2008／2012

コン・ジョンゴン 公 正坤 Kong, Jeong-kon 実業家 ソフトマックス(SOFTMAX)会長 [国]韓国 [生]1934年10月19日 [典]2000

コン・ジョンピョ 孔 正杓 Kong, Jung-pyo 韓国放送公社報道本部報道委員 [国]韓国 [生]1948年2月10日 [典]2000

コン・ジンテ 孔 鎮泰 Kong, Jin-tae 政治家 北朝鮮副首相, 朝鮮労働党中央委員 [国]北朝鮮 [生]1925年 [典]1992／1996／2000

コン・スンソプ 孔 舜燮 Kong, Sun-Sup 外交官 駐リビア韓国大使 [国]韓国 [生]1939年5月20日 [典]2000

コン・セグォン 孔 世権 Kong, Sae-kwon 韓国保健社会研究院首席研究委員 [専]保健学 [国]韓国 [生]1937年12月11日 [典]2000

コン・ソンジン 孔 星鎮 漢陽大学行政大学院教授・総合未来研究院長, ハンベク研究財団研究所長 [専]政治学, 韓国政治 [国]韓国 [生]1953年 [典]2000

コン・チャン 外交官 元・在名古屋韓国総領事 [国]韓国 [典]2004

ゴン・チョル 権 徹 フォトジャーナリスト [国]韓国 [生]1967年 [典]2008

コーン, テッド Cohn, Ted 経営コンサルタント [国]米国 [典]2004

コーン, デービッド Cone, David 本名=コーン,デービッド・ブライアン 大リーグ選手(投手) [国]米国 [生]1963年1月2日 [典]1992／1996／2000／2004／2008

コーン, デービッド Corne, David W. 生物学者 リーディング大学準教授 [典]2008

コン・ドクリョン 孔 徳龍 Kong, Duk-ryong 号=魯雲 檀国大学英文科名誉教授 [専]英文学 [国]韓国 [生]1923年7月29日 [典]2000

コーン, ニック Cohn, Nik 著述家 [国]米国 [生]1946年 [典]1996

コーン, ノーマン Cohn, Norman 歴史家 元・サセックス大学名誉教授 [国]英国 [生]1915年1月12日 [没]2007年7月31日 [典]1992／1996

コン・ノミョン 孔 魯明 Gong, Ro-myung 政治家, 外交官 東国大学日本学研究所所長 元・韓国外相 [国]韓国 [生]1932年2月25日 [典]1992／1996／2000／2004／2008

コーン, ピーター Cohn, Peter 本名=Cohn,Hanns Peter 実業家 ライカカメラCEO [典]2004

コン, ピーター Conn, Peter 英文学者, 著述家 ペンシルベニア大学英文学部教授, パール・バック国際財団理事長 [国]米国 [生]1942年 [典]2004／2008

コン・ヒョジン Kong, Hyo-jin 漢字名=孔暁振 女優 [国]韓国 [生]1980年4月4日 [典]2008／2012

コン・ビョンウ 公 炳禹 ハングル文化院長 [国]韓国 [生]1906年12月30日 [典]1996

コン・ビョンジン 孔 炳坤 Kong, Byung-jin 実業家 ライン開発代表理事, ハナ食品共同代表理事 [国]韓国 [生]1950年9月30日 [典]2000

コン・ビョンジン 孔 秉辰 Kong, Byung-jin ジャーナリスト 言論仲裁委員, 全国環境保護キャンペーン江原道会長 [国]韓国 [生]1939年3月16日 [典]2000

コン, ビル Kong, Bill 本名=Kong,William 中国名=江志強 映画プロデューサー エドコ・フィルムス代表, ブロードウェイ総裁 [国]香港 [生]1953年 [典]2008／2012

コン・ピルソン 孔 弼聖 プロ野球選手(内野手) [国]韓国 [生]1967年10月10日 [典]1996

コーン, マリアン Korn, Marian 版画家 [国]米国 [没]1987年2月 [典]1992

コン・ミンベ 孔 民培 Kong, Min-bae 元・昌原市長 [国]韓国 [生]1954年1月8日 [典]2000

コン・ユ Gong, Yoo 本名=コンジチョル 俳優 [国]韓国 [生]1979年7月10日 [典]2012

コン・ヨンイル 孔 英一 Kong, Young-il 慶熙大学師範大学教授 [専]言語学 [国]韓国 [生]1931年9月13日 [典]2000

コン・ヨンウ 孔 容祐 プロ野球選手(投手) [国]韓国 [生]1972年8月12日 [典]1996

コン・ヨンギュ 孔 永規 Kong, Young-kyoo 検察官 水原地検検事長 [国]韓国 [生]1941年4月25日 [典]2000

コン・ヨンジョ 孔 龍助 Kong, Yong-jo 実業家 コーロン建設社長, コーロンエンジニアリング社長 [国]韓国 [生]1941年6月17日 [典]2000

コン・ヨンモク 孔 永穆 Kong, Young-mok 韓国煙草自販機社長 [国]韓国 [生]1940年7月20日 [典]2000

コーン, リー Cohn, Leigh 「自分が好きになる20の方法」の共著者 [典]2004

コン・リー Gong, Li 漢字名=鞏俐 女優 [国]シンガポール [生]1965年12月31日 [典]1992(鞏 俐 キョウ・リ)／1996(鞏 俐 キョ

ウ・リ)／2000（葦 俐 キョウ・リ)／2004／2008／2012

ゴーン，リー　Gong, Li　システムエンジニア　サン・マイクロシステムズJavaセキュリティ主席設計者，「Journal of Computer Security」副編集長　国コンピューター・セキュリティ　国米国　没2004

ゴーン，リタ　Ghosn, Rita　実業家カルロス・ゴーンの妻　国フランス　没2008／2012

コーン，ロイ　Colrn, Roy　弁護士　国米国　生1986年8月2日　没1992

コーン，ロナルド　Cohn, Ronald H.　動物学者　ゴリラ財団副所長　国米国　没2004

コーン，ロバート　Kohn, Robert H.　実業家，弁護士　eミュージック・ドットコム会長，「エンターテインメント・ロー・リポーター」編集顧問　国米国　没2004

コン，ロバート　Conn, Robert W.　カリフォルニア大学ロサンゼルス校原子力工学科教授・プラズマ核融合研究センター長　国原子力工学　国米国　没1996

コーン，ローラ　Corn, Laura　セックス・アドバイザー　国米国　没2008

コーン，ローレンス　Cohn, Lawrence　音楽プロデューサー　国米国　没1996／2000

コンヴィチュニー，ペーター　Konwitschny, Peter　オペラ演出家　ライプツィヒ歌劇場首席演出家　国ドイツ　生1945年　没1996（コンビチュニー，ペーター)／2008／2012

コンヴィツキ，タデウシュ　Konwicki, Tadeusz　作家，脚本家，映画監督　国ポーランド　生1926年　没1992（コンビツキ，タデウシュ)／1996（コンビツキ，タデウシュ）

コンウェイ，サイモン　Conway, Simon　作家，元・軍人　ランドマイン・アクション代表　国英国　生1967年　没2000

コンウェイ，ジョン　Conway, John Horton　数学者　プリンストン大学教授　圏超限計算，結び目理論，多次元幾何，対称の理論（群論）　国英国　生1937年12月26日　没1996

コンウェイ，ジル・カー　Conway, Jill Ker　マサチューセッツ工科大学客員教授　元・スミス女子大学学長　圏歴史学，女性史，フェミニズム，性差　没1996

コンウェイ，デービッド　Conway, David　魔術師　国英国　生1939年　没2000

コンウエイ，パトリシア　オーキッド・バイオコンピューター副社長　国米国　没2000

コンウェイ，マッキンリー　地理経済学者　世界開発会議（WDC）会長，コンウェイ・データ会長，国際開発研究協議会（IDRC）会長　国米国　生1920年　没1996

コンウェイ・モリス，サイモン　Conway Morris, Simon　ケンブリッジ大学地球科学科教授　圏古生物学　国英国　没2000

コーンウェル，ジョン　Cornwell, John　作家　イエズス・カレッジ主任研究員　国英国　没2004／2008

コーンウェル，パトリシア　Cornwell, Patricia Daniels　ミステリー作家　国米国　生1957年6月9日　没1996／2000／2012

コーンウェル，バーナード　Cornwell, Bernard　作家　国英国　没1992／1996／2000

コーンウェル，ピーター　Cornwell, Peter　メディアアーティスト　王立美術院上級研究員　圏コンピューターグラフィック　国英国　生1958年　没2004（コーウェル，ピーター)／2008（コーウェル，ピーター）

コンカート，ファビオ　Concato, Fabio　歌手　国イタリア　没1992

コンガール，イーヴ・マリー・ジョゼフ　Congar, Yves　神学者，ドミニコ会士　圏教会論　国フランス　生1904年4月13日　没1992

ゴンカルブズ，マーカス　Goncalves, Marcus　情報技術トレーナー　PCMoving VAN社Chief Knowledge Officer　没2004

ゴング，ゲリット　Gong, Gerrit W.　戦略国際問題研究所（CSIS）アジア研究ディレクター　圏中国・朝鮮・アジア問題　国米国　生1953年　没1996

コンクエスト，ロバート　Conquest, Robert　スタンフォード大学フーバー研究所上級研究員　圏旧ソ連研究　国米国　生1917年

没1996

コーン・クライラート　本名＝パコン・ポンワラーパー　作家，ジャーナリスト　国タイ　生1947年　没1992

コンクリン，ロバート　Conklin, Robert　通称＝コンクリン，ボブ　元・パーソナル・ダイナミックス会長　国米国　生1921年　没1998年7月26日　没1996／2000

コン・サムオン　Kong Sam Onn　刑事弁護人　国カンボジア　没2000

コンザリク，ハインツ　Konsalik, Heinz G.　本名＝ギュンター，ハインツ　作家　国ドイツ　生1921年　没1999年10月2日　没1992／1996

ゴンサルヴェス，V.　Gonçalves, Vasco dos Santos　軍人，政治家　元・ポルトガル首相　国ポルトガル　生1921年5月3日　没1992（ゴンサルベス，V.）

ゴンサルベス，ラルフ　Gonsalves, Ralph　政治家　セントビンセントグレナディーン首相　国セントビンセントグレナディーン　生1946年8月8日　没2004／2008／2012

ゴンサレス，N.V.M.　Gonzalez, N.V.M.　作家　国フィリピン　生1917年　没1992

ゴンサレス，アスレイ　Gonzalez, Asley　本名＝Gonzalez Montero, Asley　柔道選手　ロンドン五輪柔道男子90キロ級銀メダリスト　国キューバ　生1989年9月5日

ゴンサレス，アルベルト　Gonzales, Alberto　別称＝Gonzales,Al　法律家　元・米国司法長官，元・米国大統領法律顧問　国米国　生1955年8月4日　没2008／2012

ゴンサレス，アルベルト・ブルガルシト　プロボクサー　没1992

ゴンサレス，ウンベルト　Gonzalez, Humberto　元・プロボクサー　元・WBC・IBF統一世界ジュニアフライ級チャンピオン　国メキシコ　生1966年3月25日　没1996

ゴンサレス，エイドリアン　Gonzalez, Adrian　大リーグ選手（内野手）　国メキシコ　生1982年5月8日　没2012

ゴンサレス，エドアルド　Gonsales, Eduardo　フォルクローレシンガー　ファラブンド・マルチ民族解放戦線（FMLN）外交代表　国エルサルバドル　没1992

ゴンサレス，エドガー　Gonzalez, Edgar　登録名＝エドガー　大リーグ選手，プロ野球選手　国メキシコ　生1978年6月14日　没2012

ゴンザレス，カルロス　Gonzalez, Carlos　本名＝Gonzalez,Carlos Eduardo　大リーグ選手（外野手）　国ベネズエラ　生1985年10月17日

ゴンザレス，ジェレミー　Gonzalez, Geremi　大リーグ選手，プロ野球選手　国ベネズエラ　生1975年1月8日　没2008年5月25日

ゴンザレス，ジオ　Gonzalez, Gio　本名＝Gonzalez,Giovany A.　大リーグ選手（投手）　国米国　生1985年9月19日

ゴンザレス，ジョニー　Gonzalez, Jhonny　プロボクサー　WBC世界フェザー級チャンピオン　元・WBO世界バンタム級チャンピオン　国メキシコ　生1981年9月15日

ゴンザレス，ディッキー　Gonzalez, Dicky　プロ野球選手（投手），元・大リーグ選手　生1978年12月21日　没2012

ゴンザレス，トニー　Gonzalez, Tony　本名＝Gonzalez,Anthony David　プロフットボール選手（TE）　国米国　生1976年2月27日　没2008

ゴンザレス，ドリュース　Gonzalez, Driulys　本名＝Gonzalez Morales,Driulys　元・柔道選手　国キューバ　生1973年9月21日　没2000／2004／2008

ゴンサレス，フェリペ　Gonzáles, Felipe　本名＝ゴンサレス・マルケス，フェリペ　筆名＝イシドロ　政治家　元・スペイン首相，元・スペイン社会労働党書記長　国スペイン　生1942年3月5日　没1992（ゴンザレス・マルケス，フェリペ)／1996／2000／2004／2008

ゴンザレス，フェルナンド　Gonzalez, Fernando　テニス選手　アテネ五輪テニス男子ダブルス金メダリスト　国チリ　生1980年7月29日　没2008／2012

ゴンサレス，ホアン　Gonzalez, Juan Alberto　大リーグ選手（外野手）　国プエルトリコ　生1969年10月16日　没1996／2000／2004／2008

ゴンザレス, ポール　Gonzalez, Paul　プロ野球選手（内野手）　国オーストラリア　生1969年4月22日　家2000

ゴンザレス, ホルヘ　パシフィック大学経済学部長, ペルー経済学会会長　専経済政策　国ペルー　家1996

ゴンザレス, マーク　Gonzales, Mark　ユニット名＝ゲレロyゴンザレス　アーティスト, 元・スケートボード選手　国米国　家2004

ゴンザレス, マリオ　Gonzales, Mario　俳優　国フランス　生1943年　家1996

ゴンザレス, ミゲール　Gonzalez, Miquel Angel　本名＝ゴンザレス, ミゲール・アンヘル　旧リングネーム＝東京三太　プロボクサー　元・WBC世界ライト級チャンピオン　国メキシコ　生1970年11月15日　家1996／2000

ゴンザレス, ルイス　Gonzalez, Luis Emilio　大リーグ選手（外野手）　国米国　生1967年9月3日　家2004／2008／2012

ゴンザレス, ルイス　Gonzalez, Luis　プロ野球選手（内野手）, 大リーグ選手　国ベネズエラ　生1979年6月26日　家2008／2012

ゴンザレス, ルイス・アンヘル　González, Luis Ángel　本名＝ゴンサレス・マキ, ルイス・アンヘル　政治家　元・パラグアイ大統領　国パラグアイ　生1947年12月13日　家2004／2008

ゴンザレス, ルベーン　Gonzalez, Rubén　ピアニスト　国キューバ　生1919年　没2003年12月8日　家2004

ゴンザレス, ルーベン　バイオリニスト, 指揮者, 作曲家　大阪センチュリー交響楽団コンサートマスター, シカゴ交響楽団首席コンサートマスター　家2000

ゴンザレス, レオニラ　作家　国フィリピン　生1938年　家1992

ゴンザレス, ローマン　Gonzalez, Roman　プロボクサー　WBC世界フライ級チャンピオン　元・WBA世界ライトフライ級チャンピオン, 元・WBA世界ミニマム級チャンピオン　国ニカラグア　生1987年6月17日

ゴンザレス, ローレンス　Gonzales, Laurence　雑誌記者, 編集者　家2008

ゴンザレス・ガルベス, セルヒオ　Gonzalez Galvez, Sergio　外交官　駐日メキシコ大使, 京都外国語大学名誉教授　国メキシコ　生1934年　家1996

ゴンザレス・クルッシ, フランク　Gonzalez-Crussi, Frank　ノースウェスタン大学教授　専病理学　国米国　生1936年　家1996

ゴンザレス・バラード, ホセ・ルイス　González-Balado, José Luis　ジャーナリスト　国スペイン　家2004

ゴンザレス・ブエノ, マーティン　実業家　ロスピノスII社長　国アルゼンチン　家2000

ゴンサレスボニリャ, ホエル　González Bonilla, Joel　テコンドー選手　ロンドン五輪テコンドー男子58キロ級金メダリスト　国スペイン　生1989年9月30日

ゴンザレス・モリーナ, ガブリエル　Gonzalez-Molina, Gabriel　経営コンサルタント　家2004／2008

コンシグリオ, ルイス　Consiglio, Louis V.　エイボン・プロダクツ・ジャパン社長　国アメリカ　家1992

コンシダイン, レイ　Considine, Ray　セールスコンサルタント　コンシダイン・アンド・アソシエイツ代表　国米国　家2004

コンシニ, ティエリ　日・EC産業協力センター事務局次長　国フランス　生1960年　家1992

コンジャ, ブラゴエ　ミオ・メタルスカ・インダストリヤ社社長　国ユーゴスラビア　家1992

ゴンショロフスキ, クシストフ　Gasiorowski, Krzystof　詩人　現代文学者同盟局長　国ポーランド　生1935年　家1992

コンション, ジョルジュ　Conchon, Georges　脚本家, 作家　国フランス　没1990年7月29日　家1992

コンスタン, クレール　Constans, Claire　学芸員　ヴェルサイユ宮殿主任学芸員　家2008

コンスタンシオ, V.M.R.　Constâncio, Vitor Manuel Ribeiro　政治家　元・ポルトガル社会党書記長　国ポルトガル　生1943年　家1992／1996

コンスタンチネスク, エミル　Constantinescu, Emil　政治家, 地質学者　元・ルーマニア大統領　国ルーマニア　生1939年11月19日

家2000／2004／2008

コンスタンチノス2世　Constantinos II　元・ギリシャ国王　国ギリシャ　生1940年6月2日　家1992／1996／2008／2012

コンスタンティーナ　Konstantina　本名＝コンスタンティーヌ, コンスタンティーナ　歌手　国キプロス　生1960年　家1996

コンスタンティーヌ, エディ　Constantine, Eddie　歌手, 俳優, 作家　国フランス　生1917年10月29日　没1993年2月25日　家1992（コンスタンチーヌ, エディ）／1996

コンスタンティーノ, レナト　Constantino, Renato　思想家, 歴史学者, ジャーナリスト, コラムニスト　元・フィリピン国立大学（UP）マニラ校講師, 元・自由人権促進運動議長　国フィリピン　没1999年9月15日　家1992／1996

コンスタンティノ・ダビッド, カリナ　Constantino-David, Karina　フィリピン大学教授　専地域開発論　国フィリピン　家1996

コンスタンティノフ, ゲオルギ　Konstantinov, Georgi　詩人, ジャーナリスト　「プラマク」編集長　国ブルガリア　生1943年　家1992

コンセイソン, セルジオ　Conceição, Sergio　元・サッカー選手　国ポルトガル　生1974年11月15日　家2004／2008／2012

コンセイユ, ドミニク　Conseil, Dominique　実業家　アヴェダ社長　国フランス　生1956年　家2012

コンセディーン, ジム　Consedine, Jim　司法改革運動家　国ニュージーランド　家2004

コンセプシオン, ホセ　Concepcion, Jose　政治家　フィリピン貿易産業相　国フィリピン　生1931年12月　家1992

コンセリック, ジョセフ　Koncelik, Joseph A.　工業デザイナー　オハイオ州立大学教授, デザイン・アンド・リサーチ社社長　家1992

コンソリ, エレオーノラ　Consoli, Eleonora　料理研究家, ジャーナリスト　カターニア地方観光局顧問　国イタリア　生1938年5月7日　家2000

ゴンダ, ヤン　Gonda, Jan　サンストリック語学者, インド学者　元・ユトレヒト大学教授　専サンスクリット語, 印・欧語比較文法, インドネシア語, 古代インド宗教史　国オランダ　生1905年4月14日　没没年不詳　家1992

コンダウーロワ, エカテリーナ　Kondaurova, Yekaterina　バレリーナ　マリインスキー・バレエ団プリンシパル　国ロシア　生1982年

コンダコワ, ダリア　Kondakova, Daria　元・新体操選手　国ロシア　生1991年7月30日

コンタドール, アルベルト　Contador, Alberto　本名＝Contador Velasco, Alberto　自転車選手（ロードレース）　国スペイン　生1982年6月12日

コンタバリ, ジャンパオロ　Contavalli, Giampaolo　建築家　国イタリア　生1963年　家2004／2008

コンタンスー, ピエール　ミサイル・ロケット開発者　国フランス　没1987年9月16日　家1992

ゴンチグドルジ, ラドナースンベレーン　Gonchigdorj, Radnaasumbereliin　政治家, 数学者　元・モンゴル国民大会議議長　国モンゴル　生1954年7月18日　家1992／2000／2004

ゴンチャレンコ, オレグ　Goncharenko, Oleg　スピードスケート選手　国ソ連　没1986年12月16日　家1992

ゴンチャロフ, ワレリー　Goncharov, Valerii　体操選手　国ウクライナ　生1977年9月19日　家2008

ゴンチャン　Gongchan　グループ名＝B1A4　歌手　国韓国　生1993年8月14日

コンツェルマン, ハンス　Conzelman, Hans　プロテスタント神学者　ゲッティンゲン大学教授　専新約聖書　国ドイツ　生1915年10月27日　家1992

コンデ, アルファ　Condé, Alpha　政治家　ギニア大統領　国ギニア　生1938年3月4日　家2012

コンテ, アントニオ　Conte, Antonio　サッカー監督, 元・サッカー選手　国イタリア　生1969年7月31日　家2008／2012

コンテ, ジェームズ　Conte, James T.　実業家　トゥミ上級副社長　国米国　生1946年　家2004

コンデ, デービッド　Conde, David W.W.　ジャーナリスト　元・GHQ民間情報教育局（CIE）映画演劇課長　国米国　生1906年7月

18日 [没]1981年4月23日 [典]1992

コンテ, ニコラ Conte, Nicola グループ名=ニコラ・コンテ・ジャズ・コンボ ギタリスト, プロデューサー,DJ [国]イタリア [典]2012

コンデ, ニコラス Condé, Nicholas ミステリー作家 [国]米国 [典]1996

コンテ, パオロ 歌手, 作曲家, 弁護士 [国]イタリア [生]1937年 [典]1992

コンデ, マリーズ Condé, Maryse 作家 [国]フランス [生]1937年 [典]2000／2004／2008／2012

コンテ, ランサナ Conté, Lansana 政治家, 軍人 元・ギニア大統領 [国]ギニア [生]1934年 [没]2008年12月22日 [典]1992／1996／2000／2004／2008

ゴンティエ, フェルナンド Gontier, Fernande フランス文学者 [国]フランス [典]1992

コンティッチ, ラドイエ Kontić, Radoje 政治家 元・新ユーゴスラビア連邦首相 [国]ユーゴスラビア [生]1937年3月31日 [典]1996／2000

コンディット, ゲーリー Condit, Gary 政治家 米国下院議員(民主党) [国]米国 [典]2004

コンディット, フィリップ Condit, Philip Murray 実業家 ボーイング会長・CEO [国]米国 [生]1941年8月2日 [典]2000

コンティーニ, ジャンフランコ Contini, Gianfranco 批評家, ロマンス語学者 元・フィレンツェ大学教授 [国]イタリア [生]1912年 [典]1992

コンティヘルム, マリー Conte-Helm, Marie サンダーランド・ポリテクニック日本研究科代表 [専]日英関係史, 日本美術史 [国]英国 [生]1949年 [典]1992

コンドー, ウィリアム・M. 元・東南アジア諸国連合(ASEAN)漁業連盟インドネシア代表 [専]マグロ資源問題 [国]インドネシア [生]1930年 [典]1996

コンドー, ハーバート Kondo, Herbert サイエンスライター [国]米国 [典]1992

コントゥリー, ベラ Kontuly, Béla 画家 [国]ハンガリー [生]1904年 [典]1992

コント・スポンヴィル, アンドレ Comte-Sponville, André 哲学者 ソルボンヌ大学 [国]フランス [生]1952年 [典]2004／2008／2012

コンドミナス, ジョルジュ Condominas, George 元・コロンビア大学客員教授, 元・エール大学客員教授 [生]1921年 [典]1996

コントラ, コスミン Contra, Cosmin 本名=コントラ, コスミン・マリウス サッカー選手(MF・DF) [国]ルーマニア [生]1975年12月15日 [典]2004／2008

コンドラショフ, スタニスラフ・N. ジャーナリスト 元・「イズベスチヤ」紙政治評論員 [国]ロシア [生]1928年12月 [没]2007年8月27日 [典]1992／1996

コンドラチエフ, ゲオルギー Kondratiev, Georgii Grigorievich 軍人 ロシア国防次官 [国]ロシア [生]1944年11月17日 [典]1996

ゴンドリー, ミシェル Gondry, Michel 映画監督, 脚本家,CMディレクター [国]フランス [生]1963年5月8日 [典]2000／2004／2008／2012

コントレラス, ホセ Contreras, José Ariel 大リーグ選手(投手) [生]1971年12月6日 [典]2004／2008／2012

コントワ, クロード モントリオール大学東アジア研究所所長 [専]地理学 [国]カナダ [生]1954年 [典]2000

コンドン, ビル Condon, Bill 映画監督, 脚本家 [国]米国 [生]1955年 [典]2008／2012

コンドン, リチャード Condon, Richard 作家 [国]米国 [生]1915年 [没]1996年4月9日 [典]1992／1996

コンヌ, アラン Connes, Alain 数学者 コレージュ・ド・フランス教授 [専]作用素環論 [国]フランス [生]1947年4月1日 [典]1992／1996

コーンハウザー, ウィリアム Kornhauser, William Alan 社会学者 カリフォルニア大学バークレー校社会学教授 [専]大衆社会論, 政治社会学 [国]米国 [生]1925年 [典]1992

コンパオレ, ブレーズ Compaoré, Blaise 政治家, 軍人 ブルキナファソ大統領 [国]ブルキナファソ [生]1951年2月3日 [典]1992／1996／2000／2004／2008／2012

コーンバーグ, アーサー Kornberg, Arthur 生化学者 元・スタンフォード大学名誉教授 [専]DNA [国]米国 [生]1918年3月3日 [没]2007年10月26日 [典]1992／1996／2000／2004

ゴンバーグ, デービッド Gomberg, David アメリカン・カイトフライヤーズ・アソシエーション(AKA)会長 [典]1996

コーンバーグ, ロジャー Kornberg, Roger D. 生化学者 スタンフォード大学医学部教授 [専]構造生物学 [国]米国 [生]1947年 [典]2012

コンパニュ, メルセ Company, Mercè 作家 [国]スペイン [生]1947年 [典]1992／1996

コンパニョーニ, デボラ Compagnoni, Deborah 元・スキー選手(アルペン) [国]イタリア [生]1970年6月4日 [典]1996／2000

コンパニョン, アントワーヌ Compagnon, Antoine Marcel Thomas ソルボンヌ大学教授, コロンビア大学教授, 「クリティーク」編集委員 [専]文学, 美術 [国]フランス [生]1950年7月20日 [典]2000

コンビ, ブルーノ Comby, Bruno 環境活動家 [国]フランス [生]1960年 [典]2004／2008

コンフィアン, ラファエル Confiant, Raphaël 作家 [国]フランス [生]1951年 [典]2000

コンフィノ, フランソワ 建築家 [国]フランス [典]2000

コーンフォース, ジョン Cornforth, John Warcup 化学者 北京医科大学名誉教授, オックスフォード大学セント・キャサリンズ・カレッジ名誉研究員 [専]天然物化学, 酵素化学 [国]英国 [生]1917年9月7日 [典]1992／1996／2008

コンフォース, モーリス Cornforth, Maurice 哲学者 [国]英国 [生]1901年 [典]1996

コンフォート, アレックス Comfort, Alex 本名=コンフォート, アレグザンダー 作家, 詩人, 生物学者 元・カリフォルニア大学医学部教授 [専]老年学 [国]英国 [生]1920年 [没]2000年3月26日 [典]1992／2000

コンフォード, エレン Conford, Ellen 児童文学作家 [国]米国 [典]2004

コンフォート, トレーシー・ルイツ Conforto, T.R. シンクロナイズドスイミング選手 [国]米国 [典]1992

コンプトン, D.G. Compton, D.G. 別名=リンチ, フランシス 劇作家,SF作家 [国]英国 [生]1930年8月19日 [典]1992

コンプトン, エリック Compton, Erik プロゴルファー [国]米国 [生]1979年11月11日 [典]2012

コンプトン, ジョン Compton, John George Melvin 政治家 元・セントルシア首相 [国]セントルシア [生]1925年 [没]2007年9月7日 [典]1992／1996／2000

コンプトン・ホール, リチャード Compton Hall, Richard 英国海軍中佐 [国]英国 [典]1992

ゴンブリッチ, エルンスト・ハンス Gombrich, Ernst Hans Josef 美術史家 元・ロンドン大学名誉教授 [国]英国 [生]1909年3月30日 [没]2001年11月3日 [典]1992

ゴンブリッチ, リチャード Gombrich, Richard Francis 宗教学者 オックスフォード大学教授・ベイリオル・カレッジ上級フェロー, パーリ・テキスト協会会長 [専]仏教学, インド学 [国]米国 [生]1937年7月17日 [典]2004／2008

コンプレクトフ, ヴィクトル Komplektov, Viktor Georgievich 外交官 元・駐米ロシア大使 [国]ロシア [生]1932年1月8日 [典]1996

コーン・ベンディット, ダニエル Cohn-Bendit, Daniel 政治家 欧州議会議員 五月革命(フランス)の立役者 [国]ドイツ [生]1945年4月4日 [典]1992／1996／2000

コンペンハンス, ユルゲン Kompenhans, Jürgen 物理学者 DLR流体力学研究所ドイツ航空宇宙センター [専]空気力学, 流体力学 [国]ドイツ [典]2004

コンポスト, アラン 写真家 [専]熱帯植物 [国]フランス [生]1952年5月 [典]1992

ゴンボツェレン・タミル Gombotseren Tamir モデル [国]モンゴル [生]1980年2月13日 [典]2012

ゴンボリ, マリオ　Gomboli, Mario　イラストレーター, 作家　スタジオ・アルコクワットロ共同創設者　国イタリア　⊕1947年　⊗2000

コンラッズ, ジョン　元・水泳選手, ビジネスコンサルタント　国オーストラリア　⊕1942年5月21日　⊗1992／2004

コンラッド, アントニー　元・RCA社会長　国米国　⊕1984年1月9日　⊗1992

コンラッド, ウィリアム　Conrad, William　俳優　国米国　⊕1920年9月27日　⊗1994年2月11日　⊗1996

コンラッド, ケント　Conrad, Kent　政治家　米国上院議員（民主党）　国米国　⊕1948年3月12日　⊗1996／2000／2004／2012

コンラッド, シェリー　Conrad, Sheree　心理学者　マサチューセッツ大学助教授　国米国　⊗2004

コンラッド, ジョン　Conrad, Jon M.　経済学者　コーネル大学教授　国米国　⊕1945年　⊗2004

コンラッド, チャールズ　Conrad, Charles　本名＝コンラッド, チャールズ・ピート, Jr.　宇宙飛行士　元・ユニバーサル・スペースラインズ社長　⊕1930年　⊗1999年7月8日　⊗1992

コンラッド, パム　Conrad, Pam　児童文学作家　国米国　⊗1996

コンラッド, ピーター　Conrad, Peter　オクスフォード大学クライストチャーチ・コレッジ・レクチャラー　国英国　⊕1948年　⊗2000

コンラッド, ポール　Conrad, Paul　本名＝Conrad, Paul Francis　風刺漫画家　国米国　⊕1924年6月27日　⊗2010年9月4日　⊗1996

コンラード, ジェルジュ　Konrád, György　作家　国ハンガリー　⊕1933年　⊗1992

コンラン, シャーリー　Conran, Shirley Ida　作家, 編集者, デザイナー　国英国　⊕1932年9月21日　⊗1996／2000／2012

コンラン, スティーブン　Conran, Steven　プロゴルファー　国オーストラリア　⊕1966年5月12日　⊗2012

コンラン, テレンス　Conran, Terence Orby　インテリアデザイナー, 建築家, 実業家　コンラン・ホールディングス会長　国英国　⊕1931年10月4日　⊗1996／2000／2008／2012

コンリー, マイク　Conley, Mike　三段跳び選手　国米国　⊕1962年10月5日　⊗1996

コンリー, ロバート　Conley, Robert J.　作家　イースト・モンタナ大学インディアン研究センター所長　国米国　⊕1940年　⊗1996

コンリック, ジョン　Conrick, John　米国ニーム協会会長　国ニーム, インドセンダン　国米国　⊗2004／2008

コンリン, ケリー　Conlyn, Kelly P.　インターナショナル・データ・グループ（IDG）社長　国米国　⊗1996

コン・レ　Kong Le　軍人　モルプラン（ラオス民族レジスタンス）指導者　国ラオス　⊕1933年　⊗1992

コンレイデス, ジョージ　Conrades, George H.　実業家　アカマイテクノロジーズ執行会長　元・アカマイテクノロジーズ会長・CEO, 元・BBN社長, 元・IBM上級副社長　国米国　⊕1939年　⊗2004／2012

コンロイ, パット　Conroy, Pat　作家　国米国　⊕1945年　⊗1992

コンロイ, フランク　Conroy, Frank　作家　国米国　⊕1936年　⊗1992

コンロン, エリザベス　Conlon, Elizabeth　画家　⊗2004

コンロン, ジェームズ　Conlon, James　指揮者　ロサンゼルス歌劇場音楽監督　元・パリ・オペラ座首席指揮者　国米国　⊕1950年3月18日　⊗1996／2004／2008／2012

【サ】

サー・イーロー　本名＝李鎔明　漫画家　国韓国　⊗1992

サ・サイシュン　左 賽春　記者　中国航天科技集団公司新聞執行官　国中国　⊗2008

サ・サジュ　左 佐樹　Sa, Sa-zyu　歌手　国中国　⊕1962年　⊗1996

サー, ジェニファー　Suhr, Jennifer　通称＝サー, ジェン　棒高跳び選手　ロンドン五輪陸上女子棒高跳び金メダリスト　国米国　⊕1982年2月5日

サ・ジェヒョク　史 載赫　Sa, Jae-hyouk　重量挙げ選手　北京五輪重量挙げ男子77キロ級金メダリスト　国韓国　⊕1985年1月29日　⊗2012

サー・ディンディン　Sa, Ding-ding　漢字名＝薩頂頂　歌手　国中国　⊕1983年12月27日　⊗2008／2012

サ・テツヨウ　左 鉄鏞　工学者　中南工業大学副学長, 中国有色金属学会材料科学学術委員会副主任　国金属材料　国中国　⊕1936年　⊗1996

サ・ミジャ　史 美子　タレント　国韓国　⊕1940年5月6日　⊗1996

サ・モウカイ　沙 孟海　Sha, Meng-hai　書家　元・中国書道家協会名誉理事　国中国　⊕1900年6月11日　⊗1992年10月10日　⊗1996

サ・ヨウシン　沙 葉新　劇作家　上海人民芸術院院長　国中国　⊕1939年　⊗1996

サーア, マリア・アントニエタ　Saa, Maria Antonieta　女性解放運動家　国チリ　⊗1996

サアキャン, バコ　Sahakian, Bako S.　政治家　ナゴルノカラバフ大統領　国アゼルバイジャン　⊗2008／2012

サアダ, サルワ・アブ　ジャーナリスト　「アル・ムサワル」編集者　国エジプト　⊕1944年　⊗1992

サアド, ガダ　弁護士, 裁判官　ナザレ行政府裁判所裁判官　国イスラエル　⊗1992

サアド・アル・アブドラ・アル・サレム・アル・サバハ　Saad al-Abdullah al-Salem al-Sabah　政治家　元・クウェート首長, 元・クウェート首相　国クウェート　⊕1930年　⊗2007年10月8日　⊗1992（サアド・アル・アブドラ・アッ・サバハ）／1996（サアド・アル・アブドラ・アッ・サバハ）／2000／2004／2008

サイ　PSY　ラップ歌手　国韓国　⊕1977年12月31日

サイ・アリン　蔡 亜林　Cai, Ya-lin　射撃選手（エアライフル）　国中国　⊕1977年9月3日　⊗2004

サイ・イン　蔡 贇　Cai, Yun　バドミントン選手　ロンドン五輪バドミントン男子ダブルス金メダリスト　国中国　⊕1980年1月19日

サイ・エイケイ　蔡 永桂　日本エイサー副社長　国台湾　⊗1996

サイ・エイブン　蔡 英文　Tsai, Ing-wen　政治家, 法学者　元・台湾民進党主席, 元・台湾行政院副院長（副首相）, 元・台湾政治大学国際貿易科教授　国台湾　⊕1956年8月31日　⊗2004／2012

サイ・ガンコウ　崔 岩光　Cui, Yang-uang　ソプラノ歌手　コロラチューラ・ソプラノ　⊕1957年5月21日　⊗1992／1996／2000／2004／2012

サイ・キンシ　崔 勤之　Cui, Qin-zhi　中国社会科学院法学研究所教授　国経済法, 企業法　国中国　⊕1944年2月17日　⊗1996／2000

サイ・キンドウ　蔡 錦堂　歴史人類学者　淡江大学歴史学系専任助教授　国台湾　⊕1951年　⊗1996

サイ・ケイキ　蔡 慧琪　Cai, Hui-qi　ファッションデザイナー　慧琪服飾分公司経理　国中国　⊕1956年　⊗1996

サイ・ケン　崔 健　Cui, Jian　ロック歌手　国中国　⊕1961年8月2日　⊗1992／1996／2008／2012

サイ・ケンウ　柴 剣宇　日本気功協会主任指導員　国気功学　国中国　⊕1943年　⊗1996

サイ・コウ　蔡 皋　Cai, Gao　画家　湖南少年児童出版社　国中国　⊕1946年　⊗1996／2000

サイ・コウイツ　崔 紅一　作家　国中国　⊕1954年5月18日　⊗1996

サイ・コウシン　斉 紅深　歴史家　南京大学中国近現代史博士コース指導教官　国教育史　国中国　⊕1945年　⊗2008

サイ・コウソク　蔡 恒息　易学者, 動物学者　中国科学院動物研究所　国中国　⊗1992

サイ・コクケイ　蔡 国慶　歌手　国中国　⊗1996

サイ・コンサン　蔡 焜燦　実業家　偉詮電子股份有限公司会長　国台湾　⊕1927年　⊗2004／2008／2012

サイ・コンショウ　蔡 昆祥　プロ野球選手（外野手）　国台湾　⊗2004

サイ・シチュウ 蔡 志忠 Tsai, Chih-chung 漫画家 ⑩台湾 ⊕1948年 ㊞1992／1996／2000

サイ・シミン 蔡 子民 政治家 元・中国台湾民主自治同盟名誉主席 ⑩中国 ⊕1920年 ㊟2003年4月11日 ㊞2000

サイ・シュウエイ 崔 秀英 元・パラシュート選手 中国パラシュートチーム・コーチ ⑩中国 ⊕1936年 ㊞1996

サイ・ジュンヨウ 崔 淳容 Choi, Soon-yong 経営学者,統計コンサルタント テキサス大学電子商取引研究センター研究員 ㊞2004

サイ・ショウ 蔡 嘯 Tsai, Hsiao 元・台湾民主自治同盟総部主席 ⑩中国 ㊟1990年1月 ㊞1992

サイ・シンカ 蔡 振華 Cai, Zhen-hua 卓球指導者,元・卓球選手 中国国家体育総局副局長,中国卓球協会会長,中国バドミントン協会会長 元・卓球中国代表総監督 ⑩中国 ⊕1961年9月3日 ㊞2004／2008／2012

サイ・ジンケツ 崔 仁杰 撫順戦犯管理所の元指導員 ⑩中国 ㊞2004／2008

サイ・スウキ 蔡 崇棋 日本エイサー社長 ⑩台湾 ㊞1996

サイ・セイアン 崔 世安 Chui, Sai-on 英語名＝Chui,Fernando Sai on 政治家 マカオ特別行政区行政長官 ⑩中国 ⊕1957年1月 ㊞2012

サイ・ソウ 斎 爽 Qi, Shuang ライター ⑩中国 ⊕1960年 ㊞2004

サイ・タイイン 崔 泰殷 Cui, Tai-yin 天津市北東アジア経済研究所長 ㊙北東アジア経済 ⑩中国 ⊕1925年 ㊞1992

サイ・ダイフ 崔 乃夫 中国民政相,中国共産党中央委員 ⑩中国 ⊕1928年 ㊞1996

サイ・チョウ 蔡 暢 Cai, Chang 婦人運動家 元・中華全国民主婦女連合会主席 李富春・元中国副首相夫人 ⑩中国 ⊕1900年5月14日 ㊟1990年9月11日 ㊞1992

サイ・チョウヨウ 蔡 兆陽 Tsai, Chao-yang 元・台湾交通部長 ⑩台湾 ⊕1941年1月2日 ㊞2000

サイ・テンガイ 崔 天凱 Cui, Tian-kai 外交官 中国外務次官 元・駐日中国大使 ⑩中国 ⊕1952年10月 ㊞2008／2012

サイ・トウ 斉 濤 中国科学院古脊椎動物・古人類研究所教授 ㊙地質古生物学 ⑩中国 ⊕1939年 ㊞1996

サイ・トクキン 蔡 德金 Cai, De-jin 北京師範大学政治系 ㊙中日戦争史 ⑩中国 ⊕1935年 ㊞1996

サイ・トクシュン 蔡 篤俊 医師 蔡内科皮膚科クリニック院長,医鍼会理事長 ㊙中国医学（針灸,漢方） ⑩台湾 ⊕1945年 ㊞2000／2004

サイ・トクホン 蔡 德本 元・中学校教師 「台湾のいもっ子」の著者 ⑩台湾 ⊕1925年 ㊞1996

サイ・ビヒョウ 蔡 美彪 歴史学者 中国社会科学院近代史研究所研究員,中国元史研究会会長,中国蒙古史学会理事長 ㊙遼・夏・金・元史,蒙古史 ⑩中国 ⊕1928年 ㊞1996

サイ・ブ 蔡 武 Cai, Wu 政治家 中国文化相 ⑩中国 ⊕1949年10月 ㊞2008／2012

サイ, ファジル Say, Fazil ピアニスト,作曲家 ⑩トルコ ⊕1970年 ㊞2004／2008／2012

サイ, フレッド Sai, Fred T. 医師 ガーナ医科大学 元・国際家族計画連盟会長 ㊙公衆衛生学 ⑩ガーナ ㊞1996

サイ・ブンエイ 蔡 文穎 美術家 ⑩米国 ⊕1928年10月13日 ㊞1992

サイ・ヘイカ 蔡 丙火 東洋医学薬理研究所教授,中医研究院広安門病院顧問 ⑩中国 ⊕1923年 ㊞1992／1996

サイ・ヘキジョ 蔡 璧如 経営学者 義守大学企業管理学部助教授 ⑩台湾 ⊕1973年 ㊞2008

サイ・メイテツ 蔡 明哲 Cai, Ming-zhe 大連大学日本研究所副所長 ㊙科学技術史 ⑩中国 ⊕1954年 ㊞1996

サイ・モホウ 蔡 茂豊 Tsai, Mao-feng 東呉大学客員教授 元・東呉大学外国語文学院院長,元・台湾日本語教育学会理事長 ㊙日本語教育,教育史 ⑩台湾 ⊕1933年 ㊞1992／1996／2008／2012

サイ・ユウ 崔 游 Cui, You ファッションデザイナー ⑩中国 ⊕1959年 ㊞1996

サイ・ラン 蔡 瀾 Chua, Lam 映画プロデューサー ゴールデン・ハーベスト副社長・製作総指揮者 ⑩香港 ⊕1941年 ㊞1996／2000

サイ・リキ オ カ 重量挙げ選手 ⑩中国 ⊕1970年 ㊞1996

サイ・リツニョ 崔 立如 Cui, Liru 中国現代国際関係研究院長 ⑩中国 ㊞2012

サイ・リツハ 柴 立波 版画家 張北県文化館副館長 ⑩中国 ⊕1953年 ㊞1996

サイ・リュウウン 蔡 龍雲 武術選手 中国武術協会副主席,国家級武術審判員 ⑩中国 ⊕1928年 ㊞1996

サイ・レイ 柴 玲 Chai, Ling 元・民主化運動家 ⑩中国 ⊕1966年4月15日 ㊞1992／1996／2000／2012

サイア, アロン Hsiao, Aron ネットワークコンサルタント,テクニカルライター ㊞2004

ザイヴァート, ローター Seiwert, Lother J. 人材育成インストラクター タイムマネジメント研究所主宰 ⑩ドイツ ⊕1957年 ㊞1992（ザイベルト, L.J.）／1996（ザイベルト, ロタール）／2008

サイエド, ハシナ Syed, Hassina 実業家 ⑩アフガニスタン ㊞2012

サイエム, A.S.M. Sayem, Abu Sadat Mohammad 政治家,法律家 元・バングラデシュ大統領 ⑩バングラデシュ ⊕1916年3月1日 ㊞1992

ザイオン, シドニー Zion, Sidney 作家 ⑩米国 ㊞2000

サイガー, ジョセフ ピアニスト ⊕1924年 ㊞1996

ザイグ, ジェフリー Zeig, Jeffrey K. 心理療法家 ミルトン・エリクソン財団理事長 ㊞2004／2008

サイクス, ジュリー Sykes, Julie 絵本作家 ⑩英国 ⊕1963年 ㊞2000

サイクス, スティーブン Sykes, Stephen 作家 ⑩英国 ⊕1951年 ㊞1996

サイクス, チャールズ Sykes, Charles J. ジャーナリスト 「ミルウォーキー・マガジン」編集長 ⑩米国 ⊕1954年 ㊞1996

サイクス, ブライアン Sykes, Bryan 遺伝学者 オックスフォード大学教授 ㊙人類遺伝学 ⑩英国 ㊞2004／2008／2012

サイクス, ルシンダ 弁護士 ⑩米国 ㊞2000

ザイコフ, レフ Zaikov, Lev Nikolaevich 政治家 元・ソ連共産党政治局員・書記,元・モスクワ市党第1書記 ⑩ロシア ⊕1923年4月3日 ㊟2002年1月7日 ㊞1992／1996

サイズ, ハンプトン Sides, Hampton 作家 ⑩米国 ㊞2004

ザイスマン, ジョン Zysman, John 国際政治経済学者 カリフォルニア大学バークレー校政治学部教授 ⑩米国 ㊞1992／1996／2004／2008

サイズモア, クリス・コスナー Sizemore, Chris Costner 多重人格 ㊞2000

サイズモア, グレーディ Sizemore, Grady 大リーグ選手（外野手） ⑩米国 ⊕1982年8月2日 ㊞2008／2012

ザイゼンバッハ, ペーター Seisenbacher, P. 柔道選手（86キロ級） ⑩オーストリア ㊞1992

サイダー, ロナルド Sider, Ronald J. キリスト者,神学者 イースタン・バプテスト神学校教授,社会行動のための福音主義連盟（ESA）事務局長 ⑩米国 ⊕1939年 ㊞1992

サーイタイ 本名＝アムヌワイチャイ・パティパットパオポン 別名＝ヨー・ブーアクソン 作家,評論家 ⑩タイ ㊞1992

サイダコワ, ナデイア Saidakova, Nadia バレリーナ ベルリン国立バレエ団プリンシパル ⑩ロシア ㊞2012

ザイタース, ルドルフ Seiters, Rudolf 政治家 元・ドイツ内相 ⑩ドイツ ⊕1937年10月13日 ㊞1992／1996

ザイタムル, バレリー Zeithaml, Valarie A. ノースカロライナ大学教授 ㊙サービス・クオリティ,顧客価値 ⑩米国 ㊞2004／2008

サイタンタクバ 才旦卓瑪 歌手 中国音楽家協会副主席,中国文学芸術界連合会副主席 ⑩中国 ⊕1937年 ㊞1996

サイチェフ, アダム Saitiev, Adam レスリング選手（フリースタイル） ⑩ロシア ⊕1977年12月12日 ㊞2004

ザイツ, ウィリアム　Seitz, William C.　画家, 批評家　ブランディズ大学付属ローズ美術館館員　国米国　没1992

サイツ, エリザベス　Sites, Elizabeth　ロマンス作家　国米国　没2004

ザイツ, ダネ　Zajc, Dane　詩人, 劇作家　国ユーゴスラビア　生1929年　没1992

サイツ, フレデリック　Seitz, Frédéric　建築学者　コンピエーニュ技術大学教授, 建築専門学院教授　国フランス　没2004

ザイツ, フレデリック　Seitz, Frederick　理論物理学者　元・米国科学アカデミー会長, 元・ロックフェラー大学名誉学長　専固体量子論　国米国　生1911年7月14日　没2008年3月2日　年1992／1996／2000／2004

ザイツ, ヨッヘン　Zeitz, Jochen　実業家　プーマ社長　国ドイツ　生1963年　年2000

サイツィンガー, カーチャ　Seizinger, Katja　元・スキー選手(アルペン)　国ドイツ　生1972年5月10日　年1996／2000

ザイツェフ, ヴァレリー　Zaitsev, Valerii　日本研究家　ロシア科学アカデミー世界経済国際関係研究所副所長　専日本経済　国ロシア　生1948年　年1992／1996／2000／2004／2008

ザイツェフ, スラワ　Zaitsev, Slava　本名=ザイツェフ, ヴァチェスラフ・M.　ファッションデザイナー　「ドム・モーダ」経営者　国ソ連　生1933年　年1992

ザイツェワ, オリガ　Zaitsev, Olga　バイアスロン選手　バンクーバー五輪バイアスロン女子24キロリレー金メダリスト　国ロシア　生1978年5月16日　年2012

ザイツェワ, ガリーナ　Zaitseva, Galina　ソプラノ歌手　国ソ連　年1992／1996

サイティエフ, ブワイサ　Saitiev, Buvaisa　レスリング選手(フリースタイル)　アトランタ五輪・アテネ五輪・北京五輪レスリング金メダリスト　国ロシア　生1975年3月11日　年2000／2008／2012

サイデル, アンドルー　Saidel, Andrew　コンサルタント　日本の政治家データベース製作者　国米国　年2004

サイテル, フレイザー　Seitel, Fraser　コンサルタント　年2004

サイデル, マーティー　Seidel, Martie　グループ名=ディキシー・チックス　カントリー歌手　国米国　生1969年10月12日　年2000／2004／2008／2012

サイデル, ロバート　Seidel, Robert W.　科学史家　ミネソタ大学チャールズ・ベービッジ情報処理工学史研究所所長・教授　元・ロスアラモス国立研究所ブラッドバリー科学博物館館長　国米国　年2004

サイデル, ロバート　Siedell, Robert A.　実業家　アメリカン・エキスプレス・インターナショナル日本社長　国米国　生1951年11月　年2004／2008

ザイテルベルガー, フランツ　Seitelberger, Franz　神経医学者　元・ウィーン大学学長　国オーストリア　生1916年　年1996

サイデン, マシュー・J.　弁護士　アーノルド・アンド・ポーター弁護士事務所　国米国　生1948年　年1992／1996

サイデンステッカー, エドワード・ジョージ　Seidensticker, Edward George　日本文学者　元・コロンビア大学名誉教授　国米国　生1921年2月11日　没2007年8月26日　年1992／1996／2000／2004

サイド, A.サマッド　Said, A.Samad　作家, 詩人, ジャーナリスト　国マレーシア　生1935年4月9日　年1992

サイード, アブデルモネム　Said, Abdelmonem　コラムニスト　エジプト地域戦略研究所所長　国エジプト　生1948年　年2012

サイド, アブドゥル・アジズ　政治学者　アメリカン大学国際学部教授　専国際関係論　国米国　生1931年　年1992

サイド, エドワード　Said, Edward Wadi　文芸評論家, 思想家　元・コロンビア大学教授　専英文学, 比較文学　国米国　生1935年11月1日　没2003年9月25日　年1992／1996／2000

サイト, サディク　Sait, Sadiq M.　コンピュータ科学者　ファハド国王石油鉱物大学(KFUPM)計算機工学部教授　専計算機設計自動化, VLSIシステム設計, 高位合成, 繰り返しアルゴリズム　国サウジアラビア　年2004

サイド, サリム　Said, Salim　コラムニスト, 映画評論家, 軍事評論家　元・ジャカルタ芸術評議会会長　国インドネシア　生1943年　年1996(サリム・サイド)／2000

サイトウ, ジュンイチ　Saito, Juniti　漢字名=斉藤準一　軍人　ブラジル空軍総司令官　国ブラジル　年2012

サイド・サディ　人権活動家, 元・医師　文化民主主義連盟代表者　国アルジェリア　年1992

サイドシラジュディン・サイドプトラ・ジャマルライル　Syed Sirajuddin Syed Putra Jamalullail　元・マレーシア国王(第12代)　国マレーシア　生1943年5月16日　年2004／2008／2012

サイトティ, ジョージ　Saitoti, George Kinuthia　政治家, 数学者　元・ケニア副大統領　国ケニア　生1945年　没2012年6月10日　年1992(サイトチ, ジョージ)／2000(サイトチ, ジョージ)／2004(サイトチ, ジョージ)

ザイド・ビン・スルタン・アル・ナハヤン　Zayed bin Sultan al-Nahyan　政治家　元・アラブ首長国連邦(UAE)大統領, 元・アブダビ首長　国アラブ首長国連邦　生1918年　没2004年11月2日　年1992(ザイド・ビン・スルタン・アン・ナハヤン)／1996(ザイド・ビン・スルタン・アン・ナハヤン)／2000(ザイド・ビン・スルタン・アン・ナハヤン)／2004

サイトフ, オレグ　Saitov, Oleg　ボクシング選手　国ロシア　生1974年5月26日　年2000／2004／2008

サイドマン, スティーブン　Seidman, Steven　ニューヨーク州立大学オールバニ校社会学部教授　専社会学　国米国　生1948年　年2000

ザイトリン, ベン　Zeitlin, Benh　映画監督　国米国　生1982年10月14日

サイナイ, アレン　Sinai, Allen　エコノミスト　ディシジョン・エコノミクスCEO　国米国　年1992／1996／2000／2004／2008／2012

ザイナブ, アルカリ　作家　国ナイジェリア　年1996

サイニ, アトゥル　Saini, Atul　コンピューター技術者　フィオラノ・ソフトウェア社長・CEO　年2004

サイババ, サティア　Sai Baba, Sathya　本名=ラージュ, サティア・ナーラーヤナー　宗教家, 哲学者, 教育家, 慈善事業家　国インド　生1926年11月23日　没2011年4月24日　年1996

ザイヒト, ゲルハルト　Seicht, Gerhard　経済学者　国オーストリア　生1938年　年2008

サイブ, アリ　Saibou, Ali　政治家, 軍人　元・ニジェール大統領　国ニジェール　生1940年　没2011年10月31日　年1992(セブ, アリ)／1996

ザイフ, インゴ　ジャーナリスト, PRコンサルタント　生1928年　年2000

ザイプ, ウォルター　Seipp, Walter　元・コメルツ銀行頭取　国ドイツ　生1925年12月13日　年1992／1996

ザイーフ, ムラー・アブドゥル・サラム　Zaeef, Mullah Abdul Salam　元・駐パキスタン・タリバン特命全権大使　国アフガニスタン　年2004

サイファト, リッチ　Seifert, Rich　Networks&Communications Consulting社長　年2004

サイフェ, チャールズ　Seife, Charles　ニューヨーク大学准教授　専ジャーナリズム論　国米国　年2008／2012

ザイフェルト, ヴォルフガンク　Seiffert, Wolfgang　クリスチャン・アルブレヒト大学教授　専ソ連, 独ソ関係　国ドイツ　生1926年　年1992

ザイフェルト, ヴォルフガング　Seifert, Wolfgang　音楽ジャーナリスト　国ドイツ　生1932年　年2004／2008

ザイフェルト, クリスチャン　Seifert, Christian　ブンデスリーガCEO　国ドイツ　生1969年5月　年2012

ザイフェルト, テオドル　Seifert, Theodor　教育分析家　国ドイツ　生1931年

ザイフェルト, ペーター　Seiffert, Peter　テノール歌手　国ドイツ　生1954年　年1996／2012

サイフェルト, ヤロスラフ　Seifert, Jaroslav　詩人　国チェコスロバキア　生1901年9月23日　没1986年1月9日　年1992

ザイプス, ジャック　Zipes, Jack　ドイツ文学者　ミネソタ大学教授

⑧米国 ⊕1937年 ⊗2000

サイフディン Saifuding 漢字名=賽福鼎、艾則孜 政治家、作家 元・新疆ウイグル自治区初代主席、元・中国人民政治協商会議全国委員会(全国政協)副主席 ⑧中国 ⊕1915年3月 ⊗2003年11月24日 ⊚1992(サイフジン)／1996／2004

サイフディン、オマル・アリ(3世) Saifuddin, Umar Ali (III) 元・ブルネイ国防相、元・ブルネイ首長(スルタン) ⑧ブルネイ ⊕1986年9月7日 ⊚1992

ザイフリート、ディーター Seifried, Dieter エコロジスト ECO・WATT設立者 元・フライブルク・エコ・インスティトゥート研究員 ⑧ドイツ ⊕1948年 ⊚2004／2008

サイボルト、オイゲン Seibold, Eugen キール大学名誉教授 ⑲海洋地質学 ⑧ドイツ ⊕1918年5月11日 ⊚1992／1996

サイマン、ケン Siman, Ken 作家 ⑧米国 ⊕1962年 ⊚1996

ザイマン、ジョン・マイケル Ziman, John Michael 物理学者 元・ブリストル大学名誉教授 ⑧英国 ⊕1925年5月16日 ⊗2005年1月2日 ⊚2000／2004

サイミントン、スチュアート Symington, Stuart 本名=Symington,William Stuart 政治家 元・米国上院議員(民主党) ⑧米国 ⊕1901年6月26日 ⊗1988年12月14日 ⊚1992

サイミントン、ファイフ 政治家 元・アリゾナ州知事(共和党) ⑧米国 ⊚2000

サイムズ、ディミトリ Simes, Dimitri K. カーネギー国際平和財団上級研究員 ⑲国際関係、米ソ関係 ⑧米国 ⊕1947年10月 ⊚1992／1996

サイムズ、フランク グループ名=サリル・マッコイズ 歌手、ギタリスト ⑧米国 ⊚2000

サイモン、ウィリアム Simon, William Edward 政治家、金融家 元・米国財務長官 ⑧米国 ⊕1927年11月27日 ⊗2000年6月3日 ⊚1992／1996

サイモン、ウィリアム Simon, William L. ノンフィクション作家 ⊚2004

サイモン、エレン Simon, Ellen 劇作家、脚本家、元・ダンサー ⑧米国 ⊚2000

サイモン、ジェフリー 指揮者 カーラ音楽監督・プロデューサー ⑧米国 ⊕1946年 ⊚1996

サイモン、ジョン Simon, John 音楽プロデューサー、シンガー・ソングライター ⑧米国 ⊚1996

サイモン、デービッド Simon, David Alec Gwyn 政治家、実業家 英国通商・競争政策担当相、ブリティッシュ・ペトロリアム(BP)会長・社長 ⑧英国 ⊕1939年7月24日 ⊚1996／2000

サイモン、ニール Simon, Neil 本名=Simon,Marvin Neil 劇作家、脚本家 ⑧米国 ⊕1927年7月4日 ⊚1992／1996／2004／2008／2012

サイモン、ハーバート Simon, Herbert Alexander 経済学者 元・カーネギー・メロン大学経営学部教授 ⑲数理社会学、経営学、人工知能 ⑧米国 ⊕1916年6月15日 ⊗2001年2月9日 ⊚1992／2000

サイモン、フランセスカ Simon, Francesca ジャーナリスト、絵本作家 ⊚2000

サイモン、ベネット Simon, Bennett ハーバード大学医学部臨床系教授 ⑲精神分析学 ⑧米国 ⊕1933年 ⊚1992

サイモン、ポール Simon, Paul 政治家、作家 元・米国上院議員(民主党) ⑧米国 ⊕1928年11月29日 ⊗2003年12月9日 ⊚1992／1996／2000

サイモン、ポール Simon, Paul 本名=Simon Paul F. 旧グループ名=サイモン・アンド・ガーファンクル シンガー・ソングライター、プロデューサー ⑧米国 ⊕1941年10月13日 ⊚1992／1996／2000／2004／2008／2012

サイモン、レイチェル Simon, Rachel 作家 ⑧米国 ⊕1959年 ⊚2004／2008

サイモン、ロジャー Simon, Roger Lichtenberg 推理作家、脚本家 ⑧米国 ⊕1943年11月23日 ⊚1992／1996

サイモン、ロジャー Simon, Roger ジャーナリスト ⑧米国 ⊕1948年 ⊚1996

サイモン、ロバート Simon, Robert I. 精神科医 ジョージタウン大学医学部教授 ⑧米国 ⊚2000

サイモン、ロン Simon, Ron スポーツ代理人 ⑧米国 ⊕1933年11月16日 ⊚2000

サイモンズ、ハワード Simons, Howard ジャーナリスト 元・「ワシントン・ポスト」紙編集局長 ⑧米国 ⊗1989年6月13日 ⊚1992

サイモンズ、ポール Simons, Paul テレビプロデューサー ⑧英国 ⊚2000

サイモンズ、ロバート Simons, Robert 経営学者 ハーバード大学ビジネススクール教授 ⊚2004

サイヨンマー、アルヤ Saijonmaa, Arja 歌手 ⑧フィンランド ⊚2004

サイラー、ウィリアム・マクドウェル Siler, William MacDowell モト海洋科学研究所上級研究員、サデン・ダイナミック・システム社社長 ⑲コンピュータ科学 ⑧米国 ⊕1920年8月5日 ⊚1992

サイラー、ジェニー Siler, Jenny 作家 ⊚2004

ザイラー、トニー Sailer, Anton Engelbert 本名=Sailer,Toni Anton スキー選手(アルペン)、俳優 ⑧オーストリア ⊕1935年11月17日 ⊗2009年8月24日 ⊚1992／1996／2000

ザイラー、ヨーゼフ 演出家 ⑧オーストリア ⊕1948年 ⊚1996

サイラス、マイリー Cyrus, Miley 歌手 ⑧米国 ⊕1992年11月23日 ⊚2012

ザイリアン、スティーブン Zaillian, Steven 脚本家、映画監督 ⑧米国 ⊕1953年 ⊚2012

ザイル・シン、ギアニ Zail Singh, Giani 旧名=ジャーナイル・シン 政治家 元・インド大統領 ⑧インド ⊕1916年5月5日 ⊗1994年12月25日 ⊚1992／1996

サイルスタッド、ジョージ Seielstad, George A. 天文学者 アメリカ電波天文台副所長 ⑧米国 ⊚1992

サイーレン、ポルカー ルイジアナ州立大学教授・シンクロトロン放射光施設所長 ⑲電子工学 ⑧米国 ⊕1947年 ⊚1996

サイロン、リチャード Syron, Richard Francis 通称=サイロン、ディック 銀行家、エコノミスト フレディマック会長・CEO ⑧米国 ⊕1943年10月25日 ⊚2008／2012

サインス、グスタボ Sainz, Gustavo 作家 ⊕1940年 ⊚1996

サインツ、カルロス Sainz, Carlos 元・ラリードライバー ⑧スペイン ⊕1962年4月12日 ⊚1992／1996／2000／2008

サインフェルド、ジェリー Seinfeld, Jerry コメディアン ⑧米国 ⊕1954年4月24日 ⊚2000

サインホ Sainkho 本名=サインホ・ナムチェラク 歌手 ⑧ロシア ⊕1957年3月11日 ⊚1996

サウアー、クリス Sauer, Chris ニューサウスウェールズ大学オーストラリア経営大学院上級研究員 ⑲情報システム ⑧オーストラリア ⊕1953年 ⊚1996

サウアー、ケネス Sauer, Kenneth 生化学者 カリフォルニア大学バークレー校 ⊚2008

サウアー、ゴードン Sauer, Gordon C. ジョン・グールド研究家 ⑧米国 ⊚1992

ザヴァッティーニ、チェーザレ Zavattini, Cesare 脚本家 ⑧イタリア ⊕1902年9月20日 ⊗1989年10月13日 ⊚1992(ザバッティーニ、チェーザレ)

サヴァリッシュ、ウォルフガング Sawallisch, Wolfgang 指揮者、ピアニスト 元・フィラデルフィア管弦楽団音楽監督、元・バイエルン州立歌劇場名誉会員、元・NHK交響楽団桂冠名誉指揮者 ⑧ドイツ ⊕1923年8月26日 ⊗2013年2月22日 ⊚1992(サバリッシュ、ウォルフガング)／1996(サバリッシュ、ウォルフガング)／2000／2008

サヴァレーゼ、ニコラ Savarese, Nicola 演劇学者 レッチェ大学教授 ⑧イタリア ⊕1945年 ⊚1996(サバレーゼ、ニコラ)

サヴィアーノ、ロベルト Saviano, Roberto 作家 ⑧イタリア ⊕1979年 ⊚2012

サヴィサール、エドガー Savisaar, Edgar 政治家、歴史学者 エストニア中道党党首、エストニア人民戦線指導者 元・エストニア共和国首相 ⑧エストニア ⊕1950年 ⊚1992(サビサール、エド

ガー）／2000

サヴィチェヴィッチ, デヤン　Savićević, Dejan　サッカー監督, 元・サッカー選手　モンテネグロサッカー協会会長　[国]モンテネグロ　[生]1966年9月15日　[典]1996（サビチェビッチ, デヤン）／2000／2008／2012

サヴィツキー, ワレリー・M.　法学者　ソ連科学アカデミー国家・法研究所法学部長　[国]ソ連　[典]1992（サビツキー, ワレリー・M.）

サヴィッチ, ドラガン　Savic, Dragan　軍事研究家　[専]クロアチア空軍　[国]ユーゴスラビア　[典]2008

サヴィニャック, レイモン　Savignac, Raymond Pierre Guillaume　グラフィックデザイナー　[国]フランス　[生]1907年11月6日　[没]2002年10月30日　[典]1992（サビニャック, レイモン）

サヴェリエフ, アレクサンドル　Saveliev, Aleksandr　ロシア国家安全保障戦略研究所副所長　[専]核戦略問題　[国]ロシア　[生]1950年　[典]1996（サベリエフ, アレクサンドル）／2000

ザヴェリューハ, アレクサンドル　Zaveryukha, Aleksandr Kh.　政治家　元・ロシア副首相　[国]ロシア　[生]1940年4月30日　[典]1996（ザベリューハ, アレクサンドル）／2000

ザウエルブライ, ニコリーン　Sauerbreij, Nicolien　スノーボード選手　バンクーバー五輪スノーボード女子パラレル大回転金メダリスト　[国]オランダ　[生]1979年7月31日　[典]2012

ザウザー, クリストフ　Sauser, Christoph　自転車選手（マウンテンバイク）　シドニー五輪自転車男子マウンテンバイク銅メダリスト　[国]スイス　[生]1976年4月13日

サウザン, ブライアン　英文学者　アスロン・プレス社長・編集長　[国]英国　[生]1931年　[典]1992

サウスウイック, エドワード　Southwick, Edward　ファミリー・ライフ教育士　[国]米国　[生]1955年　[典]2000

サウスウィック, ジャック　Southwick, Jack　ソーシャルワーカー　カンザス大学大学院講師　[国]米国　[生]1929年　[典]2004

サウスウィック, テレサ　Southwick, Teresa　作家　[国]米国　[典]2008

サウスオール, アイバン　Southall, Ivan　本名＝サウスオール, アイバン・フランシス　児童文学作家　[国]オーストラリア　[生]1921年6月8日　[没]2008年11月15日　[典]1992

サウスゲート, コーリン　Southgate, Colin　EMIグループ会長, ロイヤル・オペラ総監督　[国]英国　[典]1992／2000

サウスサイド・ジョニー　Southside Johnny　本名＝ライオン, ジョニー　歌手　[国]米国　[生]1948年　[典]1996

ザウストラ, ケース　オランダ国会議員（労働党）　[専]原発・エネルギー問題　[国]オランダ　[生]1931年　[典]1992／1996

サウスワース, イアン　Southworth, Ian　アンモナイト・レコード経営者　[国]英国　[生]1961年6月20日　[典]2008

サウセスク伯爵　Southesk, llth Earl of　本名＝カーネギー, チャールズ・アレクサンダー　政治家　元・英国上院議員　[国]英国　[生]1893年9月23日　[没]1992年2月16日　[典]1996

サウダルガス, アルギルダス　Saudargas, Algirdas　政治家　元・リトアニア外相　[国]リトアニア　[生]1948年4月17日　[典]2000

サウティン, ドミトリー　Sautin, Dmitrii　飛び込み選手　アトランタ五輪・シドニー五輪金メダリスト　[国]ロシア　[生]1974年3月15日　[典]2000／2004／2008／2012

サウド・アル・ファイサル　Saud al-Faisal　政治家　サウジアラビア外相　[国]サウジアラビア　[生]1940年7月15日　[典]1992／1996／2000／2004／2008／2012

ザウペ, ディートマー　Saupe, Dietmar　数学者　ブレーメン大学数学科客員助教授　[専]数学的コンピュータ・グラフィックス, 実験的数学　[国]ドイツ　[生]1954年　[典]1992

サウマ, エドアルド　Saouma, Edouard　農業工学者　元・国連食糧農業機関（FAO）事務局長　[国]レバノン　[生]1926年11月6日　[没]2012年12月1日　[典]1992／1996

サウラ, アントニオ　Saura, Antonio　画家　[国]スペイン　[生]1930年9月22日　[没]1998年7月22日　[典]1996

サウラ, カルロス　Saura, Carlos　映画監督　[国]スペイン　[生]1932年1月4日　[典]1992／1996／2000／2004／2008／2012

サウワーブラム, トッド　Sauerbrun, Todd　プロフットボール選手（P）　[国]米国　[生]1973年1月4日　[典]2008

サウンダース, アンソニー　Saunders, Anthony　経営学者　ニューヨーク大学スターン経営大学院ファイナンス学部長　[専]ファイナンス理論, 金融機関論　[典]2004／2008

サエイ・ボネコハル, ハディ　Saei Bonehkohal, Hadi　テコンドー選手　アテネ五輪・北京五輪テコンドー男子金メダリスト　[国]イラン　[生]1976年6月10日　[典]2008／2012

サエグ, ジョン　画商　[国]フランス　[典]1992

サエス, イレーネ　政治家　ヌエバエスパルタ州知事　[国]ベネズエラ　[典]2000

サエンコフ, セルゲイ・P.　外交官　駐日ベラルーシ大使　[国]ベラルーシ　[典]1996／2000

ザオ・ウーキー　Zao, Wou-ki　中国名＝趙無極　画家　[国]フランス　[生]1920年2月13日　[没]2013年4月9日　[典]1992（ザオ・ウーキー／趙無極 チョウ・ムキョク）／1996（ザオ・ウーキー／趙 無極 チョウ・ムキョク）／2000／2008／2012

サオウ　沙鷗　本名＝王世達　詩人　[国]中国　[生]1922年　[典]1996

サカ, アントニオ　Saca, Antonio　本名＝Saca,Elías Antonio　政治家, 元・スポーツキャスター　元・エルサルバドル大統領　[国]エルサルバドル　[生]1965年3月9日　[典]2008／2012

サガー, ルース　Sager, Ruth　ハーバード大学医学部ダナファーバーがん研究所がん遺伝部主任, ハーバード大学医学部細胞遺伝学教授　[専]細胞遺伝学, がん遺伝子研究　[国]米国　[典]1992

サカイ, セシル　Sakai, Cécile　翻訳家　パリ第七大学東アジア言語文化研究科助教授　[専]日本文学　[生]1957年　[典]2000

サカイダ, ヘンリー　Sakaida, Henry　航空史研究家　[国]米国　[典]2004

ザカエフ, アフメド　Zakayev, Akhmed　本名＝Zakayev,Akhmed Khalidovich　政治家　チェチェン共和国穏健独立派指導者　[生]1956年4月26日　[典]2012

サーカシビリ, ミハイル　Saakashvili, Mikhail　政治家　グルジア大統領, グルジア国民運動党首　[国]グルジア　[生]1967年12月21日　[典]2008／2012

サカタ, ハロルド　坂田, ハロルド　Sakata, Harold　別名＝トッシュ・東郷　俳優, プロレスラー　[国]米国　[生]1920年　[没]1982年7月29日　[典]1992

サカタ, レン　Sakata, Lenn　本名＝サカタ, ハルキ・レン　元・大リーグ選手　[国]米国　[生]1953年6月8日　[典]2004／2012

ザガット, ティム　Zagat, Tim　出版人　「ザガット・サーベイ」発行人　[国]米国　[生]1940年5月　[典]1996／2000／2012

ザガット, ニナ　Zagat, Nina　出版人　「ザガット・サーベイ」発行人　[国]米国　[生]1942年8月　[典]1996／2000／2012

サガニック, アルバート（Jr.）　Saganich, Albert J.（Jr.）　ソフトウェア開発者　BEAシステムズ技術担当部門長　[典]2004

サカモト, ケリー　Sakamoto, Kerri　作家　[国]カナダ　[生]1959年　[典]2004／2008／2012

サカモト, ジューン　Sakamoto, June　折り紙作家　[国]米国　[典]2008

ザカライアス, イヴァン　Zacharias, Ivan　CMディレクター　[典]2004／2008

ザカリア, イブラーヒム　労働運動家　元・世界労働組合連盟（WFTU）議長　[生]1929年　[没]1993年11月2日　[典]1996

ザカリア, ハジ・アーマド　ケバンサアン大学準教授, シンガポール大学上級客員研究員　[専]政治学　[国]マレーシア　[生]1947年　[典]1996

ザカリア, ファリード　Zakaria, Fareed　ジャーナリスト, コラムニスト　元・「ニューズウイーク国際版」編集長　[生]1964年　[典]2008／2012

ザカリアス, ジェロルド・R.　核物理学者　[国]米国　[没]1986年7月17日　[典]1992

ザガロ, マリオ　Zagallo, Mario　本名＝ザガロ, マリオ・ジョルジ・ローボ　サッカー監督　元・サッカー・ブラジル代表監督　[国]ブラジル　[生]1931年8月9日　[典]1996／2000／2004／2012

サガワ, ペネロープ　Sagawa, Penelope　通商問題コンサルタント　[国]米国　[生]1963年　[典]1996

サ

サカン　査幹　詩人　烏蘭察布盟文学芸術界連合会創作員　国中国　生1939年　登1996

サガン, フランソワーズ　Sagan, Françoise　本名=クワレ, フランソワーズ　作家, 劇作家　国フランス　生1935年6月21日　没2004年9月24日　登1992／1996／2000／2004

サーキ, ラルフ　Sarchie, Ralph　警察官, 心霊研究家　ニューヨーク市警巡査部長, ニューイングランド心霊調査協会設立者　登2004／2008

ザギエ, ドン・ベルナール　九州大学理学部数学科教授　専数論　国米国　登1992

サキエステワ, ラモナ　Sakiestewa, Ramona　タペストリー作家　国米国　生1948年　登1992

サキズ, エドワール　Sakiz, Edouard　ルセル・ユクラフ社長・CEO　国フランス　登1996

サキック, ジョー　Sakic, Joe　元・アイスホッケー選手　ソルトレークシティ五輪アイスホッケー男子金メダリスト　国カナダ　生1969年7月7日　登2000／2004／2008／2012

サキヤ, スシル　鍼灸師　国ネパール　登1992

サギル, タネル　Sagir, Taner　重量挙げ選手　国トルコ　生1985年3月13日　登2008

サグ, アイバン　Sag, Ivan A.　言語学者　スタンフォード大学教授　専シンボリック・システム　国米国　登2004

サーク, ダグラス　Sirk, Douglas　本名=Sierck, Detlef　映画監督　国米国　生1900年4月26日　没1987年1月14日　登1992

サーク, モニカ　Zak, Monica　児童文学作家　国スウェーデン　生1939年　登1992

サクスコブルク, シメオン　Saxe-Coburg Gotha, Simeon　本名=Simeon Borisov Saxe-Coburg-Gotha　前名=シメオン2世　政治家　元・ブルガリア国王, 元・ブルガリア首相　国ブルガリア　生1937年6月16日　登1992（シメオン2世）／2000（シメオン2世）／2004（サクスコブルクゴツキ, シメオン）／2008／2012

サクストン, カーティス　Saxton, Curtis　理論天体物理学者　スター・ウォーズ研究家　国オーストラリア　生1973年2月16日　登2004

サクスビー, ロビン　アドバンスト・リスク・マシーンズ（ARM）社長　国英国　登1996

サクセニアン, アナリー　Saxenian, AnnaLee　カリフォルニア大学バークレー校都市・地域計画学部助教授　専都市計画, 地域計画　国米国　生1954年　登1996

サクソンハウス, ゲイリー　ミシガン大学教授　専国際経済学　国米国　生1943年　登1992／1996／2000

ザクチェフ, イアイン　Zaczek, Iain　「TARTAN CHECK PATTERNS」の著者　登2008

サグデーエフ, ロアルド　Sagdeev, Roald Zinnurovich　物理学者, 天文学者　東西宇宙科学センター所長　元・ソ連科学アカデミー宇宙研究所所長　専核融合, 宇宙開発　国ロシア　生1932年12月26日　登1992／1996／2000

ザークナー・デュヒティンク, カリン　Sagner-Düchting, Karin　美術史家　専19世紀の芸術, クロード・モネの睡蓮画　国ドイツ　登2004

サクナンラフ　索南羅布　登山家　国中国　生1946年　登1996

ザグニス, マリエル　Zagunis, Mariel　フェンシング選手　アテネ五輪・北京五輪フェンシング女子サーブル個人金メダリスト　国米国　生1985年3月3日　登2008／2012

サグマイスター, ステファン　Sagmeister, Stefan　グラフィックデザイナー　ニューヨーク・ビジュアル・アート・スクール講師　登2008

サグマン, ステファン　Sagman, Stephen W.　テクニカルライター, 編集者　Studioserv経営者　登2004

ザクマン, ベルト　Sakmann, Bert　生物物理学者　マックス・プランク医学研究所細胞生理部門長, ハイデルベルク大学生理学教授　専細胞生理学　国ドイツ　生1942年6月12日　登1992／1996／2008／2012

ザグムニ, パベウ　Zagumny, Paweł　本名=Zagumny, Paweł Lech　バレーボール選手　国ポーランド　生1977年8月4日

ザグラジン, ワジム　Zaglagin, Vadim Valentinovich　ソ連大統領顧問　国ソ連　生1927年6月23日　登1992／1996

サクラモーン, アリシア　Sacramone, Alicia　本名=Sacramone, Alicia Marie　体操選手　北京五輪体操女子団体総合銀メダリスト　国米国　生1987年12月3日

サグリオ・ブラムリー, マリン　Saglio-Blamly, Marine　作家　登2004

サグルー, トーマス　Sugrue, Thomas J.　歴史学者　ペンシルベニア大学教授　専アメリカ史　国米国　登2004

ザグルール, バハ　在日エジプト大使館文化教育科学技術部参事官　国エジプト　生1945年　登2000

サクレ, マリー・ジョゼ　Sacré, Marie-José　絵本作家　国ベルギー　生1946年　登1992／1996

サゲッダーオ・ギャットブートン　Sakeddaw Kiatputon　ムエタイ選手　国タイ　生1980年1月19日　登2008

サケット, ジョージ　Sackett, George C.　コンピューター技術者　NetworkX Corporationマネージングディレクター, シスコ・プロフェッショナル・サービシーズ・パートナー　専ネットワーク　登2004

サケット, ナンシー　Sackett, Nancy E.　コンピューター技術者　NetworkX Corporationディレクター　専ネットワーク計画, 国際電気通信　登2004

サコダ, ジミー　Sakoda, Jimmy T.　漢字名=佐古田, ジミー　警察官　元・ロサンゼルス郡検事局首席捜査官　国米国　生1935年8月17日　登1992／1996／2000

サコピッチ, イーゴリ　アムール・バチューシカ環境教育センター所長　国ロシア　登2000

ザゴラキス, テオドロス　Zagorakis, Theodoros　サッカー選手（MF）　国ギリシャ　生1971年10月27日　登2008

サコラファ, ソフィア　Sakorafa, Sofia　やり投げ選手　国パレスチナ　生1957年　登2008

ザゴリア, ドナルド　コロンビア大学助教授, ハンター大学教授　専政治学　国米国　生1928年　登1996

ザゴルスキー, アレクセイ　世界経済国際関係研究所（IMEMO）主任研究員　専国際関係論　国ロシア　生1957年　登1992／1996

ザゴロドニューク, ヴィヤチェスラフ　Zagorodoniuk, Viacheslav　元・フィギュアスケート選手　国ウクライナ　生1972年8月11日　登1996／2000

サゴン・イル　司空壱　Sakong, Il　エコノミスト　世界経済研究院理事長　元・韓国財政相　国韓国　生1940年1月10日　登1996／2000

サザーランド, イワン　Sutherland, Ivan　電気工学者　元・サン・マイクロシステムズ副社長, 元・ハーバード大学電気工学科助教授　国米国　生1938年　登2004／2012

サザーランド, エリーズ　Southerland, Ellease　作家, 詩人　国米国　登1992

サザーランド, キーファー　Sutherland, Kiefer　俳優　国米国　生1966年12月21日　登2008／2012

サザーランド, グレアム　Sutherland, Graham Vivian　画家　国英国　生1903年8月24日　没1980年2月17日　登1992

サザーランド, ジョーン　Sutherland, Joan　ソプラノ歌手　国オーストラリア　生1926年11月7日　没2010年10月10日　登1992／2000

サザーランド, ジョン　Sutherland, John　本名=Sutherland, James Runcieman　ロンドン大学ユニバーシティ・カレッジ名誉教授　専英文学　国英国　生1900年4月26日　登2000

サザーランド, ドナルド　Sutherland, Donald　本名=Sutherland, Donald McNicol　俳優　国カナダ　生1935年7月17日　登1992／1996／2004／2008／2012

サザーランド, ピーター　Sutherland, Peter Denis　実業家, 政治家, 法律家　ゴールドマン・サックス・インターナショナル会長　元・世界貿易機関（WTO）事務局長　国アイルランド　生1946年4月25日　登1992／1996／2000／2008／2012

サザリー, アート　カントリー・ミュージック歌手　国米国　生1986年2月10日　登1992

サザン, テリー　Southern, Terry　作家, シナリオライター　国米国　生1928年5月1日　没1995年10月29日　献1996

サザン, ハーバート　テレビ演出家　国米国　没1985年9月2日　献1992

サザン, マイク　Southon, Mike　ビジネスコンサルタント　献2008

サージェント, トーマス　Sargent, Thomas John　経済学者　ニューヨーク大学教授　国米国　生1943年　献2012

サージェント, パメラ　Sargent, Pamela　SF作家　生1948年3月20日　献1996

サージェント, ハリエット　Sergeant, Harriet　時事コラムニスト　国英国　生1954年　献2000

サージェント, リディア　Sargent, Lydia　コラムニスト, 俳優, 脚本家　サウス・エンド・プレス社創設者・編集者　国米国　献1992

サージソン, フランク　Sargeson, Frank　作家　国ニュージーランド　生1903年3月23日　没1981年　献1992

ザシダワ　Zhaxidawa　作家　国中国　生1959年　献1996

サーシャ, ドラクリッチ　Sasa, Drakulic　サッカー選手(FW)　国ユーゴスラビア　生1972年8月28日　献2004/2008

サジャド, ワシム　Sajjad, Wasim　政治家　パキスタン大統領代行　国パキスタン　献1996

サージュ　säju　本名=左佐樹　歌手　国中国　献2000

サージュマン, カロリーヌ　ピアニスト　国フランス　生1973年　献1996

サージョス, ポール　Sergios, Paul A.　映像作家　国米国　生1960年　献1996

ザーズ　ZAZ　本名=ジュフロワ, イザベル　歌手　国フランス　生1980年

ザス, エッガート　Sass, Eggert C.H.　ハノーバー大学講師　小都市建築, 村落開発計画, 建築環境における空間の質　国ドイツ　生1952年　献1996

サスカインド, レナード　Susskind, Leonard　物理学者　スタンフォード大学教授　素粒子物理学　国米国　献2000/2008(サスキンド, レオナルド)

サースガード, ピーター　Sarsgaard, Peter　俳優　国米国　生1971年3月7日　献2004/2008/2012

サスキンド, ロン　Suskind, Ron　ジャーナリスト　国米国　献2008

ザストッキー, デボラ　Zastocki, Deborah K.　看護婦　ニュートン・メモリアル・ホスピタル副院長　看護学, ホームケア　国米国　献2000

サストレ, アルフォンソ　Sastre, Alfonso　劇作家　国スペイン　生1926年2月20日　献1992

サストレ, イネス　Sastre, Ines　女優, モデル　国スペイン　生1973年11月21日　献1996

サストレ, カルロス　Sastre, Carlos　元・自転車選手(ロードレース)　国スペイン　生1975年4月22日　献2012

サーストン, ウィリアム　Thurston, William P.　数学者　プリンストン大学教授　国米国　生1946年10月30日　献1992/1996

サス・ヌゲソ, ドニ　Sassou-Nguesso, Denis　政治家, 軍人　コンゴ共和国大統領, コンゴ労働党(PCT)党首　国コンゴ共和国　生1943年　献1992/1996/2000/2004/2008/2012

サスマン, アレン　Sussman, Allen E.　心理学者, 認定心理士　ギャローデット大学助教授・カウンセリング就職斡旋センター責任者　国米国　献2004

サスマン, デービッド　Sussman, David　テクニカルライター　献2004

サスマン, ポール　Sussman, Paul　作家, コラムニスト　国英国　生1968年　献2004/2008/2012

ザスラウ, ニール　Zaslaw, Neal　音楽学者　コーネル大学教授　国米国　献2004/2008

ザスラフスカヤ, タチアナ　Zaslavskaya, Tatiyana Ivanovna　経済学者, 社会学者　ソ連科学アカデミー経済・工業生産組織研究所部長, ソ連社会学会会長, ソ連人民代議員　コルホースの賃金・労働力・移民問題　国ソ連　生1927年9月9日　献1992

ザスラフスキー, クラウディア　Zaslavsky, Claudia　「世界の算数ゲーム―親子であそんで学力がのびる!」の著者　献2008

サスリック, ケネス　Suslick, Kenneth S.　音響化学者　イリノイ大学アーバナ・シャンペーン校教授　国米国　献1992

サズレン, ビクター　Southren, Victor　海洋歴史小説家　カナダ戦争博物館副館長　国カナダ

サスン, オリ　Sasson, Ori　コンピューター技術者　KSソフトウェア創業者・CEO　献2004

サースン, ピーター　Sarson, Peter　イラストレーター, ミリタリー・アーティスト　献2004

サスーン, ビダル　Sassoon, Vidal　ヘアアーティスト　国英国　生1928年1月17日　没2012年5月9日　献1996/2004/2008/2012

サスーン, モーリス　ファッションデザイナー　キキット・モーリス・サスーン社設立者　国米国　献1992

サーゾ, ルディ　Sarzo, Rudy　ミュージシャン　DIOメンバー　元・OZZY OSBOURNE BANDメンバー　生1950年11月18日　献2008

ザゾブ, フィリップ　Zazove, Philip　医学者　ミシガン大学医学部教授　国米国　生1951年　献2004

ザソホフ, アレクサンドル　Dzasokhov, Aleksandr S.　政治家　元・ソ連共産党政治局員　国ソ連　生1934年4月3日　献1992

サター, アンドリュー　Sutter, Andrew J.　弁護士　国米国　生1955年　献2008

サタ, マイケル・チルフヤ　Sata, Michael Chilufya　政治家　ザンビア大統領　国ザンビア　生1937年

サター, ロバート　Sutter, Robert G.　ジョージタウン大学教授　元・米国議会調査局中国専門官　国際関係, 中国問題, 対日・対中政策　国米国　生1943年　献1992/1996/2000/2012

サーダウィ, ナワル・エル　Saadawi, Nawal El　作家, 精神科医, フェミニスト　国エジプト　生1931年10月27日　献1992/1996/2000/2008/2012

サダース, デービッド　Sudderth, David B.　神経学者　ネープルズ神経センター所長　献2004

サタスウェイト, ウォルター　Satterthwait, Walter　ミステリー作家　国米国　献1996

サダーティッサ, H.　Saddhatissa, H.　仏教指導者　英国マハーボーディ協会会長, 大英サンガ・カウンシル会長, パーリ聖典協会副会長　国英国　献1996

サダト, アンワル　Sādāt, Anwar al-　政治家, 軍人　元・エジプト大統領　国エジプト　生1918年12月25日　没1981年10月6日　献1992

サターポン・シーサッチャン　筆名=パノム・ナンタブリック　作家　シーナカリンウィロート大学講師・南部問題研究所研究員　国タイ　生1947年　献1992

サタヤ, O.　Sattaya, O.　本名=オナリン・サタヤバンポット　プロゴルファー　国タイ　生1984年2月4日

サタリン, ジェームズ　Sutterlin, James S.　エール大学客員研究員, ロングアイランド大学国際機構研究所長　元・国連事務総長室官房長　国連研究　国アイルランド　生1922年　献1996

サタロフ, ゲオルギー　民主主義のための情報総裁　元・ロシア大統領補佐官　国ロシア　生1947年　献2000

サタロフ, ロバート　Sataloff, Robert T.　耳鼻咽喉科医, 歌唱教師　トーマス・ジェファーソン大学ジェファーソン医学カレッジ耳鼻咽喉科学教授, 「The Journal of Voice」誌編集者　国米国　献1996

サ・チ　SzaKcsi　ピアニスト　国ハンガリー　生1943年7月9日　献1992

サチ, ハシム　Thaçi, Hashim　政治家, 軍人　コソボ首相, コソボ民主党党首　国コソボ　生1968年4月24日　献2000(タチ, ハシム)/2012

サーチ, モーリス　Saatchi, Maurice　実業家　元・サーチ・アンド・サーチ会長　国英国　生1946年6月21日　献1992/1996

ザーチイ, ジーク　Zarchy, Zeke　トランペット奏者　グレン・ミラー・オリジナル・リバイバルス・ウィズ・ザ・ジーク・ザーチィ・オーケストラ　国米国　生1915年6月12日　献1992

サチェンコ, ニコライ　Sachenko, Nikolai　[専]バイオリニスト　[国]ロシア　[生]1977年　[典]2000／2004

サーツ, ナタリア　Sats, Nataliya Iliinichna　舞台監督　モスクワ児童音楽劇場総裁　[国]ソ連　[生]1903年8月27日　[典]1992／1996

サッカー, キャシー　Thacker, Cathy Gillen　ロマンス作家　[国]米国　[典]1992／1996

ザッカー, クレイグ　Zacker, Craig　「MCSEスキルチェック問題集」の著者　[典]2008

ザッカー, ジェリー　Zucker, Jerry　映画監督　[国]米国　[生]1950年3月11日　[典]2004／2008

ザッカー, デービッド　エンターテインメント・アンド・スポーツ・プログラミング・ネットワーク（ESPN）国際担当副社長　[国]米国　[典]2000

サッカー, ルイス　Sachar, Louis　児童文学作家　[国]米国　[生]1954年　[典]2004／2008／2012

ザッカニーニ, ベニーニョ　Zaccagnini, Benigno　政治家　元・イタリア上院議員, 元・イタリア・キリスト教民主党幹事長　[国]イタリア　[生]1912年4月17日　[没]1989年11月5日　[典]1992

ザッカーバーグ, マーク　Zuckerberg, Mark Elliot　実業家, プログラマー　フェイスブック創業者・CEO　[国]米国　[生]1984年5月14日　[典]2012

ザッカーマン, ラリー　Zuckerman, Larry　ライター　[典]2004／2008

サッカラ, ジョン　デザインジャーナリスト　デザイン・アナリシス・インターナショナル代表, 王立芸術大学（英国）リサーチ部門ディレクター　元・「Design」誌編集長　[国]オーストラリア　[生]1951年　[典]1996

サッキ, アリーゴ　Sacchi, Arrigo　サッカー指導者　元・サッカー・イタリア代表監督　[国]イタリア　[生]1946年4月1日　[典]1992／1996／2000／2004／2008／2012

ザック　Zack　本名=de la Rocha,Zack　グループ名=レイジ・アゲインスト・ザ・マシーン　ロック歌手　[国]米国　[生]1970年　[典]2004／2008／2012

サック, ジョン　Sack, John　ジャーナリスト, 作家　[国]米国　[典]1992／2008

サックス, アラン　物理学者　元・コロンビア大学物理学部長　[専]素粒子論　[国]米国　[没]1989年9月20日　[典]1992

サックス, イグナチ　Sachs, Ignacy　パリ社会科学高等研究院現代ブラジル研究センター教授　[専]経済学　[生]1927年　[典]1996

ザックス, ヴォルフガング　Sachs, Wolfgang　ノルトライン・ヴェストファーレン州科学センター文化科学研究所　[国]ドイツ　[生]1946年　[典]1996／2000／2008

サックス, オリバー　Sacks, Oliver Wolf　クリニカルライター, 医師　アルバート・アインシュタイン医科大学（ニューヨーク）教授, ニューヨーク大学医学部教授　[専]神経化学, 神経生理学　[国]英国　[生]1933年7月9日　[典]1992／1996／2000

サックス, ジェフリー　Sachs, Jeffrey David　経済学者　コロンビア大学教授・地球研究所所長　[専]国際金融, 政治経済学, 国際開発　[国]米国　[生]1954年11月5日　[典]1992／1996／2000／2004／2008／2012

サックス, ジェン　Sacks, Jen　作家　[典]2004

サックス, ジョージ　Sachs, George　生化学者　カリフォルニア大学ロサンゼルス校医学部教授, 米国復員軍人局首席研究医　[専]内分泌細胞調節, ピロリ菌　[典]2004／2008

サックス, ジョセフ　Sax, Joseph L.　環境法学者　カリフォルニア大学バークレー校教授　[国]米国　[生]1936年　[典]2008／2012

サックス, ジーン　Saks, Gene　演出家, 映画監督　[国]米国　[生]1921年11月8日　[典]1996

サックス, スティーヴン　Sacks, Steven　「メイトマップ―相性確認！ 恋するあなたを導く恋愛マトリクス」の著者　[典]2008

サッグス, テレル　Suggs, Terrell　プロフットボール選手（OLB）　[国]米国　[生]1982年10月11日

サックス, トロイ　Sachs, Troy　車いすバスケットボール選手　[国]オーストラリア　[生]1975年12月3日　[典]2004／2008

サックス, ボリア　Sax, Boria　人権活動家　[国]米国　[生]1949年　[典]2004

ザックス, ミッチ　Zacks, Mitch　アナリスト　ザックス・インベストメント・マネジメント・ポートフォリオマネジャー　[国]米国　[典]2008

サックス, メンデル　Sachs, Mendel　ニューヨーク州立大学バッファロー校名誉教授　[専]素粒子物理学　[国]米国　[生]1927年　[典]2000

ザッケローニ, アルベルト　Zaccheroni, Alberto　愛称=ザック　サッカー監督　サッカー日本代表監督　[国]イタリア　[生]1953年4月1日　[典]2012

サッサー, ジェームズ　Sasser, James Ralph　外交官, 政治家　元・駐中国米国大使, 元・米国上院議員　[国]米国　[生]1931年9月30日　[典]1996／2000

ザッセ, ヘリベルト　Sasse, Heribert　演出家　シラー劇場総監督　[国]ドイツ　[典]1992

サッセン, サスキア　Sassen, Saskia　社会学者　コロンビア大学教授　[専]国際労働移動, 世界都市論　[生]1949年　[典]2000／2004／2008／2012

サッソー, ジョン　Sasso, John　ヒル・アンド・ホリデー社高級副社長, 米国民主党選挙参謀　[国]米国　[生]1947年8月　[典]1992

サッター, ハーブ　Sutter, Herb　コンピューター技術者　PeerDirectCTO,Guru of the Week創始者　[典]2004

サッター, ブルーノ　Suter, Bruno　デザイナー　エルドラド主宰者　[典]1992

サッター, ロバート　Sutter, Robert　米国議会調査局（CRS）上級専門官　[専]アジア情勢, アジア政策　[国]米国　[典]2000

サッタル, アブドス　Sattar, Abdus　政治家　元・バングラデシュ大統領　[国]バングラデシュ　[生]1906年　[没]1985年10月5日　[典]1992

サッチ, アレック　Such, Alec John　旧グループ名=ボン・ジョビ　ロックベース奏者　[国]米国　[生]1956年11月14日　[典]2004／2008

ザッチーノ, ナルダ　Zacchino, Narda　ジャーナリスト　「ロサンゼルス・タイムズ」副社長・編集副主幹, ピュリッツアー賞選考委員, 世界婦人メディア協会副会長　[国]米国　[典]2000

サッチャー, マーガレット　Thatcher, Margaret Hilda　旧名=Roberts　政治家　元・英国首相, 元・英国保守党党首　[国]英国　[生]1925年10月13日　[没]2013年4月8日　[典]1992／1996／2000／2004／2008／2012

サットン, キース　Sutton, Keith　モータースポーツ・カメラマン　サットン・フォトグラフィック主宰　[国]英国　[生]1959年6月10日　[典]1996

サットン, ドン　Sutton, Don　本名=Sutton,Donald Howard　元・大リーグ選手　[国]米国　[生]1945年4月2日　[典]1992／2000

サットン, パーシー　実業家　インナー・シティ放送網総帥, アポロ劇場オーナー　[国]米国　[生]1920年　[典]1992

サットン, ハル　Sutton, Hal Evan　プロゴルファー　[国]米国　[生]1958年4月28日　[典]2004／2008

サットン, ロバート　Sutton, Robert I.　組織心理学者　スタンフォード・エンジニア・スクール教授　[国]米国　[典]2004

ザッハ, ウォルフガング　グラーツ大学英文学部教授・英国文学国際研究センター所長　[専]イギリス文学, アイルランド文学　[国]オーストリア　[典]1992

ザッハー, パウル　Sacher, Paul　指揮者　元・バーゼル室内管弦楽団創設者　[国]スイス　[生]1906年4月28日　[没]1999年5月26日　[典]1996

ザッパ, フランク　Zappa, Frank　本名=ザッパ, フランシス・ビンセント,Jr.　グループ名=マザーズ・オブ・インベンション　ロックミュージシャン　[国]米国　[生]1940年12月21日　[没]1993年12月4日　[典]1992／1996

サッバティーニ, ジュゼッペ　Sabbatini, Giuseppe　テノール歌手　[国]イタリア　[生]1957年　[典]2000／2004／2008／2012

サップ, ウォーレン　Sapp, Warren　元・プロフットボール選手　[国]米国　[生]1972年12月19日　[典]2004／2008

サップ, ボブ　Sapp, Bob　格闘家, 元・プロフットボール選手　[国]米国　[生]1974年9月22日　[典]2008／2012

ザッペッラ, ジュゼッペ　Zappella, Giuseppe　サッカー選手（DF）

国イタリア ⊕1973年5月4日 爽2000

ザッペリ, ロベルト Zapperi, Roberto エンチクロペディア・イタリアーナ研究所編集員 ⑲政治史, 史的人類学 国イタリア ⊕1932年 爽2000

ザッヘンバッハー・シェテレ, エヴィ Sachenbacher-Stehle, Evi スキー選手(距離) ソルトレークシティ五輪・バンクーバー五輪金メダリスト 国ドイツ ⊕1980年11月27日 爽2004(ザッヘンバッハー, E.)／2012

サッポ, セルジオ Sapo, Sergio フットサル監督 フットサル・ウズベキスタン代表監督 元・フットサル日本代表監督 国ブラジル ⊕1958年2月18日 爽2008／2012

ザデー, ロトフィ Zadeh, Lotfi Asker コンピューター科学者 カリフォルニア大学名誉教授 ⑲人工知能, エキスパートシステム, ディシジョン・アンド・インフォメーション・アナリシス 国米国 ⊕1921年2月4日 爽1992(ザディー, ロティフィ)／1996

サテイ 沙汀 Sha-ting 本名=楊子青 旧名=楊朝熙 別筆名=尹光 作家 元・中国作家協会副主席, 元・中国社会科学院文学研究所所長 国中国 ⊕1904年12月19日 ⊗1992年12月14日 爽1992／1996

サティア, グレゴリー Satir, Gregory コンピューター技術者 国米国 爽2004

サティアン・チャンティマートン 作家 国タイ ⊕1943年 爽1992

サディキン, アリ Sadikin, Ali 政治家 元・ジャカルタ知事 国インドネシア ⊕1927年7月7日 爽1992／1996

サディコフ, バコ Sadykov, Boko 映画監督 国ウズベキスタン ⊕1941年 爽1996

サーティーズ, ブルース Surtees, Bruce 映画撮影監督 国米国 ⊗2012年2月23日

サディック, ナフィス Sadik, Nafis 小児科医, 産婦人科医 元・国連人口基金(UNFPA)事務局長 ⑲人口問題, 家族計画 国パキスタン ⊕1929年8月18日 爽1992／1996(サディク, ナフィス)／2000／2004／2012

ザ・デストロイヤー The Destroyer 本名=ベイヤー, リチャード・ディック 元・プロレスラー 国米国 ⊕1931年7月11日 爽1992／1996／2012

サトー, ウィリアム Sato, William レイニー大学教授・民族研究学部長 ⑲民族学 国米国 ⊕1942年 爽1996

サド, チボー・ド 実業家, サド研究家 マルキ・ド・サドオーナー 国フランス 爽1992

サトー, ゴードン・ヒサシ Sato, Gordon Hisashi 動物細胞学者 アルトン・ジョーンズ細胞科学センター名誉所長, マンザナール計画代表 ⑲分子細胞生物学 国米国 ⊕1927年12月17日 爽1992(サトー, ゴードン・ヒサシ)／1996(サトー, ゴードン・ヒサシ)／2004／2008／2012

サトウ, サブリナ Sato, Sabrina タレント 国ブラジル ⊕1981年 爽2012

サドウィ, エフゲニー Sadvyi, Evgenii 水泳選手(自由形) 爽1996

サドウスキー, D.A. Sadowski, Deborah A. ⑲シミュレーションモデリング 爽2004

サドウスキー, R.P. Sadowski, Randall P. 経営工学者 ⑲シミュレーションモデリング 爽2004

サドーヴニチィ, ヴィクトル Sadovnichy, Victor Antonovich 数学者, 物理学者 モスクワ大学総長 国ロシア ⊕1939年4月3日 爽1996(サドーブニチ)／2004／2008／2012

サドゥール, ジャック Sadoul, Jacques 作家 国フランス 爽1996

サトクリフ, ウィリアム Sutcliffe, William 作家 国英国 ⊕1971年 爽2004

サトクリフ, キャスリーン Sutcliffe, Kathleen M. ミシガン大学ビジネススクール准教授 ⑲組織行動論, 人的資源管理論 国米国 爽2004

サトクリフ, ローズマリー Sutcliff, Rosemary 児童文学作家, 歴史小説家 国英国 ⊕1920年12月14日 ⊗1992年秋 爽1992／1996

ザドック, イレズ Zadok, Erez コンピューター科学者 ニューヨーク州立大学ストーニーブルック校コンピューターサイエンス学科助教授 国米国 爽2004

サドック, バージニア Sadock, Virginia A. 精神医学者 ニューヨーク大学教授 国米国 爽2004／2008

サドック, ベンジャミン Sadock, Benjamin J. 精神医学者 ニューヨーク大学教授 国米国 爽2004／2008

サドナウ, D. 社会学者 ザ・サドナウ・メソッド代表 国米国 ⊕1938年 爽1996

ザトペック, エミール Zátopek, Emil 陸上選手(長距離), マラソン選手 国チェコ ⊕1922年9月19日 ⊗2000年11月22日 爽1992／1996／2000

サトマーリ, エオルシュ Szathmáry, Eörs 数理生物学者 ブダペスト高等研究所教授, エトヴェシュ大学植物分類生態学部教授 ⑲分子遺伝学 国チェコ 爽2004

サドラー, クラウディオ Sadler, Claudio 料理人 国イタリア ⊕1956年 爽2000

サドラー, デービッド 元・サッカー選手 国英国 ⊕1946年2月5日 爽2000

サトラピ, マルジャン Satrapi, Marjane 作家, イラストレーター, アニメーション監督 ⊕1969年 爽2012

サドリ, モハンマド Sadli, Mohammad 政治家, エコノミスト 元・インドネシア鉱業相, 元・インドネシア・エコノミスト協会会長 国インドネシア ⊕1922年6月10日 爽1992

サドリア, モジュタバ Sadria, Modjtaba 元・中央大学総合政策学部教授 ⑲政治学, 国際関係論 ⊕1949年 爽2000

サトリアーノ, ジーナ Satriano, Gina 検察官, 元・女子プロ野球選手 ロサンゼルス地方検察庁トーレンス支局検事補 国米国 爽2000

サドル, ムクタダ Sadr, Muqtada al- イスラム教シーア派指導者 国イラク ⊕1973年8月12日 爽2008／2012

ザドルノフ, ニコライ Zadornov, Nikolai Pavlovich ノンフィクション作家, 俳優, 演出家 国ソ連 ⊕1909年 爽1992

ザドルノフ, ミハイル Zadornov, Mikhail Mikhailovich 政治家 元・ロシア蔵相 国ロシア ⊕1963年5月4日 爽2000

ザトレルス, バルディス Zatlers, Valdis 政治家, 整形外科医 元・ラトビア大統領 国ラトビア ⊕1955年3月22日 爽2012

ザドロ, ペーター Sadlo, Peter ティンパニー奏者 ザルツブルク・モーツァルテウム音楽院教授, ホッホシューレ(ミュンヘン)教授 国ドイツ 爽2000

サドワ, ナタリア Sadva, Natalya 旧名=Koptyukh 円盤投げ選手 アテネ五輪陸上女子円盤投げ金メダリスト 国ロシア ⊕1972年7月15日 爽2008

サートン, メイ Sarton, May 作家, 詩人 国米国 ⊕1912年 ⊗1995年7月16日 爽1996

サナ, エリーナ Sana, Elina 作家 国フィンランド ⊕1947年 爽2008

ザナ, レイラ トルコのクルド人権問題のシンボル的存在 国トルコ 爽2000

ザナック, リチャード・ダリル Zanuck, Richard Darryl 映画プロデューサー 国米国 ⊕1934年12月13日 ⊗2012年7月13日 爽1992／1996／2004／2008／2012

ザナック, リリ・フィニー Zanuck, Lily F. 映画プロデューサー 国米国 爽1992

サナデル, イボ Sanader, Ivo 政治家 元・クロアチア首相, 元・クロアチア民主同盟(HDZ)党首 国クロアチア ⊕1953年6月8日 爽2008／2012

サナニコーン, P. Sananikone, Phoui 政治家 元・ラオス首相 国ラオス ⊕1903年 爽1992

ザナルディ, アレックス Zanardi, Alex 本名=ザナルディ, アレッサンドロ レーシングドライバー, 元・F1ドライバー 国イタリア ⊕1966年10月23日 爽2000／2004／2008

サーナン, ユージン Cernan, Eugene Andrew 実業家, 元・宇宙飛行士 サーナン・コーポレーション会長 国米国 ⊕1934年

サニー Sunny グループ名=少女時代 歌手 国韓国 ⊕1989年5

月15日 [典]2012

ザーニ, パオロ Zani, Paolo インテリアデザイナー [国]イタリア [生]1960年 [典]2000

サニエ, リュディヴィーヌ Sagnier, Ludivine 女優 [国]フランス [生]1979年7月3日 [典]2004／2008／2012

サニン・ポサダ, ノエミ Sanin Posada, Noemi 政治家 元・コロンビア外相 [国]コロンビア [典]1996／2000

サヌ, ウィルフリード Sanou, Wilfried サッカー選手(FW・MF) [国]ブルキナファソ [生]1984年3月16日 [典]2012

ザヌーシ, クシシュトフ Zanussi, Krzysztof 映画監督 [国]ポーランド [生]1939年6月17日 [典]2008／2012

サネ, ピエール Sané, Pierre Gabriel Michel 元・アムネスティ・インターナショナル事務総長 [国]セネガル [生]1948年5月7日 [典]1996／2004／2008／2012

ザネーギン, ボリス Zanegin, Boris Nikolaevich ソ連科学アカデミー米国カナダ研究所主任研究員 [専]国際関係学(太平洋地域) [国]ソ連 [典]1992

ザネッティ, アルトゥル Zanetti, Arthur 本名=ナバレッテ・ザネッティ, アルトゥル 体操選手 ロンドン五輪体操男子つり輪金メダリスト [国]ブラジル [生]1990年4月16日

サネッティ, ハビエル Zanetti, Javier 本名=サネッティ, ハヴィエル・アデマール サッカー選手(DF) アトランタ五輪サッカー男子銀メダリスト [国]アルゼンチン [生]1973年8月10日 [典]2004／2008／2012

サネロ, フランク Sanello, Frank 映画評論家 [国]米国 [典]2004

サーノ, ジョン Sarno, John E. 医師 ニューヨーク医科大学臨床リハビリテーション医学科教授 [専]リハビリテーション [国]英国 [典]2008

サーノフ, ドロシー Sarnoff, Dorothy スピーチ・コンサルタント スピーチ・ダイナミックス社会長 [国]米国 [典]1992

サノフ, ヘンリー Sanoff, Henry 建築家 ノース・カロライナ州立大学デザイン学部教授 [典]1996

ザノヤン, バハン Zanoyan, Vahan エネルギー・コンサルタント ペトロ・ファイナンス社長・CEO [国]米国 [典]2004

サバー, チコ Sabbah, Chico 本名=サバー, モーリス 実業家 フォートレス・リー設立者, カロライナ・リー設立者 [国]米国 [典]2004／2008

サバ, メソド Sabbah, Messod 聖書研究家 [専]タルムード, トーラー [国]モロッコ [生]1935年 [典]2004

サバ, ロジェ Sabbah, Roger 聖書研究家 [国]モロッコ [生]1955年 [典]2004

サバシア, C.C. Sabathia, C.C. 本名=サバシア, カーステン・チャールズ 大リーグ選手(投手) シドニー五輪野球金メダリスト [国]米国 [生]1980年7月21日 [典]2004(サバティア, C.C.)／2008／2012

サバージュ, ルイーズ 陸上選手(中・長距離), マラソン選手 [国]オーストラリア [典]2000／2004

サバス, ジョージア Savas, Georgia Routsis 占星術家 [国]米国 [典]2004

ザバズキ, ブロジミエシュ Zawadzki, Wlodzimierz レスリング選手(グレコローマン) [国]ポーランド [生]1967年9月28日 [典]2000／2008

サバタ, イラリオ プロボクサー [国]パナマ [典]1992

サバダ, エリアス Savada, Elias 映画史家 映画情報サービス(MPIS)創設者 [国]米国 [典]2000

サバチーニ, ガブリエラ Sabatini, Gabriela 元・テニス選手 [国]アルゼンチン [生]1970年5月16日 [典]1992／1996／2000

ザバツキー, アンドレア Zavadszky, Andrea フリーライター 「HVG」(ハンガリー)コラムニスト [国]英国 [生]1954年2月 [典]1992

サバティエ, ロベール Sabatier, Robert 作家, 詩人 [国]フランス [生]1923年8月17日 [典]1996／2000／2004／2008／2012

サバティエ, ロラン Sabatier, Roland イラストレーター [国]フランス [生]1942年 [典]2004

サバティエル, カール・R. アストロリンク社長 [国]米国 [典]2000

サパディン, リンダ Sapadin, Linda 臨床心理学者 ホフストラ大学教授 [国]米国 [生]1940年 [典]2004

サバテール, フェルナンド Savater, Fernando 哲学者 [国]スペイン [生]1947年 [典]1996／2000

サパテロ, ホセ・ルイス・ロドリゲス Zapatero, José Luis Rodríguez 政治家 スペイン社会労働党(PSOE)書記長 元・スペイン首相 [国]スペイン [生]1960年8月4日 [典]2008／2012

サバト, エルネスト Sábato, Ernesto 作家, 評論家 [国]アルゼンチン [生]1911年6月24日 [没]2011年4月30日 [典]1992

サバト, ラリー Sabato, Larry J. 政治学者 バージニア大学教授 [専]選挙分析 [国]米国 [典]2004／2008

サバハ・アル・アハマド・アル・ジャビル・アル・サバハ Sabah al-Ahmad al-Jabir al-Sabah 政治家 クウェート首長 元・クウェート首相 [国]クウェート [生]1929年6月16日 [典]2000／2004／2008／2012

サハビ, エザトラ Sahabi, Ezzatollah 政治家 元・イラン国会議員 [国]イラン [生]1930年5月9日 [没]2011年5月31日

サハビ, ハーレ Sahabi, Haleh 人権活動家 [国]イラン [没]2011年6月1日

ザハービ, ヘレン Zahavi, Helen 作家, 翻訳家 [国]英国 [生]1958年 [典]1996

サハフ, ムハンマド・サイード・アル Sahhaf, Mohammed Saeed al- 軍人, 政治家 元・イラク情報相, 元・イラク外相 [国]イラク [生]1939年 [典]2004／2008

ザバラ, ケン Zavala, Ken (財)運輸経済研究センター国際問題研究所調査役 [専]運輸経済 [国]米国 [典]2000

サバラ, ダリル Sabara, Daryl 俳優 [国]米国 [生]1992年6月14日 [典]2004

サバラス, ジョージ Savalas, George 俳優 [国]米国 [没]1985年10月1日 [典]1992

サバラス, テリー Savalas, Terry 本名=Savalas,Aristotle 俳優 [国]米国 [生]1924年1月21日 [没]1994年1月22日 [典]1992／1996

ザハラディール, ヤン 政治家 チェコ下院議員 [国]チェコ [生]1963年 [典]2000

サバリ, アラン 元・フランス教育相 [国]フランス [生]1918年 [没]1988年2月17日 [典]1992

サバリ, ジェローム Savary, Jérôme 演出家, 舞台装置家, 俳優 元・グランド・マジック・サーカス主宰 [国]フランス [生]1942年6月27日 [没]2013年3月4日 [典]1992

サバリン, ジュリアン Savarin, Julian Jay 作家 [典]2000

サハール Sahall 画家 [国]米国 [典]2004

サバール, ホルディ Savall, Jordi ビオラ・ダ・ガンバ奏者, 指揮者 [国]スペイン [生]1941年8月1日 [典]1996／2012

ザハルチェンコ, イワン Zakharchenko, Ivan ジャーナリスト タス通信 [専]朝鮮半島問題 [国]ロシア [生]1961年 [典]2000

ザハレヴィッチ, ユーリー 重量挙げ選手(110キロ級) [国]ソ連 [典]1992(ザハレビッチ, ユーリー)

サバレタ, ニカノール Zabaleta, Nicanor ハープ奏者 [国]スペイン [生]1907年1月7日 [没]1993年3月31日 [典]1996

ザバレタ, マルタ 経済学者, 人権活動家 [国]アルゼンチン [典]1992

ザバロ, A. Zavaro, Albert 画家 エコール・デ・ボーザール油絵科主任教授 [国]トルコ [生]1925年 [典]1992／1996

サハロフ, アンドレイ Sakharov, Andrei Dmitrievich 原子物理学者, 反体制活動家 元・ソ連人民代議員 [国]ソ連 [生]1921年5月21日 [没]1989年12月14日 [典]1992

ザハロフ, イリア Zakharov, Ilya 飛び込み選手 ロンドン五輪男子板飛び込み金メダリスト [国]ロシア [生]1991年5月2日

サハロフ, バディム ピアニスト [国]ロシア [生]1946年 [典]2000

サハロフ, フセヴォロド Sakharov, Vsevolod ロシア文学者 [国]ロシア [生]1946年 [典]2004

ザハーロワ, スヴェトラーナ Zakharova, Svetlana バレリーナ ボリショイ・バレエ団プリンシパル, ロシア下院議員 [国]ロシア

[生]1979年6月10日 [典]2004／2008／2012

サバン, グレン Savan, Glenn 作家 [国]米国 [生]1953年 [典]1996

サパン, ミシェル Sapin, Michel 政治家 元・フランス経済財政相（蔵相）,元・フランス公務員国家改革分権相 [国]フランス [生]1952年4月9日 [典]1996／2004／2012

サバンジ, ギュレル Sabanci, G. 実業家 ラッサ社長, サバンジ大学理事長 [国]トルコ [典]2000／2008

サバンジ, サクップ Sabanci, Sakip 実業家 サバンジ・グループ会長 [国]トルコ [生]1933年4月7日 [典]2000

サバント, マリリン・ボス Savant, Marilyn Vos コラムニスト [国]米国 [典]2004

サバン・バッタナ Savang Vatthana 元・ラオス国王 [国]ラオス [生]1907年11月13日 [典]1992／1996

サピア, リチャード・ベン Sapir, Richard Ben 作家 [国]米国 [生]1936年7月27日 [没]1987年 [典]1992／1996

ザービアック, ウォーリー Szczerbiak, Wally 元・バスケットボール選手 [国]米国 [生]1977年3月5日 [典]2000／2008

サビエ, ラインハルト Soebye, Reinhardt 画家 [国]ノルウェー [生]1956年 [典]2000

サピエフ, セリク Sapiyev, Serik ボクシング選手 ロンドン五輪ボクシング男子ウエルター級金メダリスト [国]カザフスタン [生]1983年11月16日

サビオ Savio 本名=Pimentel,Savio Bortolin サッカー選手（MF） [国]ブラジル [生]1974年1月9日 [典]2000／2004／2008

サビオラ, ハビエル Saviola, Javier 本名=サビオラ・フェルナンデス, ハビエル・ペドロ サッカー選手（FW） [国]アルゼンチン;スペイン [生]1981年12月11日 [典]2004／2008／2012

サビカス, ニーニョ Sabicas, Niño 本名=カステリョン, アウグスティン ギター奏者 [国]スペイン [没]1990年4月14日 [典]1992

サービス, E.R. Service, Elman R. 文化人類学者 [国]米国 [生]1915年 [典]1992

サービス, ロバート ロンドン大学スラブ東欧学部教授 [専]ロシア史, 政治学 [国]英国 [典]1996

サービソン, ロジャー 金融家 フィデリティ・インベストメンツ執行副社長 [国]米国 [典]2000

サビーチェビッチ, ミロラド 政治家, 実業家 ユーゴスラビア連邦議会議員, ゲニックス社長, ザスタバ社長 [国]ユーゴスラビア [典]2004／2008

サビツカヤ, スヴェトラーナ 元・宇宙飛行士 ソ連人民代議員, 平和基金第一副議長 [国]ソ連 [生]1948年 [典]1992／1996

ザビーヌ, ティエリ Sabine, Thiery パリ・ダカールラリー創設者・組織責任者 [国]フランス [没]1986年1月14日 [典]1992

サビヌ, ヤルヘリス Savigne, Yargelis 本名=Savigne Herrena, Yargelis 三段跳び選手, 走り幅跳び選手 [国]キューバ [生]1984年11月13日

ザビヌル, ジョー Zawinul, Joe 本名=Zawinul,Josef Erich グループ名=Weather Report, Zawinul Syndicate ジャズ・キーボード奏者 [国]オーストリア [生]1932年7月7日 [没]2007年9月11日 [典]2000

サビノ, イレネ Savino, Irene イラストレーター [国]ベネズエラ [典]2004

サビノ, ジョセフ ノストラダムス研究家 [国]米国 [生]1948年 [典]1996

サビノワ, マリア Savinova, Mariya 陸上選手（中距離） ロンドン五輪陸上女子800メートル金メダリスト [国]ロシア [生]1985年8月13日

サヒリアン, レイ 医師 [専]家庭医学 [国]米国 [典]2000

サビリーネ, ヤシーン 女優, 歌手 [国]エジプト [生]1967年10月 [典]1992

サビリン, シャフリル 銀行家 インドネシア中央銀行総裁 [国]インドネシア [典]2000／2004／2008

ザヒル, アブドゥル Zahir, Abdul 政治家 元・アフガニスタン首相 [国]アフガニスタン [生]1910年5月3日 [没]没年不詳 [典]1992／1996

ザヒール, アーメド Zahir, Ahmed モルジブ共和国観光局総局長 [国]モルジブ [典]1992

サビール, ナジール 登山家 ナジール・サビール探検旅行社代表 元・パキスタン文化スポーツ教育担当相 [国]パキスタン [典]2004

ザヒル, ムスタファ Zahir, Mostapha ザヒル・シャー元アフガニスタン国王の孫 [国]アフガニスタン [生]1964年 [典]2004／2008

ザヒル・シャー, モハメド Zahir Shah, Mohammed 元・アフガニスタン国王 [国]アフガニスタン [生]1914年10月15日 [没]2007年7月23日 [典]1992／1996／2004

サピーロ, デーブ・A. [専]哲学 [国]米国 [典]2004

ザビロフ, マルス・アハトヴィッチ ソ連青年組織委員会事務局次長 [国]ソ連 [生]1941年10月20日 [典]1992

ザビロワ, ゾルフィア Zabirova, Zulfiya 自転車選手 [国]ロシア [生]1973年12月19日 [典]2000／2008

サビンビ, ジョナス・マリェイロ Savimbi, Jonas Malheiro 政治家, 民族運動指導者 元・アンゴラ全面独立民族同盟（UNITA）議長, 元・アンゴラ副大統領 [国]アンゴラ [生]1934年8月3日 [没]2002年2月22日 [典]1992／1996／2000

サーフ, ドナルド Saaf, Donald イラストレーター [国]米国 [典]2004

サープ, トワイラ Tharp, Twyla 舞踊家, 振付師 サープ・プロダクション代表 [生]1941年7月1日 [典]1996／2008／2012

サーフ, ビントン Cerf, Vinton Gray 実業家, コンピューター科学者 グーグル・インターネット・エバンゲリストチーフ 元・MCIデジタル・インフォメーション・サービシーズ上席副社長, 元・インターネット・ソサエティ代表 [専]インターネット [国]米国 [生]1943年6月23日 [典]2000／2004／2012

ザーブ, フランク Zarb, Frank Gustav 金融家 元・ナスダック会長, 元・全米証券業協会（NASD）会長・CEO, 元・スミス・バーニー会長・CEO [国]米国 [生]1935年2月17日 [典]1996／2000／2004／2008／2012

サープ, マイケル ジャーナリスト 「USニューズ・アンド・ワールド・リポート」東京支局長, 日本外国特派員協会会長 [国]米国 [生]1945年4月 [典]1992

サファイア Sapphire 本名=ロフトン, ラモーナ パフォーマンス詩人, 作家 [国]米国 [生]1950年 [典]2000／2012

サファイア, ウィリアム Safire, William L. コラムニスト [国]米国 [生]1929年12月17日 [没]2009年9月27日 [典]1992／1996／2008

サファイア, オリガ Sapphire, Olga 本名=パヴロワ, オリガ・イワーノヴナ 日本名=青山みどり, 清水オリガ 舞踊家, 振付師 [生]1907年6月28日 [没]1981年6月20日 [典]1992

サファル, アーデル Safar, Adel Ahmed 政治家 元・シリア首相 [国]シリア [生]1953年

ザフィ, アルベール Zafy, Albert 政治家, 外科医 元・マダガスカル大統領 [国]マダガスカル [生]1927年5月1日 [典]1996

サフィナ, カール Safina, Carl オーデュボン協会海洋生物研究プログラム指導者 [専]海洋生態学 [国]米国 [典]2000

サフィナ, ディナラ Safina, Dinara テニス選手 北京五輪テニス女子シングルス銀メダリスト [国]ロシア [生]1986年4月27日 [典]2012

サフィン, マラト Safin, Marat 政治家, 元・テニス選手 ロシア下院議員 [国]ロシア [生]1980年1月27日 [典]2004／2008／2012

サフォ, ポール Saffo, Paul 未来研究所ディレクター [国]米国 [生]1954年 [典]2000／2004

サフカ, ヤン Sawka, Yan 画家 [国]米国 [生]1946年 [典]1996

サブコフ, タラ Sabkoff, Tara 女優, デザイナー [国]米国 [生]1973年 [典]2004

サフチェンコ, アリオナ Savchenko, Aliona フィギュアスケート選手（ペア） バンクーバー五輪フィギュアスケート・ペア銅メダリスト [国]ドイツ [生]1984年1月19日

サフチェンコ, スヴェトラーナ 通訳 [国]ソ連 [典]1992／1996

サブチェンコ, ラリサ 元・テニス選手 [国]ソ連 [典]1992

サプチャク, アナトリー Sobchak, Anatolii Aleksandrovich 政治家, 法律学者 元・サンクトペテルブルク市長, 元・サンクトペテルブルク大学教授 [国]ロシア [生]1937年8月 [没]2000年2月20日

[典]1992／1996／2000

サブティー, カーシム　Sabti, Qasim　画家　[国]イラク　[生]1953年　[典]2012

サフノフスキー, セルゲイ　アイスダンス選手　[国]イスラエル　[典]2000

サブラ, ジョージ　Sabra, George　政治家　シリア国民評議会議長　[国]シリア

サブラ, ハッサン　ジャーナリスト　「アッシラー」誌編集発行人　[国]レバノン　[生]1948年　[典]1992

サフライ, シュムエル　Safrai, Shmuel　ヘブライ大学教授　[専]ユダヤ史（第2神殿時代・ミシュナー・タルムード時代）　[国]イスラエル　[生]1919年　[典]1996

ザフランスキー, リュディガー　Safranski, Rüdiger　著述家　[国]ドイツ　[生]1945年　[典]1992／1996／2000

サブリ, アリ　Sabrī, Alī　軍人, 政治家　元・エジプト副大統領　[国]エジプト　[生]1920年8月30日　[没]1991年8月3日　[典]1992

サブリ, ナジ　Sabri, Naji　政治家, ジャーナリスト　元・イラク外相　[国]イラク　[生]1951年　[典]2004／2008

サブリコヴァ, マルティナ　Sáblíkova, Martina　スピードスケート選手　バンクーバー五輪金メダリスト, スピードスケート女子5000メートル世界記録保持者　[国]チェコ　[生]1987年5月27日　[典]2012

ザブリスキー, ジョン・L.　アップジョン会長・CEO　[国]米国　[典]1996

サーブリン, ワシリー　外交官　在札幌ロシア総領事　[国]ロシア　[生]1949年　[典]1996／2000

ザフルラ・カーン, モハマド　Zafrullah Khan, Muhammad　法律家, 政治家　元・国際司法裁判所長, 元・パキスタン外相　[国]パキスタン　[生]1893年2月6日　[没]1985年9月1日　[典]1992

サブレ, ジャン・フランソワ　Sabouret, Jean-François　社会学者　フランス国立科学研究センター（CNRS）名誉研究部長　[国]フランス　[生]1946年　[典]1996／2008／2012

サブローサ, シモン　Sabrosa, Simão　サッカー選手（MF）　[国]ポルトガル　[生]1979年10月30日　[典]2004／2008／2012

ザブロッキ, クレメント　Zablocki, Clement J.　元・米国下院外交委員長（民主党）　[国]米国　[生]1912年11月18日　[没]1983年12月3日　[典]1992

サブーロフ, エフゲニー　ロシア政府付属社会テクノロジー研究所所長　元・ロシア副首相・経済・計画相　[専]マクロ経済学　[国]ロシア　[生]1946年　[典]1996

サブロフ, ジェレミー　Sabloff, Jeremy A.　マヤ考古学者, 人類学者　ペンシルベニア大学附属考古学人類学博物館館長　[国]米国　[生]1944年　[典]2000

サブーロフ, マクシム　Saburov, Maksim Zakharovich　政治家　元・ソ連国家計画委員会（ゴスプラン）議長, 元・ソ連副首相　[国]ソ連　[生]1900年　[典]1992／1996

サブロン, コリン　Thubron, Colin　作家　[国]英国　[生]1939年　[典]2004

サブロン, ジャン　Sablon, Jean　歌手　[国]フランス　[没]1994年2月24日　[典]1996

ザフワトビッチ, クリスチーナ　Zachwatowicz, Krystyna　舞台装置家　ワイダ監督夫人　[国]ポーランド　[典]1992

サベージ, ジェニイ　Savage, Jenny　スリラー作家　[生]1948年（?）　[典]1992

サベージ, ジョン　Savage, Jon　ロックジャーナリスト　[国]英国　[生]1953年　[典]1996

サベージ, チャールズ　Savage, Charles M.　経営コンサルタント　ディジタル・イクイップメント社（DEC）CIMコンサルタント　[国]米国　[生]1940年　[典]1992

サベージ, トム　Savage, Tom　作家　[国]米国　[典]2000

サベージ, ランディ　Savage, Randy　本名=ポッフォ, ランドール・マリオ　愛称=マッチョマン　プロレスラー　[国]米国　[生]1952年11月15日　[没]2011年5月20日

サベージ・ランボー, スー　Savage-Rumbaugh, Sue　動物学者　ジョージア州立大学言語研究センター教授　[専]霊長類　[国]米国　[生]1946年　[典]1996／2000

サベッリ, ファブリッチオ　Sabelli, Fabrizio　ジュネーブ大学開発研究所教授, ヌシャテル大学教授　[専]経済人類学　[生]1940年　[典]2000

サーヘニー, カルパナ　Sahni, Kalpana　ロシア文学者　ジャワハルラル・ネルー大学ロシア研究センター教授　[国]インド　[生]1946年　[典]2004

サーヘニー, ビーシュム　Sahni, Bhisham　作家　元・デリー大学教授　[国]インド　[生]1915年　[没]2003年7月11日　[典]1996

サペーニョ, ナタリーノ　Sapegno, Natalino　文芸評論家, 文学史家　元・ローマ大学教授　[国]イタリア　[生]1901年　[典]1992

サベリ, ロクサナ　Saberi, Roxana　記者　[国]米国　[典]2012

サベル, テレサ　Zabell, Theresa　ヨット選手　[国]スペイン　[生]1965年5月22日　[典]2000

サーベーンズ, ポール　Sarbanes, Paul Spyros　政治家　米国上院議員（民主党）　[国]米国　[生]1933年2月3日　[典]1992／1996／2000／2004

サーベンズ, ポール　Sarbanes, Paul Spyros　政治家, 弁護士　元・米国上院議員（民主党）　[国]米国　[生]1933年2月3日　[典]2004／2012

サボー, イシュトヴァーン　Szabó, István　映画監督　[国]ハンガリー　[生]1938年　[典]1992／1996

サボー, エカテリーナ　Szabo, Ecaterina　元・体操選手　[国]ルーマニア　[生]1966年1月22日　[典]2004

サボー, ガブリエラ　Szabo, Gabriela　陸上選手（長距離）　[国]ルーマニア　[生]1975年11月14日　[典]2000／2004／2008

サボ, ジョルジ　ハンガリー社会党全国幹部会会員, ボルショド・アバウィ・ゼンプレン県知事　[国]ハンガリー　[典]1992

サーボ, ゾルタン　Szabo, Zoltan　画家　[専]水彩画　[国]米国　[生]1928年　[典]2000

サボ, ドミニク　メークアップ・クリエーター　[国]フランス　[典]1992

サボー, ベンチェ　Szabo, Bence　フェンシング選手　[国]ハンガリー　[典]1996

サボー, マグダ　Szabó, Magda　作家, 詩人　[国]ハンガリー　[生]1917年10月5日　[没]2007年11月19日　[典]1992／1996／2000／2004／2008

サボー, ヨセフ　Szabo, J.　水泳選手（平泳ぎ）　[国]ハンガリー　[典]1992

サホイヤス, ルイ　Psihoyos, Louie　ドキュメンタリー監督　[典]2012

ザホヴィッチ, ズラトコ　Zahovic, Zlatko　サッカー選手（FW）　[国]スロベニア　[生]1971年2月1日　[典]2004／2008

ザボス, パノス　Zavos, Panos　本名=ザボス, パナイオティス　生理学者　ケンタッキー大学名誉教授　[専]生殖生理学, 不妊治療　[国]米国　[生]1944年2月23日　[典]2004／2008／2012

サポータ, ビッキー　女性運動家, 労働運動家　全米妊娠中絶連合（NAF）代表理事　[国]米国　[典]2000

サポルスキー, ロバート　Sapolsky, Robert M.　行動生物学者　スタンフォード大学教授　[専]生物科学, 神経科学　[国]米国　[典]2000

ザボロフ, ボリス　Zaborov, Boris　画家　[国]フランス　[生]1937年　[典]1992／1996

サボン, アマリリス　Savon, Amarilys　本名=Savon Carmenate, Amarilys　柔道選手　[国]キューバ　[生]1974年5月13日　[典]2004／2008

サボン, フェリックス　Savon, Felix　ボクシング選手, ボクシングトレーナー　[国]キューバ　[生]1967年9月22日　[典]1996／2000／2004／2008

サマー, ハラルド　Sammer, Harald　ソフトウェア・エンジニア　タンデムコンピューターズ社ヨーロッパ高性能システム研究所所長　[国]ドイツ　[典]1992／1996

ザマー, マティアス　Sammer, Matthias　サッカー監督, 元・サッカー選手　[国]ドイツ　[生]1967年9月5日　[典]2000／2004／2008

サマー, ローラリー　Summer, Lauralee　「わたしには家がない―ハーバード大に行ったホームレス少女」の著者　[典]2008

サマーズ, アンソニー　Summers, Anthony　ジャーナリスト　[国]英国　[生]1942年　[典]1996／2000／2004

サマーズ, アンディ　Summers, Andy　グループ名=ポリス　ロックギタリスト　国英国　⊕1946年12月31日　㊗1992／2000／2008／2012

サマーズ, ジュディス　Summers, Judith　作家, ジャーナリスト　国英国　㊗1992

サマーズ, マーク　Summers, Marc　テレビ司会者　強迫症財団スポークスマン　国米国　㊗2004

サマーズ, ローレンス　Summers, Lawrence H.　経済学者, 政治家　元・米国財務長官, 元・ハーバード大学学長　㊙財政政策, マクロ経済学　国米国　⊕1954年11月30日　㊗1992／1996／2000／2004／2008／2012

サマースケイル, ケイト　Summerscale, Kate　ジャーナリスト, 作家　国英国　⊕1965年　㊗2000

サマーソン, ジョン　Summerson, John　本名=Summerson,John Newenham　建築史家　元・ジョン・ソーン卿博物館館長　国英国　⊕1904年11月25日　②1992年11月10日　㊗1996

サマーソン, ルパート　探検家　元・英国海兵隊北極担当講師　国英国　㊗1992

サマック・スンタラウェート　Samak Sundaravej　政治家　元・タイ首相, 元・タイ国民の力党(PPP)党首, 元・バンコク知事　国タイ　⊕1935年6月13日　②2009年11月24日　㊗2000

サマドフ, アブドゥジャリル　Samadov, Abduzhalil Akhadovich　政治家　タジキスタン首相　国タジキスタン　⊕1949年11月4日　㊗1996

サマービル, ジョン　Sommerville, C.John　歴史学者　フロリダ大学ゲーンズビル校歴史学部教授　㊙英国史　国米国　㊗2004

サマビル, ジョン　Somerville, John Patrick MacPherson　哲学者　元・ニューヨーク市立大学名誉教授　㊙ソビエト哲学　国米国　⊕1905年3月13日　②1994年1月8日　㊗1992／1996

サマラ, ティモシー　グラフィックデザイナー　国米国　㊗2008

サマライ, サディ・アル　イラク大学医学部教授　国イラク　㊗1992

サマラーキス, アントーニス　Samarakês, Antônes　作家　国ギリシャ　⊕1919年8月16日　②2003年8月8日　㊗1992／1996

サマラシンハ, ナリン　アジア開発銀行駐日事務所代表　国カナダ　㊗2000

サマラス, アントニス　Samaras, Antonis C.　政治家　ギリシャ首相, ギリシャ新民主主義党(ND)党首　元・ギリシャ外相　国ギリシャ　⊕1951年5月23日　㊗1992

サマラス, ルーカス　Samaras, Lucas　オブジェ作家, 画家　国米国　⊕1936年9月14日　㊗1996

サマラッテ, トム　Sommerlatte, Tom　経営コンサルタント　マネジメント・コンサルティング・ワールドワイド会長, アーサー・D・リトル副社長　㊗2004

サマランチ, ファン・アントニオ　Samaranch, Juan Antonio　本名=サマランチ・トレリョ, ファン・アントニオ　外交官, 実業家　元・国際オリンピック委員会(IOC)会長　国スペイン　⊕1920年7月17日　②2010年4月21日　㊗1992／1996／2000／2004／2008

サマランチ, ファン・アントニオ(Jr.)　Samaranch, Juan Antonio (Jr.)　国際オリンピック委員会(IOC)委員　国スペイン　㊗2004

サマリ, カトリーヌ　Samary, Catherine　パリ大学教授　㊙経済学　⊕1945年　㊗1996

サマリン, ナンシー　Samalin, Nancy　カウンセラー　国米国　㊗2000

サマーリン, リー　Summerlin, Lee R.　アラバマ大学　㊙化学教育　国米国　㊗1992

サマル, シマ　Samar, Sima　医師, 人権活動家　アフガニスタン人権委員会委員長　国アフガニスタン　⊕1957年2月3日　㊗2004／2008／2012

サマルティーノ, ピーター　教育者　元・フェアリー・ディキンソン大学創設者　国米国　⊕1992年3月　㊗1996

サーマン, ユマ　Thurman, Uma　女優　国米国　⊕1970年4月29日　㊗1996／2000／2004／2008／2012

サーマン, ロバート・A.F.　Thurman, Robert A.F.　コロンビア大学教授(チベット仏教学)　⊕1941年　㊗2008

サマン・ソーチャトロン　Saman Sowjaturong　本名=サマン・スリプラテット　プロボクサー　元・WBC世界ジュニアフライ級チャンピオン　国タイ　⊕1969年8月2日　㊗2000

サミア　Samir　本名=ボウジャラリ, モハメド・サミア・アジャム　サッカー監督, 元・サッカー日本代表アシスタントコーチ　国モロッコ　⊕1961年4月3日　㊗2004／2008

サミサ, バッデガマ　Samitha, Baddegama　僧侶, 政治家　ゴール県県会議員　国スリランカ　⊕1952年　㊗1996

サミット, スティーブ　Summit, Steve　コンピュータ技術者　国米国　㊗2008

サミット, ロジャー・K.　ダイアログ・インフォメーション・サービシズ社長　国米国　㊗1992

ザミャーチン, レオニード　Zamyatin, Leonid Mitrofanovich　外交官, ジャーナリスト　元・駐英ソ連大使　国ソ連　⊕1922年3月9日　㊗1992／1996

サミュエリ, ラースロー　Szamuely, László　ハンガリー科学アカデミー世界経済研究所主任研究員　国ハンガリー　⊕1936年　㊗1992

サミュエル, アサンテ　Samuel, Asante　プロフットボール選手(CB)　国米国　⊕1981年1月6日

サミュエル, クロード　Samuel, Claude　音楽評論家　フランス放送音楽部長, シャンゼリゼ劇場副総裁　国フランス　⊕1931年　㊗1996

サミュエルズ, アンドリュー　Samuels, Andrew　心理学者, 精神医療家　㊙ユング心理学　国英国　⊕1949年　㊗1992／1996

サミュエルズ, ダニ　Samuels, Dani　円盤投げ選手, 砲丸投げ選手　国オーストラリア　⊕1988年5月26日

サミュエルズ, マイケル　Samuels, Michael A.　サミュエルズ・インターナショナル・アソシエイツ社長　国米国　⊕1939年　㊗1992／1996

サミュエルズ, リチャード　Samuels, Richard J.　政治学者　マサチューセッツ工科大学教授　国米国　⊕1951年　㊗1996／2000／2004／2008／2012

サミュエルソン, ウルフ　Samuelsson, Ulf　アイスホッケー選手(DF)　国米国　⊕1964年3月26日　㊗2000

サミュエルソン, ポール　Samuelson, Paul Anthony　経済学者　元・マサチューセッツ工科大学名誉教授　国米国　⊕1915年5月15日　②2009年12月13日　㊗1992／1996／2000／2008

ザミール, イスラエル　Zamir, Israel　ジャーナリスト, 作家　国イスラエル　⊕1929年　㊗2000

サミンガ　中国名=紀暁君　歌手　国台湾　㊗2004／2008

ザミーンザド, アダム　Zameenzad, Adam　作家　ラホール大学講師　㊗1996

サム, エリザベス　銀行家　元・オーバーシー・チャイニーズ銀行副頭取　国シンガポール　㊗2000

ザーム, ジャン・フィリップ　Zahm, Jean-Philippe　料理人　リッツ・エスコフィエ料理学校校長　国フランス　⊕1964年　㊗2004

サム, ボブ　Sam, Bob　クリンギット族長老　国米国　㊗2012

サーム, マリアン　Thurm, Marian　作家　国米国　㊗1992

サム, ユニス・ジェブコエチ　Sum, Eunice Jepkoech　陸上選手(中距離)　国ケニア　⊕1988年4月10日

サムエル, ワルテル　Samuel, Walter　本名=サムエル, ワルテル・アドリアン　サッカー選手(DF)　国アルゼンチン　⊕1978年3月23日　㊗2004／2008／2012

サムエルソン, ベンクト　Samuelsson, Bengt Ingemar　生化学者　ノーベル財団理事長　元・カロリンスカ研究所所長　国スウェーデン　⊕1934年5月21日　㊗1992／1996／2000／2008／2012

サムス, クロ-フォード　Sams, Crawford F.　軍医　元・GHQ公衆衛生福祉局(PHW)局長　国米国　⊕1902年4月1日　②1994年12月2日　㊗1996

サムズ, ジェーミー　Sams, Jamie　メディスン教師　㊗2004

サムソノフ, アレクサンドル　Samsonov, Aleksandr　モスクワ第一時計工場社長　国ソ連　㊗1992／1996

サムソノフ, ヴィクトール　Samsonov, Viktor N.　軍人　ロシア軍参謀総長　国ロシア　⊕1941年11月10日　㊗2000

349

サムソン, ジュード　Samson, Jude　牧師　国マーシャル諸島　歿2000

サムソン, バルバラ　Samson, Barbara　日本の高校生にHIV感染の体験を語る　国フランス　生1975年　歿2000

サムソン・トー・ブアマッド　Samson Tow Buamaddo　本名＝シリポーン・タウィースク　旧リング名＝サムソン・ソー・シリポーン　プロボクサー　WIBA世界ミニフライ級チャンピオン　元・WBC世界女子ライトフライ級チャンピオン　国タイ　生1983年4月26日　歿2008（シリポーン・タウィースク）／2012

サムドン・リンポチェ　Samdhong Rinpoche　政治家　元・チベット亡命政府首相　歿2012

サムナー, バーナード　Sumner, Bernard　グループ名＝ニュー・オーダー, 旧グループ名＝ジョイ・ディビジョン　ロック・ギタリスト, 歌手　国英国　歿2004／2008／2012

サーム・ビニチャイクン　Serm Winitchaikun　政治家, 銀行家　元・タイ蔵相　国タイ　生1985年7月12日　歿1992

ザムフィール, ニコラエ　Zamfir, Nicolae　サッカー監督　国ルーマニア　生1944年12月14日　歿2000／2004

サムルガチェフ, ワルテレス　Samourgachev, Varteres　レスリング選手（グレコローマン）　シドニー五輪レスリング男子グレコローマン63キロ級金メダリスト　国ロシア　生1979年9月13日　歿2004／2008

サム・レンシー　Sam Rainsy　政治家　サム・レンシー党党首　元・カンボジア財政経済相　国カンボジア　生1949年3月10日　歿2000／2004／2008／2012

サメック, スティーブ　Samek, Steve M.　経営コンサルタント　アーサーアンダーセン米国統括パートナー　国米国　歿2004

ザメンホフ, ザレスキ　建築家　「ザメンホフ通り」の著者　国ポーランド　生1925年　歿2008（ザレスキ＝ザメンホフ, ルイ・クリストフ）

サモシ, ゲーザ　Szamosi, Géza　ウィンザー大学（カナダ）教授　専物理学　歿1996／2000

サモセギ, アンドルー　Szamosszegi, Andrew Z.　経済戦略研究所　国米国　生1965年　歿1996

サモ・ハン・キンポー　Samo Hung Kimbo　中国名＝洪金宝, 前名＝元龍　俳優, 映画監督・製作者　国香港　生1949年12月11日　歿1992／1996／2004／2008／2012

サモヒル, フランツ　Samohyl, Franz　バイオリニスト　ウィーン国立音楽演劇大学教授　国オーストリア　生1912年4月3日　歿1996

サモラノ, イバン　Zamorano, Ivan　本名＝Zamora Zamorano,Ivan Luis　元・サッカー選手　国チリ　生1967年1月18日　歿2000／2004／2008

ザモラノ, ペドロ　Zamorano, Pedro　画家　国スペイン　生1906年　歿1992

ザモロドチコワ, エレーナ　Zamolodchikova, Elena　体操選手　国ロシア　生1982年9月19日　歿2004／2008

サーモン, ティム　Salmon, Tim　大リーグ選手（外野手）　国米国　生1968年8月24日　歿2000／2008

サーモン, デボラ　Salmon, Deborah　音楽療法士　歿2008

サモン, ポール　Sammon, Paul M.　映画評論家, 作家　スペシャル・プロモーション社社長　国米国　歿2000

サーモン, マイケル　Salmon, Michael　イラストレーター　国オーストラリア　生1949年　歿2000

サーモン, ローリー　Salmon, Laurie　コンピューターコンサルタント　trainAbility　国米国　歿2004

サモンズ, メアリー　Sammons, Mary F.　実業家　ライト・エイド社長・CEO　国米国　生1947年　歿2008／2012

サーモンド, ストロム　Thurmond, Strom　本名＝Thurmond, James Strom　政治家　元・米国上院議員（共和党）　国米国　生1902年12月5日　没2003年6月26日　歿1992／1996／2000

ザヤト, ムハンマド・ハッサン・アル　Zaiyat, Muhammad Hasan　外交官　元・エジプト外相　国エジプト　没1993年2月24日　歿1996

ザヨビッチ, スターシャ　反戦運動家　ジェネ・ウ・ツルノム代表　国ユーゴスラビア　歿2000

ザヨンツ, R.　Zajac, Ryszard　画家, インテリアデザイナー　国ポーランド　生1929年　歿1992／1996

サラ　Sara　本名＝Lumholdt,Sara Helena　グループ名＝A☆TEENS　歌手　国スウェーデン　生1984年10月25日　歿2004

サラ, シャロン　Sala, Sharon　別筆名＝マコール, ダイナ　ロマンス作家　国米国　歿2004／2012

サーラー, マイク　Thaler, Mike　作家, 彫刻家, 教師, 漫画家　国米国　歿2004

ザラ, ミシェル　Zala, Michel　医師　専ホメオパシー　国フランス　生1953年　歿2004

ザライ, リカ　Zaraï, Rika　歌手, 自然療法家　生1938年　歿1992

サライバ・ゲレイロ, ラミロ　Saraiva Guerreiro, Ramiro　外交官　元・ブラジル外相　国ブラジル　生1918年　歿1992

サラガット, ジュゼッペ　Saragat, Giuseppe　政治家　元・イタリア大統領　国イタリア　生1898年9月19日　没1988年6月11日　歿1992

サラカン, P.K.M.　Tharakan, P.K.M.　アントワープ大学教授　専経済学　歿1996

サラキューズ, ジェズワルド　Salacuse, Jeswald W.　法学者　タフツ大学フレッチャー・スクール・オブ・ディプロマシィ教授　専ビジネス法, 国際法　国米国　歿2000

サラクルー, アルマン　Salacrou, Armand　劇作家　国フランス　生1899年8月9日　没1989年11月23日　歿1992

ザラコヴィッツ, ヴェロニカ　Zarachowicz, Weronika　ジャーナリスト　歿2008

サラゴサ, ダニエル　Zaragosa, Daniel　元・プロボクサー　元・WBC世界ジュニアフェザー級チャンピオン, 元・WBC世界バンタム級チャンピオン　国メキシコ　生1957年12月　歿1992／2000

サラゴサ, フアン・ラモン　Zaragoza, Juan-Ramon　筆名＝メンデス, オスカル　作家, 放射線学者　セビリア医科大学放射線科教授　国スペイン　生1938年　歿1992

サラゴーサ, ラモン・マリア　Zaragoza, Ramon Ma.　建築家　国フィリピン　生1945年8月12日　歿2000

サラゴス, マリークリスティーヌ　Saragosse, Marie-Christine　TV5MONDE社長　国フランス　歿2012

サラザー, マイケル　Salazar, Michael　作家　歿2008

サラザール, P.　Salazar, Perez　コロンビア輸出振興基金輸出振興局長　国コロンビア　生1956年　歿1992

サラサール, アロンソ　Salazar, Alonso　作家　国コロンビア　生1960年　歿2000

サラザール, イネス　Salazar, Ines　ソプラノ歌手　国ベネズエラ　歿2004

サラサール, ガブリエル　Salazar, Gabriel　アルシス大学大学院社会学科長　専チリ社会史　国チリ　生1936年　歿2000

サラザン, ファビアン　Sarazin, Fabien　写真家　国フランス　生1964年　歿1996

サラシー, ラヴィ　実業家　リーマン・ブラザーズ上級副社長　歿2000

サラス, スティービー　Salas, Stevie　ギタリスト, 歌手　歿2000

サラス, マルセロ　Salas, Marcelo　本名＝サラスメリナオ, ホセ・マルセロ　元・サッカー選手　国チリ　生1974年12月24日　歿2000／2004／2008／2012

サラス, ラファエル　元・国連人口活動基金（UNFPA）事務局長　専行政学　国フィリピン　生1987年3月4日　歿1992

サラス, ロベルト　Salas, Roberto　写真家　国キューバ　生1940年11月16日　歿2000

サラステ, ユッカ・ペッカ　Saraste, Jukka-Pekka　指揮者　ケルン放送交響楽団首席指揮者, オスロ・フィルハーモニー管弦楽団音楽監督, フィンランド放送交響楽団桂冠指揮者　国フィンランド　生1956年4月22日　歿1996／2000／2004／2008／2012

サラゼン, ジーン　Sarazen, Gene　プロゴルファー　国米国　生1902年2月27日　没1999年5月13日　歿1992

サラダン・グリジバツ, カトリーヌ　Saladin-Grizivatz, Catherine　「きちんと叱って信じられる親に―育児は自分さがしの旅 フランス式子育ての智恵」の著者　[典]2008

サラツィン, ユルゲン　Sarrazin, Jürgen　銀行家　ドレスナー銀行会長・頭取　[国]ドイツ　[生]1936年3月21日　[典]1996

サラッチャンドラ, エディリヴィーラ　Sarachchandra, Ediriwira R.　作家, 劇作家　[国]スリランカ　[生]1914年6月4日　[典]1992／1996

サラット, ジョージ(Jr.)　Sarratt, George (Jr.)　フリーライター　[国]米国　[生]1961年　[典]1996

サラディノ, アービング　Saladino, Irving　走り幅跳び選手　北京五輪陸上男子走り幅跳び金メダリスト　[国]パナマ　[生]1983年1月23日　[典]2012

ザラデル, マルレーヌ　Zarader, Marlène　モンペリエ第3大学教授　[専]哲学　[国]フランス　[生]1949年　[典]1996

ザラート, オスカー　Zarate, Oscar　イラストレーター　[国]アルゼンチン　[典]2000／2004

サラドゥハ, オルハ　Saladuha, Olha　三段跳び選手　ロンドン五輪陸上女子三段跳び銅メダリスト　[国]ウクライナ　[生]1983年6月4日

サラバイ, マリカ　Sarabbai, Mallika　舞踊家　[国]インド　[典]1992

サラバイ, ムリナリニ　Sarabhai, Mrinalini　舞踊家, 演出家　[国]インド　[典]1992

サラビ, ハビバ　Sarabi, Habiba　政治家　バーミヤン州知事　元・アフガニスタン女性問題相　[国]アフガニスタン　[生]1957年12月5日　[典]2004／2012

サラファーノフ, レオニード　Sarafanov, Leonid　バレエダンサー　レニングラード国立バレエ団プリンシパル　元・マリインスキー・バレエ団プリンシパル　[国]ウクライナ　[典]2008／2012

サラフィアノス, エバンゲロス　Sarafianos, Evangelos　ピアニスト　[国]ギリシャ　[典]2004／2008

サラフィアン, リチャード・C.　Sarafian, Richard C.　本名=Sarafian,Richard Caspar　映画監督, 俳優　[国]米国　[生]1930年4月28日　[没]2013年9月18日

ザラフィアンツ, エフゲニー　Zarafiants, Evgenii　ピアニスト　[国]ロシア　[生]1959年6月24日　[典]2004／2008

サラフディーン, ムハンマド　Salahuddin, Muhammad　ジャーナリスト　「アルメディーナ」紙コラムニスト　[国]サウジアラビア　[生]1934年　[典]1992／1996

サラーマ, サラーマ　Salama, Salama Ahmed　コラムニスト, ジャーナリスト　「アルアハラム」紙編集責任者・コラムニスト　[国]エジプト　[生]1932年11月　[典]1996／2000

サラマーゴ, ジョゼ　Saramago, José　作家, 詩人　[国]ポルトガル　[生]1922年11月16日　[没]2010年6月18日　[典]2000／2004／2008

サラマン, エスター　Salaman, Esther　声楽教師, 元・メゾソプラノ歌手　ギルドホール音楽演劇学校名誉教授　[典]1996

サラム, アブダス　Salam, Abdus　物理学者　元・ロンドン大学教授, 元・トリエステ国際理論物理センター所長　[国]パキスタン　[生]1926年1月29日　[没]1996年11月21日　[典]1992／1996

サラーム・パックス　Salam Pax　「サラーム・パックス―バグダッドからの日記」の著者　[国]イラク　[典]2008

サラモン, ジュリー　Salamon, Julie　作家, 元・ジャーナリスト　[国]米国　[典]2000／2004

サラモン, レスター　Salamon, Lester M.　ジョンズ・ホプキンズ大学教授・市民社会研究センター所長　[国]米国　[典]1996／2000

サラル, アブドラ　Sallal, Abdullah as-　軍人, 政治家　元・北イエメン大統領・革命評議会議長　[国]イエメン　[生]1917年　[没]1994年3月5日　[典]1992／1996

サラン, ラウル　Salan, Raoul Albin Louis　軍人　元・フランスアルジェリア派遣軍司令官, 元・OAS(秘密軍事組織)指導者　[国]アルジェリア　[生]1899年6月10日　[没]1984年7月3日　[典]1992

サランドン, スーザン　Sarandon, Susan　本名=Sarandon,Susan Abigail　旧名=トマリン, スーザン・アビゲイル　女優　[国]米国　[生]1946年10月4日　[典]1996／2000／2004／2008／2012

サリー, ジョン　Salley, John　元・バスケットボール選手　[国]米国　[生]1964年6月16日　[典]2000

サリ, ムラッド　Sari, Morad　キックボクサー　[国]フランス　[典]2008

サーリアホ, カイア　作曲家　[国]フィンランド　[生]1952年　[典]1996

サリ・ウォンカムサオ　Saly Vongkamsao　政治家　元・ラオス副首相・経済計画財政相　[国]ラオス　[生]1925年9月　[没]1991年1月23日　[典]1992

サリオラ, マウリ　Sariola, Mauri　ミステリー作家　[国]フィンランド　[生]1924年　[典]1992

サリグ, オデド　Sarig, Oded H.　経済学者　テルアビブ大学教授　[専]コーポレート・ファイナンス, 資産価格, ファイナンスの均衡モデル　[国]イスラエル　[典]2004

サリス, ジェームズ　Sallis, James　作家　[国]英国　[生]1944年　[典]2004

ザリスキ, オスカー　Zariski, Oscar　数学者　[専]代数幾何学　[国]米国　[生]1899年4月24日　[没]1986年　[典]1992

サリナス, カルロス　Salinas, Carlos　本名=Salinas de Gortari, Carlos　政治家　元・メキシコ大統領　[国]メキシコ　[生]1948年4月3日　[典]1992／1996／2000／2004／2008／2012

サリナス, フリオ　Salinas, Julio　サッカー選手(FW)　[国]スペイン　[生]1962年9月1日　[典]2000／2004

サリハミジッチ, ハサン　Salihamidzic, Hasan　サッカー選手(MF)　[国]ボスニア・ヘルツェゴビナ　[生]1977年1月1日　[典]2008／2012

サリバン, A.J.　エクソン・ケミカル・ポリプロピレン担当プロダクト・エグゼクティブ　[国]米国　[典]1996／2000

サリバン, J.J.　Sullivan, Jeremiah J.　ワシントン大学経営学教授, 米国商務省顧問　[専]経営学　[国]米国　[生]1940年　[典]1996

サリバン, イーモン　Sullivan, Eamon　水泳選手(自由形)　北京五輪競泳男子100メートル自由形・4×100メートルメドレーリレー銀メダリスト　[国]オーストラリア　[生]1985年8月30日

サリバン, ウィリアム　Sullivan, William M.　哲学者　ラサール・カレッジ教授　[国]米国　[典]2004

サリバン, キャサリン　Sullivan, Kathleen　軍縮教育家　国連軍縮コンサルタント　[国]米国

サリバン, キャスリン　Sullivan, Kathryn　地質学者, 元・宇宙飛行士　米国科学産業センター(COSI)館長　[国]米国　[典]2004

サリバン, グレン　Sullivan, Glenn　ミスク・ワード　[専]言語哲学　[国]米国　[生]1962年　[典]1996／2000

サリバン, ケビン　ジャーナリスト　元・「ザ・ガーディアン」紙東京特派員　[国]英国　[典]1992／1996

サリバン, ジュヌヴィエーヴ　バレリーナ, 振付師　[国]フランス　[典]1992

サリバン, ジョセフ　Sullivan, Joseph　ボート選手　ロンドン五輪ボート男子ダブルスカル金メダリスト　[国]ニュージーランド　[生]1987年4月11日

サリバン, ジョン・A.　ジャーナリスト　元・アメリカン・フレンド・サービス・コミッティー(AFSC)主任秘書　[国]米国　[典]1992

サリバン, ダニー　Sullivan, Danny　レーシングドライバー　[国]米国　[生]1950年　[典]1996

サリバン, ドナルド・T.　いすゞ自動車副社長　[国]米国　[生]1943年7月16日　[典]1996

サリバン, トム　Sullivan, Tom　シンガーソングライター, 作家, 脚本家　[国]米国　[生]1948年　[典]1996

サリバン, バリー　Sullivan, Barry F.　ファースト・シカゴ・コーポレーション(FCC)会長・CEO, ファースト・ナショナル・バンク・オブ・シカゴ会長・CEO　[国]米国　[生]1930年12月21日　[典]1992／1996

サリバン, バリー　Sullivan, Barry　本名=Sullivan,Barry Patrick　俳優　[国]米国　[生]1912年8月29日　[没]1994年6月6日　[典]1996

サリバン, マキシン　Sullivan, Maxine　本名=Williams,Marietta　ジャズ歌手　[国]米国　[生]1911年5月13日　[没]1987年4月7日　[典]1992

サリバン, マーティン　Sullivan, Martin J.　実業家　元・アメリカン・インターナショナル・グループ(AIG)社長・CEO　[国]英国　[典]2008／2012

サリバン, リチャード・F.　ブルーマスター　アンハイザー・ブッ

サリバン, ルイス　Sullivan, Louis Wade　病理学者　元・米国厚生長官　国米国　生1933年10月16日　出1992/1996

サリバン, ローレンス　Sullivan, Lawrence E.　宗教学者　ハーバード大学教授　国米国　生1949年　出2004

サーリーフ, エレン　Sirleaf, Ellen　旧名=Johnson　別名=ジョンソン・サーリーフ, エレン　政治家　リベリア大統領　元・リベリア財務相　国リベリア　生1938年10月29日　出2008/2012

ザリポワ, カリマ　Zaripova, Karima　曲芸家　国ウズベキスタン　生1982年　出2000

ザリポワ, ユリア　Zaripova, Yuliya　陸上選手(障害)　ロンドン五輪陸上女子3000メートル障害金メダリスト　国ロシア　生1986年4月26日

サリミコルダシアビ, ベフダド　Salimikordasiabi, Behdad　重量挙げ選手　ロンドン五輪重量挙げ男子105キロ超級金メダリスト　国イラン　生1989年12月8日

サーリム, M.　Sālim, Mamdūhh　政治家　元・エジプト首相, 元・エジプト副大統領　国エジプト　生1918年　出1992

サリム, アンソニー　Salim, Anthony　中国名=林逢生　実業家　サリム・グループ社長　国インドネシア　生1949年10月　出1992/1996

サリム, エミル　Salim, Emil　政治家　インドネシア大統領検討会議長　元・インドネシア環境相, 元・インドネシア大学教授　専経済学, 環境学　国インドネシア　生1930年　出1992/1996/2000/2008/2012

サリム, サリム・アハメド　Salim, Salim Ahmed　政治家, 外交官　元・アフリカ統一機構(OAU)事務局長, 元・タンザニア首相　国タンザニア　生1942年1月23日　出1992/1996/2000/2004/2008/2012

サリム, スドノ　Salim, Sudono　中国名=林紹良　実業家(華僑)　サリムグループ会長　国インドネシア　生1916年7月16日　出1992(リム・シュー・リョン)/1996(リム・シュー・リョン)/2000

サーリン, O.　Serlin, Omri　ソフトウェア・エンジニア　ITOMインターナショナル社長　国米国　出1992/1996

サーリング, ロバート　Serling, Robert J.　作家　国米国　出1996

サリンジャー, J.D.　Salinger, Jerome David　作家　国米国　生1919年1月1日　没2010年1月27日　出1992/1996/2000/2004/2008

サリンジャー, ピエール　Salinger, Pierre Emil George　ジャーナリスト, 政治家　元・米国大統領報道官, 元・ABC放送パリ支局長　国米国　生1925年6月14日　没2004年10月16日　出1992/1996

サリンジャー, マーガレット　Salinger, Margaret A.　「我が父サリンジャー」の著者　国米国　出2004/2008

サリンジャー, メレディス　Salenger, Meradith　女優　出2000

サリンズ, ベンジャミン　Sullins, Benjamin G.　コンピュータ技術者　出2008

サーリンズ, マーシャル　Sahlins, Marshall　人類学者　シカゴ大学教授　国米国　生1930年　出1996

サール, サリー　Searle, Sally　ピラティス・インストラクター　出2008

サール, ジョン・R.　Searle, John R.　哲学者　カリフォルニア大学バークレー校教授　生1932年　出2008

サル, マッキ　Sall, Macky　政治家　セネガル大統領　国セネガル　生1961年12月11日

サール, ロナルド　Searle, Ronald　本名=Searle Ronald William Fordham　漫画家　国英国　生1920年3月3日　没2011年12月30日　出1992

ザルイギン, セルゲイ　Zalygin, Sergei Pavlovich　作家　元・「ノーヴィ・ミール」編集長　国ロシア　生1913年11月23日　没2000年4月19日　出1992

サルヴァ　Salva　本名=ハジェスタ・ブィアルチョ, サルヴァドール　サッカー選手(FW)　国スペイン　生1975年5月22日　出2008

サルヴァドーリ, ヴィエリ　デザイン展示会プロデューサー　International Exhibition Production社長　生1943年　出1992(サルバドーリ, ビエリ)/1996(サルバドーリ, ビエリ)

サルヴァドーリ, ピエール　Salvadori, Pierre　映画監督　国フランス　出2000

サルヴァトーリ, レナート　Salvatori, Renato　俳優　国イタリア　生1933年3月20日　没1988年3月27日　出1992(サルバトーリ, レナート)

サルヴァドーリ, ロベルタ　ダイエット研究家　国イタリア　出1992(サルバドーリ, ロベルタ)/1996(サルバドーリ, ロベルタ)

サルヴァドール, アンリ　Salvador, Henri　シャンソン歌手・ギタリスト, 作曲家　国フランス　生1917年7月18日　没2008年2月13日　出2004/2008

サルヴァトーレス, ガブリエーレ　Salvatores, Gabriele　映画監督　国イタリア　生1950年　出2000/2008/2012

サルガド, セバスチャン　Salgado, Sebastião　写真家　国ブラジル　生1944年2月8日　出1992/1996/2004/2008

サルガド, デメトリオ　Salgado, Demetrio　画家　国スペイン　生1917年　出1992

サルガド, ミチェル　Salgado, Michel　本名=Salgado Fernández, Miguel Ángel　サッカー選手(DF)　国スペイン　生1975年10月22日

サルキシャン, アラム　Sarkisyan, Aram　政治家　元・アルメニア首相　国アルメニア　出2000/2004

サルキシャン, セルジ　Sargsyan, Serzh　政治家　アルメニア大統領, アルメニア共和党党首　国アルメニア　生1954年6月30日　出2012

サルキス, エリアス　Sarkis, Elias　政治家　元・レバノン大統領　国レバノン　生1924年7月20日　没1985年6月27日　出1992

サルキソフ, コンスタンチン　Sarkisov, Konstantin O.　日本研究家　山梨学院大学名誉教授, 法政大学講師　元・ロシア科学アカデミー東洋学研究所(IVAN)副所長・日本研究センター所長　専日本外交, 日ロ政治　国ロシア　生1942年　出1992/1996/2000/2004

サルキン, セス　Sulkin, Seth R.　パシフィカ・コーポレーション社長　専日本経済　国米国　生1964年　出1996

サルクイ, ファラジ　ジャーナリスト　国イラン　出2000

サルクワゼ, ニーノ　Salukvadze, Nino　射撃選手(ピストル)　ソウル五輪女子射撃スポーツピストル金メダリスト　国グルジア　生1969年2月1日　出1992/1996/2008/2012

サルコジ, セシリア　Sarkozy, Cecilia　元サルコジ・フランス大統領夫人　国フランス　出2008/2012

サルコジ, ニコラ　Sarkozy, Nicolas　本名=Sarközy de Nagy Bosca,Nicolas Paul Stéphane　政治家　元・フランス大統領, 元・フランス内相, 元・フランス財務相, 元・フランス国民運動連合(UMP)党首　国フランス　生1955年1月28日　出2004/2008/2012

サルシード, ホルヘ　画家　国メキシコ　生1947年　出1992

サルジバル, ビセンテ　Zaldivar, Vicente　プロボクサー　元・世界フェザー級チャンピオン　国メキシコ　生1943年5月3日　没1985年7月17日　出1992

サルジョノ, マリア・A.　Sardjono, Maria A.　本名=アムバルワティ, マリア・シシリア・レトノ　作家　国インドネシア　生1945年　出1992

サルズ, ジョナ　Salz, Jonah　能法劇団主宰, 龍谷大学国際文化学部教授　専比較演劇論　国米国　生1956年　出1996/2000/2004/2008

サールズ, ジョン　Searles, John　作家, 編集者　国米国　出2004/2008

サールズ, ドク　Searls, Doc　「Linux Journal」シニア・エディター　出2004

サールズ, ハロルド　Searles, Harold F.　精神科医　国米国　生1918年　出1992/1996/2000

サルスゲベール, ギー　Salzgeber, Guy　実業家　元・日本エア・リキード社長　国フランス　出2004/2008/2012

サルストン, ジョン　Sulston, John Edward　遺伝学者　元・サンガー研究所所長　専線虫, ヒトゲノム　国英国　生1942年3月27日　出2004/2008/2012

サルズマン, レオン　Salzman, Leon　精神分析医　ジョージタウン大学教授　[専]精神医学　[国]米国　[生]1915年　[典]2000

サルセクバエフ, バヒト　Sarsekbayev, Bakhyt　ボクシング選手　北京五輪ボクシング・ウエルター級金メダリスト　[国]カザフスタン　[生]1981年11月29日　[典]2012

サルゼタキス, クリストス　Sartzetakis, Christos A.　政治家, 元・裁判官　元・ギリシャ大統領　[国]ギリシャ　[生]1929年4月6日　[典]1992／1996

サルセード, ササ　Salcedo, Sasa　本名=サルセード, サンティアゴ　サッカー選手(FW)　[国]パラグアイ　[生]1981年9月6日　[典]2008／2012

サルセド, ブランカ・エルマナ　Salcedo, Blanca Hermana　マラガの個人日本大使館　[典]2008

サルダー, ジャウディン　Sardar, Ziauddin　作家, 科学ジャーナリスト　シティ大学客員教授　[典]2004

サルダ, フランソワ　Sarda, François　弁護士　[国]フランス　[生]1929年11月13日　[典]2004

サルダビー, ミシェル　Sardaby, Michel　ジャズピアニスト　[国]フランス　[生]1935年9月4日　[典]1996

ザルダリ, アシフ・アリ　Zardari, Asif Ali　政治家, 実業家　パキスタン大統領, パキスタン人民党(PPP)共同総裁　[国]パキスタン　[生]1955年7月26日　[典]2012

サルタン, ドナルド　Sultan, Donald　画家　[国]米国　[生]1951年　[典]2000

サルツバーガー, アーサー　Sulzberger, Arthur Ochs　新聞発行人　元・ニューヨーク・タイムズ発行人・会長・CEO　[国]米国　[生]1926年2月5日　[没]2012年9月29日

サルツバーガー, アーサー(Jr.)　Sulzberger, Arthur Ochs (Jr.)　新聞発行人　ニューヨーク・タイムズ発行人・会長・CEO　[国]米国　[生]1951年　[典]1996／2000

サルツバーガー, イフィジーン　ニューヨーク・タイムズ社主の母　[国]米国　[没]1990年2月26日　[典]1992

サルツバーガー, サイラス　Sulzberger, Cyrus Leo　ジャーナリスト, コラムニスト, 作家　元・「ニューヨーク・タイムズ」首席外国特派員　[国]米国　[生]1912年10月27日　[没]1993年9月20日　[典]1992(サルズバーガー, サイラス)／1996

サルツバーグ, スティーブン　ジョージ・ワシントン大学法律大学院教授　[専]刑法　[国]米国　[典]2000

サルツマン, ジェフ　Salzman, Jeff　経営コンサルタント　[国]米国　[典]1992／1996

サルツマン, ハリー　Saltzman, Harry　映画プロデューサー　[国]英国　[生]1917年　[没]1994年9月27日　[典]1996

ザルツマン, バリー　Salzman, Barry　実業家　ダブルクリック・インターナショナル社長　[典]2000

サルティス, D.　Psaltis, Demetri　カリフォルニア工科大学コンピューテーション・アンド・ニューラル・システムズ・エグゼクティブ・オフィサー　[専]電子工学　[国]米国　[典]2000

サルディバル・ラライン, アンドレス　Zaldivar Larrain, Andrés　政治家, 弁護士　国際キリスト教民主運動委員長　[国]チリ　[生]1936年3月18日　[典]1992

サルテゥ, モーリス・エリ　Sarthou, Maurice Elie　画家　[国]フランス　[生]1911年1月15日　[典]1992／1996

ザルデルン, アクセル・フォン　Saldern, Axel von　元・ハンブルク工芸美術館館長　[専]古代ガラス　[国]ドイツ　[生]1923年　[典]1996

サルド, フィリップ　Sarde, Philippe　作曲家　[専]映画音楽　[国]フランス　[典]1992

サルト, モンセラット　Sarto, Monserrat　編集者　[国]スペイン　[生]1919年　[典]2000／2004

サルドゥイ, セベロ　Sarduy, Severo　作家, 詩人　[国]キューバ　[生]1937年2月25日　[没]1993年6月8日　[典]1992／1996

サルドノ・ワルヨ・クスモ　舞踊家, 振付師　ジャカルタ芸術研究所講師　[国]インドネシア　[生]1945年　[典]1992／2000

サルトル, ジャン・ポール　Sartre, Jean-Paul　哲学者, 作家, 劇作家　[国]フランス　[生]1905年6月21日　[没]1980年4月15日　[典]1992

サルトール, ルイス　チャランゴ奏者, DJ　[国]アルゼンチン　[典]2000

サルナーヴ, ダニエル　Sallenave, Danièle　文芸評論家, 作家　[国]フランス　[生]1940年　[典]1996(サルナーブ, ダニエル)／2012

サルニコフ, ウラジーミル　Salnikov, Vladimir　水泳選手(自由形)　[国]ロシア　[生]1960年　[典]1992／1996

サルネイ, ジョゼ　Sarney, José　政治家, 文筆家　ブラジル上院議員　元・ブラジル大統領　[国]ブラジル　[生]1930年4月24日　[典]1992／1996

サルネイ, ロゼアナ　政治家　マラニョン州知事　[国]ブラジル　[典]1996

サルバ, ピエール　Salva, Pierre　サスペンス作家　[国]フランス　[典]1992

サルバティエラ, オスカー　Salvatierra, Oscar　元・「フィリピン・ニューズ」ロサンゼルス支局長　[国]フィリピン　[没]1986年2月19日　[典]1992

サルバトーレ, R.A.　Salvatore, R.A.　作家　[国]米国　[生]1959年　[典]2012

サルバトーレ, セルジオ　ジャズピアニスト　[生]1981年　[典]1996

サルパネヴァ, ティモ　Sarpaneva, Timo　本名=Sarpaneva,Timo Tapani　デザイナー, 彫刻家　[国]フィンランド　[生]1926年10月31日　[没]2006年10月2日　[典]1996(サルパネバ, ティモ)

サルピチオ, リチャード　Sulpizio, Richard　実業家　クアルコム社長・COO, クアルコムCDMAテクノロジーCEO　[国]米国　[典]2004

サルマーウィ, モハメド　Salmawy, Mohamed　作家　エジプト作家連合会会長　[国]エジプト　[生]1942年　[典]2012

サルマン, シェイク　Salman, Sheik　バーレーン皇太子　[国]バーレーン　[生]1969年10月21日　[典]2004／2008／2012

サルマン, ジャン・ミシェル　Sallmann, Jean Michel　パリ第10大学(ナンテール)助教授　[専]近代史, イタリア近代文化・宗教史　[国]フランス　[生]1950年　[典]1996

サルマンズ, サンドラ　Salmans, Sandra　フリーライター　[国]米国　[典]2008

サルマン・ビン・アブドルアジズ　Salman bin Abdul-Aziz　政治家　サウジアラビア皇太子, サウジアラビア副首相・国防相　[国]サウジアラビア　[生]1935年12月31日

サルミ, アルバート　Salmi, Albert　俳優　[生]1928年　[没]1990年4月　[典]1992

サルミエント, アリス　Sarmiento, Aris　環境保護運動家　人民の力のための連帯(SPP)事務局長　[国]フィリピン　[典]1992

サルミエントス, ホルヘ　Sarmientos, Jorge　本名=サルミエントス・デ・レオン, ホルヘ・アルバロ　指揮者, 作曲家　元・グアテマラ国立交響楽団芸術監督　[国]グアテマラ　[生]1931年2月　[没]2012年9月26日　[典]1992／2012

サルミネン, マックス　Salminen, Max　ヨット選手(スター級)　ロンドン五輪セーリング男子スター級金メダリスト　[国]スウェーデン　[生]1988年9月22日

サルミネン, マッティ　Salminen, Matti　バス歌手　[国]フィンランド　[生]1945年7月7日　[典]2012

サルミャーエ, エリカ　Saloumiae, E.　自転車選手　[国]ソ連　[典]1992

サルミン, アレクセイ　歴史学者, 経済学者　ロシア社会政策センター総裁　[国]ロシア　[典]2000

ザルム, ヘリット　Zalm, Gerrit　政治家　国際会計基準審議会(IASB)財団評議会議長　元・オランダ副首相　[国]オランダ　[生]1952年5月6日　[典]2012

サルメラ, デービッド　Salmela, David　建築家　[国]米国　[典]2000

ザルメン, ヴァルター　Salmen, Walter　フライブルク大学名誉教授　[専]文化史, 音楽史学　[国]ドイツ　[生]1926年　[典]1996

サルンパエット, ラトゥナ　女優, 脚本家, 民主化運動家　[国]インドネシア　[典]2000

サレー, ジェイミー　Sale, Jamie　フィギュアスケート選手(ペア)　[国]カナダ　[生]1977年4月21日　[典]2004

サーレ, デービッド　Salle, David　画家　[国]米国　[生]1952年9月28日　[典]2000

ザーレイ, ジム　Zarley, Jim　実業家　バリュークリックCEO　⒞米国　⒴2000

サーレス, エルベルト　Sales, Herberto　作家　⒞ブラジル　⒢1917年　⒴1992

サレス, バルテル　Salles, Walter　英語名＝サレス, ウォルター　映画監督, 脚本家　⒞ブラジル　⒢1956年4月12日　⒴2000／2008／2012

ザレツキー, エリ　Zaretsky, Eli　ニュー・スクール・フォー・ソーシャル・リサーチ教授　⒟歴史学, 精神分析　⒞米国　⒴2004

サレッツキー, テオドール　Saretsky, Theodor　アデルフィ大学臨床教授　⒟臨床心理学　⒞米国　⒴1992

サーレハ, アリ・アブドラ　Saleh, Ali Abdullah　政治家, 軍人　イエメン大統領　⒞イエメン　⒢1942年3月21日　⒴1992／1996／2000／2004／2012

サーレハ, マグダ　元・バレリーナ　カイロ芸術アカデミー教授, エジプト教育文化センター・オペラハウス館長　⒞エジプト　⒴1992

サレヒ, アリ・アクバル　Salehi, Ali Akbar　政治家　イラン副大統領・外相・原子力庁長官　⒞イラン　⒢1949年3月24日　⒴2012

サーレフ, アッ・タイーブ　作家　⒞スーダン　⒢1929年　⒴1992

サーレム, ヒネル　Saleem, Hiner　映画監督, 作家　⒢1964年　⒴2008

サーレム, リヨネル　Salem, Lionel　理論化学者　⒴1996

ザレーラ, ロナルド　実業家　ゼネラル・モーターズ（GM）北米マーケティング担当副社長　⒞米国　⒴2000

サーレル, ジェイソン　Surrell, Jason　作家, シナリオライター　⒴2008

サレルノ・ソネンバーグ, ナージャ　Salerno-Sonnenberg, Nadja　バイオリニスト　⒞米国　⒢1961年　⒴1992／1996／2012

サレンコ, ヤロスラフ　Salenko, Yaroslav　バレエダンサー　NBAバレエ団プリンシパル　⒞ロシア　⒢1981年　⒴2008／2012

ザレンバ, エレーナ　メゾソプラノ歌手　⒞ロシア　⒴2000

サレンバーガー, チェスリー　Sullenberger, Chesley B.III　パイロット　元・USエアウェイズ機長　「ハドソン川の英雄」として称えられた機長　⒞米国　⒴2012

ザレンビーナ, エバ・シェルブルグ　Zarembina, Ewa Szelburg　作家　⒞ポーランド　⒢1899年　⒴1992

ザロー, ジャニス　ロビイスト　エイボン・プロダクツ政府担当室長　⒞米国　⒢1947年　⒴1992

サーロー, セツコ　Thurlow, Setsuko　反核運動家　⒞カナダ　⒴2012

サロ, トミー　Salo, Tommy　元・アイスホッケー選手　リレハンメル五輪アイスホッケー男子金メダリスト　⒞スウェーデン　⒢1971年2月1日　⒴2004／2008

サロ, ミカ　Salo, Mika　元・F1ドライバー　⒞フィンランド　⒢1966年11月30日　⒴2004

サロー, レスター・カール　Thurow, Lester C.　経済学者　マサチューセッツ工科大学（MIT）名誉教授　⒞米国　⒢1938年5月7日　⒴1992／1996／2000／2004／2008／2012

サロアー, ハリー　Saloor, Harry　英語講師　クリエーティブ・マインドワークス代表取締役　⒞英国　⒢1955年　⒴2004／2008

サロウ, シャリ　Thurow, Shari　ウェブデザイナー, マーケティングディレクター　⒴2008

サロウィワ, ケン　Saro-Wiwa, Ken　人権・環境保護運動家, 作家　⒞ナイジェリア　⒢1941年　⒣1995年11月10日　⒴1996

ザロガ, スティーブン　Zaloga, Steven　別名＝ザロガ, スティーブ　ミリタリー研究家　⒟装甲車両, AFV　⒞米国　⒢1952年　⒴2004

ザ・ロック　The Rock　本名＝ジョンソン, ドウェイン　旧リングネーム＝メイビア, ロッキー　プロレスラー, 俳優　⒞米国　⒢1972年5月2日　⒴2004／2008／2012

サロート, ナタリー　Sarraute, Nathalie　作家　⒞フランス　⒣1999年10月19日　⒴1992

ザロドフ, コンスタンチン　Zarodov, Konstantin Ivanovich　ジャーナリスト, 政治家　元・ソ連共産党中央委員候補, 元・「平和と社会主義の諸問題」誌編集長　⒞ソ連　⒢1920年11月1日　⒣1982年4月16日　⒴1992

サローナー, ガース　Saloner, Garth　経営学者　スタンフォード大学ビジネス・スクール・ジェフリー・スコール記念教授　⒞米国　⒴2004

サロネン, エサ・ペッカ　Salonen, Esa-Pekka　指揮者, 作曲家　フィルハーモニア管弦楽団首席指揮者・音楽監督　元・ロサンゼルス・フィルハーモニック（LAP）音楽監督　⒞フィンランド　⒢1958年6月30日　⒴1992／1996／2000／2004／2008／2012

サロベイ, ピーター　Salovey, Peter　心理学者　エール大学心理学部教授・学部長　⒞米国　⒴2004／2008

サロミン・メッシオ・アベディアン　Salomine Messio Abediang　カメルーン国営放送番組制作プロデューサー　⒞カメルーン　⒢1954年　⒴1996

サロメ, ジャン・ポール　Salomé, Jean-Paul　映画監督, 脚本家　⒞フランス　⒢1960年　⒴2004／2008／2012

サローヤン, アラム　Saroyan, Aram　作家　⒞米国　⒢1943年　⒴2008

サローヤン, ウィリアム　Saroyan, William　作家, 劇作家　⒞米国　⒢1908年8月31日　⒣1981年5月18日　⒴1992

サロールボヤン, J.　作家, 画家　⒞モンゴル　⒢1957年　⒴2004

サロワ, ジャック　Sallois, Jacques　フランス文化コミュニケーション省美術館総局長　⒞フランス　⒴1992／1996

サロンガ, ホビト　Salonga, Jovito　政治家　元・フィリピン上院議長　⒞フィリピン　⒢1920年6月22日　⒴1992／1996

サロンガ, レア　Salonga, Lea　ミュージカル女優　⒞フィリピン　⒴1992／1996／2004／2008

サワー, アンディ　Souwer, Andy　格闘家　⒞オランダ　⒢1982年11月9日　⒴2008／2012

サーワクター, タッド　外交官　名古屋米国領事館商務領事　⒞米国　⒴1996

サワダ, マンフレッド・ユタカ　元・サーカス芸人　⒞ドイツ　⒢1919年　⒴1992

サワーハフト, スタン　Sauerhaft, Stan　バーソン・マーステラ（ワールドワイド）社副社長　⒞米国　⒴1992

ザワヒリ, アイマン　Zawahiri, Ayman　軍人, 外科医　アルカイダ指導者　元・ジハード団指導者　⒞エジプト　⒢1951年6月19日　⒴2004／2008／2012

サワンスカヤ, リナ　Savanskaya, Lina　占い師　「ストゥピニ」紙社会部長　⒟占星術　⒞ソ連　⒢1959年　⒴1992／1996

ザーン, ティモシー　Zahn, Timothy　SF作家　⒴1996／2000／2012

サーン, マイク　Sarne, Mike　本名＝サーン, マイケル　映画監督　⒞英国　⒢1939年8月6日　⒴1996

サン・イレール, イヴ　Saint-Hilaire, Yves　美術史家　⒴2004

サン・エロワ, ロドニー　Saint Eloi, Rodney　詩人, 評論家, 教師　⒞ハイチ　⒴2004

サンガー, アレクサンダー　Sanger, Alexander　産児制限運動家　ニューヨーク市家族計画協会会長　⒞米国　⒢1947年　⒴2000

サンガー, デービッド　Sanger, David E.　ジャーナリスト　「ニューヨーク・タイムズ」記者　⒞米国　⒢1960年　⒴1996／2000／2004／2012

サンガー, フレデリック　Sanger, Frederick　生化学者　⒞英国　⒢1918年8月13日　⒣2013年11月19日　⒴1992／1996／2000／2004

サンカラ, トマス　Sankara, Thomas　政治家　ブルキナファソ国家革命評議会議長　⒞ブルキナファソ　⒢1947年　⒴1992

サンギ, ウラジーミル　作家　ニブヒ民族老人会議代表　⒞ロシア　⒴2000

サンギ, スティーブ　マイクロチップ・テクノロジー社長・CEO　⒞米国　⒴1996

サンキーニ, レイ　Sanchini, Ray　映画プロデューサー　ライトストーム・エンターテインメント社長　⒞米国　⒴2000

サンギネッティ, フリオ・マリア　Sanguinetti, Julio Maria　政治家

元・ウルグアイ大統領 [国]ウルグアイ [生]1936年1月6日 [典]1992（サンギネティ，フリオ・マリア）／1996／2000／2004／2008

サング，エリジャ Sang, Elijah マラソン選手 [国]ケニア [生]1983年10月18日

サングィネーティ，エドアルド Sanguineti, Edoardo 詩人，作家，評論家 [国]イタリア [生]1930年12月9日 [没]2010年5月18日 [典]1992

サングスター，ジミー Sangster, Jimmy 作家，脚本家 [国]英国 [生]1927年2月12日 [没]2011年8月19日 [典]1996

サングスター，ジム Sangster, Jim ライター [国]英国 [典]2008

サンクトン，トーマス Sancton, Thomas ジャーナリスト 「タイム」パリ支局長 [国]米国 [典]2000

サンクレール，アンヌ Sinclair, Anne キャスター，テレビジャーナリスト [国]フランス [生]1948年 [典]1996／2008／2012

サンクロワ，ジル Ste-Croix, Gilles サーカス演出家 シルク・ドゥ・ソレイユ創設者・演出家 [国]カナダ [典]2012

サンゲリ，アンドレイ Sangeli, Andrei Nikolaevich 政治家 元・モルドバ首相 [国]モルドバ [生]1944年7月20日 [典]1996／2000

サンゴール，レオポルド・セダール Senghor, Léopold Sédar 政治家，詩人，言語学者 元・セネガル初代大統領 [国]セネガル [生]1906年10月9日 [没]2001年12月20日 [典]1992／1996

サンジェール，クリスチアーヌ 作家 [国]フランス [生]1943年 [典]2000

サンジバ・レディ Sanjiva Reddy 本名＝レディ，ニーラム・サンジバ 政治家 元・インド大統領 [国]インド [生]1913年5月19日 [没]1996年6月1日 [典]1992

サン・ジャコモ，ローラ San Giacomo, Laura 女優 [国]米国 [生]1962年 [典]1996

サンジャビ，カリーム Sanjabi, Karim 政治家，法学者 元・テヘラン大学法学部長，元・イラン教育相，元・国際司法裁判所判事 イラン革命指導者 [生]1904年 [典]1992

サン・ジル，フィリップ Saint-Gil, Philippe 作家，詩人，実業家 [国]フランス [生]1923年 [典]1992

サンズ，シリア Sandys, Celia チャーチル元英国首相の孫娘 [国]英国 [典]2000

サンズ，フレッド フレッド・サンズ社社長 [国]米国 [典]1992

サンズ，ラッセル Sands, Russell トレーダー [典]2004

サンズ，リッキー Sans, Ricky グループ名＝メイレイ ミュージシャン [国]米国 [典]2012

サンスティン，キャス Sunstein, Cass R. 政治学者 シカゴ大学教授 [国]米国 [典]2004／2008

ザンストラ，ファルコ Zandstra, Falko スピードスケート選手 [国]オランダ [典]1996

サンストロム，カズコ サンストロム，和子 ジャーナリスト，画家 [生]1933年 [典]1992

ザンセツ 残雪 Canxue 本名＝鄧小華 作家 [国]中国 [生]1953年5月30日 [典]1992／1996／2000／2004／2008／2012

ザンダー，エドワード Zander, Edward J. 別称＝ザンダー，エド 実業家 元・モトローラ会長・CEO，元・サン・マイクロシステムズ社長・COO [国]米国 [生]1947年1月12日 [典]2004／2008／2012

ザンダー，オットー Sander, Otto 俳優 [国]ドイツ [生]1941年6月30日 [没]2013年9月12日 [典]1996／2000

ザンダー，カレン Zander, Karen 医療コンサルタント ケース・マネジメント・センター主宰・共同オーナー [国]米国 [典]2004

サンダー，シャム Sunder, Shyam カーネギーメロン大学産業経営大学院教授 [専]会計学，実験経済学 [国]インド [生]1945年 [典]2000

サンダー，ジル Sander, Jil 本名＝ザンダー，ハイデマリエ・イリネ ファッションデザイナー 元・ジル・サンダー会長・CEO [国]ドイツ [生]1943年11月 [典]1992／1996／2000／2008／2012

サンダ，ドミニク Sanda, Dominique 本名＝ヴァレーニュ，ドミニク 女優 [国]フランス [生]1951年3月11日 [典]1996

ザンダー，ヘルケ Sander, Helke 映画プロデューサー，映画監督，作家 ハンブルク造形芸術大学教授 [国]ドイツ [生]1937年 [典]1996／2000／2004／2008

ザンダー，ベンジャミン Zander, Benjamin 指揮者，作曲家 ボストン・フィルハーモニー管弦楽団指揮者 [典]2004

ザンダー，マルティン オルガン奏者 [国]ドイツ [生]1963年 [典]1996

ザンダー，ロザムンド・ストーン Zander, Rosamund Stone カウンセラー，家族療法士 [国]米国 [典]2004

ザンダー，ロビン Zander, Robin グループ名＝チープ・トリック ミュージシャン [国]米国 [典]2012

サンタウラリア，ラモン Santaularia, Ramon ジャーナリスト スペイン通信社（EFE）東京支局長 [国]スペイン [生]1949年 [典]1992／1996

サンタキアラ，デニス Santachiara, Denis インテリアデザイナー [国]イタリア [生]1950年 [典]2000

サンタ・クルス，ロケ Santa Cruz, Roque サッカー選手（FW） [国]パラグアイ [生]1981年8月16日 [典]2000／2004／2008／2012

サンダース，D. Sanders, D.N. コモンウェルス銀行頭取 [国]オーストラリア [典]1992

サンダース，アンソニー Sanders, Anthony Marcus 大リーグ選手（外野手），元・プロ野球選手 [国]米国 [生]1974年3月2日 [典]2004／2008

サンダース，カーク Saunders, Kirk L. 弁護士 [国]米国 [生]1957年 [典]1992

サンダース，クリス Sanders, Chris 本名＝Sanders,Christopher Michael アニメーション監督，脚本家，アニメーター [国]米国 [典]2012

サンダース，コーリー Sanders, Corrie 本名＝サンダース，コーネリアス プロボクサー 元・WBO世界ヘビー級チャンピオン [国]南アフリカ [生]1966年1月7日 [没]2012年9月23日

サンダース，サマー Sanders, Summer 元・水泳選手 [国]米国 [典]1996

サンダース，ジェリー（3世） Sanders, Walter Jerry（III） 本名＝サンダール，ウォーター・ジェレミア，3世 実業家 アドバンスト・マイクロ・デバイス（AMD）会長・元CEO [国]米国 [生]1936年9月12日 [典]1992／1996／2000／2004

サンダース，ジョージ Saunders, George 作家 [国]米国 [生]1958年 [典]2004

サンダース，ジョナサン Sunders, Jonathan ソ連研究家，ジャーナリスト コロンビア大学W・アベレル・ハリマン・ソ連事情高等研究所副所長，CBSニュース・ソ連問題コンサルタント兼レポーター [専]ロシア・ソビエト史 [国]米国 [典]1992

サンダース，ジョニー Thunders, Johnny 本名＝ゲンゼル，ジョン 旧グループ名＝ニューヨーク・ドールズ，ハートブレイカーズ ロックミュージシャン [国]米国 [生]1952年7月15日 [没]1991年4月23日 [典]1992

サンダース，スコット Sanders, Scott 本名＝サンダース，スコット・ジェラルド 元・プロ野球選手，元・大リーグ選手 [国]米国 [生]1969年3月25日 [典]2004

サンダース，セバスチャン 騎手 [国]英国 [生]1971年9月25日 [典]2000

サンダース，チップ Saunders, Chip デルコンピュータ日本法人社長 [国]米国 [生]1943年12月19日 [典]2000

サンダース，ディオン Sanders, Deion 元・プロフットボール選手，元・大リーグ選手 [国]米国 [生]1967年8月9日 [典]1996／2000／2004／2008／2012

サンダース，ティム Sanders, Tim マーケティングコンサルタント [国]米国 [典]2004

サーンダズ，デニス Sanders, Denis 映画監督 [国]米国 [生]1929年1月21日 [没]1987年12月10日 [典]1992

サンダース，デービッド Sanders, David ウェスタン・ケープ大学教授 [専]保健医療 [国]南アフリカ [生]1945年 [典]2000

サンダース，デービッド Sanders, David ナショナル・バンク・オブ・アブダビ中東株運用担当者 [国]米国 [典]2012

サンダース，トーマス Sanders, Thomas 元・特殊工作部隊隊員 [生]1956年 [典]2008

サンダース，ドリ Sanders, Dòri 作家 [国]米国 [生]1934年

サ

[典]1996
サンダース, バーナード　政治家　米国下院議員（社会党）　元・バーリントン市長　[国]米国　[典]1992
サンダース, バーナード　Saunders, Bernard　学習コンサルタント　[国]米国　[典]2004
サンダース, バリー　Sanders, Barry　元・プロフットボール選手　[国]米国　[生]1968年7月16日　[典]1992／1996／2000
サンダース, ベッツィ　Sanders, Betsy A.　経営コンサルタント　サンダース・パートナーシップ代表　[国]米国　[典]2000／2004
サンダース, マッシュー・R.　Sanders, Matthew R.　心理学者　クイーンズランド大学臨床心理学教授, ペアレンティングファミリーサポートセンター所長　[典]2008
サンダース, ラリー　USAトゥディ・オンラインビジネスマネジャー　[典]2000
サ
サンダース, ルパート　Sanders, Rupert　映画監督,CMディレクター　[国]英国　[生]1971年3月16日
サンダース, レジー　Sanders, Reggie　本名=Sanders,Reginald Laverne　大リーグ選手（外野手）　[国]米国　[生]1967年12月1日　[典]2004／2008
サンダース, レナード　Sanders, Leonard　作家, ジャーナリスト　[国]米国　[生]1929年1月15日　[典]1992
サンダース, ローリ　Sanders, Lori M.　コンピューター技術者, プログラマー　HRchitectプロジェクトマネジャー　[国]米国　[典]2004
サンダース, ローレンス　Sanders, Lawrence　ミステリ作家　[国]米国　[生]1920年　[没]1998年2月7日　[典]1992／1996
サンダース・ブラームス, ヘルマ　Sanders-Brahms, Helma　映画監督　[国]ドイツ　[生]1940年9月20日　[典]1992／1996／2012
サンダーソン, M.　Sanderson, Michael　歴史学者　イースト・アングリア大学準教授　[専]社会経済史　[国]英国　[生]1939年　[典]2004／2008
サンダーソン, カエル　Sanderson, Cael　レスリング選手（フリースタイル）　[国]米国　[生]1979年6月20日　[典]2008
サンダーソン, ブランドン　Sanderson, Brandon　作家　[国]米国　[生]1975年　[典]2012
サンタナ, カルロス　Santana, Carlos　グループ名=サンタナ　ロックギタリスト　[国]米国　[生]1947年7月20日　[典]1992／2004／2008／2012
サンタナ, ジョアン・カルロス　Santana, Juan Carlos　トレーニングコーチ　オプティマム・パーフォーマンス・システム・ディレクター　[国]米国　[典]2008
サンタナ, ジョエル　Santana, Joel Natalino　サッカー監督　[国]ブラジル　[生]1948年12月25日　[典]2008
サンターナ, テレ　Santana, Telê　サッカー監督　元・サッカー・ブラジル代表監督　[国]ブラジル　[生]1931年7月26日　[没]2006年4月21日　[典]1996／2000
サンタナ, ヨハン　Santana, Johan　本名=Santana,Johan Alexander　大リーグ選手（投手）　[国]ベネズエラ　[生]1979年3月13日　[典]2008／2012
サンタナ・ロペス, ペドロ　Santana Lopes, Pedro　政治家　元・ポルトガル首相　[国]ポルトガル　[生]1956年6月29日　[典]2008
サンダーランド, ザック　Sunderland, Zac　ヨットで世界一周の単独最年少記録を更新　[国]米国　[典]2012
サンダール, フィル　Sandahl, Phil　ビジネスコーチ　[典]2004
サンダレスク, ジャック　Sandulescu, Jaques　空手家, 俳優　極真会館国際委員会相談役　[国]米国　[生]1928年2月21日　[典]2000
サンタ・ロマーナ, エルピディオ　Sta.Romana, Elpidio R.　フィリピン大学アジア・センター助教授　[専]国際関係論, フィリピンの現代政治　[国]フィリピン　[生]1949年　[典]1992／1996
サンタンジェロ, ジョルジオ　Sant'Angelo, Giorgio　ファッションデザイナー　[生]1933年　[没]1989年8月29日　[典]1992
サンタンブロジオ, サラ　グループ名=エロイカ・トリオ　チェロ奏者　[国]米国　[典]2004／2008
サンチ, フレッド　Santschi, Fred　実業家　ユニバーサル・ジュネーブ社社長　[国]スイス　[生]1939年　[典]2000
サンチェス, アランチャ　Sánchez, Arantxa　本名=サンチェス・ビカリオ, アランチャ　元・テニス選手　[国]スペイン　[生]1971年12月18日　[典]1992／1996／2000／2004／2008／2012
サンチェス, エドゥアルド　Sanchez, Eduardo　映画監督　[国]米国　[典]2000
サンチェス, クリスチナ　Sánchez, Cristina　闘牛士　[国]スペイン　[生]1972年　[典]2000
サンチェス, ゴンサロ　Sánchez, Gonzálo　本名=Sánchez de Lozada,Gonzálo　政治家　元・ボリビア大統領　[国]ボリビア　[生]1930年7月1日　[典]1996（サンチェス・デ・ロサダ, ゴンサロ）／2000（サンチェス・デ・ロサダ, ゴンサロ）／2004／2008
サンチェス, サムエル　Sánchez, Samuel　自転車選手（ロードレース）　北京五輪自転車男子ロードレース金メダリスト　[国]スペイン　[生]1978年2月5日　[典]2012
サンチェス, ダニエル　Sanchez, Daniel　サッカー監督　[国]フランス　[生]1953年11月21日　[典]2000
サンチェス, フェリックス　Sánchez, Félix　陸上選手（障害）　アテネ五輪・ロンドン五輪陸上男子400メートル障害金メダリスト　[国]ドミニカ共和国　[生]1977年8月30日　[典]2008
サンチェス, フリオ　Sanchez, Julio　コンピューター科学者　ミネソタ州立大学准教授　[国]米国　[典]2004
サンチェス, フレディ　Sanchez, Freddy　本名=Sanchez,Frederick Phillip　大リーグ選手（内野手）　[国]米国　[生]1977年12月21日
サンチェス, マーク　Sanchez, Mark　プロフットボール選手（QB）　[国]米国　[生]1986年11月11日
サンチェス, マティルデ　Sánchez, Matilde　ジャーナリスト, 作家　[国]アルゼンチン　[典]2000
サンチェーズ, ミシェル　グループ名=ディープ・フォレスト　音楽家　[国]フランス　[生]1957年　[典]2000
サンチェス, ルイス　ニカラグア経済開発省局長　[国]ニカラグア　[典]2000
サンチェス・フェルロシオ, ラファエル　Sánchez Ferlosio, Rafael　作家　[国]スペイン　[生]1927年12月4日　[典]1992／1996／2012
サンチェス・ランチ, エンリケ　Sánchez Lansch, Enrique　映画監督　[典]2012
サンチス・ムニョス, ホセ・ラモン　Sanchís Muñoz, José Ramon　外交官　駐日アルゼンチン大使　元・サルバドル大学教授　[専]国際関係論　[国]アルゼンチン　[生]1933年　[典]2000
サンチャゴ, サンチャゴ・デ　Santiago, Santiago de　彫刻家　[国]スペイン　[生]1925年　[典]1992／1996
サンチャゴ, ナサニエル　フィリピン学生連盟（LFS）議長, バヤン（新愛国者同盟）書記次長　[国]フィリピン　[生]1967年1月　[典]1992
サンチャゴ, ミリアム・ディフェンソー　Santiago, Miriam Defensor　法律家, 政治家　元・フィリピン土地改革相　[国]フィリピン　[典]1992／1996
サンティ, ネッロ　Santi, Nello　指揮者　[国]イタリア　[生]1931年9月22日　[典]1996／2000／2012
サンデイ, ペギー・リーブズ　Sanday, Peggy Reeves　ペンシルベニア大学文化人類学部教授　[専]文化人類学　[国]米国　[典]2000
サンティアゴ, ベニト　Santiago, Benito Rivera　大リーグ選手（捕手）　[国]米国　[生]1965年3月9日　[典]1996／2004／2008
サンティアゴ, ルイス　Santiago, Luis　漫画家, イラストレーター　[国]スウェーデン　[生]1945年　[典]2004
サンディアータ, セクー　Sundiata, Sekou　詩人　ニュー・スクール大学教授　[国]米国　[生]1949年　[典]2004
サンティステバン, ホルヘ　ペルー国民擁護局国民擁護官　[国]ペルー　[典]2000
サンティーニ, ジャック　Santini, Jacques　サッカー監督, 元・サッカー選手　元・サッカー・フランス代表監督　[国]フランス　[生]1952年4月25日　[典]2004／2008
サンディフォード, ロイド・アースキン　Sandiford, Lloyd Erskine　政治家　元・バルバドス首相　[国]バルバドス　[生]1937年　[典]1992／1996
サンディン, マッツ　Sundin, Mats　元・アイスホッケー選手　トリ

ノ五輪アイスホッケー男子金メダリスト　国スウェーデン　生1971年2月13日　没2008（スンディン, マッツ）

サンデージ, アラン・レックス　Sandage, Allan Rex　天文学者　専銀河系外天文学　国米国　生1926年6月18日　没2010年11月13日　載1992／1996

サンテッスン, ハンス・ステファン　Santesson, Hans Stefan　編集者　載2004

サンデノ, ケートリン　Sandeno, Kaitlin　水泳選手（個人メドレー・自由形）　アテネ五輪競泳女子4×200メートルリレー金メダリスト　国米国　生1983年3月13日　載2004／2008

サンデム, ゲーリー　Sundem, Gary L.　経済学者　ワシントン大学会計学科副学科長　国米国　載2008

サンデリック, デヤン　Sunderic, Dejan　コンピューターコンサルタント　載2004

ザンデル, ガブリエル　Zendel, Gabriel　画家　国フランス　生1906年　載1996

サンテール, ジャック　Santer, Jacques　政治家　元・EU欧州委員会委員長, 元・ルクセンブルク首相　国ルクセンブルク　生1937年5月18日　載1992／1996／2000／2004／2008／2012

サンデル, マイケル　Sandel, Michael J.　政治哲学者　ハーバード大学教授　国米国　生1953年　載2012

ザンデルリンク, クルト　Sanderling, Kurt　指揮者　元・ベルリン交響楽団首席指揮者, 元・読売日本交響楽団名誉指揮者　国ドイツ　生1912年9月19日　没2011年9月18日　載1992／1996／2004

ザンデルリンク, トーマス　Sanderling, Thomas　指揮者　元・大阪シンフォニカー常任指揮者　国ドイツ　生1942年10月2日　載1992／1996

サンド, エッベ　Sand, Ebbe　サッカー選手（FW）　生1972年7月19日　載2004／2008　国デンマーク

サンド, シュロモー　Sand, Shlomo　歴史家　テルアビブ大学教授　専現代ヨーロッパ史　国イスラエル　生1946年　載2012

サンド, バーバラ・ローリー　Sand, Barbara Lourie　ジャーナリスト　「チェンバー・ミュージック」創刊者　国米国　載2004

サンドゥ, K.S.　シンガポール東南アジア研究所長　専アジア・太平洋問題　国シンガポール　載1992

サンドゥル　Sandeul　グループ名＝B1A4　歌手　国韓国　生1992年3月20日

サンドガード, アーノルド　Sundgaard, Arnold　劇作家, オペラ作者, 絵本作家　国米国　生1909年　載1996

サンドクイスト, ドン　Sundquist, Don　本名＝サンドクイスト, ドナルド　政治家　元・テネシー州知事　国米国　生1936年3月15日　載1996／2000／2004／2008

サンドグレン, オーケ　映画監督　国スウェーデン　生1955年　載1996

サンドロ　Sandro　本名＝ドス・サントス, カルロス・アルベルト・ソーザ　サッカー指導者, 元・サッカー選手　国ブラジル　生1960年12月9日　載2008／2012

サントス　Santos　本名＝サントス, アントニオ・カルロス　元・サッカー選手　国ブラジル　生1964年6月8日　載2000

サントス, アレホ　Santos, Alejo　政治家　元・フィリピン国防相　国フィリピン　生1984年2月18日　載1992

サントス, エルビ　ボランティア活動家　子どもを守る協会（IPC）事務局長　国フィリピン　載1992

サントス, ジョエル・ルフィノ・ドス　Santos, Joel Rufino dos　児童文学作家　国ブラジル　載2004／2008

サントス, セルジオ・ドゥトラ　Santos, Sergio Dutra　バレーボール選手　アテネ五輪バレーボール男子金メダリスト　国ブラジル　生1975年10月15日

サントス, フアン・マヌエル　Santos, Juan Manuel　本名＝サントス・カルデロン, フアン・マヌエル　政治家　コロンビア大統領, コロンビア国民統一党党首　国コロンビア　生1951年8月10日　載2012

サントス, ミゲルアンヘル　Santos, Miguel Angel　スポーツ記者　「ASバルセロナ」支局次長　国スペイン　生1959年　載2004

サントス, リカルド・アレックス　Santos, Ricardo Alex　ビーチバレー選手　アテネ五輪ビーチバレー男子金メダリスト　国ブラジル　生1975年1月6日　載2008／2012

サントス, ロック　Santos, Roque　水泳選手　国米国　生1968年1月8日　載1996

サンドバーグ, シェリル　Sandberg, Sheryl　本名＝Sandberg, Sheryl Kara　実業家　フェイスブック最高執行責任者（COO）　国米国　生1969年　載2012

サンドバーグ, ライン　Sandberg, Ryne Dee　大リーグ監督, 元・大リーグ選手　国米国　生1959年9月18日　載1992／1996／2000／2008／2012

サンドバル, パブロ　Sandoval, Pablo　本名＝Sandoval,Pablo E.　大リーグ選手（内野手）　国ベネズエラ　生1986年8月11日

サンドバル, レイ　Sandval, Ray　ギタリスト　国米国　生1969年　載2004／2008

サンドフォード, ジーナ　Sandford, Gina　鑑賞魚愛好家　国英国　載2004／2008

サンドフォード, ジョン　Sandford, John　本名＝キャンプ, ジョン　ジャーナリスト, 作家　生1944年　載1996／2000

サント・マリー, ガブリエル・ド　ペシネー・ジャポン社長　国フランス　載1996

サンドマン・リリウス, イルメリン　Sandman-Lilius, Irmelin　児童文学作家　国フィンランド　生1936年　載1992

サンドム, J.G.　Sandom, J.G.　作家, クリエイティブ・ディレクター　国米国　載2000

サンドラー, アダム　Sandler, Adam　俳優, コメディアン, 映画プロデューサー　国米国　生1966年9月9日　載2000／2004／2008／2012

サンドラム, スティーブ　Sundram, Steve　画家　国オーストラリア　生1963年　載2004

サントラム, リック　Santorum, Rick　本名＝Santorum,Richard John　政治家　元・米国上院議員（共和党）　国米国　生1958年5月10日　載1996／2000／2004／2012

サンドランス, アラン　料理人　リュキャ・カァルトン・オーナーシェフ　国フランス　載1992／1996

サントリ, S.E.　Santry, Sean E.　コンピューター技術者　国米国　載2004

サンドリ, ロリ・パウロ　Sandri, Lori Paulo　サッカー監督　国ブラジル　生1949年1月29日　載2004／2008

サンドレッド, ジャン　Sandred, Jan　コンサルタント　Crealog Corporation創設者　国スウェーデン　載2004

サンドレッリ, ステファニア　Sandrelli, Stefania　女優　国イタリア　生1944年6月5日　載1996

サンドロ　Sandro　本名＝サントス, サンドロ・カルドゾ・ドス　サッカー選手（FW）　国ブラジル　生1980年3月22日　載2004／2008

サントロ, クラウジオ　Santoro, Cláudio　指揮者, 作曲家　国ブラジル　生1919年11月23日　没1989年3月27日　載1992

ザンドロック, オットー　Sandrock, Otto　弁護士, 公証人　元・ミュンスター大学教授・国際経済法研究所所長　専国際経済法　国ドイツ　生1930年　載2000

サンドローニ, シィッセロ　ジャーナリスト　ブラジル文化省文化芸術財団理事・文化活動局長　国ブラジル　生1935年　載1996

サンドローニ, ラウラ　児童文学作家　「オ・グローボ」紙児童文学論説委員, ブラジル連邦文化政策会議委員　国ブラジル　生1934年

サンドロ・ヒロシ　Sandro Hiroshi　本名＝Parreão Oi,Sandro Hiroshi　サッカー選手（FW）　国ブラジル　生1979年11月19日　載2004／2008

サントロファー, ジョナサン　Santlofer, Jonathan　画家, 作家　国米国　生1946年　載2004／2008／2012

サンドロン, ベルナール　Cendron, Bernard　ピエール・バルマン日本法人社長　国フランス　生1946年　載1992／1996

サンパー, J.フィリップ　実業家　クレイ・リサーチ会長・CEO　国米国　載1996

サンバー, エリアス　Sanbar, Elias　歴史学者　⽣1948年　没2004

サンハ, マラン・バカイ　Sanhá, Malam Bacai　政治家　元・ギニアビサウ大統領　国ギニアビサウ　⽣1947年5月5日　没2012年1月9日　著2012

ザンパ, ルイジ　Zampa, Luigi　映画監督　国イタリア　⽣1905年1月2日　没1991年8月15日　著1992

サンパイオ, ジョルジェ　Sampaio, Jorge　本名=Sampaio,Jorge Fernando Brancode　政治家　元・ポルトガル大統領　国ポルトガル　⽣1939年9月18日　著2000／2004／2008／2012

サンパイオ, セザール　Sampaio　本名=サンパイオ・カンポス, カルロス・セザール　元・サッカー選手　国ブラジル　⽣1968年3月31日　著2004／2008／2012

サンパイオ, ロセリオ　Sampaio Cardoso, Rogerio　柔道選手　国ブラジル　著1996

サン・バオ　San Bao　本名=那日松　漢字名=三宝　音楽家, 作曲家　国中国　⽣1968年6月5日　著2012

サンパシット・クムプラバント　子供の権利保護センター所長　国タイ　著2000

ザンバルビエーリ, オルランド　Zambarbieri, Orlando　写真家　国イタリア　⽣1949年　著2000

サンビ, アフメド・アブダラ・モハメド　Sambi, Ahmed Abdallah Mohamed　政治家　元・コモロ大統領　国コモロ　⽣1958年6月5日　著2008／2012

サン・ピエトロ, シルヴィオ　San Pietro, Silvio　インテリア・デザイナー　国イタリア　⽣1953年　没1996

サン・ピエール, フロリアンヌ・ド　デザイナーのヘッドハンター　国フランス　著2000

サンピエール, ミシェル・ド　作家　国フランス　⽣1987年6月19日　著1992

サンピクトレス, B.F.　外交官　元・在日フィリピン大使館公使・次席大使　国フィリピン　著1992／1996

サンヒネス, ホルヘ　Sanjinés, Jorge　映画監督　国ボリビア　⽣1937年　著2004／2008／2012

サンファール, ニキ・ド　Saint-Phalle, Niki de　前衛美術家, 彫刻家　国フランス　⽣1930年10月29日　没2002年5月22日　著1992／2000

サンフォード, ジョン　Sanford, John A.　心理療法家, 著述家, 元・司祭　国米国　⽣1929年　没1996

サンフォード, チャールズ (Jr.)　Sanford, Charles Steadman (Jr.)　銀行家　元・バンカーズ・トラスト会長・CEO　国米国　⽣1936年10月8日　著1992／1996／2000

サンフォード, リンダ　IBMゼネラル・マネージャー　国米国　著2000

サンプソン, アンソニー　Sampson, Anthony Terrell Seward　ジャーナリスト, ノンフィクション作家　元・全英作家協会会長　国英国　⽣1926年8月3日　没2004年12月18日　著1992／1996／2000

サンプソン, ウィル　俳優　国米国　⽣1987年6月3日　著1992

サンプソン, スティーブ　Sampson, Steve　サッカー監督　サッカー・コスタリカ代表監督　国米国　著2000／2004／2008

サンプソン, ボーン　ニュージーランド経営者製造業者連盟会長　国ニュージーランド　著2000

サンプソン, マイケル　Sampson, 3, Michael　児童文学作家　国米国　著2004

サンプラス, ピート　Sampras, Pete　元・テニス選手　国米国　⽣1971年8月12日　著1992／1996／2000／2004／2008／2012

サンブラノ, エミリオ・ガジェゴ　Zambrano, Emilio Gallego　翻訳家　国スペイン　著2008

ザンブラーノ, カルロス　Zambrano, Carlos　本名=Zambrano, Carlos Alberto　大リーグ選手(投手)　国ベネズエラ　⽣1981年6月1日

サンブラノ, ベニト　Zambrano, Benito　映画監督　国スペイン　⽣1965年　著2004／2008

サンプル, ジョー　Sample, Joe　本名=サンプル, ジョセフ　旧グループ名=クルセイダーズ　ジャズ・ピアニスト　国米国　⽣1939年2月1日　著2000／2008／2012

サンプル, スティーブン　南カリフォルニア (USC) 大学学長　国電子工学　国米国　著1996

サン・フルラン, ルイジアーヌ　Saint Fleurant, Louisiane　画家　国ハイチ　⽣1924年　没2004

ザンブロッタ, ジャンルカ　Zambrotta, Gianluca　サッカー選手 (DF)　国イタリア　⽣1977年2月19日　著2004／2008／2012

サンペ, ジャン・ジャック　Sempé, Jean-Jacques　漫画家　国フランス　⽣1932年8月17日　著1992／1996／2000

サンペドロ, ホセ・ルイス　Sampedro, José Luis　作家, 経済学者　元・マドリード大学教授　国スペイン　⽣1917年2月1日　没2013年4月8日　著2012

サンペル・ピサノ, エルネスト　Samper Pizano, Ernesto　政治家　元・コロンビア大統領　国コロンビア　⽣1950年8月3日　著1996／2000

ザンボニ, フランク　Zamboni, Frank　スケートリンク整氷機発明者　国米国　没1988年7月27日　著1992

サンボラ, リッチー　Sambora, Richie　グループ名=ボン・ジョビ　ロック・ギタリスト　国米国　⽣1959年7月11日　著2000／2004／2008／2012

サンボーン, デービッド　Sanborn, David William　ジャズ・アルトサックス奏者　国米国　⽣1945年7月30日　著1992／1996／2000／2004／2008／2012

サン・マルク, ロール　Saint-Marc, Laure　編集者　パイヤール編集者　国フランス　著2004

サンムガダス, マノンマニ　Sanmugadas, Manonmani　言語学者　国古代タミル語　国スリランカ　著2000

サンヤ・タマサク　Sanya Thammasak　政治家, 法律家　元・タイ首相, 元・タイ枢密院議長, 元・タイ最高裁長官　国タイ　⽣1907年4月5日　没2002年1月6日　著1992 (サンヤ・タマサク／サンヤ・ダルマサクティ)

サン・ユ　San Yu　政治家, 軍人　元・ビルマ大統領　国ミャンマー　⽣1919年4月6日　没1996年1月28日　著1992／1996

サン・ラ　Sun Ra　本名=Blounts,Sonny　ジャズ・ピアニスト, バンドリーダー　国米国　⽣1914年5月(?)　没1993年5月30日　著1992／1996

サンルカール, マノロ　ギタリスト　国スペイン　著1992

サン・ローラン, イヴ　Saint-Laurent, Yves　本名=サン・ローラン, イヴ・アンリ・ドナ・マテュー　ファッションデザイナー　元・イヴ・サンローラン (YSL) 創業者　国フランス　⽣1936年8月1日　没2008年6月1日　著1992／1996／2000／2004／2008

【シ】

シー　Sea　グループ名=S.E.S, 別名=バダ　歌手　国韓国　⽣1980年2月28日　著2000／2004／2008

シ・エキダン　施 易男　俳優, 歌手　国台湾　⽣1974年5月13日

シ・カ　史 可　女優　国中国　⽣1979年5月4日　著2012

シー, キャロリン　See, Carolyn　作家, 評論家　カリフォルニア大学ロサンゼルス校講師, 全米書評家協会理事, 国際ペンクラブ理事　国米国　著2004

ジ・キョンレ　池 景来　全南大学教授　国日本語学　国韓国　⽣1938年　著1992 (ジ・ギョンネ)／1996

シ・キンタイ　史 欽泰　Shih, Chin-tai　工業技術研究院 (ITRI) 院長　国電気工学　国台湾　⽣1946年10月15日　著1992／1996／2000

シ・ケイヨウ　施 啓揚　Shih, Chi-yang　政治家　台湾国家安全会議秘書長　元・台湾行政院副院長 (副首相)　国台湾　⽣1935年5月5日　著1996

シ・ケツミン　施 潔民　日本語講師, 翻訳家　国中国　著2004／2008

シ・コウコウ　施 光亨　北京語言文化大学教授,東京外国語大学客員教授　[専]中国語　[国]中国　[生]1938年　[典]1996／2000

シ・ジュセイ　史 樹青　Shi, Shu-qing　文物書画鑑定家　中国歴史博物館研究員　[国]中国　[生]1922年　[典]2004／2008

シー・シュチン　施 叔青　Shi, Shu-qing　作家　[国]台湾　[生]1945年　[典]2004（シ・ジョセイ）

シ・ショウセイ　施 祥生　作家,脚本家　[国]中国　[生]1942年　[典]2004

シ・シンエイ　施 振栄　Shih, Chen-jung　英語名＝シー,スタン　実業家　エイサー創業者　[国]台湾　[生]1944年12月18日　[典]1992（セ・シンエイ）／1996／2000／2012

シ・セイエイ　施 正栄　Shi, Zheng-rong　実業家　サンテック・パワーホールディングス会長・CSO　[国]中国　[生]1963年

シ・セイキ　史 清琪　経済学者　中国地質大学教授,中国女性企業家協会常務副会長　[国]中国　[典]2004／2008

シ・センシュン　史 占春　Shi, Zhan-chun　登山家　元・中国登山協会主席,元・中国国家体育委員会副局長　[国]中国　[生]1928年　[没]2013年1月27日　[典]1996

ジ・チャンイク　池 昌益　朝鮮労働党中央委員,北朝鮮中央人民委員　[国]北朝鮮　[典]2000

シ・チョウキ　史 兆岐　医師　中国中医研究院主任研究員　[専]肛門学　[国]中国　[生]1935年　[典]2000

シー・チョン・フォン　Shih, Choon-fong　アブドラ国王科学技術大学学長　[専]非直線破砕力学　[国]シンガポール　[典]2012

シー・チン・ユー　実業家　ウィズオフィスドットコム会長・日本社長　[国]シンガポール　[生]1972年　[典]2004

シ・テツセイ　史 鉄生　Shi, Tie-sheng　筆名＝金水　作家　[国]中国　[生]1951年1月4日　[没]2010年12月31日

シー, デービッド　ソウル歌手　[国]米国　[生]1948年　[典]2000

シ・テルコ　施 照子　旧名＝清水照子　愛愛院（私立養護院）院長　[国]台湾　[典]1992（セ・テルコ）

シ・トバイ　司 徒玫　Si, Tu-mei　コラムニスト　[国]中国　[生]1962年　[典]2000

ジ・ドンウク　池 東旭　Chi, Tong-wook　ジャーナリスト,経済評論家　「韓日ビジネス」発行人・社長,コリア・ビジネス・リサーチセンター理事長　[専]国際問題,国際経済　[国]韓国　[生]1937年3月11日　[典]1992（ジ・ドンウック）／1996／2000

ジ・ハクスン　池 学淳　Chi, Hak-sun　カトリック司教,民主化運動リーダー　元・韓国カトリック教会原州教区区長　[国]韓国　[生]1921年9月9日　[没]1993年3月12日　[典]1992／1996

シ・ビン　史 敏　Shi, Min　中国国務院アジアアフリカ研究所所長　[専]経済学　[国]中国　[生]1932年　[典]1996／2000

シ・ビン　史 敏　京劇女優　[国]中国　[典]2000／2004／2008

シ・ブ　思 蕪　脚本家　中国中央宣伝部文芸局　[国]中国　[生]1960年9月17日　[典]2004

ジ・ファドン　池 華東　プロ野球選手（内野手）　[国]韓国　[生]1967年1月20日　[典]1996

シー・ブンキム　シンガポール大学政治学部上級講師,国際大学客員教授　[専]国際関係論　[国]シンガポール　[典]2000

シー, ヘンリー（Sr.）　Sy, Henry（Sr.）　実業家　SMプライム・ホールディングズ会長・社長　[国]フィリピン　[典]1992／2004

シ・ホウシュウ　史 豊收　中国速算研究所所長　[専]速い計算法の開発　[国]中国　[生]1956年　[典]1996

シー, マイケル　香港貿易発展局総裁　[国]香港　[生]1945年　[典]2000

ジ・マンウォン　池 万元　Jee, Man-won　軍事評論家,コラムニスト　社会発展システム工学研究所所長　[専]経営学,システム工学　[国]韓国　[生]1942年　[典]1996／2000／2004／2008

ジ・ミンジャ　紀 敏佳　歌手　[国]中国　[典]2008（キ・ビンケイ）／2012

シ・メイトク　施 明徳　Shih, Ming-te　政治家,民主化運動家　台湾立法委員　元・台湾民主進歩党（民進党）主席　[国]台湾　[生]1941年1月15日　[典]1996／2000

ジー, モーリス　Gee, Maurice　作家　[国]ニュージーランド　[生]1931年　[典]1996

ジ・ヨンオク　池 英玉　本名＝金英玉　コメディアン　[国]韓国　[生]1962年4月22日　[典]1996

ジ・ヨンギュ　池 連奎　プロ野球選手（投手）　[国]韓国　[生]1969年8月15日　[典]1996

シー, リサ　See, Lisa　作家　[国]米国　[生]1955年　[典]2000／2012

シ・リョウ　史 良　Shi, Liang　弁護士,政治家　元・中国全国人民代表大会（全人代）常務委副委員長　[国]中国　[生]1900年　[没]1985年9月6日　[典]1992

ジー, ルース・バンダー　Zee, Ruth Vander　作家,教師　[典]2008

ジア, カレダ　Zia, Khaleda　政治家　バングラデシュ民族主義党（BNP）党首　元・バングラデシュ首相　[国]バングラデシュ　[生]1945年8月15日　[典]1992／1996／2000／2004／2008／2012

ジーア, ダーリン　Zeer, Darrin　リラクゼーション・コンサルタント　[典]2008

シーア, マーティン　Seah, Martin P.　国立物理学研究所　[専]表面分析,オージェ電子分光法（AES）　[国]英国　[典]1992

シア, リチャード　Shea, Richard　コンピューター技術者　[典]2004

シアー, ロバート　Scheer, Robert　作家,ジャーナリスト　[国]米国　[生]1936年　[典]1996／2000

シアガ, エドワード　Seage, Edward Philip George　政治家　元・ジャマイカ首相　[国]ジャマイカ　[生]1930年5月28日　[典]1992／1996／2000

シアギアン, サバム　ジャカルタ・ポスト理事　[国]インドネシア　[生]1932年　[典]2000

シアーズ, ウィリアム　Sears, William　小児科医,育児コンサルタント　カリフォルニア大学アーバイン校医学部助教授,シアーズファミリー小児科病院経営　[国]米国　[典]2004

シアーズ, バリー　Sears, Barry　ダイエット研究家　[国]米国　[生]1947年　[典]2000

シアズ, ベンジャミン　Sheares, Benjamin Henry　医師,政治家　元・シンガポール大統領（第2代）　[国]シンガポール　[生]1907年8月12日　[没]1981年5月12日　[典]1992

シアーズ, マーサ　Sears, Martha　育児カウンセラー,看護婦　ラ・レーチェ・リーグ指導者　[国]米国　[典]2004

シアーズ, ロビン　オンタリオ州政府アジア・太平洋地域首席代表　[国]カナダ　[典]1992

シアゾン, ドミンゴ　Siazon, Domingo L.　本名＝Siazon,Domingo L.,Jr.　外交官,政治家　駐日フィリピン大使　元・フィリピン外相,元・国連工業開発機関（UNIDO）事務局長　[国]フィリピン　[生]1939年7月9日　[典]1992／1996／2000／2004／2008／2012

シアード, セーラ　Sheard, Sarah　作家　[国]カナダ　[生]1953年　[典]2000

シアド・バーレ, モハメド　Siad Barre, Mohamed　政治家,軍人　元・ソマリア大統領,元・ソマリア社会主義革命党（SRSP）書記長　[国]ソマリア　[生]1921年　[没]1995年1月2日　[典]1992（バーレ, モハメド・シアド）／1996（バーレ, モハメド・シアド）

シアヌーク, ノロドム　Sihanouk, Norodom　政治家　元・カンボジア国王　[国]カンボジア　[生]1922年10月31日　[没]2012年10月15日　[典]1992／1996／2000／2004／2008／2012

ジアネッティ, エドゥアルド　Giannetti, Eduardo　経済学者　サンパウロ大学教授　[国]ブラジル　[生]1957年　[典]2004

ジアネッティ, ルイス　Giannetti, Louis　英文学者,映画評論家　ケース・ウェスターン・リザーブ大学教授　[国]米国　[典]2008

ジアマッティ, バートレット　Giammatti, Bartlett　本名＝Giammatti,Angelo Bartlett　元・大リーグ・コミッショナー　[国]米国　[生]1938年4月4日　[没]1989年9月1日　[典]1992

ジアマッティ, ポール　Giamatti, Paul　俳優　[国]米国　[生]1967年6月6日　[典]2008／2012

シアム, ワリード　外交官　パレスチナ自治政府次期駐日代表,パレスチナ自治政府国際協力省アジア局長　[国]パレスチナ　[典]2004／2008

シアラ　Ciara　本名＝Harris,Ciara　歌手,ダンサー　[国]米国　[生]1985年10月25日　[典]2008／2012

シアラー, アラン　Shearer, Alan　サッカー監督,元・サッカー選手　[国]英国　[生]1970年8月13日　[典]2000／2004／2008／2012

シ

シアラー, アレックス　Shearer, Alex　作家, 脚本家　[国]英国　[生]1949年　[典]2004／2012

シアラー, ノーマ　Shearer, Norma　女優　[国]米国　[生]1904年　[没]1983年6月12日　[典]1992

シアラス, アレキサンダー　Tsiaras, Alexander　フォトジャーナリスト, 著述家　[国]米国　[典]2004

シアリング, ジョージ　Shearing, George Albert　ジャズピアニスト, 作曲家, 編曲家　[国]米国　[生]1919年8月13日　[没]2011年2月14日　[典]1992／2000

シアリング, マージョリー　米国商務省副次官補・日本部長　[国]米国　[典]1992

シアンシオ, オスカル　Ciancio, Oscar　版画家, 絵本作家　[国]アルゼンチン　[生]1948年　[典]2004／2008

ジ・アンダーテイカー　The Undertaker　本名=キャロウェイ, マーク　旧リングネーム=ザ・パニッシャー, パニッシャー・ダイス・モーガン, アメリカン・バッド・アス　プロレスラー　[国]米国　[生]1965年3月24日　[典]2008

ジィー, S.M.　Sze, S.M.　電気工学者　台湾交通大学教授　[典]2008

ジーイーオー　GEO　グループ名=エタニティ, 旧グループ名=スウィートボックス　作曲家, 音楽プロデューサー　[典]2004（ジオ）／2008／2012

シイド, デュイ　彫刻家　[国]米国　[生]1945年　[典]1996

ジウ　Gil　本名=ゴンサウベス, ジウベルト・ヒベイロ　サッカー選手（FW）　[国]ブラジル　[生]1980年9月13日　[典]2008／2012

ジーヴ, トマス　Geve, Thomas　「僕は銃と鉄条網に囲まれて育った─ホロコーストを生き残った子どもの記録」の著者　[生]1929年　[典]1996（ジーブ, トマス）

シヴァニャン, エリック　Civanyan, Eric　舞台演出家, 映画監督, 俳優　[国]フランス　[典]2000

シヴァン, エイアル　Sivan, Eyal　記録映画監督　[生]1964年　[典]2004

シヴァン, オリ　Sivan, Ori　映画監督　[国]イスラエル　[生]1963年　[典]2000

シヴァン, ピエール・L.　元・日本グッドイヤー社長　[国]フランス　[典]1992（シバン, ピエール・L.）／1996（シバン, ピエール・L.）／2000

シヴェルブシュ, ヴォルフガング　Schivelbusch, Wolfgang　著述家　[国]ドイツ　[生]1942年　[典]1992（シベルブシュ, ボルフガング）／1996（シベルブシュ, ボルフガング）／2000／2008

シウォン　Siwon　グループ名=SUPER JUNIOR　歌手　[国]韓国　[生]1987年2月10日　[典]2012

ジウジアーロ, ジョルジエット　Giugiaro, Giorgetto　工業デザイナー　イタリアデザイン社主宰　[国]イタリア　[生]1938年　[典]1992／1996／2000

ジウトン　Gilton　サッカー選手（DF）　[国]ブラジル　[生]1989年3月25日

シウバ, ヴァンダレイ　Silva, Wanderle　本名=ダ・シウバ, ヴァンダレイ・セザール　格闘家　[国]ブラジル　[生]1976年7月3日　[典]2004／2008／2012

シウバ, ジウベルト　Silva, Gilberto　本名=Silva,Gilberto Aparecido　サッカー選手（MF）　[国]ブラジル　[生]1976年10月7日　[典]2004（ジウベルト・シウバ）／2008（ジウベルト・シウバ）／2012（ジウベルト・シウバ）

ジウン　Ji Eun　本名=ソンジウン　グループ名=Secret　歌手　[国]韓国　[生]1990年5月5日　[典]2012

ジェ・ジョング　諸 廷坵　政治家　韓国国会議員　[国]韓国　[生]1944年3月1日　[典]1996

シェ・フェイ　Xie, Fei　漢字名=謝飛　映画監督　元・北京電影学院教授　[国]中国　[生]1942年8月14日　[典]1992（謝 飛 シャ・ヒ）／1996（謝 飛 シャ・ヒ）／2004／2008／2012

シェ・ヤーメイ　謝 雅梅　Hsieh, Ya-mei　翻訳家, エッセイスト　産能短期大学講師　[国]台湾　[生]1965年　[典]2000（シャ・ガバイ）／2004

ジェア　Jea　グループ名=ブラウン・アイド・ガールズ　歌手　[国]韓国　[生]1981年9月18日　[典]2012

シェアー, アウグスト・ヴィルヘルム　Scheer, August-Wilhelm　ザールラント大学教授・情報システム研究所（Iwi）所長　[専]企業の情報管理, コンピューターサイエンス　[国]ドイツ　[生]1941年7月27日　[典]2000

シェアー, ジェド　Share, Jed　写真家　[国]米国　[生]1956年　[典]1992

シェア, ジェフ　Shear, Jeff　ジャーナリスト　[国]米国　[生]1947年　[典]1996

シェーア, ヘルマン　Scheer, Hermann　政治家　元・欧州議会議員, 元・ユーロソーラー（ヨーロッパ太陽エネルギー協会）会長　[国]ドイツ　[生]1944年4月29日　[没]2010年10月14日　[典]2004／2008

シェア, ポーラ　Scher, Paula　グラフィックデザイナー　[国]米国　[典]2004／2008

シェアデ, ジョルジュ　Schéhadé, Georges　詩人, 劇作家　[国]レバノン　[生]1910年　[没]1989年1月17日　[典]1992

シェアード, ポール　Sheard, Paul　ストラテジスト　リーマン・ブラザーズ主席エコノミスト　[生]1954年　[典]2012

シェアラー, デレク　Shearer, Derek　オクシデンタル大学教授　[専]公共政策, 対アジア政策　[国]米国　[生]1946年　[典]1996

ジェイ　Jay　グループ名=大国男児　歌手　[国]韓国　[生]1994年3月31日　[典]2012

ジェイ, アリソン　Jay, Alison　イラストレーター　[国]英国　[典]2004

ジェイ, ヴァンサン　Jay, Vincent　バイアスロン選手　バンクーバー五輪バイアスロン男子10キロスプリント金メダリスト　[国]フランス　[生]1985年5月18日　[典]2012

シェイ, ウィリアム・A.　弁護士　[国]米国　[没]1991年10月2日　[典]1992

シェイ, キャスリン　Shay, Kathryn　ロマンス作家　[国]米国　[典]2004

シェイ, ジェイミー　Shea, Jamie Patrick　元・北大西洋条約機構（NATO）首席報道官　[国]英国　[生]1953年9月11日　[典]2000／2004／2008／2012

シェイ, ジム　Shea, Jim　スケルトン選手　[国]米国　[生]1968年6月10日　[典]2004

シェイ, ジョン　Shea, John　野球記者　「サンフランシスコ・クロニクル」記者　[国]米国　[生]1958年　[典]2004／2008

ジェイ, バーナード　元・舞台プロデューサー　「聖ディヴァイン」の著者　[国]英国　[生]1946年　[典]2000

シェイ, ビクトリア　Shea, Victoria　臨床心理学者　ノースカロライナ大学チャペルヒル校医学部精神科非常勤臨床助教授　[国]米国　[典]2008

ジェイ, ピーター　Jay, Peter　ジャーナリスト　英国放送協会（BBC）経済担当論説委員　元・駐米英国大使　[国]英国　[生]1937年2月7日　[典]2000

シェイ, マイケル　Shea, Michael　作家　[国]米国　[典]1996

ジェイ, マーティン　Jay, Martin　カリフォルニア大学バークレー校史学部教授　[専]哲学　[国]米国　[生]1944年　[典]1996／2000／2008／2012

シェイ, ラリー　作曲家　[国]米国　[没]1988年2月22日　[典]1992

ジェイ, リッキー　Jay, Ricky　奇術師, 著述家, 俳優　[国]米国　[典]1996

ジェイ, ロス　Jay, Ros　マーケティング・コンサルタント　[国]英国　[典]2008

ジェイ・Z　Jay-Z　本名=カーター, ショーン　ラップ歌手　[国]米国　[生]1969年12月4日　[典]2008／2012

シェイエ, アイヴィン　Skeie, Eyvind　作家, 牧師　[国]ノルウェー　[生]1947年　[典]1992

シェイカー, アレックス　Shakar, Alex　作家　[国]米国　[典]2004／2008

シェイク, アニーズ　Sheikh, Anees A.　心理学者　マーケット大学教授　[典]2004／2008

ジェイクス, ブライアン　Jacques, Brian　児童文学作家, 脚本家　[国]英国　[生]1939年　[典]2000

シェイクスピア, トム　Shakespeare, Tom　政策・倫理・生命科学

シェイクスピア, ロビー　Shakespeare, Robbie　グループ名＝スライ＆ロビー　ミュージシャン　⑰ジャマイカ　⑱1953年9月27日　⑲2012

研究所アウトリーチ・ディレクター　⑲2008

ジェイクマン, ジェイン　Jakeman, Jane　ジャーナリスト, 小説家　⑰英国　⑲2008

シェイクリー, ジャミル　児童文学作家　⑰ベルギー　⑲2004

ジェイコブ, クリスチャン　Jacob, Christian　ジャズ・ピアニスト　⑰フランス　⑱1958年5月8日　⑲2008／2012

ジェイコブ, ケネス　Jacob, Kenneth D.　音響エンジニア　ボーズ社音響工学研究部門　⑰米国　⑱1958年　⑲1996

ジェイコブ, ダニエル　Jacob, Daniel J.　ハーバード大学地球惑星科学科教授　⑯大気化学　⑲2004

ジェイコブ, デービッド　Jacob, David P.　経済アナリスト　ノムラ・セキュリティーズ・インターナショナル・マネジング・ディレクター　⑰米国　⑲2004

ジェイコブス, アラン　Jacobs, Allan B.　カリフォルニア大学バークレー校環境デザイン学部大学院都市地域計画学科教授・学科長　⑯都市建築学, 都市計画　⑰米国　⑲2000

ジェイコブス, ブランドン　Jacobs, Brandon　プロフットボール選手（RB）　⑰米国　⑱1982年7月6日　⑲2012

ジェイコブス, ポール　Jacobs, Paul E.　エンジニア, 実業家　クアルコム会長・CEO　⑰米国　⑲2004（ジェーコブズ, ポール）／2012

ジェイコブス, マイク　Jacobs, Mike　ジャーナリスト　「グランドフォークス・ヘラルド」編集長　⑰米国　⑲2000

ジェイコブズ, マーク　Jacobs, Marc　ファッションデザイナー　ルイ・ヴィトン・アーティスティック・ディレクター　⑰米国　⑱1963年4月9日　⑲2000／2004（ジェーコブズ, マーク）／2008（ジェーコブズ, マーク）／2012

ジェイコブズ, ミッチェル　Jacobs, Mitchell　ファッションデザイナー　⑰英国　⑱1949年　⑲2000

ジェイコブセン, ローワン　Jacobsen, Rowan　ジャーナリスト　⑰米国　⑲2012

ジェイコブソン, アレン　Jacobson, Allen F.　実業家　元・スリーエム（3M）会長・CEO　⑰米国　⑱1926年10月7日　⑲1992（ジェーコブソン, アレン）／1996（ジェーコブソン, アレン）／2004（ジェーコブソン, アレン）／2008（ジェーコブソン, アレン）

ジェイコブソン, ニーナ　Jacobson, Nina　映画プロデューサー　⑰米国　⑱1966年　⑲2008（ジェーコブソン, ニーナ）／2012

ジェイコブソン, マーク　Jacobson, Mark　作家, ジャーナリスト　⑰米国　⑱1948年　⑲1996（ジェーコブソン, マーク）／2012

シェイザー, スティーブ・ド　Shazer, Steve De　心理学者　⑱1941年　⑲2004

ジェイソン　Jason　グループ名＝イーストウエスト・ボーイズ　歌手　⑰米国　⑱1987年7月16日　⑲2012

シェイソン, クロード　Cheysson, Claude　政治家　元・欧州議会議員, 元・EC委員, 元・フランス外相　⑰フランス　⑱1920年4月13日　⑳2012年10月15日　⑲1992／1996

ジェイソン, テリー　Jason, Terry　バスケットボール選手　⑰米国　⑱1977年9月15日

ジェイド　Jade　グループ名＝エタニティ, 旧グループ名＝スウィートボックス　歌手　⑰米国　⑲2004／2008／2012

シェイド, ロベルト　Scheid, Robert　ヨット選手　アトランタ五輪・アテネ五輪セーリング男子レーザー級金メダリスト　⑰ブラジル　⑱1973年4月15日　⑲2000／2004／2008／2012

ジェイナル, ダニエル　Janal, Daniel S.　マーケティング・コンサルタント　⑰米国　⑲2004／2008

シェイバー, シェリー　Shavor, Sherry　コンピュータ技術者　⑰米国　⑲2008

シェイハ・アル・サバハ　Sheikha al-sabah　クウェート石油公社（KPC）常務理事　⑰クウェート　⑱1954年　⑲2000

シェイピン, スティーブン　Shapin, Steven　カリフォルニア大学サンディエゴ校教授　⑯科学史, 科学社会学　⑰米国　⑱1943年

⑲2000

シェイフ, アン・ウィルソン　Schaef, Anne Wilson　セラピスト　リビング・イン・プロセス・センター所長　⑯フェミニスト論, 心理学, 治癒論　⑰米国　⑲2000

シェイマス, ジェームズ　Shamus, James　映画プロデューサー, 脚本家　コロンビア大学助教授　⑰米国　⑲2000

シェイムズ, ローレンス　Shames, Laurence　ミステリー作家　⑰米国　⑲2004

ジェイメイル, ジョセフ・ダール（Jr.）　弁護士　⑰米国　⑲2000

ジェイラン, イブラヒム　Jeilan, Ibrahim　陸上選手（長距離）　⑰エチオピア　⑱1989年6月12日

シェイル, デニス　Scheil, Dennis　コンピュータ技術者　⑰米国　⑲2004

ジェイン, アンシュー　Jain, Anshu　銀行家　ドイツ銀行次期共同頭取・CEO　⑱1963年　⑲2012

ジェイン, ディパック　Jain, Dipak C.　経営学者　ノースウェスタン大学ケロッグ経営大学院学長　⑰米国　⑲2008

ジェイン, ビジョイ　Jain, Bijoy　建築家　スタジオ・ムンバイ代表　⑰インド　⑱1965年

ジェイン, プルネンドラ　Jain, Purnendra　アデレード大学アジア研究センター教授, 東京大学東洋研究所客員教授　⑯日本政治, 国際関係論　⑰インド　⑱1951年　⑲1992／2000

シェイン, マギー　Shayne, Maggie　ロマンス作家　⑰米国　⑲2004

シェインコフ, リサ　Scheinkopf, Lisa J.　コンサルタント　チェサピーク・コンサルティングCPIM　⑰米国　⑲2008

シェインドリン, レイモンド　Scheindlin, Raymond P.　アメリカ・ユダヤ神学校教授　⑯イスラム・ユダヤ関係　⑰米国　⑲2008

シェインブラム, リッチー　Scheinblum, Richie　本名＝シェインブラム, リチャード　登録名＝シェーン　元・大リーグ選手, 元・プロ野球選手　⑰米国　⑱1942年11月5日　⑲2000

シェウジ, ジュゼッペ　マーポス社長　⑰イタリア　⑲1992

シェ・エン・セン　ソ連科学アカデミー動物学研究所研究員　⑯科学史　⑰ソ連　⑲1992

シェカール, チャンドラ　Shekhar, Chandra　政治家　元・インド首相, 元・ジャナタ・ダル指導者　⑰インド　⑱1927年7月1日　⑳2007年7月8日　⑲1992／1996／2000

ジェーガン, ジャネット　Jagan, Janet　政治家　元・ガイアナ大統領　⑰ガイアナ　⑱1920年10月20日　⑳2009年3月28日　⑲2012

ジェーガン, チェディ　Jagan, Cheddi Berret　政治家　元・ガイアナ大統領, 元・ガイアナ人民進歩党（PPP）党首　⑰ガイアナ　⑱1918年3月22日　⑳1997年3月6日　⑲1992（ジャーガン, C.）／1996（ジャーガン, C.）

シェクス, イヴ　Chaix, Yves　画家　⑰フランス　⑱1936年　⑲1992／1996

ジェークス, ジョン・ウィリアム　Jakes, John William　作家　⑰米国　⑱1932年　⑲1992（ジェイクス, ジョン・ウィリアム）／2000

ジェークス, フェイス　Jaques, Faith　絵本作家, 挿絵画家　⑰英国　⑱1923年　⑲2000

シェークスピア, L.マーガレット　Shakespeare, L.Margaret　作家　⑰英国　⑲1996

シェークスピア, ニコラス　Shakespeare, Nicholas　作家, ジャーナリスト　⑰英国　⑱1957年　⑲2000

シェクター, ジェロルド　Schecter, Jerrold L.　ジャーナリスト　元・「タイム」誌モスクワ支局長　⑰米国　⑲1992

シェクター, ジョディ　Scheckter, Jody　元・F1ドライバー　⑰南アフリカ　⑱1950年1月29日　⑲1992／1996

シェクター, ハリエット　Schechter, Harriet　整理整頓アドバイザー　⑰米国　⑲2004

シェクター, ブルース　Schechter, Bruce　ライター　⑰米国　⑲2008

シェクター, ホフェッシュ　Shechter, Hofesh　振付師, 作曲家　ホフェッシュ・シェクター・カンパニー主宰　⑰イスラエル　⑲2012

ジェクター, マシュー　Juechter, Mathew　米国教育訓練協会

(ASTD)理事長,ウィルソンラーニング社社長,ケプナートレーゴ社社長 国米国 乎1992／1996

シェクダル,ジム 冒険家 国英国 生1946年 没2004／2008

シェクナー,リチャード Schechner, Richard 前衛演出家,評論家 ニューヨーク大学芸術学部大学院教授 国米国 生1934年 乎1992

シェーク・ファハド 元・アジア・オリンピック評議会（OCA）会長,元・クウェートオリンピック委員会会長 ジャビル・クウェート首長の異母弟 国クウェート 就1990年8月 乎1992（ファハド・アッ・サバハ／ファヒド,シェーク）

シェクマン,ランディ Schekman, Randy W. 生物学者 カリフォルニア大学バークレー校教授 国米国 生1948年12月30日

シェクリー,ロバート Sheckley, Robert SF作家 国米国 生1928年7月16日 没2005年12月9日 乎1992／1996

ジエゴ Diego 本名＝Ribas,Diego サッカー選手(MF) 北京五輪サッカー男子銅メダリスト 国ブラジル 生1985年2月28日 乎2012

ジェーコックス,エドワード Jaycox, Edward 銀行家 世界銀行副総裁 国米国 乎1996

ジェーコブズ,ウォルター 元・ハーツ社（米国世界最大のレンタカー企業）社長 国米国 就1985年2月6日 乎1992

ジェーコブズ,ジェイ Jacobs, Jay S. 音楽ライター 国米国 乎2004

ジェーコブズ,ジェーン Jacobs, Jane 著述家 国都市計画 国米国 生1916年5月4日 没2006年4月25日 乎2000（ジェイコブズ,ジェイン）

ジェーコブズ,テッド Jacobs, Ted Seth 画家 ニューヨーク美術アカデミー 国米国 乎1992

ジェーコブズ,デービッド Jacobs, David Michael UFO研究家 テンプル大学歴史学教授 国米国 乎1996

ジェーコブズ,ドナルド Jacobs, Donald ノースウエスタン大学ケロッグ校経営学大学院学部長 国経営学 国米国 乎1992／1996

ジェーコブズ,ハワード Jacobs, Howard S. ロンドン大学医学部生殖内分泌学教授・主席試験委員,ミドルセックス病院内分泌学コンサルタント 国生殖内分泌学,不妊学 国英国 乎1996

ジェーコブズ,ホリー Jacobs, Holly ロマンス作家 国米国 乎2008

ジェーコブズ,ポール Jacobs, Paul F. 3D Systems,Inc.総合開発部長 国米国 生1938年 乎1996

ジェーコブソン,ダン Jacobson, Dan 作家 国南アフリカ 生1929年 乎1992

ジェーコブソン,デニース・シアー Jacobson, Denise Sherer 作家 国米国 乎2004

ジェサップ,リチャード Jessup, Richard 作家 国米国 生1925年 没1982年 乎1992

ジェーシー JC 本名＝Chasez,JC グループ名＝イン・シンク 歌手 国米国 乎2004

ジェシー・J Jessie J 歌手 国英国 生1988年3月29日 乎2012

ジェシカ Jessica グループ名＝少女時代 歌手 国韓国 生1989年4月18日 乎2012

シェシャール,ジョルジュ Cheyssial, Georges 画家 フランス芸術院総裁,フランス芸術家協会名誉会長,テイラー財団会長,エンネル美術館館長 国フランス 生1907年 乎1992／1996

ジェジュン Jejung 本名＝キムジェジュン 別名＝HERO グループ名＝東方神起 歌手,俳優 国韓国 生1986年1月26日 乎2008／2012

ジエス,ジャック Giès, Jacques ギメ東洋美術館館長 国中国美術史,中国語,中国文明 国フランス 生1950年

シェスタコワ,オクサーナ Shestakova, Oksana バレリーナ レニングラード国立バレエ団プリンシパル 国ロシア 乎2012

シェスタコーワ,タチアナ Shestakova, Tatiyana 女優 レニングラード・マールイ・ドラマ劇場(MDT)劇団員 国ソ連 乎1992

ジェスダーソン,ジェームズ Jesudason, James Vijayaseelan コロラド・スクール・オブ・マインズ国際教養学科助教授 国国際関係学 生1954年 乎2008

ジェスパーセン,ジェームズ Jespersen, James 物理学者 国米国 生1934年 乎1992／1996

ジェズマー,イレーヌ Jesmer, Elaine 作家 国米国 乎1992

シェスレヴィチュ,ロマン Cieślewicz, Roman アートディレクター 国ポーランド 生1903年1月13日 没1996年1月21日 乎1992（シェスレビッチ,ロマン）

ジェゼケル,ジャン・マルク Jézéquel, Jean-Marc コンピューター技術者 国フランス 乎2004

シェセックス,ジャック Chessex, Jacques 作家,詩人,高校教師 国スイス 生1934年 乎1992

シェッケル,ライナー Scheckel, Rainer 教師 ディートリヒ・ボンヘッファー・ギムナジウム教諭 国ドイツ 乎2000

シェッツィング,フランク Schätzing, Frank 作家 国ドイツ 生1957年 乎2008／2012

ジェッツェン,ジーン Gietzen, Jean 作家 国米国 乎2004

ジェット,ジョーン Jett, Joan グループ名＝ブラックハーツ ロックミュージシャン 国米国 生1960年9月22日 乎1992

ジェット,マリアンヌ Jett, Marianne 「これならやれる英会話」の著者 国米国 乎2004

ジェットゥ,ドリス Jettou, Driss 政治家 モロッコ首相 国モロッコ 生1945年5月24日 乎2008／2012

シェットラー,ペーター Schöttler, Peter マルク・ブロック・センター（ベルリン独仏歴史研究所）主任研究員 国ドイツ 生1950年 乎2004

シェップ,アーチー Shepp, Archie ジャズサックス奏者 マサチューセッツ大学講師 国米国 生1937年5月24日 乎1996

ジェップ,ダン Jepp, Dan コンピューター技術者 乎2004

ジェツン・ペマ王妃 Jetsun Pema 本名＝ワンチュク,ジェツン・ペマ ブータン王妃 国ブータン 生1990年6月4日 乎2012

シェティ,サリル Shetty, Salil 人権活動家 アムネスティ・インターナショナル事務局長 国インド 生1961年2月3日 乎2012

シェトレ,ルーベルト Schöttle, Rupert チェロ奏者 国ドイツ 生1957年 乎2004／2008

シェーナー,ジョン Shaner, John シナリオライター 国米国 乎1992（シェイナー,ジョン）

ジェニー,キャロル Jenny, Carole 医学者 ブラウン大学医学部小児科教授 国小児科学 国米国 乎2004／2008／2012

ジェニー,ルネ Genis, René 画家 国フランス 生1922年7月26日 乎1992／1996

シェニウー・ジャンドロン,ジャクリーヌ Chénieux-Gendron, Jacqueline CNRS（フランス国立科学研究所）主任研究員 国シュルレアリスム 国フランス 乎2004

ジェニス,ジェーン・フレッチャー Geniesse, Jane Fletcher フリーライター,ジャーナリスト 国米国 乎2004

シェニョー,ジャン・フランソワ Chaigneau, Jean-Francois 作家,ジャーナリスト 国フランス 生1943年11月 乎1996

シェーニン,オレグ Shenin, Oleg Semyonovich 政治家 元・ソ連共産党政治局員・書記 国ロシア 生1937年7月22日 没2009年5月28日 乎1992

ジェニーン,ハロルド Geneen, Harold Sydney 実業家 元・ITT社長・CEO 国米国 生1910年1月22日 没1997年11月21日 乎1992／1996

ジェニングズ,アンドルー Jennings, Andrew ジャーナリスト 国英国 生1943年9月3日 乎1996／2000

ジェニングズ,エリザベス Jennings, Elizabeth 本名＝Jennings, Elizabeth Joan 詩人 国英国 生1926年7月18日 没2001年10月26日 乎1992／1996／2000／2004

ジェニングズ,カーラ Jennings, Karla サイエンスライター 国米国 生1958年 乎1996

ジェニングズ,ジェイソン Jennings, Jason 経営コンサルタント ジェニングズ・パートナーズ代表 国米国 乎2004

ジェニングズ,ジェイソン Jennings, Jason 大リーグ選手(投手) 国米国 生1978年7月17日 乎2004／2008

ジェニングス, ジェリー　Jennings, Jerry D.　コンサルタント　元・米国連邦緊急事態管理庁副長官　国米国　生1940年　登1996

ジェニングス, チャールズ　Jennings, Charles　実業家　TRUSTe共同創始者　国米国 2004

ジェニングス, ポール　Jennings, Paul　作家　国オーストラリア　生1943年 登1996

ジェニングス, ライフ　Jennings, Lyfe　歌手　国米国　生1978年 登2012

ジェニングズ, リンダ　Jennings, Linda　作家, 編集者　国英国　生1937年 登2000

シェーヌ, アンヌ　Chêne, Anne　ジャーナリスト 登2004

シェネ, ジャン・クロード　Cheshay, Jean-Claude　画家　国フランス　生1946年 登1992／1996

ジェネス, マーティン　Jenness, Martin E.　医師　ジェネティクス・インターナショナル・リミテッド会長, ジェネティクス・リサーチ・インスティテュート・インク会長　国カイロプラクティック　国米国 1996

ジェネット, ダナ　Genett, Donna M.　心理学者, 組織開発訓練コンサルタント　GenCorp社長 登2008

シェネル　Che'nelle　歌手 登2008（シャネル）／2012

シェネル, フィリップ　Chenel, Philippe M.　アキテーヌ沿岸開発委員会（MIACA）事務局長　国フランス　生1927年 登1996

ジェネンダ, ジェフ　Genender, Jeff M.　コンピューターコンサルタント 登2004

ジェーノー, メリット　Janow, Merit E.　エコノミスト　コロンビア大学教授　国日本の産業政策　国米国　登1992（ジェイノー, メリット）／2000

ジェーバー, イバー　Giaever, Ivar　物理学者　レンセラー工科大学物理学科教授　国米国　生1929年4月5日 登1992／1996／2004／2008

ジェハーク, パベル　Rehak, Pavel　サッカー監督, 元・サッカー選手　国チェコ　生1963年10月7日 登2008／2012

シェハック, スーザン　Chehak, Susan Taylor　作家　国米国 登2000

シェパード, アラン　Shepard, Alan Bartlett　宇宙飛行士　元・マーキュリー・セブン財団総裁　国米国　生1923年　没1998年7月21日 登1996

シェパード, アンドレア　Shepard, Andrea　経営学者　スタンフォード大学ビジネス・スクール准教授　国米国 登2004

シェパード, ウィットフィールド　Shepard, Whitfield P.　軍人　元・GHQ民事局長　国米国　生1894年2月26日 登1996

シェパード, ケニー・ウェイン　Shepherd, Kenny Wayne　ロックギタリスト　国米国　生1977年 登2000

シェパード, ゲーリー　ジャーナリスト　ABCテレビ記者　国米国 登1992

シェパード, ゴードン　Shepherd, Gordon M.　エール大学教授　国神経科学　国米国 登1992

シェパード, コンラッド　Shepherd, Conrad　本名=シェーフ, コンラート・コンスタンチン　別筆名=チェスター, ロイ　SF作家　国ドイツ　生1937年 登1996

シェパード, サム　Shepard, Sam　本名=シェパード・ロジャーズ, サミュエル　劇作家, 俳優, 脚本家, 映画監督　国米国　生1943年11月5日 登1992／1996／2004／2008／2012

シェパード, ジェームズ　北米コンシューマーセールス担当副社長　元・ジョンソン社長　国米国　生1941年3月26日 登1996／2000

シェパード, ジャイルズ　Shepard, Giles　サボイグループ社長　国英国 登1996

シェパード, ジョージ　Shepherd, George　コンピューター技術者 登2004

シェパード, ジリアン　Shephard, Gillian Patricia　政治家　元・英国教育雇用相　国英国　生1940年1月22日 登1996／2000

シェパード, スー　Shephard, Sue　ノンフィクション作家　国英国 登2004

シェパード, スティーブン　Sheppard, Stephen　作家　国英国 登1992

シェパード, スティーブン　ジャーナリスト　「ビジネスウイーク」編集長　国米国　生1939年 登2000

シェパード, ボブ　Sheppard, Bob　本名=Sheppard,Robert Leo　アナウンサー　ヤンキースの名物アナウンサー　国米国　生1910年10月20日　没2010年7月11日

シェパード, マイク　Shepherd, Mike　旧筆名=モスコー, マイク　SF作家　国米国　生1947年 登2012

シェパード, マーティン　Shepard, Martin　精神科医, 作家　国米国 登2008

シェパード, リームエル・コーニック（Jr.）　Shepherd, Lemuel C. (Jr.)　軍人　元・米国海兵隊総司令官　国米国　生1990年8月6日 登1992

シェパード, ルーシャス　Shepard, Lucius　作家　国米国　生1948年 登1992／1996

シェパード, ロブ　Sheppard, Rob　写真家, 編集者　国米国 登2008

シェバノワ, タチアナ　Shebanova, Tatiana　ピアニスト　国ロシア　生1953年1月12日　没2011年3月1日

ジェバリ, ハマディ　Jebali, Hamadi　政治家　チュニジア暫定首相　国チュニジア　生1949年10月13日

ジェバール, アシア　Djebar, Assia　本名=イマライェーヌ, ファーティマ・ゾフラー　作家　ニューヨーク大学教授　国アルジェリア　生1936年6月30日 登2008／2012

シェバルシン, レオニード　Shebarshin, Leonid Vladimirovich　ロシア経済安全保会社　元・ソ連国家保安委員会（KGB）第1総局長・副議長　国ロシア　生1935年 登1996

シエピ, チェザーレ　Siepi, Cesare　バス歌手　国イタリア　生1923年2月10日　没2010年7月5日 登1992／1996

シェヒトマン, ダニエル　Shechtman, Daniel　通称=シェヒトマン, ダン　化学者　テクニオン・イスラエル工科大学特別教授　国イスラエル 登2012

ジェヒョン　Jae-hyung　グループ名=A-JAX　歌手　国韓国　生1990年4月2日

シェフ, A.　Cheiffou, Amadou　政治家　元・ニジェール首相・国防相　国ニジェール 登1996／2000

シェフ, ジェイソン　グループ名=シカゴ　ロックミュージシャン　国米国 登1992

シェーフ, メフメット　Shehu, Mehmet　政治家　元・アルバニア首相　国アルバニア　生1913年1月10日　没1981年12月18日 登1992

シェーファー, R.M.　サイモン・フレーザー大学　国音環境学　国カナダ　生1933年 登1996

シェーファー, ウィリアム・ドナルド　Schaefer, William Donald　政治家　元・ボルティモア市長　国米国　生1921年11月2日　没2011年4月18日 登1992

シェーファー, エド　Schafer, Ed　本名=Schafer,Edward　政治家, 実業家　ノースダコタ州知事, ダコタ・クラシックス社長　国米国　生1946年8月8日 登2000

シェーファー, カロリン　Shaffer, Carolyn　ジャーナリスト　国米国 登1992

シェーファー, キャロル・レクサ　Schaefer, Carole Lexa　絵本作家　国米国 登2004

シェーファー, クリスティーネ　Schäfer, Christine　ソプラノ歌手　国ドイツ　生1965年 登2004／2008／2012

シェーファー, ジェフリー　ソロモン・ブラザーズ・インターナショナル副会長　元・米国財務次官　国米国 登2000

シェーファー, ジャック　作家　国米国　没1991年1月24日 登1992

シェーファー, スーザン・フロンバーグ　Schaeffer, Susan Fromberg　作家　国米国 登2000

シェーファー, ビクター　Scheffer, Victor B.　科学読物作家　国海洋哺乳動物　国米国　生1906年 登1996

シェーファー, ピーター　Shaffer, Peter Levin　劇作家　国英国　生1926年5月15日 登1992／1996／2012

シェーファー, ビンセント　Schaefer, Vincent Joseph　化学者　国米国　⊕1906年7月4日　⊗1993年7月25日　⊗1996

シェーファー, ボード　Schäfer, Bodo　ライター　国ドイツ　⊗2004

シェーファー, マーレー　Schafer, R.Murray　作曲家　国カナダ　⊕1933年　⊗1996/2000

シェーファー, ミヒャエル　Schäfer, Michael　ドイツ職業保険組合中央研究所検定部長　国ドイツ　⊗2008

シェーファー, ルイス　作家　国米国　⊗1993年8月7日　⊗1996

ジェファーズ, H.ポール　Jeffers, H.Paul　ノンフィクション作家　⊕1934年　⊗2012

ジェファーズ, スーザン　Jeffers, Susan　著述家　国米国　⊗2004

ジェファーソン, カール　Jefferson, Carl E.　音楽プロデューサー　国米国　⊕1919年　⊗1995年3月29日　⊗1996

ジェファーソン, デニス　Jefferson, Denise　ダンス教師, ダンサー　元・エイリー・スクール校長　国モダンダンス　国米国　⊕1944年　⊗2010年7月17日

ジェファーソン, リチャード　Jefferson, Richard　バスケットボール選手　アテネ五輪バスケットボール男子銅メダリスト　国米国　⊕1980年6月21日　⊗2008

ジェファーソン, レジー　Jefferson, Reggie　元・大リーグ選手（内野手）, 元・プロ野球選手　国米国　⊕1968年9月25日　⊗2004

ジェフィ, ハロルド　Jaffe, Harold　作家　「フィクション・インターナショナル」編集長　国米国　⊕1941年　⊗2004

シェフィールド, ゲーリー　Sheffield, Gary　本名＝Sheffield,Gary Antonian　元・大リーグ選手　国米国　⊕1968年11月18日　⊗2000/2004/2008/2012

シェフィールド, チャールズ　Sheffield, Charles　作家　アース・サテライト・コーポレーション副社長, アメリカ宇宙協会元会長　国英国　⊗1992/1996

シェフェール, ニコラ　Schöffer, Nicolas　美術家, 彫刻家　国フランス　⊕1912年9月6日　⊗1992年1月8日　⊗1992

シェフェール, ピエール　Schaeffer, Pierre　作曲家, 音響技師　ミュージック・コンクレートの創始者　国フランス　⊕1910年8月14日　⊗1995年8月19日　⊗1992/1996

ジェフェルソン　Jefferson　本名＝ロドリゲス, ジェフェルソン・フレッド　サッカー選手(MF)　国ブラジル　⊕1978年2月28日　⊗2000

シェフェルバイン, スコット　Schiefelbein, Scott E.　言語学者　元・中部大学専任講師　国応用言語学　⊗2004

ジェフォーズ, ジェームズ　Jeffords, James　本名＝Jeffords,James Merrill　政治家　元・米国上院議員（無所属）　国米国　⊕1934年5月11日　⊗1996/2000/2004/2008

シェフォールト, ベルトラン　Schefold, Bertram　フランクフルト大学教授　国経済学　国スイス　⊕1943年12月28日　⊗2000

シェプキン, セルゲイ　Schepkin, Sergei　ピアニスト　⊗2012

ジェプコスゲイ, ジェネス　Jepkosgei, Janeth　本名＝Jepkosgei Busienei,Janeth　陸上選手（中距離）　北京五輪陸上女子800メートル銀メダリスト　国ケニア　⊕1983年12月13日

ジェフス, アーサー　Jeffes, Arthur　グループ名＝ペンギン・カフェ・ミュージシャン　国英国　⊗1978年

ジェフス, サイモン　Jeffes, Simon　グループ名＝ペンギン・カフェ・オーケストラ　音楽家　国英国　⊕1949年2月19日　⊗1997年12月10日　⊗1996

ジェフスキ, フレデリック　Rzewski, Frederic　作曲家, ピアニスト　国現代音楽　国米国　⊕1938年　⊗2000

ジェプセン, カーリー・レイ　Jepsen, Carly Rae　シンガー・ソングライター　国カナダ　⊕1985年11月21日

ジェプセン, ロジャー　Jepsen, Roger W.　政治家　米国上院議員（共和党）　国米国　⊕1928年12月23日　⊗1992

ジェプソン, ティム　Jepson, Tim　ジャーナリスト　国英国　⊗2004

シェフター, カルラ　Schefter, Karla　看護婦　国ドイツ　⊕1942年　⊗2004

シェフチェンコ　Shevchenko　映画監督　国ソ連　⊗1987年3月　⊗1992

シェフチェンコ, アンドレイ　Shevchenko, Andriy　元・サッカー選手　国ウクライナ　⊕1976年9月29日　⊗2000/2004/2008/2012

シェフチェンコ, ウラジーミル　Shavchenko, Vladimir　猛獣使い　ソ連国立ボリショイサーカス団員　国ソ連　⊕1946年　⊗1992

シェフチェンコ, ターニャ　Szewczenko, Tanja　フィギュアスケート選手　国ドイツ　⊕1977年7月26日　⊗2000

シェフチク, ドン　Shefchik, Don　スキー指導者　パラゴン・ガイド社ディレクター　国米国　⊕1949年　⊗2000

シェフツォワ, リリア　Shevtsova, L.　政治学者　カーネギー国際平和財団主任研究員　国ウクライナ　⊕1947年　⊗1992/2000

シェフラー, アクセル　Scheffler, Axel　イラストレーター, 絵本作家　国ドイツ　⊕1957年　⊗1996

シェフラー, イズラエル　Scheffler, Israel　ハーバード大学名誉教授　国教育哲学　国米国　⊕1923年11月25日　⊗1996

シェフラー, クリスティアン　Scheffler, Christian　書研究家　クリングスポア博物館館長　国ドイツ　⊕1936年11月7日　⊗2004/2008

シェフラー, ゲオルク　Schaeffler, Georg　イナ社主　国ドイツ　⊗1992

シェプリー, ジェームズ・ロビンソン　Shepley, James Robinson　元・タイム社社長　国米国　⊗1988年11月2日　⊗1992

ジェフリーズ, ガーランド　Jeffreys, Garland　ロック歌手　国米国　⊕1944年　⊗1996

ジェフリーズ, ロデリック　Jeffries, Roderick　筆名＝アシュフォード, ジェフリー, ドレイパー, ヘースティングス, グレーム, ロデリック, ヘースティングス, グラハム　弁護士, 作家　国英国　⊕1926年　⊗1992

ジェフリーズ, ロン　Jeffries, Ron　コンサルタント　⊗2004

シェプリン, ジョージ　Schöpflin, George　ロンドン大学政治学講師　国東欧問題・民族主義　国英国　⊕1939年　⊗1992

シェブリン, テリー　Shevlin, Terry　会計学者　ワシントン大学教授　国米国　⊗2004

シェブルレ, ロマン　Sebrle, Roman　十種競技選手　アテネ五輪陸上男子十種競技金メダリスト　国チェコ　⊕1974年11月26日　⊗2008/2012

シェフレン, アルバート　Scheflen, Albert E.　精神医学者　ハーレム・バレー・サイキアトリックセンター・ソーシャルサイエンス部コンサルタント　国米国　⊗2000

ジェフロワ, リシャール　Geoffroy, Richard　シャンパン醸造家　モエ・エ・シャンドン社ドン・ペリニヨン最高醸造責任者　国フランス　⊕1954年　⊗2000/2012

シェベスチェーン, マールタ　Sebestyen, Marta　歌手　国ハンガリー　⊗2000

シェーベルイ, アルフ　Sjöberg, Alf　映画監督, 演出家　国スウェーデン　⊕1903年6月21日　⊗1981年　⊗1992

シェーベルイ, エマ　Sjoberg, Emma　女優, モデル　国スウェーデン　⊕1968年　⊗2004/2008

ジェベレアヌ, エウジェン　Jebeleanu, Eugen　詩人　国ルーマニア　⊕1911年　⊗1992

ジェボー, エリック　Gebow, Eric　グループ名＝ブルーマングループ　パフォーマー　国米国　⊗2012

シェーボン, マイケル　Chabon, Michael　作家　国米国　⊕1963年　⊗2000/2004/2012

ジェマイエル, アミン　Gemayel, Amin　政治家　元・レバノン大統領　国レバノン　⊕1942年1月22日　⊗1992/1996/2008/2012

ジェマイエル, ピエール　Gemayel, Pierre　政治家　元・ファランヘ党創立者・党首, 元・レバノン通信・保健相　国レバノン　⊕1905年　⊗1984年8月29日　⊗1992

ジェーミソン, ジョン　Jamieson, John Kenneth　実業家　元・エクソン社会長　国米国　⊕1910年8月28日　⊗1992（ジェイミソン, ジョン）/1996

シェミャキナ, ヤナ　Shemyakina, Yana　フェンシング選手（エペ）　ロンドン五輪フェンシング女子エペ個人金メダリスト　国ウクライナ　生1986年1月5日

ジェミレフ, ムスタファ　Dzhemilev, Mustafa　民族運動指導者, 政治家　ウクライナ最高会議代議員　国ウクライナ　生1943年　典2004／2008／2012

ジェム, イスマイル　Cem, Ismail　政治家　元・トルコ外相, 元・新トルコ党党首　国トルコ　生1940年　没2007年1月24日　典2000／2004

ジェームズ, C.L.R.　James, C.L.R.　思想家　国ハイチ　生1901年　没1989年　典1992

ジェームズ, P.D.　James, P.D.　ミステリー作家　国英国　生1920年　典1992／1996／2008（ジェイムズ, P.D.）／2012

ジェームズ, アレクサンダー　James, Alexander　写真家　国英国　典2012

ジェームズ, エディソン　James, Edison Chenfil　政治家　元・ドミニカ首相　国ドミニカ　生1943年10月18日　典2000／2004／2008

ジェームズ, キラニ　James, Kirani　陸上選手（短距離）　ロンドン五輪陸上男子400メートル金メダリスト　国グレナダ　生1992年9月1日　典2012

ジェームズ, ケリー　James, Kelly　探偵　典2008

ジェームズ, サイモン　James, Simon　画家, 絵本作家　国英国　生1961年　典1996／2012

ジェームズ, ジェイスン　James, Jason　ブリティッシュ・カウンシル駐日代表　元・HSBCジェームズ・ケーペル証券調査部長　国英国　生1965年　典2000／2012

ジェームズ, ジョン　James, John　画家　国英国　生1959年　典1996

ジェームズ, ジョン　James, John W.　グリーフ・リカバリー研究所代表　国米国　典2004

ジェームズ, スチュアート　James, Stuart　作家　国米国　典1996

ジェームズ, チーワ　James, Cheewa　テレビプロデューサー　国米国　典2004

ジェームズ, ディオン　James, Dion　元・プロ野球選手　国米国　生1962年11月9日　典1996

ジェームズ, ドナルド　James, Donald　脚本家　国英国　典2000

ジェームズ, バーバラ　James, Barbara　ライター, リサーチャー　典1992

ジェームズ, ハリー　James, Harry　本名=James,Harry Haag　ジャズ・トランペット奏者, 指揮者　国米国　生1916年3月15日　没1983年7月5日　典1992

ジェームズ, ハロルド　James, Harold　歴史学者　プリンストン大学教授　国英国　典2004／2012

ジェームズ, ビージェイ　James, BJ　ロマンス作家　典2004

ジェームズ, ピーター　James, Peter　作家　国英国　生1948年　典1996／2000／2012

ジェームズ, ピーター　James, Peter　経営学者　サステイナブル・ビジネスセンター所長　国英国　典2004／2008

ジェームズ, ピーター　James, Peter　ライター　古代史, 考古学　国英国

ジェームズ, ビル　James, Bill　野球データ分析家　レッドソックスフロント相談役　国米国　生1949年10月5日　典2012

ジェームズ, フォブ　James, Fob　本名=James,Forrest Hood,Jr.　政治家　元・アラバマ州知事　国米国　生1934年9月15日　典2000

ジェームズ, ボブ　James, Bob　本名=ジェームス, ロバート　グループ名=フォー・プレイ　ジャズピアニスト・作編曲家, 音楽プロデューサー　国米国　生1939年12月25日　典2000／2008／2012

ジェームズ, ミュリエル　James, Muriel　精神療法家, 心理学者　ジェームズ・アンド・ジェームズ・インスティテュート所長　国米国　典1992／1996

ジェームズ, リチャード・D.　James, Richard D.　ミュージシャン　国英国　典2008／2012

ジェームズ, レブロン　James, LeBron　バスケットボール選手　北京五輪・ロンドン五輪バスケットボール男子金メダリスト　国米国　生1984年12月30日　典2004／2008／2012

ジェームズ, ロバート　James, Robert L.　マッキャンエリクソン・ワールドワイド会長　国米国　典1992

シェームズ, ローレンス　Shames, Lawrence　ライター　国米国　生1951年　典1992（シェイムズ, ロレンス）

ジェームソン, サム　Jameson, Sam　ジャーナリスト　元・ロサンゼルス・タイムズ東京支局長, 元・日本外国特派員協会会長　国米国　生1936年8月9日　没2013年4月19日　典1996／2000／2004

ジェームソン, ジョイス　Jameson, Joyce　女優　国米国　生1987年1月16日　典1992

ジェームソン, フレドリック　Jameson, Fredric R.　デューク大学教授　比較文学, 文学理論　国米国　生1934年　典1992／1996／2000／2012

シエラ, エクトル　Sierra, Hector　映像作家, 絵本作家　国境なきアーティストたち（AWB）創設者　国コロンビア　生1964年　典2004

シエラ, キャシー　Sierra, Kathy　コンピューター技術者　国米国　典2004

シェラ, ジェシー　Shera, Jesse H.　図書館学者　元・ウェスタン・リザーブ大学大学院図書館学部長　国図書館史　国米国　生1903年12月8日　没1982年　典1992

シェラー, マイケル　歴史学者　アリゾナ大学歴史学部教授, 米国国務省公文書解禁審査会委員　国米国　典1996

シェラー, マシュー　Sherer, Matthew D.　コンピューター技術者　国米国　典2004

シェラー, メラニー　Scheller, Melanie　医療ライター, 絵本作家　国米国　典2000

シエラ, ルーベン　Sierra, Ruben Angel　大リーグ選手（外野手）　国米国　生1965年10月6日　典1996／2000／2004／2008

ジェラス, バージニア　Jealous, Virginia　NGO活動家　国英国　典2008

ジェラス・カマルゴ, アルベルト　Lléras Camargo, Alberto　政治家　元・コロンビア大統領, 元・米州機構（OAS）初代事務総長　国コロンビア　生1906年7月3日　没1990年1月4日　典1992

ジェラス・レストレポ, カルロス　Lleras Restrepo, Carlos　政治家　元・コロンビア大統領　国コロンビア　生1908年4月12日　没1994年9月27日　典1996

ジェラッシ, カール　Djerassi, Carl　化学者, 作家, 詩人　スタンフォード大学名誉教授　国米国　生1923年10月29日　典2004／2008／2012

ジェラーティ, ギルダ　バレリーナ　スカラ座首席ダンサー　典2000

ジェラード, シンディ　Gerard, Cindy　ロマンス作家　典2008

ジェラード, スティーブン　Gerrard, Steven　サッカー選手（MF）　国英国　生1980年5月30日　典2004／2008／2012

シェラード, ドミニク　Shellard, Dominic　演劇学者　シェフィールド大学教授　国英国　典2008

ジェラール, ジャン・ピエール　Gérard, Jean-Pierre　経済学者　元・フランス中央銀行金融政策委員会委員　国フランス　典2004／2008

ジェラルド　本名=メヒア, ジェラルド,3世　歌手　国米国　生1965年4月16日　典1996

ジェラルド, リサ　Gerrard, Lisa　旧グループ名=デッド・カン・ダンス　歌手, 作曲家　国オーストラリア　典2012

ジェラン, エジル　Gjelland, Egil　バイアスロン選手　国ノルウェー　生1973年11月12日　典2004

シェリー　歌手　国カナダ　典1992

ジェリー　Jerry　本名=シムミンギュ　グループ名=SM☆SH　歌手　国韓国　生1988年5月13日　典2012

シェリー, ジョン　Shelley, John　イラストレーター, 絵本作家　国英国　生1959年　典1996

シェリー, スティーブ　Shelley, Steve　グループ名=ソニック・ユース　ドラム奏者　国米国　生1961年6月23日　典2004／2008

シエリ, ドア　Schary, Doré　映画プロデューサー, 脚本家　[国]米国　[生]1905年8月31日　[没]1980年7月7日　[典]1992

シェリー, バイオレット　Shelley, Violet M.　著述家, 編集者　[専]心霊科学　[国]米国　[典]1992

シェリエ, パトリック　Cherrier, Patrick　ジバンシィ・ジャポン社長, ジバンシィ・ブティック社長　[国]フランス　[典]1996

ジェリコー, アン　Jellicoe, Ann　劇作家, 演出家　ロイヤル・コート・シアター座長　[国]英国　[生]1927年7月15日　[典]1992／1996

ジェリス, ダニエル　Gelis, Daniel　画家　[国]フランス　[生]1942年　[典]2000

シェリダン, カレン　Sheridan, Karen　実業家　Money Mystique Asset Management社長　[国]米国　[典]2008

シェリダン, クリス　Sheridan, Chris　ドキュメンタリー監督　[国]カナダ　[生]1969年　[典]2008／2012

シェリダン, ジム　Sheridan, Jim　映画監督, 脚本家　[国]アイルランド　[生]1949年　[典]1992／1996／2000／2008／2012

ジェリッツェン, テス　Gerritsen, Tess　作家　[典]2004／2012

シェリベリ, パトリク　Kärrberg, Patrik　ビジネスコンサルタント　スカイ・シンク・システム商品企画部アシスタントマネジャー　[国]スウェーデン　[生]1975年　[典]2004

ジェリモ, パメラ　Jelimo, Pamela　陸上選手(中距離)　北京五輪陸上女子800メートル金メダリスト　[国]ケニア　[生]1989年12月5日　[典]2012

シェリ・リ　本名=李雪　シンガー・ソングライター, 女優　[国]中国　[生]1972年9月30日　[典]2000

シェリング, トーマス　Schelling, Thomas Crombie　経済学者　元・メリーランド大学教授, 元・ハーバード大学教授・国際問題センター研究員　[専]国家安全保障政策　[国]米国　[生]1921年4月14日　[典]1992／2008／2012

シェリング, ヘンリック　Szeryng, Henryk　バイオリニスト　[国]メキシコ　[生]1918年9月22日　[没]1988年3月2日　[典]1992

シェリング・ルーカス, マイケル　Sherring-Lucas, Michael　歯科技工士　[国]英国　[典]2000

ジエリンスキ, アドリアンエドバルト　Zieliński, Adrian Edward　重量挙げ選手　ロンドン五輪重量挙げ男子85キロ級金メダリスト　[国]ポーランド　[生]1989年3月28日

シーエル　CL　本名=イチェリン　グループ名=2NE1　歌手　[国]韓国　[生]1991年2月26日　[典]2012

シェール　Cher　本名=Sarkisian,Cherilyn Lapierre　歌手, 女優　[生]1946年5月20日　[典]1992／1996／2000／2008／2012

シェル, G.リチャード　Shell, G.Richard　ペンシルベニア大学ウォートン校教授　[専]法学, 経営学　[典]2004

シェル, アート　アメリカン・フットボール監督　ロサンゼルス・レイダーズ(米国ナショナル・フットボールリーグ)監督　[国]米国　[典]1992

シェル, エレン・ラペル　Shell, Ellen Ruppel　ジャーナリスト　[国]米国　[典]2004／2008／2012

シェール, カール・H.　Scheer, Karl H.　SF作家　[国]ドイツ　[生]1928年6月19日　[没]没年不詳　[典]1992

シェル, ジェームズ　Schell, James M.　弁護士　スキャデン・アープス・スレート・マー・アンド・フロム法律事務所　[国]米国　[典]2004

シェル, ジョゼフ　Schell, Jozef Stephaan　遺伝学者　元・ヘント大学遺伝学研究所教授, 元・マックスプランク研究所植物育種遺伝学研究部長　[専]植物分子生物学　[国]ベルギー　[生]1935年7月20日　[没]2003年4月17日　[典]2000

シェル, ジョナサン　Schell, Jonathan　ジャーナリスト, 反核活動家　元・ハーバード大学ケネディ行政大学院研究員, 元・「ニューヨーカー」記者　[国]米国　[生]1943年　[没]2014年3月25日　[典]2000／2004／2012

シェール, バーバラ　Sher, Barbara　セラピスト, キャリア・カウンセラー　[国]米国　[典]2004

シェル, マーク　Shell, Marc　文学者　ハーバード大学教授　[専]英文学, 比較文学　[国]カナダ　[典]2004／2008

シェル, マクシミリアン　Schell, Maximilian　俳優, 映画監督　[国]オーストリア　[生]1930年12月8日　[没]2014年1月31日　[典]1992／1996

シェル, マリア　Schell, Maria　本名=Schell,Margarete　女優　[生]1926年1月5日　[没]2005年4月26日　[典]1992／1996

シェール, ミルドレート　Scheel, M.　元・西ドイツ大統領夫人, 元・ドイツがん医療協会会長　[国]ドイツ　[没]1985年5月13日　[典]1992

シェール, ワルター　Scheel, Walter　政治家　ドイツ自由民主党(FDP)名誉党首　元・西ドイツ大統領　[国]ドイツ　[生]1919年7月9日　[典]1992／1996

ジェルヴィーニョ　Gervinho　本名=クアッシ, ジェルヴェ・ヤオ　サッカー選手(FW)　[国]コートジボワール　[生]1987年5月27日

シェルカウイ, シディ・ラルビ　Cherkaoui, Sidi Larbi　振付師, ダンサー　[専]コンテンポラリーダンス　[国]ベルギー　[生]1976年　[典]2008／2012

シェルザー, アルフレッド　Scherzer, Alfred L.　医学者　ニューヨーク州立大学臨床予防医学部教授, コーネル大学名誉教授　[専]小児科学　[国]米国　[典]2004／2008

シェルスキー, ヘルムート　Schelsky, Helmut　社会学者　元・ハンブルク大学社会学教授　[国]ドイツ　[生]1912年10月14日　[没]1984年　[典]1992

ジェルダード, リチャード　Geldard, Richard　イェシバ大学　[専]英文学　[国]米国　[生]1935年　[典]2000

シェルダル, クリステン　Skjeldal, Kristen　スキー選手(距離)　[国]ノルウェー　[生]1967年5月27日　[典]2004

シェルダン, シドニー　Sheldon, Sidney　作家, 脚本家　[国]米国　[生]1917年2月11日　[没]2007年1月30日　[典]1992／1996／2000／2004

シェルダン, ダイアン　Sheldon, Dyan　児童文学作家　[国]米国　[典]1992／1996

シェルダン, マイケル　Shelden, Michael　英文学者, 伝記作家　インディアナ州立大学教授　[国]米国　[生]1951年　[典]2000

シェルダン, メアリー　Sheldon, Mary　作家　[国]米国　[典]2004／2008

シェルチャン, ビジヤャ・マン　ネパール電気自動車工業社長　[国]ネパール　[典]2000

シェルツ, マシュー　Sheltz, Matthew　コンピューター技術者　[典]2004

シェルドリック, ダフニー　Sheldrick, Daphne　動物保護活動家　デービッド・シェルドリック・トラスト創設者　[国]英国　[生]1930年　[典]1996／2000／2004／2008／2012

シェルドレーク, ルパート　Sheldrake, Rupert　科学者　[専]生化学, 植物生理学　[国]英国　[典]2000

シェルドン, キース　Sheldon, Keith T.　実業家　コマツ国際財務担当　元・ゼネラル・モーターズ(GM)日本法人CFO　[国]米国　[生]1947年　[典]2004

シェルトン, ケン　Shelton, Ken　出版人, 編集者　エグゼクティブ・エクセレンス・パブリッシング会長・編集長　[生]1947年3月29日　[典]2000

シェルトン, サム　ジョージア工科大学準教授　[専]機械工学　[国]米国　[典]2000

シェルドン, スコット　Sheldon, Scott　プロ野球選手(内野手), 元・大リーグ選手　[国]米国　[生]1968年11月20日　[典]2004

シェルトン, ヘンリー　Shelton, Henry Hugh　軍人　米国陸軍大将　元・米国統合参謀本部議長　[国]米国　[生]1942年1月2日　[典]2000／2004／2008

ジェルネ, ジャック　Gernet, Jacques　コレージュ・ド・フランス名誉教授　[専]中国史　[国]フランス　[生]1921年　[典]1992／1996／2000

シェルバ, マリオ　Scelba, Mario　政治家　元・イタリア首相　[国]イタリア　[生]1901年9月5日　[没]1991年10月29日　[典]1992

ジェルバーゾ, ロベルト　Gervaso, Roberto　ノンフィクション作家　[国]イタリア　[生]1937年　[典]1992

ジェルバブエナ　Yerbabuena, La　フラメンコダンサー　[国]スペイン　[生]1970年　[典]2004

シェルビー, フィリップ　Shelby, Philip　作家, 探検家　[国]カナダ

㊌1950年　㊔2000

シェルビー, リチャード　Shelby, Richard Craig　政治家　米国上院議員（共和党）　㊚米国　㊍1934年5月6日　㊔1996／2000／2004／2012

シェルフィグ, ロネ　Scherfig, Lone　映画監督　㊚デンマーク　㊍1959年　㊔2008

ジェルベ, ベルナデット　Gervais, Bernadette　挿絵画家　㊚ベルギー　㊔2004

シェルボ, ヴィタリー　Sherbo, Vitalii　元・体操選手　㊚ベラルーシ　㊍1972年10月13日　㊔1992／1996／2000

シェルマン, イョルグ　Schellmann, Jorg　美術編集者　㊔1992／2000

ジェルマン, シルヴィー　Germain, Sylvie　作家　㊚フランス　㊍1954年　㊔1992／2008／2012

ジェルマントマ, オリヴィエ　Germain-Thomas, Olivier　作家, テレビプロデューサー　㊚フランス　㊍1943年7月　㊔2000

ジェルメッティ, ジャンルイジ　Gelmetti, Gianluigi　指揮者　元・シドニー交響楽団首席指揮者, 元・シュトゥットガルト放送交響楽団主席指揮者　㊚イタリア　㊍1945年　㊔1992／2000／2012

シェレー, ウィリアム　Sheller, William　ミュージシャン　㊍1946年　㊔1992

ジェレ, フランソワ　Géré, Francois　地政学者　フランス外交国防研究所所長　㊛核兵器, ミサイル技術　㊚フランス　㊍1950年　㊔2004／2008

ジェレヴィーニ, アレッサンドロ　Gerevini, Alessandro G.　日本学者, 翻訳家　元・東京経済大学講師　㊚イタリア　㊍1969年　㊔2008／2012

シェレスタル, ジャンマリー　Cherestal, Jean-Marie　政治家　元・ハイチ首相　㊚ハイチ　㊍1948年　㊔1992／1996／2004／2008

ジェレーズニコフ, ウラジーミル　Zheleznikov, Vladimir Karpovich　児童文学作家　㊚ベラルーシ　㊍1925年　㊔1996

ジェレニエツ, ヨセフ　Zieleniec, Josef　政治家　元・チェコ副首相・外相　㊚チェコ　㊍1946年　㊔2000

シェレーピン, アレクサンドル　Shelepin, Aleksandr Nikolaevich　政治家　元・ソ連共産党政治局員　㊚ロシア　㊍1918年8月18日　㊏1994年10月24日　㊔1992／1996

ジェレフ, ジェリュ　Zhelev, Zhelyu　政治家　元・ブルガリア大統領　㊚ブルガリア　㊍1935年3月3日　㊔1992／1996／2000

ジェレマイア, ジェリー　陸上選手　㊚バヌアツ　㊔1992

ジェレミ　Geremi　本名＝ジェレミ・ソレレ・ヌジタップ・フォツォ　サッカー選手（MF）　㊚カメルーン　㊍1978年12月20日　㊔2004／2008

シェレル, ジャン・ルイ　Scherrer, Jean-Louis　ファッションデザイナー　㊚フランス　㊍1935年2月19日　㊏2013年6月20日　㊔1992

シェーレル, リジア・マリア　外交官　在日ブラジル大使館科学技術部一等書記官　㊚ブラジル　㊔1992

シェレール, ルネ　Schérer, René　哲学者　パリ第8大学　㊚フランス　㊍1922年　㊔2000

シェレンバウム, ペーター　Schellenbaum, Peter　心理学者　心のエネルギー研究所主催　㊚スイス　㊍1939年　㊔1996／2000

シェレンバーガー, ポール　Schellenberger, Paul　「イエスの墓」の共著者　㊍1944年　㊔2000

シェレンベルガー, ハンスイェルク　Schellenberger, Hansjörg　オーボエ奏者, 指揮者　元・ベルリン・フィルハーモニー管弦楽団首席オーボエ奏者　㊚ドイツ　㊍1948年　㊔2012

シェロー, パトリス　Chéreau, Patrice　映画監督, 演出家, 俳優　元・ナンテール・アマンディエ劇場芸術監督　㊚フランス　㊍1944年11月2日　㊏2013年10月7日　㊔1992／1996／2000／2004／2008／2012

シェロッド, ロバート　Sherrod, Robert　戦記作家, 戦史研究家, 元・ジャーナリスト　㊛太平洋戦史　㊚米国　㊍1909年2月8日　㊏1994年2月13日　㊔1992／1996

ジェロニーミ, クライド　アニメ映画監督　㊚米国　㊏1989年4月24日　㊔1992

シエロフィリョ, セザール　Cielo Filho, Cesar　水泳選手（自由形・バタフライ）　北京五輪競泳男子50メートル自由形金メダリスト　㊚ブラジル　㊍1987年1月10日　㊔2012

ジェローム, キャロル　ジャーナリスト, テレビプロデューサー　㊛中東問題　㊚カナダ　㊍1948年　㊔1996

ジェローム, ティエリー　レーシングドライバー　㊚ベルギー　㊔2000

ジェロルド, デービッド　Gerrold, David　本名＝フリードマン, ディビッド・ジェロルド　SF作家, アンソロジスト　㊚米国　㊍1944年　㊔1992／1996

シェローン, ゲイリー　バンド名＝ヴァン・ヘイレン, 旧グループ名＝エクストリーム　ロック歌手　㊚米国　㊔2000

シェワルジン, レオニード　Shevardin, Leonid　ソ連国家保安委員会（KGB）副議長　㊚ソ連　㊍1935年　㊔1992／1996

シェワルナゼ, エドアルド　Shevardnadze, Eduard Amvrosievich　政治家　元・グルジア大統領, 元・ソ連外相　㊚グルジア　㊍1928年1月25日　㊔1992／1996／2000／2004／2008／2012

ジェーン, R.K.　Jain, Ravindra K.　インド貿易振興局（TDA）駐日局長　㊚インド　㊍1946年　㊔1992（ジェイン, R.K.）

シエン, クール　グループ名＝NTM　ラップ歌手　㊚フランス　㊔2000

ジェン, フランク　Jen, Frank C.　経済学者　ニューヨーク州立大学バッファロー校教授　㊚米国　㊔2008

シェーンヴァント, ミヒャエル　Schonwandt, Michael　指揮者　ベルリン交響楽団首席指揮者　㊚デンマーク　㊍1953年　㊔2000

シェンカー, ウィリアム　Shenkir, William G.　会計学者　バージニア大学マッキンタイア商科スクール教授　㊚米国　㊔2008

ジェンガ, ダニエル　Njenga, Daniel　マラソン選手　㊚ケニア　㊍1976年5月7日　㊔2008

シェンカー, マイケル　Schenker, Michael　旧グループ名＝スコーピオンズ, UFO, マイケル・シェンカー・グループ　ロック・ギタリスト　㊚ドイツ　㊍1955年1月10日　㊔1996／2008／2012

ジェンキン, チャールズ・パトリック・フリーミング　Jenkin, Charles Patrick Fleeming　政治家　元・英国環境相　㊚英国　㊍1926年9月7日　㊔1992／1996

ジェンキン, ローレンス　アングロ・アメリカン社社長　㊍1943年　㊔1992

ジェンキンス, エイミー　Jenkins, Amy　テレビプロデューサー, 脚本家, 映画監督, 作家　㊚英国　㊔2004

ジェンキンス, エミリー　Jenkins, Emily　児童文学作家　㊚米国　㊔2004

ジェンキンス, カール　Jenkins, Karl　音楽家　㊚英国　㊍1944年　㊔2008／2012

ジェンキンス, キャサリン　Jenkins, Katherine　メゾソプラノ歌手　㊚英国　㊔2008／2012

ジェンキンス, ギャレス　Jenkins, Gareth　キューバ文化研究家　㊚英国　㊔2008

ジェンキンス, ジェフリー　Jenkins, Geoffrey　冒険小説作家, ジャーナリスト　㊚英国　㊍1920年　㊔1992／1996

ジェンキンス, ジェリー　Jenkins, Jerry B.　作家　㊚米国　㊔2004

ジェンキンス, ジェーン　Jenkins, Jane　キャスティング・ディレクター, 女優　㊚米国　㊔2000

ジェンキンス, チャールズ・ロバート　Jenkins, Charles Robert　北朝鮮に拉致された曽我ひとみさんの夫で元米兵　㊚米国　㊍1940年　㊔2004／2008

ジェンキンス, ニール　Jenkins, Neil　ラグビー選手　㊚英国　㊍1971年7月8日　㊔2008

ジェンキンス, パティ　Jenkins, Patty　映画監督　㊚米国　㊍1971年　㊔2008

ジェンキンス, ピーター　Jenkins, Peter　政治評論家　元・「インディペンデント」紙政治コラムニスト　㊚英国　㊍1934年5月11日　㊏1992年5月27日　㊔1992／1996

ジェンキンス, ブライアン　Jenkins, Brian M.　クロール・アソシエイツ副会長　㊚米国　㊍1942年　㊔1996／2000

ジェンキンス, ポール　Jenkins, Paul　画家　⊕米国　⊕1923年7月12日　⊕1992／1996

ジェンキンズ, マイケル　Jenkins, Michael B.　フォレストトレンド代表　⊕米国　⊕2004／2008

ジェンキンス, リチャード　Jenkins, Richard　俳優　⊕米国　⊕1947年5月4日

ジェンキンス, ロイ　Jenkins, Roy Harris　別名＝Jenkins of Hillhead,Baron　政治家, 評論家　元・英国内相, 元・英国蔵相, 元・欧州共同体（EC）委員長, 元・英国社会民主党党首　⊕英国　⊕1920年11月11日　⊗2003年1月5日　⊕1992／1996

シェンク, オットー　Schenk, Otto　舞台演出家　⊕オーストリア　⊕1930年6月12日　⊕2012

シェンク, クリスチアン　Schenk, C.　十種競技選手　⊕ドイツ　⊕1992

シェンク, デービッド　Shenk, David　コラムニスト, ラジオ解説者　⊕米国　⊕1966年　⊕2000

シェンク, フランツィスカ　Schenk, Franziska　元・スピードスケート選手　⊕ドイツ　⊕1974年3月13日　⊕2000

ジェンクス, チャールズ　Jencks, Charles　本名＝Jencks,Charles Alexander　建築評論家　⊕米国　⊕1939年　⊕1996／2004／2008／2012

ジェンクス, ボビー　Jenks, Bobby　本名＝Jenks,Robert Scott　大リーグ選手（投手）　⊕米国　⊕1981年3月14日　⊕2008／2012

シェンゲラーヤ, ゲオルギー　Shengeraya, Georgii　映画監督　⊕ソ連　⊕1937年11月5日　⊕1992

ジェーン・ケリー　Jane Kelly　本名＝ウィリアムス, ジェーン・ケリー　シンガー・ソングライター　⊕米国　⊕1992

ジェーンズ, J.ロバート　Janes, J.Robert　ミステリー作家　⊕カナダ　⊕2004

シェーンズ, エリック　Shanes, Eric　画家, 美術史家, 写真家　⊕英国　⊕1992（シェインズ, エリック）／1996

ジェンセン, イアン　Jensen, Iain　ヨット選手（49er級）　ロンドン五輪セーリング男子49er級金メダリスト　⊕オーストラリア　⊕1988年5月23日

ジェンセン, エドムンド・P.　実業家　VISAインターナショナル社長・CEO　⊕米国　⊕1996／2000

ジェンセン, キャスリン　Jensen, Kathryn　ロマンス作家　⊕米国　⊕2004／2008

ジェンセン, ダニエル　Jensen, Daniel　実業家　ユニバーサル・スタジオ・ジャパン（USJ）副社長　⊕米国　⊕1947年　⊕2004

ジェンセン, ハンス　Jenssen, Hans　イラストレーター　⊕2004

ジェンセン, ビル　Jensen, Bill　ジェンセン・グループ社長・CEO　⊕米国　⊕2004

ジェンセン, ロナルド　Jensen, Ronald R.　アークティックアラスカフィッシャリーズ社長・最高経営責任者（CEO）　⊕米国　⊕1992

シェーンディーンスト, レッド　Schoendienst, Red　元・大リーグ選手　⊕米国　⊕1923年2月2日　⊕2000

ジェント, クリス　Gent, Chris　本名＝Gent,Christopher Charles　実業家　元・ボーダフォンCEO　⊕英国　⊕1948年5月10日　⊕2004／2012

ジェントリー, W.ドイル　Gentry, W.Doyle　心理学者, カウンセラー　⊕行動心理学　⊕米国　⊕2004

ジェントリー, ティム　Gentry, Tim　コンピューター技術者　⊕米国　⊕2004

ジェンドリック, メガン　Jendrick, Megan　旧名＝クワン, メガン　水泳選手（平泳ぎ）　シドニー五輪競泳女子平泳ぎ100メートル・4×100メートルメドレーリレー金メダリスト　⊕米国　⊕1984年1月15日　⊕2004（クワン, メガン）

ジェンドリン, ユージン　Gendlin, Eugene　心理学者, 哲学者　シカゴ大学教授, フォーカシング協会会長　⊕フォーカシング　⊕米国　⊕2000

ジェンナ, ジュゼッペ　Genna, Giuseppe　作家, 詩人, ジャーナリスト　⊕イタリア　⊕1969年　⊕2008

シェンノート, アンナ　Chennault, Anna　中国名＝陳香梅　シェーンノート将軍夫人　⊕米国　⊕1925年　⊕1992

シェンバーグ, アラン　マネジメント・リクルーターズ・インターナショナル社長　⊕米国　⊕1928年　⊕1992

シェーンフェルダー, オリヴィエ　Schoenfelder, Olivier　元・フィギュアスケート選手（アイスダンス）　⊕フランス　⊕1977年11月30日

シェーンフーバー, フランツ　Schönhuber, Franz　政治家　元・ドイツ共和党党首　⊕ドイツ　⊕1923年1月10日　⊕1992／1996

シェーンベヒラー, アンドレアス　Schoenbaechler, Andreas　スキー選手（フリースタイル）　⊕スイス　⊕1996

シェーンベルク, アイリーン　Schoenberg, Irene E.　英語教師　⊕米国　⊕2004

シェーンベルク, クロード・ミッシェル　Schönberg, Claude-Michel　作曲家　⊕フランス　⊕1944年7月6日　⊕2008／2012

シェーンベルナー, ゲルハルト　Schoenberner, Gerhard R.G.　作家, 現代史家, ジャーナリスト　⊕ドイツ　⊕1931年5月24日　⊕1996

シェーンボーム, サミュエル　Schoenbaum, Samuel　メリーランド大学教授　⊕英文学　⊕米国　⊕1927年　⊕1996

ジェンマ, ジュリアーノ　Gemma, Giuliano　本名＝ジェンマ, ジュリアーノ・ロベルト・アルマンド　俳優　⊕イタリア　⊕1938年9月2日　⊗2013年10月1日　⊕2008／2012

ジェンレット, リチャード　Jenrette, Richard Hampton　エクイタブル会長・CEO　⊕米国　⊕1929年5月5日　⊕1996

ジオ　G.O　グループ名＝MBLAQ　歌手　⊕韓国　⊕1987年11月6日　⊕2012

ジオーク, ウィリアム　Giauque, William Francis　物理化学者　元・カリフォルニア大学バークレー校教授　⊕米国　⊕1895年5月12日　⊗1982年3月28日　⊕1992

シオタ, テツオ　アンデス農業生物資源研究所長　⊕資源植物学　⊕ペルー　⊕1941年　⊕1996

シオニール・ホセ, フランシスコ　Sionil-Jose, Francisco　作家, 編集者　「ソリダリティー」発行人　⊕フィリピン　⊕1924年　⊕1996／2004／2008

シオネ, ジル　Sionnet, Gilles　映像作家　⊕フランス　⊕2012

ジオバニ　Giovani　本名＝ドス・サントス, ジオバニ　サッカー選手（FW）　ロンドン五輪サッカー男子金メダリスト　⊕メキシコ　⊕1989年5月11日　⊕2008／2012

ジオバニ　Giovanni　本名＝オリベイラ, ジオバンニ・シルバ・デ　サッカー選手（FW）　⊕ブラジル　⊕1972年2月4日　⊕2000／2008

シオミ, リック　劇作家　⊕カナダ　⊕1947年　⊕1996

シオラン　Cioran　本名＝シオラン, エミール　思想家, 批評家　⊕1911年4月8日　⊗1995年6月20日　⊕1992／1996

ジオルコフスキ, シモン　Ziolkowski, Szymon　ハンマー投げ選手　⊕ポーランド　⊕1976年7月1日　⊕2004／2008

ジオルダン, アンドレ　Giordan, André　生物学者　⊕1949年　⊕2004

シオン, ミシェル　Chion, Michel　批評家, 作曲家, 映画監督　⊕フランス　⊕1947年　⊕2004

ジオンビー, ジェイソン　Giambi, Jason　本名＝Giambi,Jason Gilbert　大リーグ選手（内野手）　⊕米国　⊕1971年1月8日　⊕2004／2008／2012

シカ　Cica　モデル, 女優　⊕8月26日　⊕2012

シーガー, アラン　Seager, Alan　作家　⊕米国　⊕1906年　⊕1992

シーガー, シェイ　Seger, Shea　シンガー・ソングライター　⊕米国　⊕2004

シーガー, ピート　Seeger, Pete　本名＝シーガー, ピーター　フォーク歌手, バンジョー奏者, 作詞家, 作曲家　⊕米国　⊕1919年5月3日　⊗2014年1月27日　⊕1992／1996／2000

シーガー, ボブ　Seger, Bob　本名＝シーガー, ロバート・クラーク　ロック歌手　⊕米国　⊕1945年5月6日　⊕1992

シガー, リンダ　Seger, Linda Sue　脚本コンサルタント　⊕米国

㊤1945年8月27日 ㊥2004

シカゴ, ジュディ Chicago, Judy 美術家 ㊐米国 ㊤1939年 ㊥1992／1996

シーカット, ロヘリオ 作家, 詩人, 翻訳家, 評論家, 脚本家 ㊐フィリピン ㊤1940年 ㊥1992

シカティック, ブランコ Cikatic, Branco ムエタイ選手, 俳優 ㊐クロアチア ㊤1954年10月4日 ㊥1996／2000

シガート, ポール Sieghart, Paul 法律家 元・世界法律家協議会英国幹部会議長 ㊕人権問題 ㊐英国 ㊦1990年 ㊥1992

ジガノフ, ナジブ Zhiganov, Nazib Gayazovich 作曲家 元・ソ連作曲家同盟書記, 元・カザン国立音楽院院長 ㊐ソ連 ㊤1911年1月15日 ㊦1988年6月 ㊥1992

シーガル, エリック Segal, Erich 作家, シナリオライター 元・エール大学教授 ㊕ギリシャ・ラテン文学 ㊐米国 ㊤1937年 ㊦2010年1月17日 ㊥1992／1996／2000

シーガル, ジェラルド Segal, Gerald 英国国際戦略問題研究所上級研究員 ㊕国際政治学 ㊐英国 ㊤1953年 ㊥1996

シーガル, ジャスティーン Siegal, Justine 野球コーチ Baseball For All主宰 ㊐米国 ㊥2012

シーガル, ジョージ Segal, George 彫刻家 ㊐米国 ㊤1924年11月24日 ㊦2000年6月9日 ㊥1992／1996／2000

シーガル, デニス Seegal, Denise V. DKNY社長 ㊐米国 ㊥1992

シーガル, ハーベイ Segal, Harvey H. コロンビア大学 ㊕経済学 ㊐米国 ㊥1992

シーガル, マイケル ジャーナリスト ㊐米国 ㊤1945年 ㊥1992

シーガル, リン Segal, Lynne 女性解放運動家 ㊐オーストラリア ㊥1992

シーガル, ロア Segal, Lore 作家 ㊐米国 ㊤1928年 ㊥2000

シーガル, ロナルド Segal, Ronald 本名=Segal,Ronald Michael 作家 ㊐英国 ㊤1932年7月14日 ㊦2008年2月23日 ㊥1996／2000

シキ, ベラ Siki, Bela ピアニスト ㊐スイス ㊤1923年2月21日 ㊥1992／1996

ジギスムンド, チャールズ Sigismund, Charles G. コンサルタント ㊐米国 ㊥2004

シキンコウアイ 斯琴高娃 Siqingaowa 女優 ㊐中国 ㊤1950年 ㊥1996／2000

シーグ, アルバート Sieg, Albert L. イーストマン・コダック戦略経営資源担当ディレクター兼イメージングボード事務局長 ㊐米国 ㊤1930年3月25日 ㊥1992

シク, オタ Sik, Ota 経済学者, 政治家 ザンクト・ガレン大学教授 元・チェコスロバキア副首相 ㊐スイス ㊤1919年 ㊥1992／1996

シグヴァトソン, シガーヨン・ヤーニ Sighvatsson, Sigurjon Joni プロデューサー レイクショア・エンターテイメント社長 ㊐アイスランド ㊥2000

ジグジッド, レンツェンドー Jigjid, Rentsendoo 外交官 駐日モンゴル大使 ㊐モンゴル ㊤1959年 ㊥2012

ジグジド, ビャムビーン Jigjid, Byambyn 政治家 モンゴル社会基盤開発相 ㊐モンゴル ㊤1945年 ㊥2004

シクスー, エレーヌ Cixous, Hélène フェミニズム研究者, 劇作家, 小説家, 評論家 ㊕女性学, フェミニズム ㊐フランス ㊤1937年6月5日 ㊥1992（シクスス, エレーヌ）／1996（シクスー, エレーヌ／シクスス, エレーヌ）／2000／2004／2008／2012

ジークハルト, マルティン Sieghart, Martin 指揮者 リンツ・ブルックナー管弦楽団首席指揮者, リンツ歌劇場音楽監督 ㊐オーストリア ㊤1951年 ㊥2000

シーグバーン, カイ Siegbahn, Kai 本名=シーグバーン, カイ・マンネ・ボリュ 物理学者 元・ウプサラ大学名誉教授 ㊐スウェーデン ㊤1918年4月20日 ㊦2007年7月20日 ㊥1992／1996

シークフリード Siegfried 魔術師 ㊐米国 ㊥1992

シグフリード Siegfried 映像作家, ジャズ・ミュージシャン ㊐フランス ㊤1973年 ㊥2004／2008

シグペン, ボビー Thigpen, Bobby プロ野球選手（投手）, 元・大リーグ選手 ㊐米国 ㊤1963年7月17日 ㊥1992／1996

ジグムント, アントニ Zygmund, Antoni 数学者 ㊕フーリエ級数 ㊐米国 ㊤1900年12月26日 ㊦1992年5月30日 ㊥1996

ジグムント, カール Sigmund, Karl 数学者 ウィーン大学数学科教授, 国際応用システム解析研究所研究員 ㊕エルゴード理論, 力学系理論, 生物数学 ㊐オーストリア ㊤1945年 ㊥1992／1996

シーグラー, I.C. Siegler, Ilene C. デューク大学医学部精神医学科医療心理学助教授 ㊕老年学 ㊐米国 ㊥1992

ジグラー, エドワード Zigler, Edward エール大学心理学科主任教授, 児童発達・社会政策ブッシュセンター理事, 児童研究センター心理学部部長 ㊕障害心理学 ㊐米国 ㊤1930年 ㊥1992

ジーグラー, ケイト Ziegler, Kate 水泳選手（自由形） ㊐米国 ㊤1988年6月27日

ジグラー, ジグ Ziglar, Zig ジグ・ジグラー・コーポレーション代表 ㊐米国 ㊥1996／2000／2004／2008／2012

ジーグラー, ジャン Ziegler, Jean 社会学者, 政治家 元・スイス下院議員（スイス社会党） ㊐スイス ㊤1934年4月19日 ㊥2000／2004／2008／2012

シグラー, スコット Sigler, Scott 作家 ㊐米国 ㊥2012

ジーグラー, ベルント Siegler, Bernd ジャーナリスト 「ディ・ターゲスツァイトゥング」紙ニュルンベルク特派員 ㊐ドイツ ㊤1957年 ㊥1996

ジーグラー, ロバート Ziegler, Robert L. コンピューター技術者 ノキア主席エンジニア ㊐米国 ㊥2004

シクリャローフ, ウラジーミル Shklyarov, Vladimir バレエダンサー マリインスキー・バレエ団ファースト・ソリスト ㊐ロシア ㊥2012

シグール, ガストン Sigur, Gaston Joseph 元・米国国務次官補 ㊕中国・ソ連研究 ㊐米国 ㊤1924年11月13日 ㊦1995年4月26日 ㊥1992／1996

シグルザルドッティル, ヨハンナ Sigurdardóttir, Jóhanna 政治家 アイスランド首相 ㊐アイスランド ㊤1942年10月4日 ㊥2012

シーグルマン, ドン Siegelman, Don Eugene 政治家 元・アラバマ州知事 ㊐米国 ㊤1946年2月24日 ㊥2004／2008

シークレスト, ライアン Seacrest, Ryan 司会者,DJ ㊐米国 ㊤1974年12月24日 ㊥2008／2012

シーグレーブ, スターリング Seagrave, Sterling ジャーナリスト, ノンフィクション作家 ㊐米国 ㊤1937年 ㊥1992／1996／2000／2004／2012

ジーグレル, ジャン Ziegler, Jean ジュネーブ大学社会学科教授, スイス連邦議会下院議員（社会党） ㊐スイス ㊥1992

シーグレル, パブロ Ziegler, Pablo ジャズ・ピアニスト ㊐アルゼンチン ㊤1944年9月2日 ㊥2012

シクロパト, アナ ウラジオストク国立大学教授, ジョンズ・ホプキンズ高等国際研究大学院（SAIS）客員研究員 ㊕経済学 ㊐ロシア ㊥2000

シーグローブ, ジェニー 女優 ㊐英国 ㊥1992

シクロフスキー, ヴィクトル Shklovskii, Viktor Borisovich 文芸評論家 ㊐ソ連 ㊤1893年1月24日 ㊦1984年12月10日 ㊥1992

シケ, アンドラース レスリング選手（グレコローマン・57キロ級） ㊐ハンガリー ㊥1992

ジーゲ, ナスリーン Siege, Nasrin 作家 ㊤1950年 ㊥1992

シゲクニ, ジュリー 作家 インスティチュート・オブ・アメリカン・インディアン・アーツ創作学科教授 ㊐米国 ㊤1962年 ㊥2000

シゲタ, ジェームス 繁田, ジェームス Shigeta, James 俳優 ㊐米国 ㊤1933年6月17日 ㊥1992

シケット, モーレン Chiquet, Maureen 実業家 シャネル・グローバルCEO ㊥2008／2012

シーゲル, アラン Siegel, Alan M. シーゲル&ゲール創始者・会長 ㊐米国 ㊥1996

ジーゲル, カール Siegel, Carl Ludwig 数学者 ㊐ドイツ ㊤1896年12月31日 ㊦1981年4月4日 ㊥1992

シーゲル, ゲルハルト　Siegel, Gerhard　テノール歌手　国ドイツ　生1963年　名2004／2008

シーゲル, シェルドン　Siegel, Sheldon M.　作家, 弁護士　国米国　名2004

シーゲル, ジェレミー　ペンシルベニア大学ウォートン校教授　金融市場論　国米国　名2000

シーゲル, ジャニス　Siegel, Janis　グループ名＝マンハッタン・トランスファー　歌手　国米国　生1952年7月23日　名2008／2012

シーゲル, ジョナサン　Siegel, Jonathan P.　インフォメーション・コミュニケーションズ・アソシエーツ社長　国米国　名1992

シーゲル, デービッド　Siegel, David　グラフィックデザイナー　スタジオ・パーソ会長, シーゲル・ビジョン社長　国米国　名2000／2004

シーゲル, ドン　Siegel, Don　本名＝シーゲル, ドナルド　映画監督　国米国　生1912年10月26日　没1991年4月20日　名1992

シーゲル, バイロン　米国通商代表部（USTR）代表次官補　国米国　名2000

シーゲル, バーニー　Siegel, Bernie S.　本名＝シーゲル, バーナード　外科医　国小児外科, ECaP　国米国　生1932年　名2000

シーゲル, バリー　Siegel, Barry　作家, ジャーナリスト　「ロサンゼルス・タイムズ」記者　国米国　名2004

シーゲル, リチャード　Siegel, Richard W.　レンセラー工科大学教授・材料科学工学部門部門長　国冶金学　国米国　名2000

シーゲル, リック　Segel, Rick　講演家　国米国　名2004

シーゲル, ルーシー　Siegel, Lucy　シーゲル・アソシエイツ・インターナショナル社長　国米国　名1996

シーゲル, ロナルド　Siegel, Ronald K.　行動科学者, 精神科医　カリフォルニア大学ロサンゼルス校精神医学・生物科学学科　国米国　名2004

シーゲル, ロバート　Siegel, Robert　作家, 詩人, 英文学者　ウィスコンシン大学教授　国米国　生1939年　名1996／2000

シーゲル, ロバート　建築家　国米国　生1939年　名2000

シケレ, アンドリス　Skele, Andris　政治家　元・ラトビア首相, 元・ラトビア国民党党首　国ラトビア　生1958年1月16日　名2000／2004／2008

ジーコ　Zico　本名＝コインブラ, アルツール・アンツネス　サッカー選手監督, 元・サッカー選手　元・サッカー日本代表監督・イラク代表監督, 元・鹿島アントラーズ・テクニカルディレクター　国ブラジル　生1953年3月3日　名1992／1996／2000／2004／2008／2012

シーゴ, ハウイ　俳優　国米国　名2000

シコースキー, ブライアン　Sikorski, Brian Patrick　プロ野球選手（投手）, 元・大リーグ選手　国米国　生1974年7月27日　名2004／2008／2012

シー・コソン, テレシタ　Sy-Coson, Teresita T.　実業家　SMインベストメンツ副会長　国フィリピン　生1950年10月19日

シコフ, ニール　Shicoff, Neil　テノール歌手　国米国　生1949年　名2004

シコラ, ステーシー　Sykora, Stacy　本名＝Sykora, Stacy Denise　バレーボール選手　北京五輪バレーボール女子銀メダリスト　国米国　生1977年6月24日

シコラ, トーマス　Sykora, Thomas　元・スキー選手（アルペン）　国オーストリア　生1968年5月18日　名1996／2000

シーザー, アドルフ　映画俳優　国米国　生1986年3月6日　名1992

シザ, アルヴァロ　Siza, Alvaro　本名＝Siza, Alvaro Joaquim de Meio　建築家　ポルト大学教授　国ポルトガル　生1933年6月25日　名2000／2008／2012

シサスク, アグー　詩人, 作家, 日本文学研究者　「外国文学」（エストニア作家同盟機関誌）編集長　国ソ連　名1992

シーサック・ワンリボードム　Srisakra Vallibhotama　人類学者, 考古学者　シリントーン王女人類学センター理事　国タイ　名2008／2012

シサノ, ジョアキム・アルベルト　Chissano, Joaquim Alberto　政治家　元・モザンビーク大統領　国モザンビーク　生1939年10月22日　名1992／1996／2000／2004／2008／2012

シサワット・ケオブンパン　Sisavat Keobounphan　政治家, 軍人　元・ラオス首相　国ラオス　生1928年5月1日　名2000／2004／2008

シ・サンワーン王母　本名＝タラバット, サンワーン　プミポン国王の母　国タイ　没1995年7月18日　名1996

シーシ, アブドルファッターハ　Sisi, Abdel Fattah Saeed Hussein Khalil El-　政治家　エジプト大統領　国エジプト

シシー, イングリッド　Sischy, Ingrid　ジャーナリスト　「インタビュー」誌編集長, 「ニューヨーカー」誌常任写真評論家　名1992

ジジェク, スラヴォイ　Žižek, Slavoj　哲学者, 精神分析学者　リュブリアナ大学社会科学研究所上級研究員　国スロベニア　生1949年3月21日　名2000／2004／2008／2012

ジーシェルト, カール　Siechert, Carl　テクニカルライター　国米国　名2004

シシギナ, オルガ　Shishigina, Olga　元・陸上選手（障害）　国カザフスタン　生1968年12月　名2000／2004

シーシキン, ミハイル　Shishkin, Mikhail　作家　国ロシア　生1961年

シジクレイ　Sidiclei　本名＝シジクレイ・デ・ソウザ　サッカー選手（DF）　国ブラジル　生1972年5月13日　名2000／2004／2008／2012

シシコワ, エフゲニア　Shiskova, Yevgeniya　元・フィギュアスケート選手（ペア）　国ロシア　生1972年12月18日　名1996

ジジッチ, ゾラン　Žižić, Zoran　政治家　モンテネグロ社会人民党副党首　元・ユーゴスラビア連邦首相　国ユーゴスラビア　生1951年3月4日　名2004／2008

シシップ, デービッド　元・フィリピン資産民営化委員会代表　国フィリピン　生1917年10月　没1988年3月17日　名1992

ジジド・ムンフバト　Jigjid Munkbat　元・モンゴル相撲選手　横綱・白鵬の父　国モンゴル　名2008／2012

シシビオ, ジョゼフ　レバノンの米国人元人質　国米国　名2000

シシフ, ジャンポール　俳優, 映画監督　国フランス　生1988年7月11日　名1992

ジージャー　Jija　本名＝ヤーニン・ウィサミタナン　女優　国タイ　生1984年　名2012

シシャドリ, ゴビンダ　Seshadri, Govind　コンピューター技術者　STR上級テクニカルアーキテクト　国Java　名2004

シシャニ, ワリド　チェチェン共和国極東巡回大使　国ロシア　生1948年　名2000

シシュキナ, アラ　Shishkina, Alla　シンクロナイズドスイミング選手　ロンドン五輪シンクロナイズドスイミング・チーム金メダリスト　国ロシア　生1989年8月2日

シース, ジャグディシュ　Sheth, Jagdish　経営学者, 経営コンサルタント　エモリー大学ゴイズエタ経営大学院教授　国マーケティング　国米国　名2004／2008／2012

ジス, トーマス　Thiss, Thomas N.　マネジメントコンサルタント　国米国　名1992

シス, ピーター　Sis, Peter　絵本作家, イラストレーター　国米国　生1949年　名1992／1996／2000／2008

シース, ヘルムート　Sies, Helmut　医学者　ハインリッヒ・ハイネ大学生理化学研究所　名2004

シスガル, マレー　Schisgal, Murray　劇作家　国米国　生1926年11月25日　名1992

ジスカール・デスタン, ヴァレリー　Giscard d'Estaing, Valéry　政治家　元・フランス大統領, 元・フランス民主連合（UDF）議長　国フランス　生1926年2月2日　名1992／1996／2000／2004／2008／2012

シスキン, アーロン　Siskind, Aaron　写真家　国米国　生1903年　名1996

ジスキン, ローラ　Ziskin, Laura　映画プロデューサー　元・フォックス2000ピクチャーズ社長　国米国　没2011年6月12日

シスキンド, バリー　Siskind, Barry　「できないができる！ に変わる7つの方法」の著者　名2008

シスク, ドロシー　Sisk, Dorothy A.　教育学者　ラマール大学教授

㊟創造性教育　㊨2004

シスーク・ナ・チャンパサック　Sisouk Na Champassak　政治家　元・ラオス蔵相　国ラオス　⊕1928年　㊨1992

シスコ　Sisqo　グループ名＝ドゥルー・ヒル　歌手　国米国　㊨2004／2008

シスコ, ジョセフ　Sisco, Joseph John　外交官　元・米国国務次官, 元・アメリカン大学名誉学長　国米国　⊕1919年10月31日　㊣2004年11月23日　㊨1996

シスターニ, アリ　Sistani, Ali al-　本名＝Sistani,Sayyid Ali Husaini　イスラム教シーア派指導者　国イラク　⊕1929年　㊨2008／2012

シスネロス, アントニオ　Cisneros, Antonio　詩人, ジャーナリスト　サンマルコス大学教授,「シィ」紙編集長　国フランス文学　国ペルー　⊕1942年　㊨1992

シスネロス, グスタボ　Cisneros, Gustavo A.　実業家　シスネロス・グループ会長・CEO　国ベネズエラ　⊕1947年8月16日　㊨2008／2012

シスネロス, サンドラ　Cisneros, Sandra　作家　国米国　⊕1954年　㊨2000

シスネロス, ヘンリー　Cisneros, Henry G.　政治家　アメリカン・シティ・ビスタ会長・CEO　元・米国住宅都市開発長官　国米国　⊕1947年6月11日　㊨1992／1996／2000／2008／2012

ジスベール, フランツ・オリヴィエ　Giesbert, Franz Olivier　「ル・フィガロ」編集長　国フランス　⊕1949年1月18日　㊨1996

ジスベルト, ジョアン・マヌエル　Gisbert, Joan Manuel　児童文学作家　国スペイン　⊕1949年　㊨1996

シスマン, ロビン　Sisman, Robyn　作家　㊨2004

ジスモンチ, エグベルト　Gismonti, Egberto　作曲家, マルチ楽器奏者　国ブラジル　⊕1947年12月5日　㊨1996

シスル, アルベルティーナ　Sisulu, Albertina　本名＝Sisulu, Albertina Nontsikelelo　反アパルトヘイト闘争指導者, 政治家　国南アフリカ　⊕1918年10月21日　㊣2011年6月2日

シスル, ウォルター　Sisulu, Walter　政治家, 反アパルトヘイト闘争指導者　元・アフリカ民族会議（ANC）書記長　国南アフリカ　⊕1912年　㊣2003年5月5日　㊨1992／1996

シセ, ジブリル　Cissé, Djibril　サッカー選手（FW）　国フランス　⊕1981年8月12日　㊨2004／2008／2012

シセ, スレイマン　Cisse, Souleymane　映画監督　⊕1940年　㊨1992

シーセ, ヤン　Syse, Jan Peder　政治家　元・ノルウェー保守党党首, 元・ノルウェー首相　国ノルウェー　⊕1930年11月25日　㊣1997年9月16日　㊨1992／1996

シセル　Sissel　本名＝シルシェブー, シセル　歌手　国ノルウェー　⊕1969年　㊨1996（シルシェブー, シセル）／2004／2008

ジゼル　Gisele　本名＝ブンチェン, ジゼル　ファッションモデル　国ブラジル　⊕1980年7月20日　㊨2004／2008／2012（ブンチェン, ジゼル）

ジーセル, セオドア・スース　Geisel, Theodor Seuss　筆名＝ドクター・スース, ルシーグ, シーオ, ストーン, ロゼッタ　児童文学作家, 絵本作家　国米国　⊕1904年3月2日　㊣1991年9月24日　㊨1992

ジゾ, アリシア　ピアニスト　国米国　㊨2000

シソコ, チク・オマール　Sissoko, Cheick Omar　映画監督　国マリ　⊕1945年12月21日　㊨2000

シソーディア, ラジェンドラ　Sisodia, Rajendra　経営学者　ベントレー・カレッジ教授　国マーケティング学　国米国　㊨2004／2008

シーソムポーン・ロバンサイ　Sisomphon Lovansai　政治家　元・ラオス人民革命党顧問委員会委員, 元・ラオス愛国戦線議長　国ラオス　㊣1993年2月24日　㊨1992／1996

シソン, ホセ・マリア　Sison, Jose Maria　党員名＝アマド・ゲレロ　革命運動家　元・フィリピン共産党（CPP）議長　国フィリピン　⊕1939年　㊨1992／1996

ジーター, K.W.　Jeter, K.W.　本名＝ジーター, ケビン・ウェイン　作家　国米国　⊕1950年　㊨1996／2000

ジーター, カーメリタ　Jeter, Carmelita　陸上選手（短距離）　ロンドン五輪陸上女子4×100メートルリレー金メダリスト　国米国　⊕1979年11月24日

シーダー, サリー　Cedar, Sally　児童文学作家　国英国　㊨2004／2008

ジーター, デレク　Jeter, Derek　本名＝Jeter, Derek Sanderson　大リーグ選手（内野手）　国米国　⊕1974年6月26日　㊨2000／2004／2008／2012

ジーダー, ラインハルト　Sieder, Reinhard　ウィーン大学経済社会史研究所講師　国歴史学　国オーストリア　⊕1950年　㊨1996

シーダオルアン　作家　国タイ　㊨1992

シーダバーグ, アリーロ　Sederberg, Arelo　作家, ジャーナリスト　「ロサンゼルス・ヘラルド・エグザミナー」紙編集副主幹　国米国　⊕1931年　㊨1992

シダヤオ, ジェフ　Sedayao, Jeff　ネットワークエンジニア　㊨2004

シタリャン, ステファン　Sitaryan, Stefan A.　政治家　元・ソ連副首相　国ソ連　⊕1930年　㊨1992

シタロサ, アルフレド　ウルグアイ民俗歌謡歌手・作曲家　国ウルグアイ　㊣1989年1月17日　㊨1992

ジダン, ジネディーヌ　Zidane, Zinedine　本名＝Zidane, Zinedine Yazid　愛称＝ジズー　元・サッカー選手　国フランス　⊕1972年6月23日　㊨2000／2004／2008／2012

シチ, ロベルト　Sycz, Robert　ボート選手　国ポーランド　⊕1973年11月15日　㊨2008

シチェドリン, ロディオン　Shchedrin, Rodion　本名＝Shchedrin, Rodion Konstantinovich　作曲家　国ロシア　⊕1932年12月16日　㊨1992／1996／2004／2008

シチェフ, ドミトリー　Sychev, Dmitri　サッカー選手（FW）　国ロシア　⊕1983年10月26日　㊨2004／2008

シチェルバク, ウラジーミル　Shcherbak, Vladimir N.　政治家　元・ロシア副首相　国ロシア　⊕1939年1月24日　㊨2004

シチェルバク, ユーリー　Shcherbak, Yuri M.　医師, 作家, 政治家　ウクライナ最高会議長顧問　元・ウクライナ環境相, 元・駐米ウクライナ大使　国ウクライナ　⊕1934年　㊨1992／2000／2008／2012

シチェルバコフ, ウラジーミル　Shcherbakov, Vladimir Pavlovich　政治家　元・ロシア蔵相　国ロシア　⊕1941年　㊨1992／1996／2000

シチェルバコワ, ガリーナ　作家　国ロシア　⊕1932年　㊨2000

シチェルビツキー, ウラジーミル　Shcherbitskii, Vladimir Vasilievich　政治家　元・ソ連人民代議員, 元・ソ連共産党政治局員　国ソ連　⊕1918年2月17日　㊣1990年2月16日　㊨1992

シチェルビナ, ボリス　Shcherbina, Boris Evdokimovich　政治家　元・ソ連副首相　国ソ連　⊕1919年10月4日　㊣1990年8月22日　㊨1992

シチコフ, アレクセイ　Shitikov, Aleksei Pavlovich　元・ソ連最高会議連邦会議議長　国ソ連　⊕1912年3月14日　㊨1992

シチ・サウェッツィラ　Siddhi Savetsila　政治家, 空軍大将　元・タイ外相　国タイ　⊕1919年1月7日　㊨1992

シチャランスキー, アナトリー　反体制活動家　国ソ連　⊕1949年1月　㊨1992

シチョロコフ, ニコライ　Shchelokov, Nikolai Anisimovich　政治家　元・ソ連内相・上級大将　国ソ連　⊕1910年11月26日　㊣1984年12月13日　㊨1992

シーツ, アンディ　Sheets, Andy　本名＝Sheets,Andrew,Mark　元・大リーグ選手　国米国　⊕1971年11月19日　㊨2008／2012

シーツ, ジョセフ・ロバート　Sheetz, Josef Robert　軍人　元・沖縄米国軍政府軍政長官　国米国　⊕1895年11月20日　㊨1996

シーツ, ラリー　元・プロ野球選手　⊕1959年12月6日　㊨1996

シック, ゲーリー・G.　「ミドルイースト・ウォッチ」会議議長, コロンビア大学客員教授　国中東問題　国米国　㊨1992

シックス, ロバート・フォアマン　元・コンチネンタル航空創立者　国米国　㊣1986年10月6日　㊨1992

シックスパック　本名＝ウォルトマン, ショーン　旧リング名＝Xパック　プロレスラー　国米国　⊕1972年7月13日　㊨2004／2008

ジッグマン, ローラ　Zigman, Laura　作家　国米国　㊨2004

シックラー, デービッド　Schickler, David　作家　[国]米国　[生]1970年　[典]2004

シッケル, リチャード　Schickel, Richard　映画評論家, 映画史研究家, 作家, ドキュメンタリー作家　ロラック・プロダクション社長　[国]米国　[生]1933年2月10日　[典]2012

シッシ　Sissi　サッカー選手(MF)　[国]ブラジル　[生]1967年6月2日　[典]2000

シッジモア, ジョン　Sidgmore, John W.　実業家　元・ワールドコムCEO, 元・MCIワールドコム副会長・COO, 元・UUNETテクノロジーズ会長　[国]米国　[没]2003年12月11日　[典]2000／2004

シッチ, ロブ　Sitch, Rob　本名=Sitch,Robert Ian　映画監督, 俳優, ミュージシャン　[国]オーストラリア　[生]1962年3月17日　[典]2004

シッチン, ゼカリア　Sitchin, Zecharia　言語学者, 考古学者　[専]旧約聖書, 古代史, 考古学　[生]1922年　[典]1996／2000／2012

ジッテール, リンダ・ドゥ　Zitter, Linda De　精神療法士, 臨床心理医　[国]ベルギー　[生]1969年　[典]2000

シッパー, ジェシカ　Schipper, Jessicah　水泳選手(バタフライ)　アテネ五輪・北京五輪競泳女子4×100メートルメドレーリレー金メダリスト　[国]オーストラリア　[生]1986年11月19日

ジッパー, ベルンド　Zipper, Bernd　コンピューター技術者　[国]ドイツ　[典]2004

シッフェルス, ワルトラウト　Schiffels, Waltraud　旧名=シッフェルス, ワルター　性転換コンサルタント　ザールブリュッケン市民大学文化部門担当部長　[国]ドイツ　[生]1944年　[典]2000

シップトン, アラン　Shipton, Alyn　音楽評論家　[国]英国　[生]1953年　[典]1996

シップマン, デービッド　Shipman, David　映画ジャーナリスト　ナショナル・フィルム・シアター顧問　[国]英国　[典]2000

シップリー, ジェニー　Shipley, Jenny　本名=Shipley,Jennifer Mary　政治家　元・ニュージーランド首相　[国]ニュージーランド　[生]1952年2月4日　[典]2000／2004／2008

ジディ, クロード　Zidi, Claude　映画監督　[国]フランス　[生]1934年7月25日　[典]2000

シーディ, メアリー　Sheedy, Mary　本名=Sheedy Kurcinka,Mary　教育者　[国]米国　[典]2004

シティ・チラロート　Siddhi Jirarote　軍人, 政治家　元・タイ内相　[国]タイ　[生]1920年　[典]2000

シティ・ヌレイニ　Siti Nuraini　詩人, 翻訳家　[国]インドネシア　[生]1930年7月6日　[典]1992

シティ・ハスマ　Siti Hasmah　本名=Siti Hasmah binti Haji Mohd Ali　マハティール・シンガポール首相夫人　[国]シンガポール　[典]2004

シディベ, ガボレイ　Sidibe, Gabourey　女優　[国]米国　[生]1983年5月6日　[典]2012

シディベ, ミシェル　Sidibé, Michel　国連合同エイズ計画事務局長

シーデルマン, スーザン　Seidelman, Susan　映画監督　[国]米国　[生]1952年12月11日　[典]2004／2008／2012

シーデントップ, ダリル　Sidentop, Daryl　オハイオ州立大学名誉教授　[専]スポーツ教育学, カリキュラム論, 授業研究　[国]米国　[生]1938年　[典]2004／2008

シード, ウィルフリッド　Sheed, Wilfrid　本名=Sheed,Wilfrid John Joseph　作家, 批評家　[国]米国　[生]1930年12月27日　[没]2011年1月19日　[典]1992

シト・カ　司徒 華　Szeto, Wah　民主化運動指導者　元・香港市民支援愛国民主運動聯合会主席, 元・香港立法評議会議員　[国]香港　[生]1931年2月28日　[没]2011年1月2日　[典]1992／1996／2000

シト・ケイビン　司徒 慧敏　映画製作者　元・中国電影家協会副主席, 元・中国全国人民代表大会(全人代)常務委華僑委員会副主任　[国]中国　[生]1910年　[没]1987年4月4日　[典]1992

シト, テブロロ　Tito, Teburoro　政治家　元・キリバス大統領・外相　[国]キリバス　[生]1953年8月25日　[典]2000／2004／2008

シート, トム　Sito, Tom　アニメーター　[国]米国　[生]1956年　[典]2000

ジート, バリー　Zito, Barry William　大リーグ選手(投手)　[国]米国　[生]1978年5月13日　[典]2004／2008／2012

シドー, マックス・フォン　Sydow, Max von　本名=Sydow,Carl Adolf von　俳優　[国]フランス　[生]1929年4月10日　[典]2012

シード, リチャード　不妊治療研究者　[国]米国　[典]2000

シド・アフメッド, モハメド　Sid-Ahmed, Mohamed　ジャーナリスト, 政治学者　アル・アハラム政治戦略研究所所長　[専]中東問題　[国]エジプト　[典]1992／1996／2000／2004／2008

シートゥー, ウィリアム　Seetoo, William　中国名=司徒達賢　台湾国立政治大学企業管理研究所主任教授・所長　[専]経営学　[国]台湾　[生]1948年　[典]1992／1996

シドゥ, サンジブ　Sidhu, Sanjiv　実業家　i2テクノロジーズ会長　[国]インド　[生]1957年　[典]2004／2012

シトーウィック, リチャード　Cytowic, Richard E.　神経科医　[専]共感覚　[国]米国　[典]2004

シトコヴェツキー, ドミトリー　Sitkovetskii, Dmitrii　バイオリニスト, 指揮者　グリーンズボロ交響楽団音楽監督　[国]英国　[生]1954年9月27日　[典]1992(シトコベツキー, ドミトリー)／1996(シトコベツキー, ドミトリー)／2012

シトーダ, ダニール　Shtoda, Daniil　テノール歌手　[国]ロシア　[生]1977年　[典]2004

シドニー, シルビア　Sidney, Sylvia　本名=Kosow,Sophia　女優　[国]米国　[生]1910年8月8日　[没]1999年7月1日　[典]1996

シートネン, エーバ・リッタ　Siitonen, Eva-Riita　政治家　ヘルシンキ市長　[国]フィンランド　[典]2000

シートネン, トゥオモ　Siitonen, Tuomo　建築家　ヘルシンキ工科大学講師　[国]フィンランド　[生]1946年　[典]1996

シトボン, マルチーヌ　ファッションデザイナー　[生]1950年　[典]1992

シードマン, ウィリアム　Seidman, Lewis William　経済コンサルタント　元・米国連邦預金保険公社(FDIC)総裁, 元・米国整理信託公社(RTC)総裁　[国]米国　[生]1921年4月29日　[没]2009年5月13日　[典]2000

ジードラゴン　G-DRAGON　本名=クォンジヨン　グループ名=BIGBANG　歌手　[国]韓国　[生]1988年8月18日　[典]2012

シドラン, ベン　Sidran, Ben　ジャズ歌手・ピアニスト, ジャズ評論家, 音楽プロデューサー　[国]米国　[生]1942年　[典]1996／2012

シトリーン, ウォルター　Citrine, Walter McLennan　労働運動家　元・世界労働組合連盟(WFTU)議長, 元・国際労働組合連盟議長　[国]英国　[生]1887年8月22日　[典]1992

シトル・シトゥモラン　Sitor Situmorang　詩人, 作家　[国]インドネシア　[生]1924年　[典]1992

シドルスキー, セルゲイ　Sidorsky, Sergei Syarheyovich　政治家　ベラルーシ首相　[国]ベラルーシ　[生]1954年3月13日　[典]2008／2012

シトレ, ヌダバニンギ　Sithole, Ndabaningi　政治家, 民族運動家, 牧師　元・ジンバブエ・アフリカ民族同盟(ZANU)議長　[国]ジンバブエ　[生]1920年7月21日　[没]2000年12月12日　[典]1992

シドレンコ, ウラジミール　Sydorenko, Volodymyr　プロボクサー　元・WBA世界バンタム級チャンピオン　シドニー五輪ボクシング・フライ級銅メダリスト　[国]ウクライナ　[生]1976年9月23日

シドロフ, ピーター　Schidlof, Peter　ビオラ奏者　[国]英国　[生]1922年7月9日　[没]1987年8月15日　[典]1992

ジトローム, アンドラス　Czitorom, András　フロアーボール・トレーナー　[国]スウェーデン　[生]1952年　[典]2000

シートン, スザンナ　Seton, Susannah　作家, 園芸家　[国]米国　[典]2004

シートン, フィリス　舞台監督　[国]米国　[没]1987年9月27日　[典]1992

シドンズ, アン・リバーズ　Siddons, Anne Rivers　作家　[国]米国　[典]2000

ジーナ　ファッションモデル, 歌手, 女優　[国]シンガポール　[生]1975年6月18日　[典]2000

ジーナ公妃　Gina　リヒテンシュタイン大公フランツ・ヨーゼフ2世妃　[国]リヒテンシュタイン　[没]1989年10月18日　[典]1992

シナーズ, フレドリック・A.　日本ジーイープラスチックス社長　[国]米国　[生]1942年　[典]1992

シナトラ, フランク　Sinatra, Frank　本名＝シナトラ, フランシス・アルバート　歌手,俳優　国米国　生1915年12月12日　没1998年5月14日　載1992／1996

シナピ, ジャン・ピエール　Sinapi, Jean-Pierre　映画監督　国フランス　載2004

シニ　Shinee　本名＝チャンスンヒ　女優　国韓国　生1980年11月6日　載2008／2012

シーニ, ジム　Cirni, Jim　本名＝Cirnigliaro,James　作家　国米国　生1937年12月19日　載1996

シニアック, ピエール　Siniac, Pierre　作家　国フランス　生1928年　載1996

シニオラ, フアド　Siniora, Fouad　政治家,銀行家　元・レバノン首相　国レバノン　生1943年7月19日　載2000(セニョーラ, ファド)／2004(セニョーラ, ファド)／2008／2012

シニサロ, ヨハンナ　Sinisalo, Johanna　作家,広告プランナー,シナリオライター　国フィンランド　生1958年6月22日　載2004／2008

シニーズ, ゲーリー　Sinise, Gary　俳優,映画監督　ステッペンウルフ劇団創設者　国米国　生1955年3月17日　載1996／2000／2004

シニャフスキー, アンドレイ　Sinyavskii, Andrei Donatovich　筆名＝テルツ, アブラム　作家,評論家　国ロシア　生1925年10月8日　没1997年2月25日　載1992／1996

ジーニョ　Zinho　本名＝フィリョ,クリザン・セーザル・ジ・オリベイラ　サッカー監督,元・サッカー選手　国ブラジル　生1967年6月17日　載2012

シニョーリ, カルロ・セルジオ　Signori, Carolus Sergio　彫刻家　国イタリア　生1906年　載1992

シニョーリ, ジュゼッペ　Signori, Giuseppe　元・サッカー選手　国イタリア　生1968年2月17日　載1996／2000／2008／2012

シニョリレ, ミケランジェロ　Signorile, Michelangelo　ライター　載2000

シニョール, ジャン・ミシェル　Signoles, Jean-Michel　ゴヤール社長　載2012

シニョレ, シモーヌ　Signoret, Simone　本名＝カミンカー, シモーヌ・アンリエット・シャルロット　女優　国フランス　生1921年3月25日　没1985年9月30日　載1992

シニョレット, ピノ　ガラス彫刻作家　国イタリア　生1944年　載1992

ジニョン　Jinyoung　グループ名＝B1A4　歌手　国韓国　生1991年11月18日

ジヌ・チェヌ　Jin, Chen　漢字名＝金琛　映画監督　国中国　生1969年　載2008／2012

シヌウ　Cnu　グループ名＝B1A4　歌手　国韓国　生1991年6月16日

シヌエ, ジルベール　Sinoué, Gilbert　作家　国フランス　生1947年　載2000

シネ　Siné　本名＝Sinet,Maurice　漫画家　国フランス　生1938年　載1992

シネガ, ジャネール　ジャーナリスト　「エコノミック・アンド・ビジネス・レビュー・イン・インドネシア」(EBRI)社長　国インドネシア　載1996

シネガル, マイク　実業家　コストコホールセールジャパン社長　国米国　載2000

シネター, マーシャ　Sinetar, Marsha　経営コンサルタント　国米国　載2004

ジネリ, ナタリーノ　Ginelli, Natalino　写真家　国イタリア　生1944年　載1996

シノ　SHINO　本名＝林暁培　歌手　国台湾　生1973年12月9日　載2000

ジーノ　Zeno　作家　国英国　載1992

ジノヴィエフ, アレクサンドル　Zinoviev, Aleksandr Aleksandrovich　作家,哲学者　国ロシア　生1922年9月29日　没2006年5月10日　載1992(ジノビエフ, アレクサンドル)／1996(ジノビエフ, アレクサンドル)

シノウダ3世　コプト教大主教　国エジプト　載1992

シノダ, マイク　Shinoda, Mike　グループ名＝リンキン・パーク　ラップ歌手　国米国　載2004／2008

シノット, アンソニー　Synnott, Anthony　コンコーディア大学社会人類学部教授　専社会学　国カナダ　生1940年　載2000

シノット, ウィリアム　Synnot, William R.　W・R・シノット・アソシエーツ社社長,香港ポリテクニック社派遣研究員　国米国　載1992

ジノビリ, エマニュエル　Ginobili, Emanuel　バスケットボール選手　アテネ五輪バスケットボール男子金メダリスト　国アルゼンチン　生1977年7月28日

シノーポリ, ジュゼッペ　Sinopoli, Giuseppe　指揮者,作曲家　元・ドレスデン国立管弦楽団首席指揮者　国イタリア　生1946年11月2日　没2001年4月20日　載1992／1996／2000

ジノラ, ダビド　Ginola, David　サッカー選手(MF)　国フランス　生1967年1月25日　載2000／2004

ジノワツ, フレート　Sinowatz, Fred　政治家　元・オーストリア首相　国オーストリア　生1929年2月5日　没2008年8月11日　載1992

シノン, フィリップ　Shenon, Philip　ジャーナリスト　国米国

シーバー, クリストフ　Sieber, Christoph　ヨット選手　国オーストリア　生1971年9月1日　載2004

シーバー, トム　Seaver, Tom　本名＝Seaver,George Thomas　元・大リーグ選手　国米国　生1944年11月17日　載1992／1996／2000

シーバ, バンダナ　Shiva, Vandana　環境保護運動家,科学者,平和問題活動家　科学技術自然資源政策研究財団所長　国インド　生1952年　載1996／2000／2008(シヴァ, ヴァンダナ)

シバ・ブンブ　司馬 文武　本名＝江祖男　ジャーナリスト　「新新聞」誌発行人　国台湾　生1944年　載1992／1996

シーハイス, ヤン　Sierhuis, Yan　画家　国オランダ　生1929年　載1992／1996

シバウ, G.R.　元・日本ウエルカム社長　国米国　載1996

ジバエードフ, ウラジーミル　バリトン歌手　ハバロフスク交響楽団専属ソリスト　国ロシア　載2004

ジバゴ, レオニード　Zhibago, Leonid　日本研究者　国ソ連　生1955年　載1992／1996

シーバス, マーク　Shivas, Mark　映画プロデューサー,テレビプロデューサー　国英国　生1938年4月24日　没2008年10月11日　載2000／2008

シバーディ, アニー　Civardi, Annie　児童文学作家　生1948年　載1996

シハビ, サミル　Shihabi, Samir S.　外交官　国連サウジアラビア大使,国連総会(第46回)議長　国サウジアラビア　生1925年　載1992

シハブ, アルウィ　Shihab, Alwi　政治家　インドネシア外相　国インドネシア　生1946年　載2004／2008

シハモニ, ノロドム　Sihamoni, Norodom　愛称＝トキオ　カンボジア国王　元・国連教育科学文化機関(ユネスコ)大使　国カンボジア　生1953年5月14日　載2008／2012

ジバラ, サミール　Gibara, Samir G.　実業家　元・グッドイヤー会長・CEO　国米国　生1939年4月23日　載1996／2000／2004／2008

シバル, カピル　Sibal, Kapil　政治家　インド科学技術相　国インド　載2012

シハルリジェ, アントン　Sikharulidze, Anton　フィギュアスケート選手(ペア)　国ロシア　生1976年10月25日　載2000／2004

シーハン, ジョン　Sheehan, John Clark　化学者　元・マサチューセッツ工科大学名誉教授　専有機化学　国米国　生1915年9月23日　没1992年3月21日　載1996

シーハン, ニール　Sheehan, Neil　著述家,ジャーナリスト　元・「ニューヨーク・タイムズ」紙記者　国米国　生1936年10月27日　載1996

シーハン, パティ　Sheehan, Patty　プロゴルファー　国米国　生1956年10月27日　載1992／1996／2000／2008

シーハン, マーク　Sheehan, Mark　グループ名＝スクリプトミュージシャン　国アイルランド　生1981年10月29日　載2012

シバンガ, アンドレアス　南西アフリカ人民機構・民主派(SWAPO・D)議長　国ナミビア　載1992

ジバンシー, ユベール・ド　Givency, Hubert de　本名＝ジバンシー, ユベール・ジェームズ・マルセル・タファン・ド　ファッションデザイナー　国フランス　⊕1927年2月21日　夷1992/1996/2000/2012

シーヒー, ゲイル　Sheehy, Gail　ノンフィクション作家, ジャーナリスト　国米国　⊕1937年11月　夷1992/1996/2000

シビア, サル　Severe, Sal　カウンセラー　アリゾナ州学校心理学者協会会長　国米国　夷2004

シビカウスキ, アンドレ　Sypytkowski, Andrzej　自転車選手　国ポーランド　⊕1963年10月14日　夷2000

シビック, ジョン　画家　夷1992

ジヒョク　Ji-hyuk　グループ名＝超新星　歌手　国韓国　⊕7月13日　夷2012

ジヒョン　Jihyun　旧芸名＝HENA　モデル, 女優　国韓国　⊕1983年4月24日

シビン, ジョン　Sipin, John White　元・プロ野球選手　国米国　⊕1946年8月29日　夷1996

シービンガー, ロンダ　Schiebinger, Londa　科学史家　ペンシルベニア州立大学教授　国米国　夷2000

ジフ　Ji-hoo　本名＝ハンジフ　俳優, 歌手　国韓国　⊕1986年3月9日　夷2012

シフ, アンドラーシュ　Schiff, András　ピアニスト　国ハンガリー　⊕1953年12月21日　夷1996/2000/2012

シーフ, ジャンルー　Sieff, Jeanloup　写真家　国フランス　⊕1933年11月30日　②2000年9月21日　夷1992/1996/2000

シフ, ゼエブ　軍事ジャーナリスト　「ハアレツ」紙軍事防衛問題担当編集委員　国イスラエル　⊕1932年　夷2000

シフ, ドロシー　Schiff, Dorothy　ジャーナリスト　元・ニューヨーク・ポスト紙社主　国米国　⊕1903年3月11日　②1989年8月30日　夷1992

シフ, ナンシー・リカ　Schiff, Nancy Rica　写真家　国米国　夷2008

シーフ, ノーマン　Sheef, Norman　写真家　国南アフリカ　夷2004/2008

シフ, ハインリッヒ　Schiff, Heinrich　チェロ奏者, 指揮者　リンツ・ブルックナー管弦楽団首席客演指揮者　国オーストリア　⊕1951年11月18日　夷1996/2012

ジープ, ルートヴィヒ　Siep, Ludwig　哲学者　ミュンスター大学教授　⊕1942年　夷2008

シーファー　Sifa　筆名＝チュラダー・パックディープミン, シーファー・ラダーワン　作家　国タイ　⊕1930年　夷1992

シファー, クラウディア　Schiffer, Claudia　ファッションモデル　国ドイツ　⊕1970年8月25日　夷1996/2000

シーファー, トーマス　Schieffer, Thomas　政治家　元・駐日米国大使　国米国　⊕1947年10月4日　夷2008/2012

シファキス, カール　Sifakis, Carl　作家　国米国　夷2004

シーファート, ジョージ　Seifert, George　プロフットボール監督　国米国　⊕1940年1月22日　夷2000/2004

ジーファート, ハリエット　Ziefert, Harriet　児童文学作家　国米国　⊕1941年　夷2004

シーファート, レイチェル　Seiffert, Rachel　作家　国英国　⊕1971年　夷2004/2008

シファノ, A.J.　Schifano, A.J.　コンピュータ技術者　国米国　夷2004

シフェール, ルネ　Sieffert, René　日本文学研究者　元・フランス国立東洋語文化研究所所長, 元・パリ日仏協会会長　国フランス　⊕1923年8月4日　②2004年2月13日　夷1992/2000

シーフォ, ヴィンツェンツォ　Scifo, Vincenzo　通称＝シーフォ, エンツォ　サッカー監督, 元・サッカー選手　国ベルギー　⊕1966年2月19日　夷1992/1996/2000/2004/2012

シフーコ, ミゲル　Syjuco, Miguel　作家　国フィリピン　夷2012

ジブコヴィッチ, ゾラン　Zivkovic, Zoran　政治家, エコノミスト　元・セルビア共和国首相　国セルビア　⊕1960年12月22日　夷2004 (ジブコビッチ, ゾラン)/2008 (ジブコビッチ, ゾラン)/2012

ジフコフ, トドル　Zhivkov, Todor　政治家　元・ブルガリア国家評議会議長 (元首), 元・ブルガリア共産党書記長　国ブルガリア　⊕1911年9月17日　②1998年8月5日　夷1992/1996

シブネフ, ユーリ　Shibnev, Yuri　自然保護レンジャー　国ロシア　夷2000

シフマン, シュザンヌ　Schiffman, Suzanne　脚本家, 映画監督　国フランス　⊕1929年　②2001年6月6日　夷1996

シフマン, マイク　Schiffman, Mike　コンピュータ技術者　国米国　夷2004

シフラ, ジョルジュ　Cziffra, Georges　ハンガリー名＝Cziffra, György　ピアニスト　国フランス　⊕1921年11月5日　②1994年1月15日　夷1996

シプラー, デービッド　Shipler, David K.　ジャーナリスト, 著述家　元・ニューヨーク・タイムズ社ワシントン支局12月　国米国　⊕1942年12月　夷1992/1996/2008/2012

シーブライト, ジョン　メリルリンチ・ジャパン社長　夷2000

シブラル, S.D.　Shibulal, S.D.　実業家　インフォシスCEO　国インド

シプリー, ウォルター　Shipley, Walter Vincent　銀行家　チェース・マンハッタン銀行会長　国米国　⊕1935年11月2日　夷1992/1996/2000/2004

シブリー, ジョージ　弁護士　ロバート・ケネディ暗殺犯人の弁護人　国米国　⊕1989年7月4日　夷1992

シプリアニ, ファン・ルイス　Cipriani, Juan Luis　カトリック枢機卿　リマ大司教　国ペルー　夷2000/2004/2008

シプリアーノ, ジョー　ディスクジョッキー　国米国　夷1992

ジブリル, マハムード　Jibril, Mahmoud　政治家　リビア国民評議会 (TNC) 代表　元・リビア暫定政府首相　国リビア　⊕1952年　夷2012

シフリン, ミカエラ　スキー選手 (アルペン)　ソチ五輪アルペンスキー女子回転金メダリスト　国米国

ジブルスキー, S.ローレンス　Zipursky, S.Lawrence　生物学者　カリフォルニア大学ロサンゼルス校教授, ハワードヒューズ医科学研究所研究員

シブルスキー, ミッチェル・P.　スミスクライン・ビーチャム・ファーマシューティカルズ副社長　国米国　⊕1946年10月15日　夷1992

シーブルック, グラム　Seabrook, Graeme　デイリーファーム社長　国オーストラリア　夷2000

シーブルック, ジェレミー　Seabrook, Jeremy　ライター, ジャーナリスト　夷2004

シブレー, ブライアン　Sibley, Brian　作家, テレビプロデューサー　国英国　夷2004/2008/2012

シブレー, ベロニカ　Sibley, Veronica　アロマセラピスト　国英国　夷2008

シフレン, アンドレ　Schiffrin, André　編集者　ニュープレス設立者　国米国　⊕1935年6月12日　夷2004/2008/2012

シベット, デービッド　Sibbet, David　組織コンサルタント　国米国　夷1992

シベリー, ジェーン　Siberry, Jane　シンガーソングライター　国カナダ　⊕1955年10月12日　夷1992

シーベリー, デービッド　Seabury, David　心理学者　国米国　夷1992/1996/2000

ジベール, ステファン　Gibert, Stephen P.　ジョージタウン大学教授　国際政治, 安全保障問題　国米国　⊕1926年　夷1996

シーベル, ナタリー　プロ・ボードセーリング選手　国ドイツ　⊕1970年3月21日　夷1992/1996

ジベール, ピエール　Gibert, Pierre　神学者　リヨン大学　聖書学　国フランス　夷2004

ジーベル, ヘンリー　Zeybel, Henry　元・軍人　国米国　夷1996

シベルタン・ブラン, ジャン・クレティアン　Sibertin-Blanc, Jean-Chretien　俳優　国フランス　⊕1960年10月31日　夷2000

ジーベルト, ホルスト　Siebert, Horst　経済学者　ジョンズ・ホプキンス大学教授,キール世界経済研究所名誉所長　元・マンハイム大学教授,元・コンスタンツ大学教授,元・キール世界経済研究所所長　⽣1938年　�2008

ジーベルトセン, ストゥーレ　Sivertsen, Sture　スキー選手(距離)　国ノルウェー　⽣1966年4月16日　2000

ジーベン, ギュンター　Sieben, Günter　ケルン大学経済・社会学部教授,シュマーレンバッハ協会理事,ドイツ経営経済協会理事　企業評価論,意思決定論,社会会計　国ドイツ　⽣1933年　1992

ジボ, サル　Djibo, Salou　軍人　元・ニジェール民主主義復興最高評議会(CSRD)議長　国ニジェール　⽣1965年　2012

シーボーグ, グレン　Seaborg, Glenn Theodore　原子力物理学者,物理化学者　元・カリフォルニア大学バークレー校学長　国米国　⽣1912年4月19日　没1999年2月25日　1992/1996

シボーグ, デール　Seborg, Dale E.　カリフォルニア大学サンタバーバラ校教授　化学工学　国米国　2000

シボフスツィ, マリア　作家　国ポーランド　1996

シーボム, エミリー　Seebohm, Emily　水泳選手(背泳ぎ)　北京五輪・ロンドン五輪金メダリスト　国オーストラリア　⽣1992年6月5日

シホヨス, ルイ　Psihoyos, Louie　ドキュメンタリー映画監督,写真家　国米国　⽣1957年　2012

シボリ, エンリケ・オマール　Sivori, Enrique Omar　サッカー選手,サッカー監督　元・サッカー・アルゼンチン代表監督　⽣1935年10月2日　没2005年2月17日　2000

シーボル, スコット　Seabol, Scott　プロ野球選手(内野手)　国米国　⽣1975年5月17日　2012

ジボール, テオドール　スタンフォード大学名誉教授・材料研究センター所長　材料科学　国米国　1992

シーボルド, アリス　Sebold, Alice　作家　国米国　⽣1962年　2004/2008/2012

シーボルト, ウィリアム　Sebald, William Joseph　法律家,外交官　元・GHQ外交局長　国米国　⽣1901年11月5日　没1980年　1992

シーボルト, オット　Seibold, J.Otto　絵本作家　国米国　⽣1960年　2000

シーボルト, ジョナサン　Seybold, Jonathan W.　シーボルト・パブリケーションズ社長　電子出版,DTP(ディスクトップ・パブリッシング)　国米国　⽣1942年11月　1992

シーボルト, パトリシア　Seybold, Patricia　ITコンサルタント　パトリシア・シーボルト・グループCEO　2004

ジマー, ドン　Zimmer, Don　本名=ジマー, ドナルド・ウィリアム　元・大リーグ監督,元・大リーグ選手　国米国　⽣1931年1月17日　1992/1996/2000/2004/2008/2012

ジマー, ハンス　Zimmer, Hans　作曲家　ドリームワークス映画音楽部門長　⽣1957年9月12日　2004/2008

ジマ, ユリア　バイアスロン選手　ソチ五輪バイアスロン女子リレー金メダリスト　国ウクライナ

シマー, ルネ　Simard, René　元・モントリオール大学学長　病理学　国カナダ　⽣1935年　2000/2004

シマイ, ミハリー　Simai, Mihaly　ハンガリー科学アカデミー世界経済研究所所長　国際経済　国ハンガリー　⽣1930年　1992/1996

シマザキ, H.T.　Shimazaki, H.T.　日本名=島崎博　レスブリッジ大学経営学部教授　国カナダ　⽣1943年　1996/2000

シマック, クリフォード　Simak, Clifford Donald　SF作家　国米国　⽣1904年8月3日　没1988年4月25日　1992

シマトゥパン, T.B.　Simatupang, Tahi Bonar　軍人　元・インドネシア国軍参謀総長,元・世界キリスト教会協議会会長　国インドネシア　⽣1920年1月28日　没1990年1月1日　2000

シマブクロ, ジェイク　Shimabukuro, Jake　旧グループ名=PURE HEART, COLON　ウクレレ奏者　国米国　⽣1976年11月3日　2012

ジマーマン, ジェフ　Zimmerman, Jeff　大リーグ選手(投手)　国カナダ　⽣1972年8月9日　2000

ジマーマン, マーシャ　Zimmerman, Marcia　栄養士　2008

ジマーマン, ライアン　Zimmerman, Ryan　本名=Zimmerman, Ryan Wallace　大リーグ選手(内野手)　国米国　⽣1984年9月28日

シマモト, デビ　島本,デビ　デザイナー　国米国　⽣1955年　1992

シマリヤ, トッド　Shemarya, Todd　アーティストマネージャー　トッド・シマリア・アーティスツ・マネージメント代表　国米国　⽣1962年　2000

ジーマン, エリック・クリストファー　Zeeman, Erik Christopher　数学者　オックスフォード大学ハートフォード・カレッジ教授　国英国　⽣1925年2月4日　1996

ジマン, ジャン　Simmen, Gian　スノーボード選手(ハーフパイプ)　国スイス　⽣1977年2月19日　2000/2008

ジーマン, セルジオ　Zyman, Sergio　実業家　元・コカ・コーラ上級副社長　国米国　2000/2004/2012

シーマン, デビー　Seaman, Debbie　ジャーナリスト　国米国　2004

シーマン, デービッド　Seaman, David　元・サッカー選手　国英国　⽣1963年9月19日　2000/2004/2008

シーマン, フレデリック　Seaman, Frederic　著述家　故ジョン・レノンの個人秘書　国米国　2000

シーマン, マルト　Siimann, Mart　政治家　元・エストニア首相　国エストニア　⽣1946年　2000

シマン, ミシェル　Ciment, Michel　映画評論家　国フランス　⽣1938年　2000

シマンク, ウヴェ　Schimank, Uwe　社会学者　マックス・プランク社会研究所学術研究員　国ドイツ　⽣1955年　2004

シマンスキ, ロバート　Simanski, Robert E.　編集者,コンピューター・コンサルタント　2004

シミオナート, キアラ　Simionato, Chiara　スピードスケート選手　国イタリア　⽣1975年7月4日

シミオナート, ジュリエッタ　Simionato, Giulietta　メゾソプラノ歌手　国イタリア　⽣1910年5月12日　没2010年5月5日　1996

シミズ, クリスティーヌ　清水,クリスティーヌ　ギメ美術館学芸員・日本美術部責任者　日本美術,中国美術　国フランス　⽣1950年　1992

シミズ・ヒロシ・ハリー　オンタリオ州立研究所(ORF)副社長付技術顧問　1992

シミック, チャールズ　Simic, Charles　詩人,エッセイスト　ニューハンプシャー大学教授　国米国　⽣1938年　2000

シミッチ, プレドラグ　セルビア国際政治経済研究所所長　米ソ問題　国ユーゴスラビア　⽣1954年8月　1996

シミティス, コンスタンティノス　Simitis, Konstantinos　政治家　元・ギリシャ首相,元・全ギリシャ社会主義運動(PASOK)党首　国ギリシャ　⽣1936年6月23日　2000/2004/2008

ジミャトフ, ニコライ　スキー選手(ノルディック)　国ソ連　1992

ジミャーニン, ミハイル　Zimyanin, Mikhail Vasilievich　政治家　元・ソ連共産党書記　国ロシア　⽣1914年11月21日　没1995年5月1日　1992/1996

ジミーン, アレクサンドル　Zimin, Aleksandr Vasilievich　協栄ボクシング・コーチ　国ロシア　⽣1948年7月5日　1996

シム・ウォン・フー　クリエイティブ・テクノロジー会長　国シンガポール　⽣1955年9月　1996

シム・ウースン　沈 雨晟　民俗学者,俳優　韓国民俗劇研究所主宰　演劇史,民俗学,人形劇　国韓国　1992/2004

シム・ウナ　Sim, Eun-ha　漢字名=沈銀河　女優　国韓国　⽣1972年9月23日　2004/2008/2012

ジーム, ウーベ　Thiem, Uwe　プログラマー,ディベロッパー　SysEx経営者　国KDE　2004

シム・キジェ　沈 箕載　檀国大学史学科非常勤講師　日本近代史　国韓国　⽣1959年　2000

シム・キュチョル　沈 揆哲　Sim, Gyu-chil　政治家, 弁護士　韓国国会議員(ハンナラ党)　[国]韓国　[生]1958年3月27日　[典]2004

シム・クォンホ　沈 権虎　Sim, Kwon-ho　レスリング選手(グレコローマン)　[国]韓国　[生]1972年12月10日　[典]2000／2004

シム・サンチョル　沈 相哲　韓国科学技術院教授　[国]韓国　[生]1937年1月30日　[典]1996

シム・ジェミョン　漢字名=沈載明　映画プロデューサー　ミョンフィルム社長, 韓国女性映画人の集い理事　[国]韓国　[生]1963年　[典]2004／2008

シム・ジョンソプ　沈 貞燮　ソウル大学名誉教授, 韓国国家科学技術諮問委員, 韓国工業化学会会長　[専]高分子化学　[国]韓国　[生]1926年1月25日　[典]1996

シム・シン　沈 信　歌手　[国]韓国　[生]1969年7月29日　[典]1996

シム・ジンソン　沈 震頌　占い師　[国]韓国　[生]1950年　[典]1996

シム・スンヒョン　Simu, Sun-hyon　漢字名=沈承炫　漫画家　[国]韓国　[典]2008／2012

シム・チョウォン　児童文学作家　[国]韓国　[生]1965年　[典]2008

シム・チョルジョン　沈 哲鍾　演劇家　[国]韓国　[典]2004／2008

シム・チョルホ　沈 哲湖　コメディアン　愛の電話会長　[国]韓国　[生]1939年5月4日　[典]1996

シム・ヒョンヨン　沈 鉉栄　実業家　現代建設社長　[国]韓国　[典]2004

シム・ヒョンレ　Shim, Hyung-rae　漢字名=沈炯来　映画監督, コメディアン　[国]韓国　[生]1958年1月3日　[典]1996／2000／2004／2008／2012

シム・ヘジン　Shim, Hye-jin　本名=沈尚君　漢字名=沈恵真　女優　[国]韓国　[生]1967年1月16日　[典]1996／2000／2008／2012

シム, ペートル　Simm, Peeter　映画監督　[国]エストニア　[生]1953年2月24日　[典]1992

シム・ボングン　沈 奉謹　東亜大学教授・附属博物館館長　[専]考古学　[国]韓国　[生]1943年　[典]2000

シム・ヤンホン　沈 洋弘　タレント　[国]韓国　[生]1944年1月14日　[典]1996

シムカス, ジョアンナ　Shimkus, Joanna　女優　[生]1943年10月30日　[典]1996

シムキン, ダニール　Simkin, Daniil　バレエダンサー　アメリカン・バレエ・シアター(ABT)ソリスト　[生]1987年10月12日　[典]2012

シムキンズ, ジェームス　ウェスティンホテル東京総支配人　[典]1996

シムキンズ, レイモンド　ゲッツブラザーズ会長　[国]英国　[生]1943年6月3日　[典]1996／2000

シムズ, カール　ジェネティック・アーツ代表　[専]コンピューターアニメーション　[国]米国　[生]1962年　[典]2000

シムズ, クリストファー　Sims, Christopher　経済学者　プリンストン大学教授　[国]米国　[生]1942年　[典]2012

シムズ, ジョシュア　Sims, Joshua　ファッションジャーナリスト　[典]2004

シムズ, シルビア　Syms, Sylvia Black　歌手　[国]米国　[生]1919年12月3日　[没]1992年5月10日　[典]1996

シムズ, ズート　Sims, Zoot　本名=Sims,John Haley　ジャズ・サックス奏者　[国]米国　[生]1925年10月29日　[没]1985年3月23日　[典]1992

シムズ, トム　スノーボード創始者の一人　[国]米国　[典]2000

シムソン, ビブ　Simson, Vyv　ジャーナリスト　[国]英国　[典]1996

シムノン, ジョルジュ　Simenon, Georges　作家　[国]フランス　[生]1903年2月13日　[没]1989年9月4日　[典]1992

シム・バル　Sim Var　政治家　元・カンボジア首相　[国]カンボジア　[生]1904年　[没]1989年10月12日　[典]1992

シムーンズ, フレデリック　Simoons, Frederick J.　文化地理学者　カリフォルニア大学名誉教授　[典]2004／2008

シメオネ, ディエゴ　Simeone, Diego　本名=シメオネ, ディエゴ・パブロ　サッカー監督, 元・サッカー選手　[国]アルゼンチン　[生]1970年4月28日　[典]2000／2004／2008／2012

シメオノフ, シメオン　Simeonov, Simeon　コンピューター技術者　[典]2004

シメール, シム　Schimmel, Schim　画家　[国]米国　[生]1954年8月10日　[典]1996／2000／2004／2008

ジメール, ジャック　Zimmer, Jacque　映画評論家, 作家, ジャーナリスト　[国]フランス　[生]1935年11月9日　[典]2000

シメル, ベティ　Schimmel, Betty　実業家　「また逢うために—ホロコーストに引き裂かれた愛」の共著者　[国]米国　[生]1929年　[典]2004

シーメン, シーモア　Simon, Seymour　科学教育家, サイエンス・ライター　[国]米国　[典]1996(サイモン, シーモア)

ジーメンス, エルンスト・フォン　Siemens, Ernst von　元・ジーメンス社監査役名誉会長　[国]ドイツ　[没]1990年12月31日　[典]1992

シーモア, アダム　Seymour, Adam　グループ名=プリテンダーズ　ロックギタリスト　[典]2008

シーモア, アナ　Seymour, Ana　ロマンス作家　[国]米国　[典]2004

シーモア, イアン　中東経済専門家　「ミドル・イースト・エコノミック・サーベイ」主筆, イラク・ペトロリウム・グループ　[国]英国　[生]1933年　[典]1992／1996(セイモア, イアン)

シーモア, ジェラルド　Seymour, Gerald　作家　[国]英国　[生]1942年　[典]1992／1996

シーモア, ジェーン　Seymour, Jane　本名=Frankenberg,Joyce Penelope Wilma　女優　[国]英国　[生]1951年2月15日　[典]2004／2008

シーモア, ジョン　Seymour, John　農業, 地方史研究家　環境保護論者　[国]英国　[生]1914年　[典]1992／1996／2000

シーモア, ダニエル　Seymour, Daniel T.　実業家　Qシステムズ社長, カリフォルニア大学ロサンゼルス校教授・理事　[国]米国　[典]2004

シーモア, リン　Seymour, Lynn　バレリーナ　元・英国ロイヤル・バレエ団プリンシパル　[国]カナダ　[生]1939年3月8日　[典]2012

シモニ, アブナー　Shimony, Abner　科学哲学者, 理論物理学者　ボストン大学名誉教授　[典]2000

シモーニ, チャールズ　Simonyi, Charles　コンピューター工学者　マイクロソフト社研究員　[国]米国　[生]1948年　[典]1992

ジモニス, ウド・エルンスト　Simonis, Udo Ernst　ベルリン・サイエンスセンター教授　[専]経済学　[国]ドイツ　[生]1937年10月11日　[典]1996

ジモーニス, ハイデ　Simonis, Heide　政治家　元・シュレスウィヒ・ホルシュタイン州首相　[国]ドイツ　[生]1943年7月4日　[典]2012

ジモニッチ, ネナド　Zimonjic, Nenad　テニス選手　[国]セルビア　[生]1976年6月4日

シモーネ, クラウディオ　Scimone, Claudio　指揮者, 音楽学者　イ・ソリスティ・ヴェネティ指揮者　[専]タルティーニ研究　[国]イタリア　[生]1934年12月23日　[典]2004

シモネ, ドミニク　Simonnet, Dominique　編集者　「レクスプレス」副編集長　[国]フランス　[典]2004

シモネッティ, ジャック　Simonetti, Jack L.　経営学者　トレド大学経営学部教授　[典]2004

シモネンコ, ワレンチン　Simonenko, Valentin Konstantinovich　政治家　元・ウクライナ第1副首相　[国]ウクライナ　[典]1996

シーモノフ, ウラジーミル　俳優　[国]ロシア　[典]2004

シーモノフ, エフゲニー　Simonov, Evgenii Rubenovich　演出家　元・ワフタンゴフ劇場首席演出家　[国]ソ連　[生]1925年6月21日　[没]1994年8月3日　[典]1992

シモノフ, ジェフリー　Simonoff, Jeffrey S.　ニューヨーク大学レオナルド・S・スターン・ビジネススクール教授　[専]統計学　[国]米国　[典]2000

シモン, アッティラ　Simon, Attila　実業家, 弁護士　ヘレンドCEO　[国]ハンガリー　[生]1968年　[典]2012

シモン, アルフレッド　Simon, Alfred　演劇評論家　国立高等演劇美術技術学校(ENSATT)　[専]演劇史　[国]フランス　[生]1922年　[典]1992

シモン, イヴ　Simon, Yves　作家, 歌手　[国]フランス　[生]1944年　[典]1992／1996

ジモン, ヴィンフリート　Simon, Winfried　薬事コンサルタント　[国]ドイツ　[生]1940年　[典]2004／2008

シモン, クロード　Simon, Claude　作家　国フランス　生1913年10月10日　没2005年7月6日　掲1992／1996／2000／2004

シモン, シモーヌ　Simon, Simone　女優　国フランス　生1911年4月23日　没2005年2月22日　掲1992

シモーン・サッチマン　Simone, Susan Suchman　コンピューター技術者，テクニカルライター　国米国　掲2004

シモン, ニーナ　Simone, Nina　本名=Waymon,Eunice　ジャズ歌手，作曲家，編曲家　国米国　生1933年2月21日　没2003年4月21日　掲1996

シモン, フランソワ　Simon, Francois　編集者　「ファガロ」編集委員　国フランス　生1953年　掲2008／2012

ジモン, ヘルマン　Simon, Hermann　サイモン・クチャー・アンド・パートナーズ戦略マーケティング・コンサルタント社会長・CEO，ロンドン・ビジネススクール生涯客員教授　専経営学，マーケティング　国ドイツ　生1947年　掲2000

シモン, リディア　Simon, Lidia　マラソン選手　シドニー五輪陸上女子マラソン銀メダリスト　国ルーマニア　生1973年9月4日　掲2000／2004／2008／2012

シモン, ロベルランディ　Simon, Robertlandy　本名=Simon Aties, Robertlandy　バレーボール選手　国キューバ　生1987年6月11日

シモンエス, レネ　Simões, René　サッカー監督，元・サッカー選手　元・サッカー・ジャマイカ代表監督　国ブラジル　生1952年12月7日　掲2000／2004／2008／2012

ジーモン・シェーファー, ローラント　Simon-Schaefer, Roland　哲学者　バンベルク大学教授　国ドイツ　生1944年　掲2004

シモンズ, アンドルー・W.　バークレイズ・グループ在日代表，BZWジャパン証券社長　国英国　生1956年　掲2000

シモンズ, イアン　Simmons, Ian G.　生物地理学者　ダーラム大学地理学科教授　専文化生態学，環境学　掲1992／2004

シモンズ, エド　Simmons, Ed　グループ名=ケミカル・ブラザーズ　ミュージシャン　国英国　掲2004／2008／2012

シモンズ, キモラ・リー　Simmons, Kimora Lee　旧名=Perkins, Kimora Lee　実業家，ファッションデザイナー　ベイビー・ファットCEO　国米国　生1975年5月4日　掲2004

シモンズ, クレイグ　Symonds, Craig L.　歴史学者　米国海軍大学校教員，米国海軍兵学校歴史学科長　専戦略・政策，米国南部史　国米国　掲2004

シモンズ, ケネディ　Simmonds, Kennedy Alphonse　政治家　元・セントクリストファーネビス首相　国セントクリストファーネビス　生1936年4月12日　掲1992／1996／2000

シモンズ, サラ　Symmons, Sarah　美術史家　エセックス大学美術史理論学部講師　専ロマン主義時代スペイン美術史　掲2004

シモンズ, ジェーン　Simmons, Jane　絵本作家　国英国　掲2004

シモンズ, ジュディ　Simons, Judy　英文学者　デ・モントフォート大学教授　国英国　掲2004

シモンズ, ジュリアン　Symons, Julian　本名=Symons,Julian Gustave　詩人，評論家，推理作家　国英国　生1912年5月30日　没1994年11月19日　掲1992／1996

シモンズ, ジョン　Simmons, John　元・王立植物園学芸員　専造園学　国英国　掲2004

シモンズ, シルビー　Simmons, Sylvie　ジャーナリスト　国英国　掲2004／2008

シモンズ, ジーン　Simmons, Jean　女優　国英国　生1929年1月31日　没2010年1月22日　掲1992

シモンズ, ジーン　Simmons, Gene　本名=クライン, ジーン　グループ名=キッス　ミュージシャン，俳優　シモンズ・レコード社長　国米国　生1949年8月25日　掲1992／2004／2008／2012

シモンズ, ダン　Simmons, Dan　作家　国米国　生1948年　掲1996／2012

シモンズ, デボラ　Simmons, Deborah　ロマンス作家　国米国　掲2004

シモンズ, テリー　Symonds, Terry　英語教師　国英国　掲2008

シモンズ, ハードウィック　Simmons, Hardwick　金融家　元・ナスダック会長・CEO，元・プルデンシャル・セキュリティーズ社長・CEO　国米国　生1940年　掲1996／2004／2008／2012

シモンズ, ベン　Simmons, Ben Hubert　写真家　国米国　掲2004

シモンズ, ポージー　Simmonds, Posy　絵本作家，漫画家　国英国　生1945年　掲1992／1996／2000

シモンズ, ミッチ　Symons, Mitch　ジャーナリスト　国英国　生1957年　掲2008

シモンズ, ラッセル　Simmons, Russell　実業家　デフ・ジャム創設者　国米国　生1957年10月4日　掲2008／2012

シモンズ, レイチェル　Simmons, Rachel　専女性心理　国米国　掲2004／2008

シモンチェリ, マルコ　Simoncelli, Marco　オートバイライダー　国イタリア　生1987年1月20日　没2011年10月23日

シーモント, マーク　Simont, Marc　イラストレーター，絵本画家　国フランス　生1915年　掲2004／2008／2012

シモンドン, ナタリー　Simondon, Nathalie　哲学者　国フランス　生1959年　掲1996

シャー, アントニー　Sher, Antony　俳優，劇作家　国英国　生1949年6月14日　掲2008／2012

シャ・アンホウ　謝 杏芳　Xie, Xing-fan　元・バドミントン選手　北京五輪バドミントン女子シングルス銀メダリスト　国中国　生1981年1月8日

シャ・エイコウ　謝 永光　鍼灸師，ジャーナリスト　国中国　生1928年　掲1996

シャ・キカ　謝 企華　実業家　宝鋼集団会長　国中国　掲1996／2004／2008／2012

シャ・キトク　謝 希徳　Xie, Xi-de　物理学者　元・復旦大学学長，元・中国物理学会副理事長　国中国　生1921年3月19日　没2000年3月4日　掲1996

シャ・ケイビ　謝 啓美　元・国連事務次長　国中国　掲1992／1996

シャ・コク　謝 克　本名=余克泉　作家　シンガポール文芸研究会副会長，教育省短篇小説創作コンテスト審査員　国シンガポール　生1931年8月　掲1992

シャー, シード・モヒブラ　Shah, Syed Mohibullah　パキスタン投資局書記官　国パキスタン　生1942年　掲2000

シャ・シビョウ　謝 志森　シンガポール国立大学政治学科助教授・人文社会学部日本研究学科長　専政治学，シンガポール政治　国シンガポール　生1946年7月　掲1992

ジャ・ジャンクー　Jia, Zhang-ke　漢字名=賈 樟柯　映画監督　国中国　生1970年　掲2000（賈 樟柯 カ・ショウカ）／2004／2008／2012

シャ・シュンリン　謝 春林　画家　中日書画研究会副会長　専山水画　国中国　掲1996

シャ・ショウハ　謝 少波　アーチェリー選手　国中国　掲1992／1996

シャ・シン　謝 晋　Xie, Jin　映画監督　国中国　生1923年11月14日　没2008年10月18日　掲1992／1996／2000／2004（シェ・チン）／2008

シャ・シンチュウ　謝 森中　Hsieh, Sen-chung　英語名=ShiehSamuel C.　台湾中央銀行総裁　国台湾　生1919年11月13日　掲1996

シャ・シンテン　謝 森展　Hsieh, Sheng-chan　元・台湾日本研究学会理事長　国台湾　掲2000／2012

シャ・セイケツ　謝 世傑　中国共産党四川省委員会書記，中国共産党中央委員　国中国　生1934年　掲1996

シャ・ゼンシ　車 前子　詩人，エッセイスト　国中国　生1963年　掲2004

シャ・タクブ　車 沢武　囲碁教師　国中国　生1963年　掲1992

シャ・チュウケツ　謝 衷潔　Xie, Zhong-jie　数学者　北京大学教授　専確率統計　国中国　掲2004

シャ・チョウキョウ　謝 長亨　プロ野球監督　国台湾　掲2000

シャ・チョウテイ　謝 長廷　Hsieh, Chang-ting　別名=Hsieh, Frank Chang-ting　政治家　台湾民主進歩党（民進党）主席代行　元・台湾行政院長（首相）　国台湾　生1946年5月18日　掲1992／1996／2000／2004／2008／2012

シャ・テツレイ 謝 鉄驪 Xie, Tie-li 映画監督 中国映画監督協会会長,中国全国人民代表大会(全人代)常務委員会委員 ⒾⒾ中国 ⊕1925年12月 Ⓓ1996

シャ・トウビン 謝 東閔 Hsieh, Tung-min 字=求生 政治家 元・台湾副総統 Ⓘ台湾 ⊕1907年1月25日 ⓝ2001年4月8日 Ⓓ1992／1996

シャ・トクロク 謝 徳禄 重慶市発展研究センター副秘書長・研究員 Ⓘ中国 ⊕1942年 Ⓓ2000

ジャー, トニー Jaa, Tony 本名=パノム・イーラム 俳優 Ⓘタイ ⊕1976年 Ⓓ2008／2012

シャー, ニーレシュ Shah, Nilesh コンピューター科学者,コンピューターコンサルタント DeVry大学ニュージャージー校助教授 Ⓘ米国 Ⓓ2004

シャ・ヒ 謝 非 Xie, Fei 政治家 元・中国全国人民代表大会(全人代)常務委員会副委員長,元・中国共産党広東省党委書記 Ⓘ中国 ⊕1932年11月 ⓝ1999年10月27日 Ⓓ1996

シャ・ヒョウシン 謝 冰心 Xie, Bing-xin 本名=謝婉瑩 筆名=冰心女士,男士 作家,詩人,児童文学者 元・中国文連副主席 Ⓘ中国 ⊕1900年10月5日 ⓝ1999年2月28日 Ⓓ1992／1996

シャー, ブライアン Sher, Brian マーケティングコンサルタント Ⓓ2004／2008

シャー, プラカシュ Shah, Prakash 外交官 国連事務総長特別代表 元・国連大使 Ⓘインド ⊕1939年7月4日 Ⓓ1996／2000

シャ・ベン 謝 冕 文学者 北京大学文学語言研究所長,中国当代文学研究会副会長 Ⓘ中国 ⊕1932年 Ⓓ1996

シャ・ホウ 謝 芳 旧名=謝懐復 映画監督 北京映画製作所女優 Ⓘ中国 ⊕1935年 Ⓓ1996

シャー・ユートン 夏 宇童 Xia, Yu-tong 英語名=シャー,レン 女優,タレント Ⓘ台湾 ⊕1988年8月19日 Ⓓ2012

シャ・リツドウ 謝 立堂 画家 定州市文化館専業画家 Ⓘ中国画 Ⓘ中国 ⊕1941年 Ⓓ1996

シャ・レイカ 謝 麗華 マラソン選手 Ⓘ中国 ⊕1992／1996

シャ・レイケン 謝 麗娟 Xie, Li-juan 医師 上海副市長,九三学社中央委員会常務委員 Ⓘ中国 ⊕1936年 Ⓓ1996

ジャイ Jai 歌手 Ⓘ英国 ⊕1973年 Ⓓ2000

ジャイ, アン Jae, An ゴルフ選手 Ⓘ韓国 Ⓓ2004

シャイー, リッカルド Chailly, Riccardo 指揮者 ライプツィヒ・ゲヴァントハウス管弦楽団首席指揮者,ライプツィヒ歌劇場音楽総監督 元・アムステルダム・コンセルトヘボウ管弦楽団首席指揮者 Ⓘイタリア ⊕1953年2月20日 Ⓓ1992／1996／2004／2008／2012

シャイー, ルチアーノ Chailly, Luciano 作曲家 Ⓘイタリア ⊕1920年1月19日 Ⓓ2000

シャイアー, クリスチャン Scheier, Christian Ⓘ身体性認知科学 Ⓓ2004

シャイア, タリア Shire, Talia 本名=コッポラ,タリア 女優 Ⓘ米国 ⊕1946年4月25日 Ⓓ1992

シャイアー, ピーター Shire, Peter 彫刻家 Ⓘ米国 ⊕1947年12月 Ⓓ1996

シャイエ, ジャック Chailley, Jacques 音楽学者,指揮者,作曲家 Ⓘフランス ⊕1910年3月24日 Ⓓ1992／1996

シャイデ Scheidt 本名=Scheidt,Rafael Felipe サッカー選手(DF) Ⓘブラジル ⊕1972年2月10日 Ⓓ2000

シャイドル, ゲルダ・マリー Scheidl, Gerda Marie 児童文学作家 Ⓘドイツ Ⓓ2004

シャイナ, ユゼフ Szjana, Józef 演出家,劇作家,舞台美術家,画家 元・ワルシャワ・スタジオ劇場主宰者 Ⓘポーランド ⊕1922年3月13日 ⓝ2008年6月24日 Ⓓ1992／2000

シャイナー, ルイス Shiner, Lewis SF作家 Ⓘ米国 ⊕1950年 Ⓓ1996

シャイヒャー, エリーザベト Scheicher, Elisabeth 美術史家 ウィーン美術史美術館アンブラス城分館蒐集管理責任者 Ⓘ16世紀美術 Ⓘオーストリア ⊕1935年 Ⓓ1992

シャイブ, ディーター Scheib, Dieter ドイツテレコム公衆電話事業部長 Ⓘドイツ Ⓓ2000

シャイホフ, アリシェル Shaikhov, Alisher 外交官 駐日ウズベキスタン大使 Ⓘウズベキスタン ⊕1956年 Ⓓ2000

シャイマー, R.H. Shimer, Ruth H. 作家 Ⓘ米国 Ⓓ1996

シャイモフ, マーシー Shimoff, Marci 自己啓発コーチ Ⓓ2004 (シモフ,マーシー)

シャイラー, ウィリアム Shirer, William Lawrence ジャーナリスト,作家 Ⓘ米国 ⊕1904年2月23日 ⓝ1993年12月28日 Ⓓ1996

ジャイルズ, カール Giles, Carl Ronald 漫画家 Ⓘ英国 ⊕1916年9月29日 ⓝ1995年8月27日 Ⓓ1996

ジャイルズ, ブライアン Giles, Brian Stephen 大リーグ選手(外野手) Ⓘ米国 ⊕1971年1月20日 Ⓓ2004／2008

シャイン, エドガー Schein, Edger H. マサチューセッツ工科大学名誉教授 Ⓘ社会心理学,組織心理学 Ⓘ米国 ⊕1928年 Ⓓ1992／1996／2004

シャイン, ベティ Shine, Betty ヒーラー Ⓘ英国 ⊕1929年 Ⓓ1996／2000

ジャイン, ラケシュ Jain, Rakesh K. ハーバード大学医学部放射線腫瘍学部門アンドリュー・ベルク・クック腫瘍生物学講座教授 Ⓘ化学工学,腫瘍生物学 Ⓘ米国 Ⓓ1996

シャインマン, ローレンス Scheinman, Lawrence モントレー国際研究所教授 Ⓘ米国 ⊕1934年 Ⓓ2000

シャヴァーノホ, ハンス Schawanoch, Hans オペラ舞台美術家 Ⓓ2004

ジャウイ, アニエス Jaoui, Agnès 女優,脚本家,映画監督 Ⓘフランス ⊕1964年10月19日 Ⓓ2000／2004／2008／2012

シャヴィエル, マルセロ Xavier, Marcelo 粘土細工アーティスト Ⓘブラジル Ⓓ2004

ジャーヴィス, ロビン Jarvis, Robin 児童文学作家 Ⓘ英国 ⊕1963年 Ⓓ2008

シャーウィン, エルトン B.(Jr.) Sherwin, Elton B.(Jr.) ベンチャーキャピタリスト Ⓘ米国 Ⓓ2000

シャーウィン, スーザン Sherwin, Susan ダルフージー大学教授,「医学における道徳問題」編集者 Ⓘフェミニズム Ⓘカナダ ⊕1947年 Ⓓ2000

シャーウィン, ボブ Sherwin, Bob スポーツジャーナリスト 「シアトル・タイムズ」記者 Ⓘ米国 ⊕1949年 Ⓓ2004

シャーウィン, マーティン Sherwin, Martin J. 歴史学者 タフツ大学歴史学教授 Ⓘ核時代史 Ⓘ米国 ⊕1937年 Ⓓ2004／2012

シャーウィン, ロバート S. 内科医 エール大学医学部教授・附属糖尿病内分泌研究センター所長,全米糖尿病学会(ADA)会長 Ⓘ糖尿病 Ⓘ米国 Ⓓ2004

ジャウエン, エルヴェ Jaouen, Hervé ミステリー作家 Ⓘフランス Ⓓ2008

シャウス, アレクサンダー Schauss, Alexander G. アメリカ生物社会研究所長 Ⓘ米国 ⊕1948年 Ⓓ1992

シャウス, ブライアン・ダグラス Shouse, Brian Douglas 元・大リーグ選手,元・プロ野球選手 Ⓘ米国 ⊕1968年9月26日 Ⓓ2000／2012

シャーウッド, シャーリー Sherwood, Shirley ボタニカル・アート収集家 Ⓘ米国 Ⓓ2000

シャーウッド, ベン Sherwood, Ben 作家,ジャーナリスト Ⓘ米国 Ⓓ2004

シャーウッド, リチャード 元・ロサンゼルス郡立美術館長 Ⓘ米国 ⓝ1993年4月8日 Ⓓ1996

シャーウッドスミス, ジョン Sharwoodsmith, John 神話学者,古典学者 Ⓘ英国 ⊕1919年 Ⓓ2000

シャウネシー, ダン Shaughnessy, Dan スポーツライター,コラムニスト 「ボストン・グローブ」スポーツ・コラムニスト Ⓘ米国 Ⓓ2004

シャウプ, カール Shoup, Carl Summer 財政学者,租税学者 元・コロンビア大学教授,元・国際財政学会会長 Ⓘ米国 ⊕1902年10月26日 ⓝ2000年3月23日 Ⓓ1992／1996

ジャウミーニャ　Djalminha　本名=フェイトーサ・ディアス,ジャウマ　サッカー選手(MF)　[国]ブラジル　[生]1970年12月9日　[典]2008

シャオ,ジョセフィーヌ　中国名=蕭芳芳　女優　[国]香港　[生]1947年3月13日　[典]2000

シャオ,ティアナ　Xiao, Tiana　歌手　[国]米国　[生]1990年4月29日　[典]2012

シャオ・ビン　Shao, Bing　漢字名=邵兵　俳優　[国]中国　[生]1968年2月15日　[典]2004／2008／2012

ジャオ,Y.C.　Jao, Y.C.　香港大学経済金融学院教授　[専]金融　[国]香港　[生]1963年　[典]2000

ジャガー,ジョン　Jagger, Jon　コンピューター技術者　[国]英国　[典]2004

ジャガー,ディーン　Jagger, Dean　本名=ジェフリーズ,ディーン　俳優　[国]米国　[生]1903年11月7日　[没]1991年2月5日　[典]1992

ジャガー,ミック　Jagger, Mick　本名=ジャガー,マイケル・フィリップ　グループ名=ローリング・ストーンズ,スーパーヘヴィ　ロック歌手　[国]英国　[生]1943年7月26日　[典]1992／1996／2000／2004／2008／2012

シャガリ,シェフ　Shagari, Shehu Usman Aliyu　政治家　元・ナイジェリア大統領　[国]ナイジェリア　[生]1925年5月　[典]1992

ジャカール,アルベール　Jacquard, Albert　遺伝学者　[専]集団遺伝学　[国]フランス　[生]1925年　[典]2000

シャガール,マルク　Chagall, Marc　画家,版画家　[国]フランス　[生]1887年7月7日　[没]1985年3月28日　[典]1992

ジャカール,ロラン　Jaccard, Roland　著述家　[国]フランス　[生]1941年　[典]1996

ジャカール,ロラン　Jacquard, Roland　テロリズム研究者　国際テロリズム研究所所長,現代の脅威研究センター所長,国際戦略研究所所長　[国]フランス　[典]2004／2008

シャガン,スティーブ　Shagan, Steve　作家,脚本家　[国]米国　[典]1992／1996

ジャカン,フィリップ　Jacquin, Philippe　人類学者　リヨン第2大学教授　[国]フランス　[典]2008

シャギー　Shaggy　本名=Burrell,Orville Richard　歌手　[国]米国　[生]1968年10月22日　[典]2004／2008

シャーキー,ジェームス・アンソニー　Sharkey, James Anthony　外交官　駐日アイルランド大使　[国]アイルランド　[生]1945年　[典]1992／1996

シャーキー,ジョン　Sharkey, John　詩人,映画作家　[専]古代ケルト研究　[国]アイルランド　[生]1936年　[典]1996

シャーキー,ニーアム　Sharkey, Niamh　絵本作家　[国]アイルランド　[生]1973年　[典]2008

シャーキー,レイ　Sharkey, Ray　俳優　[国]米国　[生]1953年　[没]1993年6月11日　[典]1996

シャキーラ　Shakira　歌手　[国]コロンビア　[生]1977年　[典]2004／2008／2012

ジャキール,アスリ　Çakir, Asli　本名=Çakir Alptekin,Asli　陸上選手(中距離)　ロンドン五輪陸上女子1500メートル金メダリスト　[国]トルコ　[生]1985年8月20日

シャーキン,ウラジーミル　ピアニスト　サンクトペテルブルク音楽院教授　[国]ロシア　[生]1954年　[典]1996

シャーキン,ジョエル　Shurkin, Joel　「フィラデルフィア・インクワイアラー」紙サイエンス・ライター　[専]コンピューター開発史　[国]米国　[生]1938年　[典]1992

シャク・シンセイ　祁 振西　考古学者　陝西省考古研究所研究員,耀州窯博物館名誉館長　[国]中国　[生]1938年　[典]2008

ジャクイス,プリシラ　Jaquith, Priscilla　著述家　[専]民話　[国]米国　[典]2004

ジャクソン,P.　Jackson, Peter　シェフィールド大学教授　[専]人文地理学　[国]英国　[生]1955年　[典]2000

ジャクソン,アラン　Jackson, Alan Eugene　カントリー歌手　[国]米国　[生]1958年10月17日　[典]2004／2008

ジャクソン,ウィルフレッド　アニメーション映画監督　[国]米国　[没]1988年8月7日　[典]1992

ジャクソン,エイミー　Jackson, Amy　米国航空宇宙局(NASA)国際部職員　[国]米国　[典]2000

ジャクソン,エドウィン　Jackson, Edwin　大リーグ選手(投手)　[生]1983年9月9日　[典]2012

ジャクソン,カール　政治学者　ジョンズ・ホプキンズ大学教授　元・米国副大統領補佐官(国家安全保障担当)　[国]米国　[典]1992／1996／2004／2008

ジャクソン,キャロル　カラーコーディネーター,イメージコンサルタント　カラー・ミー・ビューティフル社　[国]米国　[生]1942年　[典]1996

ジャクソン,グレンダ　Jackson, Glenda　本名=Jakson,Glenda May　女優,政治家　英国下院議員(労働党)　[国]英国　[生]1936年5月9日　[典]1992／1996／2000／2008／2012

ジャクソン,ケビン　Jackson, Kevin　レスリング選手(フリースタイル)　[国]米国　[生]1964年11月25日　[典]1996／2000

ジャクソン,ゴードン　Jackson, Gordon　本名=Jackson,Gordon Cameron　俳優　[国]英国　[生]1923年12月19日　[没]1990年1月14日　[典]1992

ジャクソン,コリン　Jackson, Colin　元・陸上選手(障害)　[国]英国　[生]1967年2月18日　[典]1996／2000／2004／2008

ジャクソン,サミュエル・L.　Jackson, Samuel L.　俳優　[国]米国　[生]1948年12月21日　[典]1996／2000／2004／2008／2012

ジャクソン,サム　Jackson, Sam　グループ名=ビバ・ブラザー　ミュージシャン　[国]英国　[典]2012

ジャクソン,ジェシー　Jackson, Jesse Louis　黒人運動指導者,牧師　[国]米国　[生]1941年10月8日　[典]1992／1996／2000／2004／2008／2012

ジャクソン,ジェームス　Jackson, James O.　ジャーナリスト,作家　[国]米国　[生]1939年　[典]1996

ジャクソン,ジェームズ　Jackson, James　ケンブリッジ大学地球科学部講師　[専]地球物理学　[国]英国　[典]2000

ジャクソン,ジェラルド　Jackson, Gerald　経営コンサルタント　[国]米国　[典]1992

ジャクソン,ジム　Jackson, Jim　バスケットボール選手　[国]米国　[生]1970年10月14日　[典]1996／2000／2008

ジャクソン,ジャッキー　Jackson, Jackie　本名=ジャクソン,ジグモンド・エスコ　グループ名=ジャクソンズ,旧グループ名=ジャクソン5　歌手　[国]米国　[生]1951年5月4日　[典]2004／2012

ジャクソン,ジャネット　Jackson, Janet　本名=Jackson,Janet Damita Jo　歌手　[国]米国　[生]1966年5月16日　[典]1992／1996／2000／2004／2008／2012

ジャクソン,ジャーメイン　Jackson, J.　旧グループ名=ジャクソン5　歌手　[国]米国　[生]1954年9月　[典]1992／1996／2004

ジャクソン,ジョー　Jackson, Joe　歌手,作曲家　[国]英国　[生]1955年　[典]1992／1996

ジャクソン,ジョシュア　Jackson, Joshua　俳優　[典]2000／2004

ジャクソン,ジョナサン　Jackson, Jonathan　俳優　[国]米国　[生]1982年3月7日　[典]2000／2004

ジャクソン,ジョン　Jackson, Jon A.　作家　[国]米国　[典]1992

ジャクソン,ジョン　Jackson, John H.　ジョージタウン大学教授　[専]国際法,国際経済法　[国]米国　[典]2000

ジャクソン,スタン　Jackson, Stan　冒険家　[国]オーストラリア　[生]1913年　[典]2004

ジャクソン,スティーブ　Jackson, Steve　ゲーム・デザイナー　スティーブ・ジャクソン・ゲームズ社社長　[国]米国　[生]1953年　[典]1996

ジャクソン,ステファニー　Jackson, Stephanie　動物愛護家　[典]2004

ジャクソン,タミー　Jackson, Tammy　バスケットボール選手　[国]米国　[典]1996

ジャクソン,ティト　Jackson, Tito　本名=ジャクソン,トリアーノ・アダリル　グループ名=ジャクソンズ,旧グループ名=ジャクソン5　歌手　[国]米国　[生]1953年10月15日　[典]2004／2012

ジャクソン,ティム　Jackson, Tim　ジャーナリスト　[国]英国

シ

ジャクソン, バーショーン　Jackson, Bershawn　陸上選手(ハードル)　北京五輪陸上男子400メートルハードル銅メダリスト　国米国　⊕1983年5月8日

ジャクソン, ピーター　Jackson, Peter　映画監督　国ニュージーランド　⊕1961年10月31日　2000／2004／2008／2012

ジャクソン, フィル　Jackson, Phil　バスケットボール監督　国米国　⊕1945年9月17日　1996／2000／2004／2008／2012

ジャクソン, ヘンリー　Jackson, Henry Martin　元・米国上院議員(民主党)　国米国　⊕1912年5月31日　⊗1983年9月1日　1992

ジャクソン, ボー　Jackson, Bo　本名=ジャクソン, ビンセント　元・大リーグ選手, 元・プロフットボール選手　国米国　⊕1962年11月30日　1992／1996／2004／2008

ジャクソン, マイケル　Jackson, Michael Jeseph　本名=Jackson, Michael Jeseph　グループ名=ジャクソン5　歌手　国米国　⊕1958年8月29日　⊗2009年6月25日　1992／1996／2000／2004／2008

ジャクソン, マイケル　Jackson, Michael　酒評論家　国英国　⊕1942年3月27日　⊗2007年8月30日　1992／1996／2000

ジャクソン, マイケル　Jackson, Michael　マイケル・ジャクソン・システムズ社　システム開発　国英国　1992

ジャクソン, マーロン　Jackson, Marlon　本名=ジャクソン, マーロン・デービッド　グループ名=ジャクソンズ, 旧グループ名=ジャクソン5　歌手　国米国　⊕1957年3月12日　2004／2012

ジャクソン, ミック　Jackson, Mick　本名=ジャクソン, マイケル　作家, ドキュメンタリー映画監督　国英国　⊕1960年　2000

ジャクソン, ミルト　Jackson, Milt Bags　本名=ジャクソン, ウォルター　旧グループ名=モダン・ジャズ・カルテット　ジャズ・ビブラホーン奏者　国米国　⊕1923年1月1日　⊗1999年10月9日　1992

ジャクソン, ラトーヤ　Jackson, La Toya　歌手, 作曲家, 振付師, 女優　国米国　⊕1956年5月29日　1992／1996

ジャクソン, リサ　Jackson, Lisa　ロマンス作家　国米国　2008／2012

ジャクソン, リン　Jackson, Lynn　経営コンサルタント　カボダグリ・ジャクソン・コンサルティング共同経営者　国米国　2004

ジャクソン, レジー　Jackson, Reggie　本名=Jackson, Reginald Martinez　元・大リーグ選手　国米国　⊕1946年5月18日　1996／2012

シャクター, スタンリー　Schachter, Stanley　コロンビア大学名誉教授　社会心理学　国米国　⊕1922年　2000

シャクター, ダニエル　Schacter, Daniel L.　臨床心理学者　ハーバード大学心理学部教授　国米国　2004／2008

シャグダルジャビン・エンクツェツェグ　モンゴル証券取引所職員　国モンゴル　2000

ジャグデオ, バラト　Jagdeo, Bharrat　政治家, 経済学者　元・ガイアナ大統領　国ガイアナ　⊕1964年1月23日　2004／2008／2012

シャクト, ヘンリー　Schacht, Henry Brewer　実業家　元・ルーセント・テクノロジーズ会長・CEO　国米国　⊕1934年10月16日　2000／2004／2008

シャクトマン, トム　Shachtman, Tom　劇作家, ノンフィクション作家, 経済ジャーナリスト　国米国　1992

ジャクノ, マルセル　グラフィックデザイナー　国フランス　⊕1989年2月22日　1992

ジャクパ・アコ　Jakupa Ako　画家　国パプアニューギニア　⊕1942年(?)　⊗1997年10月18日　1996

ジャクボウスキー, マキシム　Jakubowski, Maxim　作家, 映画評論家　国英国　2004

シャクルトン, ニコラス　Shackleton, Nicholas　地質学者　ケンブリッジ大学名誉教授　地球温暖化　国英国　⊕1937年6月23日　2008／2012

シャクンタラ・デビ　Shakuntara Davi　数学教師　人間コンピューターと呼ばれた暗算の神様　国インド　⊕1929年11月4日　⊗2013年4月21日

シャーケ, エーリヒ　Schaake, Erich　ジャーナリスト, 作家　2004

ジャケ, リュック　Jaquet, Luc　ドキュメンタリー映像作家, 動物行動学者　国フランス　⊕1967年　2008／2012

シャケル, ザイド・イブン　Shaker, Zaid ibn　本名=Shaker, Field Marshal Sharif Zaid ibn　政治家, 軍人　元・ヨルダン首相　国ヨルダン　⊕1934年9月4日　⊗2002年8月30日　1996／2000

ジャーゲンセン, カーリン　Jurgensen, Karen　ジャーナリスト「USA TODAY」編集局長　国米国　2000

シャコー, アレクサンダー　Shakow, Alexander　世界銀行(国際復興開発銀行)対外関係局長　国米国　1992

ジャコー, ピエールエリ　元・フランス軍将軍　国フランス　⊕1984年6月30日　1992

ジャコ, ブノワ　Jacquot, Benoit　映画監督　国フランス　⊕1947年　1996／2008／2012

ジャゴエフ, アラン　Dzagoev, Alan　サッカー選手(MF)　国ロシア　⊕1990年6月17日

ジャコテ, フィリップ　Jaccottet, Philippe　詩人, エッセイスト　国フランス　⊕1925年　1992

ジャコト, ベルナール　Jacotot, Bernard　医師　アンリ・モンドール病院内科部長　栄養学, 脂肪代謝学　国フランス　⊕1935年　1996

ジャコバス, ジョン　Jacobus, John　ダートマス・カレッジ教授　美術学　国米国　⊕1927年　1996

ジャコビ, カール　Jacobi, Carl　本名=ジャコビ, カール・リチャード　怪奇作家　国米国　⊕1908年　1992／1996

ジャコビー, ブルック　Jacoby, Brook　大リーグコーチ, 元・プロ野球選手　国米国　⊕1959年11月23日

ジャコビ, ロッテ　写真家　国米国　⊗1990年5月6日　1992

ジャコピッツ, ヨアヒム　Jacobitz, Joachim　コンピューター技術者　2008

ジャコブ, イレーヌ　Jacob, Irène　女優　国フランス　⊕1966年7月15日　1996

ジャコブ, カトリーヌ　Jacob, Catherine　女優　国フランス　2000

ジャコブ, フランソワ　Jacob, François　遺伝学者, 微生物学者　元・パスツール研究所細胞遺伝学部長, 元・コレージュ・ド・フランス教授　国フランス　⊕1920年6月17日　⊗2013年4月19日　1992／1996／2000／2004／2012

ジャコブス, ウィリアム　Jacobs, William P.　プリンストン大学名誉教授　生物学　国米国　1996

ジャコベ, ジャン・ジョセフ　Jacober, Jean Joseph　ブレゲ社社長　国スイス　⊕1950年　2000

ジャコベリス, リンゼイ　Jacobellis, Lindsey　スノーボード選手(スノーボードクロス)　トリノ五輪スノーボード女子スノーボードクロス銀メダリスト　国米国　⊕1985年8月19日　2012

ジャコメリ, ジョルジオ　Giacomelli, Giorgio　国連パレスチナ難民救済事業機関(UNRWA)事務局長　国イタリア　1992

ジャコメリ, ブルーノ　Giacomelli, Bruno　F1ドライバー　国イタリア　⊕1952年9月10日　1992／1996

ジャコラン, エリック　在日フランス大使館産業技術広報センター所長・経済部商務官　国フランス　⊕1966年　1996

シャーザー, マックス　Scherzer, Max　本名=Scherzer, Maxwell M.　大リーグ選手(投手)　国米国　⊕1984年7月27日

ジャジー・B　本名=ロメオ, プレスフォード　グループ名=SOUL II SOUL　ロックミュージシャン　ソウルIIソウルリーダー　国米国　1992／1996

ジャシム　軍人　カタール皇太子, カタール軍少尉　国カタール　2000／2004

シャシャ, デニス　Shasha, Dennis E.　数学者　ニューヨーク大学クーラント研究所教授　計算機科学, コンピューター・ハードウェア　国米国　1992／2004

シャーシャ, レオナルド　Sciascia, Leonardo　作家　国イタリア　⊕1921年1月8日　⊗1989年11月20日　1992

シャ・ジャハン, S.M.　Shar Jahan, S.M.　外交官　駐日バングラデシュ代理大使　国バングラデシュ　⊕1940年9月1日　1996

シャシャーンク, S.　フルート奏者　国インド　典2000

シャシュ, シルヴィア　Sass, Sylvia　ソプラノ歌手　コルヴィン教育大学音楽学部　国ハンガリー　⊕1951年7月12日　典1996

ジャシンタ　Jacintha　歌手, 女優　国シンガポール　典2000

シャース, ナビル　Shaáth, Nabil　政治家　パレスチナ自治政府国際協力相　国パレスチナ　⊕1930年　典1996／2000／2004／2008

ジャスコルスキ, ダニエル　Jaskolski, Daniel E.　マイクロテック・リサーチ社 (MRI) 副社長　⑲コンピュータ・ソフト　典1992

ジャズ・サイアム　映画監督　国タイ　典1992

ジャスター, ノートン　Juster, Norton　児童文学作家　ハンプシャー大学名誉教授　国米国　⊕1929年　典2000

シャスターマン, ニール　Shusterman, Neal　作家　国米国　⊕1962年　典2000／2012

ジャスティス, ジュリア　Justiss, Julia　ロマンス作家　国米国　典2008

ジャスティス, デービッド　Justice, David Christopher　元・大リーグ選手　国米国　⊕1966年4月14日　典2000／2004／2008

シャステル, アンドレ　Chastel, André　美術史家, 美術評論家　元・コレージュ・ド・フランス名誉教授　⑲イタリア・ルネサンス　国フランス　⊕1912年11月15日　忌1990年7月18日　典1992

ジャスト, ウォード　Just, Ward S.　作家　国米国　⊕1935年

ジャーストマン, ブラッドリー　Gerstman, Bradley　弁護士　「だから, 彼女の恋はうまくいく」の共著者　国米国　典2004

ジャスマン, クロード　医学者　パリ大学医学部教授　⑲血液・免疫・しゅよう生物学　国フランス　典1996

ジャスミン　歌手, 女優　国スウェーデン　典2000

ジャスライ, プンツァグイン　Jasrai, Puntsagiin　政治家　元・モンゴル首相　国モンゴル　⊕1933年11月26日　忌2007年10月25日　典1996／2000／2004／2008

シャタ, マルティン　ヨーロッパ教授連盟教授　⑲アレルギー　国ドイツ　⊕1952年　典1996

シャタック, ロジャー　Shattuck, Roger　文学者　元・米国文学研究者批評家協会会長　⑲フランス文学, ギリシャ・ラテン古典文学　国米国　⊕1923年　典2004／2008

シャターリン, アレクサンドル　Shatalin, Aleksandr Sergeevich　経済学者　一橋大学経済研究所客員研究員　⑲日本の経済政策　国ソ連　⊕1943年　典1992

シャターリン, スタニスラフ　Shatalin, Stanislav Sergeevich　経済学者　元・ソ連科学アカデミー幹部会員, 元・ソ連大統領会議メンバー　⑲数理経済学　国ロシア　⊕1934年8月24日　忌1997年3月3日　典1992／1996

ジャーチェク, イジー　Zácek, Jiri　詩人　国チェコスロバキア　⊕1945年　典1992

シャチュンドルブ (8世)　ラマ僧　元・中国仏教協会副会長, 元・青海省人民代表大会常務委員会副主任　国中国　忌1991年5月30日　典1992

シャツェンバッハ, ヤン　Szancenbacch, Jan　画家　国ポーランド　⊕1928年　典1992／1996

ジャッキーノ, ファビアンヌ　ピアニスト　エコール・ノルマル音楽院教授　国フランス　典2000

ジャック, アレックス　Jack, Alex　マクロビオティック運動家, 著述家　国米国　⊕1945年　典1992／2000

ジャック, クリスチャン　Jacq, Christian　作家, エジプト学者　ラムセス研究所主宰者　国フランス　⊕1947年　典2000

ジャック, シルヴァン　Jacques, Sylvain　俳優　国フランス　典2000

ジャック, テリー　Jack, Terry　テクニカルディレクター, ネットワーク技術者　典2008

ジャック, ホーマー　Jack, Homer A.　牧師, 軍縮・核兵器廃絶運動家　レイク・ショア・ユニテリアン・ユニバーサリスト教会牧師　国米国　⊕1916年5月　典1992

ジャックマール, イヴ　Jacquemard, Yves　共同筆名=ジャック マール・セネカル　ミステリー作家, 劇作家　国フランス　⊕1943年　忌1980年7月29日　典1992

ジャックマン, アレクシス　Jacquemin, Alexie　経済学者　ルーベン大学教授, EC委員会経済顧問　⑲産業組織論, EC統合経済　国ベルギー　⊕1938年　典1996

ジャックマン, ヒュー　Jackman, Hugh　俳優　国オーストラリア　⊕1968年10月12日　典2004／2008／2012

ジャッケ, エメ　Jacquet, Aime　サッカー監督　元・サッカー・フランス代表監督　国フランス　⊕1941年11月27日　典2000／2008／2012

ジャッケンドフ, レイ　Jackendoff, Ray　言語学者　ブランダイス大学教授　国米国　典2008

ジャッコーニ, リカルド　Giacconi, Ricardo　天体物理学者　ジョンズ・ホプキンス大学研究教授　元・ヨーロッパ南半球天文台台長, 元・ハーバード大学教授　国米国　⊕1931年10月6日　典1996／2000／2004／2008／2012

ジャッジ, ジョー　Judge, Joe　ネットイヤーグループCKO　国米国　典2004

ジャッジ・ジュディ　Judge Judy　本名=シンドリン, ジュディ　元・ニューヨーク家裁判事　テレビ「ジャッジ・ジュディ」裁判長　国米国　⊕1942年　典2000／2008

シャッツ, カーラ　Shatz, Carla J.　カリフォルニア大学バークレー校神経生物学部門教授　⑲神経生物学　国米国　典1996

ジャッド, アシュレイ　Judd, Ashley　女優　国米国　⊕1968年4月19日　典2000／2004／2008／2012

ジャッド, ジョシュ　Judd, Josh　コンピューター技術者　国米国　典2004

シャッド, ジョン　Shad, John S.R.　元・米国証券取引委員会 (SEC) 委員長　国米国　⊕1923年6月27日　典1992

ジャッド, ドナルド　Judd, Donald　画家, 彫刻家　国米国　⊕1928年6月3日　忌1994年2月12日　典1992／1996

ジャット, トニー　Judt, Tony　本名=Judt,Tony Robert　歴史家　元・ニューヨーク大学教授　国英国　⊕1948年1月2日　忌2010年8月6日

ジャッド, ボブ　Judd, Bob　作家, クリエイティブ・ディレクター　典1992／1996

シャットシュナイダー, ドリス　Schattschneider, Doris　数学者　モラビア大学数学科教授　国米国　典1996

ジャップ, アンドレア・H.　Japp, Andréa H.　ミステリ作家, 毒物学者　国フランス　⊕1957年　典2012

シャーツ・ホプコ, ナンシー　Sharts-Hopko, Nancy　ビラノバ大学教授　典2004

シャツマン, エヴリー　Schatzman, Evry Léon　天文物理学者　元・ニース天文台台長, 元・パリ大学教授　⑲恒星分光学　国フランス　⊕1920年9月16日　忌2010年4月25日　典1996

シャーデー　Sade　歌手　国英国　⊕1960年　典1996／2004／2008

シャーデ, ギュンター　Schade, Günter　ベルリン国立美術館総館長　国ドイツ　典1992／1996

シャーデ, ミヒャエル　Shade, Michael　テノール歌手　国カナダ　⊕1965年　典2012

ジャーディ, ジョン　Jerde, Jon　建築家　国米国　⊕1939年　典2000 (ジャード, ジョン) ／2004／2008

シャディックス, グレン　俳優　⊕1952年4月15日　典1992

シャディード, アンソニー　Shadid, Anthony　ジャーナリスト　元・「ニューヨーク・タイムズ」記者　国米国　⊕1968年　忌2012年2月16日

シャティリエ, エチエンヌ　映画監督　国フランス　⊕1952年　典1992

シャティリエーズ, エチエンヌ　Chatiliez, Etienne　映画監督　国フランス　⊕1953年　典2000／2004／2008

ジャーディン, アル　Jardine, Al　本名=Jardine,Alan　グループ名=ビーチ・ボーイズ　ロック・ギタリスト　国米国　⊕1942年9月3日　典2000／2008／2012

シャーデン, ウィリアム　Sherden, William A.　経営コンサルタ

ト マーシュ&マクレナン 国米国 生1950年 没2000

シャート, マルタ Schad, Martha 作家 国ドイツ 生1939年 没2004

ジャトイ, グーラム・ムスタファ Jatoi, Ghulam Mustafa 政治家 元・パキスタン民族人民党(NPP)党首, 元・パキスタン暫定首相 国パキスタン 生1931年8月14日 没2009年11月20日 没1992

シャトウ, ベートル・ドゥ 世界幼児心理学協会副会長 他幼児・児童心理学 国スウェーデン 生1937年 没1996

ジャドソン, オリビア Judson, Olivia サイエンスライター ロンドン大学インペリアルカレッジ研究員 他進化生物学 国英国 生1970年 没2008

シャトナー, ウィリアム Shatner, William 俳優 国米国 生1931年3月22日 没1992/1996/2004/2008/2012

シャドボルト, モーリス Shadbolt, Maurice 作家 国ニュージーランド 生1932年 没2004年10月10日 没1992

ジャトラ, クロード 映画監督 国カナダ 没1987年4月23日 没1992

シャトラン, モーリス Chatelain, Maurice UFO学研究家, 宇宙考古学研究家, 著述家 国米国 生1909年 没1996/2000

シャドリ, ベンジェディド Chadli, Bendjedid 政治家, 軍人 元・アルジェリア大統領・軍最高司令官・国防相, 元・アルジェリア民族解放戦線(FLN)書記長 国アルジェリア 生1929年4月14日 没2012年10月6日 没1992/1996

シャドリン, ウラジーミル Shadrin, Vladimir アイスホッケー監督 アイスホッケーロシアチーム監督 国ロシア 生1939年6月6日 没1996

シャトルワース, サリー Shuttleworth, Sally 英文学者 シェフィールド大学教授 国英国 没2004/2008

シャトルワース, トッド エイズ問題運動家 国米国 没1987年7月25日 没1992

シャトレ, ノエル Châtelet, Noëlle 作家, 女優 パリ第5大学コミュニケーション学教授, フランス文芸家協会副会長 国フランス 生1944年 没2008/2012

シャトレ, フランソワ Châtelet, François 哲学者 国フランス

シャトローフ, ミハイル Shatróv, Mikhail 本名=シャトローフ, マルシャーク 劇作家, 脚本家 国ロシア 生1932年4月3日 没2010年5月23日 没1992/1996

ジャナード, ジム 実業家 オークリー社代表 国米国 没2000

シャナハン, ブレンダン Shanahan, Brendan 元・アイスホッケー選手 ソルトレークシティ五輪アイスホッケー男子金メダリスト 国カナダ 生1969年1月23日

ジャナン, クリスチーヌ 登山家, 冒険家 国フランス 没2000

ジャーニ, アンドレア Jany, Andrea バレーボール監督, 元・バレーボール選手 アトランタ五輪・アテネ五輪バレーボール男子銀メダリスト 国イタリア 生1970年4月22日 没2000/2008

ジャニィ, ロバート・F. プロデューサー 国米国 没1989年8月6日 没1992

ジャニオ, ピエール Jeanniot, Pierre Jean 実業家 元・国際航空運送協会(IATA)会長, 元・エアカナダ社長・CEO, 元・ケベック大学総長 国カナダ 生1933年4月9日 没2004/2008/2012

ジャニク, アラン Janik, Allan S. 哲学者 国米国 没2004

シャーニク, ジョン Sharnik, John ジャーナリスト 元・CBS放送副社長 国米国 生1923年 没1992

シャニース Shanice 本名=ウィルソン, シャニース 歌手 国米国 生1973年5月14日 没1996/2000

ジャニス, ティム Janis, Tim 作曲家, ピアニスト 国米国 没2004

ジャニス, マーティン Janis, Martin A. 政治家 オハイオ州議会議員 他高齢者問題 国米国 没1992

ジャニータ Janita 歌手 国フィンランド 没2000

シャニノ, ネジャット Shanino, Nejat エリトリア自転車連盟広報担当 国エリトリア 没2000

ジャヌラン, ダニエル・デュ Janerand, Daniel du 画家 国フランス 生1919年 没1992

ジャーネージョー・ママレー Journalgyaw Ma Ma Lay 本名=ドォ・ティンフライン 作家 国ビルマ 生1917年 没1982年 没1992

ジャネッティ, マウロ Gianetti, Mauro 自転車選手 国スイス 生1964年3月16日 没2004

ジャネリ, ロジャー・L. インディアナ大学民俗学科教授 他民俗学 国米国 生1943年 没1996

ジャノウィッツ, タマ Janowitz, Tama 作家 国米国 没1992/1996

ジャノリ, グザヴィエ Giannoli, Xavier 映画監督 国フランス 生1972年 没2000/2004/2008/2012

シャノン, キャスリーン 映画プロデューサー カナダ国立映画制作庁スタジオ・D筆頭プロデューサー 国カナダ 没1992

シャノン, クロード・エルウッド Shannon, Claude Elwood 数学者, 電気工学者 元・マサチューセッツ工科大学名誉教授 他情報理論, 人工知能 国米国 生1916年4月30日 没2001年2月24日 没1992

シャノン, デービッド Shannon, David 絵本作家, イラストレーター 国米国 没2004

シャノン, デル Shannon, Del 本名=ウェストーバー, チャールズ ロック歌手 国米国 生1939年 没1990年2月8日 没1992

シャーノン・アハマッド Shahnon Ahmad 作家 マレーシア科学大学人文学部教授・イスラーム・センター所長 他東南アジア学 国マレーシア 生1933年 没1996

シーバ, ジョン Sherba, John グループ名=クロノス・クァルテット バイオリニスト 国米国 没2004/2008

シャバ, モリス Chappaz, Maurice 詩人, 作家 国スイス 生1916年 没1992

シャピロ, ロナルド Shapiro, Ronald M. 弁護士, 代理人 没2008

ジャバーズ, エイモン Javers, Eamon ジャーナリスト CNBCテレビワシントン特派員 国米国 生1972年 没2012

シャバズィ, パルビズ 映画監督 国イラン 生1963年 没2000

シャハニ, レティシア・ラモス Shahani, Leticia 旧名=ラモス フィリピン上院議員 国フィリピン 生1929年 没1992/1996/2000

シャハム, ギル Shaham, Gil バイオリニスト 国イスラエル 生1971年 没1992/1996/2000/2012

シャバララ, ジョセフ Shabalala, Joseph 歌手 レディスミス・ブラック・マンバーゾ・リーダー 国南アフリカ 没1992/1996

シャハリアリ, マジード Shahriari, Majid 核科学者 元・ベヘシュティ大学教授 国イラン 生1970年 没2010年11月29日

シャバリン, マキシム Shabalin, Maxim 本名=Shabalin,Maxim Andreevich フィギュアスケート選手(アイスダンス) バンクーバー五輪フィギュアスケート・アイスダンス銅メダリスト 国ロシア 生1982年1月25日

ジャバール, ジョージ 政治思想家 元・シリア大統領政治顧問 国シリア 没2000

シャバル, セバスチャン Chabal, Sébastien ラグビー選手(LO) 国フランス 生1977年12月8日 没2008/2012

シャバンデルマス, ジャック Chaban-Delmas, Jacques Michel Pierre 旧名=デルマス, ジャック 政治家 元・フランス首相, 元・フランス下院議長 国フランス 生1915年3月7日 没2000年11月10日 没1992/1996

シャビ Xavi 本名=クレウス, シャビエル・エルナンデス サッカー選手(MF) シドニー五輪サッカー男子銀メダリスト 国スペイン 生1980年1月25日 没2004/2008/2012

シャービー, カフタン・アル Sha'abī, Qahtān Muhammad al- 政治家 元・南イエメン大統領(初代) 国イエメン 生1920年 没1981年7月7日 没1992

シャビ・アロンソ Xabi Alonso 本名=オラーノ, シャビエル・アロンソ サッカー選手(MF) 国スペイン 生1981年11月25日 没2012(アロンソ, シャビ)

ジャービス, グレゴリー・B.　Jarvis, Greg　宇宙飛行士　電気工学　米国　1944年8月24日　1986年1月28日　1992

ジャービス, ジェイン　ジャズピアニスト　米国　1915年10月　2000

ジャービス, シャロン　Jarvis, Sharon　ジャーナリスト, 編集者　米国　1992

ジャービス, ハワード　Jarvis, Howard　納税反対運動の指導者　米国　1986年8月12日　1992

ジャービス, ルーシー　Jarvis, Lucy　映画・テレビ番組製作会社社長　米国　1992

ジャビッツ, ジャコブ　Javits, Jacob Koppel　政治家　元・米国上院議員(共和党)　米国　1904年5月18日　1986年3月7日　1992

シャピテル, ディディエ　元・銀行家　国際赤十字赤新月社連盟事務総長　元・J.P.モルガン欧州総支配人　フランス　2004

ジャビル・アル・アハマド・アル・サバハ　Jabir al-Ahmad al-Sabah　元・クウェート首長　クウェート　2006年1月15日　1992(ジャビル・アル・アハマド・アッ・サバハ)／1996(ジャビル・アル・アハマド・アッ・サバハ)／2000／2004

ジャビル・ムバラク・ハマド・サバハ　Jabir Mubarak al-Hamad al-Sabah　政治家　クウェート首相　クウェート　1942年1月4日

シャピロ, アイザック　Shapiro, Isaac　弁護士　米国　1931年　2012

シャピロ, ウォルター　ジャーナリスト　「タイム」誌編集委員　米国　1947年　1996

シャピロ, カール　Shapiro, Karl Jay　詩人, 評論家　元・カリフォルニア大学教授　米国　1913年11月10日　2000年5月14日　1992

シャピロ, ギルバート　Shapiro, Gilbert　カリフォルニア大学バークレー校教授　素粒子物理学　米国　1934年　1996

シャピロ, コンスタンチン　Shapiro, Konstantin　チェロ奏者　米国　1896年　1992年5月25日　1996

シャピロ, ジェーコブ　Shapiro, Jacob　20世紀フォックス社役員　元・コロンビア映画日本支社長　米国　1992

シャピロ, ジョエル　Shapiro, Joel　画家, 彫刻家　ミニマルアート　米国　1941年9月27日　1992／1996／2000

シャピロ, スタンリー　Shapiro, Stanley　脚本家, 映画プロデューサー　米国　1923年　1990年7月21日　1992

シャピロ, デービッド　Shapiro, David　国際ビジネスコンサルタント, 企業アドバイザー, 小説家　米国　1943年　1996／2000

シャピロ, ハリー　Shapiro, Harry Lionel　人類学者　米国　1902年　1990年1月7日　1992

シャピロ, ハリー　Shapiro, Harry　ロック・ジャーナリスト　2000

シャピロ, ハロルド　Shapiro, Harold Tafler　経済学者　プリンストン大学学長・教授　公共政策学　米国　1935年6月8日　2004

シャピロ, マイケル　Shapiro, Michael　法律家, 音楽家　2004

シャピロ, マイヤー　Schapiro, Meyer　美術史家　コロンビア大学名誉教授　初期キリスト教芸術, 中世美術, 現代芸術　米国　1904年9月23日　1992／1996

シャピロ, マーク　Shapiro, Marc　ジャーナリスト　2004

シャピロ, メリー　全米証券業協会(NASD)監督部門責任者　米国　1992／1996／2000

シャピロ, モー　Shapiro, Mo　コンサルタント　英国　2004

シャピロ, ロバート　Shapiro, Robert J.　エコノミスト　国際通貨基金(IMF)顧問　元・米国商務次官　米国　1950年　1996／2000／2004／2012

シャピロ, ロバート　Shapiro, Robert　実業家, 生化学者　モンサント会長　元・ニューヨーク大学教授　米国　1938年8月4日　1996／2000

シャヒーン, サイフ・サイード　Shaheen, Saif Saaeed　陸上選手(ハードル・長距離)　陸上男子3000メートルハードル世界記録保持者　カタール　1982年10月15日

シャヒーン, ジョージ　Shaheen, George T.　アンダーセンコンサルティングCEO　米国　1944年7月　1992／2000

シャヒーン, ジョン　元・マクミラン・リングフリー石油会社(米)社長　米国　1985年11月1日　1992

シャヒーン, ジーン　Shaheen, C.Jeanne　政治家　米国上院議員(民主党)　元・ニューハンプシャー州知事　米国　1947年1月28日　2004／2008／2012

シャヒン, ヌリ　Sahin, Nuri　サッカー選手(MF)　トルコ　1988年9月5日

シャヒーン, ハウラ　Shaheen, Khawla　ナジャハ大学教員　1947年　1992

シャヒーン, ユーセフ　Chahine, Youssef　映画監督　エジプト　1926年1月25日　2008年7月27日　1992／1996／2000／2004／2008

シャヒン, ラマザン　Sahin, Ramazan　レスリング選手(フリースタイル)　北京五輪レスリング男子フリースタイル66キロ級金メダリスト　トルコ　1983年7月8日　2012

ジャービン, リンダ　Jaivin, Linda　作家, ジャーナリスト, 翻訳家　オーストラリア　2000

シャーピング, ルドルフ　Scharping, Rudolf　政治家　元・ドイツ国防相, 元・ドイツ社会民主党(SPD)党首　ドイツ　1947年12月2日　1996／2000／2004

シャフ, アダム　Schaff, Adam　哲学者, 社会学者　元・ポーランド科学アカデミー哲学社会学研究所所長, 元・ワルシャワ大学哲学教授　ポーランド　1913年3月10日　2006年11月12日　1992／1996／2008

シャープ, アリス　Sharp, Alice　キュレーター　英国　1968年　2000

シャープ, イザドア　Sharp, Isadore　実業家　フォーシーズンズ・ホテル・アンド・リゾート創業者　カナダ　1931年　2004／2008／2012

シャープ, イザベル　Sharpe, Isabel　ロマンス作家　米国　2004

シャープ, イルザ　Sharp, Ilsa　ジャーナリスト　2004

シャープ, ウィリアム　Sharpe, William Forsyth　経済学者　スタンフォード大学名誉教授　元・米国金融協会会長　金融論, ポートフォリオ理論　米国　1934年6月16日　1992／2008／2012

シャープ, ケビン　Sharp, Kevin　カントリー歌手　米国　1970年12月10日　2014年4月19日

シャープ, シャノン　Sharpe, Shannon　元・プロフットボール選手　1968年6月26日　2008

シャープ, ジョン　Sharpe, John L.　フォーシーズンズ・ホテルズ・アンド・リゾーツ社取締役副社長　米国　1942年　1996

シャープ, ジョン　Sharp, John　コンピューター技術者　英国　2004

シャープ, トム　Sharpe, Tom　作家　英国　1928年　1996

シャープ, ネイサン　Sharpe, Nathan　本名=Sharpe,Nathan C.　元・ラグビー選手　オーストラリア　1978年2月26日

シャフ, バレリー　Shaff, Valerie　写真家　米国　2004

シャープ, フィリップ　Sharp, Phillip Allen　生物学者　マサチューセッツ工科大学(MIT)教授　米国　1944年6月6日　1996／2000／2004／2008／2012

シャープ, マリリン　Sharp, Marilyn Augburn　作家　米国　1992

シャープ, ミッチェル　Sharp, Mitchell William　政治家　元・カナダ副首相・外相　カナダ　1911年5月11日　1992

シャーフ, ヨハネス　Schaaf, Johannes　演出家, 映画監督　ドイツ　1933年4月7日　1996

シャープ, ロバート　元・マニュファクチャラーズ・ハノーバー信託社長　米国　1992

シャープ, ローレンス・J.　オックスフォード大学ヌーフィールドカレッジ・フェロー　地方自治, 行政学　英国　1930年　1996

シャファー, H.ルドルフ　Schaffer, H.Rudolph　心理学者　ストラスクライド大学名誉教授　⑰児童発達心理学　⑭英国　⑲2004

ジャファー, ズベイダ　Jaffer, Zubeida　ジャーナリスト　⑭南アフリカ　⑲1996

ジャファ, マックス　バイオリニスト　⑭英国　⑯1991年7月30日　⑲1992

ジャファ, マノラマ　Jafa, Manorama　児童文学作家　⑭インド　⑮1932年　⑲2008

ジャファリ, イブラヒム　Jaafari, Ibrahim　本名=アルアシェイケル, イブラヒム　政治家,医師　元・イラク首相,元・イラク暫定政府副大統領　⑭イラク　⑮1947年　⑲2008／2012

ジャファール・ラーマン　Jaafar Rahman　元・マレーシア国王　⑭マレーシア　⑮1922年7月19日　⑯2008年12月27日　⑲1996／2000

シャファレーヴィチ, イーゴリ　Shafarevich, Igor Rostislavovich　数学者　⑭ロシア　⑮1923年6月3日　⑲2000

ジャフィ, アズリエラ　Jaffe, Azriela　作家,コラムニスト　⑭米国　⑲2004

シャフィ, ガザリ　Shafie, Ghazali　本名=Shafie,Tan Sri Haji Muhammed Ghazali　政治家　元・マレーシア外相　⑭マレーシア　⑮1922年3月22日　⑯2010年1月24日　⑲1992（ガザリ・シャフィ）

ジャフィ, スーザン　Jaffe, Susan　バレリーナ　元・アメリカン・バレエ・シアター（ABT）プリンシパル　⑭米国　⑮1962年5月22日　⑲2004／2012

シャフィ, ハイダル・アブドル　医師　ガザ地区赤新月社総裁,中東和平会議パレスチナ代表団長　⑭パレスチナ　⑲1992／1996

ジャフィ, ハーブ　Jaffe, Herb　映画プロデューサー　⑭米国　⑯1991年12月7日　⑲1996

ジャブイーユ, ジャン・ピエール　Jabouille, Jean-Pierre　スポーツ・ディレクター,元・F1ドライバー　⑭フランス　⑮1942年10月1日　⑲1996

ジャブヴァーラ, ルース・プラワー　Jhabvala, Ruth Prawer　旧名=Prawer,Ruth　作家,脚本家　⑭英国　⑮1927年5月7日　⑯2013年4月3日　⑲1992（ジャーブバーラー, ルース・プラワー）／1996（ジャーブバーラー, ルース・プラワー）

ジャフィ, サム　Jaffee, Sam　俳優　⑭米国　⑮1891年　⑯1984年3月24日　⑲1992

ジャフェ, シャーリー　Jaffe, Shirley　画家　⑮1923年　⑲1996

ジャフェ, ラウラ　Jaffé, Laura　編集者　バイヤール編集者　⑭フランス　⑲2004

ジャフェ, ラミ　Jaffee, Rami　グループ名=ウォールフラワーズ　キーボード奏者　⑭米国　⑲2004／2008

シャプサル, マドレーヌ　Chapsal, Madeleine　作家,ジャーナリスト　フェミナ賞審査委員　⑭フランス　⑮1925年　⑲1992／2000／2004／2008

シャブタイ, サビ　Shabtai, Sabi H.　スパイ小説家　エドレー・スティブンソン国際問題研究所研究員　⑭イスラエル　⑮1942年（?）　⑲1992

シャブダトウアシビリ, ラシャ　Shavdatuashvili, Lasha　柔道選手　ロンドン五輪柔道男子66キロ級金メダリスト　⑭グルジア　⑮1992年1月31日

シャブドゥラスーロフ, イーゴリ　Shabdurasulov, Igor V.　ソ連科学アカデミー地理学研究所員　⑰地理学　⑭ソ連　⑲1992

シャプートン, アンヌ・マリ　Chapouton, Anne-Marie　児童文学作家　⑭フランス　⑮1939年　⑲2000

シャフナー, ジョージ　Shaffner, George　実業家　⑲2004

シャフナー, フランクリン　Schaffner, Franklin J.　映画監督,元・テレビディレクター　⑭米国　⑮1920年5月30日　⑯1989年7月2日　⑲1992

シャフナザーロフ, カレン　Shakhnazarov, Karen　本名=Shakhnazarov,Karen Georgyevich　映画監督　モスフィルム撮影所社長　⑭ロシア　⑮1952年7月8日　⑲2004／2008／2012

シャフナザーロフ, ゲオルギー　Shakhnazarov, Georgii Khosroevich　政治学者　元・ゴルバチョフ・ソ連大統領補佐官

⑭アゼルバイジャン　⑮1924年10月4日　⑯2001年5月15日　⑲1992／1996／2000

ジャブラ, ジャブラ・イブラヒム　作家,詩人,画家　⑭イラク　⑮1920年　⑲1996

シャフライ, セルゲイ　Shakhrai, Sergei Mikhailovich　政治家　ロシア大統領府副長官　⑭ロシア　⑮1956年4月3日　⑲1996／2000

シャプラン・ミディ, ロジェ　Chapelain-Midy, Roger　画家　⑭フランス　⑮1904年8月24日　⑯1992年　⑲1992／1996

シャプリー, ロイド　Shapley, Lloyd　本名=Shapley,Lloyd Stowell　数学者,経済学者　カリフォルニア大学ロサンゼルス校名誉教授　⑰数理経済学,ゲーム理論,マーケットデザイン　⑭米国　⑮1923年6月2日

シャブリエ, ナタリー　Chabrier, Nathalie　画家　⑭フランス　⑮1932年　⑲1992

ジャプリゾ, セバスチャン　Japrisot, Sébastien　本名=ロッシ, ジャン・バティスト　作家,脚本家　⑭フランス　⑮1931年3月4日　⑯2003年　⑲1992／1996

シャフリッツ, ジェイ　Shafritz, Jay M.　ピッツバーグ大学教授　⑰企業・非営利組織の経営　⑭米国　⑮1944年　⑲1996

シャフルディン・プラウィラヌガラ　Syafruddin Prawiranegara　政治家,経済専門家,イスラム教導師　元・インドネシア蔵相,元・インドネシア銀行総裁　⑭インドネシア　⑮1911年　⑲2000

シャプレ, アンネ　Chaplet, Anne　本名=シュテファン, コーラ　ミステリ作家,政治学者,現代史家　⑭ドイツ　⑮1952年　⑲1996（シュテファン, コーラ）／2012

シャープレス, バリー　Sharpless, Barry　本名=Sharpless,K.Barry　化学者　スクリプス研究所教授　⑭米国　⑮1941年4月28日　⑲2004／2008／2012

シャブロル, クロード　Chabrol, Claude　映画監督,俳優　⑭フランス　⑮1930年6月24日　⑯2010年9月12日　⑲1992／1996／2004／2008

シャベコフ, フィリップ　Shabecoff, Philip　グリーンワイアー主宰　⑭米国　⑮1934年　⑲2000

ジャベス, エドモン　Jabès, Edmond　詩人,作家,思想家　⑭フランス　⑮1912年4月16日　⑯1991年1月2日　⑲1992

シャベス・デ・メンドンサ, アントニオ・アウレリアノ　Chaves de Mendonça, Antônio Aureliano　政治家　元・ブラジル副大統領,元・ブラジル鉱業動力相　⑭ブラジル　⑮1929年1月13日　⑯2003年4月22日　⑲1992

ジャベル, カメル・アブ　政治家,政治学者　元・ヨルダン外相　⑭ヨルダン　⑲1992／1996／2000

シャボイヤー, ブライアン　Chaboyer, Brian C.　天文学者　ダートマス大学天文物理学科教授,米国航空宇宙局（NASA）宇宙干渉計画主任研究者　⑲2004／2008

シャボヴァーロフ, デニス　Shapovalov, Denis　チェロ奏者　⑭ロシア　⑮1974年　⑲2000

シャボシニコフ, エフゲニー　Shaposhnikov, Evgenii Ivanovich　元・軍人,政治家　アエロフロート社長　⑭ロシア　⑮1942年2月3日　⑲1992／1996／2000

シャボシニコワ, ナタリア　Shaposhnikova, Nataliya　元・体操選手　⑭ソ連　⑮1961年6月24日　⑲1992／1996

ジャボチンスキー, アナトリー　Zhabotinskii, Anatolii M.　化学者　ソ連国立血液センター輸血研究所低温血流物理研究室長　⑭ソ連　⑮1938年　⑲1992／1996

シャボット, ジャネット・アカネ・トダン　Chabot, Jeanette Akane Taudin　作家　⑭オランダ　⑮1947年　⑲1996

シャボワリヤンツ, アンドレイ　Shapovalyants, Andrei G.　政治家　元・ロシア副首相・経済相　⑭ロシア　⑮1952年2月23日　⑲2000／2004

シャーマ, アナンド　Sharma, Anand　ビジネスコンサルタント　⑲2004

シャーマ, ポール　Sharma, Paul　ブリティッシュ・テレコム（BT）国際報道官　⑭英国　⑮1960年　⑲2000

シャーマー, マイクル　Shermer, Michael　科学史家　⑭米国　⑲2004／2008

シャーマ, ロビン　Sharma, Robin S.　コンサルタント　国米国　逝2008

シャーマス, ナーミア　Shammas, Namir Clement　テクニカルライター, プログラマー　著オブジェクト指向プログラミング　逝1992／1996

シャーマット, アンドルー　Sharmat, Andrew　絵本作家　国米国　逝2000

シャーマット, マージョリー・ワインマン　Sharmat, Marjorie Weinman　児童文学作家　国米国　生1928年　逝1996

ジャマーノ, ジャスティン　Germano, Justin　本名＝Germano, Justin William　大リーグ選手(投手), プロ野球選手　国米国　生1982年8月6日　逝2012

シャマラン, M.ナイト　Shyamalan, M.Night　本名＝Shyamalan, Manoj Nelliyattu　映画監督, 脚本家, 映画プロデューサー　国米国　生1970年8月6日　逝2000／2004／2008／2012

シャマーリ　グループ名＝ブラック・アイボリー　歌手　国米国　逝2000

ジャマリ, ザファルラ・カーン　Jamali, Zafarullah Khan　本名＝ジャマリ, ミール・ザファルラ・カーン　政治家　パキスタン・イスラム教徒連盟クアイディアザム派(PML-Q)幹事長　元・パキスタン首相　国パキスタン　生1944年1月1日　逝2004／2008

ジャマル, マリアム・ユスフ　Jamal, Maryam Yusuf　陸上選手(中距離)　ロンドン五輪陸上女子1500メートル銅メダリスト　国バーレーン　生1984年9月16日

ジャマール・ザーデ, ムハンマド・アリー　Jamāl-zāde, Muhammad 'Alī　作家　国イラン　生1895年　逝1992／1996

シャーマン, ウィリアム・コートニー　Sherman, William Courtney　元・米国国務次官補代理　国米国　生1923年9月27日　逝2004

シャーマン, ウェンディ　Sherman, Wendy　米国国務次官(政治担当)　国米国　逝2004／2008／2012

シャーマン, エリック　Sherman, Eric　著述家　著映画　国米国　生1947年6月　逝1996

シャーマン, サリー　Sherman, Sallie　コンサルタント　逝2008

シャーマン, ジム　Sharman, Jim　映画監督　生1945年　逝1992

ジャマン, ジャン　Jamin, Jean　人類学者　コレージュ・ド・フランス社会人類学研究室長　国フランス　逝2004

ジャーマン, ジュリア　Jarman, Julia　児童文学作家　国英国　生1946年　逝2004

シャーマン, ジョージ　Sherman, George　映画監督　国米国　生1908年7月14日　没1991年3月15日　逝1992

シャーマン, シンディ　Sherman, Cindy　写真家　国米国　逝1992／1996／2000

シャーマン, ダン　Sherman, Dan　作家　国米国　生1950年　逝1996

ジャーマン, デレク　Jarman, Derek　映画監督, 画家, 美術デザイナー　国英国　生1942年1月31日　没1994年2月20日　逝1992／1996

シャーマン, ハワード　Sherman, Howard J.　カリフォルニア大学リバーサイド校教授　著経済学　国米国　逝1992

シャーマン, ビル　Shireman, Bill　環境保護運動家　国米国　逝2008

シャーマン, フランク・エドワード　元・GHQ教育局印刷・出版担当官　国米国　生1917年　没1991年10月11日　逝1992

シャーマン, マーティン　Sherman, Martin　劇作家　国米国　生1942年(?)　逝1992／2000

ジャーマン, ランドル　German, Randall M.　ペンシルベニア大学材料科学部主任教授　著粉末冶金学　国米国　逝1996

シャーマン, ロバート　Sherman, Robert B.　作曲家, 作詞家　国米国　生1925年12月19日　没2012年3月5日

シャーマン・ファエイン　キリスト教伝道師　蘭嶼民族議会主席　国台湾　逝2000

ジャーミー　Jermy　本名＝アンドルー, ジャーミー　アーティスト　国オーストラリア　生1967年11月29日　逝1996／2000

シャミー, ジョセフ　Chamie, Joseph　国連人口部長　国米国　逝2004

シャミ, ナイラ　Shami, Nailah　離婚問題専門家　国米国　逝2004

シャミ, ムバラク　Shami, Mubarak　本名＝シャミ, ムバラク・ハッサン　マラソン選手　国カタール　生1980年12月1日　逝2012

シャミ, ラフィク　Schami, Rafik　作家　国ドイツ　生1946年　逝2000

ジャミ, ローダ　Jamis, Rauda　作家, ジャーナリスト　国フランス　生1955年　逝1992

ジャミソン, ケイ・レッドフィールド　Jamison, Kay Redfield　精神医学者, 著述家　国米国　逝1996／2000

ジャミソン, ジュディス　Jamison, Judith　舞踊家　アルビン・エイリー・アメリカン・ダンス・シアター芸術監督　生1945年　逝1992／2000

ジャミソン, ドナルド　Jamieson, Donald C.　政治家　元・カナダ外相　国カナダ　生1921年　逝1992

シャミル, イツハク　Shamir, Yitzhak　旧名＝Yernitsky, Yitzhak　政治家　元・イスラエル首相, 元・リクード党党首　国イスラエル　生1915年10月15日　没2012年6月30日　逝1992／1996

シャミル, シモン　Shamir, Shimon　歴史家, 元・外交官　テルアビブ大学名誉教授　元・駐ヨルダン, イスラエル大使　著中東現代史　国イスラエル　生1933年12月15日　逝2004／2008／2012

ジャミール, ファトラ　Jameel, Fathulla　政治家　元・モルディブ外相　国モルディブ　生1942年9月5日　没2012年3月1日　逝1992／1996

シャムー, アディル　Shamoo, Adil E.　生化学者　メリーランド大学教授　著生物物理学, 生化学　逝2008

シャム, ジョン　Shum, John　別名＝シャム, ジョニー, 中国名＝岑建勳　映画プロデューサー, 俳優　国香港　生1952年　逝1992(岑建勳　シン・ケンケン)／1996

ジャムサ, クリス　Jamsa, Kris　テクニカルライター　著パソコン, MS-DOS　国米国　逝2000

シャムザイ, ニザムディン　Shamzai, Nizamuddin　イスラム教スンニ派原理主義指導者　国パキスタン　没2004年5月30日　逝2004

ジャムジューン, アハメド　Jamjoom, Ahmad Salah　実業家, 政治家　「アル・マディナ」紙社主　国サウジアラビア　生1925年　逝1992／1996

シャムスカ, ペリクレス　Chamusca, Pericles　本名＝シャムスカ, ペリクレス・レイモンド・オリベイラ　サッカー監督　国ブラジル　生1965年9月29日　逝2008／2012

シャムスディン, アブルカラム　Shamsuddin, AbulKalam M.　病理学者　メリーランド大学医学部教授　著癌, IP6　逝2004

ジャームッシュ, ジム　Jarmusch, Jim　映画監督, 脚本家　国米国　逝1992／1996／2000／2004／2008／2012

ジャムヤン・ノルブ　Jamyang Norbu　作家, チベット学者　国チベット　逝2008(ノルブ, ジャムヤン)

シャムロック, ケン　Shamrock, Kenneth Wayen　格闘家　国米国　生1964年2月11日　逝2004／2008

シャムロック, フランク　Shamrock, Frank　格闘家　国米国　生1972年12月8日　逝2000／2008

シャムーン, カミーユ　Chamoun, Camille　政治家　元・レバノン大統領　国レバノン　生1900年4月3日　没1987年8月7日　逝1992

ジャメ, ヤヤ　Jammeh, Yahya　政治家, 軍人　ガンビア大統領　国ガンビア　生1965年5月25日　逝2000／2004／2008／2012

ジャメーリ　Jamelli　本名＝ジェニオール, パウロ・ロベルト・ジャメーリ　サッカー選手(MF)　国ブラジル　生1974年7月22日　逝2000

シャモニ, ウォルフガング　Schamoni, Wolfgang　文学者　ハイデルベルク大学日本学科教授　著日本近代文学　国ドイツ　生1941年9月　逝1992／2008

シャモワゾー, パトリック　Chamoiseau, Patrick　作家　国フランス　生1953年　逝2000

シャヤカール, ププル　Jayakar, Pupul　インド首相文化担当顧問　国インド　逝1992

ジャヤシンゲ, スサンティカ　Jayasinghe, Susanthika　元・陸上選

手（短距離）　⑱スリランカ　㊤1975年12月17日　㊥2000／2004

ジャヤシンゲ, ミゲル　Jayasinghe, Migel　職業心理学者　㊥2008

ジャヤバラン　医師　⑱マレーシア　㊥1992

ジャヤラトナム, J.B.　Jeyaretnam, J.B.　通称＝JBJ　政治家　元・シンガポール労働者党（WP）書記長　⑱シンガポール　㊤1926年1月5日　㊦2008年9月30日　㊥2000

ジャヤラトナム, フィリップ　弁護士, 作家　⑱シンガポール　㊤1964年2月　㊥1992

ジャヤラリタ, C.J.　Jayalalitha, C.Jayaram　政治家, 元・女優　全インド・アンナ・ドラビダ進歩同盟（AIADMK）党首　⑱インド　㊤1948年2月24日　㊥2000／2008／2012

ジャヤワルデナ, ラル　経済学者　国連大学世界開発経済研究所所長　⑱スリランカ　㊤1934年　㊥1992

ジャヤワルデネ, ジュニアス・リチャード　Jayawardene, Junius Richard　政治家　元・スリランカ大統領　⑱スリランカ　㊤1906年9月17日　㊦1996年11月1日　㊥1992／1996

シャヤン, ショーン　グローバル・ワールド・メディア社長　⑱米国　㊥2000

シャーラー, W.　アリゾナ大学教授　㊨米国外交史　⑱米国　㊤1947年　㊥1996

シャラー, クラウス　Schaller, Klaus　教育学者　ルール大学一般教育学教授, コメニウス研究所長　⑱ドイツ　㊤1925年7月3日　㊥1996

シャラー, ジョージ　Schaller, George Beals　動物学者　ニューヨーク動物学協会動物調査保護センター・ディレクター　㊨野生動物　⑱米国　㊤1933年5月26日　㊥1992／1996／2000

シャラ, ファルーク　Shara, Farouk al-　政治家　シリア副大統領　⑱シリア　㊤1938年　㊥1992／2000／2004／2008／2012

シャラー, マイケル　Schaller, Michael　アリゾナ州立大学教授　㊨歴史学　⑱米国　㊥2000

シャラーエフ, ステパン　Shalaev, Stepan Alekseevich　元・ソ連労働組合中央評議会議長　⑱ソ連　㊤1929年1月5日　㊥1992

シャラット, ニック　Sharratt, Nick　イラストレーター, 画家, 絵本作家　⑱英国　㊤1962年　㊥1996

シャラフ, アイリーン　Sharaff, Irene　衣装デザイナー　⑱米国　㊦1993年8月16日　㊥1996

シャラフ, イサーム　Sharaf, Essam　政治家, 土木工学者　元・エジプト首相　⑱エジプト　㊤1952年　㊥2012

シャラブドルジ, ロ　Sharavdorj, L.　映画監督　⑱モンゴル　㊥1996

シャラポワ, マリア　Sharapova, Maria　テニス選手　ロンドン五輪テニス女子シングルス銀メダリスト　⑱ロシア　㊤1987年4月19日　㊥2004／2008／2012

ジャラール, アーイシャ　Jalal, Ayesha　歴史学者　タフツ大学正教授　㊨南アジア史　㊥2000

シャランスキー, ナタン　Sharansky, Natan　政治家　元・イスラエル副首相・住宅相　⑱イスラエル　㊤1948年1月20日　㊥2000／2004／2008／2012

シャランドン, アルバン　Chalandon, Albin　元・フランス法相, 元・エルフ・アキテーヌ石油会社総裁　⑱フランス　㊤1920年6月11日　㊥1992

シャリー, アンドルー　Schally, Andrew Victor　内分泌学者　テューレン医科大学教授　⑱米国　㊤1926年11月30日　㊥1992／1996

シャーリー, ジョン　元・マイクロソフト社長　⑱米国　㊥1992

シャリアトマダリ, セイエド・カゼム　Shariatmadari, Seyed Kazem　宗教家　元・イスラム教シーア派最高指導者　⑱イラン　㊤1905年　㊦1986年4月3日　㊥1992

シャリエ, イザベル　日本美術研究家　神戸大学教養部非常勤講師　⑱フランス　㊥1996

シャリオール, フィリップ　Charriol, Philippe　実業家　フィリップ・シャリオール社長　⑱フランス　㊥2000

シャーリー・カーク, ジョン　Shirley-Quirk, John　バス・バリトン歌手　⑱英国　㊤1931年8月28日　㊦2014年4月7日

シャリカシュビリ, ジョン　Shalikashvili, John　軍人　元・米国統合参謀本部議長, 元・米国陸軍大将　⑱米国　㊤1936年6月27日　㊦2011年7月23日　㊥1996／2000

ジャリージュ, ジャン・フランソワ　考古学者　ギメ東洋美術館館長　⑱フランス　㊥2004／2008

シャリース　Charice　本名＝ペンペンコ, シャリース　歌手　⑱フィリピン　㊤1992年5月10日　㊥2012

シャリス, マイケル　Shallis, Michael　オックスフォード大学講師　⑱英国　㊤1942年　㊥1996

シャリタ, ザミール　Shalita, Zamir P.　医療微生物学者, 作家, 科学編集者　㊥2008

シャリット, ウェンディ　Shalit, Wendy　ジャーナリスト　「シティ・ジャーナル」編集者　⑱米国　㊤1975年　㊥2004

シャリーフ, アレクサンドラ　Chalif, Alexandra　心理カウンセラー　ラポール・ストラテジー社長　⑱米国　㊥1996

シャリフ, オマー　Sharif, Omar　本名＝Chalhoub,Michael　俳優　⑱エジプト　㊤1932年4月10日　㊥2000／2008／2012

シャリフ, ナワズ　Sharif, Nawaz　政治家　元・パキスタン首相　⑱パキスタン　㊤1949年12月25日　㊥1992／1996／2000／2004／2008／2012

シャリフ, バッサム・アブ　Sharif, Bassam Abu　アラファト・PLO議長の特別顧問　⑱パレスチナ　㊥1992

シャリフォフ, シャリフ　Sharifov, Sharif　レスリング選手（フリースタイル）　ロンドン五輪レスリング男子フリースタイル84キロ級金メダリスト　⑱アゼルバイジャン　㊤1988年11月11日

シャリポフ, ルスタム　Sharipov, Rustam　体操選手　⑱ウクライナ　㊤1971年6月2日　㊥2000

シャリュック, パウル　Schallück, Paul　作家　⑱ドイツ　㊤1922年　㊥1996

ジャリリ, アボルファズル　Jalili, Abolfazl　映画監督　⑱イラン　㊤1957年　㊥2000／2004／2008／2012

シャル, クリフォード　Shull, Clifford Glenwood　物理学者　元・マサチューセッツ工科大学名誉教授　⑱米国　㊤1915年9月23日　㊦2001年3月31日　㊥1996／2000

ジャール, ジャン・ミシェル　Jarre, Jean Michel　本名＝Jarre,Jean Michel Andr'e　音楽家　⑱フランス　㊤1948年8月24日　㊥2000

ジャール, モーリス　Jarre, Maurice-Alexis　作曲家　⑱フランス　㊤1924年9月13日　㊦2009年3月29日　㊥1996

シャル, ヨハンナ　女優　⑱ドイツ　㊤1958年　㊥1996

シャール, ルネ　Char, René　詩人　⑱フランス　㊤1907年6月14日　㊦1988年2月19日　㊥1992

シャルカウイ, アブドゥルラハマン　Sharqawi, Abd al-Rahman al　作家　元・エジプト文芸最高評議会議長　⑱エジプト　㊤1920年　㊦1987年11月10日　㊥1992

シャルガフ, アーウィン　Chargaff, Erwin　生化学者　元・コロンビア大学名誉教授　㊨分子生物学, 分子遺伝学, DNA　⑱米国　㊤1905年8月11日　㊦2002年6月20日　㊥1992／1996／2000

ジャルガルサイハン　司馬遼太郎の「草原の記」をモンゴル語に翻訳　⑱モンゴル　㊥2000

シャルク, モハマド・ハサン　Sharq, Mohammad Hasan　政治家　元・アフガニスタン首相　⑱アフガニスタン　㊤1925年　㊥1992

ジャルコビッチ, V.　Zarković, Vidoje　元・ユーゴスラビア共産主義者同盟中央委幹部会議長　⑱ユーゴスラビア　㊤1927年6月10日　㊥1992

シャールシュミット, ジークフリート　Schaarschmidt, Siegfried　翻訳家　元・ドイツ・ペンクラブ会員　㊨日本文学　⑱ドイツ　㊤1925年8月21日　㊦1998年8月17日　㊥1992／1996

ジャルスキー, フィリップ　Jaroussky, Philippe　カウンターテナー歌手　⑱フランス　㊤1978年　㊥2012

ジャルダン, アレクサンドル　Jardin, Alexandre　作家, 映画監督　⑱フランス　㊤1965年4月14日　㊥1992／1996／2000／2004／2008

ジャルダン, パスカル　Jardin, Pascal　作家, 脚本家　⑱フランス　㊤1934年5月14日　㊥1992

シャルティエ, ロジェ　Chartier, Roger　歴史家　社会科学高等研究院研究指導教授・歴史学研究センター所長　[専]文化史, 書物と読書の歴史　[国]フランス　[生]1945年　[典]1996

ジャルデウ　Jardel　本名=リベイロ, マリオ・ジャルデウ・アルメイダ　サッカー選手(FW)　[国]ブラジル　[生]1973年9月18日　[典]2000／2004／2008

ジャルド, アブデサラム　Jalloud, Abdessalam　政治家　元・リビア全人民委員会書記長(首相)　[国]リビア　[生]1944年12月15日　[典]1992／1996／2004／2008

シャルトラン, フィリップ　Chartrand, Philippe　空中ブランコ芸人, 元・体操選手　シルク・ドゥ・ソレイユ団員　[国]カナダ　[生]1963年12月　[典]1996

ジャルネ, ティエリ　騎手　[国]フランス　[生]1965年3月24日　[典]1996

シャルパック, ジョルジュ　Charpak, Georges　物理学者　元・フランス物理化学高等学院教授, 元・欧州合同原子核研究機構(CERN)研究員　[専]高エネルギー物理学　[国]フランス　[生]1924年3月8日　[没]2010年9月29日　[典]1996／2000／2004／2008

シャルビス, ジル　Shalvis, Jill　ロマンス作家　[国]米国　[典]2004

シャルマ, M.K.　本名=シャルマ, モーハンダース・カラムチャンド　「喪失の国、日本」の著者　[国]インド　[生]1955年　[典]2004

シャルマ, シャンカル・ダヤル　Sharma, Shankar Dayal　政治家　元・インド大統領　[国]インド　[生]1918年8月19日　[没]1999年12月26日　[典]1992／1996

シャルマ, ハリ　Sharma, Hari　オハイオ州立大学医学部病理学教授・ガン予防とナチュラル・プロダクツ研究ディレクター　[専]フリーラジカル　[国]米国　[典]2000

シャルマ, パワン　Sharma, Pawan V.　弁護士　モルガン・ルイス・アンド・ボッキウス法律事務所　[国]英国　[典]2004

シャルマ, プラン・クマール　漫画家　[国]インド　[典]2000

シャルマ, リトゥ　モデル　[国]インド　[典]2000

シャルマン, アリックス・ケイツ　Shulman, Alix Kates　作家, フェミニスト　[国]米国　[生]1932年　[典]2000

シャルマン, ディー　Shulman, Dee　絵本作家　[典]2000

シャルマン, バーナード　Shulman, Bernard H.　臨床心理学者　ノースウェスタン医科大学教授　元・北米アドラー派心理学会会長, 元・国際個人心理学会会長　[国]米国　[典]2004／2008

シャルリー, イザベル　Charly, Isabelle　イラストレーター　[国]フランス　[典]2008

シャルル・ルー, エドモンド　Charles-Roux, Edmonde　作家　[専]ココ・シャネル研究　[国]フランス　[典]1992

シャルレーン公妃　Charlene　旧名=ウィットストック, シャルレーン　元・水泳選手　モナコ公国王妃　[国]モナコ　[生]1978年1月25日　[典]2012

シャルロット大公女　Charlotte　元・ルクセンブルク大公女　[国]ルクセンブルク　[生]1896年1月23日　[没]1985年7月9日　[典]1992

シャルンベルフ, クン　Scharrenberg, Koen　ジャーナリスト, 空手選手　[国]オランダ　[生]1956年1月19日　[典]2000

ジャレ, ドニーズ　Jallais, Denise　詩人　[国]フランス　[生]1930年　[典]1992

シャーレス, ベルナール　Charles, Bernard　実業家　ダッソー・システムズ社長　[国]フランス　[典]2000

ジャレット, キース　Jarrett, Keith　ジャズ・ピアニスト, 作曲家　[国]米国　[生]1945年5月8日　[典]1992／1996／2000／2004／2008／2012

ジャレット, クレア　Jarrett, Clare　絵本作家, 画家, 版画家　[国]英国　[生]1952年　[典]2000

シャレーラ, ドナ　Shalala, Donna Edna　政治学者　マイアミ大学学長　元・米国厚生長官, 元・ウィスコンシン大学マディソン校学長　[国]米国　[生]1941年2月14日　[典]1996／2000／2004／2008／2012

シャロー, ジャック　バスケットボール監督　[典]1996

シャロー, ジャン　Charlot, Jean　画家, 挿絵画家　[国]米国　[生]1898年　[典]1992

ジャロ, ヤヤ　Diallo, Yaya　ジェンベ奏者　[生]1946年　[典]2000

ジャロウ, アル　Jarreau, Al　ジャズ歌手　[国]米国　[生]1940年3月12日　[典]2004／2008

シャロウ, ポール・ゴードン　ラトガース大学教授　[専]日本文学　[国]米国　[典]1992

シャーロック, ソニー　Sharrock, Sonny　ジャズギタリスト　[国]米国　[生]1940年8月27日　[没]1994年5月26日　[典]1996

ジャロット, エロス　Djarot, Eros　映画監督, 政治家　ブンカルノ国民党代表　[国]インドネシア　[生]1950年　[典]1992／2004

ジャロット, スラメット・ラハルジョ　Djarot, S.　映画監督　[国]インドネシア　[生]1949年　[典]1996

ジャロット, チャールズ　Jarrott, Charles　映画監督　[国]英国　[生]1927年6月16日　[没]2011年3月4日

ジャローテ, パンカジ　Jalote, Pankaj　コンピューター科学者　インド工科大学コンピューターサイエンス学部教授　[国]インド　[典]2004

シャロビッチ, ミルコ　Sarović, Mirko　政治家　元・セルビア人共和国大統領, 元・ボスニア・ヘルツェゴビナ幹部会員　[国]ボスニア・ヘルツェゴビナ　[生]1956年9月16日　[典]2004／2008

ジャーロフ, アレクサンドル　Zharov, Aleksandr Alekseevich　詩人　[国]ソ連　[生]1904年　[没]1984年9月　[典]1992

シャーロフ, ワレリー　Sharov, Valerii Yulievich　ジャーナリスト　「文学新聞」ウラジオストク駐在記者　[国]ソ連　[生]1953年　[典]1992／1996

シャローム, シルヴァン　Shalom, Silvan　政治家, ジャーナリスト　元・イスラエル副首相・外相　[国]イスラエル　[生]1958年　[典]2008／2012

ジャロレット, ルイス　Gialloreto, Louis　エア・カナダ国際マーケティング戦略部部長, マックジル大学講師　[国]カナダ　[典]1992

シャロワ, ベルナール　Charoy, Bernard　画家　[国]フランス　[生]1931年　[典]1992／2000

シャロン, アリエル　Sharon, Ariel　政治家, 軍人　元・イスラエル首相, 元・リクード党首　[国]イスラエル　[生]1928年2月26日　[没]2014年1月11日　[典]1992／1996／2000／2004／2008／2012

シャロン, ギー　Charon, Guy　画家　[国]フランス　[生]1927年2月4日　[典]1996

シャロン, ジャン　Chalon, Jean　作家　[国]フランス　[生]1935年　[典]1996

シャロン, ジョン　Chalon, Jon　本名=シャロナー, ジョン　作家　[生]1924年　[典]2004

シャローン, デービッド　Shallon, David　指揮者　元・エルサレム交響楽団音楽監督　[国]イスラエル　[生]1950年　[没]2000年9月16日　[典]1996

シャロン, トーマス　Sharon, Thomas A.　看護士　[典]2008

シャロン, ナタン　Sharon, Nathan　ワイズマン科学研究所生物物理部門教授　[専]生物物理学, 生化学　[国]イスラエル　[典]1992／1996

シャロン, フランシス　Charhon, Francis　医師(麻酔医)　メドゥサン・サン・フロンティエール(MSF)事務局長　[国]フランス　[生]1946年　[典]1992

ジャワラ, ダウダ　Jawara, Dawda Kairaba　政治家　元・ガンビア大統領　[国]ガンビア　[生]1924年5月16日　[典]1992／1996

ジャワール, モハメド　マレーシア戦略国際問題研究所所長　[専]戦略国際問題, 安全保障　[国]マレーシア　[典]2000

ジャン, アイジェイ　ジャン,I.J.　Jang, I.J.　漢字名=張益済　プロゴルファー　[国]韓国　[生]1973年2月14日　[典]2008／2012

ジャン, イウェン　Jiang, Yiwen　グループ名=上海クワルテット　バイオリニスト　[典]2004／2008

ジャン・イェジュン　張 礼準　三新オールステート生命保険会長　[国]韓国　[生]1924年7月17日　[典]1996

ジャン・イギュン　張 義均　韓国政治犯　[国]韓国　[典]1996

ジャン・イルナム　張 一男　作曲家　漢陽大学音楽大学教授, ソウル・アカデミーオーケストラ常任指揮者・音楽監督　[国]韓国　[生]1932年2月2日　[典]1996

ジャン・インスク　張 仁淑　韓国放送通信大学長, 韓国大学教育審議委員会会長, 韓国著作権法学会会長　[国]韓国　[生]1931年3月19日　[典]1996

ジャン・ウォンジン　張 元鎮　プロ野球選手(外野手)　[国]韓国　[生]1969年6月15日　[典]1996

ジャン・ウソン　張 遇聖　号=月田　画家　月田美術文化財団理事長　[国]韓国　[生]1912年6月22日　[典]1996

ジャン・ウルビョン　張 乙炳　成均館大学総長　[専]政治学　[国]韓国　[生]1933年12月14日　[典]1996

ジャン・ウン　張 雄　元・バスケットボール選手　朝鮮オリンピック委員会専務理事, 国際オリンピック委員会(IOC)委員　[国]北朝鮮　[典]1992/1996/2000

ジャン, オリビエ　Jean, Olivier　スピードスケート選手(ショートトラック)　バンクーバー五輪スピードスケート・ショートトラック男子5000メートルリレー金メダリスト　[国]カナダ　[生]1984年3月15日　[典]2012

ジャン・カンジェ　張 康在　Chang, Kang-chae　元・韓国日報会長　[国]韓国　[生]1945年8月13日　[没]1993年8月2日　[典]1996

ジャン・キオ　張 基梧　勤労福祉公社理事長　[国]韓国　[生]1932年2月3日　[典]1996

ジャン・キオク　張 基玉　家族福祉研究所理事長　[国]韓国　[生]1936年4月10日　[典]1996

ジャン, キャロライン　Zhang, Caroline　フィギュアスケート選手　[国]米国　[生]1993年5月20日　[典]2008(ザン, キャロライン)/2012(ザン, キャロライン)

ジャン・キョンジャク　張 慶作　新世界百貨店専務　[国]韓国　[生]1943年　[典]1992

ジャン・キルス　張 吉秀　映画監督　[国]韓国　[生]1955年　[典]1996

ジャン・クァンホ　張 光鎬　プロ野球選手(捕手)　[国]韓国　[生]1967年4月14日　[典]1996

ジャン・グンサム　張 君三　Chang, Koon-sam　翻訳家　ADD代表取締役, 高麗大学国際法律問題研究所研究員　[国]韓国　[生]1942年10月　[典]1996

シャン・サ　Shan, Sa　漢字名=山颯　作家, 詩人, アーティスト　[生]1972年　[典]2008/2012

ジャン, サム　Djang, Sam　作家, 歯科医　[国]韓国　[典]2004

ジャン・サン　張 裳　Chang, Sang　神学者　梨花女子大学総長　[国]韓国　[生]1939年10月　[典]2004

ジャン・サンジェ　蔣 祥在　釜山高裁裁判長　[国]韓国　[生]1936年10月10日　[典]1996

ジャン・サンヒョン　張 相鉉　韓国交通部次官　[国]韓国　[生]1936年2月17日　[典]1996

ジャン・サンムン　張 相文　東明文化学園理事長, 仏教放送社長, 仏教振興会理事長　[国]韓国　[生]1922年12月6日　[典]1996

ジャン・ジェシク　張 在植　政治家　韓国国会議員　元・韓国産業資源相, 元・住宅銀行長　[国]韓国　[典]2004

ジャン・ジェジュン　張 在重　韓国科学技術研究院東京連絡事務所長　[国]韓国　[生]1947年　[典]1992(ジャン・ゼジュン)/1996

ジャン・ジェンホワ　姜 建華　Jiang, Jian-hua　二胡奏者　[国]中国　[生]1961年6月5日　[典]1992(キョウ・ケンカ)/1996(キョウ・ケンカ)/2000(キョウ・ケンカ)/2004/2008/2012

ジャン・シーミン　Zhang, Shiming　イラストレーター　[典]2004

ジャン・ジュグン　張 籌根　民俗学者　京畿大学教授　[専]韓国民俗学　[国]韓国　[生]1925年　[典]2004

ジャン, ジョルジュ　Jean, Georges　元・メーヌ大学教授　[専]言語学, 記号学　[国]フランス　[生]1920年　[典]1992/1996

ジャン, ショレー　リヨン第3大学助教授　[専]日本語, 日本文学　[国]フランス　[典]1992

ジャン・ジョンイム　張 貞任　作家　[国]韓国　[生]1948年11月29日　[典]1996

ジャン・ジョンイル　蔣 正一　Chang, Jeong-il　作家　[国]韓国　[生]1962年　[典]1996/2000

ジャン・ジョンイル　張 正一　Chang, Jung-il　詩人, 作家　[国]韓国　[生]1962年　[典]2004

ジャン・ジョング　張 正九　プロボクサー　元・WBA世界ジュニアフライ級チャンピオン　[国]韓国　[典]1992/1996

ジャン・ジョンスン　張 定淳　プロ野球選手(投手)　[国]韓国　[生]1964年8月1日　[典]1996

ジャン・ジョンフン　張 鍾熏　プロ野球選手(内野手)　[国]韓国　[生]1968年4月10日　[典]1992(張 鍾熏 ジャン・ジョンフン)/1996/2000

ジャン・シンヨ　張 信堯　ソウル大学名誉教授　[国]韓国　[生]1919年1月10日　[典]1996

ジャン・スチョル　張 寿哲　児童文学作家　[国]韓国　[生]1916年6月25日　[典]1996

ジャン・スヨン　張 秀英　棋士　囲碁9段(韓国棋院)　[国]韓国　[生]1952年9月17日　[典]1996

ジャン・スンギル　張 承吉　元・外交官　元・駐エジプト北朝鮮大使　[生]1948年　[典]2000(チョウ・ショウキツ)

ジャン・セドン　張 世東　Chang, Se-dong　元・軍人　元・韓国国家安全企画部長　[国]韓国　[生]1936年9月27日　[典]1992/1996/2000

ジャン・ソクファ　張 石和　弁護士　韓国国会議員　[国]韓国　[生]1945年11月10日　[典]1996

ジャン・ソクユン　張 錫允　著述家　[国]米国　[生]1933年　[典]1996(チョウ・シャクイン)

ジャン・ソクユン　張 碩潤　漢陽大学名誉教授　[国]韓国　[生]1916年11月1日　[典]1996

ジャン・ソヒ　張 瑞希　タレント　[国]韓国　[生]1972年1月15日　[典]1996

ジャン・ソンウ　張 善宇　Jang, Sun-woo　本名=張万鉄　筆名=善守　映画監督　[国]韓国　[生]1952年3月20日　[典]1992/1996/2000/2004

シャン, ダレン　Shan, Darren　本名=オショーネシー, ダレン　作家　[国]アイルランド　[生]1972年7月2日　[典]2004/2008/2012

ジャン・チェグン　張 彩根　プロ野球選手(捕手)　[国]韓国　[生]1964年3月28日　[典]1992/1996

ジャン・チェンミン　姜 建銘　Chiang, Chien-ming　プロ野球選手(投手)　[国]台湾　[生]1985年5月27日　[典]2008(キョウ・ケンメイ)/2012

ジャン・チュンシク　張 忠植　檀国大学総長, 韓国オリンピック委員会(KOC)副委員長, 障害者文人協会理事長, 韓・中・ソ協会会長　[国]韓国　[生]1932年7月25日　[典]1996

ジャン・テス　張 泰洙　プロ野球選手(外野手)　[国]韓国　[生]1957年10月15日　[典]1996

ジャン・デファン　張 大煥　Chang, Dae-whan　新聞人　毎日経済新聞会長　[国]韓国　[生]1952年3月21日　[典]2004/2012

ジャン・ドゥソク　張 斗碩　コメディアン　[国]韓国　[生]1957年9月29日　[典]1996

ジャン・ドゥソン　張 斗星　中央日報主筆兼理事　[国]韓国　[生]1937年12月22日　[典]1996

ジャン・ドクジン　張 徳鎮　大陸研究所会長, (株)大陸総合開発会長, 社会発展研究会会長　[国]韓国　[生]1934年6月27日　[典]1996

ジャン・ドクスン　張 徳順　ソウル大学名誉教授, 韓国口碑文学会会長, 陶南学会理事長　[国]韓国　[生]1921年7月9日　[典]1996

ジャン・ドクヨン　張 悳泳　プロ野球選手(外野手)　[国]韓国　[生]1968年6月3日　[典]1996

ジャン・ドソン　張 都松　朝興銀行支店長, 朝興銀行研修院長, 金融機関女性責任者会会長　[国]韓国　[生]1936年1月2日　[典]1996

ジャン・ドンヨプ　帳 東燁　編集者　[国]韓国　[生]1962年　[典]2004/2008

ジャン・ハクロ　張 学魯　元・韓国大統領府第一附属室長　[国]韓国　[典]2000

ジャン・ハンギ　張 漢基　東国大学芸術大学学長　[専]韓国演劇　[国]韓国　[生]1931年1月18日　[典]1996

ジャン・ハンソン　長 項線　本名=金胤洙　タレント　[国]韓国　[生]1947年2月22日　[典]1996

ジャン・ヒオク　章 輝玉　東国大学仏教学部講師　[専]仏教学　[国]韓国　[生]1951年　[典]1996/2000

ジャン・ヒャンソク　張 亨碩　Jang, Hyung-seok　サッカー選手(MF)　[国]韓国　[生]1972年7月7日　[典]2000

ジャン・ヒョジョ　張 孝祚　プロ野球選手(外野手)　国韓国　⊕1956年7月4日　典1992(張 孝作 ジャン・ヒョジョ)／1996
ジャン・ビョング　蔣 炳九　韓国地方自治経営協会会長　国韓国　⊕1937年3月29日　典1996
ジャン・ヒョンリョン　張 亨龍　Jang, Hyoung-ryong　韓国金融研修院講師,韓国金融法務研究所臨時代表　国韓国信託法　国韓国　⊕1933年4月10日　典1996
ジャン・ヘジン　張 恵真　歌手　国韓国　⊕1968年5月15日　典1996
ジャン・ヘンフン　張 幸勲　東亜日報理事・ヨーロッパ総局長　国韓国　⊕1937年11月3日　典1996
ジャン・ホヨン　張 浩淵　プロ野球選手(投手)　国韓国　⊕1960年5月5日　典1996
ジャン・マンスン　張 万淳　韓国外務部第1次官補　国韓国　⊕1937年3月24日　典1996
ジャン, ミカエル　Jean, Michaëlle　政治家,ジャーナリスト　カナダ総督　国カナダ　典2012
ジャン・ミョンス　張 明秀　ジャーナリスト,コラムニスト　韓国日報社長　国韓国　⊕1943年　典2004／2008
ジャン・ミンホ　張 民虎　俳優　国韓国　⊕1924年9月29日　典1996
ジャン・ヨン　張 龍　タレント　国韓国　⊕1945年4月8日　典1996
ジャン・ヨンシク　張 娟植　タレント　国韓国　⊕1969年10月6日　典1996
ジャン・ヨンシン　張 英信　Chang, Yong-shin　実業家,政治家　愛敬グループ会長,韓国国会議員(新千年民主党)　国韓国　⊕1936年7月22日　典2004／2008
ジャン・ヨンダル　張 永達　Chang, Young-dal　政治家　韓国国会議員(新千年民主党),大韓サッカー協会副会長　国韓国　⊕1948年8月24日　典2004／2008
ジャン・ヨンハク　張 龍鶴　作家　国韓国　⊕1921年4月25日　典1996
ジャン, レイモン　Jean, Raymond　作家,批評家　元・エクサン・プロヴァンス大学教授　国フランス　⊕1925年11月21日　⊗2012年4月3日　典1996
ジャン, レスリー・ウィング　Jan, Lesley Wing　小学校教師　典2008
シャンカー, D.R.　Schanker, D.R.　作家,弁護士　国米国　典2004
ジャンカ・ジャバテ　Djanka Diabate　歌手　⊕1956年　典1996
ジャンカス, ジョアン　Junkus, Joan C.　ドゥ・ポール大学准教授　専金融,財政　国米国　典1992
ジャンガラチェワ, ミラ　キルギスタン大統領府民族問題諮問委顧問,ビシケク市議会民族問題委員長　国キルギスタン　⊕1951年　典1996
シャンカラチャルヤ, S.　Shankaracharya, S.　ヒンズー教指導者　国インド　典2000
シャンカール　映画監督　国インド　典2000
シャンカール, アヌーシュカ　Shankar, Anoushka　シタール奏者　国インド　典2004／2008
シャンカール, マムター　Shankar, Mamata　女優,舞踊家　国インド　⊕1955年1月　典2000
シャンカール, ラヴィ　Shankar, Ravi　本名=Chowdhury,Robindro Shaunkor　シタール奏者,作曲家　国インド　⊕1920年4月7日　⊗2012年12月11日　典1992／1996／2000／2004／2008／2012
シャンカール, ラムセワク　Shankar, Ramsewak　政治家　元・スリナム大統領　国スリナム　⊕1937年11月6日　典1992／1996
ジャンキンズ, ジェリー　Junkins, Jerry Ray　実業家　元・テキサス・インスツルメンツ(TI)会長・社長・CEO　国米国　⊕1937年12月9日　⊗1996年5月29日　典1996
シャング, ルビー　振付家・ダンサー　国米国　典1992
シャンク, ロジャー　Schank, Roger　コンサルタント　ノースウェスタン大学学習科学研究所創始者・所長,コグニティブ・アート経営者　国米国　典2004
シャンクマン, アダム　Shankman, Adam　映画監督　国米国　⊕1964年　典2008／2012

シャンクマン, グレゴリー　Shenkman, Gregory　ジェネシス主宰者　国米国　典2000
ジャンクロー, ウィリアム　Janklow, William John　別名=ジャンクロー, ビル　政治家　元・サウスダコタ州知事　国米国　⊕1939年9月13日　⊗2012年1月12日　典1996／2000／2004
ジャンケレヴィッチ, ウラジーミル　Jankélévitch, Vladimir　哲学者,音楽学者　元・ソルボンヌ大学名誉教授　専アンリ・ベルクソン　国フランス　⊕1903年8月31日　⊗1985年6月6日　典1992（ジャンケレビッチ, ウラジーミル）
ジャン公　Jean, Duke of Nassau　本名=Jean Benoit Guillaume Marie Robert Louis Antoie Adolphe Marc D'aviano　元・ルクセンブルク大公(元首)　国ルクセンブルク　⊕1921年1月5日　典1992（ジャン大公）／1996（ジャン大公）／2000（ジャン大公）／2004（ジャン大公）／2008／2012
ジャンシック, ウェイン　Jancik, Wayne　レコード・コレクター,音楽評論家　国米国　典1992／1996
シャンジュー, ジャン・ピエール　Changeux, Jean-Pierre　神経生物学者　コレージュ・ド・フランス教授,パスツール研究所教授・分子神経生物学部門部長　専細胞伝達　国フランス　⊕1936年4月6日　典1992／1996
ジャンス, ヴェロニク　Gens, Ve'ronique　ソプラノ歌手　国フランス　⊕1966年　典2012
ジャンス, リッツァ　Jans, Litza　イラストレーター,アニメーター　典2004
ジャンスース, ピエール　Gensous, Pierre　労働運動家　国フランス　⊕1925年7月25日　典1992
ジャンスラン, クロード　Genzling, Claude　著述家,建築家　国フランス　典1992
ジャンセム, ジャン　Jansem, Jean　画家　国フランス　⊕1920年　典1992
ジャンセン, D.ハント　ペンシルベニア大学教授　専熱帯生物学　国米国　典2000
ジャンセン, スティーブ　Jansen, Steve　旧グループ名=ジャパン　ミュージシャン　国英国　⊕1959年12月1日　典2012
ジャンセン, ダニエル　Janssen, Baron Daniel　ソルベイ社社長　国ベルギー　典1992
ジャンセン, ダニエル・ハント　Janzen, Daniel Hunt　ペンシルベニア大学教授　専熱帯生物学　国米国　⊕1939年　典2000
ジャンセン, タラ　Janzen, Tara　別筆名=マックレイノルズ, グレナ　ロマンス作家　国米国　典2012
ジャンセン, ダン　Jansen, Dan　元・スピードスケート選手　国米国　⊕1965年6月17日　典1996／2000
ジャンセン, パティ　Jansen, Patti　マネジメント・コンサルタント　国米国　典2008
ジャンセン, マリウス　Jansen, Marius Berthus　歴史学者　元・プリンストン大学名誉教授,元・日本学士院客員　専日本近現代史　国米国　⊕1922年4月11日　⊗2000年12月10日　典1996／2000
ジャンセン, ミュリエル　Jensen, Muriel　ロマンス作家　国米国　典2000
ジャンセン, リー　Janzen, Lee　プロゴルファー　国米国　⊕1964年8月28日　典1996／2000／2008
ジャンソン, アンソニー　Janson, Anthony F.　美術学者,元・キュレーター　ノースカロライナ大学ウィルミントン校美術演劇学科長　国米国　典2004
シャンソン, アンドレ　Chamson, André　本名=Chamson,André Jules Louis　作家,批評家　国フランス　⊕1900年6月6日　⊗1983年　典1992
ジャンソン, マイケル　Janson, Michael　医師　ケンブリッジ・ホリスティック健康センター所長,予防医学センターオーナー　専栄養学,ホリスティック健康　国米国　⊕1944年　典2000
シャーンタ, フェレンツ　Sánta, Ferenc　作家　国ハンガリー　⊕1927年　典2000／2004
ジャンダー, メアリー　Jander, Mary　編集者　「ライト・リーディング」上級編集者　典2008

ジャンツ, グレゴリー　Jantz, Gregory L.　心理学者　国米国　商2004

ジャンツァン　Jantsan　モンゴル郵便公社総裁　国モンゴル　商2004／2008

シャンデ, トゥーシャー　Chande, Tushar S.　トレーダー　商2004

ジャンテ, ピエール　Jeantet, Pierre　ジャーナリスト　元・ルモンド社長　国フランス　商2008／2012

ジャンティ, フィリップ　Genty, Philippe　舞台芸術家, 人形師　フィリップ・ジャンティ・カンパニー主宰　国フランス　商2000／2004／2008／2012

シャンデス, エルヴェ　Chandès, Hervé　キュレーター　カルティエ現代美術財団ディレクター　国フランス　⊕1956年　商2004／2008／2012

シャンデルナゴール, フランソワーズ　Chandernagor, Françoise　本名＝ユンゲルセン, フランソワーズ　作家　元・最高行政裁判所調査官　国フランス　⊕1945年　商1992／2012

シャンド, アレクサンダー　Shand, Alexander H.　経済学者　マンチェスター・メトロポリタン・ユニバーシティ上級講師　国現代オーストリア学派　国英国　⊕1921年　商1996

シャントー, エリク　Shanteau, Eric　水泳選手（平泳ぎ・個人メドレー）　ロンドン五輪競泳男子4×100メートルメドレーリレー金メダリスト　国米国　⊕1983年10月1日　商2012

シャンドラー, セーラ　Shandler, Sara　「あの日、私は17歳だった。」の著者　国米国　商2004

シャンドラー, マイケル　Shandler, Michael　執筆家, コンサルタント　国米国　商1992

ジャンドロン, モーリス　Gendron, Maurice　チェロ奏者, 指揮者　国フランス　⊕1920年12月26日　没1990年8月20日　商1992

ジャンニ, ニコラス　俳優, 太鼓奏者, 演出家　国英国　商1992

ジャンニーニ, フリーダ　Giannini, Frida　ファッションデザイナー　グッチ・クリエイティブディレクター　国イタリア　⊕1972年　商2012

ジャンヌ・クロード　Jeanne-Claude　本名＝ヤバチェフ, ジャンヌ・クロード　旧名＝ド・ギルボン　共同名＝クリスト＆ジャンヌ・クロード　環境芸術家　元・CVJ社長　国米国　⊕1935年6月13日　没2009年11月18日　商1996／2000／2004／2008

ジャンヌネー, ジャン・ノエル　Jeanneney, Jean-Noël　歴史学者　パリ政治学院歴史学教授　元・フランス国立図書館館長　国フランス　⊕1942年4月2日　商1992（ジャヌネー, ジャン・ノエル）／2012

シャンバーグ, シドニー　Schanberg, Sydney Hillel　ジャーナリスト　「ニューズデー」紙アソシエート・エディター・コラムニスト　国米国　⊕1934年1月17日　商1996

シャンビ, クロード　陶芸家　国際陶芸アカデミー会員　国フランス　⊕1944年　商1992

シャンビ, デルフィーヌ・マイコ　Ciampi, D.M.　ミュージシャン, ファッションデザイナー　国フランス　商1992

シャンビ, マルセル　Ciampi, Marcel　ピアニスト　国フランス　⊕1891年　商1992

シャンピオン, フィリップ　Champion, Philippe　タグ・ホイヤー社副社長　国フランス　⊕1961年　商2000

ジャンピノ, シルヴィアンヌ　Giampino, Sylviane　心理学者, 精神分析学者　国フランス　商2004

ジャンビン・ダシドンドク　Jambyn Dashdondog　作家, 詩人　金の物語社社長, モンゴル児童文化基金会長　国モンゴル　⊕1941年　商2008（ジャンビン・ダシドンドク／ダシドンドク, ジャンビーン）

ジャンフランコ, ポンテレ　ベネチア市議会予算計画局長, プロモーペ副社長　国イタリア　商1992

ジャンベック, パー　Jambeck, Per　コンピューター生物学者　国米国　商2004

シャンボー, デービッド　ジャーナリスト　ジョージ・ワシントン大学アジア研究所長　元・「チャイナ・クォータリー」編集長　国中国政治, アジア国際関係論　⊕1953年　商1996／2000

ジャンポルスキー, ジェラルド　Jampolsky, Gerald G.　精神科医　生き方を変えるヒーリングセンター創立者　国米国　商1992／1996／2004

シャンボン, アルベール　Chambon, Albert　文筆家, 元・外交官　国フランス　商2000

ジャンメール, ジジ　Jeanmaire, Zizi　本名＝ジャンメール, ルネ　舞踊家, 女優　国フランス　⊕1924年4月29日　商1992／2008／2012

シャンリー, アンドルー　Shanley, Andrew　「父と子のゴルフ奮闘記」の著者　国米国　商2004

シャンリー, ジョン・パトリック　Shanley, John Patrick　劇作家, 脚本家, 映画監督　国米国　⊕1950年10月13日　商1992／1996／2012

シャンリー, マーク　Shanley, Mark T.　経営学者　パーデュー大学クラナート経営大学院教授　国経営戦略, M&A, 企業の社会的評価, ヘルスケア戦略　商2004

ジャンロー, レイモンド　Jeanloz, Raymond　カリフォルニア大学バークレー校教授　国地球物理学　国米国　商1996

シュー　Shoo　本名＝劉洙寧　グループ名＝S.E.S　歌手　国韓国　⊕1981年10月23日　商2000／2004

シュ・イチミン　朱 一民　テレビディレクター　国中国　⊕1943年3月　商1996

シュ・ウレイ　朱 雨玲　Zhu, Yu-ling　卓球選手　国中国　⊕1995年1月10日

シュ・エイカツ　珠 栄嘎　歴史家　国中国　⊕1921年　商1996

シュ・エイコン　朱 栄根　ジャーナリスト　新華通信社東京支局長　国中国　⊕1933年　商1992／1996

シュー, エリザベス　Shue, Elizabeth　女優　国米国　⊕1963年10月6日　商2000／2004／2008／2012

ジュ・エルヴィン　グループ名＝JuJu Club　ベース奏者, ドラム奏者　国韓国　商2000

シュー, エレーヌ　Chew, Hélène　考古学者　国フランス　商2008

シュ・カイケン　朱 開軒　Zhu, Kai-xuan　中国共産党中央委員候補　元・中国国家教育委員会主任　国中国　⊕1932年　商1996／2000

シュ・カガイ　朱 家愷　医師　中山医科大学副学長兼顕微外科び顕微外科研究室主任　国中国　⊕1931年　商1996

シュ・カクソン　朱 鶴孫　筆名＝朱子系　化学者　北京理工大学学長, 全国大学工業設計学会理事長, 中国工業設計協会副理事長　国中国　⊕1930年　商1996

シュ・ガクハン　朱 学範　Zhu, Xue-fan　政治家, 労働運動指導者　元・中国国民党革命委員会（民革）中央委員会主席, 中国全国人民代表大会（全人代）常務委員副委員長　国中国　⊕1905年6月　没1996年1月8日　商1992／1996

シュ・カシュン　朱 家駿　Zhu, Jia-jun　文学者　厦門大学人文学院助教授　国祭祀儀礼音楽　国中国　⊕1954年　商2004

シュ・カリン　朱 家麟　Zhu, Jia-lin　ジャーナリスト　「厦門晩報」副編集長　国中国　⊕1950年　商1996

シュー, カール　Shu, J.Carl　ベル研究所副社長, カリフォルニア大学バークレー校理事　国コンピュータ科学　国米国　商2000

シュ・カン　朱 寰　旧名＝朱敬文　歴史学者　東北師範大学世界古典文明史研究所所長, 全国世界中世紀史研究会副理事長　国世界中世紀史　国中国　⊕1926年　商1996

ジュ・ガンヒョン　朱 剛玄　民俗学者　ウリ民俗文化研究所所長　国韓国　⊕1954年　商2004／2008

ジュ・キャビン　グループ名＝JuJu Club　ギタリスト, 作曲家　国韓国　商2000

シュ・キョウイ　朱 京偉　北京外国語大学日語系教授　国日本語学, 中日比較語彙論, 中日語彙交流史　国中国　⊕1957年　商2008

シュ・ギョウヘイ　朱 暁平　作家, 脚本家　北京映画製作所シナリオ制作担当　国中国　⊕1952年　商1996

ジュ・キョンオブ　朱 敬東　プロ野球選手（外野手）　国韓国　⊕1968年9月2日　商1996

シュ・キンセキ　朱 金石　Zhu, Jin-shi　アーティスト　国中国　⊕1954年　商2000

シュ・クン　朱 訓　Zhu, Xun　政治家　元・中国政協秘書長　国中

シュ・ケイテイ　朱 啓禎　Zhu, Qi-zhen　外交官　中国全国人民代表大会（全人代）外事委員会副主任　⑩中国　⑭1927年　㊡1992／1996

シュ・ケイナン　朱 啓南　Zhu, Qi-nan　射撃選手（ライフル）　アテネ五輪射撃男子エアライフル金メダリスト　⑩中国　⑭1984年11月15日　㊡2008／2012

シュ・ケツフ　朱 潔夫　Zhu, Jie-fu　元・中国人民政治協商会議全国委員会（全国政協）副秘書処長　⑩中国　⑮1993年9月6日　㊡1996

シュー、ケネス・ジンファ　Hsü, Kenneth Jinghwa　中国名＝許靖華　地質学者　スイス連邦工科大学名誉教授　⑩スイス　⑭1929年6月28日　㊡2000／2004／2008／2012

シュ・ケンカ　朱 建華　元・走り高跳び選手　⑩中国　㊡1992／1996

シュ・コウ　朱 虹　旧名＝朱圓圓　映画女優　⑩香港　⑭1955年　㊡1996

シュ・コウア　朱 光亜　Zhu, Guang-ya　物理学者　元・中国国防科学技術工業委員会科学技術委員会主任、元・中国核学会副理事長、元・中国共産党中央委員　⑲核物理学　⑩中国　⑭1924年12月25日　⑮2011年2月26日　㊡1996

シュ・コウセイ　朱 高正　Chu, Kao-cheng　政治家、哲学者　元・台湾立法委員、元・台南神学院哲学教授　⑲カントの研究　⑩台湾　⑭1954年　㊡1992／1996

シュ・コウタク　朱 厚沢　Zhu, Hou-ze　政治家　元・中国共産党中央宣伝部長　⑩中国　⑭1931年　⑮2010年5月9日　㊡1992／1996

シュ・コクシン　朱 国忱　黒龍江省文物考古研究所副所長・教授　⑲渤海考古学、渤海史　⑩中国　⑭1935年　㊡2000

シュ・ジケン　朱 自煊　清華大学建築学院教授　⑲都市計画　⑩中国　⑭1926年　㊡2000

シュ・ジツ　朱 実　雅号＝瞿麦　俳句研究家　上海市日本学会常務理事、岐阜経済大学教授　⑩中国　⑭1926年　㊡1992（瞿麦 ク・バク）／1996

シュ・シャオメイ　Zhu, Xiao-mei　漢字名＝朱曉玫　ピアニスト　⑩中国　⑭1949年

シュー、ジュリー・K.　クライスラー・インターナショナル・コーポレーション太平洋地域販売統括本部長、クライスラー・ジャパン・セールス代表取締役　⑩台湾　㊡2000

シュ・ショウイ　朱 承偉　中医学者　上海第一中薬製薬工場技術責任者、中国国家新薬研究開発務専門家委員会委員　⑩中国　⑭1930年　㊡2000

シュ・ショウエン　朱 鍾炎　工業デザイナー　中国工業設計協会設計（デザイン）雑誌駐日代表・記者　⑲インダストリアルデザイン、ビジュアルデザイン、デザイン教育　⑩中国　⑭1948年11月25日　㊡2000

シュ・ショウカ　朱 小華　Zhu, Xiao-hua　銀行家　元・光大グループ会長、元・中国人民銀行副行長　⑩中国　㊡2000

シュ・ショウブン　朱 紹文　Zhu, Shao-wen　国際経済学者　元・中国社会科学院教授・日本市場経済研究センター理事長　⑩中国　⑭1915年　⑮2011年11月3日　㊡1996／2000

シュー、ジョン　Hsu, John C.　中国名＝徐聡垣　香港大学経済学部教授　⑲経済学　⑩香港　⑭1948年　㊡1992／1996

ジュ・ジョンハン　朱 宗桓　東国大学校農業経済学科教授、韓国社会経済学会会長　⑲農業経済学　⑩韓国　⑭1929年7月10日　㊡1992（ジュ・ジョンハン）／1996

シュ・シンタツ　朱 震達　砂漠学者　中国国際砂漠化研究治理養成センター主任、国務院学位委員会学科評議組メンバー　⑲砂漠科学　⑩中国　⑭1930年　㊡1996

シュ・シンリン　朱 森林　Zhu, Sen-lin　政治家　中国共産党中央委員　元・広東省省長　⑩中国　⑭1930年10月

シュー・ジンレイ　Xu, Jing-lei　漢字名＝徐静蕾　女優、映画監督　⑩中国　⑭1975年4月16日　㊡2004／2008／2012

シュ・ズイキ　朱 瑞琪　武術審判員（国際級）　北京体育大学武術研究室助教授・副主任　⑩中国　⑭1950年　㊡1996

シュ・セイ　朱 靖　動物学者　中国科学院動物研究所研究室主任、中国生態学会秘書長　⑲獣類学、動物生態学　⑩中国　⑭1929年　㊡1996

シュ・セイウツ　朱 倩蔚　Zhu, Qian-wei　水泳選手（自由形）　競泳女子4×200メートルリレー世界記録保持者　⑩中国　⑭1990年9月28日

シュ・セイサン　朱 成山　南京大虐殺記念館館長　⑩中国　⑭1954年　㊡1996／2000

シュ・センジ　朱 践耳　Zhu, Jian-er　作曲家　上海交響楽団レジデンス・コンポーザー　⑩中国　⑭1922年10月18日　㊡2004／2008

シュ・ゾウセン　朱 増泉　詩人、作家、軍人　中国人民解放軍中将　⑩中国　㊡2008

ジュ・ダイン　グループ名＝JuJu Club　歌手　⑩韓国　㊡2000

ジュ・チャンジュン　朱 昌俊　外交官　朝鮮労働党中央委員　元・駐中国北朝鮮大使　⑩北朝鮮　⑭1922年　㊡1996／2004

シュ・テンサイ　朱 天才　太極拳武道家　河南省武術館教員　⑩中国　㊡1992

シュ・テンジュン　朱 天順　Zhu, Tian-shun　廈門大学台湾研究所教授、福建省台湾研究会会長、福建省民俗学会顧問　⑲哲学、宗教　⑩中国　⑭1919年12月　㊡1996

シュ・トクヨウ　朱 徳庸　漫画家　⑩台湾　⑭1960年　㊡1992／1996

シュ・トクラン　朱 徳蘭　台湾中央研究院中山人文社会科学研究所副研究員、台湾国立中央大学歴史研究所助教授　⑲近世・近代中日貿易史　⑩台湾　⑭1952年　㊡2000

シュ・ハクジュ　朱 伯儒　軍人　中国人民解放軍武漢部隊空軍後勤部副部長　⑩中国　⑭1938年　㊡1996

シュ・ハクリュウ　朱 伯龍　建築学者　同済大学構造工学院院長、中国建築学会地震技術学術委員会副主任委員　⑩中国　⑭1929年　㊡1996

ジュ・ヒ　朱 禧　タレント　⑩韓国　⑭1970年8月14日　㊡1996

ジュ・ヒョン　朱 鉉　本名＝朱一春　タレント　⑩韓国　⑭1941年3月1日　㊡1996

ジュ・ビョンジン　朱 炳進　コメディアン　⑩韓国　⑭1958年3月1日　㊡1996

ジュ・ビョンソン　朱 炳宣　歌手　⑩韓国　⑭1966年11月21日　㊡1996

ジュ・ヒョンミ　周 炫美　歌手　⑩韓国　⑭1961年9月27日　㊡1996

シュー・ビンセイ　漢字名＝周冰倩　歌手、二胡奏者　⑩中国　⑭1969年5月5日　㊡1996

シュ・ボクエン　朱 木炎　Chu, Mu-yen　テコンドー選手　アテネ五輪テコンドー男子58キロ級金メダリスト　⑩台湾　⑭1982年3月14日　㊡2008／2012

シュ・ボクシ　朱 穆之　Zhu, Mu-zhi　ジャーナリスト　中国対外文化交流協会会長　元・中国国務院新聞弁公室主任、元・中国文化相、元・新華社社長　⑩中国　⑭1916年　㊡1992／1996

シュ・ミン　朱 民　Zhu, Min　国際通貨基金（IMF）副専務理事　⑩中国　㊡2012

ジュ・ミンジン　朱 敏真　Joo, Min-jin　スピードスケート選手（ショートトラック）　⑩韓国　⑭1983年8月1日　㊡2004

シュ・メイ　朱 銘　Ju, Ming　本名＝朱川泰　彫刻家　⑩台湾　⑭1938年　㊡2008／2012

ジュ・ヤンジャ　朱 良子　Ju, Yang-ja　医師、政治家　ソウル大学医学部教授、医療保険管理公団理事長　元・韓国保健福祉相、元・韓国会議員（自民連）　⑩韓国　⑭1931年1月1日　㊡1996／2000

シュ・ヨウキ　朱 鎔基　Zhu, Rong-ji　政治家　元・中国首相、元・中国共産党政治局常務委員・中央財政経済指導小組組長　⑩中国　⑭1928年10月28日　㊡1992／2000／2004／2008／2012

ジュ・ヨンソク　周 永奭　Chun, Young-souk　実業家　韓日経済協会副会長　⑩韓国　⑭1931年1月16日　㊡1996

ジュ・ヨンフン　朱 栄勲　朝鮮労働党中央委候補委員　元・北朝鮮建材工業相　⑩北朝鮮　㊡1996

ジュ・ヨンボク　朱 栄福　元・軍人　亡命した元朝鮮人民軍工兵将校　⑭1924年　㊡1996（シュ・エイフク）

ジュ・ヨンボク　周 永福　Choo, Young-bock　政治家、軍人　元・韓国内相、元・韓国空軍参謀総長　⑩韓国　⑭1927年9月30日　㊡1992／1996／2000

シュ・リツキ 朱 立熙 ジャーナリスト 「中国時報」紙専任主筆 国台湾 生1954年 典1996

シュー, リック Schu, Rick 本名＝シュー, リチャード・スペンサー 元・プロ野球選手 国米国 生1962年1月26日 典1996

シュ・リツリン 朱 立倫 英語名＝Chu, Eric Li-luan 政治家 新北市長 元・台湾行政院副院長(副首相) 国台湾 生1961年6月7日 典2012

シュ・リョウ 朱 良 Zhu, Liang 政治家 中国国際交流協会副会長 元・中国共産党中央委員会対外連絡部長 国中国 生1924年 典1992／1996／2000

シュ・レイラン 朱 麗蘭 政治家 中国全国人民代表大会(全人代)教育科学文化衛生委員会副主任委員, 中国共産党中央委員候補 元・中国科学技術相 国中国 生1935年 典1996／2004／2008

シュ・レンシン 種 連進 中医師 安苑中医院院長, 紅十字会常務理事 興糖尿病, 中医学 国中国 生1952年 典1996／2000

シュー, ロジェ Sue, Roger 社会学者 ソルボンヌ大学教授, カーン大学教授 国フランス 生1951年6月 典2000

シュアー, ガーダ Shouaa, Ghada 七種競技選手 国シリア 生1972年9月10日 典2000

シューア, ダイアン Schuur, Diane ジャズ歌手 国米国 生1953年12月10日 典1992

シュアー, メーナー Shure, Myrna B. 心理学者 アレガニー保健科学大学教授 興発達心理学 国米国 典2004／2008

ジュアニゴ, ロイック Jouannigot, Loic イラストレーター 国フランス 生1953年1月24日 典2000

ジュアン, ユベール 批評家, 詩人, 作家 国ベルギー 没1987年7月3日 典1992

シュイ・クー Xu, Ke 漢字名＝許可 二胡奏者 国中国 生1960年11月6日 典1992(許 可 キョ・カ)／1996(許 可 キョ・カ)／2000(許 可 キョ・カ)／2008(シェイ・クー)／2012

シュイ・コン Xu, Geng 漢字名＝徐耿 映画監督 南京映画製作所副所長 国中国 生1955年 典2004／2008／2012

ジュイエ, シャンタル Juillet, Chantal バイオリニスト サラドカ室内楽フェスティバル音楽監督 国カナダ 生1960年 典2012

ジュイソン, ノーマン Jewison, Norman 映画監督 国米国 生1926年7月21日 典1992／1996

ジューイット, デービッド Jewitt, David C. ハワイ大学教授 興天文学 国米国 典2000

シュイナード, イボン Chouinard, Yvon 実業家 パタゴニア創業者 国米国 生1938年 典2000／2008／2012

シュイヨ, デルフィーヌ Chuillot, Delphine 女優 国フランス 典2000

シュイーラー, ハンス Schuierer, Hans 反核運動家 バイエルン州シュバンドルフ郡郡長 国ドイツ 生1931年 典1992／1996

ジュウ・イキ 従 維熙 旧名＝従碧征 作家 『北京文学』編集委員 国中国 生1933年 典1996

シュウ・イチリョウ 周 一良 Zhou, Yi-liang 歴史学者 元・北京大学歴史系教授 興六朝史, 日中関係史, 東アジア各国史 国中国 生1913年1月19日 典1992／1996

シュウ・イヒョウ 周 衣氷 軍人 中将 元・中国人民解放軍北京軍区司令官, 元・中国共産党中央委員 国中国 生1922年 典1996

シュウ・エイ 周 穎 Zhou, Ying 元・中国人民政治協商会議全国委(全国政協)常務委員, 元・中国国民党革命委員会中央監察委副主席 国中国 生1909年 没1991年1月26日 典1992

シュウ・エイ 周 鋭 児童文学作家, 編集者 国中国 生1953年 典2000

シュウ・エイコウ 周 永康 Zhou, Yong-kang 政治家 元・中国国務委員・公安相, 元・中国共産党政治局常務委員 国中国 生1942年12月 典2000／2004／2008／2012

シュウ・エンヨウ 周 婉窈 歴史学者 国立台湾大学歴史学科教授 元・中央研究院台湾史研究所研究員(教授) 生1956年 典2008

シュウ・エンレイ 周 燕鳴 中国中央工芸美術学院講師 国中国 生1926年 典1996

シュウ・オウコウ 周 応恒 Zhou, Ying-heng 南京農業大学教授 興農業経済学, 国際貿易論 国中国 生1963年 典2004

シュウ・カイア 周 開亜 動物学者 南京師範大学生物系教授, 江蘇省動物学会理事長 国中国 生1932年 典1996

シュウ・カイエイ 周 海嬰 Zhou, Hai-ying 元・中国全国人民代表大会(全人代)上海市代表, 元・中国人民政治協商会議全国委員 魯迅の長男 国中国 生1929年9月27日 没2011年4月7日 典1992／1996／2004／2008

シュウ・ガコウ 周 雅光 中国人民政治協商会議陝西省委員会主席 国中国 生1926年 典1996

シュウ・カンゴ 周 冠五 Zhou, Guan-wu 元・首都鋼鉄(首鋼)公司会長 国中国 生1918年 没2007年4月20日 典1996

シュウ・キカ 周 季華 Zhou, Ji-hua 北京大学アジア・アフリカ研究所特約研究員, 中国社会科学院教授 興日本政治 国中国 典2000

シュウ・ギジ 周 巍峙 旧名＝周良驥 筆名＝駿伯 作曲家 中国文学芸術界連合会主席 国中国 生1916年 典2000

シュウ・キジン 周 其仁 Zhou, Qi-ren 中国国務院中国農村発展センター発展研究所研究員 興農業政策 国中国 典1992

シュウ・キョウ 周 強 Zhōu, Qiáng 政治家, 法律家 元・中国最高人民法院院長(最高裁判官) 国中国 生1960年4月

シュウ・ギョウエン 周 暁燕 Zhou, Xiao-yan 北京広播学院専任講師 興哲学 国中国 生1962年 典1996

シュウ・ギョウラン 周 暁蘭 中国国家体育委員会バレーボール処副処長, 中国バレーボール協会副秘書長 元・中国女子バレーボール・チーム選手 国中国 生1957年 典1996

シュウ・ギョクコウ 周 玉蔲 Chou, Yuh-kow 作家 国台湾 生1953年 典1996

シュウ・キンペイ 習 近平 Xi, Jin-ping 政治家 中国国家主席・国家中央軍事委員会主席, 中国共産党総書記・中央軍事委員会主席 国中国 生1953年6月15日 典2000／2004／2008／2012

シュウ, クリスティン 中国名＝許景淳 歌手 国台湾 生1963年 典1996

シュウ・クンイ 周 君怡 ライター 典2004

シュウ・ケイ Shu, Kei 中国名＝舒琪 映画監督 国香港 生1956年4月15日 典1992／1996／2000

シュウ・ケイ 周 勍 ジャーナリスト, 作家 「口述博物館」編集長 国中国 生1964年 典2012

シュウ・ケイコウ 周 継紅 元・中国飛込チーム選手 国中国 生1965年 典1996

シュウ・ケンジン 周 建人 Zhou, Jian-ren 生物学者, 政治家 元・中国人民政治協商会議全国委員会(全国政協)副主席, 元・中国民主促進会主席 国中国 生1888年11月 没1984年7月29日 典1992

シュウ・ケンメイ 周 建明 上海社会科学院アジア太平洋研究所所長 興アジア経済 国中国 典2000

シュウ・コウキン 周 功鑫 台北故宮博物院院長 国台湾 典2012

シュウ・コウショウ 周 光召 Zhu, Guang-zhao 理論物理学者 中国共産党中央委員 元・中国科学院院長, 粒子物理 国中国 生1929年 典1992／1996／2000 興光エネルギー物理,

シュウ・コクキン 周 克芹 Zhou, Ke-qin 作家 国中国 生1937年 没1990年8月5日 典1992

シュウ・コクキン 周 国均 法学者, 弁護士 生1942年9月 典2008

シュウ・コクコウ 周 国興 北京自然博物館副館長 興古人類学 国中国 生1937年 典1992／1996

シュウ・コクジョウ 周 谷城 歴史学者 元・全国人民代表大会(全人代)常務委員会副委員長, 元・中国農工民主党中央委員会名誉主席 国中国 生1898年 没1996年11月10日 典1996

シュウ・コクヘイ 周 国平 哲学者 中国社会科学院哲学研究所研究員 国中国 生1945年 典2004／2008

シュウ・ジフク 周 而復 Zhou, Er-fu 本名＝周祖式 筆名＝呉疑, 荷賽 作家, 書家 元・中国人民政治協商会議全国委員会(全国政協)委員, 元・中日友好協会副会長 国中国 生1914年1月3日 没2004年1月8日 典1992／1996／2004

シュウ・シメイ 鄒 市明 Zou, Shi-ming プロボクサー 北京五輪・ロンドン五輪ボクシング男子ライトフライ級金メダリスト

国中国　生1981年5月18日　勲2012

シュウ・シュウキ　周 秀驥　気象学者　中国国家気象科学研究院院長,中国気象学会副理事長,『気象学報』・『大気科学報』編集主幹　国中国　生1932年　勲1996

シュウ・シュクレン　周 叔蓮　経済学者　中国社会科学院工業経済研究所所長,中国工業経済学会副理事長　国中国　生1929年　勲1996

シュウ・ジュツコウ　周 述恒　「中国式民工」の著者　国中国　勲2012

シュウ・シュン　周 俊　植物学者　中国科学院昆明植物研究所所長,雲南省科学技術委員会主任,雲南省植物学会理事長　専植物化学　国中国　生1932年　勲1996

シュウ・シュン　周 俊　政治学者　専中国近現代政治史　国中国　生1971年　勲2008

シュウ・シュンクン　周 俊勲　棋士　囲碁2段　国台湾　生1980年2月23日　勲1996／2000

シュウ・シュンシュウ　周 春秀　Zhou, Chun-xiu　マラソン選手　北京五輪陸上女子マラソン銅メダリスト　国中国　生1978年11月15日　勲2008／2012

シュウ・ジュンゼン　周 純全　軍人　元・中国人民解放軍武装勢力監察部第一副部長・大将　国中国　没1985年7月28日　勲1992

シュウ・シュンラン　鄒 春蘭　重量挙げ選手　国中国　生1971年10月　勲2008／2012

シュウ・ショウセン　周 小川　Zhou, Xiao-chuan　銀行家　中国人民銀行総裁　元・中国共産党中央委員　国中国　生1948年1月29日　勲2000／2008／2012

シュウ・ショウビ　周 小薇　Zhou, Xiao-wei　元・信州大学農学部外国人研究員　専農業経済学　勲2004

シュウ・ショウカイ　周 書楷　Chou, Shu-kai　外交官,政治家　元・台湾外交部長（外相）　国台湾　生1913年3月21日　没1992年7月31日　勲1996

シュウ・ジョショウ　周 汝昌　古典文学者　中国芸術研究院研究員,中国曹雪芹学会栄誉会長　『紅楼夢』の研究　国中国　生1918年　勲1996

シュウ・シン　周 琛　専国際関係学　国中国　勲2004

シュウ・ジンサン　周 仁山　政治家　元・チベット自治区政府副主席,元・中国全国人民代表大会（全人代）常務委法制委副主任　国中国　没1984年11月7日　勲1992

シュウ・ズイキン　周 瑞金　Zhou, Rui-jin　「人民日報」副編集長　勲2000

シュウ・セイ　周 正　Chou, Cheng　登山家,探検家　中国国家体育運動委員会体育科学研究所教授,中国科学探検協会副秘書長　専体育理論　国中国　生1929年　勲1992／1996

シュウ・セイケイ　周 正慶　Zheu, Zheng-qing　中国人民銀行副行長　国中国　生1935年　勲1996

シュウ・センゴウ　周 占鰲　大慶市人民代表大会常務委員会副主任,全国人民代表大会常務委員会委員　国中国　生1936年　勲1996

シュウ・ソウイ　周 桑漪　蘇州大学工学院電子工学系主任,中国政治協商会議全国委員会委員・蘇州市委員会主席　専電子工学　国中国　生1930年　勲1996

シュウ・ダ　周 舵　経済学者　元・北京大学講師　国中国　生1947年3月6日　勲1992／1996／2012

シュウ・タイエイ　周 台英　元・サッカー選手　国台湾　勲1996

シュウ・タクコウ　周 沢興　在日中国大使館1等書記官（科学技術担当）　国中国　生1939年　勲1992

シュウ・チュウエイ　周 仲瑛　旧名=周靑　漢方医　南京中医学院院長,江蘇省中医学会副会長,国務院学位委員会中医評議組メンバー　国中国　生1928年　勲1996

シュウ・チュウクン　習 仲勲　Xi, Zhong-xun　政治家　元・中国副首相,元・中国全国人民代表大会（全人代）常務委副委員長　国中国　生1913年10月16日　没2002年5月24日　勲1992／1996／2000

シュウ・チョウホウ　周 長芳　Zhou, Chang-fang　内科医　中国医学科学院薬用植物研究所客員教授　専糖尿病　国中国　生1959年7月26日　勲2004

シュウ・トクキ　周 德熙　香港政府貿易工業庁長官　国香港　生1943年　勲1996

シュウ・ナン　周 南　Zhou, Nan　外交官　元・中国共産党中央委員,元・新華社香港分社社長　国中国　生1927年　勲1992／1996／2000

シュウ・バイゲン　周 培源　Zhou, Pei-yuan　物理学者　元・中国物理学会名誉理事長,元・中国科学技術協会名誉主席　国中国　生1902年8月28日　没1993年11月24日　勲1992／1996

シュウ・ハイコウ　周 佩紅　Zhou, Pei-hong　作家　国中国　生1951年　勲2000

シュウ・ブ　周 武　編集者,ジャーナリスト　「中国航天報」副編集審定者・主任記者　国中国　勲2008

シュウ・ホクホウ　周 北方　実業家　元・首鋼公司（香港）会長　国香港　勲1996／2000

ジューヴ, マリー・アンドレ　Jouve, Mary Andrée　バレンシアガ資料館責任者

シュウ・ミンチェ　許 銘傑　登録名=ミンチェ　プロ野球選手（投手）　国台湾　生1976年12月1日　勲2000（キョ・メイケツ）／2004（キョ・メイケツ）／2008（キョ・メイケツ）／2012

シュウ・メイ　周 明　Zhou, Ming　写真家　国中国　生1960年　勲2000

シュウ・メイイ　周 明偉　国際政治学者　中国共産党中央台湾工作弁公室副主任,中国国務院台湾事務弁公室副主任　元・上海市政府外事弁公室主任,元・復旦大学学長補佐　専中台関係　国中国　勲2000／2004

シュウ・メイチン　周 明鎮　Zhou, Ming-zhen　古生物学者　元・北京自然博物館館長,元・中国科学院古脊椎動物古人類研究所所長　国中国　生1918年11月9日　没年不詳　勲1996

シュウ・ユ　周 渝　「中国茶と茶館の旅」の著者　勲2008

シュウ・ヨウ　周 揚　Zhou, Yang　文芸理論家　元・中国文学芸術界連合会主席　国中国　生1908年　没1989年7月31日　勲1992

シュウ・ヨウ　周 洋　Zhou, Yang　スピードスケート選手（ショートトラック）　バンクーバー五輪金メダリスト　国中国　生1991年6月9日　勲2012

シュウ・リッパ　周 立波　茨城大学工学部助教授　専工業力学　国中国　生1963年　勲2008

シュウ・リツハ　周 立波　Zhou, Li-bo　コメディアン　国中国　勲2012

シュウ・リュウカイ　周 龍海　翻訳家　佐賀大学非常勤講師　専近代日本文学　国中国　勲2004

シュウ・レイエイ　周 礼栄　医師　河南省郟具人民代表大会常務委員会副主任　国中国　生1934年　勲1996

シュウ・ロロ　周 璐璐　重量挙げ選手　ロンドン五輪金メダリスト,重量挙げ女子75キロ超級世界記録保持者　国中国　生1988年3月19日

シュヴァイガー, ティル　Schweiger, Til　俳優,映画プロデューサー　国ドイツ　生1963年12月19日　勲2000／2004／2008／2012

シュヴァイスグート, ハンス・ディートマール　Schweisgut, Hans Dietmar　外交官　駐日欧州連合大使　元・駐日オーストリア大使　国オーストリア　生1951年3月16日　勲2012

シュヴァイツァー, V.　チェコ投資庁日本事務所代表　国チェコ　生1948年　勲2000

シュヴァイツァー, ゲルハルト　Schweitzer, Gerhard　万年筆職人　モンブラン社　国ドイツ　生1929年　勲1992（シュバイツァー, ゲルハルト）／1996（シュバイツァー, ゲルハルト）

シュヴァイツァー, ピエール・ポール　Schweitzer, Pierre-Paul　元・国際通貨基金（IMF）専務理事　国フランス　生1912年5月29日　没1994年1月2日　勲1992（シュバイツァー, ピエール・ポール）／1996（シュバイツァー, ピエール・ポール）

シュヴァイツァー, マルセル　Schweitzer, Marcell　経済学者　テュービンゲン大学教授　専経営経済学（企業研究,工学経営論）　国ドイツ　生1932年10月18日　勲1996（シュバイツァー, マルセル）／2000／2004

シュヴァイツァー, ルイ　Schweitzer, Louis　実業家　ルノー会長　元・欧州自動車工業会（ACEA）会長　国フランス　生1942年7月8日　勲1996（シュバイツァー, ルイス）／2000／2004／2008／2012

シュヴァリエ, アラン　日本ルセル社長　[典]1996（シュバリエ, アラン）／2000

シュヴァリエ, アラン　Chevalier, Alain　元・ピエール・バルマン会長　[国]フランス　[生]1931年8月　[典]1992（シュバリエ, アラン）

シュヴァリエ, ジャン＝マリー　Chevalier, Jean-Marie　経済学者, コメンテーター　パリ大学ドフィーヌ校経済学部教授, パリ大学ドフィーヌ校エネルギー・資源地政学研究センター（CGEMP）所長　[典]2008

シュヴァリエ, ルイ　Chevalier, Louis　政治学者　元・コレージュ・ド・フランス教授　[国]フランス　[生]1911年5月29日　[典]1996（シュバリエ, ルイ）／2000

シューヴァル, マイ　Sjöwall, Maj　作家　[国]スウェーデン　[生]1935年　[典]1992（シューバル, マイ）／1996（シューバル, マイ）

シュヴァルタウ, コルト　Schwartau, Cord　経済学者　ドイツ経済研究所　[専]ドイツの工業と環境保護　[国]ドイツ　[生]1941年　[典]1992（シュバルタウ, コルト）

シュヴァルツ, イレーヌ　Schwartz, Irène　絵本作家　[国]フランス　[典]1992（シュバルツ, イレーヌ）

シュヴァルツ, ペーター　Schwarz, Peter　指揮者, チェリスト　元・ウィーン音楽大学教授　[国]オーストリア　[生]1925年　[没]1998年2月16日　[典]1992（シュバルツ, ペーター）

シュヴァレー, クロード　Chevalley, Claude　数学者　元・パリ大学教授　[専]代数学　[国]フランス　[生]1909年2月11日　[典]1992（シュバレー, クロード）

シュヴァン, ヘリベルト　Schwan, Heribert　テレビディレクター　WDR（西ドイツ放送）テレビディレクター　[国]ドイツ　[生]1944年　[典]1996（シュバン, ヘリベルト）

シュヴァンクマイエル, ヤン　Svankmajer, Jan　アニメーション作家, 映画監督　[国]チェコ　[生]1934年9月4日　[典]1992（シュワンクマイエル, ヤン）／2000（シュワンクマイエル, ヤン）／2004／2008／2012

ジュヴァンタン, ピエール　Jouventin, Pierre　生物学者　フランス国立科学研究センター（CNRS）海鳥類海棲哺乳類研究部門責任者　[専]海鳥類, 海棲哺乳類, ペンギン類　[国]フランス　[生]1942年　[典]2000

シュヴィエジ, ヴァルデマル　Swierzy, Waldemar　ポスターデザイナー　ポズナン美術大学教授　[国]ポーランド　[生]1931年　[典]1992（シュビエジ, バルデマル）

シュヴィーゲル, テリーザ　Schwegel, Theresa　作家　[国]米国　[典]2012

シュヴィーター, クリフォード・H.　セントリック社社長　[国]米国　[典]1996

シュヴィツィンスキー, ヘルムート　グループ名＝コープ・ヒンメルブラウ　建築家　コープ・ヒンメルブラウ設立者　[生]1944年　[典]1992（シュビツィンスキー, ヘルムート）／1996（シュビツィンスキー, ヘルムート）

シュウィック, モハメド　Chouikh, Mohamed　映画監督　[国]アルジェリア　[生]1943年　[典]2004／2008

シュヴィドコー, ヴィタリー　Shvuidko, Vitalii　経済学者　ソ連科学アカデミー世界経済国際関係研究所（IMEMO）上級研究員　[専]国際経済, 日本経済, ソ連経済　[国]ソ連　[生]1959年　[典]1992（シュビドコー, ビタリー）／1996（シュビドコー, ビタリー）

シュヴィヒテンベルク, ティナ　アーティスト　[国]ドイツ　[生]1944年　[典]2000

シュウィンガー, ジュリアン　Schwinger, Julian Seymour　物理学者　元・カリフォルニア大学ロサンゼルス校教授　[専]量子物理学　[国]米国　[生]1918年2月12日　[没]1994年7月16日　[典]1992／1996

シュヴィング, ゲルトルート　Schwing, Gertrud　精神療法家　[国]スイス　[生]1905年　[典]1992（シュビング, ゲルトルート）

ジュヴェ, ミッシェル　Jouvet, Michel　睡眠学者　[国]フランス　[生]1925年　[典]2000

シュヴェツソフ, ワジム　Shvetsov, Vadim　医師　キエフ州立総合病院副院長　[国]ソ連　[典]1992（シュベツソフ, ワジム）／1996（シュベツソフ, ワジム）

シュウェッツァー, イルムガルト　Schweatzer, Irmgard　前名＝アダム・シュウェッツァー, イルムガルト　政治家　ドイツ建設相　[国]ドイツ　[生]1942年4月5日　[典]1996

シュヴェルマー, ハイデマリー　Schwermer, Heidemarie　「食費はただ、家賃も0円！ お金なしで生きるなんてホントは簡単」の著者　[国]ドイツ　[生]1942年　[典]2004／2008

シュヴェンクメッツガー, ペーター　Schwenkmezger, Peter　心理学者　トリーア大学学長　[専]臨床心理学, 健康心理学, スポーツ心理学　[国]ドイツ　[典]2008

シュウォーツ, オーディド　Schwartz, Oded　フード・コンサルタント　[国]イスラエル　[典]2000

シュウォーツ, ジェフリー　Schwartz, Jeffrey M.　精神医学者　カリフォルニア大学ロサンゼルス校医学部精神医学研究教授　[専]強迫性障害　[典]2008

シュウォーツ, スーザン　Shwartz, Susan　作家　[国]米国　[生]1949年　[典]1996

シュウォーツ, ベンジャミン・F.　弁護士　元・米国軍事法廷検事　[国]米国　[没]1990年2月25日　[典]1992

シュウォーツ, レスリー　Schwartz, Leslie　作家　[国]米国　[生]1962年　[典]2012

シュヴロー・カンデル, クロティルド　Chevreau-Kandel, Clotilde　刺繍デザイナー　[典]2004／2008

シュエイバー, ケン　Schwaber, Ken　コンピューター技術者　[典]2008

シュエッド, ギル　Shwed, Gil　プログラマー, 実業家　チェックポイント・ソフトウェア・テクノロジー社長　[国]イスラエル　[生]1967年　[典]2004／2008

ジュエル　Jewel　シンガーソングライター　[国]米国　[生]1974年5月　[典]2000／2004／2008

ジュエル, タイラー　Jewell, Tyler　コンピューター技術者　[典]2004

ジュエル, リサ　Jewell, Lisa　作家　[国]英国　[生]1968年　[典]2012

ジュエル, リチャード　Jewell, Richard　アトランタ五輪爆弾事件の容疑者にされた警備員　[国]米国　[生]1962年12月14日　[没]2007年8月29日　[典]2000

シュエレブ, ポール　Xuereb, Paul　政治家　元・マルタ大統領代行　[国]マルタ　[生]1923年7月21日　[典]1992／1996

ジュエンヌ, ミシェル　Jouenne, Michel　画家　[国]フランス　[生]1933年1月25日　[典]1992／1996

シュオーツ, メアリ　Swartz, Mary　作家　[国]米国　[典]1992（シュウォーツ, メアリ）

シュガート, アラン　実業家　元・シーゲイト・テクノロジーCEO　[国]米国　[典]2000

ジュカノビッチ, ミロ　Djukanović, Milo　政治家　モンテネグロ首相, モンテネグロ民主社会党党首　元・モンテネグロ共和国大統領　[国]モンテネグロ　[生]1962年2月15日　[典]2000／2004／2008／2012（ジュカノヴィッチ, ミロ）

ジュガーノフ, ゲンナジー　Zyuganov, Gennadii Andreevich　政治家　ロシア下院議員, ロシア共産党委員長　[国]ロシア　[生]1944年6月26日　[典]1996／2000／2004／2008／2012

シュガーマン, ジョージ　彫刻家　[国]米国　[生]1912年　[典]1996

シュガーマン, ダニエル　Sugerman, Daniel　音楽マネージャー　[国]米国　[典]1992／1996

シュキュル, ハカン　Sükür, Hakan　サッカー選手（FW）　[国]トルコ　[生]1971年9月1日　[典]2000／2004／2008

シュク・ケイニ　祝 京妮　弁護士　[国]中国　[典]2008

シュク・コウジン　祝 広仁　ジャーナリスト　「遼寧工人日報」記者　[国]中国　[生]1953年　[典]2000

シュクヴォレツキー, ヨゼフ　Škvorecký, Josef　本名＝Škvorecký, Josef Václav　作家　元・トロント大学名誉教授　[国]カナダ　[生]1924年9月29日　[没]2012年1月3日　[典]1992（シュクボレツキー, ヨゼフ）／1996（シュクボレツキー, ヨゼフ）／2012

ジュグノート, アネルード　Jugnauth, Anerood　政治家　元・モーリシャス大統領・首相　[国]モーリシャス　[生]1930年3月29日　[典]1992／1996／2004／2008／2012

シュクラバロ, ズデンコ　Skrabalo, Zdenko　政治家　元・クロアチ

ア外相　[国]クロアチア　[生]1929年8月14日　[典]1996

ジュグラリス, マルセル　Giuglaris, Marcel　ジャーナリスト　元・ユニフランス・フィルム駐日代表　[国]フランス　[生]1922年　[没]2010年2月5日　[典]1996／2008

シュクリ, ムハマド・アジズ　ダマスカス大学教授・法学部長　[専]国際法　[国]シリア　[生]1937年　[典]1996

シュクリア, アリ　Sukrija, Ali　政治家　元・ユーゴ共産主義者同盟議長(党首)　[国]ユーゴスラビア　[生]1919年　[典]1992

ジュクロフスキ, ヴォイチェフ　Zukrowski, Wojciech　作家, 社会運動家　元・国際児童図書評議会(IBBY)ポーランド議長　[国]ポーランド　[生]1916年4月14日　[没]2000年8月26日　[典]1992

シュケール, モハメド　元・レバノン大統領の政治顧問　[没]1987年8月2日　[典]1992

ジュゴー, ロラン　Jugeau, Laurent　実業家　ドッグ・ジェネレーション社長　[国]フランス　[生]1968年　[典]2004

ジューコフ, アレクサンドル　Zhukov, Aleksandr Dmitreyevich　政治家　ロシア副首相　[国]ロシア　[生]1956年6月1日　[典]2008／2012

ジューコフ, ユーリー　Zhukov, Yurii　元・「プラウダ」政治評論員　[国]ソ連　[没]1991年　[典]1992

シュコリナ, スヴェトラーナ　Shkolina, Svetlana　走り高跳び選手　ロンドン五輪陸上女子走り高跳び銅メダリスト　[国]ロシア　[生]1986年5月9日

ジュジアーノ, フィリップ　Giusiano, Philippe　ピアニスト　[国]フランス　[生]1973年　[典]2004／2008／2012

シュシィルボン, ジェニー　ゴルフ選手　[国]米国　[生]1977年7月9日　[典]2000

ジュジオ, ジョン・P.　元・グローブ新聞社社長　[国]米国　[没]1993年11月17日　[典]1996

シュシケヴィッチ, スタニスラフ　Shushkevich, Stanislav Stanislavavich　政治家, 核物理学者　元・ベラルーシ最高会議議長　[国]ベラルーシ　[生]1934年　[典]1992(シュシュケビッチ, スタニスラフ)／1996(シュシケビッチ, スタニスラフ)

シュシャク, ゴイコ　Susak, Gojko　政治家　元・クロアチア国防相　[国]クロアチア　[生]1945年3月16日　[没]1998年5月3日　[典]1996(スシャク, G.)

ジュジャルディン, シャルロット　Dujardin, Charlotte　馬術選手　ロンドン五輪馬場馬術個人金メダリスト　[国]英国　[生]1985年7月13日

シュシャン, リオネル　Chouchan, Lionel　マーケティングコンサルタント, 宣伝コンサルタント　パブリック・システムグループ代表　[国]フランス　[典]2004

シュシュノワ, エレーナ　Shoushounova, Elena　体操選手　[国]ソ連　[典]1992

ジュジョー, ロラン　Jugeau, Laurent　パルファム・ジバンシー国際マーケティング部マネジャー　[国]フランス　[生]1968年　[典]2000

シュス, パウル　Shuss, Paul　画家　[国]オーストリア　[生]1948年　[典]1992／1996

シュスター, ジョー　本名=シュスター, ジョセフ　漫画家　[国]米国　[没]1992年7月30日　[典]1996

シュスター, ドナルド　Schuster, Donald H.　心理学者　元・アイオワ州立大学心理学科主任教授　[専]加速学習教育法　[国]米国　[典]1992

シュスター, ペーター　分子生物工学研究所教授　[専]理論化学, 分子進化論　[国]ドイツ　[生]1941年　[典]1996

シュスター, ベルント　Schuster, Bernd　サッカー監督　[国]ドイツ　[生]1959年12月22日　[典]2008／2012

シュステル, ルドルフ　Schuster, Rudolf　政治家　元・スロバキア大統領　[国]スロバキア　[生]1934年1月4日　[典]2000／2004／2008／2012

ジューステン, キャスリン　Joosten, Kathryn　女優　[国]米国　[生]1939年12月20日　[没]2012年6月2日

ジュスムート, リタ　Süssmuth, Rita　政治家　元・ドイツ連邦議会議長　[国]ドイツ　[生]1937年2月12日　[典]1992／1996／2000

ジュソーム, レイモンド(Jr.)　Jussaume, Raymond A. (Jr.)　ワシントン州立大学農村社会学部助教授　[専]政治・開発・比較社会学　[国]米国　[生]1954年　[典]2000

シューダー, ローズマリー　作家　[国]ドイツ　[生]1928年　[典]1996／2000

シュタイアー, アンドレアス　Staier, Andreas　チェンバロ奏者, フォルテピアノ奏者　[国]ドイツ　[生]1955年9月13日　[典]2012

シュタイガー, エミール　Staiger, Emil　文芸学者　元・チューリヒ大学名誉教授　[国]スイス　[生]1908年2月8日　[没]1987年　[典]1992

シュタイガー, オットー　Steiger, Otto　作家, 脚本家　[国]スイス　[生]1909年　[典]1996

シュタイケネ, インゲ　イラストレーター　[生]1942年　[典]1996

シュタイナー, イエルク　Steiner, Jörg　作家, 詩人　[国]スイス　[生]1930年10月　[典]1992／2008

シュタイナー, マティアス　Steiner, Matthias　重量挙げ選手　北京五輪重量挙げ男子105キロ超級金メダリスト　[国]ドイツ　[生]1982年8月25日　[典]2012

シュタイナッハー, ハンス・ペーター　Steinacher, Hans Peter　ヨット選手(トーネード級)　シドニー五輪・アテネ五輪セーリング・トーネード級金メダリスト　[国]オーストリア　[生]1968年9月9日　[典]2008

シュタイネケ, インゲ　Steineke, Inge　グラフィック・アーティスト　[国]ドイツ　[生]1942年　[典]2004

シュタイン, ペーター　Stein, Peter　演出家　元・シャウビューネ劇場芸術監督　[国]ドイツ　[生]1937年10月1日　[典]1992／2004／2008／2012

シュタイン, ベルナルド　Stein, Bernard　グラフィックデザイナー　[国]ドイツ　[生]1949年　[典]1996

シュタイン, ホルスト　Stein, Horst　指揮者　元・NHK交響楽団名誉指揮者, 元・バンベルク交響楽団終身名誉指揮者　[国]ドイツ　[生]1928年5月2日　[没]2008年7月27日　[典]1992／2000

シュタイングレーバー, シュテファン　Steingräber, Stephan　考古学者　東京大学総合研究博物館客員教授　[生]1951年　[典]2004

シュタインザルツ, アディン　Steinsaltz, Adin　ユダヤ教学者　イスラエル・タルムード出版研究所所長, プリンストン大学高等研究所客員教授　[専]タルムード　[国]イスラエル　[生]1937年　[典]1992

シュタインドル, ジョセフ　Steindl, Josef　経済学者　[国]オーストリア　[生]1912年　[典]1996

シュタインバッハー, アラベラミホ　シュタインバッハー, アラベラ・美歩　Steinbacher, Arabella Miho　バイオリニスト　[国]ドイツ　[生]1981年　[典]2012

シュタインブリュック, ペール　Steinbrück, Peer　政治家　ドイツ財務相　[国]ドイツ　[生]1947年1月10日　[典]2008／2012

シュタインヘーフェル, アンドレアス　Steinhöfel, Andreas　児童文学作家　[国]ドイツ　[生]1962年　[典]2008／2012

シュタインベルク, ロルフ　Steinberg, Rolf　ジャーナリスト, 出版業者　[国]ドイツ　[典]1992

シュタインマイヤー, フランクワルター　Steinmeier, Frank-Walter　政治家　元・ドイツ副首相・外相　[国]ドイツ　[生]1956年1月5日　[典]2008／2012

シュタインミュラー, カールハインツ　Steinmüller, Karlheinz　作家　ドイツ民主共和国科学アカデミー研究所研究員　[国]ドイツ　[生]1950年　[典]1992

シュタウダー, トマス　エルランゲン大学　[専]ドイツ文学, 文献学　[国]ドイツ　[生]1960年9月28日　[典]1992／1996

シュタットフェルト, マルティン　Stadtfeld, Martin　ピアニスト　[国]ドイツ　[生]1980年　[典]2012

シュタッパート, ディーター　モータージャーナリスト　BMWレース監督　[国]オーストリア　[典]1992

シュタッヘルハウス, ハイナー　Stachelhaus, Heiner　ジャーナリスト, 編集者　[専]現代美術　[国]ドイツ　[生]1930年　[典]1996

シュターマー, ハインリッヒ　Stahmer, Heinrich　外交官　元・駐日ドイツ大使　[国]ドイツ　[生]1892年　[典]1992

シュタルク, クリスチャン　Starck, Christian　法学者, 裁判官　ゲッティンゲン大学教授, 国際憲法学会副会長, ニーダザクセン州憲法裁判所判事　[専]国際憲法学　[国]ドイツ　[生]1937年1月9日　[典]1996

シュタルク, ユルゲン　ドイツ連邦銀行副総裁　国ドイツ　歴2000

シュタルケ, アンドレアシュ　Starke, Andrasch　騎手　国ドイツ　生1974年1月4日

シュタルケル, ヤーノシュ　Starker, János　チェロ奏者　元・シカゴ交響楽団首席チェロ奏者,元・インディアナ大学音楽院教授　国米国　生1924年7月5日　没2013年4月28日　歴1992／1996／2008

シュタールベルク, アレクサンダー　Stahlberg, Alexander　元・軍人　国ドイツ　生1912年　歴1996

シュタンガシンガー, トーマス　Stangassinger, Thomas　元・スキー選手(アルペン)　国オーストリア　生1965年9月15日　歴1996／2000

シュタンゲ, ヴォルフガング　Stange, Wolfgang　舞踊家,舞踊演出家　アミキ・ダンス・シアター・カンパニー主宰　生1947年　歴1992

シュタンツェル, フォルカー　Stanzel, Volker　元・駐日ドイツ大使　国ドイツ

シュタンブク, ドラゴ　Stambuk, Drago　外交官,詩人　駐日クロアチア大使　国クロアチア　生1950年　歴2012

シュチェパノヴィッチ, ブラニミル　Scepanovic, Branimir　作家　国ユーゴスラビア　生1937年4月19日　歴1992（シュチェパノビッチ, ブラニミル）

シュック, ジョン　Shook, John Y.　トヨタ自動車海外渉外広報部課長　国米国　歴1996

シュッセル, ウォルフガング　Schüssel, Wolfgang　政治家　元・オーストリア首相,元・オーストリア国民党党首　国オーストリア　生1945年6月7日　歴2000／2004／2008／2012

シュッセル, ジョージ　Schussel, George　ディジタル・コンサルティング社会長　国米国　歴1996

シュッツ, ウィル　Schutz, Will　セラピスト,教育理論家　ウィル・シュッツ・アソシエイツ社長　国米国　歴1992／1996

シュッツ, クラウス　Schütz, Klaus　政治家　元・西ベルリン市長,元・駐イスラエル西ドイツ大使　国ドイツ　生1926年9月17日　没2012年11月29日　歴1992／1996

シュッツ, ベンジャミン　Schutz, Benjamin M.　ミステリー作家,医師　国米国　生1949年　歴1992／1996

シュッツ, ワルテル　フランス国際関係研究所仏独問題グループ座長,西欧同盟(WEU)顧問　⊕東西関係,防衛問題,欧州政治　歴1992

シュッテ, トーマス　Schütte, Thomas　グラフィックアーティスト,彫刻家　国ドイツ　生1954年11月16日　歴2008／2012

ジュディ, アンリ・ピエール　Jeudy, Henri-Pierre　社会学者　フランス国立科学研究センター(CNRS)研究員　⊕文化社会学,コミュニケーション論　国フランス　生1945年　歴2004

シュティーケル, ベッティーナ　Stiekel, Bettina　ジャーナリスト　国ドイツ　生1967年　歴2004

シュティッヒ, オットー　Stich, Otto　政治家　元・スイス大統領,元・スイス連邦議会議員　国スイス　生1927年1月10日　没2012年9月13日　歴1996

シュティッヒ, フランチェスカ　Stich, Franziska　児童文学作家　国ドイツ　生1937年　歴2004

シュティヒ, ミヒャエル　Stich, Michael　元・テニス選手　国ドイツ　生1968年10月18日　歴1992／1996／2000

シュティメツ, スポメンカ　Stimec, Spomenka　作家　世界エスペラント作家協会常任書記　国クロアチア　生1949年1月　歴1996／2000

シュティール, ハンス・ピーター　Stihl, Hans Peter　実業家　ドイツ商工会議所会頭,アンドリース・シュティール社長　国ドイツ　生1932年4月18日　歴1996

シューガー, ウルリヒ　フォルクスワーゲン(VW)取締役　元・ヘッセン州環境相　国ドイツ　歴1992

シューガー, ハンス・ウルリッヒ　Steger, Hang-Ulrich　漫画家,絵本作家　国スイス　生1923年　歴2000

シューテク, エルケ　Steg, Elke　市民運動家　「オールタナティブ地方政治」(AKP)誌編集部員　国ドイツ　生1959年　歴1992

シューテクマン, マティアス・フォン　Stegmann, Matthias von　オペラ演出家　国ドイツ　歴2008／2012

シュテットバッハー, J.コンラート　Stettbacher, J.Konrad　心理療法家　国スイス　生1930年　歴1996

シュテッフゲン, ゲオルゲス　Steffgen, Georges　心理学者　ルクセンブルク大学教授　⊕健康心理学,校内暴力,怒りのコントロール　歴2008

シュテヒャー, マリオ　Stecher, Mario　スキー選手(複合)　トリノ五輪・バンクーバー五輪スキー・ノルディック複合男子団体金メダリスト　国オーストリア　生1977年7月17日　歴2012

シュテファン, ハラルト　Steffahn, Harald　ジャーナリスト　国ドイツ　生1930年　歴2000

シュテファン, ベレーナ　作家　国スイス　生1947年　歴1992

シュテフェン, ブリッタ　Steffen, Britta　元・水泳選手(自由形)　北京五輪競泳女子50メートル・100メートル自由形金メダリスト　国ドイツ　生1983年11月16日　歴2012

シュテュルナー, ロルフ　Stürner, Rolf　裁判官　コンスタンツ大学法学部教授,シュトゥットガルト地方裁判所・高等裁判所判事　⊕民事訴訟法,民法　国ドイツ　生1943年　歴1996

シュテルマー, ホルスト　Störmer, Horst Ludwig　物理学者　コロンビア大学教授　国ドイツ　生1949年4月6日　歴2000／2008／2012

シュテルン, ヘルムート　Stern, Hellmut　バイオリニスト　元・ベルリン・フィルハーモニー管弦楽団第1バイオリン(首席待遇)　国ドイツ　生1928年　歴1996

シュテーレ, ハンスヤーコプ　Stehle, Hansjakob　新聞記者　「ディ・ツァイト」(週刊紙)特派員　国ドイツ　生1927年　歴1992

シュテンガー, ゲオルク　Stenger, Georg　哲学者　ビュルツブルク大学講師　国ドイツ　生1957年　歴2004／2008

シュート, クリス　Shute, Chris　元・教師　国英国　生1941年　歴2004／2008

シュート, ジェニファー　Shute, Jenefer　作家　ハンター・カレジ英語学科教授　国米国　生1956年　歴2000

シュート, ジム　Sciutto, Jim　外交官,元・テレビ記者　駐中国米国大使首席補佐官　国米国

ジュド, シャルル　Jude, Charles　バレエダンサー,振付師　ボルドー・オペラ座バレエ団芸術監督　元・パリ・オペラ座バレエ団エトワール　国フランス　生1953年7月25日　歴2000／2004／2008／2012

シュート, フランカ　弁護士　アムネスティ・インターナショナル議長　国フランス　歴1992

シュトイアナーゲル, ウラ　Steuernagel, Ulla　編集者　生1954年　歴2008

シュトイデ, フォルクハルト　Steude, Volkhard　バイオリニスト　ウィーン・フィルハーモニー管弦楽団コンサートマスター　国ドイツ　生1971年　歴2012

シュトイバー, エドムント　Stoiber, Edmund　政治家　元・バイエルン州首相,元・ドイツキリスト教社会同盟(CSU)党首　国ドイツ　生1941年9月28日　歴2000／2004／2008／2012

シュトゥーアマン, ヨッヘン　Stuhrmann, Jochen　イラストレーター,絵本作家　国ドイツ　生1976年　歴2012

シュトウツ, エドモン・ド　Stoutz, Edmond de　指揮者　国スイス　生1920年12月18日

シュトゥッケンシュミット, ハンス・ハインツ　Stuckenschmidt, Hans Heinz　音楽評論家,音楽学者　元・ベルリン工科大学教授　国西ドイツ　生1901年11月1日　没1988年　歴1992

シュトゥッツマン, ナタリー　Stutzmann, Nathalie　アルト歌手　国フランス　生1965年　歴2000／2004／2008／2012

シュトゥーベンフォル, ヴィリ　Stubenvoll, Willi　ヘッセン州立城館庭園管理局長,フランクフルト大学文化人類学ヨーロッパ民族学研究所　国ドイツ　生1947年　歴2004

シュトゥルート, トーマス　Struth, Thomas　写真家　国ドイツ　生1954年　歴1996／2000／2008

シュトゥルーベ, ユルゲン　Strube, Jurgen F.　実業家　欧州産業連盟(UNICE)会長,BASF会長　国ドイツ　生1939年　歴1992／1996(シュトルベ, ヨーガン)／2004／2008／2012

シュトゥンプフェ, ウェルナー　Stumpfe, Werner　ドイツ金属産業使用者連盟会長　国ドイツ　生1937年6月16日　典2000

シュドセーテル, クヌート　Sydsaeter, Knut　経済学者　オスロ大学経済学部教授　著最適制御理論　国ノルウェー　生1937年　典2000

シュドソン, チャールズ　Schudson, Charles B.　ウィスコンシン巡回裁判所判事　著ホワイトカラー犯罪, 企業犯罪　国米国　典1992

シュトーダッシャー, キャロル　Staudacher, Carol　カウンセラー　典2004

シュトックハウゼン, カールハインツ　Stockhausen, Karlheinz　作曲家, 音楽理論家　国ドイツ　生1928年8月22日　没2007年12月5日　典1992／1996

シュトックハウゼン, マーカス　Stockhausen, Markus　トランペット奏者　国ドイツ　生1957年5月2日　典1992／1996

シュトックマイヤー, ヴィルフリート　Stockmair, Wilfried　弁理士　Grünecker,Kinkeldey,Stockmair&Schwanhäusser弁護士弁理士事務所パートナー　国ドイツ　典2000

シュトフ, ウィリ　Stoph, Willi　政治家　元・東ドイツ首相　国ドイツ　生1914年7月9日　没1999年4月13日　典1992

シュトライヒ, リタ　Streich, Rita　オペラ歌手　国ドイツ　生1920年12月18日　没1987年3月20日　典1992

シュトラウス, フランツ・ヨーゼフ　Strauss, Franz Josef　政治家　元・西ドイツキリスト教社会同盟党首　国西ドイツ　生1915年9月6日　没1988年10月3日　典1992

シュトラウス, ボート　Strauss, Botho　作家　国ドイツ　生1944年12月2日　典2000／2012

シュトラウス, ミヒャエラ　Strauss, Michaela　美術教育家　国ドイツ　生1917年　典2000

シュトラウプ, ブルーノ　Straub, F.Bruno　本名＝Straub,Ferenc Bruno　政治家, 生化学者　元・ハンガリー国民議会幹部会議長（元首）, 元・ハンガリー科学アカデミー副総裁　国ハンガリー　生1914年1月5日　没1996年2月15日　典1992／1996

シュトラウマー, ローラント　Straumer, Roland　バイオリニスト　ドレスデン国立歌劇場管弦楽団コンサートマスター　国ドイツ　生1958年　典2000

シュトラスナー, エーリヒ　Strassner, Erich　ドイツ語学者　元・テュービンゲン大学教授　国ドイツ　生1933年4月17日　典2004

シュトラッサー, オットー　Strasser, Otto　バイオリニスト　元・ウィーン・フィルハーモニー管弦楽団楽団長　国オーストリア　生1901年　典1996

シュトラノビッチ, ジェリコ　Šturanović, Željko　政治家　元・モンテネグロ首相　国モンテネグロ　生1960年1月31日　没2008年（シュトラノヴィッチ, ジェリコ）／2012（シュトラノヴィッチ, ジェリコ）

シュトラン, ビクトール　Suthren, Victor　作家, 海軍軍人　カナダ戦争資料館館長　国カナダ　生1942年　典1996

シュトリーダー, ペーター　Strieder, Peter　元・ゲルマン民族博物館館長　著ドイツ絵画, デューラー　国ドイツ　生1913年　典2000

シュトリットマター, エルヴィーン　Strittmatter, Erwin　作家　国ドイツ　生1912年8月14日　没1994年　典1992

シュトール, ダヴィド　Storl, David　砲丸投げ選手　ロンドン五輪陸上男子砲丸投げ銀メダリスト　国ドイツ　生1990年7月27日

シュトルツ, アヒム　Stolze, Achim　シュトルツ有限会社社長, ドイツ小売業協会連合会会長, ゾーリンゲン市経済委員会会長　国ドイツ　典1996

シュトルツ, イヴォ　Stolc, Ivo　ジャーナリスト　国チェコスロバキア　生1935年　典1992／1996／2000

シュトルックマン, ファルク　Struckman, Falk　バリトン歌手　国ドイツ　生1958年　典2012

シュトルテンベルク, ゲアハルト　Stoltenberg, Gerhard　政治家　元・ドイツ国防相, 元・西ドイツ蔵相　国ドイツ　生1928年9月29日　没2001年11月23日　典1992／1996

シュトルト, ヴェルナー　実業家　ボッシュブレーキシステム社長　国ドイツ　生1956年12月22日　典2004／2008

シュトループ, ウルス・マルティーン　Strub, Urs Martin　詩人, 精神医学者　国スイス　生1910年　典1992

シュトループ, マーガレット　Strub, Margaret　画家, テキスタイル・デザイナー　典2004

シュトルペ, マンフレット　政治家　ブランデンブルク州政府首相　国ドイツ　典1992／1996／2000／2004

シュトルム, フェリックス　Sturm, Felix　本名＝チャティッチ, アドナン　プロボクサー　元・WBA・WBO世界ミドル級チャンピオン　国ドイツ　生1979年1月31日

シュトレビンガー, ルドルフ　Ströbinger, Rudolf　現代史研究家　ドイツ語圏諸国亡命者ペンクラブ会長　国ドイツ　生1931年　典2000

シュトレールヴィッツ, マーレーネ　Streeruwitz, Marlene　作家　国オーストリア　生1950年　典2008

シュトレンガー, ヘルマン・ヨーゼフ　Strenger, Hermann Josef　元・バイエル社長　国ドイツ　生1928年9月26日　典1992／1996

シュトロイレ, ローランド　Streule, Roland　実業家　ラドー社長　国スイス　生1945年　典2000

シュトロウガル, ルボミール　Strougal, Lubomir　政治家　元・チェコスロバキア首相　国チェコスロバキア　生1924年10月19日　典1992／1996

シュトロブル, フリッツ　Strobl, Fritz　元・スキー選手（アルペン）　ソルトレークシティ五輪アルペンスキー男子滑降金メダリスト　国オーストリア　生1972年8月24日　典2004／2008

シュトロブル, ヨゼフ　Strobl, Josef　スキー選手（アルペン）　国オーストリア　生1974年3月3日　典2004

シュナイアー, ブルース　Schneier, Bruce　セキュリティコンサルタント　Counterpane Systems Security CTO　典2004

シュナイアソン, マイケル　Shnayerson, Michael　ジャーナリスト　典2004

シュナイダー, アレクサンダー　Schneider, Alexander　バイオリニスト, 指揮者　国米国　生1908年10月21日　没1993年2月2日　典1992／1996

シュナイダー, アントン　Schneider, Anton　バウビオロギー・エコロジー研究所長　著建築生物学（バウビオロギー）　国ドイツ　生1931年　典2008

シュナイダー, ヴォルフガング　Schneider, Wolfgang　軍人　ドイツ国防省陸軍参謀部戦車調達部, ドイツ国防省機甲隊士官, 「Thanks of the World」編集者　国ドイツ　生1951年　典2000

シュナイダー, エルネスト　ジーノ・ダビドフ社会長　生1921年　典1992

シュナイダー, シェリー　Schneider, Sherrie　ライター　国米国　生1959年　典2004

シュナイダー, シルヴィア　Schneider, Sylvia　ジャーナリスト　国ドイツ　生1952年　典1996／2000

シュナイダー, スティーブン　Schneider, Stephen Henry　気象学者　元・スタンフォード大学教授　著気候変動分析　国米国　生1945年　没2010年7月19日　典1992／1996／2000

シュナイダー, ステファン　Schneider, Stephan　ファッションデザイナー　ステファン・シュナイダー・デザイナー　生1969年　典2004／2008／2012

シュナイダー, ダーク　Schneider, Dirk　経営コンサルタント　典2004

シュナイダー, デービッド　Schneider, David M.　インターネット企業アドバイザー　プライスウォーターハウスクーパース・マネージング・パートナー　国米国　典2004

シュナイダー, トーマス　リストラクチャリング・アソシエイツCEO　国米国　典1996

シュナイダー, パティ　Schnyder, Patty　テニス選手　国スイス　生1978年12月14日　典2000／2008

シュナイダー, ピーター　ミュージカルプロデューサー・演出家　ディズニー演劇部門会社共同社長, ディズニー映画部門会社社長　国米国　典2000

シュナイダー, フランク　コンツェルトハウス・ベルリン総監督, ベルリン交響楽団総監督　国ドイツ　典2000

シュナイダー, フランツ・ヨーゼフ　Schneider, Franz Joseph

ジャーナリスト,作家 国ドイツ 生1912年 没1996

シュナイダー, フレニ Schneider, Vreni 元・スキー選手(アルペン) 国スイス 生1964年11月26日 著1992/1996

シュナイダー, フローリアン Schneider, Florian 旧グループ名=クラフトワーク　ミュージシャン 国ドイツ 生1947年4月7日 著2008/2012

シュナイダー, ペーター Schneider, Peter 作家 国ドイツ 生1940年4月21日 著1992/1996/2012

シュナイダー, ペーター Schneider, Peter 指揮者 国オーストリア 生1939年3月26日 著2012

シュナイダー, ベルトラン Schneider, Bertrand ローマ・クラブ事務局長 国フランス 生1929年 著1992/1996/2000

シュナイダー, マイケル Schneider, Mycle ジャーナリスト,コンサルタント 世界エネルギー情報サービス・パリ(WISE-Paris)主宰 原子力問題,核拡散問題 生1959年 著2000

シュナイダー, マーブ Schneider, Marv スポーツライター・編集者 国米国 著2004/2008

シュナイダー, マリア Schneider, Maria 女優 国フランス 生1952年3月27日 没2011年2月3日 著1996

シュナイダー, マルクス Schneider, Markus コンピューター技術者 著2004

シュナイダー, マンフレード Schneider, Manfred 実業家 元・バイエル社長 国ドイツ 生1938年12月21日 著2004/2008/2012

シュナイダー, マンフレート Schneider, Manfred ルール大学教授 文学メディア,美学 国ドイツ 生1944年 著2004

シュナイダー, ヨハネス Schneider, Johannes W. ルドルフ・シュタイナー幼稚園教員養成所 国メルヘン研究 国ドイツ 生1928年 著1996

シュナイダー, リヒャルト Schneider, Richard 東京ドイツ文化センター所長 国ドイツ 生1933年 著1992

シュナイダー, ローベルト 作家 国オーストリア 生1961年 著2000

シュナイダー, ロミー Schneider, Romy 本名=アルバッハ・レッティー, ローゼマリー 女優 国オーストリア 生1938年9月28日 没1982年5月29日 著1992

シュナイダーハインツェ, アニャ Schneiderheinze, Anja ボブスレー選手 トリノ五輪金メダリスト 国ドイツ 生1978年4月8日 著2008/2012

シュナイダーハン, ヴォルフガング Schneiderhan, Wolfgang バイオリニスト 元・ウィーン・フィルハーモニー管弦楽団コンサートマスター 国オーストリア 生1915年5月28日 没2002年5月18日 著1992

シュナイダマン, デレク 日本ゲートウェイ2000社長 国ニュージーランド 著2000

シュナイト, ハンス・マルティン Schneidt, Hans-Martin 指揮者,作曲家,オルガン奏者 神奈川フィルハーモニー管弦楽団音楽監督 元・ミュンヘン・バッハ合唱団・管弦楽団芸術監督 国ドイツ 生1930年12月6日 著2008/2012

シュナイドマン, エドウィン Shneidman, Edwin S. 精神医学者 元・カリフォルニア大学ロサンゼルス校名誉教授,元・ロサンゼルス自殺予防センター共同創立者,元・米国自殺学会創立者 自殺,死の学問(タナトロジー) 国米国 生1918年5月13日 没2009年5月15日 著2004

シュナイユ, ルイ Chenaille, Louis スポーツジャーナリスト 国フランス 生1969年 著2004

シュナーズ, スティーブン Schnaars, Steven P. 経営学者 ニューヨーク市立大学バルーク・カレッジマーケティング学部学部長 国米国 著2008

シュナーチ, デービッド Schnarch, David 臨床心理学者,セラピスト 国米国 著2004

シュナッケンブルク, ルドルフ Schnackenburg, Rudolf 元・ヴュルツブルク大学カトリック神学部教授 新約学 生1914年 著2000

シュナーベル, E. Schnabel, Ernst 作家 国ドイツ 生1913年 著1992

シュナーベル, ジュリアン Schnabel, Julian 画家,映画監督 国米国 生1951年10月 著1992/2000/2004/2008/2012

ジュニア, ラリー Junior, Larry S. 戦略研究家 国米国 生1953年 著2004/2008

ジュニオール Junior 本名=ジュニオール,アリシーリオ・ピント・シルバ サッカー選手(DF) 国ブラジル 生1977年5月15日 著2000

ジュニオール Junior 本名=コインブラ,アルツール・アンツネス, Jr. サッカー選手(MF) 国ブラジル 生1977年10月15日 著2004/2008

ジュニオール, ホッキ Junior, Roque 本名=ジュニオール,ジョス・ヴィトール・ホッキ サッカー選手(DF) 国ブラジル 生1976年8月30日 著2004/2008

ジュニオール・バイアーノ Junior Baiano 本名=ジュニオール,ライムンド・フェレイラ・ラモス サッカー選手(DF) 国ブラジル 生1970年3月14日 著2000/2004

シュニーダー, ルドルフ 陶芸家 チューリヒ大学美術史教授,国際陶芸アカデミー(IAC)会長 国スイス 生1931年 著1992

シュニトケ, アルフレッド Shnitke, Alfred Garrievich 作曲家 元・ハンブルク音楽大学教授 国ロシア 生1934年11月24日 没1998年8月3日 著1996

ジュニーニョ Juninho 本名=カルロス・アルベルト・カルバーリョ・ドス・アンジョス・ジュニオール サッカー選手(FW) 国ブラジル 生1977年9月15日 著2008/2012

ジュニーニョ・パウリスタ Juninho Paulista 本名=Junior, Osvaldo Giroldo サッカー選手(MF) 国ブラジル 生1973年2月22日 著2000(ジュニーニョ)/2004/2008

ジュニーニョ・ペルナンブカノ Juninho Pernambucano 本名=Reis,Antonio Augusto Ribeiro Junior サッカー選手(MF) 国ブラジル 生1975年1月30日 著2008/2012

ジュニョ, ジェラール Jugnot, Gérard 俳優,映画監督,脚本家 国フランス 生1951年 著2000/2004/2008

シュヌアー, フリードリヒ・ウィルヘルム ピアノ教育者,ピアニスト デットモルト音楽大学教授 元・デットモルト音楽大学学長 国ドイツ 著1996/2000

シュヌール, レスリー Schnur, Leslie 「犬と歩けば恋におちる」の著者 著2008

シュヌレ, ヴォルフディートリヒ Schnurre, Wolfdietrich 作家 国ドイツ 生1920年 著1996

ジュネ, ジャン Genet, Jean 劇作家,詩人,小説家 国フランス 生1910年12月19日 没1986年4月15日 著1992

ジュネ, ジャン・ピエール Jeunet, Jean-Pierre コンビ名=ジュネ&キャロ 映画監督,脚本家 国フランス 生1955年 著1996/2000/2004/2008/2012

シュネ, ベルナール Chenez, Bernard 漫画家 国フランス 生1946年 著1992

ジュネジョ, モハマド・カーン Junejo, Mohammad Khan 政治家 元・パキスタン・イスラム教徒連盟(PML)総裁,元・パキスタン首相 国パキスタン 生1932年8月18日 没1993年3月17日 著1992/1996

シュネック, スティーブン Schneck, Stephen 筆名=ナイト,ジェームズ,バイト,ベン 作家 国米国 生1933年 著1996

ジュネット, ジェラール Genette, Gérard 評論家 国立社会科学高等研究院教授 文学理論 国フランス 生1930年 著1992/2008

シュネーデルバッハ, ヘルベルト Schnädelbach, Herbert 哲学者 フンボルト大学哲学科教授 現代ドイツ哲学,歴史哲学 国ドイツ 生1936年 著1996

シュネーベル, ディーター Schnebel, Dieter 作曲家,元・牧師 元・ベルリン芸術大学教員 国ドイツ 生1930年3月14日 著1992

シュネル, ピーター Schnell, Peter M. ソフトウェアAG社長 国ドイツ 生1938年6月10日 著1992/1996

シュネルバッハー, ウーヴェ Schnellbacher, Uwe ライター 国ドイツ 生1962年 著2008

ジュノ Junho 本名=イジュノ グループ名=2PM 歌手 国韓国

㊇1990年1月25日　㊧2012

ジュノ　Juno　歌手　㊨韓国　㊇1987年1月1日　㊧2012

シュノールト, ケネス　Chenault, Kenneth I.　金融家　アメリカン・エキスプレス社長・COO　㊨米国　㊇1951年　㊧2000

ジューバ, ドロシー　別名＝ドビマ　ファッションモデル　㊨米国　㊈1990年5月4日　㊧1992

シューバ, ベアトリクス　Schuba, Beatrix　元・フィギュアスケート選手　オーストリア・フィギュアスケート連盟会長　㊨オーストリア　㊧2004

シュバイアー, ハンス・ミヒャエル　Speier, Hans-Michael　ドイツ文学者　シンシナティー大学ドイツ語ドイツ文学科教授　㊇1950年　㊧2004

シュバイガー, ヘルベルト　畜産業　㊨オーストリア　㊇1944年　㊧1996

シュバイデル, ハンス　軍人　元・NATO中欧軍司令官　㊨ドイツ　㊇1897年　㊈1984年11月28日　㊧1992

シュワインシュタイガー, バスティアン　Schweinsteiger, Bastian　サッカー選手(MF)　㊨ドイツ　㊇1984年8月1日　㊧2008／2012

シュバーツァー, アレックス　Schwazer, Alex　競歩選手　北京五輪陸上男子50キロ競歩金メダリスト　㊨イタリア　㊇1984年12月26日　㊧2012

ジュバニッチ, ヤスミラ　Zbanic, Jasmila　映画監督　㊨ボスニア・ヘルツェゴビナ　㊇1974年　㊧2008／2012

シュバリエ, トレイシー　Chevalier, Tracy　作家　㊇1962年　㊧2004（シュヴァリエ, トレイシー）／2012

シュバール, スティペ　Suvar, Stipe　政治家　ユーゴスラビア共産主義者同盟中央委幹部会議長（党首）　㊨ユーゴスラビア　㊇1936年　㊧1992

シュバルツ・サラント, ネーサン　医師　㊨分析心理学　㊨米国　㊧1992

シュバルバッサー, ユルゲン　Sparwasser, Jurgen　サッカー指導者　㊨ドイツ　㊧2008／2012

シュービガー, ユルク　Schubiger, Jürg　作家, 心理セラピスト　㊨スイス　㊇1936年　㊧2004

シュピーゲル, パウル　ドイツ・ユダヤ人中央評議会会長　㊨ドイツ　㊧2004

シュピース, ヴェルナー　Spies, Werner　美術評論家　ポンピドー・センター国立近代美術館館長　㊨近現代美術　㊇1937年　㊧2004

シュビスホーファー, ギュンター　トリンプ・インターナショナル・ジャパン会長　㊨ドイツ　㊧1996／2000

シュピッツ, ザビーネ　Spitz, Sabine　自転車選手(マウンテンバイク)　北京五輪自転車女子マウンテンバイク金メダリスト　㊨ドイツ　㊇1971年12月27日　㊧2012

シュービッツ, ジェラルド・P.　ナムコ・アメリカ取締役　㊨米国　㊧1992

シュピドラ, ウラジミール　Spidla, Vladimír　政治家　元・チェコ首相, 元・チェコ社会民主党党首　㊨チェコ　㊇1951年4月22日　㊧2004／2008／2012

ジュビラー, ピーター　Juviler, Peter Henry　政治学者　コロンビア大学政治学教授　㊨旧ソ連研究　㊨米国　㊇1926年3月26日　㊧1996

シュピリャク　Spiljak, Mika　政治家　元・ユーゴスラビア連邦幹部会議長(元首)　㊨ユーゴスラビア　㊇1916年　㊧1992

シュピルナー, ヴォルフ　Spillner, Wolf　作家　㊨ドイツ　㊇1936年　㊧1996

シュピールベルク, クリストフ　Spielberg, Christoph　作家, 医師　㊨ドイツ　㊇1947年　㊧2012

シュービン, ワレリー　Shubin, Valerii O.　考古学者　サハリン州郷土博物館副館長(科学担当)　㊨極東考古学　㊨ベラルーシ　㊇1946年　㊧1992／1996

シュピンドラー, コンラート　Spindler, Konrad　インスブルック大学教授　㊨考古学　㊨ドイツ　㊇1939年　㊧2000

ジューブ, イワン　Dziub, Ivan　物理学者, 翻訳家, 日本文学研究家　元・ウクライナ科学アカデミー理論物理学研究所上級研究員　㊨日本の近現代文学　㊨ウクライナ　㊧2008／2012

シュフェール, ジョルジュ　Suffert, Georges　評論家　㊨フランス　㊧2000

シューフェルト, カイル　Shewfelt, Kyle　体操選手　㊨カナダ　㊇1982年5月6日　㊧2008

ジュフレ, ダニエル　Zufferey, Daniel　ミステリー作家　㊨スイス　㊇1969年　㊧2004

シュプリンガー, アクセル　Springer, Axel Cäsar　マスコミ経営者　㊨ドイツ　㊇1912年5月2日　㊈1985年9月22日　㊧1992

ジュフレ, ケネス　Giuffre, Kenneth　医学者　㊨生物医学　㊨米国　㊧2004

シュプレンガルト, カール・アントン　Sprengard, Karl Anton　哲学者　マインツ大学哲学科名誉教授　㊨ドイツ　㊇1933年　㊧2008

ジュフロワ, アラン　Jouffroy, Alain　美術評論家, 詩人, 作家　㊨フランス　㊇1928年　㊧1996

ジュペ, アラン　Juppé, Alain Marie　政治家　ボルドー市長　元・フランス首相・外相, 元・フランス国民運動連合(UMP)党首　㊨フランス　㊇1945年8月15日　㊧1996／2000／2008／2012

シュペアー, アルベルト　Speer, Albert　建築家, 政治家　元・ナチスドイツ軍需相　㊨西ドイツ　㊇1905年3月19日　㊈1981年9月1日　㊧1992

シュベシニー, ヤロミール　バイクトライアル選手　㊨チェコ　㊧2000

シュペッシャ, ヘンドリ　Spescha, Hendri　詩人, 小説家, ジャーナリスト　㊨スイス　㊇1928年　㊧1992

シュベッペンホイザー, ゲルハルト　Schweppenhäuser, Gerhard　哲学者　ワイマール・バウハウス大学講師, カッセル総合大学講師　㊨ドイツ　㊇1960年　㊧2004

シュペート, ロータール　Späth, Lothar　政治家　イェノプティック・カール・ツァイス・イェーナ会長　元・バーデン・ビュルテンブルク州首相, 元・キリスト教民主同盟(CDU)副党首　㊨ドイツ　㊇1937年11月16日　㊧1992／1996

シュペートマン, ディーター　Spethmann, Dieter　ティッセン社長　㊨ドイツ　㊧1992

シュベーヌマン, ジャン・ピエール　Chevénement, Jean-Pierre　政治家　フランス上院議員, 共和派市民運動(MRC)党首　元・フランス内相　㊨フランス　㊇1939年3月9日　㊧1992／1996／2000／2004／2012

シュベーリー, フレニー　政治家　スイス全州議会議員　㊨スイス　㊧2000

ジュベール, ジャン　フランス通信販売協会会長, トロア・スイス・フランス社副社長, フランス経営者協会常任理事　㊨フランス　㊧1992

ジュベール, ブライアン　Joubert, Brian　フィギュアスケート選手　㊨フランス　㊇1984年9月20日　㊧2008／2012

ジュベール, ローラン　美術家　㊨フランス　㊇1952年　㊧1996

シュベルコ, アレクサンドル　哲学者, 歴史学者　国際オリンピック委員会(IOC)委員　㊨ルーマニア　㊧1992

シューベルト, B.キングスリー　シグナ傷害火災保険会長　㊨オーストラリア　㊇1946年　㊧1996／2000

シューベルト, イングリット　Schubert, Ingrid　絵本作家　㊨オランダ　㊇1953年　㊧2000

シューベルト, エルンスト　Schuberth, Ernst　教育学者　㊨ドイツ　㊇1939年　㊧1996

シューベルト, ディーター　Schubert, Dieter　絵本作家　㊨オランダ　㊇1947年　㊧2000

シューベルト, ディートリヒ　Schubert, Dietrich　ハイデルベルク大学教授　㊨美術史　㊇1941年　㊧2004

シューベルト, ピット　Schubert, Pit　登山家　国際山岳連盟(UIAA)安全委員長　㊨ドイツ　㊇1935年　㊧2000／2004

シュベルバー, ヨッヘン　Sperber, Jochen　ジャーナリスト　㊨ドイツ　㊇1943年　㊧2000

シュベンゲラー, アルノルト　Schwengeler, Arnold　詩人, 劇作家, エッセイスト　㊨スイス　㊇1906年　㊧1992

シュベントカー, ウォルフガング　Schwentker, Wolfgang　歴史学者

デュッセルドルフ大学助手 　国ドイツ 　⊕1953年 　㊥1996

シュポタコヴァ, バルボラ 　Spotakova, Barbora 　やり投げ選手 　北京五輪・ロンドン五輪金メダリスト, 陸上女子やり投げ世界記録者 　国チェコ 　⊕1981年6月30日 　㊥2012

シューマー, チャールズ 　Schumer, Charles 　本名＝Schumer, Charles Ellis 　政治家 　米国上院議員(民主党) 　国米国 　⊕1950年11月23日 　㊥2000／2004／2012

シューマイアー, ペーター 　バイオリニスト 　ウィーン・アルティス弦楽四重奏団第1バイオリニスト 　国オーストリア 　㊥1992

シュマイケル, ピーター 　Schmeichel, Peter 　元・サッカー選手 　国デンマーク 　⊕1963年11月18日 　㊥2000／2004／2008

シューマーカー, トーマス 　ミュージカルプロデューサー 　ディズニー演劇部門会社共同社長, ディズニーアニメ部門会社社長 　国米国 　㊥2000

シュマッチャー, ジョエル 　Schumacher, Joel 　映画監督 　国米国 　⊕1939年8月29日 　㊥1992／1996／2000／2004／2008／2012

シューマッハー, ゲルト・ホルスト 　Schumacher, Gert-Holst 　元・ロストック大学教授 　⊕解剖学 　国ドイツ 　⊕1925年 　㊥1996

シューマッハー, ハンス 　Schumacher, Hans 　詩人, 文芸評論家 　国スイス 　⊕1910年 　㊥1992

シューマッハー, ミハエル 　Schumacher, Michael 　元・F1ドライバー 　国ドイツ 　⊕1969年1月3日 　㊥1992／1996／2000／2004／2008／2012

シューマッハー, ラルフ 　Schmacher, Ralf 　元・F1ドライバー 　国ドイツ 　⊕1975年6月30日 　㊥2000／2004／2008／2012

シューマン, ウィリアム 　Schuman, William Howard 　作曲家 　国米国 　⊕1910年8月4日 　②1992年2月15日 　㊥1996

シューマン, エリック 　Schumann, Erik 　本名＝Schumann,Erik Robert 　バイオリニスト 　国ドイツ 　⊕1982年 　㊥2012

シュマン, サシャ 　Schumann, Sascha 　コンピュータ科学者 　Gymnasium Letmathe 　㊥2004

シューマン, チャールズ 　Schumann, Charles 　バーテンダー 　国ドイツ 　⊕1941年 　㊥2004

シューマン, ニルス 　Schumann, Nils 　陸上選手(中距離) 　国ドイツ 　⊕1978年5月20日 　㊥2004

シューマン, フレデリック 　Schuman, Frederick Lewis 　政治学者 　元・ウィリアムズ・カレッジ教授 　⊕国際政治 　国米国 　⊕1904年2月22日 　②1981年 　㊥1992

シューマン, ミシェル 　Schouman, Michel 　泌尿器科医 　カナダ性医学研究所科学部長 　㊥2004

シューマン, モート 　シンガー・ソングライター 　国米国 　②1991年11月3日 　㊥1992

シューマン, モーリス 　Schumann, Maurice 　政治家 　元・フランス外相 　国フランス 　⊕1911年4月10日 　②1998年2月10日 　㊥1992／1996

シューマン, ラルフ 　Schumann, Ralf 　射撃選手(ピストル) 　バルセロナ五輪・アトランタ五輪・アテネ五輪射撃男子ラピッドファイアピストル金メダリスト 　国ドイツ 　⊕1962年6月10日 　㊥1996／2000／2008／2012

シュマンジャヤ 　映画監督, 短編作家, 詩人, 随筆家 　国インドネシア 　②1985年7月19日 　㊥1992

シュミアキン, ミハイル 　Chemiakin, Mihail 　画家 　⊕1943年 　㊥1992／1996

シュミーゲロー, ヘンリク 　Schmiegelow, Henrik 　外交官 　元・駐日ドイツ大使 　国ドイツ 　⊕1941年1月29日 　㊥1996(シュミーゲロウ, ヘンリック)／2004／2008／2012

シュミーゲロー, ミシェル 　Schmiegelow, Michèle 　日本研究家 　ルーバン大学教授・アジア学研究センター所長, 世界経済戦略センター専務理事 　⊕政治学, 国際関係論 　国ベルギー 　⊕1945年 　㊥1992(シュミーゲロウ, ミシェル)／1996(シュミーゲロウ, ミシェル)

シュミタライン, デービッド 　Schmittlein, David 　経営学者 　MITスローン経営大学院院長 　国米国 　⊕1955年 　㊥2012

シュミッツ, オリバー 　映画監督 　国南アフリカ 　⊕1960年 　㊥1992

シュミッツ, ジェームズ 　Schmitz, James Henry 　SF作家 　国米国 　⊕1911年10月15日 　②1981年4月18日 　㊥1992

シュミッツ, ジャン・パトリック 　Schmitz, Jan-Patric 　実業家 　モンブラン・ジャパン社長 　国ドイツ 　⊕1968年 　㊥2004／2008

シュミッツ, チャールズ 　元・外交官 　グローバル・ビジネス・アクセス会長 　国米国 　㊥1996

シュミッツ, ハンス・ペーター 　Schmitz, Hans-Peter 　フルート奏者 　国ドイツ 　⊕1916年11月5日 　②1995年3月16日 　㊥1996

シュミッツ, ヨハネス 　Schmitz, Johannes 　ジャーナリスト 　国ドイツ 　⊕1956年 　㊥2000

シュミッテン, リチャード 　Smitten, Richard 　作家 　国米国 　㊥1996

シュミット, D.L. 　ダンアンドブラッドストリート日本社長 　国米国 　⊕1945年 　㊥1996

シュミット, G. 　ルクセンブルク経済次官(産業政策担当) 　国ルクセンブルク 　⊕1953年4月 　㊥1996

シュミット, W. 　Schmid, Wilfried 　数学者 　㊥2004

シュミット, アリソン 　Schmitt, Allison 　水泳選手(自由形) 　ロンドン五輪競泳女子200メートル自由形金メダリスト 　国米国 　⊕1990年6月7日

シュミット, アルント 　フェンシング選手 　国ドイツ 　㊥1992

シュミット, アンドレアス 　Schmidt, Andreas 　バリトン歌手 　㊥2004

シュミット, アンネローゼ 　Schmidt, Annerose 　ピアニスト 　ベルリン音楽大学学長 　国ドイツ 　⊕1936年10月5日 　㊥1992

シュミッド, ウィル 　Schmid, Will 　ギター教師, ギタリスト 　ミルウォーキー大学音楽教育部門助教授 　国米国 　㊥2000

シュミット, ウーヴェ 　Schmitt, Uwe 　ジャーナリスト 　「フランクフルター・アルゲマイネ」紙東京支局長 　国ドイツ 　⊕1955年 　㊥1996

シュミット, ウェルナー 　Schmidt, Werner 　ジャーナリスト 　オーストリア放送国際ラジオ放送編集長 　国オーストリア 　㊥1992

シュミット, ウォレン 　Schmidt, Warren H. 　経営学者, 経営コンサルタント, 著述家 　南カリフォルニア大学名誉教授, カリフォルニア大学ロサンゼルス校名誉教授 　国米国 　㊥2004／2008

シュミット, エブリン 　映画監督 　国ドイツ 　㊥1992

シュミット, エリオ 　元・バリグ・ブラジル航空社長 　国ブラジル 　②1990年4月11日 　㊥1992

シュミット, エリック 　Schmidt, Eric E. 　実業家 　グーグル会長 　元・ノベル会長・CEO 　国米国 　⊕1955年4月27日 　㊥2000／2008／2012

シュミット, エリック・エマニュエル 　Schmitt, Eric-Emmanuel 　劇作家, 作家 　国フランス 　⊕1960年 　㊥2004／2008／2012

シュミット, エレノア 　Schmid, Eleonore 　絵本作家 　国スイス 　㊥1992

シュミット, オスカー 　Schmidt, Oscar 　バスケットボール選手 　国ブラジル 　⊕1958年2月16日 　㊥2000／2004

シュミット, カール 　Schmitt, Carl 　政治学者, 公法学者 　国西ドイツ 　⊕1888年7月11日 　②1985年4月7日 　㊥1992

シュミット, ゲイリー 　Schmidt, Gary D. 　作家 　㊥2012

シュミット, ケビン 　Schmidt, Kevin J. 　コンピュータ技術者 　国米国 　㊥2004

シュミット, ゲーリー・ブルーノ 　Schmid, Gary Bruno 　物理学者, 心理学者, 精神治療医 　国米国 　⊕1946年 　㊥2004／2008

シュミット, ゲルハルト 　Schmidt, Gerhart 　元・ボン大学教授 　⊕哲学 　国ドイツ 　⊕1925年 　㊥1996

シュミット, ジェイソン 　Schmidt, Jason 　本名＝Schmidt,Jason David 　大リーグ選手(投手) 　国米国 　⊕1973年1月29日 　㊥2008

シュミット, ジャン 　Schmitt, Jean 　作家 　国フランス 　㊥1992

シュミット, ジャン・クロード 　Schmitt, Jean-Claude 　歴史家 　フランス社会科学高等研究院教授 　⊕中世史 　国フランス 　⊕1946年 　㊥2000／2012

シュミット, スタンリー 　Schmidt, Stanley 　SF作家, 編集者 　元・

ハイデルベルク大学助教授　⑱米国　⑭1944年　⑳2000

シュミット, ダニエル　Schmid, Daniel　映画監督　⑱スイス　⑭1941年12月26日　⑮2006年8月5日　⑳1992／1996／2000／2004

シュミット, ティモシー　Schmit, Timothy B.　グループ名＝イーグルス　ロックベース奏者　⑱米国　⑭1947年10月30日　⑳2008

シュミット, デービッド　Schmidt, David E.　リーバイ・ストラウス・インターナショナル（米国）副社長　元・リーバイ・ストラウスジャパン社長　⑱カナダ　⑭1949年　⑳1992／1996

シュミット, トーマス　Schmidt, Thomas　歯科技工士　⑱ドイツ　⑭1944年　⑳1992

シュミット, トーマス　Schmidt, Thomas　カヌー選手（カヤック）　⑱ドイツ　⑭1976年2月18日　⑳2004／2008

シュミット, ハービー　Schmidt, Harvey　ミュージカル作曲家, 画家　⑱米国　⑭1929年9月12日　⑳1992

シュミット, パール　Schmitt, Pál　政治家, 元・フェンシング選手　元・ハンガリー大統領, 元・国際オリンピック委員会（IOC）副会長　⑱ハンガリー　⑭1942年5月13日　⑳2004／2008／2012

シュミット, ハンス　Schmitt, Hans　実業家　ヒューゴボス日本法人社長　⑱ドイツ　⑭1970年1月14日　⑳2004

シュミット, バーンド　Schmitt, Bernd　経営学者, 企業コンサルタント　コロンビア大学ビジネススクール教授　⑲マーケティング　⑱米国　⑳2004

シュミット, ブライアン　Schmidt, Brian P.　物理学者　オーストラリア国立大学特待教授　⑱米国　⑭1967年2月24日　⑳2012

シュミット, ペーター　Schmidt, Peter　デザイナー　⑱ドイツ　⑭1937年　⑳2004／2012

シュミット, ヘルムート　Schmidt, Helmut　本名＝Schmidt, Helmut Heinrich Waldemar　政治家, エコノミスト　「ディ・ツァイト」共同発行人　元・西ドイツ首相　⑱ドイツ　⑭1918年12月23日　⑳1992／1996／2004／2008／2012

シュミット, ベルンハルト　Schmid, Bernhard M.　写真家, ライター　⑱ドイツ　⑭1955年　⑳2000／2004

シュミット, ヘンク　Smit, Henk　経営コンサルタント　アーサー・D.リトル（ADL）アソシエート・ディレクター　⑳2004

シュミット, ベンヤミン　Schmid, Benjamin　別名＝シュミット, ベニー　バイオリニスト　⑱オーストリア　⑳2004／2008

シュミット, マイク　Schmidt, Mike　元・大リーグ選手　⑱米国　⑭1949年9月27日　⑳1992／2000

シュミット, マルティン　Schmitt, Martin　スキー選手（ジャンプ）　ソルトレークシティ五輪スキー・ジャンプ団体金メダリスト　⑱ドイツ　⑭1978年1月29日　⑳2000／2004／2012

シュミット, ミカエル　ドイツ航空宇宙研究所報道広報部長　⑱ドイツ　⑭1948年　⑳2000

シュミット, ミハイル　詩人　⑱ロシア　⑳2004

シュミット, ミヒャエル　Schmid, Michael　スキー選手（フリースタイル）　バンクーバー五輪フリースタイルスキー男子スキークロス金メダリスト　⑱スイス　⑭1984年3月18日　⑳2012

シュミット, モーリス　Schmitt, Maurice　軍人　元・フランス軍統合参謀総長　⑱フランス　⑳1992

シュミット, ヨッヘン　Schmidt, Jochen　舞踊評論家　⑱ドイツ　⑭1936年　⑳2000

シュミット, ヨハン　ピアニスト　⑱ベルギー　⑳1992

シュミット, リチャード　Schmidt, Richard A.　カリフォルニア大学教授　⑲心理学　⑱米国　⑳1996

シュミット・ニールセン, クヌト　Schmidt-Nielsen, Knut　生理学者　元・デューク大学教授　⑲比較生理学　⑱米国　⑭1915年9月24日　⑮2007年1月25日　⑳1996

シュミットハイニー, ステファン　Schmidheiny, Stephan　実業家　ANOVA会長, UNOTEC会長, NUEVA会長　⑱スイス　⑭1947年　⑳1996／2000

シュミットフーバー, ペーター　Schmidhuber, Peter M.　弁護士　元・EU欧州委員会委員　⑱ドイツ　⑭1931年12月15日　⑳1992（シュミットヒューバー, ペーター）／1996

シュミット・ブレーク, フリードリッヒ　Schmidt-Bleek, Friedrich　ファクター10研究所（フランス）所長　⑳2000

シュミードル, ペーター　Schmidl, Peter　クラリネット奏者　ウィーン・フィルハーモニー管弦楽団（VPO）首席クラリネット奏者, パシフィック・ミュージック・フェスティバル（PMF）芸術主幹　⑱オーストリア　⑭1941年　⑳2004／2012

シュミュッカー, クルト　政治家　元・西ドイツ経済相　⑱ドイツ　⑮1996年1月6日　⑳1996

シュミル, バーツラフ　Smil, Vaclav　マニトバ大学教授,「China Quarterly」編集委員　⑲エネルギー・環境問題, 地理学　⑱米国　⑭1943年　⑳2000

シュムックリ, ジェイコブ J.　ソニー・ヨーロッパ社社長, ソニー本社取締役　⑳1992

シュムラー, ジョゼフ　Schmuller, Joseph　コンピューター科学者　バンク・オブ・アメリカ消費金融テクノロジー部門バイス・プレジデント, 北フロリダ大学助教授　⑱米国　⑳2004

シュメイカー, ワード　Schumaker, Ward　イラストレーター, デザイナー　⑱米国　⑭1943年　⑳2008

シュメイコ, ウラジーミル　Shumeiko, Vladimir Filippovich　政治家, エコノミスト　元・ロシア連邦会議（上院）議長　⑱ロシア　⑭1945年2月10日　⑳1996／2000

シューメーカー, ウィリー　Shoemaker, Willie　本名＝シューメーカー, ウィリアム・リー　通称＝ザ・シュー, シューメーカー, ビル　騎手　⑱米国　⑭1931年8月19日　⑮2003年10月12日　⑳1992／1996／2000

シューメーカー, キャロライン　Shoemaker, Carolyn S.　天文学者　米国地質調査所客員研究員, 北アリゾナ大学天文学教授　⑱米国　⑭1929年　⑳1996

シューメーカー, ミリヤード　Schumaker, Millard　宗教学者, 哲学者　クイーンズ大学教授　⑱米国　⑭1936年　⑳2004

シューメーカー, ユージーン　Shoemaker, Eugene Merle　天文学者　元・米国地質調査所名誉研究員　⑱米国　⑭1928年4月28日　⑮1997年7月18日　⑳1996

シュメデール, ジュヌビエーヴ　フランス国立工芸院教授　⑲経済学, 経営学, 政治学　⑱フランス　⑭1949年　⑳1996

シュメノフ, ベイブット　Shumenov, Beibut　プロボクサー　WBA世界ライトヘビー級スーパーチャンピオン　⑱カザフスタン　⑭1983年8月19日

シュメーリング, エルマー　Schmähling, Elmar　軍人　ドイツ海軍大将　⑱ドイツ　⑳1992

シュメルシュア, ペア　Schmolcher, Per　アートディレクター, ディスプレイデザイナー　⑱デンマーク　⑳1992／1996

シュメルツ, ミルドレッド　Schmertz, Mildred F.　ジャーナリスト　「ARCHITECTURAL RECORD」編集長　⑲建築, デザイン　⑱米国　⑳1992

シュメルツァー, ヒルデ　Schmölzer, Hilde　ジャーナリスト, 作家　⑱オーストリア　⑭1937年　⑳1996

シュモー, フロイド　Schmoe, Floyd　平和運動家　元・ワシントン大学教授, 元・ハワイ大学講師　⑲森林学　⑱米国　⑮2001年4月20日　⑳1992

シュモック, ロバート　Schmok, Robert D.　バルーン・アーティスト, バルーン・アート・インストラクター　（有）アメリカン・バルーン・カンパニー取締役, パイオニア・バルーン社アジア・インストラクター　⑱カナダ　⑭1958年11月21日　⑳2000

ジュヨン　Juyeon　グループ名＝AFTERSCHOOL　歌手　⑱韓国　⑭1987年3月19日　⑳2012

シューラー, ガンサー　Schuller, Gunther　作曲家, 指揮者, ホルン奏者　⑱米国　⑭1925年11月22日　⑳1992／2000

シューラー, ケビン　ラグビーコーチ　⑱ニュージーランド　⑳2000／2004

シュラ, ドン　Shula, Don　元・プロフットボール監督　マイアミ・ドルフィンズ役員　⑱米国　⑭1930年1月4日　⑳2000

シュラー, ヒース　Shuler, Heath　政治家, 元・プロフットボール選手　米国下院議員　⑱米国　⑭1971年12月31日　⑳2008／2012

シューラー, ベルンハルト　Schüler, Bernhard　グループ名＝トリオ

センス　ジャズ・ピアニスト　国ドイツ　生1979年　没2012

シュラー, ロバート　Schuller, Robert H.　ニューソートの第一人者　国米国　生1927年　没1992／1996／2000

ジュライ, ウィリアム　July, William (II)　作家　国米国　没2004

ジュライ, ツォルト　カヌー選手　国ハンガリー　没1992

シュライヴァー, ジョープ　Schrijvers, Joep P.M.　コラムニスト　没2008

ジュライチス, アリギス　Zhuraitis, Algis　指揮者　国ロシア　生1928年　没1996

シュライナー, クラウス　Schreiner, Klaus　歴史学者　ビーレフェルト大学教授　元・テュービンゲン大学歴史地誌研究所所長　国ドイツ　生1931年　没2004

シュライナー, ペーター　Schreiner, Peter　サッカーコーチ　国ドイツ　生1953年　没2004

シュライバー, ヴォルフガング　Schreiber, Wolfgang　音楽批評家　「南ドイツ新聞」編集者　国ドイツ　生1939年　没1996

シュライバー, ゲオルク　Schreiber, Georg　歴史学者, 作家　国オーストリア　生1922年　没2000

シュライバー, パム　Shriver, Pam　テニス選手　世界女子テニス連盟 (WITA) 副会長　国米国　生1962年7月4日　没1992

シュライバー, フローラ・リータ　Schreiber, Flora Rheta　作家, ジャーナリスト　国米国　生1918年4月24日　没1992

シュライバー, マーク　Schreiber, Mark　作家　国米国　生1960年　没2004

シュライバー, マリア　Shriver, Maria　ニュースキャスター, ジャーナリスト　国米国　没2004

シュライバー, ミリアム　人権運動家　反差別国際運動理事長　国ベルギー　没1992

シュライバー, ユニス・ケネディ　Shriver, Eunice Kennedy　元・スペシャルオリンピックス (SO) 創設者　国米国　没2009年8月11日

シュライバー, ロバート (Jr.)　Shriver, Robert (Jr.)　本名＝シュライバー, ロバート・サージェント, Jr.　政治家　元・スペシャルオリンピックス・インターナショナル社長, 元・米国平和部隊長官, 元・駐フランス米国大使　国米国　生1915年11月9日　没2011年1月18日　没1992／1996

シュライヒャー, アンドレア　Schleicher, Andreas　経済協力開発機構 (OECD) 事務総長特別顧問　教育　国ドイツ　生1964年　没2000

シュライファー, アンドレイ　Shleifer, Andrei　ハーバード大学教授　経済学　国米国　生1961年　没2000

シュライヤー, ウィリアム　Schreyer, William Allen　実業家　元・メリル・リンチ会長・CEO　国米国　生1928年1月13日　没2011年1月22日　没1992／1996

シュライヤー, エドワード　Schreyer, Edward Richard　政治家　元・カナダ総督　国カナダ　生1935年　没1992

シュライヤー, ペーター　Schreier, Peter　テノール歌手, 指揮者　国ドイツ　生1935年7月29日　没1992 (シュライアー, ペーター) ／1996／2000／2004／2008／2012

ジュラヴリョフ, ウラジーミル　Zhuravlev, Vladimir Konstantinovich　ロシア・アカデミー言語研究所　言語学　国ロシア　生1922年　没2000

シュラーキー, ロベール　Chouraqui, Robert　写真家　国フランス　生1949年　没1996

シュラーゲンハイム, エリ　Schragenheim, Eli　経営コンサルタント　没2008

ジュラノヴィッチ, ベセリン　Djuranović, Veselin　政治家　元・ユーゴ大統領　国ユーゴスラビア　生1925年　没1992 (ジュラノビッチ, ベセリン)

シュラム, スチュアート・R.　ロンドン大学教授　中国政治　国英国　生1924年　没1992

シュラム, デービッド　Schramm, David N.　元・シカゴ大学ルイス・ブロック教授　物理学　国米国　没1997年12月19日　没1996

シュラム, ヒルデ　Schramm, Hilde　政治家　元・ベルリン市議会副議長 (緑の党)　国ドイツ　生1936年　没1996

シュラム, マーサ　歌手　国米国　生1985年10月6日　没1992

シュラムコヴァ, スターニャ　武道家　国チェコ　生1966年　没1996 (シュラムコバ, スターニャ) ／2000

シュランガー, カリーン　Schlanger, Karin　心理学者　ブリーフセラピー・センター副所長　没2004

シュランガー, メラニー　Schlanger, Melanie　水泳選手 (自由形)　北京五輪・ロンドン五輪金メダリスト　国オーストラリア　生1986年8月31日

シュランツ, カール　Schranz, Karl　元・スキー選手　カール・シュランツホテル経営者　国オーストリア　生1938年11月18日　没1992／2000／2004

ジュリー, エリック　コンパニー・ジェネラル・マリチーム (CGM) 社長・CEO　国フランス　没1996

ジュリ, セルジュ　July, Serge　ジャーナリスト　「リベラシオン」紙発行人・主筆　国フランス　生1942年　没1992／1996

シュリー, タニア　Schlie, Tania　編集者　ホフマン・ウント・カンペ編集者　国ドイツ　没1996

シュリー, バレンチナ　ファッション・デザイナー　国米国　生1989年9月14日　没1992

ジュリ, ミシェル　Jeury, Michel　筆名＝イゴン, アルベール　SF作家　国フランス　生1934年　没1992

ジュリア　Yulia　本名＝ヴォルコヴァ, ジュリア　グループ名＝タトゥー　歌手　国ロシア　生1985年2月20日　没2004／2008

ジュリア, ラウル　Julia, Raul　俳優　国米国　生1940年3月9日　没1994年10月24日　没1996

ジュリアーニ, アルフレード　Giuliani, Alfredo　詩人, 批評家　国イタリア　生1924年　没1992

ジュリアーニ, ルドルフ　Giuliani, Rudolph W.　別名＝Giuliani, Rudy　実業家, 政治家, 法律家　ジュリアーニ・パートナーズ会長・CEO　元・ニューヨーク市長　国米国　生1944年5月28日　没1996／2000／2004／2008／2012

ジュリアーノ, ジェフリー　Giuliano, Geoffrey　音楽ジャーナリスト　国米国　生1953年　没1996／2000

ジュリアン, アイザック　Julien, Isaac　映画監督　国英国　生1960年　没1996

ジュリアン, ジャック・J.　カナダ王室造幣局マーケティング担当副局長　国カナダ　生1941年　没1992

ジュリアン, フランソワ　Jullien, François　パリ第7大学教授　哲学　国フランス　生1951年　没2000

ジュリアン, ブルーノ　Julien, Bruno　欧州共同体 (EC) 運輸・消費者保護総局担当委員広報担当　農業政策　国フランス　生1944年　没1992

ジュリアンタラ, ダダン　Juliantara, Dadan　社会運動家　国インドネシア　生1967年　没2004

シュリヴァン, イリス　Sullivan, Iris L.　造形アーティスト, 写真家　国フランス　没2000

ジュリエ, シャルル　Juliet, Charles　詩人, エッセイスト　国フランス　生1934年　没1996／2000

ジュリオ　Julio　本名＝コスタ, ジュリオ・セザール・ロッシャ　サッカー選手 (DF)　国ブラジル　生1980年5月12日　没2000

ジュリオ・レアル　Julio leal　本名＝ジュリオ・セザール・レアル・ジュニオール　サッカー監督　国ブラジル　生1951年4月13日　没2008／2012

シュリガ, ニコライ　Shuliga, Nickolai Aleksandrovich　民族学者　ウクライナ人民代議員, ウクライナ社会学研究所副所長　国ウクライナ　没1996

シューリス, ピーター・F.　実業家　クリストフル・ジャパン社長　国英国　生1957年　没2000

ジューリッチ, ヴォイスラブ・J.　ベオグラード大学哲学部教授　ビザンチン美術 (中世南スラブ)　国ユーゴスラビア　生1925年　没1996

シュリッツェル, ポール・ルー　Sulitzer, Paul Loup　作家　国フランス　生1946年7月22日　没1996

ジュリナス, イザベル　Gelinas, Isabelle　女優　国フランス
　掲2000

ジュリーニ, カルロ・マリア　Giulini, Carlo Maria　指揮者　元・ミラノ・スカラ座首席指揮者　国イタリア　生1914年5月9日　没2005年6月14日　掲1992／1996／2000

シュリーニバス, M.N.　Srinivas, Mysore Narasimhachar　社会人類学者　元・デリー大学教授　国インド　生1916年　掲1992

シュリーバー, ユルゲン　Schriewer, Jürgen　教育学者　ベルリン大学教授　専比較教育学　国ドイツ　掲2004

シュリーブ, アニータ　Shreve, Anita　作家、ジャーナリスト　国米国　掲2004

シュリーブ, ジェームズ　Shreeve, James　ライター　掲2008

シュリーブ, スーザン　Shreve, Susan Richards　作家　ジョージ・メーソン大学教授、コロンビア大学客員教授　専英語学　国米国　生1939年5月2日　掲2000

シュリーファー, ジョン・ロバート　Schrieffer, John Robert　理論物理学者　フロリダ州立大学タラハッシ校教授　専BCS理論　国米国　生1931年5月31日　掲1992／1996／2000／2004

シュリプラカッシュ　Shriprakash　映像作家　国インド　掲2004／2008

シュリーベン・ランゲ, ブリギッテ　Schlieben-Lange, Brigitte　言語学者　フランクフルト大学教授　専ロマンス語学、社会言語学、オクシタン語、カタルーニャ語、語用論　国ドイツ　生1943年　掲1992

シュリメ, フランチェスコ・トリスターノ　Schlime, Francesco Tristano　ピアニスト、作曲家、指揮者　掲2012

シュリヤ, ミシェル　Surya, Michel　批評家　「リーニュ」編集者　国フランス　生1954年　掲1996

シュリーレンツァウアー, グレゴア　Schlierenzauer, Gregor　スキー選手（ジャンプ）　バンクーバー五輪スキー・ジャンプ団体金メダリスト　国オーストリア　生1990年1月7日　掲2012

シュリンク, ベルンハルト　Schlink, Bernhard　作家、弁護士、法学者　ベルリン・フンボルト大学法学部教授　国ドイツ　生1944年　掲2004／2008／2012

シュリンゲンズィーフ, クリストフ　Schlingensief, Christoph　本名＝Schlingensief,Christoph Maria　映画監督、舞台演出家　国ドイツ　生1960年10月24日　没2010年8月21日　掲2000

シュール, グスタフ　元・自転車選手　国ドイツ　掲1992

シュル, ジャン・ジャック　Schuhl, Jean-Jacques　作家　国フランス　生1941年　掲2008／2012

シュール, ドナルド　Chyr, Donald　マーケティング専門家　国カナダ　生1949年　掲2008

シュール, ヤン　自転車選手　国ドイツ　掲1992

ジュールキン, ヴィタリー　ソ連科学アカデミー欧州研究所所長　専国際関係　国ソ連　生1928年　掲1992

シュルコフスキー, マーク　Schilkowski, Mark　グラフィックデザイナー　国ドイツ　生1967年　掲1996

シュルジー, ドン　Schulze, Don　本名＝Schulze,Donald Arthur　元・プロ野球選手　国米国　生1962年9月27日　掲1996

シュールストロム, エリック　Shullstrom, Erik　プロ野球選手（投手）　国米国　生1969年3月25日　掲2000／2004

シュルーダー, ウルス・フォン　Schroeder, Urs von　ジャーナリスト、作家　国スイス　生1943年　掲2000

ジュルタ, ダニエル　Gyurta, Dániel　水泳選手（平泳ぎ）　ロンドン五輪競泳男子200メートル平泳ぎ金メダリスト　国ハンガリー　生1989年5月4日

シュルター, ニーノ　Schurter, Nino　自転車選手（マウンテンバイク）　ロンドン五輪自転車男子マウンテンバイク銀メダリスト　国スイス　生1986年5月13日

シュルター, ボウル　Schlüter, Poul Holmskov　政治家　元・デンマーク首相　国デンマーク　生1929年4月3日　掲1992／1996

ジュルダン, シャルル　靴製造業者　国フランス　没1986年1月24日　掲1992

ジュルチャーニ, フェレンツ　Gyurcsány, Ferenc　政治家、実業家　ハンガリー社会党党首　元・ハンガリー首相　国ハンガリー

生1961年6月4日　掲2008／2012

シュルツ, ウォルフガング　Schulz, Wolfgang　フルート奏者　元・ウィーン・フィルハーモニー管弦楽団首席フルート奏者、元・ウィーン音楽大学教授　国オーストリア　生1946年　没2013年3月28日　掲2012

シュルツ, エリック　Schulz, Eric　マーケティングコンサルタント　国米国　掲2004

シュルツ, クラウス　指揮者　バイロイト音楽祭総監督　国ドイツ　掲2004／2008

シュルツ, ゲルハルト　Schulz, Gerhard　バイオリニスト　ウィーン音楽大学教授　国オーストリア　生1951年　掲2000／2004／2008

シュルツ, ジョージ　Shultz, George Pratt　経済学者、政治家　スタンフォード大学フーバー研究所名誉研究員　元・米国国務長官　国米国　生1920年12月13日　掲1992／1996／2000／2012

シュルツ, ジョン　Schultz, John Alfred　歴史学者　マウント・アリソン大学教授・史学科長　国カナダ　掲1992

シュルツ, ジョン　Schults, John　映画監督　国米国　生1953年　掲2000

シュルツ, セオドア・ウィリアム　Schultz, Theodore William　経済学者　元・シカゴ大学名誉教授　専農業経済学　国米国　生1902年4月30日　没1998年2月26日　掲1992

シュルツ, チャールズ　Schultze, Charles Louis　経済学者　ブルッキングズ研究所上級研究員　元・米国大統領経済諮問委員会（CEA）委員長　国米国　生1924年12月12日　掲1992／1996／2000

シュルツ, チャールズ　Schulz, Charles Monroe　漫画家　国米国　生1922年11月26日　没2000年2月12日　掲1992／1996

シュルツ, ドン　Schultz, Don E.　ノースウエスタン大学ジャーナリズム大学院IMC学科教授　国米国　掲1996

シュルツ, ハワード　Schultz, Howard　実業家　スターバックス会長・CEO　国米国　生1953年7月19日　掲2000／2004／2008／2012

シュルツ, ハンス・ユルゲン　Schultz, Heinz Jürgen　ジャーナリスト　南ドイツ放送文化部編集長　国ドイツ　生1928年9月19日　掲1996

シュルツ, ピーター　カリフォルニア大学バークレー校化学部教授、ローレンス・バークレー国立研究所材料化学部門主任　専化学　国米国　掲2000

シュルツ, ヘルマン　Schulz, Hermann　作家、出版人　国ドイツ　生1938年　掲2004

シュルツ, マリアンヌ　Schulz, Marianne　法学者　掲2008

シュルツ, リチャード　米国オリンピック委員会（USOC）専務理事　国米国　掲2000

シュルツ, リチャード　Schulze, Richard M.　実業家　ベストバイCEO　国米国　生1941年　掲2000

シュルツ, ワルター　Schulz, Walter　哲学者　専ドイツ観念論、シェリング　生1912年11月18日　掲1992

シュルツェ, シャロン　Schulze, Sharon　ロマンス作家　国米国　掲2008

シュルツェ, ハンス・ヨアヒム　Schulze, Hans-Joachim　ライプツィヒ・バッハ・アルヒーフ館長　国ドイツ　生1934年　掲1996

シュルテス, スー・エレン　Schultes, Sue Ellen　ネイルアーティスト　国米国　掲2008

シュルテ・ピーバーズ, アンドレア　Schulte-Peevers, Andrea　ライター、編集者　掲2004／2008

シュルト, セーム　Schilt, Semmy　格闘家　国オランダ　生1973年10月27日　掲2008／2012

シュルト, ユルゲン　Schult, Juergen　円盤投げ選手　国ドイツ　生1960年5月11日　掲1992／1996／2000

ジュルノー, モニーク　Journod, Monique　画家　国イタリア　生1935年3月19日　掲1992／2004／2008

シュルビッツ, ユリー　Shulevitz, Uri　画家　国米国　生1935年　掲1996／2000／2008（シュルヴィッツ, ユリ）

シュルフター, ウォルフガング　Schluchter, Wolfgang　社会学者　エアフルト大学教授、ハイデルベルク大学教授　国ドイツ　生1938

年 [典]2004

シュルベク, ドラグチン　卓球選手 [国]クロアチア [典]1996

シュルホフ, マイケル　元・ソニー・アメリカ社長・CEO, 元・ソニー・ミュージック・エンターテインメント会長 [国]米国 [生]1942年11月30日 [典]1992／1996

シュールマン, アンドルー　Schulman, Andrew　ソフトウェア・エンジニア [国]米国 [典]1992／1996

シュルマン, サラ　Schulman, Sarah　作家 [国]米国 [生]1958年 [典]1992／1996

シュルマン, ジェフ　Schulman, Jeff　ガートナー・グループ副社長（ソフトウェア・マネジメント戦略担当） [国]米国 [典]1992

シュルマン, トム　脚本家, 映画監督 [国]米国 [典]1996

シュルマン, ニール　Shulman, Neil　作家　エモリ大学医学部準教授 [国]米国 [典]1992

シュルマン, ロバート　Shulman, Robert S.　実業家　元・ヤンケロビッチ・クランシー・シュルマンCEO・社長 [国]米国 [典]1996

シュルロ, エヴリーヌ　Sullerot, Evelyne　社会学者, 女性問題研究家　フランス経済社会評議会委員, パリ大学教員　再就職教育機関ルトラヴァイエ協会の創始者 [国]フランス [生]1924年10月10日 [典]1992

シュレイダー, ティモシー・R.　元・日本AT&T社長 [国]米国 [典]1992（シュレーダー, ティモシー・R.）／1996

シュレイバー, アルフレッド　Schreiber, Alfred L.　フェスティバル・プロダクション [専]イベント・マーケティング [国]米国 [典]2000

シュレーガー, イアン　実業家　パラマウントホテルオーナー [国]米国 [生]1946年 [典]1992

シュレーグ, マイケル　Schrage, Michael　科学ジャーナリスト [国]米国 [典]1992（シュラージ, マイケル）／1996

シュレジンガー, クラウス　作家 [国]ドイツ [生]1937年 [典]1996

シュレジンガー, ヘルムート　Schlesinger, Helmut　本名＝Schlesinger,Helmut Franz　元・ドイツ連邦銀行総裁 [国]ドイツ [生]1924年9月4日 [典]1992／1996

シュレシンジャー, アーサー(Jr.)　Schlesinger, Arthur Meier (Jr.)　歴史家, 評論家　元・米国大統領特別補佐官, 元・ニューヨーク市立大学名誉教授 [国]米国 [生]1917年10月15日 [没]2007年2月28日 [典]1992／1996／2000

シュレシンジャー, ジェームズ　Schlesinger, James Rodmey　エコノミスト　戦略国際問題研究所（CSIS）顧問, リーマンブラザーズ上級顧問　元・米国国防長官, 元・米国初代エネルギー長官 [国]米国 [生]1929年2月15日 [典]1992／1996／2004／2008

シュレシンジャー, ジョン　Schlesinger, John　本名＝Schlesinger, John Richard　映画監督 [国]英国 [生]1926年2月16日 [没]2003年7月25日 [典]1992／1996

シュレシンジャー, ダン　Schlesinger, Dan　画家, 元・弁護士 [国]米国 [生]1955年 [典]2004／2008／2012

シュレシンジャー, レオナード・A.　ハーバード大学ビジネス・スクール準教授 [専]サービス組織の経営 [国]米国 [生]1952年 [典]1996／2000

シュレスタ, マリチ・マン・シン　Shrestha, Marich Man Singh　政治家　元・ネパール首相・国防相 [国]ネパール [生]1942年 [没]2013年8月15日 [典]1992

シュレーダー, ウィリアム　Schrader, William L.　実業家　PSIネット会長・CEO, ピーエスアイネット代表取締役 [国]米国 [生]1950年 [典]1996／2000／2004／2008

シュレーター, ヴェルナー　Schroeter, Werner　映画監督 [国]ドイツ [生]1945年4月7日 [典]2000

シュレーダー, カール　Schroeder, Karl　作家 [国]カナダ [生]1962年 [典]2012

シュレーダー, ゲアハルト　Schröder, Gerhard　政治家　元・西ドイツ外相・国防相 [国]ドイツ [生]1910年9月11日 [没]1989年12月31日 [典]1992

シュレーダー, ゲアハルト　Schröder, Gerhard　政治家　元・ドイツ首相, 元・ドイツ社会民主党（SPD）党首 [国]ドイツ [生]1944年4月7日 [典]2000／2004／2008／2012

シュレーダー, ディーター　ジャーナリスト「南ドイツ新聞」(SZ) 編集局長 [国]ドイツ [生]1931年2月 [典]1992／1996

シュレーダー, ポール　Schrader, Paul　本名＝Schrader,Paul Joseph　映画監督, 脚本家 [国]米国 [生]1946年7月22日 [典]1992／2004／2008／2012

シュレーダー, マンフレッド　Schroeder, Manfred Robert　物理学者　元・ゲッティンゲン大学名誉教授 [専]音響学, コンピュータグラフィックス [国]米国 [生]1926年7月12日 [没]2009年12月28日 [典]2000

シュレーター, ミハエル　Schröter, Michael　社会学者, 歴史家 [生]1944年 [典]2004

シュレーダー, レナード　Schrader, Leonard　脚本家, 映画監督 [国]米国 [生]1944年 [没]2006年11月2日 [典]1992

シュレーダー・ホーエンバルト, ハンス　Schroeder-Hohemwarth, Hans Christian　元・ドイツ銀行協会会長 [国]ドイツ [生]1921年3月14日 [典]1992

シュレッシンガー, ローラ　Schlessinger, Laura　カウンセラー [国]米国 [生]1947年 [典]2000

シュレットアウネ, ポール　Sletaune, Pal　映画監督 [国]ノルウェー [生]1960年 [典]2000

シュレベール, ダヴィド・S.　Schreiber, David Servan　精神科医　ピッツバーグ医科大学教授・統合医療センター共同創設者 [専]臨床精神医学 [典]2012

シュレンジャー, サニー　Schlenger, Sunny　コンサルタント [典]2004／2008

シュレンツ, ケスター　Schlenz, Kester　ジャーナリスト, 編集者 [国]ドイツ [生]1958年 [典]2000

シュレンドルフ, フォルカー　Schlöndorff, Volker　映画監督 [国]ドイツ [生]1939年3月31日 [典]1992／1996／2004／2008／2012

シュレンパー, ロナルド　Schlemper, Ronald　アマ棋士, 医師　囲碁6段 [国]オランダ [生]1961年1月26日 [典]1992

シューレンバーグ, デービッド　Schulenberg, David　音楽学者　ノートルダム大学助教授 [国]米国 [生]1955年 [典]2004

シュレンプ, ユルゲン　Schrempp, Jürgen E.　実業家　元・ダイムラー・クライスラー会長・CEO [国]ドイツ [生]1944年9月15日 [典]1992／1996／2000／2004／2008

ジュロ　パフォーマー　レ・クザン創立者 [国]フランス [典]2004／2008

シュロー, クロード　Sureau, Claude　産婦人科医　フランス国立医学アカデミー会長, パリ第5大学名誉教授　元・国際産科婦人科連合会長 [国]フランス [典]2004

シュローサー, エリック　Schlosser, Eric　ジャーナリスト [国]米国 [生]1959年 [典]2004／2008／2012

シュロスタイン, スティーブン　Schlossstein, Steven B.　経営コンサルタント, 作家　SBSアソシエイツ社長 [国]米国 [生]1941年 [典]1992／1996

シュロスバーグ, ナンシー　Schlossberg, Nancy K.　キャリア・カウンセラー　メリーランド大学ヒューマン・サービス・デベロップメント・センター所長　元・全米キャリア開発協会会長 [国]米国 [生]1929年 [典]2004

シュローダー, トム　Schroder, Tom　ジャーナリスト, 作家 [国]米国 [典]2004

シュローダー, パトリシア　Schroeder, Patricia Scott　政治家　米国下院議員（民主党） [国]米国 [生]1940年7月30日 [典]1992／1996

シュローダー, リチャード　Schroeder, Richard　実業家　シックスシグマ・アカデミー社長　元・モトローラ副社長 [典]2004

シュローダー, リン　Schroeder, Lynn　社会科学者 [専]スーパーラーニングの研究・開発 [典]1992／1996

シュロック, ドナルド　Schrock, Donald E.　実業家　クアルコムCDMAテクノロジー社長・COO [国]米国 [典]2004

シュロック, リチャード　Schrock, Richard R.　化学者　マサチューセッツ工科大学教授 [専]有機合成におけるメタセシス反応の開発 [国]米国 [生]1945年1月4日 [典]2008／2012

シュロッス, エバ　Schloss, Eva「エバの時代」の著者 [生]1929年

シ

シュロット, アーウィン　Schrott, Erwin　バス・バリトン歌手　国ウルグアイ　生1972年　典2012

シュロピー, エリック　Schlopy, Erik　スキー選手(アルペン)　国米国　生1972年8月12日　典2004／2008

シュロホフ, マイケル・P.　ソニー・コーポレーション・オブ・アメリカ(SCA)社長・CEO　国米国　生1942年11月30日　典1996

ジュロワ, スベトラーナ　Zhurova, Svetlana　本名＝Boyarkina-Zhurova,Svetlana Sergeyevna　元・スピードスケート選手　トリノ五輪スピードスケート女子500メートル金メダリスト　国ロシア　生1972年1月7日　典2008／2012

シュロンツ, フランク　Shrontz, Frank Anderson　実業家　元・ボーイング会長　国米国　生1931年12月14日　典1992／1996／2000

シュワイカー, リチャード　Schweiker, Richard S.　政治家　元・米国厚生官　国米国　生1926年6月1日　典1992

シュワイカート, ラッセル・L.　Schweickart, Russell　元・宇宙飛行士　元・スカイラブ2号船長　国米国　生1935年10月25日　典1992／1996／2008

シュワイド, リチャード　Schweid, Richard　ジャーナリスト　国米国　典2004

シュワーツ, ノーマン　日本バイオ・ラッド・ラボラトリーズ会長　国米国　典1992／1996

シュワーツェル, チャール　Schwartzel, Charl　プロゴルファー　国南アフリカ　生1984年8月31日　典2012

シュワッガー, ジャック　Schwager, Jack D.　トレーダー　ウィザード・トレーディングCEO　国米国　典2000

シュワニック, フランソワ　Schwennicke, François　実業家　デルボー会長　国ベルギー　生1961年　典2004

シュワブ, クラウス　Schwab, Klaus　世界経済フォーラム(WEF)会長　元・ジュネーブ大学教授　専経営学　国ドイツ　生1938年3月30日　典1992／2000／2012

シュワブ, スーザン　Schwab, Susan Carroll　元・米国通商代表部(USTR)代表　国米国　生1955年3月23日　典1992／2008

シュワブ, チャールズ・R.　実業家　チャールズ・シュワブ会長・CEO　国米国　生1937年　典2000

シュワブ, ルディ　スカンジナビア航空・日本韓国地区総支配人　国スウェーデン　生1941年　典1996

シュワーベ, エルンスト・オットー　「ホリツォント」編集長　国ドイツ　典1992

シュワルツ, アーサー　Schwartz, Arthur　ミュージカル作曲家　国米国　生1900年11月25日　没1984年9月4日　典1992

シュワルツ, アダム　ジョンズ・ホプキンス大学ポール・ニッツェ・スクール客員研究員　国米国　典2000

シュワルツ, ウィリアム　Schwartz, William B.　医学者　南カリフォルニア大学医学部教授　国米国　典2004／2008

シュワルツ, エバン　Schwartz, Evan I.　ジャーナリスト　国米国　典2004

シュワルツ, クリスティーナ　Schwarz, Christina　作家　国米国　典2004

シュワルツ, ジェイコブ　Schwartz, Jacob Theodore　数学者, コンピュータ科学者　元・ニューヨーク大学名誉教授　国米国　生1930年1月9日　没2009年3月2日　典1996

シュワルツ, ジェフリー　Schwartz, Jeffrey H.　実業家　プロロジスCEO　国米国　生1959年　典2004／2008／2012

シュワルツ, ジェラード　Schwarz, Gerard　指揮者, トランペット奏者　ニューヨーク室内交響楽団音楽監督, シアトル交響楽団音楽監督, オーチャードホール・プロデューサー　国米国　生1947年　典1992／1996

シュワルツ, ジョー　Schwarcz, Joe　化学者　マッギル大学教授　国カナダ　典2004

シュワルツ, ジョイス　Schwartz, Joyce R.　作家　典2004

シュワルツ, ジョナサン　Schwartz, Jonathan　実業家　サン・マイクロシステムズ社長　国米国　典2008

シュワルツ, ジョン・バーナム　Schwartz, John Burnham　作家　国米国　生1965年　典1996／2004／2012

シュワルツ, スティーブン　Schwartz, Stephen　反核運動家　核科学教育財団事務局長, 「ブレティン・オブ・ジ・アトミックサイエンティスツ」発行人　国米国　典2004／2008

シュワルツ, ステファン　Schwartz, Stefan　映画監督　国英国　生1965年　典2000

シュワルツ, テッド　APAC代表　国米国　典2000

シュワルツ, デービッド　Schwartz, David B.　心理療法家, 著述家　国米国　生1948年　典2000(シュウォルツ, デービッド)

シュワルツ, デービッド　Schwartz, David J.　人材開発コンサルタント　ジョージア州立大学教授　専経営管理学, 心理学, マーケティング　国米国　典2004

シュワルツ, パトリシア　写真家　典2000

シュワルツ, ハーマン　Schwartz, Herman M.　経済学者　バージニア大学国際関係学部準教授　専国際政治経済学　国米国　生1958年　典2004

シュワルツ, ハロルド・A.　ミルウォーキー・ジャーナル顧問　元・国際新聞販売責任者協会(ICMA)会長　国米国　生1913年　典1996

シュワルツ, ピーター　Schwartz, Peter　実業家, 未来学者　グローバル・ビジネス・ネットワーク(GBN)社長　典2004

シュワルツ, フェルナンド　Schwartz, Fernando　外交官, 作家　「エルパイス」紙編集委員　国スペイン　生1937年　典1992／1996

シュワルツ, ペッパー　Schwartz, Pepper　社会学者　ワシントン州立大学社会学部教授　典2004／2008

シュワルツ, ベンジャミン　Schwarz, Benjamin　世界政策研究所主任研究員　専日米関係, 米欧関係　国米国　生1963年　典2000(シュバルツ, ベンジャミン)

シュワルツ, マイケル　Szwarc, Michael M.　化学者　元・南カリフォルニア大学炭化水素研究所教授, 元・ニューヨーク州立大学名誉教授　専高分子化学, 物理化学　国英国　生1909年6月9日　没2000年8月　典1992／1996

シュワルツ, マキシム　Schwartz, Maxime　分子生物学者　元・パスツール研究所所長　専バクテリア　国フランス　生1940年6月1日　典2004／2008／2012

シュワルツ, マーティン　Schwartz, Martin　トレーダー　国米国　典2004

シュワルツ, マニュエル　Schwarz, Manuel　俳優　国オーストリア　典2012

シュワルツ, ミミ　Swartz, Mimi　編集者, ライター　「テキサス・マンスリー」エグゼクティブ・エディター　国米国　典2008

シュワルツ, メルビン　Schwartz, Melvin　物理学者　元・デジタル・パスウエーズ社長　国米国　生1932年11月2日　没2006年8月28日　典1992／1996

シュワルツ, ランダル　Schwartz, Randal L.　コンピューター技術者　国米国　典2004

シュワルツ, リチャード　Schwartz, Richard Brenton　ジョージタウン大学大学院主任教授　専18世紀英国生活史, サミュエル・ジョンソン研究　国米国　生1941年10月4日　典1992(シュウォーツ, リチャード)

シュワルツ, リンダ　Schwartz, Linda　著述家, 出版業者　国米国　生1943年　典1996／2000

シュワルツ, ルース・ディスラー　Schwartz, Ruth Distler　経営コンサルタント　国米国　典2004

シュワルツ, ロスリン　Schwartz, Roslyn　イラストレーター, 絵本作家　国カナダ　典2004

シュワルツ, ローラン　Schwartz, Laurent　グループ名＝ブルバキ　数学者　専超関数論　国フランス　生1915年3月5日　典1992／1996

シュワルツヴェラー, ヴルフ　Schwarzwäller, Wulf　著述家　元・「リーダーズ・ダイジェスト」(ドイツ語版)編集長　国ドイツ　生1928年　典1996(シュワルツベラー, ブルフ)

シュワルツェネッガー, アーノルド　Schwarzenegger, Arnold Alois　政治家, 俳優, 元・ボディビルダー　元・カリフォルニア州知事

シュワ

⑩米国 ⑭1947年7月30日 ⑲1992／1996／2000／2004／2008／2012

シュワルツェンベルク, カール・ヨハネス Schwarzenberg, Karl Johannes チェコスロバキア大統領府長官 シュワルツェンベルク家当主 ⑩チェコスロバキア ⑭1937年 ⑲1992

シュワルツコップ, エリーザベト Schwarzkopf, Elisabeth 本名=Schwarzkopf,Elisabeth Legg. 旧名=Schwarzkopf,Olga Maria Elisabeth Friederike ソプラノ歌手 ⑩英国 ⑭1915年12月9日 ⑮2006年8月3日 ⑲1992（シュワルツコブ, エリーゼベト）／1996（シュワルツコブ, エリーゼベト）／2000（シュワルツコブ, エリーザベト）

シュワルツコフ, ノーマン Schwarzkopf, H.Norman 愛称=嵐のノーマン 軍人 元・米国中央軍司令官, 元・米国陸軍大将 ⑩米国 ⑭1934年8月22日 ⑮2012年12月27日 ⑲1992／1996／2000／2004／2012

シュワルツマン, スティーブン Schwarzman, Stephen A. 実業家 ブラックストーン・グループ共同創業者 ⑩米国 ⑭1947年2月14日 ⑲2012

シュワルツマン, レオニード Shvartsman, Leonid アニメーション作家 ⑩ロシア ⑭1920年8月30日 ⑲2004

シュワロフ, イーゴリ Shuvalov, Igor I. 政治家 ロシア第1副首相 ⑩ロシア ⑭1967年1月4日 ⑲2012

シュワンツ, ケビン Schwantz, Kevin 元・オートバイライダー ⑩米国 ⑭1964年6月19日 ⑲1996

ジュン Jun 本名=キムジュン グループ名=T-max 歌手 ⑩韓国 ⑭1984年2月3日 ⑲2012

ジュン Joon グループ名=MBLAQ 歌手 ⑩韓国 ⑭1988年2月7日 ⑲2012

シュン, シュ Jun, Zhu コンピュータ科学者 ⑲2004

シュン・ジュ 春樹 作家 ⑩中国 ⑭1983年 ⑲2008（チュン・シュ）／2012

ジュン・ユンチョル 田允喆 Jeon, Yun-churl 政治家 元・韓国副首相・財政経済相 ⑩韓国 ⑭1939年6月15日 ⑲2004／2008

ジュング, アンドレア Jung, Andrea 実業家 エイボン会長・CEO ⑩カナダ ⑭1958年 ⑲2008／2012

シュンケ, ステファン Schunke, Stefan 歯科技工士 ⑲2004

ジュンケイラ, ブルーノ Junqueira, Bruno レーシングドライバー ⑩ブラジル ⑭1976年11月4日 ⑲2004／2008

シュンズ Shunza シンガー・ソングライター ⑩台湾 ⑲2000

ジュンス Junsu 本名=キムジュンス 別名=Xiah グループ名=東方神起 歌手 ⑩韓国 ⑭1987年1月1日 ⑲2008／2012

ジュンス Junsu 本名=キムジュンス グループ名=2PM 歌手 ⑩韓国 ⑭1988年1月15日 ⑲2012

ジュンブラット, ワリド Jumblatt, Walid 政治家 レバノン進歩社会主義者党（PSP）党首 ⑩レバノン ⑭1949年 ⑲1992／1996

ジュンヨン Jun Young 本名=ムンジュンヨン グループ名=ZE:A 歌手 ⑩韓国 ⑭1989年2月9日 ⑲2012

ジョー Joe 歌手 ⑩米国 ⑭1972年7月5日 ⑲2008／2012

ジョー Jô 本名=シウバ, ジョオン・アウベス・デ・アシス サッカー選手（FW） 北京五輪サッカー男子銅メダリスト ⑩ブラジル ⑭1987年3月20日 ⑲2012

ショー, アーウィン Shaw, Irwin 作家, 劇作家 ⑩米国 ⑭1913年2月27日 ⑮1984年5月16日 ⑲1992

ショー, アーティ Shaw, Artie 本名=Arshawsky,Arthur Jacob ジャズ・クラリネット奏者 ⑩米国 ⑭1910年5月23日 ⑮2004年12月30日 ⑲1992／2000

ジョ・イコ 徐 為熙 上海広電会長 ⑩中国 ⑲1996

ジョ・イセイ 徐 惟誠 Xu, Wei-cheng 政治家 中国人民政治協商会議全国委員会（全国政協）常務委員, 中国共産党中央宣伝部常務副部長 ⑩中国 ⑭1930年 ⑲1996

ジョ・イルジェ 趙 一済 海外同胞問題研究所理事長 ⑩韓国 ⑭1928年8月12日 ⑲1996

ジョ・イルムン 趙 一文 独立記念館理長 ⑩韓国 ⑭1917年12月17日 ⑲1996

ジョ・インジュ 曹 仁柱 Cho, Inn-joo 元・プロボクサー 元・WBC世界スーパーフライ級チャンピオン ⑩韓国 ⑭1969年4月13日 ⑮2000（チョ・インジュ）／2004

ジョ・インセイ 徐 寅生 Xu, Yin-sheng 元・卓球選手 国際卓球連盟（ITTF）会長代行, 中国オリンピック委員会副主席, 中国卓球協会主席 ⑩中国 ⑭1938年 ⑲1996／2000

ショー, ウディ Shaw, Woody ジャズトランペット奏者, 作曲家 ⑩米国 ⑭1944年12月24日 ⑮1989年5月11日 ⑲1992

ジョ・ウドン 趙 又同 三星重工業会長 ⑩韓国 ⑭1912年11月13日 ⑲1996

ジョ・ウンチョン 曹 雄天 プロ野球選手（投手） ⑩韓国 ⑭1971年3月17日 ⑲1996

ジョ・エイキュウ 徐 永久 競歩選手 ⑩中国 ⑭1962年 ⑲1996

ジョ・エイセイ 徐 永清 Xu, Yong-qing 軍人 中国人民武装警察部隊総部政治委員 ⑩中国 ⑲2000

ジョ・エキメイ 徐 益明 中国水泳チーム総監督 ⑩中国 ⑭1942年 ⑲1996

ジョ・エン 徐 焰 中国国防大学大佐教官 ⑭軍事史 ⑩中国 ⑭1951年 ⑲1996

ジョ・オツ 舒 乙 中国現代文学館副館長 ⑩中国 ⑭1935年 ⑲1996／2000

ジョ・オリョン 趙 五連 元・水泳選手 趙五連水泳教室代表 ⑩韓国 ⑭1952年10月5日 ⑲1996

ジョ・カイ 徐 海 翻訳家 ⑩中国 ⑭1957年 ⑲1996

ジョ・カイサイ 徐 開才 元・アーチェリー選手 中国人民解放軍アーチェリー・チーム監督, 中国弓術協会監督委員会主任 ⑩中国 ⑭1940年 ⑲1996

ジョ・カイチュウ 徐 懐中 作家 福建省文学芸術界連合会主席 ⑩中国 ⑭1929年 ⑲1996

ジョ・カギョン 曹 街京 Cho, Kah-kyung ニューヨーク州立大学バッファロー校教授 ⑭哲学, 現象学 ⑩韓国 ⑭1927年 ⑲1996

ジョ・カプギョン 趙 申卿 歌手 ⑩韓国 ⑭1967年8月12日 ⑲1996

ジョ・カプジェ 趙 甲済 Chou, Kap-che ジャーナリスト, ノンフィクションライター 「月刊朝鮮」編集長 ⑩韓国 ⑭1945年 ⑲1992（ジョ・カプジェ）／1996／2000／2004／2008／2012

ショー, カレン・D. 戦略開発研究所（ISD）所長 ⑭金融問題 ⑩米国 ⑲1992

ジョ・カンショウ 徐 煥栄 軍人 元・台湾空軍司令官 ⑩台湾 ⑮1984年3月4日 ⑲1992

ジョ・カンミン 徐 喚民 画家 ⑩中国 ⑭1929年 ⑲2000

ジョ・キジュン 趙 璣濬 経済学者 高麗大学名誉教授, 韓国最低賃金審議会委員長 ⑩韓国 ⑭1917年7月2日 ⑲1996

ジョ・キュガン 曹 圭光 韓国憲法裁判所長 ⑩韓国 ⑭1926年4月4日 ⑲1996

ジョ・キュジェ 曹 圭帝 プロ野球選手（投手） ⑩韓国 ⑭1967年1月7日 ⑲1992（ジョ・ギュジェ）／1996

ジョ・キュテ 曹 圭泰 外交官 元・在札幌韓国総領事 ⑩韓国 ⑲2000

ジョ・キュハ 曹 圭河 Jo, Kyu-ha 全韓国経済人連合会（全韓経連）専務理事, 韓国経済社会開発院副院長 ⑩韓国 ⑭1934年4月20日 ⑲1992（ジョ・ギュハ）／1996

ジョ・ギューヒャン 曹 圭香 Jo, Kyu-hyang 韓国大統領府社会福祉首席秘書官 ⑩韓国 ⑭1942年7月28日 ⑲1996／2000

ジョ・ギョウショウ 徐 暁鐘 Xu, Xiao-zhong 演出家 中国中央戯劇学院長 ⑩中国 ⑲1996

ジョ・キョウテキ 徐 匡迪 Xu, Kuang-di 政治家 中国工程院院長, 中国共産党中央委員 元・上海市長 ⑩中国 ⑭1937年12月 ⑲1996／2000／2004

ジョ・キョクトウ 徐 旭東 Hsu, Hsu-tung 英語名=シュー, ダグラス 実業家 遠東紡織会長・社長 ⑩台湾 ⑭1941年8月24日 ⑲1992（シュー, D.T.）／1996

ショ・ギョクリン 初 玉麟 大連外国語学院助教授 ⑭日本語

ジョ・キョンシク 曹京植 元・韓国農林水産相 国韓国 生1936年10月2日 没1996
ジョ・キョンタク 曹敬沢 プロ野球選手(捕手) 国韓国 生1970年11月15日 没1996
ジョ・キョンチョル 趙慶哲 宇宙科学者 韓国宇宙科学研究所長 国韓国 生1929年4月4日 没1996／2000
ジョ・キョンヒ 趙慶姫 元・ジャーナリスト,エッセイスト 女性開発院理事長,ソウル芸術団理事長 国韓国 生1918年4月6日 没1996
ジョ・ギョンヒ 趙敬姫 随筆家,元・ジャーナリスト 元・韓国第2政務長官,元・韓国芸術文化団体総連合会会長 国韓国 生1918年4月6日 没1992(ジョ・ギョンヒ)
ジョ・クムサン 趙金山 コメディアン 国韓国 生1964年12月24日 没1996
ショー, クリストファー Shaw, Christopher D. イラストレーター 国米国 没1992／1996
ジョ・ケイジ 徐恵滋 Xu, Hui-zi 軍人,政治家 元・中国人民解放軍上将,元・中国共産党中央委員,元・中国軍事科学院院長 国中国 生1932年12月 没2005年1月5日 没1996
ジョ・ケンイ 徐妍瑋 Xu, Yan-wei 水泳選手(自由形) 国中国 生1984年6月14日 没2004
ジョ・ゲンカイ 徐源海 外交官 元・在日中国大使館参事官,元・日中友好会館理事 国中国 没1991年3月15日 没1992
ジョ・コ 徐虎 中国の新モラル作りのモデルとなった修理工 没2000
ジョ・ゴウ 徐剛 Xu, Gang 立命館大学情報理工学部教授,三次元メディア社長 情報工学 生1961年 没2008
ジョ・コウシュン 徐光春 Xu, Guang-chun 中国国務院広播電影電視部総局長 元・中国共産党中央宣伝部副部長・党規律検査委員書記 国中国 没2000／2004／2008
ジョ・コウゼン 徐向前 Xu, Xiang-qian 政治家,軍人 元・中国共産党中央軍事委員会主席 国中国 生1901年11月 没1990年9月21日 没1992
ジョ・サイコウ 徐才厚 Xu, Chai-hou 軍人 中国共産党政治局員・中央軍事委員会副主席,中国国家中央軍事委員会副主席 国中国 生1943年6月 没2004／2008／2012
ショー, サイモン Shaw, Simon 俳優,ミステリー作家 国英国 生1956年 没1996
ジョ・サオク 曹紗玉 文学者 仁川大学助教授 日本文学 国韓国 生1955年3月 没2004
ジョ・サホン 曹士鴻 実業家 白花社社長 国韓国 没1996
ジョ・サンヒョン 曹祥鉉 声楽家 KBS交響楽団運営委員長,韓国音楽教育協会会長,韓国シューベルト協会長 国韓国 生1924年1月13日 没1996／2000
ジョ・サンヒョン 趙相賢 本名=趙相錫 パンソリ演奏家 韓国パンソリ保存研究会理事長 国韓国 生1939年11月7日 没1996
ジョ・サンホ 曹相鎬 Cho, Sang-ho 元・韓国体育相 生1926年11月26日 没1992(ジョ・サンホ)
ショー, ジェフリー メディアアーティスト ZKM視覚メディア研究所所長 生1944年 没2000
ジョ・シケン 茹志鵑 Ru, Zhi-juan 筆名=阿如,初旭 作家 国中国 生1925年9月13日 没1998年10月7日 没1992／1996
ジョ・シミン 徐四民 Xu, Si-min 実業家 元・「鏡報」社主 国香港 生1914年 没2007年9月9日 没1992／1996／2000
ジョー・シャーロン Qiu, Xiaolong ミステリー作家 国米国 没2004／2008
ジョー, ジャン・ポール Jaud, Jean-Paul ドキュメンタリー監督 国フランス 没2012
ジョ・ジュウジュウ 徐図図 Xu, Nan-nan スキー選手(フリースタイル) 国中国 生1978年11月16日 没2000／2008
ジョ・シュウボウ 徐宗懋 ジャーナリスト 「中国時報」編集長補佐 国台湾 生1958年 没1996／2000
ジョ・ジュンソク 趙重奭 プロ野球選手(投手) 国韓国 生1972年3月2日 没1996

ジョ・シヨウ 徐子羊 本名=徐学南 手作りいかだで太平洋横断に挑む中国人 国中国 没2000
ジョ・ショウメイ 徐小明 映画監督 国台湾 生1955年9月28日 没1996／2000
ジョ・ショウリュウ 徐昭隆 中国国際信託投資公司(CITIC)第一副董事長,中国人民政治協商会議全国委員会常務委員 国中国 生1917年 没1996
ショー, ジョン Shaw, John 写真家 国米国 没2000
ジョ・ジョンヒョン 曹正鉉 コメディアン 国韓国 生1958年11月25日 没1996
ジョ・ジョンヒョン 曹正鉉 歌手 国韓国 生1967年8月15日 没1996
ショ・シン 諸宸 チェス選手 国カタール 没2004／2008
ジョ・シン 徐信 Xu, Xin 旧名=徐連晨 軍人 元・中国人民解放軍副総参謀長,元・中国国際戦略問題学会会長 国中国 生1921年 没2005年11月18日 没1992／1996／2000
ジョ・シン 汝信 哲学者 中国社会科学院副院長・同哲学研究所所長,国際哲学・人文科学学理事会副主席,中国共産党中央委員候補 国中国 生1931年 没1996
ジョ・シンミン 徐振民 実業家 杭州ビール社長,中国ビール専業協会副会長 国中国 没1996
ジョ・スオク 趙寿玉 仁愛福祉財団代理事長 国韓国 生1914年 没1992(ジョ・スオク)／1996／2004
ジョー, スミ Jo, Sumi 漢字名=曺秀美 ソプラノ歌手 国韓国 生1962年 没2000／2004／2012
ジョ・スンスン 趙淳昇 政治家 韓国民主党国際委員長,韓国国会議員 国韓国 生1929年3月 没1996
ジョ・スンヒョク 趙承赫 牧師 基督教産業開発院長,労使問題協議会会長,基督教アジア社団体会長 国韓国 生1935年11月28日 没1996
ジョ・セイ 徐星 古生物学者 中国科学院古脊椎動物・古人類研究所教授 羽毛恐竜 国中国 生1969年
ジョ・セイ 徐青 中央規律検査委員会副書記,高級技師 国中国 生1926年 没1996
ジョ・セウン 趙世雄 Cho, Se-ung 政治家 元・北朝鮮副首相 国北朝鮮 生1927年 没1998年12月15日 没1992(ジョ・セウン)／1996
ジョ・セヒ 趙世熙 作家 国韓国 生1942年 没1992(ジョ・セヒ)
ジョ・セヒョン 曹世鉉 Cho, Sei-hyon 写真家 韓国中央大学写真学科教授 国韓国 生1958年10月12日 没2008
ジョ・ソンウク 趙成郁 韓国法務部次官 国韓国 生1941年10月8日 没1996
ジョ・ソンオク 趙城玉 プロ野球選手(外野手) 国韓国 生1961年8月25日 没1996
ジョ・ソンガン 趙成寛 ジャーナリスト 「朝鮮日報」記者 国韓国 生1960年 没1996
ジョ・ソンデ 趙成台 Cho, Song-dae 政治家 元・韓国国防相 国韓国 生1942年11月3日 没2000／2004
ジョ・ソンフン 趙城薫 プロ野球コーチ 国韓国 生1952年8月14日 没1996
ジョ・タイユウ 徐大有 駐韓中国貿易代表部代表 国中国 没1992／1996
ジョ・チ 徐遅 本名=商寿 詩人,ノンフィクション作家 元・中国ルポルタージュ文学学会会長 国中国 生1914年 没1996年12月12日 没1996
ショー, チェスター・リー ジャーナリスト 元・ニューズウイーク編集主幹 国米国 生1985年12月7日 没1992
ジョ・チャンウォン 趙昌源 医師 大田市じん肺専門病院長 元・ハンセン病療養所院長 国韓国 没2000
ジョ・チャングァン 趙燦琯 プロ野球選手(内野手) 国韓国 生1965年6月20日 没1996

ジョ・チャンドク 趙 昌徳 政治家 北朝鮮副首相,朝鮮労働党中央委員 ⓝ北朝鮮 ⓡ2000／2004

ジョ・チャンヒョン 趙 賛衡 弁護士 韓国民主党人権委員長 ⓝ韓国 ⓑ1938年7月25日 ⓡ1996

ジョ・チョルグォン 趙 澈権 韓国労働教育院院長 ⓝ韓国 ⓑ1929年3月22日 ⓡ1996

ジョ・チョンミ 趙 晴未 Cho, Chong-mi メゾソプラノ歌手 北朝鮮国立交響楽団ソリスト ⓝ北朝鮮 ⓡ1992（ジョ・チョンミ）／1996

ジョ・テイ 舒 婷 Shu, Ting 本名=龔佩瑜 詩人 中国作家協会理事,福建省作家協会副主席,福建省文聯副主席 ⓝ中国 ⓑ1952年6月6日 ⓡ1992／1996

ジョ・テイル 趙 泰一 詩人 ⓝ韓国 ⓑ1941年 ⓡ1992（ジョ・テイル）／1996

ショー,デービッド ジャーナリスト 「ロサンゼルス・タイムズ」紙記者 ⓝ米国 ⓡ1992／1996

ショー,デービッド Shaw, David E. D・E・ショー・アンド・カンパニー会長 ⓝ米国 ⓑ1951年 ⓡ2000

ジョ・テンドウ 徐 展堂 Xu, Zhan-tang 実業家 元・中国人民政治協商会議全国委員会（全国政協）常務委員,元・香港利達時社長,元・新中港集団会長 ⓝ香港 ⓑ1941年12月 ⓓ2010年4月2日 ⓡ1996

ジョ・トウ 徐 涛 医師 毛沢東の元主治医 ⓝ中国 ⓑ1925年10月5日 ⓡ2000

ジョ・ドゥフム 曺 斗欽 日刊スポーツ社長 ⓝ韓国 ⓑ1934年2月5日 ⓡ1996

ジョ・ドンゴル 趙 東杰 国民大学教授,独立記念館韓国独立運動史研究所長 ⓝ韓国 ⓑ1932年3月23日 ⓡ1996

ジョ・トンシン 徐 敦信 Xu, Dun-xin 外交官 中国全人代外事委員会副主任 元・駐日中国大使,元・中国外務次官 ⓝ中国 ⓑ1934年10月 ⓡ1996／2000

ジョ・ドンピョ 趙 東彪 スポーツ評論家 ⓝ韓国 ⓑ1925年 ⓡ2000

ジョ・ナムウク 趙 南煜 三扶土建会長,韓国建設協会会長,韓日親善協会副会長 ⓝ韓国 ⓑ1933年8月16日 ⓡ1996

ジョ・ハクユ 徐 伯瑜 Xu, Bo-yu 物理学者 ⓝ中国 ⓑ1967年 ⓡ2004

ジョ・ハクレイ 徐 柏齢 Xu, Bo-ling 元・パイロット 中国国際航空公司総裁 ⓝ中国 ⓑ1932年 ⓡ1996

ジョ・ハナ 曺 ハナ タレント ⓝ韓国 ⓑ1972年2月6日 ⓡ1996

ショー,バーナード Shaw, Bernard ニュースキャスター 元・CNNアンカーマン ⓝ米国 ⓑ1940年 ⓡ1992／1996／2004／2008

ショー,バーノン Shaw, Vernon Lorden 政治家 元・ドミニカ大統領 ⓝドミニカ ⓑ1930年5月13日 ⓡ2004／2008

ジョ・ハムン 趙 夏文 歌手 ⓝ韓国 ⓑ1959年12月24日 ⓡ1996

ジョー,ハワード Joh, Howard コラムニスト,著述家,出版人 ⓝ英語 ⓝ米国 ⓑ1942年 ⓡ1996／2000／2004／2008

ショ,バンジャマン Chaud, Benjamin イラストレーター ⓝフランス ⓑ1975年 ⓡ2008

ジョ・ハンチョル 趙 漢哲 プロ野球選手（投手） ⓝ韓国 ⓑ1970年8月17日 ⓡ1996

ジョ・ヒジュン 趙 希埈 新聞人 元・「国民日報」会長・社主 ⓝ韓国 ⓡ2004

ジョ・ヒャンロク 趙 香緑 命の電話理事長,現代社会研究所理事長,平和統一諮問会議宗教分科委員長,韓国経総雇用倫理委員会委員長 ⓝ韓国 ⓑ1920年9月14日 ⓡ1996

ジョ・ヒョウ 徐 冰 Xu, Bing 前衛芸術家 ⓝ中国 ⓡ2004／2008

ジョ・ヒョンギュン 曺 亨均 技術士,翻訳家 韓国科学技術奉仕団員,「シアル・マダン」編集委員 ⓝ韓国 ⓑ1929年 ⓡ2000

ジョ・ビョンホ 曺 秉昊 実業家 東洋機電社長 ⓝ韓国 ⓑ1946年 ⓡ1996

ジョ・ビョンヤン 趙 炳亮 漢陽大学広告弘報学科教授 ⓢ広告学 ⓝ韓国 ⓑ1947年 ⓡ1996

ジョ・ピルヒョン 趙 必玄 プロ野球選手（外野手） ⓝ韓国 ⓑ1971年7月5日 ⓡ1996

ショー,フィオナ Shaw, Fiona 本名=Wilson,Fiona 女優 ⓝアイルランド ⓑ1958年7月10日 ⓡ2000／2004／2008／2012

ジョ・フウ 徐 楓 映画プロデューサー,女優 トムソン社主宰 ⓝ台湾

ジョー,フレデリク Joos, Frédéric イラストレーター ⓝフランス ⓑ1953年 ⓡ1992

ジョ・フンドン 趙 興東 舞踊家 国立舞踊団指導委員・常任舞踊家,韓国舞踊協会理事長 ⓝ韓国 ⓑ1941年5月16日 ⓡ1996

ジョ・フンヒョン 曹 薫鉉 Cho, Hoon-hwan 棋士 囲碁9段（韓国棋院） ⓝ韓国 ⓑ1953年3月10日 ⓡ1992（ジョ・フンヒョン）／1996／2000／2008（チョ・フニョン）

ジョ・ブンヘン 趙 豊衍 ジャーナリスト,ライター ⓝ韓国 ⓑ1914年 ⓓ1992年 ⓡ1996

ジョ・フンユン 趙 興胤 Cho, Fung-yun 歴史社会学者 漢陽大学教授 ⓢシャーマニズム ⓝ韓国 ⓡ2004

ジョ・ブンリツ 徐 文立 民主化運動家 ⓝ中国 ⓡ2000

ジョ・ヘイ 徐 萍 元・ファッションモデル ⓝ中国 ⓡ2000

ジョ・ヘイカン 徐 秉漢 造船技師 中国国防部第七研究院第702所（現・中国船舶工業総公司）副技師長 ⓢ船舶構造力学 ⓑ1933年 ⓡ1996

ジョ・ヘイホウ 徐 苹芳 Xu, Ping-fang 考古学者 中国社会科学院考古研究所所長 ⓢ漢唐考古学 ⓝ中国 ⓑ1930年 ⓡ1992／1996

ジョ・ヘジョン 趙 恵貞 延世大学教授 ⓢ学校教育 ⓝ韓国 ⓑ1948年 ⓡ2000

ショー,ヘンリー Shaw, Henry I. 歴史家,元・軍人 元・米国海兵隊戦史局次長 ⓢ海兵隊戦史 ⓝ米国 ⓡ2000

ショ・ホウ 胥 鵬 Xu, Peng 法政大学経済学部教授 ⓢ企業金融論 ⓝ中国 ⓑ1963年 ⓡ2008

ジョ・ホウコウ 徐 鵬航 Xu, Peng-hang 元・中国国防科学技術工業委員会副主任 ⓝ中国 ⓑ1940年 ⓡ1996／2000／2004

ジョ・ボクド 徐 木土 中国情報産業省市場管理課局長級課長 ⓝ中国 ⓑ1942年 ⓡ2004

ショ・ホタイ 初 保泰 Chu, Bao-tai 中国対外経済貿易部外国投資管理司処長・副司長 ⓝ中国 ⓑ1929年1月 ⓡ1992／1996

ショー,ボブ Shaw, Bob SF作家 ⓝ英国 ⓑ1931年 ⓓ1996年2月11日 ⓡ1992

ジョ・ボムヒョン 曹 凡鉉 プロ野球コーチ ⓝ韓国 ⓑ1960年10月1日 ⓡ1996

ジョ・ホンヨン 趙 憲泳 元・在北平和統一促進協議会最高委員 ⓝ北朝鮮 ⓑ1988年5月23日 ⓡ1992（ジョ・ホンヨン）

ジョ・ホンレ 趙 洪来 政治家 韓国国会議員 ⓝ韓国 ⓑ1940年3月24日 ⓡ1996

ジョ・マン 徐 曼 旧名=徐乃文 アナウンサー 中央人民放送局台湾向け放送部放送組副組長兼"空中之友"番組司会者 ⓝ中国 ⓑ1940年 ⓡ1996

ジョ・マンジェ 趙 万済 韓日協会会長 ⓝ韓国 ⓑ1925年 ⓡ1992（ジョ・マンジェ）

ジョ・ミンス 趙 敏修 タレント ⓝ韓国 ⓑ1965年1月29日 ⓡ1996

ジョ・ミンソン 曺 敏仙 Cho, Min-sun 柔道選手 ⓝ韓国 ⓑ1972年3月21日 ⓡ1996／2000／2004／2008

ジョ・ムトウ 徐 夢桃 Xu, Meng-tao スキー選手（フリースタイル） ⓝ中国 ⓑ1990年7月12日

ジョ・ムンシク 曺 文植 コメディアン ⓝ韓国 ⓑ1962年6月2日 ⓡ1996

ジョ・メイキョク 徐 明旭 作家 ⓝ中国 ⓡ1992

ジョ・メイシュ 徐 明珠 Chee, Ming-choo 日本研究者 元・香港中文大学日本研究学系主任 ⓢ日本経済,日本語 ⓝ日本 ⓑ1940年 ⓡ2004

ジョ・ヤンウク 曺 良旭 Cho, Yang-uk ジャーナリスト 韓国日本文化研究所所長 ⒩韓国 ⒢1952年 ⒭1992(ジョ・ヤンウク)／1996／2004／2008

ジョ・ヤングン 曺 良根 プロ野球選手(内野手) ⒩韓国 ⒢1964年3月22日 ⒭1996

ジョ・ユウ 徐 勇 写真家 胡国文化発展公司社長 ⒩中国 ⒭1996

ジョ・ユウホウ 徐 有芳 中国共産党黒竜江省委員会書記 ⒩中国 ⒢1939年 ⒭2000

ジョ・ユウリ 徐 優理 「怖いほど当たっちゃう米つぶ占い」の著者 ⒭2008

ジョ・ユンジョン 趙 允頂 Cho, Youn-jeong アーチェリー選手 ⒩韓国 ⒭1996

ジョ・ユンヒョン 趙 尹衡 政治家 韓国国会議員・副議長, 韓国国民党最高委員 ⒩韓国 ⒢1932年11月26日 ⒭1996

ジョ・ヨハン 趙 要翰 崇実大学総長 ⒩韓国 ⒢1926年3月6日 ⒭1996

ジョ・ヨンギル 曺 永吉 Jo, Young-gil 軍人 元・韓国国防相 ⒩韓国 ⒢1940年5月9日 ⒭2004／2008

ジョ・ヨンサン 趙 永祥 プロ野球選手(投手) ⒩韓国 ⒢1970年9月27日 ⒭1996

ジョ・ヨンサン 趙 龍相 Cho, Yong-sang 実業家 京郷新聞社長 ⒩韓国 ⒢1947年6月7日 ⒭2004

ジョ・ヨンシク 趙 永植 慶熙大学総長, アジア太平洋地域協力国際財団総裁 ⒩韓国 ⒢1921年11月22日 ⒭1996

ジョ・ヨンヒョン 曺 演鉉 Cho, Yon-hyon 号＝石斉 文芸評論家 元・東国大学教授 ⒩韓国 ⒢1920年7月26日 ⒟1981年 ⒭1992(ジョ・ヨンヒョン)

ジョ・ヨンファン 曺 瑛煥 Jo, Yung-whan アリゾナ大学アジア研究センター教授, 慶南大学極東問題研究所長代理 ⒨アジア研究 ⒩韓国 ⒭1992(ジョ・ヨンファン)／1996

ジョ・ヨンホ 趙 龍鎬 プロ野球選手(外野手) ⒩韓国 ⒢1965年2月13日 ⒭1996

ジョ・ヨンボム 趙 容範 高麗大学経済学科教授 ⒨経済学 ⒩韓国 ⒢1931年6月30日 ⒭1996

ジョ・ヨンロク 曹 永祿 歴史学者 東国大学教授 ⒨東洋史 ⒩韓国 ⒭2004

ジョ・リカ 徐 莉佳 Xu, Li-jia ヨット選手(レーザーラジアル級) ロンドン五輪セーリング女子レーザーラジアル級金メダリスト ⒩中国 ⒢1987年8月30日

ジョ・リットク 徐 立德 Hsu, Li-te 政治家 元・台湾行政院副院長 ⒩台湾 ⒢1931年8月6日 ⒭1996／2000

ジョ・リョンチュル 趙 霊出 Cho, Ryon-chul 本名＝趙明岩 詩人, 劇作家 朝中親善協会副委員長 ⒩北朝鮮 ⒢1913年 ⒭1992(ジョ・リョンチュル)

ショー, レイ 元・ダウ・ジョーンズ社社長・最高業務責任者 ⒩米国 ⒭1992

ジョ・レイシン 徐 礼信 セムコープ・インダストリーズ副総裁 ⒩シンガポール ⒢1948年 ⒭2000

ジョ・ロ 徐 璐 コラムニスト 台北の音社長 ⒩台湾 ⒢1958年 ⒭2000

ショー, ロス・バイアム Shaw, Ros Byam ジャーナリスト ⒩英国 ⒭2004

ジョ・ワンギュ 趙 完圭 Cho, Wan-kyoo 遺伝工学者 韓国生産技術研究院理事長 元・韓国教育相, 元・ソウル大学総長 ⒩韓国 ⒢1928年2月11日 ⒭1996

ショアー, エリザベス Shores, Elizabeth F. 歴史研究家, 作家, 編集者 ⒩米国 ⒭2004

ショア, サイモン Shore, Simon 映画監督 ⒩英国 ⒭2004／2008

ショア, シドニー Shore, Sidney X. コンサルタント, 物理学者, 技術者 SHOREX代表 ⒩米国 ⒭2004／2008

ショアー, ジュリエット Schor, Juliet B. 経済学者 ボストン大学社会学教授 ⒩米国 ⒢1955年 ⒭1996／2004／2012

ジョア, ジョン・ディ・セイント Jorre, John de St. ジャーナリスト ⒩英国 ⒭2004

ショア, ダイナ Shore, Dinah 本名＝ショア, フランセス・ローズ ポピュラー歌手 ⒩米国 ⒢1917年3月1日 ⒟1994年2月24日 ⒭1992／1996

ショア, ハワード Shore, Haward 作曲家 ⒩米国 ⒢1944年10月18日 ⒭1996／2008

ショア, マーク Schorr, Mark 作家 ⒩米国 ⒢1953年 ⒭1996

ジョアナ, ミルチャ Geoana, Mircea Dan 政治家 元・ルーマニア外相, 元・ルーマニア社会民主党(PSD)党首 ⒩ルーマニア ⒢1958年7月14日 ⒭2004／2008／2012

ジョアン・ルーシン 荘 魯迅 シンガーソングライター ⒩中国 ⒢1956年 ⒭2004

ジョーイ Joey 本名＝Fatone,Joey グループ名＝イン・シンク 歌手 ⒩米国 ⒭2004

ジョイ, ウィリアム Joy, William N. コンピューター・アーキテクト サンマイクロシステムズ副社長(研究開発担当) ⒩米国 ⒢1954年11月8日 ⒭1992

ジョイ, グレアム 探検家 「アイスウォーク」隊員として徒歩で北極点に到達 ⒩オーストラリア ⒭1992

ジョイ, ジョージ 米国商務省PNGV(次世代車開発協力)タスクフォースチェアマン ⒩米国 ⒭2000

ジョイ, デービッド Joy, David 作家 ⒩英国 ⒢1949年3月8日 ⒭2004

ジョイ, ピーター・A. Joy, Peter A. 法学者 ワシントン大学(セントルイス)ロースクール教授 元・ケース・ウェスタン・リザーヴ大学ロースクール(J.D)教授, 元・米国臨床法学教育協会会長, 元・AALS臨床法学教育センション元委員長 ⒭2008

ジョイ, ビル Joy, Bill 実業家 KPCBパートナー, サン・マイクロシステムズ共同創業者 ⒩米国 ⒢1955年 ⒭2000／2004／2008／2012

ショイアー, ジェームス Scheuer, James H. 政治家 米国下院議員(民主党), 世界環境問題議員機構(GLOBE)会長 ⒩米国 ⒢1920年 ⒭1992

ショイアール, ハンス Scheuerl, Hans 教育学者 ハンブルク大学名誉教授 ⒩ドイツ ⒢1919年 ⒭1996

ショイング, ディーター Scheuing, Dieter H. 法学者 ビュルツブルク大学法学部教授 ⒨ヨーロッパ法 ⒩ドイツ ⒭2004

ショイグ, セルゲイ Shoigu, Sergei Kuzhugetovich 政治家 ロシア非常事態相 ⒩ロシア ⒢1955年5月21日 ⒭2000／2004／2008／2012

ジョイス Joyce シンガー・ソングライター ⒩ブラジル ⒢1948年 ⒭2004／2012

ジョイス, アイリーン Joyce, Eileen 本名＝Joyce,Eileen Alannah ピアニスト, ハープシコード奏者 ⒩オーストラリア ⒢1912年11月21日 ⒟1991年3月21日 ⒭1992

ジョイス, ウィリアム Joyce, William 絵本作家 ⒩米国 ⒭2000

ジョイス, グレアム Joyce, Graham 作家 ⒩英国 ⒢1954年 ⒭2008

ジョイス, ジェリー Joyce, Jerry プログラマー, 海洋生物学者 マイクロソフト・プレス・テクニカルエディター, Moon Joyce Resources共同経営者 ⒭2004

ジョイナー, ジェリー Joyner, Jerry イラストレーター, デザイナー ⒭1992

ジョイナー, ティモシー Joyner, Timothy 水産学者 ⒩米国 ⒭1992

ジョイナー, ブライアン Joiner, Brian L. 経営コンサルタント ジョイナー・アソシエイツ代表 元・ウィスコンシン大学教授 ⒨品質管理 ⒩米国 ⒭1996

ジョイナー, フロレンス Joyner, Florence 本名＝ジョイナー, フロレンス・グリフィス 旧名＝グリフィス, フロレンス 陸上選手 ⒩米国 ⒢1959年12月21日 ⒟1998年9月21日 ⒭1992

ショイブレ, ウォルフガング Schäuble, Wolfgang 政治家 ドイツ財務相 元・ドイツ・キリスト教民主同盟(CDU)党首 ⒩ドイツ ⒢1942年9月18日 ⒭1992／1996／2000／2004／2008／2012

ショインカ, ウォーレ Soyinka, Wole 本名＝Soyinka,Akinwande

Oluwole 劇作家, 作家, 詩人 [国]ナイジェリア [生]1934年7月13日 [典]1992/1996/2000/2004/2008/2012

ジョインソン, アダム Joinson, Adam N. 心理学者 オープン大学教育技術研究所講師 [国]英国 [典]2008

ショウ・イコク 蒋 緯国 Chiang, Wei-kuo 軍人 元・台湾国家安全会議秘書長 [国]台湾 [生]1916年10月6日 [没]1997年9月22日 [典]1992/1996

ショウ・イチイ 蔣 一葦 Jiang, Yi-wei 経済学者 元・「改革」(経済研究誌)編集長, 元・中国社会科学院経済研究所副所長, 元・重慶社会科学院院長 [専]経済政策 [国]中国 [生]1920年2月14日 [没]1993年1月25日 [典]1992/1996

ショウ・イチメイ 鍾 一鳴 Zhong, Yi-ming 企業家 中国海洋石油総公司総経理 [国]中国 [生]1930年 [典]1996

ショウ・イヘイ 邵 偉萍 元・射撃選手 [国]中国 [生]1963年 [典]1996

ショウ・イワ 章 詒和 作家 [国]中国 [生]1942年 [典]2012

ショウ・ウ 邵 宇 Shao, Yu 書家 元・中国書法家協会主席 [国]中国 [生]1919年8月 [没]1992年6月4日 [典]1996

ショウ, ウィリアム Shaw, William 世界銀行上級エコノミスト [国]米国 [典]2000

ショウ・ウン 章 蘊 Zhang, Yun 女性運動指導者 [国]中国 [生]1905年 [没]1995年10月25日 [典]1996

ジョウ・エイシン 聶 栄臻 Nie, Rong-zhen 政治家, 軍人 元・中国共産党中央軍事委副主席・政治局員, 元・元帥 [国]中国 [生]1899年12月 [没]1992年5月14日 [典]1992/1996

ジョウ・エイシン 聶 永身 画家 河北テレビ局美術編集員 [国]中国 [生]1943年 [典]1996

ジョウ・エイヘイ 聶 衛平 Nie, Wei-ping 棋士 囲碁9段(中国棋院) [国]中国 [生]1952年8月17日 [典]1992/1996/2000/2008

ジョウ・エンセイ 常 燕生 和平興発研究センター台湾研究室副主任 [専]台湾研究 [国]中国 [生]1951年 [典]1996

ショウ・オウ 蕭 秧 Xiao, Yang 政治家 元・四川省省長, 元・中国共産党中央委員候補 [国]中国 [生]1929年7月 [没]1998年 [典]1996

ショウ・オン 邵 恩 指揮者 中国放送交響楽団常任指揮者 [国]中国 [典]1992

ショウ・カ 筱 禾 旧筆名=北京同志 作家 [典]2008

ショウ・カ 蕭 華 Xiao, Hua 軍人, 政治家 元・中国人民政治協商会議全国委員会(全国政協)副主席, 元・中国共産党中央委員 [国]中国 [生]1916年 [没]1985年8月12日 [典]1992

ジョウ・ガイ 常 愷 Chang, Kai ジャーナリスト 「欧華」編集長 [国]中国 [生]1958年 [典]1996

ショウ・カイゲン 章 開沅 歴史学者 国務院学位委員会学科評議組メンバー 元・華中師範大学学長 [専]中国近代史 [国]中国 [生]1926年 [典]1996

ショウ・カイホウ 尚 会鵬 Shang, Hui-peng 北京大学教授・アジアアフリカ研究所南アジア研究室主任 [専]南アジア研究 [国]中国 [生]1953年 [典]2004

ショウ・カイリョウ 蕭 海亮 Xiao, Hai-liang 飛び込み選手 [国]中国 [生]1977年1月24日 [典]2004/2008

ジョウ・カコウ 常 嘉煌 画家 西北師範大学敦煌芸術学院教授 [国]中国 [典]2004

ショウ・カタク 邵 華沢 Shao, Hua-ze 筆名=華愈, 張愈, 華必愈 元・人民日報社長 [国]中国 [生]1933年6月 [典]1996/2004/2008/2012

ジョウ・カレイ 聶 華苓 作家 [国]台湾 [生]1925年 [典]1996

ショウ・カンジン 章 冠人 物理学者 『爆発と衝撃』編集主幹 [国]中国 [生]1927年 [典]1996

ショウ・キ 肖 毅 実業家 上海華明電力設備制造有限公司社長 [国]中国 [生]1967年 [典]2004

ショウ・キ 鐘 琪 高級工程師 中国科学院信息諮詢中心常務副主任・高技術企業局総工程師 [国]中国 [生]1936年 [典]1992/1996

ショウ・キケイ 邵 奇恵 高級技師, 中国共産党中央委員 元・黒龍江省省長 [国]中国 [生]1934年 [典]1996

ショウ・ギョウショウ 蔣 暁松 Jiang, Xiao-song 実業家, 元・ドキュメンタリー作家 [国]中国 [生]1951年11月8日 [典]2008/2012

ジョウ・ギョウメイ 饒 暁明 Jao, Hsiao-ming 筆名=魯雅子 映画・TVプロデューサー, 評論家 台湾編劇協会会長 [国]台湾 [生]1936年6月2日 [典]1996

ショウ・ギョクメイ 邵 玉銘 Shao, Yu-ming 台湾国立政治大学国際関係研究センター主任 元・台湾行政院新聞局長 [専]国際法, 外交学 [国]台湾 [生]1939年11月3日 [典]1992/1996/2000

ショウ, キラン・マズムダル Shaw, Kiran Mazumdar 実業家 バイオコン会長 [国]インド [生]1953年3月 [典]2012

ショウ・キン 肖 欽 Xiao, Qin 体操選手 北京五輪体操男子あん馬・団体総合金メダリスト [国]中国 [生]1985年1月1日 [典]2012

ショウ, クリフォード メリルリンチ・マーキュリー投信投資顧問社長 [国]英国 [生]1950年 [典]2000

ショウ・グン 蕭 軍 Xiao, Jun 本名=劉鴻霖 別筆名=三郎, 田軍 作家 [国]中国 [生]1907年7月3日 [没]1988年6月22日 [典]1992

ショウ・ケイコウ 蕭 勁光 Xiao, Jin-guang 軍人 元・中国海軍大将 [国]中国 [生]1903年 [没]1989年3月29日 [典]1992

ショウ・ケイコク 蒋 経国 Chiang, Ching-kuo 政治家 元・台湾総統 [国]台湾 [生]1910年3月18日 [没]1988年1月13日 [典]1992

ショウ・ゲン 蔣 彦 中国琵琶奏者 [国]中国 [生]1979年 [典]2008

ショウ・ゲンシ 蒋 彦士 Chiang, Yen-shin 元・台湾総統府秘書長・国家統一委員会委員, 元・台湾国民党中央常務委員 [国]台湾 [生]1915年2月 [没]1998年7月2日 [典]1992/1996

ショウ・ケンジュン, ショウ・コウ 鍾 謙順, 肖 広 言語学者 北京煤炭管理幹部学院外国語学部日本語科専任講師・学科長 台湾独立運動の先駆者 [国]台湾, 中国 [生]1914年, 1952年 [没]1986年7月5日 [典]1992/1992

ジョウ・コウ 常 昊 Chang Hao 棋士 囲碁9段(中国棋院) 元・中国天元 [国]中国 [生]1976年11月7日 [典]1992/1996/2000/2004/2008/2012

ジョウ・コウギョク 常 香玉 Chang, Xiang-yu 本名=張欣山 旧名=張妙玲 豫劇女優 元・河南豫劇院院長, 元・中国全国人民代表大会(全人代)代表 [国]中国 [生]1923年 [没]2004年6月1日 [典]1996

ショウ・コウゲン 章 孝厳 Chang, Hsiao-yen 外交官 台湾立法委員, 台湾国民党中央常務委員 元・台湾総統府秘書長 [国]台湾 [生]1941年5月2日 [典]1996/2000/2004/2008

ショウ・コウジ 章 孝慈 Chang, Hsiao-tzu 元・東呉大学学長 [専]法学 [国]台湾 [生]1941年5月2日 [没]1996年2月24日 [典]1996

ショウ・コウゼン 蕭 向前 Xiao, Xiang-qian 外交官 元・中日友好協会副会長, 元・駐バングラデシュ中国大使 [国]中国 [生]1918年 [没]2009年10月15日 [典]1992/1996/2000

ショウ・コウソウ 承 孝相 建築家 [国]韓国 [生]1952年 [典]2008

ショウ・コウハ 焦 洪波 科技日報社長 [国]中国 [生]1940年2月 [典]1996

ショウ・コウブ 蔣 孝武 Chiang, Hsiao-wu 外交官 元・亜東関係協会駐日代表 [国]台湾 [生]1945年4月25日 [没]1991年7月1日 [典]1992

ショウ・コウブン 蔣 孝文 元・金門電力会社社長 蔣介石元台湾総統の孫 [国]台湾 [生]1935年12月 [没]1989年4月14日 [典]1992

ショウ・コウユウ 蔣 孝勇 Chiang, Hsiao-yung 元・中興電気公司社長 [国]台湾 [生]1948年10月27日 [没]1996年12月22日 [典]1996

ショウ・コクケン 蕭 国健 Siu, Kwok-kin 珠海大学文史科・歴史研究所副教授 [専]香港史 [国]香港 [生]1945年 [典]1996

ショウ・コクズイ 焦 国瑞 医師 元・中国中医研究院教授 [専]気功養生学 [国]中国 [生]1923年 [没]1997年8月6日 [典]1992/1996

ショウ・コクヒョウ 焦 国標 元・北京大学新聞伝播学院助教授 [国]中国 [生]1963年 [典]2008

ショウ, ジェフリー コンピュータグラフィックスデザイナー アート・アンド・メディアテクノロジーセンター(ZKM)映像メディア研究部門責任者 [国]オーストラリア [典]1992

ショウ, ジェームズ Shaw, James G. ビジネスコンサルタント ショウ・リソーセズ社長 [典]2000

ショウ・シビン 焦 志敏 元・卓球選手 [国]中国 [典]1992/1996

ショウ・シヘイ 邵 子平 Shao, Tze-ping 国連事務局職員 [国]台湾 [生]1936年 [典]1992/1996

ショウ・ジャクグ　焦 若愚　Chiao, Jo-yu　元・北京市長　北京アジア大会選手村村長　⑲中国　⑭1992／1996

ショウ・シャクバイ　蒋 錫培　実業家　遠東集団会長　⑲中国　⑭2004／2008

ショウ, ジャッキー　Shaw, Jackie　デコラティブペインター　⑲米国　⑭2000

ジョウ・シュウリン　常 宗琳　Chang, Zong-lin　農民企業家　新牟国際企業連合総公司総経理　⑲中国　⑭1996

ショウ・シュクヘイ　蒋 祝平　Jiang, Zhu-ping　湖北省党委書記, 中国共産党中央委員　⑲中国　⑫1937年　⑭1996／2004

ジョウ・シュン　Zhou, Xun　漢字名＝周迅　女優　⑲中国　⑫1976年10月18日　⑭2004／2008／2012

ショウ・ショ　章 曙　Zhang, Shu　外交官　元・駐日中国大使　⑲中国　⑫1925年5月　㉓1998年1月21日　⑭1992

ジョウ・ショコウ　常 書鴻　画家　元・敦煌研究院名誉院長　⑲中国　⑫1904年　㉓1994年6月23日　⑭1992／1996

ショウ・シリュウ　蒋 子竜　Jiang, Zi-long　作家　中国作家協会理事・天津分会主席　⑲中国　⑫1941年7月2日　⑭1992／1996

ショウ・シンコウ　鍾 振宏　Chung, Chen-hung　亜東関係協会駐日代表部副代表　⑲台湾　⑫1929年　⑭1992／1996

ショウ・シンコウ　蕭 新煌　Hsiao, Hsin-huang　本名＝HsiaoHsin-huang Michael　台湾大学社会学科教授, 台湾中央研究院民族学研究所副所長　⑲社会学　⑲台湾　⑫1947年　⑭1996

ショウ・シンジョ　章 真如　医師　武漢市中医病院名誉院長, 湖北中医学院教授　⑲中国医学　⑲中国　⑫1924年9月　⑭2000

ショウ・シンユウ　蒋 心雄　全人代常務委員, 中国核工業総公司総経理　⑲中国　⑫1931年　⑭1996／2000／2004／2008

ショウ・シンヨウ　小 瀋陽　Xiao, Shen-yang　本名＝瀋鶴　コメディアン　⑲中国　⑭2012

ショウ・ズイエイ　章 瑞英　中華全国総工会（労働組合）執行委員会副主席, 全人民代表大会常務委員会委員　⑲中国　⑫1934年　⑭1996

ショウ・セイカ　蒋 正華　Jiang, Zheng-hua　人口学者　全人代常務委副委員長　⑲中国　⑫1937年10月　⑭1996／2000／2004／2008

ショウ・セキケツ　蒋 碩傑　Chiang, Shuo-chieh　経済学者　台湾中華経済研究院董事長　⑲台湾　⑫1918年6月27日　⑭1996

ショウ・ゼンハ　邵 善波　香港特別行政準備委員会副秘書長　⑲中国　⑫1949年　⑭2000

ジョウ・ソウイ　饒 宗頤　漢字学者　香港中文大学名誉教授　⑲中国　⑫1917年　⑭2004／2008

ショウ・タイシン　邵 大箴　美術家　中央美術学院教授, 『世界美術』・『美術』編集主幹　⑲中国　⑫1934年　⑭1996

ショウ・チュウシン　蒋 忠新　哲学者　中国社会科学院アジア太平洋研究所教授　⑲法華経　⑲中国　⑫1942年　⑭2004

ショウ・チュウレイ　蒋 仲苓　Chiang, Chung-ling　軍人　元・台湾国防部長（国防相）　⑲台湾　⑫1922年9月21日　⑭2000

ショウ・チョウセイ　鍾 肇政　筆名＝九龍, 鍾正　作家　⑲台湾　⑫1925年　⑭1996

ショウ・チョウワ　蒋 兆和　Jiang, Zhao-he　画家　⑲中国　⑫1904年5月9日　㉓1986年　⑭1992

ショウ・テイテイ　蒋 婷婷　Jiang, Ting-ting　シンクロナイズドスイミング選手　ロンドン五輪シンクロナイズドスイミング・チーム銀メダリスト　⑲中国　⑫1986年9月25日

ショウ・テンビ　邵 展国　北京理工大学助教授　⑲中国　⑭2008

ショウ・トウ　焦 桐　詩人　⑲台湾　⑫1956年　⑭2012

ショウ・ドウテイ　蒋 道鼎　Jiang, Dao-ding　ジャーナリスト　元・「光明日報」東京支局長　⑲中国　⑫1940年　㉓2006年6月11日　⑭1992／1996／2000

ショウ・トウマイ　冼 東妹　Xian, Dong-mei　柔道選手　アテネ五輪・北京五輪柔道女子52キロ級金メダリスト　⑲中国　⑫1975年9月15日　⑭2008／2012

ショウ・トン　庄 郁　バイオ・リサーチ研究所主任研究員　⑲キノコの研究　⑲中国　⑫1957年　⑭2000

ショウ・バイコウ　章 培恒　古典文学研究者　復旦大学古籍整理研究所所長・教授, 国務院古籍整理出版企画小組メンバー　⑲中国古典文学, 中国古籍整理　⑲中国　⑫1934年　⑭1996

ジョウ・バンゼン　常 万全　Chang, Wan-quan　軍人, 政治家　中国国務委員（副首相級）・国防相・国家中央軍事委員, 中国共産党中央委員・中央軍事委員　⑲中国　⑫1949年1月

ショウ・バンチョウ　蕭 万長　Hsiao, Wan-chang　英語名＝Siew, Vincent C.　政治家, 外交官　台湾副総統　元・台湾行政院長（首相）　⑲台湾　⑫1939年1月3日　⑭1996（ショウ・マンチョウ）／2000（ショウ・マンチョウ）／2004（ショウ・マンチョウ）／2008（ショウ・マンチョウ）／2012

ショウ・ヒツホウ　焦 必方　Jiao, Bi-fang　復旦大学経済系副教授　⑲経済学　⑲中国　⑫1948年　⑭2000

ショウ・ヒン　焦 彬　永続農業技術研究所所長　⑲作物学　⑲中国　⑫1932年　⑭1996

ショウ・ビン　鍾 敏　Zhong, Min　中国国際貿易促進委員会秘書長　⑲中国　⑭1996

ショウ, フィル　Shaw, Phil　スポーツライター　「インディペンデント」スポーツライター　⑭2004

ショウ・フクソウ　蒋 復璁　Chiang, Fu-tsung　別名＝蒋慰堂　元・故宮博物院院長　⑲台湾　⑫1898年　㉓1990年9月22日　⑭1992

ショウ・フクテイ　鍾 福娣　拳法家　⑲太極拳　⑲中国　⑫1937年　⑭1996

ショウ・フクリン　尚 福林　Shang, Fu-lin　銀行家　中国銀行業監督管理委員会主席, 中国共産党中央委員　元・中国農業銀行頭取　⑲中国　⑫1951年11月　⑭2004／2008／2012

ショウ・ブンコ　蕭 文虎　マレーシア華人虐殺事件の生存者　⑲マレーシア　⑭2000

ショウ・ブンシン　章 文晋　Zhang, Wen-jin　外交官　元・中国全国人民代表大会（全人代）外事委員主任, 元・駐中国大使　⑲中国　⑫1914年　㉓1991年2月18日　⑭1992

ショウ・ブンブン　蒋 文文　Jiang, Wen-wen　シンクロナイズドスイミング選手　ロンドン五輪シンクロナイズドスイミング・チーム銀メダリスト　⑲中国　⑫1986年9月25日

ショウ・ブンリョウ　邵 文良　中国古代スポーツ研究家　中国歴史博物館副研究館員　⑲中国　⑭2000

ショウ・ブンレイ　蒋 文麗　Jiang, Wen-li　女優　⑲中国　⑫1970年　⑭2000

ショウ・ペイチュン　邵 珮君　長栄大学助理教授　⑲防災計画　⑲台湾　⑫1971年　⑭2012

ジョウ・ヘキショ　聶 璧初　Nie, Bi-chu　政治家　元・天津市長　⑲中国　⑫1928年　⑭1992／1996

ショウ・ホウ　蒋 峰　記者　⑲中国　⑭2000

ショウ・ホウコウ　仇 鳳皋　Zhang, Feng-gao　剪紙研究家　天津美術学院教授, 中国剪紙学会会長, 日中剪紙友好交流協会名誉会長　⑲中国　⑭2000

ショウ・ボク　蒋 濮　作家　⑲中国　⑭1996

ショウ・メイショウ　肖 明祥　元・重量挙げ選手　広西省重量挙げチーム監督, 中国重量挙げ協会副主席　⑲中国　⑫1940年　⑭1996

ショウ・ユ　蒋 渝　作家　⑲中国　⑭1992

ショウ・ユウ　邵 勇　Shao, Young　上海中亜服装廠廠長　⑲中国　⑫1963年　⑭1996

ショウ・ユウヘイ　焦 雄屏　Chiao, Hsiung-ping　映画評論家　「中時晩報」　⑲台湾　⑫1953年　⑭1992／1996

ショウ・ユウホ　邵 友保　中国特別行政区準備委予備工作委員, 中国人民政治協商会議委員, 万友貿易創業者　⑲中国　⑫1921年

ショウ・ヨウ　蕭 揚　Xiao, Yang　元・中国最高人民法院院長（最高裁長官）, 元・中国司法相, 元・中国共産党中央委員　⑲中国　⑫1938年8月　⑭2000／2008／2012

ショウ, ランミー　元・ショウ・ブラザーズ経営者　⑲シンガポール　㉓1985年3月3日　⑭1992

ショウ・リッポウ　蒋 立峰　中国社会科学院日本研究所所長補佐・政治室主任　⑲日本近現代政治史　⑲中国　⑫1945年9月　⑭2000／2004／2008

ショウ・リュウヨウ 焦 劉洋 Jiao, Liu-yang 水泳選手(バタフライ) ロンドン五輪競泳女子200メートルバタフライ金メダリスト 国中国 誕1991年8月6日

ジョヴァノッティ Jovanotti 本名=ケルビーニ,ロレンツォ ラップ歌手 国イタリア 誕1966年 録1996(ジョバノッティ)

ショーヴァン, イヴ Chauvin, Yves 化学者 フランス石油研究所名誉研究部長 有機合成におけるメタセシス反応の開発 国フランス 誕1930年10月10日 没2008/2012

ジョヴァンカ Giovanca シンガー・ソングライター,モデル 国オランダ 録2012

ジョヴァンニ, ジョゼ Giovanni, José 作家,映画監督,脚本家 国フランス 誕1923年6月22日 没2004年4月24日 録1992(ジョバンニ, ジョゼ)/1996(ジョバンニ, ジョゼ)/2004

ショヴィレ, イヴェット Chauviré, Yvette バレリーナ 元・パリ・オペラ座バレエ団エトワール,元・パリ・オペラ座バレエ団教授 国フランス 誕1917年4月22日 録1992(ショビレ, イベット)/2008/2012

ジョヴェッティ, ジュリアーノ Giovetti, Giuliano イラストレーター,元・サッカー選手 国イタリア 誕1927年 録1996(ジョベッティ, ジュリアーノ)

ジョヴォヴィッチ, ミラ Jovovich, Milla 歌手名=ミラ 女優,モデル,歌手 国米国 誕1975年12月17日 録1992(ジョボビッチ, ミラ)/1996(ミラ)/2000/2004/2008/2012

ショーウォーター, エレイン Showalter, Elaine 批評家 プリンストン大学英文学教授 国米国 誕1941年 録1992/1996/2000

ジョウォルスキー, ジェミー Jaworski, Jamie コンピュータ技術者 JSPWare.com社長 録Java/2004

ショーウォルター, バック Showalter, Buck 大リーグ監督 国米国 誕1956年5月23日 録1996/2000/2004/2008/2012

ショウゲンホウシ 証厳法師 本名=王錦雲 宗教家,慈善事業家 慈済功徳会 国台湾 誕1937年 録1996

ショサード, エマニュエル ファッションデザイナー ジャン・ルイ・シェレルチーフデザイナー 国フランス 誕1961年 録1996

ショウダー, レイモンド 元・ロヨラ大学教師,元・上智大学客員教授 考古学 国米国 誕1987年5月1日 録1992

ショウバー, マーガレット Shawver, Margaret 小学校教師 「おばあちゃん、わたしをだいて」の著者 録2004

ジヨエフ, ミルゾ Ziyoyev, Mirzo 政治家,軍人 タジキスタン非常事態相,タジキスタン陸軍少将 元・タジク統一野党(UTO)司令官 国タジキスタン 誕1960年 録2004/2008

ジョエル, エイモス・エドワード(Jr.) 電気通信技術者 ベル研究所特別顧問 自動車電話,電子交換機 国米国 録1992

ジョエル, ビリー Joel, Billy 本名=ジョエル, ウィリアム・マーティン シンガーソングライター 国米国 誕1949年5月9日 録1992/1996/2000/2008/2012

ジョーエンブラン, デービット 元・CBSテレビ欧州総局長 国米国 没1988年5月23日 録1992

ショーエンヘール, ジョン Schoenherr, John 画家,絵本作家 国米国 誕1935年 録1996/2000

ジョカンテ, ヴァイナ Giocante, Vahina 女優 国フランス 誕1981年6月30日 録2004/2012

ショークヴィスト, ヴィゴー Sjoqvist, Viggo デンマーク王国外務省資料室長 デンマーク史 国デンマーク 誕1913年 録1996(ショークビスト, ビゴー)

ジョクテング, ラファエル Yockteng, Rafael イラストレーター 誕1976年 録2012

ショクハ 色波 作家 国中国 誕1956年(?) 録1996

ジョグラフ, アハメド Djoghlaf, Ahmed 生物多様性条約締約国会議事務局長 国アルジェリア 誕1953年 録2012

ショーケット, ソニア Choquette, Sonia カウンセラー 録2004

ジョコヴィッチ, ノヴァク Djokovic, Novak テニス選手 国セルビア 誕1987年5月22日 録2008/2012

ジョージ George グループ名=ギルバート＆ジョージ アーティスト 国英国 誕1942年 録1996/2000

ジョージ, アレクサンダー George, Alexander L. 政治学者 スタンフォード大学名誉教授 国米国 誕1920年 録2000

ジョージ, アレクサンダー George, Alexander 哲学者 アマースト・カレッジ助教授 国米国 録2004

ジョージ, ウィリアム S・C・ジョンソン社長・CEO 国米国 録1996

ジョージ, エドワード George, Edward Alan John 銀行家 元・イングランド銀行(BOE)総裁 国英国 誕1938年9月11日 没2009年4月18日 録1996/2000/2004/2008

ジョージ, エマ George, Emma 棒高跳び選手 国オーストラリア 誕1974年11月1日 録2000

ジョージ, エリザベス George, Elizabeth ミステリー作家 国米国 誕1949年2月26日 録1996/2000

ジョージ, キャサリン George, Catherine 作家 国英国 録2004

ジョージ, キャスリーン George, Kathleen 作家,演劇学者 ピッツバーグ大学教授 国米国 録2004/2008

ジョシー, ジャグデシュ Joshi, Jagdish 童画家 国インド 録2008

ジョージ, ジーン・クレイグヘッド George, Jean Craighead 作家 国米国 誕1919年7月2日 没2012年5月15日 録2000

ジョージ, スーザン George, Susan ATTAC(アタック)名誉会長 国アグリビジネス 録1992/1996/2004/2012

ジョージ, ティモティ George, Timothy ハーバード大学ライシャワー日本学研究所員 日本学 国米国 録2000

ジョージ, ネルソン George, Nelson コラムニスト,音楽評論家 国米国 録1992/1996

ジョージ, ビル George, Bill 経営学者,実業家 エール大学大学院経営幹部コース教授 元・メドトロニックCEO・会長 録2008

ジョージ, フィニディ George, Finidi サッカー選手(MF) 国ナイジェリア 誕1971年4月15日 録1996/2000

ジョージ, ポール George, Paul バスケットボール選手 国米国 誕1990年5月2日

ジョージ, マーガレット George, Margaret 作家 国米国 録2000

ジョーシ, マノイ Joshi, Manoj ジャーナリスト 国インド 録2004

ジョージ, リャチード・リー George, Richard Lee 実業家 サンコールエナジー社長・CEO 国米国 誕1950年5月16日 録2000

ジョージアン, リンダ Georgian, Linda M. 超能力者 国米国 録2000

ジョージェスク, ピーター Georgescu, Peter 米ヤング＆ルビカム社(Y&R)名誉会長 録2000

ジョージェスク・レーゲン, ニコラス Georgescu-Roegen, Nicholas 経済学者 生物経済学会名誉会長 国米国 誕1906年 録1996

ジョージス, ジョン Georges, John インターナショナル・ペーパー会長 国米国 録1992

ジョシネ, フレデリク Jossinet, Frederique 柔道選手 アテネ五輪柔道女子48キロ級銀メダリスト 国フランス 誕1975年12月16日 録2008

ショジャイイ, セイイェド・メヘディ Shojaee, Seyed Mahdi 作家,シナリオライター 国イラン 録2004/2008

ジョシュア, アンソニー Joshua, Anthony プロボクサー ロンドン五輪ボクシング男子スーパーヘビー級金メダリスト 国英国 誕1989年10月15日

ジョジョ JoJo 本名=ヘイリー, ジョエル デュオ名=ケイシー＆ジョジョ, グループ名=ジョデシー 歌手 国米国 録2004/2008

ジョス, モーラ Joss, Morag 作家 国英国 録2012

ショスタク, ジャック Szostak, Jack 生化学者 ハーバード大学教授 分子生物学 国英国 誕1952年 録2012

ショスタコーヴィチ, ガリーナ Shostakovich, Galina 作曲家ドミトリー・ショスタコーヴィチの娘 国ロシア 誕1936年 録2000

ショスタコーヴィチ, マキシム Shostakovich, Maxim 指揮者, ピアニスト 誕1938年5月10日 録1992(ショスタコービッチ, マキ

シム）

ショスタコフスキー, ヴァチェスラフ　Shostakovskii, Vyacheslav N.　民主綱領派指導者　国ソ連　⑱1992／1996

ジョスト, ジャック　Jost, Jacques　音楽療法家　国際音楽療法センター創設者　元・世界音楽療法連盟副会長　国フランス　⑭1928年　⑱2004／2008

ジョスト, ジョン　Jost, Jon　映画監督　国米国　⑭1943年5月16日　⑱1992／2000／2004／2008

ショーストレム, サラ　Sjöström, Sarah　本名=Sjöström,Sarah Frederica　水泳選手（バタフライ・自由形）　国スウェーデン　⑭1993年8月17日

ジョスパン, シルヴィアンヌ　Juspin, Sylviane　哲学者　フランス高等社会科学研究所教授　国フランス　⑱2004／2008

ジョスパン, リオネル　Jospin, Lionel Robert　政治家　元・フランス首相　国フランス　⑭1937年7月12日　⑱1992／1996／2000／2004／2008／2012

ジョスリン, セシル　Joslin, Sesyle　児童文学作家　国米国　⑭1929年　⑱2012

ジョスリン, メアリー　Joslin, Mary　児童文学作家　⑱2004／2008

ジョゼット, クロード　Jousset, Claude　画家　国フランス　⑭1935年　⑱1992

ジョセッフィ, ダニエラ　Gioseffi, Daniela　詩人, 作家, ジャーナリスト, 市民運動家　国米国　⑱2000

ジョセフ, キース　Joseph, Keith Sinjohn　政治家　元・英国教育科学相,元・ボービス社会長　国英国　⑭1918年1月17日　㊥1994年12月10日　⑱1992／1996

ジョセフ, ケン(Jr.)　Joseph, Ken　本名=Joseph,Ken Kenichi Phillip,Jr.　筆名=助世夫健　災害救援コーディネーター　日本緊急援助隊（JET）代表　国景教,日本古代史　国米国　⑭1957年2月3日　⑱2004／2008／2012

ジョセフ, サンドラ　Joseph, Sandra　カウンセラー, 児童福祉家　国英国　⑱2004

ジョセフ, セリア　Joseph, Celia　セキュリティコンサルタント　RSAセキュリティチーフコンサルティングアーキテクト　⑱2004

ジョセフ, ナディーン　Joseph, Nadine　ジャーナリスト　⑱2004

ジョセフ, フランク　Joseph, Frank　シカゴ大学東洋研究所　国考古学　国米国　⑱2000

ジョセフ, フレデリック　ドレクセル・バーナム・ランベール副会長　国米国　⑭1937年　⑱1996

ジョセフ, ヘレン　Joseph, Helen　反アパルトヘイト活動家　国南アフリカ　⑭1905年　㊥1992年12月25日　⑱1996

ジョセフ, マイケル・ケネディ　Joseph, M.K.　作家　国英国　⑭1914年7月9日　⑱1992

ジョーゼフ, マーク　Joseph, Mark　作家　国米国　⑭1946年　⑱1996

ジョセフ, マーティン　Joseph, Martin　社会学者　オックスフォード・ポリテクニック客員上級研究員　国英国　⑱1992

ジョゼフ, ロバート　Joseph, Robert　編集者　⑱2004

ジョーゼフィ, クラウディア　Gioseffi, Claudia　美術史家　Fodor's Travel出版通信員　国米国　⑱2004

ジョセフォウィッツ, リーラ　Josefowicz, Leila　バイオリニスト　国カナダ　⑭1977年　⑱1996／2000／2012

ジョゼフォビッツ, デービッド　実業家, 指揮者, 名画コレクター　ロンドン・ソリスト・チェンバー・オーケストラ指揮者, コンサート・ホール・レコードクラブ創設者　⑱1996

ジョセフスバーグ, ミルト　テレビ製作者, 喜劇脚本家　国米国　㊥1987年12月14日　⑱1992

ジョセフソン, ブライアン・デービッド　Josephson, Brian David　物理学者　ケンブリッジ大学教授　国英国　⑭1940年1月4日　⑱1992／1996

ショソン, アンヌカロリン　Chausson, Anne-Caroline　自転車選手（BMX）　北京五輪自転車女子BMX金メダリスト　国フランス　⑭1977年10月8日　⑱2012

ショーター, ウェイン　Shorter, Wayne　ジャズ・テナーサックス奏者, 作曲家, 編曲家　国米国　⑭1933年8月25日　⑱1992／1996／2000／2008／2012

ショーター, エドワード　Shorter, Edward　トロント大学史学科教授　国医学史　国カナダ　⑭1941年　⑱2000

ショーター, フランク　Shorter, Frank　元・マラソン選手　ミュンヘン五輪金メダリスト　国米国　⑭1947年10月31日　⑱1992／1996／2000

ショーターズ, カーラ　環境運動家　気候行動ネットワークヨーロッパ支部（CNE）代表　⑱2004／2008

ジョーダノバ, ルドミラ　Jordanova, Ludmilla　科学史家　イギリス科学史学会会長　国英国　⑱2004／2008

ジョーダン, V.C.　Jordan, V.Craig　ノースウエスタン大学ロバート・H・ルリエ総合ガンセンター　国薬理学　⑱2000

ジョーダン, アギー　Jordan, Aggie　結婚コンサルタント　国米国　⑱2004

ジョーダン, ウィリアム・チェスター　Jordan, William Chester　歴史学者　プリンストン大学教授　国米国　⑱2004／2008

ジョーダン, エディ　Jordan, Eddie　元・カーレーサー　フジフィルム・ジョーダングランプリ設立者　国アイルランド　⑭1948年　⑱1996

ジョーダン, クリフォード　Jordan, Clifford Laconia　サックス奏者　国米国　⑭1931年9月2日　㊥1993年3月27日　⑱1996

ジョーダン, スティーブ　Jordan, Steve　ジャズギタリスト　国米国　⑭1919年1月15日　㊥1993年9月13日　⑱1996

ジョーダン, デューク　Jordan, Duke　本名=Jordan,Irving Sidney　ジャズ・ピアニスト　国米国　⑭1922年4月1日　㊥2006年8月8日　⑱1992

ジョーダン, ニール　Jordan, Neil　本名=Jordan,Neil Patrick　映画監督, 脚本家, 作家　国アイルランド　⑭1950年2月25日　⑱1996／2000／2004／2008／2012

ジョーダン, バーノン　弁護士, 公民権運動指導者　元・全米都市連盟会長　国米国　⑱1996

ジョーダン, ペニー　Jordan, Penny　ロマンス作家　国英国　⑭1946年11月24日　㊥2011年12月31日　⑱2000／2004／2012

ジョーダン, ポール　Jourdan, Paul　南アフリカ鉱山労組調査部研究員　国英国　⑭1952年　⑱1996

ジョーダン, マイケル　Jordan, Michael　本名=ジョーダン, マイケル・ジェフリー　元・バスケットボール選手　シャーロット・ボブキャッツ筆頭オーナー　国米国　⑭1963年2月17日　⑱1996／2000／2004／2008／2012

ジョーダン, マイケル　Jordan, Michael Hugh　実業家　元・CBS会長・CEO,元・日米財界人会議議長　国米国　⑭1936年6月15日　㊥2010年5月25日　⑱1996／2000

ジョーダン, マーロン　Jordan, Marlon　トランペット奏者　国米国　⑭1970年8月21日　⑱1992

ジョーダン, リチャード　Jordan, Richard　俳優　国米国　⑭1938年7月19日　㊥1993年8月30日　⑱1996

ジョーダン, ロバート　Jordan, Robert　本名=リグニー, ジェームズ・オリバー,Jr.　別筆名=オニール, レーガン　作家　国米国　⑭1948年10月17日　㊥2007年9月17日　⑱1996

ジョーダン・エバンズ, シャロン　Jordan-Evans, Sharon　キャリアコンサルタント　ジョーダン・エバンズ・グループ社長　国米国　⑱2004

ショック, ルドルフ　Schock, Rudolf　テノール歌手　国ドイツ　⑭1915年　㊥1986年11月12日　⑱1992

ジョックス, アラン　Joxe, Alain　社会学者, 思想家　平和戦略国際センター所長, フランス社会科学高等研究院名誉教授　国歴史学, 政治社会学　国フランス　⑭1931年　⑱2008

ジョックス, ピエール　Joxe, Pierre Daniel　政治家　元・フランス国防相　国フランス　⑭1934年11月28日　⑱1992／1996

ジョックス, ルイ　Joxe, Louis　政治家　元・フランス国務相（アルジェリア問題担当）　国フランス　㊥1991年4月6日　⑱1992

ショックレー, ウィリアム　Shockley, William Bradford　物理学者

元・ショックレー半導体研究所長,元・スタンフォード大学名誉教授 [専]半導体(トランジスタ) [国]米国 [生]1910年2月13日 [没]1989年8月12日 [典]1992

ショット, ジェフリー　Schott, Jeffrey J.　国際経済研究所(IIE)研究員 [専]国際経済 [国]米国 [典]1992

ショット, フレデリック　Schodt, Frederik L.　作家,翻訳家,通訳 [国]米国 [生]1950年 [典]2000／2004／2012

ショット, マージ　Schott, Marge　元・シンシナティ・レッズ・オーナー [国]米国 [没]2004年3月2日 [典]2000

ショッパ, レオナード　Schoppa, Leonard　バージニア大学教授 [専]政治学 [国]米国 [生]1962年 [典]2000／2012

ジョッピー, ウィリアム　Joppy, William　プロボクサー　元・WBA世界ミドル級チャンピオン [国]米国 [生]1970年9月11日 [典]2000／2004／2008

ショップ, ジェームズ・ウィリアム　Schopf, James William　カリフォルニア大学ロサンゼルス校教授 [専]古生物学 [国]米国 [生]1941年9月27日 [典]2000

ショップフリン, ジョージ　ロンドン大学経済政治学部教授 [専]東欧政治学 [国]英国 [典]1996

ショッペ, ントンビ・レーガン　反アパルトヘイト活動家　アフリカ民族会議(ANC)東トランスバール代表 [国]南アフリカ [生]1950年 [典]1992

ショッホ, シモン　Schoch, Simon　スノーボード選手　トリノ五輪スノーボード男子パラレル大回転銀メダリスト [国]スイス [生]1978年10月7日 [典]2008／2012

ジョッホ, ジョゼフ　Joffo, Joseph　作家,理容師　ジョッホ理容・美容院チェーン店主 [国]フランス [生]1931年4月2日 [典]1992／1996

ショッホ, フィリップ　Schoch, Philipp　スノーボード選手　トリノ五輪スノーボード男子パラレル大回転金メダリスト [国]スイス [生]1979年10月12日 [典]2004／2008／2012

ジョディディオ, フィリップ　Jodidio, Philip　「コネサンスデザール」編集長 [国]米国 [生]1954年 [典]2004

ジョデル, エチエンヌ　Jaudel, Etienne　弁護士　人権国際連盟事務総長 [専]国際渉外 [国]フランス [典]1992

ショート, クレア　Short, Clare　政治家　元・英国国際開発相 [国]英国 [生]1946年2月15日 [典]2000／2004／2008

ショート, ジム　Shortt, Jim　軍事アドバイザー　国際ボディガード協会(IBA)代表 [国]英国 [生]1953年 [典]2004

ジョドー, シルヴィー　Jaudeau, Sylvie　文筆家 [国]フランス [生]1951年 [典]2000

ショート, スコット　Short, Scott　コンピューター技術者 [国]米国 [典]2004

ショート, マイケル　Short, Michael William　金融家　元・アクサ保険ホールディング社長・CEO [国]米国 [典]2000／2004／2008

ショート, ラッセル　Shorto, Russell　ジャーナリスト [国]米国 [典]2004

ショート, リック　Short, Rick　登録名=リック　大リーグ選手(外野手),プロ野球選手 [国]米国 [生]1972年12月6日 [典]2012

ショート, ロバート・L.　神学者 [国]米国 [生]1932年 [典]2008

ショトレフ, マイケル　キャスティング・ディレクター [典]2008

ショードロン, クレイグ　Chaudron, Craig　言語学者　ハワイ大学第2言語研究学科 [典]2004

ジョナサン, エミル　政治家　元・ハイチ大統領 [国]ハイチ [没]1995年10月24日 [典]1996

ジョナサン, グッドラック・エベレ　Jonathan, Goodluck Ebele　政治家　ナイジェリア大統領 [国]ナイジェリア [生]1957年11月20日 [典]2012

ジョナサン, レアブア　Jonathan, Leabua　元・レソト首相 [国]レソト [生]1914年10月30日 [没]1987年4月5日 [典]1992

ジョナシュ, ロナルド　Jonash, Ronald S.　経営コンサルタント　アーサー・D・リトル副社長 [国]米国 [典]2004

ジョナス, アン　Jonas, Ann　絵本作家 [国]米国 [生]1932年 [典]1996

ジョニウソン　Junilson　本名=ブレベス,ジョニウソン・クロビス・ナシメント　サッカー選手(MF) [国]ブラジル [生]1978年11月28日 [典]2008

ショーニュー, ピエール　Chaunu, Pierre　歴史学者　元・ソルボンヌ大学名誉教授 [専]現代史,ラテンアメリカ史 [国]フランス [生]1923年8月17日 [没]2009年10月22日 [典]1992／1996／2000

ショネカン, アーネスト　Shonekan, Ernest Adegunle Oladeinde　政治家　元・ナイジェリア暫定国民政府首班(元首) [国]ナイジェリア [生]1936年5月9日 [典]1996

ショーネボルン, レナ　Schoneborn, Lena　近代五種選手　北京五輪女子近代五種金メダリスト [国]ドイツ [生]1986年4月11日 [典]2012

ショバート, ババ　ライダー [国]米国 [生]1962年1月29日 [典]1992

ジョーバート, ピーター　ポチェフストローム大学教授 [専]政治学,産業心理学 [国]南アフリカ [典]1996

ジョハル, サイド・モハメド　Djohar, Said Mohamed　政治家　元・コモロ大統領 [国]コモロ [没]2006年2月22日 [典]1992／1996／2000

ジョバン, ポール　Jobin, Paul　社会学者　パリ第7大学准教授 [国]フランス [生]1968年 [典]2004／2008／2012

ジョハンズ, マイク　Johanns, Mike　本名=Johanns,Michael Owen　政治家　米国上院議員(共和党)　元・米国農務長官,元・ネブラスカ州知事 [国]米国 [生]1950年6月18日 [典]2004／2008／2012

ジョハンセン, アイリス　Johansen, Iris　作家 [国]米国 [典]2004／2012

ジョハンセン, ジョン　テミックジャパン社長 [国]デンマーク [典]1996

ジョハンソン, アンナ・リサ　Johanson, Anna-Lisa　「私は病気ではない—治療をこばむ心病める人たち」の著者 [典]2008

ジョバンニ, ニッキ　Giovanni, Nikki　詩人 [国]米国 [生]1943年6月 [典]1992／1996

ジョビー, ロベルト　Giobbi, Robert　マジシャン,マジック研究家 [専]カード・マジック [典]2004／2012

ショーヒン, アレクサンドル　Shokhin, Aleksandr Nikolayevich　政治家,経済学者　ロシア下院議員　元・ロシア副首相 [国]ロシア [生]1951年12月25日 [典]1996／2000

ジョビン, アントニオ・カルロス　Jobim, Antonio Carlos　本名=ジョビン,アントニオ・カルロス・ブラジレイロ・ヂ・アルメイダ　作曲家,ピアニスト [国]ブラジル [生]1927年1月25日 [没]1994年12月8日 [典]1992／1996

ショービン, デービッド　Shobin, David　作家,医師 [国]米国 [典]2000

ショープ, クルト　Schoop, Kurt　元・デュッセルドルフ見本市会社社長 [国]ドイツ [生]1921年6月1日 [典]1992

ジョブ, ピーター　Job, Peter　元・ロイター社長 [国]英国 [生]1941年 [典]2000／2004／2008

ジョーブ, フランク　Jobe, Frank Wilson　整形外科医　元・カリフォルニア大学医学部整形外科教授,元・ドジャース・チームドクター [専]スポーツ整形外科 [国]米国 [生]1925年7月16日 [没]2014年3月6日 [典]1992／1996／2008／2012

ジョーブ, ブラント　Jobe, Brandt　プロゴルファー [国]米国 [生]1965年8月1日 [典]1996／2000／2004／2008／2012

ジョフィ, ローランド　Joffe, Roland　本名=Joffe,Roland I.V.　映画監督 [国]英国 [生]1945年11月17日 [典]2000／2004／2008／2012

ショプキン, マテイ　Shopkin, Matei　詩人　ソフィア市議会文化局局長 [国]ブルガリア [生]1938年 [典]1992

ジョブズ, スティーブ　Jobs, Steve　本名=ジョブズ,スティーブン・ポール　実業家　元・アップル創業者・CEO [国]米国 [生]1955年2月24日 [没]2011年10月5日 [典]1992／1996／2000／2004／2008

ジョブソン, ゲーリー　Jobson, Gary　ヨットマン,実業家 [国]米国 [生]1950年 [典]1992

ジョブソン, リチャード　Jobson, Richard　テレビキャスター,テレビプロデューサー [国]英国 [生]1960年 [典]2000

ジョブソン, ロバート　Jobson, Robert　ジャーナリスト [国]英国 [典]2004／2008

ショフネシー, スーザン　Shaughnessy, Susan　「ワシントンポスト」オンライン・ライターズグループ議長　[国]米国　[典]2000

ショブホワ, リリア　Shobukhova, Liliya　マラソン選手　[国]ロシア　[生]1977年11月13日　[典]2012

ショーフラー, O.E.　Schoeffler, O.E.　ファッション・ジャーナリスト　[国]米国　[典]1996

ショプラー, エリック　Schopler, Eric　心理学者　ノースカロライナ大学心理・精神医学教授・TEACCH部部長　[専]発達小児科学, 自閉症　[国]米国　[典]1992／1996

ジョフラン, G.　Joffrin, Guly　画家　[国]フランス　[生]1909年　[典]1992／1996

ジョフリー, ロバート　Joffrey, Robert　本名=ベイ・カーン, アブドゥッラー・ジャッファ　バレエ指導者, 振付師　元・ジョフリー・バレエ団主宰　[国]米国　[生]1930年　[没]1988年3月25日　[典]1992

ジョフレ, エデル　Jofre, Eder　元・プロボクサー　[国]ブラジル　[生]1936年3月26日　[典]1996／2000

ショーベ, モーリス　ノルマンディー上陸作戦に参加した旧フランス軍兵士　[国]フランス　[生]1918年　[典]1996

ショーベリ, パトリック　Sjoeberg, Patrik　元・走り高跳び選手　[国]スウェーデン　[生]1965年1月5日　[典]1992／1996／2000

ジョベール, アラン　Jaubert, Alain　ジャーナリスト, 作家, ドキュメンタリー映画作家　[国]フランス　[生]1934年　[典]1992

ジョベール, ミシェル　Jobert, Michel　政治家　元・フランス外相　[国]フランス　[生]1921年9月11日　[没]2002年5月26日　[典]1992

ショペン, グレゴリー　Schopen, Gregory　仏教学者　スタンフォード大学教授　[専]インド仏教　[国]米国　[生]1947年　[典]2004

ショボクシィ, ファウジ・ビン・アブドル・マジード　Shoboksi, Fawzi Bin Abdul Majeed　外交官　駐日サウジアラビア大使　[国]サウジアラビア　[生]1938年　[典]1992

ジョマア, メヘディ　Jomaa, Mehdi　政治家　チュニジア首相　[国]チュニジア

ショマーズ, ベンジャミン　Chaumaz, Benjamin　イラストレーター　[国]フランス　[生]1977年　[典]2004

ジョミ, アラン　Jomy, Alain　作曲家, 映画監督　[国]フランス　[典]2004

ショーム, メリタ　Schaum, Melita　ジャーナリスト, コラムニスト　ミシガン大学ディアボーン校準教授　[専]英文学, 女性学　[国]米国　[典]2000

ショーメーカー, ポール　Schoemaker, Paul J.H.　経営学者, 経営コンサルタント　ディシジョン・ストラテジーズ・インターナショナル会長　[国]米国　[典]2004／2008

ショーヨム, ラースロー　Sólyom, László　政治家, 法律家　ブダペスト・カトリック大学教授　元・ハンガリー大統領, 元・ハンガリー憲法裁判所長官　[国]ハンガリー　[生]1942年1月3日　[典]2008／2012

ショランダー, ドン　Schollander, Don　本名=Schollander,Donald Arthur　元・水泳選手　[国]米国　[生]1946年4月30日　[典]1992／1996

ジョリ, アラン　Joly, Alain　実業家　エア・リキード会長・CEO　[国]フランス　[生]1938年4月18日　[典]2004／2012

ジョリー, アンジェリーナ　Jolie, Angelina　本名=ボイト, アンジェリーナ・ジョリー　女優　国連難民高等弁務官事務所（UNHCR）特使　[国]米国　[生]1975年6月4日　[典]2000／2004／2008／2012

ジョリー, ウィリー　Jolley, Willie　実業家, コンサルタント　ウィリー・ジョリー・プロダクションズ社長・CEO　[国]米国　[典]2004

ジョリー, ジェームズ　Joly, James　コンピューター技術者　[国]米国　[典]2008

ジョリー, ジェームス・アンドリュー　Jolly, J.A.　弁護士　愛知淑徳大学コミュニケーション学部ビジネスコミュニケーション学科助教授　[国]米国　[生]1939年　[典]1992

ジョリー, シリル　Joly, Cyril　軍人, 作家　元・NATO軍最高司令部参謀　[国]英国　[典]1992

ジョリー, ニコラ　Joly, Nicolas　ワイン醸造家　クロ・ド・ラ・クーレ・ド・セラン・オーナー　[典]2008

ジョリ, フランソワ　Joly, François　作家　[国]フランス　[生]1931年　[典]2000

ジョリオン, フィリップ　Jorion, Philippe　カリフォルニア大学アーバイン校教授　[専]財政学　[国]米国　[典]2000

ショリナ, アンナ　Shorina, Anna　本名=Shorina,Anna Vladimirovna　シンクロナイズドスイミング選手　アテネ五輪・北京五輪シンクロナイズドスイミング・チーム金メダリスト　[国]ロシア　[生]1982年8月26日

ジョリーン　本名=ペノワ, ジョリーン　歌手　[国]米国　[典]1992

ショル, アンドレアス　Scholl, Andreas　カウンター・テナー歌手　[国]ドイツ　[生]1967年　[典]2000／2012

ショル, ヘルマン　ボッシュ社長　[国]ドイツ　[典]1996

ショル, メーメット　Scholl, Mehmet　サッカー選手（MF）　[国]ドイツ　[生]1970年10月16日　[典]2004／2008

ジョルカエフ, ユーリ　Djorkaeff, Youri　サッカー選手（MF）　[国]フランス　[生]1968年3月9日　[典]2000／2004／2008

ジョルガノ, ニック　Georgano, Nick　自動車ライター　[国]英国　[典]2000

ジョルゲンソン, デール　Jorgenson, Dale W.　経済学者　ハーバード大学教授　[国]米国　[生]1933年5月　[典]1996

ジョルジェル, ピエール　Georgel, Pierre　オランジュリー美術館館長　[国]フランス　[生]1943年1月14日　[典]2000

ジョルジオ, ネイト　画家　[国]米国　[生]1961年9月11日　[典]2000

ジョルジーニョ　Jorginho　本名=カンポス, ジョルジ・デ・アモリン　サッカー指導者, 元・サッカー選手　[国]ブラジル　[生]1964年8月17日　[典]1996／2000／2004／2008／2012

ジョルジーニョ・ド・パンデイロ　Jorginho do Pandeiro　本名=Da Silva,Jorge José　グループ名=エポカ・ヂ・オウロ　パンデイロ奏者　[国]ブラジル　[生]1930年12月3日　[典]2012

ジョルジャーゼ, ナナ　Djordjadze, Nana　映画監督　[国]ソ連　[典]1992

ジョルジ・ワグネル　Jorge Wagner　本名=ゴエス・コンセイソン, ジョルジ・ワグネル　サッカー選手（MF）　[国]ブラジル　[生]1978年11月17日　[典]2012（ワグネル, ジョルジ）

ショールズ, ジャクソン　陸上選手（短距離）　パリ五輪金メダリスト　[国]米国　[没]1986年10月26日　[典]1992

ショールズ, マイロン　Scholes, Myron S.　経済学者　スタンフォード大学教授　[国]米国　[生]1941年7月1日　[典]2000／2008／2012

ジョルダーナ, マルコ・トゥリオ　Giordana, Marco Tullio　映画監督, 脚本家　[国]イタリア　[生]1950年10月1日　[典]2008／2012

ジョルダーノ, パオロ　Giordano, Paolo　物理学者, 小説家　[専]素粒子物理学　[国]イタリア　[生]1982年　[典]2012

ジョルダーノ, フィリッパ　Giordano, Filippa　歌手　[国]イタリア　[生]1974年　[典]2004／2008

ジョルダーノ, ラルフ　Giordano, Ralph　ジャーナリスト, 作家, テレビドラマ作家　[国]ドイツ　[生]1923年　[典]1992／1996

ジョルダーノ, リチャード・ビンセント　Giordano, Richard Vincent　実業家　ブリティッシュ・ガス（BG）会長　元・BOCグループ会長　[国]米国　[生]1934年3月24日　[典]1992／1996

ジョルダン, フィリップ　Jordan, Philippe　指揮者　パリ・オペラ座音楽監督　[国]スイス　[生]1974年　[典]2012

ショルツ, ウヴェ　Scholz, Uwe　振付師, ダンサー　元・ライプツィヒ・バレエ団芸術監督　[国]ドイツ　[生]1958年12月31日　[没]2004年11月21日

ショルツ, カトリーン　バイオリニスト　[国]ドイツ　[生]1969年3月13日　[典]1992／1996

ショルツ, トム　Scholz, Tom　グループ名=ボストン　ロックギタリスト　[国]米国　[生]1947年3月10日　[典]2004／2008／2012

ショルツ, ルペルト　Scholz, Rupert John　政治家, 法学者　ミュンヘン大学教授　元・西ドイツ国防相　[国]ドイツ　[生]1937年5月23日　[典]1992／2000

ショルティ, ゲオルグ　Solti, Georg　ハンガリー名=ゾルティ, ギョルギイ　指揮者, ピアニスト　元・シカゴ交響楽団音楽監督　[国]英国　[生]1912年10月21日　[没]1997年9月5日　[典]1992／1996

ジョルディエ, レオポルド　Joredie, Leopold　政治家　国ニューカレドニア　殁1992

ジョルト, マリオ・ビラ　ユサ社取締役労務部長　国エルサルバドル　殁2000

ジョルニル, ウルシカ　Žolnir, Urška　柔道選手　ロンドン五輪柔道女子63キロ級金メダリスト　国スロベニア　生1981年10月9日

ジョルフィ, マリア　Györffy, Mária　医学英語教育　国ハンガリー　殁2004

ショル・ラトゥーア, ペーター　Scholl-Latour, Peter　ジャーナリスト, 歴史学者　ドイツ民間放送通信連盟会長　著イスラム問題　国ドイツ　生1924年3月9日　殁1996

ショーレイ, ジャン・クロード　Chauray, Jean-Claude　画家　国フランス　生1934年　殁1992

ジョレス, ジェフリー　Joerres, Jeffrey A.　実業家　マンパワー会長・社長・CEO　国米国　殁2012

ショーレム, ゲーアハルト・ゲルショム　Scholem, Gerhard Gershom　ユダヤ学者　元・ヘブライ大学教授　著ユダヤ宗教史, ユダヤ神秘主義(カバラ)研究　国イスラエル　生1897年12月5日　没1982年2月20日　殁1992

ショーロー, アーサー・レオナード　Schawlow, Arthur Leonard　物理学者　元・スタンフォード大学名誉教授　国米国　生1921年5月5日　没1999年4月28日　殁1992／1996

ショーロホフ, ミハイル　Sholokhov, Mikhail Aleksandrovich　作家　国ソ連　生1905年5月24日　没1984年2月21日　殁1992

ジョワイヨン, フランシス　Joyon, Francis　冒険家　国フランス　殁2012

ジョン　Ji-young　本名=カンジヨン　グループ名=KARA　歌手　国韓国　生1994年1月18日　殁2012

ジヨン　Jiyeon　グループ名=T-ara　歌手　国韓国　生1993年6月7日　殁2012

ショーン, アレン　Schoen, Allen M.　獣医　ニューヨーク・アニマルメディカルセンター顧問獣医師　国米国　殁2004

ジョン・イェヨン　全 礼容　民族中興同志会会長　国韓国　生1910年1月3日　殁1996

ジョン・イスク　鄭 義淑　梨花学堂理事長, 韓国赤十字社中央委員　国韓国　生1930年12月30日　殁1996

ジョン・イチェ　鄭 義采　神父　生命文化研究所長　国韓国　生1925年12月27日　殁1996

ジョン・イルグォン　丁 一権　Chong, Il-kwon　政治家, 軍人　元・韓国首相, 元・韓日議員連盟会長　国韓国　生1917年11月21日　没1994年1月17日　殁1992／1996

ジョン・イルス　全 日洙　プロ野球選手(投手)　国韓国　生1968年7月2日　殁1996

ジョン・イルソン　鄭 一成　映画カメラマン　国韓国　生1929年2月19日　殁1996／2000

ジョン・イルヨン　鄭 一永　号=明遠　世宗研究所長　国韓国　生1926年9月4日　殁1996

ジョン・インウク　鄭 寅旭　(株)江原産業名誉会長　国韓国　生1912年9月6日　殁1996

ジョン・インチョル　田 仁徹　Chon, In-chol　外交官　元・北朝鮮外交部副部長(外務次官)　国北朝鮮　生1992年3月2日　殁1992／1996

ジョン・インファ　漢字名=銭忍和　女優　国韓国　生1965年10月27日　殁1996／2004

ジョン・インボン　鄭 寅鳳　Jong, In-bong　政治家, 弁護士　韓国国会議員(ハンナラ党)　国韓国　生1953年12月10日　殁2004

ジョン・インヨン　鄭 仁永　実業家　漢拏グループ名誉会長　国韓国　殁2000

ジョン・インヨン　鄭 寅用　アジア開発銀行プロジェクト担当副総裁　国韓国　生1934年11月29日　殁1996

ショーン, ウィリアム　Shawn, William　ジャーナリスト　元・「ニューヨーカー」編集長　国米国　生1907年8月31日　没1992年12月8日　殁1996

ジョン・ウォンジュ　全 元珠　タレント　国韓国　生1939年8月8日　殁1996

ジョン・ウク　鄭 旭　タレント　国韓国　生1938年5月5日　殁1996

ジョン・ウテク　鄭 于沢　Chung, Woo-thak　美学者　東国大学大学院　国韓国　殁2004

ジョン・ウン　鄭 雄　政治家　元・韓国国会議員　国韓国　生1928年4月17日　殁1996

ジョン・ウン　田 雲　タレント　国韓国　生1938年12月7日　殁1996

ジョン・ウンスク　鄭 銀淑　翻訳家, フリーライター　国韓国　生1967年　殁2004

ジョン・ウンミ　鄭 恩美　テレビリポーター　KBSラジオ・テレビ東京リポーター　国韓国　生1958年　殁1996

ジョン・エリ　鄭 愛利　タレント　国韓国　生1960年8月11日　殁1996

ジョン, エルトン　John, Elton　本名=ドワイト, レジナルド・ケネス　シンガー・ソングライター　国英国　生1947年3月25日　殁1992／1996／2000／2004／2008／2012

ジョン・キチャン　鄭 寄昌　プロ野球選手(外野手)　国韓国　生1970年12月21日　殁1996

ジョン, キャスパー　元・英海軍元帥　国英国　没1984年7月　殁1992

ジョン・キュソン　鄭 奎善　淑明女子大学総長　国韓国　生1936年1月5日　殁1996

ジョン・キョンジョ　鄭 慶朝　米国国防外国語大学教授　国韓国　殁1992(ジョン・ギョンジョ)

ジョン・キョンテ　鄭 坰兌　国楽人(歌詞)　大韓時友会理事長, 全州又石大学国楽科教授, 大韓正学会長　国韓国　生1916年2月7日　殁1996

ジョン・キョンフン　丁 坰勲　外交官　韓国国際協力団常任理事　国韓国　生1933年2月2日　殁1996

ジョン・キョンフン　鄭 京勲　プロ野球選手(内野手)　国韓国　生1972年5月22日　殁1996

ジョン・キョンモ　鄭 慶謨　Chung, Kyung-mo　(財)世宗研究所事務処長, 高麗大学政策大学院講師　著法学　国韓国　生1937年3月　殁1996

ジョン・クァンス　丁 珖秀　パンソリ唱者　国韓国　生1909年7月28日　殁1996

ジョン・クァンモ　鄭 官謀　誠信女子大学美術学部教授　国韓国　生1937年7月29日　殁1996

ジョン・クァンヨル　田 光烈　タレント　国韓国　生1960年2月11日　殁1996

ジョン・クァンヨン　鄭 寛溶　農水産物流通公社理事長　国韓国　生1935年7月26日　殁1996

ジョン・クジョン　鄭 求宗　Chung, Ku-chong　ジャーナリスト　東西大学日本研究センター所長, 韓日未来フォーラム主宰　元・「東亜日報」編集局長　国韓国　生1944年11月4日　殁1992(ジョン・グジョン)／1996／2000／2012(チョン・グジョン)

ジョン・クソン　鄭 求善　プロ野球コーチ　国韓国　生1956年12月15日　殁1996

ジョン・クホ　鄭 九鎬　メディアリサーチ代表理事　国韓国　生1936年9月27日　殁1996

ジョン・クヨン　鄭 錄永　韓国検察総長　国韓国　生1938年11月12日　殁1996

ジョン・クヨン　鄭 求英　ソウル女子大学総長, 女性開発院理事　国韓国　生1949年1月23日　殁1996

ジョン, クリス　John, Chris　プロボクサー　WBA世界フェザー級スーパーチャンピオン　国インドネシア　生1979年9月14日

ジョン・クンモ　鄭 根謀　亜洲大学碩座教授, 世界エネルギー会議副会長　国韓国　生1939年12月30日　殁1996

ジョン・グンモ　鄭 根謨　Chung, Kun-mo　元・韓国科学技術庁長官　国韓国　生1939年12月30日　殁1992／1996

ジョン・ケムク　全 啓黙　韓国商工部貿易委員会常任委員　国韓国　生1937年9月27日　殁1996

ジョン・コンジェ　鄭 健宰　全南専門大学外国語系教授, 全南大学史学科非常勤講師　著東洋社会史　国韓国　生1953年　殁2000

ジョン・サムフム 鄭 三欽 プロ野球選手(投手) 国韓国 生1961年11月5日 没1996
ジョン・サンウン 全 相運 聖信学園理事長,韓国文化財委員,韓国国史編纂委員 国韓国 生1928年11月21日 没1996
ジョン・サング 鄭 相九 政治家 韓国国会行政委員長,韓国外交国防研究所長,韓日議員連盟副会長 元・韓国国会議員 国韓国 生1925年4月28日 没1996
ジョン・サンジン 全 祥振 ソウル五輪大会組織委員会国際担当事務次長 元・駐マレーシア韓国大使 国韓国 没1992
ジョン・サンソク 全 尚穀 弁護士 元・韓国最高裁判事 国韓国 生1929年9月4日 没1996
ジョン・サンチョン 鄭 相千 Jong, Sang-chon 政治家 元・韓国海洋水産相 国韓国 生1931年8月25日 没2000
ジョン・サンモ 鄭 尚模 Chung, Sang-mo ジャーナリスト 「ハンギョレ新聞」編集委員補 国韓国 没1992／1996
ジョン・サンヨン 鄭 祥容 政治家 韓国国会議員 国韓国 生1950年1月5日 没1996
ジョン・ジウン 鄭 智銀 編集者 国韓国 没2004
ジョン・ジェウン 鄭 在恩 三星総合化学・三星航空副会長 国韓国 生1939年3月15日 没1996
ジョン・ジェウン 鄭 在恩 Jung, Jae-eun テコンドー選手 国韓国 没2004
ジョン・ジェガク 鄭 在覚 高麗大学名誉教授,精神文化研究院理事 国韓国 生1913年1月18日 没1996
ジョン・ジェスン 鄭 在順 タレント 国韓国 生1947年3月15日 没1996
ジョン・ジェソク 丁 渽錫 Chung, Jai-suk 元・韓国副首相 国韓国 生1930年5月5日 没1996
ジョン・ジェチョル 鄭 在哲 政治家 韓国国会議員 国韓国 生1928年2月25日 没1996／1996
ジョン・ジェファン 丁 在煥 本名=丁光哲 コメディアン 国韓国 生1961年8月20日 没1996
ジョン・ジェユン 鄭 在倫 コメディアン 国韓国 生1968年5月1日 没1996
ジョン・ジェヨン 鄭 在永 Chung, Jay-yong 成均館大学教授 国経営学 国韓国 生1944年 没1992(ジョン・ゼヨン)／1996
ジョン・シソン 鄭 時成 統一院南北対話事務局長 国韓国 生1935年12月3日 没1996
ジョン・ジュイル 鄭 周逸 芸名=季周逸 コメディアン,禁煙活動家 元・韓国国会議員 国韓国 生1940年10月24日 没2002年8月27日 没1996
ジョン・ジュンホ 田 俊昊 プロ野球選手(外野手) 国韓国 生1969年2月15日 没1996
ジョン・ジュンミョン 鄭 埈明 実業家 日本サムスン社長 国韓国 没2000
ショーン,ジョルジョ Schön, Giorgio ミラ・ショーン社長 国イタリア 没1996
ジョン・ジヨン 鄭 智泳 Chung, Ji-young 映画監督 国韓国 生1946年11月19日 没1996
ジョン・ジョンジュン 鄭 鍾準 タレント 国韓国 生1956年3月3日 没1996
ジョン・ジョンファ 全 鍾和 プロ野球選手(捕手) 国韓国 生1964年12月30日 没1996
ジョン・ジョンフィ 全 鍾暉 仁済大学名誉学長 国韓国 生1913年8月6日 没1996
ジョン・ジョンムン 鄭 鍾文 ジャーナリスト 東亜日報調査研究室長・論説委員 国韓国 生1938年 没1996
ジョン・ジン 鄭 珍 タレント 国韓国 生1941年11月22日 没1996
ジョン・ジンウ 鄭 鎮宇 ソウル大学音楽学部器楽科教授 国韓国 生1928年1月8日 没1996
ジョン・ジンウィ 鄭 鎮渭 延世大学行政大学院長 国韓国 生1938年5月15日 没1996

ジョン・ジンギョン 鄭 晋慶 牧師 基督教学術院理事長,韓国基督教総連合会長 国韓国 生1921年9月14日 没1996
ジョン・ジンソン 鄭 鎮星 Chung, Chin-sung 徳成女子大学助教授 国韓国 生1953年 没1996／2000
ジョン・スクヒ 田 淑禧 作家 月刊「東西文学」代表,桂園芸高財団理事長,ユネスコ韓国委員会文化委員長,国際ペンクラブ終身副会長 国韓国 生1919年3月15日 没1996
ジョン・スチャン 鄭 寿昌 Chung, Soo-chang 別名=寿川 実業家 斗山グループ会長,ボラム銀行会長 国韓国 生1919年8月21日 没1992／1996
ジョン・スヒョン 鄭 秀賢 東国大学文科学部教授 国日本語学 国韓国 生1953年 没2000
ジョン・スラ 丁 秀羅 本名=鄭銀淑 歌手 国韓国 生1963年10月28日 没1996
ジョン・スンウン 鄭 勝云 日本文学者 全南大学日語日文学科非常勤講師 国現代日本文学 国韓国 生1966年 没2004
ジョン・スンドク 鄭 順徳 Chung, Soon-Duk 政治家 韓国国会議員 元・韓国民主自由(党)(民自党)事務総長 国韓国 生1935年11月5日 没1992／1996
ジョン・スンモ 鄭 勝謨 Chung, Seung-mo 歴史学者 国韓国 生1954年 没2004
ジョン・セヒョン 丁 世鉉 Jeong, Se-hyun 政治家 元・韓国統一相 国韓国 生1945年5月7日 没2004／2008
ジョン・セファ 鄭 世華 梨花女子大学教育学科教授,韓国女性政策審議委員,韓国教育学会教育哲学研究会会長 国韓国 生1932年5月8日 没1996
ジョン・セヨン 全 世英 女優 国韓国 生1963年4月2日 没1996
ジョン・セヨン 鄭 世永 Chung, Se-yong 実業家 元・現代産業開発名誉会長,元・現代自動車名誉会長,元・現代グループ会長 国韓国 生1928年8月6日 没2005年5月21日 没1992／1996／2000／2004
ジョン・ソクモ 鄭 石謨 政治家 韓国国会議員,韓日議員連盟副会長兼幹事長 国韓国 生1929年3月3日 没1996
ジョン・ソヨン 鄭 韶永 韓国生命保険協会会長 国韓国 生1932年1月8日 没1996
ジョン・ソンジュ 鄭 成柱 プロ野球選手(投手) 国韓国 生1968年8月1日 没1996
ジョン・ソンジン 鄭 城鎮 韓国法務部法務室長 国韓国 生1940年7月4日 没1996
ジョン・ソンスク 鄭 成淑 Jung, Sung-sook 柔道選手 国韓国 没2000
ジョン・ソンテク 鄭 成沢 北朝鮮中央銀行総裁 国北朝鮮 没2000
ジョン・ソンベ 鄭 盛培 外交官 在札幌韓国総領事 国韓国 没2004
ジョン・ソンモ 鄭 性模 タレント 国韓国 生1956年10月20日 没1996
ジョン・ソンリョン 鄭 成龍 プロ野球選手(外野手) 国韓国 生1964年5月19日 没1996
ジョン・ダルチュル 全 達出 神父 カトリック新聞社長,毎日新聞会長 国韓国 生1931年10月17日 没1996
ジョン・チェギ 鄭 菜基 建国大学講師 国男性学 国韓国 没2000
ジョン・チェジン 鄭 埰鎮 セマウル運動中央協議会事務総長 元・韓国山林庁長 国韓国 生1932年4月27日 没1996
ジョン・チグン 鄭 致根 弁護士 国韓国 生1931年1月15日 没1996
ジョン・チャンヨン 鄭 讚容 Chung, Chang-yong 環境開発学者 漢陽大学都市大学院教授 国韓国 生1957年 没2004
ジョン・チュンテク 鄭 春沢 韓国全国銀行連合会会長・貯蓄推進中央会長 国韓国 生1933年1月20日 没1996
ジョン・チョルウォン 鄭 鉄原 北朝鮮最高人民会議常設会議法制部室長,羅津-先鋒自由経済貿易地帯法律関係顧問 国北朝鮮 生1940年 没2000
ショーン,ディック 本名=シューレフアンド,リチャード 喜劇俳優 国米国 没1987年4月17日 没1992

ジョン・テギュン 鄭 泰均 弁護士 ⒾI韓国 ⒷI1924年3月21日 ⒹI1996

ジョン・テクブ 全 沢鬼 YMCA名誉総務 ⒾI韓国 ⒷI1915年2月12日 ⒹI1996

ジョン・テス 鄭 泰守 Chung, Tae-soo 号=亭岩 実業家 韓宝グループ総会長 ⒾI韓国 ⒷI1923年8月13日 ⒹI2000

ジョン・テス 鄭 泰秀 檀国大学教授 ⒾI韓国 ⒷI1931年10月31日 ⒹI1996

ジョン, デービッド 実業家 BOC会長 ⒾI英国 ⒹI1996

ジョン・デヨン 全 大永 プロ野球選手(内野手) ⒾI韓国 ⒷI1962年1月10日 ⒹI1996

ジョン・ドクグ 鄭 徳亀 Jong, Duck-goo 元・韓国産業資源相 ⒾI韓国 ⒷI1948年11月1日 ⒹI2000

ジョン, トミー John, Tommy 本名=John,Thomas Edward 元・大リーグ選手 ⒾI米国 ⒷI1943年5月22日 ⒹI1992/1996/2000

ジョン・ドンウ 鄭 東佑 韓国労働部次官 ⒾI韓国 ⒷI1934年9月9日 ⒹI1996

ジョン・ドンウク 鄭 東煜 Chong, Dong-uk 国際関係大学(平壌)学長 ⒾI北朝鮮 ⒹI1992/1996

ジョン・ドンジュ 鄭 棟柱 詩人,作家 ⒾI韓国 ⒷI1949年8月11日 ⒹI2000

ジョン・ドンジン 丁 東鎮 プロ野球監督 ⒾI韓国 ⒷI1946年4月23日 ⒹI1996

ジョン・ドンソン 鄭 東星 Chung, Dong-sung 政治家 驪興学園理事長 元・韓国国会議員 ⒾI韓国 ⒷI1939年7月8日 ⒹI1992/1996

ジョン・ドンファン 鄭 東煥 タレント ⒾI韓国 ⒷI1949年8月5日 ⒹI1996

ショーン, ニール Schon, Neal グループ名=ジャーニー ロック・ギタリスト ⒾI米国 ⒷI1954年2月27日 ⒹI2004/2008/2012

ジョン・ネヒョク 丁 来赫 Jung, Nae-hiuk 政治家,軍人 元・韓国国防相,元・韓国国会議員 ⒾI韓国 ⒷI1926年1月17日 ⒹI1992(ジョン・ネヒョプ)/1996/2004/2008

ジョン・ハクウォン 鄭 鶴源 プロ野球選手(内野手) ⒾI韓国 ⒷI1968年8月3日 ⒹI1996

ジョン・ハンジュ 鄭 漢株 仁港学園理事長,京畿道議会議員 ⒾI韓国 ⒷI1928年12月13日 ⒹI1996

ジョン・ハンスク 鄭 漢淑 作家 文化芸術振興院長,高麗大学国文学科名誉教授,韓国小説家協会代表委員長 ⒾI韓国 ⒷI1922年11月3日 ⒹI1996

ジョン・ハンソプ 鄭 恒燮 芸術の殿堂諮問委員 ⒾI韓国 ⒷI1926年2月15日 ⒹI1996

ジョン・ハンドク 鄭 漢徳 考古学者 釜山大学人文学部考古学科専任講師 ⓈI東北アジア考古学 ⒾI韓国 ⒷI1934年 ⒹI1996

ジョン・ハンヨン 鄭 漢溶 タレント ⒾI韓国 ⒷI1954年2月22日 ⒹI1996

ジョン・ヒギョン 鄭 喜卿 桂園芸術高校校長 ⒾI韓国 ⒷI1932年5月24日 ⒹI1996

ジョン・ヒチェ 鄭 熙彩 号=雲峰 ユネスコ韓国委員会事務総長 ⒾI韓国 ⒷI1927年9月1日 ⒹI1996

ジョン・ヒテク 鄭 喜沢 弁護士 韓国言論仲裁委員長 ⒾI韓国 ⒷI1919年3月8日 ⒹI1996

ジョン・ヒョシル 全 孝実 コメディアン ⒾI韓国 ⒷI1972年5月17日 ⒹI1996

ジョン・ヒョン 鄭 瀅 Chung, Hyung 檀国大学人文学部教授 ⓈI日本古典文学,日本文化論 ⒾI韓国 ⒷI1953年 ⒹI2004

ジョン・ヒョングン 鄭 亨根 政治家 韓国国会議員,新韓国党情勢分析委員長 ⒾI韓国 ⒷI1945年 ⒹI2000

ジョン・ヒョンス 鄭 亨寿 韓国文化院院長 ⒾI韓国 ⒹI1992

ジョン・ピョンドク 全 炳徳 弁護士 大韓商事仲裁院仲裁人 ⒾI韓国 ⒷI1925年2月10日 ⒹI1996

ジョン・ヒョンパル 鄭 鉉発 プロ野球コーチ ⒾI韓国 ⒷI1953年2月20日 ⒹI1996

ジョン・ビョンヒョ 丁 炳烋 韓国開発研究院(KDI)理事長,ソウル大学名誉教授 ⒾI韓国 ⒷI1923年3月3日 ⒹI1996

ジョン・ビョンホ 鄭 昞浩 韓国中央大学名誉教授 ⓈI民俗学 ⒾI韓国 ⒷI1927年 ⒹI1996

ジョン・ファンゴン 鄭 煥坤 プロ野球選手(捕手) ⒾI韓国 ⒷI1967年12月19日 ⒹI1996

ジョン・フェカブ 鄭 回甲 作曲家 ソウル大学名誉教授,韓国音楽協会理事長 ⒾI韓国 ⒷI1923年9月27日 ⒹI1996

ジョン・フェヨル 鄭 会烈 プロ野球選手(捕手) ⒾI韓国 ⒷI1968年10月9日 ⒹI1996

ジョン・ブオク 全 富億 ジャーナリスト 北朝鮮問題研究所アナリスト ⓈI地理学,経済学 ⒾI韓国 ⒷI1928年2月16日 ⒹI1992

ジョン・フソブ 鄭 厚燮 ソウル農科大学院教授,国際菌学会アジア委員長 ⒾI韓国 ⒷI1930年7月5日 ⒹI1996

ジョン・フンキ Jeong, Hun-ki 「挑戦こそ希望!」の著者 ⒾI韓国 ⒷI1974年12月16日 ⒹI2004

ジョン・ブンジン 田 豊鎮 光云大学名誉教授 ⓈI有機化学 ⒾI韓国 ⒷI1909年12月12日 ⒹI1996

ジョン・フンモク 鄭 勲沐 現代建設会長,イリノイ大学終身教授 ⒾI韓国 ⒷI1938年1月8日 ⒹI1996

ジョン・ヘジョン 全 海宗 元・西江大学教授 ⒾI韓国 ⒷI1919年7月2日 ⒹI1996

ジョン・ヘソン 全 恵晟 俳優 ⒾI韓国 ⒷI1968年2月11日 ⒹI1996

ジョン・ヘソン 鄭 恵善 本名=鄭栄子 タレント ⒾI韓国 ⒷI1943年2月21日 ⒹI1996

ジョン・ヘチャン 丁 海昌 韓国大統領秘書室長 ⒾI韓国 ⒷI1937年11月4日 ⒹI1996

ジョン・ボソク 鄭 普碩 タレント ⒾI韓国 ⒷI1962年5月2日 ⒹI1996

ジョン・ボムソク 鄭 範錫 水原大学行政大学院教授,大韓商事仲裁院仲裁人 ⒾI韓国 ⒷI1916年1月20日 ⒹI1996

ジョン・ボムモ 鄭 範謨 翰林大学教授,韓国行動科学研究会会長 ⒾI韓国 ⒷI1925年11月11日 ⒹI1996

ジョン・ホヨン 鄭 鎬溶 Chong, Ho-yong 政治家,軍人 元・韓国国会議員,元・韓国国防相 ⒾI韓国 ⒷI1932年9月10日 ⒹI1992/1996/2000

ジョン・ボンソク 田 奉錫 プロ野球選手(捕手) ⒾI韓国 ⒷI1968年2月28日 ⒹI1996

ジョン・ボンチョ 全 鳳楚 チェロ奏者 ソウル大学名誉教授,コリアン・シンフォニー理事長,世界音楽愛好家協会韓国本部理事長 ⒾI韓国 ⒷI1919年2月17日 ⒹI1996

ショーン, マーク Schone, Mark ジャーナリスト ⒾI米国 ⒹI2004

ジョン・マンヨン 鄭 万永 (株)亜新電子通信会長,通信システム研究組合理事長 ⒾI韓国 ⒷI1926年11月1日 ⒹI1996

ジョン・ミジョン 全 美貞 Jeon, Mi-jeong プロゴルファー ⒾI韓国 ⒷI1982年11月1日 ⒹI2008/2012

ジョン・ミョンウォン 鄭 明源 プロ野球コーチ,元・プロ野球選手 ⒾI韓国 ⒷI1966年6月14日 ⒹI1992/1996/2004

ジョン・ミョンジェ 鄭 明載 コメディアン ⒾI韓国 ⒷI1955年4月3日 ⒹI1996

ジョン・ミョンシク 丁 明植 Chung, Myung-sik 実業家 元・浦項総合製鉄会長 ⒾI韓国 ⒷI1931年7月24日 ⒹI1996

ジョン・ミョンファン 鄭 明煥 タレント ⒾI韓国 ⒷI1963年7月1日 ⒹI1996

ショーン, ミラ Schon, Mila ファッションデザイナー ⒾIイタリア ⒷI1919年 ⒺI2008年9月5日 ⒹI1992/1996/2008

ジョン・ムシク 全 武植 韓国科学技術院教授・分子科学研究センター所長,韓国国家科学技術諮問委員,ユタ大学待遇教授 ⒾI韓国 ⒷI1932年1月22日 ⒹI1996

ジョン・ムンサン 鄭 文山 北朝鮮中央統計局長 ⒾI北朝鮮 ⒹI2000

ジョン・ムンスル 鄭 文述 実業家 未来産業社長 ⒾI韓国 ⒹI2004

ジョン・ユソン 全 裕成 コメディアン ⒾI韓国 ⒷI1949年1月28日 ⒹI1996

ジョン・ユナ　全 唯那　歌手　[国]韓国　[生]1969年3月21日　[典]1996

ジョン・ユンウォン　鄭 允援　プロ野球選手(投手)　[国]韓国　[生]1967年6月30日　[典]1996

ジョン・ユンス　鄭 胤守　プロ野球選手(投手)　[国]韓国　[生]1964年12月17日　[典]1996

ジョン・ユンヒョン　鄭 允炯　弘益大学商経大学教授,韓国社会研究所長　[国]韓国　[生]1937年9月20日　[典]1996

ジョン・ヨオク　田 麗玉　Chon, Yo-ok　政治家,元・ジャーナリスト　韓国国会議員(ハンナラ党)　元・未来ユーステレビジョン制作局長　[国]韓国　[生]1959年4月19日　[典]1996/2000/2012

ジョン・ヨンイ　鄭 永儀　Chung, Yung-euy　韓国産業銀行理事長　元・韓国財務相　[国]韓国　[生]1937年5月10日　[典]1992(ジョン・ヨンウィ)/1996

ジョン・ヨンイル　鄭 英一　経済学者　ソウル大学経済学部教授　[専]韓国経済　[国]韓国　[生]1940年　[典]1996

ジョン・ヨンウ　全 英雨　元・アナウンサー　水原大学国文学科教授　[国]韓国　[生]1934年12月5日　[典]1996

ジョン・ヨンギ　鄭 永基　プロ野球コーチ　[国]韓国　[生]1956年　[典]1996

ジョン・ヨンギル　全 永吉　韓国中央環境紛争調整委員長　[国]韓国　[生]1936年4月1日　[典]1996

ジョン・ヨング　鄭 栄九　外交官　在札幌韓国総領事　[国]韓国　[典]2000

ジョン・ヨンジュ　映画監督　[国]韓国　[生]1966年　[典]1996

ジョン・ヨンジン　鄭 泳鎮　プロ野球選手(外野手)　[国]韓国　[生]1965年11月25日　[典]1996

ジョン・ヨンスク　鄭 英淑　タレント　[国]韓国　[生]1947年4月1日　[典]1996

ジョン・ヨンスン　鄭 用昇　韓国教員大学環境教育科教授,韓国科学技術団体総連合会理事　[専]気象学　[国]韓国　[典]2000

ジョン・ヨンファ　鄭 永和　嶺南大学教授,文化財管理局専門委員　[専]考古学　[国]韓国　[生]1942年2月5日　[典]1996

ジョン・ヨンレ　全 栄来　Jeon, Young-rae　円光大学校客員教授　[専]考古学(百済史,朝鮮半島の都城)　[国]韓国　[生]1926年　[典]1992(ジョン・ヨンネ)/1996

ジョン・ヨンロク　全 永禄　歌手　[国]韓国　[生]1955年3月26日　[典]1996

ジョン・ラクウォン　田 楽園　Chun, Rak-won　実業家　パラダイス投資開発(株)会長,桂園芸術高等学校創設者　[国]韓国　[生]1927年　[典]1992/1996

ジョンB　シンガー・ソングライター　[国]米国　[典]2000

ジョンア　Jung-a　グループ名=AFTERSCHOOL　歌手　[国]韓国　[生]1983年8月2日　[典]2012

ジョンアプ　Jong-up　グループ名=B.A.P　歌手　[国]韓国　[生]1995年2月6日

ジョンヴェル, ジャン・フランソワ　Jonvelle, Jean François　写真家　[国]フランス　[生]1934年　[典]1992(ジョンベル, ジャン・フランソワ)/1996(ジョンベル, ジャン・フランソワ)/2000

ジョング, エリカ　Jong, Erica　作家,詩人　[国]米国　[生]1942年3月26日　[典]1992/1996/2000/2004

ジョンケ, ティエリー　Jonquet, Thierry　作家　[国]フランス　[生]1954年　[没]2009年　[典]2008

ジョーンズ, V.M.　Jones, V.M.　作家　[生]1958年　[典]2012

ジョーンズ, アダム　Jones, Adam　本名=Jones,Adam LaMarque　大リーグ選手(外野手)　[国]米国　[生]1985年8月1日

ジョーンズ, アネット　Jones, Annette　「ファットレディス・クラブ」の共著者　[国]英国　[典]2004

ジョーンズ, アラン　Jones, Alan　元・F1ドライバー　[国]オーストラリア　[生]1946年　[典]1992/1996

ジョーンズ, アラン　Jones, Alan　ラジオパーソナリティー　[国]オーストラリア　[生]1943年4月13日　[典]2008

ジョーンズ, アレッド　歌手　[国]英国　[典]1992

ジョーンズ, アンドルー　Jones, Andruw　本名=Jones,Andruw Rudolph　プロ野球選手(外野手),元・大リーグ選手　[国]オランダ　[生]1977年4月23日　[典]2000/2004/2008/2012

ジョーンズ, イブ　ロサンゼルス市立大学教授　[専]心理学　[国]米国　[典]1992

ジョーンズ, ウォルター　Jones, Walter　元・プロフットボール選手　[生]1974年1月19日　[典]2008

ジョーンズ, エディ　Jones, Eddie　元・バスケットボール選手　[国]米国　[生]1971年10月20日　[典]2000/2008

ジョーンズ, エディー　Jones, Eddie　ラグビー監督　ラグビー・日本代表ヘッドコーチ　元・ラグビー・オーストラリア代表監督　[国]オーストラリア　[生]1960年1月30日　[典]2008/2012

ジョーンズ, エリック・ライオネル　Jones, Erick Lionel　歴史学者　メルボルン大学教授　[専]比較歴史学　[生]1936年　[典]2004

ジョーンズ, エルビン　Jones, Elvin Ray　旧グループ名=ジョン・コルトレーン・カルテット　ジャズドラマー　[国]米国　[生]1927年9月9日　[没]2004年5月18日　[典]1992/1996/2000/2004

ジョーンズ, カレン　Jones, Cullen　本名=Jones,Cullen Andrew　水泳選手(自由形)　北京五輪・ロンドン五輪金メダリスト　[国]米国　[生]1984年2月29日

ジョーンズ, キザイア　Jones, Keziah　本名=オルフェミ・ソヨル　歌手,ギタリスト　[国]英国　[生]1970年1月10日　[典]1996/2000

ジョーンズ, ギネス　Jones, Gwyneth　ソプラノ歌手　[国]英国　[生]1937年11月7日　[典]1992/2000

ジョーンズ, キャサリン・J.　バーミンガム大学社会政策社会事業学部上級講師　[専]社会政策論　[国]英国　[生]1941年　[典]1996

ジョーンズ, キャロリン　写真家　[国]米国　[典]2000

ジョーンズ, クインシー　Jones, Quincy　本名=Jones,Quincy Delight,Jr.　作曲家,編曲家,オーケストラ・リーダー,プロデューサー　[国]米国　[生]1933年3月14日　[典]1992/1996/2000/2004/2008

ジョーンズ, クラレンス　大リーグ・コーチ,元・プロ野球選手　[国]米国　[生]1941年11月7日　[典]2000

ジョーンズ, クリス　Jones, Chris　フリー編集者,スポーツコラムニスト　[典]2012

ジョーンズ, クリスティーナ　PCオーダー創業者　[国]米国　[典]2000

ジョーンズ, クリストファー　Jones, Christopher　俳優　[国]米国　[生]1941年8月18日　[没]2014年1月31日

ジョーンズ, ケイリー　Jones, Kaylie　作家　[国]米国　[生]1960年　[典]2004

ジョーンズ, ケリー　Jones, Kelly　グループ名=ステレオフォニックス　ミュージシャン　[国]英国　[生]1974年6月3日　[典]2008/2012

ジョーンズ, サド　Jones, Thad　本名=Jones,Thaddeus Joseph　ジャズ・トランペット奏者,作曲・編曲家　[国]米国　[生]1923年3月28日　[没]1986年8月20日　[典]1992

ジョーンズ, サリナ　Jones, Salena　旧芸名=ショー, ジョーン　ジャズ歌手　[国]米国　[生]1944年1月29日　[典]2012

ジョーンズ, ジェード　Jones, Jade　テコンドー選手　ロンドン五輪テコンドー女子57キロ級金メダリスト　[国]英国　[生]1993年3月21日

ジョーンズ, ジェニファー　Jones, Jennifer　本名=アイリー, フィリス　女優　[国]米国　[生]1919年3月2日　[没]2009年12月17日　[典]1992/1996

ジョーンズ, ジェニファー　カーリング選手　ソチ五輪カーリング女子金メダリスト　[国]カナダ

ジョーンズ, ジェフリー　Jones, Geoffrey Gareth　ハーバード・ビジネススクール・イシドール・シュトラウス経営史講座教授　[専]経営史　[国]英国　[生]1952年7月8日　[典]2000/2012

ジョーンズ, ジェフリー　弁護士　駐韓国米国商工会議所会長　[国]米国　[生]1952年　[典]2000

ジョーンズ, ジェームズ　Jones, James Larkin　通称=ジョーンズ, ジャック　労働運動家　元・英国運輸一般労働組合(TGWU)書記長　[国]英国　[生]1913年3月29日　[没]2009年4月21日　[典]1992

ジョーンズ, ジェームズ　Jones, James William　宗教学者,臨床心理学者　ラトガース大学教授　[国]米国　[生]1943年　[典]2000

ジョーンズ, ジェームズ　Jones, James L.　軍人　米国大統領補佐

シ

官(国家安全保障担当)　元・北大西洋条約機構(NATO)欧州連合軍最高司令官　[国]米国　[生]1943年12月19日　[典]2012

ジョーンズ, ジェームス・アール　Jones, James Earl　本名=Jones, Todd　俳優　[国]米国　[生]1931年1月17日　[典]1992／1996／2000

ジョーンズ, ジェームズ・ロバート　Jones, James Robert　マナット・ジョーンズ・グローバル・ストラテジーズ社長・CEO　元・米国下院予算委員長(民主党), 元・駐メキシコ米国大使　[国]米国　[生]1939年5月5日　[典]1992／1996／2000／2012

ジョーンズ, ジャクリーン　Jones, Jacqueline　歴史学者　ブランダイス大学　[国]米国　[生]1948年　[典]2000

ジョーンズ, ジャスパー　Johns, Jasper　画家　[国]米国　[生]1930年5月15日　[典]1992／1996／2000／2008／2012

ジョーンズ, ジャック　Jones, Jack　著述家　[国]米国　[典]2000

ジョーンズ, シャーリー　Jones, Shirley　女優　[国]米国　[生]1934年3月31日　[典]1992／1996

ジョーンズ, シャーロット　Jones, Charlotte Foltz　著述家　[国]米国　[典]2000

ジョーンズ, ジョー　Jones, Jo　本名=ジョーンズ, ジョナサン　ジャズドラマー　[国]米国　[生]1911年10月7日　[没]1985年9月3日　[典]1992

ジョーンズ, ジョージ　Jones, George　カントリー歌手　[国]米国　[生]1931年9月12日　[没]2013年4月26日

ジョンズ, ジョージ　Jones, George William　ロンドン・スクール・オブ・エコノミクス教授　[専]政治学　[国]英国　[生]1938年2月4日　[典]1996

ジョーンズ, ジョン　Jones, John L.　元・ノーホーク・サウザン・コーポレーション取締役副社長　[国]米国　[典]1992

ジョーンズ, ジョン・フィリップ　Jones, John Philip　元・シラキュース大学ニューハウス・スクール・オブ・パブリック・コミュニケーションズ教授　[国]英国　[生]1930年　[典]1996／2000

ジョーンズ, ジョン・ポール　Jones, John Paul　本名=Baldwin, John　グループ名=レッド・ツェッペリン　ベース奏者, キーボード奏者　[国]英国　[生]1946年1月3日　[典]2000／2008／2012

ジョーンズ, ジル　Jones, Gill　ケンブリッジ大学家族研究センター副所長　[専]社会学　[国]英国　[生]1942年　[典]2000

ジョーンズ, スーザン・スミス　Jones, Susan Smith　フィットネス・インストラクター　カリフォルニア大学ロサンゼルス校教授　[専]健康科学, 筋運動学, 心理学　[国]米国　[典]1996

ジョーンズ, スザンナ　Jones, Susanna　ミステリー作家　[国]英国　[生]1967年　[典]2004／2008

ジョーンズ, スチーブン　Jones, Steven E.　ブリガムヤング大学准教授　低温核融合フィーバーの火付け役　[専]物理学　[国]米国　[典]1992

ジョーンズ, スティーブ　マラソン選手　英国空軍伍長　[国]英国　[典]1992

ジョーンズ, スティーブ　Jones, Steve　プロゴルファー　[国]米国　[生]1958年12月27日　[典]2000／2008／2012

ジョーンズ, スティーブ　Jones, Steve　遺伝学者　ロンドン大学教授　[国]英国　[典]2004／2008

ジョーンズ, スティーブ　Jones, Steve　グループ名=セックス・ピストルズ　ロック・ギタリスト　[国]英国　[生]1955年9月3日　[典]2008／2012

ジョーンズ, スティーブン　Jones, Stephen　美術史家　レイトン・ハウス・ミュージアム・キューレーター　[専]18世紀西洋美術　[国]英国　[生]1954年　[典]1992

ジョーンズ, スティーブン　Jones, Stephen　作家, 映画評論家　[国]英国　[生]1953年　[典]2004／2008

ジョーンズ, スティーブン　Jones, Steven　帽子デザイナー　[国]英国　[生]1957年　[典]2008

ジョーンズ, スパイク　Jonze, Spike　本名=スピーゲル, アダム　映画監督, 映画プロデューサー　[国]米国　[生]1969年10月22日　[典]2000／2012

ジョーンズ, ダイアナ・ウィン　Jones, Diana Wynne　児童文学作家　[国]英国　[生]1934年　[没]2011年3月26日　[典]1996／2000／2008

ジョーンズ, ダグ　Jones, Doug　コンパック・パーソナルコンピュータ事業部上級副社長　[国]米国　[生]1948年　[典]1996

ジョーンズ, ダグ　Jones, Doug　「ニューヨーク野菜配達物語」の著者　[国]米国　[生]1962年　[典]2008

ジョーンズ, ダニエル　Jones, Daniel T.　自動車エコノミスト　リーン・エンタープライズ・アカデミー会長　[国]英国　[典]1992／2008

ジョーンズ, ダニエル　Jones, Daniel　旧デュオ名=サヴェージ・ガーデン　ミュージシャン　[生]1973年7月22日　[典]2004／2008／2012

ジョーンズ, タミー・ホワイトリンカー　元・テニス選手　[国]米国　[生]1968年11月13日　[典]2000

ジョーンズ, ダンカン　Jones, Duncan　映画監督　[国]英国　[生]1971年5月30日　[典]2012

ジョーンズ, チッパー　Jones, Chipper　本名=ジョーンズ, ラリー・ウェイン　元・大リーグ選手　[国]米国　[生]1972年4月24日　[典]2000／2008／2012

ジョーンズ, チャック　Jones, Chuck　本名=Jones,Charles Martin　アニメーション作家　元・ワーナー・ブラザース・アニメーション部門ディレクター　[国]米国　[生]1912年9月1日　[没]2002年2月22日　[典]1996／2000

ジョーンズ, チャーリー　Jones, Charlie　ビジネスコンサルタント　[国]米国　[典]2004

ジョーンズ, デイビー　Jones, Davy　グループ名=モンキーズ　歌手, 俳優　[国]米国　[生]1945年12月30日　[没]2012年2月29日　[典]2000／2012

ジョーンズ, ティム　実業家　モンデックスCEO　[国]英国　[典]1996

ジョーンズ, デニス　Jones, Dennis　作家　[生]1945年　[典]1996

ジョーンズ, デービッド　Jones, David R.　元・パン・アメリカン航空広報部極東支配人　大相撲パンナム杯を30年間授与　[国]米国　[生]1915年　[没]2005年2月2日　[典]1996

ジョーンズ, デービッド　Jones, David M.　金融エコノミスト　元・オーブリー・ランストン副会長　[国]米国　[生]1938年6月22日　[典]1992／1996／2000／2004／2008／2012

ジョーンズ, テリー　Jones, Terry　児童文学作家　[国]英国　[典]1992

ジョーンズ, テリー　Jones, Terry　アートディレクター, ジャーナリスト　「i-D」編集長　[国]英国　[生]1945年　[典]1992

ジョーンズ, テリー　Jones, Terry　牧師　[国]米国　[典]2012

ジョーンズ, トニー　Jones, Tony　天文学者, 科学ライター　[典]2004

ジョーンズ, トーマス・ビクター　Jones, Thomas Victor　ノースロップ取締役　[国]米国　[生]1920年7月21日　[典]1992

ジョーンズ, トミー・リー　Jones, Tommy Lee　俳優　[国]米国　[生]1946年9月15日　[典]1996／2000／2004／2008／2012

ジョーンズ, トム　Jones, Tom　本名=ウッドワード, トーマス・ジェームズ　ポピュラー歌手　[国]英国　[生]1940年6月7日　[典]1992／1996／2000

ジョーンズ, トム　Jones, Thom　作家　[国]米国　[典]2000

ジョーンズ, トリスタン　Jones, Tristan　ヨットマン, 探検家, 作家　[国]英国　[生]1924年　[没]1995年6月21日　[典]1992／1996

ジョーンズ, ノラ　Jones, Norah　本名=Shankar,Geetali Norah Jones　ジャズ歌手, ジャズピアニスト　[国]米国　[生]1979年3月30日　[典]2004／2008／2012

ジョーンズ, パトリシア　Jones, Patricia　ビジネスコンサルタント　パワー・メディア社長　[典]2004

ジョーンズ, ハンク　Jones, Hank　本名=Jones,Henry　ジャズピアニスト　[国]米国　[生]1918年7月31日　[没]2010年5月16日　[典]1992／1996／2000／2008

ジョーンズ, ビバリー　Jones, Beverley　グループ名=プラネッツ　ダブルベース奏者　[国]英国　[生]1977年3月12日　[典]2004

ジョーンズ, ビル・T.　Jones, Bill T.　舞踊家, 振付師　ビル・T・ジョーンズ／アーニー・ゼーン・ダンスカンパニー主宰　[専]モダンダンス　[国]米国　[生]1952年2月15日　[典]1996／2000／2012

ジョーンズ, フィリー・ジョー　Jones, Philly Joe　本名=ジョーンズ, ジョセフ, ルドルフ　ジャズドラマー　[国]米国　[生]1923年7月15日　[没]1985年8月30日　[典]1992

ジョーンズ, ブライアン　Jones, Brian　プロゴルファー　国オーストラリア　生1951年9月12日　掲1996

ジョーンズ, ブライアン　Jones, Brian　熱気球技師　熱気球無着陸で初の世界一周　国米国　掲2000

ジョーンズ, ブライス・C.　ソノマ・クトラ社社長　国米国　掲1992

ジョーンズ, ブレンダン　Jones, Brendan　プロゴルファー　国オーストラリア　生1975年3月3日　掲2012

ジョーンズ, ボブ　Jones, Bob　MJJ副社長、モータウン・レコーズ広報・アーティスト関係取締役　国米国　生1940年　掲2008

ジョーンズ, ボーン・フレデリック・ランダル　Jones, Vaughan Frederick Randal　数学者　カリフォルニア大学バークレー校数学教室教授　国米国　生1952年12月31日　掲1992／1996

ジョーンズ, マイケル　Jones, Michael　本名=Jones,Michael Niko　ラグビー監督、元・ラグビー選手　元・ラグビー・サモア代表監督　国ニュージーランド　生1965年4月8日　掲2008

ジョーンズ, マイケル　Jones, Michael　コンピュータ技術者　グーグル・アース最高技術責任者　国米国　掲2008／2012

ジョーンズ, マギー　Jones, Maggie　ジャーナリスト　国英国　掲2004

ジョーンズ, マシュー　Jones, Matthew F.　作家　国米国　掲2000

ジョーンズ, マリオン　Jones, Marion　バスケットボール選手、元・陸上選手（短距離）　国米国　生1975年10月12日　掲2000／2004／2008／2012

ジョーンズ, ミック　Jones, Mick　旧グループ名=クラッシュ　ロックミュージシャン　国英国　掲1996／2004／2008／2012

ジョーンズ, ミッチ　プロ野球選手（内野手）　国米国　生1977年10月15日　掲2008

ジョーンズ, ラシダ　Jones, Rashida　本名=Jones,Rashida Leah　女優　国米国　生1976年2月25日

ジョーンズ, ラングドン　Jones, Langdon　SF作家、音楽家　国英国　生1942年　掲1992

ジョーンズ, リサ　Jones, Lisa　コラムニスト、脚本家　「ヴィレッジ・ヴォイス」コラムニスト　国米国　掲2000

ジョーンズ, リーゼル　Jones, Leisel　元・水泳選手（平泳ぎ）　北京五輪競泳女子100メートル平泳ぎ・4×100メートルメドレーリレー金メダリスト　国オーストラリア　生1985年8月30日　掲2012

ジョーンズ, リチャード　Jones, Richard　グループ名=ステレオフォニックス　ミュージシャン　国英国　生1974年5月23日　掲2008／2012

ジョーンズ, リッキー・リー　Jones, Rickie Lee　シンガー・ソングライター　国米国　生1954年　掲2008／2012

ジョーンズ, リロイ　Jones, LeRoi　別名=バラカ、アメール・イマム、バラカ、アミリ　詩人、劇作家、黒人解放運動家　国米国　生1934年10月7日　掲1992／2000／2004／2008／2012

ジョーンズ, リンダ　Jones, Linda　別筆名=ファロン、リンダ　作家　掲2012

ジョーンズ, ロイ（Jr.）　Jones, Roy（Jr.）　本名=Jones,Roy Levesta　プロボクサー　元・WBA世界ヘビー級チャンピオン、元・WBA・WBC・IBF世界ライトヘビー級チャンピオン　ソウル五輪ボクシング・ライトミドル級銀メダリスト　国米国　生1969年1月16日　掲2000／2004／2008

ジョーンズ, ロージー　Jones, Rosie　プロゴルファー　国米国　生1959年11月13日　掲2008／2012

ジョーンズ, ロナルド　Jones, Ronald W.　経済学者　専貿易理論　国米国　生1931年　掲2004

ジョーンズ, ロバート　Jones, Robert F.　作家　国米国　生1934年　掲1992／1996

ジョーンズ, ロバート　Jones, Robert W.　元・ゴールドマン・サックス証券会社　国米国　掲1992

ジョーンズ, ロバート・トレント（Jr.）　ゴルフコース設計家　ジョーンズIIインターナショナル社長　国米国　生1939年　掲1992／2004

ジョーンズ, ローリー・ベス　Jones, Laurie Beth　経営コンサルタント　国米国　掲2004／2008

ジョンストン, イアン　Jonstone, Iain　映画評論家、作家、脚本家　掲2000／2004／2008

ジョンストン, ウィリアム　Johnston, William M.　マサチューセッツ大学アマースト校歴史学部教授　専近代ヨーロッパ史　国米国　生1936年　掲1996

ジョンストン, ジェニファー　Johnston, Jennifer　作家　国アイルランド　生1930年　掲2004

ジョンストン, ジョー　Johnston, Joe　映画監督　国米国　生1950年　掲2004／2008／2012

ジョンストン, ジョセフ　Johnston, Joseph A.　ミシガン大学キャリアセンター所長　専カウンセリング　国米国　掲2004

ジョンストン, ジョニー　Johnston, Joni E.　臨床心理学者　国米国　掲2008

ジョンストン, スティーブ　Johnston, Steve　プロボクサー　元・WBC世界ライト級チャンピオン　国米国　生1972年9月28日　掲2000／2004／2008

ジョンストン, ダグラス　Johnston, Douglas　戦略国際問題研究所（CSIS）副所長・チーフ・オペレーティングオフィサー　国米国　掲2000

ジョンストン, ダニエル　Johnston, Daniel　シンガー・ソングライター　国米国　生1961年　掲2012

ジョンストン, ドナルド　Johnston, Donald J.　政治家　元・経済協力開発機構（OECD）事務総長　国カナダ　生1936年6月26日　掲2000／2004／2008

ジョンストン, ニック　Johnstone, Nick　ジャーナリスト、ライター　生1970年

ジョンストン, ノーマン　Johnston, Norman　社会学者　ビーバー大学名誉教授　専犯罪社会学、更生社会学　国米国　掲2004

ジョンストン, ブルース　Johnston, Bruce　グループ名=ビーチ・ボーイズ　ロックベース奏者　国米国　生1942年6月27日

ジョンストン, ベネット（Jr.）　Johnston, John Bennett（Jr.）　政治家　元・米国上院議員（民主党）　国米国　生1932年6月10日　掲1996／2000

ジョンストン, ボブ　Johnstone, Bob　ジャーナリスト　国英国　生1951年　掲2000

ジョンストン, リン　Johnston, Lin　クラリネット奏者、サックス奏者　国米国　生1953年4月25日　掲1996

ジョンストン, リンダ　Johnston, Linda O.　作家　国米国　掲2012

ジョンストン, ロン　Johnston, R.J.　地理学者　ブリストル大学教授　元・エセックス大学学長　専都市社会地理学、現代人文地理学の歴史と方法論、英国の選挙地理学　国英国　生1941年　掲2004

ジョンソン, D.B.　Johnson, D.B.　イラストレーター　国米国　生1944年　掲2008

ジョンソン, D.W.　Johnson, David W.　教育学者　ミネソタ大学教授　国米国　掲2004

ジョンソン, E.リチャード　Johnson, E.Richard　作家　国米国　生1931年4月23日　掲1996

ジョンソン, H.トーマス　Johnson, H.Thomas　経営学者、経営コンサルタント　ポートランド州立大学教授　専経済史、ビジネス史、管理会計、品質管理　国米国　掲2004／2008

ジョンソン, J.R.　Johnson, J.R.　作家　国米国　生1920年7月23日　掲1996

ジョンソン, R.T.　Johnson, Roger T.　教育学者　ミネソタ大学教授　国米国　掲2004

ジョンソン, アビゲイル　フィデリティ上級副社長　国米国　掲2000／2008

ジョンソン, アービン　Johnson, Earvin　通称=マジック・ジョンソン　元・バスケットボール選手　国米国　生1959年8月14日　掲1992／1996／2000／2004／2012

ジョンソン, アラン　演出家、映画監督、元・舞踊家　国米国　掲2000

ジョンソン, アール　元・軍人　国米国　生1916年4月27日　掲1996

ジョンソン, アレン　Johnson, Allen　元・陸上選手（短距離）　アトランタ五輪陸上男子110メートル障害金メダリスト　国米国　生1971年3月1日　掲1996／2000／2004／2008／2012

ジョンソン, アーロ　Johnson, Arlo L.　実業家　ファイナンシャル・サイエンス・ジャパン社長　[国]米国　[典]2004

ジョンソン, アン　Johnson, Anne M.　カウンセラー　[国]米国　[典]2004／2008

ジョンソン, アンソニー　Johnson, Anthony Godby　「翼をください―虐待・エイズ・孤独に勝った少年の手記」の著者　[国]米国　[生]1977年　[典]2004

ジョンソン, アンドルー　Johnson, Andrew L.　テクニカルライター　[専]プログラミング　[典]2004

ジョンソン, アンドレ　Johnson, Andre　プロフットボール選手（WR）　[国]米国　[生]1981年7月11日

ジョンソン, ヴィック　Johnson, Vic　「30のヒント―ジェームズ・アレンの成功法則」の著者　[典]2008

ジョンソン, ウィルコ　旧グループ名＝ドクター・フィールグッド, ソリッド・センターズ, ブロック・ヘッズ　ギタリスト　[国]英国　[生]1949年　[典]1992／1996

ジョンソン, ウラル・アレクシス　Johnson, Ural Alexis　外交官　元・戦略兵器制限交渉（SALT）米側首席代表, 元・駐日米国大使　[国]米国　[生]1908年10月17日　[没]1997年3月24日　[典]1992

ジョンソン, エイドリアン　Johnson, Adrian　イラストレーター　[国]英国　[生]1974年　[典]2008

ジョンソン, エイブリー　Johnson, Avery　バスケットボール監督, 元・バスケットボール選手　[国]米国　[生]1965年3月25日　[典]2000／2008

ジョンソン, エディー　Johnson, Eddie　本名＝Johnson,Edward Arnet　元・バスケットボール選手　[国]米国　[生]1959年5月1日　[典]2000

ジョンソン, エマ　Johnson, Emma　クラリネット奏者　[国]英国　[生]1966年　[典]1996

ジョンソン, エリック　Johnson, Eric　元・プロフットボール選手　[生]1979年9月15日

ジョンソン, カルビン　Johnson, Calvin　プロフットボール選手（WR）　[国]米国　[生]1985年9月29日

ジョンソン, キム　Johnson, Kim K.P.　ミネソタ大学デザイン・ハウジング・アパレル学部教授・大学院教育ディレクター　[典]2008

ジョンソン, キャメロン　Johnson, Cameron　実業家　マイ・イージー・メール・ドット・コムCEO, サーフィン・プライゼス・ドット・コムCEO, フューチャーインスティテュート社外取締役　[国]米国　[生]1984年11月13日　[典]2004／2008

ジョンソン, クラーク　Johnson, Clark A.　ピア・ワン・インポーツ会長・CEO　[国]米国　[生]1931年　[典]2000

ジョンソン, クリス　Johnson, Chris　本名＝Johnson,Christa　プロゴルファー　[国]米国　[生]1958年4月25日　[典]2000／2008／2012

ジョンソン, クリス　Johnson, Chris　プロフットボール選手（RB）　[国]米国　[生]1985年9月23日

ジョンソン, クリストファー　エコノミスト　英国下院財政委員会特別顧問, 欧州通貨同盟促進連盟顧問　[国]英国　[生]1931年　[典]1992／1996

ジョンソン, クレアレンス・ケリー　軍用機設計家　[国]米国　[没]1990年12月21日　[典]1992

ジョンソン, グレゴリー　Johnson, Gregory L.　外交官　在大阪神戸米国総領事　[国]米国　[生]1945年　[典]1992

ジョンソン, ケネス　Johnson, Kenneth　比較宗教学者　[国]米国　[典]2004

ジョンソン, ケビン　Johnson, Kevin　元・バスケットボール選手　[国]米国　[生]1966年3月4日　[典]1996／2000／2004

ジョンソン, ゲーリー　Johnson, Gary Earl　政治家, 実業家　元・ニューメキシコ州知事, 元・ビッグ・J・エンタープライジズ社長・CEO　[国]米国　[生]1953年1月1日　[典]2000／2004／2008／2012

ジョンソン, コリン　Johnson, Colin　作家, 歴史研究家　[国]オーストラリア　[典]1992

ジョンソン, ザック　Johnson, Zach　本名＝Johnson,Zachary Harris　プロゴルファー　[国]米国　[生]1976年2月24日　[典]2008／2012

ジョンソン, ジェイ　軍人　米国海軍作戦部長　[国]米国　[典]2000

ジョンソン, ジェイソン・マイケル　Johnson, Jason Michael　大リーグ選手　[国]米国　[生]1973年10月27日　[典]2008／2012

ジョンソン, ジェームズ　ジャーナリスト　[国]米国　[生]1936年　[典]1996

ジョンソン, ジェームス・S.　実業家　アイク会長, アソシエイツ・インターナショナル・ホールディングス・ジャパン会長　[国]米国　[典]2004／2008

ジョンソン, ジェラルド　Johnson, Gerald W.　医師　ヒューストン・メディカル・センター形成外科医　[専]形成外科　[国]米国　[生]1940年　[典]1996

ジョンソン, ジミー　プロフットボール監督　[国]米国　[生]1943年7月16日　[典]1996／2000

ジョンソン, ジム　エレクトロニックコマース推進協議会米国代表, エイコン・ストラテジーズ社長　[国]米国　[典]2000

ジョンソン, ジャック　Johnson, Jack　ミュージシャン, サーファー　[国]米国　[生]1975年5月18日　[典]2004／2008

ジョンソン, ジュディ　元・黒人リーグ選手　[国]米国　[生]1898年　[典]1996

ジョンソン, ジョー　Johnson, Joe　バスケットボール選手　[国]米国　[生]1981年6月29日

ジョンソン, ジョイス　Johnson, Joyce　作家　[国]米国　[生]1935年　[典]1992／1996

ジョンソン, ジョージ・C.　Johnson, George C.　小説家, 放送作家　[国]米国　[典]1992

ジョンソン, ジョシュ　Johnson, Josh　本名＝Johnson,Joshua Michael　大リーグ選手（投手）　[国]米国　[生]1984年1月31日

ジョンソン, ジョセフ　Johnson, Joseph　著述家, 牧師　[国]米国　[典]1992／2000

ジョンソン, ショーン　Johnson, Shawn　元・体操選手　北京五輪体操女子平均台金メダリスト　[国]米国　[生]1992年1月19日　[典]2008／2012

ジョンソン, シーラ　Johnson, Sheila K.　文化人類学者, ジャーナリスト　[国]米国　[典]1992／1996／2000

ジョンソン, スザンヌ・ノラ　Johnson, Suzanne M. Nora　弁護士, 実業家　元・ゴールドマン・サックス・グループ副会長　[国]米国　[典]2008／2012

ジョンソン, スターリング　Johnson, Sterling　英語教育家　[典]2008

ジョンソン, スタンリー　Johnson, Stanley　政治家, 作家, 人口問題アドバイザー　[国]英国　[生]1940年　[典]1992／1996／2004／2008

ジョンソン, スティーブ　Johnson, Steve　特殊メイクアップアーティスト　[国]米国　[生]1960年　[典]1992

ジョンソン, スティーブン　Johnson, Stephen　シナリオライター, スパイスリラー作家　[国]米国　[典]1992／1996

ジョンソン, スティーブン　Johnson, Steven　科学ジャーナリスト, コラムニスト　[国]米国　[典]2008／2012

ジョンソン, スペンサー　Johnson, Spencer　コミュニケーションズ・コンサルタント, 心理学者　[国]米国　[典]2004／2012

ジョンソン, ソニア　Johnson, Sonya L.　日本文学研究家, 翻訳家　[国]米国　[生]1963年　[典]1996

ジョンソン, ダイアン　Johnson, Diane　作家　[国]米国　[生]1934年　[典]1992／1996

ジョンソン, ダイアン・クラーク　Johnson, Diane Clark　[専]ファミリーライフ教育　[国]米国　[典]2004

ジョンソン, ダグラス・ウィリアム　Johnson, Douglas William John　歴史学者　元・ロンドン大学ユニバーシティカレッジ名誉教授　[専]フランス史　[国]英国　[生]1925年2月1日　[没]2005年4月28日　[典]1992／1996／2000

ジョンソン, ダスティン　Johnson, Dustin　プロゴルファー　[国]米国　[生]1984年6月22日

ジョンソン, チャド　Johnson, Chad　旧名＝オチョシンコ, チャド・ジョンソン　プロフットボール選手（WR）　[国]米国　[生]1978年1月9日

ジョンソン, チャールズ　Johnson, Charles　作家　ワシントン大学教授・創作科主任　国米国　生1948年　典1992／1996

ジョンソン, チャールズ　Johnson, Charles　本名＝Johnson, Charles Edward, Jr.　大リーグ選手（捕手）　国米国　生1971年7月20日　典2000／2004／2008

ジョンソン, チャルマーズ　Johnson, Chalmers　国際政治学者　元・米国日本政策研究所所長, 元・カリフォルニア大学サンディエゴ校名誉教授　専国際関係論, アジア・太平洋研究　国米国　生1931年　没2010年11月20日　典1992／1996／2000／2008

ジョンソン, ティム　Johnson, Tim　本名＝ジョンソン, ティモシー・ピーター　政治家　米国上院議員（民主党）　国米国　生1946年12月28日　典2004／2012

ジョンソン, ティモシー　Johnson, Timothy D.　コンピューター技術者　マイクロソフト・プロジェクト・サポート・グループ・サポートプロフェッショナル　国米国　典2004

ジョンソン, デービー　Johnson, Davey　本名＝Johnson, David Allen　大リーグ監督, 元・大リーグ選手, 元・プロ野球選手　野球米国代表監督, 野球オランダ代表監督　国米国　生1943年1月30日　典1992／1996／2000／2004／2008／2012

ジョンソン, デービッド　Johnson, David Willis　キャンベル・スープ社長・CEO　国米国　生1932年8月7日　典1992／1996

ジョンソン, デービッド　Johnson, David　愛称=DJ　ネットワーク・マネジャー　典2004

ジョンソン, デービッド　Johnson, David T.　法学者　ハワイ大学マノア校准教授　典2008

ジョンソン, デューイ　Johnson, Dewey E.　カリフォルニア州立大学シッド・クレイブ・スクール・オブ・ビジネス教授　典2004

ジョンソン, トーマス　Johnson, Thomas S.　オリンピア・アンド・ヨーク・デベロップメンツ（O&Y）社長　元・マニュファクチュラース・ハノーバー（マニハニ）頭取　国米国　生1940年11月19日　典1992／1996

ジョンソン, トム　Johnson, Tom　本名＝ジョンソン, トーマス　CNN社長・CEO　国米国　典1992／1996／2000

ジョンソン, トレンス　Johnson, Torrence V.　NASAジェット推進研究所上級科学者, ガリレオ科学探査グループ代表　専惑星天文学　国米国　典2000

ジョンソン, ドン　俳優　国米国　生1949年　典1996／2000

ジョンソン, ナンシー　Johnson, Nancy　射撃選手（エアライフル）　国米国　典2004

ジョンソン, ニコラス　Johnson, Nicholas L.　NASAジョンソン宇宙センター, スペースデブリ国際調整会議米国代表団団長　専宇宙ゴミ, スペースデブリ　国米国　典2000

ジョンソン, ニコール　Johnson, Nicole　ジャーナリスト　全米糖尿病協会アドバイザー　国米国　典2004／2012

ジョンソン, ニール　Johnson, Neil　理論物理学者　オックスフォード大学物理学科講師　専複雑システム, 量子力学　国英国　生1961年　典2004

ジョンソン, ノエ・モンロー　元・ダートマス大学教授　専地質学　国米国　生1987年12月27日　典1992

ジョンソン, ノーマン　Johnson, Norman　ポーツマス大学大学院教授　専社会政策　国英国　典2004

ジョンソン, バド　Johnson, Budd　本名＝Johnson, Albert J.　ジャズ・サックス奏者　生1910年12月14日　没1984年10月20日　典1992

ジョンソン, バーバラ　Johnson, Barbara　批評家　ハーバード大学教授　専英文学, 比較文学　国米国　生1947年　典1992

ジョンソン, パフ　Johnson, Puff　歌手　国米国　生1974年　典2000

ジョンソン, パム　Johnson, Pam　動物コンサルタント　国米国　典2004

ジョンソン, ピエール・マルク　Johnson, Pierre-Marc　政治家　元・ケベック党党首, 元・ケベック州首相　国カナダ　生1946年7月5日　典1992

ジョンソン, ピーター　Johnson, Peter　著述家, 出版コンサルタント, ヨットマン　国英国　生1930年3月26日　典1996

ジョンソン, ヒュー　Johnson, Hugh　ワイン研究家　国英国　典1992／1996／2000

ジョンソン, ビル　元・スキー選手（アルペン）　国米国　典1992／2004

ジョンソン, フィリップ　Johnson, Philip Cortelyou　建築家　国米国　生1906年7月8日　没2005年1月25日　典1992

ジョンソン, ブライアン　Johnson, Bryan T.　ヘリテージ財団政策アナリスト　国米国　生1966年　典1996

ジョンソン, ブライアン　Johnson, Brian A.　経営コンサルタント　アンダーセン・コンサルティング・パートナー　国米国　典2004

ジョンソン, ブライアン　Johnson, Brian　グループ名＝ACDC　ロック歌手　典2004／2008／2012

ジョンソン, ヘインズ　Johnson, Haynes　コラムニスト　「ワシントン・ポスト」紙スタッフ・ライター　国米国　典1992／1996

ジョンソン, ペリー　Johnson, Perry L.　ビジネスコンサルタント　国米国

ジョンソン, ベン　Johnson, Ben　元・陸上選手（短距離）　国カナダ　生1961年12月30日　典1992／1996／2000

ジョンソン, ベン　Johnson, Ben　俳優　国米国　生1918年6月13日　没1996年4月8日　典1992／1996

ジョンソン, ボブ　Johnson, Bob　コンピューター技術者　典2008

ジョンソン, ボリス　Johnson, Boris　本名＝Johnson, Alexander Boris de Pfeffel　政治家, ジャーナリスト　ロンドン市長　国英国　生1964年6月19日　典2012

ジョンソン, ポール　Johnson, Paul Bede　歴史家, 評論家, ニュースキャスター　国英国　生1928年11月2日　典1992／1996／2000／2004／2008

ジョンソン, ポール　Johnson, Paul　ツアーガイド, ミュージシャン　JTBニューヨーク支店　国米国　生1956年　典1992／1996

ジョンソン, ポール　Johnson, Paul Arthur　ロンドン大学経済政治学部リーダー　国英国　生1956年　典2000

ジョンソン, ポール　Johnson, Paul　テクノロジーアナリスト　コロンビア大学ビジネススクール客員教授　専財政金融学　国米国　典2004

ジョンソン, マイケル　Johnson, Michael　元・陸上選手（短距離）　アトランタ五輪・シドニー五輪金メダリスト　国米国　生1967年9月13日　典1992／1996／2000／2004／2008／2012

ジョンソン, マイケル　Johnson, Michael D.　ミシガン大学ビジネススクール教授　専マーケティング　国米国　典2004

ジョンソン, マイケル・O.　ブエナ・ビスタ・ホームビデオ・インターナショナル社長　国米国　生1954年　典1996

ジョンソン, マーク　Johnson, Mark　ベース奏者　ベース・デザイアーズ結成者　国米国　生1955年10月21日　典1992

ジョンソン, マーク　Johnson, Mark　南イリノイ大学教授　専言語哲学（隠喩の研究）, 道徳理論, カント研究, 美学　国米国　生1949年　典1996

ジョンソン, マーク　Johnson, Mark　コンピューター技術者　国米国　典2004

ジョンソン, マーク　Johnson, Mark　映画プロデューサー　国米国　典2012

ジョンソン, マーク・スティーブン　Johnson, Mark Steven　映画監督, 脚本家　国米国　生1964年　典2008／2012

ジョンソン, マーク・パトリック　Johnson, Mark Patrick　大リーグ選手（内野手）, 元・プロ野球選手　国米国　生1967年10月17日　典2000／2004／2008

ジョンソン, マーティン　Johnson, Martin　本名＝Johnson, Martin Osborne　ラグビー指導者, 元・ラグビー選手　国英国　生1970年3月9日

ジョンソン, マニュエル(Jr.)　Johnson, Manuel H. (Jr.)　経済学者　ジョンソン・スミック・インターナショナル共同会長　元・連邦準備制度理事会（FRB）副議長　専国際経済, 金融政策　国米国　生1949年2月10日　典1992／1996／2004／2008／2012

ジョンソン, マーロン　Johnson, Mahlon　バンダービルト大学医学部助教授　専病理学, 細胞生物学　国米国　典2000

ジョンソン, ヤジィ　Johnson, Yazzie　ジュエリー作家　国米国　生1946年　典1992

ジョンソン, ラリー　Johnson, Larry　元・バスケットボール選手　国米国　生1969年3月15日　典1996／2004

ジョンソン, ラリー　BGI副社長　元・米国国務省テロ対策局次長　国米国　典2000

ジョンソン, ランス　Johnson, Lance　大リーグ選手(外野手)　国米国　生1963年7月6日　典2000

ジョンソン, ランディ　Johnson, Randy　本名＝Johnson,Randall David　元・大リーグ選手　国米国　生1963年9月10日　典1992／1996／2000／2004／2008／2012

ジョンソン, リタ・グリムズリー　Johnson, Rheta Grimsley　ジャーナリスト　国米国　生1953年　典1992／2004

ジョンソン, リチャード　Johnson, Richard S.　日本アムウェイ副会長　国米国　生1942年7月5日　典1996／2000

ジョンソン, リチャード　実業家　ホット・ジョブズ社長・CEO　国米国　生1961年　典2000

ジョンソン, リチャード・R.　ゼネラル・モーターズ・オーバーシーズ・コーポレーション副社長・日本支社長, いすゞ自動車取締役　国米国　生1932年11月2日　典1996

ジョンソン, リントン・クウェシ　詩人, レゲエ歌手　国英国　生1952年　典1992／1996／2000

ジョンソン, ルアン　Johnson, LouAnne　高校教師　国米国　典2000

ジョンソン, レイ　Johnson, C.Ray　コンサルタント　国米国　生1946年　典2008

ジョンソン, レベッカ　Johnson, Rebecca　反核運動家, 軍縮研究家　エイクロニム研究所所長　国英国　典1992／2000／2012

ジョンソン, ロッド　Johnson, Rod　コンピューター技術者　典2004

ジョンソン, ロナルド　ジョージタウン大学歴史学部教授　国アメリカ学プログラム　国米国　典1992

ジョンソン, ロバート　エコノミスト　バンカーストラスト銀行国際金融エコノミスト　元・米国上院議員　国国際金融　国米国　典1992

ジョンソン, ロバート　Johnson, Robert A.　心理学者, 心理分析家　国米国　生1921年　典1992／2004

ジョンソン, ロバート　Johnson, Robert L.　通称＝ジョンソン, ボブ　実業家, 絵画コレクター　ブラック・エンターテインメント・テレビ(BET)創立者・会長・CEO, シャーロット・ボブキャッツ・オーナー　国米国　生1946年4月8日　典2004／2008／2012

ジョンソン, ローレン　Johnson, Lauren Keller　作家, 編集者　国米国　典2004

ションドフェール, フレデリック　Schondoeffer, Fredric　映画監督　国フランス　典2004

ショーンバーグ, ハロルド　Schonberg, Harold C.　音楽評論家　国米国　生1915年11月29日　没2003年7月26日　典1996

ジョンヒョン　Jonghyun　グループ名＝SHINee　歌手　国韓国　生1990年4月8日　典2012

ションフェルド, ガブリエル　Schoenfeld, Gabriel　米国戦略国際問題研究所上級研究員　国ソ連研究　国米国　典1992／1996

ジョンフン　John-Hoon　旧グループ名＝UN　俳優, 歌手　国韓国　生1980年1月20日　典2012

ショーンボーン, リチャード　Schönborn, Richard　テニス・コーチ, 元・テニス選手　国際テニス連盟(ITF)コーチ委員会メンバー　国ドイツ　典2000

ジョンミン　Jung-min　本名＝パクジョンミン　漢字名＝朴政珉　グループ名＝SS501　歌手, 俳優　国韓国　生1987年4月3日　典2012

シーラー, アシーニ　喜劇女優　国米国　生1990年9月12日　典1992

シラー, カール　Schiller, Karl　政治家, 経済学者　元・ハンブルク大学経済学教授, 元・ドイツ経済・財政相　国ドイツ　生1911年4月24日　没1994年12月26日　典1992／1996

シラー, ロバート　Shiller, Robert　本名＝Shiller,Robert James　エコノミスト　エール大学経済学部教授　国米国　生1946年3月29日　典2004／2008／2012

シラー, ロリ　Shiller, Lori　精神病財団公式スポークスマン　生1959年　典2004

シーラ・E.　Sheila E.　本名＝エスコヴェド, シーラ　グループ名＝C.O.E.D.　パーカッション奏者　国米国　生1959年12月12日　典2008／2012

シライ, ノボル　Shirai, Noboru　元・アサヒ・ホームキャスト社長, 元・「日米時事」相談役　国米国　没1985年9月9日　典1992

シライ, マユミ　Shirai, Mayumi　日本名＝白井真由美　アサヒホームキャスト社長　国米国　典1992

シライジッチ, ハリス　Silajdžić, Haris　政治家　元・ボスニア・ヘルツェゴビナ幹部会イスラム教徒代表, 元・ボスニア・ヘルツェゴビナ共同議長(首相)　国ボスニア・ヘルツェゴビナ　生1945年10月1日　典2000／2004／2008／2012

シラーエフ, イワン　Silaev, Ivan Stepanovich　政治家　元・EC大使, 元・ロシア共和国首相　国ロシア　生1930年10月21日　典1992／1996

シラーギ, アーロン　Szilágyi, Áron　フェンシング選手(サーブル)　ロンドン五輪フェンシング男子サーブル個人金メダリスト　国ハンガリー　生1990年1月14日

シラク, ジャック　Chirac, Jacques René　政治家　ジャック・シラク財団代表　元・フランス大統領　国フランス　生1932年11月29日　典1992／1996／2000／2004／2008／2012

シラク, ベルナデット　Chirac, Bernadette　政治家　コレーズ県議, 黄色のコイン主宰　シラク・フランス大統領夫人　国フランス　生1933年5月18日　典2004／2008

シラグーザ, アントニーノ　Siragusa, Antonino　テノール歌手　国イタリア　生1964年　典2004／2008／2012

シラコフ, ワレンチン・L.　霊長類学者　パブロフ生理学研究所霊長類行動生理学研究室長　国ソ連　典1992／1996

シラー・コームチャーイ　ジャーナリスト, 作家　国タイ　典1996

シラジ, アブドラ　イスラム教シーア派の最高位・大アヤトラの1人　没1984年9月27日　典1992

シラジ, ジャック　Shirazi, Jack　コンピューター技術者　典2008

シラジー, スティーブ　Szilagyi, Steve　作家　国米国　生1952年　典1996

シーラス　Silas　本名＝ペレイラ, パウロ・シーラス・ド・プラド　サッカー監督, 元・サッカー選手　国ブラジル　生1965年8月27日　典2000／2004／2008／2012

ジラス, ミロヴァン　Djilas, Milovan　政治家, 政治思想家, 作家　元・ユーゴスラビア副大統領　国ユーゴスラビア　生1911年6月12日　没1995年4月20日　典1992／1996

ジラード, ジョー　Girard, Joe　コンサルタント　国米国　典2008

ジラード, ハーバート　Girardet, Herbert　エコロジスト　典1992

シラニディス, ニコラオス　Siranidis, Nikolaos　飛び込み選手　国ギリシャ　生1976年2月26日　典2008

シラネ, ハルオ　Shirane, Haruo　日本名＝白根治夫　日本文学研究家　コロンビア大学教授　国日本古典文学, 源氏物語　国米国　生1951年　典1996／2004／2008／2012

シーララ, アンティ　Siirala, Antti　ピアニスト　国フィンランド　生1979年　典2012

シラリ, エンアルノ　Sillari, Enn-Arno A.　政治家　エストニア共和国共産党第1書記　国エストニア　生1944年3月4日　典1992

ジラール, グレッグ　報道写真家　国カナダ　典2000

ジラール, セルジュ　Girard, Serge　冒険家, 長距離走者　国フランス　生1953年10月25日　典2008／2012

ジラール, フランソワ　Girard, François　映画監督　国カナダ　生1963年　典2000／2012

ジラール, ルネ　Girard, René　評論家　スタンフォード大学教授　国フランス語学・文学・文明　生1923年12月25日　典1992／2000／2012

ジラルディ, ジョー　Girardi, Joe　本名＝Girardi,Joseph Elliott　大リーグ監督, 元・大リーグ選手　国米国　生1964年10月14日　典2000／2004／2008／2012

ジラルディ, ボブ　Giraldi, Bob　CMディレクター, 映画監督, 実業家　国米国　生1939年　索2004

ジラルディーノ, アルベルト　Gilardino, Alberto　サッカー選手(FW)　アテネ五輪サッカー男子銅メダリスト　国イタリア　生1982年7月5日　索2004

ジラルデリ, マーク　Girardelli, Marc　元・スキー選手(アルペン)　国ルクセンブルク　生1963年7月18日　索1992／1996／2000

ジラルド, アニー　Girardot, Annie　本名=Girardot, Annie Suzanne　女優　国フランス　生1931年10月25日　没2011年2月28日　索2000／2004／2008

ジラルド, イポリット　Girardot, Hippolyte　俳優　国フランス　生1955年10月10日　索1996／2012

シーラン, エド　Sheeran, Ed　シンガー・ソングライター　国英国　生1991年

ジラン, マリー　Gillain, Marie　女優　国ベルギー　生1975年6月18日　索1996／2000／2004／2008／2012

シリー, オットー　Schily, Otto　政治家, 弁護士　ドイツ内相　国ドイツ　生1932年7月20日　索1992／2000／2004

シリー, コンラート　Schily, Konrad　ウィッテン・ヘアデッケ大学学長　専精神神経科学　国ドイツ　生1937年11月7日　索1996

シーリー, ジョン　Shiely, John S.　実業家　ブリッグス&ストラットン社長　索2004

ジリー, セシル　Gilly, Cécile　音楽プロデューサー, 音楽ライター　索2008

シリ, フローラン・エミリオ　Siri, Florent Emilio　映画監督, 脚本家　国フランス　生1965年3月2日　索2004／2012

シーリー, ポール　Scheele, Paul R.　ラーニング・ストラテジーズ会長・共同設立者　専神経言語プログラミング, 加速学習分野の研究　国米国　索2004／2008／2012

ジリ, ロメオ　Gigli, Romeo　ファッションデザイナー　国イタリア　生1950年　索1992

シリアニ, アンリ　Ciriani, Henri　建築家　第8建築大学教授　国ペルー　生1936年　索2000

シリヴァス, ダニエラ　Shilivas, Daniela　体操選手　国ルーマニア　生1970年5月9日　索1992(シリバス, ダニエラ)／1996(シリバス, ダニエラ)

シリヴィヤク, タデウシ　Sliwiak, Tadeusz　詩人, ジャーナリスト　「ジチェ・リテラツキエ」編集スタッフ　国ポーランド　生1928年　索1992(シリビヤク, タデウシ)／1996(シリビヤク, タデウシ)

シリオッティ, アルベルト　Siliotti, Alberto　古代エジプト研究資料編纂センターフランス・エジプト共同調査団メンバー, フランス国立学術研究センターメンバー, テーベ・プロジェクト団長　専古代エジプト　国イタリア　生1950年　索1996

シリカ, ジョン　Sirica, John Joseph　裁判官　元・米国連邦判事　国米国　生1904年3月19日　没1992年8月14日　索1996

シーリグ, ティナ　Seelig, Tina　スタンフォード大学工学部スタンフォード・テクノロジー・ベンチャー・プログラムエグゼクティブ・ディレクター　専起業家育成　国米国　生1957年　索2012

シリク・マタク　Sirik Matak　政治家　元・カンボジア副首相　国カンボジア　生1914年1月　索1992

シリクンショト・スメト　Sirikunchoat Sumet　タマサート大学法学部助教授　専公法学　生1954年　索2000

シリット, ハワード　Schilit, Haward M.　財務調査分析センター所長　専会計学　国米国　索2004

シリトー, アラン　Sillitoe, Alan　作家, 詩人　国英国　生1928年3月4日　没2010年4月25日　索1992／1996

ジリノフスキー, ウラジミル　Zhirinovskii, Vladimir Volfovich　政治家　ロシア自由民主党党首, ロシア国家会議(下院)副議長　国ロシア　生1946年4月25日　索1996／2000／2004／2008／2012

シリファント, スターリング　Silliphant, Stirling　映画プロデューサー, 脚本家, 作家　国米国　生1918年　没1996年4月26日　索1996

シリブット, ノロドム　元・カンボジア副首相　国カンボジア　索1996／2000

シリマラ・スワンポキン　Sirimala Suwannapokin　絵本作家, イラストレーター　国タイ　索2004

シリモンコン・シンワンチャー　Sirimongkol Singmanasuk　旧リングネーム=シリモンコン・ナコントンパークビュー　プロボクサー　元・WBC世界スーパーフェザー級チャンピオン, 元・WBC世界バンタム級チャンピオン　国タイ　生1977年3月2日　索2004／2008／2012

シリヤ, アニヤ　Silja, Anja　ソプラノ歌手　国ドイツ　生1940年4月17日　索2008

シリヤゴーン・プッカウェート　Siriyakorn Pukkavesa　女優　国タイ　生1974年6月13日　索2004

シリャーホフ, ウラジーミル　Shlyakhov, Vladimir Ivanovich　言語学者　プーシキン・ロシア語研究所助教授　専ロシア語　国ソ連　生1941年　索1992／1996

シリュルニック, ボリス　Cyrulnik, Boris　精神科医　専行動心理学　国フランス　索2004

ジーリング, イアン　Ziering, Ian　俳優　国米国　生1964年3月30日　索2000

シリング, カート　Schilling, Curt　本名=Schilling, Curtis Montague　元・大リーグ選手　国米国　生1966年11月14日　索2000／2004／2008／2012

シーリング, シャロン　Schilling, Sharon　小学校教師　ブリックリ・ベア社代表　専エイズ教育　国米国　索2004

シーリング, バーバラ　Thiering, Barbara　元・シドニー大学教授　専死海文書　国オーストラリア　生1930年　索1996／2000

シリングフォード, ロン　Shillingford, Ron　スポーツライター　専ボクシング, 武術　国英国　索2004

シリンショーネ, ダイアン　Cirincione, Diane V.　セラピスト　索1992／1996

シリントン, マハ・チャクリ　Sirindhorn, Maha Chakri　プミポン・タイ国王の第二王女　国タイ　生1955年4月2日　索1992／1996／2000／2004／2008／2012

シリン・ニマナヘイミン　タイ石油公社(PTT)財政担当副総裁　生1947年1月18日　索1992

シリン・パタノタイ　Sirin Phathanothai　中国名=常媛　「ドラゴン・パール」の著者　国タイ　生1947年　索1996

ジル　Gilles　コンビ名=ピエール・エ・ジル　ポップアーティスト, 写真家　国フランス　索1996／2008／2012

ジルー, E.X.　Giroux, E.X.　本名=シャノン, ドリス　作家　生1924年8月　索1996

ジル, ジルベルト　Gil, Gilberto　ミュージシャン, 政治家　元・ブラジル文化相　国ブラジル　生1942年6月26日　索1992／1996／2004／2008／2012

ジル, トーマス　Gilou, Thomas　映画監督　国フランス　生1955年　索2000

ジルー, フランソワーズ　Giroud, Françoise　ジャーナリスト, 作家　元・フランス文化担当閣外相, 元・「レクスプレス」編集長　国フランス　生1916年9月21日　没2003年1月19日　索1992／1996／2000

ジル, フローラ　Gill, Flora　ファッションデザイナー　国米国　索2012

ジル, ローランス　Jyl, Laurence　女優, 作家　国フランス　索1992

ジルアード, マーク　Girouard, Mark　著述家, 建築史家　国英国　生1931年10月7日　索1992

シルヴァ, ハワード・ダ　Silva, Howard da　映画俳優　国米国　生1986年2月16日　索1992(シルバ, ハワード・ダ)

シルヴァン, アルフレッド　Sirven, Alfred　実業家　元・エルフ・アキテーヌ幹部　国フランス　没2005年2月12日　索2004

シルヴァン, ドミニク　Sylvain, Dominique　作家　国フランス　生1957年　索2012

シルヴィアンヌ, ジュエンヌ　Sylviane, Jouenne　画家　国フランス　生1949年4月12日　索2000／2012

シルヴィーニョ　Silvinho　本名=カンポス, シウビオ・メンデス　サッカー選手(DF)　国ブラジル　生1974年4月12日　索2008

シルヴェイラ, レオノール　Silveira, Leonor　女優　国ポルトガル　生1970年10月28日　索1996(シルベイラ, レオノール)

シルヴェスター, ハンス　Silvester, Hans　写真家　国ドイツ
⊕1938年10月2日　⑱1996（シルベスター, ハンス）／2004／2008

シルヴェストル, ミカエル　Silvestre, Mickael　サッカー選手（DF）
国フランス　⊕1977年8月9日　⑱2004／2008／2012

シルキン, ジョン　Silkin, Jon　詩人, 批評家　国英国　⊕1930年12月2日　⊗1997年11月25日　⑱1992／1996

シルク, アンジェル　Silk, Angele M.J.　心理学者　バーミンガム大学名誉研究員　国英国　⑱2000

シルク, メアリ　Silk, Mary　マーシャル諸島短期大学核研究所所長　国マーシャル諸島　⑱2004／2008

シルク, レオナード　Silk, Leonard　経済コラムニスト　国米国　⊗1995年2月10日　⑱1996

シルコウ, レスリー・マーモン　Silko, Leslie Marmon　作家, 詩人　国米国　⊕1948年　⑱1992／2004

シルコックス, ダイアナ　Silcox, Diana　タイムマネジメント・コンサルタント　シルコックス・オフィス・システムズ主宰者　国米国　⑱1992

シールズ, ウィリアム　Sheils, William H.　実業家　メトロアクセス社長, ヴェクタント執行副社長　元・ワールドコム・ジャパン社長　国米国　⑱2000／2004

シールズ, ウィル　Shields, Will　元・プロフットボール選手　国米国　⊕1971年9月15日　⑱2008

シールズ, キャロル・アン　Shields, Carol Ann　作家　元・マン大学名誉教授　国カナダ　⊕1935年6月2日　⊗2003年7月16日　⑱2000

シールズ, クラレッサ　Shields, Claressa　ボクシング選手　ロンドン五輪ボクシング女子ミドル級金メダリスト　国米国　⊕1995年3月17日

シールズ, ジェームズ　Shields, James　本名＝Shields,James Anthony　大リーグ選手（投手）　国米国　⊕1981年12月20日

シールズ, ジョディ　Shields, Jody　作家, 版画家　国米国　⑱2004

シールズ, スコット　Shields, Scot　本名＝Shields,Robert Scot　元・大リーグ選手　国米国　⊕1975年7月22日　⑱2012

シールズ, デービッド　Shields, David　作家, エッセイスト　ワシントン大学教授　国米国　⊕1956年　⑱2004

シルズ, ビバリー　Sills, Beverly　本名＝シルバーマン, ベル　ソプラノ歌手　元・リンカーン・センター会長　国米国　⊕1929年5月25日　⊗2007年7月2日　⑱1996

シールズ, ブルック　Shields, Brooke　本名＝Shields,Brooke Christa Camille　女優　国米国　⊕1965年5月31日　⑱1992／2000／2004／2008／2012

シールズ, マーサ　Shields, Martha　ロマンス作家　国米国　⑱2004

ジルソン, ジェフ　Gilson, Jef　ジャズピアニスト　国フランス　⊕1926年8月25日　⑱1996

ジルソン, パトリック　Gilson, Patrick　教師　⊕1956年　⑱2004

ジルソン, ベルナルド　Gilson, Bernard　バレーボール選手　国ブラジル　⊕1968年2月20日　⑱2004／2008

シルツ, ドナ　Shilts, Donna　カウンセラー　国米国　⑱2004

シルツ, ヨーラン　Schildt, Göran　旅行作家, 伝記作家　アルヴァ・アールト財団会長　国フィンランド　⊕1917年3月11日　⑱1992／1996／2000

シルツ, ランディ　Shilts, Randy　ジャーナリスト　元・「サンフランシスコ・クロニクル」紙記者　国米国　⊕1951年　⊗1994年2月16日　⑱1992／1996

シルト, ハーバート　Schildt, Herbert　コンピュータ・インストラクター, テクニカルライター　ユニバーサル・コンピューティング・ラボラトリーズ社長　⑱2000

シールド, ベンジャミン　Shield, Benjamin　医師　国米国　⑱1992／1996／2000

シルト, マルリース　Schild, Marlies　スキー選手（アルペン）　バンクーバー五輪アルペンスキー女子回転銀メダリスト　国オーストリア　⊕1981年5月31日　⑱2012

シルノフ, アンドレイ　Silnov, Andrey　走り高跳び選手　北京五輪陸上男子走り高跳び金メダリスト　国ロシア　⊕1984年9月9日

⑱2012

シルバ　Silva　本名＝シルバ・フィーリョ, エウビージオ・ペレイラ・ダ　サッカー選手（FW）　国ブラジル　⊕1975年7月19日　⑱2000

シルバ, アルバロ　Silva, Alvaro　政治家　元・ベネズエラ鉱業相, 元・石油輸出国機構（OPEC）事務局長　国ベネズエラ　⑱2004

シルバー, エイミー　Silver, Amy　教育家　⑱2004

シルバー, ジョエル　Silver, Joel　映画プロデューサー　国米国　⊕1952年7月　⑱1996／2000／2008／2012

シルバー, ジョン　Silver, John　哲学者　ボストン大学学長　国米国　⑱1996

シルバ, ダニエル　Silva, Daniel　作家, 元・テレビプロデューサー　元・CNNエグゼクティブ・プロデューサー　国米国　⊕1960年　⑱2004

シルバ, ダビド　Silva, David　サッカー選手（MF）　国スペイン　⊕1986年1月8日

シルバ, トニー　Sylva, Tony　本名＝シルバ, トニー・マリオ　サッカー選手（GK）　国セネガル　⊕1975年5月17日　⑱2004／2008

シルバ, ハドソン　Silva, Hudson　本名＝Silba,Gerald Hudson　眼科医　元・国際アイバンク理事長　国スリランカ　⊕1929年12月18日　⊗1999年10月22日　⑱1992

シルバ, ヘルマン　Silva, German　マラソン選手　国メキシコ　⑱1996／2000

シルバー, ホレス　Silver, Horace Ward Martin Tauares　ジャズピアニスト, 作曲家　国米国　⊕1928年9月2日　⑱1996

シルバ, マイケル　ジャズドラマー　国米国　⊕1925年　⊗1990年3月8日　⑱1992

シルバー, マージェリー・ハッター　Silver, Margery Hutter　神経心理学者　国米国　⑱2004／2008

シルバー, リー　分子生物学者　プリンストン大学教授　国米国　⑱2004

シルバ, ルイス・A.ペレイラ・ダ　エコノミスト　日本輸出入銀行主任研究員　⊕開発経済学, 厚生経済学　国ブラジル　⑱2000

シルバ・コスタ, バウベル　Silva Costa, Valber　サッカー選手（MF）　国ブラジル　⊕1971年12月6日　⑱1996／2000／2004／2008

シルバスタイン, シェル　Silverstein, Shel　作家, 漫画家　国米国　⊕1999年5月10日　⑱1992

シルバースタイン, チャールズ　Silverstein, Charles　医師, 臨床心理学者　⊕精神分析　国米国　⑱1996

シルバースタイン, バリー　Silverstein, Barry　マーケティングコンサルタント　ダイレクテックeマージCEO　国米国　⑱2004

シルバースタイン, マイケル　Silverstein, Michael J.　コンサルタント　ボストンコンサルティンググループ（BCG）シニア・バイスプレジデント　国米国　⑱2008

シルバースタイン, リー　Silverstein, Lee H.　歯学者, 歯科医　⊕歯周病学, 歯科インプラント　国米国　⑱2004

シルバーストーン, アリシア　Silverstone, Alicia　女優　国米国　⊕1976年10月4日　⑱2000／2004／2008／2012

シルバーストーン, バーバラ　Silverstone, Barbara　ライトハウス社長　⑱1996

シルバーストーン, ロジャー　Silverstone, Roger　メディア学者　ロンドン・スクール・オブ・エコノミクス（LSE）教授　国英国　⊕1945年　⑱2000／2004／2008

シルバータウン, ジョナサン　Silvertown, Jonathan W.　植物学者　オープン・ユニバーシティ生物学部シニアレクチャラー　⊕植物の生活史進化, 個体群統計学, 群集生態学　国英国　⊕1954年　⑱1996

シルバー, ナンシー　パティシエ, パン職人　カンパニール・オーナー, ラ・ブレア・ベーカリーオーナー　⑱2008

シルバーバーグ, ブラッド　Silverberg, Brad　実業家　イグニッションCEO・パートナー　元・マイクロソフト上級副社長　国米国　⑱2004

シルバパーグ, ミリアム　Silverberg, Miriam　カリフォルニア大学ロサンゼルス校歴史学部教員　⊕日本近代史　国米国　⑱2000

シルバーバーグ, ロバート　Silverberg, Robert　SF作家　国米国　生1935年　歴1992／1996／2000／2004／2008

シルバーブラット, アイリーン　Silverblatt, Irene　文化人類学者　デューク大学社会科学部文化人類学科助教授　職アンデス世界　国米国　歴2004

シルバ・ヘルソグ, ヘスス　Silva-Herzog Flores, Jesus　ラテンアメリカ通貨研究センター所長, ペルー経済顧問　元・メキシコ蔵相　国メキシコ　生1935年5月8日　歴1992

シルバーマン, アルフォンス　Silbermann, Alphons　ケルン大学教授・マスコミ研究所所長　職マスコミュニケーション, 芸術社会学　国ドイツ　生1909年　歴1996

シルバーマン, ジェイ　Silverman, Jay G.　臨床心理学者　ハーバード大学公衆衛生学部助教授・公衆衛生臨床学科暴力防止プログラム・ディレクター　職発達心理学　歴2008

シルバーマン, スー・ウィリアム　Silverman, Sue William　ライター, 編集者　「フォース・ジャンル」副編集長　国米国　生1946年　歴2004

シルバーマン, チャールズ　Silberman, Charles E.　ジャーナリスト　生1925年　歴1992

シルバーマン, リチャード　Silverman, Richard E.　コンピュータ技術者　歴2008

シルバ・メンデス, ヘスス　Silva Mendez, Jesús Cesar　カトリック神父　ベンポスタ子ども共和国主宰者　国スペイン　生1933年1月　歴1996

シルバーリング, ブラッド　Silberling, Brad　映画監督　国米国　生1964年　歴1996／2000／2004／2008

シルビア王妃　Silvia　旧名＝ゾマーラート, シルビア　スウェーデン王妃　国スウェーデン　生1943年12月23日　歴2008／2012

シルビアン, デビッド　Sylvian, David　旧グループ名＝ジャパン　ロック歌手　国英国　生1958年2月23日　歴1996／2004／2008（シルヴィアン, デヴィッド）／2012

シルビジャー, スティーブン　Silbiger, Steven　マーケティングコンサルタント　国米国　歴2004

シルブ, マリアーナ　Sirbu, Mariana　バイオリニスト　イ・ムジチ合奏団コンサートマスター　国ルーマニア　生1949年9月12日　歴1996

シルベイラ, エレナ　作家　国ブラジル　生1912年　歴1992

ジルベール, ドロテ　Gilbert, Dorothée　バレリーナ　パリ・オペラ座バレエ団エトワール　国フランス　生1983年9月25日

ジルベルシュタイン, エルザ　Zylberstein, Elsa　女優　国フランス　生1969年10月16日　歴1996／2000

ジルベルシュタイン, リーリャ　Zilberstein, Lilya　ピアニスト　国ロシア　生1965年　歴1992／1996／2004／2012

ジルベルト, ジョアン　Gilberto, João　ボサノバ歌手, ギタリスト　国ブラジル　生1931年6月　歴2004／2008／2012

ジルベルト, ベベウ　Gilberto, Bebel　ボサノバ歌手　国ブラジル　生1966年　歴2004／2008

ジルベルマン, ジャン・ジャック　Zilbermann, Jean-Jacques　映画監督　国フランス　歴2000

ジルボー, フランソワ　Girbaud, François　ファッションデザイナー　マリテ＋フランソワ・ジルボー・デザイナー　国フランス　歴2004

シルマー, アンヌ・カトリン　Schirmer, Anne-Kathrin　グループ名＝プラネッツ　ギタリスト　国ドイツ　生1977年2月26日　歴2004

シルマー, ウルフ　Schirmer, Ulf　指揮者　ライプツィヒ歌劇場音楽総監督　国ドイツ　生1959年　歴2004／2008／2012

ジルマール　Gilmar　本名＝リナルジ, ジルマール・ルイス　元・サッカー選手　国ブラジル　生1959年1月13日　歴2012

シルマン, ロバート　Shillman, Robert J.　コグネックス社長　国米国　歴1992

シールマンス, トゥーツ　Thielemans, Toots　ハーモニカ奏者, ギタリスト　国米国　生1922年4月29日　歴1996／2000／2004／2008／2012

シルムーバー, ベリー　Shilmover, Barry　コンピュータ技術者・コンサルタント　国米国　歴2004

シルメラー, クレメンス　Schillmöller, Clemens　フローリスト　国ドイツ　歴1992

シーレ, オットー　Schiele, Otto Helmut　クライン・シャンツ・ウント・ベッカー重役　元・ドイツ機械施設工業協会（VDMA）副会長　国ドイツ　歴1992

ジレ, ギヨーム　建築家　元・フランス芸術アカデミー総裁, 元・フランス国立高等美術学校教授　国フランス　生1987年9月23日　歴1992

ジレ, クリスティアン　Gille, Christian　カヌー選手　アテネ五輪カヌー男子カナディアンペア1000メートル金メダリスト　国ドイツ　生1976年1月6日　歴2008／2012

シーレイ, ピーター　Sealey, Peter　経営コンサルタント, 経営学者　カリフォルニア大学バークレー校ハース・スクール・オブ・ビジネス助教授　国米国　歴2004

シレジェヴィチウス, アドルファス　Slezevicius, Adolfas　政治家　元・リトアニア首相　国リトアニア　生1948年2月2日　歴1996（シレジェビチウス, アドルファス）／2000

ジレス, アラン　Giresse, Alain　サッカー監督, 元・サッカー選手　国フランス　生1952年8月2日　歴2000／2004／2008

シレス・スアソ, エルナン　Siles Suazo, Hernán　政治家　元・ボリビア大統領　国ボリビア　生1914年　歿1996年8月6日　歴1992（シレス, エルナン）

ジレック・アール, ルイーズ　Jilek-Aall, Louise　精神医学者　ブリティッシュ・コロンビア大学精神科臨床教授　職多文化間精神医学　国カナダ　生1931年　歴1996／2000

シレッシ, マイケル　弁護士　ロビンス・カプラン・ミラー・アンド・シレッシ・パートナー　国米国　生1946年　歴1996

ジレット, ダグラス　Gillette, Douglas M.　牧師　統一キリスト教会牧師　国米国　生1948年　歴1996

シーレン, デービッド　Thielen, David　ソフトウェア開発者　歴2004

シレーン, ヘイッキ　Sirén, Heikki　建築家　国フィンランド　生1918年10月5日　歿2013年2月25日　歴1996

ジレンド, ジェイソン　Gerend, Jason　テクニカルライター, コンピューターコンサルタント　歴2008

ジレンハマー, ペール・グスタフ　Gyllenhammar, Pehr Gustaf　実業家　ロイター発起人会社会長　元・ABボルボ会長・最高業務責任者（COO）　国スウェーデン　生1935年4月28日　歴1992／1996／2000／2004／2012

ジロー　Jiro　漢字名＝汪東城　グループ名＝飛輪海　歌手, 俳優　国台湾　生8月24日　歴2012

ジロー, アンドレ　Giraud, André Louis Yves　政治家　元・フランス国防相　国フランス　生1925年4月3日　歿1997年7月27日　歴1992／1996

ジロー, イヴェット　Giraud, Yvette　本名＝ウーロン, イベット　シャンソン歌手　国フランス　生1916年9月14日　歴1992／1996／2000

シロ, ドミニク　Sirop, Dominique　ファッションデザイナー　国フランス　生1955年　歴2000

ジロ, ファビアン　Gilot, Fabien　水泳選手（自由形）　ロンドン五輪競泳男子4×100メートルリレー金メダリスト　国フランス　生1984年4月27日

ジロー, フランソワーズ　Gilot, Françoise　画家, 著述家　国フランス　生1921年　歴1996／2012

ジロー, マシュー　Giroux, Mathieu　スピードスケート選手　バンクーバー五輪スピードスケート男子団体追い抜き金メダリスト　国カナダ　生1986年2月3日　歴2012

ジロ, マリ・アニエス　Gillot, Marie-Agnès　バレリーナ　パリ・オペラ座バレエ団エトワール　国フランス　歴2008／2012

シロウ, フレッド　アイスホッケー監督　国米国　生1990年11月24日　歴1992

シロキー, ジレン　水泳選手　国米国　生1981年11月20日　歴2000

シロコムスキー, ビターリン　ジャーナリスト　「イズベスチヤ」紙副編集長, 「ニジェーリャ」誌編集長　国ソ連　生1929年　歴1992

ジロディアス, モーリス　Girodias, Maurice　出版人　元・オリンピア・プレス設立者, 元・「エディション・デュ・シェーヌ」創設者　[国]フランス　[生]1919年　[没]1990年7月3日　[典]1992（ギロディアス, モーリス）

シロテック, ノーマン　サーテック社社長　[国]米国　[典]2000

ジロドー, ベルナール　Giraudeau, Bernard　俳優　[国]フランス　[生]1947年6月18日　[没]2010年7月17日　[典]2000／2004／2008

シロトニック, ケニス　Sirotnik, Kenneth A.　ワシントン大学大学院主任教授　[専]教育学　[国]米国　[典]1996

シロニー, ベン・アミー　Shillony, Ben-Ami　歴史学者, 日本研究家　ヘブライ大学名誉教授　[専]日本史, アジア史, 天皇学　[国]イスラエル　[生]1937年10月28日　[典]1992／1996／2004／2008／2012

ジーロフ, ワシリー　Jirov, Vassilii　プロボクサー　元・IBF世界クルーザー級チャンピオン　[国]カザフスタン　[生]1974年4月4日　[典]2000／2008

シ

シロマル, アンジェラ　白丸, アンジェラ　プレス・コンサルタント会社代表, リオグランデドスール製靴工業会アジア担当顧問　[国]ブラジル　[典]1992

ジロラミー, ポール　Girolami, Paul　グラクソ・ホールディングズ会長　[国]英国　[生]1926年1月25日　[典]1992／1996

ジーロルド, ノーマン　Zierold, Norman　ジャーナリスト　[生]1927年　[典]2000

ジワネフスカヤ, ニーナ　Zhivanevskaya, Nina　元・水泳選手（背泳ぎ）　バルセロナ五輪競泳女子4×100メートルメドレーリレー銅メダリスト　[国]スペイン　[生]1977年6月24日　[典]2004／2008

シワン　Siwan　グループ名=ZE：A　歌手　[国]韓国　[生]1988年12月1日　[典]2012

ジワンミトラ, ラム　Jiwanmitra, Ram　アムネスティ活動家, 高校教師　[国]ネパール　[典]1992

シン, J.M.　Singh, J.M.　本名=シン, ジーブ・ミルカ　プロゴルファー　[国]インド　[生]1971年12月15日　[典]2008／2012

シン, K.I.　Singh, Kunwar Indrajit　政治家　元・ネパール首相　[国]ネパール　[生]1906年　[典]1992

シン, アジット　Singh, Ajit　外交官　元・東南アジア諸国連合（ASEAN）事務総長　[国]マレーシア　[生]1938年9月25日　[典]1996／2000

シン・イジン　申 宜真　医師　延世大学医学部小児精神科教授　[専]小児精神科学　[国]韓国　[生]1964年　[典]2008

シン・イルホ　申 一浩　プロ野球選手（内野手）　[国]韓国　[生]1969年8月12日　[典]1996

シン・イルヨン　申 一竜　俳優　[国]韓国　[生]1948年10月17日　[典]1996

シン, インダージート　Singh, Inderjeet　コンピューター技術者　[典]2004

シン・インリョン　辛 仁玲　Shin, In-ryung　法学者　梨花女子大学総長, 韓国環境運動連合共同代表　[国]韓国　[生]1943年3月1日　[典]2004／2008

ジン・ウィジョン　陳 懿鍾　Chin, Ui-jong　政治家　元・韓国首相　[国]韓国　[生]1921年12月13日　[没]1995年5月12日　[典]1992（ジン・ウィジォン）／1996

シン・ウジェ　慎 右宰　韓国大統領公報秘書官　[国]韓国　[生]1943年3月28日　[典]1996

シン・ウシク　申 禹植　ジャーナリスト　ソウル新聞社長, 韓国言論研究院理事長, 韓国新聞協会副会長　[国]韓国　[生]1934年4月10日　[典]1992／1996

シン・ウンサン　秦 蘊珊　地質学者　中国科学院海洋研究所所長, 中国海洋地質学会副理事長　[国]中国　[生]1933年　[典]1996

ジン・ウンスク　陳 銀淑　作曲家　[国]韓国　[生]1961年　[典]1996

シン・ウンベ　申 応培　漢陽大学教授, 太平洋有害廃棄物学会会長, 国際水質環境学会アジア太平洋地域副会長, 韓国環境工学会会長　[国]韓国　[生]1938年4月17日　[典]1996

シン・エラ　辛 愛羅　タレント　[国]韓国　[生]1969年3月7日　[典]1996

ジン・エンチョウ　任 畹町　Ren, Wan-ding　本名=任安　反体制民主活動家　[国]中国　[生]1944年　[典]1996／2000

シン・ガイ　秦 凱　Qin, Kai　飛び込み選手　北京五輪・ロンドン五輪男子シンクロナイズド板飛び込み金メダリスト　[国]中国　[生]1986年1月31日　[典]2012

ジン・カイ　漢字名=金楷　グループ名=チャイナ・ミュージック・オーケストラ〔CMO〕　笛奏者　[国]中国　[典]2008

シン・カイトウ　沈 海濤　Shen, Haitao　歴史学者　吉林大学北東アジア研究院助教授　[専]日本近現代政治外交史, 日中関係史　[国]中国　[生]1961年　[典]2004

シン・カクジン　沈 覚人　元・中国対外経済貿易省次官, 元・華潤集団会長　[国]中国　[生]1931年　[典]1996／2000

シン・カクスウ　申 珏秀　Shin, Gak-su　外交官　駐日韓国大使　[国]韓国　[生]1955年1月16日　[典]2012

シン, カーシーナート　Singh, Kashi-Nath　作家　バナーラス・ヒンドゥー大学教授　[国]インド　[生]1937年　[典]1992

シン, ガジュ（2世）　第39代ジョドプール王　[国]インド　[生]1948年　[典]1992／2004

シン, ガネシュ・マン　Singh, Ganesh Man　政治家　元・ネパール会議派（NCP）最高指導者　[国]ネパール　[没]1997年9月18日　[典]1992／1996

シン, カラン　政治家, 著述家　世界ヒンディー語財団会長　元・インド下院議員　[国]インド　[生]1931年　[典]1996

シン・カンケツ　辛 冠潔　中国社会科学院哲学研究所教授　[専]中国哲学　[国]中国　[典]1992／1996

シン・キ　辛 旗　Xin, Qi　和平与発展研究中心研究員　[専]中台関係　[国]中国　[生]1961年　[典]2000

シン・ギ　申 巍　法学者　[国]中国　[典]2008

シン・キイ　秦 基偉　Qin, Ji-wei　政治家, 軍人　元・中国全国人民代表大会（全人代）常務委員会副委員長, 元・中国国防相　[国]中国　[生]1914年11月　[没]1997年2月2日　[典]1992／1996

ジン・キシュン　任 紀舜　地質学者　中国地質科学院地質研究所室主任, 中国地質学会構造専門委員会副主任兼秘書長　[専]大地構造学　[国]中国　[生]1953年　[典]1996

シン・キジョ　沈 驥如　中国社会科学院世界経済政治研究所国際戦略研究室主任　[専]国際経済学　[国]中国　[典]2000

シーン, キャスリーン　Schine, Cathleen　作家, コラムニスト　[国]米国　[典]2004

シン・ギュホ　申 圭浩　Shin, Gyu-ho　詩人　聖潔教神学大学国文学科教授　[国]韓国　[生]1939年9月15日　[典]2004

シン・ギョウ　秦 暁　Qin, Xiao　中国国際信託投資公司（CITIC）社長　[国]中国　[生]1947年　[典]1996

シン・キョンシク　申 慶植　プロ野球選手（内野手）　[国]韓国　[生]1961年1月19日　[典]1996

シン・ギョンシク　辛 卿植　Shin, Gyon-sik　政治家　韓国国会議員（ハンナラ党）　[国]韓国　[生]1938年10月14日　[典]2004

シン・キョンスク　申 京淑　コメディアン　[国]韓国　[生]1972年8月6日　[典]1996

シン・ギョンスク　申 京淑　Shin, Gyon-suk　作家　[国]韓国　[生]1963年1月12日　[典]2004／2008／2012

シン・ギョンチョル　申 敬澈　考古学者　釜山大学教授　[専]韓国古代史　[国]韓国　[生]1951年　[典]2004

シン・ギョンリム　申 庚林　詩人　[国]韓国　[生]1936年　[典]1992／1996

シン・ギョンワン　申 敬完　「鴨緑江の冬―北に消えた韓国の民族指導者」の共著者　[生]1923年　[典]1996（シン・ケイカン）

シン・ク　申 久　本名=シンスンキ　タレント　[国]韓国　[生]1936年8月13日　[典]1996

シン・グァンオク　辛 光玉　Shin, Guwan-ok　検察官　韓国大統領民政首席秘書官　[国]韓国　[生]1943年12月17日　[典]2004

シン・グァンシク　申 光植　Shin, Kuwang-sik　キャスター, 放送記者　韓国言論財団理事　[国]韓国　[生]1938年8月12日　[典]2004

シン, クシュワント　Singh, Khushwant　作家, ジャーナリスト　[国]インド　[生]1915年　[典]1992／2012

シン・クックジュ　申 国柱　東国大学名誉教授　[国]韓国　[生]1925年11月9日　[典]1996

シン, グルパル　Singh, Gurpal　インド工業連盟日本支社代表　[国]インド　[典]2000

シン・ケイホウ　秦 慶豊　Qin, Qing-feng　武術家　北京市海淀区体育運動委員会少年業余体育学校武術コーチ　[国]中国　[典]1992

ジン・ケイユ　任 継愈　Ren, Ji-yu　旧名=任又元　哲学者, 宗教学者　元・中国社会科学院世界宗教研究所名誉所長, 元・北京図書館長　[専]中国哲学史, 中国仏教史, 中国道教史　[国]中国　[生]1916年　[没]2009年7月11日　[典]1996

シン・ケツ　沈 潔　Shen, Jie　女優　NHK「中国語講座」アシスタント　[国]中国　[典]2000

シン・ケツ　沈 潔　社会福祉学者　高知女子大学社会福祉学部教授　[専]国際福祉比較論　[国]中国　[生]1954年　[典]2000／2004

シン・ケリュン　申 溪輪　政治家　韓国国会議員　[国]韓国　[生]1954年8月13日　[典]1996

シン・ケンキ　沈 堅毅　Shen, Jian-yi　画家　[国]中国　[生]1957年　[典]2004

ジン・ケンシン　任 建新　Ren, Jian-xin　法学者　中国最高人民法院院長　元・中国共産党中央委員　[国]中国　[生]1925年　[典]1992（ニン・ケンシン）／1996／2000

ジン・ケンシン　任 建新　藍星化学清洗集団公司総経理　[国]中国　[生]1958年　[典]1992（ニン・ケンシン）／1996

シン・ケンヘイ　沈 剣萍　元・中国女子卓球チーム選手　[国]中国　[生]1916年　[典]1996

シン・ゴウ　秦 剛　Qin, Gang　在英国中国大使館公使　元・中国外交部副報道局長　[国]中国　[典]2012

シン・コウギ　秦 孝儀　Chin, Hsiao-i　字=心波　元・故宮博物院院長, 元・台湾大学三民主義研究所教授　[専]儒家思想, 中国思想　[国]台湾　[生]1921年3月27日　[没]2007年1月6日　[典]1996／2004

シン・コクケイ　秦 国経　中国第一歴史档案館档案管理部主任・副研究館員　[専]中国近世史　[国]中国　[生]1936年　[典]1992／1996

シン・コクホウ　沈 国放　Shen, Guo-fang　外交官　国連次席代表　[国]中国　[生]1952年　[典]2000／2004

シン・ゴン　辛 建　Shin, Kuhn　元・検察官　元・韓国国家情報院院長　[国]韓国　[生]1941年2月12日　[典]2004／2008

シン・サイブン　沈 再文　Shen, Zai-wen　健康医学院学院長, 中京女子大学名誉教授　[専]気功医学　[国]カナダ　[生]1946年　[典]2008

シン, サイモン　Singh, Simon　ドキュメンタリー作家　[国]英国　[生]1967年　[典]2004／2012

シン・サフン　申 四勲　大韓キリスト教長老会総会長, 韓国聖書神学原語研究会会長, 統一教対策委員会委員長　[国]韓国　[生]1911年6月17日　[典]1996

シン・サムチョル　申 三澈　韓国調達庁管理局物資管理課長　[国]韓国　[生]1948年　[典]2000

シン・サンオク　申 相玉　Shin, Sang-okk　映画監督　[国]韓国　[生]1926年9月12日　[没]2006年4月11日　[典]1992／1996

シン・サンシク　申 相式　Shin, Sang-sik　政治家　韓国国会議員（民自党）　[国]韓国　[生]1937年1月8日　[典]1996

シン・サンチョル　申 尚澈　慶南大学国語教育科教授, 慶南新聞論説委員, 詩文学会会長　[専]韓国語教育　[国]韓国　[生]1936年9月9日　[典]1996

シン・サンデ　辛 相大　国際商事副会長　[国]韓国　[生]1930年10月20日　[典]1996

ジン・サンボン　陳 祥奉　プロ野球選手（外野手）　[国]韓国　[生]1965年4月6日　[典]1996

シン・サンユン　申 尚潤　プロ野球選手（投手）　[国]韓国　[生]1972年3月22日　[典]1996

シン・ジエ　申 智愛　Shin, Ji-yai　プロゴルファー　[国]韓国　[生]1988年4月28日　[典]2012

シン・シギョク　秦 志鈺　Qin, Zhi-yu　映画監督　[国]中国　[生]1943年　[典]1996

シン, シッダールタ　Singh, Siddharth　外交官　元・駐日インド大使　[国]インド　[生]1942年　[典]2000／2004

シン, ジャスジット　元・軍人　インド国防分析所所長　[専]国防分析, 安全保障問題　[国]インド　[典]2000

シン, シャロン　Shinn, Sharon　作家　[国]米国　[生]1957年4月　[典]2008／2012

シン・ジュウブン　沈 従文　Shen, Cong-wen　本名=沈岳煥　筆名=小兵, 懋林, 休芸芸　作家　[国]中国　[生]1902年12月28日　[没]1988年5月10日　[典]1992

シン・ショウフク　沈 祥福　サッカーコーチ, 元・サッカー選手　サッカー中国代表コーチ　[国]中国　[生]1957年5月27日　[典]2004

シン・ショウブン　沈 昌文　編集者　元・三連書店社長, 元・「読書」編集長　[国]中国　[典]2004

シン, ジョージ　Shinn, George　実業家, ビジネススクール校長　[国]米国　[典]1992／2000

シン・ジョンスン　申 廷純　延世大学付属セブランス病院長, 延世大学医科大学教授　[国]韓国　[生]1927年7月22日　[典]1996

シン・ジョンチ　申 正治　Shin, Jung-chee　裁判官　ソウル高等法院院長　[国]韓国　[生]1942年10月25日　[典]2004／2008

ジン・ジョンピル　陳 正弼　プロ野球選手（投手）　[国]韓国　[生]1966年2月10日　[典]1996

ジン・シンミン　任 新民　ロケット・エンジン研究者　中国宇宙学会理事長, 中国科学院学部委員, 全国人民代表大会常務委員会委員　[専]液体ロケット・エンジン及び宇宙技術　[国]中国　[生]1915年　[典]1996

ジン, スチュワート　プロゴルファー　[国]オーストラリア　[生]1949年6月2日　[典]1996

シン・スングォン　辛 承権　漢陽大学政治外交学科教授　[専]ソ連政治　[国]韓国　[生]1935年3月　[典]1992／1996

シン・スンフン　Shin, Seung-hun　漢字名=申昇勲　歌手　[国]韓国　[生]1968年3月21日　[典]1996／2008／2012

シン・セイイツ　沈 世鎰　数学者　南開大学数学系副主任　[専]サイバネティックス論　[国]中国　[生]1939年　[典]1996

シン・セイユウ　沈 世雄　Shen, Shih-hsiung　台湾立法院副院長　[国]台湾　[生]1936年4月29日　[典]1996

シン・セギル　申 世吉　実業家　三星物産代表理事社長　[国]韓国　[生]1939年1月3日　[典]1996

シン・セツ　申 雪　Shin, Xue　元・フィギュアスケート選手（ペア）　バンクーバー五輪フィギュアスケート・ペア金メダリスト　[国]中国　[生]1978年11月13日　[典]2012

シン・セン　秦 川　Qin, Chuan　元・人民日報社長, 元・中国共産党中央委員, 元・中国全国人民代表大会（全人代）常務委員　[国]中国　[生]1919年　[没]2003年1月29日　[典]1992

シン・ソクサン　辛 錫祥　作家, 編集者　[国]韓国　[生]1937年　[典]1992

シン・ソプジュン　愼 燮重　広島国際大学教授, 釜山大学名誉教授　[専]国際社会福祉　[国]韓国　[生]1934年　[典]2004

シン・ソーラ　Shin, Sora　プロゴルファー　[国]韓国　[生]1972年12月21日　[典]2000／2004

シン・ソリン　沈 祖倫　中国共産党浙江省委員会副書記　元・中国共産党中央委員　[国]中国　[生]1931年　[典]1996

シン・ソンイル　申 星一　本名=姜信英　俳優　[国]韓国　[生]1937年5月8日　[典]1996

ジン・ソンユ　陳 善有　Jin, Sun-yu　スピードスケート選手（ショートトラック）　トリノ五輪金メダリスト　[国]韓国　[生]1988年12月17日　[典]2008／2012

シン・タイガ　秦 大河　中国科学院蘭州氷河凍土研究所教授　南極大陸横断国際隊隊員　[専]雪氷学　[国]中国　[典]1992／1996

ジン・タイリン　任 大霖　児童文学作家　元・中日児童文学美術交流上海センター副会長　[国]中国　[生]1929年　[没]1995年6月8日　[典]1996

シン・タツジン　沈 達人　江蘇省人代常務委主任, 中国共産党中央委員　[国]中国　[生]1928年　[典]1996／2000

シン, ダルジット　シンガポール東南アジア研究所上級研究員　[専]安全保障問題　[国]シンガポール　[典]2000

シン, タルビン　Singh, Talvin　打楽器奏者,DJ, 音楽プロデューサー　[国]英国　[生]1970年　[典]2000／2004／2008

シン, チャラン　Singh, Charan　政治家　元・インド首相　[国]インド　[生]1902年　[没]1987年5月29日　[典]1992

シーン, チャーリー　Sheen, Charlie　本名=エステベス, カルロス・アーウィン　俳優　国米国　生1965年9月3日　典1992／1996／2000／2008／2012

シン・チュウタツ　秦 仲達　元・中国化学工業相,元・中国共産党中央委員　国中国　生1923年　典1996

シン・チュル　申 出　活動弁士　国韓国　生1925年　典2000

シン・チュンシク　申 忠植　タレント　国韓国　生1942年4月20日　典1996

シン・チュンソン　辛 椿仙　教育学者　ダンマアカデミー教育研究所代表　国韓国　生1965年　典2008

シン・チュンホ　辛 春浩　(株)農心社長　国韓国　生1932年3月27日　典1996

ジン・チョウサン　陳 澄三　映画プロデューサー　国台湾　生1908年　没1992年5月11日　典1996

シン・チョウユウ　秦 兆雄　Qin, Zhao-xiong　神戸市外国語大学助教授　国文化人類学　国中国　生1962年　典2004／2008

シン・チョウヨウ　秦 兆陽　Qin, Zhao-yang　作家,批評家　元・中国作家協会書記局員　国中国　生1916年11月15日　没1994年11月22日　典1992／1996

シン・チョル　Shin, Chul　漢字名=申哲　映画プロデューサー　シン・シネ代表　国韓国　生1958年　典2008／2012

シン・チョンギュン　申 宗均　Shin, Jong-kyun　実業家　サムスン電子社長　国韓国　生1956年1月16日

シン, ディネシュ　Singh, Dinesh　政治家　元・インド外相　国インド　生1925年7月19日　没1995年11月30日　典1996／2004

シン・テキ　森 笛　「楽しく! おもしろく! ゴロで覚える中国語」の著者　典2008

ジン・デジェ　陳 大済　Chin, Dae-je　実業家　韓国情報通信相,韓国リノックス協議会会長　国韓国　生1952年1月20日　典2004／2008

シン・テツ　沈 澈　Shen, Che　写真家　国中国　生1947年　典1996

シン・テファン　申 泰煥　号=安堂　韓国経済新聞常任論説委員　国韓国　生1912年7月9日　典1996

シン・ト　沈 図　Shen, Tu　元・中国民用航空局長　国中国　生1993年1月17日　典1996

シン・トウ　沈 彤　Shen, Tong　民主化運動家　民主中国基金代表　元・北京高校学生対話代表団主席代表　国中国　生1968年　典1992(沈 丹 シン・タン)／1996

ジン・ドウヒン　任 道斌　中国美術学院美術史論系教授　国中国美術　国中国　典2000

シン・ドゥボム　慎 斗範　Shin, Doo-boem　四天王寺国際仏教大学大学院人文社会学研究科教授　国比較政治, 行政学　国韓国　生1931年3月24日　典2008

ジン・ドクキュ　陳 徳奎　梨花女子大学政治外交学科教授　国政治学,政治社会学　国韓国　典1996

シン・ドソン　慎 道晟　共産圏問題研究所理事長　国韓国　生1918年3月7日　典1996

シン・ドファン　辛 道煥　元・韓国国会議員　国韓国　生1922年5月25日　典1996

シン, トーマス　Sim, Thomas　中国名=沈天賜　ジャーナリスト　「聯合早報」経済情報担当記者　国シンガポール　典1992

ジン, ドルー　Ginn, Drew　ボート選手　アトランタ五輪・アテネ五輪・北京五輪ボート男子金メダリスト　国オーストラリア　生1974年11月20日　典2012

シン・ドンウォン　申 東元　外交官　駐ドイツ韓国大使　国韓国　生1933年5月20日　典1996

シン・ドンウク　申 東旭　延世大学国文学科教授　国韓国　生1932年12月26日　典1996

シン・ドンス　申 東洙　プロ野球選手(投手)　国韓国　生1966年10月1日　典1996

シン・ドンパ　申 東坡　バスケットボール監督　国韓国　生1944年9月2日　典1996

シン・ドンホ　申 東浩　「スポーツ朝鮮」社長,言論財団理事長　国韓国　生1934年11月19日　典1996

シン・ドンヨブ　申 東燁　コメディアン　国韓国　生1971年2月17日　典1996

シン・ナクキュン　申 楽均　Shin, Nack-kyun　政治家　韓国国会議員(国民会議)　元・韓国文化観光相　国韓国　生1941年2月1日　典2000

シン, ナジャ　Singh, Nadja　マリー・ストープスインターナショナル(MSI)資金開発部長　国英国　典2004

シン, ナトワル　Singh, K.Natwar　政治家,外交官　元・インド外相　国インド　生1931年5月6日　典2008／2012

シン, ナリーニ　Singh, Nalini　「シークにさらわれて」の著者　典2008

ジン・ニョム　陳 稔　Jin, Nyum　政治家　元・韓国財政経済相,元・韓国企画予算庁長官,元・韓国労働相　国韓国　生1940年12月2日　典1996／2000／2004／2008

ジン, ハ　Jin, Ha　中国名=金哈　作家　生1956年2月21日　典2004

シン, ハイメ　Sin, Jaime L.　カトリック枢機卿　元・フィリピン・カトリック教会最高指導者,元・マニラ大司教　国フィリピン　生1928年8月31日　没2005年6月21日　典1992／1996／2004

シン・バイリン　辛 倍林　歴史学者　吉林社会科学院歴史研究所副研究員　国中国　生1942年　典1992／1996

シン・ハギュン　Shin, Ha-gyun　漢字名=申河均　俳優　国韓国　生1974年5月30日　典2008／2012

シーン, バリー　Sheen, Barry　オートバイライダー　国オーストラリア　没2003年3月10日　典1992

シン, パール　Sinn, Pearl　プロゴルファー　国米国　生1967年7月17日　典2000

シン, バルタブ　元・シーク教最高指導者　国インド　生1984年5月10日　典1992

ジン, ハワード　Zinn, Howard　歴史家,劇作家　元・ボストン大学名誉教授　国米国　生1922年8月24日　没2010年1月27日　典1992／1996

シン, ビジェイ　Singh, Vijay　プロゴルファー　国フィジー　生1963年2月22日　典1996／2000／2004／2008／2012

シン, ピシュワナート・プラタプ　Singh, Vishwanath Pratap　政治家　元・インド首相,元・ジャナタ・ダル総裁　国インド　生1931年6月25日　没2008年11月27日　典1992／1996

シン・ヒソク　申 熙錫　日本研究家　韓国亜・太政策研究院長　国日本外交・政治史　国韓国　生1945年7月　典1992／1996／2000

シン・ヒョボム　慎 孝範　歌手　国韓国　生1966年1月18日　典1996

シン・ビョンウ　申 炳雨　号=端峰　漢陽大学名誉教授　国地質学　国韓国　生1923年9月17日　典1996

シン・ヒョングン　辛 亨根　Shin, Hyung-keun　外交官　駐広島韓国総領事　国韓国

シン・ヒョンシク　辛 鉉植　韓国中央大学建築工学科教授,韓国建設部中央設計審査委員,韓国建築学会会長　国建築学　国韓国　生1929年10月30日　典1996

シン・ビョンシク　申 秉湜　アマ棋士(囲碁)　全米アマ囲碁名人,韓国文化放送文化部記者　国韓国　典1992

シン・ヒョンジュ　辛 炫周　Shin, Hyun-Ju　プロゴルファー　国韓国　生1980年7月13日　典2008／2012

シン・ヒョンジュン　Shin, Hyun-joon　漢字名=申鉉濬　俳優　国韓国　生1968年10月28日　典1996／2000／2004／2008／2012

シン, ヒョンス　Shin, Hyun-su　バイオリニスト　国韓国　生1987年　典2012

シン・ヒョンチョル　申 鉉哲　陶芸家　国韓国　典2000

シン・ヒョンデ　申 鉉大　Shin, Hyun-dae　漢方学者,漢方医　慶熙大学漢方医学科教授　国韓国　生1947年6月25日　典2004／2008

シン・ヒョンテク　申 鉉沢　元・サムファ会長,元・韓国ドラマ制作者協会会長　国韓国　没2011年4月

シン・ヒョンハク　申 鉉碻　Shin, Hyon-hwak　政治家,実業家　元・韓国首相,元・三星物産会長　国韓国　生1920年10月29日　没2007年4月26日　典1996

シン・ヒョンピョ　Shin, Hyun-pyo　格闘家,元・韓国相撲力士　国韓国　生1976年7月3日　載2008／2012

シン・ビョンヒョン　申秉鉉　Shin, Byong-hyun　韓国精神文化研究院理事長　元・韓国副首相・経済企画院長官　国韓国　生1921年2月7日　載1992／1996

シン・ビョンホ　申秉浩　Sin, Byung-ho　サッカー選手（FW）　国韓国　生1977年4月26日　載2004

シーン, ビリー　Sheehan, Billy　グループ名＝ミスター・ビッグ　ロック・ベース奏者　国米国　載2012

シン・ビルギュン　申弼均　Shin, Pil-kyun　韓国障害者雇用公団理事長　国韓国　生1947年4月18日　載2004／2008

シン・ビンセイ　辛敏盛　弁護士　長城対外経済法律事務所第二部主任弁護士,中国国際経済合作学会理事　国中国　生1937年10月5日　載2000

ジン・ブンキョウ　任文俠　Ren, Wen-xia　吉林大学日本研究所教授,中国企業管理協会理事,中国企業管理諮詢研究会理事是　経済計画,企業管理,日本経済　国中国　生1927年　載1992（ニン・ブンキョウ）／1996

シン・ヘジン　申亥鎮　通訳　国韓国　載1992／1996

シン・ヘス　申蕙秀　韓一神学大学社会福祉学科助教授　国韓国　生1950年　載2000

シン・ヘス　申恵珠　俳優　国韓国　生1965年3月24日　載1996

シン・ヘチョル　申海澈　歌手　国韓国　生1968年5月6日　載1996

シン・ホウカ　新鳳霞　Xin, Feng-xia　旧名＝楊淑敏　評劇俳優　元・中国評劇院俳優,元・全国政協委員　国中国　生1927年　没1998年4月12日　載1996

シン・ホウセイ　秦鳳棲　ジャーナリスト　「中国時報」紙東京特派員　国台湾　載1992／1996

シン・ボク　秦牧　Qin, Mu　旧名＝林覚夫　作家　元・「羊城晩報」副編集長　国中国　生1919年　没1992年10月14日　載1996

シン・ボムシク　申範植　元・韓国国会議員　国韓国　生1923年9月29日　載1996

シン・ボンスン　辛奉承　シナリオ作家　韓国歴史文学研究所代表　国韓国　生1933年5月23日　載1996

シーン, マイケル　Sheen, Michael　俳優　国英国　生1969年2月5日　載2012

シーン, マーティン　Sheen, Martin　本名＝Esteves,Ramon　俳優　国米国　生1940年8月3日　載1992／1996／2000／2004／2008／2012

シン, マン・ジット　Singh, Man Jit　実業家　フューチャーステップ社長・CEO　載2004

シン, マンモハン　Singh, Manmohan　政治家,エコノミスト　インド首相　元・インド財務相　国インド　生1932年9月26日　載1996／2000／2008／2012

シーン, ミッキー　Sheen, Mickey　ジャズ・ドラマー　国米国　生1927年12月13日　没2003年3月25日　載1992

シン・ミナ　Shin, Min-ah　本名＝ヤンミナ　漢字名＝申愍娥　女優　国韓国　生1984年4月5日　載2004／2008／2012

ジン・ミョンスン　陳明順　釜山聖心外国語専門大学日本地域通商専任講師　国韓国　載2000

シン・ユウ　秦勇　グループ名＝黒豹　ロック歌手　国中国　載2000

ジン・ユエ　漢字名＝金月　グループ名＝チャイナ・ミュージック・オーケストラ［CMO］　二胡奏者　国中国　載2008

シン・ユセイ　秦渝生　気功法指導者　国中国　生1939年　載1992

シン・ユンオク　申潤玉　クララボディクリーン代表　国韓国　生1948年6月3日　載1996

シン・ユンシク　申允植　（株）デイコム社長,韓国中央大学行政大学院客員教授　国韓国　生1936年4月26日　載1996

シン・ユンジョン　申允整　タレント　国韓国　生1970年6月11日　載1996

シン・ヨウ　諶容　Shen, Rong　本名＝陳徳容　作家　中国作家協会理事,中国国際交流協会理事　国中国　生1936年10月3日　載1992

ジン・ヨグン　陳堯根　歌手　国韓国　生1962年9月16日　載1996

ジン・ヨンウク　陳永郁　金融家　ハンファ証券社長　元・韓国財政経済省金融政策課長・本部局長　国韓国　載2000（チン・ヨンウク）

シン・ヨンギ　申永琦　号＝愚石　ソウル大学名誉教授,鋼構造学会会長　鋼構造　国韓国　生1921年2月22日　載1996

シン・ヨンギュン　申栄均　Shin, Young-gyun　俳優,政治家　韓国国会議員（ハンナラ党）　国韓国　生1928年11月6日　載1996／2004

シン・ヨンギュン　申鎔均　プロ野球監督　国韓国　生1938年10月13日　載1996

シン・ヨンス　辛泳洙　元・韓国原爆被害者協会会長　国韓国　没1999年5月26日　載1992／1996

シン・ヨンスン　申英順　申英順病院長,韓国女医師協会副会長　国韓国　生1936年5月24日　載1996

シン・ヨンハ　慎鏞廈　ソウル大学社会学科教授,韓国社会史研究会会長　朝鮮史,韓国現代史　国韓国　生1937年12月14日　載1996

シン・ヨンヒ　申英姫　「私は金正日の『踊り子』だった」の著者　国韓国　生1961年　載2000

シン, ラジャ・バリンドラ　Singh, Raja Bhalendra　国際オリンピック委員会(IOC)委員　国インド　生1919年8月9日　没1992年4月16日　載1996

シン・リュウ　岑龍　画家　国中国　生1957年　載2004

シン・リンハ　晋林波　国際関係学者　中国国際問題研究所アジア太平洋研究室主任　国中国　生1963年　載2004／2008

シン, ルイ　Shin, Louis　イラストレーター　国米国　載2004

シン・レントウ　沈連濤　英語名＝シェン, アンドルー　香港金融管理局副総裁　国香港　生1946年　載2000

シン・ワネン　沈和年　水墨画家　虹口書画院副理事長　国中国　生1955年　載2004

シン・ワングン　辛完根　プロ野球選手（投手）　国韓国　生1966年2月14日　載1996

シンウェル, エマニュエル　Shinwell, Emanuel　政治家　元・英国上院議員(労働党),元・英国国防相　国英国　生1884年10月18日　没1986年5月8日　載1992

ジンガー　Zinger　グループ名＝Secret　歌手　国韓国　生1990年2月2日　載2012

シンガー, アイザック・バシェビス　Singer, Isaac Bashevis　作家　国米国　生1904年7月14日　没1991年7月24日　載1992

シンガー, アーネスト　Singer, Ernest　実業家　ミレジム社長　国米国　生1945年5月27日　載2012

シンガー, アービング　Singer, Irving　哲学者　マサチューセッツ工科大学教授　国米国

シンガー, イサドール　Singer, Isadore Manuel　数学者　マサチューセッツ工科大学数学科教授　微分幾何学　国米国　生1924年5月3日　載2008／2012

シンガー, エリック　Singer, Eric　グループ名＝キッス　ロックドラム奏者　載2004／2008

シンガー, シーモア・ジョナサン　Singer, Seymour Jonathan　分子生物学者　国米国　生1924年5月23日　載1992

シンガー, ジル　テレビレポーター　国オーストラリア　生1957年　載1992

シンガー, ニッキー　Singer, Nicky　作家　国英国　生1956年　載2004

シンガー, ピーター　Singer, Peter Albert David　倫理学者　プリンストン大学教授　国オーストラリア　生1946年7月6日　載1996／2000／2004／2008／2012

シンガー, ブライアン　Singer, Bryan　映画監督　国米国　生1965年　載1996／2000／2004／2008／2012

シンガー, フラニー　いじめ相談活動家,元・教師　国英国　載2000

シンガー, ブレア　Singer, Blair　企業研修トレーナー,著述家　載2008

シンガー, フレッド　米国環境科学政策研究所所長　環境科学　国米国　載2000

シンガー, マーガレット　Singer, Margaret Thaler　臨床心理学者

カリフォルニア大学バークレー校心理学部名誉助教授　[専]カルト　[国]米国　[生]1920年　[典]1996／2000

シンガー, マキシン　Singer, Maxine　生化学者　カーネギー研究所所長, 米国国立保健研究所（NIH）名誉研究員　[国]米国　[生]1931年2月15日　[典]1996

シンガー, マーク　Singer, Marc　映画監督　[国]英国　[典]2004／2008

シンガー, マーク　Singer, Marc　コンサルタント　マッキンゼー・アンド・カンパニー・サンフランシスコ・オフィス・プリンシパル　[典]2004

シンガー, マーシャル　Singer, Marshall　経済学者　ピッツバーグ大学名誉教授　[典]2004

シンガー, ロリ　Singer, Lori　女優, チェロ奏者　[国]米国　[生]1962年　[典]1996

シン・カラ　Sin Cara　旧リングネーム＝ミスティコ　プロレスラー　[国]メキシコ　[生]1982年12月22日　[典]2012

ジンガロ, リンダ　Zingaro, Linde　フェミニスト・カウンセラー　[国]カナダ　[生]1946年　[典]1996

シンク, スチュワート　Cink, Stewart　プロゴルファー　[国]米国　[生]1973年5月21日　[典]2000／2008／2012

シング, ペーター　Sing, Peter　ソフト開発者　IBMカナダe-ビジネス・サービス・シニアITスペシャリスト・LEI製品テクニカルデザイナー　[国]カナダ　[典]2004

シング, リチャード　Synge, Richard Laurence Millington　生化学者　元・イースト・アングリア大学名誉教授　[国]英国　[生]1914年10月28日　[没]1994年8月18日　[典]1992／1996

シングルトン, ジョン　Singleton, John　映画監督, 脚本家　[国]米国　[典]1996

シンクレア, M.T.　Sinclair, M.Thea　経済学者　ケント大学シニア・レクチャラー　[典]2004

シンクレア, イアン　Sinclair, Ian　政治家　元・オーストラリア国民党党首　[国]オーストラリア　[生]1929年6月　[典]1992

シンクレア, ダニ　Sinclair, Dani　ロマンス作家　[国]米国　[典]2008

シンクレア, トレーシー　Sinclair, Tracy　ロマンス作家　[国]米国　[典]1992／1996／2004

シンクレア, ハリー　Sinclair, Harry　映画監督, 俳優　[国]ニュージーランド　[生]1959年　[典]2000／2004／2008

シンクレア, マリ　Sinclair, Murray　推理作家　[国]米国　[典]1992

シンコ, アンドレア　Sinko, Andrea　新体操選手　[国]ハンガリー　[生]1967年2月11日　[典]1992

シンザト, ダグラス　新里, ダグラス・T.　経営コンサルタント　トウシュ・ロス・インターナショナルパートナー, 等松・トウシュ・ロス・コンサルティング　[国]米国　[生]1949年　[典]1992

シンサト, ルシラ　政治家　ペルー下院議員　[国]ペルー　[典]1992

シンジンガー, ローランド　Schinzinger, Roland　エネルギー工学者　[専]エネルギー・システム, ライフライン・システムの信頼性　[国]米国　[典]2004

ジンセイヘイソ　仁青平措　登山家　[国]中国　[生]1948年　[典]1996

シンセキ, エリック　Shinseki, Eric Ken　軍人　米国退役軍人長官　元・米国陸軍参謀総長　[国]米国　[生]1942年11月28日　[典]2000／2004／2008／2012

ジンソク　Jinseok　グループ名＝SHU-I　歌手　[国]韓国　[生]1991年1月22日　[典]2012

ジーンソン, ウィリアム　Jeansonne, William C.　情報システム専門家　スモールビズソリューションズ代表　[国]米国　[典]2000

ジンター, アラン　Zinter, Aran　大リーグ選手（内野手）, 元・プロ野球選手　[国]米国　[生]1968年5月19日　[典]2000

シンダー, デブラ・リトルジョン　Shinder, Debra Littlejohn　コンピューターコンサルタント, ライター　[国]米国　[典]2004

シンダー, トーマス　Shinder, Thomas W.　コンピューターコンサルタント　[国]米国　[典]2004

シンタニ, テリー　日本名＝新谷, テリー　医師　ワイアナエ総合健康センター　[専]栄養学　[国]米国　[典]2000

シンダーマン, カール　Sindermann, Carl J.　ニュージャージー州サンディフックス臨海実験所長, ロードアイランド大学客員教授　[専]海洋科学　[国]米国　[典]1992

ジンダーマン, ホルスト　Sindermann, Horst　政治家　元・東ドイツ人民議会議長　[国]ドイツ　[生]1915年9月5日　[没]1990年4月20日　[典]1992

ジンデル, デービッド　Zindell, David　作家　[国]米国　[生]1952年　[典]1992／1996

ジンデル, ポール　Zindel, Paul　劇作家　[国]米国　[生]1936年　[典]1992／1996

シントウ, ジーン　Schinto, Jeanne　作家, 編集者　[国]米国　[生]1951年　[典]1996

シンドーナ, ミケーレ　Sindona, Michele　銀行家　元・ローマ法王庁財務顧問　[国]イタリア　[没]1986年3月18日　[典]1992

シンドラー, S.D.　Schindler, S.D.　イラストレーター　[国]米国　[典]2008

シンドラー, アナ・フォン　Schindler, Ana von　セラピスト　[国]カナダ　[生]1944年1月　[典]2004／2008

シンドラー, ニーナ　Schindler, Nina　作家, 翻訳家　[国]ドイツ　[生]1946年　[典]2004／2008

シンドン　Shindong　グループ名＝SUPER JUNIOR　歌手　[国]韓国　[生]1985年9月28日　[典]2012

ジンネマン, フレッド　Zinnemann, Fred　映画監督　[国]米国　[生]1907年4月29日　[没]1997年3月14日　[典]1992／1996

シンハ, インドラ　Sinha, Indra　作家, コピーライター　[生]1950年　[典]2012

シンハ, インドラーニ　女性救援運動家　サンラープ主宰者　[国]インド　[典]2000

シンハ, ヤシュワント　Sinha, Yashwant　政治家　インド蔵相　[国]インド　[生]1937年11月6日　[典]2000／2004

シンハニア, ハリ・シャンカー　Singhania, Hari Shankar　実業家　シンハニア財閥総帥, 国際商業会議所（ICC）会長　[国]インド　[生]1933年6月20日　[典]1992（シンガニア, H.S.）／1996

ジンバリスト, アンドルー　Zimbalist, Andrew　スミス大学経済学部教授　[専]開発経済学　[国]米国　[典]1996／2008／2012

ジンバリスト, エフレム　Zimbalist, Efrem　旧名＝Tsimbalist, Efrem Aleksandrovich　バイオリニスト, 作曲家, 音楽史研究家　[国]米国　[生]1889年4月9日　[没]1985年2月22日　[典]1992

ジンバリスト, エフレム（Jr.）　Zimbalist, Efrem（Jr.）　俳優　[国]米国　[生]1923年11月30日　[典]1992

シンプキンス, アンディー　Simpkins, Andy　本名＝シンプキンス, アンドリュー　旧グループ名＝スリーサウンズ　ベース奏者　[国]米国　[生]1932年4月29日　[典]1996

シンプソン, N.F.　Simpson, N.F.　本名＝シンプソン, ノーマン　劇作家　[国]英国　[生]1919年1月29日　[没]2011年8月27日　[典]1992

シンプソン, O.J.　Simpson, O.J.　本名＝Simpson,Orenthal James　俳優, 元・プロフットボール選手　[国]米国　[生]1947年7月9日　[典]1996／2000／2008／2012

シンプソン, アシュリー　Simpson, Ashlee　歌手, 女優　[国]米国　[生]1984年10月3日　[典]2008／2012

シンプソン, アラン　Simpson, Alan Kooi　政治家　元・米国上院議員（共和党）　[国]米国　[生]1931年9月2日　[典]1996／2000

シンプソン, アン　Simpson, Anne　世界銀行上席オフィサー　[典]2004

シンプソン, アンドルー　Simpson, Andrew　ヨット選手（スター級）　北京五輪セーリング男子スター級金メダリスト　[国]英国　[生]1976年12月17日　[没]2013年5月9日　[典]2012

シンプソン, イアン　Simpson, Ian　画家　元・セント・マーティン美術学校校長　[国]英国　[生]1933年11月12日　[典]1992

シンプソン, ウェブ　Simpson, Webb　プロゴルファー　[国]米国　[生]1985年8月8日　[典]2012

シンプソン, ウォリス　Simpsom, Wallis Warfield Spencer　別名＝Duchess of Windsor　ウィンザー公夫人　[国]英国　[生]1896年6月19日　[没]1986年4月24日　[典]1992

シンプソン, クリストファー　Simpson, Christopher　ジャーナリス

ト 国米国 歿1952年 ®1996

シンプソン, ジェシカ Simpson, Jessica 歌手 国米国 ®2004/2008

シンプソン, ジェニファー Simpson, Jennifer 陸上選手（中距離・ハードル） 国米国 生1986年8月23日

シンプソン, ジェームス Simpson, James B. カトリック神父, 名言研究家 国米国 ®1992/1996

シンプソン, ジャクリーン Simpson, Jacqueline フォークロア研究家 「フォークロア」誌名誉編集委員 国英国 生1930年 ®1996

シンプソン, ジョー Simpson, Joe 登山家, 著述家 国英国 生1960年 ®1992/2004/2008

シンプソン, ジョイ オペラ歌手 国米国 生1987年3月25日 ®1992

シンプソン, ジョージ Simpson, George 本名＝シンプソン, ジョージ・ゲイロード 古生物学者 国古脊椎動物学 国米国 生1902年6月16日 歿1984年10月6日 ®1992

シンプソン, ジョージ Simpson, George 実業家 ゼネラル・エレクトリック・カンパニー社長 国英国 ®1996/2000

シンプソン, ジョン Simpson, John Cody Fidler ジャーナリスト BBC論説委員 国英国 生1944年8月9日 ®1992/1996/2000/2004

シンプソン, ジョン Simpson, John 建築家 ジョン・シンプソン・アンド・パートナー社社長 国英国 生1954年11月 ®1996

シンプソン, スコット Simpson, Scott プロゴルファー 国米国 生1955年9月17日 ®1992/1996/2008

シンプソン, スティーブン Simpson, Stephen 統計学者 ®ラディカル統計学 ®2004/2008

シンプソン, デービッド Simpson, David Rae Fisher ストラスクライド大学教授 国英国 生1936年11月29日 ®1992

シンプソン, トビー サイバーライフ・テクノロジー社エグゼクティブ・プロデューサー 国英国 生1970年 ®2000

シンプソン, ドロシー Simpson, Dorothy ミステリー作家 国英国 生1933年 ®1992/1996

シンプソン, マーガレット Simpson, Margaret 作家, 児童文学者 国英国 ®2004

シンプソン, マーシャ Simpson, Marcia ミステリー作家 国米国 ®2004

シンプソン, モナ Simpson, Mona 作家 国米国 生1958年 ®1992/1996/2004/2008

シンプソン, リズ Simpson, Liz ジャーナリスト, テレビ・ラジオプロデューサー 国英国 ®2004

シンプソン, ルイス Simpson, Louis Aston Marantz 詩人, 作家 元・ニューヨーク州立大学名誉教授 国米国 生1923年3月27日 歿2012年9月14日 ®2000

シンプソン, ロバート・C. IBMアジア・パシフィック・ゼネラルマネージャー 国米国 ®1996

シンプソン・ミラー, ポーシャ Simpson-Miller, Portia Lucretia 政治家 ジャマイカ首相 国ジャマイカ 生1945年12月12日 ®2008/2012

シンプロット, ジョン・リチャード Simplot, John Richard 通称＝シンプロット, ジャック 実業家 元・J.R.シンプロット・カンパニー創業者 国米国 生1909年1月9日 歿2008年5月25日 ®2000

ジンペル, ジャン Gimpel, Jean 歴史学者 ®2000

シンボルスカ, ヴィスワヴァ Szymborska, Wisława 詩人, ジャーナリスト 国ポーランド 生1923年7月2日 歿2012年2月1日 ®1992（シムボルスカ, ビスワバ）/2000/2004/2008/2012

ジンマー, カール Zimmer, Carl 科学ジャーナリスト 元・「ディスカバー」副編集長 ®1966年

ジンマーマン, ジョン Zimmerman, John W. 経営コンサルタント ケプナー・トリゴー社副社長 国戦略経営 国米国 ®1992（ジマーマン, ジョン）

ジンマーマン, ティム Zimmermann, Tim ジャーナリスト 「USニューズ&ワールド・リポート」シニア・エディター 国米国 生1961年 ®2000

ジンマーマン, バーノン Zimmerman, Vernon Kenneth イリノイ大学商経学部教授・国際会計教育研究センター所長 国会計学 国米国 生1928年8月6日 ®1996

ジンマーマン, ビル Zimmerman, Bill ジャーナリスト ニューズデイ社 ®2000

ジンマーマン, フィル コンピューター・プログラマー PGP社長, ネットワーク・アソシエイツ・シニア・フェロー 国米国 ®2000

ジンマーマン, マイケル・R. キリン・シーグラム副社長 国米国 生1949年 ®1996

ジンマン, デービッド Zinman, David 本名＝Zinman,David Joel 指揮者 チューリヒ・トーンハレ管弦楽団首席指揮者・音楽監督 元・ボルティモア交響楽団首席指揮者・音楽監督 国米国 生1936年7月9日 ®1996/2000/2012

シンメル, アンネマリー Schimmel, Annemarie オリエント学者, イスラム文化研究者 国ドイツ 生1922年 ®2000

ジンメル, ヨハネス・マリオ Simmel, Johannes Mario 推理作家, シナリオライター, 劇作家, ジャーナリスト 国オーストリア 生1924年4月7日 歿2009年1月1日 ®1992/1996

シンメルブッシュ, ハインツ メタルゲゼルシャフト会長, 国際商業会議所副会長 国ドイツ ®1992/1996

シンメルプフェニヒ, ローラント Schimmelpfennig, Roland 劇作家, 演出家 国ドイツ 生1967年 ®2012

シンヤ, ビオレタ・グラディス Shinya, Violeta Gladys ハドソン環境文化公園・博物館名誉館長 国アルゼンチン ®1996

【ス】

スー, アレック Su, Alec 中国名＝蘇有朋 俳優, 歌手 国台湾 生1973年9月11日 ®2008

スー・チー Shu, Qi 漢字名＝舒淇, 旧芸名＝シュウケイ 女優 国台湾 生1976年4月16日 ®2000/2004/2008/2012

スー・チャオピン Su, Chao-pin 漢字名＝蘇照彬 映画監督, 脚本家 国台湾 生1970年1月

スー・トン 蘇童 Sū, Tóng 作家 国中国 生1963年 ®2000（ソ・ドウ）/2012（ソ・ドウ）

スー, ナム Suh, Nam P. マサチューセッツ工科大学教授・機械工学部長 国生産加工, トライボロジー 国米国 生1936年 ®1996

スー, バービー Hsu, Barbie 漢字名＝徐熙媛, 通称＝大S ユニット名＝SOS 女優 国台湾 生1976年10月6日 ®2008/2012

スー, ハロルド 米国航空宇宙局（NASA）, ノーベル・コンピューティング国際研究所（IINC）アドバイザー 国ニューラルコンピューティングの応用 国米国 ®1992

スー, ビビアン Hsu, Vivian 本名＝徐淑娟 台湾芸名＝徐若瑄 ユニット名＝ブラックビスケッツ 女優, 歌手 国台湾 生1975年3月19日 ®1996/2008/2012

ス, ピーワイ Su, P.Y. 編集者, 著述家 ランダムハウス辞典ペーパーバック版執行編集者 ®1992/1996

スー, フェン・シュン 中国名＝許峯雄 IBMワトソン研究所研究員 国コンピューター 国米国 ®2000

スアソ, ダヴィド Suazo, David 本名＝Suazo Velázquez,Óscar David 元・サッカー選手 国ホンジュラス 生1979年11月5日 ®2012

スアソ, ロベルト Suazo Cordova, Roberto 政治家 元・ホンジュラス大統領・自由党党首 国ホンジュラス 生1927年 ®1992

スアド Souad 「生きながら火に焼かれて」の著者 生1957年頃 ®2008

スアレス, アドルフォ Suárez González, Adolfo 政治家 元・スペイン首相 国スペイン 生1932年9月25日 ®1992/1996

スアレス, グスタボ Suarez, Gustavo 本名＝Suarez Pertierra, Gustavo 政治家 元・スペイン国防相 国スペイン 生1949年 ®1996/2000

スアレス, クラウディオ Suarez, Claudio 元・サッカー選手 国メ

キシコ　[生]1968年12月17日　[典]2004／2012

スアレス, パオラ　Suarez, Paola　元・テニス選手　[国]アルゼンチン　[生]1976年6月23日　[典]2008／2012

スアレス, ラモン・ブランコ　登山家　[国]ベネズエラ　[典]1996

スアレス, ルイス　Suárez, Luis　本名＝スアレス・ミラモンテス, ルイス　元・サッカー選手, 元・サッカー監督　元・サッカー・スペイン代表監督　[国]スペイン　[生]1935年5月2日　[典]2004

スアレス, ルイス　Suarez, Luis　本名＝スアレス, ルイス・アルベルト　サッカー選手(FW)　[国]ウルグアイ　[生]1987年1月24日　[典]2012

スアン・デュー　詩人　[国]ベトナム　[没]1985年12月18日　[典]1992

スアン・トイ　Xuan Thuy　政治家　元・北ベトナム・パリ和平会談首席代表　[国]ベトナム　[生]1912年9月2日　[没]1985年6月18日　[典]1992

スイ, アナ　Sui, Anna　ファッションデザイナー　[国]米国　[典]2000／2008／2012

スイ・エイアン　水 永安　南京大学教授, 中国音響学学会理事　[専]音響学　[国]中国　[生]1932年　[典]1996

スィー, ガイ　Cihi, Guy　ワールド・ファミリー(株)マーケティング担当副社長　[国]米国　[生]1957年　[典]1996

ズイ・ケイセツ　景 瑞雪　Jing, Rui-xue　レスリング選手　[国]中国　[生]1988年7月4日

スイ・ハクジョ　眭 璞如　華陽国際技術公司総経理, 中国科学院空間科学・応用研究センター総工程師・研究員・教授　[専]宇宙工学　[国]中国　[生]1932年　[典]1992／1996

スイ・ミンフウ　帥 民風　水墨画家, 書家　広西師範大学教授　[国]中国　[生]1958年　[典]2000／2004／2008

ズィヴルスカ, クリスティナ　Zywulska, Krystyna　アウシュヴィッツ体験記「地獄からの生還」の著者　[生]1918年　[典]1992(ズィブルスカ, クリスティナ)

ズィギエル, グジェゴジ　Zygier, Grzegorz　写真家　[国]ポーランド　[生]1954年　[典]1992

スィージー, スチュアート　Swezey, Stuart　出版人　アモクブックス代表・編集長　[典]2004

スイジェ, ジャンヌ　名取名＝藤間澄詠　文筆業, 翻訳家　スタイル・フランス社長　[専]歌舞伎研究　[国]フランス　[典]1996

スイス, ジェームズ　Swiss, James E.　政治学者　ノースカロライナ州立大学政治学部准教授　[専]行政マネジメント　[国]米国　[典]2004

スイスエフ, オレグ　Sysuev, Oleg Nikolaevich　政治家　元・ロシア副首相　[国]ロシア　[生]1953年3月23日　[典]2000

スィー・チャイ・アン　Swee Chai Ang　医師　英国王立病院上級医局員, パレスチナ人のための医療援助(MAP)設立者　[国]英国　[典]1992

スイートランド, ベン　心理コンサルタント　[国]米国　[典]2004

スイネン, ロラン　ペトロフィナ・ジャパン・オフィス首席代表, FINAジャパン社長　[典]1996

ズィヒターマン, バーバラ　Sichtermann, Barbara　フリーライター　[国]ドイツ　[生]1943年　[典]1996

スイフト, レーチェル　Swift, Rachel　元・ケンブリッジ大学講師　[専]英文学　[国]英国　[生]1953年　[典]1996(スウィフト, レーチェル)

ズイマー, ポール　Zimmer, Paul　詩人　[国]米国　[生]1934年　[典]1992

スイン, リチャード　Suinn, Richard M.　漢字名＝孫金昌　コロラド州立大学心理学教授・心理学部長　[専]臨床心理学, スポーツ心理学　[国]米国　[典]2000

スウ・ガイ　鄒 凱　Zou, Kai　体操選手　北京五輪・ロンドン五輪体操男子ゆか・団体総合金メダリスト　[国]中国　[生]1988年2月25日　[典]2012

スウ・カカ　鄒 家華　Zou, Jia-hua　原名＝嘉驊　政治家　元・中国副首相, 元・中国共産党政治局員　[国]中国　[生]1926年10月　[典]1992／1996／2000

スウ・ケイブン　鄒 景雯　政治記者　「自由時報」副編集局長　[国]台湾　[生]1963年5月　[典]2004／2008

スウ・コウホン　鄒 厚本　考古学者　南京博物院考古研究所所長　[国]中国　[典]2000

ズウ・ジェレン　児童文学作家, テレビ監督　[国]台湾　[生]1971年　[典]2008

スウ・ジキン　鄒 爾均　アモイ市長　[国]中国　[生]1931年　[典]1996

スウ・シンセン　鄒 振先　元・三段跳選手　中国陸上チーム・コーチ　[国]中国　[生]1955年　[典]1996

スウ・セイショウ　鄒 世昌　工学者　中国科学院イオン・ビーム開放研究実験室主任　[専]イオン・ビーム材料の研究　[国]中国　[生]1931年　[典]1996

スウ・ヘイブン　鄒 秉文　元・中国人民政治協商会議全国委員会(全国政協)委員・農牧漁業省顧問　[国]中国　[没]1985年6月11日　[典]1992

スウ・ユ　鄒 瑜　全国人民代表大会常務委員会委員兼同内務司法委員会副主任委員　元・中国司法相　[国]中国　[生]1920年　[典]1996

スヴァルテダール, イェンス・アルネ　Svartedal, Jens-Arne　スキー選手(距離)　トリノ五輪スキー・クロスカントリー男子団体スプリント銀メダリスト　[国]ノルウェー　[生]1976年2月14日

スヴァルトヴィック, ヤン　Svartvik, Jan　ルント大学名誉教授　[専]英語学　[国]スウェーデン　[生]1931年　[典]2000

スヴァンホルム, バート・オロフ　実業家　元・ボルボ会長　[国]スウェーデン　[没]1997年3月18日　[典]1996(スバンホルム, B.O.)

スウィアジンスキー, ドゥエイン　Swierczynski, Duane　作家　[典]2008(スワジンスキ, デュアン)

スヴィエラーク, ズデニェック　Svěrák, Zdeněk　俳優, 脚本家　[国]チェコ　[生]1936年3月28日　[典]2000／2008／2012

スヴィエラーク, ヤン　Svěrák, Jan　映画監督　[国]チェコ　[生]1965年2月6日　[典]2004／2008／2012

スウィコード, ロビン　Swicord, Robin　映画監督, 脚本家　[国]米国　[生]1952年　[典]2012

スウィージー, ポール　Sweezy, Paul Marlor　ジャーナリスト, 経済学者　元・「マンスリー・レビュー」編集長, 元・ハーバード大学助教授　[専]マルクス主義経済学　[国]米国　[生]1910年10月10日　[没]2004年2月27日　[典]1992／1996

ズウィック, エドワード　Zwick, Edward　映画監督, 映画プロデューサー　[国]米国　[生]1952年10月8日　[典]2004／2008／2012

スウィッシャー, ニック　Swisher, Nick　本名＝Swisher,Nicholas Thomas　大リーグ選手(内野手)　[国]米国　[生]1980年11月25日

スウィッツァー, バリー　Switzer, Barry　元・プロフットボールコーチ　[国]米国　[生]1937年10月5日　[典]2000

ズヴィッツァー, ハンス・ラウレンツ　Zwitzer, Hans Laurentz　歴史研究者　元・オランダ王国陸軍戦史部副部長　[国]オランダ　[生]1929年　[典]2004

スウィッツゲイブル, メグ　映画プロデューサー, 映画監督　[国]米国　[典]1992

スウィツラー, アル　Switzler, Al　「言いにくいことを上手に伝えるスマート対話術」の著者　[典]2008

スウィーティング, C.G.　Sweeting, C.G.　元・スミソニアン・インスティテューション付属国立航空宇宙博物館飛行服部門司書　[国]米国　[典]1992／1996

スウィート, ケリー　Sweet, Kelly　ジャズ歌手　[典]2012

スウィート, デービッド　Sweet, David　コンピューター技術者, テクニカルライター　[国]米国　[典]2004

スウィート, ブランチ　映画女優　[国]米国　[没]1986年9月6日　[典]1992

スウィート, メイ　Sweet, May　本名＝スエ・エ・ミン　女優, 歌手　[国]ミャンマー　[典]1992

スウィート, メリッサ　Sweet, Melissa　イラストレーター　[国]米国　[生]1956年　[典]2008

スウィトコウスキー, ズィギー　Switkowski, Ziggy　本名＝Switkowski,Zygmunt Edward　原子物理学者, 実業家　ロイヤルメルボルン工科大学学長　元・テルストラ社長・CEO　[国]オーストラリア　[生]1948年6月21日　[典]2000／2004／2012

スウィトナー, オトマール　Suitner, Otmar　指揮者　元・ベルリン国立歌劇場音楽総監督, 元・NHK交響楽団名誉指揮者　[国]オースト

リア [生]1922年5月16日 [没]2010年1月8日 [典]1992

スウィートマン, ビル Sweetman, Bill 「フライト・インターナショナル」編集者 [典]2004

スウィドラー, アン Swidler, Ann 社会学者 カリフォルニア大学バークレー校教授 [国]米国 [典]2004

スウィーニー, アン Sweeney, Anne M. 実業家 ディズニー・メディア・ネットワークス共同会長, ディズニーABCテレビジョン社長 [国]米国 [生]1957年11月4日 [典]2008／2012

スウィーニー, エマ Sweeney, Emma 作家 [国]米国 [典]2004

スウィーニー, チャールズ Sweeney, Charles W. 軍人 元・米国空軍少将 長崎原爆投下機の機長 [国]米国 [没]2004年7月15日 [典]2004

スウィーニー, ブライアン Sweeney, Brian 大リーグ選手(投手), 元・プロ野球選手 [国]米国 [生]1974年6月13日 [典]2008／2012

スウィーニー, マイク Sweeney, Mike 本名=Sweeney,Michael John 元・大リーグ選手 [国]米国 [生]1973年7月22日 [典]2004／2008／2012

スウィーニー, マイケル Sweeney, Michael S. ジャーナリスト ユタ州立大学ジャーナリズム学部教授 [国]米国 [典]2008／2012

スウィーニー, リー Sweeney, H.Lee 生理学者 ペンシルベニア大学医学部教授 [専]遺伝子治療 [国]米国 [典]2008

スウィフト, アンソニー Swift, Anthony ジャーナリスト [国]英国 [典]1992

スウィフト, イアン Swift, Ian デザイナー [国]英国 [生]1965年 [典]1996

スウィフト, グレアム Swift, Graham 本名=Swift,Graham Colin 作家 [国]英国 [生]1949年5月4日 [典]1996／2000／2012

スウィフト, ジェーン Swift, Jane 政治家 マサチューセッツ州知事 [国]米国 [生]1965年2月24日 [典]2004／2008

スウィフト, スー Swift, Sue ロマンス作家 [国]米国 [典]2008

スウィフト, テイラー Swift, Taylor カントリー歌手 [国]米国 [生]1989年12月13日 [典]2012

スウィーラム, ホサン 元・軍人 元・エジプト陸軍戦略研究所所長 [専]中東問題 [国]エジプト [典]1992

スヴィンダル, アクセル・ルント Svindal, Aksel Lund スキー選手(アルペン) バンクーバー五輪アルペンスキー男子スーパー大回転金メダリスト [国]ノルウェー [生]1982年12月26日 [典]2012

スウィンデルズ, ロバート Swindells, Robert 児童文学作家 [国]英国 [生]1939年 [典]1992／1996

スウィンドル, レニー Swindle, Renée 作家 [国]米国 [典]2004

スウィントン, ティルダ Swinton, Tilda 女優 [国]英国 [生]1960年11月5日 [典]1996／2012

スウィンバンクス, デービッド Swinbanks, David D. 海洋地質学者 「ネイチャー」出版責任者 元・ネイチャー・ジャパン社長 [専]堆積学 [国]英国 [生]1953年 [典]1992／1996／2000／2004／2008

スウィンボーン, ヘレン Swinbourne, Helen ジャーナリスト [典]2004

スウェアリンゲン, ジョン Swearingen, John Eldred 元・コンチネンタル・イリノイ会長 [国]米国 [生]1918年9月7日 [典]1992

スウェイジ, パトリック Swayze, Patrick 俳優, ダンサー [国]米国 [生]1952年8月18日 [没]2009年9月14日 [典]1996(スウェイズ, パトリック)

スウェイト, アンソニー Thwaite, Anthony Simon 詩人, 批評家 [国]英国 [生]1930年 [典]1992

スウェイン, ジョナサン Swain, Jonathan エイズとの闘病生活を送る小学生 [国]米国 [生]1983年 [典]1996

スウェイン, ジョン Swain, Jon ジャーナリスト [国]英国 [典]2000

スウェイン, ドミニク Swain, Dominique 女優 [国]米国 [生]1980年8月12日 [典]2000／2004

スウェイン, マイク Swain, Michael 柔道選手 [国]米国 [典]1996

スウェイン, モンテ Swain, Monte 会計学者 ブリガムヤング大学ビジネススクール教授 [国]米国 [典]2004／2008

スヴェインソン, キャータン Sveinsson, Kjartan グループ名=シガー・ロス ミュージシャン [国]アイスランド [典]2004／2008／2012

スウェダー, ジェリ Sweder, Gerri L. 児童心理学者 [国]米国 [典]1992

スウェット, C. 経営コンサルタント [国]米国 [典]1992

スウェッド, ジョン Szwed, John F. 人類学者 エール大学教授 [国]米国 [典]2008

ズヴェーデン, ヤープ・ヴァン Zweden, Jaap van 指揮者 オランダ放送フィルハーモニー芸術監督, ダラス交響楽団音楽監督 [国]オランダ [生]1960年 [典]2012

スウェート, マテヤ 元・スキー選手(アルペン) [国]ユーゴスラビア [典]1992

スウェドナー, グンネル Swedner, Gunnel イェーテボリ大学大学院ソーシャルワーク学部修士課程非常勤講師 [専]ソーシャルワーク [国]スウェーデン [生]1926年 [典]2000

スウェドナー, ハラルド Swedner, Harald イェーテボリ大学大学院看護ケア科学部教授 [専]社会学 [国]スウェーデン [生]1925年 [典]2000

スヴェトラーノフ, エフゲニー Svetlanov, Evgenii Fedorovich 指揮者, ピアニスト, 作曲家 元・ロシア国立交響楽団音楽監督, 元・ボリショイ劇場管弦楽団首席指揮者 [国]ロシア [生]1928年9月6日 [没]2002年5月3日 [典]1996(スベトラーノフ, エフゲニー)

スウェル, カール Sewell, Carl 実業家, 自動車ディーラー スウェル・ビレッジ・キャディラック会長 [国]米国 [典]1996

ズウェル, マイケル Zwell, Michael コンサルタント メタモーフィックスCEO, ズウェル・インターナショナル会長 [国]米国 [典]2004

スウェル, マーク Sewell, Marc T. コンピューター技術者 [典]2004

スヴェルドルップ, ヤコブ Sverdrup, J. オスロ大学歴史学教授, ノルウェー・ノーベル委員会平和賞事務局長 [専]ノルウェー現代史, ドイツ史(ナチズム), 国際関係論 [国]ノルウェー [生]1919年 [典]1992(スベードルップ, ヤコブ)

ズヴェレワ, ナターシャ Zvereva, Natasha テニス選手 [国]ベラルーシ [生]1971年4月16日 [典]1992(ズベレワ, ナタリア)／2000

スヴェンセン, エミル・ヘグル Svendsen, Emil Hegle バイアスロン選手 バンクーバー五輪バイアスロン男子20キロ・30キロリレー金メダリスト [国]ノルウェー [生]1985年7月12日 [典]2012

スヴェンソン, マルガレータ Svensson, Margareta スウェーデン全国労組連盟書記長 [国]スウェーデン [典]1992(スベンソン, マルガレータ)

スヴェンソン, ラルス Svensson, Lars E.O. 経済学者 プリンストン大学教授 [典]2008

スウェンソンライト, ジョン Swenson-Wright, John ケンブリッジ大学東洋学部助教授 [専]政治学, 国際関係 [生]1965年 [典]2000

スウェンネン, ルネ Swennen, René 作家 [国]ベルギー [典]1996

スウォーサウト, グレンドン Swarthout, Glendon 作家 [国]米国 [生]1918年4月8日 [典]1992

スウォーディ, サイモン Swordy, Simon P. シカゴ大学教授 [専]宇宙線研究 [国]米国 [典]2000

ズヴォナレワ, ベラ Zvonareva, Vera テニス選手 北京五輪テニス女子シングルス銅メダリスト [国]ロシア [生]1984年9月7日

スウォーブリック, アイルサ 英国オープン・ユニバーシティ上級講師 [専]成人教育 [国]英国 [典]2000

スヴォボダ, ヨゼフ Svoboda, Josef 舞台美術家, 建築家, 演出家 元・プラハ国立劇場主任デザイナー [国]チェコ [生]1920年5月10日 [没]2002年4月8日 [典]1992(スボボダ, ヨゼフ)／1996(スボボダ, ヨゼフ)／2000

ズヴォーリキン, ウラジーミル Zworykin, Vladimir Kosma 電子工学者 元・RCA電子研究実験所理事長 [国]米国 [生]1889年7月30日 [没]1982年7月29日 [典]1992

スウォール, エティエンヌ・ド Swardt, Etienne de ドッグ・ジェネレーション・マネージング・ディレクター [国]フランス [生]1970年 [典]2004

スヴォレイ, ヤーロン Svoray, Yaron ジャーナリスト [国]イスラ

エル　[生]1954年　[典]2000／2004

スーヴォロワ, タチアナ　ジャーナリスト　「モスコフスカヤ・プラウダ」紙記者　[国]ロシア　[生]1960年　[典]1996（スーボロワ, タチアナ）

スエ　Jooae　本名＝パクスエ　女優　[国]韓国　[生]1980年7月25日　[典]2008／2012

ズーエフ, ユーリー　Zuev, Yurii　元・ソ連共産党国際部対日政策責任者　[国]ソ連　[生]1929年　[典]1992／1996

スーエル, リップ　Sewell, Rip　本名＝Sewell,Truett Banks　大リーグ選手　[国]米国　[生]1907年5月11日　[没]1989年9月3日　[典]1992

スエルバーグ, ニルス・オットー　Sjöberg, Nils-Otto　ルンド大学産婦人科教授　[専]産婦人科学　[国]スウェーデン　[典]1992

ズエワ, アナスタシア　Zuyeva, Anastasiya　本名＝Zuyeva, Anastasiya Valeryevna　水泳選手（背泳ぎ）　ロンドン五輪競泳女子200メートル背泳ぎ銀メダリスト　[国]ロシア　[生]1990年5月8日

スェン, アナスタシア　Suen, Anastasia　児童文学作家　[典]2008

スオウ, アンソニー　Suau, Anthony　フォトジャーナリスト　[国]米国　[生]1956年　[典]2000／2012

スオフォード, アンソニー　Swofford, Anthony　ライター　[国]米国　[典]2004

ズオン・キュップ・チ　ベトナム・オリンピック委員会副会長　北京アジア大会ベトナム選手団長　[国]ベトナム　[典]1992

ズオン・トゥー・フオン　Duong Thu Huong　作家　[国]ベトナム　[生]1947年　[典]1996／2012

ズオン・バン・ミン　Duong Van Minh　別名＝ビッグ・ミン　政治家, 軍人　元・南ベトナム大統領　[国]ベトナム　[生]1916年　[没]2001年8月6日　[典]1992／2000

スカー, ハリド　Skah, Khalid　陸上選手（長距離）　[国]モロッコ　[生]1967年1月29日　[典]1996

スガオカ, ケイ　Sugaoka, Kei　東京電力の原発トラブル隠しを告発した元GE社員　[国]米国　[典]2008

スカクン, ナタリア　Skakun, Nataliya　重量挙げ選手　[国]ウクライナ　[生]1981年8月3日　[典]2008

スカケベック, ニールス　コペンハーゲン大学教授, 世界保健機関（WHO）研究会員　[専]生殖発達学　[国]デンマーク　[典]2000

スカジンスキ, グロリア　Skurzyinski, Gloria　作家　[国]米国　[生]1930年　[典]2008

スカーセラ, ロビン　Scarcella, Robin C.　カリフォルニア大学アービン校教授　[専]言語学　[国]米国　[典]2000

スカッコ, ピーター・L.　アムウエイ社国際広報局長　[国]米国　[生]1951年　[典]1992／1996

スカッチ, アレクサンダー・フランク　Skutch, Alexander Frank　鳥類研究者　[国]米国　[生]1904年　[典]2000

スカッツ, ジェリー　Scutts, Jerry　著述家　[専]軍用機　[典]2004

スカーディナ, マーク　Scardina, Mark　コンピューター技術者　オラクル　[典]2004

スガハラ, ケイ　Sugahara, Kay　日本名＝菅原敬一　元・フェアフィールド・マクスウェル社会長　[国]米国　[生]1909年3月　[没]1988年9月25日　[典]1992（スガハラ, ケイ／菅原 ケイ スガワラ, ケイ）

ズーカフ, ゲーリー　Zukav, Gary　科学史家　[国]米国　[生]1942年　[典]1996

スカーフィオッティ, フェルディナンド　Scarfiotti, Ferdinando　映画美術監督　[没]1994年4月30日　[典]1996

スカボロー, エリザベス・アン　Scarborough, Elizabeth Ann　作家　[国]米国　[典]1996

スカーボロー, ローワン　Scarborough, Rowan　ジャーナリスト　[国]米国　[典]2000

ズーカーマン, ピンカス　Zukerman, Pinchas　バイオリニスト, 指揮者, ビオラ奏者　[国]イスラエル　[生]1948年7月16日　[典]1992／1996／2000／2012

スカラ, ジェームズ　Scala, James　ジョージタウン大学教授　[専]栄養学　[国]米国　[典]1996

スカラ, リリア　Skala, Lilia　女優　[国]米国　[生]1896年11月28日　[没]1994年12月18日　[典]1996

スカラピーノ, ロバート　Scalapino, Robert Anthony　政治学者　元・カリフォルニア大学バークレー校名誉教授　[専]極東政治, アジア問題　[国]米国　[生]1919年10月19日　[没]2011年11月1日　[典]1992／1996／2000／2004

スカリー, アーサー　Sculley, Arthur B.　金融家　スカリー・ブラザーズLLCパートナー, イントラ・リンクス会長, バミューダ証券取引所評議会議長　[国]米国　[典]2004／2008

スカリー, ジェームズ　フィリップモリス社長　[国]米国　[典]2000

スカリー, ショーン　画家　[国]米国　[生]1945年　[典]1996

スカリー, ジョン　Sculley, John　実業家, 投資家　ライブピクチャー会長・CEO　元・アップルコンピュータ会長・CEO　[国]米国　[生]1939年4月6日　[典]1992／1996／2000／2004／2008

スカリー, ビン　Scully, Vin　アナウンサー　[国]米国　[生]1927年　[典]2012

スカリー, ビンセント（Jr.）　Scully, Vincent (Jr.)　建築史家, 評論家　エール大学美術史学科教授　[国]米国　[生]1920年　[典]1996

スカリ, ベンテ　Skari, Bente　スキー選手（距離）　[国]ノルウェー　[生]1972年9月10日　[典]2004／2008

スカリ, ロベール　スカリ・フォルタン・ド・フランス社長　[国]フランス　[典]2000

スカリア, アントニン　Scalia, Antonin　裁判官　米国連邦最高裁判事　[国]米国　[生]1936年3月11日　[典]2000

スカリア, トニー　Scalia, Toni　経営コンサルタント　ブルックリン大学社会学客員教授　[国]米国　[典]1992

スカリーゼ, マリオ　中亜極東協会（イズメオ）ロンバルディア支部会長, パヴィア大学助教授　[専]日本語, 日本文学　[国]イタリア　[典]2000

スカーリット, トム　Skerritt, Tom　俳優　[国]米国　[生]1933年8月25日　[典]1996

スカーリット, ルーズベルト　Skerrit, Roosevelt　政治家　ドミニカ首相　[国]ドミニカ　[生]1972年6月8日　[典]2008／2012

スカリーニ, マリオ　Scalini, Mario　美術館学芸員　[国]イタリア　[典]2000

スカル, クリスティナ　Scull, Cristina　美術史家　[典]2004

スカル, デービッド　Skal, David J.　作家, 映画評論家　[専]ホラー映画　[国]米国　[生]1952年　[典]2000

スカール, ホルダー（Jr.）　Skard, Halldor (Jr.)　元・スキー選手（複合）　[国]ノルウェー　[生]1974年4月11日　[典]2000

スカルコ, ジョルジョ　Scalco, Giorgio　画家　ローマ美術アカデミー教授　[国]イタリア　[生]1928年　[典]1992

スカルスゲールド, ステラン　Skarsgård, Stellan　俳優　[国]スウェーデン　[生]1951年6月13日　[典]2000／2004／2008／2012

スカルソープ, ピーター　作曲家　[国]オーストラリア　[生]1929年　[典]2000

スカルディーナ, オクサナ　Skaldina, Oksana　新体操選手　[国]ウクライナ　[生]1972年5月24日　[典]1992／1996

スカルディーノ, ピーター　Scardino, Peter T.　医学者　コーネル大学医学部教授　[専]泌尿器科, 前立腺癌　[国]米国　[生]1945年9月　[典]2004／2008

スカルディノ, マージョリー　Scardino, Morjorie　本名＝Scardino, Dame Morjorie Morris　実業家　ピアソンCEO　[国]米国　[生]1947年1月25日　[典]2000／2004／2008／2012

スカルノ・プトラ, グル　Sukarno Putra, Guruh　作曲家, 演出家, 政治家　元・インドネシア国会議員（民主党）　[国]インドネシア　[生]1953年1月13日　[典]1996／2000／2004／2008

スカルパ, ティツィアーノ　Scarpa, Tiziano　作家　[国]イタリア　[生]1963年　[典]2012

スカルファーリ, エウヘニオ　ジャーナリスト　「ラ・レプブリカ」創刊者　[国]イタリア　[典]2000

スカルファロ, オスカル・ルイジ　Scalfaro, Oscar Luigi　政治家　元・イタリア大統領, 元・イタリア終身上院議員　[国]イタリア　[生]1918年9月9日　[没]2012年1月29日　[典]1996／2000

スカルペッタ, ギィ　Scarpetta, Guy　作家　ランス大学助教授　[専]現代文学, 映画論　[国]フランス　[生]1946年　[典]1996／2008

スカルペッリ, フリオ　Scarpelli, Furio　コンビ名=アージェ・スカルペッリ　脚本家　国イタリア　誕1919年12月16日　没2010年4月28日

スカルメタ, アントニオ　Skármeta, Antonio　作家　国チリ　誕1940年11月7日　集2008/2012

スカーレット, ピーター　シネマテーク・フランセーズ所長　国米国　集2004/2008

スカレーラ, ダーリーン　Scalera, Darlene　ロマンス作家　国米国　集2004

スカレーラ, ビンチェンツォ　ピアニスト, 指揮者　スカラ座副指揮者　国米国　集1992/1996

スカーレン, ウォーレン　シナリオライター　国米国　誕1990年12月28日　集1992

スカローニ, リオネル　Scaloni, Lionel　サッカー選手(MF)　国アルゼンチン　誕1978年5月16日　集2004/2008

スガン・フォント, マルト　Seguin-Fontes, Marthe　絵本作家　国フランス　集2000

スキアヴィオ, アンジェロ　Schiavio, Angelo　元・サッカー選手　国イタリア　誕1905年10月15日　集2004

スキーアビ, ラウル　Schiavi, Raul C.　精神医学者　マウント・サイナイ医療センター名誉教授　元・米国性情報教育審査会理事, 元・性調査国際アカデミー会長　国米国　集2004/2008

スキアボ, メアリー　Schiavo, Mary　オハイオ州立大学教授　元・米国運輸省監察総監　公共政策　国米国　誕1955年　集2000

スキアボーネ, フランチェスカ　Schiavone, Francesca　テニス選手　国イタリア　誕1980年6月23日　集2012

スキオラ, ダニエル　Sciora, Daniel　画家　国フランス　誕1945年　集1992

スキップ, ジョン　Skipp, John　作家　国米国　誕1957年　集2004

スキデルスキー, ロバート　Skidelsky, Robert　本名=Skidelsky, Robert Jacob Alexander　政治経済学者　ウォーリック大学名誉教授　ジョン・メイナード・ケインズ　国英国　誕1939年4月25日　集1992/1996/2008/2012

スキナー, サミュエル　Skinner, Samuel Knox　米国共和党全国委員会総括委員長　国米国　誕1938年6月10日　集1992/1996

スキナー, バラス・フレデリック　Skinner, Burrhus Frederic　心理学者　元・ハーバード大学名誉教授　行動心理学　国米国　誕1904年3月20日　没1990年8月18日　集1992

スキナー, マイケル　Skinner, Michael　軍事ジャーナリスト, 作家　国米国　誕1953年　集1996

スギマチ, マハウ　杉町, マハウ　Sugimachi, Mahau　陸上選手(障害)　国ブラジル　誕1984年　集2012

スギモト, ヘンリー　杉本, ヘンリー　Sugimoto, Henry　本名=杉本, ヘンリー・謙　洋画家　国米国　誕1901年　没1990年5月8日　集1992

スキャッグス, ボズ　Scaggs, Boz　本名=スキャッグス, ウィリアム・ロイス　ロック歌手　国米国　誕1944年6月8日　集1992/1996/2000/2004/2008/2012

スキャッデン, ローレンス　Scadden, Lawrence　元・米国電子情報技術諮問委員会委員長　IT技術の障害者対応　国米国　誕1939年　集2004/2008/2012

スキャットマン・ジョン　本名=ラーキン, ジョン　ミュージシャン　国米国　誕1942年　没1999年12月3日　集1996

スキャネル, ティム　Scannell, Tim　編集者　国米国　誕1953年　集1992

スキャリー, リチャード　Scarry, Richard　絵本作家　国米国　誕1919年　没1994年4月30日　集1992/1996(スカーリー, リチャード/スキャリー, リチャード)

スキャントリング, サンドラ　Scantling, Sandra　セックスセラピスト　コネティカット大学医学部精神医学助教授, グローブヒル総合病院性問題鑑定医療センター副所長　国米国　集2000

スキャンベリー, ジョエル　Scambray, Joel　コンピューター技術者　Foundstone代表　集2004

スキラッチ, サルバトーレ　Schillaci, Salvatore　サッカー選手　国イタリア　誕1964年12月1日　集1992/1996/2000

スキルダ, リュドミラ　Skyrda, Liudmyla M.　詩人, 文学者　キエフ大学助教授　ウクライナ文学史　国ロシア　集2004

スーク, ヨゼフ　Suk, Josef　バイオリニスト　国チェコ　誕1929年8月8日　没2011年7月6日　集1992/1996/2000

スクイテン, フランソワ　Schuiten, François　漫画家　国ベルギー　誕1956年

スクシバシェク, アルカディウシュ　Skrzypaszek, Arkadiusz　近代五種選手　国ポーランド　集1996

スクティーナ, ウラジミール　Skutina, Vladimir　作家, ジャーナリスト　国チェコスロバキア　誕1931年　集1992/1996

スグナン, アニタ　Sugunan, Anita　英会話講師　集2004

スクーバース, ピーター　ソルベイ製薬マーケティング&ライセンシング本部長　国オランダ　誕1964年　集2000

スクビシェフスキ, クシシトフ　Skubiszewski, Krzysztof Jan　政治家, 国際法学者　元・ポーランド外相　国ポーランド　誕1926年10月8日　没2010年2月8日　集1992/1996/2000/2004

スクーマン, ローランド　Schoeman, Roland　本名=Schoeman, Roland Mark　水泳選手(自由形・バタフライ)　国南アフリカ　誕1980年7月3日

スクラー, マーティン・A.　実業家　ウォルト・ディズニー・イマジニアリング(WDI)社長　国米国　集1992

スクーラー, リン　Schooler, Lynn　写真家　国米国　集2004/2008

スクラー, ロバート　Sklar, Robert　ニューヨーク大学映画研究科教授　文化史　国米国　誕1936年　集2000

スクラヴィス, ルイ　Sclavis, Louis　クラリネット奏者, サックス奏者　国フランス　誕1953年　集1996(スクラビス, ルイ)

スクラーノ, ジョバンニ　Scrano, Giovanni　イタリアン・レストラン「エル・トゥーラ」支配人　国イタリア　集1992

スクラボス, ストラットン　Sclavos, Stratton D.　実業家　ベリサイン社長・CEO　国米国　誕1960年　集2000/2004

スクーランド, ケン　Schoolland, Ken　経済学者　ハワイ・パシフィック大学経済政治科学部助教授　国米国　誕1949年　集1996

スクリアル, モアシル　外科医, 作家　国ブラジル　誕1937年　集2000

スクリギン, ヘルマン　Skurygin, German　競歩選手　国ロシア　誕1963年9月15日　集2000

スクリーチ, タイモン　Screech, Timon　ロンドン大学アジア・アフリカ研究学院(SOAS)教授, 多摩美術大学客員教授　日本美術史, 江戸文化論　国英国　誕1961年　集2000/2012

スクリーチ, マイケル・アンドルー　Screech, Michael Andrew　フランス文学者　オックスフォード大学名誉フェロー　国英国　誕1926年5月2日　集2000

スクリップス, ジェームズ　Scripps, James　新聞発行人　元・パイオニア社長, 元・ジェームズ・スクリップス社長　国米国　没1986年12月27日　集1992

スクリデ, バイバ　Skride, Baiba　バイオリニスト　国ラトビア　誕1981年　集2012

スクリブネール, クリスティアンヌ　Scrivener, Christiane　実業家, 政治家　元・EU欧州委員会委員　国フランス　誕1925年9月1日　集1992/1996

スクリムガー, ロブ　Scrimger, Rob　コンピューターコンサルタント　国カナダ　集2004

スクリムショウ, ネービン　Scrimshaw, Nevin Stewart　栄養学者　元・マサチューセッツ工科大学名誉教授　国米国　誕1918年1月20日　没2013年2月8日　集1996/2000

スクリャービン, ゲオルギー　Skryabin, Georgii K.　微生物学者　国ソ連　没1989年3月26日　集1992

スクリュートン, クライブ　Scruton, Clive　画家　国英国　誕1951年　集1996

スクールクラフト, ビクトリア　Schoolcraft, Victoria　バリー大学看護学部看護学士課程準教授・学科長　看護教育　国米国　集2000

スクレター, エリザベス　Slater, Elizabeth　ソーシャルワーカー

ヨーロッパ高齢女性ネットワーク国際担当, ロンドン・ルイシャム区政策平等室長　[国]英国　[典]2000

スクレビッキー, ゲオルギー　Skrebitskii, Georgii Alekseevich　児童文学作家, 動物学者　[国]ロシア　[生]1903年　[典]1992／2000

スクロヴァチェフスキ, スタニスワフ　Skrowaczewski, Stanisław　指揮者, 作曲家　読売日本交響楽団桂冠名誉指揮者　[国]米国　[生]1923年10月3日　[典]2000／2008／2012

スグロス, ディミトリス　Sgouros, Dimitris　ピアニスト　[国]ギリシャ　[生]1969年8月30日　[典]1992

スクワイア, クリス　Squire, Chris　グループ名=イエス　ロック・ベース奏者　[国]英国　[生]1948年3月4日　[典]1996／2004／2008／2012

スクワイア, ジョン　Squire, John Thomas　旧グループ名=ストーン・ローゼズ, シーホーセズ　ミュージシャン　[国]英国　[生]1962年11月28日　[典]2004／2008

スクワイアー, スーザン　Squire, Susan　ジャーナリスト　[国]米国　[典]2000

スクワイアズ, キャロル　Squiers, Carol　キュレーター　国際写真センター・キュレーター　[典]2004／2008

スクワイヤ, スーザン　Squires, Susan E　公認会計士　[典]2008

スクワイヤーズ, スティーヴ　Squyres, Steve　惑星科学研究者　コーネル大学天文学教授　[生]1957年　[典]2008

スクーンズ, レジナルド　軍人　元・英国退役少将　[国]英国　[没]1991年10月6日　[典]1992

スケイキン, マイケル　Skakun, Michael　作家, 翻訳家　[国]米国　[典]2004

スケーツ, ロナルド　データゼネラル社長　[国]米国　[典]1992

スケッド, アラン　Sked, Alan　ロンドン・スクール・オブ・エコノミクス講師　[専]欧州問題　[国]英国　[典]1992／1996／2000

スケート, ウィリアム　Skate, William Jack　通称=スケート, ビル　政治家　元・パプアニューギニア首相　[国]パプアニューギニア　[生]1953年9月26日　[没]2006年1月3日　[典]2000

スーケル, ダヴォール　Suker, Davor　サッカー選手(FW)　[国]クロアチア　[生]1968年1月1日　[典]1996／2000／2004／2008

スケールズ, ボビー　Scales, Bobby　元・大リーグ選手, 元・プロ野球選手　[国]米国　[生]1977年10月4日　[典]2012

スケルトン, マット　Skelton, Matt　格闘家　[国]英国　[生]1967年1月27日　[典]2004／2008

スケロット, ジャンナ・ボキッキョ　Schelotto, Gianna Bochicchio　心理学者　[専]男女関係理論, 精神身体学　[国]イタリア　[典]2004

スケンプ, リチャード　Skemp, Richard Rowland　数学教育者　ワーウィック大学名誉教授　[国]英国　[典]1996

スコー, ジェンス　Skou, Jens Christian　生物物理学者　オーフス大学名誉教授　[国]デンマーク　[生]1918年10月8日　[典]2000／2008／2012

スコア, ハーブ　Score, Herb　元・大リーグ選手　[国]米国　[生]1933年6月7日　[没]2008年11月11日　[典]1996

スコウ, トルベン　工芸デザイナー　デンマーク家具工芸実験協会会長　[国]デンマーク　[典]1996

スコウクロフト, ブレント　Scowcroft, Brent　スコウクロフト・グループ社長　元・米国大統領補佐官(国家安全保障担当)　[国]米国　[生]1925年3月19日　[典]1992／1996／2004／2012

ズコウスキ, ジョン　Zukowski, John　コンピューターコンサルタント　[典]2004

スコウフス, ボー　Skovhus, Bo　本名=スコウフス, ボイエ　バリトン歌手　[国]デンマーク　[生]1962年5月22日　[典]1996／2000／2012

スコグルンド, アニカ　Skoglund, Annika　作家　[国]スウェーデン　[生]1952年11月18日　[典]1992

スココフ, ユーリー　Skokov, Yurii Vladimirovich　政治家　元・ロシア安全保障会議事務局長　[国]ロシア　[生]1938年　[典]1996

スコーシア, トーマス　Scortia, Thomas N.　作家　[没]1986年　[典]1992

スコセッシ, マーティン　Scorsese, Martin　本名=Scorsese,Martin Charles　映画監督, 映画プロデューサー, 俳優　[国]米国　[生]1942年11月17日　[典]1992／1996／2000／2004／2008／2012

スコッチ, リチャード　Scotch, Richard K.　社会学者　テキサス大学準教授　[専]社会学, 政治経済学　[国]米国　[典]2004

スコッチポル, T.　ハーバード大学社会学部教授　[専]社会学　[国]米国　[典]1996

スコッティ, ビンチェンツォ　Scotti, Vincenzo　政治家　元・イタリア外相　[国]イタリア　[生]1933年　[典]1996

スコッティ, ルドウィグ　Scotty, Ludwig Derangadage　政治家　元・ナウル大統領　[国]ナウル　[生]1948年6月20日　[典]2008

スコット, H.リー　Scott, H.Lee　実業家　ウォルマート・ストアーズ会長　[国]米国　[典]2004／2008／2012

スコット, アダム　Scott, Adam　プロゴルファー　[国]オーストラリア　[生]1980年7月16日　[典]2004／2008／2012

スコット, アリスン　電通ロンドン支社コンサルタント　[国]英国　[生]1952年　[典]1992

スコット, アンドルー　Scott, Andrew　土木技術者　英国国立鉄道博物館館長　[国]英国　[典]2000

スコット, ウィンフィールド・タウンリー　Scott, Winfield Townley　詩人, 文筆家　[国]米国　[生]1910年　[典]1992

スコット, エドワード・W.　ピラミッド・テクノロジー社上級副社長　[国]米国　[典]1992

スコット, ギャビン　Scott, Gavin　作家　BBCレポーター　[国]英国　[生]1950年　[典]1992

スコット, クリスチャン　Scott, Christian　ジャズ・トランペット奏者　[国]米国　[生]1983年3月31日　[典]2012

スコット, クリスティーン　Scott, Christine　ロマンス作家　[国]米国　[典]2004

スコット, ケンドール　Scott, Kendall　テクニカルライター　[典]2004

スコット, コリン　スコッチ・ブレンダー　シーバスブラザーズ社マスターブレンダー　[国]英国　[生]1950年　[典]2000

スコット, ジミー　Scott, Jimmy　ジャズ歌手　[国]米国　[典]2004／2008

スコット, ジャスティン　Scott, Justin　筆名=ブレイザー,J.S., ギャリスン, ポール　作家　[国]米国　[生]1944年　[典]1992／1996／2000／2012

スコット, ジャック　Scott, Jack S.　芸名=エスコット, ジャック, グレイ, シルバー・ジョニー　推理作家　[国]英国　[典]1992

スコット, ジョージ・C.　Scott, George C.　本名=スコット, ジョージ・キャンベル　俳優　[国]米国　[生]1927年10月18日　[没]1999年9月22日　[典]1992／1996

スコット, ジョナサン　動物写真家, イラストレーター　[国]英国　[生]1949年　[典]1992／1996

スコット, ジョン　Scott, John　レスター大学社会科学部社会学科教授　[国]英国　[生]1949年4月8日　[典]1996

スコット, ジョン　Scott, John　ヨガ・インストラクター　[国]ニュージーランド　[典]2004

スコット, シーラ　飛行家　[国]英国　[没]1988年10月20日　[典]1992

スコット, ジル　Scott, Jill　歌手　[国]米国　[生]1974年3月13日　[典]2004

スコット, シンシア　Scott, Cyntia　映画監督　[国]カナダ　[生]1939年　[典]1996

スコット, スーザン　Scott, Susan　会話コンサルタント　[国]米国　[典]2008

スコット, ダグラス　Scott, Douglas　作家　[国]英国　[生]1926年　[典]1996

スコット, ダナ　Scott, Dana S.　カーネギーメロン大学教授　[専]CMU計算機科学, 数理理論学, 哲学　[国]米国　[典]1992

スコット, デイブ　Scott, Dave　トライアスロン選手　[国]米国　[典]1992

スコット, デニス　Scott, Dennis　バスケットボール選手　[国]米国　[生]1968年9月8日　[典]2000／2004／2008

スコット, デービット　無補給で徒歩による北極点到達に成功

[国]ニュージーランド　[典]2000

スコット, トニー　Scott, Tony　本名=Scott,Anthony David　映画監督, 映画プロデューサー　[国]英国　[生]1944年6月21日　[没]2012年8月19日　[典]1996／2000／2004／2008／2012

スコット, ナイジェル　Scott, Nigel　写真家　[国]ジャマイカ　[生]1955年　[典]2000

スコット, ピーター　Scott, Peter Markham　鳥類学者, 画家　元・世界野生生物基金(WWF)創設者, 元・英国野生生物湿地保護財団名誉会長　[国]英国　[生]1909年　[没]1989年8月29日　[典]1992

スコット, ピーター　Scott, Peter　コンピューター技術者　[国]英国　[典]2004

スコット, ヒラリー　Scott, Hillary　トリオ名=レディ・アンテベラム　歌手　[国]米国　[生]1986年4月1日　[典]2012

スコット, ベッキー　Scott, Beckie　スキー選手(複合)　[国]カナダ　[生]1974年8月1日　[典]2008

スコット, ヘンリー　Scott, Henry　編集者　「アウト」プレジデント　[国]米国　[典]2000

スコット, ボビー　Scott, Bobby　ジャズピアニスト　[国]米国　[生]1937年1月24日　[没]1990年11月5日　[典]1992

スコット, マイク　Scott, Mike　旧グループ名=ウォーターボーイズ　歌手, ギタリスト　[国]英国　[生]1958年　[典]2000

スコット, マーティン　Scott, Martin　別名=ミラー, マーティン　作家　[国]英国　[典]2004

スコット, マンダ　Scott, Manda　作家, 獣医　[国]英国　[典]2004

スコット, メリッサ　Scott, Melissa　作家　[国]米国　[典]1996

スコット, ランドルフ　Scott, Randolph　本名=クレイン, ランドルフ　俳優　[国]米国　[生]1903年1月23日　[没]1987年3月2日　[典]1992

スコット, リドリー　Scott, Ridley　映画監督, 映画プロデューサー　[国]英国　[生]1937年11月30日　[典]1992／1996／2000／2004／2008／2012

スコット, レナータ　Scotto, Renata　ソプラノ歌手, オペラ演出家　[国]イタリア　[生]1933年2月24日　[典]1992／1996／2000

スコット, ロバート　Scott, Robert G.　実業家　元・モルガン・スタンレー社長・COO　[国]米国　[典]2004／2008

スコット・ジェームズ, アン・エレノア　Scott-James, Anne Eleanor　ジャーナリスト　[国]英国　[生]1913年4月5日　[典]2000

スコット・ストークス, ヘンリー　Scott-Stokes, Henry　ジャーナリスト　ニューヨーク・タイムズアジア代表, ニューヨーク・タイムズ・ファクスアジア代表　[国]英国　[生]1938年6月15日　[典]1992(ストークス, ヘンリー)／1996／2000

スコット・トーマス, クリスティン　Scott-Thomas, Kristin　女優　[国]英国　[生]1960年5月24日　[典]2000／2004／2008／2012

スコット・ヘロン, ギル　Scott-Heron, Gil　本名=Scott-Heron, Gilbert　歌手, 詩人　[国]米国　[生]1949年4月1日　[没]2011年5月27日

スコットライン, リザ　Scottoline, Lisa　作家　[国]米国　[典]1996／2000

スコットン, アン　Scotton, Anne　オタワ教育委員, カナダ国務省日系カナダ人補償事務局長　[国]カナダ　[典]1992

スコーテ, インゲル　Skote, Inger　作家　[国]スウェーデン　[生]1933年　[典]2000

スコーテン, レックス　Scouten, Rex　ホワイトハウス執事長　[国]米国　[没]2013年2月20日

スコナード, アーロン　Skonnard, Aaron　テクニカルライター　DevelopMentorコース担当テクニカルスタッフ　[典]2004

スコービー, フランシス・R.　Scobee, Francis Rick　宇宙飛行士　元・スペースシャトル・チャレンジャー号船長　[専]航空宇宙工学　[国]米国　[生]1939年5月19日　[没]1986年1月28日　[典]1992

ズーコフ, ミッチェル　Zuckoff, Mitchell　ジャーナリスト　[国]米国　[典]2008

スコフィディオ, リカルド　建築家　クーパー・ユニオン教授　[国]米国　[生]1935年　[典]1996

スコフィールド, アナベル　Schofield, Anabel　女優　[典]1992

スコフィールド, ジョン　Scofield, John　ジャズ・ギタリスト　[国]米国　[生]1951年12月26日　[典]2004／2008／2012

スコフィールド, デニース　Schofield, Deniece　家庭経営学コンサルタント　[国]米国　[典]2004

スコフィールド, ポール　Scofield, Paul　俳優　[国]英国　[生]1922年1月21日　[没]2008年3月19日　[典]1992／1996

ズーコフスキー, ポール　Zukofsky, Paul　バイオリニスト　[国]米国　[生]1943年10月22日　[典]1996

スコフテルード, ヴィベケ　Skofterud, Vibeke W.　スキー選手(距離)　バンクーバー五輪スキー距離女子20キロリレー金メダリスト　[国]ノルウェー　[生]1980年4月20日　[典]2012

スコーブル, イアン・フレデリック　モービル石油会長・社長　[国]オーストラリア　[生]1951年5月23日　[典]2000

スコベイダ, ウリヤナ　ジャーナリスト　「コムソモリスカヤ・プラウダ」記者　[国]ロシア　[典]2004

スコペトーネ, サンドラ　Scoppettone, Sandra　筆名=アーリー, ジャック　ミステリー作家　[国]米国　[典]1992(アーリー, ジャック)／1996／2000

スコペロ, マドレーヌ　Scopello, Madeleine　フランス国立研究所第1級研究員(第32部門, 古代世界)　[国]フランス　[典]2000

スコペンコ, ヴィクトル　Skopenko, Victor V.　化学者　キエフ大学学長　[国]ウクライナ　[典]1996

スコラ, エットーレ　Scola, Ettore　映画監督　[国]イタリア　[生]1931年5月10日　[典]1992／2004／2008／2012

スコラー, マイケル　英国大蔵省次官補　[国]英国　[典]1992

スコラー, マーク　作家　カリフォルニア大学教授　[国]米国　[典]1992

スコラーリ, マッシモ　Scolari, Massimo　ベネチア建築大学教授　[専]建築学　[国]イタリア　[生]1943年　[典]1996

スコラーリ, ルイス・フェリペ　Scolari, Luiz Felipe　サッカー監督, 元・サッカー選手　サッカー・ブラジル代表監督　元・サッカー・ポルトガル代表監督　[国]ブラジル　[生]1948年11月9日　[典]2000(フェリペ, ルイス)／2004(フェリペ, ルイス)／2008(フェリペ, ルイス)／2012(フェリペ, ルイス)

スコーリー, ロバート　Scholey, Robert　元・ブリティッシュ・スチール(BS)会長, 元・ユーロトンネル役員　[国]英国　[生]1921年10月8日　[典]1992／1996／2000

スコリモウスキ, ヘンリク　Skolimowski, Henryk　哲学者　ミシガン大学名誉教授　[専]エコフィロソフィー(生態哲学)　[国]ポーランド　[生]1930年　[典]1996／2000

スコリモフスカ, カミラ　Skolimowska, Kamila　ハンマー投げ選手　シドニー五輪女子ハンマー投げ金メダリスト　[国]ポーランド　[生]1982年11月4日　[没]2009年2月18日　[典]2004／2008

スコリモフスキ, イエジー　Skolimowski, Jerzy　映画監督, 脚本家, 俳優, 画家, 詩人　[国]ポーランド　[生]1938年5月5日　[典]2000／2008／2012

スコルジー, ジョン　Scalzi, John　作家　[国]米国　[生]1969年　[典]2012

スコールズ, キャサリン　Scholes, Katherine　児童文学作家　[国]オーストラリア　[生]1959年　[典]1992／1996

スコールズ, ケン　Scholes, Ken　本名=Scholes,Kenneth G.　作家　[国]米国　[生]1968年　[典]2012

スコールズ, ポール　Scholes, Paul　サッカーコーチ, 元・サッカー選手　[国]英国　[生]1974年11月16日　[典]2000／2004／2008／2012

スコールズ, ロバート　Scholes, Robert　ブラウン大学教授　[専]英文学, 比較文学　[国]米国　[生]1929年　[典]1996

スコルツァ, カルロ　元・イタリア・ファシスト党幹部　[国]イタリア　[没]1988年12月23日　[典]1992

スコルテン　本名=スコルテン, アーノルド　サッカー選手(DF)　[国]オランダ　[生]1962年12月5日　[典]2000

スコロ, クリス　Scollo, Chris　本名=スコロ, クリストファー　コンピューター技術者　Taurix社長　[国]米国　[典]2004

スコロス, ナンシー　Skolos, Nancy　グラフィックデザイナー, インテリアデザイナー　[国]米国　[典]1992

スコワ, ヘレナ　Sukova, Helena　元・テニス選手　[国]チェコスロバキア　[生]1965年2月23日　[典]1992／1996／2000

ス

スコワティ, スナワル　Sukowati, Sunawar　政治家　元・インドネシア大統領最高諮問評議会副議長,元・インドネシア民主党(PDI)総裁　国インドネシア　生1986年1月24日　他1992

スーサ, サリー　ドッグトレーナー　バーズ・アンド・アニマルズトレーナー　国米国　生1964年　他2000

ズーサック, マークース　Zusak, Markus　作家　国オーストラリア　生1975年　他2012

スサーナ, グラシエラ　Susana, Graciela　歌手　国アルゼンチン　生1953年1月22日　他1992／2000

スサヌ, ビオリカ　Susanu, Viorica　ボート選手　アテネ五輪・北京五輪ボート女子かじなしペア金メダリスト　国ルーマニア　生1975年10月29日　他2008／2012

スザーノ, マルコス　Suzano, Marcos　グループ名＝レニーニ＆スザーノ, サンバタウン　パーカッション奏者　国ブラジル　生1963年　他2000

スサンティ, スシ　Susanti, Susi　元・バドミントン選手　国インドネシア　生1971年　他1992(スシ・スサンティ)／1996／2000

スーシ, シモーヌ　画家　国フランス　生1925年　他1992

スーシー, ラルフ　Soucie, Ralph　「PC World」誌編集者　勤Excel　国米国　他1992

スジック, ダヤン　Sudjic, Deyan　建築評論家　国英国　生1952年9月6日　他1992／2008／2012

スシッチ, サフェト　Susic, Safet　サッカー指導者,元・サッカー選手　国フランス　生1955年4月13日　他2000

スジマン, モハマド　ダルマ・ペルサダ大学上級講師・元副学長　国インドネシア　生1923年5月　他1996

スジャトモコ　Soedjatomoko　外交官,社会学者,ジャーナリスト　元・国連大学学長　国際政治,アジア開発理論　国インドネシア　生1922年2月10日　没1989年12月21日　他1992

スジャルウォ, アントン　ディアン・デサ財団創立者・責任者　国インドネシア　他2004／2008

スジャルティ・シスワディ　Sugiarti Siswadi　詩人　国インドネシア　生1928年　他1992

スジョヨノ　Sujoyono, S.　画家　国インドネシア　生1913年　没1986年　他1996

スシロ, リチャード　Susilo, Richard　ジャーナリスト　パンダン・カレッジ設立者　国インドネシア　生1961年　他2012

スーズ　Suse　絵本作家　他2004

ズース, アレクサンダー　Dzhus, Alexander M.　航空写真家　国ソ連　他1992

スース, イブラーヒーム　Souss, Ibrahim　ピアニスト,詩人　PLOパリ事務所代表　国パレスチナ　生1945年　他1992／2000

ズース, クリスティアン　Suss, Christian　卓球選手　北京五輪卓球男子団体銀メダリスト　国ドイツ　生1985年7月28日

スズキ, カート　Suzuki, Kurt Kiyoshi　大リーグ選手(捕手)　国米国　生1983年10月4日　他2012

スズキ, ケンジステファン　鈴木,健司・ステファン　Suzuki Kenji, Stefan　旧名＝鈴木健司　風のがっこう代表　国デンマーク　生1944年　他2000／2004

スズキ・タケシテリー　鈴木 武テリー　Suzuki, Takeshi Terry　本名＝鈴木テリー　元・オムニ銀行理事　国米国　他2000

スズキ, デービッド　Suzuki, David　本名＝Suzuki,David Takayoshi　生物学者,環境活動家　ブリティッシュ・コロンビア大学名誉教授,デービッド・スズキ財団理事長　国カナダ　生1936年3月24日　他1996／2008／2012

スズキ, マイケル　鈴木, マイケル　Suzuki, Michael　ビジネスコンサルタント　国米国　生1960年　他1996

スズキ, ルーシー・マリ　Suzuki, Luci Mari　通訳, コンサルタント　国イタリア　生1960年　他2000

ズスケ, カール　Suske, Karl　バイオリニスト　ライプツィヒ・ゲヴァントハウス管弦楽団コンサートマスター　国ドイツ　生1934年　他2000

スーステル, ジャック・エミール　Soustelle, Jacques Émile　人類学者, 政治家　国フランス　生1912年2月3日　没1990年8月7日　他1992

スースロフ, ミハイル　Suslov, Mikhail Andreevich　政治家　元・ソ連共産党政治局員・書記局長　国ソ連　生1902年11月21日　没1982年1月25日　他1992

スゼー, ジェラール　Souzay, Gérald　バリトン歌手　国フランス　生1918年12月8日　没2004年8月17日　他1992

スター, ケネス　Starr, Kenneth Winston　弁護士　元・米国独立検察官　国米国　生1946年7月21日　他2000

スーター, ゴードン　Souter, Gordon　実業家　ブリティッシュ・ペトロリアム・ジャパン社長　国英国　生1953年3月11日　他2000

スーター, ジャック　Suter, Jacques　写真家　国フランス　生1945年　他1996

スター, ジョイ　グループ名＝NTM　ラップ歌手　国フランス　他2000

スーター, デービッド　Souter, David H.　法律家　元・米国最高裁判事　国米国　生1939年9月17日　他1992／1996

スター, ナンシー　Star, Nancy　作家　国米国　他2004

スーター, ブルース　Sutter, Bruce　元・大リーグ選手　国米国　生1953年1月8日　他1992／2008／2012

スーター, ヘザー　Souter, Heather　自然保護運動家　カルチャル・サバイバル(環境保護団体)メンバー　国カナダ　他1992

ズーター, マルティン　Suter, Martin　コラムニスト,脚本家,作家　国スイス　生1948年　他2012

スター, ランディ　Starr, Randy　「俺, 死刑になるべきだった?」の著者　他2004

スター, リンゴ　Starr, Ringo　本名＝スターキー,リチャード　旧グループ名＝ビートルズ　ロック歌手,俳優　国英国　生1940年7月7日　他1992／1996／2000／2004／2008／2012

スタイガー, J.エドワード・ド　Steiger, J.E.De　林学者　ノースカロライナ州立大学準教授　他2004

スタイガー, ブラッド　Steiger, Brad　ノンフィクション作家,伝記作家　国米国　他1992／2000

スタイガー, ポール　Steiger, Paul E.　ジャーナリスト　プロパブリカ代表・編集長　元・「ウォールストリート・ジャーナル」編集局長　国米国　生1942年8月15日　他2012

スタイガー, ロッド　Steiger, Rod　本名＝スタイガー,ロドニー・スティーブン　俳優　国米国　生1925年4月14日　没2002年7月9日　他1992／1996

スタイグ, ウィリアム　Steig, William　漫画家,絵本作家　国米国　生1907年　没2003年10月3日　他1992／1996／2000

スタイコス, アンドレアス　Staïkos, Andreas　翻訳家,劇作家,作家　国ギリシャ　生1944年　他2004

スタイツ, ジョーン　Steitz, Joan Aregetsinger　生化学者　エール大学教授　専分子生物学　国米国　他1992

スタイツ, トーマス　Steitz, Thomas　化学者　エール大学教授　国米国　生1940年　他2012

スタイドルマイヤー, J.ピーター　Steidlmayer, J.Peter　シカゴ商品取引所理事　国米国　他1992

スタイナー, カール　Stiner, Carl　元・軍人　元・米国陸軍大将　国米国　他2008

スタイナー, クロード　Steiner, Claude　心理学者　専交流分析　生1935年　他2004

スタイナー, ジョージ　Steiner, George　文芸評論家　オックスフォード大学教授　国米国　生1929年4月23日　他1992／1996／2000／2004

スタイナー, ドナルド　シカゴ大学ハワード・ヒューズ医学研究所上級研究員　専インシュリン遺伝子　国米国　生1930年7月15日　他1992

スタイナー, ピーター　Steiner, Peter　文学者　ペンシルベニア大学文学部教授　生1946年　他2004

スタイネム, グロリア　Steinem, Gloria　女性解放運動家,作家,ジャーナリスト　「Ms.(ミズ)」誌創設編集者　国米国　生1934年3月25日　他1992／1996／2000／2004／2008／2012

スタイヒェン, ルネ　Steichen, René　政治家　EU委員会委員(農

業・農村開発担当）　国ルクセンブルク　生1942年11月27日　典1996

スタイプ, マイケル　Stipe, Michael　グループ名＝R.E.M.　ロック歌手　国米国　生1960年　典2000／2004／2008／2012

スタイリング, マーク　Styling, Mark　イラストレーター　典2004／2008

スタイルズ, ジュリア　Stiles, Julia　女優　国米国　生1981年　典2008／2012

スタイルズ, ハリー　Styles, Harry　グループ名＝ワン・ダイレクション　歌手　国英国　生1994年2月1日

スタイルズ, ポール　Stiles, Paul　フランク・ロイド・ライト取締役　国米国　生1964年　典2000

スタイルズ, モラグ　Styles, Morag　児童文学者　国英国　典2004

スタイロン, ウィリアム　Styron, William　作家　国米国　生1925年6月11日　没2006年11月1日　典1992／1996／2000／2004

スタイン, ウィリアム　Stein, William Howard　生化学者　元・ロックフェラー大学教授　国米国　生1911年6月25日　没1980年2月2日　典1992

スタイン, クリス　Stein, Chris　グループ名＝ブロンディ　ロックギタリスト　国米国　典2000

スタイン, ケネス　Stein, Kenneth　エモリー大学カーター・センター中東部長　中東問題　国米国　生1946年　典1992

スタイン, シャーマン　Stein, Sherman　数学者　元・カリフォルニア大学デービス校教授　代数学, 組み合わせ理論　国米国　典2004／2008

スタイン, ジュール　Styne, Jule　作曲家　ミュージカル, 映画音楽　国米国　生1905年12月31日　没1994年9月20日　典1992／1996

スタイン, ジーン・マリー　Stine, Jean Marie　ライター　典2004

スタイン, ソル　Stein, Sol　劇作家, 詩人, 作家, 評論家　国米国　典1992

スタイン, ハーバート　Stein, Herbert　経済学者　元・アメリカン・エンタープライズ研究所(AEI)上級研究員　国米国　生1916年8月27日　没1999年9月8日　典1992／1996／2000

スタイン, ハリー　Stein, Harry　ジャーナリスト, 作家　国米国　生1948年　典1992／2000

スタイン, ピーター　Stein, Peter　作家　国米国　生1932年　典1992

スタイン, ピーター　Stein, Peter　法学者　ローマ法, 比較法　国英国　生1926年　典1992

スタイン, ベン　Stein, Ben　エコノミスト, 著述家　国米国　典2008

スタイン, ボニー　Stein, Bonnie　演劇プロデューサー, 批評家　ゴー・プロダクションズ主宰者　国米国　典1992

スタイン, ボブ　Stein, Bob　ボイジャー・パブリッシング代表　国米国　典2000

スタイン, リンカーン　Stein, Lincoln　コンピュータ科学者　Cold Spring Harbor Laboratory研究者補　典2004

スタイン, ロバート　Stine, Robert Lawrence　ホラー作家　生1943年10月8日　典2000

スタイングレーバー, サンドラ　Steingraber, Sandra　生物学者　コロンビア大学　癌　国米国　生1959年　典2004

スタイングレーバー, フレッド　Steingraber, Fred G.　実業家　ATカーニー会長・CEO　国米国　典2000

スタインズ, ローレンス・ロイ　Stains, Laurence Roy　「魔法のラッキー・ブックーTHE GOOD LUCK BOOK」の著者　典2008

スタインハウアー, シェリ　Steinhauer, Sherri　プロゴルファー　国米国　生1962年12月27日　典2000／2008／2012

スタインバーガー, ジャック　Steinberger, Jack　物理学者　欧州合同原子核研究機関（CERN）研究員　国米国　生1921年5月25日　典1992／1996

スタインバーグ, ジェームズ　Steinberg, James B.　政治家　シラキュース大学公共政策大学院院長　元・米国国務副長官, 元・米国大統領副補佐官（国家安全保障担当）　国米国　生1953年　典2012

スタインバーグ, ジーン　Steinberg, Gene　ソフトウェア・システムコンサルタント, 著述家　典2004

スタインバーグ, ソウル　Steinberg, Saul　イラストレーター, 漫画家, 画家　国米国　生1914年6月15日　没1999年5月12日　典1992

スタインバーグ, ダン　Steinberg, Dan　サンディエゴ州立大学経済学部准教授　CART, データマイニング　国米国　典2000

スタインバーグ, デービッド　Steinberg, David I.　ジョージタウン大学アジア研究所所長　韓国問題, ミャンマー問題　国米国　典2000

スタインバーグ, デービッド・ジョエル　Steinberg, David Joel　歴史学者　ロングアイランド大学学長　アジア　国米国　生1937年　典2004

スタインバーグ, リチャード　Steinberg, Richard　作家　国米国　典2004

スタインバーグ, レイモンド　Steinberg, Raymond M.　南カリフォルニア大学Andrus Gerontology Center名誉研究教授　老年学　国米国　典1992

スタインバック, タック　Stainback, Tuck　本名＝Stainback, George Tucker　大リーグ選手　国米国　生1910年8月4日　没1992年11月29日　典1996

スタインハート, アーノルド　Steinhardt, Arnold　バイオリニスト　グァルネリ弦楽四重奏団第1バイオリン奏者　国米国　生1937年　典2004

スタインハート, マイケル　Steinhardt, Michael　ファンドマネジャー　国米国　典2004

スタインフェルド, エドワード　Steinfeld, Edward S.　中国研究家　マサチューセッツ工科大学准教授　国米国　典2012

スタインフェルド, ヘイリー　Steinfeld, Hailee　女優　国米国　典2012

スタインブラナー, ジョン　ブルッキングズ研究所外交政策研究部長　東西関係, 戦略・安全保障問題　国米国　典1992

スタインブレナー, ジョージ　Steinbrenner, George　実業家　元・ニューヨーク・ヤンキース・オーナー　国米国　生1930年7月4日　没2010年7月13日　典1992／1996／2000／2004

スタインブレナー, ハル　Steinbrenner, Hal　実業家　ヤンキース共同オーナー, スタインブレナー・ホテル・プロパティ最高責任者　国米国　生1969年　典2012

スタインブレナー, ハンク　Steinbrenner, Hank　実業家　ヤンキース共同オーナー　国米国　典2012

スタインベルグ, ピンカス　Steinberg, Pinchas　指揮者, バイオリニスト　ウィーン国立歌劇場常任指揮者　生1945年　典1992

スタインホフ, パトリシア　Steinhoff, Patricia G.　ハワイ大学社会学部教授・元日本研究所所長, 国際交流基金アメリカン・アドバイザリー・コミッティー・メンバー　社会学, 日本研究　国米国　生1941年12月9日　典1996／2000

スタインマン, ラルフ　Steinman, Ralph Marvin　免疫学者　元・ロックフェラー大学教授　国カナダ　生1943年1月14日　没2011年9月30日

スタインマン, ローレンス　Steinman, Lawrence　スタンフォード大学医学部教授, ニューロクライン・バイオサイエンス社主任研究員　免疫学, 神経学　典1996

スタインリー, ポール　元・UPI通信社長　典1992

スタヴィスキー, マキシム　Staviski, Maxim　元・フィギュアスケート選手（アイスダンス）　国ブルガリア　生1977年11月16日

スタウト, デービッド　Stout, David　ジャーナリスト, 作家　「ニューヨーク・タイムズ」紙編集者　国米国　典1992／1996／2000

スタウト, マーサ　Stout, Martha　心理療法士　ハーバード・メディカル・スクール精神科講師, マサチューセッツ総合病院臨床心理療法士　国米国　典2004

スタウドマイアー, アマレ　Stoudemire, Amare　バスケットボール選手　アテネ五輪バスケットボール男子銅メダリスト　国米国　生1982年11月16日　典2008

スタウファー, エディス　Stauffer, Edith R.　サイコシンセシス・インターナショナル所長　サイコシンセシス　国米国　典1992

スタウファー, デービッド Stauffer, David ライター [典]2004

スタヴラカキス, ヤニス Stavrakakis, Yannis ノッティンガム大学リサーチ・フェロー [専]精神分析と政治学の関連性 [国]ギリシャ [生]1970年 [典]2004／2008

スタウル, デール Stahl, Dale O. ライター [典]2004

スタウントン, イメルダ Staunton, Imelda 本名=Staunton, Imelda Mary Philomena Bernadette 女優 [国]英国 [生]1956年1月9日 [典]2008／2012

スタウントン, ガス Staunton, Gus B. サーフライフセイビング協会専務理事, オーストラリア・スポーツ連盟理事, シドニーSLSAヘリコプター・レスキューサービス会長 [国]オーストラリア [生]1932年 [典]1996

スターク, スティーブン Stark, Steven 医療科学ジャーナリスト [国]米国 [典]2008

スターク, ピート(Jr.) Stark, Pete (Jr.) 本名=Stark,Fortney H.,Jr. 政治家 米国下院議員(民主党) [国]米国 [生]1931年11月11日 [典]1996

スターク, ブルース Stark, Bruce ピアニスト, 編曲家 [国]米国 [生]1956年 [典]2000

スターク, フレヤ Stark, Freya 本名=Stark,Freya Madeline 作家 [生]1893年1月31日 [没]1993年5月9日 [典]1996

スタークウェザー, ゲイリー Starkweather, Gary アップル社プロジェクト・マネジャー [専]光学 [国]米国 [生]1936年 [典]1992

スタークス, ジョン Starks, John 本名=Starks,John Levell バスケットボール選手 [国]米国 [生]1965年8月10日 [典]1996／2000

スターケル, ドン Starkell, Don 冒険旅行家 [国]カナダ [生]1933年 [典]1992

スタージェス, ジム Sturgess, Jim 俳優 [国]英国 [生]1981年 [典]2012

スタージェス, ジョン Sturges, John Eliot 映画監督 [国]米国 [生]1910年1月3日 [没]1992年8月18日 [典]1996(スタージス, ジョン)

スタージェス, ファリマン Sturges, Philemon 児童文学作家, 建築家 [典]2004

スタシェフ, ジェームズ・ディロン Stasheff, James Dillon 数学者 ノースカロライナ大学チャペルヒル校教授 [専]代数的位相幾何学, 数理物理学 [国]米国 [生]1936年 [典]2004

スタージス, ジョック Sturges, Jock 写真家 [国]米国 [生]1947年 [典]1996

スタシャワー, ダニエル Stashower, Daniel 作家, ジャーナリスト [国]米国 [生]1960年 [典]1992／2012

スタージョン, シオドア Sturgeon, Theodore 本名=ウォルドオ, エドワード・ハミルトン ファンタジー作家 [国]米国 [生]1918年2月26日 [没]1985年5月8日 [典]1992

スターズル, トーマス Starzl, Thomas Earl 外科医 ピッツバーグ大学医学部教授 [国]米国 [生]1926年3月11日 [典]1992／1996

スターツ, ジェームズ Sturz, James ジャーナリスト, 作家 [国]米国 [典]2004

スターツ, ブラッドリー Stertz, Bradley A. ジャーナリスト 「デトロイト・ニューズ」アシスタント・マネジング・エディター [国]米国 [典]2004

スタッグ, リチャード フルート奏者, 尺八奏者 BBC交響楽団フルート奏者 [国]英国 [生]1948年 [典]1992

スタックハウス, ジェリー Stackhouse, Jerry バスケットボール選手 [国]米国 [生]1974年5月11日 [典]2004／2008

スタックポール, マイケル Stackpole, Michael A. SF作家 [国]米国 [典]2004

スタッセン, ジャン・フィリップ Stassen, Jean-Philip 漫画家 [国]ベルギー [典]2004

スタッセン, ハロルド Stassen, Harold Edward 政治家 元・米国大統領特別補佐官, 元・ミネソタ州知事 [国]米国 [生]1907年4月13日 [典]1992

スタッセン, ベン Stassen, Ben アニメーション監督 [生]1959年 [典]2004

スタッタフォード, トーマス Stuttaford, Thomas 医師, 医療ジャーナリスト [専]職業病医学, 泌尿生殖器医学 [国]英国 [生]1931年5月4日 [典]2000

スタッドウェル, ジョー Studwell, Joe ジャーナリスト, エコノミスト [典]2004

スタッドラー, アレクサンダー Stadler, Alexander 絵本作家 [国]米国 [典]2004

スタッフォード, ウィリアム Stafford, William 詩人, 平和運動家 [国]米国 [生]1914年1月17日 [典]1992

スタッフォード, ティム Stafford, Tim ジャーナリスト 「クリスチャニティー・トゥデイ」上級記者 [典]2004

スタッフォード, マシュー Stafford, Matthew プロフットボール選手(QB) [国]米国 [生]1988年2月7日

スタッブス, ジーン Stubbs, Jean 作家 [国]英国 [典]1992

スタップルズ, カレン Stupples, Karen プロゴルファー [国]英国 [生]1973年6月24日 [典]2008

スタツール, T. 外科医 元・ピッツバーグ大学医学部教授 [専]臓器移植 [国]米国 [典]2000

スタドニク, マリア Stadnyk, Maria レスリング選手 ロンドン五輪レスリング女子フリースタイル48キロ級銀メダリスト [国]アゼルバイジャン [生]1988年12月3日

スタドラー, クレイグ Stadler, Craig プロゴルファー [国]米国 [生]1953年6月2日 [典]1996／2000／2008／2012

スタナウェイ, ジョン Stanaway, John 著述家 [典]2004

スタナード, ラッセル Stannard, Russell 科学解説者 [典]2004

スタニー, バーバラ Stanny, Barbara ジャーナリスト, 転職カウンセラー [国]米国 [典]2004

スタニシェフ, セルゲイ Stanishev, Sergei 政治家 元・ブルガリア首相 [国]ブルガリア [生]1966年5月5日 [典]2008／2012

スタニスロー, ジョゼフ Stanislaw, Joseph ケンブリッジ・エネルギー研究所所長 [専]国際市場, 国際政治 [典]2004

スタニフォース, アラン Staniforth, Allan モータースポーツ・コメンテイター [国]英国 [典]1992

スタニング, ヘザー Stanning, Heather ボート選手 ロンドン五輪ボート女子かじなしペア金メダリスト [国]英国 [生]1985年1月26日

スタネック, ウィリアム Stanek, William R. システムエンジニア, テクニカルライター [典]2004

スタネック, フランク・P. MCAエンタープライズ・インターナショナル社長 [国]米国 [典]1996

スタバンラート, ブリュノ・ド Stabenrath, Bruno De 作家 [国]フランス [生]1960年 [典]2004

スタービレ, ギジェルモ Stabile, Guillermo 元・サッカー選手 [国]アルゼンチン [生]1906年1月17日 [典]2000

スタブラー, マイク Stabler, Mike 経済学者 レディング大学ビジティング・フェロー [典]2004

スタブリアーノス, L.S. Stavrianos, Leften Stavros 歴史学者 カリフォルニア大学サンディエゴ校教授 [専]世界史, バルカン近代史 [国]米国 [生]1913年2月5日 [典]1992

スタブロプロス, ウィリアム・S. 実業家 ダウ・ケミカル社長・CEO [国]米国 [典]1996／2000

スタベノウ, デイナ Stabenow, Dana 作家 [国]米国 [典]1996

スタベノウ, デビー Stabenow, Debbie 本名=Stabenow,Deborah Ann 政治家 米国上院議員(民主党) [国]米国 [生]1950年4月29日 [典]2004／2012

スタホ, ヤーン Stacho, Ján 詩人 [国]チェコスロバキア [生]1936年 [典]1992

スタポーン・カビタノン タイ投資委員会(BOI)長官 [国]タイ [生]1940年 [典]2000／2004

スターマー, アンディ グループ名=ジェリーフィッシュ 歌手, 作曲家 [国]米国 [生]1965年 [典]1996

スターム, ジェイク Sturm, Jake コンピューター技術者 Innovative Enterprise Solutionsエンタープライズシステムズ・アーキテクト [国]米国 [典]2004

スタム, ヤープ Stam, Jaap 元・サッカー選手 [国]オランダ

㊓1972年7月17日　㊕2008／2012

スターム, リック　Strum, Rick　コンピューター技術者　㊕2008

スタム, ロバート　Stam, Robert　ニューヨーク大学映画研究学部教授　㊒映画　㊖米国　㊓1941年　㊕2004

スターラー, スティーブン　Stahler, Steven W.　マサチューセッツ工科大学教授　㊒天文学　㊖米国　㊕1996

スターリー, エース　Starry, Ace　マジシャン, 作家　㊖米国　㊕2004

スターリッジ, チャールズ　Sturridge, Charles　映画監督, 演出家　㊖英国　㊓1951年6月24日　㊕2000／2008／2012

スターリング, A.ジャスティン　Sterling, A.Justin　ザ・スターリング・インスティテュート・オブ・リレーションシップ創設者　㊖米国　㊕2004

スターリング, ウィリアム　エコノミスト　メリルリンチ証券国際首席エコノミスト　㊒国際経済　㊖米国　㊓1953年　㊕1996

スターリング, クレアー　Sterling, Claire　ジャーナリスト　㊖米国　㊕2000

スターリング, サイモン　Starling, Simon　現代美術家　㊓1967年　㊕2012

スターリング, ジェームス　Stirling, James Frazer　建築家, 都市計画家　元・エール大学建築学部客員教授　㊖英国　㊓1926年4月22日　㊝1992年6月25日　㊕1992／1996

スターリング, ジョン　Stirling, John　ニューカッスル・ポリテクニク（総合技術専門学校）産業関係論講座主任講師　㊒産業関係論　㊖英国　㊓1949年　㊕1996

スターリング, チャールズ　Stirling, Charles James Matthew　化学者　元・シェフィールド大学教授・化学科長　㊒有機化学　㊖英国　㊓1930年12月8日　㊕1996／2000

スターリング, デービッド　Stirling, David　軍人　元・英国軍特殊機動隊（SAS）創設者　㊖英国　㊝1990年11月5日　㊕1992

スターリング, ブルース　Sterling, Bruce　SF作家　㊖米国　㊓1954年　㊕1992／1996／2000／2012

スターリング, ボリス　Starling, Boris　ジャーナリスト, 政治アナリスト, 作家　㊖英国　㊕2000

スターリング, ロバート・レイモンド　Sterling, Robert Raymond　経営学者　ユタ大学大学院教授　㊒企業利益測定論　㊖米国　㊓1931年5月16日　㊕1992

スターリングス, ウィリアム　Stallings, William　コンピューターコンサルタント　㊕2004

スターリングス, フラン　Stallings, Fran　ストーリーテラー　㊖米国　㊕2004

スタール, ニック　Stahl, Nick　俳優　㊖米国　㊓1979年12月5日　㊕2004／2008

スタール, マックス　Stahl, Max　ジャーナリスト, 映像プロデューサー　㊖英国　㊕1996

スタル, ミヒャエル　Stal, Michael　ソフトウェアエンジニア　シーメンス　㊖ドイツ　㊕2004

スタルク, ウルフ　Stark, Ulf　児童文学作家　㊖スウェーデン　㊓1944年　㊕1996／2000／2008

スタルク, フィリップ　Starck, Philippe　本名=Starck,Philippe-Patrick　デザイナー, 建築家　㊓1949年1月18日　㊕1992／1996／2000／2004／2008／2012

スタルコフ, ウラジスラフ　ジャーナリスト　「論拠と事実」紙編集長　㊖ロシア　㊓1940年　㊕1996

スタルシノフ, ビャチェスラフ　元・アイスホッケー選手　㊖ロシア　㊓1940年5月6日　㊕2000

スタルセット, グンナー　Staalsett, Gunnar　牧師, 平和運動家, 元・政治家　ルター派世界連盟総長, グレート・ノース教会牧師, ノーベル賞審査委員　㊖ノルウェー　㊕1992／1996

スダルソノ, ユウォノ　Sudarsono, Juwono　政治家　元・インドネシア国防相　㊖インドネシア　㊓1942年　㊕2004

スタルテリ, ポール　Stalteri, Paul　サッカー選手（MF）　㊖カナダ　㊓1977年10月18日　㊕2004／2008

スダルモノ　Sudharmono　政治家, 軍人　元・インドネシア副大統領, 元・ゴルカル総裁　㊖インドネシア　㊓1927年3月12日　㊝2006年1月25日　㊕1992／1996／2000

スダルモノ, プラティウィ　Soedarmono, Pratiwi　インドネシア大学講師・微生物研究所研究員　㊒遺伝子工学　㊖インドネシア　㊓1952年　㊕1992

スターレット, ポール　Starrett, Paul　コンピューター技術者　㊖米国　㊕2004／2008

スターレンス, ロレンツォ　Staelens, Lorenzo　サッカー選手（DF）　㊖ベルギー　㊓1964年4月30日　㊕2004

スタロヴェイスキ, フランチシェク　Starowieyski, Franciszek　別名=バイク, ヤン　画家, グラフィック作家　㊖ポーランド　㊓1930年7月8日　㊝2009年2月22日　㊕1996（スタロベイスキ, フランチシェク）

スタロヴォイトワ, ガリーナ　Starovoitova, Galina Vasilievna　政治家, 民族学者　元・ロシア下院議員, 元・民主ロシア共同代表, 元・ロシア大統領顧問　㊖ロシア　㊓1946年5月17日　㊝1998年11月20日　㊕1992／1996（スタロボイトワ, ガリーナ）

スタロセーリスカヤ, ナタリヤ　演劇評論家　㊖ロシア　㊕2004

スタロドブツェフ, ワシリー　Starodubtsev, Vasilii Areksandrovich　政治家　元・ソ連農民同盟議長, 元・トゥーラ州知事　㊖ロシア　㊓1931年12月25日　㊝2011年12月30日　㊕1992／1996／2000

スタローネ, ジルベルト　作家　㊖イタリア　㊕2004

スタロバンスキー, ジャン　Starobinski, Jean　著述家　ジュネーブ国際交流会議委員長　元・ジュネーブ大学教授　㊒フランス18世紀文学・思想史　㊖スイス　㊓1920年11月17日　㊕1992／1996／2008

スタローン, シルベスター　Stallone, Sylvester　本名=Stallone, Sylvester Enzio　俳優, 映画監督, 脚本家　㊖米国　㊓1946年7月6日　㊕1992／1996／2000／2004／2008／2012

スターン, D.A.　Stern, D.A.　オカルト研究家　㊖米国　㊕2004

スターン, アイザック　Stern, Isaac　バイオリニスト　元・カーネギーホール館長　㊖米国　㊓1920年7月21日　㊝2001年9月22日　㊕1992／1996／2000

スターン, アーネスト　Stern, Ernest　銀行家　世界銀行副総裁　㊖米国　㊓1933年8月25日　㊕1996

スターン, ウィリアム　Stern, William　ジャーナリスト　元・「マリーブ」東京支局長　㊖米国　㊓1961年　㊕1992

スターン, カート　Stern, Curt　動物学者, 遺伝学者　カリフォルニア大学教授　㊖米国　㊓1902年8月30日　㊕1992

スターン, カール　経営コンサルタント　ボストン・コンサルティング・グループ（BCG）社長・CEO　㊖米国　㊕2004／2008

スターン, ジェシカ　Stern, Jessica　ローレンス・リバーモア国立研究所員, ハーバード大学ケネディ行政大学院講師　㊒大量破壊兵器, テロリズム　㊖米国　㊓1958年　㊕2004

スターン, ジェス　Stearn, Jess　著述家, ジャーナリスト　㊖米国　㊕1992／1996

スターン, ジェラルド　弁護士　元・米国金融機関犯罪特別検察官, 元・オキシデンタル石油副社長　㊖米国　㊕2000

スターン, ジム　Sterne, Jim　ウェブマーケティング・コンサルタント　サンタバーバラターゲットマーケティング・インターネットマーケティングコンサルタント　㊕2004

スターン, ジョエル　Stern, Joel M.　経営コンサルタント　㊕2004

スターン, ジョーフリー　ロンドン大学経済学部講師　㊒国際関係論, 国際共産主義　㊖英国　㊕1992

スターン, ダグ　グループ名=スターン・ツインズ　美術家　㊖米国　㊕1992

スターン, ダニエル　Stern, Daniel　映画監督, 俳優　㊖米国　㊓1957年　㊕1996

スターン, デービッド　Stern, David　全米バスケットボール協会（NBA）コミッショナー　㊖米国　㊕1996／2000

スターン, デービッド　Stern, David H.　神学者　㊒ユダヤ教, キリスト教　㊖イスラエル　㊓1935年　㊕1996

スターン, ニコラス　Stern, Nicholas Herbert　別名=Stern of Brentford　経済学者　ロンドン大学経済政治学院（LSE）教授

元・世界銀行（IBRD）上級副総裁・チーフエコノミスト Ⓝ英国 Ⓑ1946年 Ⓡ2004／2008／2012

スターン, ハル　Stern, Hal　コンピューター技術者　Ⓝ米国　Ⓡ2004

スターン, ハワード　Stern, Howard Allan　DJ　Ⓝ米国　Ⓑ1954年1月12日　Ⓡ2008／2012

スターン, ビビアン　Stern, Vivien　ペナル・リフォーム・インターナショナル（PRI）事務局長　Ⓝ英国　Ⓡ2000

スターン, フィリップ　Stern, Philippe　パテック・フィリップ社長　Ⓝスイス　Ⓑ1938年　Ⓡ2012

スターン, ブレット　Stern, Bret　映画製作者　Ⓡ2008

スターン, ポーラ　Stern, Paula　スターン・グループ社長　元・国際貿易委員会（ITC）委員長　Ⓝ米国　Ⓡ1996／2000

スターン, ポール　Stern, Paul G.　ノーザン・テレコム会長・CEO　Ⓝ米国　Ⓡ1992／1996

スターン, マイク　グループ名＝スターン・ツインズ　美術家　Ⓝ米国　Ⓡ1992

スターン, マイク　Stern, Mike　ジャズ・ギタリスト　Ⓝ米国　Ⓑ1953年　Ⓡ2004／2008／2012

スターン, マイケル　Stern, Michael　指揮者　Ⓝ米国　Ⓑ1959年　Ⓡ2000

スダーン, ユベール　Soudant, Hubert　指揮者　東京交響楽団音楽監督　元・モーツァルテウム管弦楽団首席指揮者・音楽監督　Ⓝオランダ　Ⓑ1946年　Ⓡ2000／2004／2008／2012

スターン, リチャード・マーティン　Stern, Richard Martin　作家、英文学者　元・シカゴ大学教授　Ⓝ米国　Ⓑ1915年　Ⓓ2001年10月31日　Ⓡ1992

スターン, ロバート　Stern, Robert Am　建築家、教育者、評論家　コロンビア大学教授　Ⓝ米国　Ⓑ1939年5月23日　Ⓡ1992／1996

スターン, ロバート　Stern, Robert　ABCニュース東京支局プロデューサー　Ⓝ英国　Ⓑ1965年　Ⓡ1996

スタン, ロルフ・アルフレッド　Stein, Rolf Alfred　コレージュ・ド・フランス名誉教授　Ⓢチベット学　Ⓝフランス　Ⓑ1911年　Ⓡ1996

スタンウィック, バーバラ　Stanwick, Barbara　女優　Ⓝ米国　Ⓑ1907年7月16日　Ⓓ1990年1月20日　Ⓡ1992

スタンウェイ, ペニー　Stanway, Penny　小児科医　Ⓝ英国　Ⓡ2004

スタンウッド, ドナルド　Stanwood, Donald A.　作家　Ⓝ米国　Ⓑ1950年　Ⓡ1992

スタンカ, ジョー　Stanka, Joe　本名＝Stanka,Joe Donald　元・プロ野球選手　Ⓝ米国　Ⓑ1931年7月23日　Ⓡ1992／1996

スタンガー, テッド　Stanger, Ted　作家、ジャーナリスト　元・「ニューズウィーク」パリ支局長　Ⓡ2008

スタンカード, アルバート　Stunkard, Albert J.　ペンシルベニア大学精神科教授　Ⓢ肥満症　Ⓝ米国　Ⓡ1992

スタング, アラン　Stang, Alan　ジャーナリスト　Ⓡ2004

スタング, ウーラブ　ノキア・モービルホン・ジャパン社長　Ⓝノルウェー　Ⓑ1953年　Ⓡ1996

スタンクレスク, ヴィクトル・アタナジエ　Stănculescu, Victor Atanasie　政治家　ルーマニア工業相　Ⓝルーマニア　Ⓡ1992／1996

スタンケーヴィチ, セルゲイ　Stankevitch, Sergei B.　政治家　元・ロシア大統領顧問　Ⓝロシア　Ⓑ1954年　Ⓡ1992（スタンケービチ, セルゲイ）／1996（スタンケービチ, セルゲイ）／2000

スタンコヴィッチ, デヤン　Stankovic, Dejan　元・サッカー選手　Ⓝセルビア　Ⓑ1978年9月11日　Ⓡ2008／2012

スターンゴールド, ジェームス　ジャーナリスト　「ニューヨーク・タイムズ」東京支局長　Ⓝ米国　Ⓑ1954年　Ⓡ1996

スタンジェ, ジャン　Stengers, Jean　歴史学者　ブリュッセル大学　Ⓢ現代史　Ⓝベルギー　Ⓡ2004

スタンジェール, イザベル　Stengers, Isabell　哲学者　ブリュッセル自由大学教授　Ⓢ科学哲学,科学史　Ⓝフランス　Ⓑ1949年　Ⓡ2000

スターンズ, スティーブン　Stearns, Stephen C.　動物学者　バーゼル大学教授　Ⓡ2004

スターンズ, ベス　Stearns, Beth　コンピューターコンサルタント　Ⓡ2004

スタンズ, モーリス　Stans, Maurice Hubert　政治家　元・米国商務長官　Ⓝ米国　Ⓑ1908年3月22日　Ⓓ1998年4月14日　Ⓡ1992

スタンスフィールド, リサ　Stansfield, Lisa　歌手　Ⓝ英国　Ⓑ1966年　Ⓡ1996

スタンズベリー, ドメニック　Stansberry, Domenic　作家　Ⓝ米国　Ⓑ1952年　Ⓡ1996／2008

スタンダー, ゴルダ　Stander, Golda G.　元・GHQ経済科学局労働課賃金労働条件係長　Ⓝ米国　Ⓑ1907年5月9日　Ⓡ1996

スタンダー, ライオネル　Stander, Lionel　俳優　Ⓝ米国　Ⓑ1908年1月11日　Ⓓ1994年11月30日　Ⓡ1996

スタンチャコヴァ, ヤドヴィガ　Stańczakowa, Jadwiga　詩人　Ⓝポーランド　Ⓑ1918年　Ⓡ1992（スタンチャコパ, ヤドビガ）

スタンデイジ, サイモン　Standage, Simon　バイオリニスト　英国王立音楽アカデミー教授　Ⓢバロックバイオリン　Ⓝ英国　Ⓑ1941年　Ⓡ2012

スタントン, アンドルー　Stanton, Andrew　映画監督、脚本家　Ⓝ米国　Ⓑ1965年　Ⓡ2008／2012

スタントン, ジャンカルロ　Stanton, Giancarlo　本名＝Stanton, Giancarlo Cruz-Michael　旧登録名＝スタントン, マイク　大リーグ選手（外野手）　Ⓝ米国　Ⓑ1989年11月8日

スタントン, ダグ　Stanton, Doug　編集者　Ⓝ米国　Ⓡ2008

スタントン, ハリー・ディーン　Stanton, Harry Dean　俳優　Ⓝ米国　Ⓑ1926年7月14日　Ⓡ2000／2004／2008

スタントン, フィル　Stanton, Phil　グループ名＝ブルーマングループ　パフォーマー　ブルーマン・プロダクション創始者　Ⓝ米国　Ⓡ2012

スタントン, リチャード　Stanton, Richard　ジャーナリスト　西シドニー大学ジャーナリズム学科講師　Ⓝオーストラリア　Ⓡ2004

スタンバーグ, ロバート　Sternberg, Robert J.　心理学者　エール大学心理学部教授　Ⓢ教育心理学　Ⓝ米国　Ⓑ1949年　Ⓡ2000／2004

スタンプ, テレンス　Stamp, Terence　俳優　Ⓝ英国　Ⓑ1938年7月22日　Ⓡ2004／2008／2012

スタンプ, ボブ　Stump, Bob　本名＝Stump,Robert Lee　政治家　元・米国下院議員（共和党）　Ⓝ米国　Ⓑ1927年4月4日　Ⓓ2003年6月20日　Ⓡ2000／2004

スタンフィールド, ロバート　Stanfield, Robert Lorne　政治家　元・カナダ進歩保守党党首,元・ノバスコシア州政府首相　Ⓝカナダ　Ⓑ1914年4月11日　Ⓓ2003年12月16日　Ⓡ1992

スターンフェルド, ジョール　Sternfeld, Joel　写真家　Ⓝ米国　Ⓑ1944年　Ⓡ1996

スタンフォード, クレイグ　Stanford, Craig B.　人類学者　南カリフォルニア大学助教授　Ⓡ2004

スタンフォード, ジーン　Stanford, Gene　小児科医　バッファロー小児病院チャイルドライフ部門部長、シラキュース大学ユティカ・カレッジ助教授　Ⓡ2004

スタンフォード, ピーター・ジェームズ　Stanford, Peter James　ジャーナリスト　元・「カソリックヘラルド」編集者　Ⓝ英国　Ⓑ1961年11月23日　Ⓡ2000

スタンボリッチ, ペター　Stambolić, Petar　政治家　元・ユーゴスラビア連邦幹部会議長（大統領）　Ⓝユーゴスラビア　Ⓑ1912年7月12日　Ⓓ1998年　Ⓡ1992

スタンモア, ティア　Stanmore, Tia　「強くしなやかな身体をつくる本」の著者　Ⓡ2004／2008

スタンリー, ガイ　Stanley, Guy　作家　Ⓝ英国　Ⓑ1945年　Ⓡ2004

スタンリー, クレイトン　Stanley, Clayton　本名＝Stanley,Clayton Iona　バレーボール選手　北京五輪バレーボール男子金メダリスト　Ⓝ米国　Ⓑ1978年1月20日

スタンリー, ジョー　Stanley, Jo　作家　Ⓝ英国　Ⓡ2004／2008

スタンリー, スティーブン　Stanley, Steven M.　古生物学者　ケー

ス・ウェスタン・リザーブ大学教授　国米国　生1941年　収1992／1996

スタンリー, トマス　Stanley, Thomas J.　マーケティング・アドバイザー　元・ニューヨーク州立大学オルバニー校マーケティング学部教授　著富裕層マーケティング　収2000

スタンリー, ポール　Stanley, Paul　本名＝スタンリー, アイゼン　グループ名＝キッス　ロックギタリスト　国米国　生1952年1月20日　収2004／2008

スタンリー, リチャード　Stanley, Richard P.　数学者　マサチューセッツ工科大学（MIT）教授　著組合せ論　国米国　生1944年　収1992／1996

スタンリッジ, ジェイソン　Standridge, Jason Wayne　プロ野球選手(投手), 元・大リーグ選手　国米国　生1978年11月9日　収2012

スターンリット, バリー・スチュアート　Sternlicht, Barry Stuart　実業家　スターウッド会長　国米国　収2000

ズチ, バルクリシャン　Zutshi, Balkrishan　駐ジュネーブ・インド大使　国インド　収1992

スチット・ウォンテート　作家, ジャーナリスト　国タイ　生1945年　収1992

スチャーギナ, M.V.　Sutyagina, M.V.　モスクワ国立大学付属アジア・アフリカ諸国大学助教授　著日本資本主義　国ソ連　生1932年　収1992

スチャート・サワッシー　Suchart Sawadsiri　作家, 編集者　国タイ　生1945年　収1992

スチュアート, L.ロバート　宇宙飛行士　国米国　生1942年8月　収1992

スチュアート, V.A.　Stuart, V.A.　別名＝スチュアート, ビビアン　作家　国英国　収1992

スチュアート, アン　Stuart, Anne　ロマンス作家　国米国　収1992／1996

スチュアート, イアン　Stewart, Ian　キーボード奏者　国英国　没1985年12月12日　収1992

スチュアート, イアン　Stewart, Ian　作家　元・ニューヨーク・タイムズ特派員　国米国　収1992

スチュアート, イアン　Stewart, Ian　数学者　ウォリック大学教授　著数理生物学, カオス理論, 数学史　国英国　生1946年　収2000／2012

スチュアート, エレン　Stewart, Ellen　元・ラ・ママ実験劇場主宰者・プロデューサー　国米国　生1919年11月7日　没2011年1月13日　収1996／2008

スチュアート, キャスリン　Stewart, Kathryn　心理学者　オライオン・アカデミー設立者　収2008

スチュアート, クリス　Stewart, Chris　外交官　在日オーストラリア大使館広報担当参事官　国オーストラリア　生1953年　収1992

スチュアート, クリス　Stewart, Chris　旧グループ名＝ジェネシス　元・ロックドラマー　国英国　収2004

スチュアート, クリステン　Stewart, Kristen　本名＝Stewart, Kristen Jaymes　女優　国米国　生1990年4月9日

スチュアート, グロリア　Stuart, Gloria　女優　国米国　生1910年7月4日　没2010年9月26日　収2000／2004

スチュアート, ケイティ　Stewart, Katie　料理研究家　国英国　収1992

スチュアート, ケル　Stuart, Kel　「30秒でできる英語でeメール」の共著者　国オーストラリア　収2004

スチュアート, コーデル　Stewart, Kordell　プロフットボール選手(QB)　国米国　生1972年10月16日　収2004／2008

スチュアート, サラ　Stewart, Sarah　児童文学作家　国米国　収2008

スチュアート, ジェームス　Stewart, James　俳優　国米国　生1908年5月20日　没1997年7月2日　収1992／1996

スチュアート, ジェームス　Stewart, James Cecil Campbell　原子力学者　英国原子力産業会議会長理事　国英国　生1916年　収1996

スチュアート, ジェームズ　Stewart, James B.　ジャーナリスト　「スマート・マネー」誌編集者　国米国　収1996

スチュアート, ジェームズ・マイケル　Stewart, James Michael　テクニカルライター　国米国　収2004

スチュアート, ジャッキー　Stewart, Jackie　元・F1ドライバー　国英国　生1939年6月11日　収1996／2000／2004

スチュアート, ジョセフ　医師　インディアン・プエブロ文化センター所長　国米国　収1992

スチュアート, ジョン　Stuart, John　「コミュニケーション―究極の愛の芸術」の共著者

スチュアート, ジル　ファッションデザイナー　国米国　収2000

スチュアート, スタンリー　Stewart, Stanley　パイロット　エアフレート・エクスプレス機長　元・英国航空（BA）機長　生1944年　収2004

スチュアート, スラム　Stewart, Slam　本名＝Stewart, Leroy Elliott　ジャズ・ベース奏者　国米国　生1914年9月21日　没1987年12月9日　収1992

スチュアート, デービッド　Stewart, David　生化学者　著神経遺伝病　国オーストラリア　生1960年　収2004

スチュアート, デーブ　Stewart, Dave　大リーグコーチ, 元・大リーグ選手　国米国　生1957年2月19日　収1992／1996／2000／2004／2008

スチュアート, デーブ　Stewart, Dave　グループ名＝ユーリズミックス, スーパーヘヴィ　ミュージシャン, 音楽プロデューサー　国英国　生1952年9月9日　収1992／2004／2008／2012

スチュアート, ドナルド・オグデン　Stewart, Donald Ogden　作家, 脚本家, 劇作家　国米国　生1894年　収1992

スチュアート, トーマス　Stewart, Thomas A.　編集者　「ハーバード・ビジネス・レビュー」編集長

スチュアート, トリシア　Stewart, Tricia　婦人会でヌードカレンダーを作り白血病研究に収益金を寄付　国英国　収2008

スチュアート, トレイシー　Stewart, T.　ペイン・スチュアートの妻　国米国　生1959年　収2004

スチュアート, パトリック　Stewart, Patrick B.　実業家　メタルサイト社長・CEO　国米国　生1962年7月　収2004

スチュアート, ブルース　Stewart, Bruce　劇作家　国オーストラリア　収1992

スチュアート, フレッド　Stewart, Fred Mustard　作家　国米国　生1932年　収1992／1996

スチュアート, フローンデル　Stuart, Freundel　本名＝Stuart, Freundel Jerome　政治家　バルバドス首相　国バルバドス　生1949年4月27日　収2012

スチュアート, ペイン　Stewart, Payne　本名＝スチュアート, ウィリアム・ペイン　プロゴルファー　国米国　生1957年1月30日　没1999年10月25日　収1992／1996

スチュアート, ベネット　Stewart, Bennett　スターン・スチュアート・シニアパートナー　国米国　収2000

スチュアート, ポッター　Stewart, Potter　法律家　元・米国最高裁判事　国米国　生1915年1月23日　没1985年12月7日　収1992

スチュアート, ポール　Stewart, Paul　作家　国英国　生1955年　収2004／2012

スチュアート, マイク　Stewart, Mike　本名＝スチュアート, マイケル・ガーネット　作家　国米国　生1955年5月　収2012

スチュアート, マイケル　Stewart, Michael　ミュージカル作家　国米国　生1929年8月1日　没1987年9月20日　収1992

スチュアート, マイケル　Stewart, Robert Michael Maitland　政治家, 著述家　元・英国外相　国英国　生1906年11月6日　没1990年3月10日　収1992

スチュアート, マイケル　Stewart, Michael　作家　国英国　収1996

スチュアート, マイケル　Stewart, Michael D.　技術コンサルタント　マイクロソフトATTP講師　国米国　収2004

スチュアート, マーサ　Stewart, Martha Kostyra　旧名＝コスティラ, マーサ　生活デザイナー, 実業家　元・マーサ・スチュアート・リビング・オムニメディア（MSLO）会長・CEO　国米国　生1941年　収1992／2000／2004／2008

スチュアート, メアリー　Stewart, Mary　作家　国英国　生1916年

9月17日 ⑫1992／1996

スチュアート，メルビン　Stewart, Melvin　元・水泳選手（バタフライ）　国米国　⑭1968年11月16日　⑫1996

スチュアート，ロッド　Stewart, Rod　本名＝Stewart,Roderick David　ロック歌手　国英国　⑭1945年1月10日　⑫1992／1996／2000／2004／2012

スチュアート，エバン　Stewart, Evan　飛び込み選手　国ジンバブエ　⑫1996（スチュアート，エバン）

スチュワード，エマヌエル　Steward, Emanuel　ボクシングトレーナー　国米国　⑭1944年7月7日　⑮2012年10月25日　⑫1996／2000

スチュワート，ショーン　Stewart, Sean　作家　国米国　⑫2012

スチュワード，スー　Steward, Sue　ジャーナリスト，テレビプロデューサー　国英国　⑫2004

スチュワート，パトリック　Stewart, Patrick　俳優　国英国　⑭1940年7月13日　⑫2012

スチルボワ，ジャンピエール　元・フランス国民戦線書記長　国フランス　⑭1945年1月　⑮1988年11月5日　⑫1992

スチンダ・クラプラユーン　Suchinda Kraprayun　軍人，政治家　元・タイ首相・国防相，元・タイ国軍最高司令官　国タイ　⑭1933年8月6日　⑫1992（スチンダ）／1996

ズック，クリス　Zook, Chris　経営コンサルタント　ベイン・アンド・カンパニー・ディレクター　⑫2004

ステアーズ，マット　Stairs, Matt　本名＝Stairs,Matthew Wade　元・大リーグ選手,元・プロ野球選手　国カナダ　⑭1969年2月27日　⑫1996／2000／2004／2008／2012

スティア，ウィリアム（Jr.）　Steere, William（Jr.）　実業家　ファイザー会長・CEO　国米国　⑭1936年6月17日　⑫1996／2000

スティア，プトゥ　Setia, Putu　ジャーナリスト　「テンポ」運営委員，インドネシア・ヒンドゥー教知識人フォーラム会長　国インドネシア　⑭1951年　⑫1996／2008

スティアーズ，バリー　Steers, Barry Connell　外交官　元・駐日カナダ大使　国カナダ　⑭1927年　⑫1992

スティアリン，アンリ　ジャーナリスト　⑩イスラム建築　⑭1928年　⑫2004

スティアワン・サバナ　Setiawan Sabana　版画家　バンドン工科大学美術学科講師・版画教室長　国インドネシア　⑭1951年　⑫1992／1996

スティーガー，ウィル　Steger, Will　探検家，科学者　南極大陸横断国際隊長　国米国　⑫1992／1996

スティーガー，ウルリッヒ　Steger, Ulrich　国際経営開発研究所教授　⑩経営学　国ドイツ　⑭1943年　⑫2000

スティキアット・チラーティワット　セントラル・グループ副社長　国タイ　⑭1942年3月　⑫1996

スティグラー，ジェームス　Stigler, James W.　カリフォルニア大学ロサンゼルス校心理学教授　⑩心理学　国米国　⑫1996

スティグラー，ジョージ・ジョセフ　Stigler, George Joseph　経済学者　元・シカゴ大学名誉教授　⑩統制経済,情報経済　国米国　⑭1911年1月17日　⑮1991年12月1日　⑫1992

スティーグラー，マーク　Stiegler, Marc　作家，ソフトエンジニア　国米国　⑫1996

スティグリッツ，ジョセフ　Stiglitz, Joseph Eugene　経済学者　コロンビア大学教授　元・世界銀行首席エコノミスト・副総裁，元・米国大統領経済諮問委員会（CEA）委員長，元・スタンフォード大学教授　⑩情報の経済学　国米国　⑭1943年2月9日　⑫1992／1996／2000／2004／2008／2012

スティグレール，ベルナール　Stiegler, Bernard　哲学者　リサーチ＆イノベーション研究所総責任者　元・ポンピドーセンター文化開発部部長　国フランス　⑭1952年　⑫2008／2012

ステイサム，ジェイソン　Statham, Jason　俳優　国英国　⑭1972年9月12日　⑫2004／2008／2012

ステイシー，ジェス　Stacy, Jess Alexandria　ジャズピアニスト　国米国　⑭1904年8月4日　⑮1995年1月1日　⑫1996

スティス，ウェズリー　Stace, Wesley　歌手名＝ハーディング，ジョン・ウェズリー　小説家，シンガー・ソングライター　国英国　⑭1965年　⑫2008／2012

スティス，ジョン　Stith, John E.　SF作家　国米国　⑭1947年　⑫1996

スティチェン，ヤヌーシュ　Styczeń, Janusz　詩人　国ポーランド　⑭1939年　⑫1992

スティックス，ゲーリー　Stix, Gary　「サイエンティフィック・アメリカン」編集者　国米国　⑫2004

スティックランド，ヘンリエッタ　Stickland, Henrietta　児童文学作家,編集者　国英国　⑭1965年　⑫1996／2004

スティックランド，ポール　Stickland, Paul　挿絵画家　国英国　⑭1957年　⑫1996／2004

スティッツ，スタシアナ　Stitts, Staciana　水泳選手（平泳ぎ）　国米国　⑭1981年9月12日　⑫2004

スティット，J.L.　シェル・オーストラリア経理担当エグゼクティブ・ディレクター　元・シェルジャパン社長　国英国　⑭1943年3月1日　⑫1996

スティード，ケビン　Steede, Kevin　医師,臨床心理学者　国米国　⑫2004

スティード，ネビル　Steed, Neville　ミステリー作家　国英国　⑫1996

スティード，ロバート・アッシャースト　Stead, Robert Ashurst　メディスンマン　国米国　⑭1916年3月24日　⑮1992年9月21日　⑫1996

スティナン，オーレ　Sutinen, Olle　建築家　ブリンク建築事務所所長　国スウェーデン　⑫1996

スティネット，ロバート　Stinnett, Robert B.　ジャーナリスト,元・軍人　国米国　⑭1924年　⑫2004

スティーバー，エレノア　Steber, Eleanor　ソプラノ歌手　国米国　⑭1916年7月17日　⑮1990年10月3日　⑫1992

スティーブ，デーブ　Stieb, Dave　元・大リーグ選手　国米国　⑭1957年7月22日　⑫1992／2000

スティーフェル，イーサン　Stiefel, Ethan　バレエダンサー　アメリカン・バレエ・シアター（ABT）プリンシパル，ノースカロライナ芸術学校（NCSA）ダンス科学部長　国米国　⑭1973年　⑫2012

ステイプルトン，ジーン　Stapleton, Jean　本名＝Murray,Jeanne　女優　国米国　⑭1923年1月19日　⑮2013年5月31日

ステイブルドン，ナイジェル　Stapledon, Nigel D.　エコノミスト　ウエストパック銀行上席エコノミスト　国オーストラリア　⑫1992

ステイブルフォード，ブライアン　Stableford, Brian M.　SF作家,社会学者　元・レディング大学教授　国英国　⑭1948年　⑫1992／2004／2008

スティーブン，マーカス　Stephen, Marcus　政治家,元・重量挙げ選手　ナウル大統領　国ナウル　⑭1969年10月1日　⑫2012

スティーブンス，W.リチャード　Stevens, W.Richard　ネットワーク技術者,技術コンサルタント　⑩UNIX,TCP/IP　⑫2004

スティーブンス，アマンダ　Stevens, Amanda　ロマンス作家　国米国　⑫2008

スティーブンス，アンソニー　Stevens, Anthony　心理学者,精神科医　国英国　⑭1933年　⑫2000／2012

スティーブンス，エドムンド・W.　ジャーナリスト　国米国　⑭1910年　⑮1992年5月24日　⑫1996

スティーブンス，キャット　Stevens, Cat　本名＝Georgiou,Steven　イスラム名＝イスラム，ユスフ　シンガー・ソングライター，イスラム慈善活動家　国英国　⑭1948年7月21日　⑫2004／2008

スティーブンス，クリストファー　Stephens, Christopher　元・ユネスコ北極圏会議議長　⑩考古学,人類学,東洋学　国カナダ　⑭1953年　⑫2000

スティーブンス，クリストファー　Stevens, Christopher　本名＝Stevens,John Christopher　外交官　元・駐リビア米国大使　国米国　⑭1960年4月18日　⑮2012年9月11日

スティーブンス，グロリア　Stephens, Gloria　ブリーダー,遺伝学者　The International Cat Association（TICA）遺伝委員・ウェブマスター　⑩猫　国米国　⑫2004

スティーブンス, シアカ　Stevens, Siaka Probyn　政治家　元・シエラレオネ大統領　国シエラレオネ　生1905年8月24日　没1988年5月29日　1992

スティーブンス, シャドー　ディスクジョッキー　国米国　生1946年　1992

スティーブンス, ジョージ(Jr.)　Stevens, George (Jr.)　米国映画協会 (AFI) 創立者　国米国　生1932年　2012

スティーブンス, ジョン・ポール　Stevens, John Paul　法律家　元・米国最高裁判事　国米国　生1920年4月20日　2012

スティーブンス, スコット　Stevens, Scott　元・アイスホッケー選手　国カナダ　生1964年4月1日　2008

スティーブンス, スーザン　Stephens, Susan　ロマンス作家　国英国　2008

スティブンス, ダル　Stivens, Dal　作家　国オーストラリア　生1911年　1992

スティーブンス, テッド　Stevens, Ted　本名=スティーブンス, セオドア・フルトン　政治家　元・米国上院議員 (共和党)　国米国　生1923年11月18日　没2010年8月9日　1996／2000／2004／2008

スティーブンス, トレント　Stephens, Trent　解剖学者　アイダホ州立大学教授　専サリドマイド　国米国　2004

スティーブンス, フィリップ　実業家　コンクリートPR経営者　国英国　生1963年　2004／2008

スティーブンス, ブルック　Stevens, Brooke　作家　国米国　生1957年　2008

スティーブンス, ヘレン　Stephens, Helen　「ビクターとブッチ」の著者　2008

スティーブンス, ホセ　Stevens, José　セラピスト　元・ジョン・F・ケネディ大学教授　国米国　2004

スティーブンス, ポール・スコット　Stevens, Paul Schott　弁護士　元・米国大統領特別補佐官　国米国　生1952年11月　1992／1996／2008

スティーブンス, マイケル・ドーソン　Stephens, Michael D.　ノッティンガム大学名誉教授　専教育学　国英国　生1936年　1996

スティーブンス, マーカス　Stevens, Marcus　コマーシャル・ディレクター, 作家　国米国　生1959年　2004／2008

スティーブンス, リンゼイ　Stevens, Lynsey　ロマンス作家　国オーストラリア　2004

スティーブンス, ロード　Stevens, Lord　エムアイエムブリタニア会長, ユナイテッド・ニュースペーパーズ会長, 英国上院議員　国英国　1992

スティーブンス, ロバート　Stephens, Robert　俳優　国英国　生1931年7月14日　没1995年11月12日　1996

スティーブンソン, アレクサンドラ　Stevenson, Alexandra　テニス選手　国米国　生1980年12月15日　2000／2004／2008

スティーブンソン, アン　Stevenson, Anne　詩人, 評論家　国米国　生1933年　1996

スティーブンソン, イアン　Stevenson, Ian　バージニア大学医学部精神科主任教授　専超心理学 (心霊研究)　国米国　生1918年10月31日　1992／2000

スティーブンソン, ウィリアム　Stephenson, William　第2次大戦中の英国情報機関北米責任者　国英国　没1989年1月31日　1992

スティーブンソン, ウイリアム　Stevenson, William H.　ジャーナリスト, 探検家　国カナダ　1996

スティーブンソン, ジェームズ　Stevenson, James　漫画家, 絵本作家　国米国　1992／1996

スティーブンソン, トーマス　Stevenson, Thomas C.　実業家　シスコシステムズ副社長　国米国　2000

スティーブンソン, ニール　Stephenson, Neal　作家　国米国　生1959年　2000／2004／2008

スティーブンソン, ニール　Stevenson, Neil　建築家　専都市再開発事業　国英国　2004

スティーブンソン, ハロルド　Stevenson, Harold W.　心理学者　元・ミシガン大学教授　国米国　生1924年　没2005年7月7日　1996

スティーブンソン, ハワード　Stevenson, Howard H.　経営学者, 実業家　ハーバード大学ビジネス・スクール教授　2004

スティーブンソン, モニカ　Stevenson, Monica　編集者　国米国　生1960年　2004

スティーブンソン, ランドール　Stephenson, Randall L.　実業家　AT&T会長・CEO　国米国　生1960年4月22日　2008／2012

スティーブンソン, ロバート　Stevenson, Robert　映画監督　国米国　生1905年3月31日　没1986年4月30日　1992

ステイラ, クリスティン　Steira, Kristin　本名=ステイラ, クリスティン・ストルメル　スキー選手 (距離)　バンクーバー五輪スキー距離女子20キロリレー金メダリスト　国ノルウェー　生1981年4月30日　2012

スティラー, ベン　Stiller, Ben　俳優, 映画監督, 脚本家　国米国　生1965年11月30日　2004／2008／2012

スティール, M.ウィリアム　Steele, Marion William　国際基督教大学教養学部教授　専近代日本政治史, 近代日本社会史　国米国　生1947年9月22日　2008

スティール, アラン　Steel, Alan　ジョージ・リトル・マネージメント社副社長　生1950年　1992

スティール, アンドレ　Stil, André　作家, ジャーナリスト　国フランス　生1921年4月1日　1992

スーティル, エイドリアン　Sutil, Adrian　F1ドライバー　国ドイツ　生1983年1月11日

スティール, エリック　Steel, Eric　映画監督, 映画プロデューサー　国米国　生1985年　2008／2012

スティール, ガイ (Jr.)　Steele, Guy L. (Jr.)　カーネギー・メロン大学コンピューター科学部助教授, Tartan Laboratories Incorporatedシニア・サイエンティスト　専コンピューター・プログラム　国米国　1992

スティール, ジェームズ　Steele, James B.　ジャーナリスト　「フィラデルフィア・インクワイアラー」紙記者　国米国　1996

スティール, シェルビー　Steele, Shelby　英文学者, 評論家　サンノゼ州立大学英文学科教授　国米国　1996

スティール, ジョン　海洋学者　ウッズホール海洋学研究所所長, エクソン社取締役

スティール, ジョン　Steele, John　地質学者　国米国　1992

スティール, ジョン　Steele, John　ブリティッシュ・テレコム (BT) 人事担当ディレクター　国英国　2000

スティール, ジョン　Steel, Jon　プランニング・ディレクター　グッビー・ベルリン・アンド・シルバスタイン副会長　国米国　2004

スティール, ダニエル　Steel, Danielle　作家　国米国　生1950年8月14日　1992／1996／2004／2008／2012

スティール, デービッド　Steel, David Martin Scott　政治家, ジャーナリスト, 放送人　元・英国自由党党首　国英国　生1939年3月31日　1992

スティール, デビッド　ミュージシャン　国英国　1992

スティール, トミー　Steele, Tommy　本名=ヒックス, トマス　タレント, 作家　国英国　生1936年12月17日　1996

スティール, ピーター　Steele, Peter　登山家, 医師　2004

スティール, ベン　Steil, Benn　経済学者　英国王立国際問題研究所国際経済プログラム部長　専国際資本市場の法規, デリバティブ, リスクマネージメント, 国際貿易　国英国　2000

スティール, ボブ　映画・テレビ俳優　国米国　没1988年12月22日　1992

スティール, マイケル　Steele, Michael S.　政治家　米国共和党全国委員長　元・メリーランド州副知事　国米国　生1958年　2012

スティール, リチャード　Steele, Richard　レフェリー, 元・プロボクサー　国米国　1992

スティール, ルイス　弁護士　米国住友商事事件の原告側主任弁護士　国米国　1992

スティール, ロナルド　Steel, Ronald　ダートマス大学　国米国の政

治と外交政策 [国]米国 [典]1992

スティルウェル, アレクサンダー Stilwell, Alexander 著述家 [国]英国 [典]2004

スティルス, スティーブン Stills, Stephen グループ名=クロスビー, スティルス, ナッシュ&ヤング, 旧グループ名=クロスビー, スティルス&ナッシュ ロック歌手 [国]米国 [生]1945年1月3日 [典]2004／2008

スティール・パーキンス, クリス Steele-Perkins, Christopher Horace 写真家 元・マグナム会長 [国]英国 [生]1947年7月28日 [典]1996（パーキンス, クリス・スティール）／2000（パーキンス, クリス・スティール）／2004／2008

スティルマン, カルビン Stillman, Calvin W. ラトガース大学環境資源学部名誉教授 [専]経済学, 環境学 [国]米国 [典]1992

スティルマン, ホイット Stillman, Whit 映画監督 [国]米国 [生]1952年 [典]1992／2000

スティルン, オリヴィエ Stirn, Olivier 政治家 元・フランス国務相（観光担当） [国]フランス [典]1992

スティーン, R.グラント Steen, R.Grant テネシー大学医学部 [専]脳生理学 [国]米国 [典]2000

スティーン, サンディ Steen, Sandy ロマンス作家 [国]米国 [典]2008

スティーン, マールテン・ファン Steen, Maarten van コンピューター科学者 フリイエ大学コンピューターサイエンス学科助教授 [専]オペレーティングシステム, コンピューターネットワーク, 分散システム [国]オランダ [典]2008

ステイン, モルネ Steyn, Morné ラグビー選手（SO） [国]南アフリカ [生]1984年7月11日

スティング Sting 本名=サムナー, ゴードン・マシュー グループ名=ポリス ロック歌手, ベーシスト [国]英国 [生]1951年10月2日 [典]1992／1996／2000／2004／2008／2012

ステインズ, イアン・ド Stains, Ian de 在日英国商業会議所専務理事 [国]英国 [典]2004

スティンソン, クレイグ Stinson, Craig 編集者, ジャーナリスト 「PC Magazine」誌特約編集者, 「PC/Computing」誌特約編集者 [国]米国 [典]2000

スティンソン, ダグラス Stinson, Douglas R. リンカーン大学計算機科学工学科教授, 「Journal of Combinatorial Designs」編集長 [専]理論計算機科学, 組合せ理論 [国]米国 [典]2000

スティンチカム, アマンダ Stinchecum, Amanda Mayer 染織研究家 [国]米国 [生]1941年 [典]1992（スティンチクム, アマンダ）／1996

ステイントン, スー Stainton, Sue 児童文学作家 [国]英国 [典]2008

ステインブルナー, モーリーン Stainbruner, Maureen 国家政策センター所長 [国]米国 [典]1996

ステインブレシェル, マリアーネ Steinbrecher, Marianne バレーボール選手 北京五輪バレーボール女子金メダリスト [国]ブラジル [生]1983年8月23日

ステグナー, ウォーレス 作家 元・スタンフォード大学教授 [国]米国 [没]1993年4月13日 [典]1996

ステーシー, ジュディス Stacey, Judith カリフォルニア大学デービス校教授 [専]社会学, 女性学 [国]米国 [生]1943年 [典]1992

ステーシー, セアラ Stacey, Sarah ジャーナリスト, テレビプロデューサー, 作家 [典]2008

ステシンガー, ジョン トリニティー大学教授 [専]国際関係論 [国]米国 [典]2000

ステゼル, ジャン Stoetzel, Jean 社会学者, 社会心理学者 パリ大学教授 [国]フランス [生]1910年4月23日 [典]1992

ステッシンジャー, ジョン 国際政治学者 [国]米国 [生]1927年 [典]1996

ステッド, クリスチアン・カールソン Stead, Christian Karlson 詩人, 作家 [国]ニュージーランド [生]1932年 [典]1992

ステッド, ジェリー 実業家 レジェントCEO [国]米国 [典]1996

ステッド, レベッカ Stead, Rebecca ファンタジー作家 [国]米国 [生]1968年1月 [典]2012

ステットナー, ルイス Stettner, Louis 写真家 [国]米国 [生]1922年 [典]1996

ステッドマン, ラルフ Steadman, Ralph 挿絵画家 [生]1936年 [典]2004

ステッドワード, ロバート Steadward, Robert 国際パラリンピック委員会（IPC）会長, アルバータ大学体育レクリエーション学部教授 [国]カナダ [典]2000

ステッフ グループ名=ベティ&ステッフ 歌手 [国]カナダ [典]2004／2008

ステッフィー, ジョアン Steffy, Joan マネジメントコンサルタント オメガポイント・プロダクション社長 [国]米国 [典]1992

ステッラ, アントニエッタ Stella, Antonietta ソプラノ歌手 [国]イタリア [生]1929年 [典]2000

ステナック, リチャード Stenack, Richard J. 精神分析医 [国]米国 [典]2004

ステニス, ジョン Stennis, John Cornelius 政治家 元・米国上院議員（民主党） [国]米国 [生]1901年8月3日 [没]1995年4月23日 [典]1992

ステパーシン, セルゲイ Stepashin, Sergei Vladimirovich 政治家 ロシア会計検査院院長 元・ロシア首相 [国]ロシア [生]1952年3月2日 [典]2000／2004／2008／2012

ステパネク, マティ Stepanek, Mattie J.T. 詩人 [国]米国 [生]1990年 [典]2004

ステパネンコ, ガリーナ Stepanenko, Galina バレリーナ ボリショイ・バレエ団プリンシパル [国]ロシア [典]2012

ステパノフ, アレクサンドル Stepanov, Alexander A. コンピューター技術者 [国]米国 [典]2004

ステパノフ, ヴィクトル Stepanov, Victor Nikolaevich 政治家 カレリア自治共和国最高会議議長 元・ロシア共産党中央委員会政治局員 [国]ロシア [生]1947年 [典]1996

ステファニー, グウェン Stefani, Gwen グループ名=ノー・ダウト 歌手 [国]米国 [生]1969年10月3日 [典]2004（スティファニー, グウェン）／2008／2012

ステファニ, ヘルムート Stefani, Helmut コンピューター技術者 [専]応用言語学 [典]2004

ステファニ, リサ Stefani, Lisa A. 英語教師 グロスモント・カレッジ講師 [国]米国 [典]2004

ステファヌ, ネリー Stéphane, Nelly 作家, 評論家 [国]フランス [生]1921年 [典]1996

ステファネル, ジュゼッペ Stefanel, Giuseppe ステファネル会長・社長 [国]イタリア [典]1996

ステファーノス, デール Stephanos, Dale 漫画家 [国]米国 [生]1964年 [典]1996

ステファノバ, カリーナ Stefanova, Kalina 作家 [国]ブルガリア [生]1962年 [典]2012

ステファノビツ, ヤヌス Stefanowicz, Janusz 元・駐仏ポーランド大使, 元・ワルシャワ大学教授 [国]ポーランド [生]1932年11月 [典]1992

ステファノプロス, コンスタンティノス Stephanopoulos, Konstantinos 別名=ステファノプロス, コスティス 政治家 元・ギリシャ大統領 [国]ギリシャ [生]1926年8月15日 [典]1996／2000／2004／2008

ステファノプロス, ジョージ Stephanopoulos, George Robert キャスター ABCワシントン支局長 元・米国大統領上級顧問 [国]米国 [生]1961年2月10日 [典]1996／2000／2004／2008／2012

ステファノポーラス, ジョージ Stephanopoulos, George 化学工学者 マサチューセッツ工科大学化学工学科教授, 三菱化学常務 [国]米国 [生]1947年6月1日 [典]2004／2008

ステファン, クリスティーナ Stephan, Kristina 経営コンサルタント [国]米国 [典]2004

ステファン, クリストファー 元・シティコープ上級執行副社長, 元・米国ハネウエルCFO [国]米国 [典]1996／2000

ステファン, クレイグ 英語講師 [国]米国 [典]2008

ステファンソン, カリ 神経学者, 実業家 デコード・ジェネティクス

ス

CEO　元・ハーバード大学教授　[専]遺伝子解析　[国]アイスランド　[典]2004

ステファンソン, ハワード　Stephenson, Howard　バンク・オブ・ハワイ会長, ホノルル交響楽団理事, マウナラニ病院理事, エリソン・オニズカ記念奨学財団理事　[国]米国　[典]1992

ステプトー, ジョン　童話作家, イラストレーター　[国]米国　[没]1989年8月28日　[典]1992

ステプトー, パトリック　Steptoe, Patrik Cristopher　産婦人科医　[専]体外受精　[国]英国　[生]1913年　[没]1988年3月21日　[典]1992

ステフリック, ディック　Steflik, Dick　コンピューター技術者　[国]米国　[典]2004

ステブリン・カーメンスキー, M.I.　Steblin-Kamenskii, M.I.　北欧研究家　元・レニングラード大学スカンジナビア語学教授　[専]スカンジナビア語学　[国]ソ連　[生]1903年　[没]1981年　[典]1992

ステベン, グレッグ　Stebben, Gregg　ジャーナリスト　[国]米国　[典]2004

ズデボルスキー, G.　Zdeborsky, György　CIB頭取　[国]ハンガリー　[生]1944年　[典]1992

ステーマン・ニールセン, E.　Steemann Nielsen, E.　海洋・陸水生物学者　元・コペンハーゲン大学教授　[国]デンマーク　[生]1907年6月13日　[典]1992

ステュウディ, ウェス　俳優　[国]米国　[典]1996

ステューク, ゲリー　Steuck, Gary R.　日本ランズエンド社長　[国]米国　[生]1949年4月15日　[典]2000

ステューダー, シェリル　Studer, Cheryl　ソプラノ歌手　[国]米国　[典]1992／1996／2000

ステュワート, エイミー　Stewart, Amy　ガーデニング・コラムニスト　[国]米国　[典]2004

ステュワード, オズワルド　Steward, Oswald　「機能的神経科学」の著者　[典]2008

ステラ, フランク　Stella, Frank Philip　画家　[専]ミニマルアート　[国]米国　[生]1936年5月12日　[典]1992／1996／2008／2012

ステラーク　Stelarc　現代美術家　[国]オーストラリア　[生]1964年　[典]2004／2008

ステーリン, ドミニク　Stéhelin, Dominique Jean Bernard　生化学者　フランス国立科学研究センター(CNRS)研究員・パスツール研究所教授　[国]フランス　[生]1943年9月4日　[典]1996

ステリング, ヨス　Stelling, Jos　映画監督　[国]オランダ　[生]1945年7月16日　[典]1992／2004

ステール, ジェラール　Stehr, Gérald　作家, 画家　[国]フランス　[生]1949年　[典]2004

ステール, フレデリック　Stehr, Frédéric　絵本作家, 挿絵画家　[国]フランス　[生]1956年　[典]1992／1996

ステルニュ, ウラジーミル　カトリック大司教　[国]ウクライナ　[生]1907年　[典]1996

ステルマホフスキ, アンジェイ　法学者　ポーランド上院議長, ワルシャワ大学法律・行政研究所教授, ワルシャワ・カトリック知識人クラブ代表, 連帯顧問　[国]ポーランド　[生]1925年　[典]1992

ステロフ, フランシス　元・ゴーサム・ブックマート創始者　[国]米国　[没]1989年4月15日　[典]1992

ステン, アンナ　Sten, Anna　本名=ステンスカ, アンジュスカ　女優, 画家　[国]米国　[生]1910年12月3日　[没]1993年11月12日　[典]1996

ステンゲル, リチャード　Stengel, Richard　ライター, 編集者　国立憲法センター代表・CEO　[国]米国　[典]2008

ステンジャー, マーガレット　Stanger, Margaret A.　作家, 医師　[国]米国　[典]2000

ステンソン, ヘンリク　Stenson, Henrik　プロゴルファー　[国]スウェーデン　[生]1976年4月5日

ステント, ギュンター・ジークムント　Stent, Gunther Siegmund　生化学者　元・カリフォルニア大学バークレー校名誉教授　[専]分子生物学, 神経生理学　[国]米国　[生]1924年3月28日　[没]2008年6月12日　[典]1992／1996／2000

ステーン・ノクレベルグ, エイナル　Steen-Nokleberg, Einar　ピアニスト　オスロ音楽大学教授　[国]ノルウェー　[生]1944年　[典]1996／2008

ステンベール, ジャック　Sternberg, Jacques　SF作家　[生]1923年　[典]1992

ステンペル, ロバート　Stempel, Robert Carl　実業家　元・ゼネラル・モーターズ(GM)会長・CEO　[国]米国　[生]1933年7月15日　[没]2011年5月7日　[典]1992／1996／2000／2004／2008

ステンマルク, インゲマル　Stenmark, Ingemar　元・スキー選手(アルペン)　[国]スウェーデン　[生]1956年3月18日　[典]1992／2000

ステンマン, カリ　Stenman, Kari　[専]軍事研究家　[国]フィンランド　[典]2004／2008

ステンメ, ニーナ　Stemme, Nina　ソプラノ歌手　[国]スウェーデン　[生]1963年　[典]2012

ステンメッツ, ジャン・リュック　Steinmetz, Jean-Luc　詩人　ナント大学教授　[専]近・現代フランス文学　[国]フランス　[生]1940年　[典]2000

ストー, アンソニー　Storr, Anthony　本名=Storr,Charles Anthony　精神分析家　元・オックスフォード大学健康局精神科医名誉顧問　[専]精神医学, 分析心理学　[国]英国　[生]1920年5月18日　[没]2001年3月17日　[典]1992／1996／2004

ストー, キャサリン　Storr, Catherine　児童文学作家, 精神分析医　[国]英国　[生]1913年　[典]2004

ストアー, イザベラカスミ　ストアー, イザベラ・賀寿美　Stoehr, Isabella Kasumi　多国間投資保証機関(MIGA)アジア特別代表　[国]米国　[典]2000

ストアーズ, カールトン　Stowers, Carlton　作家, ジャーナリスト　[国]米国　[典]2000／2004

ストイコ, エルビス　Stojko, Elvis　元・フィギュアスケート選手　[国]カナダ　[生]1972年3月22日　[典]1996／2000／2004

ストイコビッチ, ドラガン　Stojkovic, Dragan　愛称=ピクシー　サッカー指導者, 元・サッカー選手　元・セルビア・モンテネグロサッカー協会会長, 元・レッドスター会長　[国]セルビア　[生]1965年3月3日　[典]2004／2008／2012

ストイチェスク, ニコラエ　Stoicescu, Nicolae　歴史学者　N・ヨルガ歴史研究所主任研究員　[専]中世史　[国]ルーマニア　[生]1924年　[典]2004

ストイチコフ, フリスト　Stoichkov, Hristo　サッカー監督, 元・サッカー選手　元・サッカー・ブルガリア代表監督　[国]ブルガリア　[生]1966年2月8日　[典]1996／2000／2004／2008／2012

ストイッチュ, マニャ　Stojic, Manya　作家　[国]ユーゴスラビア　[典]2004

ストイロフ, バシル　画家　[国]ブルガリア　[生]1904年　[没]1990年2月13日　[典]1992

ストウ, デービッド　Stowe, David W.　歴史学者　ミシガン州立大学助教授　元・同志社大学助教授　[専]米国文化, 米国文明論　[国]米国　[生]1960年　[典]2000

ストウ, マデリーン　Stowe, Madeline　女優　[国]米国　[生]1958年8月18日　[典]1996／2000／2004／2008／2012

ストウ, ランドルフ　Stow, Randolph　本名=Stow,Julian Randolph　作家　[国]英国　[生]1935年11月28日　[典]1992／2004

ストウ, リーランド　Stowe, Leland　ジャーナリスト　[国]米国　[生]1899年　[没]1994年1月16日　[典]1996

ストーウェル, ベリンダ　Stowell, Belinda　ヨット選手(470級)　シドニー五輪セーリング女子470級金メダリスト　[国]オーストラリア　[生]1971年5月28日　[典]2004／2008

ストゥカーリン, ボリス　Stukalin, Boris Ivanovich　元・駐ハンガリー・ソ連大使　[国]ソ連　[生]1922年5月3日　[典]1992／1996

ストゥカロフ, レフ　演出家　[国]ロシア　[生]1945年　[典]1996

ストゥーキー, ノエル・ポール　Stookey, Noel Paul　グループ名=ピーター・ポール&マリー, P.P.M.　フォーク歌手　[国]米国　[生]1937年12月30日　[典]2008／2012

ストウダマイヤー, デーモン　Stoudamire, Damon　バスケットボール選手　[国]米国　[生]1973年9月3日　[典]2000／2008

ストゥパク, スティーブン　Stupak, Steven A.　元・ETS(Educational Testing Service) TOEICプログラム・ディレクター

ス

[専]英語教育,TOEIC [典]2000

ストゥーブハウグ, アーリルド Stubhaug, Arild 作家,詩人 [国]ノルウェー [生]1948年 [典]2004／2008

ストゥルーザン, ドリュー Struzan, Drew 画家,イラストレーター [専]映画ポスター [国]米国 [生]1946年 [典]2000／2008

ストゥンフ, ワルド 冶金学者,実業家 プレトリア大学教授,南アフリカ原子力会社社長 [専]材料力学,原子力開発 [国]南アフリカ [典]1996／2004

ストエフ, ボリスラフ Stoev, Borislav 絵本作家 [生]1927年 [典]2008

ストエレ, ヨーナス・ガール Støre, Jonas Gahr 外交官,政治家 ノルウェー外相 [国]ノルウェー [生]1960年8月25日 [典]2008／2012

ストーカー, ピーター Stalker, Peter ライター [専]労働問題 [国]英国 [生]1944年 [典]2000

ストーク, ウォルター Stork, Walter 日本アグファ・ゲバルト社長 [国]ドイツ [生]1936年12月8日 [典]1996／2000

ストーク, ジャネット・モーガン Stoeke, Janet Morgan 画家,絵本作家 [国]米国 [典]2000

ストーク, ジョー ジャーナリスト 「ミドルイースト・リポート」誌編集長 [専]パレスチナ問題 [国]米国 [典]1992

ストーク, ジョージ(Jr.) Stalk, George (Jr.) ボストン・コンサルティング・グループ(BCG)副社長 [国]米国 [生]1951年 [典]1992

ストークス, ダドリー Stokes, Dudley C.T. ボブスレー選手 [国]ジャマイカ [生]1962年6月22日 [典]2000

ストークス, ドナルド Stokes, Donald Gresham 実業家 元・ブリティッシュ・レイランド社会長,元・英国自動車製造販売協会会長 [国]英国 [生]1914年3月22日 [没]2008年7月21日 [典]1992／1996

ストークス, ピーター Stokes, Peter G. アーサー・D・リトル欧州ディレクター [専]CIM [国]英国 [典]1992

ストークス, ブルース Stokes, Bruce ジャーナリスト [国]米国 [生]1948年 [典]2000／2004

ストーサー, サマンサ Stosur, Samantha テニス選手 [国]オーストラリア [生]1984年3月30日 [典]2012

ストーセル, ウォルター Stoessel, Walter J. 元・米国国務副長官,元・駐ソ米国大使 [国]米国 [生]1920年1月24日 [没]1986年12月9日 [典]1992

ストセン, スタメンコビッチ ユーゴスラビア社会計画庁次長 [専]経済政策 [国]ユーゴスラビア [典]1992

ストッカー, ジョエル 文化人類学者 国立民族学博物館研究員 [専]メディア学 [国]米国 [典]2004

ストッカー, ステファン Stocker, Stefan 実業家 元・ボッシュ社長 [国]スイス [生]1953年12月25日 [典]2004／2008／2012

ストッカー, レズ 税理士 野生動物医学教育病院を開設 [国]英国 [典]1992

ストック, デニス Stock, Dennis 写真家 [国]米国 [生]1928年7月24日 [没]2010年1月11日

ストック, ロバート ファッションデザイナー [国]米国 [典]1992

ストックウィン, ジェームズ・アーサー Stockwin, James Arthur 本名=エインスコー・ストックウィン,ジェームス・アーサー 政治学者 元・オックスフォード大学日産近代日本問題研究所所長 [専]比較政治学,日本研究 [国]英国 [生]1935年11月28日 [典]1992／1996／2000／2004／2008／2012

ストックウィン, ジュリアン Stockwin, Julian 作家 [国]英国 [生]1944年 [典]2004／2008／2012

ストックデール, ジェームズ Stockdale, James 軍人 1992年米国大統領選の副大統領候補 [国]米国 [生]1923年12月23日 [没]2005年7月5日 [典]1996

ストックトン, ジョン Stockton, John 本名=ストックトン,ジョン・ヒューストン 元・バスケットボール選手 [国]米国 [生]1962年3月26日 [典]1996／2000／2004／2008

ストックトン, デーブ Stockton, Dave プロゴルファー [国]米国 [生]1941年11月2日 [典]1996／2000／2008／2012

ストックマン, ショーン Stockman, Shawn グループ名=ボーイズIIメン 歌手 [国]米国 [典]2000／2004／2008／2012

ストックマン, デービッド Stockman, David A. 政治家 元・米国行政管理予算局長 [国]米国 [生]1946年11月10日 [典]1992

ストックラッサ, ジェフリック 写真家 [国]スウェーデン [典]2000

ストックル, ジョン Stoeckle, John D. 医学者,医師 ハーバード大学名誉教授 元・マサチューセッツ総合病院プライマリケア部主任 [専]プライマリケア [国]米国 [典]2004

ストッケ, リン Stokke, Linn 女優 [国]ノルウェー [生]1961年 [典]2004

ストッケル, ハイデン Stoeckel, Hayden 本名=Stoeckel,Hayden Ernest 水泳選手(背泳ぎ) 北京五輪競泳男子4×100メートルメドレーリレー銀メダリスト [国]オーストラリア [生]1984年8月10日

ストッセル, トーマス Stossel, Thomas P. ハーバード大学医学部教授,ブリガム婦人病院実験医学部門長・血液腫瘍学部門上級内科医 [専]血液腫瘍学 [国]米国 [典]1996

ストッダード, アレクサンドラ Stoddard, Alexandra インテリアデザイナー [国]米国 [典]2004／2008

ストット, エティエン Stott, Etienne カヌー選手 ロンドン五輪カヌー男子スラローム・カナディアンペア金メダリスト [国]英国 [生]1979年6月30日

ストット, キャサリン Stott, Kathryn ピアニスト [国]英国 [生]1958年 [典]2012

ストット, ケン Stott, Ken 絵本画家 [国]英国 [典]1992／1996

ストットルマイア, トッド Stottlemyre, Todd Vernon 大リーグ選手(投手) [国]米国 [生]1965年5月20日 [典]2000

ストットルマイア, メル Stottlemyre, Mel 本名=Stottlemyre, Melvin Leon 大リーグ・コーチ,元・大リーグ選手 [国]米国 [生]1941年11月13日 [典]2000／2004

ストッパー, M. Stupar, Marko 画家 [国]ユーゴスラビア [生]1936年 [典]1992

ストッパ, パオロ Stoppa, Paolo 俳優 [国]イタリア [生]1906年6月6日 [没]1988年5月1日 [典]1992

ストッパード, トム Stoppard, Tom 旧名=ストラウスラー,トーマス 劇作家,脚本家 [国]英国 [生]1937年7月3日 [典]1992／1996／2000／2004／2008／2012

ストッパード, ミリアム Stoppard, Miriam 著述家,医師 [専]女性の健康と性,育児問題 [国]英国 [典]2004

ストッパーニ, アンジェロ Stoppani, Angelo 実業家 ペック社長 [国]イタリア [生]1937年 [典]2012

ストップケウィッチ, リン Stopkewich, Lynne 映画監督 [国]カナダ [典]2000／2004

ストッポード, ジョン Stopford, John M. 経済学者 ロンドン・スクール・オブ・ビジネス教授,国際ビジネス学会(AIB)副会長 [専]国際ビジネス [国]英国 [典]2000

ストーナー, ケーシー Stoner, Casey 元・オートバイライダー [国]オーストラリア [生]1985年10月16日 [典]2012

ストーナー, ジェシー Stoner, Jesse コンサルタント [国]米国 [典]2008

ストーバー, ジョン Stauber, John 著述家 メディアと民主主義センター代表 [国]米国 [生]1953年 [典]2004／2008

ストーバー, マシュー Stover, Matthew Woodring 作家 [国]米国 [典]2004／2008

ストーバル, ジム Stovall, Jim 実業家,元・重量挙げ選手 ナレーション中心テレビ番組ネットワーク(NTN)社長 [国]米国 [典]2004／2008

ストフ, カミル スキー選手(ジャンプ) ソチ五輪スキー・ジャンプ男子ノーマルヒル・ラージヒル金メダリスト [国]ポーランド

スードフ, トーマス Südhof, Thomas C. 生理学者 スタンフォード大学教授 [生]1955年12月22日

ストブルトリック, ボブ バレーボール選手 [国]米国 [生]1963年7月8日 [典]1992

ストーベル, ハーブ モントリオール大学建築保存学部長,カナダ文化遺産教育研究所専務理事 [専]建築保存学 [国]カナダ [生]1948年 [典]1996

ストーム, キース 実業家 エイゴン会長 [国]オランダ [生]1942年

[典]2000

ストーム, ヘェメヨースツ Storm, Hyemeyohsts 作家 [国]米国 [典]1996

ストヤコビッチ, ペジャ Stojakovic, Peja 本名=ストヤコビッチ, プレドラグ 元・バスケットボール選手 [国]セルビア [生]1977年6月9日 [典]2008

ストヤノビッチ, ゴルチン 映画監督 [国]ユーゴスラビア [典]2000

ストヤノフ, イリアン Stoyanov, Ilian サッカー選手(DF) [国]ブルガリア [生]1977年1月20日 [典]2008／2012

ストヤノフ, ペータル Stoyanov, Petar 本名=Stoyanov,Petar Stefanov 政治家 元・ブルガリア大統領 [国]ブルガリア [生]1952年5月25日 [典]2000／2004／2008／2012

ストヤノフ, ユーリー Stoyanov, Yuri 宗教学者 ロンドン大学ウォーバーグ研究所 [専]宗教史, 比較宗教学, カタリ派, ボゴミール派 [国]英国 [生]1961年 [典]2004

ストライカー, ランディ Striker, Randy アクション作家 [国]米国 [典]1992

ストライク, クリフォード Strike, Clifford Stewart 技術コンサルタント 元・F.H.マクグロー社社長, 元・対日賠償計画再評価委員団団長 [国]米国 [生]1902年8月28日 [典]1996

ストライサンド, バーブラ Streisand, Barbra 本名=Streisand, Barbra Joan 女優, 歌手, 映画監督 [国]米国 [生]1942年4月24日 [典]1992／1996／2000／2004／2008／2012

ストライト, ウォルフガング Streit, Wolfgang J. フロリダ大学医学部助教授 [専]神経科学 [国]米国 [典]2000

ストライトフェルド, スーザン Streitfeld, Susan 映画監督 [国]米国 [典]2000

ストライブ, フォルカー Streib, Folker コメルツ銀行東京支店長 [国]ドイツ [生]1938年11月27日 [典]1992

ストラヴィウス, ジェレミー Stravius, Jérémy 水泳選手(背泳ぎ) ロンドン五輪競泳男子4×100メートルリレー金メダリスト [国]フランス [生]1988年7月14日

ストラウス, グエン Strauss, Gwen 詩人, 作家 [国]ハイチ [生]1963年 [典]2004

ストラウス, グレッグ Strause, Greg 映画監督 [国]米国 [生]1975年1月16日 [典]2012

ストラウス, クローディア Strauss, Claudia J. コミュニケーションコンサルタント オルブライト大学助教授 [専]英語学 [国]米国 [典]2008

ストラウス, スティーブン Strauss, Steven D. コラムニスト, 弁護士 [国]米国 [典]2004／2008

ストラウス, ダリン Strauss, Darin 作家 [国]米国 [生]1969年 [典]2004

ストラウス, デービッド Straus, David 経営コンサルタント [典]2004／2008

ストラウス, トーマス Straus, Thomas W. 元・ソロモン・ブラザーズ社長 [国]米国 [生]1942年 [典]1992／1996

ストラウス, ニール Strauss, Neil ライター [国]米国 [典]2004

ストラウス, ロジャー Straus, Roger A. [専]自己催眠, 臨床社会学 [国]米国 [生]1948年 [典]1996

ストラウス, ロナルド・J. 実業家 メリルリンチ日本証券社長 [国]米国 [典]2000

ストラウス, ロバート Strauss, Robert S. 駐ソ米国大使 [国]米国 [生]1918年10月19日 [典]1992／1996

ストラウストラップ, ビョーン Stroustrup, Bjarne コンピューターソフト科学者 テキサスA&M大学教授 [専]計算機科学, C++ [国]米国 [生]1950年 [典]2000／2012

ストラウト, エリザベス Strout, Elizabeth 作家 [国]米国 [生]1956年 [典]2004／2012

ストラウド, ジョナサン Stroud, Jonathan 作家 [国]英国 [典]2008／2012

ストラウト, リチャード Strout, Richard コラムニスト, ジャーナリスト [国]米国 [没]1990年8月19日 [典]1992

ストラウブ, ピーター Straub, Peter 作家 [国]米国 [生]1943年 [典]1992／1996／2000

ストラグ, ケリー Strug, Kerri 体操選手 [国]米国 [生]1977年11月19日 [典]2000

ストラザーン, ポール Strathern, Paul 作家 [国]英国 [典]2000／2004

ストラージャイ, シチェファン Strážay, Štefan 詩人 [国]チェコスロバキア [生]1940年 [典]1992

スドラジャット, エディ Sudradjat, Edi 軍人 インドネシア正義統一党総裁 [国]インドネシア [生]1938年 [典]1996／2000

ストラジンスキー, J.M. Straczynski, J.Michael 脚本家, 作家 [国]米国 [生]1955年 [典]1992／1996

ストラスキー, ヤン Strasky, Jan 政治家 元・チェコスロバキア連邦首相 [国]チェコ [生]1940年12月24日 [典]1996

ストラスバーグ, スーザン Strasberg, Susan 本名=ストラスバーグ, スーザン・エリザベス 女優 [国]米国 [生]1938年5月22日 [没]1999年1月21日 [典]1992

ストラスバーグ, ステファン Strasburg, Stephen 本名=Strasburg,Stephen James 大リーグ選手(投手) 北京五輪野球銅メダリスト [国]米国 [生]1988年7月20日 [典]2012

ストラスバーグ, リー Strasberg, Lee 旧名=Strassberg,Israel 演出家, 俳優, 俳優指導者 元・アクターズ・スタジオ主宰 [国]米国 [生]1901年11月17日 [没]1982年2月17日 [典]1992

ストラースマン, ポール Strassmann, Paul A. 経営コンサルタント ストラースマン事務所所長 元・ゼロックス副社長 [国]米国 [典]1992／1996

ストラーダ, N. Strada, Nanni ファッションデザイナー [国]イタリア [生]1945年 [典]1992

ストラーダ, ジーノ Strada, Gino 戦場外科医 エマージェンシー創設者 [国]イタリア [典]2004／2008

ストラチエフ, スタニスラフ Stratiev, Stanislav 本名=ストラチエフ・ミラジーノフ, スタンコ 劇作家 [国]ブルガリア [生]1941年9月9日 [典]2000

ストラッサー, トッド Strasser, Todd 作家 [国]米国 [典]1992／1996

ストラッサー, バレンタイン Strasser, Valentine 軍人, 政治家 元・シエラレオネ国家最高評議会議長(元首) [国]シエラレオネ [生]1965年 [典]1996／2000

ストラットン, ウィリアム Stratton, William O. 会計学者 南コロラド大学教授 [国]米国 [典]2008

ストラットン, ジョアナ Stratton, Joanna L. 歴史学者 [国]米国 [生]1954年 [典]2008

ストラハン, ティルマン Strahan, Tillman テクノロジーコンサルタント [典]2004

ストラビンスキー, スーリマ Stravinsky, Soulima ピアニスト [国]米国 [生]1910年9月23日 [没]1994年11月28日 [典]1996

ストラマー, ジョー Strummer, Joe 本名=メラー, ジョン・グラハム グループ名=クラッシュ, メスカレロス ロック歌手 [国]英国 [生]1952年8月21日 [没]2002年12月22日 [典]1996／2000

ストラミジョリ, ジュリアナ Stramigioli, Giuliana 日本文学研究家 元・ローマ大学教授 [国]イタリア [生]1914年 [没]1988年7月25日 [典]1992

ストラム, シャーリ Strum, Shirly C. 人類学者 カリフォルニア大学サンディエゴ校助教授 [専]ヒヒ研究 [国]米国 [生]1947年 [典]1992

ストラーロ, ヴィットリオ Storaro, Vittorio 映画撮影監督 [国]イタリア [生]1940年6月24日 [典]1992／1996／2000／2008／2012

ストランド, フィリップ Strand, Philip 編集者 [典]2004

ストランド, マーク Strand, Mark 詩人, 作家, 評論家 [国]米国 [生]1934年4月11日 [典]2000／2012

ストランド, レイ Strand, Ray D. 医師 [専]栄養補助食品 [国]米国 [典]2004

ストーリー, ジャック Story, Jack Trevor 作家, 脚本家 [国]英国 [生]1917年 [没]1991年12月5日 [典]1992／1996

ストーリー, デービッド Storey, David Malcolm 作家, 劇作家

ス

[国]英国 [生]1933年6月13日 [典]1992／1996

ストリカーズ, グレゴリー　Stricherz, Gregory　英語教師 [国]米国 [典]1992／1996

ストリスノ, トリ　Sutrisno, Try　軍人, 政治家　元・インドネシア副大統領 [国]インドネシア [生]1935年11月15日 [典]1992／1996／2000

ストリズマン, トーマス　Stridsman, Thomas　トレーディングコンサルタント [典]2004

ストリッカー, スティーブ　Stricker, Steve　プロゴルファー [国]米国 [生]1967年2月23日 [典]2008／2012

ストリックランド, エドワード　Strickland, Edward　音楽評論家, 英文学者 [専]ミニマル・ミュージック [国]米国 [典]2000

ストリックランド, クリス　Strickland, Chris　金融学者 [専]エネルギーデリバティブの価格設定, 金利モデル, 数値解法アルゴリズム [典]2008

ストリックランド, ジョージ　Strickland, George　元・大リーグ選手 [国]米国 [生]1926年1月10日 [典]2000

ストリッター, スキップ　コンピューター工学者　ミップス・コンピューターシステムズ社副社長兼開発本部長 [国]米国 [典]1992

ストリッチ, エレイン　Stritch, Elaine　女優, 歌手 [国]米国 [生]1926年2月2日 [典]2004／2008／2012

ストリート, ジャベス・C.　物理学者 [国]米国 [没]1989年11月7日 [典]1992

ストリート, ピカボ　Street, Picabo　元・スキー選手（アルペン） [国]米国 [生]1971年4月3日 [典]1996／2000／2004

ストリート, ヒューストン　Street, Huston　本名=Street,Huston Lowell　大リーグ選手（投手） [国]米国 [生]1983年8月2日

ストリートマン, ベン　Streetman, Ben G. [専]電気工学, 計算機工学 [国]米国 [典]1992／1996

ストリナーティ, クラウディオ　Strinati, Claudio　イタリア文化省ローマ美術歴史財監督局長 [国]イタリア [典]2004

ストリーパー, エディ　犬ぞりマシャー（ドライバー）　犬ぞり世界記録保持者 [典]1996

ストリーバー, ホイットリー　Strieber, Whitley　作家 [国]米国 [生]1945年 [典]1992／1996／2000／2012

ストリープ, メリル　Streep, Meryl　本名=Streep,Mary Louise　女優 [国]米国 [生]1949年6月22日 [典]1992／1996／2000／2004／2008／2012

ストリーン, ハーバート　Strean, Herbert　ニューヨーク精神分析研修センター所長, ラジャーズ大学名誉教授 [専]心理学 [国]米国 [生]1931年 [典]2000

ストリンガー, クリストファー　Stringer, Christopher Brian　人類学者　英国自然史博物館教授 [国]英国 [生]1947年12月31日 [典]2000

ストリンガー, ハワード　Stringer, Howard　実業家　ソニー取締役会議長　元・ソニー会長・社長・CEO [国]米国 [生]1942年2月19日 [典]2000／2008／2012

ストリンガー, ビッキー　Stringer, Vickie M.　作家　トリプル・クラウン社長 [国]米国 [典]2008

ストリンガー, リー　Stringer, Lee　作家 [国]米国 [生]1951年 [典]2004

ストール, クリフォード　Stoll, Clifford　天文学者　ハーバード・スミソニアン天体物理学研究所 [国]米国 [生]1950年6月4日 [典]1992／1996／2000／2004

ストール, レイチェル　Stahl, Rachel K.　「アーミッシュの学校」の著者 [典]2008

ストルガツキー, アルカジー　Strugatskii, Arkadii Natanovich　筆名=ベレシコフ　SF作家, 日本文学研究家, 言語学者 [国]ソ連 [生]1925年 [没]1991年10月13日 [典]1992

ストルガツキー, ボリス　Strugatskii, Boris N.　SF作家, 天文学者 [国]ロシア [生]1933年4月15日 [没]2012年11月19日 [典]1992／1996／2000／2004

ストールキャンプ, トーマス　実業家　クライスラー社長 [国]米国 [典]2000

ストールズ, メアリー　Stolz, Mary　作家, 童話・絵本作家 [国]米国 [生]1920年 [典]1996／2000

ストルスコバ, オルガ　Struskova, Olga　シナリオライター [国]チェコスロバキア [生]1950年 [典]1992／1996

ストルスティン, シルエ　Storstein, Silje　女優 [国]ノルウェー [生]1984年3月30日 [典]2004

ストルツ, エリック　Stoltz, Eric　俳優 [国]米国 [生]1961年 [典]1996

ストルツマン, リチャード　Stoltzman, Richard　クラリネット奏者 [国]米国 [生]1942年7月12日 [典]1996／2000／2012

ストルテンバーグ, ジョン　Stoltenberg, John　作家, 編集者「ナショナル・ウイメンズ・マガジン」編集者 [国]米国 [生]1944年 [典]2004

ストルテンベルグ, イエンス　Stoltenberg, Jens　政治家　ノルウェー首相 [国]ノルウェー [生]1959年3月16日 [典]2004／2008／2012

ストルテンベルグ, トールバル　Stoltenberg, Thorvald　政治家, 外交官　元・ノルウェー外相, 元・国連難民高等弁務官 [国]ノルウェー [生]1931年7月8日 [典]1992（シュトルテンベルク, ソルバド）／1996（シュトルテンベルク, ソルバド）／2004／2012

ストールビ, ロイス・マーク　Stalvey, Lois Mark　ノーザン・アリゾナ大学講師 [専]人種問題 [国]米国 [生]1925年8月22日 [典]2000

ストルマーレ, ペーター　Stormare, Peter　俳優, 演出家 [国]スウェーデン [生]1953年 [典]1996／2000

ストールマン, リチャード　Stallman, Richard M.　コンピューター・プログラマー　フリーソフトウエア財団（FSF）創立者 [専]人工知能 [国]米国 [典]1992／2004

ストルムシュニック, イゴール　マクロ経済分析発展研究所副所長 [専]経済学 [国]スロベニア [典]2000

ストレイ　Stray, Svenn　政治家　元・ノルウェー外相 [国]ノルウェー [生]1922年 [典]1992

ストレイハン, マイケル　Strahan, Michael　元・プロフットボール選手 [国]米国 [生]1971年11月21日 [典]2008

ストレイヤー, ジョゼフ・リース　元・プリンストン大学歴史学部長 [専]歴史学（中世史） [国]米国 [没]1987年7月2日 [典]1992

ストレクファス, ベティ　ホーム・メディカル・システムズ名誉会長 [国]米国 [典]1996

ストレータ, ジョアン・ロドルフォ　Stroeter, João Rodolfo　建築家 [国]ブラジル [生]1934年 [典]1996

ストレート, クレイグ　Strete, Craig Kee　作家 [国]米国 [典]2004

ストレバンス, ピーター　Strevens, Peter Derek　言語学者　ケンブリッジ大学ウルフソン・カレッジフェロー [国]英国 [生]1922年 [典]2000

ストレーブ, マシュー　Strebe, Matthew　コンピューター技術者, テクニカルライター [国]米国 [典]2004

ストレーベル, チャールズ　Stroebel, Charles F.　コネチカット医科大学精神学科教授 [専]精神医学 [国]米国 [生]1936年 [典]1992

ストレルー, リオネル　Stoleru, Lionel　ウクライナ大統領経済顧問　元・フランス首相付計画担当政務次官 [国]フランス [典]1992／1996

ストレーレ, ガブリエレ　Strehle, Gabriele　旧名=ヘッケ, ガブリエレ　ファッションデザイナー [国]ドイツ [生]1951年 [典]2000／2004／2008／2012

ストレーレル, ジョルジョ　Strehler, Giorgio　舞台演出家　元・ミラノピッコロ座創立者 [国]イタリア [生]1921年8月14日 [没]1997年12月25日 [典]1992

ストレンジ, カーティス　Strange, Curtis　プロゴルファー [国]米国 [生]1955年1月30日 [典]1992／1996／2008

ストレンジ, スーザン　Strange, Susan　元・ロンドン大学名誉教授 [専]国際関係論, 国際政治経済学 [国]英国 [生]1923年6月9日 [没]1998年10月25日 [典]1992／1996

ストロー, ジャック　Straw, Jack　本名=Straw,John Whitaker　政治家, 法律家　英国法相・大法官　元・英国外相, 元・英国労働党下院院内総務 [国]英国 [生]1946年8月3日 [典]2000／2004／2008／2012

ストロー, リンダ　Stroh, Linda K.　社会学者　ロヨラ大学教授・人的資源労使関係研究所ワークプレイス・スタディーズ・ディレクター　国2004

ストロエスネル, アルフレド　Stroessner, Alfredo　政治家, 軍人　元・パラグアイ大統領　国パラグアイ　生1912年11月3日　没2006年8月16日　国1992

ストロエフ, エゴール　Stroev, Egor S.　政治家　元・ロシア連邦会議(上院)議長, 元・オリョール州知事, 元・ソ連共産党政治局員　国ロシア　生1937年2月25日　国1992／1996／2000／2004／2008／2012

ストロジャン, テオドル　Stolojan, Theodor　政治家　元・ルーマニア首相　国ルーマニア　生1943年10月24日　国1992／1996

ストロス, チャールズ　Stross, Charles　作家　国英国　生1964年　国2008／2012

ストロス, ランドール　Stross, Randall E.　著述業　国米国　生1954年　国1996

ストロスカーン, ドミニク　Strauss-Kahn, Dominique　本名=Strauss-Kahn,Dominique Gaston André　政治家, 経済学者, 法律家　国際通貨基金(IMF)専務理事　元・フランス財務相, 元・パリ政治学院教授　国フランス　生1949年4月25日　国1996(ストラスカーン)／2000／2008／2012

ストローソン, ジョン　Strawson, John　著述家, 元・軍人　国英国　生1921年　国2000

ストローソン, ピーター　Strawson, Peter Frederick　哲学者　元・オックスフォード大学マグダレン・カレッジ名誉教授　生1919年11月23日　没2006年2月13日　国英国　国1992

ストローチ, バーバラ　Strauch, Barbara　編集者　「ニューヨーク・タイムズ」エディター　国米国　国2008

ストロック, ルース　Strock, Ruth　色彩心理学者　カラー・リサーチ・インスティテュート社長　国米国　生1953年　国1996

ストロード, ウッディ　Stroode, Woody　本名=Strode,Woodrow　俳優　国米国　生1914年　没1994年12月31日　国1996

ストロナク, ブルース　Stronach, Bruce　テンプル大学ジャパンキャンパス学長　元・横浜市立大学学長　国国際関係学　国米国　生1950年8月24日　国2008／2012

ストロバー, マイラ　Strober, Myra H.　労働経済学者　スタンフォード大学教育学部教授　国米国　国2004／2008

ストローブ, ジャン・マリー　Straub, Jean-Marie　ユニット名=ストローブ=ユイレ　映画監督　生1933年1月8日　国1996(ストラウブ, ジャン・マリー)／2000(ストラウブ, ジャン・マリー)／2012

ストローブ, ジョセフ　Straub, Joseph T.　ライター, 編集者　国経営・管理　国米国　国2004

ストローブル, ゲルト　Strobl, Gert R.　フライブルク大学物理学科教授　国物理学　生1941年　国2000

ストロベリー, ダリル　Strawberry, Darryl　大リーグ選手(外野手)　生1962年3月12日　国1992／1996／2000／2004／2008

ストローベル, ゲーリー　Strobel, Gary A.　モンタナ州立大学植物病理学科教授　国植物病理学　国米国　国1992

ストロベル, リー　Strobel, Lee　牧師　国2008

ストロマイヤー, サラ　Strohmeyer, Sarah　作家　国米国　国2012

ストローマン, スーザン　Stroman, Susan　振付師　国米国　国1996／2004／2008

ストロミンジャー, ジャック　Strominger, Jack L.　生化学者　ハーバード大学教授　国免疫学　国米国　生1925年8月7日　国1996／2000／2008／2012

ストロール, ローウェル　Strohl, Lowell K.Kerns　エクソン・カンパニー・インターナショナル上級副社長　国米国　生1937年5月19日　国1992／1996

ストロング, サラ　Strong, Sarah M.　日本文学研究家　ベーツ大学準教授　国宮沢賢治作品, 古典詩, 中世能　国米国　生1947年　国2004

ストロング, ジョー　Strong, Joe　大リーグ選手(投手)　国米国　生1962年9月9日　国2004

ストロング, テレンス　Strong, Terence　ジャーナリスト, 作家

ストロング, トニー　Strong, Tony　作家　国英国　生1962年　国2008

ストロング, モーリス・フレデリック　Strong, Maurice Frederick　環境保護運動家, 実業家　アースカウンシル会長　元・国連環境開発会議(地球サミット)事務局長　国カナダ　生1929年4月29日　国1992／1996／2000／2004／2008

ストロング, ラッセル　Strong, Russell　医師　プリンセス・アレクサンドラ病院外科部長　国肝臓移植　国オーストラリア　国1992

ストロンベルグス, マリス　Strombergs, Maris　自転車選手(BMX)　北京五輪・ロンドン五輪自転車男子BMX金メダリスト　国ラトビア　生1987年3月10日　国2012

ストーン　Stone　漢字名=石頭　グループ名=メイデイ　ミュージシャン　国台湾　生1975年

ストーン, W.クレメント　Stone, W.Clement　実業家　エイオン・コーポレーション会長　国米国　国1992／1996

ストーン, アービング　Stone, Irving　伝記作家, 歴史家　国米国　生1903年7月14日　没1989年8月26日　国1992

ストーン, アンジー　Stone, Angie　歌手, 作曲家　国米国　国2004／2008

ストーン, イサドア・ファインスタイン　Stone, Isidor Feinstein　ジャーナリスト, 作家　国米国　生1907年12月24日　没1989年6月18日　国1992

ストーン, エリザベス　Stone, Elizabeth　フォーダム大学教授　国英文学, コミュニケーション学, メディア研究　国米国　国2004／2008

ストーン, オリバー　Stone, Oliver　映画監督, 脚本家　国米国　生1946年9月15日　国1992／1996／2000／2004／2008／2012

ストーン, カズコ　ストーン, 加津子　Stone, Kazuko　翻訳家　ウィスコンシン州立大学日本語講師　国米国　国1992

ストーン, クリストファー・M.　オブジェクト・マネージメント・グループ(OMG)社長　国米国　国1992

ストーン, ケネス　Stone, Kenneth E.　アイオワ州立大学教授　国経済学　国米国　国2000

ストーン, シャロン　Stone, Sharon　女優　国米国　生1958年3月10日　国1996／2000／2004／2008／2012

ストーン, ジョージ　Stone, George　作家　国米国　国1992

ストーン, ジョス　Stone, Joss　歌手　国英国　生1987年　国2008／2012

ストーン, ジョナサン　Stone, Jonathan　ミステリー作家　国米国　国2004

ストーン, ジョン・リチャード・ニコラス　Stone, John Richard Nicolas　経済学者　元・ケンブリッジ大学教授　国英国　生1913年8月30日　没1991年12月6日　国1992／1996

ストーン, ジーン　Stone, Jean　ロマンス作家　国米国　国2004

ストーン, スライ　Stone, Sly　本名=スチュアート, シルベスター　グループ名=スライ&ザ・ファミリー・ストーン　ミュージシャン　生1944年3月15日　国2012

ストーン, チャールズ　Stone, Charles W.　歴史家　ストーン・アンド・アソシエーツ代表　国米国　生1947年　国2000

ストーン, デイヴィッド　Stone, David Lee　「イルムア年代記〈1〉襲われた魔都ダリッチ」の著者　国2008

ストーン, デービッド　Stone, David M.　コンピューターコンサルタント, テクニカルライター　国2004

ストーン, ニッキ　Stone, Nikki　元・スキー選手(フリースタイル)　国米国　生1971年2月4日　国2000

ストーン, ノーマン　歴史学者　オックスフォード大学教授　国近代ヨーロッパ史, 東欧史, ロシア史　国英国　国1992

ストーン, ビズ　Stone, Biz　本名=Stone,Isaac　実業家　ツイッター共同創業者　国米国　生1974年3月10日　国2012

ストーン, ピーター　Stone, Peter　劇作家　国米国　生1930年2月27日　没2003年4月26日　国1992／2000

ストーン, マイケル　Stone, Michael　米国陸軍長官　国米国

ストーン, マイケル　Stone, Michael　作家, 私立探偵　国米国　歿2000

ストーン, マット　Stone, Matt　本名=Stone,Matthew Richard　アニメーション作家, 脚本家, 映画監督　国米国　生1971年5月26日　収2004／2012

ストーン, ラリー　本名=ストーン, ローレンス　ソムリエ　国米国　歿2000

ストーン, ロナルド　Stone, Ronald H.　神学者　収2004／2008

ストーン, ロバート　Stone, Robert　作家　国米国　生1937年　収1992／1996／2000

ストーン, ロバート　画家　国米国　生1932年　歿1996

ストーン, ローレンス　Stone, Lawrence　歴史学者　元・プリンストン大学教授　国米国　生1919年12月4日　歿1999年6月16日　収1992

ストーンズ, ローズマリー　Stones, Rosemary　編集者　国英国　生1947年　収1996

ストーンハウス, ジョン　Stonehouse, John　政治家　元・英国郵政担当国務相　歿1988年4月14日　収1992

ストーンハム, ホレス　元・ジャイアンツ球団(大リーグ)オーナー　国米国　歿1990年1月7日　収1992

ストンメル, ヘンリー　Stommel, Henry Melson　海洋物理学者　元・ハーバード大学教授, 元・マサチューセッツ工科大学教授　国米国　生1920年9月27日　収1992／1996

スナイダー, ウィリアム　Snyder, William M.　コンサルタント　国米国　収2004

スナイダー, キャロリン　Snyder, Carolyn　コンピュータ技術者　Snyder Consulting創業者　収2008

スナイダー, クリストファー　Snyder, Christopher　歴史学者　メリーマウント大学教授　専英国中世初期の歴史　国米国　収2004

スナイダー, ゲーリー　Snyder, Gary Sherman　詩人　カリフォルニア大学デービス校名誉教授　国米国　生1930年5月8日　収1992／1996／2000／2004／2008／2012

スナイダー, ザック　Snyder, Zack　映画監督　国米国　生1966年　収2008／2012

スナイダー, ジョン　Snyder, John Wesley　政治家　元・米国財務長官　国米国　生1895年6月21日　歿1985年10月8日　収1992

スナイダー, ジルファ・キートリー　児童文学作家　国米国　生1948年　収1992

スナイダー, ステイシー　Snider, Stacey　実業家　ドリームワークスSKG共同会長・CEO　国米国　生1961年4月29日　収2008／2012

スナイダー, スティーブン　Snyder, Stephen　日本文学研究者　国米国　生1957年　収1992／2008

スナイダー, ソロモン　Snyder, Solomon H.　ジョンズ・ホプキンズ大学神経科学部門主任教授　専神経科学　国米国　収1992／1996

スナイダー, ダニエル　ジャーナリスト　「クリスチャン・サイエンス・モニター」東京支局長　国米国　生1951年　収1992

スナイダー, デューク　Snider, Duke　本名=スナイダー, エドウィン　大リーグ選手　国米国　生1926年9月19日　歿2011年2月27日　収1992

スナイダー, トッド　シンガー・ソングライター　国米国　生1966年　収2000

スナイダー, トミー　Snyder, Tommy　旧グループ名=ゴダイゴ　ミュージシャン, 作詞家　国米国　生1952年12月20日　収1996／2000

スナイダー, ドン　Snider, Don M.　米国戦略国際問題研究所政治・軍事担当部長, 米国国防長官政策顧問　専安全保障問題　国米国　生1940年　収1992／1996

ズナイダー, ニコライ　Znaider, Nikolaj　バイオリニスト　国デンマーク　生1975年　収2004／2008／2012

スナイダー, ボブ　Snyder, Bob　作曲家, ビデオ芸術家　収2008

スナイダー, マイケル　経済学者　米国科学振興協会(AAAS)環太平洋企画責任者　専ミクロ経済学　国米国　生1963年　収2004／2008

スナイダー, マーク　Snyder, Mark　ミネソタ大学心理学教授　専社会心理学, 性格心理学　国米国　生1947年　収2000

スナイダー, マラヤ　Snyder, Mariah　ミネソタ大学看護学部教授・老年学研究コース計画部長　専看護学　国米国　収2000

スナイダー, ミッチ　ホームレス救済活動家　国米国　歿1990年7月5日　収1992

スナイダー, メアリー・ゲイル　Snyder, Mary Gail　社会学者　ニューオリンズ大学都市・公共政策カレッジ助教授　専都市社会学, 住宅政策　生1964年　収2008

スナイダー, リチャード・L.　Sneider, Richard L.　元・米国国務省日本部長, 元・駐韓大使　国米国　歿1986年8月15日　収1992

スナイデル, ウェスレイ　Sneijder, Wesley　サッカー選手(MF)　国オランダ　生1984年6月9日　収2012

スナイプス, ウェズリー　Snips, Wesley　俳優　国米国　生1962年7月31日　収1996／2000／2004／2008／2012

スナルスカ, イレナ　版画家　ワルシャワ美術アカデミー　国ポーランド　収1992

スナルプ, T.　Sunalp, Turgut　元・トルコ国家民主党党首　国トルコ　生1917年　収1992

スニェ, ツネット　Sunyer, Tonet　建築家　国スペイン　生1954年　収1996

スニガ, フランシスコ　Zuniga, Francisco　彫刻家　国米国　生1912年　収1992

スニケット, レモニー　Snicket, Lemony　作家　収2004

スニチェンバウマー, セバスチャン　Schnitzenbaumer, Sebastian　Webサイト設計者　W3C 元・Mozquito.com共同設立者　生1977年　収2004

スニード, サム　Snead, Sam　本名=スニード, サミュエル・ジャクソン　プロゴルファー　国米国　生1912年5月27日　歿2002年5月23日　収1992／1996／2000

スニトウ, アン　Snitow, Ann　フェミニズム運動家　国米国　収2004

スニヤエフ, ラシッド・アリエヴィッチ　Sunyayev, Rashid Aliyevich　宇宙物理学者　マックス・プランク宇宙物理学研究所所長, ロシア科学アカデミー宇宙科学研究所チーフサイエンティスト　国ロシア　生1943年3月1日　収2012

スヌニット, ミハル　Snunit, Michal　詩人, 作家　国イスラエル　収2000

スヌヌ, ジョン　Sununu, John H.　政治家　元・米国大統領首席補佐官　国米国　生1939年7月2日　収1992／1996

スヌーファー, チェット　ブーメラン選手　国米国　生1956年9月22日　収1996

スヌープ・ドッグ　Snoop Dogg　本名=ブローダス, カルビン　旧芸名=スヌープ・ドギー・ドッグ　ラップ歌手　国米国　生1972年10月20日　収2000(スヌープ・ドギー・ドッグ)／2004／2008

スネア, スコット　Snair, Scott　経営コンサルタント　国米国　収2004／2008

スネグル, ミルチャ　Snegur, Mircea I.　政治家　元・モルドバ大統領　国モルドバ　生1940年1月17日　収1992／1996／2000

スネーゴフ, セルゲイ　Snegov, Sergei　作家　国ソ連　収1992

スネーダー, ジョン　Snader, Jon C.　ソフトウエアエンジニア　収2004

スネッディン, ビリー　元・オーストラリア自由党党首　国オーストラリア　生1928年　歿1987年6月27日　収1992

スネデカー, ブラント　Snedeker, Brandt　プロゴルファー　国米国　生1980年12月8日

スネデッカー, ジョン・P.　日本ダウ・コーニング社長　国米国　収1992

スネリング, リチャード　Snelling, Richard A.　政治家　元・バーモント州知事　国米国　生1927年2月18日　歿1991年8月14日　収1992

スネル, R.S.　Snell, Richard S.　医学者　ジョージ・ワシントン大学名誉教授　専解剖学　国米国　収2004

スネル, ジョージ・デービス　Snell, George Davis　遺伝学者　国米国　生1903年12月19日　没1996年6月6日　典1992／1996

スネル, ブラッドフォード　Snell, Bradford C.　自動車産業研究家　元・米国上院法務委員会反トラスト小委員会調査員　国米国　生1946年　典1996

スネルグローブ, デービッド・ルウェリン　Snellgrove, David Llewellyn　インド・チベット仏教研究家　ロンドン大学名誉教授　国英国　生1920年6月29日　典2000

スネルソン, ケニス　Snelson, Kenneth　写真家, 彫刻家　国米国　典1992

スノー, C.P.　Snow, Charles Percy　作家, 物理学者　元・英国科学技術省政務次官　国英国　生1905年10月15日　没1980年7月1日　典1992

スノー, J.T.　Snow, J.T.　本名＝スノー, ジャック・トーマス,Jr.　大リーグ選手(内野手)　国米国　生1968年2月26日　典2000／2004／2008

スノー, アラン　Snow, Alan　絵本作家　国英国　生1959年　典1996

スノー, オリンピア　Snowe, Olympia J.　政治家　米国上院議員 (共和党)　国米国　生1947年2月21日　典1996／2000／2004／2008／2012

スノー, ジョン　Snow, John W.　実業家　サーベラス・キャピタル・マネジメント会長　元・米国財務長官, 元・CSX会長・CEO　国米国　生1939年8月2日　典2004／2008／2012

スノー, トニー　Snow, Tony　コラムニスト　元・米国大統領報道官　国米国　生1955年6月1日　没2008年7月12日　典2008

スノー, ナンシー　Snow, Nancy　カリフォルニア州立大学フラートン校コミュニケーション学部助教授　国米国　典2008

スノー, ランディ　車いすテニス選手　国米国　生1959年5月24日　典1992

スノウドン, デービッド　Snowdon, David　神経学者　ケンタッキー大学神経学教授　典2008

スノー・ウナクン　Snoh Unakul　タイ開発調査研究所会長　国タイ　生1931年6月　典1992／1996

スノーシル, エマ　Snowsill, Emma　トライアスロン選手　北京五輪トライアスロン女子金メダリスト　国オーストラリア　生1981年6月15日　典2012

スノティエ, ダニエル　Senotier, Danièle　社会学　国フランス　典2004

スノーデン, エドワード　Snowden, Edward　元・米国中央情報局 (CIA) 職員　生1983年6月21日

スノハラ, ビッキー　Sunohara, Vicky　元・アイスホッケー選手　ソルトレークシティ五輪・トリノ五輪アイスホッケー女子金メダリスト　国カナダ　生1970年5月18日　典2000

ズーバー, ジョン　Zuber, Jon Edward　元・大リーグ選手, 元・プロ野球選手　国米国　生1969年12月8日　典2004

スパー, デボラ　Spar, Debora　経済学者　ハーバード大学教授　専国際商取引　国米国　典2008／2012

スパー, パム　Spurr, Pam　恋愛カウンセラー　国英国　典2008

ズバイディ, ムハマド・ハムザ　Zubaydi, Muhammad Hamza　政治家　元・イラク首相　国イラク　生1938年　典1996／2004／2008

スパイビー, ナイジェル　Spivey, Nigel　考古学者　ケンブリッジ大学講師　専古典考古学　国英国　典2004

スパイヤーズ, ドナルド　Spiers, Donald　国連事務次長　国米国　典1992

スパイロー, ハワード　医師　専消化器病学　生1924年　典1996

ズバク, クレシミール　Zubak, Kresimir　政治家　元・ボスニア・ヘルツェゴビナ中央政府幹部会員（クロアチア人勢力代表）　国ボスニア・ヘルツェゴビナ　生1947年11月29日　典2000／2004／2012

スパーク, デブラ　Spark, Debra　作家　国米国　生1962年　典1992／1996

スパーク, フィリップ　Sparke, Philip　作曲家　国英国　生1951年　典1992

スパーク, ペニー　Sparke, Penny　美術史家　ロイヤル・カレッジ・オブ・アート教授　専デザイン史　国英国　典2004

スパーク, ミュリエル　Spark, Muriel Sarah　作家, 詩人　国英国　生1918年2月1日　没2006年4月14日　典1992／1996／2004

スパークス, コリン・S.　メディア研究家　ウェストミンスター大学情報通信研究センター講師,「メディア・カルチャー・アンド・ソサエティ」誌編集者　国英国　典2000

スパークス, ジョー　パソコンソフトデザイナー　生1965年　典1996

スパークス, ニコラス　Sparks, Nicholas　作家　国米国　生1965年12月31日　典2000／2008／2012

スパークス, ブライアン　Sparks, Bryan W.　実業家　リネオ会長・CEO　国米国　典2004／2008

スパークスマン, ジョン　Sparkman, John J.　政治家　元・米国上院議員　国米国　生1899年12月20日　没1985年11月16日　典1992

スパークマン, ロビン　Sparkman, Robin　ジャーナリスト　「ニューズウィーク」誌記者　国米国　典1996

スパージェン, チャールズ　Spurgeon, Charles E.　ネットワーク技術者　テキサス州立大学オースティン校シニアネットワークアーキテクト　国米国　典2008

スパシブーホフ, ユーリー　Spasibukhov, Yurii　「カフカスの防衛―「エーデルヴァイス作戦」ドイツ軍, 油田地帯へ」の著者　典2008

スパ・スパチャラサイ　元・タイ首相経済政策顧問　専経済政策, 貿易問題　国タイ　典2000

スパダ, ジェームズ　Spada, James　伝記作家　国米国　生1950年1月23日　典1992／1996

スパーダフォリ, ジーナ　Spadafori, Gina　ライター　国米国　典2008

スパチャイ・パニチャパク　Supachai Panitchpakdi　政治家　国連貿易開発会議 (UNCTAD) 事務局長　元・タイ副首相・商業相　国タイ　生1946年5月30日　典1996／2000／2004／2008／2012

スパッドビラス, アン　Spudvilas, Anne　絵本作家　国オーストラリア　典2004／2008

スパドナー　ミュージシャン　国米国　生1962年5月5日　典1992

スパトラデイット・ディッサクン　考古学者, 美術史家　東南アジア文部大臣機構考古学美術研究センター所長　専タイ美術史・考古学, 日中関係史　国タイ　典1996

スパドリニ, ジョヴァンニ　Spadolini, Giovanni　政治家　元・イタリア上院議員・元議長, 元・イタリア首相　国イタリア　生1925年6月21日　没1994年8月4日　典1992／1996

スパニョール, ジェシカ　Spanyol, Jessica　イラストレーター　国英国　典2004

スハーノフ, レフ　元・ロシア大統領補佐官　国ロシア　生1935年　没1998年12月8日　典1996

スパーバー, アル　Sparber, Al　Webデザイナー　国米国　典2004

スハープ, ロバート　Schaap, Robert　日本版画専門家・収集家, グラフィックデザイナー　典2004

スパフォード, ジーン　Spafford, Gene　コンピューター科学者　パーデュー大学教授　国米国　典2004／2008

スパリアー, スティーブ　Spurrier, Steve　プロフットボール監督, 元・プロフットボール選手　国米国　生1945年4月20日　典2004

スハリョフ, アレクサンドル　Sukharev, Aleksandr Y.　法律家　元・ソ連検事総長　国ソ連　生1923年　典1992

スパーリング, ジーン　Sperling, Gene　本名＝Sperling,Gene B.　米国国家経済会議 (NEC) 議長　国米国　生1958年12月24日　典2000／2012

スハルト　Suharto　政治家, 軍人　元・インドネシア大統領　国インドネシア　生1921年6月8日　没2008年1月27日　典1992／1996／2000／2004／2008

スハルヤディ, ハリー　映画監督　国インドネシア　典2004

スパレッティ, ルチアーノ　Spalletti, Luciano　サッカー監督, 元・サッカー選手　国イタリア　生1959年3月7日　典2000／2004／2008／2012

スパロウ, ロリー　バスケットボール選手　国米国　典1992

スパーロック, モーガン　Spurlock, Morgan　映画監督　国米国

[生]1970年　[典]2012

スパーン, アン・ウィストン　Spirn, Anne Whiston　建築学者　マサチューセッツ工科大学建築計画学部教授　[専]地域環境計画　[国]米国　[生]1947年　[典]2004／2008

スバーン, ダン　Severn, Dan　本名=スバーン, ダニエル　プロレスラー　[国]米国　[生]1958年6月9日　[典]2000／2008

スパング, レベッカ　Spang, Rebecca L.　歴史学者　ロンドン・ユニバーシティ・カレッジ　[専]フランス近代史　[生]1961年　[典]2004

スパンタ, ランジン・ダドファル　Spanta, Rangin Dadfar　アフガニスタン外相　[国]アフガニスタン　[生]1953年12月15日　[典]2008／2012

スパーン・チャンタワーニット　チュラロンコン大学アジア研究所副所長・助教授　[専]社会学　[国]タイ　[生]1947年10月　[典]1992

スパンディ　ガルーダ・インドネシア航空社長　[国]インドネシア　[典]1996

ス

スバンドリオ　Subandrio　政治家, 外交官　元・インドネシア外相・副首相　[国]インドネシア　[生]1914年　[没]2004年7月3日　[典]1992／1996

スパンヤード, バリー　Spanjaard, Barry　「地獄を見た少年―あるアメリカ人のナチ強制収容所体験」の著者　[国]米国　[生]1929年　[典]1996

スピア, ジョセフ　Spear, Joseph　コラムニスト　[国]米国　[典]1992

スピアーズ, デービッド　米国商品先物取引委員会(CFTC)委員　[国]米国　[典]2000

スピアーズ, ブリトニー　Spears, Britney　本名=スピアーズ, ブリトニー・ジーン　歌手　[国]米国　[生]1981年12月2日　[典]2000／2004／2008／2012

スピアント・プラボウォ　軍人　元・インドネシア陸軍特殊部隊司令官　[国]インドネシア　[典]2000／2004

スピヴァク, ガヤトリ　Spivak, Gayatri Chakravorty　旧名=Chakravorty,Gayatri　文学理論家　コロンビア大学教授　[専]脱構築派マルクス主義　[国]インド　[生]1942年2月24日　[典]1992(スピバック, ガヤトリ)／1996(スピバック, ガヤトリ)／2000(スピヴァック, ガヤトリ)／2008(スピヴァック, ガヤトリ)／2012

スピヴァコフ, ウラディーミル　Spivakov, Vladimir　本名=Spivakov,Vladimir Teodorovich　バイオリニスト, 指揮者　ロシア・ナショナル・フィルハーモニー音楽監督・首席指揮者　[国]ロシア　[生]1944年9月12日　[典]1992(スピワコフ, ウラジーミル)／1996(スピワコフ, ウラジーミル)／2004(スピワコフ, ウラジーミル)／2008(スピワコフ, ウラジーミル)／2012

スピーク, カール　Speak, Karl D.　コンサルタント　[典]2008

スピークス, チャールズ　Speaks, Charles E.　ミネソタ大学コミュニケーション障害学科名誉教授　[専]音響学, 音声言語　[国]米国　[典]2004

スピークス, ラリー　Speakes, Larry Melvin　元・米国大統領主席副報道官　[国]米国　[生]1939年9月13日　[典]1992／1996

スピーグル, フリッツ　Spiegl, Fritz　ジャーナリスト, 音楽家　[国]英国　[典]2004

スピーゲル, サム　Spiegel, Sam　映画製作者　[国]米国　[没]1985年12月31日　[典]1992

スピーゲル, デービッド　Spiegel, David　精神医学者　スタンフォード大学医学部教授　[国]米国　[典]2008

スピーゲルマン, J.マービン　Spiegelman, J.Marvin　心理分析家　[国]米国　[生]1926年　[典]1992／1996

スピーゲルマン, アート　Spiegelman, Art　漫画家　「RAW」(アバンギャルド・コミックス誌)共同編集者　[国]米国　[生]1948年　[典]1992

スピーゲルマン, ピーター　Spiegelman, Peter　作家　[国]米国　[典]2012

スピーゲルロー, リンダ　Spiegel-Lohre, Linda　ベア・アーティスト　ベアリー・ゼア・カンパニー・オーナー・デザイナー　[国]米国　[典]1996

スビサレッタ, アンドニ　Zubizarreta, Andoni　元・サッカー選手　[国]スペイン　[生]1961年10月23日　[典]2000／2004／2008

スピーズ, ベン　Spies, Ben　オートバイライダー　[国]米国　[生]1984年7月11日

スピーチ　Speech　本名=トーマス, トッド　グループ名=アレステッド・ディベロップメント　ミュージシャン, 音楽プロデューサー　[国]米国　[生]1968年10月　[典]2000／2004／2008／2012

スピツァー, エイブ　米兵　長崎原爆投下　[国]米国　[没]1984年5月25日　[典]1992

スピッカー, スチュアート　Spicker, Stuart F.　コネティカット大学名誉教授, ベイラー医科大学客員教授　[専]医学, バイオエシックス　[国]米国　[生]1937年　[典]1996

スピッカー, ポール　Spicker, Paul　ダンディー大学上級講師　[専]社会政策　[典]2004

スピッカーマン, ウォルフガング　ジャーナリスト　「ノイエス・ドイチュラント」紙編集局長　[国]ドイツ　[生]1945年　[典]1992

スピッツ, エレン・ハンドラー　Spitz, Ellen Handler　心理学者　スタンフォード大学　[典]2004

スピッツ, マーク　Spitz, Mark　元・水泳選手　[国]米国　[生]1950年2月4日　[典]1992／1996／2000

スピッツァー, エリオット　Spitzer, Eliot　本名=スピッツァー, エリオット・ローレンス　政治家, 弁護士　元・ニューヨーク州知事　[国]米国　[生]1959年6月10日　[典]2012

スピッツナー, ランス　Spitzner, Lance　「Honeypots―ネットワーク・セキュリティのおとりシステム」の著者　[典]2008

スピード, ギャリー　Speed, Gary　本名=Speed,Gary Andrew　サッカー選手, サッカー監督　元・サッカー・ウェールズ代表監督　[国]英国　[生]1969年9月8日　[没]2011年11月27日

スピード, トビー　Speed, Toby　絵本作家　[国]米国　[典]2008

スピネッリ, ジェリー　Spinelli, Jerry　作家　[国]米国　[生]1941年　[典]1996／2000／2004／2008／2012

スピネリ, アルティエロ　Spinelli, Altiero　欧州統合運動創設者　[国]イタリア　[没]1986年5月23日　[典]1992

スピネリス, ディオミディス　Spinellis, Diomidis　電子工学者　[典]2008

スピノッティ, ダンテ　Spinotti, Dante　映画撮影監督　[典]1996

スピノラ, アントニオ　Spinola, Marshal António Sebastião Ribeiro de　政治家, 軍人　元・ポルトガル大統領　[国]ポルトガル　[生]1910年4月11日　[没]1996年8月13日　[典]1992／1996

スピハルスキ, マリアン　Spychalski, Marian　政治家　元・ポーランド国家評議会議長・国防相, 元・ワルシャワ市長　[国]ポーランド　[生]1906年12月6日　[没]1980年6月7日　[典]1992

ズビャギンツェフ, アンドレイ　Zvyagintsev, Andrei　映画監督, 俳優　[国]ロシア　[生]1964年2月6日　[典]2008／2012

ズビャダウリ, ズラブ　Zviadauri, Zurab　柔道選手　[国]グルジア　[生]1981年7月2日　[典]2008

スピューディス, ポール　Spudis, Paul D.　地質学者　月惑星研究所　[国]米国　[典]2004

スビラ, アントニ　本名=スビラ・イ・クラウス, アントニ　政治家　元・カタルーニャ州政府産業貿易観光相　[国]スペイン　[生]1940年　[典]2004／2008

スピラー, ジャン　Spiller, Jan　占星術師　[国]米国　[典]2004

スピリー, アルフォンス　Spilly, Alphonse P.　宗教家　[国]米国　[典]2004／2008

スピリエフ, アッティラ　スポーツ・マネジャー　[国]ハンガリー　[典]2004

スピリク, ニコラ　Spirig, Nicola　トライアスロン選手　ロンドン五輪女子トライアスロン金メダリスト　[国]スイス　[生]1982年2月7日

スピリドノフ, レフ　Spiridonov, Lev N.　ジャーナリスト　元・タス通信社長　[国]ソ連　[生]1931年　[典]1992

スピーリン, ゲンナジー　Spirin, Gennadii　画家, 絵本作家　[国]ソ連　[生]1948年　[典]1992／1996

スピルバーグ, スティーブン　Spielberg, Steven　映画監督, 映画プロデューサー　[国]米国　[生]1947年12月18日　[典]1992／1996／2000／2004／2008／2012

スピールマン, アンドルー Spielman, Andrew 医学者 ハーバード大学シニア研究員 [専]熱帯病, 伝染病, 感染症 [国]米国 [典]2004

スピールマン, ジル Spealman, Jill 「MCSEスキルチェック問題集」の著者 [典]2008

スピールリア, イリナ Spirlea, Irina テニス選手 [国]ルーマニア [典]2000

スピレイン, ミッキー Spillane, Mickey 本名=スピレイン, フランク・モリソン 推理作家 [国]米国 [生]1918年3月9日 [没]2006年7月17日 [典]1992/1996

スピレーン, ジョニー Spillane, Johnny 本名=Spillane,John 元・スキー選手(複合) バンクーバー五輪銀メダリスト [国]米国 [生]1980年11月24日

スピロ, トーマス Spiro, Thomas G. 化学者 プリンストン大学教授 [専]環境化学 [国]米国 [典]2004

スピロイウ, コンスタンティン・ニクラエ Spiroiu, Constantin Niculae 軍人 ルーマニア国防相 [国]ルーマニア [生]1936年7月6日 [典]1996

スピンク, キャサリン Spink, Kathryn 伝記作家 [国]英国 [生]1953年 [典]2004

スピンクス, マイケル Spinks, Michael 元・プロボクサー [国]米国 [生]1956年7月13日 [典]1996

スピンドラー, エリカ Spindler, Erica 作家 [国]米国 [典]2004/2008/2012

スピンドラー, トレバー Spindler, Trevor サッカーコーチ イングランドサッカー協会地域代表コーチ [国]英国 [典]2004

スピンドラー, マイケル Spindler, Michael H. 実業家 ベルテルスマン監査役 元・アップル・コンピュータ社長・CEO [生]1942年 [典]1996/2000

スピン・ピンカヤン Subin Pinkhayan 政治家 元・タイ外相 [国]タイ [生]1934年6月 [典]1992/1996

スピンラッド, ノーマン・リチャード Spinrad, Norman Richard SF作家 [国]米国 [生]1940年 [典]1992/1996

スーブ, レイモンド・アンリ Subes, Raymond Henri 金属工芸家, 装飾芸術家 [国]フランス [生]1893年 [典]1996

スプアー, ライク Spoor, Ryk E. SF作家 [国]米国 [生]1962年 [典]2012

スファヌボン Souphanouvong 政治家 元・ラオス大統領 [国]ラオス [生]1907年7月13日 [没]1995年1月9日 [典]1992/1996

ズファラキアン, レフォン レスリング選手(グレコローマン・68キロ級) [国]ソ連 [典]1992

スファール, ラシド Sfar, Racid 政治家 元・チュニジア首相 [国]チュニジア [生]1933年9月11日 [典]1992

スフォルテ, ロブ Scholte, Rob 画家 [国]オランダ [生]1958年 [典]1996/2000

ズプコフ, ヴィクトル Zubkov, Viktor Alekseevich 政治家, 実業家 ロシア第一副首相,OAOガスプロム会長 元・ロシア首相 [国]ロシア [生]1941年9月15日 [典]2008/2012

スプーナー, ジョン Spooner, John D. 筆名=ブルータス 作家, 投資アドバイザー [国]米国 [典]1992

スフバートル, タブハイン Sukhbaatar, Tavhain 画家 [国]モンゴル [生]1958年 [典]2004

スプライル, スティーブン Spruill, Steven 作家 [国]米国 [生]1946年 [典]1996

スプラウル, リー Sproull, Lee ボストン大学管理学部管理学教授 [専]社会科学 [国]米国 [典]1996

スプラット, グレビル Spratt, Greville 元・シティー市長 [国]英国 [典]1992

スブラマニヤム, パドマー インド古典舞踊家, インド音楽研究家 [国]インド [典]1996

スプリアットナ, ハムダニ・アフマッド 自転車で世界一周をめざす元自転車選手 [国]インドネシア [典]2000

スプリーウェル, ラトレル Sprewell, Latrell バスケットボール選手 [国]米国 [生]1970年9月8日 [典]2000/2008

スブリエール, マリオン Soublière, Marion [専]カナダ極北問題 [典]2004/2008

スプリッグ, ジューン Sprigg, June キュレーター ハンコック・シェーカー・ビレッジキュレーター [国]米国 [典]1996

スフリューデルス, ピート Schreuders, Piet グラフィック・デザイナー [国]オランダ [生]1951年 [典]1996

ズブリン, ロバート Zubrin, Robert 米国国立宇宙ソサエティ実行委員会委員長 [専]宇宙工学 [国]米国 [典]2000

スプリンガー, F. Springer, F. 本名=スフネイデル, カーレル・ヤン 作家, 元・外交官 [国]オランダ [生]1932年 [典]2004

スプリンガー, カール Springer, Karl 家具デザイナー カール・スプリンガー社社長 [国]米国 [生]1930年 [典]1992

スプリンガー, デニス Springer, Dennis 大リーグ選手(投手) [国]米国 [生]1965年2月12日 [典]2000

スプリンガー, ナンシー Springer, Nancy ファンタジー作家 [国]米国 [生]1948年 [典]1992/2000/2012

スプリング, アンセルム Spring, Anselm 写真家 [国]ドイツ [生]1943年 [典]1996

スプリング, ジャニス・エイブラムズ Spring, Janis Abrahms 臨床心理士 [専]不倫問題 [国]米国 [典]2000

スプリング, ディック Spring, Dick 本名=Spring,Richard 政治家 アイルランド副首相・外相, アイルランド労働党党首 [国]アイルランド [生]1950年8月29日 [典]1996/2000

スプリングスティーン, ブルース Springsteen, Bruce ロック歌手 [国]米国 [生]1949年9月23日 [典]1992/1996/2000/2004/2008/2012

スプリングフィールド, リック Springfield, Rick 旧グループ名=ズート ロック歌手, 俳優 [国]米国 [生]1949年8月23日 [典]2000

スプリンゲート, J.E. モンサント・エレクトロニック・マテリアルス社社長 [国]米国 [生]1927年1月3日 [典]1992

スプリンケル, ベリル Sprinkel, Beryl Wayne 経済コンサルタント, エコノミスト 元・米国大統領経済諮問委員会委員長 [国]米国 [生]1923年11月20日 [没]2009年8月22日 [典]1992

スプール, ジャレッド Spool, Jared M. コンピューターコンサルタント UIE社長 [国]米国 [典]2004

スプレーグ, エド Sprague, Ed 大リーグ選手(内野手) [国]米国 [生]1967年7月25日 [典]1996

スプレンガー, クリスチャン Sprenger, Christian 水泳選手(平泳ぎ) 北京五輪・ロンドン五輪銀メダリスト [国]オーストラリア [生]1985年11月19日

スブロト Subroto 元・石油輸出国機構(OPEC)事務局長 [国]インドネシア [生]1928年9月19日 [典]1992/1996

スプロール, R.C. Sproul, R.C. 宗教家 [国]米国 [典]2004/2008

スプーン, アラン Spoon, Alan G. 実業家 「ワシントン・ポスト」社長 [国]米国 [典]2004

スペイセク, シシー Spacek, Sissy 本名=Spacek,Mary Elizabeth 女優 [国]米国 [生]1949年12月25日 [典]1992(スペーシク, シシー)/1996(スペーシク, シシー)/2004/2008/2012

スペイト, ジョージ Speight, George 実業家 フィジー・クーデターの首謀者 [国]フィジー [典]2004

ズベイル, アーメド Zewail, Ahmed Hassan 化学者 カリフォルニア工科大学教授 [専]物理化学 [国]米国 [生]1946年2月26日 [典]1992(ズウェイル, A.H.)/2000/2004/2008/2012

スペクター, アーレン Specter, Arlen 政治家 元・米国上院司法委員長, 元・米国上院議員(共和党) [国]米国 [生]1930年2月12日 [没]2012年10月14日 [典]1996/2000/2004/2008/2012

スペクター, クレイグ Spector, Craig 作家 [国]米国 [生]1958年 [典]2004

スペクター, フィル Spector, Phil 音楽プロデューサー フィレス・レーベル設立者 [国]米国 [生]1940年 [典]1996/2004/2008/2012

スペクター, マルコム・B. 社会学者 [国]米国 [典]1992

スペクター, レオナルド Spector, Leonard 国際関係学者 モントレー国際問題研究所不拡散センター副所長 [専]核不拡散問題 [国]米国 [典]2004/2008

ス

スペクター, ロニー　メイクアップ・アーティスト　国米国　没2000

スペクター, ロバート　Spector, Robert　ビジネスジャーナリスト　国米国　没2004

スペコ, アルフォンソ　作家, 編集者　国フィリピン　生1923年　没1992

スペザーノ, チャック　Spezzano, Chuck　心理学者, セラピスト　没2004/2008

スペーシー, ケビン　Spacey, Kevin　俳優, 演出家　オールド・ビック劇場芸術監督　国米国　生1959年7月26日　没2000/2004/2008/2012

スペシフツェワ, オリガ　Spessivtseva, Olga Aleksandrovna　バレリーナ　国ソ連　生1895年7月18日　没1991年9月17日　没1992

スペス, ジェームズ・グスタフ　Speth, James Gustave　エール大学森林環境学部長　元・国連開発計画（UNDP）総裁, 元・世界資源研究所所長　専環境問題　国米国　生1942年3月3日　没1992/1996/2000/2004/2008/2012

スペーダー, ジェームズ　Spader, James　俳優　国米国　生1960年2月7日　没1996/2000/2004/2008/2012

スペック, W.A.　Speck, William Arthur　歴史学者　リーズ大学教授　専17・18世紀のイギリス史　生1938年　没2008

スペッツイ, マリオ　Spezi, Mario　ジャーナリスト, 挿絵画家　国イタリア　生1945年　没1996/2012

スペディ, プラティバ　女性保護活動家　ウーメン・アウェアネス・センター・ネパール（WACN）主宰者　国ネパール　没2000

スペディング, クリス　Spedding, Chris　ギタリスト　国英国　生1944年6月17日　没1992

スペディング, フランク　Spedding, Frank H.　元・アイオワ州立大学教授・エイムズ原子力研究所長　米原爆開発計画推進者の一人　国米国　没1984年12月15日　没1992

スペード, ケイト　Spade, Kate　バッグデザイナー　国米国　没2004/2008/2012

スベドベリ, ボー　Svedberg, Bo　心理学者, 心理療法士　国スウェーデン　生1934年　没2000

スペーノ, チャールズ　Spano, Charles A., Jr.　作家　国米国　没1992

スペラッツア, オーガスティン　クバール社会長　国米国　生1941年　没1992

スペリー, ジョセフ　Sperry, Joseph　コンサルタント　没2008

スペリー, ロジャー　Sperry, Roger Wolcott　神経生理学者　元・カリフォルニア工科大学名誉教授　国米国　生1913年8月20日　没1994年4月17日　没1992/1996

スペリング, トリ　Spelling, Tori　女優　国米国　生1973年5月16日　没2000

スペリングス, マーガレット　Spellings, Margaret La Montagne　政治家　元・米国教育長官, 元・米国大統領補佐官（内政担当）　国米国　生1957年11月30日　没2008

スペル, ブレット　Spell, Brett　プログラマー　国米国　没2004

スペルマン, ウィリアム　Spelman, William C.　デルコ・エレクトロニクス副社長, デルコ・エレクトロニクス・アジア・パシフィック社長　国米国　没2000

スペルマン, キャシー・キャッシュ　Spellman, Cathy Cash　作家, 実業家　国米国　没2012

ズベレワ, エリーナ　Zvereva, Ellina　円盤投げ選手　国ベラルーシ　生1960年11月16日　没2004/2008

スペロ, ジョーン　Spero, Joan Edelman　米国国務次官　国米国　没1996

スペロ, ナンシー　Spero, Nancy　現代美術家, 画家　生1926年8月24日　没2009年10月21日　没2000

スペンサー, K.L.　Spencer, Kenneth L.　コンピュータ・テクノロジー社社長　国米国　没1996

スペンサー, アーネスト　Spencer, Ernest E.　元・軍人　「ベトナム海兵戦記」の著者　国米国　没1992/1996

スペンサー, アン　労働運動家　国際自由労連（ICFTU）女性委員会委員長, 英国全国紳士被服労組書記長代理　国英国　没1992

スペンサー, ウィリアム　Spencer, William J.　セマテック社長・CEO　専半導体　国米国　没1992/2000

スペンサー, ウェン　Spencer, Wen　作家　国米国　生1963年　没2012

スペンサー, エドソン　Spencer, Edson White　メイヨー財団理事長, カーネギー国際平和財団理事　国米国　生1926年　没1992/1996/2000

スペンサー, カルロス　Spencer, Carlos　本名=Spencer, Carlos James　ラグビー監督, 元・ラグビー選手　国ニュージーランド　生1975年10月14日

スペンサー, キャサリン　Spencer, Catherine　ロマンス作家　没2004

スペンサー, ケビン　Spencer, Kevin　プログラマー　没2004

スペンサー, サビナ　Spencer, Sabina　コンサルタント　アースエンタープライズ取締役　国米国　没1992

スペンサー, シェーン　Spencer, Shane　大リーグ選手（外野手）　国米国　生1972年2月20日

スペンサー, シグネ　Spencer, Signe M.　コンサルタント　マックバー・シニア・リサーチ・アソシエイト　没2004

スペンサー, ジョン　Spencer, John　怪異現象研究家　英国UFO研究協会（BUFORA）会長　国英国　生1954年　没2000

スペンサー, スコット　Spencer, Scott　作家　国米国　生1945年　没1992

スペンサー, ダーリル　Spencer, Daryl Dean　元・大リーグ選手, 元・日本プロ野球選手　国米国　生1927年7月13日　没1992/1996

スペンサー, フェルトン　Spencer, Felton　バスケットボール選手　国米国　生1968年1月5日　没2000

スペンサー, フランク　Spencer, Frank　ニューヨーク市立大学クイーンズ・カレッジ教授　専人類学　国米国　生1942年　没2000

スペンサー, フレディー　Spencer, Freddie　オートバイレーサー　国米国　生1961年12月20日　没1992/1996

スペンサー, ボールドウィン　Spencer, Baldwin　政治家　アンティグアバーブーダ首相・外相　国アンティグアバーブーダ　生1948年10月8日　没2008/2012

スペンサー, ライル　Spencer, Lyle M.　コンサルタント　マックバー社長・CEO　没2004

スペンサー, ラビル　Spencer, LaVyrle　ロマンス作家　国米国　没2012

スペンサー, ロス　Spencer, Ross H.　ミステリー作家　国米国　没1992

スペンサー伯爵　Spencer, 8th Earl　本名=Spencer, Edward John　元・英国最高法院判事　国英国　生1924年1月24日　没1992年3月29日　没1996

スペンジマン, ウィリアム　Spengemann, William C.　ダートマス大学教授　専アメリカ文学　国米国　生1932年　没1992

スペンス, ウィリアム　実業家　ブーツ・エムシー社長　国英国　生1947年　没2000

スペンス, ゲーリー　Spence, Gerry　弁護士　国米国　生1929年　没2000

スペンス, ジョナサン　Spence, Jonathan D.　歴史学者　エール大学教授　専中国近・現代史　国米国　生1936年8月11日　没2000/2004

スペンス, スティーブ　Spence, Steve　マラソン選手　国米国　生1962年5月9日　没1996

スペンス, フロイド　Spence, Floyd　本名=スペンス, デビッドソン・フロイド　政治家　元・米国下院議員（共和党）, 元・米国下院軍事委員長　国米国　生1928年4月9日　没2001年8月16日　没1996

スペンス, マイケル　Spence, A. Michael　経済学者　スタンフォード大学名誉教授　専情報の経済学　国米国　生1943年　没2004/2008/2012

スペンスリー, シェイラ　Spensley, Sheila　心理療法家　没2004/2008

スペンダー, スティーブン　Spender, Stephen Harold　詩人, 批評家

[国]英国 [生]1909年2月28日 [没]1995年7月16日 [典]1992／1996

スーポー, フィリップ Soupault, Philippe 詩人, 作家 [国]フランス [生]1897年8月2日 [没]1990年3月12日 [典]1992

スポエリ, フランソワ Spoerry, François 建築家 [国]フランス [生]1912年 [典]1996

スポータック, マーク Sportack, Mark A. ネットワーク技術者 シラキュース大学情報テクノロジ学部助教授 [典]2008

スホツカ, ハンナ Suchocka, Hanna 政治家 元・ポーランド首相 [国]ポーランド [生]1946年4月3日 [典]1996／2000／2004／2008／2012

スポック, ベンジャミン Spock, Benjamin McLane 小児科医, 社会運動家 [国]米国 [生]1903年5月2日 [没]1998年3月15日 [典]1992／1996

スポティスウッド, ロジャー Spottiswoode, Roger 映画監督・編集者 [国]英国 [生]1945年 [典]2004／2008

スポディック, バーナード Spodek, Bernard イリノイ大学教授 [専]幼児教育 [国]米国 [生]1931年 [典]1996

スポトー, ドナルド Spoto, Donald 映画ジャーナリスト, 伝記作家 [国]米国 [生]1941年 [典]1996／2000

スボトニック, モートン Subotnick, Morton Leon 作曲家 カリフォルニア芸術研究所教員 [国]米国 [生]1933年4月14日 [典]1992

スポフォース, ジェマ Spofforth, Gemma 水泳選手（背泳ぎ） 競泳女子100メートル背泳ぎ世界記録保持者 [国]英国 [生]1987年11月17日

スボボダ, ダビド Svoboda, David 近代五種選手 ロンドン五輪男子近代五種金メダリスト [国]チェコ [生]1985年3月19日

スポールストラ, ジョン Spoelstra, Jon 実業家 マンダレー・スポーツ・エンターテインメント・プロ・スポーツ部門担当社長 元・ニュージャージーネッツ社長・CEO [国]米国 [生]1946年6月19日 [典]1996／2004／2008

スポールディング, デービッド Spaulding, David 経営コンサルタント スポールディング・グループ社長 [国]米国 [典]2004

スポルテス, モルガン 作家 [国]フランス [生]1947年 [典]2004

スポーン, ケート Spohn, Kate 絵本作家 [国]米国 [典]1996

スポーン, テリー Spohn, Terry 本名=スポーン, テレンス 劇作家, 詩人, 小説家 カームバック・ブックス社企画編集部部長 [国]米国 [典]2000

スポング, ポール Spong, Paul 海洋生物学者 パシフィック・オルカ財団代表 [専]動物心理学, クジラ類の生態研究（特にシャチ） [生]1939年 [典]1992／1996／2004

ズマ, ジェイコブ Zuma, Jacob 政治家 南アフリカ大統領, アフリカ民族会議（ANC）議長 [国]南アフリカ [生]1942年4月12日 [典]2004／2008／2012

ズマ, ヌコサザナ・ドラミニ Zuma, Nkosazana Dlamini 政治家 南アフリカ外相 [国]南アフリカ [生]1949年1月27日 [典]2004／2008／2012

スマイサー, ウィリアム・リチャード Smyser, William Richard ドイツ学者 ジョージタウン大学客員教授 [国]米国 [生]1931年 [典]1996

スマイス, ヘンリー Smyth, Henry De Wolf 核物理学者, 原子力行政家 元・国際原子力機関（IAEA）米国代表 [国]米国 [生]1898年 [没]1986年9月11日 [典]1992

スマイリー, ジェーン Smiley, Jane Graves 作家 アイオワ大学教授 [国]米国 [生]1949年9月26日 [典]1996／2000

スマイリー, ブレーブン Smillie, Braven ジャーナリスト [国]米国 [生]1964年 [典]2000／2004

スマグロフ, A. Smagulov, Aidyn 柔道選手 [国]カザフスタン [典]2004

スマジャ, イザベル Smadja, Isabelle [専]哲学 [国]フランス [生]1962年2月4日 [典]2004

スマジャ, クロード Smadja, Claude ジャーナリスト 元・世界経済フォーラム専務理事 [国]スイス [生]1945年 [典]2000／2008

スマッカー, バーバラ Smucker, Barbara 児童文学作家 [国]カナダ [生]1915年 [典]2000

スマッジャ, ブリジット Smadja, Brigitte 作家 [生]1955年 [典]2000

スマート, ニニアン Smart, Ninian 宗教学者 元・ランカスター大学名誉教授, 元・カリフォルニア大学サンタバーバラ校名誉教授, 元・米国宗教学会会長 [国]英国 [生]1927年5月6日 [没]2001年1月29日 [典]2000

ズマヤ, ジョエル Zumaya, Joel Martin 大リーグ選手（投手） [国]米国 [生]1984年11月9日 [典]2012

スマリヤン, レイモンド Smullyan, Raymond M. 論理学者, 数学者 インディアナ大学哲学科名誉教授 [国]米国 [生]1919年 [典]1996／2000

スマルト, フランチェスコ Smalt, Francesco ファッションデザイナー フランチェスコ・スマルト社社長 [国]イタリア [生]1930年 [典]1992

ズミエフスキ, アンドレイ Zmievski, Andrei コンピューター技術者 [典]2004

スミクラスト, ジョーゼフ Sumichrast, Jözef グラフィックデザイナー [国]米国 [生]1948年 [典]1996

スミグン, クリスチナ Smigun, Kristina 本名=スミグン・バヒ, クリスチナ 元・スキー選手（距離） トリノ五輪スキー距離女子複合・10キロクラシカル金メダリスト [国]エストニア [生]1977年2月23日 [典]2008／2012

スミザーズ, デービッド Smithers, David W. 公認会計士 プライスウォーターハウスクーパース・ファイナンシャル・アドバイザリー・サービス（プライスウォーターハウスクーパースFAS）マネージング・パートナー [典]2004

スミシーズ, オリバー Smithies, Oliver 生体臨床医学者 ノースカロライナ大学医学部教授 [専]ES細胞 [国]米国 [生]1925年6月23日 [典]2004／2008／2012

スミシーズ, マイケル Smithies, Michael 著述家 [国]英国 [生]1932年 [典]1996

スミス, A.R. Smith, A.R. 本名=Smith,Alvy Ray デジタル写真家, コンピューター科学者 ピクサー・アニメーション共同設立者 元・カリフォルニア大学バークレー校教授 [国]米国 [典]2004／2008

スミス, D.L. Smith, D.L. 劇作家 南オレゴン大学演劇科教授 [典]2008

スミス, E.A.ブラケット 在日オーストラリア大使館商務部一等書記官 [国]オーストラリア [典]1992

スミス, J.R. Smith, J.R. バスケットボール選手 [国]米国 [生]1985年9月9日

スミス, K.A. Smith, Karl A. 教育学者 ミネソタ大学教授 [国]米国 [典]2004

スミス, アダム Smith, Adam 本名=グッドマン, ジョージ・J.W. ジャーナリスト, 作家 「エスクァイア」誌政治担当編集者 [国]米国 [典]1992

スミス, アラン Smith, Alan E. ゲンザイム社副社長, 米国国立医学研究所生化学部門部長, インテグレイテッド・ジェネティック社副社長・科学部門責任者 [専]生化学 [国]米国 [典]2000

スミス, アラン Smith, Alan サッカー選手（FW） [国]英国 [生]1980年10月28日 [典]2004／2008／2012

スミス, アリ Smith, Ali 作家 [国]英国 [生]1962年 [典]2004／2008／2012

スミス, アルドン Smith, Aldon プロフットボール選手（LB） [国]米国 [生]1989年9月25日

スミス, アレクサンダー・マッコール Smith, Alexander McCall 法学者, 作家 [生]1948年 [典]2008／2012

スミス, アレクシス Smith, Alexis 女優 [国]米国 [生]1921年6月8日 [没]1993年6月9日 [典]1996

スミス, アン Smith, Anne テクニカルライター [典]2008

スミス, アンソニー Smith, Anthony John Francis 著述家, ジャーナリスト [国]英国 [生]1926年3月30日 [典]2000

スミス, アンディ 三井物産商品アナリスト [国]英国 [典]2000

スミス, アントニー Smith, Anthony D. ロンドン・スクール・オブ・エコノミクス（LSE）教授 [専]社会学 [国]英国 [典]2000

スミス, アンナ・デビア 女優, 劇作家 スタンフォード大学准教授 ⑲米国 ㉟1996

スミス, アンネ・フィールディング Smith, Anne Fielding 地理学者 ポープアンドサセックス・シックス・フォーム・カレッジ副校長 ⑲英国 ㉟2004

スミス, イアン Smith, Ian 化学者 英国プロフェッショナルアロマセラピスト協会(ISPA)会長 ⑲英国 ㉟2004／2008

スミス, イアン・ダグラス Smith, Ian Douglas 政治家 元・ローデシア首相, 元・ジンバブエ保守同盟(CAZ)党首 ⑲ジンバブエ ㉑1919年4月8日 ㉒2007年11月20日 ㉟1992／1996

スミス, イーブリン Smith, Evelyn E. 別筆名=ライアンズ, デルフィネ・C. 作家 ⑲米国 ㉑1937年 ㉟1996

スミス, ウィリー Smith, Willi ファッションデザイナー ⑲米国 ㉑1948年2月19日 ㉒1987年4月17日 ㉟1992

スミス, ウィリアム Smith, William French 弁護士 元・米国司法長官 ⑭労働法 ⑲米国 ㉑1917年8月26日 ㉒1990年10月29日 ㉟1992

スミス, ウィル Smith, Will 本名=Smith,Willard Christopher,II 旧グループ名=D.J.ジャジー・ジェフ&ザ・フレッシュ・プリンス 俳優, ラップ歌手 ⑲米国 ㉑1968年9月25日 ㉟2000／2004／2008／2012

スミス, ウィルバー Smith, Wilbur 本名=Smith,Wilbur Addison 冒険小説家 ⑲英国 ㉑1933年 ㉟1992／1996

スミス, ウィルフレッド・キャントウェル Smith, Wilfred Cantwell 宗教学者 元・ハーバード大学名誉教授 ⑭イスラム研究, 比較宗教学 ⑲カナダ ㉑1916年7月21日 ㉒2000年1月7日 ㉟2000

スミス, ウィンスロップ(Jr.) メリルリンチ・インターナショナル会長 ⑲米国 ㉟2000

スミス, ウォーリー 実業家 レクレーショナル・イクイップメント・インク(REI)社長・CEO ⑲米国 ㉟2000

スミス, ウルコット Smith, Woollcott テンプル大学教授 ⑭統計学 ⑲米国 ㉟2000

スミス, エミット Smith, Emmitt 元・プロフットボール選手 ⑲米国 ㉑1969年5月15日 ㉟2004／2008／2012

スミス, エミリー Smith, Emily T. ジャーナリスト ⑲米国 ㉟2004

スミス, エミリー Smith, Emily 児童文学作家 ⑲英国 ㉟2004／2008

スミス, エリック 音楽プロデューサー フィリップス・クラシックス・プロデューサー ⑲英国 ㉑1931年 ㉟1992

スミス, オジー Smith, Ozzie 本名=Smith,Osborne Earl 元・大リーグ選手 ⑲米国 ㉑1954年12月26日 ㉟1992／1996／2000／2004／2008

スミス, オーリン Smith, Orin 実業家 スターバックス社長・CEO ⑲米国 ㉑1942年 ㉟2004／2008

スミス, カルビン 陸上選手(短距離) ⑲米国 ㉟1996

スミス, キャロル Smith, Carole 元・中学校教師 「虐待家族の『仔』」の著者 ⑲米国 ㉟2004

スミス, クリスティン Smith, Christine 作家 ⑲カナダ ㉟1992

スミス, クリフォード(Jr.) Smith, Clifford W.(Jr.) ロチェスター大学ウィリアム・E.サイモン経営大学院教授 ⑭オプション理論, 企業財務政策論, 金融機関経営管理理論, マクロ経済学 ㉟1996

スミス, クレイグ Smith, Craig ジャーナリスト 「コーポレート・フィランソロピー・リポート」紙発行者 ⑲米国 ㉟1996

スミス, グレッグ Smith, Greg ラグビー選手 ⑲ニュージーランド ㉑1968年7月16日 ㉟2000

スミス, ケイト Smith, Kate 歌手, ラジオ司会者 ⑲米国 ㉒1986年6月17日 ㉟1992

スミス, ケイ・ノルティ Smith, Kay Nolte ミステリー作家 ⑲米国 ㉑1923年 ㉒1993年 ㉟1992／1996

スミス, ケビン Smith, Kevin 映画監督 ⑲米国 ㉟2000／2004

スミス, ゲーリー Smith, Gary トレーダー ⑲米国 ㉟2004

スミス, ケン Smith, Ken ライター ⑲米国 ㉟2004

スミス, ゴードン Smith, Gordon H. 政治家 元・米国上院議員(共和党) ⑲米国 ㉑1952年5月25日 ㉟2004／2008／2012

スミス, サラ Smith, Sarah ミステリー作家, 詩人 ⑲米国 ㉟2000

スミス, サンティー Smith, Santee 振付師 カハーウィ・ダンスシアター主宰 ⑭コンテンポラリーダンス ⑲カナダ ㉟2012

スミス, ジェイデン Smith, Jaden 本名=Smith,Jaden Christopher Syre 俳優 ⑲米国 ㉑1998年7月8日

スミス, シェイマス Smyth, Seamus 作家 ⑲英国 ㉟2004

スミス, ジェッド Smith, Jed A. 実業家 キャタマウント・ベンチャーズ代表, ドラッグストア・ドット・コム創設者 ⑲米国 ㉟2004

スミス, ジェフ Smith, Jeff 漫画家 ⑲米国 ㉑1960年 ㉟2000

スミス, ジェフリー Smith, Geoffrey ジャーナリスト, コラムニスト 元・「ザ・タイムズ」コラムニスト ⑲英国 ㉑1930年2月21日 ㉟1992／1996／2000／2004

スミス, ジェラルド Smith, Gerard Coad 元・米国軍備管理軍縮局長, 元・第一次戦略兵器制限交渉(SALT1)米国主席代表 ⑲米国 ㉑1914年5月4日 ㉒1994年7月4日 ㉟1992／1996

スミス, シェリイ Smith, Shelly 本名=ボディントン, ナンシー・ハーミオン ミステリー作家 ⑲英国 ㉑1912年 ㉟1992

スミス, シドニー Smith, Sidney J. キーワネッツ設立者 ⑲米国 ㉟2004

スミス, ジミー Smith, Jimmy 本名=Smith,James Oscar ジャズ・オルガン奏者 ⑲米国 ㉑1925年12月8日 ㉒2005年2月8日 ㉟1996

スミス, ジミー・ニール Smith, Jimmy Neil ナショナル・ストーリーテリング保存育成協会会長 ⑲米国 ㉑1947年 ㉟1996

スミス, ジャクリン Smith, Jaclyn 女優 ⑲米国 ㉑1949年10月26日 ㉟1992

スミス, ジュリー Smith, Julie 作家 ⑲米国 ㉑1944年11月25日 ㉟1996

スミス, ジュリアンヌ 英米安全保障情報評議会上級研究員 ⑭国際関係 ⑲米国 ㉟2000

スミス, ジュリー・ディーン Smith, Julie Dean 作家 ⑲米国 ㉑1960年 ㉟1996

スミス, ジョー Smith, Joe 元・ディスクジョッキー 元・EMI社長 ㉟1996

スミス, ジョージ Smith, George H. 別名=ディア, M.J., ジェイスン, ジェリィ 作家 ⑲米国 ㉑1922年 ㉟1992

スミス, ジョージ Smith, George David ビジネスコンサルタント ⑲米国 ㉟2004

スミス, ジョージ Smith, George 物理学者 元・ベル研究所超大規模集積回路装置部門責任者 ⑲米国 ㉑1930年 ㉟2012

スミス, ジョージ Smith, George 本名=Smith,George B. ラグビー選手(FL) ⑲オーストラリア ㉑1980年7月14日

スミス, ジョシュ Smith, Josh 古生物学者 ワシントン大学助教授 ⑲米国 ㉟2004／2008

スミス, ジョシュ Smith, Josh バスケットボール選手 ⑲米国 ㉑1985年12月5日

スミス, ジョス Smith, Jos A. 画家 ⑲米国 ㉑1936年 ㉟2004／2008

スミス, ジョニー Smith, Johnny プロレスラー ⑲英国 ㉑1965年8月7日 ㉟2004／2008

スミス, ショーン Smith, Sean 伝記作家 ㉟2004

スミス, ジョーン Smith, Joan ジャーナリスト, 作家 ⑲英国 ㉑1953年 ㉟1996

スミス, ジョン Smith, John レスリング選手(フリー・62キロ級) ⑲米国 ㉟1992／1996

スミス, ジョン Smith, John 政治家 元・英国労働党党首 ⑲英国 ㉑1938年9月13日 ㉒1994年5月12日 ㉟1992／1996

スミス, ジョン Smith, John Templeton 航空小説家, 元・パイロット ⑲英国 ㉟1992／1996

スミス, ジョン　Smith, John　本名=ヴァン・オーデン, ロバート　俳優　国米国　生1931年3月6日　没1995年1月25日　掲1996

スミス, ジョン　Smith, John L.　ジャーナリスト　国米国　掲2004

スミス, ジョン・フランシス　Smith, John Francis (Jr.)　愛称=Smith, Jack　実業家　元・ゼネラル・モーターズ (GM) 会長　国米国　生1938年4月6日　掲1996／2000／2004／2008

スミス, シーラ　Smith, Sheila A.　政治学者　米国外交問題評議会上級研究員　専国際政治学, 日本政治, 外交政策　国米国　掲2012

スミス, ジーン　Smith, Jean　編集者, 宗教家　掲2004／2008

スミス, シンシア　Smith, Cynthia S.　著述家　元・「Medical/Mrs.」編集者　国米国　掲2000

スミス, スコット　Smith, Scott　作家　国米国　掲2000／2012

スミス, スティーブ　Smith, Steve　バスケットボール選手　国米国　生1969年3月31日　掲2000／2004／2008

スミス, スティーブ　Smith, Steve　ビジネスコンサルタント　掲2004

スミス, スティーブン　Smith, Stephen　本名=Smith, Stephen Francis　政治家　オーストラリア国防相　元・オーストラリア外相　国オーストラリア　生1955年12月12日　掲2012

スミス, スティーブン・フィリップ　Smith, Steven Phillip　作家　国米国　生1943年1月1日　掲1992

スミス, ゼイディー　Smith, Zadie　作家　国英国　生1975年　掲2004／2008

スミス, ダン　Smith, Dan　本名=Smith, Daniel M.　元・軍人　国防情報センターアソシエイト・ディレクター　国米国　掲2000

スミス, チャド　Smith, Chad　グループ名=レッド・ホット・チリ・ペッパーズ　ロック・ドラム奏者　国米国　生1962年10月25日　掲2004／2008／2012

スミス, チャールズ　Smith, Charles　ジャーナリスト　「ファー・イースタン・エコノミック・レビュー」東京支局長　国英国　生1935年　掲1996

スミス, チャールズ・メリル　Smith, Charles Merrill　推理作家, 牧師　国米国　掲1992

スミス, テイラー　Smith, Taylor　作家　国カナダ　掲2004

スミス, ディーン　Smith, Dean　バスケットボール監督　元・ノースカロライナ大学バスケットボールヘッドコーチ　国米国　生1931年2月28日　掲1996

スミス, ディーン・ウェスリー　Smith, D.W.　共同筆名=スコフィールド, サンディー　作家, 編集者　パルプハウス社長　国米国　掲2004／2008

スミス, デビー　Smith, Debbi　環境保護活動家　テキサスA&M大学水素研究センター相談員, 全米水素学会事務局長　国米国　掲2004

スミス, デービッド　Smith, David A.　医学者　サウスダコタ大学教授　専家庭医学, 精神医学　国米国　掲2004／2008

スミス, デボラ　Smith, Deborah　作家　国米国　掲2004

スミス, ドディー　Smith, Dodie　本名=スミス, ドロシー・グラディス　筆名=アンソニー, C.L.　劇作家, 作家, 演出家　国英国　生1896年5月3日　没1990年11月24日　掲1992

スミス, トミー　Smith, Tommie　元・陸上選手 (短距離)　国米国　掲2004

スミス, トム・ロブ　Smith, Tom Rob　作家　国英国　生1979年　掲2012

スミス, トレシア　Smith, Trecia　三段跳び選手　国ジャマイカ　生1975年11月5日

スミス, ナイジェル　Smith, Nigel J.H.　生態学者　フロリダ大学ゲーンズビル校教授　専アマゾン研究　掲2004

スミス, ニコ　Smith, Nico　牧師　コイノニア代表　国南アフリカ　掲1992

スミス, ニッキー　Smith, Nicky　ファッション・ジャーナリスト　国英国　掲1992

スミス, ニール　Smith, N.V.　ロンドン大学ユニバーシティー・カレッジ教授　専言語学　国英国　掲2000

スミス, ノリス・パーカー　Smith, Norris Parker　ローレンス・リバモア研究所ニューズ・ビューロー・シニアライター　国米国　掲1992

スミス, バイソン　Smith, Bison　本名=スミス, マーク　プロレスラー　国プエルトリコ　没2011年11月22日

スミス, ハイラム　Smith, Hyrum W.　講演家　国米国　掲2004

スミス, パティ　Smith, Patti　詩人, ロック歌手　国米国　生1946年12月30日　掲1992／1996／2000／2004／2008／2012

スミス, パトリック　Smith, Patrick　ジャーナリスト　国米国　掲2004

スミス, バーノン　Smith, Vernon L.　経済学者　ジョージ・メーソン大学教授　元・アリゾナ大学教授　専実験経済学　国米国　生1927年1月1日　掲2004／2008／2012

スミス, ハミルトン　Smith, Hamilton Othanel　微生物学者　ジョンズ・ホプキンズ大学医学部名誉教授　専分子生物学, 遺伝学　国米国　生1931年8月23日　掲1992／1996／2008／2012

スミス, ハーラン　天文学者　元・マクドナルド天文台長　専電波天文学　国米国　没1991年10月17日　掲1992

スミス, バレーン　Smith, Valene L.　観光活動コンサルタント　国米国　掲1992

スミス, ピーター　Smith, Peter H.　カリフォルニア大学サンディエゴ校教授・イベリア・ラテンアメリカ研究センター所長　専国際関係, ラテンアメリカ研究　掲1996

スミス, ピーター　米国立衛生研究所 (NIH) バイオカレンツ研究センター海洋生物学研究所長　専海洋生物学　国英国　掲2000

スミス, ピーター・K.　シェフィールド大学教授　専心理学　国英国　掲1996

スミス, ヒューストン　Smith, Huston　哲学者, 宗教学者　国米国　生1919年　掲2008

スミス, ビンス　Smith, Vince　動物保護運動家　国英国　生1959年　掲2008

スミス, ブラッド　Smith, Brad　作家　国カナダ　掲2004

スミス, フランク・ダバ　Smith, Frank Dabba　ラビ, 写真家　掲2004

スミス, プレストン　Smith, Preston G.　経営コンサルタント　ニュー・プロダクト・ダイナミクス会長　掲2008

スミス, フレデリック　Smith, Frederick W.　実業家　FDX会長・社長　国米国　生1944年　掲1992／1996／2000

スミス, フレデリック　Smith, Frederick E.　作家　国英国　生1922年4月4日　掲1996／2004

スミス, ヘイゼル・ブラノン　Smith, Hazel Brannon　編集者, 発行人　国米国　生1914年　掲1996

スミス, ベーカー　Smith, Baker　CMディレクター　国米国

スミス, ベッツィ　Smith, Betsy A.　セラピスト　フロリダ州立国際大学社会人類学教授　国米国　生1945年　掲1996／2000

スミス, ヘドリック　Smith, Hedrick Laurence　ジャーナリスト　PBSパネリスト兼ドキュメンタリスト　元・「ニューヨーク・タイムズ」ワシントン支局長　国米国　生1933年7月9日　掲1992／1996

スミス, ペネローペ　Smith, Penelope　アニマル・コミュニケーター　国米国　掲2004

スミス, ベンソン　Smith, Benson　ビジネスコンサルタント　掲2008

スミス, ヘンリー (2世)　Smith, Henry D. (II)　歴史学者　コロンビア大学教授　国米国　生1940年11月18日　掲1996／2000

スミス, ボニー　Smith, Bonnie G.　歴史学者　ラトガース大学教授　専女性史, 社会史　国米国　掲1996

スミス, ボブ　Smith, Bob　ライター, ジャーナリスト　掲2004

スミス, ポール　Smith, Paul　本名=Smith, Paul Brierley　ファッションデザイナー　国英国　生1946年7月5日　掲1992／1996／2000／2004／2012

スミス, マイク　Smith, Mike　騎手　国米国　生1966年8月10日　掲1996

スミス, マイケル　Smith, Michael J.　宇宙飛行士　専海洋学, 宇宙

工学　⑧米国　⊕1945年4月30日　⊗1986年1月28日　⑨1992

スミス, マイケル　Smith, Michael B.　貿易コンサルタント　元・米国通商代表部（USTR）次席代表　⑧米国　⑨1992

スミス, マイケル　Smith, Michael　生化学者　元・ブリティッシュ・コロンビア大学名誉教授　⑧カナダ　⊕1932年4月26日　⊗2000年10月4日　⑨1996／2000

スミス, マイケル　欧州政策研究センター客員研究員　⑧米国　⑨2000

スミス, マイケル　Smith, Michael E.　ニューヨーク州立大学オルバニー校人類学科教授　⑩人類学　⑧米国　⑨2000

スミス, マイケル・ジョゼフ　Smith, Michael Joseph　バージニア大学準教授　⑩国際政治　⑧米国　⊕1951年　⑨2000

スミス, マイケル・マーシャル　Smith, Michael Marshall　作家　⑧英国　⊕1965年　⑨2000

スミス, マーガレット　Smith, Margaret Chase　政治家　元・米国上院議員（共和党）　⑧米国　⊕1897年12月14日　⊗1995年5月29日　⑨1996

スミス, マギー　Smith, Maggie　本名＝スミス, マーガレット・ナタリー　女優　⑧英国　⊕1934年12月28日　⑨1992／1996／2004／2008／2012

スミス, マーク・エディ　Smith, Mark Eddy　作家, デザイナー　⑧米国　⑨2004／2008

スミス, マーティン　Smith, Martin J.　作家, 元・ジャーナリスト　⑧米国　⑨2008

スミス, マーティン・クルーズ　Smith, Martin Cruz　筆名＝クイン, サイモン　作家　⑧米国　⊕1942年3月11日　⑨1992／1996／2012

スミス, マレー　Smith, Murray　作家, 元・軍人　⑧英国　⑨2000

スミス, ミッシェル　Smith, Michele　元・ソフトボール選手　アトランタ五輪・シドニー五輪金メダリスト　⑧米国　⊕1967年6月21日　⑨2000／2004／2008／2012

スミス, ミッチェル　Smith, Mitchell　作家, 脚本家　⑧米国　⊕1935年　⑨1996／2000

スミス, メアリ・アン　Smith, Mary-Ann Tirone　作家　⑨2004

スミス, メル　Smith, Mel　映画監督, 喜劇俳優　⑧英国　⊕1952年12月3日　⊗2013年7月19日　⑨2000

スミス, モーリス　Smith, Mourice　キックボクサー　元・WKAヘビー級チャンピオン　⑧米国　⊕1961年12月13日　⑨1996／2000／2008

スミス, モーリーン　Smith, Maureen R.　米国医療産業製造業協会政府関係担当副理事長　元・米国商務省日本部長　⊕1946年　⑨1992／1996

スミス, リー　Smith, Lee　作家　⑧米国　⊕1944年　⑨1992

スミス, リー　Smith, Lee　本名＝Smith,Lee Arthur,Jr.　⑩大リーグ選手（カーディナルス・投手）　⑧米国　⊕1957年12月4日　⑨1996

スミス, リチャード　Smith, Richard　ニューズウィーク会長・最高編集責任者　⑧米国　⑨2000／2008

スミス, リチャード　Smith, Richard J.　ライス大学歴史学教授・アジア研究所所長　⑩中国現代史, 中国伝統文化　⑧米国　⊕1944年　⑨2000

スミス, リチャード　Smith, Richard E.　コンピューター技術者　セキュアー・コンピューティング研究員・情報セキュリティアーキテクト　⑨2004／2008

スミス, リチャード・ノートン　Smith, Richard Norton　著述家　⑧米国　⑨1992

スミス, リック　Smith, Rick　グループ名＝アンダーワールド　ミュージシャン　⑧英国　⑨2004／2008／2012

スミス, リンダ・ジェーン　Smith, Linda Jane　画家　⑧英国　⊕1962年　⑨1996

スミス, ルイス　Smith, Louis　本名＝Smith,Louis Antoine　体操選手　ロンドン五輪体操男子あん馬銀メダリスト　⑧英国　⊕1989年4月22日

スミス, レイモンド　Smith, Raymond W.　実業家　ベル・アトランティック(BA)会長　⑧米国　⑨2000

スミス, レジー　Smith, Reggie　本名＝Smith,Carl Reginald　元・大リーグ選手　⑧米国　⊕1945年4月2日　⑨2000

スミス, レッド　Smith, Red　スポーツライター　元・「ニューヨーク・タイムズ」紙スポーツコラムニスト　⑧米国　⊕1905年9月25日　⊗1982年1月　⑨1992

スミス, レーン　Smith, Lane　イラストレーター, 絵本作家　⑧米国　⊕1959年　⑨1996／2012

スミス, ロイ　Smith, Roy C.　ニューヨーク大学スターン経営大学院教授　⑩国際金融論, ファイナンス, 国際資本市場論, M&A論　⑧米国　⑨1996

スミス, ロイド　Smith, Lloyd　ソフトウェア・エンジニア　タンデムコンピューターズ社TIES事業部営業マネジャー　⑧米国　⑨1992／1996

スミス, ロジャー　Smith, Roger　絵本作家　⑧英国　⑨1992

スミス, ロジャー　Smith, Roger Bonham　実業家　元・GM会長・CEO　⑧米国　⊕1925年7月12日　⊗2007年11月29日　⑨1992／1996

スミス, ロジャー　Smith, Roger　俳優　⑧米国　⊕1932年12月18日　⑨1992

スミス, ロジャー　Smith, Roger　作家　⑧南アフリカ　⑨2012

スミス, ロックウッド　Smith, Lockwood　政治家　ニュージーランド国際貿易相　⑧ニュージーランド　⑨2000

スミス, ロナルド　Smith, Ronald A.　歴史学者, 元・大リーグ選手　ペンシルベニア州立大学教授　⑩スポーツ史　⑧米国　⑨2004

スミス, ロバート　イーストマン・コダックジャパン社長　⑧米国　⊕1939年　⑨1992

スミス, ロバート　Smith, Robert E.　世界アマ野球協会（IBA）会長, 米国野球連盟会長, グリーンビル大学副総長　⑩運動生理学　⑧米国　⑨1992

スミス, ロバート　Smith, Robert Kimmel　児童文学作家　⑧米国　⑨1992

スミス, ロバート　Smith, Robert Howard　銀行家　元・バンカメリカ社長, 元・セキュリティ・パシフィック会長　⑧米国　⊕1935年9月3日　⑨1996

スミス, ロバート　Smith, Robert J.　コーネル大学人類学部教授　⑩人類学, アジア研究, 日本研究　⑧米国　⊕1927年　⑨2000

スミス, ロバート　Smith, Robert　グループ名＝キュアー　ミュージシャン　⑧英国　⊕1959年4月21日　⑨2008／2012

スミス, ロバート・クリントン　Smith, Robert Clinton　政治家　元・米国上院議員（共和党）　⑧米国　⊕1941年3月30日　⑨1996／2000／2004／2012

スミス, ロバート・ディーン　Smith, Robert Dean　テノール歌手　⑧米国　⑨2004／2008／2012

スミス, ロフ・マーティン　Smith, Roff Martin　トラベルライター　⑨2004

スミス, ローランド　Smith, Roland　実業家, 経済学者　元・ブリッティッシュ・エアロスペース(BAe)会長, 元・マンチェスター大学名誉教授　⑧英国　⊕1928年10月1日　⊗2003年11月20日　⑨1992／1996

スミス, ローレンス　Smith, Lawrence　大英博物館日本美術名誉部長　⑩日本美術　⑧英国　⑨1996／2000／2004／2008

スミチェル, ウラディミール　Smicer, Vladimir　サッカー選手（MF）　⑧チェコ　⊕1973年5月24日　⑨2008

スミチ・レビ, D.　Simchi-Levi, David　環境工学者, 実業家　マサチューセッツ工科大学教授, ロジック・ツール会長　⑩サプライ・チェイン・マネジメント　⑨2004

スミチ・レビ, E.　Simchi-Levi, Edith　実業家　ロジック・ツール社長　⑨2004

スミック, デービッド　Smick, David M.　金融コンサルタント　⑩国際金融　⑧米国　⊕1953年　⑨1992／2008／2012

スミッツ, セップ　Smits, Seppe　スノーボード選手　⑧ベルギー　⊕1991年7月13日

スミッテン, リチャード　Smitten, Richard　作家　⑧米国　⑨2004

スミット, キーズ　オランダ血友病患者協会世話人　[国]オランダ　[生]1951年　[典]2000

スミット, ジョン　Smit, John　元・ラグビー選手　[国]南アフリカ　[生]1978年4月3日　[典]2012

スミット, ナンシー　Smit, Nancy　市光アメリカ(株)アシスタント営業マネジャー　[国]米国　[生]1962年　[典]1992

スミトロ　Sumitro　軍人　元・インドネシア治安秩序回復作戦司令官　[国]インドネシア　[没]1998年5月10日　[典]1992

スミヨン, クリストフ　Soumillon, Christophe　騎手　[生]1981年6月4日　[典]2012

スミルノフ, アレクサンドル　Smirnov, Alexander　フィギュアスケート選手(ペア)　[国]ロシア　[生]1984年10月11日　[典]2012

スミルノフ, ヴィタリー　Smirnov, Vitalii　ロシアオリンピック委員会会長, 国際オリンピック委員会(IOC)委員　[国]ロシア　[生]1935年2月14日　[典]1992／2000／2004

スミルノフ, ウラジーミル　Smirnov, Vladimir　元・スキー選手(距離)　[国]カザフスタン　[生]1964年3月7日　[典]1996／2000

スミルノフ, ジョエル　Smirnoff, Joel　バイオリニスト　ジュリアード弦楽四重奏団リーダー　[国]米国　[典]2004

スミルノフ, レフ　Smirnov, Lev Nikolaevich　元・ソ連最高裁判所長官　[国]ソ連　[生]1911年　[没]1986年3月23日　[典]1992

スミルノワ, イリーナ　Smirnova, Irina　バレーボール選手　[国]ロシア　[生]1968年8月3日　[典]1992／1996

ズムダ, ボブ　Zmuda, Bob　テレビプロデューサー　[典]2004

スムート, ジョージ(3世)　Smoot, George Fitzgerald (III)　天文物理学者　カリフォルニア大学バークレー校教授　[専]マイクロ波宇宙背景放射　[国]米国　[生]1945年2月20日　[典]1996／2008／2012

スムラ, エドウィン　Smura, Edwin　AFII(書体情報協会)代表　[専]書体及び文字符号規格　[国]米国　[典]1992

スメイル, デービッド　Smail, David　プロゴルファー　[国]ニュージーランド　[生]1970年5月20日　[典]2008／2012

ズメスカル, キム　Zmeskal, Kim　体操選手　[国]米国　[典]1996

スメターチェク, バーツラフ　Smetáček, Václav　指揮者　[国]チェコスロバキア　[生]1906年9月30日　[没]1986年2月18日　[典]1992

スメット・ジュムサイ　Sumet Jumsai　建築家, 作家, 画家　[国]タイ　[生]1939年　[典]1996

スメット・チャラワノン　実業家　チャロン・ポカパン(CP)グループ副会長・社長　[国]タイ　[典]1996

ズメル, アントニオ　Zumel, Antonio　ジャーナリスト　フィリピン停戦交渉共産側代表, 民族民主戦線(NDF)議長　[国]フィリピン　[生]1932年8月10日　[典]1992／1996

スメール, ジョン　Smale, John G.　実業家　元・P&G会長・CEO, 元・ゼネラル・モーターズ(GM)会長　[国]米国　[生]1927年8月1日　[没]2011年11月19日　[典]1996／2000／2004

スメール, スティーブン　Smale, Stephen　数学者　カリフォルニア大学バークレー校教授　[専]トポロジー(位相幾何学)　[国]米国　[生]1930年7月15日　[典]1992(スメイル, スティーブン)／1996

スメルサー, ニール　Smelser, Neil Joseph　社会学者　[専]社会変動論, 集団行動論　[国]米国　[生]1930年7月22日　[典]1992／2000

スモーカー, ポール　Smoker, Paul　アンティオ大学教授, 国際平和研究学会事務局長　[専]平和学　[生]1938年　[典]1996

スモクトゥノフスキー, インノケンティー　Smoktunovskii, Innokentii Mikhailovich　俳優　[国]ロシア　[生]1925年3月28日　[没]1994年8月3日　[典]1992／1996

スモーリー, マーク　Smalley, Mark　ジャーナリスト, フリーライター　[国]英国　[生]1950年　[典]1996

スモーリー, リチャード　Smalley, Richard Errett　化学者　元・ライス大学教授・ナノスケール科学技術センター所長　[専]C60, 超伝導, ナノチューブ　[国]米国　[生]1943年6月6日　[没]2005年10月28日　[典]1996／2000／2004

スモーリン, ドナ　Smallin, Donna　コピーライター, フリーライター　[国]米国　[典]2004

スモーリン, リー　Smolin, Lee　物理学者　ペンシルベニア州立大学重力物理幾何学センター教授　[国]米国　[典]2004

スモール, ゲーリー　Small, Gary　医学者　[国]米国　[典]2008

スモール, ジム　Small, Jim　MLBアジア副社長, MLBジャパン・マネージング・ディレクター　[国]米国　[生]1961年4月9日　[典]2008／2012

スモール, デービッド　Small, David　挿絵画家　[国]米国　[典]2008

スモール, ヒュー　Small, Hugh　作家　[国]英国　[生]1943年　[典]2004／2008

スモール, メレディス　Small, Meredith F.　人類学者　コーネル大学教授　[国]米国　[典]2004

スモールウッド, ノーム　Smallwood, Norm　ビジネスコンサルタント　[典]2008

スモルツ, ジョン　Smoltz, John　本名=Smoltz,John Andrew　元・大リーグ選手　[国]米国　[生]1967年5月15日　[典]1996／2000／2004／2008／2012

スモルニコフ, セルゲイ　Smolnikov, Sergei　モスクワ国際関係大学教授　[専]国際関係　[国]ロシア　[生]1957年　[典]1996／2000

スモーレ, エルンスト　Somle, Ernst　指揮者　ブラームス音楽院校長, ムッターラ室内オーケストラ首席指揮者, サバリアオーケストラ(ハンガリー)首席指揮者　[国]オーストリア　[生]1952年　[典]1996

スモーレン, カジミェジ　Smolen, Kazimierz　ポーランド国立オシフィエンチム・ブジェジンカ博物館長　[国]ポーランド　[典]1992

スモーレン, マイケル　世界野生生物保護基金(WWF)野生生物汚染部首席科学者　[専]野生生物学, 分子遺伝学　[国]米国　[生]1949年　[典]2000

スモレンスカ・ジェリンスカ, バルバラ　Smoleńska-Zielińska, Barbara　音楽学者　[典]2004

スモレンスキー, アレクサンドル　Smolenskii, Aleksandr Ivanovich　実業家, 銀行家　アグロプロムバンク会長, ソユーズバンク会長　[国]ロシア　[生]1954年7月6日　[典]2000／2008／2012

スモレンスキー, マイケル　Smolensky, Michael　医学者　[国]米国　[典]2004／2008

スモレンツェフ, エフゲニー　Sumolentsev, Evgenii A.　ソ連最高裁長官　[国]ソ連　[生]1923年　[典]1992／1996

スモワ, フレデリック　Soumois, Frederic　ジャーナリスト　[典]2004

ズュースキント, パトリック　Süskind, Patrick　作家　[国]ドイツ　[生]1949年　[典]1992／1996

スヨン　Soo-young　グループ名=少女時代　歌手　[国]韓国　[生]1990年2月10日　[典]2012

スライウォツキー, エイドリアン　Slywotzky, Adrian J.　経営コンサルタント　マーサー・マネジメント・コンサルティング副社長　[国]米国　[典]2004／2008

スラヴァ　Slava　本名=カーガン・パリー, ヴィチスラフ　カウンターテナー歌手　[国]ベラルーシ　[生]1964年　[典]1996(スラバ)／2000／2004／2008

スラヴィーク, アサクサンダー　Slawik, Alexander　民族学者　元・ウィーン大学名誉教授, 元・日本文化研究所所長　[専]日本研究(日本古代史, 日本民族学, アイヌ研究), 古代中国・朝鮮研究　[国]オーストリア　[生]1900年12月27日　[没]1997年4月21日　[典]1992(スラビーク, アレクサンダー)／1996(スラビーク, アサクサンダー)

スラヴィンスキー, ドミトリー　Slavinskii, D.B.　編集者　[専]極東の国際関係史　[国]ロシア　[生]1974年　[典]2004

スラヴィンスキー, ボリス　Slavinskii, Boris N.　本名=スラヴィンスキー, ボリス・ニコラエヴィチ　外交史研究家, ジャーナリスト　元・ロシア世界経済国際関係研究所上級研究員　[専]極東の国際関係史, 日露問題　[国]ロシア　[生]1935年　[没]2002年4月23日　[典]1992(スラビンスキー, ボリス・ニコラエビッチ)／1996(スラビンスキー, ボリス)／2000

ズラウスキー, アンジェイ　Zulawski, Andrzej　映画監督, 俳優　[国]ポーランド　[生]1940年11月22日　[典]1992／2004／2008

スラキアット・サティヤンタイ　Surakiart Sathirathai　政治家, 法学者　元・タイ副首相・外相, 元・チュラロンコン大学法学部長　[国]タイ　[生]1958年6月7日　[典]1996(スラキアット・サティアンタイ)／2000(スラキアット・サティアンタイ)／2004(スラキアット・サティアンタイ)／2008／2012

ス

スラザーコフ, サゾン　Surazakov, Sazon　作家,文学者　国ロシア　生1925年　没2004

スラサック・ナーナーヌクーン　バンコク銀行副頭取,タイQC本部副会長　国タイ　生1943年　採1996

スーラージュ, ピエール　Soulages, Pierre　画家　国フランス　生1919年12月24日　採1992／1996／2008／2012

スラタリー, メアリー　Slattery, Mary　英語教師　採2008

ズラタン　Zlatan　本名＝リュビヤンキッチ,ズラタン　サッカー選手(FW)　国スロベニア　生1983年12月15日

スラチャイ・ジャンティマトーン　作家,歌手　国タイ　生1948年　採1992(スラチャイ・チャンティマートン)／1996

スラチャイ・シリクライ　タマサート大学政治学部準教授　専国際政治　国タイ　生1949年　採1992

スラック, J.M.W.　Slack, J.M.W.　生物学者　バース大学教授　専発生生物学　国英国　生1949年　採2004

スラック・シワラック　Sulak Sivaraksa　環境・平和活動家,社会評論家,作家　国タイ　生1933年　採2000

スラッグマルダー, レジーナ　Slagmulder, Regine　経済学者　ティルバーグ大学教授　採2004

スラッシュ　Slash　グループ名＝ベルベット・リボルバー, 旧グループ＝ガンズ・アンド・ローゼズ　ロックギタリスト　国英国　生1965年　採1996／2012

スラッシュ, ローレンス　Thrush, Laurence　映画監督,脚本家　国英国　採2012

スラッター, スチュアート　Slatter, Stuart　経営学者　国英国　採2004／2008

スラットレー, トニー　Slattery, Tony　俳優　国英国　生1959年　採1996

スラッファ, ピエロ　Sraffa, Piero　経済学者　生1898年8月5日　没1983年　採1992

スラディチェック, ウラジーミル　Sládeček, Vladimir　工科大学化学技術研究所水技術・環境工学教室教授,国際陸水学会(SIL)機関誌編集長　専陸水学,水生生物学　国チェコスロバキア　採1992

ズラテヴァ, スタンカ　Zlateva, Stanka　本名＝Zlateva Hristova, Stanka　レスリング選手　北京五輪・ロンドン五輪レスリング女子72キロ級銀メダリスト　国ブルガリア　生1983年3月1日

スラデック, ジョン　Sladek, John Thomas　SF作家,ミステリー作家　国米国　生1937年　没2000年　採1992／1996

スラトキン, レナード　Slatkin, Leonard　本名＝Slatkin,Leonard Edward　指揮者　デトロイト交響楽団音楽監督　元・セントルイス交響楽団首席指揮者・音楽監督　国米国　生1944年9月1日　採1992／1996／2012

スラトコフ, ニコライ　Sladkov, Nikolai Ivanovich　作家　国ロシア　生1920年　没1996年　採1996

スラトコフスキー, ミハイル　Sladkovskii, Mikhail Iosifovich　経済学者　元・ソ連科学アカデミー極東研究所所長　専経済学(中国・極東諸国)　国ソ連　生1906年11月21日　没1985年9月25日　採1992

ズラトホラーベック, マルチン　プラハ国立美術館館長　国チェコ　生1954年　採1996

スラパック, モーリス　Slapak, Maurice　外科医　世界移植者スポーツ連盟会長　専臓器移植医療　国英国　採2004／2008

ズラビシュヴィリ, サロメ　Zurabishvili, Salomé　本名＝Zurabishvili-Kashia,Salomé　政治家,外交官　グルジアの道党首　元・グルジア外相,元・駐グルジア・フランス大使　国グルジア　生1951年　採2008／2012

スラフコフ, イワン　元・水球選手　国際オリンピック委員会(IOC)委員　国ブルガリア　採1992／2000

スラポン・スーダラ　チュラロンコン大学教授,タイ・サイアム環境クラブ代表　専海洋生物学　国タイ　生1939年　採1996

スラユット・チュラノン　Surayud Chulanont　政治家,元・軍人　元・タイ国軍最高司令官,元・タイ陸軍司令官,元・タイ首相(暫定内閣)　国タイ　生1943年8月28日　採2012

スーラン, レニー　Suran, Renee　ファッションモデル　国米国　生1966年12月6日　採1992

スラング, ミシェル　Slung, Michele　コラムニスト　国米国　生1947年　採1996／2000

スラン・ヤンチン　北京民族文化宮展覧館文物保管部助手　国中国　採1992／1996

スーリー, マニル　Suri, Manil　数学者,作家　メリーランド大学教授　国インド　生1959年　採2004

スリエ, フランソワーズ　ブザンソン美術館長　国フランス　採1992

スリカンス, M.L.　Srikanth, Mokshagundam L.　実業家　スペクトラム・マネジメント・グループ会長　採2004

スリチャイ・ワンガエーオ　Surichai Wun'gaeo　チュラロンコン大学准教授　専農村社会学,日本研究　国タイ　生1949年　採1992／1996／2008

スリック, ルカ　Sulic, Luka　デュオ名＝2CELLOS　チェロ奏者　国クロアチア　生1987年8月25日　採2012

スリティンスキ, ミシェル　ナチス戦犯モーリス・パポン裁判の原告の一人　国フランス　採2000

スリドハルン, パラシャント　Sridharan, Prashant　コンピューター技術者　採2004

スリニバサン, スリニジャ　Srinivasan, Srinija　実業家　ヤフー副社長・編集責任者　国米国　採2004

スリ・ビンタン・パムンカス　政治家,民主活動家　インドネシア民主連合(PUDI)党首　元・インドネシア国会議員　国インドネシア　採2000

スリマン, エディ　ファッションデザイナー　イヴ・サン・ローラン・メンズディレクター　国フランス　生1968年　採2000

スリーマン・ナルモン　チュラロンコン大学国際安全保障問題研究所助手　国タイ　採1992

スリム, カール　Slym, Karl　本名＝Slym,Karl Jonathon　実業家　元・タタ・モーターズ社長　国英国　生1962年2月9日　没2014年1月26日

スリム, カルロス　Slim, Carlos　本名＝スリム・エルー, カルロス　実業家　グルーポ・カルソ名誉会長,メキシコ電話会社(Telmex)会長　国メキシコ　生1940年1月28日　採2000／2008／2012

スリム, メンフィス　Slim, Memphis　本名＝Chatman,Peter　ピアニスト,歌手　国米国　生1915年9月3日　没1988年2月24日　採1992

スリュニコフ, ニコライ　Slyunikov, Nikolai Nikitvich　政治家　元・ソ連共産党政治局員　国ベラルーシ　生1929年4月26日　採1992／1996

スリヨハディプロジョ, サイデマン　Suryohadiprojo, Sayidiman　外交官,元・軍人　元・駐日インドネシア大使　国インドネシア　生1927年　採1996／2000

スリラーU　Thriller U　本名＝ハミルトン,ユーステス　レゲエ歌手　国ジャマイカ　生1969年8月14日　採1996／2000

ズーリン, アレクサンドル　Zulin, Aleksandr　フィギュアスケート選手(アイスダンス)　国ロシア　生1963年6月20日　採1996

スリングスビー, トム　Slingsby, Tom　ヨット選手(レーザー級)　ロンドン五輪セーリング男子レーザー級金メダリスト　国オーストラリア　生1984年9月5日

ズリンダ, ミクラーシュ　Dzurinda, Mikuláš　政治家　元・スロバキア首相　国スロバキア　生1955年2月4日　採2000(ジュリンダ, ミクラシュ)／2004／2008

スリン, ピッスワン　Surin Pitsuwan　政治家　東南アジア諸国連合(ASEAN)事務総長　元・タイ外相　国タイ　生1949年10月28日　採2000／2004／2008／2012

ズール, マルチン　Dzúr, Martin　政治家　元・チェコスロバキア国防相　国チェコスロバキア　生1919年7月12日　没1985年1月15日　採1992

スルイス, フアン・ビタル　Sourrouille, Juan Vital　元・アルゼンチン経済相　国アルゼンチン　採1992

スルイター, リスベス　Sluiter, Liesbeth　写真家,著述家　国オランダ　生1951年　採2000

スルグラーゼ, ニーノ　Surguladze, Nino　メゾソプラノ歌手　採2012

スルコフ, アレクセイ　Surkov, Aleksei Aleksandrovich　詩人　[国]ソ連　[生]1899年10月13日　[没]1983年6月14日　[典]1992

スルサレワ, オリガ　Slyusareva, Olga　自転車選手　アテネ五輪自転車女子ポイントレース金メダリスト　[国]ロシア　[生]1969年4月28日　[典]2008

スールシャール, オーレ・グンナー　Solskjaer, Ole Gunnar　サッカー選手(FW)　[国]ノルウェー　[生]1973年2月26日　[典]2000(ソルスチェアー, オレ・グンナー)／2008

スールシュ, マーチャシュ　Szürös, Màtyàs　政治家　元・ハンガリー大統領　[国]ハンガリー　[生]1933年9月11日　[典]1992／1996

スルゼンチッチ　Srzentić, Vojo　政治家　元・ユーゴスラビア連邦議会議長　[国]ユーゴスラビア　[生]1934年　[典]1992

スルタノフ, アレクセイ　Sultanov, Alexei　ピアニスト　[国]ウズベキスタン　[生]1969年　[没]2005年6月30日　[典]2000

スルタン, アブデルラハマン　Sultan, Abd-el-Rahman A.　建築家　AAS・アソシエイツ・インタナショナル社代表　[国]エジプト　[生]1947年　[典]1996

スルターン・アルアトラシュ　Sultān al-Atrash　ドルース派政治指導者　[国]レバノン　[生]1891年　[典]1992

スルタン・イブン・アブドル・アジズ　Sultan Ibn Abdul Aziz　政治家　元・サウジアラビア皇太子, 元・サウジアラビア第1副首相　[国]サウジアラビア　[生]1931年1月5日　[没]2011年10月22日　[典]1992／1996／2000／2004／2008

スルツ, パトリシア　Sueltz, Patricia C.　実業家　サン・マイクロシステムズ副社長　[国]米国　[典]2004／2008

ズルツェンバッハー, クラウス　Sulzenbacher, Klaus　元・スキー選手(複合)　[国]オーストリア　[生]1965年2月3日　[典]1996

スルツカヤ, イリーナ　Slutskaya, Irina　フィギュアスケート選手　ソルトレークシティ五輪フィギュアスケート女子シングル銀メダリスト　[国]ロシア　[生]1979年2月9日　[典]2000／2004／2008／2012

スールニア, ジャン・シャルル　Sournia, Jean-Charles　外科医　[国]フランス　[典]2000

スルニチェク, パヴェル　Srnicek, Pavel　サッカー選手(GK)　[国]チェコ　[生]1968年3月10日　[典]2008

スルネッツ, イルジー　Srnec, Jiří　演出家, 作家, 俳優　プラハ・ブラックライト・シアター芸術監督　[国]チェコ　[生]1931年　[典]1996

ズルハルマンス　新聞発行人　元・インドネシア新聞発行人協会会長, 元・東南アジア諸国連合ジャーナリスト連合会長　[国]インドネシア　[没]1993年3月28日　[典]1996

ズルフィカルパシッチ, ボヤン　Zulfikarpasic, Bojan　別名=BOJAN Z　ジャズ・ピアニスト　[国]フランス　[生]1968年　[典]2008／2012

スルーマン, ジェフ　Sluman, Jeff　プロゴルファー　[国]米国　[生]1957年9月11日　[典]2012

ズルマン, フランソワ　Szulman, François　画家　[国]フランス　[生]1931年6月5日　[典]1992／1996

スルヤクスマ, ユリア　社会運動家, 評論家　[国]インドネシア　[生]1954年　[典]2000

スルヤジャヤ, ウィリアム　Soerydjaya, William　実業家　アストラ・インターナショナル会長　[国]インドネシア　[生]1922年　[典]1992

スレイ, ブランドン　Slay, Brandon　レスリング選手(フリースタイル)　[国]米国　[生]1975年10月14日　[典]2004

スレイトン, ドナルド　Slayton, Donald Kent　宇宙飛行士　[国]米国　[没]1993年6月13日　[典]1996

スレイマノグル, ネイム　Suleymanoglu, Naim　重量挙げ選手　[国]トルコ　[生]1967年1月23日　[典]1992／1996／2000／2004

スレイマン, エリア　Suleiman, Elia　映画監督　[国]パレスチナ　[生]1960年7月28日　[典]2004／2008

スレイマン, オマル　Suleiman, Omar　政治家, 軍人　元・エジプト副大統領　[国]エジプト　[生]1935年7月2日　[没]2012年7月19日　[典]2012

スレイマン, ミシェル　Sleiman, Michel　政治家, 軍人　レバノン大統領　元・レバノン軍司令官　[国]レバノン　[生]1948年11月21日　[典]2012

スレイヤム, スルタン　ジュベルアリ地区フリーゾーン庁長官　[国]アラブ首長国連邦　[生]1955年　[典]1992

スレサレンコ, エレーナ　Slesarenko, Yelena　旧名=Sivushenko　走り高跳び選手　[国]ロシア　[生]1982年2月28日　[典]2008

スレーター, クリスチャン　Slater, Christian　俳優　[国]米国　[生]1969年8月18日　[典]1996／2000／2004／2008／2012

スレーター, ナイジェル　Slater, Nigel　作家　[国]英国　[生]1944年　[典]1992(スレイター, ナイジェル)

ズレータ, フリオ　Zuleta, Julio　プロ野球選手(内野手), 元・大リーグ選手　[国]パナマ　[生]1975年3月28日　[典]2008／2012

スレーター, ロバート　Slater, Robert　ジャーナリスト, 伝記作家　元・「タイム」エルサレム支局員　[典]1996／2000／2004

スレーツァー, ロバート　Slatzer, Robert F.　シナリオライター, 作家　[典]1996

スレッサー, キャサリン　Slessor, Catherine　ジャーナリスト　「アーキテクチュラル・レビュー」編集長　[典]2004

スレッサー, ヘンリー　Slesar, Henry　推理作家, シナリオライター　[国]米国　[生]1927年　[没]2002年　[典]1992

スレッジ, ターメル　Sledge, Terrmel　プロ野球選手(外野手)　[国]米国　[生]1977年3月18日　[典]2012

スレッシンジャー, ジェーコブ　Schlesinger, Jacob　ジャーナリスト　元・「ウォール・ストリート・ジャーナル」東京支局政治ジャーナリスト　[国]米国　[生]1963年　[典]1996(シュレッシンジャー, ジェーコブ)

スレット, テリー　日本ディジタル・イクイップメント副社長　[典]1996

スレード, ロバート　Slade, Robert　コンピューター技術者　[国]カナダ　[典]2004

スレーニー, メアリー・デッカー　Slaney, Mary Decker　旧名=デッカー, メアリー　陸上選手　[国]米国　[生]1958年8月4日　[典]2000

スレプツォワ, スヴェトラーナ　Sleptsova, Svetlana　バイアスロン選手　バンクーバー五輪バイアスロン女子24キロリレー金メダリスト　[国]ロシア　[生]1986年7月31日　[典]2012

スレーリ, サーラ　Suleri, Sara　著述家, 英文学者　エール大学教授　[国]米国　[生]1953年　[典]1996／2000

スレルフォール, テリー　Threlfall, Terry　ヨーク大学化学科職員　[国]英国　[典]2004

ズレンコ, アナトリー　Zlenko, Anatolii Maksimovich　外交官　元・ウクライナ外相　[国]ウクライナ　[生]1938年6月2日　[典]2004／2008

ズレンシック, ジャック　Zduriencik, Jack　本名=Zduriencik,John A.　マリナーズGM　[生]1951年1月11日　[典]2012

スレンドラ, ローレンス　元・アジア地域交流会議(ARENA)事務局長　[国]インド　[典]1992

スロイヤー, マイク　Shroyer, Mike　コンピューター技術者　JMSAI社長　[国]米国　[典]2004

ズロウスキー, ビンセント　アポロンCEO　[専]遺伝子治療　[国]米国　[典]1996

スローカム, ジェリー　Slocum, Jerry　パズルコレクター　元・ゼネラル・モーターズ・エンジニアリング社長　[国]米国　[典]1996

スローカム, マット　Slocum, Matt　バンド名=シックスペンス・ノン・ザ・リッチャー　ロックギタリスト　[国]米国　[典]2000

スロキ, ジョイス　女性運動家　南アフリカYWCA総幹事　[国]南アフリカ　[典]1996

スロス, マリエール　Sloss, Marielle　看護師　[国]オーストラリア　[典]2008

スロスビー, デービッド　Throsby, David　経済学者　マコーリー大学経済財政学部教授　[専]文化経済学　[国]オーストラリア　[生]1939年　[典]2004

スローソン, ポール　Slawson, Paul　実業家　ウィットニー日本法人代表　[国]米国　[典]2004

スローター, アン・マリー　Slaughter, Anne-Marie　法学者　プリンストン大学教授　元・米国国務省政策企画局長　[専]国際法, 国際政治学　[国]米国　[生]1958年9月27日

スローター, カリン　Slaughter, Karin　作家　⒩米国　⒫2004

スローター, ジェーン　Slaughter, Jane　労働ジャーナリスト　「Labor Notes」専属ライター　⒩米国　⒢1949年　⒫1996

スローターダイク, ペーター　Sloterdijk, Peter　作家, フリーライター　⒩ドイツ　⒢1947年　⒫1996／2000

スロッタ, カール　生化学者　⒩米国　⒢1987年7月17日　⒫1992

スロットニック, ラリー　アップル・コンピュータ副社長　⒩米国　⒫2000

スロノ・レクソディメジョ　Surono Reksodimedjo　政治家, 軍人　元・インドネシア政治国防治安調整相　⒩インドネシア　⒢1923年9月6日　⒫1992（スロノ）

スロビック, スコット　Slovic, Scott　ネバダ大学リノ校准教授　⒮アメリカ文学　⒩米国　⒢1960年　⒫1996／2000

ズロービン, コンスタンチン　元・ロシア最高会議議長補佐官　⒩ロシア　⒢1946年　⒫1996

スロボ, ジョー　Slovo, Joe　政治家　元・南アフリカ住宅相, 元・南アフリカ共産党議長　⒩南アフリカ　⒢1926年　⒟1995年1月6日　⒫1996

スロボ, ショーン　Slovo, Shawn　シナリオライター　⒫1992

スローヤン, パトリック　Sloyan, Patrick J.　ジャーナリスト　「ニューヨーク・ニューズデー」紙ワシントン支局長　⒩米国　⒢1938年　⒫1996

スローン, ジェリー　Sloan, Jerry　バスケットボール監督　⒩米国　⒢1942年3月28日　⒫2012

スロン, ジャミル　映画監督　⒩マレーシア　⒫1992

スローン, ジョセフ　Sloan, Joseph D.　コンピューター技術者　⒩米国　⒫2004

スローン, スティーブン　指揮者　ボーフム交響楽団次期主席指揮者　⒩米国　⒫1996

スローン, ダグラス　Sloan, Douglas M.　教育学者　コロンビア大学ティーチャーズカレッジ教授　⒩米国　⒢1933年　⒫2004

スワイツァー, レティシャ　Sweitzer, Letitia　ライター　⒩米国　⒫2004

スワーツ, アーロン　Swartz, Aaron　プログラマー, オンライン活動家　⒩米国　⒢1986年11月8日　⒟2013年1月11日

スワッツェンバーグ, トム　日本ユニシス副社長　⒩オランダ　⒢1943年5月7日　⒫1996

スワット・ウォラディロック　筆名＝ラビーボーン　作家　⒩タイ　⒢1923年　⒫1992

スワット・シーチュア　別名＝トラノン・シーチュア　作家, シナリオライター, 映画監督　⒩タイ　⒢1949年　⒫1992

スワード, ジャック　Seward, Jack　作家, 日本語学者　ダラス日米協会会長　⒩米国　⒢1924年　⒫1996

スワート, ピーター・ダニエル　Swart, Pieter Daniel　児童文学作家　⒩南アフリカ　⒢1923年　⒫1996

スワトコフスキー, ディミトリー　Svatkovskii, Dmitri　近代五種選手　⒩ロシア　⒫2004

スワミ・ヴィラジェシュワラ　Swami Virajeshver　ヨーガ修行者　⒩インド　⒫2000

スワミ・クリヤーナンダ　Swami Kriyananda　ヨーガ伝道師　⒢1926年　⒫2000

スワミ・サッチダーナンダ　Swami Satchidananda　ヨガ指導者　⒩米国　⒢1914年　⒫1996

スワミナタン, モンコンプ　Swaminathan, Monkombu Sambasivan　農学者　スワミナタン財団理事長, インド上院議員　元・パグウォッシュ会議会長, 元・国際マングローブ生態系協会（ISME）初代会長　⒮植物遺伝学, 育種学　⒩インド　⒢1925年8月7日　⒫1992／1996／2000／2004／2008（スワミナサン, モンコンプ・S.）／2012

スワーミ・パラマートマーナンダ　僧侶　⒫2008

スワミ・ラムデブ　Swami Ramdev　ヨガ指導者　⒩インド　⒫2012

スワラップ, ヴィカス　Swarup, Vikas　外交官, 作家　駐大阪インド総領事　⒩インド　⒢1961年　⒫2012

スワラン・シン　Swaran Singh　政治家　元・インド外相・国防相　⒩インド　⒢1907年8月19日　⒟1994年10月30日　⒫1992（シン, S.S.）／1996（シン, S.S.）

スワン, インゴ　Swann, Ingo　超能力者　⒩米国　⒢1933年　⒫2000

スワン, ジェームズ　Swan, James A.　環境心理学者　⒮環境心理学, 環境教育　⒩米国　⒢1943年　⒫1996／2000

スワン, ジェームズ　ボクシング選手　⒩オーストラリア　⒫2000

スワン, スチュアート　Swan, Stuart　コンピューター技術者　⒩米国　⒫2004

スワン, トーマス　Swan, Thomas　作家　米国ミステリー作家協会（MWA）理事　⒩米国　⒫2004／2008

スワン, トム　Swan, Tom　テクニカルライター　⒩米国　⒫2004

スワン, マイケル　Swann, Michael Meredith　生物学者　元・BBC放送会長　⒩英国　⒢1920年3月1日　⒟1990年9月22日　⒫1992

スワン, ロバート　Swan, Robert　探検家　ミッション・アンタクティカ主宰者　⒩英国　⒢1956年　⒫1992／2000

スワンウィック, マイケル　Swanwick, Michael　作家　⒩米国　⒢1950年　⒫1996／2008

スワンガー, レイチェル　Swanger, Rachel　クロースアップ財団事務局長　⒩米国　⒢1960年3月30日　⒫1996

スワンク, ヒラリー　Swank, Hilary　女優　⒩米国　⒢1974年7月30日　⒫2004／2008／2012

スワンソン, グロリア　Swanson, Gloria　本名＝Swanson,Gloria Josephine May　女優　⒩米国　⒢1899年3月27日　⒟1983年4月4日　⒫1992

スワンソン, ダグ　Swanson, Doug J.　作家, ジャーナリスト　「ダラス・モーニング・スター」記者　⒫2004

スワンソン, ロバート　実業家　リニアテクノロジー会長・CEO　⒩米国　⒫1996／2004

スワンナ・アサワルーンチャイ　Swanna Asavaroengchai　ジャーナリスト　「バンコクポスト」社会文化面編集長　⒩タイ　⒫2000

スワンニー・スコンター　Suwannee Sukonthiang　本名＝スワンニー・スコンティヤン　作家　元・タイ作家協会会長　⒩タイ　⒢1932年　⒟1984年2月3日　⒫1992

スワーンベリ, M.W.　画家　⒩スウェーデン　⒢1912年　⒫1996

ズーン, ジャック　Zone, Jacques　フルート奏者　⒩オランダ　⒢1961年　⒫2004／2012

スン・ジョウ　Sun, Zhou　漢字名＝孫周　映画監督, 俳優　⒩中国　⒢1954年　⒫1996（孫 周 ソン・シュウ）／2004／2008

スン・ホェチェン　宏華証券投資顧問国際開発本部本部長　⒩台湾　⒫1992／1996

スン・ミンミン　孫 明明　Sun, Ming-ming　バスケットボール選手　⒩中国　⒢1983年　⒫2012

ズンカー, バーノン　Zunker, Vernon G.　心理学者　⒩米国　⒫1992

スンジン　Seung-jin　グループ名＝A-JAX　歌手　⒩韓国　⒢1994年10月5日

スンダーゲ, ピア　Sundhage, Pia　サッカー監督, 元・サッカー選手　サッカー女子スウェーデン代表監督　元・サッカー女子米国代表監督　⒩スウェーデン　⒢1960年2月13日

ズンダーマイヤー, テオ　Sundermeier, Theo　神学者　元・ルーア大学教授　⒩ドイツ　⒢1935年　⒫2004

スンダリ　Sundari　作家, 思想家　⒩フランス　⒫1992

スンダレ　登山家　⒩ネパール　⒢1989年10月17日　⒫1992

スンド, シャスティン　Sundh, Kerstin　児童文学作家　⒩スウェーデン　⒢1912年　⒫1996

スンド, トルヴァール　Sund, Torvald　児童文学作家　⒩ノルウェー　⒢1952年　⒫1996

ズントー, ピーター　Zumthor, Peter　建築家　⒩スイス　⒢1943年4月26日　⒫2012

スント, ロバート　指揮者　⒩スウェーデン　⒢1942年　⒫2000

スンドビー, シレン　Sundby, Siren　ヨット選手　アテネ五輪セー

リング女子ヨーロッパ級金メダリスト 国ノルウェー 生1982年12月2日 歴2008

スンドホルム, ティモ タイム・アソシエーツ社長 国フィンランド 歴1992

スントン・コンソムポン Sunthorn Kongsompong 軍人 元・タイ国家平和維持評議会議長 国タイ 生1999年8月2日 歴1992(スントン)／1996(スントン)

ズンネガルド, エリカ Sunnegårdh, Erika ソプラノ歌手 国スウェーデン 歴2012

スンホ Seung Ho グループ名=MBLAQ 歌手 国韓国 生1987年10月16日 歴2012

スンヨプ Seung-yeop グループ名=A-JAX 歌手 国韓国 生1994年10月23日

スンヨン Seung-yeon 本名=ハンスンヨン グループ名=KARA 歌手 国韓国 生1988年7月24日 歴2012

【セ】

セ・ショウシン 施 勝辰 Shu, Shun-chan 水墨画家, 絵本作家 主水墨人物画 国中国 生1945年 歴2000

セアー, パトリシア Thayer, Patricia ロマンス作家 歴2004

ゼア, ハワード Zehr, Howard 法律コンサルタント 主刑事司法問題 歴2004／2008

セアウ, ジュニア Seau, Junior プロフットボール選手 国米国 生1969年1月19日 没2012年5月2日

セイ・カクエン 盛 鶴延 気功家 国中国 生1945年 歴2000

セイ・カジン 盛 華仁 Sheng, Hua-ren 政治家, 企業家 中国共産党中央委員 元・中国国家経済貿易委員会主任 国中国 生1935年 歴2000／2004

セイ・キケイ 斉 禧慶 ジャーナリスト 「経済日報」副編集長 国香港 歴1992(サイ・キケイ)／1996

ゼイ・キョウブン 芮 杏文 Rui, Xing-wen 政治家 元・中国国家計画委副主任, 元・中国共産党中央書記局書記 国中国 生1927年 没2005年6月5日 歴1992／1996

セイ・ケイテイ 成 啓禎 中国国際問題研究所高級研究員 主外交問題 国中国 生1937年 歴2000

セイ・ケンコク 斉 建国 中国社会科学院数量経済技術経済研究所副所長 主数量経済 国中国 歴2000

セイ・コウハク 斉 広璞 Qi, Guang-pu スキー選手(フリースタイル) 国中国 生1990年10月20日

セイ・コクケツ 成 克傑 Cheng, Ke-jie 政治家 元・中国全国人民代表大会(全人代)常務委員会副委員長, 元・中国共産党中央委員 国中国 生1933年11月13日 没2000年9月14日 歴1996／2000

セイ・セツ 盛 雪 Sheng, Xue ジャーナリスト 歴2004

セイ・チュウコク 盛 中国 Sheng, Zhong-guo バイオリニスト 中国音楽家協会理事, 中国社会経済文化交流協会理事 国中国 生1941年 歴1996／2004／2008

セイ・ホウゴ 成 仿吾 Cheng, Fong-wu 作家 元・中国共産党中央顧問委員, 党中央党学校顧問, 元・中国人民大学名誉学長 国中国 生1897年7月16日 没1984年5月17日 歴1992

セイウェル, ジョン Saywell, John ヨーク大学教授 主政治学 国カナダ 生1929年 歴1996

セイエルスタッド, アスネ Seierstad, Asne ジャーナリスト 国ノルウェー 生1970年 歴2008／2012

セイカ 正果 本名=張子君 仏教学者 北京市仏教協会会長, 中国人民政治協商会議全国委員会常務委員会委員 国中国 生1913年 歴1996

セイカー, アンジャン Thakor, Anjan V. ミシガン大学ビジネススクール教授 主企業財務, 金融論 国米国 歴2004

セイカクジタイ 清格爾泰 旧名=金山, 趙国藩 蒙古言語学者 中国民族語言学会副会長, 蒙古語言学会副理事長, 国際蒙古学会副主席 元・蒙古言語研究所所長 国中国 生1924年 歴1996

セイキンラクソウケンサン 生欽・洛桑堅贊 Shengqin Luosangjianzan 活仏 チベット自治区人民代表大会常務委員会副主任 国中国 生1936年 歴1996

セイケ, トミオ Seike, Tomio 写真家 生1943年 歴1992

ジィーゲンターラ, カトリン Siegenthaler, Kathrin 絵本作家 国スイス 生1956年 歴2000

セイズレ, エリック フランス国立科学研究センター研究員 主戦後日本政治史 国フランス 歴1992

セイセン 西川 本名=劉軍 詩人 国中国 生1963年 歴1996

ゼイダン, アリ Zeidan, Ali 政治家, 外交官 リビア首相 国リビア 生1950年

セイチュウ, デービッド キャセイ・パシフィック航空日本支社長 国タイ 歴2000

セイディ Sadie 歌手 国スウェーデン 生1974年 歴2000

セイディウ, ファトミル Sejdiu, Fatmir 政治家, 法学者 元・コソボ大統領 国コソボ 生1951年10月23日 歴2008／2012

セイデン, アート Seiden, Art イラストレーター 国米国 歴2004／2008

セイド, ロン Seide, Ron 「802.11(Wi‐Fi)無線LANネットワーク技術教本」の著者 歴2008

セイドフ, ワジム Seidov, Vadim 元・ジャーナリスト ソ連外務省外交アカデミー政治学教授, 21世紀リーダー協会事務局長 国ソ連 歴1992／1996

セイドラー, トア Seidler, Tor 児童文学作家 国米国 歴2008

セイフター, ハーベイ Seifter, Harvey 経営コンサルタント ハーベイ・セイフター・アソシエイツ代表 元・オルフェウス室内管弦楽団エグゼクティブ・ディレクター 国米国 歴2004／2008

セイブル 女子プロレスラー 国米国 生1968年8月8日 歴2000

セイムナウ, スタントン Samenow, Stanton E. 臨床心理学者, 犯罪行動コンサルタント 国米国 生1941年 歴2000

セイヤー, ジェームズ・スチュアート Thayer, James Stewart ミステリー作家 国米国 生1945年 歴1992／1996／2000

セイヤー, スティーブ Thayer, Steve 作家, 元・俳優 国米国 歴2000

セイヤー, ナサニエル Thayer, Nathaniel 本名=セイヤー, ナサニエル・ボーマン 政治学者 元・ジョンズ・ホプキンズ大学高等国際問題研究大学院教授・アジア室長 主日本の政治・マスコミ, 東アジアの国際関係 国米国 生1929年11月30日 歴1992／1996／2000／2008

セイヤー, ポール Thayer, Paul LTV社長 元・米国国防副長官 国米国 生1919年11月23日 歴1992

セイヤー, ポール Sayer, Paul 作家, 看護士 国英国 生1955年 歴1992

セイヤー, レスリー Sayour, Leslie 画家 国米国 歴1992／1996

セイヨム・メスフィン Seyoum Mesfin 政治家 エチオピア外相 国エチオピア 生1949年1月25日 歴2000(セヨウム・メスフィン)／2004／2012

セイラー, タマラ・パーマー Seiler, Tamara Palmer カルガリー大学助教授 主カナダ史 国カナダ 生1946年 歴1996

ゼイラート・ファンモールセル, レオンティエン Zijlaard Van Moorsel, Leontien 自転車選手 国オランダ 生1970年3月22日 歴2004／2008

セイル, マレイ Sayle, Murray ジャーナリスト 国オーストラリア 生1926年 歴2000

セイル, リチャード Sale, Richard 作家, 映画監督 国米国 生1911年12月17日 歴1992(セール, リチャード)

セイルス, ゲーリー Sailes, Gary スポーツ社会学者 インディアナ大学教授 国米国 生1951年 歴2000

セイルズ, ジョン Sayles, John 作家, 映画監督, 脚本家 国米国 生1950年9月28日 歴1996／2000／2008／2012

セイルズ, レオナルド Sayles, Leonard R. 経営学者 コロンビア大学ビジネス・スクール名誉教授 歴2004

ゼイロン, サリー 世界銀行(国際復興開発銀行)ヤング・プロフェッ

ショナル・プログラム担当 [典]1992

ゼイン Zane 作家 [国]米国 [典]2004

ゼイン, キャロリン Zane, Carolyn ロマンス作家 [国]米国 [典]2004

セイン, ジョン Thain, John A. 実業家 メリルリンチ会長・CEO [国]米国 [典]2004／2008／2012

セイン・ウィン Sein Win ジャーナリスト 元・「共同通信」通信員, 元・「AP通信」通信員 [国]ミャンマー [生]1922年 [没]2013年10月17日 [典]1992／1996

セイン・ウィン 政治家 ビルマ国民連合政府首相 [国]ミャンマー [生]1953年12月7日 [典]1996

セインズブリー, リチャード・マーク Sainsbury, Richard Mark ロンドン大学キングス・カレッジ教授 [専]哲学 [国]英国 [生]1943年 [典]1996（セインズベリー, リチャード・マーク）

セインズベリー, キース Sainsbury, Keith J. 海洋学者, 生態学者 オーストラリア連邦科学産業研究機関（CSIRO）海洋研究部門主任研究員 [専]大陸棚の生態系 [国]ニュージーランド [生]1951年2月22日 [典]2008／2012

セインズベリ, ティム Sainsbury, Timothy Alan Davan 英国貿易産業省産業担当相 [国]英国 [生]1932年6月11日 [典]1996

セインズベリー卿 Sainsbury of Preston Candover 本名＝セインズベリー, ジョン セインズベリー会長 [国]英国 [生]1927年11月2日 [典]1996

ゼインツ, ソウル Zaentz, Saul 映画プロデューサー [国]米国 [生]1921年 [典]1992／2000

セイント, H.F. Saint, Harry F. 作家 [国]米国 [生]1942年 [典]1996

セイント, エバ・マリー Saint, Eva Marie 女優 [国]米国 [生]1924年7月4日 [典]2008／2012

セインヘーブ, イングリッド ファッションモデル ルック・オブ・ザ・イヤー優勝者 [国]ベルギー [典]1992

セイン・ルイン Sein Lwin 政治家, 軍人 元・ビルマ大統領, 元・ビルマ社会主義計画党（BSPP）議長 [国]ミャンマー [没]2004年4月9日 [典]1992／1996

セーヴァ, バクティー Seva, Bhakti ヨガ行者 [国]インド [典]2004

セエルステッド, フランシス オスロ大学経済学歴史学教授・技術文化センター所長, ノーベル賞委員会委員長 [専]経済学 [国]ノルウェー [典]1996

ゼーエン, アルフレッド Zeien, Alfred M. ジレット会長・CEO [国]米国 [典]1996

セオドア, ジョゼ Théodore, José アイスホッケー選手（GK） [国]カナダ [生]1976年9月13日 [典]2008

ゼーガース, アンナ Seghers, Anna 本名＝ラドヴァニー, ネッティー 旧名＝ライリング 作家 [国]ドイツ [生]1900年11月19日 [没]1983年6月1日 [典]1992

セカダ, ジョン 歌手 [国]米国 [典]1996

セーカーチ, アンナ Szekacs, Anna ハンガリー外国貿易大学助教授 [専]日本語 [国]ハンガリー [典]1992

セカリッチ, ヤスナ Sekaric, Jasna 射撃選手（ピストル） [国]セルビア・モンテネグロ [生]1965年12月17日 [典]1992／2004／2008

セーガリン, リン Sagalyn, Lynne B. マサチューセッツ工科大学教授 [専]都市計画 [国]米国 [典]1996

セガル, ウリ Segal, Uri 指揮者 大阪センチュリー交響楽団名誉指揮者 [国]イスラエル [生]1944年3月7日 [典]1992／2000

セガール, スティーブン Seagal, Steven 俳優 [国]米国 [生]1951年4月10日 [典]1992／1996／2000／2004／2008／2012

ゼーガル, ヤコブ Segal, Jacob 生物学者 フンボルト大学名誉教授 [専]タンパク質分子の構造, 免疫学 [国]ドイツ [生]1911年 [典]1996

セガル, ヨヘベッド Segal, Yocheved 作家 [国]イスラエル [生]1910年 [典]1992／1996

セーカル, ラーム Shekhal, Ram 本名＝ナカルミ, ラーム・セーカル 作家 [国]ネパール [生]1939年6月21日 [典]1996

ゼーガル, リリー Segal, Lilli 農学者, 科学文献管理者 [国]ドイツ [生]1913年 [典]1996

セカルディ, ユベール 海洋学者 日仏会館フランス学長, フランス国立高等研究院教授, 仏日海洋学会副会長 [専]甲殻類 [国]フランス [典]1992

ゼ・カルロス Ze Carlos 本名＝デ・アルメイダ, ゼ・カルロス サッカー選手（DF） [国]ブラジル [生]1968年11月14日 [典]2000

セーガン, カール Sagan, Carl Edward 天体物理学者, 科学著述家 元・コーネル大学教授・電波物理宇宙研究センター惑星研究所長, 元・惑星協会会長, 元・米国航空宇宙局（NASA）顧問 [専]惑星科学, 地球外生物学 [国]米国 [生]1934年11月9日 [没]1996年12月20日 [典]1992／1996

セガン, フィリップ Séguin, Philippe Daniel Alain 政治家 元・フランス会計検査院院長, 元・フランス共和国連合（RPR）党首, 元・フランス国民議会（下院）議長 [国]フランス [生]1943年4月21日 [没]2010年1月7日 [典]1992／1996／2000

セーガン, ポール Sagan, Paul 実業家 アカマイ社CEO・社長 元・タイム・ワーナー副社長, 元・ニューヨーク1副社長・制作編成責任者 [国]米国 [生]1959年 [典]1996／2012

セカンダ, ビクトリア Secunda, Victoria 作家, ジャーナリスト [国]米国 [典]2000

ゼキ, S. Zeki, Semir ロンドン大学教授 [専]神経生物学 [典]1996

セキ・イケン 石 維堅 俳優 中央実験話劇院俳優 [国]中国 [生]1935年 [典]1996

セキ・ウンセイ 石 雲生 Shi, Yun-sheng 軍人 中国人民解放軍海軍司令官 [国]中国 [典]2000／2004

セキ・エイバイ 席 咏梅 中国トキ救護飼育センター主任 佐渡トキ保護センターでトキのふ化を指導 [国]中国 [典]2000

セキ・エンフク 石 炎福 成都科学技術大学教授 [専]化学工業 [国]中国 [生]1932年 [典]1996

セキ・ガクビン 石 学敏 鍼灸師 天津中学医院第1付属医院院長, 中国鍼灸学会臨床研究会副会長 [国]中国 [生]1938年 [典]1996

セキ・ガン 石 岩 中医師 日中康復治療院院長 [国]中国 [生]1952年 [典]1996

セキ・ケイ 石 慧 女優 華南映画工作者連誼会理事長 [国]香港 [生]1934年 [典]1996

セキ・ケイチン 石 桂珍 元・アーチェリー選手 [国]中国 [生]1944年 [典]1996

セキ・ゲンシュン 石 元春 農学者 北京農業大学学長, 中国農学会副会長, 中国国家教育委員会科学技術委員会委員 [専]土壌地理, 塩害土壌改良 [国]中国 [生]1931年 [典]1996

セキ・ゲンセイ 戚 元靖 Qi, Yuan-jing 冶金高級技師 元・中国冶金工業相, 元・中国共産党中央委員 [国]中国 [生]1929年 [没]1994年11月4日 [典]1996

セキ・ゴウ 石 剛 Shi, Gang 成蹊大学文学部国際文化学科教授 [専]社会学 [国]中国 [生]1954年 [典]2004

セキ・コウセイ 石 広生 Shi, Guang-sheng 政治家 中国対外貿易経済協力相 [国]中国 [生]1939年 [典]2000／2004

セキ・シュクセイ 石 叔誠 ピアニスト 中央楽団ピアノ1級演奏家 [国]中国 [生]1946年 [典]1996

セキ・ジュンリツ 石 準立 地質鉱物学者 中国地質大学研究生院院長,『現代地質』副編集長 [国]中国 [生]1930年 [典]1996

セキ・ショウジ 石 鐘慈 数学者 中国科学院計算センター主任, 中国数学会・中国計算数学会副理事長, 中国国務院学位委員会理学評議組メンバー [専]有限元の研究 [国]中国 [生]1933年 [典]1996

セギ, ジョルジュ Séguy, Georges 労働運動家 元・フランス労働総同盟（CGT）書記長 [国]フランス [生]1927年3月16日 [典]1992

セキ・セイヘイ 石 斉平 Shih, Chi-ping 台湾海峡交流基金会副秘書長 [国]台湾 [生]1946年3月15日 [典]1996

セキ・セイミン 石 西民 元・中国文化次官 [国]中国 [生]1911年 [没]1987年10月17日 [典]1992

セキ・セン 席 宣 中国近代史研究家 元・中国共産党中央党史研究室研究員 [専]中国共産党史 [国]中国 [生]1926年 [典]2000

セキ・セン 石 川 中国服飾報東京事務所首席代表 [国]中国 [生]1955年 [典]2000

セキ・タクシュウ　席沢宗　Xi, Ze-zong　天文史学者　中国科学院自然科学史研究所研究員・数学物理学部学部委員　国中国　生1927年　載1996

セキ・チユウ　石智勇　Shi, Zhi-yong　重量挙げ選手　国中国　生1980年2月10日　載2008

セキ・テンリュウ　石天龍　武術家,俳優　截拳道　国中国　生1966年　載2004／2008

セキ・ドウ　石洞　橋梁学者　同済大学橋梁工程系副主任　国中国　生1934年　載1996

セキ・トクヨ　戚徳余　中国国家科学技術委員会・中国科学技術交流センター主任　国中国　生1932年　載1992／1996

セキ・バンホウ　石万鵬　中国紡織総会会長　国中国　載2000

セキ・ホウシ　石鳳芝　Shi, F.　医師,気功師　天津大学副研究員,天津大学人体科学研究会副理事長,天津市気功学校名誉校長　国中国　生1943年　載1996

セキ・ホンウ　戚本禹　Qi, Ben-yu　歴史学者　国中国　生1930年　載1992／1996

セキ・ライ　石磊　編集者,ジャーナリスト　「中国航天報」編集長・上級記者　国中国　載2008

セキ・レンセイ　石聯星　映画監督,女優　国中国　没1984年8月1日　載1992

セキノ, フジコ　Sekino, Fujiko　スキー選手　国フランス　生1975年2月25日　載2000

セギノール, フェルナンド　Seguignol, Fernando Alfredo　プロ野球選手(内野手)　国パナマ　生1975年1月19日　載2004／2008

セキーラ, ヒューゴ・ミカエル　Sekyra, Hugo Michael　オーストリアン・インダストリーズ会長　国オーストリア　載1992

セキレツキョクサツ　赤烈曲札　民俗学者,作家　元・チベット博物館館長　国中国　生1937年　載2000

セークサン・プラストークン　作家　国タイ　載1992

ゼクストン, クリストファー　Sexton, Christopher　著述家,弁護士　国オーストラリア　生1961年　載1996

セクストン, ジョン　Sexton, John　写真家　国米国　生1953年　載1996

セクストン, リンダ・グレイ　Sexton, Linda Gray　作家　国米国　生1953年　載1992／1996

セクスミス, ロン　Sexsmith, Ron　シンガー・ソングライター　国カナダ　生1963年　載2000

セクソン, リッチー　Sexson, Richie　本名＝Sexon,Richmond Lockwood　大リーグ選手(内野手)　国米国　生1974年12月29日　載2008／2012

セグペン, コーベット・H.　精神科医　クレックレー・セグペン精神科クリニック　国米国　生1919年　載2000

セグラ, ジョバンニ　Segura, Giovani　プロボクサー　元・WBA・WBO世界ライトフライ級チャンピオン　国メキシコ　生1982年4月1日

セクリスト, エルシー　Sechrist, Elsie　エドガー・ケイシーの弟子　載2004

セグレ, エマヌエーレ　Segre, Emanuele　ギタリスト　国クラシックギター　国イタリア　載2012

セグレ, エミリオ　Segrè, Emilio Gino　物理学者　国米国　生1905年2月1日　没1989年4月22日　載1992

セグレ, ジノ　Segrè, Gino　ペンシルベニア大学天体物理学教授　載2008

セゲ　Sege　本名＝ナムヒョンジュン　英語名＝WORLD　グループ名＝SM☆SH　歌手　国韓国　生1980年11月19日　載2012

セゲディ, カタリン　Szegedi, Katalin　絵本作家　国ハンガリー　載2004／2008

セゲフ, トム　Segev, Tom　ジャーナリスト,歴史家　国イスラエル　生1945年　載2008

セケリ, チボル　Sekelj, Tibor　探険・旅行作家,エスペランティスト　生1912年　没1988年　載1992

セゲールス, ピエール　Seghers, Pierre　詩人,編集者　国フランス　生1906年1月6日　没1987年11月4日　載1992

セーゲルスタム, レイフ　Segerstam, Leif　指揮者,作曲家　ヘルシンキ・フィルハーモニー首席指揮者　国フィンランド　生1944年3月2日　載2000／2012

セゴビア, アンドレス　Segovia, Andrés　ギタリスト　国スペイン　生1893年2月21日　没1987年6月3日　載1992

セサティ, マルコ　Cesati, Marco　コンピューター科学者　ローマ大学工学部コンピュータサイエンス科助手　国イタリア　載2004

セザール, ジェローム　Cesar, Jerome　画家　国フランス　生1920年　載1992／1996

セザール, バルダッチーニ　César, Baldaccini　彫刻家　国フランス　生1921年1月1日　没1998年12月6日　載1992(セザール, バルダッチーニ／バルダッチーニ, セザール)／1996(バルダッチーニ, セザール)

セシィ, ラビ　Sethi, Ravi　AT&Tベル研究所計算原理研究部長　国計算機工学　載2000

セジウィック, マーカス　Sedgwick, Marcus　作家　国英国　生1968年　載2004

セジウィック, ミッチェル　Sedgwick, Mitchel　社会人類学者　オックスフォード・ブルックス大学シニア・リサーチ・フェロー　国英国　載2004／2008

セジャケ, エリザベス　Sejake, Elizabeth　写真家　国南アフリカ　載2000

セシャン, T.ナラヤナ　インド中央選挙管理委員長　国インド　載2000

セジュード, ヘンリー　Cejudo, Henry　レスリング選手(フリースタイル)　北京五輪レスリング男子フリースタイル55キロ級金メダリスト　国米国　生1987年2月9日　載2012

セシリア　Cecilia　イラストレーター　国ブラジル　載2004

セシル, デービッド　Cecil, David　本名＝Cecil,Lord Edward Christian David　伝記作家,批評家　国英国　生1902年4月9日　没1986年1月1日　載1992

セシル, ヘンリー　Cecil, Henry　作家　国英国　生1920年　載1992

セシル, ローラ　Cecil, Laura　作家,編集者　国英国　載2004

セス, フィリップ　Saisse, Philippe　ミュージシャン　国米国　生1957年2月4日　載1992

セスク　Cesc　漫画家,画家　国スペイン　生1927年　載1992

セスク　Cesc　本名＝ファブレガス,フランセスク　サッカー選手(MF)　国スペイン　生1987年5月4日　載2008／2012

セスター, クリス　Cester, Chris　グループ名＝JET　ミュージシャン　国オーストラリア　載2012

セスター, ニック　Cester, Nic　グループ名＝JET　ミュージシャン　国オーストラリア　載2012

ゼズネック, ジャン　Seznec, Jean　文学・美術史研究者　国英国　生1905年　載1992

セスペデス, ヨエニス　Cespedes, Yoenis　大リーグ選手(外野手)　生1985年10月18日

セゼル, アフメット　Sezer, Ahmet Necdet　政治家,法律家　元・トルコ大統領,元・トルコ最高裁長官　国トルコ　生1941年9月13日　載2004／2008／2012

セゼール, エメ　Césaire, Aimé Fernand　詩人,政治家　元・フランス国民議会(下院)議員　国フランス　生1913年6月25日　没2008年4月17日　載1992／1996／2004／2008

ゼ・セルジオ　本名＝ブレスチ, ジョゼ・セルジオ　元・サッカー選手　元・柏レイソル監督　国ブラジル　生1957年3月8日　載1996

セソル, ブルーノ・ド　Cessole, Bruno de　編集者　「Valeurs actuelles」文化欄編集長　載2004

セダカ, ダラ　Sedaka, Dara　歌手　国米国　生1966年6月26日　載2000

セダカ, ニール　Sedaka, Neil　歌手　国米国　生1939年3月　載1992／2000／2004／2008

ゼタ・ジョーンズ, キャサリン　Zeta-Jones, Catherine　女優　国英国　生1969年9月25日　載2000／2004／2008／2012

セダリス, デービッド　Sedaris, David　作家, ラジオパーソナリティ　国米国　⊕1956年12月26日　⑲2000／2004／2008

セタルンド, ボー　サンドビック社長　国スウェーデン　⑲2000

セチン, イーゴリ　Sechin, Igor　本名=Sechin,Igor Ivanovich　政治家, 実業家　ロシア副首相, ロスネフチ会長　国ロシア　⊕1960年9月7日　⑲2012

セツ・カゲン　薛 化元　淡江大学公共行政学科常勤講師　国台湾　⊕1959年　⑲1996

セツ・ショウК　薛 祥煕　古生物学者　西北大学研究生処処長　国中国　⊕1935年　⑲1996

セツ, ピーター　Setz, Peter　通訳, 翻訳家　⊕1962年　⑲2008

セツ・ボキョウ　薛 暮橋　Xue, Mu-qiao　本名=薛雨林　経済学者　元・中国国務院経済技術社会発展研究センター名誉幹事　農村経済, 統計学　国中国　⊕1904年10月　②2005年7月22日　⑲1992／1996

ゼッカ　Zeca　本名=ロドリゲス, ルイス・フェレイラ　サッカー監督　国ブラジル　⊕1946年7月6日　⑲2004

ゼッカー, ホルスト　Säcker, Horst　法律家　国ドイツ　⊕1941年　⑲2004

ゼッキ, カルロ　Zecchi, Carlo　指揮者　国イタリア　⊕1903年7月8日　②1984年9月1日　⑲1992

ゼッケンドルフ, ウィリアム　Zeckendorf, William (Jr.)　ゼッケンドルフ会長　国米国　⑲1992

セッションズ, ウィリアム　Sessions, William S.　元・米国連邦捜査局 (FBI) 長官　国米国　⊕1930年5月27日　⑲1992／1996

セッションズ, ジェフ　Sessions, Jeff　本名=Sessions,Jefferson Beauregard,III　政治家, 弁護士　米国上院議員 (共和党)　国米国　⊕1946年12月24日　⑲2004／2012

セッションズ, ロジャー　Sessions, Roger Huntingdon　作曲家　国米国　⊕1896年12月28日　②1985年3月16日　⑲1992

ゼッダ, アルベルト　Zedda, Alberto　指揮者　国イタリア　⊕1928年1月2日　⑲2012

ゼッター, ジョン　Zetter, John　英国環境省国際計画課長, 経済協力開発機構 (OECD) 都市部長　国英国　⑲1992

ゼッターバーグ, C.　Zetterberg, Christer　ボルボ社長・CEO　国スウェーデン　⊕1941年11月2日　⑲1992／1996

ゼッターランド, ヨーコ　Zetterland, Yoko　本名=ゼッターランド, ヨーコ・カリン　日本名=堀江陽子　元・バレーボール選手　(有) オフィスブロンズ代表　国米国　⊕1969年3月24日　⑲2004

ゼッターリング, マイ　Zetterling, Mai　本名=Zetterling,Mai Elizabeth　女優, 映画監督　⊕1925年5月24日　②1994年3月17日　⑲1996

ゼッチャー, アーノルド　Zetcher, Arnold B.　実業家　タルボット会長・CEO　国米国　⑲1992／2004／2008

セッツァー, ブライアン　Setzer, Brian　グループ名=ブライアン・セッツァー・オーケストラ, ストレイ・キャッツ　ミュージシャン　国米国　⊕1959年　⑲2000／2004／2008／2012

セッテ, アントネッロ　Sette, Antonello　テレビ制作者　イタリア・ウーノ「ストゥディオ・アペルト」制作副部長　国イタリア　⑲2004

セッテ, ピエトロ　元・IRI会長　国イタリア　②1984年12月1日　⑲1992

セッティス, サルヴァトーレ　Settis, Salvatore　美学者　ピサ高等師範学校校長　古典美術史・考古学, ルネサンス美術史　国イタリア　⊕1941年　⑲2004

ゼッテル, サラ　Zettel, Sarah　別名=アンダーソン,C.L.　SF作家　国米国　⊕1966年12月14日　⑲2000

セッテルベリ, ヘンリク　Zetterberg, Henrik　アイスホッケー選手 (FW)　トリノ五輪アイスホッケー男子金メダリスト　国スウェーデン　⊕1980年10月9日

セット, アフターブ　Seth, Aftab　元・外交官　慶応義塾大学グローバルセキュリティ研究所所長　元・駐日インド大使　国インド　⊕1943年　⑲2004／2008

セットン, ジャッキー・J.　パイオニア・エレクトロニクス・フランス社長　国フランス　⑲1992

セットン, ノーラ　Seton, Nora　作家　国米国　⑲2004

セッパ, デービッド　Sceppa, David　コンピュータ技術者　⑲2004

ゼップ, ポール　Szep, Paul　風刺漫画家　⑲1996

ゼッフィレッリ, フランコ　Zeffirelli, Franco　本名=Zeffirelli,Gian Franco Corsi　演出家, 映画監督, 舞台美術監督　シェークスピア劇, オペラ, バレエ, 映画　国イタリア　⊕1923年2月12日　⑲1992／1996／2000／2004／2008／2012

セーディ, スタンリー　Sadie, Stanley John　音楽学者, 音楽批評家　元・「新グローヴ音楽・音楽家辞典」編集長　国英国　⊕1930年10月30日　②2005年3月21日　⑲2000

ゼティ・アクタル・アジズ　Zeti Akhtar Aziz　銀行家, 経済学者　マレーシア中央銀行総裁　国マレーシア　⊕1948年8月27日　⑲2000 (アジズ, ゼティ・アクタル)／2004／2008

セティアワン, ヘンドラ　Setiawan, Hendra　バドミントン選手　北京五輪バドミントン男子ダブルス金メダリスト　国インドネシア　⊕1984年8月25日　⑲2012

セディキ, ソヘイラ　Sediki, Suhaila　外科医　アフガニスタン暫定行政機構保健相　国アフガニスタン　⊕1931年　⑲2004／2008

セディジョ, エルネスト　Zedillo, Ernesto　本名=Zedillo Ponce de León,Ernesto　政治家, エコノミスト　エール大学教授　元・メキシコ大統領　国メキシコ　⊕1951年4月27日　⑲1996／2000／2004／2008／2012

セディフ, ユーリー　Sedykh, Yurii　ハンマー投げ選手　国ロシア　⊕1955年6月11日　⑲1992／1996

セディヨ, ルネ　Sédillot, René　歴史家, ジャーナリスト　国フランス　⑲1992／1996

セディン, ダニエル　Sedin, Daniel　アイスホッケー選手 (FW)　トリノ五輪アイスホッケー男子金メダリスト　国スウェーデン　⊕1980年9月26日

セディン, ヘンリク　Sedin, Henrik　アイスホッケー選手 (FW)　トリノ五輪アイスホッケー男子金メダリスト　国スウェーデン　⊕1980年9月26日

セデルグレン, アンデシュ　Soedergren, Anders　スキー選手 (距離)　バンクーバー五輪スキー距離男子40キロリレー金メダリスト　国スウェーデン　⊕1977年5月17日　⑲2012

セーデルシュトレーム, エリーザベト　Söderström, Elisabeth Anna　ソプラノ歌手　元・ドロットニングホルム宮廷歌劇場芸術監督　国スウェーデン　⊕1927年5月7日　②2009年11月20日　⑲1996

セデルマイヤー, ジョー　CMディレクター　国米国　⊕1933年　⑲1992／2000

セデレル, ウィレム・L.　GEプラスチックス・ヨーロッパ技術担当ディレクター　国オランダ　⑲2000

セト, マット　マット・セト・ファンド代表　国米国　⊕1977年　⑲2000

セドゥー, ニコラ　Seydoux, Nicolas　本名=Seydoux Fornier de Clausonne,Nicolas Pierre　ゴーモン会長　国フランス　⊕1939年7月16日　⑲2000

セドゥ, レア　Seydoux, Léa　女優　国フランス　⊕1985年7月1日

セドキ, アテフ　Sedki, Atef Mohamed Naguib　政治家　元・エジプト首相　国エジプト　⊕1930年8月　②2005年2月25日　⑲1992／1996／2000

ゼドケア, チューレラン　Zedkaia, Jurelang　政治家　元・マーシャル諸島大統領　国マーシャル諸島　⊕1950年7月13日　⑲2012

セトナ, H.N.　Sethna, Homi Nusserwanji　原子力行政家　インド原子力委員会委員長　国インド　⊕1923年8月24日　⑲1992

セドナウイ, ステファン　Sednaoui, Stephane　写真家　国フランス　⊕1963年　⑲1996

セドフ, レオニード　Sedov, Leonid Ivanovich　科学者　元・国際宇宙飛行学会副会長, 元・モスクワ大学教授　流体力学, 応用数学　国ロシア　⊕1907年11月14日　②1999年5月5日　⑲1992／1996

セドリス, レイチェル　Scdoris, Rachael　犬ぞりレーサー　⊕1985年　⑲2008

ゼドリック, ランス　Zedric, Lance Q.　特殊教育教官, 執筆家　国米

国　㊞2008

セトル, ロラン　Seitre, Roland　獣医, 動物学者, 写真家　㊤1958年　㊞2000

セードルフ, クラレンス　Seedorf, Clarence　サッカー選手 (MF)　㊨オランダ　㊤1976年4月1日　㊞1996 (シードルフ, クラレンス) ／2008／2012

ゼードルマイヤー, ハンス　Sedlmayr, Hans　美術史学者　元・ザルツブルク大学教授　㊨オーストリア　㊤1896年1月18日　㊥1984年7月9日　㊞1992

セトロウ, リチャード・B.　生物学者　ブルックヘブン公立研究所生物部長　㊙放射線学　㊨米国　㊤1921年　㊞1996

セドン, ジョン　Seddon, John　企業コンサルタント　バンガード・コンサルティング・ディレクター　㊨英国　㊞2004

セドン, ビオラ・アン　Seddon, Viola Ann　人形作家, 絵本作家　㊨オーストラリア　㊞1992

セナ, アイルトン　Senna, Ayrton　本名=セナ・ダ・シルバ, アイルトン　F1ドライバー　㊨ブラジル　㊤1960年3月21日　㊥1994年5月1日　㊞1992／1996

セナ, ドミニク　Sena, Dominic　映画監督　㊨米国　㊤1949年　㊞1996／2004／2008／2012

セナ, マルコス　Senna, Marcos　本名=Senna,Marcos Antonio　サッカー選手 (MF)　㊨スペイン　㊤1976年7月17日　㊞2012

ゼナッキー, デービッド　Czarnecki, David　コンピューター科学者　㊨米国　㊞2004

セナトロフ, アレクセイ　Senatorov, Aleksei I.　ソ日協会副会長　㊨ソ連　㊞1992

セナパティ, ファキル・モハン　Senapati, Fakir Mohan　作家　㊨インド　㊤1928年　㊞1996

ゼナム　グループ名=クレオパトラ　歌手　㊨英国　㊞2000

セナ・ラリ, ヴィヴィアーニ　精神科医　アイルトン・セナ財団国際理事長　㊨ブラジル　㊞2000

セニ, ロジェリオ　Ceni, Rogério　サッカー選手 (GK)　㊨ブラジル　㊤1973年1月22日　㊞2008／2012

ゼニア, アンナ　エルメネジルド・ゼニアグループ宣伝広報本部長　㊨イタリア　㊤1957年　㊞2000

ゼニア, エルメネジルド　Zegna, Ermenegildo　実業家　エルメネジルド・ゼニア・グループCEO　㊨イタリア　㊤1955年　㊞1996／2000／2012

セニエ, マチルド　Seignier, Mathilde　女優　㊨フランス　㊞2000

セーニー・サウワポン　Seni Saowaphong　本名=サックチャイ・バムルンポン　作家　㊨タイ　㊤1918年7月12日　㊞1992

セーニー・プラモート　Seni Pramoj　政治家, 弁護士　元・タイ首相, 元・タイ民主党創設者　㊨タイ　㊤1905年5月26日　㊥1997年7月28日　㊞1992

ゼニムラ・ケンシ　銭村 健四　元・プロ野球選手　㊨米国　㊤1928年12月1日　㊞2000／2004

セニョレ, クラレンス　Seignoret, Clarence　本名=Seignoret, Clarence Henry Augustus　政治家　元・ドミニカ大統領　㊨ドミニカ　㊤1919年2月25日　㊥2005年5月5日　㊞1992／1996

セネ, ベラ　Czene, Bela　画家　㊨ハンガリー　㊤1911年　㊞1992

セネカル, ジャン・ミシェル　Sénécal, Jean Michel　共同筆名=ジャックマール・セネカル　ミステリー作家, 劇作家　㊨フランス　㊤1943年　㊞1992

セネット, リチャード　Sennett, Richard　社会学者, 作家　ロンドン・スクール・オブ・エコノミクス (LSE) 教授　㊨米国　㊤1943年　㊞1992／1996／2012

ゼノーニ, クリスチャン　Zenoni, Cristian　サッカー選手 (DF)　㊨イタリア　㊤1977年4月23日　㊞2004／2008

ゼノーニ, ダミアノ　Zenoni, Damiano　サッカー選手 (MF)　㊨イタリア　㊤1977年4月23日　㊞2004

セーパースタイン, アラン　Saperstein, Alan　作家　㊨米国　㊞1992 (セイパースタイン, アラン) ／1996

セバスチアン, ジョルジュ　Sebastian, Georges　指揮者　㊨フラン

ス　㊤1903年8月17日　㊥1989年4月12日　㊞1992

セバスチャン, ジョン　Sebastian, John　旧グループ名=ラビン・スプーンフル　ロック・ギタリスト　㊨米国　㊞2000／2004

セバスチャン, ティム　Sebastian, Tim　本名=Sebastian,Timothy　作家　元・BBC特派員　㊨英国　㊤1952年3月13日　㊞1992／2000

セーバーヘーゲン, フレッド　Saberhagen, Fred　SF作家　㊨米国　㊤1930年5月18日　㊞1992 (セイバーヘーゲン, フレッド) ／1996

セーバーヘーゲン, ブレット　Saberhagen, Bret　大リーグ選手 (投手)　㊨米国　㊤1964年4月11日　㊞1992 (セイバーヘーゲン, ブレット) ／2004

セバール, レイラ　作家　㊤1941年　㊞1996／2004

セビ, セルククク　Cebi, Selcuk　レスリング選手 (グレコローマン)　㊨トルコ　㊤1982年6月3日

ゼビーナ, ジョナタン　Zebina, Jonathan　サッカー選手 (DF)　㊨フランス　㊤1978年7月19日　㊞2004／2008

セビニー, クロエ　Sevigny, Chloe　本名=Sevigny,Chloe Stevens　女優　㊨米国　㊤1974年11月18日　㊞2000／2004／2012

セービン, アルバート　Sabin, Albert Bruce　ウイルス学者　元・サウス・カロライナ医科大学名誉教授, 元・シンシナティ医科大学名誉教授　㊨米国　㊤1906年8月26日　㊥1993年3月3日　㊞1992／1996

ゼフ, ロビン　Zeff, Robbin　コンサルタント　ZEFF GROUP社長　㊞2004

ゼファニア, ベンジャミン　Zephaniah, Benjamin　詩人　㊨英国　㊤1958年　㊞2004

ゼーフェルト, カーリ　Seefeldt, Kari　児童文学作家　㊨ドイツ　㊤1941年　㊞2004

セフォー, レイ　Sefo, Ray　格闘家　㊨ニュージーランド　㊤1971年2月15日　㊞2004／2008／2012

セブリアン, ファン・ルイス　Cebrián, Juan Luis　ジャーナリスト　PARISA社副理事長　㊨スペイン　㊤1944年　㊞1996

ゼーフリート, イルムガルト　Seefried, Irmgard　ソプラノ歌手　㊨オーストリア　㊤1919年10月9日　㊥1988年11月24日　㊞1992

セーブル, チャールズ　Sabel, Charles F.　マサチューセッツ工科大学教授　㊙政治学　㊨米国　㊤1947年　㊞1996

セプルベダ, ベルナルド　Sepulveda Amor, Bernardo　外交官　元・メキシコ外相　㊨メキシコ　㊤1941年12月14日　㊞1992

セプルベダ, ルイス　Sepulveda, Luis　作家, ジャーナリスト　㊨チリ　㊤1949年　㊞2000

ゼブロウスキー, アーネスト (Jr.)　Zebrowski, Ernest (Jr.)　物理学者　ペンシルベニア工科大学教授, サザン大学教授　㊨米国　㊞2004

ゼブロウスキー, ジョージ　Zebrowski, George　SF作家　㊨米国　㊤1945年　㊞1992

セブン　SE7EN　本名=チェドンウク　歌手　㊨韓国　㊤1984年11月9日　㊞2008／2012

セブン, イングリット　ドイツ語教師　「Schau ins Land」紙編集長　㊨米国　㊤1941年12月25日　㊞1996

セブン, ダグ　Seven, Doug　コンピューター技術者　㊨米国　㊞2004

セベスチェン, ヴィクター　Sebestyen, Victor　ジャーナリスト　㊨ハンガリー　㊞2012

セヘステッド, オーブ　Sehested, Ove H.　ジャーナリスト　㊨米国　㊞2004

セペダ, オーランド　元・大リーグ選手　㊨米国　㊞2000

セベリオ, ヘス　ジャーナリスト　「エルパイス」紙編集局次長　㊨スペイン　㊞1992

セベリノ, ジャンミッシェル　Severino, Jean-Michel　銀行家　世界銀行副総裁　㊨フランス　㊞2004／2008

セベリノ, ロドルフォ　Severino, Rodolfo Certeza (Jr.)　外交官　ASEAN事務局長　㊨フィリピン　㊤1936年4月22日　㊞2000／2004／2008

セベリン, アドリアン　Severin, Adrian　政治家　元・ルーマニア外相　国ルーマニア　生1954年3月28日　収2000

セベリン, ティム　Severin, Tim　本名=Severin,Giles Timothy　探検家　国英国　生1940年9月25日　収1996

セーベル, リンヌ　Seybel, Lyne　画家　国フランス　収1996

ゼーホーファー, ホルスト　Seehofer, Horst　本名=ゼーホーファー, ホルスト・ローレンツ　政治家　バイエルン州首相, キリスト教社会同盟(CSU)党首　元・ドイツ消費者保護・食料・農業相　国ドイツ　生1949年7月4日　収2012

セマ, ムスリミン　モロ民族解放戦線(MNLF)指導者, 北クタワト州革命委員会議長　国フィリピン　収1992

ゼ・マリオ　Ze Mario　本名=デ・アルメイダ・バーホス, ジョゼ・マリオ　サッカー監督, 元・サッカー選手　国ブラジル　生1949年2月1日　収2000

ゼーマン, ズデネク　Zeman, Zdenek　サッカー監督　国イタリア　生1947年5月12日　収2004／2008

ゼーマン, ズビニェク　Zeman, Zbyněk　本名=Zeman,Zbyněk Anthony Bohuslav　歴史学者　元・オックスフォード大学名誉教授　国西洋史　国英国　生1928年10月18日　没2011年6月22日　収1992

セーマン, ベネット　Seman, Bennet T.　サイパン・マリアナ観光局専務理事　国米国　生1952年1月26日　収1992

ゼマン, ミロシュ　Zeman, Miloš　政治家　元・チェコ首相　国チェコ　生1944年9月29日　収2000／2004／2008

ゼマン, ルドミラ　Zeman, Ludmila　絵本作家　国カナダ　生1947年　収2004／2008

セミオノワ, ポリーナ　Semionova, Polina　バレリーナ　ベルリン国立バレエ団プリンシパル　国ロシア　生1984年9月13日　収2004／2008／2012

セミチャストヌイ, ウラジーミル　Semichastny, Vladimir Y.　元・ソ連国家保安委員会(KGB)議長　国ロシア　没2001年1月12日　収2000

セミナラ, ジョージ　Seminara, George　写真家, 映像作家　国米国　収2004

セミョーノヴァ, スヴェトラーナ　Semyonova, Svetlana　文芸評論家　ロシア科学アカデミー世界文学研究所上級研究員　国ロシア思想史　国ロシア　収2000

セミョーノヴィチ, ゾートフ　Semenovich, Zotov Mikhail　銀行家　元・プロムストロイ銀行会長　国ロシア　生1915年　収1996(セミョーノビチ, ゾートフ)

セミョーノフ, ニコライ　Semenov, Nikolai Nikolaevich　物理化学者　元・モスクワ大学教授, 元・ソ連科学アカデミー幹部会員　国ソ連　生1896年4月3日　没1986年9月25日　収1992

セミョーノフ, ユーリー　Semenov, Yurii Ivanovich　哲学者　モスクワ物理工科大学哲学担当教授　国認識論, 史的唯物論, 原始社会史　国ソ連　生1929年　収1992／1996

セミョーノフ, ユリアン　Semenov, Yulian Semenovich　作家, ジャーナリスト　国ロシア　生1932年9月8日　没1993年9月5日　収1992／1996

セミョーノワ, ガリーナ　Semenova, Galina V.　政治家　「農村婦人」誌編集長　元・ソ連共産党政治局員　国ソ連　生1937年8月24日　収1992

セミョーノワ, マリーナ　Semyonova, Marina　本名=Semyonova, Marina Timofeevna　バレリーナ, バレエ教師　元・ボリショイ劇場バレエ団プリンシパル　国ロシア　生1908年6月12日　没2010年6月9日

ゼムケ, ヒューバート　別名=ゼムケ, ハブ　軍人　米国陸軍第8航空軍大佐　国米国　生1914年　収1996

セームスドルフ, ヘニング　Sehmsdorf, Henning K.　民俗学者　収2004

ゼムノヴィッチ・ズドラヴコ　Zemunovic Zdravko　サッカー監督, 元・サッカー選手　国ユーゴスラビア　生1954年3月26日　収2004

セムラー, リカルド　Semler, Ricardo　実業家　セムコ社長　国ブラジル　生1959年　収1996

ゼ・メカ, エマヌエル　Ze Meka, Emmanuel　国際熱帯木材機関(ITTO)事務局長　国カメルーン

ゼメキス, ロバート　Zemeckis, Robert　映画監督, 映画プロデューサー　国米国　生1951年5月14日　収1992／1996／2000／2004／2008／2012

セメジニ, パウロ・デ・タルソ　教育者　カエタノ・デ・カンポス・スクール校長　国ブラジル　生1942年　収1996

セメニヤカ, リュドミラ　Semenyaka, Lyudmila　バレリーナ　国ロシア　生1952年1月16日　収1992／2000

セメル, テリー　Semel, Terry　実業家　元・ヤフーCEO, 元・ワーナー・ブラザース共同会長・CEO　国米国　生1943年2月24日　収2004／2008／2012

セメレンコ, ビタ　バイアスロン選手　ソチ五輪バイアスロン女子リレー金メダリスト　国ウクライナ

セメレンコ, ワリ　バイアスロン選手　ソチ五輪バイアスロン女子リレー金メダリスト　国ウクライナ

セメンヤ, キャスター　Semenya, Caster　陸上選手(中距離)　ロンドン五輪陸上女子800メートル銀メダリスト　国南アフリカ　生1991年1月7日　収2012

セラー, イアン　Sellar, Ian　映画監督　国英国　生1950年8月15日　収1996

ゼーラー, ウーベ　Seeler, Uwe　元・サッカー選手　国ドイツ　生1936年11月5日　収2004／2008

セラ, エリック　Serra, Eric　作曲家, ギタリスト　国フランス　生1959年　収1996／2000

セラー, オーエン　Sela, Owen　別名=レパード, クリストファー, ケラート, ピアース　作家, 公認会計士　国英国　収1992

セラ, カミロ・ホセ　Cela, Camilo José　本名=Cela Trulock, Camilo José　作家　元・スペイン上院議員　国スペイン　生1916年5月11日　没2002年1月17日　収1992／1996／2000

ゼラー, ファジー　Zoeller, Fuzzy　プロゴルファー　国米国　生1951年11月11日　収2000／2008

セラー, ポリー　Sellar, Polly　フリーライター　収2008

セーラー, リチャード　Thaler, Richard H.　経済学者　シカゴ大学経営大学院教授・ビジネススクールディシジョン研究センター所長　国行動経済学　国米国　生1945年　収2000

セラ, リチャード　Serra, Richard　彫刻家, 画家　国ミニマルアート　国米国　生1939年11月2日　収1992／1996／2004／2008／2012

セラゲディン, フアド　Serageddin, Fuad　政治家　新ワフド党党首　国エジプト　生1907年　収1992／1996

セラーズ, アレクサンドラ　Sellers, Alexandra　ロマンス作家　国英国　収2004

セラーズ, ジェイン　Sellars, Jane　英文学研究家, 著述家　ヘアーウッド・ハウス理事長　元・ブロンテ文学記念館理事　国ブロンテ姉妹　国英国　収2004

セラーズ, ピーター　Sellars, Peter　オペラ演出家　カリフォルニア大学ロサンゼルス校教授　国米国　生1957年9月27日　収2004／2008

ゼラズニー, ジーン　Zelazny, Gene　「マッキンゼー流 図解の技術」の著者　収2008

ゼラズニー, ロジャー　Zelazny, Roger　SF作家　国米国　生1937年　没1995年6月14日　収1992(ゼラズニイ, ロジャー)／1996

セラート, A.G.　Serrato, A.G.　画家　国スペイン　生1928年　収1992

セラドゥール, ギー　Seradour, Guy　画家　国フランス　生1922年10月8日　収1992／1996

セラニ, テーム　Selänne, Teemu　アイスホッケー選手(FW)　トリノ五輪アイスホッケー男子銀メダリスト　国フィンランド　生1970年7月3日　収2000／2008／2012

セラニート　Serranito　ギタリスト　国スペイン　生1942年　収2012

セラーノ, アンドレス　Serrano, Andres　写真家　国米国　生1950年　収1992

セラノ, ヒルベルト　Serrano, Gilberto　元・プロボクサー　元・WBA世界ライト級チャンピオン　国ベネズエラ　生1970年3月19

日 [典]2004

セラノ, ホルヘ Serrano, Jorge 本名=セラノ・エリアス, ホルヘ 政治家, 実業家 元・グアテマラ大統領 [国]グアテマラ [生]1945年4月26日 [典]1992／1996／2004／2008

セラーノ, マリア Serrano, Maria フラメンコダンサー, 振付師 [国]スペイン [典]2004／2008

セラノ・スニェル, ラモン Serrano Suñer, Ramón 政治家 元・スペイン外相 [国]スペイン [生]1901年9月 [没]2003年9月1日 [典]1992

セラフィン, デービッド Serafin, David 作家 [典]1992

セラミ, イーサン Cerami, Ethan コンピューター技術者 [国]米国 [典]2004

セラミ・メスレム, シャフィカ 国連婦人の地位向上部部長 [国]アルジェリア [生]1934年 [典]1992

セーラム, エンリケ Salem, Enrique T. 実業家 シマンテック社長・CEO [国]米国 [典]2012

セラヤ, ホセ・マヌエル Zelaya, José Manuel 本名=セラヤ・ロサレス, ホセ・マヌエル 政治家 元・ホンジュラス大統領 [国]ホンジュラス [生]1952年9月20日 [典]2008／2012

セラル, アブデルマレク Sellal, Abdelmalek 政治家 元・アルジェリア首相 [国]アルジェリア [生]1948年8月1日

セラロン, ホルヘ Selarón, Jorge 芸術家 [国]ブラジル [没]2013年1月10日

セリー, パトリック Séry, Patrick 作家 [国]フランス [生]1945年 [典]2000

セリー, ポール Sery, Paul G. システムエンジニア [国]米国 [典]2004／2008

セリア 歌手 [国]ノルウェー [典]1992

セリエ, カロリーヌ Cellier, Caroline 女優 [国]フランス [生]1945年 [典]1996

セリエ, ハンス Selye, Hans 医学者 元・モントリオール大学名誉教授 [専]内分泌学 [国]カナダ [生]1907年1月26日 [没]1982年10月16日 [典]1992

セリエール, エルネスト・アントワーヌ Seillière, Ernest-Antoine 本名=Seilliére de Laborde,Ernest-Antoine 実業家 元・CGIP会長, 元・フランス企業運動(MEDEF)会長 [国]フランス [生]1937年12月20日 [典]2004／2012

セリエント, ヘルマン Serient, Hermann 彫刻家, 画家, 写真家 [国]オーストリア [生]1935年 [典]2004／2008

セリオ, スージー・マコーネル バスケットボール選手(ガード) [国]米国 [典]2000

セリオールト, マーリーン Theriault, Marlene データベース技術者 ジョンズ・ホプキンズ大学応用物理学研究所上級DBA, オラクル・データベース管理者 [国]米国 [典]2004

セリグ, ウェンディ Selig, Wendy 実業家 ミルウォーキー・ブリュワーズ社長・CEO [国]米国 [生]1960年3月18日 [典]2000

セーリグ, デルフィーヌ Seyrig, Delphine 本名=Seyrig,Delphine Claire Beltiane 女優 [国]米国 [生]1932年4月10日 [没]1990年10月15日 [典]1992

セリグ, バド Selig, Bud 本名=Selig,Allan Huber Bud 大リーグコミッショナー 元・ブリュワーズ・オーナー [国]米国 [生]1934年7月30日 [典]2000／2004／2008／2012

セリグソン, スーザン Seligson, Susan ジャーナリスト [国]米国 [生]1954年 [典]2008

セリグマン, エバ 医師 [専]分析心理学 [国]英国 [典]1992

セリグマン, マーティン Seligman, Martin E.P. 心理学者 ペンシルベニア大学教授, 全米心理学会会長 [国]米国 [典]1992／1996

ゼリコウ, フィリップ Zelikow, Philip D. 政治学者 ジョン・F.ケネディ行政大学院准教授 [専]公共政策 [国]米国 [典]2004

セリーゼ, アンジェリク Seriese, Angelique 柔道選手 [国]オランダ [典]1996

セリック, ヘンリー Selick, Henry アニメ映画監督 セリック・プロダクツ社長 [国]米国 [生]1952年 [典]1996／2012

ゼーリック, ロバート Zoellick, Robert Bruce 実業家 世界銀行総裁, ゴールドマン・サックス・グループ国際副会長 元・米国国務副長官, 元・米国通商代表部(USTR)代表 [国]米国 [生]1953年7月25日 [典]1992／1996／2000／2004／2008／2012

ゼリドヴィッチ, ヤコフ Zeldovich, Yakov Borisovich 物理学者 元・ソ連科学アカデミー物理問題研究所理論部長 [国]ソ連 [生]1914年3月8日 [没]1987年12月4日 [典]1992(ゼリドビッチ, ヤコフ)

セリューラ, ドミニク Cellura, Dominique ジャーナリスト テイク・オフ [国]フランス [生]1954年 [典]1996

セーリー・ワンナイタム 舞踊家 タイ国立劇場演劇監督 [専]タイ古典・民族舞踊 [国]タイ [典]1992

セリング, ハリエット Selling, Harriet ファッションデザイナー [国]ドイツ [生]1956年 [典]1996

セリンジャー, アヴィタル Selinger, Avital バレーボール監督, 元・バレーボール選手 [生]1959年3月10日 [典]2004／2008

セリンジャー, アリー Sellinger, Arie バレーボール監督 元・バレーボール米国女子・オランダ男子代表監督 [国]米国 [生]1937年4月5日 [典]1992／1996／2000／2004／2008／2012

ゼリンスキー, ポール Zelinsky, Paul O. 画家, 絵本作家 [国]米国 [典]2000

セール, クリス Sale, Chris 本名=Sale,Christopher Allen 大リーグ選手(投手) [国]米国 [生]1989年3月30日

セール, クロード Serre, Claude 漫画家 [国]フランス [生]1938年 [典]1992

セル, コリーン Sell, Colleen 作家, ジャーナリスト [国]米国 [典]2004

セール, ジャン・ピエール Serre, Jean-Pierre 数学者 コレージュ・ド・フランス名誉教授 [専]位相幾何学, 代数幾何学 [国]フランス [生]1926年9月15日 [典]1992／1996／2004／2008

セルー, フィリス Theroux, Phyllis コラムニスト [国]米国 [生]1939年 [典]1996

セール, ミシェル Serres, Michel 哲学者 [国]フランス [生]1930年9月1日 [典]1992／1996／2000／2012

セール, ロジャー Sale, Roger 文芸評論家 ワシントン大学教授 [専]英文学 [国]米国 [生]1932年 [典]1992

ゼルーアル, ラミン Zeroual, Gen.Lamine 政治家, 軍人 元・アルジェリア大統領 [国]アルジェリア [生]1941年7月3日 [典]1996／2000

セルヴァン・シュレイベール, ペルラ Servan-Schreiber, Perla 雑誌編集者 [国]モロッコ [典]2000

セルヴァン・シュレベール, ジャン・ジャック Servan-Schreiber, Jean-Jacques ジャーナリスト, 政治家 元・フランス急進社会党党首, 元・仏週刊誌「レクスプレス」創刊者 [国]フランス [生]1924年2月13日 [没]2006年11月7日 [典]1992(セルバン・シュレベール, ジャン・ジャック)

セルヴァン・シュレベール, ダヴィド Servan-Schreiber, David 精神医学者, 精神科医 ピッツバーグ大学精神科教授 [典]2008

セルヴァンスキー, ヴァレリア Szervánszky, Valeria ピアニスト [国]ハンガリー [典]2000

ゼルウィガー, レニー Zellweger, Renée 女優 [国]米国 [生]1969年4月25日 [典]2000／2004／2008／2012

セルヴィン, ジョエル Selvin, Joel 「ジム・マーシャル「密着」」の著者 [典]2008

セルヴェ, ラウル Servais, Raoul アニメーション作家 [国]ベルギー [生]1928年5月1日 [典]2004／2008

セルウェイ, フィル Selway, Phil 本名=Selway,Philip James グループ名=レディオヘッド ミュージシャン [国]英国 [生]1967年5月23日 [典]2004／2008／2012

セルカス, ハビエル Cercas, Javier 作家 [国]スペイン [生]1962年 [典]2012

セルギー大主教 ロシア正教大主教 ノボシビルスク大主教 [国]ロシア [典]2000

ゼルキン, ピーター Serkin, Peter 本名=Serkin,Peter Adolf ピアニスト [国]米国 [生]1947年7月24日 [典]1992／2012

ゼルキン, ルドルフ Serkin, Rudolf ピアニスト [国]米国 [生]1903

セ

ゼルケ, ユルゲン　Serke, Jürgen　著述家, ジャーナリスト　元・「シュテルン」記者　国ドイツ　生1938年　掲1992

セルゲーエフ, イーゴリ　Sergeev, Igor Dmitrievich　軍人, 政治家　元・ロシア国防相, 元・ロシア大統領補佐官　国ロシア　生1938年4月20日　没2006年11月10日　掲2000/2004

セルゲーエフ, コンスタンチン　Sergeev, Konstantin Mikhailovich　バレエダンサー, 振付師　元・ワガノワ・バレエ学校芸術監督, 元・キーロフ劇場バレエ団首席バレエ・マスター　国ロシア　生1910年2月20日　没1992年4月2日　掲1996

セルコー, デニス　Selkoe, Dennis J.　ハーバード大学医学部神経学神経科学教室教授, ブリガム・ウィメンズ病院神経疾患センター(ボストン)所長　国米国　掲アルツハイマー病　1996

セルジ　Sergi　本名＝エスクルサア, セルジ・バルファン　元・サッカー選手　国スペイン　生1971年12月28日　掲2008

セルシェル, イェラン　Söllscher, Göran　ギタリスト　国スウェーデン　生1955年12月31日　掲1996/2000/2012

セルジオ・ソアレス　Sergio Soares　本名＝セルジオ・ソアレス・ダ・シウバ　サッカー監督　国ブラジル　生1967年1月11日

セルジュコフ, アナトリー　Serdyukov, Anatolii E.　軍人　ロシア国防相・国税局長官　国ロシア　生1962年1月8日　掲2012

セルズ, クリス　Sells, Chris　コンピュータ技術者　掲2004

セルズニック, ブライアン　Selznick, Brian　挿絵画家, 絵本作家　国米国　掲2004/2008

ゼルター, アンジー　Zelter, Angie　平和運動家　トライデント・プラウシェア創設者　生1951年　掲2004

セルツァー, デービッド　Seltzer, David　映画監督, 脚本家　国米国　掲1996

セルツァー, リチャード　Selzer, Richard　作家　国米国　生1928年　掲1996

セルッティ, ニノ　Cerruti, Nino　本名＝セルッティ, アントニオ　ファッションデザイナー　セルッティ社経営者　国イタリア　生1930年　掲1992/1996

セルディス, リッチ　Seldes, Rich　医師　掲2004

ゼルディッツ, トーマス　ビオラ奏者　ベルリン国立歌劇場管弦楽団首席ビオラ奏者　国ドイツ　生1967年9月2日　掲2004

ゼルディン, セオドア　Zeldin, Theodore　歴史学者　オックスフォード大学セント・アントニーズ・カレッジ教授　フランス近現代史　国英国　生1933年　掲1992/2000

セルデン, マーク　Selden, Mark　ニューヨーク州立大学ビンガムトン校社会学部主任教授　掲歴史学　国米国　生1938年　掲1996

ゼルテン, ラインハルト　Selten, Reinhard　経済学者　ボン大学名誉教授　国ドイツ　生1930年10月5日　掲1996/2000/2008/2012

セルト, ホセ・ルイス　Sert, José Luis　建築家, 都市計画家　元・ハーバード大学建築学教授, 元・近代建築国際会議議長　国米国　生1902年7月1日　掲1992

セルドマン, マーティ　Seldman, Marty L.　企業教育コンサルタント　リッジ・アソシエイツ副社長　国米国　掲1992

ゼルトル, オットー　モーツァルト研究家　ザルツブルク国際モーツァルテウム財団評議委員会理事　国オーストリア　生1924年　掲1992

セルドン, ブルース　プロボクサー　国米国　生1967年1月30日　掲2000

ゼルナー, グスタフ・ルドルフ　Sellner, Gustav Rudolf　演出家　元・ベルリン・ドイツオペラ初代監督　国ドイツ　生1905年5月25日　没1990年5月8日　掲1992

ゼルーニ, ヌールディン・ヤジド　Zerhouni, Noureddine Yazid　外交官　駐日アルジェリア大使　国アルジェリア　掲1992

ゼルニック, ストラウス　Zelnick, Strauss　実業家　コロムビアミュージックエンタテインメント会長・CEO　元・BMGエンターテインメント社長　国米国　生1957年6月26日　掲2000/2004/2012

セルバーグ, アトル　Selberg, Atle　数学者　元・プリンストン高等研究所教授　掲数論　国米国　生1917年6月14日　没2007年8月6日　掲1992/1996

セルバデュレイ, グナ　カリフォルニア州立大学サンノゼ校材料工学科教授　掲企業防災, 地震対策　国米国　生1946年　掲1996

セルバーン, デービッド　政治社会学者　国英国　生1937年　掲1992

セルビー, アンナ　Selby, Anna　ライター　掲ピラーティス法　国英国　掲2004

セルビー, デービッド　Selby, David E.　教育学者　トロント大学教授・グローバル・エデュケーション国際研究所所長　掲グローバル教育　国英国　生1945年　掲1996/2000/2004/2008

セルビー, ヒューバート(Jr.)　Selby, Hubert (Jr.)　作家　国米国　生1928年7月23日　没2004年4月26日　掲1992/1996/2004

セルビー, ビル　Selby, Bill　元・プロ野球選手　国米国　生1970年6月11日　掲2000

セルビー, フィリップ　Selby, Philip　内科医　元・国際対癌連合(UICC)事務局長　国英国　掲1992

セルビー, ベッティナ　Selby, Bettina　旅行ジャーナリスト　国英国　生1934年　掲2000

セルビー, リチャード　Selby, Richard W.　カリフォルニア大学アーバイン校情報コンピュータ学部教授　掲コンピュータ・ソフトウェア　国米国　生1958年　掲2000

セルヒオ・ラモス　Sergio Ramos　本名＝Garcia,Sergio Ramos　サッカー選手(DF)　国スペイン　生1986年3月30日

セルフ, ウィル　Self, Will　作家　国英国　生1961年　掲1996

セルフ, デービッド　Self, David　脚本家　国米国　生1970年　掲2004

セルフ, ベンジャミン　Self, Benjamin L.　国際関係学者　ヘンリー・スティムソン・センター上級研究員　掲日中関係　国米国　掲2004

セルペル, ツビィカ　Serper, Zvika　テルアビブ大学演劇学科講師　掲歌舞伎, 能, 狂言　国イスラエル　掲1996

ゼルボ, ラッシーナ　Zerbo, Lassina　包括的核実験禁止条約準備機構事務局長　国ブルキナファソ

セルマーニ, ソフィー　Zelmani, Sophie　歌手, 作詞家, 作曲家　国スウェーデン　掲2000

セルマン, ロバート　Selman, Robert L.　ハーバード大学大学院発達心理学科教授・医学部心理学科・精神医学科教授, ジャッジ・ベーカー児童研究所研究研修主任　掲心理学　国米国　掲2000

セルマン, ローレンス　Selman, Lawrence H.　ペーパーウェイト・プレス社　掲ペーパーウェイト　国米国　生1938年　掲1996

セルムス, アドリアヌス・ファン　Selms, Adrianus van　プレトリア大学教授　掲セム語, 聖書　掲2004

セルメニョ, アントニオ　Cermeño, Antonio　プロボクサー　元・WBA世界ジュニアフェザー級チャンピオン　国ベネズエラ　生1969年3月6日　掲2000/2008

ゼレ, ドーロテ　Sölle, Dorothee　ニューヨークユニオン神学校教授　掲キリスト教神学　国ドイツ　生1929年　掲1996

ゼレザ, ポール・ティヤンベ　経済史学者, 作家　トレント大学教授　生1955年　掲1996

セレシア, G.G.　Celesia, Gastone Guglielmo　ロヨラ大学(シカゴ)ストリッチ医学部神経学科　掲神経学, 神経生理学　国米国　掲1992

セレーシャ　歌手　国英国　掲2000

セレシュ, モニカ　Seles, Monica　元・テニス選手　シドニー五輪テニス女子シングルス銅メダリスト　国米国　生1973年12月2日　掲1992/1996/2000/2004/2008/2012

セレステ, リチャード　Celeste, Richard F.　政治家　元・オハイオ州知事　国米国　生1937年11月11日　掲1992/2000/2004

ゼレズニー, ヤン　Zelezny, Jan　元・やり投げ選手　IOC委員　バルセロナ五輪・アトランタ五輪・シドニー五輪金メダリスト　国チェコ　生1966年6月16日　掲1992/1996/2000/2004/2008/2012

セレズニョフ, ゲンナジー　Seleznev, Gennadii Nikolaevich　政治家, 元・ジャーナリスト　ロシア国家会議(下院)議長　国ロシア　生1947年11月6日　掲2000/2004/2008

セレーゾ, トニーニョ　Cerezo, Toninho　本名＝セレーゾ, アントニオ・カルロス　サッカー監督, 元・サッカー選手　国ブラジル　⽣1955年4月21日　⿴2000／2004／2008／2012

セレソ, ビニシオ　Cerezo, Vinincio　政治家, 弁護士　元・グアテマラ大統領　国グアテマラ　⽣1943年12月26日　⿴1992

ゼレゾフスキー, イーゴリ　Zhelezovski, Igor　スピードスケート選手　ベラルーシ・スケート連盟会長　国ベラルーシ　⽣1963年7月　⿴1996

セレツキス, イバール　ドキュメンタリー映画製作者　国ラトビア　⿴1992

セレック, トム　Selleck, Tom　俳優　国米国　⽣1945年1月29日　⿴1992／1996／2000／2008／2012

セレーナ　歌手　国米国　⽣1995年3月31日　⿴1996

セレノ, ポール　Sereno, Paul　恐竜研究家　シカゴ大学教授　国米国　⿴2000／2008

セレブリアンスカヤ, エカテリーナ　Serebryanskaya, Ekaterina　新体操選手　国ウクライナ　⽣1977年10月25日　⿴1996／2000

セレブロフ, アレクサンドル　Serebrov, Aleksandr Aleksandrovich　元・宇宙飛行士　全ロシア宇宙青少年団ソユーズ会長　国ロシア　⽣1944年2月15日　⿴2004／2008

ゼレール, アドリアン　政治家　アルザス地域圏知事, フランス地方自治協会会長　元・フランス社会問題相　国フランス　⽣1940年　⿴2004／2008

ゼレンシック, S.　アドバント・マイクロ・デバイス (AMD) 上席副社長　⿴1996

ゼレンスキー, イーゴリ　Zelenskii, Igor　本名＝Zelenskii,Igor Anatolievich　バレエダンサー　モスクワ音楽劇場バレエ団芸術監督　元・マリインスキー劇場バレエ団プリンシパル　国ロシア　⽣1969年7月13日　⿴2004／2008／2012

ゼレンスキー, ロバート　Zielinski, Robert G.　証券アナリスト　ジャーディン・フレミング・タナコム証券シニア・アナリスト　国米国　⿴1992／1996

セーレンセン, ヴィリー　Sorensen, Villy　作家, 批評家　国デンマーク　⽣1929年　⿴1992／1996

セレンテ, ジェラルド　Celente, Gerald C.　トレンド・アナリスト　トレンド・リサーチ・インスティテュート創立者　国米国　⿴2000

セロ　Cyril　マジシャン　⿴2008

ゼロ　Zelo　グループ名＝B.A.P　歌手　国韓国　⽣1996年10月15日

ゼロ　Zero　旧芸名＝アダム　旧グループ名＝ISSUE　歌手　国韓国　⿴2008

セロー, コリーヌ　Serreau, Coline　映画監督, 女優　国フランス　⽣1947年10月29日　⿴1996／2004／2008／2012

セロー, ジュヌビエーブ　Serreau, Geneviève　作家, 文学者, 翻訳者　国フランス　⽣1925年8月　⿴1992

セロー, ポール　Theroux, Paul　本名＝Theroux,Paul Edward　作家　国米国　⽣1941年4月10日　⿴1996／2012

セロータ, ニコラス　Serota, Nicholas Andrew　テート・ブリテン館長　国英国　⽣1946年4月27日　⿴2000／2012

セロツキ, カジミエシ　Serocki, Kazimierz　作曲家, ピアニスト　国ポーランド　⽣1922年3月3日　⿳1981年1月9日　⿴1992

セローテ, モンガーン　Serote, Mongane　詩人, 作家, 政治家　南アフリカ国会議員　国南アフリカ　⽣1944年　⿴2000／2004／2008

セロフ, ワレリー　Serov, Valerii Mikhailovich　政治家　元・ロシア副首相　国ロシア　⽣1940年4月15日　⿴2000

セロフィッリ, ロレッタ　Serofilli, Loretta　絵本画家　国イタリア　⽣1960年　⿴2004

ゼ・ロベルト　Zé Roberto　本名＝Silva,José Roberto Da　サッカー選手 (MF)　国ブラジル　⽣1974年7月6日　⿴2008／2012

セロン, シャーリーズ　Theron, Charlize　女優　国米国　⽣1975年8月7日　⿴2000／2004／2008／2012

セロン, ディオニシオ　Ceron, Dionicio　マラソン選手　国メキシコ　⽣1965年10月5日　⿴1996／2000／2004

セローン, マーク　Cerrone, Marc　作曲家, 音楽プロデューサー　国フランス　⿴1992

セン, アマルティア　Sen, Amartya Kumar　経済学者　ハーバード大学教授　元・ケンブリッジ大学トリニティー・カレッジ学長　⿻厚生経済学, 福祉経済学　国インド　⽣1933年11月3日　⿴1996／2000／2004／2008／2012

セン・イクサイ　銭 育才　太極拳指導者　杭州呉山国際太極拳協会北京分会理事　国中国　⽣1922年　⿴2004

セン・イチョウ　銭 偉長　Qian, Wei-zhang　力学者, 数学者　元・上海大学学長, 元・中国人民政治協商会議全国委員会副主席, 元・中国民主同盟中央副主席　⿻力学, 応用数学, 弾性力学, ロケット工学　国中国　⽣1912年　⿳2010年7月30日　⿴1996／2000／2004

セン・イルグ　宣 一九　元・韓日問題研究所長　国韓国　⿳2006年6月12日　⿴2000

セン・ウヘイ　銭 宇平　Qian, Wu-ping　棋士　囲碁9段　国中国　⽣1966年10月6日　⿴1992／1996

セン・ウンロク　銭 運録　政治家　貴州省共産党委書記　国中国　⽣1944年　⿴2000／2004

セン・エイショウ　銭 永昌　元・中国交通相, 元・中国共産党中央委員　国中国　⽣1933年　⿴1996

ゼン・エンチョウ　単 援朝　⿻日本近代文学　国中国　⽣1953年　⿴1996

セン・カク　千 家駒　Qian, Jia-ju　経済学者　元・中国民主同盟副主席, 元・中国人民政治協商会議全国委員会 (全国政協) 常務委員　国中国　⽣1909年　⿳2002年9月3日　⿴1996

セン・ガクシン　銭 学森　Qian, Xue-sen　欧文名＝Tsien,H.S.　ロケット工学者, 物理学者　元・中国科学技術会名誉主席, 元・中国力学学会名誉会長　国中国　⽣1911年12月11日　⿳2009年10月31日　⿴1992／1996

セン・カトウ　銭 嘉東　Qian, Jia-dong　外交官　中国国際問題研究センター副総幹事　国中国　⽣1927年　⿴1996

セン・カホウ　銭 果豊　香港行政会議議員　国香港　⽣1952年　⿴2000

ゼン・カレイ　単 霞麗　Shan, Xia-li　棋士　中国象棋特級大師　国中国　⿴1996

セン・カンリン　銭 冠林　Qian, Guan-lin　中国国務院税関総署長　国中国　⽣1946年　⿴2000

セン・キシン　銭 其琛　Qian, Qi-chen　政治家, 外交官　元・中国副首相・外相, 元・中国共産党政治局員　国中国　⽣1928年1月　⿴1992／1996／2000／2004／2008／2012

セン・キョクゴウ　占 旭剛　Zhan, Xu-gang　重量挙げ選手　国中国　⽣1974年5月15日　⿴2000／2004／2008

セン・コウ　銭 紅　Qian, Hong　元・水泳選手　国中国　⿴1996／2004

セン・コクリョウ　銭 国梁　Qian, Guo-liang　軍人　中国人民解放軍済南区司令官　国中国　⽣1939年12月　⿴2000

セン・サンキョウ　銭 三強　Qian, San-qiang　原子物理学者　元・中国科学院数学物理学研究所副院長, 元・中国人民政治協商会議全国委員会常務委員　国中国　⽣1913年10月16日　⿳1992年6月28日　⿴1992／1996

ゼン・ジュジン　全 樹仁　遼寧省人代常務委主任　元・中国共産党中央委員　国中国　⽣1930年　⿴1996

セン・シュンズイ　銭 俊瑞　Qian, Jun-rui　経済学者　元・中国社会科学院世界経済政治研究所所長　国中国　⽣1908年　⿳1985年5月25日　⿴1992

セン・ショウジュ　詹 承儒　台湾対外貿易発展協会副教育長　国台湾　⿴1992／1996

セン・ショウショ　銭 鍾書　Qian, Zhong-shu　字＝黙存, 号＝槐聚, 筆名＝中書君　作家, 学者　元・中国社会科学院副院長　国中国　⽣1910年11月21日　⿳1998年12月19日　⿴1992／1996

セン・シンチュウ　銭 信忠　Qian, Xin-zhong　医師　中国紅十字会名誉会長, 中国身体障害者体育協会主席, 中国予防性疾病エイズ基金会会長　⿻衛生医療事業, 人口抑制　国中国　⽣1911年12月　⿴1996

セン・セイエイ　銭 正英　Qian, Zheng-ying　原名＝銭美瑞　水利専門家　中国人民政治協商会議全国委員会副主席, 中国共産党中央委員　国中国　⽣1923年　⿴1996／2000／2004／2008

セン・セイホウ　宣 聖芳　Hsuan, Sheng-fang　ジャーナリスト　中国テレビ東京特派員　[国]台湾　[生]1957年　[典]1996

セン・セイリョウ　詹 世亮　Zhan, Shi-liang　外交官　中国国際問題研究センター副総幹事　[国]中国　[生]1926年　[典]2000

セン・セツエン　雋 雪艶　Juan, Xue-yan　文学者　清華大学人文社会科学学院外語系講師　[専]日本文学　[国]中国　[生]1958年2月20日　[典]2004

ゼン・タイアン　全 太安　画家　河北画院高級美術師・創作研究部副主任, 河北花鳥画協会副会長　[専]中国画（動物画・花鳥画）　[国]中国　[生]1945年　[典]1996

セン・チョウカイ　銭 澄海　元・バスケットボール選手・監督　国際バスケットボール連合会世界監督協会副主席　[国]中国　[生]1934年　[典]1996

セン・トウ　詹 東　スワトー市帰国華僑連合会顧問　[国]中国　[生]1920年　[典]1996

セン・ネイ　銭 寧　Qian, Ning　作家　[国]中国　[生]1959年　[典]2004

セン・ハクケイ　詹 伯慧　筆名=柏葦　言語学者　暨南大学漢語方言研究室主任　[国]中国　[生]1931年　[典]1996

セン・フク　銭 復　Chien, Fu　英語名=Chien,Fredrick F.　政治家　台湾監察院長, 台湾国民党中央常務委員　[国]台湾　[生]1935年2月17日　[典]1992／1996／2000

セン・ボク　銭 穆　Chien, Mu　字=賓四, 筆名=未学斎主　歴史学者　[国]台湾　[生]1895年6月9日　[没]1990年8月30日　[典]1992

セン, マラ　Sen, Mala　ジャーナリスト　[典]2008

セン・リグン　銭 理群　中国文学者　北京大学教授　[専]現代中国文学　[国]中国　[生]1939年　[典]2004／2008

セン・リジン　銭 李仁　Qian, Li-ren　元・「人民日報」社長　[国]中国　[生]1924年　[典]1992／1996

ゼンガー, ウェルナー　情報経済通信新メディア連盟（BITKOM）事務局長　[国]ドイツ　[生]1962年5月　[典]2004

ゼンガー, ジャック　Zenger, Jack　ビジネスコンサルタント　[典]2008

セング, フィリップ　Seng, Philip M.　米国食肉輸出連合会（USMEF）会長　[国]米国　[生]1949年　[典]1992／1996／2004

ゼンク, マリナ　女子アイスホッケー審判員　[国]カナダ　[典]2000

ゼンクハース, ディーター　Senghaas, Dieter　ブレーメン大学教授　[専]国際政治学　[国]ドイツ　[生]1940年8月27日　[典]1992／1996／2000／2008

セングプタ, ババニ　筆名=セン, チャナカ　政治アナリスト, 小説家　元・ネール大学教授　[専]国際共産主義, 地域紛争, インドと南アジア政治　[国]インド　[生]1923年9月　[典]1992／1996／2000

センゲ, ピーター　Senge, Peter M.　経営学者　マサチューセッツ工科大学スローン校経営学部上級講師　[典]2008

ゼンケ, ロン　Zemke, Ron　経営コンサルタント, ジャーナリスト　パフォーマンス・リサーチ・アソシエイツ（PRA）創設者　[典]2000

ゼンゲージ, トーマス　Zengage, Thomas R.　アイ・ビイ・アイ取締役　[国]米国　[典]1996

ゼンシニ, アレッサンドラ　Sensini, Alessandra　ヨット選手　シドニー五輪セーリング女子ミストラル級金メダリスト　[国]イタリア　[生]1970年1月26日　[典]2004／2008／2012

センジミア, タデウス　元・T・センジミア特許保有会社会長, 元・日本センジミア会長　ステンレス鋼用圧延機「センジミアコールドストリップミル」の発明者　[没]1989年9月1日　[典]1992

セーン・ソー・プルンチット　Saen Sor Ploenchit　本名=ソムチャーイ・チューンチャーイ　プロボクサー　元・WBA世界フライ級チャンピオン　[国]タイ　[生]1971年5月18日　[典]1996／2000／2008

センタース, ラリー　Centers, Larry　プロフットボール選手（FB）　[生]1968年6月1日　[典]2008

センダック, モーリス　Sendak, Maurice　本名=Sendak,Maurice Bernard　絵本作家, イラストレーター　[国]米国　[生]1928年6月10日　[没]2012年5月8日　[典]1992／1996／2000／2004／2008／2012

センチュリー, ダグラス　Century, Douglas　作家, ジャーナリスト　[国]米国　[典]2012

センディック, ラウル　民族解放運動指導者　[国]ウルグアイ　[没]1989年4月27日　[典]1992

センテノ, マビニ・レイ　Centeno, Mabini Rey　作家　情報省勤務　[国]フィリピン　[生]1922年4月22日　[典]1992

センデル, ペーター　Sendel, Peter　バイアスロン選手　[国]ドイツ　[生]1972年3月6日　[典]2000

センデル, ラモン・ホセ　Sender, Ramón José　作家, ジャーナリスト　[国]スペイン　[生]1902年2月3日　[没]1982年　[典]1992

センデロス, フィリップ　Senderos, Phillippe　サッカー選手（DF）　[国]スイス　[生]1985年2月14日　[典]2012

センデロール, オドネ　Sondral, Aadne　元・スピードスケート選手　[国]ノルウェー　[生]1971年5月10日　[典]2000／2004

ゼンデン, ボウデビン　Zenden, Boudewijn　サッカー選手（MF）　[国]オランダ　[生]1976年8月15日　[典]2004／2008

センテンス, ブライアン　Sentance, Bryan　織物研究家, 挿絵画家　[典]2004

セントクレア, マーガレット　St.Clair, Margaret　別名=シーブライト, イドリス　作家　[国]米国　[生]1911年　[典]1992

セントクレア, ロクサナ　St.Claire, Roxanne　ロマンス作家　[国]米国　[典]2012

セント・ジェームズ, イレイン　St.James, Elaine　著述家　[国]米国　[生]1943年　[典]2000

セント・ジェルジ, アルバート　Szent-Györgyi, Albert　生化学者, 生理学者　[国]米国　[生]1893年9月16日　[没]1986年10月22日　[典]1992

セントジョージ, ジュディス　St.George, Judith　作家　[国]米国　[典]2004／2008

セントジョージ, マーガレット　St.Goerge, Margaret　ロマンス作家　[国]米国　[典]1992／1996

セントジョージ・ヒスロップ, P.H.　St.George-Hyslop, Peter H.　神経科学者　トロント大学神経変性研究センター所長, トロントウエスタン病院記憶喪失クリニック所長　[専]分子遺伝学　[国]カナダ　[典]2004／2008

セントジョン, ロバート　St.John, Robert　国際ジャーナリスト　[国]米国　[生]1902年　[典]1992／2004

セント・ジョーンズ, アデラ・ロジャース　St.Johns, Adela Rogers　ジャーナリスト　[国]米国　[没]1988年8月10日　[典]1992

センドフ, ブラゴヴェスト　Sendov, Blagovest Hristov　数学者, 政治家　駐日ブルガリア大使　元・ソフィア大学学長, 元・ブルガリア国民議会議長　[国]ブルガリア　[生]1932年2月8日　[典]2008

セントルイス, マーティン　St.Louis, Martin　アイスホッケー選手（FW）　[国]カナダ　[生]1975年6月18日　[典]2008

センナイト・テクル　マラソン選手　[国]エチオピア　[典]2000

センプルン, ホルヘ　Semprún, Jorge　作家　元・スペイン文化相　[国]スペイン　[生]1923年12月10日　[没]2011年6月7日　[典]1992／1996／2000／2004／2008

センベーヌ, ウスマン　Sembène, Ousmane　映画監督, 作家　元・セネガルペンクラブ会長, 元・セネガル監督協会会長, 元・カンヌ国際映画祭審査員　[国]セネガル　[生]1923年1月1日　[没]2007年6月9日　[典]1992／1996

【ソ】

ソ・イ　蘇 煒　文芸評論家　プリンストン大学研究員　元・中国社会科学院文学研究所副研究員　[国]中国　[生]1953年　[典]1996

ソ・イクショウ　蘇 昱彰　武術家　八極螳螂武芸総舘館長　[国]台湾　[典]2004

ソ・イニョン　Seo, In-young　グループ名=ジュエリー　歌手, タレント　[国]韓国　[生]1984年9月3日　[典]2012

ソ・インソク　徐 仁錫　タレント　[国]韓国　[生]1949年2月22日　[典]1996

ソ・インソク　徐 仁錫　コメディアン　[国]韓国　[生]1962年7月5日　[典]1996

ソ・ウリム 徐 佑林 本名=徐姫子 タレント 韓国 ⊕1942年6月9日 ⓅR1996

ソ・カゼン 蘇 嘉全 Su, Jia-chyuan 政治家 台湾民進党秘書長 国台湾 ⓅR2012

ソ・カプスク 徐 甲淑 タレント 国韓国 ⊕1961年7月16日 ⓅR1996

ソ・キ 蘇 琦 Su, Qi 翻訳家 北京第二外国語学院教授 ⓅR日本語 国中国 ⊕1928年 ⓅR1992／1996

ソ・キ 蘇 起 Su, Chi 元・台湾大陸委員会主任委員 国台湾 ⊕1949年10月1日 ⓅR2000／2004

ソ・キウォン 徐 基源 作家 韓国放送公社(KBS)社長 国韓国 ⊕1930年10月24日 ⓅR1992／1996

ソ・ギョウコウ 蘇 暁康 Su, Xiao-kang ルポルタージュ作家 「民主中国」発行責任者 国中国 ⊕1949年8月25日 ⓅR1992／1996

ソ・ギョウォン 徐 敬元 農民運動家 元・韓国国会議員(平和民主党),元・韓国カトリック農民会会長 国韓国 ⊕1937年 ⓅR1992／1996

ソ・ギョンソク 徐 京錫 Soh, Kyung-suk 牧師,政治家 我が民族互いに助け合い運動執行委員長 国韓国 ⊕1948年10月6日 ⓅR2004／2008

ソ・キョンボ 徐 京保 別名=一鵬 僧侶 慈悲院総裁,在米世界中央禅院長,米国ワシントン禅宗大学学長 国韓国 ⊕1914年10月10日 ⓅR1996

ソ・クァンヒ 徐 寛熙 政治家 朝鮮労働党中央委員・書記(農業担当) 国北朝鮮 ⊕1926年 ⓅR1996／2000

ソ・コクジン 蘇 克仁 写真家,画家,冒険家 国中国 ⊕1951年 ⓅR1996

ソ・ゴンジャ 素 空慈 宗教家 国韓国 ⊕1952年 ⓅR1992／1996

ソ・サンソプ 徐 相燮 Seo, Sang-sup 政治家 韓国国会議員(ハンナラ党) 国韓国 ⊕1950年9月19日 ⓅR2004

ソ・サンモク 徐 相穆 政治家,エコノミスト 韓国国会議員 元・韓国保健福祉相 国韓国 ⊕1947年7月11日 ⓅR1996／2000

ソ・サンヨン 蘇 相永 プロ野球選手(内野手) 国韓国 ⊕1973年10月29日 ⓅR1996

ソ・サンロク 徐 相禄 ウェーター,元・実業家 元・三美副会長 国韓国 ⊕1937年 ⓅR2000

ソ・ジェジュン 蘇 在順 So, Je-jun 号=秋影 書家 国韓国 ⊕1934年9月5日 ⓅR2004／2008

ソ・ジェヨン 蘇 在英 崇実大学国文学科教授,韓国全国国語文学会会長 ⓅR韓国文学 国韓国 ⊕1933年10月21日 ⓅR1996

ソ・ジョンチョル 蘇 鐘喆 So, Chong-chol 軍人 韓国プロ野球委員会総裁,韓国反共連盟理事長 元・韓国国防相 国韓国 ⊕1924年5月26日 ⓅR1992／1996

ソ・ジソブ So, Ji-sub 漢字名=徐志燮 俳優 国韓国 ⊕1977年11月4日 ⓅR2008／2012

ソ・シュクヨウ 蘇 叔陽 シナリオライター 北京映画製作所専属 国中国 ⊕1938年10月 ⓅR1996

ソ・ジュソク 徐 柱錫 韓国国防研究院研究委員・北韓軍事研究チーム長 ⓅR軍事 国韓国 ⊕1958年 ⓅR2004

ソ・ショウチ 蘇 紹智 Su, Shao-zhi 経済学者,民主化運動活動家 元・北京大学教授,元・中国社会科学院マルクス・レーニン主義毛沢東思想研究所所長 国中国 ⊕1923年1月25日 ⓅR1992／1996

ソ・ジョン Suh, Jung 女優 国韓国 ⊕1972年1月1日 ⓅR2004／2008／2012

ソ・ジョンイン 徐 廷仁 本名=延澈 作家 国韓国 ⊕1936年 ⓅR1992

ソ・ジョンウ 徐 正宇 延世大学社会科学新聞放送学科教授,韓国言論仲裁委員,韓国公益広告協会会長,韓国ABC協会会長 国韓国 ⊕1937年2月27日 ⓅR1996

ソ・ジョンウク 徐 延旭 Seo, Jong-uk 電子工学者 韓国科学技術部長官 元・SKテレコム社長 国韓国 ⊕1934年11月14日 ⓅR2004

ソ・ジョンオ Seo, Jung-oh 昔話収集家 昔話研究会主宰 国韓国 ⊕1955年 ⓅR2004

ソ・ジョンジュ 徐 廷柱 So, Chong-ju 号=未堂 詩人 東国大学大学院終身名誉教授 国韓国 ⊕1914年5月18日 ⓅR1992／1996

ソ・ジョンス 徐 正洙 漢陽大学人文学部教授,韓国国語情報学会会長,国際韓国語教育学会会長 国韓国 ⊕1933年4月2日 ⓅR1996

ソ・ジョンピル 徐 正弼 プロ野球選手(投手) 国韓国 ⊕1971年8月5日 ⓅR1996

ソ・ジョンファ 徐 廷和 政治家 韓国国会議員・建設委員長 国韓国 ⊕1933年3月4日 ⓅR1996

ソ・ジョンファン 徐 定煥 プロ野球監督 国韓国 ⊕1955年7月5日 ⓅR1996／2008／2012

ソ・ジョンボム 徐 廷範 言語学者 慶熙大学名誉教授・アルタイ語研究所長 ⓅRウラルアルタイ語,日本語,韓国語 ⊕1926年9月23日 ⓅR1992／1996／2000

ソ・ジョンミン 徐 正敏 プロ野球選手(外野手) 国韓国 ⊕1969年10月10日 ⓅR1996

ソ・ジョンミン 徐 廷民 タレント 国韓国 ⊕1972年2月21日 ⓅR1996

ソ・ジョンリョン 徐 廷龍 プロ野球選手(投手) 国韓国 ⊕1969年4月5日 ⓅR1996

ソ・ジンオク 徐 鎮玉 反原発運動家 公害追放運動連合共同議長 国韓国 ⊕1992

ソ・ジンチョル 蘇 鎮轍 元・外交官 円光大学教授 国韓国 ⊕1930年 ⓅR2000

ソ・スセン 徐 首生 号=白江 慶北大学名誉教授 ⓅR韓国文学 国韓国 ⊕1921年5月30日 ⓅR1996

ソ・スナム 徐 守男 歌手 国韓国 ⊕1943年2月25日 ⓅR1996

ソ・スンイク 徐 淳益 プロ野球選手(外野手) 国韓国 ⊕1969年1月28日 ⓅR1996

ソ・スンヒョン 徐 丞賢 タレント 国韓国 ⊕1943年3月5日 ⓅR1996

ソ・スンマン 徐 承万 コメディアン 国韓国 ⊕1964年8月4日 ⓅR1996

ソ・セイ 蘇 星 旧名=王振寰 編集者 中国共産党中央委員会党学校副校長 国中国 ⊕1926年 ⓅR1996

ソ,セイク Su, Sung-wook CGアーティスト 国韓国 ⊕1970年 ⓅR2000

ソ・セウォン 徐 世源 コメディアン 国韓国 ⊕1955年3月18日 ⓅR1996

ソ・センハク 蘇 川博 医師 中国国立病院 国中国 ⓅR2008

ソ・ソ 素 素 本名=呂素敏 作家,ジャーナリスト 「新聞報」紙記者 国中国 ⓅR2000

ソ・ソクキ 徐 錫基 プロ野球選手(捕手) 国韓国 ⊕1970年1月10日 ⓅR1996

ソ・ソクジュン 徐 錫俊 Suh, Suk-joon 元・韓国副首相・経済企画院長官 国韓国 ⊕1938年 ⊗1983年10月9日 ⓅR1992

ソ・ソクゼ 徐 錫宰 Seo, Seok-jai 政治家 元・韓国総務庁長官 国韓国 ⊕1935年2月15日 ⓅR1992／1996

ソ・タクコウ 蘇 沢光 香港貿易発展局(TDC)事務理事,香港・米国経済委員会委員 国香港 ⊕1945年 ⓅR1992

ソ・チャンギ 徐 昌基 プロ野球コーチ 国韓国 ⊕1965年3月7日 ⓅR1996

ソ・チョル 徐 哲 Seo, Chol 政治家 元・朝鮮労働党政治局員 国北朝鮮 ⊕1907年 ⊗1992年9月30日 ⓅR1992／1996

ソ・チョンウォン 徐 清源 Seo, Cung-won 政治家 韓国国会議員(ハンナラ党) 元・韓国ハンナラ党代表 国韓国 ⊕1943年4月3日 ⓅR2004／2008

ソ・チョンモ 成 点模 ジャーナリスト 「セコリョ」紙社長・主筆 国ソ連 ⓅR1992(セイ・テンモ)

ソ・テイショウ 蘇 貞昌 Su, Tseng-chang 政治家 元・台湾行政院長(首相),元・台湾民主進歩党(民進党)主席 国台湾 ⊕1947年7月28日 ⓅR1996／2008／2012

ソ・テジ 本名=鄭鉉哲 旧グループ名=ソテジ・ワ・アイドル 歌

ソ・デスク　徐　大粛　Dae, Sook-suh　ハワイ大学教授・朝鮮問題研究所所長　ⓟ朝鮮近現代史　ⓝ1931年　ⓔ1996（ジョ・タイシュク）／2000（ジョ・タイシュク）

ソ・トクショウ　蘇　徳昌　復旦大学日本科教授　ⓟ流体力学,日本語学,日本文化史　ⓝ中国　ⓑ1935年10月　ⓔ1992／1996

ソ・トナン　楚　図南　Chu, Tu-nan　字＝高寒、別名＝楚曽　作家、翻訳家　元・中日友好協会顧問、元・中国民主同盟中央委員会名誉主席　ⓝ中国　ⓑ1899年　ⓓ1994年4月11日　ⓔ1996

ソ・ドンカク　徐　燉珏　慶煕大学名誉教授,仏教放送理事　ⓟ保険学,商法　ⓝ韓国　ⓑ1920年11月3日　ⓔ1996

ソ・ドングォン　徐　東権　Suh, Dong-kwon　弁護士　韓国大統領特別補佐官（政治担当）　元・韓国国家安全企画部長、元・韓国検事総長　ⓝ韓国　ⓑ1932年10月30日　ⓔ1992／1996

ソ・ドンマン　徐　東晩　韓国外交安保研究院教授,「統一時評」編集委員　ⓟ外交問題　ⓝ韓国　ⓑ1956年　ⓔ2004

ソ・ナムウォン　徐　南源　高麗大学経営学科教授,韓国データベース学会会長　ⓝ韓国　ⓑ1930年3月25日　ⓔ1996

ソ・ナムドン　徐　南同　元・延世大学教授,元・韓国神学大教授　ⓝ韓国　ⓓ1984年7月19日　ⓔ1992

ソ・ナンセイ　蘇　南成　Su, Nan-cheng　政治家　元・台湾国民大会議長　ⓝ台湾　ⓑ1936年1月14日　ⓔ1992／1996／2000

ソ・ナンヨウ　蘇　南耀　フロリダ大学准教授,国際等翅目学会会報編集長　ⓟシロアリの社会生物学　ⓑ1951年　ⓔ1992／1996

ソ・ハンセム　徐　ハンセム　Seo, Han-sem　政治家、実業家、韓国語学者　韓国国会議員（新千年民主党）,新千年民主党総裁特別補佐、ハンセム出版会長,ハンセム学院理事長　ⓝ韓国　ⓑ1944年1月9日　ⓔ2004

ソ・ヒ　Seo, Hee　バレリーナ　アメリカン・バレエ・シアター（ABT）ソリスト　ⓝ韓国　ⓔ2012

ソ・ヒョイン　徐　孝仁　プロ野球選手（捕手）　ⓝ韓国　ⓑ1962年2月6日　ⓔ1996

ソ・ヒョンウ　徐　鉉佑　「背後─金賢姫の真実」の著者　ⓔ2008

ソ・ピョンウォン　徐　平源　Seo, Pyong-won　実業家　LG情報通信社長　ⓝ韓国　ⓑ1942年5月29日　ⓔ2004

ソ・ヒョンジュ　「こんにちは、赤ちゃんママといっしょに英語で話そう」の著者　ⓔ2008

ソ・ヒョンソプ　徐　賢燮　So, Hyon-sopu　作家,元・外交官　元・韓国外交通商部大使　ⓝ韓国　ⓑ1944年10月8日　ⓔ1996／2000／2004／2008

ソ・ヒョンソン　徐　賢先　コメディアン　ⓝ韓国　ⓑ1969年8月14日　ⓔ1996

ソ・ビョンムン　徐　炳文　韓国文化コンテンツ振興院院長　ⓝ韓国　ⓔ2004

ソー, ブラッド　Thor, Brad　プロデューサー,作家　ⓝ米国　ⓔ2004

ソ・ホジン　徐　浩振　プロ野球選手（投手）　ⓝ韓国　ⓑ1966年8月25日　ⓔ1996

ソ・ホセイ　蘇　歩青　Su, Bu-qing　数学者　元・復旦大学名誉学長　ⓟ微分幾何学　ⓝ中国　ⓑ1902年9月23日　ⓓ2003年3月17日　ⓔ1996／2000

ソ・ボンス　徐　奉洙　Seo, Bong-soo　棋士　囲碁9段（韓国棋院）　ⓝ韓国　ⓑ1953年2月1日　ⓔ1992／1996／2000

ソ・ユソク　徐　酉錫　歌手　ⓝ韓国　ⓑ1945年1月8日　ⓔ1996

ソ・ユンソク　徐　允錫　政治家　朝鮮労働党政治局員,平安南道党委責任書記　ⓝ北朝鮮　ⓑ1929年　ⓔ1996／2000

ソ・ユンボク　徐　潤福　元・マラソン選手　ⓝ韓国　ⓑ1923年1月9日　ⓔ1996

ソ・ヨンウク　徐　廷旭　Seo, Yon-wook　政治家　元・韓国科学技術相　ⓝ韓国　ⓔ2000／2004

ソ・ヨンウン　徐　永恩　So, Yong-un　作家　ⓝ韓国　ⓑ1943年　ⓔ2012

ソ・ヨンジン　徐　栄辰　タレント　ⓝ韓国　ⓑ1958年4月15日　ⓔ1996

ソ・ヨンヒ　徐　英姫　慶煕大学平和福祉大学院教授　ⓝ韓国　ⓑ1939年12月10日　ⓔ1996

ソ・ヨンフン　徐　英勲　Suh, Young-hoon　元・大韓赤十字社総裁,元・新千年民主党代表　ⓝ韓国　ⓑ1923年5月26日　ⓔ1996／2000／2004／2008／2012

ソ・ワンジン　徐　旺鎮　経済正義実践市民連合（CCEJ）環境開発センター事務局長　ⓝ韓国　ⓑ1964年　ⓔ2000

ソアレス, ティアゴ　Soares, Thiago　バレエダンサー　ⓝブラジル　ⓔ2004／2008／2012

ソアレス, マリオ　Soares, Mário Alberto Nobre Lopes　政治家　元・ポルトガル大統領　ⓝポルトガル　ⓑ1924年12月7日　ⓔ1992／1996／2000／2004／2008

ソーイ, ベス　Sawi, Beth　チャールズ・シュワブ副社長　ⓝ米国　ⓔ2004／2008

ソイアー, ラファエル　Soyer, Raphael　画家　ⓝ米国　ⓑ1899年12月25日　ⓓ1987年11月4日　ⓔ1992

ソイダン, シェイマ　Soydan, Seyma　画家,絵本作家,グラフィックデザイナー　ⓔ1992／2004

ソイニネン, ヤニ　Soininen, Jani　元・スキー選手（ジャンプ）　ⓝフィンランド　ⓑ1972年11月12日　ⓔ2000

ソウ・アイヒョウ　宋　愛萍　実業家　テレビドラマ「徐福東渡伝奇」の共同制作者　ⓝ中国　ⓔ2004

ソウ・インケン　曽　蔭権　Tsang, Yam-kuen　英語名＝ツァン, ドナルド　政治家　香港特別行政区行政長官　元・香港特別行政区政府政務長官　ⓝ香港　ⓑ1944年10月7日　ⓔ2004／2008／2012

ソウ・インショ　曽　寅初　農業経済学者　中国人民大学農業経済系助教授　ⓝ中国　ⓑ1963年　ⓔ2004

ソウ・エイ　荘　泳　Zhunang, Yong　水泳選手（自由形）　ⓝ中国　ⓑ1972年　ⓔ1992／1996

ソウ・エイケツ　曽　英傑　画家　ⓝ中国　ⓑ1963年　ⓔ2000

ソウ・エイケン　曽　永賢　元・台湾総統府国策顧問、元・台湾政治大学東アジア研究科博士課程教授　ⓟ中国大陸研究（中国共産党研究）,安全保障　ⓝ台湾　ⓑ1924年12月　ⓔ2000／2012

ソウ・エイチョウ　曽　英超　京都大学医用高分子研究センター博士課程　ⓟシアノアクリレートの応用研究　ⓝ台湾　ⓑ1955年　ⓔ1992

ソウ・エン　曹　縁　Cao, Yuan　飛び込み選手　ロンドン五輪男子シンクロナイズド高飛び込み金メダリスト　ⓝ中国　ⓑ1995年2月7日　ⓔ2012

ソウ・エンカ　曹　燕華　元・卓球選手　ⓝ中国　ⓑ1962年　ⓔ1996

ソウ・オンハ　曽　恩波　Tseng, En-po　元・中央通信社東京支局長　ⓝ台湾　ⓑ1917年　ⓓ1989年2月6日　ⓔ1992

ソウ・カフ　荘　家富　元・卓球選手,監督　ⓝ中国　ⓑ1934年　ⓔ1996

ソウ・カンリョウ　宋　漢良　Song, Han-liang　政治家,高級技師　元・中国共産党新疆ウイグル自治区委員会書記、元・中国共産党中央委員　ⓝ中国　ⓑ1934年1月　ⓓ2000年10月3日　ⓔ1996

ソウ・ギョウガン　荘　暁岩　Zhuang, Xiao-yan　柔道選手　ⓝ中国　ⓔ1996

ソウ・ギョウケイ　宋　暁英　Song, Xiao-ying　女優　ⓝ中国　ⓔ1992

ソウ・ギョウハ　宋　暁波　中国女子バスケットボールチーム・コーチ　元・中国女子バスケットボール・チーム選手　ⓝ中国　ⓑ1958年　ⓔ1996

ソウ・キンキ　曹　錦輝　Tsao, Chin-Hui　プロ野球選手（投手）　ⓝ台湾　ⓑ1981年6月2日　ⓔ2000／2008／2012

ソウ・グウ　曹　禺　Cao, Yu　本名＝万家宝　劇作家　元・中国文学芸術界連合会主席　ⓝ中国　ⓑ1910年9月24日　ⓓ1996年12月13日　ⓔ1996

ソウ・ケイエイ　曹　慧英　元・中国バレーボール女子ナショナルチーム主将　ⓝ中国　ⓔ1992

ソウ・ケイコウ　宗　慶后　Zong, Qing-hou　実業家　杭州娃哈哈集団公司社長　ⓝ中国　ⓑ1945年10月　ⓔ2004／2008

ソウ・ケイコウ　曽　慶紅　Zeng, Qing-hong　政治家　元・中国国家副主席,元・中国共産党政治局常務委員　ⓝ中国　ⓑ1939年7月

ソウ・ケイソン　曽 慶存　Zeng, Qing-cun　気象学者　中国科学院地学部委員,中国気象学会副理事長,中国共産党中央委員候補　⊕大気動力学,地球流体力学　⊕中国　⊕1935年　⊕1996

ソウ・ケイタク　曹 慶沢　中国中央規律検査委員会副書記　⊕中国　⊕1932年　⊕1996／2000

ソウ・ケイレイ　宋 慶齢　Sung, Qing-ling　政治家　元・中国名誉国家主席,元・中国全国人民代表大会(全人代)常務委員会副委員長　孫文夫人　⊕中国　⊕1893年1月27日　⊕1981年5月29日　⊕1992

ソウ・ケン　宋 健　Song, Jian　宇宙工学者　中日友好協会会長　元・中国全国政協副主席,元・中国国務委員・国家科学技術委員会主任　⊕サイバネティックス論　⊕中国　⊕1931年12月29日　⊕1992／1996／2000／2004／2008／2012

ソウ・ケンキ　曽 建徽　Zeng, Jian-hui　元・中国国務院新聞弁公室主任　⊕中国　⊕1928年　⊕1996／2000

ソウ・ケンギ　曽 憲義　Ceng, Xiang-shun　法学者　中国人民大学法学院院長・教授　⊕中国　⊕1936年　⊕2004／2008

ソウ・ケンシ　曽 憲梓　Zeng, Xian-zi　企業家　金利来(遠東)有限公司董事長,香港中華総商会司庫　⊕香港　⊕1996

ソウ・ケンセイ　曽 健成　政治家　香港立法評議会議員　⊕香港　⊕2000

ソウ・ケンメイ　曹 建明　Cao, Jian-ming　法律家　中国最高人民検察院検察長(検事総長)　元・華東政法学院院長　⊕中国　⊕1955年9月　⊕2012

ソウ・ケンリン　曽 憲林　Zeng, Xian-lin　高級技師　中国軽工業相,中国共産党中央委員候補　⊕中国　⊕1929年　⊕1996

ソウ・コウ　曹 紅　香港国際集団総書　⊕中国近現代史　⊕香港　⊕1950年10月　⊕1996

ソウ・ゴウセン　曹 剛川　Cao, Gang-chuan　政治家,軍人　元・中国国防相,元・中国国家軍事委員会副主席,元・中国共産党政治局員・中央軍事副主席　⊕中国　⊕1935年12月　⊕2000／2004／2008／2012

ソウ・コウフ　曽 広富　Zeng, Guang-fu　軍人,元・パイロット　中国人民解放軍瀋陽軍区空軍副司令官,空軍少将　⊕中国　⊕1930年　⊕1996

ゾウ・コクカ　臧 克家　Zang, Ke-jia　詩人　中国人民政治協商会議全国委員会(全国政協)常務委員,中国作家協会顧問　⊕1905年10月8日　⊕1992／1996／2004

ソウ・コクタツ　宋 克達　軍人　中国人民解放軍瀋陽軍区政治委員,中将,中国共産党中央委員　⊕中国　⊕1928年　⊕1996

ソウ・サイイ　宗 才怡　実業家　中華航空社長　元・台湾経済部長(経済産業相)　⊕台湾　⊕2004／2008

ソウ・シ　曹 志　Gao, Zhi　政治家　全国人民代表大会(全人代)常務委員会副委員長　⊕中国　⊕1928年5月　⊕1996／2000／2004／2008

ソウ・シゲン　曹 思源　Cao, Si-yuan　経営コンサルタント　四通社会発展研究所所長　⊕中国　⊕2000

ソウ・シコウ　宋 之光　Song, Zhi-guang　外交官　元・駐日中国大使　⊕中国　⊕1917年　⊕2005年4月21日　⊕1992

ソウ・シコク　宋 志国　中国北方航空駐日総代表　⊕中国　⊕2000

ソウ・シュウホウ　曽 秀鳳　プロゴルファー　⊕台湾　⊕1968年2月5日　⊕2004／2008

ソウ・ジュウロウ　曽 重郎　Zeng, Zhong-lang　中国台湾民主自治同盟中央評議委員会副主席　⊕中国

ソウ・ジュヨウ　宋 儒耀　形成外科医　協和医科大学形成外科研究所所長,中華形成外科学会主席　⊕中国　⊕1914年　⊕1996

ソウ・シュンヨウ　曹 竣揚　登録名=ソウシュンヨウ　プロ野球選手(投手)　⊕台湾　⊕1976年3月29日　⊕2000／2004／2012

ソウ・ショウキ　曹 章祺　Cao, Zhang-qi　上海科技管理幹部学院教師　⊕日本語の発想,中日文化の相違　⊕中国　⊕1944年　⊕2000

ソウ・ショウジン　荘 詔仁　英語名=Chong,Brian　コンピューター技師　エイサー　⊕フィリピン　⊕1962年　⊕1996

ソウ・ショウホ　宋 祥甫　農学者　中国水稲研究所教授　⊕水稲　⊕中国　⊕1956年　⊕2004

ソウ・ショセイ　曽 曙生　Zeng, Shu-sheng　登山家　元・中国登山協会主席　⊕中国　⊕1938年　⊕2002年10月14日　⊕1996

ソウ・ジン　荘 任　ウーロン茶研究家　中国茶業学会栄誉理事,中国茶葉博物館顧問,福建省茶芸館顧問　⊕中国　⊕1916年　⊕1996

ソウ・ジンキュウ　宋 任窮　Song, Ren-qiong　本名=宋韵琴　別名=任勤　政治家,軍人　元・中国共産党政治局員・中央顧問委員副主任,元・上将　⊕中国　⊕1909年7月11日　⊕2005年1月8日　⊕1992(ソウ・ニンキュウ)／1996

ソウ・シンメイ　宋 振明　Sung, Chen-ming　元・中国石油工業相　⊕中国　⊕1990年6月13日　⊕1992

ソウ・シンレン　宋 心濂　Sung, Hsin-lien　軍人　元・台湾国家安全局長　⊕台湾　⊕1994年7月14日　⊕1996

ソウ・ズイショウ　宋 瑞祥　Song, Rui-xiang　元・中国地質鉱産相　⊕中国　⊕1939年　⊕1996／2000

ソウ・セイ　宋 清渭　軍人　中国人民解放軍済南軍区政治委員,中将,中国共産党中央委員　⊕中国　⊕1929年　⊕1996

ソウ・セイユウ　宋 世雄　TVスポーツ解説者　中央放送局主任アナウンサー　⊕中国　⊕1939年　⊕1996

ソウ・セキドウ　曹 石堂　別名=兵隊太郎　元・山西大学副教授　日本語で回想録を執筆した元中国人孤児　⊕中国　⊕2011年12月31日　⊕2004

ソウ・セツ　桑 雪　Sang, Xue　飛び込み選手　⊕中国　⊕1984年12月7日　⊕2004／2008

ソウ・ソクトウ　荘 則棟　Zhuang, Ze-dong　卓球選手　元・中国国家体育運動委員会主任(スポーツ相)　⊕中国　⊕1940年8月15日　⊕2013年2月10日　⊕1992／1996／2000

ソウ・ソユ　宋 楚瑜　Sung, Chu-yu　英語名=Soong,James　政治家　台湾親民党主席　元・台湾省長(国民党)　⊕台湾　⊕1942年3月16日　⊕1992／1996／2000／2004／2008／2012

ソウ・タイゲン　曹 大元　Cao, Day-uan　棋士　囲碁9段(中国棋院),覇王　⊕中国　⊕1962年1月26日　⊕1992／1996／2000

ソウ・タイボン　宋 大凡　Song, Dafan　四川省人民代表大会常務委員会副主任　⊕中国　⊕1930年　⊕1996

ソウ・タクキ　曹 沢毅　医学者　教授　元・中国衛生省次官　⊕中国　⊕1933年　⊕1996

ソウ・タクライ　宋 沢莱　本名=廖偉竣　作家　⊕台湾　⊕1952年　⊕2004

ソウ・タンケイ　宋 湛慶　Song, Zhan-qing　中国農業科学院農業遺産研究室副研究員　⊕農業科学技術史,古農書研究　⊕中国　⊕1928年　⊕1992

ソウ・チエン　荘 智淵　Chuan, Chih-yuan　卓球選手　⊕台湾　⊕1981年4月2日

ソウ・チュウ　宋 中　Sung, Chung　元・中華全国体育総会秘書長　⊕中国　⊕1989年9月21日　⊕1992

ソウ・チョウシ　宗 長志　Sung, Chang-chih　元・台湾国防部長　⊕台湾　⊕1916年　⊕1992

ソウ・テンセイ　曹 天生　Cao, Tian-sheng　中国人民解放軍蚌埠戦車学院教研部副主任　⊕徽州文化　⊕中国　⊕1953年　⊕2000

ソウ・トウ　曽 濤　Zeng, Tao　外交官　元・中国全国人民代表大会(全人代)常務委員会委員,元・新華社社長　⊕中国　⊕1914年　⊕1997年2月28日　⊕1996

ソウ・トクシュ　宗 徳珠　京劇俳優　⊕中国　⊕1984年7月31日　⊕1992

ソウ・トクヒツ　曹 徳弼　Cao, De-bi　慶応義塾大学理工学部教授　⊕経営工学　⊕中国　⊕1958年　⊕2008

ソウ・トクビン　宋 徳敏　Song, De-min　政治家　中国人民政治協商会議全国委員会(全国政協)秘書長　⊕中国　⊕1930年　⊕1996

ソウ・トクフク　宋 徳福　Song, De-fu　政治家　元・福建省共産党委書記　⊕中国　⊕1946年12月　⊕2007年9月13日　⊕1996／2000／2004

ソウ・バイエン　曽 培炎　Zeng, Pei-yan　政治家,高級技師　元・中国副首相,元・中国共産党政治局員　⊕中国　⊕1938年12月　⊕2000／2004／2008／2012

ソウ・ハク　宗 璞　旧名=馮鍾璞　筆名=任小哲,豊非　作家　『文

ソウ・ハクイツ 曹 伯一 Tsao, Po-i 字=瀾方 政治大学東洋研究所教授 国台湾 生1926年 没1992（ソウ・ハクイチ）／1996

ソウ・ビレイ 宋 美齢 Sung, Mei-ling 政治家 蒋介石台湾総統夫人 国台湾 生1898年2月12日 没2003年10月23日 掲1992／1996／1996

ソウ・ビンシ 曽 敏之 Zeng, Min-zhi 作家,編集者 香港作家連合会会長 国香港 掲1996

ソウ・ブンケン 曹 文軒 Cao, Wen-xuan 児童文学作家 北京大学教授 生1954年 掲2004

ソウ・ブンシュウ 宋 文洲 実業家,経済評論家 ソフトブレーンマネージメント・アドバイザー（創業者） 元・ソフトブレーン会長,元・インフォテリア社外取締役 国中国 生1963年6月25日 掲2004／2008／2012

ソウ・ブンチ 宋 文治 Song, Wen-zhi 山水画家 元・江蘇省国画院副院長 生1919年10月16日 掲1996

ソウ・ブンヒン 曽 文彬 外交官 駐長崎中国総領事館総領事 国中国 生1941年3月5日 掲2000

ソウ・ヘイ 桑 兵 Sang, Bing 中山大学孫中山研究所助教授 国中国 生1956年 掲1996

ソウ・ヘイ 宋 平 Song, Ping 政治家 元・中国共産党政治局常務委員 国中国 生1917年4月24日 掲1992／1996／2004／2008

ソウ・ヘキコウ 曽 碧光 Tsung, Pik-wang 漢方医学者 元・コネティカット大学助教授,元・セントエリザベス病院筋ジストロフィー主任研究員,元・米国漢方研究所所長 国米国 生1932年 掲2004／2008

ソウ・ホウカン 荘 逢甘 空気動力学者 中国航空学会副理事長,中国空気動力研究会理事長,中国科学技術協会副主席 専空気動力学 国中国 生1925年 掲1996

ソウ・ホウジ 叢 法滋 医師 国中国医学 国中国 生1936年 掲2008

ソウ・ボクブン 宋 木文 Song, Mu-wen 中国出版工作者協会主席,中国全国人民代表大会（全人代）代表 国中国 生1929年 掲2000

ソウ, マルガレッテ 宗, マルガレッテ So, Margareth 日伯のびる学園（日本語学校）園長 国ブラジル 掲1992／1996

ソウ・メイセイ 宋 明清 医師 成都運動創傷研究所主任医師 専龍形気功 国中国 掲1992／1996

ソウ・メイヨウ 荘 銘耀 Chuang, Ming-yao 外交官 元・亜東関係協会会長,元・台北駐日経済文化代表所代表,元・台湾国家安全会議秘書長 国台湾 生1929年11月16日 没2002年1月6日 掲2000

ソウ・メイリョウ 曽 明了 Zeng, Ming-liao 作家 国中国 生1956年 掲2000

ソウ・ユウセン 曽 佑瑄 Tun, Yu-xuan 画家,絵本作家 河北少年児童出版社低幼編集室主任 国中国 生1943年 掲1992／1996

ソウ・ライ 曹 磊 Cao, Lei 重量挙げ選手 北京五輪重量挙げ女子75キロ級金メダリスト 国中国 生1983年12月24日 掲2012

ソウ・リュウキョウ 曹 隆恭 Cao, Long-gong 中国農業科学院農業遺産研究室副研究員 専農業科学技術史（土壌肥料史,選種育種史,小麦栽培史） 国中国 生1932年 掲1992

ゾーヴァ, ミヒャエル Sowa, Michael 画家,イラストレーター 国ドイツ 生1945年 掲2000／2008／2012

ソヴァニャルグ, ジャン Sauvagnargues, Jean Victor 外交官,政治家 元・フランス外相 国フランス 生1915年4月2日 没2002年8月6日 掲1992（ソバニャルグ, ジャン）／1996（ソバニャルグ, ジャン）

ソーウェル, トマス Sowell, Thomas 経済学者 スタンフォード大学フーバー研究所ローズ・アンド・ミルトン・フリードマン上級研究員 国米国 掲2004／2008

ソウザ, アルナルド・フェレイラ・デ サッカー指導者,元・サッカー選手 元・室蘭大谷高校サッカー部監督 国ブラジル 生1959年 掲2000

ソウザ, エリア Souza, Helia 本名=Souza Pinto,Helia Rogerio de バレーボール選手 北京五輪バレーボール女子金メダリスト 国ブラジル 生1970年3月10日

ソウザ, エルベルト・ジ Sousa, Herbert De 社会学者 ブラジル社会経済問題研究所所長,ブラジル・エイズ学際協会会長 国ブラジル 掲1996

ソウザ, マルシオ Souza, Márcio 小説家,劇作家 国ブラジル 生1946年 掲1992／1996

ソウシュ 桑珠 登山家 国中国 生1953年 掲1996

ソウヒル, ジョン Sawhill, John C. 自然保護運動家 The Nature Conservancy (TNC) 会長 国米国 掲1996

ソウ・マウン Saw Maung 政治家 元・ミャンマー国家法秩序回復評議会（SLORC）議長・首相 国ミャンマー 生1928年12月5日 没1997年7月24日 掲1992／1996

ソウメイ 草明 Cao-Ming 本名=呉絢文 筆名=褚雅明 作家 国中国 生1913年6月15日 掲1992／1996

ソウヤー, ロバート Sawyer, Robert J. SF作家 国カナダ 生1960年 掲1996／2004／2008

ソウル, デービッド プロラグビー選手 国英国 生1962年5月8日 掲1992

ソガバレ, マナセ Sogavare, Manasseh 政治家 元・ソロモン諸島首相 国ソロモン諸島 生1954年 掲2008／2012

ソー・カム・コイ Sau Kham Khoy 政治家 元・カンボジア大統領代行 国カンボジア 生1915年 掲1992

ソー・キム・スワー ジャーナリスト 「プラチャーチヨン」（カンボジア人民革命党機関紙）初代編集長 国カンボジア 掲1992

ソギャル・リンポチェ チベット仏教指導者 リクパ（RIGPA）創始者 生1947年 掲1996／2000

ソーキン, アーロン Sokin, Aaron 脚本家,劇作家 国米国 生1961年 掲2012

ソク・ジュソン 石 宙善 檀国大学石宙善紀念民俗博物館館長 専韓国服飾史 国韓国 生1911年 掲2000

ソーク, ジョナス Salk, Jonas Edward ウイルス学者 元・ソーク生物科学研究所名誉教授 国米国 生1914年10月28日 没1995年6月23日 掲1992／1996

ソク・ミギョン 昔 美京 歌手 国韓国 生1967年12月26日 掲1996

ゾク・ユウ 粟 裕 Su, Yu 軍人 元・中国共産党中央顧問委常務委員,元・中国人民解放軍総参謀長（大将） 国中国 生1909年 没1984年2月5日 掲1992

ソク・ユンギ 石 潤基 Sok, Yun-gi 作家 元・北朝鮮最高人民会議議員,元・朝鮮作家同盟委員長,元・四・一五文学創作団団長 国北朝鮮 生1929年 没1989年4月28日 掲1992

ゾグ, レカ Zogu, Leka アルバニア国王ゾグ1世の嫡男 国アルバニア 生1939年4月5日 没2011年11月30日 掲2004

ソクア・ムー・レイパー Sochua Mu Leiper ソーシャルワーカー ケマラ代表者 国カンボジア 掲1996

ソクジュ Sokoudjou 格闘家,柔道選手 国カメルーン 生1984年4月18日 掲2008／2012

ソークブ, ジリ Soukup, Jiri コード・ファームス社長 国米国 掲2000

ソクラテス Sócrates 本名=ソクラテス・ブラジレイロ・サンパイオ・ジ・ソウザ・ビエイラ・ジ・オリベイラ サッカー選手,医師 国ブラジル 生1954年2月19日 没2011年12月4日 掲1996／2000／2004／2008

ソクラテス, ジョゼ Sócrates, José 本名=Sócrates Carvalho Pinto de Sousa,José 政治家 元・ポルトガル首相 国ポルトガル 生1957年9月6日 掲2008／2012

ソグロ, ニセフォール Soglo, Nicéphore 政治家 元・ベニン大統領 国ベニン 生1934年11月29日 掲1992／1996／2000

ソクーロフ, アレクサンドル Sokurov, Alexander 本名=ソクーロフ,アレクサンドル・ニコラエヴィチ 映画監督 国ロシア 生1951年6月14日 掲1992／1996／2000／2004／2008／2012

ソゲ, アンリ Sauguet, Henri 本名=ポプール,アンリ 作曲家 国フランス 生1901年5月18日 没1989年6月22日 掲1992

ソコイネ Sokoine, Edward Moringe 政治家 元・タンザニア首相 国タンザニア 生1938年 没1984年4月12日 掲1992

ソコロフ, ウラジーミル　Sokolov, Vladimir Evgenievich　動物学者　元・モスクワ大学教授, 元・国際哺乳動物学会長　国ロシア　⊕1928年2月1日　⊗1998年4月19日　⊛1992

ソコロフ, エフレム　Sokolov, Efrem E.　政治家　元・白ロシア共和国共産党第1書記　国ベラルーシ　⊕1926年4月25日　⊛1992／1996

ソコロフ, オレグ　Sokolov, Oleg Mikhailovich　外交官　元・駐韓国ソ連大使　国ロシア　⊕1937年4月17日　⊛1992／1996

ソコロフ, グリゴリー　Sokolov, Grigorii　本名＝Sokolov,Grigorii Lipmanovich　ピアニスト　国ロシア　⊕1950年4月18日　⊛1996／2012

ソコロフ, セルゲイ　Sokolov, Sergei Leonidovich　政治家, 軍人　元・ソ連国防相, 元・ソ連共産党政治局員候補　国ソ連　⊕1911年7月1日　⊗1985年3月　⊛1992

ソコロフ, ワレンチン　Sokolov, Valentin　詩人　国ソ連　⊗1984年11月初め　⊛1992

ソコロフスキー, ダン　Sokolowsky, Dan　カリフォルニア州立大学教授, アンティオケ大学名誉教授　⊖数学　国米国　⊕1924年　⊛1996

ソコロワ, ナタリア　Sokolova, Notaliya Viktorovna　作家, 批評家　国ソ連　⊕1916年　⊛1992

ソコロワ・デリューシナ, タチアナ　Sokolova-Delyushina, Tatyana Lyubovna　翻訳家, 日本文学研究家　「源氏物語」のロシア語完訳者　⊖源氏物語　国ロシア　⊕1946年　⊛1992（デリューシナ, タチアナ）／1996／2000／2004／2008

ソーサ, エドガル　Sosa, Edgar　プロボクサー　WBC世界フライ級シルバーチャンピオン　元・WBC世界ライトフライ級チャンピオン　国メキシコ　⊕1979年8月23日

ソーサ, オマール　Sosa, Omar　ジャズ・ピアニスト　国キューバ　⊕1965年4月10日　⊛2012

ソーサ, サミー　Sosa, Sammy　本名＝Sosa,Samuel Peralta　大リーグ選手（外野手）　⊕1968年11月12日　⊛2000／2004／2008／2012

ソーザ, パウロ　Sousa, Paulo　本名＝Sousa,Manuel Paulo　元・サッカー選手　国ポルトガル　⊕1970年8月30日　⊛1996（ソウザ, パウロ）

ソーサ, メルセデス　Sosa, Mercedes Haydée　フォルクローレ歌手　国アルゼンチン　⊕1935年　⊗2009年10月4日　⊛1992

ソーザ, ラウル　ピアニスト　国カナダ　⊛2000

ソサ, ルベン　Sosa, Ruben　サッカー選手（FW）　国ウルグアイ　⊕1966年4月25日　⊛2000

ソーシア, マイク　Scioscia, Mike　本名＝Scioscia,Michael Lorri　大リーグ監督, 元・大リーグ選手　国米国　⊕1958年11月27日　⊛1992／2004／2008／2012

ソシエ, マリオン　Saucier, Marion　⊖福沢諭吉の経済思想　国フランス　⊕1957年　⊛2004

ソージェンティ, ハロルド　Sorgenti, Harold A.　実業家　アーコ・ケミカル社長・最高経営責任者, フィラデルフィア管弦楽団理事　国米国　⊛1992

ソジャ, エドワード　Soja, Edward W.　地理学者　カリフォルニア大学ロサンゼルス校大学院公共政策社会調査研究科教授　国米国　⊕1940年　⊛2004／2008

ソス, ニール　Soss, Neal M.　エコノミスト　ファースト・ボストン社チーフ・エコノミスト　国米国　⊛1992

ソスキース, ジャネット・マーティン　Soskice, Janet Martin　宗教学者　ケンブリッジ大学神学部教授　国英国　⊛1996

ソスキン, ジュリー　Soskin, Julie　作家, 霊媒師　⊛2008

ソスコヴェツ, オレグ　Soskovets, Oleg Nikolaevich　政治家　元・ロシア第1副首相　国ロシア　⊕1949年5月11日　⊛1996（ソスコベツ, オレグ）／2000

ソーズマン, エリック　Salzman, Eric　音楽評論家, 作曲家　ニューヨーク大学教授　国米国　⊕1933年9月8日　⊛1996

ソーター, エリック　Sauter, Eric　作家　国米国　⊕1948年11月1日　⊛1996

ソダーノ, アンジェロ　Sodano, Angelo　カトリック枢機卿　ローマ法王庁国務省長官（首相）　国バチカン　⊕1927年　⊛1996

ソダーバーグ, スティーブン　Soderbergh, Steven　映画監督, 映画プロデューサー　国米国　⊕1963年1月14日　⊛1992／1996／2004／2008／2012

ソダミン, ルドルフ　Sodamin, Rudolf　料理人　キュナード社フード部門アシスタント・バイスプレジデント・コーポレート・シェフ　国オーストリア　⊕1958年　⊛1992

ソツォ, アーネスト　アフリカ民族会議（ANC）ボイパトン黒人居住区支部代表　国南アフリカ　⊕1928年　⊛1996

ゾッキ, キアラ　Zocchi, Chiara　作家　国イタリア　⊕1977年3月25日　⊛2000

ソッザーニ, フランカ　Sozzani, Franca　編集者　コンディナスト出版物編集長　国イタリア　⊛2000

ソッシィ, セルジョ　Sossi, Sergio　指揮者, 作曲家　元・桜美林大学名誉教授, 元・トウキョウプレイオペラ総監督　⊖オーケストラ, オペラ, コンサート, アンサンブル　国イタリア　⊕1931年7月15日　⊗2011年11月　⊛2000

ソットサス, エットレ（Jr.）　Sottsass, Ettore（Jr.）　デザイナー, 建築家　国イタリア　⊕1917年9月14日　⊗2007年12月31日　⊛1992／1996／2000／2004

ソーテ, クロード　Sautet, Claude　映画監督, 脚本家　国フランス　⊕1924年2月23日　⊗2000年7月22日　⊛1992／1996／2000

ソーデック, ヤン　Saudek, Jan　写真家　国チェコスロバキア　⊕1935年　⊛1996

ソテール, クリスチャン　Sautter, Christian　政治家, 経済学者, 日本研究家　パリ副市長　元・フランス蔵相　国フランス　⊕1940年4月9日　⊛2000／2004／2008

ソーデルバーグ, ベント・サーブ　国際民主選挙支援協会（IDEA）事務総長　国スウェーデン　⊛2000

ソデルリング, ロビン　Soderling, Robin　テニス選手　国スウェーデン　⊕1984年8月14日　⊛2012

ソト, ウンベルト　Soto, Humberto　プロボクサー　元・WBC世界ライト級チャンピオン, 元・WBC世界スーパーフェザー級チャンピオン　国メキシコ　⊕1980年5月11日

ソト, ギャリー　Soto, Gary　詩人, 児童文学作家　国米国　⊕1952年　⊛2000

ソト, ジョバニー　Soto, Geovany　大リーグ選手（捕手）　国プエルトリコ　⊕1983年1月20日　⊛2012

ソト, ダニー　Sautot, Dany　キュレーター　国フランス　⊛2000

ソト, ヘス・ラファエル　Soto, Jésus-Raphaël　彫刻家　⊖キネティック・アート　国ベネズエラ　⊕1923年6月5日　⊗2005年1月14日　⊛1992

ソドウ, マイケル　Sodeau, Michael　家具デザイナー　国英国　⊕1969年　⊛2000／2004／2008／2012

ソドガス, ライオネル　スピードスケート選手　国フランス　⊕1970年7月9日　⊛2000

ゾトケ, マティアス　Sodtke, Matthias　絵本作家, グラフィックデザイナー　国ドイツ　⊕1962年　⊛2000

ソートニク, ユーリー　児童文学作家　国ソ連　⊕1914年　⊛1992

ソトニコワ, アデリナ　Sotnikova, Adelina　フィギュアスケート選手　国ロシア　⊕1996年7月1日

ソドノム, ドマーギン　Sodnom, Dumaagiyn　政治家　モンゴル日本関係促進協会会長　元・モンゴル首相, 元・モンゴル人民革命党政治局員　国モンゴル　⊕1933年　⊛1992／1996／2008

ソドノム, ナムスライン　Sodnom, Namsrain　核物理学者　日本モンゴル合同ゴルバン・ゴル・プロジェクト最高責任者, モンゴル科学アカデミー総裁, モンゴル日本友好協会会長　国モンゴル　⊛1992

ゾートフ, O.K.　Zotov, O.K.　絵本作家　国ソ連　⊕1953年　⊗1984年　⊛1992

ソトマイヨール, ソニア　Sotomayor, Sonia　裁判官　米国連邦最高裁判事　国米国　⊛2012

ソトマヨル, ハビエル　Sotomayor, Javier　元・走り高跳び選手　国キューバ　⊕1967年10月13日　⊛1992／1996／2000／2004

ソナ　Sun Hwa　本名=ハンソナ　グループ名=Secret　歌手　[国]韓国　[生]1990年10月6日　[典]2012

ソナベント, イリアナ　画商　[国]米国　[典]1992／2000

ソニ, レベッカ　Soni, Rebecca　水泳選手(平泳ぎ)　北京五輪・ロンドン五輪競泳女子200メートル平泳ぎ金メダリスト　[国]米国　[生]1987年3月18日　[典]2012

ソーニエ, ナディヌ　Saunier, Nadine　絵本作家　[国]フランス　[生]1942年　[典]1996

ソネット, ディディエ　Sornette, Didier　理論物理学者　カリフォルニア大学ロサンゼルス校教授　[専]地球物理学　[国]フランス　[典]2008

ソネンフェルド, ジェフリー　Sonnenfeld, Jeffrey　職業コンサルタント　エモリー・ビジネス・スクール教授　[専]経営学　[国]米国　[生]1954年　[典]1996

ソ

ソネンフェルド, バリー　Sonnenfeld, Barry　映画監督, 映画撮影監督, CMディレクター　[国]米国　[生]1953年4月1日　[典]2000／2004／2008／2012

ソーバー, エリオット　Sober, Elliott　ウィスコンシン大学哲学科長　[専]哲学　[国]米国　[生]1948年　[典]2000

ゾーハー, ダナー　Zohar, Danah　物理学者　[国]米国　[典]2004

ソーバ, ドーン　Sova, Dawn B.　作家　モンクレア州立大学文学部準教授　[典]2008

ソーハインド, クリスピン　Sorhaindo, Crispin Anselm　政治家, 銀行家　元・ドミニカ大統領, 元・ドミニカ農業工業開発銀行会長　[国]ドミニカ　[生]1931年5月23日　[没]2010年1月10日　[典]1996／2000

ソバージュ, マルセル　作家, ジャーナリスト　[国]フランス　[没]1988年6月4日　[典]1992

ソバン, カール　国連貿易開発会議(UNCTAD)国際投資部長　[国]米国　[典]2000

ソバーン, マイケル　Sovern, Michael Ira　法律学者　サザビーズ・ホールディングス会長, ジャパン・ソサエティ(ニューヨーク)会長　元・コロンビア大学学長　[国]米国　[生]1931年12月1日　[典]1996／2004／2008／2012

ゾービ, マハムド・アル　Zoubi, Mahamoud al　政治家　元・シリア首相　[国]シリア　[生]1938年　[没]2000年5月21日　[典]1992(ズエビ, マハムド)／1996(ズエビ, マハムド)／2000(ズエビ, マハムド)

ソビエスキー, リリー　Sobieski, Leelee　女優　[国]米国　[生]1982年6月10日　[典]2004／2008／2012

ソビエゼク, ロバート　Sobieszek, Robert A.　キュレーター　ロサンゼルス郡美術館写真部門キュレーター　[国]米国　[典]2004

ソヒエフ, トゥガン　Sokhiev, Tugan　指揮者　トゥールーズ・キャピトル管弦楽団音楽監督　[国]ロシア　[生]1977年　[典]2012

ソビャニン, セルゲイ　Sobyanin, Sergei　本名=Sobyanin,Sergei Semenovich　政治家　モスクワ市長　元・ロシア副首相　[国]ロシア　[生]1958年6月21日　[典]2012

ソヒョン　Seo-hyun　グループ名=少女時代　歌手　[国]韓国　[生]1991年6月28日　[典]2012

ソビロフ, リショド　Sobirov, Rishod　柔道選手　北京五輪・ロンドン五輪柔道男子60キロ級銅メダリスト　[国]ウズベキスタン　[生]1986年9月11日

ソープ, イアン　Thorpe, Ian James　水泳選手(自由形)　シドニー五輪・アテネ五輪金メダリスト　[国]オーストラリア　[生]1982年10月13日　[典]2000／2004／2008／2012

ソープ, エリオット　Thorpe, Elliot R.　元・米国陸軍准将, 元・GHQ民間諜報局長　[国]米国　[没]1989年6月27日　[典]1992

ソープ, ケイ　Thorpe, Kay　ロマンス作家　[国]英国　[生]1935年　[典]1996

ソープ, ジェリー　Thorpe, Jerry　映画監督　[国]米国　[生]1930年　[典]1992

ソープ, ジェレミー　Thorpe, Jaremy　政治家　元・英国自由党党首　[国]英国　[生]1929年4月29日　[典]1992／1996

ソープ, スコット　Thorpe, Scott　コンサルタント　[国]米国　[典]2004

ゾフ, ディノ　Zoff, Dino　サッカー監督, 元・サッカー選手　元・サッカー・イタリア代表監督　[国]イタリア　[生]1942年2月28日　[典]2000／2004／2008

ソープ, ニック　Thorpe, Nick　考古学者　キング・アルフレッド大学講師　[専]先史時代のヨーロッパ　[国]英国　[典]2004

ソープ, マッケンジー　Thorpe, Mackenzie　画家　[国]英国　[生]1956年12月17日　[典]2008／2012

ソープ, リチャード　Thorpe, Richard　本名=Thorpe,Rollo Smolt　映画監督　[国]米国　[生]1896年2月24日　[没]1991年5月1日　[典]1992

ソフィスティ, ミケーレ　実業家　オメガ社社長　[国]イタリア　[典]2000

ソフィー妃　Sophie　旧名=リースジョーンズ, ソフィー　称号=ウェセックス伯爵夫人　エドワード英国王子夫人　[国]英国　[生]1965年1月20日　[典]2000／2012

ソフィヤンスキー, ステファン　政治家　ソフィア市長, ブルガリア民主勢力同盟(UDF)副議長　[国]ブルガリア　[典]2000

ソフィラス, マーク　Sofilas, Mark　デザイナー, イラストレーター　[国]オーストラリア　[生]1961年　[典]2008

ソプウィズ, トーマス　Sopwith, Thomas Octavius Murdock　航空機設計者　元・ホーカー・シドレー社終身名誉会長　[国]英国　[生]1888年1月18日　[没]1989年1月27日　[典]1992

ソフェー, アバラハム　俳優　[国]米国　[没]1988年1月21日　[典]1992

ソプコ, オイゲン　Sopko, Eugen　絵本作家, イラストレーター　[生]1949年　[典]1992／1996／2000

ソプシッツ, アーパド　Sopsits, Arpád　映画監督　[国]ハンガリー　[生]1952年　[典]1992／2004(ショプシッツ, アールパード)

ソフトリー, イアン　Softley, Iain　映画監督　[国]英国　[生]1956年10月28日　[典]1996／2000／2004

ソブフザ2世　Sobhuza II　元・スワジランド国王　[国]スワジランド　[生]1899年　[没]1982年8月21日　[典]1992

ソブラン, ジョーゼフ　Sobran, Joseph　コラムニスト, ラジオコメンテーター　[国]米国　[生]1946年　[典]2004

ソブリノ, ジョン　Sobrino, Jon　神学者, 司祭　ホセ・シモンセ・カニャ中米大学修士課程長, ロメロ司教センター所長, 「ラテン・アメリカ神学雑誌」共同主幹, 「インディアスへの手紙」(司牧刊行物)主幹　[国]スペイン　[生]1938年12月27日　[典]1996

ソブリノ, ハビエル　Sobrino, Javier　児童文学作家, 小学校教師　[国]スペイン　[生]1960年　[典]2012

ソブール, アルベール　Soboul, Albert　歴史家　元・パリ大学教授　[専]フランス革命史　[国]フランス　[生]1914年4月27日　[没]1982年　[典]1992／1996

ソーブル, デービッド　Sobel, David　カイザー・パーマネント・メディカル・ケアー・プログラム患者教育・健康増進局長, カイザー・パーマネント・メディカル・センター予防医学部長　[国]米国　[典]1992／1996

ソフロニツキー, ヴィヴィアナ　Sofronitsky, Viviana　ピアニスト　[典]2012

ソーベ, ジャンヌ　Sauvé, Jeanne　政治家　元・カナダ総督, 元・カナダ下院議長　[国]カナダ　[生]1922年4月26日　[没]1993年1月26日　[典]1992／1996

ソベル, アラン　Sobel, Alan　「Journal of the Society for Information Display」編集長　[専]ディスプレー製品研究　[国]米国　[典]2000

ソベル, デーバ　Sobel, Dava　科学ジャーナリスト　[国]米国　[典]2004

ソベル, マーク　Sobell, Mark G.　ソベル・アソシエーツ社長　[国]米国　[典]1996

ソベル, ミロ　Sobel, Milo　経営指導者, 経営コンサルタント　ニューヨーク・インスティテュート・オブ・ファイナンス　[国]米国　[典]2000

ソーベル, ロバート　Sobel, Robert　経営学者　ホフストラ大学　[典]2004

ソポアンガ, サウファツ　Sopoanga, Saufatu　政治家　元・ツバル首相・外相・労相　[国]ツバル　[生]1952年2月22日　[典]2004／2008

ゾボスキー, マリオン　Zoboski, Marion　白百合女子大学講師　[専]演劇　[国]カナダ　[典]2004

ソボリッチ, ベーラ　Szobolits, Bela　映画監督　[国]ハンガリー

ソボール, エドワール　ロシア沿海州駐日事務所代表　国フランス　没1992／1996

ソボル, ジョシュア　劇作家　国イスラエル　生1939年　没1996

ソボル, ドナルド　Sobol, Donald J.　児童文学作家　国米国　生1924年　没2012年7月11日　没2008

ソボレフ, セルゲイ　Sobolev, Sergei Lvovich　数学者　国ソ連　生1908年10月6日　没1989年1月3日　没1992

ソボレワ, ニーナ　Soboleva, Nina　ドキュメンタリー映像製作者　国ソ連　没1992

ソホロビッチ, オギニャン　ボブスレー選手　国ボスニア・ヘルツェゴビナ　没2000

ソホロビッチ, ゾラン　ボブスレー選手　国ボスニア・ヘルツェゴビナ　没2000

ソーマー, スティーブ　Sohmer, Steve　作家,映画制作会社経営者　国米国　生1941年　没1996／2000

ソマー, フレデリック　写真家　国米国　生1905年　没1996

ソマ・サミ　警察官（刑事）　国シンガポール　没1996

ソマーズ, ジェフリー　古書店主　国英国　生1936年　没1992

ソマーズ, スザンヌ　Somers, Suzanne　本名=Mahoney,Suzanne　女優　国米国　生1946年10月16日　没2000

ソマーズ, スティーブン　Sommers, Stephen　映画監督,脚本家　国米国　生1962年　没2004／2008

ソマーズ, ビバリー　Sommers, Beverly　ロマンス作家　国米国　没1992

ソマック, デニー　Somach, Denny　ラジオプロデューサー　国米国　没1992

ソマビア, フアン　Somavia, Juan O.　外交官　国際労働機関（ILO）事務局長　元・国連大使　国チリ　生1941年4月21日　没2000／2008／2012

ソマヤジュル, チャガンティ　Somayajulu, Chaganti　筆名=Cha So　作家　国インド　生1915年　没1996

ソマルガ, コルネーリオ　Sommaruga, Cornelio　外交官　元・国際赤十字委員会（ICRC）委員長　国スイス　生1932年12月29日　没1992／1996／2000

ソマレ, マイケル　Somare, Michael Thomas　政治家　元・パプアニューギニア首相　国パプアニューギニア　生1936年4月9日　没1992／2000／2004／2008／2012

ソマン, ジャン・フランソワ　Somain, Jean-François　作家, 外交官　在日カナダ大使館参事官　国カナダ　生1943年4月　没1996

ソムサク・チュートー　Somsakdi Xuto　元・タイ国立開発行政研究所所長　国際関係論　国タイ　生1930年　没1992（ソムサック・チュートー）／1996

ソムサック・ウォンラット　作家　国タイ　没1992

ソムサック・テームブンラートチャイ　タマサート大学経済学部準教授　国際経済学　国タイ　生1942年　没1996

ソムジット・ジョンジョホール　Somjit Jongjohor　ボクシング選手　北京五輪ボクシング・フライ級金メダリスト　国タイ　生1975年1月19日　没2012

ソームズ, クリストファー　Soames, Christopher　政治家　元・英国農相　ソームズ事件の立役者　国英国　生1920年10月12日　没1992

ソムチャイ・ウォンサワット　Somchai Wongsawat　政治家,法律家　元・タイ首相　国タイ　生1947年8月31日　没2012

ソムチャイ・ケスリチャート　バン・エイジア（1981）社会長　国タイ　没1992

ソムトウ, S.P.　Somtow, S.P.　本名=ソムトウ,パピニアン・スチャリトクル　別筆名=ソムトウ・スチャリトクル　作家,作曲家　国タイ　生1952年　没1992（ソムトウ・スチャリトクル）／2012

ソムポップ・ジュントラカ　児童売買春防止活動家　娘達と地域の開発教育プログラム（DEPDC）ディレクター　国タイ　生1957年　没1996／2004

ソムラー, クリスタ　アーティスト　国オーストリア　生1964年　没2000

ソムラック・カムシン　Somluck Kamsing　別名=ブムランレック　ボクシング選手　国タイ　没2000／2004

ソムラック・パンティブン　陶芸家　国タイ　没1992

ソムンタク　Seomoontak　本名=李受律　漢字名=西門卓　歌手　国韓国　生1978年3月3日　没2008

ゾー・モウ　Zaw Moe　プロゴルファー　国ミャンマー　生1967年6月27日　没2004／2008

ソモサ, ホセ・カルロス　Somoza, José Carlos　作家　生1959年　没2008／2012

ソモサ・デバイレ, アナスタシオ　Somoza Debayle, Anastasio　軍人,政治家　元・ニカラグア大統領　国ニカラグア　生1925年12月5日　没1980年9月17日　没1992

ソモルジャイ, ガボール　Somorjai, Gabor Arpad　化学者　カリフォルニア大学バークレー校教授　国表面科学,触媒化学　国米国　生1935年5月4日

ソーモワ, アリーナ　Somova, Alina　バレリーナ　マリインスキー・バレエ団セカンド・ソリスト　国ロシア　生1985年　没2008／2012

ソーヤー, エーモス　Sawyer, Amos　政治家　リベリア暫定大統領　国リベリア　没1996／2000

ソーヤー, コリン・ホルト　Sawyer, Corinne Holt　ミステリー作家　国米国　没2004／2012

ソーヤー, ダイアン　Sawyer, Diane　ジャーナリスト,ニュースキャスター　国米国　生1945年12月22日　没2008／2012

ソーヤー, フランク　Sawyer, Frank　釣り師　ニンフ・フィッシング　国英国　生1906年　没1980年4月　没1992

ゾヤ, ルイジ　医師　分析心理学　国イタリア　没1992

ソヨン　Soyeon　グループ名=T-ara　歌手　国韓国　生1987年10月5日　没2012

ズラー, アイェレット　Zurer, Ayelet　女優　国イスラエル　生1969年　没2012

ゾラ, ジャンフランコ　Zola, Gianfranco　元・サッカー選手　国イタリア　生1968年7月5日　没2000／2004／2008

ゾラ, マリオン　Zola, Marion　詩人,シナリオライター　国米国　没1992

ソラス, ウンベルト　Solás, Humberto　映画監督　国キューバ　生1942年12月　没2008年9月17日　没1992

ソラーズ, スティーブン　Solarz, Stephen Joshua　政治家　元・米国下院外交委員会アジア・太平洋問題小委員会委員長,元・米国下院議員（民主党）　国米国　生1940年9月12日　没2010年11月29日　没1992／1996／2000

ゾラディ, マーク　Zoradi, Mark　実業家　ウォルト・ディズニー・スタジオ社長　国米国　没2012

ソラナ, ハビエル　Solana, Javier　本名=ソラナ・マダリアガ,ハビエル　政治家,物理学者　元・EU共通外交安全保障上級代表,元・北大西洋条約機構（NATO）事務総長,元・スペイン外相　国スペイン　生1942年7月14日　没1996／2000／2004／2008／2012

ソラナ, フェルナンド　Solana Morales, Fernando　政治家　メキシコ文相　国メキシコ　生1931年2月8日　没1992／1996

ソラナス, アントニー　Solanas, Antoni　建築家　国スペイン　生1946年　没1996

ソラナス, フェルナンド　Solanas, Fernando E.　映画監督　国フランス　生1936年2月16日　没1996

ソラーノ, ノルベルト　Solano, Nolberto　本名=ソラーノ,ノルベルト・トドコ　サッカー選手（MF）　国ペルー　生1974年12月12日　没2008

ソラバン, ユージン・C.　香港観光協会理事長　生1941年　没1992

ソラ・モラーレス, イグナシ・デ　Solà-Morales, Ignasi de　建築家　バルセロナ建築大学理論・歴史科主任教授　国スペイン　生1942年　没1996

ソラヤ　Soraya　歌手　国米国　没2000

ソリ, R.　Solari, R.　画家　国フランス　生1944年　没1992

ソラーリ, サンチアゴ　Solari, Santiago　サッカー選手（MF）

ソラリ　　　　　　　　　　　　　　現代世界人名総覧

　　国アルゼンチン　生1976年10月7日　登2000

ソラリ, ホルヘ　Solari, Jorge　本名=ソラリ,ホルヘ・ラウル　サッカー監督　元・横浜マリノス監督　国アルゼンチン　生1943年11月11日　登1996

ソランキ, マダブシン　Solanki, Madhavsinh　政治家　元・インド外相　国インド　生1927年7月29日　登1992／1996

ソリアーノ, アルフォンソ　Soriano, Alfonso　本名=Soriano, Alfonso Guilleard　大リーグ選手(外野手)　国ドミニカ共和国　生1976年1月7日　登2000／2004／2008／2012

ソリアノ, アンドレス(3世)　Soriano, A.(III)　実業家　ソリアノグループ代表　国フィリピン　生1951年　登2000

ソリィ・バンバ　Sorry Bamba　グループ名=カナガ　音楽家　国マリ　生1938年　登1996

ソリキン, ワレリー　Zorkin, Valerii D.　法律家,法学者　元・ロシア憲法裁判所長官　国ロシア　生1943年　登1996

ゾリグ, サンジャースレンギン　Zorig, Sanjaasurengiin　政治家　元・モンゴル社会基盤開発相代行,元・モンゴル民主連盟議長　国モンゴル　生1962年4月20日　没1998年12月2日　登1992／1996（ゾリッグ,サンジャースレンギィーン）

ソリス, オドラニエル　Solis, Odlanier　本名=Solis Fonte,Odlanier　プロボクサー　IBFインターコンチネンタルヘビー級チャンピオン　アテネ五輪ボクシング・ヘビー級金メダリスト　国ドイツ　生1980年4月5日　登2008

ソリヤノ, アンドレス(Jr.)　元・サンミゲル・ビール社(フィリピン)社長　国米国　生1926年5月　没1984年3月18日　登1992

ソーリン, ダニエル　Solin, Daniel　コンピューター技術者　ソーリン・リナックス・コンサルティング社長　登2004

ゾーリン, ワレリアン　Zorin, Valerian Alekandrovich　元・ソ連国連代表　国ソ連　生1902年　没1986年1月14日　登1992

ソル　SOL　本名=トンヨンベ　グループ名=BIGBANG　歌手　国韓国　生1988年5月18日　登2012

ソル・ウンド　雪 雲道　本名=李英春　歌手　国韓国　生1958年6月23日　登1996／2004

ソル・ギヒョン　薛 琦鉉　Seol, Ki-hyeon　サッカー選手(FW)　国韓国　生1979年1月8日　登2004／2008／2012

ソル・ギョング　Sol, Kyung-gu　漢字名=薛景求　俳優　国韓国　生1968年5月1日　登2004／2008／2012

ソル・グックファン　薛 国煥　Seol, Kook-hwan　実業家　大韓旅行社名誉会長　国韓国　生1918年8月24日　登2004

ソール, ジョン　Saul, John　作家　国米国　登1992／1996／2000／2012

ソール, ジョン・ラルストン　Saul, John Ralston　作家　国カナダ　生1947年　登2000

ソル・ソンウン　偰 松雄　Seol, Song-woong　政治家　韓国国会議員(新千年民主党)　国韓国　生1942年8月10日　登2004

ソル・ソンギョン　薛 盛璟　文学者　延世大学国語国文学科教授　専韓国古典文学　国韓国　生1944年　登2004

ソル, タキディーン　Solh, Takiddin　政治家　元・レバノン首相　国レバノン　生1909年　没1988年11月27日　登1992(スルフ)

ソール, テリー・アン　Sole, Terri-anne　英語教師　国ニュージーランド　登2008

ソール, ハリー　スマートバレー公社理事　国米国　登2000

ソル・フン　薛 勲　政治家　韓国国会議員(国民会議),韓国新政治国民会議企画調整委員長　国韓国　生1953年　登2000

ソール, レナート　Soru, Renato　実業家　ティスカリ創業者　国イタリア　生1957年8月16日　登2004／2008／2012

ソール, ロジャー　Saul, Roger　デザイナー　マルベリーCEO　国英国　生1950年　登1996／2004

ゾルコーヴィ, ロビン　Szolkowy, Robin　フィギュアスケート選手(ペア)　バンクーバー五輪フィギュアスケート・ペア銅メダリスト　国ドイツ　生1979年7月14日

ソルサ, カレビ　Sorsa, Kalevi　本名=ソルサ,タイスト・カレビ　政治家　元・フィンランド首相・外相,元・フィンランド国会議長　国フィンランド　生1930年12月21日　没2004年1月16日　登1992／1996／2000

ゾルザ, ビクター　Zorza, Victor　共産圏問題評論家　国英国　生1925年　登1992

ゾルジ, アルヴィーゼ　Zorzi, Alvise　著述家　元・ヨーロッパ放送連盟副会長　国イタリア　登1996

ゾルジ, アンドレア　元・バレーボール選手　国イタリア　生1965年7月29日　登1992／1996／2000

ソルジェニーツィン, アレクサンドル　Solzhenitsin, Aleksandr Isaevich　作家　国ロシア　生1918年12月11日　没2008年8月3日　登1992／1996／2000／2004／2008

ソールズベリー, ジョン　Salisbury, John　作家　国英国　登1992

ソールズベリー, ハリソン・エバンス　Salisbury, Harrison Evans　ジャーナリスト　元・「ニューヨークタイムズ」記者　国米国　生1908年11月14日　没1993年7月5日　登1992／1996

ソルター, アンナ　Salter, Anna C.　作家,司法心理学者,セラピスト　国米国　登2008／2012

ソルター, ジェームズ　Salter, James　作家　国米国　登1992

ソルター, ピーター　建築家　イースト・ロンドン大学建築学部長　国英国　生1947年

ソルター, マイケル　Salter, Michael G.　イーエムシージャパン社長,EMCコーポレーションアジアグループ副社長　国米国　生1936年　登2000

ソルターズ, スティーブン　Salters, Stephen　バリトン歌手　国米国　登2000

ソルダーティ, マリオ　Soldati, Mario　作家,映画監督　国イタリア　生1906年　登1992

ソルタニ, ホシネ　Soltani, Hocine　元・プロボクサー　国フランス　登2000

ゾルターン, シュディ　Zoltan, Sudy　外交官　元・駐日ハンガリー大使　国ハンガリー　登2000／2012

ソルテー, イヴォンヌ　Sortais, Yvonne　数学者　国フランス　生1947年　登2004

ソルテー, ルネ　Sortais, René　数学者　国フランス　生1947年　登2004

ゾルテス, シュテファン　Soltesz, Stefan　指揮者　エッセン歌劇場総裁・音楽総監督　国ハンガリー　生1949年1月6日　登2012

ソルト, ウォルド　脚本家　国米国　没1987年3月7日　登1992

ソルニック, ブルーノ　Solnik, Bruno　高等商業大学(フランス)教授　専国際投資　生1944年　登1992

ソルハイム, カーステン　Solheim, K.　実業家　元・カーステン社長　国米国　生1911年　没2000年2月16日　登1996

ソルバーグ, カール　Solberg, Carl　ジャーナリスト,元・軍人　元・「タイム」記者　国米国　登2000

ソルビーノ, ミラ　Sorvino, Mira　女優　国米国　生1968年9月28日　登2000／2004／2008／2012

ゾルビブ, ジャン・ダビッド　ランセル輸出部門担当　国フランス　登2000

ゾルブラッド, レオン　Zolbrod, Leon Max　日本文学研究家　元・アメリカ・カナダ大学連合日本研究センター所長　専近世日本文学　国カナダ　生1930年　没1991年4月15日　登1992(ゾルブロッド,レオン)

ソルベック, ジョン　ジョージ・キースカンパニー会長　国米国　生1952年　登1992

ソルベルグ, エルナ　Solberg, Erna　政治家　ノルウェー首相　国ノルウェー

ソルベルグ, ペター　Solberg, Petter　ラリードライバー　国ノルウェー　生1974年11月18日　登2004／2008／2012

ソルベルグ・ハッテスタ, トリーネ　Solberg-Hattestad, Trine　やり投げ選手　国ノルウェー　生1966年4月28日　登2004

ソルマン, ギー　Sorman, Guy　ジャーナリスト,経済学者　元・パリ政治学院教授　専ODA(政府開発援助)問題　国フランス　生1944年　登1992(ギー,ソルマン／ソルマン,ギー)／1996／2004／2012

ソルヤン, ハミド　Soryan, Hamid　本名＝Soryan Reihanpour, Hamid Mohammad　レスリング選手（グレコローマン）　ロンドン五輪レスリング男子グレコローマン55キロ級金メダリスト　⚑イラン　⚓1985年8月24日

ソレ, アラン　パリ裁判所予審判事　⚒1992

ソレ, カルメ　イラストレーター　⚑スペイン　⚓1944年　⚒1996

ソーレ, ドメニコ・デ　Sole, Domenico De　実業家　元・グッチ・グループ社長・CEO　⚑イタリア　⚒2004／2008

ソレイタ, トニー　Solaita, Tony　本名＝ソレイタ, トリア　大リーグ選手　⚑米国　⚓1947年1月15日　⚔1990年2月10日　⚒1992

ソレイマン, ユージン　Souleiman, Eugene　ヘアデザイナー　ビダル・サスーン・ヘアスタイリスト　⚑英国　⚓1961年　⚒2004

ソレスク, マリン　Sorescu, Marin　詩人, 劇作家　⚑ルーマニア　⚓1936年2月19日　⚔1996年12月8日　⚒1992

ソーレム, フィル　グループ名＝レンブランツ　歌手　⚑米国　⚒1996

ソレリ, パオロ　Soleri, Paolo　建築家　元・コサンティ財団主宰　⚑米国　⚓1919年6月21日　⚔2013年4月9日　⚒1992

ソレル, マーティン　Sorrell, Martin　実業家　WPP代表取締役　⚑英国　⚓1945年2月14日　⚒2004／2008／2012

ソレル, ルネ　演劇評論家　⚑フランス　⚓1909年　⚔1988年1月12日　⚒1992

ソレルス, フィリップ　Sollers, Philippe　本名＝ジョワイヨー, フィリップ　作家　⚑フランス　⚓1936年11月28日　⚒1992／1996／2000／2004／2008／2012

ソレルチンスキー, ドミトリー　Sollertinskii, Dmitrii Ivanovich　音楽評論家　サンクトペテルブルク・フィルハーモニー大ホール支配人　⚑ロシア　⚓1939年9月　⚒1996

ソレンスタム, アニカ　Sorenstam, Annika　元・プロゴルファー　⚑スウェーデン　⚓1970年10月9日　⚒2000／2004／2008／2012

ソレンスタム, シャーロッタ　Sorenstam, Charlotta　プロゴルファー　⚑スウェーデン　⚓1973年4月16日　⚒2004

ソーレンセン, ソーレン　グルンドフォスポンプ社長　⚑デンマーク　⚒1996／2000

ソレンソン, マリリン　Sorensen, Marilyn J.　臨床心理学者　セルフエスティーム研究所所長　⚑米国　⚒2004

ソレンソン, ラルフ　Sorenson, Ralph Z.　流通科学大学特別教授, バブソン大学名誉学長, コロラド大学名誉教授　元・バリーライトCEO　⚑起業家プログラム　⚑米国　⚓1933年　⚒2004

ゾロ, ポール　Zollo, Paul　シンガーソングライター, 作家　「Song Talk」記者　⚑米国　⚓1958年　⚒2004

ソロー, ロバート　Solow, Robert Melton　経済学者　マサチューセッツ工科大学名誉教授　⚑経済理論　⚑米国　⚓1924年8月23日　⚒1992／1996／2000／2004

ソロヴィヨフ, A.I.　Soloviev, A.I.　考古学者　ソ連科学アカデミー研究所員　⚑古墳　⚑ソ連　⚒1992（ソロビヨフ, A.I.）

ソロヴィエフ, ニコライ　Soloviev, Nikolai Nikolaevich　外交官　元・駐インドネシアロシア大使, 元・駐日ソ連大使　⚑ロシア　⚓1931年11月29日　⚔1998年9月29日　⚒1992（ソロビヨフ, ニコライ）／1996（ソロビヨフ, ニコライ）

ソロヴィヨフ, ユーリー　Soloviev, Yurii Filippovich　政治家　元・ソ連共産党政治局員候補, 元・レニングラード州党第1書記　⚑ソ連　⚓1925年8月20日　⚒1992（ソロビヨフ, ユーリー）

ソロヴィヨフ, ユーリー　Soloviev, Yurii Borisovitch　工業デザイナー　ソ連デザイナー協会長　⚑ソ連　⚓1920年　⚒1992（ソロビヨフ, ユーリー）／1996（ソロビヨフ, ユーリー）

ソロウーヒン, ウラジーミル　Soloukhin, Vladimir Alekseevich　詩人, 作家　⚑ソ連　⚓1924年6月14日　⚒1992

ソローキン, ウラジーミル　Sorokin, Vladimir　本名＝Sorokin, Vladimir Georgievich　作家, 脚本家, 劇作家　⚑ロシア　⚓1955年8月7日

ソログッド, サイモン　ファッションデザイナー　⚑英国　⚓1966年　⚒2000

ソロス, ジョージ　Soros, George　本名＝シュバルツ, ゲルジー　投資家, 慈善活動家　ソロス・ファンド・マネジメント会長, オープン・ソサエティ協会(OSI)代表　⚑米国　⚓1930年8月12日　⚒1996／2000／2004／2008／2012

ゾロタス, クセノフォン　Zolotas, Xenophon　政治家, 経済学者　元・ギリシャ首相, 元・ギリシャ中央銀行名誉総裁　⚑ギリシャ　⚓1904年3月26日　⚔2004年6月10日　⚒1992

ソロタレフ, グレゴワール　Solotareff, Grégoire　絵本作家　⚑エジプト　⚓1953年　⚒1992／2004

ゾロトウ, シャーロット　Zolotow, Charlotte　児童文学作家・編集者　⚑米国　⚓1915年　⚒2004／2008

ソローニュ, マドレーヌ　Sologne, Madeleine　女優　⚑フランス　⚓1912年10月27日　⚔1995年3月31日　⚒1996

ソロビヨフ, ウラジーミル　エンジニア, 元・宇宙飛行士　国際宇宙船ロシア管制センター所長　⚑ロケットエンジン　⚑ロシア　⚒2004／2008

ソローミン, ユーリー　Solomin, Yury　本名＝ソローミン, ユーリー・メフォディエヴィチ　演出家, 俳優　マールイ劇場芸術監督　元・ロシア文化相　⚑ロシア　⚒1996／2012

ソロムコ, マイケル　Solomko, Mikel　元・プロ野球選手　イージーウェア社長　⚑米国　⚓1936年　⚒1992

ソロメンツェフ, ミハイル　Solomentsev, Mikhail Sergeevich　政治家　元・ソ連共産党政治局員・統制委議長　⚑ソ連　⚓1913年11月7日　⚒1992／1996

ソロモン, R.C.　Solomon, Robert C.　「信頼」の研究―全てのビジネスは信頼から」の著者　⚒2008

ソロモン, アンドルー　Solomon, Andrew　作家　「ニューヨーカー」ライター　⚑米国　⚒2004

ソロモン, コートニー　Solomon, Courtney　映画監督　⚑カナダ　⚓1970年　⚒2004

ソロモン, ジョナサン　Solomon, Jonathan Hilali Moïse　実業家　ケーブル・アンド・ワイヤレス(C&W)対日アジア顧問　⚑英国　⚓1939年3月3日　⚒2000

ソロモン, デービッド　Solomon, David A.　ソフトウェアエンジニア　デービッド・ソロモン・エキスパート・セミナーズ代表　⚒2004

ソロモン, バート　Solomon, Burt　ジャーナリスト　「ナショナル・ジャーナル」誌記者　⚑米国　⚓1948年　⚒1996

ソロモン, ベン　Solomon, Ben K.　聖書考古学研究家　⚑イスラエル　⚓1930年　⚒2000

ソロモン, マーティン　Solomon, Martin K.　コンピュータ科学者　フロリダ大西洋大学助教授　⚑データベース　⚒2004

ソロモン, メイナード　Solomon, Maynard　本名＝Solomon, Maynard Elliott　音楽ディレクター, 著述家　エール大学客員教授　⚑米国　⚓1930年　⚒1996／2000

ソロモン, ラッセル　Solomon, Russell M.　MTS社社長　⚑米国　⚓1925年　⚒1992

ソロモン, リチャード　Solomon, Richard Harvey　米国平和研究所所長　元・米国国務次補　⚑米国　⚓1937年6月19日　⚒1992／1996／2000

ソロモンズ, デービッド　Solomons, David　ペンシルベニア大学ワートン校アーサーヤング会計学名誉教授　⚑会計学　⚑米国　⚓1912年　⚒1992

ソロングト・バ・ジグムド　漢字名＝索倫古特・巴・吉格木徳　内蒙古医学院助教授・中蒙医学部基礎理論室主任　⚑モンゴル医学史　⚑中国　⚓1938年　⚒1996

ソロンド, ゴンサロ　Sorondo, Gonzalo　サッカー選手(DF)　⚑ウルグアイ　⚓1979年10月9日　⚒2004／2008

ソーワマン, スチュアート　Sjouwerman, Stuart　コンピュータ技術者　Sunbelt Software社長,「W2Knews」編集者　⚑米国　⚒2004

ソン・アリ　宋アリ　Song, Aree　プロゴルファー　⚑韓国　⚓1986年5月1日　⚒2008

ソン・イェジン　Son, Ye-jin　本名＝ソンオンジン　漢字名＝孫芸珍　女優　⚑韓国　⚓1982年1月11日　⚒2008／2012

ソン・イホン　孫 維本　中国共産党中央委員　元・中国共産党黒龍江省委員会書記,元・黒龍江省人民代表大会常務委員会主任　国中国　生1928年　没1996/2000

ソン・イルグク　Song, Il-kook　漢字名=宋一国　俳優　国韓国　生1971年10月1日　没2008/2012

ソン・イルゴン　Song, Ir-kon　映画監督　国韓国　生1971年　没2008/2012

ソン・イルソプ　宋 日燮　プロ野球コーチ　国韓国　生1959年8月17日　没1996

ソン・イルホ　宋 日昊　Song, Il-ho　外交官　朝日国交正常化交渉担当大使　国北朝鮮　生1955年4月　没2008/2012

ソン・インサン　宋 仁相　東洋ナイロン会長　国韓国　生1914年3月6日　没1996

ソン・インシル　孫 仁実　韓国赤十字社副総裁,興士団理事　国韓国　生1917年8月21日　没1996

ソン・インホ　宋 仁鎬　プロ野球選手(内野手)　国韓国　生1968年11月27日　没1996

ソン・ウォンヒ　宋 媛熙　作家　国韓国　生1927年9月3日　没1996

ソン・ウヘ　宋 友恵　作家　国韓国　没1996

ソン・ウン　宣 勇　Seon, Woong　児童文学作家,童謡作家　国際青少年文化交流会会長　国韓国　生1942年5月11日　没2004/2008

ソン・ウンセン　孫 運璿　Sun, Yun-hsuan　政治家　元・台湾行政院院長　国台湾　生1913年11月11日　卒2006年2月15日　没1992/1996

ソン・ウンハン　宗 云漢　Song, Un-han　実業家　コリアナ化粧品代表理事社長　国韓国　生1939年3月25日　没1996

ソン・エイケツ　孫 英傑　Sun, Ying-jie　陸上選手(長距離)、マラソン選手　国中国　生1979年1月19日　没2008/2012

ソーン, エイミー　Sohn, Amy　作家,コラムニスト　国米国　没2004

ソン・エリック　中国名=孫耀威　歌手　国香港　没2000

ソン・オクヒ　成 玉姫　Seong, Ok-hee　工芸家　国繊維工芸　国韓国　生1935年4月10日　没2004

ソン・カ　孫 歌　Sun, Ge　政治思想史研究者　中国社会科学院文学研究所研究員　国日本政治思想史,比較文学,中国文学　国中国　生1955年　没1996/2000/2004/2012

ソン・カショウ　孫 家鍾　化学者　吉林大学教授,中国科学院化学部学部委員　国理論化学　国中国　生1929年　没1996

ソン・カセイ　孫 家正　Sun, Jia-zheng　政治家　元・中国文化相,元・中国共産党中央委員　国中国　生1944年3月　没1996/2000/2004/2008/2012

ソン・カトウ　孫 家棟　ロケット工学者　元・中国航空宇宙工業省次官　国ミサイルと人工衛星の設計・研究開発　国中国　生1929年　没1996

ソン・カハイ　孫 家珮　Sun, Jia-pei　洋画家　国中国　生1958年　没2000

ソン・ガンホ　Song, Gang-ho　漢字名=宋康昊　俳優　国韓国　生1967年1月17日　没2004/2008/2012

ソン・キジョ　成 耆兆　作家　韓国教員大学国語教育科教授,「詩と詩論」主幹　国韓国　生1934年6月1日　没1996

ソン・キジョン　孫 基禎　Son, Ki-jong　マラソン選手　元・大韓体育会副会長,元・韓国陸上連盟会長　国韓国　生1912年8月29日　卒2002年11月15日　没1992/1996/2000

ソン・キス　成 琦秀　韓国科学技術研究院付設システム工学研究委員　国システム工学　国韓国　生1934年1月3日　没1996

ソン・ギスク　宋 基淑　Song, Ki-suk　作家,韓国文学者　元・全南大学国語文学科教授,元・韓国作家会議理事長　国小説論　国韓国　生1935年7月4日　没2004/2012

ソーン, キップ　Thorn, Kip S.　カリフォルニア工科大学教授　国理論物理学　国米国　生1940年　没2000

ソン・キフ　孫 毅夫　カメラマン　『人民画報』副編集長　国中国　生1933年　没1996

ソン・キフン　宋 紀勲　プロ野球選手(投手)　国韓国　生1974年9月16日　没1996

ソン・キホ　成 耆虎　Seong, Ki-ho　経済学者,神学者　聖潔大学総長　国韓国　生1940年10月7日　没2004

ソン・キモウ　孫 起孟　Sun, Qi-meng　政治家　全国人民代表大会常務委員会副委員長　元・中国民主建国会中央委員会主席　国中国　生1911年　没1996/2000

ソン・キユン　宋 基潤　タレント　国韓国　生1952年7月14日　没1996

ソン・ギョウエン　孫 暁燕　通訳,翻訳家　中国出口信用保険公司業務発展部副部長　国日本語　国中国　生1952年3月16日　没2008/2012

ソン・ギョウバイ　孫 暁梅　歌手　中国障害者芸術団団員,北京障害者協会職員　国中国　没2004

ソン・キョクバイ　孫 旭培　メディア研究家　元・中国社会科学院新聞研究所所長,元・「人民日報」記者　国中国

ソン・キョンシク　孫 敬植　書道家　国韓国　生1934年12月4日　没1996

ソン・キョンス　孫 京洙　コメディアン　国韓国　生1957年9月14日　没1996

ソン・キョンチョル　宋 京哲　タレント　国韓国　生1952年11月5日　没1996

ソン・キョンヒ　宋 敬希　タレント　国韓国　生1969年2月19日　没1996

ソン・キョンホ　孫 京鎬　Son, Kyong-ho　韓国障害者雇用促進公団理事長　国韓国　生1942年10月17日　没2004

ソン・キョンホ　孫 慶鎬　Son, Kyong-ho　実業家　キョンドンボイラー代表理事会長　国韓国　生1944年4月6日　没2004

ソン・キョンリン　成 慶麟　重要無形文化財保有者(宗廟祭礼楽一指揮),国立劇場終身団員　国韓国　生1911年9月18日　没1996

ソン・キルスン　孫 吉丞　Son, Gil-seong　実業家　SKグループ会長　元・韓国全国経済人連合会(全経連)会長　国韓国　生1941年2月6日　没2004/2008

ソン・クァンジュ　孫 光柱　韓半島政策研究院主任研究員　国韓国　生1957年　没2000

ソン・クィヨン　宋 貴英　檀国大学校助教授　国韓国語　国韓国　生1959年　没1992(ソン・ギュイヨン)/1996

ソン・クホン　宋 九洪　プロ野球選手(内野手)　国韓国　生1968年6月23日　没1996

ソーン, クリストファー　Thorne, Christopher Guy　元・サセックス大学教授　国国際関係論　国英国　生1934年5月17日　卒1992年　没1996

ソン・ケイコウ　孫 継江　女優　国中国　没1996

ソン・ケチュン　宗 桂忠　Song, Gye-chung　経営学者　忠南大学経営学科教授　国韓国　生1951年2月17日　没2004

ソン・ケン　孫 健　経済学者　青島海洋大学経済学院院長　国中国　生1959年　没2004/2008

ソン・ゲン　孫 元　日本ベンチャーキャピタル投資第一部部長　国台湾　生1957年　没2000

ソン・ケンコウ　孫 建紅　中国音楽著作権協会副総幹事　国著作権法　国中国　生1962年11月5日　没2000

ソン・ケンジ　孫 憲治　東北工学院図書館研究員,瀋陽東友実業公司顧問　国中国　生1923年　没1992/1996

ソン・ゲンレイ　孫 玄齢　東京芸術大学客員研究員　国中国音楽　国中国　生1944年　没1992/1996

ソン・コウケツ　孫 宏каа　九州産業大学経営学部産業経営学科助教授　国情報工学　国韓国　生1961年6月　没2000

ソン・コウシン　孫 広信　実業家　シンジャン・クワンホイ・エンタープライズ創業者　国中国　没2004/2008

ソン・コウレツ　孫 鴻烈　地質学者　中国科学院副院長,国際山地学会副主席,中国南極研究学術委員会主任　国土地資源及び土壌の研究　国中国　生1932年　没1996

ソン・コンホ　宋 建鎬　ジャーナリスト　元・ハンギョレ新聞初代社長,元・東亜日報編集局長　国韓国　生1927年9月27日　卒2001年12月21日　没1992/1996

ソン・サンギュ　宣 相圭　韓国体育振興会会長　国韓国

ソン・サンデ 孫 相大 プロ野球コーチ 国韓国 生1954年10月20日 拠1996

ソン・シ 尊 子 漫画家 風刺漫画 国香港 拠2000

ソン・ジェガプ 成 在甲 Seong, Je-gap 実業家 LG石油化学会長,LG化学代表理事副会長 国韓国 生1938年12月13日 拠2004

ソン・ジェシク 孫 在植 号=衝齊 慶熙大学平和福祉大学院長 国韓国 生1934年1月17日 拠1996

ソン・ジェソク 孫 製錫 悔堂学園理事長 国韓国 生1931年4月2日 拠1996

ソン・ジェドン 成 在東 在日韓国大使館商務官補 国韓国 生1949年 拠1996

ソーン,ジェニー Thorne, Jenny イラストレーター 国英国 生1947年 拠1992

ソン・ジェバク 宋 才博 日本名=吉本博 野球コーチ,元・プロ野球選手 国韓国 生1956年10月15日 拠2000

ソン・ジェホ 宋 在浩 本名=宋在彦 タレント 国韓国 生1939年3月10日 拠1996

ソン・ジチャン 孫 志昌 タレント 国韓国 生1970年2月20日 拠1996

ソン・ジナ Song, Ji-na 放送作家 国韓国 生1959年9月12日 拠2012

ソン・シベク Sung, Si-bak 漢字名=成始柏 スピードスケート選手(ショートトラック) バンクーバー五輪スピードスケート・ショートトラック男子500メートル銀メダリスト 国韓国 生1987年2月18日

ソン・ジャンスン 孫 章純 Son, Jang-sun 作家 元・漢陽大学フランス文学科教授 国韓国 生1935年2月21日 拠2004

ソン・シュクイ 孫 淑偉 Sun, Shu-wei 飛び込み選手 国中国 拠1996／2000

ソン・ジュチャン 孫 珠瓚 Sonn, Ju-chan 法学者 元・延世大学法学部教授 商法 生1923年9月22日 拠1996

ソン・ジュファン 孫 周恒 Son, Ju-fan 政治家 韓国国会議員(新民党) 国韓国 生1934年2月25日 拠2004

ソン・ジュファン 孫 柱煥 韓国大統領政務首席秘書官 国韓国 生1939年4月20日 拠1996

ソン・ジュヨン 宣 暎英 Seon, Ju-yong 外交官 国連大使 国韓国 生1939年6月16日 拠2004／2008

ソン・ジュン 成 埈 プロ野球選手(投手) 国韓国 生1962年9月25日 拠1996

ソン・ジュンギ Song, Joong-ki 俳優 国韓国 生1985年9月19日 拠2012

ソン・シュンセイ 孫 峻青 Sun, Jun-qing 本名=孫俊卿 作家 国中国 生1922年 拠1992／1996

ソン・シュンゼン 孫 俊然 作家 黒龍江省作家協会副主席 国中国 生1937年 拠1992／1996

ソン・ショウキ 孫 承熙 電脳之家会長 国中国 拠1996

ソン・ショウセイ 孫 尚清 Sun, Shang-qing 経済学者 元・中国国務院経済技術社会発展研究センター主任 国中国 生1930年 没1996年4月29日 拠1992／1996

ゾーン,ジョン グループ名=ネイキッド・シティ、ペインキラー、マサダ サックス奏者 国米国 生1953年9月2日 拠1992

ソン・ジョングク 宋 鍾国 Song, Chong-gug 元・サッカー選手 国韓国 生1979年2月20日 拠2004(ソン・ジョンクック)／2008(ソン・ジョンクック)

ソン・ジョンスク 宋 貞淑 元・韓国保健社会相 国韓国 生1936年10月28日 拠1996

ソン・ジョンスン 成 丁順 梨花女子大学体育科教授,韓国オリンピックアカデミー副会長 体育学 国韓国 生1927年8月8日 拠1996

ソン・ジョンソプ 宋 正燮 プロ野球選手(投手) 国韓国 生1971年11月5日 拠1996

ソン・ジョンム 孫 正茂 Son, Jong-mu 実業家 サムファン企業代表理事社長 国韓国 生1942年4月1日 拠2004

ソン・シン 孫 震 Sun, Chen 経済学者 台湾行政院政務委員 元・台湾大学学長 国台湾 生1934年11月8日 拠1996

ソン・シン 孫 津 Sun, Jin 哲学者,批評家 魯迅文学院副研究員 美学,哲学,社会学 国中国 生1952年 拠1996

ソン・ジンウ 宋 津宇 Song, Jin-woo 元・プロ野球選手 国韓国 生1966年2月16日 拠1996／2000／2004／2008／2012

ソン・ジンチェク 孫 振策 Sohn, Jin-chaek 舞台演出家 劇団美醜代表,ソウル演劇祭芸術監督 国韓国 拠2004／2008

ソン・シンホウ 孫 晋芳 元・バレーボール選手 江蘇省体育委員会副主任 国中国 生1955年 拠1996

ソン・スイク 孫 守益 韓国国土開発研究院諮問委員,韓国中央文化学院理事 国韓国 生1932年10月21日 拠1996

ソン・スイフン 孫 穂芬 米国名=スン,ノラ 外交官 元・在上海米国領事館商務担当領事 孫文の孫 国米国 生1938年8月 没2011年1月29日 拠1992

ソン・スイホウ 孫 穂芳 孫文研究家 ハワイ太平洋大学教授・理事 国米国 生1936年 拠2000

ソン・スウ 孫 枢 地質学者 中国科学院地質研究所所長・同資源環境科学局局長,国家自然科学基金委員会地球科学部主任,中国石油学会副理事長 国中国 生1933年 拠1996

ソン・スク 孫 淑 Son, Suk 女優 韓国環境運動連合代表 元・韓国環境部長官 国韓国 生1944年5月13日 拠2004

ソン・スナム 宗 寿南 Song, Su-nam 画家 洪益大学美術学部東洋画学科教授・美術デザイン教育院長 国韓国 生1938年10月25日 拠2004

ソン・スンチョル 孫 承喆 江原大学史学科教授 韓日関係,朝鮮史 国韓国 生1952年 拠2000

ソン・スンヒョン Son, Seung-hyun グループ名=FTIsland ミュージシャン 国韓国 生1992年8月21日 拠2012

ソン・スンファン 宋 承桓 Song, Seung-hwan 俳優,プロデューサー PMCプロダクション共同代表 国韓国 生1957年1月10日 拠1996／2000／2012

ソン・スンホン Song, Seung-heon 本名=ソンスンボク 漢字名=宋承憲 俳優 国韓国 生1976年10月5日 拠2008／2012

ソン・セイル 孫 世一 政治家 韓国国会議員 国韓国 生1935年6月10日 拠1996／2000

ソン・ソクチュン 孫 錫春 ハンギョレ新聞論説委員 国韓国 生1960年 拠2008

ソン・ソクチョン 宋 錫賛 Song, Sock-chon 政治家 韓国国会議員(新千年民主党) 国韓国 生1952年10月15日 拠2004

ソン・ソクヒョン 宗 錫亨 Song, Sok-hyong ジャーナリスト ソウル放送(SBS)編成本部長理事 国韓国 生1945年7月10日 拠2004

ソン・ソンイル 宋 聖一 レスリング選手 国韓国 生1995年1月29日 拠2012

ソン・ソンピル 孫 成弼 Son, Song-pil 政治家 北朝鮮最高人民会議常設会議副議長,朝日友好促進親善協会副会長,朝鮮労働党中央委員 国北朝鮮 生1921年 拠1992／1996

ソン・タイゾウ 孫 泰蔵 ガンホー・オンライン・エンターテインメント会長 生昭和47年9月29日 拠2000(ソン・テジャン)／2004

ソン・タンチン 孫 潭鎮 中国社会科学院農村発展研究所助教授 農業経済学 国中国 生1960年 拠1992／1996

ソン・チャンギュ 宋 晶珪 韓国ロッテ球団長 国韓国 拠1992／1996

ソン・チャフン 孫 次勲 プロ野球選手(内野手) 国韓国 生1970年8月11日 拠1996

ソン・チャンシク 宋 昌植 歌手 国韓国 生1948年2月2日 拠1996

ソン・チャンスン 成 昌順 Seong, Chang-soon パンソリ唱者 大韓伝統芸術保存会理事長,光州市立国劇団長 国韓国 生1934年1月10日 拠2004／2008

ソン・チャンヒ 孫 昌熹 漢陽大学法学部教授 労働法,労使関係 国韓国 生1933年12月19日 拠1996

ソン・チャンミン 孫 暢敏 タレント 国韓国 生1965年4月24日

ソ

㊌1996

ソン・チュンボク 成 春福 Seong, Chun-bok 詩人 韓国文人協会理事長,韓国芸術文化団体総連合会副会長,SBS文化財団理事 ㊌韓国 ㊍1936年12月10日 ㊌2004/2008

ソン・チュンム 孫 忠武 英語名＝ソン,チャールズ・M. ジャーナリスト ㊌韓国 ㊍1940年11月 ㊌1992/1996

ソン・テイン 孫 泰仁 Son, Tea-in 政治家 韓国国会議員(ハンナラ党) ㊌韓国 ㊍1943年10月18日 ㊌2004

ソン・デグァン 宋 大寛 歌手 ㊌韓国 ㊍1950年6月2日 ㊌1996

ソン・テジン 孫 泰珍 Son, Tae-jin テコンドー選手 北京五輪テコンドー男子68キロ級金メダリスト ㊌韓国 ㊍1988年5月5日 ㊌2012

ソン・デナム 宋 大南 Song, Dae-nam 柔道選手 ロンドン五輪柔道男子90キロ級金メダリスト ㊌韓国 ㊍1979年4月5日 ㊌2012

ソン・テヨン Son, Tae-young 女優 ㊌韓国 ㊍1980年8月19日 ㊌2012

ソン・テンテン 孫 甜甜 Sun, Tian-tian テニス選手 ㊌中国 ㊍1981年10月12日 ㊌2008

ソン・ドウソン 孫 道存 Son, Tao-tsun 英語名＝ソン,ジャック 実業家 太平洋電線電纜社長,台湾大哥大会長 ㊌台湾 ㊍1949年8月27日 ㊌2000

ソン・トウミン 孫 東民 Sun, Dong-min ジャーナリスト 人民日報社国際アジア・太平洋地域部長,中華日本学会常務理事,北京中日新聞事業促進会秘書長 ㊌中国 ㊍1945年 ㊌1996

ソン・ドウユル 宋 斗律 社会学者 ミュンスター大学教授 ㊌朝鮮問題 ㊌韓国 ㊍1944年 ㊌2000(ソウ・トリツ)/2004/2008

ソン・ドウリン 孫 道臨 Sun, Dao-lin 旧名＝孫以亮 俳優,映画監督 ㊌中国 ㊍1921年12月18日 ㊎2007年12月28日 ㊌1996/2000

ソン・ドギュン 宗 道均 Song, Do-gyun ジャーナリスト ソウル放送(SBS)代理事社長 ㊌韓国 ㊍1943年9月20日 ㊌2004/2008

ゾーン,トリッシャー Zorn, Trischa 水泳選手(バタフライ・背泳ぎ) ㊌米国 ㊌2004

ソン・ドンウン Son, Dong-woon グループ名＝BEAST 歌手 ㊌韓国 ㊍1991年6月6日 ㊌2012

ソン・ドンヒョク 宣 東赫 本名＝宣文夢 タレント ㊌韓国 ㊍1955年10月17日 ㊌1996

ソン・ドンヨル 宣 銅烈 Sun, Dong-yeol プロ野球監督,元・プロ野球選手 ㊌韓国 ㊍1963年1月10日 ㊌1992(ソン・ドンイョル)/1996/2000/2004/2008/2012

ソン・ナクイン 成 楽寅 嶺南大学教授 ㊌法学 ㊌韓国 ㊌2000

ソン・ナクジュン 成 楽濬 教師 元・小松能美日韓文化交流協会副会長,元・ソウル高校長 ㊌韓国 ㊍1987年9月17日 ㊌2012

ソン・ナクスン 成 楽承 Seong, Nack-seong 実業家 仏教放送社長 ㊌韓国 ㊍1935年2月12日 ㊌2004

ソン・ナン 孫 楠 歌手 ㊌中国 ㊍1973年2月 ㊌2004

ソン,ニン Sung, Ning 中国名＝孫寧 インターナショナル・コンピュータ・テクノロジー社社長・CEO ㊌米国 ㊌1996

ソン・ヌンハン 映画監督,脚本家 ㊌韓国 ㊍1959年 ㊌2008

ソン・ハギョン 宗 河璟 Song, Ha-gyon 書家 成均館大学儒学科教授・博物館長,東アジア文化フォーラム会長 ㊌韓国 ㊍1942年10月14日 ㊌2004

ソン・ハクシュウ 孫 柏秋 医師 中国赤十字会副会長,中国国民党革命委員会中央常務委員 元・北京市計画出産研究所助教授 ㊌計画出産の技術に関する研究 ㊌中国 ㊍1940年 ㊌1996

ソン・ハッキュ 孫 鶴圭 Sohn, Hak-kyu 政治家,政治学者 元・韓国民主党代表,元・京畿道知事,元・西江大学政外交学科教授 ㊌韓国 ㊍1947年11月22日 ㊌2004(ソン・ハクキュ)/2012

ソン・ヒジョン 孫 希妊 Son, Hee-jong 実業家 ユシン代表理事社長 ㊌韓国 ㊍1938年7月15日 ㊌2004

ソン・ヒソン 孫 熙善 三洋光学工業会長 ㊌韓国 ㊍1924年7月23日 ㊌1996

ソン・ヒヨン 宋 熙季 元・韓国開発研究院院長 ㊌韓国 ㊍1939年1月6日 ㊌1996/2004

ソン・ヒヨン 宋 熙永 Son, Hee-young ジャーナリスト 朝鮮日報経済科学部長 ㊌韓国 ㊍1953年 ㊌1996/2000

ソン・ヒョンジュ 孫 鉉周 タレント ㊌韓国 ㊍1965年6月24日 ㊌1996

ソン・ヒョンジン 宗 炯鎮 Song, Hyong-jin 実業家 曉星建設PU社長 ㊌韓国 ㊍1943年10月2日 ㊌2004

ソン・ヒョンソプ 宗 昡燮 Song, Hyon-sop 法名＝宗月珠 僧侶 元・大韓仏教曹鶏宗総務院長 ㊌韓国 ㊍1935年4月16日 ㊌2004

ソン・ヒョンソプ 宗 鉉燮 Song, Hyon-sop 政治家 新千年民主党総裁特別補佐 ㊌韓国 ㊍1937年10月12日 ㊌2004

ソン・ビョンドゥ 孫 炳斗 実業家 韓国全国経済人連合会(全経連)副会長 ㊌韓国 ㊌2000

ソン・ビョナク 宋 丙洛 ソウル大学経済学部教授・世界経済研究所長,ハーバード大学経済学科招聘教授 ㊌経済学 ㊌韓国 ㊍1939年 ㊌2000

ソン・ヒョンモク 宗 衡穆 Song, Hyonng-mok ジャーナリスト スポーツ朝鮮社長 ㊌韓国 ㊍1936年2月1日 ㊌2004/2008

ソン・ヒン 孫 彬 Sun, Bing 画家 東方美術研究会副会長 ㊌水墨画 ㊌中国 ㊍1936年 ㊌1992/1996

ソン・フクメイ 孫 福明 Sun, Fu-ming 柔道選手 ㊌中国 ㊍1974年4月14日 ㊌2000/2008

ソーン,ブライアン Thorne, Brian 心理学者 元・イーストアングリア大学教授・カウンセリング研究センター所長 ㊌英国 ㊍1937年5月25日 ㊌2004

ソーン,ブラッド Thorn, Brad 本名＝Thorn,Bradley Carnegie ラグビー選手(LO) ㊌ニュージーランド ㊍1975年2月3日

ソン・フリョウ 孫 孚凌 Sun, Fu-lin 政治家 中国人民政治協商会議常務委員会副主席 ㊌中国 ㊍1921年 ㊌1996/2000/2004/2008

ソン・ブンカ 孫 文科 東京大学地震研究所准教授 ㊌地球物理学 ㊌中国 ㊍1956年5月 ㊌2008

ソン・ブンケツ 孫 文傑 実業家 中国海外発展有限公司会長 ㊌中国 ㊌2000

ソン・フンソク 宋 勲錫 Song, Fun-sok 政治家 韓国国会議員(新千年民主党) ㊌韓国 ㊍1950年10月8日 ㊌2004

ソン・ヘイ 孫 平 Sun, Ping 外交官 在札幌中国総領事 ㊌中国 ㊌2000

ソン・ヘイカ 孫 平化 Sun, Ping-hua 本名＝斉守福 元・中日友好協会会長,元・中国人民政治協商会議全国委員会(全国政協)委員 ㊌中国 ㊍1917年8月20日 ㊎1997年8月15日 ㊌1992/1996

ソン・ヘギョ Song, Hye-gyo 漢字名＝宋慧喬 女優 ㊌韓国 ㊍1982年2月26日 ㊌2004/2008/2012

ソン・ベクヌン 成 百能 ソウル大学名誉教授 ㊌韓国 ㊍1923年12月18日 ㊌1996

ソン・ヘソン Song, Hae-seong 漢字名＝宋海星 映画監督,脚本家 ㊌韓国 ㊍1964年 ㊌2004/2008/2012

ソン・ヘミン 孫 恵民 シンパクト社副社長,世宗大学産業美術科講師 ㊌韓国 ㊍1950年 ㊌1996

ソン・ヘラン 成 蕙琅 金正日の長男・正男の伯母 ㊌2004

ソン・ボギ 孫 宝基 韓国先史文化研究所長,韓国文化財委員,国際歴史学会韓国支部副委員長,韓民族学会会長 ㊌韓国史,古人類,活字研究 ㊌韓国 ㊍1922年7月7日 ㊌1996

ソン・ホギョン 宋 浩京 外交官 元・朝鮮労働党中央委員会副部長,元・最高人民会議代議員,元・朝鮮アジア太平洋平和委員会副委員長 ㊌北朝鮮 ㊎2004年9月19日 ㊌2004

ソン・ホチョル 孫 浩哲 Son, Ho-chol 政治評論家 西江大学政治外交学科教授,「進歩評論」共同代表 ㊌韓国 ㊍1952年12月19日 ㊌2004

ソン・ボベ 宋 ボベ Song, Bo-bae プロゴルファー ㊌韓国 ㊍1986年2月22日 ㊌2012

ソン・ボム 宗 范 Song, Bom 舞踊家 元・韓国舞踊協会理事長 ㊌韓国 ㊍1926年3月25日 ㊌2004/2008

ソン・ホヨン 孫戸姸 歌人 国韓国 ⊕1923年 ⊗2003年11月22日 愛2000／2004

ソン・ポンジュ 宗繁樹 Song, Bon-ju 染織家，版画家 洪益美術大学繊維美術学科教授 専繊維美術 国韓国 ⊕1943年1月10日 愛2004

ソン・ボンスク 孫鳳淑 Son, Bong-sook 政治学者 韓国女性政治研究所長，韓国女性情報院長，政治改革市民連帯共同代表，韓国市民団体協議会共同代表 国韓国 ⊕1944年3月17日 愛2004／2008

ソン・ボンホ 孫鳳鎬 Son, Bong-ho 哲学者 ソウル大学教育学部社会教育学科教授，ミラル理事長 国韓国 ⊕1938年8月18日 愛2004

ソン・ミンスン 宋旻淳 Song, Min-soon 外交官 元・韓国外交通商相 国韓国 ⊕1948年7月28日 愛2008／2012

ソン・ヤホウ 孫冶方 Sun, Ye-fang 本名＝薛萼果 党名＝宋亮，筆名＝孫宝山 経済学者 元・中国科学院経済研究所名誉所長，元・中国共産党中央顧問委員会委員 国中国 ⊕1908年10月24日 ⊗1983年2月22日 愛1992

ソン・ユウケイ 孫裕炯 元・韓国政治犯 愛2000

ソン・ユソク 宋裕錫 プロ野球選手（投手） 国韓国 ⊕1966年7月1日 愛1996

ソン・ユナ Song, Yoon-a 漢字名＝宋琉廊 女優 国韓国 ⊕1973年6月7日 愛2008／2012

ソン・ユボ 成裕普 「ハンギョレ」紙編集委員長 国韓国 ⊕1943年6月 愛1992

ソン・ユンスク 宋賢淑 画家 国ドイツ 愛2000（ソウ・ケンシュク）

ソン・ヨウ 孫楊 Sun, Yang 水泳選手（自由形） ロンドン五輪金メダリスト，競泳男子1500メートル自由形世界記録保持者 国中国 ⊕1991年12月1日

ソン・ヨウサン 孫蓉燦 Sun, Rong-can 薬膳師 百草園餐庁経理（マネジャー） 専中薬（漢方薬） 国中国 ⊕1960年 愛1992

ソン・ヨチャン 宋堯讚 Song, Yo-chan 軍人，政治家 元・韓国首相 国韓国 ⊕1918年2月13日 ⊗1980年10月19日 愛1992

ソン・ヨンギル 宗永吉 Song, Young-gil 政治家 韓国国会議員（新千年民主党） 国韓国 ⊕1963年3月21日 愛2004

ソン・ヨンジェ 成英在 プロ野球選手（投手） 国韓国 ⊕1971年3月9日 愛1996

ソン・ヨンシク 宋庸植 韓国プレスセンター理事長，韓国言論仲裁委員 国韓国 ⊕1932年6月28日 愛1996

ソン・ヨンジン 宗栄珍 Song, Yong-jin 政治家 韓国国会議員（新千年民主党） 国韓国 ⊕1947年8月16日 愛2004

ソン・ヨンソン 宋永仙 政治家，安全保障研究家 韓国国会議員（ハンナラ党），北朝鮮の自由と人権のための国際議員連盟事務総長 元・韓国国防省国防研究院安保政策室長 専北東アジアの平和構造，朝鮮半島の核問題 国韓国 ⊕1953年 愛2004／2008／2012

ソン・ヨンチャン 華東師範大学教授・環境科学科長・環境科学研究所長，上海生態学会会長 専生態学，植生学，環境科学 国中国 ⊕1933年 愛1992／1996

ソン・ヨンチュン 孫永春 タレント 国韓国 ⊕1958年3月14日 愛1996

ソン・ヨンチョル 孫栄鉄 プロ野球選手（投手） 国韓国 ⊕1972年12月27日 愛1996

ソン・ヨンデ 宋栄大 韓国平和問題研究所長 元・韓国統一院次官 国韓国 ⊕1937年 愛2000／2008

ソン，ラウレンティー Song, Lavrenty D. 映像作家 国カザフスタン ⊕1941年 愛1996

ソン・リツジン 孫立人 Sun, Li-jen 軍人 元・台湾総統府参謀長 国台湾 ⊕1899年 ⊗1990年11月19日 愛1992

ソン・リッセン 孫立川 中国文学者 専中国現代文学 国中国 愛2004

ソン・リンリン 孫琳琳 Sun, Lin-lin スピードスケート選手（ショートトラック） バンクーバー五輪ショートトラック女子3000メートルリレー金メダリスト 国中国 ⊕1988年10月3日 愛2012

ソン・ワンギョン 成完慶 Seong, Wan-gyong 映像作家 仁荷大学美術教育学科教授 国韓国 ⊕1944年10月19日 愛2004

ソンウ・ウンスク 鮮于銀淑 タレント 国韓国 ⊕1959年12月24日 愛1996

ソンウ・ジェドク 鮮于載徳 タレント 国韓国 ⊕1962年7月23日 愛1996

ソンウ・ジュンホ 鮮于仲皓 ソウル大学総長 専土木工学，水文学 国韓国 愛2000

ソンウ・フィ 鮮于輝 Sonu, Hwi 作家，ジャーナリスト 元・朝鮮日報主筆・論説顧問 国韓国 ⊕1922年1月3日 ⊗1986年6月12日 愛1992

ソンウ・ヨンソク 鮮于永奭 Seon-woo, Young-seok 実業家 ペンアジアペーパーコリア代表理事社長 国韓国 ⊕1944年3月6日 愛2004

ゾンカ，エリック Zonca, Erick 映画監督 国フランス ⊕1956年 愛2000／2004／2008

ソンガス，ポール Tsongas, Paul E. 政治家，弁護士 元・米国上院議員 国米国 ⊕1941年2月14日 ⊗1997年1月18日 愛1992（ツォンガス，ポール）／1996

ソンキン，ダニエル Sonkin, Daniel Jay カウンセラー 国米国 ⊕1951年 愛2004／2008

ソンキン，ポール Sonkin, Paul 経営学者 国米国 愛2004

ソング・キョンア 作家 国韓国 ⊕1971年 愛2004

ソング，リゴベール Song, Rigobert サッカー選手 シドニー五輪サッカー男子金メダリスト 国カメルーン ⊕1976年7月1日 愛2004／2008／2012

ソン・ゴク・タン Son Ngoc Thanh 反仏・反王制民族主義者，政治家 元・カンボジア首相 国カンボジア ⊕1902年 ⊗1982年 愛1992

ソン・サン Son Sann 政治家 元・カンボジア首相，元・仏教自由民主党（BLDP）党首 国カンボジア ⊕1911年10月5日 ⊗2000年12月19日 愛1992／1996／2000

ソンジェ Sung-je 本名＝キムソンジュ グループ名＝超新星 歌手 国韓国 ⊕11月17日 愛2012

ソーンズ，ハワード Sounes, Howard ジャーナリスト 国英国 ⊕1965年 愛2000

ソンズィニ，ラリー Sonsini, Larry 弁護士 ウィルソン・ソンズィニ・グッドリッチ・アンド・ロサティ（法律事務所） 国米国 ⊕1941年2月 愛2000

ソン・セン Son Sen 政治家，軍人 元・民主カンボジア軍（ポル・ポト軍）最高司令官，元・ポル・ポト派副代表 国カンボジア ⊕1930年6月 ⊗1997年6月10日 愛1992／1996

ソン・ソング・ハック Son Song Hak カンボジア身体障害者協会事務部長 国カンボジア 愛2000

ソンダーガード，ゲイル 女優 国米国 ⊗1985年8月14日 愛1992

ソンタグ，シェリー Sontag, Sherry ジャーナリスト 国米国 愛2004

ソンタグ，スーザン Sontag, Susan 批評家，作家 国米国 ⊕1933年1月16日 ⊗2004年12月28日 愛1992／1996／2000／2004

ゾンダグ，ラルフ Zondag, Ralph アニメーション監督，アニメーター 愛2004

ソンダース，シシリー Saunders, Cicely 本名＝Saunders,Cicely Mary Strode ホスピス運動家，医師 元・聖クリストファー・ホスピス理事長，元・エール大学名誉教授 専終末期医療 国英国 ⊕1918年6月22日 ⊗2005年7月14日 愛1996／2000

ソーンダース，ジル Saunders, Gill 美術史家 ビクトリア・アンド・アルバート美術館上級学芸員 専絵画 国英国 愛2004

ソーンダース，デール 日本文学者 元・ペンシルベニア大学教授 国米国 ⊕1919年 ⊗1995年10月19日 愛1996

ソーンダズ，ニコラス Saunders, Nicholas J. 考古学者，人類学者 国英国 ⊕1953年 愛1996

ゾンダーランド，エプケ Zonderland, Epke 体操選手 ロンドン五輪体操男子鉄棒金メダリスト 国オランダ ⊕1986年4月16日

ソーンツェフ，ウラジーミル ジャーナリスト タス通信社東京特派

ソンディー, M.L. Sondhi, Manohar Lal ジャワハルラル・ネール大学教授 ⓙ国際関係 ⓝインド ⓑ1933年12月14日 ⓡ1996

ソンティ・ブンヤラガリン Sonthi Boonyaratglin 軍人 タイ祖国党党首 元・タイ副首相,元・タイ陸軍司令官 ⓝタイ ⓑ1946年10月2日 ⓡ2008／2012

ソンドハイム, スティーブン Sondheim, Stephen Joshua ミュージカル作曲家・作詞家 ⓝ米国 ⓑ1930年3月22日 ⓡ1992／2000／2004／2008／2012

ソーン・トムゼン, ルース Thorne-Thomsen, Ruth 写真家 ⓝ米国 ⓑ1943年 ⓡ1996

ソーントン, アラン Thornton, Allan 環境保護活動家 環境調査エイジェンシー(EIA)会長 ⓡ1996

ソーントン, ジョー Thornton, Joe アイスホッケー選手(FW) バンクーバー五輪アイスホッケー男子金メダリスト ⓝカナダ ⓑ1979年7月2日

ソーントン, ビリー・ボブ Thornton, Billy Bob 俳優,映画監督,脚本家 ⓝ米国 ⓑ1955年8月4日 ⓡ2000／2004／2008／2012

ソーントン, リチャード Thornton, Richard S. コネティカット大学美術学教授 ⓙ日本のグラフィックデザイン ⓝ米国 ⓡ1992

ソーントン, ルイーズ Thornton, Louise ノンフィクション・ライター,編集者 ⓝ米国 ⓡ1992

ゾンネンシュターン Sonnenstern 本名＝シュレーダー・ゾンネンシュテルン,フリードリッヒ 画家 ⓝドイツ ⓑ1892年9月11日 ⓓ1982年5月11日 ⓡ1992

ゾンネンフェルト, ヘルムート ブルッキングズ研究所客員研究員 ⓙソ連・東欧問題,米ソ関係 ⓝ米国 ⓑ1926年9月 ⓡ1992

ゾンネンボルン, ハンス・ペーター Sonnenborn, Hans Peter BMWジャパン社長 ⓝドイツ ⓑ1945年 ⓡ1992

ソンパー, ジャスティン Somper, Justin 児童文学作家 ⓝ英国 ⓡ2012

ソーンバーグ, ニュートン Thornburg, Newton 作家 ⓝ米国 ⓑ1930年 ⓡ1996

ソーンバーグ, リチャード Thornburgh, Richard 通称＝ソーンバーグ,ディック 政治学者 元・国連事務次長,元・米国司法長官 ⓝ米国 ⓑ1932年7月16日 ⓡ1992／1996

ゾンバルト, ニコラウス Sombart, Nicolaus 作家,文化社会学者 ⓝドイツ ⓑ1923年 ⓡ1996

ソーンフェルド, ジム グループ名＝フーティー＆ザ・ブロウフィッシュ,愛称＝ソニー ドラム奏者 ⓝ米国 ⓡ2000

ソンブン・シンカマナン Somboon Singkhamanan 絵本作家 ⓝタイ ⓡ2004

ソンポップ・アマタヤクン 政治家,実業家 タイ副工業相,サハ・ユニオン社長 ⓝタイ ⓡ2000

ソンポップ・マナランサン チュラロンコン大学助教授 ⓙ経済開発学 ⓝタイ ⓡ2000

ソンポン・ワナパ タイ投資委員会東京事務所長 ⓝタイ ⓡ1992

ゾンマー, テオ Sommer, Theo ジャーナリスト 「ディ・ツァイト」フリー編集者 ⓝドイツ ⓑ1930年6月10日 ⓡ1996／2000／2004／2008／2012

ゾンマー, ロン Sommer, Ron 実業家 元・ドイツ・テレコム社長 ⓑ1949年 ⓡ1996／2000／2004

ソンマイ・フーンタラクン Sommai Hoontrakul 政治家 元・タイ蔵相 ⓝタイ ⓑ1918年5月15日 ⓓ1993年6月30日 ⓡ1992／1996

ゾンマー・バンメル, ローゼ・マリー Sommer-Bammel, Rose Marie ジャーナリスト ⓝドイツ ⓑ1939年 ⓡ1992

ゾンマー・ボーデンブルク, アンゲラ Sommer-Bodenburg, Angela 童話作家,詩人 ⓝドイツ ⓑ1948年 ⓡ1992／1996／2000

ソンミン Sungmin グループ名＝SUPER JUNIOR 歌手 ⓝ韓国 ⓑ1986年1月1日 ⓡ2012

ソンミン Sung-min グループ名＝A-JAX 歌手 ⓝ韓国 ⓑ1993年5月31日

ゾンメルラード, ペーター Sommerlad, Peter ソフトウェアエンジニア シーメンス ⓝドイツ ⓡ2004

ソンモ Sung-mo グループ名＝超新星 歌手 ⓝ韓国 ⓑ6月15日 ⓡ2012

【タ】

ダー, ケネス Derr, Kenneth T. シェブロン会長 ⓝ米国 ⓡ1992／1996

ダー, リサ Der, Lisa 空間デザイナー イマジマクス・コンサルタンツシンガポール法人プロジェクト・ディレクター ⓝカナダ ⓡ1996

ダアン, オリヴィエ Dahan, Olivier 映画監督 ⓝフランス ⓑ1967年 ⓡ2008／2012

ダアン, サージ Daan, Sarge 時間生物学者 グローニンゲン大学教授 ⓝオランダ ⓑ1940年6月11日 ⓡ2008／2012

タイ・キンカ 戴 錦華 Dai, Jing-hua 北京大学比較文学比較文化研究所教授,オハイオ州立大学東アジア学部客員教授 ⓙ映画研究,フェミニズム研究,カルチュラル・スタディーズ ⓝ中国 ⓑ1959年 ⓡ2004

タイ・ケツ 戴 傑 元・中国国務院税関総署長 ⓝ中国 ⓑ1928年 ⓡ2000

タイ・コウエイ 戴 厚英 Dai, Hou-ying 作家,文学研究者 元・復旦大学中文系教員 ⓝ中国 ⓑ1938年3月18日 ⓓ1996年8月25日 ⓡ1992／1996

タイ, ジェームス Tye, James 元・英国安全協会(BSC)理事長 ⓙ企業の安全・危機管理教育 ⓝ英国 ⓑ1921年12月21日 ⓓ1996年7月21日 ⓡ1992

ダイ, ジェーン Dye, Jane 芳香療法家,反射療法家,指圧専門家 ⓝ英国 ⓑ1956年 ⓡ1996

ダイ, シージエ Dai, Sijie 漢字名＝戴思傑 作家,映画監督 ⓝ中国 ⓑ1954年3月2日 ⓡ1992(戴 思杰 タイ・シケツ)／1996(戴 思杰 タイ・シケツ)／2004／2008／2012

ダイ, ジャクソン モルガン銀行東京支店総支配人 ⓡ1996

ダイ, ジャーメイン Dye, Jermaine 本名＝Dye,Jermaine Terrell 元・大リーグ選手 ⓝ米国 ⓑ1974年1月28日 ⓡ2004／2008／2012

タイ・セイ 戴 晴 Dai, Qing 本名＝傅凝 ジャーナリスト,作家 元・「光明日報」記者 ⓝ中国 ⓑ1941年8月 ⓡ1996／2000

タイ・ソウリュウ 戴 相龍 Dai, Xiang-long 政治家,銀行家 天津市長,中国共産党中央委員 元・中国人民銀行総裁 ⓝ中国 ⓑ1944年10月 ⓡ1996／2000／2004／2008／2012

ダイ, ダン Dye, Dan スリードッグ・ベーカリー創業者 ⓡ2004

タイ, ツァン Thai, Thuan コンピューター技術者 ⓡ2004

ダイ・トウシュン 大 頭春 別筆名＝張大春 作家 ⓝ台湾 ⓑ1957年 ⓡ2012

タイ, ドミニク Tighe, Dominic グループ名＝ブレイク バリトン歌手,俳優 ⓝ英国 ⓑ1983年4月20日 ⓡ2012

ダイ, パトリシア Digh, Patricia ビジネス・アナリスト,著述家 ⓡ2004

ダイ, ピート Dye, Pete ゴルフコース設計家 ⓝ米国 ⓑ1925年 ⓡ2000

ダイ・フェズウ イラストレーター,絵本作家 ⓝ台湾 ⓑ1959年 ⓡ2008

タイ・ヘイコク 戴 秉国 Dai, Bing-guo 政治家,外交官 中国国務委員(副首相級) 元・中国筆頭外務次官,元・中国共産党中央委員・中央外事弁公室主任 ⓝ中国 ⓑ1941年3月 ⓡ2000／2004／2008／2012

タイ・リュウスイ 戴 龍水 プロ野球選手(投手) ⓝ台湾 ⓡ2004

ダイアー, ウエイン Dyer, Wayne W. 精神分析学者 ⓝ米国 ⓑ1940年 ⓡ1992／1996／2000／2012

ダイアー, サラ Dyer, Sarah 絵本作家 ⓝ英国 ⓑ1978年

[典]2008

ダイアーズ, ジェニー　Tyers, Jenny　版画家, イラストレーター　[国]オーストラリア　[生]1969年　[典]2004

ダイアナ　Diana　旧名=スペンサー, ダイアナ・フランシス　元・英国皇太子妃　[国]英国　[生]1961年7月1日　[没]1997年8月31日　[典]1992(ダイアナ妃)／1996(ダイアナ妃)

ダイアモンド, I.A.L.　Diamond, I.A.L.　脚本家　[国]米国　[没]1988年4月21日　[典]1992(ダイアマンド, I.A.L.)

ダイアモンド, エドウィン　Diamond, Edwin　メディア批評家　ニューヨーク大学教授　[国]米国　[典]1992

ダイアモンド, ジェド　Diamond, Jed　心理療法士　[専]男性の更年期　[国]米国　[生]1943年　[典]2004／2008

ダイアモンド, ジャックリーン　Diamond, Jacqueline　ロマンス作家　[国]米国　[典]1992／1996

ダイアモンド, ジャレド　Diamond, Jared　本名=ダイアモンド, ジャレド・メイスン　進化生物学者　カリフォルニア大学ロサンゼルス校(UCLA)教授　[専]生物地理学, 生理学, 人類史, 言語学　[国]米国　[生]1937年9月10日　[典]2000／2004／2008／2012

ダイアモンド, ダイアナ　Diamond, Diana　ミステリー作家　[国]米国　[典]2004

ダイアモンド, ティモシー　Diamond, Timothy　社会学者　ウェスタン・ミシガン大学教授　[国]米国　[典]2008

ダイアモンド, デービッド　Diamond, David　編集者, ライター「レッドヘリング・マガジン」編集役員　[典]2004

ダイアモンド, ニール　Diamond, Neil　シンガー・ソングライター　[国]米国　[生]1945年1月24日　[典]1992／2008

ダイアモンド, ハービー　Diamond, Harvey　カウンセラー　[専]栄養科学　[国]米国　[生]1945年　[典]2000

ダイアモンド, ハワード　米国軍備管理協会(ACA)上級調査官　[専]核拡散問題, 軍備管理　[国]米国　[典]2000

ダイアモンド, ピーター　Diamond, Peter A.　経済学者　マサチューセッツ工科大学教授　[専]労働市場　[国]米国　[生]1940年　[典]2012

ダイアモンド, マイケル　Diamond, Michael　本名=Diamond, Michael Constantine　射撃選手(クレー射撃)　アトランタ五輪・シドニー五輪射撃男子クレー・トラップ金メダリスト　[国]オーストラリア　[生]1972年5月20日　[典]2000(ダイヤモンド, マイケル)／2004(ダイヤモンド, マイケル)／2008(ダイヤモンド, マイケル)

ダイアモンド, マリアン・クリーブス　Diamond, Marian Cleeves　解剖学者　カリフォルニア大学バークレー校医学部解剖学教室教授　[国]米国　[生]1926年　[典]1992

ダイアモンド, ルイーズ　Diamond, Louise　教育家, コンサルタント　多重トラック外交研究所共同創設者　[国]米国　[生]1944年　[典]2004(ダイヤモンド, ルイーズ)／2008(ダイヤモンド, ルイーズ)

ダイアル, ビクター　Dial, Victor　プジョー自動車役員, アメリカ病院(パリ)理事長　[国]米国　[典]1992

ダイエツ, ジョルジュ　Dayez, Georges　画家　[国]フランス　[生]1907年　[典]1992／1996

ダイエリー, イアン・W.　アップルコンピュータ社副社長, アップルパシフィック社社長　[国]米国　[典]1992

ダイオン, マーク　Dion, Mark　アーティスト　[国]米国　[生]1961年　[典]2004／2008

ダイカー, デービッド　サセックス大学教授　[専]ソ連・東欧経済　[国]英国　[典]1992

タイガー・ジェット・シン　Tiger Jeet Singh　プロレスラー　[国]インド　[生]1944年　[典]2008／2012

タイガーマン, スタンリー　Tigerman, Stanley　建築家, 画家, 彫刻家　[国]米国　[生]1930年　[典]1992

ダイク, マイク・ヴァン　Dijk, Mijk van　テクノ・アーティスト　[国]ドイツ　[典]2000

ダイクス, ルシンダ　Dykes, Lucinda　コンピューター技術者　[国]米国　[典]2004

ダイクストラ, エッズガー　Dijkstra, Edsger W.　コンピューター科学者　元・テキサス大学名誉教授　[専]プログラミング　[国]オランダ　[没]2002年8月6日　[典]1992

ダイクストラ, ペーター　Dijkstra, Peter　指揮者　[国]オランダ　[生]1978年　[典]2012

ダイクストラ, レニー　Dykstra, Leny　大リーグ選手(外野手)　[国]米国　[生]1963年2月10日　[典]1992

ダイグナン, レネ　Duignan, Rene　駐日欧州連合(EU)代表部経済担当官　[国]アイルランド

タイ・ゲイニー　プロ野球選手　[国]米国　[生]1960年　[典]1996

タイサー, チャン　弁護士　セレスティス社長　[国]米国　[典]2000

ダイジャ, トマス　Dyja, Thomas　作家　[国]米国　[典]2004

タイシャー, ハワード　Teicher, Howard　ハイテク産業コンサルタント　[国]米国　[生]1954年　[典]1996

ダイス, エリカ・イレーヌ　Daes, Erica Irene A.　国際法学者　国連人権小委員会委員　[専]人権問題　[国]ギリシャ　[典]1992

タイス, ゲルト　Thys, Gert　マラソン選手　[国]南アフリカ　[生]1971年11月12日　[典]2000／2008／2012

タイス, ジェームス・トーマス　Tice, James Thomas　コロンビア大学助教授　[専]建築学　[国]米国　[生]1945年　[典]2000

タイス, ジョージ　Tice, George　写真家　[国]米国　[生]1938年　[典]1996

ダイス, ヨゼフ　Deiss, Joseph　政治家, 経済学者　元・スイス大統領, 元・スイス経済相　[国]スイス　[生]1946年1月18日　[典]2008／2012

タイス, ルー　Tice, Lou　パシフィック・インスティテュート(TPI)会長　[専]自己啓発, 潜在能力　[国]米国　[生]1936年　[典]2004

タイスマン, ウード　Theissmann, Udo　宗教教育学者　デトモルト・ミュンスター地区政府学校局長　[国]ドイツ　[生]1941年　[典]2004

ダイスラー, セバスチャン　Deisler, Sebastian　元・サッカー選手　[国]ドイツ　[生]1980年1月5日　[典]2004／2008／2012

ダイセルブルーム, イェルーン　Dijsselbloem, Jeroen　政治家　オランダ財務相, ユーロ圏財務相会合議長　[国]オランダ

タイセン, ゲルト　Theissen, Gerd　神学者　ハイデルベルク大学教授　[専]新約学　[国]ドイツ　[生]1943年4月24日　[典]1992／1996

ダイゼンベルク, ウィム　オランダ中央銀行総裁　[国]オランダ　[典]1996

ダイゼンホーファー, ヨハン　Deisenhofer, Johan　生化学者　ハワード・ヒューズ医学研究所研究員　[国]ドイツ　[生]1943年9月30日　[典]1992／1996

ダイソン, エスター　Dyson, Esther　ジャーナリスト, 金融アナリスト, 著述家　エドベンチャー・ホールディングズ会長, ICANN代表　[専]情報通信　[国]米国　[生]1951年　[典]2000／2004

ダイソン, ジェームズ　Dyson, James　デザイナー　ダイソン会長　[国]英国　[生]1947年5月2日　[典]1992／2004／2008／2012

ダイソン, ジャン　Dyson, John　在福岡米国領事　[国]米国　[典]2004

ダイソン, ジョージ　Dyson, Goerge B.　カヌーイスト, バイダルカ研究家　[国]米国　[生]1953年　[典]1996

ダイソン, ティム　Dyson, Tim　実業家　テキスト100社長・CEO　[国]英国　[典]2000

タイソン, ドナルド　Tyson, Donald　愛称=タイソン, ドン　タイソンフーズ会長　[国]米国　[典]1992／1996

タイソン, ニコラ　画家　[国]英国　[典]2000

ダイソン, フリーマン・ジョン　Dyson, Freeman John　理論物理学者　プリンストン高級研究所名誉教授　[国]米国　[生]1923年12月15日　[典]1992／1996／2000／2008

タイソン, マイク　Tyson, Mike　本名=タイソン, マイケル・ジェラルド　プロボクサー　元・WBA・WBC・IBF統一世界ヘビー級チャンピオン　[国]米国　[生]1966年6月30日　[典]1992／1996／2000／2004／2008／2012

タイソン, ロビン・ギブンズ　女優　[国]米国　[生]1964年11月27日　[典]1992

タイソン, ローラ・ダンドレア　Tyson, Laura D'Andrea　経済学者　カリフォルニア大学バークレー校教授　元・米国大統領補佐官(国家経済会議担当)　[専]国際経済, 経済政策　[国]米国　[生]1947年6月28

タ

日 [典]1992／1996／2000

タイタス, デービッド Titus, David Anson ウェズリアン大学政治学部教授 [専]天皇制 [国]米国 [生]1934年 [典]1992／1996

タイタル, マーティン Teitel, Martin 環境運動家 責任ある遺伝子学のための会議(CRG)エグゼクティブ・ディレクター [専]遺伝子組み換え食品, 生物多様性, 消費者運動 [国]米国 [典]2004

ダイチ, ジェフリー キュレーター [国]米国 [生]1952年 [典]1996

タイテルト, マルク Tuitert, Mark 本名=Tuitert,Mark Jan Hendrik スピードスケート選手 バンクーバー五輪スピードスケート男子1500メートル金メダリスト [国]オランダ [生]1980年4月4日 [典]2012

ダイド Dido 本名=Armstrong,Dido 歌手 [国]英国 [生]1971年12月25日 [典]2004／2008

タイトス, アラン Titus, Alan バリトン歌手 [国]米国 [典]2004／2008／2012

タイトル, エリーズ Title, Elise 筆名=タイラー, アリソン ロマンス作家 [国]米国 [典]2004

タイトルマン, ラス Titelman, Russ レコーディングプロデューサー ワーナー・ブラザーズ・レコードA&R部門副社長 [国]米国 [生]1944年 [典]1996

タイナー, マッコイ Tyner, McCoy ジャズピアニスト [国]米国 [生]1938年12月11日 [典]1992／1996／2000／2008／2012

ダイナン, キャロリン Dinan, Carolyn 児童文学作家, 絵本画家 チェルシー美術学校(ロンドン)講師 [国]英国 [典]1992

タイパレ, イルッカ 精神科医, 政治家 ヘルシンキ市議 [国]フィンランド [生]1944年 [典]2000

タイ・バン・フン 実業家 フンサン社長 [国]ベトナム [典]2000

タイヒマン, アクセル Teichmann, Axel スキー選手(距離) バンクーバー五輪スキー・クロスカントリー男子50キロクラシカル銀メダリスト [国]ドイツ [生]1979年7月14日

タイヘイソ 大平措 登山家 [国]中国 [生]1949年 [典]1996

ダイベック, スチュアート Dybek, Stuart 作家, 詩人 ウェスタン・ミシガン大学教授 [国]米国 [生]1942年 [典]1996／2012

タイボ, パコ・イグナシオ(2世) Taibo, Paco Inacio(II) 作家 国際ミステリー協会会長 [生]1949年 [典]1996／2000

タイマゾフ, アルトゥール Taymazov, Artur レスリング選手(フリースタイル) アテネ五輪・北京五輪・ロンドン五輪レスリング男子フリースタイル120キロ級金メダリスト [国]ウズベキスタン [生]1979年7月20日 [典]2008／2012

タイマゾフ, チムール Taimazov, Timur 重量挙げ選手 [国]ウクライナ [典]2000

ダイマリー, マービン Dymally, Mervyn M. 米国下院議員 [国]米国 [典]1992

タイマンス, リュック Tuymans, Luc 画家 [国]ベルギー [生]1958年 [典]2004

ダイム・ザイヌディン Daim Zainudoin 政治家 元・マレーシア第1蔵相・特命相 [国]マレーシア [生]1938年 [典]1996／2000／2004

ダイモン, ジェームズ Dimon, James 金融家 JPモルガン・チェース会長・CEO 元・シティグループ社長 [国]米国 [生]1956年 [典]2000／2004／2008／2012

ダイモンド, ケネス Dymond, Kenneth M. コンピューター技術者 [専]プロセス改善,CMM [国]米国 [典]2004

ダイモンド, ポール 外交官 駐オランダ英国大使代理 [国]英国 [典]1992／1996

ダイヤー, ジェフ Dyer, Geoff 作家 [国]英国 [生]1958年 [典]2012

タイユミット, エティエンヌ Taillemite, Étienne フランス文書館名誉監督総官, フランス海洋アカデミー会長 [国]フランス [生]1924年 [典]1996

タイラー, アン Tyler, Anne 作家 [国]米国 [生]1941年10月25日 [典]1992／1996／2000／2012

タイラー, ジム Taylor, Jim 心理学者 ノバ大学助教授 [国]米国 [典]2004／2008

タイラー, ジリアン Tyler, Gillian イラストレーター [典]2004

タイラー, スティーブン Tyler, Steven グループ名=エアロスミス ロック歌手 [国]米国 [生]1951年3月26日 [典]2000／2004／2008／2012

タイラー, セチ Taylor, Ceci ダンサー セント・ジョセフ大学教授 [典]2004／2008

タイラー, ビーシ 実業家 トレード・アンド・ケアー(英国)代表 [生]1954年 [典]2000

タイラー, リブ Tyler, Liv 女優 [国]米国 [生]1977年7月1日 [典]2000／2004／2008／2012

タイラー, ロイヤル Tyler, Royall 日本文学研究家 元・オーストラリア国立大学アジア研究学部日本センター所長 [国]オーストラリア [生]1936年 [典]2000／2008／2012

タイラン, ヌルジャン Taylan, Nurcan 重量挙げ選手 アテネ五輪重量挙げ女子48キロ級金メダリスト [国]トルコ [生]1983年10月29日 [典]2008

タイリー, ジュームス・L. ブリストル・マイヤーズ・スクイブ・グループ副社長 [国]米国 [典]1996

タイリー, ピーター タイリー・ホールディング副会長 [国]オーストラリア [生]1949年 [典]2000

タイ・リュック Tai Luc 漢字名=阮才力 グループ名=LSD 歌手, 作詞家 [国]フランス [生]1958年8月10日 [典]1996

ダイン, ジェレミア Dine, Jeremiah 写真家 [生]1959年 [典]1992

ダイン, ジム Dine, Jim 画家, 版画家 [国]米国 [生]1935年6月16日 [典]1992／1996／2000／2012

ダイン, ロン Dayne, Ron プロフットボール選手(RB) [国]米国 [生]1978年3月14日 [典]2000／2008

タインハルト, ヴォルカー Theinhardt, Volker 画家, イラストレーター [国]ドイツ [生]1941年 [典]1996

タウ, ウィリアム 南カリフォルニア大学助教授 [専]北東アジア安全保障問題 [国]米国 [典]1992

ダヴァンゲル, フレミング Davanger, Flemming カーリング選手 [国]ノルウェー [生]1963年4月1日 [典]2004

ダヴィ Davi 本名=ダヴィ・ジョゼ・シルバ・ド・ナシメント サッカー選手(FW) [国]ブラジル [生]1984年3月10日

ダウィ, マーク Dowie, Mark ジャーナリスト [国]カナダ [生]1939年 [典]2000

タヴィアーニ, ヴィットリオ Taviani, Vittorio 映画監督 [国]イタリア [生]1929年9月20日 [典]1992(タビアーニ, ビットリオ)／1996(タビアーニ, ビットリオ)／2004／2008／2012

タヴィアーニ, パオロ Taviani, Paolo 映画監督 [国]イタリア [生]1931年11月8日 [典]1992(タビアーニ, パオロ)／1996(タビアーニ, パオロ)／2004／2008／2012

ダヴィチョ, オスカー Davićo, Oskar 詩人, 作家 [国]ユーゴスラビア [生]1909年1月18日 [典]1992(ダビチョ, オスカー)

ダーヴィッツ, エドハー Davids, Edgar サッカー選手(MF) [国]オランダ [生]1973年3月13日 [典]2000／2004／2008／2012

ダヴィッド, カトリーヌ 展覧会ディレクター [国]フランス [生]1954年 [典]2000

ダヴィッド, ジャン・ピエール Davidts, Jean-Pierre 作家 [国]カナダ [生]1950年 [典]2000

ダヴィッド, ルネ David, René 法学者 エクス・マルセイユ大学教員 元・パリ大学教員 [専]比較法 [国]フランス [生]1906年1月12日 [典]1992(ダビッド, ルネ)／1996(ダビッド, ルネ)

ダヴィッド・ウェイル, エレーヌ パリ国立近代美術館後援会会長 [国]フランス [典]1992(ダビッド・ウェイル, エレーヌ)

ダヴィデンコ, ディミトリ Davidenko, Dimitri ジャーナリスト [国]フランス [生]1940年 [典]1996(ダビデンコ, ディミトリ)

ダヴィデンコ, ニコライ Davydenko, Nikolay テニス選手 [国]ロシア [生]1981年6月2日

ダーヴィト, クルト David, Kurt 作家 [国]ドイツ [生]1924年 [典]1996(ダービト, クルト)

ダーヴィドソン, インゲル Davidson, Inger 政治家 元・スウェーデン行政相 [国]スウェーデン [典]1996(ダービドソン, イン

ゲル）／2000

ダヴィドフ, オレグ　Davydov, Oleg Dmitriyevich　政治家　元・ロシア副首相・対外経済関係相　[国]ロシア　[生]1940年5月25日　[典]1996（ダビドフ, オレグ）／2000

ダヴィド・メナール, モニク　David-Ménard, Monique　精神分析家　パリ第7大学教員　[国]フランス　[生]1947年　[典]2004

ダヴィニョン, エティエンヌ　Davignon, Etienne　元・外交官　ソシエテ・ジェネラール・ド・ヘルジーク社会長, 富士通最高顧問　元・EC委員会副委員長　[国]ベルギー　[生]1932年10月4日　[典]1992（ダビニョン, V.E.）／1996（ダビニョン, エティエンヌ）

タウィー・ブスントーン　サイアム・セメント社（タイ）首席副社長, アセアン・セメント工業連盟会長, タイ経営者協会会長, タイ工業連盟理事, タイ工業連盟技術移転委員会委員長　[国]タイ　[典]1992／1996

ダーウィン, イアン　Darwin, Ian F.　コンピューター技術者, テクニカルライター　[典]2004

ダーウィンスキー, エドワード　Derwinski, Edward Joseph　政治家　元・米国在郷軍人省長官　[国]米国　[生]1926年9月15日　[典]1992／1996

タヴェイラ, トマス　建築家　リスボン建築学校教授　[国]ポルトガル　[典]1996（タベイラ, トマス）

ダウエル, アンソニー　Dowell, Anthony　本名=Dowell,Anthony James　振付師, 元・バレエダンサー　元・英国ロイヤル・バレエ団芸術監督　[国]英国　[生]1943年2月16日　[典]1996／2000／2004／2008／2012

タヴェルニエ, ニルス　Tavernier, Nils　映画監督, 俳優　[国]フランス　[生]1965年9月1日　[典]2004／2008／2012

タヴェルニエ, ベルトラン　Tavernier, Bertrand　本名=Tavernier, Bertrand René Maurice　映画監督　[国]フランス　[生]1941年4月25日　[典]1992（タベルニエ, ベルトラン）／2000／2004／2008／2012

ダーウェント, ヘンリー　Derwent, Henry　国際排出量取引協会（IETA）社長・CEO　[国]英国　[生]1951年　[典]2012

ダウスウェイト, リチャード　Douthwaite, Richard　エコノミスト, コンサルタント　[国]英国　[生]1942年　[典]2004

ダウズエル, エリザベス　Dowdeswell, Elizabeth　国連環境計画（UNEP）事務局長　[国]カナダ　[生]1945年　[典]1996

ダウソン, ダンカン　Dowson, Duncan　リーズ大学名誉教授　[専]機械工学　[国]英国　[生]1928年8月31日　[典]2000

ダウド, ジョン　Dowd, John　シー・カヤッカー　[国]カナダ　[生]1945年　[典]1992／2004／2008

ダウトオール, アフメト　Davutoğlu, Ahmet　政治家, 国際政治学者　トルコ外相　[国]トルコ　[生]1959年2月26日　[典]2012

ダウナー, アレクサンダー　Downer, Alexander John Gosse　政治家　元・オーストラリア外相　[国]オーストラリア　[生]1951年9月9日　[典]1996／2000／2004／2008／2012

ダウナー, レズリー　Downer, Lesley　ジャーナリスト, 日本文化研究家　[国]英国　[典]1996／2000

ダウニー, アラン　元・リバプール大学名誉教授　[専]細菌学　[国]英国　[没]1988年1月26日　[典]1992

ダウニー, ロバート（Jr.）　Downey, Robert（Jr.）　俳優　[国]米国　[生]1965年4月4日　[典]1996／2004／2008／2012

タウネンド, ジョン　銀行家　イングランド銀行欧州担当理事　[国]英国　[生]1947年　[典]2000

ダウバーン, ピーター　シドニー大学講師　[専]環境経済学, 環境政治学　[典]2000

タウフィーク・アル・ハキーム　Tawfiq al-Hakim　作家, 劇作家　[国]エジプト　[生]1898年　[没]1987年7月26日　[典]1992

タウフィック・アブドゥラ　歴史学者, 社会科学者　東南アジア社会科学協会副会長　[専]東南アジア史　[国]インドネシア　[典]1992

タウフィック・キマス　Taufiq Kiemas　政治家, 実業家　元・インドネシア国民協議会議長　[国]インドネシア　[生]1942年12月31日　[没]2013年6月8日　[典]2004／2008

タウベ, ヘンリー　Taube, Henry　化学者　元・スタンフォード大学名誉教授　[専]金属錯体　[国]米国　[生]1915年11月30日　[没]2005年11月16日　[典]1992／1996／2000／2004

タウベンキメル, S.　ハワード・ロバーツ・アソシエイツ社長, 在日米国商工会議所関西支部長　[国]米国　[典]1996

ダウム, クリストフ　Daum, Cristoph　サッカー監督　[国]ドイツ　[生]1953年10月24日　[典]2004／2008／2012

ダウリング, コレット　Dowling, Colette　フリーライター　[国]米国　[生]1938年　[典]1992／1996／2000

タウログ, ノーマン　Taurog, Norman　映画監督　[国]米国　[生]1899年2月23日　[没]1981年4月7日　[典]1992

タウン, ロジャー　Towne, Roger　脚本家　[典]2008

ダウンズ, アラン　Downs, Alan　著述家, コンサルタント　[国]米国　[典]2004

ダウンズ, ジョン　Downes, John　元・AVCOファイナンシャル・サービス副社長　[国]米国　[典]2004

ダウンズ, チャック　Downs, Chuck　USAアジア顧問　元・米国国防総省アジア太平洋局交渉問題専門家　[専]朝鮮半島問題, 北朝鮮　[国]米国　[典]2004／2008

タウンズ, チャールズ　Townes, Charles Hard　物理学者　カリフォルニア大学名誉教授　[専]メーザー, レーザーの研究　[国]米国　[生]1915年7月28日　[典]1992／1996／2000／2004／2008／2012

ダウンズ, ベリンダ　Downes, Belinda　刺繍作家　[典]2004

タウンゼンド, エリザベス　Townsend, Elizabeth　英語教師　[国]米国　[典]2008

タウンゼンド, キャスリーン・ケネディ　Townsend, Kathleen Kennedy　政治家　メリーランド州副知事　[国]米国　[典]2004／2008

タウンゼンド, コリン　Townsend, Colin R.　動物学者　オタゴ大学教授　[国]英国　[典]2004／2008

タウンゼント, ジョン　Townsend, John　カウンセラー　クラウド・タウンゼント・コミュニケーションズ共同主宰　[国]米国　[典]2004／2008

タウンゼンド, ジョン・ロー　Townsend, John Rowe　児童文学作家　[国]英国　[生]1922年　[典]1992

タウンゼンド, スー　Townsend, Sue　作家　[国]英国　[生]1946年　[典]1996

タウンゼンド, チャールズ　Townshend, Charles　歴史学者　キール大学歴史学部教授　[専]現代イギリス史, 現代アイルランド史　[国]英国　[典]2008

タウンゼンド, パトリシア　Townsend, Patricia K.　人類学者　ニューヨーク州立大学バッファロー校準教授　[専]応用人類学　[国]米国　[典]2008

タウンゼント, ピーター　Townsend, Peter Wooldridge　軍人　元・英空軍大佐　[国]英国　[生]1914年11月22日　[没]1995年6月19日　[典]1996

タウンゼント, ピート　Townshend, Pete　本名=タウンゼント, ピーター・デニス・ブランフォード　グループ名=ザ・フー　ロック・ギタリスト　[国]英国　[生]1945年5月19日　[典]1992／1996／2000／2004／2008／2012

タウンゼント, リチャード　Townsend, Richard F.　考古学者　シカゴ美術館アフリカ・オセアニア・南北アメリカ部門主事　[専]先コロンブス期文化　[典]2008

タウンゼンド, リンゼイ　Townsend, Lindsay　作家　[国]英国　[生]1960年　[典]2004

タウンリー, ロデリック　Townley, Roderick　作家　[国]米国　[典]2004

ダエイ, アリ　Daei, Ali　サッカー選手（FW）　[国]イラン　[生]1969年3月21日　[典]2000／2004／2008

タオ, テレンス　Tao, Terence　漢字名=陶哲軒　数学者　カリフォルニア大学ロサンゼルス校教授　[国]オーストラリア　[生]1975年7月17日　[典]2008／2012

タオ・ホン　Tao, Hong　漢字名=陶紅　女優, 歌手　[国]中国　[生]5月11日　[典]2008／2012

タオカ, イサオ　Taoka, Isao　日本名=田岡功　外交官　元・駐日パラグアイ大使, 元・ラパス市長　[国]パラグアイ　[典]2008／2012

ダオ・トン　政治家　元・ベトナム通信社（VNA）社長・編集長

[国]ベトナム　[没]1990年9月15日　[典]1992

ダオ・ホア・ヌー　写真家　[国]ベトナム　[典]2000

タオミナ, シェイラ　Taormina, Sheila　近代五種選手, 水泳選手, トライアスロン選手　アトランタ五輪競泳女子4×200メートルリレー金メダリスト　[国]米国　[生]1969年3月18日　[典]2012

ダーカー, ラリー　Dierker, Larry　大リーグ監督, 元・大リーグ選手　[国]米国　[生]1946年9月22日　[典]2000／2004／2008

タカエズ, トシコ　Takaezu, Toshiko　陶芸家　[国]米国　[生]1922年6月17日　[没]2011年3月9日

タカキ, ラウール　高木, ラウール　Takaki, Raul　日伯毎日新聞(Diario Nippak)社長　[国]ブラジル　[典]1996

タカキ, ロナルド　Takaki, Ronald　歴史学者, 民族学者, 公民権学者　元・カリフォルニア大学バークレー校民族研究学部教授　[専]アメリカ史, 少数民族　[国]米国　[生]1939年　[没]2009年5月26日　[典]1996／2004／2008

タカサキ, ルイスアントニオ　高崎, ルイス・アントニオ　Takasaki, Luiz Antonio　WTCブラジル代表,WTCジャパン代表　ジーコのパーソナル・マネージャー　[国]ブラジル　[生]1948年　[典]2000

タカシマ, ボビー　Takashima, Bobbie　アーティスト　[専]トールペイント　[国]米国　[典]2004

ダカスコス, マーク　Dacascos, Mark　俳優　[国]米国　[生]1964年2月26日　[典]2000／2004

タカチ, シルベスター　Takac, Silvester　サッカー監督, 元・サッカー選手　[国]セルビア　[生]1940年8月11日　[典]2012

タカハシ, ディーン　Takahashi, Dean　ジャーナリスト　[国]米国　[典]2004

タガビ, ナイエレ　Taghavi, Nayyereh　イラストレーター, グラフィックデザイナー　[国]イラン　[典]2004

タガビ, メフディ　Taghavi, Mehdi　本名=Taghavi Kermani, Mehdi　レスリング選手(フリースタイル)　[国]イラン　[生]1987年2月20日

タカムラ, ジャネット　Takamura, Jeanette　コロンビア大学社会福祉大学院学長・教授　元・米国保健福祉省高齢化問題担当次官補　[国]米国　[典]2000／2012

タガワ, ケリー・ヒロユキ　Tagawa, Cary Hiroyuki　俳優　[国]米国　[生]1950年　[典]1992／1996

ダガン, アヴィグドル　Dagan, Avicdor　チェコ語名=フィシュル, ヴィクトル　作家　[国]イスラエル　[生]1912年　[没]2006年5月　[典]2004

タキ　Taki　本名=テオドラコプロス, タキ　コラムニスト　[国]ギリシャ　[生]1937年　[典]1996

ダーキー, サーラ　Durkee, Sarah　脚本家, 作家, 作詞家　[国]米国　[典]1996

タキツサイジョウ　多吉才譲　Duojicairang　政治家　中国民政相, 中国共産党中央委員　[国]中国　[生]1939年　[典]1996／2000／2004

タキツサツジンゾウキンエイコウハクラクソウ　多吉札・仁增欽英・江白洛桑　Duojizha Renzengqinying Jiangbailuosang　中国人民政治協商会議チベット自治区委員会副主席, チベット仏教協会会長　[国]中国　[生]1937年　[典]1996

ダーキン, ジェームズ　Durkin, James F.　コンピューター技術者　[典]2008

ターキングトン, ダグラス　Turkington, Douglas　精神医学者　ニューカッスル大学精神科上級講師　[専]リエゾン精神医学, 統合失調症　[国]英国　[典]2004

ターキントン, キャロル　Turkington, Carol　医療ライター・編集コンサルタント　[国]米国　[典]2004

ダーク, アルビン　Dark, Alvin　元・大リーグ選手・監督　[国]米国　[生]1922年1月7日　[典]2000

ダーク, カレン　Darke, Karen　手こぎの改造自転車で日本を縦断　[国]英国　[典]2004

タク・シュウカ　庹 宗華　俳優, 歌手　[国]台湾　[生]1962年　[典]2000

タク・ヒジュン　卓 熙俊　成均館大学名誉教授　[国]韓国　[生]1922年9月30日　[典]1996

タ・クアン・ブー　数学者　元・ベトナム国防相・中高等職業教育相　[国]ベトナム　[没]1986年8月21日　[典]1992

タクゴウ・イカシナ　托哈 依加孜那　Tuohayi, Jiazina　中国新疆医科大学助教授　[専]内科学　[国]中国　[典]2008

タクサミ, チューネル・ミハイロヴィッチ　Takcami, Ts.M.　サンクトペテルブルク人類学民族学博物館館長　[専]民族学　[国]ロシア　[生]1931年2月23日　[典]1996／2000

タクシン・シナワット　Thaksin Shinawatra　政治家, 実業家　元・タイ首相, 元・タイ愛国党党首　[国]タイ　[生]1949年7月26日　[典]1992(タクシン・チンナワ)／1996／2000／2004／2008／2012

ダークス, ロバート　ヒルトン上級副社長　[国]米国　[典]2000

ダグダグ, エドガルド　フィリピン大学準教授, フィリピン国防省顧問　[専]軍事防衛　[国]フィリピン　[生]1946年　[典]1996

タグチ, ヨシ　Taguchi, Yosh　マッギル大学泌尿器科准教授　[国]カナダ　[生]1933年　[典]1992

タグマウイ, サイード　Taghmaoui, Saïd　俳優　[国]フランス　[生]1973年7月19日　[典]2004／2008

ダグラス, イリアナ　Douglas, Illeana　女優　[典]2000

ダグラス, エリック　Douglas, Eric　俳優　[国]米国　[生]1958年6月21日　[没]2004年7月6日　[典]1992

ダグラス, オロント　弁護士, 環境権利運動家　[国]ナイジェリア　[典]2000

ダグラス, カーク　Douglas, Kirk　本名=デムスキー, イサー　俳優, 映画プロデューサー　[国]米国　[生]1916年12月9日　[典]1992／1996／2000／2004／2008／2012

ダグラス, ガブリエル　Douglas, Gabrielle　体操選手　ロンドン五輪体操女子個人総合・団体総合金メダリスト　[国]米国　[生]1995年12月31日

ダグラス, キャロル・ネルソン　Douglas, Carole Nelson　作家　[生]1944年　[典]2012

ダグラス, ケイト　Douglas, Kate　編集者　「ニュー・サイエンティスト」編集者　[国]シンガポール　[典]2004

ダグラス, ゴードン　Douglas, Gordon　映画監督　[国]米国　[生]1909年12月15日　[没]1993年9月29日　[典]1996

ダグラス, ジェームズ　Douglas, James　元・プロボクサー　元・WBA・WBC統一世界ヘビー級チャンピオン　[国]米国　[生]1960年4月7日　[典]1992／2000

ダグラス, ジョン　Douglas, John　犯罪心理分析官　元・FBIアカデミー捜査支援課長　[国]米国　[典]2000

ダグラス, デンジル　Douglas, Denzil Llewellyn　政治家　セントクリストファーネビス首相　[国]セントクリストファーネビス　[生]1953年1月14日　[典]2008／2012

ダグラス, ドナルド　Douglas, Donald Wills　航空機設計家, 実業家　元・マクダネル・ダグラス社名誉会長, 元・ダグラス社社長　[国]米国　[生]1892年4月2日　[没]1981年2月1日　[典]1992

ダグラス, ドナルド・マクナット　Douglass, Donald McNutt　ミステリー作家　[国]米国　[生]1899年12月　[典]1992

ダグラス, トム　Douglas, Tom　グループワーク・コンサルタント　[典]2004

ダグラス, バリー　Douglas, Barry　ピアニスト　[国]英国　[生]1960年4月23日　[典]1992／1996／2012

ダグラス, ピーター　Douglas, Peter M.　カリフォルニア沿岸委員会(CCC)局長　[国]米国　[生]1942年　[典]1996

ダグラス, ヒュー　Douglas, Hugh　プロフットボール選手(DF)　[国]米国　[生]1971年8月23日　[典]2004／2008

ダグラス, ブルース　Douglass, Bruce Powel　コンピューター技術者　I-Logix主席エバンジェリスト　[国]米国　[典]2004

ダグラス, ポール　Douglas, Paul Howard　経済学者, 政治家　元・米国上院議員　[国]米国　[生]1892年3月26日　[典]1992

ダグラス, マイケル　Douglas, Michael　本名=Douglas,Michael Kirk　俳優, 映画プロデューサー　マーキュリー・プロダクション設立者　[国]米国　[生]1944年9月25日　[典]1992／1996／2000／2004／2008／2012

ダグラス, マーク　Douglas, Mark　トレーダー　[国]米国　[典]2004

ダグラス, メリル　Douglas, Merrill　経営コンサルタント, 著述家, 講演家　[専]時間管理, 個人の生産性向上　[国]米国　[典]2000

ダグラス, メルビン　Douglas, Melvyn　俳優　[国]米国　[生]1901年4月5日　[没]1981年8月4日　[典]1992

ダグラス, ロジャー　Douglas, Roger Owen　政治家　ニュージーランド消費者納税者同盟(ACT)幹事長　元・ニュージーランド蔵相　[国]ニュージーランド　[生]1937年12月5日　[典]2000

ダグラス・ハミルトン, イアン　Douglas-Hamilton, Iain　アフリカゾウ研究家　[国]英国　[生]1942年　[典]1996／2000

ダグラスヒューム, チャールズ　元・タイムズ紙(英)編集長　[国]英国　[没]1985年10月29日　[典]1992

タグリアブー, ポール　Tagliabue, Paul　弁護士　ナショナル・フットボール・リーグ(NFL)コミッショナー　[国]米国　[生]1940年11月24日　[典]2004

タークル, シェリー　Turkle, Sherry　臨床心理学者　マサチューセッツ工科大学社会学部教授　[国]米国　[典]2000

タグル, リチャード・B.　軍人　元・米国海軍退役少将　[国]米国　[没]1990年7月1日　[典]1992

ダグレニアー, マーティン　Dugrenier, Martine　レスリング選手　[国]カナダ　[生]1979年6月12日

タケイ, ジョージ　Takei, Goerge　俳優　[国]米国　[生]1937年4月20日　[典]1992／2008／2012

タケガマ・トオル　嶽釜 徹　ドミニカ日系人協会会長, ドミニカ移民訴訟原告団事務局長　[国]ドミニカ共和国　[生]1938年　[典]2000／2004

タケシタ, ユズル・J.　ミシガン大学教授　[専]人口問題　[国]米国　[典]1996

タケット, ウィル　Tuckett, Will　演出家, 振付師　[国]英国

ターケーニアン, ジェリー　Tarkanian, Jerry　バスケットボールコーチ　[国]米国　[生]1930年8月30日　[典]1996

ターケル, スタッズ　Terkel, Studs　本名=ターケル, ルイス　作家, ニュースキャスター, インタビュアー　[国]米国　[生]1912年5月16日　[没]2008年10月31日　[典]1992／1996／2004／2008

ダ・コスタ, エデュアルド　Da Costa, Eduardo　経営コンサルタント　[国]米国　[典]2004

ダコスタ, マヌエル・ピント　Da Costa, Manuel Pinto　政治家, 軍人　サントメプリンシペ大統領, サントメプリンシペ国軍最高司令官　[国]サントメプリンシペ　[生]1937年8月5日　[典]1992／1996／2000

ダコスタ, ロナウド　Da Costa, Ronald　マラソン選手　[国]ブラジル　[生]1970年6月7日　[典]2000／2008

ダゴスティーノ, グレゴリー　D'Agostino, Gregory　オルガン奏者　[国]米国　[典]2012

ダゴニェ, フランソワ　Dagognet, François　哲学者　パリ第1大学科学技術史研究所教授　[専]認識論　[国]フランス　[生]1924年　[典]1992／1996／2000

ターコルー, ヒディエット　Turkoglu, Hidayet　バスケットボール選手　[国]トルコ　[生]1979年3月19日

ダコンタ, マイケル　Daconta, Michael C.　ソフトウェア開発者, プログラマー　ブラッドリーWebテクノロジーサービス部門長　[典]2004

ダザ, ジュリー・ヤップ　Daza, Jullie Yap　ジャーナリスト　「マニラ・スタンダード」コラムニスト, 「ライフスタイル・アジア」編集長　[国]フィリピン　[典]2000

ダサエフ, リナト　Dasaev, Rinat　サッカー選手　[国]ロシア　[生]1957年6月13日　[典]2000

タサニー・メーターピスィット　Tasanee Methapisit　日本語学者　タマサート大学　[国]タイ　[生]1962年　[典]2004

ダサリ, アンドレ　本名=デエラサリ, アンドレ　シャンソン歌手　[国]フランス　[生]1912年9月　[没]1987年7月6日　[典]1992

タザン, キャンベル　ミルウォーキー大学英語準教授　[国]米国　[典]1992

ダーシー, K.ブレイク　Darcy, K.Blake　金融家　DLJディレクトCEO, DLJディレクトSFG証券会長　[国]米国　[生]1956年8月22日　[典]2000

ダーシー, エマ　Darcy, Emma　ロマンス作家　[典]2004

ダージ, ギルマー　Derge, Gillmer J.　ソフトウェアコンサルタント　トルテック・ソフトウェア・サービス社長・CEO　[典]2004

ダジー, ケネス　Dadzie, Kenneth　外交官　元・国連貿易開発会議(UNCTAD)事務局長　[国]ガーナ　[生]1930年　[没]1995年10月25日　[典]1996

ダシケビチ, ミハイル　外交官　駐日ウクライナ大使　[国]ウクライナ　[典]1996

ダシダワー　モンゴル公文書管理庁長官　[国]モンゴル　[生]1949年　[典]1996

ダシツェレン, B.　Dashtseren, Buyantiin　駐日モンゴル大使　[国]モンゴル　[典]1992

ダーシック, マーサ　Derthick, Martha　バージニア大学政治学部教授　[専]行政学　[国]米国　[典]2000

タシマ, ウォーレス　裁判官　カリフォルニア州中部地区・連邦地裁判事　[国]米国　[典]2000

タシマ, クリス　Tashima, Chris　映画監督　シーダー・グローブ・プロダクションズ設立者　[国]米国　[生]1960年3月　[典]2000

タジマ, ジュールス・ヨシユキ　Tajima, Jules Yoshiyuki　Webサイト制作者　[生]1967年　[典]2004

タジマ, レニー　Tajima, Renee　映画プロデューサー, 脚本家　[国]米国　[典]1992

ターシャ　Tasha　本名=イヴィン, ターシャ・レイ　グループ名=リックス　ミュージシャン　[国]カナダ　[生]1985年6月12日　[典]2008

ダジャンス, ブリュノ　Dagens, Bruno　パリ第3大学教授　元・フランス極東学院研究員　[専]カンボジア, クメール文明　[国]フランス　[典]1996

ダシュティー, アリー　Dashtī, Alī　作家, 文芸評論家, 政治家　元・駐エジプトイラン大使　[国]イラン　[生]1895年　[典]1992

ダシュル, トーマス　Daschle, Thomas Andrew　通称=ダシュル, トム　政治家　元・米国民主党上院院内総務　[国]米国　[生]1947年12月9日　[典]1996／2000／2004／2012

タシュロー, ジスラン　Taschereau, Ghislain　作家　[国]カナダ　[生]1962年　[典]2008

ダーショウィッツ, アラン　Dershowitz, Alan M.　作家, 弁護士　ハーバード大学教授　[国]米国　[典]1992／1996

ダシヨンドン, ブドラグチャーギン　Dashyondon, Budragchagyn　政治家　モンゴル人民革命党中央幹部会議長　[国]モンゴル　[生]1946年　[典]1992／1996／2000

ダ・シルバ, ウェリントン　Da Silva, Wellington L.S.　コンピューター技術者　[典]2004

ダ・シルバ, カルロス・アルベルト　サッカー監督　[国]ブラジル　[典]1992／2000

ダシルバ, ブルース　DeSilva, Bruce　ミステリー作家　[国]米国　[典]2012

ダジンスキー, キャサリン　Dudzinski, Kathleen　海洋生物学者　[専]イルカ　[国]米国　[典]2004

タス, ナディア　Tass, Nadia　映画監督　[国]オーストラリア　[生]1955年6月30日　[典]2000

タスカ, ピーター　Tasker, Peter　金融証券アナリスト　アーカス投資顧問取締役　[国]英国　[生]1955年　[典]1992／1996／2000／2004

ダスカレスク, コンスタンチン　Dascalescu, Constantin　政治家　元・ルーマニア首相　[国]ルーマニア　[生]1923年　[没]2003年5月15日　[典]1992

ダスカロヴァ, マリア　Daskalova, Mariia Atanasova　作家　[国]ブルガリア　[生]1923年　[典]1992(ダスカロバ, マリア)

ダスカロフ, スタニスラフ　Daskalov, Stanislav　政治家　元・ブルガリア外相　[国]ブルガリア　[生]1952年4月4日　[典]1996

ダスキエ, ギヨーム　Dasquié, Guillaume　ジャーナリスト　「インテリジェンス・オンライン」編集長　[国]フランス　[生]1966年2月　[典]2004

ダスク, マット　Dusk, Matt　ジャズ歌手　[国]カナダ　[生]1978年　[典]2012

ダスグプタ, ブッダーデフ　Dasgupta, Buddhadeb　映画監督　[国]インド　[典]1992／2004／2008

タ

ダストール, ベルトラン 作家,評論家,詩人 元・フランス・ペンクラブ副会長 国フランス ⊕1988年10月21日 ⓡ1992

ダスバーグ, ジョン Dasburg, John H. 実業家 バーガーキング会長・CEO 元・ノースウエスト航空社長・CEO 国米国 ⊕1934年 ⓡ1996／2000／2004／2008

タスマン, アラン Tasman, Allan 精神医学者 ルイビル大学医学部教授 ㊣精神医学,精神分析学,認知神経科学 国米国 ⓡ2008

ダスラー, ウーベ Dassler, Uwe 水泳選手 国ドイツ ⓡ1992

ダスラー, ホルスト 元・アディダス社会長 国ドイツ ②1987年4月10日 ⓡ1992

ダスワーニ, カヴィータ Daswani, Kavita 作家 ⓡ2008

タゼギュル, セルウェト Tazegül, Servet テコンドー選手 ロンドン五輪テコンドー男子68キロ級金メダリスト 国トルコ ⊕1988年9月26日

ターセム Tarsem 本名=ターセム・シン 映像作家,映画監督,CMディレクター 国インド ⊕1961年 ⓡ2000／2004／2008／2012

ダーソー, ジョセフ Durso, Joseph スポーツジャーナリスト 「ニューヨーク・タイムズ」出版局野球記者キャップ 国米国 ⓡ1992

タタ, J.R.D. Tata, Jehangir Ratanji Dadabhoy 実業家 元・タタグループ名誉会長,元・タタ・サンズ商会会長,元・インド航空会長 タタ財閥の総帥 国インド ⊕1904年7月29日 ②1993年11月29日 ⓡ1992／1996

タタ, ラタン Tata, Ratan N. 実業家 タタグループ名誉会長 国インド ⊕1937年12月28日 ⓡ1996／2008／2012

タタウ バンド名=アラ・ケトゥ 歌手,作曲家 国ブラジル ⓡ2000

タタッド, フランシスコ 政治家 フィリピン上院議員 国フィリピン ⓡ2000

ダタトレーヤ, ラビ Dattatreya, Ravi E. 住友銀行キャピタルマーケット会社（SSCM）シニア・バイス・プレジデント ㊣固定債投資,債券ポートフォリオ戦略 国米国 ⓡ1992

タータブル, ダニー Tartabull, Danny 大リーグ選手（外野手） 国米国 ⊕1962年11月30日 ⓡ1996／2000

タタ・ヤン Tata Young 歌手 国米国 ⊕1980年12月14日 ⓡ2000（アミタ・タタ・ヤング）／2008

タタルカ, ドミニク Tatarka, Dominik 作家 国チェコスロバキア ⊕1913年 ②1989年 ⓡ1992

タタルニコフ, ミハイル Tatarnikov, Mikhail 指揮者,バイオリニスト マリインスキー劇場指揮者 国ロシア ⓡ2012

タチ, ジャック Tati, Jacques 本名=タチシェフ, ジャック 喜劇俳優,映画監督 国フランス ⊕1908年10月9日 ②1982年11月5日 ⓡ1992

ダチ, ラシダ Dati, Rachida 政治家 フランス法相 国フランス ⊕1965年 ⓡ2012

ダチッチ, イビツァ Dačić, Ivica 政治家 セルビア首相 国セルビア ⊕1966年1月1日

タツ・シキジョウ 達式常 映画俳優 上海映画製作所俳優 国中国 ⊕1940年 ⓡ1996

タッカー, アナンド Tucker, Anand 映画監督 国英国 ⓡ2004

タッカー, ウィリアム Tucker, William 彫刻家 国英国 ⊕1935年 ⓡ1996

タッカー, ウィルソン Tucker, Wilson 作家 国米国 ⓡ1992

タッカー, キャスリーン Tucker, Kathleen 反核運動家 国米国 ⓡ1992

タッカー, クリス Tucker, Chris 俳優,コメディアン 国米国 ⊕1973年8月31日 ⓡ2000／2004／2008／2012

タッカー, ジム Tucker, Jim Guy 政治家 元・アーカンソー州知事（民主党） 国米国 ⊕1943年6月13日 ⓡ1996／2000

タッカー, フォレスト Tucker, Forrest 俳優 国米国 ⊕1915年2月12日 ②1986年10月25日 ⓡ1992

タッカー, マーク 実業家 プルデンシャル・アジアCEO 元・香港生命保険評議会会長 国英国 ⓡ2004／2008

タッカー, マーク 実業家 ヒットハイブ社長・CEO 国米国 ⓡ2004／2008

タッカー, メアリー Tucker, Mary 作家 国オーストラリア ⊕1964年 ⓡ2000

タッカー, メグ Thakkar, Megh コンピューター技術者 国オーストラリア ⓡ2008

タッカー, ロバート Tucker, Robert B. イノベーション・リソース社社長 ⊕1953年 ⓡ2000

タッキナルディ, アレッシオ Tacchinardi, Alessio サッカー選手（MF） 国イタリア ⊕1975年7月23日 ⓡ2004／2008

ダック, ジーニー Duck, Daniel Jeanie コンサルタント ボストンコンサルティング・グループ（BCG） 国米国 ⓡ2004

ダック, スティーブ Duck, Steve 社会心理学者 ⓡ2008

タック, モーリス Tuck, Maurice 作家 元・東京電機大学助教授 国米国 ⓡ2004

タックウェル, バリー Tuckwell, Barry ホルン奏者,指揮者 メリーランド交響楽団初代音楽監督 ⓡ1992

タック・ウォンラット 作家,テレビ番組制作者 国タイ ⊕1949年 ⓡ1992

タック・チャルームティアロン Thak Chaloemtiarana コーネル大学准教授 ㊣政治学 国タイ ⊕1945年 ⓡ1992

タックマン, ケネス・D. 実業家 テレテック社代表 国米国 ⓡ2000

タックマン, バーバラ Tuchman, Barbara W. 歴史家,ノンフィクション作家 国米国 ⊕1912年 ②1989年2月6日 ⓡ1992

タックマン, モリス Tuchman, Maurice ロサンゼルス・カウンティー美術館20世紀部門シニア・キュレーター 国米国 ⊕1936年 ⓡ1992

タッケライ, バル Thackeray, Bal 本名=Thackeray,Balashaheb Keshav 政治家 元・シブ・セナ党創設者 国インド ⊕1926年1月23日 ②2012年11月17日

タッジ, コリン Tudge, Colin 動物学者,サイエンス・ライター 国英国 ⊕1943年 ⓡ2004

ダッジ, ジム Dodge, Jim 詩人,作家,哲学者 国米国 ⊕1950年 ⓡ1992（ドッジ, ジム）／1996

タッシェン, ベネディクト Taschen, Benedikt 出版人 タッシェン社長 国ドイツ ⊕1961年 ⓡ2004

ダッシャー, リチャード スタンフォード大学日米技術経営センター所長代行 国米国 ⓡ2000

ダッシュ, ステーシー Dash, Stacey 女優 国米国 ⓡ2000

ダッシュ, マイク Dash, Mike 作家 国英国 ⊕1963年 ⓡ2000／2004

ダッシン, ジュールス Dassin, Jules 映画監督,俳優 国米国 ⊕1911年12月18日 ②2008年3月31日 ⓡ1996（ダーシン, ジュール）

ダッソー, マルセル Dassault, Marcel 本名=ブロック, マルセル 元・マルセル・ダッソーブレゲ社社長,元・フランス国民議会議員 国フランス ⊕1892年1月 ②1986年4月18日 ⓡ1992

ダッタ, スニール Dutt, Sunil 映画俳優,映画監督 「アジャンタ・アーツ」主宰,ガンジー派国民会議派国会議員 国インド ⓡ1992

ダッダ, モクタル・ウルド Daddah, Mokhtar Ould 政治家 元・モーリタニア大統領,元・モーリタニア人民党（PPM）書記長 国モーリタニア ⊕1924年12月20日 ②2003年10月14日 ⓡ1992／1996

タッタースル, イアン Tattersall, Ian 古生物学者,霊長類学者 米国自然史博物館人類学部門長 国米国 ⓡ2000

ダッタトリ, ケイシャフ Dattatri, Kayshav コンピューター技術者 ネットスケープ・コミュニケーションズ・プロジェクトリーダー,カリフォルニア大学バークレー校大学院公開講座講師 ⓡ2004

ダッチス, ジェフリー レーザーフィッシュ社長 国米国 ⓡ2000

ダッチャー, ロバート ボッシス・メディカルCEO 国米国 ⓡ2000

ダツック, パヴェル Datsyuk, Pavel アイスホッケー選手（FW） ソルトレークシティ五輪アイスホッケー男子銅メダリスト 国ロシア ⊕1978年7月20日

タッデイ, ジュゼッペ　Taddei, Giuseppe　バリトン歌手　国イタリア　生1916年6月26日　没2010年6月2日　典2004

ダッテル, ユージン　金融コンサルタント　国米国　典2000

ダット, ハンク　Dutt, Hank　グループ名＝クロノス・カルテット　ビオラ奏者　国米国　典2004／2008

ダットサン, クリスチャン　Datsun, Christian　グループ名＝ダットサンズ　ミュージシャン　国ニュージーランド　典2004／2008

ダットサン, ドルフ・デ　Datsun, Dolf De　グループ名＝ダットサンズ　ミュージシャン　国ニュージーランド　典2004／2008

ダットサン, フィル　Datsun, Phil　グループ名＝ダットサンズ　ミュージシャン　国ニュージーランド　典2004／2008

ダットサン, マット　Datsun, Matt　グループ名＝ダットサンズ　ミュージシャン　国ニュージーランド　典2004／2008

ダッドソン, ジェームス　Dodson, James　コラムニスト　「Golf」編集長　典2004

ダットン, ギャレット　Dutton, Garrett　通称＝Gラブ　グループ名＝Gラブ＆スペシャルソース　ミュージシャン　国米国　生1972年10月3日　典2000／2008／2012

ダットン, ドナルド　Dutton, Donald G.　心理学者　ブリティッシュ・コロンビア大学心理学部教授　研バタラー心理　典2004

タツノ, シェリダン　Tatsuno, Sheridan M.　技術コンサルタント　ネオコンセプト社社長　国米国　生1947年　典1992

タッパン, デビッド　元・フルーア社最高経営責任者（CEO）　国米国　典1992

タツミ・スカイヘザー　巽 スカイ・ヘザー　Tatsumi, Sky Heather　英語教師　国米国　典2000

ダディ, パフ　Daddy, Puff　本名＝コムズ, ショーン　愛称＝パフィ　ラップ歌手, 音楽プロデューサー　バッド・ボーイ・エンターテインメント社　典2000／2008

タディエ, ジャン・イヴ　Tadié, Jean-Yves　文学者　ソルボンヌ大学教授　国フランス　生1936年　典2004

ダディエ, ベルナール・バンラン　Dadié, Bernard Binlin　作家, 詩人, 劇作家　元・コートジボワール文化相　国コートジボワール　生1916年　典1992

ターティコフ, ブランドン　映画テレビプロデューサー　元・NBCエンターテインメント社長　国米国　没1997年8月27日　典1992

タティス, フェルナンド　Tatis, Fernando　大リーグ選手（内野手）　国米国　生1975年1月1日　典2000／2008／2012

タディチ, ミロスラフ　ギタリスト　カリフォルニア芸術学院　国ユーゴスラビア　生1959年　典1996

タディッチ, ボリス　Tadić, Boris　政治家　元・セルビア大統領　国セルビア　生1958年1月15日　典2008／2012

ダーディン, ティルマン　ジャーナリスト　元・「ニューヨーク・タイムズ」記者　国米国　没1998年7月7日　典1992

ダーティントン, アンナ　Dartington, Anna　精神療法家　典2004

タデオ, ハイメ　農民運動指導者　フィリピン農民運動（KMP）議長　国フィリピン　典1992

タデッセ, ゼルセナイ　Tadese, Zersenay　陸上選手（長距離）　国エリトリア　生1982年2月8日

ダテル, ユージーン　Dattel, Eugene R.　金融コンサルタント　国米国　典2000

ダーデン, クリストファー　Darden, Christopher A.　検察官　O.J.シンプソン裁判判事　国米国　典2000

ダーデン, ケント　Durden, Kent　写真家, 動物文学作家　国米国　典1992

ダーデン, ダグラス　建築家　国米国　生1951年　典1992

ダート, アイリス・レイナー　Dart, Iris Rainer　脚本家, 作家　国米国　典2000

ダート, ジャスティン　元・ダート・アンド・クラフト社経営執行委員会議長　国米国　没1984年1月26日　典1992

ダート, ジョスリン　Dart, Jocelyn　コンピュータ技術者　典2004／2008

タート, チャールズ　Tart, Charles T.　心理学者　カリフォルニア大学デービス校　研サイ（超能力）, 変性意識　国米国　生1937年　典2004

タート, ドナ　Tartt, Donna　作家　国米国　生1963年　典1996

ダート, レイモンド　Dart, Raymond Arthur　人類学者, 解剖学者　元・ウィットウォーターズ大学名誉教授　国南アフリカ　生1893年2月4日　没1988年11月22日　典1992

ダートウゾス, マイケル　Dertouzos, Michael L.　コンピュータ科学者　元・マサチューセッツ工科大学教授・コンピュータサイエンス研究所所長　研計算機科学, 電気工学　国米国　没2001年8月27日　典1996（デルトゥゾー, マイケル）／2000

タトゥーロ, ジョン　Turturro, John　俳優, 映画監督　国米国　生1957年2月28日　典2000／2004／2008／2012

ダドニー, ビル　Dudney, Bill　情報処理技術者　典2008

ダトー・ヌーア・アドラン　Dato 'Noor Adlan　外交官　アジア太平洋経済協力会議（APEC）事務局長　国マレーシア　生1939年　典2000

タトム, シャルル（Jr.）　Tatum, Charles（Jr.）　映画評論家, 翻訳家　「イエロー・ナウ」編集責任者　国フランス　生1950年　典1996

ダドリー, ウィリアム　Dudley, William C.　エコノミスト　ニューヨーク連邦準備銀行総裁　国米国　典2012

ダドリー, ロバート　Dudley, Robert　通称＝Dudley,Bob　実業家　BP CEO　国米国　典2012

タトル, D.P.　Tuttle, D.Paul　都市計画家, 建築家　国米国　典2000

タトル, エドワード　Tuttle, Edward B.　建築デザイナー　生1945年　典2004

タトル, キャメロン　Tuttle, Cameron　ライター　国米国　典2004

タトル, チャールズ・イー　Tuttle, Charles E.　元・チャールズ・イー・タトル商会社長　国米国　没1993年6月9日　典1996

タトル, リサ　Tuttle, Lisa　作家　国米国　生1952年　典1992

タトル, リチャード　美術家　国米国　生1941年　典1996

タートル, レスリー　Turtle, Leslie　写真家　国英国　生1947年　典1996

タートルトーブ, ジョン　Turteltaub, Jon　映画監督　国米国　生1964年9月8日　典2000／2004／2008／2012

タートルトブ, ソール　コメディ脚本家, 作家　国米国　典2004

タトワイラー, マーガレット　Tutwiler, Margaret　元・米国大統領補佐官（広報担当）　国米国　生1950年12月28日　典1992／1996

ターナー, A.リチャード　Turner, A.Richard　ニューヨーク大学芸術学部教授・人文科学研究所所長　研ルネサンス美術史　国米国　生1932年　典2000

ターナー, J.　全米引退者連盟（AARP）年金政策顧問　国米国　典2004

ターナー, R.ケリー　Turner, R.Kerry　環境経済学者　イースト・アングリア大学教授, 地球環境社会経済研究所所長　国英国　生1948年　典2004／2008

ターナー, アレックス　Turner, Alex　グループ名＝アークティック・モンキーズ　ミュージシャン, ロック歌手　国英国　典2008／2012

ダナ, イヴ　Dana, Y.　彫刻家　国スイス　生1959年　典1992／2000

ターナー, エバ　Turner, Eva　ソプラノ歌手　国英国　生1892年3月10日　没1990年6月16日　典1992

ターナー, カーラ　Turner, Karla　UFO研究家　元・テキサス大学フェロー校講師　国米国　生1947年　典1996

ターナー, キャシー　Turner, Cathy　元・スピードスケート選手（ショートトラック）　国米国　典1996

ターナー, キャスリーン　Turner, Kathleen　本名＝ターナー, メアリー・キャスリーン　女優　国米国　生1954年6月19日　典1992／1996

ターナー, クリスティ（2世）　Turner, Christy G.（II）　アリゾナ州立大学教授　研人類学　国米国　典1992

ターナー, グレアム　Turner, Graham　画家　研中世史　典2004

ターナー, コリン　Turner, Colin　経営コンサルタント, 著述家

セウス・インスティテュート教授 [専]人材開発,潜在能力研究 [国]英国 [生]1954年10月24日 [典]2000／2004

ターナー, サンディ Turner, Sandy 作家 [国]英国 [典]2008

ターナー, ジェイソン Turner, Jason ライター [典]2004

ターナー, ジェームズ Turner, James コンピューター技術者 [国]米国 [典]2004

ターナー, シェリー プロゴルファー [国]米国 [生]1956年10月4日 [典]1992

ターナー, ジェーン 「グローブ世界美術大事典」編集長 [典]2000

ターナー, ジョー Turner, Joe ジャズピアニスト [国]米国 [生]1907年11月3日 [没]1990年7月21日 [典]1992

ターナー, ジョナサン・H. Turner, Jonathan H. 理論社会学者 カリフォルニア大学リヴァーサイド校教授 元・太平洋社会学会会長 [典]2008

ターナー, ジョー・リン Turner, Joe Lynn 旧グループ名=レインボー, ディープ・パープル ロック歌手 [国]米国 [典]2004／2008／2012

ターナー, ジョン Turner, John 政治家 元・カナダ首相, 元・カナダ自由党党首 [国]カナダ [生]1929年6月7日 [典]1992

ターナー, スタンズフィールド Turner, Stansfield 軍人 メリーランド大学教授, 退役海軍大将 元・中央情報局(CIA)長官 [国]米国 [生]1923年12月1日 [典]1992／1996

ターナー, ティナ Turner, Tina 本名=Bullook,Annie Mac ロック歌手 [国]米国 [生]1939年11月26日 [典]1992／1996

ターナー, ディリア・マーシャル Turner, Delia Marshall 作家, フェンシング選手 [国]米国 [典]2004

ターナー, テッド Turner, Ted 本名=ターナー, ロバート・エドワード,3世 実業家 ターナー・ブロードキャスティング・システム(TBS)創業者,CNN創業者, 国連財団会長 元・AOLタイム・ワーナー副会長 [国]米国 [生]1938年11月19日 [典]1992／1996／2000／2004／2008／2012

ターナー, デービッド Turner, David G. 実業家 昭和シェル石油副社長 [国]英国 [生]1944年12月15日 [典]2004

ターナー, デボラ Turner, Deborah 「走れ! ウィリー」の著者 [国]米国 [典]2008

ターナー, トニ Turner, Toni 実業家 トレンドスター・トレーディング・グループ社長 [国]米国 [典]2004／2008

ターナー, ハワード Turner, Howard R. 放送作家 [典]2004

ターナー, ビッグ・ジョー Turner, Big Joe ブルース歌手 [国]米国 [生]1911年5月18日 [没]1985年11月23日 [典]1992

ターナー, ブライアン Turner, Bryan Stanley ディーキン大学教授 [専]社会学 [生]1945年1月14日 [典]2000／2008

ターナー, フレッド Turner, Fred L. 実業家 元・マクドナルド会長・CEO [国]米国 [生]1933年1月 [没]2013年1月7日 [典]1992／1996

タナー, ベネディクト Thanner, Benedikt エコノミスト Ifo経済研究所主任研究員 [生]1950年 [典]1996

ターナー, ポール プライスウォーターハウスクーパース・マネージング・パートナー [典]2000

ターナー, マーシャ Turner, Marcia Layton ライター, マーケティングコンサルタント [国]米国 [典]2004

ターナー, メーガン・ウェイレン Turner, Megan Whalen 作家 [国]米国 [生]1965年 [典]2004／2008／2012

ターナー, ラナ Turner, Lana 本名=ターナー, ジュリア・ジーン・ミルドレッド・フランシス 女優 [国]米国 [生]1920年2月8日 [没]1995年6月29日 [典]1992／1996

ターナー, リチャード Turner, Richard システム工学者 ジョージ・ワシントン大学工学マネジメント・システム工学研究教授 [典]2008

ターナー, リンダ Turner, Linda ロマンス作家 [国]米国 [典]2008

ターナー, ロバート Turner, Robert 写真家 セントラルフィールド・カンパニー代表 [生]1960年10月 [典]1996

ダナ・インターナショナル Dana International 本名=コーエン, ヤーロン 歌手 [国]イスラエル [生]1972年2月 [典]2004

ダナウェイ, フェイ Dunaway, Faye 本名=ダナウェイ, ドロシー・フェイ 女優 [国]米国 [生]1941年1月14日 [典]1992／1996／2000／2004／2008／2012

タナエフ, ニコライ Tanayev, Nikolai 政治家 元・キルギス首相 [国]キルギス [生]1945年11月5日 [典]2004／2008

タナカ, ウィリアム Tanaka, William 弁護士 元・タナカ・ワルダーズ・アンド・リッジャー法律事務所代表 [国]米国 [生]1921年10月 [没]1992年10月1日 [典]1992／1996

タナカ, ケネス Tanaka, Kenneth 武蔵野大学現代社会学部教授・仏教文化研究所所長 [専]仏教学 [生]1947年 [典]2008

タナカ, シェリー Tanaka, Shelly 編集者, 児童文学作家 [典]2004

タナカ・マルクストゥーリオ 田中 マルクス闘莉王 本名=田中マルクス闘莉王ユウジムルザニ 登録名=闘莉王, ブラジル名=タナカ, マルクス・トゥーリオ・ユウジ・ムルザニ サッカー選手(DF) [生]昭和56年4月24日 [典]2004

タナット・コーマン Thanat Khoman 政治家 元・タイ副首相 [国]タイ [生]1914年5月9日 [典]1992／1996／2000

ダナハー, サイモン Danaher, Simon グラフィックデザイナー [典]2004

ダナパラ, ジャヤンサ Dhanapala, Jayantha 外交官 国連軍縮局長 元・駐米スリランカ大使 [国]スリランカ [生]1938年 [典]2000

ダナバラン, スピアン Dhanabalan, Suppian 実業家, 政治家 シンガポール航空会長 元・シンガポール商工相 [国]シンガポール [生]1937年8月8日 [典]1992／1996／2000

タナヒル, レスリー 画家 サンフランシスコ市立大学 [国]米国 [典]1992

タナベ, バーバラ コミュニケーション・ハシフィック代表副社長 [国]米国 [典]1992

ダナヘイ, デービッド Dunahay, David M. オペル・ジャパン代表 [典]2000

ダニ Dhani 本名=Lennevald,John Dhani グループ名=A☆TEENS 歌手 [国]スウェーデン [生]1984年7月24日 [典]2004

ダーニー, アフマド・ハサン 考古学者 ペシャーワル大学考古学科主任教授 [国]パキスタン [生]1920年 [典]1996

ダニ, アフマド・ハサン 考古学者 元・カイディ・アザム大学教授 [専]ガンダーラ文化, インダス文明 [国]パキスタン [生]1920年6月 [典]2004

タニー, ロビン Tunney, Robin 女優 [国]米国 [生]1972年 [典]2004／2008

ダニエリ, ジェームズ Danielli, James Frederic 生物学者 [国]米国 [生]1911年11月13日 [典]1992

ダニエル, ジャン Daniel, Jean ジャーナリスト, 作家 「ル・ヌーヴェル・オプセルヴァトゥール」編集主幹 [国]フランス [生]1920年7月21日 [典]1992／1996／2004／2012

ダニエル, ジョン Daniel, John M 作家 [国]米国 [典]2008

ダニエル, デービッド Daniell, David 英文学者 ロンドン大学名誉教授, ティンダル協会会長 [専]シェイクスピア研究, ウィリアム・ティンダル研究 [国]英国 [典]2004

ダニエル, トニー Tony, Daniel SF作家 [国]米国 [生]1963年 [典]1996

ダニエル, ベス Daniel, Beth プロゴルファー [国]米国 [生]1956年10月14日 [典]1992／2008

ダニエル, マーク Daniel, Mark 作家, 料理人, 画家 [国]英国 [生]1954年 [典]1996／2000

ダニエル, ロー Daniel, Roh 実業家, 作家 東アジア平和投資プログラムソウル代表 [国]韓国 [生]1954年6月 [典]2012

ダニエル, ロージー Daniel, Rosy 医師 ブリストルがんヘルプセンター医学担当理事 [典]2004

ダニエル, ロバート Daniell, Robert F. 実業家 元・ユナイテッド・テクノロジーズ(UTC)会長・CEO [国]米国 [典]1992／1996／2000／2004／2008

ダニエルズ, B.J. Daniels, B.J. ロマンス作家 [国]米国 [典]2008

ダニエルズ, アンソニー　Daniels, Anthony　俳優　国英国　⊕1942年　㊥2004

ダニエルズ, アンドルー　Daniels, Andrew　コンピューター技術者　㊥2004

ダニエルス, エドワード　Daniels, Edward J.　エネルギー・システム分析者　アルゴンヌ国立研究所エネルギー・環境部技術評価班員　国米国　㊥1992

ダニエルズ, オーブリー　Daniels, Aubrey C.　ビジネス・コンサルタント　オーブリー・ダニエルズ社社長、プレシジョン・ラーニング・システムズ社社長　国米国　㊥1996

ダニエルズ, クリスチャン　Daniels, Christian　東京外国語大学アジア・アフリカ言語文化研究所教授　㊥中国技術史　国オーストラリア　⊕1953年　㊥2004

ダニエルズ, グレン　Daniels, Glen　コンピューター技術者　㊥2004

ダニエルズ, ゴードン　Daniels, Gordon　歴史学者　シェフィールド大学　国英国　㊥2004

ダニエルズ, ジェフ　Daniels, Jeff　俳優　国米国　⊕1955年　㊥2000／2004／2008

ダニエルズ, ジョン　Daniels, John　コンピューターコンサルタント　㊥2004

ダニエルズ, ジョン　Daniels, Jon　レンジャーズGM　㊥2012

ダニエルズ, パトリシア　Daniels, Patricia D.　国際ソロプチミストアメリカ連盟会長　国米国　㊥1992

ダニエルズ, フランク　ニューズ・アンド・オブザーバー・パブリッシング・カンパニー社長, AP通信理事会長　国米国　㊥1996

ダニエルズ, ミッチェル　Daniels, Mitchell E.　政治家, 実業家　元・インディアナ州知事, 元・米国行政管理予算局（OMB）局長　国米国　⊕1949年　㊥1992／2004

ダニエルズ, リー　実業家　タイタス・コミュニケーションズ社長　元・日本AT&T社長　国米国　⊕1956年12月13日　㊥2000

ダニエルズ, ロジャー　Daniels, Roger　シンシナティ大学教授　㊥歴史学　国米国　⊕1927年　㊥2000

ダニエルズ・モーリング, デビー　Daniels-Mohring, Debbie　医師, 臨床心理学者　国米国　㊥2004

ダニエルソン, ステラン　Danielsson, Stellan　サッカージャーナリスト, 元・サッカー選手　国スウェーデン　⊕1946年6月22日　㊥2004

ダニエルソン, リチャード　Danielson, Richard Karl　フリーライター, アーティスト　国米国　㊥2004

ダニエル・ルシュール, J.Y.　Daniel-Lesur, J.Y.　本名＝ルシュール, ダニエル　作曲家, オルガン奏者, ピアニスト　国フランス　⊕1908年11月19日　㊦2002年7月2日　㊥1992

ダニエレフスカ, ウチヤ　Danielewska, Łucja　詩人　国ポーランド　⊕1932年　㊥1992

ダニエレブスキー, マーク　Danielewski, Mark Z.　作家　国米国　⊕1966年　㊥2004

ダニガン, ジェームズ　Dunnigan, James F.　軍事・戦史専門家　国米国　㊥1992／1996

タニクリフ, アナ　Tunnicliffe, Anna　ヨット選手（レーザーラジアル級）　北京五輪セーリング女子レーザーラジアル級金メダリスト　国米国　⊕1982年10月17日　㊥2012

ダニノス, ピエール　Daninos, Pierre　作家, ジャーナリスト　国フランス　⊕1913年5月26日　㊦2005年1月7日　㊥1992

タニャーダ, ウィグベルト　Tanada, Wigbert E.　弁護士　フィリピン上院議員　元・ケソン大学教授　国フィリピン　⊕1934年　㊥1992／1996

ダニリューク, ニコライ　政治家　ハバロフスク地方人民代議員会議議員, ソ連人民代議員　国ソ連　⊕1937年4月　㊥1992

ダニルソン　Danilson　本名＝ダニルソン・コルドバ・ロドリゲス, ルイス　サッカー選手（MF）　国コロンビア　⊕1986年9月6日　㊥2012

ダニーロ　Danilo　本名＝ゴメス, ダニーロ・グスターボ・ヴェルグネ　サッカー選手（MF）　国ブラジル　⊕1981年10月15日　㊥2008

ダニーロ　Danilo　本名＝Andrade,Danilo Gabriel de　サッカー選手（MF）　国ブラジル　⊕1979年6月11日　㊥2008／2012

ダニロフ, ニコラス　Daniloff, Nicholas　ジャーナリスト　ノースイースタン大学ジャーナリズム学部助教授　ダニロフ事件　国米国　⊕1934年12月30日　㊥1992

ダニロワ, アレクサンドラ　Danilova, Alexandra　バレリーナ　国米国　⊕1904年11月20日　㊦1997年7月13日　㊥1992／1996

ダニロワ, オルガ　Danilova, Olga　スキー選手（距離）　国ロシア　⊕1970年6月10日　㊥2000／2004／2008

ダーニング, アラン　Durning, Alan　ノースウエスト・エンバイロンメント・ウォッチ（NEW）所長　㊥環境問題　国米国　⊕1964年　㊥2000

ダニング, エリック　Dunning, Eric　社会学者　レスター大学社会学部教授　㊥スポーツ社会学　国英国　㊥2000

ダニング, ジョン　Dunning, John　作家　国米国　⊕1918年　㊦1990年　㊥1992

ダニング, ジョン　Dunning, John　作家　国米国　⊕1942年1月9日　㊥2012

ダーニング, チャールズ　Durning, Charles　俳優　国米国　⊕1923年2月28日　㊦2012年12月24日

ダニング, ブルース　Dunning, Bruce　ジャーナリスト　CBSニュース・アジア総局長　国米国　⊕1940年　㊥1996

タヌイ, モーゼス　Tanui, Moses　マラソン選手　国ケニア　⊕1965年8月20日　㊥2000

ダヌロフ, クレイグ　Danuloff, Craig　プログラマー　Publishing Resources社社長　国米国　㊥1996

タネガ, ジョセフ　Tanega, Joseph A.　金融コンサルタント　アーンスト・アンド・ヤング・シニア・アドバイザー　国英国　㊥2004

ターネジ, マーク・アンソニー　作曲家　イングリッシュ・ナショナル・オペラ座付き作曲家　国英国　⊕1960年　㊥2000

タネジャ, ナワール　Taneja, Nawal K.　オハイオ州立大学（OSU）教授　㊥航空工学, マーケティング学　国米国　㊥1992

ダーネル, ジェームズ　Darnell, James E.　生物学者　ロックフェラー大学分子細胞生物学研究所教授　㊥2004

タネン, デボラ　Tannen, Deborah　ジョージタウン大学教授　㊥言語学　国米国　㊥1996

ダーネンズ, ルディ　Dhaenens, Rudy　プロ自転車選手　国ベルギー　⊕1961年4月10日　㊥1992

タネンバウム, アンドルー　Tanenbaum, Andrew S.　Vrije大学教授　㊥コンピュータサイエンス　国オランダ　㊥2000

タネンバーム, スタンレー　Tannenbaum, Stanley I.　ノースウェスタン大学ジャーナリズム大学院IMC学科教授　㊥1996

ダノ, ポール　Dano, Paul　俳優　国米国　⊕1984年　㊥2012

タノヴィッチ, ダニス　Tanović, Danis　映画監督, 脚本家　国ボスニア・ヘルツェゴビナ　⊕1969年　㊥2004／2008／2012

ダノック, ミルドレッド　Dunnock, Mildred　女優　国米国　⊕1901年1月25日　㊦1991年7月5日　㊥1992

ターノフ, ピーター　Tarnoff, Peter　元・米国国務次官（政治問題担当）　国米国　⊕1937年4月19日　㊥1992／1996／2000

ダーノフスキー, マーシー　Darnovsky, Marcy　コンピューター技術者　国米国　㊥1996

タノム・キッティカチョーン　Thanom Kittikachorn　政治家, 軍人　元・タイ首相　国タイ　⊕1911年8月11日　㊦2004年6月16日　㊥1992／2000（タノム・キティカチョーン）

タノムサク・シスボーベー　別名＝カオヤイ・マハラサラカム　プロボクサー　国タイ　㊥1996

タノン・ビダヤ　Thanong Bidaya　政治家　タイ国際航空会長　元・タイ蔵相　国タイ　㊥2000／2004／2008

タパ, スーリヤ・バハドール　Thapa, Surya Bahadur　政治家　元・ネパール首相　国ネパール　⊕1928年3月20日　㊥1992／2000／2008／2012

タハ, ライダ　Taha, Raida　パレスチナ解放機構（PLO）議長広報担当秘書　国パレスチナ　㊥1992

タハ, ラシッド　Taha, Rachid　グループ名＝カルト・ド・セジュー

ル　歌手　[国]フランス　[生]1958年9月18日　[典]1992（ター，ラシッド）／2004／2008

タバイ，イエレミア　Tabai, Ieremia T.　政治家　元・キリバス大統領　[国]キリバス　[生]1950年　[典]1992

タバキン，ルー　Tabackin, Lew　サックス奏者，フルート奏者　[専]テナーサックス　[国]米国　[生]1940年3月26日　[典]2008／2012

タバクニック，スティーブン　Tabachnick, Stephen Ely　英語・英文学者　オクラホマ大学教授・英語英文学科長　[国]米国　[生]1944年4月1日　[典]1992

タバコフ，オレグ　Tabakov, Oleg Pavlovich　俳優，演出家　モスクワ芸術座芸術監督，オレグ・タバコフ劇場主宰　[国]ロシア　[生]1935年8月17日　[典]1996／2004／2008／2012

タバコリ，ホセイン　Tavakoli, Hossein　重量挙げ選手　[国]イラン　[典]2004

ダバシ，ハミッド　Dabashi, Hamid　社会学者　コロンビア大学中東アジア言語・文化学部長　[国]イラン　[生]1951年　[典]2008

タ

ダーバス，ニコラス　Darvas, Nicolas　「私は株で200万ドル儲けた」の著者　[国]米国　[典]2004／2008

タバタ，ロドリゴ　Tabata, Rodrigo Barbosa　サッカー選手（MF）　[国]ブラジル　[生]1980年11月19日　[典]2008／2012

ダバタビィ，アリ　Tabatabaee, Ali　グループ名＝ゼブラヘッド　ミュージシャン　[国]米国　[典]2012

タバック，シムズ　Taback, Simms　絵本作家　[国]米国　[典]2004／2008／2012

ダバディー，フローラン　Dabadie, Florent　タレント，モデル，コラムニスト　元・サッカー日本代表監督パーソナルアシスタント　[国]フランス　[生]1974年11月1日　[典]2004／2008

タバート，デボラ　コアラ保護運動家　オーストラリア・コアラ基金事務局長　[国]オーストラリア　[典]2004／2008

タバネ，モツォアハエ・トーマス　Thabane, Motsoahae Thomas　通称＝タバネ，トム　政治家　レソト首相　[国]レソト　[生]1939年5月25日

ダハビ，ナデル　Dahabi, Nader al　政治家　元・ヨルダン首相・国防相　[国]ヨルダン　[生]1946年10月7日　[典]2012

ダバラ，ユミト　Davala, Umit　サッカー選手（MF）　[国]トルコ　[生]1973年7月30日　[典]2004／2008

タバリ，ジョルジュ　クリスチャン・ディオール・ジャポン社長　[国]フランス　[典]2000

ターパル，バール・クリシェン　考古学者　先・原史科学国際連合常任委員会委員，ドイツ考古学研究所客員研究員　[専]インド考古学　[国]インド　[生]1921年　[典]1992

ダハル，プスパ・カマル　Dahal, Pushpa Kamal　別名＝プラチャンダ　政治家　ネパール共産党毛沢東主義派（毛派）議長　元・ネパール首相　[国]ネパール　[生]1954年12月11日　[典]2012

タパール，ラリット　Thapar, Lalit Mohan　実業家　タパール財閥会長　[国]インド　[生]1930年10月27日　[典]1996

ターパル，ロミラ　歴史学者　ネール大学名誉教授　[専]インド古代史　[国]インド　[生]1931年11月30日　[典]2000

タバレス，オスカル　Tabárez, Óscar　本名＝Tabárez,Óscar Washington　サッカー監督，元・サッカー選手　サッカー・ウルグアイ代表監督　[国]ウルグアイ　[生]1947年3月3日　[典]2012

タバレス，シャノン　Tavarez, Shannon　女優　ミュージカル「ライオンキング」の子役　[国]米国　[生]1999年1月20日　[没]2010年11月1日

タバレス，ジュリアン　Tavarez, Julian　大リーグ選手（投手）　[国]ドミニカ共和国　[生]1973年5月22日　[典]2008／2012

ダーハン，アンドレ　Dahan, André　イラストレーター，絵本作家　国立パリ装飾美術学校　[国]フランス　[生]1935年　[典]1996／2000／2012

ダービー，ケン　Darby, Ken　作曲家，編曲家　[国]米国　[生]1909年　[没]1992年1月24日　[典]1996

タピ，ベルナール　Tapie, Bernard Roger　歌手，実業家，政治家　元・ベルナール・タピ・フィナンス（BTF）会長，元・フランス国民議会議員　[国]フランス　[生]1943年1月26日　[典]1992／1996／2000

ダービー，マイケル　カリフォルニア大学ロサンゼルス校アンダーソン行政大学院副院長・教授　元・米国商務次官　[専]経済学　[国]米国　[生]1945年　[典]1996

タピア，ジョニー　Tapia, Johnny　プロボクサー　元・WBA世界バンタム級チャンピオン　[国]米国　[生]1967年2月13日　[没]2012年5月27日

タピア，ビル　Tapia, Bill　ウクレレ奏者　[国]米国　[生]1908年1月1日　[没]2011年12月2日　[典]2012

タピア，マイケル　Tapia, Michael　ファッションデザイナー　[国]米国　[生]1970年　[典]2004

タピエ，ミッシェル　Tapié, Michel　批評家，画家，彫刻家　[国]フランス　[生]1909年2月26日　[没]1987年7月30日　[典]1992

タピエス，アントニ　Tàpies, Antoni　本名＝Tàpies Puig,Antoni　画家　[専]抽象画　[国]スペイン　[生]1923年12月13日　[没]2012年2月6日　[典]1992／1996／2000／2008／2012

ダビエル，アリレザ　Dabir, Alireza　レスリング選手（フリースタイル）　[国]イラン　[生]1977年9月16日　[典]2004／2008

ダービーシャー，ジョン　Derbyshire, John　「素数に憑かれた人たち―リーマン予想への挑戦」の著者　[典]2008

タビストック，アロン　Tavistock, Aaron　コンピューター技術者　[典]2004

ダビッジ，クリストファー　Davidge, Christopher M.　実業家　元・クリスティーズ・グループCEO　[国]英国　[典]1996／2000

ダビデンコ，ガリーナ　Davidenko, Galina　華道家　華道総元・池坊ロシア・CIS支部長　[国]ロシア

ダビド，オフェリー　David, Ophélie　スキー選手（フリースタイル）　[国]フランス　[生]1976年7月6日

ダビドウ，ジェフリー　米国国務次官補　[国]米国　[典]2000

ダビド・ビジャ　David Villa　本名＝サンチェス，ダビド・ビジャ　サッカー選手（FW）　[国]スペイン　[生]1981年12月3日　[典]2012

ダビドビッチ，ルーシー　Dawidowicz, Lucy S.　イェシバ大学教授　[専]社会史　[国]米国　[典]2000

ダビド・ルイス　David Luiz　本名＝Moreira Marinho,David Luiz　サッカー選手（DF）　[国]ブラジル　[生]1987年4月22日

ダビドワ，アナスタシア　Davydova, Anastasia　シンクロナイズドスイミング選手　アテネ五輪・北京五輪シンクロナイズドスイミング・デュエット・チーム金メダリスト　[国]ロシア　[生]1983年2月2日　[典]2004／2008／2012

ターピニアン，スティーブン　Tarpinian, Stephen　水泳コーチ，トライアスロン選手　[国]米国　[典]2004

タヒミック，キッドラット　Tahimik, Kidlat　映画監督　[国]フィリピン　[生]1942年　[典]1992／1996／2000

タヒル，マリー　Tahir, Marie　コンピューター技術者　[典]2004

ダービン，ディアナ　Durbin, Deanna　本名＝ダービン，エドナ・メイ　女優，歌手　[国]米国　[生]1921年12月4日　[没]2013年4月　[典]1992／1996

ダービン，ディック　Durbin, Dick　本名＝ダービン，リチャード・ジョセフ　政治家　米国上院議員（民主党）　[国]米国　[生]1944年11月21日　[典]2000／2004／2012

ダビンスキー，ドナ　Dubinsky, Donna　実業家　ハンドスプリングCEO　[国]米国　[典]2004／2008

タブ，アーネスト　カントリー歌手　[国]米国　[生]1914年2月9日　[没]1984年9月6日　[典]1992

タブ，ウィリアム　Tabb, William K.　ニューヨーク市立大学教授　[専]経済学　[生]1942年　[典]1996

タブ，エドウィン　Tubb, Edwin C.　別名＝カーン，グレゴリイ，マドックス，カール，グレイ，チャールズ，ラング，キング，ハント，ギル，ショウ，ブライアン，グリドバン，フォルステッド，シェルドン，ロイ，マクリーン，アーサー，トムスン，エドワード　SF作家　[国]英国　[生]1919年　[典]1992

ダフ，ハワード　Duff, Howard　俳優　[国]米国　[生]1917年11月24日　[没]1990年7月8日　[典]1992

タープ，バン　Tharp, Van K.　投資コンサルタント　[典]2004

ダフ，ヒラリー　Duff, Hilary　本名＝ダフ，ヒラリー・アン　歌手

ダフ, マイケル　Duff, Michael J.　テキサスA&M大学特別教授　⦿理論物理学　国英国　殁2000

タファレル　Taffarel　本名=メルゲン・タファレル, クラウジオ・アンドレ　元・サッカー選手　国ブラジル　生1966年5月8日　殁2000／2004／2008

ダフィー　Duffy　歌手　国英国　生1984年　殁2012

ダフィ, ステラ　Duffy, Stella　作家　国英国　殁2004

ダフィ, パトリシア・リン　Duffy, Patricia Lynne　ライター　国米国　殁2004

ダフィー, ピーター　Duffy, Peter　ロンドン大学講師, アムネスティ国際執行委員長　⦿国際人権法　国英国　殁1992

ダフィ, フランシス　DEGW社共同経営者　国英国　生1940年　殁1992

ダフィ, ベッツィ　Duffey, Betsy　絵本作家　国米国　殁2000

ダーフィ, マイケル　Durphy, Michael　精神科医　国米国　殁2004

ダフィ, マイケル　Duffy, Michael　ジャーナリスト　「タイム」国内政治担当記者　国米国　殁2000

ターフェル, ブリン　Terfel, Bryn　本名=ターフェル・ジョーンズ, ブリン　バリトン歌手　国英国　生1965年11月9日　殁2000／2004／2008／2012

ダフォフスカ, エカテリーナ　Dafovska, Ekaterina　バイアスロン選手　国ブルガリア　生1975年11月28日　殁2000

ダブス, ジェームズ　Dabbs, James McBride　心理学者　ジョージア州立大学心理学部教授　⦿性差が個人に与える影響, テストステロン　国米国　殁2004／2008

ダブス, メアリー　Dabbs, Mary Godwin　女性運動家　国米国　殁2004

タプスコット, ドン　Tapscott, Don　情報技術コンサルタント　ニュー・パラダイム・ラーニング社長　国米国　殁1996／2000

タプスコット, ホレス　Tapscott, Horace　ジャズピアニスト, 編曲家　国米国　生1934年4月6日　殁1996

タブッキ, アントニオ　Tabucchi, Antonio　作家, ポルトガル文学研究家　国イタリア　生1943年9月23日　没2012年3月25日　殁1996／2000／2012

ダフティ, ウィリアム　Dufty, William　ジャーナリスト　国米国　生1916年2月2日　殁1996

タフト, ウィリアム(4世)　Taft, William Howard (IV)　外交官, 法律家　元・NATO大使, 元・米国国防副長官　国米国　生1945年9月13日　殁1992／1996

ダフト, ダグラス・N.　Duft, Douglas N.　実業家　コカ・コーラ会長・CEO　国オーストラリア　生1943年3月20日　殁1992／1996

タフト, ボブ　Taft, Bob　本名=Taft,Robert Alphonso,II　政治家　元・オハイオ州知事　国米国　生1942年1月8日　殁2004／2008

ダフト, リチャード　Daft, Richard L.　バンダービルト大学教授　⦿組織理論研究, リーダーシップ　国米国　殁2004

ダフトン, ジェニファー　Dufton, Jennifer　ピラーティス・インストラクター　殁2008

ダフナー, ジェイソン　Dufner, Jason　プロゴルファー　国米国　生1977年3月24日

タブナー, ジョン　Tavener, John　本名=Tavener,John Kenneth　作曲家　⦿現代音楽　国英国　生1944年1月28日　没2013年11月12日

ダブラル, ジャック　Du Brul, Jack B.　作家　殁2012

タプリー, ウィリアム　Tapply, William G.　ミステリー作家　国米国　生1940年　殁1996

タフリ, ナンシー　Tafuri, Nancy　絵本作家　国米国　殁1992

タフーリ, マンフレッド　Tafuri, Manfredo　建築批評家・歴史家　元・ベネチア大学建築史研究所所長　国イタリア　生1935年　没1994年　殁1996

タブリーズィー, カマル　Tabrizi, Kamal　映画監督　国イラン　生1959年10月27日　殁2004 (タブリーズィー, カマル／ダブリーズィー, カマル)／2008 (タブリーズィー, カマル／ダブリーズィー, カマル)

タフレイト, レイモンド　Tafrate, Raymond Chip　心理学者　中央コネティカット州立大学助教授　国米国　殁2008

ダブロースキー, イド　Dubrawsky, Ido　ネットワークエンジニア　国米国　殁2008

タブロフスキー, ユーリー　ジャーナリスト　「ベスニク」誌編集長　国ロシア　生1949年　殁1992／1996

ターベット, エーディト　Thabet, Edith　作家　国オーストリア　生1947年　殁2000

タベルニエ, ルネ　詩人　元・国際ペンクラブ会長　国フランス　生1915年5月21日　没1989年12月16日　殁1992

ダベンポート, G.　Davenport, Glorianna　メディア研究者, 映画監督　マサチューセッツ工科大学メディア研究所インタラクティブ映画監督　殁2004／2008

ダベンポート, トーマス　Davenport, Thomas H.　アクセンチュア戦略的変革研究所所長, ボストン大学経営学部教授　⦿情報技術管理　国米国　殁2004／2008

ダベンポート, ノア　Davenport, Noa　文化人類学者　アイオワ州立大学非常勤助教授　国スイス　殁2004

ダベンポート, フィオン　Davenport, Fionn　編集者　国アイルランド　殁2008

ダベンポート, リズ　Davenport, Liz　コンサルタント　国米国　殁2004

ダベンポート, リンゼイ　Davenport, Lindsay　テニス選手　国米国　生1976年6月8日　殁1996／2000／2004／2008／2012

ターボー, ジョン　Terborgh, John　デューク大学環境科学教授・熱帯地域保全センター所長　⦿渡り鳥の研究　国英国　殁1996

ターボックス, キャサリン　Tarbox, Katherine　ボランティア活動家　国米国　生1983年　殁2004

タボネ, ビンセント　Tabone, Vincent　本名=タボネ, チェンス　政治家　元・マルタ大統領　国マルタ　生1913年3月30日　没2012年3月14日　殁1992／1996

ダボビル, ジェラール　冒険家　国フランス　生1945年9月5日　殁1996

ダボール, フォード　外交官　国連大使　国シエラレオネ　殁2000

ダマー, トム　Dummer, Tom　オステオパシー(胃療法)治療家　自然療法臨床家国際連合(JFPNT)理事長　⦿チベット医学, ホリスティック医学　国英国　殁1992

ダマジオ, アントニオ　Damagio, Antonio R.　神経学者　アイオワ大学医学部教授・神経学部長, ソーク生物学研究所準教授　⦿神経内科学　国米国　殁1996／2004

ダマジオ, ハンナ　Damasio, Hanna　神経学者　国米国　殁1996／2004

ダ・マッタ, クリスティアーノ　Da Matta, Cristiano　F1ドライバー　国ブラジル　生1973年9月13日　殁2004／2008

ダマディアン, レイモンド　Damadian, Raymond V.　医学者　フォナー会長　⦿核磁気共鳴　国米国　生1936年　殁2000／2004／2008／2012

ダマト, アルフォンス　D'amato, Alfonse M.　政治家　元・米国上院議員(共和党)　国米国　生1937年8月1日　殁1996／2000

ダマート, バーバラ　D'Amato, Barbara　ミステリー作家, ノンフィクション作家　国米国　殁1996

タマヌーン・ソーバーラット　経済学者　タイ国立ラームカムヘーン大学学長　国タイ　生1945年2月　殁1992

タマヌーン・ワンリー　Thamnoon Wanglee　実業家　タイ国際航空社長　国タイ　殁1992

ダマノスキ, ダイアン　Dumanoski, Dianne　ジャーナリスト, 作家　「奪われし未来」の共同執筆者　国米国　生1944年　殁2000／2004

タマホリ, リー　Tamahori, Lee　映画監督　国ニュージーランド　生1950年4月22日　殁1996／2004／2008／2012

タマメス, ラモン　Tamames, Ramón　経済学者　マドリード自治大学経済学部教授　国スペイン　生1933年　殁2000

タマヨ, ホセ　演出家　国スペイン　殁1992

タマヨ, ルフィノ　Tamayo, Rufino　画家　⑬メキシコ　⑭1899年8月26日　⑮1991年6月24日　⑯1992

タマール, ティルダ　Thamar, Tilda　女優　⑬アルゼンチン　⑭1921年12月7日　⑮1989年4月12日　⑯1992

タマーロ, スザンナ　Tamaro, Susanna　作家　⑬イタリア　⑭1957年　⑯1996／2000／2012

ダーマン, エマニュエル　Derman, Emanuel　ゴールドマン・サックス証券会社運用戦略部責任者　⑯1992

ターマン, ダグラス　Terman, Douglas　作家　⑬米国　⑭1933年　⑯1992／1996

ダーマン, リチャード　Darman, Richard Gordon　元・米国行政管理予算局(OMB)局長　⑬米国　⑭1943年5月10日　⑮2008年1月25日　⑯1992／1996／2000／2004

ダミ, ナリンダー　Dhami, Narinder　作家　⑬英国　⑯2004

タミア　歌手　⑬カナダ　⑭1976年5月　⑯2000

ダミアーノ, ジェラルド　Damiano, Gerard　本名=Damiano, Gerardo Rocco　映画監督　⑬米国　⑭1928年8月4日　⑮2008年10月25日　⑯2008

ダミアン, ゲオルゲタ　Damian, Georgeta　本名=Andrunache-Damian,Georgeta　ボート選手　シドニー五輪・アテネ五輪・北京五輪ボート女子かじなしペア金メダリスト　⑬ルーマニア　⑭1976年4月14日　⑯2008／2012

ダミッシュ, ユベール　Damisch, Hubert　美術史家, 哲学者　⑬フランス　⑭1928年　⑯2000

タミミ, アサド　イスラム聖戦機構最高指導者　⑭1925年　⑯1992

ダミラノ, マウリツィオ　Damilano, Maurizio　競歩選手　⑬イタリア　⑭1957年4月6日　⑯1992／1996

タム, アラン　Tam, Alan　中国名=譚詠麟　歌手, 俳優, 映画プロデューサー　⑬香港　⑭1950年8月23日　⑯1992／1996／2012

タム, アンティエ　Damm, Antje　建築家, 絵本作家　⑬ドイツ　⑭1965年　⑯2008

タム, エリック　Tamm, Eric　グループ名=グリーン, アトモス・フォニックス　シンガー・ソングライター, キーボード奏者・シンセサイザー　⑬米国　⑭1955年　⑯1996

タム, カール　政治家　スウェーデン教育相　⑬スウェーデン　⑯2000

ダム, ケネス　Dam, Kenneth W.　元・米国財務副長官, 元・米国国務副長官, 元・IBM副会長　⑬米国　⑭1932年8月10日　⑯1992／1996／2004／2008

タム, パトリック　Tam, Patrick　中国名=譚家明　映画監督　⑬香港　⑭1948年3月25日　⑯1996／2008／2012

タム, ビアンカ　Tam, Bianca　「阿片茶」の著者　⑬イタリア　⑭1920年　⑮1994年　⑯1996

タム, ビビアン　Tam, Vivienne　ファッションデザイナー　⑬米国　⑯2000

タム, マリリン　Tam, Marilyn　慈善活動家　US財団事務局長　⑬中国　⑯2008

タムゴ, テディ　Tamgho, Teddy　三段跳び選手　⑬フランス　⑭1989年6月15日

ダムズ, ジーン　Dams, Jeanne M.　作家　⑬米国　⑯2000

ダムディンスレン, ツェンディーン　Damdinsuren, Tsendiin　作家, 詩人, 文献学者　⑬モンゴル　⑭1908年　⑮1986年　⑯1992（ダムディンスルン, ツェンディーン）

タムード, ラウル　Tamudo, Raúl　サッカー選手(FW)　⑬スペイン　⑭1977年10月19日　⑯2004／2008／2012

タムラ, リンダ　Tamura, Linda　ウィラメット大学教授　⑬教育学　⑬米国　⑯2000

ダムラウ, ディアナ　Damrau, Diana　ソプラノ歌手　⑬コロラトゥーラ・ソプラノ　⑬ドイツ　⑭1971年　⑯2012

ダムリ・コーナンタキアット　Damri Kohnanthakiat　実業家　元・ユニコード社長・CEO　⑬タイ　⑭1951年　⑮1995年6月13日　⑯1996

ダムレ, ニヒル　Damle, Nikhil　プログラマー　Endymion Systemsコンサルタント　⑯2008

ダムロン・カセムセット　実業家　シン・サテライト会長　⑬タイ　⑯2004／2008

タムロン・マハチャリヤウォン　タイ投資委員会(BOI)在日責任者　⑬タイ　⑯2000

ダムロン・ラタビパット　元・タイ科学・技術・エネルギー相　⑬タイ　⑭1985年7月29日　⑯1992

ダメット, マイケル　Dummett, Michael Anthony Eardley　哲学者　元・オックスフォード大学名誉教授　⑬英国　⑭1925年6月27日　⑮2011年12月27日　⑯2000／2008

タ・モク　Ta Mok　本名=チット・チューン　軍人　元・ポル・ポト軍参謀総長　⑬カンボジア　⑭1926年　⑮2006年7月21日　⑯1996／2000

ダモダラン, アスワス　Damodaran, Aswath　経営学者　ニューヨーク大学ビジネス・スクール教授　⑬市場の効率性の検証, 情報と市場構造の影響, 株式の評価, 不動産投資　⑬米国　⑯2004

ダモノ, サパルディ・ジョコ　Damono, Sapardi Djoko　詩人　インドネシア大学教授, インドネシア財団常任理事　⑬インドネシア　⑭1940年3月20日　⑯1996

タヤ, マーウイヤ・ウルド・シディ・アハメド　Taya, Maaouiya Ould Sidi Ahmed　政治家, 軍人　元・モーリタニア大統領　⑬モーリタニア　⑭1943年　⑯1992／1996／2000／2004／2008

ダヤン, ジョゼ　Dayan, Josée　映画監督, 脚本家　⑬フランス　⑯2004／2008

ダヤン, モシェ　Dayan, Moshe　軍人, 政治家　元・イスラエル国防相・外相　⑬イスラエル　⑭1915年5月20日　⑮1981年10月16日　⑯1992

タラ　Tara　本名=Lee,Tara　グループ名=ベルファイア　歌手　⑬アイルランド　⑭1982年6月25日　⑯2004

ダラ　DARA　本名=パクサンダラ　グループ名=2NE1　歌手　⑬韓国　⑭1984年11月12日　⑯2012

ダーラ, エンツォ　Dara, Enzo　バス歌手　⑬イタリア　⑭1938年10月13日　⑯2004

ダラ, オル　Dara, Olu　ジャズトランペット奏者　⑬米国　⑭1941年1月12日　⑯2004／2008

ダライ・ラマ14世　Dalai Lama XIV　本名=テンジン・ギャツォ　宗教指導者　チベット仏教(ラマ教)最高指導者　⑭1935年7月6日　⑯1992／1996／2000／2004／2008／2012

タラウィ, マルバト　Tallawi, Marvat　外交官　駐日エジプト大使　⑬エジプト　⑭1937年　⑯1996

タラウネ, ファエズ　Tarawneh, Fayez　政治家　ヨルダン王室官房長官　元・ヨルダン首相・国防相　⑬ヨルダン　⑭1949年5月1日

ダラー・カンラヤ　作家　ラオス情報文化省文芸文化局副局長　⑬ラオス　⑭1940年　⑯2000

ダラ・コスタ, マリアローザ　Dalla Costa, Mariarosa　政治社会学者, 女性学者　⑬イタリア　⑯2004

タラスコ, トニー　Tarasco, Tony　本名=Tarasco,Anthony Giacinto　元・大リーグ選手(外野手), 元・プロ野球選手　⑬米国　⑭1970年12月9日　⑯2004

ダラス・コンテ, ジュリエット　Dallas-Conté, Juliet　イラストレーター, 絵本作家　⑬英国　⑯2004

タラソフ, セルゲイ　Tarasov, Sergei　ピアニスト　⑬ロシア　⑭1971年　⑯1992／1996

タラソフ, セルゲイ　Tarasov, Sergei　バイアスロン選手　⑬ロシア　⑭1965年2月15日　⑯1996／2000

タラソフ, マクシム　Tarasov, Maksim　棒高跳び選手　⑬ロシア　⑭1970年12月2日　⑯1996／2000／2004／2008

タラソワ, タチアナ　Tarasova, Tatiana　フィギュアスケート指導者　⑬ロシア　⑭1947年　⑯2012

タラデリャス, ジョセプ　元・カタロニア自治政府大統領　⑬スペイン　⑮1988年6月10日　⑯1992

タラト, メフメット・アリ　Talat, Mehmet Ali　政治家　元・北キプロス・トルコ共和国大統領　⑬北キプロス・トルコ共和国

[生]1952年7月6日　[典]2008／2012

ダラトリ, アレッサンドロ　D'alatri, Alessandro　映画監督　[国]イタリア　[生]1955年　[典]1996

タラバニ, ジャラル　Talabani, Jalal　政治家　イラク大統領, クルド愛国同盟(PUK)議長　[国]イラク　[生]1933年4月　[典]1992／2008／2012

ターラー・ブアカムシー　「援助はタイを豊かにするか」の著者　[国]タイ　[生]1967年　[典]1996

ターラープルワーラー, スーニー　Taraporevala, Sooni　脚本家　[国]インド　[生]1959年　[典]1992

タラボレッリ, J.ランディ　Taraborrelli, J.Randy　ジャーナリスト 「ソウル」誌編集長　[国]米国　[生]1956年　[典]1996

ダラボン, フランク　Darabont, Frank　映画監督, 脚本家　[国]米国　[生]1959年　[典]1996／2004／2008／2012

ダーラム, エディー　Durham, Eddie　ジャズ・トロンボーン・エレキギター奏者　[国]米国　[生]1906年8月19日　[没]1987年3月6日　[典]1992

ダーラム, マイケル　Durham, Michael S.　編集者, ジャーナリスト　[国]米国　[典]2004

ダラム, ローラ　Durham, Laura　作家　[国]米国　[典]2012

ターラモ, マンリオ　Talamo, Manlio　法律コンサルタント　カンパーニア州CISLコンサルタント,CESOSカンパーニア州地区責任者　[国]イタリア　[生]1939年　[典]1992

ダラーラ, チャールズ　Dallara, Charles H.　元・米国財務次官補　[国]米国　[生]1948年　[典]1992／1996／2000

ダラーリオ, ローレンス　Dallaglio, Lawrence　本名=Dallaglio, Lawrence Bruno Nero　ラグビー選手　[国]英国　[生]1972年8月10日　[典]2008

ダラル, サンディ　ファッションデザイナー　[国]米国　[典]2000

タラル, ムハマド・ラフィク　Tarar, Muhammad Rafiq　政治家, 元・裁判官　元・パキスタン大統領, 元・パキスタン最高裁判事　[国]パキスタン　[生]1929年11月2日　[典]2000／2004／2008

タラン, ジェイミー　Talan, Jamie　ジャーナリスト　元・「ニューズデイ」記者　[国]米国　[典]2004

ダラン, ベルナール　Dalens, Bernard J.　Hôtel-Dieu大学病院小児麻酔責任者　[専]小児麻酔　[国]フランス　[典]1996

タランギ, トケ・トゥフキア　Talagi, Toke Tufukia　政治家　ニウエ首相　[国]ニウエ　[典]2012

タランティーノ, クエンティン　Tarantino, Quentin　映画監督, 映画プロデューサー, 脚本家, 俳優　[国]米国　[生]1963年3月27日　[典]1996／2000／2004／2008／2012

タランド, アンドレス　Tarand, Andres　政治家　元・エストニア首相　[国]エストニア　[典]1996

ダリ, アミーラ　Dali, Amira　ラブ・グリーン・ネパール(LGN)代表　[国]ネパール　[典]2012

タリー, アンドルー　Tully, Andrew　ジャーナリスト, ノンフィクション作家　[国]米国　[典]1992

ダリ, サルバドール　Dali, Salvador　本名=Dali,Salvador y Domenech　画家　[国]スペイン　[生]1904年5月11日　[没]1989年1月23日　[典]1992

ターリー, ジェームズ　Turley, James S.　実業家　アーンスト・アンド・ヤング(E&Y)会長・CEO　[国]米国　[典]2004／2008／2012

ターリー, スチュアート　Turley, Stuart　マンチェスター大学上級講師　[専]会計学　[国]英国　[生]1953年　[典]1992

タリー, ダニエル　Tully, Daniel P.　実業家　メリルリンチ会長・CEO, 全米証券業協会会長　[国]米国　[生]1932年　[典]1996／2000

タリー, ティム　Talley, Tim　ジャーナリスト　「バトンルージュ・アドボケット」紙社会部　[国]米国　[生]1952年　[典]1996／2000

タリー, テッド　Tally, Ted　脚本家　[国]米国　[生]1952年　[典]2004／2008

ダリー, ニキ　Daly, Niki　絵本作家, 画家, シンガー・ソングライター　[国]南アフリカ　[生]1949年　[典]1996

ダーリ, ビョルン　Daehlie, Bjorn　元・スキー選手(距離)　[国]ノルウェー　[生]1967年6月19日　[典]1996／2000／2004

タリー, マイク　棒高跳び選手　[国]米国　[典]1992

タリー, マーク　Tully, Mark　ジャーナリスト, フリーライター　元・BBCデリー支局長　[国]英国　[生]1935年10月24日　[典]2004

タリー, マーシャ　Talley, Marcia　作家　[国]米国　[典]2004

タリ, ミハイル　Tal, Mikhail　元・チェス世界チャンピオン　[国]ソ連　[生]1936年　[没]1992年6月28日　[典]1996

ダリア　Dahlia　歌手　[国]米国　[典]2004

タリアヴィーニ, フェルッチョ　Tagliavini, Ferruccio　テノール歌手　[国]イタリア　[生]1913年8月14日　[没]1995年1月28日　[典]1992(タリアビーニ, フェルッチョ)／1996(タリアビーニ, フェルッチョ)

タリアローリ, マテオ　Tagliariol, Matteo　フェンシング選手(エペ)　北京五輪フェンシング男子エペ個人金メダリスト　[国]イタリア　[生]1983年1月7日　[典]2012

ダリエ, アレクサンドル　演出家　ブランドラ劇場演出家　[国]ルーマニア　[生]1959年　[典]2000

ダリオッチ, ネリー・イルマ　Dariozzi, Nelly Irma　画家　[国]アルゼンチン　[生]1936年　[典]1996

タリキ, アブッドラー　Tarīkī, 'Abd Allah　政治家, 石油コンサルタント　元・サウジアラビア石油相　[国]サウジアラビア　[生]1919年3月19日　[没]1997年9月7日　[典]1992／1996

タリーズ, ゲイ　Talese, Gay　ノンフィクション作家　[国]米国　[生]1932年2月7日　[典]1992／1996／2000／2004／2012

ダリダ　Dalida　本名=シリオッティ, ヨランド　シャンソン歌手　[国]フランス　[没]1987年5月3日　[典]1992

タリチャーヌ, カリン・ポペスク　Tariceanu, Calin Pepescu　政治家　ルーマニア国民自由党党首　元・ルーマニア首相　[国]ルーマニア　[生]1952年1月14日　[典]2008／2012

ダリティ, ウィリアム(Jr.)　Darity, William A.(Jr.)　ノースカロライナ大学教授　[専]経済学　[国]米国　[典]2000

ダリヤ, ファラド　歌手　[国]アフガニスタン　[典]2004／2008

タリヤンネ, ペッカ　Tarjanne, Pekka　物理学者　元・国際電気通信連合(ITU)事務総局長　[国]フィンランド　[生]1937年9月19日　[典]1996／2004

ダリュー, ダニエル　Darrieu, Danielle　女優　[国]フランス　[生]1917年5月1日　[典]1992／2008／2012

ダリュセック, マリー　Darrieussecq, Marie　作家　[国]フランス　[生]1969年　[典]2000

ダリン, アレクサンダー　Dallin, Alexander　スタンフォード大学教授　[専]ソ連政治史　[国]米国　[生]1924年　[典]1992／1996

ダーリン, ジェームズ　Darling, James D.　西海岸鯨研究所主任研究員　[専]海洋哺乳類生態学　[国]カナダ　[典]1992

タリン, リンチェン・ドルマ　Taring, Rinchen Dolma　チベット難民救済活動家　[生]1909年　[没]2000年　[典]1992／1996

ダリング, M.J.　オーストラリア・カルジーン・パシフィック社社長　[国]オーストラリア　[生]1945年12月14日　[典]1992

ダーリング, キャシー　Darling, Kathy　著述家, コラムニスト　[国]米国　[典]2000

ターリントン, クリスティ　Turlington, Christy　ファッションモデル　[典]2000

ダーリントン, シリル　Darlington, Cyril Dean　植物学者　[専]細胞遺伝学　[国]英国　[生]1903年12月19日　[没]1981年　[典]1992

タリン・ニマンヘミン　Tarrin Nimmanahaeminda　政治家　元・タイ蔵相　[国]タイ　[典]2004

ダーリンプル, フレデリック・ロードン　Dalrymple, Frederick Rawdon　外交官　元・駐日オーストラリア大使　[国]オーストラリア　[生]1930年　[典]1996／2004

ダール, ケント　政治家　駐英・南アフリカ大使　[国]南アフリカ　[生]1941年　[典]1996

ダール, ソフィー　Dahl, Sophie　モデル, 作家　[国]英国　[生]1978年　[典]2008／2012

ダール, ハンス・ノルマン　Dahl, Hans Normann　画家　[国]ノルウェー　[生]1937年　[典]2004

ダール, ビルギッタ　Dahl, Birgitta　スウェーデン環境・エネル

ギー相 [国]スウェーデン [典]1992

ダール, フレデリック　Dard, Frédéric　筆名-サン・アントニオ　ミステリー作家 [国]フランス [生]1921年6月29日 [没]2000年6月6日 [典]1992／1996

ダル, ベアトリス　Dalle, Béatrice　本名=カバロウ, ベアトリス　女優 [国]フランス [生]1964年12月19日 [典]1996／2004／2012

タール, ヤアラ　ピアニスト [典]1996

ダール, ロアルド　Dahl, Roald　作家, 脚本家 [専]犯罪小説, 児童文学 [国]英国 [生]1916年9月13日 [没]1990年11月23日 [典]1992

ダール, ロバート　Dahl, Robert Alan　政治学者　元・エール大学名誉教授 [専]民主政治研究 [国]米国 [生]1915年12月17日 [没]2014年2月5日 [典]1992／1996

タルイジン, ニコライ　Talyzin, Nikolai Vladimirovich　政治家　元・ソ連第1副首相, 元・ソ連共産党政治局員候補 [国]ソ連 [生]1929年1月28日 [没]1991年1月23日 [典]1992

ダルヴィ, クロード　Darvy, Claude　女優, 脚本家 [国]フランス [生]1942年 [典]1992（ダルビ, クロード）／1996（ダルビ, クロード）

タ

ダルウィーシュ, マフムード　Darwīsh, Mahmūd　詩人, 政治家, ジャーナリスト [国]パレスチナ [生]1941年3月13日 [没]2008年8月9日 [典]1992（マフムード・ダルウィーシュ）／1996（マフムード・ダルウィーシュ）／2000（マフムード・ダルウィーシュ）／2004（マフムード・ダルウィーシュ）

タルヴェラ, マルッティ　Talvela, Martti　オペラ歌手 [国]フィンランド [生]1935年2月4日 [没]1989年7月22日 [典]1992（タルベラ, マルッティ）

タールカーニ・スュッチ, アッティラ　Tárkány Szücs, Attila　ハンガリー法務大臣特別補佐官 [国]ハンガリー [生]1956年 [典]1992

ダルカンジェロ, イルデブランド　D'Arcangelo, Ildebrando　バス・バリトン歌手 [国]イタリア [生]1969年 [典]2012

ダルク, ミレイユ　Darc, Mireille　本名=Aigroz,Mireille　女優 [国]フランス [生]1938年5月15日 [典]2000

タルク, ルイス　Taruc, Luis　革命運動家 [国]フィリピン [生]1913年6月21日 [没]2005年5月4日 [典]1992

タルクィーニ, ガブリエレ　Tarquini, Gabriele　F1ドライバー [国]イタリア [生]1962年3月2日 [典]1992／1996

ダルグリーシュ, アリス　Dalgliesh, Alice　児童文学者, 編集者　元・米国児童書協会会長 [国]米国 [生]1893年 [典]1996

ダルグリッシュ, ケニー　Dalglish, Kenny　サッカー監督, 元・サッカー選手 [国]英国 [生]1951年3月4日 [典]2012

ダル・コォ, フランチェスコ　建築史家　ベネチア建築大学 [国]イタリア [生]1945年 [典]1992

タルコット, ディアナ　Talcott, DeAnna　ロマンス作家 [国]米国 [典]2004

タルコフスキ, アンジェイ　Tarkowski, Andrzej K.　動物学者, 発生生物学者　ワルシャワ大学教授 [国]ポーランド [典]2004／2008／2012

タルコフスキー, アンドレイ　Tarkovskii, Andrei Arsenievich　映画監督 [国]ソ連 [生]1932年4月4日 [没]1986年12月28日 [典]1992

タルジ, ゼマルヤライ　Tarzi, Zemaryalai　考古学者　ストラスブール大学教授 [専]バーミヤン遺跡 [国]フランス [典]2012

ダルシオ, フェイス　D'Aluisio, Faith　元・テレビプロデューサー [典]2004

ダルシマー, キャサリン　Dalsimer, Katherine　コロンビア大学人間発達学科講師 [国]米国 [生]1944年 [典]1992

ダルシャンボー, ニコラ　d'Aruchimbaud, Nicholas　写真家 [典]2004

タルスキー, アルフレッド　Tarski, Alfred　論理学者, 数学者　元・カリフォルニア大学バークレー校教授 [国]米国 [生]1902年1月14日 [没]1983年 [典]1992

ダールステン, グンナール　スウェーデン・マッチ社長 [国]スウェーデン [典]1992

ダルゼル, フレデリック　Dalzell, Frederick　ビジネスコンサルタント　ウィンスロップ・グループ・シニア・コンサルタント [国]米国 [典]2004

ダルソノ, ハルトノ　Dharsono, Hartono　軍人, 政治家　元・東南アジア諸国連合（ASEAN）事務局長 [国]インドネシア [生]1925年6月10日 [没]1996年6月5日 [典]1992／1996

タルターリア, アントニオ　Tartaglia, Antonio　ボブスレー選手 [国]イタリア [生]1968年1月13日 [典]2000

タルタン・トゥルク　Tarthang Tulku　チベット仏教僧 [生]1935年 [典]1996／2000

ダルチニアン, ビック　Darchinyan, Vic　プロボクサー　元・WBA・WBC・IBF世界スーパーフライ級チャンピオン, 元・IBF世界フライ級チャンピオン [国]オーストラリア [生]1976年1月7日

タルディ・マルクース, ユリア　Tardy-Marcus, Julia　翻訳家 [国]フランス [生]1905年12月24日 [典]1996

タルデュー, ジャン　Tardieu, Jean　詩人, 劇作家 [国]フランス [生]1903年11月1日 [没]1995年1月27日 [典]1992／1996

タルデュー, ローランス　Tardieu, Laurence　作家, 女優 [国]フランス [生]1972年 [典]2012

タルデリ, マルコ　Tardelli, Marco　サッカー監督, 元・サッカー選手 [国]イタリア [生]1954年9月24日 [典]2000／2004

ダルデンヌ, ジャン・ピエール　Dardenne, Jean-Pierre　本名=イガン, カール　映画監督, 映画プロデューサー, 脚本家 [国]ベルギー [生]1951年4月21日 [典]2000／2008／2012

ダルデンヌ, リュック　Dardenne, Luc　本名=イガン, エリック　映画監督, 映画プロデューサー, 脚本家 [国]ベルギー [生]1954年3月10日 [典]2000／2008／2012

ダルト, ジョージ　Dalto, Jorge　ジャズピアニスト [国]米国 [生]1948年 [没]1987年10月27日 [典]1992

ダルドリー, スティーブン　Daldry, Stephen　演出家, 映画監督　元・ロイヤル・コート劇場芸術監督 [国]英国 [生]1960年5月2日 [典]2004／2008／2012

ダルトリー, ロジャー　Daltrey, Roger　本名=ダルトリー, ロジャー・ハリー　グループ名=ザ・フー　ロック歌手, 俳優 [国]英国 [生]1944年3月1日 [典]2004／2008／2012

ダルトン, カーティス　Dalton, Curtis E.　コンピューター技術者 [典]2004

ダルトン, キャサリーナ　Dalton, Katharina　医師 [専]月経前症候群（PMS） [国]英国 [生]1916年 [典]1992／2000

ダールトン, クラーク　Darlton, Clark　本名=エルンスティング, ワルター　SF作家 [国]ドイツ [生]1920年6月13日 [典]1992／1996／2012

ダルトン, サム　Dalton, Sam　コンピューター技術者 [国]英国 [典]2004／2008

ダルトン, ティモシー　Dalton, Timothy　俳優 [国]英国 [生]1946年3月21日 [典]1992／1996

ダルトン, マイケル　実業家, 技術者　トリップワイヤ副社長 [国]米国 [典]2004

ダルトン, マーゴット　Dalton, Margot　ロマンス作家 [国]カナダ [典]2004

タルナート, ミヒャエル　Tarnat, Michael　サッカー選手（DF） [国]ドイツ [生]1969年10月27日 [典]2008

ダルニ, タマシュ　Darnyi, Tamas　元・水泳選手（個人メドレー） [国]ハンガリー [生]1967年6月3日 [典]1992／1996

タルノフ, テリー　Tarnoff, Terry　作家 [国]米国 [生]1947年 [典]2012

ダルハイマー, マティアス・カレ　Dalheimer, Matthias Kalle　ライター, 翻訳家, ソフトウェアコンサルタント [典]2004／2008

ダルハウサー, フィリップ　Dalhausser, Philip　通称=ダルハウサー, フィル　ビーチバレー選手　北京五輪男子ビーチバレー金メダリスト [国]米国 [生]1980年1月26日 [典]2012

ダールハウス, カール　Dahlhaus, Carl　音楽学者 [国]ドイツ [生]1928年 [没]1989年3月13日 [典]1992

タルバート, トーマス　Talbert, Thomas　編曲家 [国]米国 [生]1924年8月4日 [典]1996

タルバート, ブライアン　Talbert, Brian　技術者　Getronics Wangシステム設計技術者 [専]システム設計 [典]2004

タルバート, マンテイ　Talbert, Montae　別名=M-Bone　グループ名=カリ・スワッグ・ディストリクト　ラップ歌手　[国]米国　[没]2011年5月15日

ダルバン, ロベール　映画俳優　[国]フランス　[生]1903年7月　[没]1987年4月3日　[典]1992

ダルビー, ライザ　Dalby, Liza　日本文学研究家　[国]米国　[生]1950年　[典]2004

ダルビッグ, アンダッシュ　Dahlvig, Anders　実業家　イケア社長・CEO　[国]スウェーデン　[典]2012

ダルビニャン, アルメン　Darbinyan, Armen P.　政治家　元・アルメニア首相　[国]アルメニア　[典]2000

ダルピュジェ, ブランシュ　D'Alpuget, Blanche　作家　[国]オーストラリア　[生]1944年　[典]1996

ダルファー　Dulfer　本名=ダルファー, ハンス　サックス奏者　[国]オランダ　[生]1940年5月28日　[典]2000

ダルファー, キャンディ　Dulfer, Candy　バンド名=ファンキー・スタッフ　ジャズサックス奏者　[専]アルトサックス　[国]オランダ　[典]1992／1996／2000／2008／2012

ダルベッコ, レナト　Dulbecco, Renato　ウイルス学者, 分子生物学者　元・カリフォルニア大学教授, 元・英国王立がん研究所所長　[国]米国　[生]1914年2月22日　[没]2012年2月19日　[典]1992／1996

ダルベルト, ミシェル　Dalberto, Michel　ピアニスト　[国]フランス　[生]1955年6月2日　[典]1992／1996／2012

タルボット, ストローブ　Talbott, Strobe　ジャーナリスト　ブルッキングズ研究所所長　元・米国国務副長官　[国]米国　[生]1946年4月25日　[典]1992／1996／2000／2004／2008／2012

タルボット, デービッド　Talbot, David　編集者, 実業家　サロン・ドット・コム会長　[国]米国　[典]2004

タルボット, トマス　実業家　HAL社長・最高経営責任者　[国]米国　[典]1992

タルボット, ボブ　Talbot, Bob　海洋動物写真家　[国]米国　[生]1958年7月9日　[典]1996

タルボット, マイケル　Talbot, Michael　ノンフィクション作家　[国]米国　[生]1954年　[没]1992年　[典]1996

タルボット, ロブ　写真家　[国]英国　[生]1958年　[典]2004

ダルマ, ステファン　Dalmat, Stéphane　サッカー選手(MF)　[国]フランス　[生]1979年2月16日　[典]2004／2008

ダルマイヤー, フレッド　Dallmayr, Fred　政治学者　ノートルダム大学終身教授　[専]ヨーロッパ近現代の哲学者　[国]米国　[典]2004

タルマージ, ジェームス　Talmadge, James　画家, 音楽家　[国]米国　[生]1947年　[典]1996

ダルマス, ヤニック　Dalmas, Yannick　元・F1ドライバー　[国]フランス　[生]1961年7月28日　[典]1992／1996

ダルマディカリ, シュリパッド　ダム建設反対運動家　ナルマダを救う会　[国]インド　[典]1992

タールマン, ロルフ　Thalmann, Rolf　バーゼル・ポスター博物館館長　[生]1946年　[典]2008

タルミー, シェル　Talmy, Shel　作家　[国]米国　[生]1937年　[典]1992

タルメージ, ロナルド・B.　ロスチャイルド・プロパティーズ・リミテッド取締役　[国]米国　[典]1992

ダルモン, ピエール　Darmon, Pierre　歴史学者, 作家　フランス国立科学研究センター(CNRS)研究員　[生]1939年　[典]1992／1996／2000

タルモン, モーシィ　Talmon, Moshe　臨床心理学者　カイザー・パーマネンテ医療センター, キブツ小児家族クリニック所長　[専]シングル・セッション・セラピー　[典]2004／2008

ダルリック, ジャン　Dalric, Jean　脚本家　[国]フランス　[典]2000

ダルリンプル, ウィリアム　Dalrymple, William　旅行作家　[国]英国　[典]2000

タルルス, ヤーコ　Tallus, Jaakko　スキー選手(複合)　ソルトレークシティ五輪スキー・ノルディック複合団体金メダリスト　[国]フィンランド　[生]1981年2月23日　[典]2004

タルレ, イヴ　Tharlet, Eve　絵本作家　[国]フランス　[生]1956年　[典]1992／1996／2000

タルーロ, ダニエル　Tarullo, Daniel K.　経済学者　ジョージタウン大学法律大学院教授　元・米国大統領補佐官(国際経済担当)　[国]米国　[典]2004／2008

ターレ, グレゴリー　Tarle, Gregory　ミシガン大学物理学科教授　[専]宇宙線研究　[国]米国　[典]2000

ダーレ, グロー　Dahle, Gro　詩人, 作家　[国]ノルウェー　[生]1962年　[典]2012

タレイ, ウフク　Talay, Ufuk　サッカー選手(MF)　[国]オーストラリア　[生]1976年3月26日　[典]2012

ダーレイ, ケビン　Darley, Kevin　騎手　[国]英国　[生]1960年8月5日　[典]2000／2008

ダーレオーエン, アレクサンドル　Dale Oen, Alexander　水泳選手(平泳ぎ)　北京五輪競泳男子100メートル平泳ぎ銀メダリスト　[国]ノルウェー　[生]1985年5月21日　[没]2012年4月30日　[典]2012

ダレク, ロバート　Dallek, Robert　歴史学者　ボストン大学名誉教授　[国]米国　[典]2012

ダレーシー, クリス　d'Lacey, Chris　児童文学作家　[国]英国　[典]2004

ダレス, イン　Dales, Ien　本名=Dales,Catharina Isabella　政治家　元・オランダ内相　[国]オランダ　[生]1931年10月18日　[没]1994年1月9日　[典]1996

ダレスト, フレデリック　d'Allest, Frédéric　マトラ社副会長　元・アリアンスペース会長　[国]フランス　[典]1992

タレック, オリヴィエ　Tallec, Olivier　イラストレーター　[国]フランス　[生]1970年　[典]2008／2012

ダレック, ロバート　Dallek, Robert　カリフォルニア大学ロサンゼルス校教授　[専]アメリカ外交　[国]英国　[生]1934年　[典]1996

ダレッサンドロ, ジェームズ　Dalessandro, James　脚本家, 作家　[国]米国　[生]1948年　[典]2000

ダレッサンドロ, デービッド　D'Alessandro, David F.　実業家　ジョン・ハンコック・フィナンシャル・サービスCEO　[国]米国　[典]2004／2008

ダレッシオ, カルロス　D'alessio, Carlos　作曲家　[国]フランス　[生]1935年　[没]1992年6月14日　[典]1996

ダーレ・フレショ, グン・リタ　Dahle-Flesjå, Gunn-Rita　自転車選手(マウンテンバイク)　アテネ五輪自転車女子マウンテンバイク金メダリスト　[国]ノルウェー　[生]1973年2月10日　[典]2008(ダーレ, グンリタ)

ダレーマ, マッシモ　D'Alema, Massimo　政治家　元・イタリア首相　[国]イタリア　[生]1949年4月20日　[典]1996／2000／2004／2008／2012

タレル, ジェームズ　Turrell, James　美術家　[国]米国　[生]1943年　[典]1996／2000

ダレル, ジェラルド　Durrell, Gerald Malcolm　動物文学作家, 動物学者　[国]英国　[生]1925年1月7日　[没]1995年1月30日　[典]1992／1996

ダレル, ロレンス　Durrell, Lawrence George　作家, 詩人　[国]英国　[生]1912年2月27日　[没]1990年11月7日　[典]1992

タレンタイン, スタンリー　Turrentine, Stanley　サックス奏者　[専]テナーサックス　[国]米国　[生]1934年4月5日　[典]1996

タレント, スティーブン　Tallent, Stephen E.　弁護士　ギブソン・ダン・クラッチャー労働法担当パートナー　[国]米国　[生]1937年　[典]1996

ダーレンドルフ, ラルフ　Dahrendorf, Ralf Gustav　社会学者, 哲学者, 政治家　元・英国上院議員, 元・オックスフォード大学セント・アントニーズ・カレッジ長, 元・ドイツ外務次官　[国]英国　[生]1929年5月1日　[没]2009年6月17日　[典]1992／1996／2000／2004／2008

タロー, アレクサンドル　Tharaud, Alexandre　ピアニスト　[国]フランス　[生]1968年　[典]2008／2012

ダロス, ジュルジ　Dalos, György　詩人, 作家　[国]ハンガリー　[生]1943年　[典]1992

ダローズ, ダニエル　Dalloz, Danielle　「なぜ子どもはやきもちを焼くの?—育児は自分さがしの旅 フランス式子育ての智恵」の著者　[典]2008

タロック, ゴードン　Tullock, Gordon　アリゾナ大学教授　[専]政治

タ

学, 経済学　[国]米国　[生]1922年　[典]2000

タロック, ジョナサン　Tulloch, Jonathan　作家　[国]英国　[典]2004

タロック, リー　Tulloch, Lee　作家　[国]オーストラリア　[生]1954年　[典]1992／1996

タロッツィ, ジュゼッペ　Tarozzi, Giuseppe　音楽ジャーナリスト　ミラノ市広報室長　[国]イタリア　[生]1931年　[典]1996

タワー, ジョン　Tower, John G.　政治家　元・米国上院議員（共和党）　[国]米国　[生]1925年9月29日　[没]1991年4月5日　[典]1992

ダワー, ジョン　Dower, John W.　歴史学者　マサチューセッツ工科大学（MIT）名誉教授　[専]現代日本史　[国]米国　[生]1938年6月21日　[典]1992／1996／2000／2004／2008／2012

タワン・ダッチャニー　画家　[国]タイ　[典]1992（タワン・ドゥチャネー）／2004／2008

タン, Y.H.　Tan, Y.H.　英語名=Tan,Chris　分子生物学者　シンガポール大学附属分子細胞生物学研究所（IMCB）所長　[国]シンガポール　[典]2004

ダン, アイリーン　Dunne, Irene　女優　[国]米国　[生]1904年12月20日　[没]1990年9月4日　[典]1992

ダン・アトウ　段 亜東　画家　保定市清風水墨画学校学長, 保定市政協書画会理事　[専]水墨画　[国]中国　[生]1951年　[典]1996／2000

タン, アラン　Tang, Alan　漢字名=鄧光栄　俳優, 映画プロデューサー　[国]香港　[生]1946年　[没]2011年3月29日

タン・イェソ　唐 汭序　Dang, Ye-seo　旧名=唐娜　卓球選手　北京五輪卓球女子団体銅メダリスト　[国]韓国　[生]1981年4月27日

タン・ウェイ　Tan, Wei　漢字名=湯唯, 英語名=レベッカ　女優　[国]中国　[生]1979年10月7日　[典]2008／2012

ダン・エイキ　段 永基　実業家　四通集団公司総裁（社長）　[国]中国　[生]1946年　[典]1992／1996

タン, エィミ　Tan, Amy　作家　[国]米国　[生]1952年　[典]1992／1996

ダン, オットー　Dann, Otto　ケルン大学教授　[専]近代政治思想史, 社会思想史　[国]ドイツ　[生]1937年　[典]1992

ダン, オーパル　Dunn, Opal　本名=ダン, オーパル・リディア　児童教育研究者　国際児童文庫協会（ICBA）名誉会長　[国]英国　[典]1992／1996／2012

ダン, オパール　Dunn, Opal　バイリンガル教育アドバイザー, 教育コンサルタント　[国]英国　[生]1929年　[典]2000

ダン・カケツ　段 可杰　Duan, Ke-jie　医師　天津中医学院第一附属病院内科師・教授, 日中薬膳交流協会理事　[国]中国　[生]1954年　[典]1996

タン・カンサン　譚 冠三　Tan, Guan-san　軍人　元・中国人民解放軍成都軍区顧問　[国]中国　[生]1908年　[没]1985年12月11日　[典]1992（タン・カンゾウ）

ダン・キンゼン　段 忻然　画家　保定市画院専業画家　[専]水墨画　[国]中国　[生]1939年　[典]1996／2000（ダン・キンゼン／ダン・ショウゼン）

タン, クリスティン　カトリックシスター　JAJA（アキノに正義を・すべての民衆に正義を運動）リーダー　[国]フィリピン　[典]1992

タン・ケイシュ　譚 恵珠　英語名=タム, マリア　政治家, 弁護士　香港臨時立法議会議員　[国]香港　[典]2000

ダン・コウシュン　段 宏俊　Tuan, Hung-chun　台湾国民党中央委員, 「世界論壇報」董事長　[国]台湾　[典]1996

タン・サキョウ　譚 佐強　Tan, Zuog-iang　翻訳家　[国]中国　[生]1940年　[典]1996

ダン, サンドラ　Dann, Sandra E.　化学者　[国]英国　[典]2004

ダン, ジェームズ　Dunn, James D.G.　神学者　ダーラム大学神学部教員　[国]英国　[典]2004

タン, ジャック　実業家　トライステート・ホールディングス会長・CEO　[国]香港　[生]1927年　[典]2000

ダン, ジャック　Dann, Jack　作家　[生]1945年　[典]2000

タン・ショウブン　譚 紹文　Tan, Shao-wen　政治家　元・中国共産党政治局員, 元・天津市党委員会書記　[国]中国　[生]1929年　[没]1993年2月3日　[典]1996

タン, ショーン　Tan, Shaun　挿絵画家　[生]1974年　[典]2008／2012

ダン, ジョン・グレゴリー　Dunne, John Gregory　作家, 脚本家　[国]米国　[没]2003年12月30日　[典]1992

タン・シンサン　唐 新相　プロ野球選手（捕手）　[国]韓国　[生]1970年10月15日　[典]1996

タン・セイ　譚 政　Tan, Zheng　本名=譚世銘　軍人, 政治家　元・中国人民解放軍総政治部主任, 元・中国共産党中央書記処書記　[国]中国　[生]1907年　[没]1988年11月6日　[典]1992

ダン・セイケイ　段 成桂　書道家　吉林省博物館副館長, 北海道書道総協会顧問　[国]中国　[生]1942年　[典]1996

ダン, ダグラス　Dunn, Douglas Eaglesham　詩人　セント・アンドリュース大学教授　元・タンディー大学名誉客員教授　[国]英国　[生]1942年10月23日　[典]1992／1996／2000／2004

ダン・タケシ　団 武志　いすゞベトナム専務　[国]ベトナム　[生]1941年8月5日　[典]2000

タン・チーベン　Tan, Chee-beng　中国名=陳志明　マラヤ大学教授　[専]人類学　[国]マレーシア　[生]1950年　[典]2000

タン, デービッド　中国名=鄧永鏘　ファッションデザイナー　上海灘代表　[国]香港　[典]2000

ダン, デービッド　Dun, David　作家　[国]米国　[典]2004／2008

タン・ドゥン　譚 盾　Tan, Dun　作曲家　[国]中国　[生]1957年8月8日　[典]1996（タン・トン）／2000（タン・トン）／2004（タン・トン）／2008（タン・トン）／2012（タン・トン）

ダン, ドナルド・ダック　Dunn, Donald Duck　本名=Dunn, Donald　グループ名=ブッカー・T&ザ・M.G.'s　ベース奏者　[生]1941年11月24日　[没]2012年5月13日

タン, トニー　Tan, Tony　本名=トニー・タン・ケン・ヤム　漢字名=陳慶炎　政治家　シンガポール大統領　元・シンガポール政府投資公社（GIC）副会長　[国]シンガポール　[生]1940年2月7日　[典]2012（トニー・タン）

ダン, トマス　Dunne, Thomas L.　作家, 編集者　[国]米国　[典]1992

ダン, パトリシア　Dunn, Patricia Cecile　実業家　元・ヒューレット・パッカード会長　[国]米国　[典]2008／2012

ダン, フィリップ　Dunne, Philip　脚本家, 映画監督　[国]米国　[生]1908年2月11日　[没]1992年6月2日　[典]1996

ダン, ペニー　Dann, Penny　イラストレーター　[国]英国　[典]2004

タン・ホウセン　譚 宝泉　水墨画家　河北工芸専科学校美術科副教授, 河北花鳥画会理事　[国]中国　[生]1943年　[典]1996

ダン, マイケル　Dunn, Michael　経営コンサルタント　プロフェット社長・CEO　[国]米国　[典]2008

タン, メルビン　Tan, Melvyn　フォルテピアノ奏者, チェンバロ奏者, ピアニスト　[国]英国　[生]1956年10月13日　[典]1992／1996／2012

ダン・ヤクチュウ　段 躍中　日本僑報社編集長, 日中交流研究所長　[専]在日中国人問題, 日中交流史　[国]中国　[生]1958年　[典]2000／2004

タン・ヤミン　唐 亜明　筆名=唐亜明　編集者, 作家　福音館書店編集部　[国]中国　[生]1953年　[典]2004

タン, ヤンヤン　Tan, Yuan-yuan　漢字名=譚元元　バレリーナ　サンフランシスコ・バレエ団プリンシパル　[国]中国　[生]1976年2月14日　[典]1996／2000／2004／2008／2012

ダン, ライアン　Dunn, Ryan　タレント　[国]米国　[没]2011年6月20日

タン, リッキー　中国名=湯永康　香港警察犯人捕縛術教官　カンフー世界チャンピオン　[国]香港　[生]1949年　[典]1996

タン, リップーブ　実業家　ウォールデン・インターナショナル・インベストメントグループ（WIIG）会長　[国]米国　[典]2000／2004／2008

タン・リュウセイ　譚 龍生　瀋陽市海外旅遊総公司総経理　[国]中国　[生]1941年　[典]1992／1996

タン・リョウショウ　譚 良嘯　成都武侯祠博物館副館長　[専]三国志, 三国演義, 諸葛孔明　[国]中国　[生]1944年　[典]1996

タン・リョウトク　譚 良徳　飛込選手　[国]中国　[生]1965年　[典]1996

タン, ロイストン　Tan, Royston　映画監督　[国]シンガポール　[典]2012

ダーン, ローラ　Dern, Laura　女優　[国]米国　[生]1967年2月10日　[典]1992／1996／2008／2012

ダンヴェール, ルイ　Danvers, Louis　映画評論家,音楽家　国ベルギー　⊕1955年　⊗1996(ダンベール, ルイ)

タンカード, メリル　Tankard, Meryl　バレエ演出家　オーストラリアン・ダンスシアター芸術監督　専門モダン・バレエ　国オーストラリア　贈2000

ダンガラコバ, タニア　Dangalakova, Tania　旧名＝ボゴミロワ　水泳選手　国ブルガリア　贈1992

ダンカン, W.R.　Duncan, W.R.　作家　贈1992

ダンカン, アラステア　Duncan, Alastair　美術史家　ニューヨーク・クリスティーズ社装飾美術部門コンサルタント　専門アール・デコ,アール・ヌーボー, ガラス器　国米国　贈1992

ダンカン, アンドルー　Duncan, Andrew　元・軍人　英国国際戦略研究所(IISS)副所長・上級研究員　専門軍事問題,中東問題,化学兵器　国英国　贈1992／1996

ダンカン, ウィリアム・C.　日本自動車工業会ワシントン事務所所長　国米国　贈1992／1996／2000

ダンカン, オーティス　Duncan, Otis Dudley　社会学者　元・アリゾナ大学教授　専門人口論,社会移動論　国米国　⊕1921年12月2日　⊗1981年　贈1992

ダンカン, シーナ　反アパルトヘイト運動家　元・ブラック・サッシュ会長　国南アフリカ　⊕1932年12月　贈1992

ダンカン, ジョセフ・W.　実業家,エコノミスト　ダン・アンド・ブラッドストリート社主席経済顧問　国米国　贈1992／2000

ダンカン, スーザン　ナショナル・サービス・ドッグ・センターコーディネーター　国米国　贈2000

ダンカン, ティム　Duncan, Tim　本名＝Duncan,Timothy　バスケットボール選手　国米国　⊕1976年4月25日　贈2000／2004／2008／2012

ダンカン, デービッド・ダグラス　Duncan, David Douglas　写真家　国米国　⊕1916年　贈1992

ダンカン, デーブ　Duncan, Dave　作家　国英国　⊕1933年　贈1996

ダンカン, ピーター　Duncan, Peter J.S.　ロンドン大学スラブ東欧研究学院講師　専門ソ連経済・社会政策　国英国　贈1992

ダンカン, マイク　Duncan, Mike E.　ケンブリッジ・ロボティクス会社役員　専門FA,CIM (Computer Integrated Manufacturing)　国英国　贈1992

ダンカン, マイケル・クラーク　Duncan, Michael Clarke　俳優　国米国　⊕1957年12月10日　⊗2012年9月3日　贈2004／2008

ダンカン, マリアーノ　Duncan, Mariano　大リーグコーチ, 元・プロ野球選手　国米国　⊕1963年3月13日　贈2000／2004／2008／2012

ダンカン, リチャード　Duncan, Richard　金融アナリスト　ABNアムロ・アセット・マネジメント金融部門上級投資アナリスト　贈2008

ダンカン, レイ　Duncan, Ray　テクニカルライター　国米国　贈1992／1996

ダンカン, ロナルド　Duncan, Ronald　劇作家, 詩人　国英国　⊕1914年8月6日　⊗1982年　贈1992

ダンカンサンズ, エドウィン　元・チャーチル戦時内閣書記　国英国　⊗1987年11月26日　贈1992

ダンカン・スミス, イアン　Duncan Smith, Iain　政治家　英国下院議員, 英国雇用・年金相　元・英国保守党党首　国英国　⊕1954年4月9日　贈2004／2008／2012

タンギー, デリック　Tangye, Derek　作家　国英国　⊕1912年　贈1992

ダン・ギエム・ホアイン　外交官　駐中国ベトナム大使　国ベトナム　贈1992

ダンキス, ボー　Dankis, Bo　ABB社長　国スウェーデン　⊕1954年　贈1996／2000

タンク, ポール・アンドレ　料理人　専門栄養料理法　国フランス　⊕1946年　贈1996

ダンクス, デニース　Danks, Denise　作家　贈2012

タンクズレイ, ニールド　Tanksley, Neeld　コンピューター技術者

贈2004／2008

タングリエフ, アブドゥロ　Tangriev, Abdullo　柔道選手　北京五輪柔道男子100キロ超級銀メダリスト　国ウズベキスタン　⊕1981年3月28日

ダンクル, ジョセフ・リー　Dunkle, Joseph Lee　ローリー・ドール社長　贈1996／2000

ダーンゲー, S.A.　Dāngē, Srīpad Amrit　政治家　元・インド共産党議長　国インド　⊕1899年10月10日　贈1992

ダンケルト, ヨッヘン　ドイツ国際関係研究所教授　専門西欧外交　国ドイツ　⊕1930年　贈1992

タンコ, アルトゥロ　元・フィリピン農相　国フィリピン　⊕1985年4月18日　贈1992

ダンコ, ウィリアム　Danko, William D.　ニューヨーク州立大学オルバニー校マーケティング学部准教授　専門富裕層マーケティング　国米国　贈2000

タンゴウ, ジャン・マルク　Tingaud, Jean-Marc　写真家　国フランス　⊕1947年　贈1996

ダンコーヴァ, アンドレア　Dankova, Andrea　ソプラノ歌手　国スロバキア　贈2000

ダンゴス, クラリサ　d'Angosse, Clarissa　作家　国フランス　贈1992

タンコック, リアム　Tancock, Liam　本名＝Tancock,Liam John　水泳選手(背泳ぎ)　競泳男子50メートル背泳ぎ世界記録保持者　国英国　⊕1985年5月7日

ダンサー, レックス　Dancer, Rex　本名＝キリアン,マイケル　新聞記者,コラムニスト,写真家　国米国　⊕1939年　贈2004

ダンジー, トニー　Dungy, Tony　元・プロフットボール監督, 元・プロフットボール選手　国米国　⊕1955年　贈2008／2012

タンジ, ルドルフ　Tanzi, Rudolph E.　医学者　ハーバード・メディカルスクール教授　専門神経学　国米国　贈2004

ダンジガー, カート　Danziger, Kurt　ヨーク大学心理学科名誉教授　⊕1926年　贈2008

ダンジガー, ジェフ　Danziger, Jeff　漫画家,イラストレーター　国米国　⊕1943年　贈1996

ダンジガー, ジェームス　Danziger, James　写真商　ダンジガー・ギャラリー設立者　国米国　贈1992

ダンジガー, ポーラ　Danziger, Paula　作家　国米国　⊕1944年　贈2008

タンジャ, ママドゥ　Tandja, Mamadou　政治家, 元・軍人　元・ニジェール大統領　国ニジェール　⊕1938年　贈2004(ママドゥ, タンジャ)／2008／2012

ダンジャック, パトリック・デュピュイ　d'Angeac, Patrick Dupuy　クレディ・リヨネ銀行在日支店総支配人　国フランス　⊕1935年2月12日　贈1992

ダンジュー, ジム　D'Anjou, Jim　コンピューター技術者　国米国　贈2008

ダンジュアール, ルイ　海底地質学者　国フランス　⊗1987年4月15日　贈1992

タン・シュエ　Than Shwe　政治家, 軍人　ミャンマー国防相　元・ミャンマー国家平和発展評議会(SPDC)議長, 元・ミャンマー首相・国軍最高司令官　国ミャンマー　⊕1933年2月2日　贈1996／2000／2004／2008／2012

タン・シューシン　Tan Siewsin　中国名＝陳修信　政治家　元・マレーシア蔵相,元・マラヤ中国人協会総裁　国マレーシア　⊕1916年5月21日　贈1992

タンジュン, アクバル　Tanjung, Akbar　政治家　インドネシア国会議長,ゴルカル総裁　元・インドネシア国家官房長官　国インドネシア　⊕1946年　贈2000／2004／2008

タンジュン, フェイサル　Tanjung, Feisal　政治家,軍人　元・インドネシア政治治安担当調整相,元・インドネシア国軍司令官　国インドネシア　⊕1939年6月17日　贈1996／2000

ダンスト, キルスティン　Dunst, Kirsten　本名＝Dunst,Kirsten Caroline　女優　国米国　⊕1982年4月30日　贈2000／2004／2008／2012

タンストール, KT　Tunstall, KT　シンガー・ソングライター　国英国　生1975年6月23日　載2012

タンスマン, アレクサンドル　Tansman, Alexander　作曲家,指揮者,ピアニスト　国フランス　生1897年6月12日　没1986年　載1992

タンズリー, デービッド　Tansley, David　コンピューター技術者　載2004

ダンセル, ミシェル　Dansel, Michel　歴史家　国フランス　生1935年　載1992

ダン・タイ・ソン　Dang Thai Son　ピアニスト　国カナダ　生1958年7月2日　載1992／1996／2000／2004／2008／2012

タン・ダウ　アーティスト　国シンガポール　生1943年　載1996／2000

タンタウィ, ムハンマド・サイード　Tantawi, Mohamed Said　イスラム教スンニ派最高指導者,法学者　元・アズハル機関総長　国エジプト　生1928年10月28日　没2010年3月10日　載1992／2008

タンタウィ, ムハンマド・フセイン　Tantawi, Muhammad Hussein　政治家,軍人　エジプト軍最高評議会議長・副首相・国防相　国エジプト　生1935年10月31日　載2012

タンダー・シット・ナイン　柔道選手　国ミャンマー　載1992

ダンダース, サリー　映像プロデューサー　国カナダ　載1992

タンタム, ディグビー　Tantam, Digby　シェフィールド大学教授,英国放送大学講師　専精神医学,心理療法　国英国　載2000

タン・ダム・トゥルン　Truong, Tranh-Dam　社会問題研究所（オランダ）　専開発問題,女性問題　国ベトナム　生1949年　載1996

ダンダン, ペドロ　Dandan, Pedro S.　作家　元・フィリピン国有鉄道職員　国フィリピン　生1916年6月30日　載1992

ダン・チューボン　Dan Chupong　俳優　国タイ　生1981年　載2008／2012

ダンツィヒ, ルディ・ファン　Dantzig, Rudi van　バレエ振付師・監督,作家　元・オランダ国立バレエ団芸術監督　国オランダ　生1933年8月4日　没2012年1月19日　載2004／2012

ダンテ, ジョー　Dante, Joe　映画監督　国米国　生1950年　載1992

ダンディー, アンジェロ　Dundee, Angelo　ボクシングトレーナー　国米国　生1921年8月30日　没2012年2月1日　載1996

ダンティ, アンリ　d'Anty, Henry　画家　国フランス　生1910年　載1992

ダンディー, ウェイン　Dundee, Wayne D.　作家　国米国　生1948年　載1992／1996

タンディ, ジェシカ　Tandy, Jessica　女優　国米国　生1909年6月7日　没1994年9月11日　載1992／1996

ダンティカ, エドウィージ　Danticat, Edwidge　作家　国米国　生1969年1月19日　載2000／2004／2012

ダーント, マイク　Dirnt, Mike　グループ名＝グリーン・デイ　ミュージシャン　国米国　生1972年5月4日　載2012

ダントーニオ, マイケル　D'Antonio, Michael　ジャーナリスト　国米国　載1996／2012

ダンドレア, フランコ　D'Andrea, Franco　本名＝D'Andrea, Francesco　ジャズピアニスト　国イタリア　生1941年3月　載1996

ダントレーヴ, A.P.　D'Entrèves, Alexander Passerin　国際法学者,政治学者　国イタリア　生1902年　載2004

ダーントン, ジョン　Darnton, John　ジャーナリスト,作家　国米国　生1941年　載1992／1996／2000／2004／2012

ダーントン, ロバート　Darnton, Robert Choate　歴史学者　ハーバード大学教授・図書館長　専心性史,書物史　国米国　生1939年5月10日　載1992／1996

ダンナー, ヘルムート　Danner, Helmut　教育学者　ハンス・ザイデル財団エジプト代表事務所長　国ドイツ　生1941年　載1992

ダン・ニャット・ミン　映画監督　ベトナム映画人協会会長　国ベトナム　生1938年　載2000

ダンバ　Damba　本名＝ダシャ・ダンバ　元・モンゴル人民革命党第一書記　国モンゴル　生1989年5月19日　載1992

ダンバー, アンドリア　劇作家　国英国　没1990年12月20日　載1992

タンバー, イアン　獣医,動物行動学者　国米国　載2004

ダンバー, スライ　Dunbar, Sly　本名＝ダンバー, ローウェル　グループ名＝スライ＆ロビー　ミュージシャン　国ジャマイカ　生1952年5月10日　載2012

ダンバー, トニー　Dunbar, Tony　作家　国米国　載2004

ダンバー, ニコラス　Dunbar, Nicholas　テクニカルライター「RISK」テクニカルライター　国英国　載2004

ダンバー, ボニー　ヒューストン大学機械工学部準助教授,米国宇宙局（NASA）飛行士　載1992

ダンバー, ポリー　Dunbar, Polly　絵本作家,イラストレーター　載2008

ダンハイサー, イラーナ　Dannheiser, Ilana　ホメオパシー医師　国米国　載2008

ダーンバーガー, ケネス・R.　元・軍人　米国コナミ社長　元・米国国防情報局（DISA）局長　国米国　載1996

タンパコス, ディモステニス　Tampakos, Dimosthenis　体操選手　国ギリシャ　生1976年11月12日　載2008

ダンバーズ, デニス　Danvers, Dennis　作家　国米国　生1947年　載2004

ダンハム, ウィリアム　Dunham, William　数学者　ミューレンバーグ大学教授　国米国　生1947年12月8日　載2008／2012

ダンヒル, リチャード　Dunhill, Richard　ダンヒル会長　国英国　生1926年　載1992／1996

ダンフォース, ウィリアム　Danforth, William H.　ワシントン大学（セントルイス）学長　国米国　載1996

ダンフォース, ジョン・クラゲット　Danforth, John Claggett　政治家　元・国連大使,元・米国上院議員（共和党）　国米国　生1936年9月5日　載1992／1996／2004

ダンブリー, クロード　Dambury, Claude　サッカー選手（DF）　国フランス　生1971年7月30日　載2004／2008

ダンフリース, ジョニー　カーレーサー　国英国　載1992

ターンブル, アン　Turnbull, Ann　児童文学者　国英国　生1943年　載1996

ターンブル, ウィリアム（Jr.）　Turnbull, William (Jr.)　建築家,デザイナー　元・ウィリアム・ターンブル・アソシエーツ主宰者　国米国　生1935年4月1日　没1997年6月26日　載1996

ターンブル, コリン　Turnbull, Colin M.　社会人類学者　専ムブティ・ピグミーの研究　国米国　生1924年　没1994年7月28日　載1996

ターンブル, ジョージ　Turnbull, George Henry　実業家　元・インチケープ会長・CEO　国英国　生1926年10月17日　没1992年12月22日　載1992

ターンブル, デービッド　Turmbull, David　ハーバード大学教授　専材料科学　国米国　生1915年　載1992

ターンブル, デービッド　実業家　キャセイパシフィック航空社長　国オーストラリア　載2000

ターンブル, マーク　Turnbull, Mark　ヨット選手　国オーストラリア　載2004

ダンブレック, ピーター　Dumbreck, Peter　レーシングドライバー　国英国　生1973年10月13日　載2000

タンブレッロ, アドルフォ　元・ナポリ東洋大学教授・アジア研究学部長　専極東史,極東文化　載2000

ダンブロジオ, チャールズ　D'Ambrosio, Charles　作家　国米国　生1960年　載2000

タンベイ, パトリック　Tambay, Patrick　元・F1ドライバー　国フランス　生1949年　載1996

タンボ, オリバー・レジナルド　Tambo, Oliver Reginald　元・アフリカ民族会議（ANC）議長　国南アフリカ　生1917年10月27日　没1993年4月24日　載1992／1996

ダンマー, デービッド　Dunmur, David　物理学者　元・サウザンプトン大学化学部研究教授　国英国　生1940年　載2012

ダンマン, ハンス　Damman, Hans　生物学者　元・カールトン大学準教授　国カナダ　載2008

ダンモア, スペンサー　Dunmore, Spencer Sambrook　作家　国カナダ　⊕1928年12月16日　⊗1992

ダンモア, ヘレン　Dunmore, Helen　詩人, 作家　国英国　⊕1953年　⊗2000

ダンラップ, R.A.　Dunlap, Richard A.　数学者　ダルハウジー大学教授　国カナダ　⊗2004／2008

ダンラップ, アルバート　実業家　元・サンビーム会長・CEO　国米国　⊗2000

ダンレイ, オリビエ　Dunrea, Olivier　作家　国米国　⊗2004

ダンロップ, アイリーン　Dunlop, Eileen　児童文学作家　国英国　⊕1938年　⊗1992

ダンロップ, アンディ　Dunlop, Andy　本名=Dunlop,Andrew Thomas　グループ名=トラヴィス　ロック・ギタリスト　国英国　⊕1972年3月16日　⊗2004／2008／2012

ダンロップ, ニック　Dunlop, Nic　写真家　⊕1969年　⊗1996

ダンロップ, フィオナ　Duinlop, Fiona　ジャーナリスト　⊗2004

【チ】

チー, アレグザンダー　Chee, Alexander　作家　⊕1967年　⊗2008

チ・ウンヒ　池 銀姫　Ji, Eun-hee　元・韓国女性相　国韓国　⊕1947年　⊗1996（ジ・ウンヒ）／2004（ジ・ウンヒ）／2008（ジ・ウンヒ）

チ・オンテイ　郗 恩庭　元・卓球選手　中国男子卓球チーム副総監督　国中国　⊕1946年　⊗1996

チ・コウカ　池 紅花　舞踊家, 女優　日舞西川流の名取になる中国人　国中国　⊕1958年7月10日　⊗1992

チ・コウデン　遅 浩田　Chi, Hao-tian　軍人　元・中国国防相・国務委員, 元・中国共産党中央軍事委員会副主席・党中央委員, 元・中国国家中央軍事委員会副主席　国中国　⊕1929年7月9日　⊗1992／1996／2000／2004／2008

チ・シケン　遅 子建　作家　国中国　⊕1964年　⊗2004／2008

チ・ジニ　Ji, Jin-hee　漢字名=池珍熙　俳優　⊕1971年6月24日　⊗2004（チ・ジンヒ）／2008／2012

チ・ソヨン　池 笑然　Ji, So-yun　サッカー選手（MF）　国韓国　⊕1991年2月21日　⊗2012

チ・ボラグ　Qi, Bao-ligao　漢字名=斉宝刀高　馬頭琴奏者, 作曲家　中国馬頭琴協会会長, 内モンゴル芸術大学教授, モンゴル国馬頭琴センター名誉主席, 日本国際交流馬頭琴協会名誉会長　国中国　⊕1944年　⊗1996

チ・ミョングァン　池 明観　Chi, Myong-kwan　旧筆名=T・K生　宗教哲学者　元・翰林大学翰林科学院教授・日本学研究所長, 元・東京女子大学教授　国韓国　⊕1924年10月11日　⊗1996（ジ・ミョングァン）／2000（ジ・ミョングァン）／2004（ジ・ミョングァン）／2008／2012

チ・リ　池 莉　作家　国中国　⊕1957年　⊗2004

チア・タイポー　元・シンガポール国会議員　幽閉26年の政治犯　国シンガポール　⊕1941年4月4日　⊗1992／1996／2000

チアゴ　Tiago　本名=Noqueira Tiago Prado　サッカー選手（DF）　国ブラジル　⊕1984年5月3日

チアザ, ジョン　Chiazza, John J.　実業家　イーストマン・コダック副社長・CIO　国米国　⊗2004

チア・サミー　舞踊家　国クメール舞踊　国カンボジア　⊗1992

チア・シム　Chea Sim　政治家　カンボジア上院議長, カンボジア人民党党首　国カンボジア　⊕1932年11月15日　⊗1992／1996／2000／2004／2008／2012

チアヤン・ロサンダンバイチェンツァン　チベット仏教指導者　元・中国仏教協会副会長　国中国　⊕1916年　⊗1990年9月20日　⊗1992

チアン・ウェン　Jiang, Wen　漢字名=姜文　映画監督, 俳優　北京中央戯劇学院演出　国中国　⊕1963年1月5日　⊗1996（姜文 キョウ・ブン）／2000（姜文 キョウ・ブン）／2004／2008／2012

チアン・チアルイ　Zhang, Jia-rui　漢字名=章家瑞　映画監督　国中国　⊗2008／2012

チアン, ユン　Chang, Jung　中国名=張戎　作家　国英国　⊕1952年3月25日　⊗1996／2000／2008／2012

チウ, トニー　Chiu, Tony　ジャーナリスト, 作家　国米国　⊗1996

チェ・イルオン　崔 一彦　日本名=山本一彦　プロ野球コーチ　国韓国　⊕1961年7月27日　⊗1996／2000

チェ・イルナム　崔 一男　作家　国韓国　⊕1932年12月29日　⊗1996

チェ・インギ　崔 仁基　Choi, In-kee　政治家　元・韓国行政自治相, 元・韓国農水相　国韓国　⊕1944年3月18日　⊗1996／2000／2004

チェ・インドク　崔 仁徳　軍人, 政治家　元・朝鮮人民軍次帥, 元・朝鮮労働党中央委員, 元・金日成軍事総合大学総長　国北朝鮮　⊗2003年8月31日　⊗2000

チェ・インハク　崔 仁鶴　仁荷大学教授・博物館長, 韓国比較民俗学会会長　国比較民俗学, 口承文芸　国韓国　⊕1934年　⊗1992／1996

チェ・インフン　崔 仁勲　Choe, In-hun　作家　国韓国　⊕1936年4月13日　⊗1992／1996

チェ・インホ　崔 仁浩　Choi, In-ho　作家　国韓国　⊕1945年10月17日　⊗1996／2004／2008／2012

チェ・インホ　崔 仁豪　通訳　中日ドラゴンズ通訳・広報　国韓国　⊕1958年3月1日　⊗2004

チェ・ウォンイク　崔 元益　元・朝鮮労働党江原道委員会責任書記, 元・北朝鮮最高人民会議法制委員, 元・北朝鮮中央裁判所所長　国北朝鮮　⊗2001年6月9日　⊗1996

チェ・ウォンギュ　崔 元圭　詩人　忠南大学教授, 韓国詩文学会会長　国韓国　⊕1933年9月19日　⊗1996

チェ・ウォンシク　崔 元植　韓国文学者　仁荷大学校人文学部教授　国韓国　⊕1949年　⊗1996／2000／2004／2008／2012

チェ・ウォンソク　崔 元碩　実業家　東亜グループ会長, 韓国全経連副会長　国韓国　⊕1943年4月24日　⊗1996／2000

チェ・ウソク　崔 禹錫　三星経済研究所所長　国韓国経済　国韓国　⊗2000

チェ・ウヨン　崔 祐英　社会活動家　拉北者家族協議会会長　国韓国　⊗2004／2008／2012

チェ・ウンギョン　崔 恩景　Choi, Eun-kyung　スピードスケート選手（ショートトラック）　ソルトレークシティ五輪・トリノ五輪金メダリスト　国韓国　⊕1984年12月26日　⊗2004

チェ・ウンスク　崔 恩淑　タレント　国韓国　⊕1947年8月2日　⊗1996

チェ・ウンヒ　崔 銀姫　女優　国韓国　⊕1930年　⊗1992

チェ・オクジャ　崔 玉子　世宗大学名誉総長, 女性クリスチャンクラブ会長　国韓国　⊕1919年8月28日　⊗1996

チェ・カクギュ　崔 珏圭　Choi, Gak-kyu　政治家　元・韓国副首相・経済企画院長官　国韓国　⊕1933年11月3日　⊗1992／1996

チェ・キホ　崔 基鎬　加耶大学客員教授　国経営学　国韓国　⊕1923年　⊗2000（チェ・ケイホ）／2004／2008

チェ・キュジョン　蔡 奎全　大宇建機社長　国韓国　⊗2000

チェ・キュナム　崔 奎南　会林育英財団理事長, 韓国科学技術団体総連合会名誉会長, 大韓教連名誉会長　国韓国　⊕1898年1月26日　⊗1996

チェ・ギュハ　崔 圭夏　Choe, Gyu-ha　政治家　元・韓国大統領　国韓国　⊕1919年7月16日　⊗2006年10月22日　⊗1992／1996／2000

チェ・キョンジャ　崔 敬子　ファッションデザイナー　国際ファッションデザイン研究院理事長, 国際服装学園名誉院長, 韓国女性経済人協会名誉会長　国韓国　⊕1911年7月11日　⊗1996

チェ・キョンジュ　崔 京周　Choi, Kyung-ju　通称=Choi,K.J.　プロゴルファー　国韓国　⊕1970年5月19日　⊗2000／2004／2008

チェ・キョンラック　崔 敬店　国防大学院教授　国国際政治　国韓国　⊕1932年3月　⊗1992

チェ・キョンロク　崔 慶禄　Choi, Kyung-nok　外交官, 政治家, 軍人　元・駐日韓国大使, 元・韓国国会議員　国韓国　⊕1920年9月21日　⊗2002年9月2日　⊗1992／1996

チェ・ギルソン　崔 吉善　実業家　現代重工業社長・CEO　[国]韓国　[典]2004／2008

チェ・クァン　崔 光　Choe, Gwang　軍人　元・北朝鮮国防相, 元・朝鮮労働党政治局員, 元・副元帥　[国]北朝鮮　[生]1918年7月　[没]1997年2月21日　[典]1992／1996

チェ・クァンジュン　崔 光準　Choi, Kwang-joon　日本文学者　新羅大学日語日文学科教授　[専]万葉研究　[国]韓国　[生]1956年　[典]2004

チェ・クァンス　崔 侊洙　Choi, Gwang-soo　外交官, 政治家　現代経済社会研究院会長　元・韓国外相　[国]韓国　[生]1935年2月24日　[典]1992／1996

チェ・グッ　崔 極　韓国外交国防研究所理事　[国]韓国　[生]1932年　[典]2008

チェ・クンドク　崔 根徳　号＝南伯　成均館大学儒教大学教授, 韓国儒教教会副会長, 栗谷学会常任代表委員　[国]韓国　[生]1933年6月29日　[典]1996

チェ・ケヨン　崔 桂栄　プロ野球選手（外野手）　[国]韓国　[生]1963年9月3日　[典]1996

チェ・サンシク　テレビプロデューサー　中央大学芸術大学院院長　元・KBSテレビドラマ制作局長　[国]韓国　[典]2008

チェ・サンフン　崔 相勲　タレント　[国]韓国　[生]1954年9月8日　[典]1996

チェ・サンヨプ　崔 相曄　法律家　元・韓国法相　[国]韓国　[生]1937年2月14日　[典]1996／2000

チェ・サンヨン　崔 相龍　Choi, Sang-yong　政治学者　法政大学特任教授　元・高麗大学教授, 元・駐日韓国大使　[専]日本政治, アジア問題, 国際政治, 西洋政治思想史　[国]韓国　[生]1942年3月28日　[典]1992／1996（チェ・サンリョン）／2000（チェ・サンリョン）／2004（チェ・サンリョン）／2008（チェ・サンリョン）／2012

チェ・ジウ　Choi, Ji-woo　本名＝チェミヒャン　漢字名＝崔志宇　女優　[国]韓国　[生]1975年6月11日　[典]2004／2008／2012

チェ・ジェウク　崔 在旭　Choi, Je-uk　政治家　韓国国務調整室長　元・韓国環境相, 元・韓国国会議員（自民連）　[国]韓国　[生]1940年10月1日　[典]2000

チェ・ジェグ　崔 載九　東国大学財団理事, 韓国民自党常任顧問　[国]韓国　[生]1929年7月13日　[典]1996

チェ・ジェソク　崔 在錫　高麗大学名誉教授　[国]韓国　[生]1926年3月29日　[典]1996

チェ・ジェチョン　崔 在天　Choe, Jae-chun　生態学者, 動物行動学者　梨花女子大学自然科学部教授　[国]韓国　[典]2004／2008／2012

チェ・ジェヒョン　崔 在賢　政治家　元・北朝鮮文化相　[国]北朝鮮　[典]2000

チェ・ジェモク　崔 在穆　嶺南大学校哲学科教授　[生]1961年　[典]2008

チェ・ジニョン　Choe, Jin-yeong　漢字名＝崔真永, グループ名＝スカイ　俳優, ロック歌手　[国]韓国　[生]1970年11月17日　[典]2004

チェ・ジフン　蔡 智薫　Chae, Ji-hoon　スピードスケート選手（ショートトラック）　[国]韓国　[典]1996

チェ・ジャンジプ　崔 章集　Choi, Jang-jip　高麗大学教授, 韓国政治研究会会長　[専]政治学　[国]韓国　[生]1943年　[典]1992／1996／2000

チェ・ジュオク　崔 周億　プロ野球コーチ　[国]韓国　[生]1945年2月10日　[典]1996

チェ・ジュンシク　崔 俊植　Choi, Joon-sik　梨花女子大学韓国学科教授, 国際韓国学会会長, 韓国文化表現団団長　[専]韓国学　[国]韓国　[生]1956年　[典]2004

チェ・ジュンホ　崔 俊豪　プロ野球選手（外野手）　[国]韓国　[生]1969年3月15日　[典]1996

チェ・ジョンギ　崔 鍾起　ソウル大学行政大学院教授, 韓国国際関係研究所理事長, ソ連東欧学会会長　[国]韓国　[生]1928年10月13日　[典]1996

チェ・ジョンギ　崔 正基　プロ野球コーチ　[国]韓国　[生]1956年7月16日　[典]1996

チェ・ジョンシル　崔 鍾実　Choi, Jong-sil　韓国民俗芸術家　ソウル芸術団助監督　[国]韓国　[生]1953年　[典]1996

チェ・ジョンスン　崔 正洵　韓国語学者　西江大学国際文化教育院副院長　[国]韓国　[典]2004

チェ・ジョンチャン　崔 鍾璨　Choi, Jong-chan　韓国建設交通相　[国]韓国　[生]1950年3月15日　[典]2004／2008

チェ・ジョンハン　Choi, Jung-han　サッカー選手（FW）　[国]韓国　[生]1989年6月3日　[典]2012

チェ・ジョンヒ　崔 貞熙　作家　[国]韓国　[生]1912年　[典]1992

チェ・ジョンヒョン　崔 鍾賢　Chey, Jong-hyon　実業家　元・SKグループ会長, 元・韓国全国経済人連合会（全経連）会長　[国]韓国　[生]1930年4月20日　[没]1998年8月26日　[典]1992（チェ・ジョンヒョン）／1996

チェ・ジョンヒョン　崔 正鉉　漫画家　[国]韓国　[生]1960年　[典]2000

チェ・ジョンファ　崔 正化　美術家　[専]現代美術　[国]韓国　[生]1961年　[典]1996

チェ・ジョンファン　崔 鍾煥　三煥エンジニアリング会長, (株)三煥企業会長, 韓国全経連副会長, 韓国建設協会会長　[国]韓国　[生]1925年5月10日　[典]1996

チェ・ジョンフン　Choi, Jong-hun　グループ名＝FTIsland　ミュージシャン　[国]韓国　[生]1990年3月7日　[典]2012

チェ・ジョンフン　崔 正薫　タレント　[国]韓国　[生]1940年2月22日　[典]1996

チェ・ジョンホ　崔 禎鎬　延世大学新聞放送学科教授　[国]韓国　[生]1933年9月21日　[典]1996／2000

チェ・ジョンユル　崔 鍾律　京郷新聞社長, ソウル言論財団理事, ローマ教皇庁文化委員　[国]韓国　[生]1937年12月28日　[典]1996

チェ・ジョンワン　崔 鍾浣　インターセック社社長　[国]韓国　[生]1927年4月8日　[典]1996

チェ・シラ　蔡 時羅　タレント　[国]韓国　[生]1968年6月　[典]1996（蔡時那／蔡 時羅）／2000

チェ・ジンシル　Choi, Jin-sil　漢字名＝崔真実　女優　[国]韓国　[生]1968年12月24日　[没]2008年10月2日　[典]1996／2004／2008

チェ・ジンヒ　崔 振熙　本名＝崔明淑　歌手　[国]韓国　[生]1960年1月3日　[典]1996

チェ・ジンホ　崔 鎮浩　釜慶大学食品生命科学科教授, 韓国老化学会会長, 韓国生命科学会副会長　[専]栄養学　[国]韓国　[典]2000

チェ・スイル　崔 守一　韓国医療保険連合会会長　[国]韓国　[生]1931年12月16日　[典]1996

チェ・スギル　崔 秀吉　Choe, Su-gil　朝鮮労働党中央委部長, 朝鮮アジア貿易促進会顧問　[国]北朝鮮　[典]1992／1996

チェ・スクヨル　崔 淑烈　Choi, Sook-nyul　著述家　[国]米国　[典]1996（サイ・シュクレツ）

チェ・スジ　崔 秀知　タレント　[国]韓国　[生]1968年3月30日　[典]1996

チェ・スジョン　Choi, Soo-jong　漢字名＝崔秀宗　俳優　[国]韓国　[生]1962年12月28日　[典]1996／2008／2012

チェ・スンウ　崔 淳雨　元・韓国国立中央博物館長　[国]韓国　[没]1984年12月15日　[典]1992

チェ・スンダル　崔 順達　韓国科学技術院人工衛生研究センター所長, 科学技術大学教授, 通信衛生宇宙産業研究会会長　[国]韓国　[生]1931年6月20日　[典]1996

チェ・スンミン　崔 承民　プロ野球選手（投手）　[国]韓国　[生]1974年3月21日　[典]1996

チェ・スンヨン　崔 淳永　実業家　新東亜グループ会長　[国]韓国　[生]1939年11月2日　[典]2000

チェ・セギョン　崔 世卿　韓日協力常任委員会委員　[国]韓国　[生]1923年6月14日　[典]1996

チェ・セチャン　崔 世昌　Choi, Se-chang　軍人　元・韓国国防相, 元・韓国合同参謀会議議長　[国]韓国　[生]1934年4月17日　[典]1992（チェ・シェチャン）／1996／2000

チェ・ソクワン　崔 碩莞　Choi, Suk-wan　大真大学国際学部専任講師　[専]日本近現代史　[国]韓国　[生]1962年　[典]2000

チェ・ソミョン　崔 書勉　歴史学者　東京韓国研究院院長　[国]韓国　[生]1926年4月4日　[典]1992／1996

チェ・ソンギュ　崔 性圭　Choi, Sung-kyu　釜山日報社東京支社長　[国]韓国　[生]1935年　[典]1996

チェ・ソングク　崔 成国　Choi, Sung-kook　サッカー選手(FW)　⑮韓国　⑯1983年2月8日　㊗2008／2012

チェ・ソンジャ　崔 仙子　タレント　⑮韓国　⑯1941年11月3日　㊗1996

チェ・ソンジュン　崔 成準　タレント　⑮韓国　⑯1965年5月31日　㊗1996

チェ・ソンス　崔 誠洙　歌手　⑮韓国　⑯1960年3月25日　㊗1996

チェ・ソンスク　崔 成淑　元・北朝鮮農業勤労者同盟委員長　⑮北朝鮮　㊗2000

チェ・ソンホン　崔 成泓　Choi, Sung-hong　政治家,外交官　元・韓国外交通商相(外相)　⑮韓国　⑯1938年12月24日　㊗2004／2008

チェ・ソンヨン　崔 成勇　Choi, Sung-yong　元・サッカー選手　⑮韓国　⑯1975年12月25日　㊗2000／2004／2008／2012

チェ・ダルゴン　崔 達坤　Choi, Tal-kon　高麗大学法学科教授　⑯法学　⑮韓国　⑯1933年2月　㊗1996

チェ・チファン　崔 致煥　元・韓国国民党国会議員　⑮韓国　⑯1987年5月27日　㊗1992

チェ・チャンイク　崔 昌益　Choe, Chang-ik　政治家　元・北朝鮮副首相　⑮北朝鮮　⑯1896年　㊗1992／1996

チェ・チャンギュ　崔 昌圭　政治学者,政治家　朝鮮独立記念館理事　元・ソウル大学教授,元・韓国国会議員　⑮韓国　⑯1937年6月23日　㊗1992／1996

チェ・チャンジョ　崔 昌祚　Choi, Chang-jo　風水研究家　元・ソウル大学教授　⑮韓国　⑯1950年　㊗2000

チェ・チャンシン　崔 昌新　元・2002年W杯韓国組織委員会(KOWOC)事務総長　⑮韓国　㊗2000／2004

チェ・チャンナク　崔 昌洛　韓国全経連常勤副会長　⑮韓国　⑯1931年9月2日　㊗1996

チェ・チャンホ　崔 敞皓　プロ野球選手(投手)　⑮韓国　⑯1966年11月8日　㊗1992／1996

チェ・チャンボン　崔 彰鳳　文化放送(MBC)社長,韓国放送協会副会長,放送開発院理事　⑮韓国　⑯1925年6月12日　㊗1996

チェ・チャンム　崔 昌武　カトリック大学学長　⑮韓国　⑯1936年9月15日　㊗1996

チェ・チャンユン　崔 昌潤　Choi, Chang-yoon　政治家　元・韓国総務庁長官　⑮韓国　⑯1939年9月7日　㊗1992／1996

チェ・チョルジュ　崔 喆周　ジャーナリスト　「中央日報」日本総局長　⑮韓国　⑯1942年　㊗1996／2000

チェ・チョンニム　崔 青林　ジャーナリスト　「朝鮮日報」編集局長代理　⑮韓国　⑯1941年　㊗1996

チェ・チルナム　崔 七男　ジャーナリスト,政治家　「労働新聞」責任主筆,北朝鮮最高人民会議代議員　⑮北朝鮮　㊗2000

チェ・ティエンウェン　朱 天文　Chu, Tien-wen　作家,脚本家　⑮台湾　⑯1956年　㊗1992(シュ・テンブン)／1996(シュ・テンブン)／2000(シュ・テンブン)

チェ・テウォン　崔 泰元　プロ野球選手(内野手)　⑮韓国　⑯1970年8月19日　㊗1996／2000

チェ・テウク　Choi, Tae-uk　漢字名=崔兌旭　サッカー選手(FW)　⑮韓国　⑯1981年3月13日　㊗1996

チェ・テジ　Choi, Tae-ji　漢字名=崔泰枝, 日本名=大谷泰枝　バレリーナ　韓国国立バレエ団芸術監督　⑮韓国　⑯1959年9月23日　㊗1992(崔 泰枝 チェ・テジ)／2004(崔 泰枝 チェ・テジ)／2008(崔 泰枝 チェ・テジ)／2012

チェ・デゴン　崔 台坤　プロ野球選手(投手)　⑮韓国　⑯1968年2月28日　㊗1996

チェ・テソプ　崔 泰渉　韓国ガラス名誉会長,(株)同和産業会長,クリスチャンアカデミー理事長　⑮韓国　⑯1910年8月26日　㊗1996

チェ・テホ　崔 泰鎬　国民大学教授　⑯韓国経済史　⑮韓国　⑯1932年12月25日　㊗1996

チェ・テボク　崔 泰福　Choe, Thae-bok　政治家　北朝鮮最高人民会議議長　⑮北朝鮮　⑯1930年12月6日　㊗1996／2000／2004／2008／2012

チェ・テヨン　崔 太栄　プロ野球選手(投手)　⑮韓国　⑯1971年8月30日　㊗1996

チェ・ドクシン　崔 徳新　Choe, Dok-sin　政治家　元・祖国平和統一委員会(北朝鮮)副委員長,元・韓国外相　⑮北朝鮮　㊙1989年11月16日　㊗1992

チェ・ドクヒョン　崔 徳顕　プロ野球選手(捕手)　⑮韓国　⑯1971年7月26日　㊗1996

チェ・ドンギュ　崔 東奎　(株)極東精油代表理事　⑮韓国　⑯1936年11月16日　㊗1996

チェ・ドンジュン　崔 東埈　俳優　⑮韓国　⑯1959年8月10日　㊗1996

チェ・ドンソプ　崔 同燮　韓国土地開発公社理事長　⑮韓国　⑯1935年7月13日　㊗1996

チェ・ドンチャン　崔 東昌　プロ野球選手(外野手)　⑮韓国　⑯1965年6月7日　㊗1996

チェ・ドンハ　Chae, Dong-ha　グループ名=sg WANNA BE+　歌手　⑮韓国　⑯1981年6月23日　㊙2011年5月27日

チェ・ドンフン　崔 東勲　Choi, Dong-hun　映画監督,俳優　⑮韓国　⑯1971年　㊗2008／2012

チェ・ナクチョン　崔 洛天　本名=崔秉学　タレント　⑮韓国　⑯1940年7月29日　㊗1996

チェ・ナヨン　Choi, Na-yeon　プロゴルファー　⑮韓国　⑯1987年10月28日

チェ・バダ　蔡 波多　探検家,詩人　韓国古代航海探検研究所設立者　⑮韓国　㊗2004／2008

チェ・ハンリム　崔 翰林　プロ野球選手(投手)　⑮韓国　⑯1971年11月15日　㊗1996

チェ・ヒソプ　崔 熙燮　Choi, Hee-sop　別名=ビッグ・チョイ　大リーグ選手(内野手)　⑮韓国　⑯1979年3月16日　㊗2004／2008

チェ, ピーター　Tse, Peter　元・英会話教師　⑮米国　⑯1962年

チェ・ヒャンスン　蔡 香順　Chai, Hyang-soon　舞踊家　ソウル芸術団助監督,韓国中央大学芸術学部舞踊科講師　⑮韓国　㊗1996

チェ・ヒョン　崔 賢　Choe, Hyon　本名=崔得権　軍人,政治家　元・北朝鮮人民武力部長　⑮北朝鮮　⑯1907年6月8日　㊙1982年4月9日　㊗1992

チェ・ヒヨン　崔 熙墉　Choi, Hi-yong　元・プロボクサー　元・WBA世界ストロー級チャンピオン,元・WBA世界ジュニアフライ級チャンピオン　⑮韓国　⑯1965年9月13日　㊗1996

チェ・ヒョンウ　崔 炯佑　Choi, Hyeung-woo　政治家　韓国国会議員,新韓国党顧問　元・韓国内相　⑮韓国　⑯1935年10月15日　㊗1996／2000

チェ・ビョングァン　崔 秉寬　写真家,詩人　⑮韓国　⑯1950年　㊗2008

チェ・ヒョンジュン　崔 賢俊　プロ野球選手(投手)　⑮韓国　⑯1967年5月3日　㊗1996

チェ・ビョンソ　崔 炳西　コメディアン　⑮韓国　⑯1958年1月18日　㊗1996

チェ・ヒョンソプ　崔 亨燮　韓国科学技術団体総連合会会長　⑮韓国　⑯1920年11月2日　㊗1996／2000

チェ・ビョンホン　崔 柄憲　宗教学者　ソウル大学教授　⑯仏教思想史　⑮韓国　㊗2004

チェ・ヒョンマン　崔 亨万　コメディアン　⑮韓国　⑯1967年8月5日　㊗1996

チェ・ビョンヨル　崔 秉烈　Choe, Byung-yul　政治家　韓国国会議員(ハンナラ党)　元・韓国労働相,元・ソウル市長,元・韓国ハンナラ党代表　⑮韓国　⑯1938年9月16日　㊗1992／1996／2000／2004／2008

チェ・ファジョン　崔 化廷　タレント　⑮韓国　⑯1961年2月10日　㊗1996

チェ・ブルアム　崔 仏岩　タレント　韓国国会議員　⑮韓国　⑯1938年6月15日　㊗1996

チェ・フンジェ　崔 勲載　プロ野球選手(外野手)　⑮韓国　⑯1967年1月21日　㊗1996

チェ・ヘオク　崔 ヘオク　元・女優　㊗2000

チェ・ベクホ　崔 白虎　歌手　[国]韓国　[生]1950年4月23日　[典]1996

チェ・ヘシク　崔 海植　プロ野球選手(捕手)　[国]韓国　[生]1968年9月30日　[典]1996

チェ・ヘスク　崔 恵淑　Choe, He-sook　元・弘益大学教授　[専]世界文化史　[国]韓国　[生]1924年　[典]2000

チェ・ヘソン　崔 恵成　Choe, Hye-seon　生命復興運動家　[国]韓国　[生]1941年　[典]1992／1996

チェ・ヘミョン　崔 海明　プロ野球選手(内野手)　[国]韓国　[生]1964年12月25日　[典]1996

チェ・ホジュン　崔 浩中　Choi, Ho-joong　外交官,政治家　元・韓国副首相・国土統一院長官,元・韓国外相　[国]韓国　[生]1930年9月22日　[典]1992／1996

チェ・ホジン　崔 虎鎮　韓国研究院理事長　[国]韓国　[生]1914年8月1日　[典]1996

チェ・ホチャン　崔 鎬昌　タレント　[国]韓国　[生]1969年3月5日　[典]1996

チェ・ホンギ　崔 弘基　Choe, Hong-kee　ソウル大学名誉教授　[専]社会学　[国]韓国　[生]1925年　[典]2000

チェ・ホンギ　蔡 洪基　アーチェリー・コーチ　[国]韓国　[生]1965年8月29日　[典]2004

チェ・ホンヒ　崔 泓熙　Choi, Hong-hi　テコンドー創始者　元・国際テコンドー連盟総裁　[生]1918年　[没]2002年6月15日　[典]1996

チェ・ホンマン　Choi, Hong-man　漢字名=崔洪万　格闘家,俳優,元・韓国相撲力士　[国]韓国　[生]1980年10月30日　[典]2008／2012

チェ・ミナ　崔 美娜　作家　[国]韓国　[生]1932年　[典]1996

チェ・ミョンギル　崔 明吉　タレント　[国]韓国　[生]1962年10月15日　[典]1996／2000

チェ・ミョンホン　崔 明憲　元・韓国国会議員　[国]韓国　[生]1929年6月16日　[典]1996

チェ・ミンギョン　崔 敏敬　Choi, Min-kyung　スピードスケート選手(ショートトラック)　[国]韓国　[生]1982年8月25日　[典]2004

チェ・ミンシク　Choi, Min-sik　漢字名=崔岷植　俳優　[国]韓国　[生]1962年4月27日　[典]2004／2008／2012

チェ・ミンス　Choi, Min-soo　漢字名=崔民秀　俳優　[国]韓国　[生]1962年5月1日　[典]1996／2004／2008／2012

チェ・ミンソ　Chae, Min-seo　女優　[国]韓国　[生]1981年3月16日　[典]2008／2012

チェ・ミンファン　Choi, Min-hwan　グループ名=FTIsland　ミュージシャン　[国]韓国　[生]1992年11月11日　[典]2012

チェ・ミンホ　崔 珉鎬　プロ野球選手(投手)　[国]韓国　[生]1970年3月22日　[典]1996

チェ・ミンホ　崔 敏浩　Choi, Min-ho　柔道選手　北京五輪柔道男子60キロ級金メダリスト　[国]韓国　[生]1980年8月18日　[典]2012

チェ・ムリョン　崔 戊龍　俳優　[国]韓国　[生]1928年2月25日　[典]1996／2000

チェ・ムンシク　蔡 汶植　政治家　元・韓国国会議長　[国]韓国　[生]1925年1月16日　[典]1992／1996

チェ・ムンスク　崔 文淑　Choi, Moon-sook　コロンビア大学UTS大学院教授　[専]韓国語　[国]韓国　[生]1963年　[典]2004

チェ・ムンヒョン　崔 文衡　歴史学者　漢陽大学名誉教授　[国]韓国　[生]1935年　[典]2008

チェ・ムンヒョン　崔 文鉉　韓国統一院統一研修院長　[国]韓国　[生]1932年10月9日　[典]1996

チェ・ヤンラク　崔 揚洛　コメディアン　[国]韓国　[生]1961年5月20日　[典]1996

チェ・ユシク　崔 有植　プロ野球選手(捕手)　[国]韓国　[生]1973年11月17日　[典]1996

チェ・ユミ　蔡 由美　タレント　[国]韓国　[生]1967年2月22日　[典]1996

チェ・ユリ　Choi, Yu-ri　筆名=ポデワバル　作家　[国]韓国　[典]2012

チェ・ユンジョン　崔 允禎　タレント　[国]韓国　[生]1969年10月16日　[典]1996

チェ・ユンソク　崔 閏哲　本名=崔閏天　俳優　[国]韓国　[生]1946年11月10日　[典]1996

チェ・ユンヒ　崔 允喜　スポーツキャスター,元・水泳選手　[国]韓国　[生]1967年　[典]1992／1996

チェ・ヨサム　崔 堯三　Choi, Yo-sam　別名=崔堯森　プロボクサー　元・WBC世界ライトフライ級チャンピオン　[国]韓国　[生]1972年3月1日　[没]2008年1月3日　[典]2004／2008

チェ・ヨン　崔 栄　韓国国際平和安保研究所所長　[専]国際戦略,安全保障　[国]韓国　[生]1932年10月20日　[典]1992／1996

チェ・ヨンイル　崔 英一　Choi, Young-il　元・サッカー選手　[国]韓国　[生]1966年4月25日　[典]2000／2004／2008

チェ・ヨンギュ　崔 容奎　教育学者　韓国教育大学教授　[専]社会科教育　[国]韓国　[生]1950年　[典]2004

チェ・ヨンギュン　Choi, Young-kyun　ジャーナリスト　「日刊スポーツ」記者　[国]韓国　[生]1970年　[典]2004

チェ・ヨングン　崔 泳謹　韓国民主党党務委員,韓日議員連盟首席副会長　[国]韓国　[生]1922年4月24日　[典]1996

チェ・ヨンサン　崔 永相　プロ野球コーチ　[国]韓国　[生]1959年4月1日　[典]1996

チェ・ヨンジュン　崔 濼俊　コメディアン　[国]韓国　[生]1957年7月15日　[典]1996

チェ・ヨンジュン　崔 容俊　歌手　[国]韓国　[生]1968年1月12日　[典]1996

チェ・ヨンス　崔 竜洙　プロボクサー　元・WBA世界スーパーフェザー級チャンピオン　[国]韓国　[生]1972年8月20日　[典]2000

チェ・ヨンス　崔 龍洙　Choi, Yong-soo　元・サッカー選手　[国]韓国　[生]1973年9月10日　[典]2000／2004／2008

チェ・ヨンスル　崔 永述　プロ野球選手(外野手)　[国]韓国　[生]1972年10月28日　[典]1996

チェ・ヨンソク　崔 英奭　ヨット選手　[国]韓国　[典]2000

チェ・ヨンチョル　崔 永喆　Choi, Yong-choul　政治家　元・韓国副首相・統一院長官　[国]韓国　[生]1935年12月19日　[典]1996

チェ・ヨンヒ　崔 栄熙　Che, Young-hee　政治家,看護学者　韓国国会議員(新千年民主党)　元・梨花女子大学教授,元・大韓老人看護学会会長　[国]韓国　[生]1939年10月23日　[典]2004

チェ・ヨンヒ　崔 永禧　翰林大学教授,韓国文化財委員　[国]韓国　[生]1926年8月14日　[典]1996

チェ・ヨンファン　崔 永煥　韓国科学技術院政策企画本部所長　[国]韓国　[生]1936年7月30日　[典]1996

チェ・ヨンボク　蔡 永福　韓国化学研究所所長,精密化学工業振興会副会長　[国]韓国　[生]1937年　[典]1992／1996

チェ・ヨンミ　崔 泳美　詩人,小説家　[国]韓国　[典]2008／2012

チェ・ヨンリム　崔 永林　Choe, Yong-rim　政治家　北朝鮮首相,朝鮮労働党政治局常務員　[国]北朝鮮　[生]1930年11月20日　[典]1996／2000／2012

チェー,ラースロ　Cseh, László　水泳選手(個人メドレー・バタフライ)　北京五輪競泳男子200メートルバタフライ・200メートル・400メートル個人メドレー銀メダリスト　[国]ハンガリー　[生]1985年12月3日　[典]2012

チェ・リョンヘ　崔 竜海　Choe, Ryong-hae　政治家,軍人　朝鮮労働党政治局常務委員・中央軍事委員会副委員長,朝鮮人民軍総政治局長・次帥　元・金日成社会主義青年同盟第1書記　[国]北朝鮮　[生]1950年1月15日　[典]2000(チェ・ヨンヘ)

チェ・ワン　蔡 琬　「韓国語概説」の著者　[典]2008

チェ・ワンギュ　Choe, Wan-gyu　脚本家　[国]韓国　[生]1964年8月18日　[典]2008／2012

チェ・ワンシク　崔 完植　航空大学教授,「法律新聞」論説委員,世界国際法協会副会長　[国]韓国　[生]1935年2月23日　[典]1996

チェ・ワンボク　崔 完福　韓国統一院顧問　[国]韓国　[生]1915年8月31日　[典]1996

チェイ・チョルス　Choi, Chol-su　元・プロボクサー　[国]北朝鮮　[典]1996(チョイ・チョルス)／2000

チェイキン,アンドルー　Chaikin, Andrew　科学ジャーナリスト　[国]米国　[生]1956年　[典]2000

チェイス,チェヴィー　Chase, Chevy　本名=チェイス,コーネリアス・クレーン　俳優　[国]米国　[生]1943年10月8日　[典]2012

チェイス・リボウ, バーバラ　Chase-Riboud, Barbara　作家,詩人,彫刻家　国米国　生1939年　収2004/2008

チェイズン, スザンヌ　Chazin, Suzanne　作家,元・ジャーナリスト　国米国　収2008

チェイソン, エリック　Chaisson, Eric J.　物理学者　ジョンズ・ホプキンズ大学物理学助教授・宇宙望遠鏡科学研究所上級研究員　専天体物理学　国米国　収1996

チェイニー, ディック　Cheney, Dick　本名＝チェイニー,リチャード　政治家,実業家　元・米国副大統領,元・米国国防長官　国米国　生1941年1月30日　収1992/1996/2004/2008/2012

チェイニー, リズ　Cheney, Liz　本名＝チェイニー,エリザベス　米国国務次官補代理（中東担当）　国米国　収2004/2008

チェイピン, マイルズ　Chapin, Miles　ライター　収2004

チェイフィー, ジョン　Chafee, John Hubbard　政治家　元・米国上院議員（共和党）　国米国　生1922年10月22日　没1999年10月24日　収1996/2000

チェイフィー, リンカーン　Chafee, Lincoln　本名＝Chafee,Lincoln Davenport　政治家　元・米国上院議員（共和党）　国米国　生1953年3月26日　収2004

チェイフィッツ, カーク　Cheyfitz, Kirk　ビジネスコンサルタント・ジャーナリスト　国米国　収2008

チェイフェッツ, ゲリー　Chafets, Gary S.　ジャーナリスト　元・「ボストン・グローブ」紙記者　国米国　生1947年　収2000

チェイフェッツ, モーリス　Chafetz, Morris E.　ハーバード大学医学部精神科教授　専精神科　国米国　生1924年　収2000

チェイワ, ミルカ・チェモス　Cheywa, Milca Chemos　陸上選手（ハードル）　国ケニア　生1986年2月24日

チェウニ　Cheuni　本名＝鄭在恩　歌手　国韓国　生1964年8月25日　収2000/2004

チェカレリ, ダニエラ　Ceccarelli, Daniela　スキー選手（アルペン）　国イタリア　生1975年9月25日　収2004

チェキ, S.　Cecchi, Sergio　画家　国スイス　生1921年　収1992/1996

チェクナヴォリアン, ロリス　Tjeknavorian, Loris　指揮者　国立アルメニア・フィルハーモニー管弦楽団音楽監督・常任指揮者　国アルメニア　生1937年　収1996（チェクナポリアン, ロリス）

チェザリス, アンドレア・デ　Cesaris, Andorea de　F1ドライバー　国イタリア　生1959年5月31日　収1992/1996

チェシック, モートン　Chethik, Morton　精神科医　ミシガン大学准教授　国米国　生1931年　収2000

チェシャー, レナード　Cheshire, Leonard　軍人,慈善事業家　長崎への原爆投下に立ち会った元英国軍パイロット　国英国　生1917年9月7日　没1992年7月31日　収1996

チェース, ウィリアム　Chase, William C.　元・米国退役陸軍少将・元第1機甲師団長　国米国　生1986年8月21日　収1992

チェース, ジェームズ・ハドリー　Chase, James Hadley　本名＝レーモン,ルネ・ブラバゾン　ハードボイルド作家　国英国　生1906年　没1985年2月6日　収1992

チェース, ショーン　Chase, Sean　コンピューター技術者　国米国　収2004

チェース, スチュアート　Chase, Stuart　経済学者　元・米ルーズベルト大統領顧問　国米国　生1888年　没1985年11月17日　収1992

チェース, ルシア　Chase, Lucia　バレリーナ　元・アメリカン・バレエ・シアター支配人　国米国　生1907年3月24日　没1986年1月9日　収1992

チェスナット, サイラス　Chestnut, Cyrus　ジャズ・ピアニスト　生1963年　収2000

チェスナット, ハロルド　Chestnut, Harold　GE（ゼネラルエレクトリック社）研究開発センター顧問　元・IEEE会長　専システム工学　国米国　生1917年　収1992

チェスナット, モーリス　Chestnut, Morris　俳優　収2000

チェスブロ, ジョージ　Chesbro, George C.　別名＝クロス,デービッド　ミステリー作家　国米国　生1940年　収1992/1996/2004

チェースモア, リチャード　Chasemore, Richard　イラストレーター,3Dコンピューター・アーティスト　収2004

チェスラー, エレン　Chesler, Ellen　歴史学者　国米国　収2004/2008

チェセン, トモ　Cesen, Tomo　登山家　国スロベニア　生1959年11月5日　収1992/1996/2000

チェチェワトフ, ヴィクトル　Chechevatov, Viktor Stepanovich　軍人　ロシア極東軍管区司令官　国ロシア　生1945年4月15日

チェッキー, アルフレッド　投資家　NWA会長　国米国　収1992

チェッキ・ダミーコ, スーゾ　Cecchi d'Amico, Suso　本名＝ダミーコ,ジョヴァンナ・チェッキ　旧名＝チェッキ　脚本家　国イタリア　生1914年7月21日　没2010年7月31日　収2004（ダミーコ, スーゾ・チェッキ）

チェッキーニ, パオロ　Cecchini, Paolo　経済学者　EC大学,ペルージャ大学　国イタリア　生1927年4月　収1996

チェック, トーマス・ロバート　Cech, Thomas Robert　化学者　コロラド大学上級教授　国米国　生1947年12月8日　収1992/1996/2000

チェックランド, オリーブ　Checkland, Olive　歴史家　元・慶応義塾大学福沢研究センター客員所員　収2000

チェックランド, ピーター　Checkland, Peter　ランカスター大学経営大学院教授　専ソフトシステムズ方法論　国英国　生1930年　収1996

チェッコリ　Ceccoli　本名＝Ceccoli,Alvin　サッカー選手（DF）　国オーストラリア　生1974年8月5日　収2008/2012

チェッレッティ, フランコ　Cerretti, Franco　作家　国イタリア　生1951年　収2004

チェテイン, ヒクメト　Cetin, Hikmet　政治家　元・トルコ首相　国トルコ　生1937年　収1996/2000

チェティンカヤ, ニハト　アゼルバイジャン・トルコ文化連帯クラブ会長　国トルコ　収1992

チェドリンス, フェオレンツァ　Cedlins, Fiorenza　ソプラノ歌手　国イタリア　収2004/2008

チェニー, ウィリアム　Chaney, William R.　ティファニー・アンド・カンパニー会長・CEO　国米国　収1992/1996

チェニー, マーガレット　Cheney, Margaret　ジャーナリスト,著述家　国米国　収2000

チェハノフスキ, ヤン・ミェチスワフ　Ciechanowski, Jan M.　ロンドン大学スラブ東欧研究所員　専スラブ・東欧研究　国英国　生1930年　収1992

チェパロワ, ユリヤ　Chepalova, Yuliya　元・スキー選手（距離）　長野五輪・ソルトレークシティ五輪・トリノ五輪金メダリスト　国ロシア　生1976年12月23日　収2000/2004/2012

チェバン, ユーリー　Cheban, Yuri　カヌー選手　ロンドン五輪カヌー男子カナディアンシングル200メートル金メダリスト　国ウクライナ　生1986年7月5日

チェピコフ, セルゲイ　Chepikov, Sergei　バイアスロン選手　国ロシア　収1996

チェフ, ペトル　Cech, Petr　サッカー選手（GK）　国チェコ　生1982年5月20日　収2008/2012

チェプチュンバ, ジョイス　Chepchumba, Joyce　マラソン選手　国ケニア　生1970年11月6日　収2004/2008

チェブリコフ, ヴィクトル　Chebrikov, Viktor Mikhailovich　政治家　ソ連共産党政治局員,元・KGB議長　国ロシア　生1923年4月27日　没1999年6月30日　収1992/1996

チェプレンコ, A.Y.　Chepyrenko, A.Y.　経済学者　マルクス・レーニン主義研究所研究員　専マルクス主義経済　国ソ連　生1954年　収1992

チェボタリョーワ, アナスタシア　Chebotareva, Anastasia　バイオリニスト　くらしき作陽大学音楽部特任教授　国ロシア　生1972年　収2004/2008

チェボタレフスキー, ボリス　Chebotarevsky, Boris　モギリョフ教育大学準教授　収2004

チェホフスキ, アンジェイ　Czechowski, Andrzej　作家　ワルシャ

ワ大学物理学研究所研究員　国ポーランド　生1947年　没1992

チェマーズ, マーティン　Chemers, Martin M.　心理学者　カリフォルニア大学サンタクルーズ校教授・学部長　国米国 2000

チェメルキン, アンドレイ　Chemerkin, Andrey　重量挙げ選手　国ロシア 2000／2004

チェーモン・ウー・タウン　ジャーナリスト　「チェーモン」紙創立者　国ミャンマー　生1926年 没1996

チェラゾーリ, アンナ　Cerasoli, Anna　高校教師　専数学　国イタリア 2004／2008

チェラーミ, ヴィンチェンツォ　Cerami, Vincenzo　脚本家, 作家　国イタリア 生1940年 没2013年7月17日

チェリ, アドルフォ　映画俳優　国イタリア 没1986年2月19日 没1992

チェリー, イーグル・アイ　Cherry, Eagle-eye　ミュージシャン　国米国　生1971年 没2004

チェリー, エディス　Cherry, Edith　建築家, ランドスケープアーキテクト　チェリー・シー建築事務所主宰, ニューメキシコ州立大学名誉教授　国米国 2004／2008

チェリー, キトレッジ　Cherry, Kittredge　ジャーナリスト　国米国 1992

チェリー, ジョン　Cherry, John　大英博物館中世及び後期古代部次長　専古代遺物　国英国 生1942年8月5日 没2000

チエリ, ダニエル　Thiéry, Danielle　作家, 元・警察官　元・警視長　国フランス 生1947年 没2004

チェリー, ドン　Cherry, Don　本名=Cherry,Donald E.　ジャズトランペット奏者　国米国 生1936年11月18日 没1995年10月19日 没1996

チェリー, リン　Cherry, Lynne　イラストレーター, 絵本作家　児童環境文字センター会長　国米国 1992／1996／2000

チェリイ, C.J.　Cherryh, C.J.　本名=チェリイ, キャロリン・ジャニース　SF作家　国米国 生1942年9月1日 没1992／1996

チェリウス, カール　Caelius, Karl　指揮者　元・京都市交響楽団名誉指揮者・初代常任指揮者, 元・京都市立音楽短期大学名誉教授　国ドイツ 生1908年1月7日 没1984年1月26日 没1992

チェリオス, クリス　Chelios, Chris　元・アイスホッケー選手　ソルトレークシティ五輪アイスホッケー男子銀メダリスト　国米国 生1962年1月25日

チェリス, ジェームズ　Chellis, James　コンピュータ技術者　EdgeTek Technical Education社長 2004

チェリビダッケ, セルジュ　Celibidache, Sergiu　指揮者, 作曲家　元・ミュンヘン・フィルハーモニー管弦楽団音楽総監督, 元・ベルリン・フィルハーモニー管弦楽団常任指揮者　国ドイツ 生1912年6月28日 没1996年8月16日 没1992／1996

チェリム　ChaeRim　本名=パクチェリム　女優　国韓国 生1979年3月2日 没2004／2008／2012

チェリモ, リチャード　陸上選手（長距離）　国ケニア 生1972年4月21日 没2001年8月15日 没1996

チェルイヨット, ヴィヴィアン　Cheruiyot, Vivian　本名=Cheruiyot,Vivian Jepkemoi　陸上選手（長距離）　ロンドン五輪陸上女子5000メートル銀メダリスト　国ケニア 生1983年9月11日

チェルイヨット, ロバート　Cheruiyot, Robert　本名=Cheruiyot, Robert Kipkoech　マラソン選手　国ケニア 生1978年9月26日 没2012

チェルヴェンコフ, ヴルコ　Chervenkov, Vulko　政治家　元・ブルガリア共産党書記長, 元・ブルガリア首相　国ブルガリア 生1900年9月6日 没1980年10月21日 没1992（チェルベンコフ, ブルコ）

チェルカスキー, シューラ　Cherkassky, Shura　ピアニスト　国米国 生1911年9月24日 没1995年12月27日 没1992／1996

チェルカセンコ, アンドレイ　Cherkasenko, Andrei　軍人　ロシア国防省　国ロシア 生1962年 没1996

チェルクエッティ, アニータ　Cerquetti, Anita　元・ソプラノ歌手　国イタリア 生1931年 没2004

チェルシノワ, T.　挿絵画家　国ソ連 生1946年 没1992／1996

チェルナ, イョジェフ　Cserna, József　作家　国ハンガリー 生1899年 没1992

チェルナイ, ゾルターン　Csernai, Zoltán　SF作家　ハンガリー作家協会SF委員会書記長・機関誌「SF情報」編集長　国ハンガリー 生1925年 没1992

チェルニク, オルドジフ　Cernik, Oldřich　政治家　元・チェコスロバキア首相・国家計画委員会議長, 元・チェコスロバキア地方自治体連合協議会議長　国チェコ 生1921年10月27日 没1994年10月19日 没1992／1996

チェルニーク, ミハル　Cernik, Michal　詩人　チェコ作家同盟議長　国チェコスロバキア 生1943年 没1992

チェルニー・ステファンスカ, ハリーナ　Czerny-Stefanska, Halina　ピアニスト　元・クラクフ音楽学校教授, 元・東京芸術大学音楽学部客員教授　国ポーランド 生1922年12月30日 没2001年7月1日 没1992

チェルニャエフ, アナトリー　Chernyaev, Anatolii Sergeevich　政治家　ゴルバチョフ基金最高顧問　元・ソ連大統領補佐官　国ロシア 生1921年5月25日 没1992／1996

チェルニャフスキ, イェジー　Czerniawski, Jerzy　画家, 版画家　国ポーランド 生1947年 没1996

チェルネヴィッチ, エレーナ　Chernevich, Elena　モスクワ・ポリグラフィック学校印刷芸術デザイン学科講師　専グラフィックデザイン, 現代ポスター史　国ソ連 生1939年 没1992（チェルネビッチ, エレーナ）／1996（チェルネビッチ, エレーナ）

チェルネンコ, コンスタンチン　Chernenko, Konstantin Ustinovich　政治家　元・ソ連共産党書記長, 元・ソ連最高会議幹部会議長（国家元首）　国ソ連 生1911年9月24日 没1985年3月10日 没1992

チェルノバイ, セルゲイ　元・在日ソ連大使館駐在武官　生1951年 没1996

チェルノムイルジン, ヴィクトル　Chernomyrdin, Viktor Stepanovich　政治家, 外交官, 実業家　元・ロシア首相, 元・ガスプロム会長　国ロシア 生1938年4月9日 没2010年11月3日 没1996／2000／2004／2008

チェルノワ, タチアナ　Chernova, Tatyana　七種競技選手　北京五輪・ロンドン五輪陸上女子七種競技銅メダリスト　国ロシア 生1988年1月29日

チェルピンスキー, ワルデマール　Cierpinski, Waldemar　元・マラソン選手, マラソントレーナー　国ドイツ 生1950年8月3日 没1992／2000

チェルリャゾワ, リナ　Cherjazova, Lina　スキー選手（フリースタイル）　国ウズベキスタン 没1996

チェレンコフ, パーヴェル　Cherenkov, Pavel Alekseevich　物理学者　国ソ連 生1904年7月28日 没1990年1月6日 没1992

チェレンターノ, アドリアーノ　Celentano, Adriano　本名=チェレンターノ, アレッサンドロ　カンツォーネ歌手　国イタリア 生1938年1月4日 没1992

チェロメイ, ウラジーミル　航空機・ロケット設計者　国ソ連 生1984年12月8日 没1992

チェロメイ, リディア　Cheromei, Lydia　マラソン選手　国ケニア 生1977年5月11日

チェン, アイビー　中国名=陳欣慧　女優　国台湾 生1974年8月24日 没2000／2004

チェン, アービン　Chen, Arvin　映画監督　国台湾 生1978年11月26日 没2012

チェン, イーキン　Cheng, Ekin　中国名=鄭伊健　俳優, 歌手　国香港 生1967年10月4日 没2000（鄭 伊健 テイ・イケン）／2004／2008／2012

チェン・ウェイン　Chen, Wei-yin　漢字名=陳偉殷　プロ野球選手（投手）　国台湾 生1985年7月21日 没2012

チェン, ウェン・ピン　Chien, Wen-pin　指揮者　ライン・ドイツ・オペラ専属指揮者 没2000

チェン, エドワード　嶺南学院学長　専経済開発, 経済協力問題　国香港 生1945年 没1996

チェン, エバ　Chen, Eva　本名=陳怡芬　実業家　トレンドマイクロ社長　国台湾 生1959年2月23日 没2008／2012

チェン, カイコー　Chen, Kai-ge　漢字名=陳凱歌　映画監督　国中

国　[生]1952年　[典]1992（陳 凱歌 チン・ガイカ）／1996（陳 凱歌 チン・ガイカ）／2000（陳 凱歌 チン・ガイカ）／2004／2008／2012

チェン・クン　Chen, Kun　漢字名＝陳坤, 英語名＝Aloys　俳優　[国]中国　[生]1976年2月4日　[典]2008／2012

チェン, サミー　Cheng, Sammi　中国名＝鄭秀文　歌手, 女優　[国]香港　[生]1972年8月19日　[典]2004／2008

チェン・シアンチー　Chen, Shiang-chyi　漢字名＝陳湘琪　女優　[国]台湾　[生]1967年　[典]1996（陳 湘琪 チン・ショウキ）／2004／2008／2012

チェン, ジェイシー　Chan, Jaycee　中国名＝房租名　俳優　[国]香港　[生]1982年　[典]2012

チェン, ジャッキー　Chan, Jackie　本名＝陳港生　中国名＝成龍, 旧芸名＝元樓, 陳元龍　俳優, 映画監督・プロデューサー　[国]香港　[生]1954年4月7日　[典]1992／1996／2000／2004／2008／2012

チェン・ジャンホン　画家, 絵本作家　[生]1963年　[典]2008

チェン, シュー・リー　Cheang, Shu-lea　映画監督, アーティスト　[国]米国　[典]2004／2008

チェン, ジョアン　Chen, Joan　中国名＝陳冲　女優　[国]米国　[生]1961年4月　[典]1996／2000／2004／2008／2012

チェン, ジョセフ　Cheng, Joseph　漢字名＝鄭元暢　俳優　[国]台湾　[生]1982年6月19日　[典]2008／2012

チェン, ジョニー　Chen, Johnny　中国名＝小蟲　音楽プロデューサー, 作曲家　[国]台湾　[典]2000

チェン, スティーブ　Chen, Steve　ユーチューブCTO　動画投稿サイト「YouTube（ユーチューブ）」共同創業者　[国]米国　[生]1978年　[典]2008／2012

チェン, チア　Chen, Cheer　中国名＝陳綺貞　シンガー・ソングライター　[国]台湾　[典]2008／2012

チェン, チェリー　Chung, Cherie　中国名＝鍾楚紅　女優　[国]香港　[生]1960年2月16日　[典]1992／1996

チェン・チーユエン　絵本作家　[国]台湾　[生]1975年　[典]2008

チェン, ドナルド　Chen, Donald D.T.　都市開発専門家　スマート・グロース・アメリカ代表　[国]米国　[典]2004／2008

チェン, フィリップ　中国名＝陳欣健　元・俳優　メトロ放送社長　[国]香港　[生]1945年　[典]2000

チェン, フランソワ　Cheng, François　漢字名＝程抱一　作家　[国]フランス　[生]1929年　[典]2004／2012

チェン, ボビー　中国名＝陳昇, グループ名＝新宝島康楽隊　歌手, 作曲家, 音楽プロデューサー　[国]台湾　[生]1958年10月29日　[典]2000

チェン・ボーリン　Chen, Bo-lin　漢字名＝陳柏霖　俳優　[国]台湾　[生]1983年8月27日　[典]2004／2008／2012

チェン・ホン　Chen, Hong　漢字名＝陳紅　女優, プロデューサー　[国]中国　[生]1968年12月31日　[典]2008／2012

チェン, マリア　Chen, Maria　ファッションデザイナー　[国]米国　[生]1972年　[典]2004

チェン, ユーリン　Chen, Yueling　中国名＝陳躍玲　競歩選手　[国]米国　[典]1996（陳 躍玲 チン・ヤクレイ）／2004

チェン・ヨウチェー　Cheng, Yu-chieh　漢字名＝鄭有傑　映画監督　[国]台湾　[生]1977年　[典]2004／2008／2012

チェン・ラン　陳 染　作家　[国]中国　[生]1962年　[典]2004（チン・セン）／2012（チン・セン）

チェン・リーピン　女優　[国]シンガポール　[典]1992

チェン, レイモンド　実業家　アジア・コネクト社長・CEO　[典]2000

チェン, ロジャー　Tsien, Roger Y.　中国名＝銭永鍵　生物学者　カリフォルニア大学サンディエゴ校教授　ノーベル化学賞受賞者　[専]発光生物学　[国]米国　[生]1952年　[典]2012

チェン, ロナルド　中国名＝鄭中基　シンガー・ソングライター　[国]台湾　[典]2000

チェンギス, レースベコフ　カザフスタン小企業組合委員長　[国]ソ連　[典]1992／1996

チェンギッチ, エネス　Cengic, Enes　政治家　ボスニア・ヘルツェゴビナ閣僚会議府地雷除去評議会議長　[国]ボスニア・ヘルツェゴビナ　[典]2004／2008

チェーン・チェータナタム　作家, ジャーナリスト　[国]タイ　[生]1929年　[典]1992

チェンバーズ, エイダン　Chambers, Aidan　児童文学作家, 評論家, 出版人　[国]英国　[生]1934年　[典]2000／2008

チェンバース, ゲール　Chambers, Gail S.　経済学者　[専]大学合併　[国]米国　[生]1944年　[典]1992

チェンバーズ, ジョージ・マイケル　Chambers, George Michael　政治家　元・トリニダード・トバゴ首相・蔵相　[国]トリニダード・トバゴ　[生]1928年10月4日　[没]1997年11月4日　[典]1992

チェンバース, ジョン　Chambers, John T.　実業家　シスコシステムズ社長・CEO　[国]米国　[典]2000／2004／2008／2012

チェンバース, スチュアート　Chambers, Stuart　実業家　日本板硝子取締役・シニアアドバイザー　元・日本板硝子社長・CEO　[国]英国　[生]1956年5月25日　[典]2012

チェンバース, デニス　Chambers, Dennis　ジャズドラマー　[国]米国　[生]1959年　[典]2004／2008

チェンバース, マーティン　Chambers, Martin　グループ名＝プリテンダーズ　ロックドラム奏者　[典]2008

チェンバーズ, ラリー　Chambers, Larry　ネットワークコンサルタント　[典]2004

チェンバース, ルース　Chambers, Ruth　医師　スタッフォードシャー大学保健医療学部教授　[専]クリニカルガバナンス　[国]英国　[典]2008

チェンバース, ロバート　Chambers, Robert　農業経済学者　サセックス大学開発問題研究所（IDS）共同研究員　[専]農村開発　[国]英国　[生]1932年　[典]2004

チェンバレン, ウェスリー　本名＝チェンバレン, ウェスリー・ポーク　元・大リーグ選手, 元・プロ野球選手　[国]米国　[生]1966年4月13日　[典]2000

チェンバレン, オーエン　Chamberlain, Owen　本名＝Chanberlain, Owen Cheng Heng　物理学者　元・カリフォルニア大学名誉教授　[国]米国　[生]1920年7月10日　[没]2006年2月28日　[典]1992／1996

チェンバレン, ジミー　Chamberlin, Jimmy　旧グループ名＝スマッシング・パンプキンズ　ロック・ドラマー　[国]米国　[生]1964年6月10日　[典]2004／2008／2012

チェンバレン, ジョバ　Chamberlain, Joba　本名＝チェンバレン, ジャスティン　大リーグ選手（投手）　[国]米国　[生]1985年9月23日　[典]2012

チェンバレン, ドン　Chamberlin, Don　コンピューター科学者, プログラマー　IBMアルマーデン・リサーチ・センター研究員　[国]米国　[典]2004

チェン・ヘン　Cheng Heng　政治家　元・カンボジア元首　[国]カンボジア　[生]1916年　[典]1992

チェン・ポン　Chheng Phon　劇作家, 古典芸術研究家　クメール精神文化研究所所長　[国]カンボジア　[典]2000

チェン・ミン　Chen, Min　本名＝陳敏　二胡奏者　[国]中国　[典]2000（陳 敏 チン・ビン）／2004

チオル, エリオ　Ciol, Elio　写真家　[国]イタリア　[生]1929年　[典]1996

チオレ, ピエール　Tiollais, Pierre　生化学者　パスツール研究所INSERM研究ユニット教授・部長, パリ第7大学生化学教授　[国]フランス　[典]1992

チオンピ, ルック　Ciompi, Luc　思想家, 精神科医　ベルン大学社会精神医学教室教授　[国]イタリア　[生]1929年　[典]1996／2008

チカネ, フランク　Chikane, Frank　牧師, 反アパルトヘイト運動家　元・南アフリカ教会協議会総幹事　[国]南アフリカ　[生]1951年1月3日　[典]1992／2000

チカノバー, アーロン　Ciechanover, Aaron　分子生物学者, 医師　イスラエル工科大学教授　[専]たんぱく質分解　[国]イスラエル　[生]1947年10月1日　[典]2008／2012

チカヤ・ウ・タムシ　作家　[生]1931年　[没]1988年4月22日　[典]1992

チギリ, ミハイル　Chigyri, Mikhail N.　政治家　元・ベラルーシ首相　[国]ベラルーシ　[生]1948年　[典]1996／2000

チーク, ジョーイ　Cheek, Joey　元・スピードスケート選手　トリ

ノ五輪スピードスケート男子500メートル金メダリスト　[国]米国　[生]1979年6月22日　[典]2008／2012

チクセントミハイ, ミハイ　Csikszentmihalyi, Mihaly　心理学者　シカゴ大学心理学科・教育学科教授　[国]米国　[生]1934年9月29日　[典]2000

チグリッチ, ボリス　Ciglic, Boris　軍事史研究家　[専]クロアチア空軍史　[典]2008

チサーシュ, チェストミール　Císař, Čestmír　政治家　元・チェコスロバキア共産党中央委員会書記　[国]チェコ　[生]1920年1月2日　[典]2000

チザム, アン　Chisholm, Anne　ジャーナリスト　[国]英国　[典]2000

チザム, ジョン　Chisholm, John　コンピュータ技術者　[典]2008

チザム, ロダリック・ミルトン　Chisholm, Roderick M.　哲学者　ブラウン大学教授　元・米国哲学会会長　[国]米国　[生]1916年　[典]1996

チシク, チバング　Tshishiku, Tshibangu　カトリック大司教　ザイール大学教授, ザイール大学連合総長, アフリカ未来研究所設立者　[国]ザイール　[典]1992

チジョフ, リュドヴィク　Chizhov, Lyudvig Aleksandrovich　外交官　元・駐日ロシア大使　[国]ロシア　[生]1936年4月25日　[典]1992／1996／2000

チーズマン, ジョン　Cheesman, John　コンピューター技術者　[典]2004

チズム, クレイグ　Chisholm, Craig　実業家　Stewart Title Insurance社長　[国]米国　[生]1943年　[典]2004

チスレット, アン　Chisrett, Anne　劇作家　プライス劇場芸術監督　[国]カナダ　[生]1942年　[典]1992／2000

チセケディ, エティエン　Tshisekedi, Etienne　政治家　ザイール民主社会進歩同盟(UDPS)党首　元・ザイール首相　[国]コンゴ　[生]1933年　[典]1992(エティエンネ・チセケディ)／1996／2000

チーゼン, ブルース　Chizen, Bruce　実業家　アドビシステムズ戦略アドバイザー　元・アドビシステムズ社長・CEO　[国]米国　[生]1955年9月5日　[典]2004／2008／2012

チソン　Ji-sung　本名=クァクテグン　俳優　[国]韓国　[生]1977年2月27日　[典]2012

チゾン, アネット　Tison, Annette　児童漫画作家　[国]フランス　[生]1942年　[典]2000

チータム, エリカ　Cheetaham, Erika　ノストラダムス研究家　[国]英国　[典]1992

チダムバラム, P.　Chidambaram, P.　政治家　元・インド蔵相　[国]インド　[生]1945年9月16日　[典]2000

チタレンコ, ミハイル　Titarenko, Mikhail Leonidovich　中国学者　ロシア科学アカデミー極東研究所所長　[国]ロシア　[生]1934年4月27日　[典]1992／1996／2000

チチ　Tite　サッカー指導者　[国]ブラジル

チチェスター・クラーク, エマ　Chichester-Clark, Emma　絵本作家, イラストレーター　[国]英国　[典]1992(クラーク, エンマ・チチェスター)／1996／2008(クラーク, エマ・チチェスター)

チチェロワ, アンナ　Chicherova, Anna　走り高跳び選手　ロンドン五輪陸上女子走り高跳び金メダリスト　[国]ロシア　[生]1982年7月22日

チチャーロ, イサベル　Chicharro, Isabel Tejeno　画家　[国]スペイン　[生]1943年　[典]1992／1996

チッコリーニ, アルド　Ciccolini, Aldo　ピアニスト　[国]フランス　[生]1925年8月15日　[典]1996／2012

チッタ　Tita　本名=ケイロス・ダ・パイション, ミウトン　サッカー監督, 元・サッカー選手　[国]ブラジル　[生]1958年4月1日　[典]2004

チッチョリーナ　Cicciolina　本名=スタッレル, イローナ　女優　元・イタリア下院議員　[国]イタリア　[生]1951年12月26日　[典]1992／2000／2012

チッテリオ, アントニオ　Citterio, Antonio　建築家, デザイナー　[国]イタリア　[典]1992

チット・フライン　Chit Hlaing　元・ビルマ外相　[国]ビルマ　[生]1924年　[典]1992

チップマン, ジョン　Chipman, John Miguel Warwick　英国国際戦略研究所(IISS)所長　[専]国際戦略　[国]英国　[生]1957年2月10日　[典]2000

チトー　Tito　本名=ブロズ, ヨシプ　別名=チトー元帥　政治家　元・ユーゴスラビア大統領(初代)　[国]ユーゴスラビア　[生]1892年5月25日　[没]1980年5月4日　[典]1992

チトフ, ウラジスラフ　写真家　[国]ロシア　[典]2000

チトラ・シールナル・バララマ・バーマ　政治家　元・ケララ州知事　インド独立前の改革派マハラジャ　[国]インド　[没]1991年7月20日　[典]1992

チードル, ドン　Cheadle, Don　俳優　[国]米国　[生]1964年11月29日　[典]2012

チナリー, マイケル　Chinery, Michael　生化学者　[国]英国　[典]2000

チーバー, エディー　Cheever, Eddie　レーシングドライバー, 元・F1ドライバー　[国]米国　[生]1958年1月10日　[典]1996／2000

チーバー, ジョン　Cheever, John　作家　[国]米国　[生]1912年5月27日　[没]1982年6月18日　[典]1992

チーバー, スーザン　Cheever, Susan　作家　[国]米国　[生]1943年　[典]1992／2000

チーバー, ロス　レーシングドライバー　[国]米国　[典]1992／1996

チハーコーヴァー, ヴラスタ　Ciháková-Noshiro, Vlasta　美術評論家　日越コーポレーションプラハ駐在員　[国]チェコスロバキア　[生]1944年　[典]1992(チハーコーバー, ブラスタ)／1996(チハーコーバー, ブラスタ)

チプラス, アレクシス　Tsipras, Alexis　政治家　ギリシャ急進左翼進歩連合党首　[国]ギリシャ

チフリ, デール　ガラス工芸家　[専]ガラス彫刻　[国]米国　[典]2004

チフリノビッチ, ウラジミール　Tsifrinovich, Vladimir I.　物理学者　[専]量子計算, スピンダイナミックス, 磁気学, 磁気共鳴　[典]2004

チヘーゼ, テムル　演出家　マルジャニシビリ劇場芸術監督　[国]ソ連　[典]1992

チボ, ジル　Tibo, Gilles　絵本作家　[国]カナダ　[生]1951年　[典]1996

チボードー, ジャン　Thibaudeau, Jean　作家　[国]フランス　[生]1935年　[典]1992

チーホノフ, ニコライ　Tikhonov, Nikolai Aleksandrovich　政治家　元・ソ連首相　[国]ロシア　[生]1905年5月14日　[没]1997年6月1日　[典]1992

チボラ, ロベルト　ケンブリッジ大学ジーザスカレッジ助教授　[専]情報工学　[国]英国　[典]1996

チホン, イワン　Tsikhan, Ivan　ハンマー投げ選手　北京五輪陸上男子ハンマー投げ銅メダリスト　[国]ベラルーシ　[生]1976年7月24日　[典]2008／2012

チー・マウン　Kyi Maung　政治家　元・ミャンマー国民民主連盟(NLD)副議長　[国]ミャンマー　[生]1920年12月20日　[没]2004年8月19日　[典]1992／1996／2000

チミノ, マイケル　Cimino, Michael　映画監督　[国]米国　[生]1939年　[典]1992／1996／2000

チム, ジム　Chim, Jim　演出家, 俳優　劇場組合(シアター・アンサンブル)共同芸術監督　[国]香港　[典]2008

チムニク, ライナー　Zimnik, Reiner　画家, 絵本作家　[生]1930年　[典]1992／1996

チメドツェイエ, シャリーン　Chimedtseye, Sharyn　オルティンドー歌手　馬頭琴(モリンホール)楽団歌手　[国]モンゴル　[生]1956年　[典]2000

チモシェビッチ, ウオジミエシュ　Cimoszewicz, Włodzimierz　政治家　元・ポーランド首相　[国]ポーランド　[生]1950年9月13日　[典]2000／2004／2008

チモシェンコ, ワレンチン　アエロフロート・ロシア国際航空日本副支社長　[国]ウクライナ　[生]1938年　[典]1996

チャ・インテ　車 仁泰　アナウンサー　韓国文化放送(MBC)アナウンサー室長　[国]韓国　[生]1944年8月11日　[典]1996

チャ・インピョ　Chan, In-pyo　漢字名=車仁杓　俳優　[国]韓国　[生]1967年10月14日　[典]2012

チャ・キュホン　車 圭憲　元・軍人　元・韓国陸軍参謀次長,元・韓国交通相　国韓国　生1929年2月1日　典1996／2000

チャ, ジエンイン　中国名=査建英　ジャーナリスト　生1959年　典2000

チャ・ジュオク　車 珠玉　タレント　国韓国　生1965年9月2日　典1996

チャ・ジュファン　車 柱環　ソウル大学名誉教授　国韓国　生1920年12月7日　典1996

チャ・スミョン　車 秀明　弁護士　韓国国会議員,韓国国民党中央党紀委員長　国韓国　生1940年8月20日　典1996

チャ・スンウォン　Cha, Sung-won　漢字名=車勝元　俳優　国韓国　生1970年6月7日　典2004／2008／2012

チャ・スンジェ　車 承載　Cha, Sung-jea　映画製作者　サイダース社長　国韓国　生1960年　典2004／2008

チャ・チョルファン　車 哲煥　高麗大学医学部予防医学科教授、環境医学研究所長,韓国産業医学会長　国韓国　生1928年4月5日　典1996

チャ・テヒョン　Cha, Tae-hyun　漢字名=車太鉉　俳優　国韓国　生1976年3月25日　典2004／2008／2012

チャ・ドゥリ　車 ドゥリ　Cha, Du-ri　サッカー選手(FW)　国韓国　生1980年7月25日　典2004／2008

チャ・ドンジン　車 東鎮　実業家　東進KOSCOM代表,ASLON代表　国韓国　生1961年　典2004

チャ・ドンチョル　車 東哲　プロ野球選手(投手)　国韓国　生1963年1月28日　典1996

チャ・ドンミン　車 東旻　Cha, Dong-min　テコンドー選手　北京五輪テコンドー男子80キロ以上級金メダリスト　国韓国　生1986年8月24日　典2012

チャ・ナクフン　車 洛勲　韓国研究院理事　国韓国　生1912年6月24日　典1996

チャ, ビクター　Cha, Victor D.　政治学者　ジョージタウン大学教授　元・米国国家安全保障会議(NSC)アジア部長　専東アジア政治,安全保障論　国米国　生1961年　典2004／2008(チャ, ヴィクター・D.／チャ, ビクター)／2012

チャ・フンボン　車 興奉　Cha, Fung-bong　政治家　元・韓国保健福祉相　国韓国　典2000／2004

チャ・ベグン　車 培根　ソウル大学新聞学科教授　国韓国　生1942年5月20日　典1996

チャ・ボムグン　車 範根　Cha, Bum-keun　サッカー監督,元・サッカー選手　元・サッカー韓国代表監督　国韓国　生1953年5月22日　典1996／2000／2004／2008

チャ・ボムソク　車 凡錫　劇作家　元・韓国芸術院会長　国韓国　生1924年11月15日　典1996／2008

チャ, マニーワン　Chia, Maneewan　「ラブメイキングのすべて—タオが教える性奥義」の著者　典2000

チャ, マンタク　Chia, Mantak　「ラブメイキングのすべて—タオが教える性奥義」の著者　典2008

チャ・ミョンソク　車 明錫　プロ野球選手(投手)　国韓国　生1969年4月20日　典1996

チャ, ミンスー　Cha, Minsoo　棋士　囲碁4段(韓国棋院)　国米国　生1951年1月15日　典1992／1996／2000

チャ・ヨング　車 栄九　軍人　元・韓国国防省スポークスマン　専国防政策　国韓国　生1947年12月　典1996／2000

チャイ, J.W.　Chai, Jay W.　韓国名=崔正羽　実業家　元・伊藤忠商事副会長　国米国　生1934年2月11日　典1992／1996／2000／2004

チャイティン, グレゴリー　Chaitin, Gregory J.　科学者　IBMワトソン研究所　典2004

チャイト, ガリト　アイスダンス選手　国イスラエル　典2000

チャイトー, レオン　Chaitow, Leon　自然療法医　国英国　典2004／2008

チャイルズ, ギルバート　Childs, Gilbert　元・シュタイナー学校教師　国英国　生1923年　典2000

チャイルズ, ティモシイ　Childs, Timothy　作家,経営者　チャイルズ・アソシエーション社長　国米国　生1941年　典1992

チャイルズ, トニ　Childs, Toni　歌手　国米国　典1992／1996

チャイルズ, フィリップ・メイソン　Childs, Philip M.　企業コンサルタント,ライター　生1941年　典1996

チャイルズ, ロートン(Jr.)　Chiles, Lawton Mainor(Jr.)　政治家　元・フロリダ州知事　国米国　生1930年4月3日　没1998年12月12日　典1992／1996／2000

チャイルド, グレッグ　Child, Greg　登山家　国米国　典2008

チャイルド, モーリーン　Child, Maureen　ロマンス作家　国米国　典2004

チャイルド, リー　Child, Lee　作家　生1954年　典2004／2012

チャイルド, リンカーン　Child, Lincoln　作家　国米国　生1957年　典2004／2012

チャイルド, ローレン　Child, Lauren　絵本作家　国英国　典2004／2012

チャイワット・カムチュー　チュラロンコン大学政治学部助教授　専国際関係論,日本政治　国タイ　典1996／2000

チャウ, キャシー　Chau, Kathy　本名=周海媚　女優　国香港　生1967年12月6日　典2000

チャウ, シンチー　Chow, Sing-chi　漢字名=周星馳, 英語名=Chow,Stephen　俳優,映画監督,脚本家　国香港　生1962年6月22日　典1996(チャウ・センチー)／2000(チャウ・センチー)／2004／2008／2012

チャウ, セリーナ　Chow, Selina　政治家　香港立法議会議員,香港政府観光局会長　国香港　生1945年1月25日　典2004／2008

チャウ, ビビエン　香港政府観光局マーケティングオフィサー　国香港　生1976年　典2004／2008

チャバリア, ダニエル　Chavarría, Daniel　作家　国ウルグアイ　典2004

チャヴィアノ, ダイナ　Chaviano, Daina　作家　国米国　典2012

チャウシェスク, エレナ　Ceausescu, Elena　政治家　元・ルーマニア第1副首相　ルーマニア元大統領夫人　国ルーマニア　生1919年1月7日　没1989年12月25日　典1992

チャウシェスク, ニク　Ceausescu, N.　政治家　元・ルーマニア共産党第1書記　国ルーマニア　没1996年9月26日　典1992

チャウシェスク, ニコラエ　Ceausescu, Nicolae　政治家　元・ルーマニア大統領,元・ルーマニア共産党書記長　国ルーマニア　生1918年1月26日　没1989年12月25日　典1992

チャウダリー, イーファン　Chaudhry, Irfan　コンピュータ技術者　Dataloom　典2004

チャウラ, ナビン　Chawla, Navin　著述家　インド情報放送省　国インド　典2000

チャウラースィヤー, ハリプラサード　バーンスリー奏者　国インド　典2000

チャエフスキー, パディ　Chaevsky, Paddy　劇作家　国米国　生1923年1月29日　没1981年8月1日　典1992

チャオ, イレーン　Chao, Elaine L.　中国名=趙小蘭　政治家　元・米国労働長官,元・米国運輸副長官　国米国　生1953年3月26日　典1992／2004／2008／2012

チャオ, ハワード　中国名=趙浩生　G・ウィリアム・ミラー特別顧問　元・エール大学教授　専中国経済　国米国　生1920年　典1996

チャオ, ビッキー　Zhao, Vicki　中国名=趙薇　女優　国中国　生1976年3月12日　典2004／2008／2012

チャオ, マーク　Chao, Mark　中国名=趙又廷　俳優　国台湾　生1984年9月25日

チャオ, レイモンド　Chiao, Raymond Y.　物理学者　カリフォルニア大学バークレー校教授　専量子力学　国米国　典1996

チャガエフ, ルスラン　Chagaev, Ruslan　プロボクサー　元・WBA世界ヘビー級チャンピオン　国ウズベキスタン　生1978年10月19日

チャカチャカ, イボンヌ　Chaka Chaka, Yvonne　歌手　国南アフリカ

チャーカム, ジョナサン　Charkham, Jonathan　実業家　グレート・ユニバーサル・ストアーズ取締役　元・イングラント銀行総裁

チヤキ　　　　　　　　　　　　現代世界人名総覧

顧問　⊕英国　㊈2004

チャキリス, ジョージ　Chakiris, George　俳優,アクセサリーデザイナー　⊕米国　⊕1934年9月16日　㊈1992／1996／2000／2012

チャクジュ, アラーティン　マフィア　⊕トルコ　㊈2000

チャーグシュ, デニス　Tsargush, Denis　レスリング選手(フリースタイル)　⊕ロシア　⊕1987年9月1日

チャクラポン, ノロドム　Chakrapong, Norodom　政治家　元・カンボジア副首相(プノンペン政権)　⊕カンボジア　㊈1996

チャクルースキー, デービッド　Czuchlewski, David　作家　⊕米国　㊈2004

チャコフスキー, アレクサンドル　Chakovskii, Aleksandr Borisovich　作家,ジャーナリスト　元・「文学新聞」編集長　⊕ソ連　⊕1913年8月26日　⊕1994年2月17日　㊈1992／1996

チャコール, エリアス　Chacour, Elias　本名＝Chacour, Abuna Elias　カトリック神父　マー・エリアス学園設立者　⊕パレスチナ　⊕1939年11月29日　㊈1996

チャコン, ウィリアム　本名＝チャコン・エスコバル, ウィリアム・アウグスト　医師　ニカラグア自然病院村鍼灸自然療法センター医師　⊕公衆衛生　⊕ニカラグア　⊕1947年　㊈1996

チャコン, グローリア　Chacon, Gloria　植物学者　⊕ペルー　⊕1940年　㊈2004／2008

チャコーン, マイケル　Chacon, Michael　コンピューター技術者　㊈2004

チャステイン, ジェシカ　Chastain, Jessica　女優　⊕米国　⊕1977年3月24日

チャステイン, トマス　Chastain, Thomas　ミステリー作家　⊕カナダ　㊈1992／1996

チャスラフスカ, ベラ　Cáslavská, Věra　元・体操選手　元・チェコ五輪委員会委員長,元・IOC委員　⊕チェコ　⊕1942年5月3日　㊈1992／1996／2000／2004／2012

チャゾフ, エフゲニー　Chazov, Evgenii Ivanovich　医師　元・ソ連保健相,元・ソ連医学アカデミー心臓学研究センター所長　⊕心臓病　⊕ロシア　⊕1929年6月10日　㊈1992／1996

チャダーエワ, アリーナ　著述家　⊕ロシア　⊕1931年　㊈1996

チャタジー, S.　Chatterji, Susanta Kumar　土木工学者,コンサルタント　⊕インド　㊈2004

チャタジー, ジョイスリ　Chatterjee, Jaysri　アナウンサー　ジョイオーナー　⊕インド　㊈2000

チャタジー, デベジョイティー　BOC技術担当役員　⊕英国　㊈1992

チャタジー, バスカー　Chatterjee, Bhaskar　オリッサ州繊維省次官　⊕インド　⊕1951年　㊈1996

チャタジー, パルタ　Chatterjee, Partha　政治学者,歴史学者　コルカタ社会科学研究センター(CSSS)政治学教授　⊕インド　⊕1947年　㊈2012

チャーターズ, アン　Charters, Ann　作家　コネティカット大学教授　⊕ジャック・ケルアック研究　⊕米国　⊕1939年　㊈1996

チャーターズ, サミュエル　Charters, Samuel B.　詩人,ジャズ演奏家,黒人音楽研究家　⊕米国　⊕1929年　㊈1992

チャタム, ボブ　フォレスター・リサーチ・シニア・アナリスト　⊕米国　㊈2000

チャタラス, ルイス・J.　TRW・SSJ社長　⊕米国　㊈2000

チャダ・ワッタナシリタム　銀行家　サイアム商業銀行頭取　⊕タイ　㊈2000

チャーチ, M.D.　シェルジャパン副社長　⊕英国　⊕1939年4月12日　㊈1996

チャーチ, W.H.　Church, W.H.　コラムニスト　㊈2000

チャーチ, ジェームズ　Church, James　作家　㊈2008

チャーチ, シャルロット　Church, Charlotte　歌手　⊕英国　⊕1986年　㊈2000

チャーチ, フランク　Church, Frank　政治家,元・弁護士　元・米国上院議員・外交委員長　⊕米国　⊕1924年7月25日　⊕1984年4月7日　㊈1992

チャチャ, ジョン　政治家　ケベック州国際関係相　⊕カナダ

⊕1933年　㊈1992

チャチャイ・チオノイ　本名＝ナリ・チオノイ　元・プロボクサー　元・WBC世界フライ級チャンピオン　⊕タイ　㊈1992

チャチャイ・チュンハワン　Chatichai Choonhavan　政治家　元・タイ首相・国防相,元・タイ国家発展党党首　⊕タイ　⊕1922年4月5日　⊕1998年5月6日　㊈1992／1996

チャーチル, ウィンストン・スペンサー　Churchill, Winston Spencer　政治家,著述家　英国下院議員(保守党)　⊕英国　⊕1940年10月10日　㊈1996

チャーチル, キャリル　Churchill, Caryl　劇作家　⊕英国　⊕1938年9月3日　㊈1996

チャーチル, ジル　Churchill, Jill　本名＝ブルックス, ジャニス・ヤング　作家　㊈1996／2012

チャッチャイ　Chatchai　プロボクサー　元・WBC世界フライ級チャンピオン　⊕タイ　⊕1970年2月5日　㊈2000(チャチャイ)／2008

チャッチャイ・ガムーサン　Chartchai Ngamsang　俳優　⊕タイ　⊕1973年　㊈2004

チャッチャリン・チャイヤワット　作家,ジャーナリスト　⊕タイ　⊕1956年　㊈1992

チャットフィールド, カール　Chatfield, Carl S.　コンピューター技術者　マイクロソフト・プロジェクト・ユーザー・アシスタンス・チーム・ドキュメンテーションマネージャー　⊕米国　㊈2004

チャッハー, ギュンター　ドイツ社会学研究所助教授　⊕政治哲学　⊕ドイツ　⊕1936年　㊈1992

チャップマン, D.ブレント　Chapman, D.Brent　コンピューターコンサルタント　⊕米国　㊈2004

チャップマン, アンナ　Chapman, Anna　ロシアの美人スパイ　⊕ロシア　㊈2012

チャップマン, グラハム　Chapman, Graham　コメディアン,医師　⊕英国　⊕1989年10月4日　㊈1992

チャップマン, ゲリー　Chapman, Gary D.　結婚カウンセラー,文化人類学者　⊕米国　㊈2004

チャップマン, サリー　Chapman, Sally　作家　⊕米国　㊈2000

チャップマン, ジェニー　Chapman, Jenny　アニメーター　エディンバラ美術大学講師　⊕英国　㊈2004

チャップマン, ジェーン　Chapman, Jane　画家　㊈2004

チャップマン, ジョン　Chapman, John　「ジャパン・フォーラム」編集主幹,サセックス大学講師　⊕英国　㊈1992

チャップマン, デービス　Chapman, Davis　コンピューター・コンサルタント　Rare Medium　⊕米国　㊈2004

チャップマン, デービッド　Chapman, David S.　ユタ大学地質学地球物理学教授　⊕地球熱学　⊕米国　㊈1996

チャップマン, デービッド(Jr.)　Chapman, David W.(Jr.)　コンピューター技術者　⊕米国　㊈2004

チャップマン, トレーシー　Chapman, Tracy　シンガー・ソングライター　⊕米国　⊕1965年　㊈1996

チャップマン, ベン　Chapman, Ben　本名＝Chapman, William Benjamin　大リーグ選手　⊕米国　⊕1908年12月25日　⊕1993年7月7日　㊈1992

チャップマン, マックス・C.(Jr.)　実業家　ノムラ・ホールディング・アメリカ(NHA)会長,ノムラ・セキュリティーズ・インターナショナル(NSI)会長,野村証券取締役　⊕米国　⊕1943年6月13日　㊈1992／1996

チャップマン, メリル　Chapman, Merrill R.　マーケティング・コンサルタント　㊈2008

チャップリン, ウーナ　Chaplin, Una　旧名＝オニール, ウーナ　チャールズ・チャップリンの妻　⊕1991年9月27日　㊈1992

チャップリン, サラ　Chaplin, Sarah　歴史学者　ミドルセックス大学講師　⊕建築史　㊈2004

チャップリン, ジェラルディン　Chaplin, Geraldine　女優　⊕米国　⊕1944年7月31日　㊈1992／1996／2000／2008／2012

チャッペル, リネット　Chappell, Lynette　エンターティナー

[国]米国　[典]1992

チャード, シルビア　Chard, Sylvia C.　幼児教育学者　アルバータ大学教授　[典]2008

チャドウィック, オーウェン　Chadwick, Owen　教会史家　元・ケンブリッジ大学教授　[国]英国　[生]1916年5月20日　[典]1996／2000

チャドウイック, ジャスティン　Chadwick, Justin　映画監督　[国]英国　[典]2012

チャドウィック, ジョン　Chadwick, John　古典学者　元・ケンブリッジ大学名誉教授, 元・ダウニングカレッジ特別研究員　[専]ギリシャ語学　[国]英国　[生]1920年5月21日　[没]1998年11月24日　[典]2000

チャドウィック, ヘンリー　Chadwick, Henry　神学者　元・ケンブリッジ大学名誉教授　[専]古代キリスト教史　[国]英国　[生]1920年6月23日　[没]2008年6月17日　[典]1996

チャドウィック, ホイットニー　Chadwick, Whitney　サンフランシスコ州立大学教授　[専]美術史, 芸術学　[国]米国　[典]2000

チャドウィック, リン　Chadwick, Lynn　本名=Chadwick,Lynn Russell　彫刻家　[国]英国　[生]1914年11月24日　[没]2003年4月25日　[典]1992／1996

チャトウィン, ブルース　Chatwin, Bruce　作家　[国]英国　[生]1940年　[没]1989年1月　[典]1992

チャート・コープチッティ　Chat Kobjitti　作家　[国]タイ　[生]1954年6月25日　[典]1996

チャートフ, マイケル　Chertoff, Michael　法律家　元・米国国土安全保障長官, 元・米国連邦高裁判事　[国]米国　[生]1953年11月28日　[典]2000／2008／2012

チャドボーン, マーク　Chadbourn, Mark　作家　[国]英国　[生]1960年　[典]2012

チャトリ・ソポンパニット　Chatri Sophonpanich　銀行家　バンコク銀行会長　[国]タイ　[生]1934年2月　[典]2000

チャトリ・チャラーム・ユーコン　映画監督　[国]タイ　[生]1942年　[典]1992／1996

チャドリントン, ピーター　Chadlington, Peter Selwyn Gummer　実業家, 政治家　シャンドウィック・グループ会長・CEO, 英国上院議員　[国]英国　[生]1942年8月24日　[典]2000

チャーナウ, ロン　Chernow, Ron　著述家, 評論家　[典]1996／2000

チャナ・ポーパオイン　本名=クーン・モットマー　プロボクサー　元・WBA世界ミニマム級チャンピオン　[国]タイ　[生]1966年3月25日　[典]1996／2004／2008

チャーニー, ジュール・グレゴリー　Charney, Jule Gregory　気象学者, 海洋学者　元・マサチューセッツ工科大学教授　[国]米国　[生]1917年1月1日　[没]1981年6月16日　[典]1992

チャニャン　Chan Yang　本名=ジュチャニャン　グループ名=T-max　歌手　[国]韓国　[生]1988年10月23日　[典]2012

チャニング, キャロル　Channing, Carol　女優　[国]米国　[生]1921年1月31日　[典]2000

チャノスキー, N.　LSIロジック日本会長・CEO　[国]米国　[典]1996／2000

チャノン, ポール・ギネス　Channon, Paul Guinness　本名=Channon,Henry Paul Guinness　別名=Kelvedon of Ongar, Lord　政治家　元・英国運輸相　[国]英国　[生]1935年10月9日　[没]2007年1月27日　[典]1992

チャバ, ラースロー　Csaba, László　経済学者　ハンガリー市場・景気循環研究所研究員　[国]ハンガリー　[生]1954年　[典]1992

チャバララ, シフィウェ　Tshabalala, Siphiwe　サッカー選手(MF)　[国]南アフリカ　[生]1984年9月25日　[典]2012

チャバリア, ホアキン　Chavarria, Joaquim　本名=チャバリア・クリメント, ホアキン・マニュエル　陶芸家, 彫刻家　[国]スペイン　[生]1944年　[典]2000

チャバン, イェシュワントラオ　Chavan, Yeshwantrao Balwantrao　政治家　元・インド副首相　[国]インド　[生]1913年3月12日　[没]1984年11月25日　[典]1992

チャヒヨノ, スリョデブロト　実業家　インドサット社長　[国]インドネシア　[生]1952年　[典]1996

チャブ, キット　Chubb, Kit　自然保護活動家　[国]カナダ　[生]1936年　[典]2004／2008

チャフケフ, ラヒム　Chakhkiev, Rakhim　プロボクサー　北京五輪ボクシング・ヘビー級金メダリスト　[国]ロシア　[生]1983年1月11日　[典]2012

チャプマン, アロルディス　Chapman, Aroldis Albertin　大リーグ選手(投手)　[生]1987年9月11日　[典]2012

チャベス, ウゴ　Chávez, Hugo　本名=チャベス・フリアス, ウゴ　政治家, 軍人　元・ベネズエラ大統領　[国]ベネズエラ　[生]1954年7月28日　[没]2013年3月5日　[典]2000／2004／2008／2012

チャベス, エリック　Chavez, Eric　本名=Chavez,Eric Cesar　大リーグ選手(内野手)　[国]米国　[生]1977年12月7日

チャベス, シーザー　Chavez, Cesar Estrada　農民運動指導者　[国]米国　[生]1927年3月31日　[没]1993年4月23日　[典]1992(シャベツ, C.E.)／1996

チャベス, フリオ・セサール　Chavez, Julio Cesar　本名=チャベス・ゴンザレス, フリオ・セサール　元・プロボクサー　元・WBC世界ジュニア・ウェルター級チャンピオン　[国]メキシコ　[生]1962年7月12日　[典]1996／2000／2004／2012

チャベダ, ポール　Chabeda, Paul　ケニア野生動物公社副総裁　[国]ケニア　[典]1992／1996

チャペル, A.ジョン　Chappell, A.John　元・リーバイ・ストラウスジャパン社長　[国]ニュージーランド　[生]1950年7月27日　[典]1996(チャッペル, A.ジョン)／2000

チャペル, ジョン　Chappell, Jon　ギタリスト, 音楽ディレクター　チェリー・レーン・ミュージック音楽ディレクター　[国]米国　[典]2000

チャペル, デイブ　Chappelle, Dave　本名=Chappelle,David Khari Webber　コメディアン, 俳優　[国]米国　[生]1973年8月17日　[典]2008／2012

チャペル, デービッド　Chappell, David A.　コンピューター技術者　Progress Software副社長　[典]2004

チャペル, デービッド　Chappell, David　コンピューター技術者　[国]米国　[典]2004

チャペル, フレッド　Chappell, Fred　作家, 詩人　[国]米国　[生]1936年　[典]2004／2008

チャペル, メアリー・H.　元・津田塾大学教授　皇太后陛下の元英語教師　[国]カナダ　[没]1989年2月11日　[典]1992

チャペレット, シリル　元・ロッキード社創設者　[国]米国　[没]1991年9月18日　[典]1992

チャペロウ, マリー　Chappelhow, Mary　陶芸家　[国]英国　[典]2004

チャマイポン・スタムウォン　Chamaiporn Suthamwong　CPセブン・イレブン情報システム本部システムエキスパート　漫画の囲碁入門書をタイ語に翻訳　[国]タイ　[典]2004

チャマコ　Chamaco　本名=ボレロ, アントニオ　闘牛士　[国]スペイン　[生]1972年　[典]1996

チャーマーズ, イアイン　Chalmers, Iain　医学者　英国コクランセンター長　[国]英国　[典]2004

チャマーヤフ, イヴァン　Chermayeff, Ivan　グラフィックデザイナー, 絵本画家　[生]1932年　[典]2000

チャムルベル, ユルマズ　クルド文化研究財団議長　[国]トルコ　[典]2000

チャムロン・スリムアン　Chamlong Srimuang　政治家　元・タイ副首相, 元・道義党党首, 元・バンコク知事　[国]タイ　[生]1935年7月5日　[典]1992(ジャムロン・シームアン／チャムロン・スリムアン)／1996／2000

チャモロ, ビオレタ・バリオス・デ　Chamorro, Violeta Barrios de　政治家, 新聞人　元・ニカラグア大統領, 元・ラプレンサ紙社主　[国]ニカラグア　[生]1929年10月18日　[典]1992／1996／2000

チャモロ, ルベン　元・アルゼンチン海軍中将　[国]アルゼンチン　[没]1986年6月2日　[典]1992

チャラビ, アフマド　Chalabi, Ahmad　政治家, 銀行家　イラク国民会議(INC)代表　元・イラク統治評議会議員, 元・ペトラ銀行頭取　[国]イラク　[生]1945年　[典]2004／2008／2012

チ

チャラヤン, フセイン　Chalayan, Hussein　ファッションデザイナー,現代美術家　⑬英国　⑭1970年　⑱2004／2008／2012

チャラル, ベニト・ロス　Charral, Benito Ros　自転車選手（マウンテンバイク）　⑬スペイン　⑭1981年5月2日

チャラン, ラム　Charan, Ram　経営学者,経営コンサルタント　ハーバード大学ビジネス・スクール,ノースウェスタン大学ケロッグ・ビジネス・スクール　⑬米国　⑱2004／2008

チャリース, シド　Charisse, Cyd　本名＝Finklea,Tula Ellice　旧芸名＝ノーウッド,リリー　女優,ダンサー　⑬米国　⑭1922年3月8日　⑯2008年6月17日　⑱2008

チャーリッシュ, アン　Charlish, Anne　ライター　⑱2008

チャーリップ, レミー　Charlip, Remy　絵本作家　⑬米国　⑭1929年　⑱2000

チャーリン, ジェローム　Charyn, Jerome　作家　⑬米国　⑭1937年　⑱1992／1996／2000

チャルーシン, ニキータ　Charushin, Nikita Evgenievich　画家　⑬ロシア　⑭1934年　⑱1996

チャールズ, ケイト　Charles, Kate　本名＝チェース,キャロル　作家　⑬米国　⑱2004

チャールズ, ダニエル　Charles, Daniel　ジャーナリスト,ラジオプロデューサー　⑬米国　⑱2004／2008

チャールズ, ピエール　Charles, Pierre　政治家　元・ドミニカ首相　⑬ドミニカ　⑭1954年6月30日　⑯2004年1月6日　⑱2004

チャールズ, ボブ　プロゴルファー　⑬ニュージーランド　⑱1992／1996

チャールズ, マギー　Charles, Maggi　作家　⑬米国　⑱1996

チャールズ, メアリー・ユージニア　Charles, Mary Eugenia　政治家　元・ドミニカ首相　⑬ドミニカ　⑭1919年5月15日　⑯2005年9月6日　⑱1992／1996

チャールズ, レイ　Charles, Ray　本名＝ロビンソン,レイ・チャールズ　ソウル・ミュージシャン　⑬米国　⑭1930年9月23日　⑯2004年6月10日　⑱1992／1996／2000

チャールズ, レスリー　Charles, C.Leslie　人材教育コンサルタント　トレーニングワークス創業者　⑱2004

チャールズ皇太子　Charles, Prince　本名＝チャールズ・フィリップ・アーサー・ジョージ　称号＝ウェールズ公　英国皇太子　⑬英国　⑭1948年11月14日　⑱1992／1996／2000／2004／2008／2012

チャールストン, オスカー　元・黒人リーグ選手　⑬米国　⑭1896年　⑱1996

チャールズワース, ブライアン　Charlesworth, Brian　生物学者　エジンバラ大学・細胞,動物および集団生物学研究所王立協会研究教授・進化研究学会元会長　⑱2008

チャルセン, クリストファー　Chalsen, Christopher E.　弁護士　⑬米国　⑱2004

チャールソン, イアン　Charleson, Ian　俳優　⑬英国　⑭1949年8月11日　⑯1990年1月7日　⑱1992

チャルチャニ, アディル　Carcani, Adil　政治家　元・アルバニア首相　⑬アルバニア　⑭1922年5月5日　⑯1997年10月14日　⑱1992／1996

チャルディーニ, ロバート　Cialdini, Robert B.　社会心理学者　アリゾナ州立大学教授　⑬米国　⑭1945年　⑱1992／2004／2008／2012

チャールトン, キャサリン　Charlton, Katherine　音楽家　マウント・サン・アントニオ・カレッジ　⑬米国　⑭1949年　⑱2000

チャールトン, ジェームズ　Charlton, James I.　アクセス・リビング代表代理　⑬米国　⑱2008

チャールトン, ジャック　Charlton, Jack　元・サッカー監督　元・サッカー・アイルランド代表監督　⑬英国　⑭1935年5月8日　⑱2000／2004／2008

チャールトン, ボビー　Charlton, Bobby　本名＝チャールトン,ロバート　元・サッカー選手　⑬英国　⑭1937年10月11日　⑱1992／1996／2000／2004／2008

チャルノグルスキー, ヤン　Carnogurský, Ján　弁護士,政治家　キリスト教民主運動議長　元・スロバキア共和国副首相　⑬スロバキア　⑭1944年1月1日　⑱1996

チャルパンチャイ, ベルクレック　元・プロボクサー　元・WBA世界フライ級チャンピオン　⑬タイ　⑱1992

チャルファ, マリアン　Calfa, Marian　政治家,法律家　元・チェコスロバキア首相　⑬チェコスロバキア　⑭1946年5月7日　⑱1992／1996

チャルフィー, マーティン　Chalfie, Martin　生物学者　コロンビア大学教授　ノーベル化学賞受賞者　⑳発光生物学　⑬米国　⑭1947年　⑱2012

チャルフォント卿　Chalfont, Lord　本名＝グウィン・ジョーンズ,アーサー　政治家　英国上院全党国防グループ会長　⑬英国　⑭1919年12月5日　⑱1992／1996

チャルプト・ルンスワン　Charubutr Reungsuwan　政治家　元・タイ国会議長　⑬タイ　⑭1984年3月18日　⑱1992

チャルブン・パナノン　タイ観光庁日本支局副支局長　⑬タイ　⑭1947年4月　⑱2000

チャルマーズ, J.　シドニー大学医学部内科学教授,国際高血圧学会ガイドライン委員長　⑳高血圧学　⑬オーストラリア　⑱2000

チャルマーズ, エミリー　Chalmers, Emily　スタイリスト,ライター　⑱2008

チャルマース, デービッド　Chalmers, David J.　哲学者　アリゾナ大学教授　⑳認知哲学　⑱2000

チャレット, フランシス　Charet, Francis Xavier　宗教学者　⑳宗教心理学,宗教哲学　⑬カナダ　⑭1949年　⑱2000

チャレンダー, ジェフ　Challender, Jeff　UFO研究家　⑬米国　⑭1953年　⑱2008

チャワリット・オンチャリット　チュラロンコン大学医学部教授・付属病院胸部外科部長　⑳心臓移植　⑬タイ　⑭1932年　⑱1992

チャワリット・ヨンチャイユート　Chaovalit Yongchaiyudh　政治家,元・軍人　タイ副首相,タイ新希望党党首　⑬タイ　⑭1932年5月25日　⑱1992／1996／2000／2004／2008

チャーン, S.S.　Chern, Shiing-shen　中国名＝陳省身　数学者　元・カリフォルニア大学バークレー校名誉教授,元・数理諸科学研究所名誉所長,元・南開大学数理研究所名誉所長　⑳幾何学　⑬米国　⑭1911年10月26日　⑯2004年12月3日　⑱1992／1996

チャン, Z.ジョン　Zhang, Z.John　経済学者　ペンシルベニア大学ウォートン校マーケティング学部教授　⑳競争的価格設定戦略,価格設定構造の設計,チャネル・マネジメント　⑱2012

チャン, アイリス　Chang, Iris　中国名＝張純如　ジャーナリスト,作家　⑬米国　⑭1968年　⑯2004年11月9日　⑱2000

チャン, アミー　Cheung, Amy　中国名＝張小嫻　作家　⑬香港　⑱2004

チャン, アラン　Chan, Alan　グラフィックデザイナー　アラン・チャン・デザイン事務所　⑬香港　⑭1950年　⑱1996／2000

チャン, アリス　Chung, Alice　英語講師　⑱2004

チャン, アンドルー　Chang, Andrew C.　中国名＝張介州　アメリカン国際経営学大学院教授　⑳中国語,日本語　⑬米国　⑭1933年　⑱1992／1996

チャン・イアジェン　陳 雅娟　芸名＝テレサ・チェン　タレント（ものまね）　⑬中国　⑭1972年7月　⑱2004

チャン, イータン　Zhang, Yitang　漢字名＝張益唐　数学者　ニューハンプシャー大学講師

チャン, イーモウ　Zhang, Yi-mou　漢字名＝張芸謀　映画監督・カメラマン,俳優　⑬中国　⑭1950年11月14日　⑱1992（張 芸謀 チョウ・ゲイボウ）／1996（張 芸謀 チョウ・ゲイボウ）／2000（張 芸謀 チョウ・ゲイボウ）／2004／2008／2012

チャン・インスク　張 仁淑　Chang, In-suk　建築家　「凍れる河を越えて」の著者　⑭1940年　⑱2004

チャン・ウェリョン　張 外龍　Chang, Woe-ryong　サッカー監督　⑬韓国　⑭1959年4月5日　⑱2004（ジャン・ウェリョン）／2008（ジャン・ウェリョン）／2012

チャン・ウンスク　Chang, Euen-sook　本名＝張銀淑　漢字名＝張銀淑,旧芸名＝チャンスー　歌手　⑬韓国　⑭1960年5月2日

チャン、エディソン　Chen, Edison　中国名＝陳冠希　俳優、歌手　国香港　生1980年10月7日　典2004／2008／2012

チャン、キット　歌手　国シンガポール　典2000

チャン、キティ　Zhang, Kitty　漢字名＝張雨綺　女優　国香港　生1987年8月8日　典2012

チャン、キホン　Jang, Gi-hong　「北朝鮮・普通の人々」の著者　国韓国　生1963年　典1996

チャン、ギャレス　実業家　スターテレビ会長　国米国　典2000

チャン、ギョンジン　Jang, Kyung-jin　漢字名＝張敬珍　サッカー選手（DF）　国韓国　生1983年8月31日

チャン、クホ　Chung, Kuho　ファッションデザイナー　KUHOデザイナー　国韓国　典2004

チャン、クワンチー　Chang, Kwang-chih　漢字名＝張光直　人類学者　元・エール大学名誉教授、元・ハーバード大学教授　国米国　生1931年4月15日　没2001年1月3日　典1996（張 光直 チョウ・コウチョク）

チャン、グンソク　Jang, Keun-suk　漢字名＝張根碩　俳優、歌手　国韓国　生1987年8月4日　典2012

チャン、ケネス　Chang, Kenneth　医学者　テンプル大学教授　専心臓学、免疫学、長寿医学　生1926年　典2004

チャン、ケリー　Chang, Kelly　本名＝チャン、ビビアン　中国名＝陳彗琳　歌手、女優　国香港　生1973年9月13日　典2000／2004／2008／2012

チャン、ゴードン　中国名＝陳嘉上　映画監督　国香港　生1960年1月16日　典2000

チャン、ゴードン　Chang, Gordon G.　弁護士、ジャーナリスト　国米国　生1951年　典2004

チャン、コニー　Chung, Connie　ニュースキャスター　国米国　生1946年8月20日　典1996

チャン、サラ　Chang, Sarah　バイオリニスト　国米国　生1980年　典1996／2000／2012

チャン、ジェイコブ　Cheung, Jacob C.L.　中国名＝張之亮　映画監督　国香港　生1959年9月6日　典1996／2008／2012

チャン、ジェニー　Chang, Jenny　中国名＝陳怡蓁　実業家　トレンドマイクロ会長　国台湾　生1956年11月5日　典2004／2008／2012

チャン、ジャスパー　Cheung, Jasper　実業家　アマゾン・ジャパン社長　国香港　生1964年10月26日　典2008／2012

チャン、ジュリアス　Chan, Julius　政治家　元・パプアニューギニア首相　国パプアニューギニア　生1939年8月29日　典1992／1996／2000

チャン、ジョージ　Chang, George　コンピュータ科学者　キーン大学助教授　専データベース、情報検索、Webマイニング、モバイル／ワイヤレスアプリケーションの開発　国米国　典2008

チャン、シルビア　Chang, Sylvia　中国名＝張艾嘉　女優、映画監督　国香港　生1953年7月22日　典1992／1996／2000／2008／2012

チャン、シン　唱 新　福井県立大学経済学部教授　専中国経済論、環日本海経済論　国中国　生1956年　典2000（ショウ・シン）／2004（ショウ・シン）

チャン、ジン　Chang, Jin　映画監督、演出家、脚本家　国韓国　生1971年1月1日　典2004／2008／2012

チャン、ジンチュー　Zhang, Jing-chu　漢字名＝張静初　女優　国中国　生1980年2月2日　典2008／2012

チャン、ズージャ　張 誌家　Chang, Chih-chia　プロ野球選手（投手）　国台湾　生1980年5月6日　典2004（チョウ・シカ）／2008／2012

チャン、スティーブ　Chang, Steve　中国名＝張明正　実業家、コンピューター技術者　トレンドマイクロ会長　国台湾　生1954年11月5日　典1996（張 明正 チョウ・メイセイ）／2000（張 明正 チョウ・メイセイ）／2004／2008／2012

チャン、セシリア　Cheung, Cecilia　中国名＝張柏芝　女優、歌手　国香港　生1980年5月24日　典2004／2008／2012

チャン、ソンテク　張 成沢　Chang, Song-taek　政治家　元・北朝鮮国防委員会副委員長、元・朝鮮労働党行政部長・政治局員・中央軍事委員、元・朝鮮人民軍大将　国北朝鮮　生1946年2月2日　没2013年12月13日　典1996（ジャン・ソンテク）／2000（ジャン・ソンテク）／2004（ジャン・ソンテク）／2008／2012

チャン、チーウェイ　Chang, Chih-Wei　イラストレーター　国台湾　典2008

チャン・チウォン　張 智媛　Zhang, Ji-won　テコンドー選手　アテネ五輪テコンドー女子57キロ級金メダリスト　国韓国　生1979年8月30日　典2008

チャン・チェン　Chang, Chen　漢字名＝張震　俳優　国台湾　生1976年10月14日　典2000（張 震 チョウ・シン）／2004／2008／2012

チャン・チュワン　Zhang, Zhuang　漢字名＝張壮、愛称＝壮壮　俳優　国中国　生1999年7月5日　典2012

チャン・チョン　張 晶　Jang, Jeong　プロゴルファー　国韓国　生1980年6月11日　典2008／2012

チャン・ツィイー　Zhang, Ziyi　中国名＝章子怡　女優　国中国　生1979年2月9日　典2004／2008／2012

チャン・ツォチー　張 作驥　Chang, Tso-chi　映画監督　国台湾　生1961年　典2004（チョウ・サクキ）／2008（チョウ・サクキ）／2012

チャン、テッド　Chiang, Ted　SF作家　国米国　生1967年　典2008／2012

チャン、テディ　Chan, Teddy　中国名＝陳徳森　映画監督　国香港　生1958年4月26日　典2012

チャン、テレンス　Chang, Terence　映画プロデューサー　国香港　生1949年　典2008／2012

チャン、ドゥー・リー　Chung, Doo-ri　ファッションデザイナー　国米国　生1973年　典2012

チャン、トニー　映画監督　国米国　典1996

チャン、ドヨン　張 都暎　Chang, Do-yeong　軍人　元・韓国国家再建最高会議議長・首相、元・韓国陸軍参謀総長　国韓国　生1923年1月23日　没2012年8月3日　典1992（ジャン・ドヨン）／1996（ジャン・ドヨン）

チャン、ドンゴン　Jang, Dong-gun　漢字名＝張東健　俳優　国韓国　生1972年3月7日　典2004／2008／2012

チャン、ナラ　Jang, Na-ra　歌手　生1981年3月18日　典2004／2008

チャン、ハクス　Chang, Hak-su　漢字名＝張学洙　生産連合体科学担当副総裁　国ロシア　生1932年　典1996

チャン、パトリック　Chan, Patrick　フィギュアスケート選手　国カナダ　生1990年12月31日　典2012

チャン、ハンナ　Chang, Hanna　チェロ奏者　国韓国　生1982年　典2000／2004／2008／2012

チャン、ハンユー　Zhang, Han-yu　漢字名＝張涵予　俳優　国中国　生1964年12月　典2012

チャン、ビクター　医師　元・セント・ビンセント病院　専心臓外科　国オーストラリア　生1991年7月4日　典1992

チャン、ビクター　Chan, Victor　カナダ、ブリティッシュ・コロンビア大学アジア研究所研究員　生1945年　典2008

チャン、ピーター　Chan, Peter　中国名＝陳可辛　映画監督、映画プロデューサー　電影人製作有限公司（UFO）主宰　国香港　生1962年　典1996（チン・カシン）／2008／2012

チャン、ヒョク　Jang, Hyuk　本名＝チョンヨンジュン　漢字名＝張赫　俳優　国韓国　生1976年12月20日　典2004／2008／2012

チャン、ヒョンス　Jang, Hyeon-su　漢字名＝張賢洙　映画監督　国韓国　生1959年10月　典2008

チャン、ヒョンスン　Jang, Hyun-seung　グループ名＝BEAST　歌手　国韓国　生1989年9月3日　典2012

チャン、フルーツ　Chan, Fruit　中国名＝陳果　映画監督、脚本家　国香港　生1959年4月15日　典2000（陳 果 チン・カ）／2004／2008／2012

チャン、フン　Jang, Hun　映画監督　国韓国　生1975年　典2012

チャン、ベアトリス・バルバ・デ・ピニャ　人類学者　メキシコ国立人類学歴史学学校講師, メキシコ国立人類学歴史学研究所調査員

⊕メキシコ　⑲2004

チャン, ベニー　Chan, Benny　中国名＝陳木勝　映画監督　⊕香港　⊕1961年　⑲2012

チャン, ベン　Chang, Ben　コンピューター技術者　オラクル・ディレクター　⑲2004

チャン, ヘンチー　外交官　駐米シンガポール大使　⑩政治学　⊕シンガポール　⊕1942年　⑲1996／2000

チャン, ベンユー　本名＝張本瑜　女優　⊕台湾　⊕1976年1月27日　⑲2000

チャン, ポール　アクトンテクノロジィ会長　⊕1949年11月6日　⑲2000

チャン, マイケル　Chang, Michael　元・テニス選手　⊕米国　⊕1972年2月22日　⑲1992／1996／2000／2004／2008／2012

チャン, マーガレット　Chan, Margaret　本名＝Chan,Margaret Fung Fu-chun　漢字名＝陳馮富珍　世界保健機関(WHO)事務局長　⊕中国　⊕1947年8月21日　⑲2008／2012

チャン, マギー　Cheung, Maggie　中国名＝張曼玉　女優　⊕香港　⊕1964年9月20日　⑲1992(チェン, マギー)／1996／2000／2004／2008／2012

チャン・ミヒ　Jang, Mi-hi　漢字名＝張美姫　女優　⊕韓国　⊕1957年12月8日　⑲1996(張 美姫 ジャン・ミヒ)／2004／2008／2012

チャン・ミラン　張 美蘭　Jang, Mi-ran　重量挙げ選手　北京五輪重量挙げ女子75キロ超級金メダリスト　⊕韓国　⊕1983年10月9日　⑲2012

チャン・ミン　張 民　ビップトレーディング代表取締役　⊕北朝鮮　⊕1960年　⑲2000

チャン・ミンジェ　版画家　⊕中国　⊕1959年　⑲1996

チャン, メイベル　Chung, Mabel　中国名＝張婉婷　映画監督　⊕香港　⊕1956年　⑲1992／1996／2000／2004／2008

チャン, モニカ　Chang, Monica　本名＝張玲玲　児童文学作家, 児童文学編集者　⊕台湾　⊕1954年　⑲1996

チャン・ヤン　Zhang, Yang　漢字名＝張揚　映画監督　⊕中国　⊕1967年　⑲2000(張 揚 チョウ・ヨウ)／2004(張 揚 チョウ・ヨウ)／2008／2012

チャン, ユエン　ジャーナリスト　⊕香港　⑲2000

チャン・ユニョン　Chang, Yoo-hyun　映画監督　⊕韓国　⊕1967年7月11日　⑲2000(チャン, ユンヒョン)／2004／2012

チャン・ユンジョン　Jang, Yoon-jeong　歌手　⊕韓国　⊕1980年2月16日

チャン, リチャード　Chang, Richard Y.　経営コンサルタント　リチャード・チャン・アソシエイツCEO　⊕米国　⑲2004

チャン, リチャード　Chang, Richard　実業家　ビザ・インターナショナル日本総支配人　⊕1955年　⑲2004／2008

チャーン, ルドルフ　ネスレ日本会長, ネッスルアジア・オセアニア地区担当副社長　⊕スイス　⊕1928年　⑲1996

チャン, レイモンド　政治家　カナダ・アジア太平洋担当相(自由党)　⊕カナダ　⑲2000／2004

チャン, レスリー　Cheung, Leslie　中国名＝張国栄　俳優, 歌手　⊕1956年9月12日　⊕2003年4月1日　⑲1996／2000

チャン, レナード　Chang, Leonard　作家　⊕米国　⑲2004

チャン, ロニー・C.　陳啓宗　実業家　香港恒隆・ディベロップメント・グループ会長　⊕香港　⑲2000

チャン・ヴェト・キーン　Tran Viet Kinh　中国名＝陳越徹　民族学者　ニャチャン市人民委員会文化専門員　⊕ベトナム少数民族, ハー人　⊕ベトナム　⊕1950年　⑲2004

チャン・キィ・フォン　Tran Ky Phuong　ダナン・チャンパ彫刻博物館学芸員　⊕ベトナム　⊕1951年　⑲2000

チャング, ウーク　Chung, Ook　作家　⊕カナダ　⊕1963年　⑲2012

チャン・クイ・ハイ　軍人　元・ベトナム国防次官, 元・ベトナム共産党中央委員　⊕ベトナム　⊕1985年1月　⑲1992

チャン・クォク・ホアン　Tran Quoc Hoan　政治家　元・ベトナム共産党政治局員, 元・ベトナム内相　⊕ベトナム　⊕1986年9月3日

⑲1992

チャン・シ　Chan Si　政治家　元・カンボジア人民共和国首相, 元・カンボジア人民革命党政治局員　⊕カンボジア　⊕1932年　⊕1984年12月26日　⑲1992

チャンス, ジェーン　Chance, Jane　英文学者　ライス大学教授　⊕米国　⑲2004／2008

チャンス, ブリトン　Chance, Britton　生物物理学者, 生化学者, ヨットマン　元・ペンシルベニア大学教授　⑩ミトコンドリアの電子伝達系　⊕米国　⊕1913年7月24日　⊕2010年11月16日　⑲1992／1996

チャン・スアン・バク　Tran Xuan Bach　政治家　元・ベトナム共産党政治局員　⊕ベトナム　⊕2006年1月1日　⑲1992

チャン・ズイ・フン　元・ハノイ市長　⊕ベトナム　⊕1988年10月2日　⑲1992

チャン・ス・ハウチン　スミソニアン国立自然史博物館特別学芸員　⑩アジア文化人類学　⊕米国　⑲1992

チャンセラー, エドワード　Chancellor, Edward　ジャーナリスト　⊕英国　⑲2004

チャンセラー, クリストファー　元・英国ロイター通信総支配人　⊕英国　⊕1989年9月9日　⑲1992

チャンセラー, ジョン　Chancellor, John　ジャーナリスト　元・NBCアンカーマン　⊕米国　⊕1927年7月14日　⊕1996年7月12日　⑲1992

チャンソン　Chansung　本名＝ファンチャンソン　グループ名＝2PM　歌手　⊕韓国　⊕1990年2月11日　⑲2012

チャン・タイン・スアン　元・ベトナム通信社副社長　⊕ベトナム　⊕1987年5月29日　⑲1992

チャンチェン, ルイ・オザワ　Changchien, Louis Ozawa　漢字名＝塁尾沢　俳優　⊕米国　⊕1975年10月11日　⑲2012

チャン・チエン・キエム　Tran Thien Khiem　政治家　元・ベトナム首相　⊕ベトナム　⊕1925年　⑲1992

チャン・ディアス, F.R.　Chang Díaz, Franklin R.　宇宙飛行士, プラズマ研究者　⊕米国　⑲2004

チャン・ティ・ダー　「ベトナムのダーちゃん」の主人公　⊕ベトナム　⑲2000

チャン・ディン・フォウ　Tran Dinh Huou　ハノイ総合大学語文科教授　⑩儒教　⊕ベトナム　⊕1928年　⑲1996

チャンド, デネッシュ　プロゴルファー　⊕フィジー　⊕1972年2月6日　⑲2000(チャンド, ディネッシ／チャンド, デネッシュ)／2004

チャンド, ロケンドラ・バハドル　Chand, Lokendra Bahadur　政治家　元・ネパール首相　⊕ネパール　⊕1940年2月15日　⑲2000／2004／2008

チャントゥ・ブア　カンボジア女性問題庁顧問　⊕米国　⑲1996

チャン・ドク・ルオン　Tran Duc Luong　政治家　元・ベトナム大統領(国家主席), 元・ベトナム共産党政治局員　⊕ベトナム　⊕1937年5月5日　⑲2000／2004／2008／2012

チャンドラー, A.バートラム　Chandler, Arthur Bertram　SF作家　⊕1912年3月28日　⊕1984年6月6日　⑲1992

チャンドラー, アルバート　大リーグコミッショナー　⊕米国　⊕1991年6月15日　⑲1992

チャンドラー, アルフレッド(Jr.)　Chandler, Alfred Dupont (Jr.)　ハーバード大学ビジネススクール名誉教授　⑩企業史　⊕米国　⊕1918年　⑲1996

チャンドラ, ヴィクラム　Chandra, Vikram A.　ジャーナリスト, 作家　⊕インド　⑲2004

チャンドラー, クレイ　Chandler, Clay　ジャーナリスト　「フォーチュン」エディター　⊕米国　⊕1960年　⑲2000／2004

チャンドラー, コルビー　Chandler, Colby H.　DECボード・メンバー　元・イーストマン・コダック会長・CEO　⊕米国　⊕1925年　⑲1992／1996

チャンドラー, スティーブ　Chandler, Steve　講演家　⊕米国　⑲2004／2008

チャンドラー, タイソン　Chandler, Tyson　バスケットボール選手　⊕米国　⊕1982年10月2日

チャンドラー, デービッド　Chandler, David　歴史学者　モナシュ大学名誉教授　㊼現代カンボジア史、東南アジア史　㊾米国　㊤1933年　⑳2004

チャンドラー, デービッド　Chandler, David　㊼東アジア研究, 外国語教育　㊾英国　⑳2004

チャンドラー, デビッド　Chandler, David　作家　⑳1992

チャンドラー, デービッド・ジェフリー　Chandler, David Geoffrey　歴史学者　㊼ヨーロッパ軍事史　㊾英国　㊤1934年　⑳2004

チャンドラ, ロケーシュ　Chandra, Lokesh　仏教学者, 哲学者, 政治家　インド文化国際アカデミー理事長　元・インド国会議員　㊾インド　㊤1927年　⑳2004

チャンドラ・スワミ　Chandra Swami　本名＝ネミチャンド　幼名＝スラジ・プラカーシュ　ヒンドゥー教導師　㊾インド　㊤1930年　⑳1992／1996／2000

チャンドラセカール, スブラマニアン　Chandrasekhar, Subrahmanyan　天体物理学者　元・シカゴ大学名誉教授　㊾米国　㊤1910年10月19日　⑳1995年8月21日　⑳1992／1996

チャンドラソニック　Chandrasonic　本名＝Savale,Steve Chandra　グループ名＝エイジアン・ダブ・ファウンデーション　ギタリスト　㊾英国　⑳2012

チャンドラレーカ　創作舞踊家, 振付師　㊾インド　⑳2000

チャン・ナム・チュン　Tran Nam Trung　政治家　元・南ベトナム臨時革命政府国防相, 元・ベトナム労働党中央委員　㊾ベトナム　㊤1913年　⑳1992

チャンパ, ダン　Ciampa, Dan　企業コンサルタント　⑳2004

チャンパイ, アッティラ　Csampai, Attila　音楽ジャーナリスト　バイエルン放送協会オーケストラ曲部門プロデューサー　㊾ハンガリー　㊤1949年　⑳2004

チャン・バン・ザウ　Tran Van Giau　政治家, 歴史学者　ホーチミン市歴史学会会長　㊾ベトナム　㊤1911年　⑳1996

チャン・バン・チャ　Tran Van Tra　軍人　元・南ベトナム人民解放軍司令官, 元・ベトナム閣僚協議会検査官長　㊾ベトナム　㊤1918年　㊦1996年4月20日　⑳1992／1996

チャン・バン・フー　Tran Van Huu　政治家　元・南ベトナム首相　㊤1984年1月17日　㊾ベトナム

チャン・バン・ファク　ベトナム文化相　㊾ベトナム　⑳1992

チャン・バン・フォン　Tran Van Huong　政治家　元・南ベトナム大統領　㊾ベトナム　㊤1903年12月1日　⑳1992

チャンピ, カルロ・アゼーリオ　Ciampi, Carlo Azeglio　政治家　元・イタリア大統領, 元・イタリア首相, 元・イタリア中央銀行総裁　㊾イタリア　㊤1920年12月9日　⑳1992／1996／2000／2004／2008

チャンピー, ジェームズ　Champy, James　コンサルタント　CSC Index会長　⑳2004

チャンピオン, ウィル　Champion, Will　本名＝チャンピオン, ウィリアム　グループ名＝コールドプレイ　ミュージシャン　㊾英国　㊤1978年7月31日　⑳2012

チャンピオン, ボブ　騎手　㊾英国　㊤1948年　⑳1992

チャンヒョン　Changhyun　グループ名＝SHU-I　歌手　㊾韓国　㊤1988年6月9日　⑳2012

チャン・ブー・キエム　Tran Buu Kiem　政治家　元・南ベトナム共和国臨時革命政府内閣官房長官　㊾ベトナム　㊤1921年　⑳1992

チャンブリス, ダニエル　Chambliss, Daniel F.　社会学者　ハミルトン大学教授　㊼医療社会学　㊾米国　⑳2004／2008

チャンプリン, ビル　Champlin, Bill　グループ名＝シカゴ　キーボード奏者　㊾米国　㊤1947年5月21日　⑳2004

チャンポーリ, レラ・チェザーリ　Ciampoli, Lella Cesari　料理研究家　㊼現代トスカーナ料理　㊾イタリア　㊤1946年　⑳2004

チャンミン　Changmin　本名＝シムチャンミン　別名＝MAX　グループ名＝東方神起　歌手, 俳優　㊾韓国　㊤1988年2月18日　⑳2008／2012

チャン・リー, フローラ　本名＝張天愛　モデル, 実業家　㊾香港　㊤1961年　⑳2000

チャンレーム・スィリカムフー　Chanraem Sirikamfu　教育者　1パーツ学校校長　㊾タイ　⑳1996

チュー・ケンチュワン　朱 根全　日本音楽情報センター長　㊾中国　⑳1992（シュ・コンセン）／1996（シュ・コンゼン）／2012

チュ・サンミ　Chu, Sang-mi　女優　㊾韓国　㊤1973年5月9日　⑳2008／2012

チュ・ジフン　Ju, Ji-hoon　俳優　㊾韓国　㊤1982年5月16日　⑳2012

チュー, ジミー　Choo, Jimmy　靴デザイナー　㊾英国　㊤1954年　⑳2004／2008／2012

チュ・ジュンソク　秋 俊錫　韓国通商産業部次官補　㊾韓国　⑳2000

チュ・ジンモ　Joo, Jin-mo　本名＝パクジンテ　俳優　㊾韓国　㊤1974年8月11日　⑳2008／2012

チュー, スティーブン　Chu, Steven　物理学者　米国エネルギー長官　元・ローレンス・バークレー国立研究所所長, 元・スタンフォード大学教授　㊼気候変動　㊾米国　㊤1948年2月28日　⑳1996／2000／2008／2012

チュ・セヒュク　Joo, Se-hyuk　漢字名＝朱世赫　卓球選手　ロンドン五輪卓球男子団体銀メダリスト　㊾韓国　㊤1980年1月20日

チュ・ソンゴン　秋 性建　プロ野球選手（内野手）　㊾韓国　㊤1970年8月5日　⑳1996

チュ・ソンチュン　秋 成春　韓国文化放送（MBC）解説委員　㊾韓国　㊤1944年　⑳1996

チュ・ティエンシン　朱 天心　Chu, Tien-hsin　作家　㊾台湾　㊤1958年　⑳2004（シュ・テンシン）

チュー, ベン　Chiu, Ben　作家, パイロット　⑳2004

チュー・ホエイ　Choo, Hoey　指揮者　シンガポール交響楽団常任指揮者兼音楽監督　㊾シンガポール　㊤1934年10月20日　⑳1992

チュ・ミエ　秋 美愛　Chu, Mi-e　政治家, 弁護士　元・韓国国会議員（新千年民主党）　㊾韓国　㊤1958年10月23日　⑳2004

チュア, エイミー　Chua, Amy　法学者　エール大学ロースクール教授　㊼国際ビジネス法, グローバル化　㊾米国　㊤1962年　⑳2008／2012

チュア, ジェニー　ラッフルズホテル総支配人　㊾シンガポール　⑳1996

チュア・テック・ヒム　漢字名＝蔡特鑫　外交官　在日シンガポール大使館参事官（工業担当）　㊾シンガポール　⑳1992／1996

チュア, ナム・ハイ　Chua, Nam-hai　植物分子生物学者　ロックフェラー大学植物分子生物学教授　㊾シンガポール　㊤1944年4月8日　⑳2008／2012

チュアシリポーン, ジェニー　Chuasiriporn, Jenny　タイ名＝チュアシリポーン・ワナリー　プロゴルファー　㊾米国　㊤1977年7月9日　⑳2000

チュア・トク・リン　コンピュータ・アソシエイツ・CAアジア・シニア・バイス・プレジデント　㊾米国　㊤1953年10月　⑳2000

チュアン・リークパイ　Chuan Leekpai　中国名＝呂基文　政治家　元・タイ首相, 元・タイ民主党党首　㊾タイ　㊤1938年7月28日　⑳1996／2000／2004／2008／2012

チュイリエ, ジャン　Thuillier, Jean　筆名＝ブリアンス, ジャン　精神科医, 作家　㊼神経心理薬理学　㊾フランス　㊤1912年　⑳1996

チュイリエ, ピエール　Thuillier, Pierre　パリ第7大学　㊼認識論, 科学史　㊾フランス　⑳1992

チュウ, エミリー　Chu, Emily　中国名＝朱宝意　女優　㊾台湾　㊤1960年10月31日　⑳1992／1996

チュウ・ギトウ　仲 曦東　元・中国外務次官, 元・中国アフリカ友好協会会長　㊾中国　㊤1984年6月5日　⑳1992

チュウ・キハン　丑 紀範　気象学者　中国科学院大気研究所大気数値模擬開放研究室副主任　㊼数値天気予報の理論研究　㊾中国　㊤1934年　⑳1996

チュウ, ケン　Chu, Ken　中国名＝朱孝天　グループ名＝F4　歌手, 俳優　㊾台湾　㊤1979年1月15日　⑳2008／2012

チュウ・シュイ　朱 旭　Zhu, Xu　俳優　㊾中国　㊤1930年　⑳2000（シュ・キョク）／2004（シュ・キョク）／2008（シュ・キョク）／2012

チュウ・シンス　秋 信守　Choo, Shin-soo　大リーグ選手（外野手）　国韓国　生1982年7月13日　載2012

チュウ・タイスー　Chew, Tai Soo　外交官　駐日シンガポール大使、元・国連代表　国シンガポール　載2004

チュウ・チュン・セン　Chew, Choon Seng　実業家　シンガポール航空CEO、シンガポール政府投資公社（GIC）取締役　国シンガポール　載2012

チュウ, デービッド　Chu, David　ファッションデザイナー　ノーティカ社長　国米国　生1954年　載2000

チュウ・マン　仲 満　Zhong, Man　フェンシング選手（サーブル）　北京五輪フェンシング男子サーブル個人金メダリスト　国中国　生1983年2月28日　載2012

チュウ・モセイ　鈕 茂生　Niu, Mao-zhang　政治家　元・中国水利相　国中国　生1939年　載2000

チュオン・タン・サン　Truong Tan Sang　政治家　ベトナム国家主席（大統領）、ベトナム人民軍総司令官　国ベトナム　生1949年1月21日　載1996（チュン・タン・サン）／2000（チュン・タン・サン）／2004／2008／2012

チュオン・チン　Truong Chinh　旧名＝ダン・スアン・クー　漢字名＝長征　政治家　元・ベトナム国家評議会議長、元・ベトナム共産党書記長　国ベトナム　生1907年2月　没1988年9月30日　載1992

チュカリン, ヴィクトル　体操指導者　国ソ連　生1984年　載1992

チューキアット・ウタカバン　印刷会社経営　国タイ　載1992

チューキアット・サックウィーラクン　Chookiat Sakveerakul　英名＝マシュー　映画監督　国タイ　生1981年　載2012

チュグワネ, ジョサイア　Thugwane, Josia　マラソン選手　国南アフリカ　生1971年4月14日　載2000

チュコフスカヤ, リジヤ　Chukovskaya, Lidiya Korneevna　作家、文芸批評家　国ロシア　生1907年3月11日　没1996年2月7日　載1992

チュージナ, オリガ　Chudina, Olga　体操選手　国ソ連　生1971年7月12日　載1992

チュージン, セミョーン　Chudin, Semyon　バレエダンサー　ボリショイ・バレエ団プリンシパル　生1985年　載2012

チュース, ラッセ　Kjus, Lasse　スキー選手（アルペン）　国ノルウェー　生1971年1月14日　載1996／2000／2004／2008

チュソヴィチナ, オクサナ　Chusovitina, Oksana　体操選手　バルセロナ五輪体操女子団体総合金メダリスト　国ドイツ　生1975年6月19日　載2004／2008／2012

チューダー, アントニー　Tudor, Antony　舞踊家、振付師　元・アメリカン・バレエ・シアター（ABT）芸術監督　国モダンバレエ　国米国　生1908年4月4日　没1987年4月19日　載1992

チューター, デービッド　Chuter, David　国国防政策　国英国　載2004／2008

チューダー, デービッド　Tudor, David　ピアニスト、作曲家　元・ニューヨーク現代音楽学校教員、元・マース・カニンガム舞踊団音楽監督　国電子音楽　国米国　生1926年1月20日　没1996年8月13日　載1992

チュチャー, クラウス　Tschütscher, Klaus　政治家　リヒテンシュタイン首相　国リヒテンシュタイン　生1967年7月8日　載2012

チューチョ・デ・メヒコ　Chucho de Mexico　アルパ奏者　国メキシコ　載2000

チュツオーラ, エイモス　Tutuola, Amos　作家　国ナイジェリア　生1920年6月20日　没1997年6月8日　載1992／1996

チュート・ソンスィー　Cherd Songsri　映画監督　国タイ　没2006年5月20日　載1992（チャート・ソンスィー）／1996（チャート・ソンスィー）

チュバイス, アナトリー　Chubais, Anatolii Borisovich　実業家、政治家　ロシア統一エネルギー機構（UES）会長・CEO　元・ロシア第1副首相　国ロシア　生1955年6月16日　載1996／2000／2004／2008／2012

チューバク, サーデク　Chūbak, Sādeq　作家　国イラン　生1916年　載1992／1996

チュパック, シンディー　Chupack, Cindy　脚本家、テレビプロデューサー　載2008

チュービン, バリー　Chubin, Barry　作家　生1943年　載1996

チュー・フイ・マン　Chu Huy Man　政治家、軍人　元・ベトナム国家評議会副議長、元・ベトナム人民軍総政治部主任、元・ベトナム共産党政治局員　国ベトナム　生1913年　載1992

チュフォリニ, マルコ　Ciufolini, Marco A.　ライス大学化学科準教授　国有機化学　国米国　生1956年　載1996／2000

チュフライ, グリゴリー　Chukhrai, Grigorii Naumovich　映画監督　国ロシア　生1921年5月23日　没2001年10月28日　載1992

チュマチェンコ, アナ　Chumachenko, Ana　バイオリニスト　ミュンヘン音楽大学教授　載2012

チュミ, ベルナール　Tschumi, Bernard　建築家　コロンビア大学建築学部大学院学部長　国フランス　生1944年　載1992／1996／2000

チュムチャン・チャムニプラサート　ジャーナリスト　「カオソド」記者　国タイ　載2000

チュメオ, オドレー　Tcheumeo, Audrey　柔道選手　ロンドン五輪柔道女子78キロ級銅メダリスト　国フランス　生1990年4月20日

チュラフィッチ, ドブロスラヴ　Culafic, Dobroslav　政治家　ユーゴ内相　国ユーゴスラビア　生1926年　載1992

チュラポーン王女　Chulabhorn, Princess　チュラポーン研究所所長　プミポン・タイ国王の第三王女　国タイ　生1957年7月4日　載1992／1996／2000／2012

チューリナ, スヴェトラーナ　Tiourina, Svetlana　イラストレーター、ブックデザイナー　生1964年　載2004／2008

チュリュク, セルジュ　実業家　アルカテル・アルストム会長　国フランス　載1996

チュルキン, ヴィタリー　Churkin, Vitalii I.　外交官　駐ベルギー・ロシア大使　国ロシア　生1952年2月21日　載1992／1996

チュルシェ, ベルナール　Zurcher, Bernard　画廊経営者　国19世紀末および20世紀美術　国フランス　生1953年　載1992

チュルック, セルジュ　Tchuruk, Serge　実業家　トタール（Total）会長・CEO　国フランス　載1992（チュルグ, セルジュ）／1996

チュルバーノフ, ユーリー　Churbanov, Yurii Mikhailovich　元・ソ連第一内務次官　国ロシア　生1936年　載1992／1996

チュルヒャー, エーリク　Zürcher, Erich　元・ライデン大学教授　国中国学, 中国仏教　国オランダ　生1928年　載1996

チー・ユン　Chee Yun　韓国名＝金誌妍　バイオリニスト　国韓国　生1970年　載1996

チュン, ウェイ・ウェン　Chung, Wei-wen　中国名＝鍾蔚文　台湾国立政治大学コミュニケーション系大学院助教授　国コミュニケーション　国台湾　生1950年　載1992／1996

チュン, ジャッキー　Cheung, Jacky　中国名＝張学友　歌手、俳優　国香港　生1961年7月10日　載1996／2000／2008／2012

チュンポン・ナランリアン　Chumpol Nalamlieng　サイアム・セメント社長　国タイ　生1947年　載1996／2000

チュンマリ・サイニャソーン　Choummaly Sayasone　政治家　ラオス大統領、ラオス人民革命党書記長　国ラオス　生1936年3月6日　載2008／2012

チョ・インソン　Zo, In-sung　漢字名＝趙寅成　俳優　国韓国　生1981年7月28日　載2008／2012

チョ・インチュル　趙 麟徹　Cho, In-chul　柔道選手　国韓国　載2008

チョ・ウォンヒ　趙 源熙　Cho, Won-hee　サッカー選手（MF）　国韓国　生1983年4月17日　載2012

チョ・ウンジ　Cho, Eun-ji　女優　国韓国　生1981年2月10日　載2008／2012

チョ・ウンジョン　料理研究家、食空間演出家　京畿大学観光大学院食空間演出学科兼任教授　国韓国　載2008

チョ・ギョンファン　趙 卿煥　Cho, Kyung-hwan　俳優　国韓国　生1945年3月21日　没2012年10月13日　載1996（ジョ・キョンファン）

チョ・グォン　Jo, Kwon　グループ名＝2AM　歌手　国韓国

チョ・グンシク　Jo, Geun-shik　映画監督　国韓国　生1968年
没2008／2012

チョ・ケイテイ　褚 奎楨　杭州ビール副社長・総工程師　国中国
没2000

チョ・ケヒョン　趙 啓顕　元・プロ野球選手　国韓国　生1964年5月1日　没1996（ジョ・ケヒョン）

チョ・ジェジン　Cho, Jae-jin　サッカー選手（FW）　国韓国　生1981年7月9日　没2008／2012

チョ・ジェヒョン　Cho, Jea-hyun　俳優　国韓国　生1965年6月30日　没2008／2012

チョ・ジケン　褚 時健　実業家　元・玉渓紅塔グループ会長　国中国　生1928年　没1996／2000

チョ・ジョンネ　趙 廷来　Jo, Jung-rae　作家　国韓国　生1943年　没2000（チョウ・ジョンネ）

チョ・ジンギュ　Cho, Jin-gyu　漢字名＝趙珍奎　映画監督　国韓国　生1960年　没2008

チョ・スン　趙 淳　Cho, Sun　政治家　韓国民主国民党（民国党）代表最高委員，元・ハンナラ党総裁，元・ソウル市長　国韓国　生1928年2月1日　没1992（ジォ・スン）／1996（ジョ・スン）／2000（ジョ・スン）／2004（ジョ・スン）／2008（ジョ・スン）

チョ・スンウ　Cho, Seung-woo　漢字名＝曺承佑　俳優　国韓国　生1980年3月28日　没2008／2012

チョ・スンヒョン　趙 舜衡　Chough, Soon-hyung　政治家　韓国国会議員，韓国新千年民主党代表・常任中央議長　国韓国　生1935年3月10日　没2008（ジョ・スンヒョン）

チョ・スンヨン　「合格したけりゃ勉強するな！」の著者　生1981年　没2008

チョ・セヒョン　趙 世衡　Cho, Se-hyung　政治家　元・駐日韓国大使，元・韓国国会議員　国韓国　生1931年8月22日　没2009年6月17日　没1996（ジョ・セヒョン）／2004（ジョ・セヒョン）／2008（ジョ・セヒョン）

チョ・ソクレ　趙 錫来　Cho, Suck-rai　実業家　韓日経済協会会長，元・暁星グループ会長　国韓国　生1935年11月19日　没1992（ジォ・ソクネ）／1996（ジョ・ソクレ）／2000（ジョ・ソクレ）／2004（ジョ・ソクレ）／2008（ジョ・ソクレ）／2012

チョ・ソンウ　Cho, Sung-woo　漢字名＝趙成禹　作曲家，映画音楽監督　M&FC・CEO　国韓国　生1963年8月16日　没2004／2008／2012

チョ・ソンヒョン　Cho, Sun-hyung　漢字名＝趙先衡　俳優　国韓国　生1978年2月13日　没2008

チョ・ソンミン　趙 成珉　Cho, Sung-min　プロ野球選手　国韓国　生1973年4月5日　没2013年1月6日　没1996（ジョ・ソンミン）／2000（ジョ・ソンミン）／2004（ジョ・ソンミン）／2012

チョ・ソンヨン　趙 誠勇　外交官　元・在福岡韓国総領事　国韓国　没2004（ジョ・ソンヨン）／2008（ジョ・ソンヨン）

チョ・チフン　趙 治勲　棋士　囲碁9段　国韓国　生1956年6月20日　没2008（ジョ・チフン）

チョ・チャンイン　趙 昌仁　Cho, Chang-in　作家　国韓国　没2004（ジョ・チャンイン）／2012

チョ・チュンコン　趙 重建　Cho, Choong-kun　実業家　元・大韓航空（KAL）社長　国韓国　生1932年12月19日　没1992（ジォ・ジュンゴン）／1996（ジョ・ジュンゴン）

チョ・チュンフン　趙 重勲　Cho, Choong-hoon　実業家　元・韓進グループ会長，元・大韓航空（KAL）会長，元・韓国全国経済人連合会副会長　国韓国　生1920年2月11日　没2002年11月17日　没1992（ジォ・ジュンフン）／1996（ジョ・ジュンフン）／2000（ジョ・ジュンフン）

チョ・ドンイル　趙 東一　Cho, Dong-il　韓国文学者　ソウル大学校名誉教授　国韓国　生1939年　没2012

チョ・バク　趙 博　芸人　元・河合塾講師　国教育思想史　生1956年　没2004（ジョ・バク）

チョ・ハンギュ　趙 漢珪　韓国自然農業協会名誉会長　国韓国　生1935年　没2000（ジョ・ハンギュ）／2008（ジョ・ハンギュ）

チョ・ハンソン　Cho, Han-seon　俳優　国韓国　生1981年6月17日　没2008／2012

チョ・ヒュン　趙 顕　Cho, Hyun　韓国国際原子力機関（IAEA）大使，駐オーストリア大使　国韓国　没2012

チョ・ビョングク　曺 秉局　Cho, Byung-kuk　サッカー選手（DF）　国韓国　生1981年7月1日　没2004（ジョ・ビョンクック）／2008（ジョ・ビョンクック）

チョ・ヒョンジェ　Cho, hyun-jae　漢字名＝趙顕宰　俳優　国韓国　生1980年5月9日　没2008／2012

チョ・ビョンファ　趙 炳華　詩人　韓国芸術院会長，仁荷大学名誉教授　国韓国　生1921年5月2日　没1996（ジョ・ビョンファ）／2000（ジョ・ビョンファ）

チョ・ミョンチョル　趙 明哲　Cho, Myong-chol　経済学者　韓国統一教育院長　元・金日成総合大学経済学部教授　国韓国　生1959年　没2008（ジョ・ミョンチョル）／2012

チョ・ミョンロク　趙 明禄　Jo, Myong-rok　軍人　元・朝鮮労働党政治局常務委員，元・北朝鮮国防委員会第1副委員長，元・朝鮮人民軍次帥　国北朝鮮　生1930年　没2010年11月6日　没2000（ジョ・ミョンロク）／2004（ジョ・ミョンロク）／2008

チョ・ヤンホ　趙 亮鎬　実業家　大韓航空会長　国韓国　生1949年　没1996（ジョ・ヤンホ）／2000（ジョ・ヤンホ）／2004（ジョ・ヤンホ）／2008（ジョ・ヤンホ）

チョ・ヨンギ　趙 鏞基　牧師　純福音教会堂会長，純福音世界宣教会総裁　国韓国　生1936年2月14日　没1992（ジォ・ヨンギ）／1996（ジョ・ヨンギ）／2004（ジョ・ヨンギ）／2008（ジョ・ヨンギ）

チョ・ヨンチョル　曺 永哲　Cho, Young-cheol　サッカー選手（FW）　国韓国　生1989年5月31日　没2012

チョ・ヨンナム　趙 英男　歌手　国韓国　生1945年4月2日　没1996（ジョ・ヨンナム）／2008（ジョ・ヨンナム）

チョー・ヨンピル　Cho, Yong-pil　漢字名＝趙容弼　歌手　国韓国　生1950年3月21日　没1992／1996／2000／2008／2012

チョー・リージェイ　趙 利済　国際政治学者　北東アジア経済フォーラム議長　元・米国東西センター副総長・人口研究所所長　国米国　生1936年　没1992（チョウ・リサイ）／2004（チョウ・リサイ）／2008（チョウ・リサイ）

チョイ, クリスティン　Choy, Christine　映画監督　ニューヨーク大学映画科教授　国米国　生1952年9月17日　没1992／2000／2004

チョイ, シャーリーン　Choi, Charlene　グループ名＝ツインズ，中国名＝蔡卓妍　歌手　国香港　生1982年11月22日　没2008

チョイ, ジュン　Choi, Jun　デザイナー　没2004／2008

チョイ, デニス　Choi, Dennis W.　神経科学者，医師　ワシントン大学医学部神経科教授・神経系研究センター所長，バーンズ病院神経内科部長　国神経内科　国米国　没1996

チョイ, ハンス　Choi, Hans　バリトン歌手　韓国総合芸術大学教授　国韓国　没2004／2008

チョイ, ユンガエ　女性問題活動家　韓国性暴力救援センター所長　国韓国　没2004

チョイジルスレン, ルハムスレンギィーン　Chojzhilsuren, Lhamsurengijn　作家　国モンゴル　生1932年　没1992

チョウ・アイヘイ　張 愛萍　Zhang, Ai-ping　別名＝凱豊　政治家，軍人　元・中国副首相，元・中国国防相，元・中国共産党中央顧問委常務委員　国中国　生1910年7月　没2003年7月5日　没1992（チョウ・アイヒョウ）／1996／2000

チョウ・アイレイ　張 愛玲　Zhang, Ai-ling　本名＝Reyher,Eileen Chang　英語名＝チャン，アイリーン，筆名＝梁京　作家　生1921年　没1995年9月　没1996

チョウ・アブン　張 亜雯　Zhang, Ya-wen　バドミントン選手　北京五輪バドミントン女子ダブルス銅メダリスト　国中国　生1985年3月9日

チョウ・アンハク　趙 安博　Zhao, An-bo　政治家　元・中日友好協会顧問，元・中国共産党中央対外連絡部副秘書長　国中国　生1915年　没1999年12月23日　没1992／1996

チョウ・イ　張 煒　Zhang, Wei　元・天津市対外経済貿易委員会主任　国中国　没1992／1996

チョウ・イ 張 煒 Zhang, Wei 作家 山東省作家協会主席,龍口万松浦書院院長 ⓖ中国 ⓑ1956年 ⓡ2012

チョウ・イ 張 偉 日本文学研究家 大谷大学非常勤講師,同朋大学非常勤講師 ⓖ中国 ⓑ1956年 ⓡ2000

チョウ・イ 張 威 中国現代国際関係研究所東亜研究室経済研究責任者 ⓢアジア経済 ⓖ中国 ⓑ1961年 ⓡ1992／1996

チョウ・イ 趙 蔚 Zhao, Wei プリンストン大学東洋学部(中国学社)研究員 ⓢ中国の政治改革 ⓖ中国 ⓑ1954年 ⓡ1992／1996

チョウ・イケイ 張 維慶 Zhang, Wei-qing 政治家 中国国家人口計画出産委員会主任 元・中国共産党中央委員 ⓖ中国 ⓑ1944年3月 ⓡ2000／2008／2012

チョウ・イコク 張 偉国 民主化運動家 ⓖ中国 ⓑ1956年11月 ⓡ1996

チョウ・イシン 趙 維臣 Zhao, Wei-chen 中国連合通信公司会長 ⓖ中国 ⓑ1929年 ⓡ1996

チョウ・イッキュウ 張 一弓 作家 ⓖ中国 ⓑ1934年 ⓡ1992／1996

チョウ・イネイ 張 怡寧 Zhang, Yi-ning 卓球選手 アテネ五輪・北京五輪卓球女子シングルス金メダリスト ⓖ中国 ⓑ1981年10月5日 ⓡ2008／2012

チョウ・イン 張 茵 Zhang, Yin 別名＝チェンヤン 実業家 ナイン・ドラゴンズ・ペーパー会長 ⓖ中国 ⓑ1957年 ⓡ2008／2012

チョウ・ウ 張 栩 棋士 囲碁9段 ⓖ台湾 ⓑ1980年1月20日 ⓡ2004／2008

チョウ・ウンライ 趙 蕓蕾 Zhao, Yun-lei バドミントン選手 ロンドン五輪バドミントン女子ダブルス・混合ダブルス金メダリスト ⓖ中国 ⓑ1986年8月25日

チョウ・エイカ 張 英華 土木工学者 大連理工大学土木系助教授 ⓖ中国 ⓡ2008

チョウ・エイキ 張 栄貴 アニメーション作家,実業家,元・テレビディレクター スプリング・ハウス社長 ⓖ台湾 ⓡ2004／2008

チョウ・エイケツ 張 英傑 曲芸演技者 長春市曲芸団団長,吉林劇作家協会副主席 ⓖ中国 ⓑ1929年 ⓡ1996

チョウ・エイサン 趙 詠山 作曲家 中央民族楽団副団長,1級作曲家 ⓖ中国 ⓑ1938年 ⓡ1996

チョウ・エイセイ 張 穎清 生物学者 山東大学ホログラフィー生物学研究所所長,教授,国際ホログラフィー生物学会主席 ⓖ中国 ⓑ1947年 ⓡ1996

チョウ・エイトウ 趙 衛東 宝華貿易社長 ⓖ中国 ⓑ1945年 ⓡ1992

チョウ・エイハツ 張 栄発 Chang, Jung-fa 実業家 エバーグリーングループ総裁,張栄発基金会董事長,在台湾パナマ共和国大統領府国際商務顧問 ⓖ台湾 ⓑ1927年10月6日 ⓡ1992／1996／2000

チョウ・エイモ 張 栄茂 Zhang, Rong-mao 瀋陽市長 ⓖ中国 ⓡ1996

チョウ・エイワ 張 永和 建築家 北京大学教授 ⓖ中国 ⓑ1956年 ⓡ2008

チョウ・エツゼン 張 悦然 Zhang, Yue-ran 作家 ⓖ中国 ⓑ1982年11月 ⓡ2012

チョウ・エン 張 洹 Zhang, Huan パフォーマンス・アーティスト ⓖ中国 ⓑ1965年 ⓡ2000

チョウ・エンキョウ 趙 燕俠 京劇俳優 北京京劇院1団団長,北京劇作家協会副主席 ⓖ中国 ⓑ1928年 ⓡ1996

チョウ・オンレイ 張 蘊嶺 中国社会科学院アジア太平洋研究所所長・日本研究所所長 ⓢ国際関係,日米中関係 ⓖ中国 ⓡ2000／2004

チョウ・カアン 趙 華安 九州共立大学工学部教授 ⓢ電子工学 ⓖ中国 ⓑ1956年 ⓡ2008

チョウ・カイ 張 会 Zhang, Hui スピードスケート選手(ショートトラック) バンクーバー五輪スピードスケート・ショートトラック女子3000メートルリレー金メダリスト ⓖ中国 ⓑ1988年3月8日 ⓡ2012

チョウ・カイ 張 恢 画家 ⓢ水墨画 ⓖ中国 ⓑ1957年 ⓡ2000

チョウ・カイエン 張 海燕 深圳(しんせん)経済特区対外経済連絡代表事務所首席代表,深圳賽格集団公司駐日代表 ⓖ中国 ⓑ1945年 ⓡ1992／1996

チョウ・カイカ 趙 会華 元・パラシュート選手 中国パラシュートチーム・コーチ ⓖ中国 ⓑ1940年 ⓡ1996

チョウ・カイキ 趙 階琦 日本研究家 中国社会科学院日本研究所副所長 ⓖ中国 ⓑ1934年 ⓡ2000

チョウ・カイケイ 張 懐卿 Zhang, Huai-qing 張学良の妹 ⓖ中国 ⓓ1992年7月7日 ⓡ1996

チョウ・ガイシ 張 岱之 旧名＝張継寧 哲学者 西北大学学長,中国思想史研究所所長,全国史学会副会長 ⓢ中国思想史,中国哲学史 ⓖ中国 ⓑ1927年 ⓡ1996

チョウ・カイソン 張 開遜 工学者 北京機械工業自動化研究所研究員,中国発明家協会副会長 ⓢ情報科学,バイオテクノロジー ⓖ中国 ⓑ1939年 ⓡ1996

チョウ・カカ 張 嘉驊 実業家 台湾城オーナー ⓖ米国 ⓑ1954年 ⓡ1996

チョウ・カクエイ 張 幗英 中華全国婦女連合会執行委員会副主席,中国共産党広東省委員会副書記,中国共産党中央委員 ⓑ1935年 ⓡ1996

チョウ・ガクリョウ 張 学良 Chang, Hsueh-liang 字＝漢卿,号＝毅庵 軍人,政治家 元・中国東北大学校董会名誉主席 ⓖ台湾 ⓑ1901年6月3日 ⓓ2001年10月14日 ⓡ1992／1996／2000

チョウ・ガクロウ 張 学労 台湾交通部観光局長 ⓖ台湾 ⓡ2000

チョウ・カジュ 張 家樹 元・中国天主教司教団団長・教務委主任,元・中国人民政治協商会議全国委員会(全国政協)常務委員 ⓖ中国 ⓓ1988年2月25日 ⓡ1992

チョウ・カジュン 張 嘉洵 Zhang, Jia-xun 歌手 ⓖ中国 ⓑ1978年3月1日 ⓡ2004／2008

チョウ・カフ 張 稼夫 Chang, Chia-fu 歴史学者 元・中国科学院顧問 ⓖ中国 ⓓ1991年5月29日 ⓡ1992

チョウ・ガミン 趙 雅珉 ファッションデザイナー,元・女優 ⓖ中国 ⓑ1959年 ⓡ2000

チョウ・カユウ 趙 化勇 Zhao, Hua-yong 中国中央テレビ(電視台)台長 ⓖ中国 ⓑ1948年 ⓡ2004

チョウ・ガンゼン 張 雁全 Zhang, Yan-quan 飛び込み選手 ロンドン五輪男子シンクロナイズド高飛び込み金メダリスト ⓖ中国 ⓑ1994年6月13日

チョウ・カンヨウ 張 寛容 漢方医 東洋医学薬理研究所所長 ⓖ中国 ⓑ1951年 ⓡ1996

チョウ・カンリ 張 煥利 Zhang, Huan-li ジャーナリスト 新華社東京支局特派員 ⓖ中国 ⓑ1945年 ⓡ1996

チョウ・カンリン 張 漢林 中国対外経済貿易大学助教授 ⓢ国際貿易

チョウ・キ 張 毅 Zhang, Yi 国際証券金融市場調査部参事補 ⓢ金融論 ⓖ中国 ⓑ1963年 ⓡ2000

チョウ・キ 張 輝 テクノビジネスプロデューサー ⓡ2004

チョウ・キエイ 張 貴栄 軍人 元・中国人民解放軍チベット軍区司令員 ⓖ中国 ⓓ1984年1月15日 ⓡ1992

チョウ・キオウ 張 起旺 Zhang, Qi-wang 中国語学者 北京大学教授 ⓖ中国 ⓑ1938年 ⓡ2004

チョウ・キク 張 奇駒 Chang, Qi-ju 画家 東方美術研究会常務副会長,ヨーロッパ・中国経済文化交流センター顧問 ⓢ水墨画 ⓖ中国 ⓑ1945年 ⓡ1992／1996

チョウ・キコク 趙 其国 地壌学者 元・中国科学院南京土壌研究所所長 ⓢ土壌地理,土壌発生分類,土壌資源 ⓖ中国 ⓑ1930年 ⓡ1996／2000

チョウ・キッペイ 趙 吉平 医師 北京中医学院付属東直門医院針灸科講師・主治医 ⓢ針灸科 ⓖ中国 ⓑ1961年 ⓡ1996

チョウ・キヒン 趙 琦彬 映画プロデューサー,脚本家 ⓖ台湾 ⓑ1929年 ⓓ1992年3月21日 ⓡ1996

チョウ・キヘイ 趙 季平 作曲家 陝西省文芸劇院院長 ⓖ中国 ⓑ1945年 ⓡ1996

チョウ・キョウケイ 趙 京慧 北京体育大学国際部日本担当 ⓖ日

本語 ⑲中国 ㊌1957年11月27日 ㊟2000

チョウ・ギョクカン 張 玉環 貴州省人民代表大会常務委員会主任 ⑲中国 ㊌1922年 ㊟1996

チョウ・ギョクテツ 張 鈺哲 天文学者 元・中国天文学会理事長、元・南京紫金山天文台台長 ⑲中国 ㊌1902年 ㊣1986年7月21日 ㊟1992

チョウ・ギョクデン 張 玉田 遼寧大学歴史系教授 ㊙中国近世近代史 ⑲中国 ㊌1928年 ㊟1996

チョウ・ギョクホウ 張 玉鳳 毛沢東の生活秘書 ⑲中国 ㊌1944年 ㊟1996

チョウ・キンエン 張 鑫炎 映画監督 ⑲香港 ㊌1934年 ㊟1992 (チョウ・シンエン)

チョウ・キンシュン 張 錦春 動態幾何学者 ㊌1924年 ㊟1996

チョウ・グン 張 群 Chang, Chun 字=岳軍 政治家 元・台湾総統府資政 ⑲台湾 ㊌1889年5月9日 ㊣1990年12月14日 ㊟1992

チョウ・グン 張 軍 Zhang, Jun バドミントン選手 ⑲中国 ㊌1977年11月26日 ㊟2004／2008

チョウ・グン 趙 軍 Zhao, Jun 千葉商科大学教授 ㊙中国近現代史,日中関係史 ⑲中国 ㊌1953年 ㊟2000

チョウ・グンショウ 張 軍釗 映画監督 広西映画製作所所長 ㊌1952年 ㊟1996

チョウ・ケイ 張 荊 北京工業大学人文社会科学学院助教授 ⑲中国 ㊌1957年 ㊟2008

チョウ・ケイイク 張 京育 Chang, Ching-yu 元・台湾行政院大陸委員会主任委員,元・台湾政治大学校長 ㊙国際関係,国際政治 ⑲台湾 ㊌1937年4月27日 ㊟2000

チョウ・ケイカ 張 継科 Zhang, Ji-ke 卓球選手 ロンドン五輪卓球男子シングルス・団体金メダリスト ⑲中国 ㊌1988年2月16日 ㊟2012

チョウ・ケイケイ 趙 慶奎 元・重量挙げ選手 中国重量挙げチーム監督,中国重量挙げ協会副主席 ⑲中国 ㊌1936年 ㊟1996

チョウ・ケイコク 張 系国 作家 ⑲台湾 ㊌1944年 ㊟2012

チョウ・ケイシュン 張 慧春 在日中国大使館科学技術担当参事官 ⑲中国 ㊟1996

チョウ・ケイセイ 張 継正 Chang, Chi-cheng 元・台湾中央銀行総裁 ⑲台湾 ㊌1918年12月7日 ㊟1992／1996

チョウ・ケイセイ 張 継青 Zhang, Ji-qing 昆劇女優 ⑲中国 ㊌1938年 ㊟2000

チョウ・ケイセイ 趙 啓正 Zhao, Qi-zheng 原子物理学者 中国人民政治協商会議外事委員会主任,中国人民大新聞学院院長 元・中国国務院新聞弁公室主任,元・中国共産党中央委員 ⑲中国 ㊌1940年1月 ㊟2000／2004／2008／2012

チョウ・ケイフ 張 勁夫 Zhang, Jing-fu 政治家 元・中国共産党中央顧問委員会常務委員,元・中国財政相 ⑲中国 ㊌1914年 ㊟1992／1996

チョウ・ケイホウ 張 桂芳 実業家 台湾プラスチック取締役,日華協力委員会文化委員,中日文化経済協会文化委員・常務監査役 ⑲台湾 ㊌1911年 ㊟1996

チョウ・ケツ 張 潔 Zhang, Jie 作家 中国作家協会理事 ⑲中国 ㊌1937年4月27日 ㊟1992／1996

チョウ・ケツ 張 潔 旧名=張書宝, 張奇 作家 安徽省文学芸術界連合会作家,中国作家協会書記処書記,中華文学基金会副会長兼総幹事 ⑲中国 ㊌1933年 ㊟1996

チョウ・ケツブン 張 潔雯 Zhang, Jie-wen バドミントン選手 アテネ五輪バドミントン女子ダブルス金メダリスト ⑲中国 ㊌1981年1月4日 ㊟2008

チョウ・ケン 張 健 元・体操選手 中国体操チーム総監督 ⑲中国 ㊌1943年 ㊟1996

チョウ・ケン 張 健 Zhang, Jian 天津社会科学院日本研究所副所長 ㊙戦後日本史,日本外交史 ⑲中国 ㊌1956年 ㊟1996

チョウ・ゲン 張 元 Zhang, Yuan 映画監督 ⑲中国 ㊌1963年 ㊟1996／2000／2004／2008／2012

チョウ・ゲン 張 弦 Zhang, Xian 作家,脚本家 ⑲中国 ㊌1934年6月22日 ㊟1992／1996

チョウ・ケンカ 趙 剣華 中国バドミントン・チーム選手 ⑲中国 ㊌1965年 ㊟1996

チョウ・ケンケン 張 娟娟 Zhang, Juan-juan アーチェリー選手 北京五輪アーチェリー女子個人金メダリスト・団体銀メダリスト ⑲中国 ㊌1981年1月2日 ㊟2012

チョウ・ゲンゲン 張 元元 Zhang, Yuan-yuan 暨南大学経済学院教授,中国金融学会理事 ㊙経済学 ⑲中国 ㊌1926年 ㊟1996

チョウ・ケンセイ 張 憲生 Zhang, Xian-sheng 歴史学者 広東外国語外貿大学東方言語文化学院助教授 ㊙日本近世史,近世思想史 ⑲中国 ㊌1954年 ㊟2004

チョウ・ゲンネイ 張 彦寧 Zhang, Yan-ning 中国国務院経済貿易弁公室副主任 ⑲中国 ㊌1927年 ㊟1996

チョウ・ケンノウ 張 研農 Zhang, Yan-nong 人民日報社長 ⑲中国 ㊌1948年11月 ㊟2012

チョウ・ケンミン 趙 建民 復旦大学教授 ㊙日本史(中世・近世史),中日関係史 ⑲中国 ㊌1938年5月 ㊟1992／1996／2000

チョウ・ケンメイ 趙 賢明 Chao, Hsien-ming コラムニスト 台湾賢志文教基金会会長 ⑲台湾 ㊌1944年 ㊟1996

チョウ・ケンリョウ 張 賢亮 Zhang, Xian-liang 作家 中国作家協会理事,寧夏文学芸術連合会副主席 ⑲中国 ㊌1936年12月 ㊟1992／1996

チョウ・コウ 張 弘 テレビディレクター 上海電視台ディレクター ⑲中国 ㊟1996

チョウ・コウ 張 紅 Zhang, Hong 岡山大学法学部教授 ㊙アジア法 ⑲中国 ㊟2000

チョウ・コウ 張 虹 女優 江蘇省椰子劇団員 ㊙日中の古典芸能 ⑲中国 ㊌1963年 ㊟1996

チョウ・コウ 張 虹 スピードスケート選手 ソチ五輪スケート女子1000メートル金メダリスト ⑲中国

チョウ・コウ 張 昊 Zhang, Hao フィギュアスケート選手(ペア) トリノ五輪フィギュアスケート・ペア銀メダリスト ⑲中国 ㊌1984年7月6日 ㊟2012

チョウ・コウ 趙 珩 編集者 北京燕山出版社編集長 ⑲中国 ㊌1948年 ㊟2008

チョウ・コウイ 張 宏偉 実業家 東方企業集団総裁 ⑲中国 ㊌1954年 ㊟1996／2004

チョウ・コウイ 趙 宏偉 Zhao, Hong-wei 法政大学キャリアデザイン学部教授 ㊙中国政治体制論 ⑲中国 ㊌1954年 ㊟2004

チョウ・コウエツ 張 洪鉞 航空学者 北京航空学院教授 ⑲中国 ㊌1936年 ㊟1996

チョウ・コウカ 張 香華 詩人 「草根詩刊」編集主幹 ⑲台湾 ㊟1996

チョウ・コウコウ 張 抗抗 作家 黒龍江省作家協会専任作家 ⑲中国 ㊌1950年 ㊟1996

チョウ・コウザン 張 香山 Zhang, Xiang-shan 別名=張春高 外交官 元・中日友好協会副会長,元・中国国際交流協会副会長 ⑲中国 ㊌1914年10月10日 ㊣2009年10月10日 ㊟1992／1996／2000／2004／2008

チョウ・コウジャク 張 皓若 元・中国国内貿易相 ⑲中国 ㊌1932年 ㊟1996／2000

チョウ・コウセイ 張 興盛 Zhang, Xin-sheng 経営学者 ㊙経営管理 ⑲中国 ㊟2004

チョウ・コウハク 趙 宏博 Zhao, Hong-bo 元・フィギュアスケート選手(ペア) バンクーバー五輪フィギュアスケート・ペア金メダリスト ⑲中国 ㊌1973年9月22日 ㊟2012

チョウ・コウブ 張 宏武 経済学者 ⑲中国 ㊌1955年 ㊟2008

チョウ・コウホ 張 宏堡 気功師 中華養生益智功創始者 ⑲中国 ㊌1954年1月5日 ㊟2004／2008

チョウ・コウレイ 張 高麗 Zhang, Gao-li 政治家 中国副首相,中国共産党政治局常務委員,天津市党委書記 ⑲中国 ㊌1946年11月 ㊟2000／2004／2008／2012

チョウ・ゴガク 張 吾楽 甘粛省省長 ⑲中国 ㊌1937年 ㊟1996

チョウ・コクキ 張 克輝 政治家 中国台湾民主自治同盟中央主席団主席 ⑲中国 ㊌1928年 ㊟2000

チョウ・コクシン　趙 国臣　Zhao, Cuo-chen　軍人　元・中国人民解放軍海軍参謀長　国中国　生1935年10月　没1994年9月27日
収1996

チョウ・コクセイ　張 国政　Zhang, Guo-zheng　重量挙げ選手　国中国　生1974年9月17日　収2008

チョウ・ゴジョウ　張 五常　経済学者　香港大学教授・経済学部長　中国の経済改革問題　国香港　生1935年　収1996

チョウ・サイリョウ　張 再良　中医師　上海中医薬大学基礎医学学院教授　中医基礎理論,中医古典の教学　国中国　収2008

チョウ・サキ　張 左己　Zhang, Zuo-ji　政治家　中国労働社会保障相　国中国　収2000／2004

チョウ・サク　張 錯　詩人　国台湾　生1943年　収2012

チョウ・サリョウ　張 佐良　医師　国中国　生1932年　収2000

チョウ・サン　張 山　中国武術研究院副院長　国中国　生1937年　収1996

チョウ・サンコウ　張 燦鍙　政治家　台湾独立建国聯盟総本部主席,台湾建国委員会委員長,台湾民主進歩党顧問　国台湾　生1936年　収1992／1996

チョウ・シ　張 之　記者　中央人民放送局文芸体育部業務指導員,全国体育記者協会副主席　国中国　生1930年　収1996

チョウ, ジェイ　Chou, Jay　中国名=周杰倫　歌手,俳優　国台湾　生1979年1月18日　収2008／2012

チョウ・シクン　張 士勲　広州大学学長,中国民主同盟中央委員　熱処理化学　国中国　生1936年　収1996

チョウ・シグン　張 志軍　Zhang, Zhi-jun　中国筆頭外務次官　国中国　生1953年2月　収2012

チョウ・シケイ　張 思卿　中国最高人民検察院検察長　国中国　生1932年　収1996

チョウ・シコウ　趙 志浩　中国共産党山東省委員会書記,中国共産党中央委員　国中国　生1931年　収1996

チョウ・シショウ　張 志祥　気功師　中国元極学研究会会長,元極学無字真教代人　国中国　生1943年12月　収1996

チョウ・シシン　張 紫晨　旧名=張紫臣,林一白　民俗学者　元・北京師範大学教授,元・中国民俗学会副理事長兼秘書長,元・北京市民間文芸家協会主席　国中国　生1929年　没1992年　収1996

チョウ・シゼン　張 四全　京劇俳優　北京美猴王京劇芸術団団長　国中国　生1949年1月　収1996

チョウ・シミン　張 思民　実業家　海王集団創業者　国中国　収2004／2008

チョウ・シユウ　張 志雄　経済ジャーナリスト,経済アナリスト　『VALUE：価値』編集長　収2008

チョウ・ジュウ　趙 戎　本名=趙大成　別名=以多,趙心,芸窓　作家　国シンガポール　生1920年3月　収1992

チョウ・シュウコウ　張 秀紅　上海雑技団パンダ調教師　国中国　生1964年　収1992

チョウ・シュウフ　張 秀夫　中国司法省次官　国中国　生1934年　収1996

チョウ・シュクエイ　張 叔英　中国科学院東海研究基地研究員,中国人民政治協商会議全国委員会委員,上海市委員会副秘書長　国中国　生1938年　収1996

チョウ・ジュケイ　張 樹después　電子工学者　北方交通大学学長,中国鉄道企業管理協会副会長　通信システム分析　国中国　生1933年　収1996

チョウ・ジュデン　張 樹田　Zhang, Shu-tian　軍人　元・中国人民武装警察部隊総部政治委員　国中国　収2000

チョウ・シュハク　趙 守博　Chao, Shou-po　台湾省主席　国台湾　生1942年　収1996／2000

チョウ・シュンキョウ　張 春橋　Zhang, Chun-qiao　政治家　元・中国副首相,元・中国共産党政治局常務委員　国中国　生1917年　没2005年4月21日　収1992／1996／2000

チョウ・シュンゲン　張 俊彦　物理学者　交通大学名誉教授　電子工学　国台湾　生1937年　収2008／2012

チョウ・シュンコウ　張 俊宏　Chang, Chun-hung　政治家,評論家　台湾立法委員(民進党),台湾民主進歩党秘書長　国台湾　生1938年

5月　収1992／1996／2000

チョウ・シュンショウ　張 春祥　俳優　新潮劇院主宰　国中国　生1960年7月18日　収2000／2004／2008／2012

チョウ・シュンダン　張 春男　中国人民政治協商会議全国委員会常務委員　国中国　生1941年　収2000

チョウ・シュンユウ　張 俊雄　Chang, Chun-hsiung　政治家,元・弁護士　元・台湾行政院長(首相),元・民進党秘書長　国台湾　生1938年3月23日　収2004／2008／2012

チョウ・ショウ　張 晶　中国科学技術協会中国管理科学研究センター研究員,中国科学技術講学団教授　国中国　生1942年　収1996／2000

チョウ・ショウ　趙 紫陽　Zhao, Zi-yang　政治家　元・中国共産党総書記・政治局常務委員,元・中国首相　国中国　生1919年10月17日　没2005年1月17日　収1992／1996／2000／2004

チョウ・ショウカイ　張 紹槐　石油学者　西南石油学院院長　石油掘削　国中国　生1931年　収1996

チョウ・ショウキン　趙 鍾鑫　外交官　元・在札幌中国総領事　国中国　収1992／1996

チョウ・ショウグ　張 小虞　中国自動車工業総公司企画局長　国中国　収1996

チョウ・ショウコウ　趙 少康　Chao, Shao-kang　政治家　元・台湾立法委員,元・台湾行政院環境保護署長　国台湾　生1950年11月16日　収1992／1996

チョウ・ショウシ　張 承志　Zhang, Cheng-zhi　歴史家,作家　西北少数民族史　国中国　生1948年　収1992／1996／2000／2012

チョウ・ショウショウ　張 湘祥　Zhang, Xiang-xiang　重量挙げ選手　北京五輪重量挙げ男子62キロ級金メダリスト　国中国　生1983年7月16日　収2012

チョウ・ショウテン　張 笑天　筆名=紀華,厳東華,紀延華　脚本家,作家　長春映画製作所副所長　国中国　生1939年　収1996

チョウ・ショウヘイ　張 小平　Zhang, Xiao-ping　ボクシング選手　北京五輪ボクシング・ライトヘビー級金メダリスト　国中国　生1982年4月1日　収2012

チョウ・ショウリン　張 燮林　元・卓球選手　中国国家女子卓球チーム総監督,中国卓球協会副主席　国中国　生1940年　収1996

チョウ・シン　張 震　Zhang, Zhen　軍人　中国国家中央軍事委員会副主席　国中国　生1914年　収1996／2000

チョウ・シン　趙 新　作家　国中国　生1939年(？)　収1992

チョウ・シンキン　張 辛欣　Zhang, Xin-xin　作家,演出家　北京人民芸術劇場演出家　国中国　生1953年10月4日　収1992／1996

チョウ・シンセン　趙 新先　実業家　三九医薬股份有限公司理事長　国中国　生1941年4月　収2004

チョウ・シンハン　張 晋藩　法学者　中国政法大学副学長兼研究生院院長,中国法制史研究会会長,中国法律学会副会長　中国法律史　国中国　生1930年　収1996

チョウ・シンフ　張 申府　元・中国人民政治協商会議全国委員会(全国政協)委員,元・中国農工民主党顧問　国中国　没1986年6月20日　収1992

チョウ・ズイビン　張 瑞敏　Zhang, Rui-min　実業家　海爾集団(ハイアールグループ)CEO　国中国　生1949年1月5日　収2004／2008／2012

チョウ・セイ　趙 菁　Zhao, Jing　水泳選手(背泳ぎ)　競泳女子50メートル背泳ぎ世界記録保持者　国中国　生1990年12月31日

チョウ・セイウン　趙 青雲　考古学者　国中国　生1932年　収2008

チョウ・セイカ　張 青華　弁護士　関東学院大学非常勤講師　国中国　収2000

チョウ・セイギョウ　張 世堯　中国商業省次官　国中国　生1932年　収1996

チョウ・セイケン　張 星賢　陸上選手　国台湾　生1989年3月14日　収1992

チョウ・セイケン　張 静賢　Zhang, Jing-xian　北京語言文化大学漢語学院教授　中国語教育,現代漢字　国中国　生1936年　収2000

チョウ・セイメイ　張 世明　挿絵画家　上海少年児童出版社美術編集室員　国中国　生1939年　収1992／1996

チョウ・セキザン 張 石山 作家 国中国 生1949年(？) 典1992

チョウ・ゼンケイ 張 全景 中国共産党建設工作指導小組副組長 国中国 生1931年 典2000

チョウ・センジュン 趙 先順 Zhao, Xian-shun 軍人 元・中国人民解放軍蘭州軍区司令官,元・中将,元・中国共産党中央委員 国中国 生1924年 没2002年2月2日 典1996

チョウ・ゼンショウ 趙 全勝 Zhao, Quan-sheng アメリカン大学国際関係学部教授,ハーバード大学フェアバンク東アジアセンター研究員 国際関係学,比較政治学 国米国 生1949年 典2000/2008

チョウ・ソウコウ 趙 宋光 音楽家 中国星海音楽学院院長,中国律学会会長 国中国 生1931年 典1996

チョウ・ゾウゾウ 張 蔵蔵 本名=張小波 作家,ブック・プロデューサー 国中国 生1964年 典2000/2012

チョウ・ソクン 張 祖勲 武漢測量・製図技術大学副学長 国中国 生1937年 典1996

チョウ・ソンファン 趙 晟桓 Cho, Sung-hwan サッカー選手 (DF) 国韓国 生1982年4月9日 典2012

チョウ・タイコウ 張 太恒 軍人 中将 元・中国人民解放軍済南軍区司令官 国中国 生1931年 典2000

チョウ・タイセン 張 大千 Zhang, Da-qian 本名=張正権 別名=張爰,張季,字=大千,大千居士 画家 国台湾 生1899年5月10日 没1983年4月2日 典1992

チョウ・タイネイ 張 大寧 漢方医 天津市中医医院老年病科主任,天津市医薬局顧問,天津市青年連合会副主席 国中国 生1944年 典1996

チョウ・タイメイ 張 大銘 軍事専門家 中国の軍事問題 国香港 生1965年 典1996/2000

チョウ・タク 張 琢 中国社会科学院社会学研究所研究員 文化史,社会学 国中国 生1940年 典1992

チョウ・タクゲン 張 卓元 経済学者 中国社会科学院経済研究所所長 国中国 生1933年 典1996/2000

チョウ・タクホウ 張 沢鵬 Chang, Tse-peng プロゴルファー 国台湾 生1970年7月22日 典2000

チョウ・タツエイ 張 達栄 実業家 香港日本文化協会主席 国香港 生1937年11月14日 典1996/2004/2008

チョウ・タン 張 丹 Zhang, Dan 元・フィギュアスケート選手(ペア) トリノ五輪フィギュアスケート・ペア銀メダリスト 国中国 生1985年10月4日 典2012

チョウ・ダンキン 張 暖忻 Zhang, Nuan-xin 映画監督 国中国 生1940年 没1995年5月 典1996

チョウ・チ 張 弛 水墨画家 上海師範大学副教授,上海大学美術学院客員講師,上海交通大学中国芸術研究所客員研究員,日本炭水会中国画研究室講師 国中国 生1957年 典2000

チョウ・チコク 張 治国 元・中国国際航空公司日本総支配人 国中国 生1955年 典1996

チョウ・チュウケツ 張 忠杰 中国人強制連行の記録者 国中国 典2004

チョウ・チュウケン 趙 忠賢 低温物理学者 中国科学院物理研究所研究員,中国科学院数学物理学部学部委員,国家超電導連合研究所開発センター副主任 国中国 生1941年 典1996

チョウ・チュウジツ 張 仲実 翻訳家 国中国 生1903年 没1987年2月13日 典1992

チョウ・チュウセン 張 仲先 軍人 中国人民解放軍広州軍区政治委員,中将 元・中国共産党中央委員 国中国 生1926年 典1996

チョウ・チュウバイ 張 忠培 考古学者 故宮博物院院長 国中国 生1934年 典1996

チョウ・チュウボウ 張 忠謀 英語名=チャン,モリス 実業家 台湾積体電路製造(TSMC)会長・CEO 国台湾 生1931年7月 典2000/2004/2008/2012

チョウ・チュウレイ 張 仲礼 Zhang, Zhong-li 上海社会科学院長 国中国 生1911年 典2000

チョウ・チョウエイ 張 超英 Chang, Chao-ying 元・台北駐日経済文化代表処新聞広報部長 国台湾 生1933年2月17日 没2007年3月7日 典2000

チョウ・チョウカン 張 澄寰 書家,詩人 中華書学会顧問,黄河民間芸術研究会会長,中国作家協会会員 郭沫若研究 国中国 生1938年 典1992

チョウ・チョウクン 趙 朝勲 遼寧省岫岩満族自治県文化館館長,中国民間美術家学会遼寧分会理事 国中国 生1934年 典2004/2008

チョウ・チョウコウ 趙 超構 Zhao, Chao-gou 筆名=林放 元・新民晩報社社長 国中国 生1910年 没1992年2月12日 典1996

チョウ・チョウテン 趙 長天 作家 「萌芽」編集長 国中国 生1947年 典2000

チョウ・チョウヘイ 張 長平 Zhang, Chang-ping 名古屋産業大学教授 地理情報システム,計量地理学 国中国 生1949年 典2004

チョウ・チョウヨウ 張 朝陽 Zhang, Zhao-yang 実業家 捜狐公司会長・CEO 国中国 生1964年 典2004/2008

チョウ・チョウリュウ 張 兆竜 「中国電影年鑑」編集長,台湾(台湾・香港)映画研究会理事 国中国 生1940年8月8日 典1996

チョウ・チン Zhao, Jing 漢字名=趙静 チェロ奏者 国中国 生1978年10月20日 典2004(趙 静 チョウ・セイ)/2008(趙 静 チョウ・セイ)/2012

チョウ・テイハツ 張 廷発 Zhang, Ting-fa 政治家,軍人 元・中国共産党政治局員,元・中国空軍司令官 国中国 生1918年 典1992

チョウ・テツセイ 張 鉄生 Zhang, Tie-sheng 白紙答案を出した文化大革命期の元"英雄" 国中国 生1950年 典1996

チョウ・テンヨク 張 天翼 Zhang, Tian-yi 本名=張元定 筆名=鉄池翰,張無諄,号=一之 作家,児童文学作家 国中国 生1906年9月10日 没1985年4月28日 典1992

チョウ・トウエン 趙 東宛 元・中国人事相,元・中国共産党中央委員 国中国 生1926年 典1996/2000

チョウ・トウクン 張 東君 作家,翻訳家 「小牛頓」海外特派員 国台湾 典2004

チョウ・トウジ 張 涛之 本名=張涛 中国新聞史学会副秘書長・教授 中国新聞史 国中国 生1943年 典2000

チョウ・トクエイ 張 徳英 元・卓球選手 国中国 生1953年 典1996

チョウ・トクコウ 張 徳江 Zhang, De-jiang 政治家 中国全国人民代表大会(全人代)常務委員長,中国共産党政治局常務委員,重慶市党委書記 元・中国副首相 国中国 生1946年11月 典2000/2008/2012

チョウ・トクスイ 張 徳水 元・台湾行政院国際経済合作委員会専門委員 国台湾 生1920年 典1996

チョウ・トクリン 張 徳鄰 政治家 重慶市共産党市委員会書記 国中国 典2000

チョウ・ドンユィ Zhou, Dong-yu 漢字名=周冬雨 女優 国中国 生1992年 典2012

チョウ・ナ 張 娜 Zhang, Na プロゴルファー 国中国 生1981年12月4日 典2008/2012

チョウ・ナン 張 南 Zhang, Nan 広島修道大学経済学部教授 統計学,経済統計学 国中国 生1953年10月21日 典2008

チョウ・ナン 張 楠 Zhang, Nan 雲南省大理白族自治州博物館館長 国中国 生1938年 典2000

チョウ・ナン 張 楠 Zhang, Nan バドミントン選手 ロンドン五輪バドミントン混合ダブルス金メダリスト 国中国 生1990年3月1日

チョウ・ナン 趙 南 民主化運動家 民主中国陣線日本支部主席 国中国 生1950年 典1996

チョウ・ナンキ 趙 南起 Zhao, Nan-qi 軍人 全国政協常務委副主席 元・中国人民解放軍総後勤部長 国中国 生1926年4月15日 典1992/1996/2000/2004/2008

チョウ・ニッショウ 張 日昇 北京師範大学発展心理研究所副教授 心理学 国中国 生1962年 典1996

チョウ・ネイ 張 寧 Zhang, Ning バドミントン選手 アテネ五輪・北京五輪バドミントン女子シングルス金メダリスト 国中国

チョウ・ネイセイ 張 寧生 Zhang, Ning-sheng 遼寧師範大学特殊教育学科教授,中国教育学会特殊教育研究会理事 ⑱障害児教育 ⑲中国 ㊂1937年12月19日 ㊕2000

チョウ・バイジン 張 培仁 英語名=チャン,ランディ 音楽プロデューサー 魔岩文化(マジック・ストーン)代表 ⑲台湾 ㊂1962年 ㊕1996

チョウ・バイトク 刁 培德 編集者 学苑出版社副編集長,九三学社中央研究室主任 ⑲中国 ㊂1942年 ㊕1996

チョウ・ハクエイ 張 柏栄 天文学者 中国科学院昆明分院副院長,中国天文学会副理事長 ⑱太陽物理観察 ⑲中国 ㊂1938年 ㊕1996

チョウ・ハクトツ 張 伯訥 漢方学者 上海中医学院副院長,『中医年鑑』編集主幹,中国衛生省薬品審査委員会漢方薬組副組長 ⑲中国 ㊂1929年 ㊕1996

チョウ・ハクリュウ 張 伯笠 学生運動家,作家 元・民主大学学長 ⑲中国 ㊂1957年 ㊕1996

チョウ・ヒ 趙 非 Zhao, Fei ソプラノ歌手 ⑲中国 ㊂1963年 ㊕2004／2008

チョウ,ビック Chou, Vic 中国名=周渝民,愛称=仔仔 グループ名=F4 歌手,俳優 ⑲台湾 ㊂1981年6月9日 ㊕2008／2012

チョウ,ビビアン Chow, Vivian 中国名=周慧敏 歌手,女優 ⑲香港 ㊂1967年11月20日 ㊕1996／2000

チョウ・ビフン 張 美芬 Zhang, Mei-fen 編集者 中国出版科学研究所外国出版研究中心主任 ⑲中国 ㊂1935年 ㊕1992／1996

チョウ・ビンギ 張 敏儀 外交官 駐東京香港経済貿易代表部主席代表 ⑲香港 ㊂1946年12月24日 ㊕2000／2004／2008

チョウ・ビンソウ 張 敏聡 英語名=チャン,ロバート 日本エイ・ディー・アイ社長 ⑲台湾 ㊕2000

チョウ・フウハ 張 風波 Zhang, Feng-bo 経済学者 中国国務院経済発展研究センター高級研究員,ハーバード大学研究員 ⑲中国 ㊂1957年 ㊕1996

チョウ・フクザイ 張 福財 本名:矮仔財 俳優 ⑲台湾 ㊂1916年 ㊣1992年6月20日 ㊕1996

チョウ・フクサン 趙 復三 Zhao, Fu-san 元・中国社会科学院副院長 ⑲中国 ㊕1992／1996

チョウ・フセイ 張 富生 ジャーナリスト 北京放送東京支局長 ⑲中国 ㊕1992／1996

チョウ・フドウ 張 富堂 広東省経済特区弁公室主任 ⑲中国 ㊂1946年 ㊕1992

チョウ・フリン 趙 富林 Zao, Fu-lin 政治家 中国共産党広西チワン族自治区人代常務委員会主任 ⑲中国 ㊂1932年7月 ㊕1996／2000／2004

チョウ・ブンコウ 張 文康 Zhang, Wen-kang 政治家 中国衛生相 ⑲中国 ㊕2000／2004

チョウ・ブンシュウ 張 文宗 プロ野球選手(内野手・外野手) ⑲台湾 ㊕2004

チョウ・ブント 趙 文斗 国際ジャーナリスト 中国経済日報東京支局長 ⑲中国 ㊂1944年 ㊕1992／1996

チョウ・ブントウ 張 文東 棋士 囲碁9段 ⑲中国 ㊂1969年5月5日 ㊕1996

チョウ・ブンフ 趙 文斌 考古学者 ⑲中国 ㊂1970年 ㊕2008

チョウ・ブンユウ 張 文裕 地質学者 ⑲中国 ㊂1985年2月12日 ㊣1992

チョウ・ブンユウ 張 文裕 Zhang, Wen-yu 核物理学者 元・中国高エネルギー物理学会名誉理事長,元・中国科学院高エネルギー物理研究所長 ㊂1910年 ㊣1992年11月5日 ㊕1996

チョウ・ヘイ 張 平 作家 山西省副省長 ⑲中国 ㊂1954年 ㊕2008／2012

チョウ・ヘイ 張 平 実業家 チャイナデイリー・ドット・コム・シーエヌ社長 ⑲中国 ㊕2008

チョウ・ヘイ 趙 平 中国文学芸術界連合会対外連絡部幹部 ⑲中国 ㊂1958年10月10日 ㊕1996

チョウ・ヘイコウ 張 炳煌 書家 中華民国書学会会長,淡江大学教授 ⑲台湾 ㊂1949年 ㊕2012

チョウ・ヘイシ 趙 秉志 Zhao, Bing-zhi 中国人民大学法学院教授 ⑱法学 ⑲中国 ㊂1956年 ㊕2000

チョウ・ヘイショウ 張 平沼 Chang, Ping-chao 台湾海峡両岸商務協調会会長,台湾中国国民党中委政策会財政委員会副委員長 ⑲台湾 ㊂1939年5月24日 ㊕1996

チョウ・ヘイナン 趙 炳南 漢方医 ⑱皮膚外科 ⑲中国 ㊣1984年7月6日 ㊕1992

チョウ・ヘキエイ 張 碧英 上海中医学院副教授 ⑱中国針灸学 ⑲中国 ㊂1955年 ㊕1996

チョウ・ホ 張 歩 中国画家 河山画会会長 ⑲中国 ㊂1934年 ㊕1996

チョウ・ホウキ 張 豊毅 映画俳優 ⑲中国 ㊂1956年 ㊕2000

チョウ・ホウジュン 張 宝順 政治家 中国共産党中央委員,山西省党委書記 元・中国青年連合会主席 ⑲中国 ㊂1950年 ㊕2008

チョウ・ホウショ 張 豊緒 Chang, Feng-hsu 中華台北オリンピック委員会主席,台湾大統領府国策顧問,台湾自然生態保護学会理事長 ⑲台湾 ㊂1928年8月5日 ㊕1996

チョウ・ホウショウ 張 宝勝 超能力者 ⑲中国 ㊂1957年 ㊕1996

チョウ・ホウタイ 趙 鵬大 地質学者 武漢地質幹部管理学院院長,中国国務院学位委員会学科評議組メンバー ⑲中国 ㊂1931年 ㊕1996

チョウ・ホウチ 趙 宝智 Zhao, Bao-zhi 在日中国大使館文化担当参事官 ⑲中国 ㊂1945年 ㊕1996

チョウ・ホウヒン 趙 鳳彬 経済学者 元・筑紫女学園大学文学部教授 ⑱東アジア経済論,理論経済学,世界経済論 ⑲中国 ㊂1932年 ㊕1996／2004／2008

チョウ・ボクショ 趙 樸初 Zhao, Pu-chu 仏教家,書家,詩人 元・中国仏教協会会長,元・中国人民政治協商会議全国委員会(全国政協)副主席 ⑲中国 ㊂1907年11月5日 ㊣2000年5月21日 ㊕1992／1996

チョウ・ボツコウ 張 勃興 陝西省人代常務委員会主任,中国共産党中央委員 ⑲中国

チョウ・ホンジン 張 本仁 地質学者 中国地質大学地球化学研究所所長 ⑱地球化学 ⑲中国 ㊂1929年 ㊕1996

チョウ・マンキン 張 万欣 Zhang, Wan-xin 中国国務院経済技術社会発展研究センター副総幹事 ⑲中国 ㊂1930年 ㊕1996

チョウ・マンネン 張 万年 Zhang, Wan-nian 軍人 中国人民解放軍総参謀長,中国共産党中央軍事委員会副主席,中国国家中央軍事委員会副主席 ⑲中国 ㊂1928年6月 ㊕1996／2000

チョウ・メイコク 張 明国 Zhang, Ming-guo 大連遼寧師範大学講師 ⑱科学技術史 ⑲中国 ㊂1963年 ㊕1996

チョウ・メイトウ 張 明島 上海第二医科大学助教授,上海精神衛生中心副所長 ⑱精神心理学 ⑲中国

チョウ・メイブ 張 明武 Zhang, Ming-wu 気功医 ⑱セルフコントロール気功 ⑲中国 ㊂1920年 ㊕1996

チョウ・モケイ 張 茂桂 台湾中央研究院民族学研究所副研究員 ⑲台湾 ㊂1953年 ㊕1996

チョウ・モシン 張 茂森 Chang, Miki ジャーナリスト 「台湾日報」駐日特派員 ⑲台湾 ㊂1948年 ㊕1992／1996

チョウ・ユウギョ 張 友漁 Zhang, You-yu 本名=張象鼎 字=友彝,筆名=憂夷,有儀,悠然,友愚,若愚,香汀 法律学者,政治学者 元・中国政治学会会長 ⑲中国 ㊂1899年1月10日 ㊣1992年2月26日 ㊕1996

チョウ・ユウシュン 張 有儁 天津中医学院副教授,「天津中医学院学報」副主編 ⑱漢方医学 ⑲中国 ㊂1940年 ㊕1996

チョウ・ユンファ Chow, Yuen-fat 漢字名=周潤発 俳優 ⑲香港 ㊂1955年5月18日 ㊕1992／1996／2000／2004／2008／2012

チョウ・ヨウシ 張 耀祠 Zhang, Yao-ci 軍人 元・中国中央警備団団長,元・中国共産党中央弁公庁副主任 ⑲中国 ㊂1916年 ㊣2010年10月30日

チョウ・ヨウシュウ 張 耀宗 映画編集者 ⑲香港 ㊂1945年4月2日 ㊕1996／2000

チョウ・ヨウトウ　趙 耀東　Chao, Yao-tung　元・台湾経済部長　国台湾　生1915年9月29日　没1992／1996

チョウ・ヨウホウ　張 蓉芳　元・バレーボール選手・監督　中国国家体育委員会訓練局副局長　国中国　生1957年　没1996

チョウ・ラクヘイ　張 楽平　Zhang, Le-ping　漫画家　国中国　生1909年　没1992年9月27日　没1996

チョウ・リツ　張 立　元・卓球選手　中国卓球チーム・コーチ　国中国　生1951年　没1992／1996

チョウ・リッショウ　張 立昌　Zhang, Li-chang　政治家　元・中国共産党政治局員,元・天津市党委書記　国中国　生1939年6月　没2008年1月10日　没1996／2000／2008

チョウ・リョウ　張 良　旧名＝張慶鋳　映画監督,俳優　珠江映画製作所芸術委員会主任　国中国　生1933年　没1996

チョウ・リン　張 琳　Zhang, Lin　水泳選手（自由形）　競泳男子800メートル自由形世界記録保持者　国中国　生1987年1月6日

チョウ，レイ　Chow, Rey　中国名＝周蕾　ブラウン大学教授　比較文学,メディア論　生1957年　没2000／2004

チョウ・レイ　張 玲　医師　専針灸科　国中国　生1952年　没1996

チョウ・レイ　張 黎　Zhang, Li　大阪産業大学教養部教授　専中国語　国中国　生1957年　没2000／2008

チョウ・レイカ　張 麗華　ブリッジウォーターカレッジ外国語学部非常勤講師　専日本語学　生1953年　没2000

チョウ・レイカ　趙 麗華　詩人　国中国　没2008

チョウ・レイキン　張 麗瑾　ディスクジョッキー　国英国　没1992

チョウ・レイコウ　趙 麗宏　作家　中国作家協会上海分会専任作家,中国散文学会理事　国中国　生1951年　没1996

チョウ・レンアイ　趙 連齋　画家　万全県教師進修学院講師　国中国　生1960年　没1996

チョウ・レンチュウ　張 連忠　軍人　中将,中国共産党中央委員　元・中国人民解放軍海軍司令官　国中国　生1931年　没1996／2000

チョウ，ロイ　Chow, Roy　中国名＝周顕揚　映画監督　国香港　生1978年　没2012

チョウ・ワフク　張 和伏　弁護士　国中国　没2000／2004

チョウ・チン　Kyaw Htin　政治家,軍人　元・ミャンマー副首相・国防相　国ミャンマー　生1924年6月6日　没1992／1996

チョウドリ，シビル　Chowdhury, Subir　コンサルタント　米国サプライヤー協会（ASI）副社長　元・ゼネラル・モータース（GM）品質管理担当コンサルタント　没2004／2008

チョウドリー，ニロッド　Chaudhuri, Nirad Chandra　文学者　国英国　生1897年11月27日　没2000

チョウドリ，バーニー　Chowdhury, Bernie　ダイバー　「イマースト」共同出版人　没2004

チョウ・ベル・ディン　Chau Belle Dinh　グループ名＝ヤマカシ　パフォーマー　国フランス　没2004／2008

チョーカー，ジャック　Chalker, Jack L.　SF作家　国米国　生1944年12月17日　没1996

チョーシッチ，ドブリツァ　Ćosić, Dobrica　作家,政治家　元・新ユーゴスラビア連邦大統領　国ユーゴスラビア　生1921年12月29日　没1992／1996

チョスドスキー，ミッシェル　Chossudovsky, Michel　経済学者　オタワ大学教授　国カナダ　没2008

チョチョイ・ソーポンパニット　環境保護活動家,実業家　国タイ　没1992（チョチョイ・ソンポンパニク）／1996

チョート，パット　チョート・スウィベキット　Choate, Pat　政治経済学者　TRW社顧問,在日タイ大使館農林参事官　専経済開発,競争力,公共政策　国米国,タイ　生1941年　没1992／2000／1992

チョードリ，A.　Chowdhury, Ahsanuddin　政治家,裁判官　元・バングラデシュ大統領,元・バングラデシュ最高裁判事　国バングラデシュ　生1915年　没1987年8月2日　没1992

チョードリー，アンワル　Chowdhry, Anwar　元・国際アマチュアボクシング連盟（AIBA）会長　国パキスタン　生1923年10月26日　没2010年6月19日

チョードリ，アンワルル　Chowdhury, Anwarul Karim　元・国連事務次長　国バングラデシュ　生1943年2月5日　没2012

チョードリ，バドルドーザ　Chowdhury, Badruddoza　政治家　元・バングラデシュ大統領　国バングラデシュ　生1932年10月11日　没2004／2008

チョードリ，マヘンドラ　Chaudhry, Mahendra　政治家　フィジー労働党党首　元・フィジー首相　国フィジー　没2004／2008

チョドロン，ペマ　Chödrön, Pema　尼僧,著述家　国米国　没2004

チョーニー，ピーター　Czornyj, Peter　音楽プロデューサー　グラモフォン社アルヒーフ・レーベル・チーフ・プロデューサー　生1956年　没1996

チョピッチ，ドラガン　Čović, Dragan　政治家　ボスニア・ヘルツェゴビナ幹部会員　国ボスニア・ヘルツェゴビナ　生1956年8月20日　没2004／2008

チョピッチ，ブランコ　Ćopić, Branko　作家　国ユーゴスラビア　生1915年　没1992

チョーフィ，パトリツィア　Ciofi, Patrizia　ソプラノ歌手　国イタリア　生1967年　没2012

チョプラ，P.N.　Chopra, P.N.　インディアン・カウンシル・オブ・ヒストリカル・リサーチ所長　専インド史　国インド　生1928年　没1996

チョプラ，ゴータマ　Chopra, Gotama　作家　国米国　生1975年　没2012

チョプラ，ディーパック　Chopra, Deepak　医師　米国アーユルヴェーダ医学協会会長　専内分泌学,心身医学　国米国　生1947年　没1992／1996／2000

チョプラ，ヤシュ　Chopra, Yash　映画監督,映画プロデューサー　元・ヤシュ・ラージ・フィルムズ会長　国インド　生1932年9月27日　没2012年10月21日

チョボウスキー，スティーブン　Chbosky, Stephen　作家,映画監督　国米国　生1970年　没2004

チョマ，ゲルゲイ　Csoma, Gergely　写真家,彫刻家　国ハンガリー　生1954年　没2004

チョムスキー，ノーム　Chomsky, Noam　本名＝Chomsky, Avram Noam　言語学者,思想家　マサチューセッツ工科大学名誉教授　国米国　生1928年12月7日　没1992／1996／2000／2004／2008／2012

チョラニー，シルベステル　Csollany, Szilveszter　体操選手　国ハンガリー　生1970年4月13日　没2004

チョールトン，ウィンザー　Chorlton, Windsor　作家　国英国　生1948年　没1996

チョルベア，ビクトル　Ciorbea, Victor　政治家　元・ルーマニア首相　国ルーマニア　生1954年10月26日　没2004

チョロデンコ，リサ　Cholodenko, Lisa　映画監督　国米国　没2000／2004／2008／2012

チョン，アナベル　Chong, Annabel　本名＝クェック，グレース　女優　国シンガポール　生1972年5月22日　没2004／2008

チョン，アルフレッド　中国名＝張堅庭　映画監督,脚本家,俳優　国香港　生1955年　没2000

チョン・イギョン　全 利卿　Chun, Lee-kyung　スピードスケート選手（ショートトラック）　国韓国　生1976年1月6日　没1996（ジョン・イギョン）／2000（ジョン・イギョン）

チョン・イネ　Jung, In-ae　漢字名＝鄭仁愛　女優　国韓国　生1980年11月6日　没2008／2012

チョン・イヒョン　Jung, Yi-hyun　作家　国韓国　生1972年　没2012

チョン・インキョン　Chung, In-kyung　漢字名＝鄭仁敬　漫画家,漫画研究者　国韓国　生1973年　没2008／2012

チョン・インテク　Jeon, In-teak　漢字名＝全仁沢　俳優　国韓国　生1952年6月18日　没1996（全 仁沢 ジョン・インテク）／2012

チョン・ウィヨン　鄭 義溶　政治家　韓国国会議員（ウリ党）　国韓国　没2000（テイ・ギヨウ）／2008（ジョン・イヨン）

チョン，ウィリアム　Cheung, William　中国名＝張叔平　映画美術監督,衣装デザイナー　国香港　生1953年11月12日　没2000（張 叔平 チョウ・シュクヘイ）／2004（張 叔平 チョウ・シュクヘイ）／

2008（張 叔平 チョウ・シュクヘイ）／2012

チョン・ウォルソン　Chon, Wol-son　漢字名＝田月仙　声楽家　[専]ソプラノ　[国]韓国　[生]1958年10月8日　[典]2008／2012

チョン・ウォンシク　鄭 元植　Chung, Won-shik　政治家, 教育学者　パラダイス福祉財団理事長, ソウル大学名誉教授　元・韓国首相, 元・韓国教育相　[国]韓国　[生]1928年8月5日　[典]1992（ジョン・ウォンシク）／1996（ジョン・ウォンシク）／2000（ジョン・ウォンシク）／2008／2012

チョン・ウソン　Jung, Woo-sung　漢字名＝鄭雨盛　俳優　[国]韓国　[生]1973年3月20日　[典]2000／2004／2008／2012

チョン・ウルビョン　鄭 乙炳　Chong, Ul-byong　作家　韓国小説家協会会長, 国際ペンクラブ韓国本部副会長　[国]韓国　[生]1934年7月5日　[典]1996（ジョン・ウルビョン）／2000（ジョン・ウルビョン）

チョン・ウンギョン　千 恩京　女優　[国]韓国　[生]1964年10月15日　[典]1996

チョン・ウンチャン　鄭 雲燦　Chung, Un-chan　政治家, 経済学者　元・韓国首相, 元・ソウル大学総長・教授　[国]韓国　[生]1946年2月29日　[典]2012

チョン・キソン　全 己盈　Jeon, Ki-young　柔道選手　[国]韓国　[生]1973年7月11日　[典]2000（ジョン・キヨン）

チョン・キソン　鄭 基成　Cheang, Ki-seang　茨城大学人文学部人文コミュニケーション学科教授　[専]言語学, レトリックと認知　[国]韓国　[生]1949年4月17日　[典]1992（ジョン・キソン）／1996（ジョン・キソン）／2008（ジョン・キソン）

チョン・ギファン　全 基煥　元・警察官　韓国元大統領・全斗煥の実兄, 全氏一族不正事件　[国]韓国　[典]1992（ジョン・ギファン）

チョン・キヘ　鄭 箕海　「帰国船―北朝鮮 凍土への旅立ち」の著者　[生]1943年　[典]2000（テイ・キカイ）

チョン・キョンジャ　千 鏡子　Chon, Kyong-ja　画家, 随筆家　[国]韓国　[生]1924年11月11日　[典]1992／1996／2000

チョン・ギョンニン　Jeon, Kyung-rin　作家　[国]韓国　[生]1962年　[典]2008／2012

チョン・ギョンファン　全 敬煥　元・セマウル運動本部会長　[国]韓国　[生]1942年10月　[典]1992（ジョン・ギョンファン）／1996（ジョン・ギョンファン）／2012

チョン・キョンホア　Chung, Kyung-wha　漢字名＝鄭京和　バイオリニスト　[国]韓国　[生]1948年3月26日　[典]1992／1996／2000／2008／2012

チョン・グァンウ　千 寛宇　Cheon, Kuan-wu　言論人, 古代史学者　元・「東亜日報」編集局長　[国]韓国　[生]1925年8月10日　[没]1991年1月15日　[典]1992

チョン・クァンジン　丁 広鎮　元・ジェイ・エスコムホールディングス社長・会長, 元・ジャック社長　[国]韓国　[生]1955年3月29日　[典]2000（ジョン・クァンジン）

チョン・クァンヨン　全 光栄　Chun, Kwang-young　現代美術家　[国]韓国　[生]1944年　[典]2012

チョン・クムジョン　鄭 錦宗　Jung, Keum-jong　重量挙げ選手　[国]韓国　[典]2004（ジョン・クムジョン）／2008（ジョン・クムジョン）

チョン・グムチョル　全 今哲　本名＝全今振　政治家　朝鮮アジア太平洋平和委員会副委員長, 朝鮮労働党統一戦線部副部長　[国]北朝鮮　[生]1924年　[典]2000（ジョン・クムチョル）

チョン・クワンモ　鄭 光謨　元・記者　韓国消費者連合会長　[国]韓国　[生]1929年11月25日　[典]1996（鄭 光謀 ジョン・クァンモ）／2008（ジョン・クァンモ）

チョン・コニル　鄭 健一　テレビプロデューサー　Kリーグ事務総長　元・ソウル放送（SBS）スポーツ局長　[国]韓国　[生]1944年10月9日　[典]2004（ジョン・ゴンイル）／2008（ジョン・ゴンイル）

チョン・ゴンビョン　Chong, Gon-byun　画家　[国]韓国　[生]1948年　[典]2000

チョン・サンクック　全 商国　作家　[国]韓国　[生]1949年　[典]1992（ジョン・サンクック）

チョン・ジア　作家　[国]韓国　[典]2000

チョン・ジェウン　Jeong, Jae-eun　漢字名＝鄭在恩　映画監督　[国]韓国　[生]1969年　[典]2008

チョン・ジェジョン　鄭 在貞　歴史学者　ソウル市立大学国史学科教授　[専]韓国近現代史, 韓日関係史, 歴史教育学　[国]韓国　[生]1951年9月18日　[典]1996（ジョン・ジェジョン）／2000（ジョン・ジェジョン）／2008／2012

チョン・ジェホン　映画監督　[国]韓国

チョン・ジェホン　千 在弘　外交官　北朝鮮外務次官　[国]北朝鮮　[典]2000

チョン・ジェヨン　Jung, Jae-young　本名＝チョンジヒョン　俳優　[国]韓国　[生]1970年11月21日　[典]2008／2012

チョン・ジニョン　Jung, Jin-young　漢字名＝鄭進永　俳優　[国]韓国　[生]1964年10月16日　[典]2008／2012

チョン・ジヌン　Jeong, Jin-woon　グループ名＝2AM　歌手　[国]韓国　[生]1991年5月2日　[典]2012

チョン・ジヒョン　Jeon, Ji-hyun　漢字名＝全智賢　女優　[国]韓国　[生]1981年10月30日　[典]2004／2008／2012

チョン・ジヒョン　鄭 智鉉　Jung, Ji-hyun　レスリング選手（グレコローマン）　アテネ五輪レスリング・グレコローマン60キロ級金メダリスト　[国]韓国　[生]1983年3月26日　[典]2008

チョン・ジュノ　Jung, Jun-ho　漢字名＝鄭俊浩　俳優　[国]韓国　[生]1970年10月1日　[典]2008／2012

チョン・ジュヨン　鄭 周永　Chung, Ju-yong　号＝峨山　実業家, 政治家　元・現代グループ創業者, 元・韓国全国経済人連合会（全経連）会長　[国]韓国　[生]1915年11月25日　[没]2001年3月21日　[典]1992（ジョン・ジュヨン）／1996（ジョン・ジュヨン）／2000（ジョン・ジュヨン）

チョン・ジユン　Jeon, Ji-yoon　グループ名＝4Minute　歌手　[国]韓国　[生]1990年10月15日　[典]2012

チョン・ジュンギ　鄭 浚基　Chong, Jun-gi　政治家　元・北朝鮮副首相, 元・朝鮮労働党中央委員, 元・祖国平和統一委員会副委員長　[国]北朝鮮　[生]1924年9月15日　[没]2007年　[典]1992（ジョン・ジュンギ）／1996（ジョン・ジュンギ）

チョン・ジュンヤン　鄭 俊陽　Chung, Joon-yang　実業家　ポスコ会長　[国]韓国　[生]1948年2月3日

チョン・ジョンウク　鄭 鍾旭　亜洲大学教授　元・韓国大統領首席秘書官　[国]韓国　[典]2004（ジョン・ジョンウク）／2008（ジョン・ジョンウク）

チョン・ジョンギル　鄭 正佶　Chung, Chung-kil　行政学者　元・ソウル大学行政学大学院教授, 元・蔚山大学総長, 元・韓国大統領室長　[国]韓国　[生]1942年5月20日　[典]1992（ジョン・ジョンギル）／1996（ジョン・ジョンギル）／2012

チョン・ジョンミョン　Chun, Jeong-myoung　漢字名＝千正明　俳優　[国]韓国　[生]1980年11月29日　[典]2012

チョン, ジリアン　Chung, Gillian　グループ名＝ツインズ, 中国名＝鍾欣桐　歌手　[国]香港　[生]1981年1月21日　[典]2008

チョン・スーイル　鄭 守一　偽装名＝カンス, ムハマド　朝鮮労働党対外情報調査部工作員　北朝鮮“教授”スパイ事件　[典]2000（テイ・シュイツ）

チョン・スウン　鄭 秀雄　映像作家, テレビプロデューサー　[国]韓国　[典]2008

チョン・スンガク　Chung, Seung-gak　画家, 絵本作家　[国]韓国　[生]1961年　[典]2004

チョン・スンセ　千 勝世　作家　[国]韓国　[生]1939年　[典]1992

チョン・セギュン　丁 世均　Chung, Sye-kyun　政治家　韓国民主党代表　元・韓国ウリ党議長　[国]韓国　[生]1950年9月26日　[典]2012

チョン・セボン　千 世鳳　Chon, Se-bong　作家　元・朝鮮作家同盟委員長, 元・朝鮮労働党中央委員, 元・北朝鮮最高人民会議代議員　[国]北朝鮮　[生]1915年　[没]1986年4月19日　[典]1992

チョン・ソンウォン　全 聖元　実業家　（株）現代自動車社長, 現代自動車部品総合技術研究所理事長, 韓国自動車工業協会会長　[国]韓国　[生]1933年1月26日　[典]1996（ジョン・ソンウォン）

チョン・ソンオク　Jong, Song-ok　マラソン選手　北朝鮮最高人民会議代議員　[国]北朝鮮　[生]1974年8月18日　[典]2000／2004／2008

チョン・ソンサン　鄭 成山　Jong, Sung-san　シナリオライター　[国]韓国　[生]1969年11月17日　[典]2000（ジョン・ソンサン）／2008（ジョン・ソンサン）／2012

チョン・ソンスン　千 性淳　韓国科学技術院長・電子材料工学科教授　⒄韓国　⑭1935年8月13日　㊥1996

チョン・ソンファン　Jung, Sung-hwan　俳優,プロデューサー,声優　釜山市立劇団芸術監督　⒄韓国　⑭1940年　㊥2008／2012

チョン・ソンフン　全 星勲　韓国民族統一研究院安全保障政策研究員　⒇軍備管理,核不拡散,安全保障　⒄韓国　㊥2000（ジョン・ソンフン）

チョン・ソンフン　鄭 成勲　プロ野球選手（内野手）　⒄韓国　⑭1972年5月7日　㊥1996（ジョン・ソンフン）

チョン, タイ・ミン　Cheung, Tai-ming　中国軍事専門家,証券アナリスト　⒄英国　⑭1965年　㊥1996

チョン・チャジュン　詩人,児童文学作家　⒄韓国　㊥2004／2008

チョン・チャングン　サッカー選手（MF）　⒄韓国　⑭1983年8月10日　㊥2000

チョン・チンウェン　鄭 清文　児童文学作家　⒄台湾　⑭1932年9月16日　㊥1996（テイ・セイブン）

チョン・テギュン　鄭 大均　Chung, Dae-kyun　首都大学東京大学院教授　⒇エスニック研究,日韓関係論　⑭昭和23年4月8日　㊥1992（ジョン・デギュン）／1996（ジョン・デギュン）／2000（ジョン・デギュン）／2004

チョン・テセ　鄭 大世　Chong, Te-se　サッカー選手（FW）　⒄北朝鮮　⑭1984年3月2日　㊥2008／2012

チョン・デチョル　鄭 大哲　政治家　韓国国会議員（ウリ党）　元・新千年民主党代表　⒄韓国　⑭1944年1月4日　㊥1996（ジョン・デチョル）／2000（ジョン・デチョル）／2004（ジョン・デチョル）／2008（ジョン・デチョル）

チョン, デニス　Chong, Denise　エコノミスト　⒄カナダ　⑭1953年　㊥2000

チョン・テファ　鄭 泰和　Jong, Thae-hwa　外交官　朝日交流協会常任顧問　元・北朝鮮外務省副部長,元・朝日国交正常化交渉北朝鮮首席代表　⒄北朝鮮　⑭1930年10月　㊥2004（ジョン・テファ）／2008

チョン・ドゥファン　全 斗煥　Chun, Doo-hwan　政治家,元・軍人　元・韓国大統領　⒄韓国　⑭1931年1月18日　㊥1992（ジョン・ドゥファン）／1996（ジョン・ドゥファン）／2000（ジョン・ドゥファン）／2004（ジョン・ドゥファン）／2008／2012

チョン・ドクファン　鄭 徳煥　Jong, Dock-hwan　エデン福祉財団理事長　⒄韓国　⑭1946年2月5日　㊥2008（ジョン・ドクファン）

チョン・ドヨン　Jeon, Do-youn　漢字名=全度妍　女優　⒄韓国　⑭1973年2月11日　㊥2008／2012

チョン・ドンヨン　鄭 東泳　Chung, Dong-young　政治家　韓国大統合民主新党党首　元・韓国統一相,元・ウリ党議長　⒄韓国　⑭1953年6月17日　㊥2004（ジョン・ドンヨン）／2008／2012

チョン・ハソブ　絵本作家　⒄韓国　⑭1966年　㊥2008

チョン・ハチョル　鄭 夏哲　Chong, Ha-chol　政治家　朝鮮労働党書記　⒄北朝鮮　⑭1933年5月　㊥1992（ジョン・ハチョル）／1996（ジョン・ハチョル）／2004（ジョン・ハチョル）／2008（ジョン・ハチョル）／2012

チョン・ビソク　鄭 飛石　本名=鄭瑞竹　作家　⒄韓国　⑭1911年　㊦1991年10月19日　㊥1992（ジョン・ビソク）

チョン・ヒョンア　全 顕裁　女優　⒄韓国　⑭1971年10月　㊥2000（ジョン・ヒョンア）

チョン・ビョングァン　全 炳寛　Chun, Byung-kwan　重量挙げ選手　⒄韓国　㊥1996（ジョン・ビョングァン）

チョン・ヒョンスク　鄭 賢淑　Chong, Hyon-suk　元・韓国スミダ電機労組委員長　⒄韓国　㊥1992（ジョン・ヒョンスク）／1996（ジョン・ヒョンスク）／2012

チョン・ビョンホ　全 秉浩　政治家　朝鮮労働党政治局員・書記,北朝鮮国防委員会委員　⒄北朝鮮　⑭1924年　㊥1996（全 秉鎬 ジョン・ビョンホ）／2000（全 秉鎬 ジョン・ビョンホ）／2008（全 秉鎬 ジョン・ビョンホ）／2012

チョン・ビョンホ　鄭 炳浩　漢陽大学文化人類学科教授　⒇日本文化論　⒄韓国　㊥2000（ジョン・ビョンホ）／2012

チョン, ファ・チュン　Cheong, Fah-chun　エージェント・コンピューティング設立者　⒄米国　㊥2000

チョン・フンタク　鄭 勲卓　実業家　サイダスHQ社長　⒄韓国　㊥2008

チョン・ヘビン　Jeon, Hye-bin　漢字名=全恵彬,歌手名=ビン　女優,歌手　⒄韓国　⑭1983年9月27日　㊥2008／2012

チョン・ヘヨン　Chon, He-yong　歌手　ポチョンボ電子楽団団員　⒄北朝鮮　⑭1972年8月10日　㊥1992／2004／2008

チョン・ホギュン　千 浩均　Chun, Ho-kyun　実業家　サムジ代表　⒄韓国　⑭1949年9月26日　㊥2004／2008

チョン・ホジン　千 虎珍　タレント　⒄韓国　⑭1960年9月9日　㊥1996

チョン・ホスン　鄭 浩承　Jong, Ho-seung　詩人,作家　現代文学ブックス代表　⒄韓国　⑭1950年1月3日　㊥2004（ジョン・ホスン）／2012

チョン・ボスン　千 普成　元・プロ野球監督　⒄韓国　⑭1953年6月11日　㊥1996／2000

チョン・ホンウォン　鄭 烘原　政治家　韓国首相　⒄韓国

チョン・ミョンソク　鄭 明析　Jhung, Myong-suk　宗教家　摂理教祖　⒄韓国　⑭1945年　㊥2008／2012

チョン・ミョンフン　Chung, Myung-whun　漢字名=鄭明勲　指揮者,ピアニスト　ソウル・フィルハーモニー管弦楽団音楽監督,アジア・フィルハーモニー管弦楽団音楽監督,フランス国立放送フィルハーモニー管弦楽団音楽監督　⒄韓国　⑭1953年1月22日　㊥1992（チョン, ミョンフム）／1996（チョン・ミョンフム）／2000／2004／2008／2012

チョン・ミョンホア　Chung, Myung-wha　漢字名=鄭明和　チェロ奏者　⒄韓国　⑭1944年3月19日　㊥1992／1996

チョン・ミンチョル　鄭 珉哲　元・プロ野球選手　⒄韓国　⑭1972年3月28日　㊥1996（ジョン・ミンチョル）／2000（ジョン・ミンチョル）／2004（ジョン・ミンチョル）／2008／2012

チョン・ミンテ　鄭 珉台　元・プロ野球選手　⒄韓国　⑭1970年3月1日　㊥1996（ジョン・ミンテ）／2000（ジョン・ミンテ）／2004（ジョン・ミンテ）／2012

チョン・ムソン　全 茂松　俳優　⒄韓国　⑭1941年9月28日　㊥1996（ジョン・ムソン）／2000（ジョン・ムソン）

チョン・ムヌク　全 文旭　元・朝鮮労働党中央委員,元・朝鮮最高人民会議代議員,元・姜健総合軍官学校校長,元・朝鮮人民軍上将　⒄北朝鮮　㊦1989年4月24日　㊥1992（ジョン・ムヌク）

チョン・モンウ　鄭 夢禹　Chung, Mong-woo　実業家　元・現代アルミニウム工業会長　⒄韓国　⑭1945年2月24日　㊦1990年4月24日　㊥1992（ジョン・モンウ）

チョン・モンク　鄭 夢九　Chung, Mong-koo　実業家　現代・起亜自動車グループ会長・CEO　⒄韓国　⑭1938年3月19日　㊥2000（ジョン・モング）／2004（ジョン・モング）／2008（ジョン・モング）／2012

チョン・モンジュン　鄭 夢準　Chung, Mong-joon　政治家,実業家　韓国サッカー協会会長,国際サッカー連盟（FIFA）副会長,韓国国会議員（ハンナラ党）　元・現代重工業CEO,元・ハンナラ党代表　⒄韓国　⑭1951年10月17日　㊥1992（ジョン・モンジュン）／1996（ジョン・モンジュン）／2000（ジョン・モンジュン）／2004（ジョン・モンジュン）／2008／2012

チョン・モンホン　鄭 夢憲　Chung, Mong-hun　実業家　元・現代峨山会長,元・現代グループ会長　⒄韓国　⑭1948年9月14日　㊦2003年8月4日　㊥1996（ジョン・モンホン）／2000（ジョン・モンホン）

チョン・ヤンモ　鄭 良謨　美術史家　京畿大学大学院教授　元・韓国国立中央博物館館長　⒇朝鮮陶磁史　⒄韓国　⑭1934年　㊥1992（ジョン・ヤンモ）／1996（ジョン・ヤンモ）／2004（ジョン・ヤンモ）／2008（ジョン・ヤンモ）

チョン・ユンチョル　Chung, Yoon-chul　映画監督　⒄韓国　⑭1971年　㊥2008／2012

チョン・ヨンウ　千 英宇　外交官　韓国第2外務次官　⒄韓国　㊥2012

チョン・ヨンオク　千 延玉　北朝鮮民主女性同盟委員長　⒄北朝鮮　㊥2000

チョン・ヨンテク　千 容宅　Chon, Yong-teack　政治家　元・韓国

国家情報院院長, 元・韓国国防相　[国]韓国　[生]1937年8月28日　[典]2000

チョン・ヨンヒ　全 寧姫　画家　[国]韓国　[生]1961年　[典]1996（ジョン・ヨンヒ）

チョン・ヨンミ　全 英美　東大博士課程に入学した全盲の韓国人女性　[専]障害児教育　[国]韓国　[典]2004（ジョン・ヨンミ）

チョン・ワンヨン　全 完永　核工学者　元・韓国電力公社特別顧問, 元・ニューヨーク州立大学正教授　[国]韓国　[典]2004（ジョン・ワンヨン）

チョーンシー, ジョージ　Chauncey, George　イェール大学歴史学科　元・シカゴ大学歴史学科教授　[生]1954年　[典]2008

チョンジン　Junjin　グループ名=SHINHWA　歌手　[国]韓国　[生]1980年8月19日　[典]2004／2008／2012

チョンドン　Chun Dung　グループ名=MBLAQ　歌手　[国]韓国　[生]1990年10月7日　[典]2012

チラナン・ピップリーチャ　詩人, 元・学生運動家　[国]タイ　[生]1955年　[典]1992

チラベルト, ホセ・ルイス　Chilavert, Jose Luis　元・サッカー選手　[国]パラグアイ　[生]1965年7月27日　[典]1996／2000／2004／2008

チラユート・ブンミ　Thirayuth Boonmee　学生運動家　タマサート大学講師　[専]社会学, 人類学　[国]タイ　[生]1950年1月10日　[典]1992／1996（チラユート・ブンミ／ティラユット・ブンミー）／2000

チランケヴィッチ, ユーゼフ　Cyrankiewicz, Józef　政治家　元・ポーランド国家評議会議長, 元・ポーランド首相　[国]ポーランド　[生]1911年4月23日　[没]1989年1月20日　[典]1992（チランケビッチ, ユーゼフ）

チリ　Chilli　本名=トーマス, ロザンダ　グループ名=TLC　歌手　[国]米国　[生]1971年2月27日　[典]2000／2004／2008

チリーオ, ジョン　Chirillo, John　コンピューター技術者　[典]2004

チリオ, リータ　Cirio, Rita　演劇批評家　[国]イタリア　[典]2000

チリーダ, エドゥアルド　Chillida, Eduardo　本名=Chillida Juantegui,Eduardo　彫刻家　[国]スペイン　[生]1924年1月10日　[没]2002年8月19日　[典]1992／1996

チリンドゥス, ユーリー　Tylindus, Yurii　漫画家　[国]ベラルーシ　[生]1968年　[典]2004／2008

チルキー, ヒューゴ　Tschirky, Hugo　スイス連邦工科大学教授, MIT客員教授　元・カール・ツァイス・チューリッヒCEO, 元・セルベルス社CEO　[生]1938年　[典]2008

チルド, ホルヘ　Child, Jorge　評論家　[国]コロンビア　[生]1924年　[典]1992

チルドレス, ジェームズ　Childress, James F.　バージニア大学教授　[専]キリスト教倫理, 医学教育, 生命医学倫理　[国]米国　[典]2000

チルバ, フレデリック　Chiluba, Frederick　政治家　元・ザンビア大統領　[国]ザンビア　[生]1943年4月30日　[没]2011年6月18日　[典]1992／1996／2000／2004／2008

チルレル, タンス　Ciller, Tansu　政治家　トルコ正道党（TPP）党首　元・トルコ首相　[国]トルコ　[生]1946年　[典]1996／2000

チレキゼ, イラクリ　Tsirekidze, Irakli　柔道選手　北京五輪柔道男子90キロ級金メダリスト　[国]グルジア　[生]1982年5月3日　[典]2012

チレク, ユゼフ　Czyrek, Józef　政治家　ポーランド統一労働者党政治局員・書記　元・ポーランド外相　[国]ポーランド　[生]1928年7月28日　[典]1992

チロワ, イリーナ　Chilova, Irina　射撃選手（エアライフル）　[国]ソ連　[典]1992

チーワン・ウィササ　Cheewan Wisasa　絵本作家　[国]タイ　[生]1964年　[典]2004

チン・アン　陳 安　法学者　アモイ大学法学院院長, 中国国際経済法研究会副会長, 教授　[国]中国　[生]1929年　[典]1996

チン・アンセイ　陳 晏清　哲学者　南開大学哲学系主任　[国]中国　[生]1938年　[典]1996

チン・イキョウ　陳 偉強　元・重量挙げ選手, 監督　[国]中国　[生]1958年　[典]1996

チン・イッイン　陳 一筠　社会学者　[国]中国　[典]2000

チン・イッシ　陳 一諮　プリンストン大学現代中国研究センター副理事長　元・中国経済体制改革研究所所長　[国]中国　[生]1940年　[典]1992／1996

チン・イッピョウ　陳 一氷　Chen, Yi-bing　体操選手　北京五輪体操男子つり輪・団体総合金メダリスト　[国]中国　[生]1984年12月19日　[典]2012

チン・イッペイ　陳 一平　実業家　俊国建設社長, 俊国ベアーズオーナー　[国]台湾　[典]1996

チン・イブン　陳 以文　Chen, Yi-wen　映画監督　[国]台湾　[生]1966年　[典]2000／2004／2008／2012

チン・イメイ　陳 維明　英語名=Chan,Herbert　ファッションデザイナー　[国]香港　[生]1969年　[典]1996

チン・ウォンスク　Chin, Won-suk　映画監督　[生]1968年　[典]2000

チン・ウン　陳 雲　Chen, Yun　旧名=廖陳雲　別名=廖程雲, 陳明, 史平, 筆名=廉臣　政治家　元・中国共産党副首席, 元・中国副首相　[国]中国　[生]1905年6月13日　[没]1995年4月10日　[典]1992／1996

チン・ウンホウ　陳 運鵬　元・水泳選手, 水泳コーチ　[国]中国　[典]1992／1996

チン・ウンリン　陳 雲林　Chen, Yun-lin　政治家　海峡両岸関係協会会長, 中国共産党中央委員　元・中国国務院台湾事務弁公室主任　[国]中国　[生]1941年12月　[典]2000／2012

チン・エイ　陳 穎　Chen, Ying　射撃選手（ピストル）　北京五輪射撃女子25メートルピストル金メダリスト　[国]中国　[生]1977年11月4日　[典]2012

チン・エイキ　陳 永貴　Chen, Yong-gui　政治家　元・北京市郊外農場顧問, 元・中国共産党中央政治局委員・副首相　模範農民　[国]中国　[生]1915年　[没]1986年3月26日　[典]1992

チン・エイシン　陳 映真　本名=陳永善　別名=許南村　作家, 評論家　[国]台湾　[生]1937年　[典]1992／1996／2000

チン・エイタツ　陳 永達　青海省人民銀行副行長　[国]中国　[生]1939年　[典]1996

チン・エイフク　陳 永福　農業経済学者　中国農業大学経済管理学院講師　[国]中国　[生]1971年　[典]2004

チン・エイユウ　陳 英雄　作家　[国]台湾　[生]1941年　[典]1996

チン・エイリン　陳 永林　昆虫学者　中国科学院動物研究所研究員, 中国昆虫学会理事兼昆虫生態学専門委員会副主任　[専]昆虫生態学　[国]中国　[生]1928年　[典]1996

チン・エキジン　陳 亦人　旧名=陳偉勲　漢方研究者　南京中医学院傷寒教育研究室主任,『江蘇中医』編集委員　[専]傷寒論　[国]中国　[生]1924年　[典]1996

チン・エンセイ　陳 艶青　Chen, Yan-qing　重量挙げ選手　アテネ五輪・北京五輪重量挙げ女子58キロ級金メダリスト　[国]中国　[生]1979年4月5日　[典]2008／2012

チン・エンヨウ　陳 延鏞　漢方薬研究者　中国医学科学院薬物研究所天然産物化学研究室副主任, 研究員　[国]中国　[生]1932年　[典]1996

チン・オウジ　陳 応時　Chen, Ying-shi　音楽学者　上海音楽学院音楽学系教授　[専]中国古代音楽理論　[国]中国　[生]1933年　[典]2000

チン・カ　陳 樺　Chen, Hua　水泳選手（自由形）　[国]中国　[生]1982年10月22日　[典]2004

チン・カイオン　陳 懐恩　Chen, Hwai-en　映画撮影監督　[国]台湾　[生]1959年　[典]1992／1996

チン・カイトウ　陳 海騰　Chen, Hai-teng　実業家　百度（日本法人）代表取締役　[国]中国　[生]1967年　[典]2012

チン・ガイハツ　陳 該発　プロ野球選手（外野手）　[国]台湾　[典]2000

チン・カオウ　陳 火旺　電子工学者　中国国防科学技術大学教授, 中国ソフトウエア業界協会副主席　[専]数学, 論理学, コンピューター・サイエンス　[国]中国　[生]1936年　[典]1996

チン・カキ　陳 可冀　漢方研究者　中国中医研究院西苑医院・老年医学研究所研究員, 中国科学院生物学部学部委員, 世界衛生機関伝統医学顧問　[国]中国　[生]1930年　[典]1996

チン・カクビ　陳 幗眉　北京師範大学教授　[専]児童心理学　[国]中国　[典]1996

チン・カゼン　陳 家全　元・陸上選手（短距離）　中国国家陸上チーム監督　[国]中国　[生]1938年　[典]1996

チン・カツ　陳劼　「楽して楽しむ楽2(ラクラク)旅会話 中国語」の著者　[国]中国　[生]1970年　[典]2004

チン, カーティス　Chin, Curtis S.　コミュニケーション・コンサルタント　バーソン・マーステラ社　[国]米国　[生]1965年　[典]1996

チン・カン　陳侃　Chen, Kan　サイモンフレイザー大学ポストドクトラルフェロー　[専]物理学　[国]中国　[典]1992／1996

チン・カンショウ　陳翰笙　Chen, Han-sheng　英語名=ブルック, レイモンド　経済学者, 社会学者, 国際問題研究家　元・中国国際文化書院長, 元・北京大学国際政治系教授　[国]中国　[生]1897年　[没]没年不詳　[典]1992／1996

チン・カンチュウ　陳冠中　作家　[国]中国　[生]1952年

チン・カンハク　陳翰伯　Chen, Hanpo　ジャーナリスト　元・中国人民政治協商会議全国委員会(全国政協)委員, 元・中国出版工作者協会名誉主席, 元・中国新聞社名誉理事　[国]中国　[没]1988年8月26日　[典]1992

チン・カンヘイ　陳漢平　鍼灸師　上海市鍼灸経絡研究所所長, 中国鍼灸学会副会長, 世界衛生機関(WHO)伝統医学協力センター(上海)主任　[国]中国　[生]1937年　[典]1996

チン・カンユウ　陳煥友　中国共産党江蘇省委員会書記　[国]中国　[生]1934年　[典]1996

チン・キ　陳玘　Chen, Qi　卓球選手　アテネ五輪卓球男子ダブルス金メダリスト　[国]中国　[生]1984年4月15日　[典]2008／2012

チン・キク　陳菊　Chen, Chu　政治家　高雄市長, 民進党中央常務委員　[国]台湾　[生]1950年6月10日　[典]2008／2012

チン・キコウ　陳輝光　中国人民政治協商会議広西チワン族自治区委員会主席　元・中国共産党中央委員　[国]中国　[生]1938年　[典]1996

チン・キジュ　陳喜儒　作家　[国]中国　[生]1946年　[典]1996／2000

チン・ギシン　陳義信　プロ野球選手　台湾原住民棒球発展協会理事長　[国]台湾　[生]1963年8月15日　[典]1996(チン・ヨシノブ)

チン・キドウ　陳希同　Chen, Xi-tong　政治家　元・中国共産党政治局員, 元・北京市党委書記, 元・北京市長　[国]中国　[生]1930年6月　[没]2013年6月2日　[典]1992／1996／2000

チン・キヘイ　陳貴平　Chen, Gui-ping　画家　[国]中国　[生]1962年　[典]2000

チン, キュー　Chin, Kieu　女優　[国]米国　[典]2000

チン・キョウカイ　陳鏡開　元・重量挙げ選手・監督　広東省体育委員会副主任, 中国重量挙げ協会主席　[国]中国　[生]1935年　[典]1996

チン・ギョウケイ　陳暁卿　映画監督　[国]中国　[生]1965年　[典]2000

チン・ギョウビン　陳暁敏　Chen, Xiao-min　重量挙げ選手　[国]中国　[典]2004

チン・ギョククン　陳玉勲　映画監督　[国]台湾　[生]1962年　[典]2000

チン・ギレイ　陳曦齢　英語名=チャン, ヘレン　医師　[国]香港　[生]1953年4月　[典]1992

チン・キン　陳錦　Chen, Jin　写真家　[国]中国　[生]1956年　[典]2000

チン・キンカ　陳錦華　Chen, Jin-hua　政治家, 実業家　ボアオ・アジア・フォーラム中国首席代表　元・中国全国政治協商会議副委員長, 元・中国国家計画委員会主任, 元・中国石油化工総公司社長　[国]中国　[生]1929年7月　[典]1992／1996／2000／2012

チン・キンギ　陳金義　金義集団公司会長・社長　[国]中国　[典]2000

チン・キンシ　陳金獅　Chen, Chin-shih　プロゴルファー　[国]台湾　[生]1911年3月20日　[没]1992年7月30日　[典]1996

チン・キンジョウ　陳金譲　Chen, Chen-jang　政治家　台湾国民大会秘書長, 台湾国民党中央常務委員　[国]台湾　[生]1935年　[典]1996

チン・キンレイ　陳錦霊　実業家　協興建築会長　[国]香港　[生]1940年　[典]2000

チン・クイ　靖奎　理髪師　本人をモデルにした映画「胡同の理髪師」に主演　[国]中国　[生]1914年　[典]2008(ヤス・ケイ)

チン・ケイゲン　陳景元　建築学者　[専]始皇帝陵, 兵馬俑坑　[国]中国　[典]2012

チン・ケイシン　陳慶振　北京科海高技術集団公司総裁　[国]中国　[生]1940年　[典]1996

チン・ケイチ　陳啓智　ロケット工学者　中国国防科学技術大学副学長, 少将, 中国航空動力専門学会副主任　[専]航空エンジン・ロケットエンジンの研究　[国]中国　[生]1925年　[典]1996

チン・ケイボウ　陳啓懋　Chen, Qi-mao　国際政治経済学者　上海国際関係学会会長　[国]中国　[生]1930年　[典]2000

チン・ゲツゴ　陳月吾　中南工業大学教授　[国]中国　[典]2004

チン・ケン　陳健　Chen, Jian　外交官　中国国連協会会長　元・国連事務次長, 元・駐日中国大使　[国]中国　[生]1942年2月2日　[典]2000／2004／2008／2012

チン・ゲン　陳元　Chen, Yuan　元・中国人民銀行副行長　[国]中国　[生]1945年　[典]1996／2000

チン・ゲン　陳原　Chen, Yuan　言語学者　元・中国国家言語文字工作委主任　[専]社会言語学　[国]中国　[生]1918年　[典]1992／1996

チン・ケンアン　陳建安　Chen, Chien-an　卓球選手　[国]台湾　[生]1991年6月16日

チン・ケンキ　陳絢暉　翻訳家　Louis International Patent Office　[国]台湾　[生]1926年　[典]1996

チン・ケンコウ　陳建功　作家　[国]中国　[生]1949年　[典]1996

チン・コウ　陳抗　Chen, Kang　外交官　元・中日友好協会副会長　[国]中国　[生]1923年8月　[没]1992年6月13日　[典]1996

チン・コウ　陳浩　ファッションモデル, 女優　[国]中国　[典]1992

チン・コウキ　陳光毅　Chen, Guang-yi　政治家　全人代常務委員, 中国共産党中央委員　[国]中国　[生]1933年　[典]1996／2000／2004

チン・コウキン　陳鴻鈞　英語名=チャン, グレッグ　CISテクノロジー社長　[国]台湾　[典]2000

チン・コウコウ　陳光興　台湾交通大学社会文化研究所教授　[専]文化理論, カルチュラルスタディーズ, メディア論　[国]台湾　[生]1957年

チン・コウセイ　陳光誠　Chen, Guang-cheng　人権活動家　[国]中国　[生]1971年11月　[典]2012

チン・コウソ　陳昊蘇　Chen, Hao-su　元・中国放送・映画・テレビ省次官, 元・中国人民対外友好協会会長　[国]中国　[生]1942年　[典]2000

チン・コウチュウ　陳光中　法学者　中国政法大学副学長, 中国訴訟法研究会総幹事, 中国国務院学位委員会法学評議組メンバー　[国]中国　[生]1930年　[典]1996

チン・コウリツ　陳孔立　旧名=孔立　アモイ大学台湾研究所所長, 教授　[国]中国　[生]1930年　[典]1996

チン・コクフ　陳国富　映画監督　[国]台湾　[生]1958年　[典]1996／2000

チン・サイ　陳才　地理学者　東北師範大学東北アジア地理研究所所長, 中国地理学会世界地理専門委員会副主任委員　[国]中国　[生]1931年　[典]1996

チン・サイドウ　陳再道　Chen, Zai-dao　軍人　元・中国人民解放軍武漢軍区司令員, 元・中国共産党中央顧問委員会委員　[国]中国　[生]1909年1月24日　[没]1993年4月6日　[典]1996

チン・サクリン　陳作霖　中国共産党中央規律検査委員会副書記・常務委員会委員　[国]中国　[生]1923年　[典]1996

チン・サコウ　陳佐湟　指揮者　中国国立交響楽団芸術監督・首席指揮者　[国]中国　[生]1947年　[典]2000

チン・サンサン　陳珊珊　Chen, Shn-shan　ジャーナリスト　「中国婦女」記者・編集員　[国]中国　[典]2000

チン・シウトン　Ching, Siu-tung　本名=程冬兒　漢字名=程小東　映画監督, アクション監督, 武術指導家　[国]香港　[生]1952年　[典]1992(チン・シュータン)／1996(チン・シュータン)／2008／2012

チン・シカ　陳之驊　ソ連専門家　中国社会科学院世界史研究所副所長, 中国ソ連東欧史学会会長　[国]中国　[生]1934年　[典]1996

チン・シキン　陳詩欣　Chen, Shih-hsin　テコンドー選手　[国]台湾　[生]1978年11月16日　[典]2008

チン・シコウ　陳志江　Chen, Zhi-jiang　光明日報東京支局長　[国]中国　[生]1945年3月　[典]2000

チン・シシ　陳思思　映画女優　[国]香港　[生]1938年　[典]1996

チン・シノウ　陳士能　化学工業次官　元・貴州省省長　[国]中国　[生]1938年　[典]1996／2000

チン・ジヘイ　陳爾平　復旦大学共産主義青年団副書記　[国]中国　[生]1963年4月　[典]1992

チン

チン・シメイ　陳 子明　Chen, Zi-ming　民主活動家　国中国
生1952年　愛2000

チン・ジャクギ　陳 若曦　Chen, Ruo-xi　本名=陳秀美　作家
国中国　生1938年　愛1992／1996

チン・シャクハン　陳 錫蕃　Chen, Hsi-fan　外交官　元・駐米台北経済文化代表部代表　国台湾　生1934年2月11日　愛2000／2004

チン・ジャクリン　陳 若琳　Chen, Ruo-lin　飛び込み選手　北京五輪・ロンドン五輪女子高飛び込み・シンクロナイズド高飛び込み金メダリスト　国中国　生1992年12月12日　愛2012

チン・シャクレン　陳 錫聯　Chen, Xi-lian　別名=陳普慶　軍人，政治家　元・中国副首相　国中国　生1915年1月4日　没1999年6月10日　愛1992／1996

チン・ソウキ　陳 宗基　Chen, Zong-ji　地球物理学者　元・中国科学院地球物理研究所所長，元・国際岩石力学学会副主席，元・中華全国帰国華僑連合会(全国僑連)副主席　専岩石力学　国中国
生1922年9月15日　没1991年11月25日　愛1996

チン・シュウケン　陳 宗顯　著述家，翻訳家　国台湾　生1931年
愛1996

チン・ジュウコウ　陳 重光　Chen, Chung-kuang　実業家　台湾総統府国策顧問　国台湾　生1913年12月10日　愛1992／1996／2000

チン・シュキョウ　陳 守強　英国名=チャン，ジョン・S.K.　香港テレビ東京支局長　生1950年1月　愛1992

チン・シュクフン　陳 淑芬　Chen, Shu-fen　イラストレーター
国台湾　生1967年　愛2004

チン・シュンセイ　陳 俊生　Chen, Jun-sheng　政治家　元・中国共産党中央委員，元・中国国務委員　国中国　生1927年6月
没2002年8月8日　愛1992／1996／2000

チン・ショ　陳 庶　元・中国翻訳家協会副会長　国中国　生1910年
没1985年6月14日　愛1992

チン・ショウエイ　陳 紹英　「外来政権圧制下の生と死」の著者
国台湾　生1925年　愛2004／2008

チン・ショウカ　陳 肖霞　元・飛込選手　国中国　生1962年　愛1996

チン・ショウカ　陳 燮霞　Chen, Xie-xia　重量挙げ選手　北京五輪重量挙げ女子48キロ級金メダリスト　国中国　生1983年1月8日
愛2012

チン・ショウクン　陳 燮君　書家，画家，美術評論家　上海市文物管理委員会常務副主任，上海博物館常務副館長　国中国　生1952年7月4日　愛2004

チン・ショウゲイ　陳 小芸　女優　北京人民芸術劇院　国中国
生1968年　愛1996

チン・ショウシュン　陳 小春　俳優，歌手　国香港　生1967年7月8日
愛2000

チン・ショウタイ　陳 章太　Chen, Zhang-tai　言語学者　中国社会科学院語言文字応用研究所教授・所長　国中国　生1932年　愛1996

チン・ショウテイ　陳 招娣　元・バレーボール選手，監督　国中国
生1955年　愛1996

チン・ショウブ　陳 章武　エッセイスト　福建省文学芸術界連合会書記処書記，福建省作家協会理事　国中国　生1942年4月25日
愛1996

チン・ショウヘイ　陳 小平　民主化運動指導者，憲法学者　元・政治法政大学教授　国中国　愛1992／1996

チン・ショウヨウ　陳 燮陽　指揮者　中央楽団常任指揮者　国中国
生1939年　愛1996

チン・ショウリョウ　陳 章良　生物学者　北京大学副学長　国中国
生1961年　愛1996

チン・ショウリン　陳 勝粦　筆名=山茅，丹軻　歴史学者　中山大学歴史学系主任，孫中山研究所所長　専中国近代史　国中国　生1937年
愛1996

チン・ショウリン　陳 少倫　パーカッション奏者　上海電影楽団
国中国　生1963年　愛1992／1996

チン・ショホウ　陳 書舫　川劇俳優　四川省川劇学校校長，四川省文学芸術界連合会副主席　国中国　生1924年　愛1996

チン・ジョンオ　秦 鍾午　Jin, Jong-oh　射撃選手(ピストル)　北京五輪・ロンドン五輪金メダリスト　国韓国　生1979年9月24日
愛2012

チン・シリツ　陳 至立　Chen, Zhi-li　政治家　元・中国全国人民代表大会(全人代)常務副委員長，元・中国国務委員，元・中国共産党中央委員　国中国　生1942年11月21日　愛1996／2000／2004／2008／2012

チン・シン　陳 真　Chen, Zhen　アナウンサー　元・中国放送学会副会長，元・国際放送学会理事　専翻訳学，放送学　国中国　生1932年6月　没2005年1月4日　愛1992／1996／2000

チン・ジンアン　沈 仁安　歴史学者　北京大学歴史学部教授　国中国　生1935年2月14日　愛2008

チン・シンチュウ　陳 新中　実業家　上海市中国旅行社会長・社長
国中国　愛1996

チン・シンレン　陳 振濂　書法研究家　浙江美術学院助教授　専中国書道史，日本書道史，書美学，書教育　国中国　愛1992／1996

チン・ズイギ　陳 瑞義　台湾観光協会日本事務所所長　国台湾
愛1992／1996

チン・スイゲン　陳 水源　台湾観光協会顧問　国台湾　生1937年
愛2008

チン・ズイケン　陳 瑞憲　英語名=Chen,Ray　建築家　国台湾
生1957年　愛1996

チン・ズイケン　陳 瑞獻　作家　国シンガポール　生1943年5月5日
愛1992

チン・スイテイ　陳 翠眸　体操選手　中国国家女子体操チーム選手
国中国　生1971年　愛1996

チン・スイヘン　陳 水扁　Chen, Shui-bian　愛称=阿扁　政治家
元・台湾総統，元・台北市長，元・民進党主席　国台湾　生1951年2月18日　愛1996／2000／2004／2008／2012

チン・セイ　陳 静　卓球選手　国中国　生1968年　愛1996／2004

チン・セイガン　陳 正岩　京劇俳優　吉林省京劇団団長，吉林省文学芸術界連合会副主席　国中国　生1928年　愛1996

チン・セイケン　陳 政賢　プロ野球選手(外野手)　国台湾　愛2004

チン・セイショウ　陳 世昌　Chen, Shih-chang　ジャーナリスト
「連合報」東京特派員　国台湾　生1954年　愛1992／1996

チン・セイゼン　陳 正然　実業家　ヤム・デジタル・テクノロジー執行長　国台湾　愛2004／2008

チン・セイタイ　陳 清泰　中国国務院国家経済貿易委員会副主任
国中国　生1937年　愛1996

チン・セイデン　陳 盛沺　Chen, Sheng-tien　台湾声宝公司董事長
国台湾　生1948年6月19日　愛1996

チン・セイホ　陳 生保　上海外国語学院日本語学部副教授　専日本語学　国中国　生1936年　愛1996

チン・セイライ　陳 正雷　Chen, Zheng-lei　太極拳指導者　中国国家武術高級教練，河南省武術館副館長　国中国　生1949年　愛1996／2000

チン・セン　陳 先　Chen, Xian　元・中国オリンピック委員会副主席，元・中国卓球協会主席　国中国　生1993年6月20日　愛1996

チン・センブ　陳 千武　Chen, Qian-wu　本名=陳武雄　別筆名=陳桓夫　詩人，作家　国台湾　生1922年5月1日　愛1996／2000／2012

チン・ソウ　陳 荘　中国現代国際関係研究所主任　専東アジア経済
国中国　生1936年　愛1992／1996

チン・ソガ　陳 素娥　ソプラノ歌手　国中国　愛2000

チン・ソコウ　陳 蘇厚　海南省人民政府副省長　国中国　愛1992／1996

チン・ソトク　陳 祖徳　Chen, Zu-de　棋士(囲碁)　元・中国棋院院長，元・中国囲碁協会主席　国中国　生1944年3月　没2012年11月1日　愛1996／2000

チン・ダイコウ　陳 玳珩　東京理科大学工学部第一部教授　専設計システム　国中国　生1947年　愛2008

チン・タクテイ　陳 沢禎　ジャーナリスト，評論家　元・聯合報東京特派員　国中国　生1946年8月25日　愛1996

チン，ダリル　Chin, Daryl　映画批評家，キュレーター　国米国
生1953年　愛1992

チン・タンエン　陳 丹燕　児童文学作家　中国福利会児童時代社

⑮中国 ⑭1958年12月 ㊞1992／1996／2000

チン・タンライ 陳丹蕾 卓球選手 ⑮香港 ㊞1992／1996

チン・チエン 陳致遠 プロ野球選手(外野手) ⑮台湾 ⑭1976年10月27日 ㊞2012

チン・チュウ 陳中 Chen, Zhong テコンドー選手 シドニー五輪・アテネ五輪テコンドー女子67キロ超級金メダリスト ⑮中国 ⑭1982年11月22日 ㊞2004／2008

チン・チュウ 陳冲 Chen, Chun 英語名＝Chen,Sean 政治家 元・台湾行政院院長(首相) ⑮台湾 ⑭1949年10月13日 ㊞2012

チン・チュウジツ 陳忠実 Chen, Zhong-shi 作家 陝西省作家協会主席 ⑮中国 ⑭1942年 ㊞2000

チン・チュウミン 陳中民 元・中国軍事学院副院長 ⑮中国 ㊶1987年5月5日 ㊞1992

チン・チョウセイ 陳長清 Chen, Chang-ching 棋士 囲碁5段 ⑮台湾 ⑭1951年4月27日 ㊞1992／1996

チン・チョウハク 陳肇博 地質学者 中国核工業総公司常務副総経理,高級技師,中国地質学会副理事長 ⑳ウラン鉱・ウラン鉱化と板塊構造との関係について ⑭1937年 ㊞1996

チン・チョウビン 陳肇敏 Chen, Chao-min 軍人 台湾国防部長(国防相) ⑮台湾 ⑭1940年7月10日 ㊞2012

チン・チョウフン 陳長芬 Chen, Chang-fen 写真家 ⑮中国 ⑭1941年12月26日 ㊞1992／1996

チン・チョウブン 陳長文 Chen, Chang-wen 弁護士 台湾赤十字秘書長・外交部・国防部顧問,米国法律協会会員,台北高雄法律家協会会員 ⑮台湾 ⑭1944年10月25日 ㊞1992／1996

チン・チョウリュウ 陳肇隆 医師 長庚記念医院外科主任,長庚医学院講師 ⑳外科 ⑭1950年9月 ㊞1992／1996

チン・テイ 陳定 Chen, Ding 競歩選手 ロンドン五輪陸上男子20キロ競歩金メダリスト ⑭1992年8月5日

チン・テイシン 陳定信 医学者 台湾大学医学部教授 ⑳小児肝がん予防ワクチンの開発 ⑮台湾 ⑭1943年 ㊞2012

チン・テイナン 陳定南 Chen, Ding-nan 政治家 台湾法務部長(法相) ⑮台湾 ⑭1943年9月29日 ㊞2004／2008

チン・テイユウ 陳廷祐 書家 中国商務印書館編審(編集・審査) ⑮中国 ⑭1926年 ㊞1996

チン・テンカ 陳天華 法学者 ⑮中国 ㊞2008

チン・デンキ 陳伝熙 指揮者 上海映画楽団指揮者 ⑮中国 ⑭1916年 ㊞1996

チン・デンビョウ 陳田錨 Chen, Tien-mao 政治家 台湾国民党中央常務委員,高雄市議会議長 ⑮台湾 ⑭1928年4月16日 ㊞1996

チン・トウ 陳東 英語名＝Chang,Tony 料理人 ⑮香港 ⑭1953年 ㊞1996

チン・ドウン 陳道雲 元・武術選手 安徽省体育委員会副主任 ⑮中国 ⑭1948年 ㊞1996

チン・トウカ 陳登科 作家 安徽省文学芸術界連合会副主席,中国作家協会安徽分会主席 ⑮中国 ⑭1919年 ㊞1996

チン・トウサン 陳唐山 Chen, Tan-sun 政治家 台湾総統府秘書長 元・台湾外交部長(外相) ⑮台湾 ⑭1935年9月16日 ㊞2008／2012

チン・トウセイ 陳棟生 経済学者 中国社会科学院西部発展研究センター主任 ⑮中国 ⑭1935年 ㊞1996／2004

チン・ナンセン 陳難先 物理学者 北京科学技術大学応用物理研究所教授,中国民主促進会中央委員会副主席 ⑳応用物理学 ⑮中国 ⑭1937年 ㊞1996

チン・ニンチュウ Chin, Ning Chu 作家,実業家 ストラテジック・ラーニング・インスティテュート会長,アジア・マーケティング・コンサルタンツ社長 ⑮米国 ㊞2004

チン・ネンイ 陳念貽 化学者 中国科学院上海冶金研究所研究員,上海市科学技術協会会員 ⑮中国 ⑭1930年 ㊞1996

チン・ハイケン 陳丕顕 Chen, Pi-xian 政治家 元・中国共産党中央書記 ⑮中国 ⑭1916年 ㊶1995年8月23日 ㊞1992／1996

チン・バイホウ 陳培豊 Chen, Pei-feng 社会学者 台湾中央研究院文哲所 ⑮台湾 ⑭1954年12月 ㊞2004

チン・ハイルー Quin, Hai-lu 漢字名＝秦海璐 女優 ⑮中国 ⑭1978年8月11日 ㊞2004／2008／2012

チン・ハクイツ 陳白一 旧名＝陳倜 筆名＝白一 中国画家 湖南省美術家協会主席,湖南省文学芸術界連合会主席,当代工筆画学会副会長 ⑭1926年 ㊞1996

チン・ハクジン 陳白塵 Chen, Bai-chen 本名＝陳増鴻 別名＝陳征江鳥 劇作家 ⑮中国 ⑭1908年3月1日 ㊶1994年5月28日 ㊞1992／1996

チン・ハクタツ 陳伯達 Chen, Bo-da 本名＝陳尚文 政治家,社会科学者 元・中国共産党政治局常務委員 ⑮中国 ⑭1904年 ㊶1989年9月20日 ㊞1992

チン・ハツケイ 陳発景 地質学者 中国地質大学エネルギー源地質系主任,中国石油省江漢油田・大港油田探査開発研究院顧問 ⑳石油探査 ⑭1927年 ㊞1996

チン・バン 陳槃 台湾自由中国中央研究院歴史言語研究所研究員 ⑮台湾 ⑭1905年 ㊞1996

チン・ヒギョン Jin, Hee-kyung 漢字名＝陳熙瓊 女優 ⑮韓国 ⑭1968年9月7日 ㊞2008／2012

チン・ビビ 陳薇薇 Chen, Wei-wei クリエイティブ・ディレクター 聯広股份有限公司創意総監 ⑮台湾 ⑭1960年 ㊞1996

チン・ビンショウ 陳敏章 Chen, Min-zhang 内科医 元・中国衛生相,元・中国共産党中央委員 ⑮中国 ⑭1931年 ㊶1999年3月16日 ㊞1996

チン・ヒンバン 陳彬藩 Chen, Bin-fan お茶研究家 中国茶葉学会常務理事,湖南省茶葉学会名誉会長,中国国務院僑務弁公室副主任 ⑮中国 ⑭1934年 ㊞1996

チン・フウ 陳風 北京放送東京支局特派員 ⑮中国 ⑭1957年 ㊞1992／1996

チン・フェイ 靳飛 Jin, Fei 作家,評論家 ⑮中国 ⑭1968年 ㊞2000(キン・ヒ)／2012

チン・フクジュ 陳福寿 元・バドミントン選手・監督 中国バドミントン協会副主席 ⑮中国 ⑭1932年 ㊞1996

チン・フクセツ 陳福接 電子工学者 中国国防科学技術大学系主任兼研究所所長 ⑮中国 ⑭1935年 ㊞1996

チン・フクレイ 陳復礼 香港中華撮影学会名誉会長,香港泰華貿易公司経理,中国撮影家協会副主席 ⑮香港 ⑭1916年 ㊞1996

チン,フランク Ching, Frank ジャーナリスト 「ファー・イースタン・エコノミックレビュー」誌コラム担当記者 ⑮香港 ⑭1940年 ㊞1996

チン・ブンコウ 陳文鴻 英語名＝チャン,トーマス エコノミスト 香港理工大学中国商業センター所長 ⑳中国経済,中国の産業政策 ⑮香港 ㊞2000

チン・ブンサツ 陳文察 本名＝陳聞察 別名＝槐奮 編集者,作家 ⑮シンガポール ⑭1937年6月 ㊞1992

チン・ヘイ 陳平 本名＝陳翰章 河北省党史資料徴集編審委員会特約研究員,唐山史党史研究会会長 ⑮中国 ⑭1925年 ㊞1992

チン・ヘイケン 陳秉権 中華全国総工会執行委員会副主席・書記処書記,中国人民政治協商会議全国委員会常務委員 ⑮中国 ⑭1931年 ㊞1996

チン・ヘイゲン 陳平原 北京大学中文系教授 ⑳中国近代文学史,中国近代学術思想史 ⑭1954年 ㊞1996

チン・ヘイフ 陳炳富 南開大学管理学系大学院教授 ⑭1920年 ㊞2000

チン・ホウ 陳放 作家 元・「華人世界」編集長 ⑮中国 ⑭1944年 ㊞2000／2004／2008

チン・ホウジン 陳鵬仁 Chen, Peng-jen 国民党党史委員会副主任委員,中国文化大学政治学研究所準教授 ⑮台湾 ⑭1930年12月2日 ㊞1996

チン・ホウチュウ 陳邦柱 Chen, Bang-zhu 政治家 中国共産党中央委員 元・中国国内貿易相 ⑮中国 ⑭1934年 ㊞1996／2000

チン・ボカ 陳慕華 Chen, Mu-hua 政治家 元・中国副首相,元・中国全国人民代表大会(全人代)常務委員会副委員長,元・中華全国婦女連合会名誉主席 ⑮中国 ⑭1921年6月 ㊶2011年5月12日 ㊞1992／1996／2000／2004／2008

チン・マンリン　陳 満林　元・重量挙げ選手　広東省重量挙げチーム監督　[国]中国　[生]1941年　[典]1996

チン・ミョウレイ　陳 妙玲　Chen, Miao-ling　中山大学経営学部専任講師　[専]会計学, 経営学, 商業学　[国]台湾　[生]1957年　[典]2000

チン・メイギ　陳 明義　Chen, Min-gyi　政治家　元・福建省共産党委書記　[国]中国　[生]1940年8月　[典]1996／2000／2004

チン・メイショウ　陳 明章　作曲家, フォーク歌手　[国]台湾　[生]1956年　[典]2000／2004／2008

チン・メイツウ　陳 明通　台湾大学三民主義研究所教授, 台湾政治学会会長　[専]政治学　[国]台湾　[生]1955年　[典]2000

チン・ユウゴウ　陳 由豪　Chen, Yu-hao　実業家　東帝士(トンテックス)グループ会長　[国]台湾　[生]1940年4月6日　[典]2000

チン・ヨウホウ　陳 耀邦　政治家　中国農業相　[国]中国　[生]1935年　[典]2000／2004

チン・ライ　陳 雷　編集者, ライター　[国]中国　[生]1957年　[典]2008

チン・リアン　陳 履安　Chen, Li-an　政治家　元・台湾監察院院長　[国]台湾　[生]1937年6月22日　[典]1992／1996／2000

チン・リツジン　陳 立人　[専]日本語, 中国語　[生]1949年　[典]1992

チン・リツトク　陳 立徳　別名=何非, 高魯　劇作家　中国人民解放軍武漢部隊空軍文化部創作員　[国]中国　[生]1935年　[典]1996

チン・リップ　陳 立夫　Chen, Li-fu　政治家　元・中国国民党秘書長　[国]中国　[生]1900年7月27日　[没]2001年2月8日　[典]1992／1996

チン・リュウコウ　陳 龍宏　英語名=Chan,Alone　デザイナー, アートディレクター　[国]香港　[生]1963年　[典]1996

チン・リュウサン　陳 竜燦　卓球選手　[国]中国　[典]1992／1996

チン・リョウウ　陳 良宇　Chen, Liang-yu　政治家　元・上海市長, 元・中国共産党政治局員, 元・上海市党委書記　[国]中国　[生]1946年10月　[典]2004／2008／2012

チン・リョウゼン　陳 亮全　台湾大学建築与城郷研究所副教授　[専]建築工学　[国]台湾　[生]1947年　[典]2000

チン・リンシン　陳 臨新　Chen, Lin-xin　棋士　囲碁7段　[国]中国　[生]1963年3月20日　[典]1992／1996

チン・レイ　陳 玲　福建省中医薬研究院副院長　[専]薬学　[国]中国　[典]2000

チン・レイカ　陳 麗華　実業家　香港富華国際集団創業者, 中国人民政治協商会議全国委員会(全国政協)委員　[国]中国　[典]2004／2008

チン・レイケイ　陳 麗卿　ソプラノ歌手　[国]中国　[典]1996

チン・レイヨウ　陳 麗蓉　地質学者　中国科学院海洋研究所研究員　[国]中国　[生]1934年　[典]1996

チン・ロ　陳 露　Chen, Lu　フィギュアスケート指導者, 元・フィギュアスケート選手　[国]中国　[生]1976年11月24日　[典]1996／2000／2008／2012

チンアセン, ヘンク　Chin-a-sen, Henk　本名=Chin-a-sen,Hendrik Rudolf　政治家, 外科医　元・スリナム大統領　[国]スリナム　[生]1934年1月18日　[没]1999年8月11日　[典]1992

チンクエッティ, ジリオラ　Cinquetti, Gigliola　カンツォーネ歌手　[国]イタリア　[生]1947年12月20日　[典]1992／1996(チンクエッティ, ジリオラ／ティンクェッティ, ジリオラ)

チン・コン・ソン　Trinh Cong Son　シンガー・ソングライター　[国]ベトナム　[生]1939年　[没]2001年4月1日　[典]2000

チンシャンロ, ズルフィヤ　Chinshanlo, Zulfiya　中国名=趙常玲　重量挙げ選手　ロンドン五輪重量挙げ女子53キロ級金メダリスト　[国]カザフスタン　[生]1993年7月25日

チンタラー・スッカパット　Chintara Sukhaphat　女優　[国]タイ　[生]1966年1月22日　[典]2000

チンチジャ, ラウラ　Chinchilla, Laura　本名=チンチジャ・ミランダ, ラウラ　政治家　コスタリカ大統領　[国]コスタリカ　[生]1959年3月28日　[典]2012

チン・ディン・タオ　弁護士　元・ベトナム祖国戦線中央委幹部会委員, 元・ベトナム民族民主平和勢力連合議長　[国]ベトナム　[没]1986年3月31日　[典]1992

チン・ペン　Chin Peng　本名=王少華　中国名=陳平　共産ゲリラ指導者　元・マラヤ共産党書記長　[国]マレーシア　[生]1922年　[典]1992

チンホウ・アンセイ　陳方 安生　英語名=チャン, アンソン　政治家　元・香港立法会議員, 元・香港特別行政区政務官　[国]香港　[生]1940年1月17日　[典]1996(チャン, アンソン)／2000／2004／2012

チンモイ, シュリ　Chinmoy, Sri　本名=チンモイ・クマル・ゴシュ　瞑想家, 音楽家, 平和運動家　[国]米国　[生]1931年　[没]2007年10月11日　[典]1996

【ツ】

ツァイ・グォチャン　蔡 国強　Cai, Guo-qiang　現代美術家　[国]中国　[生]1957年12月8日　[典]1996(サイ・コクキョウ)／2000(サイ・コクキョウ)／2004(サイ・コクキョウ)／2008(サイ・コクキョウ)／2012(サイ・コクキョウ)

ツァイ・ミンリャン　Tsai, Ming-liang　漢字名=蔡明亮　映画監督, 脚本家, テレビディレクター　[国]台湾　[生]1957年　[典]1996(蔡 明亮 サイ・メイリョウ)／2000(蔡 明亮 サイ・メイリョウ)／2004／2008／2012

ツァイ・ユエシュン　Cai, Yue-xun　漢字名=蔡岳勳　テレビドラマ監督　[国]台湾　[生]1968年　[典]2012

ツァイ, ワイテク　Tsai, Wei-tek　ソフトウェア工学者　アリゾナ州立大学計算機科学工学科教授　[国]米国　[典]2004

ツァオ, チー　Chao, Chi　バレエダンサー　バーミンガム・ロイヤル・バレエ団プリンシパル　[国]中国　[典]2012

ツアキー, ルーディー　Tourky, Loudy　飛び込み選手　[国]オーストラリア　[生]1979年7月7日　[典]2000(ターキー, ルーディー)／2004／2008

ツァグロセク, ローター　Zagrosek, Lothar　指揮者　元・シュトゥットガルト州立歌劇場音楽総監督・支配人代理　[国]ドイツ　[生]1942年11月13日　[典]2004／2008／2012

ツァツォス, コンスタンティノス　Tsatsos, Constantinos　元・ギリシャ大統領　[国]ギリシャ　[生]1899年7月1日　[没]1987年10月8日　[典]1992

ツァネタキス, ツァニス　Tzannetakis, Tzannis　政治家, 軍人　元・ギリシャ副首相・文化相　[国]ギリシャ　[生]1927年9月13日　[没]2010年4月1日　[典]1992

ツァネフ, ステファン　Tsanev, Stefan　詩人, 劇作家　[国]ブルガリア　[生]1936年　[典]1992

ツァネラ, レナート　Zanella, Renato　振付師, 元・バレエダンサー　元・ウィーン国立歌劇場バレエ団芸術監督　[国]イタリア　[生]1961年　[典]2012

ツアハウゼン, ハラルド　zur Hausen, Harald　医学者　ドイツがん研究センター名誉教授　ノーベル医学生理学賞受賞者　[専]子宮頸がん, パピローマウイルス　[国]ドイツ　[生]1936年　[典]2012

ツァバラス, ニコラス　Tzavaras, Nicholas　グループ名=上海クワルテット　チェロ奏者　[国]米国　[典]2004／2008

ツァハリアス, クリスティアン　Zacharias, Christian　ピアニスト　[国]ドイツ　[生]1950年4月27日　[典]2012

ツァバル, シモン　Tzabar, Shimon　ジャーナリスト　[生]1926年　[典]2004

ツァフ, ニコライ　Tsakh, Nikolai Petrovich　政治家　元・ロシア運輸相　[国]ロシア　[生]1939年　[典]2000

ツァヘルト, クリステル　Zachert, Christel　「わたしの天国でまた会いましょうね」の著者　[国]ドイツ　[典]2000

ツァヘルト, ズザンナ　Zachert, Susanna　本名=ツァヘルト, ズザンナ・フジ　ヘルベルト・ツァヘルト元ボン大学日本学科教授の妻　[国]ドイツ　[没]2001年4月1日　[典]2000

ツァヘルト, ハンス　Zachert, Hans　元・ドイツ刑事警察庁長官　[国]ドイツ　[典]2000／2004

ツァマ, エティエンヌ　Ntsama, Etienne　駐日カメルーン大使　[国]カメルーン　[典]1992

ツァミ, フォト　Cami, Foto　政治家　元・アルバニア労働党政治局員　[国]アルバニア　[典]1992

ツァリョーフ, ミハイル　Tsarev, Mikhail Ivanovich　俳優　国ソ連　生1903年12月1日　没1987年11月　典1992

ツァン, エリック　Tsan, Eric　中国名＝曽志偉　俳優,映画監督,映画プロデューサー　国香港　生1953年4月14日　典2012

ツァーン, ヘルムート　アーヘン工科大学織物化学教授　国ドイツ　生1916年　典1992

ツァンガー, エーベルハルト　Zangger, Eberhard　自然科学者,考古学者　生1958年　典2000

ツァンギライ, モーガン　Tsvangirai, Morgan　政治家　ジンバブエ首相, ジンバブエ民主変革運動（MDC）議長　国ジンバブエ　生1952年3月10日　典2012

ツイ, ダニエル　Tsui, Daniel Chee　物理学者　プリンストン大学教授　国米国　生1939年2月28日　典2000／2008／2012

ツイ・ハーク　Tsui, Hark　本名＝徐文光　漢字名＝徐克　映画監督, 映画プロデューサー　電影工作室（フィルム・ワークショップ）主宰　国香港　生1950年2月15日　典1992／1996／2004／2008／2012

ツイアツア, ツプア・タマセセ・エフィ　Tuiatua, Tupua Tamasese Efi　政治家　サモア元首　国サモア　生1938年3月1日　典2012

ツィアミタ, パラスケビ　Tsiamíta, Paraskeví　三段跳び選手　国ギリシャ　生1972年3月10日　典2000

ツィガノフ, アレクサンドル　戦後初のサハリン戦没者遺骨引き渡しを実現させたソ連青年　国ソ連　典1992

ツィカロ, アルフレッド　Tsykalo, Alfred Leonidovich　オデッサ州低温・電力技術科学研究所環境部長・教授, オデッサ生態学クラブ会長, オデッサ州議会生態学委員会副委員長　国生態学,化学物理, 有害混合物の濃縮　国ウクライナ　生1939年　典1996

ツィーグラー, ギュンター　Ziegler, Günter M.　数学者　国離散数学　国ドイツ　生1963年　典2004

ツィーグラー, コルネリア　Ziegler, Cornelia　児童文学作家,旅行ジャーナリスト　国ドイツ　生1963年　典2004／2008

ツィーゲ, クリスチャン　Ziege, Christian　サッカー選手（DF）　国ドイツ　生1972年2月1日　典2008

ツィーサルシュ, ヘルベルト　Cysarz, Herbert　文芸学者,文学史家　元・ミュンヘン大学教授　国オーストリア　生1896年1月29日　典1992

ツィシュラー, ハンス　Zischler, Hanns　俳優,演出家,翻訳家　国ドイツ　生1947年6月18日　典2000

ツィスカリーゼ, ニコライ　Tsiskaridze, Nikolai　バレエダンサー　ボリショイ劇場バレエ団プリンシパル　国ロシア　生1973年12月31日　典2000／2004／2008／2012

ツイッギー　Twiggy　本名＝ローソン, レズリー　旧名＝ホーンビー, レズリー　モデル,女優　国英国　生1949年9月19日　典1992／2004／2008／2012

ツイッティ, ハワード　プロゴルファー　国米国　典1996

ツィットラウ, イェルク　Zittlau, Jörg　ジャーナリスト,スポーツドクター　国ドイツ　典2008

ツイドラキ, パティリアイ　Tuidraki, Patiliai　ラグビー選手　国フィジー　生1969年7月29日　没2002年9月26日　典2000

ツイピン, ゲンナジー　モスクワ教育大学音楽教育学部教授,「音楽生活」誌編集委員　国ロシア　生1930年　典1996

ツィーブ, アナトリィ　Tsyb, Anatoly　ロシア医学アカデミーオブニンスク医学放射線研究所所長　国被曝治療　国ロシア　生1934年1月21日　典2008／2012

ツィプコ, アレクサンドル　Tsipko, Aleksandr Sergeevich　政治学者　モスクワ大統領政策財団情勢分析センター所長　国ロシア　生1941年　典1992／1996／2000

ツィマー, ガブリエレ　Zimmer, Gabriele　政治家　ドイツ民主社会党（PDS）党首　国ドイツ　生1955年5月7日　典2004／2008

ツィマーマン, R.D.　Zimmerman, R.D.　ミステリー作家　典1992／1996／2000

ツィマーマン, ヴォルフガング　Zimmermann, Wolfgang　ハイデルベルグ・ドルックマシーネン社長,商法判事　国ドイツ　典1992

ツィマーマン, エカルト　Zimmermann, Ekkart　ドレスデン大学教授　国社会学　国ドイツ　生1946年　典1996

ツィマーマン, エルンスト　元・モートーレン・ウント・トゥルビーネンウニオン（MTU）社長　国ドイツ　生1985年2月1日　典1992

ツィマーマン, タベア　Zimmerman, Tabea　ビオラ奏者　ベルリン国立音楽大学教授　国ドイツ　生1966年　典1996／2004／2008／2012

ツィマーマン, フランク・ペーター　Zimmermann, Frank Peter　バイオリニスト　国ドイツ　生1965年2月27日　典2000／2012

ツィマーマン, フリードリッヒ　Zimmerman, Friedrich　政治家　ドイツ運輸相　国ドイツ　生1925年7月18日　典1992

ツィマーマン, マルクス　Zimmermann, Markus　ボブスレー選手　国ドイツ　生1964年9月4日　典2000／2004

ツィメルマン, クリスチャン　Zimerman, Krystian　ピアニスト　バーゼル音楽院教授　国ポーランド　生1956年12月5日　典1992／1996／2000／2004／2008／2012

ツィーメン, エリック　Zimen, Erik　オオカミ研究家　国スウェーデン　生1941年　典1996

ツィリヒ, ハインリッヒ　Zillich, Heinrich　作家,詩人　国オーストリア　生1898年5月23日　典1992

ツィリンスカヤ, ナタリア　Tsylinskaya, Natalla　旧名＝マルコフニチェンコ, ナタリア　元・自転車選手（トラックレース）　アテネ五輪自転車女子500メートルタイムトライアル銅メダリスト　国ベラルーシ　生1975年8月30日

ツィルク, ヘルムート　Zilk, Helmut　政治家　元・ウィーン市長　国オーストリア　生1927年6月9日　没2008年10月24日　典1992／1996／2000

ツィルホフ, ヘルトヤン　Zuilhof, Gertjan　映画批評家　ロッテルダム国際映画祭実行委員会委員　国オランダ　典2000

ツィン, マリアンナ　Tsyn, Marianna Samoilova　日本研究家　国ロシア　生1903年　典1996

ツィンカーナーゲル, ロルフ　Zinkernagel, Rolf Martin　免疫学者　チューリッヒ大学実験免疫学研究所共同所長　国免疫病理学　国スイス　生1944年1月6日　典2000／2008／2012

ツィンケ, オラフ　Zinke, Olaf　スピードスケート選手　国ドイツ　典1996

ツィンコータ, マイケル　Czinkota, Michael R.　経営学者　ジョージタウン大学経営大学院教授　国国際貿易,マーケティング　国米国　典1992／1996／2004

ツィンマー, マティアス　Zimmer, Matthias　コンラート・アデナウアー財団研究員　国ドイツ政治　国ドイツ　生1961年　典1996

ツィンマーマン, カトリン　旧名＝クラッペ, カトリン　元・陸上選手（短距離）　国ドイツ　生1969年11月22日　典1992（クラッペ, カトリン）／1996

ツヴァイク, シュテファニー　Zweig, Stefanie　作家　国ドイツ　生1932年　典2004／2008

ヅヴァイヤー, ローレンス　Zwier, Lawrence J.　ミシガン州立大学英語研究所次長　国英語教授法　国米国　典2004／2008

ツヴィタノヴィッチ, イゴール　Cvitanovic, Igor　サッカー選手（FW）　国クロアチア　生1970年11月1日　典2004

ツウィッキー, エリザベス　Zwicky, Elizabeth D.　コンピューター技術者　典2004

ツヴィムファー, モーリツ　Zwimpfer, Moritz　色彩学者,グラフィックデザイナー　国スイス　生1940年　典1992（ツビムファー, モーリツ）

ツヴェトコフ, ニコライ　Tsvetkov, Nikolai　ジャーナリスト　「コムソモリスカヤ・プラウダ」東京支局長　国ロシア　生1956年　典1992（ツェートコフ, ニコライ）／1996（ツベトコフ, ニコライ）

ツヴェートフ, ウラジーミル　Tsvetov, Vladimir　ジャーナリスト　全ロシア・テレビラジオ公社政治解説員　国ソ連　生1933年　典1992（ツベートフ, ウラジーミル）

ツヴェルガー, リスベート　Zwerger, Lisbeth　絵本画家　国オーストリア　生1954年5月26日　典1992（ツベルガー, リスベート）／1996（ツベルガー, リスベート）／2000

ツヴェレンツ, ゲールハルト　Zwerenz, Gerhard　作家,エッセイスト,文芸評論家　国ドイツ　生1925年6月3日　典1992（ツベレンツ, ゲールハルト）／1996（ツベレンツ, ゲールハルト）

ツェ・スーメイ　Tse, Su-mei　美術家　⊕1973年　⊛2012

ツェー, ニコラス　Tse, Nicholas　中国名＝謝霆鋒　俳優, 歌手　⊗香港　⊕1980年8月29日　⊛2000／2004／2008／2012

ツエー, ボブ　Tway, Bob　プロゴルファー　⊗米国　⊕1959年5月4日　⊛2008

ツェイトリン, ナウム　Tseitlin, Naum Iosifovich　挿絵画家　⊗ウクライナ　⊕1909年　⊛1996

ツェゲラー, アルミン　Zoeggeler, Armin　リュージュ選手　ソルトレークシティ五輪・トリノ五輪リュージュ男子1人乗り金メダリスト　⊗イタリア　⊕1974年1月4日　⊛2004／2008／2012

ツェケリー, ガブリエル　Székely, Gabriel　カリフォルニア大学サンディエゴ校アメリカ・メキシコ研究センター研究員　⊗国際関係論　⊗メキシコ　⊛1992

ツェッチェ, ディーター　Zetsche, Dieter　実業家　ダイムラー社長　⊗ドイツ　⊕1953年5月5日　⊛1996（ゼッツェ, ディーター）／2008／2012

ツェッペンフェルト, アヒム　Zeppenfeld, Achim　パーソナリティー　⊗ドイツ　⊛2004

ツェデブ, ドジョーギーン　Tsedev, Dojoogiin　文学者, 詩人　モンゴル国立文化芸術大学学長　⊗モンゴル言語学, モンゴル文学　⊗モンゴル　⊕1940年　⊛1992／2012

ツェデンバル, ユムジャギン　Tsedenbal, Yumzhagiyn　政治家, 軍人　元・モンゴル人民大会幹部会議長（元首）, 元・モンゴル首相, 元・モンゴル人民革命党書記長　⊗モンゴル　⊕1916年9月17日　⊗1991年4月21日　⊛1992

ツェトマイヤー, トーマス　Zehetmair, Thomas　バイオリニスト　⊗オーストリア　⊕1961年11月23日　⊛1992／1996／2000／2012

ツェネ, アッテイラ　Czene, Attila　水泳選手（個人メドレー）　⊗ハンガリー　⊕1974年6月20日　⊛2000／2008

ツェーフェルト, ジクリト　Zeevaert, Sigrid　児童文学作家　⊗ドイツ　⊕1960年　⊛2004／2008

ツェベクマ, バルダンギン　Tsebegmaa, Baldangiin　元・アリアンス協会顧問　司馬遼太郎著『草原の記』の女主人公　⊗モンゴル　⊕1924年　⊗2004年3月15日　⊛2012

ツェベグミド, ドンドギイーン　Tsevegmid, Dondogiin　政治家, 作家, 詩人　元・モンゴル副首相・文化相　⊗モンゴル　⊕1915年　⊛1992

ツェベンドルジ, D.　考古学者　モンゴル科学アカデミー歴史研究所考古学科長　⊗モンゴル　⊛1992

ツェマック, マーゴット　Zemach, Margot　絵本画家　⊗米国　⊕1931年　⊛1992／1996

ツェラー, ディーター　Zeller, Dieter　神学者　マインツ大学教授　⊗ヘレニズム宗教学　⊗ドイツ　⊕1939年　⊛2004

ツェリッチ, ジェリコ　Ceric, Zeljko　漫画家　⊗ユーゴスラビア　⊛1996

ツェリッシェフ, イワン　Tselichtchev, Ivan S.　経済学者　新潟経営大学教授, ロシア世界経済国際関係研究所日本代表　⊗日本経済　⊗ロシア　⊕1956年　⊛1996／2004

ツェルガー, フランツ　Zelger, Franz　チューリヒ大学教授　⊗美術史学　⊗スイス　⊕1941年　⊛2000

ツェルカス, シルビア　Czerkas, Sylvia J.　恐竜研究家　元・ロサンゼルス郡立自然史博物館客員キュレーター　⊗米国　⊛1992

ツェルカス, スティーブン　Czerkas, Stephen A.　彫刻家, 古生物学者　⊗米国　⊛1992／1996

ツェルディック, アクセル　Zerdick, Axel　ベルリン自由大学政治社会学部教授　⊗インターネットの社会科学的研究　⊗ドイツ　⊕1941年　⊛2004

ツェルナー, ウォルフガング　Zöllner, Wolfgang　テュービンゲン大学教授・労働法社会法研究所所長　⊗労働法, 社会法　⊗ドイツ　⊕1928年　⊛1996

ツェルナー, マルチナ　Zellner, Martina　バイアスロン選手　⊗ドイツ　⊕1974年2月26日　⊛2000

ツェルナー, ラインハルト　Zöllner, Reinhard　本名＝Zöllner, Reinhard Erich　ボン大学教授　⊗近代日本経済・社会史　⊗ドイツ　⊕1961年　⊛2012

ツェルノゴラズ, ジョバンニ　Cernogoraz, Giovanni　射撃選手（クレー射撃）　ロンドン五輪射撃男子クレー・トラップ金メダリスト　⊗クロアチア　⊕1982年12月27日

ツェルミアス, ニコス　ジャーナリスト　「ノイエ・チューリヒャー」紙ニューヨーク特派員　⊗スイス　⊕1955年　⊛1992

ツェレンドルジーン, バルドルジ　Tserendorjiin, Baldorj　環境運動家, ジャーナリスト, 作家　元・モンゴル国会議員　⊗モンゴル　⊕1953年　⊛2000

ツェン, ヤニ　Tseng, Yani　漢字名＝曽雅妮　プロゴルファー　⊗台湾　⊕1989年1月23日　⊛2012

ツェンカー, ヘルムート　Zenker, Helmut　作家　⊗オーストリア　⊕1949年　⊛2004

ツェンダー, ハンス　Zender, Hans　指揮者, 作曲家　元・ハンブルク州立歌劇場音楽総監督　⊗ドイツ　⊕1936年11月22日　⊛2004

ツォー, ジェイソン　カンフー指導者　カンフー・アカデミー校長・チーフコーチ　⊗米国　⊕1948年　⊛1996

ツォー, ホンピン　Zhao, Hongbin　画家　⊗オーストラリア　⊕1952年　⊛2004

ツォウ・シェンツェ　絵本作家　⊗中国　⊕1941年　⊛2008

ツォーデラー, ヨーゼフ　Zoderer, Joseph　作家　⊗イタリア　⊕1935年　⊛2012

ツォニス, アレクサンダー　Tzonis, Alexander　建築学者　デルフト工科大学教授　⊗建築設計方法論　⊗米国　⊕1937年　⊛2000

ツォロトカ, ペテル　Colotka, Peter　政治家　チェコスロバキア共産党幹部会員, チェコスロバキア連邦副首相兼スロバキア共和国首相　⊗チェコスロバキア　⊕1925年1月10日　⊛1992

ツォーン, ギュンター　Zorn, Günter　ライノタイプ・ヘル社長　⊗ドイツ　⊕1953年　⊛1996／2000

ツォン・フォン　叢峰　Cong, Feng　ドキュメンタリー映画監督　⊗中国　⊛2012

ツォンガ, ジョーウィルフリード　Tsonga, Jo-Wilfried　テニス選手　ロンドン五輪テニス男子ダブルス銀メダリスト　⊗フランス　⊕1985年4月17日　⊛2012

ツーゲントハット, クリストファー　Tugendhat, Christopher　政治家　王立国際問題研究所会長　元・EC副委員長　⊗英国　⊕1937年2月23日　⊛1992

ツジマン, フラニオ　Tudjman, Franjo　政治家　元・クロアチア大統領　⊗クロアチア　⊕1922年5月14日　⊗1999年12月10日　⊛1992／1996

ツズキ, セイゴ　Tsuzuki, Seigo　日本名＝続政剛　医師　元・ブラジル保健相, 元・サンタクルス伯日慈善協会サンタクルス病院院長　⊗ブラジル　⊕1933年　⊛1992／2012

ツススーバ, アンナ　Tousouzova, Anna　絵本作家　⊗ブルガリア　⊕1937年　⊛2004／2008

ツーストラップ, ピーター　Thustrup, Peter　ワインコレクター, ワイン商　⊗スウェーデン　⊕1952年　⊛2004

ツーゼ, コンラート　経営者, コンピューターエンジニア　元・ツーゼKG社長　⊗プログラミング　⊗ドイツ　⊕1910年6月22日　⊗1995年12月18日　⊛1992／1996

ツタカワ, ジョージ　Tsutakawa, George　彫刻家　元・ワシントン大学名誉教授　⊗米国　⊕1910年　⊗1997年12月18日　⊛1992

ツツ, デズモンド・ムピロ　Tutu, Desmond Mpilo　平和運動家, 黒人解放運動家, 聖職者　元・南アフリカ真実和解委員会委員長, 元・英国国教会ケープタウン大主教　⊗南アフリカ　⊕1931年10月7日　⊛1992／1996／2000／2004／2008／2012

ツツミダ, チェリー　Tsutsumida, Cherry Y.　本名＝ツツミダ, ユリコ　全米日系人記念基金事務局長　⊗米国　⊛2000

ツニャカオ, マルコム　Tuñacao, Malcolm　プロボクサー　元・WBC世界フライ級チャンピオン　⊗フィリピン　⊕1977年12月8日　⊛2004／2008

ツノア, タブラ　アクセサリー製作家　タブラ　⊗米国　⊕1943年　⊛1996

ツバイク, ポール　Zweig, Paul　詩人, 批評家　元・コロンビア大学,

元・クイーンズ大学 [専]英文学,比較文学 [国]米国 [没]1984年 [典]1992

ツバイク, マーティン　Zweig, Martin E.　投資家 [国]米国 [典]2004

ツービエ, ポール　元・リヨン民兵第2部長　元・ナチス協力者 [国]フランス [典]1992

ツビーチ, クリストファー　ジャーナリスト　英国王立国際問題研究所上級スタッフ,「ワールド・トゥデー」誌編集長 [専]バルカン問題 [国]英国 [生]1930年 [典]1996

ツブシンバヤル, ナイダン　Tuvshinbayar, Naidan　柔道選手　北京五輪柔道男子100キロ級金メダリスト [国]モンゴル [生]1984年6月1日 [典]2012

ツベトコビッチ, ミルコ　Cvetković, Mirko　政治家,エコノミスト　元・セルビア首相 [国]セルビア [生]1950年8月16日 [典]2012（ツベトコヴィッチ, ミルコ）

ツポウ4世　Tupou IV　本名=タウファハウ・ツポウ4世　元・トンガ国王 [国]トンガ [生]1918年7月4日 [没]2006年9月10日 [典]1992／1996／2000／2004

ツポウ5世　Tupou V　本名=ジョージ・ツポウ5世　元・トンガ国王 [国]トンガ [生]1948年5月4日 [没]2012年3月18日 [典]2008／2012

ツポウトア・ウルカララ　Tupouto'a Ulukalala　トンガ皇太子 [国]トンガ [生]1985年

ツボタ, ジョイス　坪田, ジョイス　Tsubota, Joyce R.　京やセールスマネージャー [生]1965年 [典]2000

ツメレカ, アサナシア　Tsoumeleka, Athanasia　競歩選手 [国]ギリシャ [生]1982年1月2日 [典]2008

ツール, ダグ　Tewell, Doug　プロゴルファー [国]米国 [生]1949年8月27日 [典]2004

ツル, デラルツ　Tulu, Derartu　陸上選手（長距離）,マラソン選手　バルセロナ五輪・シドニー五輪陸上女子1万メートル金メダリスト [国]エチオピア [生]1972年3月21日 [典]1996／2000／2004／2008／2012

ツルテム, N.　Tsultem, N.　画家,美術研究者　モンゴル芸術院院長 [国]モンゴル [生]1924年 [典]1992／1996

ツルパン, ドミニク　イメデ（IMD）教授 [専]ベンチャービジネス [典]1992／1996

ツルファ, エミリア　Tsoulfa, Aimilia　ヨット選手 [国]ギリシャ [生]1973年5月15日 [典]2008

ツルブリッゲン, ピルミン　Zurbriggen, Pirmin　元・スキー選手 [国]スイス [生]1963年2月4日 [典]1992

ツルベンコフスキ, ブランコ　Crvenkovski, Branko　政治家　元・マケドニア大統領,元・マケドニア首相 [国]マケドニア [生]1962年10月12日 [典]2000／2004／2008／2012

ツーロブ, アンドレアス　Zuelow, Andreas　ボクシング選手 [国]ドイツ [典]1992

ツワルスキー, エイブラハム　Twerski, Abraham J.　精神科医,ラビ　ゲートウェイ・リハビリセンターメディカル・ディレクター [国]米国 [典]2000

ツンジーニ, ギヨーム　Tunzini, Guillaume　映画監督 [国]英国 [典]2000

【テ】

デ, アジャイ　画家 [国]インド [生]1967年 [典]2000

テ・ジナ　Tea, Jin-ah　本名=チョバンホン　歌手 [国]韓国 [生]1953年4月5日 [典]2012

テ・ジンア　太 珍児　本名=曺芳憲　歌手 [国]韓国 [生]1953年4月5日 [典]1996

テ・ヒョンシル　太 賢実　タレント [国]韓国 [生]1942年11月11日 [典]1996

テ・ワンソン　太 完善　元・韓国副首相 [国]韓国 [没]1988年5月1日 [典]1992

デア, マーク　Derr, Mark　作家 [国]米国 [典]2004

デアイエ, モハメド・アル　Deayea, Mohammed Al　サッカー選手（GK） [国]サウジアラビア [生]1972年8月2日 [典]2004／2008

テ・アタイランギカーフ　Te Atairangikaahu　元・マオリ族女王,元・全国マオリ女性福祉協会名誉会長,元・マオリ・ラグビー連盟名誉会長 [国]ニュージーランド [生]1931年7月23日 [没]2006年8月15日 [典]2000／2004

デ・アナ, ウーゴ　De Ana, Hugo　オペラ演出家 [典]2004／2008

デ・アルメリャダ, セサレオ　De Armellada, Cesareo　神父,民話収集家 [国]ベネズエラ [典]2004

デ・アンジェリス, バーバラ　De Angelis, Barbara　心理学者　個性成長センター所長 [国]米国 [典]2000

デアンドリア, ウィリアム　DeAndrea, William L.　本名=DeAndrea,William Louis　ミステリー作家 [国]米国 [生]1952年 [典]1992／1996

テアンナキ, テアタオ　Teannaki, Teatao　政治家　元・キリバス大統領 [国]キリバス [生]1939年 [典]1992／1996／2000

デイ, アンドルー・J.　バドワイザー・ジャパン社長 [国]英国 [生]1962年10月 [典]2000

テイ・イゲン　鄭 為元　Cheng, Wei-yuan　軍人　元・台湾国防部長 [国]台湾 [生]1913年 [典]1992／1996

テイ・イコウ　程 維高　Cheng, Wei-gao　政治家　中国共産党中央委員　元・河北省党委書記 [国]中国 [生]1933年9月 [典]1992／1996／2000／2004

テイ・イシ　丁 偉志　歴史学者　中国社会科学院副院長,中国史学会副会長 [国]中国 [生]1931年 [典]1996

テイ・イシ　鄭 為之　Zheng, Wei-Zhi　外交官　元・中国外務省国際問題研究所所長 [国]中国 [没]1993年12月26日 [典]1996

テイ・イツワイ　丁 一匯　気象学者　中国国家気象局気象科学研究院副院長 [国]中国 [生]1938年 [典]1996

テイ・インナン　丁 蔭楠　映画監督　珠江電影製片廠 [国]中国 [生]1938年10月16日 [典]1996

テイ・エイカ　程 永華　Cheng, Yong-hua　外交官　駐日中国大使 [国]中国 [生]1954年9月 [典]2008／2012

テイ・エイキツ　鄭 英吉　中医師 [専]若石健康法 [国]台湾 [典]2004／2008

テイ・エイヒン　程 栄斌　法学者　人民大学法学院教授・博士生指導教員 [国]中国 [生]1930年11月 [典]2004／2008

テイ・エン　鄭 媛　英語名=SILLA　作家 [国]台湾 [生]1970年5月13日 [典]2012

テイ・エンケツ　鄭 淵潔　児童文学作家 [国]中国 [生]1955年 [典]1996

テイ・カイカ　鄭 海霞　Zheng, Hai-xia　バスケットボール選手 [国]中国 [生]1967年3月7日 [典]1996／2000

テイ・カジュン　鄭 家純　実業家　新世界発展社長 [国]香港 [典]2000

テイ・カセン　丁 華染　旧名=島村芳子　華道家　草月流香港支部長 [国]台湾 [生]1927年8月 [典]1992／1996

テイ・カンコン　丁 関根　Ding, Guan-gen　政治家　元・中国共産党政治局員・中央宣伝部長,元・中国鉄道相 [国]中国 [生]1929年9月 [没]2012年7月22日 [典]1992／1996／2000／2004／2008

テイ・ギ　鄭 義　Zheng, Yi　作家 [国]中国 [生]1947年 [典]1992／1996／2000／2004／2008

テイ・ギ　鄭 義　Zheng, Yi　作家 [国]香港 [生]1942年 [典]1992／1996

テイ・ギ　鄭 義　Zheng, Yi　外交官　駐北朝鮮中国大使 [国]中国 [典]1996

テイ・ギョウノウ　程 暁農　経済学者　プリンストン大学当代中国研究室副主任 [国]中国 [典]2008

テイ・ケイ　丁 慶　北京泰建士生化学研究所 [国]中国 [生]1964年 [典]2000

テイ・ケツ　鄭 潔　Zheng, Jie　テニス選手　北京五輪テニス女子ダブルス銅メダリスト [国]中国 [生]1983年5月7日 [典]2008／2012

テイ・ケンジン　程 建人　Cheng, Chien-jen　政治家　駐米台北経済文化代表部代表　元・台湾外交部長（外相） [国]台湾 [生]1939年8月11日 [典]2004／2008

テイ・ケンホウ　鄭 剣鋒　拳法家　日本通背拳学会名誉会長　[専]通背拳　[国]中国　[生]1945年　[典]2004

テイ・コウコウ　丁 衡高　Ding, Heng-gao　中国共産党中央委員　元・中国国務院国防科学技術工業委員会主任　[国]中国　[生]1931年2月　[典]1992／1996／2000

テイ・コウゴウ　丁 幸豪　上海米国学会会長, 上海対外貿易学院国際経済貿易研究所所長　[専]国際経済　[国]中国　[典]2000

テイ・コウセイ　鄭 鴻生　作家　[国]台湾　[生]1951年

テイ・コウレツ　鄭 甲烈　亡命した北朝鮮科学者　[生]1951年　[典]2000

テイ・コクキン　鄭 克欽　実業家　上海二紡機会長　[国]中国　[典]1996

テイ・コクショウ　丁 克祥　軍医　中国人民解放軍海軍学院診療所化学分析員　[国]中国　[生]1958年　[典]1996

テイ・コクユ　丁 国瑜　地震学者　中国科学院学部委員, 中国地震学会副理事長, 中国国務院学位委員会学科評議組メンバー　[国]中国　[生]1931年　[典]1996

テイ, サイモン　国際法学者　シンガポール国際問題研究所所長　[国]シンガポール　[典]2004／2008

ディー, サンドラ　Dee, Sandra　本名＝ザック, アレクサンドラ　女優　[国]米国　[生]1942年4月23日　[没]2005年2月20日　[典]1996

テイ・シエン　程 思遠　Cheng, Si-yuan　政治家　元・中国全国人民代表大会(全人代)常務副委員長, 元・中国平和統一促進会会長　[国]中国　[生]1908年8月　[没]2005年7月28日　[典]1996

テイ・シカ　程 子華　Cheng, Tzu-hua　本名＝程世傑　軍人, 政治家　元・中国共産党中央顧問委常務委員　[国]中国　[生]1905年　[没]1991年3月30日　[典]1992

テイ・シセイ　丁 士晟　吉林省科学技術委員会主任　[専]気象学　[国]中国　[生]1936年　[典]1996

テイ・ジュウ　鄭 重　瀋陽工業大学計算機学院院長, 遼寧中日民間技術交流促進会会長　[専]コンピューター　[国]中国　[典]1992

テイ・シュウビン　鄭 周敏　Cheng, Chou-min　実業家　香港アジア世界グループ創設者　[国]台湾　[生]1930年12月15日　[典]1996

テイ・シュクカ　鄭 淑華　Zheng, Shu-hua　中医師　[国]中国　[典]2004

テイ・シュクシ　程 粛之　Cheng, Su-zhi　北京科技大学金属材料系教師　[専]冶金学　[国]中国　[生]1925年　[典]2000

テイ・シュンカ　鄭 春河　旧日本名＝上杉重雄　元・神官　[国]台湾　[生]1920年　[典]2000

テイ・シュンカ　鄭 春華　児童文学作家, 詩人　少年児童出版社　[国]中国　[生]1959年　[典]1996

テイ・ジョ　丁 抒　Ding, Shu　著述家　ノルマンディ・コミュニティ大学教授　[国]中国　[生]1944年　[典]1996

テイ・ショウ　程 翔　ジャーナリスト　「ストレーツ・タイムズ」香港特派員　元・「当代」編集長　[国]香港　[生]1949年　[典]1992／1996／2000／2008／2012

テイ・ショウエイ　鄭 小瑛　旧名＝鄭瑛　指揮者　中央音楽学院指揮者系主任　[国]中国　[生]1929年　[典]1996

テイ・ショウコウ　丁 紹光　画家　カリフォルニア大学ロサンゼルス校　[国]米国　[生]1939年　[典]2000

デイ, ジョージ・J.セファ　Dei, George J.Sefa　教育学者　トロント大学大学院オンタリオ教育研究所教授　[国]ガーナ　[典]2004

ディー, ジョナサン　Dee, Jonathan　占い師　[典]2008

テイ・シリン　鄭 斯林　Zheng, Si-lin　国家経済貿易委副主任　元・江蘇省省長　[国]中国　[生]1940年5月　[典]1996／2000／2004

テイ・スイシ　鄭 水枝　Cheng, Shui-chih　政治家　台湾監察院副院長　[国]台湾　[生]1926年4月10日　[典]1996

デイ, スティシー　Day, Stacey B.　医学哲学者　WHOナッシュビルセンター創立教授　[国]米国　[生]1927年　[典]2000

テイ・セイシ　鄭 成思　Zheng, Cheng-si　中国社会科学院学位委員会委員, 中国人民大学教授, 北京大学教授　[専]知的所有権　[国]中国　[典]2000

テイ・セキソン　丁 石孫　Ding, Shi-sun　数学者　中国民主同盟主席　元・北京大学学長　[国]中国　[生]1927年　[典]1996／2000

テイ・ソウ　丁 聡　Ding, Cong　筆名＝小丁　挿絵画家, 漫画家　「読書」美術顧問　[国]中国　[生]1916年12月　[典]1996

テイ・ソウ　程 爽　Cheng, Shuang　スキー選手(フリースタイル)　[国]中国　[生]1987年2月11日

デイ, ダイアン　Day, Dianne　筆名＝サンダーズ, マデリン, ペイン, ダイアナ　作家, 心理学者　[国]米国　[典]2000

テイ・ダイサン　程 乃珊　作家, 編集者　「新週刊」編集主幹　[国]香港　[生]1946年　[典]2000

テイ・タクヒン　鄭 拓彬　Zheng, Tuo-bin　元・中国対外経済貿易部部長　[国]中国　[生]1924年2月　[典]1992／1996

テイ・チクエン　鄭 竹園　インディアナ州立ボール大学経済学部教授・アジア研究委員会委員長　[専]経済学　[国]中国　[生]1925年　[典]1992／1996

テイ・チョウキョク　堤 兆旭　Ti, Zhas-xu　上海交通大学教授・電力工程学部電力系統自動化研究室主任, 上海市日本留学同窓会副会長　[専]電力工学　[国]中国　[生]1939年　[典]2000

デイ, デービッド　Day, David　著述家　[典]2004／2008

デイ, ドリス　Day, Doris　本名＝カペルホフ, ドリス・フォン　歌手, 女優　[国]米国　[生]1924年4月3日　[典]1992／2004／2008／2012

デイ, トレーバー　Day, Trevor　「海の構造」の著者　[典]2008

デイ, ドロシー　Day, Dorothy　平和運動家, ジャーナリスト　[国]米国　[生]1897年11月8日　[没]1980年11月29日　[典]1992

テイ・トンジン　鄭 敦仁　張栄発基金国家政策研究中心執行長　[専]政治経済学　[国]台湾　[生]1948年　[典]2000

テイ・ナンヨウ　鄭 南榕　ジャーナリスト　元・「自由時代」社主・編集長　[国]台湾　[生]1947年9月12日　[没]1989年4月7日　[典]1992

テイ・ネイ　丁 寧　Ding, Ning　卓球選手　ロンドン五輪卓球女子団体金メダリスト　[国]中国　[生]1990年6月20日

テイ・ネン　鄭 念　本名＝姚念瑗　「上海の長い夜」の著者　[生]1915年1月28日　[典]1992／1996

テイ・ハンリュウ　鄭 判龍　文学者　延辺大学副学長, 中国朝鮮文学研究会理事長, 延辺文学芸術界連合会副主席　[国]中国　[生]1932年　[典]1996

テイ・ヒ　程 菲　Cheng, Fei　元・体操選手　北京五輪体操女子団体総合金メダリスト　[国]中国　[生]1988年5月29日

テイ・ビエン　丁 美媛　Ding, Mei-yuan　重量挙げ選手　[国]中国　[生]1979年12月27日　[典]2004／2008

テイ・ヒツケン　鄭 必堅　Zheng, bi-jian　政治経済学者　元・中国共産党中央宣伝部常務副部長　[国]中国　[生]1932年　[典]2012

テイ・ヒョウ　丁 冰　Ding, Bing　漫画家　[国]中国　[典]2012

テイ・ビン　鄭 敏　Zheng, Min　詩人, 評論家, 英文学者　北京師範大学外国文学部教授　[国]中国　[生]1920年　[典]2000

テイ・ビンシ　鄭 敏之　元・卓球選手・監督　中国国家体育委員会副司長, 中国卓球協会副主席　[国]中国　[生]1945年　[典]1996

テイ・ブンコウ　鄭 文光　作家, 天文学者　中国科学院北京天文台副研究員　[国]中国　[生]1929年　[典]1992／1996

テイ・ブンショウ　丁 文昌　軍人　中国人民解放軍空軍政治委員, 中国共産党中央委員　[国]中国　[生]1933年　[典]1996／2000

テイ・ヘイ　鄭 平　Zheng, Ping　遼寧対外貿易集団公司会長・社長　[国]中国　[生]1930年　[典]1992／1996

テイ・ホウエイ　鄭 鳳栄　元・走高跳選手　中国体育服務公司副経理, 中国陸上協会副主席　[国]中国　[生]1937年　[典]1996

テイ・マ　程 麻　Cheng, Ma　本名＝程広林　中国社会科学院文学研究所比較文学研究室　[国]中国　[生]1944年　[典]1996

デイ, マーレル　Day, Marele　作家, 編集者　[国]オーストラリア　[典]2004

テイ・マンツウ　鄭 万通　Zheng, Wan-tong　政協常務委秘書長　元・中華全国総工会執行委員会副主席　[国]中国　[生]1941年5月　[典]1996／2000／2004

テイ・マンホウ　鄭 万鵬　文学者　北京語言文化大学教授　[国]中国　[生]1940年12月　[典]2004

テイ・マンリ　程 万里　北京市対外科学技術交流協会副秘書長, 北京大学教授・日本研究センター顧問　[専]日本研究　[国]中国　[生]1918年

[典]1992（テイ・バンリ）

テイ・メイ　鄭 鳴　カメラマン　『中国青年報』社カメラマン,中国新聞撮影学会副秘書長・学術委員会副主任　[国]中国　[生]1957年　[典]1996

テイ・モン　鄭 問　漫画家　[国]台湾　[生]1958年　[典]1992／1996／2000

テイ・ユウセン　丁 有宣　翻訳家　[国]韓国　[典]2008

テイ・ユウソ　程 裕蘇　映画監督　[国]中国　[典]2004／2008

テイ・ユウトウ　鄭 裕彤　新世界グループ会長　宝石王　[国]香港　[典]1992／1996

テイ・ヨウシュウ　鄭 耀宗　Zheng, Yao-zong　元・香港大学学長　[国]香港　[生]1939年2月9日　[典]2004

ティー, リチャード　Tee, Richard　ジャズピアニスト　[国]米国　[生]1943年　[没]1993年7月21日　[典]1996

テイ・リョウ　鄭 亮　タレント　[国]中国　[典]2004

テイ・リョウギョク　鄭 良玉　Zheng, Lian-gyu　政治家　深圳市長,江西省副省長　[国]中国　[生]1933年　[典]1992／1996

ディー, ルビー　Dee, Ruby　本名=Wallace,Ruby Ann　女優,公民権運動家　[国]米国　[生]1924年10月27日　[没]2014年6月11日

テイ・レイシ　鄭 励志　Zheng, Li-zhi　復旦大学日本研究センター所長,上海市日本学会会長　[専]世界経済論,東アジア経済,日本学　[国]中国　[生]1924年　[典]1992／1996

テイ・ロウヘイ　鄭 浪平　国際政治ジャーナリスト　[国]台湾　[生]1951年　[典]1996

デイ, ロバート　Day, Robert A.　編集者　デラウェア大学教授　[国]米国　[典]2004／2008

ティア, ダイアン　Teare, Diane　コンピューター技術者　Geo Train上席ネットワークアーキテクト　[典]2004

ディアー, ロブ　元・プロ野球選手　[国]米国　[生]1960年9月29日　[典]1996

ディアガナ, ステファン　Diagana, Stéphane　元・陸上選手（障害）　[国]フランス　[生]1969年7月23日　[典]2000／2008

ディアク, F.　Diacu, Florin　ヴィクトリア大学教授　[生]1959年　[典]2008

ディアコヌ, パウル　ジャーナリスト　ニポニカ協会会長　元・ルーマニア通信社特派員　[国]ルーマニア　[生]1938年10月20日　[典]1996

テイアコバ・カルタアケ　ランビ評議会議員　[国]キリバス　[典]2000

ディアズ, J.W.　Diaz, J.W.　ジャーナリスト　[国]ホンジュラス　[生]1949年　[典]2004

ディアス, アラン　Diaz, Alan　フォトジャーナリスト　AP通信カメラマン　[国]米国　[典]2004

ディアス, エディ　Diaz, Eddy Javier　プロ野球選手（内野手）　[国]ベネズエラ　[生]1971年9月29日　[典]2004

ディアス, キャメロン　Diaz, Cameron　女優　[国]米国　[生]1972年8月30日　[典]1996／2000／2004／2008／2012

ディアズ, ジュノ　Díaz, Junot　作家　[国]米国　[生]1968年　[典]2000

ディアス, デービッド　Diaz, David　画家　[国]米国　[典]2004

ディアス, パブロ・アレハンドロ　人権擁護活動家　[国]アルゼンチン　[生]1958年6月26日　[典]1992

ディアス, ファン　Diaz, Juan　プロボクサー　元・WBA・IBF・WBO世界ライト級チャンピオン　[国]米国　[生]1983年9月17日

ディアス, フェリックス　Diaz, Felix　プロボクサー　北京五輪ボクシング・ライトウエルター級金メダリスト　[国]ドミニカ共和国　[生]1983年12月10日　[典]2012

ディアス, フスティーノ　Diaz, Justino　オペラ歌手　[国]プエルトリコ　[生]1940年1月29日　[典]1992

ディアズ, フリオ　Diaz, Julio　俳優　[国]フィリピン　[生]1959年　[典]2000

ディアズ, ボー　Diaz, Bo　大リーグ選手　[生]1953年2月23日　[没]1990年11月23日　[典]1992

ディアズ, マイク　元・プロ野球選手　[国]米国　[生]1960年4月15日　[典]1996

ディアス, ラモーナ　Diaz, Ramona　映画監督　[国]米国　[典]2012

ディアス, ロナルド・クーニャ　Dias, Ronaldo Cunha　漫画家,医師　[国]ブラジル　[典]1992／1996

ディアス・オルダス, グスタボ　Diaz Ordaz, Gustavo　政治家　元・メキシコ大統領　[国]メキシコ　[生]1911年3月21日　[典]1992

ディアスバラールト, フィデル・カストロ　Diaz-Balart, Fidel Castro　科学者　キューバ国家評議会科学顧問,京都外国語大学名誉教授　[国]キューバ　[生]1949年9月1日　[典]2012

ティアニー, ジーン　Tierney, Gene　本名=ティアニー,ジーン・エリザ・テイラー　女優　[国]米国　[生]1920年11月20日　[没]1991年11月6日　[典]1992

ティアニー, マイケル　Tierney, Michael　「ヘラルド」記者　[国]英国　[生]1968年　[典]2008

ディアボーン, メアリー　Dearborn, Mary V.　伝記作家　[専]ヘンリー・ミラー研究　[国]米国　[典]2008

ディアマント, アニータ　Diamant, Anita　ジャーナリスト,作家　[国]米国　[生]1951年　[典]2004

ディアラブ, デス　Dearlove, Des　経済ジャーナリスト　[典]2004

ティアリンク, リチャード　Teerlink, Richard　実業家　元・ハーレー・ダビッドソン会長・CEO　[国]米国　[典]1996／2000／2004

ディアロ, ハマ・アルバ　Diallo, Hama Arba　国連砂漠化防止条約事務局長　元・ブルキナファソ外相　[国]ブルキナファソ　[典]2004／2008

ディアンス, ドミニク　Dyens, Dominique　作家　[国]フランス　[典]2004

ディ・ヴァイオ, マルコ　Di Vaio, Marco　サッカー選手（FW）　[国]イタリア　[生]1976年7月15日　[典]2004／2008／2012

デイヴィス, ローラ　Davis, Laura　「もし大切な人が子どもの頃に性虐待にあっていたら―ともに眠りともに笑う」の著者　[典]2008

ティヴィソル, ヴィクトワール　Thivisol, Victoire　女優　[国]フランス　[典]2004

ディ・ヴィンク, ロードウィク　De Vink, Lodewijk　ワーナー・ランバート社長　[国]米国　[典]1996（ディ・ビンク, ロードウィク）

ティウサネン, タウノ　グラスゴー大学ソ連・東欧研究所所長　[専]旧ソ連・東欧経済　[生]1930年　[典]1996

ディウフ, アブド　Diouf, Abdou　政治家　元・セネガル大統領,元・アフリカ統一機構（OAU）議長　[国]セネガル　[生]1935年9月7日　[典]1992／1996／2000／2004／2008

ディウフ, エル・ハジ　Diouf, El-Hadji　本名=ディウフ,エル・ハジ・ウセイヌ　サッカー選手（FW）　[国]セネガル　[生]1981年1月15日　[典]2004／2008／2012

ディウフ, ジャック　Diouf, Jacques　外交官,作物学者　元・国連食糧農業機関（FAO）事務局長　[国]セネガル　[生]1938年8月1日　[典]1996／2000／2004／2008／2012

ディエギス, カルロス　Diegues, Carlos　映画監督,映画評論家　[国]ブラジル　[生]1940年5月19日　[典]2004（ジエギス, カルロス）／2008（ジエギス, カルロス）／2012

ディエゴ　Diego　本名=シルバ,ディエゴ・ソウザ・ガマ　サッカー選手（FW）　[国]ブラジル　[生]1984年3月22日　[典]2012

ディエゴ, エリセオ　詩人　[国]キューバ　[没]1994年3月1日　[典]1996

ティエッセン, ティファニー・アンバー　Thiessen, Tiffani-Amber　女優　[国]米国　[生]1974年1月23日　[典]2000

ティエボー, フィリップ　Thiébaut, Philippe　オルセー美術館主任学芸員　[専]アール・ヌーヴォー　[国]フランス　[典]2004／2008

ディーエムエックス　DMX　ラップ歌手　[国]米国　[典]2000

ディーエムシー　DMC　本名=マクダニエルズ,ダリル　旧グループ名=Run DMC　ミュージシャン　[国]米国　[生]1964年　[典]2008／2012

ティエリー, G.　Thiery, Gaston　画家　[国]フランス　[生]1922年　[典]1992

ティエリオ, ジャック　Thieriot, Jacques　翻訳家　国際出版翻訳家コレージュ館長　[国]フランス　[生]1930年　[典]1996

ティエン・チュアンチュアン　Tian, Zhuang-zhuang　漢字名=田壮

壮 映画監督 ⒸⒾ中国 Ⓑ1952年4月30日 Ⓢ1992(田 壮壮 デン・ソウソウ)/1996(田 壮壮 デン・ソウソウ)/2000(田 壮壮 デン・ソウソウ)/2004/2008/2012

ディエン, ティク・ニュー 僧侶 在ドイツ・ベトナム仏教協会会長 ⒸⒾドイツ Ⓢ2000

ティーエン, マーク Teahen, Mark Thomas 大リーグ選手(外野手) ⒸⒾカナダ Ⓑ1981年9月6日 Ⓢ2012

ティエン・ガー・シュエッブ Thien Nga Schwab ファッションデザイナー アンナ・モイ・デザイナー ⒸⒾフランス Ⓑ1955年 Ⓢ2004/2008

ティエンポ, セルジオ・ダニエル Tiempo, Sergio Daniel ピアニスト ⒸⒾベネズエラ Ⓑ1972年2月24日 Ⓢ1992/2012

ディオ, ロニー・ジェームズ Dio, Ronnie James 本名=パタヴォナ, ロナルド グループ名=ディオ, ブラック・サバス, レインボー ロック歌手 ⒸⒾ米国 Ⓑ1942年7月10日 Ⓓ2010年5月16日

ディーオウ, ボリス Diaw, Boris バスケットボール選手 ⒸⒾフランス Ⓑ1982年4月16日

ディオス, ニコール・ヴェルヘル・デ Dios, Nicole Vergel de ジャズ歌手 絵本画家・太田大八の孫 ⒸⒾ米国 Ⓑ1979年 Ⓢ2000

ディオードロフ, ボリス Diodorov, Boris 挿絵画家 ⒸⒾロシア Ⓑ1934年 Ⓢ2000

ディオニジ, ステファノ Dionisi, Stefano 俳優 ⒸⒾイタリア Ⓑ1966年10月1日 Ⓢ1996

ディオプ, ブバ Diop, Bouba 本名=ディオプ, パペ・ブバ サッカー選手(MF) ⒸⒾセネガル Ⓑ1978年1月28日 Ⓢ2004/2008

ディオム, ファトゥ Diome, Fatou 作家 Ⓑ1968年 Ⓢ2012

ティオリー, トビー Teorey, Toby J. コンピューター科学者 ミシガン大学アナーバー校教授 データ・モデリング, データウェアハウジング, OLAP, 高度データベース ⒸⒾ米国 Ⓢ2004

ディオリ, ハマニ Diori, Hamani 政治家 元・ニジェール大統領(初代) ⒸⒾニジェール Ⓑ1916年6月16日 Ⓓ1989年4月23日 Ⓢ1992

ティオリエ, エリアーヌ Thiollier, Eliane 画家 ⒸⒾフランス Ⓑ1926年 Ⓢ1992

ディオン 本名=ディムッチ, ディオン 歌手 ⒸⒾ米国 Ⓑ1939年7月18日 Ⓢ1992

ディオン, セリーヌ Dion, Céline 歌手 ⒸⒾカナダ Ⓑ1968年3月30日 Ⓢ1992/1996/2000/2004/2008/2012

ティーガーデン, ボビン Teegarden, Bobbin コンピューター技術者, コンピューター・コンサルタント Ⓢ2004

ディ・カーニオ, パオロ Di Canio, Paolo サッカー選手(FW) ⒸⒾイタリア Ⓑ1968年7月9日 Ⓢ2008

ディカプリオ, レオナルド DiCaprio, Leonardo 俳優 Ⓑ1974年11月11日 Ⓢ1996/2000/2004/2008/2012

ディカミロ, ケイト DiCamillo, Kate 作家 ⒸⒾ米国 Ⓢ2004/2008/2012

ティカラム, タニタ 歌手 ⒸⒾ英国 Ⓢ1992

ディキアニ, ナンス Dicciani, Nance K. 実業家 スペシャルティ・マテリアルズ社長・CEO, ハネウェル・インターナショナル社長・CEO ⒸⒾ米国 Ⓢ2004/2008/2012

ディキシット, アビナッシュ Dixit, Avinash K. 経済学者 プリンストン大学教授 ⒸⒾ米国 Ⓑ1944年 Ⓢ1992/2000/2004

ディキソン, ジョン・ジェームス Dickison, John James シャール・ボヴィス取締役日本支店長 Ⓑ1953年 Ⓢ1996

ディーキンス, ロジャー Deakins, Roger 映画撮影監督 ⒸⒾ英国 Ⓑ1949年 Ⓢ2004/2008

ディキンスン, ハリー・T. Dickinson, H.T. エディンバラ大学教授 Ⓑ1939年 Ⓢ2008

ディキンスン, ピーター Dickinson, Peter 推理作家, ファンタジー作家, 児童文学作家 ⒸⒾ英国 Ⓑ1927年12月16日 Ⓢ1992/1996/2008(ディキンスン, ピーター)

ディキンスン, フレドリック Dickinson, Frederick R. ペンシルベニア大学歴史学部助教授 専政治学 ⒸⒾ米国 Ⓑ1961年 Ⓢ1996

ディーク, ニコラス 元・ディーク・ペレラ社(米国の世界最大手の貴金属・外国為替ブローカー)会長 ⒸⒾ米国 Ⓑ1985年11月18日 Ⓢ1992

ティーグ, マーク Teague, Mark イラストレーター, 絵本作家 ⒸⒾ米国 Ⓢ2004

ティクヴァ, トム Tykwer, Tom 映画監督 X・Filme Creative Pool共同設立者 ⒸⒾドイツ Ⓑ1965年5月23日 Ⓢ2000/2004/2008/2012

ディクス, グレン チェッカーフラッグ・マン(オーストラリアGP) ⒸⒾオーストラリア Ⓢ1992

ディークス, ネーサン Deakes, Nathan 競歩選手 アテネ五輪陸上男子20キロ競歩銅メダリスト ⒸⒾオーストラリア Ⓑ1977年8月17日

ディクソン, アン Dickson, Anne アサーティブネスト ⒸⒾ英国 Ⓑ1946年 Ⓢ1992

ディクソン, ウィリー Dixon, Willie ブルース歌手, 作曲家 ⒸⒾ米国 Ⓑ1915年7月1日 Ⓓ1992年1月29日 Ⓢ1996

ディクソン, エレン Dixon, Ellen B. 心理療法士 Ⓢ2004

ディクソン, クリス Dickson, Chris ヨットマン ⒸⒾニュージーランド Ⓑ1961年 Ⓢ1996

ディクソン, ゲーリー Dickson, Gary ノースカロライナ州立大学教授 専情報システム ⒸⒾ米国 Ⓢ2004

ディクソン, ゴードン・ルパート Dickson, Gordon Rupert SF作家 元・アメリカSF作家協会会長 ⒸⒾ米国 Ⓑ1923年 Ⓓ2001年1月31日 Ⓢ1992/1996

ディクソン, ジェイソン Dickson, Jason 大リーグ選手(投手) ⒸⒾ米国 Ⓑ1973年3月30日 Ⓢ2000

ディクソン, シャロン・プラット 政治家 ワシントン市長 ⒸⒾ米国 Ⓢ1992

ディクソン, ジーン Dikson, Jean 占星術師 ⒸⒾ米国 Ⓑ1918年 Ⓓ1997年1月25日 Ⓢ1992

ディクソン, スコット Dixon, Scott レーシングドライバー ⒸⒾニュージーランド Ⓑ1980年7月22日

ディクソン, ドゥーガル Dixon, Dougal 著述家, 科学コンサルタント 専地質学, 化石, 恐竜 ⒸⒾ英国 Ⓑ1947年 Ⓢ1992/1996/2000/2008/2012

ディクソン, トム Dixon, Tom デザイナー ⒸⒾ英国 Ⓑ1959年 Ⓢ2000

ディクソン, ナンシー Dixon, Nancy M. コンサルタント, 経営学者 コモン・ナレッジ主宰 ⒸⒾ米国 Ⓢ2004/2008

ディクソン, バーナード Dixon, Bernard サイエンス・ライター「バイオテクノロジー」ヨーロッパ・エディター ⒸⒾ英国 Ⓑ1938年7月17日 Ⓢ2000

ディクソン, ピーター Dixon, Peter L. 劇作家, ミステリー作家 ⒸⒾ米国 Ⓢ1992

ディクソン, ボブ 言語学者 ラトローブ大学言語類型論研究センター所長, オーストラリア国立大学言語学科初代教授 専少数民族の言語 ⒸⒾオーストラリア Ⓑ1939年 Ⓢ2004/2008

ディクソン, マックス Dickison, Max デザイナー デザイン・メーカーズ株式会社共同設立者・役員 ⒸⒾニュージーランド Ⓑ1958年 Ⓢ1992

ディクソン, メルビン Dixon, Melvin 作家 ⒸⒾ米国 Ⓢ1996

ディクソン, ロバート Dixson, Robert J. マイアミ大学コラル・ゲーブル校外国語学部ディレクター 専英語教授法 ⒸⒾ米国 Ⓑ1908年 Ⓢ1992

ディクソン, ロバート Dickson, Robert R. カナダ最高裁長官・副総督 ⒸⒾカナダ Ⓑ1927年2月21日 Ⓢ1992

ディクソン・クーパー, ヘイゼル Dixon-Cooper, Hazel 占星術師 ⒸⒾ米国 Ⓢ2008

ティク・ナット・ハン Thich Nhat Hanh 漢字名=釈一行 禅僧, 仏教学者, 詩人, 平和運動家 ⒸⒾベトナム Ⓑ1926年 Ⓢ1996/2000/2012

ディグビー, アン Digby, Anne 児童文学作家 ⒸⒾ英国 Ⓢ1992

ディグビー, マリエ Digby, Marie シンガー・ソングライター

国米国 生1983年4月 著2012

ディークマン, ハインリヒ・ディートリヒ 外交官 元・駐日ドイツ大使 国ドイツ 著2004／2008

ディークマン, ハンス Dieckmann, Hans 分析心理学者, 心理療法家 国際分析心理学会会長 元・ドイツ分析心理学会会長 国ドイツ 生1921年9月13日 著1996

ティーグリーン, アラン Tiegreen, Alan イラストレーター, アートディレクター 国米国 生1935年 著2004

ディクル, ロバート ボストン大学助教授 専経済学 国米国 生1959年 著1996

ディケーター, フランク Dikötter, Frank 歴史学者 ロンドン大学東洋・アフリカ研究学院教授 生1961年 著2012

ディケンズ, モニカ Dickens, Monica 作家 国英国 生1915年 没1992年12月25日 著1992／1996

ティコティン, レイチェル Ticotin, Rachel 女優 国米国 生1958年11月1日 著2000

ティコル, デービッド Ticoll, David 情報技術コンサルタント アライアンス・フォー・コンバージング・テクノロジーズ共同設立者 著2004

ディコルシア, フィリップ・ロルカ diCorcia, Philip-Lorca 写真家 国米国 生1953年 著1996／2004

ディーコン, アレクシス Deacon, Alexis 絵本作家 国英国 著2008

ディーコン, ジョン Deacon, John 本名＝ディーコン, ジョン・リチャード 旧グループ名＝クイーン ロックギタリスト 国英国 生1951年8月19日 著1996／2000／2004／2008／2012

ディーコン, リチャード Deacon, Richard 彫刻家 国英国 生1949年 著1992

ティザード, キャサリン Tizard, Catherine 本名＝Tizard, Catherine Anne 政治家 元・ニュージーランド総督 国ニュージーランド 生1931年4月4日 著1996／2000

ティザード, ロバート Tizard, Robert James 政治家 元・ニュージーランド国防相 国ニュージーランド 著1992／1996

ディサナヤケ, ガミニ 政治家 元・スリランカ統一国民党（UNP）国会議員団長 国スリランカ 生1942年3月 没1994年10月23日 著1996

ディザルニ, フランソワ D'izarny, François 画家 国フランス 生1952年 著1992／1996

ティシー, ノエル Tichy, Noel M. ミシガン大学ビジネス・スクール教授 専組織変革 国米国 著1996／2000

ディシェイ, ジル Dyché, Jill コンサルタント Baseline Consulting Group共同設立者・パートナー 著2004

ディジェロニモ, テレサ・フォイ Digeronimo, Theresa Foy ノンフィクション作家, 教育学者 ウィリアム・パターソン大学教授 国米国 著2004

ティジャン, ロバート Tjian, Robert カリフォルニア大学バークレー校分子細胞生物学部教授, ハワード・ヒューズ医学研究所研究員 専分子生物学 国米国 著1996

ティシュケビッチ, Z. ヨーロッパ産業連盟事務局長 国英国 生1934年 著1996

ティシュチェンコ, アレクセイ Tishchenko, Aleksei ボクシング選手 アテネ五輪・北京五輪ボクシング金メダリスト 国ロシア 生1984年5月29日 著2008（チシュチェンコ, アレクセイ）／2012

ティシュラー, マックス 薬理学者 国米国 没1989年3月18日 著1992

ティーズ, デービッド・E. 実業家 ウエーブフォア会長・社長・CEO 国米国 生1941年12月 著2000

ティーズ, ボーエン Dees, Bowen C. 物理学者 フランクリン研究所長 国米国 著2004／2008

ディスキー, ジェニー Diski, Jenny 作家, 教師 国英国 生1947年 著1996

ディスーキ, モハンマド Desouqi, Mohamed El ジャーナリスト「アル・アハラム」東京特派員 国エジプト 著2000

ティスケンス, オリヴィエ Theyskens, Olivier ファッションデザイナー セオリー・アーティスティックディレクター 国ベルギー 生1977年 著2000（テスケンズ, オリヴィエ）／2012

ディズダー, ジャスミン Dizdar, Jasmin 映画監督 国英国 生1961年 著2004／2008

ティズダル, キャロライン Tisdall, Caroline 美術史家, 写真家, ジャーナリスト 国英国 生1945年 著1996

ティズダル, ジェームズ Tisdall, James D. バイオインフォマティクス, バイオコンピューティング 国米国 著2004／2008

ディズダレビッチ, ライフ Dizdarevic, Raif 政治家 元・ユーゴスラビア連邦幹部会議長（元首） 国ユーゴスラビア 生1926年 著1992

ティーズデイル, ウェンディ Teasdill, Wendy ヨガ・インストラクター 専マタニティ・ヨガ 著2004

ディステファノ, アルフレッド Di Stefano, Alfredo 本名＝ディステファノ・ラウテ, アルフレッド・ステファノ 元・サッカー選手 レアル・マドリード名誉会長 国スペイン 生1926年7月4日 著2004／2008

ディ・ステファノ, ジュゼッペ Di Stefano, Giuseppe テノール歌手 国イタリア 生1921年7月24日 没2008年3月3日 著1996／2000

ディーステル, R. Diestel, Reinhard 数学者 ハンブルク大学数学科 専グラフ理論 著2004

ディストリ, ジミー Destri, Jimmy グループ名＝ブロンディ キーボード奏者 国米国 著2000

ディースナー, ハインツ・J. 元・ウエラジャパン社長 国ドイツ 生1943年 著1992／1996

ディズニー, ロイ・E. Disney, Roy Edward 映画プロデューサー, 実業家 元・ウォルト・ディズニー・カンパニー取締役副会長 国米国 生1930年 没2009年12月16日 著1992／2000／2008

ディスノー, デボラ DeSnoo, Deborah 本名＝ディスノー, デボラ・アン 女優, 演出家, 映画監督 アロビ・コンセプト代表取締役 国米国 生1956年1月11日 著1992（デスノー, デボラ）／1996／2000／2008

ディスパティエ, アレクサンダー Despatie, Alexandre 飛込み選手 アテネ五輪・北京五輪男子板飛込み銀メダリスト 国カナダ 生1985年6月8日

ディス・プラン Dith Pran フォト・ジャーナリスト 元・「ニューヨーク・タイムズ」カメラマン, 元・国連難民高等弁務官事務所（UNHCR）親善大使 生1942年9月27日 没2008年3月30日 著1992（ディット・プラン）

ディスポ, ローラン Dispot, Laurent ジャーナリスト 生1950年 著2004

ディスル, ウルズラ Disl, Ursula バイアスロン選手 国ドイツ 生1970年11月15日 著2000／2004

ティスロン, セルジュ Tisseron, Serge 精神科医, 精神分析家 専イマージュ, 漫画 国フランス 著2004

ディーゼル, ビン Diesel, Vin 俳優 国米国 生1967年7月18日 著2004／2008

ティーセン, ペーター・アドルフ 物理学者 専原爆開発, 物理化学 国ドイツ 没1990年3月5日 著1992

ディセンバー, ジョン December, John コンピュータ研究家 国米国 著2000

ディソン, アナクレト・イグナシオ Dizon, Anacleto Ignacio 作家 国フィリピン 生1923年4月26日 著1992

ディソン, シェラ・マリ モデル 国フィリピン 生1972年 著1996

ディタ, コンスタンティナ Dita, Constantina 旧名＝トメスク, コンスタンティナ マラソン選手 北京五輪陸上女子マラソン金メダリスト 国ルーマニア 生1970年1月23日 著2012

テイター, ハナ Teter, Hannah スノーボード選手（ハーフパイプ）トリノ五輪スノーボード女子ハーフパイプ金メダリスト 国米国 生1987年1月27日 著2008／2012

ディタ・フォン・ティース Dita von Teese 本名＝Sweet,Heather Renée モデル, ダンサー 国米国 著2008／2012

ディタール, バーラト・プラサド Dhital, Bhaarat Prasad 元・駐

日ネパール大使　国ネパール　⊕1933年　⊗1996／2004

ディーチ, キャロル　画家　国米国　⊗1992

ティチアーティ, ロビン　Ticciati, Robin　指揮者　スコットランド室内管弦楽団首席指揮者, バンベルク交響楽団首席指揮者　国英国　⊕1983年　⊗2012

ティー・チアン　スバエク・トム(影絵芝居)演者　国カンボジア　⊗2000

ティーチェ, ハンス・ヘルマン　ジャーナリスト　「ビルト」紙編集局長　国ドイツ　⊕1949年　⊗1992

ディーチェフ, トードル　Dichev, Todor Petkov　ブルガリア外務省国連事務局長　元・駐日ブルガリア大使　国ブルガリア　⊕1938年　⊗1992

ティーチェンス, アスムス　Tietchens, Asmus　作曲家　国ドイツ　⊗1992

ディ・チェンタ, ジョルジョ　Di Centa, Giorgio　スキー選手(距離)　トリノ五輪金メダリスト　国イタリア　⊕1972年7月10日　⊗2008／2012

ディ・チェンタ, マヌエラ　Di Centa, Manuela　スキー選手(距離)　国イタリア　⊕1963年1月31日　⊗1996／2000

ディーチュ, フランカ　Dietzsch, Franka　円盤投げ選手　国ドイツ　⊕1968年1月22日　⊗2000／2008／2012

ディーツ, ジェームズ　Deetz, James　カリフォルニア州立大学バークレー校人類学部教授　考古学　国米国　⊗1996

ティーツ, ジョン・ウィリアム　Teets, John William　ザ・ダイアルコープ会長・社長　国米国　⊕1933年9月15日　⊗1992／1996

ディーツ, ロバート　Dietz, Robert Sinclair　海洋学者　元・アリゾナ州立大学教授　国米国　⊕1914年9月14日　⊗1995年5月19日　⊗1996

ディッカーズ, スコット　Dikkers, Scott　「the ONION」編集長　国米国　⊗2004／2008

ディッカーソン, アール・B.　黒人運動家　国米国　⊕1886年9月1日　⊗1992

ティッカネン, マッタ　Ttkkanen, Marta　ジャーナリスト, 詩人　フィンランド成人学校校長　国フィンランド　⊕1935年　⊗1992

ディッキー, R.A.　Dickey, R.A.　本名=Dickey,Robert Allen　大リーグ選手(投手)　アトランタ五輪野球銅メダリスト　国米国　⊕1974年10月29日

ディッキー, エリック・ジェローム　Dickey, Eric Jerome　作家　国米国　⊗2004

ディッキー, ジェームズ　Dickey, James Lafayette　詩人, 作家　元・サウスカロライナ大学教授　国米国　⊕1923年2月2日　⊗1997年1月19日　⊗1992

ディッキー, ナンシー　Dickey, Nancy W.　医師　米国医師会会長　家庭医学　国米国　⊗2000

ディッキンソン, アンジー　Dickinson, Angie　本名=Brown, Angeline　女優　国米国　⊕1932年9月30日　⊗1992

ディッキンソン, ブルース　Dickinson, Bruce　グループ名=アイアン・メイデン, 旧グループ名=サムソン　ロック歌手　国英国　⊗2004／2008／2012

ディック, アラン・グラハム　画家　国英国　⊕1951年　⊗1996

ディック, フィリップ・K.　Dick, Philip Kindred　作家　国米国　⊕1928年12月16日　⊗1982年3月2日　⊗1992

ディックス, シェーン　Dix, Shane　作家　国オーストラリア　⊗2004

ディックス, テランス　Dicks, Terrance　作家　国英国　⊗2000

ディッケンソン, ビック　Dickenson, Vic　ジャズ・トランペット・トロンボーン奏者　国米国　⊕1906年8月6日　⊗1984年11月16日　⊗1992

ディッケンソン, ロバート・V.　シーラス・ロジック社長　⊗1996／2000

ティッシュ, スティーブ　Tisch, Steve　映画プロデューサー　国米国　⊕1949年　⊗1996

ディッシュ, トーマス　Disch, Thomas Michael　別名=ソープ, ドビン, ハーグレイブ, レオニー　SF作家　国米国　⊕1940年2月2日　⊗2008年7月4日　⊗1992／1996／2000

ティッシュ, ハリー　Tisch, Harry　元・自由ドイツ労働組合同盟(FDGB)議長, 元・東ドイツ社会主義統一党(SED)政治局員　国ドイツ　⊗1995年6月18日　⊗1992／1996

ティッセン, J.P.　スキャバル社代表取締役　国ベルギー　⊗1992

ティッセン, レネ　Tissen, René　KPMGディレクター　⊗2004

ティッセン・ボルネミッサ, ハンス・ハインリッヒ　Thyssen-Bornemisza de Kaszon, Hans Heinrich　美術コレクター, 実業家　元・ティッセン・ボルネミッサ総帥, 元・ハイネケン会長　国スイス　⊕1921年4月13日　⊗2002年4月27日　⊗1992／1996／2000

ティッソ, フランシーヌ　Tissot, Francine　ガンダーラ芸術研究家　ギメ博物館研究員　国フランス　⊕1917年　⊗1996

ディッチ, アンドルー　Deitsch, Andrew　ソフトウェアエンジニア　国米国　⊗2004

ディッツェ, ティナ　Dietze, Tina　カヌー選手　ロンドン五輪カヌー女子カヤックペア500メートル金メダリスト　国ドイツ　⊕1988年1月25日

ティッツェ, ルッツ　Tietze, Lutz F.　ゲッティンゲン大学化学科教授　有機化学　国ドイツ　⊕1942年3月14日　⊗1996

ディッツェル, デービッド　Ditzel, David R.　実業家　トランスメタCEO　国米国　⊗2004

ディットフルス, クリスチーナ・フォン　実業家, 元・スキー選手　国オーストリア　⊗1992

ディットフルト・フォン, クリスティーナ　本名=ディットフルト, クリスティーナ・イザベラ・メラニー・ルイズエラ・フライイン・フォン　ビジネスコンサルタント, 元・スキー選手　ディットフルト男爵家の長女　国オーストリア　⊕1992(クリスティーナ)／1996

ディツラー, ジニー　Ditzler, Jinny S.　コンサルタント　Best Year Yetワークショップ主宰　国米国　⊗2004

ティ・ティ　Htay Thit　映画監督　国ミャンマー　⊗2012

ディディ　dede　歌手　国スウェーデン　⊕1972年5月31日　⊗2000

ディディ, チュラニ　舞台監督, 俳優　ポジティブ・アート・ソサエティー主宰　国南アフリカ　⊗2000

ディディオン, ジョーン　Didion, Joan　作家, 脚本家, コラムニスト　国米国　⊕1934年12月5日　⊗1992／1996／2012

ティディクサー, レイン　Tideiksaar, Rein　医学者　ネバダ大学医学部教員　老年学, 高齢者の転倒　国米国　⊗2004

ティティクシュ, ウシャ　Titikshu, Usha　フォトジャーナリスト　国ネパール　⊗2008

ティティー・サイド　Titie Said　作家　国インドネシア　⊕1935年　⊗1992

ティティス・バシノ　Titis Basino　作家　国インドネシア　⊕1939年　⊗1992

ディディ・ユベルマン, ジョルジュ　Didi-Huberman, Georges　フランス社会科学高等研究院助教授　美術史, 哲学　国フランス　⊕1953年　⊗1996／2008

ティーデマン, クラウス　Tiedemann, Klaus　フライブルク大学教授・犯罪学経済刑法研究所所長　経済犯罪, 経済刑法　国ドイツ　⊕1938年4月1日　⊗1992

ティトゥス・カルメル, ジェラール　版画家　国フランス　⊕1942年　⊗1996

ティテル, エド　Tittel, Ed　コンピューター技術者　⊗2004

デイテル, ハーベイ　Deitel, Harvey M.　デイテルアソシエイツCEO　コンピューター科学　国米国　⊗1996／2000

デイテル, ポール　Deitel, Paul J.　コンピューター技術者　国米国　⊗2004／2008

ディテルリッジ, トニー　DiTerlizzi, Tony　絵本作家　国米国　⊕1969年　⊗2008／2012

テイト, ブライト　Tait, Blyth　馬術選手　国ニュージーランド　⊕1961年5月10日　⊗2000／2008

ディトー, ベス　Ditto, Beth　グループ名=ゴシップ　ロック歌手　国米国　⊕1981年2月19日　⊗2012

ディトウ, ウィリアム　Ditto, William L.　ジョージア工科大学助教授　⑰物理学　⑲米国　㉒1996

ティードホルム, アンナ・クララ　Tidholm, Anna-Clara　絵本作家　⑲スウェーデン　㉑1946年　㉒1996／2000

ティードホルム, トーマス　Tidholm, Thomas　絵本作家　⑲スウェーデン　㉑1943年　㉒2000

ディトマー, アンドレアス　Dittmer, Andreas　カヌー選手　アトランタ五輪・シドニー五輪・アテネ五輪金メダリスト　⑲ドイツ　㉑1972年4月16日　㉒2004／2008

ティートマイヤー, ハンス　Tietmeyer, Hans　銀行家, エコノミスト　IMF通貨政策アドバイザー　元・ドイツ連邦銀行総裁　⑲ドイツ　㉑1931年8月18日　㉒1992／1996／2000／2008／2012

ディトリ, フランク　Ditri, Frank M.　ミシガン州立大学水質調査研究所水質化学教授　⑰湖沼の富栄養化研究　⑲米国　㉒1992

ディートリヒ, ウェルナー　Diedrich, Werner　画家　⑲ドイツ　㉑1907年　㉒1996

ディートリヒ, マレーネ　Dietrich, Marlene　本名=ディートリヒ・フォン・ロッシュ, マリア・マグダレーナ　女優　⑲米国　㉑1901年12月27日　㉓1992年5月6日　㉒1992／1996

ディートル, エアハルト　Dietl, Erhard　挿絵画家, 絵本作家　⑲ドイツ　㉑1953年　㉒1996／2000

ディドロン, ジョン　演出家　⑲米国　㉑1945年　㉒1996

デイトン, ゲイル　Dayton, Gail　ロマンス作家　㉒2008

デイトン, ジョナサン　Dayton, Jonathan　コンビ名=デイトン&ファリス　映像作家, CMディレクター　Bob Industries　㉒2004／2008

デイトン, マーク　Dayton, Mark　本名=Dayton,Mark Brandt　政治家　ミネソタ州知事　元・米国上院議員(民主党)　⑲米国　㉑1947年1月26日　㉒2004／2012

デイトン, レン　Deighton, Len　本名=Deighton,Leonard Cyril　探偵作家　⑲英国　㉑1929年　㉒1992／1996／2000／2004

ディドンナ, ロベルト　Di Donna, Roberto　射撃選手(ピストル)　⑲イタリア　㉑1968年9月8日　㉒2000

ティナ　Tina　本名=ラッツ, ベッティーナ・ルイーズ　別名=ラッツ, ティナ, チャウ, ティナ　モデル, 宝石デザイナー　㉑1950年　㉓1992年1月24日　㉒1996

ディーナー, エド　Diener, Ed　イリノイ大学教授　⑰心理学　⑲米国

ディナリ, ニール　Denari, Neil M.　建築家　南カリフォルニア建築大学(SC-ARC)　⑲米国　㉑1957年　㉒1992(デナリ, ニール)／1996(デナリ, ニール)／2000

ディナーリン, バーバラ　ジャズオルガン奏者　⑲ドイツ　㉒2000

ディナロ, グレッグ　Dinallo, Greg S.　作家, 映画プロデューサー　⑲米国　㉑1941年　㉒1996／2012

ディナン, スージー　Dinan, Susie　医学者, 臨床訓練士　⑰骨粗鬆症　⑲英国　㉒2004

ディニ, Nh.　Dini, Nh.　作家　⑲インドネシア　㉑1936年　㉒1992

ディーニ, ランベルト　Dini, Lamberto　政治家, エコノミスト　元・イタリア首相・外相・蔵相　⑲イタリア　㉑1931年3月1日　㉒1996／2000／2004／2008／2012

ディニチェンコ, ゲンナジー・V.　ジャーナリスト　「イズベスチア」紙資本主義諸国部長　⑲ソ連　㉑1930年　㉒1992

ディニーン, ジャクリーン　Dineen, Jacqueline　フリーライター　⑲英国　㉑1953年　㉒2000

ディネイ　サッカー選手　⑲ブラジル　㉒2000

ディーネシュ, レスリー　Dienes, Leslie Dennis　カンザス大学地理学教授　⑰旧ソ連地域地理学　⑲米国　㉑1938年　㉒2000

ディネスク, ミルチャ　詩人, 反体制活動家　ルーマニア作家同盟会長　⑲ルーマニア　㉑1950年　㉒1992

ティノコ, イグナチオ(Jr.)　Tinoco, Ignacio (Jr.)　生化学者　カリフォルニア大学バークレー校　㉒2008

ディノスキー, キャシー　DeNosky, Kathie　ロマンス作家　⑲米国

㉒2004

テイバー, アンソニー　Taber, Anthony　作家　⑲米国　㉒1992

ディーバー, ジェフリー　Deaver, Jeffery　作家　⑲米国　㉑1950年　㉒2000／2004／2012

ディーバー, ジュリー　Deaver, Julie Reece　作家　⑲米国　㉒2004

ディーバー, マイケル　Deaver, Michael Keith　実業家　元・米国大統領次席補佐官　⑲米国　㉑1938年4月11日　㉓2007年8月18日　㉒1992

ディバイン　Divine　本名=ミルステッド, ハリス・グレン　俳優, 歌手　⑲米国　㉑1945年10月19日　㉓1988年3月7日　㉒1992

ディバイン, ウィリアム　Devine, William J.G.　ユニバーサル・ジュネーブ代表取締役　⑲英国　㉑1966年　㉒2000

ディバイン, フランク　Divine, Frank　「オーストラリアン」紙コラムニスト　⑲オーストラリア　㉑1931年　㉒1996

ディバカルニー, チットラ・バネルジー　Divakaruni, Chitra Banerjee　作家　㉒2004

ディバーグ, スティーブ　DeBerg, Steve　元・プロフットボール選手　⑲米国　㉑1954年1月19日　㉒2000／2008

ディバース, ゲイル　Devers, Gail　陸上選手(短距離・障害)　⑲米国　㉑1966年11月19日　㉒1996／2000／2004／2008

ディバッツ, ブラデ　Divac, Vlade　バスケットボール選手　⑲セルビア・モンテネグロ　㉑1968年2月3日　㉒1996／2008

ディババ, ティルネッシュ　Dibaba, Tirunesh　陸上選手(長距離)　北京五輪・ロンドン五輪上女子1万メートル金メダリスト, 5000メートル世界記録保持者　⑲エチオピア　㉑1985年6月1日　㉒2012

ディーハン, ジョフ　Deehan, Geoff　BBCラジオ科学編集者　⑲英国　㉒1992

ディビ, パスカル　Dibie, Pascal　パリ第7大学民族学科教授　⑰民族学　⑲フランス　㉑1949年　㉒1992

ディ・ピアジオ, ルイージ　Di Biaggio, Luigi　サッカー選手(MF)　⑲イタリア　㉑1971年6月3日　㉒2008

ディピエトロ, アントニオ　DiPietro, Antonio　元・検事　上院議員(左翼民主党)　元・ミラノ地検検事, 元・イタリア公共事業相　⑲イタリア　㉑1950年　㉒1996／2000

ディービーシーピエール　DBCピエール　DBC Pierre　本名=フィンレー, ピーター・ウォーレン　作家　⑲英国　㉑1961年6月　㉒2008／2012

デイビダウ, ビル　実業家　モア・デイビダウベンチャーズ創業者　元・インテル上級副社長　⑲米国　㉒2004

ティヒッチ, スレイマン　Tihić, Suleiman　政治家　ボスニア・ヘルツェゴビナ幹部会員　⑲ボスニア・ヘルツェゴビナ　㉑1951年11月26日　㉒2004／2008

ティビット, ベリル　Tibbitts, Beryl　ビューティーテラピスト　ビーナス・スクール・オブ・テラピー校長　⑲英国　㉒1996

ディヒテル, エルヴィン　Dichtl, E.　経営学者　元・ニュルンベルク・エアランゲン大学教授　⑲ドイツ　㉑1935年　㉓1997年　㉒2000

ディヒラー, ヨーゼフ　Dichler, Josef　ピアニスト　元・ウィーン音楽アカデミー教授・鍵盤楽器部長　⑲オーストリア　㉑1912年7月11日　㉓1993年3月26日　㉒1996

ティピング, キース　英国コマツ社長　⑲英国　㉒1996

ティピンズ, スティーブン　Tippins, Steven C.　経営学者　ルーズベルト大学教授　⑰リスク・マネジメント　⑲米国　㉒2004

ティフー, F.　Tiffou, Freddy　画家　⑲アルジェリア　㉑1933年　㉒1992

ディブ, ポール　オーストラリア国立大学戦略防衛研究センター所長　⑰戦略問題　⑲オーストラリア　㉑1939年　㉒1996

ディブ, ムハンマド　Dib, Mohammed　作家　⑲アルジェリア　㉑1920年7月21日　㉒1992／1996

ディーブ, メアリージェーン　アメリカン大学教授　⑰中東地域の外交・政治問題　⑲米国　㉒1996

ティファニー　Tiffany　歌手　⑲米国　㉑1971年10月2日　㉒1992／1996

ティファニー　Tiffany　グループ名=少女時代　歌手　[国]韓国　[生]1989年8月1日　[典]2012

ティファニー, ポール　Tiffany, Paul A.　ペンシルベニア大学経営学部ウォートン・スクール教授　[専]経営学, 経済学, 歴史学　[国]米国　[生]1942年12月　[典]1992

ディーファンタル, フレデリック　Diefenthal, Frederic　俳優　[国]フランス　[生]1968年　[典]2004

ティフィン, ジョン　Tiffin, John　情報通信学者　グローバル・バーチャル・ユニバーシティ(GVU)学長, ビクトリア大学名誉教授　[典]2004／2008

ディーフェンダファー, ウィリアム　元・米国行政管理予算局(OMB)副局長　[国]米国　[典]1992／1996

ディフォンゾ・ボ, マルシャル　Difonzo Bo, Marcial　俳優　[国]フランス　[典]2000

ディブディン, マイケル　Dibdin, Michael John　作家　[国]英国　[生]1947年3月21日　[没]2007年3月30日　[典]1996

ティプトン, スティーブン　Tipton, Steven M.　社会学者　エモリー大学教授　[専]宗教社会学　[典]2004

ティプラー, ジョン　Tipler, John　モータージャーナリスト　[国]英国　[生]1948年　[典]2000

ディフランコ, アーニー　Difranco, Ani　シンガー・ソングライター　[国]米国　[典]2000

ディフランチスカ, エリザ　Di Francisca, Elisa　フェンシング選手(フルーレ)　ロンドン五輪フェンシング女子フルーレ個人・団体金メダリスト　[国]イタリア　[生]1982年12月13日

ディプランペロ, ピエトロ・エンリコ　di Prampero, Pietro Enrico　ウディネ大学医学部教授　[専]筋活動のエネルギー　[国]イタリア　[典]1992

ディ・ブリース, ピーター　De Vries, Peter　作家　[国]米国　[生]1910年　[没]1993年9月28日　[典]1992(デ・ブリース, ピーター)／1996

ディプリマ, ダイアン　DiPrima, Diane　詩人　[国]米国　[生]1934年　[典]1996

ディフリング, アントン　Diffring, Anton　俳優　[生]1918年10月20日　[没]1989年7月　[典]1992

ディブル, ピーター　Dibble, Peter C.　コンピューター技術者　[典]2004

ディブル, ロブ　Dibble, Rob　元・大リーグ選手　[国]米国　[生]1964年1月24日　[典]1992／2004

ディベイキー, マイケル　医師　ベイラー医科大学心臓医学センター長　[専]心臓外科　[国]米国　[生]1908年9月　[典]2000

ディペーゴ, ジェラルド　Dipego, Gerald　脚本家, 作家　[国]米国　[生]1941年　[典]1992

ティベッツ, ゲリー　Tibbets, Gary G.　GM研究所物理部門上級研究員　[専]気相成長炭素繊維　[国]米国　[典]1992

ティベッツ, ポール　Tibbets, Paul　本名=ティベッツ, ポール・ウォーフィールド　軍人　元・米国空軍准将　広島に原爆を投下した爆撃機エノラ・ゲイ号の機長　[国]米国　[生]1915年2月23日　[没]2007年11月1日　[典]2004

ティペット, フィル　Tippett, Phil　SFX製作者, モデル・アニメーター　[国]米国　[生]1951年　[典]2000／2012

ティペット, マイケル　Tippett, Michael　本名=Tippett,Michael Kemp　作曲家　[国]英国　[生]1905年1月2日　[没]1998年1月18日　[典]1992／1996

ティベディ, パトリック　Thibedi, Patrick　エイズ孤児を支援する元ゲリラ兵　[国]南アフリカ

ティヘリーノ, ドリス　政治家　ニカラグア内務省顧問・女性最高司令官　[国]ニカラグア　[典]1992

ティベール, ジャック　Thibert, Jacques　ジャーナリスト　元・「フランス・フットボール」編集長　[国]フランス　[典]2000

ティベルギアン, セドリック　Tiberghien, Cédric　ピアニスト　[国]フランス　[生]1975年　[典]2004／2008

ティーボ, ポール　実業家　デュポン副社長　[国]米国　[典]2000

ティーボウ, ティム　Tebow, Tim　プロフットボール選手(QB)　[国]米国　[生]1987年8月14日　[典]2012

ティーボズ　T-Boz　本名=ワトキンス, ティオンヌ　グループ名=TLC　歌手　[国]米国　[生]1970年4月26日　[典]2000／2004／2008

ディボース, レオナルド　ユニセフ本部事業資金部上級職員　[国]ベルギー　[典]1996

ティボーデ, ジャン・イヴ　Thibaudet, Jean-Yves　ピアニスト　[国]フランス　[生]1961年9月7日　[典]2000／2012

ティボル, フランク　Tibor, Frank　ブダペスト大学アメリカ研究科長・準教授　[生]1948年　[典]1996

ティマー, ヤン　Timmer, Jan D.　実業家　フィリップス社長　[国]オランダ　[生]1933年2月20日　[典]1992(ティンマー, J.D.)／1996

ティマカタ, フレッド　Timakata, Fred　政治家　元・バヌアツ大統領　[国]バヌアツ　[生]1936年　[没]1995年3月21日　[典]1992／1996

ディマジオ, J.F.　DiMarzio, J.F.　コンピューターコンサルタント　[国]米国　[典]2004

ディマシオ, ジェラール　画家　[国]フランス　[生]1948年7月31日　[典]1992／1996

ディマジオ, ジョー　DiMaggio, Joe　本名=ディマジオ, ジョセフ・ポール　大リーグ選手　[国]米国　[生]1914年11月25日　[没]1999年3月8日　[典]1992／1996

ディマジオ, ドム　Dimaggio, Dom　元・大リーグ選手　[国]米国　[生]1917年2月12日　[典]2000

ディマス, スタブロス　Dimas, Stavros　政治家　欧州連合(EU)欧州委員　元・ギリシャ貿易相　[国]ギリシャ　[生]1941年　[典]2012

ディマス, トレント　Dimas, Trent　体操選手　[国]米国　[典]1996

ディマス, ピロス　Dimas, Pyrros　重量挙げ選手　[国]ギリシャ　[生]1971年10月13日　[典]1996／2000／2004／2008

ディーマス, ラシンダ　Demus, Lashinda　陸上選手(ハードル・短距離)　ロンドン五輪陸上女子400メートルハードル銀メダリスト　[国]米国　[生]1983年3月10日

ティマース, レオ　Timmers, Leo　イラストレーター　[生]1962年　[典]2008

ティマニナ, アンゼリカ　Timanina, Anzhelika　シンクロナイズドスイミング選手　ロンドン五輪シンクロナイズドスイミング・チーム金メダリスト　[国]ロシア　[生]1989年4月26日

ディマラナン, マリアニ　Dimaranan, Mariani　カトリックシスター　フィリピン全国政治犯救援センター代表　[国]フィリピン　[典]1992

ディ・マリア, アンヘル　Di Maria, Angel　サッカー選手(MF)　北京五輪サッカー男子金メダリスト　[国]アルゼンチン　[生]1988年2月14日　[典]2012

ティーマン, ブライアン　Tiemann, Brian　コンピューター技術者　[国]米国　[典]2004

ティミィ, キーナン　Timmy, Keenan　元・社会人野球選手　[生]1972年3月11日　[典]2000

ディミジェンコ, ニコライ　Demidenko, Nicolai　ピアニスト　[国]英国　[典]2004

ディミトリアス, ジョー・エレン　Dimitrius, Jo-Ellan　陪審コンサルタント　[国]米国　[典]2004

ディミトリオス1世　Dimitrios I　本名=Dimitrios Papadopoulos　元・ギリシャ正教総大主教　[生]1914年9月8日　[没]1991年10月2日　[典]1992

ディミトロフ, グリゴール　Dimitrov, Grigor　テニス選手　[国]ブルガリア　[生]1991年5月16日

ディミトロフ, フィリップ　Dimitrov, Filip　政治家　ブルガリア民主勢力同盟(UDF)議長　元・ブルガリア首相　[国]ブルガリア　[生]1955年3月　[典]1992／1996

ディミュロ, マイケル　DiMuro, Michael　大リーグ審判員　[国]米国　[生]1967年10月12日　[典]2000

ティミンスキ, スタニスラフ　実業家　[国]ポーランド　[典]1992

ティム　Tim　グループ名=レイジ・アゲインスト・ザ・マシーン　ロック・ベース奏者　[国]米国　[典]2004／2008／2012

ティム　Tim　本名=ウェラード, ティム　モデル　[国]英国　[生]1979年12月1日　[典]2008

ティム, ウーヴェ　Timm, Uwe　作家, 詩人, エッセイスト　[国]ドイ

ツ ⑭1940年 ⓓ1992／2008

ティム, カール　Timm, Carl　ネットワーク技術者　Protegg社CTO　ⓓ2008

ティム, トーマス　Timm, Thomas　バイオリニスト　ベルリン・フィルハーモニー管弦楽団第2バイオリン首席奏者　⑮ドイツ　⑭1973年　ⓓ2004

テイムアル・ダワマイデ　漢字名＝鉄木爾・達瓦買堤　政治家　新疆ウイグル自治区人民政府主席, 中国共産党中央委員　⑮中国　⑭1927年　ⓓ1996

ティムケン, W.R.(Jr.)　Timken, W.R.(Jr.)　実業家　ティムケン会長　⑮米国　ⓓ1996

ティムズ, スティーブン　Timms, Stephen　政治家　英国貿易産業閣外相　⑮英国　⑭1955年　ⓓ2004／2008

ディムスキ, ゲーリー　Dymski, Gary A.　経済学者　カリフォルニア大学リバーサイド校経済学部教授　⑮米国　ⓓ2004

ディムブレビィ, ジョフレイ　Dimbleby, Geoffrey W.　ロンドン大学名誉教授　⑯考古学　⑮英国　⑭1917年5月27日　ⓓ2000

ディームベルガー, クルト　Diemberger, Kurt　登山家　⑭1932年　ⓓ2004

テイムリヤン, アナヒタ　Taymourian, Anahita　絵本作家, 画家　⑭1972年　ⓓ2008

ティーメ, パウル　インド学者　テュービンゲン大学名誉教授　⑮ドイツ　⑭1905年　ⓓ1992／1996

デイメク, K.　Dejmek, Kazimierz　演出家, 俳優　元・ポルスキ劇場総支配人・芸術監督　⑮ポーランド　⑭1924年5月17日　ⓓ2002年12月31日　ⓓ1992

ディ・メディルシュ, イネシュ　De Medeiros, Inés　別名＝メディルシュ, イネシュ　女優　⑮ポルトガル　⑭1968年4月15日　ⓓ1996

ディメノーク, ミハイル　Demonok, Mihail Stepanovich　歴史小説家, 動物文学者　⑮ロシア　⑭1939年　ⓓ2000

ティメル, マリアンヌ　Timmer, Marianne　本名＝Timmer,Maria Aaltje　元・スピードスケート選手　長野五輪・トリノ五輪金メダリスト　⑮オランダ　⑭1974年10月3日　ⓓ2000／2008／2012

ティメルマン, エクトル　Timerman, Héctor　政治家　アルゼンチン外相・貿易相　⑮アルゼンチン　ⓓ2012

テイモア, ジュリー　Taymor, Julie　演出家, 映画監督, 衣装デザイナー　⑮米国　⑭1952年　ⓓ2000／2004／2008／2012

ティモッシ, ホルヘ　Timossi, Jorge　作家, ジャーナリスト　キューバ書籍研究所副所長　⑮キューバ　⑭1936年　ⓓ2000

ティモシェンコ, アレクサンドラ　Timochenko, Aleksandra　新体操選手　⑮ウクライナ　⑭1972年2月18日　ⓓ1992／1996

ティモシェンコ, ユリヤ　Tymoshenko, Yulia　本名＝Tymoshenko, Yulia Volodymyrivna　旧名＝Grigyan,Yulia　政治家　元・ウクライナ首相　⑮ウクライナ　⑭1960年11月27日　ⓓ2008(チモシェンコ, ユリア)／2012

ディモーナ, ジョゼフ　Dimona, Joseph　作家, ジャーナリスト, 弁護士　⑮米国　ⓓ1992／1996

ティモネン, センニ　Timonen, Senni　民俗学者　⑮フィンランド　ⓓ2004

ティモフティ, ニコラエ　Timofti, Nicolae Vasilyevich　政治家, 法律家　モルドバ大統領　⑮モルドバ　⑭1948年12月22日

ディモン, イゴール　映画プロデューサー, 劇作家　⑮米国　ⓓ1992

ディモン, マット　Damon, Matt　俳優　⑮米国　⑭1970年10月8日　ⓓ2000／2004／2008／2012

ティモンズ, ウィリアム　ロビイスト　ティモンズ・アンド・カンパニー社長　⑮米国　⑭1930年12月27日　ⓓ1992

ティモンズ, オジー　Timmons, Ozzie　本名＝Timmons,Osborne Llewellyn　元・プロ野球選手, 元・大リーグ選手　⑮米国　⑭1970年9月18日　ⓓ2004

ディヤコフ, ウラディーミル　Diyakov, Vladimir Anatolivich　ロシア科学アカデミー・スラブ学バルカン学研究所上級研究員・教授　⑯ロシア史, ポーランド史, スラブ史　⑮ロシア　⑭1919年　ⓓ2000

ディヤチェンコ, アレクサンドル　Dyachenko, Alexander　カヌー選手　ロンドン五輪カヌー男子カヤックペア200メートル金メダリスト　⑮ロシア　⑭1990年1月24日

ディヤチェンコ, タチヤナ　Diyachenko, Tatiyana B.　元・ロシア大統領顧問　エリツィン・ロシア元大統領の二女　⑮ロシア　⑭1960年1月17日　ⓓ2000

ディヤング, ピーター　De Jong, Peter　「解決のための面接技法—ソリューション・フォーカスト・アプローチの手引き」の著者　ⓓ2008

テイラー, A.J.P.　Taylor, Alan John Percivale　歴史家　⑯欧州近・現代史, ドイツ史　⑮英国　⑭1906年3月25日　ⓔ1990年9月7日　ⓓ1992

テイラー, J.H.　ニクソン・ライブラリー館長　⑮米国　⑭1956年　ⓓ1996

テイラー, S.ロス　Taylor, S.Ross　オーストラリア国立大学物理学教室, 米国科学アカデミー外国人研究員　⑯惑星科学　⑮オーストラリア　ⓓ2004

テイラー, アート　Taylor, Art　ジャズドラマー　⑮米国　⑭1929年4月6日　ⓔ1995年2月6日　ⓓ1996

テイラー, アラン　Taylor, Alan D.　数学者　ユニオン・カレッジ教授　⑮米国　ⓓ2004

テイラー, アラン・リチャード　Taylor, Allan Richard　カナダロイヤル銀行会長・CEO　⑮カナダ　⑭1932年9月14日　ⓓ1992／1996

テイラー, アリス　Taylor, Alice　作家, 自然保護運動家　⑮アイルランド　⑭1938年　ⓓ1996

テイラー, アリステア　Taylor, Alistair　元・アップル総支配人　ⓓ2008

テイラー, アリソン　Taylor, Alison　作家　⑮英国　⑭1944年　ⓓ2000

テイラー, アンジェロ　Taylor, Angelo　陸上選手(短距離・障害)　シドニー五輪・北京五輪陸上男子400メートル障害・4×400メートルリレー金メダリスト　⑮米国　⑭1978年12月29日　ⓓ2004／2008／2012

テイラー, アンディ　Taylor, Andy　本名＝テイラー, アンドルー　グループ名＝デュラン・デュラン　ロックギタリスト　⑮英国　⑭1961年2月16日　ⓓ2008

テイラー, アンドルー　Taylor, Andrew　推理作家　⑮英国　⑭1951年　ⓓ1992／1996

テイラー, アンドルー・コウジ　Taylor, Andrew Kohji　バイオリニスト　⑮米国　⑭1971年　ⓓ2000／2004／2008

テイラー, イアン・ランス　Taylor, Ian Lance　コンピュータ技術者　Zembu LaboratoriesCTO　⑮GNU　ⓓ2004

テイラー, ウィリアム　Taylor, William　元・米国連邦預金保険公社(FDIC)総裁, 元・米国連邦準備理事会(FRB)銀行監督規制局長　⑮米国　⑭1928年　ⓔ1992年8月20日　ⓓ1992／1996

テイラー, ウィリアム　Taylor, William J.　戦略研究家　戦略国際問題研究所(CSIS)上級副所長　⑮米国　⑭1933年　ⓓ1996／2004

テイラー, エリザベス　Taylor, Elizabeth　本名＝Taylor,Elizabeth Rosemond　女優　⑮英国　⑭1932年2月27日　ⓔ2011年3月23日　ⓓ1992／1996／2000／2004／2008

ディラー, エリザベス　Diller, Elizabeth　建築家　プリンストン大学建築学部助教授　⑮米国　⑭1954年　ⓓ1996

テイラー, クリス　Taylor, Chris　ジャーナリスト　「ガーディアン」記者　⑮英国　ⓓ2004

テイラー, クリスチャン　Taylor, Christian　三段跳び選手　ロンドン五輪陸上男子三段跳び金メダリスト　⑮米国　⑭1990年6月18日

テイラー, クレスマン　Taylor, Kressmann　本名＝Taylor,Kathrine Kressmann　作家　⑮米国　ⓓ2004

テイラー, ケイティ　Taylor, Katie　ボクシング選手　ロンドン五輪ボクシング女子ライト級金メダリスト　⑮アイルランド　⑭1986年7月2日

テイラー, ゴードン　Taylor, Gordon Rattray　ジャーナリスト　⑮英国　ⓓ2000

テイラー, コーラ　Taylor, Cora　作家　⑮カナダ　⑭1936年　ⓓ2008

テイラー, サム　Taylor, Sam　サックス奏者　[専]テナーサックス　[国]米国　[生]1916年7月12日　[没]1990年10月5日　[典]1992

テイラー, サラ・スチュアート　Taylor, Sarah Stewart　ミステリ作家　[国]米国　[生]1971年　[典]2012

テイラー, サリー・アダムソン　Taylor, Sally Adamson　ジャーナリスト　「パブリッシャーズ・ウィークリー」極東通信員　[国]米国　[典]2000

テイラー, ジェニファー　Taylor, Jennifer　ロマンス作家　[典]2004

テイラー, ジェフリー　Taylor, G.Jeffrey　地球物理学者　ハワイ大学マノア校海洋・地球科学技術学部教授, ハワイ地球物理惑星科学研究所教授　[国]米国　[典]1996

テイラー, ジェームズ　Taylor, James B.　カンザス大学教授　[専]社会学　[国]米国　[生]1930年　[典]1996

テイラー, ジェームズ　Taylor, James　シンガー・ソングライター　[国]米国　[生]1948年　[典]1996／2004／2012

テイラー, ジェームズ　Taylor, James W.　カリフォルニア州立大学教授　[専]マーケティング　[国]米国　[典]1996

テイラー, ジェームズ・ハッチングズ　Taylor, James Hutchings　外交官　元・駐日カナダ大使　[国]カナダ　[生]1930年　[典]1992／1996

テイラー, ジェラルド　Taylor, Gerald H.　実業家　MCIコミュニケーションズ社長　[国]米国　[典]2000

テイラー, ジム　Taylor, Jim　スポーツライター　「プロバンス」スポーツコラムニスト　[国]カナダ　[典]1992

テイラー, ジャーメイン　Taylor, Jermain　プロボクサー　元・WBA・WBC・IBF・WBO世界ミドル級チャンピオン　シドニー五輪ボクシング・ライトミドル級銅メダリスト　[国]米国　[生]1978年8月11日

テイラー, ジョセフ(Jr.)　Taylor, Joseph Hooton (Jr.)　天体物理学者　プリンストン大学教授　[専]重力波天文学　[国]米国　[生]1941年3月29日　[典]1996／2008／2012

テイラー, ジョン　Taylor, John B.　経済学者　スタンフォード大学教授　元・米国財務次官　[専]国際経済・通貨問題　[国]米国　[生]1946年12月8日　[典]1992／2004／2008／2012

テイラー, ジョン　Taylor, John William Ransom　軍用機評論家　ジェーン航空機年鑑名誉編集長　[国]英国　[生]1922年6月8日　[典]1992

テイラー, ジョン　Taylor, John R.　オタゴ大学教授　[専]言語学　[典]2000

テイラー, ジョン　Taylor, Jon　グループ名=琉球アンダーグラウンド　ミュージシャン　[国]米国　[典]2004／2008／2012

テイラー, ジョン　Taylor, John　本名=テイラー, ナイジェル・ジョン　グループ名=デュラン・デュラン　ロックベース奏者　[国]英国　[生]1960年6月20日　[典]2008

テイラー, ジル　Taylor, Jill　本名=テイラー, ジル・ボルト　脳神経学者　インディアナ医科大学　[国]米国　[典]2012

テイラー, スコット　Taylor, Scott　ジャーナリスト　[国]カナダ　[典]2008

テイラー, ステファン　Taylor, Stephan　イラストレーター　[典]2004

テイラー, セシル　Taylor, Cecil　本名=Taylor,Cecil Percival　ジャズピアニスト, 作曲家　[国]米国　[生]1929年3月15日　[典]1992／1996／2008／2012

テイラー, タラス　Taylor, Talus　児童漫画作家　[国]米国　[生]1933年　[典]1992／1996／2000

テイラー, タルボット　Taylor, Talbot J.　ウィリアム・アンド・メアリー大学教授　[専]言語学　[国]米国　[生]1952年　[典]2000

テイラー, チャールズ　Taylor, Charles　本名=テイラー, チャールズ・マーグレイブ　哲学者　マッギル大学名誉教授　[専]社会哲学, 政治学, 経済学　[国]カナダ　[生]1931年11月5日　[典]2012

テイラー, チャールズ　Taylor, Charles　科学者　英国王立研究所教授　[専]エックス線結晶解析　[国]英国　[典]1992

テイラー, チャールズ　Taylor, Charles D.　作家　[国]米国　[生]1938年　[典]1992／1996

テイラー, チャールズ　Taylor, Charles Ghankay　政治家　元・リベリア大統領　[国]リベリア　[生]1948年1月28日　[典]2000／2004／2008

テイラー, デービッド　Taylor, David　作家, 獣医師　王立獣医大学評議員　[国]英国　[生]1934年　[典]1992／1996／2000

テイラー, デービッド　ロンドン大学助教授　[専]南アジア政治学　[国]英国　[典]1992

テイラー, デービッド　Taylor, David A.　エンタプライズ・エンジンズ社社長　[国]米国　[典]2000

テイラー, デービッド　Taylor, David　薬剤師　モーズレー病院主任薬剤師, ロンドン大学精神医学研究所上級講師　[国]英国　[典]2004／2008

テイラー, デービッド　Taylor, David　企業コンサルタント　[典]2008

テイラー, デーブ　Taylor, Dave　コンピュータアナリスト　インテューティブ・システムズ社長　[国]米国　[生]1962年8月3日　[典]1996／2000

テイラー, トレバー　Taylor, W.Trevor　ノヴァ・スコシア銀行在日代表, ソリド銀行取締役　[国]カナダ　[生]1934年8月17日　[典]1992

テイラー, ドン　Taylor, Don　音楽プロモーター　[生]1943年　[典]1996

テイラー, ドン　Taylor, Don　プログラマー　[国]米国　[典]2004

テイラー, パット　脳トレーニング研究家　[典]2008

テイラー, バーナード　Taylor, Bernard　作家, 脚本家　[国]英国　[生]1934年　[典]1992／1996

ディラー, バリー　Diller, Barry　実業家　IAC会長　元・シルバー・キング・コミュニケーションズ会長　[国]米国　[生]1942年2月2日　[典]2000／2012

テイラー, ピーター　Taylor, Peter　作家　[国]米国　[生]1917年　[典]1992／1996

テイラー, ピーター　Taylor, Peter　マンチェスター大学上級講師, マンチェスター・ビジネススクール上級講師　[専]会計学　[国]英国　[生]1947年　[典]1992

テイラー, ピーター　Taylor, Peter J.　ニューカッスル大学教授　[専]政治地理学　[国]英国　[典]2000

ディラー, フィリス　Diller, Phyllis　喜劇女優　[国]米国　[生]1917年7月17日　[没]2012年8月20日

テイラー, ブライアン・T.　ジャパンヘルスサミット社長　[国]米国　[生]1938年3月29日　[典]1996

テイラー, フレッド　Taylor, Fred　作家, 翻訳家　[国]英国　[生]1947年　[典]1996

テイラー, ベッキー　Taylor, Becky　ソプラノ歌手　[国]英国　[典]2004／2008

テイラー, ポーラ　Taylor, Paula　女優　[国]タイ　[典]2012

テイラー, ポール　Taylor, Paul Belville　舞踊家, 振付師　ポール・テイラー・カンパニー主宰　[国]米国　[生]1930年7月29日　[典]1992／1996／2004／2008／2012

ティラー, マイケル　Tiller, Michael M.　技術者　[国]米国　[典]2008

テイラー, マーク　Taylor, Mark C.　ウィリアムズ・カレッジ教授　[専]哲学, 宗教学　[国]米国　[生]1946年　[典]2000

テイラー, マクスウェル　Taylor, Maxwell Davenport　軍人, 外交官　元・米国統合参謀本部議長, 元・駐南ベトナム米国大使　[国]米国　[生]1901年8月26日　[没]1987年4月19日　[典]1992

テイラー, マット　Taylor, Matt　平和活動家, 映画監督, テレビプロデューサー　世界核兵器解体基金(GNDFund)代表　[国]米国　[典]2000／2012

テイラー, マーティン　Taylor, Martin　銀行家　元・バークレイズ・グループCEO　[国]英国　[生]1952年　[典]2000

テイラー, ミック　Taylor, Mick　旧グループ名=ローリング・ストーンズ　ロックギタリスト　[国]英国　[生]1948年1月17日　[典]1992／1996

テイラー, メル　Taylor, Mel　グループ名=ベンチャーズ　ロックドラマー　[国]米国　[生]1933年　[没]1996年8月13日　[典]1996

テイラー, ランス　Taylor, Lance J.　経済学者　ニュースクール大学教授・経済政策分析センター長　[国]米国　[生]1940年　[典]2004／2008

テイラー, リオン　Taylor, Leon　本名=Taylor,Melvin Leon　グループ名=ベンチャーズ　ロックドラマー　[国]米国　[生]1955年9月

23日　[典]2000／2008／2012

テイラー, リチャード　Taylor, Richard Edward　物理学者　スタンフォード大学名誉教授　[専]素粒子論　[国]カナダ　[生]1929年11月2日　[典]1992／1996／2008／2012

テイラー, リチャード　Taylor, Richard　コンピューター技術者　[国]米国　[典]2004

テイラー, リリ　Taylor, Lili　女優　[国]米国　[生]1967年2月20日　[典]1996／2000／2004／2008／2012

テイラー, レイチェル　Taylor, Rachael　女優　[国]オーストラリア　[生]1984年　[典]2008／2012

テイラー, レイモンド　Taylor, Raymond　作家　元・CIA情報部員　[生]1965年　[典]1996

テイラー, レスリー　Taylor, Lesley　インテリアデザイナー　[典]2008

テイラー, ロジャー　Taylor, Roger　本名=テイラー, ロジャー・メドウズ　グループ名=クイーン　ロックドラマー　[国]英国　[生]1949年7月26日　[典]1996／2000／2004／2008／2012

テイラー, ロジャー　Taylor, Roger　グループ名=デュラン・デュラン　ロックドラム奏者　[国]英国　[生]1960年4月26日　[典]2008

テイラー, ロバート　Taylor, Robert　元・米国国防総省先端研究計画局情報処理技術室室長　インターネットの創始者　[国]米国　[典]2000

テイラー, ロバート　Taylor, Robert B.　[専]家庭医療学　[国]米国　[典]2008

テイラー, ワイリー　復帰前の沖縄で少年野球を指導した元米国海兵隊長　[国]米国　[典]2000

ディライト　D-LITE　本名=カンデソン　グループ名=BIGBANG　歌手　[国]韓国　[生]1989年4月26日　[典]2012

テイラー・コルベット, リン　Taylor-Corbett, Lynne　振付師, 演出家　[国]米国　[典]2004

ティラース, イマンツ　画家　[国]オーストラリア　[生]1950年　[典]1996

デイラス, ミシェル　Dayras, Michèle　内科医, フェミニズム運動家　SOS性差別代表　[国]フランス　[典]2004

ティラーソン, レックス　Tillerson, Rex W.　実業家　エクソン・モービル会長・CEO　[国]米国　[典]2008／2012

ディラック, ポール　Dirac, Paul Adrien Maurice　理論物理学者　[専]量子力学　[国]英国　[生]1902年8月8日　[没]1984年10月20日　[典]1992

ディラード, アニー　Dillard, Annie　作家　[国]米国　[生]1945年4月30日　[典]1996／2000

テイラー・トーマス, ジョナサン　通称=JTT　俳優　[国]米国　[典]2000

ティラポン・ピーラワット　弁護士　[国]タイ　[典]1992

ディラン, ジェイコブ　Dylan, Jakob　グループ名=ウォールフラワーズ　歌手　[国]米国　[生]1970年　[典]2000／2004／2008

ティラン, デニス　Tiran, Denise　グリニッジ大学講師　[専]補完療法, 助産学　[国]英国　[典]2004／2008

ディラン, ボブ　Dylan, Bob　本名=ツィマーマン, ロバート・アレン　シンガー・ソングライター　[国]米国　[生]1941年5月24日　[典]1992／1996／2000／2004／2008／2012

デイリ　Deili　本名=Custodio da Silva,Deili　サッカー選手(FW)　[国]ブラジル　[生]1980年3月8日　[典]2004

デイリー, エドワード・J.　元・ワールド・エアウェーズ社会長　[国]米国　[没]1984年1月21日　[典]1992

デイリー, グレッチェン　Daily, Gretchen　本名=デイリー, グレッチェン・カーラ　生物学者　スタンフォード大学教授　[国]米国　[典]2012

デイリー, ジャネット　Dailey, Janet　ロマンス作家　[国]米国　[生]1944年　[没]2013年12月14日　[典]1992／1996／2000／2012

デイリー, タイン　Daly, Tyne　女優　[国]米国　[生]1947年　[典]1992

デイリー, バーバラ　メークアップアーティスト　BODY・SHOP化粧品部門担当　[国]英国　[典]1992／1996

デイリー, ピート　Daily, Pete　ジャズ・コルネット奏者　[国]米国　[生]1911年5月5日　[没]1986年8月23日　[典]1992

デイリー, ブリアン　Daley, Brian　作家　[国]米国　[生]1947年　[典]1992

デイリー, フレッド　プロゴルファー　[国]英国　[没]1990年11月18日　[典]1992

ティリー, メグ　Tilly, Meg　女優　[国]米国　[生]1960年　[典]1992

ディリー, レスリー　Dilley, Leslie　映画美術家　[国]英国　[典]1996

ディリー, ワリス　モデル　国連人口基金大使　[生]1967年　[典]2004

ディ・リヴィオ, アンジェロ　Di Livio, Angelo　サッカー選手(MF)　[国]イタリア　[生]1966年7月26日　[典]2004／2008

ティリエ, フランク　Thilliez, Franck　作家　[国]フランス　[生]1973年　[典]2012

ディール, ウィリアム(Jr.)　Diehl, William Francis (Jr.)　作家　[国]米国　[生]1924年12月4日　[典]1992／1996／2000

ティール, オーウェン　Teale, Owen　俳優　[国]英国　[典]2012

デイル, ジェフリー・R.　GEキャピタル・コンシューマーファイナンス・ビジネスリーダー　[国]オーストラリア　[典]2000／2004

ティル, スチュアート　Till, Stewart　実業家　ユナイテッド・インターナショナル・ピクチャーズ(UIP)会長・CEO　[国]米国　[典]2008

ディール, テレンス　Deal, Terrence E.　ピーボディ大学教授　[専]教育学, 社会学　[国]米国　[典]2000

ディール, ボーデン　Deal, Borden　本名=ボードン, リー　推理作家　[国]米国　[生]1922年　[典]1992

ディール, ランス　Deal, Lance　元・ハンマー投げ選手　[国]米国　[生]1961年8月21日　[典]2004

ディール, リチャード　Deal, Richard A.　ネットワークコンサルタント　[国]米国　[典]2004

デイル, リチャード　Dale, Richard　映画監督, テレビ監督　[国]英国　[典]2012

ディール, ロルフ　Diel, Rolf　ドレスナーバンク監査役会会長　[国]ドイツ　[生]1922年9月20日　[典]1992／1996

デイ・ルイス, ダニエル　Day-Lewis, Daniel　俳優　[国]英国　[生]1957年4月29日　[典]1992／1996／2000／2004／2008／2012

ディルコック, レスリー　Dilcock, Lesley　デザインコンサルタント, スタイリスト　元・「マリ・クレール」コントリビューティング・インテリアエディター　[典]2004

ティルコート, アンドルー　Tylecote, Andrew　シェフィールド大学上級講師　[専]戦略経営論　[国]英国　[生]1946年　[典]1996

ティールゼ, ウォルフガング　Thierse, Wolfgang　政治家　元・ドイツ連邦議会議長, 元・東ドイツ社会民主党党首　[国]ドイツ　[生]1943年10月22日　[典]2000／2004／2008

ティルソン・トーマス, マイケル　Tilson-Thomas, Michael　指揮者　サンフランシスコ交響楽団音楽監督　[国]米国　[生]1944年12月21日　[典]1992／1996／2000／2004／2008／2012

ティルタ, イワン　Tirta, Iwan　本名=Nursjirwan Tirtaamidjaja　バティックデザイナー　[国]インドネシア　[生]1935年　[没]2010年7月31日

ディルダ, マイケル　Dirda, Michael　書評家, エッセイスト　[国]米国　[生]1948年　[典]2012

ディルツ, ヘンリー　Diltz, Henry　写真家　[国]米国　[生]1938年9月6日　[典]1992／1996

ティルディスレイ, ジョイス　Tyldesley, Joyce Ann　考古学者, ライター　リバプール大学名誉特別研究員　[国]英国　[典]2004

ティルトン, セシル　Tilton, Cecil G.　アームストロング大学大学院理事・教授　元・GHQ民政局地方行政課長　[国]米国　[生]1901年12月18日　[典]1996

ティルニィ, リチャード・L.　詩人, 作家, 評論家　[典]1992

ディルファー, トレント　Dilfer, Trent　プロフットボール選手(QB)　[国]米国　[生]1972年3月13日　[典]2004／2008

ディ・ルポ, エリオ　Di Rupo, Elio　政治家　元・ベルギー首相　[国]ベルギー　[生]1951年7月18日

ディルマン, エリカ　Dillman, Erika　作家, 編集者　[国]米国　[典]2004

ティルマン, ジョージ(Jr.)　Tillman, George (Jr.)　映画監督　[国]米国　[生]1968年　[典]2004／2008／2012

ティルマン, バレット　Tillman, Barrett　作家　[専]米国海軍航空　[国]米国　[典]2004

ティルマン, リオ　Tilman, Leo M.　マネジメントコンサルタント　ブラックロック・ディレクター　[国]米国　[典]2004

ティルマン, リン　Tillman, Lynne　作家, 映画プロデューサー　[国]米国　[生]1947年　[典]1992／1996

ティルマンズ, ウォルフガング　Tillmans, Wolfgang　写真家　[国]ドイツ　[生]1968年　[典]2000／2008／2012

ティーレ, ハインツ・ヘルマン　Thiele, Heinz Hermann　クノールブレムゼ取締役会長　[国]ドイツ　[典]1996

テイレイ　丁玲　Ding-ling　本名＝蒋冰姿　別筆名＝彬芷, 叢喧　作家　元・中国作家協会副主席, 元・中国ペンセンター副会長　[国]中国　[生]1904年10月12日　[没]1986年3月4日　[典]1992

ディレイ, トム　DeLay, Tom　本名＝ディレイ, トーマス　政治家　米国下院議員（共和党）　元・米国共和党下院院内総務　[国]米国　[生]1947年4月8日　[典]2000／2004／2012

ディレイ, ドロシー　Delay, Dorothy　バイオリン指導者　元・ジュリアード音楽院教授　[国]米国　[没]2002年3月24日　[典]1992／1996／2000

ディレオ, チェリル　Dileo, Cheryl　元・世界音楽療法連盟会長　[典]2004

ディ・レスタ, ポール　Di Resta, Paul　F1ドライバー　[国]英国　[生]1986年4月16日

ディレーニー, ゲイル　Delaney, Gayle　心理学者　[国]米国　[典]2008

ディレーニー, サミュエル・レイ　Delany, Samuel Ray　SF作家　[国]米国　[生]1942年4月1日　[典]1992／1996／2004／2008

ディレーニー, ジョゼフ　Delaney, Joséph H.　SF作家　[国]米国　[生]1932年2月5日　[典]1996

ディレーニー, シーラ　Delaney, Shelagh　劇作家　[国]英国　[生]1939年　[典]1992

ディレーニー, トーマス・アーロン　Delaney, Thomas Aaron　関西大学特任講師　[専]語彙習得論　[国]米国　[典]2008

ディレーニー, フランク　Delaney, Frank　放送作家, ケルト文化史家　[国]アイルランド　[生]1942年　[典]1996

ディレーニー, マシュー　Delaney, Matthew B.J.　作家　[国]米国　[生]1977年　[典]2004

ティーレマン, クリスティアン　Thielemann, Christian　指揮者　ドレスデン州立歌劇場音楽総監督　元・ミュンヘン・フィルハーモニー管弦楽団音楽総監督, 元・ベルリン・ドイツ・オペラ（DOB）音楽総監督　[国]ドイツ　[生]1959年4月1日　[典]1996／2000／2008／2012

ディレラ, バーバラ　DiLella, Barbara　画家　[国]カナダ　[典]1992

ティレル, スーザン　Tyrrell, Susan　女優　[国]米国　[生]1945年3月18日　[没]2012年6月16日

ディレンシュナイダー, ロバート　Dilenschneider, Robert　企業PR戦略家　元・ヒル・アンド・ノウルトン社CEO　[国]米国　[生]1943年10月21日　[典]1996

ティロ, ハッサン　Tiro, Hasan Muhammad di　独立運動指導者　元・自由アチェ運動（GAM）最高指導者　[国]インドネシア　[生]1925年8月25日　[没]2010年6月3日

ディロフ, リューベン　Dilov, Lyuben　作家　[国]ブルガリア　[生]1927年　[典]2000

ティロリアン, ギイ　Tirolian, Guy　詩人　[国]フランス　[生]1917年　[典]1992

ディロン, キャサリン　Dillon, Katherine V.　元・軍人　[国]米国　[典]2004

ディロン, サラ　Dillon, Sara　作家　[国]米国　[典]1992

ディロン, ステファニー　Dillon, Stephanie W.　臨床心理学者　[国]米国　[典]2004

ディロン, ダイアン　Dillon, Diane　挿絵画家　[国]米国　[生]1933年　[典]1992／2004

ディロン, ダグラス　Dillon, C.Douglas　本名＝Dillon,Clarence Douglas　銀行家, 外交官, 政治家　元・米国財務長官, 元・ディロン・リード頭取　[国]米国　[生]1909年8月21日　[没]2003年1月10日　[典]1992／1996／2000

ディロン, ドナルド　Dillon, Donald J.　マッキャンエリクソン社長　[国]米国　[生]1944年12月24日　[典]1996

ディロン, マット　Dillon, Matt　俳優　[国]米国　[生]1964年2月18日　[典]1996／2000／2004／2008／2012

ディロン, ミリセント　Dillon, Millicent　作家, 劇作家　[国]米国　[生]1925年　[典]2000

ディロン, レオ　Dillon, Leo　絵本作家, 挿絵画家　[国]米国　[生]1933年　[没]2012年5月26日　[典]1992／2004

ディーン, アーサー・ホブソン　弁護士　元・ジュネーブ軍縮会議米首席代表　[専]国際法　[国]米国　[没]1987年11月30日　[典]1992

ディーン, アルフレッド　Dean, Alfred　ユニオン大学アルバニー・メディカル・カレッジ教授　[専]社会精神医療学, 医療社会学　[国]米国　[典]1996

ディーン, ウィリアム・パトリック　Deane, William Patrick　元・裁判官　オーストラリア総督　元・オーストラリア高裁判事　[国]オーストラリア　[生]1931年1月4日　[典]2000／2004

ディーン, クリストファー　Dean, Christopher　フィギュアスケート選手　[国]英国　[生]1958年7月27日　[典]1996

ティン, サミュエル　Ting, Samuel Chao Chung　中国名＝丁肇中　物理学者　マサチューセッツ工科大学教授, トーマス・ダッドリー・カボット研究所教授　[国]米国　[生]1936年1月27日　[典]1992／1996／2008

ディーン, シェイマス　Deane, Seamus Francis　作家, 詩人, 批評家, 文学史家　ノートルダム大学名誉教授　[専]英米文学, アイルランド文学史　[国]アイルランド　[生]1940年2月9日　[典]2000／2012

ディーン, ジェニー　Dean, Jenny　染色家　[専]草木染め　[典]2004

ディーン, ジェフリー　Dean, Jeffrey　テクニカルライター, コンピューターコンサルタント　[国]米国　[典]2004

ティン, ジェームス　Ting, James H.　実業家　赤井電機会長, 山水電気会長, セミ・テックカンパニーリミテッド会長・CEO, ザ・シンガー・カンパニー・エヌヴィ会長・CEO　[国]カナダ　[生]1950年8月7日　[典]1996／2000

ディーン, ジョン　Dean, John Gunther　元・外交官　元・駐インド米国大使　[国]米国　[生]1926年2月24日　[典]1992

ディーン, スーザン　Dean, Susan　英語講師　[国]米国　[典]2004

ディーン, ゾーイ　Dean, Zoey　「A・リスト〈1〉NYのお嬢様、LAへ行く」の著者　[典]2008

ディーン, デレク　Deane, Derek　本名＝Shepherd,Derek　振付師, 元・バレエダンサー　元・イングリッシュ・ナショナル・バレエ団（ENB）芸術監督　[国]英国　[生]1953年6月18日　[典]2004／2008／2012

ディーン, ハワード　Dean, Howard　政治家　米国民主党全国委員長　元・バーモント州知事　[国]米国　[生]1948年11月17日　[典]2000／2004／2008／2012

ディーン, ブレンダ　Dean, Brenda　英国印刷合同労組総書記長　[国]英国　[典]1992

ディーン, ボニー・サンジョン　Deane, Bonnie St.John　講演家　[国]米国　[典]2004

ディーン, マイケル　Dean, Michael　著述家　[典]2004

ディーン, モーリーン　Dean, Maureen　作家　[国]米国　[生]1945年　[典]1996

ディーンP　映画監督　[国]米国　[典]2008

ティン・アウン　Htin Aung　ジャーナリスト　ビルマ民主の声（DVB）東京特派員　[国]ミャンマー　[典]2012

ティン・ウ　Tin U　政治家, 軍人　ミャンマー国民民主連盟（NLD）副議長　元・ミャンマー国家平和発展評議会（SPDC）第2書記, 元・ミャンマー陸軍参謀長　[国]ミャンマー　[生]1928年3月12日　[典]1992／1996／2000／2008／2012

ティンガ　Tinga　サッカー選手（MF）　[国]ブラジル　[生]1978年1月13日　[典]2000

ディンガー, ジョン　外交官　在日米国大使館公使参事官・総領事　[国]米国　[典]2004

ティンカッティ, アントニオ　ファッションデザイナー　ティンカッ

ティ社社長 [国]イタリア [生]1945年 [典]1992

ディンキンズ, デービッド Dinkins, David Norman 政治家 コロンビア大学教授 元・ニューヨーク市長 [国]米国 [生]1927年7月10日 [典]1992／1996

ディングマン, ロジャー Dingman, Roger 歴史学者 南カリフォルニア大学教授 [専]米国陸海軍史, 米国外交史 [国]米国 [典]2004

ディングラ, A.K. インスツルメンテーション・リミテッド会長・社長 [国]インド [典]1992

ティンゲリー, ジャン Tinguely, Jean 彫刻家 [国]スイス [生]1925年5月22日 [没]1991年8月30日 [典]1992

ディンケルマイヤー, ラインハルト 関西ドイツ文化センター館長 [国]ドイツ [生]1937年 [典]1996

ディーンストビーア, イジー Dienstbier, Jiři 政治家, ジャーナリスト 元・チェコスロバキア外相 [国]チェコ [生]1937年4月20日 [没]2011年1月8日 [典]1992／1996

ディンスモア, ポール Dinsmore, Paul C. 経営コンサルタント ディンスモア・アソシエイツ代表 [国]米国 [典]2004

ティンズレイ, トム Tinsley, Tom C. バーン社社長・COO [国]米国 [生]1953年 [典]2000

テイン・セイン Tein Sein 政治家, 軍人 ミャンマー大統領 [国]ミャンマー [生]1945年4月20日 [典]2012

ディンダル, マーク Dindall, Mark アニメ映画監督 [国]米国 [典]2004／2008

ディンツェルバッハー, ペーター Dinzelbacher, Peter ザルツブルク大学教授 [専]神秘主義 [国]オーストリア [生]1948年 [典]2004

ティンデマンス, レオ Tindemans, Leo 政治家 欧州議会議員 元・ベルギー首相 [国]ベルギー [生]1922年4月16日 [典]1992／1996／2000

ディン・ドク・ティエン 元・ベトナム国防次官・元交通運輸相 [国]ベトナム [没]1987年1月20日 [典]1992

ティンバーゲン, ニコラス Tinbergen, Nikolas 動物行動学者 [国]英国 [生]1907年4月15日 [没]1988年12月23日 [典]1992

ティンバース, シルビア Timbers, Sylvia ドキュメンタリー・フィルム製作者 [典]2008

ティンバーレイク, ジャスティン Timberlake, Justin 本名＝Timberlake,Justin Radall グループ名＝イン・シンク 歌手, 俳優 [国]米国 [生]1981年1月23日 [典]2004（ジャスティン）／2008／2012

ティンベルヘン, ヤン Tinbergen, Jan 計量経済学者, 統計学者 元・ロッテルダム経済大学教授, 元・オランダ中央経済計画局長官, 元・国連開発計画（UNDP）委員会委員長 [国]オランダ [生]1903年4月12日 [没]1994年7月9日 [典]1992（ティンバーゲン, ヤン）／1996

ティンマーマン, ウルフ Timmermann, U. 砲丸投げ選手 [国]ドイツ [典]1992

ティンリー, スコット Tinley, Scott トライアスロン選手, スポーツライター [国]米国 [生]1956年 [典]2000

ティンリング, テディ Tinling, Teddy デザイナー [専]テニスウエア・デザイン [国]英国 [没]1990年5月23日 [典]1992

ティンレイ, ジグメ Thinley, Jigme 政治家 ブータン首相 [国]ブータン [生]1952年 [典]2012

デヴァリエール, リシャール Desvallières, Richard 鉄工芸家 [国]フランス [生]1893年 [典]1996（デバリエール, リシャール）

デヴィーア, マリエッラ Devia, Mariella ソプラノ歌手 [国]イタリア [生]1948年 [典]2000／2012

テヴォス, ミシェル Thévoz, Michel コレクシオン・ダール・ブリュット館長, ローザンヌ大学教授 [専]美学 [国]スイス [生]1936年 [典]1996（テボス, ミシェル）

デーヴォル, シーモン・フレム Devold, Simon Flem ジャーナリスト, 作家 [国]ノルウェー [生]1929年 [典]2004

テウス, アンドレアス Tews, Andreas ボクシング選手 [国]ドイツ [典]1996

デウッチマン, アラン Deutschman, Alan 編集者 [国]米国 [典]2004

テヴネ, ヴィルジニー Thévenet, Virginie 映画監督, 元・女優 [国]フランス [生]1957年 [典]1992（テブネ, ビルジニー）／1996（テブネ, ビルジニー）

テヴネ, モーリス エセック経済商科大学院大学学長 [専]経済学 [国]フランス [典]2000

デウバ, シェール・バハドル Deuba, Sher Bahadur 政治家 元・ネパール首相 [国]ネパール [生]1946年6月13日 [典]1996／2000／2004／2008／2012

テオ Theo 「オスカーとフー」の著者 [典]2008

テオ, スティーブン Teo, Stephen 映画監督, 映画評論家 [国]香港 [典]1992／1996

テオ, ピーター Teo, Peter ファッションデザイナー [国]シンガポール [典]2000

テオ・ミンキャン Teo, Ming-kian シンガポール経済開発庁長官, シンガポールテクノロジーズ会長 [国]シンガポール [生]1952年 [典]2004

デオカンポ, ロベルト De Ocampo, Roberto F. 元・フィリピン財務長官（蔵相） [国]フィリピン [典]2000

テオドッシュウ, ディミトラ Theodossiou, Dimitra ソプラノ歌手 [国]ギリシャ [典]2004／2008／2012

テオドラキス, ミキス Theodorakis, Mikis 作曲家 ギリシャ無任所相 [国]ギリシャ [生]1925年7月29日 [典]1992

テオドリウ, ボグダン ルーマニア救国戦線評議会経済再建開発委員長 [国]ルーマニア [生]1953年 [典]1992

デ・オラジオ, サンテ D'Orazio, Sante ファッション写真家 [国]米国 [生]1956年 [典]2000

テオリン, イレーネ Theorin, Iréne ソプラノ歌手 [典]2012

テオリン, ヨハン Theorin, Johan 推理作家, ジャーナリスト [国]スウェーデン [生]1963年 [典]2012

テオレル, アクセル・フーゴ Theorell, Axel Hugo Teodor 生化学者 元・カロリンスカ王立医科大学教授, 元・ノーベル医学研究所生化学部長 [国]スウェーデン [生]1903年7月6日 [没]1982年8月15日 [典]1992

デオン, ミシェル Déon, Michel 作家 [国]フランス [生]1919年8月4日 [典]1992

デ・ガエターニ, ジャン De Gaetani, Jan 声楽家 [専]メゾソプラノ [国]米国 [生]1933年7月10日 [没]1989年9月15日 [典]1992

デ・カストロ, エドソン データゼネラル（DG）会長 [国]米国 [典]1992

テ・カナワ, キリ Te Kanawa, Kiri 本名＝Te Kanawa,Kiri Jeanette Claire ソプラノ歌手 [国]ニュージーランド [生]1944年3月6日 [典]1992／1996（キリ・テ・カナワ）／2000（キリ・テ・カナワ）／2012

デガーモ, スコット DeGarmo, Scott サクセス・マガジン最高顧問 [専]編集者, ジャーナリスト [国]米国 [典]2000

デ・カール, ジャン Des Cars, Jean ノンフィクション作家 [国]フランス [生]1943年 [典]1992

デカルト, アリゲータ Descartes, Alligator コンピューター技術者 [国]英国 [典]2004

デ・カルロ, アンドレーア De Carlo, Andrea 作家 [国]イタリア [生]1952年 [典]1996

デカン, クリスチャン Descamps, Christian 哲学者 ポンピドゥー・センター哲学セミナー主宰者 [国]フランス [生]1944年 [典]1996

デカンディード, キース DeCandido, Keith R.A. 「バイオハザード2 アポカリプス」の著者 [典]2008

テキ・ウショウ 翟 禹鐘 作家 [国]中国 [生]1941年 [典]1996

テキ・ウシン 翟 羽伸 化学者 在日中国大使館科学技術担当参事官 [国]中国 [生]1942年 [典]1996

テキ・サイセイ 翟 済生 北京同仁医院中医科正教授, 北京市衛生局中医高級職称評審査委員, 施今墨医薬学術研究センター理事長 [専]中医学 [国]中国 [生]1909年 [典]2000

テキ・ショウコウ 狄 小光 川崎三興化成深圳工場社長 [国]中国 [典]2000

テ

テキ・ユウセイ　翟 裕生　鉱物学者　中国地質大学学長, 中国地質学会副理事長　[専]鉱床地質学　[国]中国　[生]1930年　[典]1996

テキシエ, アンリ　Texier, Henri　ジャズベーシスト　アンリ・テキシエ・トランスアトランティック・クァルテットリーダー　[国]フランス　[生]1945年1月27日　[典]1992

テキシエ, キャサリン　Texier, Catherine　作家, ジャーナリスト　[生]1947年　[典]1992（テキシアー, キャサリン）／1996（テキシアー, キャサリン）／2004／2008

デ・キャンプ, L.スプレイグ　De Camp, Lyon Sprague　SF作家, アンソロジスト　[国]米国　[生]1907年　[典]1992／2000

テギョン　Taecyeon　本名＝オクテギョン　グループ名＝2PM　歌手　[国]韓国　[生]1988年12月27日　[典]2012

テキリハイジ　迪里拜爾　オペラ歌手　中央歌舞団オペラ歌手　[国]中国　[生]1958年　[典]1996

デクエヤル, ハビエル・ペレス　De Cuéllar, Javier Pérez　政治家, 外交官　元・ペルー首相, 元・国連事務総長　[国]ペルー　[生]1920年1月19日　[典]1992／1996／2000／2004／2008／2012

デクスター, コリン　Dexter, Colin　推理作家　[国]英国　[生]1930年　[典]1992／1996／2000

デクスター, スーザン　Dexter, Susan　作家　[国]米国　[生]1955年　[典]1996

デクスター, ピート　Dexter, Pete　作家　[国]米国　[生]1943年　[典]1992／1996

デ・グズマン, ジョナサン　De Guzman, Jonathan　サッカー選手（MF）　[国]オランダ　[生]1987年9月13日　[典]2012

デ・クーニング, ウィレム　De Kooning, Willem　画家　[国]米国　[生]1904年4月24日　[没]1997年3月19日　[典]1992／1996

デグラウ, ヘンク　KLMオランダ航空日本支社長　[国]オランダ　[生]1947年10月24日　[典]1992

デクラーク, フレデリク　De Klerk, Frederik Willem　政治家　元・南アフリカ大統領, 元・南アフリカ国民党（NP）党首　[国]南アフリカ　[生]1936年3月18日　[典]1992／1996／2000／2004／2012

デグラツィア, デービッド　DeGrazia, David　哲学者, 倫理学者　ジョージ・ワシントン大学準教授　[国]米国　[生]1962年　[典]2008

デグラフェンリード, マイク　本名＝デグラフェンリード, アーサー・M.,3世　銀行家　シティバンク在日代表　[国]米国　[生]1949年1月　[典]2004

デーグル, フランス　Daigle, France　作家　[国]カナダ　[典]2008

デクレア, ジョアン　DeClaire, Joan　フリーライター　[国]米国　[典]2008

デグレイフ, モニカ　弁護士　元・コロンビア法相　[国]コロンビア　[典]1992

デグレゴリ, カルロス　Degregori, Carlos lván　本名＝デグレゴリ, カルロス・イバン　ペルー問題研究所所長, サンマルコス大学教授　[専]文化人類学　[国]ペルー　[典]1996

デグロウ, ギャビン　DeGraw, Gavin　シンガー・ソングライター　[国]米国　[生]1977年　[典]2012

デクロゾー, ジャン・ピエール　Desclozeaux, Jean Pierre　漫画家　[国]フランス　[生]1938年　[典]1992

デ・ケイザー, カール　De Keyzer, Carl　写真家　[国]ベルギー　[生]1958年　[典]1996

テケシュ, ラースロ　牧師, 人権活動家　[国]ルーマニア　[典]1992

デゲール, ジェームズ　Degale, James　プロボクサー　WBC世界シルバー・スーパーミドル級チャンピオン　北京五輪ボクシング・ミドル級金メダリスト　[国]英国　[生]1986年2月3日　[典]2012

デ・ゲレツ, トニ　De Gerez, Toni　児童文学作家　[国]メキシコ　[典]2004／2008

デーゲン, ロルフ　Degen, Rolf　科学ジャーナリスト　[国]ドイツ　[生]1953年　[典]2004／2008

デコ　Deco　本名＝ソウザ, アンデルソン・ルイス・ジ　元・サッカー選手　[国]ポルトガル　[生]1977年8月27日　[典]2008／2012

デ・ゴーズ, ジョン　De Goes, John　コンピュータープログラマー, テクニカルライター　[典]2004

デコス, リュシ　Décosse, Lucie　元・柔道選手　ロンドン五輪柔道女子70キロ級金メダリスト　[国]フランス　[生]1981年8月6日

デコック, ゲルハルドゥス　金融経済専門家　元・南アフリカ共和国準備銀行（中央銀行）総裁　[国]南アフリカ　[没]1989年8月7日　[典]1992

デコーニンク, フランク　Deconinck, Frank　物理学者　ブリュッセル大学教授　指でさわれる絵をつくる　[国]ベルギー　[典]2000

デコーニンク, ミシェール　Deconinck, Michele　心理学者　指でさわれる絵をつくる　[国]ベルギー　[典]2000

デコルテ, ルドルフ　De Korte, Rudolf Willem　政治家　元・オランダ副首相・経済相　[国]オランダ　[生]1936年7月8日　[典]1992

デコーン, ジム　Dekorne, Jim　精神世界研究家　[国]米国　[生]1936年　[典]2000

デサイ, アニタ　Desai, Anita　作家　[国]インド　[生]1937年6月24日　[典]1992／1996／2004／2008

デサイ, アニル　Desai, Anil　コンピューター技術者　QuickArrow技術製作者　[典]2004

デサイ, キラン　Desai, Kiran　作家　[生]1971年　[典]2000／2008

デサイ, ニッティン　Desai, Nitin Dayalji　エコノミスト　国連事務次長　[国]インド　[生]1941年7月5日　[典]2004

デサイ, プーラン　Desai, Pooran　実業家　バイオリージョナル・ディベロプメント・グループ共同設立者　[典]2008

デサイー, マルセル　Desailly, Marcel　サッカー選手（DF）　[国]フランス　[生]1968年9月7日　[典]2000（ドゥサイイー, マルセル）／2004／2008

デサイ, メグナッド　Desai, Meghnad Jagdishchandra　経済学者　ロンドン・スクール・オブ・エコノミクス教授　[国]英国　[生]1940年7月10日　[典]1996／2000／2004／2008

デサイ, モラルジ　Desai, Morarji Ranchhodji　政治家　元・インド首相　[国]インド　[生]1896年2月29日　[没]1995年4月10日　[典]1992／1996

デザイエレ, レネ　サッカー監督　[国]ベルギー　[生]1947年9月14日　[典]2000

デサップ, ギィ　画家　[国]フランス　[生]1938年　[典]2000

デサナイケ, ソマラトネ　Dissanayake, Somaratne　映画監督　[国]スリランカ　[生]1946年11月　[典]2004／2008

デザーモ, ケント　Desormeaux, Kent　騎手　[国]米国　[生]1970年2月27日　[典]2004／2008／2012

テサール, ヤン　Tesar, Jan　照明デザイナー　[国]フランス　[生]1952年　[典]2000

デサルボ, デブラ　DeSalvo, Debra　ビジネス・ライター　[国]米国　[典]2004

デサンクティス, ジェラルディン　DeSanctis, Gerardine　経営学者　デューク大学教授　[専]マネジメント論, 情報テクノロジー, 組織設計　[国]米国　[典]2004

デ・サンティス, ジュゼッペ　De Santis, Giuseppe　映画監督　[国]イタリア　[生]1917年2月11日　[没]1997年5月16日　[典]1992

テシエ, マックス　Tessier, Max　映画評論家　[国]フランス　[生]1944年　[典]2000

テジエ, リュドヴィク　Tezier, Ludovic　バリトン歌手　[国]フランス　[生]1968年　[典]2012

テシェイラ, マーク　Teixeira, Mark　本名＝Teixeira,Mark Charles　大リーグ選手（内野手）　[国]米国　[生]1980年4月11日　[典]2012

デジェネレス, エレン　DeGeneres, Ellen　コメディアン, 女優, 司会者　[国]米国　[生]1958年1月26日　[典]2008／2012

デ・ジェンキンス, リル・ベセラ　De Jenkins, Lyll Becerra　作家　フェアフィールド大学　[国]米国　[典]1996

テシネ, アンドレ　Téchiné, André　映画監督　[国]フランス　[生]1943年3月13日　[典]1992／1996／2000

デジマール　Dedimar　本名＝ソウザ・リマ, デジマール　サッカー選手（DF）　[国]ブラジル　[生]1976年1月27日　[典]2000／2008／2012

デシモーニ, リビオ　DeSimone, Livio D.　実業家　3M（ミネソタ・マイニング・アンド・マニュファクチャリング）会長・CEO　[国]米国　[生]1936年　[典]1996／2000

デシャネル, エミリー　Deschanel, Emily　女優　[国]米国　[生]1976年

10月11日　[典]2012

デジャノフ, プラメン　Dejanov, Plamen　アーティスト　[生]1970年　[典]2004

デシャン, ディディエ　Deschamps, Didier　サッカー監督, 元・サッカー選手　サッカー・フランス代表監督　[国]フランス　[生]1968年10月15日　[典]2000／2004／2008／2012

テシュケビッチ, ジクモント　欧州産業連盟事務局長　[国]英国　[生]1934年　[典]1996

デシュパンデ, キルティキューマー　Deshpande, Kirtikumar　コンピューター技術者　[典]2004

デシュパンデ, ニヤンタ　Deshupande, Niyanta　教育者　[専]インド数学　[国]インド　[典]2008

デ・ジョネット, ジャック　De Johnette, Jack　ジャズ・ドラマー　[国]米国　[生]1942年8月9日　[典]2008／2012

デジール, アルレム　Désir, Harlem　政治家　元・フランス社会党第1書記　[国]フランス　[生]1959年11月25日

デ・シルワ, キングスレー・ムトゥムニ　De Silva, Kingsley Muthumuni　歴史学者　スリランカ国際民族問題研究センター所長　[国]スリランカ　[典]2004／2008

デシンセイ, ダグ　DeCinces, Doug　本名=DeCinces,Douglas Vernon　元・大リーグ選手　[国]米国　[生]1950年8月29日　[典]1992

テーズ, マイケル　Thase, Michael　「最新うつ病治療ハンドブック」の著者　[典]2008

テーズ, ルー　Thesz, Lou　本名=セズ, ルー　プロレスラー　[国]米国　[生]1916年4月24日　[没]2002年4月28日　[典]1992／1996

デスカタ, ヤニック　D'Escatha, Yannick　フランス国立宇宙研究センター(CNES)理事長　[国]フランス　[典]2012

テスタ, キッコ　環境保護運動家, 政治家　エネル会長　元・イタリア下院議員(民主党), 元・イタリア環境同盟会長　[国]イタリア　[典]2004／2008

テスタ, ジャンフィリッポ　Testa, Gianfilippo　実業家　フェンディジャパン社長・CEO　[国]イタリア　[生]1975年

テスター, ファルビオ　Testa, Fulvio　絵本画家　[国]イタリア　[生]1947年　[典]2004

テスタバルディ, ビニ　Testaverde, Vinny　プロフットボール選手(QB)　[国]米国　[生]1963年11月13日　[典]2000／2008

テスタール, アラン　Testart, Alain　フランス国立科学研究センター(CNRS)研究員　[専]人類学　[国]フランス　[典]2000

デスタンヌ・ド・ベルニス, ジェラール　Destanne De Bernis, Gérard　グルノーブル大学教授, 応用数理経済学研究所所長　[専]経済学　[国]フランス　[生]1928年　[典]1996

テスチュ, シルヴィ　Testud, Sylvie　女優　[国]フランス　[典]2000

テスティーノ, マリオ　Testino, Mario　写真家　[国]ペルー　[生]1954年　[典]2008

デストラーデ, オレステス　Destrade, Orestes　元・大リーグ選手, 元・プロ野球選手　[生]1962年5月8日　[典]1996／2000／2012

デストロイ, ヘレン　Destroy, Helen　旧グループ名=レズ・ツェッペリン　ミュージシャン　[国]米国　[典]2012

デスパイネ, ジョエル　バレーボール選手　[国]キューバ　[生]1966年7月2日　[典]1992

デスピエール, ジャック　Despièrre, Jacques　画家　[国]フランス　[生]1912年3月8日　[典]1992／1996

テスファジオン, デスー　元・ゲリラ司令官　紅海トレーディング総支配人　[国]エリトリア　[典]2000

デスフォー, マックス　カメラマン　元・AP通信カメラマン　[国]米国　[典]1992／1996

デスポトビッチ, ランコ　Despotovic, Ranko　サッカー選手(FW)　[国]セルビア　[生]1983年1月21日

デスモワノー, クリステル　Des Moinaux, Christel　絵本作家　[国]フランス　[生]1967年　[典]2004

デズモンド, イアン　Desmond, Ian　本名=Desmond,Ian M.　大リーグ選手(内野手)　[国]米国　[生]1985年9月20日

デズモンド, エイドリアン　Desmond, Adrian J.　古生物学者, 生物進化学者, 作家　ロンドン大学ユニバーシティ・カレッジ生物学科名誉研究員　[国]英国　[生]1947年　[典]1992／1996／2000／2012

デズモンド, エドワード　Desmond, Edward　ジャーナリスト「タイム」東京支局長　[国]米国　[典]1996

デズモンド, ジョニー　歌手, 俳優　[国]米国　[没]1985年9月6日　[典]1992

デズモンド・ヘルマン, スーザン　Desmond-Hellmann, Susan　実業家, 医学者　ジェネンテック製品開発責任者　[国]米国　[典]2008／2012

デスラー, I.M.　Destler, I.M.　メリーランド大学教授, 国際経済研究所客員研究員　[専]国際経済　[国]米国　[生]1939年　[典]1992

デズリー　Des'ree　歌手　[国]英国　[生]1968年　[典]2000

デスロフ, ヘンリー　Dethloff, Henry C.　テキサス農工科大学歴史学教授　[専]歴史学　[国]米国　[生]1934年　[典]1996

デセイ, ナタリー　Dessay, Natalie　ソプラノ歌手　[国]フランス　[生]1965年　[典]2012

テセール, ギイ　Teisseire, Guy　スパイ小説家　[国]フランス　[生]1934年　[典]1992

デゼルスキー, ポール　HMVジャパン社長　[国]英国　[生]1961年　[典]2000

デセンス, エルマー　Dessens, Elmer　元・大リーグ選手, 元・プロ野球選手　[生]1972年1月13日　[典]2000

デソウィツ, ロバート　Desowitz, Robert S.　ハワイ大学名誉教授　[専]保健衛生　[国]米国　[生]1926年　[典]1992／2000

デ・ソウザ, マウリシオ　De Sousa, Mauricio　漫画家　マウリシオ・スタジオ代表　[国]ブラジル　[生]1935年　[典]1996(ソウザ, マウリシオ・ジ)／2012

デ・ソト, ラモン　De Soto, Ramon　彫刻家　バレンシア大学教授　[国]スペイン　[典]1996

データー, ジュディ　Dater, Judy　写真家　[国]米国　[生]1941年6月21日　[典]1996

テータム, ジム　Tatum, Jim　大リーグ選手(内野手)　[国]米国　[生]1967年10月9日　[典]2000

テータム, ドン　元・ウォルト・ディズニー社会長・CEO　[国]米国　[没]1993年5月31日　[典]1996

テタンコ, アマンド　Tetangco, Amando M. (Jr.)　銀行家　フィリピン中央銀行総裁　[国]フィリピン　[典]2012

テタンジェ, クロード　Taittinger, Claude　実業家, 歴史家　シャンパーニュ・テタンジェ社社長　[国]フランス　[典]1996

テタンジェ, ジャン　Taittinger, Jean　実業家, 政治家　元・ソシエテ・デュ・ルーヴル共同経営者, 元・ランス市長　[国]フランス　[生]1923年1月25日　[没]2012年9月23日　[典]1996

テタンジェ・ボンメゾン, アン・クレアー　Taittinger-Bonnemaison, Anne-Claire　実業家　バカラ社長, ルーブル・グループ会長　[国]フランス　[典]1996／2000

デチェザレ, パオロ　実業家　マックス・ファクター社長　[国]イタリア　[典]2000

デチャウ, ダグ　Dechow, Doug　コンピュータ技術者　[典]2008

テー・チョン・キン　Thé Tjong-Khing　絵本作家, 漫画家　[国]オランダ　[生]1933年　[典]2004

テツ　Tetsu　本名=Tetsu,Roger　漫画家　[国]フランス　[生]1913年　[典]1992

テツ・ギ　鉄 凝　Tie, Ning　作家　中国作家協会会長　[国]中国　[生]1957年9月18日　[典]1996／2008／2012

デッカー, インへ　Dekker, Inge　水泳選手(バタフライ)　北京五輪競泳女子4×100メートルリレー金メダリスト　[国]オランダ　[生]1985年8月18日

デッカー, ヴォルフガング　Decker, Wolfgang　ケルン体育大学教授　[専]スポーツ学, エジプト学　[国]ドイツ　[典]1996

デッカー, チャールズ　Decker, Charles L.　経営コンサルタント　元・ベーツ・ワールドワイド副社長, 元・P&Gブランド・マネジャー　[国]米国　[典]2000

デッカー, チャールズ　Decker, Charles R.　編集者　[国]米国　[典]2008

デッカー, バーバラ　Decker, Barbara B.　科学記者　[国]米国　[生]1929年　[典]2000

デッカー, ロバート　Decker, Robert W.　火山学者　[典]2000

デッカー, ワイス　Dekker, Wisse　実業家　元・フィリップス会長　[国]オランダ　[生]1924年4月26日　[没]2012年8月25日　[典]1992／1996

デッカー・フォイクト, ハンス・ヘルムート　Decker-Voigt, Hans-Helmut　心理学者, 音楽療法士, 作家　ハンブルク音楽演劇大学教授, ヘルベルト・フォン・カラヤン・アカデミー校長　[国]ドイツ　[生]1945年　[典]2004

デックス, ピエール　作家, ジャーナリスト, ピカソ研究家　[国]フランス　[生]1922年　[典]1992／2000

デッケルス, ミダス　Dekkers, Midas　生物学者, 作家　[国]オランダ　[生]1946年　[典]1996／2004

テッサリ, ドゥッチョ　Tessari, Duccio　映画監督　[国]イタリア　[生]1926年10月11日　[没]1994年9月6日　[典]1996

テッサロ, キャスリーン　Tessaro, Kathleen　作家　[国]米国　[典]2008

デッシー, ダニエラ　Dessi, Daniela　ソプラノ歌手　[国]イタリア　[生]1957年　[典]2004／2008／2012

テッセブロー, ヤン　Tossebro, Jan　「インクルージョンの時代―北欧発「包括」教育理論の展望」の著者　[典]2008

テッセマ, インデクタチュー　元・国際オリンピック委員会(IOC)エチオピア委員　[国]エチオピア　[没]1987年8月19日　[典]1992

デッセン, サラ　Dessen, Sarah　作家　[国]米国　[生]1970年　[典]2004／2012

テッター, ヤン　Tetter, Jan　作家　[国]ポーランド　[生]1935年　[典]2004

テット, ジリアン　Tett, Gillian　ジャーナリスト　[国]英国　[生]1967年　[典]2008

テットーニ, ルカ・インヴェルニッツィ　Tettoni, Luca Invernizzi　写真家　[典]2008

デッドマーシュ, アダム　Deadmarsh, Adam　アイスホッケー選手(FW)　[国]カナダ　[生]1975年5月10日　[典]2000／2008

デッドマン, ロバート　Dedman, Robert H.　クラブコープ会長, 日本―テキサス協議会米国側議長　[国]米国　[生]1926年2月　[典]1996

デットーリ, ランフランコ　Dettori, Lanfranco　英語名=デットーリ, フランキー　騎手　[国]イタリア　[生]1970年12月15日　[典]1996／2000／2004／2008／2012

デップ, ジョニー　Depp, Johnny　本名=デップ, ジョン・クリストファー　俳優　[国]米国　[生]1963年6月9日　[典]1996／2000／2004／2008／2012

デッペ, マーク　Dippe, Mark A.Z.　映画監督　[国]米国　[生]1958年　[典]2000

デッラ・ヴァッレ, ディエゴ　Della Valle, Diego　実業家　トッズ会長・CEO　[国]イタリア　[生]1953年　[典]2012

テッラノーヴァ, ジョヴァンナ　Terranova, Giovanna　反マフィア運動家　反マフィア女性協会会長　[国]イタリア　[典]1996(テッラノーバ, ジョバンナ)

テツラフ, クリスティアン　Tetzlaff, Christian　バイオリニスト　[国]ドイツ　[生]1966年　[典]2000／2012

デディエル, ウラジーミル　Dedijer, Vladimir　歴史家　[国]ユーゴスラビア　[生]1914年2月4日　[没]1990年12月1日　[典]1992

デティ・クルニア　歌手　[国]インドネシア　[生]1961年　[典]1992

テデエフ, エルブルス　Tedeyev, Elbrus　レスリング選手(フリースタイル)　[国]ウクライナ　[生]1974年12月5日　[典]2008

デデヤン, クレール　Dedeyan, Claire　作家, デザイナー, スタイリスト　[国]フランス　[生]1959年　[典]2004／2008

デデュー, ヴィルジニー　Dedieu, Virginie　シンクロナイズドスイミング選手　[国]フランス　[生]1979年2月25日　[典]2008／2012

デデリックス, マリオ・R.　ジャーナリスト　「シュテルン」誌ワシントン特派員　[国]ドイツ　[生]1949年　[典]1996

テート, エリザベス　画家, 著述家, 編集者　[国]英国　[典]1992

テート, ジェフリー　Tate, Jeffrey　本名=Tate,Jeffery Philip　指揮者　ハンブルク交響楽団首席指揮者　[国]英国　[生]1943年4月1日　[典]1996／2000／2004／2012

テート, シーラ　キャシディ・アンド・アソシエイツ副社長　元・ブッシュ大統領スポークスマン　[国]米国　[典]1992

テート, ブルース　Tate, Bruce A.　コンピューター技術者　[典]2004

デドー, ラウル　Dedeaux, Raoul Martial　通称=デドー, ロッド　大学野球監督　元・南カリフォルニア大学野球部名誉監督　[国]米国　[生]1914年2月17日　[没]2006年1月5日　[典]2000

デトゥーシュ, リュセット　Destouches, Lucette　作家ルイ・フェルディナン・セリーヌの妻　[国]フランス　[典]2004／2008

デトマー, タイ　Detmer, Ty　プロフットボール選手(QB)　[国]米国　[生]1967年10月30日　[典]1996／2000／2008

デドリック, ジェーソン　Dedrick, Jason　カリフォルニア大学アーバイン校CRITO上級研究員　[専]経済開発学, 産業政策学, 技術応用学, コンピュータ経営学　[国]米国　[典]2000

デ・トレビノ, エリザベス・ボートン　De Trevino, Elizabeth Borton　児童文学作家　[国]米国　[生]1904年　[典]1996

デトロイト, マルセラ　Detroit, Marcella　別名=レビ, マーシー, グループ名=シェイクスピアズ・シスター　シンガーソングライター, ギタリスト　[国]米国　[典]2000

テナー, エドワード　Tenner, Edward　プリンストン大学客員研究員　[専]科学技術　[国]米国　[典]2000

テナー, ジミ　Tenor, Jimi　ミュージシャン　[国]フィンランド　[典]2000

デナー, ジョン　Dehner, John　本名=Forkum,John　俳優　[国]米国　[生]1915年11月23日　[没]1992年2月4日　[典]1996

デナム, バーティー　Denham, Bertie　本名=Denham,Bertram Stanley Mitford Bower　作家, 男爵　英国上院議員　[国]英国　[生]1927年10月3日　[典]1996

デナム, ロバート　ソロモン会長　[国]米国　[典]1996

デナンクス, ディディエ　作家　[国]フランス　[生]1950年　[典]1996／2000

テナント, アンディ　Tennant, Andy　映画監督　[国]米国　[典]2004／2008／2012

テナント, エマ　Tennant, Emma Christina　筆名=エイディ, キャサリン　作家　[国]英国　[生]1937年10月20日　[典]1992／1996／2000／2004

テナント, カイリー　Tennant, Kylie　作家　[国]オーストラリア　[生]1912年　[典]1992

テナント, ニール　Tennant, Neil　本名=テナント, ニール・フランシス　グループ名=ペット・ショップ・ボーイズ　ミュージシャン　[国]英国　[生]1954年7月10日　[典]2000／2004／2008

テナント, マーク　Tennant, Mark　シドニー技術総合大学教育学部成人教育学科教授　[専]教育学　[国]オーストラリア　[生]1951年　[典]1996

テニー, レスター　Tenney, Lester　経営学者　アリゾナ州立大学名誉教授　元・全米バターン・コレヒドール防衛兵の会(ADBC)会長　[専]金融論, 保険論　[国]米国　[生]1920年　[典]2004／2012

デニウソン　Denilson　本名=オリベイラ, デニウソン・ジ　サッカー選手(MF)　[国]ブラジル　[生]1977年8月24日　[典]2000(デニウソン・ジ・オリベイラ)／2004／2008

デーニケン, エーリッヒ・フォン　Däniken, Erich von　古文書研究家　[国]スイス　[生]1935年4月14日　[典]2000

デニス, B.　Dennis, Bengt　元・国際決済銀行(BIS)総裁, 元・スウェーデン中央銀行総裁　[国]スウェーデン　[生]1930年1月1日　[典]1992／1996

デニス, エベレット　フリードム・フォーラム・メディア研究センター所長　[専]メディア研究　[国]米国　[生]1942年　[典]1996

デニス, クレイグ　Dennis, Craig　コンピューター技術者　[国]米国　[典]2004

デニス, サンディ　Dennis, Sandy　女優　[国]米国　[生]1937年4月27日　[没]1992年3月　[典]1996

デニス, ジェリー　Dennis, Jerry　作家　[国]米国　[典]1996

デニス, ロン　Dennis, Ron　元・マクラーレン・インターナショナル社長, 元・マクラーレン・メルセデス代表　[国]英国　[典]1992／2012

デニス・マルケス　Denis Marques　本名=ナシメント,デニス・マルケス・ド　サッカー選手(FW)　⒠ブラジル　⒢1981年2月22日　㋱2012

デニソフ, エジソン　Denisov, Edison Vasilievich　作曲家　元・モスクワ音楽院教授　⒠ロシア　⒢1929年4月6日　㋣1996年11月24日　㋱1996

デニソフ, セルゲイ　Denisov, Sergei　デザイン画家,漫画家　⒠ソ連　⒢1962年　㋱1992

デニソフ, ニコライ　Denisov, Nikolai　元・国際アマチュアボクシング連盟名誉会長　⒠ソ連　⒢1990年1月　㋱1992

デニソン, ジャネール　Denison, Janelle　ロマンス作家　⒠米国　㋱2004

デーニッツ, カール　Dönitz, Karl　軍人　元・ドイツ海軍総司令官　⒠ドイツ　⒢1891年9月16日　㋣1980年12月25日　㋱1992

デ・ニーロ, ロバート　De Niro, Robert　本名=De Diro,Robert, Jr.　俳優,映画監督　⒠米国　⒢1943年8月17日　㋱1992／1996／2000／2004／2008／2012

デニング, スティーブン　Denning, Stephen　英国王立芸術協会特別会員　元・世界銀行ナレッジマネジメントプログラムディレクター　⒢1969年　㋱2008

デニング, トロイ　Denning, Troy　筆名=オーリソン, リチャード　作家　⒠米国　⒢1963年　㋱2004／2012

デニンジャー, ポール　Deninger, Paul F.　実業家　ブロードビュー・インターナショナル会長・CEO　⒠米国　㋱2000

テネケス, ヘンク　Tennekes, Henk　気象学者　アムステルダム自由大学教授　⒠オランダ　⒢1936年12月13日　㋱2000

デーネシュ, コヴァーチ　Dénes, Kovács　バイオリニスト　元・リスト音楽院学長　⒠ハンガリー　⒢1930年4月18日　㋱2004

デ・ネスネラ, アンドレ　ボイス・オブ・アメリカ(VOA)モスクワ支局長　⒠米国　㋱1992

テネソン, ジョイス　Tenneson, Joyce　写真家　⒠米国　⒢1945年5月29日　㋱1992／1996／2000

テネット, ジョージ　Tenet, George J.　ジョージタウン大学外交研究所特任教授　元・米国中央情報局(CIA)長官　⒠米国　⒢1953年1月5日　㋱2000／2004／2008／2012

デネット, ダニエル　Dennett, Daniel Clement　タフツ大学認知研究センター所長・芸術科学教授　⒠哲学　⒠米国　⒢1942年3月28日　㋱2000

デネフビル, リチャード　Denefville, Richard　マサチューセッツ工科大学(MIT)教授　⒠科学技術政策　⒠米国　⒢1939年　㋱1992

デーネル　Dener　サッカー選手　⒠ブラジル　㋱1996

デネール, シャルル　Denner, Charles　俳優　⒠フランス　⒢1926年5月29日　㋣1995年9月10日　㋱1996

デネル, ロビン・ウィリアム　Dennell, Robin William　シェフィールド大学先史学科講師　⒠先史学　⒠英国　⒢1947年　㋱1996

デノケ, アンゲラ　Denoke, Angela　ソプラノ歌手　⒠ドイツ　⒢1961年　㋱2012

テノブウオ, ヨルマ　Tenovuo, Jorma O.　トゥルク大学歯科医学研究所教授　⒠口腔生物学　⒠フィンランド　㋱2000

テノルト, ハインツ・エルマー　Tenorth, Heintz-Elmar　フンボルト大学教授　⒠教育学　⒠ドイツ　⒢1944年　㋱2000

テーバー, エイミー　Tabor, Amy　ヒューマンサービス専門家　⒠米国　㋱2004

デ・バー, クリス　ロック・ミュージシャン　⒠アイルランド　⒢1948年　㋱1992

デパウリ, ヴェルナー　DePauli, Werner　ウィーン大学統計学コンピュータ科学研究所顧問　⒠オーストリア　㋱2004／2008

デ・パオラ, トミー　de Paola, Tomie　絵本作家　コルビー大学講師　⒠米国　⒢1934年　㋱1992／1996

テハス, バーノン　冒険家　冬季マッキンリー単独登山に成功　㋱1992

テハーダ, ミゲル　Tejada, Miguel　本名=Tejada,Miguel Odalis　大リーグ選手(内野手)　⒠ドミニカ共和国　⒢1974年5月25日　㋱2004／2008／2012

デバッジオ, トーマス　DeBaggio, Thomas　アルツハイマー病患者　⒠米国　⒢1942年　㋣2004／2008

デバニー, ロバート　Devaney, Robert L.　数学者　ボストン大学数学科教授　⒠複素ダイナミクス,ハミルトニアン系　⒠米国　⒢1948年　㋱1992／1996

デハーネ, ジャン・リュック　Dehaene, Jean-Luc　政治家　元・ベルギー首相　⒠ベルギー　⒢1940年8月7日　㋱1996／2000／2004／2008／2012

デ・ハビランド, オリビア　de Havilland, Olivia　女優　⒢1916年6月1日　㋱1992／1996

デバラ, コーマック　ハープ奏者　⒠アイリッシュハープ　⒠アイルランド　㋱1992

テバルディ, レナータ　Tebaldi, Renata　ソプラノ歌手　⒠イタリア　⒢1922年2月1日　㋣2004年12月19日　㋱1992／1996／2000

デ・パルマ, ブライアン　De Palma, Brian　映画監督　⒠米国　⒢1940年9月11日　㋱1992／2004／2008／2012

デパント, ヴィルジニー　Despentes, Virginie　作家　⒠フランス　⒢1969年　㋱2004

デバン・ナイア, C.V.　Devan Nair, Chengara Veetil　労働運動家, 政治家　元・シンガポール大統領, 元・シンガポール全国労働組合会議書記長　⒠シンガポール　⒢1923年8月5日　㋣2005年12月6日　㋱1992／1996

デビ, アシャプルナ　Devi, Ashapurna　作家　⒠インド　⒢1909年　㋱1996

デビ, イドリス　Deby, Idriss　政治家,軍人　チャド大統領　元・チャド陸軍最高司令官　⒠チャド　⒢1952年　㋱1992／1996／2000／2004／2008／2012

デービー, ドナルド　Davie, Donald Alfred　詩人,批評家　元・バンダービルト大学人文学部教授　⒠英国　⒢1922年7月17日　㋣1995年9月18日　㋱1992／1996

デビ, プーラン　Devi, Phoolan　政治家　元・インド下院議員　盗賊の女王から政治家に　⒠インド　㋣2001年7月25日　㋱2000

デービー, ブルース　Davie, Bruce　コンピューター技術者　㋱2004

デビ, ロス　Davy, Ross　作家　⒠オーストラリア　⒢1953年　㋱1992

デービス, J.マディソン　Davis, J.Madison　作家, 評論家　ペンシルベニア州立大学　⒠米国　㋱1992／1996

デービス, W.D.　Davis, W.D.　聖書学者　⒠新約聖書　⒢1911年　㋱1996

デービス, アリソン　ジャーナリスト　⒠米国　㋱1992

デービス, アン　Davis, Anne　イラストレーター　㋱2008

デービス, アン　Davis, Ann B.　女優　⒠米国　⒢1926年5月5日　㋣2014年6月1日

デービス, アンジェラ　Davis, Angela Yvonne　黒人解放運動家, 政治家　⒠米国　⒢1944年1月26日　㋱1992／1996

デービス, アンソニー　Davis, Anthony　バスケットボール選手　⒠米国　⒢1993年3月11日

デービス, アンドルー　Davis, Andrew　映画監督　⒠米国　⒢1946年11月21日　㋱1996／2000／2004／2008／2012

デービス, アンドルー　Davies, Andrew　脚本家, 作家　⒠英国　㋱2000

デービーズ, イアン　国連開発計画(UNDP)豆満江事務局投資アドバイザー　⒠オーストラリア　⒢1947年　㋱2000

デービス, ウィリー　Davis, Willie　本名=Davis,William Henry　大リーグ選手, プロ野球選手　⒠米国　⒢1940年4月15日　㋣2010年3月9日　㋱2000

デービス, ウィリー　実業家, 元・プロフットボール選手　WLUM代表　⒠米国　㋱2000

デービス, ウィンストン　Davis, Winston　サウスウエスタン大学教授　⒠宗教社会学, 宗教史　⒠米国　⒢1939年　㋱1996

テビス, ウォルター　Tevis, Walter　作家, 元・オハイオ大学教授　⒠米国　⒢1928年　㋣1984年8月9日　㋱1992

デービス, ウォルター　Davis, Walter　三段跳び選手, 走り幅跳び選

手 国米国 生1979年7月2日

デービス, ウォルター(Jr.) Davis, Walter (Jr.) ジャズピアニスト 国米国 生1932年9月2日 没1990年6月2日 収1992

デービス, ウォルター(Jr.) Davis, Walter T. (Jr.) サンフランシスコ神学校教授 専宗教社会学 国米国 収2000

デービス, エディ・ロックジョー Davis, Eddie Lockjaw ジャズサックス奏者 専テナーサックス 国米国 生1922年3月2日 没1986年11月3日 収1992

デービス, エドモンド Davis, Edmond イラストレーター 国英国 生1960年 収2000

デービス, エリック Davis, Eric 大リーグ選手(外野手) 国米国 生1962年5月29日 収2000

デービス, カール Davis, Carl 作曲家 専映画音楽 国米国 生1936年 収1992

デービス, カール Davies, Carl A. 石油技師, 石油エージェント 「ボーイング747はこうして空中分解する」の著者 収2004

デービス, ギャビン Davis, Gavin エコノミスト 元・英国放送協会(BBC)会長 国英国 収2004／2008

デービス, クライブ Davis, Clive 実業家 ソニー・ミュージック・エンターテイメント・チーフ・クリエイティブ・オフィサー 元・RCAミュージックグループ社長・CEO 国米国 収1996／2004／2008／2012

デービス, クリス Davis, Chris 本名=Davis,Christopher Lyn 大リーグ選手(内野手) 国米国 生1986年3月17日

デービス, クリスティ Davies, Christie 社会学者 レディング大学社会学部名誉教授 国英国 収2004／2008

デービス, クリスティン Davis, Kristin 女優 国米国 生1965年2月23日 収2012

デービス, クリストファー Davis, Christopher 作家 国米国 収1996

デービース, グリン Davies, Glyn 外交官 北朝鮮政策担当米国政府特別代表 国米国 収2012

デービス, グレイ Davis, Gray 本名=Davis,Joseph Graham,Jr. 政治家 元・カリフォルニア州知事 国米国 生1942年12月26日 収2004／2008

デービス, グレッグ Davis, Greg フォトジャーナリスト 国米国 生1948年 没2003年 収1996

デービス, ケビン Davies, Kevin 「ネイチャー・ジェネティックス」編集長 収2000

デービス, ゲーリー Davies, Gary マンチェスタービジネススクールマーケティング戦略部門主任・博士課程ディレクター 専マーケティング論 国英国 生1946年 収2000

デービス, ゲリー Davis, Gerry SF作家 国英国 収1992

デービス, ゴードン Davis, Gordon B. ミネソタ大学経営学部情報決定科学科ハネウェル寄付講座教授 専経営情報システム論 国米国 収1996

デービス, コリン Davis, Colin 本名=Davis,Colin Rex 指揮者 元・ロンドン交響楽団総裁・首席指揮者 国英国 生1927年9月25日 没2013年4月14日 収1992／1996／2008／2012

デービス, サミー Davis, Sammy 歌手, ダンサー 国米国 生1988年5月21日 収1992

デービス, サミー(Jr.) Davis, Sammy (Jr.) エンターテイナー, 歌手, 俳優 国米国 生1925年12月8日 没1990年5月16日 収1992

デービス, ジェシー ギター奏者 国米国 生1988年6月22日 収1992

デービス, ジェファーソン Davis, Jefferson 映画監督, テレビディレクター 国米国 収2004／2008

デービス, ジェレミー Davis, Jeremy 本名=Davis,Jeremy Clayton グループ名=パラモア ミュージシャン 収2012

デービス, ジーナ Davis, Geena 本名=Davis,Virginia 女優 国米国 生1957年1月21日 収1992／1996／2000／2004／2008／2012

デービス, ジム 漫画家 国米国 生1946年 収1992

デービス, ジャスティン Davis, Justin ロマンス作家 国米国 収2008／2012

デービーズ, ジャック Davies, Jack アメリカオンライン(AOL)副社長, AOLインタナショナル社長 国米国 収2000

デービス, シャニー Davis, Shani 本名=Davis,Shani Earl スピードスケート選手 トリノ五輪・バンクーバー五輪スピードスケート男子1000メートル金メダリスト 国米国 生1982年8月13日 収2008／2012

デービス, ジュディ Davis, Judy 女優 国オーストラリア 生1955年4月23日 収1996／2000／2004／2008／2012

デービス, ジュリー Davis, Julie L. 訴訟コンサルタント 国米国 収2008

デービス, ジョシュア Davis, Joshua ウェブデザイナー 収2004

デービス, ジョゼフ Davies, Joseph G. テクニカルライター マイクロソフト 国米国 収2004

デービス, ジョナサン グループ名=コーン ロック歌手 国米国 収2000

デービス, ジョニー Davis, Johny バスケットボール監督 国米国 収2000

デービス, ジョン Davies, John コンピューター技術者 国英国 収2004

デービス, ジル Davis, Jill A. 作家, 放送作家 国米国 収2004／2008

デービス, スコット Davis, Scott M. 経営学者, 経営コンサルタント ノースウェスタン大学ケロッグ経営大学院助教授 専ブランド・アセット・マネジメント 国米国 収2004

デービス, スタン Davis, Stan 経営コンサルタント, 著述家 国米国 収2000

デービス, スタン Davis, Stan 作家, 経営コンサルタント キャップジェミニ・アーンスト&ヤングビジネスイノベーションセンター特別研究員 国米国 収2004

デービス, スタンレー Davis, Stanley M. 経営コンサルタント, 著述家 スタンレー・M.デービス・アソシエーツ・オブ・ボストン社長,MACグループ総帥, ボストン大学付属研究所教授 国米国 収1992

デービース, スティーブン・ポール Davies, Steven Paul ジャーナリスト 国英国 収2004

デービス, ステファン Davis, Stephen Randy テクニカルライター ノース・テキサス・ディジタル・コンサルティング社経営 国米国 収1992

デービス, ダグ Davis, Doug コンピューター技術者 収2004

デービス, ダグラス Davis, Douglas 芸術家, 作家, 評論家 コロンビア大学, アートセンター・カレッジ 国米国 収1992

デービス, タニア Davis, Tania グループ名=ボンド ビオラ奏者 国オーストラリア 収2004／2008

デービス, ダレル・ウィリアム Davis, Darrel William 著述家, 教師, 映画製作者 国米国 生1959年 収1996

デービス, デニス・ラッセル Davis, Dennis Russell 指揮者 リンツ・ブルックナー管弦楽団首席指揮者・音楽監督 国米国 生1944年 収2012

デービス, デボラ Davis, Devra Lee 世界資源研究所(WRI)主任研究員・企画担当理事 専公衆衛生学 国米国 収2000／2008(デイヴィス, デヴラ)

デービス, テレル Davis, Terrell 元・プロフットボール選手 国米国 生1972年10月28日 収2000／2004

デービス, テレンス Davies, Terence 映画監督 国英国 生1945年 収1992

デービス, ドナルド Davis, Donald R. 弁護士 フェンウィック・デービス・アンド・ウェスト社経営者 国米国 生1940年6月11日 収1992／1996

デービス, ドナルド コンピューター科学者 英国国立物理研究所(NPL)コンピューター科学部門責任者 専パケット交換ネットワーク 国英国 生1924年 収2004

デービス, トニー Davis, T. 共同筆名=デービス, ランキン 作家

国英国 発2004

デービス, トーマス(Jr.) 実業家, ベンチャー投資家 国米国 生1990年9月11日 発1992

デービス, トム Davis, Tom 放送作家, コメディアン 国米国 生1952年 発2000

デービス, ドン Davis, Don H.(Jr.) 実業家 ロックウェル・インターナショナルCEO 国米国 発2000

デービス, ナタリー・ゼーモン Davis, Natalie Zemon 歴史学者 プリンストン大学教授 ①フランス近世史 国米国 生1928年 発1996／2008（デーヴィス, ナタリー・Z.）

デービス, ニコラ Davies, Nicola 脚本家, テレビプロデューサー, 司会者 発2008

デービス, ニコラス Davies, Nicholas B. 動物学者 ケンブリッジ大学動物学科講師 国英国 発1992

デービス, ニコラス Davies, Nicholas ジャーナリスト, 軍人 「ダイアナ妃―ケンジントン宮殿の反乱」の著者 国英国 生1939年 発1996／2000

デービス, ニール Davis, Neil カメラマン 元・NBC放送バンコク支局長 国オーストラリア 没1985年9月9日 発1992

デービス, ニール Davis, Neil アラスカ大学地球物理学名誉教授 ①地球物理学 国米国 発1996

デービス, ノーマン Daives, Norman 歴史学者 ロンドン大学名誉教授 ①ヨーロッパ史 国英国 生1939年 発2004

デービス, パティ Davis, Patti 本名＝レーガン, パトリシア 作家 国米国 生1952年10月21日 発1996／2000

デービス, パトリシア アロマテラピー（芳香療法）専門家 国英国 生1931年 発1996／2000

デービス, パミーラ プロ野球選手（投手） 国米国 生1974年9月17日 発2000

デービス, バリー Davies, Barry サバイバル専門家, 元・軍人 元・英国陸軍特殊空挺部隊（SAS） 国英国 発2004

デービス, ハリー Davies, Harry ①ターシャ・テューダー研究 発2004

デービス, バレンタイン Davies, Valentine 作家, 脚本家 国米国 発2004

デービス, ハワード Davies, Howard John 銀行家 ロンドン・スクール・オブ・エコノミクス（LSE）学長 元・英国金融サービス機構（FSA）初代理事長 国英国 生1951年2月12日 発1996／2000／2004／2012

デービス, ビオラ Davis, Viola 女優 国米国 生1955年8月11日

デービス, ビクター Davis, Victor 水泳選手 国カナダ 没1989年11月13日 発1992

デービース, ピーター Davies, Peter J. 医師, 音楽評論家 ①内科, 消化器科 国オーストラリア 生1937年5月14日 発1996

デービス, ピーター Davis, Peter 作家, テレビ・映画プロデューサー 国米国 発1992

デービス, ピーター Davis, Peter ATR環境適応通信研究所第4研究室主任研究員 ①非線形光学, 非線形動力学 国オーストラリア 生1958年 発1996／2000／2004

デービス, ピート Davies, Pete 作家, ノンフィクションライター 生1959年 発1996

デービース, ビビアン Davies, Vivian 考古学者 大英博物館古代エジプト部長 ①古代エジプト学 国英国 生1947年10月14日 発2000

デービース, フィリッパ Davies, Philippa コンサルタント 国英国 発2004

デービス, フィリップ Davis, Philip J. 数学者 ブラウン大学応用数学科名誉教授 国米国 発2004／2008

デービス, フィリップ Davies, Philip R. 聖書学者 シェフィールド大学教授 国英国 発2008

デービス, ブライアン 動物保護運動家 国際動物福祉基金（IFAW）総裁 国英国 発1996

デービス, ブラッド Davis, Brad 俳優 国米国 生1949年11月6日 没1991年9月8日 発1992

デービス, ブルース Davis, Bruce カウンセラー 国米国 生1950年 発1996／2000

デービス, フレッド Davis, Fred ジャーナリスト 国米国 発2000

デービス, ベティ Davis, Bette 本名＝Davis,Ruth Elizabeth 女優 国米国 生1908年4月5日 没1989年10月6日 発1992

デービス, ベン Davis, Ben 本名＝Davis,Matthew Benjamin 大リーグ選手（捕手） 国米国 生1977年3月10日 発2004／2008

デービス, ボブ Davies, Bob ハイ・パフォーマンス・トレーニング代表 国米国 生1953年 発2000

デービス, ポール Davies, Paul C.W. 理論物理学者 マッコーリー大学教授 ①量子場理論 国英国 生1946年 発1992／1996／2004／2008（デイヴィス, ポール／デービス, ポール）

デービス, ポール Davies, Paul NGO（非政府組織）活動家 マイン・アドバイザリー・グループ（MAG）東南アジア・デスク・オフィサー 国英国 生1965年 発1996

デービス, マイク ラグビー監督 国英国 発1992

デービス, マイク Davis, Mike 著述家 国米国 生1946年 発2004

デービス, マイルス Davis, Miles 本名＝Davis,Miles Dewey,Jr. ジャズ・トランペット奏者, 作曲家 国米国 生1926年5月25日 没1991年9月28日 発1992

デービス, マーク Davis, Mark 大リーグ選手（投手） 国米国 生1960年10月19日 発1992／2000

デービス, マーティン Davis, Martin S. 実業家 元・パラマウント・コミュニケーションズ会長・CEO 国米国 生1927年2月5日 没1999年10月4日 発1992／1996

デービス, マーティン Davis, Martin 論理学者 ニューヨーク大学クーラント数理科学研究所名誉教授, カリフォルニア大学バークレー校客員教授 国米国 発2004／2008（ディヴィス, マーティン／デービス, マーティン）

デービス, マリ Davies, Murray 作家 国英国 発2008

デービス, ミランダ Davies, Miranda ライター, 編集者, 翻訳家 国英国 生1952年 発2000

デービス, メリル Davis, Meryl フィギュアスケート選手（アイスダンス） バンクーバー五輪フィギュアスケート・アイスダンス銀メダリスト 国米国 生1987年1月1日

デービス, メリル・ウィン Davies, Merryl Wyn 著述家 国英国 発2004／2008

デービス, モーガン・エンディコット 相撲選手 国オーストラリア 発2000

デービス, ランドール Davis, Randall マサチューセッツ工科大学スローンスクール準教授 ①人工知能 国米国 発1992

デービス, リチャード Davis, Richard Earl 通称＝デービス, ディック 元・大リーグ選手, 元・プロ野球選手 国米国 生1953年9月25日 発1992／2000

デービス, リチャード Davis, Richard ジャズベース奏者 国米国 生1930年4月30日 発2004／2008

デービス, リディア Davis, Lydia 作家, 翻訳家 国米国 生1947年 発2012

デービス, リンゼイ Davis, Lindsey 作家 国英国 生1949年 発2004／2012

デービス, ルイーズ Davis, Louise ノーランド・カレッジ学長 国英国 発1996

デービス, レイ Davies, Ray 本名＝デービス, レイモンド・ダグラス グループ名＝キンクス ロック歌手, 映像作家 国英国 生1944年6月21日 発1996／2000／2008／2012

デービス, レイモンド Davis, Raymond(Jr.) 天体物理学者 元・ペンシルベニア大学名誉教授 ①ニュートリノ 国米国 生1914年10月14日 没2006年5月31日 発2004

デービス, ロイ・ユージン Davis, Roy Eugene 哲学者, 宗教家 国米国 生1931年 発2000

デービス, ロス Davies, Ross 経営学者 オックスフォード大学名誉教授, サリー大学客員教授 ①小売商業発展論, 商業・都市政策, 小売業の国際化 国米国 生1940年 発2004

デービス, ロッド　Davis, Rod　グループ名=クオリーメン　ミュージシャン　[国]英国　[典]2008

デービス, ロナルド　Davis, Ronald W.　法律家　ホワイト&ケース法律事務所パートナー　[国]米国　[生]1946年　[典]1996

デービス, ロナルド　Davis, Ronald D.　セラピスト　[国]米国　[典]2008

デービス, ロバート　Davis, Robert P.　作家　[典]1996

デービス, ロバート・ウィリアム　Davies, Robert William　歴史学者　元・バーミンガム大学ロシア・東欧研究センター指導者　[専]ソ連経済史　[国]英国　[生]1925年　[典]1992

デービス, ロバートソン　Davies, Robertson　作家　[国]カナダ　[生]1913年　[没]1995年12月2日　[典]1992／1996

デービース, ローラ　Davies, Laura　プロゴルファー　[国]英国　[生]1963年10月5日　[典]1996／2000／2008

デビソン, アゼリン　Debison, Aselin　歌手　[国]カナダ　[生]1990年6月26日　[典]2004

デビソン, ウィリアム　Davison, William Edward　ジャズ・コルネット奏者　[国]米国　[生]1906年1月5日　[没]1989年11月14日　[典]1992

デビソン, ジェラルド　Davison, Gerald C.　南カリフォルニア大学教授　[専]心理学　[国]米国　[典]2000

デビソン, ジャクリーン　外交官　在札幌オーストラリア領事　[国]オーストラリア　[典]2000

デービソン, ブルース　Davison, Bruce　俳優　[国]米国　[生]1948年　[典]1992／1996

デ・ビタ, ビンセント（Jr.）　DeVita, Vincent T.（Jr.）　米国国立衛生研究所国立がん研究所所長　[専]がん研究　[国]米国　[典]1992／1996

デービッツ, ジョエル・ロバート　Davitz, Joel Robert　コロンビア大学ティーチャーズカレッジ名誉教授　[専]哲学　[国]米国　[典]2000

デビッツ, ロイズ　Davitz, Lois Leiderman　教育問題評論家　コロンビア大学ティーチャーズカレッジ主任研究員　[専]日米比較文化　[国]米国　[生]1926年　[典]1992／1996／2000

デビット　David　本名=パブラス, デビット・リー　野球選手（投手）　[生]1962年8月12日　[典]2000

デービッド, エドワード（Jr.）　David, Edward Emil（Jr.）　国際メディア研究財団理事　[専]電子工学　[国]米国　[生]1925年1月25日　[典]1996

デービッド, クレイグ　David, Craig　歌手　[国]英国　[生]1981年　[典]2008／2012

デービッド, ジョージ　David, George　ユナイテッド・テクノロジーズ（UTC）社長・CEO　[国]米国　[生]1942年　[典]1996／2000

デービッド, スチュアート　David, Stuart　グループ名=ルーパー, 旧グループ名=ベル&セバスチャン　作家, ベース奏者　[生]1969年　[典]2004

デービッド, ニコラス　David, Nicholas　考古学者　カルガリー大学教授・考古学科長　[典]1996

テビット, ノーマン・ベレスフォード　Tebbit, Norman Berresford　政治家　元・英国保守党幹事長, 元・英国ランカスター公領相　[国]英国　[生]1931年3月29日　[典]1992

デービッド, ピーター　David, Peter　作家, 脚本家, 漫画家　[生]1956年　[典]2004／2012

デービッド, フレッド　David, Fred R.　経営学者　Francis Marion大学スクール・オブ・ビジネス教授　[典]2004

デービッド, ポール・A.　経済学者　スタンフォード大学教授　[専]IT経済　[国]米国　[生]1935年　[典]2004

デービッド, ローレンス　David, Lawrence　絵本作家　[国]米国　[生]1963年　[典]2004

デビッドソン, H.R.エリス　Davidson, Hilda Roderick Ellis　民俗学者　ロンドン民俗学会会長　[専]北欧神話　[国]英国　[典]1996

デビッドソン, アラン　スコットランド開発公社東京連絡事務所駐日代表　[国]英国　[典]1992

デビッドソン, アン　Davidson, Ann　「アルツハイマー ある愛の記録」の著者　[国]米国　[典]2004

デビッドソン, ウィリー　Davidson, Willie G.　工業デザイナー　ハーレーダビッドソン・モーターカンパニー副社長　[国]米国　[典]2004／2008

デビッドソン, ウィリアム　Davidson, William J.　作家, 元・ジャーナリスト　[国]米国　[典]1992

デビッドソン, エイブラム　Davidson, Avram　作家　[国]米国　[生]1923年　[典]1992

デビッドソン, キイ　Davidson, Keay　サイエンスライター　「サンフランシスコ・エグザミナー」ライター　[国]米国　[典]2000

デビッドソン, キャシー　Davidson, Cathy N.　アメリカ文学者　デューク大学教授　[国]米国　[典]1996

デビッドソン, サラ　Davidson, Sara　ジャーナリスト, 作家　[国]米国　[典]1992

デビッドソン, ジェフ　Davidson, Jeff　マネジメント・コンサルタント　元・ブーズ・アレン・アンド・ハミルトン・コンサルタント　[典]2004

デビッドソン, ジェームズ・デウカン　Davidson, James Duncan　「Running Mac OS X—オペレーティングシステムとしてのMac OS X徹底解説」の著者　[典]2008

デビッドソン, ジョージ（3世）　Davidson, George D.（III）　イラストレーター　[国]米国　[生]1952年　[典]1996

デビッドソン, ジョナサン　Davidson, Jonathan　ネットワーク技術者　シスコシステムズ・サービスプロバイダー・テクニカルマーケティング部門マネージャー　[国]米国　[典]2004

デビッドソン, ダイアン　Davidson, Diane Mott　作家　[国]米国　[典]1996／2012

デビッドソン, ドナルド　Davidson, Donald Herbert　哲学者　元・カリフォルニア大学バークレー校教授　[国]米国　[生]1917年　[没]2003年8月30日　[典]1992

デビッドソン, バシル　Davidson, Basil Risbridger　ジャーナリスト, 歴史家　[専]アフリカ史　[国]英国　[生]1914年11月9日　[没]2010年7月9日　[典]1992

デビッドソン, ブルース　Davidson, Bruce　写真家　[生]1963年　[典]2000

デビッドソン, マイク　Davidson, Mike　経営コンサルタント　ジェミニ・コンサルティング上級副社長　[国]英国　[典]2000

デービッドソン, マーク　Davidson, Mark　ジャーナリスト　南カリフォルニア大学報道サービス科専属科学ジャーナリスト　[国]米国　[典]2004

デビッドソン, マーク・J.　外交官　元・札幌アメリカン・センター館長　[国]米国　[典]1996／2000

デビッドソン, ライオネル　Davidson, Lionel　推理作家　[国]英国　[生]1922年　[典]1992／2000／2004／2008

デビデ, ウラジーミル　数学者, 俳人　元・ザグレブ大学教授　[国]クロアチア　[典]2000

デビーディ, ラケシュ　弁護士　インド最高裁弁護士　[国]インド　[生]1950年　[典]2000

デビート, ジョコンダ　バイオリニスト　[国]イタリア　[生]1907年7月　[没]1994年11月　[典]1996

デ・ビート, ダニー　DeVito, Danny　俳優, 映画監督, 映画プロデューサー　[国]米国　[生]1944年11月17日　[典]1992／1996／2012

デビート, バジル（Jr.）　Devito, Basil V.（Jr.）　WWEマーケティング部門統括責任者　[国]米国　[典]2004／2008

デビトリー, ディニアー　米国フィリップモリス上級副社長, フィリップ・モリス・インターナショナル上席副社長　[国]インド　[典]1996

デビュース, アンドレ　Dubus, Andre　作家　[国]米国　[生]1936年　[典]1996

デビュース, アンドレ（3世）　Dubus, Andre（III）　作家　[国]米国　[生]1959年　[典]2004

デヒョン　Dae-hyun　グループ名=B.A.P　歌手　[国]韓国　[生]1993年6月28日

デビリヤ, レナト　Devilla, Renato　政治家, 元・軍人　フィリピン官房長官　元・フィリピン国防相, 元・フィリピン軍参謀総長（大将）　[国]フィリピン　[生]1935年7月20日　[典]1992／1996／2000／2004／2008

デビント, レギナルド　De Windt, Reginald　柔道選手　⊕1983年11月30日

デファー, メセレト　Defar, Meseret　陸上選手(長距離)　アテネ五輪・ロンドン五輪陸上女子5000メートル金メダリスト　国エチオピア　⊕1983年11月19日　奥2008/2012

デファゴ, ディディエ　Défago, Didier　スキー選手(アルペン)　バンクーバー五輪アルペンスキー男子滑降金メダリスト　国スイス　⊕1977年10月2日　奥2012

デファルジュ, フィリップ・モロー　フランス国際問題研究所教授　専国際政治,EC問題　国フランス　⊕1943年　奥1996

デ・フィリッポ, エドゥアルド　De Filippo, Eduardo　劇作家,俳優,演出家　国イタリア　⊕1900年5月24日　⊗1984年10月31日　奥1992

デ・フェラーリ, ガブリエッラ　De Ferrari, Gabriella　作家　国米国　奥1996

デ・フェリータ, フランク　De Felitta, Frank　テレビプロデューサー・ディレクター,脚本家　国米国　⊕1921年8月3日　奥1992/1996

デフェル, ヘルバシオ　Deferr, Gervasio　元・体操選手　シドニー五輪・アテネ五輪体操男子跳馬金メダリスト　国スペイン　⊕1980年11月7日　奥2004/2008/2012

デフォー, ウィレム　Dafoe, Willem　俳優　国米国　⊕1955年7月22日　奥1992/1996/2004/2008/2012

デフォード, フランク　Deford, Frank　スポーツライター　「ナショナル」(スポーツ専門紙)編集長　国米国　奥1992

デ・フォレ, ルイ・ルネ　Des Forêts, Louis-René　作家　国フランス　⊕1918年1月28日　奥1992

テプシリ・スークソパ　Dhepsiri Sooksopa　画家　国タイ　⊕1943年　奥1992

テプファー, クラウス　Töpfer, Klaus　政治家　マインツ大学名誉教授　元・ドイツ建設相,元・国連環境計画(UNEP)事務局長　国ドイツ　⊕1938年7月29日　奥1992(トプファー, クラウス)/1996/2000/2004/2008

デブラシオ, ビル　De Blasio, Bill　政治家　ニューヨーク市長　国米国

デ・プラダ, マリア・ヘスス　De Prada, Maria Jesús　作家,詩人　国スペイン　⊕1951年　奥1992

デフランツ, アニタ　Defrantz, Anita　元・ボート選手　国際オリンピック委員会(IOC)委員　国米国　⊕1952年10月4日　奥2000/2004

デブリー, キャサリン　DeVrye, Catherine　評論家　国オーストラリア　奥2004

デブリース, リンマー　エコノミスト　モルガン銀行チーフエコノミスト　国米国　⊕1929年　奥1992/1996

デプリースト, ジェームズ　De Preist, James　指揮者　元・オレゴン交響楽団音楽監督・桂冠指揮者,元・東京都交響楽団常任指揮者　国米国　⊕1936年11月21日　⊗2013年2月8日　奥2008/2012

デフリーヘル, ヘルト　De Vlieger, Geert　サッカー選手(GK)　国ベルギー　⊕1971年10月16日　奥2004

デブリン, キース　Devlin, Keith　数学者　セントメリー大学教授・理学部長　国米国　奥2000

デブリン, ディーン　Devlin, Dean　映画プロデューサー　国米国　奥2000

デブリン, デービッド　Devlin, David　(有)ノモス取締役　国オーストラリア　⊕1966年　奥2000

デ・ブール, フランク　De Boer, Frank　サッカー選手(DF)　国オランダ　⊕1970年5月15日　奥2000/2004/2008

デ・ブール, ロナルト　De Boer, Ronald　サッカー選手(MF)　国オランダ　⊕1970年5月15日　奥2000/2004/2008

デブルーイン, インヘ　De Bruijn, Inge　水泳選手(自由形・バタフライ)　国オランダ　⊕1973年8月24日　奥2004/2008

デブルイン, ミッチェル　de Bruin, Michelle　旧名=スミス, ミッチェル　元・水泳選手　国アイルランド　⊕1969年12月16日　奥2000

デプレ, フローレンス　Deprez, Florence　ジョーンズ・ラング・ウートン社フランス現地法人日本担当　国フランス　⊕1964年　奥1992

デプレシャン, アルノー　Desplechin, Arnaud　映画監督　国フランス　⊕1960年　奥1996/2000(デプルシャン, アルノー)/2004/2008/2012

デプレシャン, マリー　Desplechin, Marie　児童文学作家　⊕1959年　奥2004

デブロー, ジュード　Deveraux, Jude　作家　国米国　奥2000

テベス, カルロス　Tévez, Carlos　本名=テベス, カルロス・アルベルト　サッカー選手(FW)　アテネ五輪サッカー男子金メダリスト　国アルゼンチン　⊕1984年2月5日　奥2008/2012

デベネシア, ホセ　De Venecia, Jose C.　政治家　元・フィリピン下院議長　国フィリピン　奥2000/2012

デ・ベネデッティ, カルロ　De Benedetti, Carlo　実業家　オリベッティ名誉会長　国イタリア　⊕1934年11月14日　奥1992/1996/2000

デベベッチ, ライモンド　Debevec, Rajmond　射撃選手(ライフル)　シドニー五輪射撃男子ライフル3姿勢金メダリスト　国スロベニア　⊕1963年3月29日　奥2004/2012

デベボイス, ニールソン　Debevoise, Neilson C.　元・シカゴ大学オリエント研究所講師　専オリエント学　国米国　⊕1903年　奥1996

テヘラニアン, マジッド　ハワイ大学教授,戸田記念国際平和研究所所長　専平和学　⊕1937年　奥2000

デ・ベラルディニス, オリビア　De Berardinis, Olivia　イラストレーター,画家　国米国　⊕1948年　奥1996

デベルー, ジェームズ　元・米国下院議員　第2次大戦の英雄　国米国　⊕1988年8月5日　奥1992

デベロー, ポール　Devereux, Paul　アースミステリー研究家　国米国　奥1992/2000

デボス, ディック　DeVos, Dick　本名=デボス, リチャード・M.,Jr.　実業家　アムウェイ・コーポレーション社長,日本アムウェイ会長　国米国　奥2000

デボス, リチャード　Devos, Richard M.　元・アムウェイ・コーポレーション社長　国米国　⊕1926年3月　奥1992/1996/2000

デボスト, ミシェル　Debost, Michel　フルート奏者　国フランス　⊕1934年　奥2004/2008

デ・ボノ, エドワード　De Bono, Edward　元・ケンブリッジ大学基礎医学部付属研究所副所長　専情報心理学,創造的思考法(水平思考)　国英国　⊕1933年5月19日　奥1992/1996

デホープスヘッフェル, ヤープ　De Hoop Scheffer, Jaap　本名=De Hoop Scheffer,Jakob Gijsbert　政治家,外交官　元・北大西洋条約機構(NATO)事務総長,元・オランダ外相　国オランダ　⊕1948年4月3日　奥2004/2008/2012

デホフマン, フレデリック　原子力物理学者　国米国　⊗1989年　奥1992

デボールト, クリスティン　DeVault, Christine　家庭生活エデュケイター　奥2004

テホン　Tae Heon　本名=キムテホン　グループ名=ZE:A　歌手　国韓国　⊕1989年6月18日　奥2012

デボン, ギャリー　Devon, Gary　ミステリー作家　国米国　⊕1941年　奥2000

テホン, ホセ・イグナチオ　Tejon, Jose Ignacio　元・エリザベト音楽大学(日本)学長　国スペイン　⊕1920年　奥1996

デ・ボン, ヤン　De Bont, Jan　映画監督　国米国　⊕1943年10月22日　奥1996/2000/2004/2008

デマーク, トーマス　Demark, Thomas R.　投資コンサルタント　国米国　奥2004

デマーコ, キャスリーン　DeMarco, Kathleen　脚本家,作家　国米国　奥2004

デーマートンス, シャーロッテ　Dematons, Charlotte　イラストレーター　国オランダ　⊕1957年　奥2008

デ・マリア, ウォルター　De Maria, Walter　現代美術家　国米国　⊕1935年10月1日　⊗2013年7月25日

デマリス, オービット　Demaris, Ovid　本名=Desmarais,Ovide E.

犯罪小説作家 国米国 生1919年9月6日 没1992

デマルコ, H. Demarco, Hugo 画家 国アルゼンチン 生1932年 没1992

デマルコ, グイド De Marco, Guido 政治家,刑法学者 元・マルタ大統領 国マルタ 生1931年7月22日 没2010年8月12日 収1992/1996/2000/2008

デマルコ, トム DeMarco, Tom コンサルタント アトランティック・システム・ギルド会長 収2004/2008

デマルチク, エバ 歌手 国ポーランド 収1996

デ・マルティーノ, ジュールズ De Martino, Jules グループ名=ティン・ティンズ ミュージシャン 国英国

デマルト, クロディーヌ Desmarteau, Claudine イラストレーター,絵本作家 国フランス 生1963年 収2004/2008

デマレ, ダニエル エルフオイル日本総代理店 国フランス 収2000

デマレ, ティエリー Desmarest, Thierry 本名=Desmarest, Thierry Jean Jacques 実業家 トタル会長・CEO 国フランス 生1945年12月18日 収2008/2012

デマレ, マリー・アンヌ Desmarest, Marie Anne 作家 国フランス 生1910年 没1992

テマン, ミシェル Temman, Michel ジャーナリスト 国フランス 生1969年 収2004

デマンド, トーマス Demand, Thomas 現代美術家 国ドイツ 生1964年

デミ, ジョナサン Demme, Jonathan 映画監督 国米国 生1944年2月22日 収1992(デム, ジョナサン)/1996/2012

デミ, テッド Demme, Ted 映画監督 国米国 生1963年10月26日 没2002年1月13日 収2000

デーミアン, ジャクリーン Damian, Jacqueline 作家 国米国 収2000

デ・ミケリス, ジャンニ De Michelis, Gianni 政治家 元・イタリア外相 国イタリア 生1940年11月26日 収1992/1996

デ・ミタ, チリアコ De Mita, Ciriaco 政治家 元・イタリア首相 国イタリア 生1928年2月2日 収1992/1996

デミチェフ, ピョートル Demichev, Petr N. 政治家 元・ソ連共産党政治局員候補 国ソ連 生1918年1月3日 収1992

デミック, バーバラ Demick, Barbara ジャーナリスト 「ロサンゼルス・タイムズ」北京支局長 収2012

デミドフ, イゴール サンテラボ社長 国フランス 収1992

デミドフスキ, ルチヤン Demidowski, Lucjan 写真家 国ポーランド 生1946年 収1996

デミュール, レジス Desmeules, Régis コンピュータ・コンサルタント 国カナダ 収2008

デミーリア, ピオ d'Emilia, Pio ジャーナリスト オリーブの木運動国際広報担当 国イタリア 収2000

デ・ミル, アグネス De Mille, Agnes George 舞踊家,振付師 国米国 生1905年 没1993年10月6日 収1996

デミル, ネルソン DeMille, Nelson 作家 国米国 生1943年 収1996/2000/2008/2012

デミル, マフムト Demir, Mahmut レスリング選手(フリースタイル) 国トルコ 生1970年1月21日 収2000

テミルカーノフ, ユーリー Temirkanov, Yurii 本名=Temirkanov, Yurii Khatuevich 指揮者 サンクトペテルブルク・フィルハーモニー管弦楽団音楽監督・首席指揮者 元・サンクトペテルブルク・フィルハーモニー交響楽団音楽監督・首席指揮者 国ロシア 生1938年10月10日 収1992/1996/2000/2012

デミルジ, ムハレム 初めてのトルコ人向け辞典「日本語―トルコ語常用漢字辞典」を完成 国トルコ 収1992

デミレル, スレイマン Demirel, Süleyman 政治家 元・トルコ大統領 国トルコ 生1924年 収1992/1996/2000/2004/2008

デミロヴィッチ, アレックス 社会学者 フランクフルト大学講師,ドイツ社会研究所研究員 政治・社会思想史 国ドイツ 生1952年 収2004

テミン Taemin グループ名=SHINee 歌手 国韓国 生1993年7月18日 収2012

テミン, ハワード・マーティン Temin, Howard Martin 腫瘍学者,ウイルス学者 元・ウィスコンシン大学教授 国米国 生1934年12月10日 没1994年2月9日 収1992/1996

デミング, ウィリアム・エドワーズ Deming, William Edwards 統計学者 元・ニューヨーク大学大学院教授 数理統計学,品質管理(QC) 国米国 生1900年10月14日 没1993年12月20日 収1992/1996

デミング, ラスト Deming, M.Rust 外交官 駐日米国臨時代理大使 国米国 生1941年10月 収1996/2000

デミング, リチャード Deming, Richard 筆名=フランクリン,マックス ミステリー作家 国米国 生1915年 収1992

テム, スティーブ・ラズニック Tem, Steve Rasnic 作家,詩人 国米国 生1950年 収1996

デムキン, デニス ジャーナリスト 「ロシア・コメルサント」記者 国ロシア 生1970年 収2000

デームス, イェルク Demus, Jörg ピアニスト 国オーストリア 生1928年12月2日 収1992/2008/2012

デムース, フィル DeMuth, Phil 投資アドバイザー 収2008

デムチュク, ピーター テレビプロデューサー ABCテレビ・プロデューサー 国米国 収2000

デームリング, ヴォルフガング Dömling, Wolfgang ハンブルク大学教授 音楽学 国ドイツ 生1938年 収1996

デムーロ, ミルコ Demuro, Mirco 騎手 国イタリア 生1979年1月11日 収2004/2008/2012

デメ, ヴィクター Deme, Victor シンガー・ソングライター 国ブルキナファソ 収2012

デメイオ, アルバート DeMeo, Albert 「マイ・ゴッドファーザー」の著者 国米国 収2008

デ・メジエール, ロタール de Maiziére, Lothar 政治家,弁護士 元・キリスト教民主同盟(CDU)副党首,元・東ドイツ首相 国ドイツ 生1940年3月2日 収1992/1996

デメネゼス, フラディケ De Menezes, Fradique 政治家 サントメプリンシペ大統領 国サントメプリンシペ 生1942年3月21日 収2004/2008/2012

テメノフ, タルガット Temenov, Talgat 映画監督 国カザフスタン 生1954年 収1996

デメラス, ジェイ マサチューセッツ大学教授 宗教科学 国米国 生1936年 収2000

デーメルト, ハンス・ジョージ Dehmelt, Hans George 物理学者 ワシントン州立大学教授 国米国 生1922年9月9日 収1992/1996

デ・メロ, アントニー De Mello, Anthony カトリック会司祭 元・サダーナ主宰 国インド 生1931年 没1987年 収1992

デ・メロ, セルジオ・ビエイラ De Mello, Sergio Vieira 元・国連事務総長イラク特別代表,元・国連人権高等弁務官 国ブラジル 生1948年3月15日 没2003年8月19日 収1992(メロ, S・ビェラ・デ)/2000(メロ, セルジオ・ビェラ・デ)

デメンチェワ, エレーナ Dementieva, Elena 元・テニス選手 北京五輪テニス女子シングルス金メダリスト 国ロシア 生1981年10月15日 収2008(デメンティエワ, エレーナ)/2012

デメンチェワ, ナタリア Dementieva, Nataliya Leonidovna 政治家・ロシア文化相 国ロシア 生1945年 収2000

デ・メンテ, ボイエ De Mente, Boye Lafayette ジャーナリスト,編集者,コンサルタント 国米国 生1928年 収1992/2004

デメンティエフ, エフゲニー Dementyev, Yevgeny スキー選手(距離) トリノ五輪スキー距離男子複合金メダリスト 国ロシア 生1983年1月17日 収2012

デメント, ウィリアム Dement, William C. 睡眠研究家 スタンフォード大学教授・睡眠障害クリニック所長 国米国 生1928年 収1996

デモス, ア de Mos, Aad サッカー監督 国オランダ 生1947年3月27日 収2000/2004/2008

デモーネイ, レベッカ DeMornay, Rebecca 女優 国米国

デモリ, パトリシア　De Mori, Patricia　「セレンディップの三人の王子」の著者　㉓2008

デーモン, ジョニー　Damon, Johnny　本名=デーモン, ジョニー・デービッド　大リーグ選手(外野手)　㊶米国　㊹1973年11月5日　㉓2012

デモン, ビル　Demong, Bill　本名=Demong, William　通称=デモン, ビリー　スキー選手(複合)　バンクーバー五輪スキー・ノルディック複合個人ラージヒル金メダリスト　㊶米国　㊹1980年3月29日　㉓2012

デュー, ロドリック　Dewe, Roderick G.　デュー・ロジャーソン会長　㊶英国　㉓1992

デューア, ドナルド　Dewar, Donald Campbell　政治家　元・スコットランド自治政府首相　㊶英国　㊹1937年8月21日　㊺2000年10月11日　㉓2000

デュアメル, ジャック　Duhamel, Jacques　政治家　元・フランス文化相　㊶フランス　㊹1925年9月24日　㉓1992

デュアン, ウィリアム　Duane, William　コンピューター技術者　RSAセキュリティ技術ディレクター　㉓2004

デューアン, テッド　Dewan, Ted　イラストレーター　㉓2000

デューイ, キャスリーン　Duey, Kathleen　作家　㉓2008

デューイ, トマス・ブランチャード　Dewey, Thomas Blanchard　別名=ブラント, トム　ハードボイルド作家　㊶米国　㉓1992

テューイ, フランク　Tuohy, Frank　本名=Tuohy, John Francis　作家　㊶英国　㊹1925年5月2日　㉓1992／1996

デューイ, マージョリー・L.　トラベルサウスUSAジャパン日本代表　㊶米国　㉓1996

デュイ・ベト　Duy Viet　詩人, 元・ジャーナリスト　㊶ベトナム　㊹1940年　㉓2004

デュヴァル, ダニエル　Duvall, Daniel　俳優, 映画監督　㊶フランス　㊹1944年11月28日　㊺2013年10月10日

デュヴァル, ロイック　Duval, Loïc　レーシングドライバー　㊶フランス　㊹1982年6月12日　㉓2012

デュウェイ, エアリアン　Dewey, Ariane　画家　㊶米国　㉓2004

デュヴェール, トニー　Duvert, Tony　作家　㊶フランス　㊹1945年　㉓1992(デュベール, トニー)／1996(デュベール, トニー)

デュヴェルジェ, パトリック　Duverger, Patrick　銀行家　ソシエテ・ジェネラル頭取　㊶フランス　㉓2000

デュヴェルジェ, モーリス　Duverger, Maurice　政治評論家, 政治学者　政治制度比較分析センター理事長,「ル・モンド」紙論説委員, パリ第1大学名誉教授　㊷憲法, 政治学　㊶フランス　㊹1917年6月5日　㉓1992(デュベルジェ, モーリス)／1996(デュベルジェ, モーリス)

デュエイン, ダイアン　Duane, Diane　ミステリ作家　㊶米国　㊹1952年5月18日　㉓2012

デュエイン, ダニエル　Duane, Daniel　文筆家　㊹1967年　㉓2000

デュエック, ジャン・フランソワ　Dehecq, Jean-François　実業家　サノフィ・サンテラボ会長・CEO　㊶フランス　㊹1940年　㉓2000／2004／2008

デュエーム, アンドレ　Duhaime, André　詩人, 俳人　㊶カナダ　㊹1948年3月19日　㉓2000

デュエル, ジョゼフ　バレエダンサー　㊶米国　㊺1986年2月16日　㉓1992

デュエルマン, ウィリアム　Duellman, William E.　生物学者　カンザス大学教授, 自然史博物館爬虫両生類部門キュレーター, 新熱帯域生物多様性センター・ディレクター　㊷両生類の繁殖生物学　㊶米国　㉓1996

デュオン・ティ・ハイ　ベトナム中央銀行外国為替部チーフ　㊶ベトナム　㊹1949年　㉓1996

デュカキス, キャスリン　Dukakis, Catherine　マイケル・デュカキスマサチューセッツ州知事の妻　㊶米国　㊹1936年12月　㉓1992

デュカキス, マイケル　Dukakis, Michael Stanley　政治家　ノースイースタン大学特任教授　元・マサチューセッツ州知事(民主党)　㊶米国　㊹1933年11月3日　㉓1992／1996

デュカス, アラン　Ducasse, Alain　料理人, レストランプロデューサー　㊶フランス　㊹1956年9月13日　㉓2000／2004／2008／2012

デュガリー, クリストフ　Dugarry, Christophe　サッカー選手(FW)　㊶フランス　㊹1972年3月24日　㉓2004／2008

デューガン, デニス　Dugan, Dennis　経営コンサルタント　KPMG知的財産権関連事業部全米代表マネージング・ディレクター　㊶米国　㉓2000

デュガン, パトリック　Dugan, Patrick J.　国際自然保護連合(IUCN)湿地計画部門責任者　㊶英国　㉓1992／1996

デューク, エリザベス　Duke, Elizabeth　ロマンス作家　㊶オーストラリア　㉓2004

デューク, ジョージ　Duke, George B.　実業家　ジッポー副社長　㊶米国　㉓1992

デューク, ジョージ　Duke, George　ジャズ・キーボード奏者　㊶米国　㊹1946年1月12日　㊺2013年8月5日

デューク, デービッド　Duke, David　政治家　ルイジアナ州議会下院議員　㊶米国　㊹1950年7月1日　㉓1996／2000

デューク, パティ　Duke, Patty　女優　㊶米国　㊹1946年12月14日　㉓1992／1996

デューク, ビル　Duke, Bill　映画監督　㊶米国　㊹1943年2月26日　㉓1996

デューク, マイク　Duke, Mike　本名=デューク, マイケル　実業家　ウォルマート・ストアーズCEO　㊶米国　㉓2012

デューク, ロビン・チャンドラー　国連人口活動基金相談役, ドレーパー世界人口基金委員長　㊷人口問題, 家族計画問題　㊶米国　㊹1923年　㉓1992

テュークスバリー, マーク　Tewksbury, Mark　水泳選手(背泳ぎ)　OATH創設者　㊶カナダ　㉓1996／2004

デュークメジアン, ジョージ　Deukumejian, George　弁護士, 政治家　ロサンゼルス郡経済開発公社総裁　元・カリフォルニア州知事　㊶米国　㊹1928年6月6日　㉓1992／1996

デュクロ, ミシェル　Ducros, Michel　実業家　フォション社長　㊶フランス　㊹1949年　㉓2012

デュケ, オーランド　Duque, Orlando　飛込み選手　㊶コロンビア　㊹1974年9月10日

デュケー, ショーン　Duque, Sean　体験を語るために来日したエイズ患者　㊶米国　㊹1953年10月　㊺1993年8月23日　㉓1996

デュケノワ, ジャック　Duquennoy, Jacque　絵本作家　㊶フランス　㊹1953年　㉓1996／2000／2004／2012

デュケノワ, ジャン・ポール　Duquennoy, Jean-Paul　料理人　クラウンレストラン・シェフ　㊶フランス　㊹1947年　㉓2000

デュケンヌ, パスカル　Duquenne, Pascal　俳優　㊶ベルギー　㉓2000

デュケンヌ, ロベール　法宝義林研究所　㊷仏教用語　㊶ベルギー　㉓2000

デュゴウソン, マルティーヌ　Dugowson, Martine　映画監督, 脚本家　㊶フランス　㊹1958年　㉓1996

デュサード, ジェイ　Dusard, Jay　写真家　㊶米国　㉓1992

デューシー, G.アンドルー　Duthie, G.Andrew　コンピューターコンサルタント　㉓2004

デュシェネー, イザベル　Duchesnay, Isabelle　フィギュアスケート選手　㊶フランス　㉓1996

デュシェネー, ポール　Duchesnay, Paul　フィギュアスケート選手　㊶フランス　㉓1996

デューシック, ライアン　Dusick, Ryan　旧グループ名=マルーン5, カーラズ・フラワーズ　ミュージシャン　㊶米国　㉓2008／2012

デュジャリック, ロバート　Dujarric, Robert　国際関係学者　日本国際問題研究所招聘研究員　㊷東アジア問題　㊶米国　㉓2008／2012

デュジャルダン, ジャン　Dujardin, Jean　俳優　㊶フランス　㊹1972年6月19日

デュシャン, ガブリエル　Deschamps, Gabriel　画家　㊶フランス　㊹1919年　㉓1992／1996

デュショーソワ, ミシェル　Duchaussoy, Michel　俳優　国フランス　⊕1938年11月29日　⊗2012年3月13日

デューシング, デービッド　Dûsing, David　編曲家, テナー歌手　国米国　®2000

デューズバーグ, ピーター　Duesberg, Peter H.　ウイルス学者　カリフォルニア大学バークレー校教授　⊕細胞生物学　国米国　⊕1936年12月2日　®1996／2004／2008／2012

テューズリー, ロバート　Tewsley, Robert　バレエダンサー　元・ニューヨーク・シティ・バレエ団（NYCB）プリンシパル, 元・英国ロイヤル・バレエ団プリンシパル　国英国　®2004／2008／2012

デュセイ, キャロリーヌ　Ducey, Caroline　女優　国フランス　⊕1978年　®2004

デュセイ, ジョン　Dusay, John M.　精神科医　元・国際交流分析協会会長　⊕交流分析, エゴグラム　®2004

デューゼンベリー, ジェームズ　Duesenberry, James Stemble　経済学者　元・ハーバード大学教授, 元・米国大統領経済諮問委員　ニュー・エコノミックスの提唱者　⊕貨幣論, 銀行論　国米国　⊕1918年7月18日　®1992／1996

デューゼンベリー, フィル　Dusenberry, Phil　BBDOニューヨーク会長　国米国　®1992

デュ・ソートイ, マーカス　Du Sautoy, Marcus　数学者　オックスフォード大学数学研究所教授, 英国王立協会リサーチャー　⊕素数　国英国　⊕1965年　®2008／2012

デュソトワール, ティエリー　Dusautoir, Thierry　ラグビー選手（FL）　国フランス　⊕1981年11月18日

デュソリエ, アンドレ　Dussolier, André　俳優　国フランス　⊕1946年2月17日　®2000／2004／2008

テューダー, ターシャ　Tudor, Tasha　絵本作家, 園芸家　国米国　⊕1915年8月28日　⊗2008年6月18日　®1996（チューダー, タシャ）／2000／2004／2008

デュットマン, アレクサンダー・ガルシア　Düttmann, Alexander García　哲学者　ロンドン大学ゴールドスミス校教授　⊕西欧現代思想　国英国　⊕1961年　®2004／2012

デュッフェル, ジョン・フォン　Düffel, John von　作家, 劇作家　国ドイツ　⊕1966年　®2012

デュティユー, アンリ　Dutilleux, Henri　作曲家　元・パリ音楽院教授　国フランス　⊕1916年1月22日　⊗2013年5月22日　®1992／1996／2000／2008／2012

デュテイユ, イヴ　シャンソン歌手, 政治家　セーヌ・エ・マルヌ県プレシー・シュール・マルヌ村長　国フランス　⊕1949年　®1992／2008

デュテイユ・オガタ, ファビエンヌ　Duteil-Ogata, Fabienne　文化人類学者　国フランス　⊕1965年　®2008

デュド, ベルナール　Dudot, Bernard　エンジン技術者　ルノー・スポーツ・テクニカル・ディレクター　国フランス　®1992

デュトイト, ナタリー　Du Toit, Natalie　水泳選手（オープン・ウォーター）　国南アフリカ　⊕1984年1月29日　®2012

デュトゥール, ジャン　Dutourd, Jean　作家　国フランス　⊕1920年1月14日　®1992

デュトゥルートル, ピエール・ウジェーヌ　Duteurtre, Pierre Eugene　画家　国フランス　⊕1911年　®1992／1996

デュトコウスキー, ボブ　Dutkowsky, Bob　本名=Dutkowsky, Robert　EMCコーポレーション・マーケット・アンド・チャネル担当上級副社長　国米国　®2000

デュードニー, アレクサンダー　Dewdney, Alexander Keewatin　科学ライター　ウェスタン・オンタリオ大学計算機学科教授　⊕離散数学, コンピュータ・サイエンス理論　国カナダ　⊕1941年8月5日　®1992／1996

デュードネ, ジャン　Dieudonné, Jean Alexandre　数学者　元・ニース大学教授　国フランス　⊕1906年7月1日　®1992

デュトワ, シャルル　Dutoit, Charles E.　指揮者　ロンドン・フィルハーモニー管弦楽団音楽監督・首席指揮者, NHK交響楽団名誉音楽監督　元・フランス国立管弦楽団音楽監督・指揮者, 元・モントリオール交響楽団音楽監督　国スイス　⊕1936年10月7日　®1992／1996／2000／2004／2008／2012

デュナント, サラ　Dunant, Sarah　作家　国英国　⊕1950年　®1996／2000

デュニエ, シェリル　Dunye, Cheryl　映画監督　国米国　⊕1966年　®2000

デューニング, トーマス　Duening, Thomas N.　経営コンサルタント　ヒューストン大学客員助教授　国米国　®2004

デュバースタイン, ケネス　Duberstein, Kenneth M.　元・米国大統領首席補佐官　国米国　®1992／1996

デュバリ, マリサ　D'Vari, Marisa　シナリオライター　国米国　®2004

デュバリエ, ジャン・クロード　Duvalier, Jean-Claude　政治家　元・ハイチ大統領　国ハイチ　⊕1951年7月3日　®1992／1996／2012

デュバル, デービッド　Dubal, David　音楽ディレクター, ピアニスト　国米国　®1996

デュバル, デービッド　Duval, David　プロゴルファー　⊕1971年11月9日　®2000／2004／2008／2012

デュバル, ヘレン　ボウリング選手　国米国　⊕1916年6月8日　®2000

デュバル, ボブ　Duval, Bob　本名=Duval, Robert Thomas　プロゴルファー　⊕1946年10月9日　®2000

デュバル, ロバート　Duvall, Robert　俳優, 映画監督　国米国　⊕1931年1月5日　®1992（デュボール, ロバート）／1996（デュボール, ロバート）／2000／2004／2008／2012

デュパン, ジャック　Dupin, Jacques　詩人, 美術評論家　国フランス　⊕1927年3月4日　®1992／2000／2004／2008

デュビー, ジョルジュ　Duby, Georges　本名=Duby, Georges Michel Claude　歴史家　元・コレージュ・ド・フランス名誉教授　⊕中世社会史　国フランス　⊕1919年10月7日　⊗1996年12月3日　®1996

デュピー, ダイアン　Dupi, Diane　人形劇団主宰　フェーマス・ピープル・プレーヤーズ（FPP）代表　国カナダ　®2000

デュビヤール, ロラン　Dubillard, Roland　俳優, 劇作家　国フランス　⊕1923年12月2日　®1992

デュ・ピュイ, キャンダス　De Puy, Candace　心理療法士　国米国　®2004／2008

デュピュイ, ジャック　実業家　ローヌ・プーラン油化アグロ社長　国フランス　®2000

デュピュイ, ジャン・ピエール　Dupuy, Jean-Pierre　科学哲学者　フランス国立理工科学校名誉教授　国フランス　⊕1941年　®1992／2012

デュピュイ, トレバー　Dupuy, Trevor　軍事アナリスト　デュピュイ戦略研究所　国米国　⊕1916年　®1996

デュビュッフェ, ジャン　Dubuffet, Jean　画家, 彫刻家　国フランス　⊕1901年7月31日　⊗1985年5月12日　®1992

デュビレ, デービッド　Doubilet, David　写真家　国米国　⊕1946年　®1996

デュプー, エマニュエル　Dupoux, Emmanuel　フランス社会科学高等研究院助教授　⊕認知心理学　国フランス　⊕1964年　®2000

デュプイ, ダイアン　Dupuy, Diane　演出家　フェイマス・ピープル・プレイヤーズ座長　国カナダ　⊕1948年9月8日　®2004

デュフォー, マチュー　Dufour, Mathieu　フルート奏者　シカゴ交響楽団首席フルート奏者　国フランス　⊕1972年　®2012

デュフォワ, ジョルジナ　政治家　元・フランス社会問題国民連帯相　国フランス　®1992／2000

デュブケア, ローネ　Dybkjaer, Lone　政治家　元・デンマーク環境相　国デンマーク　⊕1940年　®1992／1996

デュ・ブーシェ, アンドレ　Du Bouchet, André　詩人　国フランス　⊕1924年　⊗2001年4月19日　®1992／1996

デュ・ブーシェ, ポール　du Bouche, Paule　著述家　⊕1951年　®1996／2000

デュブフ, ジョルジュ　ワイン醸造家　ジョルジュ・デュブフ社社長　国フランス　®2000

デュプリー, コーネル　Dupree, Cornell　ギタリスト　国米国

㋐1942年12月19日 ㋖2011年5月8日

デュプリー, ジャック　Dupree, Jack　ジャズピアニスト　㋹米国
㋐1910年7月4日 ㋖1992年1月21日　㋶1996

デュプリー, ルイス　人類学者, アフガニスタン研究家　㋹米国
㋖1989年3月21日　㋶1992

デュフール, ジャン・フレデリック　Dufour, Jean-Frederic　実業家 ゼニスCEO　㋐1967年

デュフール, ジル　Dufour, Gilles　ファッションデザイナー　バルマン・デザイナー　㋹フランス　㋐1950年　㋶2004

デュフール, フランソワ　Dufour, François　農民運動家　元・フランス農民同盟全国代表　㋹フランス　㋐1953年　㋶2004

デュフールラボワント, ジュスティーヌ　スキー選手(フリースタイル)　ソチ五輪フリースタイルスキー女子モーグル金メダリスト　㋹カナダ

デュプレー, アニー　Duperey, Anny　女優, 作家　㋹フランス
㋐1947年6月28日　㋶2000／2004／2008

デュ・プレ, ジャクリーヌ　Du Pré, Jacqueline　チェロ奏者　㋹米国　㋐1945年1月26日　㋖1987年10月20日　㋶1992

デュプレ, ダフネ　Duplaix, Daphnee Lynn　女優, モデル, ダンサー　㋹米国　㋐1976年8月18日　㋶2000

デュプレア, フーリー　Du Preez, Fourie　本名=Du Preez,Petrus Fourie　ラグビー選手(SH)　㋹南アフリカ　㋐1982年3月24日

デュフレーヌ, ディアーヌ　Dufresne, Diane　歌手　㋹カナダ
㋐1944年9月30日　㋶1992

デュフレーヌ, ディディエ　Dufresne, Didier　児童文学作家　㋹フランス　㋐1957年　㋶2004／2008

デュフレンヌ, ミケル　Dufrenne, Mikel　哲学者, 美学者　元・パリ第10大学教授　㋹フランス　㋐1910年2月9日　㋖1995年6月10日　㋶1992／1996

デュブロ, アレック　Dubro, Alec　国際ジャーナリスト　㋹米国
㋐1944年　㋶1996

デュープロ, ジェニー　DuPrau, Jeanne　「エンバー─失われた光の物語」の著者　㋶2008

デュフロ, セシル　Duflot, Cécile　政治家　フランス地域間平等・住宅相　㋹フランス　㋐1975年4月1日

デュブロイユ, ドミニック・エリアール　Dubreuil, Dominique H.　レミーマルタン社長　㋹フランス　㋶1996

デュペイロン, フランソワ　Dupeyron, François　映画監督, 脚本家　㋹フランス　㋶2004(デュペロン, フランソワ)／2008(デュペロ, フランソワ)／2012

デュベルダム, イェルーン　Dubbeldam, Jeroen　馬術選手(障害飛越)　㋹オランダ　㋐1973年4月15日　㋶2004／2008

デュボア, ウィリアム・ペーン　du Bois, William Pène　絵本作家　㋹米国　㋐1916年　㋶2004

デュボア, クロード　Dubois, Claude K.　イラストレーター　㋹ベルギー　㋐1960年　㋶2004

デュボア, ジャック　Dubois, Jacques　リエージュ大学哲学文学部教授　㋹フランス文学(19・20世紀)　㋹ベルギー　㋐1933年　㋶2000

デュボア, ディーン　DeBlois, Dean　映画監督, アニメーション監督, 脚本家, アニメーター　㋹カナダ　㋶2012

デュボア, ピエール　Dubois, Pierre　妖精研究家, テレビ映画製作者　㋹フランス　㋐1945年　㋶2004

デュボア, ポール　DuBois, Paul　プログラマー　㋹米国　㋶2004

デュボア, ローラン　Dubois, Laurent　弁護士　ユニオン・デ・ファブリカン(UDF)日本代表, 在日フランス商工会議所名誉会頭　㋹フランス　㋶1992／2000

デュボアザン, ロジャー　Duvoisin, Roger　絵本作家　㋹米国
㋐1904年　㋖1980年　㋶1996

デュボイズ, ブレンダン　DuBois, Brendan　作家　㋹米国　㋶2004／2012

デュボサルスキー, ウルスラ　Dubosarsky, Ursula　作家　㋹オーストラリア　㋶2008

デュボーズ, ルー　Dubose, Lou　ジャーナリスト　㋹米国　㋶2008

デュボス, ルネ　Dubos, René Jule　細菌学者, 生態学者, 文明論者　㋹米国　㋐1901年2月20日　㋖1982年2月20日　㋶1992

デュポン, オーレリ　Dupont, Aurélie　バレリーナ　パリ・オペラ座バレエ団エトワール　㋹フランス　㋐1973年1月15日　㋶2000／2004／2008／2012

デュポン, パトリック　Dupond, Patrick　バレエダンサー　元・パリ・オペラ座バレエ団エトワール・芸術監督　㋹フランス　㋐1959年3月14日　㋶1992／1996／2000／2004／2008／2012

デュポン, パトリック　Dupont, Patrick　医師　㋹フランス
㋶2008

デュ・ポン, ピエール(4世)　Du Pont, Pierre(IV)　元・デラウェア州知事(共和党)　米国大統領候補　㋹米国　㋶1992

デュポン, ルク　Depondt, Luk　児童文学作家, 編集者　㋹ベルギー　㋐1952年　㋶2004

デュポン・ゴモン, クロード　Dupont-Gomont, Claude　画家　㋹フランス　㋐1934年　㋶1992

デュマ, サンドリーヌ　Dumas, Sandrine　女優　㋹フランス
㋐1963年4月28日　㋶1996

デュマ, フィリップ　Dumas, Philippe　イラストレーター, 絵本作家　㋹フランス　㋐1940年　㋶1996

デュマ, マイケル　Dumas, Michael　画家　㋹花鳥画　㋹カナダ
㋐1950年　㋶2000

デュマ, レナ　インテリアデザイナー　レナ・デュマ内装デザイン事務所代表　㋶2004

デュマ, ロラン　Dumas, Roland　政治家　元・フランス外相　㋹フランス　㋐1922年8月23日　㋶1992／1996／2000／2004／2008

デュマ・エルメス, ジャン・ルイ　Dumas-Hermès, Jean-Louis Robert Frédéric　実業家　元・エルメス社長　㋹フランス　㋐1938年2月2日　㋖2010年5月1日　㋶1996(デュマ, ジャン・ルイ)／2000(デュマ, ジャン・ルイ)／2004(デュマ, ジャン・ルイ)／2008

デュマス, マルレーネ　Dumas, Marlene　画家　㋹南アフリカ
㋐1953年　㋶2008／2012

デュマルセ, ジャック　Dumarçay, Jacques　元・フランス極東学院保存修復専門官　㋹フランス　㋶2000

デュムシェル, ポール　Dumouchel, Paul　哲学者　立命館大学大学院先端総合学術研究科教授　㋹カナダ　㋐1951年　㋶1992

デュムラン, フランク　Dumoulin, Franck　射撃選手(ピストル)　シドニー五輪射撃男子エアピストル金メダリスト　㋹フランス　㋐1973年5月13日　㋶2004／2008

デュメイ, オーギュスタン　Dumay, Augustin　バイオリニスト　関西フィルハーモニー管弦楽団音楽監督　㋹フランス　㋐1949年1月17日　㋶1996／2012

デュメジル, ジョルジュ　Dumezil, Georges　言語学者, 比較神話学者　元・コレージュ・ド・フランス教授　㋹フランス　㋐1898年3月4日　㋖1986年10月11日　㋶1992

デュ・モーリエ, ダフネ　Du Maurier, Daphne　作家　㋹英国
㋐1907年5月13日　㋖1989年4月19日　㋶1992

デュモン, トム　Dumont, Tom　グループ名=ノー・ダウト　ギタリスト　㋹米国　㋐1968年1月11日　㋶2004／2008

デュモン, ブリュノ　Dumont, Bruno　映画監督　㋹フランス
㋐1958年3月　㋶2000／2004／2008／2012

デュモン, ルイ　Dumont, Louis　フランス社会科学高等研究院教授　㋹比較社会学　㋹フランス　㋐1911年　㋶2000

デュモンド, バル　Dumond, Val　著述家, ジャーナリスト　㋶2004

デュラー, テヘミナ　「わが暴君」の著者　㋹パキスタン　㋶1992

デュラス, マルグリット　Duras, Marguerite　作家, 映画監督, 脚本家　㋹フランス　㋐1914年4月4日　㋖1996年3月3日　㋶1992／1996

テュラム, リリアン　Thuram, Lilian　元・サッカー選手　㋹フランス　㋐1972年1月1日　㋶2000(チュラン, リリアン)／2004(チュラン, リリアン)／2008／2012

デュラン, アンドリュー　Durant, Andrew G.　サミュエルズ・インターナショナル・アソシエーツマネジングディレクター　㋹米国

デュラン, ジルベール　Durand, Gilbert　グルノーブル大学名誉教授　⊕哲学,宗教人類学　⊕フランス　⊕1921年　⊕1996

デュラン, デルフィーヌ　Durand, Delphine　イラストレーター　⊕フランス　⊕1972年　⊕2004

デュラン, ハリド　Duran, Khalid　イスラム研究者,テロ問題専門家　「トランスイスラム」発行人　⊕ドイツ　⊕2004/2008

デュラン, ピエール　Durand, Pierre　馬術選手　⊕フランス　⊕1992

デュラン, ルー　Durand, Loup　作家　⊕フランス　⊕1934年　⊕1996

デュラン, ロベルト　Duran, Roberto　元・プロボクサー　元・WBC世界ミドル級チャンピオン　⊕パナマ　⊕1951年6月18日　⊕1992/1996/2000/2004

デュランテ, ヴィヴィアナ　Durante, Viviana　本名＝Durante, Viviana Paola　バレリーナ　元・ロイヤル・バレエ団プリンシパル　⊕イタリア　⊕1967年5月8日　⊕1996/2000/2004/2008/2012

デュラント, ケビン　Durant, Kevin　バスケットボール選手　ロンドン五輪バスケットボール男子金メダリスト　⊕米国　⊕1988年9月29日　⊕2012

デュラント, ジョー　Durant, Joe　本名＝Durant, Joseph Scott　プロゴルファー　⊕米国　⊕1964年4月7日　⊕2004

デュラント, スチュアート　Durant, Stuart　装飾デザイナー　「国際デザイン年鑑」編集長　⊕ビクトリア朝デザイン　⊕英国　⊕1992

デュラン・ブバル, クリストフ　Durand-Boubal, Christophe　作家　⊕フランス　⊕1960年　⊕2000

デューリー, イアン　ロックミュージシャン,俳優　⊕英国　⊕1942年　⊕1996

デューリー, エドワード　Durie, Edward　裁判官　ワイタンギ裁定委員会委員長　⊕ニュージーランド　⊕1992

デューリー, デービッド　Duly, David　英語教師,舞台演出家,舞台デザイナー　⊕英国　⊕2000

デュリス, ロマン　Duris, Romain　俳優　⊕フランス　⊕1974年5月5日　⊕2004/2008/2012

デュリュフレ, モリス　Duruflé, Maurice　オルガン奏者,作曲家　⊕フランス　⊕1902年1月11日　⊕1986年　⊕1992

デュリュ・ベラ, マリー　Duru-Bellat, Marie　ディジョン大学教授　⊕学校教育　⊕1996

デューリング, エリー　During, Elie　哲学者　パリ第10大学准教授　⊕フランス　⊕1972年　⊕2012

デュル, ハインツ　Dürr, Heinz　ドイツ連邦鉄道(DB)総裁　⊕ドイツ　⊕1933年7月16日　⊕1992/1996

デュル, ハンス・ペーター　Duerr, Hans Peter　民族学者　⊕ドイツ　⊕1943年　⊕1992/1996

テュルク, ハンネ　Türk, Hanne　絵本作家　⊕オーストリア　⊕1951年　⊕2000

デュルト, ユベール　国際仏教学大学院大学仏教学研究科教授,「法宝義林」編集長　⊕仏教学　⊕フランス　⊕1936年　⊕2008

デュレット, ラマール　実業家　エア・カナダ社長・CEO　⊕米国　⊕2000

デュレンバーガー, デービッド・フェルディナンド　Durenberger, David Ferdinand　政治家　元・米国上院議員(共和党)　⊕米国　⊕1934年8月19日　⊕没年不詳　⊕1992

デュレンマット, フリードリヒ　Dürrenmatt, Friedrich　劇作家　⊕スイス　⊕1921年1月5日　⊕1990年12月14日　⊕1992

デューロー, チャールズ　Douro, Charles　本名＝デューロー, アーサー・チャールズ・バレリアン・ウェルスリー　モンブラン・デ・ラ・キュルチュール財団理事長　⊕英国　⊕1945年8月19日　⊕1996/2000

デュワーティ, ジュディ　Duarte, Judy　ロマンス作家　⊕2008

デュワン, テッド　Dewan, Ted　漫画家,イラストレーター　⊕米国　⊕1961年　⊕1996

テューン, トミー　Tune, Tommy　本名＝Tune, Thomas James　ミュージカル俳優,振付師,演出家　⊕米国　⊕1939年2月28日　⊕1992/1996

デュンケル, ジャン・ブノワ　Dunckel, Jean Benoit　グループ名＝エール　ミュージシャン　⊕フランス　⊕2004/2008/2012

テュンペル, クリスティアン　Tümpel, Christian　ネイメーヘン大学教授　⊕オランダ絵画・版画　⊕オランダ　⊕1937年　⊕1996

テヨン　Tae-yeon　グループ名＝少女時代　歌手　⊕韓国　⊕1989年3月9日　⊕2012

デーヨン, ピエール　Deyon, Pierre　リール第3大学教授　⊕フランス農村工業史　⊕フランス　⊕1927年　⊕1992/1996

デヨング, ボブ　De Jong, Bob　本名＝De Jong, Bob Johannes Carolus　スピードスケート選手　トリノ五輪スピードスケート男子1万メートル金メダリスト　⊕オランダ　⊕1976年11月13日　⊕2008/2012

テラー, アル　Teller, Al　実業家　アトミックポップ・ドット・コムCEO　⊕米国　⊕2004

テーラー, イアン・コリン　Taylor, Ian Colin　政治家　英国科学技術担当相,英国下院議員　⊕英国　⊕1945年4月18日　⊕2000

テーラー, ウィリアム　軍事アナリスト　ジョージタウン大学準教授　元・米国戦略国際問題研究センター(CSIS)上級副所長　⊕朝鮮半島問題　⊕米国　⊕2000/2004

テラー, エドワード　Teller, Edward　原子物理学者　元・ロスアラモス研究所副所長,元・カリフォルニア大学名誉教授　⊕米国　⊕1908年1月15日　⊕2003年9月9日　⊕1992/1996/2000

テーラー, ボルニー　実業家　元・ダン・アンド・ブラッド・ストリート(D&B)会長・CEO　⊕米国　⊕2000

テラー, ユルゲン　Teller, Juergen　写真家　⊕ドイツ　⊕1964年　⊕1996

テライユ, クロード　Terrail, Claude　元・ラ・トゥール・ダルジャンオーナー　⊕フランス　⊕1917年　⊕2006年6月1日　⊕1992

デ・ラウレンティス, ディノ　De Laurentiis, Dino　本名＝De Laurentiis, Agostino　映画プロデューサー　⊕イタリア　⊕1919年8月8日　⊕2010年11月11日　⊕1992/1996/2004(ラウレンティス, ディノ・デ)/2008(ラウレンティス, ディノ・デ)

デ・ラウレンティス, マーサ　De Laurentiis, Martha　旧名＝Schumacher, Martha　映画プロデューサー　⊕イタリア　⊕1954年　⊕2004(ラウレンティス, マーサ・デ)/2008(ラウレンティス, マーサ・デ)/2012

デラエスプリエヤ, リカルド　De La Espriella, Ricardo　政治家　元・パナマ大統領　⊕パナマ　⊕1934年　⊕1992

テラオカ, カルロス　フィリピン日系人連合会会長　⊕フィリピン　⊕1930年　⊕2000/2004/2008

デラガーザ, E.　De la Garza, E.　政治家　米国下院議員(民主党)　⊕米国　⊕1927年9月22日　⊕1992

デラクア, アレッサンドロ　Dell'acqua, Alessandro　ファッションデザイナー　⊕イタリア　⊕1962年　⊕2000

デラグアルディア, エルネスト　Dela Guardia, Ernesto　外交官　駐日アルゼンチン大使　⊕アルゼンチン　⊕1992/1996

デラクシャンデ, プーラン　映画監督,テレビディレクター　⊕イラン　⊕1992

デラクルス, アントニオ　de la Cruz, Antonio　サッカー監督,元・サッカー選手　⊕スペイン　⊕1947年5月7日　⊕2000

デラクルス, ウリセス　De La Cruz, Ulises　サッカー選手(DF)　⊕エクアドル　⊕1974年2月8日　⊕2004/2008

デラクロワ, クレア　Delacroix, Claire　筆名＝クロス, クレア, クーク, デボラ　ロマンス作家　⊕2008

デラコート, ピーター　Delacorte, Peter　作家　⊕米国　⊕1943年　⊕1996

デ・ラ・コリーナ, ホセ　De la Colina, José　脚本家,小説家　元・「文化ゼミナール」紙編集長　⊕スペイン　⊕1934年　⊕1992

デラコルタ　Delacorta　本名＝オディエ, ダニエル　作家,映画脚本家,音楽評論家　⊕1945年　⊕1992

デラコルテ, ジョージ　出版者　元・デル・パブリッシング創設者　⊕米国　⊕1991年5月4日　⊕1992

テラサキ, グエン　Terasaki, Gwen　本名＝テラサキ, グエン・ドレン・ハロルド　外交官・寺崎英成の妻　国米国　没1990年12月15日　歴1992

テラサス, ソリア　元・国際サッカー連盟（FIFA）副会長, 元・北中米・カリビアン・サッカー連盟（CONCACAF）会長　没1990年10月29日　歴1992

デラシュー, ジャン・マリ　Delassus, Jean-Marie　医師　母子サービス所長, フランス母子学協会総裁　国フランス　生1938年　歴2004／2008

デラシン, ドロシー　Delasin, Dorothy　プロゴルファー　国米国　生1980年8月26日　歴2004／2008

デラス, トライアノス　Dellas, Traianos　サッカー選手（DF）　国ギリシャ　生1976年1月31日　歴2008

デラスキ, キャサリーン　米国国防総省報道官　国米国　歴1996

テラソン, ジャッキー　ジャズピアニスト　国フランス　生1965年　歴2000

デラトーレ, エディシオ　カトリック神父　国フィリピン　歴1992

テラノヴァ, ヴァレリー　Terranova, Valérie　パリ市日本事務所代表　国フランス　生1964年2月11日　歴2000

デラハシャンデ, プラン　Derakhshandeh, Puran　映画監督　国イラン　生1951年　歴1992

デ・ラ・パーラ, アロンドラ　de la Parra, Alondra　指揮者　フィルハーモニック・オーケストラ・オブ・ジ・アメリカス（OPA）主宰　国メキシコ　生1980年　歴2012

テラビ, ウィリー　Telavi, Willy　政治家　ツバル首相・内相　国ツバル　歴2012

デ・ラ・プエンテ, オスカル・フランシスコ　De la Puente, Oscar Francisco　政治家　元・ペルー首相　国ペルー　生1938年10月4日　歴1996

デラブレーン, スタントン　コラムニスト　国米国　没1988年4月18日　歴1992

デラヘイ, マイケル　Delahaye, Michael　作家　国英国　生1946年　歴1992／1996

テラペイネン, ピーター・ジョージ　Teravainen, Peter　プロゴルファー　国米国　生1956年4月23日　歴2000／2004／2008

デ・ラ・ペーニャ, イバン　de la Peña, Iván　サッカー選手（MF）　国スペイン　生1976年5月6日　歴2000

デラホーヤ, オスカー　DeLaHoya, Oscar　元・プロボクサー　元・WBA・WBC統一世界スーパーウエルター級チャンピオン　国米国　生1973年2月4日　歴1996／2000／2004／2008／2012

デラマータ, エンリケ　元・赤十字社連盟会長　国スペイン　没1987年9月6日　歴1992

デ・ラ・マドリ, ミゲル　De la Madrid Hurtado, Miguel　政治家　元・メキシコ大統領　国メキシコ　生1934年12月12日　没2012年4月1日　歴1992／1996

デラムズ, ロナルド　Dellums, Ronald V.　政治家　米国下院議員（民主党）　国米国　生1935年11月24日　歴1996

デーラモ, ルーチェ　D'eramo, Luce　作家　国イタリア　生1925年　歴2000

テラル, ボリス　Terral, Boris　俳優　国フランス　生1973年　歴2004

デラルア, フェルナンド　De La Rúa, Fernando　政治家, 法学者　ブエノスアイレス大学教授　元・アルゼンチン大統領　国アルゼンチン　生1937年9月15日　歴2000／2004／2008

デ・ラ・レンタ, オスカー　de la Renta, Oscar　ファッションデザイナー　オスカー・デラレンタ社長　国米国　生1932年7月22日　歴1992／1996

デラロサ, ペドロ　de la Rosa, Pedro　F1ドライバー　国スペイン　生1971年2月24日　歴2000（ロサ, ペドロ・デ・ラ）／2004（ロサ, ペドロ・デ・ラ）／2012

テラン, ボストン　Teran, Boston　作家　国米国　歴2004／2012

デランク, クラウディア　Delank, Claudia　美術史家　国日本美術　生1952年　歴2008／2012

デランバハシュ, カンビス　Derambakhsh, Kambiz　漫画家　国ドイツ　生1942年　歴2000

テリー, イーディス　Terry, Edith　ジャーナリスト　「グローブ・アンド・メール」紙東京支局長　国米国　生1952年　歴1992／1996

デーリー, ウィリアム　Daley, William M.　実業家　元・米国大統領首席補佐官, 元・米国商務長官, 元・J.P.モーガン・チェース中西部部門会長　国米国　生1948年8月9日　歴2000／2004／2012

テリー, クラーク　Terry, Clark　ジャズ・トランペット奏者, フリューゲルホーン奏者　国米国　生1920年12月14日　歴2000

デーリー, ケイト　Daly, Kate　ライター　国オーストラリア　歴2008

テリー, ジョン　Terry, John C.　ザ・ジレット・カンパニー研究開発室副社長　国英国　生1937年　歴2000

テリー, ジョン　Terry, John　サッカー選手（DF）　国英国　生1980年12月7日　歴2012

デーリー, ジョン　Daly, John　プロゴルファー　国米国　生1966年4月28日　歴1992（デイリー, ジョン）／1996／2000／2004／2008／2012

テリー, ソニー　Terry, Sonny　ブルース・ハーモニカ奏者, ブルース歌手　国米国　生1911年10月24日　没1986年3月11日　歴1992

デーリー, チャック　Daly, Chuck　バスケットボール監督　国米国　生1930年7月20日　歴1996／2000

デーリー, トム　Daley, Tom　本名＝デーリー, トーマス　飛び込み選手　ロンドン五輪男子高飛び込み銅メダリスト　国英国　生1994年5月21日　歴2012

デリー, ドリス　Dörrie, Doris　映画監督, 作家　国ドイツ　生1955年5月26日　歴1996／2000

デーリー, ハーマン　Daly, Herman E.　経済学者　メリーランド大学上席研究員　元・世界銀行（国際復興開発銀行）本部環境局上級研究員　専エコロジー経済学, 環境政策　国米国　生1938年　歴1996

テリー, ビル　Terry, Bill　本名＝Terry, William Harold　大リーグ選手　国米国　生1896年10月30日　没1989年1月9日　歴1992

デリー, マーク　Dery, Mark　文化批評家　国米国　生1959年　歴2000

デーリー, マーティン　Daly, Martin　心理学者　マクマスター大学教授　専殺人, 幼児虐待　国カナダ　生1944年　歴2000

デーリー, リチャード　Daley, Richard M.　政治家, 弁護士　シカゴ市長　国米国　生1942年4月24日　歴1992（デイリー, リチャード）／2000／2004／2008

テリー, ルーサー・L.　元・米国公衆衛生局長　国米国　没1985年3月29日　歴1992

デーリー, ロバート　Daley, Robert　作家, 写真家　国米国　生1930年　歴1996／2000

デーリー, ロバート　Daley, Robert Anthony　実業家　ドジャース会長　国米国　生1936年12月8日　歴2000

デリウス, フリードリヒ　Delius, Friedrich C.　詩人, 作家　国ドイツ　生1943年　歴1992／1996

テリエン, サムエル　Terrien, Samuel　ニューヨーク・ユニオン大学名誉教授　専聖書学　国フランス　生1911年　歴1996

デ・リコ, ウル　de Rico, Ul　別名＝ウルデリコ・グロップレロ・ディ・トロッペンブルグ伯爵　画家, 絵本作家　国イタリア　生1944年　歴2000

デリコ, ジョン　LSIロジックジャパンセミコンダクタージェネラルマネジャー　歴2000

デリシ, チャールズ　遺伝学者　元・米国エネルギー省保健環境研究局長　専ヒトゲノム解析計画　歴1996

デリス, アンディ　Deris, Andi　グループ名＝ハロウィン　ロック歌手　国ドイツ　生1964年8月18日　歴2000／2008／2012

テリス, ジェラルド　Tellis, Gerard J.　経営学者　南カリフォルニア大学マーシャル校教授　国米国　歴2004

テリス, スーザン　Terris, Susan　作家　国米国　生1937年　歴1992／1996

テリス, ノーマ　ミュージカル女優　国米国　没1989年11月15日　歴1992

デリダ, ジャック　Derrida, Jacques　哲学者, 思想家　元・フランス

社会科学高等研究院教授 ⒼフランスⒽ1930年7月15日 Ⓡ2004年10月8日 Ⓒ1992／1996／2000／2004

テリー・トーマス Terry-Thomas 本名=Stevens,Thomas Terry Hoar 喜劇俳優 Ⓖ英国 Ⓗ1911年7月14日 Ⓡ1990年1月8日 Ⓒ1992

デリパスカ, オレグ Deripaska, Oleg Vladimirovich 実業家 UCルサールCEO Ⓖロシア Ⓗ1968年1月2日 Ⓒ2004／2012

デリフテ, ラインハート ニューキャッスル大学日本学教授 Ⓢ日本外交, 安全保障政策 Ⓖ英国 Ⓒ1992／2000

デリベス, ミゲル Delibes, Miguel 作家, ジャーナリスト 元・バリャドリード大学教授, 元・「ノルテ・デ・カスティリャ」編集長 Ⓖスペイン Ⓗ1920年10月17日 Ⓡ2010年3月12日 Ⓒ1992／1996

テリホフ, ヴィャチェスラフ ジャーナリスト インタファクス通信記者 Ⓖロシア Ⓗ1939年 Ⓒ1996

デ・リマ, バンデルレイ De Lima, Vanderlei Cordeiro マラソン選手 Ⓖブラジル Ⓗ1969年8月11日 Ⓒ2008

テリム, ファティフ Terim, Fatih サッカー監督, 元・サッカー選手 元・サッカー・トルコ代表監督 Ⓖトルコ Ⓗ1953年9月4日 Ⓒ2004／2008／2012

デリュデレ, ドミニク Deruddere, Dominique 映画監督, 脚本家 Ⓖベルギー Ⓗ1957年6月15日 Ⓒ2004

テリョーシキナ, ヴィクトリア Tereshkina, Viktoria バレリーナ マリインスキー・バレエ団プリンシパル Ⓖロシア Ⓗ1982年 Ⓒ2012

テリル, ロス Terrill, Ross G. 中国問題研究家 テキサス大学客員教授 Ⓖ米国 Ⓗ1938年 Ⓒ1996／2000／2004

デリーロ, ドン DeLillo, Don 作家 Ⓖ米国 Ⓗ1936年11月20日 Ⓒ1992／1996／2004／2012

デリンジャー, スーザン Dellinger, Susan 人材開発コンサルタント Ⓖ米国 Ⓒ2004／2008

デリンジャー, デイブ Dellinger, Dave 本名=デリンジャー, デービッド 反戦運動家 「リベレーション」主宰 Ⓖ米国 Ⓗ1915年 Ⓡ2000

デリンスキー, バーバラ Delinsky, Barbara ロマンス作家 Ⓖ米国 Ⓒ2004

デ・リント, チャールズ De Lint, Charles 別名=キー, サミュエル・M. 作家, ミュージシャン Ⓖカナダ Ⓗ1951年12月22日 Ⓒ1996

デール, ヴァレリー Dayre, Valérie 作家 Ⓖフランス Ⓗ1958年 Ⓒ2012

デル, ゲーブ 舞台・映画俳優 Ⓖ米国 Ⓗ1988年7月3日 Ⓒ1992

デル, ダイアナ Dell, Diana L. 産婦人科医, 精神科医 Ⓒ2008

デール, ポーレット Dale, Paulette コミュニケーション学者 マイアミ・デード・コミュニティ・カレッジ教授 Ⓖ米国 Ⓒ2004

デル, マイケル Dell, Michael S. 実業家 デル会長・CEO Ⓖ米国 Ⓗ1965年2月23日 Ⓒ1992／1996／2000／2004／2012

デルイベル, ディルク De Ruyver, Dirk フランダース州政府企業誘致局ビジネス開発ディレクター Ⓖベルギー Ⓗ1964年 Ⓒ2004

デルヴェール, J. Delvert, Jean 地理学者 パリ大学名誉教授 Ⓢ東南アジアの地理 Ⓖフランス Ⓗ1921年 Ⓒ2004

デルヴォー, ポール Delvaux, Paul 画家 Ⓖベルギー Ⓗ1897年9月23日 Ⓡ1994年7月20日 Ⓒ1992（デルボー, ポール）／1996（デルボー, ポール）

デルーカ, エドワルド・カルロス 南米サッカー連盟専務理事 Ⓖアルゼンチン Ⓗ1940年9月17日 Ⓒ2000

デルカ, スティーブ・エイドリアン DeLuca, Steve Adrien コンピューター・エンジニア マイクロソフトDistributed Management Divisionリードプログラムマネジャー Ⓖ米国 Ⓒ2004

デルーカ, フレッド Deluca, Fred 本名=Deluca,Frederik A. 実業家 サブウェイ・インターナショナル社長 Ⓖ米国 Ⓒ1996

デルーカ, マイケル De Luca, Michael 映画プロデューサー ニュー・ライン・シネマ社長 Ⓖ米国 Ⓒ2000

デルーカス, エンリケ DeLucas, Enrique サッカー選手（MF） Ⓖスペイン Ⓗ1978年8月17日 Ⓒ2004／2008

デルカスティージョ, ホルヘ・アルフォンソ del Castillo, Jorge Alfonso 本名=del Castillo Gálves,Torge Alfonso Alejandro 政治家 ペルー首相 Ⓖペルー Ⓗ1950年7月2日 Ⓒ2008／2012

デルガード, エドワルド Delgado, Eduardo 本名=デルガード, ベルムーデス・エドワルド 外交官 元・駐日キューバ大使 Ⓖキューバ Ⓗ1943年 Ⓒ1996（デルガード, エドワルド／デルガード・ベルムーデス, エドワルド）

デルガド, カルロス Delgado, Carlos Juan 元・大リーグ選手 Ⓖプエルトリコ Ⓗ1972年6月25日 Ⓒ2004／2008／2012

デルガド, ホセ Delgado, Jose Manuel Rodrigues 大脳生理学者 ラモン・イ・カハル国立生理学研究所所長 元・エール大学教授 Ⓖスペイン Ⓗ1915年 Ⓒ1992

テルガト, ポール Tergat, Paul 別名=Kibii,Paul マラソン選手 アトランタ五輪・シドニー五輪陸上男子1万メートル銀メダリスト Ⓖケニア Ⓗ1969年6月17日 Ⓒ2004／2008／2012

デルガド, ロベルト 実業家 多国籍多角経営グループ会長 Ⓖフィリピン Ⓒ1996

デルカンブル, アンヌ・マリ Delcambre, Anne Marie イスラム学者 Ⓗ1943年 Ⓒ1992

デルギナ, イリーナ Deriugina, Irina 元・新体操選手 Ⓖソ連 Ⓒ1992／1996

テルジッチ, アドナン Terzić, Adnan 政治家 元・ボスニア・ヘルツェゴビナ閣僚評議会議長 Ⓖボスニア・ヘルツェゴビナ Ⓗ1960年4月5日 Ⓒ2008

テルシュキン, ジョーゼフ Telushkin, Joseph コロンビア大学ユダヤ史講師, ブランダイス・バーデン研究所特別研究員 Ⓢユダヤ問題 Ⓗ1948年 Ⓒ1996

デルソン, ブラッド Delson, Brad グループ名=リンキン・パーク ロック・ギタリスト Ⓖ米国 Ⓒ2004／2008／2012

デルタイユ, クリスチャン Deltheil, Christian パルファム・ジバンシイSA国際統括ディレクター Ⓒ1992

テルチク, ホルスト Teltschik, Horst ベルテルスマン財団理事長 元・ドイツ首相府第2局長 Ⓖドイツ Ⓗ1940年6月14日 Ⓒ1992／1996

デルトリエフ, ペタル 政治家, 医師 ブルガリア社会民主党副議長 Ⓢ結核治療 Ⓖブルガリア Ⓗ1915年 Ⓒ1992

デル・トロ, ギレルモ Del Toro, Guillermo 映画監督, 映画プロデューサー, 脚本家 Ⓖメキシコ Ⓗ1964年10月9日 Ⓒ2004／2008／2012

デル・トロ, ベニシオ Del Toro, Benicio 俳優 Ⓖ米国 Ⓗ1967年2月19日 Ⓒ2000（トロ, ベニシオ・デル）／2004（トロ, ベニシオ・デル）／2008／2012

デルトン, ジュディ Delton, Judy 児童文学作家 Ⓖ米国 Ⓗ1931年 Ⓒ2004

デルナー, ディートリヒ Dörner, Dietrich 心理学者 マックスプランク協会認知心理学プロジェクト・リーダー Ⓢ認知心理学 Ⓖドイツ Ⓗ1938年 Ⓒ2004

デルナー, ハインリッヒ Dörner, Heinrich 法学者 ミュンスター大学教授 Ⓢ民法, 国際私法, 比較法 Ⓖドイツ Ⓗ1948年 Ⓒ2004／2008

デル・ネーリ, ルイージ Del Neri, Luigi サッカー監督, 元・サッカー選手 Ⓖイタリア Ⓗ1950年8月23日 Ⓒ2012

デルバイエ, エリク・アルトロ Delvalle, Eric Arturo 政治家 元・パナマ大統領 Ⓖパナマ Ⓗ1937年2月2日 Ⓒ1992

デルピー, ジュリー Delpy, Julie 女優, 映画監督 Ⓖフランス Ⓗ1969年12月21日 Ⓒ1996／2012

デルピエロ, アレッサンドロ Del Piero, Alessandro サッカー選手（FW） Ⓖイタリア Ⓗ1974年11月9日 Ⓒ1996／2000／2004／2008／2012

デルビシュ, ケマル Derviş, Kemal 政治家, 経済学者 元・トルコ財務相, 元・国連開発計画（UNDP）総裁 Ⓖトルコ Ⓗ1949年1月10日 Ⓒ2008／2012

デルフ, ブライアン イラストレーター Ⓖ英国 Ⓒ2004／2008

デルフィ, クリスティーヌ Delphy, Christine 社会学者 フランス国立科学研究センター（CNRS）研究員,「Nouvelles Questions Feministes（新フェミニズム問題）」編集長 国フランス ⽣1941年 ⓜ2000

デルフィニ, パブロ Delfini, Pablo 版画家 国アルゼンチン ⽣1959年 ⓜ2004

デルフィン・ネト, アントニオ Delfim Netto, Antonio ブラジル企画相 国ブラジル ⽣1928年5月5日 ⓜ1992

デル・ブオーノ, オレステ Del Buono, Oreste 作家 国イタリア ⽣1923年3月8日 ⓜ1992／1996

デルフォント, バーナード Delfont, Bernard 興行主 元・ファースト・レジャー・コーポレーション会長 国英国 ⽣1909年9月5日 ⓟ1994年7月27日 ⓜ1996

テルプストラ, エリカ Terpstra, Erica 政治家,元・水泳選手 オランダ下院議員 国オランダ ⓜ1992

デルブラン, スヴェン Delblanc, Sven 作家,批評家 国スウェーデン ⽣1931年 ⓜ1992

デルブランク, ジョルジュ Délphlanque, Georges 画家 国立芸術家友好会副会長 国フランス ⽣1903年 ⓜ1992

デルブリュック, マックス Delbrück, Max 分子生物学者,物理学者 元・カリフォルニア工科大学生物学教授 国米国 ⽣1906年9月4日 ⓟ1981年3月9日 ⓜ1992

デル・ベッキオ, クラウディオ Del Vecchio, Claudio 実業家 ブルックス・ブラザーズ会長・CEO ⽣1957年 ⓜ2012

デルベッキオ, マルコ Delvecchio, Marco サッカー選手（FW） 国イタリア ⽣1973年4月7日 ⓜ2008

テルペトロシャン, レボン Ter-Petrosyan, Levon Akopovich 政治家 元・アルメニア大統領 国アルメニア ⽣1945年1月9日 ⓜ1992／1996／2000

デルペレ, ニコル 弁護士 ⑳高齢者問題,老人学 国ベルギー ⽣1939年 ⓜ1996

デルボスク, オリヴィエ Delbosc, Olivier 映画プロデューサー フィデリティ・プロダクション主宰 国フランス ⽣1969年 ⓜ2000

デル・ボスケ, ビセンテ Del Bosque, Vicente サッカー監督,元・サッカー選手 サッカー・スペイン代表監督 国スペイン ⽣1950年12月23日 ⓜ2004／2008／2012

デルポート, ジャネットミョウゼン デルポート, ジャネット妙禅 Delprot, Jeanette Myōzen 「関大尉を知っていますか―青い目の女性が見た日本人と神風特攻」の著者 ⽣1945年 ⓜ2000

デル・ポトロ, フアン・マルティン Del Potro, Juan Martin テニス選手 ロンドン五輪テニス男子シングルス銅メダリスト 国アルゼンチン ⽣1988年9月23日 ⓜ2012

デルボラフ, ヨーゼフ Derbolav, Josef 元・ボン大学名誉教授 ⑳哲学,教育学,教育哲学 ⽣1912年 ⓟ1987年 ⓜ1992

デルポンテ, カルラ Delponte, Carla 検察官,外交官 駐アルゼンチン・スイス大使 元・旧ユーゴスラビア国際戦争犯罪法廷（ICTFY）主任検事,元・スイス検事総長 国スイス ⽣1947年2月9日 ⓜ2004／2008／2012

デル・マー, ノーマン Del Mar, Norman 指揮者 国英国 ⽣1919年7月31日 ⓟ1994年2月6日 ⓜ1996

デルマ・マルティ, ミレイユ Delmas-Marty, Mireille 法学者 ソルボンヌ大学教授 ⑳刑法,人権,比較法学,国際法 国フランス ⓜ2004

テルミサニ, オマル Telmessani, Omar 元・モスレム同胞団3代目指導者 エジプトのイスラム復古主義指導者 国エジプト ⓟ1986年5月22日 ⓜ1992

デルミット, エドゥアール Dermit, Édouard 画家 国フランス ⽣1925年 ⓜ1992

デル・モナコ, マリオ Del Monaco, Mario テノール歌手 国イタリア ⽣1915年7月27日 ⓟ1982年10月16日 ⓜ1992

テルモルス, ヨリン スピードスケート選手 ソチ五輪スピードスケート女子1500メートル金メダリスト 国オランダ

デルモンテ, パティ Delmonte, Patti ライター 国米国 ⓜ2008

デルリ, ジョアン Derly, Joao 本名=Derly Nunes Junior,Joao 柔道選手 国ブラジル ⽣1981年6月2日

デル・ロサリオ, ラモン Del Rosario, Ramon V. 外交官 駐日フィリピン大使 国フィリピン ⽣1918年7月 ⓜ1992／1996

デルンベルク, アドリアン・フォン ルフトハンザ・ドイツ航空副社長 国ドイツ ⽣1952年 ⓜ1992

デレアヌ, イリナ Deleanu, Irina 新体操選手 国ルーマニア ⽣1975年11月12日 ⓜ1992

デレイケ, エリック Derycke, Eric 政治家,弁護士 ベルギー副首相・外相 国ベルギー ⽣1949年10月28日 ⓜ2000／2004

デ・レオン, ジョアン De León, Joanne イラストレーター,絵本作家 国フィリピン ⽣1966年 ⓜ2004／2008

デレオン・カルピオ, ラミロ De Leon Carpio, Ramiro 政治家,法学者 元・グアテマラ大統領 ⑳憲法学 国グアテマラ ⽣1942年1月12日 ⓟ2002年4月16日 ⓜ1996／2000

デレグ, トゥムルバートル Deleg, Tumurbaatar 日本文学研究家, ジャーナリスト モンゴル日本文化文学センター主宰 国モンゴル ⓜ2004／2008

デレク, ボー Derek, Bo 本名=コリンズ, メリー・キャサリン 女優 国米国 ⽣1956年11月20日 ⓜ1996／2000

テレサ Teresa 本名=ボヤヒュー, アグネス・ゴンザ 通称=マザー・テレサ カトリック修道女,社会奉仕活動家 元・神の愛の宣教者会代表 国インド ⽣1910年8月27日 ⓟ1997年9月5日 ⓜ1992（テレサ尼）／1996（テレサ尼）

テレサ・テン Teresa Teng 本名=鄧麗君 歌手 国台湾 ⽣1953年1月29日 ⓟ1995年5月9日 ⓜ1992／1996

テレシー, ディック Teresi, Dick 科学ジャーナリスト 国米国 ⓜ1992／1996

テレシコワ, ワレンチナ Tereshkova, Valentina Vladimirovna 宇宙飛行士 国ロシア ⽣1937年3月6日 ⓜ1992／1996

テレシチェンコ, セルゲイ Tereshchenko, Sergei Aleksandrovich 政治家 元・カザフスタン首相 国カザフスタン ⽣1951年3月30日 ⓜ1996

テレシチェンコ, レオニード Tereshchenko, Leonid ソ連国民教育国家委員会副議長 国ソ連 ⓜ1992／1996

テレス, セルジオ Telles, Sergio 画家 国ブラジル ⽣1936年 ⓜ1992

テレス, リジア Telles, Lygia Fagundes 作家 国ブラジル ⽣1921年 ⓜ1992

テレツ, トム 陸上コーチ サンタモニカ・トラッククラブコーチ 国米国 ⽣1933年10月 ⓜ1996／2000

デレーニ, カレン Delaney, Kalen コンピュータ技術者 国米国 ⓜ2004

テレパット, カルロス ギタリスト 国スペイン ⽣1960年 ⓜ1992

テレビロフ, ウラジーミル Terebilov, Vladimir Ivanovich 元・ソ連最高裁長官,元・ソ連法相 国ソ連 ⽣1916年 ⓜ1992

テレフセン, アルヴェ Tellefsen, Arve バイオリニスト 国ノルウェー ⽣1936年12月14日 ⓜ1992

テレブランシュ, ユージン アフリカーナ対抗運動（AWB）最高指導者 国南アフリカ ⓜ1992

テレヘン, トーン Tellegen, Toon 児童文学作家,詩人 国オランダ ⽣1941年 ⓜ2004／2012

テレム, アーン Tellem, Arn スポーツ代理人 SFXスポーツグループバスケットボール部門社長・野球部門副社長 ⓜ2004／2008

テレム, ナンシー Tellem, Nancy 実業家 CBSパラマウント・ネットワーク・テレビジョン・エンターテインメント社長 国米国 ⽣1954年 ⓜ2008／2012

デレリオル, オクタイ Derelioglu, Oktai サッカー選手（FW） 国トルコ ⽣1975年12月17日 ⓜ2000／2004

デ・ロイ, スワデシュ・R. ジャーナリスト 元・PTI通信東京支局長,元・日本外国特派員協会会長 国インド ⽣1924年 ⓟ2001年7月4日 ⓜ1992

デローザ, デービッド Derosa, David F. エコノミスト デローザ・リサーチ・アンド・トレーディング社長 ⑳外国為替 ⓜ2004

デローシュ・ノブルクール, クリスチアヌ Desroches Noblecourt, Christiane 美術家 フランス国立美術館名誉総監 国エジプト美術 国フランス ⽣1913年

デロスサントス, ハイメ 軍人 東ティモール国連平和維持軍司令官 国フィリピン ⽣2000

デロスリオス, アストリット 外交官 在日パラグアイ大使館一等書記官 国パラグアイ ⽣1952年2月14日 ⽣1992

デローチ, ジョー Deloach, J. 陸上選手 国米国 ⽣1967年6月5日 ⽣1992

デ・ロッシ, ダニエレ De Rossi, Daniele サッカー選手（MF）アテネ五輪サッカー男子銅メダリスト 国イタリア ⽣1983年7月24日 ⽣2008／2012

デロッソ, H.A. de Rosso, H.A. SF・ミステリー作家 国米国 ⽣1917年 ⽣1992

デ・ロバート, ハマー DeRoburt, Hammer 政治家 元・ナウル大統領 国ナウル ⽣1923年 ⽣1992年7月15日 ⽣1992／1996

デローム, ジャン・フィリップ Delhome, Jean-Philippe イラストレーター 国フランス ⽣1959年 ⽣1996

デローム, ルネ Delorm, Rene 「ダイアナ&ドディ愛の日々」の著者 国米国 ⽣1943年 ⽣2000

デロリア, バイン（Jr.） Deloria, Vine (Jr.) インディアン指導者, 歴史家 元・全米アメリカ・インディアン会議常務理事 国米国 ⽣1933年3月26日 ⽣2005年11月13日 ⽣1992

デロリアン, ジョン Delorean, John Z. 実業家, 自動車開発者 元・ゼネラル・モーターズ（GM）副社長, 元・デロリアン・モーター・カンパニー社長 国米国 ⽣1925年1月6日 ⽣2005年3月19日 ⽣1992

デロリオ, ルイス ファッションデザイナー アン・クライン社デザイナー 国米国 ⽣1948年7月23日 ⽣1996

デ・ローン, オースティン De Lone, Austin キーボード奏者 BAMアワーズ・ミュージカル・ディレクター 国米国 ⽣1946年 ⽣1996

デロンギ, ジュゼッペ De'Longhi, Giuseppe 実業家 デロンギ会長 国イタリア ⽣1939年 ⽣2012

デワイン, マイケル Dewine, R.Michael 政治家 元・米国上院議員（共和党） 国米国 ⽣1947年1月5日 ⽣1996／2000／2004／2008

テーワハッサディン・ナ・アユッタヤー, ウォンウィパー Devahastin na Ayudhya, Wongvipa 「トロピカル・カラー（日本語版）—熱帯の花々が彩るライフスタイル」の著者 ⽣2008

デ・ワールト, エド De Waart, Edo 指揮者 香港フィルハーモニー管弦楽団芸術監督・首席指揮者 元・シドニー交響楽団芸術監督・首席指揮者 国オランダ ⽣1941年6月1日 ⽣2000（ワールト, エド・デ）／2012

テワン・サブサンヤーゴーン Tewan Sapsanyakorn グループ名＝カンサダン ジャズサックス奏者, 作曲家 国タイ ⽣1943年 ⽣1996

デン, アジョー Deng, Ajou バスケットボール選手 ⽣1979年 ⽣2000

テン, ウィリアム Tenn, William SF作家 ⽣1920年 ⽣1992

デン・ガカク 田 雅各 本名＝トパス・タナピマ 作家, 医師 国台湾 ⽣1960年 ⽣1996

デン・カノウ 田 家農 Tian, Jia-nong 華中師範大学客員教授, 中国国際友人研究会常任理事 国歴史学 国中国 ⽣1922年 ⽣2000

デン・ガン 田 雁 ジャーナリスト 元・蘇州大学助教授 国中国 ⽣2004／2008

デン・キウン 田 紀雲 Tian, Ji-yun 政治家 元・中国全国人民代表大会（全人代）常務副委員長, 元・中国共産党政治局員, 元・中国副首相 国中国 ⽣1929年6月 ⽣1992／1996／2004／2008

デン・キョウ 田 卿 Tian, Qing バドミントン選手 ロンドン五輪バドミントン女子ダブルス金メダリスト 国中国 ⽣1986年8月19日

デン・ギョクバイ 田 玉梅 陸上選手（短距離） 国中国 ⽣1965年 ⽣1996

デン・キンリュウ 田 金龍 Tian, Jin-long 太極拳指導者 国中国 ⽣1963年 ⽣1996

デン・ゲン 田 原 小説家, 歌手, 女優 国中国 ⽣2012

デン・コウモ 田 弘茂 Tien, Hung-mao 政治学者 元・台湾外交部長（外相）, 元・台湾国策研究院院長, 元・ウィスコンシン大学政治学部教授 国台湾 ⽣1938年11月7日 ⽣1996／2004／2008

デン・コクケン 田 克俊 洋琴奏者 中国歌舞団1級演奏家 国中国 ⽣1938年 ⽣1996

デン・コンジュ 田 昆儒 Tian, Kun-ru 会計学者 天津財経学院会計学系副教授 国中国 ⽣2004

デン・ショウゴ 田 昌五 歴史学者 山東大学歴史研究所所長, 中国殷商文化学会副会長兼秘書長 国中国 ⽣1925年 ⽣1996

デン・ショウブ 田 昭武 化学者 中国科学院化学部学部委員, 中国化学学会理事長 元・アモイ大学学長 国動物学 国中国 ⽣1927年 ⽣1996

デン・セイヘイ 田 成平 Tian, Cheng-ping 政治家 元・中国労働社会保障相, 元・中国共産党中央委員 国中国 ⽣1945年1月 ⽣1996／2000／2004／2012

デン・セツゲン 田 雪原 Tian, Xue-yuan 人口経済学者 中国社会科学院学術委員, 元人口研究所所長 国中国 ⽣1938年 ⽣2004

デン・ソウハイ 田 曽佩 Tian, Zeng-pei 外交官 中国外務次官, 中国共産党中央委員 国中国 ⽣1930年 ⽣1996

デン・ソウメイ 田 聡明 Tian, Cong-ming 政治家 元・新華社社長, 元・中国共産党中央委員 国中国 ⽣1943年5月 ⽣1996／2000／2004／2008

デン・チュウ 田 仲 元・新疆ウイグル自治区人民政府副主席 国中国 ⽣1984年12月7日 ⽣1992

テン, デニス Ten, Denis フィギュアスケート選手 国カザフスタン ⽣1993年6月13日

デン・トウショウ 田 東照 作家 国中国 ⽣1992

デン・バクキュウ 田 麦久 北京体育学院体育理論研究生部主任・助教授, 中国人民政治協商会議全国委員会常務委員 国体育学 国中国 ⽣1940年 ⽣1996

デン・ヘイギ 田 秉義 バドミントン選手 中国バドミントン・チーム選手 国中国 ⽣1963年 ⽣1996

デン・ホウ 田 豊 旧名＝田保羅 作曲家 中央楽団創作組1級作曲家 国中国 ⽣1933年 ⽣1996

デン・ホウサン 田 鳳山 Tian, Feng-shan 政治家 中国国土資源相, 中国共産党中央委員 国中国 ⽣1940年10月 ⽣1996／2000／2004

デン・ヨケイ 田 余慶 歴史学者 北京大学歴史系主任, 国務院学位委員会学科評議組メンバー 国中国古代史 国中国 ⽣1924年 ⽣1996

デン・リョウ 田 亮 Tian, Liang 飛び込み選手 シドニー五輪・アテネ五輪金メダリスト 国中国 ⽣1979年8月27日 ⽣2004／2008／2012

デン, ルオー Deng, Luol バスケットボール選手 国英国 ⽣1985年4月16日 ⽣2012

デン・ロクエイ 伝 禄永 実業家 諾衡物流社長 国中国 ⽣2004／2008

デン・オイル, ヨープ Den-Uyl, Joop 元・オランダ首相 国オランダ ⽣1919年8月9日 ⽣1987年12月24日 ⽣1992

デンカー, ヘンリー Denker, Henry 作家 国米国 ⽣1992／1996

デンキンガー, ドン Denkinger, Don 元・大リーグ審判員 国米国 ⽣1936年8月28日 ⽣2000

テーンクヴィスト, マーリット Törnqvist, Marit 絵本画家 国スウェーデン ⽣1964年 ⽣2000

デンクタシュ, ラウフ Denktas, Rauf 政治家 元・北キプロス・トルコ共和国大統領 国キプロス ⽣1924年1月27日 ⽣2012年1月13日 ⽣1992／1996／2000／2004／2008

デングラー, ディーター Dengler, Dieter パイロット, 元・軍人 国米国 ⽣1938年 ⽣1996

デンコヴァ, アルベナ Denkova, Albena 元・フィギュアスケート選手（アイスダンス） 国ブルガリア ⽣1974年12月3日

デンシモ, ベライン　Densimo, Belayneh　マラソン選手　国エチオピア　生1965年6月28日　現1992／2000

テンシュテット, クラウス　Tennstedt, Klaus　指揮者　国ドイツ　生1926年6月6日　没1998年1月11日　現1992／1996

テンジン, ジュディ　Tenzing, Judy　登山家　国オーストラリア　現2004／2008

テンジン, タシ　Tenzing, Tashi　登山家　国オーストラリア　生1964年　現2004／2008

テンジン・ノルゲイ　Tenzing Norgay　登山家　元・インド国立登山学校校長　エベレストに初登頂のシェルパ　国インド　生1914年5月　没1986年5月9日　現1992

デーンズ, クレア　Danes, Claire　女優　国米国　生1979年4月12日　現2000／2004／2008／2012

デンズモア, ジョン　Densmore, John　旧グループ名＝ドアーズ　俳優, 脚本家, パーカッショニスト　国米国　生1945年12月1日　現1992

デンチ, ジュディ　Dench, Judi　本名＝Dench,Judith Olivia　女優　国英国　生1934年12月9日　現2000／2004／2008／2012

テンツァー, ゲルト　Tenzer, Gerd　実業家　ドイツ・テレコム社長代理　国ドイツ　生1943年　現2000／2004

テンテイ　天呈　Tian-cheng　本名＝沈天呈　漫画家　上海漫画学会秘書長, 上海漫画芸術委員会委員　国中国　生1946年　現1996

テンティ, マーナ　Temte, Myrna　ロマンス作家　現2004

デンティンガー, ジェーン　Dentinger, Jane　作家, 女優, 書店主　国米国　生1951年9月9日　現1996

デンテマロ, クリスティン　Dentemaro, Christine　カウンセラー　現2004

デント, カイル　Dent, Kyle D.　「Postfix実用ガイド」の著者　現2008

デント, バッキー　Dent, Bucky　本名＝Dent,Russell Earl　元・大リーグ監督　国米国　生1951年11月25日　現1992

デントナ, ジェイミー　D'antona, Jamie　プロ野球選手（内野手）　国米国　生1982年5月12日

テンドリャコフ, ウラジーミル　Tendryakov, Vladimir Fedorovich　作家　国ソ連　生1923年12月5日　没1984年8月　現1992

デントン, エリック・ジェームズ　海洋生物学者　元・ブリストル大学名誉教授, 元・英国海洋生物学協会研究所所長　国英国　生1923年9月30日　没2007年1月2日　現1992

デントン, ジェイミー　Denton, Jamie　ロマンス作家　国米国　現2004

デントン, ジョン　建築家　デントン・コーカー・マーシャル設計事務所　国オーストラリア　生1945年　現1996

デントン, デリク　Denton, Derek Ashworth　生理学者　メルボルン大学ハワード・フローリー実験生理学医学研究所名誉所長　国オーストラリア　生1924年5月27日　現2000

デントン, ピーター　Denton, Peter　ジャーナリスト　元・世界自然保護基金広報部門担当　国英国　現2000

デントン, ピーター　Denton, Peter　グループ名＝クークス　ミュージシャン　国英国　現2012

テンネーベル, ダグラス　TenNapel, Douglas　アニメーター, ゲームクリエーター　NEVERHOOD設立者　国米国　生1966年　現2004

デンネボルク, ハインリッヒ・マリア　Denneborg, Heinrich Maria　人形芝居家, 児童文学作家　国ドイツ　生1909年　没1987年　現1992

デンバー, ジョン　Denver, John　本名＝ドイッチェンドルフ, ヘンリー, Jr.　シンガーソングライター, エコロジスト, 環境保護活動家　元・アスペン地球変動研究所会長　国米国　生1943年12月31日　没1997年10月12日　現1992／1996

デンバー, バーナード　Denvir, Bernard　美術史家, 美術評論家　「アーティスト」誌編集顧問　国英国　生1917年1月26日　現1996

テンバーケン, サブリエ　Tenberken, Sabriye　視覚障害者支援活動家　国ドイツ　生1970年　現2004／2008／2012

デンハート, グン　実業家　ハナ・アンダーソンCEO　国米国　現1996

テンパリー, アラン　Temperley, Alan　作家　国英国　生1936年　現2004／2008／2012

デン・ハルトーグ, ヤコブ　Den Hartog, Jacob Pieter　機械工学者　国米国　生1901年7月23日　現1992

デンビー, ジュールズ　Denby, Joolz　作家　現2004

デンビー, ビル　義足のバスケットボール選手　国米国　現1992

デンプ, ペーター　Dempf, Peter　作家　国ドイツ　生1959年　現2012

テンフィヨール, ヨー　Tenfjord, Jo　児童文学作家　国ノルウェー　生1918年　現1996

デンプシー, ジャック　Dempsey, Jack　本名＝デンプシー, ウィリアム・ハリソン　プロボクサー　国米国　生1895年6月24日　没1983年5月31日　現1992

デンプシー, マーティン　Dempsey, Martin E.　軍人　米国統合参謀本部議長・陸軍大将　国米国　生1952年3月14日

デンプシー, ローズマリー　Dempsey, Rosemary　全米女性機構（NOW）副会長　国米国　現2000

デンプスター, ティム　Dempster, Tim　（株）日本海洋生物研究所浮遊生物課　国オーストラリア　生1973年　現2000

テンフネン, ヘイッキ　Tenhunen, Heikki　実業家　ノキア・ジャパン社長　国フィンランド　生1959年3月19日　現2004

テンプラー, リチャード　Templar, Richard　ライター, コンサルタント　現2008

テンプル, クリスティーヌ　Temple, Christine　エセックス大学教授　神経心理学　国英国　現2000

テンプル, シュテファン　ジャーナリスト　「フランクフルター・アルゲマイネ」プラハ駐在員　国オーストリア　生1960年　現2004

テンプル, ジュリアン　Temple, Julien　映画監督　国英国　生1953年11月26日　現2000／2004／2008／2012

テンプル, ピーター　Temple, Peter　作家　国オーストラリア　生1946年　現2012

テンプル, ロバート　Temple, Robert　歴史学者　英国王立天文学協会特別会員　国英国　生1945年　現2000

テンプルトン, ジョン・マークス　Templeton, John Marks　投資家, 慈善家　元・テンプルトン財団会長　テンプルトン賞の創設者　国英国　生1912年11月29日　没2008年7月8日　現1992

テンプルマン, ジュリアン　Templeman, Julian　プログラマー, 教育コンサルタント　国英国　現2004

デン・ヘイヤール, C.J.　カンペン神学大学教授　国キリスト教神学, 新約学　国オランダ　生1942年4月6日　現1996／2000

テンペル, ハンス　Tempel, Hans　実業家　ダイムラー・クライスラー日本社長・CEO　国ドイツ　生1952年8月　現2004

テンヤ, フランシスコ　天谷, フランシスコ　外交官　在日ペルー大使館二等書記官　国ペルー　現2000

【ト】

ト・ウソウ　杜 雨蒼　生物化学者　中国科学院上海分院副院長　国蛋白質の合成　国中国　生1932年　現1996

ト・ケイブン　杜 継文　Du, Ji-wen　宗教学者　中国社会科学院世界宗教研究所研究員・教授　国仏教　国中国　生1930年　現1996

ト・ケン　杜 憲　Du, Xian　アナウンサー　中国中央テレビ局アナウンサー　国中国　生1957年　現1992／1996

ト・コクイ　杜 国威　英語名＝トー, レイモンド　脚本家, 劇作家, 演出家　国香港　現2000

ト・ジウォン　Do, Ji-won　漢字名＝都知嬪　女優　国韓国　生1968年2月14日　現1996／2000／2004／2008／2012

ト・ジョンファン　都 鍾煥　詩人　全国教職員労働組合清州・清原支会長　国韓国　生1954年　現1992／1996

ト・ジュンセイ　杜 潤生　Du, Run-sheng　元・中国共産党中央委

員会農村政策研究室主任 [国]中国 [生]1913年 [典]1996

トー, ジョニー　To, Johnnie　中国名＝杜琪峯　映画監督 [国]香港 [生]1955年4月22日 [典]2004／2008／2012

ト・セイ　杜 婧　Du, Jing　バドミントン選手　北京五輪バドミントン女子ダブルス金メダリスト [国]中国 [生]1984年6月23日 [典]2012

ト・セイショウ　杜 正勝　政治家　台湾教育部長 [国]台湾 [典]2008

ト・セイリン　杜 青林　Du, Qing-lin　政治家　中国共産党中央委員・書記局書記, 中国全国政治協商会議（政協）副主席 [国]中国 [生]1946年11月 [典]2012

ト・チフ　杜 智富　反体制運動家　民主中国陣線（民陣）主席 [国]中国 [典]2000

ト・テツカン　杜 鉄環　Du, Tie-huan　軍人　中国人民解放軍北京軍区政治委員 [国]中国 [典]2000

ト・トクシ　杜 篤之　Du, Du-jih　映画録音技師, サウンド・デザイナー [国]台湾 [生]1955年 [典]1992／1996／2000／2004／2008

ト・トクジュン　杜 徳順　医者　北京虎坊路風呂屋特級医師 [専]かかと骨棘の治療 [国]中国 [生]1948年 [典]1996

ト・ネイセイ　杜 寧生　射撃選手 [国]中国 [生]1952年 [典]1996

ト・ホウテイ　杜 鵬程　Tu, Peng-cheng　作家 [国]中国 [没]1991年10月27日 [典]1992

ト・メイ　杜 明　医学者 [国]中国 [生]1961年 [典]2000

ト・レイ　杜 麗　Du, Li　射撃選手（エアライフル）　アテネ五輪・北京五輪金メダリスト [国]中国 [生]1982年3月5日 [典]2008／2012

ドーア, アンソニー　Doerr, Anthony　作家 [国]米国 [生]1973年 [典]2004／2008／2012

ドーア, ジョン　Doerr, John　クライナー・パーキンス・コーフィルドー・アンド・バイヤーズ（KP）ゼネラル・パートナー [国]米国 [典]2000

ドーア, ロナルド　Dore, Ronard Philip　社会学者, 日本研究家　ロンドン大学名誉教授 [国]英国 [生]1925年2月1日 [典]1992／1996／2000／2004／2008／2012

ドアティ, ブライアン　Dougherty, Brian P.　実業家　ウィンク・コミュニケーションズ会長・CTO [国]米国 [典]2004

ドアノー, ロベール　Doisneau, Robert Sylvain　写真家 [国]フランス [生]1912年4月14日 [没]1994年4月1日 [典]1992／1996

トアファ, マアティア　Toafa, Maatia　政治家　元・ツバル首相・外相・労相 [国]ツバル [生]1954年5月1日 [典]2008

ドアマラル, ディオゴ・フレイタス　Do Amaral, Diogo Freitas　政治家, 政治学者　元・ポルトガル副首相・外相, 元・国連総会議長 [国]ポルトガル [生]1941年7月21日 [典]1996／2004

ドアルテ, ホセ・ナポレオン　Duarte, José Napoleón　政治家　元・エルサルバドル大統領 [国]エルサルバドル [生]1925年 [没]1990年2月23日 [典]1992

ドアン・ベト・ホアト　ジャーナリスト, 反体制活動家　「ディエン・ダン・ツ・ドー（自由フォーラム）」編集者 [国]ベトナム [生]1940年 [典]2000

トイ, ウィリアム　Toy, William W.　ゴールドマン・サックス証券会社グローバル株式派生商品開発部副社長 [国]米国 [典]1992

ドーイ, ポール　反原発運動家 [国]スウェーデン [典]1992

ドイエ, ダビド　Douillet, David　政治家, 柔道家　フランス・スポーツ相, フランス下院議員（国民運動連合）　アトランタ五輪・シドニー五輪柔道男子100キロ超級金メダリスト [国]フランス [生]1969年2月17日 [典]1996／2000／2004／2008／2012

ドイグ, アイバン　Doig, Ivan　作家 [国]米国 [生]1939年 [典]2012

ドイジ, エドワード・アデルバート　Doisy, Edward Adelbert　生化学者, 生理学者　元・セントルイス大学医学部教授 [国]米国 [生]1893年11月13日 [没]1986年10月23日 [典]1992

ドイセンベルク, ウィム　Duisenberg, Wim　本名＝ドイセンベルク, ウィレム　銀行家, エコノミスト　元・欧州中央銀行（ECB）初代総裁, 元・オランダ中央銀行総裁 [国]オランダ [生]1935年7月9日 [没]2005年7月31日 [典]1992（デューゼンベルク, ウィレム・フレデリック）／2000（ダウゼンベルヒ, ウィレム／ドイセンベルク, ウィム）／2004

ドイチ, ロバート　Deutsch, Robert D.　文化人類学者　EBRコンサルティング社ディレクター [国]米国 [生]1949年 [典]2000

ドイチェ, ヘルムート　Deutsch, Helmut　ピアニスト　ミュンヘン音楽大学教授 [国]オーストリア [生]1945年 [典]2000

ドイッチ, リチャード　Doetsch, Richard　作家 [国]米国 [典]2012

ドイッチュ, カール　Deutsch, Karl Wolfgang　政治学者　ハーバード大学教授 [国]米国 [生]1912年7月21日 [典]1992／1996

ドイッチュ, ジョン　Deutch, John　元・米国中央情報局（CIA）長官, 元・マサチューセッツ工科大学（MIT）化学教授 [国]米国 [生]1938年7月27日 [典]1996／2000

ドイッチュクローン, インゲ　Deutschkuron, Inge　ジャーナリスト　「マーリブ」紙編集局 [国]イスラエル [生]1922年 [典]1992

ドイニン, イキリロウ　Dhoinine, Ikililou　政治家　コモロ大統領 [国]コモロ [生]1962年8月14日

トイブナー, グンター　Teubner, Gunther　ロンドン経済政治大学教授 [国]ドイツ [生]1944年 [典]1996

ドイブラー・グメリン, ヘルタ　Däubler-Gmelin, Herta　政治家　ドイツ社会民主党（SPD）副党首　元・ドイツ法相 [国]ドイツ [生]1943年8月12日 [典]1992／1996／2000／2004

トイボ, A.　Toivo, Andimba Toivo ya　政治家　南西アフリカ人民機構（SWAPO）書記長, ナミビア鉱物エネルギー相 [国]ナミビア [生]1924年8月22日 [典]1992／1996／2000／2004

トイボネン, ヘンリ　レーシング・ドライバー [国]フィンランド [没]1986年5月2日 [典]1992

ドイムシツ, ヴェニアミン　Dymshits, Veniamin Emmanuilovich　政治家　元・ソ連副首相 [国]ソ連 [生]1910年9月28日 [典]1992

ドイムリンク, クリストフ　Deumling, Christoph　パーソナリティー [国]ドイツ [典]2004

ドイル, アレン　Doyle, Allen Michael　プロゴルファー [国]米国 [生]1948年6月26日 [典]2000

ドイル, クリストファー　Doyle, Christopher　中国名＝杜可風　映画撮影監督, 写真家 [生]1952年5月2日 [典]2000／2004／2008／2012

ドイル, デブラ　Doyle, Debra　作家 [国]米国 [生]1952年 [典]2004

ドイル, パディ　Doyle, Paddy　作家 [国]アイルランド [生]1951年 [典]2004／2008

ドイル, ピーター　Doyle, Peter　作家 [国]オーストラリア [典]2004

ドイル, ピーター　Doyle, Peter　経営学者　ウォーリック・ビジネス・スクール教授 [典]2008

ドイル, ヒラリー　Doyle, Hilary Louis [専]戦闘装甲車両 [生]1943年 [典]2004

ドイル, ブライアン　Doyle, Brian E.　ノースセール社コンサルタント [専]ヨット帆用生地デザイン [国]米国 [典]2000

ドイル, ブレット　Doyle, Brett　騎手 [国]英国 [生]1972年8月30日 [典]2004／2008

ドイル, マイケル　Doyle, Michael　経営コンサルタント [国]米国 [典]2004／2008

ドイル, マラキー　Doyle, Malachy　児童文学作家 [国]英国 [生]1954年 [典]2004

ドイル, リチャード　Doyle, Richard　冒険小説作家 [生]1948年 [典]1992

ドイル, ロディ　Doyle, Roddy　作家, 劇作家, 脚本家 [国]アイルランド [生]1958年 [典]1996／2000

ドイル, ローラ　Doyle, Laura　サレンダード・ワイフ・ワークショップ主宰 [国]米国 [典]2004

トイン, ブライアン　Toyne, Brian　経営学者　セントメアリー大学教授 [専]国際経営学におけるHRM（人的資源管理論）, 企業の事業戦略とのインターフェース [国]米国 [典]2004／2008

トウ, C.K.　Toh, C.K.　コンピューター科学者 [生]1965年 [典]2004／2008

トウ・アヒョウ　鄧 亜萍　Deng, Ya-ping　元・卓球選手　バルセロナ五輪・アトランタ五輪金メダリスト [国]中国 [生]1973年 [典]1996（トウ・アヘイ）／2000（トウ・アヘイ）／2008

トウ, アレックス　To, Alex　中国名＝杜徳偉　歌手 [国]香港

[生]1962年　[典]2000

トゥ, アントニー　Tu, Anthony T.　中国名=杜祖健　生化学者　コロラド州立大学名誉教授　[専]毒物学(動物毒の生化学, ラマン分光学の生化学への応用)　[生]1930年　[典]1992／1996／2000／2004／2008／2012

トウ・イシ　鄧 偉志　編集者　中国民主促進会中央委員会副主席, 全国年鑑研究センター副秘書長　[国]中国　[生]1938年　[典]1996

トウ・イメイ　鄧 以明　Deng, Yi-ming　カトリック大司教　元・広東省カトリック大司教　[国]中国　[没]1995年6月27日　[典]1996

ドゥ・ウェイミン　Tu, Weiming　中国名=杜維明　歴史哲学者, 宗教学者　ハーバード大学教授・燕京研究所所長　[専]中国歴史哲学, 儒教思想　[国]米国　[生]1940年　[典]1996(杜 維明 ト・イメイ)／2004(杜 維明 ト・イメイ)／2008／2012

トウ・エイチョウ　鄧 穎超　Deng, Ying-chao　政治家, 婦人運動家　元・中国人民対外友好協会名誉会長, 元・中国全国婦女連合会名誉主席, 元・中国共産党政治局員　周恩来首相の妻　[国]中国　[生]1904年2月　[没]1992年7月11日　[典]1992／1996

トウ・エイネン　唐 英年　Tang, Ying-nian　英語名=タン, ヘンリー　政治家　香港特別行政区財務長官　元・香港工業総会会長, 元・香港立法評議会議員　[国]香港　[生]1952年9月　[典]2000／2008

トウ・エツ　唐 鉞　Tang, Yue　元・北京大学教授　[専]心理学　[国]中国　[生]1890年　[没]1987年2月5日　[典]1992

ドウ・オンセイ　童 恩正　作家　四川大学博物館長・歴史学部教授　[専]考古学, 文化人類学　[国]中国　[生]1935年　[典]1992／1996

トウ・カイヘイ　滕 海兵　Teng, Hai-bin　体操選手　アテネ五輪体操男子あん馬金メダリスト　[国]中国　[生]1985年1月2日　[典]2008

トウ・カセン　鄧 稼先　Deng, Jiaxian　原子物理学者　元・中国共産党中央委員　[国]中国　[没]1986年7月29日　[典]1992

トウ・カセン　唐 家璇　Tang, Jia-xuan　政治家, 外交官　元・中国国務委員(外交担当), 元・中国外相, 元・中国共産党中央委員　[国]中国　[生]1938年1月　[典]1996／2000／2004／2008／2012

トウ・キ　唐 暉　ジャーナリスト　[国]中国　[生]1962年　[典]2008

ドウ・キ　童 輝　元・飛込選手　[国]中国　[生]1963年　[典]1996

トウ・キセイ　陶 希聖　Tao, Hsi-sheng　本名=陶彙曾　字=希望, 筆名=方岳, 佩我　社会経済史家, 評論家, 政治家　[国]台湾　[生]1899年10月30日　[没]1988年6月27日　[典]1992

トウ・キヒョウ　董 煕約　「自分史 遥かなる北の星空」の著者　[国]韓国　[生]1928年　[典]2008

トウ・キン　陶 金　中国の日本語作文コンクールで2年連続1等賞を受賞した大学生　[国]中国　[典]2004

トウ・キンメイ　湯 欽明　僧侶　元・関帝廟住職　[国]中国　[没]1987年7月7日　[典]1992

トウ・キンリン　董 均倫　民間文学者　中国民間文学研究会山東分会主席　[国]中国　[生]1915年　[典]1996

トウ・グン　滕 軍　武術家　[国]中国　[生]1973年5月8日　[典]2000

トウ・ケイシュウ　陶 景洲　弁護士　[国]中国　[典]2004／2008

トウ・ケン　佟 健　Tong, Jian　フィギュアスケート選手(ペア)　バンクーバー五輪フィギュアスケート・ペア銀メダリスト　[国]中国　[生]1979年8月15日　[典]2012

トウ・ケンカ　董 建華　Tung, Chee-hwa　政治家, 実業家　中国人民政治協商会議(政協)副主席　元・香港特別行政区行政長官, 元・オリエント・オーバーシーズ(OOIL)会長　[国]中国　[生]1937年5月29日　[典]2000／2004／2008／2012

トウ・ケンコウ　陶 建幸　Tao, Jian-xing　実業家　春蘭集団公司社長　[国]中国　[生]1953年12月　[典]2004

トウ・ケンチン　董 剣珍　上海新錦江大酒店社長　[国]中国　[典]1996

トウ・ゴウ　鄧 剛　作家　遼寧省作家協会副主席　[国]中国　[生]1945年　[典]1996

トウ・コウギ　董 孝誼　Tung, Hsiao-i　台湾交通省常務次官　[国]台湾　[生]1927年12月24日　[典]1996

トウ・コウクン　鄧 鴻勲　中国共産党海南省委員会書記, 中国共産党中央委員　[国]中国　[生]1931年　[典]1996

トウ・コウコウ　唐 功紅　Tang, Gong-hong　重量挙げ選手　[国]中国　[生]1979年3月5日　[典]2008

トウ・コウユウ　董 宏猷　Dong, Hong-you　作家　武漢作家協会副主席　[国]中国　[生]1950年　[典]2000

トウ・コクキョウ　唐 国強　俳優　[国]中国　[生]1952年　[典]2000

トウ・コクジン　竇 国仁　水利学者　南京水利科学研究院院長, 国際土砂研究養成センター副主任, 長江三峡工程土砂専門家組副組長　[国]中国　[生]1932年　[典]1996

トウ・コクナ　董 克娜　映画監督　[国]中国　[生]1930年　[典]1992(トウ・コクダ)／1996

ドウ, サミュエル・カニョン　Doe, Samuel Kanyon　政治家, 軍人　元・リベリア大統領　[国]リベリア　[生]1952年5月6日　[没]1990年9月9日　[典]1992

トウ・シキン　湯 志鈞　Tang, Zhi-jun　歴史学者, 経学者　上海社会科学院歴史研究所副所長　[専]中国近代思想史　[国]中国　[生]1924年6月　[典]1992

トウ・シク　陶 駟駒　Tao, Si-ju　中国共産党中央委員　元・中国公安相　[国]中国　[生]1935年　[典]1992／1996／2000

トウ・シツホウ　鄧 質方　実業家　元・首長四方集団副会長　[国]中国　[生]1952年　[典]1996／2000

トウ・シメイ　董 枝明　中国科学院古脊椎動物・古人類研究所教授　[専]恐竜研究　[国]中国　[生]1937年　[典]1996／2000

トウ・ジャクソウ　鄧 若曽　元・バレーボール選手　元・中国女子バレーボール・チーム監督　[国]中国　[生]1936年　[典]1996

トウ・シャクメイ　鄧 錫銘　光学研究者　中国科学院上海光電機械研究所副所長, 中国光学学会副理事長, 中国光学学会レーザー専門委員会主任　[専]レーザーの核融合に関する研究　[国]中国　[生]1930年　[典]1996

トウ・シュウテツ　唐 修哲　新華社世界問題研究センター主任　[国]中国　[生]1933年　[典]1996

トウ・シュサン　唐 守山　瀋陽市計画経済委員会主任　[国]中国　[典]1992

トウ・ジュビ　唐 樹備　Tang, Shu-bei　外交官　元・中国共産党中央台湾工作弁公室副主任, 元・中国国務院台湾事務弁公室副主任　[国]中国　[生]1931年1月29日　[典]2000／2004

トウ・ジュヘイ　董 寿平　Dong, Shou-ping　本名=董揆　書家, 画家　元・中国書法家協会顧問, 元・山西省美術家協会名誉主席, 元・北京中国国画研究会名誉会長, 元・北京栄宝斎芸術顧問　[国]中国　[生]1904年2月　[没]1997年6月21日　[典]1992／1996

トウ・ショウキ　董 湘毅　元・射撃選手　[国]中国　[生]1951年　[典]1996

トウ・ショウシュン　鄧 小俊　テノール歌手　[国]中国　[生]1960年　[典]1992／1996

トウ・ショウショウ　唐 松章　東呉大学教授・理事　[専]東南アジアの華僑・華人問題　[国]台湾　[生]1931年2月　[典]1996／2000

トウ・ジョウフク　陶 乗福　Tao, Cheng-fu　気功研究家　中国気功科学研究会常務理事・文献委員会主任委員　[国]中国　[生]1926年　[典]1996

トウ・ショウヘイ　鄧 小平　Deng, Xiao-ping　政治家　元・中国共産党中央軍事委主席, 元・中国国家中央軍事委主席　[国]中国　[生]1904年8月22日　[没]1997年2月19日　[典]1992／1996

トウ・シンカ　董 振華　俳人　[国]中国　[典]2000

トウ・セン　董 倩　Dong, Qian　テレビキャスター　[国]中国　[生]1971年　[典]2004

ドウ・ゾウギン　童 贈銀　Tong, Zeng-yin　元・中国人民銀行副行長　[国]中国　[生]1934年　[典]1996

トウ・ソウヨウ　鄧 相揚　民族学研究家, 医療検査技師　[専]タイヤル族, サオ族, 平埔族　[国]台湾　[生]1951年　[典]2004

トウ・タイヨウ　陶 大鏞　Tao, Da-yong　別名=大古, 石人　経済学者　中国民主同盟(民盟)中央委員会副主席, 中国全国人民代表大会(全人代)常務委員会委員, 北京市人民代表大会常務委員会副主任　[国]中国　[生]1918年　[典]1996

トウ・テツトウ　鄧 鉄涛　旧名=鄧錫才　漢方医　広州中医学院教授・副院長　[国]中国　[生]1916年　[典]1996

トウ・トウ　唐 濤　Tang, Tao　元・「留学生新聞」編集者　[国]中国　[生]1956年　[典]1996

トウ・トウ　董 棟　Dong, Dong　トランポリン選手　ロンドン五輪

男子トランポリン金メダリスト 国中国 ㊌1989年4月13日

トウ・トクミン 陶 徳民 Tao, De-min 関西大学文学部教授 ㊟近世近代日本漢学思想史,近代東アジア国際交渉史 国中国 ㊌1951年 ㊋1996/2004

ドウ・ナ 坐 娜 歌手,女優 国台湾 ㊌1966年1月12日 ㊋2000

トウ・ナン 鄧 楠 Deng, Nan 元・中国科学技術省次官,元・中国共産党中央委員 国中国 ㊌1945年10月 ㊋1996/2000/2008/2012

トウ・ハンハン 唐 盼盼 Tang, Pan-pan 台湾野球協会理事長,中国放送社長 国台湾 ㊌1942年 ㊋1992/1996

トウ・ハンヨ 董 璠輿 Dong, Fan-yu 政法大学教授・比較法研究所長 ㊟比較法 国中国 ㊌1930年 ㊋1996

トウ・ヒ 唐 飛 Tang, Fei 政治家,軍人 元・台湾行政院長(首相),元・台湾国防相 国台湾 ㊌1932年 ㊋2000/2004/2008

ドウ・ヒ 童 非 元・体操選手 江西省体育委員会副主任 国中国 ㊌1961年 ㊋1996

トウ・ビラン 刀 美蘭 舞踊家 雲南舞踏協会副主席・常務理事 国中国 ㊌1941年 ㊋1996

トウ・ブン 佟 文 Tong, Wen 柔道選手 北京五輪柔道女子78キロ超級金メダリスト 国中国 ㊌1983年2月1日 ㊋2012

トウ・ブンカ 董 文華 歌手 中国人民解放軍瀋陽軍区前進歌舞団ソリスト 国中国 ㊌1962年 ㊋1996

トウ・ブンキ 滕 文驥 映画監督 国中国 ㊌1944年 ㊋1992/1996

トウ・ボクホウ 鄧 樸方 Deng, Pu-fang 政治家 元・中国身体障害者連合会主席,元・中国全国政治協商会議(政協)副主席 国中国 ㊌1943年 ㊋1992/1996/2000/2012

トウ・ホジョウ 董 輔礽 Dong, Fu-reng 経済学者 元・中国社会科学院経済研究所名誉所長,元・全国政治協商会議委員 国中国 ㊌1927年 ㊥2004年7月30日 ㊋1996/2000

トウ・メイシュ 董 明珠 実業家 珠海格力電器社長 国中国 ㊌1954年8月12日 ㊋2004/2008

トウ・ユウシ 唐 由之 医師 中医研副院長・教授 ㊟中医眼科学 国中国 ㊋1996

トウ・ユウバイ 鄧 友梅 Deng, You-mei 作家 国中国 ㊌1931年3月1日 ㊋1992/1996/2000/2004/2008/2012

トゥー・ユーユー Tu, You-you 医学者 中医科学院 国中国

トウ・ヨウ 鄧 榕 Deng, Rong 筆名=毛毛,旧筆名=蕭榕 中国国際友好連絡会副会長 元・中国全国人民代表大会(全人代)代表 国中国 ㊌1950年1月 ㊋1996(蕭榕 ショウ・ヨウ)/2000(蕭榕 ショウ・ヨウ)/2004/2008

トウ・ヨウメイ 湯 曜明 Tang, Yiau-min 軍人 元・台湾国防部長(国防相) 国台湾 ㊌1938年11月29日 ㊋2000/2004/2008

トウ・リキグン 鄧 力群 Deng, Li-qun 政治家 元・中国共産党中央宣伝部長 国中国 ㊌1915年11月 ㊋1992/1996/2000/2004/2008/2012

トウ・リツハン 陶 立璠 Tao, Li-fan 中国中央民族大学中文系教授・民俗文化センター主任 ㊟民族学 国中国 ㊌1938年 ㊋2000

トゥー,リリアン Too, Lillian 作家 国マレーシア ㊋2008

トウ・リン 鄧 林 Deng, Lin 水墨画家 中国東方美術交流学会会長,中国画研究院副研究員 国中国 ㊌1941年9月 ㊋1992/1996/2000

トウ・リン 唐 琳 Tang, Lin 柔道選手 国中国 ㊌1976年5月7日 ㊋2004

トウ・リンリン 鄧 琳琳 Deng, Lin-lin 体操選手 ロンドン五輪体操女子平均台金メダリスト 国中国 ㊌1992年4月21日

ドウ・レイ 童 玲 元・中国卓球チーム選手 国中国 ㊌1962年 ㊋1996

トウ・レイセイ 唐 霊生 Tang, Ning-sheng 重量挙げ選手 国中国 ㊌1971年1月10日 ㊋2000

トウ・レンジョ 鄧 蓮如 英語名=ダン,リディア 政治家 元・香港行政局議員,元・香港貿易発展局主席 国香港 ㊌1949年 ㊋1996

トウ・ロナ 陶 璐娜 Tao, Lu-na 射撃選手(ピストル) 国中国 ㊌1974年2月11日 ㊋2004/2008

ドウア,ハリエット Doerr, Harriet 作家 国米国 ㊌1910年 ㊥2002年11月24日 ㊋1996

ドヴァシュテール,ミシェル Dewachter, Michel 歴史学者 シャンポリオン博物館設立者 ㊟エジプト学 国フランス ㊋2004

ドゥアト,ナチョ Duato, Nacho 本名=Duato Barcia,Juan Ignacio 振付師,バレエダンサー レニングラード国立バレエ団芸術監督・首席振付師 ㊟コンテンポラリー・バレエ 国スペイン ㊌1957年1月8日 ㊋1996/2004/2008/2012

ドゥアルデ,エドゥアルド Duhalde, Eduardo 本名=Duhalde Maldonado,Eduardo Alberto 政治家 元・アルゼンチン大統領 国アルゼンチン ㊌1941年10月5日 ㊋2004/2008/2012

ドゥアルテ,カルロス Duarte, Carlos ピアニスト 国ベネズエラ ㊌1957年 ㊋1996

ドゥアルテ,ニカノル Duarte, Nicanor 本名=ドゥアルテ・フルトス,ニカノル 政治家 元・パラグアイ大統領 国パラグアイ ㊌1956年10月11日 ㊋2004/2008/2012

ドゥアルテ,パウロ Duarte, Paulo 菓子職人 国ポルトガル ㊌1968年 ㊋2000

トゥアン,イーフー Tuan, Yi-Fu 中国名=段義孚 地理学者,著述家 ミネソタ大学教授 ㊟現象地理学 国米国 ㊌1930年 ㊋1992/1996

トゥアン,チン・ズアン Thuan, Trinh Xuan バージニア大学教授 ㊟銀河外天文学 国米国 ㊋1996

トゥイ・ズゥン 歌手 国ベトナム ㊋1996

ドヴィツィオーゾ,アンドレア Dovizioso, Andrea オートバイライダー 国イタリア ㊌1986年3月23日

トウィッグ,スティーブン 政治家 英国下院議員(労働党) 国英国 ㊋2000

トウィーディ,コリン Tweedy, Colin 英国芸術支援企業協議会(ABSA)事務局長 国英国 ㊌1953年 ㊋1996

トウィーディー,デービッド Tweedie, David 本名=Tweedie, David Philip 会計士 国際会計基準審議会(IASB)議長 元・国際会計基準審議会(IASB)議長,元・スコットランド会計士協会副会長 国英国 ㊌1944年7月7日 ㊋2012

トゥイトゥ,ジャン ファッションデザイナー APC社長 ㊌1951年 ㊋1996

ドウィヨゴ,バーナード Dowiyogo, Bernard 政治家 元・ナウル大統領 国ナウル ㊌1946年2月14日 ㊥2003年3月9日 ㊋1992/1996/2000

トゥイラエパ・サイレレ・マリエレガオイ Tuilaepa Sailele Malielegaoi 政治家 サモア首相・外相 国サモア ㊌1945年4月14日 ㊋2008/2012

ドヴィル,ミシェル Deville, Michel 映画監督 国フランス ㊌1913年4月13日 ㊋1992(ドビル,ミッシェル)/2008/2012

ド・ヴィルパン,ドミニク de Villepin, Dominique 本名=de Villepin,Dominique Marie François René Galouzeau 外交官 元・フランス首相 国フランス ㊌1953年11月14日 ㊋2000/2004/2008/2012

ドヴィンガー,エドヴィン Dwinger, Edwin Erich 作家 国ドイツ ㊌1898年4月23日 ㊥1981年12月17日 ㊋1992(ドビンガー,エドビン)

トウィンズ・セブン・セブン Twins Seven Seven 本名=オラニイ,クイウォ 画家,音楽家,俳優 国ナイジェリア ㊌1944年5月3日 ㊋1992

ドゥヴァイヨン,パスカル Devoyon, Pascal ピアニスト ベルリン国立芸術大学教授 国フランス ㊌1953年 ㊋2012

ドゥ・ヴァール,フランス de Waal, Frans B.M. 動物行動学者 エモリー大学心理学教授 国オランダ ㊌1948年 ㊋1996(ドゥ・バール,フランス)/2004

ドゥ・ヴァーレン,アルフォンス De Waelhens, Alphonse ルーバン大学,サン・ルイ大学 ㊟哲学,現象学 国ベルギー ㊌1911年 ㊋1996(ドゥ・バーレン,アルフォンス)

トゥヴェーデ,ラース Tvede, Lars ファンタスティック・コーポレーション社長 国デンマーク ㊌1957年 ㊋2000

ドゥヴォー, ノエル　Devaulx, Noël　作家　国フランス　生1905年12月9日　歿1992（ドゥボー, ノエル）

ドゥウォーキン, ロナルド　Dworkin, Ronald Myles　法哲学者, 政治哲学者　元・ニューヨーク大学法律大学院教授, 元・オックスフォード大学名誉教授　国米国　生1931年12月11日　歿2013年2月14日　歿2004／2008／2012

ドゥヴォス, リディア　Devos, Lydia　絵本作家, 大学教授　国フランス　生1951年　歿1992（ドゥボス, リディア）

ドゥウーバク, ズビグニエフ　Dluback, Zbigniew　写真家　国フランス　生1921年　歿1992／1996

ドゥエイニー, プレストン・バージル　Duwyenie, Preston Virgil　ホピ族名=ロマエエクイヴァヤ　陶芸家　アメリカ先住民アート研究所（IAIA）　国米国　生1948年　歿1992

トゥエイン, シャナイア　Twain, Shania　本名=エドワーズ, アイリーン・レジーナ　旧芸名=トゥエイン, アイリーン　歌手　国カナダ　生1965年8月28日　歿2000／2004／2008

ドゥエック, キャロル　Dweck, Carol S.　心理学者　コロンビア大学教授　臨床心理学, 性格心理学, 発展心理学　国米国　歿1996

ド・ウェック, クローディア　de Weck, Claudia　絵本画家　国スイス　生1953年　歿1992

トゥエドル, ベス　Tweddle, Beth　本名=トゥエドル, エリザベス・キンバリー　元・体操選手　ロンドン五輪体操女子段違い平行棒銅メダリスト　国英国　生1985年4月1日

ドゥエール, クレール　Devers, Claire　映画監督　国フランス　生1955年　歿1996（ドベール, クレール）

ドゥエル, ベリー　Duell, Barry　東京国際大学商学部教授　川越いも友の会会長　文化人類学　国米国　生1949年9月15日　歿2008

ドヴェンカー, ゾラン　Drvenkar, Zoran　作家　生1967年　歿2012

ドゥオーキン, アンドレア　Dworkin, Andrea　フェミニスト哲学者, 作家, 女権拡張活動家　国米国　生1946年9月　歿2005年4月9日　歿1992／2004

ドゥオーキン, スーザン　Dworkin, Susan　作家, 脚本家　歿2004／2012

トゥオッツォ, ニコラス　Tuozzo, Nicolás　映画監督　国アルゼンチン　生1970年　歿2012

トゥオミ, ティモ　Tuomi, Timo　アイスホッケー監督　元・アイスホッケー日本代表監督　国フィンランド　歿2004／2008

ドヴォルコヴィッチ, アルカジー　Dvorkovich, Arkady V.　ロシア大統領補佐官　国ロシア　生1972年3月26日　歿2012

ドヴォルザーク, トマシュ　Dvorák, Tomáš　十種競技選手　国チェコ　生1972年5月11日　歿2000（ドボルザーク, トマシュ）／2004

ドヴォロヴェンコ, イリーナ　Dvorovenko, Irina　バレリーナ　アメリカン・バレエ・シアター（ABT）プリンシパル　生1973年8月28日　歿1996（ドボロベンコ, イリーナ）／2004／2008／2012

ドゥオング, アン　Duong, Anh　画家, モデル, 女優　国フランス　歿2004

トゥオンブリー, サイ　Twombly, Cy　画家　国米国　生1928年4月25日　歿2011年7月5日　歿1992／2004／2008

ドゥカブニー, デービッド　Duchovny, David　俳優　国米国　生1960年8月7日　歿2000／2004／2008／2012

ドゥカン, ジョルジュ　本名=ラドベ, ジョルジュ　演出家, 画家　国フランス　生1987年10月23日　歿1992

ドゥカン, ダニエル　フランス商業銀行会長　国フランス　歿1992

ドゥーガン, デクラン　実業家　ファイザー製薬常務　国英国　歿2000

トゥカーン, ファドワ　Tuqan, Fadwa　詩人　国パレスチナ　生1917年　歿2000

ドゥーガン, ブレイディ　Dougan, Brady W.　銀行家　クレディ・スイスグループCEO　国米国　生1959年　歿2008／2012

ドゥギー, ミシェル　Deguy, Michel　詩人, 哲学者, 文学評論家　パリ大学教員　国フランス　生1930年5月23日　歿1992／2004／2008

トゥクタミシェワ, エリザヴェータ　Tuktamisheva, Elizaveta　フィギュアスケート選手　国ロシア　生1996年12月17日

ドゥグッド, ポール　Duguid, Paul　歴史学者, 社会学者　人類学, 経営史, 認知科学, 経済史, 人間とコンピューターの相互作用, ワイン史　国米国　歿2004

ドゥクフレ, フィリップ　Decouflé Philippe　演出家, 振付師, 映像作家　カンパニーDCA主宰　国フランス　生1961年　歿1996／2000／2004／2008／2012

ドゥグラス　Douglas　本名=Dyanfres Douglas Chagas Matos　サッカー選手（FW）　国ブラジル　生1987年12月30日　歿2012

ドゥグレ, アラン　Degré, Alain　映像作家, 作家　国フランス　生1945年　歿2000

ドゥグレ, ティッピ　Degré, Tippi　「ティッピ野生のことば」の著者　国フランス　生1990年　歿2004

ドゥクレ, ラッジ　Doucouré, Ladji　陸上選手（ハードル）　国フランス　生1983年3月28日

ドゥクロス, アンヌ　Decrosse, Anne　スタンフォード大学客員教授　言語学, 記号学, 科学史　国フランス　歿1996

ドゥケンヌ, エミリー　Dequenne, Emilie　女優　国ベルギー　生1981年8月29日　歿2004／2008

トゥーゲンハット, エルンスト　Tugendhat, Ernst　哲学者　国ドイツ　生1930年　歿1996

ドゥコー, アラン　Decaux, Alain　歴史家, テレビプロデューサー　国フランス　生1925年7月23日　歿1996／2012

ドゥコワン, ディディエ　Decoin, Didier　作家　国フランス　生1945年3月13日　歿1992／1996

トゥーサン, アラン　Toussaint, Allen　ピアニスト, 作曲家, 音楽プロデューサー　国米国　歿2012

トゥーサン, ジャン・フィリップ　Toussaint, Jean-Philippe　作家, 映画監督　国フランス　生1957年11月29日　歿1996／2000／2008／2012

トゥーサン・サマ, マグロンヌ　Toussaint-Samat, Maguelonne　歴史家, ジャーナリスト, 作家　国フランス　歿2000

ドゥジ, デートレフ　Dusi, Detlev　心理士　Bernkastel-Kuesリハビリテーションセンター主任心理士　歿2008

トゥシェ, エリザベト・ドゥ　日本史研究家　リール第1大学非常勤講師　日仏外交史　国フランス　生1965年1月　歿2004／2008

ドゥーシエ, ジャン　Doucher, Jean　映画研究家　国フランス　歿1992

トゥシェット, ナンシー　Touchette, Nancy　サイエンスライター　化学　国米国　歿2004

ドゥシェール, アルド　Duscher, Aldo　本名=ドゥシェール, アルド・ペドロ　サッカー選手（MF）　国アルゼンチン　生1979年3月22日　歿2004／2008

ドゥジオアニ, ジャクリーヌ　Degioanni, Jacqueline　ファッション・ジャーナリスト　「VOGUE HOMMES INTERNATIONAL」誌編集長　国フランス　歿1992

ドゥーシッチ, ジョン　Dussich, John　常磐大学国際学部国際協力学科教授・国際被害者研究所所長　被害者学, 犯罪学　国米国　歿2004／2008

ドゥージン, セルゲイ　Duzhin, Sergei　数学者　Independent University of Moscow数学学部教授　歿2004

ドゥジンツェフ, ウラジーミル　Dudintsev, Vladimir Dmitrievich　作家　国ロシア　生1918年7月29日　歿1998年7月23日　歿1992／1996

トゥース, ハリー　作曲家, 作詞家　国インドネシア　歿1992

ドウス, ピーター　Duus, Peter　スタンフォード名誉教授　近代日本史　国米国　生1933年12月27日　歿1996

トゥスク, ドナルド　Tusk, Donald Franciszek　政治家　ポーランド首相, ポーランド市民プラットフォーム党首　国ポーランド　生1957年4月22日　歿2008／2012

トゥスケッツ・ブランカ, オスカー　Tusquets Blanca, Oscar　建築家, デザイナー　国スペイン　生1941年　歿1992

ドゥセット, ポール　Doucette, Paul　グループ名=マッチボックス・トゥエンティー　ミュージシャン　国米国　歿2004／2008／2012

トゥーゼン, ジャネット　Thuesen, Janet M.　オットー・クルー

ドウソウザ, ローレンス D'Souza, Lawrence　イエズス会神父, 識字活動家　国インド　典1996

ドゥダーエフ, ジョハル Dudaev, Dzkhar M.　政治家, 軍人　元・チェチェン共和国大統領　国ロシア　生1944年2月　没1996年4月21日　典1996

ドゥダメル, グスターボ Dudamel, Gustavo　指揮者　ロサンゼルス・フィルハーモニック音楽監督, イェーテボリ交響楽団首席指揮者　国ベネズエラ　生1981年　典2012

トゥッカー, ゲリー・L. Tooker, Gary　実業家　元・モトローラ会長　国米国　典1996／2000

ドゥッダ 本名=ヴェントゥーラ, カルロス・エジナルド　サッカー選手(FW)　国ブラジル　生1974年3月15日　典2000

トゥッチ, ジュゼッペ Tucci, Giuseppe　東洋学者　元・ローマ大学名誉教授　国イタリア　生1894年　没1984年4月5日　典1992

トゥッチ, スタンリー Tucci, Stanley　俳優　国米国　生1960年11月11日

トゥット Tuto 本名=ルシェル, ボニエール　サッカー選手(FW)　国ブラジル　生1978年7月2日　典2000(ツット)／2004／2008

ドゥーディ, アリソン Doody, Allison　女優　国アイルランド　生1967年3月9日　典1992

ドゥティエンヌ, マルセル Detienne, Marcel　宗教学者, 神話学者　パリ高等学院第5部門主任研究員　専ギリシア宗教　国フランス　生1935年　典1996

トゥティ・ヘラティ Toeti Heraty　作家, 詩人　インドネシア大学教授, ジャカルタ芸術家協会会長　国インドネシア　生1933年11月27日　典1992

トゥデヴ, ロンドギーン Tudev, Lodongijn　作家　国モンゴル　生1936年　典1992(トゥデブ, ロンドギーン)

トゥデラ・バン・ブロイゲル・ダグラス, フランシスコ Tudela van Breugel Douglas, Francisco　政治家, 外交官　元・ペルー第1副大統領, 元・国連大使, 元・ペルー外相　国ペルー　生1955年7月20日　典2000／2004

ドゥ・テラン, リーサ・セイント・オービン De Teran, Lisa St Aubin　作家　国英国　生1953年　典2000

ドゥーデン, バーバラ Duden, Barbara　文化学研究所(エッセン)研究員　専女性史　国ドイツ　生1942年　典1996／2000

ドゥデンコフ, イワン・G.　政治家　元・ロシア民生サービス大臣　国ソ連　生1929年　典1992／1996

ドゥドゥ Dudu 本名=ソウサ, アレシャンドロ・シウバ・デ　サッカー選手(MF)　国ブラジル　生1983年4月15日　典2008／2012

ドゥトゥキナ, ガリーナ Dutkina, Galina　編集者, 翻訳家　専日本文学　国ロシア　生1952年7月　典1992(ドットキナ, ガリーナ)／1996

ドゥドゥ・ニジャエ・ローズ Doudou Ndiaye Rose　打楽器奏者　ドゥドゥ・ニジャエ・ローズ・パーカッション・オーケストラ団長　専サバール太鼓(タム・タム)　国セネガル　典1992(ローズ, ドゥドゥ・ニジャエ)／2012

ドゥドニック, オレシア Dudnik, Olesya　元・体操選手　国ウクライナ　生1974年8月14日　典1992／1996

ドゥトラ, アントニオ・モンテイロ Dutra, Antonio Monteiro　元・サッカー選手　国ブラジル　生1973年8月11日　典2004／2008

ドゥドラー, ポール・A. 　日本チバガイギー社長, NOVARTIS日本法人社長　国スイス　生1938年3月18日　典1996／2000

トゥドール, イゴール Tudor, Igor　サッカー選手(DF)　国クロアチア　生1978年4月16日　典2008

ドゥーナー, ジョン Dooner, John J.(Jr.)　実業家　マッキャンエリクソン会長・CEO　国米国　典2000

ドゥーナン, サイモン Doonan, Simon　ディスプレイデザイナー　国英国　生1952年　典2000

ドゥニ, クレール Denis, Claire　映画監督　国フランス　生1948年　典2000／2004／2008

ドゥニ, ベルナデット Denys, Bernadette　リセ・ヴィクトル・ユゴー教授　専数学　国フランス　典1996

ドゥニ, ミシェル Denis, Michel　パリ南大学付属認知心理学研究センター「言語・表象・認識」部門責任者　専認知心理学　国フランス　生1943年4月15日　典1992

トゥネンガ, ポール Tuinenga, Paul W.　エンジニア　MicroSim社電子回路設計　国米国　典1992

ドゥバイッチ, スロボダン Dubajic, Slobodan　サッカー選手(DF)　国ユーゴスラビア　生1966年2月19日　典2004

ドゥハッス, ジョエル Dehasse, Joël　獣医　国ベルギー　生1956年　典2004

ドゥハート, ジェーン・シェロン De Hart, Jane Sherron　歴史学者　カリフォルニア大学サンタバーバラ校教授　専女性史　国米国　典2004

ドゥーハン, ジェームズ Doohan, James　俳優　国米国　生1920年3月3日　没2005年7月20日　典2004

ドゥーハン, マイケル Doohan, Michael　元・オートバイライダー　国オーストラリア　生1965年6月4日　典1996／2000

トゥーヒー, デービッド Twohy, David　映画監督, 脚本家　国米国　生1950年　典2000／2004

ドゥピア, ネハ　女優, モデル　国インド　典2004

トゥビアナ, ラウル Tubiana, Raoul　フランス手の学会会長, パリ大学医学部准教授　専手の外科学　国フランス　典1996

ドゥビードフ, ヴィクトル Duvidov, Viktor　画家　国ロシア　生1932年　典2000

ドゥビニン, セルゲイ Dubinin, Sergei Konstantinovich　元・ロシア中央銀行総裁　国ロシア　生1950年12月10日　典1996／2000

ドゥビニン, ユーリー Dubinin, Yurii Vladimirovich　外交官　元・駐仏ソ連大使　国ソ連　生1930年10月7日　典1992／1996

ドゥ・ピュルフォール, ニコラ De Pulford, Nicola　魔術愛好家　国英国　典2004／2008

ドゥーブ, ジョセフ Doob, Joseph Leo　数学者　元・イリノイ大学名誉教授　専確率論　国米国　生1910年2月27日　没2004年6月7日　典1992／1996

ドゥブイニン, ヴィクトル Dubynin, Viktor Petrovich　軍人　元・ロシア軍参謀総長・国防第1次官　国ソ連　生1943年2月1日　没1992年11月22日　典1996

トゥフテ, オラフ Tufte, Olaf　ボート選手　アテネ五輪・北京五輪ボート男子シングルスカル金メダリスト　国ノルウェー　生1976年4月27日　典2008／2012

ドゥプリー, マックス DePree, Max　元・ハーマン・ミラー社長・最高経営責任者　国米国　典1992／2000

ドゥフルニ, ジャック Defourny, Jacques　経済学者　リエージュ大学経済学部教授・社会的経済センター所長　典2008

ドゥブレ, ジャン・ルイ Debré, Jean-Louis　政治家　元・フランス内相　国フランス　生1944年9月30日　典2000

ドゥブロフスキー, セルジュ Doubrovsky, Serge　作家　国フランス　生1928年　典1996

ドゥーベ, ヴォルフディーター　プロセイン文化財団・国立博物館群総館長　専ギリシャ・ローマ考古学, 現代美術　国ドイツ　典1992

ドゥベッケール, ブノア Debecker, Benoit　絵本作家　国フランス　典2008

ドゥベーン, リンゼイ DeVane, Lindsay　薬剤師　専向精神薬　典2008

トゥボー, イヴェット Toubeau, Yvette　児童文学作家　国フランス　生1925年　典1992

ドゥボフスキー, スティーブン Dubovsky, Steven L.　コロラド大学医学部精神科・内科助教授・教育担当副学部長　専精神医学　国米国　典1996

ドゥボール, ギー Debord, Guy　思想家　国フランス　生1931年12月28日　没1994年　典1996／2000

ドゥボワ, ナタリア Dubova, Nataliya　アイスダンスコーチ　国ロシア　生1948年3月31日　典1996

トゥボン, ジャック Toubon, Jacques　政治家　元・フランス司法相, 元・フランス共和国連合(RPR)幹事長　国フランス　生1941年6月29日　典1992／1996／2000

トゥーマ, ヤロスラフ　Tuma, Jaroslav　オルガン奏者,チェンバロ奏者　⑧チェコ　⑩1956年10月16日　㊙2000

ドゥマシー, ジャン　Demachy, Jean　ファッションクリエイター・コンサルタント　㊙2008

トゥマラクディ, ムラリー　Thummarukudy, Muralee　国連環境計画(UNEP)災害リスク低減チーム長　⑧インド

トゥマルキン, イガエル　彫刻家　⑧イスラエル　⑩1933年　㊙1996／2000

ドゥーマン, ジャンバプチスト　Doumeng, Jean-Baptiste　実業家　⑧フランス　⑳1987年4月6日　㊙1992

ドゥマンジュ, フランソワ　モナコ海洋博物館館長,モンペリエ大学教授　⑩海洋学　⑧モナコ　㊙1992／2000

トゥーミー, シェイマス　軍人　元・アイルランド共和国軍(IRA)暫定軍創設者　⑧アイルランド　⑳1989年9月12日　㊙1992

ドゥミ, ジャック　Demy, Jacques　映画監督　⑧フランス　⑩1931年6月5日　⑳1990年10月27日　㊙1992(ドミー, ジャック)

ドゥミ, マチュー　Demy, Mathieu　俳優　⑧フランス　⑩1972年　㊙2008／2012

トゥミアッティ, リカルド　Tumiatti, Riccardo　サッカー監督,元・サッカー選手　⑧イタリア　⑩1963年4月26日　㊙2008

ドゥミトル, アリナ　Dumitru, Alina　本名＝Dumitru,Alina Alexandra　元・柔道選手　北京五輪柔道女子48キロ級金メダリスト　⑧ルーマニア　⑩1982年8月30日　㊙2012

トゥームズ, S.カイ　Toombs, S.Kay　哲学者　ベイラー大学哲学科准教授　⑧米国　⑩1943年　㊙2004

ドゥムバゼ, ノダル・ウラジミロヴィチ　作家　⑧ソ連　⑩1984年9月14日　㊙1992

トゥムルバートル　モンゴル日本親善協会事務局長　⑧モンゴル　㊙2000

ドゥモース, ロイド　deMause, Lloyd　心理学者　⑩サイコヒストリー　⑧米国　⑩1931年　㊙1992／1996

ドゥライ, ムニサミ・タンビ　Durai, M.Thambi　政治家　インド法務企業相　⑧インド　⑩1949年3月15日　㊙2000

ドゥラオー, ジャン・フランソワ　外交官　在日ベルギー大使館公使参事官　⑧ベルギー　㊙2004／2008

トゥラ・シュエ・マン　Thura Shwe Mann　政治家,軍人　ミャンマー下院議長　元・ミャンマー軍総参謀長,元・大将　⑧ミャンマー　⑩1947年7月11日　㊙2012

ドゥランド, フリオ　Durando, Furio　考古学者　⑧イタリア　⑩1960年　㊙2000

ドゥラン・バジェン, シクスト　Duran Ballen, Sixto　政治家　元・エクアドル大統領　⑧エクアドル　⑩1921年7月14日　㊙1996／2000

トゥーリー, スタンリー　Tooley, Stanley D.　実業家　デンソー・ミシガン副社長　⑧米国　⑩1947年　㊙2000

トゥーリ, トム　Taulli, Tom　実業家,投資家　トゥーリリサーチ創設者　㊙2008

ドゥーリー, マイケル・J.　元・日本ゼネラル・モーターズ社長　⑧米国　⑩1937年8月25日　㊙1996／2000

トゥーリオ　Tulio　本名＝コスタ,トゥーリオ・ウンベルト・ペレイラ　サッカー選手(FW)　⑧ブラジル　⑩1969年2月6日　㊙2000

トゥリーズ, ジェフリー　Trease, Geoffrey　作家,児童文学評論家　⑧英国　⑩1909年　㊙1992

トゥー・リトヤ　マラソン選手　カンボジア教育青年スポーツ省中等体育教員養成学校陸上コーチ　⑧カンボジア　⑩1967年10月10日　㊙2000

ドゥーリトル, ジェームズ・ハロルド　Doolittle, James Harold　軍人,飛行家　元・米国空軍退役中将　⑧米国　⑩1896年12月14日　⑳1993年9月27日　㊙1992／1996

ドゥーリトル, ラッセル　Doolittle, Russell F.　カリフォルニア大学サンディエゴ校分子遺伝学センター生物学教授　⑩タンパク質進化　⑧米国　㊙1996

ドゥリーニュ, ピエール・ルネ　Deligne, Pierre René　数学者　高等科学研究所(IHES)　⑩代数幾何学　⑧ベルギー　⑩1944年10月3日　㊙1992／1996

ドゥーリング, ラリー　Dooling, Larry　USO社長　⑧米国　⑩1942年　㊙1992

ドゥルー, ジャン　Drew, John　詩人　ケンブリッジ大学,ケンブリッジ・ポエトリーワークショップ設立者　⑧英国　㊙2004

ドゥルギエロフ, ゲオルギィ　Dyulguerov, Gueorgui　映画監督　⑧ブルガリア　⑩1943年　㊙1992

トゥルク, ダニロ　Türk, Danilo　政治家　スロベニア大統領　元・国連大使　⑧スロベニア　⑩1952年2月19日　㊙2012

トゥルク・トンドゥップ　Tulku Thondup　チベット仏教僧　ハーバード大学客員教授　⑩1939年　㊙2004

トゥルゴイ・ザ・ダヴ　Trugoy the Dove　本名＝Joliceur,David Jude　グループ名＝デ・ラ・ソウル　歌手　⑧米国　⑩1968年9月21日　㊙2004／2008

トゥルコヴィチ, ミラン　Turkovic, Milan　ファゴット奏者,指揮者　⑧オーストリア　⑩1939年　㊙2012

ドゥルシュミート, エリック　Durschmied, Erik　ジャーナリスト　⑧1930年　㊙2000

ドゥルーズ, エミリー　Deleuze, Emilie　映画監督　⑧フランス　㊙2000

ドゥルーズ, ジル　Deleuze, Gilles　共同筆名＝ドゥルーズ・ガタリ　哲学者　⑧フランス　⑩1925年1月18日　⑳1995年11月4日　㊙1992／1996

トゥルスキー, マリアン　歴史家,著述家　「ポリティカ」編集委員　⑧ポーランド　⑩1926年　㊙1996

トゥルスキー, ロマン　Tursky, Roman　冒険ジャーナリスト　⑧アルゼンチン　㊙1992／1996

トゥルースデール, ゲーリー　Trousdale, Gary　アニメーション監督　⑧米国　⑩1960年　㊙1996／2000

ドゥルセ　Dulce　本名＝ドゥルセ・マリア・エスピノザ・サヴィノン　グループ名＝RBD　タレント　⑧メキシコ　⑩1985年11月6日　㊙2008／2012

トゥルチャーニ, ヴィリアム　Turčány, Viliam　詩人,翻訳家　⑧チェコスロバキア　⑩1928年　㊙1992

ドゥルディエフ, ムスタファ　チェッカーの天才少年　⑧トルクメニスタン　㊙1996

トゥルナトゥーリ, ガブリエッラ　Turnaturi, Gabriella　社会学者　ボローニャ大学コミュニケーション学部教授　⑧イタリア　㊙2004

トゥルナン, アルノー　Tournant, Arnaud　本名＝Tournant, Arnaud Pierre Armand　元・自転車選手(トラックレース)　シドニー五輪自転車男子チームスプリント金メダリスト　⑧フランス　⑩1978年4月5日

トゥルニ, イラリ　タムペレ大学経済学部教授　⑩経済学　⑧フィンランド　㊙1996

トゥルニエ, ミシェル　Tournier, Michel　作家　⑧フランス　⑩1924年12月19日　㊙1992／1996／2000／2004

トゥルーブ, ピーター　Troob, Peter　実業家　「ウォールストリート投資銀行残酷日記」の共著者　⑧米国　㊙2004

ドゥルーマン, ギャスパー　Durrleman, Gaspard　実業家　デルボー社長　⑧フランス　⑩1956年　㊙2004

トゥールミン, スティーブン　Toulmin, Stephen Edelston　哲学者　南カリフォルニア大学教授　⑧英国　⑩1922年3月25日　㊙1992／1996／2004／2008

トゥルラブ, ジェームズ・グレイソン　Trulove, James Grayson　編集者,ライター　Spacemaker Press協同設立者　⑧米国　㊙2004

トゥールリ, ナターリャ　Trull, Natalia　ピアニスト　⑧ロシア　㊙2000

トゥルーリ, ヤルノ　Trulli, Jarno　元・F1ドライバー　⑧イタリア　⑩1974年7月13日　㊙2000／2004／2008／2012

トゥルンカ, ボフミル　英語・英文学者　⑧チェコスロバキア　⑳1984年2月14日　㊙1992

トゥーレ, A.S.　Touré, Ahmed Sékou　政治家,労働運動指導者　元・ギニア大統領(初代)　⑧ギニア　⑩1922年1月9日　⑳1984年3月26日　㊙1992

トゥーレ, アマドゥ・トゥマニ　Touré, Amadou Toumani　政治家,軍人　元・マリ大統領　国マリ　生1948年11月4日　収1992(トーレ,アマドゥ・トゥマニ)／1996(トーレ,アマドゥ・トゥマニ)／2004／2008／2012

トゥーレ, ジャン　Teulé, Jean　作家,コミック作家,映画作家　生1953年　収2012

ドゥレ, ネリ　Delay, Nelly　美術史家　専日本古典美術　収2004

ドゥレ, フロランス　Delay, Florence　作家,比較文学者,元・女優　国フランス　生1941年3月19日　収2004／2008／2012

ドゥレセール, エチエンヌ　Delessert, Etienne　イラストレーター,絵本画家　国米国　生1941年　収1992／2004

トゥーレーヌ, アラン　Touraine, Alain　本名=Touraine,Alain Louis Jules François　社会学者　社会科学高等学校指導教授　専労働・社会運動　国フランス　生1925年8月3日　収1992／1996／2004／2012

ドゥレルム, マルチーヌ　Delerm, Martine　絵本作家　国フランス　生1950年　収1996

トゥロー, スコット　Turow, Scott　作家,弁護士　国米国　生1949年4月12日　収1992／1996／2000

ドゥロー, ピエール・アンリ　Deleau, Pierre-Henri　カンヌ国際視聴覚フェスティバル総代表,カンヌ国際映画祭「監督週間」事務局長　国フランス　生1942年6月11日　収1992

トゥロウィツキー, トロイ　Tulowitzki, Troy　本名=Tulowitzki, Troy Trevor　大リーグ選手(内野手)　国米国　生1984年10月10日　収2012

ドゥローズ, H.G.　コメックス社会長　国フランス　生1929年　収1992

トゥン, ロザリー・L.　ペンシルベニア大学ウォートン校準教授　専経営学　国カナダ　収1992

ドゥンガ　Dunga　本名=ヴェーリ,カルロス・カエタノ・ブレドル ン　サッカー監督,元・サッカー選手　元・サッカー・ブラジル代表監督　国ブラジル　生1963年10月31日　収2004／2008／2012

トゥンク・ラザレイ　政治家　マレーシア46年精神党総裁　国マレーシア　収2000

トゥン・サライ　人権擁護運動家　カンボジア人権協会会長　国カンボジア　収1996

トゥンジョク, アフメット・メテ　Tuncoku, A.Mete　日本研究家　中東工科大学国際関係学科教授　国トルコ　生1946年　収2000

トゥン・チャンナレット　Tun Channareth　地雷禁止国際キャンペーン(ICBL)メンバー　国カンボジア　収2000

ドゥンツェ, ドロテー　Duntze, Dorothée　画家,絵本作家　国フランス　生1960年　収1996

ドゥンデン, イェシェー　Donden, Yeshi　医師　Tibetan Medical&Astological Institute of H.H. the Dalai Lama設立者　生1921年　収2004

ドゥンビア, セイドゥ　Doumbia, Seydou　サッカー選手(FW)　国コートジボワール　生1987年12月31日　収2012

トエニ, グスタボ　Thoeni, Gustavo　元・スキー選手　イタリア男子スキーチーム監督　国イタリア　生1951年2月28日　収1992／2000

トエンジャイ・デーツ　識字運動家　山岳地域開発財団事務総長　国タイ　収2000

トカ, ホルヘ・ルイス　元・野球選手　生1971年1月7日　収2000

トー・カウン　Thaw Kaung　図書館学者,古文献研究者　元・ヤンゴン大学中央図書館館長　専貝葉写本　国ミャンマー　生1937年　収2008／2012

ドカエ, アンリ　Decaë, Henri　映画カメラマン　国フランス　生1915年7月　没1987年3月10日　収1992

トカエフ, カシイムジョマルト　Tokaev, Kassimjomart Kemel-uly　政治家,元・外交官　元・カザフスタン首相　国カザフスタン　生1953年5月17日　収2000／2004／2008

ドカストレ, アンリ　de Castries, Henri　本名=ドカストレ,アンリ・レネ・マリ・オーグスティン・ドラクロワ　実業家　アクサグループ社長　国フランス　生1954年8月15日　収2004／2008

トカチェンコ, バジム　ロシア科学アカデミー極東研究所朝鮮センター所長　専北朝鮮研究　国ロシア　生1932年　収2000

ドガトキン, リー　Dugatkin, Lee　動物学者　ルイビル大学生物学准教授　専行動生態学　生1962年　収2008

ドガニス, リガス　Doganis, Rigas　元・オリンピック航空会長兼CEO,元・クランフィールド大学航空学部教授　専航空ビジネス論　収2004／2008

ドガリス, ヒューゴ　ヨーロッパ男権運動の創設者　国ベルギー　収1992

トカレフ, ニコライ　Tokarev, Nikolai　ピアニスト　国ロシア　生1983年9月15日　収2004／2008／2012

ドーガン, バイロン　Dorgan, Byron Leslie　政治家　元・米国上院議員(民主党)　国米国　生1942年5月14日　収1996／2000／2004／2012

ドガン, マテイ　Dogan, Mattei　政治社会学者　元・フランス国立科学研究センター(CNRS)研究部長　国フランス　生1920年　没2010年　収1996

ドーキー, クリス・ミン　Doky, Chris Minh　ジャズ・ベース奏者　国デンマーク　生1969年2月7日　収2004／2012

トーキー, マイケル　作曲家　国米国　収1996

ドキアディス, アポストロス　Doxiadis, Apostolos　作家,映画監督　国ギリシャ　生1953年　収2004／2008

ドギオーム, マルチーヌ　Deguillaume, Martine　GSIENメンバー, CRII RADメンバー　専核廃棄物　国フランス　生1954年　収2004／2008

ドキッチ, エレナ　Dokic, Jelena　テニス選手　国オーストラリア　生1983年4月12日　収2000／2004／2008／2012

ド・キャステラ, ロバート　De Castella, Robert　元・マラソン選手　元・オーストラリアスポーツ科学研究所(AIS)所長　国オーストラリア　生1957年2月27日　収1996／2000／2004

ドキャストリ, クリスチャン・ドラクロア　軍人　国フランス　没1991年7月29日　収1992

ドーキンス, リチャード　Dawkins, Richard　生物学者　オックスフォード大学教授　専動物行動学　国英国　生1941年3月26日　収1992／1996／2000

トーキントン, ネイザン　Torkington, Nathan　システム管理者　国ニュージーランド　収2004

ドーク, トム　Doak, Tom　本名=ドーク,トーマス　ゴルフコース設計家　国米国　生1961年　収1996

トーク, ピーター　グループ名=モンキーズ　ベース奏者,歌手　国米国　生1944年2月3日　収2000

ドグジエフ, ヴィタリー　Doguzhiev, Vitalii K.　政治家　元・ソ連副首相　国ソ連　生1935年12月25日　収1992

ドークス, マイケル　Dokes, Michael　本名=Dokes,Michael Marshall　プロボクサー　元・WBA世界ヘビー級チャンピオン　国米国　生1958年8月10日　没2012年8月11日

ドクター, ピート　Docter, Pete　本名=ドクター,ピーター　アニメーション監督,脚本家　国米国　生1968年　収2004／2008／2012

ドクター・ジョン　Dr.John　本名=レベナック,マルコム・ジョン・マイケル・クロウ　別名=レベナック,ジョン・マック　ピアニスト,ミュージシャン　国米国　生1941年　収1996／2000／2004／2008

ドクター・ドレー　本名=ヤング,アンドレ　音楽プロデューサー　アフターマス・エンターテインメント社長　国米国　収2000

ドクター・リックス　Dr.Licks　ギタリスト,作曲家　国米国　収2008

ドクトゥリシビリ, アレクサンドル　Dokturishivili, Alexandr　レスリング選手(グレコローマン)　国ウズベキスタン　生1980年5月22日　収2008

ドクトル, マルチン　Doktor, Martin　カヌー選手(カナディアン)　国チェコ　生1974年5月21日　収2000／2008

ドクトル・ファドル　Dr.Fadl　本名=サイイド・イマーム・アブドルアジーズ　イスラム原理主義過激派活動家　元・ジハード団指導者　国エジプト　生1950年　収2012

ドクトロウ, E.L.　Doctorow, Edgar Laurence　作家　国米国　生1931年　収1992／1996／2000

ドクトロウ, コリー　Doctorow, Cory　作家　国カナダ　生1971年7

月17日 [典]2012

トクマコフ, レフ Tokmakov, L.A. 画家 [国]ロシア [典]2004

トクマコーワ, イリーナ Tokmakova, I.L. 児童文学作家 [国]ロシア [生]1929年 [典]2004／2008

トクリキカクジ 徳力格爾 医学者 内蒙古呼倫貝爾蒙医学校助教授 [国]中国 [生]1950年 [典]2008

ドクルトレー, アルベール Decourtray, Albert カトリック枢機卿 [国]フランス [生]1923年4月9日 [没]1994年9月16日 [典]1996

ド・クレシー, ニコラ De Crécy, Nicolas 漫画家 [国]フランス [生]1966年9月29日 [典]2012

ド・クレール, ファビオラ De Clercq, Fabiola 「わたしは拒食症だった」の著者 [国]イタリア [生]1950年 [典]1996（デ・クエルク, ウィリー）／2000

ドクレルク, ウィリー De Clercq, Willy 政治家 元・欧州議会外交委員会委員長, 元・ベルギー蔵相 [国]ベルギー [生]1927年7月8日 [没]2011年10月28日 [典]1992

ドケイ, ヤン de Quay, Jan Eduard 政治家 元・オランダ首相 [国]オランダ [没]1985年7月5日 [典]1992

ドゲット, ピーター Doggett, Peter 「レコード・コレクター」誌編集者 [国]英国 [生]1957年 [典]1996

ドゲルスレン, マンガリン Dugersuren, Mangalyn 政治家 元・モンゴル外相 [国]モンゴル [生]1922年2月15日 [典]1992

トコディ, イロナ Tokody, Ilona ソプラノ歌手 [国]ハンガリー [生]1953年 [典]1996／2004／2008

ドゴナゼ, アンナ Dogonadze, Anna トランポリン選手 アテネ五輪トランポリン女子個人金メダリスト [国]ドイツ [生]1973年2月15日 [典]2008

ドコルノワ, ジャック Decornoy, Jacques ジャーナリスト 「ル・モンド・ディプロマティック」編集部 [国]フランス [生]1937年 [典]1996

トザット, ギ Tosatto, Guy キュレーター ニーム現代美術館館長 [国]フランス [生]1958年 [典]1996

トサーニ, パトリック Tosani, Patrick 写真家 [国]フランス [典]1992

トーザン, ドラ Tauzin, Dora エッセイスト, ジャーナリスト [国]フランス [典]2000／2008／2012

ド・サン・ファール, テレーズ De Saint Phalle, Thérése 作家 [国]フランス [生]1930年 [典]1992

ドーシー, ジャック Dorsey, Jack 実業家, 技術者 ツイッター創業者, スクエアCEO [国]米国 [生]1976年11月19日

ドシ, ジョヴァンニ Dosi, Giovanni 経済学者 ローマ・ラスピエンツァ大学教授 [国]イタリア [生]1953年 [典]1996

ドーシー, ティム Dorsey, Tim 作家 [国]米国 [典]2004

ドーシー, デービッド Dorsey, David 作家, ジャーナリスト [国]米国 [典]1996

ドーシー, トーマス Dorsey, Thomas Andrew ゴスペル作曲家 [国]米国 [生]1899年 [没]1993年1月23日 [典]1996

ドーシー, トーマス Dorsey, Thomas J. 投資コンサルタント [国]米国 [典]2008

ドーシー, ヘビ モード評論家 [国]フランス [生]1925年3月 [没]1987年12月27日 [典]1992

トージア, ナタリー Tauziat, Nathalie テニス選手 [国]フランス [生]1967年10月17日 [典]2000／2004

ドージア, ラッシュ（Jr.） Dozier, Rush W.（Jr.） 作家 [国]米国 [典]2004／2008

トジアン, グレゴリー Tozian, Gregory ジャーナリスト [典]2008

ドシャレット, エルベ de Charette, Herve 政治家 元・フランス外相 [国]フランス [生]1938年7月30日 [典]1996／2000

ド・ジャンヌ, ピエール・ジル de Gennes, Pierre-Gilles 物理学者 元・コレージュ・ド・フランス教授, 元・パリ物理化学大学校校長 [専]高分子物理学 [国]フランス [生]1932年10月24日 [没]2007年5月22日 [典]1992／1996／2000

トーシュ, ニック Tosches, Nick 作家 [国]米国 [生]1949年 [典]2004

トショフスキー, ヨゼフ Tošovský, Josef 政治家, 銀行家 元・チェコ首相, 元・チェコ国立銀行（中央銀行）総裁 [国]チェコ [生]1950年9月28日 [典]2000

ドシルギ, イブチボー 元・EU欧州委員会委員 [国]フランス [生]1948年 [典]2000

ド・シルギュイ, カトリーヌ De Silguy, Catherine 農業技師, 農学者 フランス環境エネルギー庁（Ademe）廃棄物管理局 [国]フランス [生]1943年 [典]1996／2000

トージン, ビリー Tauzin, Billy 本名=Tauzin,Wilbert J. 政治家 米国下院議員（共和党） [国]米国 [生]1943年6月14日 [典]1996

ドージン, ベンヤミン 元・建築技師 スターリン体制下でのシベリア収容所生活を公表 [国]ソ連 [生]1924年 [典]1992／1996

ドージン, レフ Dodin, Lev 演出家 レニングラード・マールイ・ドラマ劇場（MDT）首席演出家, レニングラード演劇大学教授 [国]ソ連 [生]1944年 [典]1992／1996

ドス, ジェームズ Doss, James D. 作家 ロス・アラモス国立研究所研究員 [国]米国 [典]2000

トーズ, ジョナサン Toews, Jonathan アイスホッケー選手（FW） バンクーバー五輪アイスホッケー男子金メダリスト [国]カナダ [生]1988年4月29日

ドース, ダイアナ Dors, Diana 女優 [国]英国 [生]1931年10月23日 [没]1984年5月4日 [典]1992

トスカーニ, オリビエロ Toscani, Oliviero 写真家, アートディレクター 「カラーズ」編集長 [国]イタリア [生]1942年 [典]1996／2000／2008／2012

トスカン・デュ・プランティエ, ダニエル Toscan du Plantier, Daniel 映画プロデューサー, 評論家 元・フランス映画海外普及協会（ユニフランス）会長 [国]フランス [生]1941年4月7日 [没]2003年2月11日 [典]1996／2000（トスカン・デュ・プロンチエ, ダニエル）

トスキ, ボブ Toski, Bob ゴルフ・コーチ [典]2004

ドスコチロヴァー, ハナ Doskocilová, Hana 児童文学作家 [生]1936年 [典]2008

ドス・サントス, ヴィトール・パヴァオン Dos Santos, Vítor Pavao 演劇評論家 [国]ポルトガル [生]1937年 [典]2008

ドス・サントス, ジョゼ・エドゥアルド Dos Santos, José Eduardo 政治家 アンゴラ大統領, アンゴラ解放人民運動（MPLA）議長 [国]アンゴラ [生]1942年8月28日 [典]1992／1996／2000／2004／2008／2012

ドス・サントス, マルセリノ Dos Santos, Marcelino 政治家, 詩人 元・モザンビーク解放戦線（FRELIMO）副議長, 元・モザンビーク経済企画相 [国]モザンビーク [生]1931年 [典]1992

ドスター, デーブ Doster, Dave 本名=Doster,David Erick 元・プロ野球選手, 元・大リーグ選手 [国]米国 [生]1970年10月8日 [典]2004

ドスタル, ニコライ Dostal, Nikolai 映画監督 [国]ロシア [生]1946年 [典]1996

ドスト, シャー・モハマド Dost, Shah Mohammad 外交官 国連大使 元・アフガニスタン外相 [国]アフガニスタン [典]1992

トースト, ニコラ Thost, Nicola スノーボード選手（ハーフパイプ） [国]ドイツ [生]1977年5月3日 [典]2000

ドストブラジ, フィリップ Douste-Blazy, Philippe Jean Georges Marie 政治家, 医師 元・フランス外相・文化相 [国]フランス [生]1953年1月1日 [典]2000／2008／2012

ドストロフスキー, イスラエル Dostrovsky, Israel 物理化学者 イスラエル国立研究協議会理事, イスラエル原子力委員会理事 元・ワイズマン科学研究所所長 [国]イスラエル [典]1996

ドースン, ジェニファー Dawson, Jennifer 作家 [国]英国 [生]1937年 [典]1992（ドーソン, ジェニファー）

ドーセ, ジャン Dausset, Jean 本名=Dausset,Jean-Baptiste Gabriel 医師, 免疫学者 元・コレージュ・ド・フランス教授, 元・科学の責任に関する世界会議会長 [専]免疫血液学, 人体移植免疫学 [国]フランス [生]1916年10月19日 [没]2009年6月6日 [典]1992／1996／2000／2004

トーゼ, ジョン Tooze, John 分子生物学者 インペリアルがん研

ト

究基金研究所支援サービス局長,「EMBO Journal」常任編集者 国英国 収2004

ドーセット, アンソニー Dorsett, Anthony プロフットボール選手 (DB) 国米国 生1973年9月14日 収2004

ドーセット, トニー Dorsett, Tony 元・プロフットボール選手 国米国 生1954年4月7日 収2004

トーセン, カーレン Thorsen, Karen 映画監督,元・ジャーナリスト 国米国 収1992／1996

ドゾア, ガードナー Dozois, Gardner SF作家,編集者 国米国 生1947年7月23日 収1992／2000

ド・ソーヴィニー, ベルティエ de Sauvigny, Bertier パリ・カトリック大学教授 専ヨーロッパ近現代史 国フランス 収2000

トゾーリ, ガイ Tozzoli, Guy F. 元・世界貿易センター連合(WTCA)初代総裁 ニューヨークの世界貿易センタービル建設責任者 国米国 生1922年2月12日 没2013年2月2日

ドーソン, アンドルー 俳優 国英国 生1962年 収1996

ドーソン, アンドレ Dawson, Andre 本名=Dawson,Andre Fernando 元・大リーグ選手 国米国 生1954年7月10日 収1992／1996／2000／2012

ドーソン, ジャネット Dawson, Janet 作家 国米国 生1949年 収1996

ドーソン, ジョディ Dawson, Jodi ロマンス作家 国米国 収2008

ドーソン, チャド Dawson, Chad プロボクサー 元・WBC・IBF世界ライトヘビー級チャンピオン 国米国 生1982年7月13日

ドーソン, テリー Dawson, Terry ネットワーク技術者 国オーストラリア 収2004

ドーソン, トビー Dawson, Toby スキー選手(フリースタイル) トリノ五輪フリースタイルスキー男子モーグル銅メダリスト 国米国 生1978年11月30日 収2012

ドーソン, バリー Dawson, Barry 写真家 収2008

ドーソン, ポーラ 映像作家 メルボルン州立大学美術教師 国オーストラリア 生1954年 収1992

ドーソン, ライアン Dawson, Rian グループ名=オール・タイム・ロウ ミュージシャン 国米国 収2012

ドーソン, リチャード Dawson, Richard E. 元・ワシントン大学教授 専政治学 国米国 収1992

ドーダー, ダスコ Doder, Dusko ジャーナリスト 国米国 収1992

トダ, デービッド・K. ナイキジャパン・ブランドコミュニケーションマネージャー 国米国 収2000

トー・ダー・スェ Thaw Da Swe 本名=ウ・チン・スェ 作家 国ビルマ 生1919年5月26日 収1996

トダロ, マイケル Todaro, Michael P. 経済学者 ニューヨーク大学教授 専開発経済学 国米国 生1942年 収2004／2008

トーチェ, チャンピオン Teutsch, Champion Kurt 精神遺伝学者 フロリダ大学客員教授 国米国 生1921年2月10日 収2000

トーチン, スーザン 政治学者 ジョージ・ワシントン大学行政学教授 専行政学 国米国 収1992／2000

トツ, イオアン Totu, Ioan 政治家 元・ルーマニア外相 国ルーマニア 生1931年5月14日 収1992

ドッケン, ドン グループ名=ドッケン ミュージシャン 収2000

ドッサー, ハワード Dossor, Howard F. コリン・ウィルソン研究家 国オーストラリア 生1936年 収2000

ドッジ, エリン Dodge, Ellin 数占い師 国米国 生1932年10月7日 収2000

ドッジ, デービッド Dodge, David A. 銀行家,経済学者 元・カナダ銀行総裁 国カナダ 収2004／2008／2012

ドッジ, マーク Dodge, Mark テクニカルライター,編集者 国米国 収2000

ドッシー, ラリー Dossey, Larry 医師 国米国 生1940年 収1996

トッシュ, ピーター レゲエ音楽家 国ジャマイカ 没1987年9月11日 収1992

ドッズ, グレッグ・R. 外交官 在日オーストラリア大使館公使 国オーストラリア 収1992

ドッズ, トレバー Dodds, Trevor プロゴルファー 国米国 収2000

ドッス, フランソワ Dosse, François 歴史家 パリ第10大学講師 国フランス 生1950年 収2000／2004

トッチリー, ジェローム Tuccille, Jerome 著述家 国米国 収1992

トッツィ, ジョルジョ Tozzi, Giorgio 別名=トッツィ,ジョージ バス歌手 国米国 生1923年1月8日 没2011年5月30日

トッティ, フランチェスコ Totti, Francesco サッカー選手(FW) 国イタリア 生1976年9月27日 収2000／2004／2008／2012

トッテン, ビル Totten, Bill H. 本名=トッテン,ビル アシスト社長 生1941年8月28日 収1996／2000／2004

トッド Todd グループ名=イーストウエスト・ボーイズ 歌手 国米国 生1986年10月10日 収2012

ドッド, アナベル Dodd, Annabel Z. ノース・イースタン大学助教授 専電気通信,データ通信 国米国 収2004

トッド, アレクサンダー Todd, Alexander Robertus 化学者 元・ケンブリッジ大学有機化学教授 専天然物化学 国英国 生1907年10月2日 没1997年1月10日 収1992／1996

トッド, アン Todd, Ann 女優 国英国 生1909年1月24日 没1993年5月6日 収1992／1996

トッド, エマニュエル Todd, Emmanuel 人口学者,歴史学者,社会人類学者 フランス国立人口統計研究学研究所資料局長 専歴史人口学 国フランス 生1951年 収1996／2000／2008／2012

トッド, オリヴィエ Todd, Olivier ジャーナリスト,作家 生1929年 収2004

トッド, キース Todd, Keith 実業家 元・ICL社長 国英国 収1996／2000／2004／2008

ドット, クリスティーナ Dodd, Christina ロマンス作家 国米国 収2012

ドッド, クリストファー Dodd, Christopher 本名=Dodd, Christopher John 政治家 元・米国上院議員(民主党) 国米国 生1944年5月27日 収1996／2000／2004／2008／2012

トッド, ジャン Todt, Jean 国際自動車連盟(FIA)会長 元・F1フェラーリチーム代表 国フランス 生1946年 収2012

トッド, ジョン Todd, John 海洋生物学者 国カナダ 収1992

トッド, ジョン Todd, John 牧師,著述家 国米国 没生没年不詳 収2000

トッド, チャールズ Todd, Charles ミステリー作家 国米国 収2004

ドッド, デービッド Dodd, David L. 元・コロンビア大学証券分析学部助教授 専証券,投資 国米国 収2004

ドッド, ナイジェル Dodd, Nigel ロンドン大学社会科学部講師 専社会学 国英国 生1965年 収2000

ドッド, マイク Dodd, Mike ジャーナリスト 「USAトゥディ」紙記者 国米国 生1949年 収2000

ドッド, マイク Dodd, Mike イラストレーター 国英国 生1950年 収1996

トッド, マーク Todd, Mark 本名=Todd,Mark James 馬術選手 ロス五輪・ソウル五輪総合馬術個人金メダリスト 国ニュージーランド 生1956年3月1日 収1992／2004

ドッド, リンリー Dodd, Lynley Stuart 絵本作家 国ニュージーランド 生1941年 収2008／2012

ドッドウェル, クリスティナ Dodwell, Christina 旅行記作家 生1951年 収1992

ドッドソン, バート Dodson, Bert 画家,イラストレーター 国米国 収1992

ドッパー, サンドラ Dopfer, Sandra テニス選手 国オーストリア 生1970年 収2000

トッピネン, エイッカ Toppinen, Eicca グループ名=アポカリプティカ チェロ奏者 国フィンランド 収2004／2008

トッピング, シーモア　元・ジャーナリスト　コロンビア大学ジャーナリズム科教授　国米国　㋳1996

トップ　T.O.P　本名＝チェスンヒョン　俳優名＝チェスンヒョン, 漢字名＝崔勝鉉　グループ名＝BIGBANG　歌手, 俳優　国韓国　㋐1987年11月4日　㋳2012

ドップァー, クルト　Dopfer, Kurt　経済学者　ザンクトガルレン大学教授　国スイス　㋳1992

トップハム, ダグラス　Topham, Douglas　コンピュータ・プログラマー, 著述家　「InfoWorld」誌ライター　国米国　㋳1992

トップファー, モートン　Topfer, Morton L.　実業家　デル・コンピュータ取締役・元副会長　元・モトローラ執行副社長　国米国　㋳2000

トップメラー, クラウス　Toppmpller, Klaus　サッカー指導者　元・サッカー・グルジア代表監督　国ドイツ　㋐1951年8月12日　㋳2008／2012

ドッペルト, ジェラルド　Doppelt, Gerald　カリフォルニア大学サンディエゴ校教授　哲学　国米国　㋳1992

トーディ, フィリップ　Thody, Philip Malcolm Waller　リーズ大学名誉教授　フランス文学　国英国　㋐1928年3月21日　㋳2000

トーディ, ポール　Torday, Paul　作家　国英国　㋐1946年8月1日　㋒2013年12月18日

ドーティー, マイク　Doughty, Mike　サファリ・ラリー運営責任者　㋐1936年　㋳1992

ドディック, ミロラド　Dodik, Milorad　政治家　元・セルビア人共和国首相　国ボスニア・ヘルツェゴビナ　㋐1959年　㋳2000

トディノ, グレース　Todino, Grace　コンピューター技術者, 編集者　㋳2004

トティラワティ・チトラワシタ　Totilawati Tjitrawasita　作家　国インドネシア　㋐1945年　㋒1982年8月　㋳1992

トーデス, ダニエル　Todes, Daniel P.　ジョンズ・ホプキンズ大学医学史研究所准教授　ロシア科学史　国米国　㋐1952年3月19日　㋳1996

トデスキーニ, マヤ・モリオカ　Todeschini, Maya Morioka　パリ社会科学研究高等学院現代日本研究センター　日本研究, 原爆問題　㋐1961年　㋳1996／2000

ド・デューヴ, クリスチャン　De Duve, Christian René　本名＝De Duve,Christian René Marie Joseph　生化学者　ロックフェラー大学名誉教授, ルーベン大学医学部名誉教授　細胞学　国ベルギー　㋐1917年10月2日　㋳1992 (ド・デューブ, クリスチャン)／1996 (ド・デューブ, クリスチャン)／2000／2004

ド・デューヴ, ティエリー　De Duve, Thierry　美術史家　グラフィック研究学院教授　国ベルギー　㋐1944年　㋳2004／2008

ドーテル, アンドレ　Dhôtel, André　作家　国フランス　㋐1952年9月1日　㋳1992

ドーテン, デイル　Dauten, Dale　コラムニスト　リサーチ・リソーセス経営者　国米国　㋐1950年　㋳2004

トート, ペテロ　ジャーナリスト　国スロバキア　㋳2000

トト, ロレンツォ　Totò, Lorenzo　料理人　オステリア・ダ・トトオーナーシェフ　イタリア料理　国イタリア　㋐1930年　㋳2000

トトゥ, オドレイ　Tautou, Audrey　女優　国フランス　㋐1978年8月9日　㋳2004／2008／2012

ド・トックヴィル, オード　de Tocqueville, Aude　美術史, 文化遺産　国フランス　㋳2004

ド・トナック, ジャン・フィリップ　De Tonnac, Jean-Philippe　作家, ジャーナリスト　国フランス　㋳2004

トトミアニナ, タチアナ　Totmianina, Tatiana　元・フィギュアスケート選手 (ペア)　トリノ五輪フィギュアスケート・ペア金メダリスト　国ロシア　㋐1981年11月2日　㋳2008／2012

ドートルロー, ピエール　Doutreleu, Pierre　画家　国フランス　㋐1938年　㋳2000

トドロフ, スタンコ　Todorov, Stanko　政治家　元・ブルガリア人民議会議長, 元・ブルガリア首相　国ブルガリア　㋐1920年12月10日　㋒1996年12月17日　㋳1992／1996

トドロフ, ツヴェタン　Todorov, Tzvetan　哲学者, 詩学者, 文芸批評家　フランス国立科学研究センター (CNRS) 研究員　文学理論, 記号学　国フランス　㋐1939年3月1日　㋳1992／1996／2000／2008／2012

トドロフ, ユーリー　元・ソ連国家保安委員会 (KGB) 大佐　国ロシア　㋐1933年12月17日　㋳1996

トドロフスキー, ピョートル　Todorovskii, Pyotr　映画監督, 脚本家　国ロシア　㋐1925年　㋒2013年5月24日　㋳1992／1996

ドナー, フレデリック　元・ゼネラル・モーターズ (GM) 会長　国米国　㋐1987年2月28日　㋳1992

ドナー, リチャード　Donner, Richard　映画監督　国米国　㋐1930年　㋳2008／2012

ドナエフ, ウラジスラフ　Dunaev, Vladislav Ivanovich　ジャーナリスト　ノーボスチ通信社東京支局特派員　国ソ連　㋐1937年　㋳1992／1996

ドナエフスカヤ, ラヤ　著述家, 思想家　国米国　㋐1987年6月9日　㋳1992

ドナースマルク, フロリアン・ヘンケル・フォン　Donnersmarck, Florian Henckel von　映画監督　国ドイツ　㋐1973年　㋳2008／2012

ドナーティ, ウンベルト　Donati, Umberto　実業家　元・在京イタリア文化会館館長　国イタリア　㋳2004

ドナドーニ, ロベルト　Donadoni, Roberto　サッカー監督, 元・サッカー選手　元・サッカー・イタリア代表監督　国イタリア　㋐1963年9月9日　㋳2008／2012

ドナヒュー, ジョナサン　Donahue, Jonathan　グループ名＝マーキュリー・レヴ　歌手, ギタリスト　国米国　㋳2004／2012

ドナヒュー, パット　実業家　元・日本マクドナルドホールディングス会長　国米国　㋳2004／2008

ドナフスカ, アドリアナ　Dounavska, Adriana　新体操選手　国ブルガリア　㋐1970年4月21日　㋳1992

ドナール, ボブ　Denard, Bob　本名＝ブールジョ, ジルベール　別名＝ドナール, ロベール　傭兵　国フランス　㋐1929年1月20日　㋒2007年10月13日　㋳1996 (デナール, ボブ)

ドナール, ミカエル　Denard, Michaël　バレエダンサー　元・パリ・オペラ座バレエ団エトワール　国フランス　㋐1944年11月5日　㋳2008／2012

ドーナル, ヨハンナ　Dohnal, Johanna　政治家　元・オーストリア無任所相 (女性問題担当)　国オーストリア　㋳1992／1996

ドナルド, ハワード　Donald, Howard　グループ名＝テイク・ザット　歌手　国英国　㋳2008／2012

ドナルド, ヘンリー　Donald, Henry　童話作家　BBC放送番組プロデューサー　国英国　㋳1992

ドナルド, リサ　Donald, Lisa　システムエンジニア　㋳2004

ドナルド, ルーク　Donald, Luke　プロゴルファー　国英国　㋐1977年12月7日　㋳2012

ドナルド, ロビン　Donald, Robyn　ロマンス作家, 小学校教師　国ニュージーランド　㋳2004

ドナルドソン, S.K.　Donaldson, Simon Kirwan　数学者　ブリストル大学教授　4次元トポロジー　国米国　㋐1957年8月20日　㋳1992／1996／2000

ドナルドソン, アイアン　Donaldson, Ian　オーストラリア国立大学人文科学研究所所長　英文学　国オーストラリア　㋳1992

ドナルドソン, ウィリアム　Donaldson, William H.　金融家　元・米国証券取引委員会 (SEC) 委員長, 元・ニューヨーク証券取引所会長　国米国　㋐1931年6月2日　㋳2004／2008／2012

ドナルドソン, ジェラルド　Donaldson, Gerald　レーシング・ジャーナリスト, コメンテーター　「フォーミュラ・マガジン」誌コラムニスト兼海外特派員, CBCテレビ「スポーツウィークエンド」グランプリ特派員　㋳1992

ドナルドソン, ジュリア　Donaldson, Julia　絵本作家　国英国　㋐1948年　㋳2000／2004

ドナルドソン, ジーン　「ザ・カルチャークラッシュ」の著者　㋳2008

ドナルドソン, ステファン　Donaldson, Stephen R.　作家　国米国　㋐1947年　㋳1992／1996

ドナルドソン, トーマス　Donaldson, Thomas　ペンシルベニア大学ウォートン・スクール教授, バージニア大学オルソン倫理センター研究員　⊛企業倫理　国米国　⊛2000

ドナルドソン, マリー　Donaldson, Mary　本名＝Donaldson, Dorothy Mary　政治家　元・ロンドン市長　国英国　⊕1921年8月29日　⊗2003年10月4日　⊛1992

ドナルドソン, ロジャー　Donaldson, Roger　映画監督　国ニュージーランド　⊕1945年11月15日　⊛2004／2008／2012

ドナルドソン, ローレン　Donaldson, Lauren R.　ワシントン州立大学名誉教授　⊛水産学(ニジマスの養殖)　国米国　⊛1992

ドーナン, アンディ　Dornan, Andy　テクニカル・ライター　国米国　⊛2004

ドーナン, ティム　Dornan, Tim　「事例で学ぶOSCE 基本臨床技能試験のコアスキル」の著者　⊛2008

ドーナン, ロバート　Dornan, Robert K.　政治家　米国下院議員(共和党)　国米国　⊕1933年4月3日　⊛1996

ドニ, クリスティアーノ　Doni, Cristiano　サッカー選手(MF)　国イタリア　⊕1973年4月1日　⊛2004／2008

ドニ, クレール　Denis, Claire　映画監督　国フランス　⊕1946年　⊛1992／1996

ドニ, ジャンヌ・ルカルペ　女優　国フランス　⊕1893年11月9日　⊗1989年1月　⊛1992

トニー, テリー　ブリティッシュ・カウンシル駐日代表　国英国　⊛2000

トニ, ルカ　Toni, Luca　サッカー選手(FW)　国イタリア　⊕1977年5月26日　⊛2004／2008／2012

ドニオル・ヴァルクロズ, ジャック　Doniol-Valcroze, Jacques　映画監督, 俳優, 映画批評家　国フランス　⊕1920年3月15日　⊗1989年10月6日　⊛1992 (ドニオル・バルクロズ, ジャック)

ド・ニース, ダニエル　de Niese, Danielle　ソプラノ歌手　国米国　⊕1979年　⊛2012

トニスト, トヌー　Toniste, Tonu　ヨット選手　国エストニア　⊛1996

トニスト, トーマス　Toniste, Toomas　ヨット選手　国エストニア　⊛1996

ドニゼッチ　Donizeti　本名＝Candido, Osmar Donizeti　サッカー選手(FW)　国ブラジル　⊕1968年10月24日　⊛2000

ドニゼッチ　Donizete　本名＝オリベイラ, ドニゼッチ・フランシスコ・デ　サッカー選手　国ブラジル　⊕1968年2月21日　⊛2004

ドニソーン, ラリー　Donnithorne, Larry R.　アルベマール大学学長　⊛経営学, リーダーシップ　国米国　⊛2000

トニー・タン・カクチョン　Tony Tan Cacktiong　中国名＝陳覚中　実業家　ジョリビー・フーズ会長・CEO　国フィリピン　⊕1953年　⊛1996／2008 (カクティオン, トニー・タン)／2012

トニーニョ　Toninho　本名＝ベネジット・ダ・シルバ, アントニオ　元・サッカー選手　国ブラジル　⊕1965年3月23日　⊛2004

トニャッツィ, ウーゴ　Tognazzi, Ugo　俳優, 映画監督　国イタリア　⊕1922年3月23日　⊗1990年10月27日　⊛1992

ドニュジェール, モーリス　Denuzière, Maurice　作家　国フランス　⊕1926年　⊛1992

トーニングシュミット, ヘレ　Thorning-Schmidt, Helle　政治家　デンマーク首相, デンマーク社会民主党党首　国デンマーク　⊕1966年12月14日　⊛2012

ドヌーヴ, カトリーヌ　Deneuve, Catherine　本名＝ドルレアック, カトリーヌ　女優　国フランス　⊕1943年10月22日　⊛1992 (ドヌーブ, カトリーヌ)／1996 (ドヌーブ, カトリーヌ)／2000／2004／2008／2012

ドヌリアズ, アントワヌ　Dénériaz, Antoine　元・スキー選手(アルペン)　トリノ五輪アルペンスキー男子滑降金メダリスト　国フランス　⊕1976年3月6日　⊛2008／2012

ドネ, ピエール・アントワーヌ　Donnet, Pierre-Antoine　ジャーナリスト　AFP東京支局特派員　⊛中国問題, EC統合　国フランス　⊕1953年　⊛1992／1996／2000

ドネ, フィリップ　実業家　アクサジャパンホールディング会長　⊕1960年7月26日　⊛2008

ドネア, ノニト　Donaire, Nonito　プロボクサー　元・WBC・WBO世界バンタム級チャンピオン　国フィリピン　⊕1982年11月16日

ドネッティ, ジョルジョ　Dometti, Giorgio　元・フィアット・アンド・アルファ・ロメオ・モータース・ジャパン社長　国イタリア　⊛1996／2000

ドネフ, アントン　Donev, Anton　SF作家　国ブルガリア　⊕1927年　⊛1992

ドネリー, エルフィー　Donnelly, Elfie　児童文学作家　⊕1950年　⊛1996

ドネリー, クリストファー　北大西洋条約機構(NATO)事務総長室付ソ連専門家　⊛ソ連問題　国英国　⊕1946年　⊛1992

ドネリー, クリッシー　Donnelly, Chrissy　著述家　⊛2004

ドネリー, ジェイン　Donnelly, Jane　ロマンス作家　国英国　⊛2004

ドネリー, ショーン　Donnelly, Shaun E.　米国国務次官補代理(通商政策担当)　国米国　⊛2000

ドネリー, ピーター　Donnelly, Peter　伝記作家, ジャーナリスト　国英国　⊕1941年　⊛2000

ドネリー, マイケル　Donnelly, Michael W.　トロント大学政治学科教授　⊛政治学　国カナダ　⊛1992

ドネリー, マーク　Donnelly, Mark　著述家　⊛2004

ドネリー, マーティン　Donnelly, Martin　F1ドライバー　国英国　⊕1964年3月26日　⊛1992／1996

トーネル, インガーブリット　男女平等オンブズマン　国スウェーデン　⊕1927年　⊛1992

ドノーソ, ホセ　Donoso, José　作家　国チリ　⊕1924年10月5日　⊗1996年12月7日　⊛1992／1996

ドノバン, アン　Donovan, Anne　バスケットボール監督, 元・バスケットボール選手　バスケットボール女子米国代表監督　ロス五輪・ソウル五輪金メダリスト　国米国　⊕1961年11月1日　⊛1996／2012

ドノバン, ウィリアム　Donovan, William J.　編集者　「プロビンス・ジャーナル」スタッフ・ライター　国米国　⊛2004

ドノバン, ジョン・J.　マサチューセッツ工科大学教授, ケンブリッジ・テクノロジー・グループ会長　⊛コンピューターネットワーク, 政治学, 医学, 経営学　国米国　⊛1996／2000

ドノバン, デニス　Donovan, Denis M.　精神科医　子ども発達精神医学センター医療部長　⊛児童思春期　⊛2004

ドノバン, ヘドリー　Donovan, Hedley Williams　ジャーナリスト　元・タイム社編集長　国米国　⊕1914年5月24日　⊗1990年8月13日　⊛1992

ドノバン, ランドン　Donovan, Landon　サッカー選手(MF)　国米国　⊕1982年3月4日　⊛2004／2008／2012

ドノバン, レイモンド　Donovan, Raymond J.　元・米国労働長官　国米国　⊕1930年8月31日　⊛1992

ドノフリオ, ジョセフ・R.　プルデンシャル三井トラスト投信社長　国米国　⊛2000

ドノフリオ, ビバリー　Donofrio, Beverly　作家　国米国　⊕1950年　⊛2004／2008／2012

ドハ　Doha, A.R.Shamsud　外交官　元・バングラデシュ外相　国バングラデシュ　⊕1929年　⊛1992

ドーバー, ケネス・ジェームズ　Dover, Kenneth James　古典学者　元・セント・アンドルーズ大学総長, 元・オックスフォード大学コルプス・クリスティ・カレッジ学長　⊛ギリシャ文学, ギリシャ語　国英国　⊕1920年3月11日　⊗2010年3月7日　⊛1996／2000

トーパー, トム　Topor, Tom　劇作家, 映画脚本家, 作家　国米国　⊕1938年　⊛1996／2000

ドーバー, ロバート　Dover, Robert　馬術選手　国米国　⊕1956年6月7日　⊛2008

ドハーティ, ジム　Doherty, Jim　コンピューター技術者　国米国　⊛2008

ドハティ, シャノン　Doherty, Shannon　女優　[国]米国　[生]1971年12月12日　[典]2000

ドハティ, ネッド　Dougherty, Ned　元・国際臨死体験研究協会理事　[典]2008

ドハーティ, バーリー　Doherty, Berlie　児童文学作家　[国]英国　[生]1943年　[典]1992／1996／2000／2008／2012

ドハティ, ピーター　Doherty, Peter Charles　免疫学者　メルボルン大学教授, セントジュード子ども研究病院（米国）免疫部長　[専]免疫病理学　[国]オーストラリア　[生]1940年10月15日　[典]2000／2008／2012

ドハティ, フィリップ　コラムニスト, 広告批評家　[国]米国　[没]1988年　[典]1992

トハリ, アフマッド　Tohari, Ahmad　作家　[国]インドネシア　[生]1948年6月13日　[典]1992

ド・バリー, ブレット　De Bary, Brett　コーネル大学アジア学部教授　[専]近代日本文学, 比較文学　[国]米国　[生]1943年　[典]1996／2000

ド・バルサ, ジョルジュ　美術史家　[専]ガラス器, アール・ヌーボー　[典]1992

トーバルズ, リーナス　Torvalds, Linus　プログラマー, ソフトウエア・エンジニア　リナックス・ファウンデーションフェロー　[生]1969年12月28日　[典]2000／2012

ドパルデュー, ギヨーム　Depardieu, Guillaume　俳優　[国]フランス　[生]1971年　[没]2008年10月13日　[典]2000

ドパルデュー, ジェラール　Depardieu, Gérard　俳優, 脚本家　[国]フランス　[生]1948年12月27日　[典]1992／1996／2000／2004／2008／2012

ドパルドン, レイモン　Depardon, Raymond　写真家, 映画監督　[国]フランス　[生]1942年7月6日　[典]2000（デパルドン, レイモン）／2012

ド・バロア, ニネット　De Valois, Ninette　本名＝スタナス, エドリス　振付師, 元・バレリーナ　元・英国ロイヤル・バレエ団創立者　[国]英国　[生]1898年6月6日　[没]2001年3月8日　[典]1992

トパロスキー, イリヤ　Topaloski, Ilija　駐日ユーゴスラビア大使　[国]ユーゴスラビア　[生]1922年　[典]1992

トハン・ホウカク　杜潘 芳格　詩人　[国]台湾　[生]1927年　[典]2004

トビー　Toby　グループ名＝ヒューマン・ネイチャー　ベース奏者, 歌手　[国]オーストラリア　[生]1973年8月8日　[典]2000

トーピー, パット　Torpey, Pat　グループ名＝ミスター・ビッグ　ロック・ドラマー　[国]米国　[生]1959年12月13日　[典]2012

トピ, バミル　Topi, Bamir　本名＝Topi,Bamir Myrteza　政治家, 生物学者　元・アルバニア大統領　[国]アルバニア　[生]1957年4月24日　[典]2012

ドビー, ラリー　Doby, Larry　本名＝Doby,Lawrence Eugene　大リーグ選手, プロ野球選手　[国]米国　[生]1924年12月13日　[没]2003年6月18日　[典]2000

トビ, ロナルド　Toby, Ronald P.　歴史学者　イリノイ大学歴史学部教授　元・東京大学大学院人文社会系研究科教授　[専]日本史, 朝鮮史　[国]米国　[生]1942年　[典]1992／1996／2004／2012

トビア, ピーター　Tobia, Peter M.　ケプナー・トリゴー社副社長　[国]米国　[典]1992

トビアス, T.　Tobiasse, Teo　画家　[国]イスラエル　[生]1927年　[典]1992

トビアス, アンドルー　Tobias, Andrew　投資コンサルタント　[国]米国　[典]2004

ドビッチ, ダナ　Dovitch, Dana　心理療法士　[国]米国　[典]2004／2008

トーピッチュ, エルンスト　Topitsch, Ernst　哲学者, 思想史家　元・グラーツ大学哲学教授　[国]オーストリア　[生]1919年3月20日　[典]1992

ドヒニー, ネッド　ロック歌手　[典]1992／1996

トビーノ, マリオ　Tobino, Mario　作家, 詩人　[国]イタリア　[生]1910年1月16日　[典]1992

ド・ビリー, ベルトラン　De Billy, Bertrand　指揮者　ウィーン放送交響楽団音楽監督・首席指揮者　[国]フランス　[生]1965年　[典]2012

トービル, ジェーン　Torvill, Jayne　フィギュアスケート選手　[国]英国　[生]1957年10月7日　[典]1996

ドビル, ナンシー　Deville, Nancy　ライター　[国]米国　[典]2004

トビーン, コルム　Toibin, Colm　作家　[国]アイルランド　[生]1955年　[典]1996／2004／2008／2012

トービン, ジェームス　Tobin, James R.　実業家　ボストン・サイエンティフィックコーポレーション社長・CEO　[国]米国　[典]2000

トービン, ジェームズ　Tobin, James　経済学者　元・エール大学名誉教授　[専]金融論, 資産選択理論　[国]米国　[生]1918年3月5日　[没]2002年3月11日　[典]1992／1996／2000

ド・ビンク, クリストファー　De Vinck, Christopher　高校教師, エッセイスト　[国]米国　[生]1952年　[典]1996

ドビンズ, スティーブン　Dobyns, Stephen　ミステリー作家, 詩人　[国]米国　[生]1941年　[典]1992／1996／2000

トー・フー　To Huu　本名＝グエン・キム・タイン　政治家, 詩人　元・ベトナム副首相, 元・ベトナム共産党政治局員　[国]ベトナム　[生]1920年　[没]2002年12月9日　[典]1992

ドーフ, スティーブン　Dorff, Stephen　俳優　[国]米国　[生]1973年7月29日　[典]1996／2000／2004

ドーファン, ジョナサン　Dorfan, Jonathan　物理学者　沖縄科学技術大学院大学学長, スタンフォード大学スタンフォード線形加速器センター名誉所長　[専]素粒子物理学, 加速器科学　[典]2012

トフィラウ・エティ・アレサナ　Tofilau Eti Alesana　政治家　元・サモア首相　[国]サモア　[生]1924年6月4日　[没]1999年3月19日　[典]1992（アレサナ, トフィラウ・エティ／エティ, T.）／1996（アレサナ, トフィラウ・エティ）

ドーフィン, スー　全国シェーグレン症候群協会委員　[典]2000

ドフェ, カリス　D'offay, Calixte　駐日セーシェル大使　[国]セーシェル　[典]1992

ドフェール, ガストン　Defferre, Gaston　政治家　元・マルセイユ市長, 元・フランス内相　[国]フランス　[生]1910年9月14日　[没]1986年5月7日　[典]1992

ドフォルジュ, レジーヌ　Deforges, Régine　作家, 出版者　元・レジーヌ・ドフォルジュ社社長　[国]フランス　[生]1935年8月15日　[典]1996／2000

トブゲ, ツェリン　Tobgay, Tshering　政治家　ブータン首相　[国]ブータン

トプコフ, イズグレフ　Topkov, Izgrev　ワシントン条約締約国会議事務局長　[国]ブルガリア　[生]1940年　[典]1992／1996

ドブザンスキー, シャルル　Dobzynski, Charles　詩人　[国]フランス　[生]1929年　[典]1992

ドブシー, イングリッド　Daubechies, Ingrid　数学者　デューク大学教授, 国際数学連合会長　[国]米国　[生]1954年8月17日　[典]2008

トプシュ, ヴィルヘルム　Topsch, Wilhelm　児童文学作家　[国]ドイツ　[生]1941年　[典]2004／2008

トーブス, ガリー　Taubes, Gary A.　ライター, 編集者　[国]米国　[生]1956年　[典]1996

ドブズ, ホラス　Dobbs, Horace E.　イルカ研究家　インターナショナル・ドルフィン・ウォッチ主宰　[典]1996／2000

ドブズ, マイケル　Dobbs, Michael　本名＝Dobbs,Michael John　作家, ジャーナリスト　元・英国保守党副議長, 元・サーチ&サーチ副会長　[国]英国　[生]1948年11月4日　[典]1992／1996／2012

ドブス, ルー　Dobbs, Lou　ジャーナリスト　元・CNN副社長　[国]米国　[典]1992／1996／2000／2004／2008

トフストノーゴフ, ゲオルギー　Tovstonogov, Georgii Aleksandrovich　演出家　[国]ソ連　[生]1915年9月28日　[没]1989年5月23日　[典]1992

ドブス・ヒギンソン, マイケル　Dobbs Higginson, Michael S.　漢字名＝翡吟尊　実業家　トゥロー財団会長　元・メリルリンチ・アジア・パシフィック会長　[国]英国　[生]1941年　[典]1996／2000

ドーフスマン, ルウ　Dorfsman, Lou　グラフィックデザイナー　[国]米国　[生]1918年　[典]1996／2000

ドブソン, アンドルー　Dobson, Andrew　本名＝Dobson,Andrew Nicolas Howard　政治学者　キール大学教授　[専]政治思想, 環境政

ト

治学, 環境政治理論, 環境政治思想 [国]英国 [生]1957年 [典]2004／2008／2012

ドプチェク, アレクサンデル Dubček, Alexander 政治家 元・チェコスロバキア連邦議会議長, 元・チェコスロバキア共産党第1書記 [国]チェコスロバキア [生]1921年11月27日 [没]1992年11月7日 [典]1992／1996

トプチック, ゲーリー Topchik, Gary S. 経営コンサルタント シルバースター・エンタープライズマネジング・パートナー [専]組織開発（OD） [国]米国 [典]2004

トフティー・トゥニアス Tohti Tunyaz ウイグル研究者 冤罪で服役中の東大留学生 [国]中国 [生]1959年 [典]2004／2008／2012

トフラー, アルビン Toffler, Alvin 未来学者, 社会学者 [国]米国 [生]1928年10月4日 [典]1992／1996／2000／2008／2012

トフラー, ハイディ Toffler, Heidi 未来学者, 社会学者 [国]米国 [典]1992／1996／2000

ドフラシュー, ジャン クレディ・リヨネ会長 [国]フランス [典]1992

ドフラスン, バンサン Defrasne, Vincent バイアスロン選手 トリノ五輪金メダリスト [国]フランス [生]1977年3月9日 [典]2008／2012

ドブラット, シュロモ Dovrat, Shlomo 実業家 テクノマティックス・テクノロジーズ会長, オシャップ・テクノロジーズ社長・CEO [国]イスラエル [典]2004

ド・ブランク, ゲイル 米国エルギー省環境計画研究所（EML）所長, 米国原子力学会会長 [国]米国 [典]1992

ド・フランス, セシル De France, Cecile 女優 [国]ベルギー [生]1975年7月17日 [典]2012

ドブリアンスキー, ポーラ Dobriansky, Paula J. 米国国務次官 [国]米国 [典]2004／2008

ド・フリース, アーサー DeVries, Arthur L. イリノイ大学アーバナ校教授 [専]生理学 [国]米国 [典]1992

ドプリュ, ギイ Deplus, Guy クラリネット奏者 パリ国立高等音楽院教授 [国]フランス [生]1924年8月29日 [典]1992

ドブリュー, ジェラール Debreu, Gerard 経済学者 元・カリフォルニア大学バークリー校教授 [専]数理経済学 [国]米国 [生]1921年7月4日 [没]2004年12月31日 [典]1992／1996

ドブルイニン, アナトリー Dobrynin, Anatolii Fedorovich 外交官, 政治家 元・駐米ソ連大使 [国]ロシア [生]1919年11月16日 [没]2010年4月6日 [典]1992／1996

ドブルインスカ, ナタリア Dobrynska, Natallia 七種競技選手 北京五輪陸上女子七種競技金メダリスト [国]ウクライナ [生]1982年5月29日 [典]2012

ドブルググレーブ, フレッド Deburghgraeve, Fred 水泳選手（平泳ぎ） [国]ベルギー [生]1973年6月1日 [典]2000／2008

ドブレ, アウレリア Dobre, Aurelia 元・体操選手 [国]ルーマニア [生]1972年11月16日 [典]1992

ドブレ, ミシェル Debré, Michel 政治家 元・フランス首相 [国]フランス [生]1912年1月15日 [没]1996年8月2日 [典]1992

ドブレ, レジス Debray, Régis 作家, 評論家, 革命家 [国]フランス [生]1940年9月2日 [典]1992／1996／2000／2004／2008／2012

ド・ブレイ, リース De Blay, Lys 画家, イラストレーター [専]植物画 [国]英国 [典]1992

ドフレーヌ, マリー 博覧会国際事務局（BIE）局長 [国]フランス [典]1992

ドブレフ, ミレン Dobrev, Milen 重量挙げ選手 [国]ブルガリア [生]1980年2月22日 [典]2008

ドーフレンヌ, ミシェル Daufresne, Michell 絵本作家, 画家 [国]フランス [生]1928年 [典]1992

ド・ブロイ, ルイ de Broglie, Louis Victor 理論物理学者 元・パリ大学教授 [国]フランス [生]1892年8月15日 [没]1987年3月19日 [典]1992

ドブロウスキ, セルジュ 作家, 評論家 [典]1992

トプロフ, ステファン 重量挙げ選手 [国]ブルガリア [典]1992

ドベーキ, マイケル DeBakey, Michael Ellis 医師 元・ベイラー医科大学名誉総長 [専]心臓外科 [国]米国 [生]1908年9月7日 [没]2008年7月11日 [典]1992／1996／2000

ドペストル, ルネ 作家 [典]1992

ドベラーレ, カレル Dobbelaere, Karel 宗教社会学者 ルーベン大学教授 [国]ベルギー [生]1933年 [典]2000

トベル, ローラン Tobel, Laurent フィギュアスケート選手 [国]フランス [典]2000

ド・ベルニエール, ルイ De Bernieres, Louis 作家 [国]英国 [生]1954年 [典]2012

トー・ホアイ To Hoai 本名＝グエン・セン 作家 [国]ベトナム [生]1920年 [典]1992

ドー・ホアン・ジュウ Do Hoang Dieu 作家 [国]ベトナム [生]1976年 [典]2012

ド・ボトン, アラン De Botton, Alain 作家 [国]英国 [生]1969年 [典]2000

ドホナーニ, クリストフ・フォン Dohnányi, Christoph von 指揮者 元・北ドイツ放送交響楽団首席指揮者, 元・クリーブランド管弦楽団音楽監督 [国]ドイツ [生]1929年9月8日 [典]1996／2000／2004／2012

トホーフト, ヘラルデュス t Hooft, Gerardus 物理学者 ユトレヒト大学教授 [専]素粒子理論 [国]オランダ [生]1946年7月5日 [典]2000／2008／2012

トポラーネク, ミレク Topolánek, Mirek 政治家 元・チェコ首相 [国]チェコ [生]1956年5月15日 [典]2008／2012

ド・ボラルディエール, ジャック・パリ de Bollardiere, Jacques Paris 第二大戦時のフランスのレジスタンス運動の英雄, 反核運動家 [国]フランス [没]1986年2月22日 [典]1992

トーポリ, エドゥアルド Topol, Edward 作家, ジャーナリスト [生]1938年 [典]1992／1996

トポル Topol 本名＝トポル, ハイム 俳優 [国]イスラエル [生]1935年9月9日 [典]1992／1996

トポール, アラン Topol, Allan J. 作家, 弁護士 [国]米国 [典]1992

ドボール, ジャン・フランソワ 料理人 シャルキュトゥリMOF協会理事 [国]フランス [生]1949年 [典]1992

ドボルツェボイ, セルゲイ Dvortsevoy, Sergey 映画監督 [国]カザフスタン [典]2012

トポロフ, ウラジーミル Toporov, Vladimir Mikhailovich 軍人 ロシア国防次官 [国]ロシア [生]1946年 [典]1996

ドー・ホン・ゴック Do Hong Ngoc 漢字名＝杜紅玉 小児科医 [国]ベトナム [生]1940年 [典]2004

ドーマー, E.D. Domar, Evsey David 経済学者 元・マサチューセッツ工科大学名誉教授, 元・米国比較経済学会会長 [専]経済成長理論 [国]米国 [生]1914年4月16日 [没]1997年4月1日 [典]1992

トマ, アンリ Thomas, Henri 本名＝Thomas,Henri Joseph Marie 作家, 詩人 [国]フランス [生]1912年12月7日 [典]1992／1996

トーマ, エルヴィン Thoma, Erwin 製材業 [国]オーストリア [生]1962年 [典]2004／2008

トーマ, ジャン Thoma, Jean U. 技術コンサルタント ウォータールー大学客員教授 [専]ボンドグラフ [典]2000

トマ, ジャン Thomas, Jean 画家 [国]フランス [生]1923年 [典]1992／1996

トマ, シャンタル Thomas, Chantal 作家, フランス文化史研究者 [専]18世紀フランス文化史 [国]フランス [生]1945年 [典]2012

トマ, ジャン・フランソワ フランステレコム日本法人社長 [国]フランス [典]2000

トーマ, ズデニェク Thoma, Zdenek 写真家 [国]チェコ [生]1938年 [典]1992／1996

ドーマ, ダミール Doma, Damir ファッションデザイナー [生]1981年 [典]2012

トーマ, ディーター Thoma, Dieter 元・スキー選手（ジャンプ） [国]ドイツ [生]1969年10月19日 [典]2000

トーマ, ディーター Thoma, Dieter ジャーナリスト [生]1927年 [典]2008

トマ, パスカル Thomas, Pascal 映画監督, 脚本家 [国]フランス

トマ, ルイ　Thomas, Louis C.　推理作家　国フランス　生1921年
没1992

トマ, ロベール　劇作家, 俳優　国フランス　没1989年1月3日
没1992

トマイチク, スティーブン　Tomajczyk, Stephen F.　テロ専門家
国米国　没2004

ド・マクシミー, ユベール　de Maximy, Hubert　ミステリー作家,
シナリオライター　生1945年　没2004

トマージ, マルクス　Tomasi, Markus　バイオリニスト　モーツァ
ルテウム管弦楽団コンサートマスター　国オーストリア　没2000

トマシェヴィッチ, ネボイシァ・バト　Tomašević, Nebojša Bato
美術研究家, 編集者　国ナイーブ絵画　国ユーゴスラビア　生1929
年　没1996（トマシェビッチ, ネボイシァ・バト）

トマーシェク, フランティシェク　Tomášek, František　カトリック
枢機卿　元・プラハ大司教　国チェコスロバキア　生1899年6月30
日　没1992年8月4日　没1992/1996

トマシェフスキ, ヘンリク　Tomaszewski, Henryk　舞踊家, 振付師
元・ブロツワフ・パントマイム劇場主宰者　国ポーランド　生1919
年11月20日　没2001年9月23日　没1992

トマシェフスキ, ヘンリク　Tomaszewski, Henryk　グラフィックデ
ザイナー, イラストレーター　元・ワルシャワ・アカデミー・オブ・
ファインアーツ教授　国ポーランド　生1914年6月10日　没2005年
9月11日　没2004

トマシェフスキ, ヤン　Tomaszewski, Jan　元・サッカー選手
国ポーランド　生1948年1月9日　没2008/2012

ドマジエール, ディディエ　Demazière, Didier　社会学者　CNRS
附属ブランタン研究所副所長　国労働社会学　国フランス　生1961
年　没2004/2008

ドマシェンコ, マリーナ　Domashenko, Marina　ソプラノ歌手
国メゾソプラノ　没2008/2012

トマショウ, タチアナ　Tomashova, Tatyana　陸上選手(中・長距
離)　アテネ五輪陸上女子1500メートル銀メダリスト　国ロシア
生1975年7月1日

トーマス　Tomas　本名＝ソーブレペラ, アルベルト・トーマス
サッカー選手(DF)　国スペイン　生1970年12月19日　没2000

トーマス, D.M.　Thomas, Donald Michael　詩人, 作家　国英国
生1935年1月27日　没1992/1996

トーマス, J.C.　Thomas, J.C.　音楽評論家　国米国　生1938年
没2004

トーマス, アイザイア　Thomas, Isiah　元・バスケットボール選手
国米国　生1961年4月30日　没1996/2004

トーマス, イアン　Thomas, Ian　カルペッパー社会長　国英国

トマス, イヴ　Thomas, Yves André　ナント大学理工系大学院教授,
ナント連邦大学研究機関ゼネラルマネージャー　国計測・制御工学
国フランス　生1942年　没1996

トーマス, ウィリアム・カール　Thomas, William Karl　メディア・
コンサルタント　国米国　生1933年　没2004

トーマス, ウエイン　Thomas, Wayne　ボブスレー選手　国ジャマ
イカ　生1966年10月10日　没2000

トーマス, ウォーレン　Thomas, Warren D.　ロサンゼルス動物園
長　国米国　没1992

トーマス, エドウィン　Thomas, Edwin　作家　国英国　生1977年
没2012

トーマス, エドワード・ドナル　Thomas, Edward Donnall　外科医,
生理学者　元・ワシントン大学名誉教授, 元・フレッド・ハッチン
ソンがん研究センター腫瘍学部長　国腫瘍学, 骨髄移植　国米国
生1920年3月15日　没2012年10月20日　没1992/1996/2008

トーマス, エリザベス・マーシャル　Thomas, Elizabeth Marshall
人類学者, 作家　国米国　生1931年　没1996/2000

トーマス, オリン　Thomas, Orin　コンピュータシステム管理者
没2008

トーマス, キース　Thomas, Keith Vivian　歴史学者　オックス
フォード大学副総長・コーパス・クリスティ学長　国英国近代社会
史・思想史　国英国　生1933年1月2日　没1992/1996

トーマス, クラレンス　Thomas, Clarence　法律家　米国最高裁判
事　国米国　生1948年6月23日　没1992/1996

トーマス, クリス　環境保護運動家, AT運動家　国英国　没1992

トーマス, クリス　Thomas, Chris　航空研究家　国英国　没2004/
2008

トーマス, グリン　Thomas, Glyn V.　心理学者　バーミンガム大学
心理学講師　国英国　没2000

トーマス, クレイグ　Thomas, Craig　本名＝Thomas, David Craig
Owen　筆名＝グラント, デービッド　作家　国英国　生1942年11
月24日　没2011年4月4日　没1992/1996/2000

トーマス, クレイグ　Thomas, Craig　政治家　元・米国上院議員
(共和党)　国米国　生1933年2月17日　没2007年6月4日　没1996
/2000/2004/2008

トーマス, ゲイリー　Thomas, Gary　ジャズサックス奏者　国テ
ナーサックス　国米国　生1961年6月10日　没1992/1996

トーマス, ゴードン　Thomas, Gordon　ジャーナリスト, ノンフィ
クション作家　国英国　生1933年　没1996/2000

トーマス, ザック　Thomas, Zach　元・プロフットボール選手
国米国　生1973年9月1日　没2008

トーマス, サラ　Thomas, Sara　マッサージ療法家, 心理療法家
没2004

トーマス, ザーン　Thomas, Zane　コンピュータープログラマー
アルファ・マイクロシステム社　国米国　没2000

トマス, ジェイソン　Tomas, Jason　スポーツライター　国英国
没2008

トーマス, ジェームス・エドワード　Thomas, James Edward　教育
学者　ノッティンガム大学副学長, 全英成人教育協会(NIACE)評
議員, 全英大学成人教育研究会議(SCUTREA)議長　国成人教育学
国英国　生1933年　没1992

トーマス, シェリー・ムーア　Thomas, Shelley Moore　児童文学作
家, 小学校教師　国米国　没2004

トーマス, ジェレミー　Thomas, Jeremy　映画プロデューサー
国英国　生1949年7月26日　没1992/1996/2000/2008/2012

トーマス, ジャクリーン　Thomas, Jacquelyn S.　経営学者　エモ
リー大学ゴイズエタ・ビジネス・スクール助教授　国マーケティン
グ　国米国　没2004

トーマス, シャンタル　Thomass, Chantal　ファッションデザイ
ナー　国フランス　生1947年9月5日　没1992/1996/2000

トーマス, ジョージ　Thomas, George　政治家　元・英国下院議長
国英国　没1992

トーマス, ジョン　Thomas, John Meurig　物理化学者　ケンブリッ
ジ大学ピーターハウス・カレッジ学長, 英国王立研究所デイビー・
ファラデー研究室長　国英国　生1932年12月15日　没1996/2000

トーマス, ダニー　Thomas, Danny　本名＝Jacobs, Amos　コメディ
アン, 俳優　国米国　生1914年1月6日　没1991年2月6日　没1992

トーマス, ティム　Thomas, Tim　本名＝Thomas, Timothy, Jr.　ア
イスホッケー選手(GK)　バンクーバー五輪アイスホッケー男子銀
メダリスト　国米国　生1974年4月15日

トーマス, ティルマン　Thomas, Tillman　政治家　グレナダ首相, 国
民民主会議(NDC)党首　国グレナダ　生1945年6月13日　没2012

トーマス, デビー　元・フィギュアスケート選手　国米国　没2000

トーマス, ドナルド　Thomas, Donald　走り高跳び選手　国バハマ
生1984年7月1日　没2008/2012

トーマス, トーマス・M.(2世)　Thomas, Thomas M. (II)　ネッ
トワーク教育コンサルタント　没2004

トーマス, ピーター　Thomas, Peter A.　植物学者　キール大学環
境科学科　国英国　生1957年　没2004

トーマス, フランク　Thomas, Frank　本名＝Thomas, Frank
Edward　通称＝ビッグ・ハート　元・大リーグ選手　国米国
生1968年5月27日　没1996/2000/2008/2012

トーマス, ベティ　Thomas, Betty　映画監督, 元・女優　国米国
生1947年　没2000/2004/2008

トーマス, ペトリア Thomas, Petria 水泳選手(バタフライ) [国]オーストラリア [生]1975年8月25日 [典]2008

トーマス, ヘレン Thomas, Helen ジャーナリスト, コラムニスト 元・UPI通信社ホワイトハウス支局長 [国]米国 [生]1920年8月4日 [没]2013年7月20日 [典]1996／2000／2004／2012

トーマス, ボブ Thomas, Bob 作家 [国]米国 [生]1932年 [典]1996

トーマス, マイケル Thomas, Michael M. 作家 [国]米国 [典]1992／1996

トーマス, マイケル・レイン Thomas, Michael Lane コンピューター産業コンサルタント, テクニカルトレーナー・エディター [典]2004

トーマス, マーロ Thomas, Marlo 女優 [国]米国 [典]2004／2008

トーマス, ラスタ Thomas, Rasta バレエダンサー [国]米国 [生]1981年7月18日 [典]2004／2008／2012

トーマス, ラッセル Thomas, Russell J. 化学者 オックスフォード・アシンメトリー・インターナショナル [国]英国 [生]1966年 [典]2004

トーマス, リー ネバダ州立大学集中英語研修センター所長 [国]米国 [典]1992

トーマス, リー Thomas, Lee R. ゴールドマン・サックス・インターナショナル証券会社常務 [国]米国 [典]1992／1996

トーマス, リチャード Thomas, Richard フリーライター [典]2008

トーマス, ルイス Thomas, Lewis 生物学者, 著述家 元・スローン・ケタリング癌センター名誉院長, 元・エール大学医学部教授, 元・「ディスカバー」誌コラムニスト [国]米国 [生]1913年11月25日 [没]1993年12月3日 [典]1992／1996

トーマス, ルーベル Thomas, Rubel バリグ・ブラジル航空社長 [国]ブラジル [典]1992

トーマス, レイシー・グレン エモリー大学教授 [国]米国 [典]2000

トーマス, レーチェル Thomas, Racel 女優 [国]英国 [生]1905年2月9日 [没]1995年2月9日 [典]1996

トーマス, ロス Thomas, Ross 別名=ブリーク, オリバー ミステリー作家 [生]1926年 [没]1995年12月19日 [典]1992／1996

トーマス, ロナルド・スチュアート Thomas, Ronald Stuart 詩人, 牧師 [国]英国 [生]1913年3月29日 [没]2000年9月25日 [典]1992

トーマス, ロバート Thomas, Robert J. 経営コンサルタント アクセンチュア戦略的変革研究所アソシエイト・パートナー・シニア・フェロー [典]2004／2008

トーマス, ロブ Thomas, Rob グループ名=マッチボックス・トゥエンティー ミュージシャン [国]米国 [典]2004／2008／2012

トーマス・グラハム, パメラ Thomas-Graham, Pamela 経営コンサルタント, ミステリー作家 マッキンゼー・アンド・カンパニー共同経営者 [国]米国 [典]2004

トマスコ, ロバート Tomasko, Robert M. 経営コンサルタント [専]組織デザイン [国]米国 [生]1948年 [典]1996

トーマスマ, ケネス Thomasma, Kenneth 児童文学作家 [国]米国 [生]1930年 [典]2000

トマセビツ, カーティス Tomasevicz, Curtis ボブスレー選手 バンクーバー五輪ボブスレー男子4人乗り金メダリスト [国]米国 [生]1980年9月17日 [典]2012

トマソー, ジャン・マリ Thomasseau, Jean Marie パリ第8大学演劇研究科助教授 [専]演劇 [国]フランス [生]1942年 [典]1996

トマソン, ヘルギー バレエ振付師, 舞台監督 [国]米国 [典]2000

トマソン, ヨン・ダール Tomasson, Jon Dahl 元・サッカー選手 [国]デンマーク [生]1976年8月29日 [典]2004／2008／2012

ドマッシュ, ハリー Domash, Harry 投資アドバイザー・ライター [典]2004／2008

トマティス, アルフレッド Tomatis, Alfred パリ・カトリック協会臨床心理学校心理言語学教授 [専]耳鼻咽喉科, 音声医学 [国]フランス [生]1920年 [典]1996

トマティート Tomatito 本名=フェルナンデス・トーレ, ホセ ギタリスト [国]スペイン [生]1958年 [典]1996／2004／2008／2012

ドマ・ミコ, ステーブン Doma-Mikó, Steven 画家 [国]ハンガリー [生]1951年 [典]1992／1996／2000

トマリア, ドナルド Tomalia, Donald A. 化学者 ミシガン分子研究所研究教授・ディレクター, デンドリテック社社長 [専]高分子化学 [国]米国 [典]1996

トマリン, クレア Tomalin, Claire 作家 元・「サンデー・タイムズ」文芸担当エディター [国]英国 [生]1933年 [典]1992／2000

ド・マレッシ, ジャン・タルデュー de Maleissye, Jean Taradieu パリ第6大学助教授, ベルサイユ大学助教授 [専]熱力学, 反応速度論 [国]フランス [生]1937年 [典]2000

ドーマン, アナトール Dauman, Anatole 映画プロデューサー [国]フランス [生]1925年 [没]1998年4月8日 [典]1996

ドーマン, グレン Doman, Glenn 理学療法士 元・人間能力開発研究所創始者 [国]米国 [生]1919年 [没]2013年5月18日 [典]1996／2000

ドーマン, コーリン・クレスウェル Dorman, Colin Cresswell 鉄道研究家 [国]英国 [生]1911年 [典]1996

ドーマン, ジャネット Doman, Janet 人間能力開発研究所所長 [国]米国 [典]2000

ドーマン, デービッド Dorman, David W. 実業家 モトローラ会長 元・AT&T会長・CEO, 元・ポイントキャスト会長・社長・CEO [国]米国 [生]1954年 [典]2000／2004／2008／2012

ドーマン, ヘンリー Dormann, Henry O. ジャーナリスト 「リーダーズ」(季刊誌)社主・編集長 [国]米国 [典]1992

トーマン, リチャード Thoman, Richard 実業家 元・ゼロックス社長・CEO, 元・IBM上級副社長・CFO [国]米国 [典]1996／2000／2004

トーミ, ジム Thome, Jim 本名=Thome,James Howard 元・大リーグ選手 [国]米国 [生]1970年8月27日 [典]2000／2004／2008／2012

トミタ, タムリン Tomita, Tamlyn 女優 [国]米国 [生]1966年 [典]1992／2000

トミタ, ユーキ Taomita, Yuki 日本名=冨田勇樹 体操選手 [国]米国 [生]1980年3月15日 [典]2012

トミッチ, ミリツァ Tomić, Milica ビデオ作家, 女優 [国]ユーゴスラビア [生]1960年 [典]2004

ドミトリエフ, アルツール Dmitriev, Artur 元・フィギュアスケート選手 [国]ロシア [生]1968年1月21日 [典]1996／2000

ドミートリエフ, ニコライ ジャズ評論家 [国]ロシア [生]1955年 [典]1996

ドミトリエフ, バレンタイン Dmitriev, Valentine 医学者 [専]ダウン症 [国]米国 [典]2004

ドミトリエフ, ユーリー Dmitriev, Yurii 動物文学者 [国]ソ連 [生]1925年 [典]1992

ドミトリク, エドワード Dmytryk, Edward 映画監督 [国]米国 [生]1908年9月4日 [没]1999年7月1日 [典]1992

ドミネド, ジョバンニ Dominedo, Giovanni 外交官 駐日イタリア大使 [国]イタリア [生]1938年 [典]2000

ドミノ, アンナ Domino, Anna 本名=テイラー, アンナ ミュージシャン [国]米国 [典]1992

ドミノ, ファッツ Domino, Fats 本名=ドミノ, アントアイン 歌手, ピアニスト, 作曲家 [国]米国 [生]1928年2月26日 [典]1992

ドミンゲス, アントニオ Dominguez, Antonio パナマ大統領補佐官(経済担当) [国]パナマ [生]1932年 [典]1992

ドミンゲス, ホルヘ 在日キューバ大使館商務参事官 [国]キューバ [典]1992

ドミンゲス, ホルヘ・E. 外交官 在日メキシコ大使館経済担当公使 [国]メキシコ [典]1992

ドミンゲス, ミレーネ サッカー選手, モデル [国]ブラジル [典]2000／2004

ドミンゲス・ビゲラ, カルロス Dominguez Viguera, Carlos ジャーナリスト EFEスペイン通信東京支局長 [国]スペイン [生]1956年 [典]2000

ドミンゴ, プラシド Domingo, Placido テノール歌手 ロサンゼルス・オペラ総監督 [国]スペイン [生]1941年1月21日 [典]1992／

1996／2000／2004／2008／2012

ドミンゴ, マルタ　Domingo, Martha　旧名＝オルネラス, マルタ　オペラ演出家, 元・ソプラノ歌手　国スペイン　典2004／2008

ドーム, マルコム　Dome, Malcom　ロック・ミュージシャン　国英国　典1992

トム, ルネ　Thom, René　本名＝トム, ルネ・フレデリック　数学者　⑲トポロジー（位相幾何学）, カタストロフィー理論　国フランス　⊕1923年9月2日　⊗2002年10月25日　典1992／1996

トム, ローガン　Tom, Logan　本名＝トム, ローガン・マイレ・レイ　バレーボール選手　北京五輪・ロンドン五輪バレーボール女子銀メダリスト　国米国　⊕1981年5月25日

ド・ムオイ　Do Muoi　本名＝グエン・ズイ・コン　政治家　元・ベトナム首相, 元・ベトナム共産党書記長　国ベトナム　⊕1917年2月2日　典1992／1996／2000／2004／2008

トムキン, ロバート　米国下院民主党日本担当スタッフ　国米国　⊕1960年　典1996

トムキンズ, カルビン　Tomkins, Calvin　作家, ジャーナリスト　「ニューヨーカー」記者　国米国　⊕1925年　典1992／2008

トムキンズ, ジェームズ　Tomkins, James　ボート選手　国オーストラリア　⊕1965年8月19日　典2008

ドムク, トッド　Domke, Todd　メディアコンサルタント, 戦略アドバイザー　国米国　典2004

ドムシャイトベルク, ダニエル　Domscheit-Berg, Daniel　変名＝シュミット, ダニエル　オープンリークス代表　国ドイツ　⊕1978年　典2012

トムシャット, クリスチアン　憲法学者　ボン大学国際法研究所長, 国連人権委員会委員　国ドイツ　⊕1936年　典1996

トムズ, イバン　医師　徴兵拒否, 禁固刑を選ぶ　国南アフリカ　典1992

トムズ, デービッド　Toms, David　本名＝Toms, David Wayne　プロゴルファー　国米国　⊕1967年1月4日　典2004／2008／2012

トムス卿　Tombs, Lord　本名＝Tombs, Francis Leonard　元・ロールス・ロイス社会長　国英国　⊕1924年5月17日　典1996／2000

ドーム・スックウォン　映画史研究家　国立フィルム・アーカイブの設立者　国タイ　典1992

トムスン, メイ・ラン　Tomsen, Mai-lan　コンピューター技術者　典2004

トムセン, ヨーゲン　Thomsen, Jorgen B.　自然保護活動家　コンサベーション・インターナショナル（CI）副理事, エコシステム・パートナーシップ基金事務局長　国デンマーク　典2004／2008

トムゼン, ヨルゲン　Thomsen, Jorgen　野生生物保護運動家　トラフィック（野生動植物国際取引調査記録特別委員会）インターナショナル事務局長　国デンマーク　典1996

トムソン, アキコ　水泳選手　国フィリピン　⊕1974年10月8日　典1992

ドムーゾン, アラン　Demouzon, Alain　作家　国フランス　⊕1945年7月13日　典1992／1996

トムソン, アンドリュー　Thomson, Andrew　政治家　元・オーストラリア観光・スポーツ相　国オーストラリア　典2000

トムソン, アンナ　Thomson, Anna　女優　国米国　⊕1957年9月18日　典2004／2008／2012

トムソン, ウィリアム　Thomson, William T.　電気工学者　元・カリフォルニア大学教授　⑲振動・波動理論　国米国　⊕1909年　典1992

トムソン, エディ　Thomson, Eddie　サッカー監督, 元・サッカー選手　元・オーストラリア代表監督　国オーストラリア　⊕1947年2月25日　⊗2003年2月20日　典2000

トムソン, エドワード　Thompson, Edward P.　歴史学者, 反核平和運動家　国英国　⊕1924年2月　⊗1993年8月28日　典1992／1996

トムソン, エーミー　Thomson, Amy　作家, 批評家　国米国　典1996

トムソン, キャサリン　Thomson, Katherine　作家, 脚本家, 女優　国オーストラリア　⊕1955年　典2004／2008

トムソン, クリストファー　Tomson, Christopher　通称＝トムソン, クリス　グループ名＝バンパイア・ウィークエンド　ミュージシャン　国米国　典2012

トムソン, ジェームズ　Thomson, James Alan　戦略研究家　ランド・コーポレーション理事長・CEO　国米国　⊕1945年1月21日　典1992／2008

トムソン, ジューン　Thomson, June　ミステリー作家　国英国　⊕1930年　典1996

トムソン, ノーマン　Thomson, Norman D.　IBM英国研究所⑲CIM（Compurter Integrated Manufacturing）　国英国　典1992／1996

トムソン, バージル　Thomson, Virgil Garnett　作曲家, 指揮者, 音楽評論家　国米国　⊕1896年11月25日　⊗1989年9月30日　典1992

トムソン, ブローダー　Thompson, Browder Julian　無線工学者　元・RCA研究所副所長　国米国　⊕1904年　典1992

トムソン, ボビー　Thomson, Bobby　本名＝Thomson, Robert Brown　元・大リーグ選手　国米国　⊕1923年10月25日　典2000

トムソン, リチャード　Thomson, Richard　金融ジャーナリスト　国英国　典2000

トムソン, リチャード　Thomson, Richard H.　チャイルドライフ・コンサルタント　典2004

トムソン, リチャード・マレー　Thomson, Richard Murray　トロント・ドミニオン銀行会長・CEO　国カナダ　⊕1933年8月14日　典1992／1996

トムソン, ルーパート　Thomson, Rupert　ミステリー作家　国英国　⊕1955年　典2000

トムソン, ロバート　Thomson, Robert　ジャーナリスト　「ウォール・ストリート・ジャーナル」編集長　元・「タイムズ」編集長　国オーストラリア　⊕1961年3月11日　典1992／1996／2012

ドムナック, ジャン・マリ　Domenach, Jean-Marie　評論家, ジャーナリスト　元・フランス国立理工科学校教授, 元・「エスプリ」編集長　国フランス　⊕1922年　⊗1997年　典1992

ドムニナ, オクサナ　Domnina, Oksana　本名＝Domnina, Oksana Alexandrovna　フィギュアスケート選手（アイスダンス）　バンクーバー五輪フィギュアスケート・アイスダンス銅メダリスト　国ロシア　⊕1984年8月17日

トムプキンズ, ピーター　Tompkins, Peter　著述家　国米国　⊕1919年　典2000

ドムブロフスキス, ヴァルディス　Dombrovskis, Valdis　政治家　元・ラトビア首相　国ラトビア

トムヤンティ　Tomyanti　本名＝ウイモン・チャムチョローン　作家, 評論家, タイ国会議員　国タイ　典1992

トムリン, ジル　イラストレーター, 教師　国英国　典2004

トムリン, マイク　Tomlin, Mike　プロフットボール監督　国米国　⊕1972年3月15日

トムリン, リリー　Tomlin, Lily　本名＝Tomlin, Mary Jean　女優　国米国　⊕1939年9月1日

トムリンソン, チャールズ　Tomlinson, Charles　詩人, 画家　国英国　⊕1927年　典1992

トムリンソン, ラダニアン　Tomlinson, LaDainian　元・プロフットボール選手　国米国　⊕1979年6月23日　典2004／2008／2012

トムリンソン, ルイ　Tomlinson, Louis　グループ名＝ワン・ダイレクション　歌手　国英国　⊕1991年12月24日

ドムローズ, ブレット　Domrose, Bret　バンド名＝ドッグスター　ロック歌手, ロックギタリスト　国米国　⊕1968年12月13日　典2004

ド・ムーロン, ピエール　De Meuron, Pierre　建築家　国スイス　⊕1950年5月8日　典2000／2008／2012

トーメ, メル　Torme, Mel　本名＝Torme, Melvin H.　ジャズ歌手　国米国　⊕1925年9月13日　⊗1999年6月5日　典1992／1996

トメイ, マリサ　Tomei, Marisa　女優　国米国　⊕1964年12月4日　典1996／2000／2004／2008／2012

トメイン, リトクワ　Tomeing, Litokwa　政治家　元・マーシャル諸島大統領　国マーシャル諸島　⊕1939年10月14日　典2012

ドメストラル, ジョルジュ　発明家　布テープ・ファスナーの考案者　国スイス　没1990年2月8日　典1992

ドメニク, ギュンター　建築家　国オーストリア　生1934年　典1992

ドメニチ, ピート　Domenici, Pete V.　政治家　元・米国上院議員（共和党）　国米国　生1932年5月7日　典1992/1996/2000/2004/2012

ドメニック, スティーブン・L.　サイリックス社長　国米国　生1951年　典1996

ドメネク, レイモン　Domenech, Raymond　サッカー指導者, 元・サッカー選手　元・サッカー・フランス代表監督　国フランス　典2008/2012

トモルオチル, サンジベグジーン　Tomorochir, Sanjbegziin　政治家　モンゴル国民大会議議長　元・モンゴル国立大学教授　国モンゴル　生1950年12月24日　典2004

トモワ・シントウ, アンナ　Tomowa-Sintow, Anna　ソプラノ歌手　国ブルガリア　生1941年9月22日　典2004

ドモンジョ, ミレーヌ　Domongeot, Mylène　本名=Demongeot, Marie-Héléne　女優　国フランス　生1938年9月28日　典1992

ド・モンブリアル, ティエリ　De Montbrial, Thierry　経済学者　フランス国際関係研究所（IFRI）所長　国フランス　生1943年　典1992（モンブリアル, ティエリ・ド）/1996/2000/2004/2008/2012

テュルコット, マチュー　Turcotte, Mathieu　スピードスケート選手（ショートトラック）　国カナダ　生1977年2月8日　典2004

ドライアー, アイリーン　Dreyer, Eileen　別筆名=コーベル, キャスリーン　作家, 元・看護師　国米国　典2012

ドライヴァス, リチャード　映画俳優・監督　国米国　生1986年6月29日　典1992（ドライバス, リチャード）

トライオン, タイ　Tryon, Ty　プロゴルファー　国米国　生1984年6月2日　典2004/2008

トライオン, トーマス　Tryon, Thomas　芸名=トライオン, トム　作家, 俳優　国米国　生1926年1月14日　没1991年9月4日　典1992

トライコフスキ, ボリス　Trajkovski, Boris　政治家　元・マケドニア大統領　国マケドニア　生1956年6月25日　没2004年2月26日　典2000/2004

ドライスデール, ジョン　Drysdale, John　写真家　国英国　典1992/2000

ドライスデール, ドン　Drysdale, Don　本名=Drysdale, Donald Scott　大リーグ選手　国米国　生1936年7月23日　没1993年7月3日　典1992/1996

ドライスデール, ピーター　Drysdale, Peter　経済学者　オーストラリア国立大学名誉教授・東アジア経済研究所所長　国際貿易, 国際経済政策, 日本経済　国オーストラリア　生1938年　典1992/1996/2004/2008/2012

ドライスデール, マー　Drysdale, Mahé　ボート選手　ロンドン五輪ボート男子シングルスカル金メダリスト　国ニュージーランド　生1978年11月19日

ドライズデール, ラッセル　Drysdale, Russell　画家　国オーストラリア　生1912年　没1981年6月29日　典1992

ドライスマ, ダウ　Draaisma, Douwe　心理学者　フローニンゲン大学准教授　典2008

ドライデン, ウィンディ　Dryden, Windy　心理学者　ロンドン大学ゴールドスミス・カレッジ教授　国英国　生1950年　典2004

ドライデン, スティーブ　Dryden, Steve　ジャーナリスト　ブルンバーグワシントン支局　国米国　生1953年　典2004

ドライバー, サラ　Driver, Sara　映画監督　国米国　生1956年12月15日　典1996

ドライバー, ドナルド　劇作家, 演出家　国米国　没1988年6月27日　典1992

ドライバー, ミニー　Driver, Minnie　女優　国英国　生1971年1月31日　典2000/2004

トライバー, ユッタ　Treiber, Jutta　作家　国オーストリア　生1949年　典2000

ドライフス, グスタフ　分析心理学者　ラムバム病院（ハイファ）精神科講師　元・イスラエル分析心理学会会長　他心理治療　国イスラエル　典1992

ドライフス, ルート　Dreifuss, Ruth　政治家　元・スイス大統領　国スイス　生1940年1月9日　典2000/2004/2008

ドラヴィエ, フレデリック　Delavier, Frédéric　パワーリフティング選手　国フランス　典2004

トラヴィス, フランシス　Travis, Francis　指揮者　国スイス　生1921年8月9日　典2000

トラヴェルソ, エンツォ　Traverso, Enzo　ピカルディ・ジュール・ベルヌ大学助教授　他社会学　国イタリア　生1957年　典2000

トラウシュ, ジルベール　Trausch, Gilbert　ロベール・シューマン欧州学センター所長, リエージュ大学教授, ブリュージュ大学教授　他歴史学　国ルクセンブルク　生1931年　典2000

トラウト, オースティン　Trout, Austin　プロボクサー　元・WBA世界スーパーウェルター級チャンピオン　国米国　生1985年9月18日

トラウト, ケネス　実業家　エクセル・コミュニケーションズ代表　国米国　典2000

トラウト, ジャック　Trout, Jack　マーケティング・コンサルタント　典2000

トラウト, デニス　Traut, Dennis　プログラマー　「ペンギンのペン」の著者　国米国　典2004/2008

トラウト, マイク　Trout, Mike　本名=Trout, Michael Nelson　大リーグ選手（外野手）　国米国　生1991年8月7日　典2012

トラウブ, ジョセフ　Traub, Joseph Frederick　コロンビア大学計算機科学科教授　他コンピュータ科学　国米国　生1932年　典1996

トラウンソン, ロバート　ジャーナリスト　「星条旗新聞」編集局長　国米国　典1992

ドラエ, ローベル　Delahaye, Robert　詩人　国フランス　生1906年　典1992

トラオレ, ディオンクンダ　Traoré, Dioncounda　政治家　元・マリ暫定大統領　国マリ　生1942年2月23日

トラオレ, ムサ　Traore, Moussa　政治家, 軍人　元・マリ大統領　国マリ　生1935年9月25日　典1992/1996

ドラギ, マリオ　Draghi, Mario　エコノミスト　欧州中央銀行（ECB）総裁, 金融安定理事会（FSB）議長　国イタリア　生1947年9月3日　典2012

ドラギラ, ステーシー　Dragila, Stacy　棒高跳び選手　国米国　生1971年3月25日　典2000/2004/2008

トラクスラー, ジュリー　Traxler, Julie　コンピューター技術者, テクニカルライター　典2004

トラクテンバーグ, アラン　Trachtenberg, Alan　エール大学米国研究英語科教授　他米国研究, 英語　国米国　典2000

トラクテンバーグ, ピーター　Trachtenberg, Peter　作家　国米国　生1953年　典1992

ド・ラ・グランジュ, アンリ・ルイ　De La Grange, Henry-Louis　音楽学者, 音楽評論家　国フランス　生1924年　典1996

ドラクリッチ, スラヴェンカ　Drakulić, Slavenka　ジャーナリスト, 作家, フェミニズム運動家　国クロアチア　生1949年　典1996

ドラクロワ, アルノー　De La Croix, Arnaud　歴史学者　典2004

ドラクロワ, ミシェル　Delacroix, Michel　画家　国フランス　生1933年　典1992/2000

ド・ラ・クロワ, ロベール　De La Croix, Robert　ノンフィクション作家　国フランス　典1992

ドラゴサバッツ, スロボダン　他手すき和紙　国ユーゴスラビア　典2000

ドラゴーニ, マリア　ソプラノ歌手　国イタリア　生1957年12月22日　典2004/2008

ドラゴン, カーメン　Dragon, Carmen　作曲家, 指揮者　国米国　生1914年7月28日　没1984年3月28日　典1992

トラサルディ, ニコラ　Trussardi, Nicola　ファッションデザイナー　元・トラサルディ社長　国イタリア　生1942年　没1999年4月14日　典1992/1996

ドラシャリエール, ギ・ラドレ　元・国際司法裁判所副長官　国フランス　生1987年3月10日　没1992

ドラシュコビッチ, ブック　Draskovic, Vuk　政治家　セルビア再生運動党首　元・ユーゴスラビア連邦副首相　国ユーゴスラビア　生1946年11月29日　没1992（ドラシコビッチ, ブック）／1996（ドラシコビッチ, ブック）／2000

ドラジュニエール, ルノー　De La Geniere, Renaud　銀行家　元・フランス銀行名誉総裁,元・スエズ・グループ名誉会長　国フランス　生1925年2月9日　没1990年10月16日　没1992

トラース, シセル　Tolaas, Sissel　化学者,芸術家　国ノルウェー　生1961年　没2012

トラスク, ハウナニ・ケイ　Trask, Haunani-Kay　政治学者,ハワイ先住民運動指導者　ハワイ大学教授　国米国　没2004

トラスコット, ルシアン(4世)　Truscott, Lucian K.(IV)　作家　国米国　生1947年　没1992／2000

トラーゼ, アレクサンドル　Toradze, Aleksandr　ピアニスト　インディアナ大学サウスベンド分校教授　国米国　没2004／2012

ドラチ, イワン　詩人,脚本家　ルウフ(ウクライナ人民戦線)議長　国ソ連　没1992

ドラッカー, ドリス　Drucker, Doris　ピーター・ドラッカー博士夫人　国米国　生1911年6月14日　没2000

ドラッカー, ピーター　Drucker, Peter Ferdinand　経営学者,経営コンサルタント　元・クレアモント大学大学院特別教授,元・ニューヨーク大学名誉教授　国米国　生1909年11月19日　没2005年11月11日　没1992／1996／2000／2004

ドラッカー, ブライアン　Druker, Brian J.　医学者　オレゴン健康科学大学教授・ナイトがん研究所所長　国がん研究　国米国　生1955年4月30日

トラックス, デレク　Trucks, Derek　ロック・ギタリスト　国米国　生1979年　没2012

トラックスラー, ブライアン　大リーグ選手　国米国　生1967年9月26日　没2004年11月19日　没1996

ドラックマン, バージニア　Drachman, Virginia G.　歴史学者　タフツ大学教授　国米国　没2004

ドラッジ, マット　Drudge, Matt　ジャーナリスト　国米国　没2000

トラッシュ, マット　中国名＝蔡満寿　俳優　国米国　没2004

トラッドギル, ピーター　Trudgill, Peter　英語学者,言語学者　ローザンヌ大学教授　国英国　没2004／2008

ドラットフィールド, ジム　Dratfield, Jim　写真家,俳優　国米国　没2008

ドラッハ, アルベルト　Drach, Albert　作家　国オーストリア　生1902年12月17日　没1995年3月27日　没1996

トラップ, マリア・フォン　Trapp, Maria von　「サウンド・オブ・ミュージック」のヒロインのモデル　国米国　生1905年　没1987年3月28日　没1992

ドラティ, アンタル　Dorati, Antal　指揮者,作曲家　国米国　生1906年4月9日　没1988年11月14日　没1992

トラーディ, ミリアム・マソリ　Tladi, Miriam　作家　国南アフリカ　生1933年　没1992／1996／2000

ドラトゥーシュ, レイモン　Delatouche, Raymond　農業史研究家,農政批評家　国フランス　生1903年　没2000

トラーネ, ベア　トラーネ・アンド・トラーネ(コペンハーゲン)社長　国デンマーク　没1992

ドラーネン, ウェンデリン・ヴァン　Draanen, Wendelin van　作家　没2004

ドラノエ, ピエール　Delanoe, Pierre　本名＝ルロワイエ, ピエール　作詞家　元・フランス音楽著作権協会(SACEM)会長　国フランス　生1918年12月　没2006年12月27日　没2000

ドラノエ, ベルトラン　Delanoe, Bertrand　本名＝Delanoë, Bertrand Jacques Marie　政治家　パリ市長　元・フランス上院議員　国フランス　生1950年5月30日　没2004／2008／2012

ドラノワ, ジャン　Delannoy, Jean　映画監督　国フランス　生1908年1月12日　没2008年6月18日　没1992（ドラノア, ジャン）

トラバーズ, P.L.　Travers, Pamela Lyndon　児童文学作家,詩人　国英国　生1899年　没1996年4月23日　没1992／1996

トラバーズ, ビル　Travers, Bill　俳優,動物保護運動家　国英国　生1922年1月3日　没1994年3月29日　没1996

トラバースボール, イアン　Travers-Ball, Ian　宗教指導者,社会福祉家　国オーストラリア　没2000

トラパットーニ, ジョバンニ　Trapattoni, Giovanni　サッカー監督,元・サッカー選手　元・サッカー・イタリア代表監督,元・サッカー・アイルランド代表監督　国イタリア　生1939年3月17日　没2000／2004／2008／2012

トラーパニ, フランチェスコ　Trapani, Francesco　ブルガリCEO,ブルガリジャパン社長　国イタリア　生1957年　没2000／2012

トラハント, ウィリアム　Trahant, William　企業コンサルタント　プライスウォーターハウスクーパース・シニアパートナー　国米国　没2004

トラバント, ユルゲン　Trabant, Jürgen　言語学者　ベルリン自由大学教授　国ロマンス語　国ドイツ　生1942年　没2004

トラビエ, ティム　実業家　ウィンク・コミュニケーションズ副社長　国米国　没2000

トラビス, ウィリアム　Travis, William　サンフランシスコ湾保全開発委員会(BSDC)局長　国米国　生1943年　没1996

トラビス, オースチン　Travis, Austin C.　形態空間流体伝導物理学工科技術研究所首席研究員　国4次元データ圧縮・転送　国米国　生1970年　没1996

トラビス, ダリル　Travis, Daryl　コンサルタント　国米国　没2004／2008

トラビス, ピート　Travis, Pete　映画監督　国英国　没2012

トラビス, マーク　Travis, Mark　映画監督　国米国　没2004

ドラビンスキー, ガース　実業家　元・ライベント社CEO　国カナダ　生1949年　没2000

トラーブ, マービン　フェデレーテッド・デパートメント・ストアーズ副会長　元・ブルーミングデール会長　国米国　没1992／1996

トラフィカンテ, サント　マフィアの大物　国米国　生1987年3月17日　没1992

ドラフォス, クロード　絵本作家　国フランス　生1951年　没2000

トラフキン, ニコライ　Travkin, Nikolai Iliich　政治家　ロシア下院議員　元・ロシア無任所相　国ロシア　生1946年　没1992／1996／2000

トラブショー, ブライアン　Trubshaw, Brian　パイロット　国英国　没2004

ドラフト, トンケ　Dragt, Tonke　作家　国オランダ　生1930年　没2008／2012

ドラブル, マーガレット　Drabble, Margaret　本名＝Drabble, Dame Margaret　作家　国英国　生1939年6月5日　没1992／1996／2000／2004／2008／2012

トラペズニコフ, ワジム　Trapeznikov, Vadim Aleksandrovich　機械工学者　元・ソ連科学アカデミー自動化電子技術研究所所長　国ロシア　生1905年11月28日　没1994年8月15日　没1992

ドラベッキー, デーブ　Dravecky, Dave　元・大リーガー選手　国米国　生1956年2月14日　没1992

トラベルソ, デブラ・クーンツ　Traverso, Debra Koontz　ビジネスコンサルタント　ハーバード大学助教授,ライト・ディレクション・コム共同社長　国米国　没2004

ドラホトバ, オルガ　ガラス工芸史研究家　プラハ国立工芸美術館学芸員　国チェコスロバキア　生1932年　没1992

トラボルタ, ジョン　Travolta, John　俳優　国米国　生1954年2月18日　没1992／1996／2000／2004／2008／2012

ドラポルト, フランソワ　Delaporte, François Louis　フランス国立保健医学研究所(INSERM)医学における知と実践研究室客員教授　国科学史　国フランス　生1941年　没1996

ドラミニ, シブシソ　Dlamini, Sibusiso　本名＝Dlamini,Barnabas Sibusiso　政治家　スワジランド首相　国スワジランド　生1942年5月15日　没2004／2008／2012

ドラミニ, センバ　Dlamini, Themba　本名＝Dlamini,Absalom Themba　政治家　元・スワジランド首相　国スワジランド

㊍1950年12月1日 ㊐2008／2012

ドラミュラ, ジャン・パスカル　Delamuraz, Jean-Pascal　政治家　元・スイス大統領　㊂スイス　㊍1936年4月1日　㊔1998年10月4日　㊐1992／1996

ドラモア, アン　Dolamore, Anne　フードライター　GRUB STREETオーナー　㊂英国　㊐2000

ドラモット, ギブール　Delamotte, Guibourg　国際政治学者　パリ政治学院アジアセンター研究員　㊂フランス　㊍1975年　㊐2012

ドラモンド, M.F.　Drummond, Michael F.　医療経済学者　ヨーク大学教授　㊂英国　㊐2004／2008

ドラモンド, ジョン　Drummond, Jon　陸上選手（短距離）　㊂米国　㊍1968年9月9日　㊐2000／2004／2008

ドラモンド, ジョン　Drummond, John　音楽プロデューサー　元・BBC番組制作プロデューサー, 元・エディンバラ音楽祭監督　㊂英国　㊍1934年　㊐2000

ドラモンド, マイケル　Drummond, Michael　ジャーナリスト　「サンディエゴ・ユニオン・トリビューン」記者　㊂米国　㊐2004

ドラモンド, リャチード・ヘンリー　Drummond, Richard Henry　神学者　デビューク大学教授　㊂米国　㊍1916年　㊐1992／2000

ドラモンド, ローリー・リン　Drummond, Laurie Lynn　作家　㊂米国　㊐2012

ドラリュ, ジャック　Delarue, Jacques　ナチス研究家　㊂フランス　㊍1919年　㊐2004

ドラロジエール, ジャック　Delarosiere, Jacques　金融家　元・欧州復興開発銀行総裁, 元・フランス中央銀行総裁, 元・国際通貨基金（IMF）専務理事　㊂フランス　㊍1929年11月12日　㊐1992／1996／2000／2012

トラン, エレーヌ　イラストレーター　㊂フランス　㊍1954年　㊐1996

ドーラン, グレゴリー　Doran, Gregory　舞台演出家　ロイヤル・シェイクスピア・カンパニー（RSC）アソシエート・ディレクター　㊂英国　㊍1959年　㊐2008／2012

ドラン, セルジュ・ル　Doran, Serge Le　統計学者　コンピューター・セキュリティ　㊍1963年　㊐2004

ドーラン, ダニエル　Dolan, Daniel　教育コンサルタント　カリフォルニア大学バークレー校講師　㊂米国　㊐2008

ドーラン, トム　Dolan, Tom　水泳選手（個人メドレー）　㊂米国　㊍1975年9月15日　㊐2000／2004／2008

ドーラン, マイケル　Dolan, Michael　ジャーナリスト　㊂米国　㊍1950年　㊐2000

トラン, ミシェル　Train, Michel　コンピューター技術者　㊂フランス　㊐2004

トラン・アン・ユン　Tran Anh Hung　映画監督　㊂フランス　㊍1962年12月23日　㊐1996（トラン・アン・ウング）／2000／2004／2008／2012

トラン・クアン・ハイ　Tran Quang Hai　民族音楽学者　㊂フランス　㊐2012

ドランゲル, ヨアンナ・ルービン　Dranger, Joanna Rubin　作家, イラストレーター　㊐2008

トランコフ, マキシム　Trankov, Maxim　本名＝Trankov, Maxim Leonidovich　フィギュアスケート選手（ペア）　㊂ロシア　㊍1983年10月7日

トーランス, E.ポール　Torrance, E.Paul　教育学者　ジョージア大学名誉教授, ジョージア創造の行動研究所主宰　㊀創造性教育　㊂米国　㊐2004

トランス, G.W.　Torrance, George W.　医療経済学者　マクマスター大学教授　㊐2004／2008

トランストロンメル, トーマス　Tranströmer, Tomas　詩人, 心理学者　㊂スウェーデン　㊍1931年4月15日　㊐2000／2012

トランター, ナイジェル　Tranter, Nigel　作家　㊂英国　㊍1909年　㊐2000

ドランツ, S.　Dolanc, Stane　政治家　ユーゴスラビア連邦幹部会員　㊂ユーゴスラビア　㊍1925年11月16日　㊐1992

ドランテ　Dorantes　本名＝ドランテ, ダビ・ペーニャ　ピアニスト　㊐2012

トランティニャン, ジャン・ルイ　Trintignant, Jean-Louis　俳優, 映画監督　㊂フランス　㊍1930年12月11日　㊐2000／2004／2008

トランティニャン, ナディーヌ　Trintignant, Nadine　映画監督　㊂フランス　㊍1934年　㊐2000

トランティニャン, マリー　Trintignant, Marie　女優　㊂フランス　㊍1962年1月21日　㊔2003年8月1日　㊐1996／2000

トーランド, ジョン　Toland, John　ノンフィクション作家, 歴史家　㊂米国　㊍1912年6月29日　㊔2004年1月4日　㊐1992／1996／2000

トランド, ドナルド　TCIバルテック社長　㊂米国　㊐2000

トラン・バンティン　Tran Van-Thinh　駐ジュネーブEC代表部大使　㊂フランス　㊐1992

トランプ, ドナルド　Trump, Donald John　実業家（不動産王）, テレビタレント　トランプ・オーガニゼーション会長・社長・CEO　㊂米国　㊍1946年6月21日　㊐1992／1996／2000／2008／2012

トランプ, フレッド　Trump, Fred　ジャーナリスト　㊂米国　㊍1924年　㊐2000

トランフィオ, デービッド　グループ名＝パルサーズ　ギタリスト　㊂米国　㊐2000

トランフィオ, ハリー　グループ名＝パルサーズ　ドラム奏者　㊂米国　㊐2000

トランブル, ダグラス　Trumbull, Douglas　映画特別撮影家, 脚本家, プロデューサー　㊂米国　㊍1943年　㊐1992／1996

トランブレ, フランソワ・ルイ　Tremblay, François-Louis　スピードスケート選手（ショートトラック）　ソルトレークシティ五輪・バンクーバー五輪金メダリスト　㊂カナダ　㊍1980年11月13日　㊐2004／2012

トランブレー, ミシェル　Tremblay, Michel　劇作家　㊂カナダ　㊍1942年6月25日　㊐1992

トランペッター　預言者, 幻視者, 神秘家　㊂米国　㊍1950年　㊐1992

トランメル, アラン　Trammell, Alan Stuart　大リーグ監督, 元・大リーグ選手　㊂米国　㊍1958年2月21日　㊐1992／2004／2008

トーリ, ジョー　Torre, Joe　大リーグ監督, 元・大リーグ選手　大リーグ機構副会長　㊂米国　㊍1940年7月18日　㊐1996（トーレ, ジョー）／2000（トーレ, ジョー）／2004（トーレ, ジョー）／2008／2012

トーリー, デービッド　Tory, David　元・オープン・ソフトウエア・ファンデーション（OSF）社長・CEO　㊂英国　㊍1942年10月　㊐1992／1996

トリア, ジーン　Trier, Jean　著述家　㊂英国　㊐2000

トリアー, ラルス・フォン　Trier, Lars von　映画監督　㊂デンマーク　㊍1956年4月30日　㊐1992／1996／2000／2004／2008／2012

ドリアグル, アルフレッド・G.E.　演劇プロデューサー・監督　㊂米国　㊍1904年　㊔1987年3月5日　㊐1992

ドリアン, マーガリート　Dorian, Marguerite　作家, イラストレーター　㊂米国　㊐2004／2008

ドリエ, ドミニク　画家　㊂フランス　㊍1958年　㊐2000

トリガノ, ジルベール　Trigano, Gilbert　実業家　元・地中海クラブ創業者　㊂フランス　㊍1920年7月28日　㊔2001年2月4日　㊐1992／1996／2000

トリガノ, セルジュ　Trigano, Serge　実業家　地中海クラブ　㊂フランス　㊐1992／1996／2004

トリグナ, プリハスパティ　医師　㊂インド　㊐2000

トリケット, リスベス　Trickett, Lisbeth　旧名＝レントン, リスベス　通称＝トリケット, リビー　元・水泳選手（バタフライ）　北京五輪競泳女子100メートルバタフライ・4×100メートルメドレーリレー金メダリスト　㊂オーストラリア　㊍1985年1月28日　㊐2012

トリゴー, ベンジャミン　Tregoe, Benjamin B.　ケプナー・トリゴー社長　㊂米国　㊐1992

ドリザス, グラシモス　元・フィアット・オート・ジャパン社長　㊂ギリシャ　㊐2000

トリシェ, ジャン・クロード　Trichet, Jean-Claude　銀行家　元・

欧州中央銀行(ECB)総裁,元・フランス中央銀行総裁　国フランス　生1942年12月20日　載1992／1996／2000／2004／2008／2012

ドリス, マイケル　Dorris, Michael　人類学者,作家　元・ダートマス大学教授　国米国　生1945年1月30日　没没年不詳　載1996／2000

ドリスキル, トラビス　Driskill, Travis　大リーグ選手(投手)　国米国　生1971年8月1日　載2000

ドリスコル, ジェームズ　Driscoll, James　プロゴルファー　国米国　生1977年10月9日　載2004／2008

ドリスコル, ドーン・マリー　Driscoll, Dawn-Marie　実業家　ドリスコル・コンサルティング社長　載2004

ドリスコル, ピーター　Driscoll, Peter　作家　国英国　生1942年　載1996

ドリスコール, ロビン　Driscoll, Robin　脚本家　国英国　載2000

トリスター, ジョセフ　Treaster, Joseph B.　ジャーナリスト　載2008

トリセリ, ロバート　Torricelli, Robert G.　政治家　元・米国上院議員(民主党)　国米国　生1951年8月26日　載2000／2004

トリソワン, イアン　Trethowan, Ian　本名=Trethowan, James Ian Raley　ジャーナリスト　元・BBC会長　国英国　生1922年10月20日　没1990年12月12日　載1992

トリッガー, ブルース　Trigger, Bruce G.　考古学者　マッギル大学人類学部教授　国カナダ　生1937年　載2004

ドリッサー, ピーター　deLisser, Peter　リーダーシップ・コーチ　載2004

トリッチャー, ミカエル　Tritscher, Michael　元・スキー選手(アルペン)　国オーストリア　生1965年11月6日　載1996

トリッツ, ピエール　Tritz, Pierre　イエズス会神父　ERDA創設者・会長　国フィリピン　載1992

トリッティン, ユルゲン　Trittin, Jürgen　社会経済学修士(ディプロム)　ドイツ連邦議会(国会)議員　元・ジャーナリスト　生1954年　載2008

トリッピア, デービッド　Trippier, David Austin　実業家　マーケティング・マンチェスター会長,マンチェスター商工会議所副会頭　元・英国環境相　国英国　生1946年5月15日　載2000

トリップ, ビル　Trippe, Bill　コンサルタント　New Millennium Publishing社長　載2008

ドリディ, カリム　Doridi, Karim　映画監督　国フランス　生1961年　載2000／2004

トリート, ジョン・W.　Treat, John W.　日本文学研究者　エール大学教授　専日本近代文学,日本文化論　国米国　生1953年　載2012

トリート, ローレンス　Treat, Lawrence　ミステリー作家　国米国　生1903年　載1992

ドリトル, ダグラス　Doolittle, Douglas　デザイナー　ダグラス・デザインオフィス設立者　国カナダ　生1952年　載1992

ドリニ, アンリ　ファッションデザイナー　エルメス専属デザイナー　国フランス　生1933年　載1992

トリーニ, ペーター　作家　国オーストリア　載1992

トリニダード, フェリックス　Trinidad, Felix　プロボクサー　元・WBA・IBF統一世界スーパーウエルター級チャンピオン,元・WBA世界ミドル級チャンピオン　国プエルトリコ　生1973年1月10日　載2000／2004／2008

ドリニャーラヴォー, ミッシェル　Delignat-Lavaud, Michel　元・ルーブル美術館副館長　国フランス　生1948年　載1992(ドリニャー・ラボー, ミッシェル)

トリバース, ロバート　Trivers, Robert　カリフォルニア大学サンタ・クルーズ校教授　専生物学　国米国　載1992

トリビオン, ジョンソン　Toribiong, Johnson　政治家,法律家　パラオ大統領　国パラオ　生1946年7月22日　載2012

ド・リーブ, ジャクリーヌ　De Ribes, Jacqueline　ファッションデザイナー　国フランス　載1992／2000

トリブイヤール, ダニエル　Tribouillard, Daniel　ファッションデザイナー　レオナールグループ会長　国フランス　生1935年　載2000／2012

トリフィン, ロバート　Triffin, Robert　経済学者　元・エール大学教授,元・国際通貨基金(IMF)欧州事務所所長　専国際金融　国米国　生1911年10月5日　没1993年2月23日　載1992

トリーフォノフ, ユーリー　Trifonov, Yurii Valentinovich　作家　国ソ連　生1925年8月28日　没1981年3月28日　載1992

トリブッチ, ヘルムート　Tributsch, Helmut　化学者,著述家　ベルリン自由大学教授,国立ハーンマイトナー研究所研究官　専太陽エネルギーの化学的変換　国ドイツ　生1943年　載1992／1996

ドリフテ, ラインハルト　Drifte, Reinhard　日本研究者　ニューカッスル大学名誉教授　専極東問題,日本政治,日本外交　国ドイツ　生1951年3月　載1992／2000／2004／2008

トリプルH　Triple H　本名=レベック, ポール　旧リングネーム=ヘルムスリー, ハンター・ハースト　プロレスラー　国米国　生1969年7月27日　載2008

トリペディ, デリップ　Trivedi, Dilip M.　ミッタル・アーユルベディック・ホスピタル　専アーユルヴェーダ　国インド　生1959年5月5日　載1996

ド・リベラ, アラン　de Libera, Alain　フランス中世哲学史家　ジュネーブ大学教授　国フランス　生1948年　載2000

トリホス, マルティン　Torrijos, Martin　本名=Torrijos Espino, Martin　政治家　パナマ民主革命党(PRD)書記長　元・パナマ大統領　国パナマ　生1963年7月18日　載2008／2012

トリホス・エレラ, オマール　Torrijos Herrera, Omar　軍人,政治家　元・パナマ軍(国家警察隊)最高司令官　国パナマ　生1929年2月13日　没1981年7月31日　載1992

トリポディ, ホセ・オルランド　ピアニスト　国アルゼンチン　生1927年　没1995年8月12日　載1996

トリヤ, エティエンヌ　Trillat, Etienne　精神医学史研究家　生1919年　載2000

トリヤ, ジャン・ジャック　物理学者　元・フランス学士院科学アカデミー会長・学士院長　国フランス　生1899年7月8日　没1987年12月24日　載1992

ドリュー, J.D.　Drew, J.D.　本名=Drew, David Jonathan　大リーグ選手(外野手)　国米国　生1975年11月20日　載2008／2012

ドリュー, ケニー　Drew, Kenny　本名=Drew, Kenneth Sidney　ジャズピアニスト　国米国　生1928年8月28日　没1993年8月4日　載1992／1996

ドリュー, コリーン　デュオ名=スウィング・アウト・シスター　歌手　国英国　載2000

ドリュー, ナオミ　Drew, Naomi　教育家,弁護士　ニュージャージー州弁護士会基金顧問　国米国　載2008

ドリュー, ブライアン　警察官　英国犯罪情報部警視,英国犯罪情報部戦略専門家情報局長責任者　国英国　載2004

トリュオン, ジャン・ミッシェル　Truong, Jean-Michel　本名=Truong-Ngoc, Jean-Michel　作家　コニテック社共同経営者　国フランス　生1950年4月16日　載1996

ドリュオン, モーリス　Druon, Maurice　本名=Druon, Maurice Samuel Roger Charles　作家,政治家　元・フランス文化相,元・アカデミー・フランセーズ終身幹事　国フランス　生1918年4月23日　没2009年4月14日　載1992／1996

ドリューケ, ミルダ　Drüke, Milda　作家　国ドイツ　生1949年　載2008

トリュフォー, フランソワ　Truffaut, François　映画監督　国フランス　生1932年2月6日　没1984年10月21日　載1992

ドリュモー, ジャン　Delumeau, Jean　歴史家　元・フランス社会科学高等研究院院長,元・コレージュ・ド・フランス教授　専フランス心性史　国フランス　生1923年6月18日　載2000／2004／2008／2012

トリユルバイレール, バレリー　Trierweiler, Valérie　政治記者　オランド仏大統領の元パートナー　国フランス

トリュンパー, ヨアヒム　Trümper, Joachim　天文学者,物理学者　元・マックス・プランク宇宙物理学研究所(MPE)所長　専X線天文学　国ドイツ　生1933年5月27日　載2000(トゥルンパ, ヨアヒム)

トリリーニ, ジョバンナ　Trillini, Giovanna　フェンシング選手(フルーレ)　アトランタ五輪・バルセロナ五輪・シドニー五輪金メダ

リスト [国]イタリア [生]1970年5月17日 [典]1996／2004／2008

トリリン, カルビン　Trillin, Calvin　作家, コラムニスト [国]米国 [生]1935年12月5日 [典]1996

トリリング, ダイアナ　Trilling, Diana　文芸批評家, 政治・社会評論家 [国]米国 [生]1905年 [典]2000

ドーリン, アレクサンドル　Dolin, Aleksandr Arkadievich　日本文学研究家　国際教養大学教授 [専]日本近現代文学, ロシア文学, 比較文学 [国]ロシア [生]1949年11月18日 [典]1996／2000／2008

ドーリン, アントン　Dolin, Anton　本名=ヒーリー・ケイ, パトリック　別名=パトリキエフ　バレエダンサー, 振付師　元・マルコバ・ドーリン・バレエ団, 元・ロンドン・バレエ・フェスティバル主宰 [国]英国 [生]1904年7月27日 [没]1983年 [典]1996

ドリング, アナベル・ジャクソン　フードライター [典]2004

ドーリング, ダニエル　Dorling, Daniel　統計学者 [専]ラディカル統計学 [国]英国 [典]2004／2008

ドーリング, ポール　Dowling, Paul　絵本作家, イラストレーター, グラフィックデザイナー [国]英国 [生]1953年 [典]1996（ダウリング, ポール）

トリングル, フィリップ　SME（米国製造技術者協会）専務理事・本部事務局長 [国]米国 [典]1992

トリンダデ, ジョゼ　Trindade, José　画家 [国]ブラジル [典]2008

ドリンフェルド, ウラジーミル　Drinfeld, Vladimir Gershonovich　数学者　ウクライナ科学アカデミー低温物理学・工学研究所上級研究員 [国]ソ連 [生]1954年2月14日 [典]1992／1996

トリンブル, デービッド　Trimble, David　別名=Trimble of Lisnagarvey　政治家　元・アルスター統一党（UUP）党首, 元・北アイルランド自治政府首相 [国]英国 [生]1944年10月15日 [典]2000／2004／2008／2012

トール, アニカ　Thor, Annika　作家 [国]スウェーデン [生]1950年 [典]2004／2012

トルー, アントニー　Trew, Antony　作家 [国]南アフリカ [生]1906年 [典]1992

トール, エックハルト　Tolle, Eckhart　宗教家 [国]ドイツ [典]2004

ドール, エリザベス　Dole, Elizabeth Hanford　政治家　元・米国労働長官, 元・米国上院議員（共和党）, 元・米国赤十字社総裁 [国]米国 [生]1936年7月29日 [典]1992／1996／2000／2004／2008／2012

ドルー, クリストファー　Drew, Christopher　ジャーナリスト 「ニューヨーク・タイムズ」プロジェクト担当デスク [国]米国 [典]2004

ドール, ジョエル　Dor, Joël　精神分析学者　パリ第7大学臨床人間科学部教育研究者 [国]フランス [典]1992

トール, パトリック　Tort, Patrick　哲学者, 言語学者　国際チャールズ・ダーウィン研究所創立者・所長 [専]生物・人間科学 [国]フランス [典]2004／2008

ドール, ボブ　Dole, Bob　本名=ドール, ロバート　政治家　元・米国上院議員, 元・米国共和党上院院内総務 [国]米国 [生]1923年7月22日 [典]1992／1996／2000／2004

ドール, リチャード　Doll, Richard　本名=Doll,William Richard Shaboe　疫学者　元・オックスフォード大学名誉教授 [国]英国 [生]1912年10月28日 [没]2005年7月24日 [典]1996／2004

ドール, ロバート　Dorr, Robert F.　航空・戦史作家 [国]米国 [典]1992

トルイット, アン　彫刻家 [国]米国 [生]1921年 [典]1996

ドルーエ, ミヌー　Drouet, Minou　詩人 [国]フランス [生]1947年 [典]1992

ドルーエット, ブラッド　Drewett, Brad　テニス選手　元・男子プロテニス協会（ATP）会長 [国]オーストラリア [生]1958年7月19日 [没]2013年5月3日

トルガ, ミゲル　Torga, Miguel　本名=ロシャ, アドルフ　詩人, 作家 [国]ポルトガル [生]1907年8月12日 [没]1995年1月17日 [典]1992／1996

ドルギフ, ウラジーミル　Dolgikh, Vladimir Ivanovich　政治家　元・ソ連共産党政治局員候補兼書記 [国]ソ連 [生]1924年12月5日 [典]1992

トルキルドセン, アンドレアス　Thorkildsen, Andreas　やり投げ選手　アテネ五輪・北京五輪陸上男子やり投げ金メダリスト [国]ノルウェー [生]1982年4月1日 [典]2008／2012

トールキン, サイモン　Tolkien, Simon　作家, 弁護士 [国]英国 [典]2008

トルクノフ, アナトリー　Torkunov, Anatoly V.　政治学者, 歴史家　モスクワ国際関係大学学長・東洋学科教授 [専]国際関係, グローバル問題 [国]ロシア [生]1950年 [典]2004／2008

トルクノフ, レフ　Tolkunov, Lev Nikolaevich　元・ソ連最高会議連邦会議議長, 元・「イズベスチヤ」編集長 [国]ソ連 [生]1919年1月22日 [没]1989年7月 [典]1992

トルクメン, イルター　Türkmen, Ilter　外交官, 政治家　国連パレスチナ難民救済事業機関（UNRWA）事務局長 [国]トルコ [生]1927年 [典]1996

トルコフスキー, ドニース　作曲家, 音楽マネージャー [国]ベルギー [没]1991年3月9日 [典]1992

ドルゴポル, ウスティニア　Dolgopol, Ustinia　弁護士　フリンダース大学法学部講師　元・国際法律家委員会（ICJ）裁判官と弁護士の独立センター局長 [国]オーストラリア [典]2000／2004

ドルゴルスレン・スミヤバザル　Dolgorsuren Sumiyabazar　格闘家 [国]モンゴル [生]1974年1月7日 [典]2004／2008

ドルシー, ゲーリー　Dorsey, Gary　ノンフィクション作家 [国]米国 [典]2004

トルシエ, フィリップ　Troussier, Philippe　別名=トルシエ, オマル　サッカー監督　FC琉球スーパーバイザー　元・サッカー・ナイジェリア・南アフリカ・日本・カタール代表監督 [国]フランス [生]1955年3月21日 [典]2000／2004／2008／2012

ドルジーニン, ニコライ　Druzhinin, Nikolai Mikhailovich　歴史家 [国]ソ連 [生]1886年1月13日 [没]1986年8月8日 [典]1992

トルシャード, ジェームス　ナショナル・インスツルメンツ社長 [国]米国 [典]1996

トルジュマン, ジャン・D.　フランス国際投資特命大使 [国]フランス [生]1944年6月 [典]1996／2000

トルーシン, ワシリー　Trushin, Vasilii　ソ連第1内務次官 [国]ソ連 [典]1992／1996

トルスタヤ, タチアナ　Tolstaya, Tatiyana Nikitichna　作家 [国]ロシア [生]1951年5月3日 [典]1992／2004／2008／2012

ドルスト, タンクレート　Dorst, Tankred　劇作家 [国]ドイツ [生]1925年12月19日 [典]1992

トルストイ, ヴィクトリア　Tolstoy, Viktoria　歌手 [国]スウェーデン [生]1974年 [典]2000

トルストイ, ウラジーミル　元・ジャーナリスト　ロシア国立トルストイ博物館館長 [国]ロシア [典]2000

トルストイフ, ボリス　Tolstyv, Boris Leontievich　ソ連国家計算技術・情報科学委員会議長 [国]ソ連 [生]1936年 [典]1992

トルソン, ショヒラティ　民族音楽家 [国]中国 [典]1996

トルタハーダ, アナ　Tortajada, Ana　作家 [国]スペイン [典]2004／2008

トルチアック=デュヴァル, アレクサンドラ　Trzeciak-Duval, Alexandra　経済協力局政策調整部長 [典]2008

ドルチェ, ドメニコ　Dolce, Domenico　ファッションデザイナー　ドルチェ&ガッバーナCEO [国]イタリア [生]1958年8月13日 [典]2000／2012

ドルチニーナ, タチアナ　Droutchinina, Tatiyana　新体操選手 [国]ソ連 [生]1969年4月13日 [典]1992

トルチュ, クリスチャン　Tortu, Christian　フラワーアーティスト [国]フランス [生]1954年 [典]2004／2008／2012

トルティーニ, ジャンニ　Tortini, Gianni　作家, 元・教師 [国]イタリア [生]1928年 [典]1996

トルデシリアス, エレン　ジャーナリスト 「マラヤ」コラムニスト [国]フィリピン [典]2000

トルドー, ゲアリー　Trudeau, Gary B.　漫画家 [国]米国 [生]1948年 [典]1996

トルドー, ジャスティン　Trudeau, Justin　本名=Trudeau,Justin

トルドー, ピエール・ジェームス Trudeau, Pierre James 政治家　カナダ自由党党首　国カナダ　生1971年12月25日

トルドー, ピエール Trudeau, Pierre Elliott 政治家　元・カナダ首相, 元・カナダ自由党党首　国カナダ　生1919年10月18日　没2000年9月28日　典1992／1996／2000

ドルト, フランソワーズ Dolto, François Marette 旧名＝マレット　精神分析・心理学者　国フランス　生1908年11月　没1988年8月25日　典1992

トルド, フランチェスコ Toldo, Francesco サッカー選手（GK）　国イタリア　生1971年12月2日　典2004／2008

ドルト・トリッチ, カトリーヌ Dolto Tolitch, Cathrine 小児科医　国フランス　生1946年　典1996

トルトリエ, ポール Tortelier, Paul チェロ奏者, 作曲家　国フランス　生1914年3月21日　没1990年12月18日　典1992

トルトレッラ, マウリッツィオ Tortorella, Maurizio ジャーナリスト　「パノラマ」特派員　国イタリア　生1959年8月17日　典2000

ドルトン, アニー Dalton, Annie 児童文学作家　国英国　典2004（ダルトン, アニー）

ドルトン, スティーブン Dalton, Stephen 写真家　国英国　典1996

トルナイ, ユゼフ Tornai, József 詩人, ジャーナリスト　国ハンガリー　生1927年　典1992

トルナトーレ, ジュゼッペ Tornatore, Giuseppe 映画監督　国イタリア　生1956年5月27日　典1992／1996／2000／2004／2008／2012

ドルネー, ズヴィ Dor-Ner, Zvi テレビプロデューサー　WGBH放送エグゼクティブプロデューサー　生1941年　典1996

ドルノウシェク, ヤネズ Drnovšek, Janez 政治家　元・スロベニア大統領, 元・スロベニア自由民主主義党（LDS）党首　国スロベニア　生1950年5月17日　没2008年2月23日　典1992／1996／2000／2004／2008

トルバイ, フリオ Turbay Ayala, Julio Cesar 政治家　元・コロンビア大統領　国コロンビア　生1916年　没2005年9月13日　典1992

トルバート, ウィリアム（Jr.） Tolbert, William Richard（Jr.） 政治家　元・リベリア大統領, 元・世界バプテスト連合総裁　国リベリア　生1913年5月13日　没1980年4月12日　典1992

トールバルト, ユルゲン Thorwald, Jürgen 本名＝ボンガルツ, ハインツ　作家　国ドイツ　生1916年　典1992／2000

トールバーン, ソーニャ 医療福祉家　ウメオ大学老年医療科顧問　国スウェーデン　典1992

ドルビー, アレックス Dolbey, Alex クラインオート・ベンソン証券会社東京支店長　国英国　生1954年4月4日　典1992

ドルビー, トーマス Dolby, Thomas 本名＝ドルビー・ロバートソン, トーマス・モーガン　ミュージシャン　国英国　生1958年10月14日　典1992／2008／2012

ドルビー, レイ Dolby, Ray M. 音響技術者　元・ドルビーラボラトリーズ創設者　国米国　生1933年　没2013年9月12日　典2000

トルピゴ, アレクセイ Tolpygo, Aleksei 政治学者, 数学者　国ウクライナ　生1947年　典2000

トループ, クインシー Troupe, Quincy 詩人, ジャーナリスト　国米国　典1992／1996／2004／2008

トルブコ, ウラジーミル Tolubko, Vladimir Fedorovich 軍人　元・ソ連国防軍査察監・砲兵上級元帥　国ソ連　生1914年11月25日　没1989年6月17日　典1992

トルプナー, ヘンリー シアトル美術館名誉学芸員　東洋美術, 日本陶磁　国米国　典1992

ドルフマイスター, ミカエラ Dorfmeister, Michaela 元・スキー選手（アルペン）　トリノ五輪金メダリスト　国オーストリア　生1973年3月25日　典2008／2012

ドルフマン, アリエル Dorfman, Ariel 文学評論家, 作家, 劇作家, 詩人　デューク大学教授　ラテンアメリカ文学　国チリ　生1942年5月6日　典1996／2000（ドーフマン, アリエル）／2004／2008／2012

ドルマル, ジャコ・ヴァン Dormael, Jaco Van 映画監督　国ベルギー　生1957年2月9日　典1996／2000／2012

トールマン, ウィリアム Tallman, William 日本研究家　国米国　生1953年4月15日　典1996

ドルマン, ジュヌビエーブ Dormann, Geneviève 作家　国フランス　生1933年　典1992

トルーマン, デービッド Truman, David Bicknell 政治学者　元・マウント・ホリヨーク・カレッジ学長　国米国　生1913年6月1日　典1992

トルーマン, テリー Trueman, Terry 作家　国米国　典2004／2008

トルーマン, マーガレット Truman, Margaret 本名＝ダニエル, マーガレット・トルーマン　作家　トルーマン第33代米国大統領の娘　国米国　生1924年2月17日　没2008年1月29日　典1996／2000／2004

ドルマン, ユルゲン Dormann, Jürgen 実業家　元・ABB会長, 元・アベンティス会長　国ドイツ　生1940年1月12日　典1996／2004／2008／2012

ドルーヤン, アン Druyan, Ann 宇宙科学者　国米国　典2000

ドルーリー, ジョーン Drury, Joan M. 作家　典2004

トルーリー, リチャード Truly, Richard H. 元・宇宙飛行士　元・米国航空宇宙局（NASA）長官　国米国　生1937年11月12日　典1992／1996

トルーリア, ビンセント ムーディーズ・インベスターズ・サービス国債部門責任者　国米国　典2000／2004

ドルリュー, ジョルジュ Delerue, Georges 作曲家　映画音楽　国フランス　生1925年3月12日　没1992年3月20日　典1992／1996

トルルセン, P. Trulsen, Pål カーリング選手　ソルトレークシティ五輪カーリング男子金メダリスト　国ノルウェー　生1962年4月19日　典2004

トルン, ガストン Thorn, Gaston 政治家　元・ルクセンブルク首相, 元・国連総会議長, 元・EC委員長　国ルクセンブルク　生1928年9月3日　没2007年8月26日　典1992／2000

ドルン, テア Dorn, Thea ミステリー作家, 劇作家　国ドイツ　生1970年　典2004／2008

トールン・ビューロ・ヒューベ, ヴィヴィアンナ Tourun Bulow-Hube, Vivianna 銀工芸家　元・ジョージ・ジェンセン・デザイナー　生1927年　没2004年7月3日　典2000

ドールン・ファン・ロッスム, ゲルハルト Dohrn-van Rossum, Gerhard ケムニッツ工科大学哲学部歴史学科教授　歴史学　国ドイツ　生1947年　典2000

トレ, アンドレ Tollet, André フランス・レジスタンス博物館長　国フランス　生1913年　典1992

トーレ, エスター・ムシャイ Tolle, Esther Mshai 外交官　駐日ケニア大使　国ケニア　典2000

ドーレ, カトリン Dörre, Katrin 本名＝ドーレ, カトリン・ハイニッヒ　マラソン選手　ソウル五輪銅メダリスト　国ドイツ　生1961年10月6日　典1992／1996／2000／2008／2012

ドレ, ジャン Delay, Jean Paul Louis 精神科医　元・アカデミー・フランセーズ会員〔'59年〕　国フランス　没1987年5月29日　典1992

ドレ, ジャン 弁護士　元・モントリオール市長　国カナダ　典1992／2000

ドレーアー, ヴァルター Dreher, Walther 教育学者　ケルン大学教授　知的障害者教育学　国ドイツ　生1940年　典2004／2008

ドレーアー, ヘンリー Dreher, Henry ジャーナリスト, がんコンサルタント　国米国　典2004

ドレイジン, P.G. Drazin, P.G. ブリストル大学教授　数学, 流体力学　国英国　生1934年　典2000

トレイスター, バーバラ Traister, Barbara H. 本名＝トレイスター, バーバラ・ハワード　リーハイ大学教授　国英国ルネサンス期の詩, 演劇, 思想　国米国　典1996

ドレイトン, ピーター Drayton, Peter コンサルタント　国南アフリカ　典2004

ドレイトン, ビル Drayton, Bill 本名＝ドレイトン, ウィリアム　実業家　アショカ創設者・CEO　元・米国環境保護庁（EPA）行政

補佐官　⑲米国　㉑1943年　㉔2012

ドレイパー, ロバート　Draper, Robert　作家, 編集者　「GQ」スタッフライター　⑲米国　㉔2004

トレイビック, ジェームズ　Treybig, James　実業家　元・タンデムコンピューターズ社長　⑲米国　㉑1940年9月　㉔1996（トレイビッタ, ジェームズ・G.）／2000（トレイビック, ジェームズ／トレイビッタ, ジェームズ・G.）

ドレイファス, ヒューバート　Dreyfus, Hubert L.　哲学者　カリフォルニア大学バークレー校教授　⑲米国　㉑1929年　㉔2000

ドレイファス, リチャード　Dreyfuss, Richard　本名＝Dreyfuss, Richard Stephan　俳優　⑲米国　㉑1947年10月29日　㉔1992／1996／2000／2004／2008／2012

トレイル, デービッド　Traill, David A.　カリフォルニア大学デービス校教授　⑰ギリシャ・ラテン文学

トレイン, ケネス　Train, Kenneth E.　カリフォルニア大学バークレー校　⑰計量経済学, 規制の経済学　⑲米国　㉔2000

トレイン, ジョン　Train, John　投資コンサルタント　Train Smith Counsel社長　⑲米国　㉑1928年5月25日　㉔1992

ドレイン, ジョン　Drane, John　神学者　アバディーン大学教授　⑰実践神学, 新約聖書学　㉔2008

トレイン, ラッセル　Train, Russell Errol　元・米国環境保護庁(EPA)長官, 元・全米自然保護財団会長　⑲米国　㉑1920年6月4日　㉒没年不詳　㉔1992／1996

トレウィーク, ガイ　金融アナリスト　フォード・モーター・カンパニー　⑲英国　㉔1992

ドレヴェルマン, オイゲン　Drewermann, Eugen　宗教家　⑲ドイツ　㉑1940年　㉔1996（ドレベルマン, オイゲン）

トレーガー, イエルク　Traeger, Jörg　美術史家　レーゲンスブルク大学教授　㉑1942年　㉔2008

トレーガー, ウォルター　ドイツ・オリンピック委員会専務理事, 国際オリンピック委員会(IOC)委員　⑲ドイツ　㉔1992

ドレーク, アルフレッド　Drake, Alfred　本名＝Capurro, Alfred　俳優, 歌手　⑲米国　㉑1914年10月7日　㉒1992年7月25日　㉔1996

ドレーク, エリック　Drake, Eric　本名＝Drake, Arthur Eric Courtney　実業家　元・ブリティッシュ・ペトロリアム(BP)会長, 元・英国海運会議所会頭　⑲英国　㉑1910年11月29日　㉒1996年10月31日　㉔1992（ドレイク, エリック）／1996

ドレーク, ジュリアス　Drake, Julius　ピアニスト　⑲英国　㉔2004

ドレーク, ジョシュア　Drake, Joshua　コンピューター技術者　⑲米国　㉔2004

ドレーク, スティルマン　Drake, Stillman　元・トロント大学名誉教授　⑰科学技術史　⑲カナダ　㉑1910年12月24日　㉒没年不詳　㉔1996

ドレーク, デービッド　作家　⑲米国　㉔1992（ドレイク, デービッド）

ドレーク, フェイビア　女優　⑲英国　㉑1990年2月28日　㉔1992（ドレイク, フェイビア）

ドレーク, フランク　Drake, Frank Donald　電波天文学者　カリフォルニア大学サンタクルーズ校名誉教授　⑲米国　㉑1930年5月28日　㉔1996／2000

ドレクスラー, エリック　Drexler, K.Eric　コンピューター科学者・技術者　ナノレックス最高技術顧問　⑰分子テクノロジー, ナノテクノロジー　⑲米国　㉑1955年4月　㉔1996／2004／2008／2012

ドレクスラー, クライド　Drexler, Clyde　元・バスケットボール選手　㉑1962年6月22日　㉔1996／2000／2004

ドレクスラー, ハイケ・ドイテ　Drechsler, Heike　元・陸上選手（短距離）, 元・走り幅跳び選手　⑲ドイツ　㉑1964年12月16日　㉔1992／1996／2000／2004／2008

ドレクスラー, ミラード　Drexler, Millard　実業家　元・ギャップ社長・CEO　⑲米国　㉔1996／2000／2004

トレグボフ, ヴィクトル　Tregubov, Viktor　重量挙げ選手　⑲ロシア　㉔1996

トレーケル, ローマン　Trekel, Roman　バリトン歌手　⑲ドイツ　㉔2008

トレザイス, フィリップ　Trezise, Philip Harold　外交官, エコノミスト　元・米国国務次官補（経済担当）, 元・ブルッキングス研究所上級研究員　⑰国際問題　⑲米国　㉑1912年5月27日　㉒2001年8月26日　㉔1992／1996

トレーシー, ダイアン　Tracy, Diane　コンサルタント　⑲米国　㉔2004

トレーシー, ブライアン　Tracy, Brian　ビジネスコンサルタント　ブライアン・トレーシー・インターナショナル会長　㉑1944年　㉔1996

トレーシー, ポール　Tracy, Paul　レーシングドライバー　⑲カナダ　㉑1968年12月17日　㉔2000／2004／2012

トレーシー, マイケル　Treacy, Michael　経営コンサルタント　元・マサチューセッツ工科大学教授　㉔2008

トレーシー, マリリン　Tracy, Marilyn　ロマンス作家　⑲米国　㉔2008

トレーシー, レーン　Tracy, Lane　オハイオ大学経営学部マネジメント・システムズ学科教授　⑰組織行動論の生活体アプローチ, 交渉論, 労使協調論　⑲米国　㉑1934年　㉔1992

トレジャー, ジャネット　Treasure, Janet　精神科医　ベスレム王立病院摂食障害病棟診療部長, モーズレー病院摂食障害外来診療部長, ロンドン大学精神医学研究所主任講師　⑰摂食障害, 臨床精神医学, 生理学　⑲英国　㉑1952年　㉔2004

トレジャ, タッド　Tuleja, Tadd　本名＝Tuleja, Thaddeus Francis　筆名＝Macao, Marshall　文化人類学者, 作家　⑲米国　㉑1944年4月22日　㉔1996

トレージャー, フランク　東南アジア現代史専門家　⑲米国　㉑1984年8月26日　㉔1992

トーレス　Torres　本名＝トーレス, カルロス・アレクシャンドレ　元・サッカー選手　⑲ブラジル　㉑1966年8月22日　㉔2004／2008／2012

ドレース, ウィレム　Drees, Willem　元・オランダ首相　⑲オランダ　㉑1886年7月5日　㉒1988年5月14日　㉔1992

トレス, エドウィン　Torres, Edwin　作家　⑲米国　㉑1931年　㉔1992／1996

トーレス, カルロス　Torres, Carlos　大リーグ選手(投手)　⑲米国　㉑1982年10月22日　㉔2012

トレス, カルロス　Torres, Carlos　本名＝Torres y Torres Lara, Carlos　政治家, 法学者　元・ペルー首相・外相, 元・ペルー国会議長　⑲ペルー　㉑1942年　㉒2000年6月16日　㉔1996

トーレス, シャビエル　テレビディレクター, サッカー解説者　⑲スペイン　㉑1968年　㉔2000

トーレス, スライ・フランシスコ　Torres, Zulay Francisco　バレリーナ　⑲キューバ　㉑1975年　㉔1992／1996

トーレス, ダラ　Torres, Dara　元・水泳選手（自由形・バタフライ）　ロス五輪・バルセロナ五輪・シドニー五輪金メダリスト　⑲米国　㉑1967年4月15日　㉔2004／2008／2012

トーレス, ティコ　Torres, Tico　グループ名＝ボン・ジョビ　ロック・ドラマー　⑲米国　㉑1953年10月7日　㉔2004／2008／2012

トレス, フィナ　Torres, Fina　映画監督　㉑1951年　㉔2000／2004

トーレス, ホセ　Torres, José　元・プロボクサー　元・世界ライトヘビー級チャンピオン　⑲米国　㉔1992

トーレス, ミゲル　Torres, Miguel A.　ワイン評論家　トーレス社長　⑲スペイン　㉑1941年　㉔1996／2000

トレス, レグラ　Torres, Regla　バレーボール選手　⑲キューバ　㉑1975年2月12日　㉔2004

トーレス・アルピ, マグダレナ・エステル　Torres-Arpi, Magdalena Esther　修道女　⑲メキシコ　㉑1924年　㉔2004

トーレスギル, フェルナンド　カリフォルニア大学ロサンゼルス校公共政策社会研究大学院副学長　⑰社会学　⑲米国　㉔2000

ドレステ, ホセ・ルイス　ヨット選手　⑲スペイン　㉔1992

ドレズナー, ステファン　ランド研究所副所長　⑰軍事技術　⑲米国　㉑1937年　㉔1996

ドレスナー, ハル　推理作家　⑲米国　㉑1937年　㉔1992

トーレス・フィーリョ, エルナーニ・テイシェイラ　Torres Filho,

Ernani Teixeira　リオデジャネイロ連邦大学経済学部教授, ブラジル国家経済社会開発銀行(BNDES)貿易課長　[専]経済学　[国]ブラジル　[典]1992

ドレーゼ, クラウス　Drese, Claus Helmut　演出家　ウィーン国立歌劇場総監督　[国]ドイツ　[生]1922年　[典]1992

トレゼゲ, ダヴィド　Trezeguet, David　サッカー選手(FW)　[国]フランス　[生]1977年10月15日　[典]2000／2004／2008／2012

トレゾール, マリユス　Tresor, Marius　元・サッカー選手　[国]フランス　[生]1950年1月15日　[典]2004／2008

トレダノ　Toledano　画家　[国]スペイン　[生]1933年　[典]1992

トレダノ, エリック　Toledano, Éric　映画監督　[国]フランス　[生]1971年

トレダノ, シドニー　Toledano, Sidney　実業家　クリスチャン・ディオール会長・CEO　[国]フランス　[典]2000／2008／2012

トレチアック, ハインリッヒ　Treziak, Heinrich　レーゲンスブルク大学人文学部専任講師　[専]哲学　[国]ドイツ　[生]1935年　[典]1992

トレチャク, イワン　Tretiyak, Ivan Moiseevich　軍人　元・ソ連防空軍総司令官　[国]ソ連　[生]1923年2月20日　[典]1992

トレチャク, ウラジスラフ　Tretiyak, Vladislav　元・アイスホッケー選手　[国]ソ連　[典]1992(トレチェク, ウラジスラフ)

トレチャコフ, ヴィタリー　Tretiyakov, Vitalii　ジャーナリスト「政治クラス」編集長　元・「独立新聞」総編集長・総発行人　[国]ロシア　[生]1953年1月2日　[典]1992／1996／2004／2008／2012

トレチャコフ, セルゲイ　Tretyakov, Sergei Olegovich　スパイ　元・ロシア対外情報局(SVR)大佐　[生]1956年10月5日　[没]2010年6月13日

ドレッシャー, ポール　グループ名=ポール・ドレッシャー・アンサンブル　作曲家, 演奏家　[国]米国　[生]1951年　[典]1996

ドレッシング, ステファニー　Dressing, Stephanie　B.A.S.I.C.S代表　[専]セルフディフェンス・プログラム開発　[国]米国　[生]1956年　[典]2004

トレッセルト, アルビン　Tresselt, Alvin　絵本作家, 編集者　[国]米国　[生]1916年　[典]1996／2000

ドレッセルハウス, ミルドレッド　Dresselhaus, Mildred Spiewak　物理学者　マサチューセッツ工科大学終身教授　元・米国科学振興協会会長, 元・米国物理学会会長　[国]米国　[生]1930年11月11日　[典]1992／2004／2008／2012

トレット, ジョン　Tollett, John　グラフィックデザイナー, イラストレーター　[典]2004

トレッドウェル, タイ　Treadwell, Ty　作家　[国]米国　[典]2004／2008

トレッファート, ダロルド　Treffert, Darold A.　精神科医　ウィスコンシン州フォンデュラック郡立ヘルスケア・センター副所長　[国]米国　[典]1992

トレド, アレハンドロ　Toledo, Alejandro　本名=トレド・マンリケ, アレハンドロ　別名=Toledo,Cholo　政治家, 経済学者　ペルー・ポシブレ党首　元・ペルー大統領　[国]ペルー　[生]1946年3月28日　[典]2004／2008／2012

トレド, ルーベン　ファッション・イラストレーター　[国]米国　[典]1992

トレーナー, バーナード　Trainor, Bernard E.　元・軍人　ハーバード大学ジョン・F・ケネディ政治学大学院国家安全保障プログラム部長　[国]米国　[生]1928年　[典]2000

トレナート, ロバート(Jr.)　Trennert, Robert A.(Jr.)　歴史学者　アリゾナ州立大学教授　[専]インディアン政策, フロンテイア史　[国]米国　[生]1937年　[典]2004

トレナリー, ジル　フィギュアスケート選手　[国]米国　[典]1992／1996

トーレ・ニルソン, レオポルド　Torre-Nilsson, Leopoldo　映画監督　[国]アルゼンチン　[生]1924年5月5日　[典]1992

トレネ, シャルル　Trénet, Charles　シャンソン歌手, 作詞家, 作曲家　[国]フランス　[生]1913年5月18日　[没]2001年2月19日　[典]1992

トレノー, ステファン　Traineau, Stephane　柔道選手　[国]フランス　[生]1966年6月16日　[典]2004

トレバー, ウィリアム　Trevor, William　本名=コックス, ウィリアム・トレバー　作家, 劇作家　[国]アイルランド　[生]1928年5月24日　[典]1992／1996／2012

ドレーパー, ウィリアム(3世)　Draper, William (III)　国連開発計画(UNDP)事務局長　[国]米国　[生]1928年　[典]1992

トレバー, クレア　Trevor, Claire　本名=Wemlinger,Claire　女優　[国]米国　[生]1909年3月8日　[没]2000年4月8日　[典]1996

ドレーパー, チャールズ・スターク　Draper, Charles S.　航空工学者　[国]米国　[没]1987年7月25日　[典]1992

トレーバー, ロバート・ジョン　Traver, Robert John　作家, 元・判事　[国]米国　[典]1992

トレバートン, グレゴリー　Treverton, Gregory F.　ランド研究所国際安全保障・防衛政策センター所長　[国]米国　[典]2000

トレバー・ローパー, ヒュー　Trevor-Roper, Hugh Redwald　称号=デーカー・オブ・グラントン男爵　歴史家　元・ケンブリッジ大学ピーターハウス校学長, 元・オックスフォード大学教授　[国]英国　[生]1914年1月15日　[没]2003年1月26日　[典]1992／1996

トレハン, ジョン　Treherne, John　動物学者　[国]英国　[生]1929年　[没]1989年　[典]1992

トレビノ, ビクター　Trevino, Victor　バレエダンサー　グランディーバ芸術監督　[国]米国　[典]2004／2008／2012

トレビノ, リー　Trevino, Lee　本名=Trevino,Lee Buck　プロゴルファー　[国]米国　[生]1939年12月1日　[典]1992／1996／2000／2008／2012

ドレヒュス, ピエール　Dreyfus, Pierre　実業家　元・ルノー公団総裁(第2代), 元・フランス産業相　[国]フランス　[生]1907年11月18日　[没]1993年　[典]1992／1996

トレビンスキ, エロル　Trzebinski, Errol　作家　[国]英国　[典]2000

トレフィル, ジェームズ　Trefil, James S.　理論物理学者　ジョージ・メーソン大学教授　[国]米国　[典]1992／1996／2000

トレフェセン, フローレンス　Trefethen, Florence　ジャーナリスト, 詩人, コラムニスト　[国]米国　[生]1921年　[典]1992

ドレフュス, ジェローム　Dreyfus, Jérôme　ファッションデザイナー　[国]フランス　[典]2000

ドレフュス, ロバート　Dreyfuss, Robert　コラムニスト　[国]米国　[典]2000

ドレーベック, ダグ　Drabek, Doug　大リーグ選手(投手)　[国]米国　[生]1962年7月25日　[典]1996／2000

トレベニアン　Trevanian　本名=ウィテカー, ロドニー　別名=シアー, ニコラス　作家　[国]米国　[没]2005年12月14日　[典]1992／2000

トレベリアン, ジョージ　Trevelyan, George　思想家　[国]英国　[生]1906年11月5日　[典]1996

トレボーラング, ロバート　Treborlang, Robert　著述家　[専]オーストラリア研究　[国]オーストラリア　[生]1941年　[典]2004

トレム, ミヒャエル　Träm, Michael R.　経営コンサルタント　A.T.カーニー副社長　[典]2004

トレモア, ピエール・イヴ　Tremois, Pierre-Yves　版画家, 画家, 彫刻家　[国]フランス　[生]1921年　[典]1992

トレモンティ, ジュリオ　Tremonti, Giulio　政治家　イタリア経済財務相　[国]イタリア　[生]1947年8月18日　[典]2004／2008／2012

トレラー, デビ　Treloar, Debi　写真家　[典]2004

ドレーリ, ピーター　Drelli, Peter　バーテンダー　サヴォイ・ホテル・アメリカン・バー・ヘッド・バーテンダー　[典]2004

ドレル, シドニー　Drell, Sidney David　物理学者, 軍備管理専門家　スタンフォード大学線形加速器センター名誉教授　[専]素粒子物理学, 量子論　[国]米国　[生]1926年9月13日　[典]1996／2000／2012

トレルファ, ダグラス　Trelfa, Douglas　[専]教育学　[国]米国　[生]1963年　[典]2004／2008

ドレルム, フィリップ　Delerm, Philippe　作家　[国]フランス　[生]1950年　[典]2000

トレワーサ, グレン　Trewartha, Glenn Thomas　地理学者　ウィスコンシン大学名誉教授　[国]米国　[生]1896年11月22日　[典]1992

ドーレン, キム　Doren, Kim　コンサルタント　[国]米国　[典]2004

ドーレン, ゲーリー　Doolen, Gary D.　物理学者　[国]米国　[典]2004

ドーレン, チャールズ・バン　Doren, Charles Van　編集者　元・シカゴ哲学研究所副所長, 元・エンサイクロペディア・ブリタニカ・インコーポレイテッド副社長　⑳米国　⑰1926年　⑳2000

ドレングソン, アラン　Drengson, Alan　哲学者　ビクトリア大学名誉教授　⑳2004

トレンクマン, ウルリヒ　Trenckmann, Ulrich　ルール大学客員教授　⑨精神医学, 芸術療法　⑩ドイツ　⑰1951年　⑳2000

トーレンス, グウェン　Torrence, Gwen　陸上選手(短距離)　⑩米国　⑰1965年6月12日　⑳1996／2000

ドレンツ, ミッキー　グループ名=モンキーズ　ドラム奏者, 歌手　⑩米国　⑰1944年2月3日　⑳2000

トレンティノ, アルツロ　Tolentino, Arturo M.　政治家　元・フィリピン外相　⑩フィリピン　⑰1910年9月19日　⑳2004年8月3日　⑳1992

トレンティーノ, ホセ　Tolentino, Jose　元・プロ野球選手　⑩メキシコ　⑰1961年6月3日　⑳1996

トレンテ・バリェステル, ゴンサロ　Torrente Ballester, Gonzalo　作家, 文芸評論家　⑩スペイン　⑰1910年　⑳1999年1月27日　⑳1992

トレント, D.D.　Trent, D.D.　地質学者　南カリフォルニア大学準教員　⑩米国　⑳2008

トレント, トマス・ペレス　Turrent, Tomás Pérez　映画人, 著作家, 脚本家　⑩メキシコ　⑰1937年　⑳1992／1996

トレンド, マイケル　Trend, Michael　ライター, 編集者　⑩英国　⑰1952年　⑳2004／2008

トレンハルト, ディートリッヒ　Thränhart, Dietrich　ミュンスター・ウェストファーレン・ウィルヘルム大学教授, 国際基督教大学(ICU)客員教授　⑨政治学　⑩ドイツ　⑰1941年　⑳1996

トレンブリー, デーブ　Trembley, Dave　大リーグ監督　⑩米国　⑳2012

トレンブレット, ポール　Tremblett, Paul　プログラマー　Cap Gemini Telecommunications　⑳2004

トレンヘイル, ジョン　Trenhaile, John　作家　⑩英国　⑰1949年4月29日　⑳1996／2000

トロ, アンドラーシュ　元・カヌー選手, カヌーコーチ, 造艇技師　アトランタ市オリンピック大会招致委員　⑩米国　⑳1992

トロー, カーリ　Traa, Kari　元・スキー選手(フリースタイル)　ソルトレークシティ五輪フリースタイルスキー女子モーグル金メダリスト　⑩ノルウェー　⑰1974年1月28日　⑳2004／2008／2012

ドロー, ジャン・マリー　Drot, Jean-Marie　ビラメディチ館長　⑩フランス　⑳1992

トーロ, ヨーモ　クアトロ奏者　⑩プエルトリコ　⑳1992

トロ, レイ　Toro, Ray　グループ名=マイ・ケミカル・ロマンス　ミュージシャン　⑩米国　⑰1977年7月15日　⑳2012

トロイ, ドリス　ミュージカル歌手　⑩米国　⑳1992／2000

トロイチュ, クラウス　Troitzsch, Klaus G.　コンピューター科学者　コブレンツ・ランダウ大学コンピューター科学部教授　⑩ドイツ　⑳2004／2008

トロイツキー, アルテーミー　ロック・ライター　⑩ソ連　⑳1992

トロウ, マーティン　Trow, Martin　カリフォルニア大学公共政策研究大学院教授, カリフォルニア大学高等教育研究センター名誉ディレクター　⑨高等教育　⑩米国　⑰1926年　⑳2004

ドロウヒ, ウラジミール　Dlouhý, Vladimír　経済学者, 政治家　元・チェコ経済相・通商産業相, 元・チェコ市民民主党副議長　⑩チェコ　⑰1953年7月31日　⑳1996(ドロウヒ, ウラジミール／ドローヒー, ウラディミール)／2000

ドロウヒー, ルーカス　Dlouhy, Lukas　テニス選手　⑩チェコ　⑰1983年4月9日

トロカール, J.L.　ワイン醸造家　フランス・ボルドーワイン委員会会長　⑩フランス　⑳2004

トロクスラー, ニクラウス　Troxler, Niklaus　グラフィックデザイナー　⑩スイス　⑰1947年　⑳1996

ドログバ, ディディエ　Drogba, Didier　サッカー選手(FW)　⑩コートジボワール　⑰1978年3月11日　⑳2008／2012

トローゴット, エリザベス　Traugott, Elizabeth Closs　言語学者　スタンフォード大学教授　⑩米国　⑳2008

トローゴット, マーク　Traugott, Mark　カリフォルニア大学サンタクルーズ校教授　⑨社会学　⑩米国　⑰1947年　⑳1996

ドロジャトン, K.　Dorodjatun, Kuntjoro-Jakti　政治家, 経済学者　インドネシア経済担当調整相　元・インドネシア大学経済学部長　⑩インドネシア　⑰1939年　⑳2000／2004／2008

トローシュ, ローズ　Troche, Rose　映画監督　⑩米国　⑰1964年　⑳1996

ドロス, アーサー　Dorros, Arthur　児童文学作家, 挿絵画家　⑩米国　⑳2004

ドロス, インメ　Dros, Imme　児童文学作家, 翻訳家　⑩オランダ　⑰1936年　⑳1996

ドロステ, ベルント・フォン　Droste, Bernd von　森林学者, 水文学者　ユネスコ世界遺産センター所長　⑨森林環境学　⑩ドイツ　⑰1938年　⑳1992／1996／2000

ドロズニン, マイケル　Drosnin, Michael　ジャーナリスト　⑩米国　⑰1946年　⑳2004／2008

ドローチャー, レオ　Durocher, Leo　本名=Durocher,Leo Ernest　大リーグ監督　⑩米国　⑰1906年7月27日　⑳1991年10月7日　⑳1992

ド・ロックモーレル, ジェラール　de Roquemaurel, Gerald　実業家　アシェット・フィリパッキ・プレス社長・CEO　⑩フランス　⑰1946年　⑳2000

トロッサ, アンベッセ　Tolossa, Ambesse　マラソン選手　⑩エチオピア　⑰1977年9月3日　⑳2000／2008／2012

トロッジェ, ジャン・ベルナール　Trotzier, Jean-Bernard　画家　⑩フランス　⑰1950年　⑳2000／2012

ドロッター, ステファン　Drotter, Stephen　人材育成コンサルタント　ドロッター・ヒューマン・リソーシス代表　⑳2008

トロッタ, マルガレーテ・フォン　Trotta, Margarethe von　映画監督　⑩ドイツ　⑰1942年2月21日　⑳1992／1996

トロット, スーザン　Trott, Susan　作家　⑩米国　⑰1937年　⑳2000／2004

トロット, ローラ　Trott, Laura　本名=Trott,Laura Rebecca　自転車選手(トラックレース)　ロンドン五輪自転車女子オムニアム・団体追い抜き金メダリスト　⑩英国　⑰1992年4月24日

トロットマン, アレクサンダー　Trotman, Alexander J.　通称=トロットマン, アレックス　実業家　元・フォード・モーター会長・社長・CEO　⑩米国　⑰1933年　⑳2005年4月25日　⑳1996／2000／2004

トロットマン, カトリーヌ　Trautmann, Catherine　政治家　元・フランス文化・通信相　⑩フランス　⑳1992／2000／2004

トロップ, ウラジーミル　ピアニスト　グネシン音楽大学　⑩ロシア　⑰1939年　⑳2000

ドロネー, アルノー　De Rosnay, Arnaud　ウインドサーファー, 実業家, 冒険家　⑩フランス　⑳1992

ドロネー, マリー・クリスチーヌ　Dorner, Marie-Christine　インテリアデザイナー, 建築家　⑩フランス　⑰1960年　⑳1992

ド・ロネイ, ジョエル　de Rosnay, Joël　ジャーナリスト　「l'Expansion,Europe 1」報道記者　⑩フランス　⑳1992(ド・ロネー, ジョエル)／1996

トローネル, アレクサンドル　Trauner, Alexandre　映画美術監督　⑩フランス　⑰1906年8月3日　⑳1993年12月5日　⑳1992／1996

トロピアーノ, ジョゼフ　Tropiano, Joseph　脚本家, ライター　⑩米国　⑳2000

トロピン, ウラジミール　Tropin, Vladimir Ivanovich　歴史学者　モスクワ大学歴史学教授　⑩ロシア　⑰1925年5月8日　⑳1996

ドロフスキフ, タチアナ　Dorovskikh, Tatiyana　旧名=サモレンコ, タチアナ　陸上選手(中距離)　⑩ロシア　⑰1992／1996

トロフティー, オレクシー　Torokhtiy, Oleksiy　重量挙げ選手　ロンドン五輪重量挙げ男子105キロ級金メダリスト　⑩ウクライナ　⑰1986年5月22日

ドロブニック, リチャード・L.　南カリフォルニア大準教授・国際ビ

ジネス教育研究プログラム主査　⑱米国の通商政策,環太平洋経済問題　⑲米国　⑳1945年　㉑1992

ドロブニャク, アント　Drobnjak, Anto　サッカー選手(FW)　⑲ユーゴスラビア　⑳1968年9月21日　㉑2000

トロペイ, ジョン　Tropea, John　セッション・ギタリスト　⑲米国　⑳1946年　㉑2000／2008／2012

ドロベル, イザベル　Delobel, Isabelle　元・フィギュアスケート選手(アイスダンス)　⑲フランス　⑳1978年6月17日

トロボアダ, ミゲル　Trovoada, Miguel dos Anjos da Cunha Lisboa　政治家　元・サントメプリンシペ大統領　⑲サントメプリンシペ　⑳1936年12月27日　㉑1992／1996／2000／2004／2008

トロポフ, ブランドン　Toropov, Brandon　ライター　⑲米国　㉑2004／2008

トロミー, トム　Tromey, Tom　コンピューター・エンジニア　⑲GNU　㉑2004

ド・ロミイ, ジャクリーヌ　de Romilly, Jacqueline　ギリシャ古典学者　元・コレージュ・ド・フランス名誉教授　⑲フランス　⑳1913年3月26日　㉒2010年12月18日　㉑2000 (ロミイ, ジャクリーヌ・ド)

ドロムグール, グレン　Dromgoole, Glenn　編集者, 記者　⑲米国　㉑2008

トロヤノス, タティアナ　Troyanos, Tatiana　オペラ歌手　⑲米国　⑳1938年12月9日　㉒1993年8月21日　㉑1996

トロヤノフスキー, オレグ　Troyanovskii, Oleg Aleksandrovich　外交官　元・駐日ソ連大使　⑲ロシア　⑳1919年11月24日　㉒2003年12月21日　㉑1992／2000

トローラー, ゲイリー・G.　国連難民高等弁務官事務所日本・韓国地域代表　⑲米国　㉑1996／2000

トロリー, ジャック　Trolley, Jack　旧筆名＝アーディーズ, トム　作家　⑲米国　⑳1931年　㉑2000

ドロール, ジャック　Delors, Jacques Lucien Jean　政治家, 労組市民活動家　我々のヨーロッパ会長　元・EU欧州委員会委員長　⑲フランス　⑳1925年7月20日　㉑1992／1996／2000／2004／2008／2012

ドロール, ロベール　Delort, Robert　歴史家　⑱ヨーロッパ中世史　⑲フランス　㉑2000

ドロレ, フランソワ　Drolet, Francois　スケート選手(ショートトラック)　⑲カナダ　⑳1972年7月16日　㉑2000

トロロープ, ジョアンナ　Trollope, Joanna　筆名＝ハーベイ, キャロライン　作家　⑲英国　⑳1943年　㉑2004

ドロワ, ロジェ・ポル　Droit, Roger-Pol　哲学者　フランス国立科学研究所(CNRS)研究員　⑱18世紀のヨーロッパ哲学の想像世界における東洋の表象　⑲フランス　㉑2000

トロワイヤ, アンリ　Troyat, Henri　本名＝タラソフ, レフ　作家, 劇作家, 評論家　⑲フランス　⑳1911年11月1日　㉒2007年3月2日　㉑1992／1996／2000／2004

トロワグロ, ピエール　Troisgros, Pierre Emile René　料理人　⑲フランス　⑳1928年9月3日　㉑1992／1996／2000／2012

トロワグロ, ミッシェル　Troisgros, Michel　料理人　メゾン・トロワグロ・オーナーシェフ　⑲フランス　⑳1958年4月　㉑2012

ドロン, アラン　Delon, Alain　俳優, 映画プロデューサー　⑲フランス　⑳1935年11月8日　㉑1992／1996／2000／2004／2008／2012

ドロン, ミシェル　Delon, Michel　文学者　パリ第10大学教授　⑱18世紀フランス文学　⑲フランス　㉑2004

ドロンケ, ピーター　Dronke, Peter　本名＝Dronke, Ernest Peter Michael　英文学者　ケンブリッジ大学名誉教授　⑲ニュージーランド　⑳1934年5月30日　㉑2008

トロンダイム, ルイス　Trondheim, Lewis　コミック・アーティスト　⑲フランス　⑳1964年　㉑2008

トロン・メアリ　Truong Mealy　外交官　元・駐日カンボジア大使　⑲カンボジア　⑳1941年　㉑1996／2000

ドワアール, マリー・セシル　Douard, Marie Cecile　医師　サン・ルイ病院　⑱麻酔治療　⑲フランス　⑳1942年　㉑1996

ドワイト　Dwight　本名＝ローデヴェーヘス, ドワイト・バーナード　サッカー監督　⑲オランダ　⑳1957年10月26日　㉑2012

ドワイト, ティム　Dwight, Tim　プロフットボール選手(WR), 陸上選手(短距離)　⑲米国　⑳1975年7月13日　㉑2000／2008

トワイマン, ジェームス　Twyman, James F.　吟遊詩人　⑲米国　㉑2004

ドワイヤー, コナー　Dwyer, Conor　水泳選手(自由形)　ロンドン五輪競泳男子4×200メートルリレー金メダリスト　⑲米国　⑳1989年1月10日

ドワイヨン, ジャック　Doillon, Jacques　映画監督　⑲フランス　⑳1944年　㉑1992／1996／2000／2004／2008／2012

ドワイヨン, ルー　Doillon, Lou　女優　⑲フランス　⑳1982年　㉑2004／2012

トワギラムング, フォスタン　Twagiramungu, Faustin　政治家　ルワンダ民主共和運動党首　元・ルワンダ首相　⑲ルワンダ　⑳1945年　㉑1996

ドーワティ, デール　Dougherty, Dale　編集者, ライター　Songline Studios社長　㉑2000

トン, アノテ　Tong, Anote　政治家　キリバス大統領・外相　⑲キリバス　⑳1952年6月11日　㉑2008／2012

トン, カート・W.　外交官　駐日米国大使館経済担当書記官　⑲米国　⑳1962年　㉑2000

ドーン, ケン　Done, Ken　画家, デザイナー　ユニセフ親善大使　⑲オーストラリア　⑳1940年6月29日　㉑1992／1996／2000

ドン・ジエ　Dong, Jie　漢字名＝董潔, 英語名＝Angel　女優　⑲中国　⑳1980年4月19日　㉑2004／2008／2012

ドーン, ジェームズ　CATO研究所副所長, タウソン大学教授　⑱中国経済　⑲米国　㉑2000

ドーン, ジャレッド・H.　Dorn, Jared H.　南イリノイ大学新潟校校長　㉑2000

ドン, ジョルジュ　Donn, Jorge　バレエダンサー　⑳1947年2月27日　㉒1992年11月30日　㉑1992／1996

トン, スタンリー　Tong, Stanley　中国名＝唐季礼　映画監督　⑲香港　⑳1960年4月7日　㉑2000／2004／2012

ドン・ドクモ　董 徳模　ソウル大学名誉教授　⑲韓国　⑳1925年9月26日　㉑1996

ドン・ボンチョル　董 奉澈　プロ野球選手(外野手)　⑲韓国　⑳1970年1月2日　㉑1996

トン・ミングァン　董 敏光　政治家　元・北朝鮮林業相　⑲北朝鮮　⑳1984年2月12日　㉑1992

ドン・メイリン　Deng, Meiling　児童文学作家　㉑2004

ドン・アレハンドロ　Don Alejandro　神官　マヤ24部族長老会議長　⑲グアテマラ　㉑2012

ドンガラ, エマニュエル　Dongala, Emmanuel　作家　ブラザビル大学教授　⑱有機化学　⑲コンゴ共和国　⑳1941年　㉑2000

ドンガラ, ジェレミー　国際通貨基金(IMF)アフリカ局　⑲コンゴ共和国　㉑1992

ドンガラ, ジャック　Dongarra, Jack J.　コンピューター科学者　テネシー大学計算機科学部教授, ローレンス・リバモア国立研究所数理科学科　⑱スーパーコンピューター, 分散・並列処理　⑲米国　㉑1992／1996

ドンカン, アナトーリ・パブロヴィチ　Donkan, Anatol P.　彫刻家　⑲ロシア　⑳1955年11月4日　㉑1996

ドンケル, アルツール　Dunkel, Arthur　元・関税貿易一般協定(GATT)事務局長　⑲スイス　⑳1932年8月28日　㉒2005年6月8日　㉑1992 (ドゥンケル, アルツール)／1996

ドンゲルヤイチル, D.　モンゴル科学アカデミー東洋研究所日本部長, 日本研究センター所長　⑱日本研究　⑲モンゴル　⑳1928年3月　㉑1992／1996

ドンゴックイルタ　東谷日陀　僧侶　大韓仏教曹渓宗元老委員, 銀海寺祖室　⑲韓国　⑳1929年　㉑2000

ドンコワ, ヨルダンカ　Donkova, Yordanka　陸上選手(障害)　⑲ブルガリア　㉑1992

ドン・シー・グエン　Dong Si Nguyen　ベトナム閣僚評議会副議長兼

交通運輸相・共産党政治局員候補 国ベトナム 生1922年 没1992

ドンジュン Dong Jun 本名=キムドンジュン グループ名=ZE：A 歌手 国韓国 生1992年2月11日 殿2012

トンシン・タマウォン Thongsing Thammavong 政治家 ラオス首相 国ラオス 生1944年4月12日 殿2012

ドンスコイ, マルク Donskoi, Mark 本名=Donskoi,Mark Semyonovich 映画監督 国ソ連 生1901年3月6日 没1981年3月24日 殿1992

トンセット, エリック Tonseth, Erik 実業家 元・クヴァナ社長・CEO 国ノルウェー 生1946年 殿2000

ドンゼッリ, ヴァレリー Donzelli, Valerie 映画監督, 女優 国フランス 生1973年3月2日

ドンチェフ, アントン Donchev, Anton 作家 国ブルガリア 生1930年 殿1992／1996

トンチャイ・ウィニッチャクン Thongchai Winichakul 歴史学者 ウィスコンシン大学教授・東南アジア史研究所所長 専東南アジア史 国タイ 生1957年10月 殿2008

ドンデ, マルク Dondey, Marc アマンディエ劇場代理支配人 国フランス 殿2004

トン・ティン Tun Tin 政治家 元・ビルマ副首相・財政相 国ビルマ 生1923年2月10日 殿1992

ドンデリンガー, ジャン Dondelinger, Jean EC委員会委員 国ルクセンブルク 生1930年7月4日 殿1992

トン・ドク・タン Ton Duc Thang 政治家 元・ベトナム大統領 国ベトナム 生1888年8月19日 没1980年3月30日 殿1992

トンバ, アルベルト Tomba, Alberto スキー・アドバイザー, 元・スキー選手(アルペン) 国イタリア 生1966年12月19日 殿1992／1996／2000／2004／2008

ドーンバーグ, リチャード Doernberg, Richard L. 法学者 エモリー大学ロー・スクール教授 殿2004

ドンバール, アリエル Dombasle, Arielle 女優 国フランス 生1954年 殿1996／2000

ドンビ, ルドルフ Dombi, Rudolf カヌー選手 ロンドン五輪カヌー男子カヤックペア1000メートル金メダリスト 国ハンガリー 生1986年11月9日

ドンファン Dong Hwan 本名=李東桓 プロゴルファー 国韓国 生1987年4月9日 殿2008／2012

ドーンフェスト, ラエル Dornfest, Rael プログラマー 殿2008

トンプキンス, スージー 社会貢献活動家 エスプリ社創立者 国米国 殿1996

トンプキンズ, チャック Tompkins, Chuck 動物訓練士 オーランド・シーワールド副社長・動物訓練責任者 国米国 殿2004

トンプキンズ, ベンジャミン Tompkins, Benjamin 翻訳家, 通訳 国米国 殿2004／2008

トンプキンス, ミミ Tompkins, Mimi パイロット アロハ航空機長 国米国 殿2004

ドンブコフスキ, アンジェイ ダル・ナトゥリィ創業者 国ポーランド 殿2000

トンプソン Thompson, Ryan 本名=トンプソン, ライアン 大リーグ選手(外野手) 国米国 生1967年11月4日 殿2000

トンプソン, J.オギルビー デ・ビアス・コンソリデーテッド・マインズ副会長, アングロ・アメリカン・コーポレーション・オブ・サウスアフリカ副会長 殿1992

トンプソン, アーネスト Thompson, Ernest 劇作家, 脚本家, 映画監督 国米国 生1949年11月6日 殿1992

トンプソン, アンドレア Thompson, Andrea 「「ひとりっ子だから」なんて言わせない—ひとりっ子神話の嘘と育て方の秘訣」の著者 殿2008

トンプソン, ウィリアム 金融家 ピムコ社長 国米国 殿2000

トンプソン, ウェンディ Thompson, Wendy 音楽ライター, バイオリニスト 国英国 殿1992／2000

トンプソン, ウォーレン Thompson, Warren 航空史研究家 殿2004

トンプソン, エマ Thompson, Emma 女優, 脚本家 国英国 生1959年4月15日 殿1996／2000／2004／2008／2012

トンプソン, カーリーン Thompson, Carlene ミステリー作家 国米国 殿1996

トンプソン, キース Thompson, Keith ジャーナリスト 国米国 生1954年 殿2000

トンプソン, キャロル Thompson, Carroll 歌手 国英国 殿2000

トンプソン, キンバリー Thompson, Kimberly M. ハーバード大学公衆衛生学部助教授 専公衆衛生学 国米国 殿2004／2008

トンプソン, クライブ 実業家 レントキル・イニシャル社長, 英国産業連盟(CBI)会長 国英国 殿2000

トンプソン, クラウディア Thompson, Claudia 写真家 国米国 殿2000

トンプソン, ケイト Thompson, Kate 児童文学作家 国アイルランド 生1956年 殿2008／2012

トンプソン, ケン Thompson, Ken 本名=トンプソン, ケネス・レーン コンピューター科学者 グーグル特別技師 専コンパイラ技法, プログラミング言語, オペレーティング・システム 国米国 生1943年2月4日 殿1992／2004

トンプソン, ゴードン Thompson, Gordon デザイナー コール・ハーン・クリエイティブディレクター 国米国 生1961年 殿2004

トンプソン, ジェニー Thompson, Jenny 本名=トンプソン, ジェニファー 元・水泳選手(自由形・バタフライ) 国米国 生1973年2月26日 殿1996／2000／2004／2008

トンプソン, ジェフ Thompson, Geoff 作家 殿2004

トンプソン, ジェームズ Thompson, James R. 政治家 元・イリノイ州知事(共和党) 国米国 生1936年5月8日 殿1992

トンプソン, ジャック Thompson, Jack 俳優 国オーストラリア 生1940年 殿1996

トンプソン, ジュリアン Thompson, Julian F. 作家 国米国 殿2004

トンプソン, ジョイス Thompson, Joyce E. 看護学者 ウエスタンミシガン大学ブロンソン看護学部教授, ペンシルベニア大学名誉教授 国米国 殿2008

トンプソン, ジョン Thompson, John B. ジーザス・カレッジ教授 専社会学 殿1996

トンプソン, ジョン Thompson, John M. 実業家 IBM副会長 国米国 殿2004／2008

トンプソン, ジョン・グリッグス Thompson, John Griggs 数学者 ケンブリッジ大学教授 専有限群論 国米国 生1932年10月13日 殿1992／1996

トンプソン, スティーブン Thompson, Steven L. 作家 殿1992／1996

トンプソン, ダニエール Thompson, Daniele 映画監督, 脚本家 国フランス 生1942年 殿2004／2008

トンプソン, チャールズ Thompson, Charles クリエイティブ・マネジメント・グループ 国米国 殿2000

トンプソン, ディック Thompson, Dick ジャーナリスト 「タイム」記者 国米国 殿2004／2008

トンプソン, デービッド Thompson, David テレビプロデューサー 元・BBC放送プロデューサー 国英国 生1914年 没1988年 殿1992

トンプソン, デービッド Thompson, David ノーサンブリア大学ニューキャッスル・ビジネス・スクール・フレキシブル・マネジメント学習センター学長 専経営管理 殿2004

トンプソン, デービッド Thompson, David 政治家 元・バルバドス首相, 元・バルバドス民主労働党(DLP)党首 国バルバドス 生1961年12月25日 没2010年10月23日

トンプソン, デービッド・W. 実業家 オービタル・サイエンス社長 国米国 生1954年3月21日 殿2000

トンプソン, デーリー 十種競技選手 国英国 殿1992

トンプソン, トーマス Thompson, Thomas ノンフィクション作家 国米国 殿1992

トンプソン, トミー Thompson, Tommy George 政治家 元・米国厚生長官,元・ウィスコンシン州知事(共和党) 国米国 生1941年11月19日 掲1996/2000/2004/2008

トンプソン, トレーシー Thompson, Tracy ジャーナリスト 「ワシントン・ポスト」記者 国米国 生1955年 掲2000

トンプソン, ドロシー Thompson, Dorothy 歴史学者 英国労働史学会副会長,バーミンガム大学人文科学高等研究所員 国英国 生1923年 没2004

トンプソン, ナイノア Thompson, Nainoa 外洋カヌー航海士 ポリネシア航海協会代表,カメハメハ・スクール理事長 国米国 生1953年 掲2008/2012

トンプソン, ハンター Thompson, Hunter S. ジャーナリスト,ノンフィクション作家 国米国 生1937年 没2005年2月20日 掲1992/1996/2000

トンプソン, ビッキー Thompson, Vicki Lewis ロマンス作家 国米国 掲2004

トンプソン, ビル 作家,コンサルタント 国英国 生1960年 掲2000

トンプソン, ブライアン MCIコミュニケーションズ・コーポレーション副社長 国米国 生1939年 掲1992

トンプソン, フレッド Thompson, Fred Dalton 政治家,俳優 元・米国上院議員(共和党) 国米国 生1942年8月19日 掲2000/2004/2008/2012

トンプソン, ポール Thompson, Paul 歴史学者 エセックス大学社会学部教授 専社会史,オーラル・ヒストリー 国英国 生1935年 掲2004/2008

トンプソン, マイケル Thompson, Michael 臨床心理学者 国米国 掲2008

トンプソン, マーク Thompson, Mark 本名=Thompson,Mark John 実業家 ニューヨーク・タイムズCEO 元・BBC会長 国英国 生1957年7月31日

トンプソン, マルコム パークハイアット東京総支配人 国英国 掲2008

トンプソン, メイヨ Thompson, Mayo グループ名=レッド・クレイオラ ミュージシャン,音楽プロデューサー 国米国 掲2008/2012

トンプソン, リー・オースティン Thompson, Lee Austin 早稲田大学スポーツ科学部教授 専スポーツ社会学,コミュニケーション論 国米国 生1953年5月27日 掲2004

トンプソン, リチャード Thompson, Richard 旧グループ名=フェアポート・コンベンション ギタリスト 国英国 生1949年 掲1996/2012

トンプソン, レイモンド Thompson, Raymond 作家 国英国 掲1992

トンプソン, レクシー Thompson, Lexi 本名=トンプソン,アレクシス プロゴルファー 国米国 生1995年2月10日 掲2012

ドーンブッシュ, ラディーガー Dornbusch, Rudiger 経済学者 元・マサチューセッツ工科大学教授 専マクロ経済学,国際経済学 国米国 生1942年8月6日 没2002年7月25日 掲1992/1996/2000

ドンブロヴスキー, ピオトロ Dabrowski, Piotr カトリック神父 生1962年 掲2000

ドンヘ Donghae グループ名=SUPER JUNIOR 歌手 国韓国 生1986年10月15日 掲2012

ドーンヘルム, ロバート Dornhelm, Robert 映画監督 生1947年 掲2012

トンボー, クライド Tombaugh, Clyde William 天文学者 元・ニューメキシコ州立大学名誉教授 国米国 生1906年2月4日 没1997年1月17日 掲1992/1996

トンマージ, ダミアーノ Tommasi, Damiano サッカー選手(MF) 国イタリア 生1974年5月17日 掲2008

ドンモイヤー, ネイト Donmoyer, Nate グループ名=パッション・ピット ミュージシャン 国米国 掲2012

ドンリービー, ジェームズ Donleavy, James Patrick 作家,劇作家 国アイルランド 生1926年4月23日 掲1992

【ナ】

ナ・ウン 羅雄 プロ野球選手(内野手) 国韓国 生1967年1月11日 掲1996

ナ・ウンベ 羅雄培 Ra, Woong-bae 政治家 元・韓国副首相 国韓国 生1934年7月24日 掲1992/1996/2000

ナ・ウンヨン 羅運栄 作曲家 韓国民俗音楽博物館館長 国韓国 生1922年3月1日 掲1996

ナ・エイ 那英 Na, Ying 歌手 国中国 生1967年11月27日 掲1996

ナ・オヨン 羅午淵 韓国国会議員,中小企業銀行理事長,韓国民自党税制改革委員長 国韓国 生1932年8月27日 掲1996

ナ・ゴンムク 羅公黙 Nha, Kong-mook 実業家 コーロンググループ副会長 国韓国 生1937年8月24日 掲2000

ナ・サンモク 羅相沐 画家 韓国画 国韓国 生1924年6月6日 掲1996

ナ・ジョンウ 羅鐘宇 Na, Jong-woo 円光大学教授,韓日関係史学会会長 専歴史学,韓日関係史 国韓国 生1948年1月4日 掲1996

ナ・ジョンテ 羅鐘太 Nha, Jong-tae 実業家 コーロンホテル社長 国韓国 生1944年9月23日 掲2000

ナ・スンリョル 羅承烈 Na, Seung-ryul 実業家 居平グループ会長 国韓国 生1945年2月24日 掲2000

ナ・ソクキ 羅石基 天理教鎮海教会長 元・鎮海正善学校校長 国韓国 生1937年8月10日 掲1992

ナ・ソンギュン 羅聖均 タレント 国韓国 生1943年9月2日 掲1996

ナ・ソンジュ 羅善柱 Na, Seon-joo 実業家 居平グループ副会長 国韓国 生1961年11月10日 掲2000

ナ・ソンヨル 羅成悦 プロ野球選手(投手) 国韓国 生1972年9月9日 掲1996

ナ・ダエ Na, Da-ye プロゴルファー 国韓国 生1987年9月12日

ナ・ドクソン 羅徳成 チェロ奏者 韓国中央大学音楽学部教授 国韓国 生1941年11月23日 掲1996

ナ・ハンイル 羅漢一 タレント 国韓国 生1955年10月21日 掲1996

ナ・ホンジン Na, Hong-jin 映画監督 国韓国 生1974年 掲2012

ナ・ムンヒ 羅文姫 本名=羅京子 タレント 国韓国 生1941年11月30日 掲1996

ナ・ヨングン 羅英均 Nah, Yong-gyun 号=如庭 英文学者 梨花女子大学名誉教授 国韓国 生1929年1月1日 掲2000/2004/2008

ナ・ヨンスク 羅連淑 放送作家 国韓国 生1944年 掲1996

ナイ, ジョゼフ(Jr.) Nye, Joseph Samuel (Jr.) 政治学者 ハーバード大学特別功労教授 元・米国国防次官補 専国際政治学,国際安全保障論,公共政策 国米国 生1937年1月19日 掲1992/1996/2000/2004/2008/2012

ナイ, ダグ Nye, Doug モーター・スポーツ・ジャーナリスト 掲1992/2000

ナイ, ダグラス Nigh, Douglas 経営学者 サウスカロライナ大学準教授・国際ビジネス教育研究センター研究所長 専国際経営学 掲2004

ナイ, ネオミ・シーハブ Nye, Naomi Shihab 詩人,小説家 国米国 生1952年 掲2012

ナイ, ビル Nighy, Bill 俳優 国英国 生1949年12月12日 掲2012

ナイ, ベン メーキャップ師 国米国 没1986年2月9日 掲1992

ナイアー, ケシャヴァン Nair, Keshavan マネジメント・コンサルタント 専リーダーシップ,意思決定 国米国 生1932年 掲2000

ナイケルク, マリーヌ・ヴァン 詩人,作家 国南アフリカ 生1954年 掲2000

ナイス, ヒューバート　銀行家　ドイツ銀行アジア太平洋本部アジア代表　元・国際通貨基金(IMF)アジア太平洋担当局長　㉓2000／2004／2008

ナイチンゲール, アール　Nightingale, Earl　キャスター　元・ナイチンゲール・コナント会長　国米国　⊕1921年　⊗1989年3月28日　㉓1992／1996

ナイディック, チャールズ　Neidich, Charles　クラリネット奏者　オルフェウス室内管弦楽団　国米国　⊕1954年　㉓1996／2012

ナイデル, マーガレット・K.オマル　Nydell, Margaret K.Omar　アラブ研究者　米国国務省外国語研修センター所長　国米国　㉓2004／2008

ナイト, インディア　Knight, India　コラムニスト,作家　国英国　⊕1965年　㉓2008

ナイト, ジェームズ　Knight, James　ジャーナリスト　国米国　⊕1958年　㉓1996

ナイト, シュグ　Knight, Suge　本名＝ナイト, マリオン　実業家　デス・ロウ・レコーズ共同設立者・CEO　国米国　㉓2004／2008

ナイト, ジュールス　Knight, Jules　グループ名＝ブレイク　バリトン歌手　国英国　⊕1981年9月22日　㉓2012

ナイト, ジョアン・マックファイル　Knight, Joan MacPhail　児童文学作家　㉓2008

ナイト, ジョーダン　Night, Jordan　グループ名＝ニュー・キッズ・オン・ザ・ブロック　歌手　国米国　⊕1971年8月17日　㉓1992

ナイト, ジョン　Night, Jonathan　グループ名＝ニュー・キッズ・オン・ザ・ブロック　歌手　国米国　⊕1969年11月29日　㉓1992／1996

ナイト, スティーブン　Knight, Stephen　作家,ジャーナリスト　㊣ノンフィクション　国英国　⊕1951年　⊗1985年　㉓1992

ナイト, スティーブン　Knight, Steven　作家　⊕1959年　㉓2000

ナイト, テッド　Knight, Ted　テレビ俳優　国米国　⊗1986年8月26日　㉓1992

ナイト, デーモン　Knight, Damon　SF作家,評論家,アンソロジスト　国米国　⊕1922年　⊗2002年4月15日　㉓1992

ナイト, トラビス　Knight, Travis　元・バスケットボール選手　国米国　⊕1974年9月13日　㉓2000／2008

ナイト, ナターシャ　Knight, Natasha　ネットワーク技術者　国米国　㉓2004

ナイト, ヒラリー　Knight, Hilary　童話作家,イラストレーター, デザイナー,絵本作家　国米国　⊕1926年　㉓1992

ナイト, フィリップ　Knight, Philip　実業家　ナイキ会長・CEO　国米国　⊕1938年2月24日　㉓1996／2000

ナイト, ボブ　Knight, Bob　バスケットボール・コーチ　国米国　㉓2004

ナイト, ボブ　Knight, Bob G.　臨床心理学者,老年学者　南カリフォルニア大学教授　㊣介護,情緒と加齢,精神保健政策,高齢化問題　国米国　㉓2004／2008

ナイト, ホリー　Knight, Holly　シンガー・ソングライター　国米国　㉓1992

ナイト, マーティン　Knight, Martin　「フーリファン―傷だらけの30年」の共著者　㉓2004

ナイドゥー, ビバリー　Naidoo, Beverly　児童文学作家　国英国　⊕1943年5月21日　㉓2004／2008／2012

ナイトリー, フィリップ　Knightley, Phillip　新聞記者　国オーストラリア　⊕1929年　㉓2008

ナイトレイ, キーラ　Knightley, Keira　女優　国英国　⊕1985年3月22日　㉓2008／2012

ナイバーグ, ラーズ　Nyberg, Lars　実業家　NCR会長・CEO　国スウェーデン　㉓1996／2000

ナイポール, シヴァ　Naipaul, Shiva　ノンフィクション作家, ジャーナリスト　国英国　⊕1945年　⊗1985年　㉓1992

ナイポール, ビディアダール・スーラジプラサド　Naipaul, Vidiadhar Surajprasad　作家　国英国　⊕1932年8月17日　㉓1992／1996／2000／2004／2008／2012

ナイマン, ドラゴリューブ　Najman, Dragoljub　OBサミット・フランス事務局長,アフリカ・リーダーシップ・フォーラム基金副総裁　元・ユネスコ事務次長　国ドイツ　⊕1931年　㉓1992

ナイマン, マイケル　Nyman, Michael　作曲家,演奏家,音楽評論家　国英国　⊕1944年3月22日　㉓1992／1996／2008

ナイム, アシャー　Naim, Asher　外交官　トルーマン平和研究所研究員　元・国連大使　国イスラエル　⊕1930年　㉓2004／2008

ナイム, モイセス　Naim, Moisés　「フォーリン・ポリシー」編集長　元・ヴェネズエラ産業貿易相,元・世界銀行理事　㉓2008

ナイム, ヤエル　Naim, Yael　ミュージシャン　国フランス　⊕1978年　㉓2012

ナイヤー, フランツ・アントン　Neyer, Franz Anton　元・上智大学外国語学部教授　㊣言語学（ドイツ語構造言語学）　国ドイツ　⊕1928年9月1日　㉓1996

ナイヤー, マリア・アマータ　Neyer, Maria Amata　カルメル会修道女　エーディット・シュタイン文庫主宰　元・ケルン女子カルメル会修道院長　国ドイツ　⊕1922年　㉓1996

ナイヤール, デーバク　Nayyar, Deepak　ネルー大学教授　㊣経済学　国インド　㉓2000

ナイラティカウ, ラツ・エペリ　Nailatikau, Ratu Epeli　政治家　フィジー大統領　国フィジー　⊕1941年7月5日　㉓2012

ナイール, ミラ　Nair, Mira　映画監督　国インド　⊕1957年　㉓2000／2004／2008／2012

ナイルズ, キティ　Niles, Kitty　テクニカルライター　㉓2004

ナイルズ, ボー　Niles, Bo　エディター・ライター　「カントリー・リビング」誌シニア・エディター　㊣建築・インテリア関係　国米国　㉓1992

ナーイン, ポール　Nahin, Paul J.　電子工学者　ニューハンプシャー大学教授　㉓2004

ナウ, ハインツ　Nau, Heinz　ベルリン自由大学毒物学胎児薬理学研究所教授,ハノーバー大学獣医学部栄養毒性学主任教授　㊣毒物学,栄養毒性学　国ドイツ　㉓2000

ナウ, ヘンリー　Nau, Henry R.　ジョージ・ワシントン大学教授　㊣政治学,国際関係学　国米国　㉓1996

ナヴァル, イヴ　Navarre, Yves　本名＝Navarre,Yves Henri Michel　作家　国フランス　⊕1940年9月24日　⊗1994年1月24日　㉓1996（ナバル, イブ）

ナヴァール, クリストフ　実業家　ヘネシー・コニャック社長　国ブラジル　⊕1959年　㉓2004

ナヴィル, ピエール　Naville, Pierre　詩人,政治運動家,労働社会学者　国フランス　⊕1904年　㉓1992（ナビル, ピエール）／1996（ナビル, ピエール）

ナヴィーン, ロン　Naveen, Ron　ペンギン研究家,フォトジャーナリスト　国米国　㉓2008

ナウィン・ラワンチャイクン　美術家　国タイ　⊕1971年　㉓2000

ナヴェー, ヨセフ　Naveh, Joseph　考古学者　元・ヘブル大学教授　㊣北西セム語古文書学・文学論　国イスラエル　⊕1928年　㉓2004

ナーウェン, ヘンリ　Nouwen, Henri J.M.　カトリック司祭　国オランダ　⊕1932年1月24日　⊗1996年9月21日　㉓1996

ナウジー, マーサ　Nause, Martha　プロゴルファー　国米国　㉓1996

ナウマン, クラウス　Naumann, Klaus Dieter　元・軍人　元・ドイツ・クラウゼヴィッツ学会会長,元・ドイツ連邦軍総監　国ドイツ　⊕1939年5月25日　㉓2012

ナウマン, ネリー　Naumann, Nelly　日本学者,民俗学者　元・フライブルク大学教授　㊣日本神話　国ドイツ　⊕1922年　⊗2000年9月29日　㉓1992／1996

ナウモフ, パーヴェル　Naumov, Pavel Alekseevich　ノーボスチ通信社社長　国ソ連　⊕1918年　㉓1992

ナウモフ, ボリス　Naumov, Boris　元・ソ連科学アカデミー情報科学研究所所長　㊣コンピューター　国ソ連　⊕1928年　⊗1988年6月11日　㉓1992

ナウモフ, ワジム　フィギュアスケート選手　国ロシア　⊕1969年4月7日　㉓1996

ナエフ・ビン・アブドルアジズ　Nayef bin Abdul-Aziz　政治家　元・サウジアラビア皇太子, 元・サウジアラビア第1副首相・内相　⑩サウジアラビア　⑭1934年（？）　⑳2012年6月16日　⑰2012

ナエル, ジーン　Nahel, Jean Luc　精神科医　ルーアン大学教授・人類学社会学学長, 国境なき医師団国際問題担当理事　⑩フランス　⑭1951年　⑰1996

ナガー, キャロル　Naggar, Carole　作家, 写真評論家, 画家　⑭1951年　⑰2004

ナガオ, アレン　Nagao, Alan　ハイパフォーマンスカイツ（カイトショップ）経営　⑩米国　⑭1961年　⑰1996

ナカオ・エルマー　中尾 エルマー　ソロモン・ブラザーズ社東京支店トレーダー　⑰1992

ナカガマ, サム　Nakagama, Sam　ナカガマ・アンド・ウォレス社会長　⑩米国　⑭1925年　⑰1992／1996

ナカガワ, キョウコ　ナカガワ, 郷子　心理学者　⑩ブラジル　⑰2000

ナカガワ, ケリー　Nakagawa, Kelly Yo　映像作家　⑩米国　⑭1954年　⑰2004／2008

ナカガワ, デシオ・イサム　精神科医　⑩ブラジル　⑭1951年　⑰1996／2000

ナカシマ, ジョージ　Nakashima, George　日本姓＝中島　木工家具デザイナー, 建築家　⑩米国　⑭1905年5月24日　⑳1990年6月15日　⑰1992

ナカシュ, オリヴィエ　Nakache, Olivier　映画監督　⑩フランス　⑭1973年

ナカタ, シュウジスティーブ　中田, 修二・スティーブ　Nakata, Shuji Steve　ハイテク・コンサルタント　平和の祭典米国団長　⑩米国　⑰1992

ナガタ, リンダ　Nagata, Linda　SF作家　⑭1960年　⑰2000

ナカタ, ロバート　Nakata, Robert　デザイナー　⑭1960年　⑰1996

ナガノ, ケント　Nagano, Kent　本名＝ナガノ, ケント・ジョージ　指揮者　バイエルン州立歌劇場音楽総監督, モントリオール交響楽団音楽監督　⑩米国　⑭1951年11月22日　⑰1996／2000／2004／2008／2012

ナカノ, ジュリア　中野, ジュリア　日本を学ぶ日系3世　茶道　⑩米国　⑭1955年4月　⑰1992

ナカノ, メイ　Nakano, Mei T.　著述家　ミナ・プレス社エディター・パブリッシャー　⑩米国　⑭1924年　⑰1996

ナカノ, ラッセル　Nakano, Russell　コンピューター技術者　⑰2004

ナカムラ, クニオ　Nakamura, Kuniwo　政治家　元・パラオ大統領　⑩パラオ　⑭1943年11月24日　⑰1996／2000／2004／2008

ナカムラ, クリスティーン　外交官　駐日カナダ大使館一等書記官　⑩カナダ　⑭1951年　⑰2000

ナカムラ, ロバート　Nakamura, Robert M.　免疫病理学者　スクリップス・クリニック研究所教授　⑰2004

ナカモト, スティーブ　Nakamoto, Steve　「賢い女はビッグな男を釣りあげる」の著者　⑩米国　⑰2004

ナカヤマ, トシオ　Nakayama, Tosiwo　政治家　元・ミクロネシア連邦大統領　⑩ミクロネシア　⑭1931年　⑳2007年3月29日　⑰1992／2000

ナカヤマ, マサオ　Nakayama, Masao　駐日ミクロネシア連邦大使　⑩ミクロネシア　⑰1992

ナガラートナ, R.　Nagarathna, R.　ヨーガ・セラピスト, 内科医　スワミ・ヴィヴェーカナンダ研究財団（SVYASA）主任顧問　⑩インド　⑰2004

ナカリャコフ, セルゲイ　Nakariakov, Sergei　トランペット奏者　⑩ロシア　⑭1977年　⑰2000／2004／2008／2012

ナカリン・キンサック　ロック歌手　⑩タイ　⑭1967年　⑰2000

ナギビン, ユーリー　Nagibin, Yurii Markovich　作家, 文芸評論家　⑩ロシア　⑭1920年4月3日　⑳1994年6月17日　⑰1992

ナギーブ, ムハンマド　Najīb, Muhammad　政治家, 軍人　元・エジプト大統領（初代）　⑩エジプト　⑭1901年2月20日　⑳1984年8月28日　⑰1992

ナギョヴァ, ヘンリエッタ　Nagyova, Henrieta　テニス選手　⑩ス

ロバキア　⑭1978年　⑰2000

ナーク, リリーカ　Nakou, Lilika　作家　⑩ギリシャ　⑭1905年　⑰1992

ナクトウェイ, ジェームズ　Nachtwey, James A.　写真家　⑩米国　⑭1948年　⑰1996（ナックウェイ, ジェームズ）／2000（ナックウェイ, ジェームズ）／2004／2008／2012

ナーゲル, イヴァン　Nagel, Ivan　演劇研究家　ザルツブルク音楽祭演劇部門責任者　⑩ドイツ　⑭1931年6月28日　⑰2000

ナゲンドラ, H.R.　Nagendra, H.R.　スワミ・ヴィヴェーカナンダ・ヨーガ研究財団（SVYASA）理事長　⑩インド　⑰2004

ナゴースキー, アンドルー　Nagorski, Andrew　ジャーナリスト　「ニューズウィーク」誌ワルシャワ支局長　⑩米国　⑭1947年　⑰1996

ナコルチェフスキー, アンドレイ　ソ連科学アカデミー哲学研究所研究員　⑩日本哲学史　⑩ソ連　⑰1992

ナザ　Nasa　本名＝リマ, ジェジル・ジョゼ　サッカー選手（MF）　⑩ブラジル　⑭1968年12月8日　⑰2004

ナサー, シルヴィア　Nasar, Sylvia　作家, ジャーナリスト　元・「ニューヨーク・タイムズ」記者　⑩米国　⑭1947年　⑰2004／2008／2012

ナザリャン, アルメン　Nazarian, Armen　レスリング選手（グレコローマン）　アトランタ五輪・シドニー五輪メダリスト　⑩ブルガリア　⑭1974年3月9日　⑰2000（ナザリアン, アルメン）／2004／2008

ナザル・アガ, イザベル　Nazare-Aga, Isabelle　心理療法家　⑩行動療法, 認知療法, 犯罪被害者学　⑩フランス　⑰2004

ナザルーク, V.　Nazaruk, V.M.　画家　⑩ロシア　⑰2008

ナザルバエフ, ヌルスルタン　Nazarbaev, Nursultan Abishuli　政治家　カザフスタン大統領　⑩カザフスタン　⑭1940年7月6日　⑰1992／1996／2000／2004／2008／2012

ナザレス, ピーター　Nazareth, Peter　作家　⑩ウガンダ　⑭1940年　⑰1992

ナザレンコ, V.I.　農業経済学者　ロシア農工複合体情報技術経済研究所所長　⑭1931年　⑰2000

ナザロ, レイ　映画監督　⑩米国　⑭1986年9月8日　⑰1992

ナザロフ, オルズベック　Nazarov, Orzubek　本名＝ナザロフ, オルズベック・プレトビッチ　別名＝ナザロフ, グッシー　元・プロボクサー　元・WBA世界ライト級チャンピオン　⑩キルギスタン　⑭1966年8月30日　⑰1996／2000

ナーザン, S.R.　Nathan, S.R.　本名＝Nathan,Sellapan Ramanathan　旧名＝Sellapan,Ramanathan　政治家　元・シンガポール大統領　⑩シンガポール　⑭1924年7月3日　⑰2000／2004／2008／2012

ナージ, アマール　Naj, Amal　ジャーナリスト　⑩米国　⑰2000

ナジ, ジョセフ　演出家　オルレアン振付センター・ディレクター　⑩フランス　⑰2000

ナジ, デーネシュ　Nagy, Dénes　オーストラリア・カトリック大学教授　⑩シンメトリー　⑰2004／2008

ナジ, モハマド　金融家　クアラルンプール・シティ証券CEO　⑩マレーシア　⑰2000

ナシオ, J.D.　Nasio, J.D.　精神科医　パリ精神分析セミネール会長　⑩フランス　⑭1942年　⑰1996

ナジタ, テツオ　Najita, Tetsuo　日本研究者　シカゴ大学名誉教授　⑩近代日本政治史, 政治思想史　⑩米国　⑭1936年　⑰1992／1996／2000／2004

ナシード, モハメド　Nasheed, Mohamed　政治家　元・モルディブ大統領, 元・モルディブ人民民主党（MDP）党首　⑩モルディブ　⑭1967年5月17日　⑰2012

ナシフ, アハマド・ムハンマド　Nazif, Ahmad Muhammad　本名＝Ahmad Mahmoud Muhammad　政治家　元・エジプト首相　⑩エジプト　⑭1952年7月8日　⑰2008／2012

ナジブ・アブドル・ラザク, モハマド　Najib Abdul Razak, Mohamad　政治家　マレーシア首相・財務相, 統一マレー国民組織（UMNO）総裁　⑩マレーシア　⑭1953年7月23日　⑰1996／2000

ナジフ・アリ　タレント, 歌手　国シンガポール　生1965年　経1996 (ナジフ) ／2000

ナジブラ　Najibullah　政治家　元・アフガニスタン大統領　国アフガニスタン　生1947年　没1996年9月27日　経1992／1996

ナジマ　Najma　歌手　国英国　生1964年9月17日　経1992

ナシメント, ミルトン　Nascimento, Milton　ピアニスト, シンガー・ソングライター　国ブラジル　生1942年10月26日　経1992／2008／2012

ナジャ　Nadja　絵本作家　国エジプト　生1955年　経1992／2000／2004

ナジャフィ, シャハベッディン・マルアシ　イスラム教シーア派大アヤトラ (最高位聖職者)　国イラン　生1894年　没1990年8月29日　経1992

ナジャム, アーフターブ・アマド　Najem, Aftab Ahmad　宗教研究家　国パキスタン　生1963年　経1996

ナジュ, ティメア　Nagy, Timea　フェンシング選手　国ハンガリー　生1970年8月22日　経2004 (ナギー, ティメア) ／2008

ナシュカ　Nash　ファッションデザイナー, スタイリスト　国エジプト　生1958年　経2004

ナシール, モハマド　Natsir, Mohammad　政治家, 思想家　元・インドネシア首相, 元・インドネシア・イスラム布教評議会議長　国インドネシア　生1908年7月17日　没1993年2月7日　経1996

ナース, アラン　Nourse, Alan E.　SF作家, 医師　国米国　生1928年　没1992年7月19日　経1992／1996

ナス, クリフォード　Nass, Clifford　メディア学者　スタンフォード大学コミュニケーション学部教授　経2004／2008

ナース, ポール　Nurse, Paul Maxime　生化学者　ロックフェラー大学学長　国英国　生1949年1月25日　経2004／2008／2012

ナスコ, ホルスト　Nasko, Horst　ニクスドルフ社会長　国ドイツ　生1933年11月12日　経1992／1996

ナスタセ, アドリアン　Năstase, Adrian　政治家, 法学者　元・ルーマニア首相, 元・ルーマニア下院議長　国ルーマニア　生1950年6月22日　経1992／1996／2004／2012

ナスターゼ, イリ　Nastase, Ilie　元・テニス選手　国ルーマニア　生1946年7月19日　経2000

ナスタノビッチ, ボブ　Nastanovich, Bob　グループ名=ペイブメント　ミュージシャン　国米国　生1956年12月6日　経2012

ナスダーフト, ウィリアム　Nothdurft, William　ライター　経2004

ナスティオン, アブドル・ハリス　Nasution, Abdul Haris　軍人　元・インドネシア国防相・国軍参謀長　国インドネシア　生1918年12月3日　没2000年9月6日　経1992／1996

ナスティオン, ブユン　民主化運動家, 弁護士　インドネシア法律援護協会代表　国インドネシア　生1934年　経1996

ナストラ, パベル　Nastra, Pawel　格闘家, 柔道家　アトランタ五輪柔道男子95キロ級金メダリスト　国ポーランド　生1970年6月22日　経1996／2000／2008／2012

ナスバウム, ジェイ　Nussbaum, Jay　作家　国米国　経2004

ナスラッラー, ユスリー　Nasrallar, Yousry　映画監督　国エジプト　生1952年　経2004

ナスララ, ハッサン　Nasrallah, Hassan　政治家, 宗教指導者　ヒズボラ指導者 (党首)　国レバノン　生1960年8月31日　経2008／2012

ナスランド, セナ・ジーター　Naslund, Sena Jeter　作家　ルイビル大学教授　国米国　経1996

ナスランド, マーカス　Näslund, Markus　元・アイスホッケー選手　国スウェーデン　生1973年7月30日　経2008

ナスリ, サミル　Nasri, Samir　サッカー選手 (MF)　国フランス　生1987年6月26日　経2012

ナスリン, タスリマ　作家, 元・医師　国バングラデシュ　生1962年8月　経1996／2000

ナセヒ, アルミン　Nassehi, Armin　社会学者　ミュンヘン大学教授・社会学研究所所長　専理論社会学, 知識社会学, 文化社会学

国ドイツ　生1960年　経2004／2008

ナセリ, サミー　Naceri, Samy　俳優　国フランス　経2004／2008／2012

ナーゼリー, シャハラーム　Nazeri, Shahram　歌手　国イラン　生1949年　経2008／2012

ナセル, ハンナ　ビールゼイト大学学長　専固体物理学　経1992

ナーゼル, ヒシャム　Nazer, Hisham Muhiddin　元・サウジアラビア石油相　国サウジアラビア　生1932年8月31日　経1992／1996

ナセル・ムハンマド・アハマド・サバハ　Nasser Muhammad al-Ahmad al-Sabah　政治家　元・クウェート首相　国クウェート　生1940年　経2008 (ナセル・ムハンマド・アハマド・アル・アハマド・アル・サバハ) ／2012 (ナセル・ムハンマド・アル・アハマド・アル・サバハ)

ナソー, ジョナサン　Nasaw, Jonathan　作家　国米国　経2004

ナソー, デービッド　Nasaw, David　歴史学者　ニューヨーク市立大学大学院博士課程歴史学科長　国米国　経2004

ナダカブカレン, アン　Nadakavukaren, Anne　イリノイ州立大学講師　専環境衛生, 健康科学　国米国　生1941年　経1992

ナタラヤン, バラシィ　Natarajan, Bharathi　コンピュータ技術者　経2004

ナタリ, ビンチェンゾ　Natali, Vincenzo　映画監督, 脚本家　国カナダ　生1969年　経2000／2004／2008／2012

ナタリ, ロレンツォ　Natali, Lorenzo　政治家　元・EC副委員長　国イタリア　生1922年10月2日　経1992

ナダル, ラファエル　Nadal, Rafael　本名=Nadal,Rafael Parera　テニス選手　北京五輪テニス男子シングルス金メダリスト　国スペイン　生1986年6月3日　経2004／2012

ナチオス, アンドルー　Natsios, Andrew S.　政治家　米国国際開発局局長　国米国　経2004／2008

ナツァグドルジ, シャグダルジャブイン　Natsagdorji, Shagdarzhavyn　歴史学者, 作家　モンゴル科学アカデミー歴史研究所所長　国モンゴル　生1918年　経1992／1996

ナッキー, デボラ　Knuckey, Deborah　経営コンサルタント　経2004

ナックマン, パトリシア　Nachman, Patricia A.　「「ひとりっ子だから」なんて言わせない―ひとりっ子神話の嘘と育て方の秘訣」の著者　経2008

ナッサー, ジャック　Nasser, Jacques A.　実業家　BHPビリトン会長, ポラロイド会長, バンク・ワン投資部門シニアパートナー, Bスカイ B社外取締役　元・フォード・モーター社長・CEO　国オーストラリア　生1947年12月12日　経2004／2008／2012

ナッシムベーニー, バーバラ　Nascimbeni, Barbara　イラストレーター　生1969年　経2004

ナッシュ, J.ロバート　Nash, Jay Robert　作家　経2000

ナッシュ, アンドルー　Nash, Andrew　コンピュータ技術者　RSAセキュリティ技術ディレクター　経2004

ナッシュ, グラハム　Nash, Graham　グループ名=ホリーズ, クロスビー, スティルス&ナッシュ, クロスビー, スティルス, ナッシュ&ヤング　ロック歌手, 写真家　国米国　生1942年2月2日　経1992／2000／2012

ナッシュ, ジョン (Jr.)　Nash, John Forbes (Jr.)　数学者　プリンストン大学数学科上級研究員　専ゲーム理論　国米国　生1928年6月13日　経1996／2000／2004／2008／2012

ナッシュ, スティーブ　Nash, Steve　バスケットボール選手　国カナダ　生1974年2月7日

ナッシュ, スティーブン　Nash, Stephen　国際経営コンサルタント　国米国　生1928年　経2000

ナッシュ, ソフィア　Nash, Sophia　ロマンス作家　経2012

ナッシュ, ダッキー　Nash, Ducky　本名=ナッシュ, クラレンス　声優　国米国　生1904年12月7日　没1985年2月20日　経1992

ナッシュ, ティム　Nash, Tim　医師　ウォールトン病院疼痛緩和センター所長　国英国　経2008

ナッシュ, リー　Nash, Leigh　バンド名=シックスペンス・ノン・ザ・リッチャー　歌手　国米国　経2000

ナッシュ, リチャード・マイケル　Nash, Richard Michael　国際資産運用コンサルタント　⑩米国　⊕1956年　殿2000

ナッシュ, ロデリック　Nash, Roderick F.　環境運動家　カリフォルニア大学名誉教授　⑭環境倫理学, アメリカ環境史, アメリカ大衆文化史　⑩米国　⊕1939年　殿1996/2000

ナッシュ, ロビー　ボードセーラー　⑩米国　⊕1963年4月23日　殿1992

ナッシュ, ローラ　Nash, Laura L.　ナッシュ・アソシエート社長, ボストン大学経営大学院非常勤準教授, 経営文化研究所企業文化プログラム研究部長　⑭企業倫理　⑩米国　殿1996

ナッシュ, ロン　演出家　⑩米国　⊕1945年　殿1996

ナッシンベンネ, ヤン　Nascimbene, Yan　イラストレーター, 画家　⑩フランス　⊕1949年4月3日　殿2000

ナッスル, ジェームズ　Nussle, James Allen　別称=ナッスル, ジム　政治家, 法律家　元・米国行政管理予算局(OMB)局長, 元・米国下院議員　⑩米国　⊕1960年6月27日　殿2008/2012

ナッセン, オリバー　Knussen, Oliver　本名=Knussen,Stuart Oliver　作曲家, 指揮者　⑩英国　⊕1952年6月12日　殿2000/2012

ナッセン, ジョナサン　Knudsen, Jonathan　テクニカルライター　殿2004

ナッタ, アレッサンドロ　Natta, Alessandro　政治家　元・イタリア共産党書記長　⑩イタリア　⊕1917年　⊗2001年5月23日　殿1992/1996

ナッチャー, ウィリアム　Natcher, William H.　政治家　元・米国下院議員・歳出委員長(民主党)　⑩米国　⊕1909年9月11日　⊗1994年3月30日　殿1996

ナットマン, フィリップ　Nutman, Philip　ホラー作家　⑩英国　⊕1963年　殿2004

ナップ, ウィルフリッド　Knapp, Wilfrid　オックスフォード大学セント・キャサリンズ・カレッジ神戸インスティチュート学長　⑭国際政治, 中東・エネルギー問題　⑩英国　⊕1924年　殿1992

ナップ, エドワード・アラン　Knapp, Edward Alan　サンタフェ研究所所長　⑭原子核物理学　⑩米国　⊕1932年　殿1996

ナップ, キャロライン　Knapp, Caroline　ライター　⑩米国　⊕1959年　殿2000

ナップ, ゲルハルト　Knapp, Gerhard P.　ユタ大学教授　⑩ドイツ語, 比較文学　⊕1943年　殿1996

ナップ, デューン　Knapp, Duan E.　ブランドアドバイザー, 実業家　ブランドストラテジー社長　⑭ブランド戦略　殿2004

ナップ, ロナルド・ゲーリー　Knapp, Ronald Gary　ニューヨーク州立大学教授　⑭地理学　⑩米国　⊕1940年　殿2000

ナティエ, ジャン・ジャック　Nattiez, Jean-Jacques　モントリオール大学音楽学部教授　⑭音楽記号学, 民族音楽学　⑩カナダ　⊕1945年　殿2000

ナティシン, レーモン・ジョン　Hnatyshyn, Ramon John　政治家, 弁護士　元・カナダ総督, 元・カナダ法相　⑩カナダ　⊕1934年3月16日　⊗2002年12月18日　殿1992/1996/2000

ナティーナ　グループ名=ブラック・アイボリー　歌手　⑩米国　殿2000

ナティビダッド, アイリーン　Natividad, Irene　フェミニズム運動家　グローバル・サミット・オブ・ウィメン創設者　⑩米国　殿2004/2012

ナディリ, イシャーク　Nadiri, M.Ishaq　経済学者　ニューヨーク大学経済学部教授　⑩米国　⊕1936年10月16日　殿2004/2008

ナーディン, ドヤ　イラストレーター　⑩米国　殿2004/2008

ナテクヌーリ, アリ・アクバル　Nateq-nouri, Ali Akbar　政治家　元・イラン国会議長　⑩イラン　⊕1943年　殿1996/2000/2004

ナデリ, アミール　Naderi, Amir　映画監督, 脚本家　⑩イラン　⊕1946年8月15日　殿2008

ナデル, バーバラ　Nadel, Barbara　作家　⑩英国　殿2012

ナドー, キャスリーン　Nadeau, Kathleen G.　医師　殿2004

ナドー, ジル　Nadeau, Gilles　映画研究家　⑩フランス　殿1992

ナドー, モーリス　Nadeau, Maurice　批評家, 編集者　⑩フランス　⊕1911年　殿1992

ナトシール, リリヤナ　Natsir, Liliyana　バドミントン選手　北京五輪バドミントン混合ダブルス銀メダリスト　⑩インドネシア　⊕1985年9月9日

ナドラー, ジェラルド　Nadler, Gerald　南カリフォルニア大学名誉教授, ブレイクスルー思考センター会長　⑭経営学　⑩米国　⊕1992/2000

ナドラー, デービッド　Nadler, David A.　経営コンサルタント　デルタ・コンサルティング・グループ社長　⑩米国　⊕1948年　殿1996/2000

ナトリー, コリン　Nutley, Colin　映画監督　⊕1944年　殿2004/2008

ナトリ, ジョシー　Natori, Josie　ファッションデザイナー　⑩米国　殿1992

ナトール, アントニー・デービッド　Nutall, Anthony David　オックスフォード大学教授　⑭文学, 哲学　⑩英国　⊕1937年　殿2000

ナドロ, ネマニ　Nadolo, Nemani　ラグビー選手(WTB)　⑩フィジー　⊕1988年1月31日

ナナ　Nana　グループ名=AFTERSCHOOL　歌手　⑩韓国　⊕1991年9月14日　殿2012

ナニ　Nani　本名=Cunha,Luis Carlos Almeida da　サッカー選手(MF)　⑩ポルトガル　⊕1986年11月17日　殿2012

ナニーニ, アレッサンドロ　Nannini, Alessandro　レーシングドライバー, 元・F1ドライバー　⑩イタリア　⊕1959年7月7日　殿1992/1996/2000

ナヌス, バート　Nanus, Burt　南カリフォルニア大学経営大学院教授・リーダーシップ研究所ディレクター　⑭経営学, リーダーシップ　⑩米国　殿1996

ナネッティ, アンジェラ　Nanetti, Angela　児童文学作家　⑩イタリア　⊕1942年　殿2004

ナネフスキー, ドゥシコ　Nanevski, Dusko　詩人, 批評家　⑩マケドニア　⊕1929年　殿2000

ナノ, ファトス　Nano, Fatos Thanas　政治家, 経済学者　元・アルバニア首相　⑩アルバニア　⊕1954年6月16日　殿1996/2000/2004/2008

ナノンカイ・ビラス　セパタクロー・コーチ　セパタクロー日本代表コーチ　⑩タイ　殿2000

ナバ, グレゴリー　Nava, Gregory　映画監督, 脚本家　⑩米国　⊕1947年　殿1992/2012

ナハヴァンディ, アフサネ　Nahavandi, Afsaneh　リーダーシップ学研究家　アリゾナ州立大学ウエスト校教授　殿2008

ナバ・キャットワンチャイ　プロボクサー　⑩タイ　殿1992

ナバスキー, ビクター　Navasky, Victor　ジャーナリスト　「ネーション」誌編集長　⑩米国　殿1992

ナバセル, マリ・クリスティーヌ・ド　Navacelle, Marie-Christine de　東京日仏学院院長　⑩フランス　殿2000

ナバラ, アンドレ　Navarra, André　チェロ奏者　元・パリ音楽院教授　⑩フランス　⊕1911年10月13日　⊗1988年7月31日　殿1992

ナバラウィ, シーザ　Nabarawy, Siza　婦人解放運動家　⑩エジプト　⊗1985年春　殿1992

ナハリン, オハッド　Naharin, Ohad　舞踊家, 振付師　バットシェバ舞踊団芸術監督　⑭コンテンポラリーダンス　⑩イスラエル　⊕1952年　殿2000/2004/2008/2012

ナバレッテ, ベルナルド　放送解説者, 弁護士　⑩フィリピン　⊗1985年6月28日　殿1992

ナバロ, アン　Navarro, Ann　コンピューター技術者　殿2004

ナハーロ, アントニオ　Najarro, Antonio　振付師, 元・フラメンコダンサー　スペイン国立バレエ団芸術監督　⑩スペイン　⊕1975年　殿2012

ナバロ, ガルシア　Navarro, Garcia　指揮者　元・テアトロ・レアル音楽監督, 元・シュトゥットガルト歌劇場音楽総監督　⑩スペイン　⊕1941年4月30日　⊗2001年10月10日　殿2000

ナバロ, カルロス・アリアス　Navarro, Carlos Arias　政治家　元・

スペイン首相　国スペイン　生1908年12月11日　没1989年11月27日　掲1992

ナバロ, ピーター　Navarro, Peter　カリフォルニア大学アーバイン校経営大学院准教授　専経済学,公共政策　国米国　掲2004

ナバロ, フェルナンダ　Navarro, Fernanda　ミチョアカン自治大学哲学科教授　専哲学　国メキシコ　掲1996

ナバロ, ホセ　Navarro, Jose　プロボクサー　国米国　生1981年6月7日　掲2004／2008／2012

ナバロ, リサリノ　Navarro, Rizalino　フィリピン貿易産業省長官 元・フィリピン商工会議所副会頭　国フィリピン　生1938年　掲1996

ナバロ・ウォルフ, アントニオ　Navarro Wolf, Antonio　政治家 コロンビア保健相　国コロンビア　生1948年7月9日　掲1992／1996

ナーバーン, ケント　Nerburn, Kent　作家,彫刻家　国米国　掲2004

ナビ, ヘイキ　Nabi, Heiki　レスリング選手(グレコローマン)　ロンドン五輪レスリング男子120キロ級銀メダリスト　国エストニア　生1985年6月6日

ナビ, ユセフ　Nabi, Youcef　実業家　ランコムインターナショナル社長　国フランス　生1968年　掲2012

ナビウリナ, エリヴィラ　Nabiullina, Elvira Sakhipzadovna　経済学者　ロシア中央銀行総裁　国ロシア　生1963年10月29日

ナビエフ, ラフマン　Nabiev, Rakhman　政治家 元・タジキスタン大統領　国タジキスタン　生1930年10月5日　没1993年4月11日　掲1992／1996

ナーヒード, キシュワル　Naheed, Kishwar　詩人　ハウワー(HAWWA)代表　国パキスタン　生1940年　掲2004／2008

ナフ, クレイトン　Naff, Clayton　ジャーナリスト　UPI通信東京特派員　国米国　生1956年　掲1992

ナブ, マグダレン　Nabb, Magdalen　ミステリー作家,児童文学作家　国英国　生1947年　掲1992／1996

ナフカ, タチアナ　Navka, Tatiana　元・フィギュアスケート選手(アイスダンス)　トリノ五輪フィギュアスケート・アイスダンス金メダリスト　国ロシア　生1975年4月13日　掲2008／2012

ナブカー, プラバカール　IMF特別顧問　掲2000

ナブラチロワ, マルチナ　Navratilova, Martina　テニス選手　国米国　生1956年10月18日　掲1992／1996／2000／2004／2008／2012

ナフンア　羅勲児　本名＝崔弘基　歌手　我羅企画会長　国韓国　生1947年2月11日　掲1992／1996／2000

ナボコフ, ドミトリ　Nabokov, Dmitri　翻訳家,作家,バス歌手　生1934年　掲2004

ナポリ, ドナ・ジョー　Napoli, Donna Jo　作家,言語学者　国米国　掲2004／2012

ナポリターノ, ジョルジョ　Napolitano, Giorgio　筆名＝ピニャテッリ,トマッソ　政治家　イタリア大統領,イタリア終身上院議員　国イタリア　生1925年6月29日　掲2008／2012

ナポレオン, シャルル　Napoléon, Charles　歴史作家　フランス皇帝ナポレオン1世の末裔　国フランス　生1950年10月15日　掲2012

ナポレス, ホセ　Napoles, Jose　ニックネーム＝マンテキーヤ　プロボクサー　掲1992

ナポレターノ, ロベルト　Napoletano, Roberto　経済ジャーナリスト　国イタリア　生1961年　掲2000

ナボン, イツハク　Navon, Yitzhak　政治家　元・イスラエル大統領　国イスラエル　生1921年4月9日　掲1992／1996／2000

ナマリュー, ラビー　Namaliu, Rabbie Langanai　政治家　元・パプアニューギニア首相　国パプアニューギニア　生1947年4月3日　掲1992／1996

ナミアシュ, ダフネ　Nahmiash, Daphne　マッギル大学スクール・オブ・ソーシャルワーク准教授　専ソーシャルワーク　国カナダ　掲2000

ナミンハ, ダン　Namingha, Dan　画家　国米国　生1950年　掲1992

ナム・イルウ　南一友　本名＝南哲友　タレント　国韓国　生1938年5月25日　掲1996

ナム・インギ　南仁基　Nam, In-kie　韓国中央劇場長　国韓国　生1940年2月28日　掲2000

ナム・ウク　南旭　韓国火薬グループ副会長　国韓国　生1932年2月3日　掲1996

ナム・キハク　南基鶴　翰林大学日本学科専任講師　専日本中世史　国韓国　生1961年　掲2000

ナム・クァンウ　南広祐　仁荷大学名誉教授,韓国語文教育研究会理事長　国韓国　生1920年3月10日　掲1996

ナム・サンウ　南相祐　韓国開発研究院副院長　国韓国　生1946年10月15日　掲1996

ナム・サンス　南相水　Nam, Sang-soo　実業家　南栄産業会長,ビビアン会長　国韓国　生1925年5月26日　掲2000

ナム・サンソン　南相善　弁護士　国韓国　生1930年3月7日　掲1996

ナム・サンヒョン　「韓国流「キレイ」のつくり方—美肌のプロが教える"美容"と"健康"のヒント」の著者　掲2008

ナム・サンヒョン　南相鉉　Nam, Sang-hyon　韓国たばこ人参公社理事長　国韓国　生1934年11月　掲1996

ナム・サンホ　南相虎　Nam, San-ho　歴史学者　京畿大学人文学部副教授　国韓国　生1957年　掲2004

ナム・シウク　南時旭　ジャーナリスト　文化日報社長 元・東亜日報常務理事　国韓国　生1938年4月22日　掲1992／1996／2000

ナム・ジヒョン　Nam, Ji-hyun　グループ名＝4Minute　歌手　国韓国　生1990年1月9日　掲2012

ナム・ジュヒ　南周希　タレント　国韓国　生1969年8月3日　掲1996

ナム・ジョンシク　南正植　Nam, Jong-sik　号＝一観　実業家　ロッテ産業代表理事社長　国韓国　生1940年10月23日　掲2000

ナム・ジョンヒョン　南正鉉　Nam, Chung-hyun　実業家　大字エンジニアリング社長　国韓国　生1939年3月9日　掲2000

ナム・ジョンヒョン　南廷賢　作家　国韓国　生1933年　掲1992

ナム・ジン　漢字名＝南珍　歌手,俳優　国韓国　生1948年　掲1992／1996

ナム・ジン　南進　Nam, Jin　金融家　ボラム証券社長　国韓国　生1942年2月10日　掲2000

ナム・スンウ　南承祐　Nam, Seung-woo　号＝ノシル　実業家　プルムウォン代表理事社長　国韓国　生1952年5月13日　掲2000

ナム・ゼヒ　南載煕　Nam, Jae-hee　政治家　元・韓国労働相　国韓国　生1934年1月18日　掲1992／1996

ナム・ソンフン　南星勲　タレント　国韓国　生1945年2月13日　掲1996

ナム・チャンウ　南昌佑　Nam, Chang-woo　実業家　SKグループ社長　国韓国　生1942年1月15日　掲2000

ナム・チョル　南徹　Nam, Cheol　彫刻家　忠南大学教授　国韓国　生1936年10月10日　掲2000

ナム・ドクウ　南悳祐　Nam, Duck-woo　号＝智岩　政治家,経済学者　元・韓国首相・財務相,元・韓日協力委員会会長　国韓国　生1924年10月10日　没2013年5月18日　掲1992／1996／2012

ナム・ホンウ　南洪祐　外交官　駐日韓国公使　国韓国　生1935年5月20日　掲1996

ナム・ユンジョン　南潤貞　タレント　国韓国　生1954年5月4日　掲1996

ナム・ヨン　Nam, Yong　漢字名＝南鏞　実業家　元・LG電子CEO　国韓国　掲2012

ナムギャル, パルデン　Namgyal, Palden Thondup　元・シッキム国王　国シッキム　生1923年5月22日　没1982年1月28日　掲1992

ナムクン・ウォン　南宮遠　本名＝洪景一　俳優　国韓国　生1934年8月1日　掲1996

ナムクン, ケン・A.　米国大西洋評議会研究員　専朝鮮半島問題　国米国　掲1992／2004

ナムグン・ジン　南宮鎮　Namgoong, Jin　政治家　韓国大統領府首席秘書官,韓国国会議員(国民会議)　国韓国　生1942年8月11日

ナムグン・ソク　南宮 哲　Namgoong, Seok　政治家　元・韓国情報通信相　国韓国　生1938年9月20日　掲2000/2004

ナムジム、トゥムリィン　Namjim, Tumuriin　元・滋賀県立大学人間文化学部地域文化学科教授,元・モンゴル日本経済委員会委員長　専経済学,シベリア地域文化　国モンゴル　生1936年　掲2012

ナムダク、ドンロビーン　Namdag, Donrobīn　作家　国モンゴル　生1911年　掲1992/1996

ナモーラ、フェルナンド　Namora, Fernando　作家　国ポルトガル　生1919年4月15日　掲1992/1996

ナヤ、セイジ　Naya, Seiji　日本名=納谷誠二　エコノミスト　ハワイ東西センター副代表　国米国　掲1992

ナライン、ラジ　政治家　国インド　没1986年12月31日　掲1992

ナーラーシムハーン、サンダール　Narasimhan, Sundar　コンピューター技術者　掲2004

ナラヤナン、コチェリル・ラーマン　Narayanan, Kocheril Raman　政治家　元・インド大統領　国インド　生1920年10月27日　没2005年11月9日　掲1996/2000/2004

ナーラーヤン、R.K.　Narayan, R.K.　本名=ナーラーヤン、ラシプラム・クリシュナスワーミー　作家,政治家　元・インド上院議員　国インド　生1906年10月10日　没2001年5月13日　掲1992/1996

ナランツァツラルト、ジャンラブ　Narantsatsralt, Janlav　政治家　元・モンゴル首相　国モンゴル　生1957年6月10日　没2007年11月12日　掲2000/2004

ナランホ、ホセ　元・キューバ食品工業相　国キューバ　没1995年12月22日　掲1996

ナーリカー、ジャヤント　Narlikar, Jayant Vishnu　天体物理学者　タタ基礎科学研究所上級教授　専宇宙論　国インド　生1938年7月19日　掲1992

ナリタ、ジュード　女優　国米国　掲1992/1996

ナリタ、ノブコ・コービ　ジャズ・プロデューサー　国米国　掲2000

ナリット・チャイヤスート　タマサート大学準教授　専経済学　国タイ　生1955年　掲1996

ナリン・シャウピブーンキット　Narin Siawpiboonkit　絵本画家　国タイ　生1973年　掲2008

ナリンズ、ピーター　Narins, Peter M.　カリフォルニア大学ロサンゼルス校生理学教授　専神経生物学,行動学　国米国　掲1996

ナル　Naru　本名=チュヨンソク　グループ名=SM☆SH　歌手　国韓国　生1988年10月7日　掲2012

ナルイシキン、セルゲイ　Naryshkin, Sergei Yevgenyevich　政治家　ロシア下院議長　元・ロシア大統領府長官　国ロシア　生1954年10月27日　掲2008/2012

ナルシャ　Narsha　グループ名=ブラウン・アイド・ガールズ　歌手　国韓国　生1981年12月28日　掲2012

ナルスジャック、トーマ　Narcejac, Thomas　本名=エロー、ピエール　共同筆名=ボワロー・ナルスジャック、アルセーヌ・ルパン　ミステリー作家　国フランス　生1908年　没1998年6月11日　掲1992/1996

ナルディス、ファブリツィオ・デ　実業家　ベネトングループ・ジャパン社長　国イタリア　生1962年　掲2000

ナルデリ、ロバート　Nardelli, Robert L.　実業家　クライスラー会長・CEO　元・ホーム・デポ会長・CEO　国米国　生1948年5月17日　掲2004/2008/2012

ナルバサ、アンドレス　Narvasa, Andres　法律家　元・フィリピン最高裁長官　国フィリピン　掲2004

ナルバンディアン、ダビド　Nalbandian, David　テニス選手　国アルゼンチン　生1982年1月1日　掲2008

ナールビコワ、ワレーリヤ　Narbikova, Valeriya Spartakovna　作家　国ロシア　生1958年　掲2000

ナレ、ジャンリュック　Naret, Jean-Luc　編集者　ミシュランガイド総責任者　国フランス　生1961年　掲2008/2012

ナーレンホア　Naren-hua　漢字名=娜仁花　女優　国中国　生1962年12月1日　掲2008/2012

ナロン・ウォンワン　Narong Wongwan　政治家　タイ国民党顧問会議議長　国タイ　生1925年4月　掲1996

ナロンチャイ・アクラサネー　Narongchai Akrasanee　政治家,実業家,経済学者　ゼネラル・ファイナンス・アンド・セキュリティーズ(GF)会長　元・タイ商業相　国タイ　生1945年　掲1996/2000

ナロン・ニムサクン　Narong Nimsakul　医師　ナロン形成外科院長　専レーザー治療,形成外科学　国タイ　掲1992

ナロン・パティバチャラキク　政治家　タイ上院議員,タイ視覚障害者図書館館長　国タイ　掲2000

ナロン・ペップラサート　チュラロンコン大学準教授　専社会経済問題　国タイ　掲2000

ナワフ・アル・アハマド・アル・ジャビル・アル・サバハ　Nawaf al-Ahmad al-Jabir al-Sabah　クウェート皇太子,クウェート第一副首相・内相　国クウェート　生1938年　掲2008/2012

ナン　Nun　本名=Zaina Osman　漫画家　国マレーシア　生1952年　掲1992

ナン、ケム　Nunn, Kem　作家　国米国　掲1992/1996

ナン、サム　Nunn, Sam　政治家　元・米国上院議員(民主党)　国米国　生1938年9月8日　掲1992/1996

ナン、ジェームス　ワシントン州通商経済開発局日本事務所長　国米国　掲1992

ナン、トレバー　Nunn, Trevor　演出家　ロイヤル・シェークスピア劇団総支配人・芸術監督　国英国　生1940年　掲1996

ナン・ヨウ　南 雍　河南省体育訓練基地副主任　元・航空模型スポーツ選手・監督　国中国　生1938年　掲1996

ナンシー、ジャン・リュック　Nancy, Jean-Luc　哲学者　ストラスブール・マルク・ブロック大学名誉教授　国フランス　生1940年　掲2004/2008/2012

ナンディ、アシシュ　Nandy, Ashis　社会・文明評論家　元・国立発展途上社会研究センター所長　国インド　生1937年　掲2008/2012

ナンニーニ、ジャンナ　Nannini, Gianna　ミュージシャン　国イタリア　生1956年　掲1992(ナニーニ、ジャンナ)

ナンネリー、ジョン　Nunneley, John　元・軍人　ビルマ戦同志会(BCFG)会長　国英国　生1922年　掲2004

ナンフィ、アンリ　Namphy, Henri　政治家,軍人　元・ハイチ大統領　国ハイチ　生1932年10月2日　掲1992

ナンブーディリーパッド、E.M.S.　Namboodirīpad, Elamkulam Mana Sankaram　政治家　インド共産党書記長　元・ケララ州首相　国インド　生1909年6月14日　掲1992

【二】

ニア、イェフダ　Nir, Yehuda　精神医学者　コーネル大学医学部準教授　生1930年　掲1992/1996

ニアマイア、レナルド　Nehemiah, Renaldo　陸上選手(障害)　国米国　生1959年3月24日　掲1992

ニーアル、イーアン　動物文学者　国英国　掲1992

ニィリエ、ベンクト　Nirje, Bengt　元・ウプサラ大学ハンディキャップ研究センター顧問　専社会福祉,障害者福祉　国スウェーデン　生1924年　没2006年　掲2000

ニウ・チェンザー　Niu, Chen-zer　漢字名=鈕承沢,愛称=豆子,豆導　映画監督,俳優　国台湾　生1966年　掲2012

ニヴァ、ジョルジュ　ジュネーブ大学教授　国ロシア文学　国スイス　生1935年　掲1996(ニバ、ジョルジュ)

ニウェート・カンタイラート　作家　国タイ　掲1992

ニヴォラ、クレア　Nivola, Claire A.　イラストレーター　掲2008

ニエカワ、アグネス　Niekawa, Agnes M.　ハワイ大学名誉教授　専心理学　国米国　生1924年　掲1996/2000

ニエザビツトフスカ、マウゴジャータ　Niezabitowska, Malgorzata　ジャーナリスト　ポーランド報道官　国ポーランド　掲1992

ニエズナンスキー、フリードリッヒ　Neznanskii, Fridrikh　ミステ

リー作家, 元・検事 [生]1932年 [典]1992

ニエツビエツキ, パベル 自転車選手 [国]ポーランド [生]1974年5月12日 [典]2004

ニエプス, ジャニンヌ Niepce, Janine 写真家 [国]フランス [典]1996

ニエベス Nieves 本名=ニエベス, メルビン・ラモス 大リーグ選手(外野手), 元・プロ野球選手 [国]プエルトリコ [生]1971年12月28日 [典]2000／2004／2008

ニエミ, ミカエル Niemi, Mikael 詩人, 作家 [国]スウェーデン [生]1959年 [典]2012

ニエミネン, カイ Nieminen, Kai 作家, 翻訳家, 詩人 [国]フィンランド [生]1950年5月11日 [典]2004／2008

ニエミネン, トニ Nieminen, Toni スキー選手(ジャンプ) [国]フィンランド [生]1975年5月31日 [典]1996

ニェモリャーエワ, アナスタシア Nemolyaeva, Anastasiya 女優 [国]ソ連 [生]1969年 [典]1992／1996

ニエルシュ, レジエ Nyers, Rezsö 政治家 元・ハンガリー社会党党首 [国]ハンガリー [生]1923年3月21日 [典]1992

ニエルマン, エドゥワール Niermans, Édouard 映画監督 [国]フランス [生]1943年11月10日 [典]1992

ニ

ニエレレ, ジュリアス・カンバラゲ Nyerere, Julius Kambarage 政治家 元・タンザニア大統領 [国]タンザニア [生]1922年4月 [没]1999年10月14日 [典]1992／1996

ニーガス, キース Negus, Keith ポピュラー音楽研究家 ロンドン大学ゴールドスミス・カレッジ音楽学部教授 [国]英国 [生]1957年 [典]2008

ニガード, ピーター Nygaad, Peter モータースポーツ・ジャーナリスト グランプリフォト主宰者 [国]デンマーク [生]1962年5月3日 [典]2000

ニカノール Nicanor 本名=カルバリオ, ニカノール,Jr. サッカー監督 [国]ブラジル [生]1947年2月9日 [典]2000

ニキータ, アレクサンドラ 画家 [国]米国 [典]2004

ニキーチン, ウラジレン Nikitin, Vladilen V. 政治家 元・ソ連第1副首相・国家食料調達委員会議長 [国]ソ連 [生]1936年 [典]1992

ニキーチン, ボリス 教育者 [専]幼児教育 [国]ロシア [生]1916年 [没]1999年1月30日 [典]1996

ニキチン, ユーリー Nikitin, Yuri トランポリン選手 アテネ五輪トランポリン男子個人金メダリスト [国]ウクライナ [生]1978年7月15日 [典]2008

ニキーチン, レーナ 教育者 [国]ロシア [生]1929年 [典]1996／2000

ニキーティナ, イリーナ Nikitina, Irina ピアニスト [国]ロシア [典]2000

ニキティン, エフゲニー Nikitin, Evgeny テノール歌手 [国]ロシア [生]1973年

ニキティン, グレブ Nikitin, Gleb 指揮者, バイオリスト 京都市交響楽団コンサートマスター [国]ロシア [生]1964年7月15日 [典]1996／2000／2004／2008／2012

ニクシュ, ラリー 米国議会調査局朝鮮情勢専門官 [専]東アジア安全保障問題 [国]米国 [典]2000／2008

ニクス, ガース Nix, Garth 作家 [国]オーストラリア [生]1963年 [典]2004／2012

ニクスドルフ, ハインツ 元・ニクスドルフ社(コンピューター会社)社長 [国]ドイツ [没]1986年3月17日 [典]1992

ニクス・ライス, ナンシー Nix-Rice, Nancy イメージコンサルタント [国]米国 [典]2004

ニクソン, クリス Nickson, Chris 音楽ライター [国]米国 [生]1954年 [典]2000

ニクソン, シンシア Nixon, Cynthia 女優 [国]米国 [生]1966年4月9日 [典]2012

ニクソン, ニコラス Nixon, Nicholas 写真家 [国]米国 [生]1947年 [典]1996

ニクソン, リチャード Nixon, Richard Milhous 政治家 元・米国大統領(第37代) [国]米国 [生]1913年1月9日 [没]1994年4月22日 [典]1992／1996

ニクパイ, ロウラ Nikpai, Rohullah テコンドー選手 北京五輪・ロンドン五輪銅メダリスト [国]アフガニスタン [生]1987年6月15日 [典]2012

ニクラウス, ゲーリー Nicklaus, Gary プロゴルファー [国]米国 [生]1969年1月15日 [典]2000

ニクラウス, ジャック Nicklaus, Jack 本名=Nicklaus,Jack William プロゴルファー [国]米国 [生]1940年1月21日 [典]1992／1996／2000／2004／2008／2012

ニクラス, カール・ジョセフ Niklas, Karl Joseph 生物学者 コーネル大学教授 [専]生物進化, 生物機械学 [国]米国 [典]1996

ニクリイ, ミシェル Nikly, Michelle 児童文学作家, 画家 [生]1946年 [典]1996

ニーグル, アンナ Neagle, Anna 女優 [国]英国 [没]1986年6月3日 [典]1992

ニクルズ, ドン Nickles, Don 本名=Nickles,Donald Lee 政治家 元・米国上院議員(共和党) [国]米国 [生]1948年12月6日 [典]1996／2000／2004

ニクレンツ, エリカ グループ名=エロイカ・トリオ ピアニスト [国]米国 [典]2004

ニークロ, フィル Niekro, Phil 本名=Niekro,Philip Henry 米国女子プロ野球監督, 元・大リーグ選手 [国]米国 [生]1939年4月1日 [典]1992／1996／2000

ニケ, エルヴェ Niquet, Hervé 指揮者, 作曲家 ル・コンセール・スピリテュエル創設者 [国]フランス [生]1957年 [典]2012

ニコ Nico 本名=パフゲン, クリスタ 旧グループ名=ベルベット・アンダーグラウンド, マグマ ロック歌手 [国]フランス [生]1938年10月18日 [没]1988年7月18日 [典]1992

ニコースキー, クリストファー Nitkowski, Christopher John 大リーグ選手(投手) [国]米国 [生]1973年3月9日 [典]2008／2012

ニ・ゴーナル, トリーナ Ní Dhomhnaill, Tríona ケルト・ミュージシャン [国]アイルランド [典]2004／2008

ニ・ゴーナル, モレート Ni Dhomhnaill, Maighread ケルト・ミュージシャン [国]アイルランド [生]1955年 [典]2000(ゴーナル, モレート・ニ)／2004／2008

ニコノフ, ヴィクトル Nikonov, Viktor Petrovich 政治家 元・ロシア農業相 [国]ソ連 [生]1929年2月27日 [典]1992／1996

ニコノフ, ビャチェスラフ Nikonov, Vyacheslav 政治評論家 元・ロシア下院議員 [国]ロシア [生]1956年 [典]2000

ニコム・ラーヤワー Nikom Rayawa 作家 [国]タイ [生]1944年 [典]2004

ニコラ, ジル Nicola, Jill コンピューターコンサルタント [国]米国 [典]2004

ニコライ, アルビン Nikolais, Alwin 舞踊家, 振付師, 演出家 [国]米国 [生]1912年 [没]1993年5月8日 [典]1992／1996

ニコライエワ, エレーナ Nikolayeva, Yelena 競歩選手 [国]ロシア [生]1966年2月1日 [典]2000／2008

ニコライズ, フェドン Nicolaides, Phedon A. 英国王立国際問題研究所研究員 [専]国際経済 [国]英国 [生]1958年 [典]1992

ニコライデス, クリスチノ Nicolaides, Cristino 軍人 元・アルゼンチン陸軍総司令官 [国]アルゼンチン [生]1925年1月2日 [典]1992

ニコラウ, K.C. Nicolaou, K.C. 化学者 スクリプス研究所化学部長, カリフォルニア大学サンディエゴ校教授 [国]米国 [典]2004

ニコラウス, ブレット Nicholaus, Bret 作家, デザイナー [典]2004

ニコラエヴァ, マリア Nikolajeva, Maria ケンブリッジ大学教授 [専]児童文学 [典]2012

ニコラエフ, アンドリアン Nikolaev, Andrian Grigorievich 宇宙飛行士, 空軍少将 [国]ロシア [生]1929年9月5日 [没]2004年7月3日 [典]1992／1996

ニコラエフ, ゲンナジー Nikolaev, Gennajii 労働社会関係アカデミー副学長 [国]ロシア [生]1936年 [典]1996

ニコラエフ, ミハイル Nikolaev, Mikhail Efimovich 政治家 ヤクート・サハ共和国大統領 [国]ソ連 [生]1937年 [典]1992

ニコラエワ, タチアナ　Nikolaeva, Tatiyana Petrovna　ピアニスト, 作曲家　元・モスクワ音楽院教授　⑬ロシア　⑭1924年5月4日　⑮1993年11月22日　⑯1996

ニコラス, アドルフォ　Nicolas, Adolfo　カトリック神父　イエズス会総長　元・上智大学神学部教授　秘跡神学, 司牧神学　⑬スペイン　⑭1936年4月29日　⑯2012

ニコラス, アリソン　Nicholas, Alison　プロゴルファー　⑬英国　⑭1962年3月6日　⑯2000

ニコラス, グラント　Nicholas, Grant　グループ名=フィーダー　ミュージシャン　⑬英国　⑯2012

ニコラス, ジョセフ　Nicholas, Joseph G.　投資コンサルタント　⑯2004

ニコラス, ライアン　Nicholas, Ryan　ラグビー選手（CTB）　⑬オーストラリア　⑭1979年5月23日

ニコラ・リサ, W.　Nicola-Lisa, W.　教育学者, 児童文学作家　ナショナル・ルイス大学教授　⑬米国　⑯2004／2008

ニコリス, G.　Nicolis, Grégoire　ブリュッセル自由大学物理化学科教授　⑰物理化学　⑭1939年　⑯1996

ニコリッチ, トミスラヴ　Nikolić, Tomislav　政治家　セルビア大統領　⑬セルビア　⑭1952年2月15日

ニコリン, ルイ　Nicollin, Louis　実業家　ニコリン・グループ社長, モンペリエオーナー　⑬フランス　⑯2012

ニコル　Nicole　グループ名=KARA　歌手　⑭1991年10月7日　⑯2012

ニコル, C.W.　Nicol, Clive William　作家, 探検家, ナチュラリスト　（財）C.W.ニコル・アファンの森財団理事長　⑭昭和15年7月17日　⑯1992／1996／2000／2004

ニコル, アビオヤ　Nicol, Abioseh　医学者, 文学者, 教育者, 大使　⑬シエラレオネ　⑭1924年　⑯1992

ニコル, アンドルー　Niccol, Andrew　映画監督, 脚本家　⑬ニュージーランド　⑯2008

ニコル, ジェームズ　Nichol, James W.　脚本家, 作家　⑬カナダ　⑭1940年　⑯2012

ニコル, ジョン　Nichol, John　作家, 元・軍人　⑬英国　⑭1963年　⑯2004

ニコル, デービッド　Nicolle, David　美術史家　ヤルムーク大学　⑬英国　⑭1944年　⑯2004

ニコル, デービッド　Nichol, David　精神科医　⑬米国　⑯2004

ニコル, マイク　Nicol, Mike　ジャーナリスト, 作家, 詩人　⑬南アフリカ　⑭1951年　⑯1992／1996

ニコルズ, イブ　Nichols, Eve K.　サイエンス・ライター　ホワイトヘッド・バイオメディカル研究所広報主任　⑬米国　⑯1996

ニコルズ, サラ　Nichols, Sarah　作家, シナリオライター　⑬米国　⑯2004

ニコルズ, ジョン　Nichols, John Treadwell　作家　⑬米国　⑭1940年7月23日　⑯1992

ニコルズ, ピーター　Nichols, Peter Richard　劇作家　⑬英国　⑭1927年7月31日　⑯1992

ニコルズ, マイク　Nichols, Mike　本名=Peschkowsky,Michael Igor　映画監督, 演出家　⑬米国　⑭1931年11月6日　⑯1992／1996／2000／2004／2008／2012

ニコルズ, リンダ　Nichols, Linda　作家　⑬米国　⑯2004

ニコルズ, ロビン　Nichols, Robin　写真家, デジタルフォトデザイナー　⑯2004

ニコルスキー, アンドレイ　Nikolsky, Andrei　ピアニスト　⑭1959年　⑯1996

ニコルソン, アーネスト・ウィルソン　Nicholson, Ernest Wilson　旧約学者　元・オックスフォード大学副総長, 元・ケンブリッジ大学ペンブルク・カレッジ学長　⑬英国　⑭1938年9月26日　⑮2013年12月22日

ニコルソン, アンドルー　Nicholson, Andrew　元・スピードスケート選手　⑬ニュージーランド　⑭1970年7月12日　⑯2000

ニコルソン, ジェフ　Nicholson, Geoff　作家　⑬英国　⑭1953年　⑯2012

ニコルソン, ジム　Nicholson, Jim　政治家, 軍人　元・米国退役軍人長官, 元・米国陸軍大佐　⑬米国　⑭1938年　⑯2008／2012

ニコルソン, ジャック　Nicholson, Jack　本名=ニコルソン, ジョン　俳優, 映画監督　⑬米国　⑭1937年4月22日　⑯1992／1996／2000／2004／2008／2012

ニコルソン, ジョイ　Nicholson, Joy　作家　⑬米国　⑯2004

ニコルソン, トマス　元・アメリカ自然史博物館長　⑰天文学　⑬米国　⑮1991年7月9日　⑯1992

ニコルソン, ナイジェル　Nicolson, Nigel　ノンフィクション作家, 編集者　ワイデンフェルト・アンド・ニコルソン社　⑬英国　⑭1917年1月19日　⑯1992／1996

ニコルソン, ノーマン　Nicholson, Norman　詩人, 劇作家　⑬英国　⑭1914年1月8日　⑯1992

ニコルソン, ペギー　Nicholson, Peggy　ロマンス作家　⑬米国　⑯2004

ニコルソン, ベン　Nicholson, Ben　画家　⑬英国　⑭1894年4月10日　⑮1982年2月6日　⑯1992

ニコルソン, マイケル　Nicholson, Michael　作家, ジャーナリスト, 写真家　⑬英国　⑯2000

ニコルソン, マージョリー・ホープ　Nicolson, Marjorie Hope　英文学者, 女性文化史家　⑭1894年　⑮1981年　⑯1992

ニコレ, オーレル　Nicolet, Aurèle　フルート奏者　元・ベルリン・フィルハーモニー管弦楽団首席フルート奏者　⑬スイス　⑭1926年1月22日　⑯1992

ニコレット　Nicolette　歌手　⑬英国　⑭1965年　⑯2000

ニコレリス, ミゲル　Nicolelis, Miguel　神経科学者　デューク大学アン・W・ディーン神経科学教授　⑯2012

ニコロフ, ウラジミール　Nikolov, Vladimir　バレーボール選手　⑬ブルガリア　⑭1977年10月3日

ニジェゴロドフ, デニス　Nizhegorodov, Denis　競歩選手　アテネ五輪銀メダリスト, 陸上男子50キロ競歩世界記録保持者　⑬ロシア　⑭1980年7月26日

ニシオチス, ニコラオス　元・国際オリンピック委員会委員, 元・アテネ大学教授　⑰神学　⑬ギリシャ　⑮1986年8月18日　⑯1992

ニシザキ, アーネスト　ハワイホテル協会会長, シェラトン・カウアイ総支配人　⑬米国　⑭1947年4月　⑯1996

ニシザワ, ルイス　画家　⑬メキシコ　⑭1920年　⑯1996

ニシムラ, コウイチ　Nishimura, Kouich　日本名=西村公一　実業家　ソレクトロン会長・社長　⑬米国　⑯2000

ニシャニ, ブヤール　Nishani, Bujar　政治家　アルバニア大統領　⑬アルバニア　⑭1966年9月29日

ニシャニアン, ヴェロニク　Nichanian, Veronique　ファッションデザイナー　エルメス紳士服プレタポルテ・ディレクター・デザイナー　⑬フランス　⑯2012

ニシャーノフ, ラフィク　Nishanov, Rafik N.　政治家　ソ連最高会議議長代行, ソ連最高会議民族会議議長　⑬ソ連　⑭1926年6月1日　⑯1992

ニジョウ, バルトゥオミ　Niziol Bartlomiej　バイオリニスト　⑬ポーランド　⑭1974年　⑯1996

ニジンスカ, イリーナ　Nijinska, Irina　バレリーナ, バエレ教師　⑬米国　⑮1991年7月5日　⑯1992

ニスカネン, ウィリアム　Niskanen, William A.　ケイトー研究所（CATO）所長　元・米国大統領経済諮問委員会（CEA）委員　⑰経済政策　⑬米国　⑭1933年　⑯1992／1996／2000

ニスキエル, アルナルド　Niskier, Arnaldo　教育評論家　リオデジャネイロ連邦大学教育史学科主任教授　⑬ブラジル　⑭1935年　⑯1996

ニスタット, クラウディア　Nystad, Claudia　本名=キュンツェル・ニスタット, クラウディア　スキー選手（距離）　ソルトレークシティ五輪・バンクーバー五輪金メダリスト　⑬ドイツ　⑭1978年2月1日　⑯2004（キュンツェル, クラウディア）／2008（キュンツェル, クラウディア）／2012

ニストレスク, コルネル　ジャーナリスト　「エベニメントゥール・ズィレイ」編集局長　⑬ルーマニア　⑭1948年　⑯2000

ニーストロム, レイフ　第一アールストローム社長　国フィンランド　豊1992

ニスベット, リチャード　Nisbett, Richard E.　心理学者　ミシガン大学教授　国米国2008

ニースワンド, ノーニ　Niesewand, Nonie　デザイン・エディター, 美術評論家　「ヴォーグ」(英国版)エディター　国英国1992

ニーソン, リーアム　Neeson, Liam　俳優　国英国　生1952年6月7日　豊1996／2000／2004／2008／2012

ニーダホッファー, ビクター　Niederhoffer, Victor　投機家　元・ニーダホッファー・インベストメント代表　国米国2000

ニーダーマイヤー, スコット　Niedermayer, Scott　元・アイスホッケー選手　ソルトレークシティ五輪・バンクーバー五輪アイスホッケー男子金メダリスト　国カナダ　生1973年8月31日

ニーダム, ジョセフ　Needham, Joseph　中国名=李約瑟　生化学者, 科学史家　元・ケンブリッジ大学東アジア科学史図書館(ニーダム研究所)名誉館長　国中国科学史　国英国　生1900年12月9日　没1995年3月24日　豊1992／1996

ニーダム, ロドニー　Needham, Rodney　元・オックスフォード大学教授　社会人類学　国英国　生1923年　豊1996

ニーダン, ズザーナ　自然療法研究家　生1953年　豊2008

ニーチュ, リュディガー・フォン　Nitzsch, Rüdiger Von　経営学者　アーヘン工科大学経営学部教授　市場における心理学, 企業の資金調達　国ドイツ　生1960年　豊2004

ニッカーソン, ベティ　Nickerson, Betty　著述家　国カナダ　生1922年　豊2000

ニッカネン, マッチ　Nykänen, Matti　元・スキー選手(ジャンプ)　国フィンランド　生1963年7月17日　豊1992／1996／2008／2012

ニック　Nick　本名=Carter,Nickolas Gene　別称=カーター, ニック　グループ名=バックストリート・ボーイズ　歌手　国米国　生1980年1月28日　豊2004／2008／2012

ニックス, スティービー　Nicks, Stevie　本名=Nicks,Stephanie　グループ名=フリートウッド・マック, 旧グループ名=バッキンガム・ニックス　シンガー・ソングライター　国米国　生1948年5月26日　豊1992／2008／2012

ニックマイヤー, スティーブ　Knickmeyer, Steve　作家, ジャーナリスト　国米国　生1944年　豊1996

ニックン　Nickhun　本名=ホルベツクル, ニックン・バック　グループ名=2PM　歌手　国韓国　生1988年6月24日　豊2012

ニッシュ, イアン・ヒル　Nish, Ian Hill　歴史学者　ロンドン・スクール・オブ・エコノミクス名誉教授　元・日英学術学会会長　日英関係史, 極東外交史　国英国　生1926年　豊1992／1996／2000／2004／2012

ニッセル, ムリエル　Nissel, Muriel　政策研究所特別研究員　国英国　豊1992

ニッチュ, コルネリア　Nitsch, Cornelia　児童心理学者　豊2004

ニッツ, ポール・ヘンリー　Nitze, Paul Henry　外交戦略家　元・米国国防副長官, 元・米国海軍提督　国米国　生1907年1月16日　没2004年10月19日　豊1992／1996

ニッツァン, オムリ　演出家　カメリ・シアター芸術監督　国イスラエル　生1950年　豊2000

ニッパート, ルイーズ　Nippert, Louise　実業家　元・シンシナティ・レッズ球団オーナー　国米国　没2012年7月23日

ニッパーン　Niphan　本名=マクット・オールンディー　作家　国タイ　生1950年　豊1992

ニップリング, エドワード・フレッド　Knipling, E.F.　フロリダ州立大学名誉教授　農業昆虫学, 害虫防除　国米国　生1909年　豊1992／1996

ニティ・イーオシーウオン　Nithi Iawsiwong　歴史学者, 評論家　国タイ　生1940年　豊2004／2008

ニート, パトリック　Neate, Patrick　作家　国英国　豊2008／2012

ニトカ, ルイ　漫画家, イラストレーター　国フランス　生1940年　豊1992

ニートリスバッハ, フランツ　車いすマラソン選手　国スイス　豊2004

ニードル, アラン　Neidle, Alan　外交官　国家安全保障,軍事管理政策　国米国　豊1996

ニードルマン, ジェーコブ　Needleman, Jacob　宗教哲学者　サンフランシスコ州立大学哲学教授　実存主義哲学, 比較宗教学　国米国　生1934年　豊1992／1996

ニニオ, ジャック　Ninio, Jacques　生物学者　フランス国立科学研究センター(CNRS)主任研究員　分子生物学　国フランス　生1942年　豊2008

ニニ・カルリナ　歌手　国インドネシア　生1976年　豊1996

ニーニスト, サウリ　Niinistö, Sauli Väinämö　政治家　フィンランド大統領　国フィンランド　生1948年8月24日

ニーハウス, デーブ　Niehaus, Dave　アナウンサー　元・シアトル・マリナーズ専属アナウンサー　国米国　生1935年2月19日　没2010年11月10日

ニーハウス・ケサダ, ベルン　Niehaus Quesada, Bernd H.　コスタリカ外相　国コスタリカ　生1941年　豊1996

ニハーラーニー, ゴーヴィンド　映画監督　国インド　生1940年　豊1996

ニハル・ウィクラマナヤカ　Nihal Wickramanayake　ニハル・W・アンド・カンパニー社長　国スリランカ　豊1992／1996

ニーフ, ハーマン　Knief, Herman　コンピューター技術者　国米国　豊2004

ニーファー, ウェルナー　Niefer, Werner　元・ダイムラー・ベンツ監査役会役員, 元・メルセデス・ベンツ社長　国ドイツ　生1928年8月26日　没1993年9月12日　豊1992

ニーフェルド, ジェイ・S.　ボーゼル副社長, シカゴ大学ビジネススクール講師　国米国　豊1992

ニフォントフ, イワン　Nifontov, Ivan　本名=Nifontov,Ivan Vitalyevich　柔道選手　ロンドン五輪柔道男子81キロ級銅メダリスト　国ロシア　生1987年6月5日

ニプコウ, カール・エルンスト　Nipkow, Karl Ernst　教育学者　テュービンゲン大学教授, コメニウス研究所代表理事　国ドイツ　生1928年12月19日　豊1996

ニブレット, ロビン　Niblett, Robin　英国王立国際問題研究所理事　国英国　生1961年　豊2008／2012

ニーブン, デービッド　Niven, David　本名=グレアム・ニーブン, ジェームズ・デービッド　俳優　国英国　生1910年3月1日　没1983年7月29日　豊1992

ニーブン, デービッド　Niven, David　フロリダ・アトランティック大学教授　社会心理学　豊2004

ニーブン, ポール　Niven, Paul R.　経営コンサルタント　豊2008

ニーブン, ラリー　Niven, Larry　本名=ニーブン, ローレンス・バン・コット　SF・ファンタジー作家　国米国　生1938年4月30日　豊1992／1996／2000／2004／2012

ニーベルソン, ルイズ　Nevelson, Louise　彫刻家　国米国　生1899年9月23日　没1988年4月17日　豊1992

ニーホフ, デブラ　Niehoff, Debra　医学コンサルタント　国米国　豊2008

ニーホフ, ラリー　Nyhoff, Larry　コンピューター科学者　カルビン・カレッジ教授　国米国　豊2004

ニポムニシ, ヴァレリー　Nepomniachtchi, Valeri　登録名=ヴァレリー　元・サッカー監督,元・サッカー選手　元・サッカー・カメルーン代表監督　国ロシア　生1943年8月7日　豊2004／2008

ニーマイヤー, オスカー　Niemeyer, Oscar　本名=Niemeyer Soares Filho,Oscar　建築家　国ブラジル　生1907年12月15日　没2012年12月5日　豊1992／2004／2012

ニーマン, グンダ　Niemann, Gunda　本名=ニーマン, シュティルネマン・グンダ　旧名=クレーマン, グンダ　元・スピードスケート選手　アルベールビル五輪・長野五輪金メダリスト　国ドイツ　生1966年9月7日　豊1996／2000／2004／2008／2012

ニーマン, ヤコブ　政治家　イスラエル蔵相　国イスラエル　豊2000

ニーマン, リロイ　Neiman, LeRoy　画家　国米国　生1921年6月8日　没2012年6月20日　豊1992

ニーマン, リンダ　Niemann, Linda　作家　国米国　生1943年

ニミエ, マリー　Nimier, Marie　作家, 元・女優　国フランス　生1957年　典2004/2008

ニミット・ノンタパンタワット　Nimit Nontapunthawat　銀行家, エコノミスト　バンコク銀行副頭取　国タイ　生1943年　典2000

ニミット・プーミターウォン　Nimit Phumithawon　作家, 教育者　国タイ　生1935年　没1981年7月　典1992

ニーム, ロナルド　Neame, Ronald　映画監督, 映画撮影監督, 映画プロデューサー　国英国　生1911年4月23日　没2010年6月16日　典1996

ニムケ, シュテファン　Nimke, Stefan　自転車選手（トラックレース）　アテネ五輪自転車男子チームスプリント金メダリスト　国ドイツ　生1978年3月1日　典2008

ニームス, マリア　Nemeth, Maria　臨床心理学者, カウンセラー　元・カリフォルニア大学デービス校教授　典2004

ニーメイヤー, パトリック　Niemeyer, Patrick　コンピューター技術者　典2004

ニーメラー, マルチン　Niemöller, Martin　牧師, 神学者　国ドイツ　生1892年1月14日　没1984年3月6日　典1992

ニモ, ジェニー　Nimmo, Jenny　児童文学作家　国英国　生1944年　典2000/2008

ニモイ, レナード　Nimoy, Leonard　俳優, 映画監督　国米国　生1931年3月26日　典2004/2008/2012

ニャシンベ, フォール　Gnassingbé, Faure　本名＝ニャシンベ・エヤデマ, フォール・エソジムナ　政治家　トーゴ大統領　国トーゴ　生1966年6月6日　典2008/2012

ニヤゾフ, サパルムラト　Niyazov, Saparmurat A.　政治家　元・トルクメニスタン大統領・首相　国トルクメニスタン　生1940年2月19日　没2006年12月21日　典1992/1996/2000/2004

ニャット・ハイン　Nhat Hanh　僧侶　国ベトナム　典2008/2012

ニャロタ, ジェフリー　Nyarota, Geoffrey　ジャーナリスト　「デーリー・ニューズ」発行者　国ジンバブエ　典2004

ニャン・ウィン　Nyan Win　軍人　ミャンマー外相　国ミャンマー　生1953年1月22日　典2008/2012

ニュー, クリストファー　New, Christopher　作家　香港大学哲学科主任教授　国英国　生1937年　典1996

ニュイッテン, ブリュノ　Nuytten, Bruno　映画監督　国フランス　生1945年　典1992

ニューウェル, アレン　Newell, Allen　カーネギーメロン大学教授　専計算機科学　国米国　典1992

ニューウェル, マイク　Newell, Mike　映画監督　国英国　生1942年3月28日　典1996/2000/2008/2012

ニューウェル, リー　Newell, Lee　グループ名＝ビバ・ブラザー　ミュージシャン　国英国　典2012

ニューエル, ロナルド　ゲイツ・エド・ビジョン・プロジェクト学習プログラムディレクター, エド・ビジョン協同組合ディレクター　国米国　典2008

ニュエン, ジェニー・マイ　Nuyen, Jenny-mai　作家　国ドイツ　生1988年3月14日　典2012

ニューエン, マゼル　Nguyen, Marcel　体操選手　ロンドン五輪体操男子個人総合・平行棒銀メダリスト　国ドイツ　生1987年9月8日

ニューエンダイク, ジョー　Nieuwendyk, Joe　元・アイスホッケー選手　ソルトレークシティ五輪アイスホッケー男子金メダリスト　国カナダ　生1966年9月10日

ニュエン・ホアン・フォン　ピアニスト　国ベトナム　典2004

ニューオール, ポール　Newall, Paul Henry　実業家　リーマン・ブラザーズ社特別顧問　元・ロンドン市長　国英国　生1934年9月17日　典1996/2000

ニューカーク, デービッド　Newkirk, David L.　ブーズ・アレン・アンド・ハミルトン副社長　国米国　生1952年5月26日　典2000

ニューカム, ジョージ　Newcombe, George M.　弁護士　シンプソン・サッチャー＆バートレット法律事務所　国米国　典2000

ニューカム, マーク　Newcomb, Mark J.　コンピューター技術者　国米国　典2004

ニューカム, リチャード　Newcomb, Richard F.　ジャーナリスト　元・AP通信記者　国米国　典2004

ニュージェント, ドナルド　Nugent, Donald R.　元・GHQ民間情報教育局（CIE）局長　国米国　典1996

ニュースバーグ, ジャーロッテ　社会福祉活動家　世界高齢者団体連盟（IFA）事務総長, American Association of Retired Persons（AARP）国際部長　国米国　典1992

ニュスラインフォルハルト, クリスティアーネ　Nüsslein-volhard, Christiane　遺伝学者　マックス・プランク発生生物学研究所遺伝学部長　国ドイツ　生1942年10月20日　典1996/2000/2004/2008/2012

ニューソン, マーク　Newson, Mark　デザイナー　国オーストラリア　生1963年　典1992/2000

ニューディック, ジェーン　Newdick, Jane　フラワーデザイナー　国英国　典1992/1996

ニュートン, カーロス　Newton, Carlos　格闘家　生1976年8月17日　典2008

ニュートン, キャム　Newton, Cam　本名＝Newton,Cameron　プロフットボール選手（QB）　国米国　生1989年5月11日

ニュートン, デービッド　Newton, David E.　著述家　サンフランシスコ大学非常勤講師　国米国　生1933年　典1992

ニュートン, ヒューイ　Newton, Huey P.　黒人運動指導者　元・ブラック・パンサー党創設者　国米国　生1942年　没1989年8月22日　典1992

ニュートン, ヘルムート　Newton, Helmut　ファッション写真家　国オーストラリア　生1920年10月31日　没2004年1月23日　典1992/1996/2000

ニュートン, マイケル　Neuton, Michael　心理カウンセラー　催眠療法　国米国　典2004

ニュートン・ジョン, オリビア　Newton-John, Olivia　歌手, 女優　国連環境計画（UNEP）親善大使　国英国　生1948年9月26日　典1992/1996/2000/2008/2012

ニューハウス, ジョゼフ　Newhouse, Joseph P.　医学者　ハーバード大学教授　典2004

ニューハウス, ジョン　Newhouse, John　ジャーナリスト　専国際政治, 軍縮問題　国米国　典2008

ニューハウス, スティーブン・F.　銀行家　モルガン・スタンレー副会長　国米国　生1947年　典2000

ニューバーグ, アンドルー　Newberg, Andrew　医学者　ペンシルベニア大学核治療ディビジョン放射線医学部助教授・宗教学部講師　専神経学　国米国　典2004

ニューバーグ, エム・アール　実業家　日本エヌ・シー・アール会長　国米国　典2000

ニューハース, アレン　Neuharth, Allen H.　通称＝ニューハース, アル　新聞人　元・ガネット社会長, 元・フリーダム・フォーラム財団会長, 元・USAトゥデイ創刊者　国米国　生1924年3月22日　没2013年4月19日　典1992/1996

ニュービー, P.H.　Newby, Percy Howard　作家　元・BBC常務　国英国　生1918年6月25日　没1997年9月6日　典1992/1996

ニュービー, エリック　Newby, Eric　本名＝Newby,George Eric　旅行作家　国英国　生1919年12月6日　没2006年10月20日　典1996/2000

ニューファー, ジョン　Neuffer, John F.　政治アナリスト　三井海上基礎研究所主任研究員　専政治学　国米国　典2000

ニューフェルド, メース　Neufeld, Mace　映画プロデューサー　国米国　生1928年7月13日　典1996

ニューベリー, シャンテル　Newbery, Chantelle　旧名＝マイケル, シャンテル　飛び込み選手　アテネ五輪女子高飛び込み金メダリスト　国オーストラリア　生1977年5月6日　典2008

ニューベリー, デブ　Newberry, Deb　「ナノテク ビジネス指南―小さな技術が起こす大変革」の著者　典2008

ニューベリー, リンダ　Newbery, Linda　児童文学作家　国英国　生1952年　典2004

ニューボーン, フィニアス（Jr.）　Newborn, Phineas（Jr.）　ジャズ

ピアニスト　⑱米国　㊤1931年12月14日　㊦1992

ニューマイヤー, エド　Neumeier, Ed　本名=ニューマイヤー, エドワード　脚本家, 映画監督　⑱米国　㊦2012

ニューマイヤー, フレデリック　Newmeyer, Frederick J.　ワシントン大学言語学科教授　⑲言語学　⑱米国　㊤1944年　㊦1996

ニューマン, M.ゲーリー　Neuman, M.Gary　カウンセラー, ラビ　⑱米国　㊦2004

ニューマン, W.ラッセル　Neuman, W.Russell　マサチューセッツ工科大学メディア研究所視聴者研究プログラム主任, タフツ大学マロー国際通信研究センター教授　⑲メディア研究　⑱米国　㊦1996

ニューマン, アーノルド　Newman, Arnold　写真家　⑱米国　㊤1918年3月3日　㊥2006年6月6日　㊦1996

ニューマン, アラン　Newman, Alan Spencer　プロ野球選手(投手), 元・大リーグ選手　⑱米国　㊤1969年10月2日　㊦2004

ニューマン, アーロン　Newman, Aaron　コンピューター技術者　⑱米国　㊦2004/2008

ニューマン, エドワード　Newman, Edward G.　実業家　ザイブナー会長・社長　⑱米国　㊤1943年　㊦2004

ニューマン, キム　Newman, Kim　筆名=ヨーヴィル, ジャック　作家　⑱英国　㊤1959年　㊦2012

ニューマン, キャリー　日本レッドケン社長　⑱米国　㊦1992

ニューマン, クリストファー　Newman, Christopher　作家　⑱米国　㊤1952年4月18日　㊦1996

ニューマン, ジャック　Newman, Jack　トロント大学助教授　⑲小児科学　⑱カナダ　㊦2000

ニューマン, ジョー　Newman, Joe　本名=Newman,Joseph Dwight　ジャズトランペット奏者　⑱米国　㊤1922年9月7日　㊥1992年7月4日　㊦1996

ニューマン, ジョセフ　Newman, Joseph　ジャーナリスト　元・「ニューヨーク・ヘラルド・トリビューン」紙東京特派員　⑱米国　㊥1995年4月15日　㊦1996

ニューマン, ジョン　Newman, John　柔道家　元・日本大学医学部教授, 元・英国放送協会日本語放送部長　⑱英国　㊤1935年　㊥1993年5月19日　㊦1992

ニューマン, ダニー　演劇コンサルタント　シカゴ・リリック・オペラ　元・全米演劇連絡機構(TCG)支持層開発コンサルタント　⑱米国　㊦2004/2008

ニューマン, バーバラ　Newman, Barbara J.　ノースウェスタン大学教授　⑲宗教学　⑱米国　㊦2000

ニューマン, バーバラ　Newman, Barbara　作家, バレエ評論家, 元・バレリーナ　⑱米国　㊦2004/2008

ニューマン, フランク　Newman, Frank　銀行家　バンカースCEO　元・ドイツ銀行取締役, 元・米国財務副長官　⑱米国　㊤1942年4月20日　㊦1996/2000

ニューマン, フランク　Newman, Frank　超常現象研究家　⑱英国　㊤1918年　㊦2004/2008

ニューマン, ポール　Newman, Paul　俳優, 映画監督　⑱米国　㊤1925年1月26日　㊥2008年9月26日　㊦1992/1996/2000/2004/2008

ニューマン, ライオネル　作曲家　⑱米国　㊥1989年2月3日　㊦1992

ニューマン, ランディ　Newman, Randy　作曲家　⑲映画音楽　⑱米国　㊤1943年　㊦2012

ニューマン, ロバート　Newman, Robert　詩人, 放送作家, 児童文学作家　⑱米国　㊤1909年　㊥1988年　㊦1992

ニューマン, ロバート　元・外交官　戦略国際問題研究所(CSIS)上級顧問　⑲中東問題　⑱米国　㊤1916年　㊦1992/1996

ニューメロフ, ローラ・ジョフィ　Numeroff, Laura Joffe　絵本作家　⑱米国　㊦2000

ニューライタ, ノーマン　Neureiter, Norman P.　実業家　元・日本テキサス・インスツルメンツ(TI)取締役・アジア太平洋担当副社長　⑱米国　㊦2004/2008/2012

ニューランド, エミイ・レイグル　Newland, Amy Reigle　日本美術研究家, 作家, 編集者　⑲19世紀木版画家, 20世紀版画　㊦2004

ニューランド, ダン　Newland, Dan　コンピューター技術者　⑱米国　㊦2004

ニーヨ　Ne-Yo　ミュージシャン　⑱米国　㊤1979年　㊦2008/2012

ニヨマン・スナルティア　Nyoman Sunartya　彫刻家　⑱インドネシア　㊤1955年　㊦1992/2000

ニョーリ, ゲラルド　Gnoli, Gherardo　イラン研究家　中亜極東協会(イズメオ)会長　⑱イタリア　㊤1937年12月6日　㊦2000

ニョール, ハイン　Ngor, Haing S.　俳優, 作家, カンボジア難民救済活動家　⑱米国　㊤1947年　㊥1996年2月25日　㊦1992(ハイン・S・ニョール)/1996(ハイン・S・ニョール)

ニョンガボ, ベヌステ　Niyongabo, Venuste　陸上選手(長距離)　⑱ブルンジ　㊦2000

ニーリー, アンディ　Neely, Andy　経営学者　クランフィールド経営大学院教授　㊦2008

ニーリー, ウィリアム　Nealy, William J.　漫画家　⑱米国　㊤1953年　㊦1996

ニーリイ, バーバラ　Neely, Barbara　作家　⑱米国　㊦1996

ニーリィ, リチャード　Neely, Richard　推理作家　⑱米国　㊦1992/1996/2000/2012

ニリス, ルク　Nilis, Luc　サッカー選手(FW)　⑱ベルギー　㊤1967年5月25日　㊦2000/2004

ニール, エリック　Neal, Eric James　元・ウェストパック銀行会長　⑱オーストラリア　㊤1924年6月3日　㊦1992/1996/2000/2004

ニール, サム　Neill, Sam　本名=Neill,Nigel John Dermott　俳優　⑱ニュージーランド　㊤1947年9月14日　㊦2004/2008/2012

ニール, ジャネット　Neel, Janet　別筆名=コーエン, ジャネット　作家　チャーターハウス銀行企業融資部副部長　⑱英国　㊤1940年　㊦1996

ニール, ジョン　Neale, John M.　ニューヨーク州立大学ストーニー・ブルック校教授　⑲心理学, 精神医学　⑱米国　㊦2000

ニール, トロイ　Neel, Troy Lee　元・大リーグ選手(内野手), 元・プロ野球選手　⑱米国　㊤1965年9月14日　㊦1996/2000/2004

ニール, パトリシア　Neal, Patricia　本名=Neal,Patsy Lou　女優　⑱米国　㊤1926年1月20日　㊥2010年8月8日　㊦1992/1996

ニール, マイケル　Neal, Michael A.　実業家　GEキャピタル社長・COO　⑱米国　㊦2004/2008

ニール, マシュー　Kneale, Matthew　作家　⑱英国　㊤1960年　㊦2012

ニール, リチャード　Neal, Richard　実業家　ジョン・スワイヤ・エンド・サンズ社長, 在日英国商業会議所(BCCJ)会頭　⑱英国　㊦2000

ニール, ロイ　Neel, Roy M.　米国電話協会(USTA)会長　元・米国副大統領首席補佐官　⑱米国　㊦2000

ニールセン, エリック　Nielsen, Erik　政治家　元・カナダ副首相・枢密院議長　⑱カナダ　㊤1924年2月24日　㊦1992

ニールセン, コニー　Nielsen, Connie　女優　⑱デンマーク　㊦2004/2008

ニールセン, ジェリ　Nielsen, Jerri　南極点基地で乳癌を患い奇跡的に救出された医師　⑱米国　㊦2004

ニールセン, ソーレン・ペーター　Nielsen, Soren Peter　ソフト開発者　国際技術サポート機関(ITSO)　㊦2004

ニールセン, ブライアン・スティーン　Nielsen, Brian Steen　サッカー選手(MF)　⑱デンマーク　㊤1968年12月28日　㊦2000/2004/2008

ニールセン, ブリジット　Nielsen, Brigitte　女優　㊤1962年7月15日　㊦1992/2000

ニールセン, ヤコブ　Nielsen, Jakob　コンピュータ技術者　ニールセン・ノーマン・グループ社長　⑲コンピュータ科学, ユーザー・インターフェース設計　⑱デンマーク　㊦1992/2000/2004/2008/2012

ニールセン, ヨン・ボイエ　Nielsen, Jorn Boye　インターナショナル・ピープルズ・カレッジ講師　⑲政治学, 国際関係学　⑱デンマーク　㊤1945年12月29日　㊦1996

ニールセン, リック　Nielsen, Rick　本名＝ニールセン, リチャード　グループ名＝チープ・トリック　ギタリスト　国米国　生1946年12月22日　載2012

ニールセン, レスリー　Nielsen, Leslie　俳優, コメディアン　国米国　生1926年2月11日　没2010年11月28日　載1996

ニールセン, ロジャー　Nelsen, Roger B.　数学者　ルイス・アンド・クラーク大学教授　専確率論, 数理統計学　国米国　載2004／2008

ニールセン, ワーゲ　バーバー・ブルー・シー・ライン社長　国ノルウェー　載1992

ニルソン, ウルフ　Nilsson, Ulf　児童文学作家　国スウェーデン　生1948年　載1992／1996／2000／2012

ニルソン, スヴェン　Nilsson, Sven Christer　実業家　元・エリクソン社長・CEO　国スウェーデン　生1944年　載2000

ニルソン, デーブ　Nilsson, Dave　本名＝ニルソン, デービッド　旧登録名＝ディンゴ　野球選手　国オーストラリア　生1969年12月14日　載2000／2004／2008

ニルソン, トルビョルン　Nilsson, Torbjörn　実業家　エリクソン上級副社長　生1953年　載2000

ニールソン, ピア　Nilsson, Pia　ゴルフコーチ, 元・プロゴルファー　国スウェーデン　生1958年　載2000／2012

ニルソン, ビルギット　Nilsson, Birgit　本名＝Niklasson, Fru Bertil　ソプラノ歌手　国スウェーデン　生1918年5月17日　没2005年12月25日　載1992／1996

ニールソン, フレンデン　ラグビー選手　国ニュージーランド　載2000

ニルソン, ヘンリク　Nilsson, Henrik　カヌー選手　アテネ五輪カヌー男子カヤックペア1000メートル金メダリスト　国スウェーデン　生1976年2月15日　載2008

ニルソン, ボー　Nilsson, Bo　作曲家　国スウェーデン　生1937年5月1日　載1992

ニルソン, リサ　Nilsson, Lisa　歌手　国スウェーデン　生1970年　載1996

ニルソン, レナート　Nilsson, Lennart　写真家　専医学写真, 科学写真　国スウェーデン　生1922年　載1992／1996／2000／2012

ニルソン, ロブ　Nilsson, Rob　映画監督　国米国　生1939年　載1996／2000

ニルマラ尼　Nirmala　本名＝ジョシ, ニルマラ　通称＝シスター・ニルマラ　カトリック修道女　神の愛の宣教者会総会長　国インド　生1934年　載2000

ニールリッヒ, ルドルフ　スキー選手　国オーストリア　生1991年5月18日　載1992

ニールンド, カミッラ　Nylund, Camilla　ソプラノ歌手　国フィンランド　生1968年　載2008／2012

ニレカニ, ナンダン　Nilekani, Nandan M.　実業家　インフォシス・テクノロジーズ創業者, インド身分証明庁（UIDAI）長官　元・インフォシス・テクノロジー共同会長　国インド　生1955年6月2日　載2012

ニレジハージ, アルビン　Nyiregyházi, Erwin　ピアニスト　国米国　生1903年1月19日　没1987年4月8日　載1992

ニレンダ, キャロル　Nyirenda, Carol　世界エイズ・結核・マラリア対策基金理事　国ザンビア　載2012

ニーレンバーグ, ジュリエット　Nierenberg, Juliet　経営コンサルタント　載2008

ニーレンバーグ, マーシャル　Nirenberg, Marshall Warren　生化学者, 遺伝学者　元・米国立心肺血研究所遺伝生化学研究室主任　国米国　生1927年4月10日　没2010年1月15日　載1992／1996／2004

ニーロ, ローラ　Nyro, Laura　シンガー・ソングライター　国米国　没1997年4月8日　載1996

ニ・ワヤン・ムルニ　Ni Wayan Muruni　舞踊家　グヌン・ジャディ歌舞団　国インドネシア　載1992

ニン・イン　寧瀛　Ning, Ying　映画監督　国中国　生1959年10月　載1996（ネイ・エイ）／2000／2004（ネイ・エイ）／2008（ネイ・エイ）／2012

ニン・ケイエイ　任慧英　出版人　北方連合出版伝媒集団社長　国中国　2012（ジン・ケイエイ）

ニン・サンサン　任燦燦　Ren, Can-can　ボクシング選手　ロンドン五輪ボクシング女子フライ級銀メダリスト　国中国　生1988年1月26日

ニン・セイヒ　任正非　Ren, Zheng-fei　実業家　華為技術CEO　国中国　生1944年

ニン・ハオ　寧浩　Ning, Hao　映画監督　国中国　生1977年　載2008（ネイ・コウ）／2012

ニンツァイ　Ning Cai　漢字名＝寧才　俳優, 映画監督, 脚本家　国中国　生1963年　載2008／2012

ニンモ, ウィリアム　Nimmo, William F.　歴史研究者　国米国　載1992

【ヌ】

ヌ・テクホン　Ng, Teck-fong　金宝飾業　マレーシア中華大会堂連合会会長　国マレーシア　載1996

ヌアイミ, アリ・イブラヒム　政治家, 実業家　サウジアラビア石油相　国サウジアラビア　載1996／2000／2004

ヌアイユ, オリヴィエ　Nouaille, Olivier　絵画修復技士　フランス美術品修復研究所教授　国フランス　載1992

ヌーイ, インドラ　Nooyi, Indra K.　実業家　ペプシコ会長・CEO　国米国　生1955年10月28日　載2008／2012

ヌイッツ, ヤン　元・バレエダンサー　ローザンヌ国際バレエコンクール芸術委員長　国ベルギー　載2000／2004

ヌイラ, ヘディ　Nouira, Hedi　政治家　元・チュニジア首相　国チュニジア　生1911年4月6日　没1993年1月25日　載1992／1996

ヌーヴェル, ジャン　Nouvel, Jean　建築家　国フランス　生1945年8月12日　載1992（ヌーベル, ジャン）／1996（ヌーベル, ジャン）／2000／2004／2008／2012

ヌエス, マルガリータ　Nuez, Margarita　ファッションデザイナー　国スペイン　載1992

ヌオン・チェア　Nuon Chea　政治家　元・カンボジア人民代表議会議長　国カンボジア　生1926年7月7日　載1992／1996／2000／2008／2012

ヌオン・バリ　慈善活動家　未来の光孤児院代表　国カンボジア　載2000

ヌガンバニ, ジ・ミザレ・ジンギラ　N'Gambani, Zi Mizele Zingila　外交官　駐日コンゴ臨時大使　国コンゴ　生1936年　載1996（ガンバニー, ジンギナ）／2000

ヌキ, カルメリタ　人権擁護運動家　女性のためのバティス・センター代表　国フィリピン　生1955年　載1996

ヌグザ・カルルイボンド　Nguza Karl-I-Bond　政治家, 外交官　元・ザイール首相　国コンゴ　生1938年　没2003年7月27日　載1996

ヌグマノフ, ラシド　映画監督　国カザフスタン　生1954年　載1996

ヌクルンジザ, ピエール　Nkurunziza, Pierre　政治家　ブルンジ大統領　国ブルンジ　生1963年12月18日　載2012

ヌグロホ・ノトスサント　Nugroho Notosusanto　歴史学者, 小説家, 政治家　元・インドネシア教育文化相, 元・インドネシア大学学長　国インドネシア　生1931年　没1985年6月3日　載1992

ヌゲニ, ノア　Ngenyi, Noah Kiprono　陸上選手（中距離）　国ケニア　生1978年11月2日　載2004

ヌゲマ, テオドロ・オビアン　Nguema, Teodoro Obiang　本名＝ヌゲマ・ムバソゴ, テオドロ・オビアン　政治家, 軍人　赤道ギニア大統領・最高軍事評議会議長　国赤道ギニア　生1942年6月5日　載1992（ヌゲマ・ムバソゴ, オビアン）／1996（ヌゲマ・ムバソゴ, オビアン）／2004／2008／2012

ヌゲレード, ナタリー　Nougayrède, Natalie　出版人, ジャーナリスト　ルモンド社長　国フランス　生1966年

ヌコモ, ジョシュア　Nkomo, Joshua　政治家　元・ジンバブエ副大

統領，元・ジンバブエ・アフリカ民族同盟(ZANU)副議長　国ジンバブエ　⊕1917年6月19日　②1999年7月1日　⑨1992/1996

ヌサラ・タイタワット　Nusara Thaitawat　ジャーナリスト　「バンコクポスト」紙外交デスク責任者　国タイ　⊕1965年　⑨1996

ヌジャイ，ババカール　N'diaye, Babacar　アフリカ開発銀行(ADB)総裁　国セネガル　⊕1936年　⑨1992

ヌジャンカ，ピエール　Njanka, Pierre　サッカー選手(DF)　国カメルーン　⊕1975年3月15日　⑨2000/2004/2008

ヌジョマ，サム・ダニエル　Nujoma, Sam Daniel　政治家，黒人解放運動家　元・ナミビア大統領，元・南西アフリカ人民機構(SWAPO)議長　国ナミビア　⊕1929年5月12日　⑨1992/1996/2000/2004/2008/2012

ヌスラット・ファテ・アリ・ハーン　カッワーリー（イスラム歌謡）歌手　国パキスタン　⊕1948年　②1997年8月16日　⑨1992(ハーン，ヌスラット・ファテ・アリ)/1996

ヌセイベ，サリ　Nusseibeh, Sari　哲学者　パレスチナ解放機構(PLO)エルサレム代表，クドス大学学長，エルサレム戦略研究センター(MAQDES)主宰　国ヨルダン　⊕1949年　⑨1992(ヌセイバ，サリ)/1996(ヌセイバ，サリ/ヌセイベ，サリー)/2004/2008

ヌセイベ，ハジム　Nusseibeh, Hazem　外交評論家　元・ヨルダン外相，元・国連大使　国ヨルダン　⊕1922年　⑨1992/1996

ヌゾ，アルフレッド　Nzo, Alfred Baphethuxolo　政治家　元・南アフリカ外相，元・アフリカ民族会議(ANC)書記長　国南アフリカ　⊕1925年6月19日　②2000年1月13日　⑨1992/1996

ヌチィチィ，サモ　Nučič, Samo　銀行家　スロベニア銀行副総裁　国スロベニア　⊕1957年　⑨2000

ヌツェベ，シフィウォ　Ntshebe, Siphiwo　本名=Ntshebe,Siphiwo Desmond　歌手　国南アフリカ　⊕1974年6月28日　②2010年5月25日

ヌッチ，レオ　Nucci, Leo　バリトン歌手　国イタリア　⊕1942年　⑨1996/2000/2012

ヌティバンツンガニャ，シルベストゥル　Ntybantunganya, Sylvestre　政治家　元・ブルンジ大統領　国ブルンジ　⊕1956年5月8日　⑨1996/2000/2008

ヌディミラ，パスカル　政治家　元・ブルンジ首相　国ブルンジ　⑨2000

ヌーデル，ペール　Nuder, Pär　政治家　元・スウェーデン財務相　国スウェーデン　⊕1963年　⑨2012

ヌデレバ，キャサリン　Ndereba, Catherine　マラソン選手　アテネ五輪・北京五輪陸上女子マラソン銀メダリスト　国ケニア　⊕1972年7月21日　⑨2004/2008/2012

ヌードソン，ジョージ　プロゴルファー　国カナダ　⊕1989年1月24日　⑨1992

ヌードルズ　Noodles　本名=Wasserman,Kevin　グループ名=オフスプリング　ロックギタリスト　国米国　⊕1963年2月4日　⑨2004/2012

ヌーナン，クリス　Noonan, Chris　映画監督　国オーストラリア　⊕1952年　⑨2008/2012

ヌーナン，トム　Noonan, Tom　俳優，映画監督　国米国　⊕1951年　⑨1996

ヌニェス，カルロス　バグパイプ奏者　国スペイン　⑨2000

ヌニェス，マリアネラ　Nuñez, Marianela　バレリーナ　英国ロイヤル・バレエ団プリンシパル　国アルゼンチン　⊕1982年　⑨2012

ヌーニェス，マリサ　Núñez, Marisa　作家　国スペイン　⑨2008

ヌーネス　グループ名=ヌーネス・イ・スア・バンダ・アルコイリス　歌手，元・サッカー選手　国ブラジル　⑨2000

ヌネス，パウロ　サッカー選手(FW)　国ブラジル　⊕1971年10月30日　⑨2000

ヌネス，ミハイン・ロペス　Nunez, Mijain Lopez　レスリング選手（グレコローマン）　北京五輪・ロンドン五輪レスリング男子グレコローマン120キロ級金メダリスト　国キューバ　⊕1982年8月20日　⑨2012(ロペス，ミハイン)

ヌノス，ミゲル　サッカー監督　元・スペイン代表サッカーチーム監督　国スペイン　⊕1990年7月16日　⑨1992

ヌーバウアー，アレクサンダー　Neubauer, Alexander　ニュースクールフォーソーシャルリサーチ（ニューヨーク）小説創作教師　国米国　⊕1959年　⑨1996

ヌーバウアー，ピーター　Neubauer, Peter B.　精神分析学者　ニューヨーク大学精神医学教授　国米国　⊕1913年　⑨1996

ヌハク・ブームサワン　Nouhak Phoumsavanh　政治家　元・ラオス大統領　国ラオス　⊕1914年4月9日　②2008年9月9日　⑨1992/1996/2000/2004/2008

ヌハマジョ，マヌエル・セリフォ　Nhamajo, Manuel Serifo　政治家　元・ギニアビサウ暫定大統領　国ギニアビサウ　⊕1958年3月25日

ヌフォンテーヌ，リュック　Nefontaine, Luc　宗教史学者　国ベルギー　⊕1959年　⑨2000

ヌーフビル，レネイ　グループ名=ジャネイ　ミュージシャン　国米国　⊕1970年10月　⑨2000

ヌーブルジェ，ジャン・フレデリック　Neuburger, Jean-Frederic　ピアニスト　国フランス　⊕1986年　⑨2012

ヌメイリ，ガファル・モハメド　Numeiry, Gaafar Mohammed　政治家，軍人　元・スーダン大統領　国スーダン　⊕1930年1月1日　②2009年5月30日　⑨1992/2004/2008

ヌーランド，シャーウィン　Nuland, Sherwin B.　外科医　エール大学教授　⊕医学史　国米国　⑨1996

ヌーリ，アブドラ　Nouri, Abdollah　政治家　元・イラン内相　国イラン　⊕1950年　⑨1992/1996/2000/2004

ヌリエフ，ジーヤ　Nuriev, Ziya Nurievich　政治家　元・ソ連副首相　国ソ連　⊕1915年3月21日　⑨1992

ヌーリシエ，フランソワ　Nourissier, François　作家，文芸批評家　元・ゴンクール・アカデミー総裁　国フランス　⊕1927年5月18日　②2011年2月15日　⑨1992/1996/2000/2004/2008

ヌリャリマ，ワジュラビーナ　Nulyarima, Wadjularbinna　先住民族運動家　国オーストラリア　⑨2004

ヌール，モハマド　Noor, Muhamad　外交官　アジア太平洋経済協力会議(APEC)事務局長　元・世界貿易機関(WTO)大使　国マレーシア　⑨2012

ヌルガリエフ，ラシド　Nurgaliyev, Rashid Gumarovich　政治家　ロシア内相　国ロシア　⊕1956年10月8日　⑨2008/2012

ヌルシャムス　Nursjamsu　詩人，作家　国インドネシア　⊕1921年10月6日　⑨1992

ヌルトディノワ，リリア　Nurutdinova, Liliya　陸上選手（中距離）　⊕1963年12月15日　⑨1992/1996

ヌルメスニエミ，アンティ　Nurmesniemi, Antti　インダストリアルデザイナー　国際インダストリアルデザイン団体協議会(ICSID)会長　国フィンランド　⊕1927年　⑨1996

ヌルメスニエミ，ヴォッコ・エスコリン　Nurmesniemi, Vuokko Eskolin　テキスタイルデザイナー，ファッションデザイナー　国フィンランド　⊕1930年　⑨1996

ヌルラニ，アドナン　セパタクロー選手　国マレーシア　⑨1992

ヌレーエフ，ルドルフ　Nureyev, Rudolf　本名=Nureyev,Rudolf Hametovich　バレエ・ダンサー，振付師　元・パリ・オペラ座舞踊監督　国オーストリア　⊕1938年3月17日　②1993年1月6日　⑨1992/1996

ヌワンゼ，カナヨ　Nwanze, Kanayo　国際農業開発基金副総裁　国ナイジェリア　⑨2008(ウワンゼ，カナヨ)/2012

ヌーン，スティーブ　Noon, Steve　イラストレーター　国英国　⑨2004

ヌーンイエス，ラモン　Nunez, Ramon A.　実業家　アイコス・システムズ社長・CEO　国米国　⑨2004

ヌンメリン，ペッテリ　Nummelin, Petteri　アイスホッケー選手(DF)　トリノ五輪アイスホッケー男子銀メダリスト　国フィンランド　⊕1972年11月25日

【ネ】

ネーアー, エルウィン　Neher, Erwin　生物物理学者　マックス・プランク生物物理化学研究所長　国ドイツ　生1944年3月20日　掲1992／1996／2008／2012

ネイ・カ　寧可　旧名＝黎先智　歴史学者　北京師範学院歴史系教授, 中国敦煌トルファン学会副会長兼秘書長　専中国古代史, 中国古代社会経済史　国中国　生1928年　掲1996

ネイ・シン　寧辛　アナウンサー　国中国　掲2012

ネイ・タイ　寧岱　脚本家　国中国　生1958年　掲2000

ネイ, リチャード　作家, ビジネス・コンサルタント, 俳優　国米国　生1918年　掲1996

ネイグル, デニー　Neagle, Denny　大リーグ選手（投手）　国米国　生1968年9月13日　掲2000／2004／2008

ネイコバ, ルムヤナ　Neykova, Rumyana　ボート選手　北京五輪ボート女子シングルスカル金メダリスト　国ブルガリア　生1973年4月6日　掲2012

ネイサン, アンドリュー　Nathan, Andrew J.　政治学者　コロンビア大学政治学教授　専中国政治・外交政策　掲2008

ネイジー, マルギッド　サンアントニオ日米協会会長, アワー・レディ・オブ・ザ・レーク大学歴史学助教授　専日本近現代史　国米国　生1942年　掲1992

ネイズヴェストヌイ, エルンスト　Neizvestnyi, Ernst Iosifovich　彫刻家　国ソ連　生1925年4月9日　掲1992（ネイズベストヌイ, エルンスト）／1996（ネイズベストヌイ, エルンスト）

ネイスビッツ, ジョン　Naisbitt, John　企業コンサルタント, 未来学者　ネイスビッツ・グループ社長　元・米国大統領特別補佐官　専未来予測学　国米国　生1929年1月15日　掲1992（ネスビッツ, ジョン）／1996／2000

ネイスン, ヨハン・ダ　Nysschen, Johan de　実業家　アウディジャパン代表　国南アフリカ　生1960年3月24日　掲2004／2008

ネイソンソン, マーク　ファルコンケーブルテレビ社長　元・カリフォルニアケーブルTV協会長　国米国　生1946年　掲1992

ネイダー, トニー　マハリシ・アーユルヴェーダ大学国際総長　専アーユルヴェーダ（生命と健康の科学）　生1955年　掲1996

ネイデル, ジャック　写真家　国米国　掲1992

ネイデン, デニス　実業家　GEキャピタル・コーポレーション社長・CEO　掲2000

ネイバー, ジョン　Naber, John　元・水泳選手　USオリンピアンズ会長　国米国　掲2000

ネイバー, ラルフ　Neighbour, Ralph W.　牧師　タッチ・インターナショナル総裁　国米国　掲2000

ネイハイス, アルフレッド　Nijhuis, Alfred　サッカー選手（DF）　国オランダ　生1966年3月23日　掲2000

ネイハム, ルシアン　Nahum, Lucien　推理作家, ジャーナリスト　元・フランス通信（AFP）ニューヨーク支局長　国フランス　生1930年　没1983年12月14日　掲1992

ネイピア, ジョン　舞台デザイナー　国英国　掲1996

ネイピア, チャールズ　Napier, Charles　俳優　国米国　生1936年4月12日　没2011年10月5日

ネイピア, ビル　Napier, Bill　作家, 天文学者　カーディフ大学名誉教授　国英国　生1940年　掲2004／2012

ネイビン, ジャクリーン　Navin, Jacqueline　ロマンス作家, 心理学者　国米国　掲2004

ネイプ, グレン　Knape, Glen　ぬいぐるみ学者　掲1992

ネイブ, ヨランダ　Nave, Yolanda　イラストレーター　国米国　掲2004

ネイフラー, トミ・カイザワ　Knaefler, Tomi Kaizawa　日本名＝海沢富　ジャーナリスト　国米国　生1929年　掲1996

ネイマール　Neymar　本名＝ネイマール・ダ・シウバ・サントス・ジュニオール　サッカー選手（FW）　ロンドン五輪サッカー男子銀メダリスト　国ブラジル　生1992年2月5日　掲2012

ネイミ, サルワ・アル　Neimi, Salwa Al　作家, 詩人, ジャーナリスト　生1946年　掲2012

ネイラー, クレイグ　Naylor, Craig　日本板硝子社長・CEO　国米国　生1948年11月24日　掲2012

ネイラー, ジリアン　Naylor, Gillian　美術史家　王立美術大学文化史担当教授　国英国　掲1992

ネイラー, フィリス・レイノルズ　Naylor, Phyllis Reynolds　作家　国米国　生1933年　掲1996／2000

ネイルバフ, バリー　Nalebuff, Barry J.　エール大学教授　国米国　生1958年　掲1992／2000

ネイロン, マーガレット　Neylon, Margaret　セラピスト　国アイルランド　掲2004／2008

ネ・ウィン　Ne Win　別名＝マウン・シュー・マウン　政治家, 軍人　元・ミャンマー大統領, 元・ミャンマー社会主義計画党（BSPP）議長　国ミャンマー　生1911年5月24日　没2002年12月5日　掲1992／1996／2000

ネウェル, フレデリック　Newell, Frederick　コンサルタント　スケルミアン・ネウェルCEO　掲2004／2008

ネヴェロフ, スヴャトスラフ　Neverov, Svyatoslav　通訳　元・モスクワ国際関係大学教授　国ソ連　生1924年　没1991年6月14日　掲1992（ネベロフ, スブャトスラフ）

ネヴェロワ, オリガ　Neverova, Olga　ファッションモデル　ミセス・ソ連第1号　国ソ連　掲1992（ネベロワ, オリガ）／1996（ネベロワ, オリガ）

ネウストプニー, イジー　Neustupný, Jiří Václav　言語学者　桜美林大学大学院教授　専日本語, 日本語教育, コミュニケーション論, 社会言語学　国オーストラリア　生1933年　掲1992／1996／2000／2008

ネヴゾロフ, アレクサンドル　Nevzorov, Aleksandr　テレビリポーター　レニングラードテレビ記者　国ソ連　生1958年　掲1992（ネブゾロフ, アレクサンドル）／1996（ネブゾロフ, アレクサンドル）

ネオ, ジャック　Neo, Jack　映画監督, 脚本家　国シンガポール　生1960年　掲2004／2008

ネガーズ, カーラ　Neggers, Carla　作家　国米国　掲2008

ネガソ・ギダダ　Negaso Gidada　政治家　元・エチオピア大統領　国エチオピア　生1944年9月8日　掲2000／2004／2008

ネギ, マヘンドラ　Negi, Mahendra　アナリスト　トレンドマイクロ代表取締役COO・CFO　国インド　生1960年3月9日　掲2008／2012

ネキータ, アレクサンドラ　画家　国米国　掲2000

ネクトゥー, ジャン・ミシェル　Nectoux, Jean-Michel　音楽番組制作者　オルセー美術館音楽課長　国フランス　生1946年　掲1992／1996

ネクトゥー, フランソワ　経済学者　サウスバンクポリテクニック大学　専木材貿易　国フランス　掲1992

ネグヌ, ブジ　映画「シャァバの子供たち」に主演　掲2000

ネクラーソフ, アンドレイ　Nekrasov, Andrei　映画監督　国ロシア　生1958年　掲2012

ネクラーソフ, ヴィクトル　Nekrasov, Viktor Platonovich　作家　国ソ連　生1911年6月17日　没1987年9月3日　掲1992

ネクラーソフ, ウラジーミル　Nekrassov, Vladimir F.　モスクワ大学歴史学教授　専軍事史　国ロシア　生1931年　掲2000

ネグリ, アントニオ　Negri, Antonio　政治哲学者, 思想家　元・パドバ大学教授・政治学研究所長　専マルクスやスピノザの研究　国イタリア　生1933年　掲2000／2004／2008／2012

ネグリ, ポーラ　Negri, Pola　本名＝チャルピエツ, バルバラ・アポロニア　女優　生1894年12月31日　没1987年8月1日　掲1992

ネグリン, ファビアン　Negrín, Fabian　イラストレーター　生1963年　掲2004／2008

ネグレ, エドガー　Negret, Edgar　彫刻家　国コロンビア　生1920年　掲1992

ネグレスコ, ジーン　Negulesco, Jean　映画監督　生1900年2月26日　没1993年7月18日　掲1996

ネグロ, ピエロ・デル　Negro, Piero Del　軍事史家　パドヴァ大学教授, 軍事史研究大学連絡センター所長　🏳近代イタリア軍事史　🏴イタリア　⊕1941年　⊗1996

ネグロポンテ, ジョン　Negroponte, John Dimitri　外交官　元・米国国務副長官, 元・米国国家情報長官, 元・国連大使　🏴米国　⊕1939年7月21日　⊗2004／2008／2012

ネグロポンテ, ニコラス　Negroponte, Nicholas P.　マサチューセッツ工科大学(MIT)教授　🏳メディア研究, 情報科学　🏴米国　⊕1943年　⊗1992／1996／2000

ネーゲル, デービッド　AT&Tラボ所長　🏴米国　⊗2000

ネーゲル, トマス　Nagel, Thomas　哲学者　ニューヨーク大学法律大学院教授　🏳認識論, 心の哲学, 倫理学, 政治哲学　🏴米国　⊕1937年　⊗1992／2012

ネゲレ, テナ　マラソン選手　🏴エチオピア　⊕1972年10月5日　⊗1996

ネーサー, S.A.　Nasar, Syed A.　ケンタッキー大学電気工学科教授　🏳電気工学　🏴米国　⊗1996

ネザム, ケンダル　クルド研究所長　🏴フランス　⊗1992

ネーサン, ジェレミー　Nathan, Jeremy　映像プロデューサー　🏴南アフリカ　⊗2004

ネーサン, ジョー　Nathan, Joe　チャータースクール運動指導者, 元・高校教師　センター・フォー・スクール・チェンジ・ディレクター　🏴米国　⊗2004

ネーサン, ジョー　Nathan, Joe　本名=Nathan,Joseph Michael　大リーグ選手(投手)　🏴米国　⊕1974年11月22日　⊗2012

ネーサン, ジョエル　Nathan, Joel　作家　⊕1940年　⊗2004

ネーサン, ジョン　Nathan, John　カリフォルニア大学サンタバーバラ校教授　🏳日本文化　🏴米国　⊕1940年　⊗2000／2004

ネーサン, ロバート　Nathan, Robert Gruntal　作家, 詩人　🏴米国　⊕1894年1月2日　⊖1985年5月25日　⊗1992(ネイサン, ロバート)

ネーサン, ロバート・スチュアート　Nathan, Robert Stuart　作家　🏴米国　⊕1948年　⊗1996

ネーサンズ, J.　Nathans, Jeremy　ジョンズ・ホプキンズ大医学部ハワイ・ヒューズ医学研究所助教授　🏳分子生物学, 遺伝学, 神経科学　🏴米国　⊗1992

ネーサンズ, ダニエル　Nathans, Daniel　微生物学者, 分子生物学者　元・ジョンズ・ホプキンズ大学教授　🏴米国　⊕1928年10月30日　⊖1999年11月16日　⊗1992／1996

ネシー, ランドルフ　Nesse, Randolph M.　精神医学者, 精神科医　ミシガン大学医学部教授, 米国人間行動進化学会会長　🏴米国　⊗2004

ネシェトリル, J.　Nesetril, Jaroslav　数学者　チャールズ大学応用数学科教授　⊕1946年　⊗2004

ネシャイム, ジョン　Nesheim, John L.　実業家　ネシャイム・グループCEO　🏴米国　⊗2004／2008

ネシャット, シリン　Neshat, Shirin　映像作家　🏴米国　⊕1957年　⊗2008／2012

ネジャール, ミッシェル　Nedjar, Michel　画家　🏴フランス　⊕1947年　⊗1996

ネジュレーヌ, ベルナール　編集者　「ミシュラン・レッドガイド」編集長　🏴フランス　⊗2004／2008

ネシン, アジズ　Nesin, Aziz　作家　🏴トルコ　⊕1915年　⊖1995年7月6日　⊗1996

ネス, アルネ　Naess, Arne　哲学者　オスロ大学名誉教授　🏳ディープ・エコロジー　🏴ノルウェー　⊕1912年　⊗1992／2004

ネス, アレン　Ness, Arlen　カスタムバイク・ビルダー　🏴米国　⊕1939年　⊗1996

ネスタ, アレッサンドロ　Nesta, Alessandro　サッカー選手(DF)　🏴イタリア　⊕1976年3月19日　⊗2004／2008

ネスター, ダニエル　Nestor, Daniel　テニス選手　シドニー五輪テニス男子ダブルス金メダリスト　🏴カナダ　⊕1972年9月4日　⊗2004／2008／2012

ネスティ, アンソニー　Nesty, Anthony　水泳選手(バタフライ)　🏴スリナム　⊗1992／1996

ネステレンカ, ユリヤ　Nestsiarenka, Yuliya　陸上選手(短距離)　アテネ五輪陸上女子100メートル金メダリスト　🏴ベラルーシ　⊕1979年6月15日　⊗2008(ネステレンコ, ユリヤ)

ネストリンガー, クリスティーネ　Nöstlinger, Christine　児童文学作家　🏴オーストリア　⊕1936年　⊗1992／1996／2012

ネストルエフ, ミハイル　Nestruev, Mikhail　射撃選手(ピストル)　🏴ロシア　⊕1968年10月28日　⊗2008

ネスバードバ, ヨゼフ　Nesvadba, Josef　作家　🏴チェコスロバキア　⊕1926年6月19日　⊗1992

ネスビット, クリスティン　Nesbitt, Christine　スピードスケート選手　バンクーバー五輪金メダリスト, スピードスケート女子1000メートル世界記録保持者　🏴カナダ　⊕1985年5月17日　⊗2012

ネスミス, マイク　グループ名=モンキーズ　ギタリスト, 歌手　🏴米国　⊕1943年12月30日　⊗2000

ネゼ・セガン, ヤニク　Nézet-Séguin, Yannick　指揮者　ロッテルダム・フィルハーモニー管弦楽団首席指揮者　🏴カナダ　⊕1975年　⊗2012

ネーダー, ラルフ　Nader, Ralph　消費者運動家, 弁護士　市民の要求に応える研究センター(Center for Study of Responsive Law)主宰　🏴米国　⊕1934年2月27日　⊗1992／1996／2000／2004／2008／2012

ネタニヤフ, ベンヤミン　Netanyahu, Benjamin　政治家, 外交官　イスラエル首相, リクード党首　🏴イスラエル　⊕1949年10月21日　⊗1992／1996(ナタニヤウ, ベンヤミン)／2000／2004／2008／2012

ネチャーエフ, アンドレイ　Nechaev, Andrei Alekseevich　政治家, エコノミスト　元・ロシア保健医療産業相　🏴ロシア　⊕1953年2月2日　⊗1996／2000

ネチャス, ペトル　Nečas, Petr　政治家　チェコ首相, 市民民主党(ODS)党首　🏴チェコ　⊕1964年11月19日　⊗2012

ネッカー, ティル　Necker, Tyl　実業家　元・ドイツ産業連盟(BDI)会長, 元・HAKO製作所創設者　🏴ドイツ　⊕1930年2月2日　⊖2001年3月29日　⊗1992／1996

ネッカーマン, ヨゼフ　Neckermann, Joseph Carl　馬術選手, 実業家　🏴ドイツ　⊕1912年6月5日　⊖1992年1月12日　⊗1996

ネッケル, ジークハルト　Neckel, Sighard　ジーゲン大学教授　🏳社会学, 哲学　🏴ドイツ　⊕1956年　⊗2000

ネッシ, アルベルト　Nessi, Alberto　詩人　🏴スイス　⊕1940年　⊗1992

ネッシム, スーザン　キャンサーバイブ創設者　🏴米国　⊗2000

ネッセル, ホーカン　Nesser, Hakan　作家　🏴スウェーデン　⊕1950年　⊗2004／2008

ネッダーマイヤー, セス　元・ワシントン大学教授　🏳原子物理学　🏴米国　⊖1988年1月29日　⊗1992

ネツチ　熱地　中国人民政治協商会議チベット自治区委員会主席, 中国共産党チベット自治区委員会副書記, 中国共産党中央委員　🏴中国　⊕1938年　⊗1996

ネッチアイ, ロン　Necciai, Ron　本名=Necciai,Ronald Andrew　元・大リーグ選手　🏴米国　⊕1932年6月18日　⊗1992

ネッツァー, ギュンター　Netzer, Günter　元・サッカー選手　🏴ドイツ　⊕1944年9月14日　⊗2000

ネットルベック, サンドラ　Nettelbeck, Sandra　映画監督, 脚本家　🏴ドイツ　⊕1966年　⊗2004／2008

ネーテルソン, ベンジャミン　Natelson, Benjamin H.　精神医学者　ニュージャージー医科大学教授　🏴米国　⊗2004

ネデルチェフ, R.　Nedelcherv, Radi　画家　🏴ブルガリア　⊕1938年　⊗1992

ネト, エルネスト　Neto, Ernesto　現代美術家　🏴ブラジル　⊕1964年　⊗2008／2012

ネドヴェド, パヴェル　Nedved, Pavel　元・サッカー選手　🏴チェコ　⊕1972年8月30日　⊗2004／2008／2012

ネトル, ケリー　政治家　オーストラリア上院議員　🏴オーストラリア　⊗2004／2008

ネトル, ダニエル　Nettle, Daniel　文化人類学者　⊗2004

ネトル, ブルーノ　Nettl, Bruno　音楽学者　イリノイ大学アーバナ・シャンペイン校教授　㊗民族音楽学　国米国　㊗1930年　㊗1992／1996

ネトルフォード, レックス　Nettleford, Rex　文化史家　西インド諸島大学総長　㊗カリブ史, カリブ文化振興　国ジャマイカ　㊗1934年　㊗2004

ネトレプコ, アンナ　Netrebko, Anna　ソプラノ歌手　国オーストリア　㊗1971年　㊗2012

ネーナ　Nena　本名＝ケルナー, ガブリエーレ　ロック歌手　国ドイツ　㊗1960年　㊗1992

ネナシェフ, ミハイル　Nenashev, Mikhail Fedorovich　ソ連情報出版相　国ソ連　㊗1929年　㊗1992／1996

ネノラ, アイリ　Nenola, Aili　民俗学者　トゥルク大学文化研究所特別講師　国フィンランド　㊗2004

ネパール, マダブ　Nepal, Madhav　本名＝ネパール, マダブ・クマル　政治家　元・ネパール首相　国ネパール　㊗1953年3月6日　㊗2012

ネハンカイ　涅槃灰　小説家　国中国　

ネピア, ジャック　Napier, Jack P.　軍人　元・GHQ民政局公職適格審査課長, 元・GHQ民政局次長　国米国　㊗1913年9月24日　㊗1996

ネービア, スーザン　Napier, Susan　ロマンス作家　㊗2004

ネービア, スーザン　Napier, Susan Jolliffe　日本文学者　テキサス大学三菱日本学科教授　㊗近代日本文学, 日本アニメ論　国米国　㊗1955年　㊗2004／2008

ネビオロ, プリモ　Nebiolo, Primo　弁護士　元・国際陸上競技連盟(IAAF)会長, 元・国際大学スポーツ連盟(FISU)会長　国イタリア　㊗1923年7月14日　㊗1999年11月7日　㊗1992／1996

ネービッド, ダニエル　Navid, Daniel Ban　ラムサール条約事務局長　国米国　㊗1950年4月14日　㊗1992

ネビット, チャールズ　Knevitt, Charles　ジャーナリスト　国英国　㊗1952年　㊗1996

ネビル, アート　Neville, Art　グループ名＝ネビル・ブラザーズ　ミュージシャン　国米国　㊗1937年12月17日　㊗2012

ネビル, アーロン　Neville, Aaron　グループ名＝ネビル・ブラザーズ　ミュージシャン　国米国　㊗1941年1月24日　㊗2012

ネビル, キャサリン　Neville, Katherine　作家　国米国　㊗1945年　㊗1996

ネビル, クリス　Neville, Kris　作家　国米国　㊗1925年　㊗1980年　㊗1992

ネビル, ゲーリー　Neville, Gary　元・サッカー選手　国英国　㊗1975年2月18日　㊗2000／2008／2012

ネビル, ジョン　Neville, John　俳優　国英国　㊗1925年5月2日　㊗2011年11月19日

ネビル, シリル　Neville, Cyril　グループ名＝ネビル・ブラザーズ　ミュージシャン　国米国　㊗1996／2000／2012

ネビル, チャールズ　Neville, Charles　グループ名＝ネビル・ブラザーズ　ミュージシャン　国米国　㊗1938年12月28日　㊗2012

ネビル, ピーター　Neville, Peter　動物心理学者　ペット動物行動学センター　国英国　㊗1958年　㊗2000

ネビル, ヘレン　Neville, Helen　小児看護婦　国米国　㊗2004

ネビンス, ジョーイ　バレエダンサー　ニュー・ロイヤルバレエ・オブ・ヨーク芸術監督　国米国　㊗1959年　㊗2000

ネビンズ, フランシス・M.(Jr.)　Nevins, Francis M.(Jr.)　ミステリー評論家, 作家, 弁護士　セント・ルイス大学法学教授　国米国　㊗1943年　㊗1992／1996／2008 (ネヴィンズ, Jr., フランシス・M.)

ネフ, クルト　がん具デザイナー　ネフ社創業者　国スイス　㊗1992

ネフ, ミンディ　Neff, Mindy　ロマンス作家　国米国　㊗2004

ネフ, ロバート　Neff, Robert C.　ジャーナリスト　「ビジネス・ウィーク」誌東京支局長　国米国　㊗1947年　㊗1996

ネフスカヤ, エレーナ　Nevskaya, Elena Nikolaevna　医師　東洋学者ニコライ・ネフスキーの娘　国ソ連　㊗1928年　㊗1992

ネプトュヌ, イボン　Neptune, Yvon　政治家　元・ハイチ首相, 元・ハイチ上院議長　国ハイチ　㊗2004／2008

ネベス, タンクレド　Neves, Tancredo　政治家　元・ブラジル大統領, 元・ミナス州知事　国ブラジル　㊗1910年3月4日　㊗1985年4月21日　㊗1992

ネベット, ギャリー　Nebbett, Gary　コンピューター技術者　㊗2004

ネベハイ, クリスチアン　Nebehay, Christian M.　画商, 美術研究家　ネベハイ古美術画廊　国オーストリア　㊗1909年　㊗1996

ネペラ, オンドレイ　フィギュアスケート選手　国チェコスロバキア　㊗1989年2月2日　㊗1992

ネボル, レオシュ　Nebor, Leos　カメラマン, ジャーナリスト　国チェコスロバキア　㊗1930年　㊗1992

ネマルク, アラン　Nemarq, Alain　実業家　モーブッサンCEO　国フランス　㊗1953年　㊗2012

ネーマン, ユバル　Neeman, Yuval　物理学者, 政治家　元・テルアビブ大学名誉教授, 元・イスラエル・エネルギー相・科学技術相　㊗素粒子物理学　国イスラエル　㊗1925年5月14日　㊗2006年4月26日　㊗1992／1996

ネーミ, オルソラ　Nemi, Orsola　作家, 翻訳家　国イタリア　㊗2008

ネムチーノフ, アナトーリー　画家, イラストレーター　㊗1959年　㊗2004

ネムツォフ, ボリス　Nemtsov, Boris Yefimovich　政治家　元・ロシア下院議員　国ロシア　㊗1959年10月9日　㊗2000／2004／2008／2012

ネムル, アブドル・エル　Nemr, Abdel Moneim El　エジプト人民会議宗教問題協議会議長, アル・アズハル大学副学長　㊗神学, 歴史　国エジプト　㊗1913年　㊗1992

ネメシュ・ナジ, アーグネシュ　Nemes Nagy, Ánges　詩人　国ハンガリー　㊗1922年1月3日　㊗1991年8月25日　㊗1992 (ナギ, アグネス・ネメス)

ネメット, P.　SZKI社長　国ハンガリー　㊗1992

ネーメト, カーロイ　Németh, Károly　政治家　元・ハンガリー社会主義労働者党(HSWP)政治局員・書記　国ハンガリー　㊗1922年12月14日　㊗1992／1996

ネーメト, ミクローシュ　Németh, Miklós　政治家　欧州復興開発銀行(EBRD)副総裁　元・ハンガリー首相　国ハンガリー　㊗1948年1月24日　㊗1992／1996

ネメロフ, ハワード　Nemerov, Howard Stanley　詩人, 作家　国米国　㊗1920年3月1日　㊗1991年7月5日　㊗1992

ネモフ, アレクセイ　Nemov, Alexei　体操選手　国ロシア　㊗1976年5月28日　㊗2000／2004／2008

ネモン, オスカー　彫刻家　国英国　㊗1985年4月14日　㊗1992

ネラー, デービッド　国際通貨基金(IMF)アジア太平洋地域事務所次長　国オーストラリア　㊗2000

ネラップ, ジョーン　医師　コペンハーゲン大学教授, デンマーク・ステノ糖尿病センター首席医師, 欧州糖尿病学会(EASD)会長　国デンマーク　㊗2004

ネラム, アルバート　Nellum, Albert　コンサルティング会社経営者　黒人ビジネス協会会長　国米国　㊗1992

ネリー　Nelly　本名＝ハインズ, コーネル　グループ名＝セント・ルナティックス　歌手　国米国　㊗2004

ネリ, クリス　Neri, Kris　ミステリー作家　国米国　㊗2004

ネリ, フランチェスカ　Neri, Francesca　女優　国イタリア　㊗2000／2004

ネリウス, シュテフィ　Nerius, Steffi　やり投げ選手　アテネ五輪陸上女子やり投げ銀メダリスト　国ドイツ　㊗1972年7月1日　㊗2012

ネリガン, ケート　Nelligan, Kate　女優　㊗1951年3月16日　㊗1996

ネール, アルン　Nehru, Arun Kumar　政治家　元・インド商業相　国インド　㊗1944年5月25日　㊗2000

ネル, クヌート・ヴォルフガング　Nörr, Knut Wolfgang　テュービンゲン大学教授　㊗ローマ法, 教会法, 近代私法史　国ドイツ　㊗1935年1月15日　㊗2000

ネール, ルイ　Néel, Louis　本名＝ネール, ルイ・ユージェーヌ・フェリックス　物理学者　元・フランス海軍科学顧問, 元・グルノーブル大学教授　国フランス　生1904年11月22日　没2000年11月17日　典1992／1996

ネルヴァ, ジャン　Nerva, Jean　スノーボード選手　国フランス　典2000

ネルシーニョ　Nelsinho　本名＝バチスタ, ネルソン・ジュニオール　サッカー監督　国ブラジル　生1950年7月22日　典2004／2008／2012

ネルス, クシシトフ　東西研究所ヨーロッパ研究センター副所長　国ポーランド　生1952年　典1996

ネルスコット, クリス　Nelscott, Kris　作家　典2004

ネルセン, ジェーン　Nelsen, Jane　国アドラー心理学　典2004

ネルソン, アダム　Nelson, Adam　砲丸投げ選手　アテネ五輪陸上男子砲丸投げ金メダリスト　国米国　生1975年7月7日

ネルソン, アレン　Nelson, Allen　反戦運動家, 軍人　国米国　生1947年　没2009年3月25日　典2000

ネルソン, アン　Nelson, Anne　ジャーナリスト　コロンビア大学大学院教授・国際プログラム部長　国米国　生1954年　典2004

ネルソン, ウィリー　Nelson, Willie　歌手　国米国　生1933年　典1992／1996

ネルソン, ウォルター・ヘンリー　Nelson, Walter Henry　作家　国米国　生1928年　典1992

ネルソン, エドワード　Nelson, Edward　数学者　プリンストン大学教授　国数学基礎論, 関数解析, 数理物理学　国米国　生1932年　典2004

ネルソン, ガナー　Nelson, Gunnar　グループ名＝ネルソン　ロック歌手　国米国　典2000／2008／2012

ネルソン, ケイコ　現代美術家　生1948年4月23日　典2000

ネルソン, ジェラルド　Nelson, Gerald E.　医師　国小児精神医学　国米国　典2008

ネルソン, ジャミーア　Nelson, Jameer　バスケットボール選手　国米国　生1982年2月9日

ネルソン, シャロン　ワシントン州燃料輸送委員会委員長　国米国　典2000

ネルソン, ジョージ　Nelson, George　工業デザイナー, 建築家　国米国　生1908年　没1986年　典1992／1996

ネルソン, ジョーン　Nelson, Joan　画家　国米国　生1958年　典1992

ネルソン, ジョン　Nelson, John　指揮者　元・インディアナポリス交響楽団指揮者　国米国　生1941年12月6日　典1996／2000

ネルソン, ダイアナ　Nelson, Diana Furst　ハイランド病院放射線腫瘍学センター　国放射線治療　国米国　典1992

ネルソン, ダニエル　Nelson, Daniel　カーネギー財団上級研究員　国東欧・欧州安全保障問題　国米国　典1992／1996

ネルソン, ダニエル　Nelson, Daniel　アクロン大学歴史学教授, 「Labor History」誌編集委員　国労働運動史, 経営史　国米国　生1941年　典1992／1996

ネルソン, テッド　Nelson, Ted　本名＝Nelson,Theodor Holm　コンピューターソフト・エンジニア　オートデスク社フェロー　国米国　生1937年　典1992／2000

ネルソン, バイロン　Nelson, Byron　プロゴルファー　国米国　生1912年2月4日　没2006年9月26日　典1996

ネルソン, ハンク　Nelson, Hank　オーストラリア国立大学教授　国オーストラリア　生1937年　典1996

ネルソン, ピーター　日本BT社長　典1996

ネルソン, ビル　Nelson, Bill　政治家, 元・宇宙飛行士　米国上院議員（民主党）　国米国　生1942年9月29日　典2004／2012

ネルソン, ベン　Nelson, Ben　本名＝Nelson,E.Benjamin　政治家　米国上院議員（民主党）　元・ネブラスカ州知事　国米国　生1941年5月17日　典2000／2004／2012

ネルソン, ボブ　Nelson, Bob　実業家　ネルソン・モチベーション・インク創設者, ブランチャード・トレーニング・アンド・ディベロップメント副社長　国米国　典2004

ネルソン, ポーラ　Nelson, Paula　作家, 実業家　ポーラ・ネルソン・グループ代表　国米国　典2004／2008

ネルソン, マイク　Nelson, Michael J.　俳優, 作家, 映画監督, ミュージシャン　国米国　典2004

ネルソン, マイケル　米国大統領府科学技術政策局所属情報技術担当特別補佐官　国米国　生1959年　典1996／2000

ネルソン, マキシモ　Nelson, Maximo　プロ野球選手（投手）　国ドミニカ共和国　生1982年4月21日

ネルソン, マシュー　Nelson, Matthew　グループ名＝ネルソン　ロック歌手　国米国　典2000／2008／2012

ネルソン, ミリアム　Nelson, Miriam E.　タフツ大学栄養科学科助教授, ジーン・メイヤーUSDA老化に関する人間栄養学研究センター人間生理学研究室副室長　国老化, ストレングス・トレーニング　国米国　典2000

ネルソン, ラリー　Nelson, Larry　プロゴルファー　生1947年9月10日　典1992／1996／2000／2008／2012

ネルソン, ラルフ　Nelson, Ralph　映画監督　国米国　生1916年8月12日　没1987年12月21日　典1992

ネルソン, リチャード　Nelson, Richard　述家　国人類学　国米国　生1941年　典2000

ネルソン, リッキー　Nelson, Ricky　歌手, 俳優　国米国　生1940年5月8日　没1985年12月31日　典1992

ネルソン, リンダ　Nelson, Lynda M.　児童文学作家　国米国　典2004

ネルソン, ルイ　Nelson, Louis　ジャズ・トロンボーン奏者　国米国　生1902年9月17日　没1990年4月5日　典1992

ネルソン, レイ・ファラデイ　Nelson, Ray Faraday　作家　生1931年　典1996

ネルソン, ロス　Nelson, Ross P.　ソフトウェア・エンジニア　アンサー・ソフトウェア社ソフトウェア・エンジニアリング・マネジャー　国米国　典1992

ネルソン, ロバート　Nelson, Robert M.　NASAジェット推進研究所　国惑星天文学　国米国　典2000

ネルソン, ロバート　Nelson, Robert　講演家　国米国　典2004／2008

ネルソン, ロバート・リン　画家　国米国　典1992

ネルソンス, アンドリス　Nelsons, Andris　指揮者　バーミンガム市交響楽団音楽監督　国ラトビア　生1978年　典2012

ネルティング, ベングト　Nölting, Bengt　生物物理学者　Prussian Private Institute of Technology　国ドイツ　典2004

ネルファン, マルク　Nerfin, Marc　IFDA理事長　国スイス　生1930年　典1996

ネレ, ジル　Néret, Gilles　美術史家, 作家　典1992／2004／2008

ネロ, フランコ　Nero, Franco　本名＝Sparanero,Franco　俳優　国イタリア　生1941年11月23日　典1996／2012

ネンニ, ピエトロ　Nenni, Pietro　政治家　元・イタリア外相, 元・イタリア社会党党首　国イタリア　生1891年2月9日　没1980年1月1日　典1992

【ノ】

ノ・ギテ　盧 基太　Nho, Ki-tae　政治家　韓国国会議員（ハンナラ党）　国韓国　生1946年12月21日　典2000

ノ・キョンシク　盧 炅植　劇作家　国韓国　生1938年12月20日　典1996

ノ・キョンジュ　盧 敬柱　タレント　国韓国　生1965年3月14日　典1996

ノ・ギョンソプ　盧 敬燮　Nho, Kyung-sub　実業家　韓化建設社長　国韓国　生1940年12月5日　典2000

ノ・グァンテク　盧 寛沢　Nho, Kwan-taek　医師　翰林大学医療院院長, 韓国病院協会副会長, ソウル大学医学部名誉教授　国耳鼻咽喉

ノ・グァンホ　盧 瑾鎬　Nho, Kwan-ho　実業家　仁川製鉄社長, 韓国鉄鋼協会副会長, 国際鉄鋼協会理事　国韓国　生1940年1月20日　著2000

ノ・コンイル　盧 健一　Roh, Kun-il　元・韓国交通相　国韓国　生1940年10月12日　著1996

ノ・サヨン　盧 士燕　歌手　国韓国　生1957年3月3日　著1996

ノ・サンス　盧 相守　プロ野球コーチ　国韓国　生1958年5月5日　著1996

ノ・ジェウォン　盧 載源　Roh, Jae-won　外交官　元・駐中国韓国大使　国韓国　生1932年6月27日　著1992 (ノ・ゼウォン) ／1996／2012

ノ・ジェシク　盧 在植　韓国原子力安全技術院首席専門委員, 韓国環境保存協会副会長, 韓国環境科学研究協議会会長　国韓国　生1930年12月2日　著2008

ノ・ジェヒョン　盧 載鉉　政治家　元・韓国国防相　国韓国　生1926年8月8日　著1996／2000

ノ・ジェボン　盧 在鳳　Roh, Jai-bong　政治家, 国際政治学者　元・韓国首相, 元・ソウル大学教授　国韓国　生1936年2月8日　著1992 (ノ・ゼボン) ／1996／2000

ノ・ジファ　盧 志和　統計学　著2004

ノ, ジャン・イヴ　Nau, Jean-Yves　ジャーナリスト　「ル・モンド」記者　国フランス　著2004

ノ・ジュヒョン　盧 宙鉉　タレント　国韓国　生1946年8月19日　著1996

ノ・ジュンユン　盧 廷潤　Noh, Jung-youn　サッカー選手 (MF)　国韓国　生1971年3月28日　著2004

ノ・ジョンウ　盧 鍾雨　プロ野球選手 (投手)　国韓国　生1969年8月21日　著1996

ノ・ジョンウ　盧 正祐　東洋医学者　韓国伝統医学研究所主宰　元・ハワイ東洋医科大学学長　国韓国　生1918年　著2004

ノ・ジョンパル　盧 正八　韓国放送公社 (KBS) 理事長　国韓国　生1919年8月28日　著1996

ノ・ジョンヒョン　盧 貞鉉　韓国行政研究院長, 韓国国土建設総合計画審議委員　国韓国　生1929年8月2日　著1996

ノ・ジンキュ　Noh, Jin-kyu　漢字名=盧珍圭　スピードスケート選手 (ショートトラック)　国韓国　生1992年7月20日

ノ・シンヨン　盧 信永　Roh, Shin-yong　政治家　元・韓国首相　国韓国　生1930年2月28日　著1992／1996

ノ・スミン　魯 樹旼　Noh, Soo-min　作家　国韓国　生1950年　著1996

ノ・スンイル　作家, 編集者　国韓国　生1943年　著2008

ノ・ソンファン　魯 成煥　蔚山大学人文大学日語日文学科教授　専日本語, 日本文学　生1955年　著2000

ノ・チャンヒ　盧 昌熹　韓国外務部次官　国韓国　生1938年2月25日　著1996

ノ・チャンヨブ　盧 燦曄　プロ野球選手 (外野手)　国韓国　生1965年1月15日　著1996

ノ・チュンソブ　盧 春燮　プロ野球選手 (投手)　国韓国　生1968年8月5日　著1996

ノ・テウ　盧 泰愚　Roh, Tae-woo　政治家, 軍人　元・韓国大統領　国韓国　生1932年12月4日　著1992／1996／2000／2004／2008／2012

ノ・ヒギョン　放送作家　著2008

ノ・ヒョンソク　盧 鉉錫　ハンドボール選手　国韓国　生1966年10月10日　著1992／1996

ノ・ミョングァン　盧 明寛　聖書研究家　国韓国　生1926年2月　著1996

ノ・ムヒョン　盧 武鉉　Roh, Moo-hyun　政治家, 弁護士　元・韓国大統領 (第16代)　国韓国　生1946年8月6日　没2009年5月23日　著2004／2008

ノ・ヨンクック　盧 永国　タレント　国韓国　生1948年12月23日　著1996

ノ・ヨンシム　盧 英心　歌手, 作曲家　国韓国　生1968年2月15日　著1996

ノ・ヨンソク　Noh, Young-seok　映画監督　国韓国　生1976年　著2012

ノア, ジョアキム　Noah, Joakim　バスケットボール選手　国フランス　生1985年2月25日

ノア, ヤニック　Noah, Yannick　ロック歌手, 元・テニス選手　デビスカップフランス代表監督　国フランス　1992／1996／2000

ノイアー, マヌエル　Neuer, Manuel　サッカー選手 (GK)　国ドイツ　生1986年3月27日

ノイヴィル, オリヴァー　Neuville, Oliver　サッカー選手 (FW)　国ドイツ　生1973年5月1日　著2004／2008

ノイキルヒ, J.　Neukirch, Jürgen　数学者　レーゲンスブルク大学数学科教授　専代数的整数論, 代数幾何学　生1937年7月24日　著2008

ノイシュツ, カーリン　Neuschütz, Karin　ヴァルドルフ教育研究家　国スウェーデン　生1946年　著2000

ノイズ, ジョン　Noyes, John Kenneth　文学者　ケープタウン大学准教授　専ドイツ文学, 文学理論　生1955年　著2004

ノイス, フィリップ　Noyce, Philip　映画監督　国オーストラリア　生1950年4月29日　著1992／1996／2004／2008／2012

ノイズ, ラルフ　ミステリー・サークル研究センター名誉所長　国英国　著1992

ノイス, ロバート　Noyce, Robert Norton　元・セマテック最高経営責任者 (CEO), 元・インテル社副会長　集積回路 (IC) の発明者　国米国　生1927年12月12日　没1990年6月3日　著1992

ノイチュ, エーリク　Neutsch, Erik　作家　国ドイツ　生1931年　著1992

ノイナー, ドリス　Neuner, Doris　リュージュ選手　国オーストリア　著1996

ノイナー, マグダレナ　Neuner, Magdalena　バイアスロン選手　バンクーバー五輪バイアスロン女子10キロ追い抜き・12.5キロ金メダリスト　国ドイツ　生1987年2月9日　著2012

ノイバウアー, ウェルナー　Neubauer, Werner　経済学者　フランクフルト大学教授　専経済統計

ノイマイスター, アレクサンダー　Neumeister, Alexander　工業デザイナー　ノイマンスターデザイン社デザイナー　国ドイツ　著2000

ノイマイヤー, ジョン　Neumeier, John　振付師, バレエ演出家, 元・バレエダンサー　ハンブルク・バレエ団芸術監督・主席振付師, ハンブルク州立歌劇場支配人・附属バレエ学校校長　国米国　生1942年2月　著1992／1996／2000／2004／2008／2012

ノイマノバ, カテリナ　Neumannova, Katerina　元・スキー選手 (距離)　トリノ五輪スキー距離女子30キロフリー金メダリスト　国チェコ　生1973年2月15日　著2008／2012

ノイマン, アルフレート　Neumann, Alfred　政治家　元・東ドイツ第1副首相　国ドイツ　生1909年12月15日　著1992

ノイマン, ヴァーツラフ　Neumann, Václav　指揮者　元・チェコ・フィルハーモニー管弦楽団名誉首席指揮者　国チェコ　生1920年9月29日　没1995年9月2日　著1996

ノイマン, カール　Neumann, Karl　元・ゲッチンゲン大学教育科学部長, 元・ブラウンシュバイク工科大学学校教育学・一般教育学教授, 元・大学教授学センター長, 元・ニーダーザクセン州産学共同センター長　生1939年　著2008

ノイマン, グン　Neuman, Gun　男女平等オンブズマン　国スウェーデン　生1939年　著1992

ノイマン, リサロッテ　Neumann, Liselotte　プロゴルファー　国スウェーデン　生1966年5月20日　著1992／1996／2000／2008

ノイマン, ロバート　Neuman, Robert P.　ピボタル・リソーシズ・シニア・コンサルタント　国米国　著2004

ノイラート, ハンス　Neurath, Hans　生化学者　元・ワシントン大学名誉教授　専タンパク質研究　国米国　生1909年10月29日　没2002年4月12日　著1992／1996

ノインツィヒ, ハンス　Neunzig, Hans A.　編集者, 文筆家　国ドイ

ノヴァク, マティアス　Nowak, Matthias　グループ名＝トリオセンス　ジャズ・ベース奏者　国ドイツ　⊕1976年　⦿2012

ノヴァコヴィッチ, ミリヴォイェ　Novakovic, Milivoje　サッカー選手(FW)　国スロベニア　⊕1979年5月18日

ノヴァコヴィッチ, ヨシップ　Novakovich, Josip　作家　国米国　⊕1956年　⦿2012

ノヴァコフスキ, マレク　Nowakowshi, Marek　作家　国ポーランド　⊕1935年3月2日　⦿1992(ノバコフスキ, マレク)／1996(ノバコフスキ, マレク)

ノヴィコフ, アナトリー　Novikov, Anatolii Grigorievich　作曲家　国ソ連　⊕1896年10月30日　⊗1984年9月　⦿1992(ノビコフ, アナトリー)

ノヴィコフ, イグナチー　Novikov, Ignatii Trofimovich　政治家　ソ連副首相兼国家建設委員長　国ソ連　⊕1907年1月2日　⦿1992(ノビコフ, イグナチー)

ノヴィコフ, イーゴリ　Novikov, Igor　ニールス・ボーア研究所教授　⦿2008

ノヴィコフ, セルゲイ　Novikov, Sergei Petrovich　数学者　モスクワ大学教授　国位相幾何学　国ソ連　⊕1938年3月20日　⦿1992(ノビコフ, セルゲイ)／1996(ノビコフ, セルゲイ)

ノヴィンスキー, ジョゼフ　Nowinski, Joseph　心理学者　国米国　⦿2004／2008

ノヴォジーロフ, ヴィクトル　Novozhilov, Viktor　軍人　ソ連軍極東管区司令官　国ソ連　⊕1939年　⦿1992(ノボジーロフ, ビクトル)／1996(ノボジーロフ, ビクトル)

ノヴォセルスカヤ, イリーナ　Novoselskaya, Irina　美術史家　エルミタージュ美術館西洋絵画部長　国ソ連　⦿1992(ノボセルスカヤ, イリーナ)

ノヴォセルスキー, アンゲル　Novoselsky, Anguel　コンピューター技術者　元・オラクル・技術スタッフ・プリンシパルメンバー　⦿2004

ノヴォラツスキー, トーマス　Novohradsky, Thomas　オペラ演出家　元・ウィーン国立歌劇場制作局長, 元・新国立劇場オペラ芸術監督　国オーストリア　⊕1959年　⦿2004／2008／2012

ノーウッド, フレディ　Norwood, Freddie　プロボクサー　元・WBA世界フェザー級チャンピオン　国米国　⊕1970年2月14日　⦿2000

ノーウッド, ロビン　Norwood, Robin　カウンセラー, セラピスト　国米国　⊕1945年　⦿1996／2000

ノウラー, ドナルド　Knowler, Donald　ジャーナリスト　国英国　⊕1945年　⦿1992

ノウン, グレアム　Nown, Graham　ジャーナリスト, コラムニスト, 脚本家　国英国　⊕1943年　⦿2000

ノエ, ギャスパー　Noé, Gaspar　映画監督　国フランス　⊕1963年　⦿1996／2000／2004／2008／2012

ノエル, ジェームズ　Noel, James　人材育成コンサルタント　ノエル・アンド・アソシエイツ代表　⦿2008

ノエル, ジュヌヴィエーヴ　Noël, Geneviève　児童文学作家　国フランス　⊕1943年　⦿2004

ノエル, ベルナール　Noël, Bernard　作家, 詩人, 評論家　国フランス　⊕1930年　⦿2004

ノエル, マガリ　Noël, Magali　本名＝Guiffrai,Magali　女優　国フランス　⊕1932年5月27日　⦿2000

ノエル, リシュアン　Noël, Lucien　芸名＝ノエル・ノエル　映画俳優, 映画監督, シャンソン歌手　国フランス　⊕1897年4月9日　⊗1989年10月4日　⦿1992

ノエル・ベーカー, フィリップ・ジョン　Noel-Baker, Philip John　政治家, 国際法学者, 平和運動家　国英国　⊕1889年11月1日　⊗1982年10月8日　⦿1992

ノーキスト, グローバー　Norquist, Grover G.　反税金運動家　全米税制改革協議会(ATR)議長　国米国　⊕1956年　⦿2000／2004

ノークス, セバスティアン　Nokes, Sebastian　マネジメントコンサルタント　国英国　⦿2004

ノグチ, イサム　Noguchi, Isamu　日本名＝野口勇　彫刻家, 詩人　国米国　⊕1904年11月17日　⊗1988年12月30日　⦿1992

ノグチ, トーマス　Noguchi, Thomas T.　日本名＝野口恒富　法医学者　元・ロサンゼルス郡検視局長　国米国　⊕1927年　⦿1992／1996／2000

ノークロス, ジョン　Norcross, John C.　心理学者　スクラントン大学心理学部教授　国米国　⦿2004／2008

ノゲイラ, アルベルト・フランコ　Nogueira, Alberto Franco　本名＝Nogueira,Alberto Marciano Gorjão Franco　政治家, 外交官　元・ポルトガル外相　国ポルトガル　⊕1918年　⊗1993年3月14日　⦿1996

ノゲイラ, アントニオ・ホジェリオ　Nogueira, Antonio Rogerio　柔術家　国ブラジル　⊕1976年6月2日　⦿2008

ノゲイラ, アントニオ・ホドリゴ　Nogueira, Antonio Rodorigo　柔術家, 格闘家　国ブラジル　⊕1976年6月2日　⦿2004／2008／2012

ノゲイラ, ルイ　Nogueira, Rui　映画評論家　⊕1938年　⦿2008

ノゲーズ, ドミニク　Noguez, Dominique　映画批評家, 文芸評論家, 作家　パリ第一大学教授　国フランス　⊕1942年　⦿1992／1996

ノサバン, プーミ　Nosavan, Phoumi　政治家　元・ラオス副首相　国ラオス　⊕1920年1月27日　⊗1985年11月3日　⦿1992

ノーシー, アンソニー　Northey, Anthony　アケイディア大学　国ドイツ文学　⊕1942年　⦿1996

ノージック, ロバート　Nozick, Robert　哲学者　元・ハーバード大学教授　国米国　⊕1938年11月16日　⊗2002年1月23日　⦿1996／2000

ノース, アレックス　North, Alex　作曲家　国映画音楽　国米国　⊕1910年12月4日　⊗1991年9月8日　⦿1992

ノース, エドマンド　North, Edmund H.　脚本家　国米国　⦿1992

ノース, ゲーリー　North, Gary　キリスト教経済学研究所所長　国ニューイングランド清教徒の経済史　⊕1942年　⦿1996

ノース, スターリング　North, Sterling　動物文学作家　国米国　⊕1906年　⦿1992／2000

ノース, ダグラス　North, Douglass Cecil　経済学者　ワシントン大学セントルイス校教授　国経済史　国米国　⊕1920年11月5日　⦿1992／1996／2000／2008

ノース, ダリアン　North, Darian　作家　国米国　⦿2004

ノース, リチャード　North, Richard　食品衛生コンサルタント　英国上院狂牛病調査委員長アドバイザー　国狂牛病,食肉衛生　国英国　⊕1948年　⦿2004／2008

ノース, レイ　North, Ray　昆虫学者　サウザンプトン大学研究員　国アリ, ヤマアリ　国英国　⦿2004

ノースカット, ウェンディー　Northcutt, Wendy　ダーウィン賞主宰者　国米国　⦿2004

ノースカット, ステファン　Northcutt, Stephen　コンピューター技術者　国米国　⦿2004

ノスコ, ピーター　Nosco, Peter　南カリフォルニア大学教授　国江戸思想史, 江戸社会史　国米国　⊕1950年　⦿2000

ノースタイン, マーティン　Nothstein, Martin　自転車選手　国米国　⊕1971年2月1日　⦿2004／2008

ノースタッド, ローリス　Norstad, Lauris　軍人　元・北大西洋条約機構(NATO)軍最高司令官, 元・在欧米軍最高司令官　国米国　⊗1988年9月12日　⦿1992

ノースロップ, ジョン・ハワード　Northrop, John Howard　生化学者　元・カリフォルニア大学教授　国米国　⊕1891年7月5日　⊗1987年5月27日　⦿1992

ノセダ, ジャナンドレア　Noseda, Gianandrea　指揮者　トリノ王立歌劇場音楽監督・首席指揮者　国イタリア　⊕1964年　⦿2000／2004／2008／2012

ノセラ, ジョセフ　Nocera, Joseph　ジャーナリスト　「フォーチュン」編集者　国米国　⊕1952年　⦿2000

ノーソフ, ミハイル　Nosov, Mikhail G.　国際関係学者　ロシア米国カナダ研究所副所長　国国際関係(米国・日本・ロシア関係)　国ロシア　⊕1940年12月6日　⦿1992／1996／2004／2008

ノーダ, レイモンド　Noorda, Raymond J.　ノベル会長　国米国　生1924年6月　没1992／1996

ノック, ニゲール　SPタイヤーズUK社技師　国英国　没1992

ノック, マイク　Nock, Mike　旧グループ名＝フォース・ウェイ　ジャズ・ピアニスト, 作曲家　シドニー音楽院教授　国ニュージーランド　生1940年9月27日　没2012

ノックス, ガース　Knox, Garth　ビオラ奏者, ビオラ・ダモーレ奏者　国フランス　生1956年　没2012

ノックス, ティム　Noakes, Tim　ケープタウン大学体育スポーツ科学教授, 運動生体エネルギー研究所所長　専運動生理学　国南アフリカ　没1996

ノックス, デビー　Knox, Debbie　カーリング選手　国英国　生1968年9月26日　没2004

ノックス, デービッド　Knox, David　元・世界銀行副総裁　国英国　没1992

ノックス, ドナ　Knox, Donna　ダラス・マーケット・センター・アパレル・マート社長　国米国　没1992

ノックス, ポール　Knox, Paul L.　バージニア工科大学教授　専都市問題, 社会地理学　国米国　没2000

ノックス, マクレガー　Knox, MacGregor　軍事史研究家　ロンドン大学ロンドンスクール・オブ・エコノミクス・アンド・ポリティカルサイエンス教授　没2008

ノックス, メリッサ　Knox, Melissa　英文学者　セント・ピータース大学助教授　国米国　生1957年　没2004

ノッサル, グスタフ・ヨゼフ・ビクトル　Nossal, Gustav Joseph Victor　メルボルン大学名誉教授　専免疫生物学　国オーストラリア　生1931年6月6日　没1996／2000／2004／2008

ノッツ, ハワード　Knotts, Howard　画家　国米国　没2004

ノット, ジョナサン　Nott, Jonathan　指揮者　バンベルク交響楽団首席指揮者　国英国　生1963年　没2012

ノット, タラ　Nott, Tara　重量挙げ選手, 元・サッカー選手　国米国　生1972年5月10日　没2004

ノップラー, マーク　Knopfler, Mark　旧グループ名＝ダイアー・ストレイツ　ミュージシャン　国英国　没1992／2008／2012

ノティボーム, フェルナンド　Nottebohm, Fernando　ロックフェラー大学教授・大学付属動物行動学・生態学野外研究センター長　専動物行動学　国米国　没1992

ノーテボーム, ケース　Nooteboom, Cees　本名＝Nooteboom, Cornelis Johannes Maria　作家, 詩人　国オランダ　生1933年7月31日　没1996／2000／2012

ノーデルマン, ペリー　Nodelman, Perry　児童文学研究家, 絵本作家　ウィニペグ大学　国カナダ　没2004

ノート, ケサイ　Note, Kessai H.　政治家　元・マーシャル諸島大統領　国マーシャル諸島　生1950年8月7日　没2004／2008／2012

ノト, ルシオ　Noto, Lucio A.　実業家　元・エクソン・モービル副会長　国米国　没1996／2000／2004／2012

ノートウエアー, ジェームズ　ラバンソール・アンド・ホーワース社最高パートナー役員

ノトキン, デビー　Notkin, Debbie　作家, 編集者　国米国　没2000

ノードストリューム, ヨックム　Nordström, Jockum　現代美術作家　生1963年　没2008

ノードフェルト, スティーグ　Nordfeldt, Stig　ジャーナリスト　専医学　国スウェーデン　生1921年　没1992／1996

ノートヘルファー, フレッド・ジョージ　Notehelfer, Fred George　歴史学者　カリフォルニア大学ロサンゼルス校名誉教授　国米国　生1939年　没1992／2012

ノートン, アメリー　Nothomb, Amelie　作家　国ベルギー　生1967年　没2000／2004／2008／2012

ノートン, アンドレ　Norton, Andre　本名＝Norton, Alice Mary　別筆名＝ノース, アンドリュー, ウェストン, アレン　作家　国米国　生1912年　没2005年3月17日　没1992

ノートン, エドワード　Norton, Edward　俳優　国米国　生1969年8月18日　没2000／2004／2008／2012

ノートン, カーラ　Norton, Carla　編集者　国米国　没2000

ノートン, ケン(Jr.)　Norton, Ken(Jr.)　プロフットボール選手(LB)　国米国　生1966年9月29日　没2000

ノートン, トレバー　Norton, Trevor　海洋生物学者　リバプール大学教授, ポート・エリン海洋研究所ディレクター　専ダイビング　国英国　没2004

ノートン, ドン　伝記作家　国米国　没2004

ノートン, パトリック　Nothomb, Patrick　外交官　駐イタリア・ベルギー大使　元・駐日ベルギー大使　国ベルギー　生1936年　没1992／1996／2000

ノートン, パトリック　Naughton, Patrick　コンピューター技術者, 実業家　元・インフォシーク副社長　没2000

ノートン, ピーター　Norton, Peter　コンピューター工学者　元・ピーター・ノートン・コンピューティング社長　国米国　没1992／2004

ノートン, ミッシェル　画家, イラストレーター　没2004

ノートン, ミリアム　Norton, Miriam　絵本作家　国米国　没2004

ノートン, メアリー　Norton, Mary　児童文学作家　国英国　生1903年12月10日　没1992／1996

ノナス, リチャード　彫刻家　国米国　生1936年　没1996

ノヌー, マア　Nonu, Ma'a　本名=Nonu, Ma'a Allan　ラグビー選手(CTB)　国ニュージーランド　生1982年5月21日

ノーノ, ルイジ　Nono, Luigi　作曲家　国イタリア　生1924年1月29日　没1990年5月8日　没1992

ノバ, ヘザー　Nova, Heather　歌手, ギタリスト　国英国　生1968年　没2000

ノバク, エバ　女優　国米国　生1988年4月17日　没1992

ノバク, キム　Novak, Kim　女優　国米国　生1933年2月13日　没1992／2000

ノバク, ジェームズ　Novak, James J.　ボランティア活動家　アフガニスタン・コーイヌール財団上級顧問　国アフガニスタン　没2000

ノーバーグ, ステファン　Norberg, Stefan　コンピューター・コンサルタント　没2004

ノバク, ロバート　Novak, Robert　コラムニスト, テレビコメンテーター　国米国　生1931年2月26日　没2009年8月18日　没1996（ノバック, ロバート）

ノバック, バーバラ　Novak, Barbara　美術史家　バーナード大学名誉教授　国米国　没2004

ノービー, セシリア　ジャズ歌手　国デンマーク　生1964年　没2000

ノービグ, ピーター　Norvig, Peter　Junglee社上級科学者　専人工知能　国米国　没2000

ノビツキー, ゲンナジー　Novitsky, Gennady V.　政治家　元・ベラルーシ首相　国ベラルーシ　生1949年　没2004／2008

ノビツキー, ダーク　Nowitzki, Dirk　バスケットボール選手　国ドイツ　生1978年6月19日　没2004／2008／2012

ノビーレ, フィリップ　Nobile, Philip　ジャーナリスト　国米国　生1941年　没1996

ノフ, ハワード　Knoff, Howard M.　心理学者　南フロリダ大学教育学部基礎心理社会学科助教授　専人格検査, 相談過程, 学校心理サービスの提供　国米国　没2004

ノーフォーク, ローレンス　Norfolk, Lawrence　作家　国英国　生1963年　没2004／2012

ノフシンガー, ジョン　Nofsinger, John R.　経済学者　ワシントン州立大学助教授　国米国　没2004

ノブズ, デービッド　Nobbs, David　作家, 脚本家　国英国　生1935年　没2004

ノーブル, エイドリアン　Noble, Adrian Keith　演出家　元・ロイヤル・シェークスピア・カンパニー(RSC)芸術監督　国英国　生1950年7月19日　没1996／2000／2004／2008／2012

ノーブル, ケリ　Noble, Keri　シンガーソングライター　国米国　生1977年　没2008

ノーブル, ジェームズ　Noble, James　コンピューター技術者　国ニュージーランド　没2004

ノーブル, デービッド　Noble, David F.　歴史学者　ヨーク大学教授　⑱米国　⑭1945年　⑲2004

ノーブル, ロナルド　Noble, Ronald　国際刑事警察機構（インターポール）次期事務総長, ニューヨーク大学法学部準教授　⑱米国　⑲2000

ノブロック, チャック　Knoblauch, Chuck　本名=Knoblauch, Edward Charles　大リーグ選手（外野手）　⑱米国　⑭1968年7月7日　⑲2000／2004

ノーベル, クラウス　ユナイテッド・アース財団会長　⑱米国　⑲1996

ノボア, グスタボ　Noboa, Gustavo　政治家　元・エクアドル大統領　⑱エクアドル　⑭1937年8月21日　⑲2000／2004／2008

ノボグラッツ, ジャクリーン　Novogratz, Jacqueline　アキュメン・ファンド設立者　⑱米国　⑲1996

ノボサド, ジョン・アイ　エイボン・プロダクツ会長　⑭1940年12月14日　⑲1996

ノボセロフ, コンスタンチン　Novoselov, Konstantin　物理学者　マンチェスター大学教授　⑱英国　⑭1974年　⑲2012

ノボトナ, ヤナ　Novotna, Jana　元・テニス選手　⑱チェコ　⑭1968年10月2日　⑲1996／2000

ノボトナー, ヤルミラ　Novotná, Jarmila　ソプラノ歌手　⑱米国　⑭1907年9月23日　⑮1994年2月9日　⑲1996

ノボトニー, エーヴァルト　Nowotny, Ewald　経済学者, 銀行家, 政治家　オーストリア国立銀行総裁, 欧州中央銀行（ECB）理事　元・オーストリア国民議会議員（社会民主党）, 元・ウィーン経済経営大学教授　⑱オーストリア　⑭1944年　⑲2012

ノボトニー, フランティシェック　Novotný, František　バイオリニスト　国立ブルノフィルハーモニー　⑱チェコスロバキア　⑭1964年　⑲1996

ノーボン, マーク　Norbom, Mark　実業家　日本GE社長　⑱米国　⑭1958年2月20日　⑲2004／2012

ノーマン, アラン　Norman, Alan　ソフトウェア・エンジニア　Etak社副社長　⑱米国　⑲1992／1996

ノーマン, アール　Naumann, Earl　コンサルタント　ノーマン・リサーチ&コンサルタント経営　⑱米国　⑲2004

ノーマン, グレッグ　Norman, Greg　本名=Norman,Gregory John　プロゴルファー　⑱オーストラリア　⑭1955年2月10日　⑲1992／1996／2000／2008／2012

ノーマン, ジェシー　Norman, Jessye　ソプラノ歌手　⑱米国　⑭1945年9月15日　⑲1992／1996／2004／2008／2012

ノーマン, ジェフリー　Norman, Geoffrey　コラムニスト, 作家　⑲1992

ノーマン, ジェラルディーン　Norman, Geraldine　ジャーナリスト, 美術評論家　「インディペンデント」紙　⑱英国　⑲1996

ノーマン, ジョン　Norman, John　本名=Lange,John Frederick　SF作家, セックス評論家, 大学教授　⑳哲学, 古代史　⑱米国　⑭1931年　⑲1992

ノーマン, デービッド　Norman, David　英国自然保護委員会古生物学主任, オックスフォード大学博物館名誉研究員　⑳恐竜学　⑱英国　⑲1996

ノーマン, ドナルド・アーサー　Norman, Donald Arthur　別名=ノーマン,ドン　認知科学者　カリフォルニア大学サンディエゴ校名誉教授　⑱米国　⑭1935年　⑲1992／1996／2004／2012

ノーマン, ハワード　Norman, Howard A.　作家　⑱米国　⑭1949年　⑲2012

ノーマン, フィリップ　Norman, Phillip　ジャーナリスト, 作家　「サンデー・タイムズ」紙特派員・コラムニスト　⑱英国　⑲1992

ノーマン, ブルース　Nauman, Bruce　彫刻家　⑱米国　⑭1941年12月6日　⑲1996／2008／2012

ノーマン, マーシャ　Norman, Marsha　作家, 劇作家　⑱米国　⑭1947年　⑲1996

ノーマン, リチャード　Normann, Richard　経営コンサルタント　⑲2000

ノーム, エリ　Noam, Eli M.　コロンビア大学教授・情報通信研究所所長　⑳経済学　⑱米国　⑲1996

ノラ, ドミニク　ジャーナリスト　「ヌーベル・オプセルバトゥール」誌ニューヨーク特派員　⑱フランス　⑭1958年　⑲1996

ノラ, ピエール　Nora, Pierre　歴史学者　元・フランス社会科学高等研究院教授　⑱フランス　⑭1931年　⑲2004

ノラス, アルト　Noras, Arto　チェロ奏者　シベリウスアカデミー教授　⑱フィンランド　⑭1942年5月12日　⑲2000／2012

ノラック, カール　Norac, Carl　絵本作家, 詩人　⑱ベルギー　⑭1960年　⑲2004／2012

ノーラン, アルバート　Nolan, Albert　神学者　現代神学研究所　⑱南アフリカ　⑭1934年　⑲1996

ノーラン, ウィリアム　Nolan, William F.　作家, シナリオライター　⑱米国　⑭1928年　⑲1992／1996

ノーラン, カール　Nolan, Carl　コンピューター技術者　ウエスタン・リージョン　⑱米国　⑲2004

ノーラン, クリストファー　Nolan, Christopher　本名=Nolan, Christopher Jonathan James　映画監督, 脚本家　⑱英国　⑭1970年7月30日　⑲2004／2008／2012

ノーラン, シドニー　Nolan, Sidney Robert　画家　⑱オーストラリア　⑭1917年4月22日　⑮1992年11月　⑲1992／1996

ノーラン, デービッド　Nolan, David　バイオリニスト　読売日本交響楽団ソロ・コンサートマスター　⑱英国　⑭1949年　⑲2000

ノーラン, バーニー　Nolan, Bernie　グループ名=ノーランズ　歌手, 女優　⑱英国　⑭1960年10月17日　⑮2013年7月4日

ノーラン, フェイス　歌手　⑱カナダ　⑲1992

ノラン, フレデリック　Nolan, Frederick W.　作家　⑱米国　⑭1931年　⑲1996

ノーラン, ロイド　Nolan, Lloyd　俳優　⑱米国　⑭1903年8月11日　⑮1985年9月27日　⑲1992

ノーランド, マーカス　Nolland, Marcus　国際経済研究所主任研究員　⑳国際経済学, 日本・東南アジア経済　⑱米国　⑭1959年　⑲1992／2000／2004

ノリ, クロード　Nori, Claude　写真家, 評論家, 映画プロデューサー, 映画監督　パリ第13大学写真教授　⑱フランス　⑭1947年　⑲1996

ノリ, ジャン　Noli, Jean　作家　⑱フランス　⑭1928年　⑲1992

ノリエガ, エドゥアルド　Noriega, Eduardo　俳優　⑱スペイン　⑲2000

ノリエガ, ダニエル　Noriega, Daniel　サッカー選手（FW）　⑱ベネズエラ　⑭1977年3月30日　⑲2000

ノリエガ, マヌエル・アントニオ　Noriega, Manuel Antonio　別称=ノリエガ将軍　政治家, 軍人　元・パナマ最高実力者, 元・パナマ国軍最高司令官・将軍　⑱パナマ　⑭1940年2月11日　⑲1992／1996／2000／2004／2008／2012

ノリエド, J.N.　Nolledo, Jose N.　法律家　⑳憲法　⑱フィリピン　⑭1934年　⑲2004

ノリス, クリストファー　Norris, Christopher　哲学者　ウェールズ科学工科大学教授　⑳科学哲学, 哲学的意味論　⑱英国　⑭1947年　⑲2008

ノリス, ケネス　Norris, Kenneth S.　カリフォルニア大学サンタクルズ校ロングマリン研究所名誉教授　⑳イルカ　⑱米国　⑭1925年　⑲2000

ノリス, ジョン　Norris, John　ライター　⑱英国　⑲2008

ノリス, ジョン・マービン　ミネソタ州立大学秋田校学長　⑱米国　⑭1945年　⑲2000

ノリス, ジーン　グループ名=ジャネイ　ミュージシャン　⑱米国　⑭1970年10月　⑲2000

ノリス, パトリシア　Norris, Patricia A.　カウンセラー, セラピスト　メニンガー研究所バイオフィードバック・精神生理学センター所長　⑳バイオフィードバック学　⑱米国　⑭1932年　⑲1992

ノリントン, ロジャー　Norrington, Roger　本名=Norrington, Roger Arthur Carver　指揮者　シュトゥットガルト放送交響楽団首席指揮者, ロンドン・クラシカル・プレイヤーズ創設者　⑱英国　⑭1934年3月16日　⑲1992／2004／2008／2012

ノール, アニタ　Nall, Anita　水泳選手（平泳ぎ）　国米国　生1976年7月21日　没1996

ノール, アンドルー・H.　Knoll, Andrew H.　古生物学者　ハーヴァード大学自然史フィッシャー記念教授, 米国科学アカデミー会員　生1977年　没2008

ノル, イングリート　Noll, Ingrid　作家　国ドイツ　生1935年　没2000／2004

ノール, エルキ　Nool, Erki　十種競技選手　国エストニア　生1970年6月25日　没2004／2008

ノル, グレン　Knoll, Glenn F.　ミシガン大学教授　専原子核工学　国米国　生1953年　没1992

ノル, ディーター　Noll, Dieter　作家　国ドイツ　生1927年12月31日　没1992

ノルゲイ, ジャムリン・テンジン　Norgay, Jamling Tenzing　登山家　国インド　生1966年　没2004／2008

ノルゴー, ヨアン　Norgard, Jorgen Stig　省エネルギー学者　デンマーク工科大学　国デンマーク　没2004／2008

ノルサ, ミケーレ　Norsa, Michele　実業家　サルヴァトーレ・フェラガモCEO　国イタリア　生1948年　没2012

ノルシュテイン, ユーリー　Norshtein, Yurii　アニメーション作家　国ロシア　生1941年9月15日　没1992（ノルシュタイン, ユーリー）／1996（ノルシュタイン, ユーリー）／2004（ノルシュタイン, ユーリー）／2008／2012

ノールズ, ウィリアム　Knowles, William S.　化学者　元・モンサント研究員　国米国　生1917年6月1日　没2012年6月13日　没2004／2008／2012

ノールズ, ダーウォード　ヨット選手（スター級）　バハマ・オリンピック委員会副委員長　国バハマ　没1992

ノールズ, トニー　Knowles, Tony　政治家　元・アラスカ州知事　国米国　生1943年1月1日　没2000／2004

ノールズ, ランス　Knowles, P.Lance　ダインエド・インターナショナル社社長　国米国　生1947年　没1992

ノールソン, ジェームズ　Knowlson, James　レディング大学フランス研究科教授　専フランス演劇　国英国　生1933年　没1996／2008（ノウルソン, ジェイムズ）

ノルテ, クラウディア　政治家　元・ドイツ家庭高年者相　国ドイツ　没1996／2000

ノルテ, ヘルムート　Nolte, Helmut　社会学者　ベルリン自由大学助教授　国ドイツ　生1941年　没1996

ノルティ, ニック　Nolte, Nick　俳優　国米国　生1941年2月8日　没1996／2000／2004／2008／2012

ノルディン・ソピー　Noordin Sopiee　国際政治学者, ジャーナリスト　元・マレーシア戦略国際問題研究所（ISIS）会長・CEO　専国際関係, 東南アジア問題　国マレーシア　生1944年12月26日　没2005年12月29日　没1992（ソピー, ノルディン）／1996（ソピー, ノルディン）／2000（ソピー, ノルディン）／2004（ソピー, ノルディン）

ノルト, カトレーン　Nord, Kathleen　水泳選手　国ドイツ　没1992

ノルト, ドロシー・ロー　Nolte, Dorothy Law　教育学者, 家庭教育コンサルタント, 作家　国米国　生1924年1月12日　没2005年11月6日　没2004

ノールトゥグ, ペッテル　Northug, Petter　スキー選手（距離）　バンクーバー五輪スキー距離男子50キロクラシカル・団体スプリント金メダリスト　国ノルウェー　生1986年1月6日　没2012

ノルドクビスト, アンナ　Nordqvist, Anna　プロゴルファー　国スウェーデン　生1987年6月10日　没2012（ノードクイスト, アンナ）

ノルドクビスト, シブ　老人福祉施設経営者　国スウェーデン　没2000

ノールドハウス, ウィリアム　Nordhaus, William D.　エール大学経済学部教授　専経済学　国米国　没2000

ノルブ, ナムカイ　Norbu, Namkhai　ナポリ大学名誉教授　専チベット語, モンゴル語, チベット文化史　生1938年　没1996／2004／2008

ノルベリ, アネッテ　Norberg, Anette　カーリング選手　トリノ五輪・バンクーバー五輪カーリング女子金メダリスト　国スウェーデン　生1966年11月12日　没2012

ノルベール, フランシス　皮革職人　国フランス　生1947年　没2000

ノルベルグ・シュルツ, クリスチャン　Norberg-Schulz, Christian　建築論学者, 建築批評家　オスロ建築学校教授, マサチューセッツ工科大学客員教授　国ノルウェー　生1926年　没1992

ノルマン, ジム　Nollman, Jim　スピリチュアル・エコロジスト　国米国　生1947年　没1992／1996

ノーレットランダーシュ, トール　Norretranders, Tor　科学ジャーナリスト　国デンマーク　生1955年　没2004／2008

ノレム, ジュリー　Norem, Julie K.　心理学者　ウェルズリー・カレッジ準教授　国米国　没2004

ノレーン, ラーシュ　劇作家　国スウェーデン　生1944年　没1996

ノーレンバーグ, マイケル　Norenberg, Michael D.　マイアミ大学医学部教授　専神経病理学　国米国　没1992

ノロウバンザド, ナムジリン　Norovbanzad, Namjilyn　声楽家　国オルティン・ドー　国モンゴル　生1930年　没2002年12月21日　没1996

ノロオジ, オミドハジ　Noroozi, Omid Haji　レスリング選手（グレコローマン）　ロンドン五輪レスリング男子グレコローマン60キロ級金メダリスト　国イラン　生1986年2月18日

ノワール, ティエリー　Noir, Thierry　画家　国ドイツ　生1958年　没1992

ノワール, ミシェル　Noir, Michel　リヨン市長　国フランス　没1992

ノワレ, フィリップ　Noiret, Philippe　俳優　国フランス　生1930年10月1日　没2006年11月23日　没1992／1996／2000

ノン, チャン　Non, Chang　ビーズアーティスト, ファッションスタイリスト　没2008

ノンスィー・ニミブット　Nonzee Nimibutr　映画監督　国タイ　生1962年　没2004／2008／2012

ノン・ドク・マイン　Nong Duc Manh　政治家　元・ベトナム共産党書記長, 元・ベトナム国会議長　国ベトナム　生1940年9月11日　没2004／2008／2012

【ハ】

バー, アルフレッド　Barr, Alfred Hamilton（Jr.）　元・ニューヨーク近代美術館初代館長　国米国　生1902年1月28日　没1981年8月　没1992

バ・イクシン　馬毓真　中国外務省香港常駐代表部代表　国中国　没1996／2000

バ, イブライマ　Ba, Ibrahima　サッカー選手（MF）　国フランス　生1973年11月12日　没2000

ハ・イルチ　Ha, Ilji　作家　国韓国　没2000

バ・インショ　馬寅初　Ma, Yin-chu　本名=馬元善　経済学者　元・北京大学名誉学長　国中国　生1882年6月24日　没1982年5月10日　没1992

バー, ウィリアム　Barr, William Pelham　元・米国司法長官　国米国　生1950年5月23日　没1992／1996

ハ・ウォン　河沅　Hah, Won　ジャーナリスト　「朝鮮日報」東京特派員　国韓国　生1949年　没1996

ハ・ウボン　河宇鳳　Ha, Woo-bong　歴史学者　全北大学人文学部史学科教授　専近世韓日関係史　国韓国　生1953年　没2004

バ・ウン　馬雲　英語名=マー, ジャック　実業家　アリババグループCEO　国中国　生1964年9月10日　没2012

バ・エイキュウ　馬英九　Ma, Ying-jeou　政治家　台湾総統, 台湾国民党主席　元・台北市長, 元・台湾行政院政務委員　国台湾　生1950年7月13日　没1996／2000／2004／2008／2012

ハー, エドウィン　Herr, Edwin L.　ペンシルベニア州立大学大学院教授　専カウンセリング　国米国　没2004

バ・エンコウ　馬燕紅　体操選手　国中国　生1964年　没1996

バ・エンリョウ 馬 遠良 西北工業大学水中技術研究所所長 [専]水中技術 [国]中国 [生]1938年 [典]1996

バ・カ 馬 可 Ma, Ke ファッションデザイナー [国]中国 [生]1971年 [典]1996

バ・ガイ 馬 凱 Ma, Kai 政治家 中国副首相, 中国共産党政治局員 [国]中国 [生]1946年 [典]2012

バ・カリキ 馬 加力 中国現代国際関係研究所研究員 [専]インド史 [国]中国 [典]2000

バ・キ 馬 季 Ma, Ji 旧名=馬樹槐 漫才師 元・中央放送文工団説唱団団長, 元・全国青年連合会常務委員 [国]中国 [生]1934年3月 [没]2006年12月20日 [典]1996

バ・キソウ 馬 紀壮 Ma, Chi-chuang 字=伯謀 政治家, 元・軍人 元・台湾総統府秘書長, 元・亜東関係協会会長 [国]台湾 [生]1912年 [没]1998年4月23日 [典]1992／1996

バ・キョウエン 馬 杏垣 地質学者 中国科学院学部委員, 中国地震局地質研究所名誉所長, 中国地震学会副理事長 [国]中国 [生]1919年 [典]1996

バ・ギョウシュン 馬 暁春 Ma, Xiao-chun 棋士 囲碁9段（中国棋院） [国]中国 [生]1964年8月26日 [典]1992／1996／2000

ハ・キョングン 河 璟根 政治学者 韓国中央大学総長, 大韓教育協議会副会長 [国]韓国 [生]1932年4月1日 [典]1996

バ・キン 馬 瑾 地震学者 中国国家地震局地質研究所室主任・研究員 [国]中国 [生]1934年 [典]1996

バー, クリストファー ジョンソン・エンド・ジョンソン社長 [国]英国 [典]1996

バー, クレイグ Burr, C. バー・イーガン・デリアージュ社長 [国]米国 [典]1992

バ・ケンガイ 馬 賢凱 細菌学者 中国軍事医学科学院研究員 [国]中国 [生]1927年 [典]1996

バ・ゲンショウ 馬 彦祥 劇作家, 演劇理論家 [国]中国 [没]1988年1月8日 [典]1992

バ・ケンホウ 馬 建鋒 岡山大学資源生物科学研究所教授 [専]農学 [国]中国 [生]1964年 [典]2008

バ・コウ 馬 洪 Ma, Hong 筆名=牛中黄 経済学者 元・中国社会科学院院長 [国]中国 [生]1920年5月 [没]2007年10月28日 [典]1992／1996

バ・コウク 馬 孝劬 Ma, Xiao-qu 元・中国農業科学院農業遺産研究室助理研究員 [専]中国畜牧獣医史 [国]中国 [生]1921年 [典]1992

バ・コウコク 馬 興国 遼寧大学外国語学院院長・日本研究所所長・アジア研究所所長 [専]中日関係史 [国]中国 [生]1946年 [典]2000

バ・コウリン 馬 洪林 歴史学者 上海師範大学歴史系教授 [専]中国近代史 [国]中国 [生]1935年 [典]1996

バ・コクケイ 馬 国馨 Mao, Guo-xin 建築家 北京建築設計研究院副建築師, 中国建築師学会副副秘書長 [国]中国 [生]1942年 [典]1996

バ・コクショウ 馬 克昌 法律学者 武漢大学教授, 中国刑法学研究会副総幹事 [専]刑法学 [国]中国 [生]1926年 [典]1996

バ・サイジン 馬 済人 上海市中医薬研究院気功研究所研究員 [専]気功 [国]中国 [生]1928年 [典]1996

ハ・サンフン 河 尚勲 コメディアン [国]韓国 [生]1967年9月21日 [典]1996

ハ・ジウォン Ha, Ji-won 本名=チョンヘリム 女優 [国]韓国 [生]1979年6月28日 [典]2004／2008／2012

バ・シコウ 馬 子興 歌手 河北師範大学音楽系助教授 [国]中国 [生]1938年 [典]1996

バ・シソウ 馬 思聡 Ma, Si-cong バイオリニスト, 作曲家 [国]中国 [生]1912年 [没]1987年5月20日 [典]1992

バ・シチュウ 馬 思忠 政治家 寧夏自治区政協主席 元・寧夏回族自治人民代表大会常務委員会主任 [国]中国 [生]1931年 [典]1996／2000

バ・シホウ 馬 子宝 歌手, 軍人 中国人民解放軍総政治部歌舞団ソリスト [国]中国 [生]1955年 [典]1996

バ・シヤク 馬 子躍 歌手, 軍人 中国人民解放軍北京軍区戦友歌舞団俳優・副団長 [国]中国 [生]1944年 [典]1996

バ・シュウシン 馬 宗晋 Ma, Zong-jin 地質学者 中国国家地震局地質研究所研究員, 中国科学院地学部学部委員 [国]中国 [生]1933年 [典]1996

バ・シュクカ 馬 淑華 評劇俳優 天津評劇院俳優 [国]中国 [生]1946年 [典]1996

バ・ジュレイ 馬 樹礼 Ma, Shu-li 元・亜東関係協会駐日代表 [国]台湾 [生]1909年8月3日 [没]2006年7月19日 [典]1992／1996

バ・シュンエイ 馬 駿英 作曲家 中央歌舞団1級作曲家 [国]中国 [生]1942年 [典]1996

バ・シュンジン 馬 俊仁 陸上コーチ [国]中国 [典]1996／2000／2004／2008

バ・ショウクン 馬 湘君 Ma, Xiang-jun アーチェリー選手 [国]中国 [生]1964年 [典]1996

バ・ショウコ 馬 小虎 写真家 [国]中国 [生]1962年 [典]1996

バ・ショウリ 馬 勝利 石家庄製紙工場長, 中国企業家協会副会長 [国]中国 [生]1938年 [典]1996

バ・ショコン 馬 書根 立命館大学COE推進機構教授 [専]機械工学 [国]中国 [生]1964年 [典]2008

ハ・ジョンウ Ha, Jung-woo 本名=キムソンフン 俳優 [国]韓国 [生]1978年3月11日 [典]2012

パー, ジョン・ウェイン Parr, John Wayne 格闘家 [生]1976年5月25日 [典]2008

バ・シン 馬 真 北京大学中文系教授 [専]漢語 [国]中国 [生]1938年 [典]2000

ハ・スンギュン 警察官 [国]韓国 [典]2008

ハ・スンジン 河 昇鎮 Ha, Seung-jin バスケットボール選手 [国]韓国 [生]1985年8月4日 [典]2008／2012

バ・セイ 馬 青 龍谷大学理工学部教授 [専]人工神経網 [国]中国 [生]1962年 [典]2008

バ・セイサン 馬 成三 Ma, Cheng-san 経済学者 静岡文化芸術大学文化政策学部教授 [専]国際貿易論, 中国経済, 日中経済関係 [国]中国 [生]1945年4月30日 [典]1996／2000／2004／2008

ハ・ソクジュ 河 錫舟 Ha, Seok-ju サッカー選手（MF） [国]韓国 [生]1968年2月20日 [典]2000／2004

ハ・ソンラン 作家 [国]韓国 [生]1967年 [典]2004

バ・タイイ 馬 大維 弁護士, 民主化運動家 民主中国陣線副首席, 中国民主党秘書長 [国]米国 [生]1938年 [典]1996

バ・ダイユウ 馬 大猷 Ma, Da-you 音響学者 元・中国科学院音響学研究所副所長, 元・北京大学教授, 元・中国民主同盟（民盟）中央委員会副主席 [国]中国 [生]1915年3月1日 [没]2000年3月4日 [典]1996

バ・タツ 馬 達 編集者 『文匯報』（上海）編集長, 復旦大学新聞系兼任教授, 中国新聞学会連合会副会長 [国]中国 [生]1925年 [典]1996

ハ・チャンウ 夏 暢佑 プロ野球選手（投手） [国]韓国 [生]1969年10月24日 [典]1996

ハ・チャンオク 河 昌玉 元・朝鮮総連中央本部社会局長 [国]北朝鮮 [没]1987年9月24日 [典]1992

バ・チュウシン 馬 忠臣 Ma, Zhong-chen 中国共産党河南省党委書記, 中国共産党中央委員候補 [国]中国 [生]1936年 [典]1996／2000

ハ・チュウタン 巴 忠倓 Ba, Zhong-tan 軍人 元・中国人民武装警察部隊総部司令員 [国]中国 [典]2000

バ・チョウキョク 馬 朝旭 官僚 中国外務省報道局長 [国]中国 [典]2012

ハ・テクォン 河 泰権 Ha, Jae-kwon バドミントン選手 アテネ五輪バドミントン男子ダブルス金メダリスト [国]韓国 [生]1975年4月30日 [典]2008

バ・トクコン 馬 徳坤 西南石油学院機械系主任 [専]機械工学 [国]中国 [生]1935年 [典]1996

バ・トクシ 馬 得志 中国社会科学院考古研究所教授 [専]考古学 [国]中国 [生]1923年 [典]1992

ハ・トクネン 巴 徳年 医師 中国医学科学院副院長 [国]中国 [生]1938年 [典]1996

ハ・ドングン 河 東瑾 ジャーナリスト 韓国文化放送（MBC）東

ハ

京特派員 国韓国 典1992／1996

バー, ネバダ　Barr, Nevada　作家　国米国　典2000

バ・ネンセン　馬 念先　バンド名＝スティック・ライス　歌手　国台湾　典2000

バー, パット　Barr, Pat　歴史小説家　国英国　生1934年　典1992

バー, ビビアン　Burr, Vivien　ハッダーズフィールド大学上級講師　専心理学　国英国　典2000

バ・ビョウラン　馬 苗蘭　陸上競技選手　国中国　生1970年　典1996

ハ・ヒョンジュ　河 亨柱　元・柔道選手　国韓国　生1961年1月27日　典1992

ハ・ヒラ　Ha, Hee-ra　旧名＝夏希羅　漢字名＝河希羅　女優　国韓国　生1969年10月30日　典1992／1996／2008／2012

ハー・ピン　He, Ping　漢字名＝何平　映画監督　国中国　生1957年　典1996（何 平 カ・ヘイ）／2008（フー・ピン）／2012

バ・ホウ　馬 烽　Ma, Feng　本名＝馬書銘　作家　国中国　生1922年　没2004年1月31日　典1992／1996

バ・ホウガン　馬 宝華　旧名＝馬東岩　中国工兵学会雷管学会副主任委員,『現代雷管』編集長　雷管学　国中国　生1934年　典1996

ハー, マイク　Ha, Mike　漢字名＝賀軍翔, 愛称＝小美　俳優　国台湾　生1983年12月28日　典2008／2012

ハー, マイケル　Herr, Michael　作家, ジャーナリスト　国米国　生1940年　典1992／1996

バー, マーティン　Parr, Martin　写真家　国英国　生1952年5月23日　典1996／2004／2008／2012

バー, マリアマ　Ba, Mariama　作家　国セネガル　生1929年　典1992

バ・マンキ　馬 万祺　Ma, Wan-qi　政治家, 実業家　元・中国人民政治協商会議全国委員会（全国政協）副主席, 元・マカオ政府立法委員会委員, 元・マカオ中華総商会会長　国中国　生1919年　典1996／2000／2004／2008

ハ・ミヘ　河 美恵　タレント　国韓国　生1954年2月26日　典1996

バー, モシュ　Bar, Moshe　コンピューターコンサルタント　典2004

ハ・ユサン　河 有祥　本名＝河東烈　作家　現代劇作家協会会長, 新文芸協議会審議議長　国韓国　生1928年3月25日　典1992

ハ・ユンヒ　河 允姫　建国大学非常勤講師　専日本古典文学　国韓国　典2000

バ・ラン　馬 蘭　天津外国語大学講師　専中国語学　国中国　典2004／2008

バ・リッセイ　馬 立誠　作家　「人民日報」評論員・主任編集員　専中国の政治改革・経済改革　国中国　生1946年　典2000／2008

バ・リュウ　馬 龍　Ma, Long　卓球選手　ロンドン五輪卓球男子団体金メダリスト　国中国　生1988年10月20日

バ・リン　馬 琳　Ma, Lin　卓球選手　アテネ五輪・北京五輪金メダリスト　国中国　生1980年2月19日　典2008／2012

バー, レイモンド　Burr, Raymond　俳優　国米国　生1917年5月21日　没1993年9月12日　典1996

バ・ロクメイ　馬 六明　Ma, Liu-ming　画家, パフォーマンス・アーティスト　国中国　典2000

バアシル, アブ・バカール　Baasir, Abu Bakar　イスラム導師　ムジャヒディン評議会議長, ジェマー・イスラミア（JI）指導者　国インドネシア　典2004／2008

バー・アム, ミカ　Bar-Am, Micha　フォトジャーナリスト　国イスラエル　生1930年　典2004／2008

バイ, エバン　Bayh, Evan　本名＝Bayh,Birch Evans,III　政治家　元・米国上院議員（民主党）, 元・インディアナ州知事　国米国　生1955年12月26日　典1992／1996／2000／2004／2008／2012

ハイ・エンレイ　裴 艶玲　Pei, Yan-ling　本名＝裴信　女優　河北省梆子劇団一団長, 中国戯劇家協会理事　国中国　生1947年8月　典1992／1996

バイ・シ　梅 志　本名＝屠玘華　作家　国中国　生1914年　典1996

バイ・シエンヨン　白 先勇　Bai, Xian-Yong　作家　国台湾　生1937年　典1992（ハク・センユウ）／1996（ハク・センユウ）

ハイ, ジャラルル　バングラデシュ投資庁日本担当部長　国バングラデシュ　典2000

バイ・シューシャン　白 淑湘　Bai, Shu-xian　舞踏家　中国舞踏協会主席, 北京バレエ団副団長　国中国　生1939年　典1996（ハク・シュクショウ）／2000（ハク・シュクショウ）／2004（ハク・シュクショウ）／2008（ハク・シュクショウ）／2012

バイ, スティーブ　Vai, Steve　旧グループ名＝ホワイトスネイク　ロック・ギタリスト　国米国　生1960年6月6日　典2000／2008／2012

バイ, ナタリー　Baye, Nathalie　女優　国フランス　生1948年7月6日　典1992／2000／2004／2008／2012

ハイ・ブンチュウ　裴 文中　Pei, Wen-zhong　字＝明華, 筆名＝革命　人類学者, 古生物学者, 地質学者　元・北京自然博物館館長　国中国　生1904年1月19日　没1982年9月18日　典1992

バイ・ホウキュウ　梅 葆玖　Mei, Bao-jiu　京劇俳優（女形）　北京京劇院演員　国中国　生1934年2月　典2004／2008／2012

バイ, マイケル　Pye, Michael　作家, ジャーナリスト　国英国　生1946年　典2004

バイ, マイケル　Pye, Michael　宗教学者　典2008

バイ・リン　Bai, Ling　女優　国中国　生1970年　典2000

バイ, ルシアン　Pye, Lucian W.　政治学者　マサチューセッツ工科大学名誉教授　元・アメリカ政治学会会長　専アジア地域研究　国米国　生1921年　典1992／1996

ハイア, テヴァヒトウア　Haia, Tevahitua　ホテル・マララ・ビーチ・アクティビティ責任者　野生サメの餌付け人　国フランス　生1950年　典1992

バイアー, マルセル　Beyer, Marcel　作家　国ドイツ　生1965年　典2004

バイアーズ, ベッツィー　Byars, Betsy　児童文学作家　国米国　生1928年　典1996／2012

バイアゼッキ, リン・ウエアハウザー　ミドルマーチ・フィルム社編集者　国米国　典1996

ハイアセン, カール　Hiaasen, Carl　作家, ジャーナリスト, コラムニスト　国米国　生1953年　典1992／1996／2012

ハイアーチェク, ジェームズ　Hyerczyk, James A.　トレーダー　国米国　典2004

ハイアット, アーノルド　ストライド・ライト社会長　国米国　典1992

ハイアット, キャロル　Hyatt, Carole　コンサルタント, 社会経済評論家　国米国　典1992

ハイアット, ギルバート　電子工学者　デジタル・ニュートロニクス社長　専マイクロプロセッサー　国米国　典1992／1996

ハイアット, ジョエル　Hyatt, Joel　実業家　ハイアット・リーガル・プランズCEO　国米国　典2004

パイアット, デービッド　Pyatt, David　ホルン奏者　ロンドン交響楽団首席奏者　国英国　生1974年　典2012

ハイアット, フィリップ・ファレル　Hiatt, Philip Farrell　元・プロ野球選手　国米国　生1969年5月1日　典2000

ハイアット, フレッド　Hiatt, Fred　ジャーナリスト　「ワシントン・ポスト」次期論説委員長　国米国　典2000

ハイアム, ロナルド　Hyam, Ronald　ケンブリッジ大学モードリン・カレッジ学長, ケンブリッジ大学助教授　専歴史学　国英国　生1936年　典2000

ハイアムズ, ジョー　Hyams, Joe　作家, ジャーナリスト　国米国　生1923年6月6日　典1992／1996

バイアラスキー, トム　Bialaski, Tom　コンピューター技術者　典2004

バイアリー, ポール　Bierley, Paul E.　チューバ奏者, スーザ研究家　インテグリティー出版社代表, インテグリティー研究財団主宰　国米国　生1926年　典2004／2008

バイイ, ジャン・クリストフ　Bailly, Jean-Christophe　著述家, 編集者　エコール・ナショナル・シュペリウール教員　国フランス　生1949年　典2004

バイイ, ルネ　批評家, 辞書編さん者　国フランス　生1987年7月24日

ハイウェイ, トムソン　Highway, Tomson　劇作家, 作家　国カナダ　生1951年　著2004／2008／2012

ハイウォーター, ジャマーク　Highwater, Jamake　作家　国米国　生2001年6月3日　著1992

バイウル, オクサナ　Baiul, Oksana　フィギュアスケート選手, モデル　国ウクライナ　著1996／2000

ハイエク, フリードリヒ・フォン　Hayek, Friedrich August von　経済学者　元・フライブルク大学名誉教授　貨幣理論, 景気変動理論　国英国　生1899年5月8日　没1992年3月23日　著1992／1996

ハイエック, ニコラス　Hayek, Nicolas George　実業家　元・スウォッチ・グループ創業者　国スイス　生1928年2月19日　没2010年6月28日　著2000（ハイエク, ニコラス）／2008

ハイエック, ニック(Jr.)　Hayek, G.Nick（Jr.）　実業家　スウォッチグループCEO　国スイス　生1954年　著2004／2012

パイエッタ, ジャン・カルロ　Pajetta, Gian Carlo　政治家　元・イタリア共産党指導部員・中央委員, 元・イタリア下院議員　国イタリア　没1990年9月13日　著1992

ハイエット, スティーブ　Hiett, Steve　写真家, グラフィックデザイナー　国英国　生1940年　著1992

バイエフ, ハッサン　Baiev, Khassan　医師　形成外科　国ロシア　生1963年　著2008／2012

バイエラー, エルンスト　Beyeler, Ernst　美術商　国スイス　著2000

バイエル, マルクス　Beyer, Markus　プロボクサー　元・WBC世界スーパーミドル級チャンピオン　国ドイツ　生1971年4月28日

バイエルス, ルドルフ　Peierls, Rudolf Ernst　理論物理学者　元・オックスフォード大学教授　国英国　生1907年6月5日　没1995年9月19日　著1996

バイエンス, ジム　Buyens, Jim　AGコミュニケーション・システムズ上級PC-LANアドミニストレーター　TCP/IP　国米国　著2004

バイオ, クリス　Baio, Chris　グループ名=バンパイア・ウィークエンド　ミュージシャン　国米国　生1984年　著2012

バイオーラ, ビル　Viola, Bill　ビデオアーティスト　国米国　生1951年　著2000

バイオーラ, フランク　Viola, Frank　元・大リーグ選手　国米国　生1960年4月19日　著1992／1996／2012

バイオン, ポール　Pion, Paul D.　獣医学者　心臓　国米国　著2008

バイカル, デニズ　Baykal, Dniz　政治家　トルコ共和人民党党首　元・トルコ副首相・外相　国トルコ　生1938年　著2000

パイク, グラハム　Pike, Graham　トロント大学グローバル・エデュケーション国際研究所　教育学　国　生1952年　著1996

パイク, クリストファー　Pike, Christopher　作家　国米国　著2000

パイク, クンウー　Paik, Kun-woo　漢字名=白建宇　ピアニスト　国韓国　生1946年3月10日　著1996（白 建宇 ペク・コンウ）／2004／2012

パイク, ケネス　Pike, Kenneth Lee　言語学者, 宣教師　ミシガン大学名誉教授・夏季言語学研究所名誉所長　音声学　国米国　生1912年6月9日　著1992／1996／2004

パイク, ナム・ジュン　Paik, Nam June　韓国名=白南準　ビデオアーティスト, 音楽家　国米国　生1932年7月20日　没2006年1月29日　著1992／1996／2004

パイク, ロザムンド　Pike, Rosamund　女優　国英国　生1979年1月27日　著2004／2008

パイク, ロブ　Pike, Rob　コンピューター技術者　ルーセント・テクノロジーズ・ベル研究所計算機科学研究センター　著2004

ハイクス, デービッド　Hykes, David　音楽家　国フランス　生1953年　著1996

ハイグレイブ, ウィリアム・D.　バブソン大学教授・起業学センター長　起業学　国米国　著2000

ハイケン, エリザベス　Haiken, Elizabeth　テネシー大学歴史学部助教授　健康科学史　国米国　生1962年　著2000

バイゴット, デービッド　Bygott, David　生物学者, 画家　野生動物　国タンザニア　著2000

バイゴン, ジェイ　Vigon, Jay　ロゴデザイナー　国米国　著1992／1996

バイサー　Baysaa　モンゴル祭りのスタッフ　国モンゴル　著2000

バイサー, ペーター　エネルギー能率協会会長, モーツァルト没後200年祭事務局長　国オーストリア　著1992

ハイサン, ウィサオ　僧侶　国タイ　生1957年　著2000

パイシット・ピパタナクル　タイ国会事務局長　国タイ　著1992

バイジャ, アルン　Vaidya, Arun S.　軍人　元・インド陸軍参謀総長　国インド　没1986年8月10日　著1992

ハイシュトゥル, フィリッピ　ペトロブラス総裁　国ブラジル　生1949年　著2000

バイシュラーク, カールマン　Beyschlag, Karlmann　エルランゲン大学神学部歴史神学正教授　神学　国ドイツ　生1923年　著2000

ハイジンハ, マルク　Huizinga, Mark　柔道選手　国オランダ　生1973年9月10日　著2004／2008

ハイス, アラナ　Heiss, Alanna　P.S.1創設者・館長　国米国　生1943年　著1992／2004／2008

ハイス, マイケル　医師　メリーランド大学付属病院腎臓科筆頭助教授　国米国　生1948年8月　著1992

ハイスブルク, フランソワ　英国国際戦略研究所（IISS）所長　国際戦略, 安全保障　国フランス　著1992

バイスフロク, イエンス　Weissflog, Jens　元・スキー選手（ジャンプ）　国ドイツ　生1964年7月21日　著1992／1996／2000

バイスマン, ジャック　Vaisman, Jack　医師　男性機能障害研究所理事長　男性機能障害　国ウクライナ　生1945年　著2000

ハイスミス, ジム(3世)　Highsmith, James A.（III）　コンピューター技術者　国米国　著2004／2008

ハイスミス, パトリシア　Highsmith, Patricia　推理作家　国米国　生1921年1月19日　没1995年2月4日　著1992／1996

ハイスラー, ベルダ　Heisler, Verda　心理療法家　ユング心理学　国米国　生1919年　没1987年　著1992

ハイゼ, ミヒャエル　ドイツ政府五賢人会議事務局長　元・ケルン大学助教授　経済学　国ドイツ　生1956年　著1996

バイセル, ベン　Bycel, Ben　法学者　西ロサンゼルス法科大学学部長・教授, ロサンゼルス倫理委員会常務理事　国米国　著2004

バイゼン, リューダー　元・ビー・エム・ダブリュー会長　国ドイツ　生1944年3月14日　著1992

ハイゼンガ, ウェイン　Huizenga, Harry Wayne　実業家　元・リパブリック・インダストリーズ会長　国米国　生1938年12月29日　著2000／2004

バイセンシュタイナー, ゲルダ　Weissensteiner, Gerda　リュージュ選手　国イタリア　著1996

ハイセンビュッテル, ヘルムート　Heissenbüttel, Helmut　詩人, 批評家　国ドイツ　生1921年6月21日　没1996年9月19日　著1992／1996

ハイソング, ニック　Hysong, Nick　棒高跳び選手　国米国　著2004

バイダ, アティラ　Vajda, Attila　本名=Vajda,Attila Sandor　カヌー選手　北京五輪カヌー男子カナディアンシングル1000メートル金メダリスト　国ハンガリー　生1983年3月17日　著2012

ハイダー, イェルク　Haider, Jörg　政治家　元・ケルンテン州知事, 元・オーストリア未来同盟党首　国オーストリア　生1950年1月26日　没2008年10月11日　著1996／2000／2004／2008

ハイター, スタンリー・ウィリアム　画家, 版画家　国フランス　生1901年12月　没1988年5月4日　著1992

ハイダラ, モハメド・クーナ・ウルド　Haidalla, Mohamed Khouna Ould　政治家, 軍人　元・モーリタニア大統領　国モーリタニア　生1940年　著1992

ハイタワー, ジョン　元・AP通信外交問題専門記者　国米国　生1987年2月9日　著1992

ハイタワー, リン　Hightower, Lynn S.　作家　国米国　著2004

ハイタワー, ロゼラ　Hightower, Rosella　バレリーナ, バレエ教師

元・グラン・バレエ・デュ・マルキ・ド・クエバス・プリマ、元・パリ・オペラ座バレエ団芸術監督　国米国　生1920年　没2008年11月3日　典1992

バイチェバ, ユリア　Baicheva, Juria　新体操選手　国ブルガリア　生1972年2月12日　典1992／1996／2000

バイツ, ヴァシャ　Bajc, Vasja　スキーコーチ,元・スキー選手(ジャンプ)　スキー全日本チーム・ヘッドコーチ　国スロベニア　生1962年1月19日　典2004

バイツ, ベルトルト　Beitz, Berthold　実業家　ドイツクルップ社会長　国ドイツ　生1913年9月26日　典1996

バイツェ, モニカ　Weitze, Monika　絵本作家,セラピスト　専自己啓発　国ドイツ　生1956年　典2004

バイツェホフスカヤ, エレーナ　Vaytsekhovskaya, Elena　スポーツジャーナリスト、元・飛び込み選手　国ロシア　典2008

ハイツラー, ジョセフ　Heitzler, Joseph F.　実業家　チャンピオンシップ・オート・レーシング・チームズ(CART)会長　国米国　典2004／2008

ハイデ, マリシア　Haydée, Marcia　本名=Haydée Pereira da Silva,Marcia　バレリーナ,振付師　元・シュトゥットガルトバレエ団プリマ　生1935年4月18日　典1992／1996／2004／2008／2012

ハイティンク, ベルナルト　Haitink, Bernard　本名=Haitink, Bernard John Herman　指揮者　ロイヤル・コンセルトヘボウ管弦楽団名誉指揮者　元・コベント・ガーデン王立歌劇場(ロイヤル・オペラハウス)音楽監督　国オランダ　生1929年3月4日　典1992／1996／2000／2008／2012

ハイティング, マンフレート　Heiting, Manfred　写真収集家　典2004／2008

ハイデッガー, シモーネ　Heidegger, S.　尼僧道場に体験入門した女子留学生　国ドイツ　生1965年　典2000

ハイデマン, ブリッタ　Heidemann, Britta　フェンシング選手(エペ)　北京五輪フェンシング女子エペ個人金メダリスト　国ドイツ　生1982年12月22日　典2012

ハイデルバーガー, マイケル　Heidelberger, Michael　生化学者　専免疫化学　国米国　生1888年4月29日　没1991年6月25日　典1992

ハイデルバッハ, ニコラウス　Heidelbach, Nikolaus　挿絵画家　生1955年　典1996

ハイデン, エリック　Heiden, Eric　整形外科医,元・スピードスケート選手　国米国　生1958年6月14日　典1992／1996／2000／2004

バイデン, ジョセフ(Jr.)　Biden, Joseph Robinette (Jr.)　別名=バイデン, ジョー　政治家　米国副大統領　元・米国上院議員(民主党)　国米国　生1942年11月20日　典1992／1996／2004／2008／2012

ハイデンベルガー, ペーター　Heidenberger, Peter　弁護士　国ドイツ　生1922年　典2000

ハイデンライヒ, エルケ　Heidenreich, Elke　作家,コラムニスト　国ドイツ　生1943年　典2004

ハイデンライヒ, ゲルト　Heidenreich, Gert　作家　元・ドイツ・ペンクラブ会長　国ドイツ　生1944年3月30日　典2000

ハイデンリッヒ, アン　Heidenreich, Ann　環境保護運動家　国際環境連絡センター(ELC)エネルギーコーディネーター　典1992

ハイデン・リンシュ, ヴェレーナ・フォン・デア　Heyden Rynsch, Verena von der　著述家,出版代理人,翻訳家,編集者　生1941年　典2000

ハイド, アンソニー　Hyde, Anthony　作家　国カナダ　生1946年　典1996

ハイド, カール　Hyde, Karl　グループ名=アンダーワールド、トマト　ミュージシャン、クリエーター　国英国　典2004／2008／2012

ハイド, クリストファー　Hyde, Christopher　作家　国カナダ　生1949年　典1992／1996

ハイト, シェア　Hite, Shere D.　ジェンダー研究者,作家　ハイト・リサーチ所長,日本大学客員教授　国米国　生1942年　典1996／2000／2004／2008

ハイド, ジャック　Hyde, Jack　サッカー指導者　サンフランシスコ州立大学サッカー部監督　国米国　生1945年2月26日　典2000

ハイト, ジョナサン　Haidt, Jonathan　社会心理学者　バージニア大学心理学部教授　典2012

ハイド, デイトン　Hyde, Dayton O.　動物文学者　国際野性水禽協会会長,オレゴン野生生物連盟会長,野生生物保護の会会長　典1992

ハイト, ヘルムート　Heid, Helmut　教育学者　レーゲンスブルク大学教育学教授　専教育学論,教育政策　国ドイツ　生1934年　典1996

ハイド, ヘンリー　Hyde, Henry J.　政治家　元・米国下院外交委員長(共和党)　国米国　生1924年4月18日　没2007年11月29日　典2004

ハイド, マギー　Hyde, Maggie　著述家,占星術相談家　国英国　生1952年　典1996

ハイド, ルイス　Hyde, Lewis　文学者　キャニオンカレッジ教授　国米国　生1945年　典2004

バイトゥーン・ポンサナ　外交官　在日タイ大使館農業担当官事務所公使・参事官　国タイ　生1943年　典1996

ハイトガー, マリアン　Heitger, Marian　教育学者　ウィーン大学教授　国ドイツ　生1927年　典1996

ハイトカンプ, ディーター　Heitkamp, Dieter　舞踊家　国ドイツ　生1957年　典1992

バイトゲン, ハインツ・オットー　Peitgen, Heinz-Otto　数学者　カリフォルニア大学サンタクルーズ校数学科教授　専非線形解析,ダイナミカル・システム　生1945年　典1992

ハイドシェック, エリック　Heidsieck, Eric　ピアニスト　国フランス　生1936年8月21日　典1992／1996／2000／2012

ハイトナー, ニコラス　演出家　国英国　生1956年　典1996

ハイトフ, ニコライ・アレクサンドロフ　Khaitov, Nikolai Aleksandrov　作家　国ブルガリア　生1919年　典1992

ハイドフェルド, ニック　Heidfeld, Nick　元・F1ドライバー　国ドイツ　生1977年5月10日　典2008／2012

ハイド・ホワイト, ウィルフリド　Hyde-White, Wilfrid　俳優　国英国　生1903年5月12日　没1991年5月6日　典1992

ハイドラー, ベティー　Heidler, Betty　ハンマー投げ選手　ロンドン五輪銅メダリスト,陸上女子ハンマー投げ世界記録保持者　国ドイツ　生1983年10月14日

ハイトラー, ワルター　Heitler, Walter Heinrich　理論物理学者　元・チューリヒ大学教授　専量子力学　国ドイツ　生1904年1月2日　没1981年11月15日　典1992

バイトワ, スヴェトラーナ　Baitova, Svetlana　体操選手　国ソ連　生1972年11月3日　典1992

バイナー, アロン　Viner, Aron　エコノミスト　典1992

バイナー, ティム　Vyner, Tim　絵本作家　国英国　生1963年　典2004

ハイナー, ヘルベルト　Hainer, Herbert　実業家　アディダスCEO　国ドイツ　生1954年7月3日　典2004／2008／2012

バイナイ, ゴルドン　Bajnai, Gordon　金融家,政治家　元・ハンガリー首相　国ハンガリー　生1968年3月5日　典2012

バイナム, アンドリュー　Bynum, Andrew　バスケットボール選手　国米国　生1987年10月27日

バイニー, チャールズ　Viney, Charles　ユーモア作家,写真家　国英国　典1992／2000

バイニオ, ベッサ　銀行家　メリタ・ノルドバンケン会長　国フィンランド　典2000

ハイニキー, テリー　Hueneke, Terry A.　実業家　マンパワー副社長・環太平洋地域最高責任者　国米国　典2004

バイニマラマ, ボレンゲ　Bainimarama, Voreqe　本名=バイニマラマ, ジョサイア・ボレンゲ　別名=バイニマラマ, フランク　政治家,軍人　フィジー暫定首相,フィジー国軍総司令官　国フィジー　生1954年4月27日　典2004／2008／2012

バイニング, エリザベス・グレイ　Vining, Elizabeth Gray　旧名=グレイ　筆名=グレイ,エリザベス・ジャネット　児童文学作家　天皇陛下の元家庭教師　国米国　生1902年10月6日　没1999年11月27日　典1992／1996

ハイネ, イゾルデ　Heyne, Isolde　児童文学作家　国ドイツ

[生]1931年　[典]1992

ハイネ, ヘルメ　Heine, Helme　絵本作家, イラストレーター　[国]ドイツ　[生]1941年　[典]1992／2000／2008

ハイネク, J.アレン　天文物理学者, 未確認飛行物体(UFO)研究家　[国]米国　[没]1986年4月27日　[典]1992

ハイネケン, アルフレッド・ヘンリー　Heineken, Alfred Henry　実業家　元・ハイネケン会長　[国]オランダ　[生]1923年11月4日　[没]2002年1月3日　[典]1996

バイネス, ロバート　Byrnes, Robert G.　Unix開発者, ソフトウェアエンジニア　[典]2008

ハイネセン, ウィリアム　Heinesen, William　詩人, 作家　[国]デンマーク　[生]1900年　[没]1991年3月12日　[典]1992

ハイネッケ, アンドレアス　フランクフルト盲人研究所所長　[国]ドイツ　[典]1996

ハイネマン, エドワード　航空機設計家　[国]米国　[没]1991年11月26日　[典]1992

ハイネマン, マーゴット　Heinemann, Margot　英国共産党活動家　[国]英国　[典]1992

パイパー, W.スティーブン　パイパー・パシフィック・インターナショナル社長　[国]米国　[生]1940年　[典]1996

パイパー, アンドルー　Pyper, Andrew　作家　[国]カナダ　[生]1968年　[典]2004／2012

パイパー, ジョン　Piper, John　本名=Piper,John Egerton Christmas　画家　[国]英国　[生]1903年12月13日　[没]1992年6月28日　[典]1996

パイパー, ジョン　Piper, John　牧師　ベツレヘム・バプテスト教会牧師　[国]米国　[典]2008

パイパー, チャールズ・P.　横河メディカルシステム会長　[国]米国　[生]1946年10月6日　[典]1992／1996

パイパー, トーマス　Piper, Thomas R.　ハーバード大学ビジネス・スクール教授　[専]経営管理学　[国]米国　[典]1996

パイパー, フレッド　Piper, Fred　セキュリティ・コンサルタント　ロンドン大学数学科教授　[生]1940年　[典]2008

パイパー, ヘンリー・G.　ブラッシュ・ウェルマン会長　[国]米国　[典]1992

パイバ, マイケル　Piva, Michael　オタワ大学準教授　[専]カナダ史　[国]カナダ　[生]1946年　[典]1996

パイパー, マイケル・コリンズ　Piper, Michael Collins　ジャーナリスト　[生]1960年　[典]2008

ハイバーグ, アストリッド　Heiberg, Astrid　国際赤十字赤新月社連盟会長　元・オスロ大学精神医学科教授, 元・ノルウェー行政消費者問題相　[国]ノルウェー　[生]1936年　[典]2000

バイバコフ, ニコライ　Baibakov, Nikolai Konstantinovich　政治家　元・ソ連副首相・国家計画委議長　[国]アゼルバイジャン　[生]1911年3月7日　[典]1992／1996

バイバート, ルーク　Vibert, Luke　別名=クライスト, ワゴン　音楽家　[国]英国　[典]2000

バイハム, ウィリアム　Byham, William C.　社員教育コンサルタント　ディベロップメント・ディメンションズ・インターナショナル(DDI)社長　[国]米国　[典]1992／2000

バイヒ, リディア　Baich, Lidia　バイオリニスト　[国]オーストリア　[典]2004／2008

ハイヒェル, ウォルフガング　Heichel, Wolfgang　グループ名=ジンギスカン　ミュージシャン　[国]ドイツ　[生]1950年11月4日　[典]2008／2012

ハイヒェル, ヘンリエッテ　Heichel, Henriette　別名=ストロベル, ヘンリエッテ　グループ名=ジンギスカン　ミュージシャン　[生]1953年11月13日　[典]2008／2012

パイビス, リチャード　Pybis, Richard O.　ウエストパック銀行アジア総支配人　[国]オーストラリア　[生]1949年　[典]1992／1996

パイファー, メアリー　Pipher, Mary　セラピスト　[国]米国　[典]2000／2004

ハイフィールド, アンディー　Highfield, Andy C.　トータス・トラスト主宰　[専]生態学(カメ)　[典]2000

ハイフィールド, ロジャー　Highfield, Roger　ジャーナリスト　「デイリー・テレグラフ」科学記者　[国]英国　[生]1959年　[典]1996

ハイフェッツ, ヤッシャ　Heifetz, Jascha　バイオリニスト　[国]米国　[生]1901年2月2日　[没]1987年12月10日　[典]1992

ハイフェッツ, ロナルド　Heifetz, Ronald A.　精神科医　ハーバード大学ケネディ・スクール・オブ・ガバメント講師　[専]リーダーシップ研究　[国]米国　[生]1951年　[典]2000

バイブクイン, ワンダ　Vivequin, Wanda　ジャーナリスト　[典]2008

パイプス, リチャード　ロシア研究家　ハーバード大学歴史学教授　[国]米国　[典]1996

ハイブラエフ, タギル　Khaibulaev, Tagir　柔道選手　ロンドン五輪柔道男子100キロ級金メダリスト　[国]ロシア　[生]1984年7月24日

ハイベルク, ゲルハルト　Heiberg, Gerhard　リレハンメル五輪組織委員会会長, アーケル会長　[国]ノルウェー　[典]1996

ハイベルス, ビル　Hybels, Bill　牧師　ウィロー・クリーク・コミュニティ教会主席牧師　[国]米国　[典]2004

ハイマン, エド　Hyman, Ed　エコノミスト　ISIグループ会長・チーフエコノミスト　[国]米国　[生]1945年　[典]2004／2012

ハイマン, クラウス　Heymann, Klaus　ナクソス会長　[国]ドイツ　[生]1936年　[典]2008／2012

パイマン, クラウス　Peymann, Claus　舞台演出家　ベルリナー・アンサンブル芸術監督　[国]ドイツ　[生]1937年6月7日　[典]2004

ハイマン, クレメンス・デービッド　Heymann, C.David　作家　[国]米国　[生]1945年1月14日　[典]2000

ハイマン, ジム　Heimann, Jim　グラフィック・デザイナー　[国]米国　[典]2004

ハイマン, スティーブン　Heiman, Stephen E.　ミラー・ハイマン社取締役　[国]米国　[典]1992

ハイマン, トリーナ・シャート　Hyman, Trina Schart　絵本画家　[国]米国　[典]1992／1996

ハイマン, フィリス　Hyman, Phyllis　ジャズ歌手　[国]米国　[生]1950年　[没]1995年6月30日　[典]1996

ハイマン, ミスティ　Hyman, Misty　水泳選手(バタフライ)　[国]米国　[生]1979年3月23日　[典]2004／2008

ハイマン, メルビン　Heyman, Melvin B.　医学者　カリフォルニア大学サンフランシスコ校教授　[専]小児科学　[国]米国　[典]2004

ハイミル, シンシア　Heimel, Cynthia　コラムライター, 脚本家　[国]米国　[典]1992／1996／2000

ハイム, シュテファン　Heym, Stefan　作家, 政治家　元・ドイツ連邦議会議員　[国]ドイツ　[生]1913年4月10日　[没]2001年12月16日　[典]1996

ハイム, ペーター　Heim, Peter　作家　[国]ドイツ　[典]1992

ハイム, マイケル　Heim, Michael　パサデナ・デザイン大学アートセンター　[専]バーチャル・リアリティー　[典]2008

ハイムズ, スティーブ　Heims, Steve Joshua　科学史家　[国]米国　[典]2004

ハイムズ, チェスター　Himes, Chester　作家　[国]米国　[生]1909年　[没]1984年11月12日　[典]1992

ハイムブーヒャー, クリストフ　Heimbucher, Christoph　編集者, ジャーナリスト　[国]ドイツ　[典]2008

ハイムラー, ロナルド　Himler, Ronald　画家　[国]米国　[典]2004

ハイメ, ビセンテ　Jayme, Vicente　元・フィリピン蔵相, 元・フィリピン国立銀行総裁　[国]フィリピン　[生]1928年10月27日　[典]1992

ハイメ・オグスト　本名=ハイメ・オグスト・ソベル・デ・アヤラ,2世　通称=ジャザ　実業家　アヤラ・コーポレーション社長・CEO　[国]フィリピン　[典]2000

ハイモア, フレディ　Highmore, Freddie　俳優　[国]英国　[生]1992年　[典]2012

ハイモビッツ, マット　Haimovitz, Matt　チェロ奏者　[国]イスラエル　[生]1970年　[典]1996／2012

バイヤー, インゲボルク　Bayer, Ingeborg　児童文学作家　[国]ドイツ　[典]2000

バイヤー, トム　Byer, Tom　サッカー指導者, 元・サッカー選手

[国]米国　[生]1960年11月21日　[典]2004／2008／2012

バイヤー, ハーバート　Bayer, Herbert　デザイナー　[国]米国　[生]1900年4月5日　[典]1992／1996

バイヤース, ジェームズ・リー　Byars, James Lee　画家　[国]米国　[生]1932年　[没]1997年　[典]1996

バイヤット, A.S.　Byatt, Antonia Susan　本名=ダフィ, アントニア・スーザン　旧名=ドラブル　作家, 英文学者, 英文学批評家　[国]英国　[生]1936年8月24日　[典]1992／1996／2000

ハイヤット, ジジ　Hyatt, Gigi　バレリーナ　ジョージア・バレエ団芸術監督　元・ハンブルク・バレエ団プリンシパル　[生]1962年　[典]2012

パイヤール, ジャン・フランソワ　Paillard, Jean-François　指揮者, 音楽学者　元・パイヤール室内管弦楽団創設者　[国]フランス　[生]1928年4月12日　[没]2013年4月15日　[典]1992／1996

バイヤール, ピエール　Bayard, Pierre　精神分析家　パリ第8大学教授　[国]フランス　[生]1954年　[典]2004

パイヤン, マリー　Payen, Marie　女優　[国]フランス　[典]2000

バイラー, スティーブン・ラリー　Byler, Stephen Raleigh　作家　[国]米国　[典]2004／2008

バイラー, ハンス　Beirer, Hans　テノール歌手　[国]オーストリア　[生]1911年6月23日　[没]1993年6月24日　[典]1996

ハイラー, フランク　Huyler, Frank　医師, 詩人　ニューメキシコ大学ヘルスサイエンスセンター　[国]米国　[生]1964年　[典]2004

バイラーク, リッチー　Beirach, Richie　本名=バイラーク, リチャード　ジャズピアニスト　[国]米国　[生]1947年5月23日　[典]1996／2004／2008／2012

バイラミ, ジャビット　Bajrami, Xhavit　格闘家　[国]スイス　[生]1975年10月30日　[典]2004／2008

バイラモフ, ロフシャン　Bayramov, Rovshan　レスリング選手(グレコローマン)　北京五輪・ロンドン五輪レスリング男子グレコローマン55キロ級銀メダリスト　[国]アゼルバイジャン　[生]1987年5月7日

ハイララ, アドナン　Khairallah, Adnan　政治家　元・イラク副首相・国防相　[国]イラク　[没]1989年5月5日　[典]1992

ハイランド, ウィリアム　Hyland, William G.　評論家, ジャーナリスト　ジョージタウン大学教授　元・「フォーリン・アフェアーズ」誌編集長　[国]米国　[生]1929年　[典]1996

ハイランド, スタンリー　Hyland, Stanley　本名=Hyland,Henry Stanley　作家　[国]英国　[生]1924年　[典]2004

バイランド, テリー　Byland, Terry　「フィナンシャル・タイムズ」記者　[国]英国　[生]1933年　[典]1992

ハイラント, ヘルムート　Heiland, Helmut　教育学者　ドゥイスブルク総合制大学教授　[専]学校教育学　[国]ドイツ　[生]1937年　[典]1992／2000

ハイリッグ, ジョン　Heilig, John　自動車ライター　[典]2004

ハイリーマン, ウィルバー　Highleyman, Wilbur H.　The Sombers Group社会長　[専]コンピュータ　[典]1996

バイル, ゲアハルト　Beil, Gerhard　政治家　元・東ドイツ外国貿易相　[国]ドイツ　[生]1926年　[典]1992

パイル, ケネス　Pyle, Kenneth B.　日本研究者　ワシントン大学教授　元・日米文化教育交流会議委員長　[専]東アジア研究, 日本研究　[国]米国　[典]1992／1996／2000／2012

ハイル, ジェニファー　Heil, Jennifer　元・スキー選手(フリースタイル)　トリノ五輪フリースタイルスキー女子モーグル金メダリスト　[国]カナダ　[生]1983年4月11日　[典]2008／2012

ハイル, ハーバート　Heil, Herbert　オペル・アストラ全モデル開発総責任者　[国]ドイツ　[生]1936年　[典]2000

バイル, フランソワ　Bayrou, François　政治家　フランス民主運動議長　元・フランス国民教育相, 元・欧州議会議員　[国]フランス　[生]1951年5月25日　[典]2000／2008／2012

ハイル, マイク　実業家　コンパック上級副社長　[国]米国　[典]2000

ハイル, マティアス　Heyl, Matthias　著述家, ホロコースト研究家　[国]ドイツ　[生]1965年　[典]2008

パイル, リチャード　Pyle, Richard　AP通信記者　[国]米国　[生]1934年　[典]1992

バイルズ, シモーネ　Biles, Simone　体操選手　[国]米国　[生]1997年3月14日

パイルズ, ステファン　Pyles, Stephan　料理人　ルース・ストリート・キャフェオーナー　[国]米国　[生]1952年3月6日　[典]1992

バイルズマ, ダン　Bylsma, Dan　アイスホッケー監督, 元・アイスホッケー選手　アイスホッケー男子米国代表監督　[国]米国　[生]1970年9月19日

ハイルブラン, ジェイコブ　ジャーナリスト　「ニュー・リパブリック」編集委員　[国]米国　[生]1965年　[典]2000

ハイルブローナー, ロバート　Heilbronor, Robert L.　経済学者　元・ニュースクール・フォー・ソーシャル・リサーチ名誉教授　[専]マルキシズム, 政治経済学　[国]米国　[生]1919年3月24日　[没]2005年1月4日　[典]1992／1996／2000

ハイルマイヤー, ジョージ　Heilmeier, George Harry　電子工学技術者, 実業家　テルコーディア・テクノロジーズ名誉会長　[国]米国　[生]1936年5月22日　[典]2008／2012

ハイルマン, ウーヴェ　テノール歌手　沖縄県立芸術大学助教授　[国]ドイツ　[生]1960年　[典]2000

バイルレ, トーマス　Bayrle, Thomas　版画家　[国]ドイツ　[生]1937年　[典]1992

ハイレマリアム・デサレン　Hailemariam Desalegn　政治家　エチオピア首相　[国]エチオピア　[生]1965年7月19日

バイロン, キャサリン　Byron, Kathleen　女優　[生]1922年1月11日　[典]1996

バイロン, グロリア・ジェイン　ジャーナリスト　「ニュースタイム・デイリー」紙アジア地区特派員　[国]フィリピン　[生]1946年　[典]1996

パイロン, ティム　Pyron, Tim　コンピューターコンサルタント　[典]2004

パイワリン・カーオガーム　詩人　「サヤームラット」記者　[国]タイ　[生]1961年　[典]1996

ハイン, キャロル　Huynh, Carol　レスリング選手　北京五輪レスリング女子48キロ級金メダリスト　[国]カナダ　[生]1980年11月16日　[典]2012

ハイン, クリストフ　Hein, Christoph　作家　ペン・センター・ドイツ会長　[国]ドイツ　[生]1944年　[典]1992／1996／2000

パイン, コートニー　Pine, Courtney　ジャズ・サックス奏者　[国]米国　[生]1964年3月18日　[典]1996／2000／2008／2012

ハイン, ジャック　Hine, Jacques　トーマス・ハイン社取締役　[国]フランス　[生]1939年　[典]1996

パイン, スティーブン　Pyne, Stephen J.　歴史学者　アリゾナ州立大学歴史学科教授　[専]環境史, 探検史, 科学史　[国]米国　[典]2004／2008

ハイン, ダルマ　Heyn, Dalma　ライター　[国]米国　[典]2000

パイン, フレッド　Pine, Fred　精神医学者　アルバート・アインシュタイン大学医学部精神科終身教授　[国]米国　[典]2008

パイン, レイ　Pine, Ray　経営学者　香港ポリテクニック大学ホテルマネジメント学部助教授　[国]香港　[典]2004

ハイン, ロバート　Hine, Robert V.　歴史学者　カリフォルニア大学名誉教授　[国]米国　[生]1921年　[典]2000

バインガム, ニール　Bingham, Neil　王立英国建築家協会キュレーター　[国]英国　[典]2004

ハインケス, ユップ　Heynckes, Jupp　本名=Heynckes,Josef　サッカー監督, 元・サッカー選手　[国]ドイツ　[生]1945年5月9日

バインズ, アマンダ　Bynes, Amanda Laura　女優　[国]米国　[生]1986年4月3日　[典]2008／2012

ハインズ, アール　Hines, Earl Kenneth　通称=ファーザ・ハインズ　ジャズピアニスト, バンドリーダー, 作家　[国]米国　[生]1905年12月28日　[没]1983年4月22日　[典]1992

ハインズ, グレゴリー　Hines, Gregory　俳優, タップダンサー　[国]米国　[生]1946年2月14日　[没]2003年8月9日　[典]1996

ハインズ, コリン　Hines, Colin　地球環境運動家　技術情報検証センター(VERTIC)理事, 地球資源探査(ERR)理事　[典]1996

ハインズ, サミュエル　Hinds, Samuel Archibald Anthony　政治家　ガイアナ首相　[国]ガイアナ　[生]1943年12月27日　[典]2000／2004／

ハ

2008／2012

ハインズ, ジェラルド　宅地開発業者　[国]米国　[生]1925年　[典]1992

バインズ, シドニー　Vines, Sidney　フィッシング・ライター, レストラン経営　[国]英国　[典]1992

パインズ, デービッド　Pines, David　イリノイ大学教授　[専]物理学　[国]米国　[生]1924年6月8日　[典]1996

ハインズ, バリー　Hines, Barry Melvin　作家　[国]英国　[生]1939年6月30日　[典]2000

ハインズ, リンダ　Hines, Linda　デルタ協会代表　[国]米国　[典]2004

バインダー, マイク　Binder, Mike　映画監督, 脚本家　[国]米国　[生]1958年　[典]2012

バインチアル, エリカ　ウィーン大学教授・現代史研究所所長　[専]中欧・東欧史, ユダヤ人　[国]オーストリア　[生]1925年　[典]1996

ハインツ, ギュンター　国際オリンピック委員会（IOC）委員　[国]ドイツ　[典]1992

ハインツ, ジョン（3世）　Heinz, John（III）　本名=Heinz,Henry John,III　政治家　元・米国上院議員（共和党）　[国]米国　[生]1938年10月23日　[没]1991年4月4日　[典]1992

ハインツ・モーア, ゲルト　Heinz-Mohr, Gerd　美術史学者　[生]1913年　[典]2004／2008

ハインデル, ロバート　Heindel, Robert　画家　[国]米国　[生]1938年　[没]2005年7月3日　[典]1996／2000

ハインド, クリッシー　Hynde, Chrissie　グループ名=プリテンダーズ　ロック歌手・ギタリスト　[国]米国　[生]1951年9月7日　[典]2008

ハインド, トーマス　Hinde, Thomas　作家　[国]英国　[典]2004

ハインド, ノエル　Hynd, Noel　ミステリー作家　[国]米国　[生]1948年　[典]1992／1996

ハインド, ロバート　Hinde, Robert Aubrey　動物学者　ロイヤル・ソサエティ研究教授　元・ケンブリッジ大学セントジョーンズ・カレッジ学寮長　[専]鳥類学, 動物行動学　[国]英国　[生]1923年10月26日　[典]1992

ハインドマン, ロイ　Hyndman, Roy D.　カナダ地質調査所太平洋地球科学センター主任研究員, ビクトリア大学教授, カナダ地球物理学連合会長　[専]地球物理学　[国]カナダ　[典]2000

ハインバーグ, リチャード　Heinberg, Richard　ジャーナリスト, エッセイスト　[国]米国　[典]2004

バインハート, ラリー　Beinhart, Larry　ミステリー作家　[国]米国　[生]1947年　[典]1996／2012

ハインライン, ロバート　Heinlein, Robert Anson　SF作家　[国]米国　[生]1907年7月7日　[没]1988年5月8日　[典]1992

ハインリック, クラーク　Heinrich, Clark　[専]比較宗教学, 現象学　[生]1945年　[典]2000

ハインリッチ, ベルンド　Heinrich, Bernd　バーモント大学教授　[専]昆虫学, 生理生態学　[国]米国　[生]1940年　[典]1996／2000

ハインリッヒ, D.J.　作家　[典]1996（ハインリヒ, D.J.）

ハインリッヒ, クラウス　Heinrich, Klaus　宗教哲学者　元・ベルリン自由大学教授・宗教学研究所所長　[国]ドイツ　[生]1927年　[典]2004

ハインリッヒ, ユッタ　Heinrich, Jutta　作家　[国]ドイツ　[生]1940年　[典]2004／2008

ハインリヒスドルフ, ヴルフ　Heinrichsdorff, Wolff　実業家　モンブラン・インターナショナル筆頭副社長　[国]ドイツ　[生]1945年　[典]2000

ハウ, W.O.　実業家　インテル・セミコンダクタ・プロダクト・グループ副社長・メモリ・コンポーネント事業部ゼネラル・マネジャー　[国]米国　[生]1954年　[典]1996

ハウ, アート　Howe, Art　本名=Howe,Arthur Henry　大リーグ監督, 元・大リーグ選手　[国]米国　[生]1946年12月15日　[典]2004／2008／2012

ハウ, アービング　Howe, Irving　評論家　元・ブランディズ大学助教授　[国]米国　[生]1920年6月11日　[没]1993年5月5日　[典]1992／1996

ハウ, ゴーディー　Howe, Gordie　元・アイスホッケー選手　[国]カナダ　[生]1928年3月31日　[典]2000

ハウ, ジェフリー　Howe, Geoffrey　本名=Howe,Richard Edward Geoffrey　政治家　元・英国枢相（副首相格）　[国]英国　[生]1926年12月20日　[典]1992／1996

ハウ, ジョン　Howe, John　イラストレーター　[国]カナダ　[生]1957年　[典]1992

ハウ, スティーブ　Howe, Steve　本名=Howe,Steven Roy　大リーグ選手　[国]米国　[生]1958年3月10日　[没]2006年4月28日　[典]1992／1996

ハウ, スティーブ　Howe, Steve　グループ名=イエス, 旧グループ名=トゥモロー　ロック・ギタリスト　[国]英国　[生]1947年4月8日　[典]1996／2004／2008／2012

ハウ, デービッド　Howe, David　保健福祉学者, 児童ケースワーカー, ソーシャルワーカー　イーストアングリア大学保健福祉学部教授　[専]児童家庭福祉　[国]英国　[典]2004

バウ, ピーター　Bouw, Pieter　KLMオランダ航空社長　[国]オランダ　[典]1996

ハウ, ブライアン　Howe, Brian Leslie　政治家　元・オーストラリア副首相　[国]オーストラリア　[生]1936年1月28日　[典]1996／2000

ハウ, ラッセル・ウォーレン　Howe, Russel Warren　ジャーナリスト　[生]1925年　[典]1992／1996

バウアー, アンゲリーネ　Bauer, Angeline　筆名=コスタ, フリーデリケ　作家, メルヘン研究家, 心理カウンセラー　[国]ドイツ　[生]1952年　[典]2004

バウアー, イナ　Bauer, Ina　元・フィギュアスケート選手　[国]ドイツ　[典]2008

バウアー, ヴィオラ　Bauer, Viola　元・スキー選手（距離）　ソルトレークシティ五輪スキー距離女子20キロリレー金メダリスト　[国]ドイツ　[生]1976年12月13日　[典]2004

バウアー, ゴードン・ハーワード　Bower, Gordon Howard　心理学者　[国]米国　[生]1932年12月30日　[典]1996

バウアー, ジョセフ　ハーバード大学ビジネススクール教授　[専]企業戦略論, 組織論　[国]米国　[典]1992／1996

バウアー, ベス　ゴルフ選手　[国]米国　[生]1980年3月15日　[典]2000

バウアー, マイケル　Bauer, Michael D.　コンピューター技術者　[国]米国　[典]2008

バウアー, マリアン・デーン　Bauer, Marion Dane　作家　[国]米国　[典]1992／1996

バウアー, ユッタ　Bauer, Jutta　絵本作家, 画家　[国]ドイツ　[生]1955年　[典]1996／2000

バウアー, ルカシュ　Bauer, Lukáš　スキー選手（距離）　トリノ五輪スキー・クロスカントリー男子15キロクラシカル銀メダリスト　[国]チェコ　[生]1977年8月18日

ハウアー, ルトガー　Hauer, Rutger　俳優　[国]オランダ　[生]1944年1月23日　[典]1992

バウアー, ローリー　Bauer, Laurie　ビクトリア大学講師　[専]英語　[国]ニュージーランド　[典]2004／2008

バウアージーマ, イーゴル　Bauersima, Igor　劇作家, 演出家　オフ・オフ・ビューネ主宰　[国]スイス　[生]1964年　[典]2012

パヴァロッティ, ルチアーノ　Pavarotti, Luciano　テノール歌手　[国]イタリア　[生]1935年10月12日　[没]2007年9月6日　[典]1992（パバロッティ, ルチアーノ）／1996（パバロッティ, ルチアーノ）／2000／2004

ハウィー・D　Howie D　本名=Dorough,Howard Dwaine　グループ名=バックストリート・ボーイズ　歌手　[国]米国　[生]1973年8月22日　[典]2004／2008／2012

ハーヴィオ・マンニラ, エリナ　Haavio-Mannila, Elina　社会学者　フィンランド科学文学アカデミー教授　[国]フィンランド　[典]2004／2008

パヴィチ, ミロラド　Pavić, Milorad　文学史家, 詩人, 作家　元・ベオグラード大学教授　[専]バロック, 象徴主義文学　[国]セルビア　[生]1929年10月15日　[没]2009年11月30日　[典]1996（パビチ, ミロラド）

バーウィック, ガーフィールド　Barwick, Garfield　本名=Barwick, Garfield Edward John　法律家, 政治家　元・オーストラリア連邦高等裁判所長官, 元・オーストラリア外相　[国]オーストラリア

[生]1903年6月22日　[没]1997年7月14日　[典]1996

バーウィック, ドナルド　Berwick, Donald M.　医学者　ハーバード・メディカル・スクール教授　[専]小児科学, 健康政策　[国]米国　[典]2004／2008

ハーヴィッコ, パーヴォ　Haavikko, Paavo Juhani　詩人, 劇作家, 作家　[国]フィンランド　[生]1931年1月25日　[没]2008年10月6日　[典]1992（ハービッコ, パーボ）

ハーウィッツ, ケン　Hurwitz, Ken　作家　[国]米国　[生]1948年　[典]1992

ハーウィッツ, ジョハナ　Hurwitz, Johanna　児童文学作家　[国]米国　[生]1937年　[典]1992／1996

ハーウィット, マーティン　Harwit, Martin　元・スミソニアン航空宇宙博物館館長　[専]天体物理学　[国]米国　[生]1931年　[典]2000

パウィナ・トンスック　Pawina Thongsuk　重量挙げ選手　[国]タイ　[生]1979年4月18日　[典]2008

パーヴィライネン, カピュ　Paavilainen, Käpy　建築家　[国]フィンランド　[生]1947年　[典]1996（パービライネン, カピュ）

パーヴィライネン, シモ　Paavilainen, Simo　建築家　[国]フィンランド　[生]1944年　[典]1996（パービライネン, シモ）

ハーウィン, ダビダ・ウィルス　Hurwin, Davida Wills　作家　[国]米国　[典]2008

ハウエル, C.トーマス　Howell, C.Thomas　俳優　[国]米国　[生]1966年12月7日　[典]1992

ハウェル, M.　環境学者　コーネル大学環境調査センター地球環境プログラム責任者　[国]米国　[典]1992

パウエル, アーサー・E.　著述家　[国]英国　[典]2004

パウエル, アサファ　Powell, Asafa　陸上選手（短距離）　[国]ジャマイカ　[生]1982年11月11日　[典]2008／2012

パウエル, アール（3世）　Powell, Earl Alexander（III）　ワシントン・ナショナル・ギャラリー（NGA）館長　[専]近代欧米美術　[国]米国　[生]1943年10月24日　[典]2000

パウエル, アロンゾ　Powell, Alonzo　大リーグコーチ　[国]米国　[生]1964年12月12日　[典]2012

パウエル, アンソニー　Powell, Anthony Dymoke　作家　[国]英国　[生]1905年12月21日　[没]2000年3月28日　[典]1992／2000

パウエル, イノック　Powell, Enoch　本名=Powell,John Enoch　政治家　元・英国下院議員（保守党）　[国]英国　[生]1912年6月16日　[没]1998年2月8日　[典]1992／1996

ハヴェル, イワン　Havel, Ivan　市民フォーラム国際部長　[国]チェコスロバキア　[生]1938年　[典]1992（ハベル, イワン）

ハヴェル, ヴァーツラフ　Havel, Václav　政治家, 劇作家　元・チェコ大統領　[国]チェコ　[生]1936年10月5日　[没]2011年12月18日　[典]1992（ハベル, バーツラフ）／1996（ハベル, バーツラフ）／2000／2004／2008／2012

パウエル, ウィリアム　Powell, William　俳優　[国]米国　[生]1892年　[没]1984年3月5日　[典]1992

パウエル, ウィリアム　元・国連スポークスマン　[国]米国　[没]1986年10月11日　[典]1992

ハウエル, ウィリアム・リー　Howell, William Lee　元・日本協会政策局副部長　[国]米国　[生]1967年　[典]1996／2000

ハウエル, エドワード　Howell, Edward　医師　[専]栄養療法, 運動療法, 食物酵素　[国]米国　[生]1898年　[典]2000

パウエル, キース　Powell, Keith　コンピューター・コンサルタント　KPMGコンサルティング・マネジャー　[典]2004

パウエル, コリン　Powell, Colin Luther　政治家, 軍人　元・米国国務長官, 元・米国統合参謀本部議長　[国]米国　[生]1937年4月5日　[典]1992／1996／2000／2004／2008／2012

ハウエル, サンドラ　Howell, Sandra C.　環境心理学者, 環境デザイン・計画・研究コンサルタント　マサチューセッツ工科大学名誉教授　[国]米国　[典]2000

パウエル, ジェームズ・ローレンス　Powell, James Lawrence　地質学者　ロサンゼルス郡自然史博物館館長　元・オリバン大学学長　[国]米国　[典]2004

パウエル, ジェレミー　Powell, Jeremy Robert　大リーグ選手（投手）　[国]米国　[生]1976年6月18日　[典]2004／2008／2012

パウエル, ジム　Powell, Jim　ジャーナリスト　[国]米国　[生]1944年　[典]1992

ハウエル, ジャック　Howell, Jack　大リーグコーチ, 元・プロ野球選手　[国]米国　[生]1961年8月18日　[典]2012

パウエル, ジョディー　パウエル・テイト社社長　元・米国大統領報道官　[国]米国　[典]1996

パウエル, ジョン　Powell, John　ジャーナリスト　[国]米国　[没]2008年12月15日　[典]2000

パウエル, ジョン　Powell, John M.　国連世界食糧計画（WFP）事務局次長　[国]オーストラリア　[生]1945年　[典]2008

パウエル, ジリアン　Powell, Jillian　美術研究家　[国]英国　[生]1957年　[典]1996

パウエル, ソフィー　Powell, Sophie　児童文学作家　[生]1980年　[典]2008

パウエル, ダグラス　Powell, Douglas H.　教育学者　ハーバード大学附属病院行動療法プログラムコーディネーター・行動科学研究部門部長　[国]米国　[典]2004

パウエル, チャールズ　Powell, Charles David　実業家　英中ビジネス協議会会長, ジャーディン・マディソン取締役　[国]英国　[生]1941年7月6日　[典]2000

ハウエル, デービッド　Howell, David　本名=Howell,David Arther Russell　政治家　元・英国下院議員（保守党）・外交委員長　[国]英国　[生]1936年1月18日　[典]1992／1996／2004／2008

パウエル, トーマス　Powell, Thomas A.　インターネット・コンサルタント　パウエル・インターネット・コンサルティング（PINT）社長　[国]米国　[典]2004

パウエル, ニック　Powell, Nik　映画プロデューサー　パレス・ピクチャーズ社長　[国]英国　[典]1996

パウエル, パジェット　Powell, Padgett　作家　[国]米国　[生]1952年　[典]1996

パウエル, バーデン　Powell, Barden　ギタリスト, 作曲家　[国]ブラジル　[生]1937年8月6日　[没]2000年9月26日　[典]2000

パウエル, ビル　Powell, Bill　ジャーナリスト　「ニューズウィーク」東京支局長　[国]米国　[生]1957年　[典]1996

パウエル, ブライアン　Powell, Brian William Farvis　日本文学研究家　オックスフォード大学東洋学部副学部長　[専]日本演劇　[国]英国　[生]1939年　[典]1996

バーウェル, フレッド　Barwell, Fred　コンピューター技術者　[典]2004

パウエル, マイク　Powell, Mike　走り幅跳び選手　[国]米国　[生]1963年11月10日　[典]1992／1996／2000／2008

パウエル, マイケル　Powell, Michael　映画監督　[国]英国　[生]1905年9月30日　[没]1990年2月19日　[典]1992

パウエル, マイケル　Powell, Michael K.　法律家　元・米国連邦通信委員会（FCC）委員長　[国]米国　[生]1963年3月23日　[典]2004／2008／2012

パウエル, マイケル　Powell, Michael　ライター　[国]英国　[生]1965年　[典]2004

ハウエル, マーガレット　Howell, Margaret　ファッションデザイナー　[国]英国　[生]1946年9月5日　[典]1996／2000／2008／2012

パウエル, レベッカ　Pawel, Rebecca　作家　[国]米国　[生]1977年　[典]2012

ハウオファ, エペリ　Hau'ofa, Epeli　文化人類学者, 作家　南太平洋大学スバ校教授・オセアニアセンター長　[国]パプアニューギニア　[生]1939年　[典]2012

ハウカー, ジャニ　Howker, Janni　作家　[国]英国　[生]1957年　[典]1996

ハウガー, ダグ　Hauger, Doug　コンピューター技術者　マイクロソフトWorldwide Enterprise Group Knowledge Management Group部長　[典]2004

バウカ, ミロスワフ　Balka, Miroslaw　アーティスト　[国]ポーランド　[生]1958年　[典]2004

ハ

ハウク　スピードスケート選手　国ドイツ　興1996

パウク, ジェルジ　Pauk, György　バイオリニスト　ロンドン王立音楽院　国英国　生1936年10月26日　興1996

ハウグ, ペーデル　Haug, Peder　「インクルージョンの時代―北欧発「包括」教育理論の展望」の著者　興2008

ハウゲン, トールモー　Haugen, Tormod　児童文学作家　国ノルウェー　生1945年5月12日　興1992／1996

ハウザー, アーノルド　Hauser, Arnold　英文学史家, 芸術社会学者　元・リーズ大学教授　国英国　生1892年5月8日　興1992

ハウザー, アラン　Houser, Alan　コンピューター技術者　国米国　興2004

ハウザー, ステファン　Hauser, Stjepan　デュオ名=2CELLOS　チェロ奏者　国クロアチア　生1986年6月15日　興2012

ハウザー, ディック　Howser, Dick　本名=Howser,Richard Dalton　大リーグ監督　国米国　生1937年5月14日　没1987年6月17日　興1992

ハウザー, ティム　Hauser, Tim　グループ名=ザ・マンハッタン・トランスファー　ジャズ歌手　国米国　生1941年12月12日　興2008／2012

ハウザー, トーマス　Hauser, Thomas　作家, 弁護士　国米国　興1992

ハウザー, プリシラ　Hauser, Priscilla　デコラティブペインター　国米国　興2004／2008

バウシュ, ピナ　Bausch, Pina　本名=バウシュ, フィリッピーネ　舞踊家, 振付師, 演出家　元・ヴッパタール舞踊団芸術監督　国コンテンポラリーダンス　国ドイツ　生1940年7月27日　没2009年6月30日　興1992／1996／2000／2004／2008

ハウス, アルビン　House, Alvin E.　臨床心理学者　イリノイ州立大学心理学部助教授　国米国　興2004／2008

ハウス, カレン・エリオット　House, Karen Elliot　ジャーナリスト　ダウ・ジョーンズ社国際グループ副社長　国米国　生1947年　興1996

ハウス, ジョナサン　House, Jonathan M.　ゴードン・カレッジ助教授, 米国陸軍中佐　国軍事史　国米国　興2004／2008

ハウス, デービッド　House, David L.　マイクロコンピュータ・コンポーネンツ・グループ社長　国米国　生1943年3月10日　興1992

ハウス, トム　House, Tom　本名=House,Thomas Ross　大リーグ・ピッチングコーチ　国米国　生1947年4月29日　興1996

ハウスケラー, ミヒャエル　Hauskeller, Michael　哲学者　エクセター大学研究員　生1964年　興2008

ハウスデン, マーチン　Housden, Martyn　歴史学者　ブラッドフォード大学講師　国ヨーロッパ近現代史　国英国　興2004

ハウスデン, マリア　Housden, Maria　作家　国米国　興2004／2008

ハウスデン, ロジャー　Housden, Roger　作家　国英国　生1945年　興2008

ハウズナー, ギデオン　元・イスラエル検事総長　アイヒマン裁判の首席検事　没1990年11月15日　興1992

ハウスナー, ジェシカ　Hausner, Jessica　映画監督　国オーストリア　生1972年

ハウスナー, ルドルフ　Hausner, Rudolf　画家　国オーストリア　生1914年12月4日　没1995年2月25日　興1992／1996

ハウスホルダー, ジェリー　Householder, Jerry　バージニア州立工科大学教授　国建築学　興1996

ハウスホールド, ジェフリー　Household, Geoffrey　スリラー作家　国英国　生1900年　興1992

ハウスマン, カラニ・カーク　Hausman, Kalani Kirk　コンピューター技術者　国米国　興2004

ハウスマン, ジェラルド　Hausman, Gerald　動物行動学者　専犬　国米国　興2004

ハウスマン, ジョン　Houseman, John　本名=Haussman,Jean　俳優, 脚本家　国米国　生1902年9月22日　没1988年10月31日　興1992

ハウスマン, ヘルムート　Haussmann, Helmut　政治家　ECスポークスマン, ドイツ連邦議会議員　元・ドイツ経済相　国ドイツ　生1943年　興1992／2000

バウスマン, ヤンティーン　Buisman, Jantien　童話作家　国オランダ　生1942年　興2004

ハウスマン, ヨハン　フラワーデザイナー　国オランダ　生1962年　興1992

ハウスマン, ロレッタ　Hausman, Loretta　犬研究家, 著述家　国米国　興2004

ハウゼ, アルフレート　Hause, Alfred　タンゴ・バンド・リーダー　元・アルフレート・ハウゼ・タンゴオーケストラ・リーダー　国ドイツ　生1921年　没2005年1月14日　興1996

パウゼヴァング, グードルン　Pausewang, Gudrun　作家　国チェコスロバキア　生1928年　興1992（パウゼバング, グードルン）／1996（パウゼバンク, グードルン）

パウター, ダニエル　Powter, Daniel　シンガーソングライター　国カナダ　生1971年　興2008／2012

ハウタッカー, ヘンドリック　Houthakker, Hendrik Samuel　経済学者　元・ハーバード大学名誉教授　国金融市場　国米国　生1924年12月31日　没2008年4月15日　興2004

ハウタマキ, マッティ　Hautamäki, Matti　本名=Hautamäki, Matti Antero　スキー選手（ジャンプ）　トリノ五輪スキー・ジャンプ個人ノーマルヒル・団体ラージヒル銀メダリスト　国フィンランド　生1981年7月14日

バウチ, トム　Bauch, Tom　コンピューター技術者　興2004

バウチスタ, アナ　Bautista, Ana　新体操選手　国スペイン　生1972年6月13日　興1992

ハウツィヒ, エスタ　Hautzig, Esther　著述家　興1996

ハウツィヒ, ワルター　Hautzig, Walter　ピアニスト　国米国　生1921年9月28日　興1996／2000

ハーウッド, エリザベス・ジーン　Harwood, Elizabeth Jean　ソプラノ歌手　国英国　生1938年5月27日　没1990年6月22日　興1992

ハーウッド, ジェレミー　Harwood, Jeremy　作家　興2008

ハーウッド, チャールズ　シグネティックス・コーポレーション社長　国米国　興1992

ハーウッド, ルイーズ　Harwood, Louise　作家　興2008

バウティスタ, リリア　フィリピン証券取引委員会委員長　元・フィリピン貿易産業省筆頭次官　国フィリピン　興2004

バウティスタ, ルアールハティ　Bautista, Lualhati　作家, 脚本家　国フィリピン　生1946年12月2日　興1996

バウテル　Walter　本名=オリベイラ, バウテル・エンリケ・デ　サッカー選手（MF）　国ブラジル　生1968年10月21日　興2000

バウド　本名=カンディド, バウド　サッカー選手（MF）　国ブラジル　生1964年1月12日　興2000

ハウトマン, ピート　Hautman, Pete　ミステリー作家　国米国　興2000

バウトン, ジム　Bouton, Jim　本名=Bouton,James Alan　元・大リーグ選手　国米国　生1939年3月8日　興1996

ハヴネショルド, グレテ　女優　国スウェーデン　興2004

ハウプト, バルバラ　Haupt, Barbara　児童文学作家, 絵本作家　国ドイツ　生1942年　興1996

ハウプト, ヘルベルト　Haupt, Herbert　政治家　オーストリア自由党党首　元・オーストリア社会相　国オーストリア　生1947年9月28日　興2004／2008

ハウプトマン, ウィリアム　Hauptman, William　劇作家, 作家　国米国　興2000

ハウプトマン, ハーバート　Hauptman, Herbert Aaron　化学者　ニューヨーク州立大学生物物理学教授, バファロー医学財団理事長　国米国　生1917年2月14日　興1992／1996

パウフラー, アレクサンダー　Paufler, Alexander　実業家　ダイムラー・クライスラー日本上級副社長　国ドイツ　生1953年　興2004

ハウブリック, H.J.　Haubrich, Hartwig Joseph　フライブルク教育大学学部長, IGU国際地理教育委員会委員長　国地理教育　国ドイツ　生1932年　興1992／1996

ハウベンストック・ラマティ, ロマン　Haubenstock-Romati, Roman　作曲家　ウィーン音楽大学作曲科教授, ウィーン電子音楽学校校長　国イスラエル　生1919年2月17日　没1992

ハウボルト, ハンス・J.　太陽物理学者　国連宇宙部　国ドイツ　生1951年　没2000

バウマー, ジョン　実業家　アデコCEO　国英国　2004／2008

バウマー, ロレンツ　Baümer, Lorenz　ジュエリーデザイナー　国米国　生1965年　没2012

バウマイスター, ロイ　Baumeister, Roy F.　社会心理学者　ケース・ウェスタン・リザーブ大学教授　国米国　2004

バウマン, ジグムント　Bauman, Zygmunt　社会学者　リーズ大学名誉教授, ワルシャワ大学名誉教授　国英国　生1925年11月19日　1996／2000／2012

バウマン, ステファン　Baumann, Stephan　イラストレーター　生1965年　没2004

バウマン, ディーター　Baumann, Dieter　元・陸上選手(長距離)　国ドイツ　1996／2004／2008

バウマン, ハンス　Baumann, Hans　児童文学作家　国ドイツ　生1914年　没1992

バウマン, ベン　対日道義的賠償請求財団会長　国オランダ　生1923年　没2004

バウマン, ラインハルト　Baumann, Reinhard　歴史学者, 高校教師　国ドイツ　生1948年　2004

バウム, アンドルー　Baum, Andrew　ユニバーシティ・オブ・ヘルスサイエンス教授・ストレス研究所長　健康心理学　国米国　1996

バウム, ルイス　Baum, Louis　児童文学作家　「ブックセラー」誌編集者　国英国　1992

バウムガートナー, ブルース　Baumgartner, Bruce　レスリング選手(フリー)　国米国　1996

バウムガルト, クラウス　Baumgart, Klaus　グラフィックデザイナー, 絵本作家　国ドイツ　生1951年　1996／2000

バウムガルト, ラインハルト　Baumgart, Reinhard　作家　国ドイツ　生1929年　没2004

バウムガルトナー, ジョージ　Baumgartner, Georges　ジャーナリスト　ラジオ・テレビジョンスイス・ロマンド・アジア特派員　国スイス　生1952年　1996

バウムガルトナー, ハンス・ミヒャエル　Baumgartner, Hans Michael　ボン大学教授　哲学　国ドイツ　生1933年　1996

バウムリ, フランシス　Baumli, Francis　フリー・メン代表　国米国　生1948年　1992

バウラ, ラファエル・デ　Paula, Rafael de　闘牛士　国スペイン　生1940年　1996

バウラク, バヴェル　Pawlak, Pawel　挿絵画家, グラフィックデザイナー　国ポーランド　生1962年　2008

バウラク, ワルデマル　Pawlak, Waldemar　政治家　ポーランド農民党(PLS)党首　元・ポーランド首相　国ポーランド　生1959年9月5日　1996(パブラク, ワルデマル)／2000

バウラート, レオ　Pavlát, Leo　翻訳家, 作家　国チェコ　生1950年　2000

ハウランド, キース　Howland, Keith　グループ名=シカゴ　ロックギタリスト　国米国　生1964年8月14日　2004

ハウランド, クリス　Howland, Chris　エンタテイナー　国英国　生1928年　没2008

ハウリー, エドワード　Howley, Edward T.　テネシー大学ノックスビル校教授・生理学研究室主任　スポーツ医学, 運動生理学　国米国　1996

バウリ, グンター　Pauli, Gunter　ZERIファウンデーション代表　元・国連大学学長顧問　国ベルギー　生1956年　1996／2000／2004／2012

バウリ, ハンス　ブラウン・ジャパン社長　国オランダ　生1942年　1996／2000

ハウリー, マイケル　Hawley, Michael C.　実業家　元・ジレット会長・CEO　国米国　2000／2004

バウリーク, ヨハネス　Pawlik, Johannes　美術教育者　国ドイツ　生1923年　没1992

バウリツキ, マチェイ　Pawlicki, Maciej　映画評論家, 映画製作者　元・ポーランド第一テレビ編成局長　国ポーランド　生1959年　2008

バウリーニョ　Paulinho　本名=オリベイラ, パウロ・アントニオ・デ　サッカー選手(FW)　国ブラジル　生1982年7月16日　2008／2012

バウリング, リチャード・ジョン　Bowring, Richard　ケンブリッジ大学名誉教授　日本文学, 日本語　国英国　生1945年　1992

バウル, ウォルフガング　Paul, Wolfgang　物理学者　元・ボン大学教授　国ドイツ　生1913年8月10日　没1993年12月7日　1992／1996

バウル, クリスタ　Paul, Christa　スカイナ協会広報活動担当　国ドイツ　生1959年　2000

バウル, ジョギンダー　Paul, Joginder　作家, 教育学者　国インド　生1925年　1996

バウルス, レイモンド　Pauls, Raymond Vodemarovich　作曲家, ジャズピアニスト　ラトビア共和国文化相　国ラトビア　生1936年1月12日　1992／2000

バウレタ　Pauleta　本名=レセンデス, ペドロ・ミゲル・カレイロ　サッカー選手(FW)　国ポルトガル　生1973年4月28日　2004／2008／2012

ハウレット, ジョン　Howlett, John　スパイ小説家　生1940年　1992

ハウレット, ダグ　Howlett, Doug　本名=Howlett,Douglas Charles　元・ラグビー選手　国ニュージーランド　生1978年9月21日

バウロ, レネ　Paulo, Rene　ピアニスト　国米国　生1930年　2004

バウロヴィッチ, ミオドラグ　Pavlović, Miodrag　詩人, ジャーナリスト　「プロスベタ」出版社編集者　国ユーゴスラビア　生1928年　1992(パブロビッチ, ミオドラグ)

バウロス, ジョン・アレン　Paulos, John Allen　数学者　テンプル大学教授　国米国　生1945年　2000／2008

パヴロフ, ウラジーミル　Pavlov, Vladimir Yakovlevich　政治家　ソ連国家外国旅行委員会議長　国ソ連　生1923年10月26日　1992(パブロフ, ウラジーミル)

パヴロフ, ゲオルギー　Pavlov, Georgii Sergeevich　元・ソ連共産党中央委員会事務局長　国ソ連　生1910年　没1991年10月6日　1992(パブロフ, ゲオルギー)

パヴロフ, フランク　Pavloff, Franck　心理学者, 人権運動家　国フランス

パヴロフ, ワレンチン　Pavlov, Valentin S.　政治家　元・ソ連首相　国ロシア　生1937年　没2003年3月30日　1992(パブロフ, ワレンチン)／1996(パブロフ, ワレンチン)／2000

パヴロフスキー, ブルーノ　Pavlovsky, Bruno　実業家　シャネル・フランスファッション部門社長　国フランス

パヴロワ・シリワンスカヤ, マリーナ　Pavlova-Silivanskaya, Marina　ソ連科学アカデミー国際政治経済研究所政治部主任研究員　東欧問題　国ソ連　生1936年　1992(パブロワ・シリワンスカヤ, マリーナ)／1996(パブロワ・シリワンスカヤ, マリーナ)

バウンガー, ヨハンナ　Paungger, Johanna　「月の癒し」の共著者　国オーストリア　生1953年　2004

ハウンシェル, デービッド　Hounshell, David A.　技術史家　カーネギー・メロン大学教授　国米国　生1950年　2000

ハウンズフィールド, ゴッドフリー　Hounsfield, Godfrey Newbold　医用電子工学者　国英国　生1919年8月28日　没2004年8月12日　1992／1996／2000

バウンテン, ディック　Pountain, Dick　ライター　国英国　生1945年　2004

パウンド, リチャード　Pound, Richard W.　別名=パウンド, ディック　弁護士, 元・水泳選手　国際オリンピック委員会(IOC)委員　元・世界反ドーピング機構(WADA)会長　国カナダ　生1942年3月22日　2000／2004／2008／2012

パウントニー, デービッド　Pountney, David Willoughby　オペラ演出家　ブレゲンツ音楽祭総裁・芸術監督　国英国　生1947年9月10日　登1996／2008／2012

バウンフォード, トレバー　Bounford, Trevor　情報デザイナー　チャップマン・バウンフォード&アソシエーツ経営　登2004

ハーエク, イジー　Hájek, Jiri　政治家, 人権運動家　元・チェコスロバキア外相　国チェコスロバキア　生1913年6月6日　没1993年10月22日　登1992／1996

パエス, カリトス　Paez, Carlitos　飛行機事故での奇跡の生還者　国ウルグアイ　生1953年10月31日　登1996

バエズ, ジョーン　Baez, Joan　フォーク歌手　国米国　生1941年1月9日　登1992／1996／2000／2004／2008

パエス, リカルド・マルティン　サッカー選手(FW)　国パラグアイ　生1973年7月31日　登2004

パエス, リーンダー　Paes, Leander　テニス選手　アトランタ五輪テニス男子シングルス銅メダリスト　国インド　生1973年6月17日　登2004

ベイズ, ルーク　Bayes, Luke　コンピューター技術者　登2004／2008

ハエック, サルマ　Hayek, Salma　女優, 映画プロデューサー　生1965年9月2日　登2000／2004／2008／2012

バエナ・ソアレス, ホアン　Baena Soares, João Clemente　外交官　米州機構(OAS)事務総長　国ブラジル　生1931年5月14日　登1992／1996

パエニウ, ビケニベウ　Paeniu, Bikenibeu　政治家　元・ツバル首相・外相　国ツバル　生1956年5月10日　登1992／1996／2000／2004／2008

バエフ, スタニスラフ　Baev, Stanislav　外交官　駐日ブルガリア臨時代理大使　国ブルガリア　生1940年　登1992／1996

バエリ, カルロ　CISESTERO社長　国イタリア　生1934年　登1996

バーエワ, アリョーナ　Baeva, Alena　バイオリニスト　登2012

バオ, バジル　Pao, Basil　写真家　国香港　登2004

パオ, Y.K.　Pao, Yue-kong　中国名=包玉剛　実業家(海運王)　元・ワールド・ワイド・シッピング・グループ会長　国香港　生1918年11月　没1991年9月23日　登1992

ハオウ・ルオウエン　イラストレーター　国台湾　生1957年　登2008

バオ・ダイ　Bao Dai　本名=グエン・フォック・ディエン　幼名=ヴィン・トゥイ, 漢字名=保大　元・ベトナム・グエン朝皇帝(第13代)　国ベトナム　生1913年10月22日　没1997年7月30日　登1992／1996

バオ・ニン　Báo Ninh　本名=ホアン・アウ・フォン　作家　国ベトナム　生1952年10月18日　登2000／2004／2008／2012

パオリーニ, クリストファー　Paolini, Christopher　作家　生1983年　登2008

パオリーニ, ジェローム　Paolini, Jérome　フランス国際関係研究所戦略研究部長　国戦略研究　国フランス　登1992／1996

パオルッチ, アントーニオ　Paolucci, Antonio　美術史家　バチカン美術館館長　国イタリア　生1939年　登2000／2012

パオレット, グレン　Paoletto, Glen　地球環境戦略研究機関上席研究員　国地球環境問題　国オーストラリア　生1966年　登2000

パオロッツィ, エドゥアルド　Paolozzi, Eduardo Luigi　彫刻家　国英国　生1924年3月7日　没2005年4月22日　登1992

パーカー, T.ジェファーソン　Parker, T.Jefferson　作家　国米国　生1953年　登1992／1996／2004／2012

パーカー, アニース　Parker, Annise　政治家　ヒューストン市長　国米国　生1956年　登2012

パーカー, アラン　Parker, Alan William　映画監督, 脚本家　国英国　生1944年2月14日　登1992／1996／2004／2008／2012

パーカー, アンドレア　Parker, Andrea　DJ, ミュージシャン　国米国　登2000

パーカー, ウィリー　Paker, Willie　元・プロフットボール選手　国米国　生1980年11月11日　登2012

バーガー, ウォーリー　Berger, Wally　本名=Berger,Walter Antone　大リーグ選手　国米国　生1905年10月10日　没1988年11月30日　登1992

バーガー, ウォーレン　Burger, Warren E.　法律家　元・米国最高裁長官　国米国　生1907年9月17日　没1995年6月25日　登1992／1996

パーカー, エディ　Parker, Eddie　別名=ファースト・エディ　ビリヤード選手　国米国　生1931年6月2日　没2001年2月2日　登1992 (ファースト・エディ)

パーカー, エディス・ヘレン　ジャーナリスト　国米国　生1985年3月24日　登1992

パーカー, エドワード　Parker, Edward　作家, 写真家　登2004／2008

パーカー, エリノア　Parker, Eleanor　本名=Parker,Eleanor Jean　女優　国米国　生1922年6月26日　没2013年12月9日　登2000

バーカー, カール　元・フロリダ・マーリンズ会長　国米国　没1992年12月9日　登1996

パーカー, キャシー　Barker, Kathy　生命科学者　ロックフェラー大学助教授　国米国　登2004

パーカー, キャンデス　Parker, Candace　バスケットボール選手　北京五輪・ロンドン五輪バスケットボール女子金メダリスト　国米国　生1986年4月19日　登2012

バーカー, クライブ　Barker, Clive　作家, 映画監督　国英国　生1952年　登1992／1996

バカ, クラウディア　Baca, Claudia　マネジメント・コンサルタント　国米国　登2008

パーカー, グラハム　Parker, Graham　ロック歌手　国英国　生1950年　登1992

ハーガー, クルト　Hager, Kurt　政治家　元・東ドイツ社会主議統一党政治局員　国ドイツ　生1912年7月24日　登1992

パーカー, ゴードン　Parker, Gordon　作家, 船舶等機械技師　国英国　生1940年　登1992

バーガー, ゴードン・マーク　Berger, Gordon Mark　歴史学者　南カリフォルニア大学名誉教授　国米国　生1942年　登2004／2012

パーカー, サチ　Parker, Sachi　本名=パーカー, ステファニー・サチコ　女優　国米国　生1956年9月1日　登1992／2012

バーガー, サミュエル　Berger, Samuel　別名=バーガー, サンディーストーンブリッジ代表　元・米国大統領補佐官(国家安全保障問題担当)　国米国　生1945年10月28日　登1996／2000／2004／2008

パーカー, サラ・ジェシカ　Parker, Sarah Jessica　女優　国米国　生1965年3月5日　登2000／2004／2008／2012

パーカー, ジェームス　Parker, James V.　外交官　駐日米国公使(農務担当)　国米国　生1946年　登1992／1996

バーガー, ジェラルド・V.　メリディアン・パシフィック・グループ社長　国米国　生1940年5月25日　登1992

パーカー, ジャック　Parker, Jack　遺伝学者　南イリノイ大学カーボンデール校教授　国米国　登2004／2008

バーカー, ジョージ　Barker, George Granville　詩人　国英国　生1913年2月26日　没1991年10月27日　登1992

バーガー, スカルク　Burger, Schalk　本名=Burger,Schalk Willem Petrus,Jr.　ラグビー選手(FL)　国南アフリカ　生1983年4月13日

バーガー, スザーン　Berger, Suzanne　政治学者　マサチューセッツ工科大学政治学科教授　国米国　登2004

パーカー, スージー　Parker, Suzy　本名=パーカー, セシリア　女優, モデル　国米国　生1933年10月28日　没2003年5月3日　登2000

パーカー, スティーブ　Parker, Steve　作家, 編集者　国英国　登1996／2000

バーカー, ダニー　Barker, Danny　バンジョー奏者, ギター奏者　国米国　生1909年1月13日　没1994年3月13日　登1996

バーカー, デービッド　Barker, David　英語講師　国英国　生1967年　登2004／2008

バーガー, デービット　実業家　ゲートウェイ2000副社長, 日本ゲートウェイ2000会長　国米国　登2000

バーガー, テレサ　Berger, Teresa　神学者　エール大学神学大学院・教会音楽専門大学院典礼学教授　生1956年　登2012

バーカー, トニー　Parker, Tony　ジャーナリスト　⒩英国　⒢1923年　⒟1996

バーカー, トニー　Parker, Tony　バスケットボール選手　⒩フランス　⒢1982年5月17日　⒟2004／2008／2012

パーカー, トレイ　Parker, Trey　本名＝Parker,Randolph Severn, III　アニメーション作家, 脚本家, 映画監督　⒩米国　⒢1969年10月19日　⒟2004／2008／2012

バーガー, ナンシー　Berger, Nancy O.　人材開発コンサルタント　トレーニング・フォー・パフォーマンス代表, リッチモンド大学教育コンサルタント　元・ジョージ・ワシントン大学助教授　⒮人材開発学, マネジメント　⒩米国　⒟2004

パーカー, ノッキー　Parker, Knockey　本名＝Parker,John W.,Jr.　ジャズピアニスト　⒩米国　⒢1918年8月8日　⒦1986年9月3日　⒟1992

パーカー, バージニア・レイノルズ　Parker, Virginia Reynolds　投資家　パーカー・グローバル・ストラテジーズ社長　⒩米国　⒟2004／2008

バーカー, パット　Barker, Pat　作家　⒩英国　⒢1943年　⒟1996

バーガー, バーバラ　Berger, Barbara　画家　⒩米国　⒢1945年　⒟1996

バーガー, バーバラ　Berger, Barbara　ビジネスコンサルタント　⒩米国　⒟2008

パーカー, バーバラ　Parker, Barbara　ミステリー作家　元・フロリダ州検事局検事　⒟2004

パーカー, バリー　Parker, Barry　科学著述家　アイダホ州立大学教授　⒮天文学　⒩米国　⒟1992

ハガー, ピーター　Haggar, Peter　コンピュータ技術者　IBM上級ソフトウェアエンジニア　⒮Java　⒟2004

バーガー, ピーター　Berger, Peter Ludwig　社会学者　ボストン大学教授　⒮知識社会学, 宗教社会学, 近代論　⒩米国　⒢1929年3月17日　⒟1992

パーカー, ピーター　Parker, Peter　実業家　元・欧州三菱電機会長, 元・ブリティッシュ・レール会長　⒩英国　⒢1924年8月30日　⒦2002年4月28日　⒟1992／1996

バーカー, マイク　Barker, Mike　映画監督　⒩英国　⒢1965年　⒟2008

パーカー, マイク　Parker, Mike　コミュニティカレッジ講師　⒮労働組合　⒩米国　⒢1940年　⒟1996

バーガー, マイケル　Berger, Michael　メディアコンサルタント, 元・ジャーナリスト　元・「サンフランシスコ・クロニクル」東京支局長　⒩米国　⒢1936年9月17日　⒟1992／1996

パーカー, マイケル　Parker, Michael D.　実業家　元・ダウ・ケミカル社長・CEO　⒩米国　⒢1946年7月　⒟2004／2008／2012

バーカー, マーガレット　Barker, Margaret　ロマンス作家　⒩英国　⒟2008

パーカー, マーク　Parker, Mark G.　実業家　ナイキ社長・CEO　⒩米国　⒟2012

パーカー, メアリー・ルイーズ　Parker, Mary Louise　女優　⒩米国　⒢1964年8月2日　⒟2004／2008

パーカー, メイシオ　Parker, Maceo　ジャズサックス奏者　⒩米国　⒢1943年2月14日　⒟1996／2000

パーカー, モニカ　Parker, Monica　バレエ演出家　インスティテュート・オブ・コレオロジー・ディレクター　⒮ベネッシュ・ダンス表記法　⒩英国　⒟2004／2008

パーカー, ユージン・ニューマン　Parker, Eugene Newman　物理学者　シカゴ大学名誉教授　⒮地球物理学　⒩米国　⒢1927年6月10日　⒟2008

パーカー, リー　Parker, Lee D.　会計学者　フリンダース大学会計ファイナンス経営学部教授・学部長　⒮会計史　⒩オーストラリア　⒟1996

パーカー, リチャード　陶芸家　⒩ニュージーランド　⒟2004／2008

ハーガー, レオポルト　Hager, Leopold　指揮者　ウィーン・フォルクス・オーパー首席指揮者　⒩オーストリア　⒢1935年10月6日　⒟2012

パーカー, レナード・J.　日本ロックタイト社長　⒩米国　⒟1996／2000

パーカー, ロバート　Parker, Robert K.　米国海軍研究所電子科学技術部真空電子部門主任　⒮プラズマ物理学　⒩米国　⒟1992

パーカー, ロバート　Parker, Robert　金融家　クレディ・スイス・アセット・マネジメント副会長　⒩英国　⒟2004

パーカー, ロバート・B.　Parker, Robert B.　本名＝Parker,Robert Brown　ミステリー作家　⒩米国　⒢1932年9月17日　⒦2010年1月18日　⒟1992／1996／2000／2004／2008

パーカー, ロバート・M.(Jr.)　ワイン評論家　⒩米国　⒢1947年　⒟2000

パーカー, ローレンス　実業家　エナム・オイル社（ジャカルタ）会長, パンパシフィック石油（サンフランシスコ）会長　⒩米国　⒟1992

バーカウ, アイラ　Berkow, Ira　スポーツジャーナリスト　「ニューヨーク・タイムズ」紙スポーツ・コラムニスト　⒩米国　⒢1940年　⒟1992

バーカカティ, ナバ　Barkakati, Naba　コンピュータ技術者　⒩米国　⒟2004

バガザ, ジャン・バプティスト　Bagaza, Jean Baptiste　政治家　元・ブルンジ大統領　⒩ブルンジ　⒢1946年8月29日　⒟1992／1996／2004／2008

バーガス, アルバート　Vargas, Alberto　画家　⒩米国　⒢1896年　⒦1982年12月30日　⒟1992（バルガス, アルベルト）

バーガーズ, ヤン・ヘルマン　Burgers, Jan Herman　オランダ政府「人権外交に関する諮問委員会」副議長, アムネスティ・オランダ支部役員　⒩オランダ　⒢1926年　⒟1992

パカス・カストロ, ホセ・マヌエル　Pacas Castro, Jose Manuel　政治家　元・エルサルバドル外相　⒩エルサルバドル　⒢1941年　⒟1996／2000

バーカソン, デービッド　Bercuson, David J.　歴史学者　カルガリー大学軍事・戦略研究センター理事・歴史学部教授　⒩カナダ　⒟2004／2008

パガチェフスキ, スタニスワフ　Pagaczewski, Stanisław　詩人, 小説家, 児童文学者, 郷土史研究家, 雑誌編集者　⒩ポーランド　⒢1916年　⒦1984年　⒟1992

バカーチン, ワジム　Bakatin, Vadim Viktorovich　政治家　元・KGB議長, 元・ソ連内相　⒩ロシア　⒢1937年11月6日　⒟1992／1996

ハガティー, ロザンヌ　Haggerty, Rosanne　社会事業家　コモン・グラウンド・コミュニティー理事長　⒩米国　⒟2004／2008／2012

ハガデューシュ, アンドレ　ピアニスト　⒩ハンガリー　⒟2000

ハガード, バージニア　Haggard, Virginia　シャガールの恋人　⒩英国　⒢1915年　⒟2000

バーカード, ハンス・ユルゲン　フォトジャーナリスト　⒩ドイツ　⒢1952年　⒟2004

ハーガドン, トーマス　Hargadon, Thomas J.　コンファレンス・コミュニケーションズ社長,「インサイド・レポート・オン・ニューメディア」編集委員　⒩米国　⒟1996

パガノ, ジョン　Pagano, John O.A.　カイロプラクティック療法士　⒩米国　⒢1931年　⒟2000

パガーノ, マリオ　Pagano, Mario　考古学者　イタリア文化財省ポンペイ考古学監督局担当官　⒩イタリア　⒟2000

パガーノ, マルチェロ　Pagano, Marcello　ハーバード大学教授　⒮臨床統計　⒟2004

ハカノグル, エロル　Hakanoglu, Erol　ゴールドマン・サックス証券会社幹部　⒮CLM商品開発　⒩米国　⒟1992

バカバ, シジリ　映画監督, 俳優　⒩コートジボワール　⒟1992

バガバンディ, ナツァギーン　Bagabandi, Natsagiin　政治家　元・モンゴル大統領, 元・モンゴル人民革命党党首　⒩モンゴル　⒢1950年4月22日　⒟1996／2000／2004／2008

ハカビー, デービッド　Hucaby, David　ネットワークエンジニア　ケンタッキー大学主幹ネットワークエンジニア　⒩米国　⒟2004

バガプシュ, セルゲイ　Bagapsh, Sergei Uasyl-ipa　政治家　元・アブハジア自治共和国大統領　⒩グルジア　⒢1949年3月4日

㉒2011年5月29日

ハカマダ, イリーナ　Hakamada, Irina　政治家　元・ロシア下院議員・副議長　国ロシア　⑭1955年4月　掲1996／2000／2004／2008

バーガミニ, デービッド　Bergamini, David H.　科学解説家　国米国　⑭1928年10月11日　㉒没年不詳　掲1992

バカヨコ, イブライマ　Bakayoko, Ibrahima　サッカー選手（FW）　国コートジボワール　⑭1976年12月31日　掲2000

ハガラ, ロマン　Hagara, Roman　ヨット選手（トーネード級）　シドニー五輪・アテネ五輪セーリング・トーネード級金メダリスト　国オーストリア　⑭1966年4月30日　掲2008

バカラック, バート　Bacharach, Burt　作曲家, 編曲家, ピアニスト, バンドリーダー　⑰ポピュラー音楽　国米国　⑭1928年5月12日　掲1992／1996／2000／2012

バカロイウ, ニコラエ　Vacaroiu, Nicolae　政治家　元・ルーマニア首相　国ルーマニア　⑭1943年12月5日　掲1996／2000／2004／2008

バカン, エリザベス　Buchan, Elizabeth　作家　国英国　⑭1948年　掲2004

バカン, ジェームズ　Buchan, James　作家, 評論家　⑭1954年　掲2004

パガン, ヒネス・セラン　Pagán, Ginés Serrán　画家　国スペイン　掲1992／1996

バーガン, ロナルド　Bergan, Ronald　伝記作家, 映画評論家　掲2004

バーカンキャンプ, ラウリ　Berkenkamp, Lauri　「あしたから子どもが変わる30の子育てマジック」の共著者　国米国　掲2008

ハーカンセン, テリエ　Haakonsen, Terje　スノーボード選手　国ノルウェー　⑭1974年10月11日　掲2004

バーキ, シャヒド・ジェーブド　Burki, Shahid Javed　世界銀行中国局長　国パキスタン　掲1992

ハーキー, ダン　Harkey, Dan　プログラム開発者　サンノゼ州立大学　掲2004

バーキ, ブレンダ　Bakke, Brenda　女優　国米国　⑭1963年5月15日　掲1992

バキエフ, クルマンベク　Bakiyev, Kurmanbek Saliyevich　政治家　元・キルギス大統領　国キルギス　⑭1949年8月1日　掲2008／2012

バキオキ, サムエル　Bacchiocchi, Samuele　神学者　アンドリューズ大学教会史・神学教授　掲1996

バーギース, エイブラハム　Verghese, Abraham　医師　⑰エイズ　国米国

ハギス, ポール　Haggis, Paul　映画監督, 脚本家　国米国　⑭1953年3月10日　掲2008／2012

バーギッソン, ジョンジー　Birgisson, Jon Thor　グループ名＝シガー・ロス　ミュージシャン　国アイスランド　⑭1975年4月23日　掲2004／2008／2012

パキ・ティティ, ロラ　Paki-Titi, Rora　作家　国ニュージーランド　掲1992

パキデェ, バプラオ　Pakhiddey, Bapurao M.　弁護士　国インド　⑭1938年　掲2000

ハキム, クリスティン　Hakim, Christine　女優, 映画プロデューサー　国インドネシア　⑭1956年12月25日　掲1992／1996／2000／2004／2008／2012

ハキーム, ベシーム　Hakim, Besim S.　建築家, アーバンデザイナー　キング・ファイサル大学建築都市プラン学部　⑰都市計画　国米国　掲1992

ハキム, ムハマド・バキル　Hakim, Mohammad Baqil al-　イスラム教シーア派指導者　元・イラク・イスラム革命最高評議会（SCIRI）議長　国イラク　⑭1939年　㉒2003年8月29日　掲1992

ハキャミ, ナスリン　東京外国語大学アジア・アフリカ言語文化研究所客員教授　⑰開発社会学　国イラン　掲1992

ハキン 巴金　Ba-jin　本名＝李堯棠　字名＝李芾甘, 別名＝王文慧, 比金, 余一, 余三, 余五, 余七, 欧陽鏡容, 巴比　作家, エスペラント学者　元・中国作家協会名誉主席, 元・中国人民政治協商会議全国委員会（全国政協）副主席　国中国　⑭1904年11月25日　㉒2005年10月17日　掲1992／1996／2000／2004

バーキン, アンドルー　Birkin, Andrew　脚本家, 映画監督　国英国　⑭1945年　掲1992／1996

パキン, アンナ　Paquin, Anna　女優　国米国　⑭1982年　掲2000／2004／2008／2012

バーキン, エレン　Barkin, Ellen　女優　国米国　⑭1954年4月16日　掲1992／2012

バーキン, ケリー　不動産鑑定士　心臓移植後2年で米国最高峰登頂に成功　国米国　掲2000

バーキン, ジェーン　Birkin, Jane　女優, 歌手　国フランス　⑭1946年12月14日　掲1992／1996／2000／2004／2008／2012

バーキン, ジョン・デレック　Birkin, John Derek　RTZ会長　国英国　⑭1929年9月30日　掲1992／1996

バーキン, デービッド　Barkin, David　メトロポリタン自治大学経済学部教授　⑰経済学　国米国　掲1996

ハーキン, トム　Harkin, Tom　本名＝Harkin, Thomas R.　政治家　米国上院議員（民主党）　国米国　⑭1939年11月19日　掲1992／1996／2000／2004／2008／2012

バーキン, ハロルド　Perkin, Harold J.　歴史家　英国社会史学会終身副会長　⑰近代英国史　国英国　⑭1926年　掲2000

バーキン, ファンク　Parkin, Fank　オックスフォード大学マグダレン・カレッジ教授　⑰社会学　国英国　⑭1931年　掲1992

バーギン, マーク　Bergin, Mark　画家　⑰歴史画考証　国英国　⑭1961年　掲1996

バーキン, ローレンス　Birken, Lawrence　ボール州立大学史学科準教授　⑰思想史, ドイツ史　国米国　掲2000

パーキンス, アンソニー　Perkins, Anthony　俳優　国米国　⑭1932年4月14日　㉒1992年9月12日　掲1996

パーキンス, アンソニー　「レッドヘリング」編集長　国米国　掲2004

パーキンス, エディー　Perkins, Eddie　プロボクサー　国米国　掲1992

パーキンス, エドワード　Perkins, Edward J.　外交官　元・国連大使　国米国　⑭1928年6月8日　掲1996

パーキンス, キーレン　Perkins, Kieren　水泳選手（自由形）　国オーストラリア　⑭1973年7月14日　掲1996／2000／2004／2008

パーキンス, コリン　Perkins, Colin　電気工学者　グラスゴー大学コンピュータサイエンス学科講師　掲2008

パーキンス, サム　Perkins, Sam　元・バスケットボール選手　国米国　⑭1961年6月14日　掲1996／2004

ハギンズ, ジェームズ・バイロン　Huggins, James Byron　作家　国米国　掲2004

ハギンズ, ダイアナ　Huggins, Diana　システムコンサルタント, テクニカルライター　掲2008

ハギンズ, チャールズ　Huggins, Charles　外科医　元・マサチューセッツ総合病院外科医　血液凍結法開発者　国米国　㉒1990年4月18日　掲1992

ハギンズ, チャールズ　Huggins, Charles Brenton　医学者　元・シカゴ大学終身教授　⑰外科学, 泌尿器科学　国米国　⑭1901年9月22日　㉒1997年1月12日　掲1992／1996

パーキンス, ドワイト　Perkins, Dwight H.　経済学者　ハーバード大学国際開発研究所長　国米国　掲1996

パーキンス, フィーミ　Perkins, Pheme　神学者　ボストン大学教授　⑰新約聖書学　国米国　掲2004

パーキンズ, マーリン　Perkins, Marlin　動物学者　国米国　㉒1986年6月14日　掲1992

パーキンス, ラルフ　Perkins, Ralph　歴史家, 児童書編集者　掲2004

パーキンソン, T.L.　作家　国米国　⑭1949年　掲1996

パーキンソン, シボーン　Parkinson, Siobhan　児童文学作家　国アイルランド　掲2004／2008

パーキンソン, ジョセフ　マイクロン・テクノロジー会長・CEO　国米国　掲1992／1996

パーキンソン, シリル・ノースコート　Parkinson, Cyril Northcote

著述家,経済学者 ⓘ英国 ⓖ1909年7月30日 ⓢ1993年3月9日 ⓔ1992/1996

パーキンソン, セシル Parkinson, Cecil Edward 政治家 元・英国運輸相 ⓘ英国 ⓖ1931年9月1日 ⓔ1992/1996

パーキンソン, テーサ Parkinson, Tessa ヨット選手(470級) 北京五輪セーリング女子470級金メダリスト ⓘオーストラリア ⓖ1986年9月22日 ⓔ2012

バーグ, A.スコット Berg, A.Scott 作家 ⓘ米国 ⓔ2004/2008

バーク, W.ウォーナー Burke, W.Warner マネジメント・コンサルタント コロンビア大学大学院組織リーダーシップ研究学科教授 ⓕ心理学,教育学 ⓘ米国 ⓔ2004

バーク, アーノルド Berk, Arnold 分子生物学者 カリフォルニア大学ロサンゼルス校分子生物学研究所教授・所長 ⓘ米国 ⓔ2004/2008

バーク, アラフェア Burke, Alafair 作家 ホフストラ大学ロースクール ⓘ米国 ⓔ2008

バーク, アーレイ Burke, Arleigh A. 軍人 元・米国海軍大将,元・米国海軍作戦部長 ⓘ米国 ⓖ1901年 ⓢ1996年1月1日 ⓔ1996

パク・イェジン Park, Ye-jin 漢字名=林芸珍 女優 ⓘ韓国 ⓖ1981年4月1日 ⓔ2004/2008/2012

パク・イサン 朴 義祥 Park, Eui-sang 詩人 ⓘ韓国 ⓖ1943年 ⓔ2000

ハク・イッパ 薄 一波 Bo, Yi-bo 本名=薄書存 政治家 元・中国副首相 ⓘ中国 ⓖ1908年2月17日 ⓢ2007年1月15日 ⓔ1992/1996/2000/2004

パク・イルギョン 朴 一慶 弁護士 ⓘ韓国 ⓖ1920年10月28日 ⓔ1996

パク・インギ 朴 寅基 清州教育大学国語教育科教授 ⓕ韓国語 ⓘ韓国 ⓖ1950年 ⓔ1996

パク・イング 朴 仁球 プロ野球選手(外野手) ⓘ韓国 ⓖ1971年12月30日 ⓔ1996

パク・インサン 朴 仁相 Park, In-sang 政治家 韓国国会議員(新千年民主党) 元・韓国労働組合総連盟委員長 ⓘ韓国 ⓖ1939年12月5日 ⓔ2004

パク・インソ 朴 寅緒 Park, In-seo 外科医 ソウル大学医学部教授,三星第一病院院長,大韓病院協会副会長,韓国病院経営研究理事長 ⓘ韓国 ⓖ1935年8月30日 ⓔ2004

パク・インビ 朴 仁妃 Park, In-bee プロゴルファー ⓘ韓国 ⓖ1988年7月12日 ⓔ2012(パク・インベ)

パク・インファン 朴 仁煥 タレント ⓘ韓国 ⓖ1945年1月6日 ⓔ1996

パク・インベ 朴 仁培 Park, In-bea 実業家 ヘテ建設社長 ⓘ韓国 ⓖ1941年6月20日 ⓔ2004

パク・インホ 朴 仁鎬 経済学者 釜山外国語大学教授,釜山市民連帯議長 ⓕ地域経済学,地域開発論,環境問題論 ⓘ韓国 ⓖ1943年2月18日 ⓔ1992/2000/2004

パク・ウィチュン 朴 宜春 Pak, Ui-chun 外交官 北朝鮮外相 ⓘ北朝鮮 ⓖ1932年8月15日 ⓔ2004(朴 義春 パク・イチュン)/2008(朴 義春 パク・イチュン)/2012

バーグ, ウォルター Berg, Walter 占星術師,占星術学者 ⓕ13星座占星 ⓘ英国 ⓖ1947年 ⓔ2000

パク・ウォンスク 朴 元淑 タレント ⓘ韓国 ⓖ1949年1月19日 ⓔ1996

パク・ウォンスン 朴 元淳 Park, Won-soon 政治家,弁護士,市民運動家 ソウル市長,参与連帯代表 元・「ハンギョレ」新聞論説委員 ⓘ韓国 ⓖ1956年3月26日 ⓔ1996/2004/2008/2012

パク・ウォンヒ 朴 源熹 韓国科学技術院院長 ⓘ韓国 ⓖ1932年4月23日 ⓔ1996

パク・ウォンフン 朴 源弘 Park, Won-heung 政治家,ジャーナリスト 元・韓国国会議員(ハンナラ党) ⓘ韓国 ⓖ1942年6月11日 ⓔ2004/2008/2012

パク・ウォンベ 朴 源培 Park, Won-bae 実業家 ハンファ石油化学代表理事会長 ⓘ韓国 ⓖ1938年1月30日 ⓔ2004

パク・ウニョン 絵本作家 ⓖ1965年 ⓔ2008

パク・ウヒ 朴 宇熙 ソウル大学国際経済学科教授 ⓕ国際経済学 ⓘ韓国 ⓖ1935年12月2日 ⓔ1992/1996

パク・ウン 朴 雄 タレント ⓘ韓国 ⓖ1940年9月23日 ⓔ1996

パク・ウンギョン 朴 恩景 ジャーナリスト ⓘ韓国 ⓖ1964年 ⓔ2000

パク・ウンジン 朴 銀真 プロ野球選手(投手) ⓘ韓国 ⓖ1964年9月27日 ⓔ1996

パク・ウンス 朴 応秀 医師 U.Sパース心臓病血圧研究所所長 ⓕ内分泌学 ⓘ韓国 ⓔ1992/1996

パク・ウンス 朴 垠樹 タレント ⓘ韓国 ⓖ1952年10月10日 ⓔ1996

パク・ウンソ 朴 熊緒 三星石油化学代表理事 ⓘ韓国 ⓖ1938年6月13日 ⓔ1996

パク・ウンソン 朴 恩聖 Park, Un-seong 指揮者,バイオリニスト 漢陽大学音楽学部管弦学科教授,韓国指揮者協会会長 ⓘ韓国 ⓖ1945年10月12日 ⓔ2004

ハク・ウンホウ 白 雲峰 実業家 チャイナ・ボーチー(中国博奇)社長 ⓘ中国 ⓔ2008/2012

パク・ウンボン 朴 垠鳳 歴史研究家 ⓕ朝鮮史 ⓘ韓国 ⓖ1960年 ⓔ2000

パク, ウンミョン 婦人運動家 ⓘ米国 ⓔ1992/1996

パク・ウンヨン 朴 恩永 女優 ⓘ韓国 ⓖ1967年10月15日 ⓔ1996

バーグ, エイドリアン Berg, Adriane G. 弁護士,財務プランナー ⓘ米国 ⓔ2004

バーク, エドワード 建築家 バーク建築設計会社設立者 元・ワシントン州日米協会会長 ⓘ米国 ⓖ1930年6月 ⓔ1992

バーグ, エリザベス Berg, Elizabeth 作家 ⓘ米国 ⓖ1948年 ⓔ2000

バーク, エリック Burke, Eric M. コンピュータ技術者 ⓘ米国 ⓔ2008

バク・エンテイ 麦 燕庭 記者 香港記者協会主席 ⓘ香港 ⓖ1960年 ⓔ2000

ハク・カ 白 樺 Bai, Hua 本名=陳佑華 作家,劇作家,詩人 上海市作家協会副主席 ⓘ中国 ⓖ1930年11月20日 ⓔ1992/1996/2000

ハク・カイフ 白 介夫 中国人民政治協商会議北京市委員会主席,中国抗日戦争史学会執行会長 ⓘ中国 ⓖ1921年 ⓔ1996

ハク・カン 朴 槿 Park, Kang 建国大学史学科講師 ⓕ近代日本史 ⓘ韓国 ⓖ1963年 ⓔ2000

パク・カンジョ 朴 康造 Park, Kang-jo 元・サッカー選手 ⓘ韓国 ⓖ1980年1月24日 ⓔ2012

ハク・ガンショウ 白 岩松 Bai, Yan-song テレビキャスター(中国中央テレビ) ⓘ中国 ⓖ1968年8月 ⓔ2004

パク・キ 莫 毅 Mo, Yi 写真家 ⓖ1958年 ⓔ2000

ハク・キセイ 薄 熙成 Bo, Xi-cheng 元・北京市観光事業管理局長 ⓘ中国 ⓖ1950年 ⓔ1992/1996

パク・ギソン 朴 基宣 韓国体育振興会副会長 ⓘ韓国 ⓖ1929年 ⓔ2004/2008

パク・キテク 朴 棋沢 プロ野球選手(外野手) ⓖ1968年11月10日 ⓔ1996

パク・キヒョン 朴 起賢 オペラ演出家 韓国オペラ団芸術監督 ⓘ韓国 ⓔ2004

パク・キュチェ 朴 圭彩 タレント ⓘ韓国 ⓖ1938年12月15日 ⓔ1996

パク・キュデ 朴 圭大 プロ野球選手(内野手) ⓘ韓国 ⓖ1972年1月15日 ⓔ1996

パク・キョンジャ 朴 京子 国際服飾文化研究院長,国際服飾学会理事 ⓘ韓国 ⓖ1923年12月27日 ⓔ1996

パク・キョンス 朴 慶洙 江陵大学教養部専任講師 ⓕ日本近世史 ⓘ韓国 ⓖ1955年 ⓔ1996

パク・キョンス 朴 敬秀 Park, Kyoung-soo コラムニスト Ⓢ韓国 Ⓡ2004

パク・キョンス 朴 景洙 韓国科学技術研究院（KAIST）教授，韓国人間工学会会長 Ⓢ韓国 Ⓑ1943年4月21日 Ⓡ1996

パク・キョンソク 朴 敬錫 韓日協力委員会常任運営委員 Ⓢ韓国 Ⓑ1937年2月11日 Ⓡ1996

パク・キョンパル 朴 璟八 Park, Kyung-pal 実業家 三星電子代表理事社長 Ⓢ韓国 Ⓑ1941年11月16日 Ⓡ2000

パク・キョンホ 朴 景浩 Park, Kyung-ho サッカー指導者，元・サッカー選手 W杯大分推進委員会顧問，大分トリニータ技術顧問 元・サッカー韓国ユース代表監督，元・サッカー韓国大学代表監督 Ⓢ韓国 Ⓑ1931年 Ⓡ2004／2008

パク・キョンユン 朴 敬允 実業家 金剛山国際観光会社海外代表，金剛山国際貿易開発会社社長 Ⓢ米国 Ⓡ1992／1996（ボク・ケイイン）

パク・キョンリ 朴 景利 Pak, Kyong-ni 作家 Ⓢ韓国 Ⓑ1926年10月28日 Ⓓ2008年5月5日 Ⓡ1992（パク・ギョンニ）／1996

パク・キョンワン 朴 炅銑 Park, Kyung-hwan サッカー選手（MF） Ⓢ韓国 Ⓑ1976年12月29日 Ⓡ2000

パク・キョンワン 朴 勁完 プロ野球選手（捕手） Ⓢ韓国 Ⓑ1972年7月11日 Ⓡ1996

ハク・キライ 薄 熙来 Bo, Xi-lai 政治家 元・中国共産党政治局員，元・重慶市党委書記 Ⓢ中国 Ⓑ1949年7月3日 Ⓡ2000／2004／2008／2012

パク・キルヨン 朴 吉淵 外交官 国連大使，駐カナダ北朝鮮大使 元・北朝鮮外務次官 Ⓢ北朝鮮 Ⓑ1943年1月 Ⓡ2000／2004

パク・キルヨン 朴 吉龍 元・外交官 元・北朝鮮副外相，元・ソ連科学アカデミー東方学研究所研究員 Ⓡ1996（ボク・キチリュウ）

パク・クアンス 漫画家 Ⓢ韓国 Ⓑ1969年 Ⓡ2004／2008

パク・クアンス 朴 光洙 Park, Kwang-soo 映画監督 Ⓢ韓国 Ⓑ1955年1月22日 Ⓡ1992／1996

パク・クアンヒョン Park, Kwang-hyun 映画監督 Ⓢ韓国 Ⓑ1969年 Ⓡ2008／2012

パク・クアンヒョン 朴 光鉉 歌手 Ⓢ韓国 Ⓑ1965年6月8日 Ⓡ1996

パク・クアンユル 朴 光律 プロ野球選手（外野手） Ⓢ韓国 Ⓑ1970年2月27日 Ⓡ1996

パク・クアンヨン 朴 寛用 Park, Kwan-yong 政治家 新韓国党事務総長 Ⓢ韓国 Ⓑ1938年6月6日 Ⓡ1996／2000

パク・クォンサン 朴 權相 ジャーナリスト 元・「東亜日報」論説主幹，元・KBS社長 Ⓢ韓国 Ⓑ1929年10月25日 Ⓓ2014年2月4日 Ⓡ1992／1996／2000

パク・クネ 朴 槿恵 Park, Geun-hye 政治家 韓国大統領（第18代） Ⓢ韓国 Ⓑ1952年2月2日 Ⓡ2000（パク・クンヘ）／2004（パク・クンヘ）／2008（パク・クンヘ）／2012（パク・クンヘ）

パク・グムチョル 朴 金喆 Pak, Kum-chol 政治家 Ⓢ北朝鮮 Ⓑ1911年 Ⓡ1992／1996

パク，クリスティナ 韓国名＝朴クリスティナ アナウンサー KABC Ⓢ米国 Ⓡ1996

パク，グレース 朴，グレース Park, Grace プロゴルファー Ⓢ韓国 Ⓑ1979年3月6日 Ⓡ2000／2004／2008

バーク，クレム Burke, Clem グループ名＝ブロンディ ロックドラマー Ⓢ米国 Ⓡ2000

パク・クワンジュン 朴 光駿 Park, Kwang-joon 仏教大学大学院社会福祉学研究科教授 Ⓐ社会福祉学 Ⓑ1958年 Ⓡ2000

パク・クンシク 朴 肯植 韓国機械研究所理事長，動力資源研究所研究委員，韓国分析科学会会長 Ⓢ韓国 Ⓑ1934年10月23日 Ⓡ1996

パク・クンヒョン 朴 根澄 タレント Ⓢ韓国 Ⓑ1940年6月7日 Ⓡ1996

パク・ケウォン 朴 啓源 プロ野球選手（内野手） Ⓢ韓国 Ⓑ1970年2月4日 Ⓡ1996

バーク，ケネス Burke, Kenneth Duva 文芸評論家，詩人 Ⓢ米国 Ⓑ1897年5月5日 Ⓓ1993年11月19日 Ⓡ1992／1996

パク・ケーヒョン 朴 啓馨 作家 中国延辺科学技術大学兼任教授 Ⓢ韓国 Ⓑ1943年 Ⓓ2012

パク・ゲベ 朴 桂培 演出家 Ⓢ韓国 Ⓑ1955年4月 Ⓡ1992

ハク・ケンビ 莫 建備 Mo, Jian-bei 上海社会科学院科研処研究員 Ⓐ農業経済 Ⓢ中国 Ⓑ1952年 Ⓡ2000

ハク・コウジュン 白 光潤 東北工学院圧延教育研究室主任，教授 Ⓢ中国 Ⓑ1928年 Ⓡ1996

ハク・コクメイ 白 克明 Bai, Ke-ming 政治家 河北省共産党委員会書記 元・人民日報社長 Ⓢ中国 Ⓑ1943年10月 Ⓡ2004／2012

パク・コンウ 朴 健雨 外交官 朝鮮半島和平四者会談韓国大使 Ⓢ韓国 Ⓑ1937年8月6日 Ⓡ1996／2000

パク・コンシク 朴 健植 タレント Ⓢ韓国 Ⓑ1947年6月15日 Ⓡ1996

パク・コンソク 朴 健碩 Park, Ken-suk 実業家 元・汎洋商船グループ会長 Ⓢ韓国 Ⓑ1987年4月19日 Ⓡ1992

ハク，サミュル 政治家，イスラム原理主義者 アフガニスタン防衛評議会議長，イスラム聖職者協会党首 Ⓢパキスタン Ⓡ2004／2008

パク，サム Park, Sam 「50イングリッシュ」の著者 Ⓡ2008

パク・サムグ 朴 三求 Park, Sam-koo 実業家 錦湖アシアナグループ会長 Ⓢ韓国 Ⓑ1945年3月19日 Ⓡ2008

バーク，サラ Burke, Sarah スキー選手（フリースタイル） Ⓢカナダ Ⓑ1982年9月3日 Ⓓ2012年1月19日

パク・サンウォン 朴 相元 タレント Ⓢ韓国 Ⓑ1959年4月5日 Ⓡ1996

パク・サンギル 朴 相吉 Park, Sang-kil 実業家 瑞光産業名誉会長，大邱日報社代表理事会長，韓国東洋蘭総連合会会長 Ⓢ韓国 Ⓑ1925年 Ⓡ1996

パク・サンクック 朴 尚国 プロ野球選手（内野手） Ⓢ韓国 Ⓑ1960年7月16日 Ⓡ1996

パク・サングン 朴 相根 プロ野球選手（投手） Ⓢ韓国 Ⓑ1970年7月5日 Ⓡ1996

パク・サンジュン 朴 三中 僧侶 韓国刑務所布教師会長，韓日仏教福祉協会会長，慈悲寺住職 Ⓢ韓国 Ⓡ1992／1996／2000

パク・サンジュン 朴 相俊 Park, Sang-jun コラムニスト，翻訳家 Ⓢ韓国 Ⓡ2004

パク・サンス 朴 相洙 プロ野球選手（外野手） Ⓢ韓国 Ⓑ1970年6月29日 Ⓡ1996

パク・サンチョン 朴 相千 Park, Sang-chon 政治家 韓国国会議員（新千年民主党） 元・韓国法相 Ⓢ韓国 Ⓑ1938年10月31日 Ⓡ2000／2004／2008

パク・サンボム 朴 尚範 プロ野球選手（投手） Ⓢ韓国 Ⓑ1965年7月7日 Ⓡ1996

パク・サンミン 朴 尚民 俳優 Ⓢ韓国 Ⓑ1970年10月9日 Ⓡ1996

パク・サンヨル 朴 相悦 プロ野球コーチ Ⓢ韓国 Ⓑ1955年8月5日 Ⓡ1996

パク・サンヨン 朴 商延 作家 Ⓢ韓国 Ⓑ1972年 Ⓡ2004

パク・サンリョン 朴 双龍 国際協力団副総裁 Ⓢ韓国 Ⓑ1932年4月1日 Ⓡ1996

パク・ジウォン 朴 智元 Park, Ji-won 政治家 韓国国会議員（民主党） 元・韓国文化観光相，元・韓国大統領秘書室長 Ⓢ韓国 Ⓑ1942年6月5日 Ⓡ2000／2004／2008／2012

バグ，ジェイク Bugg, Jake シンガー・ソングライター Ⓢ英国 Ⓑ1994年

パク，ジェイビー パク，J.B. Park, J.B. プロゴルファー Ⓢ韓国 Ⓑ1982年2月23日 Ⓡ2012

パク・ジェウク 朴 在旭 Park, Jea-wook 政治家 韓国国会議員（ハンナラ党），大邱外国語大学理事長 元・慶北外国語専門大学学長 Ⓢ韓国 Ⓑ1938年1月4日 Ⓡ2004

パク・ジェギュ 朴 在圭 Park, Jae-kyu 国際政治学者 元・韓国統一相，元・慶南大学総長 Ⓐ極東問題 Ⓢ韓国 Ⓑ1944年8月11日 Ⓡ1992（パク・ゼギュ）／1996／2000／2004

パク・ジェグォン 朴 在権 Park, Jae-kwon 韓国陸軍士官学校教授 Ⓐ日本語 Ⓢ韓国 Ⓡ2000

パク・ジェサム　朴 在森　詩人　[国]韓国　[生]1933年4月10日　[典]1996

パク・ジェジュ　朴 在周　タレント　[国]韓国　[生]1952年5月4日　[典]1996

パク・ジェチャン　朴 載昌　Park, Jea-chang　政治学者　韓国行政自治部地方行政委員会委員長, 韓国公明選挙実践市民運動連合執行委員長, 韓国行政学会会長　[専]行政学　[国]韓国　[生]1948年8月15日　[典]2004

パク・ジェドン　朴 在東　Park, Jae-tong　イラストレーター, 元・高校教師(美術)　ハンギョレ新聞社ハンギョレユリムパン担当　[国]韓国　[生]1952年　[典]1996

パク・ジェヒ　朴 在姫　翻訳家　[国]韓国　[生]1925年　[典]1992(パク・ゼヒ)

パク・ジェホ　朴 在浩　プロ野球選手(内野手)　[国]韓国　[生]1971年2月1日　[典]1996

パク・ジェボル　朴 財閥　プロ野球選手(外野手)　[国]韓国　[生]1968年9月17日　[典]1996

パク・ジェホン　朴 栽弘　Park, Jae-hong　プロ野球選手(外野手)　[国]韓国　[生]1973年9月7日　[典]2000／2008／2012

バーク, ジェームス　Burke, James E.　元・ジョンソン・アンド・ジョンソン会長　[国]米国　[典]1992

バーク, ジェームズ・リー　Burke, James Lee　ミステリー作家　[国]米国　[典]1992／1996／2000／2012

パク・ジェユン　朴 在潤　Park, Jae-yoon　経済学者　釜山大学総長　元・韓国通商産業相　[国]韓国　[生]1941年7月25日　[典]1996／2000／2004／2008

パク・ジェヨル　朴 在烈　作曲家　延世大学音楽学部作曲科教授　[国]韓国　[生]1930年10月4日　[典]1996

バーグ, ジェレミー　Berg, Jeremy M.　ジョンズホプキンス大学医学部教授・学部長　[専]生物無機化学　[国]米国　[典]2000

パク・シギュン　朴 是均　Park, Si-gyun　政治家, 医師　韓国国会議員(ハンナラ党), 聖ヌガ病院院長　[国]韓国　[生]1938年2月14日　[典]2004

パク・シチュン　朴 是春　作曲家　韓国音楽著作権協会名誉会長　[国]韓国　[生]1913年10月28日　[典]1996

パク・シニャン　Park, Shin-yang　漢字名=朴新陽　俳優　[国]韓国　[生]1968年11月1日　[典]2008／2012

パク・ジファン　朴 志煥　プロ野球選手(内野手)　[国]韓国　[生]1969年10月20日　[典]1996

パク・ジミン　朴 知民　女優　[国]韓国　[生]1968年5月5日　[典]1996

パーク, ジャック　Park, Jack　コンピューター技術者　[国]米国　[典]2008

バーク, ジャン　Burke, Jan　作家　[国]米国　[生]1953年　[典]1996／2000／2012

パク・ジャンスン　朴 章洵　Park, Jang-soon　レスリング選手(フリー)　[国]韓国　[生]1968年4月10日　[典]1996

パク・ジュア　朴 珠雅　本名=朴敬子　タレント　[国]韓国　[生]1942年9月20日　[典]1996

パク・ジュソン　朴 柱宣　Park, Ju-son　政治家, 弁護士　韓国国会議員　[国]韓国　[生]1949年7月23日　[典]2004／2008

パク・ジュチョン　朴 柱千　Park, Ju-chon　政治家　韓国国会議員(ハンナラ党)　[国]韓国　[生]1941年7月1日　[典]2004

パク・ジュニョン　Park, Junyoung　漢字名=朴俊映, 愛称=ジュニー　歌手　[国]韓国　[生]1982年3月12日

パク・ジュボン　朴 柱奉　Park, Joo-bong　バドミントン監督, 元・バドミントン選手　バドミントン日本代表監督　バルセロナ五輪バドミントン男子ダブルス金メダリスト　[国]韓国　[生]1964年12月5日　[典]2008

パク・ジュミ　朴 朱美　タレント　[国]韓国　[生]1969年8月1日　[典]1996

パク・ジュンギュ　朴 俊奎　元・炭坑技師, 通訳　[国]ソ連　[典]1992(ボク・シュンケイ)

パク・ジュンギュ　朴 浚圭　Park, Jyun-kyu　政治家　韓国国会議長, 自民連最高顧問　[国]韓国　[生]1925年9月12日　[典]1992／1996／2000

パク・ジュンクック　朴 重国　外交官　元・朝鮮労働党中央委員候補, 元・駐キューバ北朝鮮大使　[国]北朝鮮　[生]1923年　[没]1996年10月6日　[典]1996

パク・ジュンテ　朴 俊泰　プロ野球選手(外野手)　[国]韓国　[生]1967年2月22日　[典]1996

パク・ジュンヒ　朴 準喜　歌手　[国]韓国　[生]1974年7月9日　[典]1996

パク・ジュンヒョン　朴 晙蛍　Park, Jun-hyong　政治家, ジャーナリスト　韓国大統領広報首席秘書官　元・「韓国中央日報」ニューヨーク特派員　[国]韓国　[生]1946年10月21日　[典]2004

パク・ジュンビョン　朴 俊炳　Park, Jun-byung　政治家, 元・軍人　韓国国会議員　元・民正党事務総長　[国]韓国　[生]1933年6月21日　[典]1992／1996／2000

パク・ジュンフン　朴 重勲　俳優　[国]韓国　[生]1964年3月22日　[典]1996

パク・ジュンホン　朴 仲弘　大韓航空成田空港支店長, 新東京国際空港航空会社運営協議会(AOC)議長　[国]韓国　[典]1992(パク・ジュンフォン)

パク・ジョヨル　朴 祚烈　劇作家　[国]韓国　[生]1930年　[典]2012

パク・ジョンイク　朴 鐘翊　Park, Jong-ik　実業家　大韓損害保険協会会長　[国]韓国　[生]1937年10月21日　[典]2004／2008

パク・ジョンウ　朴 宗雨　Park, Jong-woo　政治家　韓国国会議員(新千年民主党)　元・仁川市長　[国]韓国　[生]1938年11月10日　[典]2004

パク・ジョンウォン　朴 鍾元　Park, Chong-won　映画監督　[国]韓国　[生]1958年　[典]2000

パク・ジョンウン　朴 鐘雄　Park, Jong-woon　政治家　韓国国会議員(ハンナラ党)　[国]韓国　[生]1953年8月9日　[典]2004

パク・ジョンウン　朴 政雄　タレント　[国]韓国　[生]1940年5月5日　[典]1996

パク・ジョンウン　朴 碇運　歌手　[国]韓国　[生]1965年12月25日　[典]1996

パク・ジョンエ　朴 正愛　Pak, Chong-ai　政治家　元・朝鮮労働党副委員長, 元・北朝鮮最高人民会議常任委員　[国]北朝鮮　[生]1907年　[典]1992／1996

パク・ジョンギ　朴 正基　韓国科学陸上競技連盟会長, 韓徳生命保険会長　[国]韓国　[生]1935年　[典]2000

パク・ジョンギュ　朴 鐘圭　Pak, Jong-gyu　政治家　元・国際オリンピック委員会(IOC)委員, 元・朴大統領警護室長　[国]韓国　[生]1930年5月28日　[没]1985年12月3日　[典]1992(パク・ジォンギュ)

パク・ジョングン　朴 鍾根　韓国労総委員長, 国民経済社会協議会議長　[国]韓国　[生]1938年4月10日　[典]1996

パク・ジョングン　朴 鐘根　Park, Jong-kun　政治家　韓国国会議員(ハンナラ党)　[国]韓国　[生]1937年2月5日　[典]2004

パク・ジョンサン　朴 正祥　Park, Jung-sang　棋士　囲碁9段(韓国棋院)　[国]韓国　[生]1984年8月23日　[典]2008／2012

パク・ジョンジャ　朴 貞子　Park, Chung-cha　女性問題研究家　元・韓日女性親善協会名誉会長, 元・韓日協力委員会諮問委員, 元・韓国国会議員　[国]韓国　[生]1927年12月20日　[没]2002年8月23日　[典]1996

パク・ジョンス　朴 貞洙　歌手　[国]韓国　[生]1970年5月9日　[典]1996

パク・ジョンス　朴 定洙　Park, Jong-soo　政治家　元・韓国国会議員(国民会議), 元・韓国外交通商相　[国]韓国　[生]1932年2月9日　[没]2003年3月24日　[典]2000

パク・ジョンスク　朴 正淑　大田世界博覧会ミス・エキスポ　[国]韓国　[生]1970年2月4日　[典]1996

パク・ジョンセ　朴 鍾世　生化学者　ドーピング・コントロールセンター所長, 韓国科学技術院主任研究員　[国]韓国　[典]1992(パク・ジォンセ)

パク・ジョンソク　朴 鐘奭　Park, Jong-sok　金融家　ハンファ証券会長　[国]韓国　[生]1936年5月29日　[典]2004／2008

パク・ジョンテ　朴 正泰　プロ野球選手(内野手)　[国]韓国　[生]1969年1月27日　[典]1992／1996／2000

パク・ジョンドン　朴 貞東　経済学者　韓中交流センター所長　[国]韓国　[生]1960年　[典]2000／2004／2008

ハ

パク・ジョンヒ　朴 鐘熙　Park, Jong-hee　政治家, ジャーナリスト　韓国国会議員(ハンナラ党)　⑩韓国　⑭1960年5月6日　⑲2004

パク・ジョンヒョン　朴 鍾炫　児童文学家　図書出版「児童文芸」代表　⑩韓国　⑭1939年12月10日　⑲1996

パク・ジョンヒョン　朴 静賢　Pak, Jong-hyon　政治家　元・北朝鮮最高人民会議代議員, 元・在日本朝鮮民主女性同盟常任顧問・元副委員長　⑩北朝鮮　⑭1912年　⑮1995年7月8日　⑲1996

パク・ジョンヒョン　朴 庭鉉　プロ野球選手(投手)　⑩韓国　⑭1969年7月10日　⑲1996

パク・ジョンファン　朴 貞煥　プロ野球選手(捕手)　⑩韓国　⑭1957年5月25日　⑲1996

パク・ジョンボム　映画監督　⑩韓国　⑭1976年

パク・ジョンミン　朴 敏鐘　Park, Chong-min　号=松韻　バイオリニスト, 作曲家　マドリー室内楽団団長, ソウル大学名誉教授　元・韓国音楽学会会長　⑩韓国　⑭1918年8月27日　⑲1996(朴 敏鍾 パク・ミンジョン)

パク・シル　朴 実　政治家　韓国国会議員, 韓国民主党党務委員　⑩韓国　⑭1939年10月8日　⑲1996

パク・シンオン　朴 信彦　Park, Shin-eun　カトリック神父　平和放送社長　⑩韓国　⑭1942年7月1日　⑲2004／2008

パク・シンジャ　朴 信子　元・バスケットボール選手　⑩韓国　⑭1941年12月26日　⑲1996

パク・ジンソン　朴 真星　本名=朴春圭　タレント　⑩韓国　⑭1963年3月2日　⑲1996

パク・ジンソン　朴 進善　Park, Jin-sun　実業家　泉標食品社長　⑩韓国　⑭1950年2月28日　⑲2004

パク・ジンホン　朴 珍洪　僧侶　慈悲寺住持, 大韓仏教曹渓宗中央布教師, 韓国全国刑務所巡回布教師, 韓国仏教徒更生保護委員会会長　⑩韓国　⑭1932年9月24日　⑲1996

ハク・スウコウ　白 崇光　ボクシング選手　⑩中国　⑭1970年　⑲1996

パク・スギル　朴 秀吉　オペラ歌手　漢陽大学音楽大学教授, 韓国立オペラ団員　⑩韓国　⑭1941年1月8日　⑲1996

パク・ステク　朴 秀宅　Park, Soo-taek　ジャーナリスト　ソウル放送(SBS)東京特派員　⑩韓国　⑭1958年　⑲1996

パク・スン　朴 昇　経済学者　韓国銀行総裁, 中央大学名誉教授　元・韓国経済学会会長　⑩韓国　⑲2004／1996

パク・スンイル　朴 勝日　実業家　韓国コダック会長　⑩韓国　⑭1933年9月27日　⑲1996

パク・スンエ　朴 順愛　タレント　⑩韓国　⑭1965年9月4日　⑲1996

パク・スンエ　朴 順愛　社会学者　湖南大学助教授　⑩韓国　⑲2004

パク・スンギュ　朴 承圭　画家　⑩韓国　⑭1951年10月22日　⑲1996

パク・スングク　朴 承国　Park, Seung-kook　政治家　韓国国会議員(ハンナラ党)　⑩韓国　⑭1940年4月1日　⑲2004

パク・スンチョン　朴 順天　タレント　⑩韓国　⑭1961年2月19日　⑲1996

パク・スンデ　朴 承大　コメディアン　⑩韓国　⑭1967年1月7日　⑲1996

パク・スンドク　朴 勝徳　韓国標準科学研究院長, 大徳研究団地機関長協議会長　⑩韓国　⑭1933年7月12日　⑲1996

パク・スンフン　朴 承薫　エッセイスト, ノンフィクション作家　建国大学名誉教授, アメリカ・パシフィック・ステーツ大学教授　⑩韓国　⑭1937年　⑲1996

パク・スンホ　朴 承昊　プロ野球選手(内野手)　⑩韓国　⑭1958年2月9日　⑲1996

パク・スンヨン　人類学者　ソウル大学比較文化研究所　⑩韓国　⑲2004

ハク・セイサイ　白 清才　陝西省省長, 中国共産党中央委員　⑩中国　⑭1932年　⑲1996

パク・セジク　朴 世直　Park, Sae-jik　政治家, 軍人　元・韓国国会議員, 元・ソウル市長, 元・韓国国家安全企画部長, 元・ソウル五輪組織委員長　⑩韓国　⑭1933年9月18日　⑮2009年7月27日　⑲1992／1996／2000

パク・セジュン　朴 世潗　タレント　⑩韓国　⑭1960年10月13日　⑲1996

ハク・セツ　白 雪　グループ名=CIRCLE　歌手　⑩中国　⑭1986年9月29日　⑲2000

ハク・セツ　白 雪　Bai, Xue　マラソン選手　⑩中国　⑭1988年12月15日

パク・セヨン　朴 世永　Pak, Se-yong　詩人　⑩北朝鮮　⑭1902年7月7日　⑮1989年2月28日　⑲1992

パク・セリ　朴 セリ　Pak, Se-ri　プロゴルファー　⑩韓国　⑭1977年9月28日　⑲2000／2004／2008／2012

パク・ソウォン　朴 ソウォン　詩人, 作家　⑩韓国　⑭1960年　⑲2000

パク・ソクウォン　朴 石元　彫刻家　韓国中央大学芸術学部彫塑科助教授　⑩韓国　⑭1942年5月4日　⑲1996

パク・ソヒ　Park, So-hee　漢字名=朴素煕　漫画家　⑩韓国　⑲2012

パク・ソブ　朴 ソブ　仁済大学人文社会科学部経済学科専任講師　⑩経済学　⑩韓国　⑭1958年　⑲1996

パク・ソルミ　Park, Sol-mi　女優　⑩韓国　⑭1978年1月3日　⑲2004／2008／2012

バーク, ソロモン　Burke, Solomon　ソウル歌手　⑩米国　⑭1940年3月21日　⑮2010年10月10日

パク・ソンイル　朴 善一　プロ野球選手(捕手)　⑩韓国　⑭1966年7月22日　⑲1996

パク・ソンイン　朴 聖仁　元・卓球選手・監督　第一毛織常務, 大韓体育会理事, 大韓卓球協会副会長　⑩韓国　⑲1992／1996

パク・ソンギ　朴 成起　プロ野球選手(投手)　⑩韓国　⑭1969年1月20日　⑲1996

パク・ソンクェ　朴 星快　韓国海洋水産開発院首席研究員　⑩韓国　⑭1950年

パク・ソンジォ　朴 聖祚　ベルリン自由大学社会学部正教授　⑩韓国　⑭1936年　⑲1992／1996

パク・ソンジュン　朴 聖悛　神学者　聖公会大学講師　⑩韓国　⑭1940年　⑲2000／2004

パク・ソンシル　朴 聖実　檀国大学石宙善記念民俗博物館研究室長　⑩韓国服飾史　⑩韓国　⑭1944年　⑲1996

パク・ソンスウ　朴 成寿　歴史学者　韓国精神文化研究院教授, 韓国大学院教授　⑩韓国史　⑩韓国　⑭1931年　⑲2000

パク・ソンチョル　朴 成哲　Pak, Song-chol　政治家　元・北朝鮮国家副主席, 元・朝鮮労働党政治局員　⑩北朝鮮　⑭1913年9月　⑮2008年10月28日　⑲1992／1996／2000／2004／2008

パク・ソンヒョン　朴 成賢　Park, Sung-hyun　アーチェリー選手　アテネ五輪アーチェリー女子個人・団体金メダリスト　⑩韓国　⑭1983年1月1日　⑲2008／2012

パク・ソンボム　朴 成範　KBS放送総本部長　⑩韓国　⑭1940年3月17日　⑲1996

パク・ソンミ　朴 成美　タレント　⑩韓国　⑭1962年10月18日　⑲1996

パク・ソンヨン　朴 仙容　「HOT WIND」発行者　⑩韓国　⑭1947年　⑲2000

パク・ソンヨン　朴 晟容　Park, Seong-yowng　実業家　元・錦湖アシアナグループ名誉会長, 元・全経連副会長, 元・韓日経済協力会副会長　⑩韓国　⑭1932年2月17日　⑮2005年5月23日　⑲1992／1996

パク・ソンワン　朴 城完　イラストレーター　明知大学産業デザイン学科教授　⑩韓国　⑭1960年　⑲1996

ハク・タイカ　白 大華　Bai, Da-hua　中国民主建国会(民建)中央委員会副主席, 高級技師　⑩中国　⑭1942年　⑲1996

パク・チソン　朴 智星　Park, Ji-sung　サッカー選手(MF)　⑩韓国　⑭1981年2月25日　⑲2004(パク・ジソン)／2008／2012

パク・チャヌク　Park, Chan-wook　漢字名=朴賛郁　映画監督　⑩韓国　⑭1963年8月23日　⑲2004／2008／2012

バーク, チャールズ　Burck, Charles　ライター, 編集者　元・

「フォーチュン」編集者 [典]2004

パク・チャンオ 朴 正吾 Park, Chang-o 別名=半夜月 作詞家,作曲家,歌手 元・韓国歌謡作詞家協会元老委員長 [国]韓国 [生]1917年8月1日 [没]2012年3月26日 [典]2004／2008

パク・チャンクン 実業家 元・リーバイ・ストラウスジャパン社長 [国]韓国 [生]1956年11月12日 [典]2008

パク・チャンジュ 朴 燦柱 Park, Chan-joo 政治家,弁護士 韓国監査院不正防止対策委員 元・韓国国会議員 [国]韓国 [生]1947年7月14日 [典]2004

パク・チャンジョン 朴 燦鍾 Park, Chan-jong 政治家 元・韓国国会議員(新韓国党) [国]韓国 [生]1939年4月19日 [典]1996／2000／2004

パク・チャンス 朴 賛守 Park, Chan-soo 号=木芽 木工芸家 木芽仏教博物館館長,仁川カトリック大学教授 [専]木彫 [国]韓国 [生]1948年7月1日 [典]2004

パク・チャンスク 朴 賛淑 バスケットボール選手 [国]韓国 [典]1992

パク・チャンソク 朴 賛錫 音楽家 桂園芸術高校客員教授 [国]韓国 [生]1922年3月23日 [典]1996

パク・チャンソン 朴 昌善 サッカー監督 サッカー全韓国大学選抜監督 [国]韓国 [典]2000

パク・チャンダル 朴 昌達 Park, Chang-dal 政治家 韓国国会議員(ハンナラ党) [国]韓国 [生]1946年3月17日 [典]2004

パク・チャンヒ 朴 菖熙 歴史学者 元・韓国外語大学教授 [専]高麗史 [国]韓国 [生]1932年 [典]2000／2004／2008

パク・チャンベ 朴 昌培 Park, Chang-bae 金融家 韓国証券取引所理事長 元・コスタック証券代表理事社長 [国]韓国 [生]1939年11月30日 [典]2004／2008

パク・チャンホ 朴 賛浩 Park, Chan-ho 登録名=朴賛浩 元・プロ野球選手,元・大リーグ選手 [国]韓国 [生]1973年6月30日 [典]1996／2000／2004／2008／2012

パク・チャンモ 朴 賛謨 Park, Chan-mo コンピューター科学者 韓国研究財団(NRF)理事長 元・浦項工科大学総長 [国]韓国 [生]1935年4月3日 [典]2004／2008／2012

パク・チュソン 朴 柱成 Park, Ju-sung サッカー選手(DF) [国]韓国 [生]1984年2月20日 [典]2012

パク・チュホ 朴 柱昊 Park, Joo-ho サッカー選手(DF) [国]韓国 [生]1987年1月16日 [典]2012

パク・チュヨン 朴 主永 Park, Chu-young サッカー選手(FW) 北京五輪サッカー男子銅メダリスト [国]韓国 [生]1985年7月10日 [典]2012

パク・チュンソク 朴 忠錫 Park, Choong-seok 政治学者 梨花女子大学政治外交学科教授 [専]韓国政治思想史,東洋政治思想 [国]韓国 [生]1936年 [典]2004

パク・チュンフン Park, Joong-hoon 俳優 [国]韓国 [生]1964年3月22日 [典]2008／2012

パク・チュンフン 朴 忠勲 大宇学園理事長,産業開発研究所常勤会長 [国]韓国 [生]1919年1月19日 [典]1996

パク・チュンホ 朴 椿浩 Park, Choon-ho 高麗大学法学部教授・アジア問題研究所所長 [専]国際法 [国]韓国 [生]1930年 [典]1996

パク・チョル 朴 鉄 タレント [国]韓国 [生]1968年8月15日 [典]1996

パク・チョルウ 朴 哲祐 プロ野球選手(内野手) [国]韓国 [生]1964年4月12日 [典]1996

パク・チョルオン 朴 哲彦 Park, Chul-un 政治家 元・韓国自民連副総裁,元・韓国国民党最高委員,元・韓国青少年体育相 [国]韓国 [生]1942年8月5日 [典]1992／1996／2000／2004／2012

パク・チョルス Pak, Cheor-su 漢字名=朴哲洙 映画監督 [国]韓国 [生]1948年11月20日 [没]2013年2月19日 [典]2000

パク・チョルスン 朴 哲淳 プロ野球選手(投手) [国]韓国 [生]1956年3月12日 [典]1996

パク・チョルヒ 朴 喆熙 政治学者 ソウル大学国際大学院教授・副院長 [専]日本の政党・選挙 [国]韓国 [生]1963年 [典]2000／2004／2012

パク・チョルヒ 朴 哲熙 プロ野球選手(内野手) [国]韓国 [生]1968年2月15日 [典]1996

パク・チョンウン 歌手 [国]韓国 [生]1965年 [典]1996

パク・チョンス Park, Jung-soo 漢字名=朴貞洙 女優 [国]韓国 [生]1953年6月1日 [典]2008／2012

パク・チョンスク 朴 貞淑 Park, Jeong-suk 映画監督 [国]韓国 [典]2012

パク・チョンスン 朴 正順 元・朝鮮労働党組織指導部第1副部長 [国]北朝鮮 [没]2011年1月22日

パク・チョンブ 朴 清夫 韓国保健社会部次官 [国]韓国 [生]1942年2月1日 [典]1996

パク・チョンホ 朴 鍾浩 Park, Jong-ho 元・プロ野球選手 [国]韓国 [生]1973年7月27日 [典]1996(朴 鍾皓 パク・ジョンホ)／2012

ハク・チリツ 白 智立 Bai, Zhi-li 政治学者 北京大学政治学行政管理学部講師 [専]行政学,政治学 [国]中国 [生]1966年 [典]2004

パク・チルヨン 朴 七用 タレント [国]韓国 [生]1950年10月28日 [典]1996

パク・テギョン 朴 太堅 ジャーナリスト [国]韓国 [生]1959年 [典]2004／2008

パク・テジュン 朴 泰俊 Park, Tae-joon 政治家,実業家 元・浦項総合製鉄初代社長,元・韓国首相,元・韓日議員連盟会長 [国]韓国 [生]1927年9月29日 [没]2011年12月13日 [典]1992／1996／2000／2004／2008

パク・デスン 朴 大淳 漢陽大学産業美術科教授,産業デザイン包装開発研究院理事長,韓国デザイン学会会長,国際産業博覧会デザイン委員長,技能オリンピック韓国委員会工芸分科委員長 [専]産業デザイン [国]韓国 [生]1929年6月11日 [典]1996

バーグ,デービッド 通称=モーゼ・デービッド 宗教家 元・神の子供たち創立者 [国]米国 [生]1919年 [没]1994年11月 [典]1996

パク・テヒョク 朴 泰赫 評論家 [国]韓国 [生]1928年 [典]1996

パク・テファン 朴 泰桓 Park, Tae-hwan 水泳選手(自由形) 北京五輪競泳男子400メートル自由形金メダリスト [国]韓国 [生]1989年9月27日 [典]2012

パク・テホ 朴 泰浩 プロ野球選手(内野手) [国]韓国 [生]1963年5月13日 [典]1996

パク・テホ 朴 泰鎬 Bark, Tae-ho 経済学者 韓国外交通商省通商交渉本部長 [国]韓国 [生]1952年7月30日

パク・テヨン 朴 泰栄 Park, Tae-yong 政治家 元・韓国産業資源相,元・韓国国会議員(国民会議) [国]韓国 [生]1941年12月4日 [典]2000

パク・ドゥジン 朴 斗鎮 詩人 [国]韓国 [生]1916年3月10日 [典]1996／2000

パク・ドゥボク 朴 斗福 外交安保研究院教授・中国研究部長 [国]韓国 [生]1940年11月29日 [典]1996

パク・トクチュン 朴 得俊 歴史学者 朝鮮社会科学院 [国]北朝鮮 [典]2008

パク・ドクピョ 朴 得杓 Park, Deuk-pyo 元・浦項総合製鉄社長 [国]韓国 [生]1935年12月30日 [典]1996

パーク,トーマス Park, Thomas B. 筆名=朴炳植 言語学者,歴史研究家 邪馬台問題研究所(Research Center of Yamato)所長 [専]日韓語源研究,日韓古代交流史 [国]米国 [生]1929年1月1日 [典]1996

パク・ドンギュ 朴 東奎 元・韓国財務相 [国]韓国 [没]1985年7月22日 [典]1992

パク・ドンジュン 朴 東濬 経営コンサルタント ソフト戦略経営研究院院長 [専]ソフト戦略経営 [国]韓国 [生]1958年 [典]1996

パク・ドンジン 朴 東鎮 Park, Tong-jin 外交官 元・韓国外相,元・駐米韓国大使 [国]韓国 [生]1922年10月11日 [没]2013年11月11日 [典]1992／1996

パク・ドンス 朴 東洙 プロ野球選手(投手) [国]韓国 [生]1961年6月12日 [典]1996

パク・ドンソ 朴 東緒 ソウル大学行政大学院教授,社会発展研究所理事長 [国]韓国 [生]1929年7月24日 [典]1996

パク・ドンヒ 朴 東熙 プロ野球選手(投手) [国]韓国 [生]1968年1月4日 [典]1992／1996／2000

パク・ドンヒョク 朴 東赫 Park, Dong-hyuk サッカー選手

ハ

(DF) 国韓国 生1979年4月18日 歴2004／2008／2012

パク・ドンミョ 朴 東昴 東洋経済研究所顧問，ラボ国際交流センター理事長 国韓国 生1922年4月3日 歴1996

パク・ナムギ 朴 南基 政治家 北朝鮮国家計画委員長 元・朝鮮労働党中央委員・書記 国北朝鮮 生1928年 歴1996／2000

パク・ナムジョン 朴 南政 歌手 国韓国 生1966年4月19日 歴1996

パーク，ニック Park, Nick 本名＝Park,Nicholas W. アニメーション作家 アードマン・アニメーションズパートナー 国クレイアニメ 国英国 生1958年12月6日 歴2000／2004／2008／2012

パク・ノジュン 朴 魯俊 元・プロ野球選手 国韓国 生1962年10月26日 歴1996

パク・ノス 朴 魯寿 Park, No-soo 号＝藍丁 画家 元・ソウル大学教授 国韓国画 国韓国 生1927年2月17日 歴1996

パク・ノス 朴 魯洙 外交官 駐大阪韓国総領事 国韓国 歴1992

パク・ノヘ 朴 ノヘ 本名＝朴甚平 左翼革命家，詩人 南韓社会主義労働者同盟(社労盟)指導者 国韓国 生1957年 歴1996

ハク・バイエイ 白 培英 Pai, Pei-ying 元・台湾財政部長 国台湾 生1929年3月30日 歴1996／2000

パク・パルヤン 朴 八陽 Pak, Par-yang 号＝麗水 詩人 元・朝鮮作家同盟委員長 国北朝鮮 生1905年 歴1992／1996

パーク，ハン・S. Park, Han S. 国際政治学者 ジョージア大学国際関係学部教授・グローピスセンター所長 国北朝鮮，朝鮮半島問題，チュチェ思想，政治発展論，平和学 国米国 歴2004／2008

パク・ハンサン 朴 漢相 政治家 韓国国民党常任顧問 元・韓国国会議員 国韓国 生1922年4月25日 歴1996

パク・パンジェ 朴 判済 韓国民自党政策評価委員 国韓国 生1939年12月2日 歴1996

パク，ハン・シク ジョージア大学世界問題研究所所長 国開発研究，人権問題 国米国 歴1996／2000

パク・ヒソン 朴 禧善 号＝石泉 水曜会主宰 元・ソウル大学工学部教授 国金属工学，禅 国韓国 生1919年3月21日 歴1992／1996／2000／2008

パーク，ピーター Burke, Peter 本名＝Burke,Ulick Peter 歴史家 ケンブリッジ大学 国英国 生1937年8月16日 歴1996

パーク，ピーター Berck, Peter カリフォルニア大学バークレー校教授 国理論経済学 国米国 生1950年 歴2000

バーグ，ピーター Berg, Peter 生態学者，作家 プラネット・ドラム財団理事 国米国 歴1996

バーグ，ピーター Berg, Peter 俳優 国米国 歴2000

パク・ヒテ 朴 熺太 Park, Hee-tae 政治家，弁護士 元・ハンナラ党代表(党首) 国韓国 生1938年8月9日 歴1996／2012

パク・ヒテ 朴 熙泰 日本語学者 外国語大学日語日文学科教授 元・韓国日語日文学会長 国韓国 生1928年3月3日 歴1996／2004／2008

ハク・ヒョウ 白 冰 児童文学作家 接力出版社北京支社編集長 国中国 生1956年 歴2012

ハク・ヒョウヒョウ 白 冰冰 本名＝白月娥 別芸名＝スー，スザンナ 女優 国台湾 歴2000

パク・ヒョクギュ 朴 赫圭 Park, Hyok-kyu 政治家 韓国国会議員(ハンナラ党) 国韓国 生1954年9月5日 歴2004

パク・ヒョソン 朴 孝星 Park, Hyo-sung 実業家 朴進観光代表理事社長 国韓国 生1941年11月27日 歴2004

パク・ヒョンギュ 朴 鉉奎 海洋問題研究所理事長，月刊「海洋韓国」発行人，韓国海法会副会長，韓国海運学会副会長，韓国海洋少年団連盟副総裁 国韓国 生1927年7月3日 歴1996

パク・ヒョング 朴 馨丘 児童文学作家 韓国児童文学会副会長 国韓国 生1932年10月25日 歴1996

パク・ビョンジュ 朴 炳柱 韓国国土開発研究院理事長，韓国国土建設総合計画審議会委員，韓国地方開発政策諮問委員，弘益大学名誉教授，韓国国土都市計画学会顧問 国韓国 生1925年7月18日 歴1996

パク・ヒョンジン 朴 亨鎮 Park, Hyung-jin サッカー選手(MF) 国韓国 生1990年6月24日

パク・ヒョンス 朴 賢秀 プロ野球選手(外野手) 国韓国 生1972年1月28日 歴1996

パク・ヒョンスク Pak, Hyon-suk 重量挙げ選手 北京五輪重量挙げ女子63キロ級金メダリスト 国北朝鮮 生1985年8月4日 歴2012

パク・ヒョンスク 朴 賢淑 タレント 国韓国 生1968年5月5日 歴1996

パク・ビョンソク 朴 炳錫 Park, Byong-seok 政治家 韓国国会議員(新千年民主党) 元・ソウル市副市長 国韓国 生1952年1月25日 歴2004

パク・ヒョンテ 朴 鉉兌 水原大学新聞放送学科教授 国新聞・放送学 国韓国 生1933年9月18日 歴1996

パク・ヒョンビン Park, Hyun-bin トロット歌手 国韓国 生1982年10月18日 歴2012

パク・ビョンフン 朴 炳勲 タレント 国韓国 生1955年7月10日

パク・ビョンホ 朴 炳鎬 プロ野球選手(捕手) 国韓国 生1970年7月9日 歴1996

パク・ヒョンムン 朴 赫文 作家 国韓国 生1963年 歴2012

パク・ヒョンヨン 朴 顕旗 プロ野球選手(捕手) 国韓国 生1968年8月30日 歴1996

パク・ピルス 朴 弼秀 Park, Pil-soo 元・韓国商工相 国韓国 生1932年7月19日 没1998年10月23日 歴1992／1996

パク・ピルス 朴 弼洙 韓国建設安全技術協会常任顧問 国韓国 生1931年12月7日 歴1996

パク・ファソン 朴 花城 作家 国韓国 生1904年 没1988年1月30日 歴1996

パク・ファモク 朴 和穆 筆名＝銀鐘 児童文学者 韓国児童文学会会長 国韓国 生1924年2月15日 歴1996

パク・ファヨプ 朴 鐇燁 西原大学教授 国速読法 国韓国 歴1996

バーグ，フランシス Berg, Frances M. ノースダコタ医科大学地域医学地域健康科助教授 国減量,食行動,栄養教育 国米国 歴2000

パク・フンシク Park, Hong-sik 映画監督 国韓国 生1965年 歴2008／2012

パク・フンシク 朴 興植 プロ野球選手(外野手) 国韓国 生1962年1月5日 歴1996

パク・ブンショウ 莫 文祥 Mo, Wen-xiang 政治家 中国全国人民代表大会(全人代)常務委員会委員 元・中国航空工業相 国中国 生1923年 歴1996

パク・フンス 朴 興寿 Park, Hung-soo 韓国教育放送公社社長・理事長，国際教育放送協会アジア地域会長 元・延世大学教授 国韓国 生1936年4月13日 歴2004／2008

パク・ヘイル Park, Hae-il 漢字名＝朴海日 俳優 国韓国 生1977年1月26日 歴2012

パク・ヘウォン 朴 慧園 Park, Hye-won スピードスケート選手(ショートトラック) 国韓国 生1983年8月15日 歴2004

パク・ヘギョン 朴 恵敬 消費者経済研究所所長 国韓国 生1941年8月2日 歴1996

パク・ヘジン Park, Hae-jin 漢字名＝朴海鎮 俳優 国韓国 生1983年5月1日 歴2012

パク・ヘスク 朴 恵淑 タレント 国韓国 生1948年8月13日 歴1996

パク，ヘユン Park, Hye-yoon バイオリニスト 国韓国 歴2012

パク・ヘラン 朴 恵蘭 タレント 国韓国 生1966年10月15日 歴1996

パク・ヘンボ 朴 幸甫 Park, Heng-bo 号＝金峰 書家 韓国文人画協会理事長 国韓国 生1935年9月14日 歴2004／2008

パク・ホ 朴 虎 アジア総合芸術本部会長 国韓国 生1921年1月23日 歴1996

パク・ホグン 朴 虎君 Park, Ho-koon 科学者 仁川大学総長 元・韓国科学技術相 国韓国 生1947年12月1日 歴2004／2008／2012

パク・ホテク 朴 浩沢 大韓貿易振興公社(KOTRA)東京貿易館館

パク・ホナム　朴 虎男　ソウル大学在外国民教育院研究員,仁川教育大学講師　⑰仏教学　国韓国　⑭1954年　㊞1996

パク・ボヒ　朴 普熙　Park, Bo-hi　ワシントン・タイムズ会長,韓米文化自由財団総裁,国際平和財団総裁　元・世界言論人協会会長　国韓国　⑭1930年8月18日　㊞2000

バーグ,ボブ　Berg, Bob　ジャズテナーサックス奏者　国米国　⑭1951年4月7日　㊣2002年12月5日　㊞2000

パク・ボムシン　朴 範信　号=队草　作家　明知大学文芸創作科助教授　国韓国　⑭1946年8月24日　㊞1992/1996

パク・ボムフン　朴 範薫　ピリ(竹管楽器)奏者　韓国中央大学校音楽大学助教授,中央国楽管弦楽団主宰　ソウル五輪開会式の音楽総監督　国韓国　㊞1992

バーグ,ポール　Berg, Paul　生化学者　スタンフォード大学癌研究所教授　国米国　⑭1926年6月30日　㊞1992/1996/2000/2004

パク・ホン　朴 弘　西江大学宗教学科教授・総長,生命教育文化研究所理事長,韓国大学教育協議会副会長　国韓国　⑭1941年2月27日　㊞1996

パク・ホンギ　朴 憲基　Park, Hun-gi　政治家,弁護士　韓国国会議員(ハンナラ党)　元・大韓弁護士協会副会長　国韓国　⑭1936年2月23日　㊞2004

パク・ホンギュ　朴 鴻圭　Park, Hong-kyu　政治思想学者　高麗大学亜細亜問題研究所研究助教授　国韓国　⑭1961年　㊞2004

パク・ホングン　朴 洪根　児童文学作家　韓国児童文学家協会顧問　国韓国　⑭1919年9月19日　㊞1996

パク・ホンシク　朴 弘植　韓国産業技術情報院長　国韓国　⑭1935年11月30日　㊞1996

パク・ポンジュ　朴 奉珠　Pak, Pong-ju　政治家　元・北朝鮮首相　国北朝鮮　㊞2004/2008/2012

パク・ホンス　朴 憲洙　映画監督　国韓国　⑭1959年9月15日　㊞2000

パク・ホンチョル　朴 紅哲　プロ野球選手(外野手)　国韓国　⑭1967年6月12日　㊞1996

パク・ボンフム　朴 奉欽　Park, Bong-heum　元・韓国企画予算庁長官　国韓国　⑭1948年10月11日　㊞2004

パク・ボンヨル　朴 鳳烈　ソウル大学名誉教授　⑰理論物理学　国韓国　⑭1926年7月30日　㊞1996

バーク,マシュー　Burke, Matthew　ラグビー選手(FB)　国オーストラリア　⑭1973年3月26日　㊞2000/2008

バーク,マーティン　Burke, Martyn　作家,ドキュメンタリー・フィルム作家,シナリオ作家,プロデューサー,映画ディレクター　㊞1992

ハク,マブーブル　Haq, Mahbubu ul　経済学者　元・人間開発センター所長,元・パキスタン蔵相　国パキスタン　⑭1934年　㊣1998年7月16日　㊞2000

パク・マンボク　朴 万福　バレーボール監督　バレーボール女子ペルー代表監督　国韓国　㊞1992/1996

パク・ミエ　朴 美愛　芸名=芳美　歌手　国韓国　⑭1962年4月27日　㊞1996

パク・ミソン　朴 美善　コメディアン　国韓国　⑭1967年3月10日　㊞1996

パク・ミヘ　白 美恵　Beak, Mi-hae　画家　大邱暁星カトリック大学美術学部芸術学科副教授　国韓国　㊞2000

パク・ミョンチョル　朴 明哲　北朝鮮国防委員会参事　国北朝鮮　⑭1941年9月　㊞1996/2000/2004/2012

バーグ,ミルトン　証券アナリスト　バーグ・パートナー社代表　国米国　㊞1996

パク・ミンナ　漢字名=朴敏那　作家　国韓国　㊞2008

ハク,モハマド・ジアウル　Haq, Mohammad Ziaul　政治家　元・パキスタン大統領　国パキスタン　⑭1924年8月12日　㊣1988年8月17日　㊞1992

パク・ヤンシン　朴 羊信　翰林大学校翰林科学院研究教授　⑰日本政治史　国韓国　⑭1962年1月　㊞2012

パク・ユハ　朴 裕河　世宗大学日本文学科副教授　⑰近代日本文学　国韓国　⑭1957年　㊞2008/2012

パク・ユンベ　朴 允培　タレント　国韓国　⑭1952年9月19日　㊞1996

ハク・ヨウ　柏 楊　Pai, Yang　本名=郭衣洞　作家,評論家　国台湾　⑭1920年　㊣2008年4月29日　㊞1992/1996/2000

ハク・ヨウ　白 楊　Bai, Yang　本名=楊成芳　女優　元・中国映画人協会副主席　国中国　⑭1920年4月22日　㊣1996年9月18日　㊞1996

パク・ヨンイル　朴 泳逸　大農グループ会長,美都波デパート会長　国韓国　⑭1945年6月2日　㊞1996

パク・ヨンオ　朴 容昕　Park, Yong-o　実業家　斗山代表理事会長,韓国野球委員会総裁,アジアビジネスフォーラム議長　国韓国　⑭1937年3月19日　㊞2004/2008

パク・ヨンオク　朴 容玉　聖信女子大学史学科教授　国韓国　⑭1935年9月23日　㊞1996

パク・ヨンギュ　朴 永圭　タレント　国韓国　⑭1953年10月28日　㊞1996

パク・ヨンギュ　朴 永圭　作家　本と人々社代表　国韓国　㊞2000

パーク,ヨング　Park, Yong K.　生化学者　カンピーナス大学教授　⑰プロポリス　㊞2004

パク・ヨング　朴 演求　エッセイスト　図書出版「汎友社」編集委員　国韓国　⑭1934年5月19日　㊞1996

パク・ヨング　朴 容九　作家　国韓国　⑭1923年　㊞2000

パク・ヨングァン　朴 容寬　Park, Yong-gwan　大阪産業大学経営学部教授　⑰社会学　国韓国　⑭1956年　㊞2008

パク・ヨンイ　朴 栄貴　タレント　国韓国　⑭1958年9月25日　㊞1996

パク・ヨンジュン　朴 勇俊　プロ野球選手(投手)　国韓国　⑭1970年2月17日　㊞1996

パク・ヨンジン　朴 容塡　歴史学者　景福高校校長,教放送委員会委員長　国韓国　⑭1932年5月15日　㊞1996

パク・ヨンスク　朴 英淑　Park, Young-sook　政治家　韓国環境社会政策研究所所長,韓国女性基金推進委員会執行委員長　元・韓国国会議員　国韓国　⑭1932年5月28日　㊞2004/2008

パク・ヨンスン　卓球選手　元・女子卓球世界チャンピオン　国北朝鮮　⑭1987年7月14日　㊞1992

パク・ヨンソク　朴 永錫　建国大学教授,韓国文化財委員,韓国史研究協会会長,韓国史学会長　国韓国　⑭1932年5月9日　㊞1996

パク・ヨンソン　朴 容晟　Park, Yong-sung　実業家　斗山重工業会長,大韓商工会議所会長,国際オリンピック委員会(IOC)委員　元・斗山グループ副会長,元・東洋ビール会長,元・国際柔道連盟(IJF)会長　国韓国　⑭1940年9月11日　㊞1996/2000/2004/2008/2012

パク・ヨンチョル　朴 英哲　Park, Young-chul　経済学者　高麗大学経済学科教授　元・韓国金融研究院院長　⑰貨幣理論,国際金融論　国韓国　⑭1939年9月17日　㊞1992/1996/2000/2004

パク・ヨンテ　朴 栄泰　プロ野球選手(内野手)　国韓国　⑭1959年8月25日　㊞1996

パク・ヨンド　朴 鎔道　韓国商工部次官　国韓国　⑭1936年5月9日　㊞1996

パク・ヨンハ　Park, Yong-ha　漢字名=朴容夏　俳優,歌手　国韓国　⑭1977年8月12日　㊣2010年6月30日　㊞2004/2008

パク・ヨンハク　朴 龍学　実業家　韓日経済協力会長,韓国貿易協会名誉会長,大農グループ名誉会長　国韓国　⑭1915年10月28日　㊞1992/1996

パク・ヨンヒ　朴 渕禧　作家　国韓国　⑭1918年9月24日　㊞1992(パク・ヨンフイ)/1996

パク・ヨンフィ　朴 龍輝　カトリック医科大学放射線科主任教授,国際原子力機構共同研究員　国韓国　⑭1930年9月11日　㊞1996

パク・ヨンフン　朴 永訓　Park, Young-hoon　棋士　囲碁9段(韓国棋院)　国韓国　⑭1985年4月1日　㊞2008/2012

パク・ヨンヘ　朴 英恵　淑明女子大学フランス語文学科教授　国韓国　⑭1943年5月24日　㊞1996

パク・ヨンホ　朴 容琥　Park, Yong-ho　政治家,元・アナウンサー　韓国国会議員(新千年民主党)　元・韓国放送公社(KBS)アナウン

サー室長 [国]韓国 [生]1947年5月28日 [典]2004

パク・ヨンホン　朴 容憲　ソウル大学教育学部教育学科教授,韓国人間教育院院長 [国]韓国 [生]1932年2月28日 [典]1996

パク・ヨンモ　朴 永模　Park, Yong-mo　牧師　東水原教会牧師,韓国全国民主運動連合(全民連)共同議長 [国]韓国 [典]1992／1996

パク・ヨンロク　朴 永禄　Park, Yong-rok　政治家　汎民族和合民族運動総裁 [国]韓国 [生]1922年3月25日 [典]2004／2008

ハク・リツシン　白 立忱　Bai, Li-chen　中国共産党中央委員,政協副主席　元・寧夏回族自治区人民政府主席,元・中国共産党寧夏回族自治区委員会副書記 [国]中国 [生]1941年1月 [典]1996／2000／2004

パーク, リナ　Park, Lena　韓国名=パクジョンヒョン　歌手 [国]韓国 [生]1976年3月23日 [典]2008

パク・リョンヨン　朴 龍淵　Park, Ryong-yun　北朝鮮外務省アジア局副局長 [国]北朝鮮 [典]2004

バーグ, リーラ　Berg, Leila　児童文学作家 [国]英国 [生]1917年 [典]1992／2000

パーク, リンダ・スー　Park, Linda Sue　児童文学作家 [国]米国 [生]1960年 [典]2008／2012

パーク, ルース　Park, Ruth　作家,ジャーナリスト [国]オーストラリア [生]1917年8月24日 [没]2010年12月14日 [典]1996／2000／2004／2008

バーク, レイ　Burke, Ray　政治家　元・アイルランド外相 [国]アイルランド [生]1943年9月30日 [典]2000

バーク, レイ　Burke, Ray　児童福祉専門家 [国]米国 [典]2004

パーク, レイ　Park, Ray　俳優 [典]2000

パーク, ロス　Parke, Ross D.　心理学者　カリフォルニア大学教授 [専]父親学 [国]米国 [典]2004

パーク, ロバート　Park, Robert L.　物理学者　メリーランド大学教授 [専]結晶構造 [国]米国 [典]2004

バーク, ローラ　Berk, Laura E.　教育心理学者　イリノイ州立大学教授,「Early Childhood Research Quarterly」顧問編集者 [専]幼児の発達と教育 [国]米国 [典]2004／2008

パク・ワンイル　朴 完一　月刊「法輪寺」発行人,大韓仏教曹渓宗全国信徒会会長,韓・日・香港仏教協会会長 [専]インド哲学 [国]韓国 [生]1935年8月1日 [典]1996

パク・ワンソ　朴 婉緒　作家 [国]韓国 [生]1931年10月20日 [没]2011年1月22日 [典]1992／1996

バグウェル, ジェフ　Bagwell, Jeff　大リーグ選手(内野手) [国]米国 [生]1968年5月27日 [典]1996／2000／2008

パクサス, ロランダス　Paksas, Rolandas　政治家　元・リトアニア大統領,元・リトアニア首相 [国]リトアニア [生]1956年6月10日 [典]2000／2004／2008

バクサニ, ラム　Buxani, Ram　実業家　コスモスグループ会長,国際貿易会社(ITL)グループ会長 [典]2012

バクサンドール, マイケル　Baxandall, Michael David Kighley　美術史家　元・カリフォルニア大学バークリー校名誉教授,元・ロンドン大学ウォーバーグ研究所教授 [専]ルネサンス期の美術 [国]英国 [生]1933年8月18日 [没]2008年8月12日 [典]1992

バクシー, ラリット　インド・ジャパン・トレードセンター理事長 [国]インド [生]1959年 [典]2000

バクシック, マイク　Bacsik, Mike　本名=バクシック,マイケル・ジョセフ　大リーグ選手(投手) [国]米国 [生]1977年11月11日 [典]2012

バークス, アーサー　Burks, Arthur W.　ミシガン大学名誉教授 [専]コンピューター科学,電気工学,哲学 [国]米国 [典]2000

バークス, アリス　Burks, Alice R.　作家 [国]米国 [典]2000

バクス, アンドルー　Vachss, Andrew H.　作家,弁護士 [国]米国 [生]1942年 [典]2000／2004

パークス, ウォルター　Parks, Walter F.　映画プロデューサー,脚本家　ドリームワークス代表 [国]米国 [典]2004／2008／2012

バークス, エリス　Burks, Ellis　本名=Burks,Ellis Rena　大リーグ選手(外野手) [国]米国 [生]1964年9月11日 [典]2000／2008

パークス, ティム　Parks, Tim　作家 [国]英国 [生]1954年 [典]1992／1996／2008／2012

バークス, トニー　Burks, Tony　陶芸家 [国]英国 [典]2000

パークス, バート　Parks, Bert　司会者 [国]米国 [生]1914年12月30日 [没]1992年2月2日 [典]1996

パークス, バーナード　警察官　ロサンゼルス市警察本部長 [国]米国 [典]2000

パークス, バン・ダイク　ミュージシャン [典]1992／2000

パークス, ローザ　Parks, Rosa　公民権運動家　元・ローザ・アンド・レイモンド・パークス自己開発教育センター共同創立者 [国]米国 [生]1913年2月4日 [没]2005年10月24日 [典]1996／2000

バクスター, アン　Baxter, Anne　女優 [国]米国 [生]1923年5月7日 [没]1985年12月12日 [典]1992

バクスター, ウィリアム・F.　スタンフォード大学法律大学院教授,シャーマン・アンド・スターリング顧問 [専]反トラスト法 [国]米国 [典]1992／1996

バクスター, グレン　Baxter, Glen　画家,絵本作家 [国]英国 [生]1944年 [典]2008

バクスター, ジョン　Baxter, John　作家,ジャーナリスト [国]英国 [生]1939年 [典]1992／2000

バクスター, スチュアート　Baxter, Stuart W.　サッカー監督,元・サッカー選手　サッカー・フィンランド代表監督　元・サッカー南アフリカ代表監督 [国]英国 [生]1953年8月16日 [典]2004／2008／2012

バクスター, スティーブン　Baxter, Stephen　SF作家 [国]英国 [生]1957年 [典]1996

バクスター, チャールズ　Baxter, Charles　作家,詩人　ミシガン大学教授 [国]米国 [生]1947年 [典]1996

バクスター, マーティン　Baxter, Martin　経済学者　ノムラ・インターナショナル [国]米国 [典]2004

バクスター, リサ　Baxter, Lisa　プロゴルファー [国]米国 [生]1958年 [典]1992／1996

ハクスタブル, エイダ・ルイーズ　Huxtable, Ada Louise　建築評論家 [典]2008

バークスデール, ジム　Barksdale, Jim　実業家　ネットスケープ・コミュニケーションズ社長・CEO [国]米国 [生]1943年 [典]2000

バーグステン, ハンス　Bergsten, Hans　コンピューター技術者 [典]2004／2008

バーグステン, フレッド　Bergsten, C.Fred　経済学者　ピーターソン国際経済研究所(IIE)所長 [専]国際経済学 [国]米国 [生]1941年4月23日 [典]1992／1996／2000／2004／2008／2012

パクストン, ビル　Paxton, Bill　俳優 [国]米国 [生]1955年5月17日 [典]2000／2004／2008

バクストン, リチャード　Buxton, Richard　ブリストル大学(英国)古典学・古代史学科ギリシア語・ギリシア文学教授 [生]1948年 [典]2008

パクストン, ロバート　Paxton, Robert O.　歴史学者　コロンビア大学名誉教授 [国]米国 [生]1932年 [典]2008

ハクスビー, ウィリアム　Haxby, William F.　ラモント・ドハティ地球研究所研究員 [専]地質学 [国]米国 [典]2000

パクスマン, ジェレミー　Paxman, Jeremy Dickson　ジャーナリスト [国]英国 [生]1950年5月11日 [典]2004／2008

ハクスリー, アンドルー　Huxley, Andrew Fielding　生理学者　元・ロンドン大学名誉教授 [国]英国 [生]1917年11月22日 [没]2012年5月30日 [典]1992／1996／2004

ハクスリー, ヒュー　Huxly, Hugh Esmor　生物物理学者　ブランデイズ大学名誉教授 [国]英国 [生]1924年2月25日 [典]1992／1996／2000／2004／2008

ハクスリー, フランシス　Huxley, Francis　民族学者,神話学者 [生]1923年 [典]1996

パグズリー, ベン　Pugsley, Ben　グループ名=プラネッツ　ギタリスト [国]英国 [生]1981年7月12日 [典]2004

ハクスリー, ローラ・アルセラ　Huxley, Laura Archera　作家 [国]米国 [生]1911年 [典]2000(ハックスレー, ラウラ・アルセラ)／2004

ハクソーゼン, ピーター　Huchthausen, Peter　ジャーナリスト,

元・軍人　元・米国海軍大佐　国米国　他2004

バーグソン, アブラム　Bergson, Abram　経済学者　元・ハーバード大学名誉教授　国米国　生1914年4月21日　没2003年4月24日　他1996

パクソン, モニカ　Paxson, Monica Rix　サイエンスライター, 科学編集者　他2004

パクター, バーバラ　Pachter, Barbara　ビジネスコンサルタント　ラトガーズ大学準教授　国米国　他2004/2008

パクター, ヘンリー　Pachter, Henry　歴史学者, 政治学者　近現代ドイツ　国米国　生1907年　没1980年　他1992

バクダーシュ, ハーリド　Bakdāsh, Khālid　政治家　元・シリア共産党書記長　国シリア　生1912年　他1992

バグダノフ, レオニード　民主化運動家, 政治家　ロシア民主運動調整会議員・運動基金執行委員長　国ソ連　生1952年　他1992

バクチアル, シャプール　Bakhtiar, Shahpour　政治家　元・イラン首相　国イラン　生1915年　没1991年8月8日　他1992

バクティン, サーシャ　Bakhtine, Sasha　本名＝バクティン, アレクサンドル　プロボクサー　元・日本バンタム級チャンピオン　国ロシア　生1981年8月6日　他2008

バクト, シカンダール　Bakht, Sikander　政治家　元・ケララ州首相, 元・インド工業相　国インド　生1918年8月24日　没2004年2月23日　他2000

パクトー, フランセット　Pacteau, Francette　芸術研究所客員講師　他視覚芸術　国フランス　他2000

バグドーナス, リマンタス　元・レスリング選手　パンクラチオン連盟会長　国リトアニア　他2000

バーグドルフ, グレッグ　Bergdorf, Greg　旧グループ名＝ゼブラヘッド　ミュージシャン　国米国　他2012

ハーグナー, ヴィヴィアン　Hagner, Viviane　バイオリニスト　国ドイツ　生1976年　他2004/2012

バグナル, ブライアン　Bagnall, Brian　「マインドストーム・プログラミング入門—LEGOでメカトロニクス/ロボティクスを学習する」の著者　他2008

パークハースト, ウィリアム　Parkhurst, William R.　コンピューター技術者　他2004

バクバハン, ムフタル　インドネシア福祉労働組合(SBSI)議長　国インドネシア　他2000

バークフイツェン, テオ　Barkhuizen, Theo　システム開発者　IBMグローバル・サービス・シニアITスペシャリスト　他2004

ハグブリンク, ボディル　Hagbrink, Bodil　絵本作家　他2004

バークヘッド, ティム　Birkhead, Tim　行動生態学者, 鳥類学者　シェフィールド大学教授　他行動学, 進化学　他2004/2008

バグボ, ローラン　Gbagbo, Laurent　政治家　元・コートジボワール大統領, 元・イボワール人民党(FPI)党首　国コートジボワール　生1945年5月31日　他2004/2008/2012

バークホルダー, J.ピーター　Burkholder, J.Peter　音楽評論家　国米国　生1954年　他1996

バークホルダー, ジョアン・M.　植物学者　ノースカロライナ州立大学植物学科教授　他淡水性植物, フィエステリア　国米国　生1953年　他2000

バークホルツ, ハーバート　Burkholz, Herbert　作家　国米国　生1932年　他1996

バーグマン, アンドルー　Bergman, Andrew　ミステリー作家, シナリオライター, 映画監督　国米国　生1946年　他1992

バーグマン, イングリッド　Bergman, Ingrid　女優　国スウェーデン　生1915年8月29日　没1982年8月29日　他1992

バーグマン, ジョアン　マーケティング・コンサルタント　元・「ストアーズ」誌編集・出版者, 元・米国小売連盟(NRF)副会長　国米国　他1992/1996

バークマン, ジョイス　Berkman, Joyce Avrech　マサチューセッツ大学教授　他歴史学　国米国　他1996

バーグマン, シーン　Bargman, Sean Frederick　元・プロ野球選手, 元・大リーグ選手　国米国　生1970年11月4日　他2004

バーグマン, スーザン　Bergman, Susan　作家, 詩人　国米国　生1956年　他2000

バーグマン, ニコライ　Bergmann, Nicolai　フラワーデザイナー　国デンマーク　生1976年　他2012

ハーグマン, ニニ　Hagman, Ninni　ストックホルム大学男女平等推進責任者　他男女平等問題　国スウェーデン　他1992

ハグマン, ピロヨ　Haeggman, Pirjo　元・陸上選手　元・国際オリンピック委員会(IOC)委員　国フィンランド　他2000

ハグマン, ラリー　Hagman, Larry　俳優　国米国　生1931年9月21日　没2012年11月23日

バークマン, ランス　Berkman, Lance　本名＝Berkman, William Lance　大リーグ選手(外野手)　国米国　生1976年2月10日　他2008/2012

バク・ミン・ソン　ベメス社社長　国ベトナム　他1996

バクラ, ジョアンナ　Pacula, Joanna　女優　国ポーランド　生1961年　他1996

ハグラー, マービン　Hagler, Marvin　プロボクサー　他1992

バグラチャン, グラント　Bagratyan, Hrand Araratovich　政治家　元・アルメニア首相　国アルメニア　生1958年10月18日　他1996/2000

バクラーノフ, オレグ　Baklanov, Oleg Dmitrievich　政治家　元・ソ連国防会議第一副議長　国ソ連　生1932年3月17日　他1992

バクラーノフ, グリゴリー　Baklanov, Grigorii Yakovlevich　本名＝フリードマン　作家　国ロシア　生1923年9月11日　没2009年12月23日　他1992

バーグランド, リチャード　Bergland, Richard　医師　ベス・イスラエル病院(ニューヨーク)脳外科部長　他脳外科　国米国　他1992

バーグランド, ロバート　Bergland, Robert Selmer　政治家　元・米国農務長官　国米国　生1928年7月22日　他1996

バクリ, ジャン・ピエール　Bacri, Jean-Pierre　俳優, 脚本家, 劇作家, 演出家　国フランス　生1951年　他2000/2004/2008

バグリー, デズモンド　Bagley, Desmond　冒険小説作家　国英国　生1923年10月　没1983年4月14日　他1992

バグリ, ラージ　メトディスト・グループ会長, ロンドン金属取引所(LME)会長　国英国　他1996

バークリー, レノックス　Berkeley, Lennox　作曲家　国英国　生1903年5月12日　没1989年12月26日　他1992

バグリオーシ, ビンセント　Bugliosi, Vincent T.　作家, 検事　国米国　生1934年8月18日　他1992(ビューグリオーシー, ビンセント)/1996

ハーグリーブス, オーエン　Hargreaves, Owen　サッカー選手(MF)　国英国　生1981年1月20日　他2004/2008/2012

ハーグリーブズ, ロジャー　Hargreaves, Roger　絵本作家　国英国　生1935年　没1988年9月11日　他1992

バクリン, セルゲイ　Bakulin, Sergey　競歩選手　国ロシア　生1986年11月13日

バクル, A.H.　Bakr, Ahmad Hasan al-　軍人, 政治家　元・イラク大統領, 元・イラク・バース党書記長　国イラク　生1914年7月1日　没1982年10月4日　他1992

バークル, アンディ　Barkl, Andy　ITコンサルタント　他2008

バークル, グレッグ　Pirkl, Greg　元・プロ野球選手　国米国　生1970年8月7日　他2000

バクル, ハッサン　Bakr, Hassan　政治学者　東京外国語大学客員教授　他イスラム過激派　国エジプト　生1950年　他2000/2004

バークルス, キース　Bakels, Kees　指揮者　マレーシア・フィルハーモニック・オーケストラ音楽監督　国オランダ　他2004/2008

バークレー, アイラン　Barkley, Iran　プロボクサー　WBA世界ライトヘビー級チャンピオン　国米国　生1960年　他1992/1996

バークレー, エリザベス　Berkley, Elizabeth　女優　国米国　生1973年7月　他2000

パクレ, ジャンピエール　スポーツドクター　他関節外傷学　国フランス　生1951年3月3日　他2004

バークレー, セス　Berkley, Seth　疫学者　国際エイズワクチン推進

構想（IAVI）会長, ブラウン大学准教授, コロンビア大学准教授 [専]エイズ治療 [国]米国 [典]2004／2008／2012

バークレー, チャールズ Barkley, Charles Wade 元・バスケットボール選手 [国]米国 [生]1963年2月20日 [典]1996／2000／2004

バークレー, ブラッド Barkley, Brad 作家 [国]米国 [典]2004

バークレー, ラッセル Barkley, Russell A. マサチューセッツ大学教授・医療センター心理学主任 [専]精神神経学 [国]米国 [典]2000

バークレー, ロバート Barclay, Robert L. カナダ保存研究所 [典]2004

ハーグレイブス, キャロル 全米女性機構（NOW）メンバー [国]米国 [典]1992

バークレオ, タイラー・リー Burkleo, Tyler Lee 本名＝バンバークレオ, タイラー・リー 大リーグコーチ, 元・プロ野球選手 [国]米国 [生]1962年10月7日 [典]1996／2012

バークレム, ジル Barklem, Jill 児童文学者, 絵本作家 [国]英国 [生]1951年 [典]1992／1996／2000

ハグレルガム, ヤペセ Haglelgam, Yapese 政治家 元・ミクロネシア連邦大統領 [国]ミクロネシア [生]1949年2月16日 [典]1992／1996

ハークレロード, ピーター Herclerode, Peter ジャーナリスト [典]2008

バーグレン, リサ Bergren, Lisa Tawn 児童文学作家 [国]米国 [典]2004

ハ

バクロ, エチエンヌ チェス棋士 [国]フランス [典]2000

ハーグローブ, マイク Hargrove, Mike 本名＝Hargrove,Dudley Michael 大リーグ監督 [国]米国 [生]1949年10月26日 [典]2000／2008／2012

ハーグローブ, ロバート Hargrove, Robert 経営コンサルタント [国]米国 [典]2004

バグワティ, ジャグディシュ Bhagwati, Jagdish Notwarlal 経済学者 コロンビア大学教授 [専]国際貿易論, 途上国経済 [国]米国 [生]1934年7月26日 [典]1992／1996／2000／2008

ハーケ, ハンス Haacke, Hans 本名＝Haacke,Hans Christoph Carl インスタレーション・アーティスト [国]ドイツ [生]1936年8月12日 [典]1992／1996／2000

バケ, ミッシェル Backès, Michel 絵本画家 [国]フランス [生]1961年 [典]1996

パケ・セビニ, テレーズ Paquet Sevigny, Therese 国連本部広報担当事務次長 [国]カナダ [典]1992

パケット, O.カルバン モルガン信託銀行社長 [国]米国 [生]1943年8月22日 [典]1992

バーケット, ウォルター Burkett, Walter J. プルデンシャル・ベーチェ・セキュリティーズ社シニア・バイス・プレジデント [国]米国 [生]1934年3月7日 [典]1992

バーケット, ウォーレン Burkett, Warren 元・テキサス大学ジャーナリズム学部教授 [専]ジャーナリズム [国]米国 [生]1929年 [没]1988年10月 [典]1992

パケット, カービー Puckett, Kirby 大リーグ選手 [国]米国 [生]1960年3月14日 [没]2006年3月6日 [典]2000／2004

パケット, キャサリン Paquet, Catherine インターネット技術者 Geo Trainシニアネットワークアーキテクト [国]米国 [典]2004

ハケット, グラント Hackett, Grant 元・水泳選手（自由形） シドニー五輪・アテネ五輪金メダリスト [国]オーストラリア [生]1980年5月9日 [典]2004／2008／2012

バーケット, ジョン Burkett, John David 大リーグ選手（投手） [国]米国 [生]1964年11月28日 [典]1996／2004／2008

ハケット, スティーブ Hackett, Steve 旧グループ名＝ジェネシス ロック・ギタリスト [国]英国 [生]1950年2月12日 [典]2004／2008／2012

ハケット, マイケル Hackett, Michael コンピューター技術者 [国]米国 [典]2008

バケット, モーリー Burkett, Molly 作家 [典]2000

パケナム, トマス Pakenham, Thomas 作家 [国]アイルランド [典]2004／2008

パケ・ブレネール, ジル Paquet-Brenner, Gilles 映画監督 [国]フランス [生]1974年

ハーゲマン, ジークリット Hagemann, Sigrid コンピューター技術者 [典]2008

ハーゲルップ, クラウス Hagerup, Klaus 作家 [国]ノルウェー [生]1946年 [典]2004／2008

バーゲルト, ブリクサ Bargeld, Blixa グループ名＝アインシュテュルツェンデ・ノイバウテン ミュージシャン [国]ドイツ [典]2008／2012

バーゲルマン, ロバート Burgelman, Robert A. スタンフォード大学経営大学院教授 [専]経営学 [国]米国 [典]1996／2008

バケロ, イバナ Baquero, Ivana 女優 [国]スペイン [生]1994年6月11日 [典]2008／2012

ハーケン, A.H. Harken, Alden H. コロラド大学健康科学センター外科部門主任教授 [専]心臓外科 [国]米国 [典]1996

ハーゲン, ヴェロニカ Hagen, Veronika ビオラ奏者 [国]オーストリア [生]1963年 [典]2012

バーゲン, キャンディス Bergen, Candice 本名＝Bergen,Candice Patricia 女優, フォトジャーナリスト [国]米国 [生]1946年5月9日 [典]1992／1996／2012

ハーゲン, クレメンス Hagen, Clemens チェロ奏者 [国]オーストリア [生]1966年 [典]2012

ハーゲン, シルビア Hagen, Silvia コンピューター技術者 [国]米国 [典]2004／2008

ハーゲン, ニナ Hagen, Nina ミュージシャン [国]ドイツ [生]1955年3月11日 [典]1992／1996／2008／2012

バーゲン, ピーター Bergen, Peter L. テロリズム研究家, 元・テレビプロデューサー [国]米国 [典]2004

ハーケン, ヘルマン Haken, Hermann 理論物理学者 シュトゥットガルト大学理論物理学研究所教授 [専]レーザーの研究 [国]ドイツ [生]1927年7月12日 [典]1996

バーゲン, ボニー Bergin, Bonnie 介助犬育成家 アシスタンス・ドッグ・インスティテュート（ADI）総責任者 [国]米国 [典]2004

バーゲンソール, トーマス Buergenthal, Thomas 法律家 国際司法裁判所判事 [生]1934年5月11日 [典]2012

ハーゲンフェルト, カースティン カロリンスカ大学教授,WHO科学倫理審議会議長, スウェーデン医学会評議委員会議長 [専]女性医療, 婦人科学 [国]スウェーデン [典]2000

ハーゲンベック, C. Hagenbeck, Caroline ハーゲンベック・サーカスオーナー [国]ドイツ [典]1992

パコー, ベルナール Pacaud, Bernard 料理人 ランブロワジー設立者 [国]フランス [生]1947年 [典]1996

パコー, メアリー・アン Packo, Mary Ann 実業家 メディアメトリックス社長・COO [国]米国 [典]2004

バーゴイン, パトリック Burgoyne, Patrick 編集者 「Creative Review」編集者 [国]英国 [典]2004

パーコウィッツ, シドニー Perkowitz, Sidney 物理学者 エモリー大学教授 [典]2004

パコ・デ・ルシア Paco de Lucía 本名＝サンチェス・ゴメス, フランシスコ フラメンコ・ギタリスト [国]スペイン [生]1947年12月21日 [没]2014年2月26日 [典]1992／1996（ルシア, パコ・デ）／2000／2004／2008／2012

ハーコート, ピーター Harcourt, Peter カールトン大学人文学部映画学科教授 [専]映画学 [国]カナダ [生]1931年 [典]1996

ハーコート, マイク Harcourt, Mike 政治家 ブリティッシュ・コロンビア州首相 [国]カナダ [生]1943年1月6日 [典]1996

パゴニス, ウィリアム・ガス 軍人 米国陸軍中将 [国]米国 [生]1941年 [典]1996

バーコビチ, ルーベン Bercovitch, Reuben シナリオライター, 作家 [国]米国 [生]1923年 [典]1992

バーコフ, スティーブン Berkoff, Steven 演出家, 俳優, 劇作家 [国]英国 [生]1937年8月3日 [典]1996／2000／2004／2008／2012

バコヤンニ, ドーラ Bakoyannis, Dora 政治家 元・ギリシャ外相, 元・アテネ市長 [国]ギリシャ [生]1954年5月6日 [典]2004／2008

／2012

バコール, ローレン　Bacall, Lauren　本名＝Perske,Betty Joan　女優　国米国　生1924年9月16日　典1992／1996／2000／2004／2008／2012

バコン・ピンチャリオ　作家　国タイ　生1925年　典1992

ハザ, オフラ　Haza, Ofra　歌手　国イスラエル　生1959年　没2000年2月23日　典1992

ハサウェイ, アン　Hathaway, Anne　女優　国米国　生1982年11月12日　典2004／2008／2012

ハサウエイ, ヘンリー　Hathaway, Henry　映画監督　国米国　生1898年3月13日　没1985年2月11日　典1992

ハザウェイ, レイラ　Hathaway, Lalah　歌手　国米国　生1968年　典1992／1996／2000／2012

ハサウェイ, ロビン　Hathaway, Robin　ミステリー作家　国米国　典2004／2008

ハサウネ, アウン・シャウカト　Khasawneh, Awn Shawkat al-　政治家　元・ヨルダン首相　国ヨルダン　生1950年2月22日

ハサウネ, サミーラ　ボランティア活動家　ヨルダン女性連盟副総裁　国ヨルダン　典2000

バサエフ, シャミル　Basayev, Shamil Salmanovich　軍人, チェチェン独立派武装勢力指導者　元・チェチェン共和国第一副首相　国ロシア　生1965年1月14日　没2006年7月10日　典2000／2004

バサック, エレン　Bassuk, Ellen L.　家庭改善財団理事長, ハーバード大学医学部精神科病理学助教授　緊急精神病治療, ホームレス, 知能障害　国米国　典1996

ハザード, ジェフリー(Jr.)　Hazard, Geoffrey C.(Jr.)　ペンシルベニア大学教授, アメリカ法律協会会長　民事訴訟法, 裁判法, 司法過程論　国米国　生1929年　典1996／2000

バサドレ, ホルヘ　Basadre, Jorge　歴史学者　元・ペルー文相, 元・サン・マルコス大学教授　国ペルー　生1903年　没1980年　典1992

バザーナ, ケビン　Bazzana, Kevin　グレン・グールド研究家, フリーライター, 編集者　「Glenn Gould」編集者　国カナダ　典2004

ハサニ, シナン　Hasani, Sinan　政治家　元・ユーゴスラビア連邦幹部会議長(元首)　国ユーゴスラビア　生1922年5月14日　典1992

ハーサニ, ジョン　Harsanyi, John Charles　経済学者　元・カリフォルニア大学バークレー校名誉教授　ゲーム理論　国米国　生1920年5月29日　没2000年8月9日　典1996／2000

ハサノフ, フルシェット　ボクシング選手　国タジキスタン　典2000

ハザマ・タケシ　硲 武司　アートディレクター　映画美術, 舞台美術　国米国　典1992

バーサミアン, デービッド　Barsamian, David　オルターナティブ・ラジオ創設者　国米国　生1945年　典2000

バーサル, リチャード　テノール歌手　国米国　生1932年　没1996年1月5日　典1992／1996

バザルガン, メヘディ　Bazargan, Mehdi　政治家　元・イラン首相　国イラン　生1907年7月　没1995年1月20日　典1992／1996

ハザレ, アンナ　Hazare, Anna　社会運動家　国インド　生1938年6月15日　典2012

ハザレイ, シャーロット　Hatherley, Charlotte　旧グループ名＝アッシュ　ミュージシャン　国英国　典2008／2012

バサレラ, ダニエル　Passarella, Daniel　本名＝パサレラ, ダニエル・アルベルト　サッカー監督, 元・サッカー選手　元・サッカー・アルゼンチン代表監督　国アルゼンチン　生1953年5月25日　典2000／2004／2008／2012

バサロ・エ・シルバ, マヌエル・アントニオ　軍人　元・ポルトガル領インド総督・陸軍大将　国ポルトガル　生1985年8月11日　典1992

ハサン　Hasan　本名＝サス, ハサン　サッカー選手(FW)　国トルコ　生1976年8月1日　典2004

ハサン, アスマ・グル　Hasan, Asma Gull　コラムニスト, 作家　国米国　典2004／2008

バザン, エルヴェ　Bazin, Hervé　本名＝エルヴェ・バザン, ジャン・ピエール　作家, 詩人　国フランス　生1911年4月17日　没1996年2月17日　典1992

バーザン, ジャック　Barzun, Jacques Martin　文化史家, 文芸評論家, 音楽評論家　元・コロンビア大学名誉教授　国米国　生1907年11月30日　没2012年10月25日　典2000

バサン, セサール　Bazan, Cesar　プロボクサー　元・WBC世界ライト級チャンピオン　国メキシコ　生1974年12月13日　典2000／2008

バザン, マルク　Bazin, Marc Louis　政治家　元・ハイチ大統領代行・首相, 元・ハイチ民主回復運動(MIDH)議長　国ハイチ　生1932年3月6日　没2010年6月16日　典1996

バサントンドゥ　元・チベット宮廷楽士長　国中国　生1917年　典1996

パーシー, アーノルド　Pacey, Arnold　科学技術史家　国英国　生1937年　典2004

ハーシー, アルフレッド　Hershey, Alfred Day　生物学者　元・カーネギー研究所遺伝学部長　国米国　生1908年12月4日　没1997年5月22日　典1992／1996

パーシー, イアイン　Percy, Iain　ヨット選手　シドニー五輪・北京五輪金メダリスト　国英国　生1976年3月21日　典2004／2012

パーシー, ウォーカー　Percy, Walker　作家　国米国　生1916年5月28日　没1990年5月10日　典1992

バージ, クリストファー　ニューヨーク・クリスティーズ社長　典1992

ハジ, ゲオルゲ　Hagi, Gheorghe　サッカー監督, 元・サッカー選手　元・サッカー・ルーマニア代表監督　国ルーマニア　生1965年2月5日　典1996(ゲオルグ, ハジ)／2000／2004／2008／2012

ハーシー, ジョン　Hersey, John Richard　ジャーナリスト, 作家　国米国　生1914年6月17日　没1993年3月24日　典1992／1996

ハーシー, ジョン　Hersey, John　イラストレーター　国カナダ　生1955年　典2004

パーシー, チャールズ　Percy, Charles Harting　政治家, 実業家　元・米国上院外交委員長(共和党)　国米国　生1919年9月27日　没2011年9月17日　典1992

パーシー, デービッド　Parcy, David S.　映像カメラマン　国英国　典2004

ハーシー, ポール　Hersey, Paul　行動科学者　アメリカン大学大学院教授, リーダーシップ研究センターCEO　典2004

ハージ, ラウイ　Hage, Rawi　作家, 写真家　生1964年　典2012

ハーシー, ロバート　Hershey, Robert L.　経営コンサルタント　国米国　典2004

バージ, ロバート　Birge, Robert R.　化学者　シラキュース大学化学科教授・W.M.ケック分子エレクトロニクスセンター長, ニューヨーク州立コンピューター応用ソフトウェア工学先端技術センター研究部門長　国米国　典1996

バーシア　Basia　本名＝チェチェレフスカ, バーシア　歌手　典1992／1996

ハジアフメトヴィッチ, M.　在日ユーゴスラビア商工会議所会頭　国ユーゴスラビア　典1992(ハジアフメトビッチ, M.)

ハジィニコラウ, ニコス　Chadzinikolau, Nikos　詩人　国ポーランド　生1940年　典1992

バシェ, ウォーレン　Vache, Warren　ジャズ・トランペット奏者　国米国　生1951年2月21日　典2008／2012

パジェ, スザンヌ　Pajé, Suzanne　キュレーター　パリ市立近代美術館館長　国フランス　典2000

バジェ, ホルヘ　Batlle, Jorge　政治家　元・ウルグアイ大統領　国ウルグアイ　生1927年10月25日　典2000／2004／2008

バーシェイ, アンドルー　Barshay, Andrew E.　カリフォルニア大学バークレー校準教授　日本史　国米国　生1953年6月8日　典2000

ハジェヴスキー, ギョキッツァ　Hadzievski, Gjokica　サッカー監督　国マケドニア　生1955年3月31日　典2004／2008

パシェコ, パトリック　Pacheco, Patrick　ジャーナリスト　国米国　生1953年　典1996

バージェス, アントニー　Burgess, Anthony　本名＝ウィルソン, ジョン・アントニー・バージェス　別筆名＝ケル, ジョゼフ　作家,

評論家 [国]英国 [生]1917年2月25日 [没]1993年11月22日 [典]1992／1996

バージェス, キース Burgess, Keith 経営コンサルタント アンダーセン・コンサルティング最新情報技術担当グループ長 [専]情報システム [国]英国 [典]1992

バージェス, ジョン 元・ロイター通信社会長,元・PA社会長 [国]英国 [没]1987年2月10日 [典]1992

パジェス, フレデリック Pagès, Frédéric ジャーナリスト 「キャナール・アンシェネ」記者 [国]フランス [典]2004

バージェス, メルビン Burgess, Melvin 作家 [国]英国 [生]1954年 [典]1996／2000

バージェス, ロバート Burgess, Robert F. 海洋ノンフィクションライター,ダイバー,水中写真家 [国]米国 [典]1992／2000

ハシェック, イワン Hasek, Ivan サッカー指導者 元・チェコ・サッカー代表監督,元・チェコ・サッカー協会会長 [国]チェコ [生]1963年9月6日 [典]2012

ハシェック, ドミニク Hasek, Dominik 元・アイスホッケー選手 長野五輪アイスホッケー男子金メダリスト [国]チェコ [生]1965年1月29日 [典]2000／2004／2008／2012

パジェット, アビゲイル Padgett, Abigail 作家,人権活動家 [国]米国 [典]2000

ハシェッド, ヌルディーン Hached, Noureddine 本名=ハシェッド,ヌルディーン・ベン・ファルハット 外交官 元・駐日チュニジア大使 [国]チュニジア [生]1944年 [典]2012

ハジェット, モニカ Huggett, Monica バイオリニスト [国]英国 [生]1953年 [典]2012

パジェット, ルー Paget, Lou 「Great Lover―幸せな恋人になるための愛し方とSexの方法」の著者 [典]2008

ハジエフ, サラムベク 政治家,石油化学者 元・チェチェン共和国民族再生政府首相 [国]ロシア [典]1996

バシェフスキー, シャーリン Barshefsky, Charlene 法律家 元・米国通商代表部(USTR)代表 [国]米国 [生]1950年8月11日 [典]2000／2004／2012

ハシェミ, ファエゼ 政治家 イラン国会議員,イスラム諸国女性スポーツ連帯委員会委員長 [国]イラン [典]2000

バジェ・リエストラ, ハビエル Valle Riestra, Javier 政治家,弁護士 元・ペルー首相 [国]ペルー [生]1932年 [典]2000

パージェル, ハインツ Pargels, Heinz R. 理論物理学者 元・ロックフェラー大学助教授 [専]クォーク・モデル,ゲージ理論,宇宙の起源,量子論 [国]米国 [没]1988年7月23日 [典]1992

バジェロス, ロイ Vagelos, Pindaros Roy 元・メルク会長・CEO [国]米国 [生]1929年10月8日 [典]1996／2000

バージェロン, パトリス Bergeron, Patrice アイスホッケー選手(FW) バンクーバー五輪アイスホッケー男子金メダリスト [国]カナダ [生]1985年7月24日

ハジェンズ, バネッサ Hudgens, Vanessa 女優,歌手 [国]米国 [生]1988年12月14日 [典]2008／2012

バーシオ, ペルッティ Paasio, Pertti Kullervo 政治家 フィンランド社会党党首 元・フィンランド外相 [国]フィンランド [生]1939年4月2日 [典]1992

バシカロフ, ペータル・ゲオルギーエフ Bashikarov, Peter Georgiev 政治家 ブルガリア対外経済関係相 [国]ブルガリア [典]1992

パーシケッティ, ビンセント Persichetti, Vincent 作曲家,ピアニスト 元・ジュリアード音楽院教授 [国]米国 [生]1915年6月6日 [没]1987年8月14日 [典]1992

パーシコ, ジョゼフ Persico, Joseph E. スピーチライター [国]米国 [生]1930年 [典]2004

ハーシス, ヘルムート Haasis, Hellmut G. 著述家,歴史研究家 [専]ドイツ史 [国]ドイツ [生]1942年 [典]1992／1996

ハジダキス, マノス Chatzidakis, Manos 作曲家 [国]ギリシャ [生]1925年 [没]1994年6月15日 [典]1996

パジトノフ, アレクセイ Pajitnov, Alexey L. ゲームデザイナー バレット・プルーフ・ソフトウェア社 [国]ロシア [生]1955年4月 [典]1996

ハシナ, シェイク Hasina, Sheikh 本名=ハシナ・ワゼド,シェイク 政治家 バングラデシュ首相,アワミ連盟(AL)党首 [国]バングラデシュ [生]1947年9月28日 [典]1992(ワゼド, ハシナ)／1996(ハシナ, シェイク・ワゼド／ワゼド, ハシナ)／2000／2004／2008／2012

パジーニ, ウィリー Pasini, Willy 精神医学者 ジュネーブ大学医学部教授,ヨーロッパ性科学者連盟会長 [典]2004

パジーニ, マリレーナ Pasini, Marilena 挿絵画家,イラストレーター [国]イタリア [典]2004

バーシニック, ダミア Bersinic, Damir コンピューターコンサルタント Bradley Systems Incorporated社長 [典]2004

バージニックス, ガンザー Birznieks, Gunther コンピューター技術者 eXtropia技術部長 [典]2004

パシネッティ, ルイジ Pasinetti, Luigi L. カトリック聖心大学教授 [専]経済分析 [国]イタリア [生]1930年 [典]2000

バジパイ, アタル・ビハリ Vajpayee, Atal Bihari 政治家 元・インド首相,元・インド人民党(BJP)総裁 [国]インド [生]1924年12月25日 [典]1992／2000／2004／2008／2012

パーシバル, トロイ Percival, Troy 大リーグ選手(投手) [国]米国 [生]1969年8月9日 [典]2000／2004／2012

ハジベコフ, アルテム Khadzhibekov, Artem 射撃選手(ライフル) アトランタ五輪射撃男子エアライフル金メダリスト [国]ロシア [生]1970年4月20日 [典]2000／2004／2008

バージャー, ジョン Berger, John 美術評論家,作家,脚本家 [国]英国 [生]1926年11月5日 [典]1996／2000

バージャー, トーマス Berger, Thomas 本名=Berger,Thomas Louis 作家 [国]米国 [生]1924年7月20日 [没]2014年7月13日 [典]1992(バーガー, トマス)

バージャー, トーマス Berger, Thomas R. 弁護士 [国]カナダ [生]1933年 [典]1996

バジャダレス, エルネスト・ペレス Balladares, Ernesto Pérez 政治家 元・パナマ大統領 [国]パナマ [生]1946年6月29日 [典]1996(ペレス・バジャダレス, エルネスト)／2000／2004

バジャック, クエンティン Bajac, Quentin オルセー美術館学芸員 [典]2004／2008

バジャノフ, エブゲニ ロシア外務省外交アカデミー副学長 [国]ロシア [典]2000

ハシャノワ, エルビラ Khasyanova, Elvira シンクロナイズドスイミング選手 アテネ五輪・北京五輪・ロンドン五輪シンクロナイズドスイミング・チーム金メダリスト [国]ロシア [生]1981年3月28日

バジャノワ, スヴェトラーナ Bazhanova, Svetlana 元・スピードスケート選手 [国]ロシア [生]1972年12月1日 [典]1996／2000

パーシャル, スティーブン Parshall, Steven A. [専]建築プログラミング [典]2004

バージャロン, J.デービッド Bergeron, J.David フリーライター,教育工学者 メリーランド医科大学講師 [国]米国 [典]1992

バジャンマル, アブドルカデル・アル Bajammal, Abdul-Qadir al- 政治家 元・イエメン首相 [国]イエメン [生]1946年2月18日 [典]2004／2008／2012

ハーシュ, エバン Hirsh, Evan 経営コンサルタント ブーズ・アレン・アンド・ハミルトン・シカゴ・オフィス副社長・パートナー [国]米国 [典]2004

ハーシュ, エミール Hirsch, Emile 俳優 [国]米国 [生]1985年3月13日 [典]2004／2008／2012

ハーシュ, ジェームス Hirsch, James S. ジャーナリスト [国]米国 [典]2004

ハーシュ, シーモア Hersh, Seymour M. ジャーナリスト [国]米国 [生]1937年 [典]1992／1996／2008

ハーシュ, マリアンヌ Hirsch, Marianne 文学批評家 ダートマス大学仏文学教授・比較文学主任教授 [国]米国 [典]1996

パージュ, マルタン Page, Martin 作家 [国]フランス [生]1975年 [典]2008

パシュク, ヨアン Pascu, Ioan 政治家 ルーマニア下院議員 元・ブカレスト国立政治行政大学教授 [専]国際関係学 [国]ルーマニア [生]1949年 [典]1996／2000

バシュクット, アジャール　Baskut, A.　画家　[国]トルコ　[典]2004

バシュクット, ヤーマン　Baskut, Yaman　外交官　駐日トルコ大使　[国]トルコ　[生]1939年　[典]2000／2004

ハーシュコ, アブラム　Hershko, Avram　分子生物学者, 医師　イスラエル工科大学医学部教授　[専]たんぱく質分解　[国]イスラエル　[生]1937年　[典]2008／2012

ハーシュハイザー, オーレル　Hershiser, Orel Leonard　元・大リーグ選手　[国]米国　[生]1958年9月16日　[典]1992／1996／2000／2004／2008／2012

ハーシュバーガー, ジョン・C.　ジョージワシントン大学教授　[専]腫瘍学　[国]米国　[典]2000

ハーシュバック, ダドリー・ロバート　Herschbach, Dudley Robert　物理化学者　ハーバード大学教授　[専]分子ビーム衝突による化学反応解析　[国]米国　[生]1932年6月18日　[典]1992／1996

ハーシュフェルダー, アーリーン　Hirschfelder, Arlene　歴史学者　[専]ネイティブ・アメリカンの歴史　[国]米国　[典]2004

ハーシュフェルド, アル　Hirschfeld, Al　漫画家　[国]米国　[生]1903年6月26日　[没]2003年1月20日　[典]1996

ハーシュフェルド, トム　Hirschfeld, Tom　実業家　パトリコフ&カンパニー・ベンチャーキャピタリスト　元・ソロモン・ブラザーズ副社長　[国]米国　[典]2004

ハーシュフェルド, バート　Hirschfeld, Burt　作家　[国]米国　[典]1992

ハーシュフェルド, ロバート　Hirschfeld, Robert　俳優　[国]米国　[典]2000

ハーシュホーン, ジョセフ　Hirshhorn, Joseph H.　美術収集家　ウラン王　[国]米国　[没]1981年8月31日　[典]1992

ハーシュマン, アルバート　Hirschman, Albert Otto　政治経済学者　元・プリンストン大学高等研究所名誉教授　[国]米国　[生]1915年4月7日　[没]2012年12月10日　[典]2000

ハーシュマン, マーク　Hershman, Marc J.　ワシントン州立大学教授・海洋水産学部副学部長　[専]沿岸域管理, 海洋環境法　[国]米国　[典]1996

バシュメット, ユーリー　Bashmet, Yurii　本名=Bashmet,Yurii Abramovich　指揮者, ビオラ奏者　国立新ロシア交響楽団芸術監督・首席指揮者, モスクワ・ソロイスツ主宰　[国]ロシア　[生]1953年1月24日　[典]1996／2004／2008／2012

バージョ, セバスチャノ　Baggio, Sebastiano　カトリック枢機卿　元・バチカン市国枢機卿　[国]バチカン　[生]1913年5月16日　[没]1993年3月21日　[典]1996

パーション, アニヤ　Paerson, Anja　元・スキー選手(アルペン)　トリノ五輪アルペンスキー女子回転金メダリスト　[国]スウェーデン　[生]1981年4月25日　[典]2008／2012

バション, クリスティーン　Vachon, Christine　映画プロデューサー　[国]米国　[生]1962年　[典]2008

パーション, ニーナ　Persson, Nina　本名=Persson,Nina Elisabet　グループ名=カーディガンズ　ミュージシャン　[国]スウェーデン　[生]1974年9月6日　[典]2004／2008／2012

バシリウ, ゲオルギオス　Vassiliou, Georgios　政治家, 実業家　元・キプロス大統領　[国]キプロス　[生]1931年5月21日　[典]1992／1996

バジーリオ　Basilio　本名=Silva,Valdeci Basilio Da　サッカー選手(FW)　[国]ブラジル　[生]1972年7月14日　[典]2000／2008／2012

バージリオ, ニコラス　英語俳句の第一人者　[専]俳句　[国]米国　[没]1989年1月4日　[典]1992

バシリカ, エレーニ　Vassilika, Eleni　トリノ・エジプト博物館館長　[典]2012

パーシリンナ, アルト・タピオ　Paasilinna, Arto Tapio　作家, ライター　[国]フィンランド　[生]1942年　[典]2000／2012

バシル, オマール・ハッサン・アハメド・アル　Bashir, Omar Hassan Ahmed Al-　政治家, 軍人　スーダン大統領・首相　[国]スーダン　[生]1944年1月1日　[典]1992／1996／2000／2004／2008／2012

バジレフ, セルゲイ　画家　[国]ソ連　[生]1952年　[典]1992

バシロス, ティナ　Vasilos, Tina　ロマンス作家　[国]カナダ　[典]1992

バシン, ニベディタ　パイロット　インディアン航空機長　[国]インド　[典]2000

パジン, ルチア　Pasin, Lucia　実業家　フライ創業者　[国]イタリア　[生]1938年　[典]2012

バシンジャー, ジェームズ・F.　サスカチュワン大学地質学部助教授　[専]古生物学　[国]カナダ　[生]1951年　[典]1992

バス, T.J.　Bass, T.J.　本名=バスラー, トーマス・J.　SF作家, 病理学者　[生]1931年　[典]1992

ハース, アイリーン　Haas, Irene　絵本作家, デザイナー　[国]米国　[典]2000

パス, アベル　Paz, Abel　本名=カマーチョ, ディエゴ　歴史家　[専]アナキスト史, スペイン現代史, ドゥルーティ研究　[国]スペイン　[生]1921年　[典]2004／2008

ハス, アミラ　Hass, Amira　ジャーナリスト　[生]1956年　[典]2008

パス, アントン　Paz, Anton　ヨット選手(トーネード級)　北京五輪セーリング・トーネード級金メダリスト　[国]スペイン　[生]1976年8月8日　[典]2012

ハス, ウィリアム・R.　弁護士　[国]米国　[生]1949年　[典]1996

ハース, ウィルヘルム　Haas, Wilhelm　外交官　駐日ドイツ大使　[国]ドイツ　[生]1931年8月18日　[典]1992／1996

ハース, ウォルター(Jr.)　Haas, Walter Abraham (Jr.)　実業家　元・リーバイ・ストラウス&カンパニー会長　[国]米国　[生]1916年　[没]1995年9月20日　[典]1992／1996

ハース, ヴォルフ　Haas, Wolf　ミステリー作家　[国]オーストリア　[生]1960年　[典]2004／2008

ハース, エルンスト　Haas, Ernst　写真家　[国]米国　[生]1921年3月2日　[没]1986年9月12日　[典]1992

バス, エレン　Bass, Ellen　詩人, 作家, 編集者　[国]米国　[典]1992

パス, オクタビオ　Paz, Octavio　詩人, 批評家, 元・外交官　[国]メキシコ　[生]1914年3月31日　[没]1998年4月19日　[典]1992／1996

バス, カトリーナ　Bass, Catriona　チベット研究家　[国]英国　[生]1961年　[典]2000

バース, コーリン　日本ウッドワードガバナー社長　[国]米国　[典]1992

バーズ, サラ　Baase, Sara　カリフォルニア州立サンディエゴ大学コンピューターサイエンス学科名誉教授　[専]社会, 法律, 倫理, コンピュータサイエンス理論　[国]米国　[典]2004

ハース, サリー　Huss, Sally　画家　[国]米国　[生]1940年　[典]2000

バース, ジェイ　Barrs, Jay　アーチェリー選手　[国]米国　[典]1992

バス, ジェリー　Buss, Jerry　実業家　元・ロサンゼルス・レイカーズオーナー　[国]米国　[生]1933年1月27日　[没]2013年2月18日

パス, ジョー　Pass, Joe　本名=Passalaqua,Joseph Anthony　ジャズギタリスト　[国]米国　[生]1929年1月13日　[没]1994年5月23日　[典]1996

パス, ジョージ　Path, George　作家, 軍事問題研究家　[生]1933年　[典]1992

バース, ジョン　Barth, John Simmons　作家　ジョンズ・ホプキンズ大学教授　[専]英文学　[国]米国　[生]1930年5月27日　[典]1992／1996

バス, スティーブ　Bass, Steve　編集者　[典]2008

パス, セネル　Paz, Senel　作家, ジャーナリスト　「カルテレラ」編集長　[国]キューバ　[生]1950年　[典]1996

バス, ソール　Bass, Saul　グラフィックデザイナー　[国]米国　[生]1920年　[没]1996年4月25日　[典]1996

バス, ディック　登山家　[国]米国　[生]1930年　[典]1996

バス, デービッド　Buss, David M.　心理学者　テキサス大学心理学部教授　[専]進化心理学　[典]2004

ハース, トミー　Haas, Tommy　テニス選手　シドニー五輪テニス男子シングルス銀メダリスト　[国]ドイツ　[生]1978年4月3日

バス, ニコル　Bass, Nicole　女子プロレスラー, ボディービル選手　[国]米国　[生]1964年8月10日　[典]2000

ハース, ピーター　Haas, Peter E.　実業家　元・リーバイ・ストラウス会長・CEO　[国]米国　[生]1918年12月20日　[没]2005年12月3日　[典]1996

ハス, ヘンリー・B.　化学者　元・パーデュー大学化学学部長　[国]米

ハ

国 [没]1987年2月13日 [典]1992

ハース, マリオ　Haas, Mario　サッカー選手(FW)　[国]オーストリア　[生]1974年9月16日　[典]2008／2012

バース, ランディ　Bass, Randy　本名＝バース, ランディ・ウィリアム　政治家, 元・大リーグ選手, 元・プロ野球選手　オクラホマ州議(民主党)　[国]米国　[生]1954年3月13日　[典]1992／1996／2000／2004／2008

バース, リチャード　Barth, Richard　推理作家　[国]米国　[生]1943年　[典]1992

バス, リック　Bass, Rick　作家, 自然保護運動家　[国]米国　[典]1996

ハース, ルーカス　Haas, Lukas　俳優　[国]米国　[生]1976年4月16日　[典]2000

パース, ローズマリー・リゾ　Parse, Rosemarie Rizzo　看護学者　ロヨラ大学教授, ディスカバリーインターナショナル社社長　[国]米国　[典]2008

パズィラ, ニルファー　Pazira, Nelofer　ジャーナリスト　映画「カンダハール」に主演　[国]カナダ　[生]1973年12月8日　[典]2004／2008

パスウォーター, リチャード　Passwater, Richard A.　生化学者　ソルガー栄養研究センター主宰　[国]米国　[典]2000

パス・エステンソロ, ビクトル　Paz Estenssoro, Victor　政治家　元・ボリビア大統領　[国]ボリビア　[生]1907年10月2日　[没]2001年6月7日　[典]1992／1996

ハ

バスカー, クリシュ　イーストアングリア大学教授　[専]会計学, 財政学, 自動車産業　[国]英国　[典]1992／1996

パスカベイジ, バーバラ・アン　Pascavage, Barbara Ann　データベースアドミニストレーター　[典]2004

パスカリ, アンジュ　Pasquali, Ange　F1チームマネジャー　トヨタF1チームマネジャー　[国]フランス　[典]2004／2008

バスカリア, レオ　Buscaglia, Leo F.　南カリフォルニア大学教授　[専]人生論　[国]米国　[典]2000

パスカリエヴィッチ, ゴーラン　Paskaljevic, Goran　映画監督　[国]ユーゴスラビア　[生]1947年4月22日　[典]1992(パスカリエビッチ, ゴーラン)

パスカル, エイミー　Pascal, Amy　実業家　ソニー・ピクチャーズ・エンタテインメント共同会長　[国]米国　[典]2008／2012

パスカル, カロリナ　Pascual, Carolina　新体操選手　[国]スペイン　[生]1976年6月17日　[典]1996

パスカル, ジャン　Pascal, Jean　プロボクサー　元・WBC・IBO世界ライトヘビー級チャンピオン　[国]カナダ　[生]1982年10月28日

パスカル, ドミニク　Pascal, Dominique　モーター・ライター　[国]フランス　[生]1947年　[典]1992

パスカル, フィリップ　Pascal, Philippe　実業家　LVMHウォッチ&ジュエリー部門社長　[国]フランス　[生]1954年　[典]2004／2012

パスカル, ラファエル　Pascual, Rafael　バレーボール選手　[国]スペイン　[生]1970年3月16日　[典]2000／2004／2008

バスキ, イブヌ　Basuki, Ibnu　民主化運動家　南アジア委員会メンバー　[国]インドネシア　[生]1946年　[典]1996

ハスキー, ブッチ　Huskey, Butch　本名＝ハスキー, ロバート・レオン　大リーグ選手(外野手)　[国]米国　[生]1971年11月10日　[典]2004

バスキア, ジャン・ミッシェル　Basquiat, Jean Michel　画家　[国]米国　[生]1960年12月22日　[没]1988年8月12日　[典]1992

パスキエ, アラン　Pasquier, Alain　ルーブル美術館古代ギリシャ・ローマ部長　[国]フランス　[典]1992

バスギエ, トマス　アニメーション・ジャーナリスト　[国]ドイツ　[生]1960年　[典]2000

パスキエ, レジス　Pasquier, Régis　バイオリニスト　[国]フランス　[生]1945年　[典]2000

パスキーニ, ルチアーノ　Pasuquini, Luciano　画家　[国]イタリア　[生]1943年　[典]1992

バスキン, イボンヌ　Baskin, Yvonne　科学ジャーナリスト　[典]2004

ハスキンズ, ジム　Haskins, Jim　黒人文化研究家　フロリダ大学教授　[国]米国　[典]1996

パスクア, シャルル　Pasqua, Charles Victor　政治家　フランス連合(RPF)党首　元・フランス内務国土開発相　[国]フランス　[生]1927年4月18日　[典]1992／1996／2000

パスクアル, アンパロ・セラーノ　Pascual, Amparo Serrano　労働問題研究家　ヨーロッパ労働組合研究所研究員　[典]2008

パスク・ポンパイチット　Pasuk Phongpaicht　チュラロンコン大学経済学助教授・政治経済学研究センター所長　[専]経済学　[国]タイ　[典]2000

パスクレセンスキー, ミハイル　ピアニスト　モスクワ音楽院教授　[国]ロシア　[生]1935年　[典]1996／2000

バスケス, イスラエル　Vazquez, Israel　元・プロボクサー　元・WBC・IBF世界スーパーバンタム級統一チャンピオン　[国]メキシコ　[生]1977年12月25日

バスケス, ウィルフレッド　Vasquez, Wilfred　元・プロボクサー　元・WBA世界バンタム級・ジュニアフェザー級・フェザー級チャンピオン　[国]プエルトリコ　[生]1960年8月2日　[典]1992／1996／2000

バスケス, クラウディア　Vazquez, Claudia　歌手　[国]米国　[生]1980年2月2日　[典]2004／2008

バスケス, タバレ　Vázquez, Tabaré　本名＝Vázquez Rosas,Tabaré Ramón　政治家, 医師　共和国大学医学部教授　元・ウルグアイ大統領　[国]ウルグアイ　[生]1940年1月17日　[典]2008／2012

バスケス, フリオ・セサール　Vasquez, Julio Cesar　プロボクサー　元・WBA世界ジュニアミドル級チャンピオン　[国]アルゼンチン　[生]1966年7月13日　[典]1996／2008

バスケス・フィゲロア, アルベルト　Vázquez-Figueroa, Alberto　作家, テレビ映画制作者　[国]スペイン　[生]1936年　[典]1992

バスケス・モンタルバン, マヌエル　Vázquez Montalbán, Manuel　推理作家　[国]スペイン　[生]1939年　[没]2003年10月18日　[典]1996

ハスケル, コリーン　Haskell, Colleen Marie　女優　[国]米国　[生]1976年12月6日　[典]2004／2008

ハスケル, ハリー　Haskell, Harry　音楽評論家, チェロ・リコーダー奏者　[国]米国　[生]1954年　[典]1996

ハスケル, フランシス　Haskell, Francis James Herbert　美術史家　元・オックスフォード大学名誉教授　[専]パトロネージ(芸術保護)　[国]英国　[生]1928年4月7日　[没]2000年1月18日　[典]2000

パスコ, イザベル　Pasco, Isabelle　女優　[国]フランス　[生]1968年4月25日　[典]1996

パスコー, ジュディ　Pascoe, Judy　作家　[国]オーストラリア　[典]2004

バスコ, ジョセフ　Baczko, Joseph R.　元・トイザラス国際部門責任者　[国]米国　[生]1945年　[典]1992

バスコ, モニカ・ラミレイス　Basco, Monica Ramirez　臨床心理学者　テキサス医科大学教授　[国]米国　[典]2004

パスコット, ダニエル　Pascot, Daniel　レーバル大学経営スクール情報システム学科教授, CSAリサーチ社ディレクター　[専]経営科学　[国]カナダ　[生]1946年　[典]2000

バスコフ, ニコライ　ポップス歌手, テノール歌手　ボリショイ劇場　[国]ロシア　[典]2004／2008

バスコム, ニール　Bascomb, Neal　「パーフェクトマイル―1マイル4分の壁に挑んだアスリート」の著者　[典]2008

バスコンセロス, ジョゼ・マウロ・デ　Vasconcelos, José Mauro de　作家　[国]ブラジル　[生]1920年　[典]1992

バスコンセロス, ナナ　Vasconcelos, Nana　パーカッション奏者　[国]ブラジル　[典]1996

パス・サモラ, ハイメ　Paz-Zamora, Jaime　政治家　左翼革命運動党(MIR)党首　元・ボリビア大統領　[国]ボリビア　[生]1939年4月15日　[典]1992／1996

バズジェンコフ, セルゲイ　物理学者　クルチャトフ研究所研究員, 核融合科学研究所(名古屋市)教授　[専]核融合　[国]ロシア　[生]1950年　[典]1996

バースタイン, ガブリエル　Burstein, Gabriel　トレーダー　HSBC証券Relative Value Sales and Reserch部門ヘッド　[生]1959年　[典]2004

バースタイン, ダニエル　Burstein, Daniel　ジャーナリスト　ブラックストーン・グループ上級顧問　[専]国際経済, 財政問題　[国]米

ハスタート, デニス　Hastert, Dennis　実業家,政治家　元・米国下院議長(共和党)　国米国　⊕1942年1月2日　㊗2000／2004／2008／2012

バスチド, フランソワ・レジス　Bastide, François-Régis　作家,脚本家,外交官　元・パリ国際会議センター理事長　国フランス　⊕1926年7月1日　㊤1996年4月17日　㊗1992

ハスチョロー　Hasi-chaolu　漢字名=哈斯朝魯　映画監督　国中国　⊕1966年　㊗2012

バスツール, ヤノシュ　気候変動枠組み条約締約国会議事務局国際部長　国スイス　㊗2000

バスティアン, ピーター　Bastian, Peter　バスーン奏者　デンマーク・ウィンド・クィンテット　国デンマーク　⊕1943年　㊗1996

バスティアンス, クリスティアン　Bastiaans, Christiaan　美術家　国オランダ　⊕1951年　㊗2008

バスティエル, ヘンリー・ド・ラ　SGN社社長　国フランス　⊕1939年　㊗1992

バスティーユ, ギヨーム　Bastille, Guillaume　スピードスケート選手(ショートトラック)　バンクーバー五輪スピードスケート・ショートトラック男子5000メートルリレー金メダリスト　国カナダ　⊕1985年7月21日　㊗2012

バースティン, エレン　Burstyn, Ellen　本名=ギルーリー, エドナ・レイ　旧芸名=マクレー, エレン　女優　国米国　⊕1932年12月7日　㊗1992／1996／2004／2008／2012

バスティン, マリョレイン　Bastin, Marjolein　画家,絵本作家　国オランダ　⊕1943年　㊗1992／1996／2000

ハズデル, シャバンティ　Hasdell, Shavanti D.　サイコセラピスト　㊙クリスタルコミュニケーション　㊗1992／1996

パステルナーク, ジョー　Pasternak, Joe　本名=Pasternak, Joseph　映画プロデューサー　国米国　⊕1901年9月19日　㊤1991年9月13日　㊗1992

バースト, ウィリアム　Bast, William　脚本家　国米国　⊕1931年　㊗1996

ハースト, ウィリアム・ランドルフ(Jr.)　Hearst, William Randolph (Jr.)　新聞経営者,ジャーナリスト　元・ハースト社会長　国米国　⊕1908年1月27日　㊤1993年5月14日　㊗1996

ハースト, キャロル・オーティス　Hurst, Carol Otis　作家　国米国　㊗2004

ハースト, ジェフ　元・サッカー選手　国英国　⊕1941年　㊗2004／2008

ハースト, ジョージ　Hearst, George　本名=Hearst, George Randolph, Jr.　新聞経営者　元・ハースト・コーポレーション会長　国米国　⊕1927年7月13日　㊤2012年6月25日　㊗1996

ハースト, ジョナサン　Hurst, Jonathan　プロ野球選手(投手),元・大リーグ選手　国米国　⊕1966年10月20日　㊗2004

ハースト, ダミアン　Hirst, Damien　現代美術家　国英国　⊕1965年　㊗2000／2008／2012

ハースト, デービッド　Hearst, David　新聞経営者　元・ハースト社副社長,元・ハースト財団会長　国米国　㊤1986年5月12日　㊗1992

ハースト, パット　Hurst, Pat　プロゴルファー　国米国　⊕1969年5月23日　㊗2000／2008

ハースト, パトリシア　Hearst, Patricia Campbell　パトリシア・ハースト事件を起こしたアメリカ新聞王の孫娘　国米国　⊕1954年2月20日　㊗1992／2000

ハースト, ロバート　金融家　AIGフィナンシャル・プロダクト・コープ(AIGFP)日本法人代表　国英国　㊗2004

ハストウィット, ゲーリー　Hustwit, Gary　映画監督　⊕1965年　㊗2012

パストゥホフ, ボリス　Pastukhov, Boris Nikolaevich　外交官　元・ロシア独立国家共同体担当相　国ロシア　⊕1933年　㊗2000

パストゥロー, ミシェル　Pastoureau, Michel　社会史学者　フランス高等実習研究院教授　㊙紋章学　国フランス　⊕1947年　㊗1996

バストス, ヴァニア　Bastos, Vania　歌手　国ブラジル　㊗1992／1996

ハストベット, シリ　Hustvedt, Siri　作家,詩人　国米国　⊕1955年2月19日　㊗2004／2012

パストラナ, アンドレス　Pastrana, Andrés　本名=パストラナ アランゴ, アンドレス　政治家　元・コロンビア大統領　国コロンビア　⊕1954年8月17日　㊗2000／2004／2008／2012

パストラーナ・ボレロ, ミサエル　Pastraña Borrero, Misael　政治家,外交官　元・コロンビア大統領　国コロンビア　⊕1923年11月14日　㊤1997年8月22日　㊗1996

パストリアス, ジャコ　Pastorius, Jaco　ジャズベース奏者　国米国　⊕1951年12月1日　㊤1987年9月22日　㊗1992

パストーレ, ハビエル　Pastore, Javier　サッカー選手(MF)　国アルゼンチン　⊕1989年6月20日　㊗2012

パストレッリ, ヴィンチェンツァ　Pastorelli, Vincenza　元・歌手　「黒ネコのタンゴ」のオリジナル歌手　国イタリア　⊕1965年　㊗2012

ハストロップ, ヤニク　アニメーション監督　国デンマーク　㊗1996

ハストロブ, キアステン　Hastrup, Kirsten　コペンハーゲン大学教授　㊙人類学　国デンマーク　⊕1948年　㊗2000

ハーストン, ネルソン　Hairston, Nelson G.　ミシガン大学名誉教授,ノースカロライナ大学名誉教授　㊙動物学　国米国　⊕1917年　㊗2000

ハスナヤケ, アーサー　外交官　名古屋学院大学教授　元・駐日スリランカ大使　㊙地誌学,経済学　国スリランカ　㊗1992

ハスビ, エディ　Hasby, Eddy　フォトジャーナリスト　国インドネシア　⊕1966年　㊗2004／2008

バスフォード, クリストファー　Bassford, Christopher　米国国防研修所教授　国米国　㊗2004

ハスブラートフ, ルスラン　Khasburatov, Ruslan Imranovich　政治家,経済学者　モスクワ国民経済大学講座主任　元・ロシア最高会議議長　国ロシア　⊕1942年11月22日　㊗1992／1996／2000／2004／2008

バースボルド, リンチェン　モンゴル科学アカデミー古生物学研究センター所長　㊙古生物学　国モンゴル　㊗2000

バスマイヤー, マルクス　Wasmeier, Markus　元・スキー選手(アルペン)　国ドイツ　⊕1963年9月9日　㊗1996

パスマン, ドナルド　Passman, Donald S.　作家,弁護士　国米国　㊗2004

ハズモ, ジャック　「アル・バヤデール・アッシヤシ」誌編集長　国パレスチナ　⊕1951年　㊗1996

ハスラー, エベリン　Hasler, Eveline　作家　国スイス　⊕1933年　㊗1992／1996／2000

ハスラー, オットマル　Hasler, Otmar　政治家　元・リヒテンシュタイン首相　国リヒテンシュタイン　⊕1953年9月28日　㊗2004／2008／2012

バスラー, ゲアハルト　国際政治経済研究所(旧東ドイツ)研究員　㊙東西関係,米国の対欧州外交　国ドイツ　⊕1946年3月3日　㊗1992

ハースラー, スー　Haasler, Sue　作家　国英国　㊗2004

ハズラジ, ニザル　Khazraji, Nizar　本名=Al-Khazraji, Nizar　軍人　元・イラク陸軍参謀総長　国イラク　⊕1937年11月　㊗2004／2008

ハスラム, ジョナサン　ケンブリッジ大学キングス・カレッジ政治学部教授　㊙ソ連・欧州の政治問題　国英国　㊗1992

ハスリンガー, ヨーゼフ　Haslinger, Josef　作家　国オーストリア　⊕1955年　㊗2000

バズレル, ビクトル　プラハ市共産党委第1書記　国チェコスロバキア　㊗1992

パーソンズ, ラス　Parsons, Russ　フードコラムニスト　㊗2008

パセ, ジェラール　Passet, Gérard　画家　国フランス　⊕1936年　㊗1992／1996

ハーセ, ダグマール　Hase, Dagmar　水泳選手　国ドイツ　㊗1996

パセ, ルネ　Passet, René　パリ第1大学経済学教授　㊙経済学　国フランス　⊕1926年　㊗1996

ハセガワ, マリイ　平和運動家　元・婦人国際平和自由連盟（WILPF）米国支部会長　国米国　⊕1918年　典2000

ハセガワ, ミヤコ　看護婦　国ブラジル　⊕1952年　典2000

バセ・シェルコ, パスカル　Basset Chercot, Pascal　作家　国フランス　典1996

ハーセス, アドルフ　Herseth, Adolph　本名=Herseth,Adolph Sylvester　トランペット奏者　元・シカゴ交響楽団首席トランペット奏者　国米国　⊕1921年7月25日　②2013年4月13日

バセスク, トライアン　Basescu, Traian　政治家　ルーマニア大統領　元・ブカレスト市長　国ルーマニア　⊕1951年11月4日　典2008／2012

ハセット, アン　Hassett, Ann　絵本作家　国米国　典2004

バセット, アンジェラ　Bassett, Angera　女優　国米国　⊕1958年8月16日　典2000／2004

ハゼット, クリス　ポイントキャスト創業者・CEO　国米国　典2000

ハセット, クリストファー　Hassett, Christopher　ポイントキャスト社長　国米国　典2000

ハセット, ケビン　Hassett, Kevin　経済学者　アメリカン・エンタープライズ・インスティテュート研究員　④財政学, 税制　国米国　⊕1962年　典2004

ハセット, ジョン　Hassett, John　絵本作家　国米国　典2004

ハセベ, トーマス　Hasebe, Thomas N.　軍人, 言語学教師　横田米軍基地日米協同担当・第5空軍副司令官副官　国米国　典2000

バゼリッツ, ゲオルグ　Baselitz, Georg　画家　元・ベルリン美術大学教授　国ドイツ　⊕1938年1月23日　典2008／2012

パーセル, エドワード　Purcell, Edward Mills　物理学者　国米国　⊕1912年8月30日　②1997年3月7日　典1992／1996

ハーゼル, カール　Hasel, Karl　森林学者　ゲッティンゲン大学名誉教授　国ドイツ　⊕1909年　典2000

パーセル, ケリー　Purcell, Kerry　本名=パーセル, ケリー・ジュールス　実業家　元・ジャパンシステム社長　国ニュージーランド　⊕1964年6月18日　典2008

パーセル, ジェームズ　Purcell, James　国際移住機構（IOM）事務局長　国米国　典1992

パーセル, ミッチェル　Pacelle, Mitchell　ジャーナリスト　国米国　典2004

バーゼル, ヨーラム　Barzel, Yoram　経済学者　④プロパティー・ライツ, 応用価格理論, 政治経済学　国米国　典2004／2008

パーセル, ローズマリー　Purcell, Rosemary　精神医学者　モナシュ大学心理医学部研究員

パーセル, ロビン　Burcell, Robin　作家　国米国　典2012

パーセルズ, ビル　Parcells, Bill　本名=パーセルズ, デュエイン・チャールズ　プロフットボール監督　元・ジェッツ競技部門最高責任者　国米国　⊕1941年8月22日　典2000／2004／2008

ハーゼルベック, マルティン　オルガン奏者　リューベック音楽大学教授　⊕1954年　典1996

バーセルミ, ドナルド　Barthelme, Donald　作家, 雑誌編集者　国米国　⊕1931年4月7日　②1989年7月23日　典1992

バーセルミ, フレデリック　Barthelme, Frederick　作家　国米国　⊕1943年　典1992／1996

ハーセン, マイケル　Hersen, Michael　ピッツバーグ大学精神医学・心理学教授　元・行動療法振興協会会長　④心理学　国米国　典1996

パソ, フェルナンド・デル　Paso, Fernando del　作家　国メキシコ　⊕1935年　典1992

ハソウ 巴桑　Basang　婦人指導者　チベット婦人連合議長　元・中国共産党チベット自治区委員会書記　国中国　⊕1937年　典1992／1996

バー・ゾウハー, マイケル　Bar-Zohar, Michael　作家　国イスラエル　⊕1938年　典1992／1996

バソフ, イブリン　Bassoff, Evelyn S.　臨床心理士　コロラド大学カウンセリング心理学助教授　国米国　典1996

バソフ, ニコライ　Basov, Nikolai Gennadievich　物理学者　元・ソ連科学アカデミー・レーベデフ物理学研究所所長　国ロシア　⊕1922年12月14日　②2001年7月1日　典1992／1996／2000

パソフ, ミシェル　Passoff, Michelle　クラター・コンサルタント　国米国　⊕1953年　典2004

バーゾール, ウィリアム　Birdsall, William F.　ダールハウジー大学図書館長　④図書館学　国米国　⊕1937年　典2000

バーソロミュー, フランク・H.　ジャーナリスト　元・UPI通信（米国）名誉会長　国米国　⊕1985年3月26日　典1992

パーソン, アン　Parson, Ann B.　科学ジャーナリスト　国米国　典2004

パーソン, ハロルド　パーソン・マーステラ社会長　国米国　典1996

パーソンズ, アラン　Parsons, Alan　グループ名=アラン・パーソンズ・プロジェクト　音楽プロデューサー・エンジニア　国英国　⊕1949年12月20日　典2004／2008

パーソンズ, ジェフリー　Parsons, Geoffrey　ピアニスト　国オーストラリア　⊕1929年6月15日　②1995年1月26日　典1996

パーソンズ, ティモシー　Parsons, Timothy Richard　水産海洋学者　ブリティッシュ・コロンビア大学名誉教授　元・国際生物海洋学協会長　④海洋汚染　国カナダ　⊕1932年11月1日　典1992／2004／2008

パーソンズ, トニー　Parsons, Tony　作家, 音楽ジャーナリスト　国英国　⊕1955年　典2004／2012

パーソンズ, トーマス・スタージェス　Parsons, Thomas Sturges　トロント大学動物学教授　元・ハーバード大学教授　⊕1930年　典2008

パーソンズ, マイケル　Parsons, Michael　オハイオ州立大学芸術教育学科主任教授　④芸術学　国米国　⊕1935年　典2000

パーソンズ, リチャード　Parsons, Richard D.　実業家, 弁護士　シティグループ会長　元・タイム・ワーナー会長・CEO　国米国　⊕1948年4月4日　典2004／2008／2012

バター, アンドレア　Butter, Andrea　コンサルタント　国米国　典2004

バーター, ニコラス　Barter, Nicholas　舞台演出家　ロイヤル・アカデミー・オブ・ドラマティック・アート校長　国英国　典2004

バータ, リーバ　Baeten, Lieve　イラストレーター, 絵本作家　国ベルギー　⊕1954年　典1996

バタイユ, クリストフ　Bataille, Christophe　作家　国フランス　⊕1973年　典1996／2000

バタイユ, シルヴィア　Bataille, Sylvia　イラストレーター　国フランス　典2004／2008

バタイユ, ニコラ　Bataille, Nicolas　演出家　元・ユシェット座座長　国フランス　⊕1926年5月14日　②2008年10月28日　典1992／2004／2008

バダウィ, マイケル　Badawy, Michael K.　経営学者　バージニア工科大学教授　典2008

ハーダウェイ, アンファニー　Hardaway, Anfernee　バスケットボール選手　国米国　⊕1972年7月18日　典1996／2000／2004／2008

ハーダウェイ, ティム　Hardaway, Tim　バスケットボール選手　国米国　⊕1966年9月1日　典1996／2004／2008

パタキ, ジョージ　Pataki, George E.　政治家　元・ニューヨーク州知事　国米国　⊕1945年6月24日　典1996／2000／2004／2008／2012

バタークリー, バリー　Butterklee, Barry　コンピューター技術者　マイクロソフト　④ネットワークプログラミング　国米国　典2004

バタグリア, オーリリアス　Battaglia, Aurelius　画家, イラストレーター　国米国　典2004

バタグリア, ケイシー　Battaglia, Kaci　シンガー・ソングライター　国米国　⊕1987年10月3日　典2012

バターシェフ, アレクセイ　ジャズ評論家　国ロシア　⊕1934年　典1996

ハタスリー, ロイ　Hattersley, Roy Sydney George　政治家, 著述家　元・英国労働党副党首　国英国　⊕1932年12月28日　典1992／1996／2004／2008

パタセ, アンジュ・フェリクス　Patassé, Ange-Félix　政治家　元・

中央アフリカ大統領　国中央アフリカ　生1937年1月25日　没2011年4月5日　掲1996／2000／2004／2008

パターソン, ウィリアム・パトリック　Patterson, William Patrick　ジャーナリスト　国米国　掲2004／2008

パターソン, カーリー　Patterson, Carly　体操選手　国米国　生1988年2月4日　掲2008

パターソン, キャサリン　Paterson, Katherine　児童文学作家　国米国　生1932年　掲1992／1996／2000／2008

パターソン, クリス　Paterson, Chris　本名＝Paterson,Christopher Douglas　元・ラグビー選手　国英国　生1978年3月30日

パターソン, クレア　Patterson, Claire　著述家,健康コンサルタント　国ニュージーランド　掲1992

パターソン, クレール　元・カリフォルニア工科大学名誉教授　地球化学　国米国　生1995年12月5日　掲1996

パターソン, ケリー　Patterson, Kerry　「言いにくいことを上手に伝えるスマート対話術」の著者　掲2008

パターソン, ジェームズ　Patterson, James　ミステリー作家　国米国　生1947年3月22日　掲1992／1996／2000／2004／2008／2012

パターソン, セイラ　Patterson, Sarah　作家　国英国　掲1992

パターソン, デービッド　Patterson, David A.　カリフォルニア大学バークレー校教授　コンピュータ・アーキテクチャ　国米国　掲1996／2000

パターソン, トーケル　Patterson, Torkel L.　米国国務次官補代理 元・米国国家安全保障会議(NSC)アジア担当上級部長　日米関係　国米国　掲2004／2008

パタソン, パーシバル　Patterson, Percival James　政治家　元・ジャマイカ首相,元・ジャマイカ人民国家党(PNP)党首　国ジャマイカ　生1935年4月10日　掲1996／2000／2004／2008

パターソン, ビンセント　Paterson, Vincent　舞台演出家,振付師　国米国　生1950年　掲2008／2012

パターソン, ブライアン　Paterson, Brian　イラストレーター,絵本作家　国英国　掲1992／1996

パターソン, フランシーヌ・ペニー　Patterson, Francine Penny　動物学者　ゴリラ財団会長　霊長類行動学　国米国　生1947年　掲1996／2004

パターソン, フロイド　Patterson, Floyd　プロボクサー　元・世界ヘビー級チャンピオン　国米国　生1935年1月4日　没2006年5月11日　掲1992／1996

パターソン, リチャード・ノース　Patterson, Richard North　作家　国米国　生1947年　掲1992／2000

パターソン, レスリー・R.　ファイザー製薬会長　国英国　生1940年8月17日　掲2000

バタチャリア, アマー　Bhattacharya, Amar　世界銀行経済顧問　掲2000

ハダド, サード　Haddad, Saad　元・自由レバノン軍指導者・少佐　国レバノン　生1936年　没1984年1月14日　掲1992

パテニティ, マイケル　Paterniti, Michael　作家　国米国　掲2004

パタネ, ジュゼッペ　Patanè, Giuseppe　指揮者　元・バイエルン放送管弦楽団首席指揮者　国イタリア　生1931年1月1日　没1989年5月30日　掲1992

パタネー, フランチェスカ　Patanè, Francesca　ソプラノ歌手　国イタリア　掲2000／2004／2008

バタネン, アリ　Vatanen, Ari Pieti Uolevi　ラリードライバー　国フィンランド　生1952年4月27日　掲1992／1996／2012

パターノ, ジョン　"見えない爆撃機"B2開発の技術責任者　国米国　没1989年2月25日　掲1992

バダノヴィッチ, アレクサンドル　Bahdanovich, Aliaksandr　カヌー選手(カナディアン)　北京五輪カヌー男子カナディアンペア1000メートル金メダリスト　国ベラルーシ　生1982年4月29日　掲2012

バダノヴィッチ, アンドレイ　Bahdanovich, Andrei　カヌー選手(カナディアン)　北京五輪カヌー男子カナディアンペア1000メートル金メダリスト　国ベラルーシ　生1987年10月15日　掲2012

バタービーン　Butterbean　本名＝Esch,Eric　格闘家　国米国　生1968年8月3日　掲2008

バタフィールド, デボラ　Butterfield, Deborah　インスリン・フリー・ワールド財団専務理事　掲2004

バターフィールド, フォックス　Butterfield, Fox　ジャーナリスト　「ニューヨーク・タイムズ」ニューイングランド支局長　国米国　生1939年　掲1992

バターフィールド, モイラ　Butterfield, Moira　作家　国英国　生1960年　掲2000

ハタミ, モハマド　Khatami, Mohammad　別称＝ハタミ師　政治家,イスラム教聖職者　元・イラン大統領　国イラン　生1943年9月27日　掲2000／2004／2008／2012

ハダム, アブドル・ハリム　Khaddam, Abdul-Halim　政治家　元・シリア副大統領　国シリア　生1932年　掲1992／1996／2000／2004／2008／2012

バダム, ジョン　Badham, John　本名＝Badham,John MacDonald　映画監督　国米国　生1943年8月25日　掲1992

バタライ, クリシュナ・プラサド　Bhattarai, Krishna Prasad　政治家　元・ネパール首相,元・ネパール会議派(NCP)総裁　国ネパール　生1924年12月24日　没2011年3月4日　掲1992／1996／2000／2004／2008

バタライ, バブラム　Bhattarai, Baburam　政治家　ネパール首相　国ネパール　生1954年6月18日　掲2012

バターリア, レティツィア　Battaglia, Letizia　写真家　国イタリア　生1935年　掲2008

バターリン, ユーリー　Batalin, Yurii Petrovich　政治家　ソ連副首相　国ソ連　生1927年7月28日　掲1992

バーダル, アンデシュ　Bardal, Anders　スキー選手(ジャンプ)　バンクーバー五輪スキー・ジャンプ団体ラージヒル銅メダリスト　国ノルウェー　生1982年8月24日

バダルウガン・エンクバット　Badar-Uugan Enkhbat　ボクシング選手　北京五輪ボクシング・バンタム級金メダリスト　国モンゴル　生1985年6月3日　掲2012

ハダルツェフ, マハルベク　Khadartsev, Makharbek　レスリング選手(フリースタイル)　ソウル五輪・アトランタ五輪レスリング男子フリースタイル90キロ級金メダリスト　国ウズベキスタン　生1965年10月2日　掲1992(ハダーツェフ, マハルベック)／1996

バターロフ, アレクセイ　Batalov, Aleksei　本名＝Batalov,Aleksei Vladimirovich　俳優,映画監督　全ソ国立映画大学(VGIK)俳優科教授　国ロシア　生1928年11月20日　掲2008／2012

パタロヨ, マヌエル・エルキン　Patarroyo, Manuel Elkin　免疫学者　コロンビア国立大学附属免疫学研究所長　マラリア　国コロンビア　掲1996／2000

パタロン, ウィリアム(3世)　Patalon, William(III)　ジャーナリスト　国米国　掲2004

バターワース, ケネス　Butterworth, Kenneth W.　ロックタイト・コーポレーション会長　国米国　掲1996

バターワース, ジェズ　Butterworth, Jez　映画監督,脚本家　国英国　生1969年　掲2004

バターワース, ニック　Butterworth, Nick　絵本作家,イラストレーター,グラフィックデザイナー　国英国　掲1992／1996／2000

バターワース, ブライアン　Butterworth, Brian　認知神経心理学者　ロンドン大学教授　神経心理学,数学能力の遺伝　国英国　掲2004／2008

バターワース, マイケル　Butterworth, Michael　本名＝マーロウ,マイクル　別筆名＝チャロナー, ロバート, ケンプ, サラ　作家　国英国　生1924年1月10日　没1987年　掲1992

パタン, メルビン・アレックシィ　Pattern, Melvin A.　英語教師　国インド　生1970年　掲2004

バダンテール, エリザベート　Badinter, Elisabeth　心理学者,社会学者,評論家　女性問題　国フランス　生1944年　掲1992／1996／2000／2008

バダンテール, ロベール　Badinter, Robert　弁護士,法学者　国際オリンピック委員会(IOC)倫理委員会委員　元・フランス憲法評議会議長,元・フランス法相　国フランス　生1928年3月30日　掲1992／1996／2000

バーチ, アーネスト(Jr.)　Burch, Ernest S.(Jr.)　スミソニアン博物館客員研究員　[専]エスキモー　[国]米国　[生]1938年　[典]1996

バーチ, アルバート・フランシス　Birch, Albert Francis　地球物理学者　元・ハーバード大学教授　[国]米国　[生]1903年8月22日　[没]1992年1月31日　[典]1996

バーチ, アレックス　Birch, Alex　経営コンサルタント　OC&C パートナー　[典]2004

バーチ, ジェームス　Burch, James L.　宇宙科学者　サウスウエスト研究所宇宙科学工学部門副部長　[国]米国　[典]2004

バーチ, スザンヌ　Bartsch, Susanne　ファッション・プロデューサー　[典]1992

バーチ, ソーラ　Birch, Thora　女優　[国]米国　[生]1982年3月11日　[典]2004

バーチ, ダイアン　Birch, Diane　シンガー・ソングライター　[国]米国　[生]1983年　[典]2012

バーチ, チャールズ　Birch, Charles　本名=Birch,Louis Charles　生物学者, 環境哲学者, 急進的神学者　元・シドニー大学名誉教授　[国]オーストラリア　[生]1918年2月8日　[没]2009年12月19日

バーチ, ノエル　映画監督, 映画研究者　[国]フランス　[生]1932年　[典]1996

バーチ, ビル　Birch, Bill　政治家　元・ニュージーランド蔵相・財政歳入相　[国]ニュージーランド　[生]1934年　[典]2000

バーチ, リック　Birch, Ric　演出家　[国]オーストラリア　[典]2004／2008／2012

ハチアシビリ, オタリ　グルジア共和国国家保安委員会(KGB)議長代理　[国]ソ連　[生]1928年　[典]1992

バチアシビリ, ジュンバル　政治家　ソ連人民代議員　元・グルジア共和国党第1書記　[国]ソ連　[典]1992

バチェ, ジョン・P.　国連人権委員会事務局世界人権会議担当　[国]マルタ　[生]1939年　[典]1996

バーチェイス, ザック　Purchase, Zac　本名=Purchase,Zachary Jake Nicholas　ボート選手　北京五輪ボート男子軽量級ダブルスカル金メダリスト　[国]英国　[生]1986年5月2日　[典]2012

パチェコ, アベル　Pacheco, Abel　本名=パチェコ・デラエスプリエジャ, アベル　政治家, 医師, 詩人, 作家　元・コスタリカ大統領　[国]コスタリカ　[生]1933年12月22日　[典]2004／2008／2012

パチェコ, ホセ・エミリオ　Pacheco, José Emilio　作家, 詩人, 翻訳家, シナリオライター　[国]メキシコ　[生]1939年　[典]2012

パチェット, アン　Patchett, Ann　作家　[国]米国　[生]1963年　[典]2004／2008

バーチェット, ウィルフレッド　Burchett, Wilfred G.　ジャーリナスト　[国]オーストラリア　[生]1911年　[没]1983年9月27日　[典]1992

バチェラー, ジョン　Batchelor, John Calvin　作家　[国]米国　[生]1948年　[典]2000

バチェラー, スティーブン　Batchelor, Stephen　仏教研究家, 新仏教運動家　[国]英国　[生]1953年　[典]2004／2008

バチェラー, リッチ　Batchelor, Rich　本名=Batchelor,Richard Anthony　元・プロ野球選手, 元・大リーグ選手　[国]米国　[生]1967年4月8日　[典]2000

バチェレ, ミチェル　Bachelet, Michelle　本名=バチェレ・ヘリア, ベロニカ・ミチェル　政治家, 医師　国連ウィメン担当事務次長　元・チリ大統領　[国]チリ　[生]1951年9月29日　[典]2004(バシェレ, ミシェル)／2008／2012

パチェロ, マイケル　Paciello, Michael G.　コンピューター技術者　[国]米国　[典]2004／2008

ハチェンス, デービッド　Hutchens, David　コンサルタント　アイコノクラスト・コミュニケーションズ・プリンシパル　[国]米国　[典]2004

パチェンティ, ジュリオ・チェザレ　Pacenti, Giulio Cesare　経営コンサルタント　コンスイエル・シニアコンサルタント, ボローニャ大学マスターコース講師　[国]イタリア　[典]2004

バチカージョバ, アディナ　Vackarova, Adina　寄稿家, 翻訳家　バチカージュ(作曲家)氏未亡人　[国]チェコスロバキア　[典]1992

バチガルピ, パオロ　Bacigalupi, Paolo　SF作家　[国]米国　[生]1972年

バチコ, ブロニスラフ　Baczko, Bronislaw　社会思想史家　ジュネーブ大学歴史学教授　[専]フランス革命　[国]スイス　[生]1924年　[典]1992

バチコフ, ガンチョ　ソフィア工業化学大学産業オートメーション学科准教授　[専]ファジー理論応用　[国]ブルガリア　[典]1992

バーチナル, ジョセフ　Burchenal, Joseph H.　スローンケッタリング記念がん研究所内科医・臨床検査部長, 米国国立がん研究所特別顧問・がん治療部臨床試験主任　[専]がん研究　[国]米国　[典]1992

パチーノ, アル　Pacino, Al　本名=Pacino,Alfredo James　俳優　[国]米国　[生]1940年4月25日　[典]1992／1996／2000／2004／2008／2012

ハーチャー, ピーター　Hartcher, Peter　ジャーナリスト　「ジ・オーストラリアン・ファイナンシャル・レビュー」東京支局長　[国]オーストラリア　[生]1964年　[典]1996／2000

パチャウリ, ラジェンドラ　Pachauri, Rajendra K.　気候変動に関する政府間パネル(IPCC)議長, タタ・エネルギー資源研究所所長　[専]産業工学, エネルギー・環境工学, 経済学　[国]インド　[生]1940年8月20日　[典]2008／2012

バーチャード, ビル　Birchard, Bill　ジャーナリスト　[国]米国　[典]2004

ハチャトゥリヤン, セルゲイ　Khachaturyan, Sergei　バイオリニスト　[国]アルメニア　[生]1985年　[典]2012

パチャノス, バイオレット　Pachanos, Violet　政治家　クリー民族首長　[国]カナダ　[生]1940年　[典]1996

バーチャル, ジョンストン　Birchall, Johnston　ブルネール大学講師　[専]公共政策　[国]英国　[典]2000

バチャロ, クリス　Bachalo, Chris　漫画家　[典]2004

バーチュー, テッサ　Virtue, Tessa　フィギュアスケート選手(アイスダンス)　バンクーバー五輪フィギュアスケート・アイスダンス金メダリスト　[国]カナダ　[生]1989年5月17日　[典]2012

バーチュー, ドリーン　Virtue, Doreen L.　精神治療士　[専]ヨーヨーシンドローム・ダイエット　[国]米国　[生]1958年　[典]1992／2004／2008／2012

バーチュコフ, トミー　日本テトラパック社長　[国]スウェーデン　[生]1948年6月23日　[典]1992

バチロフ, マフレト　Batirov, Mavlet　レスリング選手(フリースタイル)　アテネ五輪・北京五輪レスリング金メダリスト　[国]ロシア　[生]1983年12月12日　[典]2008／2012

ハーツ, J.C.　ジャーナリスト　[国]米国　[生]1972年　[典]2000

バーツ, キャロル　Bartz, Carol Ann　実業家　元・ヤフーCEO, 元・オートデスク会長・社長・CEO　[国]米国　[生]1949年8月29日　[典]2008／2012

ハーツ, ノリーナ　Hertz, Noreena　経営学者, 経営コンサルタント　[国]英国　[典]2004／2008

ハーツ, ポーラ　Hartz, Paula R.　ノンフィクション作家, 編集者　[典]2008

ハーツ, ルイス　Hartz, Louis　政治思想史学者　元・ハーバード大学教授　[国]米国　[生]1918年4月8日　[没]1986年1月20日　[典]1992

ハーツ, ロバート　Herz, Robert H.　別名=ハーツ, ボブ　会計コンサルタント　米国財務会計基準審議会(FASB)会長　元・プライスウォーターハウスクーパース・シニアパートナー　[典]2004

パツァツィア, オタール　Patsatsia, Otar　政治家　元・グルジア首相　[国]グルジア　[生]1929年5月15日　[典]1996／2000／2004／2008

ハーツェル, リンダ　演出家　[国]米国　[典]1992

ハーツェルタイン, ウィリアム　ヒューマン・ゲノム・サイエンシズ会長・CEO　[国]米国　[典]2000

ハーツェンバーグ, レナード・アーサー　Herzenberg, Leonard Arthur　免疫・遺伝学者　スタンフォード大学教授　[国]米国　[生]1931年11月5日　[典]2008／2012

パツォウスカー, クヴィエタ　Pacovská, Květa　絵本作家, 画家　[国]チェコスロバキア　[生]1928年　[典]1992／1996／2000

ハーツォーク, アーサー　Herzog, Arthur　作家, ノンフィクション・ライター　[国]米国　[典]1992

パッカー, アン　Packer, Ann　作家　[国]米国　[生]1959年　[典]2008

ハ

パッカー, ケリー　Packer, Kerry Francis Bullmore　実業家　元・パブリッシング・アンド・ブロードキャスティング(PBL)オーナー　国オーストラリア　生1937年12月17日　没2005年12月26日　掲1992／1996

パッカー, ジェーン　Packer, Jane　フラワーアーティスト　ロンドン・スクール・オブ・フラワーズ校長　国英国　生1959年　掲1992／1996／2004

ハッカー, スコット　Hacker, Scot　ジャーナリスト　国米国　掲2004

バッカー, フェラ・デ　Backker, Vera De　画家, 絵本作家　国オランダ　生1962年　掲2004

パッカー, メダ　Patkar, Meda　環境保全運動家　ナルマダを救う会指導者　元・タタ・インスティテュート大学講師　国インド　掲1996

パッカー, レスター　Packer, Lester　細胞分子生物学者, 医科学者, 薬理学者　カリフォルニア薬科大学教授　国米国　掲2004／2008

バッカー, ロバート　Bakker, Robert T.　テイト博物館恐竜部門主任　国米国　生1945年　掲2000

バッカス, ジム　Backus, Jim　俳優, 脚本家　国米国　生1913年2月25日　没1989年7月3日　掲1992

バッカス, ジョン　Backus, John　コンピューター科学者　元・IBMアルマデン研究所研究員　国米国　生1924年12月3日　没2007年3月17日　掲1992／1996

パッカード, ジョージ　Packard, George R.　国際政治学者　米日財団理事長　元・国際大学学長, 元・ジョンズ・ホプキンズ大学高等国際問題研究大学院(SAIS)学院長　国米国　生1932年5月27日　掲1992／1996／2000／2004／2008／2012

パッカード, デービッド　Packard, David　実業家　元・ヒューレット・パッカード会長, 元・米国国防副長官　国米国　生1912年9月7日　没1996年3月26日　掲1992／1996

パッカード, バンス　Packard, Vance Oakley　社会評論家, ライター　国米国　生1914年5月22日　没1996年12月12日　掲1992

ハーツガード, マーク　Hertsgaard, Mark　ジャーナリスト　国米国　掲2004

ハッカビー, マイク　Huckabee, Mike　本名=Huckabee,Michael Dale　政治家, 牧師　元・アーカンソー州知事　国米国　生1955年8月24日　掲2000／2004／2008／2012

ハッカーミュラー, ロートラウト　Hackermüller, Rotraut　詩人, 作家, エッセイスト　国オーストリア　生1943年　掲2004

バッキー, ジーン　Bacque, Gene　元・プロ野球選手　国米国　生1937年8月12日　掲1992／1996／2000

ハッキネン, ミカ　Häkkinen, Mika　元・F1ドライバー　国フィンランド　生1968年9月28日　掲1992／1996／2000／2004／2008／2012

パッキャオ, マニー　Pacquiao, Manny　本名=Pacquiao, Emmanuel Dapidran　プロボクサー, 政治家　フィリピン下院議員　元・WBC世界フライ級・スーパーフェザー級・ライト級・スーパーウェルター級チャンピオン　国フィリピン　生1978年12月17日　掲2012

バッキン, アール・F.　イーストマンケミカル・ワールドワイド・セールス担当社長補佐　元・イーストマンケミカルジャパン社長　国カナダ　掲2000

バッキンガム, マイケル　Buckingham, Michael J.　スクリップス海洋研究所教授, サザンプトン大学客員教授　専海洋音響学　掲2000

バッキンガム, マーカス　Buckingham, Marcus　マネジメント・コンサルタント　ザ・マーカス・バッキンガム・カンパニー創業者　掲2004／2012

ハッキング, イアン　Hacking, Ian　哲学者, 物理学者　トロント大学科学史科学哲学研究所・哲学科教授　国カナダ　生1936年　掲1992／2000

パック, ウルフギャング　Puck, Wolfgang　料理人, 実業家　カリフォルニア・キュイジーヌ創始者　国米国　生1949年　掲2004／2008

バック, エドゥアルド・ムニョス　イラストレーター, 絵本画家　国キューバ　生1937年　掲2000

バック, キャロル　Buck, Carole　ロマンス作家　国米国　掲1996／2000

バック, ジェームズ　Bach, James　コンピューターコンサルタント　掲2004／2008

ハック, シャーロット　Huck, Charlotte　児童文学者　オハイオ州立大学教授　国米国　掲1992

パック, チャールズ　Pack, Charles　コンピューター技術者　掲2004

バック, デービッド　Bach, David　投資コンサルタント　バック・グループ共同経営者　国米国　掲2004

バック, バー　Bak, Per　ブルックヘブン国立研究所上級研究者　専統計力学, 動力学　国デンマーク　掲1992

バック, ピーター　Buck, Peter　グループ名=R.E.M.　ロック・ギタリスト　国米国　生1956年12月6日　掲2004／2008／2012

バック, フリッツ・H.　ハーバード医科大学サンド免疫センター所長　専免疫学　国米国　生1934年　掲1996

バック, フレデリック　Back, Frederic　アニメーション作家, 画家　国カナダ　生1924年4月8日　没2013年12月24日　掲1992／1996／2000／2012

バック, リチャード　Bach, Richard　作家, 飛行家　生1936年　掲1992／1996／2000／2012

バック, リンダ　Buck, Linda B.　生理学者　ワシントン大学教授, フレッド・ハッチンソンがん研究センター研究員　専動物の嗅覚システム　国米国　掲2008／2012

バック, ロス　Buck, Ross　心理学者　コネティカット大学教授　専感情研究　国米国　生1941年　掲2004

バックウェル, リチャード　Backwell, Richard　プロゴルファー　国オーストラリア　生1963年12月28日　掲2004／2008

バックウォルド, アート　Buchwald, Art　コラムニスト　国米国　生1925年10月20日　没2007年1月17日　掲1992／1996 (バックウォルド, アート／バックワルド, アート)

バックウッド, ボブ　Packwood, Bob　政治家　元・米国上院議員(共和党)　国米国　生1932年9月11日　掲1996／2000

バックス, アレッシオ　Bax, Alessio　ピアニスト　国イタリア　生1977年　掲2004／2008

バックス, エルネスト　「マネーロンダリングの代理人」の著者　掲2004

バックス, ジェームス　俳優　国米国　生1956年11月11日　掲1992

ハックス, ペーター　Hacks, Peter　劇作家, 詩人　国ドイツ　生1928年3月21日　掲1992

バックス, ベッツィー　Backx, Patsy　イラストレーター　国オランダ　生1944年　掲2000

バックス, マイケル　Backes, Michael　映画プロデューサー　国米国　生1955年　掲2000

バックストロム, ニクラス　Bäckström, Niklas　アイスホッケー選手(GK)　トリノ五輪アイスホッケー男子銀メダリスト　国フィンランド　生1978年2月13日

バックナー, M.M.　Buckner, M.M.　作家　国米国　掲2012

バックナー, テディー　Buckner, Teddy　本名=Buckner,John Edward　ジャズトラッペット奏者　国米国　生1909年7月16日　没1994年9月22日　掲1996

バックナー, フィリップ　Buckner, Phillip A.　ニューブランズウィック大学教授　専歴史学　国カナダ　生1942年　掲2000

ハックニー, カイ　Hackney, Ki　ファッションジャーナリスト　国米国　掲2004／2008

ハックニー, リサ　Hackney, Lisa　プロゴルファー　国米国　生1967年9月24日　掲2000

ハックフォード, テイラー　Hackford, Taylor　映画監督, 映画プロデューサー　国米国　生1947年　掲1996／2008／2012

バックホルツ, クレー　Buchholz, Clay　本名=Buchholz,Clay Daniel　大リーグ選手(投手)　国米国　生1984年8月14日　掲2008／2012

バックホルツ, トッド　Buchholz, Todd G.　経済学者　G7グループ代表・チーフエコノミスト　国米国　掲1992／2000

バックマン, L.F. Bachman, Lyle F. 言語学者 カリフォルニア大学ロサンゼルス校教授 ㊤言語テスト ㊥米国 ㊦2004

バックマン, アルフレッド Pacquement, Alfred パリ国立高等美術学校校長 元・ジュ・ド・ポーム美術館長 ㊥フランス ㊦2000

ハックマン, ジーン Hackman, Gene 本名=Hackman,Eugene Alden 俳優 ㊥米国 ㊤1930年1月30日 ㊦1992／1996／2000／2004／2008／2012

バックマン, チャールズ Bachman, Charles W. Bachman Information Systems社社長 ㊥米国 ㊦1992

バックマン, デニス 歯科医 ㊤歯列矯正 ㊦2004

バックマン, ミシェル Bachmann, Michele 政治家 米国下院議員（共和党）㊥米国 ㊦2012

ハックマン, ラリー Huckmann, Larry 本名=ソーブラン, ローラン 俳優 ㊥フランス ㊤1968年3月16日 ㊦1992

バックマン, ロバート Buckman, Robert 医師 トロント・サニーブルック地域がんセンター・メディカル・オンコロジスト, トロント大学教授 ㊤内科学 ㊦2004

バックランド, ジョニー Buckland, Jonny 本名=バックランド, ジョナサン・マーク グループ名=コールドプレイ ミュージシャン ㊥英国 ㊤1977年9月11日 ㊦2012

バックランド, レイモンド Buckland, Raymond 作家 ㊥米国 ㊤1934年 ㊦1996

バックリー, ウィリアム（Jr.）Buckley, William Frank（Jr.）コラムニスト, 作家 元・「ナショナル・レビュー」創刊者 ㊥米国 ㊤1925年11月24日 ㊥2008年2月27日 ㊦1992

バックリー, クリストファー・テイラー Buckley, Christopher Taylor ジャーナリスト 「フォーブスFYI」編集主幹 ㊥米国 ㊤1952年 ㊦2000

バックリー, ジェフ Buckley, Jeff シンガー・ソングライター ㊥米国 ㊤1966年 ㊦1996

バックリー, スティーブ Backley, Steve やり投げ選手 ㊥英国 ㊤1969年2月12日 ㊦1992／1996／2004／2008

バックリー, トム Buckley, Tom ジャーナリスト ㊥米国 ㊦1992

バックリー, ベティ Buckley, Betty ミュージカル女優 ㊥米国 ㊤1947年 ㊦2000

ハックル, エーリヒ Huckl, Erich 作家, ジャーナリスト ㊥オーストリア ㊤1954年 ㊦1996

ハックル, ゲオルク Hackl, Georg 元・リュージュ選手 長野五輪金メダリスト ㊥ドイツ ㊤1966年9月9日 ㊦1996／2000／2004／2008／2012

バックルス, ジム Buckels, Jim 画家 ㊥米国 ㊤1948年 ㊦2004

バックルズ, ルーク Buckles, Luke 神学者 ドミニコ会哲学神学学校助教授 ㊥米国 ㊦2004／2008

バックレー, ウォルター Buckley, Walter W.（III）実業家 インターネット・キャピタル・グループ（ICG）社長・CEO ㊥米国 ㊤1960年 ㊦2000

バックレー, ピーター Buckley, Peter J. ブラッドフォード大学マネジメント・センター教授 ㊤経営経済学 ㊥英国 ㊦1996（バックリー, ピーター）

ハックワース, マイケル・L. 実業家 シーラス・ロジック社長・CEO ㊥米国 ㊦1992／1996

ハッケ, アクセル Hacke, Axel 作家, ジャーナリスト ㊥ドイツ ㊤1956年 ㊦2004／2012

パツケヴィッチ, アレクサンドラ Patskevich, Alexandra シンクロナイズドスイミング選手 ロンドン五輪シンクロナイズドスイミング・チーム金メダリスト ㊥ロシア ㊤1988年11月4日

ハッケタール, ユーリウス Hackethal, Julius 医師 オイビオスセンター院長 ㊤外科学 ㊥ドイツ ㊤1921年 ㊦2000

バッケッリ, リッカルド Bacchelli, Riccardo 作家 ㊥イタリア ㊤1891年4月19日 ㊥1985年10月8日 ㊦1992（バッケリ, リッカルド）

ハッケニー, ベネディクト 気球パイロット ㊥ドイツ ㊦1992

バッケン, ジル Bakken, Jill ボブスレー選手 ㊥米国 ㊤1977年1月25日 ㊦2004

バッサー, ジミー Vasser, Jimmy レーシングドライバー ㊤1965年11月20日 ㊦2000／2004

ハッサナリ, ノア Hassanali, Noor Mohammed 政治家, 弁護士 元・トリニダードトバゴ大統領 ㊥トリニダードトバゴ ㊤1918年8月13日 ㊥2006年8月25日 ㊦1992／1996／2000

バッサーニ, ジョルジョ Bassani, Giorgio 作家 ㊥イタリア ㊤1916年3月4日 ㊥2000年4月13日 ㊦1992

バッサーマン, ミヒャエル メルセデス・ベンツ北米社長 ㊥ドイツ ㊦1992／1996

パッサール, アラン Passard, Alain 料理人 アルページュ・シェフ ㊥フランス ㊦2004／2008／2012

ハッサン2世 Hassan II 本名=ハッサン, ムーレ 元・モロッコ国王, 元・モロッコ軍最高司令官, 元・モロッコ首相 ㊥モロッコ ㊤1929年7月9日 ㊥1999年7月23日 ㊦1992／1996

ハッサン, アブディカシム・サラド Hassan, Abdiqassim Salad 政治家 元・ソマリア暫定大統領 ㊥ソマリア ㊤1942年 ㊦2004／2008

ハッサン, アベディニ Hassan, Abedini ジャーナリスト イランイスラム共和国通信社（IRNA）東京支局長 ㊥イラン ㊤1965年 ㊦2000

ハッサン, アリ Hassan, Ali 考古学者 エジプト文化省次官 ㊥エジプト ㊦2000

ハッサン, イーハブ Hassan, Ihab Habib ウィスコンシン大学教授 ㊤英文学, 比較文学 ㊥米国 ㊦2000

ハッサン, スティーブン Hassan, Steven 心理カウンセラー ㊤マインド・コントロール, 破壊的カルト ㊥米国 ㊦1996

ハッサン, ナジア 歌手 ㊥パキスタン ㊦1992

ハッサン, フレッド Hassan, Fred 実業家 元・ファルマシア会長・CEO, 元・シェリング・プラウ会長・CEO ㊥米国 ㊤1945年11月12日 ㊦2000／2004／2008／2012

ハッサン, ホサム サッカー選手（FW）㊥エジプト ㊤1966年8月10日 ㊦2004

ハッサン, ボブ 実業家, 政治家 アストラ・インターナショナル会長, インドネシア合板協会会長 元・インドネシア情報相 ㊥インドネシア ㊤1931年 ㊦2000

ハッサン, リチャード Hassan, Richard 貿易商 ㊤1945年 ㊦1996

ハッサン・ビン・タラール Hassan bin Talal, HRH Prince ヨルダン王子, ローマ・クラブ会長 ㊥ヨルダン ㊤1947年3月20日 ㊦1992／1996／2000／2004／2008／2012

バッシー, ジョーン Bassey, Joan 医学者 ノッティンガム大学医学部生医科学科名誉上級研究員 ㊤骨粗鬆症 ㊥英国 ㊦2004

バッジ, タッド Budge, Todd 東京スター銀行会長 ㊥米国 ㊤1959年12月29日 ㊦2008

ハッシー, ピーター Hussey, Peter J. 実業家 GTEサイバートラスト社長 ㊥米国

ハッジ, ムスタファ Hadji El, Moustafa サッカー選手（MF）㊥モロッコ ㊤1971年11月16日 ㊦2000／2004／2008

バッジオ, ロドリゴ コンピュータ科学民主化委員会（CDI）代表 ㊥ブラジル ㊦2000

バッシャー, レイリ・ミラー Bashir, Layli Miller 弁護士 タヒレイ・ジャスティス・センター開設者 ㊥米国 ㊤1972年 ㊦2004

バッシャム, ラニー 元・射撃選手 ㊥米国 ㊤1947年 ㊦1992／1996

バッジョ, ディノ Baggio, Dino サッカー選手（MF）㊥イタリア ㊤1971年7月24日 ㊦2000／2004／2008

バッジョ, ロベルト Baggio, Roberto 元・サッカー選手 イタリア・サッカー協会テクニカルディレクター ㊥イタリア ㊤1967年2月18日 ㊦1996／2000／2004／2008／2012

パッシン, ハーバート Passin, Herbert 人類学者, 社会学者, 日本研究家 元・コロンビア大学名誉教授, 元・米国連合国軍最高司令部（GHQ）民間情報局世論社会調査課長 ㊥米国 ㊤1916年12月16日 ㊥2003年2月26日 ㊦1996

バッスィ, アドリアーノ　Bassi, Adriano　指揮者,ピアニスト　国イタリア　創2008

ハッスルカル, ウォルター　ローバー社長,BMW取締役　国ドイツ　創2000

ハッセー, オリビア　Hussey, Olivia　女優　創1951年4月17日　創1992／2008／2012

ハッセ, ブリジット　小児科医　国境なき医師団(MSF)総務担当　国フランス　創2000

ハッセ, ペーター　Hasse, Peter　デーン&ゾーネ専務　專避雷　国ドイツ　創1940年　創2004

ハッセ, ロルフ　Hasse, Rolf H.　ハンブルク連邦国防軍大学経済政策研究所教授　專国民経済学,経済政策　国ドイツ　創1940年　創1996

ハッセル, オッド　Hassel, Odd　化学者　元・オスロ大学教授　国ノルウェー　創1897年5月17日　没1981年5月11日　創1992

ハッセル, ダーシー　Bussell, Darcey　本名=Bussell,Darcey Andrea　バレリーナ　元・英国ロイヤル・バレエ団プリンシパル　国英国　創1969年4月27日　創1996／2000／2008／2012

ハッセル, ピーター　Passell, Peter　生活評論家　国米国　創1992

ハッセルバインク, ジミー　Hasselbaink, Jimmy　本名=Hasselbaink,Jarel Floyd　サッカー選手(FW)　国オランダ　創1972年3月27日　創2008

ハッセルベック, マット　Hasselbeck, Matt　プロフットボール選手(QB)　国米国　創1975年9月25日　創2008／2012

ハッセンザール, D.M.　Hassenzahl, D.M.　環境学者　ネバダ大学ラスベガス校講師　国米国　創2004

ハッセンフェルド, ステファン・D.　ハスブロ・インダストリーズ会長・社長　国米国　創1992

バッソ, トム　Basso, Tom　本名=バッソ, トーマス　トレーダー,実業家　Trendstat Capital Management社長　創2004

バッソ, レリオ　Basso, Lelio　政治家　元・プロレタリア統一イタリア社会党委員長,元・バッソ研究所設立者　国イタリア　創1903年12月25日　没1980年　創1992

バッソウ, ホイットマン　Bassow, Whitman　元・ジャーナリスト　世界環境センター理事長　專ソ連研究,環境問題　国米国　創1992

ハッダ, アブデルジリ　Hadda, Abdeljilil　本名=ハッダ, アブデルジリ・カマーチョ　サッカー選手(FW)　国モロッコ　創1972年3月21日　創2004

ハッタ, カヨ・マタノ　Hatta, Kayo Matano　映画監督　国米国　没2005年7月20日　創2000

ハッタ, モハマド　Hatta, Mohammad　政治家　元・インドネシア副大統領・首相　国インドネシア　創1902年8月12日　没1980年3月14日　創1992

バッタライ, ミーラ　女性開発活動家　ネパール女性経営者協会(WEAN)代表　国ネパール　創1952年　創2000

バッタリア, ロマーノ　Battaglia, Romano　作家,ジャーナリスト　国イタリア　創2000

ハッチ, アニア　Hatch, Annia　体操選手　国米国　創1978年6月14日　創2008

ハッチ, オーリン　Hatch, Orrin Grant　政治家　米国上院議員(共和党)　国米国　創1934年3月22日　創1996／2000／2004／2012

ハッチ, クラーク　Hatch, Clark　フィットネス・インストラクター　クラーク・ハッチ・フィットネスセンターズ・インターナショナル社長　国米国　創1939年1月3日　創1992

ハッチ, ブライアン　Hatch, Brian　コンピューター技術者　ノースウェスタン大学準教授　国米国　創2004

パッチ・アダムス　Patch Adams　本名=アダムス, ハンター　医師　ゲズンドハイト・インスティテュート主宰　国米国　創1945年　創2004／2008／2012

ハッチェソン, G.ダン　Hatcheson, G.Dan　VLSIリサーチ社長　国米国　創2000

ハッチェソン, ジェリー　Hatcheson, Jerry D.　電子素子物理学者　VLSIリサーチ代表　国米国　創2000

ハッチオン, パット・ダフィー　Hutcheon, Pat Duffy　社会科学者, 教育学者　バニア・インスティチュート・オブ・ザ・ファミリー理事　創2008

ハッチオン, リンダ　Hutcheon, Linda　トロント大学教授　專英文学,比較文学,ポストモダニズム論　国カナダ　創1947年　創1992／1996

ハッチクラフト, セオ　Hutchcraft, Theo　デュオ名=ハーツ　ミュージシャン　国英国　創1986年8月30日　創2012

ハッチソン, ケイ　Hutchison, Kay Bailey　政治家　米国上院議員(共和党)　国米国　創1943年7月22日　創1996(ハチソン, ケイ)／2000(ハチソン, ケイ)／2004(ハチソン, ケイ)／2008(ハチソン, ケイ)／2012

ハッチソン, マイケル　Hutchison, Michal　作家,ジャーナリスト　ニューロ・テクノロジー・インスティテュート創設者　創2004

バッチュー, バズルル・ラーマン　Bachehu, Bazlur Rahman　識字運動家, ソーシャルワーカー　シャプラニール・ソーシャルワーカー　国バングラデシュ　創1992／1996

バッチュ, ミシェル　Battut, Michèle　画家　国フランス　創1946年　創1992

ハッチングズ, ジャネット　Hutchings, Janet　編集者　「エラリー・クイーンズ・ミステリー・マガジン」編集長　創2004

ハッチンス, カーリン　Hutchins, Carleen　本名=ハッチンス, カーリン・マーリー　音響物理学者,バイオリン製作者　国米国　創1911年5月24日　没2009年8月7日

ハッチンズ, ゴードン　陶芸家　国カナダ　創1949年　創1996

ハッチンス, パット　Hutchins, Pat　絵本作家　国英国　創1992／1996

ハッチンソン, サリー・アンブラー　Hutchinson, Sally Ambler　フロリダ大学健康科学センター看護学部教授　專看護学　国米国　創2004

ハッチンソン, ジョージ・エブリン　Hutchinson, George Evelyn　生態学者,陸水生物学者　エール大学名誉教授　国米国　創1903年1月30日　創1992／1996

ハッチンソン, スティーブ　Hutchinson, Steve　元・プロフットボール選手　国米国　創1977年11月1日

ハッチンソン, ティム　Hutchinson, Tim　政治家　元・米国上院議員(共和党)　国米国　創1949年8月11日　創2004

バッツ, アール　Butz, Earl L.　農業経済学者　元・米国農務長官, 元・インディアナ大学経済学部長　国米国　創1909年7月3日　創1996

バッツ, エレン　Butts, Ellen R.　作家,編集者　創2004／2008

バッツ, デービッド　ジャーナリスト　UPI通信社東京支局長　国米国　創1956年　創1992

パッツァー, アンドルー　Patzer, Andrew　コンピュータ技術者　創2008

バッツァー, エーリヒ　Batzer, Erich　IFO経済研究所筆頭理事　專流通システム論　国ドイツ　創1929年　創1996

バッティ, シャフバズ　Bhatti, Shahbaz　政治家　元・パキスタン少数者問題担当相　国パキスタン　創1968年9月9日　没2011年3月2日

ハッディ, ミシェル　Haddi, Michel　写真家　国フランス　創1958年　創1992

バッティアート, ジャコモ　Battiato, Giacomo　映画監督,作家　国イタリア　創2004／2008

バッティン, パトリシア　Battin, Patricia　元・コロンビア大学情報サービス担当副学長・図書館長, 元・保存アクセス委員会委員長　国米国　創2004

ハッテスタ, オーラ・ヴィゲン　Hattestad, Ola Vigen　スキー選手(距離)　国ノルウェー　創1982年4月19日

ハッテスタト, スタインリザ　Hattestad, Stine Lise　スキー選手(フリースタイル)　国ノルウェー　創1996

パッデン, キャロル　Padden, Carol　カリフォルニア大学サンディエゴ校教授　專手話言語学　創1955年　創2008

パッテン, クリスティン・テイラー　Patten, Christine Taylor　画家,伝記作家　国米国　創2004／2008

パッテン, クリストファー　Patten, Christopher Franeis　別名=Patten of Barnes, 別称=パッテン,クリス, 中国名=彭定康　政治家　英国上院議員　元・香港総督, 元・EU欧州委員会委員　[国]英国　[生]1944年5月12日　[典]1992（パテン, クリストファー）／1996／2000／2004／2008／2012

バッテン, ジェームズ　Batten, James Knox　実業家　元・ナイト・リッダー会長・CEO　[国]米国　[生]1936年1月11日　[没]1995年6月24日　[典]1996

ハッテンドーフ, リンダ　Hattendorf, Linda　ドキュメンタリー映画監督　[国]米国　[典]2008／2012

バッテンバーグ, J.T.（3世）　Battenberg, J.T.（III）　実業家　デルファイ会長・CEO　[国]米国　[典]2000

バット, エラ・ラメシュ　Bhatt, Ela Ramesh　人権活動家　自営女性労働者協会（SEWA）創設者　[国]インド　[生]1933年

バッド, ティモシー　Budd, Timothy A.　オレゴン州立大学助教授　[専]コンピューター科学　[国]米国　[生]1955年　[典]2000

バット, パルメッシュ　ジャパン・カナダ・ネットワーク代表取締役　[国]カナダ　[典]2000

バット, フィル　Batt, Phil　本名=Batt,Philip E.　政治家　元・アイダホ州知事　[国]米国　[生]1927年3月4日　[典]2000

バット, フルート　グループ名=カーター・ジ・アンストッパブル・セックス・マシーン　ギタリスト, 歌手　[国]英国　[生]1958年　[典]1996

ハ

パット, ペグ　Putt, Peg　タスマニア州議会議員, タスマニア自然保護協会会長　[国]オーストラリア　[典]1996

バット, レスリー　Bott, Leslie D.　グレネカーマネキンズ社長, 全米ディスプレー協会（NADI）理事長　[国]米国　[典]1992

ハットウラ, ヨルマ　フィンランド・アカデミー研究担当部長　[専]物理学　[国]フィンランド　[典]2000

バットエルデン, バドマンヤンブー　モンゴル相撲選手　アジア相撲連盟副会長, モンゴル警察格闘技師範, モンゴル相撲連盟会長　[国]モンゴル　[生]1964年6月　[典]2000

パットナム, デービッド　Puttnam, David Terence　映画プロデューサー　エニグマ・プロ主宰者　[国]英国　[生]1941年2月25日　[典]1992／1996／2008／2012

パットナム, ロバート　Putnam, Robert D.　政治学者　ハーバード大学教授　[国]米国　[生]1941年　[典]2004／2008

バットバヤル　モンゴル公文書管理庁事務局長　[国]モンゴル　[生]1950年　[典]1996

ハットフィールド, J.H.　Hatfield, James H.　作家　[国]米国　[典]2004

ハットフィールド, マーク　Hatfield, Mark Odom　政治家　元・米国上院議員（共和党）, 元・オレゴン州知事　[国]米国　[生]1922年7月12日　[没]2011年8月7日　[典]1992／1996／2000／2004／2008

ハットン, ウィル　Hutton, Will Nicholas　ジャーナリスト, エコノミスト　「オブザーバー」編集長　[国]英国　[生]1950年5月21日　[典]2000

ハットン, オラム　元・「スターズ・アンド・ストライプス」紙創立者　[国]米国　[没]1984年7月2日　[典]1992

ハットン, ジョン　Hutton, John　作家　[国]英国　[生]1928年　[典]1996

ハットン, ジョン　Hutton, John　政治家　元・英国国防相　[国]英国　[生]1955年5月6日　[典]2000／2012

ハットン, ティモシー　Hutton, Timothy　俳優　[国]米国　[生]1960年8月16日　[典]1992／1996／2000／2012

ハットン, デービッド　Hutton, David W.　コンサルタント　[国]カナダ　[典]2004

ハットン, ベッサン　Hutton, Bethan　ジャーナリスト　「ファイナンシャル・タイムズ」記者　[国]英国　[典]2000

パットン, ポール　Patton, Paul E.　政治家　ケンタッキー州知事　[国]米国　[典]2004／2008

パットン, マイケル・クイン　Patton, Michael Quinn　事業評価・組織開発コンサルタント　元・全米評価学会会長, 元・ミネソタ大学教授　[国]米国　[典]2004／2008

ハッドン, マーク　Haddon, Mark　児童文学作家, 脚本家, イラストレーター　[国]英国　[生]1962年　[典]2004／2008／2012

パットン, マーク　Patton, Mark　「モテる男の生き方とモテないヤツのやり方」の著者　[国]カナダ　[典]2008

ハットン・ジェイミソン, イアン　Hutton-Jamieson, Iain　グラフィック・デザイナー, アート・ディレクター　英国イラストレーターズ・デザイナーズ協会評議員　[国]英国　[典]1992

バッハ, トーマス　Bach, Thomas　元・フェンシング選手　国際オリンピック委員会（IOC）会長（第9代）　モントリオール五輪フェンシング男子フルーレ団体金メダリスト　[国]ドイツ　[生]1953年12月29日

パッパーノ, アントニオ　Pappano, Antonio　指揮者, ピアニスト　ロイヤル・オペラハウス（ROH）音楽監督, サンタ・チェチーリア管弦楽団音楽監督　元・モネ劇場音楽監督　[国]米国　[生]1959年12月30日　[典]2000／2004／2008／2012

バッハラー, ニコラウス　Bachler, Nikolaus　バイエルン州立歌劇場総裁　[国]オーストリア

パップ, ジョゼフ　Papp, Joseph　本名=Papirofsky,Joseph　別名=パップ, ジョー　演出家, 演劇プロデューサー　元・ニューヨーク・シェークスピア・フェスティバル・カンパニー主宰　[国]米国　[生]1921年6月22日　[没]1991年10月31日　[典]1992

ハッフ, ローレンス　Huff, Lawrence　写真家　[国]米国　[生]1947年　[典]2000

バッファ, D.W.　Buffa, D.W.　作家　[国]米国　[典]2004

バッファロー, キャサリン　Buffaloe, Katharine　ミュージカル女優　[国]米国　[典]1992

ハーツフェルド, ジョン　Herzfeld, John　映画監督, 脚本家　[国]米国　[典]2004

ハッブズ, ジョアンナ　Hubbs, Joanna　ハンプシャー・カレッジ教授　[専]ロシア文化史　[国]米国　[生]1939年　[典]2004

ハッペ, フランチェスカ　Happé, Francesca G.E.　英国医科学研究機構（MRC）精神医学研究所認知発達部門研究員　[専]精神医学, 自閉症　[国]英国　[典]2000

ハーツホーン, チャールズ　Hartshorne, Charles　哲学者, 神学者　[専]プロセス形而上学　[国]米国　[生]1897年6月5日　[典]1996

ハーツホーン, リチャード　Hartshorne, Richard　地理学者　ウィスコンシン大学名誉教授　[専]政治地理学　[国]米国　[生]1899年　[典]1992

ハーツマーク, ジニー　Hartzmark, Gini　企業買収コンサルタント, 作家　[国]米国　[典]2000

ハッラー, エディット　Haller, Edith　ソプラノ歌手　[国]イタリア　[典]2012

ハッラーク, ワーイル　Hallaq, Wael B.　イスラーム学者　マッギル大学イスラーム学研究所教授　[専]イスラーム法学　[生]1955年　[典]2008

バッロ, ピエトロ　Ballo, Pietro　テノール歌手　[国]イタリア　[典]2004／2008

ハーデ, ゲイル　Haarde, Geir H.　政治家　元・アイスランド首相　[国]アイスランド　[生]1951年4月8日　[典]2008／2012

パテ, ミシェル　Pathé, Michele　精神医学者　モナシュ大学名誉上席講師　[典]2008

バデア, パベル　Badea, Pavel　サッカー選手　[国]ルーマニア　[生]1967年6月10日　[典]2000／2004／2008

ハーディ, J.J.　Hardy, J.J.　本名=Hardy,James Jerry　大リーグ選手（内野手）　[国]米国　[生]1982年8月19日

ハーディ, アダム　Hardy, Adam　筆名=Blake,Ken, Frazier, Arthur, Bulmer,Kenneth, Akers,Alan Burt, Corley,Ernest, Maras,Karl, Norvil,Manning, Pike,Charles R., Quiller,Andrew, Silver,Richard, Zetford,Tully, Johns,Kenneth, Kent,Philip, Krauss,Bruno, Langholm,Neil　SF作家　[国]英国　[生]1921年1月14日　[典]1992

ハディ, アブドラボ・マンスール　Hadi, Abd-Rabbo Mansur　政治家, 軍人　イエメン暫定大統領, イエメン軍最高司令官　[国]イエメン　[生]1945年　[典]1996／2004／2012

ハーディ, ウィリアム　Hardy, William　コノート・ブラウン・ギャラリー顧問　[専]美術史　[国]英国　[典]1992

ハーディ, クリスティン　Hardy, Kristin　ロマンス作家　国米国　現2008

パティ, ゲシュ　Patti, Guesch　歌手　国フランス　生1954年　現1992

ハーディ, ジェシカ　Hardy, Jessica　水泳選手（平泳ぎ）　ロンドン五輪競泳女子4×100メートルメドレーリレー金メダリスト　国米国　生1987年3月12日

ハーディ, ジェフ　Hardy, Jeff　プロレスラー　国米国　現2004／2008

パーディ, ジェームズ　Purdy, James　作家, 詩人, 劇作家　国米国　生1923年7月17日　没2009年3月13日　現1992／1996／2000／2004

ハーディ, ジャンダル　Hardy, J.M.　企業コンサルタント　夢工学研究所主宰　国米国　生1950年　現1992

ハーディ, トレイ　Hardee, Trey　十種競技選手　ロンドン五輪陸上男子十種競技銀メダリスト　国米国　生1984年2月7日

ハーディ, フランク　Hardy, Frank　作家　国オーストラリア　生1917年　現1992

ハーディー, ボブ　カンタス・オーストラリア航空日本・北アジア地区総支配人　国オーストラリア　現1992／1996

ハーディ, マット　Hardy, Matt　プロレスラー　国米国　現2004／2008

ハーディ, レランド　プロボクサー　ベアー・スターンズ投資アドバイザー業務担当　国米国　現1992

ハーディ, ロナルド　Hardy, Ronald　冒険小説作家　国英国　現1992／1996

ハーディ, ロビン　Hardy, Robin　作家, シナリオ・ライター, 映画監督　現1992

バディア, ジョルディ　Badia, Jordi　建築家　国スペイン　生1961年　現1996

バティアシュヴィリ, リサ　Batiashivili, Lisa　バイオリニスト　国グルジア　生1979年　現2012

バティエ, シェーン　Battier, Shane　バスケットボール選手　国米国　生1978年9月9日

ハーティグ, アーサー　婦人科専門学者　国米国　没1990年7月20日　現1992

バティス, エンリケ　Batiz, Enrique　指揮者, ピアニスト　メキシコ国立交響楽団音楽監督　国メキシコ　生1942年5月4日　現2004

バティスタ, アジウソン　Batista, Adilson　本名=バティスタ, アジウソン・ディアス　登録名=アジウソン　サッカー監督, 元・サッカー選手　国ブラジル　生1968年3月16日　現2008（アジウソン）／2012

バティスタ, ステファノ・ディ　Battista, Stefano di　ジャズサックス奏者　国イタリア　現2004／2008

バティスタ, セルヒオ　Batista, Cergio　サッカー監督, 元・サッカー選手　元・サッカー・アルゼンチン代表監督　国アルゼンチン　生1962年11月9日　現1996（バチスタ, セルジオ）／2012

バティスタ, トニー　Batista, Tony　本名=Batista,Leocadio Francisco　大リーグ選手, 元・プロ野球選手　国ドミニカ共和国　生1973年12月9日　現2008／2012

バティスタ, ホセ　Bautista, Jose　本名=Bautista,Jose Antonio　大リーグ選手（外野手）　国ドミニカ共和国　生1980年10月19日　現2012

バティストゥータ, ガブリエル　Batistuta, Gabriel　本名=バティストゥータ, ガブリエル・オマール　元・サッカー選手　国アルゼンチン　生1969年2月1日　現1996／2000／2004／2008／2012

パティスン, エリオット　Pattison, Eliot　作家, 弁護士　国米国　現2004

ハディセ　Hadise　歌手　国ベルギー　生1985年10月21日　現2012

パティソン, テッド　Pattison, Ted　コンピュータ技術者　現2004

ハディック, アンドラーシュ　Hadik, András　ハンガリー建築美術館　現建築史　国ハンガリー　生1953年　現1992

バーディック, エリザベス　Verdick, Elizabeth　ライター, 編集者　国米国　現2004

バーディック, クエンティン　Burdick, Quentin Northrop　政治家　元・米国上院議員（民主党）　国米国　生1908年6月19日　没1992年9月8日　現1996

バーディック, リディア　Burdick, Lydia　臨床心理士　国米国　現2008

バーディック, ロバート　Burdick, Robert　コンピューター技術者　wAppearances創業者・社長　国米国　現2004

バティック, ローランド　ジャズピアニスト, 作曲家　国オーストリア　現1996

ハディックス, ハービー　Haddix, Harvey　大リーグ選手　国米国　生1925年9月18日　没1994年1月8日　現1996

パティッツ, タチアナ　Patitz, Tatjana　モデル　国スウェーデン　現1992

ハディド, ザハ　Hadid, Zaha　建築家　国英国　生1950年10月31日　現1992／1996／2012

ハディド, ムサ　Hadid, Musa　政治家　ラマラ市長　国パレスチナ

バーディーニ, ティエリー　Bardini, Thierry　コミュニケーション学者　モントリオール大学コミュニケーション学部准教授　イノベーションの技法, 社会とコミュニケーションの技術　国フランス　現2004

バーディニ, ルー　音楽プロデューサー, 歌手　国米国　現2000

ハティビ, アブデルケビル　Khatibi, Abdelkebir　作家　ラバト大学文学部教授　国モロッコ　現2000

ハティーブ, ガッサン・アル　Khatib, Ghassan Al　社会学者　パレスチナ自治政府労働相, エルサレム・メディア通信センター代表　国パレスチナ　生1954年　現1992／2004／2008

ハーディーボーイズ, マイケル　Hardieboys, Michael　政治家, 裁判官　ニュージーランド総督　国ニュージーランド　生1931年10月6日　現2000／2004／2008

ハディマ, J.　Chadima, Jiri　画家　国チェコスロバキア　生1923年　現1992／1996

バーディマン, J.F.　テキストロン社長・最高執行責任者　国米国　現1992

ハーディマン, ローナン　Hardiman, Ronan　作曲家　国アイルランド　現2004／2008

ハーディモン, フェルダ　Hardymon, Felda　「プライベート・エクイティーケースと解説」の著者　現2008

バーティヤー, テージ・クリシャン　言語学者　シラキュース大学教授　現2004

パディラ, スタン　Padilla, Stan　編集者, イラストレーター　国米国　現2008

パディリア, グラツィエラ　Padilla, Graziela　ドイツ体育大学ケルン校エレメンタリーダンス専門課程指導者　現エレメンタリーダンス, 体操　生1939年　現2004

パディーリャ, エベルト　Padilla, Ebert　作家, 詩人　生1932年　没2000年9月25日　現1992

パーティル, スミター　映画女優　国インド　没1986年12月13日　現1992

パティル, プラティバ　Patil, Pratibha　本名=パティル, プラティバ・デビシン　政治家　インド大統領　国インド　生1934年12月19日　現2008／2012

バーディーン, ジョン　Bardeen, John　物理学者　元・イリノイ大学名誉教授　国米国　生1908年5月23日　没1991年1月30日　現1992

ハーディン, ミルトン・エドワード　Hardin, Milton Edward　カウンセラー　ピマ郡調停裁判所家族センター・カウンセラー　国米国　現2004

パティンキン, マーク　Patinkin, Mark　コラムニスト　国米国　現1992

パティンキン, マンディ　Patinkin, Manday　俳優　国米国　生1952年11月30日　現1996

ハーディング, ウィリアム　Harding, William Harry　作家　国米国　生1945年　現2000

ハーディング, ダグラス　Harding, Douglas E.　著述家　国英国　生1909年　現2004

ハーディング, ダニエル　Harding, Daniel　指揮者　スウェーデン放送交響楽団音楽監督, 新日本フィルハーモニー交響楽団客演指揮者　国英国　⊕1975年8月31日　⊛2000／2004／2008／2012

ハーディング, トーニャ　Harding, Tonya　スケート選手　国米国　⊕1970年11月20日　⊛1996／2000

ハーディング, ハリー　Harding, Harry　ジョージワシントン大学教授・国際関係学部長　⊚中国政治, 米中関係　国米国　⊕1946年　⊛1992／1996／2000

ハーディング, マット　Harding, Matt　独特の踊りの映像を動画投稿サイト「ユーチューブ」に投稿して話題を呼ぶ　国米国　⊛2012

バディングス, ヘンク　Badings, Henk Hermann　作曲家　アムステルダム音楽学校校長, ハーグ王立音楽院院長　国オランダ　⊕1907年1月17日　⊛1996

バーティンスキー, エドワード　Burtynsky, Edward　写真家　国カナダ　⊕1955年　⊛2012

パティンソン, ロバート　Pattinson, Robert　俳優　国英国　⊕1986年　⊛2012

ハーデカ, ヘレン　Hardacre, Helen　ハーバード大学東亜言語・文化学科教授　⊚日本の近現代宗教　国米国　⊕1949年　⊛1996

バーデキー, ナンシー　Bardacke, Nancy　助産婦　国米国　⊛1996

パデスキー, クリスティーン　Padesky, Christine A.　臨床心理学者　カリフォルニア大学アーバイン校医学部助教授　⊚鬱病, 認知療法　国米国　⊛2004／2008

バデスキュー, ラマウナ　Bádescu, Ramona　絵本作家, モデル, 女優　⊛2008

パーデック, アンドルー　Pardeck, Andrew M.　弁護士　国米国　⊕1968年　⊛2004

パーデック, ジョン　Pardeck, John T.　サウスウエスト・ミズーリ大学ソーシャルワーク学部教授　⊚ソーシャルワーク　国米国　⊛2004

バーデット, ジョン　Burdett, John　作家　国英国　⊛2000

ハテム, ジョージ　Hatem, George　中国名=馬海徳　皮膚科医師, 針灸専門家　元・中国衛生省顧問　国中国　⊕1910年　♱1988年10月3日　⊛1992

ハテム, モハマド　Hatem, Muhammad Abdul-Qadir　政治家　エジプト国家評議会特別議長　元・エジプト副首相　国エジプト　⊕1918年　⊛1992

ハデム, ラスール　Khadem, Rasul　レスリング選手 (フリースタイル)　国イラン　⊕1972年2月17日　⊛2000

バトゥ, エリック　Battut, Eric　絵本作家　国フランス　⊕1968年　⊛2004／2008

バーデュー, ルイス　Perdue, Lewis　作家　国米国　⊕1950年　⊛1996

バデリー, アーロン　Baddeley, Aaron　プロゴルファー　国オーストラリア　⊕1981年3月17日　⊛2000／2004／2008／2012

バーデリー, マルリース　Bardeli, Marlies　放送作家, 教師　国ドイツ　⊛1992

パテリ・グラボフスカ, アリツィア　Patej-Grabowska, Alicja　詩人　青年作家通信クラブ会員　国ポーランド　⊕1939年　⊛1992

バテリシナ, ヤナ　Batyrchina, Yana　スポーツキャスター, 元・新体操選手　国ロシア　⊕1979年10月7日　⊛1996／2004

パデリナ, ナタリア　Paderina, Natalia　射撃選手 (ピストル)　北京五輪射撃女子エアピストル銀メダリスト　国ロシア　⊕1975年11月1日　⊛2012

パテル, インドプラスド・ゴルダンバイ　Patel, Indraprasad Gordhanbhai　エコノミスト　元・インド中央銀行総裁, 元・ロンドン・スクール・オブ・エコノミクス (LSE) ディレクター　国インド　⊕1924年11月11日　♱2005年7月17日　⊛1996／2000

バーテル, スーザン　Bartell, Susan S.　児童青年心理学者, 医師　⊚子育て関連問題　国米国　⊛2008

バーデル, ドミニーク　実業家　エッソ石油社長, モービル石油社長・会長　国フランス　⊛2000

バデール, ナタリー　Bader, Natalie　実業家　フレッドCEO　国フランス　⊕1963年　⊛2012

パテル, ムケシ　税務・投資コンサルタント　日印協会事務局長, アーメダバード大学客員教授　国インド　⊛1992

バーテルス, サラ　Bertels, Sarah　絵本作家, 社会福祉活動家　国オーストラリア　⊕1961年　⊛1996

バーテルマン, クリスティアン　ドイツ教育研究技術省・エネルギー環境局次長　国ドイツ　⊛1992

バーデン, クリス　Burden, Chris　パフォーマンス・アーティスト, インスタレーション・アーティスト　国米国　⊛1992

ハーデン, ジェームズ　Harden, James　バスケットボール選手　国米国　⊕1989年8月26日

ハーデン, ドナルド　Harden, Donald Benjamin　元・ロンドン博物館館長　⊚古代ガラス　国英国　⊕1901年7月8日　⊛1996

ハーデン, マーシャ・ゲイ　Harden, Marcia Gay　女優　国米国　⊕1959年8月14日　⊛2012

バーデンス, デニス　Bardens, Dennis　ジャーナリスト, 心霊研究家　国英国　⊛1992

ハーテンスタイン, エディ・W.　実業家　米国ディレクTV社長, ヒューズ・エレクトロニクス副社長　国米国　⊛2000

パテント, アーノルド　Patent, Arnold M.　著述家, 講演家　国米国　⊛2008

ハーデンベルガー, ホーカン　Hardenberger, Håkan　トランペット奏者　国スウェーデン　⊕1961年　⊛1992

バーデンホップ, チャーリー・T.　アラティ社長　国米国　⊕1948年　⊛1996

パト, アレシャンドレ　Pato, Alexandre　本名=ロドリゲス・ダシウバ, アレシャンドレ　サッカー選手 (FW)　ロンドン五輪サッカー男子銀メダリスト　国ブラジル　⊕1989年9月2日　⊛2012

ハート, アン　Hart, Anne　作家　ニューファンドランド記念大学図書館司書　国カナダ　⊛2000

バード, アントニア　Bird, Antonia　映画監督　国英国　⊕1951年5月27日　♱2013年10月24日　⊛2004／2008

ハート, アンナ　Hart, Anna　エキスパート・システム開発コンサルタント　ランカシャー・ポリテクニック (工芸大学) 講師　国英国　⊛1992

ハート, イアン　Hart, Ian　俳優　⊕1964年10月8日　⊛1996

ハート, イアン　Harte, Ian　サッカー選手 (DF)　国アイルランド　⊕1977年8月31日　⊛2004／2008

ハート, イブリン　Hart, Evelyn　バレリーナ　元・ロイヤル・ウィニペグ・バレエ団 (RWB) プリンシパル　国カナダ　⊕1956年　⊛1996／2000／2008／2012

ハート, ウィリアム　Hurt, William　俳優　国米国　⊕1950年3月20日　⊛1992／1996／2000／2004／2008／2012

ハート, ウィリアム　版画家　国オーストラリア　⊕1963年　⊛2000

バード, ウィリアム・J.　メモリアル・ドライブ・コンサルタンツ・インク (MDCI) 社長　国米国　⊛1992

ハート, オリバー　Hart, Oliver　ハーバード大学教授　⊚経済学　⊕1948年　⊛2000

バート, ガイ　Burt, Guy　作家　⊕1972年　⊛2000

ハート, キャロリン　Hart, Carolyn G.　作家　国米国　⊕1936年　⊛1996／2004／2008／2012

ハート, ギルバート　Herdt, Gilbert　人類学者　サンフランシスコ州立大学教授　⊚ジェンダー研究　⊛2004

バード, クリス　Byrd, Chris　本名=Byrd,Chris Cornelius　プロボクサー　元・IBF世界ヘビー級チャンピオン, 元・WBO世界ヘビー級チャンピオン　バルセロナ五輪ボクシング・ミドル級銀メダリスト　国米国　⊕1970年8月15日　⊛2008

ハート, クリストファー　Hart, Christopher　ライター, 脚本家, コミックアーティスト　国米国　⊛2000

バード, クリストファー　Bird, Christopher　⊚生物学, ソビエト文化研究　国米国　⊕1928年　⊛2000

バード, ゲイル　Bird, Gail　ジュエリーデザイナー　国米国　⊕1950年　⊛1992

ハード, ゲイル・アン　Hurd, Gale Anne　映画プロデューサー

国米国 生1955年10月25日 収1992

ハート, ゲーリー　Hart, Gary W.　旧名=ハートペンス, ゲーリー　元・米国上院議員(民主党)　国米国　生1937年11月28日　収1992／1996

ハート, コリー　Hart, Corey　ロック歌手　国カナダ　生1962年5月31日　収1992／1996

ハード, サッチャー　Hurd, Thacher　絵本作家　カリフォルニア美術工芸大学　国米国　収1992／1996

ハート, ジェシカ　Hart, Jessica　ロマンス作家　国英国　収2004

バード, ジャクリーン　Baird, Jacqueline　ロマンス作家　国英国　収2004

バート, ジョージ　Burt, George　経営学者　収2004／2008

ハート, ジョゼフィン　Hart, Josephine　作家, 演劇プロデューサー　収1996／2000

ハート, ジョン　Hart, John　ラグビー監督　国ニュージーランド　生1945年12月6日　収2000

ハート, ジョン　Harte, John　カリフォルニア大学バークレー校教授, 米国自然科学協会特別研究員　専エネルギー資源学　国米国　生1939年　収2000

ハート, ジョン　Hurt, John　俳優　国英国　生1940年1月22日　収2000／2004／2008／2012

バード, ジョン　Bird, John　出版業者　ビッグイシュー共同創設者　元・「ビッグ・イシュー」編集長　国英国　生1946年　収2000／2008／2012

ハード, ダグラス　Hurd, Douglas Richard　別名=Hurd of Westwell　政治家　英国上院議員(保守党)　元・英国外相　国英国　生1930年3月8日　収1992／1996／2000／2008／2012

バード, チャーリー　ジャーナリスト　アイルランド国営放送(RTE)記者　国アイルランド　収2000

ハート, チャールズ　Hart, Charles　米国自閉症協会　国米国　生1940年　収1996

ハート, デール　Hardt, Dale V.　ウィスコンシン大学教授　専死の研究　国米国　生1946年　収1996

パート, ニール　Peart, Neil　グループ名=ラッシュ　ミュージシャン　国カナダ　生1952年9月12日　収2012

ハート, ハーバート　Hart, Herbert Lionel Adolphus　法理学者, 刑法学者　元・オックスフォード大学法理学教授, 元・ブレイズノーズ・カレッジ学長　専法哲学, 法解釈学　国英国　生1907年7月18日　没1992年12月19日　収1992

ハート, ハービー　Hart, Harvey　テレビ監督　国カナダ　生1928年3月19日　没1989年11月21日　収1992

ハート, ハロルド　Hart, Harold　有機化学者　ミシガン州立大学名誉教授　国米国　収2004

バード, ピア　Bird, Vere Cornwall　政治家　元・アンティグアバーブーダ首相・国防相　国アンティグアバーブーダ　生1909年12月9日　没1999年6月28日　収1992／1996

バード, ビバリー　Bird, Beverly　ロマンス作家　国米国　収2008

バード, ブラッド　Bird, Brad　アニメーション監督, 映画監督　国米国　生1957年　収2004／2008／2012

ハート, フランク　コンピュータ科学者　国米国　生1930年　収2004

ハート, ブレット　Hart, Bret　元・プロレスラー　国カナダ　生1958年7月2日　収2000／2004

ハート, ペニー　Hart, Penny　園芸家, 元・記者　国英国　収2004

ハート, ベンジャミン　Hart, Benjamin L.　動物行動学者　カリフォルニア大学デービス校獣医学部教授　専動物の問題行動　国米国　収2004

ハート, マイケル　Hart, Michael H.　SASC上級研究者　専天文学　国米国　収1992

ハート, マイケル　Hardt, Michael　文学者　デューク大学助教授　専比較文学　国米国　生1960年　収2004／2008／2012

パト, マイケル　Patto, Michael　ロック歌手　国英国　生1968年　収1992

ハート, マシュー　Hart, Matthew　ダイヤモンドジャーナリスト　「ラパポート・ダイヤモンド・レポート」記者　国米国　収2004

バド, マシュー　Budd, Matthew　医学者　ハーバード大学医学部助教授　国米国　収2004

バード, マックス　Byrd, Max　ミステリー作家　国米国　収1996

ハート, マリオン　冒険飛行家　国米国　生1890年7月2日　収1992

ハート, ミッキー　Hart, Mickey　旧グループ名=グレイトフル・デッド　ロックドラマー　国米国　生1943年9月11日　収1996／2004／2008

バード, ユージン　警察官　アイルトン警察署長　国米国　収2000

バード, ラリー　Bird, Larry　バスケットボール監督, 元・バスケットボール選手　国米国　生1956年12月7日　収1996／2000

ハート, リジー　Hart, Lizzie　別名=ヘインズ, キャロリン　作家　国米国　収2004

バート, リチャード　Burt, Richard R.　外交官　元・米ソ包括軍縮交渉米国首席代表, 元・駐西ドイツ米国大使　国米国　生1947年2月3日　収1992／1996

ハート, リネット　Hart, Lynette A.　カリフォルニア州立大学デビス校獣医学部助教授　専動物学, 動物行動学　国米国　収1996

ハート, ルイーズ　Hart, Louise　心理学者　専セルフ・エスティーム　国米国　収2004

バート, ルディガー　ヘキストジャパン社長　収1996／2000

バード, レイチェル　Bard, Rachel　著述家　国米国　収2000

バード, レスター　Bird, Lester Bryant　政治家　元・アンティグアバーブーダ首相　国アンティグアバーブーダ　生1938年2月21日　収2000／2004／2008

ハート, ロジャー　Hart, Roger A.　心理学者　ニューヨーク州立大学教授　専発達心理学, 環境心理学　国米国　生1947年　収2004／2008

バード, ロバート・カーライル　Byrd, Robert Carlyle　政治家　元・米国上院議員(民主党)　国米国　生1917年11月20日　没2010年6月28日　収1992／1996／2000

パドア・スキオッパ, トマゾ　Padoa-Schioppa, Tommaso　政治家　元・イタリア経済財務相, 元・欧州中央銀行(ECB)理事　国イタリア　生1940年7月23日　没2010年12月18日　収2008

パドアン, G.　Padoan, Gianni　児童文学作家　国イタリア　生1927年　収1992

パドアン, ピエール・カルロ　Padoan, Pier Carlo　エコノミスト　経済協力開発機構(OECD)副事務総長・チーフエコノミスト　国イタリア　収2012

バドゥ, エリカ　Badu, Erykah　歌手, 女優　国米国　生1972年　収2000／2004／2008

バートゥ, フリードマン　Bartu, Friedemann　ジャーナリスト　「ノイエ・チューリヒャー・ツァイトゥング」紙記者　国スイス　生1950年　収1996

パドヴァーニ, セレーナ　Padovani, Serena　ピッティ宮パラティーナ美術館副館長　国イタリア　収2000

ハートヴィ, キアステン　Hartvig, Kirsten　料理研究家　収2008

バドウィグ, ロバート　Budwig, Robert　グラフィック・デザイナー, インダストリアル・デザイナー　国コロンビア　収2000

バートウィスル, ハリソン　Birtwistle, Harrison　作曲家　国英国　生1934年7月15日

ハードウィック, エドワード　Hardwicke, Edward　本名=Hardwicke,Edward Cedric　俳優　国英国　生1932年8月7日　没2011年5月16日

ハードウィック, エリザベス　Hardwick, Elizabeth　ジャーナリスト, 作家　元・コロンビア大学大学院教養学部教授　国米国　生1916年7月27日　没2007年12月2日　収1992

ハードウィック, キース　音楽技師　国英国　生1924年　収1996

ハードウィック, デレク　元・国際テニス連盟(ITF)会長　国英国　没1987年5月27日　収1992

ハードウィック, マイケル　Hardwick, Michael　本名=Hardwick, Michael John Drinkrow　作家, 脚本家　国英国　生1924年9月10日　没1991年3月　収1992

ハードウィック, リチャード　Hardwick, Richard　推理作家　国米

ハートウェル, リーランド Hartwell, Leland H. 遺伝学者 フレッド・ハッチンソンがん研究センター所長 ⑲米国 ㊛1939年10月30日 ㊗2004／2008／2012

バドゥスキー, ロザンヌ Badowski, Rosanne コンサルタント ㊗2008

ハード・ウッド, レイチェル Hurd-Wood, Rachel 女優 ⑲英国 ㊛1990年8月17日 ㊗2008／2012

バドゥラ・スコダ, パウル Badura-Skoda, Paul ピアニスト ⑲オーストリア ㊛1927年10月6日 ㊗1992／2004／2008／2012

バドゥリ, アミト Bhaduri, Amit 経済学者 ネルー大学教授 ㊗2000

バトゥーリン, ユーリー Baturin, Yurii Mikhailovich 法学者,科学者 元・ロシア大統領補佐官（国家安全保障担当）,元・ロシア国防会議書記 ⑲ロシア ㊛1949年6月12日 ㊗1996／2004

ハートゥング, ウィリアム Hartung, William D. 軍事経済専門家 ニューアメリカ財団アメリカ戦略プログラム上級リサーチフェロー ⑲米国 ㊗2008

バトゥンバカル, ブリヒド Batungbakal, Brigido C. 作家 ⑲フィリピン ㊛1910年5月5日 ㊗1992

ハートキー, ジェイソン Hardtke, Jason Robert 大リーグ選手（内野手）,元・プロ野球選手 ⑲米国 ㊛1971年9月15日 ㊗2004

ハドキンソン, マーク Hodkinson, Mark ライター ⑲英国 ㊛1965年 ㊗1996

ハートグレイブス, ディーン 元・プロ野球選手 ⑲米国 ㊛1966年8月12日 ㊗2000

バートシック, フランク（Jr.） Vertosick, Frank T.（Jr.） 医師 ㊨脳神経外科 ㊗2008

ハドスン, グラディス Hudson, Gladys W. サクセス・モティベーション・インスティテュート（SMI）社長 ㊛1926年 ㊗2000

ハートソー, デービッド Hartsough, David 平和運動家 グローバル非暴力平和隊共同ディレクター ⑲米国 ㊗2004／2008

ハドソン, ウィリアム Hudson, William E. プロビデンス・カレッジ政治学部教授 ㊨政治学 ⑲米国 ㊗2000

ハドソン, ウォルター 体重世界一 ⑲米国 ㊛1991年12月24日 ㊗1996

ハドソン, エマヌエル スポーツ代理人 HSI代表 ⑲米国 ㊛1956年1月8日 ㊗2004

ハドソン, オーランド Hudson, Orlando 本名=Hudson,Orlando Thill 大リーグ選手（内野手） ⑲米国 ㊛1977年12月12日

ハドソン, カート Hudson, Kurt 「MCSEスキルチェック問題集」の著者 ㊗2008

ハドソン, ケイト Hudson, Kate 女優 ⑲米国 ㊛1979年4月19日 ㊗2004／2008／2012

ハドソン, ゲイブ Hudson, Gabe 作家 ⑲米国 ㊗2004／2008

ハドソン, ジェニファー Hudson, Jennifer 本名=Hudson,Jennifer Kate 歌手,女優 ⑲米国 ㊛1981年9月12日 ㊗2008／2012

ハドソン, ジェームズ Hudson, James ジャーナリスト 「ニューヨーク・タイムズ」国際版編集者 ⑲米国 ㊗1992

ハドソン, ジャン Hudson, Jan ロマンス作家,心理学者 ㊗2004

ハドソン, ジュリー Hudson, Julie 大英博物館専門学芸員 ㊗2008

ハトソン, ショーン Hutson, Shaun 筆名=タイラー,フランク,ブレイク,ニック,クルーガー,ウルフ,ビショップ,サミュエル・P.,ネビル,ロバート,ロストフ,ステファン,ハワード,リチャード 作家 ⑲英国 ㊛1958年9月23日 ㊗2004

ハドソン, ダニエル Hudson, Daniel 本名=Hudson,Daniel Clairborne 大リーグ選手（投手） ⑲米国 ㊛1987年3月9日

ハドソン, ティム Hudson, Tim 本名=Hudson,Timothy Adam 大リーグ選手（投手） ⑲米国 ㊛1975年7月14日 ㊗2004／2008／2012

ハドソン, ドーン Hudson, Dawn 実業家 北米ペプシコーラ社長・CEO ⑲米国 ㊗2008／2012

ハドソン, パット Hudson, Pat リバプール大学上級講師 ㊨経済学 ⑲英国 ㊗1992

ハドソン, ヒュー Hudson, Hugh 映画監督 ⑲英国 ㊛1936年 ㊗1992／1996

ハドソン, マイケル Hudson, Michael 経済学者 ミズーリ大学名誉教授 ⑲米国 ㊛1939年 ㊗2004

バトソン, マシュー Butson, Mathew スキー選手（アルペン） ⑲ニュージーランド ㊛1973年7月20日 ㊗2000

ハドソン, ラス Hudson, Rus エニアグラム研究家 エニアグラム・パーソナリティー・タイプ専務 ㊗2004

ハドソン, ロック Hudson, Rock 本名=Scherer,Roy,Jr. 俳優 ⑲米国 ㊛1925年11月17日 ㊙1985年10月2日 ㊗1992

ハドック, アン Hudock, Ann C. NGO研究者 ㊗2004

パトック, サイモン Puttock, Simon 絵本作家 ㊗2004

パトッシ, ペリクル Patocchi, Pericle 詩人 ⑲スイス ㊛1911年 ㊗1992

ハート・デービス, アダム Hart Davis, Adam テレビプロデューサー ㊨科学 ⑲英国 ㊛1943年 ㊗2000／2012

バドナー, エレナ Bodnar, Elena 防災ブラジャーの開発者 ⑲米国 ㊗2012

ハートナー, ローナ Harther, Rona 女優,歌手 ⑲ルーマニア ㊛1973年3月9日 ㊗2000

バトナサン, ツォードル プロボクサー ⑲モンゴル ㊛1971年2月5日 ㊗2000

ハートナック, ユストゥス Hartnack, Justus オルフス大学名誉教授 ㊨哲学 ⑲デンマーク ㊛1912年5月29日 ㊗1992

パトナム, ヒラリー Putnam, Hilary 哲学者 ハーバード大学名誉教授 ⑲米国 ㊛1926年7月31日 ㊗1996／2008

パトナム, フランク Putnam, Frank W 精神科医 シンシナティこども病院附属メイヤーソン・センター所長 ㊨多重人格,児童虐待 ㊗2004

ハートニー, エレノア 美術評論家 ⑲米国 ㊛1954年 ㊗2000

バドニー, ジェレミー・P. デ・ビアス社ボード・ディレクター ⑲英国 ㊗2000

バドニック, ビクター Budnik, Victor 写真家 ⑲米国 ㊗1992

バドニッツ, ジュディ Budnitz, Judy 作家 ⑲米国 ㊗2004

ハートネット, ジョシュ Hartnett, Josh 俳優 ⑲米国 ㊛1978年7月21日 ㊗2000／2004／2008／2012

ハートネット, ソーニャ Hartnett, Sonya 作家 ㊛1968年 ㊗2008／2012

パートノイ, フランク Partnoy, Frank サンディエゴ大学助教授 ㊨金融学 ⑲米国 ㊛1967年 ㊗2000

ハトハコン 巴図巴根 内蒙古自治区人民代表大会常務委員会主任 元・中国共産党中央委員候補 ⑲中国 ㊛1924年 ㊗1996

バトバヤル, ツェデンダムビーン Batbayar, Tsedendambyn モンゴル科学アカデミー東洋学国際関係研究所所長 ㊨アジア現代史 ⑲モンゴル ㊛1957年 ㊗2008

バトフ, パーヴェル Batov, Pavel I. 軍人 元・ソ連最高会議代議員・上級大将 ⑲ソ連 ㊙1985年4月 ㊗1992

バトボルド, スフバートリン Batbold, Sükhbaataryn 政治家 元・モンゴル首相 ⑲モンゴル ㊛1963年6月24日 ㊗2012

ハートマン, D.H. Hartmann, Dieter H. クレムソン大学 ㊨天文学 ⑲米国 ㊗2000

ハードマン, アラン Herdman, Alan エクササイズトレーナー・インストラクター ㊨ピラーティス法 ㊗2004

ハートマン, ウェンディ Hartmann, Wendy 絵本作家 ㊗2004

ハートマン, エリザベス Hartman, Elizabeth 女優 ⑲米国 ㊛1944年12月23日 ㊙1987年6月10日 ㊗1992

ハートマン, クレイグ Hartman, Craig W. 建築家 SOM取締役 ⑲米国 ㊗2000

ハートマン, トーマス Hartman, Thomas テレビ・ラジオディレクター,神父,作家 ⑲米国 ㊗2004

ハートマン, トム　Hartmann, Thom　セラピスト, 作家　[専]注意力欠乏障害(ADD)　[国]米国　[典]2004

バトマングリ, ロスタム　Batmanglij, Rostam　グループ名=バンパイア・ウィークエンド　ミュージシャン　[国]米国　[生]1983年　[典]2012

バトムンフ, ジャムビン　Batmunkh, Jambyn　政治家　元・モンゴル首相, 元・モンゴル人民大会幹部会議長, 元・モンゴル人民革命党書記長　[国]モンゴル　[生]1926年3月10日　[没]1997年5月14日　[典]1992／1996

ハドラー, アド　Hudler, Ad　作家　[典]2004

バトラー, アントニー・A.　元・日本アップジョン社長　[国]英国　[典]1992／1996

バトラー, エイモン　Butler, Eamonn　アダム・スミス研究所理事　[国]英国　[生]1952年　[典]1992

バトラー, エドガー　Butler, Edgar W.　社会学者　カリフォルニア大学リバーサイド校社会学名誉教授　[国]米国　[典]2008

バトラー, オクテービア　Butler, Octavia E.　SF作家　[国]米国　[生]1947年6月22日　[典]1996

バトラー, グウェンドリン　別筆名=メルビル, ジェニー　ミステリー作家　[国]英国　[典]1996

バトラー, ケネス　Butler, Kenneth D.　国際ビジネス・コンサルタント　バトラー・コンサルティング社長　[国]米国　[生]1930年　[典]1996

バトラー, ジェラルド　Butler, Gerard　俳優　[国]英国　[生]1969年11月13日　[典]2008／2012

バトラー, ジェレミー　Butler, Jeremy　マイクロソフト上席副社長・国際部門担当　[国]カナダ　[生]1943年12月　[典]1992

バトラー, ジャック　Butler, Jack　作家　[国]米国　[生]1944年　[典]2004

バトラー, ジュディス　Butler, Judith　哲学者　カリフォルニア大学バークレー校教授　[専]修辞学, 比較文学　[国]米国　[生]1956年　[典]2004／2008

バトラー, ジョン　Batler, John　心理療法士, 催眠療法士　ロンドン大学キングス・カレッジ助教授　[典]2008

バトラー, ジョン　Butler, John　グループ名=ジョン・バトラー・トリオ　ミュージシャン　[国]米国　[生]1975年4月1日　[典]2012

バトラー, ジョン・B.　実業家　日本ランズエンド社長　[国]米国　[典]2000

バトラー, ダニエル・アレン　Butler, Daniel Allen　フリーライター　[専]タイタニック号　[国]米国　[典]2000

バトラー, ティモシー　Butler, Timothy　コンサルタント, 心理学者　[国]米国　[典]2004

ハドラー, テリー　Hadler, Terry　イラストレーター　[典]2004

バトラー, ドロシー　Butler, Dorothy　評論家, 読書教育家, 児童文学者　[国]ニュージーランド　[生]1925年　[典]1996

バトラー, ピーター　実業家　ハーミーズ・レンズ・アセット・マネジメント(HLAM) CEO　[国]英国　[典]2004

バトラー, ビリー　Butler, Billy　本名=Butler,Billy Ray　大リーグ選手(内野手)　[国]米国　[生]1986年4月18日

バトラー, ブレット　Butler, Brett Morgan　元・大リーグ選手　[国]米国　[生]1957年6月15日　[典]2000

バトラ, プロモード　Batra, Promod　経営コンサルタント　[国]インド　[典]2000

バトラー, ヤンシー　Butler, Yoncy　女優　[国]米国　[典]2000

バトラ, ラビ　Batra, Ravi　経済学者　サザン・メソジスト大学教授　[専]国際貿易論　[生]1943年　[典]1996／2000

バトラー, リー　核兵器廃絶運動家, 元・軍人　元・米国戦略空軍司令官　[国]米国　[典]2000

バトラー, リチャード　Butler, Richard Austen　政治家　元・英国蔵相, 元・ケンブリッジ大学トリニティ・カレッジ学長　[国]英国　[生]1902年12月9日　[没]1982年3月8日　[典]1992

バトラー, リチャード　Butler, Richard　元・外交官　米国外交評議会　元・国連大量破壊兵器廃棄特別委員会(UNSCOM)委員長　[国]オーストラリア　[典]2000

ハドラー, レックス　Hudler, Rex　元・大リーグ選手　[国]米国　[生]1960年9月2日　[典]1996／2000

バトラー, ロバート　Butler, Robert Neil　老年学者　元・米国国際長寿センター(ILC)創設者　[国]米国　[生]1927年1月21日　[没]2010年7月4日　[典]1992／1996／2000

バトラー, ロバート　Butler, Robert Olen　作家　マクニース州立大学教授　[国]米国　[生]1945年　[典]1996／2004

ハートライン, ハルダン　Hartline, Haldan Keffer　生理学者　元・ロックフェラー研究所教授　[国]米国　[生]1903年12月22日　[没]1983年3月18日　[典]1992

バートラム, クリストフ　Bertram, Christoph　外交・軍事評論家　ドイツ国際政治安全保障研究所所長　[専]欧州戦略問題, 国際政治評論　[国]ドイツ　[生]1937年　[典]1992／1996／2000／2004／2008

バドラン, ムダル　Badran, Mudar　政治家　元・ヨルダン首相　[国]ヨルダン　[生]1934年　[典]1992

ハートランド, マイケル　Hartland, Michael　作家, 元・外交官　[国]英国　[典]1992／1996

バートランド, マイケル　Bertrand, Michael T.　歴史学者　ミシシッピ大学客員教授　[専]アメリカ南部史, 現代アメリカ史　[国]米国　[典]2004

ハートリー, スー　Hartley, Sue　生態学者　サセックス大学教授　[専]生物学, 科学実験　[国]英国　[典]2012

ハドリー, スティーブン　Hadley, Stephen J.　弁護士　元・米国大統領補佐官(国家安全保障問題担当)　[国]米国　[生]1947年2月13日　[典]2008／2012

ハトリー, ハリー　アーバン・インスティチュート研究員　[国]米国　[典]2000

ハートリー, ハル　Hartley, Hal　映画監督　[国]米国　[生]1959年11月3日　[典]1996／2000

パトリ, ピエロ　建築家　先端技術システム研究委員会会長　元・サンフランシスコ市都市計画委員会委員長　[国]米国　[典]1992

ハートリー, フレッド・ロイド　Hartley, Fred Lloyd　元・ユノカル会長, 元・米国石油協会会長　[国]米国　[生]1917年1月16日　[没]1990年10月19日　[典]1992

パトリチェフ, ニコライ　Patolichev, Nikolai Semenovich　政治家　元・ソ連外国貿易相　[国]ソ連　[生]1908年9月23日　[没]1989年12月　[典]1992

パトリック, G.J.　ジャーナリスト　[国]英国　[生]1954年　[典]1996

バトリック, エリザベス　Battrick, Elizabeth　作家　[国]英国　[生]1922年　[典]1996

パトリック, サンドラ　Patrick, Sandra Farmer　陸上選手(障害)　[国]米国　[生]1962年8月18日　[典]1996／2000

パトリック, ジェイソン　Patrick, Jason　俳優　[国]米国　[生]1966年　[典]2000

パトリック, ジョン　Patrick, John　本名=Goggan,John Patrick　脚本家, 作家　[国]米国　[生]1905年5月17日　[没]1995年11月7日(発見)　[典]1996

パトリック, ジョン　Patrick, John　バスケットボールコーチ, 元・バスケットボール選手　[国]米国　[生]1968年2月29日　[典]2004／2008／2012

パトリック, ダニカ　Patrick, Danica　レーシングドライバー　[国]米国　[生]1982年3月25日　[典]2008／2012

パトリック, ヒュー　Patrick, Hugh T.　経済学者　コロンビア大学名誉教授　[専]日本経済　[国]米国　[生]1930年　[典]1992／1996／2000／2004／2008

パトリック, ロバート　Patrick, Robert　俳優　[国]米国　[生]1960年　[典]1996

パートリッジ, アンディ　Partridge, Andy　グループ名=XTC　ミュージシャン　[国]英国　[生]1953年11月11日　[典]2000／2008／2012

パートリッジ, ジェームズ　Partridge, James　チェンジング・フェイス代表　[国]英国　[典]2004

パトリド, パラスケビ　Patoulidou, Paraskevi　陸上選手(短距離・

ハ

障害) 国ギリシャ 典1996

ハートル, ウォルター Hirtle, Walter H. ラバール大学教授 専言語学,英語学 国カナダ 生1927年 典1996

バトル, キャスリーン Battle, Kathleen ソプラノ歌手 国米国 生1948年 典1992／1996／2004／2008

ハードル, クリント Hurdle, Clint 本名=Hurdle,Clinton Merrick 大リーグ監督,元・大リーグ選手 国米国 生1957年7月30日 典2008／2012

バトル, ジェフリー Buttle, Jeffrey 通称=バトル,ジェフ 元・フィギュアスケート選手 トリノ五輪フィギュアスケート男子シングル銅メダリスト 国カナダ 生1982年9月1日

ハドル, デービッド Huddle, David 作家 国米国 典2004

ハドル, ノリ Huddle, Norie ベストゲーム創始者,CNNS（新安全保障センター）代表 国米国 典2004

バトル, ハワード Battle, Howard プロ野球選手(内野手),元・大リーグ選手 国米国 生1972年3月25日 典2004

ハートル, フランツウルリヒ Hartl, Franz-Ulrich 生化学者 マックス・プランク生化学研究所所長 国ドイツ 生1957年3月10日 典2012

バトル, ルーシャス Battle, Lucius Durham 外交官 元・ハーバード大学中東研究所理事長 国中東問題 国米国 生1918年6月1日 没2008年5月13日 典1992／1996

ハドルストン, ジャクソン(Jr.) Huddleston, Jackson N.(Jr.) 経営コンサルタント 国米国 生1938年 典1996

ハートレー, アンソニー ジャーナリスト 「エンカウンター」誌編集長 国EC問題 国英国 典1992

ハドレー, エレノア Hadley, Eleanor Martha エコノミスト 元・GHQ民政局財閥担当調査官 国米国 生1916年7月17日 典1996

ハートレー, フランク Hartley, Frank Robinson 化学者 クランフィールド大学学長 専有機金属化学 国英国 生1942年1月29日 典2004／2008

バートレイ, ダイアナ Bartley, Diana コンピューター技術者 典2004

ハートレイ・レオナード, ダリル Hartley-leonard, Darryl ハイアット・ホテルズ・コーポレーション社長 国米国 典1992／1996 （ハートリー・レオナード, ダリル）

パトレーゼ, リカルド Patrese, Riccardo F1ドライバー 国イタリア 生1954年4月17日 典1992／1996／2000

バートレット, アトランタ Bartlett, Atlanta スタイリスト 「Red」インテリア・エディター 典2004

バートレット, アラン Bartlett, Alan F. 経営学者,ノンフィクション作家 典2004

バートレット, アリソン Bartlett, Alison 絵本画家 国英国 典2004

バートレット, サラ Bartlett, Sarah 占星術師,ライター 典2004

バートレット, ジェニファー Bartlett, Jennifer 画家 生1941年 典1996

バートレット, ジョン Bartlett, John ファッションデザイナー 国米国 生1966年 典2000

バートレット, ニール Bartlett, Neil 化学者 カリフォルニア大学教授 国英国 生1932年9月15日 典1996

バートレット, ホール Bartlett, Hall 映画監督 国米国 生1922年11月27日 没1993年9月8日 典1996

バートレット, ロバート Bartlett, Robert 歴史学者 セント・アンドリューズ大学教授 専中世史 典2004／2008

バドロック, マイク Badrocke, Mike イラストレーター 国英国 典2004

パトロン, スーザン Patron, Susan 児童文学作家 国米国 生1948年 典2012

パドロン, フスト・ホルヘ Padrón, Just Jorge 詩人,作家,評論家 元・スペイン・ペンクラブ総書記 国スペイン 生1943年 典2004／2008

パドワ, リネッテ Padwa, Lynette 作家 典2004

バドン Vadão 本名=アウバレス,オズバウド・フメイロ サッカー監督 国ブラジル 生1956年8月21日 典2008／2012

バードン, エリック Burdon, Eric グループ名=ニュー・アニマルズ,旧・グループ名=アニマルズ ロック歌手 国英国 生1941年 典2000

バートン, グレッグ カヌー選手 国米国 典1992

バートン, ジェイク バートン・スノーボード社長 典2000

バートン, ジェームズ ロック・ギタリスト 国米国 生1940年8月21日 典1992

バートン, ジェーン Burton, Jane 写真家,絵本作家 国英国 生1933年 典1996

バトン, ジェンソン Button, Jenson 本名=バトン,ジェンソン・アレクサンダー・リオン F1ドライバー 国英国 生1980年1月19日 典2008／2012

パードン, ジャック Purdum, Jack Ecosoft社長 専コンピュータ・プログラミング,C言語,BASIC 国米国 典1996

バートン, ジョナサン Burton, Jonathan 金融ジャーナリスト 典2004

バートン, ジョン Barton, John Bernard Adie 演出家 ロイヤル・シェイクスピア劇団(RSC)アドバイザリー・ディレクター 国英国 生1928年11月26日 典2004／2008／2012

バトン, ジョン Button, John 本名=Button,John Norman 政治家,作家 元・オーストラリア産業・技術・商業相 国オーストラリア 生1932年6月30日 没2008年4月8日 典1992

バートン, ジル Barton, Jill 挿絵画家 典2004

バトン, ダイアン Button, Diane 「レターボックス」の共著者 国米国 典2004／2008

バートン, ダン Verton, Dan ジャーナリスト 「コンピュータワールド」上級ライター 国米国 典2008

バートン, ディオン Burton, Deon サッカー選手(FW) 国英国 生1976年10月25日 典2000

バートン, ティム Burton, Tim 本名=バートン,ティモシー・ウィリアム 映画監督,脚本家,アニメーション監督 生1958年8月25日 典1992（ティム, バートン／バートン, ティム)／1996／2000／2004／2008／2012

バートン, デレク Barton, Derek Harold Richard 有機化学者 国英国 生1918年9月18日 没1998年3月16日 典1992／1996

バートン, トーマス Barton, Thomas L. 会計士 北フロリダ大学KPMG会計学リサーチフェロー 国米国 典2008

パートン, ドリー Parton, Dolly 本名=Parton,Dolly Rebecca シンガー・ソングライター 国米国 生1946年1月19日 典2004／2008／2012

バートン, バイロン Barton, Byron 絵本作家 国米国 生1930年 典1992／1996／2000

バートン, ビバリー Barton, Beverly 本名=Beaver,Beverly Marie Inman ロマンス作家 国米国 生1946年12月23日 没2011年4月21日 典2008

バートン, ブランディー Burton, Brandie プロゴルファー 国米国 生1972年1月8日 典2000

バトン, マーク Button, Mark 「レターボックス」の共著者 国米国 典2004／2008

バートン, ミーシャ Barton, Mischa 女優 生1986年1月24日 典2004／2008／2012

バートン, モーリス Burton, Maurice 動物学者 国英国 生1898年3月26日 典1992

バートン, リチャード Burton, Richard 本名=ジェンキンズ,リチャード 俳優 国英国 生1925年11月10日 没1984年8月5日 典1992

バートン, レン Barton, Len 教育学者 シェフィールド大学教育学部インクルーシブ教育研究センター長 国英国 典2004／2008

バートン, ロジャー・ケネス スタイリスト 国英国 典1996

バートン, ロバート Burton, Robert Earl 「自己想起―第四の道の教え」の著者 国米国 典2004

バートン・ジョーンズ, アラン　Burton-Jones, Alan　経営コンサルタント　バートン・ジョーンズ・アンド・アソシエイツ代表　[典]2004／2008

バードン・スミス, レジナルド　Verdon-Smith, Reginald　本名=Verdon-Smith,William Reginald　元・英国航空機製造業協会会長　コンコルドの生みの親　[国]英国　[生]1912年11月5日　[没]1992年6月21日　[典]1996

バナ, エリック　Bana, Eric　俳優　[国]オーストラリア　[生]1968年8月9日　[典]2008／2012

バーナー, ジェーコブスティーブン　Varner, Jacob Stephen　通称=バーナー, ジェーク　レスリング選手(フリースタイル)　ロンドン五輪レスリング男子フリースタイル96キロ級金メダリスト　[国]米国　[生]1986年3月24日

ハナ, ジャネット　Hannah, Janet　ノッティンガム大学成人教育講座講師　[専]成人教育　[国]英国　[生]1960年　[典]1996

バナー, ジャンウィロード　ジャーナリスト　「ザ・ネイション」編集長　[国]タイ　[典]2000

ハーナー, スティーブン　Harner, Stephen M.　銀行家　S・M・ハーナー・アンド・カンパニー社長　元・ドイツ銀行AG上海代表事務所首席代表　[国]米国　[生]1949年5月29日　[典]2000／2004／2008

ハナ, バリー　Hannah, Barry　作家　[国]米国　[生]1942年　[典]1992／1996

ハナイアリイ, エイミー　Hanaialii, Amy　本名=Hanaialii Gilliom, Amy　歌手　[国]米国　[典]2012

ハナウ, クラウス　Hanau, Klaus　ドイツ連邦銀行統計局長　[国]ドイツ　[生]1932年　[典]1996

ハナウミ　Hanaumi　歌手　[国]ノルウェー　[生]1973年　[典]2000

ハナオカ, ベルナルド　花岡, ベルナルド　ファッションデザイナー, 演出家　[国]ポーランド　[生]1939年　[典]1992

バナザード, トニー　Bernazard, Tony　本名=Bernazard,Antonio Garcia　元・大リーグ選手　大リーグ選手会特別顧問　[国]プエルトリコ　[生]1956年8月24日　[典]1992／2004

バナサン, ジョセリン・B.　ドキュメンタリー作家　[国]フィリピン　[典]1992

バナジー, ママタ　Banerjee, Mamata　政治家　草の根会議派党首　[国]インド

バーナーズ・リー, ティム　Berners-Lee, Tim　本名=バーナーズ・リー, ティモシー　コンピューター科学者　マサチューセッツ工科大学(MIT)コンピューター科学研究所上席研究員・ワールドワイドウェブコンソーシアム(W3C)所長　[専]インターネット,WWW　[国]英国　[生]1955年6月8日　[典]2000(リー, ティム・バーナーズ)／2004／2008／2012

パナースワン, ピリヤ　Phanasuwan, Phiriya　前名=シータマー, マイ　作家　バンコクYMCA国際部長　[国]タイ　[生]1943年　[典]1996

パナダ・ブンパラ　Panudda, Boonpala　アジア児童労働者支援グループ事務局長　[国]タイ　[典]1992

ハーナッキー, マイク　Hernacki, Mike　作家　[国]米国　[典]1992／1996

パナティ, チャールズ　Panati, Charles　科学ライター　[国]米国　[生]1943年　[典]1992／2000

バーナーディ, ハーシェル　Bernadi, Hershel　舞台俳優　[国]米国　[没]1986年5月8日　[典]1992

パナディッチ　Panadic　本名=パナディッチ, アンドレイ　サッカー選手(DF)　[国]クロアチア　[生]1969年3月9日　[典]2004／2008

バーナード, カルロス　Bernard, Carlos　俳優　[国]米国　[典]2012

バーナード, クリスチャン　Barnard, Christiaan Neethling　外科医　元・ケープタウン大学名誉教授　[専]心臓移植　[国]南アフリカ　[生]1922年10月8日　[没]2001年9月2日　[典]1992／1996／2000

バーナード, ジェミー　Bernard, Jami　映画批評家　「ニューヨーク・ポスト」チーフ映画批評者　[国]米国　[生]1956年　[典]1996

バーナード, ジュディス　共同筆名=マイケル, ジュディス　作家, ジャーナリスト, 文芸批評家　[国]米国　[典]2000

バーナード, ジュリアン　Barnard, Julian　ハーブ療法家　[専]フラワーレメディー　[国]英国　[生]1947年　[典]2004／2008

バーナード, ジョージ　Bernard, George　写真家　[典]1996

バーナード, スーザン　Bernard, Susan　ライター, プロデューサー, 元・女優　バーナード・オブ・ハリウッド・スタジオ社長　[国]米国　[典]1996

バーナード, ドナルド　郷土史家, ジョン万次郎研究家　マサチューセッツ州フェアヘーブン消防署消防長　[国]米国　[生]1932年9月　[典]1992

バーナード, ブルーノ　写真家　[国]米国　[没]1987年6月3日　[典]1992

バーナード, マーティーン　Bernard, Martine　ハーブ療法家　[専]フラワーレメディー　[国]英国　[典]2004

バーナード, ロバート　Barnard, Robert　探偵作家, 英文学者　トロムソ大学(ノルウェー)英文学教授　[国]英国　[生]1936年　[典]1992／1996

バナナ, カナーン　Banana, Canaan Sodindo　政治家, 神学者, 牧師　元・ジンバブエ大統領(初代)　[国]ジンバブエ　[生]1936年3月5日　[没]2003年11月10日　[典]1992

バーナビー, ウェンディ　Barnaby, Wendy　サイエンスライター, ジャーナリスト　[典]2004

パナヒ, ジャファル　Panahi, Jafar　映画監督　[国]イラン　[生]1960年7月11日　[典]1996／2000／2004／2008／2012

バーナビー, フランク　Barnaby, Frank　防衛問題アナリスト　キング・アルフレッド・カレッジ名誉研究員, セントアンドリュース大学名誉教授　[専]核物理学　[国]英国　[生]1927年　[典]1996／2000

ハナーフィ, ハッサン　Hanafi, Hassan　カイロ大学人文学部哲学科主任教授　[専]イスラム哲学・思想史　[国]エジプト　[典]1992

ハナフィ, ハッサン　カイロ大学教授　[国]エジプト　[生]1935年　[典]1996

ハナフォード, ピーター　Hannaford, Peter D.　ザ・ハナフォード・カンパニー社長　[国]米国　[典]1992

パナマレンコ　オブジェ作家　[国]ベルギー　[生]1940年　[典]1996

バーナム, ゲイリー(Jr.)　Burnham, Gary (Jr.)　プロ野球選手(内野手)　[国]米国　[生]1974年10月13日　[典]2012

バーナム, ケビン　Burnham, Kevin　ヨット選手　[国]米国　[生]1956年12月21日　[典]2008

バーナム, ジェームズ　Burnham, James　社会思想家, 政治・経済評論家　元・ニューヨーク大学哲学科教授　[国]米国　[生]1905年11月22日　[典]1992

バーナム, テリー　Burnham, Terry　経済学者　ハーバード大学ビジネス・スクール客員教授, プロジェニックス共同創設者　[国]米国　[典]2004

バーナム, ニコル　Burnham, Nicole　ロマンス作家　[国]米国　[典]2008

バーナム, リンデン・フォーブス　Burnham, Linden Forbes Sampson　政治家　元・ガイアナ大統領　[国]ガイアナ　[生]1923年2月20日　[没]1985年8月6日　[典]1992

パナヨトープロス, ヨアーニス　Panayotopoulos, Ioannis M.　詩人, 作家, 評論家　[国]ギリシャ　[生]1901年　[典]1992

パナリッティー, フランコ　Panariti, Franco　ジャーナリスト　[国]イタリア　[生]1945年　[典]1996

バナール, ディーン　公選イルカ保護観察人　[国]米国　[生]1962年　[典]1996

ハナン, フィオーナ　Hannan, Fiona　ハンドボール選手, 元・バスケットボール選手　[国]オーストラリア　[典]2004

バーナンキ, ベン　Bernanke, Ben S.　経済学者　米国連邦準備制度理事会(FRB)議長　元・米国大統領経済諮問委員会(CEA)委員長　[国]米国　[生]1953年6月21日　[典]2008／2012

ハナンサム, キム　Hanansam, Kim　「瀕死の白鳥」の共著者　[典]2004／2008

バーニー, アール　Birney, Earle　本名=Birney,Alfred Earle　詩人　元・ブリティッシュ・コロンビア大学教授　[国]カナダ　[生]1904年5月13日　[没]1995年9月3日　[典]1992

バーニー, ジェイ　Barney, Jay B.　経営学者, 経営コンサルタント　オハイオ州立大学経営学部フィッシャー・ビジネススクール教授　[国]米国　[典]2008

バニ, ジョン　Bani, John Bennett　政治家　元・バヌアツ大統領　[国]バヌアツ　[生]1941年7月1日　[典]2008

バーニー, ダーウィン　Barney, Darwin　本名=Barney,Darwin James Kunane　大リーグ選手(内野手)　[国]米国　[生]1985年11月8日　[典]2012

バーニー, トーマス　Verny, Thomas　精神科医　ヨーク大学生涯教育センター　[専]精神医学, 産婦人科学, 小児科学　[国]カナダ　[生]1936年　[典]1992／1996／2000

ハーニー, マイケル　Harney, Michael　画家, イラストレーター　[国]米国　[典]2008

バーニー, マシュー　現代美術家　[国]米国　[生]1967年　[典]2000

パニアグア, バレンティン　Paniagua, Valentín　本名=パニアグア・コラサオ, バレンティン　政治家, 法学者　元・ペルー大統領, 元・リマ大学教授　[国]ペルー　[生]1936年9月23日　[没]2006年10月16日　[典]2004

バニエ, ジャン　Vanier, Jean　ラルシュ・コミュニティ運動家　[国]カナダ　[生]1928年　[典]1992／2000

バニエ, フランソワ・マリ　Banier, François-marie　写真家, 作家　[国]フランス　[典]2004／2008／2012

ハニカット, ジェリー　Honeycutt, Jerry　コンピューター技術者　[国]米国　[典]2004

バーニコウ, ルイーズ　Bernikow, Louise　作家　[国]米国　[典]2004

バーニコート, ジョン　Barnicoat, John　チェルシー美術学校学長　[国]英国　[生]1924年　[典]1996

バニサドル, アボルハサン　Banisadr, Abol-Hassan　政治家　元・イラン大統領　[国]イラン　[生]1933年3月21日　[典]1992／1996

ハーニシュ, バーン　Harnish, Verne　経営コンサルタント　[典]2004／2008

パニス, オリヴィエ　Panis, Olivier　レーシングドライバー, 元・F1ドライバー　[国]フランス　[生]1966年9月2日　[典]1996／2000／2004／2008

バニスター, ブライアン　Bannister, Brian　大リーグ選手(投手), プロ野球選手　[国]米国　[生]1981年2月28日　[典]2012

バニスター, フロイド　Bannister, Floyd　本名=Bannister,Floyd Franklin　元・プロ野球選手, 元・大リーグ選手　[国]米国　[生]1955年6月10日　[典]2012

バニスター, ロジャー　Bannister, Roger Gilbert　元・陸上選手, 医事コンサルタント, 神経学者　元・英国スポーツ評議会会長　[国]英国　[生]1929年3月23日　[典]1992／2000

ハーニッシュ, エルンスト　Hanisch, Ernst　ザルツブルク大学教授　[専]オーストリア近代史　[国]オーストリア　[生]1940年　[典]2000

ハーニッシュ, ミヒャエル　Hanisch, Michael　映画プロデューサー, 映画評論家　元・「ノイエ・ツァイト」誌編集者　[国]ドイツ　[生]1940年　[典]1996

パニッシュ, モートン　Panish, Morton B.　物理学者　元・ベル研究所研究員　[国]米国　[生]1929年4月8日　[典]2004／2008

パニッチ, ミラン　Panić, Milan　政治家, 実業家　ICN会長・CEO　元・新ユーゴスラビア連邦首相　[国]米国　[生]1929年12月20日　[典]1996

パニッチ, モーリス　Panych, Morris　劇作家, 演出家, 俳優　[国]カナダ　[典]2008／2012

バーニッツ, ジェロミー　Burnitz, Jeromy Neal　大リーグ選手(外野手)　[国]米国　[生]1969年4月5日　[典]2004／2008

バニフ, オレグ　Bannykh, Oleg Alexandrovich　金属学者「Metally」編集長　[国]ロシア　[生]1931年　[典]2004／2008

ハニヤ, イスマイル　Haniya, Ismail　本名=Haniya,Ismail Abd as-Salam Ahmad　政治家　ハマス幹部　元・パレスチナ自治政府首相　[国]パレスチナ　[生]1963年5月　[典]2008／2012

バニャレロ, エリカ　Bagnarello, Erika　映画監督　[国]コスタリカ　[生]1981年　[典]2012

パニュ, リティ　Panh, Rithy　映画監督　[国]フランス　[典]2004／2008

バーニンガム, ジョン　Burningham, John　絵本作家　[国]英国　[生]1936年4月27日　[典]1992／1996／2012

バニング, ジム　Bunning, Jim　政治家, 元・大リーグ選手　元・米国上院議員(共和党)　[国]米国　[生]1931年10月23日　[典]2004／2008／2012

ハヌーシ, ハリド　Khannouchi, Khalid　マラソン選手　[国]米国　[生]1971年12月22日　[典]2000／2004／2008

バヌシ, マリア　Banus, Maria　詩人, 翻訳家　[国]ルーマニア　[生]1914年　[典]1992

バヌチ, マルタ　Vannucci, Malta　ユネスコ・マングローブ計画首席技術アドバイザー　[専]海洋生物学　[典]1992／2008(ヴァヌチ, マルタ)

パヌッチ, クリスチャン　Panucci, Christian　サッカー選手(DF)　[国]イタリア　[生]1973年4月12日　[典]2000／2004／2008／2012

バヌヌ, モルデハイ　原子炉技師　イスラエルの核兵器工場の存在を暴露　[国]イスラエル　[生]1954年10月13日　[典]2008

パヌフニク, アンジェイ　Panufnik, Andrzej　作曲家, 指揮者　[国]英国　[生]1914年9月24日　[没]1991年10月27日　[典]1992

バーネイズ, エドワード　Bernays, Edward　現代パブリック・リレーションズ(PR)の創始者　[国]米国　[生]1891年　[没]1995年3月9日　[典]1996

バーネヴィク, パーシー　Barnevik, Percy Nils　実業家　元・ABB会長　[国]スウェーデン　[生]1941年2月13日　[典]1992(バーネビク, P.N.)／1996(バーネビク, パーシー)／2000／2004／2008／2012

パネク, リチャード　Panek, Richard　サイエンスライター　[国]米国　[典]2004

ハネケ, ミヒャエル　Haneke, Michael　映画監督, 脚本家　[国]オーストリア　[生]1942年3月23日　[典]2004／2008／2012

ハーネス, チャールス　Harness, Charles L.　SF作家, 特許弁理士　[国]米国　[生]1915年　[典]1992

パーネス, マイケル　Parness, Michael　投資コンサルタント　[国]米国　[典]2004

パネッタ, レオン　Panetta, Leon Edward　政治家, 法律家　元・米国国防長官, 元・米国中央情報局(CIA)長官, 元・米国大統領首席補佐官　[国]米国　[生]1938年6月28日　[典]1996／2000／2012

パネッティーア, ヘイデン　Panettiere, Hayden　本名=Panettiere, Hayden Leslie　女優, 歌手　[国]米国　[生]1989年8月21日　[典]2008／2012

バーネット, A.J.　Burnett, A.J.　本名=バーネット, アレン・ジェームズ　大リーグ選手(投手)　[国]米国　[生]1977年1月3日　[典]2004／2008／2012

バーネット, J.A.　Barnett, J.A.　ブリティッシュ・カウンシル駐日代表, 英国大使館文化参事官　[国]英国　[典]1992

バーネット, ウィル　Barnet, Will　版画家　[国]米国　[生]1911年　[典]1992／1996

ハーネット, ゴードン　Harnett, Gordon D.　ブラッシュウエルマン社長　[国]米国　[典]1992

バーネット, ジョシュ　Barnett, Josh　プロレスラー　[国]米国　[生]1977年10月10日　[典]2004／2008／2012

バーネット, ジョナサン　Barnett, Jonathan　ペンシルベニア大学教授　[専]都市学, 地域計画学　[国]米国　[生]1937年　[典]2004

バーネット, スティーブ　Burnett, Steve　コンピューター技術者　[国]米国　[典]2004

バーネット, チャーリー　Barnet, Charlie　本名=Barnet,Charles Daly　ジャズバンド・リーダー　[国]米国　[生]1913年10月26日　[没]1991年9月4日　[典]1992

バーネット, チャールズ　Burnett, Charles　映画監督　[国]米国　[典]1992

バーネット, ドイル　Barnett, Doyle　カウンセラー　[国]米国　[典]2004

バーネット, トニー　Barnette, Tony　本名=Barnette,Anthony Lee　プロ野球選手(投手)　[国]米国　[生]1983年11月9日　[典]2012

バーネット, トーマス　Barnnet, Thomas　裁判官　オーストラリア行政裁判所判事　[国]オーストラリア　[典]1992

バーネット, トマス　Barnett, Thomas P.M.　アメリカ海軍大学教授・上級戦略研究者, ハーバード大学Ph.D.(政治科学)　[典]2008

バーネット, フランク・マクファーレン　Burnet, Frank Macfarlane　ウィルス・免疫学者　元・メルボルン大学実験医学教授・医学研究所長　国オーストラリア　生1899年9月3日　没1985年8月31日　掲1992

バーネット, ロバート　元・米国国務省副次官補　掲アジア問題　国米国　生1911年　没1997年7月25日　掲1996

バーネドー, カーク　キュレーター　ニューヨーク近代美術館(MoMA)絵画彫刻部門チーフ・キュレーター　国米国　生1946年　掲2000

バーネビク, ジェスパー　Parnevik, Jesper Bo　プロゴルファー　国スウェーデン　生1965年3月7日　掲2000／2004／2008

ハーネボル, ハルワルド　Hanevold, Halvard　バイアスロン選手　長野五輪・ソルトレークシティ五輪・バンクーバー五輪金メダリスト　国ノルウェー　生1969年12月3日　掲2000／2008／2012

パネラーイ, ロランド　Panerai, Roland　バリトン歌手　国イタリア　生1924年10月17日　掲2000

パネリック, グレッグ　Vanourek, Gregg　元・トーマス・B・フォーダム財団副理事長　生1970年　掲2004

バーネル, ケリー　Burnell, Cerrie　タレント　国英国

バーネル, ジェリー　Pournelle, Jerry　別名=Curtis,Wade　SF作家　国米国　生1933年　掲1992／1996

バーネル, フランシス　Parnell, Frances Baynor　ノースカロライナ家政学会会長,全国教育学会ノースカロライナ支部長　掲家政学,教育学　掲1996

バーネル, マーク　Burnell, Mark　作家　国英国　掲2004

バネルジー, ニランジャン　Banerjee, Nilanjan　タゴール国際大学博物館副館長　国インド　掲2012

パネロ, ロバート　Panero, Robert　コンサルタント　ロバート・パネロ・アソシエイツ(RPA)社長　国米国　生1928年　掲1992

パネン, ハルトムート　実業家　トルンプ社長　国ドイツ　掲2000

パネンベルク, ヴォルフハルト　Pannenberg, Wolfhart Ulrich　神学者　掲組織神学　国ドイツ　生1928年　掲1992／1996／2008

ハーノイ, オフラ　Harnoy, Ofra　チェロ奏者　国カナダ　生1965年1月31日　掲1992／1996／2012

ハ・ノク・バン　ベトナム投資委員会情報担当専門官　国ベトナム　掲1992

パノバ, ビアンカ　Panova, Bianka　新体操コーチ　国ブルガリア　生1970年5月27日　掲1992／1996

パノフ, アレクサンドル　Panov, Aleksandr Nikolaevich　外交官　元・駐日ロシア大使　国ロシア　生1944年7月6日　掲1992／1996／2000／2004／2008

パノフ, ニック　テレビプロデューサー　国米国　生1991年3月20日　掲1992

パノフスキー, ドーラ　Panofsky, Dora　本名=Panofsky,Dorothea　美術史家　掲2004

バーノン, ジェームズ　Vernon, James　元・コロニアル・シュガー・リファイナリー(CSR)総支配人,元・太平洋経済委員会オーストラリア委員長　国オーストラリア　生1910年6月13日　掲1992／1996

ハーノン, ピーター　Hernon, Peter　シモンズ・カレッジ図書館情報学研究科教授　掲図書館サービスの評価,政府情報　国米国　掲2004

バーノン, ミッシェル　Vernon, Michelle　作家　国米国　掲2004／2008

バーノン, レイモンド　Vernon, Raymond　経済学者　元・ハーバード大学名誉教授　掲国際関係論,国際経営論　国米国　生1913年9月1日　没1999年8月3日　掲1996

バーバー, アントーニャ　Barber, Antonia　児童書・絵本作家　国英国　掲1992／1996

バーバー, イアン・G.　Barbour, Ian G.　物理学者,キリスト教神学者　カールトン大学名誉教授　国アメリカ　生1923年　掲2008

ババ, イマニュエル　Baba, Immanuel　愛称=アンム・ババ　元・サッカー監督　元・サッカーイラク代表監督　国イラク　没2009年5月28日　掲2000／2004／2008

バーバー, エイサ　Baber, Asa　作家,劇作家　国米国　生1936年　掲1996／2000

ハーパー, エドウィン　Harper, Edwin L.　元・米国大統領補佐官　国米国　生1941年11月13日　掲1992

ハーバー, エリザベス　Harbour, Elizabeth　画家,イラストレーター,版画家　国英国　生1968年　掲2004

ハーパー, カレン　Harper, Karen　作家　国米国　掲2004

ハーバー, カレン　Barbour, Karen　イラストレーター,アニメーター　国米国　生1956年10月29日　掲1996

ハーパー, ケン　舞台プロデューサー　国米国　没1988年1月20日　掲1992

ハーパー, ケン　Harper, Kenn　エスキモー研究家　国カナダ　生1945年　掲2004

バーバー, サミュエル　Barber, Samuel　作曲家　元・カーティス音楽学校作曲科教授,元・ハーバード大学名誉教授　国米国　生1910年3月9日　没1981年1月23日　掲1992

バーバ, シドニー　Verba, Sidney　ハーバード大学教授　掲比較政治学　掲2008

ハーパー, ジョン　Harper, John　スポーツライター　「ニューヨーク・デイリー・ニューズ」スポーツライター　国米国　掲2004

ハーパー, ジョン　Harper, John Lander　植物生態学者　元・ウェールズ大学名誉教授　国英国　生1925年5月27日　没2009年3月22日　掲2004／2008

ハーパー, ジョン　Barber, John F.　AOLジャパン代表　国米国　生1947年5月15日　掲2000

ハーパー, スティーブン　Harper, Stephen　政治家,経済学者　カナダ首相,カナダ保守党党首　国カナダ　生1959年4月20日　掲2008／2012

バーバー, ティキ　Barber, Tiki　元・プロフットボール選手　国米国　生1975年4月7日　掲2000／2008

ハーパー, デイビッド　Harper, David　本名=コーレイ,エドウィン　別名=ビュカナン,パトリック　作家　掲1992

ハーパー, ティモシー　Harper, Timothy　弁護士,ジャーナリスト　国米国　掲2004

ハーバー, テレンス　米国農務省農産物貿易事務所日本統括首席所長　国米国　掲2000

ハーパー, トム　Harpur, Tom　元・聖公会司祭,元・トロント大学教授　掲2008

ハーパー, ドーン　Harper, Dawn　陸上選手(障害)　北京五輪陸上女子100メートル障害金メダリスト　国米国　生1984年5月13日　掲2012

ハーパー, ブライス　Harper, Bryce　本名=Harper,Bryce Aron Max　大リーグ選手(外野手)　国米国　生1992年10月16日　掲2012

バーバー, フラノ　Barbir, Frano　物理学者　掲2004／2008

ババ, フランク　馬場, フランク　Baba, Frank S.　本名=馬場, フランク・正三　日本名=馬場正三　元・GHQ民間情報教育局ラジオ部職員　戦後日本のラジオ番組づくりの指導者　国米国　生1915年1月3日　没2008年1月16日　掲1992／1996

ハーパー, ブレット　Harper, Brett　プロ野球選手(内野手)　国米国　生1981年7月31日

バーバー, ペリー・リー　Barber, Perry Lee　野球審判,フォーク歌手　国米国　生1957年5月20日　掲1992

ハーパー, ベン　Harper, Ben　ギタリスト,歌手　国米国　生1969年10月28日　掲1996／2000

バーバー, ベンジャミン　Barber, Benjamin R.　政治学者　メリーランド大学教授　国米国　掲2008

バーバー, ポール　Barber, Paul　カリフォルニア大学ロサンゼルス校ファウラー文化史博物館準研究員　掲民俗学　国米国　掲1992

ハーバー, マリオン　元・インタパブリック創立者　没1989年10月24日　掲1992

バーバー, リチャード　Barber, Richard　作家　国英国　生1941年　掲2000

バーバー, リン　Barber, Lynn　ジャーナリスト,放送キャスター

[国]英国　[典]2000

ハーバー, ルイス　Harber, Louis　科学著述家　ペイス大学非常勤教授, リーマン大学非常勤准教授　[専]科学史　[国]米国　[典]1992

バーバー, ルーク　Barber, Luke　哲学者, 倫理学者　リッチランド大学教授　[国]米国　[典]2004／2008

ハーバー, ルッツ　Haber, L.F.　経済学者　元・サリー大学準教授　[国]英国　[生]1921年　[典]2004

バーバー, レッド　Barber, Red　本名=バーバー, ウォルター　野球の実況中継アナウンサー　[国]米国　[生]1908年2月17日　[没]1992年10月22日　[典]1996

ハーパー, ローリーン　Harper, Laureen　本名=Harper,Laureen Teskey　グラフィックデザイナー　ハーパー・カナダ首相夫人　[国]カナダ　[生]1963年　[典]2012

ハーパー, ロン　Harper, Ron　バスケットボール選手　[国]米国　[生]1964年1月20日　[典]2000

バーバー, ロン　Barber, Ron　政治家　米国下院議員（民主党）　[国]米国

バーバー, ロンデ　Barber, Ronde　元・プロフットボール選手　[国]米国　[生]1975年4月7日

パパ・ウェンバ　Papa Wemba　ミュージシャン　[国]コンゴ　[生]1949年　[典]1992／1996／2000

ババエフスキー, セミョーン　Babaevskii, Semyon Petrovich　作家　[国]ロシア　[生]1909年6月6日　[典]1992／1996

バーバー・オブ・ウエントブリッジ　Barber of Wentbridge, Lord　本名=バーバー, アンソニー　政治家, 銀行家　元・英国蔵相, 元・スタンダード・アンド・チャータード・バンキング・グループ会長　[国]英国　[生]1920年7月4日　[没]2005年12月16日　[典]1992（バーバー, アンソニー）／1996（バーバー, アンソニー）／2000（バーバー, アンソニー）

ハーバーガー, ダグラス・J.　日本ゼネラルモーターズ会長　[国]米国　[生]1951年5月31日　[典]2000

ババコワ, インガ　Babakova, Inga　元・走り高跳び選手　[国]ウクライナ　[生]1967年6月27日　[典]2000／2004／2008

パパコンスタンティヌ, ミカリス　Papaconstantinou, Michalis　政治家　元・ギリシャ外相　[国]ギリシャ　[生]1919年　[典]1996／2000

パパジアン, チャーリー　Papazian, Charlie　本名=Papazian, Charls N.　米国ホームブルワーズ協会創設者　[国]米国　[典]2004

ババジャン, アリ　Babacan, Ali　政治家　トルコ副首相　[国]トルコ　[生]1967年4月4日　[典]2012

ハバシュ, ジョルジュ　Habash, George　ゲリラ指導者　元・パレスチナ解放人民戦線（PFLP）創設者　[国]パレスチナ　[生]1925年　[没]2008年1月26日　[典]1992／1996／2004／2008

パパス, アンドレアス　Papas, Andreas M.　生化学者　イーストマン・ケミカル上級技術参与, 東テネシー州立大学ジェームズ・キレン医学専門学校客員教授　[生]1941年　[典]2004

パパズ, ウィリアム　Papas, William　さし絵画家　[典]1992

パパス, クリス　Pappas, Chris H.　コンピューター科学者　ニューヨーク州立大学ビンガムトン校教授　[国]米国　[典]2004

パパス, テオニ　Pappas, Theoni　数学教師, 数学教育コンサルタント　[典]2004

ハーバス, ロバート　Harbus, Robert　データベース技術者　IBMトロント研究所DB2ユニバーサル・データベース認定プログラム責任者　[専]DB2UDB　[典]2004

パパーゾフ, ナーチョ　政治家　ブルガリア共産党中央委員　[国]ブルガリア　[生]1921年3月　[典]1992／1996

ハーバーソン, マイケル　Halvorson, Michael　元・マイクロソフト社ローカライズマネージャー　[専]コンピュータサイエンス　[国]米国　[典]2000

バハター, アニタ　Wachter, Anita　元・スキー選手（アルペン）　[国]オーストリア　[生]1967年2月12日　[典]1996／2000

ハバック, ジュディス　医師　[専]分析心理学　[国]英国　[典]1992

パパディモス, ルーカス　Papademos, Lucas Demetrios　政治家, 銀行家, 経済学者　アテネ大学教授　元・ギリシャ首相, 元・欧州中央銀行（ECB）副総裁, 元・ギリシャ銀行総裁　[専]国際経済　[国]ギリシャ　[生]1947年10月11日　[典]2012

ハバード, L.ロン　Hubbard, L.Ron　SF作家　宗教運動サイエントロジーの創始者　[国]米国　[生]1911年3月13日　[没]1986年1月24日　[典]1992

ハーバート, クラウディア　Herbert, Claudia　臨床心理士, 認知行動療法士　ウエルビーイング・クリニック設立者, オックスフォード開発センター設立者　[国]英国　[典]2000

ハバード, グレン　Hubbard, Glenn　本名=Hubbard,Robert Glenn　経済学者　コロンビア大学教授　元・米国大統領経済諮問委員会（CEA）委員長　[専]税制, 金融問題　[国]米国　[生]1958年9月4日　[典]2004／2008／2012

ハーバート, ザビア　Herbert, Xavier　作家　[国]オーストラリア　[生]1901年　[没]1984年11月10日　[典]1992

ハーバート, ジェームズ　Herbert, James　作家, アートディレクター　[国]英国　[生]1943年4月8日　[没]2013年3月20日　[典]1992／1996

パパート, シーモア　Papert, Seymour A.　数学者　マサチューセッツ工科大学（MIT）メディアテクノロジー研究所教授　[専]コンピューター言語, 人工知能　[国]米国　[生]1928年3月1日　[典]1992／1996

ハーバート, ジョニー　Herbert, Johnny　元・F1ドライバー　[国]英国　[生]1964年6月25日　[典]1992／1996／2000／2004

ハーバート, スーザン　Herbert, Susan　画家, 舞台美術家　[国]英国　[典]2000

バハト, ダン　Bahat, Dan　バール・イラン大学講師, W・F・オールブライト考古学研究所研究員　[専]十字軍時代のエルサレム考古学　[国]イスラエル　[生]1938年　[典]1996

ハバード, トーマス　Hubbard, Thomas　外交官　エイキン・ガンプ・ストラウス・ハワー&フェルド法律事務所上級顧問　元・駐韓国米国大使　[国]米国　[生]1943年　[典]2000／2004／2008／2012

ハバード, バーバラ・マークス　Hubbard, Barbara Marx　著述家, 講演家　ファンデーション・フォー・コンシャス・エボリューション代表　[国]米国　[典]2004

ハーバード, ビバリー　Harvard, Beverly　アトランタ市警本部長　[国]米国　[典]2000

ハーバート, ブライアン　Herbert, Brian　SF作家　[国]米国　[生]1947年　[典]1996

ハーバート, フランク　Herbert, Frank　SF作家　[国]米国　[生]1920年　[没]1986年2月11日　[典]1992

ハバード, フレディ　Hubbard, Freddie　本名=Hubbard,Frederick Dewayne　ジャズ・トランペット奏者　[国]米国　[生]1938年4月7日　[没]2008年12月29日　[典]1996

ハバード, ルース　Hubbard, Ruth　生物学者　ハーバード大学名誉教授　[専]フェミニズム, 遺伝子治療　[国]米国　[生]1924年　[典]1996／2004

バハドゥール, カリム　ネール大学教授　[専]南アジア地政学　[国]インド　[典]1996

ハーバートガン　ハーバート・康　本名=康春植　元・プロボクサー　[国]韓国　[生]1949年8月3日　[典]1992／1996

パパドプロス, ゲオルギオス　Papadopoulos, Georgios　軍人, 政治家　元・ギリシャ大統領　[国]ギリシャ　[生]1919年5月5日　[没]1999年6月27日　[典]1992／1996

パパドプロス, タソス　Papadopoulos, Tassos　政治家　元・キプロス大統領　[国]キプロス　[生]1934年1月7日　[没]2008年12月12日　[典]2004／2008

ハバナ, ブライアン　Habana, Bryan　本名=Habana,Bryan Gary　ラグビー選手（WTB）　[国]南アフリカ　[生]1983年6月12日

ババーニ, デービッド　舞台演出家　ジャーミン・ストリート劇場芸術監督　[国]英国　[典]2000

パパーニン, イワン　Papanin, Ivan Dmitrievich　地球物理学者, 探検家　[国]ソ連　[生]1894年　[没]1986年1月30日　[典]1992

パパネック, ヴィクター　Papanek, Victor J.　工業デザイナー　元・カンザス大学教授　[生]1925年　[没]1998年　[典]1992

パパーノ, ドミトリ　Paperno, Dmitrii　ピアニスト　ドポール大学音楽学部教授　[生]1929年　[典]2008

パパーノ, マリリン　Pappano, Marilyn　ロマンス作家　[国]米国

[典]2004

ハーバーマス, ユルゲン　Habermas, Jürgen　哲学者, 社会学者　フランクフルト大学名誉教授　[国]ドイツ　[生]1929年6月18日　[典]1992／1996／2000／2004／2008

バーバラ, アガタ　Barbara, Agatha　政治家　元・マルタ大統領　[国]マルタ　[生]1923年3月11日　[没]2002年2月4日　[典]1992／1996

ハーバラー, ゴットフリート　Haberler, Gottfried von　経済学者　国際経済学会会長（初代）　元・ハーバード大学教授　[国]米国　[生]1900年7月20日　[典]1992

ハーバーランド, デトレフ　Haberland, Detlev　日本研究家　ボン大学日本文化研究所研究員　[国]ドイツ　[生]1953年　[典]1996／2000

ハーバリー, ジェニファー　Harbury, Jennifer　弁護士　[専]グアテマラ問題, 人権問題　[国]米国　[典]2000

バーバリア, ジョアン　Bavaria, Joan L.　フランクリン・リサーチ・アンド・ディベロップメント社（FRDC）社長　[国]米国　[典]1992

パハリナ, ユリア　Pakhalina, Yulia　飛び込み選手　シドニー五輪シンクロナイズド板飛び込み金メダリスト　[国]ロシア　[生]1977年9月12日　[典]2004／2008／2012

バーバル, バトエルデニーン　本名=バトバヤル, バトエルデニーン　社会評論家　元・モンゴル社会民主党党首　[国]モンゴル　[典]2000

パハルス, マリアン　Pahars, Marian　サッカー選手（FW）　[国]ラトビア　[生]1976年8月5日　[典]2004／2008

ハハレイシビリ, ダビド　Khakhaleichvilli, David　柔道選手, 格闘家　[国]グルジア　[生]1971年2月28日　[典]1996／2000／2008

パパローン, パメラ　Paparone, Pamela　絵本作家　[国]米国　[典]2008

パパン, ジャン・ピエール　Papin, Jean-Piere　元・サッカー選手　[国]フランス　[生]1963年11月5日　[典]1996／2000／2004／2008

ババン, ピエール　Babin, Pierre　精神分析医　[生]1947年　[典]1996

ババンギダ, イブラヒム　Babangida, Ibrahim Gbadamasi　政治家, 軍人　元・ナイジェリア大統領・国軍統治評議会議長　[国]ナイジェリア　[生]1941年8月　[典]1992／1996

ババンギダ, ティジャニ　Babangida, Tijjani　サッカー選手（FW）　[国]ナイジェリア　[生]1973年9月25日　[典]2000

バーバンク, リチャード・A　デュポン帝人アドバンスドペーパー社長　[国]米国　[典]2000

ババンドラ, ティモシ　Bavadra, Timoci　政治家　元・フィジー首相　[国]フィジー　[没]1989年11月3日　[典]1992

パパンドレウ, アンドレアス　Papandreou, Andreas George　政治家　元・ギリシャ首相　[国]ギリシャ　[生]1919年2月5日　[没]1996年6月23日　[典]1992／1996

パパンドレウ, ヴァッソー　Papandreou, Vasso　政治家　ギリシャ環境・都市計画・公共事業相, 汎ギリシャ社会主義運動党（PASOK）中央委員会委員　元・EC委員会委員　[国]ギリシャ　[生]1944年12月9日　[典]1992／1996／2000／2004／2008

パパンドレウ, ヨルギオス　Papandreou, Georgios A.　政治家　元・ギリシャ首相　[国]ギリシャ　[生]1952年6月16日　[典]2004／2008／2012

バビー, E.　Babbie, Earl　社会学者　チャップマン大学社会学部教授　[国]米国　[典]2008

バビー, ショリン　Babii, Sorin　射撃選手　[国]ルーマニア　[典]1996

バービア, エドワード　Barbier, Edward B.　ヨーク大学教授　[専]環境経済学　[国]英国　[生]1957年　[典]1996

パピアー, ハンスユルゲン　Papier, Hans-Jürgen　法律家　ミュンヘン大学法学部教授　元・ドイツ連邦憲法裁判所長官　[国]ドイツ　[生]1943年7月6日　[典]2004／2012

バヒェーア, イングリット　Bachér, Ingrid　作家　[国]ドイツ　[生]1930年9月24日　[典]1996

バービエスト, ピエール　銀行家, エコノミスト　アジア開発銀行ベトナム駐在代表　[国]ベルギー　[典]2000

バビオー, シャーマン　Babior, Sharman Lark　カリフォルニア大学ロサンゼルス校人類学女性学講師, サンタモニカ・カレッジ人類学講師　[専]文化人類学　[国]米国　[典]2000

ハビガースト, ロバート　Havighurst, Robert J.　教育学者　[国]米国　[生]1900年　[典]1996

バービーク, トーニャ　Verbeek, Tonya　レスリング選手　アテネ五輪・ロンドン五輪レスリング女子55キロ級銀メダリスト　[国]カナダ　[生]1977年8月14日

パービス, ウィリアム　Purves, William　銀行家　元・HSBCホールディングス会長　[国]英国　[生]1931年12月27日　[典]1992（パーベス, ウィリアム）／2000

パービス, クリストファー　Purvis, Christopher　ボランティア活動家　元・日本協会理事長, 元・UBSウォーバーグ・アドバイザー　[国]英国　[典]2004／2008

パービス, ジェームズ　Purvis, James D.　ボストン大学宗教学教授　[専]宗教学　[国]米国　[典]1996

ハービソン, アール（Jr.）　Harbison, Earle Harrison（Jr.）　元・モンサント社長・最高業務責任者　[国]米国　[生]1928年8月10日　[典]1992／1996

ハービソン, エリザベス　Harbison, Elizabeth　ロマンス作家　[典]2004

バビチェフ, ウラジーミル　Babichev, Vladimir Stepanovich　政治家　元・ロシア副首相・官房長官　[国]ロシア　[生]1939年1月11日　[典]2000

パーピック, ジョエル　Prpic, Joel　アイスホッケー選手　[国]カナダ　[生]1974年9月25日　[典]2008／2012

ハービック, ジョージ　Herbig, George Howard　天文学者　元・ハワイ大学天文学研究所名誉天文学者, 元・リック天文台副台長　[国]米国　[生]1920年1月20日　[没]2013年10月12日

バービッジ, エレナー・マーガレット　Burbidge, Eleanor Margaret Peachey　天体物理学者　カリフォルニア大学名誉教授　元・王立グリニッジ天文台台長　[国]米国　[生]1922年　[典]1996

バービッジ, ジョフリー　Burbidge, Geoffrey　天体物理学者　元・カリフォルニア大学サンディエゴ校教授, 元・キット・ピーク国立天文台台長　[専]クエーサーの研究　[国]英国　[生]1925年9月24日　[没]2010年1月26日　[典]1996

バビッチ, ベキム　スキー選手（距離）　[国]ボスニア・ヘルツェゴビナ　[生]1975年1月1日　[典]1996

バビット, ブルース　Babbitt, Bruce E.　政治家, 弁護士　元・米国内務長官, 元・アリゾナ州知事　[国]米国　[生]1938年6月27日　[典]1992／1996／2000／2004

バビット, ミルトン　Babbitt, Milton Byron　作曲家　元・プリンストン大学名誉教授, 元・ジュリアード音楽学校教授　[国]米国　[生]1916年5月10日　[没]2011年1月29日　[典]1992／1996／2004

バヒート, マルーフ　Bakhit, Marouf　政治家　元・ヨルダン首相・国防相　[国]ヨルダン　[生]1947年　[典]2008／2012

バヒドダストジェルディ, マルジエ　Vahid Dastjerdi, Marzieh　政治家, 医師　元・イラン保健相　[国]イラン

パヒヌイ, シリル　Pahinui, Cyril　ギタリスト　[専]スラッキー・ギター　[国]米国　[生]1950年　[典]2000

ハビービー, アミール　Habībī, Amīl　通称=アブウ・サラーム　作家　[国]イスラエル　[生]1922年　[没]1996年5月2日　[典]1996

ハビビ, ハッサン　Habibi, Hassan Ibrahim　政治家　元・イラン第1副大統領　[国]イラン　[生]1937年　[没]2013年1月31日　[典]1992／1996／2000／2004

ハビビ, バハルディン・ユスフ　Habibie, Bachruddin Jusuf　政治家, 実業家　ハビビ・センター設立者　元・インドネシア大統領　[国]インドネシア　[生]1936年6月25日　[典]1992／1996／2000／2004／2008／2012

ハビブ, ガブリエル　Habib, Gabriel　宗教活動家　中東キリスト教協議会事務総長　[国]キプロス　[生]1937年　[典]1996

ハビブ, フィリップ　Habib, Philip Charles　外交官　元・米国国務次官, 元・中東米国特使　[国]米国　[生]1920年2月25日　[没]1992年5月25日　[典]1992／1996

ハビャリマナ, ジュベナール　Habyarimana, Juvénal　政治家　元・ルワンダ大統領　[国]ルワンダ　[生]1937年8月3日　[没]1994年4月6日　[典]1992／1996

ハビリワラ, Y.　Haveliwala, Yoosuf A.　ニューヨーク医科大学準教授, クリードモア・サイキアトリックセンター所長　[専]精神医学

バビン, チャールズ　Babin, Charles E.　実業家, 経済アナリスト　ステート・ストリート・グローバル・アドバイザー経営　国米国　鑑2004/2008

バービンスキー, ゴア　Verbinski, Gore　映画監督, CMディレクター　国米国　生1964年　鑑2004/2008/2012

バビンスキ, ミエチェスウァフ　ジャーナリスト, 日本文化研究家　国ポーランド　生1897年　没1984年7月18日　鑑1992

ハフ, オーブリー　Huff, Aubrey　本名=Huff, Aubrey Lewis　大リーグ選手(外野手)　国米国　生1976年12月20日

パブ, ギウラ　美術教育家　国ハンガリー　生1899年　没1983年　鑑1992

ハフ, ジェリー　Hough, Jerry F.　ソ連研究者　ブルッキングズ研究所上級研究員, デューク大学教授　国米国　生1935年　鑑1992

バフ, ジョー　Buff, Joe　作家　国米国　鑑2004

ハフ, ジョン(Jr.)　Hough, John(Jr.)　作家, ノンフィクションライター　国米国　生1946年　鑑1992/1996

ハフ, タニア　Huff, Tanya　作家　国カナダ　生1957年　鑑2012

ハフ, チャーリー　Hough, Charlie　元・大リーグ選手　国米国　生1948年1月5日　鑑1996

ハープ, デービッド　Harp, David　ハーモニカ教師, 心理学者, 瞑想インストラクター　国米国　鑑2004

パーブ, バレリー　Parv, Valerie　ロマンス作家　国オーストラリア　鑑2004

バブ, ブライアン　Bubb, Brian　ファッションデザイナー　国米国　鑑1992

バーファエル, キャサリン　Verfaillie, Catherine　医学者　ミネソタ大学幹細胞研究所所長, ミネソタ大学医学部教授　専幹細胞, MAP細胞　国米国　鑑2004

ハーファーマース, ガブリエレ　画家　国ドイツ　生1940年　鑑1996

パーフィット, アダム　Parfitt, A.C.　「デイヴィッド・ベッカム ジョークブック」の著者　鑑2008

パーフィット, ジョン　国際マーケティングコンサルタント　国際ユースホステル連盟(IYHF)会長　国英国　鑑1992/1996

パーフィット, デレク　Parfit, Derek　オックスフォード大学オール・ソウルズ・カレッジ・フェロー　専倫理学, 形而上学　国英国　生1942年　鑑2000

バーフィールド, ジェシー　Barfield, Jesse　元・大リーグ選手　国米国　生1959年10月29日　鑑1996

ハフィントン, アリアーナ　Huffington, Arianna　本名=Huffington, Arianna Stassinopoulos　コラムニスト　AOLハフィントン・ポスト・メディア・グループ社長・編集長　国米国　生1950年　鑑1992/2012

バフェット, ウォーレン　Buffet, Warren Edward　投資家, 慈善事業家　バークシャー・ハサウェイ会長・CEO　元・ソロモン・ブラザーズ会長　国米国　生1930年8月30日　鑑1992/1996/2000/2008/2012

バフェット, ジミー　Buffett, Jimmy　ロック歌手　国米国　生1948年12月25日　鑑2000

バフェット, メアリー　Buffett, Mary　実業家　バフェット家の元嫁　国米国　鑑2004/2008

ハフェルカンプ, ウィルヘルム　Haferkamp, Wilhelm　外交官　元・EC副委員長　国ドイツ　生1923年7月1日　没1995年1月18日　鑑1992

ハーフォード, デービッド　Harford, David K.　ミステリー作家　国米国　生1947年　鑑2004

バーフォード, パメラ　ロマンス作家　国米国　鑑2004

ハブグッド, ジョン　Habgood, John Stapylton　ヨーク大主教　国英国　生1927年6月23日　鑑1992

バブコック, ホレース　Babcock, Horace Welcome　天文学者　国米国　生1912年9月13日　鑑1996

バーブシキン, アレクサンドル　ノーボスチ通信社(APN)副社長　国ソ連　生1934年　鑑1992

ハーブスト, ジュディス　Herbst, Judith　フリーライター, 冒険家　国米国　鑑2000

ハプスブルク, ツィタ・フォン　Habsburg, Zita von　オーストリア・ハンガリー帝国最後の皇后　国オーストリア　生1892年5月9日　没1989年3月14日　鑑1992

ハプスブルク・ロートリンゲン, オットー・フォン　Habsburg-Lothringen, Otto von　汎欧州主義運動指導者　元・ハプスブルク家当主, 元・欧州議会議員, 元・汎ヨーロッパ同盟名誉会長　オーストリア・ハンガリー帝国最後の皇帝の長男　国ドイツ　生1912年11月20日　没2011年7月4日　鑑1992(ハプスブルク, オットー・フォン)/1996(ハプスブルク, オットー・フォン)/2000(ハプスブルク, オットー・フォン)

ハプスブルク・ロートリンゲン, カール　Habsburg-Lothringen, Karl　政治家　欧州議会議員(国民党)　国オーストリア　生1961年　鑑2000

ハプスブルク・ロートリンゲン, フェリクス　Habsburg-Lothringen, Felix　ハプスブルク家の末えい　鑑2000

バブスプレーグ, クリステン　Babb-Sprague, Kristen　シンクロナイズドスイミング選手　国米国　鑑1996

バブソン, マリアン　Babson, Marian　ミステリー作家　国英国　鑑1992/1996

ハフト, アデル　Haft, Adele J.　ニューヨーク市立大学ハンター・カレッジ古典学助教授　専古典学　国米国　鑑1992

ハフナー, ケイティ　Hafner, Katie　サイエンスライター　鑑2004/2012

ハフナー, セバスティアン　Haffner, Sebastian　政治コラムニスト, 著述家　国ドイツ　生1907年　没1999年　鑑1992/1996

ハフニゲル, ビッキー　Hufnagel, Vicki Georges　医師　女性の生殖器健康研究所設立者　専産婦人科　国米国　生1949年　鑑1992

ハフネーゲル, チャールズ　心臓外科医　没1989年5月31日　鑑1992

ハフバウアー, ゲイリー　ジョージタウン大学教授・国際経済研究所主任研究員　専国際経済　国米国　生1939年　鑑1996

ハブラー, ショーン　Hubler, Shawn　ジャーナリスト　「ロサンゼルス・タイムズ」紙記者　国米国　生1957年　鑑1996

バブラ, テリー　Vavra, Terry G.　Marketing Metrics社社長　鑑1996

ハブラーケン, N.J.　Habraken, Nicolaas John　建築家　マサチューセッツ工科大学名誉教授　国オランダ　生1928年10月29日　鑑1996/2000

バーブランク, スコット　Verplank, Scott　プロゴルファー　国米国　生1964年7月9日　鑑2008/2012

パプリアス, カロロス　Papoulias, Karolos　政治家　ギリシャ大統領　元・ギリシャ外相　国ギリシャ　生1929年6月4日　鑑1992/1996/2000/2008/2012

パブリク, ケリー　Pavlik, Kelly　本名=Pavlik, Kelly Robert　プロボクサー　元・WBC・WBO世界ミドル級チャンピオン　国米国　生1982年4月4日

パブリセビッチ, ジェリコ　Pavlicevic, Zeljko　バスケットボール監督　元・バスケットボール男子日本代表監督　国クロアチア　生1951年3月26日　鑑2012

パブリック, エドワード　Pavlik, Edward　ファッションデザイナー　リチャード・エドワーズ・デザイナー　国米国　生1966年　鑑2004

パブリャチェンコ, ビクトル　Pavlyatenko, Victor　日本研究家　ロシア科学アカデミー極東研究所日本研究センター所長　国ロシア　生1947年8月16日　鑑2004(パブリャテンコ, ビクトル)/2008/2012

バブーリン, セルゲイ　Baburin, Sergei N.　政治家　ロシア救国戦線代表　国ロシア　生1959年　鑑1996

バブルズ, ジョン　Bubbles, John　タップダンサー　国米国　没1986年5月18日　鑑1992

ハブレ, ヒセーヌ　Habré, Hissène　政治家　元・チャド大統領　国チャド　生1940年　鑑1992/1996/2000/2004/2008/2012

バブレーヌ, ユージィヌ　Baboulène, Eugène　画家　元・トゥーロン美術学校教授　国フランス　生1905年　没1994年7月15日　鑑1992/1996

バブロヤン, ローベルト　Babloyan, R.　児童文学作家, 編集者　国ロシア　㊌1935年　㊙2000

バブンスキー, ボバン　Babunski, Boban　サッカー監督, 元・サッカー選手　元・サッカー・マケドニア代表監督　国マケドニア　㊌1968年5月5日　㊙2012

バーベ, ヴォルフガング　元・EU欧州委員会主席事務官　国ドイツ　㊌1947年　㊙1996／2000

バーベー, ビノーバー　Bhāve, Vinōbā　本名=Bhāve,Vināyak Narahari　独立運動指導者, 社会運動家　国インド　㊌1895年9月11日　㊚1982年11月15日　㊙1992

パペ, ルネ，ハベ・レイコ　波部 玲子　Pape, René　バス歌手, 都市計画開発コンサルタント　国際都市研究フォーラム代表　元・南カリフォルニア大学助教授　国ドイツ　㊌1964年　㊙2012／1996（エバンス, レイコ・ハベ）／2000（エバンス, レイコ・ハベ）

ハーベイ, アマンダ　Hervey, Amanda　絵本作家　国英国　㊙1996

ハーベイ, クレイ　Harvey, Clay　作家　㊙2004

ハーベイ, ケネス　Harvey, Kenneth J.　作家　国1962年　㊙2000

ハーベイ, ジョージ　Harvey, George B.　ピッツニーボウズ・インコーポレーテッド会長・社長・最高経営責任者　国米国　㊙1992

ハーベイ, ジョナサン　Harvey, Jonathan Dear　作曲家　国英国　㊌1939年5月3日　㊚2012年12月4日

ハーベイ, ジョーン　Harvey, Joan　臨床心理学者　デラウェア・メディカル・センター　国米国　㊌1943年　㊙2000

ハーベイ, ジョン　Harvey, John　別名=バートン, ジョン　作家　国英国　㊌1938年　㊙2004／2012

ハーベイ, ジョン　Harvey, John H.　社会心理学者　アイオワ大学教授　㊚喪失　国米国　㊙2004

ハーベイ, シンシア　Harvey, Cynthia Theresa　バレリーナ　アメリカン・バレエ・シアター（ABT）プリンシパル　国米国　㊌1957年5月17日　㊙2000

ハーベイ, スージー　Harvey, Suzi　占星術師, 心理療法家　国英国　㊙2004／2008

ハーベイ, デービッド　Harvey, David　地理学者　ニューヨーク市立大学名誉教授　㊚経済地理学　国英国　㊌1935年10月31日　㊙1996／2004／2008（ハーヴェイ, デヴィッド）／2012

ハーベイ, バートン　Harvey, Burton　コンピューター技術者　㊙2004

ハーベイ, ポール　Harvey, Paul　ファッションデザイナー　ストーンアイランド・デザイナー　国英国　㊌1957年　㊙2004

ハーベイ, マイルズ　Harvey, Miles　ライター, 書評コラムニスト　国米国　㊙2004

ハーベイ, ロバート　Harvey, Robert Lambart　ジャーナリスト, 元・政治家　「デイリー・テレグラフ」紙論説委員・コラムニスト　元・英国下院議員（保守党）　国英国　㊌1953年8月21日　㊙1996

バベージ, ビル　Bavasi, Bill　アナハイム・エンゼルス・ゼネラル・マネージャー　国米国　㊌1957年12月27日　㊙2000

パーベス, デイル　Purves, Dale　デューク大学医学センター神経生物学主任教授　㊚神経生物学　㊙2004

パヘス, マリア　Pagés, Maria　フラメンコダンサー, 振付師　マリア・パヘス舞踊団主宰　国スペイン　㊙2004／2012

ハーベック, ケント　Hrbek, Kent Allen　元・大リーグ選手　国米国　㊌1960年5月21日　㊙2000

ハベック, マックス　Habeck, Max M.　経営コンサルタント　A.T.カーニー・プリンシパル　㊙2004

ハーベラー, ピーター　登山家　オーストリア登山ガイド養成チームリーダー　国オーストリア　㊙1992

バベラス, ジャネット・ベブン　Bavelas, Janet Beavin　ビクトリア大学心理学部正教授　㊚心理学　国カナダ　㊌1940年　㊙2000

バーベリアン, キャシー　Berberian, Cathy　ソプラノ歌手　国米国　㊌1928年7月4日　㊚1983年　㊙1992

ハベル, カール　Hubbell, Carl　本名=Hubbell,Carl Owen　大リーグ投手　国米国　㊌1903年6月22日　㊚1988年11月21日　㊙1992

バーベル, グーセフ　「モスコフスキー・コムソモーレツ」編集長　国ロシア　㊌1949年　㊙2000

ハベル, スー　Hubbell, Sue　養蜂業, ナチュラリスト, 著述家　国米国　㊙2000

パベル, トーマス　Pavel, Thomas　オタワ大学教授　㊚言語学　国カナダ　㊌1941年4月4日　㊙1996

ハーベルフェルド, ハイム　Heberfeld, Chaim　イスラエル労働総同盟書記長　国イスラエル　㊌1931年6月　㊙1996

パペルボン, ジョナサン　Papelbon, Jonathan　本名=Papelbon, Jonathan Robert　大リーグ選手（投手）　国米国　㊌1980年11月23日　㊙2012

バベレルロベール, フローランス　Baverel-Robert, Florence　バイアスロン選手　トリノ五輪金メダリスト　国フランス　㊌1974年5月24日　㊙2008／2012

ハベロフ, レリ　Khabelov, Leri　レスリング選手（フリー）　国グルジア　㊙1996

ハーヘン, ハンス　Hagen, Hans　作家　国オランダ　㊌1955年　㊙2004

ハーヘン, モニック　Hagen, Monique　作家　国オランダ　㊌1956年　㊙2004

バベンコ, ヘクトール　Babenco, Hector　映画監督　国ブラジル　㊌1946年2月7日　㊙1992

パーボ, アービ・ヒラー　Parbo, Arvi Hillar　元・BHP会長　国オーストラリア　㊌1926年2月10日　㊙1992／1996

ハーボー, ジム　Harbaugh, Jim　プロフットボール監督, 元・プロフットボール選手　国米国　㊌1963年12月23日　㊙2000／2008

ハーボー, ジョン　Harbaugh, John　プロフットボール監督　国米国　㊌1962年9月23日

バーボー, ジョン　Barbour, John　実業家　トイザラス・ドット・コム社長・CEO　国英国　㊌1959年5月19日　㊙2004

パポーズ, ジェフ　Papows, Jeff　実業家　元・ロータス・デベロップメント・コーポレーション社長・CEO　国米国　㊙2004

パボード, アンナ　Pavord, Anna　園芸家　「ガーデン・イラストレイテッド」副編集長　国英国　㊙2004

バーホーベン, ポール　Verhoeven, Paul　映画監督　国オランダ　㊌1938年7月18日　㊙1992／1996／2000／2004／2008／2012

パホモワ, リュドミラ　Pakhomova, Lyudmila　アイスダンス選手　国ソ連　㊌1986年5月17日　㊙1992

バボラーク, ラデク　Baborák, Radek　ホルン奏者　ベルリン・フィルハーモニー管弦楽団首席ホルン奏者　国チェコ　㊌1976年　㊙2000／2012

パポリス, アタナシアス　Papoulis, Athanasios　ポリテクニック大学教授　㊚信号解析, スペクトル分析, 確率課程　国米国　㊌1921年　㊙1992／1996

パホル, ボルト　Pahor, Borut　政治家　スロベニア大統領, スロベニア社会民主党党首　元・スロベニア首相　国スロベニア　㊌1963年11月2日　㊙2012

ハーボルド, ボブ　Herbold, Bob　本名=Herbold,Robert J.　実業家　元・マイクロソフト上級副社長・COO　国米国　㊌1942年1月24日　㊙2004

ハーボールド, ロバート　実業家　マイクロソフト最高業務責任者（COO）・執行副社長　国米国　㊙1996

パボン, ガルシア　Pavon, Garcia　推理作家, 演劇評論家　王立演劇芸術学院演劇文学史教授　国スペイン　㊌1919年　㊙1992

ハポン, バレンシア　Japon　ハポン（日本）姓のルーツを研究　国スペイン　㊙1992

ハポン, ビルヒニオ　ハポンさんの会会長　国スペイン　㊙2000

パホン, マリアナ　Pajón, Mariana　自転車選手（BMX）　ロンドン五輪自転車女子BMX金メダリスト　国コロンビア　㊌1991年10月10日

パポン, モーリス　Papon, Maurice　本名=Papon,Maurice Arthur Jean　政治家　元・フランス予算相　国フランス　㊌1910年9月3日　㊚2007年2月17日　㊙2000／2004

パーマー, A.S.　Palmer, Adrian S.　言語学者　ユタ大学教員　㊙2004

パーマー, アーノルド　Palmer, Arnold　本名=Palmer,Arnold Daniel　プロゴルファー　[国]米国　[生]1929年9月10日　[典]1992／1996／2000／2004／2008／2012

ハマー, アーマンド　Hammer, Armand　実業家,美術品コレクター　元・オキシデンタル・ペトロリアム会長　[国]米国　[生]1898年5月21日　[没]1990年12月10日　[典]1992

ハマー, アーミー　Hammer, Armie　俳優　[国]米国　[生]1986年8月28日

パーマー, アラン　Palmer, Alan　歴史家　[国]英国　[生]1926年　[典]2000

パーマー, ウィリアム　Palmer, William J.　英文学者,作家　パーデュー大学教授　[専]チャールズ・ディケンズ研究　[国]米国　[典]2004

パーマー, カイリー　Palmer, Kylie　本名=Palmer,Kylie Jayne　水泳選手(自由形)　北京五輪競泳女子4×200メートルリレー金メダリスト　[国]オーストラリア　[生]1990年2月25日

パーマー, カーソン　Palmer, Carson　プロフットボール選手(QB)　[国]米国　[生]1979年12月27日　[典]2008／2012

パーマー, ガブリエル　Palmer, Gabrielle　母乳カウンセラー　ロンドン衛生熱帯医学校名誉研究員　[国]英国　[典]1992

パーマー, カール　Palmer, Carl　グループ名=エマーソン・レーク&パーマー, エイジア　ロック・ドラム奏者　[国]英国　[生]1950年3月20日　[典]1996／2000／2008／2012

パーマー, ケビン　Palmer, Kevin　元・プロボクサー　元・東洋太平洋ミドル級チャンピオン　[国]米国　[生]1965年7月20日　[典]2000／2004

ハマー, サラ　Hammer, Sarah　本名=Hammer,Sarah Kathryn　自転車選手(トラックレース)　ロンドン五輪銀メダリスト,自転車女子3000メートル個人追い抜き世界記録保持者　[国]米国　[生]1983年8月18日

パーマー, ジェフリー　Palmer, Geoffrey　政治家　元・ニュージーランド首相　[国]ニュージーランド　[生]1942年4月21日　[典]1992／1996

ハマー, ジェフリー・マイケル　Hamer, Jeffrey Michael　The Computer-Aided Designグループ(CADG)社長　[専]ファシリティマネジメント,コンピューター援用環境設計(CAD)　[国]米国　[生]1949年3月11日　[典]1992

パーマー, ジョン　Palmer, John D.　生物学者　マサチューセッツ大学アマースト校教授　[国]米国　[典]2004／2008

パーマー, スティーブン　Palmer, Stephen　心理学者　英国ストレスマネージメントセンター所長,英国マルチモードセンター所長,シティ大学名誉教授　[専]ストレス,心理療法　[国]英国　[典]2004(パルマー, S.)

パーマー, ダイアナ　Palmer, Diana　ロマンス作家　[典]2004

バーマ, T.H.　香港政庁工業局長　[国]香港　[生]1933年　[典]1996

パーマー, トーマス　Palmer, Thomas　作家　[国]米国　[典]1996

パーマー, パーカー　Palmer, Parker J.　教育学者　アメリカ高等教育協会フェッツァー研究所顧問　[国]米国　[生]1939年　[典]2004

ハマー, バーバラ　Hammer, Barbara　映画監督,画家,詩人,写真家　[国]米国　[生]1939年　[典]1996

パーマー, ヘレン　Palmer, Helen　カウンセラー　世界エニアグラム協会指導者　[専]エニアグラム　[典]2004

ハマー, マイケル　Hammer, Michael　ハマー・アンド・カンパニー社長　[国]米国　[典]1996

パーマー, マイケル　Palmer, Michael　ミステリ作家,医師　[国]米国　[生]1942年　[典]2000

パーマー, マイケル　Palmer, Michael　詩人　[国]米国　[生]1943年　[典]2008

ハマー, ルビー　Hammer, Ruby　メイクアップ・アーティスト　ルビー&ミリー・メイクアップ・アーティスト　[国]英国　[典]2004／2008

パーマー, ロバート　Palmer, Robert　ロック歌手　[国]英国　[生]1949年1月19日　[没]2003年9月26日　[典]1992／1996

パーマー, ロバート　Palmer, Robert B.　実業家　DEC会長・CEO　[国]米国　[生]1940年　[典]1996／2000

パーマー, ロバート　Palmer, Robert L.　精神医学者　レスター大学医学部精神科上級講師　[専]摂食障害　[国]英国　[生]1944年　[典]2004

ハマグレン, トーマス　Hammargren, Tomas　在日スウェーデン大使館投資振興事務所産業参事官　[国]スウェーデン　[生]1952年　[典]1996

バーマス, ハロルド・エリオット　Varmus, Harold Eliot　微生物学者　スローン・ケッタリング記念癌センター所長・CEO　元・米国国立衛生研究所(NIH)所長　[国]米国　[生]1939年12月18日　[典]1992／1996／2000／2004／2008／2012

ハマディ, サアドン　Hammadi, Sa'adoun　政治家,経済学者　元・イラク首相,元・イラク国民議会議長　[国]イラク　[生]1930年6月22日　[没]2007年3月14日　[典]1992／1996／2000

ハマディ, サニア　Hamady, Sania　人類学者　ロングアイランド大学社会人類学教授　[国]米国　[典]1992

ハマートヴァ, チュルパン　Khmatova, Chulpan　女優　[国]ロシア　[生]1975年10月　[典]2004

ハマド・ビン・イサ・アル・ハリファ　Hamad bin Isa al-Khalifa　バーレーン国王　元・バーレーン国防軍最高司令官　[国]バーレーン　[生]1950年1月28日　[典]2000／2004／2008／2012

ハマド・ビン・ジャシム・アル・サルーニ　Hamad bin Jassim al-Thani　政治家　カタール首相　[国]カタール　[生]1960年　[典]2008／2012

ハマド・ビン・ハリファ・アル・サーニ　Hamad bin Khalifa al-Thani　政治家　カタール首長・国防相　[国]カタール　[生]1952年　[典]1996(ハマド・ビン・ハリファ・アッサーニ)／2004／2008／2012

ハマム, ビン　Hammam, Mohamed Bin　本名=ハマム,モハメド・ビン　元・アジアサッカー連盟(AFC)会長　[国]カタール　[生]1949年5月8日　[典]2012

ハマライネン, シルカ　Hamalainen, Sirkka　銀行家　欧州中央銀行理事　[国]フィンランド　[生]1939年　[典]2000

ハマライネン, マリヤ・リサ　スキー選手(ノルディック)　[国]フィンランド　[典]1992

ハマリ, ユリア　Hamari, Julia　アルト歌手　シュトゥットガルト音楽大学教授　[国]ハンガリー　[生]1942年11月21日　[典]1992

ハーマン, アレクシス　Herman, Alexis　元・米国労働長官　[国]米国　[生]1947年7月16日　[典]2000／2004

バーマン, アンディ　Behrman, Andy　ライター　[国]米国　[生]1962年　[典]2004／2008

ハーマン, ヴァレリー　Hermann, Valerie　実業家　イヴ・サンローランCEO　[国]フランス　[生]1967年　[典]2012

ハーマン, ウディ　Herman, Woody　本名=Herman,Woodrow Charles　ジャズバンド・リーダー,クラリネット奏者　[国]米国　[生]1913年5月16日　[没]1987年10月29日　[典]1992

バーマン, エドガー　外科医,作家,新聞コラムニスト　[国]米国　[没]1987年11月25日　[典]1992

ハーマン, クロード　プロゴルフ選手　[国]米国　[没]1989年7月23日　[典]1992

バーマン, ゲイル　Berman, Gail　実業家　元・パラマウント・ピクチャー社長　[国]米国　[生]1956年8月17日　[典]2008／2012

バーマン, ゲナディ　Berman, Gennady P.　[専]量子力学,カオス力学　[国]米国　[典]2004

バーマン, ケネス　Birman, Kenneth P.　イリノイ大学コンピュータ科学科教授　[専]コンピュータ科学　[国]米国　[典]2000

ハーマン, ゲーリー　Herman, Gary　キングスヒル・グループ代表　[国]米国　[生]1964年7月　[典]2000

バーマン, ジェイソン　国際レコード産業連盟(IFPI)会長　[国]米国　[典]2000

バーマン, ジェニファー　Berman, Jennifer　医師　[専]泌尿器科　[国]米国　[典]2008

バーマン, ジェームズ・ガブリエル　Berman, James Gabriel　作家　[国]米国　[典]2000

ハーマン, シドニー　Harman, Sidney　実業家　元・「ニューズウィーク」オーナー,元・ハーマン・カードン創業者　[国]米国　[生]1918年8月4日　[没]2011年4月12日

バーマン, シャーリー　Berman, Shari J.　英語教師　ジャパン・ランゲージ・フォーラム（JLF）US代表取締役　国米国 没2004

ハーマン, ジュディス　Herman, Judith Lewis　医師　ハーバード大学医学部精神科臨床準教授, ケンブリッジ病院精神科医師　専精神科　国米国 没2000

ハーマン, ジョン　弁護士　国米国 生1989年12月26日 没1992

ハーマン, スーザン　Herman, Susan　ニューヨーク市警察警視総監特別補佐官, ニューヨーク大学大学院　専行政学　国米国 没1992

ハマン, ディトマール　Hamann, Dietmar　サッカー選手（MF）　国ドイツ 生1973年8月27日 没2008

ハーマン, ネッド　Herrmann, Ned　能力開発研究家　ネッド・ハーマングループ代表　元・ゼネラル・エレクトリック（GE）経営研修所長 没2004

ハーマン, ビリー　Herman, Billy　本名＝Herman,William Jennings Bryan　大リーグ選手　国米国 生1909年7月7日 歿1992年9月5日 没1996

ハーマン, ブリギッテ　Hamann, Brigitte　著述家　国ドイツ 生1940年 没1996／2008

ハーマン, マーク　Herman, Mark　映画監督, 脚本家　国英国 生1954年 没2000／2004／2008／2012

ハーマン, リチャード（Jr.）　Herman, Richard（Jr.）　作家　国米国 没2000

ハーマン, レッグ　Herman, Reg　Ontario Institute for Studies in Education,「Convergence」誌編集長　専成人教育　国カナダ 没1992

ハーマン, ロナ　Herman, Ronna　チャネラー　国米国 没2004

ハーマン, ロビン　Herman, Robin　ジャーナリスト　国米国 生1951年 没2000

バーマン, ローラ　Berman, Laura　医師, 臨床心理士　ノースウェスタン大学産婦人科助教授　専産婦人科　国米国 没2008

ハーミス, パトリシア　Hermes, Patricia　児童文学作家　国米国 没1992

ハミッド, モーシン　Hamid, Mohsin　作家　国パキスタン 生1971年 没2012

ハミディ, グラム・ハイダル　Hameedi, Ghulam Haidar　政治家　元・カンダハル市長　国アフガニスタン 生1945年 歿2011年7月27日

ハミード, A.C.S.　Hameed, A.C.S.　本名＝Hameed,Abdul Cader Sahul　政治家　元・スリランカ外相　国スリランカ 生1929年4月10日 歿1999年9月3日 没1992

バーミューデッツ, ジョゼフ　Bermudez, Joseph S.（Jr.）　軍事研究家　国北朝鮮 没2008

ハミル, デニス　Hamill, Denis　作家　国米国 生1951年 没1996／2000

ハミル, ドロシー　Hamill, Dorothy　元・フィギュアスケート選手　国米国 生1957年7月26日 没1996

ハミル, ピート　Hamill, Pete　ジャーナリスト, 作家　国米国 生1935年 没1992／1996／2000／2012

ハミル, マーク　Hamill, Mark　俳優　国米国 生1952年9月25日 没2000

ハミルトン, アン　Hamilton, Ann　美術家　国米国 生1958年 没1996／2000

ハミルトン, イアン　Hamilton, Ian　詩人, 伝記作家, 評論家　国英国 生1938年3月24日 歿2001年12月27日 没2000

ハミルトン, ウィリアム・ドナルド　Hamilton, William Donald　生物学者　元・オックスフォード大学動物学部教授　専社会生物学　国英国 生1936年8月1日 歿2000年3月7日 没1992／1996

ハミルトン, ウォルター　ABC放送東京支局長　国オーストラリア 生1952年 没1992

ハミルトン, カースティ　グリーンピース産業担当　国米国 没2000

ハミルトン, ケビン　Hamilton, Kevin　コンピューター技術者　国米国 没2004

ハミルトン, ジェーン　Hamilton, Jane　作家　国米国 没2004／2008

ハミルトン, ジョージ　Hamilton, George　俳優　国米国 生1939年8月12日 没2008

ハミルトン, ジョシュ　Hamilton, Josh　本名＝Hamilton,Joshua Holt　大リーグ選手（外野手）　国米国 生1981年5月21日 没2000／2008／2012

ハミルトン, ジル　Hamilton, Jill　別名＝Duchess of Hamilton,Jill　園芸家, 元・ジャーナリスト 没2004

ハミルトン, スコット　Hamilton, Scott　プロアイススケート選手　国米国 生1958年8月28日 没1992

ハミルトン, スコット　Hamilton, Scott　ジャズサックス奏者　国米国 生1954年9月12日 没1996／2000

ハミルトン, スティーブ　Hamilton, Steve　作家　国米国 生1961年 没2004

ハミルトン, セレステ　Hamilton, Celeste　ロマンス作家　国米国 没1992／1996

ハミルトン, ダイアナ　Hamilton, Diana　ロマンス作家　国英国 歿2009年5月 没2004

ハミルトン, タイラー　Hamilton, Tyler　自転車選手　国米国 生1971年3月1日 没2008

ハミルトン, チャールズ　Hamilton, Charles　筆跡鑑定家 没1992

ハミルトン, デニーズ　Hamilton, Denise　作家, ジャーナリスト　国米国 没2004／2008

ハミルトン, デニス　元・ロイター通信会長　国英国 生1988年4月7日 没1992

ハミルトン, デービッド　Hamilton, David　写真家　国英国 生1933年 没1996

ハミルトン, トッド　Hamilton, Todd　プロゴルファー　国米国 生1965年10月18日 没1996／2000／2004／2008

ハミルトン, ドナルド　Hamilton, Donald　作家　国米国 生1916年 没1992

ハミルトン, トム　Hamilton, Tom　グループ名＝エアロスミス　ロック・ベース奏者　国米国 生1951年12月31日 没2004／2008

ハミルトン, バージニア　Hamilton, Virginia　児童文学作家　国米国 生1936年 歿2002年2月 没1996

ハミルトン, ハミシュ　元・ハミシュ・ハミルトン社社主　国英国 歿1988年5月24日 没1992

ハミルトン, ヒューゴー　Hamilton, Hugo　作家　国アイルランド 生1953年 没2004

ハミルトン, マーガレット　女優　国米国 生1985年5月16日 没1992

ハミルトン, マーク　Hamilton, Mark　グループ名＝アッシュ　ミュージシャン　国英国 没2008／2012

ハミルトン, リチャード　Hamilton, Richard　画家　国英国 生1922年2月24日 歿2011年9月13日 没1992／1996

ハミルトン, リンダ　Hamilton, Linda　女優　国米国 生1957年9月26日 没2000

ハミルトン, ルイス　Hamilton, Lewis　本名＝ハミルトン, ルイス・カール　F1ドライバー　国英国 生1985年1月7日 没2008／2012

ハミルトン, ロバート・ウィリアム　Hamilton, Robert William　考古学者　元・オックスフォード大学アシュモリアン博物館長　国英国 生1905年11月26日 歿1995年9月25日 没1996

ハミルトン・パターソン, ジェームズ　Hamilton-Paterson, James　作家　国英国 生1941年 没1996

バーミンガム, デービッド　Birmingham, David　歴史学者　ケント大学教授　元・アフリカン・スタディ・アソシエーション会長　専ポルトガル史 没2004

バーミンガム, ルーシー　Birmingham, Lucy　カメラマン　国米国 生1956年 没1992

バーミンガム, ルース　Birmingham, Ruth　本名＝ソレルス, ウォルター　作家, ラジオプロデューサー

ハミング, リチャード　Hamming, Richard W.　海軍学位取得者学校助教授　専確率論, 組合せ論　国米国 没1992

バム, ステファン　Bumm, Stephan　インテリアデザイナー　国ド イツ　⊕1956年　®1992

ハム, ソクホン　咸 錫憲　Ham, Sok-hon　宗教家,民主化運動家 国韓国　⊕1901年3月13日　⊗1989年2月4日　®1992

ハム, テヨン　咸 泰埇　銀行家　韓国長期信用銀行会長,ハナ銀行会 長,IBRD経営諮問委員　国韓国　⊕1933年7月16日　®1996

ハム, ハクス　咸 学洙　プロ野球コーチ　国韓国　⊕1955年1月21日 ®1996

ハム, ハンヒ　咸 翰姫　文化人類学者　全北大学 考古文化人類学科教授　国韓国　®2004

ハム, ビョンチュン　咸 秉春　Hahm, Pyong-choon　元・韓国大統 領秘書室長,元・延世大学教授　国韓国　⊕1932年　⊗1983年10月 9日　®1992

ハム, ヘリョン　咸 恵蓮　詩人　韓瑞大学教授　国韓国　⊕1931年 ®2000

ハム, ポール　Hamm, Paul　体操選手　国米国　⊕1982年9月24日 ®2008

バム, マックス　写真家　国オーストラリア　⊕1949年　®1996

ハム, マンフレート　Hamm, Manfred　写真家　国ドイツ　⊕1944 年　®1992

ハム, ミア　Hamm, Mia　サッカー選手(FW)　国米国　⊕1972年 3月17日　®2000／2008

パムク, オルハン　Pamuk, Orhan　作家　国トルコ　⊕1952年6月7 日　®2008／2012

ハムザ, イサム　Hamzah, Isam　日本研究家　カイロ大学教授 ®近代日本思想史　国エジプト　⊕1956年　®2012

ハムザ, ハディル　Hamza, Khidhir　核物理学者　国米国　⊕1939 年　®2000／2004

ハムザーウィ, アムル　Hamzawy, Amr　政治学者　カーネギー平和 財団主任研究員　国エジプト　⊕1967年　®2012

ハムザ・ハス　Hamzah Haz　政治家　元・インドネシア副大統領 国インドネシア　⊕1940年2月15日　®2004／2008

ハムザ・ビン・フセイン　Hamzeh bin Hussein　元・ヨルダン皇太 子　国ヨルダン　⊕1980年3月29日　®2000(ハムザ皇太子)／ 2004／2008／2012

ハムシク, マレク　Hamsik, Marek　サッカー選手(MF)　国スロバ キア　⊕1987年7月27日　®2012

ハームス, テルマ　Harms, Thelma　教育コンサルタント　ノースカ ロライナ大学教授　®学校教育　国米国　®2008

バムゼイ, イアン　Bamsey, Ian　ジャーナリスト,著述家　国英国 ®1992(バムゼー, イアン)

ハムダニ, イスマイル　Hamdani, Ismail　政治家　元・アルジェリ ア首相　国アルジェリア　⊕1930年3月11日　®2000／2004

ハムネイ, エブラヒム・ラヒミ　書店経営者　モルゲアミン店主 国イラン　®2000

ハムネット, キャサリン　Hamnett, Katharine　ファッションデザ イナー　国英国　⊕1947年8月16日　®2000／2008／2012

バームバック, ノア　Baumbach, Noah　映画監督,脚本家　国米国 ⊕1969年　®2008／2012

バムフォース, ジョン　Bamforth, John R.　ナショナル・ウェスト ミンスター銀行本店システム開発マネージャー　国英国　⊕1953年 ®1992／1996

バムフォード, ジェームズ　Bamford, James　作家　国米国 ⊕1947年　®2004／2008

ハム・ブリュッヒャー, ヒルデガルト　Hamm-Brücher, Hildegard 政治家　国ドイツ　⊕1921年　®1992

ハムリッシュ, マービン　Hamlish, Marvin　作曲家,指揮者　国米 国　⊕1944年6月2日　⊗2012年8月6日

ハムリン, J.スコット　Hamlin, J.Scott　コンピューター技術者 Eyeland Studioディレクター　®2004

ハムル, アリソン　Huml, Alison　テクニカルライター　サン・マイ クロシステムズテクニカルライター　国米国　®2004

ハムルーシュ, ムールード　Hamrouche, Mouloud　政治家,軍人 元・アルジェリア首相　国アルジェリア　⊕1943年1月3日 ®1992／2000

ハムレ, ジョン　Hamre, John J.　米国戦略国際問題研究所(CSIS) 所長　国米国　⊕1950年　®2012

バーメイ, ヒーラット　Vermeij, Geerat　進化生物学者　カリフォ ルニア大学デービス校教授　国米国　⊕1946年　®2004

ハメスファール, ペトラ　Hammesfahr, Petra　ミステリー作家 国ドイツ　⊕1951年　®2004／2008

ハメド, ナジーム　Hamed, Naseem　元・プロボクサー　元・ WBC・WBO統一世界フェザー級チャンピオン　国英国　⊕1974 年2月12日　®2000／2004

ハメネイ, アリ・ホセイン　Khamenei, Ali Hossein　イラン最高指 導者　元・イラン大統領　国イラン　⊕1939年7月17日　®1992／ 1996／2000／2004／2008／2012

ハメル, ゲーリー　Hamel, Gary　エコノミスト,コンサルタント ロンドン大学ビジネススクール客員教授,ストラテゴス会長　®戦 略論,国際経営論　国英国　⊕1954年　®1996／2000／2004

ハーメル, ベント　Hamer, Bent　映画監督　国ノルウェー　⊕1956 年　®2008／2012

ハメルズ, コール　Hamels, Cole　本名＝Hamels,Colbert Michael 大リーグ選手(投手)　国米国　⊕1983年12月27日　®2012

ハメロフ, スチュアート　Hameroff, Stuart　アリゾナ大学医学部教 授　®麻酔科　国米国　⊕1947年　®2000

ハメンク・ブオノ(10世)　Hamengku Buwono(X)　政治家　ジョ クジャカルタ特別州知事　国インドネシア　⊕1946年　®2000

ハメンク・ブオノ(9世)　Hamengku Buwono(IX)　別称＝グス ティ・ラデン・マス・ドロジャトゥン　政治家　元・インドネシア 副大統領,元・ジョクジャカルタ特別行政区知事　国インドネシア ⊕1912年4月　⊗1988年10月2日　®1992

ハモン, ウィリアム　ポリオワクチンの開発者　®ポリオ(小児まひ) 研究　国米国　⊕1989年9月19日　®1992

ハーモン, スティーブ　Harmon, Steve　株式アナリスト　イー・ ハーモンドットコムCEO　®2004

ハーモン, ブッチ(Jr.)　Harmon, Butch(Jr.)　本名＝ハーモン, ク ロード, Jr.　ゴルフ指導者,元・プロゴルファー　国米国　⊕1943年 8月28日　®1996／2000／2008／2012

ハモン, ベッキー　Hammon, Becky　本名＝ハモン, レベッカ　バス ケットボール選手　北京五輪バスケットボール女子銅メダリスト 国ロシア　⊕1977年3月11日　®2012

ハーモン, ポール　Harmon, Paul　システムコンサルタント,技術ア ナリスト　®2004

ハモンド, E.カイラー　がん研究家　国米国　⊕1912年　⊗1986年 11月3日　®1992

ハモンド, アルバート(Jr.)　Hammond, Albert(Jr.)　グループ名 ＝ストロークス　ミュージシャン　国米国　⊕1980年4月9日 ®2012

ハモンド, アレン　Hammond, Allen L.　ジャーナリスト　世界資源 研究所(WRI)主席研究員　®環境問題,資源問題　国米国 ⊕1943年　®2000

ハモンド, ウェイン　Hammond, Wayne G.　図書館司書,グラ フィックアーティスト　®印刷とイラストの歴史　国米国　®2004

ハモンド, エリック　Hammond, Eric Albert Barratt　電機・電 子・電気通信・配管労働組合書記長　国英国　⊕1929年7月17日 ®1992

ハモンド, ジョン　Hammond, John Henry　レコード・プロデュー サー, ジャズ評論家　国米国　⊕1910年12月15日　⊗1987年7月10 日　®1992

ハモンド, ジョン　Hammond, John H.　写真家　国英国　®2004

ハモンド, ジョン　調教師　国フランス　⊕1960年　®2004

ハモンド, フィリップ・E.　社会学者　カリフォルニア大学サンタ バーバラ校教授　®宗教社会学　国米国　⊕1931年　®2004

ハモンド, ベンジャミン　Hammond, Benjamin　コンピューター技 術者　国米国　®2004／2008

ハモンド, レイ　Hammond, Ray　ハモンド社会長　⊕1949年

㊥2000

パヤ, オズワルド Payá, Oswaldo 本名=Payá Sardiñas,Oswaldo José 反体制活動家 元・キリスト教自由運動代表 ㊙キューバ ㊤1952年2月29日 ㊦2012年7月22日

パーヤー, ハーバート Puryear, Herbert B. 心理学者 ロゴス・ワールド大学学長 精神・心理治療 ㊥2008

ハヤ王女 本名=ハヤ・ビント・アル・フセイン 馬術選手 ヨルダン国王の王女 ㊙ヨルダン ㊤1974年5月3日 ㊥1996／2000

ハヤカワ, サミュエル・イチエ Hayakawa, Samuel Ichiye 政治家, 言語学者 元・米国上院議員（共和党）, 元・サンフランシスコ州立大学学長 ㊙米国 ㊤1906年7月18日 ㊦1992年2月27日 ㊥1992／1996

ハヤシ, ジョージ Hayashi, George 商船三井副社長 元・アメリカン・プレジデント・ラインズ会長 ㊙米国 ㊤1939年11月8日 ㊥2000

バヤダレス, アルマンド Valladares, Armando 国連人権委員会米国大使 ㊙米国 ㊥1992

バヤット, アントニア 作家 ㊙英国 ㊥1992

ハヤトウ, イッサ Hayatou, Issa 元・陸上選手, 元・バスケットボール選手 国際サッカー連盟（FIFA）副会長, 国際オリンピック委員会（IOC）委員, アフリカ・サッカー連盟会長 ㊙カメルーン ㊤1946年8月9日 ㊥2004／2008／2012

パヤミ, ババク Payami, Babak 映画監督 ㊙イラン ㊤1966年 ㊥2004／2008

バヤル, サンジャーギーン Bayar, Sanjaagiin 政治家 モンゴル人民革命党党首 元・モンゴル首相 ㊙モンゴル ㊤1956年 ㊥2012

バヤル, セラル Bayar, Mahmut Celâl 政治家 元・トルコ大統領（第3代） ㊙トルコ ㊤1883年5月15日 ㊦1986年8月22日 ㊥1992

バヤンドール, ダリオシュ 国連難民高等弁務官事務所カンボジア難民帰還計画調整官 ㊙イラン ㊤1939年 ㊥1992

パユ, エマニュエル Pahud, Emmanuel フルート奏者 ベルリン・フィルハーモニー管弦楽団首席フルート奏者 ㊙スイス ㊤1970年1月27日 ㊥1996／2000／2004／2012

バユルネン, ライモ Väyrynen, Raimo ヘルシンキ大学教授 国際関係 ㊙フィンランド ㊤1947年4月 ㊥1992

バヨナ, フアン・アントニオ Bayona, Juan Antonio 映画監督 ㊙スペイン ㊤1975年 ㊥2012

バヨーム・カンラヤーノ 僧侶 スワンケーオ寺住職 ㊙タイ ㊤1949年4月 ㊥1992

ハラ Ha-ra 本名=クハラ グループ名=KARA 歌手 ㊙韓国 ㊤1991年1月13日 ㊥2012

パラ, アンヘル Parra, Angel 歌手, 作曲家 ㊙チリ ㊤1943年 ㊥1992

パーラ, ジェラルド Parra, Gerardo 本名=Parra,Gerardo Enrique 大リーグ選手（外野手） ㊙ベネズエラ ㊤1987年5月6日

バラ, ジュリアス・J. 大学教授, 国営企業民営化研究家 ㊙ナイジェリア ㊤1954年 ㊥1996

ハーラー, ジョージ Harrar, George 編集者 「コンピュータワールド」誌編集者 ㊙米国 ㊥1992

ハーラー, ジョディ 元・大学野球選手 ㊙米国 ㊤1972年3月25日 ㊥1996／2000

ハーラー, ステファン Haller, Stefan M. ジャーナリスト ㊙スイス ㊤1952年 ㊥2004

パーラ, デレク Parra, Derek スピードスケート選手 ㊙米国 ㊤1970年3月15日 ㊥2004

パラ, ニカノール Parra, Nicanor 詩人 ㊙チリ ㊤1914年 ㊥1992

ハラー, ハインリッヒ Harrer, Heinrich 登山家 ㊙オーストリア ㊤1912年7月6日 ㊦2006年1月7日 ㊥1996／2000／2004

ハーラ, ブライアン Halla, Brian L. 実業家 ナショナルセミコンダクター会長・社長・CEO ㊙米国 ㊥2004

ハラー, ベント Haller, Bent 作家 ㊙デンマーク ㊤1946年 ㊥1996

パラ, ホセ・ミゲル Parra, Jose Miguel 登録名=ホセ プロ野球選手（投手） ㊙ドミニカ ㊤1972年11月28日 ㊥2000

バーラー, ポール Vaaler, Paul M. タフツ大学フレッチャー外交大学院助教授 国際ビジネス ㊙米国 ㊥2004

ハラー, ルドルフ Haller, Rudolf グラーツ大学哲学研究科教授, オーストリア・ウィトゲンシュタイン協会会長 哲学 ㊙オーストリア ㊤1929年 ㊥1996

パーラー, レイ Parlour, Ray サッカー選手（MF） ㊙英国 ㊤1973年3月7日 ㊥2008

バライ, エリジャ 南アフリカ労働組合会議（COSATU）議長, 南アフリカ全国鉱山労働組合（NUM）副議長 ㊙南アフリカ ㊥1992

ハラウィ, エリアス Hrawi, Elias 政治家 元・レバノン大統領 ㊙レバノン ㊤1925年9月4日 ㊦2006年7月7日 ㊥1992／1996／2000

ハラウェイ, ダナ Haraway, Donna Jean カリフォルニア大学サンタ・クルーズ校意識史専攻課程教授 フェミニズム理論 ㊙米国 ㊤1944年 ㊥1996

バラウフ, テオドール Ballauff, Theodor 教育学者 ヨハネス・グーテンベルク・マインツ大学名誉教授 ㊙ドイツ ㊤1911年 ㊥1996

バラーエフ, アルクサンドル・I. 農学者 元・全ソ穀物農業科学研究所所長 ㊙ソ連 ㊦1985年9月8日 ㊥1992

バラカット, ジャック Barakat, Jack グループ名=オール・タイム・ロウ ミュージシャン ㊙米国 ㊥2012

バラカット, スティーブ Barakatt, Steve ピアニスト ㊙カナダ ㊤1973年 ㊥2000／2004／2008

バラカート, ハリーム Barakat, Halim Isber 作家, 社会学者 ㊙レバノン ㊤1936年 ㊥1992

パラガミアン, アルト Paragamian, Arto 映画監督 ㊙カナダ ㊥1996

バラガン, ルイス Barragán, Luis 建築家 ㊙メキシコ ㊤1902年 ㊦1988年11月 ㊥1992

バラキ, マリハ Baraki, Maliha 体育教師, 元・バスケットボール選手 釜山アジア大会でのアフガニスタン選手団旗手 ㊙アフガニスタン ㊥2004

ハラーキー, ワイル・ナディル Halqi, Wael Nadir al- 政治家 シリア首相 ㊙シリア ㊤1964年

バラク, エフード Barak, Ehud 政治家, 軍人 イスラエル副首相・国防相, イスラエル労働党党首 元・イスラエル首相 ㊙イスラエル ㊤1942年2月12日 ㊥1996／2000／2004／2008／2012

バラクラフ, ジェフリー Barraclough, Geoffrey 歴史学者 元・オックスフォード大学教授, 元・王立歴史学協会総裁 ㊙英国 ㊤1908年5月10日 ㊦1984年 ㊥1992

バラゲール, ホアキン Balaguer, Joaquin 本名=バラゲール・リカルド, ホアキン 政治家 元・ドミニカ共和国大統領, 元・キリスト教社会改革党（PRSC）指導者 ㊙ドミニカ共和国 ㊤1907年9月1日 ㊦2002年7月14日 ㊥1992／1996／2000

バラコフ, クラシミル Balakov, Krassimir 元・サッカー選手 ㊙ブルガリア ㊤1966年3月29日 ㊥2000／2004／2008

バラザイダー, ウォルター Parazaider, Walter グループ名=シカゴ サックス奏者 ㊙米国 ㊤1945年3月14日 ㊥2004

ハラジ, カマル Kharrazi, Kamal 外交官 イラン外国関係戦略会議議長 元・イラン外相 ㊙イラン ㊤1944年12月1日 ㊥2000／2004／2008／2012

パラシオ, アルフレド Palacio, Alfredo 本名=パラシオ・ゴンサレス, アルフレド 政治家, 心臓病学者 元・エクアドル大統領, 元・グアヤキル大学医学部教授 ㊙エクアドル ㊤1939年1月22日 ㊥2008／2012

パラシオス, ジュリアン Palacios, Julian ジャーナリスト, 作家 ㊙エクアドル ㊤1971年 ㊥2004

パラシチェンコ, パーヴェル Palazchenko, Pavel 通訳 ゴルバチョフ財団コンサルタント ㊙ロシア ㊤1949年 ㊥2000

パラシャー, フィオナ Parashar, Fiona コンサルタント リーダーシップ・コーチング社創始者 ㊥2008

パラジャーノフ, セルゲイ Paradzhanov, Sergei Iosifovich 映画監

督 国ソ連 生1924年 没1990年7月20日 載1992

バラシュ, デービッド　Barash, David P.　動物学者,生物学者　ワシントン大学心理学科教授　国米国　載2004

バラシンフ　瑪拉沁夫　Malaqinfu　作家　中国少数民族作家学会会長　国中国　生1930年7月15日　載1996

バラス, L.H.　Burruss, L.H.　作家　元・米国陸軍中佐　載1996

バラス, サラ　Baras, Sara　フラメンコダンサー　国スペイン　生1971年　載2004／2008

バラス, ダン　Burrus, Dan　実業家　デルタ航空太平洋地区統括取締役　国米国　生1950年　載2004／2008

バラース, ヨーゼフ　Balázs, József　ハンガリー国際関係研究所副所長　国ハンガリー　生1932年　載1992

バラス王子　Paras Shah　本名=Paras bir Bikram Shah Dev,HRH Crown Prince　ネパール皇太子　国ネパール　生1971年12月30日　載2004／2008／2012

バラスキヴェスコ, テオドール　Paraskivesco, Théodor　ピアニスト　パリ高等音楽院教授　国フランス　生1940年　載1996（バラスキペスコ, テオドール）

バラスト, グレッグ　Palast, Greg　ジャーナリスト　国米国　載2004／2008

バラスブラマニアン, カマクシ　Balasubramanian, Kamakshi　児童文学作家　インド外国語研究所ロシア語科教授　国ロシア語 国インド　生1948年　載1996

ハラダ, キャピー　日本名=原田恒男　元・軍人　元・GHQ経済科学局長付副官　国米国　載1992／1996

バラタム, ゴーバル　Baratham, Gopal　神経外科医,作家　国シンガポール　生1935年　載1996

バラダル, アブドル・ガニ　Baradar, Mullah Abdul Ghani　タリバーンのナンバー2　国アフガニスタン

バラダン, スリニバーサ　Varadhan, Srinivasa S.R.　数学者　ニューヨーク大学クーラント数理科学研究所教授　載確率論　国米国　生1940年1月2日　載2008／2012

バラック, ミヒャエル　Ballack, Michael　元・サッカー選手　国ドイツ　生1976年9月26日　載2004／2008／2012

バラック, リリアン　Barac, Lillian　画家　国アルゼンチン　生1964年　載2008

バラッザ, アドリアナ　Barraza, Adriana　女優　国メキシコ　生1956年　載2008／2012

バラッシュ, R.　実業家　ルーカスバリティージャパン社長　国英国　載2000

バラッチュ, ノルベルト　合唱指揮者　国オーストリア　生1928年　載2000

バラッツ・ログステッド, ローレン　Baratz-Logsted, Lauren　「嘘つきピンク・ライン」の著者　載2008

バラッド, アナ　Barrado, Ana　写真家　載1992

バラッド, ジル・エリカン　実業家　マテル会長・CEO　国米国　載1996／2000

バラット, ブロンテ　Barratt, Bronte　本名=Barratt,Bronte Amelia Arnold　水泳選手(自由形)　北京五輪競泳女子4×200メートルリレー金メダリスト　国オーストラリア　生1989年7月8日

ハラデー, ロイ　Halladay, Roy　本名=Halladay,Harry Leroy　大リーグ選手(投手)　国米国　生1977年5月14日　載2004／2008／2012

バラディ, ヴァネッサ　Paradis, Vanessa　歌手,女優　国フランス　生1972年12月22日　載1992／1996／2000／2004／2008

バラディ, ジョージ　Palade, George Emil　細胞学者　元・エール大学細胞生物学教授　国米国　生1912年11月19日　没2008年10月8日　載1992／2004

バラティエ, クリストフ　Barratier, Christophe　映画監督　国フランス　生1963年　載2012

バラディーノ, N.　Palladino, Nunzio J.　原子力専門家　元・米国原子力規制委員会（NRC）委員長　国米国　生1916年11月10日　載1992

ハラデツカ, ルーシー　Hradecka, Lucie　テニス選手　ロンドン五輪テニス女子ダブルス銀メダリスト　国チェコ　生1985年5月21日

バラデュール, エドゥアール　Balladur, Edouard　政治家　元・フランス首相　国フランス　生1929年5月2日　載1992／1996

バラード, J.G.　Ballard, James Graham　SF作家　国英国　生1930年11月15日　没2009年4月19日　載1992／1996／2000／2004／2008

バラード, キャロル　Ballard, Carroll　映画監督　国米国　生1937年10月14日　載1996

バラード, ジム　Ballard, Jim　教育家,企業人材トレーナー,著述家　載2004

バラード, ジュリエット・ブルック　Ballard, Juliet Brooke　作家,ジャーナリスト　国米国　載1992／2000

バラード, ルシアン　映画撮影監督　国米国　生1904年　没1988年10月1日　載1992

バラード, ロバート　Ballard, Robert D.　海洋学者　ウッズ・ホール海洋研究所上級研究員　国米国　載1996

バラド, ロベルト　Balado Mendez, Robert　ボクシング選手　国キューバ　生1994年7月2日　載1996

バラドゥーリン, リホール　Baradulin, Ryhor Ivanavich　詩人,翻訳家　国ベラルーシ　生1935年　載2008／2012

バラドワジ, ラダ　映画監督,脚本家　国米国　載2000

パラーナ, クマール　Pallana, Kumar　俳優,ボードビリアン　国米国　生1918年12月23日　没2013年10月10日

パラニューク, チャック　Palahniuk, Chuck　作家　国米国　生1962年2月21日　載2004／2012

バラバシ, アルバート・ラズロ　Barabási, Albert-László　物理学者　ノートルダム大学教授　生1967年　載2004

バラバノフ, アレクセイ　Balabanov, Aleksei　映画監督　国ロシア　生1959年2月25日　没2013年5月18日

バラバノフ, コスタ　Balabanov, Kosta　歴史学者　マケドニア日本友好協力協会会長　載イコン美術　国マケドニア　生1929年4月5日　載2004／2008／2012

バラハル, ジム　ホノルルマラソン協会会長　国米国　載2000

ハラハン, ウィリアム　Hallahan, William H.　作家　国米国　生1926年　載1992／1996

バラバン, クリスチナ　フランス国立装飾美術大学教授,道都大学美術学部客員教授　載服飾デザイン　国フランス　載1992

ハラビ, サム　Halabi, Sam　コンピューター技術者　シスコシステムズ副社長　載2004

バラフラージ, アフマド　Balafrāj, Ahmad　政治家　元・モロッコ首相,元・モロッコ・イスクラチル党書記長　国モロッコ　生1908年　載1992

バラホフスキー, アントン　バイオリニスト　国ソ連　載1992／1996

ハラマ, ジョン　Halama, John Thadeuz　大リーグ選手(投手)　国米国　生1972年2月22日　載2004／2008

ハラミー, オーデッド　Halahmy, Oded　彫刻家　生1938年　載1992／1996

ハラミーヨ, ルディ　Jaramillo, Rudy　大リーグコーチ　国米国　生1950年9月20日　載2012

バーラム, アマツツァ　ハイファ大学教授　載中東史, イラク問題　国イスラエル　載1992／1996

ハラム, アン　Halam, Ann　別筆名=ジョーンズ, グウィネス　ファンタジー作家　国英国　生1952年　載2008／2012

バラム, ピーター　Barham, Peter　物理学者　ブリストル大学物理学科准教授　載高分子物理学　国英国　載2004

バラメシュワー, K.R.V.　ヒンドゥスタン・リーバ社輸出部長　国インド　載1992

ハラリ, エフド　ヘブライ大学教授　載日本問題　国イスラエル　生1935年　載1996

ハラーリ, オーレン　Harari, Oren　経営学者, 経営コンサルタント　サンフランシスコ大学マクラーレン経営大学院教授　国米国　載2004

ハラリー, キース　Harary, Keith　心理学者　アドバンス・サイコ

ロジー研究所所長　国米国　執2000（ヘラーリ，キース）

バーラル, ウラディミール　Páral, Vladimír　作家　国チェコスロバキア　生1932年　執1992／1996

ハラルド5世　Harald V　ノルウェー国王　国ノルウェー　生1937年2月21日　執1992／1996／2000／2004／2008／2012

ハラルドソン, エルレンドゥール　Haraldsson, Erlendur　アイスランド大学助教授　専心理学　国アイスランド　生1931年11月3日　執1992

ハラーレイ, フランツ　Harary, Franz　マジシャン　国米国　生1962年7月18日　執2004／2008／2012

ハーラン, ジョー　実業家　住友スリーエム社長　国米国　執2004／2008

ハラン, ニック　Hurran, Nick　映画監督, 演出家　国英国　生1959年　執2000

バラン, フィリップ　Balland, Philippe　作家　執2004

バラン, ポール　Baran, Paul　情報工学者　専通信ネットワーク　国米国　生1926年4月29日　没2011年3月26日　執2004

バラン, ロナン　Palan, Ronen　イギリス・サセックス大学教授, IPEG運営委員

バランキエヴィッチ, フィリップ　Barankiewich, Filip　バレエダンサー　シュトゥットガルト・バレエ団プリンシパル　執2012

ハラング, アーロン　Harang, Aaron　本名＝Harang,Aaron Michael　大リーグ選手（投手）　国米国　生1978年5月9日

バランゴー, ロラン・ピエール　Paringaux, Roland-Pierre　ジャーナリスト　国フランス　生1941年　執2004／2008

バラーンコヴァー, ヴラスタ　Baránková, Vlasta　絵本作家, イラストレーター　国チェコ　生1943年　執2000／2004

バランジェ, フェリシア　Ballanger, Felicia　自転車選手　国フランス　生1971年6月12日　執2000／2004

バランシエンヌ, ディディエ・ピノ　アンパン・シュナイダー会長　国フランス　執1992

バランジン, アレクセイ　Balandin, Aleksei　ノーボスチ通信社東京特派員　国ロシア　生1958年　執1996

バランシン, ジョージ　Balanchine, George　旧名＝バランチヴァージェ, ゲオルギー　バレエダンサー, 振付師　元・ニューヨーク・シティ・バレエ団（NYCB）創立者　国米国　生1904年1月9日　没1983年4月30日　執1992

バランス, イアン　Vallance, Iain David Thomas　実業家　ブリティッシュ・テレコム（BT）会長, 英国産業連盟（CBI）会長　国英国　生1943年5月20日　執1992／1996／2000／2004／2008

バランス, ジャック　Palance, Jack　本名＝パラヌーク, ウォルター・ジャック　俳優　国米国　生1919年2月18日　没2006年11月10日　執1996

バランス, ホリー　Valance, Holly　本名＝バランス, ホリー・レイチェル　歌手, 女優　国オーストラリア　生1983年5月11日　執2004

バーランダー, ジャスティン　Verlander, Justin　本名＝Verlander, Justin Brooks　大リーグ選手（投手）　国米国　生1983年2月20日　執2008／2012

バランディエ, ジョルジュ　Balandier, Georges　アフリカ研究家　国際社会学会名誉会長　国フランス　生1920年　執1996

バーランド, コティー・アーサー　Burland, Cottie Arthur　民族誌学者　元・大英博物館民族誌学部門　国英国　生1905年　没1983年　執1992

バランニコフ, ヴィクトル　Barannikov, Viktor　政治家　元・ロシア保安相　国ロシア　生1940年　没1995年7月21日　執1992／1996

ハーリ, ウィラード（Jr.）　Harley, Willard F.（Jr.）　カウンセラー, 臨床心理学者　国米国　執2004

ハリー, エリック　Harry, Eric L.　作家, 軍事問題専門家　国米国　生1958年　執2000

バーリ, エリフ　HVSエコサービス社環境プロジェクト部長　国米国　執2000

ハーリー・キョウコ　哈日 杏子　本名＝陳桂杏　漫画家, エッセイスト　国台湾　執2004（ゴウニチ・キョウコ）／2008

バリー, クレイグ　Parry, Craig　プロゴルファー　国オーストラリア　生1966年1月12日　執1992／2000／2004／2008

バリー, ジェフ　Barry, Jeff　本名＝Barry,Jeffrey Finis　大リーグ選手（外野手）, 元・プロ野球選手　国米国　生1968年9月22日　執2004

ハーリー, ジェーン　Healy, Jane M.　教育コンサルタント　専教育心理学　国米国　執2000

バーリー, ジャスティン　Burley, Justine　政治学者　マンチェスター大学政治学部上級専任教官, オックスフォード大学エクセター・カレッジ政治学非常勤講師　国英国　執2004

バーリー, ジョン　Varley, John　SF作家　国米国　生1947年　執1992／1996／2000／2004／2008

バーリー, ジョン　Varley, John Silvester　銀行家　バークレイズ・グループCEO　国英国　生1956年4月1日　執2008／2012

バリー, ジョン　Barry, John　本名＝Prendergast,Jonathan Barry　作曲家, 編曲家, 指揮者　専ポピュラー音楽, 映画音楽　国英国　生1933年11月3日　没2011年1月30日　執1992／2004／2008

バリー, ジョン　Barry, John　ジャーナリスト　「ニューズウィーク」記者　国英国　生1942年　執1996

バーリー, スーザン　Varley, Susan　絵本作家, イラストレーター　国英国　生1961年　執1992／1996／2000／2004

ハリー, デビー　Harry, Debbie　旧グループ名＝ブロンディ　ロック歌手　国米国　生1940年7月1日　執2000

バリー, デーブ　Barry, Dave　ジャーナリスト, ユーモア・コラムニスト　「マイアミ・ヘラルド」コラムニスト　国米国　生1947年　執1996／2000／2008

バーリー, ナイジェル　Barley, Nigel　英国人類博物館研究員　専文化人類学　国英国　生1947年　執2000

バリー, ナンシー　Barry, Nancy M.　銀行家　国米国　生1949年　執2008／2012

バリー, ノーマン　Barry, Norman　政治理論家　バッキンガム大学教授　国イギリス　執2008

ハリ, バダ　Hari, Badr　キックボクサー, 格闘家　国モロッコ　生1984年12月8日　執2008／2012

ハリー, ピーター　Halley, Peter　アーティスト　専シミュレーション・アート　国米国　生1953年　執2004／2008／2012

バリー, ビンセント　Barry, Vincent　ベイカーズフィールド・カレッジ教授　専哲学, 倫理学　国米国　執2000

パリ, フェルチオ　Parri, Ferruccio　政治家　元・イタリア首相, 元・イタリア終身上院議員　国イタリア　生1890年1月9日　没1981年12月8日　執1992

バリー, ブレント　Barry, Brent　バスケットボール選手　国米国　生1971年12月31日　執2000／2008

バリー, ボビー　Barry, Bobby　グループ名＝ICE9　俳優, ミュージシャン　国英国　執2008

ハリー, マイケル　Harry, Mikel　実業家　シックスシグマ・アカデミー創設者・CEO　執2004

バーリー, マーク　Buehrle, Mark　本名＝Buehrle,Mark Alan　大リーグ選手（投手）　国米国　生1979年3月23日　執2012

バリー, マーク　Parry, Mark E.　経営学者　バージニア大学ダーデン経営大学院教授　国米国　生1957年8月　執2004

バリー, マックス　Barry, Max　作家　国オーストラリア　生1973年3月18日　執2008

バリー, マリオン（Jr.）　Barry, Marion Shepilow（Jr.）　政治家　元・ワシントン市長　国米国　生1936年3月6日　執1992／1996／2000

バリー, リチャード　Parry, Richard G.　作家　国米国　執1996

バリー, ロバート　Barry, Robert　絵本作家　国米国　生1931年　執2004

パーリア, カミール　Paglia, Camille　文芸批評家　フィラデルフィア芸術大学教授　専フェミニズム論, 芸術論, 文明論　国米国　生1947年4月2日　執1996／2000／2004／2008

バーリア, ミンマ　Balia, Mimma　美術教師　国イタリア　執2004

バリアルド, トニーノ　Baliardo, Tonino　グループ名=ジプシー・キングス　ギタリスト　[国]フランス　[典]2004／2008

ハリウェル, ジェリ　Halliwell, Geri　本名=Halliwell,Geraldine Estelle　グループ名=スパイス・ガールズ　歌手　[国]英国　[生]1972年8月6日　[典]2000／2008／2012

パリウカ, ジャンルカ　Pagliuca, Gianluca　サッカー選手(GK)　[国]イタリア　[生]1966年12月18日　[典]2008

バリエ, エレーヌ　女優　[国]フランス　[生]1932年　[没]1988年8月1日　[典]1992

バリエール, アラン　全盲スキーの世界最速記録保持者　[国]スイス　[典]2000

バリエントス, レネ　元・プロボクサー　元・世界ジュニアライト級チャンピオン　[国]フィリピン　[典]2000

バリオ, イルダ　Barrio, Hilda　文化研究者　[国]キューバ　[典]2008

バリオス, アルトゥーロ　Barrios, Arturo　陸上選手(長距離)　[国]メキシコ　[生]1963年12月12日　[典]1992

バリオス, エンリケ　Barrios, Enrique　作家　[国]チリ　[生]1945年　[典]1996／2004

バリオーニ, クラウディオ　Baglioni, Claudio　シンガー・ソングライター　[国]イタリア　[生]1951年　[典]1996

ハリガン, キャスリン　Harrigan, Kathryn Rudie　コロンビア大学教授　[専]経営学　[国]米国　[典]1992

ハ

ハリガン, ジョン　キャンベラ大学教授・公共部門管理研究センター所長　[専]比較行政学　[国]オーストラリア　[典]2000

ハリガン, スティーブ　Harrigan, Steve　ジャーナリスト　フォックステレビ記者　[国]米国　[典]2004

ハリキャル, ファザル・ハク　Khaliqyar, Fazal Haq　政治家　元・アフガニスタン首相　[国]アフガニスタン　[生]1930年　[没]2004年7月17日　[典]1992／1996／2000

パリギン, アレクサンドル　Parygin, Aleksandr　近代五種選手　[国]カザフスタン　[典]2000

ハリコフ, セルゲイ　Kharikov, Sergei　体操選手　[国]ソ連　[生]1970年11月17日　[典]1992

パリサー, チャールズ　Palliser, Charles　劇作家, 作家　ストラスクライド大学英文学教授　[国]米国　[典]2000

バリザー, マリア　元・スキー選手(アルペン)　[国]スイス　[典]1992

パリシ, ジョバンニ　Parisi, Giovanni　プロボクサー　[国]イタリア　[典]1992／1996

バリシニコフ, ミハイル　Baryshnikov, Mikhail　愛称=バリシニコフ, ミーシャ　舞踊家, バレエダンサー　元・アメリカン・バレエ・シアター(ABT)芸術監督　[専]モダンダンス　[国]米国　[生]1948年1月27日　[典]1992／1996／2000／2004／2008／2012

ハリス　Harisu　漢字名=河莉秀　歌手, 女優, モデル　[国]韓国　[典]2012

ハリス, アーサー　Harris, Arthur Travers　軍人　元・英国空軍元帥　[国]英国　[生]1892年4月13日　[没]1984年4月5日　[典]1992

パリス, アーナ　Paris, Erna　作家　[国]カナダ　[典]2008

パーリス, アラン　Perlis, Alan J.　エール大学教授　[専]計算機科学　[国]米国　[典]1992

ハリス, アン　Harris, Anne　SF作家　[国]米国　[典]2012

ハリス, ウィルソン　Harris, Wilson　作家, 詩人　[国]ガイアナ　[生]1921年3月24日　[典]1992／1996

パリス, ウェンディ　Paris, Wendy　作家, 新聞記者, テレビプロデューサー　[国]米国　[生]1966年　[典]2004

ハリス, エド　Harris, Ed　本名=Harris,Edward Allen　俳優　[国]米国　[生]1950年11月28日　[典]2000／2004／2008／2012

ハリス, キャサリン　Harris, Katherine　政治家　フロリダ州務長官　[国]米国　[典]2004

ハリス, クレア　Harris, Clare　経営学者　クランフィールド大学経営学部講師　[典]2008

ハリス, グレアム・M.　Harris, Graham M.　コンサルタント　ザ・ハリス・コンサルタンシー代表　元・ロイズ銀行日本総支配人　[国]英国　[典]2000

ハリス, ジェシー　Harris, Jesse　旧グループ名=ワンス・ブルー　シンガー・ソングライター　[国]米国　[典]2012

ハリス, ジェニファー　米国航空宇宙局(NASA)ジェット推進研究所チーム飛行指揮官　[専]航空宇宙工学　[国]米国　[典]2000

ハリス, ジェラルディン　Harris, Geraldine　本名=ハリス, ジェラルディン・レイチェル　作家　[国]英国　[生]1951年　[典]1992／1996

パリス, ジェリー　Paris, Jerry　映画監督　[国]米国　[没]1986年4月1日　[典]1992

ハリス, シェルダン　Harris, Sheldon H.　歴史学者　元・カリフォルニア州立大学名誉教授　[専]米国史　[国]米国　[没]2002年8月31日　[典]2000

パリス, ジャッキー　Paris, Jackie　ジャズ歌手　[国]米国　[生]1926年9月20日　[典]1992

ハリス, シャーレイン　Harris, Charlaine　作家　[国]米国　[生]1951年　[典]2008／2012

ハリス, ジュリー　Harris, Julie　本名=Harris,Julia　女優　[国]米国　[生]1925年12月2日　[没]2013年8月24日　[典]2000

ハリス, ジョアン　Harris, Joanne　作家　[国]英国　[生]1964年　[典]2004／2012

ハリス, スティーブン　Harris, Stephen　キツネ研究家　ブリストル大学教授　[国]英国　[生]1950年　[典]2000

ハリス, ステーシー　Harris, Stacy　コラムニスト, 放送ジャーナリスト, 音楽評論家　[国]米国　[典]2000

ハリス, ダニー　Harris, Danny　陸上選手(障害)　[国]米国　[生]1965年9月7日　[典]1992

バリス, チャック　Barris, Chuck　テレビプロデュ-サー　[国]米国　[生]1929年　[典]2004／2008

ハリス, トーマス　Harris, Thomas　ミステリー作家　元・AP通信デスク　[国]米国　[生]1940年4月11日　[典]1992／1996／2000／2012

ハリス, トーマス　Harris, Thomas A.　精神科医, 元・軍人　米国交流分析協会創設者　[専]交流分析　[国]米国　[典]2004

ハリス, ニック　Harris, Nick　画家　[典]2004

ハリス, ノーム　Harris, Norm　作家　[国]米国　[典]2008

ハリス, パトリシア　Harris, Patricia Roberts　政治家, 弁護士　[国]米国　[生]1924年5月31日　[没]1985年3月24日　[典]1992

ハリス, バリー　Harris, Barry　本名=Harris,Barry Dolle　ジャズピアニスト　[国]米国　[生]1929年12月15日　[典]1992

パリス, バリー　Paris, Barry　伝記作家　[国]米国　[典]2004

ハリス, ビーバー　Harris, Beaver　ジャズドラマー　[国]米国　[生]1936年4月20日　[没]1991年12月22日　[典]1996

ハリス, ヒュー　Harris, Hugh　グループ名=クークス　ミュージシャン　[国]英国　[典]2012

ハリス, ビル　Harris, Bill　本名=ハリス, ウィリアム　実業家　インテュイット社長・CEO　[国]米国　[生]1956年　[典]2000

ハリス, フィリップ・チャールズ　Harris, Philip Charles　実業家　カーペットライトCEO　[国]英国　[生]1942年9月15日　[典]2004／2008

ハリス, ブライアン　Harris, Brian　本名=キング, ハロルド　別筆名=ハロルドソン, ウィリアム　作家　[国]米国　[生]1945年2月27日　[典]1992／1996

ハリス, フレデリック　Harris, Frederick　水墨画家, インテリアデザイナー　[国]米国　[生]1932年　[典]2004／2008／2012

ハリス, ペギー　Harris, Peggy　画家　[専]トールペインティング　[国]米国　[典]2004

ハーリス, ペトロス　Charis, Petros　本名=マルマリアーディス, ヨアーニス　作家, 翻訳家　[国]ギリシャ　[生]1902年　[典]1992

ハリス, ヘンリー　Harris, Henry　医学者　オックスフォード大学名誉教授　[専]細胞生物学, 癌　[国]英国　[生]1925年1月28日　[典]2004

ハリス, マイク　Harris, Mike　カーリング選手, プロゴルファー　[国]カナダ　[生]1967年6月9日　[典]2000

ハリス, マイケル　Harris, Michael H.　ケンタッキー大学図書館情報学部教授　[専]図書館史　[国]米国　[生]1941年　[典]1992

ハリス, マクドナルド　Harris, MacDonald　作家　[国]米国　[生]1921

年 [没]1993年 [典]1992／1996

ハリス, マービン Harris, Marvin 文化人類学者 元・フロリダ大学教授, 元・コロンビア大学教授 [国]米国 [生]1927年 [没]2001年10月25日 [典]1992／1996

ハリーズ, メイリオン ジャーナリスト 英国作家協会コンサルタント [専]環境問題, 軍事問題 [国]英国 [生]1951年 [典]1992

ハリス, ルイス Harris, Louis コラムニスト, 世論調査分析家 ハリス社(世論調査機関)主宰 [国]米国 [生]1921年1月6日 [典]1992／1996

ハリス, ルース Harris, Ruth 歴史学者 オックスフォード大学ニュー・カレッジ近代史部門研究員・チューター [国]米国 [生]1958年 [典]2000

ハリス, レイチェル Harris, Rachel 精神科医, 臨床ソーシャルワーカー [典]2004

パリス, レズリー Parris, Leslie テート・ギャラリー英国絵画部副部長 [国]英国 [生]1941年 [典]2000

ハリス, レナード Harris, Leonard 作家, 元・ジャーナリスト [国]米国 [典]1992

ハリス, レニー Harris, Lenny 本名=Harris,Leonard Anthony 大リーグ選手(外野手) [国]米国 [生]1964年10月28日 [典]2004／2008

パリス, レーヌ・マリー Paris, Reine-Marie カミーユ・クローデル研究家 [国]フランス [生]1938年 [典]1992

ハリス, ロイ Harris, Roy オックスフォード大学名誉教授 [専]言語学, 哲学 [国]英国 [生]1931年2月24日 [典]2000

ハリス, ロバータ Harris, Roberta L. 考古学者 [典]2004／2008

ハリス, ロバート Harris, Robert ジャーナリスト, 作家 「サンデー・タイムズ」紙論説主任 [国]英国 [生]1957年 [典]1996／2000

ハリス, ロルフ Harris, Rolf テレビパーソナリティー, 漫画家, イラストレーター, 歌手 [国]英国 [生]1930年 [典]2000

ハリス, ローレンス・E. 実業家 MCIコミュニケーションズ副社長 [国]米国 [典]2000

パリスカ, クロード Palisca, Claude V. 音楽学者 エール大学名誉教授 [専]西洋音楽史 [国]米国 [生]1921年 [典]2000

バリセンティ, リック Valicenti, Rick グラフィックデザイナー サースト主宰者 [国]米国 [生]1953年 [典]1992

パリゾー, ジャック Parizeau, Jacques 政治家 元・ケベック党党首, 元・ケベック州首相 [国]カナダ [生]1930年8月9日 [典]1996

パリゾット, マルコ 指揮者 [国]カナダ [典]2000

ハリソン, ウィリアム 軍人 元・米国退役陸軍中将, 元・朝鮮休戦会議国連軍代表団長 [国]米国 [没]1987年5月25日 [典]1992

ハリソン, ウィリアム Harrison, William 作家 [国]米国 [生]1933年 [典]1992／2004／2008

ハリソン, ウィリアム(Jr.) Harrison, William Burwell (Jr.) 銀行家 元・JPモルガン・チェース社長・CEO, 元・チェース・マンハッタン銀行会長・CEO [国]米国 [生]1943年8月12日 [典]2000／2004／2008／2012

ハリソン, ウォレス Harrison, Wallace Kirkman 建築家 [国]米国 [生]1895年9月28日 [没]1981年12月2日 [典]1992

ハリソン, エマ Harrison, Emma 作家 [国]米国 [典]2004／2008

ハリソン, エリザベス アリゾナ大学東洋学部助教授 [専]日本思想史 [国]米国 [生]1952年 [典]1996

ハリソン, オスカー Harrison, Oscar グループ名=オーシャン・カラー・シーン ロック・ドラム奏者 [国]英国 [生]1965年4月15日 [典]2004／2008／2012

ハリソン, オードリー Harrison, Audley プロボクサー 元・WBF世界ヘビー級チャンピオン シドニー五輪ボクシング・スーパーヘビー級金メダリスト [国]英国 [生]1971年10月26日 [典]2004／2008

ハリソン, ガイ Harrison, Guy ソフトウェア開発者 Quest Software社データベース監視ツール・プロジェクトマネジャー [典]2004

ハリソン, キャシー Harrison, Kathy 虐待を受けた子どもたちを里親として預かる [国]米国 [典]2008

ハリソン, キャスリン Harrison, Kathryn 作家 [国]米国 [生]1961年 [典]2000

ハリソン, ケイラ Harrison, Kayla 柔道選手 ロンドン五輪柔道女子78キロ級金メダリスト [国]米国 [生]1990年7月2日

ハリソン, ケニー Harrison, Kenny 本名=Harrison,Kerry 三段跳び選手 [国]米国 [生]1965年2月13日 [典]1992／1996／2000

ハリソン, ケニス Harrison, Kenneth 「あっぱれ日本兵―オーストラリア兵の太平洋戦争」の著者 [国]オーストラリア [生]1918年 [典]2004

ハリソン, ジェフリー Harrison, Jeffrey L. 法学者 フロリダ大学ロー・スクール教授 [国]米国 [典]2004

ハリソン, ジェームズ Harrison, James Merritt 地質学者 元・カナダ地質調査所所長 [国]カナダ [生]1915年 [没]1990年7月6日 [典]1992

ハリソン, ジェームズ Harrison, James プロフットボール選手(LB) [国]米国 [生]1978年5月4日 [典]2012

ハリソン, ジェリー Harrison, Jerry 旧グループ名=トーキング・ヘッズ ミュージシャン [国]米国 [生]1949年2月21日 [典]1996／2008／2012

ハリソン, ジェーン Harrison, Jane 劇作家 [国]オーストラリア [典]2004

ハリソン, ジャニス Harrison, Janis 作家 [国]米国 [典]2004

ハリソン, ジョアナ Harrison, Joanna 絵本作家 [国]英国 [典]2000

ハリソン, ジョージ Harrison, George 旧グループ名=ビートルズ ロック・ギタリスト, シンガーソングライター [国]英国 [生]1943年2月25日 [没]2001年11月29日 [典]1992／1996／2000

ハリソン, スー Harrison, Sue 作家 [国]米国 [生]1950年 [典]2000

ハリソン, スーザン Harrison, Suzanne S. コンサルタント [国]米国 [典]2008

ハリソン, セリグ Harrison, Selig S. 北朝鮮研究家, ジャーナリスト センチュリー・ファンデーション研究部長 元・「ワシントン・ポスト」東アジア総局長 [国]米国 [生]1927年 [典]1996／2000

ハリソン, ダーニ Harrison, Dhani 音楽プロデューサー, ミュージシャン [国]英国 [生]1978年8月1日 [典]2004

ハリソン, デービッド Harrison, David 騎手 [国]英国 [生]1972年7月8日 [典]2004／2008

ハリソン, トニー Harrison, Tony 詩人 [国]英国 [生]1937年4月30日 [典]1992／1996／2000／2004／2008／2012

ハリソン, ノエル Harrison, Noel 歌手, 作曲家, 俳優 [国]英国 [生]1936年1月29日 [没]2013年10月19日 [典]1992／1996

ハリソン, ハリイ Harrison, Harry SF作家 [国]米国 [生]1925年 [典]1992

ハリソン, フレーザー Harrison, Fraser 著述家 [国]英国 [生]1944年 [典]1996

ハリソン, ヘーゼル Harrison, Hazel 画家 [専]パステル [国]英国 [典]2000

ハリソン, マイケル・J. ヨーロッパ スキンケア&パーソナルクレンジングジェネラルマネジャー [国]英国 [典]2000

ハリソン, マイケル・ジョン Harrison, Michael John 別名=チャーチル, ジョイス SF作家, 評論家 [国]英国 [生]1945年 [典]1992／1996／2012

ハリソン, マーシャル Harrison, Marshall 軍人 元・米国空軍少佐・パイロット [国]米国 [生]1933年 [典]1996

ハリソン, モリー Harrison, Molly 元・ジェフリ博物館館長 [専]民俗学 [国]英国 [典]1992／1996／2000

ハリソン, リンゼイ Harrison, Lindsay ライター [国]米国 [生]1948年 [典]2004

ハリソン, レイ Harrison, Ray 作家 [国]英国 [生]1928年10月26日 [典]1996

ハリソン, レックス Harrison, Rex 俳優 [国]英国 [生]1908年3月5日 [没]1990年6月2日 [典]1992

ハリソン, ロイドン Harrison, Royden ウォリック大学名誉教授 [専]英国社会史 [国]英国 [生]1927年 [典]2000

ハリソン, ロバート・ポーグ　Harrison, Robert Pogue　スタンフォード大学教授　[専]フランス文学, イタリア文学　[国]米国　[生]1954年　[典]1996／2000

ハリソン, ロリン　サーファー　[国]米国　[生]1913年4月　[没]1993年9月8日　[典]1996

バリチェロ, ルーベンス　Barrichello, Rubens　元・F1ドライバー　[国]ブラジル　[生]1972年5月23日　[典]1996／2000／2004／2008／2012

バリツァー, アルフレッド　Balitzer, Alfred　クレアモント・マケナ・カレッジ教授　[国]米国　[生]1941年　[典]1992

バリッコ, アレッサンドロ　Baricco, Alessandro　作家, 音楽学者　[国]イタリア　[生]1958年1月25日　[典]2000／2012

パリッシュ, P.J.　Parrish, P.J.　作家　[国]米国　[典]2008

パリッシュ, ジョン・A.　ハーバード大学医学部教授　[専]皮膚科学　[国]米国　[典]2000

パリッシュ, チャック　Parrish, Chuck　実業家　フォン・ドット・コム執行副社長,WAPフォーラム副会長　[国]米国　[典]2004

パリッシュ, フランク　Parrish, Frank　ミステリー作家　[国]英国　[生]1929年　[典]1992／1996

パリッシュ, ミッチェル　作詞家　[国]米国　[生]1900年　[没]1993年3月31日　[典]1996

ハリッシュ, ミハエル　Harish, Michael　政治家　元・イスラエル通産相　[国]イスラエル　[典]1996／2000

パリッシュ, ラリー　Parrish, Larry　元・大リーグ監督, 元・プロ野球選手　[国]米国　[生]1953年11月10日　[典]1992／1996／2000

バーリッツ, チャールズ　Berlitz, Charles　言語学者, ノンフィクション作家　[国]米国　[生]1914年　[典]1992／1996

バリッツア, ジャン・フランコ　Barizza, Gian Franco　実業家　グルッポ・フォーラル社長　[国]イタリア　[生]1936年　[典]2000

パリット, ヘレン　「シティ・ハーベスト」最高責任者　[国]米国　[典]1992

ハリデー, M.A.K.　Halliday, Michael Alexander Kirkwood　言語学者　シドニー大学名誉教授　[国]英国　[生]1925年　[典]2004

ハリデイ, ジョン　Halliday, Jon　経済史家　[国]英国　[典]1992

ハリデイ, フレッド　Halliday, Fred　本名=Halliday,Frederick　政治学者, ジャーナリスト　元・ロンドン・スクール・オブ・エコノミクス(LSE)教授　[専]国際関係論, 国際政治経済学　[国]アイルランド　[生]1946年2月22日　[没]2010年4月26日　[典]1992／2000

ハリディ・サムナー, リンダ　Halliday-Sumner, Linda　性虐待コンサルタント　[国]カナダ　[典]2004／2008

バリテック, ジェーソン　Varitek, Jason　本名=Varitek,Jason Andrew　元・大リーグ選手　[国]米国　[生]1972年4月11日　[典]2012

ハーリド　Khalid ibn Abdul-Aziz al-Sa'ud　政治家　元・サウジアラビア国王(第4代)　[国]サウジアラビア　[生]1913年　[没]1982年6月13日　[典]1992

ハリド, ライラ　Khaled, Leila　元・パレスチナゲリラ　パレスチナ民族評議会(PNC)議員　[国]パレスチナ　[生]1944年　[典]2000

ハリトーノフ, セルゲイ　Kharitonov, Sergey　格闘家　[国]ロシア　[生]1980年8月18日　[典]2008／2012

バリー・ドロンシャン, フランソワ　Barry Delongchamps, François　フランス外務省戦略軍縮局長　[国]フランス　[生]1949年　[典]1996

ハリトン, ユーリー　Khariton, Yuri Borisovich　核物理学者　元・ソ連科学アカデミー実験物理学研究所所長　[専]原水爆開発　[国]ロシア　[生]1904年2月27日　[没]1996年12月19日　[典]1996

パリネロ, アンソニー　Parinello, Anthony　セールストレーナー　[国]米国　[典]2004

ハリーハウゼン, レイ　Harryhausen, Ray　特撮映画監督, アニメーション作家　[国]米国　[生]1920年6月29日　[没]2013年5月7日　[典]2000

バリバール, エティエンヌ　Balibar, Etienne　哲学者　パリ第10大学ナンテール校名誉教授, カリフォルニア大学アーバイン校教授　[専]政治哲学　[国]フランス　[生]1942年4月23日　[典]1996／2000／2012

バリバール, ジャンヌ　Balibar, Jeanne　女優, 歌手　[国]フランス　[生]1968年4月13日　[典]2004／2008／2012

ハーリヒイ, ジェームズ・レオ　Herlihy, James Leo　作家, 劇作家, 俳優　[国]米国　[生]1927年2月27日　[典]1992

ハーリヒ・シュナイダー, E.　Harich-Schneider, Eta　ハープシコード奏者　[国]ドイツ　[生]1897年11月16日　[没]没年不詳　[典]1992

ハリファクス, ジョーン　Halifax, Joan　人類学者　[国]米国　[生]1942年　[典]1996

ハリファ・ビン・ザイド・ナハヤン　Khalifa bin Zayed al-Nahyan　政治家　アラブ首長国連邦(UAE)大統領, アブダビ首長　[国]アラブ首長国連邦　[生]1948年　[典]2008／2012

ハリファ・ビン・ハマド・アッサーニ　Khalifa bin Hamad al-Thani, Sheikh　政治家　元・カタール首長　[国]カタール　[生]1932年　[典]1992／1996

ハリーフェ, サハル　Khalifeh, Sahar　作家　[国]パレスチナ　[生]1941年　[典]2000

ハリマン, ウィリアム・アベレル　Harriman, William Averell　政治家, 外交官　元・米国国務次官, 元・ニューヨーク州知事　[国]米国　[生]1891年11月15日　[没]1986年7月26日　[典]1992

ハリマン, パメラ　Harriman, Pamera Digby Churchill　外交官　元・駐フランス米国大使　[国]米国　[生]1920年3月20日　[没]1997年2月5日　[典]1996

ハリマン, ロバート　弁護士　ビジネス・ソフトウェア・アライアンス(BSA)会長　[国]米国　[生]1955年　[典]1996

ハリム, アテフ　Halim, Atef　バイオリニスト　[国]フランス　[生]1950年　[典]1996(アテフ, ハリム)／2004／2008／2012

バリモア, ドリュー　Barrymore, Drew　女優, 映画プロデューサー　[国]米国　[生]1975年2月22日　[典]1992／1996／2000／2004／2008／2012

ハリーヤ, クリストフ　外交官　ドイツ外務省儀典局　[国]ドイツ　[生]1968年　[典]2000

ハリーヤ, ハンス・ヨアヒム　Hallier, Hans Joachim　外交官　元・駐日西ドイツ大使　[国]ドイツ　[生]1930年4月　[典]1992

ハリュ, アルシ　Harju, Arsi　砲丸投げ選手　[国]フィンランド　[生]1974年3月18日　[典]2004

バリラ, ジーン　Barilla, Jean　医療教育専門家　ニューヨーク市立大学講師　[国]米国　[典]2004

バリラ, パオロ　Barilla, Paolo　F1ドライバー　[国]イタリア　[生]1961年4月20日　[典]1992／1996

ハリリ, サード　Hariri, Saad　本名=Hariri,Saad ed-Din　政治家, 実業家　元・レバノン首相　[国]レバノン　[生]1970年4月18日　[典]2012

ハリリ, ラフィク　Hariri, Rafik Bahaa Edinburghe　政治家, 実業家　元・レバノン首相　[国]レバノン　[生]1944年11月1日　[没]2005年2月14日　[典]1996／2000／2004

バリリ, ワルター　Barylli, Walter　バイオリニスト　[国]オーストリア　[生]1921年6月16日　[典]1996／2000

バリリエ, エティエンヌ　Barilier, Etienne　作家, 文芸評論家　[国]スイス　[生]1947年　[典]2008

ハリル, オスバルド　Jalil, Osvaldo　版画家　ヒロン・アルヘンティーナ会長　[国]アルゼンチン　[生]1950年　[典]2004

ハリール, カラム　Khalil, Karam　日本文学研究家　カイロ大学教授　元・在日エジプト大使館文化参事官　[国]エジプト　[生]1958年　[典]1992／2008／2012

ハリルザド, ザルメイ　Khalilzad, Zalmay　外交官　元・国連大使　[国]米国　[生]1951年3月22日　[典]2008／2012

パリロー, アンヌ　Parillaud, Anne　女優　[国]フランス　[生]1960年5月6日　[典]1992／1996

ハリロジッチ, バヒッド　Halilhodzic, Vahid　サッカー監督, 元・サッカー選手　[国]ボスニア・ヘルツェゴビナ　[生]1952年10月　[典]2004

バーリン, アイザイア　Berlin, Isaiah　政治哲学者　元・オックスフォード大学教授, 元・ブリティッシュ・アカデミー院長　[国]英国　[生]1909年6月6日　[没]1997年11月5日　[典]1992／1996

バーリン, アービング　Berlin, Irving　本名=バリーン, イスラエル　作曲家, 作詞家　[国]米国　[生]1888年5月11日　[没]1989年9月22日

バーリン, ジョン　Perlin, John　作家, 旅行家　⒩米国　⒢1944年　⒮1996

バーリン, スティーブ　Berlin, Steve　グループ名=ロス・ロボス　ミュージシャン　⒩米国　⒮2012

バリーン, ダイアン　Vereen, Diane　宗教家　プリセプト・ミニストリーズ・インターナショナル特使　⒮2004／2008

パーリン, ノエル　Perrin, Noel　ダートマス大学教授　⒡英米文学　⒩米国　⒢1927年　⒮1992

バーリン, リチャード・E.　元・ハースト・コーポレーション社長　⒩米国　⒠1986年1月28日　⒮1992

ハーリン, レニー　Harlin, Renny　本名=Harjula,Lauri　映画監督　⒩フィンランド　⒢1958年　⒮1992／1996／2000／2004／2008／2012

バーリンク, アルヌルフ　ベルリン自由大学政治学教授　⒡現代史　⒩ドイツ　⒢1932年　⒮1996

バーリング, アン　Baring, Anne　著述家　⒩英国　⒢1931年　⒮2000

バーリング, ロビンズ　Burling, Robbins　ミシガン大学名誉教授（人類学・言語学）　⒮2008

ハリング, ローラ・エレナ　Harring, Laura Elena　女優　⒩米国　⒮2004／2008

ハーリンゲン, アンネマリー・ファン　Haeringen, Annemarie Van　イラストレーター, 絵本作家　⒩オランダ　⒢1959年　⒮2004

バリンジャー, ギャリー　Bollinger, Gary　コンピューター技術者　⒮2004

バリンジャー, ビル　Ballinger, Bill Sanborn　作家, プロデューサー　⒩米国　⒢1912年　⒠1980年　⒮1992

バリンス, マーティン　Valins, Martin　マーティン・バリンス建築・室内設計事務所長　⒡建築学　⒩英国　⒮1992

バーリンスキ, デービッド　Berlinski, David　作家, 哲学者, 数学者　⒩米国　⒢1942年　⒮2004

パリンストン, ジェシカ　Pallingston, Jessica　作家　⒩米国　⒮2004

パリンダー, ジェフリー　Parrinder, Geoffrey　本名=Parrinder, Edward Geoffrey Simmons　ロンドン大学名誉教授　⒡比較宗教学　⒩英国　⒢1910年4月30日　⒮1992

ハリントン, ケント　Harrington, Kent A.　作家　⒩米国　⒮2004

ハリントン, ジョイス　推理作家　⒩米国　⒮1992／1996

ハリントン, デービッド　Harrington, David　グループ名=クロノス・クァルテット　バイオリニスト　⒩米国　⒢1949年　⒮2004／2008

ハリントン, パドレイグ　Harrington, Padraig　プロゴルファー　⒩アイルランド　⒢1971年8月31日　⒮2008／2012

バリントン, ブライアン　Bullington, Bryan　プロ野球選手(投手), 元・大リーグ選手　⒩米国　⒢1980年9月30日　⒮2012

ハリントン, マイケル　Harrington, Michael　社会主義活動家, 政治学者　⒩米国　⒢1928年2月24日　⒠1989年7月31日　⒮1992

パリンヤー, ジャルーンポン　Parinaya Charoemphol　愛称=ノン・トゥム　タレント, 元・キックボクシング選手　⒩タイ　⒢1981年6月9日　⒮2000（ノントゥム・パリンヤー）／2008／2012

バル　Baru　漫画家　⒩フランス　⒢1946年　⒮2000

パール, R.　Pal, Ranajit　インドのギリシャ・ローマ研究協会終身会員　⒡ギリシャ・ローマ研究　⒩インド　⒢1945年　⒮1996

パール, アーウィン　ジュエリーデザイナー　アーウィン・パール社社長　⒩米国　⒮1992

パール, イブ　Pearl, Eve　メークアップアーティスト　⒮2008

バール, エゴン　Bahr, Egon　政治家, 評論家, ジャーナリスト　元・ハンブルク大学平和安全保障政策研究所所長, 元・西ドイツ経済協力相, 元・西ドイツ社会民主党(SPD)幹事長　⒡安全保障問題　⒩ドイツ　⒢1922年3月18日　⒮1992／1996／2008／2012

パール, クリスティアン・フォン　Bar, Christian Von　オスナブリュック大学法学部教授・国際私法比較法研究所長　⒡法学　⒩ドイツ　⒢1952年5月5日　⒮2000

ハル, ジェーン　Hull, Jane Dee　政治家　元・アリゾナ州知事　⒩米国　⒢1935年8月8日　⒮2000／2004

バール, ジャン・マルク　Barr, Jean-Marc　俳優, 映画監督, 脚本家　⒩米国　⒢1960年9月27日　⒮2000／2004／2008

ハール, ジョセフ　Hirl, Joseph P.　実業家　エンロン・ジャパン社長・CEO　⒩米国　⒢1963年　⒮2000／2008

ハル, ジョン　Hull, John　トロント大学教授　⒡経営学　⒩カナダ　⒮1996／2000／2008

ハル, スコット　Hull, Scot　コンピューターコンサルタント　⒩米国　⒮2004／2008

パール, ダグラス　Paal, Douglas　国際問題研究家　カーネギー国際平和財団副所長　元・米国大統領特別補佐官・国家安全保障会議アジア部長　⒡アジア問題, 安全保障問題　⒩米国　⒮1996／2000／2004／2008／2012

バール, チャンドラー　Burr, Chandler　ジャーナリスト　⒩米国　⒢1963年　⒮2008

ハル, デール・L.　カナダ天然資源省経済分析局長・シニアエコノミスト　⒩カナダ　⒮2000

バール, パトリス　Bart, Patrice　ダンサー, 振付師, バレエマスター　元・パリ・オペラ座バレエ団首席メートル・ド・バレエ及びエトワール　⒩フランス　⒢1945年7月30日　⒮2012

バルー, ピエール　Barouh, Pierre　歌手, 詩人, 演劇家, 俳優　サラヴァ主宰者　⒩フランス　⒢1934年　⒮1996／2000／2004／2008／2012

ハル, ブレット　Hull, Brett　アイスホッケー選手(FW)　⒩カナダ　⒢1964年8月9日　⒮2000／2004／2008

パル, プロサント　Pal, P.K.　弁護士　東京裁判で日本の無罪を主張した故パール判事の長男　⒩インド　⒮2000

バルー, マイア　Barouh, Maia　ミュージシャン　⒮2012

パール, マシュー　Pearl, Matthew　作家　⒮2008／2012

パール, マーティン　Perl, Martin Lewis　物理学者　スタンフォード大学線型加速器センター(SLAC)教授　⒡軽粒子物理学　⒩米国　⒢1927年6月24日　⒮1996／2000／2004／2008／2012

ハール, ヤープ・テル　Haar, Jaap ter　児童文学作家　⒩オランダ　⒢1922年　⒮1996

パール, リチャード　Perle, Richard　元・米国国防政策委員会委員長, 元・米国国防次官補　⒩米国　⒮1992／2004／2008

パール, リラ　Perl, Lila　作家　⒩米国　⒮2004

バール, レモン　Barre, Raymond　政治家, 経済学者　元・フランス首相, 元・リヨン市長　⒩フランス　⒢1924年4月12日　⒠2007年8月25日　⒮1992／1996／2000／2004

パル・ヴァンナリーレアク　Pal Vannarirak　作家　⒩カンボジア　⒢1954年　⒮2008（ヴァンナリーレアク, パル）／2012

パルウィック, スーザン　Palwick, Susan　作家　⒩米国　⒮2000

パルウェグ　カトリック神父　⒩フィリピン　⒮1992

ハルヴォルセン, クリスティン　Halvorsen, Kristin　政治家　ノルウェー国会議員, ノルウェー社会党(SV)党首　⒩ノルウェー　⒮2000

バルエコ, マヌエル　Barrueco, Manuel　ギター奏者　⒩米国　⒢1952年　⒮2012

バル・オン, ダン　Bar-On, Dan　心理学者　ベングリオン大学上級講師　⒩イスラエル　⒢1938年　⒮1996

パルカ, アルフレッド　作家　⒩米国　⒮2000

パルカシュ, プリム　Parkash, Prem　作家, ジャーナリスト　「Urdu Daily」紙記者　⒩インド　⒢1932年　⒮1996

バルガス, イベチ　元・ブラジル労働党党首　⒩ブラジル　⒢1984年1月3日　⒮1992

バルガス, ジェイソン　Vargas, Jason Matthew　大リーグ選手(投手)　⒩米国　⒢1983年2月2日　⒮2012

バルガス, フェルナンド　Vargas, Fernando　プロボクサー　元・WBA世界スーパーウエルター級チャンピオン, 元・IBF世界スーパーウエルター級チャンピオン　⒩米国　⒢1977年12月7日

[典]2004／2008

バルガス・リョサ, マリオ　Vargas Llosa, Mario　本名=Vargas Llosa,Jorge Mario Pedro　作家,政治家　元・国際ペンクラブ会長　[専]スペイン文学　[国]ペルー　[生]1936年3月28日　[典]1992／1996／2004／2008／2012

バルガバ, ラビンドラ・チャンドラ　Bhargava, Ravindra Chandra　マルチ・スズキ会長　[国]インド　[典]2000(バルガワ, R.C.)／2012

ハルカビ, イェホシャファト　Harkabi, Yehoshafat　政治学者　ヘブライ大学名誉教授　[専]国際関係論,中東問題　[国]イスラエル　[生]1921年　[典]1992／1996

ハルガルテン, フリッツ　Hallgarten, Fritz　弁護士,元・ワイン商　[国]ドイツ　[生]1902年　[典]1992

ハルキア, ファニ　Halkia, Fani　陸上選手(障害)　アテネ五輪陸上女子400メートル障害金メダリスト　[国]ギリシャ　[生]1979年2月2日　[典]2008／2012

バルギムバエフ, ヌルラン　Balgimbayev, Nurlan U.　政治家　元・カザフスタン首相　[国]カザフスタン　[典]2000

ハルク, ヘルムート　Hark, Helmut　心理療法家　バーデン州人生相談・結婚相談・教育相談委員,ドイツ南西ラジオ放送「人生相談」フリー協力者　[専]神学,心理分析　[国]ドイツ　[生]1936年　[典]1996

バルクハウゼン, ディーター　Balkhausen, Dieter　ZDF(ドイツ第2国営テレビ放送)経済編集委員　[国]ドイツ　[生]1937年　[典]1996

バルケ, ゲルト　Balke, Gerd　エンジニア,ライター,写真家　[国]ドイツ　[生]1949年　[典]1996

ハルケット, モートン　Harket, Morten　グループ名=a-ha　歌手　[国]ノルウェー　[生]1959年9月14日　[典]2004／2008

バルケネンデ, ヤン・ペーター　Balkenende, Jan Peter　政治家　元・オランダ首相,元・キリスト教民主勢力(CDA)党首　[国]オランダ　[生]1956年5月7日　[典]2004／2008／2012

バルコ・バルガス, ビルヒリオ　Barco-Vargas, Virgilio　政治家　元・コロンビア大統領　[国]コロンビア　[生]1921年9月17日　[没]1997年5月20日　[典]1992／1996

バルサー, マーク　Balcer, Marc J.　コンピュータ技術者　[典]2008

バルザー, ヨハンナ　作家　[国]ドイツ　[生]1957年　[典]1992

バルザモ, レナート　Balsamo, Renato　画家　[国]イタリア　[生]1937年　[典]1992

パルシー, ユーザン　Palcy, Euzhan　映画監督　[国]フランス　[典]1992／1996／2000

バルシア, カミーロ　Barcia, Camilo　駐日スペイン大使　[国]スペイン　[生]1937年10月　[典]1992

バルシェル, ウーウェ　Barschel, Uwe　政治家　元・シュレスウィヒ・ホルシュタイン州首相　[国]ドイツ　[没]1987年10月11日(遺体発見)　[典]1992

バルジーニ, ルイジ　Barzini, Luigi Giorgio　ジャーナリスト,歴史哲学者　[国]イタリア　[没]1984年3月30日　[典]1992

バルシャイ, ルドルフ　Barshai, Rudolf Borisovich　指揮者,ビオラ奏者　元・モスクワ室内管弦楽団創設者　[国]英国　[生]1924年9月28日　[没]2010年11月2日　[典]2004／2008

バルジャヴェル, ルネ　Barjavel, René　作家　[国]フランス　[生]1911年1月24日　[没]1985年　[典]1992(バルジャベル, ルネ)

パルシュ, クリスティアン　Pars, Krisztián　ハンマー投げ選手　ロンドン五輪陸上男子ハンマー投げ金メダリスト　[国]ハンガリー　[生]1982年2月18日

ハルシュタイン, ワルター　Hallstein, Walter　法学者,政治家　元・フランクフルト大学総長・比較法学研究所所長,元・欧州経済共同体(EEC)委員長(初代)　[国]ドイツ　[生]1901年11月17日　[没]1982年3月9日　[典]1992

ハルジョウィロゴ, マルバングン　Hardjowirogo, Marbangun　著述家　[国]インドネシア　[生]1916年8月21日　[典]1996

バルジライ, ガド　エール大学客員教授　[専]中東現代史　[国]イスラエル　[生]1959年　[典]1996

バルシロン, マリアンヌ　Barcilon, Marianne　絵本画家　[国]フランス　[生]1969年　[典]2008

パルシン, ゲンナジー　Parshine, Gennady　バレーボール監督　元・バレーボール・ソ連代表監督　[国]ラトビア　[生]1939年5月29日　[典]2000／2004

バルジンニャム, B.　映画監督　[国]モンゴル　[生]1943年　[典]1992／1996

ハルス, カール　Hulse, Carl　新聞記者　「ニューヨーク・タイムズ」記者　[国]米国　[生]1955年　[典]2000

パールズ, トーマス　Perls, Thomas T.　医学者　ハーバード大学医学部助教授　[専]老人病学　[国]米国　[典]2004

ハルス, ラッセル　Hulse, Russel Allan　天体物理学者　プリンストン大学プラズマ物理学研究所主席研究員　[専]重力波天文学　[国]米国　[生]1950年11月28日　[典]1996／2008／2012

バルスコフ, ミハイル　Barsukov, Mikhail I.　元・ロシア連邦保安局長官　[国]ロシア　[生]1947年　[典]2000

バルスコワ, ユリア　Barsukova, Yulia　元・新体操選手　[国]ロシア　[生]1978年12月31日　[典]2004

ハールステット, ケント　コラムニスト　エストニア号沈没事故の生存者　[国]スウェーデン　[典]2000

ハルストレム, ラッセ　Hallström Lasse　映画監督　[国]スウェーデン　[生]1946年6月2日　[典]1992／1996／2004／2008／2012

ハルストローム, コンジェ　ギャンビイト・インターナショナル社長　[生]1944年　[典]1992／1996

パルスリエ, ロラン　Parcelier, Laurent　作家,画家　[国]ベルギー　[生]1962年　[典]1992

バルセカール, ラメッシ　Balsekar, Ramesh S.　宗教家　[生]1917年　[典]2008

バルセマン, フランシスコ・ジョゼ・ペレイラ・ピント　Balsemao, Francisco José Pereira Pinto　政治家　元・ポルトガル首相　[国]ポルトガル　[生]1937年9月1日　[典]1992／1996

ハルセル, グレース　Halsell, Grace　ジャーナリスト,ノンフィクション作家　[国]米国　[生]1923年　[典]1992／1996

バルソーラ, アスン　Balsola, Asun　イラストレーター,絵本作家　[国]スペイン　[生]1942年　[典]1996

バルソラ, アスン　Balzola, Asun　イラストレーター,児童文学作家　[国]スペイン　[生]1942年　[典]2000

パルソン, トールスティン　Palsson, Thorsteinn　政治家　アイスランド独立党(IP)党首　元・アイスランド首相　[国]アイスランド　[生]1947年10月29日　[典]1992

ハルダー, アロイス　Halder, Alois　哲学者　アウグスブルク大学教授　[国]ドイツ　[生]1928年　[典]2004

バルダ, アンリ　Barda, Henri　ピアニスト　エコール・ノルマル音楽院教授　[典]2012

バルタ, イジー　Barta, Jiří　アニメーション監督　[専]人形アニメ　[国]チェコ　[生]1948年　[典]2012

バルター, ダン　Balter, Dan　コンピューターコンサルタント・インストラクター　Marina Consulting Group LLC社長　[国]米国　[典]2004

バルダサリ, アンヌ　Baldassari, Anne　パリ国立ピカソ美術館館長　[国]フランス　[典]2012

バルダサーリ, マウリッツィオ　Baldassari, Maurizio　ファッションデザイナー　[国]イタリア　[生]1936年　[典]2000

バルダサーリ, レナート　Baldassari, Renato　ファッションデザイナー　[国]イタリア　[生]1966年　[典]2000

バルダッチ, デービッド　Baldacci, David　作家　[国]米国　[生]1960年　[典]2000

ハルダッハ, ゲルト　Hardach, Gerd　マールブルク大学教授　[専]社会経済史　[国]ドイツ　[生]1941年　[典]1996

ハルダッハ・ピンケ, イレーネ　Hardach-Pinke, Irene　マールブルク大学非常勤講師　[専]社会学　[国]ドイツ　[生]1942年　[典]1996

バルタバス　Bartabas　演出家,映画監督,俳優　ジンガロ主宰　[国]フランス　[生]1957年　[典]1996／2004／2008／2012

バルタリ, ジノ　自転車選手　[国]イタリア　[生]1914年　[没]2000年5月5日　[典]1992

バルダロス, ニア　Vardalos, Nia　女優,脚本家,プロデューサー　[生]1962年9月24日　[典]2004／2008

バルタロス, マイケル　Bartalos, Michael　イラストレーター, デザイナー, 絵本作家　[国]ドイツ　[生]1959年　[典]2000

バルダン, ジャック　Bardin, Jacques　ミステリー作家　[国]フランス　[生]1965年　[典]2000

パルダン, ツプテン　Paldan, Thupstan　僧侶　シャンカル寺僧侶, ラダック地域仏教調査員　[国]中国　[生]1939年　[典]1996

バルダン, プラナブ　Bardhan, Pranab　カリフォルニア大学バークレー校経済学部教授　[専]インド経済学　[生]1939年　[典]2004

バルチェローナ, ダニエラ　Barcellona, Daniela　オペラ歌手　[専]メゾソプラノ　[国]イタリア　[典]2008／2012

バルチコフスキ, K.　Barcikowski, Kazimierz　政治家　ポーランド統一労働者党政治局員　[国]ポーランド　[生]1927年3月22日　[典]1992

バルツ, ヘルムート　ユング研究所所長　[専]ユング心理学　[国]ドイツ　[生]1932年　[典]1996

バルツァ, アグネス　Baltsa, Agnes　メゾソプラノ歌手　[国]ギリシャ　[生]1944年11月19日　[典]1996／2000／2012

バルツェル, ライナー　Barzel, Rainer Candidus　政治家, 法律家　元・西ドイツ連邦議会議長, 元・キリスト教民主同盟(CDU)党首　[国]ドイツ　[生]1924年6月20日　[没]2006年8月26日　[典]1992／1996

バルツェロヴィッチ, レシェク　Balcerowicz, Leszek　政治家, 経済学者　ワルシャワ経済大学教授　元・ポーランド副首相・財務相, 元・ポーランド国立銀行総裁　[国]ポーランド　[生]1947年1月19日　[典]1992(バルツェロビッチ, レシェク)／1996(バルツェロビッチ, レシェク)／2000／2004／2008／2012

パルック, ロバート　Paluck, Robert J.　コンペックス・コンピュータ社会長・社長　[国]米国　[生]1947年12月23日　[典]1992

バルッチ, ピエロ　Barucci, Piero　経済学者, 銀行家, 政治家　元・イタリア国庫相(蔵相), 元・クレディト・イタリアーノ銀行頭取, 元・フィレンツェ大学経済学部長　[国]イタリア　[生]1933年6月29日　[典]1996

バルッツィ, アルノ　Baruzzi, Arno　政治哲学者　アウクスブルク大学哲学社会科学部正教授　[国]ドイツ　[生]1935年　[典]2004

パルッツィ, ガブリエラ　Paruzzi, Gabriella　スキー選手(距離)　[国]イタリア　[生]1969年6月21日　[典]2004

バルツール, モシェ　元・駐日イスラエル大使　[国]イスラエル　[生]1919年　[没]1985年7月24日　[典]1992

バルデ, ジャン　料理人　[国]フランス　[典]1992

バルデ, ソレン　Bardet, Solenn　作家　[国]フランス　[生]1975年　[典]2004／2008

ハルディ, ピーター　Hardy, Peter　ハンガリー国際問題研究所所長　[専]東欧安全保障問題　[国]ハンガリー　[生]1942年1月　[典]1992

ハルディ, ペルキス　本名=ラデン・スハルディ・アディマルヨノ　画家　[国]インドネシア　[典]2000

バルディ, マウロ　レーシングドライバー　[国]イタリア　[典]1996

ハルディ, マルリア　女優　[国]インドネシア　[没]1984年　[典]1992

パルティカ, ナタリア　Partyka, Natalia　卓球選手　[国]ポーランド　[生]1989年7月27日

バルティナ, ダグニヤ　Baltina, Dagnija　国連教育科学文化機関(ユネスコ)執行委員会副議長・ラトビア代表　[国]ラトビア

バルディニ, ステファノ　Baldini, Stefano　マラソン選手　アテネ五輪陸上男子マラソン金メダリスト　[国]イタリア　[生]1971年5月25日　[典]2008

ハルティヒ, モニカ　Hartig, Monika　精神療法医, 児童書作家　[国]ドイツ　[生]1936年　[典]1996

バルディビエソ　Baldivieso　本名=バルディビエソ, フリオ・セサル　サッカー選手　[国]ボリビア　[生]1971年12月2日　[典]2000／2004

バルディリス, アーロム　Baldiris, Aarom　プロ野球選手(内野手)　[国]ベネズエラ　[生]1983年1月5日

ハルティング, ロベルト　Harting, Robert　円盤投げ選手　ロンドン五輪陸上男子円盤投げ金メダリスト　[国]ドイツ　[生]1984年10月18日

バール・テシューヴァ, ヤコブ　Baal-Teshuva, Jacob　美術研究家, 作家, 批評家, キュレーター　[国]イスラエル　[生]1929年　[典]2004／2008

バルデス, アマディート　Valdés, Amadito　ティンバレス奏者　[国]キューバ　[生]1946年　[典]2004

バルデス, ウィルソン　Valdez, Wilson Antonio　大リーク選手(内野手), 元・プロ野球選手　[国]ドミニカ共和国　[生]1978年5月20日　[典]2012

バルデス, チューチョ　Valdés, Chucho　グループ名=イラケレ　ジャズピアニスト　[国]キューバ　[生]1941年10月9日　[典]2008／2012

バルテズ, ファビアン　Barthez, Fabien　サッカー選手(GK)　[国]フランス　[生]1971年6月28日　[典]2004／2008／2012

バルデス, ペドロ　Valdez, Pedro　本名=Valdez Manzo,Pedro Jose　プロ野球選手(外野手), 元・大リーグ選手　[国]プエルトリコ　[生]1973年6月29日　[典]2004

バルデス, ホルヘ・ルイス・デリー　Valdes, Jorge Luis Dely　登録名=バルデス　元・サッカー選手　[国]パナマ　[生]1967年3月12日　[典]2004／2008／2012

バルデス, マーク　Valdes, Marc　プロ野球選手(投手), 元・大リーグ選手　[国]米国　[生]1971年12月20日　[典]2004

パルテニオス3世　Parthenios III　本名=Parthenios,Patriarche　ギリシャ正教主教　全アフリカ・ギリシャ正教主教　[国]エジプト　[典]1996

バルデム, ハビエル　Bardem, Javier　俳優　[国]スペイン　[生]1969年3月1日　[典]2000／2004／2008／2012

パルデュー, キップ　Pardue, Kip　俳優　[国]米国　[生]1976年9月23日　[典]2004／2008

バルデューグ, ジュアン・ナバロ　Baldeweg, Juan Navarro　建築家　[国]スペイン　[典]1996

バルテュス　Balthus　本名=クロソウスキー・ド・ローラ, バルタザール　画家　元・アカデミー・ド・フランス院長　[国]フランス　[生]1908年2月29日　[没]2001年2月18日　[典]1992／1996／2000

バルデラマ, カルロス　Valderrama, Carlos　サッカー選手　[国]コロンビア　[生]1961年9月2日　[典]1996／2000／2008

バルテルミー, ジャン　フランス産業開発局(DATAR)アジア代表部局長　元・ピエール・バルマン(日本法人)専務　[国]フランス　[生]1950年　[典]2000

バルテルミー, パトリシア　Barthelemy, Patricia　パリ観光局　[国]フランス　[典]2000

バルテレミー, クロード　Barthelemy, Claude　ジャズギタリスト　フランス国立ジャズ・オーケストラ音楽監督　[国]フランス　[生]1956年8月22日　[典]1992／1996

バルテレミ, ヤン　Bhartelemy, Yan　本名=Bhartelemy Varela, Yan　ボクシング選手　[国]キューバ　[生]1980年3月5日　[典]2008

ハルテロス, アニヤ　Harteros, Anja　ソプラノ歌手　[国]ドイツ　[生]1972年　[典]2012

ハルテン, ヘルマン・フォン　劇作家　[国]ドイツ　[典]1992

パルデン・ギャツォ　Palden Gyatso　僧侶　[生]1933年　[典]2000

ハルテンバッハ, ヴァルター　Hartenbach, W.　ミュンヘン大学医学部教授　[専]脈管外科, 整形外科, 泌尿器学　[国]ドイツ　[典]2008

パルド, A.　Pardo, Arvid　外交官　元・国連マルタ大使, 元・南カリフォルニア大学教授　[国]マルタ　[生]1914年2月12日　[典]1992／1996

バルト, シャルル・エドワール　Barthes, Charles-Edouard　実業家　EKファイナンス・アジア地区代表　[国]フランス　[生]1971年3月11日　[典]2000／2004／2008／2012

ハルト, フィベン　Hald, Fibben　挿絵画家　[国]スウェーデン　[生]1933年　[典]1996

バルドー, ブリジット　Bardot, Brigitte　本名=ジャヴァル, カミーユ　女優, 動物愛護運動家　ブリジット・バルドー財団創立者　[国]フランス　[生]1934年9月28日　[典]1992／1996／2000／2004／2008／2012

バルト, フリードリッヒ　Barth, Friedrich G.　ウィーン大学教授　[専]感覚生理学, 下等動物の神経生理学　[国]ドイツ　[生]1940年　[典]2000

バルト, フレドリック　Barth, Fredrik　社会人類学者　[国]ノルウェー　[生]1928年12月22日　[典]2000

バルトー, マホマド・レザ　東京外国語大学ペルシャ語科客員助教授

ハ

日本語ペルシャ語表現辞典を出版　国イラン　㋲1992

バルト, ロラン　Barthes, Roland Gérard　批評家,文学理論家,記号学者　元・コレージュ・ド・フランス教授　国フランス　㋛1915年11月12日　㋙1980年3月26日　㋲1992

バルドヴィーノ, アマデオ　Baldovino, Amadeo　チェロ奏者　国イタリア　㋛1916年2月5日　㋲2000

バルトゥシュ, ダン　Partouche, Dan　画家　国イスラエル　㋛1936年　㋲2004／2008

バルトゥーニアン, ハリー　Harootunian, Harry D.　歴史学者　シカゴ大学名誉教授,ニューヨーク大学名誉教授　㋞日本近代文化史,日本思想史　国米国　㋛1929年　㋲1992／1996／2012

バルトゥング, ヴォルフガング　Hartung, Wolfgang　歴史学者　デュースブルク＝エッセン大学教授　国ドイツ　㋛1946年　㋲2008

バルトクイスト, イアン　Hultquist, Ian　グループ名＝パッション・ピット　ミュージシャン　国米国　㋲2012

バルトゲリンク, ニック　Hartgerink, Nick　モーターサイクル・ジャーナリスト　「イラワラ・マーキュリー」紙チーフ・スタッフ　国オーストラリア　㋲1992

バルトコ, ロベルト　Bartko, Robert　自転車選手（トラックレース）　シドニー五輪自転車男子4000メートル個人追い抜き・団体追い抜き　㋞金メダリスト　国ドイツ　㋛1975年12月23日　㋲2004／2008

バルトシェフスキ, ウラジスラヴ　Bartoszewski, Wladyslaw　政治家,外交官　ポーランド外相　国ポーランド　㋛1922年　㋲2004／2008

バルトス, ブルクハルト　Bartos, Burghard　作家　国ドイツ　㋛1952年　㋲1996

バルトチェフ, ブラデミル・L.　ブルガリア閣僚会議附属品質管理委員会常務理事　国ブルガリア　㋛1940年　㋲1992

バルドーニ, ジョン　Baldoni, John　経営コンサルタント　㋲2008

ハルトノ, ブディ　Hartono, A.Budi　社会運動家　国インドネシア　㋛1948年　㋲2004

バルトマン, アラン　Bartmann, Alain　絵本作家,アートディレクター　国フランス　㋛1955年　㋲1992

ハルトマン, ウルリヒ　VEBA社長　国ドイツ　㋲1996

ハルトマン, エーリッヒ　Hartmann, Erich　軍人,パイロット　元・西ドイツ空軍退役大佐　国ドイツ　㋛1922年4月19日　㋲1992

ハルトマン, スヴェン　Hartmann, Sven　デザイナー,イラストレーター　国スイス　㋛1943年　㋲2004

ハルドマン, ハリー　Haldeman, Harry Robbins　実業家　元・ニクソン米国大統領首席補佐官　国米国　㋛1926年10月27日　㋙1993年11月12日　㋲1996

ハルトラウプ, ゲーノ　Hartlaub, Geno　本名＝ハルトラウプ, ゲノヴェヴァ　作家　国ドイツ　㋛1915年6月7日　㋲1992／1996

バルトリ, チェチーリア　Bartoli, Cecilia　メゾソプラノ歌手　国イタリア　㋛1966年6月4日　㋲1992／2000／2008／2012

バルトリ, マリオン　Bartoli, Marion　元・テニス選手　国フランス　㋛1984年10月2日　㋲2008／2012

バルドリアン, コンラート　Baldrian, Konrad　ギムナジウム教頭　国ドイツ　㋛1936年　㋲1996

ハルトリンク, ポウル　Hartling, Poul　政治家　元・デンマーク首相,元・国連難民高等弁務官　国デンマーク　㋛1914年8月14日　㋙2000年4月30日　㋲1992／1996

バルドルスドッティル, ヘイドゥル　Baldursdottir, Heidur　教師,児童文学作家　国アイスランド　㋛1958年5月31日　㋙1993年　㋲1996

バルトレッティ, ブルーノ　Bartoletti, Bruno　指揮者　元・シカゴ・リリック・オペラ指揮者・芸術監督,元・フィレンツェ五月祭音楽監督　国イタリア　㋛1926年6月10日　㋙2013年6月9日

パルトロウ, グウィネス　Paltrow, Gwyneth　女優　国米国　㋛1972年9月28日　㋲2000／2004／2008／2012

バルトロッツイ, オラツィオ　Bartorozzi, Orazio　漫画家　国イタリア　㋲2000

バルトローニ, ジルダ　Bartoloni, Gilda　考古学者　ローマ大学エトルリア・古イタリア学部教授　㋞エトルリア初期文化　国イタリア　㋲2004／2008

ハルドン, アニタ　Hardon, A.　国際（欧州）ヘルスアクション財団理事,アムステルダム大学医療人類学講座教授,アムステルダム社会科学研究学部科学部長　㋲2008

バルドン, ギー　Bardone, Guy　画家　国フランス　㋛1927年　㋲1992（バルドーヌ, ガイ）／1996

バルニエ, ミシェル　Barnier, Michel　政治家　元・フランス外相・農業・漁業相,元・欧州委員会委員　国フランス　㋛1951年1月9日　㋲2008／2012

ハルニッシュフェガー, エルンスト　Harnischfeger, Ernst　医師　自由バルドルフ学校校医　国ドイツ　㋛1924年　㋲1996

ハルニッシュマッヒャー, ロベルト　Harnischmacher, Robert F.J.　犯罪ジャーナリスト　連邦国境警備連盟学術顧問,ヨーロッパ治安協会会長　国ドイツ　㋛1948年1月15日　㋲2004／2008

バルネイ, シルヴィ　Barnay, Sylvie　歴史学者　パリ・カトリック大学　国フランス　㋛1964年　㋲2004

バルネッタ, トランクイロ　Barnetta, Tranquillo　サッカー選手（MF）　国スイス　㋛1985年5月22日　㋲2012

ハルパー, ステファン　Halper, Stefan　評論家　戦略国際研究センター顧問　㋞国際政治,安全保障　国米国　㋲2000

バルバ, ユージェニオ　Barba, Eugenio　演出家　国ノルウェー　㋛1936年　㋲1996

バルハウス, ヴェレーナ　Ballhaus, Verena　イラストレーター　国ドイツ　㋛1951年　㋲2004

バルハウス, ミヒャエル　Ballhaus, Michael　映画撮影監督　国米国　㋛1935年　㋲1996

パルバース, ロジャー　Pulvers, Roger　作家,劇作家,演出家　元・東京工業大学教授・世界文明センター長　国オーストラリア　㋛1944年5月　㋲1992／1996／2000／2004／2012

ハルバースタム, デービッド　Halberstam, David　ジャーナリスト,作家　国米国　㋛1934年4月10日　㋙2007年4月23日　㋲1992／1996／2000

ハルバーソン, ハーリン　海洋生物学者　米国海洋生物学研究所所長　㋞マイクロバイオロジー　国米国　㋛1925年　㋲1996

ハルパート, サム　Halpert, Sam　作家　国米国　㋲2004／2008

パルバノフ, ゲオルギ　Parvanov, Georgi　本名＝Parvanov,Georgi Sedefchov　政治家,歴史学者　元・ブルガリア大統領,元・ブルガリア社会党議長　国ブルガリア　㋛1957年6月28日　㋲2004／2008／2012

バルハフティク, ゾラフ　Warhaftig, Zorach　政治家　元・イスラエル宗教相,元・イスラエル国会議員　国イスラエル　㋛1906年　㋲1996

バルバラ　Barbara　本名＝セルフ, モニック　シャンソン歌手　国フランス　㋛1930年6月9日　㋙1997年11月24日　㋲1992／1996

バルバリッチ, イヴィッツァ　Barbaric, Ivica　サッカー指導者　国クロアチア　㋛1962年2月23日　㋲2012

ハルペリン, イアン　Halperin, Ian　ジャーナリスト　国米国　㋲2004

ハルパリン, ウェンディ・アンダーソン　Halperin, Wendy Anderson　イラストレーター　国米国　㋲2004

ハルパーン, エイブラハム　Halpern, Abraham M.　日本名＝春帆　人類学者,政治学者,中国・日本研究家　国米国　㋛1914年　㋙1985年10月20日

ハルバン, ゲオルゲ・R.フォン　Halban, George R.von　作家,元・軍人　国オーストリア　㋲1992

ハルパン, シャーリー　Halpern, Shari　イラストレーター　㋲2004

ハルパーン, ハワード　Halpern, Howard M.　心理療法家,臨床心理学者　元・米国心理療法家協会会長,元・ニューヨーク心理療法家養成所副所長　国米国　㋲2004

ハルパーン, ポール　Halpern, Paul　理論物理学者　フィラデルフィア薬科大学准教授　国米国　㋲2000

ハルパーン, ラルフ　Halpern, Ralph　本名＝Halpern,Ralph Mark　元・バートン・グループ会長　国英国　㋛1938年　㋲1992／1996

ハルパン, リチャード・C.　Halpern, Richard C.　シャール・アソ

シエイツ社長　国米国　収1992

バルビー, クラウス　Barbie, Klaus　軍人　元・ナチスドイツ・ゲシュタポ隊長　国ドイツ　生1913年10月15日　没1991年9月25日　収1992

バルビアイネン, アキ　Parviainen, Aki　やり投げ選手　国フィンランド　生1974年10月26日　収2000／2004

バルビエ, ジャン・フランソワ　Barbier, Jean-François　絵本作家　国フランス　生1950年　収1992

バルビエ, ジル　ローヌ・プーラン・ジャパン社長　国フランス　収2000

バルビエーリ, フェドーラ　Barbieri, Fedora　メゾ・ソプラノ歌手　国イタリア　生1919年6月4日　没2003年3月4日　収2000

バル・ビエン　Baru Bian　弁護士　サラワク人権委員会メンバー　国マレーシア　収1992

バルビゼ, ピエール　Barbizet, Pierre　ピアニスト　国フランス　生1922年9月20日　収1996

ハルビン, パトリック・G.　サフォーク郡長　国米国　生1953年1月　収1992

ハルピン, ブレンダン　Halpin, Brendan　作家　国米国　収2004／2008

ハルーフ, ケント　Haruf, Kent　作家　国米国　収2000

パールフィ, ジョルジ　Palfi, Gyorgy　映画監督　国ハンガリー　生1974年　収2012

ハルフォード, ロブ　Halford, Rob　グループ名＝ジューダス・プリースト, ハルフォード　ロック歌手　国英国　生1951年8月25日　収2008／2012

ハールフース, ポール　Haarhuis, Paul　テニス選手　国オランダ　生1966年2月19日　収2000

バルブッソ, アンナ　Balbusso, Anna　イラストレーター　国イタリア　収2004

バルブッソ, エレナ　Balbusso, Elena　イラストレーター　国イタリア　収2004

バルフォノフ, レオニド　Parfyonov, Leonid　キャスター　国ロシア　収2012

ハルプリン, デービッド　Halperin, David M.　マサチューセッツ工科大学（MIT）文学部長・文学教授　専文学　国米国　収1996

バルベリ, ミュリエル　Barbery, Muriel　作家　国フランス　生1969年　収2004／2012

ハルペリン, モートン　Halperin, Morton H.　政治学者, 軍事評論家　元・米国国防次官補, 元・ジョージ・ワシントン大学教授　国米国　生1938年　収1992（ハルパリン, モートン）／1996／2000

バルベル, ユニス　Barber, Eunice　七種競技選手　国フランス　生1974年11月17日　収2000／2008

バルベルデ, エルネスト　Valverde, Ernesto　サッカー監督　国スペイン　生1964年2月9日　収2012

バルボウサ, リアンドロ　Barbosa, Leandro　バスケットボール選手　国ブラジル　生1982年11月28日

バルボーザ, オルランド　元・石川島ブラジル造船所相談役・元社長　国ブラジル　生1984年1月5日　収1992

バルボサ, ラウル　Barboza, Raul　アコーディオン奏者　国アルゼンチン　生1938年　収2012

バルマ, サティヤ・ブーシャン　Verma, S.B.　文学者　ネール大学名誉教授　国インド　生1932年　収2004／2008

バルマー, スティーブ　Ballmer, Steve　本名＝Ballmer,Steven A.　実業家　マイクロソフトCEO　国米国　生1956年3月　収2000／2004／2008／2012

バルマー, スティーブン　Palmer, Stephen R.　コンピューター技術者　収2004／2008

バルマー, ドナルド　Palmer, Donald D.　哲学者　国米国　収2008

バルマー, パット　Palmer, Pat　心理学者, カウンセラー　元・アサーティブ・トレーニング・センター（コロラド州デンバー）所長　国米国　収2000

バルマ, マーク　画家　専フレスコ画　国米国　収2000

バルマー, リリー　Palmer, Lilli　本名＝パイザー, リリー・マリー　女優　生1914年5月24日　没1986年1月28日　収1992

バルマク, セディク　Barmak, Siddiq　映画監督　国アフガニスタン　生1962年　収2008

バルマス, ディミトリオス　Valmas, Dimitrios　コンピューター技術者　国ギリシャ　収2004

バルマセーダ, カルロス　Balmaceda, Carlos　作家　国アルゼンチン　生1954年　収2012

パールマター, ソール　Perlmutter, Saul　物理学者　カリフォルニア大学バークリー校教授, ローレンスバークリー国立研究所教授　国米国　生1959年　収2012

パールマー・トーマス, ビクター　Bulmer-Thomas, Victor　経済学者　英国国際問題研究所所長　専ラテンアメリカ経済　国英国　生1948年　収2004／2008

パールマン, イツァーク　Perlman, Itzhak　バイオリニスト　国イスラエル　生1945年8月31日　収1992／1996／2000／2012

パールマン, ヴァディム　Perelman, Vadim　映画監督　生1963年　収2012

ハルマン, グレッグ　Halman, Greg　大リーグ選手　国オランダ　生1987年8月26日　没2011年11月21日

パールマン, ジャネット　Perlman, Janet　アニメ映画監督, 絵本作家　国カナダ　収1996

パールマン, スティーブ　Perlman, Steve　起業家　リアデン・スティール・テクノロジーズCEO　元・WebTVネットワークス社長　国米国　生1961年　収2000／2004／2008／2012

パールマン, ラディア　Perlman, Radia　ネットワーク技術者　サン・マイクロシステムズ　収2004

パールマン, ローレンス　コントロール・データ社（CDC）社長・最高経営責任者　国米国　収1992

バルミエリ, エディ　ピアニスト　収1992

パルミサーノ, サミュエル　Palmisano, Samuel J.　実業家　IBM会長・CEO　国米国　収2004／2008／2012

パルミンテリ, チャズ　Palminteri, Chazz　俳優, 脚本家　国米国　収2000

パルム, カール・マグヌス　Palm, Carl Magnus　音楽ライター　国スウェーデン　生1965年　収2004

パルム, ベロニカ　政治家　欧州議会議員　国スウェーデン　生1973年

パールムッター, ブルース　Perlmutter, Bruce　ネットワーク技術者　Nortel Networks社プロダクトマネジャー　収2004

バルムハノフ, サイム　医学者　カザフスタン医学アカデミー名誉所長　国カザフスタン　収2000

パルメ, オロフ　Palme, Olof　政治家　元・スウェーデン首相　国スウェーデン　生1927年1月30日　没1986年2月28日　収1992

パルメ, ドミニック　Palmé, Dominique　翻訳家　専日本文学　国フランス　生1949年　収2000

パルメイロ, ラファエル　Palmeiro, Rafael Corrales　大リーグ選手（内野手）　国米国　生1964年9月24日　収2000／2008

パルメン, エリク　Palmén, Erik Herbert　気象学者, 海洋学者　元・ヘルシンキ大学気象学教授, 元・フィンランド海洋学研究所所長　専高層気象学, 海洋・大気相互作用　国フィンランド　生1898年8月31日　収1992／1996

パルメン, コニー　Palmen, Connie　作家　国オランダ　生1955年　収2000

パルモア, アードマン　Palmore, Erdman Ballagh　社会学者　デューク大学名誉教授　専社会老年学　国米国　生1930年　収1996

ハルモコ　Harmoko　政治家　インドネシア国会議長, ゴルカル総裁　国インドネシア　生1939年2月7日　収1996／2000／2004

ハルモノ・ユウォノ　バドミントン選手　国インドネシア　収2004

バルモンド, セシル　Balmond, Cecil　構造デザイナー, 建築家　ペンシルベニア大学教授　国スリランカ　生1943年　収2000（バーモンド, セシル）／2012

ハルラモフ, セルゲイ　Kharlamov, Sergei　ロシア外務省アジア太平洋局日本部2等秘書官　国ロシア　生1962年　収1996

バールリンク, H. Baarlink, H. 宗教学者, 牧師 カンペン神学校教授 ⒮新約聖書学 ⊕1927年 ⓓ2004

バルレタ, アルディト Barletta, Nicolas Ardito 政治家 元・パナマ大統領 ⓝパナマ ⊕1938年8月21日 ⓓ1992

バル・レブ, ハイム Bar-Lev, Haim 政治家, 軍人 元・イスラエル労働党書記長, 元・イスラエル商工相, 元・イスラエル参謀総長 ⓝイスラエル ⊕1924年11月16日 ⊗1994年5月7日 ⓓ1992（バーレブ, H.）／1996（バーレブ, H.）

バレー Bare 本名=Spindler, Jader Volnei サッカー選手（FW） ⓝブラジル ⊕1982年1月18日 ⓓ2008

ハーレー, エリザベス Hurley, Elizabeth Jane 女優, 映画プロデューサー ⓝ英国 ⊕1965年6月10日 ⓓ2000／2004／2008／2012

ハーレー, キャサリン Hurley, Catherine 編集者, ライター ⓓ2008

バレ, ジェームズ Palais, James B. ワシントン州立大学国際関係歴史学部朝鮮学科長 ⓢ朝鮮史 ⓝ米国 ⊕1934年 ⓓ1996

バレ, ジャン・ミシェル Paré, Jean-Michel 大道芸人 ⓝカナダ ⓓ1996

ハーレー, チャド Hurley, Chad ユーチューブCEO 動画投稿サイト「YouTube（ユーチューブ）」共同創業者 ⓝ米国 ⊕1977年 ⓓ2008／2012

ハーレー, デービッド Harley, David コンピューター技術者 ⓓ2004

バレ, ピエール Barret, Pierre ジャーナリスト, 作家 元・「エクスプレス」取締役 ⓝフランス ⊕1936年7月15日 ⊗1988年10月18日 ⓓ1992

バレー, ポール 歴史学者 ハワイ大学史学部・千宗室15世著名人教授職教授 ⓢ日本史, 日本文化 ⓝ米国 ⓓ2004

バーレ, ラウラ Valle, Laura 翻訳家 ⓝスペイン ⊕1973年 ⓓ2004

バレー, ルディ Vallee, Rudy 本名=Prier, Hubert 歌手, 俳優 ⓝ米国 ⊕1901年7月28日 ⊗1986年7月3日 ⓓ1992

ハーレイ, イアン Harley, Ian 銀行家 アビー・ナショナル銀行CEO ⓝ英国 ⓓ2000

ハーレイ, ジェームズ・R. バクスター社長 ⓝ米国 ⊕1949年6月 ⓓ1996

バーレイ, パトリシア Barey, Patricia 作家, 映画プロデューサー ⓝ米国 ⓓ1996

パレイラ, カルロス・アルベルト Parreira, Carlos Alberto サッカー監督 元・サッカー・ブラジル代表監督, 元・サッカー南アフリカ代表監督 ⓝブラジル ⊕1943年 ⓓ1996／2000／2004／2008／2012

バーレイン, トム Verlain, Tom グループ名=テレビジョン 歌手 ⓝ米国 ⊕1949年12月13日 ⓓ1992

ハレヴィ, イラン Halevi, Ilan イスラエル研究家 ⓝイスラエル; フランス ⊕1943年 ⓓ1992（ハレビ, イラン）

ハレヴィ, ゼブ・ベン・シモン 「占星学とカバラ」の著者 ⓝ英国 ⊕1933年 ⓓ2008

ハーレエイデ, エイナー Hareide, Einar カー・デザイナー サーブ・チーフデザイナー ⊕1959年 ⓓ2000

パレオクラサス, ヤニス Paleokrassas, Yannis 政治家 元・EU委員会委員（環境・原子力安全・漁業担当） ⓝギリシャ ⊕1934年3月27日 ⓓ1996／2000

バレギエ, ディナ Balleyguier, Dina 弁護士 スイス政府資金洗浄対策室室長 ⓝスイス ⊕1964年 ⓓ2004

バーレキャンプ, エルウィン Berlekamp, Elwyn カリフォルニア大学バークレー校数学科・電気工学計算機科学教授 元・IEEE情報理論協会会長 ⓢ数学, 電気工学, 計算機科学 ⓝ米国 ⊕1940年9月6日 ⓓ2004

バレゴス, ジョージ アトメル社長 ⓝ米国 ⓓ1996

バレージ, フランコ Baresi, Franco 元・サッカー選手 ⓝイタリア ⊕1960年5月8日 ⓓ1992／1996／2000／2004／2012

バレシヌシ, フランソワーズ Barré-Sinoussi, François Claire 医学者 パスツール研究所レトロウイルス感染制御ユニット長 ⓢエイズウイルス（HIV） ⓝフランス ⊕1947年7月30日 ⓓ2012

バレス, チャールズ ジャーナリスト 「サンフランシスコ・クロニクル」記者 ⓝ米国 ⊕1948年 ⓓ1996（ブレス, チャールズ）／2000

バレスカス, マリア・ロザリオ・ピケロ Ballescas, Maria Rosario Piquero フィリピン国立大学セブ校準教授 ⓢ社会学 ⓝフィリピン ⊕1951年 ⓓ1996

バレステロス, セベ Ballesteros, Seve 本名=バレステロス・ソタ, セベリアーノ プロゴルファー ⓝスペイン ⊕1957年4月9日 ⊗2011年5月7日 ⓓ1992／1996／2000／2008

バレストリーニ, ナンニ Balestrini, Nanni 詩人, 作家 ⓝイタリア ⊕1935年 ⓓ1992

バレストル, ジャン・マリー Balestre, Jean-Marie 元・国際自動車連盟（FIA）会長 ⓝフランス ⊕1921年4月9日 ⊗2008年3月27日 ⓓ1992

バーレソン, ドナルド Burleson, Donald Keith コンピューター技術者 ⓓ2004

バレータス, コスタス Baletas, Kostas 作家 ⓝギリシャ ⊕1939年 ⓓ1992

パレツキー, サラ Paretsky, Sara 本名=Paretsky, Sara N. 作家 ⓝ米国 ⊕1947年6月8日 ⓓ1992／1996／2000／2012

バレッタ, アンバー Valetta, Amber モデル ⓝ米国 ⓓ2000

バレッタ, マーサ マーケティングコンサルタント トレンドサイト・グループ社長 ⓝ米国 ⓓ2008

バレット, アンジェラ Barrett, Angela イラストレーター, 挿絵画家 ⓝ英国 ⓓ1996

バレット, アンドレア Barrett, Andrea 作家 ⓝ米国 ⊕1954年 ⓓ2008／2012

バレット, エドワード・W. ジャーナリスト 元・「コロンビア・ジャーナリズム・レビュー」編集長 ⓝ米国 ⊗1989年10月24日 ⓓ1992

バレット, クレッグ Barrett, Craig R. 実業家 元・インテル会長・CEO ⓝ米国 ⊕1939年8月29日 ⓓ2000／2004／2008／2012

バレット, ゲーリー Barrett, Gary W. 生態学者 ジョージア大学生態学研究所教授 ⓝ米国 ⓓ2004／2008

バレット, コリーン Barrett, Colleen C. 実業家 サウスウエスト航空社長 ⓝ米国 ⊕1944年9月14日 ⓓ2008／2012

バレット, シド Barrett, Syd 本名=バレット, ロジャー・キース グループ名=ピンク・フロイド ロック歌手, ロックギタリスト ⓝ英国 ⊕1946年1月6日 ⊗2006年7月7日 ⓓ2004

バレット, ジャック Barrett, Jack 原子理論学者 ロンドン大学 ⓓ2008

バレット, ジュディ Barrett, Judi 「くもりときどきミートボール」の著者 ⓓ2008

バレット, ダニエル Barrett, Daniel J. コンピュータ技術者 ⓓ2008

バーレット, ドナルド Barlett, Donald L. ジャーナリスト 「フィラデルフィア・インクワイアラー」紙記者 ⓝ米国 ⓓ1996

バレット, トム Barrett, Tom Hans 元・グッドイヤー・タイヤ・アンド・ラバー会長・最高経営責任者（CEO） ⊕1930年8月13日 ⓓ1992／1996

バレット, トレーシー Barrett, Tracy 作家 ⓝ米国 ⓓ2004

バレット, ニール Barrett, Neil ファッションデザイナー ⓝ英国 ⊕1965年 ⓓ2008

バレット, ニール Barrette, Neil K. システムエンジニア ブル・インフォメーション・システムズ ⓝ英国 ⓓ2004

バレット, ピーター Paret, Peter 歴史学者 スタンフォード大学教授 ⓢ国際関係史 ⓝ米国 ⊕1924年 ⓓ1992

バレット, マイケル・ポール Barrett, Michael Paul 外交官 元・ブリティッシュ・カウンシル駐日代表 ⓝ英国 ⊕1941年7月30日 ⓓ2000

ハレット, マーク 画家, 作家, ナチュラリスト ロサンゼルス郡立自然史博物館動物画講師, ロサンゼルス・オーティス美術学校生物医

学イラスト・解剖学講師　国米国　卒1992

バレット, マシュー　Barrett, Matthew W.　銀行家　バークレイズCEO　元・バンク・オブ・モントリオール会長　国カナダ　生1944年9月20日　卒2000

バレット, レイ　Barretto, Ray　ラテン・ジャズ奏者, コンガ奏者　国米国　生1929年4月29日　没2006年2月17日　卒1996

バレット, ロン　Barrett, Ron　イラストレーター　卒2004

バレデアルメイダ, ジョアン　Vale de Almeida, Joao　元・EU委員長官房長　国ポルトガル

バレデス, キケ　フラメンコギタリスト　国スペイン　卒1996

バレナ, フランチェスコ　Balena, Francesco　コンピュータ技術者　国イタリア　卒2004

ハレビ, エフライム　Halevy, Efraim　ヘブライ大学戦略政策研究センター所長　元・モサド長官　国イスラエル　生1934年　卒2000／2012

パーレビ, モハメド・レザ　Pahlevi, Mohammed Reza Shah　本名＝モハンマド・レザー・シャー・パフラビー　元・イラン・パーレビ王朝第2代国王　国イラン　生1919年10月26日　没1980年7月27日　卒1992

パーレビ, レザ(2世)　Pahlevi, Reza (II)　イラン・パーレビ王朝第3代国王　生1960年10月　卒1992／2008

パレプ, クリシュナ　Palepu, Krishna G.　ハーバード大学ビジネス・スクール教授　卒経営工学　卒2000

ハレブン, タマラ　Hareven, Tamara K.　ハーバード大学人口問題研究センター所員, デラウェア大学教授　卒人口問題, 西陣織　国米国　生1937年　卒1992

パレム, ロベール　Palem, Robert Michel　心理学者, 医師　卒精神神経科学, アンリ・エー研究　国フランス　生1934年　卒2008

バレーラ, アベーリン　イラストレーター, 水墨画家　国ロシア　生1956年　卒2004

ハーレラ, クラリタ　Herrera, Clarita　医師　米国女性医師会長, ニューヨーク医科大学講師　卒更年期障害, 閉経学　国米国　卒2000

バレラ, マルコ・アントニオ　Barrera, Marco Antonio　プロボクサー　元・WBC世界スーパーフェザー級チャンピオン, 元・WBO世界ジュニアフェザー級チャンピオン　国メキシコ　生1974年1月17日　卒2004／2008／2012

バレリー, ニコラス　Valery, Nicholas　ジャーナリスト　元・「エコノミスト」東京支局長　国英国　生1939年　卒1992／2000／2004

バレリオ　ポピュラー歌手　国フランス　生1988年5月27日　卒1992

バレリーニ, エドアルド　Ballerini, Edoardo　俳優　国米国　生1970年3月20日　卒2004

ハーレル, ウィルソン　Harrell, Wilson L.　実業家　成長企業協議会名誉議長　国米国　卒2000

ハレル, エルハナン　Harel, Elchanan S.　イスラエル日本親善商工協会会頭, イスラエル・ディスカウント銀行　国イスラエル　生1948年　卒1996

ハレル, ジョージ　Hurrell, George　写真家　国米国　生1904年　卒1992

ハレル, ジョッシュ　テレビプロデューサー　国英国　生1962年　卒2000

バレル, デューク　Burrel, Duke　ネットワークビジネスコンサルタント　国米国　生1947年　卒2004／2008

バレル, ポール　Burrell, Paul　元英国皇太子妃ダイアナの執事　国英国　卒2008

バレル, リザ　Barel, Lisa　シンガーソングライター　国フランス　卒2004

バレル, リーロイ　Burrell, Leroy　元・陸上選手(短距離)　国米国　生1967年2月21日　卒1992／1996

ハレル, リン　Harrell, Lynn　チェロ奏者, 指揮者　ライス大学シェファード音楽学校教授　元・クリーブランド管弦楽団首席奏者　国米国　生1944年1月30日　卒2004／2008／2012

ハレルソン, ウディ　Harrelson, Woody　本名＝Harrelson, Woodrow Tracy　俳優　国米国　生1961年7月23日　卒2000

パレルモ, ドミンゴ　Palermo, Domingo　政治家　ペルー教育相　元・ペルー国立工科大学教授　国ペルー　卒2000

パレルモ, マルティン　Palermo, Martin　元・サッカー選手　国アルゼンチン　生1973年11月7日　卒2004／2008／2012

バレロ, エドウィン　Valero, Edwin　プロボクサー　元・WBC世界ライト級チャンピオン　国ベネズエラ　生1981年12月3日　没2010年4月19日　卒2004

バレロン, ファン・カルロス　Valeron, Juan Carlos　本名＝バレロン・サンタナ, ファン・カルロス　サッカー選手(MF)　国スペイン　生1975年6月17日　卒2004／2008／2012

バーレーン, M.J.　Verlaine, M.J.　作家　国米国　卒1996

パーレン, クルト　Pahlen, Kurt　音楽学者　生1907年　卒2000

バレン, ジェエル　オゾン・プロダクションズ主宰者　国米国　生1948年　卒1996

バレンシ, ニック　Valensi, Nick　グループ名＝ストロークス　ミュージシャン　国米国　生1981年1月16日　卒2012

バレンシー, モーリス　Valency, Maurice　比較文学者, 演劇学者　国米国　生1903年　卒1996

バレンシア, テオドロ　コラムニスト　国フィリピン　没1987年5月4日　卒1992

バレンシア, フランシスコ　Palencia, Francisco　本名＝パレンシア, ファン・フランシスコ　サッカー選手(FW)　国メキシコ　生1973年4月28日　卒2004

バレンシアーノ, ガリー　歌手　国フィリピン　生1964年　卒1996

バレンズエラ, フェルナンド　Valenzuela, Fernando　元・大リーグ選手　国米国　生1960年11月1日　卒1992／1996／2004／2008／2012

バレンスエラ, ルイサ　Valenzuela, Luisa　作家　国アルゼンチン　生1938年11月26日　卒1992／1996

ハレンスレーベン, ゲオルグ　Hallensleben, Georg　画家　生1958年　卒2004／2012

バレンタイン, キッド・トーマス　ジャズ・トランペット奏者　国米国　没1987年6月16日　卒1992

バレンタイン, ジェニー　Valentine, Jenny　児童文学作家　国英国　卒2012

バレンタイン, ジェームズ　Valentine, James　グループ名＝マルーン5　ミュージシャン　国米国　卒2008／2012

バレンタイン, チェルシー　Valentine, Chelsea　コンピュータ技術者　卒2004

バレンタイン, ドナルド　セコイア・キャピタルCEO　国米国　生1932年　卒2000

バレンタイン, ボビー　Valentine, Bobby　本名＝Valentine, Robert John　大リーグ監督, プロ野球監督　国米国　生1950年5月13日　卒1996／2000／2004／2008／2012

バレンタイン, レックス　実業家　日本ベクトン・ディッキンソン社長　国米国　生1951年2月　卒2000

バレンツァン, ペーター　オーストリア王宮銀器博物館館長, オーストリア王宮家具博物館館長　国オーストリア　卒2000

バレンテ, キャサリン・M.　Valente, Catherynne M.　作家　国米国　生1979年

バレンテ, セルゲイ　ロシア科学アカデミー経済研究所部長　卒経済学　国ロシア　生1952年　卒1996

バレンティ, エンリコ　Parenti, Enrico　映画監督　国米国　生1978年

バレンティッチ, ニキツァ　Valentič, Nikica　政治家　元・クロアチア首相　国クロアチア　生1950年11月24日　卒2000

バレンティン, ウラディミール　Balentien, Wladimir　プロ野球選手(外野手), 元・大リーグ選手　国オランダ　生1984年7月2日　卒2012

バレンボイム, ダニエル　Barenboim, Daniel　指揮者, ピアニスト　ベルリン州立歌劇場音楽総監督　国イスラエル　生1942年11月15日　卒1992／1996／2000／2004／2008／2012

バロ　Baro　グループ名＝B1A4　歌手　国韓国　生1992年9月5日

バーロー, ウィリアム　Barlow, William　電気工学者　元・英国王立工学アカデミー会長, 元・英国郵便公社会長　[国]英国　[生]1924年6月8日　[没]2012年5月19日　[典]1996／2000／2004／2008

バーロー, エミリー・クレア　Barlow, Emilie-claire　ジャズ歌手　[国]カナダ　[典]2012

バロー, エロル　Barrow, Errol　元・バルバドス首相　[国]バルバドス　[生]1920年1月21日　[没]1987年6月1日　[典]1992

ハーロー, キャロル　外交官　元・札幌アメリカンセンター館長　[国]米国　[典]2000

バーロー, ゲーリー　Barlow, Gary　グループ名=テイク・ザット　歌手　[国]英国　[典]2008／2012

バロー, ジャック・フランソワ　Barrau, Jacques François　元・パリ国立自然史博物館教授　[専]民族生物学　[国]フランス　[生]1925年　[没]1997年6月　[典]1996

バロー, ジャン・ルイ　Barrault, Jean-Louis　俳優, 演出家　[国]フランス　[生]1910年9月8日　[没]1994年1月22日　[典]1992／1996

バーロー, ジュリー　Barlow, Julie　編集者　[国]カナダ　[典]2004／2008

ハーロー, ジョージ　Harlow, George E.　米国自然史博物館学芸員　[専]鉱物学（ダイヤモンド）　[国]米国　[典]2004

バーロー, タニ　Barlow, Tani E.　ワシントン大学女性学部教員　[専]近代中国思想史, 女性学　[国]米国　[典]2004／2008

バロー, ディーン・オリバー　Barrow, Dean Oliver　政治家　ベリーズ首相　[国]ベリーズ　[生]1951年3月2日　[典]2012

バーロー, デービッド　Barlow, David H.　ニューヨーク州立大学心理学部教授　元・行動療法振興協会会長　[専]臨床心理学　[国]米国　[典]1996

バロー, テレンス　Barrow, Terence　人類考古学者　[国]米国　[典]2004

バロー, トーマス　経済学者　[国]英国　[没]1985年1月　[典]1992

バロー, ニタ　Barrow, Ruth Nita　元・バルバドス総督　[国]バルバドス　[生]1916年11月15日　[没]1995年12月19日　[典]1996

パーロ, ビクター　Perlo, Victor　経済学者　エコナリシス社経済コンサルタント　[国]米国　[生]1912年　[典]1992

バーロー, ピーター　Burrough, P.A.　ユトレヒト大学自然地理学・地理情報システム教授　[専]土壌調査方法論　[国]オランダ　[生]1944年　[典]1992／1996

ハーロー, ビル　Harlow, Bill　作家　元・ホワイトハウス国防外交担当報道官補佐　[国]米国　[典]2004

バロー, ブライアン　Burrough, Bryan　ジャーナリスト　[国]米国　[典]1992

バーロー, フランク　Barlow, Frank　フィナンシャル・タイムズ会長　[国]英国　[生]1930年3月25日　[典]1992

バロー, マーティン　Barrow, Martin　実業家　ジャーディン・マセソン取締役　元・香港立法評議会議員　[国]英国　[生]1944年3月　[典]1992／2000

バロー, マリ・クリスティーヌ　Barrault, Marie-Christine　女優　[国]フランス　[生]1944年3月21日　[典]1992／2000／2004／2008／2012

バーロー, リンダ　Barlow, Linda　作家　[国]米国　[典]1996

バーロ, ルドルフ　Bahro, Rudolf　ジャーナリスト　[国]ドイツ　[生]1935年　[没]1997年12月5日　[典]1992

バロー, ロバート　Barro, Robert J.　経済学者　ハーバード大学教授　[国]米国　[生]1945年　[典]2000

バーロウ, ジャネル　Barlow, Janelle　実業家　TMI社長　[国]米国　[典]2004

バロウ, ジョン・デービッド　Barrow, John David　天文学者, 数理物理学者　ケンブリッジ大学教授　[専]重力理論, 数理物理学　[国]英国　[生]1952年11月29日　[典]2000／2004／2012

ハーロウ, ナンシー　Harrow, Nancy　ジャズ歌手　[国]米国　[典]1992

バロウ, ブライアン　Burrough, Bryan　作家, ジャーナリスト　「バニティ・フェア」特派員　[国]米国　[典]2004

バーロウ, モード　Barlow, Maude　市民運動家　カナダ人評議会共同議長　[国]カナダ　[生]1947年　[典]2004／2008／2012

バーロウ, ロバート　実業家　デネブジャパン社長　[典]2004

ハロウェー, デービッド　スタンフォード大学教授　[専]ソ連研究, 米ソ関係　[生]1943年　[典]1992

ハロウェル, エドワード　Hallowell, Edward　精神科医　[国]米国　[典]2004

バロウクリフ, マーク　Barrowcliffe, Mark　作家　[国]英国　[生]1964年　[典]2004

バロウズ, エドワード　Burrowes, Edward　グループ名=ボーイズ・エアー・クワイア　ボーイソプラノ歌手　[国]英国　[生]1985年8月　[典]2000

バロウズ, オーガステン　Burroughs, Augusten　作家　[国]米国　[生]1965年　[典]2008

バロウズ, コナー　Burrowes, C.　グループ名=ボーイズ・エア・クワイア　ボーイソプラノ歌手　[国]英国　[生]1983年　[典]2000

パロウベク, イジー　Paroubek, Jiri　政治家　元・チェコ首相　[国]チェコ　[生]1952年8月21日　[典]2008

バロエフ, ハッサン　Baroev, Khasan　レスリング選手（グレコローマン）　アテネ五輪レスリング男子120キロ級金メダリスト　[国]ロシア　[生]1982年12月1日　[典]2008／2012

バロシュ, ミラン　Baros, Milan　サッカー選手（FW）　[国]チェコ　[生]1981年10月28日　[典]2008／2012

バローズ, W.J.　Burroughs, William James　執筆家　[専]大気科学　[国]英国　[典]2008

バロス, アレックス　Barros, Alex　元・オートバイライダー　[国]ブラジル　[生]1970年10月18日　[典]2000／2004／2008

バローズ, ウィリアム　Burroughs, William Seward　作家　[国]米国　[生]1914年2月5日　[没]1997年8月2日　[典]1992／1996

バローズ, エイブ　劇作家, ミュージカル演出家　[国]米国　[没]1985年5月17日　[典]1992

バローズ, エバ　Burrows, Eva　救世軍総大将　[国]米国　[典]1992

バローズ, ジョーダン　Burroughs, Jordan　本名=Burroughs, Jordan Ernest　レスリング選手（フリースタイル）　ロンドン五輪レスリング男子フリースタイル74キロ級金メダリスト　[国]米国　[生]1988年7月8日

バローズ, ピーター　Burrows, Peter　ジャーナリスト　[典]2008

バローズ, フランクリン　Burroughs, Franklin　ボードウィン大学教授　[専]英文学　[国]米国　[典]2000

バロス, レイラ　Barros, Leila　バレーボール選手　[国]ブラジル　[生]1971年9月30日　[典]2000

バローゾ, ジョゼ・マヌエル・ドゥラン　Barroso, José Manuel Durão　政治家　EU欧州委員会委員長　元・ポルトガル首相, 元・ポルトガル外相　[国]ポルトガル　[生]1956年3月23日　[典]1996／2004（ドゥラン・バロゾ, ジョゼ・マヌエル）／2008／2012

バロッコ, ロッコ　Barocco, Rocco　ファッションデザイナー　[国]イタリア　[生]1944年　[典]1992

パロット, アンドルー　Parrott, Andrew Haden　指揮者　タヴァナー・コンソート&プレイヤーズ主宰　[国]英国　[生]1947年3月10日　[典]2000／2004／2012

パロット, レス　Parrott, Les　臨床心理学者　シアトルパシフィック大学教授　[国]米国　[典]2004／2008

パロット, レスリー　Parrott, Leslie　セラピスト　シアトルパシフィック大学社会学部行動学科人間関係開発センター・ディレクター　[国]米国　[典]2004／2008

ハロップ, ロレッタ　Harrop, Loretta　トライアスロン選手　[国]オーストラリア　[生]1975年7月17日　[典]2004／2008

バロテッリ, マリオ　Balotelli, Mario　本名=Balotelli,Mario Barwuah　サッカー選手（FW）　[国]イタリア　[生]1990年8月12日　[典]2012

バロニアン, ジャン・バプティスト　Baronian, Jean-Baptiste　作家　[国]ベルギー　[典]2004

バロニオ, ロベルト　Baronio, Roberto　サッカー選手（MF）　[国]イタリア　[生]1977年12月11日　[典]2004／2008

バローネ, マリーナ　歌手　[国]イタリア　[生]1963年　[典]1992

ハロネン, タルヤ　Halonen, Tarja　本名=Halonen,Tarja Kaarina　政治家　元・フィンランド大統領・外相　国フィンランド　生1943年12月24日　載2000／2004／2008／2012

バローフ, スーザン　Balogh, Suzanne　本名=Balogh,Suzanne Elspeth　射撃選手（クレー射撃）　アテネ五輪射撃女子クレー・トラップ金メダリスト　国オーストラリア　生1973年5月8日　載2008

バーロフ, マイケル　フルート奏者　ニューヨーク・メトロポリタン・オペラ首席フルート奏者　国米国　載1992

バローマン, マイク　Barrowman, Mike　水泳選手（平泳ぎ）　国米国　載1996

ハロラン, リチャード　Halloran, Richard　ジャーナリスト　元・「ニューヨーク・タイムズ」東京支局長　国米国　生1930年3月2日　載2000／2004／2008／2012

バロリー, ロス　Valory, Ross　グループ名=ジャーニー　ロック・ベース奏者　国米国　生1949年2月2日　載2004／2008／2012

バロルスキー, ポール　Barolsky, Paul　美術史家　バージニア大学教授（イタリア・ルネサンス）　国米国　生1941年　載2004

ハロルド, エリオット・ラスティ　Harold, Elliotte Rusty　ライター, プログラマー　国米国　載2004

ハロワー, エリザベス　Harrower, Elizabeth　作家　国オーストラリア　生1928年　載1992

バロワン, フランソワ　Baroin, François　政治家　元・フランス内相　国フランス　生1965年6月21日　載2012

バロワン, ミシェール　Baroin, Michel　政治家, 実業家　元・フランス国家公務員相互保険（GMF）会長, 元・フナック（FNAC）社長　国フランス　生1930年11月29日　没1987年2月6日　載1992

バロン　Baron　本名=バロン・ボランクジック, マルセロ　サッカー選手（FW）　国ブラジル　生1974年1月19日　載2000／2004／2008／2012

バロン, E.　Barón Crespo, Enrique　政治家　EU欧州議会（EP）議員　国スペイン　生1944年3月27日　載1992／1996／2000／2004

バロン, ケニー　Barron, Kenny　本名=Barron,Kenneth　ジャズピアニスト　国米国　生1943年6月9日　載1992／2000

バロン, サフ　Barron, Sahu　ジャーナリスト, 反戦運動家, 社会運動家　中東への米軍介入阻止連合会長　国米国　生1954年　載2004

バロン, デービッド　Baron, David　別名=バロン, ラビ・デービッド　ラビ, 実業家　ユダヤナショナル財団理事　国米国　載2004

バロン, パトリック　Barron, Patrick　実業家　日本アリバ社長　国米国　載2004

バロン, ファビアン　Baron, Fabien　グラフィックデザイナー　載1996

バロン, ペーター　Baron, Peter P.　バイエリッシェ・ヒポ・フェラインス銀行東京支店長　生1944年　載1996／2000

バロン, マーティン　Baron, Martin　記者　ロサンゼルス・タイムズ記者（ビジネス・エディター）　国米国　生1954年　載1992

ハロン, メアリー　Harron, Mary　映画監督　国米国　載2000／2004／2008／2012

バロン, ロデリック　地図研究家　国英国　載1992

ハロン, ロン　Herron, Ron　児童養護専門家　国米国　載2004

バロン・イスラセナ　Paron Israssena　元・サイアム・セメント社長　国タイ　生1928年　載1992／1996

バロン・コーエン, サイモン　Baron-Cohen, Simon　心理学者, 精神医学者　ケンブリッジ大学実験心理学・精神医学部精神病理学講師　国英国　載2004／2008

パワー, J.D.(3世)　Power, J.D.(III)　経営コンサルタント, 財務アナリスト　J.D.パワー社社長　国CSI　国米国　載1992／2000

パーワ, アッシュ　Pahwa, Ash　CD-ROM Strategies社社長, カリフォルニア大学ロサンゼルス校, 南カリフォルニア大学　国米国　載1996

パワー, エリザベス　Power, Elizabeth　ロマンス作家　国英国　載2004

パワー, キャサリン・アン　23年間の逃亡生活を送った元反戦活動家　国米国　生1949年1月25日　載1996

パワー, グレン　Power, Glen　グループ名=スクリプト　ミュージシャン　国アイルランド　載2012

パワー, サマンサ　Power, Samantha　ジャーナリスト　ハーバード大学ジョン・F.ケネディ行政学院教授　国人権政策　国米国　生1970年　載2012

パワー, ジョージ　IMD教授　国スイス　載2008（アウー, ジョルジュ）

パワー, スーザン　Power, Susan　作家　国米国　生1961年　載2000

パワー, マイケル　Power, Michael　経営学者　ロンドン・スクール・オブ・エコノミクス教授　国財務会計, 財務監査, リスクマネジメントの関係分析　国英国　載2004／2008

バーワイズ, パトリック　Barwise, Patrick　ロンドン・ビジネス・スクール・マーケティング学科長　国マーケティング　国英国　生1946年　載1992

ハワウィニ, ガブリエル　Hawawini, Gabriel　経営学者　INSEAD学長　元・フランス金融協会副会長　国フランス　生1947年　載2004／2008

パワジール, フアド　政治家　元・インドネシア蔵相　国インドネシア　載2000

パワーズ, J.F.　Powers, James Farl　作家　国米国　生1917年　載1992

ハワース, アラン　Howarth, Alan Thomas　政治家　英国下院議員（労働党）　国英国　生1944年6月11日　載1996

パワーズ, アラン　Powers, Alan　作家　グリニッチ建築造園大学上級講師, ポロック玩具博物館評議員議長　国英国　載2004

ハワース, グレニス　Howarth, Glennys　University of Sydney社会学教授　載2008

ハワース, ザヒ　Hawass, Zahi　考古学者　エジプト考古庁長官　国エジプト　載2008

パワーズ, シェリー　Powers, Shelley　テクニカルライター　国米国　載2008

ハワース, シェリル　Haworth, Cheryl　重量挙げ選手　国米国　生1983年4月19日　載2004／2008

バワーズ, シェーン　Bowers, Shane　プロ野球選手（投手）, 元・大リーグ選手　国米国　生1971年7月27日　載2004

パワーズ, ティム　Powers, Tim　作家　国米国　生1952年　載1996／2012

ハワース, テッド　Haworth, Ted　映画美術監督　国米国　没1993年2月18日　載1996

バワーズ, デービッド　Bowers, David　アニメーション映画監督　国英国　載2012

パワーズ, トーマス　Powers, Thomas　ジャーナリスト　国米国　載1996

バワーズ, フォビオン　Bowers, Faubion　演劇研究家, 音楽評論家（歌舞伎）　国米国　生1917年1月29日　没1999年11月18日　載1992／1996

パワーズ, リチャード　Powers, Richard　作家　国米国　生1957年　載2004／2012

パワーズ, ロス　Powers, Ross　スノーボード選手　ソルトレークシティ五輪スノーボード男子ハーフパイプ金メダリスト　国米国　生1979年2月10日　載2004

パワーソクス, ドナルド　Bowersox, Donald J.　経営学者　ジョン・H.マコーネル大学教授　国米国　載2008

ハワットメ, ジョージ　ジャーナリスト　「ヨルダン・タイムズ」紙編集長　載1992

ハワード, B.　Howard, B.　本名=ハワード, ブランドン　シンガー・ソングライター, 音楽プロデューサー　国米国　載2012

ハワード, M.C.　Howard, M.C.　ワーテルロー大学教授　国経済学　国英国　生1945年　載2000

ハワード, アーサー　Howard, Arthur　イラストレーター, 俳優　国米国　載2004

ハワード, エレン　児童文学作家　国米国　載1992

ハワード, クラーク　Howard, Clark　作家　⒠米国　⒝1934年　⒢1992／1996

ハワード, ゲイル　Howard, Gail　ロトコンサルタント　⒠米国　⒢2008

ハワード, ジェフリー　英国国教会牧師　セントアンブローズ教会（サルフォード市）牧師　⒠英国　⒝1945年　⒢1996

ハワード, ジェームス　Howard, James D.　ヨットマン　元・ジョージア大学教授　⒠米国　⒝1934年　⒢1996

ハワード, ジェームズ・ニュートン　Howard, James Newton　作曲家, 音楽プロデューサー　⒢1996

ハワード, ジェーン　Howard, Jane R.　児童文学作家, 劇作家　⒠米国　⒢1992

ハワード, ジュディ　Howard, Judy　看護婦　バッチセンター管財人　⒢2004

ハワード, ジョン　Howard, John　本名＝ハワード, ジョン・ウィンストン　政治家　元・オーストラリア首相, 元・オーストラリア自由党党首　⒠オーストラリア　⒝1939年7月26日　⒢1992／1996／2000／2004／2008／2012

ハワード, ステファニー　Howard, Stephanie　ロマンス作家　⒠英国　⒢2004

ハワード, セオドー　ニューハンプシャー大学教授・天然資源学部長　⑰天然資源管理　⒠米国　⒝1950年　⒢2000

ハワード, ダニエル　米国海軍次官　⒠英国　⒢1992

ハワード, デズモンド・ケビン　Howard, Desmond Kevin　元・プロフットボール選手　⒠米国　⒝1970年5月15日　⒢2000／2008

ハワード, デニス　マイクログラフィックス社長　⒠米国　⒢2000

ハワード, ドミニク　Howard, Dominic　グループ名＝ミューズ　ミュージシャン　⒠英国　⒢2012

ハワード, トレバー　Howard, Trevor　俳優　⒠英国　⒝1916年9月29日　⒟1988年1月7日　⒢1992

ハワード, ドワイト　Howard, Dwight　バスケットボール選手　北京五輪バスケットボール男子金メダリスト　⒠米国　⒝1985年12月8日

ハワード, バイロン　Howard, Byron　アニメーション監督　⒠米国　⒢2012

ハワード, ビリー　Howard, Billy　写真家　⒠米国　⒢1996

ハワード, フランキー　Howerd, Frankie　本名＝Howard,Francis Alex　俳優　⒠英国　⒝1922年3月6日　⒟1992年4月19日　⒢1996

ハワード, ベルマ・スワンストン　翻訳家　⒠スウェーデン　⒢2000

ハワード, マイケル　Howard, Michael　政治家　元・英国内相, 元・英国保守党党首　⒠英国　⒝1941年7月7日　⒢1996／2000／2004／2008／2012

ハワード, マイケル　Howard, Michael　コンピューター技術者　⒠米国　⒢2004

ハワード, マイケル・エリオット　Howard, Michael Eliot　英国国際戦略研究所（IISS）所長　元・エール大学教授　⑰軍事・海軍史　⒠英国　⒝1922年11月29日　⒢1992／1996

ハワード, ライアン　Howard, Ryan　本名＝Howard,Ryan James　大リーグ選手（内野手）　⒠米国　⒝1979年11月19日　⒢2008／2012

ハワード, ラス　Howard, Russ　カーリング選手　トリノ五輪金メダリスト　⒠カナダ　⒝1956年2月19日　⒢2008／2012

ハワード, リチャード　Howard, Richard　本名＝ハトソン, ショーン　筆名＝タイラー, フランク, ブレイク, ニック, クルーガー, ウルフ, ビショップ, サミュエル・P., ネビル, ロバート, ロストフ, ステファン　作家　⒠英国　⒝1958年9月23日　⒢1996（ハトソン, ショーン）

ハワード, リンダ　Howard, Linda　ロマンス作家　⒢2004

ハワード, ロブ　Howard, Rob　コンピューター技術者　⒠米国　⒢2004

ハワード, ロン　Howard, Ron　映画監督, 映画プロデューサー, 俳優　⒠米国　⒝1954年3月1日　⒢1992／1996／2000／2004／2008／2012

ハワトメ, ナエフ　Hawatmeh, Nayef　ゲリラ指導者　パレスチナ解放民主戦線（DFLP）議長　⒠パレスチナ　⒝1938年　⒢1992／1996／2004／2008／2012

パワリット・モングコンピシット　Pawalit Mongkolpisit　俳優　⒠タイ　⒝1977年6月8日　⒢2004

パワル, シャラド　Pawar, Sharad　本名＝Pawar,Sharadchandra Govindrao　政治家　元・インド国防相, 元・マハラシュトラ州首相　⒠インド　⒝1940年12月12日　⒢1992／1996／2000

ハン・イクス　韓 益銖　Han, Ik-su　軍人, 政治家　慈江道行政経済指導委員会副委員長　元・朝鮮人民軍総政治局局長　⒠北朝鮮　⒝1918年　⒢1992／1996

ハン・イホン　韓 利憲　Han, Yi-horn　政治家　韓国国会議員（新韓国党）　⒠韓国　⒝1944年5月11日　⒢2000

ハン・イムファ　韓 林花　作家　⒠韓国　⒝1950年　⒢1996

ハン・インコウ　潘 允康　Pan, Yun-kang　天津社会科学院社会学研究所所長, 天津市婚姻家庭研究会副会長　⑰家族社会学　⒠中国　⒝1946年　⒢1996

ハン・インス　韓 仁守　タレント　⒠韓国　⒝1947年7月30日　⒢1996

バン・インチョル　方 仁徹　ジャーナリスト　⒠韓国　⒝1950年　⒢2000

ハン, ヴォルク　Han, Volk　コマンドサンボ選手　⒠ロシア　⒝1961年4月16日　⒢1996

バン・ウヨン　方 又栄　朝鮮日報社長, 永信アカデミー理事長　⒠韓国　⒝1928年1月22日　⒢1996

ハーン, ウラ　詩人　⒠ドイツ　⒝1946年　⒢1992

バン・ウン　万 雲　Wang, Yun　北京市人民対外友好協会副会長　⒠中国　⒢1992

ハン・ウンサ　韓 雲史　Han, Woon-sa　作家, シナリオ作家　元・韓国放送作家協会理事長　⒠韓国　⒝1923年1月15日　⒟2009年8月11日　⒢1996／2000

ハン・ウントウ　范 云涛　弁護士　⒠中国　⒝1963年　⒢2008

ハン・エキョン　韓 愛敬　タレント　⒠韓国　⒝1964年6月19日　⒢1996

ハーン, エックハート　Hahn, Eckhart　都市計画家　⒠ドイツ　⒝1942年　⒢1992

パン, オキサイド　Pang, Oxide　映画監督, 脚本家, カラーリスト　⒠香港　⒝1965年11月11日　⒢2004／2008／2012

ハン・カイショウ　范 介璋　パシフィック・コンサルタンツ・インターナショナル社シンガポール法人社長, 留日卒業生協会会長　⒠シンガポール　⒢1992

ハン・カブス　韓 甲洙　ハングル学者　（株）宇蘭会長　⒠韓国　⒝1913年6月26日　⒢1996

ハン・カブス　韓 甲洙　政治家　元・韓国農林相, 元・韓国経済企画院次官　⒠韓国　⒝1934年6月27日　⒢1996／2004

バーン, ガブリエル　Byrne, Gabriel　俳優, 映画プロデューサー　⒠アイルランド　⒝1950年5月12日　⒢2000／2004／2008／2012

ハン・カヤ　韓 伽倻　ピアニスト　カールスルーエ音楽大学教授　⒠北朝鮮　⒝1958年10月12日　⒢1992

ハーン, カール　Hahn, Carl Horst　元・フォルクスワーゲン（VW）社長　⒠ドイツ　⒝1926年7月1日　⒢1992／1996

ハン・キオン　韓 基彦　ソウル大学名誉教授　⑰教育学, 比較教育学　⒠韓国　⒢1996

ハン・キチョル　韓 基哲　プロ野球選手（外野手）　⒠韓国　⒝1969年6月30日　⒢1996

バン・ギムン　潘 基文　Ban, Ki-moon　政治家, 外交官　国連事務総長（第8代）　元・韓国外相　⒠韓国　⒝1944年6月13日　⒢2008／2012

ハン・キョング　韓 敬九　Han, Kyung-koo　文化人類学者　韓国国民大学国際学部教授　⒠韓国　⒝1956年　⒢2004（ハン・キョング／ハン・ギョング）

ハン・キョンジク　韓 景職　永楽教会元老牧師, 韓国基督教連盟名誉会長　⒠韓国　⒝1902年12月29日　⒢1996

ハン・キンコウ　范 鈞宏　劇作家, 演劇評論家　⑰京劇　⒠中国

ハン・キンシ　樊 錦詩　Fan, Jin-shi　考古学者　敦煌研究院院長　㊷敦煌　国中国　㊿2000
ハン・クァンオク　韓 光玉　Han, Kwang-ok　政治家　新千年民主党最高委員　国韓国　⊕1942年1月29日　㊿2004／2008
バン・クックチョン　房 極天　プロ野球選手(投手)　国韓国　⊕1969年3月19日　㊿1996
ハン・グンファン　韓 瑾煥　大宇証券副社長　国韓国　⊕1940年　㊿1992／1996
ハン・ケイギ　范 敬宜　ジャーナリスト　中国全国人民代表大会(全人代)代表　元・「人民日報」編集局長　国中国　㊿1996／2000
ハン・ケイソウ　樊 慶笙　南京農業大学教授,中国農業微生物学会会長　㊷農業微生物学　国中国　⊕1911年　㊿1996
ハン・ケツ　潘 杰　中国語教師　四川外国語学院助教授　国中国　㊿2004
ハン, ケビン　Han, kevin　バドミントン選手　国米国　㊿2000／2008
ハン・ゲンセキ　潘 元石　版画研究家,版画家　奇美博物館執行長　国台湾　⊕1936年　㊿2000
ハン・ケンテイ　範 建亭　上海財経大学国際工商管理学院助教授　㊷経済学　国中国　⊕1964年　㊿2004／2008
ハン・コウ　樊 綱　経済学者　中国経済改革研究基金会国民経済研究所所長　㊷経済学　国中国　⊕1953年　㊿2008
ハン・コウ　潘 虹　Pan, Hon　女優　国中国　⊕1954年11月4日　㊿1992／1996
バン・コウ　万 鋼　実業家,政治家　中国科学技術相　国中国　㊿2012
ハン・コウレイ　潘 向黎　作家　国中国　⊕1966年　㊿2008／2012
ハン・コクヘイ　範 克平　Fan, Ke-ping　気功武術家　中国道家武当和門研究学界(準)理事長,中国東方気功研究所副所長・研究員　国中国　⊕1955年　㊿1996
バーン, ゴードン　Burn, Gordon　作家　国英国　⊕1948年　㊿1996
ハン・サンイル　韓 相一　国際政治学者　韓国国民大学社会学部教授,韓国社会科学研究所理事長　㊷日本の政治,国際政治,外交　国韓国　⊕1941年　㊿1996／2004／2008
ハン・サンチュン　韓 相春　大宇経済研究所研究委員　㊷国際経済　国韓国　㊿2000
ハン・サンテ　韓 相泰　世界保健機関(WHO)西太平洋地域事務局長　国韓国　㊿2000
バン, サンディープ　メドサイド・パブリッシング共同設立者　国米国　㊿2000
ハン・サンフン　韓 尚勲　動物学者　韓国野生動物連合代表　国韓国　㊿2004／2008
バン・サンフン　方 相勲　新聞人　「朝鮮日報」社長　国韓国　⊕1948年2月6日　㊿1996／2004／2008
ハン・サンボク　記者　国韓国　⊕1966年　㊿2008
ハン・ジイル　韓 支壱　本名=韓正煥　俳優　国韓国　⊕1946年1月13日　㊿1996
ハン・ジェンマ　アーティスト　国韓国　⊕1970年　㊿2004
ハン・シキ　范 志毅　サッカー選手(DF)　国中国　⊕1970年1月22日　㊿2004／2008
ハン・ジスン　Han, Ji-seung　漢字名=韓志承　映画監督　国韓国　⊕1967年1月28日　㊿2004
バン・シセン　万 嗣銓　Wan, Si-quan　北京市政協副主席　国中国　㊿2000
ハン・シトウ　范 子唐　湖北大学教授　国中国　㊿1992
ハン・ジヒ　Han, Ji-hee　挿絵画家　国韓国　⊕1960年　㊿2004
ハン・ジャクグ　范 若愚　マルクス主義理論家　元・「紅旗」誌副編集長　周恩来元首相の理論秘書　国中国　㊷1985年6月20日　㊿1992
ハン・ジャングン　韓 将根　Han, Jang-gun　北朝鮮消費協同組合中央連盟委員長,北朝鮮中央検査委員　元・北朝鮮商業相　国北朝

鮮　㊿1996
ハーン, ジュリー　Hearn, Julie　作家　国英国　⊕1958年　㊿2004／2008
ハン・ジュンゴン　黄 重坤　Hwang, Jung-gon　プロゴルファー　国韓国　⊕1992年5月16日　㊿2012
ハン・ジュンソク　韓 準石　Han, Jun-sok　(株)東方顧問　元・駐日韓国公使　国韓国　⊕1930年2月24日　㊿1992
バン・ジュンナン　万 潤南　Wang, Rung-nan　反体制活動家　民主中国陣線主席　元・四通集団公司理事長　国中国　⊕1946年　㊿1992／1996
ハーン, ジョー　Hahn, Joe　本名=Hahn,Joseph　グループ名=リンキン・パーク　DJ　国米国　㊿2004／2008
バーン, ジョイス　Byrne, Joice E.　国際ソロプチミスト米国連盟会長　国米国　㊿1992
ハン・ショウタツ　樊 祥達　Fan, Xiang-da　ジャーナリスト,作家　「中国城市導報」記者・編集者　国中国　⊕1955年　㊿2000
バン・ショウフン　万 紹芬　Wan, Shao-fen　政治家　中国共産党中央統一戦線工作部副部長　国中国　⊕1930年　㊿1992／1996
バーン, ジョン　Byrne, John A.　ライター　「ビジネスウィーク」シニア・ライター　㊿2004
ハン・ジョンマン　韓 鍾万　圓光大学教授,韓国東洋哲学会会長　国韓国　⊕1932年1月11日　㊿1996
ハン・シンウ　范 晨雨　文筆業　国中国　⊕1969年　㊿2008
ハン・ジンヒ　韓 振熙　タレント　国韓国　⊕1949年3月14日　㊿1996
ハン・ジンヒ　韓 真煕　ソウル地下鉄公社社長　国韓国　⊕1929年8月1日　㊿1996
ハン・スーイン　Han, Suyin　本名=チョウ,エリザベス・クアンフー　旧名=周光瑚　漢字名=韓素英　作家,医師　国英国　⊕1917年9月12日　㊷2012年11月2日　㊿1992／1996／2000
ハン・スサン　韓 水山　作家　国韓国　⊕1946年　㊿1996／2000／2008／2012
バーン, スザンヌ　Berne, Suzanne　作家　国米国　㊿2004
バン・スヒョン　方 銖賢　Bang, Soo-hyun　バドミントン選手　国韓国　㊿2000
ハン・スンウォン　韓 勝源　作家　国韓国　⊕1939年　㊿1992／1996
ハン・スンジュ　韓 昇洲　Han, Sung-joo　国際政治学者,政治家　元・韓国外相,元・駐米韓国大使,元・高麗大学教授　国韓国　⊕1940年9月13日　㊿1992／1996／2000／2004／2008
ハン・スンジョ　韓 昇助　高麗大学政治学科教授,韓国北方学会会長　国韓国　⊕1930年1月13日　㊿1996・
ハン・スンス　韓 昇洙　Han, Seung-soo　政治家,経済学者　元・韓国首相,元・韓国外相,元・ソウル大学教授　国韓国　⊕1936年12月28日　㊿1992／1996／2000／2004／2008／2012
ハン・スンホン　Hahn, Seung-hun　雅号=山民　弁護士　元・韓国監査院長,元・韓国著作権研究所所長　国韓国　⊕1934年9月29日　㊿1996／2000／2004／2008／2012
ハン・ソウ　范 曾　中国画家・教授　中国民主同盟中央委員会委員　元・南開大学東方芸術系主任　国中国　⊕1938年　㊿1996
ハン・ソクチョン　韓 碩青　歴史作家　国韓国　⊕1957年　㊿2000
ハン・ソッキュ　Han, Suk-kyu　漢字名=韓石圭　俳優　国韓国　⊕1964年11月3日　㊿2004／2008／2012
ハン・ソバイ　潘 素梅　上海雑技団リーダー,中国雑技芸術家協会常務理事,上海雑技芸術協会副首席　国中国　⊕1941年　㊿1992／1996
ハン・ソンリョン　韓 成龍　政治家　朝鮮労働党政治局員・書記,北朝鮮中央人民委員　国北朝鮮　㊿1996／2000
バン, ダニー　Pang, Danny　映画監督・編集者,脚本家　国香港　⊕1965年11月11日　㊿2004／2008／2012
ハン・チェヨン　Han, Chae-young　女優　国韓国　⊕1980年9月13日　㊿2004／2008／2012
バン・チャンヨン　方 燦栄　Bang, Chang-young　韓国・アジア太

平洋問題研究所長　㋞経済学　㋙米国　㋑1936年　㋓1992(ホウ・サンエイ)／2000(ホウ・サンエイ)

パン・チュンイ　班 忠義　ジャーナリスト,ノンフィクション作家,ドキュメンタリー作家　㋙中国　㋑1958年　㋓2008(ハン・チュウギ)／2012

ハン・チョウリュウ　范 長龍　Fan, Chang-long　軍人,政治家　中国共産党政治局員・中央軍事委員会副主席,中国国家中央軍事委員会副主席　㋙中国　㋑1947年5月

バーン, ティム　Berne, Tim　ジャズサックス奏者　㋞アルトサックス　㋙米国　㋑1954年10月16日　㋓1996

バーン, デービッド　Byrne, David　旧グループ名＝トーキング・ヘッズ　ロック歌手,ギタリスト,映画監督,写真家　㋙米国　㋑1952年5月14日　㋓1992／1996／2000／2008／2012

バーン, デービッド　Byrne, David　政治家　欧州委員会委員　元・アイルランド法務長官　㋙アイルランド　㋑1947年4月26日　㋓2004／2008

ハン・デファ　韓 大化　プロ野球監督　㋙韓国　㋑1960年7月8日　㋓1992／1996／2012

バン・ドウサン　万 同山　天文学者　上海天文台研究員　㋙中国　㋑1929年　㋓1996

ハン・ドクス　韓 悳洙　Han, Duck-soo　政治家　元・韓国首相・財政経済相　㋙韓国　㋑1949年　㋓2012

パン, トーマス　Pang, Thomas H.　3D Systems,Inc.主任化学研究員　㋞高分子化学　㋑1960年　㋓1996

ハーン, トーマス・マーシャル(Jr.)　Hahn, Thomas Marshall (Jr.)　ジョージア・パシフィック名誉会長　㋙米国　㋑1926年12月2日　㋓1992／1996

ハン, ドリアン　ファッションデザイナー　㋙韓国　㋑1957年　㋓2000

ハーン, ドン　Hahn, Don　映画プロデューサー　ウォルト・ディズニー・アニメ・プロデューサー　㋙米国　㋑1955年　㋓1996／2000

ハン・ドンファ　韓 東和　プロ野球コーチ　㋙韓国　㋑1945年9月30日　㋓1996

ハン・ナクヒョン　韓 洛鉉　慶南大学非常勤講師　㋞貿易学　㋙韓国　㋑1958年　㋓2000

バーン, ニッキー　Byrne, Nicky　本名＝Byrne,Nicholas Bernard James Adam　グループ名＝ウエストライフ　歌手　㋙アイルランド　㋑1978年10月9日　㋓2004(ニッキー)／2008(ニッキー)／2012

ハン・バイライ　潘 蓓蕾　食品研究者　中国国家軽工業省次官　㋙中国　㋑1941年　㋓1996

バン・ハクギ　房 学基　漫画家　㋙韓国　㋑1944年　㋓1992(パン・ハッキ)／1996／2000

バン・ハクセ　方 学世　元・北朝鮮中央裁判所長,元・朝鮮労働党中央委員　㋙北朝鮮　㋑1912年　㋓1992年7月18日　㋓1996

ハン・ピ　樊 楣　画家　㋙中国　㋑1953年　㋓1996

ハーン, ビッキー　Hearne, Vicki　作家　エール大学文学部助教授　㋞英文学　㋑1946年　㋓1996

ハン・ヒミン　韓 禧敏　プロ野球選手(投手)　㋙韓国　㋑1962年7月19日　㋓1996

バン・ヒャクゴ　万 百五　工学者　西安交通大学システム工程研究所大規模システム研究室主任,教授　㋞制御システム論　㋙中国　㋑1928年　㋓1996

ハン・ヒョクス　韓 赫洙　プロ野球選手(内野手)　㋙韓国　㋑1970年10月11日　㋓1996

ハン・ヒョジュ　Han, Hyo-joo　女優　㋙韓国　㋑1987年2月22日　㋓2012

バン・ヒョジョン　潘 暁静　本名＝潘満姫　タレント　㋙韓国　㋑1942年11月27日　㋓1996

バン・ビョンギル　潘 柄吉　西江大学経商学部経営学科教授,韓国国土建設総合計画審議委員　㋞経営学　㋙韓国　㋑1935年6月9日　㋓1996

ハン・ビョンサム　韓 炳三　Han, Byong-sam　考古学者　元・韓国国立中央博物館館長,元・韓国考古学研究会会長　㋙韓国　㋑1935年10月3日　㋓2001年3月4日　㋓1992／1996

ハン・ビョンホ　イラストレーター　㋙韓国　㋓2004

ハーン, ヒラリー　Hahn, Hilary　バイオリニスト　㋙米国　㋑1979年　㋓2004／2012

ハン・ファガプ　韓 和甲　Han, Hwa-kap　政治家　元・韓国新千年民主党代表　㋙韓国　㋑1939年2月1日　㋓2004／2008／2012

ハン・ヘギョン　韓 恵景　ハングル講師　㋙韓国　㋑1976年　㋓2004

ハン・ヘジン　Han, Hye-jin　漢字名＝韓恵軫　女優　㋙韓国　㋑1981年10月27日　㋓2008／2012

ハン・ヘスク　韓 恵淑　タレント　㋙韓国　㋑1951年8月20日　㋓1996

ハン・ペホ　韓 培浩　高麗大学政経学部教授・大学院長　㋙韓国　㋑1931年10月20日　㋓1996／2008

ハン・ボグァン　韓 普光　本名＝韓泰植　東国大学校仏教大学禅学科助教授,浄土寺住職　㋞浄土教　㋙韓国　㋑1951年　㋓1992／1996

ハン・ホソン　韓 灝鮮　韓国農協中央会会長　㋙韓国　㋑1936年9月　㋓1992／1996

パン・ホーチョン　Pang, Ho-cheung　漢字名＝彭浩翔,別名＝パン,エドモンド　映画監督,脚本家　㋙香港　㋑1973年9月22日　㋓2012

ハン・ボラム　グループ名＝CIRCLE　歌手　㋙韓国　㋑1984年2月14日　㋓2000

ハン・ホン　韓 洪九　歴史学者　聖公会大学教養学部人権平和センター所長　㋞韓国現代史　㋙韓国　㋑1959年　㋓2008

ハン・ポンス　韓 鳳洙　元・韓国商工部長官,元・韓国電力社長　㋙韓国　㋑1927年5月19日　㋓1996

ハーン, マーカス　Hearn, Marcus　編集者　㋓2004／2008

ハーン, マルギット　Hahn, Margit　作家　㋙オーストリア　㋑1960年　㋓2000

ハン・マルスク　韓 末淑　作家　㋑1931年　㋓2008

パン, マルタ　Pan, Marta　彫刻家　㋙フランス　㋑1923年6月12日　㋓2008年10月12日　㋓1992／1996／2004／2008

ハン・ミエ　韓 美愛　鐘路ギャラリーキュレーター　㋙韓国　㋑1963年　㋓2000

ハン・ミキョン　韓 美京　Han, Mi-kyung　経済学者　漢陽大学助教授　㋞製品アーキテクチャ　㋙韓国　㋑1962年　㋓2004

ハン・ミョンスク　韓 明淑　Han, Myeong-sook　政治家,女性学者　元・韓国首相,元・韓国環境相,元・韓国女性相,元・韓国民主統合党代表,元・韓国女性民友会会長　㋙韓国　㋑1944年3月24日　㋓2000／2004／2008／2012

ハン・ムスク　韓 戊淑　作家　㋙韓国　㋑1918年10月25日　㋓1996

ハン・ムンヨン　韓 文挺　プロ野球選手　㋙韓国　㋑1961年4月10日　㋓1996

ハン・ヤンスン　韓 良順　延世大学体育科教授,韓国社会体育センター理事長,韓国女性スポーツ会長　㋞体育学　㋑1929年9月20日　㋓1992／1996

ハン・ユウメイ　樊 勇明　Fan, Yong-ming　三井海上基礎研究所研究部長　㋞国際経済,日本経済　㋙中国　㋑1949年8月　㋓1996／2000

バン・ヨル　方 烈　Bang, Yeol　バスケットボール監督,元・バスケットボール選手　大韓バスケットボール協会国際理事,韓国バスケットボール協会会長　㋙韓国　㋑1941年10月10日　㋓2004

ハン・ヨンウ　韓 永愚　歴史学者　㋞朝鮮史　㋙韓国　㋑1938年　㋓2004／2008

ハン・ヨング　韓 英鳩　韓国外交安保研究院教授　㋞日本の安保・外交政策　㋙韓国　㋓1996

ハン・ヨンジュン　韓 英俊　プロ野球選手(内野手)　㋙韓国　㋑1962年8月27日　㋓1996

ハン・ヨンドク　韓 容悳　プロ野球選手(投手)　㋙韓国　㋑1965年6月2日　㋓1992／1996

バン・リ　万 里　Wan, Li　政治家　元・中国全国人民代表大会(全人代)常務委員長,元・中国共産党政治局員　㋙中国　㋑1916年12

月　㋷1992／1996／2004／2008／2012

バン・リエイ　万 里英　Wan, Li-ying　漫画家　㋾中国　㋐1956年　㋷2000

バン, リジー　Vann, Lizzie　実業家　オーガニックス設立者　㋾英国　㋷2004／2008

バーン, リチャード　Byrne, Richard　心理学者　セントアンドリューズ大学心理学研究室　㋷2008

バーン, ロバート　Byrne, Robert　作家　㋾米国　㋐1930年5月22日　㋷1992／1996

バーン, ロバート　Byrne, Robert　ビリヤード選手, 作家　㋾米国　㋷2004

バーン, ロブ　Baan, Rob　サッカー指導者, 元・サッカー選手　フェイエノールト・ゼネラル・マネージャー　㋾オランダ　㋐1943年4月1日　㋷2004／2008

バーン, ロリー　Byrne, Rory　F1マシン・デザイナー　元・ベネトン・チーフデザイナー　㋾南アフリカ　㋐1944年　㋷1996

バーン, ロンダ　Byrne, Rhonda　作家　㋾オーストラリア　㋐1945年　㋷2012

ハン・ワンサン　韓 完相　Han, Wan-sang　社会学者　元・韓国副首相・統一院長官, 元・ソウル大学教授　㋾韓国　㋐1936年3月5日　㋷1992／1996

バン・アーマン, デレク　Van Arman, Derek　作家　㋾米国　㋷2004

バン・アレン, ジェームズ　Van Allen, James Alfred　宇宙線物理学者　元・アイオワ州立大学名誉教授　㋾米国　㋐1914年9月7日　㋩2006年8月9日　㋷1992／1996

バンアレン, ジェームズ　テニスのタイブレーク制考案者　㋾米国　㋩1991年7月　㋷1992

バンアンデル, スティーブ　Van Andel, Steve　実業家　アムウェイ会長　㋾米国　㋐1955年10月9日　㋷2004／2008／2012

バン・イタリー, ジャン・クロード　Van Itallie, Jean-Claude　劇作家　㋾米国　㋐1936年　㋷1992／1996

バンウィンガーデン, アンドルー　Vanwyngarden, Andrew　グループ名=MGMT　ミュージシャン　㋾米国　㋷2012

バン・ウエイリン, ゴードン　Van Wylen, Gordon J.　ミシガン大学工学部教授・学生部長, ホープ大学学長　㋼熱力学　㋾米国　㋐1920年2月　㋷1996

バンウォーマー, ランディ　シンガー・ソングライター　㋷2000

バン・ウォーマー, ローラ　Van Wormer, Laura　作家　㋷2000

バン・エクセル, ニック　Van Exel, Nick　バスケットボール選手　㋾米国　㋐1971年11月27日　㋷1996（エクセル, ニック・バン）／2000（エクセル, ニック・バン）／2008

バンカー, アショーカ　Banker, Ashok　作家　㋾インド　㋐1964年　㋷2008／2012

バンカー, エドワード　Bunker, Edward　作家　㋾米国　㋐1933年12月31日　㋩2005年7月19日　㋷1992／2000

バンカー, エルズワース　Bunker, Ellsworth　外交官　㋾米国　㋐1894年5月11日　㋩1984年9月27日　㋷1992

バンカー, ラリー　Bunker, Larry　本名=Bunker, Lawrence Benjamin　ジャズドラマー　㋾米国　㋐1928年11月4日　㋷1996

ハンガス, ダン　Hangasu, Dan　建築家　㋷2000

バンガート, アルブレヒト　Bangert, Albrecht　美術史家　㋼デザイン史　㋾ドイツ　㋷1992

バンガベアン, マラデン　Panggabean, Maraden　軍人　元・インドネシア国軍司令官・国防治安相　㋾インドネシア　㋐1922年　㋩2000年5月28日　㋷1992

バンガル, シャム　Bhangal, Sham　ウェブデザイナー　㋾英国　㋷2004

バンガルテル, トーマ　Bangalter, Thoma　グループ名=ダフト・パンク, ユニット名=スターダスト　ミュージシャン　㋾フランス　㋐1975年1月3日　㋷2004／2008／2012

パンガロス, テオドロス　Pangalos, Theodoros　政治家　元・ギリシャ外相　㋾ギリシャ　㋐1938年8月7日　㋷2000

バンガロレワラ, ユスフ　Bangalorewala, Yusuf　イラストレーター, アートディレイター, コピーライター　㋾インド　㋐1949年　㋷1996

バンガンディ, ジェフ　Van Gundy, Jeff　バスケットボール監督　㋾米国　㋐1962年1月19日　㋷2000／2004／2008

ハンキ, ジョン　Hanke, John　実業家　グーグルアース副社長　㋾米国　㋷2012

ハンキー, スティーブ　経済学者　ジョンズ・ホプキンズ大学教授　㋾米国　㋷2000

バンキー, ビルマ　Banky, Vilma　女優　㋾米国　㋩1992年3月18日　㋷1996

バンキーニ, キアラ　Banchini, Chiara　バロック・バイオリン奏者　㋾スイス　㋷2012

ハンギョン　Hangeng　旧グループ名=SUPER JUNIOR　歌手　㋾韓国　㋐1984年2月9日　㋷2012

バンキン, ジョナサン　Vankin, Jonathan　ジャーナリスト　㋾米国　㋷1996／2000

バンキン, ボリス　Pankin, Boris Dmitriyevich　外交官, 政治家　元・駐英ロシア大使, 元・ソ連外相　㋾ロシア　㋐1931年2月20日　㋷1992／1996

バンク, メリッサ　Bank, Melissa　作家　㋾米国　㋐1960年　㋷2000／2012

バング, モリー　Bang, Molly　絵本作家　㋾米国　㋐1943年　㋷2012

バンク, レーチェル　Pank, Rachel　絵本作家　㋾英国　㋐1960年　㋷1996

バンクス, P.M.　Banks, Peter M.　スタンフォード大学教授・大学付属宇宙遠距離通信・電波科学研究所所長　㋼電気工学　㋷1992

バンクス, イアン　Banks, Iain　本名=Banks, Iain Menzies　別名=バンクス, イアン・M.　作家　㋾英国　㋐1954年2月16日　㋩2013年6月9日　㋷1996／2000

バンクス, ウイリー　Banks, Willie　本名=Banks, William　元・三段跳び選手　㋾米国　㋐1956年3月16日　㋷1992／1996／2000

バンクス, キャロリン　作家　㋾米国　㋐1941年　㋷1996

バンクス, ケート　Banks, Kate　絵本作家　㋾米国　㋷2004／2012

バンクス, ジェフリー　ファッションデザイナー　㋾米国　㋐1954年　㋷1996

バンクス, ジェームズ　Banks, James A.　ワシントン大学多文化教育センター所長　㋼多文化教育　㋾米国　㋐1941年　㋷2000

ハンクス, ジョン　Hanks, John　世界自然保護基金（WWF）プロジェクト部長　㋾英国　㋷1992

バンクス, タイラ　Banks, Tyra　タレント, モデル　㋾米国　㋐1973年12月4日　㋷2000／2004／2008／2012

バンクス, デニス　Banks, Dennis J.　アメリカ・インディアン運動（AIM）リーダー　㋾米国　㋐1936年　㋷1992／1996／2000

バンクス, トニー　Banks, Tony　プロフットボール選手（QB）　㋾米国　㋐1973年4月5日　㋷2004／2008

ハンクス, トム　Hanks, Tom　本名=Hanks, Thomas J.　俳優, 映画プロデューサー　㋾米国　㋐1956年7月9日　㋷1996／2000／2004／2008／2012

バンクス, ブライアン　Banks, Brian Glen　元・大リーグ選手（内野手）, 元・プロ野球選手　㋾米国　㋐1970年9月28日　㋷2004

バンクス, マイケル　Banks, Michael A.　作家　㋾米国　㋷2004

バンクス, マーティン　Banks, Martin　フリーライター　㋼博物学　㋷1992

バンクス, ラッセル　Banks, Russel　作家　プリンストン大学教授　㋾米国　㋐1940年　㋷1992／1996／2000

バングス, ラルフ　Bangs, Ralph L.　ピッツバーグ大学助手　㋼都市社会学　㋾米国　㋐1948年　㋷1996

バンクス, リアン　Banks, Leanne　ロマンス作家　㋾米国　㋷2004

バンクス, リン・リード　Banks, Lynne Reid　作家, 児童文学作家,

絵本作家　[国]英国　[生]1929年　[典]1992（リード・バンクス, リン）／1996（リード・バンクス, リン）／2000

バンクーバー, ニコ　グループ名=ニコ・バンクーバー・トリオ　ピアニスト　[国]ベルギー　[典]2000

バンクーバーデン, アダム　Van Koeverden, Adam　カヌー選手　[国]カナダ　[生]1982年1月29日　[典]2008

バンクヘッド, ジェームズ　Bankhead, James M.　元・軍人, オーボエ奏者　元・米国空軍軍楽隊隊長　[国]米国　[生]1947年1月31日　[典]1992

バンクミケルセン, ニルス・エリック　Bank-Mikkelsen, Neils Erik　元・デンマーク社会省福祉局長　ノーマリゼーション思想の生みの親　[国]デンマーク　[生]1919年　[没]1990年9月20日　[典]1992

パンクラトフ, デニス　Pankratov, Denis　水泳選手（バタフライ）　[国]ロシア　[生]1974年7月4日　[典]2000／2008

バングリナン, マニュエル　実業家　ファースト・パシフィック会長　[国]フィリピン　[典]2000

バン・クリーフ, リー　Van Cleef, Lee　俳優　[国]米国　[生]1925年1月9日　[没]1989年12月16日　[典]1992

バンクロフト, アン　Bancroft, Anne　本名=Itariano,Anna Maria　女優　[国]米国　[生]1931年9月17日　[没]2005年6月6日　[典]1992／1996／2004

バンクロフト, トニー　Bancroft, Tony　アニメーション監督　[国]米国　[典]2000

バンクロフト, ランディ　Bancroft, Lundy　「DVにさらされる子どもたち―加害者としての親が家族機能に及ぼす影響」の著者　[典]2008

パンケ, ヘルムート　Panke, Helmut　実業家　元・BMW社長　[国]ドイツ　[生]1946年8月31日　[典]2008／2012

パンゲ, モーリス　Pinguet, Maurice　フランス文学者, 比較文学者　元・東京日仏学院院長　[国]フランス　[生]1929年5月5日　[没]1991年4月　[典]1992

バンゲマン, マルティン　Bangemann, Martin　政治家　テレフォニカ取締役　元・欧州委員会委員, 元・西ドイツ経済相, 元・FDP党首　[国]ドイツ　[生]1934年11月15日　[典]1992／1996／2000

バンケル, フェリックス　ロータリーエンジンの発明者　[国]ドイツ　[生]1902年　[没]1988年10月9日　[典]1992

パンゴー, ベルナール　Pingaud, Bernard　作家, 文芸評論家　[国]フランス　[生]1923年10月12日　[典]1992／1996

バンコウ, ジェームズ　グループ名=シカゴ　ロックミュージシャン　[国]米国　[典]1996

バンコースト, キャサリーン　写真画家　[国]米国　[典]1992／1996

ハンコック, イアン　Hancock, Ian　言語学者, ロマニ解放運動指導者　[生]1942年　[典]2008

ハンコック, エレン　Hancock, Ellen M.　実業家, コンピュータ技術者　元・エクソダス会長・CEO, 元・アップルコンピュータ上級副社長　[典]2000／2004

ハンコック, グラハム　Hancock, Graham　作家, ジャーナリスト　[国]英国　[生]1950年　[典]1996／2000／2004／2012

ハンコック, ジョン・リー　Hancock, John Lee　映画監督, 脚本家　[国]米国　[生]1957年　[典]2004／2008

ハンコック, デービッド　日立PCコーポレーション社長・CEO　[国]米国　[典]2000

ハンコック, ニール　Hancock, Niel　ファンタジー作家　[国]米国　[生]1941年　[典]1992

ハンコック, ハービー　Hancock, Herbie　本名=Hancock,Herbert Jeffrey　ジャズピアニスト, 作曲家, 編曲家　[国]米国　[生]1940年4月12日　[典]1992／1996／2000／2004／2008／2012

ハンコック, ビンセント　Hancock, Vincent　射撃選手（クレー射撃）　北京五輪・ロンドン五輪射撃男子クレー・スキート金メダリスト　[国]米国　[生]1989年3月19日　[典]2012

ハンコック, マルガリート・ゴン　Hancock, Marguerite Gong　ミシガン大学研究員　[専]情報工学　[国]米国　[典]2004

パンコル, カトリーヌ　Pancol, Katherine　作家, ジャーナリスト　[国]フランス　[生]1949年10月22日　[典]2000／2012

バーンサイド, エイドリアン　Burnside, Adrian　プロ野球選手（投手）　[国]オーストラリア　[生]1977年3月15日　[典]2012

バンサク・ウィンヤラト　ジャーナリスト　「アジア・タイムズ」編集長　[国]タイ　[生]1943年8月19日　[典]1996／2000

ハンサード, グレン　Hansard, Glen　グループ名=ザ・フレイムス　ミュージシャン, 俳優　[国]アイルランド　[生]1970年　[典]2008／2012

バンザント, イアンラ　Vanzant, Iyanla　著述家　[国]米国　[典]2008

バン・サント, ガス　Van Sant, Gus　映画監督, 脚本家　[国]米国　[生]1952年7月24日　[典]1992（サント, ガス・バン）／1996（サント, ガス・バン）／2000（サント, ガス・バン）／2004（サント, ガス・バン）／2008／2012

バン・ザント, ハワード　Van Zandt, Howard F.　元・テキサス大学名誉教授, 元・日本電気非常勤取締役　[国]米国　[没]1987年1月30日　[典]1992

パンジェ, ロベール　Pinget, Robert　作家, 劇作家　[国]フランス　[生]1919年7月19日　[没]1997年8月25日　[典]1992

パンシェク, リチャード　Panchyk, Richard　作家　[典]2004

バンシッタート, ピーター　Vansittart, Peter　作家, 歴史家　[国]英国　[生]1920年8月27日　[没]2008年10月4日　[典]1996

バンシャフト, ゴードン　Bunshaft, Gordon　建築家　[国]米国　[没]1990年8月6日　[典]1992

ハンシュタイン, ヘンリック　Hanstein, Henrik Rolf　美術品鑑定官　レンペルツ会長, 国立美術品州鑑定官　[国]ドイツ　[生]1950年　[典]1996

パンジョー, マザリーヌ　Pingeot, Mazarine　作家　ミッテラン元フランス大統領の娘　[国]フランス　[典]2004

パンション, エセル・メイ　通称=モンティおばさん　親日家　[国]オーストラリア　[没]1989年4月4日　[典]1992

パンシン, アレクセイ　Panshin, Alexei　作家　[国]米国　[典]1992

バーンズ, アーサー　Burns, Arthur　経済学者　元・米国連邦準備制度理事会（FRB）議長　[国]米国　[生]1904年4月27日　[没]1987年6月26日　[典]1992

バーンズ・イクコ　バーンズ 郁子　旧名=川合郁子　彫刻家　[国]米国　[典]1992

バーンズ, ウィリアム　Burns, William F.　元・陸軍少将　元・米国軍備管理・軍縮局（ACDA）局長　[国]米国　[生]1932年　[典]1992／2000

バーンズ, ウィリアム　Burns, William　本名=バーンズ, ウィリアム・ジョセフ　外交官　米国国務副長官　[国]米国　[生]1956年4月11日　[典]2012

バンス, ウィリアム　Bunce, William K.　元・連合国軍総司令部（GHQ）民間情報教育局宗教課長　[国]米国　[生]1907年8月31日　[没]2008年7月23日　[典]1996

ハンズ, ガイ　Hands, Guy　テラ・ファーマ・キャピタル・パートナーズ会長・CIO　[国]英国　[生]1959年9月　[典]2000／2008／2012

バーンズ, ケビン　Burns, Kevin J.　インターソルブ社社長・CEO　[国]米国　[典]1996

バーンズ, ケン　Burns, Ken　本名=Burns,Kenneth Lauren　ドキュメンタリー作家, 映画監督　[国]米国　[生]1953年7月29日　[典]1992／2012

バーンズ, コリン　Barnes, Colin　社会学者　リーズ大学社会学社会政策学部ディスアビリティ・スタディーズ・センター教授・センター長　[国]英国　[典]2008

バーンズ, コンラッド　Burns, Conrad　政治家　元・米国上院議員（共和党）　[国]米国　[生]1935年1月25日　[典]2004／2012

バンス, サイラス　Vance, Cyrus Roberts　政治家　元・ジャパン・ソサエティ（ニューヨーク）会長, 元・米国国務長官　[国]米国　[生]1917年3月27日　[没]2002年1月12日　[典]1992／1996

バーンズ, ジェラルド　Burns, Gerald　物理学者　IBMワトソン研究所研究員　[専]強誘電体, 固体物理学　[国]米国　[典]1992

バーンズ, ジェーン　Barnes, Jhane　ファッションデザイナー　[国]米国　[生]1954年　[典]1992

バーンズ, ジナ・リー　Barnes, Gina Lee　考古学者　ダーハム大学教授, 国際日本文化研究センター客員研究員　[専]日本考古学　[国]英

国 [生]1947年 [典]1992／2004

バーンズ, ジム　Barnes, Jim　ジャーナリスト [国]米国 [生]1956年 [典]2000

バンス, ジャック　Vance, Jack　本名＝バンス, ジョン・ホルブルック　SF作家, 推理作家 [国]米国 [生]1916年8月28日 [没]2013年5月26日 [典]1992／1996／2012

バーンズ, ジュリアン　Barnes, Julian　別名＝キャバナー, ダン　作家, ジャーナリスト [国]英国 [生]1946年 [典]1992（キャバナー, ダン／バーンズ, ジュリアン）／1996／2000／2008

バーンズ, ジョージ　Burns, George　本名＝Brinbaum,Nathan　俳優, コメディアン [国]米国 [生]1896年1月20日 [没]1996年3月9日 [典]1996

バーンズ, ジョン　ロンドン大学経済政治学部講師・教育研究センター所長 [専]英国政治学 [国]英国 [生]1937年 [典]1996

バーンズ, ジョン　Barnes, John　作家 [国]米国 [生]1957年 [典]2000

バーンズ, スティーブン　Barnes, Steven　本名＝バーンズ, スティーブン・エモリー　作家 [国]米国 [生]1952年 [典]1996

バーンズ, ステファニー　Barns, Stephanie A.　実業家　ダウ・コーニング会長・社長・CEO [国]米国 [典]2008／2012

バーンズ, ダイアン　Burns, Diane　グラフィックデザイナー　テックアート・サンフランシスコ共同経営者 [国]米国 [典]1996

バンス, ティム　Bunce, Tim　コンピューター技術者 [専]Perl [国]英国 [典]2004

バーンズ, デービッド　Burns, David D.　医師　ペンシルベニア大学 [専]精神科 [国]米国 [典]1992

バーンズ, デボラ　Barnes, Deborah　サイエンスライター, 編集者 [専]生物学 [国]米国 [典]2004

バーンズ, デューナ　Barnes, Djuna　作家, 詩人 [国]米国 [生]1892年6月12日 [没]1982年6月14日 [典]1992

ハーンズ, トーマス　Hearns, Thomas　元・プロボクサー　元・IBO世界クルーザー級チャンピオン, 元・WBA世界ライトヘビー級チャンピオン [国]米国 [生]1958年10月18日 [典]1992／1996／2000／2004

バーンズ, ニコラス　Burns, Nicholas　外交官　元・米国国務次官（政務担当）, 元・北大西洋条約機構（NATO）大使, 元・駐ギリシャ米国大使 [国]米国 [生]1956年1月28日 [典]2000／2004／2008／2012

バーンズ, パット　Burns, Pat　アイスホッケー監督 [国]カナダ [生]1952年4月4日 [没]2010年11月19日

バーンズ, ブレンダ　Barnes, Brenda C.　実業家　サラ・リー社長・CEO [国]米国 [典]2008／2012

バーンズ, ベン　Barnes, Ben　俳優 [国]英国 [生]1981年8月20日 [典]2012

ハンズ, マリナ　Hands, Marina　女優 [国]フランス [生]1975年 [典]2008／2012

バーンズ, ランディ　Barnes, Randy　砲丸投げ選手 [国]米国 [典]2000

バーンズ, リチャード　Burns, Richard　ラリードライバー [国]英国 [生]1971年1月17日 [没]2005年11月25日 [典]2004

バーンズ, リンダ　Barnes, Linda　作家 [国]米国 [典]1996

バーンズ, レックス　Burns, Rex（Sehler）　推理作家 [国]米国 [生]1935年6月13日 [典]1992

バーンズ, ロイ　Barnes, Roy　政治家　元・ジョージア州知事 [国]米国 [生]1948年3月11日 [典]2000／2004

バーンズ, ローレン　Burns, Lauren　テコンドー選手 [国]オーストラリア [典]2004

ハンス・アダム2世　Hans Adam II　リヒテンシュタイン大公（元首） [国]リヒテンシュタイン [生]1945年2月14日 [典]1992／1996／2000／2004／2008／2012

ハンズカム, トーマス　原子核物理学者 [国]米国 [没]1988年11月12日 [典]1992

パンスコフ, ウラジーミル　Panskov, Vladimir Georgievich　政治家　元・ロシア蔵相 [国]ロシア [生]1944年 [典]1996／2000

バーンスタイン, アルバート　Bernstein, Albert J.　臨床心理学者, ビジネス・コンサルタント [国]米国 [典]1992

バーンスタイン, ウィリアム　Bernstein, William J.　投資ライター・アドバイザー [国]米国 [典]2004／2008

バーンスタイン, エルマー　Bernstein, Elmer　作曲家, 指揮者　元・米国映画音楽作曲家組合会長 [専]映画音楽 [国]米国 [生]1922年4月4日 [没]2004年8月18日 [典]1992

バーンスタイン, カール　Bernstein, Carl　作家, ジャーナリスト [国]米国 [生]1944年2月14日 [典]1992／1996／2000

バーンスタイン, ジェイク　Bernstein, Jake　トレーダー, 著述家 [典]2004／2008

バーンスタイン, ジェレミー　Bernstein, Jeremy　スティーブンス工科大学教授, ロックフェラー大学非常勤教授 [専]物理学 [国]米国 [典]1996

バーンスタイン, シッド　Bernstein, Sid　興行主 [国]米国 [生]1918年8月12日 [典]2004

バーンスタイン, シーモア　Bernstein, Seymour　ピアニスト, 作曲家 [典]2008

バーンスタイン, デービッド　弁護士　米国国務省民主主義人権局専門官 [国]米国 [典]2000

バーンスタイン, バートン　Bernstein, Burton J.　歴史学者　スタンフォード大学教授 [専]米国の対外政策史 [国]米国 [生]1936年 [典]1996／2000

バーンスタイン, ピーター・L.　Bernstein, Peter L.　経済コンサルタント, 投資コンサルタント　元・ピーター・L・バーンスタイン社長 [国]米国 [生]1919年 [没]2009年6月 [典]1996／2000／2004

バーンスタイン, フィリップ　Bernstein, Phillip　マイクロソフト社レポジトリ・グループ主任アーキテクト [国]米国 [典]2000

バーンスタイン, マイケル　Bernstein, Michael A.　カリフォルニア大学サンディエゴ校歴史学部準教授 [専]経済学 [国]米国 [生]1954年 [典]1992

バーンスタイン, マイケル　Bernstein, Michael R.　コンピューター技術者 [国]米国 [典]2004

バーンスタイン, リチャード　Bernstein, Richard B.　化学者 [国]米国 [没]1990年7月8日 [典]1992

バーンスタイン, リチャード　Bernstein, Richard　イラストレーター, 画家 [国]米国 [典]2000

バーンスタイン, レナード　Bernstein, Leonard　指揮者, 作曲家, ピアニスト　元・ニューヨーク・フィルハーモニー交響楽団終身桂冠指揮者 [国]米国 [生]1918年8月25日 [没]1990年10月14日 [典]1992

バーンスタイン, ロバータ　Bernstein, Roberta　美術史家　ニューヨーク州立大学オルバニー校準教授 [国]米国 [典]1992

バーンステイン, ケニー　ドラッグレースドライバー [国]米国 [典]2000

ハンスバーガー, ドナルド　Hunsberger, Donald　指揮者, 作曲家　イーストマン・ウィンド・アンサンブル常任指揮者 [国]米国 [生]1932年8月2日 [典]1992／1996

ハンスパーガー, ベス　Hensperger, Beth　フードライター, 料理研究家 [国]米国 [典]2000

バーンズリー, マイケル・F.　ジョージア工科大学数学科教授 [専]数学 [生]1946年 [典]1992

バンゼ, ユリアーネ　Banse, Juliane　ソプラノ歌手 [国]ドイツ [生]1969年 [典]2004／2012

ハンセル, アンデシュ　Hanser, Anders　写真家 [国]スウェーデン [生]1945年 [典]2004

バンセル, ウゴ　Bánzer Suárez, Hugo　政治家, 軍人　元・ボリビア大統領 [国]ボリビア [生]1926年5月10日 [没]2002年5月5日 [典]1992（バンセル・スアレス, H.）／2000

ハンセル, グレッグ　Hansell, Greg　本名＝Hansell,Gregory Michael　元・プロ野球選手, 元・大リーグ選手 [国]米国 [生]1971年3月12日 [典]2000／2004

ハンセン, ウィルヘルム　Hansen, W.　絵本作家 [国]デンマーク [典]1992

ハンゼン, ウォルター　Hansen, Walter　著述家 [国]ドイツ [生]1934年 [典]2000

ハ

ハンセン, エリック　Hansen, Eric　冒険作家, 旅行作家　[国]米国　[典]2004

ハンセン, エリック・フォスネス　Hansen, Erik Fosnes　作家　[国]ノルウェー　[生]1965年　[典]2000

ハンゼン, コンラート　Hansen, Conrad　ピアニスト, ピアノ教育者　元・デトモルト音楽アカデミー共同創設者　[国]ドイツ　[生]1906年11月24日　[没]2002年6月22日　[典]1996

ハンセン, ジェームズ　Hansen, James E.　宇宙科学者, 環境科学者　米国航空宇宙局(NASA)ゴダード宇宙研究所ディレクター　[専]気候変動分析　[国]米国　[生]1941年3月29日　[典]1992／2012

ハンセン, ジョゼフ　Hansen, Joseph　作家, 編集者　[国]米国　[生]1923年　[典]1992／1996

ハンセン, スタン　Hansen, Stan　元・プロレスラー　[国]米国　[生]1949年8月29日　[典]1996／2004／2012

ハンセン, チャドウイック　Hansen, Chadwick　イリノイ大学シカゴ校英文科教授　[専]アメリカ民族文化・大衆文化　[国]米国　[典]1992

ハンセン, デーブ　Hansen, Dave　本名=Hansen,David Andrew　大リーグ選手(内野手)　[国]米国　[生]1968年11月24日　[典]2000／2004

ハンセン, ハンス　Hansen, Hans　青春小説作家　[国]デンマーク　[生]1939年　[典]1992

ハンセン, ピア　Hansen, Pia　射撃選手(クレー射撃)　[国]スウェーデン　[生]1965年9月25日　[典]2004／2008

ハンセン, ピーター　国連事務次長　[国]デンマーク　[生]1941年6月　[典]1996

ハンセン, フレッド・A.　セゾン生命保険常務　[国]米国　[生]1945年11月16日　[典]2000

ハンセン, ブレンダン　Hansen, Brendan　水泳選手(平泳ぎ)　アテネ五輪・北京五輪・ロンドン五輪4×100メートルメドレーリレー金メダリスト　[国]米国　[生]1981年8月15日　[典]2008／2012

ハンセン, マーク・ビクター　Hansen, Mark Victor　講演家, 著述家　[典]2004

ハンセン, ヨルゲン　Hansen, Jorgen Gerner　カール・ハンセン&サン社長　[国]デンマーク　[生]1945年　[典]2000

ハンセン, ラース　Hansen, Lars Peter　経済学者　シカゴ大学経済学部教授　[国]米国　[生]1952年10月26日

ハンセン, ラッセ・ノーマン　Hansen, Lasse Norman　自転車選手(トラックレース)　ロンドン五輪自転車男子オムニアム金メダリスト　[国]デンマーク　[生]1992年2月11日

ハンセン, リック　Hansen, Rick　障害者福祉家　ブリティッシュ・コロンビア大学学長補佐(身障者担当), 英国連邦競技会理事　[国]カナダ　[典]1992

ハンセン, ロバート　Hansen, Robert　元・米国連邦捜査局(FBI)国務省連絡官　ロシアのスパイ容疑で逮捕されたFBI捜査官　[国]米国　[典]2004

ハンセン・ラヴ, ミア　Hansen-Love, Mia　映画監督, 女優　[国]フランス　[生]1981年　[典]2012

パン・ソティ　元・軍人　カンボジア地雷対策センター(CMAC)本部長　[国]カンボジア　[典]2000

ハンソン, アイザック　Hanson, Isaac　グループ名=ハンソン　ギタリスト　[国]米国　[典]2000／2004

ハンソン, ウェズリー・T.　化学者　元・コダック研究所長　[国]米国　[没]1987年5月20日　[典]1992

ハンソン, エイミー　Hanson, Amy K.　ネットワークエンジニア　[典]2004

ハンソン, オッレ　Hansson, Olle　小児科医　[国]スウェーデン　[生]1936年　[没]1985年5月23日　[典]1992

ハンソン, カーク　Hanson, Kirk O.　経営学者　サンタクララ大学教授　元・スタンフォード大学経営大学院教員　[専]企業倫理学　[国]米国　[典]2004／2008

ハンソン, カーティス　Hanson, Curtis　映画監督, 脚本家　[国]米国　[生]1945年3月24日　[典]1996／2000／2004／2008／2012

ハンソン, ザック　Hanson, Zac　本名=ハンソン, ザッカリー　グループ名=ハンソン　ドラム奏者　[国]米国　[典]2000／2004

ハンソン, テイラー　Hanson, Taylor　グループ名=ハンソン　ミュージシャン　[国]米国　[典]2000／2004

ハンソン, デール　カリフォルニア州職員退職年金基金CEO　[国]米国　[生]1939年　[典]1996

ハンソン, ドゥエン　Hanson, Duane　彫刻家　[国]米国　[生]1925年1月17日　[没]1996年1月6日　[典]1996

ハンソン, ネイル　Hanson, Nail　ライター　[国]英国　[典]2004

ハンソン, パメラ　Hanson, Pamela　写真家　[国]英国　[典]2004

ハンソン, ハワード　Hanson, Howard Harold　作曲家, 指揮者　元・イーストマン音楽学校校長, 元・イーストマン・ロチェスター交響楽団常任指揮者　[国]米国　[生]1896年10月28日　[没]1981年2月26日　[典]1992

ハンソン, ビクター・デービス　Hanson, Victor Davis　歴史学者　カリフォルニア州立大学教授　[国]米国　[典]2004／2008

ハンソン, ペトラ　Hanson, Petra　グループ名=ガイジン・ア・ゴー・ゴー, ステージネーム=Kiku Kimonolisa　歌手　[国]米国　[典]2004／2008

ハンソン, ポーリン　Hanson, Pauline　政治家　ワンネーション党党首　元・オーストラリア下院議員　[国]オーストラリア　[典]2000／2004／2008

ハンソン, ポール　バスーン奏者　[国]米国　[生]1961年　[典]1996

バーンソン, ポール　Bahnson, Paul R.　会計学者, 公認会計士　ボイシ州立大学助教授　[国]米国　[典]2008

バンソン, マシュー　Bunson, Matthew E.　博物学者　[国]ドイツ　[生]1966年　[典]1996

ハンソン, リンダ　実業家　ティファニー商品部上級副社長　[国]米国　[典]2004

ハンソン, ワード　Hanson, Ward　経営学者　スタンフォード大学経営大学院助教授　[専]産業論, インターネット・マーケティング　[国]米国　[典]2004

ハンタ　潘多　元・登山家　江蘇省無錫市体育委員会副主任, 中華全国体育総会副主席　[国]中国　[生]1939年　[典]1996

ハンター, C.J.　Hunter, C.J.　元・砲丸投げ選手　ノースカロライナ州立大学陸上部投てきコーチ　[国]米国　[生]1968年12月14日　[典]2000／2004

ハンター, アルバータ　Hunter, Alberta　ブルース歌手　[国]米国　[生]1897年4月1日　[没]1984年10月17日　[典]1992

ハンター, ギャズ　Hunter, Gaz　軍人　元・英国陸軍特殊部隊(SAS)連隊一等准尉　[国]英国　[典]2004

ハンター, クリス　Hunter, Chris　サックス奏者　[専]アルトサックス　[国]英国　[生]1957年　[典]1992／1996

バンター, ゲイリー　画家　[国]米国　[生]1950年　[典]2000

ハンター, サリー　Hunter, Sally　絵本作家　[国]英国　[生]1965年4月12日　[典]2008

ハンター, ジェイソン　Hunter, Jason　コンピューター技術者　[国]米国　[典]2004

ハンター, ジェームス　Hunter, James C.　「サーバント・リーダーシップ」の著者　[典]2008

ハンター, ジャック　Hunter, Jack D.　作家　[国]米国　[生]1921年6月　[典]1996

ハンター, ジャネット　ロンドン・スクール・オブ・エコノミクス(LSE)教授　[専]日本近代史　[国]英国　[生]1948年　[典]2000

バンダ, ジョイス・ヒルダ　Banda, Joyce Hilda　政治家　マラウイ大統領　[国]マラウイ　[生]1950年4月12日

ハンター, スティーブン　Hunter, Stephen　作家　[国]米国　[生]1946年　[典]2000／2012

ハンター, デービッド　Hunter, David　コンピューター技術者　[典]2004

バンター, デービッド・ハワード　紅茶鑑定人　[国]英国　[生]1934年7月22日　[典]1996

ハンター, トニー　Hunter, Tony　分子生物学者　ソーク生物学研究所教授　[専]ガン化のメカニズム　[国]英国　[生]1943年8月23日　[典]2004／2008

ハンター, トーリ　Hunter, Torii　本名=Hunter,Torii Kedar　大リーグ選手(外野手)　[国]米国　[生]1975年7月18日　[典]2004／2008／2012

ハンター, ハワード　Hunter, Howard　宗教家　元・モルモン教会会長　[没]1995年3月3日　[典]1996

バンタ, ビビアン　Banta, Vivian L.　実業家　プルデンシャル・ファイナンシャル副会長・CEO　[国]米国　[典]2008／2012

バンダ, ヘイスティングズ・カムズ　Banda, Hastings Kamuzu　政治家　元・マラウイ大統領(初代)　[国]マラウイ　[生]1906年5月14日　[没]1997年11月25日　[典]1992／1996

ハンター, ホリー　Hunter, Holly　女優　[国]米国　[生]1958年3月20日　[典]1992／1996／2000／2004／2008／2012

ハンター, マイケル　Hunter, Michael Cyril William　歴史家,科学史家　ロンドン大学バークベック・カレッジ教授　[専]英国王立教会　[国]英国　[生]1949年　[典]2000

ハンター, マーク　Hunter, Mark　ボート選手　北京五輪ボート男子軽量級ダブルスカル金メダリスト　[国]英国　[生]1978年7月1日　[典]2012

ハンター, マーリーン　Henter, Marlene E.　医師　ブリティッシュ・コロンビア大学準教授　[専]催眠療法　[国]カナダ　[生]1931年　[典]2000

ハンター, ラリー・D.　実業家　ディレクTV会長・社長　[国]米国　[典]2000

ハンター, ラルフ・B.　元・GHQ民間情報教育局(CIE)放送監督官　[国]米国　[典]1992

バンダ, ルピヤ　Banda, Rupiah　本名=Banda,Rupiah Bwezani　政治家,外交官　元・ザンビア大統領　[国]ザンビア　[生]1937年2月13日　[典]2012

ハンター, ロバート　Hunter, Robert Edwards　外交官　ランド・シニアアドバイザー　元・北大西洋条約機構(NATO)大使　[国]米国　[生]1940年5月1日　[典]2000

ハンター, ロビン　Hunter, Robin　作家　[国]英国　[典]2004

バンダイク, ウィラード　写真家　[国]米国　[没]1986年1月23日　[典]1992

バン・ダイク, ピーター　Van Dijk, Peter　コピーライター　[国]米国　[典]1996

バンダイケン, エミー　Van Dyken, Amy　水泳選手(自由形)　[国]米国　[生]1973年2月15日　[典]2000／2004／2008

パンタエヴァ, イリーナ　Pantaeva, Irina　モデル　[国]ロシア　[典]2000

バンダーカーイ, ピーター　Vanderkaay, Peter　水泳選手(自由形)　アテネ五輪・北京五輪競泳男子4×200メートルリレー金メダリスト　[国]米国　[生]1984年2月12日

バンダーカム, ジェームス　Vanderkam, James C.　ノートルダム大学　[専]聖書学　[国]米国　[生]1946年　[典]2000

バンダーザム, ウィリアム　Vanderzalm, William　政治家　カナダ社会信用党党首,ブリティッシュ・コロンビア州首相　[国]カナダ　[生]1934年5月29日　[典]1992

バンダースライス, ジェームズ　デルコンピュータ副会長　[国]米国　[典]1992

パンタニ, マルコ　Pantani, Marco　自転車選手　[国]イタリア　[生]1970年1月30日　[没]2004年2月　[典]2000

バン・ダーバット, ダン　Van Der Vat, Dan　作家,歴史家　[国]米国　[典]2004

バンダーベーケン, ダニエル　Vanderveken, Daniel　言語学者　ケベック大学トロア・リビエル校哲学科正教授　[国]カナダ　[生]1949年　[典]1996

バン・ダム, アンドリース　van Dam, Andries　コンピューター科学者　ブラウン大学教授,Thomas J.Watson Jr.大学教授　[専]コンピューターグラフィックス,ハイパーメディアシステム,ワークステーション　[国]米国　[典]2004／2008

バン・ダム, カルロ　van Dam, Carlo　レーシングドライバー　[国]オランダ　[生]1986年2月27日

バン・ダム, ジャン・クロード　Van Damme, Jean-Claude　本名=Van Varenberg,Jean-Claude　俳優　[国]米国　[生]1960年10月18日　[典]1996／2000／2004／2008／2012

バンダラナイケ, シリマボ　Bandaranaike, Sirimavo Ratwatte Dias　旧名=ラトワッテ　政治家　元・スリランカ首相　[国]スリランカ　[生]1916年4月17日　[没]2000年10月10日　[典]1992／1996／2000

バンダーリー, マンヌー　Bhandārī, Mannū　作家　[国]インド　[生]1931年　[典]2000

バンダーリン, シム　Van der Ryn, Sim　デザイナー,建築家　エコロジカル・デザイン研究所(EDI)主宰,カリフォルニア大学バークレー校名誉教授　[専]エコロジカル・デザイン　[国]米国　[典]2000(ヴァンダーリン, シム)

バンダル・ビン・スルタン　Bandar Ibn Sultan Ibn Abdulaziz Al-Saud　駐米サウジアラビア大使　[国]サウジアラビア　[生]1949年3月2日　[典]1996

ハンター・レイ, ライアン　Hunter-Reay, Ryan　レーシングドライバー　[国]米国　[生]1980年12月17日

バンチ, ジョン　Bunch, John L.(Jr.)　グループ名=NY4　ジャズピアニスト　[国]米国　[生]1921年12月1日　[没]2010年3月30日　[典]2008

バンチ, メルビン　Bunch, Melvin Lynn　元・プロ野球選手,元・大リーグ選手　[国]米国　[生]1971年11月4日　[典]2004

パンチェーヒン, セルゲイ　Panchekhin, Sergei A.　コムソモール国際部副部長　[国]ソ連　[典]1992／1996

パンチェフスキ, ミラン　Pančevski, Milan　政治家　ユーゴスラビア共産主義者同盟幹部会議長(党首)　[国]ユーゴスラビア　[生]1935年5月16日　[典]1992

パンチェン・ラマ(11世)　Panchen Lama(XI)　旧名=ギェンツェン・ノルブ　宗教指導者　チベット仏教(ラマ教)指導者,人民政治協商会議(全国政協)委員,中国仏教教会副会長　[典]2012

パンチェン・ラマ(10世)　Banchan Lama(X)　本名=ロサンティンレー・ルンドゥプ・チューキ・ゲンツェン　正式名=班禅額爾徳尼・確吉堅賛,俗称=パンチェンエルデニ,タシーラマ　ラマ僧　元・中国全国人民代表大会(全人代)常務委員会副委員長(第7期),元・中国仏教協会名誉会長　チベット仏教の二大活仏の一人　[国]中国　[生]1938年　[没]1989年1月28日　[典]1992

ハンチャー, マイケル　Hancher, Michael　文学者　ミネソタ大学教授　[国]米国　[典]2000

パンチャス, リチャード　Pontzious, Richard　指揮者　アジア・ユース・オーケストラ(AYO)創立者　[国]米国　[生]1934年　[典]1996／2000／2004／2008／2012

ハンチュコヴァ, ダニエラ　Hantuchova, Daniela　テニス選手　[国]スロバキア　[生]1983年4月23日　[典]2008／2012

バンチョフ, トマス　Banchoff, Thomas F.　ブラウン大学数学教授　[専]高次元幾何学　[国]米国　[典]1996

パンチレエフ, ミハイル　ファッションデザイナー　[国]ロシア　[典]1996

パンツァー, ペーター　Pantzer, Peter　ボン大学日本文化研究所教授・所長　[専]日本史　[国]オーストリア　[生]1942年　[典]1992／2008／2012

パンツァニーニ, サビナ　Panzanini, Sabina　スキー選手　[国]イタリア　[生]1972年2月16日　[典]1996

ハンツマン, ジョン　Huntsman, Jon　本名=ハンツマン,ジョン・ミード　中国名=洪博培　政治家,外交官　元・米国駐中国大使,元・ユタ州知事　[国]米国　[生]1960年3月26日　[典]2012

パンテ, フランカ・アントニエッタ　Pantè, Franca Antonietta　リハビリテーション・セラピスト　リハビリテーション文化協会会長　[典]2008

パンデ, ムリナル　Pande, Mrinal　作家　「VAMA」(ヒンディー語月刊誌)編集者　[国]インド　[生]1946年　[典]1996(パンディ, ムリナル)

バン・デア・コルク, ベセル　Van der Kolk, Bessel A.　精神科医　ヒューマン・リソース研究所病院トラウマセンター所長,ハーバード大学医学部助教授　[専]トラウマ　[国]米国　[典]2004／2008

パンディ, B.　Pande, Bishambhar Nath　政治家　ガンジー記念館副議長　元・オリッサ州知事　[国]インド　[生]1906年12月23日　[典]1996

ハ

バンディ, ウィリアム　Bundy, William P.　政治家　元・米国国務次官補,元・「フォーリン・アフェアーズ」編集長　⑬米国　⑭1917年9月24日　㉒2000年10月6日　⑱1992／1996／2000

バンディ, ウェイ　Bandy, Way　メーキャップ師　⑬米国　⑭1986年8月13日　⑱1992

バンディ, ジョン　Bandy, John　バーテンダー　国際オリンピック・バーテンディング協会設立者　⑬米国　⑭1959年5月8日　⑱1992

ハンディ, チャールズ　Handy, Charles　コンサルタント, 著述家　ロンドン大学ビジネス・スクール名誉教授　⑮経営哲学　⑬英国　⑭1932年　⑱1996／2000

バンデイ, バスデオ　Banday, Basdeo　政治家　元・トリニダード・トバゴ首相　⑬トリニダードトバゴ　⑱2000／2004／2008

パンディ, ピーター　Pande, Peter S.　コンサルタント　ピボタル・リソーシズ社長　⑬米国　⑱2000

バンディ, フランクリン　Bandy, Franklin　筆名=フランクリン, ユージン　推理作家　⑬米国　⑭1924年　⑱1992

バンディ, マクジョージ　Bundy, McGeorge　政治家, 政治学者　元・米国大統領特別補佐官, 元・ニューヨーク大学教授　⑬米国　⑭1919年3月30日　㉒1996年9月16日　⑱1992／1996

バン・ティエン・ズン　Van Tien Dung　軍人, 政治家　元・ベトナム人民軍大将, 元・ベトナム国防相　⑬ベトナム　⑭1917年　㉒2002年3月17日　⑱1992（バン・チエン・ズン）／1996（バン・チエン・ズン）

パンディット, ヴィクラム　Pandit, Vikram S.　実業家　元・シティグループCEO　⑬米国　⑭1957年1月14日　⑱2012

パンディット, ビジャイ・ラクシュミ　Pandit, Vijaya Lakshmi　政治家, 外交官　⑬インド　⑭1900年8月18日　㉒1990年12月1日　⑱1992

パンディット・ブンヤパナ　元・タイ国際航空会長　⑬タイ　⑭1993年7月　⑱1996

バンティング, イブ　Bunting, Eve　児童文学作家　⑬米国　⑭1928年　⑱2000／2004

ハンティング, サム　Hunting, Sam　コンピュータ技術者・コンサルタント　⑱2008

ハンティントン, サミュエル　Huntington, Samuel Phillips　政治学者　元・ハーバード大学教授　⑮国際戦略論　⑬米国　⑭1927年4月18日　㉒2008年12月24日　⑱1992／1996／2000／2004／2008

ハンティントンホワイトリー, ロージー　Huntington-Whiteley, Rosie　モデル, 女優　⑬英国　⑭1987年　⑱2012

バンデネンド, セブリーヌ　Vandenhende, Severine　柔道選手　⑬フランス　⑭1974年1月12日　⑱2004

バンデラス, アントニオ　Banderas, Antonio　俳優　⑬スペイン　⑭1960年8月10日　⑱1996／2000／2004／2008／2012

ハンデル, マイケル　Handel, Michael I.　米国海軍戦略大学教授　⑮戦略学　⑱1996

ハンデル, リチャード　実業家　元・東京ヒルトンホテル代表　⑱2000

バン・デル・ポスト, ローレンス　Van der Post, Laurens Jan　作家, 探検家　⑬英国　⑭1906年12月13日　㉒1996年12月15日　⑱1992／1996

ハンデルマン, スーザン・A.　Handelman, Susan A.　バール・イラン大学英文科教授　⑱2008

ハンデルマン, ステファン　Handelman, Stephen　コロンビア大学ハリマン研究所客員研究員　⑱2000

バンデンバーグ, エイドリアン　Vandenberg, Adrian　旧グループ名=ホワイトスネイク　ロックギタリスト　⑬英国　⑱2000

バンデンボス, ギャリー　VandenBos, Gary R.　米国心理学会出版部所長　⑬米国　⑱2004

バンド, アレックス　Band, Alex　グループ名=カーリング　ロック歌手　⑬米国　⑱2004／2008／2012

ハンド, エリザベス　Hand, Elizabeth　作家　⑬米国　⑭1957年3月29日　⑱1996／2012

ハント, キャロライン　Hunt, Caroline　臨床心理士　シドニー大学心理学科上級講師　⑬オーストラリア　⑱2004

ハント, クリストファー　Hunt, Christopher　ジャーナリスト　⑬米国　⑭1963年　⑱2000

ハント, クレイグ　Hunt, Craig　コンピュータ技術者　⑬米国　⑱2004

ハント, コートニー　Hunt, Courtney　映画監督　⑬米国　⑭1964年　⑱2012

ハント, ジェームス　Hunt, James　F1ドライバー　元・BBC放送F1解説者　⑬英国　⑭1947年8月29日　㉒1993年6月15日　⑱1992／1996

ハント, ジム(Jr.)　Hunt, Jim (Jr.)　本名=ハント, ジェームズ・バクスター　政治家　元・ノースカロライナ州知事(民主党)　⑬米国　⑭1937年5月16日　⑱1996／2000／2004

バーント, ジョン　Berndt, John L.　ザ・リッツ・カールトン・ソウル総支配人　⑱2000

ハント, タラ　Hunt, Tara　ブロガー, マーケティング・コンサルタント　⑬カナダ　⑭1973年　⑱2012

ハント, ティム　Hunt, Tim　本名=ハント, ティモシー　生化学者　インペリアルがん研究基金研究所主任研究員　⑮細胞周期　⑬英国　⑭1943年2月19日　⑱2000／2004／2008／2012

ハンド, デービッド　Hand, David　映画監督　⑬米国　⑭1986年10月11日　⑱1992

ハンド, トマス　Hand, Thomas G.　カトリック司祭　マーシー修道会指導司祭　⑬米国　⑭1920年　⑱1996

ハント, ピーター　Hunt, Peter　児童文学者　カーディフ大学教授　⑬英国　⑭1945年　⑱2000

バーント, ブルース　Berndt, Bruce C.　数学者　イリノイ大学教授　⑬米国　⑭1939年3月13日　⑱2004

ハント, ヘレン　Hunt, Helen　本名=Hunt,Helen Elizabeth　女優　⑬米国　⑭1963年6月15日　⑱2000／2004／2008／2012

ハント, ヘンリー・セシル・ジョン　Hunt, Henry Cecil John　登山家, 軍人, 政治家　元・英国上院議員　⑬英国　⑭1910年6月22日　㉒1998年11月8日　⑱1992／1996

ハント, ボニー　Hunt, Bonnie　女優, 映画監督　⑬米国　⑭1964年　⑱2000／2004／2008

ハント, マイケル　Hunt, Michael H.　ノース・カロライナ大学教授　⑮歴史学　⑬米国　⑭1942年　⑱1996

ハント, マーク　Hunt, Mark　格闘家　⑬ニュージーランド　⑭1974年3月23日　⑱2004／2008

ハント, リード　Hundt, Reed　法律家　元・米国連邦通信委員会 (FCC)委員長　⑬米国　⑭1948年3月3日　⑱2000／2004／2008／2012

ハント, リン　Hunt, Lynn　歴史学者　カリフォルニア大学ロサンゼルス校教授　⑮歴史哲学, フランス革命　⑬米国　⑭1945年　⑱1992／1996／2000／2012

バンドゥーラ, ユーリー　ジャーナリスト　「モスクワ・ニュース」副編集長　⑬ソ連　⑭1935年　⑱1992／1996

バンドゥレスパー, エリザベス　Vanderspar, Elizabeth　リトミック教育者　ロンドン王立音楽院名誉教授　⑬米国　⑱2000

ハントケ, ペーター　Handke, Peter　作家, 劇作家, 映画脚本家　⑬オーストリア　⑭1942年12月4日　⑱1992／1996／2000／2012

バントック, ニック　Bantock, Nick　イラストレーター, 飛び出す絵本作家, 作家　⑬カナダ　⑭1949年　⑱1996／2000

バン・ドネン, フェルナンド　Van-Dunem, Fernando　政治家　元・アンゴラ首相　⑬アンゴラ　⑱1996

バン・ドーバー, シンディ　Van Dover, Cindy Lee　深海生物学者　アラスカ大学助教授, ウッズホール海洋研究所客員研究員　⑬米国　⑱2000

ハンドフィールド・ジョーンズ, ヘレン　Handfield-Jones, Helen　人材育成コンサルタント　マッキンゼー&カンパニー・シニア・エキスパート　⑬米国　⑱2004

ハンドフォード, マーティン　Handford, Martin　イラストレーター, 絵本作家　⑬英国　⑭1956年　⑱1992／1996

パンドラ　歌手　⑬スウェーデン　⑭1970年6月20日　⑱2000

ハンドラー, デービッド　Handler, David　共同筆名=アンドルース,

ラッセル 作家,脚本家 ⓚ米国 ⓑ1952年 ⓒ1996／2000／2004／2008／2012

ハンドラー, ロウェル Handler, Lowell 報道カメラマン ⓚ米国 ⓒ2004／2008

パントリー, エリザベス Pantley, Elizabeth 教育家 ⓚ米国 ⓒ2004／2008

ハンドリー, トッド Hundley, Todd 大リーグ選手(捕手) ⓚ米国 ⓑ1969年5月27日 ⓒ2000／2004／2008

バンドリエス, ジョルジュ フランス原子力庁長官付科学顧問 ⓚフランス ⓑ1920年 ⓒ1992

パンドルフィ, フィリッポ・マリア Pandolfi, Filippo Maria 政治家 イタリア下院議員 元・EC委員会副委員長 ⓚイタリア ⓑ1927年11月1日 ⓒ1992／1996

パンドルフィ・アルブル, アルベルト Pandorfi Arbulu, Alberto 政治家 元・ペルー首相 ⓚペルー ⓑ1940年8月22日 ⓒ2000

パンドルフィーニ, ブルース Pandolfini, Bruce チェス指導者 ⓚ米国

ハンドレイ, キャロ Handley, Caro ライフ・コンサルタント ⓚ英国 ⓑ1955年 ⓒ2004

バンドレビッチ, ミロバン 映画監督 ⓚボスニア・ヘルツェゴビナ ⓒ2000

ハントン, コリン Hanton, Colin グループ名=クオリーメン ミュージシャン ⓚ英国 ⓒ2008

ハンナ, キャサリン Hannah, Kathryn J. 保健学者 カルガリー大学医学部教授,シエラ・システム・コンサルタンツ保健情報部副社長 ⓚカナダ

ハンナ, ダリル Hannah, Daryl 女優 ⓚ米国 ⓑ1960年12月3日 ⓒ1996／2004／2008／2012

ハンナ, ティモシー Hannah, Timothy アジア太平洋経済協力会議(APEC)事務局長 ⓚニュージーランド ⓒ2000

ハンナ, ナシュワ Hanna, Nashwa ジャーナリスト 時事通信カイロ支局 ⓚエジプト ⓑ1973年 ⓒ2000

ハンナ, レズリー Hannah, Leslie 経営史学者 アッシュリッジ学長 ⓑ1947年 ⓒ2004／2008

ハンナヴァルト, スヴェン Hannawald, Sven 元・スキー選手(ジャンプ) ⓚドイツ ⓑ1974年11月9日 ⓒ2004／2008／2012

パンナー・リットグライ Panna Rittikrai アクション指導家,映画監督,俳優 ⓚタイ ⓑ1961年2月17日 ⓓ2014年7月20日

バンニー・スワントゥピンタン タイ国政府通商代表事務所広島通商代表 ⓚタイ ⓑ1961年 ⓒ2000

ハンニバル, ラース リュート奏者,ギタリスト,編曲家 ⓚデンマーク ⓑ1951年 ⓒ2004／2008

ハンニバルソン, ヨン・バルドビン Hannibalsson, Jón Baldvin 政治家 元・アイスランド外相,元・アイスランド社会民主党(SDP)党首 ⓚアイスランド ⓑ1939年2月21日 ⓒ1996／2000

バンニャイ, イシュトバン Banyai, Istvan イラストレーター,アニメーション作家,絵本作家 ⓚハンガリー ⓑ1949年 ⓒ1996

ハンネマン, ジェフ Hanneman, Jeff グループ名=スレイヤー ギタリスト ⓚ米国 ⓑ1964年1月31日 ⓓ2013年5月2日

ハンネマン, ロバート Hannemann, Robert E. 小児科医 アーネット・クリニック小児科 ⓚ米国 ⓒ2000／2004

バーンバウム, フィリス 作家,翻訳家 ⓢ日本文学 ⓚ米国 ⓑ1945年 ⓒ1992

バーンバウム, モーリス ハーバード大学医学部準教授 ⓢ細胞分子生理学 ⓚ米国 ⓑ1951年 ⓒ1996

バーンバウム, ロバート Birnbaum, Robert 教育学者 コロンビア大学教育学部教授,中等後学校管理財政全国センター副所長 ⓢ高等教育論 ⓚ米国 ⓒ1996

バンバーガー, マイケル Bamberger, Michael ジャーナリスト,ゴルフキャディ ⓚ米国 ⓑ1960年 ⓒ1996

バンパーズ, デール Bumpers, Dale Leon 政治家 元・米国上院議員(民主党) ⓚ米国 ⓑ1925年8月12日 ⓒ1996／2000／2004／2008

バンバータ, アフリカ 歌手 ユニバーサル・ズールー・ネイションズ主宰者 ⓒ1996

バンハネン, マッティ Vanhanen, Matti Taneli 政治家 元・フィンランド首相 ⓚフィンランド ⓑ1955年11月4日 ⓒ2004／2008／2012

バーンハルト, ピーター Bernhardt, Peter 植物学者 セントルイス大学植物学教授,ミズーリ植物園教授,シドニー王立植物園学芸顧問 ⓢ植物生態学 ⓚ米国 ⓒ1996

バンバーレン, セルジオ Bambaren, Sergio サーファー ⓒ2004

ハンバン Hanbang 本名=ハンジョンス グループ名=SM☆SH 歌手 ⓚ韓国 ⓑ1989年1月26日 ⓒ2012

バンハーン・シンラパアーチャ Banharn Silpaarcha 政治家 タイ国民党党首 元・タイ首相 ⓚタイ ⓑ1932年8月19日 ⓒ1996／2000／2004／2008

ハンビ Han Bi 本名=パクハンビ グループ名=T-max 歌手 ⓚ韓国 ⓑ1990年6月3日 ⓒ2012

ハンビー, ジャネット Hanby, Jeannette 生物学者,作家 ⓢ野生動物 ⓚタンザニア ⓒ2000

バンビ, ハムディ・エル Banbi, Hamdi el 政治家 元・エジプト石油相,元・エジプト石油公社総裁,元・カイロ大学教授 ⓢ石油工学 ⓚエジプト ⓑ1935年10月4日 ⓒ1992／1996／2000

バンビッチ, マテビシュ スロベニア経済会議所国際協力部部長 ⓚスロベニア ⓒ2000

バン・ヒューゼン, ジミー Van Heusen, Jimmy 作曲家 ⓚ米国 ⓑ1913年1月26日 ⓓ1990年2月6日 ⓒ1992

ハンビューヘン, ファビアン Hambüchen, Fabian 体操選手 ロンドン五輪体操男子鉄棒銀メダリスト ⓚドイツ ⓑ1987年10月25日

バンビル, ジョン Banville, John 筆名=ブラック,ベンジャミン 作家 ⓚアイルランド ⓑ1945年12月8日 ⓒ1996／2008(バンヴィル, ジョン)／2012

ハンフ, ヘレーン Hanff, Helene 作家 ⓚ米国 ⓒ2000

パンフィル, マリアナ Panfil, M. 本名=ゴンザレス,マリアナ・ワンダ・パンフィル 前名=パンフィル,ワンダ マラソン選手,陸上選手(長距離) ⓚポーランド ⓑ1959年1月26日 ⓒ1992／1996

バンフォード, シーラ Burnford, Sheila 作家 ⓚ英国 ⓒ1992

バンプス, ジュディス Bumpus, Judith テレビプロデューサー,美術史学者 BBC放送美術番組プロデューサー,ロンドン大学講師 ⓚ英国 ⓒ1992

ハンプソン, スチュアート Hampson, Stuart 実業家 ジョンルイス会長 ⓚ英国 ⓑ1947年1月7日 ⓒ2000

ハンプソン, トーマス Hampson, Thomas 本名=Hampson, Walter Thomas バリトン歌手 ⓚ米国 ⓑ1955年6月28日 ⓒ1996／2000／2004／2008／2012

ハンプトン, クリストファー Hampton, Christopher 脚本家,映画監督 ⓚ英国 ⓑ1946年 ⓒ2000

ハンプトン, マイク Hampton, Mike 本名=Hampton,Michael William 元・大リーグ選手 ⓚ米国 ⓑ1972年9月9日 ⓒ2004／2008／2012

ハンプトン, ライオネル Hampton, Lionel ジャズ・ビブラフォーン奏者, ジャズドラマー, 歌手 ⓚ米国 ⓓ2002年8月31日 ⓒ1992／1996

バンブリー, グレース Bumbry, Grace メゾソプラノ歌手 ⓚ米国 ⓑ1937年1月4日 ⓒ1996

ハンフリー, ジェフリー・L. トライアド社長 ⓚ米国 ⓒ1996

バンブリー, ジェン Banbury, Jen 作家,脚本家 ⓒ2004

ハンフリー, ジョン Humphrey, John Peters マッギル大学教授 ⓢ国際法 ⓚカナダ ⓑ1905年4月30日 ⓒ1996

ハンフリー, ジョン Humphrey, John バスケットボール選手 ⓚ米国 ⓑ1980年9月8日 ⓒ2008／2012

ハンフリー, デービッド Hunphrey, David B. フロリダ州立大学教授 ⓢ金融論,銀行論 ⓚ米国 ⓒ2000

ハンフリー, デレック Humphry, Derek 尊厳死運動家,元・ジャーナリスト 米国安楽死協会(ヘムロック協会)理事 ⓚ米国

ハンフリー, トーマス Humphrey, Thomas C. 実業家 デュポン・ライフサイエンス事業部門社長 国米国 ㊗2000

ハンブリー, バーバラ Hambly, Barbara 作家 国米国 ㊗2000

バンフリー, フランク Boumphrey, Frank 医師 Cormorant Consulting ㊗MRI（磁気共鳴映像法） 国米国 ㊗2004

ハンフリー, ワッツ Humphrey, Watts S. カーネギーメロン大学フソトウェア工学研究所ディレクター ㊗ソフトウェア工学 国米国 ㊗1927年 ㊗1992/2008

ハンフリーズ, ケーリー Humphries, Kaillie ボブスレー選手 バンクーバー五輪ボブスレー女子2人乗り金メダリスト 国カナダ ㊗1985年9月4日 ㊗2012

ハンフリーズ, ジョゼフィン Humphreys, Josephine 作家 国米国 ㊗1946年 ㊗1996/2004

ハンフリーズ, ジョン Humphrys, John ジャーナリスト, キャスター 国英国 ㊗2004

ハンフリーズ, スティーブ Humphries, Steve テレビ・プロデューサー テスティモニー・フィルムズ代表, 英国オーラル・ヒストリー学会副会長 国英国 ㊗2004

ハンフリーズ, トム Humphries, Tom カリフォルニア大学サンディエゴ校コミュニケーション学部講師 ㊗比較文化, 言語習得 ㊗1946年 ㊗2008

ハンフリーズ, パトリック Humphries, Patrick 著述家 国英国 ㊗1952年 ㊗1996

ハンフリーズ, マーガレット Humphreys, Margaret ソーシャルワーカー 児童移民トラスト会長 国英国 ㊗1944年 ㊗2004

バン・フリート, ジェームズ Van Fleet, James A. 軍人 元・米軍第8軍司令官 国米国 ㊗1892年3月19日 ㊗1992年9月23日 ㊗1996

ハンフリング, オズワルド Hanfling, Oswald オープン・ユニバーシティ教授 ㊗哲学 国英国 ㊗1927年 ㊗1996

ハンブルグ, エリック Hamburg, Eric 政治家秘書 国米国 ㊗2000

バンブルグ, マリア・モーリス Hambourg, Maria Morris 写真家 メトロポリタン美術館写真部門キュレーター 国米国 ㊗1949年 ㊗1996

ハンプレクト, ウィリアム・R. Humprecht, William R. 金融家 W・Rハンプレクト創設者・元・ハンプレクト・アンド・クイスト会長 国米国 ㊗1992/2000

バン・ブレック, ジョン Van Vleck, John Hasbrouck 理論物理学者 元・ハーバード大学名誉教授 国米国 ㊗1899年3月13日 ㊗1980年10月27日 ㊗1992

ハンペ, ミヒャエル Hampe, Michael オペラ演出家, 舞台美術家 ケルン音楽大学教授 国ドイツ ㊗1935年6月3日 ㊗2000/2008/2012

バンペッタ Vampeta 本名＝サントス, マルコス・アンドレ・バティスタ・ドス サッカー選手(MF) 国ブラジル ㊗1974年3月13日 ㊗2004（ヴァンペッタ）/2008

ハンベリュース, グナー Hambraeus, Gunnar スウェーデン王立理工学アカデミー会長 国スウェーデン ㊗1919年 ㊗1992

ハンペル, オラフ Hampel, Olaf ボブスレー選手 国ドイツ ㊗1965年11月1日 ㊗2000

ハンペル, ロニー Hampel, Ronnie 本名＝ハンペル, ロナルド・クラウス 実業家 ユナイテッド・ニュース・アンド・メディア会長 国英国 ㊗1932年5月31日 ㊗1996/2000

ハンベルイェル, ラーシュ Hamberger, Lars イェーテボリ大学産婦人科主任教授 ㊗生殖医学, 産婦人科学 国スウェーデン ㊗1996

バンベルガー, カール Bamberger, Carl 指揮者 国オーストリア ㊗1902年2月21日 ㊗2000

バン・ボクト, アルフレッド・エルトン Van Vogt, Alfred Elton SF作家 国米国 ㊗1912年4月26日 ㊗2000年1月26日 ㊗1992/1996

バンポップル, トッド Van Poppel, Todd Matthew 大リーグ選手（投手）国米国 ㊗1971年12月9日 ㊗2004/2008

バーンホルト, ネッド Barnholt, Ned 本名＝バーンホルト, エドワード 実業家 アジレント・テクノロジーズ社長・CEO 元・ヒューレット・パッカード副社長 国米国 ㊗1943年 ㊗2004/2008

バンホーン, キース Van Horn, Keith バスケットボール選手 国米国 ㊗1975年10月23日 ㊗2000/2004/2008

バンホーン, リチャード Van Horn, Richard 司祭 ロサンゼルス精神保健協会会長 国米国 ㊗2000

ハンマー, トーマス Hammar, Tomas 政治学者 ストックホルム大学名誉教授 国スウェーデン ㊗1926年 ㊗2000

ハンマー, ペトラマリーナ Hammer, Petra-Marina 心理学者, 行動セラピスト ㊗1959年 ㊗2004/2008

ハンマー, リード(Jr.) Hanmer, Stephen Read (Jr.) 米国軍備管理軍縮局次長 国米国 ㊗1933年 ㊗1996

ハンマーストロム, D. アダプティブ・ソリューションズ社技術担当最高責任者 ㊗ニューロコンピューター 国米国 ㊗1948年 ㊗1992

バンマン, ジーン サン・マイクロシステムズ・コンピューター副社長, デスクトップ・ワークステーション・プロダクツ・グループ・ゼネラルマネージャ 国米国 ㊗1951年 ㊗1996

ハンメル, チャーリー Hummel, Charley 博物館コーディネーター 世界一の「エジソン」収集家 国米国 ㊗1992

ハンメルスラン, フランク グループ名＝ポゴポップス ロック歌手, ベース奏者 国ノルウェー ㊗2000

バン・モリバン Vann Molyvann 元・カンボジア文化担当国務大臣 国カンボジア ㊗1996/2000

バンヤット・スラカンウィット 経済学者 タマサート大学経済学部助教授 ㊗経済開発論 国タイ ㊗1948年6月 ㊗1992

ハンラハン, キップ Hanrahan, Kip 音楽プロデューサー アメリカン・クラベ主宰 国米国 ㊗1954年 ㊗2000/2008

ハンリー, ビクトリア Hanley, Victoria 作家 国米国 ㊗2004

バンリアー, ドナ Van Liere, Donna 女優, 脚本家, 作家 国米国 ㊗2004

ハンリン, ラッセル Hanlin, Russell L. サンキスト・グロワーズ社長・CEO 国米国 ㊗1996

パンルヴェ, ジャン Painlevé, Jean 科学映画監督 国フランス ㊗1902年11月20日 ㊗1989年7月2日 ㊗1992（パンルベ, ジャン）

ハンレー, ジェシー・リン Hanley, Jesse Lynn 医師 国米国 ㊗2004

バン・レニース, ロバート Van Renesse, Robbert コーネル大学上級研究員 ㊗分散処理システム 国米国 ㊗2000

【ヒ】

ヒ・イミン 費 彝民 Fei, Yi-min 元・「大公報」社長, 元・中国全国人民代表大会法律委副主任 国中国 ㊗1908年 ㊗1988年5月18日 ㊗1992

ビー, ケニー Bee, Kenny 中国名＝鍾鎮涛 歌手, 俳優 国香港 ㊗1955年2月23日 ㊗1992/1996

ヒ・コウツウ 費 孝通 Fei, Xiao-tong 筆名＝費北 社会学者, 民族学者 元・中国社会科学院社会学研究所長, 元・中国全国人民代表大会（全人代）常務委副委員長 国中国 ㊗1910年11月2日 ㊗2005年4月24日 ㊗1992/1996/2000

ヒ・シュウキ 費 宗褘 Fei, Zong-hui 中国最高人民法院審判委員会委員 国中国 ㊗1996

ヒ・タイイ 費 大為 Fei, Da-wei 美術評論家 国中国 ㊗1954年 ㊗1996

ヒー, ダーナ Hee, Dana テコンドウ選手 カリフォルニア・サンタクララ・チェリークィーン 国米国 ㊗1961年11月9日 ㊗1992

ヒー, ピーター ネミック・ラムダ社長, ユニテック取締役 国マレーシア ㊗1952年9月26日 ㊗1996/2000

ヒ・レイブン 費 礼文 Fei, Li-wen 作家 国中国 ㊗1929年 ㊗1992/1996

ピア, ジリアン　Beer, Jillian　英文学者,批評家　ケンブリッジ大学講師,ガートン・カレッジ・フェロー　国英国　生1935年　文2000

ピア, スザンネ　Bier, Susanne　映画監督　国デンマーク　生1960年　文2008／2012

ピア, ハンス・ド　Beer, Hans de　イラストレーター,絵本作家　国オランダ　生1957年　文1992／1996

ピア, マイケル　Beer, Michael　経営管理学者　ハーバード・ビジネススクール名誉教授　国米国　文2004／2008

ピアザ, マイク　Piazza, Mike　本名＝Piazza,Michael Joseph　元・大リーグ選手　国米国　生1968年9月4日　文1996／2000／2004／2008／2012

ピアージ, エンツォ　Biagi, Enzo　ジャーナリスト,作家　国イタリア　生1920年　文1992／1996／2000

ピアシー, マージ　Piercy, Marge　作家,詩人　国米国　生1936年3月31日　文2000

ピアシー, ロヘース　Piercy, Rohase　作家　国英国　文1996

ピアジェ, イヴ　Piaget, Yves G.　実業家　ピアジェ・インターナショナル社長　国スイス　生1942年　文1996／2000

ピアジェ, ジャン　Piaget, Jean　心理学者,教育学者　元・ジュネーブ大学名誉教授　児童心理学,発達心理学,認識論　国スイス　生1896年8月9日　没1980年9月16日　文1992

ピアジンスキ, A.J.　Pierzynski, A.J.　本名＝Pierzynski,Anthony John　大リーグ選手(捕手)　国米国　生1976年12月30日

ピアース, ヴァレリー　Pierce, Valerie　哲学者,研修コンサルタント　国アイルランド　文2008

ピアス, ウェブ　カントリー歌手　国米国　生1991年2月25日　文1992

ピアース, ガイ　Pearce, Guy　俳優　国オーストラリア　生1967年10月7日　文2000／2004／2008

ピアース, キンバリー　Peirce, Kimberly　映画監督　国米国　文2004／2008

ピアース, クリス　Pearce, Chris　コンピューター技術者　文2008

ピアース, サミュエル(Jr.)　Pierce, Samuel Riley (Jr.)　弁護士　元・米国住宅都市開発長官　国米国　生1922年9月8日　没2000年10月31日　文1992

ピアス, ジェームス　Pierce, James L.　カリフォルニア大学バークレー校経済学部教授　経済学　国米国　生1937年　文1996

ピアース, ジャック　Pierce, Jack　陸上選手(短距離)　国米国　生1962年9月23日　文2000

ピアス, ジャン　Peerce, Jan　本名＝パールマス　テノール歌手　国米国　生1904年6月3日　没1984年12月17日　文1992

ピアス, ジョセフ・チルトン　育児論　国米国　生1924年　文1996

ピアス, ジョン・ロビンソン　Pierce, John Robinson　筆名＝カップリング,J.J.　電子工学者,科学作家　元・カリフォルニア工科大学名誉教授,元・スタンフォード大学名誉客員教授　通信理論,音響学　国米国　生1910年3月27日　没2002年4月2日　文1992／1996

ピアス, ジーン　全米臓器提供ネットワーク事務局長　国米国　生1930年　文1992

ピアス, スチュアート・D.　銀行家　HSBCグループ在日代表,HSBC証券会社東京支店社長　国英国　文2000

ピアース, ダグラス　Pearce, Douglas　地理学者　ビクトリア大学教授　観光地理学　国ニュージーランド　生1949年　文2004

ピアース, タモラ　Pierce, Tamora　作家　国米国　生1954年　文2008

ピアース, デービッド　Pearce, David William　経済学者　元・ロンドン大学ユニバーシティ・カレッジ名誉教授　環境経済学　国英国　生1941年10月11日　没2005年9月8日　文1996

ピアース, デービッド　Pierce, David M.　作家　生1932年　文1996

ピアース, テリー　Pearce, Terry　実業家　リーダーシップ・コミュニケーション社長　国米国　文2004

ピアース, ドン　Pearce, Donn　ジャーナリスト　国米国　生1929年　文2004

ピアース, ナット　Pierce, Nat　グループ名＝ジャガーノート　ジャズピアニスト　国米国　生1925年7月16日　没1992年6月10日　文1996

ピアス, ハリー　実業家　ゼネラル・モーターズ(GM)副会長　国米国　文2000

ピアーズ, ピーター　Pears, Peter　本名＝Pears,Peter Neville Luard　テノール歌手　国英国　生1910年6月22日　没1986年4月3日　文1992

ピアス, フィリッパ　Pearce, Ann Philippa　児童文学作家　国英国　生1920年1月23日　没2006年12月21日　文1992／1996

ピアス, フレッド　Pearce, Fred　科学ジャーナリスト　地球温暖化問題,酸性雨問題　国英国　生1952年　文1992／1996

ピアース, ポール　Pierce, Paul　バスケットボール選手　国米国　生1977年10月13日　文2008

ピアス, マーグレット　Pierce, Margret　本名＝ピーターズ,マーゴット　伝記作家,英文学者　文2004

ピアズドルファー, J.D.　Biersdorfer, J.D.　「iPod & iTunes」の著者　文2008

ピアセント, アルバート　Piasente, Albert　哲学者　国米国　生1963年　文2004

ピアソラ, アストル　Piazzolla, Astor　タンゴ作曲家,バンドネオン奏者　国アルゼンチン　生1921年3月11日　没1992年7月5日　文1996

ピアソル, アーロン　Peirsol, Aaron　元・水泳選手(背泳ぎ)　アテネ五輪・北京五輪競泳男子100メートル背泳ぎ金メダリスト　国米国　生1983年7月23日　文2008／2012

ピアソン, T.R.　Pearson, T.R.　作家　国米国　生1956年　文1996

ピアソン, アリソン　Pearson, Allison　コラムニスト　国英国　文2008

ピアソン, サリー　Pearson, Sally　陸上選手(障)　ロンドン五輪陸上女子100メートル障害金メダリスト　国オーストラリア　生1986年9月19日

ピアソン, ニール　Pearson, Neil D.　財政学者　イリノイ大学アーバナ・シャンペン校准教授　国米国　文2004／2008

ピアソン, フランク　Pierson, Frank　脚本家,映画・テレビ監督　元・米国映画芸術科学アカデミー(AMPAS)会長　国米国　生1925年5月12日　没2012年7月23日

ピアソン, メリッサ・ホルブルック　Pierson, Melissa Holbrook　作家　国米国　文2004

ピアソン, ライン・ダグラス　Pearson, Ryne Douglas　作家　国米国　生1964年　文2000

ピアソン, リドリー　Pearson, Ridley　別筆名＝マコール,ウェンデル　作家　国米国　生1953年　文1996／2012

ピアッジ, マックス　Biaggi, Max　元・オートバイライダー　国イタリア　生1971年6月26日　文1996(ビアッギ, マッシミリアーノ)／2000／2008／2012

ピア・デュフレスネ, ベゴナ　Via Dufresne, Begona　ヨット選手　国スペイン　生1971年2月13日　文2000

ピアデン, ロマー　画家　国米国　生1912年　没1988年3月11日　文1992

ピアード, アマンダ　Beard, Amanda　水泳選手(平泳ぎ)　アトランタ五輪競泳女子4×100メートルメドレーリレー金メダリスト　国米国　生1981年10月29日　文2000／2004／2008

ピアード, ジェームズ　Beard, James A.　料理研究家　国米国　生1903年5月5日　没1985年1月23日　文1992

ピアド, セシル　漫画家　国米国　没1986年12月28日　文1992

ピアード, ダニエル　Beard, Daniel P.　元・米国内務省開墾局総裁　国米国　文1996／2000

ピアード, ピーター　Beard, Peter Hill　著述家,写真家,アーティスト　生1936年　文1996／2000

ピアード, ヘンリー　Beard, Henry　作家,編集者　国米国　文2004

ピアドウッド, ロジャー　Beardwood, Roger　作家,元・ジャーナリスト　国英国　生1932年　文1992

ピアトル, スワボミル　政治家　ポーランド下院議員,ポーランド統

一労働者党中央委書記 [国]ポーランド [典]1992

ビアナ, ウーゴ Viana, Hugo サッカー選手(MF) [国]ポルトガル [生]1983年1月15日 [典]2004／2008

ビアノ, デビッド・C. GM研究所生物医学部首席研究員 [専]応用力学 [国]米国 [典]1992

ピアノ, レンゾ Piano, Renzo 建築家 [国]イタリア [生]1937年9月14日 [典]1992／1996／2000／2004／2008／2012

ビアブライヤー, モーリス Bierbrier, Morris Leonard 大英博物館エジプト部次長 [専]ビザンツ史, エジプト学 [国]カナダ [生]1947年 [典]1992

ビアホフ, オリバー Bierhoff, Oliver 元・サッカー選手 [国]ドイツ [生]1968年5月1日 [典]2000／2004／2008

ビーアマン, ヴォルフ Biermann, Wolf 詩人, 劇作家, 歌手 [生]1936年11月15日 [典]1992

ビアラー, セベリン コロンビア大学教授・国際変化研究所長 [専]政治経済学(ソ連) [国]米国 [生]1926年 [典]1992

ビアリ, ジャンルカ Vialli, GianLuca サッカー監督, 元・サッカー選手 [国]イタリア [生]1964年7月9日 [典]2000／2004

ピアリー, ダニー Peary, Danny 映画評論家, スポーツライター [国]米国 [生]1949年 [典]2000

ビアリー, ローレンス Biely, Laurence 文学研究家 [国]米国 [生]1966年 [典]2000

ヒ

ピアール, ロジェ 元・レストラン「マキシム」支配人 [国]フランス [没]1988年7月19日 [典]1992

ビアロボス, フィリップ Bialobos, Philippe 写真家 [国]米国 [典]2004

ピアン, アンドレ 人形劇演出家 テアトル・サンフィル芸術監督 [国]カナダ [生]1949年 [典]2000

ヒアン, デオ Rian, Déo バンドリン奏者 [国]ブラジル [生]1944年 [典]1996

ビアンキ, パトリス Bianchi, Patrice スキー選手(アルペン) [国]フランス [生]1969年4月10日 [典]1996

ビアンケリ, ボリス Biancheri, Boris 外交官, 実業家 元・駐日イタリア大使, 元・ANSA通信会長 [国]イタリア [生]1930年11月3日 [没]2011年7月19日

ピアンコフスキー, ヤン Pieńkowski, Jan Michal 画家, イラストレーター, 絵本作家 [国]英国 [生]1936年8月8日 [典]1996／2000

ビアンシォッティ, エクトール Bianciotti, Hector 作家 [国]フランス [生]1930年3月18日 [典]2004／2008

ビアンチ, カルロス Bianchi, Carlos サッカー監督, 元・サッカー選手 [国]アルゼンチン [生]1949年3月26日 [典]1996／2000／2004／2008／2012

ビアンチン, ヘレン Bianchin, Helen ロマンス作家 [典]2004

ピィ, オリヴィエ Py, Olivier 劇作家, 演出家, 俳優, 映画監督 オデオン座芸術総監督 [国]フランス [生]1965年 [典]2012

ビイルワッグ, ジェラルド Bierwag, Gerald O. アリゾナ州立大学ファイナンス・経済学教授 [専]デュアレーション分析 [国]米国 [典]1992

ビヴィン, ダヴィッド Bivin, David 「エルサレム・パースペクティヴ」編集主幹 [国]イスラエル [典]2000

ピウミーニ, ロベルト Piumini, Roberto 作家 [国]イタリア [生]1947年 [典]2000

ピエイエ, エブリヌ Pieiller, Évelyne 作家, 翻訳家, 批評家 [国]フランス [生]1949年 [典]1996

ビエイラ, アマラウ Vieira, A. ピアニスト, 作曲家 ブラジル古典音楽保存協会会長 [国]ブラジル [生]1952年 [典]1996

ビエイラ, ジョアン・ベルナルド Vieira, João-Bernardo 政治家, 軍人 元・ギニアビサウ大統領 [国]ギニアビサウ [生]1939年4月27日 [没]2009年3月2日 [典]1992／1996／2000／2008

ビエイラ, セルソ・インファンテ Vieira, Celso Infante 医師 Oki-Do Yoga Medical Center・Shin-Atsu-Shin Clinic(真圧心クリニック)院長 [国]ブラジル [生]1942年10月 [典]1992

ビエイラ, バウデイール Vieira, Valdeir 本名=Vieira,Badu Valdeir サッカー指導者 元・サッカー・イラン代表監督 [国]イラン [生]1944年7月11日 [典]2012

ビエイラ, メレディス Vieira, Meredith テレビジャーナリスト, 司会者 [国]米国 [生]1953年12月30日 [典]2008／2012

ピェシェヴィチ, クシシュトフ Piesiewicz, Krzysztof 脚本家, 弁護士, 政治家 ワルシャワ上院議員 [国]ポーランド [生]1945年 [典]2004／2008

ピエダヴァーン, アンドレ イリス商会社長 [国]ドイツ [生]1946年 [典]1996(ピエダバーン, アンドレ)

ビエット, パスカル Biet, Pascal 絵本作家, アーティスト [国]フランス [典]2004

ビエドゥー, フランソワ Billetdoux, François-Paul 劇作家 元・フランス文芸家協会会長, 元・フランス著作家常任評議会副会長 [国]フランス [生]1927年9月7日 [没]1991年11月26日 [典]1992

ビエドゥー, マリー Billetdoux, Marie 旧筆名=ビエドゥー, ラファエル 作家 [国]フランス [生]1951年2月28日 [典]1992／1996／2012

ビェドニー, デービッド Biedny, David デザイナー [国]米国 [典]2000

ピエトラガラ, マリ・クロード Pietragalla, Marie-Claude 振付師, バレリーナ 元・マルセーユ・バレエ団芸術監督 [国]フランス [生]1963年 [典]1996／2000／2004／2008／2012

ピエヒ, フェルディナント Piëch, Ferdinand 実業家 フォルクスワーゲン(VW)監査役会会長 [国]ドイツ [生]1937年4月17日 [典]1996／2000／2004／2008

ピエム Piem 本名=Montvallon,Pierre de 漫画家 [国]フランス [生]1923年 [典]1992

ピエール Pierre コンビ名=ピエール・エ・ジル ポップアーティスト, 写真家 [国]フランス [典]2008／2012

ヒエル, ガミラ Hiar, Gamila 魔法の石鹸「ガミラ・シークレット」の生みの親 [国]イスラエル [生]1940年 [典]2008

ピエール, フィリップ Pierre, Philippe 写真家 [国]フランス [生]1951年 [典]1992

ビエルゴー, リット Bjerregaard, Ritt 政治家 元・EU欧州委員会委員 [国]デンマーク [生]1941年5月19日 [典]1996／2000

ビエルコウッド, ピエトロ Vierchowod, Pietro 元・サッカー選手 [国]イタリア [生]1959年4月6日 [典]2000／2004

ビエルサ, マルセロ Bielsa, Marcelo サッカー監督 元・サッカー・アルゼンチン代表監督, 元・サッカー・チリ代表監督 [国]アルゼンチン [生]1955年7月21日 [典]2004／2008／2012

ピエールサンティ, シルヴィオ Piersanti, Silvio ジャーナリスト イタルメディア代表 [国]イタリア [生]1935年 [典]1996／2000

ビエルジュ, ローラン Bierge, Roland 画家 [国]フランス [生]1917年 [典]1992／1996

ピエール神父 Pierre, Abbé 本名=グルエ, アンリ・アントワーヌ 別名=アベ・ピエール カトリック神父, 難民救済運動家 [国]フランス [生]1912年8月5日 [没]2007年1月22日 [典]2000

ピエルス, マリー Pierce, Marie テニス選手, モデル [国]フランス [生]1975年1月15日 [典]1996／2000／2004／2008

ビエルダン, セバスチャン Vieilledent, Sebastien ボート選手 [国]フランス [生]1976年8月26日 [典]2008

ピエルパオリ, ウォルター Pierpaoli, Walter ビアンカラナ・マセラ高齢者財団研究所所長 [専]神経内分泌学, 移植免疫学 [国]イタリア [典]2000

ビエレツキ, ヤン・クシストフ Bielecki, Jan Krzysztof 政治家 元・ポーランド首相 [国]ポーランド [生]1951年5月3日 [典]1992／1996／2000

ビエロフラーヴェク, イルジー Bělohlávek, Jiří 指揮者 BBC交響楽団首席指揮者, プラハ・フィルハーモニア創設者・音楽監督 [国]チェコ [生]1946年2月24日 [典]1992(ビエロフラーベク, イルジー)／1996(ビエロフラーベク, イルジー)／2012

ビエンラット・ネティポー ジャーナリスト [国]タイ [生]1966年 [典]1996

ビオイ・カサーレス, アドルフォ Bioy Casares, Adolfo 作家, アン

ソロジスト 国アルゼンチン ㊌1914年 ㊣1999年3月8日 ㊞1992／1996

ビオヴァーニ, ニコラ Piovani, Nicola 作曲家 ㊥映画音楽 国イタリア ㊌1946年5月26日 ㊞1992（ビオバーニ, ニコラ）

ヒオキ, リッツ Hioki, Ritz ウェブデザイナー techmacmaya.com代表 ㊞2004／2008

ピオット, ピーター Piot, Peter 医師 元・国連エイズ合同計画（UNAIDS）事務局長 ㊥感染症, 免疫学 国ベルギー ㊌1949年2月17日 ㊞1996／2000／2004／2008／2012

ビオティ, ポール Viotti, Paul R. 政治学者 ㊥国際関係論 国米国 ㊌1944年 ㊞1996

ピオトロフスキー, ボリス Piotrovskii, Boris Borisovich 考古学者, 歴史学者 元・エルミタージュ美術館館長, 元・レニングラード大学教授 国ソ連 ㊌1908年2月14日 ㊣1990年10月15日 ㊞1992

ピオトロフスキー, ミハイル Piotrovskii, Mikhail Borisovich 考古学者, 美術研究家 エルミタージュ美術館館長 国ロシア ㊌1944年12月9日 ㊞2008／2012

ビオラ, ビル Viola, Bill ビデオアーティスト 国米国 ㊌1951年1月25日 ㊞2008／2012

ビオラ, マヌエル 画家 国スペイン ㊌1987年3月8日 ㊞1992

ビオラ, ロベルト Viola, Roberto Eduardo 政治家, 元・軍人 元・アルゼンチン大統領 国アルゼンチン ㊌1924年 ㊣1994年9月30日 ㊞1992／1996

ビオリ, マイケル Piore, Michael J. マサチューセッツ工科大学教授 ㊥経済学 国米国 ㊌1940年 ㊞1996／2000

ビオレット, J.P. 弁護士 国米国 ㊞2000

ビオン, カティ Bion, Cathy ジャーナリスト 国フランス ㊌1962年 ㊞1992／1996

ビオン, ジルベール ブル（日本法人）社長 国フランス ㊞1996

ビオンディ, ファビオ Biondi, Fabio バイオリニスト, 指揮者 エウロウパ・ガランテ主宰 国イタリア ㊌1961年 ㊞2000／2012

ビオンディ, フランク Biondi, Frank J.(Jr.) 実業家 元・MCA会長・CEO 国米国 ㊌1945年1月9日 ㊞2000

ビオンディ, マット Biondi, Matt 元・水泳選手 国米国 ㊌1965年10月8日 ㊞1992／1996／2000

ビオンテク, ハインツ Piontek, Heinz 詩人, 作家 国ドイツ ㊌1925年11月15日 ㊣2003年10月26日 ㊞1992

ヒーガー, アラン Heeger, Alan Jay 高分子化学者 カリフォルニア大学サンタバーバラ校教授 国米国 ㊌1936年1月22日 ㊞2004／2008／2012

ヒガ・ジェームス 比嘉 ジェームス Higa, James リアルネットワークス社長 国米国 ㊌1958年 ㊞2000／2004

ヒガー, スウェトラナ Heger, Swetlana アーティスト ㊌1968年 ㊞2004

ピーカー, ハービー Pekar, Harvey 本名＝Pekar,Harvey Lawrence 漫画原作者 国米国 ㊌1939年10月8日 ㊣2010年7月12日 ㊞2008

ピガ, ベルナール Piga, Bernard 画家 国フランス ㊌1934年 ㊞1992

ビカエフ, アレクサンドル カーネギー財団・モスクワセンター主任研究員 ㊥核軍縮問題 国ロシア ㊌1962年 ㊞2004

ヒガシ, サンドラ Higashi, Sandra グラフィックデザイナー 国米国 ㊞2004／2008

ヒガーズ, ピーター 政治家 英国下院議員（保守党）, 英日議員連盟会長 国英国 ㊞2000

ピカソ, パロマ Picasso, Paloma ジュエリーデザイナー ㊌1949年4月19日 ㊞1992／1996／2000／2012

ピカソ, ルル Picasso, Loulou 画家, グラフィックデザイナー 国フランス ㊌1954年 ㊞1992

ビガッツィ, アントニオ Bigazzi, Antonio マイクロテック・リサーチ社（MRI）ソフトウェア開発主任 ㊥コンピュータ・ソフト, TRON ㊞1992

ヒカディ, E. Hikádi, Erzsébet 画家 国ハンガリー ㊌1911年 ㊞1992

ピカーディー, ジャスティン Picardia, Justine 「インデペンデント」紙編集スタッフ 国英国 ㊌1961年 ㊞1996

ピカート, ジョーン・エリオット Pickart, Joan Elliott 旧筆名＝エリオット, ロビン ロマンス作家 国米国 ㊞2004

ピカード, デニス Picard, Dennis J. 実業家 レイセオン会長 国米国 ㊌1932年 ㊞1992／2000／2004

ピカード, ナンシー Pickard, Nancy ミステリー作家 国米国 ㊌1945年 ㊞1996／2004／2008／2012

ピカード, バーバラ・レオニ Picard, Barbara Leonie 作家 国英国 ㊌1917年 ㊞2004

ピガート, ホーマー ジャーナリスト 国米国 ㊣1991年4月16日 ㊞1992

ピカード, ライザ Picard, Liza 歴史研究家 国英国 ㊌1927年 ㊞2004

ピカーノ, フェリース Picano, Felice 作家, 詩人 国米国 ㊌1944年2月22日 ㊞1992／1996

ピカリング, ウィリアム Pickering, William Hayward 物理学者, 宇宙開発工学者 元・カリフォルニア工科大学名誉教授 ㊥ジェット推進 国米国 ㊌1910年12月24日 ㊣2004年3月15日 ㊞1992／1996／2000

ピカリング, トマス Pickering, Thomas Reeve 外交官 ボーイング上席副社長 元・米国国連大使, 元・米国国務次官（政治問題担当） 国米国 ㊌1931年11月5日 ㊞1992／1996／2000／2004／2008

ピカール, ジャック Piccard, Jacques 本名＝Piccard,Jacques Ernest Jean 深海探検家, 深海潜水技術者 国スイス ㊌1922年7月28日 ㊣2008年11月1日 ㊞2000

ピカール, ドナルド・ルイ Piccard, Donald Louis 航空技術者 ㊌1926年 ㊞2000

ピカール, フランク Piccard, Franck スキー選手（アルペン） 国フランス ㊞1992／1996

ピカール, ベルトラン Piccard, Bertrand 冒険家, 精神科医, 飛行士 熱気球無着陸で初の世界一周 国スイス ㊌1958年3月1日 ㊞2000／2012

ピカール, ミシェル Picard, Michel ランス大学文学部教授 ㊥読書論 国フランス ㊌1931年 ㊞1996

ビギ, カルロス Vighi, Carlos イラストレーター, 版画家 国アルゼンチン ㊌1965年 ㊞2004

ピキエ, フィリップ Picquier, Philippe 出版編集者 フィリップ・ピキエ社社長 ㊥日本文学, アジア文学 国フランス ㊌1950年 ㊞1992／1996

ヒーキン, ジェームス 実業家 マッキャンエリクソン・ワールドワイド会長・CEO ㊞2004／2008

ヒギンズ, コリン Higgins, Colin 映画監督 国米国 ㊌1941年7月28日 ㊣1988年8月5日 ㊞1992

ヒギンズ, ジャック Higgins, Jack 本名＝パターソン, ヘンリー 別名＝パターソン, ハリー, グレアム, ジェームス, マロウ, ヒュー, ファロン, マーティン 作家 国英国 ㊌1929年7月27日 ㊞1992／1996／2000／2004／2008／2012

ヒギンズ, ジョージ Higgins, George V. ミステリー作家 国米国 ㊌1939年 ㊣1999年11月6日 ㊞1992／1996

ヒギンズ, ピーター Higgins, Peter M. 数学者 エセックス大学教授 ㊌1956年 ㊞2004／2008

ヒギンズ, マイケル Higgins, Michael D. 政治家, 詩人, 人権活動家 アイルランド大統領 国アイルランド ㊌1941年4月18日

ヒギンズ, ロザリン Higgins, Rosalyn 裁判官, 国際法学者 国際司法裁判所裁判官 国英国 ㊌1937年6月2日 ㊞1996

ヒギンズ, ロバート Higgins, Robert C. ワシントン大学ファイナンス教授 ㊥経営学 国米国 ㊞1996

ヒギンソン, ボビー Higginson, Bobby 大リーグ選手（外野手） 国米国 ㊌1970年8月18日 ㊞2000／2008

ピーク, ジェリー Peek, Jerry コンピューター技術者 ㊞2004

ピクー, セオドア Picou, Theodor ジャズ演奏家, 作曲家 国米国 ㊌1934年4月19日 ㊣1988年3月27日 ㊞1992

ビーク, ティファニー　Beeke, Tiphanie　イラストレーター　[国]英国　[生]1969年　[典]2004

ビーク, ビャルテ・エンゲン　Vik, Bjarte Engen　元・スキー選手(複合)　[国]ノルウェー　[生]1971年3月3日　[典]2000／2004

ビーク, ビル　元・大リーグ・ホワイトソックス・オーナー　[国]米国　[生]1914年　[没]1986年1月2日　[典]1992

ビグ, ブッチ　Vig, Butch　グループ名=ガービッジ　ロック・ドラマー, 音楽プロデューサー　[国]米国　[生]1957年8月2日　[典]2004／2008／2012

ピーク, ライアン　Peake, Ryan　グループ名=ニッケルバック　ギタリスト　[国]カナダ　[典]2004／2008

ビーク, レスリー　Beak, Lesley　教育者, 作家　[国]英国　[生]1949年9月1日　[典]1996

ピーク, ロバート　イラストレーター　[国]米国　[没]1992年7月31日　[典]1996

ビクスラー, スーザン　Bixler, Susan　イメージコンサルタント　[国]米国　[典]2004

ビクスラー, デイブ　Bixler, Dave　コンピューター技術者　[国]米国　[典]2004

ビクセル, ペーター　Bichsel, Peter　作家　[国]スイス　[生]1935年3月24日　[典]1992

ヒグソン, アリソン　水泳選手(平泳ぎ)　[国]カナダ　[典]1992

ヒクソン, アンディー　Hickson, Andy　舞台演出家　劇団タイ・ツアーズ主宰　[国]英国　[典]2004

ヒクソン, デービッド　Hickson, David John　経営学者　ブラッドフォード大学名誉教授　[典]2004／2008

ヒクソン, レックス　Hixon, Lex　宗教研究家　[国]米国　[典]2004

ビクター, シンシア　Victor, Cynthia　ロマンス作家　[典]2008

ビクター, ルシア　演出家　[国]米国　[没]1986年3月22日　[典]1992

ヒグチ, タケル　薬学者　[国]米国　[没]1987年3月24日　[典]1992

ピクテ, イヴァン　銀行家　ピクテ銀行頭取, ピクテ・ジャパン会長, ジュネーブ市商工会議所会頭　[国]スイス　[生]1944年　[典]2000

ビクトリア, ブライアン　Victoria, Brian　別名=ビクトリア, ブライアン・大禅　元・僧侶　オークランド大学助教授　[専]禅　[国]米国　[生]1939年　[典]2000

ビクトリノ, シェーン　Victorino, Shane　本名=Victorino,Shane Patrick　大リーグ選手(外野手)　[国]米国　[生]1980年11月30日　[典]2012

ビークナー, フレデリック・カール　Buechner, Frederick Carl　作家　[国]米国　[生]1926年　[典]1992／1996

ピクマル, ミシェル　小学校教師, 児童文学作家　[国]フランス　[生]1954年　[典]1996

ビークマン, E.M.　Beekman, E.M.　作家　[国]米国　[生]1939年　[典]1992

ビークランド, トゥーヤ　Birkeland, Thoger　児童文学作家　[国]デンマーク　[生]1922年　[典]1996

ピクリ, ダニエル　Picouly, Daniel　作家　[国]フランス　[生]1948年　[典]2000

ピークリ, ワレンチン　Pikuly, Valentin S.　歴史小説家　[国]ソ連　[生]1928年　[没]1990年7月16日　[典]1992

ビーグル, ピーター　Beagle, Peter Soyer　ファンタジー作家　[国]米国　[生]1939年　[典]1992／1996／2000

ビーグルズ, J.W.　Beagles, J.W.　実業家　ボーイング・ジャパン社長, 在日米国商工会議所(ACCJ)会頭　[国]米国　[典]2000

ビーグルス, ビル　在日米国商工会議所会頭　[国]米国　[典]2000

ビグロー, キャスリン　Bigelow, Kathryn　映画監督　[国]米国　[生]1951年11月27日　[典]1992／1996／2000／2004／2008／2012

ビークロフト, ヴァネッサ　Beecroft, Vanessa　現代美術家, パフォーマー　[国]イタリア　[生]1969年　[典]2000／2004／2012

ピクン　Picún　本名=ピクン, フェルナンド　サッカー選手(DF)　[国]ウルグアイ　[生]1972年2月14日　[典]2000／2004

ピケ, ジェラール　Pique, Gerard　サッカー選手(DF)　[国]スペイン　[生]1987年2月2日　[典]2012

ピケ, ネルソン　Piquet, Nelson　元・F1ドライバー　[国]ブラジル　[生]1952年8月17日　[典]1992／1996

ピーケ, フランク　中国研究者　オックスフォード大学中国研究所研究員　[典]2000

ピケット, ウィルソン　Pikett, Wilson　旧グループ名=ファルコンズ　ソウル歌手　[国]米国　[生]1941年3月18日　[没]2006年1月19日　[典]1992

ピケット, ケリ　Pickett, Keri　写真家　[国]米国　[典]2000

ピケット, フィリップ　Pickett, Philip　指揮者　ニュー・ロンドン・コンソート主宰者　[国]英国　[生]1950年　[典]2012

ピケニン, ナイリ　ジャーナリスト　「コムニスト」編集長　[国]ソ連　[典]1992

ビケフレイベルガ, ワイラ　Vike-Freiberga, Vaira　政治家, 心理学者　元・ラトビア大統領, 元・モントリオール大学教授　[国]ラトビア　[生]1937年12月1日　[典]2000／2004／2008／2012

ビゲライゼン, ヤコブ　Bigeleisen, Jacob　化学者　元・ニューヨーク州立大学名誉教授, 元・ロチェスター大学教授　[専]アイソトープ化学　[国]米国　[生]1919年5月2日　[没]2010年8月7日　[典]1996

ビーゲル, ジェフリー　Biegel, Jeffrey　ピアニスト　[国]米国　[生]1961年　[典]1992／1996

ピケンズ, ブーン(Jr.)　Pickens, T.Boone (Jr.)　実業家　元・メサ社CEO　小糸製作所株買い占め　[国]米国　[生]1928年5月22日　[典]1992／1996／2000

ピコ, ジャンドメニコ　Picco, Giandomenico　フェルッツイ社米国社長　元・国連事務次長補　[国]米国　[典]1996

ピコー, ジョディ　Picoult, Jodi　作家　[国]米国　[生]1966年　[典]2012

ピーコック, アンドルー　Peacock, Andrew Sharp　政治家　元・オーストラリア自由党党首　[国]オーストラリア　[生]1939年2月13日　[典]1992／1996

ピーコック, ジェームス　Peacock, James L.　人類学者　ノース・カロライナ大学教授, 米国人類学会会長　[国]米国　[典]1996

ピコット, アーノルド　Picot, Arnold　経営学者　ミュンヘン大学教授　[専]情報通信　[生]1944年　[典]2004

ピゴット, レスター　Piggott, Lester Keith　騎手, 調教師　[国]英国　[生]1935年11月5日　[典]1996

ビコーバリス, メアリー　Bicouvaris, Mary V.　高校教師(ベセル高校)　[国]米国　[典]1992

ビゴーン, ポーラ　Begoun, Paula　美容評論家　[典]2004

ビサー, アンジェラ　Visser, Angela　ミスユニバース('89年)　[国]オランダ　[生]1966年10月18日　[典]1992

ビザッツァ, ピエロ　Bisazza, Piero　実業家　ビザッツァCEO　[国]イタリア　[生]1955年　[典]2012

ピサーティ, マウリツィオ　作曲家　[国]イタリア　[生]1959年　[典]2000

ピーサデー・ラチャニー殿下　タイ・キングズ・プロジェクト(王立山岳民族開発計画)最高責任者　[国]タイ　[生]1922年　[典]1992

ピサニ, エドガー　アラブ世界研究所所長　[国]フランス　[生]1918年　[典]1992

ビザリア, クロード　Bisserier, Claude　ジュエリーデザイナー　[国]フランス　[生]1948年　[典]2000

ピサリデス, クリストファー　Pissarides, Christopher　本名=Pissarides,Christopher Antoniou　経済学者　ロンドン・スクール・オブ・エコノミクス教授　[国]キプロス　[生]1948年　[典]2012

ピザレリ, ジョン　Pizzarelli, John　ジャズギタリスト, 歌手　[国]米国　[生]1960年4月6日　[典]1992(ピツァレリ, ジョン)／1996／2000／2004／2008

ピザレリ, バッキー　Pizzarelli, Bucky　本名=ピザレリ, ジョン・バッキー　グループ名=NY4　ジャズギタリスト　[国]米国　[生]1926年1月9日　[典]2004／2008／2012

ピサロ, カルロス　ゲリラ指導者　元・四月十九日運動(M19)最高指導者　[国]コロンビア　[没]1990年4月26日　[典]1992

ピサロ, クラウディオ　Pizarro, Claudio　サッカー選手(FW)　[国]ペルー;イタリア　[生]1978年10月3日　[典]2004／2008／2012

ビザンツ, ゲロ　Bisanz, Gero　サッカー指導者, 元・サッカー選手　「fussballtraining」編集長　国ドイツ　収2004

ビサーン・マノーリハクン　エコノミスト　タイ・ファーマーズ・リサーチセンター所長　国タイ　生1949年　収2000

ビジー, ゲーリー　Busey, Gary　俳優　国米国　生1944年6月29日　収1996

ビジェガス, カミロ　Villegas, Camilo　プロゴルファー　国コロンビア　生1982年1月7日　収2012

ビシェッツリーダー, ベルント　Pischetsrieder, Berund　実業家　元・BMW社長, 元・フォルクスワーゲン（VW）社長　国ドイツ　生1948年2月15日　収1996／2000／2004／2008／2012

ビシェット, アンリ　Pichette, Henri　詩人, 劇作家　国フランス　生1924年　収1992

ビシェット, ダンテ　Bichette, Dante　本名=Bichette, Alphonse Dante　元・大リーグ選手　国米国　生1963年11月18日　収2000／2004

ビジオ, クレイグ　Biggio, Craig　本名=Biggio, Craig Alan　元・大リーグ選手　国米国　生1965年12月14日　収2000／2008／2012

ビシチェッリ, サルヴァトーレ　Piscicelli, Salvatore　映画監督, 脚本家　国イタリア　生1948年　収2004

ビシット・バッカセム　タイ経済社会開発庁長官　国タイ　生1934年　収1996

ビシニョーワ, ディアナ　バレリーナ　国ロシア　収1996

ビシームワ, ダヴィッド　Bisimwa, David　画家　ポレポレ基金メンバー　国コンゴ　生1972年　収2004／2008

ビジムング, パストゥール　Bizimungu, Pasteur　政治家　元・ルワンダ大統領　国ルワンダ　生1950年　収2000／2004／2008

ヒジャ, ゲオルギー　Khizha, Georgii S.　政治家　元・ロシア副首相　国ロシア　生1938年5月　収1996

ヒジヤ・キルシュネライト, イルメラ　Hijiya-Kirschnereit, Irmela　日本語名=日地谷・キルシュネライト, イルメラ　日本学者　ベルリン自由大学教授　元・ドイツ日本研究所所長　現代日本文学, 日本学　国ドイツ　生1948年　収1996／2000／2004／2012

ビシャラ, アブドラ・ヤクブ　Bishara, Abdulla Yacoub　外交官　湾岸協力会議（GCC）事務局長　国クウェート　生1936年　収1992／1996

ビーシャルスキ, マーティン　ザ・ヤンキーグループ・シニア・インダストリ・アナリスト　国米国　収1992

ビジャロンガ, ファン　実業家　元・テレフォニカ会長・CEO　国スペイン　収2000／2004

ビシュコフ, セミヨン　Bychkov, Semyon　指揮者　元・WDR交響楽団首席指揮者　国米国　生1952年11月30日　収1992／1996／2000／2004／2008／2012

ビシュワナタン, K.　Viswanatan, K.　教育者　ミトラニケタン校長, ケララ州教育諮問委員　国インド　生1928年　収1996

ビショー, エレーヌ　Pichot, Hélène　画家　国フランス　生1943年　収1996

ビジョー, ジャクリーヌ　Pigeot, Jacqueline　日本文学研究家　パリ第7大学教授　国フランス　生1939年　収1992／2000

ビショー, ピエール　Pichot, Pierre　精神医学者　元・パリ大学教授, 元・世界精神医学会（WPA）会長　国フランス　生1918年　収2000

ビショップ, ウィリアム　米国州政府在日事務所協議会（ASOA）会長, インディアナ州政府駐日代表　国米国　収1996

ビショッフ, ウィンフリッド　Bischoff, Winfried Franz Wilhelm　銀行家　元・シティグループ会長　国英国　生1941年5月10日　収1992／1996／2012

ビショップ, ウォルター（Jr.）　Bishop, Walter (Jr.)　グループ名=チャーリー・パーカー・メモリアル・クインテット　ジャズピアニスト　国米国　生1927年10月4日　没1998年1月24日　収1996

ビショップ, ガビン　Bishop, Gavin　美術教師, 絵本作家　国ニュージーランド　生1946年　収2000

ビショップ, クリスティーナ　Bishop, Christina　アンティークキッチン雑貨収集家・バイヤー　国英国　収2004

ビショップ, クリフォード　Bishop, Clifford　作家, ジャーナリスト, 編集者　国英国　収2004

ビショップ, ジム　Bishop, Jim　コラムニスト, 作家　元・「リバティ・マガジン」誌編集長　国米国　生1907年11月21日　没1987年7月26日　収1992

ビショップ, ジョン・マイケル　Bishop, John Michael　微生物学者　カリフォルニア大学サンフランシスコ校医学部教授・学長　国米国　生1936年2月22日　収1992／1996／2000／2008

ビショップ, デービッド　Bishop, David J.　物理学者　ルーセント・テクノロジーズ・ベル研究所マイクロメカニクス研究部長　国米国　収2004

ビショップ, トム　Bishop, Tom　ニューヨーク大学フランス学部長, フランス会館館長　現代フランス文学　国米国　生1929年　収1996

ビショフ, ノルベルト　Bischof, Norbert　チューリヒ大学一般心理学教授・心理学研究所生物数学科長　国動物行動学　国ドイツ　生1930年　収1996

ビショップ, ポール　Bishop, Paul　ミステリー作家　国米国　生1954年　収2000

ビショップ, マイケル　Bishop, Michael　SF作家　国米国　生1945年　収1992／2012

ビショフ, マンフレッド　Bischoff, Manfred　実業家　ダイムラー・ベンツ・エアロスペース（DASA）社長　国ドイツ　収1996

ビショップ, モーリス　Bishop, Maurice　政治家, 革命指導者　元・グレナダ首相　国グレナダ　生1944年　没1983年10月19日　収1992

ビショップ, ロナルド・エリック　航空機設計家　国英国　生1989年6月12日　収1992

ビショップ, ロバート　Bishop, Robert　実業家　SGI会長・CEO　収2000

ビショップ, ロン　テレビ脚本家　国米国　没1988年2月　収1992

ビショフ, オーレ　Bischof, Ole　柔道選手　北京五輪柔道男子81キロ級金メダリスト　国ドイツ　生1979年8月27日　収2012

ビショフ, デービッド　Bischoff, David　本名=ビショフ, デービッド・フレデリック　作家　国米国　生1951年　収1996

ビジョルド, ロイス・マクマスター　Bujold, Lois McMaster　SF作家　国米国　生1941年　収1996／2012

ピショワ, クロード　Pichois, Claude　伝記作家, フランス文学者　元・ソルボンヌ大学名誉教授, 元・バンダービルト大学名誉教授　国フランス　生1925年7月21日　没2004年10月12日　収2000

ビジョン, ウォルター　Pigeon, Walter　俳優　国米国　生1897年9月23日　没1984年9月25日　収1992

ピション, フレデリック　Pichon, Frederic　「サトウキビ畑のカニア」の著者　収2008

ピーション, リズ　Pichon, Liz　イラストレーター, 絵本作家　収2004

ピース, アイケ　Pies, Eike　出版人, 著述家　国ドイツ　生1942年3月22日　収2004

ピーズ, アラン　Pease, Allan　作家　国英国　収2004／2008／2012

ヒス, アルジャー　Hiss, Alger　外交官　元・カーネギー国際平和財団総裁, 元・国連憲章制定会議米国代表団事務局長　国米国　生1904年11月11日　没1996年11月15日　収1996

ヒース, アレックス　Heath, Alex　本名=Heath, Alexander　スキー選手（アルペン）　国南アフリカ　生1978年9月21日　収2000／2008

ピーズ, ウィリアム　Pease, William D.　作家　国米国　収1996／2000

ヒース, エドワード　Heath, Edward Richard George　通称=ヒース, テッド　政治家　元・英国首相, 元・英国保守党党首　国英国　生1916年7月9日　没2005年7月17日　収1992／1996／2000／2004

ヒース, クリストファー　特許権　収2004

ビス, ジョナサン　Biss, Jonathan　ピアニスト　国米国　生1980年　収2012

ピズ, シルヴェリオ　Pisu, Silverio　俳優, 脚本家, 映像プロデューサー, 童話作家　国イタリア　生1937年　収2004

ピース, デービッド　Peace, David　作家　⊕英国　⊕1967年
　⊕2008／2012

ヒス, トニー　Hiss, Tony　ジャーナリスト　「ニューヨーカー」記者　⊕米国　⊕2000

ヒース, ドワイト　Heath, Dwight B.　文化人類学者　ブラウン大学教授　⊕米国　⊕2004

ピース, バーバラ　Pease, Barbara　ピーズ・トレーニング・インターナショナルCEO　⊕2004／2008／2012

ヒース, マヤ　Heath, Maya　⊕古代史　⊕米国　⊕1948年3月24日　⊕2000

ヒース, ミープ　Gies, Miep　アンネ・フランク（「アンネの日記」の著者）の生き証人　⊕オランダ　⊕1909年　⊕2010年1月11日　⊕1992／1996

ヒース, レイン　Heath, Layne　作家　⊕米国　⊕1996

ピズ, レナータ　Pisu, Renata　ジャーナリスト, 批評家　「ラ・レプップリカ」紙論説委員　⊕イタリア　⊕1996

ビスカイーノ, ホセ　Vizcaino, Jose Luis Pimental　大リーグ選手（内野手）　⊕ドミニカ共和国　⊕1968年3月26日　⊕2004／2008

ビスカルディ, チェスター　サラ・ローレンス大学音楽部長　⊕邦楽　⊕米国　⊕1992

ビスキー, ローター　Bisky, Lothar　政治家　ドイツ民主社会党（PDS）党首　⊕ドイツ　⊕1941年　⊕1996／2000

ビスキュージ, ジェームズ　Viscusi, James　コンピュータ技術者　⊕2004

ビスクープ, ラインホルト　Biskup, Reinhold　ハンブルク連邦国防軍大学教授, ドイツ・スイス協会会長　⊕国際経済　⊕ドイツ　⊕1934年　⊕1996

ビスクペク, マティアス　Biskupek, Matthias　作家, ジャーナリスト　⊕ドイツ　⊕1950年　⊕2004

ビスケル, オマール　Vizquel, Omar　本名=Vizquel, Omar Enrique　元・大リーグ選手　⊕ベネズエラ　⊕1967年4月24日　⊕2000／2004／2008／2012

ビスコ, フランシス　Visco, Frances M.　乳がん撲滅支援活動家　米国乳がん連合（NBCC）代表　⊕米国　⊕2000

ヒスコック, ジェフ　Hiscock, Geoff　ジャーナリスト　「オーストラリアン」エディター　⊕オーストラリア　⊕2004

ビスコット, デービッド　Viscott, David　精神科医　⊕米国　⊕2000

ビスコンティ　Bisconti　本名=ビスコンティ, ダビド・カルロス　サッカー選手（MF）　⊕アルゼンチン　⊕1968年9月22日　⊕2004

ヒース・スタッブズ, ジョン　Heath-Stubbs, John Francis Alexander　詩人, 批評家　⊕英国　⊕1918年7月9日　⊕2006年12月26日　⊕1992

ビスタ, キルチ・ニディ　Bista, Kirti Nidhi　政治家　元・ネパール首相　⊕ネパール　⊕1927年　⊕1992

ビスタ, ドゥル・バハドゥール　Bista, Dor Bahadur　文化人類学者　トリブバン大学教授　⊕ネパール　⊕1928年　⊕1992／1996

ビスチャン, イゴール　Biscan, Igor　サッカー選手（MF）　⊕クロアチア　⊕1978年5月4日　⊕2004

ビースティー, スティーブン　Biesty, Stephen　イラストレーター　⊕英国　⊕1961年　⊕1996／2000

ビスディキアン, チャトシック　Bisdikian, Chastchik　コンピュータ技術者　⊕米国　⊕2004

ビステル, ラーシュ　Bystøel, Lars　スキー選手（ジャンプ）　トリノ五輪スキー・ジャンプ男子ノーマルヒル金メダリスト　⊕ノルウェー　⊕1978年12月4日　⊕2008／2012

ピストーネ, ジョセフ　Pistone, Joseph D.　作家　元・FBI特別捜査官　⊕米国　⊕2000

ピストリウス, オスカー　Pistorius, Oscar　陸上選手（短距離）　アテネ・パラリンピック・北京パラリンピック金メダリスト　⊕南アフリカ　⊕1986年11月22日　⊕2012

ピストリオ, パスクァーレ　Pistorio, Pasquale　実業家　STマイクロエレクトロニクス社長　⊕イタリア　⊕1936年　⊕2000

ピズナースキー, マーク　Piznarski, Mark　映画監督, テレビ演出家　⊕米国　⊕2004

ビスバル, ダビッド　Bisbal, David　歌手　⊕スペイン　⊕1979年　⊕2008／2012

ビスマルク　Bismark　本名=ファリア, ビスマルク・バレット　サッカー代理人, 元・サッカー選手　⊕ブラジル　⊕1969年9月17日　⊕2004／2008／2012

ビーズリー, ウィリアム・ジェラルド　Beasley, William Gerald　通称=ビーズリー, ビル　歴史学者　元・ロンドン大学名誉教授　⊕東アジア史, 日英関係史, 19世紀日本史　⊕英国　⊕1919年12月22日　⊕2006年11月19日　⊕1992／2004

ビーズリー, キム　Beazley, Kim Christian　政治家　元・オーストラリア副首相, 元・オーストラリア労働党党首　⊕オーストラリア　⊕1948年12月14日　⊕2000／2004／2008／2012

ビーズリー, デービッド　Beasley, David Muldrow　政治家　元・サウスカロライナ州知事（共和党）　⊕米国　⊕1957年2月26日　⊕1996／2000

ビーズリー, デービッド　Beazley, David M.　コンピューター科学者　シカゴ大学助教授　⊕2004

ビーズリー, モーリン・H.　メリーランド大学教授　⊕ジャーナリズム学　⊕米国　⊕1992

ヒスロップ, ジョナサン　Hyslop, Jonathan　社会学者　ウィットウォータースラント大学準教授　⊕2008

ビスワス, アブドル・ラーマン　Biswas, Abdul Rahman　政治家　元・バングラデシュ大統領　⊕バングラデシュ　⊕1926年9月　⊕1992／1996／2000

ビセグリア, リック　Bisceglia, Rick　クレイブ・レコード社長　⊕米国　⊕1956年11月5日　⊕2000

ビセット, ジャクリーン　Bisset, Jacqueline　女優　⊕英国　⊕1944年9月13日　⊕1996／2000／2004／2008／2012

ビゼナー, ジェラルド　Vizenor, Gerald　作家　⊕米国　⊕1934年　⊕2004

ビーゼル, トールステン　Wiesel, Torsten Nils　大脳生理学者　元・ロックフェラー大学学長　⊕スウェーデン　⊕1924年6月3日　⊕1992／1996／2000（ヴィーセル, T.N.）／2004／2008／2012

ビゼール, マリアス　Vizer, Marius　国際柔道連盟（IJF）会長　⊕オーストリア　⊕1958年1月1日

ビセンテ　Vicente　本名=ギジェン, ビセンテ・ロドリゲス　サッカー選手（MF）　⊕スペイン　⊕1981年7月16日　⊕2004／2008

ピゾ, クリストファー　Pizzo, Christopher　公認会計士　「だから, 彼女の恋はうまくいく」の共著者　⊕2004

ビゾ, フランソワ　Bizot, François　民族学者　フランス国立極東学院研究員　⊕東南アジア仏教　⊕フランス　⊕1940年　⊕2004

ビゾー, ユージェーヌ　シャンソン歌手, 作詞・作曲家　⊕フランス　⊕1883年5月　⊕1989年4月17日　⊕1992

ヒソウ, サラ　Hissou, Salah　陸上選手（長距離）　⊕モロッコ　⊕1972年1月16日　⊕2000

ビゾス, デミトリス・ジェームズ　RSAデータ・セキュリティー社長・CEO　⊕米国　⊕1955年　⊕2000

ビゾニー, ピアース　Bizony, Piers　サイエンスライター　⊕1959年　⊕2000

ビーソン, ダグ　Beason, Doug　作家, 軍人　ニューメキシコ州カートランド空軍基地プラズマ物理学研究部長　⊕米国　⊕1953年　⊕1996／2000

ビダー, キング　Vidor, King Wallis　映画監督　⊕米国　⊕1895年2月8日　⊕1982年11月1日　⊕1992

ビーダ, ベンデラ　Vida, Vendela　作家　⊕米国　⊕2008

ピーター, ローレンス　Peter, Laurence J.　教育学者　⊕米国　⊕1992

ピタウ, アンジェロ　ビラチドロ地区司祭　⊕イタリア　⊕1992

ピタウ, ヨゼフ　Pittau, Joseph　カトリック大司教, 教育者　元・バチカン教育省次官, 元・グレゴリアン大学学長, 元・上智大学学長　⊕哲学, 神学, 政治学　⊕イタリア　⊕1928年10月20日　⊕1992／1996／2000／2004／2008／2012

ピダエフ, シャキル　Pidaev, Shakir　考古学者　ウズベキスタン国

立歴史博物館副館長　国ウズベキスタン　没2004

ピタカカ, モーゼス　Pitakaka, Moses Puibangara　政治家　元・ソロモン諸島総督　国ソロモン諸島　生1945年1月24日　没2011年12月25日　登2000

ヒダシ, ユディット　Hidasi, Judit　ブダペスト商科大学国際経営学部学部長　元・神田外語大学国際コミュニケーション学科教授　専コミュニケーション, 応用言語学, 異文化研究　登2008

ピーターシュミット, デービッド　Peterschmidt, David　実業家　インクトゥミ社長・CEO　国米国　登2004

ビダス, アルバト・N.（Jr.）　元・軍人　エス・ジー・エス・ファーイースト・リミテッド社長　国米国　生1930年　登1992

ピーターズ, ウィンストン　Peters, Winston R.　政治家　元・ニュージーランド副首相・蔵相　国ニュージーランド　登2000

ピーターズ, エリザベス　Peters, Elizabeth　本名＝メルツ, バーバラ・G.　別名＝マイケルズ, バーバラ　作家, 考古学者　国米国　生1927年　没1996（マイケルズ, バーバラ）／2012

ピーターズ, エリス　Peters, Ellis　本名＝パージター, イーディス・マリー　作家, 翻訳家　国英国　生1913年9月28日　没1995年10月14日　登1992（パージター, イーディス）／1996

ピーターズ, ガイ　ピッツバーグ大学教授　専比較政治, 比較行政政策　国米国　登2000

ピーターズ, クラーク　Peters, Clark　俳優, 脚本家, 演出家　国英国　登1996

ピーターズ, ジェイソン　Peters, Jason　プロフットボール選手（T）　国米国　生1982年1月22日

ピーターズ, ジェームズ　Peters, James　ネットワーク技術者　シスコシステムズ・エンジニアリング部門マネージャー　登2004

ピーターズ, ジョン　野球選手　国米国　登1992

ピーターズ, スタンレー（Jr.）　Peters, P.Stanley（Jr.）　スタンフォード大学言語学科教授・言語・情報研究センター所長　専言語・情報科学　国米国　生1941年　登1992

ピーターズ, ゾーラ・バッド　Peters, Zola Budd　旧名＝バッド, ゾーラ　陸上選手（長距離）　国英国　生1966年5月26日　登1992（バッド, ゾーラ）／1996／2000／2008

ピーターズ, ダイアン・マックフェリン　Peters, Diane McFerrin　コミュニケーション・コンサルタント　国米国　登2004／2008

ピーターズ, ダグ　政治家　カナダ財政担当閣外相, カナダ連邦下院議員　国カナダ　登2000

ピーターズ, トム　Peters, Tom　本名＝ピーターズ, トーマス　経営コンサルタント　トム・ピーターズ・グループ代表　国米国　登1992／1996／2000／2012

ピーターズ, メアリー　Peters, Mary E.　元・米国運輸長官　国米国　生1948年12月4日　登2008／2012

ピーターズ, ラルフ　Peters, Ralph　軍人, 作家　米国陸軍情報将校　国米国　登1996

ピーターセン, ドナルド　Petersen, Donald Eugene　元・フォード・モーター会長・CEO　国米国　生1926年　登1992／1996

ピーダーセン, ピーター　Pedersen, Peter David　プラネット出版社長, イースクエア代表　国デンマーク　生1967年　登2008

ピーターソン, アイバース　Peterson, Ivars　サイエンスライター　「サイエンス・ニュース」誌ライター　国カナダ　生1948年12月　登1992／1996

ピーターソン, アリン　Pettersson, Aline　児童文学作家　国メキシコ　生1938年　登1996

ピーターソン, ウィリアム　Peterson, William Samuel　メリーランド大学教授　専英文学, 書誌学　国米国　生1939年　登1996

ピーターソン, ウェスレイ　Peterson, Wesley W.　ハワイ大学マノア校情報科学部教授　専誤り訂正符号理論　国米国　生1924年4月22日　登1992

ピーターソン, エイドリアン　Peterson, Adrian　プロフットボール選手（RB）　国米国　生1985年3月21日

ピーターソン, オスカー　Peterson, Oscar Emmanuel　ジャズピアニスト　国カナダ　生1925年8月15日　没2007年12月23日　登1992／2000／2008

ピーターソン, ジム　Peterson, Jim L.　ワタバーガー社社長, 米国レストラン協会（NRA）会長　国米国　登1992

ピーターソン, ジャレット　Peterson, Jeret　スキー選手（フリースタイル）　バンクーバー五輪フリースタイルスキー男子エアリアル銀メダリスト　国米国　生1981年12月12日　没2011年7月26日

ピーターソン, ダグ　ヨット設計家　国米国　登2004

ピーターソン, ダグラス　政治家　米国駐ベトナム大使　元・米国下院議員（民主党）　国米国　登2000

ピーターソン, ダグラス　Peterson, Douglas L.　銀行家　日興シティホールディングス会長・社長　国米国　生1958年8月5日　登2008／2012

ピーターソン, デービッド　Peterson, David R.　政治家　オンタリオ州首相　国カナダ　生1948年12月28日　登1992

ピーターソン, ドナルド　実業家　アバイア社長・CEO　国米国　登2004

ピーターソン, トム　Petersson, Tom　グループ名＝チープ・トリック　ベース奏者　国米国　登2012

ピーターソン, ピーター　Peterson, Peter G.　実業家　ブラックストーン・グループ会長, ソニー取締役　元・リーマン・ブラザーズ社会長, 元・米国商務長官　国米国　生1926年6月5日　登1992／1996／2000

ピーターソン, フランク　旧グループ名＝エニグマ　キーボード奏者, 音楽プロデューサー　登2004／2008

ピーターソン, リチャード　Peterson, Richard W.　ベテル神学大学教授　専物理学　登1996

ピーターソン, リンダ・ホイットニー　Peterson, Linda Whitney　精神医学者　国米国　登2004

ピーターソン, ルドルフ　Peterson, Rudolph A.　銀行家　元・バンク・オブ・アメリカ会長, 元・国連開発計画（UNDP）事務局長　国米国　生1904年12月6日　没2003年12月2日　登1996／2000

ピーターソン, ロジャー・トリー　Peterson, Roger Tory　写真家, 画家, 作家　国米国　生1908年　没1996年7月28日　登1992

ピーターソン・スターンズ, ビバリー　Peterson Stearns, Beverly　フリーライター, ジャーナリスト　登2004

ヒダーヤットウラ, モハマド　Hidayatullah, Mohammad　政治家, 裁判官　元・インド副大統領, 元・インド最高裁判所長官　国インド　生1905年12月17日　没1992年9月18日　登1992

ヒダヤト, タウフィク　Hidayat, Taufik　元・バドミントン選手　アテネ五輪バドミントン男子シングルス金メダリスト　国インドネシア　生1981年8月10日　登2008

ビダール, ゴア　Vidal, Gore　本名＝Vidal, Eugene Luther Gore, Jr.　別名＝ボックス, エドガー　作家, 劇作家, 評論家　国米国　生1925年10月3日　没2012年7月31日　登1992／1996

ビタール, サラ・エディン・アル　Bitār, Salāh al-Dīn al-　政治家　元・シリア首相　国シリア　生1912年　没1980年7月21日　登1992

ビダル, ジャン　Bidal, Jean　ラグビー監督　国フランス　生1955年　登2004／2008

ビダル, ホアン・ホセ　Vidal, Juan Jose　愛称＝チェチェ　元・サッカー選手　エン・リニア社代表　国ベネズエラ　登2000

ピタルト, ペトル　Pithart, Petr　政治家　元・チェコ共和国首相　国チェコスロバキア　生1941年1月2日　登1996／2000／2004／2008

ビダルフ, スティーブ　Biddulph, Steve　心理学者　専家族問題　国オーストラリア　生1953年　登2004／2008／2012

ビダルフォルク, ハビエル　ジャーナリスト　「エルパイス」紙編集局次長　元・バルセロナ新聞協会副会長　国スペイン　登1992

ビターレ, ジョー　Vitale, Joe　マーケティングコンサルタント　ヒプノティック・マーケティング社長　国米国　登2004／2008

ビーチ, カイズ　ジャーナリスト　元・「シカゴ・デーリー・ニューズ」記者　国米国　生1990年2月15日　登1992

ビーチ, ジェリー　Beach, Jerry　ライター　登2008

ピーチ, ポール・ピーター　Piech, Paul Peter　デザイナー　国米国　生1920年　登1992

ビーチ, マイロ　Beach, Milo C.　フーリア美術館長, サックラー美

術館長 ⓀⓃ米国 Ⓔ2000

ビーチ, マーク　Beach, Mark　ニューズレター編集者　ⓀⓃ米国 Ⓔ1992

ビーチ, ロバート　Veatch, Robert M.　ジョージタウン大学ケネディ倫理研究所所長　ⓀⓄバイオエシックス(生命倫理)　ⓀⓃ米国 Ⓔ1992

ピチェニック, スティーブ　Pieczenik, Steve R.　精神科医,作家　ⓀⓃ米国　ⓀⓈ1944年 Ⓔ1996／2000／2012

ビーチェル, ヘンリー　Beachel, Henry Monroe　農学者　ファーム・オブ・テキサス社顧問　元・国際稲研究所(IRRI)育種部長　ⓀⓄ育種学(稲育種)　ⓀⓃ米国 ⓀⓈ1906年9月21日 Ⓔ1992

ピチェンティーニ, ステファノ　ファゴット奏者　フィレンツェ・コムナーレ歌劇場管弦楽団首席ファゴット奏者　ⓀⓃイタリア Ⓔ1962年

ピチット・チョー・シリワット　Pichitnoi C.Siriwat　プロボクサー　元・WBA世界ジュニアフライ級チャンピオン　ⓀⓃタイ　ⓀⓈ1975年1月31日 Ⓔ2000／2004／2008

ビーチャー, ウィリアム　ジャーナリスト　「ミネアポリス・スター・トリビューン」紙ワシントン支局長　ⓀⓃ米国 Ⓔ1996

ビーチャー, ジョナサン　Beecher, Jonathan　歴史学者　カリフォルニア大学サンタ・クルーズ校教授　ⓀⓄフランス史,ヨーロッパ思想史,ロシア思想史　ⓀⓃ米国 Ⓔ2004

ピチャイ・ラッタクン　Bhichai Rattakul, Nai　政治家　元・タイ副首相,元・タイ民主党党首　ⓀⓃタイ　ⓀⓈ1926年9月16日 Ⓔ1992(ピチャイ・ラタクン)／1996(ピチャイ・ラタクン)／2000／2004／2008

ビーチャム, クリス　Beauchamp, Chris　コンピューター技術者　ⓀⓃ米国 Ⓔ2004

ビーチャム, トム　Beauchamp, Tom L.　ジョージタウン大学教授　ⓀⓄ哲学,生命倫理　ⓀⓃ米国 Ⓔ2000

ピチョット, アグスティン　Pichot, Agustin　元・ラグビー選手　ⓀⓃアルゼンチン　ⓀⓈ1974年8月２日 Ⓔ2012

ヒチョル　Heechul　グループ名=SUPER JUNIOR　歌手　ⓀⓃ韓国　ⓀⓈ1983年7月10日 Ⓔ2012

ヒチョル　Hee Cheol　本名=チョンヒチョル　グループ名=ZE：A　歌手　ⓀⓃ韓国　ⓀⓈ1989年12月9日 Ⓔ2012

ヒツ・コウエン　畢 鴻燕　眼科医　ⓀⓃ中国 ⓀⓈ1957年 Ⓔ2008

ヒツ・シュクビン　畢 淑敏　Bi, Shu-min　作家　ⓀⓃ中国 ⓀⓈ1952年10月 Ⓔ2000

ピツァロ, アルトゥール　Pizarro, Artur　ピアニスト　ⓀⓃ米国 ⓀⓈ1968年8月17日 Ⓔ1992／1996

ピッカー, トバイアス　作曲家　ⓀⓃ米国 ⓀⓈ1954年 Ⓔ2000

ピッカー, ライオネル　Picker, Lionel　画家　ⓀⓃ米国 ⓀⓈ1949年 Ⓔ1992

ビッカーズ, エイドリアン　Vickers, Adrian　文化人類学者　ウーロンゴン大学準教授　ⓀⓄインドネシア,バリ　ⓀⓃオーストラリア Ⓔ2004

ビッカーズ, サリー　Vickers, Salley　作家　ⓀⓃ英国 Ⓔ2004／2008

ヒッカム, ホーマー(Jr.)　Hickam, Homer H.(Jr.)　作家　ⓀⓃ米国 ⓀⓈ1943年 Ⓔ2004

ビッカリー, B.C.　Vickery, Brian C.　ⓀⓄ図書館情報学　ⓀⓈ1918年 Ⓔ2004

ヒッキー, ウォルター(Jr.)　Hickey, Walter(Jr.)　本名=ヒッキー,ウォルター・B.D.,Jr.　実業家　ヒッキー・フリーマン会長・CEO　ⓀⓃ米国 ⓀⓈ1936年 Ⓔ2000／2004

ヒッキー, メアリー　Hickey, Mary C.　フリーライター　ⓀⓃ米国 Ⓔ2008

ヒッキンバサム, ヘレン　Hickingbotham, Herren　TCBYエンタープライズ社長　ⓀⓃ米国 ⓀⓈ1958年 Ⓔ1992

ピック, アンヌ・ソフィー　Pic, Anne-Sophie　料理人　メゾン・ピック・シェフ　ⓀⓃフランス Ⓔ2012

ビック, エドワード　Vick, Edward H.　ランドーアソシエイツ社長・CEO　ⓀⓃ米国 Ⓔ1996

ビック, ジュリー　Bick, Julie　マイクロソフト・マネジャー　Ⓔ2004

ヒック, ジョン　Hick, John Harwood　神学者,宗教哲学者　元・バーミング大学名誉教授,元・クレアモント大学大学院教授　ⓀⓃ英国　ⓀⓈ1922年1月20日 Ⓚⓓ2012年2月9日 Ⓔ1992／1996／2000／2012

ピック, ダニエル　Pick, Daniel　ロンドン大学クイーン・メアリー・アンド・ウェストフィールド・カレッジ助教授　ⓀⓄ歴史学　ⓀⓃ英国 ⓀⓈ1960年 Ⓔ2000

ピック, ハロルド　ジャズ・テナーサックス奏者　ⓀⓃ米国 Ⓚⓓ1987年11月13日 Ⓔ1992

ビック, マイケル　Vick, Michael　プロフットボール選手(QB)　ⓀⓃ米国 ⓀⓈ1980年6月26日 Ⓔ2004／2008／2012

ビック, マルセル　Bich, Marcel　実業家　元・ビック・コーポレーション会長　ⓀⓃフランス ⓀⓈ1914年7月29日 Ⓚⓓ1994年5月30日 Ⓔ1992／1996

ピックオーバー, クリフォード・A.　Pickover, Clifford A.　サイエンスライター　IBMワトソン研究所リサーチスタッフ　ⓀⓄコンピューター・グラフィックス　ⓀⓃ米国 ⓀⓈ1957年 Ⓔ2000／2004／2012

ビッグ・ショー　Big Show　本名=ワイト,ポール　別リングネーム=ザ・ジャイアント　プロレスラー　ⓀⓃ米国 ⓀⓈ1972年2月8日 Ⓔ2008／2012

ヒックス, クリント　Hicks, Clint　テクニカルライター　ⓀⓄマッキントッシュ,PC-DOS　ⓀⓃ米国 Ⓔ1996

ヒックス, グレッグ　Hicks, Greg　ビジネスコンサルタント　ⓀⓃ米国 Ⓔ2008

ビッグス, ジョン　全米教職員退職年金基金会長・CEO　ⓀⓃ米国 Ⓔ1996

ヒックス, ジョン・リチャード　Hicks, John Richard　経済学者　ⓀⓄ理論経済学　ⓀⓃ英国 ⓀⓈ1904年4月8日 Ⓚⓓ1989年5月20日 Ⓔ1992

ヒックス, シーラ　Hicks, Sheila　テキスタイル・アーティスト　ⓀⓃ米国 Ⓔ1996

ヒックス, スコット　Hicks, Scott　映画監督　ⓀⓈ1953年 Ⓔ2000／2004／2008／2012

ヒックス, チャールズ　Hix, Charles　著述家　ⓀⓃ米国 Ⓔ1992

ヒックス, ディアトラ　Hicks, Dátra　歌手　ⓀⓃ米国 ⓀⓈ1967年12月27日 Ⓔ1992

ヒックス, デービッド　Hicks, David　ロンドン大学教育研究所"地球の未来"プロジェクト責任者　ⓀⓄ教育学　ⓀⓃ英国 ⓀⓈ1942年 Ⓔ1996

ヒックス, ニール　Hicks, Neill D.　脚本家,舞台演出家　Ⓔ2004／2008／2012

ビッグス, バートン　Biggs, Barton Michael　グローバル・ストラテジスト　元・モルガン・スタンレー・アセット・マネジメント会長・CEO　ⓀⓃ米国 ⓀⓈ1932年11月26日 Ⓚⓓ2012年7月14日 Ⓔ2000

ヒッグス, ピーター　Higgs, Peter Ware　理論物理学者　エディンバラ大学名誉教授　ⓀⓃ英国 ⓀⓈ1929年5月29日

ビッグス, レオ　水泳選手(自由形)　ⓀⓃオーストラリア Ⓔ2004

ビッグズ, ロナルド　Biggs, Ronald　英国の大列車強盗事件の主犯　ⓀⓃ英国 ⓀⓈ1929年 Ⓚⓓ2013年12月18日 Ⓔ2000／2004

ビッグ・ダディV　Big Daddy V　本名=Frazier,Nelson　別名=メイブル, ヴィセラ, ビッグ・ダディ・ブードゥー　プロレスラー　ⓀⓃ米国 ⓀⓈ1971年2月14日 Ⓚⓓ2014年2月18日

ビッグバン・ベイダー　Big Bang Vader　本名=ホワイト,レオン　別リングネーム=ブル・パワー　プロレスラー　ⓀⓃ米国 ⓀⓈ1956年5月14日 Ⓔ1996(ビッグバン・ベーダー)／2000(ベイダー)／2004(ベイダー)／2008(ベイダー)／2012

ピックフォード, ナイジェル　Pickford, Nigel　難破船調査家　ⓀⓃ英国 Ⓔ1996

ビッグ・ボーイ　Big Boi　本名=パットン,アントワン　グループ名=アウトキャスト　歌手　ⓀⓃ米国 Ⓔ2008

ヒックマン, クレイグ　Hickman, Craig　コンサルタント　ⓀⓃ米国 Ⓔ2004

ヒックマン, ケネス　Hickman, Kenneth Claude Devereux　化学工学者　元・イーストマン・コダック社技師　国米国　生1896年2月4日　没1992

ヒックマン, マイケル　Hickman, Michael　植物学者　アルバータ大学教授　藻類　国カナダ　生1943年　没2000

ヒックリング, メグ　Hickling, Meg　性教育活動家, 看護師　国カナダ　生1941年　没2004／2008

ビッグル, ロイド(Jr.)　Biggle, Lloyd(Jr.)　SF作家, ミステリー作家　SF伝承史協会会長　国米国　生1923年4月17日　没1992

ビッケダール, ライアン　Vikedal, Ryan　グループ名＝ニッケルバック　ドラム奏者　国カナダ　没2004／2008

ビッケリー, ポール　興銀インベストメント専務,3iグループ・インベストメントディレクター　国英国　生1962年　没2000

ヒッケル, ウォーリー　Hickel, Wally　本名＝ヒッケル, ウォルター　政治家, 実業家　元・アラスカ州知事　国米国　生1919年8月18日　没2010年5月7日　没1992／1996

ビッケル, トーマス　Bickel, Thomas　サッカー選手(MF)　国スイス　生1963年10月6日　没2000

ビッケンズ, ジェームズ　Pickens, James W.　セールスコンサルタント　国米国　生1945年　没2004／2008

ビッケンバーグ, ダーク　Bikkembergs, Dirk　ファッションデザイナー　国ベルギー　生1962年1月3日　没2000

ヒッケンルーパー, ジョージ　Hickenlooper, George　映画監督　国米国　生1963年5月25日　没2011年10月30日

ピッコロ　Piccoli　本名＝ピッコリ, ネストール・オマール　サッカー監督, 元・サッカー選手　国アルゼンチン　生1965年1月20日　没2004／2008

ピッコリ, フラミニオ　Piccoli, Flaminio　政治家　元・イタリア・キリスト教民主党(DC)幹事長　国イタリア　生1915年12月28日　没1992

ピッコリ, ミシェル　Piccoli, Michel　本名＝Piccoli,Jacques Daniel Michel　俳優　国フランス　生1925年12月27日　没1996／2000／2004／2008／2012

ビッザーリ, マルコ　Bizzarri, Marco　実業家　ボッテガ・ヴェネタ社長・CEO　国イタリア　生1962年　没2012

ビッシャー, エミリー　Visher, Emily B.　セラピスト　ステップファミリー・アソシエーション・オブ・アメリカ(SAA)主宰　国米国　没2004／2008

ビッシャー, ジョン　Visher, John S.　セラピスト　ステップファミリー・アソシエーション・オブ・アメリカ(SAA)会長　国米国　没2004

ビッシンガー, H.G.　Bissinger, H.G.　ジャーナリスト　国米国　生1954年　没1996

ヒッセイ, ジェイン　Hissey, Jane　絵本作家, イラストレーター　国英国　没1992／1996／2000

ビッセル, サリー　Bissell, Sallie　作家　国米国　没2004

ビッセルト・ホフト, ウィレム・アドルフ　神学者　元・世界キリスト教協議会(WCC)事務局長　国オランダ　没1985年7月4日　没1992

ビッソン, テリー　Bisson, Terry　作家　国米国　生1942年　没1996

ビッソン, トーマス・アーサー　Bisson, Thomas Arther　アジア学者　元・GHQ民政局員　国米国　生1900年11月8日　没1988年7月7日　没1992

ピッタ　Pita　本名＝ピッタ, エディバルド・オリベイラ・チャベス　サッカー監督, 元・サッカー選手　国ブラジル　生1958年8月4日　没2004／2008

ヒッタヴァイネン　Hittavainen　本名＝レメッティ, ヤーコ　グループ名＝コルピクラーニ　ミュージシャン　国フィンランド　没2008／2012

ヒッチ, チャールズ　Hitch, Charles Johnston　経済学者　元・カリフォルニア大学学長,元・米国国防次官補　国米国　生1910年1月9日　没1992／1996

ヒッチコック, アルフレッド　Hitchcock, Alfred　本名＝Hitchcock, Alfred Joseph　映画監督　国米国　生1899年8月13日　没1980年4月29日　没1992

ヒッチコック, スターリング　Hitchcock, Sterling　大リーグ選手(投手)　国米国　生1971年4月29日　没2000／2008

ヒッチコック, ヘンリー　Hitchcock, Henry Russell　近代建築史家, 建築評論家　元・スミス・カレッジ教授・美術館館長　国際様式建築の命名者　国米国　生1903年6月3日　没1992

ピッチナルディ, アントニオ　Piccinardi, Antonio　料理評論家　イタリア料理　国イタリア　生1938年　没1996

ピッチニーニ, パトリシア　Piccinini, Patricia　美術家　国オーストラリア　生1965年　没2008／2012

ピッチニーニ, マリーナ　Piccinini, Marina　フルート奏者　没2004／2008

ピッチャー, キャロライン　Pitcher, Caroline　絵本作家　国英国　没2004

ピッチョート, リチャード　Picciotto, Richard　消防士　国米国　没2004

ヒッチング, フランシス　Hitching, Francis　テレビプロデューサー, 歴史研究家　国英国　生1933年　没1996

ヒッチングス, ジョージ　Hitchings, George Herbert　薬理学者　元・ウェルカム研究所名誉研究員,元・ブラウン大学教授　国米国　生1905年4月18日　没1998年2月27日　没1992／1996

ヒッチンス, クリストファー　Hitchens, Christopher　本名＝Hitchens,Christopher Eric　ジャーナリスト, 文芸評論家　国米国　生1949年4月13日　没2011年12月15日　没2012

ヒッチンズ, ティム　Hitchens, Timothy Mark　外交官　駐日英国大使　国英国

ピッツ, デニス　Pitts, Denis　作家, テレビ・プロデューサー　国米国　没1992

ヒッツ, デービッド　Hitz, David　実業家　ネットワーク・アプライアンス副社長　国米国　没2000

ピッツ, デービッド　Pitts, David　ライター, コンサルタント, コンピューター技術者　国米国　没2004

ピッツォーノ, サージ　Pizzorno, Sergio　バンド名＝カサビアン　ギタリスト　国英国　没2004

ピッツォルノ, ビアンカ　Pitzorno, Bianca　児童文学作家　国イタリア　生1942年　没2004／2012

ヒッツフェルト, オトマール　Hitzfeld, Ottmar　サッカー指導者, 元・サッカー選手　サッカー・スイス代表監督　国ドイツ　生1949年1月12日　没2000／2004／2008／2012

ピッツル, ブルーノ　Pizzul, Bruno　スポーツキャスター　国イタリア　生1938年　没1996

ビッティ, アンソニー　Vitti, Anthony　ベース奏者　バークレー音楽院助教授　国米国　没2004

ピット, ウィリアム・リバーズ　Pitt, William Rivers　著述家　国米国　没2004／2008

ピット, ジャン・ロベール　Pitte, Jean-Robert　ソルボンヌ大学教授　地理学　国フランス　生1949年　没2000／2012

ピット, スーザン　アニメーション作家, 画家　国米国　生1943年　没2000

ピット, ハーベイ　Pitt, Harvey Lloyd　弁護士　カロラマ・パートナーズCEO　元・米国証券取引委員会(SEC)委員長　証券取引法　国米国　生1945年2月28日　没1992／2004／2012

ピット, ブライス　Pitt, Brice　精神医学者　元・ロンドン大学教授, 元・セントメアリ王立医科大学院教授　産褥期うつ病, 老年精神医学　国英国　生1931年　没2004

ピット, ブラッド　Pitt, Brad　本名＝ピット, ウィリアム・ブラッドリー　俳優　国米国　生1963年12月18日　没1996／2000／2004／2008／2012

ピット, マイケル　Pitt, Michael　俳優　国米国　生1981年　没2012

ピット卿　Pitt of Hampstead Baron　本名＝Pitt,David Thomas　政治家　元・英国上院議員　国英国　生1913年10月3日　没1994年12月18日　没1996

ビットナー, ギュンター　Bittner, Günther　心理学者, 教育学者

ヴュルツブルク大学教授　⑱精神分析　⑲ドイツ　⑭1937年
⑮1996

ピットマン, ウォルター　Pitman, Walter C.　海洋地質学者　コロンビア大学教授・ラモントードハティ地球観察研究所教授　⑮2004／2008

ピットマン, カレン　国際青少年育成財団(IYF)プログラム担当ディレクター　⑲米国　⑮2000

ピットマン, ジョアンナ　Pitman, Joanna　ジャーナリスト　「ザ・タイムズ」紙東京支局長　⑲英国　⑭1963年　⑮1992／1996

ピットマン, ヤナ　Pittman, Jana　陸上選手(障害・短距離)　⑲オーストラリア　⑭1982年11月9日　⑮2004／2008

ピットマン, ロバート　Pittman, Robert　クアンタム・メディア社長　⑲米国　⑮1992

ピッピヒ, ウテ　マラソン選手　⑲ドイツ　⑭1965年9月7日　⑮1992

ピッフェン, ジョン　Biffen, John　本名=ビッフェン, ウィリアム・ジョン　別名=Biffen,Lord　政治家　元・英国保守党下院院内総務　⑲英国　⑭1930年11月3日　⑰2007年8月14日　⑮1992

ヒッペル, フランク・フォン　原子物理学者　プリンストン大学エネルギー環境問題研究センター教授　⑲米国　⑮2000

ヒッペン, ウィル　元・サンジエゴ日本名誉総領事　⑲米国　⑭1988年2月22日　⑮1992

ピッペン, スコッティ　Pippen, Scottie　元・バスケットボール選手　⑲米国　⑭1965年9月25日　⑮1996／2000／2004／2008

ビーティー, アン　Beattie, Ann　作家　⑲米国　⑭1947年9月8日　⑮1992／1996／2004／2008／2012

ビーティ, ウォーレン　Beatty, Warren　俳優, 映画監督・プロデューサー　⑲米国　⑭1937年3月30日　⑮1992／1996／2004／2008／2012

ビーティ, ダリル　Beattie, Daryl　オートバイライダー　⑲オーストラリア　⑭1970年9月26日　⑮2000

ビーティー, ブルース　Beattie, Bruce　漫画家　⑲米国　⑭1954年　⑮1996

ピーティ, マーク　Peattie, Mark Robert　スタンフォード大学フーバ研究所上級研究員　⑱日本政治史　⑲米国　⑭1930年　⑮1996／2000

ビティエロ, ジョー　Vitiello, Joe　元・大リーグ選手, 元・プロ野球選手　⑲米国　⑭1970年4月11日　⑮2000／2004

ビーディカス, ビッキー　Viidikas, Vicki　作家　⑲オーストラリア　⑮1992

ビティット・ムンターボーン　Vitit Muntarbhorn　チュラロンコン大学教授,「バンコク・ポスト」特別コラムニスト　⑲タイ　⑮2000

ピティーノ, リック　Pitino, Rick　バスケットボール指導者　⑲米国　⑭1952年9月18日　⑮2000／2004／2008／2012

ヒティロヴァ, ヴェラ　Chytilová, Věra　映画監督　⑲チェコスロバキア　⑭1929年　⑮1992(ヒティロバ, ベラ)／1996(ヒティロバ, ベラ)

ヒディンク, フース　Hiddink, Guus　サッカー監督, 元・サッカー選手　元・サッカー・オーストラリア代表監督, 元・サッカー・ロシア代表監督　⑲オランダ　⑭1946年11月8日　⑮2004／2008／2012

ビデノフ, ジャン　Videnov, Zhan　政治家　元・ブルガリア首相, 元・ブルガリア社会党党首　⑲ブルガリア　⑭1959年3月22日　⑮1996／2000

ビデラ, ホルヘ・ラファエル　Videla, Jorge Rafael　政治家, 軍人　元・アルゼンチン大統領　⑲アルゼンチン　⑭1925年8月2日　⑰2013年5月17日　⑮2000

ビーデルマン, パウル　Biedermann, Paul　水泳選手(自由形・背泳ぎ)　競泳男子200メートル・400メートル自由形世界記録保持者　⑲ドイツ　⑭1986年8月7日

ピート, F.デービッド　Peat, F.David　サイエンスライター　カナダ国立科学研究所,クイーンズ大学　⑲英国　⑭1938年　⑮2000／2004

ビドー, ジョルジュ　Bidault, Georges　政治家　元・フランス首相・外相　⑲フランス　⑭1899年10月5日　⑰1983年1月27日　⑮1992

ピート, ビル　Peet, Bill　絵本作家, 脚本家, アニメーション作家　⑲米国　⑭1915年　⑰2002年5月13日　⑮1996

ピトー, フランチェスコ　Pittau, Francesco　絵本作家　⑲ベルギー　⑮2004

ビートー, リチャード　Vietor, Richard H.K.　国際政治経済学者　ハーバード・ビジネス・スクール教授　⑲米国　⑮2012

ピート, リチャード　Peto, Richard　疫学者　オックスフォード大学医学部教授　⑱がん　⑲英国　⑭1943年5月14日　⑮1996

ビトヴァ, イヴァ　Bittová, Iva　バイオリニスト　⑲チェコスロバキア　⑭1958年7月22日　⑮1996(ビトバ, イバ)

ビドウェル, D.　システム・エンジニア　ラスナ社社長　⑲米国　⑮1992

ビドゥカ, マーク　Viduka, Mark　サッカー選手(FW)　⑲オーストラリア　⑭1975年9月10日　⑮2008／2012

ピトエフ, サシャ　Pitoëff, Sacha　俳優　⑲フランス　⑭1920年　⑮1992

ピトカ, ジョー　Pytka, Joe　CMディレクター　⑲米国　⑭1938年　⑮2000

ピトカマキ, テロ　Pitkamaki, Tero　やり投げ選手　北京五輪陸上男子やり投げ銅メダリスト　⑲フィンランド　⑭1982年12月19日

ビトーセク, ピーター　Vitousek, Peter M.　生物学者　スタンフォード大学教授　⑲米国　⑭1949年1月24日　⑮2012

ピトフ　Pitof　本名=コマール, ジャン・クリストフ　映画監督　⑲フランス　⑭1957年　⑮2004

ビートフ, アンドレイ　Bitov, Andrei Georgievich　作家　ロシア・ペンクラブ会長　⑲ロシア　⑭1937年5月27日　⑮1992／2000／2004／2008／2012

ビドマー, オウレリオ　Vidmar, Aurelio　サッカー選手(MF)　⑲オーストラリア　⑭1967年2月3日　⑮2000

ビドマーシュルンプフ, エベリン　Widmer-schlumpf, Eveline　政治家　元・スイス大統領　⑲スイス　⑭1956年3月16日

ビードマン, ダレン　Beadman, Darren　騎手　⑲オーストラリア　⑭1965年11月17日　⑮2000

ヒート・ムーン, ウィリアム・リースト　Heat-Moon, William Least　作家　⑲米国　⑭1939年　⑮1996

ビドヤナータ, ガジャ・クリシュナ　Vaidyanatha, Gaja Krishna　コンピューター技術者　⑲米国　⑮2004／2008

ピトラ, フランチシェク　Pitra, František　政治家　元・チェコスロバキア連邦副首相, 元・チェコ共和国首相　⑲チェコスロバキア　⑭1932年11月13日　⑮1992

ビトリチェンコ, エレーナ　Vitrichenko, Elena　元・新体操選手　⑲ウクライナ　⑭1976年11月25日　⑮2000／2004

ビドル, ウエイン　Biddle, Wayne　ジャーナリスト　⑲米国　⑭1948年　⑮2000

ビードル, ジョージ　Beadle, George Wells　生物学者　⑲米国　⑭1903年10月22日　⑰1989年6月9日　⑮1992

ピトル, セルヒオ　Pitol, Sergio　作家, 外交官　⑲メキシコ　⑭1933年　⑮2008／2012

ビードル, マイク　Beedle, Mike　コンピューター技術者　⑮2008

ビドルシュナ, オレーナ　バイアスロン選手　ソチ五輪バイアスロン女子リレー金メダリスト　⑲ウクライナ

ヒドルストン, ジェームス・アンドリュー　Hiddleston, James Andrew　文学研究者　オックスフォード大学エクゼター・カレッジ　⑱フランス文学　⑲英国　⑭1935年　⑮1992

ピトレリ, アル　Pitrelli, Al　グループ名=メガデス　ロック・ギタリスト　⑲米国　⑭1962年9月26日　⑮2004／2008

ビードロ, ホセ　Vidro, Jose　本名=Vidro,Angel Jose　大リーグ選手(内野手)　⑲プエルトリコ　⑭1974年8月27日　⑮2008

ビトン, カティー　Bitton, Cathy　ポリグラム・フランス国際開発ディレクター　⑲フランス　⑮2000

ビートン, スー　Beeton, Sue　ラトローブ大学上級講師　⑱観光, エコツーリズム　⑲オーストラリア　⑮2004

ビートン, セシル　Beaton, Cecil　本名=Beaton,Cecil Walter Hardy　写真家, 舞台美術家, 衣装デザイナー　⑲英国　⑭1904年1

月14日　[没]1980年1月18日　[典]1992

ヒートン, パトリシア　Heaton, Patricia　本名=Heaton,Patricia Helen　女優　[国]米国　[生]1958年3月4日　[典]2008／2012

ビトン・ジャクソン, リビア　Bitton-Jackson, Livia E.　別名=フリードマン, エリ・L.　[専]ヘブライ文化, ユダヤ史　[国]米国　[典]2000

ビナイサ, ゴッドフリー　Binaisa, Godfrey　本名=Binaisa, Godfrey Lukwongwa　政治家　元・ウガンダ大統領　[国]ウガンダ　[生]1920年5月30日　[没]2010年8月5日　[典]1996

ビナティエリ, アダム　Vinatieri, Adam　プロフットボール選手（K）　[国]米国　[生]1972年12月28日　[典]2004／2008

ビナルデル, R.　Vinardell, Roser　画家　[国]スペイン　[生]1945年　[典]1992

ヒーニー, シェイマス　Heaney, Seamus Justin　詩人　元・ハーバード大学教授　[国]アイルランド　[生]1939年4月13日　[没]2013年8月30日　[典]1992／1996／2000／2004／2008／2012

ピニー, テリー　Pinney, Terry　教育者, ヒーラー, 霊能者　ドルフィン・アンド・ユー主宰者　[国]米国　[典]2000

ピニェイロ, ジョアン・デ・デウス　Pinheiro, João de Deus Rogado Salvador　政治家　元・EU欧州委員会委員（アフリカ・カリブ・太平洋関係担当）, 元・ポルトガル外相　[国]ポルトガル　[生]1945年　[典]1992／1996／2000

ピニェイロ, レイラ　Pinheiro, Leila　歌手　[国]ブラジル　[生]1960年10月　[典]1992

ビニェス, ホセ・バラオナ　Vines, Josep Barahona　料理人　ピンチョス・ベポオーナーシェフ, 小笠原伯爵邸総料理長　[専]スペイン料理　[国]スペイン　[生]1966年　[典]2004

ピニェラ, セバスティアン　Piñera, Sebastián　本名=ピニェラ・エチェニケ, ミゲル・フアン・セバスティアン　政治家, 経済学者　チリ大統領　[国]チリ　[生]1949年12月1日　[典]2012

ピニェーロ, ドミシオ　カメラマン　[国]ブラジル　[生]1921年5月4日　[典]1996

ビーニッヒ, ゲルト・カール　Binnig, Gerd Karl　物理学者　IBMチューリヒ研究所フェロー, ミュンヘン大学名誉教授　[国]ドイツ　[生]1947年7月20日　[典]1992／1996

ピーニャ, アントニオ・ベラスコ　Piña, Antonio Velasco　作家, 弁護士　[国]メキシコ　[生]1935年　[典]2004

ピニョ, スエリ　本名=ピニョ・ジアス・佐久間, スエリ　絵本作家　[国]ブラジル　[生]1961年　[典]1996

ピニョニ, マリア・テレーザ　Pignoni, Maria-Teresa　労働社会学者　フランス雇用連帯省統計調査局（MES-DARES）専任研究員　[国]フランス　[典]2004／2008

ビニョーネ, レイナルド・ベニト　Bignone, Reynaldo Benito Antonio　政治家　元・アルゼンチン大統領　[国]アルゼンチン　[生]1928年1月21日　[典]1992／2000

ピニョン, エドアール　Pignon, Edouard　画家　[国]フランス　[生]1905年2月12日　[没]1993年5月14日　[典]1996

ピニンファリーナ, セルジオ　Pininfarina, Sergio　カーデザイナー, 実業家　元・ピニンファリーナ名誉会長, 元・イタリア終身上院議員　[国]イタリア　[生]1926年9月8日　[没]2012年7月2日　[典]1992／1996／2000

ピニンファリーナ, パオロ　Pininfarina, Paolo　カーデザイナー, 実業家　ピニンファリーナ・エクストラ社長　[国]イタリア　[生]1958年8月28日　[典]1992／2000

ピヌス, エフゲニア・ミハイロヴナ　元・レニングラード大学東洋学部日本語科主任教授　[国]ソ連　[没]1984年6月19日　[典]1992

ピネー, アントワーヌ　Pinay, Antoine　政治家　元・フランス首相・蔵相　[国]フランス　[生]1891年12月30日　[没]1994年12月13日　[典]1992／1996

ピーネ, オットー　Piene, Otto　美術家　マサチューセッツ工科大学（MIT）高等視覚研究所教授　[国]ドイツ　[生]1928年4月18日　[典]1992

ピネイロ, ヨアキム　Pinheiro, Joaquim　マラソン選手　[国]ポルトガル　[典]2000

ヒネスタ, モンセ　Ginesta, Montse　イラストレーター　[国]スペイン　[生]1952年　[典]1996

ピネッリ, トゥリオ　Pinelli, Tullio　脚本家　[国]イタリア　[生]1908年6月24日　[没]2009年3月7日　[典]2004

ピネラ, ルー　Piniella, Lou　本名=Piniella,Louis Victor　元・大リーグ監督, 元・大リーグ選手　[国]米国　[生]1943年8月28日　[典]1992（ピニエラ, ルー）／1996／2004／2008／2012

ヒネルズ, ジョン　Hinnells, John R.　宗教学者　マンチェスター大学教授　[専]比較宗教学, ゾロアスター教　[国]英国　[生]1941年　[典]1992／1996／2000

ビーネン, ヘンリー　Bienen, Henry　ノースウエスタン大学学長　[国]米国　[典]2000

ビネンダイク, ハンス　Binnendijk, Hans　ジョージタウン大学国際関係大学院所長　[専]国際戦略問題　[国]米国　[生]1946年　[典]1992

ビネント, エクトール　Vinent Charon, Hector　ボクシング選手　[国]キューバ　[生]1972年7月25日　[典]1996／2000

ピノー, クリスチャン　Pineau, Christian　政治家　元・フランス外相　[国]フランス　[生]1904年10月14日　[没]1995年4月5日　[典]1996

ピノー, フランソワ　Pinault, François-Henri　実業家, 美術収集家　ピノー・プランタン・ルドゥート（PPR）会長・CEO　[国]フランス　[生]1936年8月21日　[典]2008／2012

ビノグラードフ, ソフィア　Vinogradov, Sophia　サイコセラピスト　プレスバイタリアン医療センター精神科病棟医長　[国]米国　[生]1958年　[典]1992／2000

ビノシュ, ジュリエット　Binoche, Juliette　女優　[国]フランス　[生]1964年3月9日　[典]1992／1996／2000／2004／2008／2012

ピノチェト, アウグスト　Pinochet, Augusto　本名=ピノチェト・ウガルテ, アウグスト　政治家, 軍人　元・チリ大統領, 元・チリ陸軍総司令官　[国]チリ　[生]1915年11月25日　[没]2006年12月10日　[典]1992／1996／2000／2004

ピノック, ジョン　Pinnock, Jon　本名=Pinnock,Jonathan　コンピューター技術者, コンピューター・コンサルタント　[国]英国　[典]2004

ピノック, トレバー　Pinnock, Trevor　本名=Pinnock,Trevor David　ハープシコード奏者, 指揮者　ヨーロピアン・ブランデンブルク・アンサンブル主宰　[国]英国　[生]1946年12月16日　[典]1992／1996／2004／2012

ピノトー, クロード　Pinoteau, Claude　映画監督　[国]フランス　[生]1925年5月25日　[没]2012年10月5日

ビノリィ, ラファエル　Vinoly, Rafael　建築家　[国]米国　[生]1944年　[典]1992／2000

ピーノルト, ルイス　Pinault, Lewis　元・経営コンサルタント　米国航空宇宙局（NASA）　[国]米国　[典]2004

ビーバー, アントニー　Beevor, Antony　作家, 歴史家　[国]英国　[生]1946年　[典]2004／2012

ピーパー, アンネマリー　Pieper, Annemarie　倫理学者　バーゼル大学教授　[典]2000

ピーパー, ウィリアム　Pieper, William J.　心理療法家　[典]2008

ピーパー, エルンスト　Pieper, Ernst　実業家　元・ザルツギッター会長　[国]ドイツ　[生]1928年12月20日　[没]没年不詳　[典]1992／1996

ビーバー, オーエン　Bieber, Owen F.　労働運動家　元・全米自動車労組（UAW）会長　[国]米国　[生]1929年12月28日　[典]1992／1996

パイパー, コンラッド　Piper, Konrad　H.デルカンプ社社長　[典]1992

ビーバー, ジャスティン　Bieber, Justin　シンガー・ソングライター　[国]カナダ　[生]1994年3月1日　[典]2012

ビバー, ジャン・クロード　Biver, Jean-Claude　実業家　ウブロCEO　[国]ルクセンブルク　[生]1949年　[典]2000／2012

ピーパー, ニコラウス　Piper, Nikolaus　作家, ジャーナリスト　南ドイツ新聞ニューヨーク特派員　[生]1952年　[典]2008／2012

ビーバー, ポール　Beaver, Paul　ジャーナリスト　「ジェーン・ディフェンス・ウィークリー」誌編集発行人　[国]英国　[生]1953年　[典]1996／2000

ピーパー, マーサ・ハイネマン　Pieper, Martha Heineman　心理療法家　[典]2008

ピーパー, ヤン　Pieper, Jan　アーヘン工科大学建築学部教授　[専]建

築人類学 ⓖ1944年 ⓓ2000

ピーパー, ヨゼフ　Pieper, Josef　哲学者　ミュンヘン大学名誉教授　ⓝドイツ　ⓑ1904年5月4日　ⓓ1992

ピーパー, ロール　Pieper, Roel　実業家　フィリップス執行副社長　元・タンデムコンピューターズ社長・CEO　ⓝオランダ　ⓑ1956年　ⓓ1992／1996／2000

ビバース, グウィン　Vevers, Gwynne　動物学者　元・ロンドン動物園水族館館長　ⓝ英国　ⓑ1916年　ⓓ2004

ビバス, ジュリー　Vivas, Julie　イラストレーター　ⓝオーストラリア　ⓓ2004／2008

ヒバート, クリストファー　Hibbert, Christopher　作家, 歴史家　ⓢイギリス近現代史, イタリア近現代史　ⓝ英国　ⓑ1924年3月5日　ⓒ2008年12月21日　ⓓ1992／1996／2000

ヒーバート, ジェームズ　Hiebert, James　教育学者　デラウェア大学教授　ⓢ教科教育学, 数学教育, 理科教育　ⓝ米国　ⓓ2004

ビバリー, フランキー　Beverly, Frankie　グループ名＝メイズ・フィーチャリング・フランキー・ビバリー　ミュージシャン　ⓝ米国　ⓓ2012

ビハリ, ミハーイ　Bihari, Mihály　エトボシュ・ワーランド大学助教授　ⓢ社会主義国の政治・経済, ハンガリー政治　ⓝハンガリー　ⓑ1943年　ⓓ1992

ビハリ・メリン, オト　Bihalji-Merin, Oto　筆名＝メリン, ペーター, テーエン, ペーター　美術評論家, エッセイスト, 作家　ⓝユーゴスラビア　ⓑ1904年1月3日　ⓒ1993年12月22日　ⓓ1996

ピパール, ジェラール　Pipart, Gerard　ファッションデザイナー　ニナ・リッチ主任デザイナー　ⓝフランス　ⓑ1933年　ⓓ1992

ビバレッジ, C.　スコティッシュ・エンタープライズ（SE）総裁　ⓝ英国　ⓓ1996

ビバン, ティム　映画プロデューサー　ⓝ英国　ⓓ1992

ビバンテ, アルトゥーロ　Vivante, Arturo　作家　ⓓ1992

ピービ, ジェイク　Peavy, Jake　本名＝Peavy,Jacob Edward　大リーグ選手（投手）　ⓝ米国　ⓑ1981年5月31日　ⓓ2008／2012

ビービー, トーマス・ホール　Beeby, Thomas Hall　建築家　エール大学建築学部長　ⓝ米国　ⓑ1941年10月12日　ⓓ1992／1996

ビビー, マイク　Bibby, Mike G.　バスケットボール選手　ⓝ米国　ⓑ1978年5月13日　ⓓ2004／2008

ヒビー, リディア　Hiby, Lydia　動物コミュニケーター, 元・獣医看護婦　ⓝ米国　ⓓ2004

ビビアン, ミティタイアギメネ・ヤング　Vivian, Mititaiagimene Young　政治家　元・ニウエ首相・外相　ⓝニウエ　ⓑ1935年　ⓓ2008／2012

ビビエ, ロジェ　Vivier, Roger　靴デザイナー　ⓝフランス　ⓑ1907年　ⓓ2000

ビービーキング　B・B・キング　B.B.King　本名＝キング, ライリー・B.　ブルース・ギタリスト・歌手　ⓝ米国　ⓑ1925年9月16日　ⓓ1992（キング, ビー・ビー）／2004

ピヒト, ゲオルク　Picht, Georg　哲学者　元・福音主義学術協会研究所長　ⓝドイツ　ⓑ1913年　ⓒ1982年　ⓓ1992

ピピヒ, ウタ　Pippig, Uta　マラソン選手, 陸上選手（長距離）　ⓝドイツ　ⓑ1965年9月7日　ⓓ2000

ピヒラー, ギュンター　Pichler, Günter　バイオリニスト, 指揮者　元・アルバン・ベルク弦楽四重奏団第1バイオリン奏者　ⓝオーストリア　ⓑ1940年9月9日　ⓓ1996／2000／2004／2012

ビーヒルズ, マイケル　Behiels, Michael　オタワ大学教授　ⓢカナダ史　ⓝカナダ　ⓑ1946年　ⓓ1996

ピピン, フランシスコ　Pipin, Francisco　素潜りで水深133.8メートルの世界記録を達成　ⓝキューバ　ⓑ1962年　ⓓ2000

ヒープ, スー　Heap, Sue　イラストレーター　ⓝ英国　ⓑ1954年　ⓓ2004

ヒファーナン, ロバート　Heffernan, Robert　競歩選手　ⓝアイルランド　ⓑ1978年2月28日

ピプキン, B.W.　Pipkin, Bernard W.　南カリフォルニア大学名誉教授　ⓢ応用地質コンサルタント　ⓝ米国　ⓓ2008

ビブシイ・スンハルヨ　Bibsy Soenharjo　作家　ⓝインドネシア　ⓑ1928年11月22日　ⓓ1992

ヒプソン, ピーター　Hipson, Peter D.　テクニカルライター・コンサルタント　ⓓ2004

ピープルス, P.J.E.　Peebles, P.James E.　天文学者　プリンストン大学名誉教授　ⓢ宇宙論　ⓝ米国　ⓓ2004／2008

ピープルス, ニア　タレント　ⓝ米国　ⓓ1992

ピープルズ, マリオ・バン　Peebles, Mario van　映画監督, 俳優　ⓝ米国　ⓑ1957年1月15日　ⓓ1992／1996／2000／2004／2008／2012

ピープルズ, メルビン・バン　Peebles, Melvin van　映画監督, 俳優　ⓝ米国　ⓑ1932年8月21日　ⓓ1996／2000／2008／2012

ビブロウ, ドミニク・マリー　マハラ社長　ⓝスイス　ⓑ1949年　ⓓ1992

ビフロフ, イゴール　Vihrovs, Igors　体操選手　ⓝラトビア　ⓑ1978年1月6日　ⓓ2004／2008

ビブン, カール　Biven, W.Carl　経営コンサルタント, 経済学者　ジョージア工科大学名誉教授　ⓢマクロ経済学, 公共政策　ⓝ米国　ⓓ2004

ヒベット, ハワード　Hibbett, Howard Scott　日本文学研究家　ハーバード大学名誉教授　ⓝ米国　ⓑ1920年7月27日　ⓓ1992／2008

ビーベリ, ペニラ　Wiberg, Pernilla　元・スキー選手（アルペン）　国際オリンピック委員会（IOC）委員　ⓝスウェーデン　ⓑ1970年10月15日　ⓓ1996／2000／2004／2008

ビーベル, キャロル　Bebelle, Carol　アシェ文化芸術センター創立者・所長　ⓝ米国　ⓓ2012

ビーヘル, パウル　Biegel, Paul　作家　ⓝオランダ　ⓑ1925年　ⓒ2006年　ⓓ2000

ビベルガン, ワジム　作曲家　文化学院教授　ⓝロシア　ⓑ1937年　ⓓ1996

ビベルソン, フィリップ　Biberson, Philippe　医師　国境なき医師団（MSF）パリ本部総裁　ⓝフランス　ⓑ1955年8月19日　ⓓ1996／2000

ビーベルバハ, ルートヴィヒ　Bieberbach, Ludwig　数学者　元・ベルリン大学教授　ⓝドイツ　ⓑ1886年12月4日　ⓒ1980年　ⓓ1992

ヒポリト, ディエゴ　Hypólito, Diego　本名＝Hypólito,Diego Matias　体操選手　ⓝブラジル　ⓑ1986年6月19日

ヒーボルド, セシル　画家　ⓝ米国　ⓓ1992

ヒーボルド, ミルトン　彫刻家　ⓝ米国　ⓓ1992

ビーマー, リサ　Beamer, Lisa　トッド・ビーマー基金設立者　米国同時多発テロ事件被害者の家族　ⓝ米国　ⓓ2004

ヒマネン, ペッカ　Himanen, Pekka　哲学者　ヘルシンキ大学教授　ⓝフィンランド　ⓑ1973年　ⓓ2004／2008／2012

ビマル・ティシュヤ　Bimal Tishya　仏教僧　チッタゴン高原仏教協会会長　ⓝバングラデシュ　ⓓ1992

ビミス, トーマス　Bimis, Thomas　飛び込み選手　ⓝギリシャ　ⓑ1975年1月11日　ⓓ2008

ビーム, エイブラハム　Beame, Abraham David　政治家　元・ニューヨーク市長　ⓝ米国　ⓑ1906年3月20日　ⓒ2001年2月10日　ⓓ1996

ピム, フランシス　Pym, Francis　本名＝Pym,Francis Leslie　政治家　元・英国外相　ⓝ英国　ⓑ1922年2月13日　ⓒ2008年3月7日　ⓓ1992

ビーム, フレッド　Beam, Fred　グループ名＝ワイルド・ザッパーズ　ダンサー　ⓝ米国　ⓓ2004

ビーム, リッチ　Beem, Rich　本名＝ビーム, リチャード・マイケル　プロゴルファー　ⓝ米国　ⓑ1970年8月24日　ⓓ2004

ヒムチャン　Him-chan　グループ名＝B.A.P　歌手　ⓝ韓国　ⓑ1990年4月19日

ヒメネス, ウバルド　Jimenez, Ubaldo　大リーグ選手（投手）　ⓝドミニカ共和国　ⓑ1984年1月22日　ⓓ2012

ヒメネス, ソラヤ　Jimenez, Soraya　本名＝Jimenez Mendivil, Soraya　重量挙げ選手　ⓝメキシコ　ⓑ1977年8月5日　ⓓ2004／

ヒメネス, フランシスコ　Jiménez, Francisco　作家　国米国　生1943年6月29日　典2008／2012

ヒメネス, フローレンティン　Gimenez, Florentin　指揮者,作曲家　アスンシオン市交響楽団客員指揮者・室内合奏団指揮者　国パラグアイ　典1992

ヒメネス, ホセ　Jimenez, Jose　大リーグ選手(投手)　生1973年7月7日　典2000／2008

ヒメネス, ミゲル・アンヘル　Jiménez, Miguel Ángel　プロゴルファー　国スペイン　生1964年1月5日　典2008／2012

ヒメルスタイン, ピーター　Himmelstein, Peter　建築家　国米国　典2000

ピーメン　Pimen　本名=イズベコフ, セルゲイ・ミハイロヴィッチ　元・ロシア正教総主教　国ソ連　生1990年5月3日　典1992

ビーモン, ボブ　Beamon, Bob　元・走り幅跳び選手　国米国　生1946年8月29日　典1992／2000

ビヤ, ポール　Biya, Paul　政治家　カメルーン大統領, カメルーン人民民主同盟(RDPC)党首　国カメルーン　生1933年2月13日　典1992／1996／2000／2004／2008／2012

ビヤットネス, アンネシュ　Bjartnes, Anders　ジャーナリスト　「世界時報」紙記者　国欧州問題　国ノルウェー　生1963年　典1996

ビャヒ, ティート　Vähi, Tiit　政治家　エストニア同盟党党首　元・エストニア首相　国エストニア　生1947年1月10日　典1996／2000

ビャムバスレン, ダシン　Byambasuren, Dashin　政治家　元・モンゴル首相　国モンゴル　生1942年　典1992／1996

ビヤール, ピエール　Billard, Pierre　編集者,映画評論家　元・フランス・シネクラブ協会会長,元・カンヌ国際映画祭委員長相談役　国フランス　生1922年7月3日　典2004／2008

ビャルベ, エレーナ　Vaelbe, Elena　旧名=トルビツィナ,エレーナ　スキー選手(距離)　国ロシア　生1968年4月20日　典1996／2000

ビャンバスレン・ダバー　Byambasuren Davaa　映画監督　生1971年　典2008

ピュー, ガレス　Pugh, Gareth　ファッションデザイナー　国英国　生1981年　典2012

ピュー, ダイアン　Pugh, Dianne　作家　国米国　典2000

ピュー, デリック　Pugh, Derek Salman　経営学者　オープン・ユニバーシティ名誉教授　典2004

ピーユ, ルネ・ビクトル　Pilhes, René-Victor　作家　国フランス　生1934年　典1992

ピーユ, ロリータ　Pille, Lolita　作家　国フランス　生1982年8月27日　典2008

ピュアー, ジャン　スキー選手(フリースタイル)　国米国　典1992

ピュアール, ベルトラン　Puard, Bertrand　作家　国フランス　生1977年　典2004

ピュアワル, ジャスイット　ライター　国インド　典2004

ヒューイ, シャーリー・フェントン　Huie, Shirley Fenton　作家　国オーストラリア　生1924年　典2000

ピュイグ, アンドレ　Puig, André　作家　国フランス　生1939年　典1992

ピュイグルニエ, セバスチャン　Puygrenier, Sebastien　サッカー選手(DF)　国フランス　生1982年1月28日　典2012

ピュイグ・ロジェ, アンリエット　Puig-Roget, Henriette　ピアニスト,オルガン奏者,作曲家,音楽評論家　元・パリ国立高等音楽院名誉教授,元・東京芸術大学名誉客員教授　国フランス　生1910年1月9日　没1992年11月24日　典1992／1996

ピュイス, ポール　軍人　国防研究所財団理事長　国欧州安全保障問題　国フランス　生1912年　典1992

ピュイゼ, ジャック　Puisais, Jacques　国際ワイン・アカデミー会長　国フランス　典1996

ビュイダン, ミレイユ　Buydens, Mireille　哲学者,法学者　ブリュッセル大学教員　国情報メディア法,知的所有権の保護　国ベルギー　典2004

ヒューイッシュ, アントニー　Hewish, Antony　電波天文学者　ケンブリッジ大学名誉教授　国英国　生1924年5月11日　典1992／1996／2004／2008

ヒューイット, V.J.　Hewitt, V.J.　予言研究家　国英国　典1992

ヒューイット, アンジェラ　Hewitt, Angela　ピアニスト　国カナダ　生1958年7月26日　典2004／2008／2012

ヒューイット, ジェニファー・ラブ　Hewitt, Jennifer Love　女優,歌手　国米国　生1979年2月21日　典2000／2004／2012

ヒューイット, ジョフリー　Hewitt, Geoffrey F.　インペリアルカレッジ教授　国熱工学,化学工学　国英国　典1996

ヒューイット, パオロ　Hewitt, Paolo　音楽ジャーナリスト　国英国　典2000

ヒューイット, ライトン　Hewitt, Lleyton　テニス選手　国オーストラリア　生1981年2月24日　典2000／2004／2008

ヒューイット, レス　Hewitt, Les　経営コンサルタント　典2008

ヒューイット, レノーラ　Huett, Leonora　霊能者　国米国　典2000

ピュイバレ, エリック　Puybaret, Éric　イラストレーター　国フランス　生1976年　典2008

ビュウ・ウンタイ　繆雲台　元・中国人民政治協商会議副主席　国中国　没1988年9月3日　典1992(ビョウ・ウンダイ)

ビュウ・ブンイ　繆文渭　作家　安徽省文芸家協会名誉主席　国中国　生1917年　典1996

ヒューウェット, エドワード　Hewett, Edward A.　ブルッキングズ研究所政策研究プログラム上級主任研究員,「ソ連経済」編集長　国ソ連・東欧経済　国米国　生1942年　典1992／1996

ピュエシュ, ミシェル　Puech, Michel　哲学者　ソルボンヌ大学　典2008

ビュエル, ビビ　Buell, Bebe　ロック歌手　国米国　典2004

ピュカイエ, モーリス　元・パリ大学病院外科部長　国古代エジプトのミイラ　国フランス　生1920年　典1996

ヒューガート, バリー　Hughart, Barry　作家　国米国　生1934年　典2004

ヒューゴー, リチャード　Hugo, Richard　作家　国英国　生1947年　典1992／1996

ヒューゴー, リン　Hugo, Lynne　詩人,作家　国米国　典2004

ピュージ, マイケル　Pusey, Michael　ニュー・サウス・ウェールズ大学教授　国政治社会学　典1996

ビュジョール, フラヴィア　Bujor, Flavia　作家　国フランス　生1988年　典2008

ピュジョル, レティシア　Pujol, Laetitia　バレリーナ　パリ・オペラ座バレエ団エトワール　国フランス　生1975年10月8日　典2004／2008／2012

ビュジョルド, ジュヌビエーブ　Bujold, Genevieve　女優　国カナダ　生1942年7月1日　典1996

ヒューズ, アンソニー　Hughes, Anthony　美術史家　リーズ大学講師　国16・17世紀美術史,彫刻およびその理論的研究　典2004

ヒューズ, ウェンディ　Hughes, Wendy　女優　国オーストラリア　生1952年7月29日　没2014年3月8日

ヒューズ, オーエン　映画プロデューサー　フレームアップ・フィルム代表　典2008

ヒューズ, カレン　Hughes, Karen Parfitt　元・米国国務次官(広報外交担当)　国米国　生1956年12月27日　典2008／2012

ヒューズ, キース　Hughes, Keith W.　金融家　アソシエイツ・ファースト・キャピタル・コーポレーション(AFCC)会長・CEO　国米国　典2004

ヒューズ, クララ　Hughes, Clara　スピードスケート選手,自転車選手　トリノ五輪スピードスケート女子5000メートル金メダリスト　国カナダ　生1972年9月27日　典2008／2012

ヒューズ, グレン　Hughes, Glenn　旧グループ名=ディープ・パープル　ロック・ベース奏者　国英国　典2008／2012

ヒューズ, サラ　Hughes, Sarah　フィギュアスケート選手　国米国　生1985年5月2日　典2004／2008

ヒューズ, ジェームズ(Jr.)　Hughes, James E.(Jr.)　弁護士

⊕米国 ⓒ2004／2008

ヒューズ, ジェラード　Hughes, Gerard W.　イエズス会会員　⊕1924年3月　ⓒ2000

ヒューズ, シャーロット　世界で2番目の高齢者　⊕英国　⊕1877年8月1日　⊗1993年3月17日　ⓒ1996

ヒューズ, ジュディス　Hughes, Judith　作家　⊕米国　ⓒ2004

ヒューズ, ジョン　Hughes, John　本名＝Hughes,John Wilden,Jr.　映画プロデューサー, 脚本家, 映画監督　元・ヒューズ・エンターテインメント社長　⊕米国　⊕1950年2月18日　⊗2009年8月6日　ⓒ1992／1996

ヒューズ, ジョン　Hughes, John F.　コンピューター科学者　ブラウン大学助教授　⊕コンピュータグラフィックス　⊕米国　ⓒ2004

ヒューズ, スターリング　Hughes, Sterling　Webディベロッパー　ⓒ2004

ヒューズ, チャールズ　Hughes, Charles　サッカー指導者　イングランドサッカー協会指導育成ディレクター部門担当, インターナショナル・コーチング・スクール責任者　⊕英国　ⓒ2000

ヒューズ, テッド　Hughes, Ted　本名＝ヒューズ, エドワード・ジェームズ　詩人　⊕英国　⊕1930年8月17日　⊗1998年10月28日　ⓒ1992

ヒューズ, デーブ　ネットワーカー　⊕米国　ⓒ1992

ヒューズ, トーマス　Hughes, Thomas Parke　技術史家　ペンシルベニア大学教授　⊕米国　⊕1923年　ⓒ2000

ヒューズ, トーマス　Hughes, Thomas　作家, 脚本家　⊕米国　ⓒ2004

ヒューズ, ノーラ・O.　住友銀行セキュリティーズ社長　⊕米国　ⓒ1992／1996

ヒューズ, ハロルド（Jr.）　Hughes, Harold E.（Jr.）　インテル副社長・CFO　⊕米国　⊕1946年　ⓒ1996

ヒューズ, ヘンリー　Hughes, Henry Stuart　歴史家, 思想史家　元・ハーバード大学教授　⊕欧州史, 米国史　⊕米国　⊕1916年5月7日　ⓒ1992／2000

ヒューズ, マーティン　Hughes, Martin　ライター　⊕アイルランド　ⓒ2008

ヒューズ, マレー　Hughes, Murray　「レイルウェイ・ガゼット・インターナショナル」誌編集長　⊕英国　⊕1950年　ⓒ1992

ヒューズ, リチャード　ジャーナリスト　在アジア外国人特派員の長老格　⊕オーストラリア　⊗1984年1月4日　ⓒ1992

ヒューズ, リチャード　Hughes, Richard D.　騎手　⊕アイルランド　⊕1973年1月11日　ⓒ1996／2008

ヒューズ, ルイス　Hughes, Louis R.　ゼネラル・モーターズ（GM）上級副社長・欧州法人社長　⊕ドイツ　ⓒ1992／1996

ヒューズ, ロバート　Hughes, Robert　美術評論家　ⓒ1992

ビュースト, セドリック　Beust, Cedric　コンピューター技術者　ⓒ2004

ビューストロス, G.　Bustros, Georges　画家　⊕1923年　ⓒ1992

ヒューストン, アンジェリカ　Huston, Anjelica　女優　⊕米国　⊕1951年7月8日　ⓒ1992／1996／2000／2004／2008／2012

ヒューストン, ジェームズ　Houston, James　画家, 彫刻家, 作家, イヌイット美術専門家　⊕カナダ　⊕1921年　⊗2005年4月17日　ⓒ1992／2000

ヒューストン, ジョン　Huston, John　本名＝Houghston,John Marcellus　映画監督, 俳優　⊕米国　⊕1906年8月5日　⊗1987年8月28日　ⓒ1992

ヒューストン, ジーン・ワカツキ　Houston, Jeanne Wakatsuki　作家　⊕米国　ⓒ1996

ヒューストン, ダレン　Huston, Darren　実業家　マイクロソフト米国本社コーポレートバイスプレジデント・コンシューマー　元・マイクロソフト日本法人社長　⊕カナダ　⊕1966年1月3日　ⓒ2008／2012

ヒューストン, ドナルド　俳優　⊕英国　⊗1991年10月13日　ⓒ1992

ヒューストン, トム　Houston, Tom　牧師, 聖書研究家　世界伝道ローザンヌ委員会国際部理事　元・英国聖書協会理事長　⊕英国　⊕1928年　ⓒ1996

ヒューストン, ナンシー　Huston, Nancy　作家　⊕フランス　⊕1953年　ⓒ2000／2012

ヒューストン, ベリナ・ハス　ヒューストン, ベリナ・蓮　Houston, Velina Hasu　劇作家　⊕米国　ⓒ1996

ヒューストン, ホイットニー　Houston, Whitney　本名＝Houston, Whitney Elizabeth　歌手, 女優　⊕米国　⊕1963年8月9日　⊗2012年2月11日　ⓒ1992／1996／2000／2004／2008／2012

ヒューストン, ボブ　ジャーナリスト　「ロイヤルティー」編集長　⊕英国　⊕1939年5月　ⓒ2004

ピューセリック, R.フランク　Pucelik, R.Frank　行動科学コンサルタント　ⓒ2008

ヒューソン, ジョン　Hewson, John　政治家　元・オーストラリア自由党党首　⊕オーストラリア　⊕1946年10月28日　ⓒ1992／1996

ビュッカー, ユッタ　Bücker, Jutta　イラストレーター　⊕ドイツ　⊕1970年　ⓒ2004

ヒュッシュ, ゲルハルト　Hüsch, Gerhard　オペラ歌手　元・ミュンヘン国立高等音楽学校教授　⊕バリトン　⊕ドイツ　⊕1901年2月2日　⊗1984年11月21日　ⓒ1992

ピュッセー, ジェラール　Pussey, Gerald　ジャーナリスト, 児童文学作家　⊕1947年　ⓒ1996

ヒュッター, ラルフ　Hütter, Ralf　グループ名＝クラフトワーク　ミュージシャン　⊕ドイツ　⊕1946年8月20日　ⓒ2008／2012

ビュッティカー, ウルス　Büttiker, Urs　建築家　⊕1952年　ⓒ2000

ヒュッテン, リヒャード　Hutten, Richard　インテリアデザイナー　⊕オランダ　⊕1967年　ⓒ2000

ビュッフェ, アナベル　Buffet, Annabel　エッセイスト, シャンソン歌手　⊕フランス　⊕1928年　ⓒ1992／2000

ビュッフェ, ベルナール　Buffet, Bernard　画家, 版画家　⊕フランス　⊕1928年7月10日　⊗1999年10月4日　ⓒ1992／1996

ヒュッベ, ニコライ　Hübbe, Nikolaj　元・バレエダンサー　デンマーク・ロイヤル・バレエ団芸術監督　⊕デンマーク　⊕1967年10月30日　ⓒ2012

ビュッヘルホーファー, ロバート　実業家　フォルクスワーゲン（VW）副社長　⊕オーストリア　ⓒ2004

ビュテ, ルシル　Butel, Lucile　絵本画家　⊕フランス　⊕1929年　ⓒ1992

ピュティ, ノーバート　Psuty, Norbert P.　ニュージャージー州立大学ラトガース校教授・海洋沿岸科学研究所沿岸研究部長　⊕沿岸地質形態学, 沿岸沈積, 沿岸砂丘プロセス, 地質形態学的沿岸侵食, 海水位変化　⊕米国　⊕1937年　ⓒ1996

ビュティン, W.F.　シェルジャパン社長　⊕米国　⊕1942年12月22日　ⓒ1996／2000

ビュテル, ジャン・ルック　ジョンソン＆ジョンソン・コンシューマーヘルスケア事業部北米担当ゼネラルマネジャー　元・日本ベクトン・ディッキンソン社長　⊕フランス　ⓒ1996／2000

ビュート, A.J.　Butte, Atul J.　「統合ゲノミクスのためのマイクロアレイ データアナリシス」の著者　ⓒ2008

ビュトゥクリ, V.S.　Vutukuri, V.S.　ニューサウスウェールズ大学ブロークンヒル校鉱山工学講師　⊕岩石力学, 岩石破砕　⊕1937年9月22日　ⓒ1996

ビュトール, ミシェル　Bùtor, Michel　作家, 評論家　元・ジュネーブ大学客員教授　⊕フランス　⊕1926年9月14日　ⓒ1992／1996／2004／2008／2012

ビューナー, ジェイ　Buhner, Jay　元・大リーグ選手　⊕米国　⊕1964年8月13日　ⓒ2000／2004

ヒューネック, スティーブン　Huneck, Stephen　画家, 版画家, 彫刻家　⊕米国　ⓒ2004

ヒューバー, キャロル　Huber, Carol　手芸家（刺繍）　⊕米国　⊕1942年　ⓒ1996

ヒューバー, ステファン　Huber, Stephen　手芸家（刺繍）　⊕米国　⊕1946年　ⓒ1996

ビューヒナー, バルバラ　Büchner, Barbara　作家, ジャーナリスト　⊕オーストリア　⊕1950年　ⓒ2004／2008

ビュフォード, デーモン　Buford, Damon Jackson　大リーグ選手(外野手)　⑱米国　⑮1970年6月12日　㊥2004

ビューフォード, ビル　Buford, Bill　編集者　元・「グランタ」編集長,元・「ニューヨーカー」編集者　⑱米国　⑮1954年　㊥1996／2004／2012

ヒュブナー, クルト　Hübner, Kurt　哲学者　キール大学名誉教授　⑱ドイツ　⑮1921年　㊥1996／2004

ヒュフナー, タチアナ　Huefner, Tatjana　リュージュ選手　バンクーバー五輪リュージュ女子1人乗り金メダリスト　⑱ドイツ　⑮1983年4月30日　㊥2012

ヒューブナー, フレドリック　Huebner, Fredrick　ミステリー作家　㊥2004／2008

ヒューブリー, ジェームス・S.　日本イーエヌエス・エイティアンドティ(AT&T Jens)社長　㊥1992

ヒュベール, ジャン　Hueber, Jean　チーズ鑑定人　元・フランス・チーズ原産地呼称証明協会会長　⑱フランス　㊥2000

ヒューベル, デービッド・ハンター　Hubel, David Hunter　神経生理学者　ハーバード大学医学部名誉教授　⑱米国　⑮1926年2月27日　㊥1992／1996／2000／2008

ヒューム, アレクサンダー　Home, Alexander Frederick Douglas　別名=ヒューム・オブ・ザ・ハーセル　政治家　元・英国首相・外相,元・英国保守党党首　⑱英国　⑮1903年7月2日　②1995年10月9日　㊥1992／1996

ヒューム, ケリ　Hulme, Keri　作家,詩人　⑱ニュージーランド　⑮1947年　㊥1992

ヒューム, ジョン　Hume, John　政治家　英国下院議員　元・英国社会民主労働党党首　⑱英国　⑮1937年1月18日　㊥2000／2008／2012

ヒューム, ジョン　Hume, John R.　歴史社会学者　セント・アンドリュース大学名誉教授,グラスゴー大学名誉教授　⑱英国　㊥2008

ヒューム, デニス　Hulme, Denis　F1ドライバー　⑱ニュージーランド　⑮1992年10月3日　㊥1996

ヒューム, ピーター　Hulme, Peter　エセックス大学文学科教授　⑳文学　⑱英国　⑮1948年　㊥1996

ヒュームズ, エドワード　Humes, Edward　ジャーナリスト　⑱米国　㊥2004

ビューラー, ディルク　Bühler, Dirk　⑳建築学　㊥2004／2008

ビューラー, ワルター　Bühler, Walther　医師　拡大医療活動協会ドイツ代表　⑳内科学　⑱ドイツ　⑮1913年　㊥1996

ビューリ, エリーズ　Beaulieu, Elise M.　ノース・ショア・コミュニティ・カレッジ准教授　⑳ソーシャルワーク　⑱米国　㊥2004／2008

ビューリ, ジェイ・K.　元・日本サンマイクロシステムズ社長　㊥1996／2000

ビュリ, ポル　Bury, Pol　彫刻家　⑱ベルギー　⑮1922年4月26日　②2005年9月27日　㊥1996

ピュリッツァー, ジョセフ(Jr.)　Pulitzer, Joseph (Jr.)　ジャーナリスト　元・「セントルイス・ポスト・ディスパッチ」紙発行人・編集長　⑱米国　⑮1913年　②1993年5月26日　㊥1996

ピュリヤグ, ラジュケスウール　Purryag, Rajkeswur　政治家　モーリシャス大統領　⑱モーリシャス　⑮1947年12月12日

ヒュール, ラヨシュ　政治家,歴史学者　ハンガリー民主フォーラム(MDF)幹部会員,ローランド・エトベシュ大学(ブダペスト)中近世史学教授　⑳農業史　⑱ハンガリー　㊥1992

ヒュルケンベルグ, ニコ　Hulkenberg, Nico　F1ドライバー　⑱ドイツ　⑮1987年8月19日

ヒューレット, ウィリアム　Hewlette, William　通称=ヒューレット,ビル　実業家　元・ヒューレット・パッカード創業者・名誉取締役　⑱米国　⑮1913年5月20日　②2001年1月12日　㊥2000

ヒューレット, ウォルター　Hewlett, Walther　実業家　バーモント・テレホン会長,ウィリアム・アンド・フローラ・ヒューレット財団会長　元・ヒューレット・パッカード(HP)取締役　⑱米国　⑮1944年6月23日　㊥2004／2008

ヒューレン, イハレアカラ　Hew Len, Ihaleakala　ハワイ古来「ホ・オポノポノ」提唱者　元・ハワイ大学助教授　ハワイに古来から伝わる問題解決法"ホ・オポノポノ"の普及に努める　⑱米国　㊥2012

ビュレン, ダニエル　Buren, Daniel　造形作家,画家　⑱フランス　⑮1938年3月25日　㊥1992(ビュラン, ダニエル)／2000(ビュラン, ダニエル)／2004(ビュラン, ダニエル)／2008／2012

ビュン, トム　Byun, Tom　ジャーナリスト　「コリア・タイムズ」副編集長　⑱韓国　⑮1940年　㊥1992

ビュンシェ, クルト　Wünsche, Kurt　政治家　元・東ドイツ法相　⑱ドイツ　㊥1992

ビュンニング, エルウィン　Bünning, Erwin　植物生理学者　元・テュービンゲン大学教授　⑱ドイツ　⑮1906年1月23日　②没年不詳　㊥1992／1996

ビュンピン, クノ　Pünpin, Cuno　セント・ゴール大学教授　⑳経営管理学　⑱スイス　㊥1992

ビュンレ, マルセル　Bunlet, Marcelle　ソプラノ歌手　⑱フランス　⑮1900年10月9日　②1991年12月13日　㊥1996

ビヨー, ダニエル　僧名=融快　僧侶,医師　光明院(フランス)住職　⑱フランス　㊥2000

ビョ・ムンテ　表 文台　作家　⑱韓国　⑮1914年　㊥1992

ビョウ・ウ　苗 圩　政治家,実業家　中国工業情報相　元・東風汽車社長　⑱中国　⑮1955年5月　㊥2012

ビョウ・エイエイ　苗 永睿　天文学者　中国科学院陝西天文台台長,国際天文学会理事　⑳天体測量学　⑱中国　⑮1930年　㊥1996

ヒョウ・ギコウ　馮 誼光　Feng, Yi-guang　神戸大学講師　⑳教育史　㊥2004

ヒョウ・ケイ　馮 敬　Feng, Jing　体操選手　⑱中国　⑮1985年1月15日　㊥2008

ビョウ・シュウ　苗 秀　本名=盧紹権　別名=文之流,軍笥　作家　元・シンガポール作家協会副主席,元・シンガポール写作人協会(創作者協会)顧問　⑱シンガポール　⑮1920年　②1980年　㊥1992

ヒョウ・テツ　馮 喆　Feng, Zhe　体操選手　ロンドン五輪体操男子平行棒・団体金メダリスト　⑱中国　⑮1987年11月19日

ビョウ・ホウキョウ　苗 豊強　コンピュータ・エンジニア　マイタック・コンピューター(神通電脳)会長　⑱台湾　㊥2000

ビョーク　Björk　本名=Gudmundsdóttir, Björk　旧グループ名=シュガーキューブス　シンガー・ソングライター　⑱アイスランド　⑮1965年11月21日　㊥1996／2000／2004／2008／2012

ビョークマン, スティーグ　Björkman, Stig　映画監督,映画評論家　元・「チャップリン」編集長　⑱スウェーデン　⑮1938年　㊥1996／2004／2008

ヒョジュン　Hyo-jun　グループ名=A-JAX　歌手　⑱韓国　⑮1991年4月29日

ヒョソン　Hyo Seong　本名=ジュンヒョソン　グループ名=Secret　歌手　⑱韓国　⑮1989年10月13日　㊥2012

ヒョーツバーグ, ウィリアム　Hjortsberg, William　ミステリー作家　⑱米国　⑮1941年　㊥1992／1996

ヒョードル, エメリヤーエンコ　Fedor, Emelianenko　格闘家　⑱ウクライナ　⑮1976年9月28日　㊥2004／2008／2012

ヒョードロフ, アレクサンドル　サンボ選手　⑱ロシア　⑮1945年11月14日　㊥2000

ヒョミン　Hyomin　グループ名=T-ara　歌手　⑱韓国　⑮1989年5月30日　㊥2012

ヒョヨン　Hyo-yeon　グループ名=少女時代　歌手　⑱韓国　⑮1989年9月22日　㊥2012

ビョルク, アニタ　Björk, Anita　女優　⑱スウェーデン　⑮1923年4月25日　②2012年10月24日　㊥1992

ビョルク, クリスティーナ　Björk, Christina　児童文学作家　⑱スウェーデン　⑮1938年　㊥1996

ビョルクヴォル, ヨン・ロアル　Bjorkvold, Jon-Roar　オスロ大学教授　⑳音楽学　⑱ノルウェー　⑮1943年　㊥2000

ビョルクステン, ヨハン　ビョルクステン研究財団会長　⑳タンパク質化学,長寿の研究　⑱フィンランド　⑮1907年　㊥1992

ビョルクマン, ヨナス　Bjorkman, Jonas　元・テニス選手　⑱ス

ウェーデン ⑨1972年3月23日 ㊥2000／2004／2008／2012

ビョルゲン, マリット Bjorgen, Marit スキー選手(距離) バンクーバー五輪金メダリスト ㊤ノルウェー ⑨1980年3月21日 ㊥2012

ビョルン Bjorn 本名＝ウルヴェウス, ビョルン 旧グループ名＝ABBA ミュージシャン ㊤スウェーデン ⑨1945年 ㊥2004／2008

ビョルン, トーマス Bjorn, Thomas プロゴルファー ㊤デンマーク ⑨1971年2月17日 ㊥2008

ビョルンヴィ, トルキル Bjørnvig, Thorkild Strange 詩人 ㊤デンマーク ⑨1918年2月2日 ㊦2004年3月5日 ㊥1992(ビョルンビ, トルキル)

ビョルンストランド, グンナー Bjornstrand, Gunnar 映画俳優 ㊤スウェーデン ⑨1909年11月13日 ㊦1986年5月24日 ㊥1992

ビョルンダーレン, オーレ・アイナル Bjoerndalen, Ole Einar バイアスロン選手 長野五輪・ソルトレークシティ五輪金メダリスト ㊤ノルウェー ⑨1974年1月27日 ㊥2000／2004／2008／2012

ビョルン・ラーセン, イェンス Bjørn-Larsen, Jens チューバ奏者 デンマーク国立放送交響楽団首席チューバ奏者 ㊤デンマーク ⑨1965年9月14日 ㊥1996

ヒョン・イン 玄仁 本名＝玄東柱 歌手 ㊤韓国 ⑨1919年12月14日 ㊥1996

ヒョン・インテク 玄仁沢 Hyun, In-taek 国際政治学者 韓国大統領統一政策特別補佐官 元・韓国統一相 ㊤韓国 ⑨1954年9月27日 ㊥2012

ビョン・ウジョン 辺雨亭 ジャーナリスト 「スポーツ・ソウル」編集局長 ㊤韓国 ⑨1942年12月8日 ㊥1996

ビョン・ウンジョン 辺雄田 Byon, Woong-jon 政治家, 元・アナウンサー 元・韓国国会議員(自民連) ㊤韓国 ⑨1940年10月15日 ㊥2004

ビョン・キジャ 翻訳家 ㊥2008

ビョン・キュチル 卞圭七 Byon, Kyu-chil 実業家 LGテレコム代表理事会長 ㊤韓国 ⑨1936年1月4日 ㊥2004

ヒョン・キヨン 玄基栄 Hyon, Gi-yong 作家 ㊤韓国 ⑨1941年 ㊥2004

ヒョン・キルオン 玄吉彦 作家 漢陽大学文学科教授 ㊤韓国 ⑨1940年 ㊥2000

ヒョン・ジェヒョン 玄在賢 弁護士 東洋グループ会長, 東洋証券会長, 東洋セメント会長, 韓国先物取引協議会会長 ㊤韓国 ⑨1949年2月12日 ㊥1996

ビョン・シミン 辺時敏 檀国大学大学院待遇教授 ㊦社会学 ㊤韓国 ⑨1918年10月13日 ㊥1996

ヒョン・ジュンクック 玄峻極 Hyon, Joon-guk 政治家 元・朝鮮労働党中央委員・同国際部長, 元・「労働新聞」編集長, 元・朝日友好親善協会会長 ㊤北朝鮮 ㊦1997年8月14日 ㊥1992(ヒョン・ジュングク)／1996／2000

ビョン・ジョンヒ 片貞姫 国際婦人会総連韓国本部名誉会長, 大韓老人会副会長 ㊤韓国 ⑨1915年10月22日 ㊥1996

ヒョン・ジョンファ 玄静和 元・卓球選手 ㊤韓国 ㊥1996

ビョン・ジンソプ 辺真燮 歌手 ㊤韓国 ⑨1966年7月30日 ㊥1996

ヒョン・スンジョン 玄勝鍾 Hyun, Soong-jong 法学者 高麗大学名誉教授 元・韓国首相, 元・翰林大学総長 ㊦西洋法制史 ㊤韓国 ⑨1919年1月26日 ㊥1996

ヒョン・ソク 玄錫 本名＝ペクソクヒョン タレント ㊤韓国 ⑨1947年4月18日 ㊥1996

ビョン・ソジョン 辺素井 タレント ㊤韓国 ⑨1970年5月19日 ㊥1996

ヒョン・ソファン 玄昭煥 連合通信社長, 韓国聯合TVニュース(YTN)社長 ㊤韓国 ⑨1937年8月1日 ㊥1996

ヒョン・チャンギ 玄昌貴 北朝鮮柔道協会常務理事, 在日本朝鮮人柔道協会理事長 ㊤北朝鮮 ㊥1996

ビョン・チャンミョン 辺昌明 実業家 五洋水産副社長 元・韓国遠洋漁業協会常務 ㊤韓国 ㊥2004

ヒョン・チョルギュ 玄哲奎 朝鮮労働党中央委員 元・咸鏡南道委員会責任書記 ㊤北朝鮮 ㊥2000

ヒョン・チョルヘ 玄哲海 軍人 北朝鮮人民総政治局副局長 ㊤北朝鮮 ㊥2000

ビョン・ヒボン 辺希峰 本名＝辺仁徹 タレント ㊤韓国 ⑨1942年6月8日 ㊥1996

ヒョン・ピョンヒョ 玄平孝 韓国放送通信大学研究教授 ㊤韓国 ⑨1920年8月16日 ㊥1996

ビョン・ヒョンユン 辺衡尹 ソウル大学名誉教授, 韓国労使問題協議会理事長, 経済正義実践市民運動連合会共同代表 ㊦経済学 ㊤韓国 ⑨1927年1月6日 ㊥1996

ヒョン・ホジュン 玄湖仲 Hyun, Ho-jung 韓国コンピュータ研究組合(社)事務局長 ㊤韓国 ⑨1935年 ㊥1992／1996

ヒョン・ホンジュ 玄鴻柱 外交官 元・駐米韓国大使 ㊤韓国 ⑨1940年8月19日 ㊥1996／2012

ヒョン・ミョングァン 玄明官 実業家 三星物産会長, 三星ライオンズ・オーナー ㊤韓国 ⑨1941年 ㊥1992／1996／2000／2008

ヒョン・ムグァン 玄武光 Hyeon, Mu-gwang 政治家 元・朝鮮労働党政治局員候補, 元・北朝鮮国家検閲委員長 ㊤北朝鮮 ⑨1913年 ㊦1992年3月28日 ㊥1992／1996

ビョン・ヨンジュ Byun, Young-joo 漢字名＝辺永妊 映画監督, 映画プロデューサー ㊤韓国 ⑨1966年 ㊥1996／2000／2004／2008／2012

ヒョン・ヨンソク 玄永錫 韓南大学校経営学科副教授 ㊦韓国自動車産業論 ㊤韓国 ⑨1952年1月14日 ㊥1996

ヒョン・ヨンチョル 玄永哲 Hyon, Yong-chol 軍人 朝鮮労働党中央軍事委員, 朝鮮人民軍総参謀長 ㊤北朝鮮

ビョン・ヨンフン 辺永勲 タレント ㊤韓国 ⑨1962年2月28日 ㊥1996

ビョンケア, クリステン Bjornkjaer, Kristen 詩人, 作家 国立フィルム・センター番組編成者, ポリティケン紙書評委員 ㊤デンマーク ⑨1943年 ㊥1992／1996

ヒョンゴン Hyeong-kon グループ名＝A-JAX 歌手 ㊤韓国 ⑨1988年12月3日

ヒョンシク Hyung Sik 本名＝パクヒョンシク グループ名＝ZE:A 歌手 ㊤韓国 ⑨1991年11月16日 ㊥2012

ヒョンジュン Hyung-jun 本名＝キムヒョンジュン 漢字名＝金亨俊 グループ名＝ss501 歌手 ㊤韓国 ⑨1987年8月3日 ㊥2012

ヒョンジュン Hyungjun グループ名＝SHU-I 歌手 ㊤韓国 ⑨1989年1月26日 ㊥2012

ビヨンセ Beyoncé 本名＝ノウルズ, ビヨンセ 旧グループ名＝デスティニーズ・チャイルド 歌手, 女優 ㊤米国 ⑨1981年9月4日 ㊥2004(ノウルズ, ビヨンセ)／2008／2012

ビョントコフスキ, アンジェイ デザイナー, 舞台美術家 ㊤ポーランド ⑨1971年 ㊥1996

ヒョンビン Hyun-bin 漢字名＝炫彬 俳優 ㊤韓国 ⑨1982年9月25日 ㊥2008／2012

ヒョンミン Hyunmin グループ名＝大国男児 歌手 ㊤韓国 ⑨1991年7月22日 ㊥2012

ピラ Bira 本名＝ピラポン F1ドライバー 元・シャム国王子 ㊤タイ ⑨1914年7月15日 ㊦1985年12月24日 ㊥1992

ヒラー, アーサー Hiller, Arthur 映画監督 ㊤米国 ⑨1928年11月22日 ㊥2004／2008／2012

ビラ, アディス 弁護士 元・米国農務省次官補 ㊤米国 ⑨1953年 ㊥1996

ヒラー, ヴィルフリート Hiller, Wilfried 作曲家 バイエルン放送局プロデューサー ㊤ドイツ ⑨1941年 ㊥1996

ビラー, ゲオルク・クリストフ Biller, Georg Christoph 指揮者, 歌手 聖トーマス教会カントール, ライプツィヒ音楽大学教授 ㊤ドイツ ⑨1955年 ㊥2004／2008

ビラ, シャグダリン Bira, Shagdaryn 歴史学者 国際モンゴル学会事務局長 ㊤モンゴル ㊥2008／2012

ビラ, デーナ・リチャード Villa, Dana R. 政治学者 ㊤米国 ㊥2008(ヴィラ, デーナ・リチャード)

ピーラー, ハインリッヒ・フォン　Pierer, Heinrich von　実業家　元・シーメンスAG社長　国ドイツ　生1941年1月26日　収1996／2004／2008／2012

ヒラー, レジャレン (Jr.)　Hiller, Lejaren Arthur (Jr.)　作曲家　元・ニューヨーク州立大学教授　国米国　生1924年2月23日　没1994年1月31日　収1992／1996

ピライ, ラガバン・バスデバン　Pillai, Raghavan Vasudevan　国連人種差別撤廃委員会委員　国インド　収2004／2008

ビライター, ダグラス　Bereuter, Douglas K.　政治家　米国下院議員(共和党)　国米国　生1939年10月6日　収1996／2000

ヒラオ・ソレム, ミカ　Hirao-Solem, Mika　本名=ヒラオ・ソレム, マーヘアラニ・ミカ　フラダンサー　国米国　生1986年1月10日　収2012

ビラ皇太子　Billah, Prince　本名=Haji Al-Muhtadee Billah　ブルネイ皇太子　国ブルネイ　生1974年2月17日　収2008

ピラ・スダム　Piro Sudhom　作家　国タイ　生1942年　収1996

ビラス・ボアス, アンドレ　Villas-Boas, Andre　サッカー監督　元・サッカー英国領ヴァージン諸島代表監督　国ポルトガル　生1977年10月17日　収2012

ビラセナー, ジョン　Villasenor, John　カリフォルニア大学ロサンゼルス校電気工学科教官　専電気工学　国米国　収2000

ビラタ, セサル　Virata, Cesar E.　政治家　リサール商業銀行会長　元・フィリピン首相　国フィリピン　生1930年12月12日　収1992／2000

ビラック, ピート　Billac, Pete　ライター　国米国　収2004

ビラップス, チャンシー　Billups, Chauncey　バスケットボール選手　国米国　生1976年9月25日

ピラーティ, ステファノ　Pilati, Stefano　ファッションデザイナー　イヴ・サンローラン・クリエイティブ・ディレクター　生1965年　収2012

ピラト, ハービー　Pilato, Herbie J.　テレビ評論家　国米国　収2000

ピラード, リチャード・V.　歴史学者　インディアナ州立大学名誉教授　国米国　収2004／2008

ヒラノ, アイリーン　Hirano, Irene Y.　元・全米日系人博物館館長　国米国　収2004／2008／2012

ビラノバ, ウィル　Villainova, Will　ラップ歌手　国米国　収2004

ビラノバ, ティト　Vilanova, Tito　サッカー監督, サッカー選手　国スペイン　生1968年9月17日　没2014年4月25日

ピラバッキ, コスタ　Pilavachi, Costa　EMIクラシック部門社長　収2012

ヒラバヤシ, ゴードン　Hirabayashi, Gordon K.　社会学者　元・エドモントン大学社会学部教授　強制収容に抵抗した日系米国人　国米国　生1918年　没2012年1月2日　収1992

ヒラハラ, ナオミ　Hirahara, Naomi　ミステリー作家　国米国　収2012

ビラ・マタス, エンリーケ　Vila-Matas, Enrique　作家　国スペイン　生1948年　収2012

ヒラーマン, トニー　Hillerman, Tony　ミステリー作家　国米国　没2008年10月26日　収1992／1996／2000

ヒラヤマ・サトシ　平山 智　元・プロ野球選手　国米国　生1930年2月17日　収2000

ヒラリー, エドムント　Hillary, Edmund Percival　探検家, 外交官, 作家　元・駐インド・ニュージーランド大使　国ニュージーランド　生1919年7月20日　没2008年1月11日　収1992／1996／2000

ヒラリー, パトリック　Hillery, Patrick John　政治家　元・アイルランド大統領　国アイルランド　生1923年5月2日　没2008年4月12日　収1992／1996

ピラール　Pilar　本名=ムニョス, ピラール　グループ名=ラス・ケチャップ　歌手, 女優　国スペイン　収2004／2008

ビラル, エンキ　Bilal, Enki　劇画家, 映画監督　国フランス　生1951年　収1992／2000／2004／2008

ビラルド, カルロス　Bilardo, Carlos　本名=ビラルド, カルロス・サルバドル　サッカー監督　元・サッカー・アルゼンチン代表監督　国アルゼンチン　生1939年　収1992／2004／2012

ピラン, T.　Piran, Tsvi　ヘブライ大学教授　専理論物理学　国イスラエル　収1996

ビランチョ　本名=ヒメネス, エスペランサ　元・バレーボール選手　国ペルー　生1945年7月20日　収1996

ビランデル, マッツ　Wilander, Mats　テニス選手　国スウェーデン　生1964年8月22日　収1992／1996

ビリー　Billie　本名=Piper, Billie Paul　歌手　国英国　生1982年9月22日　収2000

ヒーリー, ジェレマイア　Healy, Jeremiah　ミステリー作家, 法学者　元・ニューイングランド・スクール・オブ・ロー教授　国米国　生1948年　収1992／1996／2004／2008

ヒーリー, ティモシー　Healy, Timothy Stafford　ニューヨーク市立図書館館長　元・ジョージタウン大学学長　国米国　生1923年4月25日　収1992／1996

ヒーリー, デニス　Healey, Denis Winston　政治家　元・英国労働党副党首　国英国　生1917年8月30日　収1992

ヒーリー, デービッド　Healy, David　心理学者　ウェールズ大学北ウェールズ心理学的医学部門ディレクター　国英国　収2008

ヒーリー, ドナルド　スポーツカー・デザイナー　国英国　生1988年1月13日　収1992

ヒーリー, フラン　Healy, Fran　本名=Healy,Francis　グループ名=トラヴィス　ロック歌手, ギタリスト　国英国　生1973年7月23日　収2004／2008／2012

ヒーリー, フランシス　Hilly, Francis Billy　政治家　元・ソロモン諸島首相　国ソロモン諸島　生1947年　収1996

ヒーリー, ポール　Healy, Paul M.　ハーバード大学ビジネス・スクール教授　専会計学, 経営学　収2000

ヒーリー, マーカス　Healey, Marcus J.　コンピューター技術者　国米国　収2008

ビーリー, モニク　Viele, Monique　テニス選手　国米国　生1984年10月6日　収2000

ヒリアー, ポール　Hillier, Paul　バリトン歌手, 指揮者　エストニア・フィルハーモニック室内合唱団(EPCC)芸術監督・常任指揮者　国英国　生1949年2月9日　収2004／2008

ヒリアー, マルコム　Hillier, Malcolm Dudley　庭園デザイナー, 花屋経営者　国英国　生1936年8月1日　収1992／2000

ヒリアード, ブライアン　エコノミスト　ソシエテ・ジェネラル・チーフエコノミスト　国英国　収2000

ビリエルモ, V.H.　ハワイ大学教授　専夏目漱石研究　国米国　収1992

ピリジャン, クレイグ　Piligian, Craig　テレビプロデューサー　収2008

ピーリス, スミトラ　映画監督　国スリランカ　生1936年　収1996

ヒリス, ダニエル　Hillis, W.Daniel　コンピュータ科学者　シンキング・マシンズ創設者, ウォルト・ディズニー副社長, ディズニー特別研究員　国米国　生1956年　収1992／1996／2000／2004

ピリス, マリア・ジョアン　Pires, Maria João　ピアニスト　国ポルトガル　生1944年7月23日　収1992(ピレス, マリア・ジョアオ)／1996／2000／2012

ピーリス, レスター・ジェームス　映画監督　国スリランカ　生1919年　収1996

ビリズィッヒ, フランツ　Billisich, Franz R.　ルポルタージュ作家, エッセイスト, 小説家, シナリオライター　国オーストリア　生1936年　収1992

ビーリック, O.　ジャーナリスト　「夕刊キエフ」紙副編集長　国ウクライナ　生1959年　収1996

ヒリヤー, ジャック・ロナルド　Hillier, Jack Ronald　日本美術研究家, 画家　元・大英博物館名誉顧問　国英国　生1912年8月29日　没1995年1月5日　収1992／1996

ビリャク, バシル　Biliak, Vasil　政治家　元・チェコスロバキア共産党幹部会員兼書記　国チェコスロバキア　生1917年8月11日　収1992

ビリャソン, ロランド　Villázon, Rolando　テノール歌手　国メキ

シコ ⊕1972年 ⊗2012

ビリャヌエバ, カルロス　Villanueva, Carlos Raúl　建築家,都市計画家　国ベネズエラ　⊕1900年5月30日　⊗1992/1996

ビリャヌエバ, ロベルト　フィリピン援助計画調整協議会議長　元・アトランチック・ガルフ・アンド・パシフィック社会長　国フィリピン　⊗1992

ビリヤール, マヌエル　Villar, Manuel　政治家,実業家　フィリピン上院議員　国フィリピン　⊕1949年12月13日　⊗2012

ビリャーン, オスカル　Villán, Óscar　イラストレーター　国スペイン　⊕1972年　⊗2008

ビリュコワ, アレクサンドラ　Biryukova, Aleksandra Pavlovna　政治家　元・ソ連副首相,元・ソ連共産党政治局員候補　国ソ連　⊕1929年2月25日　⊗1992/1996

ビリル, マシュー　Birir, Mathew　陸上選手(障害)　国ケニア　⊗1996

ヒーリング, ヒース　Herring, Heath　格闘家　国米国　⊕1978年3月2日　⊗2008

ビリングス, J.アンドルー　Billings, J.Andrew　医学者,医師　ハーバード大学医学部助教授,マサチューセッツ総合病院緩和ケアサービス長　⑳ホスピスケア　国米国　⊗2004

ピリンシュキ, ヤノシ　Pilinszky, János　詩人,ジャーナリスト,エッセイスト　国ハンガリー　⊕1921年　⊗1981年　⊗1992

ピリンスキ, G.　Pirinski, Guergui Georgiev　政治家　元・ブルガリア外相　国ブルガリア　⊕1948年9月10日　⊗2000

ビーリンスキー, クラウディア　Bielinsky, Claudia　画家　国アルゼンチン　⊕1954年　⊗2004

ビリンチ, アキフ　Prinçci, Akif　作家　⊕1959年　⊗1996/2000

ビリントン, ジェームズ　Billington, James Hadley　歴史家　米国議会図書館(LC)館長　⑳ロシア史　国米国　⊕1929年6月1日　⊗2004/2008/2012

ビリントン, デービッド　Billington, David P.　土木工学者　プリンストン大学教授　国米国　⊗2004

ピルー, E.C.　Pielou, E.C.　科学者,ナチュラリスト　⊗2004

ヒル, アニタ　Hill, Anita　法学者　ブランダイス大学教授　国米国　⊗2004

ヒル, アーロン　Hill, Aaron　本名=Hill,Aaron Walter　大リーグ選手(内野手)　国米国　⊕1982年3月21日

ヒル, アンソニー　Hill, Anthony　児童文学作家　国オーストラリア　⊕1942年

ピール, イアン　Peel, Ian　「ポール・マッカートニーとアヴァンギャルド・ミュージック―ビートルズを進化させた実験精神」の著者　⊗2008

ヒル, ウォルター　Hill, Walter　映画監督　国米国　⊕1942年1月10日　⊗1996

ヒル, エリック　Hill, Eric　絵本作家　国米国　⊕1927年9月7日　⊗2014年6月6日

ヒル, オースチン・ブラッドフォード　Hill, Austin Bradford　元・ロンドン大学名誉教授　⑳医学的統計,たばこと肺がんの研究　国英国　⊕1897年7月8日　⊗1991年4月18日　⊗1992

ビルー, ギー　Billout, Guy　イラストレーター　⊕1941年　⊗1996

ヒル, キャロル・デシェリス　Hill, Carol Dechellis　作家　国米国　⊕1941年　⊗1992

ヒル, グラント　Hill, Grant　バスケットボール選手　国米国　⊕1972年10月5日　⊗1996/2000/2004/2008

ヒル, クリストファー　Hill, Christopher　本名=ヒル,ジョン・エドワード・クリストファー　歴史学者　元・オックスフォード大学ベーリオル・カレッジ学長　⑳イギリス革命　国英国　⊕1912年2月6日　⊗2003年2月24日　⊗1992/1996/2000

ヒル, クリストファー　Hill, Christopher R.　外交官　デンバー大学国際研究大学院院長　元・米国国務次官補(東アジア・太平洋担当),元・駐イラク米国大使　国米国　⊕1952年　⊗2008/2012

ヒル, グレナレン　Hill, Glenallen　大リーグ選手(外野手)　国米国　⊕1965年3月22日　⊗2000/2004

ヒル, ゲーリー　Hill, Gary　ビデオアーティスト,彫刻家　⑳ビデオアート,ビデオインスタレーション　国米国　⊕1951年　⊗1996/2004/2008

ビール, サイモン・ラッセル　俳優　国英国　⊗2000

ヒル, サム　Hill, Sam　ビジネスコンサルタント　国米国　⊗2004/2008

ヒル, サム　Hill, Sam　本名=ヒル,サムエル　自転車選手(マウンテンバイク)　国オーストラリア　⊕1985年7月21日

ビール, ジェイ　Beale, Jay　コンピュータ技術者　⊗2004/2008

ビル, ジェイミー　Bill, Jemie　「ハーパーズ&クイーン」発行人　国英国　⊕1957年　⊗2000

ビール, ジェシカ　Biel, Jessica　女優　国米国　⊕1982年3月3日　⊗2012

ヒル, ジェフリー　Hill, Geoffrey　詩人　国英国　⊕1932年　⊗1992

ヒル, ジェームズ　Hill, James　映画監督　国英国　⊕1919年　⊗1994年10月9日　⊗1996

ヒル, ジュリア・バタフライ　Hill, Julia Butterfly　作家,詩人,環境活動家　サークルオブライフ財団創始者　国米国　⊗2004/2008

ヒル, ジョー　Hill, Joe　作家　国米国　⊕1972年　⊗2012

ヒル, ジョージ・ロイ　Hill, George Roy　映画監督　国米国　⊕1922年12月20日　⊗2002年12月27日　⊗1992/1996

ヒル, ジョナサン　Hill, Jonathan　グループ名=プラネッツ　バイオリニスト　国英国　⊕1973年8月11日　⊗2004

ヒル, ジョン　Hill, John　米国国防総省日本部長　国米国　⊗2000

ヒル, ジョン　Hill, John R.　フューチャーズ・トゥルース創業者　国米国　⊗2004/2008

ピール, ジョン　Peel, John　作家　国米国　⊕1954年　⊗2004/2008

ヒル, スーザン　Hill, Susan Elizabeth　作家,評論家,脚本家　国英国　⊕1942年2月5日　⊗1992/1996/2000/2004/2012

ヒル, タチヤナ　Hill, Tatyana　インテリアデザイナー　⊗2004

ビール, タンディー・J.　舞踊家,演出家　タンディー・ビール&カンパニー主宰　国米国　⊗2004

ヒル, チャールズ　元・英国放送協会(BBC)会長,元・英国ウェールズ相　国英国　⊕1989年8月22日　⊗1992

ビール, ディーター　Biehl, Dieter　フランクフルト大学経済学部教授　⑳経済学　国ドイツ　⊕1931年　⊗1996

ヒル, ティモシー　Hill, Timothy　シンガー・ソングライター　国米国　⊕1958年　⊗2004

ヒル, デービッド　Hill, David　作家　国ニュージーランド　⊕1942年　⊗2008

ヒル, デーモン　Hill, Damon　本名=Hill,Damon Graham Devereux　元・F1ドライバー　国英国　⊕1960年9月17日　⊗1996/2000

ビール, ドナルド・レイ　Beall, Donald Ray　実業家　元・ロックウェル・インターナショナル会長・CEO　国米国　⊕1938年11月29日　⊗1992/1996/2000

ヒル, トニー　Hill, Tony　映画監督,CMディレクター　国英国　⊗2000

ピール, ノーマン・ビンセント　Peale, Norman Vincent　牧師,著述家　元・マーブル協同教会牧師,元・「ガイドポスト」編集・発行人　国米国　⊕1898年　⊗1993年12月25日　⊗1992/1996

ヒル, バリー　Hill, Barry　作家　国オーストラリア　⊕1943年　⊗1992

ヒル, ピーター　Hill, Peter　ミステリー作家,シナリオ作家　国英国　⊕1938年　⊗1992

ヒル, ピーター　モンデックス・インターナショナルCTO　⊗2000

ヒル, フアン　Gil, Juan　歴史学者　セビリア大学哲文学部教授　⊕1939年　⊗2004

ヒル, フィル　Hill, Phil　元・F1ドライバー　国米国　⊕1927年　⊗1996

ヒル, フェイス　Hill, Faith　本名=Perry,Audrey Faith　歌手

国米国 生1967年9月21日 典2004／2008／2012

ヒル, ブリジェット　Hill, Bridget Irene　社会学者　国英国　生1922年　典1992

ヒル, フレンチ　米国大統領特別補佐官・経済政策委員会(EPC)事務局長　国米国　典1992

ヒル, マイク　プロゴルファー　国米国　典1996

ヒール, マーガレット　Heal, Margaret　音楽療法士　フォレスト・ヘルスケア・トラスト上級音楽療法士, ギルドホール音楽演劇学校臨床スーパーバイザー　典2004

ビル, マックス　Bill, Max　建築家, 彫刻家, デザイナー, 画家　元・ウルム造形大学学長　国スイス　生1908年12月22日　没1994年12月9日　典1992／1996

ヒル, マテオ　Gil, Mateo　映画監督, 脚本家　国スペイン　生1972年　典2004／2008

ヒル, ランディ　Hill, Lundy　コモディティ・リサーチ・インスティチュート代表, スタッフォード・トレーディング代表　国米国　典2004／2008／2012

ビル, リアーネ　Will, Liane　コンピューター技術者　典2008

ヒル, リチャード・チャイルド　Hill, Richard Child　ミシガン州立大学教授　専産業社会学　国米国　生1944年　典1996

ヒル, リン　Hill, Lynn　ロッククライマー　国米国　生1961年　典1992

ヒル, レジナルド　Hill, Reginald　別名=ルエル, パトリック, モーランド, ディック, アンダーヒル, チャールズ　ミステリー作家　国英国　生1936年　没2012年1月12日　典1992／1996／2000／2004／2008／2012

ヒル, レベッカ　Hill, Rebecca　作家　国米国　典1992／1996

ビルー, ローラン　フランス菓子教師　国フランス　生1944年　典1992

ヒル, ローリン　Hill, Lauryn　グループ名=フージーズ　歌手, 女優　国米国　生1975年5月26日　典2000

ヒル, ロルナ　作家　典2008

ヒルガー, ヴォルフガング　Hilger, Wolfgang　実業家　元・ヘキスト社長　国ドイツ　生1929年11月26日　典1992／1996

ビルガー, トルーディ　Birger, Trudi　歯科医　国イスラエル　生1927年　典2000

ヒルガー, マシュー　Hilger, Matthew　プロポーカープレイヤー, 作家　典2012

ビルカフス, バルディス　Birkavs, Valdis　政治家　元・ラトビア外相　国ラトビア　生1942年7月28日　典2000

ピルキー, デイブ　Pilkey, Dav　絵本作家　国米国　生1966年　典2008

ピルキングトン, ドリス　Pilkington, Doris　アボリジニ名=ヌギ・ガリマラ　作家　国オーストラリア　生1937年　典2004／2008

ピルキントン, ライオネル　Pilkington, Lionel Alexander Bethune　通称=ピルキントン, アラスター　ガラス製造者　元・ピルキントン社会長　国英国　生1920年1月7日　没1995年5月5日　典1992／1996

ピルグリム, ダイアン　スミソニアン協会国立クーパー・ヒューイット・デザイン博物館館長　ユニバーサル・デザイン運動のリーダー　国米国　典2000

ヒルゲルトバ, ステパンカ　Hilgertova, Stepanka　カヌー選手(カヤック)　国チェコ　生1968年4月10日　典2000(ヒルゲルトワ, ステパンスカ)／2004／2008

ビルサック, トム　Vilsack, Tom　本名=Vilsack, Thomas J.　政治家　米国農務長官　元・アイオワ州知事　国米国　生1950年12月13日　典2004／2008／2012

ヒルシャー, エバーハルト　Hilscher, Eberhard　作家, 評論家　国ドイツ　生1927年　典1996

ピルジャー, ジョン　Pilger, John　ジャーナリスト, 映画製作者　国英国　典2008

ヒルシャー, マルセル　Hirscher, Marcel　スキー選手(アルペン)　国オーストリア　生1989年3月2日

ヒールシャーカイ　ヒールシャー・魁　エコノミスト　デトロイト・トウシュ・トーマツ・勝島事務所リード・エコノミスト　典2000

ヒルシュ, ヨアヒム　Hirsch, Joachim　ゲーテ大学社会科学部教授　専国家論, 社会運動論　国ドイツ　生1938年　典2000

ヒルシュビーゲル, オリヴァー　Hirschbiegel, Oliver　映画監督　国ドイツ　生1957年　典2008／2012

ヒルズ, アレックス　Hills, Alex　カーネギー・メロン大学教授　専通信政策　国米国　典2000

ヒルズ, カーラ　Hills, Carla Anderson　弁護士　ヒルズ・アンド・カンパニー会長　元・米国通商代表部(USTR)代表　国米国　生1934年1月3日　典1992／1996／2000

ビールス, ジェニファー　Beals, Jennifer　女優　国米国　生1963年12月19日　典1996／2012

ビールス, シャロン　Beals, Sharon　写真家　国米国　典2004

ヒルズ, ベン　Hills, Ben　ジャーナリスト　元・「シドニー・モーニング・ヘラルド」極東特派員　国オーストラリア　生1942年　典1996／2008／2012

ヒルスブルンナー, テオ　Hirsbrunner, Theo　フリーライター　国スイス　生1931年　典1996

ピルズベリー, マイケル　中国名=白邦瑞　米国国防大学国家戦略研究所高級研究員　専中国軍研究　国米国　典2000

ヒルズボロウ, ロミュラス　Hillsborough, Romulus　作家　国米国　典2000

ビルスマ, アンナー　Bijlsma, Anner　チェロ奏者　国オランダ　生1934年2月17日　典1996／2000／2012

ビルセン, リタ・ファン　Bilsen, Rita Van　挿絵画家, イラストレーター　国ベルギー　典2004／2008

ヒルソン, ケリー　Hilson, Keri　シンガー・ソングライター　国米国　典2012

ピルソン, ジェフ　グループ名=ドッケン　ベース奏者　国米国　典2000

ビルソン, レイチェル　Bilson, Rachel　女優　国米国　生1981年8月25日　典2012

ピルチャー, ジョン・アーサー　Pilcher, John Arther　外交官　元・駐日英国大使　国英国　没1990年2月10日　典1992

ピルチャー, ロザムンド　Pilcher, Rosamunde　作家　国英国　生1928年　典1996／2000

ピルツ, グンター　Pilz, Gunter A.　スポーツ社会学者　ハノーバー大学スポーツ科学部　専暴力論　国ドイツ　生1944年　典2004

ヒルツ, フィリップ　Hilts, Philip J.　「ニューヨーク・タイムズ」科学部門記者　国米国　生1947年　典2000

ピルツァー, ポール・ゼイン　Pilzer, Paul Zane　経済学者, 実業家　国米国　典2004／2008

ヒルツィック, マイケル　Hiltzik, Michael　ジャーナリスト　国米国　典2004

ヒルツェブルフ, フリードリヒ　Hirzebruch, Friedrich Ernst Peter　数学者　元・マックス・プランク数学研究所長, 元・ボン大学教授　専代数幾何学, 複素多様体論　国ドイツ　生1927年10月17日　没2012年5月27日　典2000(ヒルツェブルッフ, フリードリッヒ)

ヒルディック, E.W.　Hildick, E.W.　児童文学作家　国米国　生1925年　典1992

ヒルデスハイマー, ウォルフガング　Hildesheimer, Wolfgang　作家, 劇作家　国ドイツ　生1916年12月9日　没1991年8月21日　典1992

ビルベック, マーク　Birbeck, Mark　プログラマー　x-port.net経営者　典2004

ヒルデブラント, グレッグ　Hildebrandt, Greg　作家, イラストレーター　国米国　生1940年(?)　典1996

ヒルデブラント, ディーター　Hildebrandt, Dieter　ジャーナリスト, 作家　国ドイツ　生1932年7月1日　典2000

ヒルデブラント, ティム　Hildebrandt, Tim　イラストレーター, 作家　国米国　生2006年6月11日　典1996

ビルト, カール　Bildt, Carl　政治家　スウェーデン外相　元・スウェーデン首相, 元・ボスニア・ヘルツェゴビナ和平履行会議上級

代表 国スウェーデン 生1949年7月15日 著1992/1996/2000/2004/2008/2012

ヒールド, ヘイゼル Heald, Hazel 怪奇作家 著1992

ビルトゥシオ, ウィルフレド 作家 国フィリピン 生1942年 著1992

ヒルトゥネン, エイラ Hiltunen, Eilla 彫刻家 国フィンランド 生1922年 著1996

ヒルドレッド, スタッフォード Hildred, Stafford テレビ評論家, 著述家, 元・スポーツ記者 国英国 著2004

ヒルトン, イザベル Hilton, Isabel ジャーナリスト 著2004

ヒルトン, クリストファー Hilton, Christopher スポーツジャーナリスト, 作家 生1944年9月24日 著1996/2000

ヒルトン, デイブ Hilton, David John プロ野球監督 国米国 生1950年9月15日 著1996/2004

ヒルトン, ニッキー Hilton, Nicky ファッションデザイナー, モデル 国米国 生1983年10月5日 著2004/2008/2012

ヒルトン, パリス Hilton, Paris モデル, 女優 国米国 生1981年2月17日 著2004/2008/2012

ヒルトン・バーバー, マイルズ Hilton-Barber, Miles 冒険家 国英国 著2012

ビルヌーブ, クロード Villeneuve, Claude 生物学者 ケベック大学シクーティミ分校教授 国カナダ 生1954年 著2004/2008

ビルヌーブ, ジャック Villeneuve, Jacques レーシングドライバー, 元・F1ドライバー 国カナダ 生1971年4月9日 著2000/2004/2008/2012

ビルヌーブ, ジル Villeneuve, Gilles F1ドライバー 国カナダ 生1952年1月18日 没1982年5月8日 著1992

ビルヌーブ, デニ Villeneuve, Denis 映画監督 国カナダ 生1967年10月3日 著2004/2008

ヒルバーグ, ラウル Hilberg, Raul 政治学者 国米国 生1926年6月2日 没2007年8月4日 著2000

ビルヒル, オスワルド Virgil, Osvaldo Jose 登録名=ビルヒル, オジー 元・大リーグ選手 国ドミニカ 生1933年5月17日 著2004/2008

ヒルベルト, ハンス・ギュンター Hilpert, Hanns Günther Ifo経済研究所主任研究員 国ドイツ 生1959年 著1996

ヒルベロ, デメトリオ 弁護士, 作家 国フィリピン 生1936年 著1992

ヒルマー, エルンスト Hilmar, Ernst 音楽学者 国際フランツ・シューベルト協会設立者 国シューベルト研究 国オーストリア 生1938年 著2004

ヒルマー, ノーマン Hillmer, Norman カールトン大学教授 国歴史学 国カナダ 生1942年 著2000

ヒルマン, ジェームス Hillman, James 心理学者 元・ユング研究所主任 国ユング心理学 国米国 生1926年4月12日 没2011年10月27日 著1992/2000/2004

ヒルマン, デービッド デザイナー 著1992/1996

ヒルマン, トレイ Hillman, Trey 大リーグ監督, 元・プロ野球監督 元・レンジャーズ選手育成部長 国米国 生1963年1月4日 著2004/2008/2012

ビルマン, ラリー Billman, Larry 演出家 東京ディズニーシー部長 国米国 生1938年 著1992/2008

ヒルマン, ロバート Hillman, Robert A. 法学者 コーネル大学ロー・スクール教授 国契約法 国米国 著2004

ビルーモヴァ, ナターリヤ Pirumova, Nataliya Mikhailovna 歴史学者 国ロシア社会思想史 国ロシア 生1924年 著1996(ビルーモバ, ナターリヤ)

ビルラー, アディティヤ Birlā, A.V. 元・ヒンダルコ・グループ会長, 元・B・K・アディティヤ・ビルラーグループ会長 国インド 生1942年 没1995年10月2日 著1996

ビルラー, ガンガ・プラサド Birlā, Ganga Prasad 実業家 ビルラー・ブラザーズ社長, ヒンダスタン・モーターズ会長 国インド 生1922年8月2日 著1996

ビルラー, ガンシャム・ダス Birlā, Ghansyam Das 実業家 元・全インド商工会議所連盟会頭 ビルラー財閥創始者 国インド 生1894年4月10日 没1983年 著1992

ビルラ, クラウディオ Villa, Claudio カンツォーネ歌手 国イタリア 生1926年1月1日 没1987年2月7日 著1992

ビルレス, アナ・マリア Birulés, Anna Maria カタルーニャ州自治政府・経済通商局局長, バルセロナ大学講師, カリフォルニア大学講師 国スペイン 生1956年 著1992/1996

ピルロ, アンドレア Pirlo, Andrea サッカー選手(MF) 国イタリア 生1979年5月19日 著2004/2008/2012

ヒルロブレス, ホセ Gil Robles, Jose 政治家 元・欧州議会議長 国スペイン 生1935年6月17日 著2000/2004

ヒル・ロブレス・キニョーネス, ホセ Gil Robles Quiñones de León, José María 政治家 元・スペイン自治右翼連合 (CEDA) 党首, 元・スペイン陸相 国スペイン 生1898年11月27日 没1980年9月14日 著1992

ピレイ, J.Y. 駐英国シンガポール高等弁務官(大使) 元・シンガポール航空会長 国シンガポール 著2000

ピレス, ジェラール Pirès, Gérard 映画監督 国フランス 生1942年 著2000/2004

ピレス, ペドロ・ベロナ・ロドリゲス Pires, Pedoro Verona Rodrigues 政治家 元・カボベルデ大統領・首相 国カボベルデ 生1934年4月29日 著1992/1996/2000/2004/2008/2012

ピレス, ロベール Pires, Robert サッカー選手(MF) 国フランス 生1973年1月29日 著2000/2008

ビーレック, ピーター Viereck, Peter 本名=Viereck, Peter Robert Edwin 詩人, 批評家, 歴史家 元・マウント・ホリョーク大学名誉教授 国米国 生1916年8月5日 没2006年5月13日 著1992/1996

ピレッジ, ニコラス Pileggi, Nicholas 作家 国米国 生1933年 著1992/1996/2000

ビレッタ, サンドロ スキー選手(アルペン) ソチ五輪アルペンスキー男子スーパー複合金メダリスト 国スイス

ヒレル, ダニエル Hillel, Daniel 環境物理学者 マサチューセッツ大学教授 国土壌物理学, 水文学, 環境科学 国米国 著2004/2008

ピレル・コットレル, ピエトロ Piller Cottrer, Pietro スキー選手(距離) トリノ五輪スキー・クロスカントリー男子4×10キロリレー金メダリスト 国イタリア 生1974年12月20日

ビレン, ラッセ Viren, Lasse 政治家, 元・陸上選手(長距離) フィンランド国会議員 国フィンランド 生1949年7月22日 著2000

ビレンドラ・ビル・ビクラム・シャー Birendra Bir Bikram Shah 元・ネパール国王 生1945年12月28日 没2001年6月1日 著1992(ビレンドラ・ビクラム・シャー・デブ)/1996(ビレンドラ・ビル・ビクラム・シャー・デブ)/2000(ビレンドラ・ビル・ビクラム・シャー・デブ)

ヒレンブランド, ウィル Hillenbrand, Will 絵本作家 国米国 著2004

ヒレンブランド, ローラ Hillenbrand, Laura 競馬ジャーナリスト 国米国 著2004/2008

ヒーロー Hero 本名=キムミンス グループ名=SM☆SH 歌手 国韓国 生1991年10月12日 著2012

ピロ, エマニュエーレ Pirro, Emanuelle レーシングドライバー, 元・F1ドライバー 国イタリア 生1962年1月12日 著1992/1996

ピロー, テリー オースチン・ニコルズ社社長 国米国 著1996

ピロ, ホセ・ラディスラオ ボールペンの発明者 国アルゼンチン 生1899年 没1985年10月24日 著1992

ピロイネン, ペートゥ Piiroinen, Peetu 本名=Piiroinen, Peetu Ilari スノーボード選手 バンクーバー五輪スノーボード男子ハーフパイプ銀メダリスト 国フィンランド 生1988年2月15日

ヒロカネ, デービッド Hirokane, David 国英語教育 国米国 生1952年 著1996

ビロゼルチェフ, ドミトリー Bilozerchev, Dmitrii 体操選手 国ソ連 生1966年12月22日 著1992

ビロドー, アレクサンドル Bilodeau, Alexandre スキー選手(フ

リースタイル） バンクーバー五輪フリースタイルスキー男子モーグル金メダリスト [国]カナダ [生]1987年9月8日 [典]2012

ヒロノ, メイジー・ケイコ Hirono, Mazie Keiko 日本語名=広野慶子 政治家 米国下院議員（民主党） 元・ハワイ州副知事 [国]米国 [生]1947年 [典]2000／2004／2012

ビロノク, ユーリー Bilonog, Yurii 砲丸投げ選手 [国]ウクライナ [生]1974年4月9日 [典]2008

ビロリ, ブールノ ジャーナリスト 「ル・ヌベル・オブセーバトゥル」誌東京特派員 [国]フランス [典]1992

ビロリア, ブライアン Viloria, Brian プロボクサー 元・WBC・IBF世界ライトフライ級チャンピオン, 元・WBA・WBO世界フライ級チャンピオン [国]米国 [生]1980年11月24日

ビーン, アラン Bean, Alan L. 宇宙飛行士, 画家 [国]米国 [生]1932年3月15日 [典]2012

ビーン, アンディ Bean, Andy プロゴルファー [国]米国 [生]1953年3月13日 [典]2008／2012

ビン・キ 閔 琦 Min, Qi 中国社会科学院研究所所務委員・副研究員 [専]政治学 [国]中国 [生]1950年 [典]1996

ビン・ケイフン 閔 恵芬 二胡奏者 上海民族楽団二胡奏者 [国]中国 [生]1945年 [典]1996

ビーン, ジェフリー Beene, Geoffrey ファッションデザイナー 元・ジェフリー・ビーン社長 [国]米国 [生]1927年8月30日 [没]2004年9月28日 [典]1992／1996／2004

ビーン, ジェフリー Veen, Jeffrey Webデザイナー [典]2004

ビン・ショウトク 閔 祥徳 Min, Xiang-de 書家 安徽省淮北市群衆美術館 [国]中国 [生]1949年 [典]1992／1996

ビーン, ショーン Bean, Sean 本名=Bean,Shaun 俳優 [国]英国 [生]1958年4月17日 [典]2004／2008／2012

ビーン, ジョン Bean, John 音楽療法士, チェロ奏者 [国]英国 [典]2004／2008

ビン・ダイホン 閔 乃本 物理学者 南京大学教授, 中国科学科数学物理学部学部委員 [専]結晶体についいての研究 [国]中国 [生]1935年 [典]1996

ビーン, ダグラス・カーター Bean, Douglas Carter 脚本家, 劇作家 ザ・ドラマ・デプト主宰 [国]米国 [生]1960年 [典]2000

ピン・チョン 演出家, パフォーマー [国]米国 [生]1946年 [典]1996

ビーン, ビリー Beane, Billy 本名=Beane,William Lamar 元・大リーグ選手 アスレチックスGM [国]米国 [生]1962年3月29日 [典]2012

ビーン, マイケル Biehn, Michael 映画俳優 [国]米国 [生]1956年7月31日アラバマ州アニステン [典]1992

ピンカー, スティーブン Pinker, Steven 言語学者 マサチューセッツ工科大学（MIT）教授・認知神経科学センター所長 [国]米国 [典]1996／2008

ピンカー, ロバート Pinker, Robert Arthur ロンドン大学教授, 英国新聞雑誌苦情処理委員会委員 [専]社会福祉理論 [国]英国 [生]1931年5月27日 [典]2000

ピンカイ, ラフィット（Jr.） Pincay, Laffit（Jr.） 騎手 [国]米国 [生]1946年12月29日 [典]2000／2004

ピンカス, アンドルー Pincus, Andrew L. 音楽ジャーナリスト [国]米国 [生]1930年 [典]1996

ピンカス, ジョナサン Pincus, Jonathan H. 医学者, 医師 ジョージタウン大学医学部教授, 復員軍人庁病院神経内科長 [専]神経内科 [国]米国 [典]2004

ピンカス, レスリー カリフォルニア大学ロサンゼルス校教授 [専]日本文学,1930年代の日本思想 [国]米国 [生]1950年 [典]1996

ピンカートン, エリザベス Pinkerton, Elizabeth 作家, 教育家 [国]米国 [典]2004

ピンカバ, ジャン アニメーション監督 [典]2000

ビンガマン, アン Bingaman, Anne K. 米国司法省反トラスト局長 [国]米国 [典]2000

ビンガマン, ジェフ Bingaman, Jeff 政治家 米国上院議員（民主党） [国]米国 [生]1943年10月3日 [典]1996／2000／2004／2012

ビンガム, ハリー Bingham, Harry 作家 [国]英国 [生]1967年 [典]2004

ピンキオーリ, ジョルジュ Pinchiorri, Giorgio 料理人 エノテーカピンキオーリ [国]イタリア [生]1943年 [典]1996／2000

ヒンギス, マルチナ Hingis, Martina テニス選手 [国]スイス [生]1980年9月30日 [典]2000／2004／2008／2012

ピンク P！NK 本名=ムーア, アリーシア 歌手 [国]米国 [生]1979年9月8日 [典]2004／2008／2012

ヒンク, ヴェルナー Hink, Werner バイオリニスト ウィーン・フィルハーモニー・コンサート・マスター [国]オーストリア [生]1943年 [典]1992／1996／2000

ビング, オスカー Bing, Oscar H.L. ボストン大学医学部内科研究部門教授, ボストン退役軍人病院研究所副所長 [専]内科学, 循環器内科学 [国]米国 [生]1935年7月13日 [典]2000

ビング, ジョージア Byng, Georgia 絵本作家 [国]英国 [典]2004

ビング, スタンリー Bing, Stanley 本名=シュワルツ, ジル コラムニスト, 作家 [国]米国 [典]2008／2012

ピンク, ダニエル Pink, Daniel H. フリーライター [国]米国 [生]1964年 [典]2004／2012

ピンクス, アマリー Pinkus, Amalie 社会運動家 [生]1910年 [典]1996

ピンクス, デニー Pinkus, Denny 骨董商 [国]イスラエル [生]1938年 [典]1996

ピンクニー, デボラ・S. 「アメリカン・メディカル・ニュース」紙記者 [国]米国 [典]1992

ヒンクフス, イアン Hinckfuss, Ian 哲学者 [専]論理学, 科学哲学, 倫理学 [国]オーストラリア [生]1932年 [典]2004

ヒングル, メッツィ Hingle, Metsy ロマンス作家 [国]米国 [典]2004

ピンケット・スミス, ジェイダ Pinkett-Smith, Jada 本名=スミス, ジェイダ・ピンケット 旧名=ピンケット, ジェイダ 女優 [国]米国 [生]1971年9月18日 [典]2008

ビンケンスタイン, ロルフ Binkenstein, Rolf 元・甲南大文学部教授 [専]アジア文化史, 比較人文学, 日本学 [国]ドイツ [生]1910年10月 [没]1985年2月5日 [典]1992

ピン・サムコン クメール・ジャーナリスト協会会長 [国]カンボジア [典]1996

ビンジ, ジョーン Vinge, Joan D. 本名=デニスン, ジョーン・キャロル SF作家 [国]米国 [生]1948年4月2日 [典]1992／1996／2000

ビンジ, バーナー Vinge, Vernor SF作家 サンディエゴ州立大学助教授 [専]数学 [国]米国 [生]1944年 [典]1996

ヒンショー, ジョージ Hinshaw, George 本名=Hinshaw,George Addison 元・大リーグ選手, 元・日本プロ野球選手 [国]米国 [生]1959年10月23日 [典]1992

ビンスヴァンガー, ハンス・クリストフ Binswanger, Hans Christoph ザンクト・ガレン大学経済学教授・経済学学術振興会会長 [専]経済学 [国]スイス [生]1929年 [典]1996（ビンスバンガー, ハンス・クリストフ）

ピンスキー, アンナ Pinsky, Anna 翻訳家 エディンバラ大学言語学科研究員 [国]英国 [生]1973年 [典]2000

ヒンスキー, エリック Hinske, Eric Scotto 大リーグ選手（外野手） [国]米国 [生]1977年8月5日 [典]2012

ピンスキー, ブルース Pinsky, Bruce コンピューター技術者 テレジスネットワークス・プロダクトエンジニアリング部門・ネットワークインフラストラクチャー部門副社長 [国]米国 [典]2004

ピンスキー, ロバート Pinsky, Robert Neal 詩人 ボストン大学教授 [国]米国 [生]1940年10月20日 [典]2004／2008／2012

ビンセント, G.ロバート 全米声の図書館創設者 [国]米国 [没]1985年11月13日 [典]1992

ビンセント, アンドルー Vincent, Andrew 政治学者 ウェールズ大学カーディフ校ヨーロッパ研究科政治理論シニア・レクチャラー [専]国家論 [国]英国 [生]1951年4月10日 [典]1992

ビンセント, キース Vincent, Keith ニューヨーク大学助教授 [専]日本文学, ゲイスタディーズ [国]米国 [典]2000

ビンセント, ジャン・マイケル　Vincent, Jan-Michael　俳優　⑳米国　㊌1944年7月15日　㊞1992／2004

ビンセント, トロイ　Vincent, Troy　プロフットボール選手(CB)　⑳米国　㊌1971年6月8日　㊞2008

ビンセント, フェイ　本名=ビンセント, フランシス・トーマス　弁護士　元・大リーグ・コミッショナー, 元・コロンビア映画社長　⑳米国　㊌1938年　㊞1992／1996

ヒンソン, デービッド・ラッセル　Hinson, David Russell　米国連邦航空局局長, ミッドウェイ航空会長・CEO　⑳米国　㊌1933年　㊞1996

ビンター, アーロン　Winter, Aron　サッカー選手(MF)　⑳オランダ　㊌1967年3月1日　㊞2000／2004

ビンダー, エーリッヒ　バイオリニスト, 指揮者　元・ウィーン・フィルハーモニー・コンサート・マスター　⑳オーストリア　㊌1947年　㊞1996／2000

ピンター, ハロルド　Pinter, Harold　劇作家, 詩人, 脚本家　⑳英国　㊌1930年10月10日　㊥2008年12月24日　㊞1992／1996／2000／2004／2008

ヒンターコプフ, エルフィー　Hinterkopf, Elfie　カウンセラー　㊟フォーカシング　⑳米国　㊞2004

ピンタシルゴ, マリア　Pintasilgo, Maria　本名=ピンタシルゴ, マリア・デ・ルールデス　政治家　元・ポルトガル首相, 元・世界人口賢人会議委員長　⑳ポルトガル　㊌1930年1月18日　㊥2004年7月10日　㊞1992／1996

ヒンターベルガー, エルンスト　Hinterberger, Ernst　作家　⑳オーストリア　㊌1931年　㊞2004／2008

ヒンチ, A.J.　Hinch, A.J.　本名=Hinch,Andrew Jay　大リーグ監督　⑳米国　㊌1974年5月15日　㊞2012

ピンチ, トレバー　Pinch, Trevor　社会学者　コーネル大学科学技術論学部教授　㊟科学技術社会学　㊞2004

ビンチー, メイブ　Binchy, Maeve　作家　⑳アイルランド　㊌1940年5月28日　㊥2012年7月30日　㊞2000

ピンチャー, チャプマン　Pincher, Chapman　スパイ小説家, 元・ジャーナリスト　⑳英国　㊌1914年3月29日　㊞1992／1996

ピン・チュンハワン　Phin Chunhawon　政治家, 軍人　元・タイ副首相, 元・タイ国民党創設者　⑳タイ　㊌1891年10月14日　㊞1996

ピンチョー, ギフォード　Pinchot, Gifford　経営コンサルタント　⑳米国　㊌1943年　㊞1992

ピンチョン, トーマス　Pynchon, Thomas　本名=Pynchon, Thomas Ruggles,Jr.　作家　⑳米国　㊌1937年5月8日　㊞1992／1996／2004／2008／2012

ヒンツ, ベルトルト　Hinz, Berthold　㊟美術史　⑳ドイツ　㊌1941年　㊞2000

ピンテール, タマーシュ　Pinter, Tamás　建築家　⑳ハンガリー　㊌1946年　㊞1992

ピント, インバル　Pinto, Inbal　ダンサー, 振付師　インバル・ピント・カンパニー主宰　㊟コンテンポラリー・ダンス　⑳イスラエル　㊞2012

ピント, カルロス　Pinto, Carlos Alberto da Mota　政治家, 法学者　元・ポルトガル首相　⑳ポルトガル　㊌1936年　㊥1985年5月7日　㊞1992

ピント, フリーダ　Pinto, Freida　女優　⑳インド　㊌1984年10月18日　㊞2012

ピンドゥル, ボグスワフ　Pindur, Boguslaw　翻訳家, 通訳　⑳ポーランド　㊞2008／2012

ピント・コレイア, クララ　Pinto-Correia, Clara　ルソフォナ大学教授　㊟発生生物学　⑳ポルトガル　㊌1960年　㊞2004／2008

ピントフ, ステファニー　Pintoff, Stefanie　ミステリー作家　⑳米国　㊞2012

ビンドラ, アビナブ　Bindra, Abhinav　射撃選手(ライフル)　北京五輪射撃男子エアライフル金メダリスト　⑳インド　㊌1982年9月28日　㊞2012

ビントリー, デービッド　Bintley, David　バレエダンサー, 振付師　バーミンガム・ロイヤル・バレエ団芸術監督, 新国立劇場舞踊部門芸術監督　⑳英国　㊌1957年9月17日　㊞2012

ピンドリング, リンドン・オスカー　Pindling, Lynden Oscar　政治家　元・バハマ首相　⑳バハマ　㊌1930年3月22日　㊥2000年8月26日　㊞1992／1996／2000

ヒンドル, ティム　Hindle, Tim　ビジネスコンサルタント　ワーキング・ワーズ創設者　元・「ユーロビジネス」編集長　⑳英国　㊞2004

ヒンドレー, ジュディー　Hindley, Judy　絵本作家　㊌1940年　㊞1996

ヒンドレー, レオ　Hindery, Leo Joseph(Jr.)　実業家　インターメディア・アドバイザーズ創業者　⑳米国　㊌1947年10月31日　㊞2000／2004／2012

ヒントン, S.E.　Hinton, S.E.　本名=ヒルトン, スーザン・エロイーズ　作家　⑳米国　㊌1951年　㊞1992／1996

ヒントン, ウィル　映像作家　⑳米国　㊞1992

ヒントン, カーマ　Hinton, Carma　映画監督　⑳米国　㊌1949年　㊞2000／2012

ヒントン, ジョアン　Hinton, Joan　中国名=寒春　物理学者　⑳米国　㊌1921年10月20日　㊥2010年6月8日　㊞2004

ヒントン, ハロルド・C.　ジョージ・ワシントン大学教授　㊟国際関係　⑳米国　㊌1924年　㊞1992

ピンナ, ジョヴァンニ　Pinna, Giovanni　古生物学者　国際博物館会議(ICOM)イタリア国内委員会委員長　元・ミラノ自然史博物館館長　⑳イタリア　㊌1939年　㊞2004

ピンナ, ニコラ　Pinna, Nicola　騎手　⑳イタリア　㊌1988年10月15日　㊞2012

ビン・ナン, アリエル　Bin-Nun, Ariel　弁護士　⑳イスラエル　㊌1914年　㊞2000

ヒンメルマン, ジョン　Himmelman, John　児童文学作家　⑳米国　㊌1935年　㊞1992

ビンヤード, ジェレミー　Vineyard, Jeremy　ライター, 映画研究家　⑳米国　㊞2004

ピンヨー・シージャムロン　詩人, 作家　⑳タイ　㊌1934年　㊞1992

ピンヨ・スワンキリ　Pinyo Suwankiri　建築家　㊟タイ建築学　⑳タイ　㊌1937年　㊞2004

ビンラディン, オサマ　Bin Laden, Osama　イスラム原理主義過激派活動家　元・アルカイダ指導者　㊌1957年　㊥2011年5月2日　㊞2000(ビンラーデン, オサマ)／2004／2008

【フ】

フー・アン　Hu, Ann　漢字名=胡安　映画監督　⑳中国　㊌1955年　㊞2004／2008／2012

フ・イコウ　傅 維康　㊟中国医学史　⑳中国　㊌1930年　㊞2000

フ・エキヨウ　傅 益瑤　Fu, Yi-yao　字=静韻, 号=佩玉, 青蘋, 雲真, 斎名=織雨軒　画家　㊟水墨画　⑳中国　㊌1947年1月3日　㊞1992(伝 益瑤 デン・エキヨウ)／1996

フ・カイホウ　傅 海峰　Fu, Hai-feng　バドミントン選手　ロンドン五輪バドミントン男子ダブルス金メダリスト　⑳中国　㊌1984年1月2日

フ・カク　布 赫　Bu, He　本名=雲曙光　作家　元・中国全国人民代表大会(全人代)常務委員会副委員長　⑳中国　㊌1926年3月24日　㊞1996／2000／2004(フ・カク／フカク)

ブ・キツリュウ　武 吉龍　農民企業家　中国吉龍公司董事長　⑳中国　㊌1945年　㊞1996

フー, キン　Hu, King　中国名=胡金銓　映画監督, 書家, 画家, 漫画家, 脚本家　⑳香港　㊌1932年4月29日　㊥1997年1月14日　㊞1992／1996

フ・ケイセイ　傅 奎清　軍人　中将　元・中国人民解放軍南京軍区政治委員　⑳中国　㊌1920年　㊞1996

ブ・ケンカ　武 建華　Wu, Jian-hua　絵本作家, 画家　⑳中国　㊌1942年　㊞2004

ブ・ケンケン　武 建　中国科学院インフォメーションセンター東

京事務所所長代理, インターコム・サービス社企画事業部参事 [国]中国 [生]1953年 [典]1992／1996

フ・コウ 符 浩 Fu, Hao 外交官 中国全国人民代表大会（全人代）常務委員, 中日友好21世紀委員会委員 元・駐日中国大使 [国]中国 [生]1916年4月 [典]1992／1996

フ・コウシン 傅 庚辰 作曲家, 軍人 中国人民解放軍芸術学院副院長, 中国映画音楽学会副会長, 少将 [国]中国 [生]1935年 [典]1996

フ・シカン 傅 志寰 Fu, Zhi-huan 中国鉄道部長 [国]中国 [生]1938年3月 [典]2004

フー, シベール Hu, Sibelle 中国名＝胡慧中 女優 [生]1958年5月24日 [典]1992／1996

フ・シャクジュ 傅 錫寿 中国共産党安徽省委員会書記, 高級技師, 中国共産党中央委員 [国]中国 [生]1931年 [典]1996／2000

フー・ジュン Hu, Jun 漢字名＝胡軍 俳優 [国]中国 [生]1968年 [典]2012

ブ・ジヨン 夫 址栄 Bu, Ji-young ジャーナリスト 「朝鮮日報」東京特派員 [国]韓国 [生]1959年 [典]1996

フ・ゼンユウ 傅 全有 Fu, Quan-you 軍人 中国人民解放軍総参謀長・上将, 中国共産党中央軍事委員 [国]中国 [生]1930年11月 [典]1996／2000／2004／2008

フ・タイイ 傅 大為 Fu, Dai-wie 清華大学歴史研究所助教授,「台湾社会研究」雑誌社社長 [専]科学史, 科学哲学 [国]台湾 [生]1953年 [典]1992／1996

ブ・ダイイ 武 大偉 Wu, Da-wei 外交官 中国朝鮮半島問題特別代表 元・中国外務次官, 元・駐日中国大使 [国]中国 [生]1946年12月24日 [典]2000／2004／2008／2012

フ・タン 巫 丹 Wu, Dan バレーボール選手 [国]中国 [生]1968年1月13日 [典]1992／1996

フ・チョウチュウ 普 朝柱 Ru, Chao-zhu 中国共産党雲南省委員会書記, 中国共産党中央委員 [国]中国 [生]1929年 [典]1996／2000／2004

フー・ツォン Fou, Ts'ong ピアニスト [国]中国 [生]1934年3月10日 [典]1992／2012

ブ・テキセイ 武 迪生 Wu, Di-sheng 元・瀋陽市長 [国]中国 [生]1935年 [没]1993年11月24日 [典]1996

フ・テツサン 傅 鉄山 Fu, Tie-shan 別名＝符鉄山, ミカエル傅鉄山 カトリック神父 元・中国天主教愛国会主席, 元・中国全人代常務副委員長 [国]中国 [生]1931年 [没]2007年4月20日 [典]1996

フ・ネイコン 巫 寧坤 Wu, Ning-kun 英文学者 [国]中国 [生]1920年 [典]1996

フ・バイオン 傅 培音 編集者 [典]2008

フー・ビン 胡 兵 Hu, Bing 俳優, モデル [国]中国 [生]1972年2月14日 [典]2012

プー・ピン 歩 平 Bu, Ping 中国社会科学院近代史研究所所長 [専]中日関係史, 北東アジアの国際関係史 [国]中国 [生]1948年 [典]1996（ホ・ヘイ）／2000（ホ・ヘイ）／2008（ホ・ヘイ）／2012

ブ・ベク 夫 伯 慶熙大学ホテル観光学部副教授, 韓日青少年親善交流研究会指導教授, 時事日本語社名誉理事 [専]日韓交流 [国]韓国 [典]2004

フ・ランエイ 巫 蘭英 射撃選手 [国]中国 [生]1955年 [典]1996

フー・ルーデー 符 儒徳 東京女学館大学国際教養学部助教授 [専]偏微分方程式の数値解析 [国]中国 [生]1963年 [典]2008（フ・ジュトク）

フ・ロウトク 布 拉徳 本名＝Strauss,Brad プロ野球選手（内野手） [国]米国 [典]2000

ファー, アマンダ Farr, Amanda コンピューター技術者 [国]米国 [典]2004

ブーア, ウィリアム Voors, William 臨床ソーシャルワーカー [国]米国 [典]2004

ファー, スーザン Pharr, Susan J. 政治学者 ハーバード大学教授・日米関係プログラム所長 [専]日本政治, 日米関係, 南北問題 [国]米国 [生]1944年 [典]1992／1996

ファー, ダイアン Farr, Diane エッセイスト, 女優, タレント [国]米国 [典]2004

ファー, ロイナ Farre, Rowena 作家, ボヘミアン [典]1992

ブーアイ, トマ Bouhail, Thomas 体操選手 北京五輪体操男子跳馬銀メダリスト [国]フランス [生]1986年7月3日

ファイアー, アンドルー Fire, Andrew Z. 微生物学者 スタンフォード大学医学部教授 [専]病理学, 遺伝学 [国]米国 [生]1959年 [典]2012

ファイアストン, ジェームス 元・アメリカン・エキスプレス・インターナショナル日本支社長兼総支配人 [国]米国 [生]1954年 [典]1992

ファイアストーン, マーシャ ウィメン・インコーポレイテッド副代表 [国]米国 [典]2000

ファイゲンバウム, エドワード Feigenbaum, Edward A. コンピューター科学者 スタンフォード大学名誉教授 [専]AI [国]米国 [生]1936年1月8日 [典]1992／1996／2000／2008

ファイコ, アレクセイ Faiko, Aleksei Mikhailovich 劇作家 [国]ソ連 [生]1893年 [典]1992

ファイズ, ファイズ・アハマド Faiz, Faiz Ahmad 詩人 [国]パキスタン [生]1912年 [没]1984年11月20日 [典]1992

ファイダン・ロブリヤオ Faydan Lobliayao 元・ラオス最高人民評議会副議長 [国]ラオス [没]1986年7月12日 [典]1992

ファイツ, ドナルド Fites, Donald V. 実業家 元・キャタピラー会長・CEO [国]米国 [典]1992／1996／2000

ファイデク, パヴェウ Fajdek, Pawel ハンマー投げ選手 [国]ポーランド [生]1989年6月4日

ファイト, アンドルー Fight, Andrew 金融アナリスト, コンサルタント [典]2008

ファイト, ウィリバルト Veit, Willibald ベルリン国立博物館アジア美術館館長 [専]中国美術 [国]ドイツ [生]1944年 [典]1996／2000／2004／2008／2012

ファイナル, ベル・シミオン 美術家 [国]イスラエル [生]1959年 [典]1996

ファイナン, ウィリアム Finan, William F. エレクトロニクス・コンサルタント テクネコン分析研究会社代表 [国]米国 [生]1940年 [典]1996

ファイニンガー, アンドレアス Feininger, Andreas Bernhard Lyonel 写真家 [国]米国 [生]1906年12月27日 [典]1996

ファイヒティンガー, トーマス Feichtinger, Thomas 教育コンサルタント [生]1946年 [典]2008

ファイファー, ウォルター・バン・デ 実業家 シェル・インターナショナル・ガス社長 [典]2000

ファイファー, エッカード Pfeiffer, Eckhard 元・コンパック・コンピュータ社長・CEO [国]ドイツ [生]1941年8月20日 [典]1992／1996／2000

ファイファー, ジュリアン Fifer, Julian チェロ奏者 オルフェウス室内管弦楽団主宰者 [国]米国 [生]1950年12月5日 [典]1992／1996／2000

ファイファー, ジュール Feiffer, Jules 漫画家, 喜劇作家 [国]米国 [生]1929年1月26日 [典]1992／1996

ファイファー, ジョージ Feifer, Goerge ジャーナリスト, 作家, 翻訳家 [国]米国 [生]1934年 [典]1996

ファイファー, ハインリッヒ Pfeiffer, Heinrich フンボルト財団事務総長 [国]ドイツ [生]1927年1月27日 [典]1992／1996

ファイファー, ミシェル Pfeiffer, Michelle 女優 [国]米国 [生]1957年4月29日 [典]1992／1996／2000／2004／2008／2012

ファイファー, ロルフ Pfeifer, Rolf コンピューター科学者 チューリヒ大学コンピュータサイエンス学科教授 [専]人工知能 [国]スイス [典]2004

ファイフィールド, フランセス Fyfield, Frances 本名＝ヘガティ, フランセス ミステリー作家, 弁護士 [国]英国 [生]1948年 [典]1992／1996

ファイマン, ウェルナー Faymann, Werner 政治家 オーストリア首相, オーストリア社民党党首 [国]オーストリア [生]1960年5月4日 [典]2012

ファイヤアーベント, パウル Feyerabend, Paul Karl 科学哲学者 元・カリフォルニア大学バークレー校哲学教授 [国]米国 [生]1924年

フ

[没]1994年2月　[典]1996

ファイヤド, サラム　Fayyad, Salam　政治家　パレスチナ自治政府首相・財務相・外相　[国]パレスチナ　[生]1952年4月12日　[典]2012

ファイユ, ジャン・ピエール　Faye, Jean-Pierre　作家, 詩人　[国]フランス　[生]1925年7月19日　[典]1992

ファイロ, デービッド　Filo, David　実業家　ヤフー取締役　[国]米国　[典]2004／2008／2012

ファイロ, フィービー　Philo, Phoebe　ファッションデザイナー　セリーヌ・クリエイティブディレクター　[国]フランス　[典]2012

ファイン, アン　Fine, Anne　児童文学作家　[国]英国　[生]1947年12月7月　[典]1992／1996／2008／2012

ファイン, エレン　Fein, Ellen　恋愛カウンセラー　[国]米国　[生]1957年　[典]2004

ファイン, カーラ　Fine, Carla　ノンフィクション作家, ライター　[国]米国　[典]2004

ファイン, ゲイリー・アラン　Fine, Gary Alan　社会心理学者　ノースウェスタン大学教授　[国]米国　[生]1950年　[典]2004

ファイン, シャーウッド　Fine, Sherwood M.　経済コンサルタント　元・GHQ経済科学局長顧問　[国]米国　[生]1914年8月11日　[典]1996

ファインゴールド, ラス　Feingold, Russ　本名=Feingold,Russell Dona　政治家　元・米国上院議員（民主党）　[国]米国　[生]1953年3月2日　[典]1996／2000／2004／2008／2012

ファインズ, ジョセフ　Fiennes, Joseph　俳優　[国]英国　[生]1970年5月27日　[典]2000／2004／2008／2012

ファインズ, マーサ　Fiennes, Martha　映画監督　[国]英国　[典]2004／2008

ファインズ, レイフ　Fiens, Ralph　本名=Fiennes,Ralph Nathanial　俳優　[国]英国　[生]1962年12月22日　[典]1996／2000／2004／2008／2012

ファインスタイン, エレーヌ　Feinstein, Elaine　詩人, 作家　[国]英国　[典]2000

ファインスタイン, ジョン　Feinstein, John　スポーツジャーナリスト　[国]米国　[典]1992／2000

ファインスタイン, ダイアン　Feinstein, Dianne　本名=Feinstein, Dianne Goldman Berman　政治家　米国上院議員（民主党）　元・サンフランシスコ市長　[国]米国　[生]1933年6月22日　[典]1992／1996／2000／2004／2008／2012

ファインタック, デービッド　Feintuch, David　作家　[国]米国　[典]2004

ファインバーグ, アナ　Fienberg, Anna　児童文学作家　[国]オーストラリア　[生]1956年　[典]2012

ファインバーグ, トッド　Feinberg, Todd E.　精神医学者　アルバート・アインシュタイン医科大学神経内科精神科準教授　[国]米国　[典]2004

ファインバーグ, レナード　Feinberg, Leonard　アイオワ州立大学名誉教授　[国]米国　[生]1914年　[典]2000

ファインマン, ジェイ　Feinman, Jay M.　法律学者　ニュージャージー州立大学ラトガーロースクール教授　[専]契約法, 不法行為法, 法学教育, 法学理論　[典]2008

ファインマン, マーサ・アルバートソン　Fineman, Martha Albertson　法学者　コーネル大学法学部教授　[国]米国　[典]2004／2008

ファインマン, リチャード　Feynman, Richard Phillips　物理学者　元・カリフォルニア工科大学教授　[専]理論物理学　[国]米国　[生]1918年5月11日　[没]1988年2月15日　[典]1992

ファインリーブ, シドニー　Feinleib, Sidny　コンサルタント　元・立教大学大学院ビジネスデザイン研究科特任教授　[国]米国　[生]1938年　[典]2000／2008／2012

ファウアー, アダム　Fawer, Adam　作家　[国]米国　[生]1970年　[典]2012

ファーヴァ, クラウディオ　Fava, Claudio　ジャーナリスト　「イ・シチリアーニ」編集長　[国]イタリア　[生]1957年　[典]2000

ファヴィエ, ジャン　Favier, Jean　歴史家, 図書館員　ソルボンヌ大学教授, フランス国立図書館館長　[専]中世経済史　[国]フランス　[生]1932年4月2日　[典]2000

ファヴォルー, ルイ　Favoreu, Louis　エクス・マルセーユ大学教授　元・フランス憲法学会会長　[専]憲法学　[国]フランス　[生]1930年　[典]2000

ファウジー, マハムド　Fawzī, Mahmūd　外交官, 政治家　元・エジプト首相　[国]エジプト　[生]1900年　[没]1981年6月12日　[典]1992

ファウスティ, シルヴァノ　Fausti, Silvano　イエズス会司祭, 神学者　元・ミュンスター大学教授　[専]言語現象学　[国]イタリア　[典]2004

ファウスト, イザベル　Faust, Isabelle　バイオリニスト　[国]ドイツ　[生]1972年　[典]2012

ファウスト, ヴォルフガング・マックス　Faust, Wolfgang Max　美術評論家, アート・オーガナイザー　「Wolkenkratzer」誌エディター　[生]1944年　[典]1992

ファウスト, ゲオルク　Faust, Georg　チェロ奏者　ベルリン・フィルハーモニー首席ソリスト　[国]ドイツ　[生]1956年　[典]2000

ファウスト, ドリュー・ギルピン　Faust, Drew Gilpin　歴史学者　ハーバード大学学長　[専]南北戦争, 南部史　[国]米国　[生]1947年9月18日　[典]2008／2012

ファウスト, ヘルムート　Faust, Helmut　教育学者　ライプツィヒ大学教育学部教授学科主任　[国]ドイツ　[生]1928年　[典]1992

ファウスト・スターリング, アン　Fausto Sterling, Anne　ブラウン大学生物学・医学部教授　[専]性の生物学, 社会生物学, 発達遺伝学, 人種問題　[国]米国　[典]1992／1996

ファウバー, ロバート　米国国務省アジア局次官補代理（経済担当）　[国]米国　[典]1992

ファウベル, ディルク　Vaubel, Dirk　実業家　ローランド・ベルガー&パートナー・ジャパン・パートナー　[国]ドイツ　[生]1941年　[典]1992／1996／2000／2004／2008

ファウラー, ウィリアム・アルフレッド　Fowler, William Alfred　天体物理学者　元・カリフォルニア工科大学名誉教授　[国]米国　[生]1911年8月9日　[没]1995年3月14日　[典]1992／1996

ファウラー, ウィル　Fowler, Will　軍事ジャーナリスト　[国]英国　[典]2004／2008

ファウラー, カレン・ジョイ　Fowler, Karen Joy　作家　[国]米国　[生]1950年　[典]2012

ファウラー, クリストファー　Fowler, Christopher　作家　[国]英国　[生]1953年　[典]1996

ファウラー, コニー・メイ　Fowler, Connie May　作家　[国]米国　[典]2004／2008

ファウラー, サイモン　Fowler, Simon　グループ名=オーシャン・カラー・シーン　ロック歌手　[国]英国　[生]1965年5月25日　[典]2004／2008／2012

ファウラー, スチュアート　Fowler, Stuart A.　元・ウエストパック銀行頭取, 元・アジア銀行協会会長　[国]オーストラリア　[生]1930年3月30日　[典]1992

ファウラー, テッド　Fowler, Ted　本名=ファウラー, エドワード　カリフォルニア大学アーバイン校教授　[専]近代日本文学　[国]米国　[生]1947年　[典]1992／1996／2000

ファウラー, ノーマン　Fowler, Norman　本名=Fowler,Peter Norman　政治家　英国下院議員　元・英国保守党幹事長　[国]英国　[生]1938年2月2日　[典]1996

ファウラー, リッキー　Fowler, Rickie　プロゴルファー　[国]米国　[生]1988年12月13日　[典]2012

ファウラー, リンダ　Fowler, Linda L.　政治学者　シラキュース大学教授　[専]議会政治論, 政党・利益集団論　[生]1945年　[典]1996

ファウラー, ロビー　Fowler, Robbie　サッカー選手（FW）　[国]英国　[生]1975年4月9日　[典]2000／2004／2008／2012

ファウルシュティッヒ・ヴィーラント, ハンネローレ　Faulstich-Wieland, Hannelore　教育学者　ハンブルク大学教授　[生]1948年　[典]2008

ファウルズ, ジョン　Fowles, John　本名=Fowles,John Robert　作家　[国]英国　[生]1926年3月31日　[没]2005年11月5日　[典]1992／1996／2004

ファヴロー, ジュリアン　Favreau, Julien　バレエ・ダンサー　ベ

ジャール・バレエ・ローザンヌプリンシパル 国フランス 生1977年12月17日 裁2008／2012

ファウンテン，ジェーン・E. Fountain, Jane E. 米国・デジタル政府研究センター所長，マサチューセッツ州立大学アマースト校（政治学部兼公共政策管理センター）教授 元・ハーバード大学ケネディ行政学院準教授 裁2008

ファエンツァ，ロベルト Faenza, Roberto 映画監督 国イタリア 生1943年 裁2012

ブアカーオ・ポー・プラムック Buakaw Por Puramuk 格闘家 国タイ 生1982年5月8日 裁2008／2012

ファーガソン，アラン 北アイルランド・メンタル・ヘルス協会理事長 国英国 裁1996

ファーガソン，アレックス Ferguson, Alex 本名=Ferguson, Alexander Chapman サッカー監督，元・サッカー選手 元・サッカー・スコットランド代表監督 国英国 生1941年12月31日 裁2000／2004／2008／2012

ファーガソン，イアン Ferguson, Ian 脚本家，ユーモア作家 国カナダ 生1959年 裁2008／2012

ファーガソン，ウィル Ferguson, Will 作家 国カナダ 裁2004

ファーガソン，オースチン Ferguson, Austin 作家，パイロット 国米国 生1941年9月 裁1992

ファーガソン，キティ Ferguson, Kitty サイエンスライター 専数学，物理学，宇宙論 国米国 裁2004／2012

ファーガソン，ジョン 聖書学者 元・バーミンガム・セリ・オーク大学学長 国英国 裁1992

ファーガソン，セーラ Ferguson, Sarah 旧名=セーラ妃 セーラ・ファーガソン財団代表 元・ヨーク公（アンドルー王子）夫人 国英国 生1959年10月15日 裁1992（セーラ妃）／1996（セーラ妃）／2000（セーラ）／2004（セーラ）／2008／2012

ファーガソン，チャールズ Ferguson, Charles H. ハイテク・アナリスト 全米科学者連盟会長 国米国 裁2012

ファーガソン，ニアル Ferguson, Niall 本名=Ferguson, Niall Campbell Douglas 歴史学者 ハーバード大学歴史学教授 専経済・金融史 国英国 生1964年4月18日 裁2012

ファーガソン，バリー Ferguson, Barry サッカー選手（MF） 国英国 生1978年2月2日 裁2004／2008

ファーガソン，マシュー Ferguson, Matthew 俳優 生1973年 裁2000

ファーガソン，マーティン Ferguson, Martin 労働運動家 全オーストラリア労働組合評議会（ACTU）議長 国オーストラリア 生1953年12月12日 裁1992／1996

ファークアー・ミューラー，ジェイミー Farquhar Mueller, Jamie ジャーナリスト 生1962年 裁1996

ファクソン，ブラッド Faxon, Brad プロゴルファー 国米国 生1961年8月1日 裁2008／2012

ファクター，デービス 元・マックス・ファクター会長 国米国 没1991年8月30日 裁1992

ファケッティ，ジャシント Facchetti, Giacinto サッカー選手 元・インテル会長 国イタリア 生1942年7月18日 没2006年9月4日 裁2004

ファーゲルホルム，カール Fagerholm, Karl August 政治家 元・フィンランド首相，元・フィンランド国会議員 国フィンランド 生1901年 没1984年5月22日 裁1992

ファーゴ，マシュー Fargo, Matthew 「空想英語読本」の著者 国米国 生1979年 裁2004／2008

ファゴーネ，オラツィオ Fagone, Orazio アイススレッジホッケー選手，元・スピードスケート選手（ショートトラック） リレハンメル五輪ショートトラック5000メートルリレー金メダリスト 国イタリア 生1968年11月13日 裁2008／2012

ファザエフ，アルセン Fadzaev, Arsen レスリング選手（フリー・68キロ級） 裁1992／1996

ファザーニ，レモ Fasani, Remo 詩人，エッセイスト ヌシャテル大学イタリア語イタリア文学教授 国スイス 生1922年 裁1992

ファザール，アンワー Fazar, Anwar 消費者運動家 国際消費者機構（IOCU）名誉顧問 国マレーシア 生1941年 裁1992／1996

ファジアノ，デービッド Fagiano, David アメリカン・マネジメント・アソシエーション（AMA）社長・CEO 国米国 生1945年7月 裁1996

ブアジェイリー，バンス Bourjaily, Vance Nye 作家 元・ルイジアナ州立大学名誉教授 国米国 生1922年9月17日 没2010年8月31日 裁1992／1996／2000／2004／2008

ファシナ，ジャン Fassina, Jean 「若いピアニストへの手紙―技術をみがき作品を深く理解するために」の著者 裁2008

ファーシャイン，リチャード Firshein, Richard 医学者 ニューヨーク大学整骨治療学部助教授 裁2004

ファージャス，ジャン・クロード Farjas, Jean-Claude 画家 国フランス 生1924年5月31日 裁1996

ファーシュ，リック 実業家 エディー・バウアー社長 国米国 裁2000

ファージョーンズ，ニック ラグビー選手 国オーストラリア 生1962年 裁1996

ファージング，スティーブン 画家 オックスフォード大学ラスキン美術大学学長 国英国 生1950年 裁1996

ファース，アンナ Furse, Anna 作家，演出家，元・バレリーナ 国英国 裁2004

ファース，クララ Furse, Clara 本名=Furse, Clara Hedwig Frances 金融家 野村ホールディングス社外取締役 元・ロンドン証券取引所（LSE）社長・CEO 国英国 生1957年9月16日 裁2004／2008／2012

ファース，グレッグ Furth, Gregg M. 精神分析家 国米国 生1944年 裁2004／2008

ファース，コリン Firth, Colin 本名=Firth, Colin Andrew 俳優 国英国 生1960年9月10日 裁2008／2012

ファース，バーバラ Firth, Barbara 絵本画家 国英国 裁1992／1996／2000

ファース，ハロルド・ポール Furth, Harold Paul 物理学者 プリンストン大学天体物理学教授 国米国 生1930年1月13日 裁1996

ファース，ピーター Firth, Peter 俳優 国英国 生1953年10月27日 裁1992／1996

ファース，ホースト Faas, Horst 写真家 元・AP通信上席編集者 専戦争写真 国ドイツ 生1933年4月28日 没2012年5月10日 裁2000

ファス，マルコ Ruas, Marco 格闘家 国ブラジル 生1957年1月21日 裁2008

ファース，レイモンド Firth, Raymond William 社会人類学者 元・ロンドン大学名誉教授 国英国 生1901年3月25日 没2002年2月22日 裁1992／1996

ファースター，ポール Foerster, Paul ヨット選手 国米国 生1963年11月19日 裁2008

ブアスティン，ダニエル・ジョゼフ Boorstin, Daniel Joseph 歴史学者，文明史家 元・米国連邦議会図書館（LC）名誉館長，元・シカゴ大学教授 専米国史 国米国 生1914年10月1日 没2004年2月28日 裁1992／1996／2000／2004

ファーステンバーグ，イーリス Firstenberg, Iris R. 経営工学者 カリフォルニア大学ロサンゼルス校アンダーソン経営大学院ABCコーポレート・ネットワーク・アソシエイト・ディレクター，カリフォルニア大学ロサンゼルス校心理学部客員教授 裁2004

ファースト，ハワード・メルビン Fast, Howard Melvin 別筆名=カニンガム,E.V. 作家，平和運動家 国米国 生1914年11月11日 没2003年3月12日 裁1992／1996

ファストフスキー，デービッド Fastovsky, David E. 古生物学者 ロード・アイランド大学地質学教室 専脊椎動物学，陸生古環境学 裁2004

ファーストマン，リチャード Firstman, Richard ジャーナリスト 元・「ニューズデイ」記者 国米国 裁2004

ファスビンダー，ライナー・ウェルナー Fassbinder, Rainer Werner 映画監督 国ドイツ 生1946年5月13日 没1982年6月10日 裁1992

ファスベンダー, ブリギッテ　Fassbaender, Brigitte　メゾ・ソプラノ歌手　ブランシュバイク劇場オペラ監督　⑳ドイツ　㊣1939年7月3日　㊧1992／1996／2000

ファゼラ, パオロ・マリア　Fasella, Paolo Maria　生物化学者　元・ローマ大学教授, 元・EC委員会研究開発総局長　㊛生命科学　⑳イタリア　㊣1930年12月16日　㊤1999年6月11日　㊧1992／1996

ファーソン, リチャード　Farson, Richard　行動心理学者, 経営コンサルタント　⑳米国　㊧2004／2008

ブアソン・ブパワン　Bouasone Bouphavanh　政治家　元・ラオス首相　⑳ラオス　㊣1954年6月3日　㊧2008／2012

ファーチゴット, ロバート　Furchgott, Robert Francis　薬理学者　元・ニューヨーク州立大学健康科学センター名誉教授　⑳米国　㊣1916年6月4日　㊤2009年5月19日　㊧2004／2008

ファツィ, トーマス　Fazi, Thomas　映画監督　⑳イタリア　㊣1982年

ファツィオ, アントニオ　Fazio, Antonio　銀行家, 経済学者　元・イタリア中央銀行総裁　⑳イタリア　㊣1936年10月11日　㊧2004／2008

ファツィオリ, パオロ　Fazioli, Paolo　ピアノ職人　ファツィオリ創立者　⑳イタリア　㊣1944年　㊧2012

ファッキーニ, ヴィットリア　Faccini, Vittoria　絵本作家, イラストレーター　⑳イタリア　㊣1969年　㊧2004

ファッキーニ, フィオレンツォ　ボローニャ大学教授　㊛人類学　⑳イタリア　㊧1996

ファッシーニ, アルベルト　Fassini, Alberto　オペラ演出家　⑳イタリア　㊧2004／2008

ファッジョーニ, ピエロ　Faggioni, Piero　オペラ演出家　㊣1936年　㊧1996／2004

ファッセル, ポール　Fussell, Paul　英文学者　元・ペンシルベニア大学名誉教授, 元・ラトガース大学教授　㊛英文学　⑳米国　㊣1924年3月22日　㊤2012年5月23日　㊧2004

ファッチ, エディー　Futch, Eddie　ボクシング・トレーナー　⑳米国　㊣1911年7月29日　㊤2001年10月10日　㊧1992／1996

ファッツィーニ, ペリクレ　Fazzini, Pericle　彫刻家　⑳イタリア　㊣1913年　㊤1987年12月4日　㊧1992

ファットボーイ・スリム　Fatboy Slim　本名＝クック, ノーマン　別名＝ピッツアマン, フライド・ファンク・フード　旧グループ名＝ハウスマーティンズ, フリーク・パワー, ビーツ・インターナショナル　ミュージシャン, DJ　⑳英国　㊧2004／2008／2012

ファッブリ, A.　Fabbri, Agenore　彫刻家　⑳イタリア　㊣1911年　㊧1992

ファッブリ, ディエゴ　Fabbri, Diego　劇作家　⑳イタリア　㊣1911年7月2日　㊤1980年　㊧1992

ファッブリチーニ, ティツィアーナ　Fabbricini, Tiziana　ソプラノ歌手　⑳イタリア　㊧1996

ファツマ・ロバ　Fatuma Roba　マラソン選手　⑳エチオピア　㊣1970年　㊧2000／2008

ファディエフ, アレクサンドル　フィギュアスケート選手　⑳ソ連　㊣1961年1月4日　㊧1992

ファティオ, ルイーズ　Fatio, Louise　絵本作家　⑳米国　㊣1904年　㊤1993年　㊧1996

ファディガ, カリル　Fadiga, Khalilou　サッカー選手（FW）　⑳セネガル　㊣1974年12月30日　㊧2004／2008

ファディス, ジョン　Faddis, Jon　本名＝ファディス, ジョナサン　トランペット奏者　カーネギー・ホール・ジャズ・バンド指揮者　⑳米国　㊣1953年7月24日　㊧1996

ファーディナンド, リオ　Ferdinand, Rio　サッカー選手（DF）　⑳英国　㊣1978年11月7日　㊧2004／2008

ファディマン, アン　Fadiman, Anne　作家, エッセイスト　㊧2008

ファディマン, ジェームズ　Fadiman, James　心理学者　トランスパーソナル心理学研究所（ITP）　⑳米国　㊣1939年　㊧1992

ファトヒ, ガビン　画家　⑳パレスチナ　㊧1992

ファドララ, ムハンマド　Fadlallah, Mohammed Hussein　イスラム教シーア派指導者　元・イスラム教シーア派組織ヒズボラ最高指導者　⑳レバノン　㊣1935年　㊤2010年7月4日

ファード・ルーク, アラステア　Fuad-Luke, Alastair　環境科学者　㊧2004／2008

ファトルーソ, ウーゴ　Fattoruso, Hugo　ユニット名＝ドス・オリエンタレス, 旧グループ名＝ロス・シェイカーズ, OPA　ミュージシャン, パーカッション奏者, キーボード奏者　⑳ウルグアイ　㊣1943年　㊧2012

ファーナス, ダグ　Furnas, Doug　本名＝Feely,Dwayne　プロレスラー　⑳米国　㊣1961年　㊤2012年3月3日

ファーナム, ジョン　Farnham, John　ロック歌手　⑳オーストラリア　㊣1949年7月1日　㊧2004

ファニーカ, アラン　Faneca, Alan　プロフットボール選手（OG）　⑳米国　㊣1976年12月7日　㊧2008

ファニング, ダコタ　Fanning, Dakota　女優　⑳米国　㊣1994年2月23日　㊧2008／2012

ファネス　Juanes　本名＝バスケス, フアン・エステバン・アリスティサバル　旧グループ名＝エキモシス　ギタリスト, シンガーソングライター　⑳コロンビア　㊣1972年8月9日　㊧2008／2012

ファーネス, ジョージ・A.　Furness, George Abbot　弁護士　⑳米国　㊣1896年12月31日　㊤1985年4月2日　㊧1992

ファネッリ, ジョヴァンニ　Fanelli, Giovanni　フィレンツェ大学教授　㊛建築史, 美術史　⑳イタリア　㊣1936年　㊧1996

ファノ, ロバート　Fano, Robert Mario　電子工学者　元・マサチューセッツ工科大学エレクトロニクス研究所教授　MAC計画の責任者　⑳米国　㊣1917年11月11日　㊧1992

ファーバー, D.　ペンシルベニア大学教授　㊛コンピューター・ネットワーク　㊧2000

ファーバー, アン　Farber, Anne　全米リトミック協会会長　⑳米国　㊧2000

ファーバー, グスタフ　Faber, Gustav　著述家　⑳ドイツ　㊣1912年　㊧2004

ファーバー, リズ　Faber, Liz　編集者, ライター　「Creative Review」記者　⑳英国　㊧2004

ファハティ, テレンス　Faherty, Terrence　作家　⑳米国　㊣1956年　㊧1996／2000

ファハド・イブン・アブドル・アジズ　Fahd Ibn Abdul Aziz　元・サウジアラビア第5代国王　⑳サウジアラビア　㊣1923年8月1日　㊧1992／1996／2000／2004

ファハド・ビン・マハムード・アル・サイド　Fahad bin Mahmoud Al-Said　政治家　オマーン副首相　⑳オマーン　㊣1940年10月5日　㊧2000／2004／2012

ファハミ, イスマイル　Fahmy, Ismail　外交官, 政治家　元・エジプト外相　⑳エジプト　㊣1922年10月2日　㊤1997年11月21日　㊧1992（ファーミ, イスマイル）／1996（ファーミ, イスマイル）

ファビ, テオ　Fabi, Teo　レーシング・ドライバー　⑳イタリア　㊣1955年　㊧1996

ファビアーノ　Fabiano　本名＝ヴィエガス, ファビアーノ・セザール　サッカー選手（DF）　⑳ブラジル　㊣1975年8月4日　㊧2004／2008

ファビアン　Fabien　歌手　⑳フランス　㊣1960年　㊧1996

ファビアン, ダグ　Fabian, Doug　投資コンサルタント　⑳米国　㊧2004

ファビアン, ララ　Fabian, Lara　歌手　⑳フランス　㊣1970年1月9日　㊧2004／2008

ファビウス, ローラン　Fabius, Laurent　政治家　フランス外相　元・フランス首相・財務相, 元・フランス社会党第1書記　⑳フランス　㊣1946年8月20日　㊧1992／1996／2000／2004／2008

ファヒト, アハマド　カイロ大学講師　㊛日本文学　⑳エジプト　㊣1956年　㊧1996

ブアビド, マーチ　Bouabid, Maati　政治家, 法律家　元・モロッコ首相　⑳モロッコ　㊣1927年11月11日　㊤1996年11月1日　㊧1992

ファビーニョ　本名＝ジュスチノ, ファビオ・アウグスト　サッカー選手（FW）　⑳ブラジル　㊣1974年6月16日　㊧2000／2004

ファビーニョ　Fabinho　本名＝Fabio de Jesus　サッカー選手（MF）　国ブラジル　生1976年10月16日　年2008

ファビーニョ　Fabinho　本名＝Santos,Fabio Jose dos　サッカーコーチ　国ブラジル　生1973年6月26日　年2008／2012

ファヒーム、モハマド　Fahim, Mohammad　本名＝Fahim Khan, Marshal Mohammad Qassim　政治家,軍人　アフガニスタン第一副大統領,北部同盟最高指導者　国アフガニスタン　生1957年　年2004／2008／2012

ファーブ、ブレット　Farve, Brett　元・プロフットボール選手　国米国　生1969年10月10日　年2000／2004／2008／2012

ファブラ、ジョルディ・シエラ・イ　Fabra, Jordi Sierra i　児童文学作家　国スペイン　生1947年　年2000

ファブリ、デリオ　SMEグループ社長　国イタリア　生1938年　年1992

ファブリカント、ソロモン　経済学者　元・ニューヨーク大学名誉教授　業景気後退　国米国　没1989年9月13日　年1992

ファブリス、エンリコ　Fabris, Enrico　元・スピードスケート選手　トリノ五輪スピードスケート男子1500メートル・団体追い抜き金メダリスト　国イタリア　生1981年10月5日　年2008／2012

ファブリス、ロベルト　Fabris, Roberto　ファッションデザイナー　ロベルト・ファブリス社設立者　国フランス　生1955年　年1996

ファブリーツィ、アルド　Fabrizi, Ardo　俳優,映画監督　国イタリア　生1906年　没1990年4月2日　年1992

ファーブル、アンリ　Fabre, Henri　水上飛行機の発明者　国フランス　生1882年　没1984年6月29日　年1992

ファーブル、サンドリンヌ　別名＝100DRINE　画家,イラストレーター　国フランス　生1970年　年2008

ファーブル、ヤン　Fabre, Jan　現代美術家,演出家,劇作家,詩人　国ベルギー　生1958年　年1992／1996／2004／2008／2012

ファーブル・ヴァサス、クロディーヌ　Fabre-Vassas, Claudine　民俗学者　フランス国立科学研究所研究部長　業ヨーロッパ民俗学　国フランス　生1944年　年2004

ファーブレ、ヴージニア　Faivre, Virginia　スキー選手（フリースタイル）　国スイス　生1982年9月6日

ファブレ、ジョゼップ・パラウ・イ　Fabre, Josep Palau i　詩人,批評家,ピカソ研究家　国スペイン　生1917年　年2000

ファブロー、ジョン　Favreau, Jon　俳優,映画監督　国米国　生1966年10月19日　年2000／2004／2008／2012

ファーベーク、ピム　Verbeek, Pim　サッカー監督,元・サッカー選手　元・サッカー・オーストラリア代表監督　国オランダ　生1956年3月12日　年2004／2008／2012

ファーベーク、ロバート　Verbeek, Robert　サッカー監督　国オランダ　生1961年7月26日　年2008／2012

ファーボス、ライオネル　Ferbos, Lionel　本名＝Ferbos,Lionel Charles　ジャズ・トランペット奏者　国米国　生1911年7月17日　没2014年7月19日

ファボツィ、フランク　Fabozzi, Frank J.　経済学者　エール大学教授,「ジャーナル・オブ・ポートフォリオ・マネジメント」編集者　業投資理論　国米国　年2000／2004

ファーマー、ジェリリン　Farmer, Jerrilyn　ミステリー作家　国米国　年2004／2008

ファーマー、フィリップ・ホセ　Farmer, Philip José　本名＝ファーマー、フィリップ・ジョーズ　筆名＝トラウト,キルゴア,チェイビン,ポール,マンダース,ハリイ,ソマーズ,ジョナサン,スウィフト　SF作家　国米国　生1918年1月26日　没2009年2月25日　年1992／1996

ファーマー、ブラッドリー　ゴルフ選手　国米国　年2000

ファーマー、ペネロピ　Farmer, Penelope　作家,古代神話研究家　国英国　生1939年　年2000

ファーマ、ユージン　Fama, Eugene F.　経済学者　シカゴ大学財政学教授　業ファイナンス理論　国米国　生1939年2月14日

ファーマノフスキー、ジル　Furmanovsky, Jill　写真家　国英国　年2000

ファーマン、C.スー　Furman, C.Sue　コロラド州立大学解剖神経生物科準教授　業生物学　国米国　年2000

ファーマン、アーブ　Furman, Irv　マジシャン　国米国　年2004／2008

ファーマン、ジャニス　ジャーナリスト　国米国　生1955年5月16日　年1992

ファーマン、ジョセフ　Farman, Joseph C.　欧州オゾン研究調整機関顧問　業気象学　国英国　生1930年　年1996

ブアマン、ジョン　Boorman, John　映画監督　国英国　生1933年1月18日　年2000／2004／2008／2012

ファーマン、ラルフ（Jr.）　Firman, Ralph (Jr.)　レーシングドライバー,元・F1ドライバー　国英国　生1975年5月20日　年2000／2004／2008

ファミンスキー、エゴール　ソ連対外経済関係協会会長　業経済学　国ソ連　生1935年　年1992

ファム・ホアト　写真家　ベトナム通信写真部長　国ベトナム　年2000

ファーメロ、グレアム　Farmelo, Graham　物理学者　ノースイースタン大学準教授　年2004

ファーユ、サフィ　Faye, Safi　映画監督　国セネガル　生1943年　年1992

ファヨン　Hwayoung　旧グループ名＝T-ara　歌手　国韓国　生1993年4月22日　年2012

ファラー、アダム　Farrar, Adam　俳優　国米国　生1971年　年2000／2004

ファラ、アブディシャクール・シェイク・ハッサン　Farah, Abdishakur Sheikh Hassan　政治家　元・ソマリア暫定政府内相　国ソマリア　生2011年6月10日

ファラー、ショーン・ヘプバーン　Ferrer, S.Hepburn　映画プロデューサー　オードリー・ヘプバーン子供基金理事長　国スイス　年2000／2008

ファラー、ダグラス　Farah, Douglas　ジャーナリスト　年2008

ファラー、メル　Ferrer, Mel　本名＝Ferrer,Melchior Gaston　俳優,映画プロデューサー　国米国　生1917年8月25日　没2008年6月2日　年1996（フェラー、メル）

ファラ、モハメド　Farah, Mohamed　陸上選手（長距離）　ロンドン五輪陸上男子5000メートル・1万メートル金メダリスト　国英国　生1983年3月23日

ファラ、ラシャ・アメ・サレ　Farah, Rachad Ahmed Saleh　外交官　駐フランス・ジブチ大使　元・駐日ジブチ大使　国ジブチ　生1950年8月　年1992／2004／2008

ファラ、ロジャー　実業家　ウールワース会長・CEO　国米国　年1996

ファラカン、ルイス　Farrakhan, Louis　本名＝ウォルコット,ルイス・ユージン　イスラム教指導者　ネーション・オブ・イスラム議長　国米国　生1933年5月11日　年1996／2000／2004／2008／2012

ファラージ、ナイジェル　Farage, Nigel　政治家　英国独立党党首　国英国

ファラジ・レハニ、アブディ　Faraji Rehani, Abdi　スワヒリ語教師　国タンザニア　生1944年　年2004

ファラーチ、オリアーナ　Fallaci, Oriana　ジャーナリスト,作家　国イタリア　生1929年6月29日　没2006年9月15日　年1992

ファラハニ、ゴルシフテ　Farahani, Golshifteh　女優　国イラン　生1983年7月10日　年2012

ファラルドー、フィリップ　Falardeau, Philippe　映画監督　国カナダ　生1968年

ファーランド、ガイ　Ferland, Guy　映画監督　国米国　生1966年　年2000

ファーリー、ジム　Farley, Jim　ソフトウェアエンジニア,コンピュータ科学者　年2004

ファリア、ロサナ　Faria, Rosana　イラストレーター　国ベネズエラ　年2004

ファリゴ、ロジェ　Faligot, Roger　ノンフィクション作家,ジャーナリスト　ブルターニュ・ジャーナリスト協会会長　国フランス　生1952年　年2000／2008

ファリサニ, ツェヌワニ・サイモン　Farisani, Tshenuwani Simon　福音ルーテル教会牧師　元・南アフリカ黒人会議全国委員長　国南アフリカ　歿1992

ブーアリーズ, ドナルド　元・米国連邦裁判所判事　国米国　没1989年7月7日　歿1992

ファリス, バレリー　Faris, V.　コンビ名＝デイトン＆ファリス　映像作家, CMディレクター　Bob Industries　歿2004／2008

ファリーナ, フランコ　Farina, Franco　テノール歌手　国米国　歿2004

ファリネッティ, オスカー　Farinetti, Oscar　実業家　イータリー社長　国イタリア　歿2012

ファリノス, フランシスコ・ハビエル　Farinos, Francisco Javier　サッカー選手(MF)　国スペイン　生1978年3月29日　歿2008

ファーリン, ワレンチン　Falin, Valentin Mikhailovich　政治家　ソ連人民代議員　元・ソ連共産党書記・国際部長　国ソ連　生1926年4月3日　歿1992

ファーリンゲティ, ローレンス　Ferlinghetti, Lawrence　本名＝ファーリング, ローレンス　詩人　シティライツ社創立者　国米国　生1919年3月24日　歿1996／2004

ファリントン, カレン　Farrington, Karen　作家　歿2008

ファルカオ, ラダメル　Falcao, Radamel　本名＝Falcao García Zárate, Radamel　サッカー選手(FW)　国コロンビア　生1986年2月10日

ファルカシュ, ペーテル　Farkas, Peter　レスリング選手（グレコローマン）　国ハンガリー　歿1996

ファルカム, レオ　Falcam, Leo A.　政治家　元・ミクロネシア大統領　国ミクロネシア　生1935年11月20日　歿2004／2008

ファルカン　Falcão　本名＝ビエイラ, アレサンドロ・ホーザ　フットサル選手　国ブラジル　生1977年8月6日　歿2012

ファルカン, パウロ・ロベルト　Falcao, Paulo Roberto　サッカー監督, 元・サッカー選手　元・サッカー日本代表監督　国ブラジル　生1953年10月16日　歿1996／2012

ファルク, ヴァルター　Falk, Walter　元・マールブルク大学教授　近代ドイツ文学, 哲学　国ドイツ　生1924年2月8日　歿1996

ファルグ, フィリップ　Fargues, Philippe　社会学者, 統計学者　パリ人口問題研究所員, パリ政治学研究所講師　アラブ問題　国フランス　歿1992

ファルクマン, カイ　Falkman, Kaj　俳句愛好家, 外交官　スウェーデン俳句協会創設者, スウェーデン外務省特別顧問　国スウェーデン　生1934年　歿2004／2008

ファルケンハイム, ペギー　西オンタリオ大学政治学部助教授　政治学　国カナダ　歿1992

ファルケンボーグ, ブライアン　Falkenborg, Brian Thomas　プロ野球選手(投手), 元・大リーグ選手　国米国　生1978年1月18日　歿2012

ファルコ, エニオ　Falco, Ennio　射撃選手（クレー射撃）　国イタリア　生1968年1月3日　歿2008

ファルコナー, イアン　Falconer, Ian　画家, イラストレーター, 絵本作家　国米国　生1959年　歿2004／2008／2012

ファルコナー, ダグラス・スコット　Falconer, Douglas Scott　遺伝学者　エディンバラ大学細胞・動物・集団生物学研究所教授　国英国　生1913年3月10日　歿1996

ファルコナー, トム　Falconer, Tom　コルベットレストアラー, 建築家　国英国　歿2004

ファルコーニ, G.　Falconi, Gigino　画家　国イタリア　生1933年　歿1992

ファルコーニ, ファブリツィオ　Falconi, Fabrizio　テレビ制作者, 作家　メディアセッテ記者　国イタリア　歿2004

ファルコーネ, ジョバンニ　元・イタリア法務省刑事局長　国イタリア　没1992年5月23日　歿1992／1996

ファルコン・パラディ, アリスティデス　Falcón Paradí, Arístides　詩人, 劇作家　歿2012

ファルーディ, スーザン　Faludi, Susan　ジャーナリスト　国米国　歿1996

ファルティンクス, G.　Faltings, G.　数学者　プリンストン大学教授, ヴッパータール大学教授　代数幾何学　国ドイツ　生1953年　歿1992／1996

ファルド, ニック　Faldo, Nick　本名＝ファルド, ニコラス・アレクサンダー　プロゴルファー　国英国　生1957年7月18日　歿1992／1996／2000／2008

ファルド, リチャード・S.(Jr.)　Fuld, Richard S.　実業家　元・リーマン・ブラザーズ会長・CEO　国米国　生1946年　歿2012

ファルヌー, アベル　Farnoux, Abel　実業家　フランス首相最高補佐官　国フランス　生1921年　歿1996

ファルハディ, アスガー　Farhadi, Asghar　映画監督　国イラン　生1972年

ファルフジノフ　政治家　サハリン州知事　国ロシア　歿1996

ファルマン, イアン　Fallmann, Ian　ブルームバーグL.P.日本代表　国英国　生1956年　歿2000

ファルーン, イアン　Falloon, Ian Robert Holms　精神科医　オークランド大学精神医学行動科学教室主任教授, マリオ・ネッリ研究所客員教授　国ニュージーランド　生1945年3月12日　歿2000

ファルーン, ジョン　Falloon, John Howard　ニュージーランド農業・林業大臣　国ニュージーランド　生1942年　歿1992

ファレス, オスバルド　作曲家　国キューバ　生1985年12月22日　歿1992

ファレッティ, ジョルジョ　Faletti, Giorgio　コメディアン, 作詞家, 作家　国イタリア　生1950年　歿2012

ファレバイ, テビタ・バイオラ　Falevai, Tevita Vaiola　旧シコ名＝南ノ島　警察官, 元・大相撲力士　相撲トンガ代表監督　国トンガ　歿2004

ファレリー, ピーター　Farrelly, Peter　映画監督　国米国　生1956年　歿2012

ファレリー, ボビー　Farrelly, Bobby　映画監督　国米国　生1958年　歿2012

ファレル, ウィリアム　Farrell, William R.　全米日米協会連合(NAJAS)会長　元・在日米国商工会議所専務理事　国米国　生1944年　歿1992／1996／2012

ファレル, ウィンスロー　Farrell, Winslow　コンサルタント, ロケット科学者　プライス・ウォーターハウス・クーパーズ・パートナー・創発研究グループ・リーダー　国米国　生1953年　歿2004（ファラル, ウィンスロー）

ファレル, ゴードン　Farrell, Gordon　劇作家, シナリオライター, 演出家　国米国　歿2008

ファレル, コリン　Farrell, Colin　本名＝Farrell, Collin James　俳優　国アイルランド　生1976年5月31日　歿2004／2008／2012

ファレル, ジョン　Farrell, John　本名＝Farrell, John Edward　大リーグ監督, 元・大リーグ選手　国米国　生1962年8月4日　歿2012

ファレル, スザンヌ　Farrell, Suzanne　バレリーナ　スザンヌ・ファレルバレエ団芸術監督　元・ニューヨーク・シティ・バレエ団(NYCB)プリンシパル　国米国　生1945年8月16日　歿2008／2012

ファレル, デービッド　Farrell, David Coakley　実業家　元・メイ・デパートメント・ストアーズ会長・CEO　国米国　生1933年6月14日　歿2000

ファレル, テリー　Farrell, Terry　本名＝Farrell, Terence　建築家　テリー・ファレル＆パートナーズ代表　国英国　生1938年5月12日　歿2008／2012

ファーレル, リック　Ferrell, Rick　元・大リーグ選手　国米国　生1905年10月12日　歿2000

ファレール, レジ　イラストレーター　歿2004

ファレル, ロジャー　オートスラリア国立大学経済学部助教授　日本経済　国オーストラリア　歿1992

ファレル, ロバート　Ferrell, Robert H.　歴史家　インディアナ大学名誉教授　20世紀アメリカ政治史・外交史　国米国　生1921年　歿1996

ファーレンコフ, フランク　Fahrenkopf, Frank J.　政治家　元・米国共和党全国委員長　国米国　生1939年8月28日　歿1992／2004

ファレンティーノ, ジェームズ　Farentino, James　俳優　[国]米国　[生]1938年2月24日　[没]2012年1月24日

ファロ, ザック　Farro, Zac　本名=Farro,Zachary Wayne　グループ名=パラモア　ミュージシャン　[国]米国　[典]2012

ファロ, ジョシュ　Farro, Josh　本名=Farro,Joshua Neil　グループ名=パラモア　ミュージシャン　[国]米国　[典]2012

ファロー, ミア　Farrow, Mia　本名=Farrow,Mia Villiers　女優　[国]米国　[生]1945年2月9日　[典]1992／1996／2000／2004／2008／2012

ファーロウ, スタンリー　Farlow, Stanley J.　メーン大学教授　[専]数学　[国]米国　[生]1937年　[典]2000

ファローズ, ジェームズ　Fallows, James M.　ジャーナリスト　「USニューズ・アンド・ワールド・リポート」編集長　[国]米国　[生]1942年8月2日　[典]1992／1996／2000

ファロッティ, ピエール・カルロ　実業家　元・AT&T執行副社長　[典]2000

ファーロード, リチャード　アメリカン・エキスプレス(アメックス)会長　[国]米国　[典]1996

ファロン, アイバン　Fallon, Ivan Gregory　ジャーナリスト　「サンデー・タイムズ」副編集長　[生]1944年6月26日　[典]1992

ファロン, キーレン　Fallon, Kieren　騎手　[国]英国　[生]1965年2月22日　[典]2004／2008

ファロン, スティーブ　Fallon, Steve　ライター　[国]米国　[典]2004／2008

ファーロング, エドワード　Furlong, Edward　俳優　[国]米国　[生]1977年8月2日　[典]1996／2000／2004

ファーロング, メアリー　Furlong, Mary　実業家　サード・エイジ・メディアCEO　[国]米国　[典]2004

ファーロング, モニカ・ワインフライド　Furlong, Monica Winefryde　医師　ベス・イスラエル北医療センター　[専]麻酔学　[国]英国　[典]2000

ファーロング, リサ　Furlong, Lisa　教育者　プロジェクトアドベンチャー・トレーナー　[国]米国　[典]2004

ファン, アナ　Juan, Ana　「エレーナのセレナーデ」の著者　[典]2008

ファン, アルフレッド　政治家,実業家　アデレード市長　[国]オーストラリア　[典]2004／2008

ファン・アルム　黄 アルム　Hwang, Ah-reum　プロゴルファー　[国]韓国　[生]1987年10月17日　[典]2012

ファン・イーチェン　范 逸臣　シンガー・ソングライター,俳優　[国]台湾　[典]2012

ファン・イルグォン　黄 一権　プロ野球選手(内野手)　[国]韓国　[生]1969年6月9日　[典]1996

ファン, イン　中国名=黄英　ソプラノ歌手　[国]中国　[典]2000

ファン・インソン　黄 寅性　Hwang, In-sung　政治家　元・韓国首相,元・アシアナ航空会長　[国]韓国　[生]1926年1月9日　[没]2010年10月11日　[典]1992(ホワン・インソン)／1996

ファン・インヘン　黄 仁行　Hwang, In-heng　裁判官　ソウル家庭法院院長　[国]韓国　[生]1945年11月17日　[典]2004／2008

ファン・ウェンユー　絵本作家　[国]台湾　[生]1968年　[典]2008

ファン・ウソク　黄 禹錫　Hwang, Woo-suk　医学者　元・ソウル大学教授　[専]再生医療,ES細胞　[国]韓国　[生]1952年12月15日　[典]2008／2012

ファン, エミリー　Fuang, Emily　コールド・スプリング・ハーバー研究所エディター　[専]神経科学　[国]米国　[典]2004

ファン・キスン　黄 琦淳　コメディアン　[国]韓国　[生]1963年12月8日　[典]1996

ファン・ギョンソン　黄 敬善　Hwang, Kyung-seon　テコンドー選手　北京五輪・ロンドン五輪テコンドー女子67キロ級金メダリスト　[国]韓国　[生]1986年5月21日　[典]2012

ファン・キョンノ　黄 慶老　Hwang, Kyung-ro　実業家　元・浦項総合製鉄(POSCO)会長　[国]韓国　[生]1930年7月11日　[典]1996

ファン・キョンヨン　黄 慶泳　Hwang, Kyung-yung　ハンドボール指導者　元・ハンドボール女子日本代表監督　[国]韓国　[生]1969年2月28日

ファン・キルス　黄 吉秀　弁護士　元・韓国法制処長　[国]韓国　[生]1939年1月9日　[典]1996

ファン・クムジュ　黄 錦周　元・従軍慰安婦　[国]韓国　[生]1922年8月15日　[典]1996

ファン・ゴン　黄 健　Hwang, Kon　本名=再建　作家　[国]北朝鮮　[生]1918年　[典]1992／1996

ファン・サンギュ　Hwang, Sang-gyu　「実尾島(シルミド)―生存者キムバンイル元小隊長の証言」の著者　[国]韓国　[生]1956年　[典]2008

ファン・サンソン　黄 山城　Whang, San-sung　弁護士　元・韓国環境庁長官　[国]韓国　[生]1944年11月13日　[典]1996／2008

ファン・ジェギル　柔道選手　[国]北朝鮮　[生]1959年5月9日　[典]1992

ファン・ジャンヨプ　黄 長燁　Hwang, Jang-yop　政治家　元・朝鮮労働党書記,元・北朝鮮最高人民会議議長,元・金日成総合大学総長　[国]韓国　[生]1923年2月17日　[没]2010年10月10日　[典]1992(ファン・ジャンイョプ)／1996／2000／2004／2008

ファン, ジョン　元・米国民主党全国委員会財政委員長　[国]米国　[典]2000

ファン, ジョン・C.C.　コピン社会長　[典]1992

ファン・ジョンゴン　黄 鍾建　写真家　東亜日報写真部長　[国]韓国　[典]2000

ファン・シンヘ　黄 新恵　タレント　[国]韓国　[生]1963年12月15日　[典]1996／2000

ファン・スンウォン　黄 順元　Hwang, Sun-won　作家　慶熙大学名誉教授　[国]韓国　[生]1915年3月26日　[典]1992／1996

ファン・スンジェ　黄 丞載　komakori-communications代表　[国]韓国　[生]1969年　[典]2004

ファン・ソギョン　黄 晳暎　Hwang, Sok-yong　作家　[国]韓国　[生]1944年1月14日　[典]1992(ファン・ソクヨン)／1996(ファン・ソクヨン)／2000(ファン・ソクヨン)／2012

ファン・ソクホ　黄 錫湖　プロ野球選手(内野手)　[国]韓国　[生]1972年5月19日　[典]1996

ファン・ソンギュ　黄 聖圭　韓国中央大学教授・日本研究所長,韓国日本学会会長職代　[専]日本学　[国]韓国　[生]1933年6月10日　[典]1996

ファン・ソンホン　黄 善洪　Hwang, Sun-hong　サッカーコーチ,元・サッカー選手　[国]韓国　[生]1968年7月14日　[典]2000／2004／2008／2012

ファン・ソンミ　児童文学作家　[国]韓国　[生]1963年　[典]2004／2008／2012

ファン・チィーウェイ　Fan, Ji-uei　漢字名=范植偉　俳優　[国]台湾　[生]1980年2月28日　[典]2004／2008／2012

ファン・チャンギ　黄 昌基　韓国銀行監督院長　[国]韓国　[生]1935年9月10日　[典]1996

ファン, ツォンリャン・アル　Huang, Chung-lian Al　中国名=黄忠良　建築家,演奏家,講演家　生活の道国際協会創立者,蘭亭学院院長　[国]米国　[典]1992

ファン・デグォン　Fan, Deguon　著述家　生態共同体研究会主宰,緑色大学教授　[国]韓国　[生]1955年　[典]2008

ファン・デヨン　黄 大淵　プロ野球選手(内野手)　[国]韓国　[生]1967年7月20日　[典]1996

ファン・ドゥヨン　黄 斗淵　元・韓国商工省中小企業局長・外交通商省通商交渉本部長　[国]韓国　[生]1941年　[典]1996／2004／2008

ファン・ドヨン　黄 道淵　憲法裁判官　[国]韓国　[生]1934年2月9日　[典]1996

ファン・ドンヒョク　Hwang, Dong-hyeuk　映画監督　[国]韓国　[生]1971年

ファーン, ニコラス　Fearn, Nicholas　作家　[国]英国　[典]2004

ファン・ヒテ　黄 禧太　Hwang, Hee-tae　柔道選手　[国]韓国　[生]1978年6月12日　[典]2008／2012

ファン・ビョンギ　黄 秉冀　伽倻琴(カヤグム)奏者,作曲家　元・梨花女子大学音楽部教授　[国]韓国　[典]1992／1996／2012

ファン・ビョングク　Hwang, Byeong-guk　映画監督　[国]韓国　[典]2012

ファン・ビョンテ　黄 秉泰　韓国国会議員　[国]韓国　[生]1935年2月20

フ

日 [典]1996／2000

ファン・ビョンドク　黄 柄徳　オペラ歌手　韓国オペラ団長, 延世大学名誉教授　[国]韓国　[生]1920年3月14日　[典]1996

ファン・ビンビン　Fan, Bing-bing　漢字名＝范冰冰　女優　[国]中国　[生]1981年9月16日　[典]2008／2012

ファン・ペガン　黄 涓江　檀国大学人文学部教授　[専]韓国文学　[国]韓国　[生]1929年　[典]1992／1996

ファン・ヘソン　黄 慧性　宮中料理専門家　宮中飲食研究院理事長　[専]韓国料理　[国]韓国　[生]1920年7月5日　[典]1996

ファーン, マイケル　共同筆名＝マイケル, ジュディス　作家　[国]米国　[典]2000

ファン・マニュ　黄 万有　「北朝鮮人喰い収容所」の著者　[生]1958年7月　[典]2004／2008（コウ・バンユウ）

ファン・ミナ　黄 美那　漫画家　[国]韓国　[生]1961年　[典]1992／1996

ファン・ミョンス　黄 明秀　Hwang, Myung-soo　政治家　韓国国会国防委員長　元・韓国民自党事務総長　[国]韓国　[生]1927年4月29日　[典]1996

ファン・ムンピョン　黄 文平　本名＝黄海昌　作曲家　[国]韓国　[生]1920年10月23日　[典]1996

ファン, メイビス　Fan, Mavis　漢字名＝范暁萱　女優, 歌手　[国]台湾　[生]1977年2月27日　[典]2000／2008／2012

ファン・ヨングム　黄 英金　声楽家　延世大学音楽大学声楽科教授　[国]韓国　[生]1931年5月28日　[典]1996

ファン・ヨンジョ　黄 永祚　Hwang, Young-cho　マラソン選手　[国]韓国　[生]1970年3月22日　[典]1996／2000

ファン・ヨンスン　黄 勇勝　プロ野球選手（投手）　[国]韓国　[生]1974年10月1日　[典]1996

ファン, ロバート　Huang, Robert　中国名＝黄徳慈　実業家　シネックス創業者　[典]2012

ファン, ロリー　Fung, Lori　新体操選手　[国]カナダ　[生]1963年2月21日　[典]1992／1996

ファン・アルムジック, フランツィスカ　Van Almsick, Franziska　水泳選手（自由形）　[国]ドイツ　[生]1978年4月5日　[典]1996／2008

ファンヴァイク, レオ　van Wijk, L.M.　KLMオランダ航空社長・CEO　[国]オランダ　[典]2000

ファンウィック, ジャン・ノエル　脚本家　[国]フランス　[生]1950年　[典]1996

ファンエーケレン, ウィレム　Van Eekelen, Willem Frederik　政治家　オランダ上院議員　元・西欧同盟（WEU）事務局長　[国]オランダ　[生]1931年2月5日　[典]2000

ファンエーペン, マリト　Van Eupen, Marit　ボート選手　北京五輪ボート女子軽量級ダブルスカル金メダリスト　[国]オランダ　[生]1969年9月26日　[典]2012

ファン・カルロス1世　Juan Carlos I　スペイン国王　[国]スペイン　[生]1938年1月5日　[典]1992／1996／2000／2004／2008／2012

ファン・キューレン, メンシェ　Van Keulen, Mensje　編集者, 作家　[国]オランダ　[生]1946年　[典]2004

ファング, アービング　Fang, Irving E.　元・ジャーナリスト　ミネソタ州立大学新聞学部教授　[専]放送学　[国]米国　[典]1996

ファンク, テリー　Funk, Terry　本名＝ファンク, テレンス　コンビ名＝ザ・ファンクス　プロレスラー　[国]米国　[生]1944年6月30日　[典]2000／2012

ファンク, ドリー（Jr.）　Funk, Dory (Jr.)　コンビ名＝ザ・ファンクス　プロレスラー　[国]米国　[生]1941年2月19日　[典]2000／2012

ファン・グエン・ホン　Phan Nguyen Hong　生態学者　ハノイ教育大学名誉教授　[専]マングローブ林の再生　[国]ベトナム　[生]1935年7月19日　[典]2012

ファンジオ, ファン・マヌエル　Fangio, Juan Manuel　F1ドライバー　[国]アルゼンチン　[生]1911年6月24日　[没]1995年6月17日　[典]1996

ファンスタン, ジャック　Fansten, Jacques　映画監督　[国]フランス　[生]1946年　[典]1996

ファン・ストラーテン, ハルメン　Van Straaten, Harmen　挿絵画家　[国]オランダ　[生]1961年　[典]2004／2008／2012

ファン・ストラーテン, ルーロフ　Van Straten, Roelof　美学者　[専]イタリア版画, イコノグラフィー　[典]2004

ファン・ダイク, ルッツ　Van Dijk, Lutz　作家　[生]1955年　[典]2004（ダイク, ルッツ・ファン）

ファンタール, ムハンマド　チュニジア国立遺産研究所教授, ハンニバルクラブ副会長　[専]カルタゴ研究　[国]チュニジア　[生]1936年　[典]2000

ファンテ, ダン　Fante, Dan　「天使はポケットに何も持っていない」の著者　[典]2008

ファン・ティ・キム・フック　ユネスコ親善大使　[国]カナダ　[生]1963年　[典]2000

ファンティーニ, ノルマ　Fantini, Norma　ソプラノ歌手　[国]イタリア　[典]2004／2008

ファン・ティー・ハン　助産婦　ベトナム助産婦協会副会長　[国]ベトナム　[生]1954年10月20日　[典]1996

ファン・デル・ヴェストハイゼン, ユースト　Van Der Westhuizen, Joost　元・ラグビー選手　[国]南アフリカ　[生]1971年2月20日　[典]2008

ファン・デル・ヴェルデン, B.　Van der Waerden, Bartel Leendert　数学者　元・チューリヒ大学教授　[専]代数学, 幾何学, 数学史, 科学史　[国]オランダ　[生]1903年2月2日　[没]1996年　[典]1992（ファン・デル・ベルデン, B.）／1996（ファン・デル・ベルデン, B.）

ファン・デル・クルフト　Van der Klugt　元・フィリップス社長　[国]オランダ　[生]1925年　[典]1992／1996

ファンデルコルク, キルステン　Van der Kolk, Kirsten　ボート選手　北京五輪ボート女子軽量級ダブルスカル金メダリスト　[国]オランダ　[生]1975年12月18日　[典]2012

ファン・デル・サール, エドウィン　van der Sar, Edwin　元・サッカー選手　[国]オランダ　[生]1970年10月29日　[典]2000／2004／2008／2012

ファン・デル・スツール, マックス　van der Stoel, Max　政治家　元・全ヨーロッパ安保協力会議（CSCE）少数民族高等弁務官, 元・オランダ外相　[国]オランダ　[生]1924年8月3日　[没]2011年4月23日　[典]1996

ファン・デル・スロット, アーノウド　Van Der Slot, Arnoud　経営コンサルタント　アーサー・D.リトル（ADL）アソシエート・ディレクター　[典]2004

ファン・デル・ハイデン, ポーリーン　Van der Heijden, Pauline　デザイナー　[国]オランダ　[典]2000

ファンデルバイデン, マーテン　Van der Weijden, Maarten　水泳選手（オープン・ウオーター）　北京五輪オープン・ウオーター男子10キロ金メダリスト　[国]オランダ　[生]1981年3月31日　[典]2012

ファンデルバーグ, キャメロン　Van der Burgh, Cameron　水泳選手（平泳ぎ）　ロンドン五輪金メダリスト, 競泳男子100メートル平泳ぎ世界記録保持者　[国]南アフリカ　[生]1988年5月25日

ファン・デル・ファールト, ラファエル　Van der Vaart, Rafael　サッカー選手（MF）　[国]オランダ　[生]1983年2月11日　[典]2004／2008／2012

ファンデルベストハイゼン, ヤコ　Van Der Westhuizen, Jaco　ラグビー選手（SO）　[国]南アフリカ　[生]1978年4月6日　[典]2008／2012

ファン・デル・メール, サイモン　van der Meer, Simon　物理学者　元・欧州合同原子核研究機関（CERN）主任技術者　[国]オランダ　[生]1925年11月24日　[典]1992／1996／2000

ファン・デル・リンデン, ピーター　van der Linden, Peter　ソフトウェア開発者　[典]2004

ファンデワレデゲルケ, ベルナール　弁護士　欧州弁護士連合　[国]ベルギー　[生]1947年　[典]1996

ファン・デン・フーベル, エドワード　Van den Heuvel, Edward P.　アムステルダム大学教授, 高エネルギー天体物理学センター長　[専]天文学　[国]オランダ　[典]1996

ファン・デン・ブルック, ハンス　Van Den Broek, Hans　政治家　元・EU欧州委員会委員（東欧・旧ソ連・共通外交安保政策担当）, 元・オランダ外相　[国]オランダ　[生]1936年12月11日　[典]1992（ファン・デン・ブルーク, ハンス）／1996／2000

ファンデンベルク, フィリップ　Vandenberg, Philipp　歴史家, 考古

学研究家，著述家　⑰ドイツ　㉝2000

ファン・デン・ボイナンツ，ポール　Van den Boeynants, Paul　政治家　元・ベルギー首相　⑰ベルギー　㉑1919年5月22日　㉒2001年1月9日　㉝1992（バン・デン・ボイナンツ, P.）

ファン・デン・ホイフェル，ゲルト　van den Heuvel, Gerd　ニーダーザクセン州立図書館ライプニッツ資料編纂所　⑯歴史学，ゲルマン学　⑰ドイツ　㉑1954年　㉝2000

ファンデンホーヘンバント，ピーター　van den Hoogenband, Pieter　元・水泳選手（自由形）　シドニー五輪競泳男子自由形100メートル・200メートル金メダリスト　⑰オランダ　㉑1978年3月14日　㉝2000（ホーヘンバント, ピーター）／2004／2008

ファント，ケンネ　Fant, Kenne　俳優，映画監督，作家　⑰スウェーデン　㉑1923年　㉝2000

ファント，マイ　Fant, Maj　作家，コラムニスト，評論家　⑯老人問題　⑰スウェーデン　㉑1930年5月1日　㉝1992

ファン・ニステルローイ，ルート　Van Nistelrooij, Ruud　元・サッカー選手　⑰オランダ　㉑1976年7月1日　㉝2004／2008／2012

ファン・バステン，マルコ　Van Basten, Marco　サッカー指導者，元・サッカー選手　元・サッカー・オランダ代表監督　⑰オランダ　㉑1964年10月31日　㉝1992／1996／2000／2008／2012

ファン・パラディス，ジャン　Van Paradijs, Jan　アムステルダム大学教授　⑯天文学　⑰オランダ　㉝1996

ファン・ハール，ルイス　Van Gaal, Louis　サッカー監督，元・サッカー選手　元・サッカー・オランダ代表監督　⑰オランダ　㉑1951年8月8日　㉝2004／2008／2012

ファン・バン・カイ　Phan Van Khai　政治家　ベトナム共産党政治局員　元・ベトナム首相　⑰ベトナム　㉑1933年12月25日　㉝1996／2000／2004／2008／2012

ファン・バン・ドン　Pham Van Dong　政治家　元・ベトナム首相　⑰ベトナム　㉑1906年5月1日　㉒2000年4月29日　㉝1992／1996

ファンヒア，タニア　陸上選手（短距離）　⑰オーストラリア　㉝2000

ファン・ヒンケル，ハンス　Van Ginkel, Hans　本名=Van Ginkel, Hans Johannes August　地理学者，教育者　元・国連大学学長，元・ユトレヒト大学学長　⑯東南アジア地理学，地域開発，東欧研究　⑰オランダ　㉑1940年6月22日　㉝2000（ヒンケル, ハンス・ファン）／2004（ヒンケル, ハンス・ファン）／2008／2012

ファンファーニ，アミントーレ　Fanfani, Amintore　政治家　元・イタリア終身上院議員，元・イタリア首相　⑰イタリア　㉑1908年2月16日　㉒1999年11月20日　㉝1992／1996

ファーンファム，アドリアン・フランク　Furnham, Adrian Frank　社会心理学者　ロンドン大学教授　⑰英国　㉑1953年　㉝1996／2000

ファン・フイ・レ　Phan Huy Le　ハノイ大学歴史学科主任教授，ベトナム協力センター所長，ベトナム歴史学会会長　⑯歴史学　⑰ベトナム　㉑1939年　㉝1992／2000

ファンフォレンホーフェン，ピーター　国際運輸安全連合（ITSA）委員長　⑰オランダ　㉑1939年　㉝2000

ファン・ブラケル，マヌス　Van Brakel, Manus　環境保護運動家　地球の友オランダチーフ・コーディネーター　⑰オランダ　㉑1949年　㉝1996

ファンフルンスフェン，アンキー　van Grunsven, Anky　馬術選手　シドニー五輪・アテネ五輪・北京五輪馬場馬術個人金メダリスト　⑰オランダ　㉑1968年1月2日　㉝2004／2008／2012

ファン・ブロンクホルスト，ジョヴァンニ　Van Bronkhorst, Giovanni　元・サッカー選手　⑰オランダ　㉑1975年2月5日　㉝2008／2012

ファン・フン　Pham Hung　政治家　元・ベトナム首相　⑰ベトナム　㉑1912年6月11日　㉒1988年3月10日　㉝1992

ファン・ペルシー，ロビン　Van Persie, Robin　サッカー選手（FW）　⑰オランダ　㉑1983年8月6日　㉝2012

ファンヘルデ，ヘラルト　Van Velde, Gerard　スピードスケート選手　⑰オランダ　㉑1971年11月30日　㉝2004

ファンボ・クァン　皇甫官　Hwang-bo, Kwan　サッカー指導者，元・サッカー選手　⑰韓国　㉑1965年3月1日　㉝2004／2008／2012

ファン・ボメル，マルク　Van Bommel, Mark　元・サッカー選手　⑰オランダ　㉑1977年4月22日　㉝2012

ファン・マルヴァイク，ベルト　Van Marwijk, Bert　サッカー監督，元・サッカー選手　元・サッカー・オランダ代表監督　⑰オランダ　㉑1952年5月19日　㉝2004／2008／2012

ファン・マールセン，ジャクリーヌ　Van Maarsen, Jacqueline　装丁家　アンネ・フランクの親友　⑰オランダ　㉝2004

ファン・ミエルト，カレル　Van Miert, Karel　政治家　元・EU欧州委員会委員，元・ベルギー下院議員　⑰ベルギー　㉑1942年1月17日　㉒2009年6月22日　㉝1992／1996／2000

ファン・ミルロー，ハンス　Van Mierlo, Hans　本名=Van Mierlo, Henricus Antonius Franciscus Maria Oliva　政治家　元・オランダ副首相・外相　⑰オランダ　㉑1931年8月18日　㉒2010年3月11日　㉝2000

ファン・ランゲン，エレン　Van Langen, Ellen　元・陸上選手　⑰オランダ　㉑1966年2月9日　㉝1996／2000

ファーンリー，ジャン　Fearnley, Jan　絵本作家　⑰英国　㉝2008

ファンリエセルベルゲ，ドリアン　Van Rijsselberghe, Dorian　ヨット選手（RSX級）　ロンドン五輪セーリング男子RSX級金メダリスト　⑰オランダ　㉑1988年11月24日

ファン・ルーラー，ジェシ　Van Ruller, Jesse　ジャズギタリスト　⑰オランダ　㉑1972年　㉝2004／2008

ファン・ロンパイ，ヘルマン　Van Rompuy, Herman　政治家　EU大統領　元・ベルギー首相　⑰ベルギー　㉑1947年10月31日　㉝2012（ファン・ロンパウ, ヘルマン）

フイ，エバ・イン・ファン　Hui, Eva Yin fun　中国名=インファンフィ　実業家　元・東海観光社長　⑰香港　㉑1953年9月12日　㉝2004／2012

ブイ，トニー　Bui, Tony　映画監督　⑰米国　㉝2000／2004

フィ，ラク・ホン　Phi, Lac-Hong　グループ名=プラネッツ　チェロ奏者　⑰カナダ　㉑1976年7月17日　㉝2004

フィアラ，カレル　Fiala, Karel　福井県立大学学術教養センター教授　⑯日本中世文学　⑰チェコ　㉑1946年　㉝1992／1996

フィアリー，マイク　Fyhrie, Mike　元・プロ野球選手　⑰米国　㉑1969年12月9日　㉝2000

フィアリー，ロバート　Fearey, Robert A.　外交官　元・米国国務省日本課長　⑰米国　㉑1918年7月18日　㉝1992

ブイエ，ジャック　フィリップス・コンポザンス社会長，フランス電子産業連合会（GIEL）会長　⑰フランス　㉝1992

フィエーベ，ニコラ　フランス国立科学センター研究員　⑯建築学，日本文明　⑰フランス　㉑1959年　㉝2000

フイエール，エドウィージュ　Feuillère, Edwige　女優　⑰フランス　㉑1907年10月29日　㉒1998年11月13日　㉝1996

フィオナ　Fiona　バイオリニスト，作曲家，自然保護運動家　⑰英国　㉝2000

フィオラバンティ，ドメニコ　Fioravanti, Domenico　元・水泳選手（平泳ぎ）　⑰イタリア　㉑1977年5月31日　㉝2004／2008

フィオリーナ，カーリー　Fiorina, Carly　本名=フィオリーナ, カールトン　旧名=Sneed,Cara Carleton　実業家　元・ヒューレット・パッカード（HP）会長・CEO　⑰米国　㉑1954年9月6日　㉝2000／2004／2008／2012

フィオルデ，アニー　Feolde, Annie　料理人　エノテーカピンキオーリ　㉑1945年　㉝1996／2000

フィオーレ，ジョン　Fiore, John　指揮者　⑰米国　㉑1960年　㉝1996

フィオーレ，ステファノ　Fiore, Stefano　サッカー選手（MF）　⑰イタリア　㉑1975年4月17日　㉝2004／2008

フィオレンツァ，エリザベス・シュスラー　Fiorenza, Elisabeth Schüssler　神学者　ハーバード神学校教授　⑰米国　㉝2004／2008

フィオレンティーノ，リンダ　Fiorentino, Linda　本名=Fiorentino, Clorinda　女優　⑰米国　㉑1960年3月9日　㉝1996

ブイグ，フランシス　Bouygues, Francis Georges　元・ブイグ社会長　⑰フランス　㉑1922年12月5日　㉒1993年7月24日　㉝1992／1996

プイグ, ホセ・ソレル　Puig, José Soler　作家　国キューバ　⊕1917年　⊛1992

プイグ, マヌエル　Puig, Manuel　作家　国アルゼンチン　⊕1932年　⊛1990年7月22日　⊛1992

ブイグ, マルタン　Bouygues, Martin Pierre Marie　ブイグ社会長　国フランス　⊕1952年5月3日　⊛1992／1996

フィクス, オリバー　Fix, Oliver　カヌー選手（スラローム）　国ドイツ　⊕1973年6月21日　⊛2000

フィグルースキー, スティーブン　ニューヨーク大学教授　⊛金融経済学　国米国　⊛2000

フィクレ・セラシエ・ウォグデルス　Fikre Selassie Wogderesse　政治家　元・エチオピア首相　国エチオピア　⊛1992

フィーゲ, ゲルトルート　Fiege, Gertrud　美術史家　国ドイツ　⊕1931年　⊛1996

フィゲイレド, ジョアン・バチスタ・デ・オリベイラ　Figueiredo, João Baptista de Oliveira　政治家,元・軍人　元・ブラジル大統領　国ブラジル　⊕1918年1月15日　⊛1999年12月24日　⊛1992

フィーゲル, ジョン　Feegel, John R.　作家,医師　国米国　⊕1932年　⊛1996

フィゲレス, ホセ・マリア　Figueres, José María　本名＝Figueres Olsen,José Maria　政治家　元・コスタリカ大統領　国コスタリカ　⊕1951年12月24日　⊛1996／2000

フィゲレス・フェレル, ホセ　Figueres Ferrer, José　政治家　元・コスタリカ大統領　国コスタリカ　⊕1906年9月25日　⊛1990年6月8日　⊛1992

フィーゴ, ルイス　Figo, Luis　本名＝フィーゴ, ルイス・フェリペ・マデイラ・カエイロ　元・サッカー選手　国ポルトガル　⊕1972年11月4日　⊛2004／2008／2012

ブイコフ, ワシリー　Bykov, Vasilii Vladimirovich　作家　国ベラルーシ　⊕1924年　⊛2003年6月22日　⊛1992／1996

ブイコワ, ステラ　Bykova, Stella Artemievna　モスクワ大学アジアアフリカ諸国語学部日本語科助教授　⊛日本語　国ロシア　⊕1944年　⊛1996／2000

ブーイサック, ポール　Bouissac, Paul　文化人類学者　トロント大学教授　⊛記号学　国カナダ　⊕1934年　⊛2000

フィジィ, ローラ　ジャズ歌手　国オランダ　⊕1956年　⊛2000

フィシェッティ, マーク　Fischetti, Mark　サイエンスライター　⊛2008

フィシェル, ヤン　Fischer, Jan　政治家,経済学者　元・チェコ首相　国チェコ　⊕1951年1月2日　⊛2012

フィシェル, ロイド　Fischel, Lloyd S.　対ソ連・東欧貿易コーディネーター　インターナショナル・インタレスト・グループ代表　国米国　⊛1992

フィジケラ, ジャンカルロ　Fisichella, Giancarlo　元・F1ドライバー　国イタリア　⊕1973年1月14日　⊛2000／2008／2012

フィシバフ, タデウシュ　Fiszbach, Tadeusz　政治家　元・ポーランド社会民主連合代表（党首）　国ポーランド　⊕1935年11月4日　⊛1992／1996

フイシュ, ジャスティン　Huish, Justin　アーチェリー選手　国米国　⊕1975年1月9日　⊛2000

フィシュテル, ジャン・ジャック　Fiechter, Jean-Jacques　歴史学者,推理作家　ローザンヌ大学歴史学教授　国フランス　⊛1996

フィージン　Whee Jine　テノール歌手　ソウル芸術大学客員教授　国韓国　⊕1977年　⊛2012

フィース, ノルベルト　Vieth, Norbert　編集者,元・サッカー選手　「fussballtraining」編集長　国ドイツ　⊛2004

フィス, マルティン　Fiz, Martin　元・マラソン選手　国スペイン　⊕1963年3月3日　⊛2000／2004

フィスク, カールトン　Fisk, Carlton　元・大リーグ選手　国米国　⊕1947年12月26日　⊛1996／2000

フィスク, ジョン　Fiske, John　ウィスコンシン大学マディソン校コミュニケーション学科教授　⊛コミュニケーション論,文化記号論　国英国　⊛2000

フィスク, ニール　Fiske, Neil　コンサルタント　バス・アンド・ボディ・ワークスCEO　国米国　⊛2008

フィスク, リチャード・アーウィン　軍人　元・戦艦アリゾナ記念館主事　国米国　⊛2004年4月2日　⊛2000

フィスク, ロバート　法律家　元・ホワイトウォーター疑惑特別検察官,元・ニューヨーク州連邦検事　国米国　⊛1996

フィスケットジョン, ゲイリー　Fisketjon, Gary　エディター　クノッフ副社長　国米国　⊕1954年　⊛1992／2004

フィースター, シャロン　Feaster, Sharon A.　教育学者　オーガスタ州立大学教授　国米国　⊛2004

フィスター, マイケル　実業家　インテル副社長　国米国　⊛2000

フィスター, マーカス　Pfister, Marcus　グラフィックアーティスト,絵本作家　国スイス　⊕1960年　⊛1996／2000／2012

フィースト, レイモンド・E.　Feist, Raymond E.　SF作家　国米国　⊕1945年　⊛1992／1996／2012

フィストラーリ, アナトール　Fistoulari, Anatole　本名＝Grigorjewitsch,Anatole　指揮者　国英国　⊕1907年8月20日　⊛1995年8月21日　⊛1996

フィスバック, フレデリック　Fisbach, Frédéric　演出家　国フランス　⊕1966年　⊛2004／2008／2012

フィセッティ, ビンセント　Fischetti, Vincent A.　ロックフェラー大学教授,「Infection and Immunity」編集長　⊛細菌学,免疫学　国米国　⊛1992

ブイソフ, ワレーリ　ジャーナリスト　国ベラルーシ　⊛2000

フィツェック, セバスチャン　Fitzek, Sebastian　作家,放送作家　国ドイツ　⊕1971年　⊛2008／2012

フィツォ, ロベルト　Fico, Robert　政治家　スロバキア首相,スメル党首　国スロバキア　⊕1964年9月15日　⊛2008／2012

フィツオフスキ, イェジー　Ficowski, Jerzy　ジプシー学者,詩人,文芸評論家　国ポーランド　⊕1924年　⊛1996

フィッギス, マイク　Figges, Mike　映画監督　国英国　⊕1948年　⊛2000

フィックス, ボブ　Fickes, Bob　チャネラー　フルフィルメント・ファンデーション代表　国米国　⊛2004

フィッシャー, M.F.K.　Fisher, M.F.K.　本名＝フィッシャー, メアリー・フランシス・ケネディ　食のエッセイスト　国米国　⊕1908年　⊛1992年　⊛1996

フィッシャー, アダム　Fischer, Ádám　指揮者　オーストリア・ハンガリー・ハイドン管弦楽団（AHHO）音楽監督　国オーストリア　⊕1949年9月9日　⊛2004／2008／2012

フィッシャー, アニー　Fischer, Annie　ピアニスト　国ハンガリー　⊕1914年7月5日　⊛1995年4月10日　⊛1992

フィッシャー, アルメイダ　作家　国ブラジル　⊕1916年　⊛1992

フィッシャー, アントワン　Fisher, Antwone Quenton　「きみの帰る場所」の著者　国米国　⊕1959年　⊛2004／2008

フィッシャー, イヴァン　Fischer, Iván　指揮者　ブダペスト祝祭管弦楽団音楽監督　国ハンガリー　⊕1951年1月20日　⊛2000／2012

フィッシャー, ウィリアム　Fisher, William S.　実業家　ギャップ・インターナショナル社長　国米国　⊕1957年　⊛2000

フィッシャー, ウィリアム　Fisher, William F.　人類学者　クラーク大学助教授　⊛国際開発,コミュニティ,環境学　国米国　⊛2008

フィッシャー, エドモンド　Fischer, Edmond H.　生化学者　ワシントン大学名誉教授　国米国　⊕1920年4月6日　⊛1996／2008

フィッシャー, エーリカ　Fischer, Erica　ジャーナリスト,作家,翻訳家　国ドイツ　⊕1943年　⊛2000

フィッシャー, エルンスト　Fischer, Ernst Otto　化学者　元・ミュンヘン工科大学名誉教授　⊛無機化学　国ドイツ　⊕1918年11月10日　⊛2007年7月23日　⊛1992／1996／2004

フィッシャー, エルンスト・ペーター　Fischer, Ernst Peter　物理学者,生物学者　⊕1947年　⊛1996

フィッシャー, オスカー　Fischer, Oskar　政治家　元・東ドイツ外相　国ドイツ　⊕1923年3月19日　⊛1992

フィッシャー, カーステン　実業家　ウエラジャパン社長　国ドイツ　⊛2000

フィッシャー, ガービー　Fischer, Gabi　パーソナリティー　国ドイツ　愛2004

フィッシャー, キャサリン　Fisher, Catherine　作家, 詩人　国英国　生1957年　愛2012

フィッシャー, キャスリン　Fischer, Kathleen　カウンセラー　国米国　愛2004

フィッシャー, キャリー　Fisher, Carrie　女優, 作家　国米国　生1956年10月21日　愛1992／2000／2004／2008／2012

フィッシャー, クロード　Fischer, Claude S.　社会学者　カリフォルニア大学バークレー校社会学部教授　国米国　生1948年　愛2004／2008

フィッシャー, ゲーリー　Fisher, Gary　心理学者　専LD　国米国　愛2008

フィッシャー, サイモン　Fischer, Simon　教育活動家　ザリー・オウク・カレッジ"対立への対処"プロジェクト責任者　国英国　生1948年　愛1996

フィッシャー, サラ　Fisher, Sara E.　「アーミッシュの学校」の著者　愛2008

フィッシャー, ジェリー　Fisher, Jerry K.　マカレスター大学教授, ハーバード・ブロードキャスティング・グループ社極東支配人　専日本史, 歴史, コミュニケーション学　国米国　愛1996

フィッシャー, ジュード　Fisher, Jude　筆名=キング, ガブリエル　作家, 編集者　国英国　愛2004／2008

フィッシャー, ジョージ　Fischer, George Myles Cordell　実業家　イーストマン・コダック会長, ゼネラルモーターズ社外取締役　国米国　生1940年11月30日　愛1992／1996／2000／2004／2008

フィッシャー, ジョン　Fisher, John　「アリスの国の不思議なお料理」の著者　愛2008

フィッシャー, スヴェン　Fischer, Sven　バイアスロン選手　トリノ五輪金メダリスト　国ドイツ　生1971年4月16日　愛2000／2004／2008／2012

フィッシャー, スタンリー　Fisher, Stanley　経済学者　イスラエル銀行総裁　元・世界銀行副総裁, 元・シティグループ副会長, 元・国際通貨基金(IMF)筆頭副専務理事　専金融論, マクロ経済政策　生1943年10月15日　愛1992／1996／2000／2004／2008／2012

フィッシャー, スティーブン・ロジャー　Fischer, Steven Roger　言語学者　ポリネシア言語文化研究所所長　愛2004

フィッシャー, ダニエル　Fischer, Daniel　「Sterne und Weltraum」誌編集者,「Sky Week」発行者　専天文学　国ドイツ　生1964年　愛2000

フィッシャー, ダニエル　Fischer, Danielle　登山家　国米国　愛2008／2012

フィッシャー, ティエリー　Fischer, Thierry　指揮者　BBCウェールズ・ナショナル管弦楽団首席指揮者, 名古屋フィルハーモニー交響楽団常任指揮者　国スイス　生1957年　愛2008／2012

フィッシャー, ティボール　Fischer, Tibor　作家　国英国　生1959年　愛2004／2008／2012

フィッシャー, ティモシー　Fischer, Timothy Andrew　通称=フィッシャー, ティム　政治家　オーストラリア国会議員　元・オーストラリア副首相　国オーストラリア　生1946年5月3日　愛2000

フィッシャー, デービッド　Fisher, David E.　作家　専宇宙化学　国米国　愛1992／1996

フィッシャー, デービッド　Fisher, David　脚本家　生1929年　愛2004

フィッシャー, ナンシー　Fischer, Nancy　講演家　愛2008

フィッシャー, ハインツ　Fischer, Heinz　政治家　オーストリア大統領　国オーストリア　生1938年10月9日　愛2008／2012

フィッシャー, ピーター　Fisher, Peter　医師　国英国　愛2008

フィッシャー, ビルギット　Fischer, Birgit　旧名=シュミット, ビルギット　カヌー選手　国ドイツ　生1962年2月25日　愛1996（シュミット, ビルギット）／2008

フィッシャー, フィリップ　Fisher, Philip A.　投資コンサルタント　フィッシャー&Co.設立者　国米国　愛2004

フィッシャー, フリッツ　Fischer, Fritz　歴史家　元・ハンブルク大学教授　国ドイツ　生1908年3月5日　没1992

フィッシャー, ブルース　Fisher, Bruce　教育学者　元・家族関係学習センター創始者　生1931年　没1998年　愛2008

フィッシャー, ヘレン　Fisher, Helen E.　人類学者　ラトガーズ大学研究員　専自然人類学　国米国　生1945年　愛1996／2000／2004／2012

フィッシャー, ボビー　Fischer, Bobby　本名=フィッシャー, ロバート・ジェームズ　チェス棋士　国アイスランド　生1943年3月9日　没2008年1月17日　愛1996／2000／2008

フィッシャー, マイケル　Fischer, Michael M.J.　マサチューセッツ工科大学　専人類学　国米国　愛2000

フィッシャー, マーク　Fisher, Mark　実業家, 作家　国カナダ　生1953年　愛2000

フィッシャー, マーク　Fisher, Mark　舞台美術家, ステージデザイナー　国英国　生1947年4月20日　没2013年6月25日　愛2000

フィッシャー, マーク　Fisher, Mark　グループ名=マット・ビアンコ　ミュージシャン　国英国　愛2004／2008／2012

フィッシャー, マルセル　Fischer, Marcel　フェンシング選手　国スイス　生1978年8月14日　愛2008

フィッシャー, ミルトン　Fisher, Milton　弁護士　国米国　生1917年　愛2000

フィッシャー, モーガン　Fisher, Morgan　旧グループ名=モット・ザ・フープル　キーボード奏者　国英国　生1950年1月1日　愛2012

フィッシャー, ユリア　Fischer, Julia　バイオリニスト　国ドイツ　生1984年　愛2012

フィッシャー, ヨシュカ　Fischer, Joschka　政治家　元・ドイツ外相・副首相, 元・緑の党指導者　国ドイツ　生1948年4月12日　愛1996／2000／2004／2008／2012

フィッシャー, リチャード　実業家　モルガン・スタンレー・ディーン・ウィッター・ディスカバー経営委員会会長　国米国　生1937年　愛1996／2000

フィッシャー, レニ　Fischer, Leni　政治家　欧州会議議長　国ドイツ　生1935年7月18日　愛2000

フィッシャー, ロジャー　Fisher, Roger　ハーバード大学ロー・スクール教授・交渉学研究所所長　専交渉術　国米国　愛1992

フィッシャー, ロバート　Fisher, Robert　作家, 脚本家　愛2004

フィッシャー・ディースカウ, ディートリヒ　Fischer-Dieskau, Dietrich　バリトン歌手　元・ベルリン音楽大学教授　国ドイツ　生1925年5月28日　没2012年5月18日　愛1992／1996／2000／2004／2008／2012

フィッシャー・フーノルト, アレクサンドラ　Fischer-Hunold, Alexandra　児童文学作家　国ドイツ　生1966年　愛2004

フィッシャー・ホウク, スーザン　Fisher-Hoch, Susan　ウイルス学者　アーガー・ハーン大学医学部教授　専在郷軍人病, エボラ出血熱, ラッサ熱　国米国　生1940年　愛2008

フィッシャー・ランドー, エミリー　Fisher Landau, Emily　美術収集家　ウィットニー美術館理事, ニューヨーク近代美術館コミッティー・メンバー　国米国　愛1992

フィッシャー・ルーゲ, ロイス　Fisher-Ruge, Lois　作家　国米国　生1940年　愛1992

フィッシュ, スタンリー　Fish, Stanley　デューク大学英文学科長　専英文学, 文学批評理論　国米国　生1938年　愛1996

フィッシュ, ハミルトン　Fish, Hamilton　政治家　元・米国下院議員(共和党)　国米国　生1888年　愛1996

フィッシュ, ヘレン・ディーン　Fish, Helen Dean　児童文学作家, 編集者　国米国　愛2004／2008

フィッシュ, マーク・アントニー　Fish, Mark Anthony　サッカー選手(DF)　国南アフリカ　生1974年3月14日　愛2000／2004

フィッシュ, ロバート　Fish, Robert L.　別名=パイク, ロバート　推理作家　国米国　生1912年　没1981年2月24日　愛1992

フィッシュバック, ジェラルド　Fischbach, Gerald D.　ハーバード大学医学部・マサチューセッツ総合病院神経生物学教室主幹・ネイサン・マーシュ・プシー教授　専神経生物学　国米国　愛1996

フィッシュバハー, アンドレア　Fischbacher, Andrea　スキー選手

(アルペン) バンクーバー五輪アルペンスキー女子スーパー大回転金メダリスト 国オーストリア 生1985年10月14日 2012

フィッシュバーン, ローレンス Fishburne, Laurence 別名＝フィッシュバーン, ラリー 俳優 国米国 生1961年7月30日 1996／2008／2012

フィッシュマン, ジェラルド Fishman, Gerald J. 米国航空宇宙局(NASA)マーシャル宇宙飛行センター上級研究員 専天文学 国米国 2000

フィッシュマン, スコット Fishman, Scott 医学者 カリフォルニア大学デービス校疼痛医学部教授 専疼痛医学, 麻酔学 国米国 2004／2008

フィッシュマン, スティーブン Fishman, Stephen 弁護士, リーガル・ライター 国米国 2000

フィッシュマン, チャールズ Fishman, Charles ジャーナリスト 2008

フィッシュリ, ペーター Fischli, Peter 現代美術家 国スイス 生1952年6月8日 2012

フィッシュル, エリック Fischl, Eric 画家 国米国 生1948年 1996

フィッタリング, トーマス Fitterling, Thomas ジャズ評論家 国ドイツ 生1947年 2004／2008

フィッチ, ジャネット Fitch, Janet 作家 国米国 2004

フィッチ, バル Fitch, Val Logsdon 物理学者 国米国 生1923年3月10日 1992／1996

フィッチ, ビル Fitch, Bill バスケットボール監督 国米国 生1934年5月19日 2000

プイッチ, ルイス Puig, Luis 国際自転車競技連合会長 国スペイン 1992

フィッチェン, ユルゲン Fitschen, Juergen 銀行家 ドイツ銀行行期共同頭取・CEO 国ドイツ 生1948年 2012

フィッツウォーター, マーリン Fitzwater, Marlin M. 元・米国大統領報道官 国米国 生1942年11月24日 1992／1996

フィッツギボン, バリー ユナイテッド・ディスティラーズ・ジャパン(UDJ)社長・会長 2000

フィッツジェラルド, エドモンド Fitzgerald, Edmund B. 実業家 ノーテル上級相談役 元・ノーザン・テレコム会長, 元・ミルウォーキー・ブルワーズ会長 国米国 生1926年2月5日 2000

フィッツジェラルド, エラ Fitzgerald, Ella ジャズ歌手 国米国 生1918年4月25日 没1996年6月15日 1992／1996

フィッツジェラルド, ギャレット Fitzgerald, Garret 政治家 元・アイルランド首相 国アイルランド 生1926年2月9日 没2011年5月19日 1992／2000

フィッツジェラルド, キーロン 元・ラグビー選手 アイルランド代表ラグビー・チーム監督 国アイルランド 生1952年6月4日 1992

フィッツジェラルド, ジェラード Fitzgerald, Gerard J. ラバル大学生物学教授 専行動生態学 国カナダ 1996

フィッツジェラルド, ジョン Fitzgerald, John コンピュータ科学者 国英国 2004

フィッツジェラルド, ジョン・W. 実業家 マッキャンエリクソン(日本法人)会長・CEO 国米国 生1947年3月14日 1996／2000

フィッツジェラルド, ステファン Fitzgerald, Stephen Arthur ニューサウスウェールズ大学教授・アジア・オーストラリア研究所所長 専アジア関係論 国オーストラリア 生1938年9月18日 1996／2000

フィッツジェラルド, チャールズ・G. ソ連問題専門家 元・米国軍縮交渉顧問 国米国 没1986年10月5日 1992

フィッツジェラルド, ナイル 実業家 ユニリーバ会長 国アイルランド 生1945年 2000

フィッツジェラルド, ピーター Fitzgerald, Peter Gosselin 政治家, 弁護士 元・米国上院議員(共和党) 国米国 生1960年10月20日 2004

フィッツジェラルド, フランシス Fitzgerald, Frances ノンフィクション作家 国米国 1992

フィッツジェラルド, ペネロピ Fitzgerald, Penelope Mary 作家 国英国 生1916年12月17日 没2000年4月28日 1992／2000

フィッツジェラルド, ラリー Fitzgerald, Larry プロフットボール選手(WR) 国米国 生1983年8月31日 2012

フィッツジェラルド, レベッカ Fitzerald, Rebecca セラピスト ドルフィンスイム設立者 国米国 生1948年 2004／2008

フィッツシモンズ, セシリア 画家 国英国 1992／1996

フィッツシモンズ, トマス Fitzsimmons, Thomas 詩人 オークランド大学英文学教授 国米国 生1926年 1992

フィッツシモンズ, ロバート Fitzsimmons, Robert Owen 英米文学者 国米国 生1925年 1996

フィッツパトリック, ショーン Fitspatrick, Sean 元・ラグビー選手 国ニュージーランド 生1963年6月4日 1996

フィッツパトリック, ソニア Fitzpatrick, Sonya アニマルコミュニケーター 国英国 2008

フィッツパトリック, ライアン Fitzpatrick, Ryan プロフットボール選手(QB) 国米国 生1982年11月24日 2012

フィッツランドルフ, ケーシー FitzRandolph, Casey スピードスケート選手 ソルトレークシティ五輪スピードスケート男子500メートル金メダリスト 国米国 生1975年1月21日 2008

フィッティパルディ, エマーソン Fittipaldi, Emerson 元・レーシング・ドライバー, 元・F1ドライバー 国ブラジル 生1946年 1996／2000

フィッティパルディ, クリスチャン Fittipaldi, Christian F1ドライバー 国ブラジル 生1971年1月18日 1996

フィディック, アンジェイ テレビディレクター 国ポーランド 生1953年 2000

フィテルマン, シャルル Fitterman, Charles 政治家 元・フランス運輸相 国フランス 生1933年12月28日 1992／1996

フィトウシ, ジャン・ポール Fitoussi, Jean-Paul Samuel 経済学者 フランス景気観測所(OFCE)所長, パリ政治学院教授, 国際経済学会会長 国フランス 生1942年8月19日 2000

フィトコ, リーザ Fittko, Lisa 平和運動家 国米国 生1909年 1996

フィードラー, イエンス Fiedler, Jens 自転車選手 国ドイツ 生1970年2月15日 2000／2004／2008

フィードラー, ジョアンナ Fiedler, Johanna アーサー・フィードラーの娘 国米国 2008

フィードラー, レスリー Fiedler, Leslie Aaron 文芸評論家, 作家 元・ニューヨーク州立大学バッファロー校教授 国米国 生1917年 没2003年1月29日 1992／2000

フィーナ, ローリー Fena, Lori 実業家 TRUSTe会長, エレクトロニック・フロンティア・ファウンデーション会長 国米国 2004

フィナティー, A.F.J. Finnerty, A.F.J. 元・マンパワージャパン会長 国米国 生1927年5月11日 1992

フィナモア, スザンヌ Finnamore, Suzanne 作家 国米国 2004

フィナンス, ブルーノ Finance, Bruno マリー・ブリザール日本事務所長 国フランス 生1956年 1992

フィニー, アルバート Finney, Albert 俳優 国英国 生1936年5月9日 2004／2008／2012

フィニ, カルロ Fini, Carlo 実業家 ア・テストーニ社長 国イタリア 生1955年 1996／2000

フィニー, ジャック Finney, Jack 本名＝Finney,Walter Braden 作家 国米国 生1911年 没1995年11月14日 1992／1996

フィーニ, ジャンフランコ Fini, Gianfranco 政治家 イタリア下院議長 元・イタリア副首相・外相, 元・イタリア国民同盟(AN)党首 国イタリア 生1952年1月3日 1992／1996／2000／2008／2012

フィニー, チャールズ Finney, Charles Grandison 幻想作家 国米国 生1905年 没1984年4月16日 1992

フィーニ, マッシモ Fini, Massimo 評論家 「エウローパ」コラ

ムニスト 国イタリア 生1944年 発1996

フィニ, レオノール Fini, Léonor 画家,幻想作家 国イタリア 生1918年8月3日 没1996年1月18日 発1992/1996

フィニストン, モンタギュー Finniston, Montague 本名=Finniston,Harold Montague 冶金学者 元・英国鉄鋼公社(現・ブリティッシュ・スチール)会長 国英国 生1912年8月15日 没1991年2月2日 発1992/1996

フィーニフ, アンネッテ Fienieg, Annette イラストレーター 生1959年 発2004

フィネガン, ジョン Finnegan, John 自然療法家 自然療法クリニック所長 国米国 生1947年 発1996/2000

フィネル, マイケル Finnell, Michael J. 映画プロデューサー 国米国 発1992/1996

フィノ, バシュキム Fino, Bashkim M. 政治家,経済学者 元・アルバニア副首相 国アルバニア 生1962年10月12日 発2000

ブイ・ピク・フォン 初代ミスベトナム 国ベトナム 発1996

フィヒテ, ラインハルト Fichte, Reinhard ヘキスト磁器工房社長 国ドイツ 生1942年 発1992/2000

フィヒテル, アンヤ Fichtel, Anja フェンシング選手 国ドイツ 発1992

フィフティセント 50セント 50CENT 本名=ジャクソン, カーティス ラップ歌手 国米国 発2004/2008/2012

フィフナー, パメラ Pfiffner, Pamela ジャーナリスト,編集者 発2008

フィフナー, リンダ Pfiffner, Linda J. 臨床心理士 専注意欠陥多動性障害(ADHD) 国米国 発2004

ブイフホレフ, イーゴリ ニュースキャスター(ロシア公共テレビ) 元・ソ連ラジオ・テレビ東京特派員 国ロシア 発2004

フィーブルマン, ピーター Feibleman, Peter 作家,劇作家 国米国 発2000

フィーベ, リリアン・ウィッテ ジャーナリスト グロボテレビ経済解説者 国ブラジル 発1992

フィヤウコフスキ, コンラド Fialkowski, Konrad SF作家 ワルシャワ工科大学エレクトロニクス科教授 国ポーランド 生1939年 発1992

ブイヤン, モムタズ・ウッディン Bhuiyan, Momtaz 実業家 元・アジア文化会館同窓会会長 国バングラデシュ 発1992/2012

フィユー, ジャン・クロード Filloux, Jean-Claude 教育学者 国フランス 生1921年 発2004

ブイヨン, ノラ Pouillon, Nora 料理研究家 生1943年 発1996

ブイヨン, フェルナン Pouillon, Fernand 作家,建築家 国フランス 生1912年 発1992

フィヨン, フランソワ Fillon, François 本名=Fillon,François-Charles Amand 政治家 元・フランス首相 国フランス 生1954年3月4日 発2008/2012

フィラトフ, セルゲイ Filatov, Sergei 本名=Filatov,Sergey Alexandrovich 政治家 ロシア知識人会議執行委員長 元・ロシア大統領府長官 国ロシア 生1936年6月10日 発1996/2000/2004/2008

フィラリ, アブデルラティフ Filali, Abdellatif 政治家,外交官 元・モロッコ首相・外相 国モロッコ 生1928年1月26日 没2009年3月20日 発2000

フィラン, シェーン Filan, Shane 本名=Filan,Shane Steven グループ名=ウエストライフ 歌手 国アイルランド 生1979年7月5日 発2004(シェーン)/2008(シェーン)/2012

ブイ・ラン・フォン マジェスティックホテル総支配人 国ベトナム 生1943年 発1996

フィーリー, マーク Feehily, Mark 本名=Feehily,Mark Michael Patrick グループ名=ウエストライフ 歌手 国アイルランド 生1980年5月28日 発2004(マーク)/2008(マーク)/2012

フィリオ, アドニアス Filho, Adonias 作家 国ブラジル 生1915年 没1990年 発1992

フィリォ, フランシスコ Filho, Francisco A. 格闘家 国ブラジル 生1971年1月10日 発2000/2004/2008

フィリガー, カスパー Villiger, Kaspar 政治家 元・スイス大統領 国スイス 生1941年2月5日 発1996/2000/2004/2008

フィリシン, ゲンナジー Filshin, Gennadii I. 政治家 元・ロシア副首相 国ソ連 生1931年 発1992/1996

フィリース, ジミー ライダー 国米国 生1962年11月18日 発1992

フィリップ グループ名=リリキューブ ベース奏者 国フランス 発2000

フィリップ, アンヌ Philipe, Anne 作家 国ベルギー 生1917年 没1990年 発1992

フィリップ, ニール Philip, Neil 文学者 専神話,伝説,伝承 国英国 生1955年 発2004

フィリップ, ライアン Phillippe, Ryan 俳優 国米国 生1974年9月10日 発2000/2004/2008/2012

フィリップ皇太子 Philippe, Crown Prince 本名=Philippe Leopold Louis Marie ベルギー皇太子 国ベルギー 生1960年4月15日 発2004/2008/2012

フィリップス, アルフレード 外交官 駐日メキシコ大使 国メキシコ 発1992

フィリップス, アンドレ Phillips, Andre 陸上選手(障害) 国米国 発1992

フィリップス, イアン Phillips, Ian イラストレーター 国カナダ 発2004/2008

フィリップス, ウィリアム Phillips, William Daniel 物理学者 米国国立標準技術研究所技術スタッフ 国米国 生1948年11月5日 発2000/2008/2012

フィリップス, カーリー Phillips, Carly ロマンス作家 国米国 発2004

フィリップス, カール Phillips, Carl 経営者育成コンサルタント 発2004

フィリップス, カロリン Phillipps, Carolin 児童文学作家 国ドイツ 生1954年 発2012

フィリップス, キャリル Phillips, Caryl 作家,英文学者 エール大学教授 生1958年3月13日 発2012

フィリップス, キャロリン Phillips, Carolyn E. 作家 国米国 発1992

フィリップス, グラスゴー Phillips, Glasgow W. 作家 国米国 生1969年 発2000

フィリップス, グラント・リー Phillips, Grant-Lee 旧グループ名=グラント・リー・バッファロー, シバ・バーレスク シンガーソングライター 国米国 発2004/2008

フィリップス, クリストファー Phillips, Christopher フリーライター 発2004/2008

フィリップス, グレアム Phillips, Graham 歴史作家 国英国 生1953年 発2000

フィリップス, ケビン Phillips, Kevin コラムニスト,政治評論家 元・「アメリカン・ポリティカル・リポート」編集長・発行人, 元・「ロサンゼルス・タイムズ」コラムニスト 国米国 生1940年 発1996/2000/2004

フィリップス, サミュエル Phillips, Samuel 軍人 元・米国空軍中将 アポロ計画の責任者 国米国 生1990年1月30日 発1992

フィリップス, ジェイン・アン Phillips, Jayne Anne 作家 国米国 生1952年 発1992/1996

フィリップス, ジェームズ 中東政策アナリスト ヘリテージ財団外交政策研究部副部長 国米国 発1992

フィリップス, ジーナ Phillips, Gina 女優 国米国 生1975年5月10日 発2004

フィリップス, ジョセフ Phillips, Joseph コンピューター技術者, コンピューターコンサルタント 発2004

フィリップス, ジョン 名古屋大学太陽地球環境研究所客員教授 発2000

フィリップス, スーザン Phillips, Susan M. アイオワ大学副学長・経営学部教授 専経営学 国米国 発1992/1996

フィリップス, スーザン・エリザベス Phillips, Susan Elizabeth ロマンス作家 国米国 発2004/2008/2012

フィリップス, スザンナ　Phillips, Susanna　ソプラノ歌手　[国]米国　[典]2012

フィリップス, ダン　実業家　モーニングスター社長・CEO　[国]米国　[典]2000

フィリップス, デービット　モルガン・スタンレー投資銀行相談役　[国]米国　[生]1933年　[典]1996

フィリップス, デービッド　Phillips, David P.　ウェーク・フォレスト大学東亜語源文学部助教授　[国]米国　[生]1959年　[典]1996

フィリップス, デービッド　Phillips, David M.H.　会計コンサルタント　[国]英国　[典]2004

フィリップス, トッド　Phillips, Todd　コンピューター技術コンサルタント　[典]2004

フィリップス, トーマス　Phillips, Thomas L.　元・レイセオン会長　[国]米国　[生]1924年5月2日　[典]1992

フィリップス, トーリ　Phillips, Tori　ロマンス作家, 演出家　[国]米国　[典]2004／2008

フィリップス, ドワイト　Phillips, Dwight　走り幅跳び選手　アテネ五輪陸上男子走り幅跳び金メダリスト　[国]米国　[生]1977年10月1日　[典]2008／2012

フィリップス, ニコラス　Phillips, Nicholas　法律家　英国首席判事　[国]英国　[典]2008／2012

フィリップス, ニール　Phillips, Neil　精神科医　[典]2004／2008

フィリップス, バール　Philips, Barre　ジャズベース奏者　[国]米国　[生]1934年10月27日　[典]1996

フィリップス, ビンス　本名=フィリップス, ビンセント・エドワルド　プロボクサー　元・IBF世界ジュニアウエルター級チャンピオン　[国]米国　[生]1963年7月23日　[典]2008

フィリップス, ブランドン　Phillips, Brandon　本名=Phillips, Brandon Emil　大リーグ選手(内野手)　[国]米国　[生]1981年6月28日

フィリップス, フレデリック　Phillips, Fredelic J.　実業家　元・フィリップス社長　[国]オランダ　[生]1905年4月16日　[没]2005年12月5日　[典]1992

フィリップス, マイク　Philips, Mike　作家　セントラル・ロンドン・ポリテクニック(大学)　[国]英国　[生]1942年　[典]1992／1996

フィリップス, マイケル　経営コンサルタント, ラジオ番組制作者　カリフォルニア大学バークレー校講師　元・カリフォルニア銀行副社長　[国]米国　[典]1992

フィリップス, マギー　Phillips, Maggie　心理学者　[専]催眠　[国]米国　[典]2004

フィリップス, マーク　Phillips, Mark　元・馬術選手　オリンピック英国馬術財団総裁, 英国陸軍予備役大尉　[国]英国　[典]1992／1996

フィリップス, ルー・ダイヤモンド　俳優　[国]米国　[典]1992

フィリピ, ドナルド　Philippi, Donald L.　翻訳家　ユーカラを米国に紹介　[国]米国　[生]1930年10月2日　[没]1993年1月26日　[典]1996

フィリピエワ, エレーナ　Filipieva, Elena　バレリーナ　シェフチェンコ記念ウクライナ国立アカデミー・オペラ・バレエ劇場バレエ団(キエフ・バレエ)プリンシパル　[国]ウクライナ　[生]1970年5月23日　[典]1996／2000／2004／2008／2012

フィリペック, スタニスワフ　Filipek, Stanislaw　元・外交官　元・ポーランド日本協会副会長　[国]ポーランド　[典]2000／2008／2012

フィリベール, ニコラ　Philibert, Nicolas　ドキュメンタリー映画監督　[国]フランス　[生]1951年　[典]1996／2000／2004／2008／2012

フィリポヴィッチ, ズラータ　Filipović, Zlata　「ズラータの日記」の著者　[生]1980年12月3日　[典]1996(フィリポビッチ, ズラータ)

フィリポーシス, マーク　Philippoussis, Mark　テニス選手　[国]オーストラリア　[生]1976年11月7日　[典]2000／2008

フィリポフ, イーゴリ　Filippov, Igor　ロシア国立図書館館長　[専]中世西欧史　[国]ロシア　[生]1955年1月　[典]1996

フィリポフ, グリーシャ　Filipov, Grisha　政治家　元・ブルガリア首相, 元・ブルガリア共産党政治局員　[国]ブルガリア　[生]1919年7月13日　[没]1994年　[典]1992／1996

フィリュー, ヤン　ジャス・ヘネシー・アンド・カンパニー・オー・ドゥ・ヴィー担当取締役　[国]フランス　[典]1992

フィリューン, マライス　Viljoen, Marais　政治家　元・南アフリカ大統領　[国]南アフリカ　[生]1915年12月2日　[没]2007年1月4日　[典]1992

フィーリョ, エズミール　Filho, Esmir　映画監督　[国]ブラジル　[生]1982年　[典]2012

フィーリン, セルゲイ　Filin, Sergei　バレエダンサー　ボリショイ劇場バレエ団芸術監督　元・ボリショイ劇場バレエ団プリンシパル　[国]ロシア　[典]2008／2012

フィリンゲインズ, グレッグ　Phillinganes, Greg　グループ名=TOTO　キーボード奏者　[国]米国　[生]1956年5月12日　[典]1992／2008／2012

フィル　Phil　グループ名=ヒューマン・ネイチャー　歌手　[国]オーストラリア　[生]1974年3月13日　[典]2000

フィール, シャーロット　Fiell, Charlotte J.　キュレーター　フィール・インターナショナル経営者　[国]英国　[生]1965年　[典]2004

フィール, ピーター　Fiell, Peter M.　キュレーター　フィール・インターナショナル経営者　[国]英国　[生]1958年　[典]2004

フィルクスニー, ルドルフ　Firkušný, Rudolf　ピアニスト　[国]米国　[生]1912年2月11日　[没]1994年7月19日　[典]1996

フィールズ, ジョシュ　Fields, Josh　本名=Fields,Joshua Dean　大リーグ選手(内野手), プロ野球選手　[国]米国　[生]1982年12月14日　[典]2012

フィールズ, マーク　Fields, Mark　実業家　フォード執行副社長・北米部門社長　元・マツダ社長　[国]米国　[生]1961年1月24日　[典]2000／2004／2012

フィルスマイアー, ヨゼフ　Vilsmaier, Joseph　映画監督　[国]ドイツ　[生]1939年　[典]1992／1996

フィルスマイヤー, ステファン　Vilsmeier, Stefan　実業家　ブレインラボ社長・CEO　[国]ドイツ　[典]2004／2012

フィルダー, セシル　Fielder, Cecil Grant　元・大リーグ選手, 元・プロ野球選手　[国]米国　[生]1963年9月21日　[典]1992／1996／2000／2004／2008

フィルダー, プリンス　Fielder, Prince　本名=Fielder,Prince Semien　大リーグ選手(内野手)　[国]米国　[生]1984年5月9日　[典]2004／2008／2012

フィールディング, アントニー　Fielding, Anthony J.　サセックス大学社会科学部教授　[国]英国　[生]1940年　[典]2000

フィールディング, ジョイ　Fielding, Joy　作家　[国]カナダ　[典]1992／1996／2000／2012

フィールディング, ヘレン　Fielding, Helen　作家, ジャーナリスト　[国]英国　[生]1958年　[典]2000／2004／2012

フィールディング, リズ　Fielding, Liz　ロマンス作家　[国]英国　[典]2004

フィールデン, クリストファー　Fielden, Christopher　ワインライター, ブロード・キャスター　[国]英国　[生]1939年　[典]2000

フィールド, エドワード・ジョン　Field, Edward John　外交官　元・駐日英国大使館公使　[国]英国　[生]1936年　[典]1992／1996

フィールド, コニー　Field, Connie　映画監督　[国]米国　[典]1996

フィールド, コリン・ピーター　Field, Colin Peter　バーテンダー　[国]英国　[生]1961年　[典]2004／2008

フィールド, サイモン　Field, Simon　ロッテルダム国際映画祭ディレクター　[典]2004

フィールド, サリー　Field, Sally　本名=マホニー, サリー　女優　[国]米国　[生]1946年11月6日　[典]1992／1996／2004／2008／2012

フィールド, サンドラ　Field, Sandra　ロマンス作家　[典]2004

フィールド, ジャン　Field, Jean　バレエダンサー　元・ロイヤルバレエ団監督　[国]英国　[生]1921年　[没]1991年8月3日　[典]1992

フィールド, ドゥエイン　Fields, Duane K.　インターネット技術者, コンサルタント　[国]米国　[典]2004

フィールド, トッド　Field, Todd　本名=Field,William Todd　映画監督, 俳優　[国]米国　[生]1964年2月24日　[典]2004／2008／2012

フィールド, ノーマ　Field, Norma　シカゴ大学人文学部東アジア言語文化学科教授・学科長　[専]日本文学, 日本近代文化　[国]米国　[生]1947年　[典]1996／2000／2004／2008／2012

フィールド, パトリシア　Field, Patricia　衣装デザイナー　国米国　生1942年　歿2012

フィールド, バリー　Field, Barry C.　経済学者　マサチューセッツ大学アマースト校教授　専資源経済学,環境経済学　国米国　典2004

フィールド, フランク　Field, Frank　政治家　英国社会保障省閣外相　国英国　生1942年7月16日　典2000

フィールド, ヘレン　Field, Helen　画家　国英国　典2008

フィールド, リンダ　Field, Lynda　カウンセラー, セラピスト　典2004

フィールド, ロジャー　Field, Rodger　ニューヨーク州検事補, 米国環境保護庁法律顧問有害廃棄物担当　国米国　典1992

フィールドハウス, ジョン　Fieldhouse, John　本名=Fieldhouse, John David Elliott　軍人　元・英国統合参謀総長　国英国　生1928年2月12日　没1992年2月17日　典1996

フィールドハウス, ポール　Fieldhouse, Paul　マニトバ州庁健康部健康生活コーディネーター, マニトバ大学講師　専栄養学　国カナダ　典1992

フィルノウ, マット　Fearnow, Matt　コンピューター技術者　国米国　典2004

フィルビー, キム　Philby, Kim　本名=フィルビー, ハロルド・エイドリアン・ラッセル　元・英国海外秘密情報局(MI6)対ソ工作部長　キム・フィルビー事件　生1912年1月1日　没1988年5月11日　典1992

フィルプ, G.S.　MTLインストゥルメンツ社長　国英国　典1996

フィルブリック, ナサニエル　Philbrick, Nathaniel　歴史家　イーガン海事研究所所長　専ナンタケット島史　国米国　典2008

フィルベル, ロバート　Pilpel, Robert H.　作家　国米国　生1943年2月16日　典1992

フィルポッツ, ベアトリス　Phillpotts, Beatrice　児童文学作家, 妖精研究家　典2004／2008

フィルマー, ヴェルナー　Filmer, Werner　テレビディレクター, 政治評論家　WDR(西ドイツ放送)テレビ・チーフディレクター　国ドイツ　生1934年　典1996

フィルマー, フリッツ　Vilmar, Fritz　政治学者　ベルリン自由大学政治社会科学部政治学科教授　国ドイツ　生1929年　典2004

フィールライト, スティーブン　Wheelwright, Steven C.　スタンフォード大学教授　専経営学　国米国　典1996

フィレス, オンゴリ　Philes, Ongori　本名=Philes,Moora Ongori　マラソン選手　国ケニア　生1986年7月19日　典2012

プイレワ, オルガ　Pyleva, Olga　バイアスロン選手　ソルトレークシティ五輪金メダリスト　国ロシア　生1975年7月7日　典2004／2008／2012

フィロネンコ, アレクシス　Philonenko, Alexis　ルアン大学教授　専ドイツ哲学　国フランス　典1996／2008

フィロネンコ, ローレン　Philonenko, Laurent　コンピューター技術者　ジェネシスCTO　国米国　典2004

フィン, スティーヴン・E.　Finn, Stephen E.　クリニカル・サイコロジスト　生1956年　典2004

フィン, チェスター(Jr.)　Finn, Chester E. (Jr.)　教育学者　トーマス・B・フォーダム財団理事長　元・バンダービルト大学教授　国米国　生1944年　典2004

フィン, ラリー　Finn, Larry　ドラム・パーカッション奏者　バークレー音楽院助教授　国米国　典2004

フィン, リチャード　Finn, Richard B.　元・アメリカン大学名誉教授, 元・米国国務省日本部長　専日米関係史　国米国　生1917年　没1998年8月17日　典1996

フィンガー, トーマス　Fingar, Thomas　米国国務省国際関係・東アジア太平洋室長　国米国　典1992

フィンガース, ローリー　Fingers, Rollie　本名=Fingers,Roland Glen　元・大リーグ選手　国米国　生1946年8月25日　典1992／1996

フィンガレット, ハーバート　Fingarette, Herbert　カリフォルニア大学サンタ・バーバラ校教授　専哲学　国米国　生1921年　典1996

フィンク, キャロル　Fink, Carole　歴史学者　オハイオ州立大学歴史学教授　専現代ドイツ史,20世紀ヨーロッパ史　国米国　生1940年　典1996

フィンク, ジェイソン　Fink, Jason R.　コンピューター技術者　典2004

フィンク, シェリ　Fink, Sheri　作家, ネット記者, 医師　プロパブリカ記者　国米国　典2012

フィンク, トーマス　Fink, Thomas　物理学者　ゴンヴィル・アンド・キーズ・カレッジ・リサーチ・フェロー　典2004

フィンク, リチャード　アーモスト大学教授　典1992

フィンク, ローレンス　Fink, Laurence　本名=Fink,Laurence Douglas　銀行家　ブラックロック会長・CEO　国米国　生1952年　典2012

フィングルトン, E.　国際金融ジャーナリスト　生1948年　典1996

フィンケ, フォルカー　Finke, Volker　サッカー監督　国ドイツ　生1948年3月24日　典2012

フィンケル, ラファエル　Finkel, Raphael A.　コンピュータ科学者　ウィスコンシン大学マディソン校コンピュータ科学部準教授　専分散アルゴリズム　国米国　典1992

フィンケルクロート, アラン　Finkielkraut, Alain　哲学者　エコール・ポリテクニク教授　国フランス　生1949年　典2000

フィンケルシュタイン, シドニー　Finkelstein, Sydney　経営学者　ダートマス大学タック・スクール・オブ・ビジネス, スティーブン・ロス経営学教授　典2008／2012

フィンケルホー, デービッド　Finkelhor, David　ニューハンプシャー大学家族暴力研究所教授　専家族暴力問題　国米国　典1996

フィンジ・パスカ, ダニエル　Finzi Pasca, Daniele　演出家　国スイス　生1964年　典2012

フィンスター, ハワード　Finster, Howard　画家, 元・牧師　国米国　生1915年　典1996

フィンスター, ラインハルト　Finster, Reinhard　ニーダーザクセン州立図書館ライプニッツ資料編纂所　専哲学, ゲルマン学, 政治学　国ドイツ　生1955年　典2000

フィンダー, ジョセフ　Finder, Joseph　作家　国米国　生1958年　典2000(ファインダー, ジョセフ)／2012

フィン・タン・ファト　Huynh Tan Phat　政治家　元・ベトナム国家評議会副議長,元・ベトナム副首相　国ベトナム　生1913年　没1989年9月30日　典1992

フィンチ, カール　ロックミュージシャン　ブレイブ・コンボ・リーダー　国米国　典2004

フィンチ, ジェニー　Finch, Jennie　ソフトボール選手(投手)　アテネ五輪ソフトボール金メダリスト　国米国　生1980年9月3日　典2008

フィンチ, リンダ　実業家　プロペラ機で女性初の世界一周を達成　国米国　典2000

フィンチ, ロバート　Finch, Robert　作家　国米国　生1943年　典1992

フィンチャー, デービッド　Fincher, David　本名=Fincher,David Leo　映画監督　国米国　生1962年8月28日　典2000／2004／2008／2012

フィンドリー, ティモシー　Findley, Timothy　作家　国カナダ　生1930年　没2002年6月20日　典1996

フィンドレー, マイケル　Findlay, Michael　クリスティーズ・インターナショナル・ディレクター　国英国　生1945年　典2000

フィンドレイ, ポール　Findlay, Paul　ロイヤル・フィルハーモニック・オーケストラ総支配人　国英国　生1943年　典2000

フィーンバーグ, アンドルー　Feenberg, Andrew　哲学者, 社会学者　サンディエゴ州立大学文芸学部哲学科教授　国米国　生1943年　典1996

フィンボガドチル, ビグジス　Finnbogadóttir, Vigdís　政治家　元・アイスランド大統領　国アイスランド　生1930年4月15日　典1992／1996／2000／2004／2008

フィンマーク, シャロン　Finmark, Sharon　画家　ガーデン・スクール講師, ウェスト・ディーン・カレッジ講師　専水彩画　国英国　典2004

フィン・ムイ　タンロン大学学長　[専]数学　[国]ベトナム　[生]1943年　[典]2000
フィンリー, チャック　Finley, Chuck　本名=Finley,Charles Edward　大リーグ選手(投手)　[国]米国　[生]1962年11月26日　[典]2000／2004／2008
フィンレー, カレン　Finley, Caren　パフォーミング・アーティスト, 作家, ビジュアル・アーティスト　[国]米国　[典]1992(フィンレイ, カレン)／1996
フィンレイ, イアン　Finlay, Iain　作家, ジャーナリスト　[国]オーストラリア　[生]1935年　[典]1992
フィンレイ, イアン・ハミルトン　Finlay, Ian Hamilton　詩人, 造形作家　[国]英国　[生]1925年10月28日　[没]2006年3月27日　[典]1992
フィンレイスン, ロデリック　Finlayson, Roderick　作家　[国]ニュージーランド　[生]1904年　[典]1992
フウ・エイケツ　馮 英傑　画家　冀南書画院院長, 威県政治協商会議副主席, 威県文化連盟副主席　[専]中国画　[国]中国　[生]1932年　[典]1996
フウ・キヨウ　馮 其庸　別名=馮遅　文学者　中国人民大学教授　[国]中国　[生]1924年　[典]1996
フウ・キンテイ　馮 金亭　黄河水利委員会水利科学研究所科学研究管理副主任　[専]土木, 河川　[国]中国　[生]1944年10月　[典]1992
フウ・ケイキ　馮 景禧　元・新鴻基グループ(香港の有力地場企業)会長　[国]香港　[没]1985年8月25日　[典]1992
フウ・ゲン　馮 鉉　元・中国共産党中央対外連絡部副部長　[国]中国　[没]1986年1月16日　[典]1992
フウ・ゲンイ　馮 元蔚　中国人民政治協商会議全国委員会常務委員・四川省委員会主席　[国]中国　[生]1930年　[典]1996／2000
フウ・コウハク　馮 鋼百　挿絵画家　[国]中国　[没]1984年10月31日　[典]1992
フウ・サテツ　馮 佐哲　中国社会科学院歴史研究所研究員　[専]中日関係史　[国]中国　[生]1940年　[典]2000
フウ・シ　馮 至　Feng, Zhi　本名=馮承植　詩人, ドイツ文学者　元・中国社会科学院外国文学研究所名誉所長, 元・中国作家協会副主席　[国]中国　[生]1905年9月17日　[没]1993年2月22日　[典]1992／1996
フウ・シキョウ　馮 志強　太極拳武道家(陳式)　北京市武術協会陳式太極拳研究会会長　[国]中国　[典]1992
フウ・シシュン　馮 之浚　中国管理科学研究院常務副院長, 教授, 中国民主同盟中央副主席　[国]中国　[生]1937年　[典]1996
フウ・ショウケイ　馮 昭奎　愛知大学客員教授, 中華全国日本経済学会副会長　元・中国社会科学院日本研究所副所長　[専]日本経済　[国]中国　[生]1940年　[典]2000／2008
フウ・センメイ　馮 先銘　Feng, Xian-ming　陶磁研究家　元・故宮博物院研究員, 元・中国古陶磁器研究会会長, 元・中国古陶磁器輸出研究会会長　[専]古陶磁器　[国]中国　[生]1921年　[没]1993年4月13日　[典]1992／1996
フウ・テンビ　馮 天薇　Feng, Tian-wei　卓球選手　北京五輪卓球女子団体銀メダリスト　[国]シンガポール　[生]1986年8月31日
フウ・バイバイ　馮 梅梅　射撃選手　[国]中国　[生]1957年　[典]1996
フウ・ブンジ　馮 文慈　中央音楽学院声楽学系主任, 教授, 中国音楽史学会副会長, 中国律学学会副会長　[専]中国古代音楽史・中国古代律学　[国]中国　[生]1926年　[典]1996
フウ・ホウコウ　馮 宝興　Feng, Bao-xing　中国首鋼研究開発公司研究員　[国]中国　[生]1929年　[典]1996
フウ・ボク　馮 牧　旧名=馮先植　文学評論家　元・中国作家協会副主席　[国]中国　[生]1919年　[没]1995年9月5日　[典]1996(ヒョウ・ボク)
フウ・ムハ　馮 夢波　画家　[国]中国　[生]1966年　[典]1996
フウ・ユウラン　馮 友蘭　Feng, You-lan　字=芝生　哲学者　元・北京大学教授　[専]中国哲学史, 孔子　[国]中国　[生]1895年12月4日　[没]1990年11月26日　[典]1992
フウ・ヨウイ　馮 耀威　Fung, Yui-wai　写真家　[国]香港　[典]2000
ブーヴィエ, ニコラ　Bouvier, Nicolas　作家, 写真家　[国]スイス　[生]1929年　[没]1998年2月17日　[典]1996(ブービエ, ニコラ)
プゥート, G.　Poeth, G.G.J.M.　エラスムス大学経営大学院教授　[専]経営学　[国]オランダ　[生]1943年　[典]1996
ブウルドゥー, デニス　Bourdoux, Denise　画家　[国]フランス　[生]1925年　[典]1992(ブルドゥー, デニス)／1996
ブーヴレス, ジャック　Bouveresse, Jacques　哲学者　パリ第1大学(ソルボンヌ)教授　[専]論理学, 言語哲学, 科学哲学　[国]フランス　[生]1940年　[典]1992(ブーブレス, ジャック)／1996(ブーブレス, ジャック)／2008
フェア, シルビア　Fair, Sylvia　絵本作家　[国]英国　[生]1933年　[典]1996
フェア, ドナルド　Fehr, Donald　弁護士　元・大リーグ選手会専務理事　[国]米国　[典]2000／2012
フェア, リズ　Phair, Liz　シンガー・ソングライター　[国]米国　[典]2000
フェアウェザー, サイモン　Fairweather, Simon　アーチェリー選手　[国]オーストラリア　[生]1969年10月9日　[典]2004／2008
フェアスタイン, リンダ　Fairstein, Linda A.　作家, 検察官　[国]米国　[典]2012
フェアチャイルド, ウィリアム　Fairchild, William　脚本家, 作家　[国]英国　[典]1992
フェアチャイルド, ジョン　Fairchild, John　ファッションジャーナリスト　フェアチャイルド出版社会長(3代目), キャピタル・シティ/ABC社副社長　[生]1927年3月6日　[典]1992
フェアバーン, クリストファー・G.　Fairburn, Christopher G.　精神医学者　オックスフォード大学医学部精神科教授　[国]英国　[典]2004／2008
フェアバンク, ウィリアム　Fairbank, William　物理学者　元・スタンフォード大学名誉教授　[専]超電導研究　[国]米国　[没]1989年9月30日　[典]1992
フェアバンク, ジョン　Fairbank, John King　歴史家　元・ハーバード大学歴史学教授　[専]中国研究　[国]米国　[生]1907年5月24日　[没]1991年9月14日　[典]1992
フェアバンクス, ダグラス(Jr.)　Fairbanks, Douglas (Jr.)　俳優, 映画製作者　[国]米国　[生]1909年12月9日　[没]2000年5月7日　[典]1992／1996
フェアバンクス, リチャード　米国戦略国際問題研究所(CSIS)所長代行　元・米国太平洋問題担当大使　[専]中東和平　[国]米国　[典]2000
フェアフィールド, ジュリアン　Fairfield, Julian　ビジネスコンサルタント　[国]英国　[典]2008
フェアブラザー, スコット　Fairbrother, Scott　コンピューター技術者　[国]米国　[典]2008
フェーアマン, ヴィリ　Fährmann, Willi　児童文学作家　[国]ドイツ　[生]1929年12月18日　[典]1992
フェアリー, ジョゼフィーン　Fairley, Josephine　フリーライター, 編集者　[国]英国　[典]2004／2008
フェアリング, ステファン　Fearing, Stephen Gerard　スキーコーチ(フリースタイル)　元・フリースタイルスキー日本モーグルチームコーチ　[国]米国　[生]1965年12月1日　[典]2000(フェアレン, スティーブン)
フェイ, スティーブン　Fay, Stephen　金融ジャーナリスト　「ビジネス・マガジン」編集者,「インデペンデント・オン・サンデー」編集者　[国]英国　[生]1938年　[典]2000
フェイ, トニー　地域社会活動家　タイム・ワーナー社地域社会担当部長　[国]米国　[典]1992
フェイ, ローレル　Fay, Laurel E.　音楽研究家　[専]ロシア・ソビエト音楽　[国]米国　[典]2004
フェイエシュ, エンドレ　Fejes, Endre　作家　[国]ハンガリー　[生]1923年　[典]2000
フェイガン, ジョー　元・サッカー監督　[国]英国　[典]2000
フェイガン, ジョン　Fagan, John　マハリシ経営大学(MUM)大学院学部長・分子生物学教授・化学部学部長　[専]分子生物学　[国]米国　[生]1948年　[典]2000
フェイガン, ブライアン　Fagan, Brian M.　カリフォルニア大学サンタ・バーバラ校名誉教授　[専]人類学　[典]1992／1996(フェーガン, ブライアン)／2012

フェイス, ニコラス　Faith, Nicholas　ワイン・ブランデー研究家　歿1992

フェイスフル, マリアンヌ　Faithfull, Marianne　歌手, 女優　国英国　生1946年12月29日　歿1992／2008／2012

フェイゼル, クリストファー　Fazel, Christopher　元・アソシエーション・フォー・リサーチ・アンド・インライテンメント（ARE）スタッフ　歿2004

フェイト, フランソワ　Fejtö, François　東欧研究者　国フランス　生1909年　歿1992／1996

フェイトーザ, グラウベ　Feitosa, Glanbe　空手家　国ブラジル　生1973年4月9日　歿2000／2004／2008

フェイナー, スティーブン　Feiner, Steven K.　コンピューター科学者　コロンビア大学準教授　コンピューターグラフィックス　国米国　歿2004

フェイバー, マーク　Faber, Marc　投資コンサルタント　国米国　歿2008

フェイバー, ミッシェル　Faber, Michel　作家　国英国　生1960年　歿2004

フェイブ, キム・ラ　Fave, Kim La　イラストレーター　国カナダ　歿2004／2008

フェイム, ジョージ　Fame, George　本名=パウエル, クライブ　ロックピアニスト, ジャズ歌手　国英国　生1943年6月26日　歿1992／2012

フェイレン, ミリアム・ファン　Veelen, Mirjam van　映画監督　国オランダ　歿2008／2012

フェイン, サミー　Fain, Sammy　ポピュラー作曲家　国米国　生1902年6月17日　没1989年12月6日　歿1992

フェイン, フェリス　Fain, Ferris　元・大リーグ選手　国米国　生1921年5月29日　歿2000

フェクサス, ジャン　著述家, コレクター　国フランス　生1934年12月25日　歿2000

フェクリソフ, アレクサンドル　スパイ　国ロシア　生1914年3月9日　没2007年10月26日　歿2000

フェーゲン, ドナルド　Fagen, Donald　グループ名=スティーリー・ダン　歌手, キーボード奏者　国米国　歿1996／2004／2008／2012

フェザー, ジョン　Feather, John Pliny　ロウボロー大学副学長　図書館情報学　国英国　生1947年12月20日　歿1992／2000

フェザー, フランク　Feather, Frank　経営コンサルタント　ジオ・ストラテジック・オポチュニティ・デベロップメント社長　国英国　生1943年　歿1992

フェザー, レナード　Feather, Leonard　ジャズ評論家, 作曲家　国米国　生1914年9月13日　没1994年9月22日　歿1996

フェザー, ロバート　Feather, Robert　冶金学者　国英国　歿2004

フェザーストン, マイク　Featherstone, Mike　社会学者　ノッティンガム・トレント大学教授　国英国　歿2008

フェザリング, ジョージ　Fetherling, George　ジャーナリスト　国カナダ　歿2004

フエズ, ファレス　Bouez, Fares　元・レバノン外相　国レバノン　歿1992／2000

フェスター, グレン　エフ・ビー・ジャパン・トレーディング代表取締役　国カナダ　歿1996

フェスティンガー, レオン　Festinger, Leon　心理学者　元・ニューヨーク新社会研究学院教授　実験心理学　国米国　生1919年5月8日　没1989年　歿1992

フェステティクス, アンタル　Festetics, Antal　ゲッティンゲン大学教授　生態学, 動物行動学　国オーストリア　歿1996

フェスパーマン, ダン　Fesperman, Dan　作家, ジャーナリスト　元・「ボルティモア・サン」ベルリン支局特派員　国米国　歿2004

フェスラー, オーダ・ヨハンナ　Fassler, Oda Johanna　絵本作家　国ドイツ　生1968年　歿1996

フェセル, ハビエル　Fesser, Javier　映画監督　国スペイン　生1964年　歿2004／2008／2012

フェーダーマン, ラインハルト　Federmann, Reinhard　作家　国オーストリア　生1923年　歿1996

フェダマン, リリアン　Faderman, Lillian　カリフォルニア州立大学フレズノー校　レスビアン, ゲイ　国米国　歿2000

フェーダーマン, レイモンド　批評家, 詩人, 作家　ニューヨーク・バッファロー州立大学教授　国米国　生1928年　歿1992

フェダマン, レイモンド　Federman, Raymond　作家, 批評家　元・ニューヨーク州立大学教授　国米国　生1928年5月15日　没2009年10月6日　歿2000

フェチコ, ピーター　Fetchko, Peter J.　ピーボディー博物館館長　人類学, 考古学, 民族学　国米国　生1943年　歿1996／2000

フェッセル, カーレン・スーザン　Fessel, Karen-Susan　ジャーナリスト, 作家　国ドイツ　生1964年　歿2004

フェッター, ガブリエラ　Vetter, Gabriela　精神療法専門医, 心理学者　国スイス　生1953年　歿2004

フェッチャー, イーリング　Fetscher, Iring　政治学, 哲学, マルクス主義研究　フランクフルト大学教授・社会科学部長, SPD基本価値審議会メンバー　国ドイツ　生1922年3月4日　歿1992

フェッツァー, エイミー　Fetzer, Amy J.　ロマンス作家　国米国　歿2008

フェッテン, デロン　Whetten, Delon　コンピューター技術者　歿2008

フェットベルク, ヘルメス　司会者　国オーストリア　歿2000

フェッファー, ジョン　Feffer, John　ジャーナリスト　国米国　歿2008

フェッラーラ, チロ　Ferrara, Ciro　サッカー選手（DF）　国イタリア　生1967年2月11日　歿2008

フェッリ, エドガルド　Ferri, Edgardo　ジャーナリスト, 作家　国イタリア　生1940年　歿1992

フェッロ, ガブリエーレ　Ferro, Gabriele　指揮者　シチリア交響楽団常任指揮者, ヴェルテンブルク州立歌劇場音楽総監督　国イタリア　生1937年11月15日　歿2000

フェデラー, ロジャー　Federer, Roger　テニス選手　北京五輪テニス男子ダブルス金メダリスト　国スイス　生1981年8月8日　歿2004／2008／2012

フェテル, セバスチャン　Vettel, Sebastian　F1ドライバー　国ドイツ　生1987年7月3日　歿2012

フェドー, エリザベス　Fedor, Elizabeth A.　ミネソタ州行政部マネジメント・コンサルタント　国米国　歿1996

フェドー, エリザベット・ド　Feydeau, Elisabeth de　歴史家　歿2008

フェート, モニカ　Feth, Monika　作家　国ドイツ　生1951年　歿2000

フェドゥーシア, アラン　Feduccia, Alan　鳥類学者　ノースカロライナ大学チャペルヒル校生物学部教授　歿2008

フェドゥン, レオニード　ルークオイル副社長　国ロシア　歿2000

フェトジェンヌ, ジャン・ルイ　Fetjaine, Jean-Louis　出版人, 執筆家　生1956年　歿2008

フェドセーエフ, ウラディーミル　Fedoseev, Vladimir　本名=Fedoseev,Vladimir Ivanovich　指揮者　チャイコフスキー・アカデミー交響楽団音楽監督・首席指揮者　国ロシア　生1932年8月5日　歿1992／1996／2004／2008／2012

フェドセーエフ, ピョートル　Fedoseev, Petr Nikolaevich　哲学者　元・ソ連科学アカデミー副総裁　国ソ連　生1908年8月22日　没1990年10月18日　歿1992

フェドルチェンコ, ワシリー　技師　ロシア最高会議工業エネルギー産業委員会議長　国ソ連　歿1992／1996

フェドルチュク, ヴィタリー　Fedorchuk, Vitalii Vasilievich　政治家　元・ソ連内相　国ソ連　生1918年　歿1992

フェドレンコ, ニコライ　Fedorenko, Nikolai Trofimovich　外交官, 東洋学者, 文芸評論家　元・ロシア名誉外交官, 元・駐旧ソ連大使, 元・国連大使　国ロシア　生1912年11月22日　没2000年10月2日　歿1992／2000

フェドロフ, セルゲイ　Fedorov, Sergei　アイスホッケー選手（FW）　長野五輪アイスホッケー男子銀メダリスト　国ロシア　生1969年12

フェナー, フランク　Fenner, Frank John　生物学者　元・オーストラリア国立大学名誉教授, 元・国際保健機構（WHO）天然痘根絶確認委員会委員長　専微生物学, 環境衛生学　国オーストラリア　生1914年12月21日　没2010年11月22日　典1992／1996／2000／2008

フェナディ, アンドルー　Fenady, Andrew J.　映画製作者, 探偵作家　国米国　生1928年10月4日　典1992

フェニックス　Phoenix　グループ名＝リンキン・パーク　ロック・ベース奏者　国米国　典2004／2008／2012

フェニックス, サマー　Phoenix, Summer　女優　国米国　生1978年　典2004／2008

フェニックス, トム　Phoenix, Tom　コンピューター技術者　国米国　典2004／2008

フェニックス, ホアキン　Phoenix, Joaquin　本名＝Phoenix, Joaquin Rafael　俳優　国米国　生1974年10月27日　典2000／2004／2008／2012

フェニックス, リバー　Phoenix, River　俳優　国米国　生1970年8月23日　没1993年10月31日　典1992／1996

フェニン, マルティン　Fenin, Martin　サッカー選手(FW)　国チェコ　生1987年4月16日　典2012

フェニンガー, アナ　Fenninger, Anna　スキー選手（アルペン）　国オーストリア　生1989年6月18日　典2012

フェネティアン, ルナルド・ロナルド　Venetiaan, Runaldo Ronald　政治家　元・スリナム大統領　国スリナム　生1936年6月18日　典1996／2000／2004／2008／2012

フェネホール・オフ・ヘッセリンク, ヤン　Vennegoor of Hesselink, Jan　サッカー選手(FW)　国オランダ　生1978年11月7日　典2004／2008

フェネル, ジャン　Fennell, Jan　ブリーダー　国英国　典2004

フェネル, フレデリック　Fennell, Frederick　指揮者　元・東京佼成ウィンドオーケストラ桂冠指揮者　国米国　生1914年7月2日　没2004年12月7日　典1992／1996／2000

フェネル, メラニー　Fennell, Melanie　認知行動療法研究家　オックスフォード大学精神医学部認知療法学科ディレクター　典2008

ブエノ, カルロス・ベッテンクール　Bueno, Carlos A.B.　外交官　元・駐日ブラジル大使　国ブラジル　生1934年　典1992／1996／2000

ブエノ, ペドロ　ナバラ商工会議所会頭　国スペイン　生1932年　典1992

フェファー, J.E.　実業家　キャタピラー副社長, 新キャタピラー三菱会長　国米国　生1942年4月17日　典2000

フェファー, ジェフリー　Pfeffer, Jeffrey　組織行動学者　スタンフォード大学ビジネススクール教授　国米国　典2004／2012

フェファー, シンシア　Pfeffer, Cynthia R.　医師　コーネル大学医学部精神科教授・ニューヨーク病院ウェストチェスター部門小児精神科病棟主任　専小児精神科, 自殺　国米国　生1943年　典1992／1996

フェファーマン, チャールズ・ルイス　Fefferman, Charles Louis　数学者　プリンストン大学教授　専解析学　国米国　生1949年4月18日　典1992／1996

フェブレス・コルデロ, レオン　Febres Cordero, León　本名＝Febres Cordero Rivadeneira, León　政治家　元・エクアドル大統領, 元・グアヤキル市長　国エクアドル　生1931年3月9日　没2008年12月15日　典1992／1996

フェラ, アンドレ　元・フランス共産党指導者　国フランス　生1902年　没1988年1月25日　典1992

フェラ, ジャン　Ferrat, Jean　本名＝トンバーン, ジャン　シャンソン歌手　国フランス　生1930年12月26日　没2010年3月13日　典1992

フェラー, ホセ　Ferrer, Jose　俳優　国米国　生1909年1月8日　没1992年1月26日　典1992／1996

フェラー, ボブ　Feller, Bob　本名＝Feller, Robert William Andrew　大リーグ選手　国米国　生1918年11月3日　没2010年12月15日　典2000

フェラー, ルディ　Völler, Rudi　本名＝フェラー, ルドルフ　サッカー監督, 元・サッカー選手　元・サッカー・ドイツ代表監督　国ドイツ　生1960年4月13日　典2000／2004／2008

フェライニ, マルアン　Fellaini, Marouane　本名＝フェライニ・バッキウィ, マルアン　サッカー選手(MF)　国ベルギー　生1987年11月22日

フェラガモ, ジェームス　Ferragamo, James　実業家　フェラガモ・グループゼネラルマーチャンダイザー・レディスレザープロダクト＆シューズ部門ディレクター　国イタリア　生1971年11月7日　典2004／2012

フェラガモ, ジョヴァンナ・ジェンティーレ　Ferragamo, Govanna Gentile　実業家　フェラガモグループ持株会社副社長　国イタリア　典2004／2008／2012

フェラガモ, フェルッチオ　Ferragamo, Ferruccio　実業家　サルヴァトーレ・フェラガモ会長　国イタリア　生1945年9月9日　典2000／2004／2008／2012

フェラガモ, レオナルド　Ferragamo, Leonardo　実業家　元・フェラガモ・ジャパン社長　国イタリア　生1953年7月23日　典2000／2004／2008／2012

フェラガモ, ワンダ　Ferragamo, Wanda　実業家　元・フェラガモ会長　国イタリア　典2000／2004／2008／2012

フェラーズ, エリザベス　Ferrars, Elizabeth　本名＝マクタガート, モーナ・ドリス　別名＝フェラーズ, E.X.　ミステリー作家　国英国　生1907年　没1995年　典1996／2004

フェラーツィ, ピエルパオロ　Ferrazzi, Pierpaolo　カヌー選手（カヤック）　国イタリア　生1996（フェラッツィ, ピエルパオロ）／2004

フェラート, ドナ　写真家　国米国　生1949年　典1996

フェラ・ミークラ, ヴェーラ　Ferra-Mikura, Vera　児童文学作家, 詩人, 作家　国オーストリア　生1923年　典1996

フェラーラ, アベル　Ferrara, Abel　映画監督　国米国　生1951年　典1996／2000

フェラーラ, アメリカ　Ferrara, America　女優　国米国　生1984年4月18日　典2008／2012

フェラーラ, ナポレオン　Ferrara, Napoleone　医学者　ジェネンテック特別研究員　典2012

フェラーリ, アントネッラ　Ferrari, Antonella　フォト・ジャーナリスト　国イタリア　典2004

フェラーリ, アンドレア　Ferrari, Andrea　フォト・ジャーナリスト　国イタリア　典2004

フェラーリ, エンツォ　Ferrari, Enzo　元・フェラーリ社創設者　国イタリア　生1898年　没1988年8月14日　典1992

フェラーリ, サマンサ　Ferrari, Samantha　新体操選手　国イタリア　生1973年9月25日　典1992

フェラーリ, バネッサ　Ferrari, Vanessa　体操選手　国イタリア　生1990年11月10日

フェラリ, リュック　Ferrari, Luc　作曲家　国フランス　生1929年2月5日　没2005年8月22日　典1992／2004

フェラレーラ, マリー　Ferrarella, Marie　別名＝ニコール, マリー　ロマンス作家　国米国　典2004

フェラーロ, ジェラルディン　Ferraro, Geraldine Anne　政治家　元・米国連邦下院議員(民主党)　国米国　生1935年8月26日　没2011年3月26日　典1992／1996／2000

フェラン, エリザベス　Whelan, Elizabeth M.　科学と健康に関する全米会議会長　専公衆衛生学　国米国　生1943年　典2000

フェラン, ジェイ　Phelan, Jay　生物学者　カリフォルニア大学ロサンゼルス校教授　専進化遺伝学, 老化　国米国　典2004

フェラン, ジル・ド　Ferran, Gil de　レーシングドライバー　国ブラジル　生1967年11月11日　典2000／2004／2008

フェラン, トーマス　Phelan, Tohmas W.　臨床心理学者　イリノイADHD協会創設者　国米国　生1943年　典2004／2008

フェラン, パスカル　Ferran, Pascal　映画監督　国フランス　生1960年　典2000／2008／2012

フェラン, ローレル　Phelan, Laurel　過去世退行セラピスト

[典]2004

フェランデス・アレーナス, モニカ　Ferrandez Arenas, Monica　新体操選手　[国]スペイン　[生]1974年10月25日　[典]1992

フェランド, ロズリーヌ　Ferrando, Roseline　詩人, 画家　[国]フランス　[生]1950年　[典]2004

フェリ, アレッサンドラ　Ferri, Alessandra　バレリーナ　元・アメリカン・バレエ・シアター(ABT)プリンシパル　[生]1963年　[典]1996／2000／2004／2008／2012

フェリー, ジョージナ　Ferry, Georgina　サイエンスライター, 作家, 報道キャスター　[国]英国　[典]2004／2008

フェリ, ビョルン　Ferry, Bjorn　バイアスロン選手　バンクーバー五輪バイアスロン男子12.5キロ追い抜き金メダリスト　[国]スウェーデン　[生]1978年8月1日　[典]2012

フェリー, ブライアン　Ferry, Bryan　グループ名=ロキシー・ミュージック　ロック歌手　[国]英国　[生]1945年9月26日　[典]1992／1996／2000／2004／2008／2012

フェリー, リチャード　コーン・フェリー・インターナショナルCEO　[国]米国　[生]1937年　[典]1996

フェリー, リュック　Ferry, Luc　哲学者　カーン大学教授　[国]フランス　[生]1951年　[典]2000

フェリアス, レメディアス　Felias, Remedios　「もうひとつのレイテ戦―日本軍に捕えられた少女の絵日記」の著者　[国]フィリピン　[生]1928年　[典]2000

フェリエ, ベルトラン　Ferrier, Bertrand　「トゥー・ブラザーズ ヴィジュアル・ブック」の著者　[典]2008

フェリシアーノ, チェオ　Feliciano, Cheo　本名=Feliciano Vega, José Luis　サルサ歌手　[生]1935年7月3日　[没]2014年4月17日

フェリシアン, ペルディタ　Felicien, Perdita　陸上選手(障害)　[国]カナダ　[生]1980年8月29日　[典]2008

フェリシチンスキー, ユーリー　Felshtinsky, Yuri　歴史学者　[生]1956年　[典]2008

フェリス, ジーナ　Ferris, Gina　別名=ウィルキンズ, ジーナ, ウィルキンズ, ジーナ・フェリス　ロマンス作家　[国]米国　[典]2004

フェリス, ジョシュア　Ferris, Joshua　作家　[国]米国　[生]1974年　[典]2012

フェリス, ティモシー　Ferris, Timothy　サイエンス・ライター　カリフォルニア大学バークレー校ジャーナリズム教授　[国]米国　[典]1996／2004

フェリス, ネフタリ　Feliz, Neftali　大リーグ選手(投手)　[国]ドミニカ共和国　[生]1988年5月2日　[典]2012

フェリス, リチャード・J.　ユナイテッド航空会長　[国]米国　[生]1936年　[典]1992

フェリッカ, イエンス　Fellke, Jens　ジャーナリスト　[国]スウェーデン　[生]1961年　[典]2008

フェリックス, アリソン　Felix, Allyson　陸上選手(短距離)　ロンドン五輪陸上女子200メートル・4×100メートルリレー・4×400メートルリレー金メダリスト　[国]米国　[生]1985年11月18日　[典]2008／2012

フェリックス, アントニア　Felix, Antonia　ノンフィクション作家　[国]米国　[典]2008

フェリックス, クララ　Felix, Clara　栄養コンサルタント　[国]米国　[典]2004／2008

フェリックス, ティエリー　Felix, Thierry　バリトン歌手　[国]フランス　[生]1965年11月6日　[典]1996

フェリックス, モニック　Félix, Monique　絵本作家　[国]スイス　[生]1950年　[典]1996

フェリーニ, フェデリコ　Fellini, Federico　映画監督　[国]イタリア　[生]1920年1月20日　[没]1993年10月31日　[典]1992／1996

フェリーニ, ポール　Ferrini, Paul　ヒーラー, 牧師　[国]米国　[典]2004

フェリーニョ, バンス　Ferrigno, Vance　トレーニングコーチ　ウッド・フィールド・カントリークラブ・フィットネス&アクアティクス担当部長　[国]米国　[典]2008

フェリーニョ, ロバート　Ferrigno, Robert　作家　[国]米国　[生]1947年　[典]2000

フェリピ　サッカー選手　[国]ブラジル　[典]2000

フェリペ皇太子　Felipe, Prince　スペイン皇太子　[国]スペイン　[生]1968年1月30日　[典]2008／2012

フェリル, アーサー　Ferrill, Arther　ワシントン大学教授　[専]歴史学, 古代軍事史　[国]米国　[生]1938年　[典]1992

フェーリンガー, クラウス　Voehringer, Klaus-Dieter　実業家　ダイムラークライスラー取締役　[国]ドイツ　[生]1941年8月28日　[典]2004

フェール, アルベール　Fert, Albert　物理学者　パリ南大学教授　[専]巨大磁気抵抗効果(GMR)　[国]フランス　[生]1938年3月7日　[典]2008／2012

フェール, エミリ　Fer, Émilie　カヌー選手　ロンドン五輪カヌー女子スラローム・カヤックシングル金メダリスト　[国]フランス　[生]1983年2月17日

フェル, リチャード・テイラー　Fell, Richard Taylor　古地図収集家　オタワ英国高等弁務局上級外交官　[国]英国　[生]1948年　[典]1996

フェルケ, ペトラ　Felke, Petra　やり投げ選手　[国]ドイツ　[生]1959年7月30日　[典]1992

フェルゲンガウエル, パベル・E.　軍事評論家, ジャーナリスト　「セボードニヤ」紙編集局国防・安全保障担当部長　[国]ロシア　[生]1951年12月　[典]1996

フェルシング, ウラ　Fölsing, Ulla　ジャーナリスト　[国]ドイツ　[典]2000

フェルシング, ジョン　Felsing, John M.　コンピューター技術者　[典]2004／2008

フェルステハウセン, ジニー　Felstehausen, Ginny　テキサス・テック大学教授　[専]家庭科教育学　[国]米国　[典]2004

フェルダー, エゴン　Hölder, Egon　ドイツ連邦内務省連邦統計局長　[国]ドイツ　[生]1927年　[典]1996

フェールターク, オリヴィエ　Feiertag, Olivier　歴史学者　パリ第10大学助教授　[国]フランス　[典]2004

フェールチャック, ソニア　Feertchak, Sonia　ジャーナリスト　[国]フランス　[典]2008

フェルツマン, ウラディーミル　Feltsman, Vladimir　ピアニスト　[国]ロシア　[生]1952年　[典]1992／1996／2008／2012

フェルディウィジャヤ, ジョニー　インドネシア・グニ協会コーディネーター　[国]インドネシア　[典]2000

フェルディナンド, ピーター　英国王立国際問題研究所　[国]英国　[生]1947年　[典]2000

フェルディン, T.　Fälldin, Thorbjörn　政治家　元・スウェーデン首相　[国]スウェーデン　[生]1926年　[典]1992

フェルデク, リュボミール　Feldek, Ĺubomír　詩人　[国]チェコスロバキア　[生]1936年　[典]1992

フェルデール, クリストフ　Felder, Christophe　パティシエ　[国]フランス　[生]1966年

フェルド, アービン　ショー興行主　[国]米国　[没]1984年9月6日　[典]1992

プエルト, アレハンドロ　Puerto Diaz, Alejandro　レスリング選手(フリー)　[国]キューバ　[典]1996

フェルド, エリオット　Feld, Eliot　バレエダンサー・振付師・監督　バレエ・テック主宰　[国]米国　[生]1942年7月5日　[典]2004／2008／2012

フェルド, ケネス　Feld, Kenneth J.　ショー・プロデューサー　リングリング・ブロス・アンド・バーナム・アンド・ベイリーサーカス社長　[国]米国　[生]1948年　[典]1992／1996

フェルト, バーナード　Feld, Bernard T.　理論物理学者　マサチューセッツ工科大学教授　[国]米国　[生]1919年　[典]1992

フェルト, マーク　Felt, Mark　通称=ディープ・スロート　元・米国連邦捜査局(FBI)副長官　ウォーターゲート事件の取材源となった人物　[国]米国　[没]2008年12月18日　[典]2008

フェルトカンプ, バート　Veldkamp, Bart　元・スピードスケート選手　[国]ベルギー　[生]1967年11月22日　[典]1996／2000／2004／2008／2012

フェルドスタイン, マーティン　Feldstein, Martin Stuart　別名

フ

=Feldstein, Marty 経済学者 ハーバード大学教授 元・全米経済研究所(NBER)所長, 元・米国大統領経済諮問委員会(CEA)委員長 ⓢマクロ経済学, 公共経済学 ⓒ米国 ⓑ1939年11月25日 ⓡ1992／1996／2004／2008／2012

フェルトナー, ルードルフ Pörtner, Rudolf 史学者, 考古学者 ⓒドイツ ⓑ1912年 ⓡ2000

フェルトハイス, マルリーン Veldhuis, Marleen 水泳選手(自由形) 北京五輪競泳女子4×100メートルリレー金メダリスト ⓒオランダ ⓑ1979年6月29日

フェルドマン, エリック Feldman, Eric A. 法学者 ペンシルベニア大学ロースクール教授 ⓒ米国 ⓡ2008

フェルドマン, ジェーン Feldman, Jane 写真家 ⓡ2008

フェルドマン, デービッド Feldman, David マスメディアコンサルタント ⓑ1950年 ⓡ1996

フェルドマン, ハービー Feldman, Harvey J. 中国問題専門家, 元・外交官 ヘリテージ財団上級研究員 ⓒ米国 ⓡ2000

フェルドマン, ビクター Feldman, Victor Stanley ジャズ・ドラマー・ピアニスト ⓒ米国 ⓑ1934年4月7日 ⓓ1987年5月12日 ⓡ1992

フェルドマン, フレイダ Feldman, Frayda ロナルド・フェルドマン・ファインアーツ共同ディレクター ⓒ米国 ⓡ1992／2000

フェルドマン, マーティ Feldman, Marty 喜劇俳優 ⓒ英国 ⓑ1934年7月8日 ⓓ1982年12月2日 ⓡ1992

フェルトマン, マルティヌス Veltman, Martinus J.G. 物理学者 ミシガン大学名誉教授 元・ユトレヒト大学教授 ⓢ素粒子理論 ⓒオランダ ⓑ1931年6月28日 ⓡ2000／2008／2012

フェルドマン, モートン Feldman, Morton 作曲家 ⓒ米国 ⓑ1926年1月12日 ⓓ1987年9月3日 ⓡ1992

フェルドマン, ロバート・アラン Feldman, Robert Aran エコノミスト モルガン・スタンレー証券経済調査部長 ⓢマクロ経済, 金融構造論 ⓒ米国 ⓑ1953年 ⓡ1996／2000／2008／2012

フェルナー, エリック Fellner, Eric 映画プロデューサー ワーキング・タイトル・フィルムズ共同経営者 ⓒ英国 ⓑ1959年10月10日 ⓡ2004／2008／2012

フェルナー, ティル Fellner, Till ピアニスト ⓒオーストリア ⓑ1972年 ⓡ2004／2008／2012

フェルナー, フィリップ Felgner, Philip L. バイカル社チーフ・サイエンティスト ⓒ米国 ⓡ2000

フェルナンジーニョ Fernandinho 本名=ダマショ, エルディス・フェルナンド サッカー選手(MF) ⓒブラジル ⓑ1981年1月13日 ⓡ2008／2012

フェルナンデス, アリナ Felnandez, Alina 本名=フェルナンデス・レブエルタ, アリナ 元・モデル カストロ・キューバ議長の長女 ⓒキューバ ⓑ1956年3月 ⓡ1996／2000

フェルナンデス, アルベルト Fernández, Alberto Angel 政治家 元・アルゼンチン首相 ⓒアルゼンチン ⓑ1959年4月2日 ⓡ2008／2012

フェルナンデス, イサベル Fernandez, Isabel 柔道選手 シドニー五輪柔道女子57キロ級金メダリスト ⓒスペイン ⓑ1972年2月1日 ⓡ2000

フェルナンデス, ウーゴ 元・サッカー監督 ⓒウルグアイ ⓑ1945年 ⓡ2000

フェルナンデス, エイドリアン Fernandez, Adrian レーシングドライバー ⓒメキシコ ⓑ1965年4月20日 ⓡ2000／2004／2008／2012

フェルナンデス, エドゥアルド Fernández, Eduardo ギタリスト ⓒウルグアイ ⓑ1952年 ⓡ1996

フェルナンデス, エミリオ Fernández, Emilio 映画監督, 俳優 ⓒメキシコ ⓑ1904年3月26日 ⓓ1986年8月6日 ⓡ1992

フェルナンデス, クラリサ Fernandez, Clarisa 元・テニス選手 ⓒアルゼンチン ⓑ1981年8月28日 ⓡ2004／2008

フェルナンデス, ジジ Fernandez, Gigi 元・テニス選手 ⓒ米国 ⓑ1964年2月22日 ⓡ2000

フェルナンデス, ジャレッド Fernandez, Jared プロ野球選手(投手) ⓒ米国 ⓑ1972年2月22日 ⓡ2008

フェルナンデス, ジャン Fernandez, Jean サッカー監督, 元・サッカー選手 ⓒフランス ⓑ1954年10月8日 ⓡ2012

フェルナンデス, ジョージ Fernandes, George 政治家 インド平等党総裁 元・インド国防相 ⓒインド ⓑ1930年6月3日 ⓡ2000／2004／2008

フェルナンデス, トニー Fernandez, Tony 本名=Fernandez, Octavio Antonio Castro 大リーグ選手(内野手), 元・プロ野球選手 ⓑ1962年6月30日 ⓡ2000／2004／2008

フェルナンデス, トニー Fernandes, Tony 本名=Fernandes, Anthony Francis 実業家 エア・アジアCEO ⓒマレーシア ⓑ1964年 ⓡ2012

フェルナンデス, ドミニック Fernandez, Dominique 作家, 評論家, イタリア文学研究家 ⓒフランス ⓑ1929年8月25日 ⓡ1992／1996／2000／2004／2008／2012

フェルナンデス, ハビエル Fernandez, Xavier ヨット選手(49er級) アテネ五輪セーリング49er級金メダリスト ⓒスペイン ⓑ1976年10月19日 ⓡ2008

フェルナンデス, ハビエル Fernandez, Javier フィギュアスケート選手 ⓒスペイン ⓑ1991年4月15日

フェルナンデス, ビクトル Fernandez, Victor サッカー監督 ⓒスペイン ⓑ1960年11月28日 ⓡ2012

フェルナンデス, ホセ Fernandez, Jose 本名=フェルナンデス, ホセ・マヨバネックス プロ野球選手(内野手) ⓒドミニカ共和国 ⓑ1974年11月2日 ⓡ2008／2012

フェルナンデス, ホセ Fernandez, Jose 銀行家 フィリピン中央銀行総裁 ⓒフィリピン ⓑ1923年 ⓡ1992

フェルナンデス, ホセ Fernández, José Ramón 政治家 キューバ閣僚評議会副議長, キューバ原子力委員会会長 ⓒキューバ ⓑ1923年 ⓡ2000

フェルナンデス, メアリー・ジョー Fernandez, Mary Joe 元・テニス選手 ⓒ米国 ⓑ1971年8月19日 ⓡ1992／1996／2000

フェルナンデス, リサ Fernandez, Lisa ソフトボール選手(投手) ⓒ米国 ⓑ1971年2月22日 ⓡ2000／2004／2008

フェルナンデス, レオネル Fernández, Leonel 本名=フェルナンデス・レイナ, レオネル 政治家 元・ドミニカ共和国大統領 ⓒドミニカ共和国 ⓑ1953年12月26日 ⓡ2000／2004／2008／2012

フェルナンデス・アルメスト, フェリペ Fernández-Armesto, Felipe 歴史学者 タフツ大学歴史学部教授 ⓒ英国 ⓡ2000

フェルナンデス・サントス, ヘスス Fernández Santos, Jesús 作家 ⓒスペイン ⓑ1926年 ⓡ1992

フェルナンデス・デ・キルチネル, クリスティナ Fernández de Kirchner, Cristina Elisabet 政治家 アルゼンチン大統領 ⓒアルゼンチン ⓑ1953年2月19日 ⓡ2008／2012

フェルナンデス・メイヒデ, グラシエラ 政治家 アルゼンチン下院議員 ⓒアルゼンチン ⓡ2000

フェルナンデス・レタマル, ロベルト Fernández Retamar, Roberto 詩人, 文学評論家 カサ・デ・ラス・アメリカス所長 ⓒキューバ ⓑ1930年 ⓡ1996

フェルナンド サッカー選手(FW) ⓒブラジル ⓡ2000

フェルナンド Fernando 本名=エンリケ・マリアノ, フェルナンド サッカー選手(MF) ⓒブラジル ⓑ1967年4月3日 ⓡ2000

フェルナンド Fernando 本名=Oliveira, Fernando Almeida de サッカー選手(MF) ⓒブラジル ⓑ1978年6月18日 ⓡ2004／2008

フェルナンド・トーレス Fernando Torres 本名=サンス, フェルナンド・ホセ・トーレス サッカー選手(FW) ⓒスペイン ⓑ1984年3月20日 ⓡ2008／2012

フェルナンドン Fernandao サッカー選手(FW) ⓒブラジル ⓑ1978年3月18日 ⓡ2008／2012

フェルネックス, ソラーニュ 反核運動家 平和のための婦人たち代表 ⓒフランス ⓡ1992

フェルバー, ヴェルナー Färber, Werner 作家 ⓒドイツ ⓑ1957年 ⓡ2000

フェルバー, クリスティアン　Ferber, Christian　本名=ザイデル, ゲオルク　ジャーナリスト　元・「ウェルト」紙記者　[国]ドイツ　[生]1919年　[没]1992年　[典]1996

フェルバー, ディーン　グループ名=フーティー&ザ・ブロウフィッシュ　ベース奏者　[国]米国　[典]2000

フェルバー, ルネ　Felber, René　政治家　元・スイス大統領　[国]スイス　[生]1933年3月14日　[典]1992／1996

フェルハーレン, ユージン　Verhellen, Eugeen　ゲント大学教授, 子どもの権利研究センター所長　[専]少年法, 子どもの権利論　[国]ベルギー　[生]1941年　[典]1996

フェルビンガー, ヘルガ　Felbinger, Helga　ジャーナリスト, 作家　[国]ドイツ　[生]1944年　[典]2004

フェルフェ, ウェルナー　元・東ドイツ社会主義統一党政治局員兼書記　[国]ドイツ　[生]1928年　[没]1988年9月7日　[典]1992

フェルフォーセン, セフ　Vergoossen, Sef　サッカー監督　[国]オランダ　[生]1947年5月8日　[典]2008（フェルホーセン, セフ）／2012

フェルプス, エドムンド　Phelps, Edmund Strother　経済学者　コロンビア大学教授　[専]政治経済学　[国]米国　[生]1933年7月26日　[典]2012

フェルプス, マイケル　Phelps, Michael　元・水泳選手（バタフライ・自由形）　アテネ五輪・北京五輪・ロンドン五輪金メダリスト　[国]米国　[生]1985年6月30日　[典]2004／2008／2012

フェルホフスタット, ヒー　Verhofstadt, Guy　政治家　元・ベルギー首相, 元・ベルギー自由党（VLD）党首　[国]ベルギー　[生]1953年4月11日　[典]2000／2004／2008／2012

フェルマン, エーミール・アルフレート　Fellmann, Emil Alfred　歴史学者　[国]スイス　[生]1927年　[典]2004

フェルマン, ショシャナ　Felman, Shoshana　エール大学教授　[専]フランス文学, 比較文学　[国]イスラエル　[典]1992／1996

フェルマン, フェルディナント　Fellmann, Ferdinand　哲学者　ケムニッツ工業総合大学教授　[国]ドイツ　[生]1939年　[典]2000

フェルマン, ポリー　ピアニスト　駐日アルゼンチン大使夫人　[国]アルゼンチン　[典]2000

フェルマンス, エディス　Velmans, Edith　心理学者　アンネ・フランク・センター（ニューヨーク）理事, オランダ・アメリカ財団理事　[専]老年学　[国]米国　[生]1925年　[典]2000

フェルミジエ, アンドレ　Fermigier, André　美術評論家　元・フランス国立美術考古学研究所教授　[国]フランス　[没]1988年5月16日　[典]1992

フェルミーヌ, マクサンス　Fermine, Maxence　作家　[国]フランス　[生]1968年　[典]2004

フェルラーロ, ピエール・ミランダ　Ferraro, Pier Miranda　本名=フェルラーロ, ピエートロ　テノール歌手　[国]イタリア　[生]1924年10月30日　[没]2008年1月18日　[典]2008

フェルルーン, ドルフ　Verroen, Dolf　作家, 翻訳家, エッセイスト　[国]オランダ　[生]1928年　[典]2004／2012

フェレ, ジャンフランコ　Ferré, Gianfranco　ファッションデザイナー　[国]イタリア　[生]1944年8月15日　[没]2007年6月17日　[典]1992／1996／2000／2004

フェーレ, ヘンドリック・ファン・デル　Veere, Hendrik van der　ライデン大学講師　[専]仏教, 日本語　[国]オランダ　[生]1954年　[典]2000

フェレ, レオ　Ferré, Léo　シャンソン歌手, 詩人, 作曲家　[国]フランス　[生]1916年8月26日　[没]1993年7月14日　[典]1996

フェレイラ, ウェイン　Ferreira, Wayne Richard　テニス選手　[国]南アフリカ　[生]1971年9月15日　[典]2008

フェレイラ, マルセロ　Ferreira, Marcelo　ヨット選手　[国]ブラジル　[生]1965年9月26日　[典]2008

フェレス, ベロニカ　女優　[国]ドイツ　[典]2000

フェレス, ロジャー　Faris, Roger　ツールライブラリー主宰　[専]耐震補強　[国]米国　[典]2004

フェレッティ, アルベルタ　Ferretti, Alberta　ファッションデザイナー　アエッフェ副社長　[国]イタリア　[典]2000

フェレッティ, ダンテ　Ferretti, Dante　映画美術監督　[国]イタリア　[生]1943年　[典]2012

フェレメレン, ヨーン　Vermeulen, John　ジャーナリスト, 作家　[国]ベルギー　[生]1941年　[典]2004

フェレーラス, ピピン　Ferreras, Pipin　潜水家　[国]米国　[生]1962年　[典]2004／2012

フェレラ・バルボザ, ローランス　Ferreira Barbosa, Laurence　映画監督　[国]フランス　[生]1958年2月27日　[典]2000

フェレール, イブライム　Ferrer, Ibrahim　サルサ歌手　[国]キューバ　[生]1927年2月20日　[没]2005年8月6日　[典]2004

フェレル, ウィル　Ferrell, Will　本名=Ferrell,John William　俳優　[国]米国　[生]1967年7月16日　[典]2008／2012

フェレール, ダビド　Ferrer, David　テニス選手　[国]スペイン　[生]1982年4月2日　[典]2008／2012

フェレル, デービッド　Ferrell, David　作家, 元・記者　[国]米国　[生]1956年　[典]2008

フェレル, ハイメ　Ferrer, Jaime　元・フィリピン自治相　[国]フィリピン　[没]1987年8月2日　[典]1992

フェレル, ラシェル　Ferrell, Rachelle　ジャズ歌手　[国]米国　[生]1961年5月21日　[典]1992

フェレロ, ピエトロ　Ferrero, Pietro　実業家　元・フェレロ・インターナショナルCEO　[国]イタリア　[没]2011年4月18日

フェレーロ, フアン・カルロス　Ferrero, Juan Carlos　元・テニス選手　[国]スペイン　[生]1980年2月12日　[典]2004／2008

フェレロ, ヘスス　Ferrero, Jesus　作家　[国]スペイン　[生]1952年　[典]1996

フェレンチク, ヤーノシュ　Ferencsik, János　指揮者　[国]ハンガリー　[生]1907年1月18日　[没]1984年6月12日　[典]1992

フェレンツ, ベンジャミン　Ferencz, Benjamin B.　弁護士, 著述家　[国]米国　[生]1920年　[典]1996

フェーロ, マルク　Ferro, Marc　歴史学者　[国]フランス　[生]1924年　[典]1996

フェロー, ルイ　Féraud, Louis　ファッションデザイナー, 画家　[国]フランス　[生]1920年　[没]1999年12月28日　[典]1992

ブエロ・バリェッホ, アントニオ　Buero Vallejo, Antonio　劇作家　[国]スペイン　[生]1916年9月29日　[没]2000年4月28日　[典]1992（ブエロ・バリェホ, アントニオ）／1996（ブエロ・バリェホ, アントニオ）

フェン, シェリリン　女優　[国]米国　[典]1992

フェン, ジョン　Fenn, John B.　化学者　元・バージニア・コモンウエルス大学教授, 元・エール大学名誉教授　[専]分析化学　[国]米国　[生]1917年6月15日　[没]2010年12月10日　[典]2004／2008

フェン・ユ　Feng, Yu　コンピューターコンサルタント　[典]2004

フェンシュ, アンゲラ　Fensch, Angela　写真家, ファッションモデル　[国]ドイツ　[生]1952年　[典]1996

フェンスター, ジュリー　Fenster, Julie M.　コラムニスト　[国]米国　[典]2004

フェンスターヘイン, ハーバート　Fensterheim, Herbert　心理学者, 医師　[専]行動療法, 自己主張訓練法　[国]米国　[典]2004

フェンダー, クレアレンス・レオ　Fender, Clarence Leo　エレキギター製作者　[国]米国　[没]1991年3月21日　[典]1992

フェンダー, デービッド　実業家　SASインスティチュートジャパン社長　[国]米国　[典]2000

フェンダー, フレディ　Fender, Freddy　歌手　[国]米国　[生]1937年6月4日　[没]2006年10月14日　[典]1992

プエンテ, カルロス　Puente, Carlos　画家　[国]スペイン　[生]1932年　[典]1992／1996

プエンテ, ティト　Puente, Tito　ラテン音楽家, ジャズ・パーカッション奏者　[国]米国　[生]1923年　[没]2000年5月31日　[典]1992

ブエンディア, マリー・アニック　Buendia, Marie Annick　生化学者　パスツール研究所CNRS部長　[国]フランス　[典]1992

フエンテス, アンドレア　Fuentes, Andrea　本名=Fuentes Fache, Andrea　シンクロナイズドスイミング選手　北京五輪・ロンドン五輪シンクロナイズドスイミング・デュエット銀メダリスト　[国]スペイン　[生]1983年4月7日

フエンテス, カルロス　Fuentes, Carlos　作家, 評論家　[国]メキシコ

フ

[生]1928年11月11日 [没]2012年5月15日 [典]1992／1996／2000／2004／2008／2012

フエンテス, グレゴリオ　Fuentes, Gregorio　「老人と海」のモデル [国]キューバ [生]1897年 [没]2002年1月13日 [典]2000

フエンテス, ホルヘ　Fuentes, Jorge　野球監督　キューバ野球チーム監督 [国]キューバ [生]1950年 [典]1996

フエンテス・ベタンクール, グレゴリオ　ヘミングウェイ「老人と海」のモデル [国]キューバ [生]1898年 [典]1992

フエントレス, カーティス　Fentress, Curtis　建築家　C・W・フェントレス・ブラッドバウム社設計主任 [国]米国 [生]1947年10月26日 [典]1996

フエントン, ジェームズ　Fenton, James Martin　詩人 [国]英国 [生]1949年4月25日 [典]1992

フエンレイ, モリッサ　Fenley, Molissa　舞踊家, 振付師 [国]米国 [生]1954年11月15日 [典]1992／1996／2004／2008／2012

フォー, アルノ　社会人野球選手 [国]フランス [典]2000

フォ・ジェンチイ　Hou, Jian-qi　漢字名=霍建起　映画監督 [国]中国 [生]1958年1月20日 [典]2004（霍 建起 カク・ケンキ）／2008／2012

フォ, ダリオ　Fo, Dario　劇作家, 俳優, 演出家　ラ・コムーネ主宰者 [国]イタリア [生]1926年3月24日 [典]1992／2000／2008／2012

フォア, エドナ　Foa, Edna B.　精神医学者　ペンシルベニア医科大学教授 [専]精神病理学, 不安症, 強迫性障害（OCD） [国]米国 [典]2004

フォア, ジョナサン・サフラン　Foer, Jonathan Safran　作家 [国]米国 [生]1977年 [典]2012

フォア, シルバーナ　Foa, Sylvana　元・ジャーナリスト　元・国連事務総長報道官 [国]米国 [典]2000

フォアマン, カール　映画プロデューサー, 脚本家 [没]1984年6月26日 [典]1992

フォアマン, ジョージ　Foreman, George　元・プロボクサー　元・WBA・IBF統一世界ヘビー級チャンピオン [国]米国 [生]1949年1月10日 [典]1992／1996／2000／2004／2008／2012

フォアマン, ジョン　Foreman, John　映画プロデューサー [国]米国 [没]1992年11月20日 [典]1996

フォアマン, フリーダ　Foreman, Freeda　プロボクサー [国]米国 [典]2004

フォアマン, マイケル　Foreman, Michael　イラストレーター, 絵本作家, 児童文学作家 [国]英国 [生]1938年 [典]1992／1996／2000

フォアマン, ミロス　Forman, Milos　チェコ名=フォアマン, ミロシュ　映画監督 [国]米国 [生]1932年2月18日 [典]1992／1996／2000／2004／2008／2012

フォアマン, ラッセル　Foreman, Russell　作家 [典]1992

フォアマン, リチャード　Foreman, Richard　舞台演出家　オントロジカル・ヒステリック・シアター主宰 [国]米国 [生]1937年 [典]2004／2012

フォアマン, ロリー　Forman, Lori　ザ・ネイチャー・コンサーバンシー（TNC）日本部長 [国]米国 [典]2000

フォイ, スティーブン　Foy, Stephen　コンピューターインストラクター [典]2004

フォイス, マルチェロ　Fois, Marcello　作家 [国]イタリア [生]1960年 [典]2008

フォイテク, グレガー　Foitek, Gregor　F1ドライバー [国]スイス [生]1965年3月27日 [典]1992／1996

フォイヤー, ルイス　Feuer, Lewis Samuel　哲学者 [国]米国 [生]1912年 [典]1992

フォイヤーシュタイン, ルーヴェン　Feuerstein, Reuven　心理学者　ハダッサー・ウイッゾ・カナダ研究所（HWCRI）所長, 潜在的学習能力向上国際センター（ICELP）所長 [生]1921年 [典]2004

フォウアスタイン, スティーブン　Feuerstein, Steven　コンピューター技術者, コンピューター・コンサルタント　PL/Solutions代表 [国]米国 [典]2004

フォヴィ, ハンネレ　Huovi, Hannele　児童文学作家 [国]フィンランド [生]1949年 [典]2008／2012

フォーエバー, エリン　ロック歌手 [国]米国 [典]2000

フォカ, ソフィア　Phoca, Sophia　評論家 [国]英国 [典]2004

フォーカス, マルカム　Falkus, Malcolm　経済学者 [専]経済史 [国]英国 [典]1992／2004

フォガティ, ジョン　Fogerty, John　旧グループ名=クリーデンス・クリアウォーター・リバイバル　ロック歌手 [国]米国 [典]2000

フォガラシー, アンドレ　弁護士　アーサー・アンダーセン・パートナー [国]米国 [典]1992／1996

フォーキン, ヴィトリド　Fokin, Vitold Pavlovich　政治家　元・ウクライナ首相 [国]ウクライナ [生]1932年10月25日 [典]1996

フォーク, ジャック　Falk, Jack　コンピューターコンサルタント　Santa Clara Valley Software Quality Association副会長 [国]米国 [典]2004

フォーク, ジョン・ヘンリー　Faulk, John Henry　コメディアン [国]米国 [没]1990年4月9日 [典]1992

フォクー, ディディエ　ジャーナリスト　AFP通信社東京支局長 [国]フランス [生]1941年 [典]1992

フォーク, デービッド　スポーツ代理人 [国]米国 [典]2000

フォーク, ピーター　Falk, Peter　俳優 [国]米国 [生]1927年9月16日 [没]2011年6月23日 [典]2000／2004／2008

フォーク, マーシャル　Faulk, Marshall　元・プロフットボール選手 [国]米国 [生]1973年2月26日 [典]2008／2012

フォーク, リチャード　Falk, Richard A.　国際法学者　プリンストン大学名誉教授, カリフォルニア州立大学サンタバーバラ校客員教授 [国]米国 [生]1930年 [典]1992／1996／2004／2008／2012

フォークス, セバスティアン　Faulks, Sebastian　作家 [国]英国 [生]1953年4月20日 [典]2004／2012

フォクツ, ベルティ　Vogts, Berti　本名=フォクツ, ハンス・フベルト　サッカー監督　元・サッカー・ドイツ代表監督, 元・サッカー・ナイジェリア代表監督 [国]ドイツ [生]1946年12月30日 [典]2008／2012

フォグデ, トーマス　Fogdoe, Tomas　スキー選手（アルペン） [国]スウェーデン [生]1970年3月14日 [典]1996

フォクト, カリナ　スキー選手（ジャンプ）　ソチ五輪スキー・ジャンプ女子ノーマルヒル金メダリスト [国]ドイツ

フォークト, クラウス・フローリアン　Vogt, Klaus Florian　テナー歌手 [国]ドイツ [生]1970年 [典]2012

フォクト, ミリアム　スキー選手（アルペン） [国]ドイツ [典]1996

フォークト, ラルス　Vogt, Lars　ピアニスト [国]ドイツ [生]1970年 [典]2012

フォークナー, ジェイソン　Falkner, Jayson　コンピューター技術者　Amberjack SoftwareCTO [国]米国 [典]2004

フォークナー, ニュートン　Faulkner, Newton　シンガー・ソングライター [国]英国 [生]1985年1月11日 [典]2012

フォークナー, ハリー・G.B.　アルファ・ラバル社長 [典]1992

フォークマン, ジューダ　Folkman, Judah　がん研究者　元・ハーバード大学医学部外科学教室教授 [専]解剖学, 細胞生物学 [国]米国 [没]2008年1月14日 [典]1992

フォーグラー, ヴェルナー　Vogler, Werner　ザンクト・ガレン修道院文書館長 [国]スイス [生]1944年 [典]1996

フォーグラー, リュディガー　Vogler, Rüdiger　俳優 [国]ドイツ [生]1942年 [典]1996

フォグリオ, シャーリー　Foglio, Charrie　音楽評論家 [生]1963年8月16日 [典]1992

フォグリン, ロバート　Fogelin, Robert　ダートマス大学名誉教授, アメリカ芸術科学アカデミー会員　元・ダートマス大学教授 [生]1932年 [典]2008

フォーグル, ブルース　Fogle, Bruce　獣医, 動物行動学者　英国聴導犬協会副会長 [国]英国 [生]1944年 [典]1996／2000

フォーグルマン, ロナルド　軍人, 軍事研究家　元・米国空軍幕僚長 [専]宇宙安全保障 [国]米国 [典]2004／2008

フォーゲイ, ビル　Forgey, Bill　コンピューター技術者 [国]米国 [典]2004

フォーゲル, カール　Fogel, Karl Franz　プログラマー　[国]米国　[生]1971年　[典]2004

フォーゲル, ゲーリー　Fogel, Gary B.　生物学者　Natural Selection上級研究員　[専]進化生物学への進化論的計算手法　[典]2008

フォーゲル, ジョシュア　Fogel, Joshua A.　カリフォルニア大学サンタバーバラ校教授　[専]中国史, 日中関係史　[国]米国　[生]1950年　[典]1996

フォーゲル, トーマス　桜エンドレス社長　[国]ドイツ　[典]2000

フォーゲル, ハインリヒ　Vogel, Heinrich　ドイツ国際東欧学研究所所長・教授　[専]ロシア研究　[国]ドイツ　[生]1937年9月2日　[典]1996（ボーゲル, ハインリヒ）

フォーゲル, ハンス・ヨッヘン　Vogel, Hans-Jochen　政治家　元・ドイツ社会民主党（SPD）党首　[国]ドイツ　[生]1926年2月3日　[典]1992／1996

フォーゲル, フリーデマン　Vogel, Friedemann　バレエダンサー　シュトゥットガルト・バレエ団プリンシパル　[国]ドイツ　[生]1980年　[典]2012

フォーゲル, ベルンハルト　Vogel, Bernhard　政治家　元・ラインラント・ファルツ州首相（キリスト教民主同盟）　[国]ドイツ　[生]1932年12月19日　[典]1992

フォーゲル, ヘンリー　シカゴ交響楽団事務局長　[国]米国　[典]2000

フォーゲル, ヨハン　Vogel, Johann　サッカー選手（MF）　[国]スイス　[生]1977年3月8日　[典]2000

フォーゲル, ロバート　Fogel, Robert William　経済学者　元・シカゴ大学教授・人口経済学センター所長　[専]計量経済史学　[国]米国　[生]1926年7月1日　[没]2013年6月11日　[典]1996／2008／2012

フォコニエ, ジル　Fauconnier, Gilles　カリフォルニア大学サンディエゴ校認知科学科教授　[専]認知言語学　[国]フランス　[生]1944年　[典]2000

フォコン, ベルナール　Faucon, Bernard　写真家　[国]フランス　[生]1950年9月12日　[典]1992／1996

フォーサイス, ウィリアム　Forsythe, William　振付師, 元・バレエダンサー　元・フランクフルト・バレエ団芸術監督　[国]米国　[生]1949年　[典]1992／1996／2000／2004／2008／2012

フォーサイス, ウィリアム　Forsythe, William　俳優　[国]米国　[生]1956年　[典]2000

フォーサイス, ケイト　Forsyth, Kate　ファンタジー作家　[国]オーストラリア　[生]1966年　[典]2012

フォーサイス, ジェームス　Forsyth, James　元・アバディーン大学ロシア語学部長　[専]ロシア語　[国]英国　[生]1928年　[典]2000

フォーサイス, デービッド　Forsyth, David　カリフォルニア大学バークレー校　[専]コンピュータービジョン　[国]米国　[典]2000

フォーサイス, ニール　Forsyth, Neil　英文学者　ローザンヌ大学教授　[生]1944年　[典]2004

フォーサイス, パトリシア　Forsythe, Patricia　別筆名＝ノール, パトリシア　ロマンス作家　[国]米国　[典]2008

フォーサイス, フレデリック　Forsyth, Frederick　作家, ジャーナリスト　[国]英国　[生]1938年8月25日　[典]1992／1996／2000／2004／2008／2012

フォーサイス, マイケル　Forsyth, Michael　コンサートホール・デザイナー, 建築家, バイオリニスト　[国]英国　[典]1992

フォーサイス, ロバート　Forsyth, Robert　航空戦史家　[典]2008

フォシ, ジェシカ　Foschi, Jessica　水泳選手　[国]米国　[典]2000

フォシェッル, ラーシュ　Forssell, Lars　劇作家　[国]スウェーデン　[生]1928年　[典]1996／2000

フォシュベリ, ペーター　Forsberg, Peter　元・アイスホッケー選手　リレハンメル五輪・トリノ五輪アイスホッケー男子金メダリスト　[国]スウェーデン　[生]1973年7月20日　[典]2000（フォースバーグ, ピーター）／2008（フォースバーグ, ピーター）／2012

フォーシュロー, セルジュ　Fauchereau, Serge　美術研究家　[国]フランス　[生]1939年　[典]2008

フォス, アルファンス　Vos, Alfons　漫画家, 元・中学校教師　[国]ベルギー　[生]1938年　[典]2000

フォス, パトリック　Foss, Patrick　教育コンサルタント　[国]米国　[典]2008

フォス, フリッツ　Vos, Frits　日本文学研究者　ライデン大学名誉教授　[国]オランダ　[生]1918年11月6日　[典]1992／1996

フォス, ペール・クリスティアン　Foss, Per-Kristian　政治家　ノルウェー財務相　[国]ノルウェー　[典]2004／2008

フォス, マイケル　Foss, Michael　歴史学者　[国]英国　[生]1937年　[典]2004

フォス, マリアンネ　Vos, Marianne　自転車選手　北京五輪・ロンドン五輪金メダリスト　[国]オランダ　[生]1987年5月13日　[典]2012

フォス, ルーカス　Foss, Lukas　旧名＝フックス, ルーカス　作曲家, 指揮者　元・ボストン大学作曲科教授　[国]米国　[生]1922年8月15日　[没]2009年2月1日　[典]1992／1996／2000／2008

フォス, レネ　Foss, Rene　フライトアテンダント　[国]米国　[典]2008

フォス, ロベルタ　アメリカン・フレンド・サービス・コミッティー（AFSC）研究員（アジア・プログラム担当）　[専]東南アジア研究　[国]米国　[典]1992

フォスター, アラン・ディーン　Foster, Alan Dean　作家　[国]米国　[生]1946年11月18日　[典]1992／1996／2000／2012

フォスター, アリアン　Foster, Arian　プロフットボール選手（RB）　[国]米国　[生]1986年8月24日

フォスター, アル　Foster, Al　本名＝フォスター, アロイシイアス・タイロン　グループ名＝ハービー・ハンコック・トリオ　ジャズドラマー　[国]米国　[生]1944年1月18日　[典]1996

フォースター, ウィリアム　Forster, William Chapman　元・米国初代軍備管理軍縮局長　[国]米国　[生]1897年4月27日　[没]1984年10月14日　[典]1992

フォスター, クリストファー　Foster, Christopher　異文化コンサルタント　アジアン・ダイナミクス　[国]米国　[生]1964年　[典]2000

フォスター, グレグ　Foster, Greg　陸上選手（障害）　[国]米国　[生]1958年8月4日　[典]1992

フォスター, ジェフ　Foster, Jeff　Webデザイナー　Vicious Fishes Software創設者　[国]米国　[典]2004

フォスター, ジャック　Foster, Jack　広告ディレクター　フット・コーン&ベルディング・クリエイティブ・ディレクター　[国]米国　[典]2004

フォスター, シャーリー　Foster, Shirley　英文学者　シェフィールド大学英文科教授　[専]アメリカ文学, ビクトリア朝文学　[国]英国　[典]2004

フォスター, ジョージ　Foster, George　本名＝Foster,George Arthur　元・大リーグ選手　[国]米国　[生]1948年12月1日　[典]1992／2012

フォスター, ジョディ　Foster, Jodie　本名＝フォスター, アリシア・クリスチャン　女優, 映画監督, 映画プロデューサー　[国]米国　[生]1962年11月19日　[典]1992／1996／2000／2004／2008／2012

フォスター, デービッド　Foster, Devid　音楽プロデューサー　[生]1949年　[典]1996／2004／2008／2012

フォスター, ノーマン　Foster, Norman　建築家　[国]英国　[生]1935年6月1日　[典]1992／1996／2004／2008／2012

フォスター, ハル　Foster, Hal　美術史学者　プリンストン大学美術史考古学科教授　[国]米国　[生]1955年　[典]2012

フォスター, マイク　Foster, Mike　本名＝Foster,Murphy J.,Jr.　政治家　ルイジアナ州知事　[国]米国　[典]2000／2004

フォースター, マーガレット　Forster, Margaret　作家　[国]英国　[生]1938年　[典]1992／1996

フォースター, マーク　Forster, Marc　映画監督, 脚本家　[生]1969年　[典]2004／2008／2012

フォースター, マーク　Forster, Mark　ライフ・コーチ　[典]2008

フォスター, リチャード　Foster, Richard　雑誌記者　「スタイル・ウィークリー」アシスタント・エディター　[典]2004

フォスター, リチャード　Foster, Richard　経営コンサルタント　マッキンゼー&カンパニーシニアパートナー　[国]米国　[典]2004

フォスター, リック　Foster, Rick　ビジネスコンサルタント　[国]米国　[典]2008

フォスター, ローリー　Foster, Lori　筆名＝フォスター,L.L.　ロマンス作家　⦿米国⦿2004

フォスター・コーエン, スーザン　Foster-Cohen, Susan H.　言語学者　カンタベリー大学言語学科上席研究員　⦿2004

フォスター・ジョンソン, エリック　Foster-Johnson, Eric　コンピューター技術者　⦿2008

フォステーター, マーク　Forstater, Mark　フィルムプロデューサー　⦿米国⦿2004

フォステル, グラサス　Foster, Graça　本名＝Foster,Maria das Graças Silva　実業家　ペトロブラスCEO　⦿ブラジル⦿1953年8月26日

フォースバーグ, アーロン　Forsberg, Aaron　歴史学者　米国国務省　⦿米国⦿1964年⦿2004

フォースバーグ, エバ　Forsberg, Ebba　歌手　⦿スウェーデン⦿2000

フォスベリー, ディック　Fosbury, Dick　元・陸上選手（走り高跳び）　メキシコ五輪金メダリスト　⦿米国⦿1947年⦿1992／2012

フォセット, スティーブ　Fosset, Steve　冒険家, 実業家　⦿米国⦿1944年⦿2008年2月15日⦿2000／2004／2008

フォーセット, ファラ　Fawcett, Farrah　女優　⦿米国⦿1947年2月2日⦿2009年6月25日⦿2000

フォダー, スティーブン　Fodor, Stephen P.A.　生化学者, 実業家　アフィメトリクス会長・CEO　⦿米国⦿2004

フォーダイス, カーク（Jr.）　Fordice, Kirk（Jr.）　本名＝Fordice, Daniel Kirkwood　政治家, 実業家　元・ミシシッピ州知事, 元・フォーダイス建設社長・CEO　⦿米国⦿1934年2月10日⦿2004年9月7日⦿2000／2004

フォーダム, ジュリア　Fordham, Julia　シンガー・ソングライター　⦿英国⦿1962年8月10日⦿1992／1996

フォーダム, マイケル　医師　⦿分析心理学　⦿英国⦿1992

フォーチュン, クイントン　Fortune, Quinton　サッカー選手（MF）　⦿南アフリカ⦿1977年5月21日⦿2004／2008

フォック, イエネー　Fock, Jeno　政治家　元・ハンガリー首相　⦿ハンガリー⦿1916年5月17日⦿2001年5月⦿1992／1996

フォックス, アンソニー　Foxx, Anthony Renard　政治家　米国運輸長官　⦿米国

フォックス, アンディ　Fox, Andy　コンピューター技術者　⦿米国⦿2004

フォックス, カレン　Fox, Karen F. A.　サンタクララ大学教授　⦿マーケティング研究　⦿1992

フォックス, ケネス　Fox, Kenneth A.　別名＝フォックス, ケン　実業家　インターネット・キャピタル・グループ（ICG）マネージング・ディレクター　⦿米国⦿1970年⦿2000／2004

フォックス, ケリー　Fox, Kerry　女優　⦿ニュージーランド⦿1966年7月30日⦿1992／2004／2008／2012

フォックス, ジェイミー　Foxx, Jamie　本名＝Bishop,Eric　俳優, コメディアン　⦿米国⦿1967年12月13日⦿2004／2008／2012

フォックス, ジェフリー　Fox, Jeffrey J.　マーケティング・コンサルタント　フォックス・アンド・カンパニー設立者　⦿米国⦿2004

フォックス, シェルドン　建築家　⦿米国⦿1930年⦿1992

フォックス, ジョエル　カリフォルニア減税運動代表　⦿米国⦿1949年⦿1992

フォックス, ジョン　Fox, John　作家　⦿米国⦿1952年⦿1992／1996

フォックス, スーザン　Fox, Susan　ロマンス作家　⦿米国⦿2004

フォックス, ダン　Fox, Dan　技術コンサルタント, テクニカル・インストラクター　⦿2004

フォックス, ティナ　Fox, Tina　コンピューター技術者　⦿2004

フォックス, ナタリー　Fox, Natalie　ロマンス作家　⦿英国⦿2004

フォックス, ビセンテ　Fox, Vicente　本名＝フォックス・ケサダ, ビセンテ　政治家, 実業家　元・メキシコ大統領, 元・グアナファト州知事, 元・コカ・コーラ・メキシコ社長　⦿メキシコ⦿1942年7月2日⦿2004／2008／2012

フォックス, ヘイドン　Foxe, Hayden Vernon　サッカー選手　⦿オーストラリア⦿1977年6月23日⦿2000／2004／2008

フォックス, ポーラ　Fox, Paula　児童文学作家　⦿米国⦿1923年⦿1992／2000

フォックス, マイケル　Fox, Michael W.　獣医学者　全米人道協会副会長, 米国動物愛護協会副会長　⦿イヌ科⦿1937年⦿1992／1996／2000／2008

フォックス, マイケル・J.　Fox, Michael J.　本名＝フォックス, マイケル・アンドルー　俳優　⦿米国⦿1961年6月9日⦿1992／1996／2000／2004／2008／2012

フォックス, マシュー　Fox, Matthew　俳優　⦿米国⦿1966年⦿2012

フォックス, ミーガン　Fox, Megan　女優　⦿米国⦿1986年⦿2008／2012

フォックス, メム　Fox, Mem　児童文学作家　⦿オーストラリア⦿1946年⦿2004／2008／2012

フォックス, リック　Fox, Rick　元・バスケットボール選手, 俳優　⦿米国⦿1969年7月24日⦿2000／2008

フォックス, レッド　喜劇俳優　⦿米国⦿1991年10月11日⦿1992

フォックス, レネー　Fox, Renée C.　医療社会学者　ペンシルベニア大学名誉教授　⦿臓器移植　⦿米国⦿1928年⦿2004／2008

フォックス, ロズ・デニー　Fox, Roz Denny　別筆名＝デニー, ロズ, フォックス, ロズ・D.　ロマンス作家　⦿米国⦿2004

フォックス, ロビン　Fox, Robin　人類学者　ラトガース大学人類学部教授　⦿英国⦿1935年⦿2004

フォックス, ロビン・レイン　Fox, Robin Lane　歴史学者, 著述家　ニュー・カレッジ特別研究員　⦿英国⦿1946年⦿2000

フォックス, ワーウィック・アンソニー　Fox, Warwick Anthony　タスマニア大学環境研究センター特別研究員　⦿環境哲学　⦿オーストラリア⦿1954年⦿1996

フォックス・デービス, サラ　Fox-Davies, Sarah　挿絵画家　⦿英国⦿1956年⦿2004

フォックソール, ジェームズ　Foxall, James　コンピューター技術者　⦿米国⦿2004

フォッサム, ケーシー　Fossum, Casey Paul　大リーグ選手（投手）, 元・プロ野球選手　⦿米国⦿1978年1月6日⦿2012

フォッシー, ダイアン　Fossey, Dian　動物学者　⦿マウンテン・ゴリラの研究　⦿米国⦿1932年⦿1985年12月⦿1992

フォッシー, ボブ　Fosse, Bob　本名＝フォッシー, ロバート・ルイス　ミュージカル演出家・振付師, 映画監督　⦿米国⦿1927年6月23日⦿1987年9月23日⦿1992

フォーティ, リチャード　Fortey, Richard Alan　古生物学者, 作家　大英自然史博物館名誉研究員, ロンドン地質学会会長　⦿三葉虫　⦿英国⦿1946年2月15日⦿2004／2008／2012

フォティア, ドナルド　Fortier, Donald　元・米国大統領補佐官（国家安全保障会議事務局次長）　⦿米国⦿1986年8月23日⦿1992

フォティス　彫刻家　テッサロニキ美術アカデミー教授　⦿ギリシャ⦿1940年⦿1992／1996

フォーテス, メイヤー　Fortes, Meyer　社会人類学者　元・ケンブリッジ大学教授　⦿英国⦿1906年4月25日⦿1983年⦿1992

フォデッラ, ジャンニ　Fodella, Gianni　日本研究家　ミラノ大学経済学部助教授　⦿東アジア経済史　⦿イタリア⦿1939年12月23日⦿2000

フォーデン, ジャイルズ　Foden, Giles　作家, 編集者　⦿英国⦿1967年⦿2000

フォード, G.M.　Ford, G.M.　推理作家　⦿米国⦿2000

フォード, J.D.N.　Ford, J.D.N.　クルボアジェ社社長　⦿英国⦿1992

フォード, アイリーン　Ford, Eileen　フォード・モデル・エージェンシー会長　⦿米国⦿1922年3月25日⦿1992／1996

フォード, ウィリアム・クレイ　Ford, William Clay　実業家　デト

ロイト・ライオンズ社長・オーナー　元・フォード・モーター副会長　国米国　生1925年3月14日　典2004／2008／2012

フォード, ウィリアム・クレイ（Jr.）　Ford, William Cray（Jr.）　別称＝フォード, ビル　実業家　フォード・モーター会長, デトロイト・ライオンズ副会長　国米国　生1957年5月3日　典1996／2000／2004／2008／2012

フォード, ウェイン　Ford, Wayne　画家　国英国　典2000

フォード, ウェンデル・ハンプトン　Ford, Wendel Hampton　政治家　元・米国上院議員（民主党）　国米国　生1924年9月8日　典1992／1996／2000

フォード, エドセル（2世）　Ford, Edsel（II）　実業家　フォード・モーター副社長, フォード・モーター・クレジット社長・COO　国米国　生1948年　典1992／1996／2000

フォード, カール　Ford, Carl　元・米国国務次官補（情報調査担当）　国米国　生1943年1月28日　典1996／2008

フォード, ジェス・ヒル　Ford, Jesse Hill　作家　国米国　生1928年　典1992

フォード, ジェフリー　Ford, Jeffrey　作家　国米国　生1955年　典2008／2012

フォード, ジェームス・ローン　Ford, James Lorne　バーミンガム大学名誉教授・上級研究員　専経済学　国英国　生1939年2月　典1996

フォード, ジェラルド　Ford, Gerald Rudolph　本名＝Ford, Gerald Rudolph, Jr.　旧名＝King, Leslie Lynch, Jr.　政治家　元・米国大統領（第38代）　国米国　生1913年7月14日　没2006年12月26日　典1992／1996／2000／2004

フォード, ジャスパー　Fforde, Jasper　作家　典2008

フォード, ジュディ　Ford, Judy　セラピスト, 人間関係コンサルタント　国米国　典2004

フォード, チャールズ　Ford, Charles V.　医学者　アラバマ大学医学部教授　専精神科, 神経生物学　国米国　典2004

フォード, テネシー・アーニー　Ford, Tennessee Ernie　本名＝Ford, Ernest Jennings　カントリー歌手　国米国　生1919年2月13日　没1991年10月17日　典1992

フォード, デビー　Ford, Debbie　幸福のためのチョプラセンター指導員　国米国　典2004

フォード, トム　Ford, Tom　デザイナー, 映画プロデューサー　トム・フォード・インターナショナル社長・CEO　元・グッチ・クリエイティブ・ディレクター　国米国　生1961年　典2000／2004／2008／2012

フォード, バーバラ・ブレナン　メトロポリタン美術館日本ギャラリー担当学芸員　専美術史　典1992

フォード, ハリソン　Ford, Harrison　本名＝Ford, Harrison J.　俳優　国米国　生1942年7月13日　典1992／1996／2000／2004／2008／2012

フォード, ブライアン　Ford, Brian J.　科学者, 作家　専兵器開発　生1940年　典2004

フォード, ベティ　Ford, Betty　元・ベティ・フォード・センター会長　フォード第38代米国大統領の妻　国米国　生1918年　没2011年7月8日　典2008

フォード, ヘンリー（2世）　Ford, Henry（II）　実業家　元・フォード・モーター会長　国米国　生1917年9月4日　没1987年9月29日　典1992

フォード, マイケル・トーマス　Ford, Michael Thomas　作家, 編集者　国米国　典2000

フォード, メアリー　Ford, Mary　テレビプロデューサー　ジャクソンホール・ワイルドライフ・フィルム・フェスティバル（JHWFF）事務局長　典2004

フォード, リチャード　Ford, Richard　作家　国米国　生1944年2月14日　典1992／1996

フォード, ローラ　Ford, Laura　高校教師　専日本語　国米国　生1953年　典2004／2008

フォートガング, ローラ・バーマン　Fortgang, Laura Berman　キャリア・コーチ　インターコーチ社長　国米国　典2004

フォートナム, ペギー　Fortnum, Peggy　挿絵画家, イラストレーター　国英国　生1919年　典1992／2004／2008

フォート・ブレシア, ベルナルド　Fort-Brescia, Bernerdo　建築家　アーキテクトニカ主宰　国米国　生1951年　典2000

フォトリーノ, エリック　Fottorino, Eric　新聞人, 作家　ルモンド社長　国フランス　典2012

フォーナー, エリック　Foner, Eric　歴史家　コロンビア大学教授　国米国　生1943年　典2012

フォナー, フィリップ　Foner, Philip S.　リンカーン大学　歴史学　国米国　典2000

フォーナス, ベルナール　Fornas, Bernard　実業家　カルティエ・インターナショナル社長　国フランス　生1947年3月2日　典2012

ブオナッシージ, ヴィンチェンツォ　Buonassisi, Vincenzo　イタリア料理研究家, コラムニスト　国イタリア　生1918年　典1992／1996／2000

フォノイモアナ, エリック　Fonoimoana, Eric　ビーチバレー選手　国米国　典2004

フォーバーグ, トム　Forberg, Tom　ソング・オブ・フラワー号船長　国ノルウェー　典1992

フォーバス, オーバル　Faubus, Orval Eugene　政治家　元・アーカンソー州知事　国米国　生1910年1月7日　没1994年12月14日　典1996

フォーハンド, ジョー（Jr.）　Forehand, Joe W.（Jr.）　経営コンサルタント　元・アクセンチュア会長・CEO　国米国　生1948年4月14日　典2004／2012

フォーハンド, レックス　Forehand, Rex　臨床心理学者　ジョージア大学行動研究所理事・教授　国米国　典2004／2008

フォーブス, キャスリン　Forbes, Kathryn　児童文学作家　国米国　生1908年　典2004

フォーブス, コリン　Forbes, Colin　本名＝ソーキンズ, レイモンド・H.　別名＝Jay, Bernard, Richard, Raine　作家　国英国　生1923年　典1992／1996

フォーブス, スティーブ　Forbes, Steve　本名＝フォーブス, マルコム・スティーブンソン, Jr.　出版人　「フォーブス」社主　国米国　生1947年7月18日　典1996／2000／2004／2008／2012

フォーブス, ブライアン　Forbes, Bryan　作家, 俳優, 映画監督・プロデューサー　国英国　生1926年7月22日　典1992／1996

フォーブス, マルコム（Sr.）　Forbes, Malcolm S.（Sr.）　元・「フォーブス」誌編集長, 元・フォーブス社会長　国米国　生1919年8月19日　没1990年2月24日　典1992

フォーブッシュ, スコット　地球物理学者　国米国　生1984年4月4日　典1992

フォベル, タエブ・M.　実業家　元・インドネシア日本企業家協会会長, 元・ナショナル・ゴーベル社長　国インドネシア　生1984年7月21日　典1992

フォーマンティー, ピエール　コートジボワール獣医学研究所　専獣医学　国フランス　典2000

フォーミン, ドミトリー　Fomin, Dmitrii　バレーボール選手　国ソ連　生1968年1月21日　典1992

フォーラー, マティ　Forrer, Matthi　日本美術研究家　典2004

フォラツェン, ノルベルト　Vollertsen, Norbert　人権活動家, 医師　国ドイツ　生1958年　典2004／2008／2012

フォラン, ジャン　Follain, Jean　詩人　国フランス　生1903年　典1992

フォーリー, キャサリーン　Foley, Kathleen M.　医師　スローン・ケッタリング記念がんセンター疼痛治療責任者, コーネル大学神経内科学・神経科学・臨床薬理学教授　専がん疼痛治療　国米国　典2000

フォーリー, ジェームズ　Foley, James D.　コンピュータ科学者　ジョージア工科大学教授　専コンピューターグラフィックス　国米国　典2004

フォーリー, ジェームズ　Foley, James　映画監督　国米国　生1953年　典2008／2012

フォーリー, ダンカン　Foley, Duncan K.　経済学者　ニュースクー

ル大学大学院教授　⑩マルクス経済学,資本論　⑯米国　⑰1942年　㊨1992／2004／2012

フォーリー, トーマス　Foley, Thomas Stephen　政治家,弁護士　元・駐日米国大使,元・米国下院議長(民主党)　⑯米国　⑰1929年3月6日　㊧2013年10月18日　㊨1992／1996／2000／2004／2008／2012

フォーリー, マーク　Foley, Mark D.　経営コンサルタント　マーク・D・フォーリー・エンタープライズオーナー　⑯カナダ　㊨2004

フォリー, リアーヌ　Foly, Liane　歌手　⑯フランス　⑰1962年　㊨1996

フォリ, ローラ　マラソン選手　⑯イタリア　㊨1992

フォリシェ, ロジェ　Forissier, Roger　画家　サロン・ド・ラ・ヌーヴェル会長,イル・ド・フランス会長　⑯フランス　⑰1924年　㊨1992

フォリスタル, ジェフ　Forristal, Jeff　コンピューター技術者　㊨2004

フォール, エドガール　Faure, Edgar　筆名=サンディ,エドガール　政治家　元・フランス首相　⑯フランス　⑰1908年8月18日　㊧1988年3月30日　㊨1992

フォール, シャルル　映画評論家　⑯フランス　⑰1908年5月14日　㊧1989年12月3日　㊨1992

フォール, フィリップ　Faure, Philippe　外交官　元・駐日フランス大使　⑯フランス　⑰1950年6月13日　㊨2012

フォール, ベルトラン　Fort, Bertrand　アンスティチュ・フランセ日本代表　⑯フランス

フォールー, ロジェ　Fauroux, Roger　元・フランス工業・国土整備相　⑯フランス　㊨1992

フォール, ローラン　Faure, Roland　元・ジャーナリスト　ロン・ティボー財団会長　⑯フランス　⑰1926年　㊨1996

フォールウェル, ジェリー　Falwell, Jerry L.　宗教家　元・モラル・マジョリティ指導者,元・リバティ大学総長　⑯米国　⑰1933年8月11日　㊧2007年5月15日　㊨1992

フォルガーチ, アンドラーシュ　Forgacs, Andras　外交官　駐日ハンガリー大使　⑯ハンガリー　⑰1936年9月　㊨1992

フォルク, キース　Foulke, Keith Charles　大リーグ選手(投手)　⑯米国　⑰1972年10月19日　㊨2004／2008

フォルク, ライルハルト　ハノーバー万博公社副社長　⑯ドイツ　㊨2000

フォルサム, アラン　Folsom, Allan　作家,脚本家　⑯米国　㊨2004

フォルシー, ジョージ　映画カメラマン　元・米国映画写真家協会会長　⑯米国　⑰1988年11月1日　㊨1992

フォルジャール, ノエル　Forgeard, Noël　実業家　元・エアバス・インダストリー社長・CEO　⑯フランス　⑰1946年12月8日　㊨2004／2008／2012

フォルジュ, ジャン・フランソワ　歴史教師,教育学者　フランス国立教育研究所　⑲ナチ強制収容所,ショアーの歴史教育　⑯フランス　⑰1947年　㊨2004

フォルジョー, アニー　Forgear, Annie　考古学者　ソルボンヌ大学附属考古学美術史研究所エジプト学部門助教授　㊨2004

フォールズ, ベン　Folds, Ben　旧グループ名=ベン・フォールズ・ファイブ　シンガーソングライター　⑯米国　⑰1966年　㊨2000／2004／2008

フォールズ, リチャード　Faulds, Richard　射撃選手(クレー射撃)　⑯英国　㊨2004

フォルスト, ウィリ　Forst, Willi　映画監督,俳優　⑯オーストリア　⑰1903年4月7日　㊧1980年8月11日　㊨1992

フォルスマン, ヴォルフ　ドイツ国立ペプチド研究所(メディカル・パーク・ハノーバー)所長　⑲ペプチド化合物　⑯ドイツ　㊨1996

フォルソム, リチャード・エル　アドバンテッジ・パートナーズ共同代表　⑰1960年　㊨1996／2000

フォルタ, ベン　Forta, Ben　コンピューター技術者,コラムニスト　㊨2004

フォルタ, リシャール　Fortat, Richard　小学校教師　⑯フランス　⑰1957年　㊨1996

フォルツ, ウィリアム　Voltz, William　SF作家　⑯ドイツ　⑰1937年　㊨1992／1996／2012

フォルツ, ジャン・マルタン　Folz, Jean-Martin　実業家　元・プジョーシトロエングループ(PSA)会長・CEO　⑯フランス　⑰1947年1月11日　㊨2004／2012

フォルツァーニ, シルヴィア　Forzani, Silvia　イラストレーター　⑯イタリア　⑰1964年　㊨2004

フォルティッチ, アントニオ　Fortich, Antonio Y.　カトリック司教　元・フィリピンカトリック教会名誉司教　⑯フィリピン　⑰1913年8月　㊧2003年7月2日　㊨1992

フォルティーニ, フランコ　Fortini, Franco　本名=ラッテス,フランコ　詩人,批評家　⑯イタリア　⑰1917年9月10日　㊨1992

フォルデス, アンドール　Foldes, Andor　ピアニスト　⑯米国　⑰1913年12月21日　㊧1992年2月9日　㊨1996

フォルトゥナート, マリオ　Fortunato, Mario　作家,翻訳家　⑯イタリア　⑰1958年　㊨1996

フォルトナー, ヴォルフガング　Fortner, Wolfgang　作曲家　元・ドイツ国立高等音楽学校作曲科教授,元・ベルリン芸術院音楽部長　⑯ドイツ　⑰1907年10月12日　㊨1992／1996

フォルトナ, ボイチェフ　Fortuna, Wojciech　元・スキー選手(ジャンプ)　⑯ポーランド　㊨2004

フォルトフ, ウラジーミル　Fortov, Vladimir E.　政治家　元・ロシア副首相　⑯ロシア　⑰1946年1月23日　㊨2000

フォルネフェルト, バルバラ　Fornefeld, Barbara　教育学者　ケルン大学教授　⑲身体障害者教育学,重複障害者教育学　⑯ドイツ　⑰1954年　㊨2004／2008

フォルネ・モルネ, マルク　Forné Molné, Marc　政治家,法律家　元・アンドラ首相　⑯アンドラ　⑰1946年　㊨2008／2012

フォルマー, ゲアハルト　Vollmer, Gerhard　ブラウンシュバイク工科大学哲学ゼミナール教授　⑲理論物理学,哲学　⑯ドイツ　⑰1943年　㊨1996

フォルマノワ, リュドミラ　Formanová, Ludmila　陸上選手(中距離)　⑯チェコ　⑰1974年1月2日　㊨2000

フォルマン, アリ　Folman, Ari　映画監督　⑯イスラエル　⑰1962年　㊨2000／2012

フォルミゲーラ, ペレ　Formiguera, Pere　写真家,収集家,作家　⑯スペイン　⑰1952年　㊨1996

フォルヤンティ・ヨスト, ゲジィーネ　トリア大学教授　⑲日本学,政治学　⑯ドイツ　⑰1952年　㊨1996

フォルラーニ, アルナルド　Forlani, Arnaldo　政治家　元・イタリア・キリスト教民主党(DC)幹事長,元・イタリア首相　⑯イタリア　⑰1925年12月8日　㊨1992／1996

フォルラン, ディエゴ　Forlán, Diego　サッカー選手(FW)　⑯ウルグアイ　⑰1979年5月19日　㊨2008／2012

フォレイン, ジョン　Follain, John　ジャーナリスト　⑯英国　㊨2000

フォレスター, ジェイ　Forrester, Jay Wright　システム工学者　元・マサチューセッツ工科大学エレクトロニクス研究所教授　システム・ダイナミックスの創案者　⑯米国　⑰1918年7月14日　㊨1992／1996

フォレスター, トム　Forester, Tom　グリフィス大学講師　⑲コンピュータ　⑯オーストラリア　㊨1992

フォレスティア, フレデリック　Forestier, Frédéric　映画監督　⑯フランス　⑰1969年　㊨2004

フォレステール, ヴィヴィアンヌ　Forrester, Viviane　作家,文芸評論家　⑯フランス　⑰1925年　㊨2000／2004／2008

フォレスト, エヴァ　Forest, Eva　精神科医,社会運動家　⑯スペイン　⑰1928年　㊨1992

フォレスト, エマ　Forrest, Emma　作家　⑯英国　㊨2004／2008

フォレスト, フィリップ　Forest, Philippe　批評家,作家　ナント大学文学部教授　⑲象徴主義詩人,シュルレアリスム文学,日本文学,比較文学　⑯フランス　⑰1962年　㊨2008／2012

フォレセー, ジェイミー　Follese, Jamie　本名=Follese,Jamie Christian　グループ名=ホット・シェル・レイ　ミュージシャン

[国]米国　[生]1991年12月30日

フォレセー, ライアン　Follese, Ryan　本名=Follese,Ryan Keith　グループ名=ホット・シェル・レイ　ミュージシャン　[国]米国　[生]1987年2月16日

フォレット, ケン　Follett, Ken　本名=フォレット, ケネス・マーティン　筆名=マイルズ, サイモン　作家　[国]英国　[生]1949年6月5日　[典]1992／1996／2000／2004／2008／2012

フォレット, ジェイムズ　Follett, James　作家, 劇作家　[生]1939年　[典]1992

フォローズ, ミーガン　Follows, Megan　女優　[国]カナダ　[生]1968年3月14日　[典]1992

フォロニック, スティーブン　Hronec, Steven M.　アーサーアンダーセン・ロサンゼルス事務所パートナー　[専]コストと品質管理, コストと生産管理, ホワイトカラーの生産性　[典]1996

フォロン, ジャン・ミシェル　Folon, Jean-Michel　画家, 彫刻家　[国]ベルギー　[生]1934年　[没]2005年10月20日　[典]1992／1996

フォワシィ, ギィ　Foissy, Guy　劇作家　[国]フランス　[生]1932年　[典]1992／1996／2000／2004

フォーワード, スーザン　Forward, Susan　セラピスト, 医療コンサルタント　[典]2000

フォワード, ロバート　Forward, Robert L.　SF作家, 物理学者　[国]米国　[没]2002年9月21日　[典]1992／1996

フォン, アレン　Fong, Allen　中国名=方育平　映画監督　[国]香港　[生]1947年　[典]1996

フォン・イエン　Feng, Yan　漢字名=馮艶　ドキュメンタリー映画監督　[国]中国　[生]1962年　[典]2012

フォン・ジーツアイ　Feng, Ji-cai　漢字名=馮驥才　作家, 画家　馮驥才芸術文学研究所所長, 中国作家協会会長, 中国文学芸術界連合会副主席, 中国民間文芸家協会主席　[国]中国　[生]1942年2月9日　[典]1992（馮 驥才 フウ・キサイ）／1996（馮 驥才 フウ・キサイ）／2000（馮 驥才 フウ・キサイ）／2004（馮 驥才 フウ・キサイ）／2008（馮 驥才 ヒョウ・キサイ）／2012

フォン・シャオガン　Feng, Xiao-gang　漢字名=馮小剛　映画監督　[国]中国　[生]1958年　[典]2008／2012

フォン・シャンシャン　Feng, Shan-shan　漢字名=馮珊珊　プロゴルファー　[国]中国　[生]1989年8月5日　[典]2012

フォン・チョンフー　馮 正虎　人権活動家　[国]中国

フォン, ベンソン　俳優　[国]米国　[没]1987年8月1日　[典]1992

フォン, マイク　中国名=馮礼和　スーパーテック・コンピューターズ社長　[国]米国　[生]1949年4月30日　[典]1992

フォン, レスリー　Fong, Leslie　ジャーナリスト　「ストレイツタイムズ」紙編集長, シンガポール・プレスクラブ会長　[国]シンガポール　[生]1949年　[典]1996

フォン・イエーナ, ハンス・イエルク　von Jena, Hans-Jörg　批評家　ドイツ批評家連盟幹部　[国]ドイツ　[生]1931年　[典]2000

フォン・ヴィーゼ, ヨハンナ・インゲ　von Wiese, Johanna Inge　本名=フォン・ヴィーゼ・ウント・カイゼルスヴァルダウ, インゲボルグ　作家　[国]ドイツ　[生]1905年　[典]2004

フォン・ウリクト, イェオリ・ヘンリック　von Wright, Georg Henrik　哲学者, 論理学者　元・ヘルシンキ大学哲学部名誉教授　[国]フィンランド　[生]1916年6月14日　[没]2003年6月16日　[典]2004

フォン・オイラー, ウルフ　Von Euler, Ulf Savante　生理学者　元・ノーベル財団理事長　[国]スウェーデン　[生]1905年2月7日　[没]1983年3月10日　[典]1992（オイラー, ウルフ・フォン）

フォンク, ハンス　Vonk, Hans　指揮者　元・セントルイス交響楽団音楽監督, 元・ケルン放送交響楽団首席指揮者　[国]オランダ　[生]1942年6月18日　[没]2004年8月29日　[典]2000

フォンクベルタ, ジョアン　Fontcuberta, Joan　写真家　シカゴ・アート・インスティテュート客員教授　[国]スペイン　[生]1955年　[典]1996／2000

フォン・グルーニゲン, ミヒャエル　Von Gruenigen, Michael　スキー選手（アルペン）　[国]スイス　[生]1969年4月11日　[典]1996／2000／2008

フォン・クーンハイム, エーバーハート　von Kuenheim, Eberhard　実業家　元・BMW監査役会会長　[国]ドイツ　[生]1928年10月2日　[典]2000

フォンケビュツキー, コールマン　Vonkeviczky, Colman S.　UFO問題専門家　[生]1909年　[典]1996

フォン・ジーゲザー, セシリー　Von Ziegesar, Cecily　作家　[国]米国　[典]2004

フォン・シドウ, ビョルン　スウェーデン貿易相　[国]スウェーデン　[典]2000

フォンスタッド, カレン・ウィン　Fonstad, Karen Wynn　地図作家, 地理学者　[国]米国　[生]1945年　[典]2004

フォンセカ, ジェームズ　Fonseca, James W.　ジョージ・メイスン大学プリンスウィリアム研究所所長　[国]米国　[生]1947年　[典]2000

フォンセカ, ジョルジ・カルロス　Fonseca, Jorge Carlos　本名=Fonseca,Jorge Carlos de Almeida　政治家　カボベルデ大統領　[国]カボベルデ　[生]1950年10月20日

フォンセカ, ダニエル　Fonseca, Daniel　元・サッカー選手　[国]ウルグアイ　[生]1969年9月13日　[典]2008

フォンセカ, ロベルト　Fonseca, Roberto　ミュージシャン　[国]キューバ　[生]1975年　[典]2004／2008／2012

フォンダ, ジェーン　Fonda, Jane　本名=Fonda,Jayne Seymour　女優　[国]米国　[生]1937年12月21日　[典]1992／1996／2000／2004／2008／2012

フォンダ, ピーター　Fonda, Peter　俳優, 映画監督　[国]米国　[生]1939年2月23日　[典]1992／1996／2000／2004／2008／2012

フォンダ, ブリジット　Fonda, Brigitte　女優　[国]米国　[生]1964年1月27日　[典]1992／1996／2000／2004／2008

フォンダ, ヘンリー　Fonda, Henry　本名=フォンダ, ヘンリー・イエーネス　俳優　[国]米国　[生]1905年5月16日　[没]1982年8月12日　[典]1992

フォン・タオ　歌手　[国]ベトナム　[生]1968年　[典]2000

フォンターナ, カルロ　Fontana, Carlo　ミラノ・スカラ座総裁　[国]イタリア　[生]1947年3月15日　[典]2004／2008

フォンタナ, ビル　音響彫刻家　[専]サウンドスケープ　[国]米国　[生]1947年　[典]1992

フォンタナ, フランコ　Fontana, Franco　写真家　[国]イタリア　[生]1933年　[典]1992／1996

フォンタネル, ベアトリス　Fontanel, Beatrice　ジャーナリスト　[生]1957年　[典]2004

フォンデアアライエン, ウルズラ　Von Der Leyen, Ursula Gertrud　政治家　ドイツ国防相　[国]ドイツ

フォンテイン, カレル　Fonteyne, Karel　写真家　[国]ベルギー　[生]1950年　[典]1996

フォンテイン, ジョーン　Fontaine, Joan　本名=デ・ハビランド, ジョアン・デ・ビューボア　旧芸名=バーフィールド, ジョーン　女優　[国]米国　[生]1917年10月22日　[没]2013年12月15日　[典]1992（フォンテーン, ジョーン）／1996

フォンテイン, マーゴット　Fonteyn, Margot　本名=Arias,Margot Fonteyn de　旧名=フッカム, マーガレット　バレリーナ　元・ロイヤル・バレエ団プリマ　[国]英国　[生]1919年5月18日　[没]1991年2月21日　[典]1992

フォンテーヌ, アンドレ　Fontaine, André　本名=Fontaine,André Lucien Georges　ジャーナリスト　元・「ル・モンド」社長・主筆　[国]フランス　[生]1921年3月30日　[没]2013年3月17日　[典]1992／1996／2004

フォンテーヌ, アンヌ　Fontaine, Anne　映画監督, 元・女優　[国]フランス　[生]1959年7月15日　[典]2000／2008／2012

フォンテーヌ, ガブリエル　Fontaine, Gabriel　画家　[国]フランス　[生]1946年　[典]2000

フォンテーヌ, ジュスト　Fontaine, Just　元・サッカー指導者, 元・サッカー選手　元・サッカー・フランス代表監督　[国]フランス　[生]1933年8月18日　[典]2004／2008／2012

フォンテーヌ, ニコル　Fontaine, Nicole　政治家, 弁護士　元・フランス産業担当相, 元・欧州議会議長　[国]フランス　[生]1942年1月16日　[典]2004／2008

フ

フォンテーヌ, ブリジット　Fontaine, Brigitte　シャンソン歌手, 女優　国フランス　⊕1939年　典1992／2000

フォンテーヌ, フレデリック　Fonteyne, Frédéric　映画監督　国ベルギー　⊕1968年　典2004

フォン・デル・リューエ, D.M.T.　Von der Luehe, D.M.T.　メリタジャパン社長　国ドイツ　⊕1934年　典1996

フォントノー, パスカル　Fonteneau, Pascale　ミステリー作家　国フランス　⊕1963年　典2000

フォンドルルフト, ゴッドフライド　金融家　元・INGグループ会長　国オランダ　典2000／2004

フォン・バイヤー, ハンス・クリスチャン　Von Baeyer, Hans Christian　理論物理学者, サイエンス・ライター　ウィリアム&メアリー大学教授　⊕1938年　典2000

フォーンビー, ベント　Formby, Bent　医学者　サンサム・メディカル・リサーチ・インスティテュート研究者　国米国　典2004

フォンブール, モーリス　Fombeure, Maurice　詩人　国フランス　⊕1906年　典1992

フォン・ベーマー, ハラルド　Von Boehmer, Harald　フロリダ大学教授, バーゼル大学教授, バーゼル免疫研究所終身研究員　国細胞免疫学　典1996

フォンベル, ティモテ・ド　Fombelle, Timothée de　作家　国フランス　⊕1973年　典2012

フーカ, J.B.　Fuqua, John Brooks　フーカ工業創立者　国米国　⊕1918年　典1992

フガエフ, アラン　Khugaev, Alan　レスリング選手（グレコローマン）　ロンドン五輪レスリング男子グレコローマン84キロ級金メダリスト　国ロシア　⊕1989年4月27日

ブガーエワ, タグマーラ・パーブロブナ　Bugaeva, Dagmara Pavlona　歴史学者　レニングラード国立大学日本文学科教授　国日本文学　国ロシア　⊕1925年　典2000（ブガエヴァ, ダマラ）

フカチョヴァ, ミカエル　Fukacova, Michael　チェロ奏者　国チェコスロバキア　典1992（フカチョバ, ミカエル）

プガチョワ, アラ　Pugacheva, Alla　本名＝Pugacheva,Alla Borisovna　歌手　国ロシア　⊕1949年4月15日　典2012

フガード, アソール　Fugard, Athol　劇作家, 俳優, 演出家　国南アフリカ　⊕1932年6月11日　典1992／2000／2004／2008／2012

ブ・カム・ヌン　ファッションモデル　国ベトナム　⊕1976年10月28日　典1996

ブカラム, アブダラ　Bucaram, Abdalá　政治家　元・エクアドル大統領　国エクアドル　⊕1952年2月20日　典2000

ブカロフ, ニコライ　Boukhalov, Nikolai Petkov　カヌー選手（カナディアン）　国ブルガリア　典1996

ブキア, フローランス　Bouquillat, Florence　ジャーナリスト　「フランス2」記者　国フランス　典2004

ブキャナン, D.　ノースカロライナ州立大学教授・繊維学部研究・エクステンション担当副学部長　国繊維学　国米国　典1996

ブキャナン, ウィリアム・J.　Buchanan, William J.　作家　国米国　⊕1926年　典1992

ブキャナン, エドナ　Buchanan, Edna　犯罪リポーター・コラムニスト, 作家　国米国　典1996／2000

ブキャナン, ジェームズ　Buchanan, James Mcgill　経済学者　元・ジョージ・メーソン大学教授　国公共選択理論　国米国　⊕1919年10月2日　典2013年1月9日　典1992／1996／2000

ブキャナン, パット　Buchanan, Pat　本名＝ブキャナン, パトリック・ジョセフ　政治評論家, 政治コラムニスト　元・米国大統領補佐官　国米国　⊕1938年11月2日　典1996／2000／2004／2008／2012

ブキャナン, マーク　Buchanan, Mark　サイエンスライター　国米国　⊕1961年　典2008／2012

ブキン, アンドレイ　Boukine, Andrei　フィギュアスケート選手　国ソ連　⊕1957年6月10日　典1992／1996

プキンスキー, ユーリー　Pukinskii, Yuri B.　レニングラード大学脊椎動物生態研究室上級研究員　国脊椎動物生態学　国ソ連　⊕1932年　典1992

フグ, アンディ　Hug, Andy　空手家, 格闘家　元・UKF世界スーパーヘビー級チャンピオン, 元・WKA世界ムエタイ・スーパーヘビー級チャンピオン　国スイス　⊕1964年9月7日　典2000年8月24日　典1996／2000

フグ, イローナ　Hug, Ilona　デザイナー　格闘家アンディ・フグの妻　国スイス　典2004

フク・メイカ　伏明霞　Fu, Ming-xia　元・飛び込み選手　国中国　⊕1978年8月16日　典1992／1996／2000／2004／2008

フークア, アントワン　Fuqua, Antoine　映画監督　国米国　⊕1966年　典2008／2012

フクサス, マッシミリアーノ　Fuksas, Massimiliano　建築家　国イタリア　⊕1944年　典1996／2004／2012

フクシマ, グレン　Fukushima, Glenn S.　実業家, 弁護士　エアバス・ジャパン会長　元・在日米国商工会議所会頭, 元・米国通商代表部（USTR）日本部長　国米国　⊕1949年9月9日　典1992／1996／2000／2004／2008／2012

フクダ, ケイジ　Fukuda, keiji　医師　世界保健機関（WHO）事務局長補代理　国米国　典2012

フクナガ, キャリー・ジョージ　Fukunaga, Cary Joji　映画監督　国米国　⊕1977年　典2012

フクハラ, ハリー・カツジ　日本名＝フクハラ, ハリー・克治　元・軍人　全米日系人博物館顧問　元・米国陸軍情報将校　国米国　⊕1920年1月　典1996／2000

フクヤマ, フランシス　Fukuyama, Francis　国際政治学者　ジョンズ・ホプキンズ大学高等国際問題研究大学院（SAIS）教授　元・米国国務省政策企画局次長　国米国　⊕1952年10月27日　典1992／1996／2000／2004／2008／2012

フグラー, ピーター　Fugller, Peter　インターアリアンス銀行名誉会長, サザビーズ・ジャパン会長　国スイス　⊕1929年　典1992／1996

プグリエーゼ, オスバルド　Pugliese, Osvaldo　作曲家, ピアニスト　国アルゼンチン　⊕1905年12月2日　典1995年7月25日　典1996

ブグリオーヌ, ジョゼフ　元・サーカス小屋「冬のサーカス」団長　国フランス　⊕1987年8月5日　典1992

ブーケ, カトリーヌ　Bousquet, Catherine　科学ジャーナリスト　パリ第5大学講師, パリ第1大学講師, パリ第4大学講師　国フランス　⊕1942年　典2000

ブーケ, キャロル　Bouquet, Carol　女優　国フランス　⊕1957年8月18日　典1992／1996／2012

フーケス, ルーベン　Houkes, Ruben　柔道選手　北京五輪柔道男子60キロ級銅メダリスト　国オランダ　⊕1979年6月8日

フーコ, エステリータ　コラムニスト　元・フィリピン下院議員　国フィリピン　⊕1989年7月12日　典1992

プーゴ, ボリス　Pugo, Boris Karlovich　政治家　元・ソ連内相　国ソ連　⊕1937年2月19日　典1991年8月22日　典1992

フーコー, ミシェル　Foucault, Michel　哲学者, 思想家　元・コレージュ・ド・フランス教授　国哲学, 精神病理学　国フランス　⊕1926年10月15日　典1984年6月25日　典1992

ブー・コアン　Vu Khoan　政治家, 外交官　元・ベトナム副首相　国ベトナム　典2000／2004／2012

ブコウスキー, チャールズ　Bukowski, Charles　作家, 詩人　国米国　⊕1920年8月16日　典1994年3月9日　典1992（ブコフスキー, チャールズ）／1996

ブーコック, サラーン・スペンス　Boocock, Sarane Spence　ラトガース大学大学院教育学研究科教授　国教育社会学, 家族社会学　国米国　⊕1935年　典2000

ブコフ, エミリアン・ネストロヴィチ　作家　国ソ連　典1984年10月19日のモスクワ放送によると　典1992

ブコフスキー, ウラジーミル　Bukovskii, Vladimir Konstantinovich　評論家, 生物学者　元・スタンフォード大学研究員　国ロシア　⊕1942年12月30日　典1992／1996／2000／2004／2008

ブーザー, カルロス　Boozer, Carlos　バスケットボール選手　北京五輪バスケットボール男子金メダリスト　国米国　⊕1981年11月20日　典2008／2012

フサイン, チョードリー・シュジャート　Hussain, Chaudhry Shujat

政治家　元・パキスタン暫定首相　[国]パキスタン　[生]1946年1月27日　[典]2008

ブサーク, アラン　Boesak, Allan　牧師, 政治家　アフリカ民族会議(ANC)西ケープ支部長　[国]南アフリカ　[生]1946年2月23日　[典]1992／1996／2000

フサーク, グスタフ　Husák, Gustáv　政治家　元・チェコスロバキア大統領, 元・チェコスロバキア共産党書記長　[国]チェコスロバキア　[生]1913年1月10日　[没]1991年11月18日　[典]1992

ブザーシ, ヤーン　Buzássy, Ján　詩人　[国]チェコスロバキア　[生]1935年　[典]1992

ブザーテ, アリス・H.　コピーライター　元・博報堂顧問　[没]1987年3月3日　[典]1992

フサリコヴァ, J.　Husarikova, Jindra　画家　[国]チェコスロバキア　[生]1931年　[典]1992(フサリコバ, J.)

ブサルモン, ジャン・ミッシェル　シトロエン・ジャポン社長　[典]2000

フサロ, ジャン　Fusaro, Jean　画家　[国]フランス　[生]1925年　[典]1992

フサロ, ピーター　Fusaro, Peter C.　ビジネスコンサルタント　グローバル・チェンジ・アソシエーツ社長　[国]米国　[典]2004

フザン, ジャック　Faizant, Jacques　漫画家　[国]フランス　[生]1918年　[典]1992

ブザン, トニー　Buzan, Tony　ブレイン財団会長　[国]英国　[生]1942年　[典]1996／2000

ブザン, バリー　Buzan, Barry　政治学者　ウォーウィック大学政治学部教授, コペンハーゲン大学平和紛争研究所研究員, 英国国際政治学会会長　[国]英国　[典]1992

ブザンスノ, オリビエ　Besancenot, Oliver　政治家　半資本主義政党(NPA)大統領候補　[国]フランス　[典]2012

ブサンド, ウイリアム　日立アメリカ上級副社長　[国]米国　[典]1992

ブシエ, ゲータン　スピードスケート選手　[国]カナダ　[典]1992

フーシェ, ジョージ　レーシングドライバー　[国]南アフリカ　[生]1965年　[典]1992／1996

ブシエ, ドミニク　Bouchet, Dominique　料理人　ホテル・ド・クリヨン総料理長　[国]フランス　[生]1952年7月27日　[典]1992(ブッシェ, ドミニク)／2000(ブッシェ, ドミニク)／2004／2008／2012

フーシェ, マックス・ポール　Fouchet, Max-Pol　詩人, 作家　[国]フランス　[生]1913年　[没]1980年　[典]1992

ブシェーズ, エロディ　Bouchez, Élodie　女優　[国]フランス　[生]1973年4月5日　[典]1996(ブシェ, エロディ)／2000(ブーシェ, エロディー)／2008／2012

フジェベイク, ヤン　Hrebejk, Jan　映画監督　[国]チェコ　[生]1967年6月27日　[典]2004／2008

ブシェミ, スティーブ　Buscemi, Steve　俳優, 映画監督　[国]米国　[生]1957年12月13日　[典]2000／2004／2008／2012

ブーシェラー, ジャド　Buechler, Jud　元・バスケットボール選手　[国]米国　[生]1968年1月19日　[典]2000

フジカワ, タッド　Fujikawa, Tadd　プロゴルファー　[国]米国　[生]1991年1月8日　[典]2008／2012

ブジタ, F.　フランス国立宇宙開発センター(CNES)事業計画局常任理事　[国]フランス　[典]1992

フジタ, エジムンド　Fujita, Edmundo　外交官　駐インドネシア・ブラジル大使　[国]ブラジル　[典]2000／2012

フジタ, クニコ　Fujita, Kuniko　ミシガン州立大学助教授　[専]産業社会学　[国]米国　[生]1944年　[典]1996

フジタ, スコット　Fujita, Scott　元・プロフットボール選手　[国]米国　[生]1979年4月28日　[典]2008／2012

フジタニ, タカシ　Fujitani, Takashi　カリフォルニア大学サンディエゴ校準教授　[専]日本近現代史　[国]米国　[生]1953年　[典]2000

ブシテー, パトリック　Bouchitey, Patrick　映画監督, 俳優　[典]1996

ブシフウーリス, アレキサンドロス　アーティスト　[国]ギリシャ　[生]1966年　[典]2000

フジモト, タク　Fujimoto, Tak　本名=フジモト, タカシ　映画撮影監督　[国]米国　[生]1939年　[典]2004

フジモリ, アルベルト　Fujimori, Alberto　本名=Fujimori,Alberto Kenyo　日本名=藤森謙也　政治家　元・ペルー大統領　[国]ペルー　[生]1938年7月28日　[典]1992／1996／2000／2004／2008／2012

フジモリ, スサーナ　Fujimori, Susana　本名=フジモリ・ヒグチ, スサーナ　日本名=樋口静子　元・フジモリ・ペルー大統領夫人　[国]ペルー　[生]1950年4月　[典]1996／2000

フジモリ・アリトミ, ロサ　旧名=フジモリ, ロサ　ペルー大統領特別秘書官　[国]ペルー　[生]1942年　[典]1992

プジャード, ロベール　Poujade, Robert　政治家　ディジョン市長　元・フランス自然・環境保護相　[国]フランス　[生]1928年5月6日　[典]1992

ブシャール, ミシェル・マルク　Bouchard, Michel Marc　劇作家　[国]カナダ　[生]1958年　[典]2008

ブシャール, ルシアン　Bouchard, Lucien　政治家　ケベック州首相, ケベック連合党首　[国]カナダ　[生]1938年12月22日　[典]1996／2000／2004／2008

ブシャルドー, ユゲット　Bouchardeau, Huguette　政治家, 作家　フランス国会議員　[国]フランス　[生]1935年6月1日　[典]1996

ブジュ, アラン　Bouju, Alain　画家　[国]フランス　[生]1948年　[典]2000

フージュイロル・レテ, ナタリー　Fougeirol-Lété, Nathalie　アーティスト　[国]フランス　[典]2000

プシュタイ, アーパド　Pusztai, Arpad　生化学者　[専]レクチン　[国]英国　[生]1930年　[典]2004

フシュトフ, アスランベク　Khushtov, Aslanbek　レスリング選手(グレコローマン)　北京五輪レスリング男子グレコローマン96キロ級金メダリスト　[国]ロシア　[生]1980年7月1日　[典]2012

ブシュネル, キャンディス　Bushnell, Candace　ジャーナリスト　[国]米国　[生]1959年　[典]2000／2004／2012

ブシュネル, ジョン　Bushnell, John　歴史学者　ノースウエスタン大学教授　[生]1945年　[典]1996

フジュロール, エレーヌ・ド　Fougerolles, Hélène de　女優　[国]フランス　[生]1973年2月25日　[典]2004／2008

ブシュロン, アラン　ブシュロン社社長　[国]フランス　[典]1992

フージュロン, アンドレ　Fougeron, André　画家, 版画家　[国]フランス　[生]1912年10月1日　[典]1992

ブジョー, ルック　シーメンス旭メディテック・マーケティング本部課長　[国]ベルギー　[生]1962年　[典]2000

プジョマルトノ, スサント　Pudjomartono, Susanto　ジャーナリスト　「ジャカルタ・ポスト」編集長　[国]インドネシア　[生]1943年5月　[典]2000

プジョル, カルレス　Puyol, Carles　本名=プジョル・サフォルカーダ, カルレス　サッカー選手(DF)　シドニー五輪サッカー男子銀メダリスト　[国]スペイン　[生]1978年4月13日　[典]2004／2008／2012

プジョル, ジョルディ　Pujol, Jordi　本名=Pujol I Soley,Jordi　政治家　元・カタルーニャ自治州首相　[国]スペイン　[生]1930年6月9日　[典]1992／1996／2000／2004／2008

ブース, エドウィナ　女優　[国]米国　[没]1991年5月　[典]1992

ブース, グレゴリー　Booth, Gregory W.　実業家　ジッポー社長　[国]米国　[生]1945年　[典]2004／2008

ブース, シェリー　Booth, Cherie　弁護士　ブレア元英国首相夫人　[国]英国　[生]1954年9月23日　[典]2000／2004／2008／2012

ブース, シャーリー　Booth, Shirley　本名=ブース, テルマ・フォード　女優　[国]米国　[生]1907年8月30日　[没]1992年10月16日　[典]1992／1996

ブース, スティーブン　Booth, Stephen　ミステリ作家　[国]英国　[典]2012

ブース, パット　Booth, Pat　作家　[生]1947年　[典]1996／2000

ブース, ヘザー　Booth, Heather　元・シチズン・アクション会長　[国]米国　[典]1996

ブース, マイク　Booth, Mike　オーラソーマ社長　[国]英国　[典]2004／2008

ブース, マーティン　Booth, Martin　詩人, 作家　[国]英国　[生]1944年　[典]2000

フ

ブース, ルイス　Booth, Lewis W.K.　実業家　フォード副社長・CFO　元・欧州フォード社長,元・マツダ社長　⑲英国　⑭1948年11月7日　⑰2004／2008／2012

フス, ロルフ　世界食糧計画（WFP）北朝鮮上級担当官　⑲スウェーデン　⑭1938年　⑰2000

ブスカーシュ, イムレ　Puskus, Imre　画家,テキスタイル芸術家　⑲ハンガリー　⑭1933年　⑰1992／1996

ブスカシュ, フェレンツ　Puskas, Ferenc　本名＝プスカシュ, フェレンツ・ビーロー　サッカー選手　⑲ハンガリー　⑭1927年4月2日　⑯2006年11月17日　⑰2000

ブスカス, バシレ　Puscasu, Vasile　レスリング選手　⑲ルーマニア　⑰1992

ブズガーリン, アレクサンドル　Buzgalin, Aleksandr Vladimirovich　モスクワ国立大学経済学部政治経済学科教授　⑱経済学　⑲ロシア　⑭1954年7月19日　⑰2000

ブスケ, ジャン　ジャン・キャシャレル社長　⑲フランス　⑭1932年　⑰2000

フスコ, ジョン　Fusco, John　脚本家,作家　⑲米国　⑰2012

フズダド, アルベルト　Juzdado, Alberto　マラソン選手　⑲スペイン　⑭1966年8月20日　⑰2000／2004

ブスタニ, ホセ・マウリシオ　Bustani, José Maurício　外交官　元・化学兵器禁止機関（OPCW）事務局長　⑲ブラジル　⑭1945年6月5日　⑰2000／2004／2008

ブスタニ, ラフィック　Boustani, Rafic　プラニ・プレス・エージェンシー・ディレクター,国連アドバイザー・スタッフ　⑱アラブ問題　⑲フランス　⑰1992

ブスタマンテ, アルフォンソ　Bustamante, Alfonso　本名＝ブスタマンテ・イプスタマンテ, アルフォンソ　政治家　元・ペルー首相　⑲ペルー　⑭1941年11月12日　⑰1996

ブスタマンテ, アルベルト　Bustamante, Alberto　政治家,法律家　元・ペルー首相　⑲ペルー　⑰2000／2004／2008

ブスタマンテ, ホセ・ルイス　Bustamante Y Rivero, José Luis　政治家　元・ペルー大統領　⑲ペルー　⑯1989年1月11日　⑰1992

ブスト, イレイン　Wüst, Ireen　スピードスケート選手　トリノ五輪・バンクーバー五輪金メダリスト　⑲オランダ　⑭1986年4月1日　⑰2008／2012

プストボイチェンコ, ワレリー　Pustovoitenko, Valerii P.　政治家　元・ウクライナ首相　⑲ウクライナ　⑭1947年2月23日　⑰2000

ブースマン, ニコラス　Boothman, Nicholas　対人関係コンサルタント,写真家　⑰2004／2012

ブースール, アンリ　Pousseur, Henri　作曲家　⑲ベルギー　⑭1929年6月23日　⑰1992／1996

ブースロイド, ベティ　Boothroyd, Betty　政治家　元・英国下院議長　⑲英国　⑭1929年10月8日　⑰1996／2002／2004

フーゼ, ノルベルト　Huse, Norbert　ミュンヘン工科大学教授　⑱美術史　⑲ドイツ　⑭1941年　⑰2000

フセイニ, ファイサル　Husseini, Faisal　パレスチナ人指導者　元・パレスチナ解放機構（PLO）執行委員,元・パレスチナ自治政府無任所相　⑲パレスチナ　⑭1940年　⑯2001年5月31日　⑰1992／1996／2000

フセイン, ウダイ　Hussein, Uday　政治家,実業家　元・イラク国会議員　⑲イラク　⑭1964年　⑯2003年7月22日　⑰2000

フセイン, エブラヒム　Hussein, Ebrahim N.　劇作家　⑲タンザニア　⑭1943年　⑰1992

フセイン, サダム　Hussein, Saddam　政治家,軍人　元・イラク大統領・軍最高司令官・首相　⑲イラク　⑭1937年4月28日　⑯2006年12月30日　⑰1992／1996／2000／2004

フセイン, シャヒド　Husain, Syed Shahid　元・世界銀行副総裁　⑲パキスタン　⑭1932年　⑰1992／2000

フセイン, トキール　Hussain, Touqir　外交官　駐日パキスタン大使　⑲パキスタン　⑰2000

フセイン, マクブール・フィダ　Husain, Maqbool Fida　画家　⑲カタール　⑭1915年9月17日　⑯2011年6月9日

フセイン, マムヌーン　Hussain, Mamnoon　政治家　パキスタン大統領　⑲パキスタン　⑭1940年12月23日

フセイン, ミシェル　Husain, Mishal　ニュースキャスター　⑲英国　⑭1973年　⑰2008／2012

フセイン, モアゼム　Hussain, Moazzem　海外技術者研修協会（AOTS）ダッカ事務所長　⑲バングラデシュ　⑭1941年　⑰2000

フセイン・イブン・タラール　Hussein Ibn Talāl　元・ヨルダン国王　⑲ヨルダン　⑭1935年11月14日　⑯1999年2月7日　⑰1992／1996

フセイン・オン　Hussein B.Onn, Datuk　政治家　元・マレーシア首相　⑲マレーシア　⑭1922年　⑯1990年5月28日　⑰1992

フゼジー, マリー　Fuzesi, Mary　新体操選手　⑲カナダ　⑭1974年2月21日　⑰1992／1996

ブゼック, イエジ　Buzek, Jerzy　政治家,化学者　元・ポーランド首相　⑲ポーランド　⑭1940年7月3日　⑰2000／2004／2008

ブセナ, サデク　Boussena, Sadek　エネルギー問題研究家　グルノーブル大学教授　元・石油輸出国機構（OPEC）議長,元・アルジェリア・エネルギー石油化学工業相　⑲アルジェリア　⑭1948年　⑰1992／2004／2008

ブーゼマン, アドルフ　Busemann, Adolf　航空機設計者,流体力学者　後退翼の生みの親　⑲米国　⑭1901年　⑯1986年11月3日　⑰1992

フセリド, マーク　Huselid, Mark A.　経営学者　ラトガーズ大学経営管理労使関係スクール准教授　⑱人事戦略　⑲米国　⑰2004

フーゼンガ, ウォルター・E.　全米輸入車販売店協会（AIADA）専務理事　⑲米国　⑭1949年3月16日　⑰1996

プーゾ, マリオ　Puzo, Mario　作家,脚本家　⑲米国　⑭1920年10月15日　⑯1999年7月2日　⑰1992／1996

ブソッティ, シルヴァーノ　Bussotti, Sylvano　作曲家　元・フェニーチェ劇場芸術監督　⑲イタリア　⑭1931年10月1日　⑰1992

ブソン, デービッド　元・フィリピン国会議員　⑲フィリピン　⑯1986年11月19日　⑰1992

ブーダー, カーリン　スキー選手（アルペン）　⑲オーストリア　⑰1996

フタ, ローレンス　Futa, Lawrence J.　捜査官　米国連邦捜査局（FBI）日本支局長　⑲米国　⑰2008

フダイビー, マアムーン　Hodaibi, Mamoun El-　イスラム原理主義指導者,政治家,法律家　元・ムスリム同胞団最高位導師,元・エジプト人民議会議員,元・カイロ高裁長官,元・「ダワー」編集長　⑲エジプト　⑭1921年5月2日　⑯2004年1月9日　⑰1992（ホデイビ, マームーン）／1996（ホデイビ, マームーン）

ブタイプ, ブラヒム　Boutayeb, Brahim　陸上選手（中距離）　⑲モロッコ　⑭1967年8月15日　⑰1992

ブタヴァン, マルク　Boutavant, Marc　イラストレーター,絵本作家　⑲フランス　⑰2004／2008

ブタシュネ, マーク　Ptashne, Mark　分子生物学学者　スローン・ケタリング記念癌センター分子生物学ルードウィヒ記念教授　⑰2008

ブターリア, ウルワシー　Butalia, Urvashi　社会批評家,ジェンダー研究者,ジャーナリスト　女たちのカーリー創設者　⑲インド　⑭1952年　⑰2004／2008

ブーダール, アルフォンス　Boudard, Alphones　作家,風俗史家　⑲フランス　⑯2000年1月14日　⑰1996

ブタル, フローレンティナ　Butaru, Florentina　新体操選手　⑲ルーマニア　⑭1971年3月16日　⑰1992

ブータン, マチュー　騎手　⑲フランス　⑰1996

ブータン, レナード・B.　弁護士　⑲米国　⑯1989年11月24日　⑰1992

プチ, エドモン　Petit, Edmond　著述家,元・パイロット　⑲フランス　⑰1996

プーチ, グラディ　Booch, Grady　コンピューター技術者　レーショナル・ソフトウェア・チーフサイエンティスト　⑲米国　⑰2004

プチ, ジャン・ピエール　Petit, Jean-Pierre　フランス国立科学研究センター（CNRS）主任研究員　⑱理論物理学,宇宙物理学,情報科学　⑲フランス　⑭1937年　⑰1996／2000

プチカニョフ, イーゴリ　Puchkanev, Igor　漫画家　⑲ベラルーシ　⑭1969年　⑰2004

ブーチキン, アンドレイ　ソ連科学アカデミー世界経済国際関係研究所(IMEMO)主任研究員　⑲国際関係　⑳ソ連　㉑1954年5月　㉒1992／1996

ブーチック, ウラジーミル　ミシガン大学経営学準教授　⑲日本経済　㉑1947年　㉒1992／1996

ブチャツキ, ステファン　Buczacki, Stefan　キャスター, ジャーナリスト, ライター, 園芸家　⑲ガーデニング　⑳英国　㉒2004

ブチュコウ, ラルフ　Butschkow, Ralf　グラフィックデザイナー, イラストレーター, 絵本作家　⑳ドイツ　㉑1962年　㉒1996

プチ・ルーレ, フィリップ　Petit-Roulet, Philippe　イラストレーター, 絵本作家　⑳フランス　㉑1953年　㉒2000

プーチン, ウラジーミル　Putin, Vladimir Vladimirovich　政治家　ロシア大統領, 統一ロシア党首　元・ロシア首相, 元・ロシア連邦保安局(FSB)長官　⑳ロシア　㉑1952年10月7日　㉒2000／2004／2008／2012

ブーツ, アラン・ブライアン　Bootes, Alan Brian　実業家　ファイザー製薬社長　⑳オーストラリア　㉑1947年8月22日　㉒2000／2004／2008

ブーツィー　ファンク・ミュージシャン　⑳米国　㉒1992

フツィエフ, マルレン　Khutsiev, Marlen Martynovich　映画監督　⑳ロシア　㉑1925年10月4日　㉒1996

フツイマ, ダグラス　Futuyma, Douglas J.　ニューヨーク州立ストーニー・ブルック大学生態学・進化学科教授　⑲進化学　⑳米国　㉒1992

ブツェリウス, ゲルト　Bucerius, Gerd　出版人, 政治家　元・「ツァイト」共同発行人, 元・西ドイツ連邦議会議員　⑳ドイツ　㉑1906年5月19日　㉓1995年9月29日　㉒1996

ブーツェン, ティエリー　Boutsen, Thierry　F1ドライバー　⑳ベルギー　㉑1957年7月13日　㉒1992／1996

ブッカー, ウェイン　Booker, Wayne　実業家　元・フォード・モーター副会長　⑳米国　㉒1992／1996／2000／2004

フッカー, ジョン・リー　Hooker, John Lee　歌手, ギタリスト　⑳米国　㉑1917年8月22日　㉓2001年6月21日　㉒1996／2000

フッカー, スティーブン　Hooker, Steven　棒高跳び選手　北京五輪陸上男子棒高跳び金メダリスト　⑳オーストラリア　㉑1982年7月16日　㉒2012

フッカー, デスティニー　Hooker, Destinee　本名=Hooker, Destinee Dante'　バレーボール選手　ロンドン五輪バレーボール女子銀メダリスト　⑳米国　㉑1987年9月7日

フッカー, リチャード　Hooker, Richard　作家　⑳米国　㉒2004

ブッカー, リチャード　Booker, Richard　英語教師　⑳英国　㉒2004

ブッカー, ロブ　Booker, Rob　FXコーチ, トレーダー　⑳米国　㉒2012

ブッカン, アンリ　Bouquin, Henri　会計学者　パリ第9大学教授・西欧財務管理研究センター(CREFIGE)所長　⑳フランス　㉒2004

フッキ　Hulk　本名=ソウザ, ジバニウド・ビエイラ・ジ　サッカー選手(FW)　ロンドン五輪サッカー男子銀メダリスト　⑳ブラジル　㉑1986年7月25日　㉒2012

ブッキグナーニ, ウォルター　Buchignani, Walter　ジャーナリスト　モントリオール・ガゼット社記者　⑳カナダ　㉑1965年　㉒1996

フック, グレン・ドーソン　Hook, Glenn Dawson　シェフィールド大学日本研究所主任教授　⑲国際政治学, 平和研究　⑳英国　㉑1949年　㉒1992／1996

フック, シドニー　Hook, Sidney　哲学者　元・ニューヨーク大学教授　⑳米国　㉑1902年12月20日　㉓1989年　㉒1992

フック, ニーナ・W.　劇作家, 小説家　⑳英国　㉒1992

フック, ハリー　Hook, Harry　映画監督　⑳英国　㉑1959年　㉒1996

フックウェイ, クリストファー　Hookway, Christopher　シェフィールド大学哲学科教授　⑲哲学　⑳英国　㉑1949年　㉒2000

フックス, アルブド　カヌー探検家, 登山家　⑳ドイツ　㉒1992

フックス, アンケ　Fuchs, Anke　旧名=Nevermann, Anke　政治家　ドイツ社会民主党(SPD)書記長　⑳ドイツ　㉑1937年7月5日　㉒1992

フックス, エイタン　Fox, Eytan　テレビディレクター, 映画監督　⑳イスラエル　㉑1964年　㉒2004／2008

フックス, エルンスト　Fuchs, Ernst　画家　⑳オーストリア　㉑1930年2月13日　㉒1992

フックス, エレイン　Fuchs, Elaine V.　シカゴ大学分子遺伝学・細胞生物学教室教授　⑲分子遺伝学, 細胞生物学　⑳米国　㉒1992

フックス, クラウス　Fuchs, Klaus Emil Julius　原子物理学者　原爆スパイ　⑳ドイツ　㉑1911年12月29日　㉓1988年1月28日　㉒1992

フックス, ジョン　Hooks, John　ジョルジオ・アルマーニ経営責任者　㉑1956年　㉒2012

フックス, ジル　Fuchs, Gilles　美術コレクター　ニナ・リッチ社長　⑳フランス　㉑1931年　㉒1992／1996／2000

フックス, ビビアン　Fuchs, Vivian Ernest　地質学者, 探検家　元・英国南極研究所所長　英国南極大陸横断隊隊長　⑳英国　㉑1908年2月11日　㉓1999年11月11日　㉒1992／1996

フックス, ベル　Hooks, Bell　思想家, 社会学者　ニューヨーク市立大学教授　⑲人種, ジェンダー, 階級　⑳米国　㉒2004／2008

フックス, ベンジャミン　Hooks, Benjamin L.　全米黒人地位向上協会(NAACP)会長　⑳米国　㉒1992

ブックステーバー, リチャード　Bookstaber, Richard M.　先物オプションストラテジスト　モルガン・スタンレー社プリンシパル　⑳米国　㉒1992／1996

フックスフーバー, アンネゲルト　Fuchshuber, Annegert　イラストレーター, 絵本作家　⑳ドイツ　㉑1940年　㉒1992

ブックバインダー, レスター　Bookbinder, Lester　写真家　⑳英国　㉑1930年　㉒1992／1996

ブックマン, マーク　Bookman, Marc　実業家　MCN社長・CEO　⑳米国　㉒2004／2012

ブッサディー・ナーワーウィチット　児童文学者, 通訳　日本プロダクション・サービス社副社長　⑳タイ　㉑1949年2月23日　㉒1996

ブッシー, アンヌ　Bouchy, Anne　民俗学者　フランス国立極東学院教授　⑲日本民俗学, 宗教民俗学, 修験道　⑳フランス　㉑1947年　㉒2004／2012

ブッシャ, ヨアヒム　Buscha, Joachim　ドイツ語学者　⑳ドイツ　㉑1929年　㉒2004

ブッシュ, ヴェルナー　Busch, Werner　ボッフム大学教授　⑲美術史学　⑳ドイツ　㉑1944年　㉒1996

ブッシュ, エバーハルト　Busch, Eberhard　ゲッティンゲン大学教授　⑲改革派神学　⑳ドイツ　㉑1937年　㉒1992

ブッシュ, オーガスト(Jr.)　Busch, August A.(Jr.)　元・アンホイザー・ブッシュ社名誉会長, 元・セントルイス・カージナルス球団(大リーグ)オーナー　ビール王　⑳米国　㉑1899年　㉓1989年9月29日　㉒1992

ブッシュ, キャロル　Bush, Carol A.　ソーシャルワーカー　⑳米国　㉑1938年　㉒2000

ブッシュ, ケイト　Bush, Kate　ミュージシャン　⑳英国　㉑1958年7月30日　㉒1992／2008／2012

ブッシュ, ジェブ　Bush, Jeb　本名=ブッシュ, ジョン・エリス　政治家, 実業家　ブッシュ・クライン・リアリティ社会長　元・フロリダ州知事(共和党)　⑳米国　㉑1953年2月11日　㉒1992／1996／2000／2004／2008／2012

ブッシュ, ジョージ　Bush, George Herbert Walker　政治家　元・米国大統領(第41代)　⑳米国　㉑1924年6月12日　㉒1992／1996／2000／2004／2008／2012

ブッシュ, ジョージ(Jr.)　Bush, George Walker(Jr.)　政治家　元・米国大統領(第43代)　⑳米国　㉑1946年7月6日　㉒1996／2000／2004／2008／2012

ブッシュ, ジョン(Jr.)　Bush, John B.(Jr.)　ジレット社研究開発担当副社長　⑳米国　㉑1933年　㉒1992

ブッシュ, バーバラ　Bush, Barbara　旧名=ピアース　ブッシュ第41代米国大統領の妻　⑳米国　㉑1925年6月8日　㉒1992／1996／2004／2008／2012

ブッシュ, フレデリック　Busch, Frederick　作家　国米国　生1941年　没2004

ブッシュ, マイケル　Bush, Michael　衣裳デザイナー　国米国　生1958年

ブッシュ, ローラ　Bush, Laura　ブッシュ米国大統領夫人　国米国　生1946年11月4日　参2004/2008/2012

ブッシュ, ローレン　Bush, Lauren　モデル, ファッションデザイナー　国米国　生1984年6月24日　参2012

ブッシュマン, フランク　Buschmann, Frank　ソフトウェアエンジニア　シーメンス　国ドイツ　参2004

ブッセ, ディルク　Busse, Dirk　ギルメス社長・最高執行責任者　国ドイツ　参1996

ブッソラーティ, エマヌエーラ　Bussolati, Emanuela　編集者, 作家, イラストレーター　国イタリア　生1946年　参2004

フッソング, シュテファン　Hussong, Stefan　アコーディオン奏者　国ドイツ　生1962年　参2000/2012

フッター, ヴォルフガング　Hutter, Wolfgang　画家　国オーストリア　生1928年　参1992/1996

プッチーニ, アレサンドロ　Puccini, Alessandro　フェンシング選手　国イタリア　参2000

ブッチャー, スーザン　犬ゾリレース "アイディタロッド" 優勝者　国米国　参1992

ブッチャー, リチャード　Butcher, Richard　デザイナー　デザイン・メーカーズ株式会社共同設立者・役員　国オーストラリア　生1960年　参1992

プッチュ, エドゥアルド　カタルーニャ・ワイン協会理事長　国スペイン　生1942年　参1992

ブッツ・ヨルゲンセン, E.　Budtz-Jorgensen, Ejvind　歯学者　ジュネーブ大学教授　専歯科補綴学　参2004

プッディーヌ, パオロ　Puddinu, Paolo　歴史学者　サッサリ大学政治学部教授　専アジア史, 日本史　国イタリア　参2012

ブッテルスカヤ, マリア　Butyrskaya, Maria　フィギュアスケート選手　国ロシア　生1972年6月28日　参2000/2004/2008

フッド, ギャビン　Hood, Gavin　映画監督　生1963年　参2008/2012

フッド, クリストファー　Hood, Christopher C.　政治学者　ロンドン・スクール・オブ・エコノミクス（LSE）教授　専行政学　国英国　生1947年　参2004

ブット, ビラワル　Bhutto, Bilawal　政治家　パキスタン人民党（PPP）総裁　国パキスタン　生1988年9月　参2012

フット, フィリッパ　Foot, Philippa Ruth　哲学者　元・カリフォルニア大学ロサンゼルス校名誉教授　国英国　生1920年10月3日　没2010年10月3日　参1992

ブット, ベナジル　Bhutto, Benazir　政治家　元・パキスタン首相, 元・パキスタン人民党（PPP）総裁　国パキスタン　生1953年6月21日　没2007年12月27日　参1992/1996/2000/2004/2008

フット, マイケル　Foot, Michael Mackintosh　政治家, 作家　元・英国労働党党首　国英国　生1913年7月13日　没2010年3月3日　参1992/1996

フット, マイケル　Foot, Michael David Kenneth Willoughby　イングランド銀行理事　国英国　生1946年12月16日　参2000

フッド, マントル　Hood, Mantle　民族音楽学者　カリフォルニア大学ロサンゼルス校付属民族音楽学研究所主宰者　国米国　生1918年　参1992

フッド, ラルフ・L.　オーストラリア食肉畜産公社（AMLC）北アジア地区代表　国オーストラリア　参1992

フッド, レロイ・エドワード　Hood, Leroy Edward　物理学者, 実業家　システムズ生物学研究所社長・所長　専DNA解析, 分子免疫学　国米国　生1938年　参2004/2008

フット, ロバート　Foot, Robert　物理学者　メルボルン大学物理学部研究員　専素粒子物理学, 宇宙物理学, 宇宙論　国オーストラリア　生1964年　参2008

フットゥネン, マッティ　Huttunen, Matti　音楽学者　フィンランド国立音楽院シベリウス・アカデミー教授　専シベリウス研究　国フィンランド　参2004

プットマン, アンドレ　Putman, Andrée　旧名＝Aynard, Andrée Christine　インテリアデザイナー　元・エカール・インターナショナル・オーナー　国フランス　生1925年12月23日　没2013年1月19日　参1992/2000/2004/2008/2012

ブットマン, ジョン　Butman, John　ライター, ジャーナリスト　参2008

フットレ, パウロ　Futre, Paulo　本名＝フットレ, パウロ・ジョルジ・ドス・サントス　元・サッカー選手　アトレチコ・マドリード・スポーツ・ディレクター　国ポルトガル　生1966年2月28日　参2000/2004

フッドレス, エリザベス　Hoodless, Elisabeth　ボランティア活動家　英国コミュニティー・サービス・ボランティアズ理事長　国英国　参2000

ブッパー・アムゲット　Bubphar Amget　タイ王国森林省上級研究員　専野生生物保護　国タイ　生1944年　参1992

ブッフェ, ウベ・エルンスト　デグサ社長・CEO　国ドイツ　参2000

ブッフォン, ジャンルイジ　Buffon, Gianluigi　サッカー選手（GK）　国イタリア　生1978年1月28日　参2004/2008/2012

ブッフバウアー, ロバート　Buchbauer, Robert　実業家　スワロフスキー共同経営者・取締役　国オーストリア　参2012

ブッフバルト, ギド　Buchwald, Guido　サッカー監督　国ドイツ　生1961年1月24日　参2004/2008/2012

ブッフビンダー, ルドルフ　Buchbinder, Rudolf　ピアニスト　国オーストリア　生1946年12月1日　参1996/2004/2008/2012

ブッフホルツ, アンドレアス　Buchholz, Andreas　経営コンサルタント　国ドイツ　参2004

ブッフホルツ, クヴィント　Buchholz, Quint　イラストレーター, 画家　国ドイツ　生1957年　参1996/2000

プティ, エマニュエル　Petit, Emmanuel　サッカー選手（MF）　国フランス　生1970年9月22日　参2000/2004/2008

プティ, オスマン　Puteh, Othman　作家　マレーシア国民大学文学部講師　国マレーシア　生1944年　参1992

プティ, グザヴィエ・ローラン　Petit, Xavier-Laurent　作家　国フランス　生1956年　参2012

プティ, パスカル　Petit, Pascal　数理経済計画予測研究センター（CEPREMAP）教授, フランス国立科学研究所（CNRS）教授　専数理経済学　国フランス　生1943年　参1992/2000

プティ, パスカル　Petit, Pascale　女優　国フランス　生1938年2月27日　参1992/1996（プチ, パスカル）

プティ, ピエール　Petit, Piérre　作曲家, 音楽評論家　元・エコール・ノルマル・ド・ミュージック校長　国フランス　生1922年4月21日　没2000年7月1日　参1996（プチ, ピエール）

プティ, ピエール　Petit, Pierre　元・オークランド大学教授　生1944年　参2004（プチ, ピエール）

プティ, フィリップ　Petit, Philippe　綱渡り師, パフォーミング・アーティスト　国フランス　生1949年　参2012

プティ, ローラン　Petit, Roland　振付師, バレエダンサー・監督　元・マルセーユ国立バレエ団芸術総監督　国フランス　生1924年1月13日　没2011年7月10日　参1992/1996（プチ, ローラン）/2000/2004/2008

フディアコフ, オレグ　フルート奏者　国ロシア　生1951年　参2000

ブディアフ, モハメド　Boudiaf, Mohammed　政治家　元・アルジェリア国家評議会議長　国アルジェリア　生1919年　没1992年6月29日　参1996

ブディアンスキー, スティーブン　Budiansky, Stephen　科学ジャーナリスト　国米国　参2008

ブーディエ, アラン　Boudier, Alain　クリエーター　クレアション・エ・コミュニカシオン代表　国フランス　参1996

ブティエ, シルバイン　フランス産業省アジア・オセアニア部日本担当官　専日本経済　国フランス　参1992

ブディコ, ミハイル　Budyko, Mikhail Ivanovich　気候学者　国立水文学研究所研究員　専物理気候学　国ソ連　生1920年1月20日　参1992/2000

プティット, チャールズ　Pettitt, Charles　動物学者　マンチェスター博物館学芸員　国英国　客2004／2008

プティトワール, イヴ・デュ　Petit Thouars, Yves du　バカラ社社長　国フランス　客1992

プティボン, パトリシア　Petibon, Patricia　ソプラノ歌手　国フランス　生1970年　客2012

ブディマン, アリフ　Budiman, Arief　民主化運動家　国インドネシア　生1941年　客1992

ブーテナント, アドルフ　Butenandt, Adolf Friedrich Johann　生化学者　元・ミュンヘン大学名誉教授, 元・マックス・プランク協会名誉会長　国ドイツ　生1903年3月24日　没1995年1月18日　客1992／1996

ブーテフリカ, アブデルアジズ　Bouteflika, Abdelaziz　政治家　アルジェリア大統領・国防相　国アルジェリア　生1937年3月2日　客1992／2000／2004／2012

ブーデリ, ロバート　Buderi, Robert　ジャーナリスト　元・「ビジネスウィーク」科学担当エディター　国米国　客2004

ブテレジ, マンゴスツ　Buthelezi, Mangosuthu Gatsha　政治家　南アフリカ内相, インカタ自由党 (IFP) 党首, ズールー族首長　国南アフリカ　生1928年8月27日　客1992／1996／2000／2004／2008

ブテンコ, アナトリー　Butenko, Anatolii　哲学者　ソ連科学アカデミー国際政治経済研究所研究員, モスクワ大学教授　国ソ連　生1923年　客1992

ブート, アンドルー　Boot, Andrew　作家　国英国　生1964年

ブートー, ジャン・リュック　Pouteau, Jean-Luc　ソムリエ　北海道名誉フードアドバイザー　国フランス　生1945年　客2008

フート, パトリック　Hoet, Patrick　メガネデザイナー　テオ・デザイナー　国ベルギー　生1938年　客2004

フート, ヤン　Hoet, Jan　キュレーター　元・ヘント市立現代美術館館長　専現代美術　国ベルギー　生1936年6月23日　没2014年2月27日　客1992／1996

ブー・トアン　Vu Toan　写真記者　共同通信ハノイ支局助手　国ベトナム　生1963年11月　客2004

フドイナザーロフ, バフティヤル　Khudoinazarov, Bakhtijar　映画監督　国タジキスタン　生1965年　客1996／2000／2008／2012

ブードウアニ, ローレン　Boudmani, Laurent　元・プロボクサー　元・WBAスーパーウェルター級チャンピオン　国フランス　生1966年12月29日　客2000

プトゥ・ウィジャヤ　Putu Wijaya　作家, 俳優, 演出家　国インドネシア　生1944年4月11日　客1992

ブドゥリス, コンスタンティノス・イオアンニス　Boudouris, Konstantinos Ioannis　哲学者　アテネ大学哲学部教授, 国際ギリシャ哲学協会会長　国ギリシャ哲学　国ギリシャ　生1935年　客1992／2004／2008

フトモ・マンダラ・プトラ　Hutomo Mandala Putra　通称=トミー　実業家　ティモール・プトラ理事長, フンプスグループ代表　国インドネシア　生1962年　客2000／2004／2008／2012

ブドラ, レバナ・シェル　Bdolak, Levanah Shell　ヒーラー　クリアサイトセンター主催者　客2004

ブートル, ロジャー　Bootle, Roger　エコノミスト, 経営コンサルタント　国英国　客2008

ブードロー, ルー　Boudreau, Lou　本名=Boudreau,Louis　大リーグ監督, 大リーグ選手　国米国　生1917年7月17日　没2001年8月10日　客2000

ブートロン, ピエール　Boutron, Pierre　映画監督, 舞台演出家　国フランス　生1941年　客1992

プナ, ヘンリー　Puna, Henry　政治家　クック諸島首相　国クック諸島　生1949年7月29日

ブナキスタ, トニーノ　Benacquista, Tonino　推理作家　国フランス　生1961年　客2004(ベナキスタ, トニーノ) ／2008(ベナキスタ, トニーノ) ／2012

フナロ, ジルソン　Funaro, Dilson　元・ブラジル蔵相　国ブラジル　没1989年4月12日　客1992

プニー, ジャン　Pougny, Jean　画家　国ソ連　生1894年　没1992

フ・ニム　Hu Nim　政治家　元・カンボジア王国民族連合政府情報・宣伝相, 元・カンプチア民族統一戦線政治局員　国カンボジア　生1932年　客1992

フニャ, ガボール　ウィーン比較経済研究所研究員　専ルーマニア経済, 中欧・東欧経済の民営化, 中欧・東欧の地域開発　国ハンガリー　生1953年　客1996

フニャディ, エメシェ　Hunyady, Emese　元・スピードスケート選手　国オーストリア　生1966年3月4日　客1996／2000

ブニュエル, ジョイス・シャルマン　Buñuel, Joyce Sherman　映画監督, 脚本家　生1942年　客2004

ブニュエル, ルイス　Buñuel, Luis　映画監督　国スペイン　生1900年2月22日　没1983年7月29日　客1992

フニョウペク, ボフスラフ　Chňoupek, Bohuslav　政治家　元・チェコスロバキア外相　国スロバキア　生1925年8月10日　客1992

ブーニン, スタニスラフ　Bunin, Stanislav　ピアニスト　生1966年9月25日　客1992／1996／2000／2004／2008／2012

フネス, ジョン　Funes, Jon A.　実業家　ゼロ・ハリバートン副会長　国米国　生1967年　客2004

フネス, マウリシオ　Funes, Mauricio　本名=フネス・カルタヘナ, カルロス・マウリシオ　政治家　エルサルバドル大統領　国エルサルバドル　生1959年10月18日　客2012

ブネル, デービッド　Bunnell, David　実業家　アップサイド・メディアCEO　客2004

プノー, クリストフ　Penot, Christophe　ジャーナリスト, 作家　国フランス　生1963年9月9日　客2004

ブノア　グループ名=リリキューブ　歌手　国フランス　客2000

ブノア・メシャン, ジャック　Benoist-Méchin, Jacques　本名=Benoist-Méchin,Jacques GabrielPaul Michel　伝記作家, 歴史家　国フランス　生1901年　没1983年　客1992

フーバー, H.アール　実業家　国米国　没1985年11月14日　客1992

フーバー, ウィルフリート　Hubber, Wilfried　リュージュ選手　国イタリア　客1996

フーバー, ウォルター　Hooper, Walter　ルイス財団文学顧問　専C.S.ルイス研究　生1931年　客2000

ブーバ, エドゥアール　Boubat, Edouard　写真家　国フランス　生1923年　客1996

フーバー, カリン　Huber, Karin　専自然色　客2004

フーバー, ギュンター　Huber, Guenther　ボブスレー選手　国イタリア　生1965年10月28日　客2000

フーパー, ケイ　Hooper, Kay　別筆名=ロビンス, ケイ　作家　国米国　客1992／1996

フーパー, ジュディス　Hooper, Judith　科学ジャーナリスト　国米国　客1992／1996

フーバー, ジョセフ　Huber, Joseph　社会学者　マルティン・ルター大学教員, ドイツの自立ネットワーク共同創立者　専産業生態学, 貨幣政策　国ドイツ　生1948年　客2004／2008

フーバー, ジョン　Hoover, John　著述家　国米国　客2004

フーパー, トビー　Hooper, Tobe　映画監督　国米国　生1943年　客1992

フーパー, トム　Hooper, Tom　本名=Hooper,Thomas George　映画監督　国英国　生1972年　客2012

フーバー, ハーバート(3世)　Hoover, Herbert(III)　フーバー研究所理事長　国米国　客2000

フーバー, マックス　Huber, Max　グラフィックデザイナー　国スイス　生1919年　没1993年　客1996

フーパー, メレディス　Hooper, Meredith　作家　国オーストラリア　客2004

フーバー, リーゼル　Huber, Liezel　テニス選手　国米国　生1976年8月21日

フーバー, ロベルト　Huber, Robert　生化学者　マックスプランク生化学研究所所長　国ドイツ　生1937年2月20日　客1992／1996

フーパー, ローワン　Hooper, Rowan　ダブリン大学トリニティ・カ

レッジ・ナノスケール・ファンクション・ラボ研究員 [専]生態学 [国]英国 [生]1970年 [典]2008

ブバカル・トラオレ ギタリスト,シンガー・ソングライター [国]マリ [典]2000

ブパシ, マヘシュ Bhupathi, Mahesh テニス選手 [国]インド [生]1974年6月7日 [典]2000／2008／2012

ブパチョフ, アルチョム Pykhachov, Artem バレエダンサー レニングラード国立バレエ団 [国]ロシア [典]2012

ブハーティル, アブデルラフマン 実業家 ブハーティル・インベストメンツ代表,クリケッターズ・ベネフィット・ファンド・シリーズ(CBFS)オーナー [国]アラブ首長国連邦 [典]1992

ブハリ, ムハマド Buhari, Muhammad 政治家 元・ナイジェリア最高軍事評議会議長(元首) [国]ナイジェリア [生]1942年12月17日 [典]1992

ブービエ, ジャン 元・リール大学教授,元・パリ大学教授 [専]経済・社会史 [国]フランス [生]1920年 [没]1987年12月9日 [典]1992

ブプア, トマシ Pupua, Tomasi 政治家 元・ツバル首相 [国]ツバル [生]1938年 [典]1992

ププファー, ベルント Pfarr, Bernd イラストレーター [国]ドイツ [生]1958年 [典]2004

ブファリーノ, ジェズアルド Bufalino, Gesualdo 作家 [国]イタリア [生]1920年 [没]1996年6月14日 [典]1992

ブフィ, Y. Bufi, Ylli 政治家 元・アルバニア首相 [国]アルバニア [典]1996

プフェッテンバッハ, ケネス Pfettenbach, Kenneth Berthord von 著述家 [国]フィンランド [生]1931年 [典]2004

ブブカ, セルゲイ Boubka, Sergei 本名＝Boubka,Sergei Nazarovich 元・棒高跳び選手 国際オリンピック委員会(IOC)委員,国際陸上競技連盟(IAAF)副会長 陸上男子棒高跳び世界記録保持者,ソウル五輪金メダリスト [国]ウクライナ [生]1963年12月4日 [典]1992／1996／2000／2004／2008／2012

ブブカ, セルゲイ(Jr.) Bubka, Sergei (Jr.) テニス選手 [国]ウクライナ [生]1987年2月10日 [典]2012

フーブス, ダーリントン 政治家 元・米国社会党指導者 [国]米国 [没]1989年9月25日 [典]1992

プフナー, ヴィリー Puchner, Willy 写真家,作家 [国]オーストリア [生]1952年 [典]1996

ブフナー, ハルトムート Buchner, Hartmut バイエルン学士院研究員,ミュンヘン大学哲学部嘱託講師 [専]哲学 [国]ドイツ [生]1927年 [典]1996／2000

フフナーゲル, エルヴィン Hufnagel, Erwin マインツ大学教育学研究所教授 [専]教育学,哲学 [国]ドイツ [生]1940年 [典]1996

ブーフハイム, ロータル・ギュンター Buchheim, Lothar-Günther 作家,出版者 [国]ドイツ [生]1918年2月6日 [没]2007年2月22日 [典]1992／1996

フープマン, キャシー Hoopmann, Kathy 児童文学作家 [国]オーストラリア [典]2004／2008

ブーフマン, ヨハネス Buchmann, Johannes A. 数学者 ダルムシュタット工科大学教授 [国]ドイツ [典]2004／2008

ブーブメリ, ユベール Beuve-Méry, Hubert 筆名＝シリウス 元・「ル・モンド」紙創始者 [国]フランス [生]1902年 [没]1989年8月6日 [典]1992

プフルグバイル, セバスチャン Pflugbeil, Sebastian 物理学者,反核運動家 元・東ドイツ暫定政府無任所大臣 [国]ドイツ [生]1947年 [典]1992

ブーブレ, マイケル Buble, Michael ミュージシャン [国]カナダ [生]1975年9月9日 [典]2008／2012

プペ, カリン Poupee, Karyn ジャーナリスト AFP通信東京特派員 [国]フランス [生]1970年 [典]2012

ブーベ, タウフィク Boubez, Toufic コンピューター技術者 [典]2004

ブベニチェク, イリ Bubeníček, Jiří バレエダンサー,振付師 ドレスデン国立歌劇場バレエ団プリンシパル [国]チェコ [生]1974年 [典]2012

プーペル, アントワーヌ Poupel, Antoine 写真家 [国]フランス [生]1956年 [典]2004／2008／2012

フーベル, コー・バン・デン Heuvel, Cor van den 俳句研究家 元・「ニューズ・ウィーク」上級編集委員,元・米国HAIKU協会会長 [国]米国 [生]1931年 [典]1992

フーヘル, ペーター Huchel, Peter 詩人 [国]ドイツ [生]1903年4月3日 [没]1981年 [典]1992

フーヘルフォルスト, ハンス Hoogervorst, Hans 政治家 国際会計基準審議会(IASB)議長 元・オランダ財務相 [国]オランダ [典]2012

ブベンノフ, ミハイル Bubennov, Mikhail Semyonovich 作家 [国]ソ連 [生]1909年11月8日 [没]1983年10月3日 [典]1992

ブポー, メルヴィル Poupaud, Melvil 俳優 [国]フランス [生]1973年1月26日 [典]2000

プポ, レウリス Pupo, Leuris 射撃選手(ピストル) ロンドン五輪射撃男子ラピッドファイアピストル金メダリスト [国]キューバ [生]1977年4月9日

プホルス, アルバート Pujols, Albert 本名＝Pujols,Jose Albert 大リーグ選手(内野手) [生]1980年1月16日 [典]2004／2008／2012

プーマ Phouma 本名＝Prince Souvanna Phouma 政治家 元・ラオス政府顧問,元・ラオス首相 [国]ラオス [生]1901年10月7日 [没]1984年1月10日 [典]1992

フマガッリ・ベオニオ・ブロッキエーリ, マリアテレーザ Fumagalli Beonio Brocchieri, Mariateresa 哲学史研究家 ミラノ大学教授 [専]ヨーロッパ中世哲学史 [国]イタリア [典]2008

プマピ, ジョイ Phumaphi, Joy 世界銀行副総裁 元・ボツワナ保健相 [国]ボツワナ [典]2012

フマルダニ, スジョノ Humardani, Sudjono 政治家 元・インドネシア大統領府開発査察総監 [国]インドネシア [生]1919年 [没]1986年3月13日 [典]1992

フマンティ, ジョルジア Fumanti, Giorgia 声楽家 [国]イタリア [典]2008／2012

プミポン・アドゥンヤデート Bhumibol Adulyadej 別称＝ラーマ9世 タイ国王 [国]タイ [生]1927年12月5日 [典]1992(プミポン・アドンヤデート)／1996(プミポン・アドンヤデート)／2000(プミポン・アドンヤデート)／2004／2008／2012

プーミ・ボンビチット Phoumi Vongvichit 政治家,民族解放運動指導者 元・ラオス大統領代行・副首相 [国]ラオス [生]1910年 [没]1994年1月7日 [典]1992／1996

プヤ Puja, Frigyes 政治家,外交官 元・ハンガリー外相 [国]ハンガリー [生]1921年 [典]1992

ブヤク, ズビグニエフ 「市民運動・民主行動」(ROAD)代表 [国]ポーランド [生]1954年11月 [典]1992

ブヤチッチ, サーシャ Vujacic, Sasha バスケットボール選手 [国]スロベニア [生]1984年3月8日 [典]2012

ブヤノビッチ, フィリプ Vujanović, Filip 政治家 モンテネグロ大統領 元・モンテネグロ共和国首相 [国]モンテネグロ [生]1954年9月1日 [典]2004／2008／2012

フューアー, アラン Feuer, Alan R. ソフトウェアインストラクター,テクニカルライター [国]米国 [典]2004

フュックス, ビクター Fuchs, Victor R. 経済学者 スタンフォード大学教授・メディカル・スクール教授 [専]サービス経済論,地域医療学 [国]米国 [生]1924年 [典]1992

フュマロリ, マルク Fumaroli, Marc コレージュ・ド・フランス教授 [国]フランス [生]1932年6月10日 [典]1996／2012

フューマン, フランツ Fühmann, Franz 作家 [国]ドイツ [生]1922年 [典]1992

フューリク, ジム Furyk, Jim 本名＝Furyk,James Michael プロゴルファー [国]米国 [生]1970年5月12日 [典]2004／2008／2012

フュール, クリストフ Führ, Christoph ドイツ国際教育研究所員,フランクフルト大学非常勤講師 [専]ドイツ教育 [国]ドイツ [生]1931年 [典]2000

フュール, ラヨシュ Für, Lajos 歴史学者,政治家 元・ハンガリー国防相 [国]ハンガリー [生]1938年12月21日 [典]1996／2000

フュルステンベルク, マクシミリアン　Furstenberg, Maximilian de　宗教家, 教皇庁外交官　駐日教皇使節(第6代)　[国]ベルギー　[生]1904年10月23日　[典]1992

フュレ, フランソワ　Furet, François　歴史家　元・フランス高等研究院院長　[専]フランス革命史　[国]フランス　[生]1927年3月27日　[没]1997年7月12日　[典]1992／1996

フョードロフ, アンドレイ　Fedorov, Andrei Vladimirovich　元・ロシア副大統領補佐官　[国]ロシア　[生]1955年　[典]1996

フョードロフ, スヴャトスラフ　Fedorov, Svyatoslav Nikolaevich　眼科医, 政治家　元・ロシア下院議員　[専]近視矯正　[国]ロシア　[生]1927年8月8日　[没]2000年6月2日　[典]1992／1996／2000

フョードロフ, ボリス　Fedorov, Boris Grigorievich　政治家, エコノミスト　元・ロシア国家会議(下院)議員, 元・前進ロシア党首, 元・ロシア副首相・蔵相　[国]ロシア　[生]1958年2月13日　[没]2008年11月20日　[典]1992／1996／2000

フョードロフ, レフ　化学者　化学安全保障連盟会長　[国]ロシア　[生]1936年6月　[典]1996

フョードロフ, ワレンチン　Fedorov, Valentin Petrovich　経済学者　ロシア産業企業家同盟副会長　元・ロシア経済省次官(科学担当), 元・サハリン州知事　[国]ロシア　[生]1939年　[典]1992／1996／2000

ブヨヤ, ピエール　Buyoya, Pierre　政治家, 軍人　元・ブルンジ大統領　[国]ブルンジ　[生]1949年11月24日　[典]1992／1996／2000／2004／2008

ブーラー, ウルス　Buhler, Urs　グループ名=イル・ディーヴォ　テノール歌手　[国]スイス　[生]1971年7月19日　[典]2008／2012

フラー, グレアム　Fuller, Graham　映画評論家, 編集者　「インタビュー」責任編集者　[国]米国　[典]2004

フラー, サミュエル　Fuller, Samuel　映画監督, 俳優　[国]米国　[生]1911年8月12日　[没]1997年10月30日　[典]1992／1996

フラー, ジェレイント　Fuller, Geraint　神経病理学者, 医師　グロースター王立病院　[専]神経内科学　[国]英国　[典]2004

ブーラ, ジャメル　Bouras, Djamel　柔道選手　[国]フランス　[生]1971年8月11日　[典]2000

フラー, マイク　Fuller, Mike　イラストレーター　[国]英国　[典]2008

フラー, ラインハルト　宇宙飛行士　元・ベルリン自由大学宇宙工学教授　[国]ドイツ　[没]1995年9月9日　[典]1996

フラー, リチャード・バックミンスター　Fuller, Richard Buckminster　発明家, エンジニア, 建築家, デザイナー　[国]米国　[生]1895年7月12日　[没]1983年7月1日　[典]1992

プラー, ルイス・B.　ピュリッツァー賞受賞者　[国]米国　[没]1994年5月11日　[典]1996

フラー, レイ　Fuller, Ray　心理学者　トリニティ・カレッジ上級講師　[専]交通に関わる行動心理　[国]アイルランド　[典]2004

フラー, ロイ　Fuller, Roy Broadbent　詩人, 作家　元・オックスフォード大学詩学教授　[国]英国　[生]1912年2月11日　[没]1991年9月27日　[典]1992

フラー, ロバート　Fuller, Robert　俳優　[国]米国　[生]1933年7月29日　[典]1992／1996

フラー, ロバート　Fuller, Robert C.　ブラッドリー大学教授　[専]哲学, 宗教学　[国]米国　[生]1952年　[典]1996

ブライ, アナ　Bligh, Anna　政治家　クイーンズランド州首相　[国]オーストラリア　[典]2012

フライ, アンドルー　Fry, Andrew C.　スポーツ医学者　メンフィス大学助教授　[典]2004

フライ, グラハム　Fry, Graham　外交官　元・駐日英国大使　[国]英国　[生]1949年12月20日　[典]2008／2012

フライ, クリストファー　Fry, Christopher　本名=ハリス, クリストファー　劇作家, 脚本家　[国]英国　[生]1907年12月18日　[没]2005年6月30日　[典]1992／1996

フライ, グレン　Frey, Glenn　グループ名=イーグルス　ロック歌手　[国]米国　[生]1948年11月6日　[典]1996／2008／2012

フライ, ジェフリー　Frey, Jeffrey　メリーランド大学工学部教授　[国]米国　[生]1938年　[典]1996

ブライ, ジャスミン　アナウンサー　元・BBCテレビ初代アナウンサー　[国]英国　[没]1991年7月21日　[典]1992

フライ, ドン　Frye, Don　元・格闘家　[国]米国　[生]1965年11月23日　[典]2000／2004／2008／2012

フライ, ノースロップ　Frye, Northrop　本名=Frye,Herman Northrop　文学批評家　[国]カナダ　[生]1912年7月14日　[没]1991年1月22日　[典]1992

フライ, ノルベルト　Frei, Norbert　ミュンヘン現代史研究所専任研究員　[専]ドイツ現代史　[国]ドイツ　[生]1955年　[典]1996／2000

フライ, ハインツ　Frei, Heinz　車いすマラソン選手, スキー選手(距離)　[国]スイス　[生]1958年1月26日　[典]2000／2004

プライ, ヘルマン　Prey, Hermann　バリトン歌手　[国]ドイツ　[生]1929年7月11日　[没]1998年7月22日　[典]1992／1996

ブライ, ロバート　Bly, Robert　詩人, 作家　[国]米国　[生]1926年12月23日　[典]1992／1996／2000／2004／2008／2012

プライアー, アンソニー　Priore, Anthony　実業家　イエスメール・コム・バイスプレジデント　[典]2004

プライア, カレン　Pryor, Karen　生物学者, 動物トレーナー　サンシャインブックス社長・編集長　[専]海洋哺乳類, 行動分析学　[国]米国　[生]1932年　[典]2000

プライアー, キャサリン　Prior, Katherine　歴史学者　[専]社会史　[国]英国　[典]2004／2008

プライアー, ジェームズ　Prior, James Michael Leathes　政治家　元・英国北アイルランド担当相　[国]英国　[生]1927年10月11日　[典]1992

プライアー, デービッド　Pryor, David Hampton　政治家　元・米国上院議員(民主党)　[国]米国　[生]1934年8月29日　[典]1996／2004／2008

ブライアー, マーク　Breier, Mark　eコマース・コンサルタント　元・ビヨンド・ドット・コム社長・CEO, 元・アマゾン・ドット・コム副社長　[国]米国　[典]2004

プライアー, マーク　Prior, Mark　大リーグ選手(投手)　[国]米国　[生]1980年9月7日　[典]2004／2008

フライア, ミア　Frye, Mia　ダンサー, 振付師, 女優　[国]米国　[生]1972年2月12日　[典]2004

ブライアーズ, ギャビン　Bryars, Gavin　作曲家, ベース奏者　[国]英国　[生]1943年1月16日　[典]1996

ブライアーズ, リチャード　Briers, Richard　本名=Briers,Richard David　俳優　[国]英国　[生]1934年1月14日　[没]2013年2月17日

フライアリ, ネッド　Friary, Ned　ライター　[国]米国　[典]2004

ブライアン　Brian　本名=リトレル, ブライアン　グループ名=バックストリート・ボーイズ　歌手　[国]米国　[生]1975年2月20日　[典]2004／2008／2012

ブライアン, ケイト　Brian, Kate　作家　[典]2008

ブライアン, コートラント・ディクソン・バーンズ　Bryan, Courtlandt Dixon Barnes　作家　[国]米国　[生]1936年　[典]1992／1996／2000

ブライアン, ジョン・ヘンリー　Bryan, John Henry　サラ・リー会長・CEO　[国]米国　[生]1936年10月5日　[典]1996

ブライアン, デニス　Brian, Denis　ジャーナリスト, 作家　[国]米国　[生]1923年　[典]2000

ブライアン, デービッド　Bryan, David　本名=Rashbaum,David　グループ名=ボン・ジョビ　ロック・キーボード奏者　[国]米国　[生]1962年2月7日　[典]2004／2008／2012

ブライアン, トニー　Bryan, Tony　イラストレーター　[典]2004／2008

ブライアン, ボブ　Bryan, Bob　本名=ブライアン, ロバート・チャールズ　テニス選手　ロンドン五輪テニス男子ダブルス金メダリスト　[国]米国　[生]1978年4月29日　[典]2008／2012

ブライアン, マイク　Bryan, Mike　本名=ブライアン, マイケル・カール　テニス選手　ロンドン五輪テニス男子ダブルス金メダリスト　[国]米国　[生]1978年4月29日　[典]2008／2012

ブライアン, マーク　グループ名=フーティー&ザ・ブロウフィッシュ　ギタリスト　[国]米国　[典]2000

ブライアン, リチャード　Bryan, Richard H.　政治家　米国上院議

フ

員(民主党) 国米国 生1937年7月16日 他1992／1996／2000／2004

ブライアン, ローエル Bryan, Lowell L. マッキンゼー・アンド・カンパニー・ディレクター 国米国 他1992／1996／2000

ブライアント, アーサー Bryant, Arthur 歴史家 国英国 没1985年1月22日 他1992

ブライアント, コービー Bryant, Kobe 本名=Bryant,Kobe Bean バスケットボール選手 北京五輪・ロンドン五輪バスケットボール男子金メダリスト 国米国 生1978年8月23日 他2000／2004／2008／2012

ブライアント, ジョー Bryant, Joe バスケットボール監督,元・バスケットボール選手 国米国 生1954年10月19日 他2008／2012

ブライアント, バリー Bryant, Barry 「がんは癒される―身体と意識をめぐる治療と予防の新次元」の著者 国米国 生1940年 他1996

ブライアント, ベア Bryant, Bear 本名=Bryant,Paul William アメリカンフットボール・コーチ 国米国 生1913年9月11日 没1983年 他1992

ブライアント, マーガレット Bryant, Margaret M. 英語学者 国米国 生1900年 他1992

ブライアント, ラルフ Bryant, Ralph 本名=Bryant,Ralph Wendell 元・大リーグ選手,プロ野球コーチ 国米国 生1961年5月20日 他2008／2012

ブライアント, レイ Bryant, Ray 本名=Bryant,Raphael Homer ジャズピアニスト 国米国 生1931年12月24日 没2011年6月2日 他1992／2000

ブライアント, ローラ Bryant, Laura J. 挿絵画家 国米国 他2004

ブリオニー Briohny 本名=Smyth,Briohny 歌手 国タイ 生1982年1月27日 他2004／2008

フライ・ゲルラッハ, フランツィスカ Frei Gerlach, Franziska バーゼル大学非常勤講師 国ドイツ文学,ジェンダー研究 国ドイツ 生1965年 他2004

ブライジ, メアリー・J. Blige, Mary Jane 歌手 国米国 生1971年1月11日 他2000／2004／2008／2012

フライシャー, ウルリケ Fleischer, Ulrike ザルツブルク商科大学 国歴史 国オーストリア 生1954年 他2000

フライシャー, リチャード Fleischer, Richard.O 映画監督 国米国 生1916年12月8日 没2006年3月25日 他1996

フライシャー, レオン Fleisher, Leon ピアニスト,指揮者 国米国 生1928年7月23日 他1992／2000／2008／2012

フライシュハウアー, ヴォルフラム Fleischhauer, Wolfram ミステリー作家 国ドイツ 生1961年 他2004

フライシュマン, シド Fleischman, Sid 児童文学作家 国米国 生1920年 没2010年 他1992／1996

フライシュマン, ポール Fleischman, Paul 作家 国米国 生1952年 他1996／2000

フライシュマン, マーティン Fleischmann, Martin 電気化学者 元・サウザンプトン大学教授 国英国 生1927年3月29日 没2012年8月3日 他1992／1996

プライス, O.H. 元・日本ウエルカム社長 国英国 他1992／1996

プライス, アーサー 元・MTM社長・最高経営責任者 国米国 他1992

プライス, アルフレッド Price, Alfred 航空戦史研究家,元・パイロット 国スピットファイア 国英国 他2004

プライス, アントニー Price, Anthony ジャーナリスト,推理作家 国英国 生1928年 他1992／1996

プライス, エドガー・ホフマン Price, Edgar Hoffman 幻想作家,怪奇作家 国米国 生1901年 他1992

フライス, エレン Fleiss, Elein 編集者,写真家 「パープル」編集長 国フランス 生1968年 他2004／2008

プライス, ゲーリー Blythe, Gary 画家 国英国 他1996

プライス, サミー Price, Sammy 本名=Price,Samuel Blythe ジャズピアニスト 国米国 生1908年10月6日 没1992年4月14日 他1996

プライス, ジェームズ Price, James 画家 国英国 生1957年 他1996

プライス, シャーリー Price, Shirley アロマセラピスト シャーリープライスインターナショナルカレッジオブアロマセラピー校長,英国プロフェッショナルアロマセラピスト協会(ISPA)創立者 国英国 他2004

プライス, ジョー Price, Joe D. 美術コレクター 国米国 他2000／2008／2012

プライス, ジョアン Price, Joan 哲学者,作家 メサ・コミュニティー・カレッジ名誉教授 国米国 他2008

プライス, ジョージ Price, George Cadle 政治家 元・ベリーズ首相 国ベリーズ 生1919年1月15日 没2011年9月19日 他1992／1996／2000

プライス, ジョナサン Price, Jonathan アップル・コンピュータ社上級テクニカル・ライター 国コンピュータソフト 国米国 他1992

プライス, ジョン Price, John A.M. セキュリティ・コンサルタント エクソーカル・セキュリティ社創設者,オーストラル・スイス・セキュリティ社専務 国スワップ取引 他1992

プライス, スーザン Price, Susan 児童文学作家 国英国 生1955年 他1992／2000

プライス, ダニエル Price, Daniel 元・米国大統領補佐官(国際経済問題担当) 国米国 他2012

プライス, デービッド Price, David 人類学者 コーネル大学 国米国 他1992

プライス, デービッド Price, David 本名=Price,David Taylor 大リーグ選手(投手) 国米国 生1985年8月26日 他2012

プライス, ニック Price, Nick 本名=プライス,ニコラス・レイモンド・レイジ プロゴルファー 国ジンバブエ 生1957年1月28日 他1996／2000／2004／2008

プライス, バイロン Preiss, Byron 出版プロデューサー,アート・ディレクター,作家 国米国 他1992／1996

プライス, ヒュー Price, Hue 哲学者 シドニー大学哲学科教授 国オーストラリア 他2004／2008

プライス, ビンセント Price, Vincent 俳優 国米国 生1911年5月27日 没1993年10月25日 他1996

プライス, フランク Price, Frank 映画プロデューサー プライス・エンターテインメント会長・CEO 元・コロンビア・ピクチャーズ会長 国米国 生1930年5月17日 他1992／1996

プライス, ボブ Price, Bob 痴呆介護コンサルタント 国オーストラリア 他2004／2008

プライス, マイケル 投資家 ミューチャル・シリーズ社長 国米国 他1996

プライス, マーク Price, Mark 元・バスケットボール選手 国米国 生1964年2月15日 他1996／2000

プライス, マーク Price, Marc 映画監督 国英国 生1979年 他2012

プライス, メルビン Price, Melvin 政治家 元・米国下院軍事委員長 国米国 生1905年1月1日 他1992

プライス, リチャード Price, Richard 作家,脚本家 国米国 生1949年 他2000／2012

プライス, レイノルズ Price, Reynolds 作家 国米国 生1933年 他1996

プライス, レン Price, Len アロマセラピスト 英国プロフェッショナルアロマセラピスト協会(ISPA)創立者 国英国 他2004

プライス・エチェニケ, アルフレード Bryce Echenique, Alfredo 作家 国ペルー 生1939年2月19日 他1992

プライスマン, マージョリー Priceman, Marjorie イラストレーター 国米国 他2000／2004／2012

ブライソン, ヴァレリー Bryson, Valerie 政治学者 ハッダースフィールド大学政治学教授 他2008

ブライソン, スチュアート Brison, Stuart 会計コンサルタント 国英国 他2008

ブライソン, ピーボ　Bryson, Peabo　歌手　国米国　生1951年4月13日　没2012

ブライソン, ビル　Bryson, Bill　旅行作家, ジャーナリスト　国米国　生1951年　録2000/2008

フライターク, エーベルハルト　Freitag, Eberhard　クンスト・ハレ研究員　録シェーンベルク研究　国ドイツ　生1946年　録2000

ブライト, アダム　Bright, Adam　野球選手（投手）　国オーストラリア　生1984年8月11日　録2012

ブライト, エルンスト　Breit, Ernst　元・ドイツ労働総同盟（DGB）会長　国ドイツ　生1924年8月20日　録1992

ブライド, カーティス　Pride, Curtis　大リーグ選手（外野手）　国米国　生1968年12月17日　録2000/2004/2008

ブライト, クリス　Bright, Chris　「ワールドウォッチ」主任編集者　録地球環境　生1955年　録2000

ブライト, スージー　Bright, Susie　フェミニズム運動家, コラムニスト, 編集者　国米国　生1958年　録2008

ブライト, スペンサー　Bright, Spencer　ポピュラー音楽批評家, 作家　国英国　録1992

ブライト, テレサ　Bright, Teresa　歌手　国米国　録2004/2008

ブライト, トーラ　Bright, Torah　スノーボード選手（ハーフパイプ）　バンクーバー五輪スノーボード女子ハーフパイプ金メダリスト　国オーストラリア　生1986年12月27日　録2012

ブライト, ポピー　Brite, Poppy Z.　作家　生1967年　録1996

ブライト, ローリー　Bright, Laurey　別名＝クレア, ダフネ　ロマンス作家　国ニュージーランド　録2004

ブライトマン, ザブー　Breitman, Zabou　本名＝ブライトマン, イザベル　別名＝ザブー　女優, 映画監督　国フランス　生1959年10月30日　録2004

ブライトマン, サラ　Brightman, Sarah　歌手, ミュージカル女優　国英国　生1960年8月14日　録1996/2000/2004/2008/2012

フライナーデメッツ, マルティン　Freinademetz, Martin　スノーボード選手　国オーストリア　生1969年12月10日　録2000

フライバーグ, ケビン　Freiberg, Kevin　経営コンサルタント　フライバーグ・コム共同経営者　録2008

フライバーグ, ジャッキー　Freiberg, Jackie　経営コンサルタント　フライバーグ・コム共同経営者　録2008

フライマン, サクストン　Freymann, Saxton　おもちゃ製作者　国米国　録2004

ブライヤー, ジョイ　Bryer, Joy　「EC青少年オーケストラ」事務局長　録1992

ブライヤー, デービッド　Bryer, David　難民救済活動家　オクスファム（OXFAM）最高責任者　国英国　生1944年　録1996

ブライヤーズ, P.J.　元・BPファーイーストリミテッド社長　国英国　録1992

ブライリー, ハンナ　Blilie, Hannah　グループ名＝ゴシップ　ロック・ドラマー　国米国　録2012

ブライレブン, バート　Blyleven, Bert　本名＝ブライレブン, リック・アルバート　元・大リーグ選手　国オランダ　生1951年4月6日　録2012

ブラインジョルフソン, エリック　Brynjolfsson, Erik　経済学者　マサチューセッツ工科大学スローンスクール準教授　国米国　録2004/2008（ブリニョルフソン, エリック）

フラインス, ベルト　Frijns, Bert　ガラス工芸家　国オランダ　録1992

ブラインズ, ラッセル　Brines, Russell　ジャーナリスト　元・AP通信社東京支局長　国米国　生1911年　録1992

ブラインダー, アラン　Blinder, Alan Stuart　経済学者　プリンストン大学教授　元・米国連邦準備制度理事会（FRB）副議長　録経済政策, マクロ経済学, 金融論　国米国　生1945年10月14日　録1996/2000/2004/2008/2012

ブラウ, アンドレアス　Blau, Andreas　フルート奏者　国ドイツ　生1949年2月6日　録2012

ブラウ, ピーター　Blau, Peter Michael　社会学者　元・コロンビア大学教授, 元・N.C.チャペル・ヒル大学特別研究教授　録組織理論, 社会移動論, 交換理論　国米国　生1918年2月7日　没2002年3月12日　録1992

ブラウ, モニカ　Braw, Monica　歴史家, ジャーナリスト　元・「スウェンスカ・ダグブラデト」東京特派員　生1945年　録1992/2012

ブラウアー, J.　Brauer, Jurgen　ジョージア大学オーガスタ・カレッジ助教授　録軍縮問題　国米国　生1957年　録1996

ブラウアー, エーリッヒ　Brauer, Erich　画家　国オーストリア　生1929年　録1992

ブラウアー, デービッド・ロス　Brower, David Ross　環境保護運動家　元・シエラ・クラブ名誉理事, 元・地球の友創設者, 元・地球島研究所代表　国米国　生1912年7月1日　没2000年11月5日　録1992/1996/2000

フラヴァーチコヴァ, アンドレア　Hlavackova, Andrea　テニス選手　ロンドン五輪テニス女子ダブルス銀メダリスト　国チェコ　生1986年8月10日

ブラウイッツ, ヤン　スウェーデン国立防衛研究所上級研究員　国スウェーデン　生1932年　録2000

ブラウエン, マルティン　Brauen, Martin　宗教学者　チューリヒ大学民族学博物館ヒマラヤ東アジア部門主事　国スイス　生1948年

ブラウガー, P.J.　Plauger, P.J.　コンピューターソフト技術者　ANSI（アメリカ国家規格協会）X3J11委員会幹事　録C言語　国米国　録1992

ブラウコプフ, クルト　Blaukopf, Kurt　音楽批評家　国オーストリア　生1914年　録1992

ブラウゼ, ゲールハルト　Prause, Gerhard　編集者, 著述家　生1926年　録2000

ブラウダ, アレックス　オックスフォード大学教授　録ソ連研究　国英国　生1947年　録1996

フラウチ, ローラ　Frautschi, Laura　デュオ名＝クリスティーナ・アンド・ローラ　バイオリニスト　ニューヨークシティオペラ・コンサートマスター　国米国　生1969年　録2000/2004/2008

ブラウデ, パトリック　Braoude, Patrick　映画監督, 脚本家　国フランス　生1954年9月　録1992

プラウティ, イラサハイ　Prouty, IlaSahai　教育者　国米国　録2004

プラウティ, ゲリー　Prouty, Garry　プレーリー大学教授, オハイオ州立大学ニソンガーセンター外部スタッフ,「パーソン中心ジャーナル」編集顧問　録心理学, 精神保健学　国米国　録2004/2008

プラウト, H.トンプソン　Prout, H.Thompson　心理学者　ニューヨーク大学アルバニー校助教授　録学校心理学　国米国　録2004

フラウド, ブライアン　Froud, Brian　美術デザイナー, 挿絵画家, 絵本作家　国英国　生1947年　録2004/2008/2012

プラウト, フレッド　Plaut, Fred　医師　録分析心理学　国ドイツ　録1992/1996

ブラウナー, キャロル　Browner, Carol　米国環境保護局長官　国米国　生1956年　録1996

ブラウニング, アマンダ　Browning, Amanda　ロマンス作家　国英国　録2004

ブラウニング, カート　Browning, Kurt　フィギュアスケート選手　国カナダ　生1966年6月18日　録1992/1996/2000

ブラウニング, ディクシー　Browning, Dixie　共同筆名＝ウィリアムズ, ブロンウィン　ロマンス作家, 水彩画家　国米国　録1992/1996

ブラウニング, トム　Browning, Tom　大リーグ選手（投手）　国米国　生1960年4月28日　録1992

ブラウニング, メアリー　日本語教師（カウンティー・アッパー・スクール）　国英国　録1992

ブラウネル, ハーバート　Brownell, Herbert　政治家, 弁護士　元・米国司法長官　国米国　生1904年2月20日　没1996年5月1日　録1996

フラウヒガー, ウルス　Frauchiger, Urs　音楽学者, 著述家　ヨーロッパ音楽大学連合事務局長　元・ベルン音楽院院長　国スイス　生1936年　録2004/2008

ブラウフマン, フレッド　Braufman, Fred　アメリカ再建計画理事　⑱米国　⑲1992

フラウリー・ホラー, ジャニス　Frawley-Holler, Janis　「アイランド・ワイズ―「島時間」で暮らす本」の著者　⑲2008

ブラウワーズ, イエルーン　Brouwers, Jeroen　作家　⑱オランダ　⑯1940年　⑲2004／2008

ブラウン, H.ジャクソン(Jr.)　Brown, H.Jackson (Jr.)　格言研究家　⑱米国　⑲2000

ブラウン, H.ダグラス　Brown, H.Douglas　言語学者　サンフランシスコ州立大学大学院教授,アメリカ英語研究所所長　⑱米国　⑲1992

ブラウン, P.J.　Brown, P.J.　バスケットボール選手　⑱米国　⑯1969年10月14日　⑲2000／2008

ブラウン, R.D.　Brown, R.D.　作家　⑱米国　⑯1924年　⑲1996

ブラウン, R.ハンバリー　Brown, Robert Hanbury　天文学者　元・シドニー大学名誉教授　⑳電波天文学　⑱英国　⑯1916年8月31日　⑰2002年1月16日　⑲1992／1996

ブラウン, アーキー　オックスフォード大学教授　⑳政治学(ソ連問題)　⑱英国　⑲1992／1996

ブラウン, アマンダ　Brown, Amanda　作家　⑲2004

ブラウン, アラン　Brown, Alan　ジャーナリスト　⑱米国　⑯1950年　⑲2000

ブラウン, アール　Brown, Earle　作曲家　⑱米国　⑯1926年12月26日　⑲1992

ブラウン, アンソニー　Brown, Anthony　共同筆名=フォレスト,アンソニー　作家　⑱英国　⑲2000

ブラウン, アンソニー　Browne, Anthony　絵本作家　⑱英国　⑯1946年　⑲2004／2008／2012

ブラウン, アンドルー　Brown, Andrew　ジャーナリスト　⑱英国　⑲2004

ブラウン, イアン　Brown, Ian G.　ロンドン大学東洋アフリカ研究部(SOAS)講師　⑳アジア・アフリカ経済　⑱英国　⑯1947年　⑲1992

ブラウン, ウィリアム　Brown, William H.　スカダー・スティブンス・アンド・クラーク・ジャパン社長　⑱米国　⑲1996

ブラウン, ウィルメット　平和運動家　⑲1992

ブラウン, ウェスリー　Brown, Wesley　サッカー選手(DF)　⑱英国　⑯1979年10月13日　⑲2008

ブラウン, ウォルター　Brown, Walter A.　ブラウン大学医学校精神科　⑳神経精神薬理学　⑱米国　⑲2000

ブラウン, オスカー(Jr.)　Brown, Oscar (Jr.)　シンガーソングライター,脚本家　⑱米国　⑯1926年10月10日　⑰2005年5月29日　⑲1996

ブラウン, カーター　Brown, Carter　本名=イェーツ,アラン・ジョフリイ　別名=コンウェイ,トム　ミステリー作家　⑱米国　⑯1923年　⑰1985年5月5日　⑲1992

ブラウン, カール　プリンストン大学教授・中東研究学部長　⑳中東問題　⑱米国　⑯1928年　⑲1992

ブラウン, カルリーニョス　Brown, Carlinhos　グループ名=チンバラーダ　ミュージシャン　⑱ブラジル　⑲2000／2004

ブラウン, キース　Brown, Keith　英文学者　オスロ大学　⑳近・現代英国文学　⑲2004

ブラウン, キース　Brown, Keith　コンピューター技術者　⑲2004

ブラウン, ギャビン　Brown, Gavin　アーティスト,ギャラリー経営者　ギャビン・ブラウン・エンタープライズ代表　⑱米国　⑯1964年　⑲2000

ブラウン, キャリー　Brown, Carrie　作家　⑱米国　⑲2004

ブラウン, キングズレー　Browne, Kingsley　法学者　ウェイン大学ロー・スクール教授　⑳労働法　⑱米国　⑯1950年　⑲2004／2008

ブラウン, クラレンス　Brown, Clarence　映画監督　⑱米国　⑯1890年5月10日　⑰1987年8月17日　⑲1992

ブラウン, クリス　Brown, Chris　歌手　⑱米国　⑯1989年5月5日　⑲2008／2012

ブラウン, クリスティ　Brown, Christy　画家,詩人,作家　⑱アイルランド　⑯1932年　⑰1981年　⑲1992

ブラウン, クリスティーナ　Brown, Christina　ヨガ教師　ライフ・ソース主宰　⑱オーストラリア　⑲2008

ブラウン, グレーム　Brown, Graeme　本名=Brown,Graeme Allen　自転車選手　アテネ五輪自転車男子マディソン金メダリスト　⑱オーストラリア　⑯1979年4月9日　⑲2008

ブラウン, クワミ　Brown, Kwame　バスケットボール選手　⑱米国　⑯1982年3月10日　⑲2004／2008

ブラウン, ケイティー　スポーツクライマー　⑱米国　⑲2000

ブラウン, ケビン　Brown, Kevin　大リーグ選手(投手)　⑱米国　⑯1965年3月14日　⑲2000／2004／2008

ブラウン, コートニー　Brown, Courtney　エモリー大学準教授　⑳政治科学(社会現象,環境政治学,発展途上社会における民主主義,選挙の非線形数学モデル)　⑱米国　⑲2000

ブラウン, コートニー　Brown, Courtney　プロフットボール選手(DE)　⑱米国　⑯1978年2月14日　⑲2004／2008

ブラウン, ゴードン　Brown, Gordon　本名=Brown,James Gordon　政治家　英国下院議員　元・英国首相,元・英国労働党党首　⑱英国　⑯1951年2月20日　⑲2000／2004／2008／2012

ブラウン, コラル　Browne, Coral　女優　⑱英国　⑯1913年7月23日　⑰1991年5月29日　⑲1992

ブラウン, サイモン　Brown, Simon G.　風水師　⑲2004

ブラウン, サイモン　Brown, Simon　コンピューター技術者　⑱英国　⑲2004

ブラウン, ザビネ　Braun, Sabine　七種競技選手　⑱ドイツ　⑯1965年6月19日　⑲1992／1996／2000

ブラウン, サム　Brown, Sam　シンガー・ソングライター　⑱英国　⑲1992

ブラウン, サラ　Brown, Sarah　スペシャルオリンピックス国際親善大使　ブラウン元英国首相夫人　⑱英国　⑯1963年10月　⑲2012

ブラウン, サンドラ　Brown, Sandra　作家　⑱米国　⑯1948年　⑲2000／2012

ブラウン, ジェシー　Brown, Jesse　政治家　元・米国復員軍人長官　⑱米国　⑯1944年3月27日　⑰2002年8月15日　⑲1996／2000

ブラウン, ジェニファー　Brown, Jennifer　本名=ブラウン,ジェニファー・ヴェラ　歌手　⑱スウェーデン　⑯1972年2月18日　⑲2000

ブラウン, ジェームス　Brown, James　ソウル歌手　⑱米国　⑯1933年5月3日　⑰2006年12月25日　⑲1992／1996／2000／2004

ブラウン, ジェームズ　Brown, James　ポップアート画家　⑱米国　⑲1992／1996

ブラウン, ジェラルド　Browne, Gerald A.　作家　⑱米国　⑲1992／1996

ブラウン, ジェリー　Brown, Jerry　本名=ブラウン,エドモンド・ジェラルド　政治家　カリフォルニア州知事　⑱米国　⑯1938年4月7日　⑲1992／1996(ブラウン,エドモンド(Jr.)／ブラウン,ジェリー)／2000／2008／2012

ブラウン, ジェーン・クラーク　Brown, Jane Clark　イラストレーター　⑱米国　⑯1930年　⑲2004

ブラウン, シドニー　Brown, Sidney D.　オクラホマ大学教授　⑳近代日本史　⑯1925年　⑲1996

ブラウン, ジム　Brown, Jim　ジャーナリスト,キャスター,作家　⑲2004

ブラウン, ジャクソン　Browne, Jackson　シンガー・ソングライター　⑱米国　⑯1948年10月9日　⑲1992／1996／2000／2004／2008／2012

ブラウン, ジョージ　Brown, George Alfred　政治家　元・英国外相　⑱英国　⑰1985年6月2日　⑲1992

ブラウン, ジョー・デイビッド　Brown, Joe David　作家　⑱米国　⑲1992

ブラウン, ジョン　Brown, John　実業家　元・ブリティッシュ・ペトロリアム(BP)CEO　⑱英国　⑲2008／2012

ブラウン, ジョン・シーリー　Brown, John Seely　実業家,科学者　デトロイト・センター・フォー・エッジ共同代表,南カリフォルニア大学客員教授　元・ゼロックス副社長・パロアルト研究所所長　⊕コンピューター,情報通信　国米国　毎2004／2012

ブラウン, シルビア　Browne, Sylvia　超能力者　国米国　生1936年　毎2004／2008

ブラウン, スコット　Brown, Scott　ハーバード大学交渉学研究所副所長　⊕交渉術　国米国　毎1992

ブラウン, スコット　Brown, Scott　政治家　米国上院議員（共和党）　国米国　毎2012

ブラウン, スタンリー　Brown, Stanley A.　ビジネスコンサルタント　プライスウォーターハウスクーパース・パートナー　毎2004

ブラウン, スチュワート　ジョージタウン大学助教授　⊕ソ連経済　国米国　毎1992

ブラウン, ステイシー　Brown, Stacy　ジャーナリスト　国米国　毎2004／2008

ブラウン, スティーブン　Braun, Stephen　ジャーナリスト,著述家　国米国　毎2000／2004

ブラウン, スティーブン　Brown, Stephen F.　哲学者,神学者　ボストン大学神学教授・中世哲学神学研究所所長　国米国　毎2008

ブラウン, ダグ　Brown, Doug　コンピューターコンサルタント　国米国　毎2004

ブラウン, ダン　Brown, Dan　作家　国米国　生1964年6月22日　毎2008／2012

ブラウン, チューダー　Brown, Tudor　実業家　アーム社長　国英国　毎2012

ブラウン, ディー　Brown, Dee　大リーグ選手（外野手）　国米国　生1978年3月27日　毎2012

ブラウン, ティナ　Brown, Tina　ジャーナリスト　「トーク」編集長　元・「ニューヨーカー」編集長　国英国　生1953年11月21日　毎1996／2000

ブラウン, ティム　Brown, Tim　元・プロフットボール選手　国米国　生1966年7月22日　毎2008

ブラウン, デービッド　Brown, David　映画プロデューサー　国米国　生1916年7月28日　没2010年2月1日　毎1992／1996

ブラウン, デービッド　Brown, David J.　建築コンサルタント　オブ・アラップ・パートナーシップ企画調整担当　⊕構造技術　毎2004

ブラウン, デービッド・R.　アート・センター・カレッジ・オブ・デザイン（ACCD）学長　国米国　毎1996

ブラウン, デブラ・リー　Brown, Debra Lee　ロマンス作家　国米国　毎2004

ブラウン, デュエイン　Brown, Duane　心理学者　ノースカロライナ大学チャペルヒル校教授　⊕カウンセリング　国米国　毎2004

ブラウン, デール　Brown, Dale　作家　国米国　生1956年　毎1996／2000

ブラウン, デール　Brown, Dale S.　発達障害支援活動家　国米国　毎2004／2008

ブラウン, トゥリシア　Brown, Tricia　作家　サンフランシスコ大学助教授　国米国　生1944年　毎1996

ブラウン, トッド　Brown, Todd　コンピューター技術者　ベル・インダストリーズ・フィールドシステムエンジニア　国米国　毎2004

ブラウン, ドナルド　Brown, Donald E.　人類学者　カリフォルニア大学名誉教授　⊕社会人類学,政治人類学,歴史人類学　国米国　生1934年　毎2004

ブラウン, トニー　Brown, Tony　本名=Brown,Tony Eion　元・ラグビー選手　国ニュージーランド　生1975年1月17日　毎2008／2012

ブラウン, トム　Brown, Tom　ジャーナリスト,コメンテーター　国米国　毎2004

ブラウン, トム　Browne, Thom　ファッションデザイナー　国米国　毎2008／2012

ブラウン, トム（Jr.）　Brown, Tom (Jr.)　トラッカー　トラッカー・スクール設立者　国米国　毎2004

ブラウン, トリシャ　Brown, Trisha　舞踊家,振付師　トリシャ・ブラウン・ダンス・カンパニー主宰　⊕モダンダンス　国米国　生1936年11月25日　毎2008／2012

ブラウン, ナオミ　Brown, Naomi　女優,演出家　毎2004

ブラウン, ノエル　国連環境計画（UNEP）北米事務局長　国ジャマイカ　生1934年　毎1996

ブラウン, ノーマン　Brown, Norman O.　哲学者　元・ロチェスター大学教授　⊕古典学,比較文学　国米国　生1913年9月25日　没2002年10月2日　毎1996

ブラウン, パトリック　Brown, Patrick O.　生化学者　スタンフォード大学教授　国米国　毎2004

ブラウン, ハーバート・チャールズ　Brown, Herbert Charles　本名=Brovarnik,Herbert　化学者　元・パーデュー大学名誉教授　⊕有機化学　国米国　生1912年5月22日　没2004年12月19日　毎1992／1996

ブラウン, パム　Brown, Pam　フリーライター,詩人　国英国　毎2000

ブラウン, ハリソン　核化学者　国米国　没1986年12月8日　毎1992

ブラウン, ハロルド　Brown, Harold　国防問題専門家,物理学者　戦略国際問題研究所（CSIS）顧問　元・米国国防長官,元・カリフォルニア工科大学学長　国米国　生1927年9月19日　毎1992／1996／2004／2008

ブラウン, ハワード・メイヤー　Brown, Howard Mayer　音楽学者　国米国　生1930年　没1993年　毎1996

ブラウン, ハンク　Brown, Hank　政治家　元・上院議員（共和党）　国米国　生1940年2月12日　毎1996／2000

ブラウン, ピーター　実業家　カート・サーモン・アソシエイツ社長　国米国　生1950年　毎2000

ブラウン, ピーター・ロバート・ラモント　Brown, Peter Robert Lamont　歴史学者　プリンストン大学教授　国アイルランド　生1935年　毎2004／2008

ブラウン, フォルカー　Braun, Volker　作家,詩人,劇作家　国ドイツ　生1939年　毎1992

ブラウン, ブルース　Brown, Bruce　映画監督　国米国　生1937年　毎1996

ブラウン, ブルックス　Brown, Brooks　「コロンバイン・ハイスクール・ダイアリー」の共著者　国米国　毎2008

ブラウン, ブレンダン　Brown, Brendan　エコノミスト　東京三菱インターナショナル・チーフエコノミスト　国英国　生1951年　毎2000

ブラウン, ベンクト　実業家　元・世界新聞協会（WAN）会長　国スウェーデン　毎2000／2004

ブラウン, ボビー　Brown, Bobby　歌手　国米国　生1969年2月5日　毎1992／1996／2000／2008／2012

ブラウン, ボビー　Brown, Bobby　本名=Brown,Robert William　医師,元・大リーグ選手　⊕心臓学　国米国　生1924年10月25日　毎2000

ブラウン, ボビイ　メイクアップアーティスト　国米国　毎2000

ブラウン, ポール　Brown, Paul　プロフットボール監督　元・クリーブランド・ブラウンズ監督　国米国　生1908年7月9日　没1991年8月5日　毎1992

ブラウン, マイケル　環境ジャーナリスト　国米国　毎2000

ブラウン, マイケル　Brown, Michael　翻訳家,通訳　国米国　生1960年　毎2000

ブラウン, マイケル　Brown, Michael E.　天文学者　カリフォルニア工科大学教授　⊕惑星科学　国米国　毎2008／2012

ブラウン, マイケル・スチュアート　Brown, Michael Stuart　遺伝学者　テキサス大学サウスウェスタン医学部教授　⊕分子遺伝学　国米国　生1941年4月13日　毎1992／1996／2000／2008／2012

ブラウン, マイケル・バラット　Brown, Michael Barratt　第三世界情報ネットワーク（TWIN）代表,TWINTRADE代表　国英国　生1918年　毎2000

ブラウン, マーシャ・ジョーン　Brown, Marcia Joan　絵本作家　国米国　生1918年　毎1992／1996／2000／2004／2008

ブラウン, マーティー　Brown, Marty　本名＝ブラウン, マーティ・レオ　プロ野球監督, 大リーグ監督　⑲米国　⑭1963年1月23日　㉕2008／2012

ブラウン, マーティン　Brown, Martin C.　コンピューター技術者, テクニカルライター　㉕2004

ブラウン, ミシェル　Brown, Michéle　BBC・ITVテレビリサーチャー・プロデューサー, BBC放送リポーター　⑲英国　⑭1945年　㉕1996

ブラウン, ミック　Brown, Mick　ジャーナリスト　⑲英国　⑭1950年　㉕1996

ブラウン, メイソン　Brown, Mason　編集者　「ナショナル・ランプーン」編集者　⑲米国　㉕2004

ブラウン, ユーイン　Brown, Yu-ying　大英図書館日本部部長　⑲日本学　⑲英国　㉕2000

ブラウン, ライアン　Braun, Ryan　本名＝Braun,Ryan Joseph　大リーグ選手（外野手）　⑲米国　⑭1983年11月17日　㉕2012

ブラウン, ラッセルズ　Brown, Lascelles　ボブスレー選手　トリノ五輪ボブスレー男子2人乗り銀メダリスト　⑲カナダ　⑭1974年10月12日　㉕2008／2012

ブラウン, ラリー　Brown, Larry　元・プロフットボール選手　⑲米国　⑭1969年11月30日　㉕2000

ブラウン, ラリー　Brown, Larry　元・バスケットボール監督　元・バスケットボール米国代表監督　東京五輪バスケットボール男子金メダリスト　⑲米国　⑭1940年9月14日　㉕2004／2008／2012

ブラウン, ラルフ　Brown, Ralph　俳優, 作家　⑲米国　⑭1957年　㉕2004／2008

ブラウン, ランディ　Brown, Randy　バスケットボール選手　⑲米国　⑭1968年5月22日　㉕2000／2008

ブラウン, リー　Brown, Lee E.　トレーニングコーチ　アーカンソー州立大学人間パフォーマンス研究室助教授　⑲米国　㉕2008

ブラウン, リタ　Brown, Rita　衣装修復家, 舞台衣装家　⑲カナダ　㉕2004／2008

ブラウン, リタ・メイ　Brown, Rita Mae　作家　⑲米国　⑭1944年　㉕2000／2004／2012

ブラウン, リチャード　実業家　エレクトロニック・データ・システムズ（EDS）会長・CEO　⑲米国　㉕2000

ブラウン, リチャード　Brown, Richard W.　写真家　⑲米国　㉕2004

ブラウン, リンゼイ　Brown, Lindsay　編集者　㉕2008

ブラウン, ルース　Brown, Ruth　歌手　⑲米国　⑭1928年1月12日　㉒2006年11月17日　㉕1992

ブラウン, ルース　Brown, Ruth　絵本作家　⑲英国　⑭1941年　㉕1996

ブラウン, ルードルフ　Braun, Rudolf　チューリヒ大学教授　農村工業史　⑲スイス　⑭1930年　㉕1992

ブラウン, ルーベン　Brown, Ruben　プロフットボール選手（G）　⑲米国　⑭1972年2月13日　㉕2008

ブラウン, レイ　Brown, Ray　本名＝Brown,Raymond Matthews　ジャズベース奏者　⑲米国　⑭1926年10月13日　㉒2002年7月2日　㉕2000

ブラウン, レイチェル・フラー　化学者　⑲米国　⑭1898年　㉕1992

ブラウン, レイモンド・エドワード　Brown, Raymond Edward　神学者, 古代史家　⑲キリスト教神学　⑲米国　⑭1928年5月22日　㉕1996／2000

ブラウン, レスター　Brown, Lester R.　アースポリシー研究所理事長, ワールドウォッチ研究所（WWI）理事　元・米国農務省顧問　⑲地球環境問題, エコロジカル・エコノミクス（生態学的経済学）　⑲米国　⑭1934年　㉕1992／1996／2000／2004／2008／2012

ブラウン, レベッカ　Brown, Rebecca　作家　⑲米国　⑭1956年　㉕2004／2008／2012

ブラウン, ロイ　Brown, Roy I.　障害研究者　フリンダーズ大学特殊教育障害研究学学部長・教授　⑲オーストラリア　㉕2004

ブラウン, ロジャー　ブライト・ホライズン社会長　⑲米国　⑭1956年　㉕1992

ブラウン, ロジャー・ウィリアム　Brown, Roger William　社会心理学者　元・ハーバード大学教授　⑲米国　⑭1925年4月14日　㉒1997年12月11日　㉕1996

ブラウン, ロス　Brawn, Ross　ブラウンGP代表　⑲英国　⑭1954年　㉕2012

ブラウン, ロナルド　Brown, Ronald Harmon　政治家, 弁護士　元・米国商務長官　⑲米国　⑭1941年8月1日　㉒1996年4月3日　㉕1992／1996

ブラウン, ローレンス　Brown, Lawrence　トロンボーン奏者　⑲米国　⑭1905年8月3日　㉒1988年9月5日　㉕1992

ブラウン・キング, ジュディ　陸上選手　⑲米国　㉕1992

ブラウンシュヴァイグ, フィリップ　Braunschweig, Philippe　ローザンヌ国際バレエコンクール創設者　⑲スイス　⑭1928年　㉒2010年4月3日

ブラウンシュタイン, ガイ　Braunstein, Guy　バイオリニスト　フーベルマン四重奏団主宰　元・ベルリン・フィルハーモニー管弦楽団コンサートマスター　⑲イスラエル　⑭1971年　㉕2012

ブラウンスタイン, デービッド　Brownstein, David　医師　ホリスティック医学センター診療部長, ミシガン州立医科大学助教授　⑲ホリスティック医学　⑲米国　㉕2004

ブラウンスティン, ロナルド　Brownstein, Ronald　ジャーナリスト, 政治評論家　「ナショナル・ジャーナル」政治ディレクター　⑲米国　⑭1958年　㉕1996／2000／2008／2012

ブラウンソン, ジャミール　モンタナ大学助教授　⑲文化地理学　⑲米国　⑭1942年　㉕1996

ブラウン・トラフトン, ステファニー　Brown-Trafton, Stephanie　円盤投げ選手　北京五輪陸上女子円盤投げ金メダリスト　⑲米国　⑭1979年12月1日　㉕2012

ブラウンバック, サム　Brownback, Sam　本名＝Brownback, Samuel Dale　政治家　元・米国上院議員（共和党）　⑲米国　⑭1956年9月12日　㉕2000／2004／2012

ブラウンフット, ジャニス　Brownfoot, Janice N.　歴史学者　⑲第三世界の比較研究, 英国の女性研究　⑲英国　㉕1992／1996

ブラウン・ブランケ, J.　Braun-Blanquet, Josias　植物社会学者　⑲スイス　⑭1884年8月3日　㉒1980年9月　㉕1992

ブラウンブルク, ルードルフ　Braunburg, Rudolf　作家, パイロット　⑲ドイツ　⑭1924年　㉕1992

ブラウンミュール, ゲロルト・フォン　元・西ドイツ外務省政治局長　⑲ドイツ　⑭1986年10月10日　㉕1992

ブラウンミラー, スーザン　Brownmiller, Susan　ジャーナリスト, 作家　⑲米国　⑭1935年　㉕2000

ブラウンリー, アリステア　Brownlee, Alistair　トライアスロン選手　ロンドン五輪トライアスロン男子金メダリスト　⑲英国　⑭1988年4月23日

ブラウンリー, ジョナサン　Brownlee, Jonathan　トライアスロン選手　ロンドン五輪トライアスロン男子銅メダリスト　⑲英国　⑭1990年4月30日

ブラウンロウ, ジェニー　アラバマ・マウンテン・レークス・ツーリスト協会専務理事　⑲米国　⑭1952年　㉕1996

フラオー, ジャン・フランソワ　Flahault, Jean-François　経営コンサルタント　⑲フランス　㉕2004

フラガ, アルミニオ　Fraga, Arminio　エコノミスト　ブラジル中央銀行総裁　⑲ブラジル　㉕2000

ブラガ, テオ　Braga, Teo　画家　⑲ブラジル　㉕2008

フラガ, マヌエル　Fraga, Manuel　本名＝フラガ・イリバルネ, マヌエル　政治家, 憲法学者　元・スペイン国民党（PP）党首, 元・マドリード大学教授　⑲スペイン　⑭1922年11月23日　㉒2012年1月15日　㉕1992／1996

プラカシー・グルーン　ネパール・プロボクシング協会会長　⑲ネパール　㉕2000

フラギオ, カルロス・J.　元・駐日アルゼンチン大使　⑲アルゼンチン　㉕1996

ブラーギン, ヴャチェスラフ　Brargin, Vyacheslav I.　元・オスタンキノ・テレビ社長　⑲ロシア　㉕1996

ブラクストン, トニ　Braxton, Toni　歌手, 女優　[国]米国　[生]1968年10月7日　[典]1996／2000／2004／2008

ブラグデン, パトリック　Blagden, Patrick M.　元・軍人　人道目的の地雷除去支援を考える会アドバイザー　元・国連DPKO地雷除去責任部長　[国]英国　[生]1935年　[典]2000

ブラグドン, アレン　Bragdon, Allen D.　実業家　アレン・D・ブラグドンパブリッシャーズCEO, ブレイン・ウェイブス・センター創設者・取締役　[国]米国　[生]1930年　[典]2004

ブラクニ, ラシダ　Brakni, Rachida　女優　[国]フランス　[生]1977年　[典]2008

ブラゴダーロワ, ファイナ　Blagodarova, Faina　作家　[生]1931年　[典]2004

ブラコニエ, セリーヌ　Braconnier, Céline　政治学者　セルジー・ポントワーズ大学講師　[国]フランス　[典]2004／2008

ブラゴボリン, セルゲイ　Blagovolin, Sergei Evgenievich　国際政治学者, 経済学者　元・ロシア科学アカデミー世界経済国際関係研究所(IMEMO)副所長　[専]ロシア政治, 国防政策　[国]ロシア　[生]1939年8月22日　[没]2001年9月13日　[典]2000

ブラコンタル, アラン・ド　Pracomtal, Alain de　ヘネシー社社長　[国]フランス　[生]1924年　[典]1992

プラコン・ビタヤサイ　Prakong Vithayasai　医師　サポート・ザ・チルドレン創立者　[国]タイ　[典]2004／2008

ブラザウスカス, アルギルダス　Brazauskas, Algirdas Mykolas　政治家　元・リトアニア大統領, 元・リトアニア首相　[国]リトアニア　[生]1932年9月22日　[没]2010年6月26日　[典]1992／1996／2000／2004／2008

ブラサード, G.　Brassard, Gilles　モントリオール大学教授　[専]計算機科学　[典]1996

プラサド, ケダール　Prasad, Kedar N.　栄養学者　コロラド大学放射線医学部教授・ビタミンがん研究所所長, 国際がんビタミン栄養学会会長　[国]米国　[典]1996

プラサート・アピブンヤ　タイ工業省大臣秘書官　[国]タイ　[典]1992

プラサート・チティワタナポン　タマサート大学政治学部准教授　[専]日本政治, 政治学　[国]タイ　[生]1946年　[典]1992(プラサート・チッティワタナポン)／1996／2000

プラサ・ラソ, ガロ　Plaza Lasso, Galo　政治家, 外交官　元・エクアドル大統領, 元・米州機構事務総長　[国]エクアドル　[生]1906年2月17日　[典]1992

プラサンティ　Prasanti　本名=プディアティ・アビヨガ　作家　[国]インドネシア　[生]1944年　[典]1992

ブラシア, カール　Brashear, Carl　元・ダイバー, 元・軍人　[国]米国　[生]1931年　[典]2004

ブラシック, ビル　Vlasic, Bill　ジャーナリスト　「デトロイト・ニューズ」記者　[国]米国　[典]2004

ブラシッチ, ブランカ　Vlašić, Blanka　走り高跳び選手　北京五輪陸上女子走り高跳び銀メダリスト　[国]クロアチア　[生]1983年11月8日　[典]2012

ブラジナ, キーラ　ジャーナリスト　[国]ウクライナ　[生]1949年　[典]1996

プラジュモフスキ, ヴォイチェフ　Prazmowski, Wojciech　写真家　[国]ポーランド　[生]1949年　[典]1992

プラシュル・ビッヒラー, ガブリエーレ　Praschl-Bichler, Gabriele　フリーライター　[国]オーストリア　[生]1958年　[典]2000

ブラショ, レーヌ　チェロ奏者　元・東京芸術大学音楽学部客員教授　[国]フランス　[生]1922年　[没]1998年10月29日　[典]1992

ブラジラ, サミ　Bouajira, Sami　俳優　[国]フランス　[生]1966年　[典]2000

ブラジリエ, アンドレ　Brasilier, André　画家　[国]フランス　[生]1929年　[典]1992／1996

ブラジール, A.E.　在日米国大使館経済担当公使　[国]米国　[典]1992

ブラジル, ダナ　Brazile, Donna　政治コメンテーター　米国民主党全国委員会副委員長　[国]米国　[典]2012

ブラジル, マーク　Brazil, Mark　ジャーナリスト, 鳥類学者　[国]英国　[生]1955年　[典]1992

ブラジンスキー, テリー　Brykczynski, Terry　作家　ニューヨーク・タクシー労働組合勤務　[国]米国　[生]1950年　[典]1992

プラース, アデライード・ド　Place, Adélaïde de　音楽学者　[国]フランス　[生]1945年　[典]2004

ブラス, ジャクリーヌ　Blass, Jacqueline　絵本画家　[国]スイス　[生]1934年　[典]1996

ブラス, ティント　Brass, Tinto　本名=ブラス, ジョヴァンニ　映画監督　[国]イタリア　[生]1933年　[典]2004／2008／2012

ブラス, ビル　Blass, Bill　ファッションデザイナー　元・ビル・ブラス創設者　[国]米国　[生]1922年6月22日　[没]2002年6月12日　[典]1996

ブラス, フィリップ　Brass, Philip　パシフィック・ダンロップ社長　[国]オーストラリア　[生]1948年　[典]1996

プラス, フランソワ　Place, François　イラストレーター, 脚本家, 絵本作家　[国]フランス　[生]1957年　[典]2000

ブラス, ミシェル　Bras, Michel　料理人　元・ミシェル・ブラス・オーナーシェフ　[国]フランス　[生]1946年11月4日　[典]1996(ブラ, ミシェル)／2004／2008／2012

ブラスウェイト, エドワード・カマウ　Brathwaite, Edward Kamau　詩人　[国]バルバドス　[生]1930年　[典]1992

ブラスウェイト, ベネディクト　Blathwayt, Benedict　イラストレーター　[国]英国　[典]2008

ブラスウェイト, ライアン　Brathwaite, Ryan　陸上選手(ハードル)　[国]バルバドス　[生]1988年6月6日

ブラスカ, ロバート　Brusca, Robert　エコノミスト　FAOエコノミクス・主任エコノミスト　[国]米国　[典]2000／2012

ブラスコ, ミリアム　Blasco Soto, Miriam　柔道選手(56キロ級)　[国]スペイン　[典]1996

ブラスコビッチ, フェレンツ　ハンガリー科学アカデミー世界経済研究所研究員, ハンガリー外国プレスセンター広報担当官　[国]ハンガリー　[生]1958年　[典]1992

プラストー, デービッド　Plastow, David Arnold Stuart　実業家　元・インチケープ会長　[国]英国　[生]1932年5月9日　[典]1996

フラストラ・ファン・ローン, カレル　Glastra van Loon, Karel　作家　[国]オランダ　[生]1962年　[典]2012

プラストリック, ピーター　Plastrik, Peter　コンサルタント　オンパーポス・アソーシエイツ代表　[国]米国　[典]2004

ブラスバーグ, エリカ　Blasberg, Erica　プロゴルファー　[国]米国　[生]1984年7月14日　[没]2010年5月9日

フラスベック, ハイナー　ドイツ大蔵次官　[国]ドイツ　[生]1950年　[典]2000

ブラスム, アンヌ・ソフィ　Brasme, Anne-Sophie　作家　[国]フランス　[生]1984年　[典]2004／2008／2012

ブラスラベッツ, エーヘン　Braslavets, Yevhen　ヨット選手　[国]ウクライナ　[生]1972年9月11日　[典]2000／2008

ブラゼヴィッチ, ミロスラヴ　Blazevic, Miroslav　サッカー監督　サッカー・ボスニア・ヘルツェゴビナ代表監督　[国]クロアチア　[生]1935年2月10日　[典]2012

ブラゼッティ, アレッサンドロ　Blasetti, Alessandro　映画監督　[国]イタリア　[生]1900年7月3日　[没]1987年2月1日　[典]1992

ブラゼル, クレイグ　Brazell, Craig　本名=Brazell,Craig Walter　プロ野球選手(内野手), 元・大リーグ選手　[国]米国　[生]1980年5月10日　[典]2012

プラセルト・ルチラウォングセ　元・タイ保健相, 元・タイ警察庁長官　[国]タイ　[没]1984.1.19日　[典]1992

ブラゾバン, イェンシー　Brazoban, Yhency Jose　大リーグ選手(投手)　[国]ドミニカ共和国　[生]1980年6月11日　[典]2012

ブラソフ, ロマン　Vlasov, Roman　レスリング選手(グレコローマン)　ロンドン五輪レスリング男子グレコローマン74キロ級金メダリスト　[国]ロシア　[生]1990年10月6日

プラソン・スンシリ　Prasong Soonsiri　政治家　タイ道義党顧問　元・タイ外相　[国]タイ　[生]1927年8月　[典]1996

プラタ, スティーブン　Prata, Stephen　マリンカレッジ教授　[専]コンピュータ・ソフト,UNIX　[国]米国　[典]1992

プラダ, ミウッチャ　Prada, Miuccia　ファッションデザイナー　プ

ラダ・デザイナー 国イタリア 生1950年 著2000／2004／2008／2012

プラダス, チャロ Prasas, Charo 画家 国スペイン 生1960年 著1996

プラタップ, アディカリ・チュトラ 詩人 トリブバン大学非常勤講師 専日本文学 国ネパール 著2000

プラダン, シャハナ Pradhan, Sahana 政治家 元・ネパール通産相 国ネパール 著1992／1996／2000

プラチェット, テリー Prachett, Terry SF作家 国英国 生1948年 著1996／2012

プラチャイ・レオパイラタナ Prachai Leophairatana 実業家 タイ・ペトロケミカル・インダストリー(TPI)創業者 国タイ 生1944年8月28日 著2004／2008

プラチュアップ・チャイヤサン Prachuab Chaiyasan 政治家 元・タイ外相, 元・タイ国立大学相 国タイ 生1944年8月20日 著2000／2004

プラツェク, マティアス Platzeck, Matthias 政治家 元・ドイツ社会民主党(SPD)党首, 元・ブランデンブルク州首相 国ドイツ 生1953年12月29日 著2008／2012

ブラッカー, カーメン Blacker, Carmen Elizabeth 民俗学者, 日本学者 元・ケンブリッジ大学講師 専日本宗教史, 日本民俗学, 福沢諭吉研究 国英国 生1924年7月13日 没2009年7月13日 著1992／1996／2000

ブラッカイマー, ジェリー Bruckheimer, Jerry 映画プロデューサー 国米国 生1945年 著2000／2004／2008／2012

ブラッカイマー, リンダ Bruckheimer, Linda 作家 国米国 著2004

ブラッカダー, トッド Blackadder, Todd ラグビー選手(LO) 国ニュージーランド 生1971年9月20日 著2004／2008

フラッカーロ, ヴァルテル Fraccaro, Walter テノール歌手 国イタリア

ブラッキング, ジョン Blacking, John 社会人類学者 元・ベルファスト・クイーンズ大学名誉教授 専民族音楽学 国英国 生1928年 没1990年1月24日 著1992

ブラック Black 本名＝バーンコム, コリン 歌手 国英国 生1962年5月26日 著1992

ブラック, A.J.C. シェル・インターナショナル・トレーディング副社長 生1942年8月6日 著1996

ブラック, J.ステュアート Black, J.Stewart 経営学者 ミシガン大学ビジネス・スクール教授 国米国 著2004

ブラック, アイラ Black, Ira B. 神経科学者 ニュージャージー医科歯科大学ロバート・ウッド・ジョンソン医学校教授 国米国 著2008

ブラック, アリステア Black, Alistair 図書館学者 リーズ・メトロポリタン大学図書館史・情報史教授 著2008／2012

ブラック, イーサン Black, Ethan 別筆名＝ライス, ボブ 作家, ジャーナリスト 国米国 生1951年 著1996(ライス, ボブ)／2004／2012

ブラック, エドウィン Black, Edwin ジャーナリスト 国米国 生1950年 著2004

ブラック, カーラ Black, Cara 脚本家, 作家 国米国 著2004

ブラック, カーラ Black, Cara テニス選手 国ジンバブエ 生1979年2月17日

ブラック, カレン Black, Karen 本名＝Ziegler,Karen Blanche 女優 国米国 生1939年7月1日 没2013年8月8日 著1996

ブラック, キース 脳外科医 シーダース・サイナイ医療センター神経外科研究所所長 国米国 著2000

ブラック, キャサリーン Black, Cathleen 「USA TODAY」紙発行人, ガネット社執行副社長(マーケティング担当) 国米国 生1944年4月26日 著1992／2008

ブラック, キャンベル Black, Campbell 作家, 戯曲家 国英国 生1944年 著1992

ブラック, クラウディア Black, Claudia ソーシャルワーカー 国米国 生1951年 著2000

ブラック, クリントン Black, Clinton V. 著述家 国ジャマイカ 生1918年 著1992

ブラック, サンディ Black, Sandy ニットデザイナー ロンドン・カレッジ・オブ・ファッション講師 国英国 著2004／2008

ブラック, ジェームズ Black, James Whyte 薬理学者 元・ロンドン大学キングス・カレッジ名誉教授 国英国 生1924年6月14日 没2010年3月21日 著1992／1996／2000／2008

ブラック, ジェレミー Black, Jeremy 歴史家 エクセター大学教授 専歴史地理学 国英国 生1955年 著2004

ブラック, ジャック Black, Jack グループ名＝テネイシャスD 俳優, ロックミュージシャン 国米国 生1969年 著2008／2012

ブラック, シャーリー・テンプル Black, Shirley Temple 旧名＝テンプル, シャーリー・ジェイン 芸名＝テンプル, シャーリー 女優, 外交官 元・駐チェコスロバキア米国大使, 元・国連代表委員 国米国 生1928年4月23日 没2014年2月10日 著1992／1996／2004／2008／2012

ブラック, ジョナサン Black, Jonathan 別名＝ブラック, ベラ・フォン 作家 国米国 著1992

ブラック, スタンリー Black, Stanley 指揮者, ピアニスト, 作曲家, 編曲家 国英国 生1913年6月14日 没2002年11月26日 著2004

ブラック, ステファニー Black, Stephanie 映画監督, 映画プロデューサー 国米国 著1992

ブラック, ダンカン Brack, Duncan 英国王立国際問題研究所(RIIA)エネルギーと環境プログラム(EEP)リーダー 国英国 著2004

ブラック, デービッド Black, David C. ヒューストン月惑星研究所主任 専天体物理学, 惑星科学 国米国 著1992

ブラック, ドナルド Black, Donald W. 精神医学者 アイオワ大学医学部教授 国米国 著2004

ブラック, バド Black, Bud 本名＝Black,Harry Ralston 大リーグ監督, 元・大リーグ選手 国米国 生1957年6月30日

ブラッグ, バーナード Bragg, Bernard 俳優 国米国 生1928年 著1996／2000

ブラック, ハロルド Black, Harold Stephen 電気工学者 元・ベル電話研究所研究員 国米国 生1898年 著1992

ブラッグ, ビリー ポップス歌手 国英国 著1992／1996

フラッグ, ファニー Flagg, Fannie 女優, 脚本家, 映画監督, 作家 国米国 著1996

ブラック, フィッシャー Black, Fischer 投資コンサルタント ゴールドマン・サックス・アセット・マネージメント社パートナー・数理解析戦略担当ディレクター 元・マサチューセッツ工科大学教授 専金融論 国米国 著1992

フラック, フレデリック Flach, Frederic F. 精神科医 コーネル大学医学部教授 専うつ病 著2000

ブラック, ホリー Black, Holly ファンタジー作家 国米国 生1971年 著2008／2012

ブラック, マティアス Brack, Matthias レーゲンスブルク大学教授 専理論物理学, 原子核物理 著2000

ブラック, メアリー Black, Mary 歌手 国アイルランド 生1955年5月23日 著2000

ブラッグ, メルビン Bragg, Melvyn 作家 生1939年 著2008

ブラック, ユージン Black, Eugene Robert 銀行家 元・世界銀行総裁 国米国 生1898年5月1日 没1992年2月19日 著1996

ブラック, ユーリス Black, Uyless コンピュータ技術者, 元・海軍将校 著2004

ブラッグ, ラリー・D. マーケット・メイカーズ社長 国米国 生1945年 著1996

ブラッグ, リック Bragg, Rick ライター 国米国 生1959年

ブラック, レジナルド(Jr.) Brack, Reginald K.(Jr.) タイム・ワーナー・パブリッシング会長・社長・CEO, 米国雑誌協会会長 国米国 著1996

ブラック, レックス Black, Rex コンピューターコンサルタント 国米国 著2008

ブラック, ロジャー　Black, Roger　経営コンサルタント　ウエルグローブ・アソシエイツ代表　⑱英国　⑲1946年　⑳1996

フラック, ロバータ　Flack, Roberta　ポピュラー歌手,作詞家,作曲家　⑱米国　⑲1940年2月10日　⑳1992／1996

ブラッグ, ロバータ　Bragg, Roberta　コンピューター技術者　⑳2004

ブラックウェル, エド　Blackwell, Ed　本名=Blackwell,Edward Joseph　ジャズドラマー　⑱米国　⑲1927年　㉑1992年10月7日　⑳1996

ブラックウェル, ジェームズ　戦略国際問題研究所(CSIS)上級研究員　⑱国際安全保障問題　⑲米国　⑳1992／1996

ブラックウェル, ラッセル　Blackwell, Russell　広告クリエーター,写真家　⑱英国　⑳2004／2008

ブラックウェル, ルイス　「クリエイティブ・レヴュー」編集者　⑱インテリアデザイン　⑲英国　⑳1992

ブラックウェル, ロジャー　Blackwell, Roger D.　経営学者,経営コンサルタント　オハイオ州立大学教授　⑱マーケティング　⑲米国　⑳2004

ブラックウッド, アラン　Blackwood, Alan　音楽学者　⑳2004

ブラックウッド, ゲーリー　Blackwood, Gary　作家　⑱米国　⑳2004

ブラックウッド, サイモン　画家,絵画修復業,陶芸家,額縁製作者,骨董家　⑱英国　⑳1992

ブラックショー, アン　Blackshaw, Anne　人権活動家,写真家　⑱米国　⑳2004

ブラックストーン, ステラ　Blackstone, Stella　児童文学作家　⑱英国　⑳2004／2008

ブラックバーン, エリザベス・ヘレン　Blackburn, Elizabeth Helen　生化学者　カリフォルニア大学サンフランシスコ校教授　⑱分子生物学　⑲米国　⑲1948年11月26日　⑳2000／2012

ブラックバーン, サイモン　Blackburn, Simon　哲学者　⑱英国　⑲1944年　⑳2012

ブラックバーン, ジュリア　Blackburn, Julia　作家　⑱英国　⑳2004

ブラックバーン, ダニエル・ジョゼフ　Blackburn, Daniel Josef　ジャーナリスト　⑱米国　⑲1943年　⑳1992

ブラックフォード, マンセル　Blackford, Mansel G.　オハイオ州立大学歴史学部教授　⑱経営史　⑲米国　⑲1944年　⑳2000

ブラックマン, アーノルド・チャールズ　Brackman, Arnold Charles　ジャーナリスト,作家　元・ウェスタン・コネティカット州立大学教授　⑱米国　⑲1923年　㉑1983年　⑳1992

ブラックマン, アンドルー　Brackman, Andrew Warren　大リーグ選手(投手)　⑱米国　⑲1985年12月4日　⑳2012

ブラックマン, マロリー　Blackman, Malorie　作家　⑱英国　⑲1962年　⑳2004／2008

ブラックマン, ロン　AT&Tベル研究所副所長　⑱米国　⑳2000

ブラックモア, スーザン　Blackmore, Susan　心理学者　ウエスト・オブ・イングランド大学　⑱超常現象,進化心理学,ミーム学　⑳2004

ブラックモア, ピーター　Blackmore, Peter　実業家　コンパック上級副社長　⑱英国　⑳2000

ブラックモア, リッチー　Blackmore, Ritchie　ユニット名=ブラックモアズ・ナイト,旧グループ名=ディープ・パープル,レインボー　ロック・ギタリスト　⑱英国　⑲1945年4月14日　⑳1992／2000／2004／2008／2012

フラッケ, ウシ　Flacke, Uschi　児童文学作家,俳優　⑱ドイツ　⑳2004

ブラツケ, マイク　Bratzke, Mike　NGO活動家　⑱ドイツ　⑲1973年　⑳2004／2008

フラッコ, ジョー　Flacco, Joe　プロフットボール選手(QB)　⑱米国　⑲1985年1月16日　⑳2012

ブーラッサ, ロバート　Bourassa, Robert　政治家　元・ケベック州首相　⑱カナダ　⑲1933年7月14日　㉑1996年10月2日　⑳1992／1996

ブラッサイ　Brassaï　本名=ハラッシュ,ギューラ　写真家,詩人　⑱フランス　⑲1899年　㉑1984年7月8日　⑳1992

ブラッサール, ジャンリュク　Brassard, Jean-Luc　スキー選手(フリースタイル)　⑱カナダ　⑲1972年8月24日　⑳1996／2000／2008

ブラッサンス, ジョルジュ　Brassens, Georges　シャンソン歌手,詩人,作曲家　⑱フランス　⑲1921年10月22日　㉑1981年10月29日　⑳1992

ブラッシェアーズ, アン　Brashares, Ann　作家　⑱米国　⑳2004

ブラッセ, ペトラ　インテリアデザイナー　⑱オランダ　⑳2000

ブラッソン, ミシェル　Plasson, Michel　指揮者　トゥールーズキャピトル管弦楽団名誉指揮者　元・トゥールーズ市立歌劇場音楽監督　⑱フランス　⑲1933年10月2日　⑳2000／2012

ブラッター, ゼップ　Blatter, Sepp　本名=ブラッター,ジョセフ・ゼップ　元・サッカー選手　国際サッカー連盟(FIFA)会長,国際オリンピック委員会(IOC)委員　⑱スイス　⑲1936年3月10日　⑳2000／2004／2008／2012

ブラッタール, ダグラス　ルンド大学教授　⑱歯科学　⑱スウェーデン　⑲1938年　⑳2000

ブラッタン, ウォルター　Brattain, Walter Houser　物理学者　元・ホイットマン大学教授,元・ベル電話研究所研究員　⑱米国　⑲1902年2月10日　㉑1987年10月13日　⑳1992(ブラティン,ウォルター)

フラッチ, カルラ　Fracci, Carla　バレリーナ　⑱イタリア　⑲1936年　⑳2004／2008／2012

ブラッチャヤー, ピンゲーオ　Prachya Pinkaew　映画監督,映画プロデューサー　⑱タイ　⑲1962年　⑳2012

フラッツィ, アントニオ　Frazzi, Antonio　映画監督,テレビ演出家　⑱イタリア　⑲1944年　⑳2004／2008

フラッツィ, アンドレア　Frazzi, Andrea　映画監督,テレビ演出家　⑱イタリア　⑲1944年　⑳2004／2008

ブラッティ, ウィリアム・ピーター　Blatty, William Peter　作家,シナリオライター　⑱米国　⑲1928年　⑳1992

フラッティーニ, ステファヌ　Frattini, Stéphane　「白くまになりたかった子ども」の著者　⑳2008

ブラッド　Brad　本名=Wilk,Brad　グループ名=レイジ・アゲインスト・ザ・マシーン　ロック・ドラマー　⑱米国　⑳2004／2008／2012

プラット, アワダジン　ピアニスト　⑱米国　⑲1966年　⑳2000

プラット, エマニュエル　Prat, Emmanuel　本名=プラット,エマニュエル・ピエール・フレデリック　実業家　LVMHモエ・ヘネシー・ルイ・ヴィトン・ジャパン社長　⑱フランス　⑳2000／2008／2012

プラット, オズワルド　Pratt, Oswald T.　作家　⑳2004

プラット, チャールズ　Platt, Charles　作家　⑱英国　⑲1944年10月25日　⑳1996／2000

プラット, デービッド　Platt, David S.　コンピューター技術者　Rolling Thunder Computing社長　⑱米国　⑳2004

プラット, ニコラス　Platt, Nicholas　外交官　アジア・ソサエティー会長　⑱米国　⑲1936年3月10日　⑳1996／2000

プラット, ハリー　整形外科医　⑱英国　㉑1986年12月21日　⑳1992

プラット, ピエール　Pratt, Pierre　絵本作家　⑱カナダ　⑲1962年　⑳1996／2000

プラット, ポリー　Platt, Polly　本名=Platt,Mary Marr　映画プロデューサー,映画美術・衣裳デザイナー,脚本家　⑱米国　⑲1939年1月29日　㉑2011年7月27日

プラット, ラリー　Pratt, Larry　政治学者　⑳2004

プラット, リチャード　Platt, Richard　ライター,編集者,写真家　⑲1953年　⑳1996／2000

プラット, ルイス　Platt, Lewis E.　実業家　元・ヒューレット・パッカード(HP)会長,元・ボーイング会長　⑱米国　⑲1941年4月11日　㉑2005年9月8日　⑳1996／2000

ブラッド, レベッカ　Blood, Rebecca　ライター　⑱米国　⑳2008

ブラット, ロバート　Bratt, Robert K.　米国司法省公民権局補償管

理事務所長　国米国　典1992

ブラッドウェイ, ケイ　Bradway, Kay　哲学者, 精神分析家　元・米国箱庭療法学会副会長　箱箱庭療法　国米国　典2004

ブラッドシャー, キース　Bradsher, Keith　ジャーナリスト　「ニューヨーク・タイムズ」香港支局長　典2008

プラットナー, ハッソ　Plattner, Hasso　実業家　SAP共同創業者　国ドイツ　生1944年1月21日　典2004／2012

ブラットバーグ, ロバート　Blattberg, Robert C.　経営学者　ノースウェスタン大学大学院ケロッグ・スクール特別教授　国米国　典2004

ブラッドフィールド, ジェームス・ディーン　Bradfield, James Dean　グループ名=マニック・ストリート・プリーチャーズ　ロック歌手, ギタリスト　国英国　生1969年2月21日　典2004／2008／2012

ブラッドフィールド, ロン　Brodfield, Ron　経営学者　典2004／2008

ブラッドフォード, アーサー　Bradford, Arthur　作家, 映画監督　国米国　生1969年　典2012

ブラッドフォード, バーバラ　Bradford, Barbara Taylor　作家　国米国　生1933年　典1996／2000／2012

ブラッドフォード, リチャード　Bradford, Richard　作家　国米国　生1932年　典1992

ブラッドブルク, マリエル　Bradbrook, Muriel Clara　英文学者　元・ケンブリッジ大学教授　国英国　生1909年4月27日　没1993年6月11日　典1996

ブラッドベリー, スティーブン　Bradbury, Steven　元・スピードスケート選手（ショートトラック）　国オーストラリア　生1973年10月14日　典2004／2008

ブラッドベリー, マルコム　Bradbury, Malcolm Stanley　作家, 批評家　元・イースト・アングリア大学教授　英米文学　国英国　生1932年9月7日　没2000年11月27日　典1992／1996

ブラッドベリ, レイ　Bradbury, Ray Douglas　本名=ブラッドベリ, レイモンド・ダグラス　SF作家　国米国　生1920年8月22日　没2012年6月5日　典1992／1996／2000／2004／2008／2012

ブラッドリー, オマール　Bradley, Omar Nelson　軍人　元・米国陸軍元帥　国米国　生1893年2月12日　没1981年4月8日　典1992

ブラッドリー, キーガン　Bradley, Keegan　プロゴルファー　国米国　生1986年6月7日　典2012

ブラッドリー, ジェームズ　Bradley, James　泰緬鉄道建設・東京裁判に携わった捕虜　国英国　生1911年　典2004

ブラッドリー, ジェームズ　Bradley, James　「硫黄島の星条旗」の共著者　国米国　生1954年　典2004／2008／2012

ブラッドリー, ショーン　Bradley, Shawn　バスケットボール選手　国米国　生1972年3月22日　典1996／2008

ブラッドリー, ジョン・エド　Bradley, John Ed　作家　国米国　生1959年　典1992／1996

ブラッドリー, タムディン・シザー　Bradley, Tamdin Sither　チベット医師　国インド　生1964年　典2004／2008

ブラッドリー, ダン　弁護士, 社会活動家　国米国　没1988年1月8日　典1992

ブラッドリー, デービッド　Bradley, David　作家　テンプル大学創作学科　国米国　典1992

ブラッドリー, トーマス　Bradley, Thomas　政治家, 弁護士　元・ロサンゼルス市長　国米国　生1917年12月29日　没1998年9月29日　典1992／1996

ブラッドリー, ニール　Bradley, Neil　技術コンサルタント　典2004

ブラッドリー, パット　プロゴルファー　国米国　生1951年　典1996

ブラッドリー, ビル　Bradley, Bill　ジャーナリスト　国米国　典1992

ブラッドリー, ビル　Bradley, Bill　政治家　元・米国上院議員（民主党）　国米国　生1943年7月28日　典1992／1996／2000／2004／2012

ブラッドリー, フィル　Bradley, Phil　本名=Bradley,Philip Poole　元・プロ野球選手　国米国　生1959年3月11日　典1996

ブラッドリー, ベンジャミン　Bradlee, Benjamin C.　ジャーナリスト　ワシントン・ポスト社副社長　国米国　生1921年8月26日　典1992／2000

ブラッドリー, マイケル　Bradley, Michael J.　臨床心理学者, カウンセラー　国米国　典2008

ブラッドリー, マリオン・ジマー　Bradley, Marion Zimmer　SF作家　国米国　生1930年6月30日　没1999年9月25日　典1996

ブラッドリー, ライアン　Bradley, Ryan　元・フィギュアスケート選手　国米国　生1983年11月17日　典2008／2012

ブラッドリー, レイ　Bradley, Ray　獣医学者　国際獣疫事務局（OIE）顧問　元・英国中央獣医学研究所病理学部長　狂牛病　国英国　典2004／2008

ブラッドリー, ロニー　Bradley, Lonnie　プロボクサー　元・WBO世界ミドル級チャンピオン　国米国　生1968年9月16日　典2004／2008

フラットレー, マイケル　Flatley, Michael　ダンサー, 振付師　国アイルランド　典2004／2008

ブラッドロー, H.レオン　Bradlow, H.Leon　ストラング・コーネル・ガン研究所内分泌生化学部長, コーネル大学医学部外科学教授　生化学　国米国　典2000

ブラッドン, ラッセル　Braddon, Russell　作家　典1992

ブラッハー, カール・ディートリッヒ　Bracher, Karl Dietrich　政治学者, 歴史家　ボン大学名誉教授　政治学, 現代史, ナチズム研究　国ドイツ　生1922年3月13日　典1992／1996／2004／2008

ブラッハー, コリア　Blacher, Kolja　バイオリニスト　元・ベルリン・フィルハーモニー管弦楽団第1コンサートマスター　国ドイツ　生1963年　典2000／2012

ブー・ラップ　軍人, 政治家　元・ベトナム人民軍第2軍管区司令官, 元・ベトナム共産党中央委員　国ベトナム　没1987年7月18日　典1992

プラップ, リラ　Prap, Lila　児童文学作家, イラストレーター　国スロベニア　生1955年　典2008

プラディト・チャレオンタイウィー　医師, 人権運動指導者　マヒドン医科大学学長　国タイ　典1996

フラティニ, フランコ　Frattini, Franco　政治家, 弁護士　イタリア外相　元・EU欧州委員会副委員長　国イタリア　生1957年3月14日　典2004／2008／2012

プラティニ, ミシェル　Platini, Michel　本名=Platini,Michel François　元・サッカー選手　欧州サッカー連盟（UEFA）会長　元・フランス・サッカー代表監督, 元・サッカーW杯フランス大会組織委員会委員長　国フランス　生1955年6月21日　典1992／1996／2000／2008／2012

プラティヒ, カール・ハインツ　Plattig, Karl-Heinz　生理学者　エルランゲン大学教授　国ドイツ　生1931年　典2004

プラティープ・ウンソンタム　Prateep Ungsongtham　本名=プラティープ・ウンソンタム・秦　社会教育者, 社会福祉家　ドゥアン・プラティープ財団事務局長　元・タイ上院議員　国タイ　生1952年　典1992／1996／2000／2004／2008／2012

ブラテリ, トリグベ　Bratteli, Trygve　元・ノルウェー首相　国ノルウェー　没1984年11月20日　典1992

プラテル, アラン　Platel, Alain　舞踊家　アラン・プラテル・バレエ団主宰　コンテンポラリーダンス　国ベルギー　生1959年　典2012

プラテル, エリザベット　Platel, Elisabeth　バレリーナ　パリ・オペラ座バレエ学校校長　元・パリ・オペラ座バレエ団エトワール　国フランス　典2008／2012

ブラテン, アリス　Bratton, Alice L.　英語教師　ジャパン・ランゲージ・フォーラム（JLF）US代表取締役　国米国　典2004

フラーテン, ベル　Flaatten, Per O.　経営コンサルタント　アンダーセン・コンサルティング・シカゴ事務所マネジャー　情報システム　国米国　典1992

プラード, エドガー　Prado Edgar　騎手　国米国　生1967年6月12日　典2012

ブラード, エドワード　Bullard, Edward Crisp　地球物理学者　元・ケンブリッジ大学教授　国英国　生1907年9月21日　没1980年4月3日　典1992

プラート, ピーター　Praet, Peter　エコノミスト　ベルギージェネラルバンク主任エコノミスト　元・欧州委員会経済顧問,元・ブリュッセル大学教授　国ベルギー　生1996／2000

フラトウ, ガビー　ジャーナリスト　ハンス・クラーサ基金代表　国ドイツ　生1941年　辞2004

ブラトヴィチ, ミオドラグ　Bulatović, Miodrag　作家　国ユーゴスラビア　生1930年2月10日　没1991年3月14日　辞1992(プラトビッチ, ミオドラグ)／1996(プラトビッチ, ミオドラグ)

ブラトキン, チャールズ　Platkin, Charles Stuart　カウンセラー　辞2008

フラトコフ, ミハイル　Fradkov, Mikhail Yefimovich　政治家　ロシア対外情報局(SVR)長官　元・ロシア首相　国ロシア　生1950年9月1日　辞2008／2012

ブラトソン, リンカーン　Pratson, Lincoln F.　コロラド大学北極アルプス研究所　地質学　国米国　辞2000

ブラドック, リチャード　Braddock, Richard S.　実業家　プライスライン・ドット・コム会長・CEO　元・シティコープ社長・COO　国米国　生1996／2000

ブラドック, レブ　Bradock, Reb　映画監督　生1964年10月16日　辞2000

プラトネール, パトリシア　Plattner, Patricia　映画監督,映画製作者　国スイス　生1953年1月22日　辞2004

ブラトビッチ, モミル　Bulatović, Momir　政治家　元・ユーゴスラビア連邦首相,元・モンテネグロ共和国大統領　国モンテネグロ　生1956年9月21日　辞2000／2004／2008

プラトフ, エフゲニー　Platov, Evgenii　元・フィギュアスケート選手(アイスダンス)　国ロシア　生1967年8月7日　辞1996／2000

プラトリーニ, ヴァスコ　Pratolini, Vasco　作家　国イタリア　生1913年10月19日　没1991年1月12日　辞1992

フラートン, R.ドナルド　Fullerton, R.Donald　銀行家　元・カナダ・コマース銀行(CIBC)会長　国カナダ　生1931年6月7日　没2011年5月29日　辞1992／1996

フラートン, アレクサンダー　Fullerton, Alexander　筆名=Fox, Anthony　作家　国英国　生1924年9月20日　辞1992

ブラナー, ケネス　Branagh, Kenneth　俳優,映画監督,演出家　国英国　生1960年12月10日　辞1992／1996／2000／2004／2008／2012

ブラナー, ジョン　Brunner, John　SF作家　生1934年　没1995年8月25日　辞1992／1996

フラナガン, デービッド　Flanagan, David　プログラマー, コンサルタント　辞2004

フラナガン, バリー　世界エネルギー会議(WEC)プログラム委員長　国オーストラリア　生1931年　辞1996

フラナガン, バリー　Flanagan, Barry　グループ名=HAPA　ギタリスト, ボーカリスト　国米国　辞2012

フラナガン, ビル　Flanagan, Bill　音楽ライター　MTViグループ事業部門VH1上席副社長・編集主幹　国米国　辞2004

フラナガン, フィル　Branagan, Phil　モータースポーツ・ジャーナリスト　「モーターレーシング・オーストラリア」編集者　国オーストラリア　生1959年12月26日　辞2000

フラナガン, マイク　Flanagan, Mike　本名=Flanagan,Michael Kendall　大リーグ選手　元・ボルティモア・オリオールズ球団副社長　国米国　生1951年12月16日　没2011年8月24日

フラナガン, マイケル　Flanagan, Michael　画家　国米国　生1943年　辞2004

フラナガン, リチャード　Flanagan, Richard　作家　国オーストラリア　生1961年　辞2012

ブラナック, サラ・バン　Breathnach, Sarah Ban　フリーライター　国米国　辞2004

フラナリー, ショーン　Flannery, Sean　本名=ハグバーグ, デービッド　ミステリー作家　国米国　生1942年　辞1992／1996

フラナリー, ショーン・パトリック　Flanery, Sean Patrick　俳優, ロック歌手　国米国　生1965年10月11日　辞2000

フラナリー, セアラ　Flannery, Sarah　16歳でアイルランド青年科学者賞を受賞　暗号学　国アイルランド　生1982年　辞2004

フラナリー, デービッド　Flannery, David　数学者　コーク工科大学　国アイルランド　生1952年　辞2004

ブラニク, レゼク　Blanik, Leszek　体操選手　北京五輪体操男子跳馬金メダリスト　国ポーランド　生1977年3月1日　辞2012

プラニッツァー, ラッセル　Planitzer, Russell E.　プライムコンピュータ社長　国米国　生1944年2月18日　辞1992

フラニツキ, フランツ　Vranitzky, Franz　政治家　元・オーストリア首相, 元・オーストリア社会民主党党首　国オーストリア　生1937年10月4日　辞1992／1996／2000／2012

プラニンツ, ミルカ　Planinc, Milka　政治家　元・ユーゴ連邦執行会議議長(首相)　国ユーゴスラビア　生1924年11月21日　辞1992

ブラネッリ, フランチェスコ　Buranelli, Francesco　ローマ教皇庁教会文化財委員会局長・キリスト教考古学委員会監督　国エトルリア考古学　国イタリア　生1955年　辞2012

ブラハ, パウル　Blaha, Paul　劇作家　元・オーストリア文化政策協会会長　国オーストリア　生1925年　辞1992

プラバカラン, ベルピライ　Prabhakaran, Velupillai　ゲリラ活動家　元・タミル・イーラム解放のトラ(LTTE)議長　国スリランカ　生1954年11月26日　没2009年5月18日　辞2004／2008

ブラバツカ, ラリッサ　Bravatska, Larissa Alexandra　外交官　在日カナダ大使館一等書記官(広報担当)　国カナダ　生1950年　辞1992

フラバティ, アナトリー　Khrapatyi, Anatolii　重量挙げ選手　国カザフスタン　辞1992／1996

ブラバム, デービッド　Brabham, David　レーシングドライバー, 元・F1ドライバー　国オーストラリア　生1965年9月5日　辞1992／1996

ブラハム, マルコム・J.　ノースウエスト航空副社長　国英国　辞1996

ブラハム, ランドルフ　Braham, Randolph L.　歴史家　ニューヨーク市立大学名誉教授　国ハンガリー　生1922年　辞1996

フラバル, イボン　哲学者, 評論家　元・パリ大学教授　国フランス　生1988年11月19日　辞1992

フラバル, ボフミル　Hrabal, Bohumil　作家　国チェコ　生1914年3月28日　没1997年2月3日　辞1992／2000

ブラハルツ, クルト　Bracharz, Kurt　作家　国オーストリア　生1947年　辞2004

プラパワデ・ジャロエンラタナタラコン　Prapawadee Jaroenrattanatarakoon　旧名=チャンピン・カウタティアン　重量挙げ選手　北京五輪重量挙げ女子53キロ級金メダリスト　国タイ　生1984年5月29日　辞2012

ブラバンツ, ティム　Brabants, Tim　カヌー選手　北京五輪カヌー男子カヤックシングル1000メートル金メダリスト　国英国　生1977年1月23日　辞2012

プラパン・ブンヤキエット　ワタチャック新聞社社長　国タイ　辞1996

フラビオ・シロー　日本名=田中朋郎　画家　国ブラジル　生1928年　辞1996

ブラヒミ, アブデルハミド　Brahimi, Abdelhamid　政治家　元・アルジェリア首相　国アルジェリア　生1936年4月2日　辞1992

ブラヒミ, ラクダール　Brahimi, Lakhdar　外交官, 政治家　シリア担当特使　元・国連事務次長, 元・アルジェリア外相　国アルジェリア　生1934年1月1日　辞2004／2008／2012

ブラヒム, アヌアル　ウード奏者　国チュニジア　辞2004

ブラープ, ヨーゼフ　Blab, Josef　ドイツ連邦自然保護局ビオトープ景域生態学研究所長　景域生態学　国ドイツ　生1949年　辞2000

ブラフォード, ビル　Bruford, Bill　旧グループ名=イエス, キング・クリムゾン　ドラマー　国英国　生1950年5月17日　辞2000／2004／2008／2012

プラブシッチ, ビリアナ　Plavsic, Biljana　政治家　元・セルビア人共和国大統領　国ボスニア・ヘルツェゴビナ　生1930年7月7日　辞2000／2004／2008

プラープダー・ユン　Prabda Yoon　作家, 脚本家, 編集者, グラ

フィックデザイナー,イラストレーター,写真家 国タイ 生1973年 刊2008／2012

ブラベック,ピーター Brabeck, Peter 本名＝Brabeck-Letmathe, Peter 実業家 ネスレCEO 国オーストリア 生1944年11月13日 刊2004／2008

ブラボ,フラビオ 元・キューバ人民権力全国会議議長 国キューバ 没1988年2月27日 刊1992

ブラボ,マヌエル・アルバレス Bravo, Manuel Alvarez 写真家 国メキシコ 生1902年 没2002年10月19日 刊1996／2000

ブラボー,ローズ・マリー Bravo, Rose Marie 実業家 バーバリー副会長 国米国 刊2004／2008／2012

プラボカー,アラティ Prabhakar, Arati 米国国防高等研究計画局（DARPA）長官 国米国 生1959年2月2日 刊1996

プラマー,アマンダ Plummer, Amanda 女優 国米国 生1957年3月23日 刊1996／2000／2004／2008

プラマー,クリストファー Plummer, Christopher 本名＝プラマー,アーサー・クリストファー・オーム 俳優 国カナダ 生1927年12月13日 刊2004／2008／2012

ブラマーニ,リディア Bramani, Lidia 音楽ライター 刊2008

プラマーン・アディレクサーン Pramarn Adireksarn 軍人,政治家 元・タイ国民党党首,元・タイ副首相 国タイ 生1914年 刊1992／1996

ブラミス,アントニー Vlamis, Anthony ライター,編集者 国米国 刊2004

フラミニ,マテュー Flamini, Mathieu サッカー選手(MF) 国フランス 生1984年3月7日 刊2012

プラム,エミリー・ラピタ Plum, Emily Lupita 「水と石」の著者 刊2008

ブラム,クリストファー Bram, Christopher 作家 国米国 生1952年 刊1996

ブラム,ジェームス Brumm, James Earl 法律家 三菱商事取締役,米国三菱商事副社長 国米国 生1942年12月19日 刊2004

プラム,トーマス Plum, Thomas プラム・ホール社社長,ANSI X3J11副議長 専C,C++,UNIX 国米国 刊1996

ブラム,ハワード Blum, Howard ジャーナリスト,ノンフィクション作家 国米国 刊2000

ブラムス,スティーブン Brams, Steven J. 政治学者 ニューヨーク大学教授 刊2004

フラムソン,リチャード・J.(3世) Flamson, Richard J. (III) 銀行家 元・セキュリティ・パシフィック会長・最高経営責任者 国米国 生1929年2月2日 没1991年10月17日 刊1992

ブラムソン,ロバート Bramson, Robert M. 経営コンサルタント 国米国 生1998年 刊2000

プラムディヤ・アナンタ・トゥール Pramoedya Ananta Toer 作家 国インドネシア 生1925年2月6日 没2006年4月30日 刊1992／1996／2000／2004

フラムホルツ,エリック Flamholtz, Eric G. 経営コンサルタント マネジメント・システムズ・コンサルティング社社長,カリフォルニア大学ロサンゼルス校学院マネジメント学科教授 国米国 刊1992

ブラメルド,テオドール Brameld, Theodore 教育哲学者 元・ボストン大学教授 国米国 生1904年 刊1996

プラモン・スティウォン Pramon Sutivong 実業家 トヨタ・モーター・タイランド(TMT)会長 国タイ 刊2004／2012

ブラル,スティーブン Brull, Steven ジャーナリスト 「インターナショナル・ヘラルド・トリビューン」東京支局長 国米国 生1958年 刊1996

ブラレイ,フランク Braley, Frank ピアニスト 国フランス 生1968年10月4日 刊1992／1996／2000／2012

フラワー,デレク Flower, Derek Adie 著述家,キャスター 専エジプト学 国英国 刊2004／2008

フラワーズ,ブランドン Flowers, Brandon グループ名＝THE KILLERS ミュージシャン 国米国 生1981年6月21日 刊2008／2012

フラワーズ,ボネッタ Flowers, Vonetta ボブスレー選手,元・陸上選手 ソルトレークシティ五輪金メダリスト 国米国 生1973年10月29日 刊2004／2008／2012

プラワット・ワホラム Prawat Wahoram 車いす陸上選手 国タイ 刊2004

フラン Franc 画家 国フランス 生1927年 刊1992

ブラン,アンリ・フレデリック Blanc, Henri Frederic 作家 国フランス 生1954年12月22日 刊1996／2000

ブラン,イザベル Blanc, Isabelle スノーボード選手 国フランス 生1975年7月25日 刊2004

ブラン,オリヴィエ Blanc, Olivier 新聞・雑誌記者 専フランス革命史 国フランス 生1951年 刊1992

ブラン,クリスチャン Blanc, Christian エールフランス会長 国フランス 生1942年5月17日 刊1996

ブラン,クリストフ Blanc, Chrstophe 映画監督 国フランス 刊2004

ブラン,ジャン シャンソン作曲家・歌手 国フランス 生1900年3月 没1989年1月19日 刊1992

ブラン,ジャン Brun, Jean ディジョン大学教授 専ギリシャ哲学 国フランス 生1919年 刊1992

ブーラン,ジャンヌ Bourin, Jeanne 作家 国フランス 生1922年 没2003年 刊2008

ブラン,ジャン・フランソワ Brun, Jean-François アーティスト 国フランス 生1953年 刊2000

ブラン,ジョルジュ Blin, Georges 文芸評論家 元・パリ大学教授,元・コレージュ・ド・フランス教授 国フランス 生1917年12月18日 刊1992

プーラン,ピエール Poulain, Pierre 画家 国フランス 生1927年 刊1992

ブラン,ベルナール Blanc, Bernard 作家,ジャーナリスト 国フランス 生1951年 刊1992

フラン,ポール 外交官 米国国務省日本部 元・札幌米国総領事館職員 国米国 刊1992

ブラン,マニュエル Blanc, Manuel 俳優 国フランス 生1968年6月13日 刊2000

ブラン,ミシェル Blanc, Michel 俳優,映画監督 国フランス 生1952年6月16日 刊1996／2000／2004／2008

ブラン,ルドルフ オーストリア教育文化省芸術局長 国オーストリア 刊2000

ブラン,ロジェ Blin, Roger 演出家,俳優 国フランス 生1907年3月12日 没1984年1月21日 刊1992

ブラン,ローラン Blanc, Laurent サッカー監督,元・サッカー選手 元・サッカー・フランス代表監督 国フランス 生1965年11月19日 刊2000／2004／2008／2012

プランヴァル,ベアトリス・ドゥ Plinval, Beatrice de ショーメ美術館館長 国フランス 生1948年 刊2000／2004

ブランカース・クーン,フランシーナ Blankers-Koen, Francina 旧名＝クーン,フランシーナ 陸上選手 国オランダ 生1918年4月26日 没2004年1月25日 刊1992

フランカム,ジョン Francome, John ミステリー作家,元・騎手 国英国 生1952年12月13日 刊1992／1996

ブランカール,クリスチャン コルベール委員会事務局長 国フランス 生1945年 刊1996

フランカン,ジェラール Franquin, Gérard 画家 国フランス 生1951年 刊2000

フランキ,カルロス Franqui, Carlos 作家,政治活動家 国キューバ 生1921年 没2010年4月15日

フランキッティ,ダリオ Franchitti, Dario レーシングドライバー 国英国 生1973年5月19日 刊2000／2004／2008／2012

ブランキーニ,ジョバンニ Branchini, Giovanni サッカー代理人 国イタリア 生1956年 刊2004／2008／2012

ブランキーニ,ステファノ Branchini, Stefano 靴デザイナー,ファッションデザイナー 国イタリア 刊2000

ブランキーノ,ヴェロニク Branquinho, Veronique ファッション

デザイナー　ジェームズNV社長　⑯ベルギー　㋤1973年　㋪2000

ブランキング, ヨーナス　Blanking, Jonas　工業デザイナー　⑯スウェーデン　㋤1965年　㋪2008

フランク, E.R.　Frank, E.R.　作家　⑯米国　㋪2012

ブランク, アンドルー　Blank, Andrew G.　コンピューター技術者　⑯米国　㋪2004

フランク, アンドレ・グンダー　Frank, Andre Gunder　経済学者　アムステルダム大学名誉教授　⑯ドイツ　㋤1929年　㋪1992／1996／2004

フランク, イリヤ　Frank, Iliya Mikhailovich　物理学者　元・モスクワ大学教授, 元・ソ連連合原子核研究所中性子物理部長　㋰中性子物理　⑯ソ連　㋤1908年10月23日　㋟1990年6月22日　㋪1992／1996

フラング, ヴィルデ　Frang, Vilde　バイオリニスト　⑯ノルウェー　㋪2012

フランク, エリザベス　Frank, Elizabeth　評論家, 英語教師　⑯米国　㋪1992

フランク, ジャン・ミシェル　詩人　⑯フランス　㋤1922年6月1日　㋟1988年11月4日　㋪1992

フランク, ダン　Franck, Dan　作家　㋤1952年　㋪1996／2000

フランク, ドロシア・ベントン　Frank, Dorothea Benton　作家　⑯米国　㋪2004

フランク, ナンシー　Frank, Nancy　ウィスコンシン大学準教授　㋰刑事法　⑯米国　㋪1992

フランク, バーニー　Frank, Barney　政治家　米国下院議員(民主党)　⑯米国　㋤1940年3月31日　㋪1992

フランク, パメラ　Frank, Pamela　バイオリニスト　⑯米国　㋤1969年　㋪2012

フランク, ピーター　エセックス大学教授　元・英国ソ連東欧研究協会会長　㋰ソ連政治　⑯英国　㋤1934年　㋪1996

フランク, ベニス　Frank, Benis M.　軍人　米国海兵隊司令部戦史博物館部口述史計画室長　⑯米国　㋪1992

フランク, ベルナール　Frank, Bernard　日本学研究家　元・コレージュ・ド・フランス教授, 元・日仏会館館長　⑯フランス　㋤1927年2月28日　㋟1996年10月15日　㋪1992／1996

フランク, ベルナール　Frank, Bernard　文芸批評家　⑯フランス　㋤1929年　㋪2000

フランク, ベンジャミン　Frank, Benjamin S.　医師　㋰老化研究　⑯米国　㋤1923年　㋪2000

フランク, マンフレート　Frank, Manfred　テュービンゲン大学教授　㋰哲学　⑯ドイツ　㋤1945年　㋪1992／1996

フランク, ミッコ　Franck, Mikko　指揮者　フィンランド国立歌劇場芸術監督・音楽総監督　⑯フィンランド　㋤1979年　㋪2004／2012

フランク, ミッチ　Frank, Mitch　ジャーナリスト　⑯米国　㋪2004

ブランク, メル　Blanc, Mel　本名=Blanc,Melvin Jerome　声優　⑯米国　㋟1989年7月10日　㋪1992

フランク, ユリア　Franck, Julia　作家　⑯ドイツ　㋤1970年　㋪2012

フランク, リチャード　元・ウォルト・ディズニー・スタジオ社長　⑯米国　㋤1942年　㋪1996

フランク, ルイス　Frank, Louis A.　物理学者, 天文学者　アイオア大学教授　⑯米国　㋤1938年　㋪1992／2000

フランク, ロバート　Frank, Robert　写真家, 映画製作者　⑯米国　㋤1924年11月9日　㋪1992／1996

ブランク・エデルマン, デービッド　Blank-Edelman, David N.　コンピューター技術者　ノース・イースタン大学コンピューターサイエンス技術部長　⑯米国　㋪2004

フランクス, B.ドン　Franks, B.Don　ルイジアナ州立大学バトン・ルージュ校ダンス学部教授・学部長　㋰健康体育レクリエーション・ダンス, スポーツ医学　⑯米国　㋪1996

フランクス, ジェレミー　Franks, Jeremy　ダックス・シンプソン社社長　⑯英国　㋤1937年　㋪2000

フランクス, トミー　Franks, Tommy Ray　軍人　元・米国中央軍司令官　⑯米国　㋤1945年6月17日　㋪2004／2008

フランクス, バッバ　Franks, Bubba　プロフットボール選手(TE)　⑯米国　㋤1978年1月6日　㋪2008

ブランクス, ビリー　Blanks, Billy　別名=ビリー隊長　ダイエット・インストラクター, タレント　元・米国陸軍専属トレーナー　⑯米国　㋤1955年9月1日　㋪2008／2012

フランクス, フェリックス　Franks, Felix　生物学者　パフラ社生物保存部門(ケンブリッジ)部門長, ケンブリッジ大学植物学科主任研究員　⑯英国　㋪1992

フランクス, マイケル　Franks, Michael　シンガー・ソングライター　⑯米国　㋤1944年9月18日　㋪2004／2008

フランクス, マーク　Franks, Mark　アンティーク・ディーラー　㋪2008

ブランクスタイン, アッツ　Blankestijn, Ad　実業家　大七酒造取締役　元・オランダ経済省企業誘致局駐日代表　⑯オランダ　㋪2000

ブランクファイン, ロイド　Blankfein, Lloyd　本名=Blankfein, Lloyd Craig　実業家, 弁護士　ゴールドマン・サックスCEO　⑯米国　㋤1954年　㋪2012

フランクフォート, ルー　Frankfort, Lew　実業家　コーチ会長・CEO　⑯米国　㋤1946年　㋪1992／2000／2004／2008／2012

フランク・マクニール, ジュリア　Frank-McNeil, Julia　編集者　⑯米国　㋪2004

フランクリン, アレサ　Franklin, Aretha　歌手　⑯米国　㋤1942年3月25日　㋪1992／2000／2004／2008

フランクリン, アンナ　Franklin, Anna　著述家　⑯英国　㋪2008

フランクリン, キース　Franklin, Keith　コンピューター技術者　⑯米国　㋪2004

フランクリン, ジョー　Franklin, Jo　作家, 映画プロデューサー, 映画監督　⑯米国　㋪2000

フランクリン, ジョン・ホープ　Franklin, John Hope　歴史家　元・デューク大学名誉教授　㋰アメリカ史, アメリカ南部史, 黒人史　⑯米国　㋤1915年1月2日　㋟2009年3月25日　㋪1996／2004／2008

フランクリン, スタン　Franklin, Stan　メンフィス大学教授・知能システム研究所副所長　㋰認知科学　⑯米国　㋤1931年　㋪2000

フランクリン, トム　Franklin, Tom　作家　⑯米国　㋤1963年　㋪2004／2008／2012

フランクリン, バーバラ　Franklin, Barbara　本名=フランクリン, バーバラ・ハックマン　フランクリン・アソシエーツ社長　元・米国商務長官　⑯米国　㋤1940年　㋪1996

フランクリン, マービン　Franklin, Melvin　本名=イングリッシュ, デービッド　グループ名=テンプテーションズ　ソウル歌手　⑯米国　㋟1995年2月23日　㋪1996

フランクリン, メリッサ　Franklin, Melissa　通称=フランクリン, ミッシー　水泳選手(背泳ぎ・自由形)　ロンドン五輪金メダリスト　⑯米国　㋤1995年5月10日　㋪2012

フランクリン, ライアン　Franklin, Ryan Ray　大リーグ選手(投手)　⑯米国　㋤1973年3月5日　㋪2004／2008／2012

フランクル, ヴィクトール　Frankl, Viktor Emil　精神医学者　元・ウィーン大学医学部教授　㋰実存分析的精神療法(ロゴテラピー)　⑯オーストリア　㋤1905年3月26日　㋟1997年9月2日　㋪1992／1996

フランクル, デービッド　Frankel, David S.　コンピューターコンサルタント　㋪2008

フランクル, ピーター　Frankl, Peter　日本名=富蘭平太　数学者, 大道芸人　算数オリンピック専務理事　元・早稲田大学理工学部教授　㋰組合せ論　⑯フランス　㋤1953年3月26日　㋪1992

フランクル, フレッド　Frankel, Fred　心理学者　カリフォルニア大学ロサンゼルス校教授　⑯米国　㋪2004／2008

プランゲ, ゴードン　Prange, Gordon W.　歴史学者　元・メリーランド大学教授　㋰太平洋戦争史, 日本占領史　⑯米国　㋤1910年　㋟1980年5月15日　㋪1992

ブランケ, ステファヌ　Blanquet, Stéphane　アーティスト　⑯フランス　㋤1973年　㋪2008

プランゲ, ハイケ　Prange, Heike　イラストレーター　国ドイツ　㊞2008

フランケ, ヘルベルト　Franke, Herbert Werner　SF作家,科学者　国ドイツ　㊋1927年5月14日　㊞1992／2004

フランケ, ミヒャエル　大リーグ選手(内野手)　国ドイツ　㊞2004／2008

フランケチエンヌ　本名＝エチエンヌ,フランク　作家,脚本家,画家　元・ハイチ文化相　国ハイチ　㊞2000

プランケット, デービッド　Blunkett, David　政治家,コラムニスト　元・英国内相　国英国　㊋1947年6月6日　㊞2000／2004／2008／2012

プランケット, リチャード　Plunkett, Richard　ライター　国オーストラリア　㊞2008

フランケル, アーサー・J.　Frankel, Arthur J.　ノースカロライナ大学ウィルミントン校ソーシャルワーク科大学院教授　㊞2008

フランケル, ジェフリー　Frankel, Jeffrey A.　エコノミスト,金融論　米国大統領経済諮問委員会委員,カリフォルニア大学バークレー校経済学部教授　国際経済学　国米国　㊋1952年　㊞1992／1996／2000／2008

フランケル, デービッド　Frankel, David　映画監督・プロデューサー,脚本家　国米国　㊋1959年4月2日

フランケル, マックス　Frankel, Max　ジャーナリスト　元・「ニューヨーク・タイムズ」編集局長　国米国　㊋1930年4月3日　㊞1992／1996

フランケン, アル　Franken, Al　本名＝Franken,Alan Stuart　コメディアン,脚本家,政治家　米国上院議員(民主党)　国米国　㊋1951年5月21日　㊞2012

ブランケンシップ, ウィリアム　Blankenship, William D.　作家　国米国　㊞2004

フランケンハイマー, ジョン　Frankenheimer, John Michael　映画監督　国米国　㊋1930年2月19日　㊌2002年7月6日　㊞1992／1996／2000

フランケンバーグ, ロバート　元・ノベル会長・CEO　国米国　㊞2000

ブランケンホーン　米国の価値観研究所所長　国米国　㊞2000

フランコ　Franco　本名＝ルアンボ・マキアディ,ロカンガ・ラジョ・ペネ　ジャズギタリスト　国ザイール　㊋1938年　㊌1989年10月12日　㊞1992

ブランコ　Blanco　本名＝Blanco Segovia,Roberto Carlos　サッカー選手(DF)　国パラグアイ　㊋1980年4月17日　㊞2000

フランコ, アニア　作家,ジャーナリスト　国フランス　㊌1988年1月24日　㊞1992

フランコ, イタマル　Franco, Itamar　本名＝Franco,Itamar Augusto Cautiero　政治家　元・ブラジル大統領　国ブラジル　㊋1930年6月28日　㊌2011年7月2日　㊞1996

フランコ, カルロス　Franco, Carlos　プロゴルファー　国パラグアイ　㊋1965年5月24日　㊞2000

ブランコ, ギジェルモ　Blanco, Guillermo　作家　国チリ　㊋1926年　㊞2008

ブランコ, キャサリン　Blanco, Kathleen Babineaux　政治家　ルイジアナ州知事　国米国　㊞2008

ブランコ, クアウテモック　Blanco, Cuauhtemoc　サッカー選手(FW)　国メキシコ　㊋1973年1月17日　㊞2000／2004／2008／2012

ブランコ, サルバドル・ホルヘ　Blanco, Salvador Jorge　政治家　元・ドミニカ共和国大統領　国ドミニカ共和国　㊋1926年7月5日　㊌2010年12月26日　㊞1992／1996

ブランコ, ジョディ　Blanco, Jodee　出版プロデューサー　国米国　㊞2008

フランコ, ジョン　Franco, John　本名＝Franco,John Anthony　大リーグ選手(投手)　国米国　㊋1960年9月17日　㊞1996／2000／2008

ブランコ, セルジュ　元・ラグビー選手　国フランス　㊞1992／1996

ブランコ, トニ　Blanco, Tony　プロ野球選手(内野手)　国ドミニカ共和国　㊋1980年11月10日

フランコ, ハイメ　画家　国コロンビア　㊋1963年　㊞1996

ブランコ, パウロ　Blanco, Paulo　映画プロデューサー　国ポルトガル　㊋1950年　㊞1996／2004／2008

ブランコ, バビチ　Branko, Babic　サッカー・コーチ,元・サッカー選手　国ユーゴスラビア　㊋1950年9月11日　㊞2004

フランコ, フリオ　Franco, Julio Cesar　元・大リーグ選手,元・プロ野球選手　国ドミニカ共和国　㊋1958年8月23日　㊞1996／2000／2004／2008／2012

フランコ, ホルヘ　Franco, Jorge　作家　国コロンビア　㊋1962年　㊞2008

フランコ, マット　Franco, Matt　元・大リーグ選手,元・プロ野球選手　国米国　㊋1969年8月19日　㊞2008／2012

ブランコ, ラウル　サッカー監督　サッカー・オーストラリア代表監督　国オーストラリア　㊞2000

フランコーア, ジェフ　Francoeur, Jeff　本名＝Francoeur,Jeffrey Brandon　大リーグ選手(外野手)　国米国　㊋1984年1月8日

フランコ・ゴメス, ルイス・フェデリコ　Franco Gómez, Luis Federico　政治家　元・パラグアイ大統領　国パラグアイ　㊋1962年7月23日

フランコナ, テリー　Francona, Terry　本名＝Francona,Terry Jon　大リーグ監督,元・大リーグ選手　国米国　㊋1959年4月22日　㊞2008／2012

フランコフスキー, クリストフ　柔道選手　国オーストラリア　㊞2000

フランサ　Franca　本名＝ソウザ,フランサルド・セナ・ジ　サッカー選手(FW)　国ブラジル　㊋1976年3月2日　㊞2008／2012

フランサ, エリアルド　França, Eliardo　絵本作家　国ブラジル　㊞2004

フランサ, マリー　França, Mary　絵本作家　国ブラジル　㊞2004

フランシア, シルビア　絵本作家,イラストレーター　国スイス　㊋1961年4月13日　㊞2000

フランジエ, スレイマン　Franjieh, Suleiman　政治家　元・レバノン大統領　国レバノン　㊋1910年6月14日　㊌1992年7月23日　㊞1992／1996

ブーランジェ, フィリップ　Boulanger, Philippe　編集者　「科学のため」編集長　国フランス　㊞2004

ブランシェット, ケイト　Blanchett, Cate　女優　国オーストラリア　㊋1969年5月14日　㊞2000／2004／2008／2012

フランシス, アレン　Frances, Allen　医師　コーネル大学医学部精神科准教授,ニューヨーク病院ペインウィトニー・クリニック外来部長　精神医学　国米国　㊞1992

フランシス, クレア　Francis, Clare　作家,冒険家　国英国　㊞1992／1996

フランシス, クロード　Francis, Claude　フランス文学者　国フランス　㊞1992

フランシス, コニー　Francis, Connie　本名＝フランコネロ,コンチェッタ　歌手　国米国　㊋1938年12月12日　㊞1996

フランシス, サム　Francis, Sam　画家　国米国　㊋1923年6月25日　㊌1994年11月4日　㊞1992／1996

フランシス, ジェームズ　Francis, James　作家　国英国　㊞2008

フランシス, スティーブ　Francis, Steve　バスケットボール選手　国米国　㊋1977年2月21日　㊞2004／2008

フランシス, ダグラス　Francis, Douglas　カルガリー大学教授　カナダ史　国カナダ　㊋1944年　㊞1996

フランシス, デイヴィッド　Francis, David A.　「PMP教科書 直前対策Project Management Professional」の著者　㊞2008

フランシス, ディック　Francis, Dick　本名＝フランシス,リチャード・スタンリー　作家,騎手　元・英国推理作家協会(CWA)会長　国英国　㊋1920年10月31日　㊌2010年2月14日　㊞1992／1996／2000／2004

フランシス, ノーマン　Francis, Norman　ゼイビア大学学長　国米国　㊞1992

フランシス, ブライアン　Francis, Brian　コンピューターコンサルタント　国米国　典2004

フランシス, ミッキー　Francis, Mickey　「フーリガン―最悪の自叙伝」の著者　国英国　生1960年　典2004

フランシス, リチャード　Francis, Richard H.　作家　マンチェスター大学アメリカ文学科講師　国英国　典1992

フランシス, リチャード　Francis, Richard　キュレーター　シカゴ現代美術館キュレーター　国英国　典1992／1996

フランシス, リチャード　Francis, Richard　Francis,Richard Trevor Langford　元・英国放送協会（BBC）社長　国英国　生1934年3月10日　没1992年6月26日　典1996

フランシスカス, ジェームズ　Franciscus, James　俳優　国米国　生1934年1月31日　没1991年7月8日　典1992

フランシスコ1世　本名＝ベルゴリオ, ホルヘ・マリオ　ローマ法王

フランシスコ, セサール　Francisco, Cezar　弁護士, 作家　国フィリピン　生1925年10月7日　典1992

フランジャリ, フランシェスコ　フランス産業観光局局長, エールフランス理事　生1947年　典1992

ブランシャール, オリヴィエ　Blanchard, Olivier Jean　経済学者　マサチューセッツ工科大学教授　分ヨーロッパ経済, マクロ経済学　国フランス　生1948年12月27日　典2000

ブランシャール, フランシス　Blanchard, Francis　元・国際労働機関（ILO）事務局長　国フランス　生1916年7月21日　没2009年12月9日　典1992

フランジュ, ジョルジュ　Franju, Georges　映画監督　国フランス　生1912年4月12日　没1987年11月5日　典1992

ブランシュワイグ, フィリップ　実業家　国際プロダンサー職種転換組織（IOTPD）会長　元・ローザンヌ国際バレエコンクール理事長　国スイス　典2000

ブランショ, モーリス　Blanchot, Maurice　作家, 文芸批評家　国フランス　生1907年12月22日　没2003年2月20日　典1992／1996／2000

プランション, ロジェ　Planchon, Roger　演出家, 劇作家, 俳優, 映画監督　元・モリエール財団理事長, 元・フランス国立民衆劇場（TNP）共同主宰者　国フランス　生1931年9月12日　没2009年5月12日　典1992／1996／2000／2008

ブランズ, H.W.　Brands, H.W.　歴史学者　テキサスA&M大学教授　典2004

フランス, アンソニー　France, Anthony　児童文学作家　国英国　典2004／2008

プランス, ギリアン・トルミー　Prance, Ghillean Tolmie　植物学者　元・レディング大学教授, 元・英国王立キュー植物園園長　国英国　生1937年7月13日　典1996／2000／2004／2008

ブランズ, トム　Brands, Tom　レスリング選手（フリースタイル）　国米国　生1968年9月4日　典2000／2004

ブランズ, ビル　Bruns, Bill　編集者　元・「ライフ」スポーツ担当編集員　典2004

フランス, ライラ　France, Laila　グループ名＝ファンタスティック・プラスチック・マシーン　歌手　国フランス　典2000

ブランズ, ロジャー　Bruns, Roger　著述家　米国国立公文書館ナショナル・ヒストリカル・パブリケーション・アンド・レコーズ・コミッション理事長代理　典2008

ブランスカム, ルイス　Branscomb, Lewis McAdory　物理学者　ハーバード大学名誉教授　国米国　生1926年8月17日　典1992／1996／2000

ブランスタッド, テリー　Branstad, Terry Edward　政治家　アイオワ州知事　国米国　生1946年11月17日　典1992／1996／2000／2004／2008／2012

ブランストロム, ヴィクトル　Brännström, Victor　本名＝Brännström,Olov Victor　サッカー選手　国スウェーデン　生1983年1月3日　没2012年9月2日

ブランスマン, ジェームズ　Brunsman, James　画家, 版画家　国米国　典2004

フランセ, ジャン　Françaix, Jean　本名＝Françaix,Jean René Désiré　作曲家, ピアニスト　国フランス　生1912年5月23日　没1997年9月22日　典1992／1996

ブランゼイ, シルビア　Branzei, Sylvia　コラムニスト, ライター　国米国　典2000

フランゼン, ジョナサン　Franzen, Jonathan　作家　国米国　生1959年　典2004／2008／2012

フランセン, ラース　Frandsen, Lars R.　カラン・ダッシュ・ゼネラルマネジャー　国スイス　生1945年　典2000

フランソワ, アンドレ　François, André　イラストレーター　国フランス　生1915年　典1996

フランソワ, デボラ　François, Déborah　女優　国ベルギー　生1987年5月24日

フランソワーズ, アリソン　Francoise, Allison　コンピューター技術者　国米国　典2004

フランソワ・ポンセ, ジャン・アンドレ　François-Poncet, Jean André　政治家　元・フランス外相, 元・フランス上院議員　国フランス　生1928年12月8日　没2012年7月18日　典1992

プランソン, アンドレ　Planson, André　画家　国フランス　生1898年　典1992

ブランソン, リチャード　Branson, Richard　本名＝Branson, Richard Charles Nicholas　実業家, 冒険家　ヴァージン・グループ会長　国英国　生1950年7月18日　典1992／1996／2000／2012

ブランソン, ルイーズ　Branson, Louise　ジャーナリスト　国米国　典2004

フランタ　画家　生1930年　典2000

ブランダー, シルヴィア　Brander, Sylvia　Ifo経済研究所主任研究員　生1951年　典1996

プランタムラ, キャロル　Plantamura, Carol　声楽家　カリフォルニア大学サンディエゴ校音楽学部教授　国米国　典2008

フランチ, セルジオ　Franchi, Sergio　シンガーソングライター　国米国　生1990年5月2日　典1992

ブランチ, ミシェル　Branch, Michelle　シンガー・ソングライター　国米国　典2004／2012

フランチェスカッティ, ジノ　Francescatti, Zino　本名＝フランチェスカッティ, ルネ　バイオリニスト　国フランス　生1902年8月9日　没1991年9月17日　典1992

フランチェスカート, ドナータ　Francescato, Donata　心理学者　ローマ大学心理学部教授　国イタリア　典2004

ブランチャード, アリス　Blanchard, Alice　作家　国米国　典2004

ブランチャード, ケン　Blanchard, Ken　本名＝ブランチャード, ケネス　経営コンサルタント, 行動科学者　ケン・ブランチャード名誉会長　分組織心理学　国米国　典2000／2004／2012

ブランチャード, ジム　Blanchard, Jim　本名＝Blanchard,James J.　政治家　駐カナダ米国大使　国米国　生1942年8月8日　典1996

ブランチャード, テレンス　Blanchard, Terrence　トランペット奏者　国米国　生1962年3月13日　典2000

プランチュウ, ジャン　Plantu, Jean　漫画家　国フランス　生1951年　典1996

フランチョーネ, ジャンニ　Francione, Gianni　建築家　国イタリア　典2008

フランツ, クリス　ミュージシャン　国米国　生1951年5月8日　典1992

フランツ, クリスティアン　Franz, Christian　テノール歌手　国ドイツ　生1968年　典2004／2008／2012

フランツ, ダグラス　Frantz, Douglas　ジャーナリスト　「ロサンゼルス・タイムズ」紙経済記者　国米国　典1992

フランツ, デニス　Franz, Dennis　俳優　国米国　生1944年10月28日　典1996／2000

フランツ, マリー・ルイゼ・フォン　Franz, Marie-Louise von　心理分析医　元・C.G.ユング研究所（チューリヒ）講師　国スイス　生1915年　没1998年　典1992／2000

フランツ, ユストゥス　Frantz, Justus　ピアニスト, 指揮者　フィルハーモニア・フンガリカ首席指揮者　国ドイツ　生1944年5月18日　典2000

フランツェン, ジェイプ　Franzen, Giep　アムステルダム大学教授　[専]広告コミュニケーション学　[国]オランダ　[典]2000

フランツ・ヨーゼフ2世　Franz Josef II　元・リヒテンシュタイン大公(元首)　[国]リヒテンシュタイン　[生]1906年　[没]1989年11月13日　[典]1992

ブランディ　グループ名=ブラック・アイボリー　歌手　[国]米国　[典]2000

ブランディー　Brandy　歌手, 女優　[国]米国　[生]1979年2月11日　[典]2000／2004／2008

プランティアー, フィル　Plantier, Phil　大リーグ選手(外野手)　[国]米国　[生]1969年1月27日　[典]1996

ブランディアナ, アンナ　詩人　[国]ルーマニア　[生]1942年　[典]1992

ブランディス, カジミェシュ　Brandys, Kazimierz　作家　[国]ポーランド　[生]1916年12月27日　[典]1992／1996

プランティ・ボンジュール, ギイ　Planty-Bonjour, Guy　ポアティエ大学教授, ヘーゲル・マルクス文献資料研究センター長　[専]哲学　[国]フランス　[生]1924年　[典]1996

プランティンガ, アルビン　Plantinga, Alvin C.　哲学者　ノートルダム大学教授　[専]宗教哲学, 論理学　[国]米国　[生]1932年　[典]2000

プランティンガ, レオン　Plantinga, Leon　音楽学者　[専]18世紀後半から19世紀前半の音楽様式・音楽批評　[国]米国　[生]1935年　[典]1996

ブランデス, アーダ　ジャーナリスト　「フランクフルター・ルントシャウ」紙ボン支局長　[国]ドイツ　[生]1940年　[典]1996／2000

プランデッリ, チェーザレ　Prandelli, Cesare　サッカー監督, 元・サッカー選手　サッカー・イタリア代表監督　[国]イタリア　[生]1957年8月19日

ブランデル, マーク　Blundell, Mark　レーシングドライバー, 元・F1ドライバー　[国]英国　[生]1966年4月8日　[典]1992／1996／2000

ブランテル, マトヴェイ　Blanter, Matvei Isaakovich　作曲家　「カチューシャ」を作曲　[国]ソ連　[生]1903年　[没]1990年9月24日　[典]1992

ブランデン, カール　Branden, Carl　分子生物学者　カロリンスカ研究所微生物学腫瘍生物学センター　[専]構造分子生物学　[国]スウェーデン　[典]2004

ブランデン, ナサニエル　Branden, Nathaniel　臨床心理学者, 精神治療学者　ブランデン・セルフ・エスティーム研究所所長　[国]米国　[典]2000／2008

ブランデンバーガー, アダム　Brandenbuger, Adam M.　ハーバード大学ビジネススクール教授　[専]経営学　[国]米国　[典]2000

ブランデンバーグ, アリキ　Brandenberg, Aliki　絵本作家　[国]米国　[生]1929年　[典]1992／1996／2000／2004／2008

ブランデンバーグ, ジム　Brandenburg, Jim　写真家　[国]米国　[生]1945年　[典]1996

ブランデンバーグ, ジョン　Brandenburg, John E.　物理学者, 火星専門家　[専]ロケット　[国]米国　[典]2004

ブラント, ウィリー　Brandt, Willy　本名=フラーム, カール・ヘルベルト　政治家　元・ドイツ社会民主党(SPD)名誉党首, 元・西ドイツ首相　[国]ドイツ　[生]1913年12月18日　[没]1992年10月8日　[典]1992／1996

ブランド, エルトン　Brand, Elton　バスケットボール選手　[国]米国　[生]1979年3月11日

ブラント, カトリーン　Brandt, Katrin　イラストレーター　[国]ドイツ　[生]1942年　[典]2004

ブランド, クリスティアナ　Brand, Christianna　推理作家　[国]英国　[生]1907年12月17日　[没]1988年　[典]1992

ブランド, クレア　Brand, Clare　Hallmark Keepsakesゼネラルマネジャー　[典]2004

ブラント, ジェニファー　Brandt, Jennifur　「あなたを主役に変える本」の著者　[国]米国　[典]2004

ブランド, ジェフリー　Bland, Jefferey S.　栄養学者　ヘルスコム会長　[専]機能性医学　[国]米国　[生]1946年　[典]2000

ブラント, ジェームス　Blunt, James　シンガー・ソングライター　[国]英国　[生]1977年2月22日　[典]2008／2012

ブラント, ジャイルズ　Blunt, Giles　脚本家, ミステリー作家　[国]カナダ　[典]1996

ブラント, ドナルド　Brandt, Donald R.　技術コンサルタント, ソフトウェア開発者　ドナルド・R.ブラント・ソフトウェア・コンサルティング創立者・主任コンサルタント　[国]米国　[典]2004

ブラント, トーマス　Brandt, Thomas　医学者　ミュンヘン大学神経内科教授　[国]ドイツ　[典]2008

ブラント, ナット　Brandt, Nat　ジャーナリスト, フリーライター　[国]米国　[生]1929年　[典]2000

ブランド, ネビル　Brand, Neville　俳優　[国]米国　[生]1921年8月13日　[没]1992年4月16日　[典]1996

ブラント, ビル　Brandt, Bill　写真家　[国]英国　[生]1906年　[典]1992

ブラント, フランク　Blount, Frank　元・テルストラCEO　[国]米国　[典]1992／2000

ブランド, マーロン　Brando, Marlon　俳優　[国]米国　[生]1924年4月3日　[没]2004年7月1日　[典]1992／1996／2004

プラント, ロバート　Plant, Robert　グループ名=レッド・ツェッペリン　ロック歌手　[国]英国　[生]1948年8月20日　[典]1992／1996／2000／2008／2012

ブラントシュテッター, クリスティアン　Brandstätter, Christian　ウィーン大学ジャーナリズム学科非常勤講師　[専]オーストリア美術史, オーストリア文化史　[国]オーストリア　[生]1943年　[典]2000

ブランドフォード, ジェームズ　Blandford, James R.　音楽ジャーナリスト　[国]英国　[典]2004／2008

ブラントリー, キース　Brantly, Keith　マラソン選手　[国]米国　[生]1962年　[典]2000

ブラントリー, ジェフ　Brantley, Jeff　大リーグ選手(投手)　[国]米国　[生]1963年9月5日　[典]2000

ブランドル, カーリン　Brandl, Karin　作家, 占い師　[専]占星術　[生]1960年　[典]2008

ブランドル, マーティン　Brundle, Martin　F1ドライバー　[国]英国　[生]1959年6月1日　[典]1996／2000

フランドロワ, イザベル　Flandrois, Isabelle　歴史学者　[国]フランス　[生]1949年　[典]2004／2008

ブランドン, ジェームズ　Brandon, James R.　演劇学者　ハワイ大学教授　元・在日米国大使館文化書記官　[専]歌舞伎　[国]米国　[生]1927年　[典]2000

ブラントン, デイン　Blanton, Dain　ビーチバレー選手　[国]米国　[生]1971年11月28日　[典]2004

ブランドン, テレル　Brandon, Terrell　バスケットボール選手　[国]米国　[生]1970年5月20日　[典]2000／2008

ブラントン, マシュー　Branton, Matthew　作家　[典]2004／2008

ブランドン, ラザロ・デ・メロ　Brandãn, Lázaro de Mello　実業家　ブラデスコ銀行経営審議会長　[国]ブラジル　[典]1992／2000

ブランバーグ, ジョアン・J.　コーネル大学教授　[専]アメリカ女性史　[国]米国　[典]2000

ブランバーグ, バルーク　Blumberg, Baruch Samuel　医学者, 生化学者　元・ペンシルベニア大学教授, 元・フォックスチェイスがんセンター・シニアアドバイザー　[専]内科学　[国]米国　[生]1925年7月28日　[没]2011年4月5日　[典]1992／1996／2000

ブランバーグ, ブルーク　Blumberg, Broeck W.　ビジネス・コミュニケーション・コンサルタント　コーネル大学講師　[国]米国　[典]2000

ブランバッハ, ライナー　Brambach, Rainer　詩人, 作家　[国]スイス　[生]1917年　[典]1992

ブランパン, ロジェ　Blanpain, Roger　ルーベン・カトリック大学教授　[専]労働法, 労使関係　[国]ベルギー　[生]1932年　[典]1996

フランプトン, ケネス　Frampton, Kenneth　建築史家, 建築評論家　コロンビア大学建築学部教授　[国]米国　[生]1930年　[典]1996／2000

フランプトン, ピーター　Frampton, Peter　旧グループ名=ハンブル・パイ　ロック歌手　[国]英国　[生]1950年　[典]1996／2008／2012

ブランブル, マーク　Bramble, Mark　脚本家, 舞台演出家　[国]米国　[生]1950年　[典]2008

ブランリー, フランクリン　Branrey, Franklyn M.　科学解説者

フ

フリー　Flea　本名＝バルザリー，マイケル　グループ名＝レッド・ホット・チリ・ペッパーズ　ロックベース奏者　国米国　⽣1962年　収2004／2008／2012

ブーリ，アルベルト　Burri, Alberto　画家　国イタリア　⽣1915年2月13日　没1996

プーリー，サラ　Pooley, Sarah　イラストレーター　収2004

プーリー，ジェームス　Pooley, James H.A.　弁護士　グラハム・アンド・ジェームス事務所（カリフォルニア州）パートナー，サンタ・クララ大学ロー・スクール講師　国米国　⽣1948年　収1992

フーリー，ジャック　Fourie, Jaque　ラグビー選手（CTB）　国南アフリカ　⽣1983年3月4日

フリー，ダンカン　Free, Duncan　ボート選手　北京五輪ボート男子かじなしペア金メダリスト　国オーストラリア　⽣1973年5月25日

フリー，ルイス　Freeh, Louis　元・米国連邦捜査局（FBI）長官　国米国　⽣1950年1月6日　収1996／2000／2004／2012

ブリア，ウィリアム　Breer, William T.　元・在日米国大使館公使，元・戦略国際問題研究所日本部長　国米国　⽣1936年　収1992／1996／2000／2008／2012

ブリア，マーガレット　Breer, Margaret　朝河貫一賞受賞者　国米国　収2000

フリアーズ，スティーブン　Frears, Stephen　映画監督　国英国　⽣1941年　収1992／1996／2000／2004／2008／2012

ブリアータ，ジョルジュ　Briata, Georges　画家　国フランス　⽣1933年　収1992／1996

プリアム　Pulliam　本名＝プリアム，ハーベイ,Jr.　プロ野球選手（外野手）　国米国　⽣1967年10月20日　収2000

ブリアリ，ジャン・クロード　Brialy, Jean Claude　俳優　国フランス　⽣1933年3月30日　没2007年5月30日　収1996

ブリアン，マノン　映画監督　国カナダ　収2000

ブリアン，マルクス　Brian, Marcus　著述家　元・「エコテスト」編集者　国ドイツ　⽣1966年　収2004

ブリエ，ベルトラン　Blier, Bertrand　映画監督，作家　国フランス　⽣1939年3月26日　収1992／2000

ブリエ，ベルナール　Blier, Bernard　映画・演劇俳優　国フランス　⽣1916年1月11日　没1989年3月29日　収1992

ブリエセ，フアン・カルロス　Pugliese, Juan Carlos　政治家　元・アルゼンチン経済相　国アルゼンチン　⽣1915年　収1992

ブリエール，ジャン・フランソワ　Brière, Jean-Francois　詩人　国ハイチ　⽣1909年　収1992

フリエル，ジョン　Friel, John C.　心理療法士　セントポールクリニック心理療法室，セントポール／ミネアポリス・ライフワーククリニック理事，セントマリー大学研究科非常勤助教授　国米国　収2000

フリエル，リンダ　Friel, Linda D.　薬物依存療法士，セラピスト　国米国　収2000

ブリエール，ロザリン　Bruyere, Rosalyn L.　霊能力者，ヒーラー，宗教学者　収2000

フリエロス，トニー　Frieros, Toni　編集者　「スポル」編集長　国スペイン　⽣1963年　収2004

ブリオ，アラン　医師　日本刀の鍔（つば）を収集・研究　国フランス　収1992／1996

ブリオディ，ダン　Briody, Dan　ジャーナリスト　国米国　⽣1971年　収2008

ブリオーニ，ガエタノ・サビニ　ファッションデザイナー　国イタリア　⽣1987年8月4日　収1992

ブリーガー，シャリ・ローレンス　Pfleeger, Shari Lawrence　コンピューター科学者，実業家　システムズ・ソフトウェア代表，メリーランド大学コンピュータサイエンス学科研究員　⽂ソフトウェア工学　国米国　収2004／2008

フリガ，ポール　Friga, Paul N.　経営学者，経営コンサルタント　ノースカロライナ・ナレッジ・マネジメント・センター所長代理　国米国　収2004

ブリーカー，マリア　Bleker, Maria M.　医師　⽂暗視野顕微鏡での血液観察　国スペイン　収2004

ブリガンティノ，リサ　Brigantino, Lisa　旧グループ名＝レズ・ツェッペリン　ミュージシャン　国米国　収2012

ブーリキネ，アナトリ　Bourykine, Anatoli　画家，イラストレーター　国ロシア　⽣1950年　収2004

ブリクス，ハンス　Blix, Hans Martin　法律家　元・国連監視検証査察委員会（UNMOVIC）委員長，元・国際原子力機関（IAEA）事務局長　国スウェーデン　⽣1928年6月28日　収1996（ブリックス，ハンス）／2000（ブリックス，ハンス）／2004／2008／2012

プリケット，スティーブン　Prickett, Stephen　文学批評家　グラスゴー大学教授　⽂英語，英文学　国英国　⽣1939年6月4日　収2000

ブリケル，エディ　Brickell, Edie　歌手　国米国　収1992／1996

ブリコ，アントニア　Brico, Antonia　指揮者，ピアニスト　国米国　⽣1902年6月26日　没1989年8月3日　収2000

ブリコウ，ピエール　Bricaud, Pierre　システムエンジニア　メンター・グラフィックスIPファクトリーR&Dセンター・ディレクター　収2004

プリゴジーン，イリヤ　Prigogine, Ilya　化学者，物理学者　元・ブリュッセル自由大学名誉教授，元・けいはんな最高顧問　⽂熱力学　国ベルギー　⽣1917年1月25日　没2003年5月28日　収1992／1996／2000

フリーザー，カール・ハインツ　Frieser, Karl-Heniz　ドイツ国防軍大佐・軍事史研究所第二部長　⽂軍事史　国ドイツ　⽣1949年　収2004／2008

ブリザール，ジャン・シャルル　Brisard, Jean-Charles　ジャーナリスト　国フランス　収2004

プリージ，ジョセフ　Puglisi, Joseph D.　生化学者　スタンフォード大学教授　収2008

プリシェペンコ，ナターシャ　Prischepenko, Natascha　グループ名＝アルテミス・クァルテット　バイオリニスト　⽣1973年　収2004

ブリーシャーズ，デービッド　登山家，映画監督　国米国　収2000

ブリジャン，フロッシュ　実業家　元・エルフ・アキテーヌ会長　国フランス　⽣1992／2000

プリシュケ，ヴォルフガング　バイエル米国法人医療用医薬品事業部長　国ドイツ　収2000／2004

フリージンガー，アンニ　Friesinger, Anni　本名＝Friesinger-Postma,Anni　元・スピードスケート選手　ソルトレークシティ五輪・バンクーバー五輪金メダリスト　国ドイツ　⽣1977年1月11日　収2004／2008／2012

フリーズ，アレクシス・R.　ABBガデリウス会長，ABB執行副社長　国スイス　⽣1955年　収1996

ブリス，ウィリアム　ジェンタ社長　国米国　⽣1936年　収1996

フリス，ウタ　Frith, Uta　医学研究機構（MRC）認知発達部門研究員，ロンドン大学カレッジ特別研究員　⽂精神医学　国英国

フリース，ゴードン　Freeth, Gordon　元・駐日オーストラリア大使　国オーストラリア　⽣1914年　収1992

フリス，サイモン　Frith, Simon　社会学者，ロック・ジャーナリスト　ストラスクライド大学芸術社会科学部教授　国英国　⽣1946年　収1996

ブリーズ，ドリュー　Brees, Drew　プロフットボール選手（QB）　国米国　⽣1979年1月15日　収2012

ブリス，ハリー　Bliss, Harry　漫画家，イラストレーター　国米国　収2004／2008

ブリス，マイケル　Bliss, Michael　トロント大学教授　⽂歴史学　国カナダ　⽣1941年　収1996

ブリース，マンフレッド・ケッツ・ド　Vries, Manfred F.R.Kets de　企業コンサルタント　欧州経営大学院（INSEAD）人的資源管理論講座主任教授　⽂経営学　収2000

フリース，ロッテ　Friis, Lotte　水泳選手（自由形）　北京五輪競泳女子800メートル自由形銅メダリスト　国デンマーク　⽣1988年2月9日

ブリスヴィル，ジャン・クロード　Brisville, Jean Claude　劇作家，

小説家,評論家 ⓒフランス ⓑ1922年 ⓓ1992(プリスビル、ジャン・クロード)

プリスターフキン, アナトリー　Pristavkin, Anatolii Ignatievich　作家　元・ゴーリキー文学大学教授　ⓒロシア　ⓑ1931年10月17日　ⓓ2008年7月11日　ⓐ1996

フリステンコ, ヴィクトル　Khristenko, Viktor Borisovich　政治家　ロシア産業貿易相　元・ロシア第1副首相　ⓒロシア　ⓑ1957年8月28日　ⓐ2004／2008／2012

フリスト, ウィリアム　Frist, William H.　医師　バンダービルト大学病院　ⓔ心臓外科　ⓒ米国　ⓐ1992

ブリスト, エリック・バン・デル　Vlist, Eric Van der　コンピューター技術者　ⓐ2004／2008

プリースト, キース　Priest, Keith　「プリズム・オブ・リラ」の著者　ⓐ2008

プリースト, クリストファー　Priest, Christopher　SF作家　ⓒ英国　ⓑ1943年　ⓐ1992／1996／2004／2008

プリースト, デイナ　Priest, Dana　新聞記者　「ワシントン・ポスト」記者　ⓒ米国　ⓐ2008

フリスト, ビル　Frist, Bill　政治家　元・米国上院議員（共和党）　ⓒ米国　ⓑ1952年2月22日　ⓐ2000／2004／2008／2012

プリースト, マキシ　Priest, Maxi　本名＝エリオット，マックス　歌手　ⓒ英国　ⓑ1961年　ⓐ2000

フリストフ, イワイロ　Khristov, Ivailo　ボクシング選手　ⓒブルガリア　ⓐ1992

フリストフィアス, ディミトリス　Christofias, Demetris　政治家　キプロス大統領，労働人民進歩党（AKEL）党首　元・キプロス国会議長　ⓒキプロス　ⓑ1946年8月29日　ⓐ2012

フリストラドノフ, ユーリー　Khristoradnov, Yurii Nikolaevich　政治家　ソ連最高会議連邦会議議長　ⓒソ連　ⓑ1929年10月　ⓐ1992

プリーストリー, ジェイソン　Priestley, Jason　俳優　ⓑ1969年8月28日　ⓐ2000／2004／2008

プリーストリー, ジョン　Priestley, John Boynton　作家，劇作家　ⓒ英国　ⓑ1894年9月13日　ⓓ1984年8月14日　ⓐ1992

プリーストリー, ブライアン　Priestley, Brian　ジャズ評論家，ジャズ・ピアニスト，音楽プロデューサー　「ダウン・ビート」誌通信員　ⓒ英国　ⓑ1946年　ⓐ1992／1996

プリーストリー, メアリー　Priestley, Mary　音楽療法士　ⓒ英国　ⓑ1925年　ⓐ2004／2008

フリストワ, ツヴェタンカ　Khristova, Tsvetanka　円盤投げ選手　ⓒブルガリア　ⓑ1962年3月14日　ⓐ1992／1996

フリーストーン, ピーター　Freestone, Peter　「フレディ・マーキュリー」の著者　ⓒ英国　ⓐ2004

フリスマン, グレン　Fleishman, Glenn　作家，コラムニスト　ⓔコンピューター工学　ⓒ米国　ⓑ1968年　ⓐ2000

フリゼー, アドルフ　Frisé, Adolf　ムージル研究者　国際ムージル学会名誉会長　ⓒドイツ　ⓑ1910年　ⓐ1996

フリーゼ, エバーハルト　Friese, Eberhard　ボーフム大学東洋学科図書館司書　ⓒドイツ　ⓑ1940年　ⓐ1996

ブリセ, クレアアキコ　ブリセ，クレア・碧子　Brisset, Claire-akiko　パリ・ディドロ大学准教授　ⓔ日本文化研究　ⓒフランス　ⓐ2012

ブリセ, ピエール　Brisset, Pierre　美術ジャーナリスト，美術評論家　ⓒフランス　ⓑ1924年　ⓐ1992

プリセツカヤ, マイヤ　Plisetskaya, Maiya　本名＝プリセツカヤ，マイヤ・ミハイロヴナ　バレリーナ，振付師　元・ボリショイ・バレエ団プリマ，元・スペイン国立バレエ団芸術監督　ⓒロシア　ⓑ1925年11月20日　ⓐ1992／1996／2000／2004／2008／2012

プリセツキー, アザーリ　バレエ演出家，振付師　ⓐ2000

フリゼール, ビル　Frisell, Bill　ギタリスト　ⓒ米国　ⓑ1951年3月19日　ⓐ1996／2000／2004／2008

ブリソー, ジャン・クロード　Brisseau, Jean Claude　映画監督　ⓒフランス　ⓑ1944年　ⓐ1992／1996／2000／2004／2008

フリーダ　Frida　本名＝ルンダスタッド，アンニ・フリッド　旧グループ名＝ABBA　歌手　ⓒスウェーデン　ⓑ1945年　ⓐ2004／2008／2012

プリータ, マルセラ　Purita, Marcela　版画家　ⓒアルゼンチン　ⓑ1976年　ⓐ2004／2008

プリーダー・パンヤーチャン　Preeda Panyachand　イラストレーター，絵本作家　ⓒタイ　ⓐ2004

フリーダン, ベティ　Friedan, Betty Naomi Goldstein　旧名＝Goldstein　女性解放運動家，作家　元・全米女性機構（NOW）初代会長　ⓒ米国　ⓑ1921年2月4日　ⓓ2006年2月4日　ⓐ1992／1996／2000／2004

ブリタン, レオン　Brittan, Leon　別名＝Brittan of Spennithorne　政治家，銀行家　UBSインベストメント・バンク副会長　元・EU欧州委員会副委員長，元・英国下院議員（保守党）　ⓒ英国　ⓑ1939年9月25日　ⓐ1992／1996／2000／2004／2008／2012

プリチキン, ネイサン　ダイエット専門家　ⓒ米国　ⓓ1985年2月22日　ⓐ1992

プリチャード, アンソニー　Pritchard, Anthony　モータージャーナリスト　ⓒ英国　ⓑ1938年　ⓐ1996（プリッチャード，アンソニー）

プリチャード, ルーク　Pritchard, Luke　グループ名＝クークス　ミュージシャン　ⓒ英国　ⓐ2012

プリーチャー・ブアングカム　獣医　タイ森林産業公団　ⓔ象　ⓒタイ　ⓑ1951年4月19日　ⓐ2004

プリーチャーポン・ブンチュワイ　作家　ⓒタイ　ⓐ1992

プリツカー, エイブラム・ニコラス　Pritzker, Abraham Nicholas　実業家　元・ハイアット・ホテル・チェーン創業者　ⓒ米国　ⓓ1986年2月8日　ⓐ1992

フリッカー, ジャネット　Fricker, Janet　医学ジャーナリスト　ⓐ2008

プリツカー, トーマス　Pritzker, Thomas　実業家　ハイアット・ホテル会長　ⓒ米国　ⓐ2004／2012

フリッカー, バリー　Flicker, Barry　コンピューターコンサルタント　ⓒ米国　ⓐ2004／2008

プリツカー, ペニー　Pritzker, Penny S.　弁護士，実業家　クラシック・レジデンス・バイ・ハイアット会長，トランス・ユニオンLLC会長　ⓒ米国　ⓑ1959年5月2日　ⓐ2008／2012

ブリック, ゲーリー　Brick, Gary　政治・経済コンサルタント　ⓒ米国　ⓑ1965年　ⓐ1996

フリック, ゴットロープ　Frick, Gottlob　バス歌手　ⓒドイツ　ⓑ1906年7月28日　ⓓ1994年8月18日　ⓐ1996

フリック, マリオ　Frick, Mario　政治家　元・リヒテンシュタイン首相　ⓒリヒテンシュタイン　ⓑ1965年5月8日　ⓐ2000／2004／2008

ブリッグズ, アーサー　ジャズトランペッター　ⓒ米国　ⓓ1991年7月16日

ブリッグズ, アニタ　Briggs, Anita　作家　ⓒ米国　ⓐ2008

プリックス, ヴォルフ・D.　Prix, Wolf D.　グループ名＝コープ・ヒンメルブラウ　建築家　コープ・ヒンメルブラウCEO・デザイン主幹　ⓒオーストリア　ⓑ1942年　ⓐ1992／1996／2012

ブリッグズ, キャサリン　Briggs, Katharine M.　民俗学者　元・英国フォークロア学会会長　ⓔ妖精学　ⓒ英国　ⓑ1898年　ⓓ1980年　ⓐ1992

ブリッグズ, ジョン　Briggs, John　サイエンスライター　西コネティカット州立大学教授　ⓔ美学，心理学　ⓒ米国　ⓐ2004

ブリッグズ, デービッド　Briggs, David　ICI国際材料センター表面分析研究グループリーダー、「Surface and Interface Analysis」誌編集委員長　ⓔ表面分析，先端材料（複合材料）　ⓒ英国　ⓐ1992／1996

ブリッグズ, パトリシア　Briggs, Patricia　作家　ⓒ米国　ⓑ1965年　ⓐ2012

ブリッグズ, レイモンド　Briggs, Raymond Redvers　絵本作家，イラストレーター　ⓒ英国　ⓑ1934年1月18日　ⓐ1996／2000／2004／2008／2012

ブリックヒル, ポール　Brickhill, Paul　作家，ジャーナリスト　ⓒオーストラリア　ⓑ1916年　ⓓ1991年4月23日　ⓐ1992

ブリッグマン, ジューン　Brigman, June　イラストレーター　ⓒ米

国 ⊕1960年 ㊕1996

ブリックリン, ダニエル ソフトウェア・ガーデン社長・CEO 国米国 ㊕1992

フリッケンガー, ロブ Flickenger, Rob コンピューター技術者 国米国 ㊕2004

プーリッジ, ビンコ カトリック枢機卿 国ボスニア・ヘルツェゴビナ ㊕2000

ブリッジウォーター, ディー・ディー Bridgewater, Dee Dee 本名＝Bridgewater,Denise ジャズ歌手 国米国 ⊕1950年5月27日 ㊕1996／2000／2008／2012

ブリッジウォーター, ブラッド Bridgewater, Brad 元・水泳選手（背泳ぎ） 国米国 ⊕1973年3月29日 ㊕2000

ブリッジズ, E.M. Bridges, E.M. 土壌学者 国英国 ㊕1992

ブリッジズ, ウィリアム Bridges, William 経営コンサルタント ボンティーズ・アソシエイツ代表 国米国 ⊕1933年 ㊕1996

ブリッジズ, ジェフ Bridges, Jeff 俳優 国米国 ⊕1949年12月4日 ㊕1992／1996／2000／2004／2008／2012

ブリッジズ, ジェームズ Bridges, James 映画監督, 脚本家 国米国 ⊕1936年2月3日 ㊗1993年6月6日 ㊕1996

ブリッジズ, ハリー Bridges, Harry 労働運動家 国米国 ⊕1901年7月28日 ㊕1992（ブリッジズ, ハリー）／1996（ブリジェズ, ハリー）

ブリッジズ, ブライアン Bridges, Brian 英国王立国際問題研究所（チャタム・ハウス）研究員, JATIインターナショナル（国際関係コンサルタント）代表 ◎国際関係 国英国 ⊕1948年 ㊕1992（ブリジッズ, ブライアン）／1996（ブリジェズ, ブライアン）

ブリッジズ, ボー Bridges, Beau 本名＝Bridges,Lloyd Vernet,III 俳優 国米国 ⊕1941年12月9日 ㊕1996／2000

ブリッジズ, マーガレット・パーク Bridges, Margaret Park ミステリー作家 国米国 ⊕1957年4月 ㊕1996

ブリッジズ, マーク Bridges, Mark 衣裳デザイナー 国米国 ㊕2000

ブリッジズ, ロイド Bridges, Lloyd 俳優 国米国 ⊕1913年1月15日 ㊗1998年3月10日 ㊕1996

ブリッジャー, マーティン 英国航空日本韓国地区支社長 国英国 ㊕1992

フリッシュ, アイリーン Frisch, AEleen コンピューター技術者 国米国 ㊕2004

フリッシュ, カール・フォン Frisch, Karl von 動物行動学者 元・ミュンヘン大学教授 国ドイツ ⊕1886年11月20日 ㊗1982年12月6日 ㊕1992

フリッシュ, マックス Frisch, Max Rudolf 作家, 劇作家, 建築家 国スイス ⊕1911年5月15日 ㊗1991年4月3日 ㊕1992

フリッシュマン, オースティン Frishman, Austin M. 害虫駆除コンサルタント 国米国 ㊕2008

フリッシュムート, バーバラ 作家 国オーストリア ⊕1941年 ㊕1992

フリッター, イングリット Fliter, Ingrid ピアニスト 国アルゼンチン ⊕1973年 ㊕2004／2008／2012

ブリッダート, ビルガー Priddat, Birger P. ヴィッテン・ヘルデッケ大学経済学部教授 ◎ドイツ経済学史 国ドイツ ⊕1950年 ㊕2000

フリッチ, ティエリー Fritsch, Thierry 実業家 ショーメ社長 国フランス ⊕1955年 ㊕2012

プリッチ, ヤゴシ Puric, Jagos 物理学者 ベオグラード大学学長 国ユーゴスラビア ⊕1942年11月16日 ㊕2000

プリッチャード, ジョン Pritchard, John 政治学者 国米国 ㊕1992／1996

プリッチャード, ジョン・マイケル Pritchard, John Michael 指揮者 元・BBC交響楽団主任指揮者 国英国 ⊕1921年2月5日 ㊗1989年12月5日 ㊕1992

フリッツ, ジェラール Blitz, Gérard 元・地中海クラブ創立者・名誉会長 ㊗1990年3月3日 ㊕1992

フリッツ, ジーン Fritz, Jean 児童文学作家 国米国 ⊕1915年

㊕2004

フリッツ, ピーター テクニカル・コンピューティング・アンド・グラフィックス（TCG）社長 国オーストラリア ⊕1943年 ㊕1992

ブリット Brito 本名＝ブリット, マルコ・ルイス サッカー選手（FW） 国ブラジル ⊕1977年8月4日 ㊕2004

フリット, ルート Gullit, Ruud サッカー監督, 元・サッカー選手 国オランダ ⊕1962年9月1日 ㊕1992／1996／2000／2008／2012

ブリッドウェル, ノーマン Bridwell, Norman 絵本作家 国米国 ⊕1928年 ㊕2004

フリットナー, アンドレアス Flitner, Andreas テュービンゲン大学名誉教授, イエーナ大学名誉客員教授 ◎教育学 国ドイツ ⊕1922年9月28日 ㊕1996

フリットフム, カール・ミヒャエル Fritthum, Karl Michael 音楽評論家 国カナダ ⊕1953年 ㊕2004

フリットリ, バルバラ Frittoli, Barbara ソプラノ歌手 国イタリア ⊕1967年 ㊕2012

フリップ, ロバート Fripp, Robert グループ名＝キング・クリムゾン ロック・ギタリスト 国英国 ⊕1946年5月16日 ㊕1992／1996／2000／2004／2008／2012

プリディ・パノムヨン Pridi Phanomyong 欽賜名＝ルアン・プラディット・マヌータム 政治家 元・タイ首相・蔵相, 元・タマサート大学創立者 国タイ ⊕1901年5月5日 ㊗1983年5月2日 ㊕1992

プリティマン, トリスタン Prettyman, Tristan シンガー・ソングライター 国米国 ⊕1982年5月23日 ㊕2012

プリディヤトン・デバクラ Pridiyathorn Devakula 銀行家, 政治家 タイ中央銀行総裁 元・タイ副首相・財務相 国タイ ⊕1947年7月15日 ㊕2004／2008／2012

フリーデク, チャールズ Friedek, Charles Michael 三段跳び選手 国ドイツ ⊕1971年8月26日 ㊕2000

ブリーデス, ドン Bredes, Don 作家 国米国 ⊕1947年 ㊕1992

ブリテン, アルフレッド（3世） Brittain, Alfred (III) 銀行家 バンカース・トラスト会長 国米国 ⊕1922年7月22日 ㊕1992／1996

ブリテン, ウィリアム Brittain, William 別名＝ブリテン, ビル, ノックス, ジェイムズ 作家 国米国 ⊕1930年 ㊕1992

ブリテン, ジェイソン Brittain, Jason コンピューター技術者 ㊕2008

ブリテン, シャーロット 女優 国英国 ⊕1979年6月16日 ㊕2004

フリーデン, ターニャ Frieden, Tanja 元・スノーボード選手（スノーボードクロス） トリノ五輪スノーボード女子スノーボードクロス金メダリスト 国スイス ⊕1976年2月6日 ㊕2008／2012

ブリテン, デービッド Brittain, David 写真家 国英国 ㊕2008

フリーデン, バーナード Frieden, Bernard J. マサチューセッツ工科大学教授 ◎都市計画 国米国 ⊕1930年 ㊕1996

ブリーデン, リチャード Breeden, Richard C. ブリーデン・パートナーズ会長 元・米国証券取引委員会（SEC）委員長 国米国 ⊕1949年12月6日 ㊕1992／1996／2004／2012

フリーデンバーグ, ポール 元・米国商務次官 国米国 ㊕1992

ブリード, アレン 実業家 ブリード・テクノロジーズ会長・CEO 国米国 ⊕1927年8月 ㊕2000

フリード, アン Freed, Anne O. ボストン大学名誉教授 ◎ソーシャルワーク 国米国 ㊕2000

ブリート, バーナード Brito, Bernardo 大リーグ選手（外野手） 国ドミニカ ⊕1963年12月4日 ㊕2000

ブリート, ペレス Brito, Perez 元・プロ野球選手 国ドミニカ共和国 ⊕1978年4月7日 ㊕2004

フリードム, ミリアム Fried, Miriam バイオリニスト 国イスラエル ⊕1946年9月9日 ㊕1992／1996

フリートウッド, スーザン Fleetwood, Susan 女優 国英国 ⊕1944年 ㊗1995年9月29日 ㊕1996

フリートウッド, ヒュー Fleetwood, Hugh スリラー作家, 画家 国英国 ⊕1944年 ㊕1992

フリードゥル, ゴットフリート　Fliedl, Gottfried　[専]美術史, 美術館学　[国]オーストリア　[典]2004

フリードキン, ウィリアム　Friedkin, William　映画監督　[国]米国　[生]1939年8月29日　[典]1992／1996／2004／2008／2012

フリードキン, スティーブ　Freedkin, Steve　平和活動家　[国]米国　[典]2004／2008

フリードハイム, サイラス　Freidheim, Cyrus　経営コンサルタント　ブーズ・アレン・アンド・ハミルトン副会長　[典]2004

フリードハイム, ドナルド　Freedheim, Donald K.　心理学者　ケース・ウェスタン・リザーブ大学準教授　[国]米国　[典]2004／2008

フリードベルグ, エアハルト　Friedberg, Erhard　社会学者　[専]組織社会学　[国]オーストリア　[生]1942年　[典]1992

フリードマン, アラン　Friedman, Alan　ジャーナリスト　「フィナンシャル・タイムズ」紙ニューヨーク特派員　[国]米国　[典]1996

フリードマン, アンドレア　Friedman, Andrea　女優　[国]米国　[生]1970年　[典]2000

フリードマン, ウェンディ　Freedman, Wendy L.　天文学者　カーネギー研究所天文台　[国]カナダ　[生]1957年　[典]1996／2000

フリードマン, エリック　電通ニューヨーク・プロジェクト・スーパーバイザー（メディア担当）　[国]米国　[典]1992

フリードマン, ガル　Fridman, Gal　ヨット選手　[国]イスラエル　[生]1975年9月16日　[典]2008

フリードマン, キンキー　Friedman, Kinky　ミステリー作家, ミュージシャン　[国]米国　[生]1944年　[典]2000

フリードマン, ジェフリー　Friedman, Jeffrey M.　生化学者　ロックフェラー大学教授　[国]米国　[生]1954年7月20日　[典]2012

フリードマン, ジェローム　Friedman, Jerome Isaac　物理学者　マサチューセッツ工科大学名誉教授　[専]素粒子論　[国]米国　[生]1930年3月28日　[典]1992／1996／2008／2012

フリードマン, ジョージ　Friedman, George　ストラトフォーCEO　元・ルイジアナ州立大学附属地政学センター所長　[専]政治哲学, 安全保障問題, 国際関係論　[国]米国　[生]1949年2月1日　[典]1992／2000／2008／2012

フリードマン, スティーブン　Friedman, Stephen　実業家　ストーン・ポイント・キャピタル会長　元・ゴールドマン・サックス会長, 元・米国大統領補佐官　[国]米国　[生]1937年12月21日　[典]2004／2008／2012

フリードマン, スティーブン・B.　アメリカン・エキスプレス・インターナショナル香港支社アジア・太平洋・オーストラリア地域担当　[生]1941年　[典]1992／1996

フリードマン, セオドア　Friedmann, Theodore　カリフォルニア大学サンディエゴ校小児科教授・遺伝子治療プログラム責任者・ホワイトフル生命倫理講座責任者　[専]小児科学, 遺伝子治療, 生命倫理　[国]米国　[典]2000

フリードマン, チャールズ　演出家　[国]米国　[没]1984年7月18日　[典]1992

フリードマン, デービッド　Freedman, David H.　ジャーナリスト　[典]2004

フリードマン, デービッド　Friedman, David　経済学者　サンタクララ大学ロースクール教授　[国]米国　[生]1945年　[典]2008

フリードマン, トーマス　Friedman, Thomas L.　ジャーナリスト　「ニューヨーク・タイムズ」外交コラムニスト　[国]米国　[生]1953年7月20日　[典]1996／2000／2004／2008／2012

フリードマン, ニール　Friedman, Neil　心理学者　[専]フォーカシング　[国]米国　[典]2008

フリードマン, ノーマン　Friedman, Norman　軍事コンサルタント, 軍事アナリスト　[国]米国　[生]1946年　[典]1996

フリードマン, フィリップ　Friedman, Philip　作家　[国]米国　[典]1996／2000

フリードマン, フランソワーズ・バービラ　Freedman, Françoise Barbira　ヨガ指導者, 社会人類学者　Birthlight創設者　[典]2004

フリードマン, ブルース・ジェイ　Friedman, Bruce Jay　作家, 劇作家　[国]米国　[生]1930年　[典]1992／1996

フリードマン, ベンジャミン　Friedman, Benjamin M.　経済学者　ハーバード大学経済学部教授　[専]金融政策, 経済政策, マクロ経済学　[国]米国　[生]1944年　[典]1992／2004／2012

フリードマン, マイク　Freedman, Mike　ビジネスコンサルタント　[典]2008

フリードマン, マイケル　Freedman, Michael Hartley　数学者　カリフォルニア大学サン・ディエゴ校教授　[専]4次元多様体のトポロジー　[国]米国　[生]1951年　[典]1992／1996

フリードマン, マイケル・ジャン　作家　[国]米国　[典]2004／2008

フリードマン, マイヤー　Friedman, Meyer　医師　カリフォルニア大学サンフランシスコ・マウントジオン・メディカル・センター・マイヤー・フリードマン研究所所長　[専]心臓病　[国]米国　[生]1910年　[典]1996／2004

フリードマン, マーク　Freedman, Marc　シビック・ベンチャーズ創設者　[国]米国　[典]2004

フリードマン, マーティ　Friedman, Marty　ユニット名＝ラヴフィクサー, 旧グループ名＝メガデス　ロック・ギタリスト, 音楽プロデューサー　[国]米国　[生]1962年12月8日　[典]2008／2012

フリードマン, ミルトン　Friedman, Milton　経済学者　元・スタンフォード大学フーバー研究所上級研究員, 元・シカゴ大学名誉教授　[国]米国　[生]1912年7月31日　[没]2006年11月16日　[典]1992／1996／2000／2004

フリードマン, モーリス　Friedman, Maurice　哲学者　サンディエゴ州立大学名誉教授　[専]宗教, 哲学, 比較文学　[国]米国　[生]1921年　[典]2004

フリードマン, ラッセル　Freedman, Russell　ジャーナリスト, 児童文学作家　[専]伝記, 動物観察　[国]米国　[生]1929年　[典]1996／2000

フリードマン, ラッセル　Friedman, Russell　グリーフ・リカバリー研究所代表　[国]米国　[典]2004

フリードマン, リチャード・エリオット　Friedman, Richard Elliott　カリフォルニア大学サンディエゴ校教授　[専]聖書研究　[国]米国　[典]1992／2000

フリードマン, レオナード　Freedman, Leonard　カリフォルニア大学ロサンゼルス校名誉教授　[専]政治学　[国]米国　[典]1996

フリードマン, ローズ　Friedman, Rose　経済学者　[国]米国　[典]2004

フリードマン, ロバート　Friedman, Robert I.　ジャーナリスト　[国]米国　[生]1950年　[典]2004

フリードマン, ロバート・ローレンス　Friedman, Robert Lawrence　心理療法医, 精神総合療法医　ストレス・ソリューション代表　[国]米国　[典]2004／2008

フリードマン, ローレンス　Friedman, Lawrence　スタンフォード大学教授　[専]憲法, 法社会学, 法制史　[国]米国　[生]1930年　[典]1996

フリードマン, ローレンス　ロンドン大学キングスカレッジ戦争学部教授　[専]安全保障, 危機管理, 欧州政治　[国]英国　[生]1948年12月7日　[典]2004

フリードランダー, アンドルー　Friedlander, Andrew D.　モンロー・アンド・フリードランダー社社長　[国]米国　[生]1939年　[典]1992

フリドリクソン, フリドリック・トール　Fridrikson, Fridrik Thor　映画監督　[国]アイスランド　[生]1954年　[典]1996（フリドリクソン, フリドリック・トール／フレデリクソン, フレデリック・トール）／2000

フリードリヒ, カール　Friedrich, Carl Joachim　政治学者　元・ハーバード大学政治学教授　[専]政治理論, 比較政治論　[国]米国　[生]1901年6月5日　[没]1984年9月19日　[典]1992

フリードリヒ, ゲッツ　Friedrich, Götz　オペラ演出家・プロデューサー　元・ベルリン・ドイツ・オペラ（DOB）総監督　[国]ドイツ　[生]1930年8月4日　[没]2000年12月12日　[典]1996／2000

フリードリヒ, ハイケ　Friedrich, Heike　元・水泳選手（自由形）, 元・水泳コーチ　[国]ドイツ　[典]1992／1996

フリードリヒ, ハインツ　Friedrich, Heinz　ジャーナリスト, 文化評論家　バイエルン芸術アカデミー総裁　[専]芸術論　[国]ドイツ　[生]1922年　[典]1992

フリードリヒ, ピールブセ　カトリック神父　元・マリア幼稚園園長　[国]ドイツ　[没]1984年11月15日　[典]1992

フリードリヒ, ヨアヒム　Friedrich, Joachim　児童文学作家　[国]ド

イツ　[生]1953年　[典]2008／2012

フリードリヒ, ワルター　Friedrich, Walter L.　地質学者　オルフス大学教授　[国]デンマーク　[典]2004

フリードル, ジェフリー　Friedl, Jeffrey E.F.　コンピューター技術者　[国]米国　[典]2004

ブリトル, ジェラルド　Brittle, Gerald　哲学者, 心理学者, 精神医学者　[国]米国　[典]1992

プリドル, ロバート・ジョン　Priddle, Robert John　国際エネルギー機関（IEA）事務局長　[国]英国　[生]1938年9月9日　[典]1996／2000

ブリトン, クリス　Britton, Chris　コンピューター技術者　[典]2004

ブリトン, テリー　Britton, Terry　「バナナがバナナじゃなくなるとき—ありふれたモノから特別な価値を生み出すマーケティング戦略」の著者　[典]2008

ブリトン, ポール　Britton, Paul　犯罪心理学者　[国]英国　[生]1946年　[典]2004

ブリトン, レスリー　Britton, Lesley　「モンテッソーリの知恵—子どもの人生のはじまりは「家庭」をモデルに学ぶ」の著者　[典]2008

ブリナー, ユル　Brynner, Yul　俳優　[国]米国　[生]1920年7月11日　[没]1985年10月10日　[典]1992

ブリナー, ロック　Brynner, Rock　作家, 歴史研究家　[国]米国　[典]2004

フリーニー, ドワイト　Freeney, Dwight　プロフットボール選手（OLB）　[国]米国　[生]1980年2月19日

ブリニン, ジョン・マルカム　Brinnin, John Malcolm　詩人, 作家, 英文学者　元・ポエトリ・センター所長, 元・ボストン大学名誉教授　[国]米国　[生]1916年10月13日　[没]1998年6月26日　[典]1996

プリビテラ, ジェームズ　Privitera, James R.　医師　[専]アレルギー学　[国]米国　[典]2004

プリビリネツ, ヨセフ　Pribilinec, J.　競歩選手　[国]チェコスロバキア　[典]1992

プリビル, ビル　Pribyl, Bill　データ・クラフト会長　[専]オラクル・データベース　[国]米国　[典]2000

プリプレム・プリアンバムルン　Preeprem Plienbamrung　絵本作家, イラストレーター　[国]タイ　[典]2004

プリマー, マーティン　Plimmer, Martin　「本当にあった嘘のような話—「偶然の一致」のミステリーを探る」の著者　[典]2008

ブリマー, ラリー・デーン　Brimner, Larry Dane　児童文学作家　[国]米国　[生]1949年　[典]2004／2008

プリマコフ, エフゲニー　Primakov, Evgenii Maksimovich　政治家, 経済学者　ロシア商工会議所会頭　元・ロシア首相・外相, 元・ソ連科学アカデミー世界経済国際関係研究所（IMEMO）所長　[専]エジプト, アラブ事情　[国]ロシア　[生]1929年10月29日　[典]1992／1996／2000／2004／2008／2012

プリマック, ジョエル　Primack, Joel R.　カリフォルニア大学サンタクルーズ校物理学教授　[専]粒子物理学, 宇宙論　[国]米国　[典]1996

プリマック, リチャード　Primack, Richard B.　ボストン大学生物学部教授　[専]保全生物学, 植物生態学　[典]2000

フリーマン, アンジェラ　Freeman, Angela Beasley　ライター　[国]米国　[典]2004

フリーマン, アントニオ　Freeman, Antonio　元・プロフットボール選手　[国]米国　[生]1972年5月27日　[典]2000／2004／2008

フリーマン, オービル　Freeman, Orville Lothrop　弁護士, 政治家　元・米国農務長官　[専]農業政策　[国]米国　[生]1918年5月9日　[没]2003年2月20日　[典]1992

フリーマン, キャシー　Freeman, Cathy　元・陸上選手（短距離）　[国]オーストラリア　[生]1973年12月27日　[典]2000／2004／2008／2012

フリーマン, スコット　Freeman, Scott　ジャーナリスト　[典]2000

フリーマン, チャールズ（Jr.）　Freeman, Charles Wellman（Jr.）　別称＝フリーマン, チャス　中国専門家　米中政策財団共同会長　元・米国国防次官補　[国]米国　[生]1943年3月2日　[典]2000

フリーマン, ティンカー　作曲家, ピアニスト　[国]米国　[没]1986年2月4日　[典]1992

フリーマン, デービッド　Freeman, David　演出家　オペラ・ファクトリー主宰者　[典]1992

フリーマン, デレク　Freeman, Derek　人類学者　オーストラリア国立大学高等研究所名誉教授　[国]オーストラリア　[生]1916年　[典]1996

フリーマン, トール　Freeman, Tor　絵本作家, イラストレーター　[国]英国　[典]2004

フリーマン, バド　Freeman, Bud　本名＝フリーマン, ローレンス　ジャズテナーサックス奏者　[国]米国　[生]1906年4月13日　[没]1991年3月15日　[典]1992

フリーマン, ホートン　Freeman, Houghton　実業家　元・AIG副会長, 元・AIUジャパン社長　[国]米国　[生]1921年　[没]2010年11月30日

フリーマン, マーシャ　Freeman, Marsha　弁護士　国際女性の権利監視協会（IWRAW）会長　[国]米国　[典]2000

フリーマン, マーティン　Freeman, Martin　俳優　[国]英国　[生]1971年　[典]2012

フリーマン, モーガン　Freeman, Morgan　俳優　[国]米国　[生]1937年6月1日　[典]1992／1996／2000／2004／2008／2012

フリーマン, ルーシー　Freeman, Lucy　ジャーナリスト, 作家　[国]米国　[生]1916年　[典]1996／2000

フリーマン, ロジャー　Freeman, Roger A.　著述家　[国]英国　[生]1928年　[典]1996

フリマンソン, インゲル　Frimansson, Inger　ミステリー作家　[国]スウェーデン　[生]1944年　[典]2012

フリーマントル, ブライアン　Freemantle, Brian　筆名＝ウィンチェスター, ジャック, エバンズ, ジョナサン, マクスウェル, ジョン　作家　[国]英国　[生]1936年　[典]1992／1996／2000／2012

プリム, ギィ　Prim, Guy N.　元・国連難民高等弁務官事務所（UNHCR）駐日代表　[国]フランス　[生]1943年　[典]1992／1996

ブリーム, ジュリアン　Bream, Julian　ギター奏者, リュート奏者　[国]英国　[生]1933年7月15日　[典]1992

プリム, メスメット・アキフ　Prim, M.Akif　レスリング選手（グレコローマン）　[国]トルコ　[典]1996

ブリムソール, ジェームズ　元・タスマニア州総督, 元・駐日大使　[国]オーストラリア　[没]1987年5月8日　[典]1992

ブリムソン, ダギー　Brimson, Dougie　作家　[国]英国　[典]2004

フリムラン, エドゥアール　Pflimlin, Édouard　経済学者　[典]2008

フリムラン, ピエール　Pflimlin, Pierre E.J.　政治家　元・欧州議会議長, 元・フランス首相　[国]フランス　[生]1907年2月5日　[没]2000年6月27日　[典]1992／1996

プリムローズ, ウィリアム　Primrose, William　ビオラ奏者　元・NBC交響楽団首席ビオラ奏者　[国]英国　[生]1903年8月23日　[没]1982年5月1日　[典]1992

プリムローズ, ニール　Primrose, Neil Maxwell　グループ名＝トラヴィス　ロック・ドラマー　[国]英国　[生]1972年2月20日　[典]2004／2008／2012

プーリヤ, ソルール　Pouria, Soroor　児童文学作家　[国]イラン　[生]1944年　[典]2004／2008

プリャーヒン, ゲオルギー　Priakhin, Georgii　作家　[国]ロシア　[生]1947年　[典]2004／2008

ブリヤンテス, グレゴリオ　Brillantes, Gregorio C.　作家, ジャーナリスト　「Midweek」誌編集顧問　[国]フィリピン　[生]1932年　[典]1996

ブリュー, エイドリアン　Belew, Adrian　グループ名＝キング・クリムゾン　ロック・ギタリスト　[国]米国　[生]1949年12月23日　[典]1996／2008／2012

フリューア, ヴォルフガング　Flür, Wolfgang　旧グループ名＝クラフトワーク　ミュージシャン　[典]2004／2008

プリュアー, ジョセフ　軍人　米国太平洋軍司令官, 米国海軍大将　[国]米国　[典]2000

プリュアル・レアヴィ, ロベルト　Prual Reavis, Roberto　画家, 絵本作家　[国]フランス　[生]1968年9月6日　[典]2000

ブリュエル, N.J.　日本フィリップス社長　[国]オランダ　[典]2000

ブリュエル, ジャン・マルク　ローヌ・プーラン副社長　[国]フランス

⊕1936年 ⊗1992

ブリュエル, パトリック　Bruel, Patrick　歌手,俳優　国フランス　⊕1959年 ⊗1996

フリュシェール, アンリ　英文学者　シェークスピア研究　国フランス　⊕1898年11月18日 ⊗1987年7月20日 ⊗1992

ブリュジーズ, J.ピーター　Bruzzese, J.Peter　情報技術トレーナー　ニュー・ホライズンズ・コンピューター・ラーニング・センター講師　国米国 ⊗2004

ブリュソロ, セルジュ　Brussolo, Serge　作家　国フランス　⊕1951年 ⊗2000／2008／2012

ブリュックナー, キース・アラン　Brueckner, Keith Allan　物理学者　カリフォルニア大学サンディエゴ校物理学科主任　国米国　⊕1924年3月19日 ⊗1996

ブリュックネール, パスカル　Bruckner, Pascal　作家　パリ政治学院　国フランス　⊕1948年12月15日 ⊗2000

フリュッゲ, マンフレット　Flügge, Manfred　作家　国ドイツ　⊕1946年 ⊗2000

ブリュッス, マーク　Brusse, Mark　彫刻家　国オランダ　⊕1937年 ⊗1992

ブリュッヘン, フランス　Brüggen, Frans　古楽指揮者,リコーダー奏者　18世紀オーケストラ主宰　国オランダ　⊕1934年10月30日 ⊗1992／1996／2000／2012

ブリュトー, ローテル　Bluteau, Lothaire　俳優　国カナダ ⊗2000

ブリュネ, アンドレ　Brunet, André　日本研究家,元・外交官　元・神戸大阪フランス総領事　⊕日仏文化交流史　国フランス　⊕1926年 ⊗1998年8月30日 ⊗1992／1996

ブリュネ, ピエール　フィギュアスケート選手　国米国 ⊗1991年7月27日 ⊗1992

ブリュネル, シャルロット　Brunel, Charlotte　ファッション・ジャーナリスト　国フランス ⊗2004

ブリュネル, ピエール　Brunel, Pierre　神話研究家　フランス比較文学研究所正教授　国フランス　⊕1939年 ⊗2008

ブリューノ, ヴァネッサ　Bruno, Vanessa　ファッションデザイナー　国フランス　⊕1967年7月 ⊗2000／2008／2012

ブリュノフ, ロラン・ド　Brunhoff, Laurant de　絵本作家　国フランス　⊕1925年 ⊗1992／1996／2000／2004／2008／2012

フリューベック・デ・ブルゴス, ラファエル　Frühbeck de Burgos, Rafael　本名＝フリューベック,ラファエル　通称＝デ・ブルゴス　指揮者　ドレスデン・フィルハーモニー管弦楽団首席指揮者,読売日本交響楽団名誉指揮者　元・スペイン国立管弦楽団音楽監督・首席指揮者　国スペイン　⊕1933年9月15日 ⊗1992／1996／2000／2012

ブリュール, ダニエル　Brühl, Daniel　俳優　国ドイツ　⊕1978年6月16日 ⊗2008／2012

ブリュールマン・イェクリン, エリカ　Brühlmann-Jecklin, Erica　作家,心理学者　国スイス　⊕1949年 ⊗1996

ブリューワ, トニー　Brewer, Tony　本名＝Brewer,Anthony Bruce　高校野球監督,元・大リーグ選手　パロアルト高校野球部専業監督,米国高校野球選抜チーム監督　国米国　⊕1957年11月25日 ⊗1996

ブリューワ, ロッド　Brewer, Rod　本名＝ブリューワ,ロドニー・リー　中国名＝布爾　プロ野球選手（内野手）　国米国　⊕1966年2月24日 ⊗2000

ブリュワー・カリアス, チャールズ　Brewer-Carias, Charles　探検家　国ベネズエラ　⊕1938年 ⊗2004／2008

ブリューン・デ・オサ, ヴェロニカ　Bruyn-de Osa, Veronica　著述家　国スイス　⊕1909年 ⊗2000

フリョーロフ, ゲオルギー　Flerov, Georgii Nikolaevich　物理学者　⊕原子物理学　国ソ連　⊕1913年3月2日 ⊗1990年11月19日 ⊗1992

ブリヨン, マルセル　Brion, Marcel　評論家,作家　国フランス　⊕1895年 ⊗2000

プリラツキー, ジャック　Prelutsky, Jack　詩人　国米国　⊕1940年 ⊗1996

ブリーランド, シャノン　Vreeland, Shannon　水泳選手（自由形）　ロンドン五輪競泳女子4×200メートルリレー金メダリスト　国米国　⊕1991年11月15日

ブリーランド, スーザン　Vreeland, Susan　作家　国米国 ⊗2004

ブリーランド, ダイアナ　Vreeland, Diana　ファッションエディター　国米国　⊕1989年8月22日 ⊗1992

ブリーランド, マーク　プロボクサー　元・WBA世界ウェルター級チャンピオン　国米国 ⊗1992

ブリリョーワ, エレーナ　Bryleva, Elena　ソプラノ歌手　国ロシア ⊗1992／1996

フリーリング, ニコラス　Freeling, Nicolas　作家　国英国　⊕1927年 ⊗2003年7月20日 ⊗1992

ブリル, スティーブン　Brill, Steven　ジャーナリスト　「ブリルズ・コンテント」会長・主筆　国米国　⊕1950年8月2日 ⊗1992／2000

プリル, デービッド　Prill, David　作家,コラムニスト　国米国 ⊗2000

フリール, ブライアン　Friel, Brian　劇作家,作家　国アイルランド　⊕1929年1月9日 ⊗1992（フリエル,ブライアン）／1996

フリール, マノン　Flier, Manon　バレーボール選手　国オランダ　⊕1984年2月8日

フリール, ライアン　Freel, Ryan　大リーグ選手　国米国　⊕1976年3月8日 ⊗2012年12月22日

ブリロー, リー　グループ名＝ドクター・フィールグッド　ミュージシャン　国英国 ⊗1994年4月7日 ⊗1996

フリーワード, ベン　アールジーン社長　国米国 ⊗2000

プリワロワ, イリーナ　Privalova, Irina　陸上選手（障害）　国ロシア　⊕1968年11月22日 ⊗2004

プリン, アレックス　Pullin, Alex　スノーボード選手　国オーストラリア　⊕1987年9月20日

ブリーン, カティ　Breen, Katie　ジャーナリスト　「マリ・クレール」誌記事部門総責任者　国フランス　⊕1945年 ⊗1996

フリン, ケリー　元・軍人　国米国 ⊗2000

ブリン, サーゲイ　Brin, Sergey　本名＝Brin,Sergey Mihailovich　実業家,コンピューター科学者　グーグル共同創業者・技術部門社長　国米国　⊕1973年8月21日 ⊗2004／2008／2012

ブリン, ジム　Blinn, Jim　Microsoft Research　コンピュータグラフィックス ⊗2008

フリン, ジョン　Flynn, John　映画監督　国米国 ⊗1992

ブリーン, ジョン　Breen, Jon L.　ミステリー作家,ミステリー研究家　国米国　⊕1943年 ⊗1992／1996

ブリン, デービッド　Brin, David　SF作家　国米国　⊕1950年 ⊗1996／2000／2008／2012

フリン, ドン　Flynn, Don　作家,元・ジャーナリスト　国米国　⊕1928年 ⊗2004

フリン, パドレイグ　Flynn, Padraig　政治家　元・EU欧州委員会委員　国アイルランド　⊕1939年5月9日 ⊗1996／2000

フリン, ハル　Flynn, Hal　コンピューター技術者 ⊗2008

フリン, ビンス　Flynn, Vince　作家　国米国　⊕1966年 ⊗2013年6月19日 ⊗2004

プリン, ブルース　Blinn, Bruce　コンピューター技術者 ⊗2004／2008

フリン, マット　Flynn, Matt　グループ名＝マルーン5　ミュージシャン　国米国 ⊗2008／2012

ブリーン, ロバート　演劇プロデューサー,演出家　国米国 ⊗1990年3月31日 ⊗1992

フリンカ, イワン　Hlinka, Ivan　アイスホッケー監督,アイスホッケー選手　元・アイスホッケーチェコ代表監督　国チェコ　⊕1950年1月26日 ⊗2004年8月16日 ⊗2004

プリンガー, デビッド　Pullinger, Devid J.　スコットランド教会社会・宗教・技術部会部長　国英国 ⊗1992

ブリンク, アンドレ　Brink, André Philippus　作家　ケープタウン大学教授　⊕英文学（現代文学）　国南アフリカ　⊕1935年5月29日 ⊗1992／1996／2000／2004／2008／2012

フリンク, エリザベス　Frink, Elisabeth　彫刻家　国英国　生1930年11月14日　没1993年4月18日　典1996

ブリング, ダンカン　キャセイ・パシフィック航空北アジア担当ゼネラルマネジャー　国英国　典2000

ブリンク, デレク　Brink, Derek　RSAセキュリティプロダクトマーケティングディレクター　典2004

ブリンク, ユリウス　Brink, Julius　ビーチバレー選手　ロンドン五輪男子ビーチバレー金メダリスト　国ドイツ　生1982年7月6日

プリング, ロジャー　Pring, Roger　グラフィックデザイナー　典2004

プリングスハイム, クラウス・ヒューバート　Pringsheim, Klaus H.　元・政治学者　日加貿易協会会長　専政治学　国カナダ　生1923年　典1992

ブリンクマン, リック　Brinkman, Rick　医師　典2004

ブリンクリー, ジョエル　Brinkley, Joel　ジャーナリスト　「ニューヨーク・タイムズ」エルサレム支局長　国米国　典1992/1996

ブリンクリー, ダグラス　Brinkley, Douglas　ニューオーリンズ大学助教授　専歴史学　国米国　典2000

プリングル, デービッド　Pringle, David　編集者　「インターゾーン」編集者　典2004

プリングル, フランク　Pringle, Frank　政治家　ジャマイカ観光大臣　国ジャマイカ　生1930年　典1992

プリングル, ヘザー　Pringle, Heather　サイエンスライター　国カナダ　生1952年　典2004/2008

フリンゲリ, ディーター　Fringeli, Dieter　詩人, エッセイスト　国スイス　生1942年　典1992

ブリンコウ, ニコラス　Blincoe, Nicholas　作家　国英国　典2004

プリンジャー, ケート　Pullinger, Kate　作家　国英国　生1961年　典1996

プリンス　Prince　本名=ネルソン, プリンス・ロジャーズ　ミュージシャン, 俳優　国米国　生1958年6月7日　典1992/1996/2000/2004/2008/2012

ブリンズ, エド　Bullins, Ed　劇作家　元・ブラック・パンサー党党員　国米国　生1935年　典1992

プリンス, グイン　ケンブリッジ大学エマニュエル・カレッジ社会・政治科学部助教授　国英国　生1950年　典1996

プリンス, ジェラルド　Prince, Gerald　ペンシルベニア大学フランス語・フランス文学科教授　専フランス語, 物語論　国米国　典2000

プリンス, チャールズ　Prince, Charles O.(III)　銀行家　元・シティグループ会長・CEO　国米国　典2008/2012

Prince, Tayshaun　プリンス, テイショーン　Prince, Tayshaun　バスケットボール選手　北京五輪バスケットボール男子金メダリスト　国米国　生1980年2月28日

プリンス, ハロルド　Prince, Harold　演出家, 演劇プロデューサー　国米国　生1928年1月30日　典1992/1996/2000

プリンス・バイスウッド, ジーナ　Prince Bythewood, Gina　映画監督　国米国　典2012

プリンセッサ　Princessa　歌手　国スペイン　生1975年　典2000

プリンソバ　ウォートン経済予測研究所東欧研究部長　国ソ連・東欧問題　生1954年　典1992

ブリンソン, ジョセフ　Brinson, Josef　コンピューター技術者　典2004

プリンツ, ビルギット　Prinz, Birgit　元・サッカー選手　シドニー五輪・アテネ五輪サッカー女子銅メダリスト　国ドイツ　生1977年10月25日　典2008/2012

プリンツェ, フレディ(Jr.)　Prinze, Freddie(Jr.)　俳優　国米国　生1976年3月8日　典2004

フリント, ギャリー　Flint, Garry A.　セラピスト　国米国　典2004

フリント, ダニー　サッカー選手(DF)　国オランダ　生1961年8月1日　典2000

フリント, ニールス・ピーター　Flint, Niels Peter　コンセプチュアルデザイナー, 環境運動家　オー・ツウ(O2)代表　国デンマーク　典1992

フリント, ポール　Flint, Paul　ライター　国米国　典2004

フリント, ラリー　Flynt, Larry　ラリー・フリント・パブリケーションズ社長　国米国　生1943年　典1992/2000

プリンプトン, ジョージ　Plimpton, George　作家, ジャーナリスト　国米国　生1926年　没2003年9月25日　典1992/1996

ブリンヨルフソン, ジョン　Brynjolfsson, John　投資アナリスト　典2008

プルー, E.アニー　Proulx, E.Annie　作家　国米国　生1935年　典2000/2008

ブル, アダム　Bull, Adam　バレエダンサー　オーストラリア・バレエ団プリンシパル　国オーストラリア　典2012

プール, アルフレッド　Poor, Alfred　技術系アナリスト, テクニカルライター　情報ディスプレイ協会ディスプレイオブザイヤー委員会委員長　典2004

プール, ウィリアム　Pool, William　エコノミスト　セントルイス連邦準備銀行総裁　元・ブラウン大学教授　国米国　典2004/2008

プール, ウィル　Pool, Will　e-ショップ社長　国米国　典2000

ブル, エマ　Bull, Emma　作家　国米国　生1954年　典1996

ブルー, コリーヌ　Blue, Corine　演出家, 女優　国フランス　生1952年　典1996

ブル, ジェラルド　Bull, Gerald　武器商人, 航空宇宙学者　元・スペース・リサーチ社オーナー　国カナダ　没1990年3月22日　典1992

プール, ジョイス・ハサウェイ　Poole, Joyce Hatheway　動物学者, ジャーナリスト　専象の生態　国米国　生1956年　典2000

プール, ジリアン　Poole, Jillian　ジョン・F.ケネディ・センター理事長補佐・開発部長　国米国　典1992

ブル, スティーブン　料理人　国英国　典2000

ブール, ピエール　Boulle, Pierre　作家　国フランス　生1912年　没1994年1月30日　典1992/1996

ブル, ピーター　Bull, Peter E.　心理学者　ヨーク大学心理学科上級講師　専社会心理学, ノンバーバル・コミュニケーション　国英国　典2004

プール, ヒラリー　Poole, Hilary　編集者　「Women and Performance」編集委員　典2004

プール, ベンツィオン・モイセエヴィチ　物理学者　元・ソ連科学アカデミー会員　国ソ連　没1985年4月9日　典1992

プール, メアリー・ジェーン　「ボーグ」誌編集者　専インテリア・デザイン　国米国　典1992

プール, リチャード　Poole, Richard A.　外交官, 軍人　元・連合国軍総司令部(GHQ)外事担当海軍少尉　国米国　生1919年4月29日　没2006年2月26日　典2004

プール, レア　Pool, Léa　映画監督　生1950年　典2004/2008

ブルー, ロバート　Blue, Robert　画家　国米国　生1946年　典1992

プールアハマッド, キューマルス　Pourahamad, Kiumars　映画監督　国イラン　生1949年　典1996

ブルーアム, ウィリアム　Brougham, William J.　軍人　米国海軍少佐・軍艦設計マネージャー・巨大船舶技術ディレクター　国米国　生1965年　典2004

ブルアル, マルチーヌ　レジャー設備国際フォーラム代表取締役　国フランス　典1992

フルイストン, ヴィクトル　Khlystun, Viktor Nikolaevich　政治家　元・ロシア副首相・農業食料相　国ロシア　生1946年3月19日　典2000

プルーイット, ウィリアム　Pruitt, William O.(Jr.)　動物学者　マニトバ大学教授　国米国　生1922年　典2004

プルーイット, スコット　Pruett, Scott　レーシングドライバー　国米国　生1960年3月24日　典2000

プルウィット, ケネス　Prewitt, Kenneth　ロックフェラー財団ヘースティングス研究所副所長　専政治学　国米国　典1992

プルーヴェ, ジャン　Prouvé, Jean　建築家, 金属技術者　国フランス　生1901年4月8日　典1992(プルーベ, ジャン)

ブルーウン, ケン　Bruen, Ken　ミステリー作家　国米国　生1951

ブルーエ, ピエール　Broué, Pierre　歴史学者　グルノーブル大学名誉教授,フランス・トロツキー研究所所長　国フランス　生1926年　典1996

ブルガー, アドルフ　Burger, Adolf　作家,ジャーナリスト,元・印刷工　「ヒトラーの贋札」の著者　生1917年　典2012

ブルガー, カート　Brugger, Kurt　リュージュ選手　国イタリア　典1996

ブルカ, ダブ　Bulka, Dov　ソフトウェア開発者　典2004

ブルガク, ウラジーミル　Bulgak, Vladimir Borisovich　政治家　元・ロシア副首相　国ロシア　生1941年5月9日　典2000

ブルカード, マリー・マドレーヌ　Fourcade, Marie-Madeleine　対ドイツ抵抗運動活動家　国フランス　没1989年7月20日　典1992

ブルガム, ハンター　Fulghum, Hunter S.　ライター　典2004

ブルガム, ロバート　Fulghum, Robert　エッセイスト　国米国　生1937年　典1996／2000

ブルガリ, ニコラ　Bulgari, Nicola　実業家　ブルガリ・グループ副会長　国イタリア　生1941年

ブルガリ, パオロ　Bulgari, Paolo　実業家　ブルガリ・グループ会長　国イタリア　生1937年10月8日　典2004／2008／2012

ブルカルト, エーリカ　Burkart, Erika　詩人,作家　国スイス　生1922年　典1992

ブルカレーテ, シルビウ　演出家　リモージュ演劇センター(フランス)芸術監督　国ルーマニア　生1950年　典2000

ブルカン, シルヴュ　Brucan, Silviu　政治学者　ブカレスト大学社会科学教授　元・ルーマニア救国戦線評議会副議長　国ルーマニア　生1916年　典1992／1996

ブルギニョン, ジャンピエール　Bourguignon, Jean Pierre　数学者　フランス高等科学研究所所長　微分幾何学　国フランス　生1947年　典2008／2012

ブルギバ, ハビブ　Bourguiba, Habib Ben Ali　アラビア名＝アブー・ラキーバ　政治家　元・チュニジア大統領　国チュニジア　生1903年8月3日　没2000年4月6日　典1992／1996

ブルーク, ジョアン　Fluke, Joanne　ミステリー作家　国米国　典2004／2008／2012

ブルグ, デービッド　Bourg, David M.　造船技師　典2004／2008

ブルーク, トニー　Bourke, Tony　コンピューターコンサルタント　典2004

ブルク, ピエール　Bourque, Pierre　政治家　元・モントリオール市長　国カナダ　典2000／2008／2012

ブルグ, モーリス　Bourgue, Maurice　オーボエ奏者　パリ音楽院教授,ジュネーブ音楽院教授　国フランス　生1939年　典1996／2000／2004／2008

ブルックス, マーサ　Brooks, Martha　児童文学作家　国カナダ　生1944年　典1996

ブルクバイル, セバスティアン　物理学者　新フォーラム創立者の一人　国ドイツ　典1992

フルーグフェルダー, グレゴリー　Pflugfelder, Gregory　コロンビア大学ドナルド・キーン日本文化センター所長　近代日本女性史　国米国　生1959年　典2012

ブルケ, ポール　Bulcke, Paul　実業家　ネスレCEO　国ベルギー　生1954年　典2012

ブルケ, マレーナ　Burke, Malena　歌手　国キューバ　生1958年9月15日　典1992

ブルゲラ, セルジ　Bruguera, Sergi　テニス選手　国スペイン　生1971年1月16日　典1996／2000

ブルケルト, ヴァルター　Burkert, Walter　古代宗教史学者　国西洋古典学　国スイス　生1931年2月2日　典2000

フルゴーニ, キアーラ　Frugoni, Chiara　歴史学者　元・ピサ大学教授　国イタリア中世史　国イタリア　典1996

ブルゴニョーネ, レオナルド　Brugognone, Leonardo　ファッションデザイナー　ヴェリー・デザイナー　国イタリア　生1942年　典2004／2008

ブルゴワン, ジャクリーヌ・ド　Bourgoing, Jacqueline De　地理学者　パリ政経学院助教授　国フランス　典2004

ブルゴワン, ルイーズ　Bourgoin, Louise　女優　国フランス　生1981年11月28日　典2012

フルザ, ドニーズ　Flouzat, Denise　経済学博士,経済・経営学教授　典2008

プルサック, ローレンス　Prusak, Laurence　経営学者　IBMナレッジ・マネジメント研究所所長　典2004

ブルーザー・ブロディ　Brody, Bruiser　本名＝ゴーディッシュ, フランク　プロレスラー　国米国　生1947年　没1988年7月17日　典1992

フルシー, ニコライ　Fuglsig, Nicolai　フォトジャーナリスト　国デンマーク　生1972年　典2000

ブルシア, ケネス　Bruscia, Kenneth E.　音楽療法士　テンプル大学教授　元・アメリカ音楽療法協会会長　国米国　典2004／2008

フルシアンテ, ジョン　Frusciante, John　グループ名＝レッド・ホット・チリ・ペッパーズ　ロック・ギタリスト　国米国　典2004／2008／2012

ブルシェ, ジョルジュ　Bourcier, Georges　英語学者　パリ第10大学名誉教授　国フランス　生1930年　典2000

プルシェンコ, エフゲニー　Plushenko, Evgenii　フィギュアスケート選手　トリノ五輪フィギュアスケート男子シングル金メダリスト　国ロシア　生1982年11月3日　典2004／2008／2012

フルシチェフスキ, チェスワフ　Chruszczewski, Czeslaw　SF作家,劇作家,評論家　国ポーランド　生1922年　典1992

フルシチョフ, セルゲイ　Khrushchev, Sergei N.　政治学者　フルシチョフ元ソ連首相の息子　国米国　生1935年7月2日　典1996／2000

フルシチョフ, ニーナ　Khrushchev, Nina　旧名＝クハルチュク　故フルシチョフ・ソ連共産党第1書記兼首相夫人　国ソ連　生1900年　没1984年8月8日　典1992

プルジナー, スタンリー　Prusiner, Stanley Ben　神経学者　カリフォルニア大学サンフランシスコ校医学部教授　神経学,生化学　国米国　生1942年5月28日　典1996／2000／2008／2012

フルシャー, ミッチェル　Fulscher, Mitchell R.　公認会計士,金融コンサルタント　アーサーアンダーセン東京事務所マーケット部門コンサルタント　国米国　生1941年　典1992

フルシャ, ヤクブ　Hrusa, Jakub　指揮者　プラハ・フィルハーモニア首席指揮者,東京都交響楽団首席客演指揮者　国チェコ　生1981年　典2012

ブルジャッド, ピエール　Bourgeade, Pierre　作家,脚本家　国フランス　生1927年　典1996

ブルジャナゼ, ニノ　Burjanadze, Nino　政治家,国際法学者　元・グルジア大統領,元・グルジア国会議長　国グルジア　生1964年7月16日　典2008／2012

ブールジャン, トマ　Bourgin, Thomas　オートバイレーサー　国フランス　生1987年12月23日　没2013年1月11日

ブールジュリ, マーク　実業家　FCAグループ・ホールディング社副社長,FCAインターナショナル副社長　国フランス　生1941年5月8日　典1992

ブルジョ, ギー　モントリオール大学教育学部教授　生命倫理学,教育学　国カナダ　生1933年　典2000

ブルジョワ, ルイーズ　Bourgeois, Louise　彫刻家　国米国　生1911年12月25日　没2010年5月31日　典2000

ブルーシング, G.W.　実業家　元・東燃ゼネラル石油社長,元・エクソンモービル・グループ日本代表　国米国　典2004／2008

ブルシンスキ, ミェチスワフ　出版業者,元・天体物理学者　国ポーランド　典2000

ブルース　バンド名＝チャンバワンバ　歌手　国英国　典2000

ブルース, アンディ　Bruce, Andy　ビジネスコンサルタント　典2004

ブルス, ウォジミエシ　Brus, Wlodzimierz　経済学者　オックスフォード大学名誉教授　国英国　生1921年　典1992

ブルース, ジェイ　Bruce, Jay　本名＝Bruce,Jay Allen　大リーグ

選手（外野手）　国米国　生1987年4月3日

ブルース, ジャック　Bruce, Jack　本名=Bruce;John Symon Asher　旧グループ名＝クリーム　ベース奏者, 歌手　国英国　生1943年5月14日　最2008／2012

ブルース, ドン　Bluth, Don　アニメ映画監督　国米国　最2000／2004／2008

ブルース, ハリー　Bruce, Harry　作家, 編集者　国カナダ　生1934年　最2000

ブルース, マイク　Bruce, Mike　実業家　シングルショップ・ドット・コムCEO　国米国　最2004

ブルース, ミルドレッド・メアリー　Bruce, Mildred Mary　冒険家　国英国　生1895年　没1990年5月21日　最1992

ブルース, ロバート　Bruce, Robert V.　ボストン大学名誉教授　専歴史学　国米国　最1992／1996

ブルース, ロバート　Bruce, Robert　軍人, フォトジャーナリスト, 文筆家　国米国　最2000

ブルスィヒ, トーマス　Brussig, Thomas　作家　国ドイツ　生1965年　最2004／2008

ブルース・ガーダイン, トム　ジャーナリスト　国英国　最2008

ブルースキー, テディ　Bruschi, Tedy　元・プロフットボール選手　国米国　生1973年6月9日　最2012

ブルースター, キングマン　Brewster, Kingman　法律学者　元・エール大学学長　国米国　没1988年11月8日　最1992

ブルースター, ヒュー　Brewster, Hugh　作家, 編集者　「マディソン・プレス」編集局長　国カナダ　最2000

ブルースター, ビル　Brewster, Bill　ライター　最2004／2008

ブルースター, マイク　Brewster, Mike　ジャーナリスト　最2008

ブルースター, ラモン　Brewster, Lamon　本名=Brewster,Lamon Tajuan　プロボクサー　元・WBO世界ヘビー級チャンピオン　国米国　生1973年6月5日　最2008

ブルースタイン, エドワード　元・ラトガーズ大学学長　専プライバシーの権利研究　国米国　没1989年12月9日　最1992

ブルースタイン, ジェフリー　Bleustein, Jeffrey L.　ハーレーダビッドソン二輪事業部門社長　国米国　最1996／2000

ブルースト, ジャック　Proust, Jacques　ポール・ヴァレリー大学名誉教授　専18世紀フランス文学・思想, 文学理論　国フランス　生1926年　最1996

ブルストラー, ハラルド　Boelstler, Harald　実業家　元・三菱ふそうトラック・バス社長, 元・メルセデスベンツ乗用車購買本部副社長　国ドイツ　生1950年10月28日　最2008／2012

フールセット, オーレ・クリスチャン　Furuseth, Ole Christian　スキー選手（アルペン）　国ノルウェー　生1967年1月7日　最1996／2000／2004／2008

プールセル, ジャック　Pourcel, Jacques　料理人　国フランス　生1964年　最2004

プールセル, ロラン　Pourcel, Laurent　料理人　国フランス　生1964年　最2004

ブルゾン, レナート　Bruson, Renato　バリトン歌手　国イタリア　生1936年1月13日　最1992／1996／2000／2004／2008

フルダー, スティーブン　Fulder, Stephen John　東洋医学者　国英国　生1946年11月16日　最2000

フルダ, ハンス・フリードリヒ　Fulda, Hans Friedrich　哲学者　元・ハイデルベルク大学教授　国ドイツ　生1930年　最1996

ブルータス, デニス　Brutus, Dennis　詩人, 社会運動家　元・ピッツバーグ大学名誉教授　国南アフリカ　生1924年11月28日　没2009年12月26日　最1992／2000／2004／2008

フルタニ, デール　Furutani, Dale　作家　国米国　生1946年12月1日　最2000

フルチ, パオロ　Fulci, Paolo　本名=フルチ, フランチェスコ・パオロ　外交官　国連大使　国イタリア　生1931年3月19日　最2000

フルチ, ルドビーコ　イタリア貿易振興会東京事務所長　国イタリア　最1992

プルーチェク, ワレンチン　Pluchek, Valentin Nikolaevich　演劇家, 俳優　元・モスクワ風刺劇場首席演出家　国ロシア　生1909年9月4日　没2002年8月17日　最1992

ブルチカ, コンスタンタ　Burcica, Constanta　ボート選手　国ルーマニア　生1971年3月15日　最2008

フルチグノニ, マルチェロ　Fulchignoni, Marcello　宇宙科学者　ローマ大学太陽系物理学教授　国イタリア　最1996

ブルチャック, ジョセフ　Bruchac, Joseph　作家, 編集者　国米国　生1942年　最2000

プルチョウ, ヘルベルト　Plutschow, Herbert E.　元・城西国際大学人文学部教授, 元・カリフォルニア大学ロサンゼルス校名誉教授　専日本古典文学, 日本文化史　国米国　生1939年　没2010年6月24日　最1996／2008

フルツ, ジャック　マラソン指導者　タフツ大学　専スポーツ心理学　国米国　最2000

ブルッキング, キース　Brooking, Keith　プロフットボール選手（LB）　国米国　生1975年10月30日　最2008

ブルック, イリーナ　Brook, Irina　演出家　最2000／2008／2012

ブルック, エドワード　Brooke, Edward William　政治家　元・米国上院議員（共和党）　国米国　生1919年10月26日　最1992／1996

ブルック, クリストファー　Brooke, Christopher Nugent Lawrence　歴史学者　元・ケンブリッジ大学教授　専中世史, 教会史　国英国　生1927年6月23日　最1992／1996

ブルック, ジェニファー　Brook, Jennifer H.　心理学研究家　最2004／2008

ブルック, ジョージ　Brook, George J.　聖書学者　マンチェスター大学教授　国英国　最2008

ブルック, ピーター　Brook, Peter　本名=ブルック, ピーター・スティーブン・ポール　演出家, 映画監督　国際演劇創造センター（CICT）主宰　国英国　生1925年3月21日　最1992／1996／2000／2004／2008／2012

ブルック, ピーター　Brooke, Peter Leonard　政治家　元・英国国民文化相　国英国　生1934年3月3日　最1996／2000

ブルックス, アルバート　Brooks, Albert　本名=Einstein,Albert Lawrence　俳優, 脚本家, 映画監督　国米国　生1947年7月22日　最2000

ブルックス, アルフレッド　弁護士　東京裁判弁護人　国米国　没1987年10月27日　最1992

ブルックス, アーロン　Brooks, Aaron　バスケットボール選手　国米国　生1985年1月14日

ブルックス, エレン　Brooks, Elen　写真家　国米国　生1946年　最1996

ブルックス, ガース　Brooks, Garth　カントリー歌手　国米国　生1962年2月7日　最1992／1996／2000／2004／2008

ブルックス, クリアンス　Brooks, Cleanth　文芸批評家　元・エール大学名誉教授　国米国　生1906年10月16日　没1994年5月10日　最1992／1996

ブルックス, ケビン　Brooks, Kevin　作家　国英国　最2008

ブルックス, ケン　Brooks, Ken　音楽評論家　国英国　生1950年9月30日　最2000

ブルックス, ジェームズ　Brooks, James L.　映画監督　国米国　生1940年5月9日　最1992／2000／2004／2008／2012

ブルックス, ジェリー　Brooks, Jerry　大リーグ選手　国米国　生1967年3月23日　最2000

ブルックス, ジョン　Brookes, John　ガーデンデザイナー, 文筆家　英国ガーデンデザイナーズ協会会長, 英国王立キューガーデン講師　国英国　生1939年　最2000

ブルックス, ジョン　Brookes, Jon　グループ名＝シャーラタンズ　ドラム奏者　国英国　生1968年9月21日　没2013年8月13日

ブルックス, ダグラス　Brooks, Douglas　船大工　国米国　最2004

ブルックス, デービッド　Brooks, David　作家　国オーストラリア　生1953年　最1996

ブルックス, デービッド　Brooks, David　編集者　国米国　最2004

ブルックス, テリー　Brooks, Terry　作家　国米国　生1941年

[典]1996／2000／2012

ブルックス, デリック　Brooks, Derrick　本名=Brooks,Derrick Dewan　元・プロフットボール選手　[国]米国　[生]1973年4月18日　[典]2008

ブルックス, パトリシア　Brooks, Patricia　ソプラノ歌手　[国]米国　[生]1937年11月7日　[没]1993年1月22日　[典]1996

ブルックス, ピーター　Brooks, Peter　文学者　エール大学教授　[国]米国　[生]1938年　[典]2008

ブルックス, フレデリック (Jr.)　Brooks, Frederick Phillips (Jr.)　コンピューター科学者　ノース・カロライナ大学教授　[国]米国　[生]1931年　[典]2004／2008

ブルックス, ヘレン　Brooks, Helen　ロマンス作家　[国]英国　[典]2004

ブルックス, マーク　Brooks, Mark David　プロゴルファー　[国]米国　[生]1961年3月25日　[典]2000／2008

ブルックス, メル　Brooks, Mel　本名=ブルックス, メルビン・カミンスキー　映画監督, 脚本家, 俳優, 映画プロデューサー　[国]米国　[生]1926年6月28日　[典]1992／1996／2000／2004／2008／2012

ブルックス, メレディス　歌手, カウンセラー　[国]米国　[典]2000

ブルックス, リチャード　Brooks, Richard　映画監督, 脚本家　[国]米国　[生]1912年5月18日　[没]1992年3月11日　[典]1992／1996

ブルックス, ルイーズ　Brooks, Louise　女優　[国]米国　[生]1909年　[没]1985年8月8日　[典]1992

ブルックス, ロバート　Brooks, Robert　心理学者　ハーバード大学医学部教授　[国]米国　[典]2004

ブルックス, ロン　Brooks, Ron　イラストレーター　タスマニア大学芸術学部講師　[国]オーストラリア　[生]1948年　[典]1996

ブルックスナー, ジェームズ　ジャステリーニ・アンド・ブルックス (J&B) 社長　[国]英国　[典]1992

ブルックスミス, ピーター　Brookesmith, Peter　フリーライター, 編集者　[国]英国　[典]2004

ブルックナー, アニータ　Brookner, Anita　作家, 美術史家　元・コートールド美術研究所教授　[専]18・19世紀美術　[国]英国　[生]1928年　[典]1992／1996／2000

ブルックナー, カルル　Bruckner, Karl　児童文学作家　[国]オーストリア　[生]1906年　[典]1992

ブルックナー, カレル　Brückner, Karel　サッカー指導者　元・サッカー・チェコ代表監督　[国]チェコ　[典]2008／2012

ブルックマイア, クリストファー　Brookmyre, Christopher　作家　[国]英国　[生]1968年　[典]2004／2008／2012

ブルッグマン, ジェブ　Brugmann, Jeb　環境保全運動家　国際環境自治体協議会 (ICLEI) 世界事務局長　[国]米国　[典]2000

ブルック・ローズ, クリスティーン　Brook-Rose, Christine　作家, 批評家　[国]英国　[典]1996

ブルッコリ, マシュー　Bruccoli, Matthew J.　英文学者, 伝記作家　サウスカロライナ大学教授　[国]米国　[生]1931年　[典]2004

フルッサー, ダーフィト　Flusser, David　古典学者　元・ヘブライ大学教授　[専]ユダヤ史, キリスト教史　[国]イスラエル　[生]1917年　[典]2004

ブルッサール, フィリップ　Broussard, Philippe　「ル・モンド」リポーター　[国]フランス　[生]1963年　[典]2008

ブルッサール, ロベール　Broussard, Robert　元・警察官　[国]フランス　[生]1936年　[典]2004

フルッチ, マリア　タスマニア大学現代語学部長　[専]漱石研究　[国]オーストラリア　[典]1992

ブルッフ, クラウス・フォン　Bruch, Klaus Vom　インスタレーション・アーティスト　[国]ドイツ　[生]1952年　[典]1992／1996

ブルッフフェルド, シュテファン　Bruchfeld, Stéphane　歴史学者　ウプサラ大学教員　[専]ホロコースト・ジェノサイド研究　[国]スウェーデン　[生]1955年　[典]2004

フルーティー, ダグ　Flutie, Doug　プロフットボール選手 (QB)　[国]米国　[生]1962年10月23日　[典]2000／2004／2008

ブルディエ, マルク　Bourdier, Marc　建築家　フランス国立社会科学高等研究院現代日本研究センター研究員　[国]フランス　[生]1954年　[典]1996

ブルディック, ファンシュ　Broudic, Fañch　ジャーナリスト, ブルトン語文献学者　FR3 (フランス公営テレビ局) ブルターニュ局ブルトン語番組制作主任　[国]フランス　[生]1946年　[典]2000

ブルデュー, ピエール　Bourdieu, Pierre　社会学者　元・コレージュ・ド・フランス名誉教授　[国]フランス　[生]1930年8月1日　[没]2002年1月23日　[典]1992／1996／2000

ブルーデルマッハー, ジョルジュ　Pludermacher, Georges　ピアニスト　元・パリ音楽院教授　[国]フランス　[典]2012

ブルート, ジョージ　Pruitt, George　フューチャーズ・トゥルース取締役　[国]米国　[典]2004／2008

ブルート, テリー　Pluto, Terry　スポーツ・ライター　「アクロン・ビーコン・ジャーナル」紙バスケットボール記者　[国]米国　[典]1996

フルド, リチャード　Fuld, Richard S. (Jr.)　実業家　元・リーマン・ブラザーズ会長・CEO　[国]米国　[生]1946年　[典]2004／2008／2012

フルトゥ, ジャンルネ　Fourtou, Jean-René　実業家　元・ビベンディ・ユニバーサル会長・CEO　[国]フランス　[生]1939年6月20日　[典]2004／2012

ブルードラ, ベンノー　Pludra, Benno　児童文学作家　[国]ドイツ　[生]1925年　[典]2008／2012

ブルートン, ジョン　Bruton, John Gerard　政治家　アイルランド下院議員　元・アイルランド首相, 元・統一アイルランド党 (フィニ・ゲイル) 党首　[国]アイルランド　[生]1947年5月18日　[典]1996／2000／2004／2008

フルトン, ハミッシュ　Fulton, Hamish　美術家　[国]英国　[生]1946年　[典]1992／2000

フルトン, ハル　Fulton, Hal　コンピューター技術者　[典]2004

フルトン, マリアンヌ　ジョージ・イーストマン・ハウス国際写真博物館館長代理・チーフキュレーター　[国]米国　[典]2000

ブルトン・エレウェット, オーブ　画家　[国]フランス　[生]1935年　[典]1996

ブルドンスキー, アレクサンドル　演出家　スターリンの孫　[国]ソ連　[生]1941年　[典]1992

ブルーナー, カート　Bruner, Kurt　著述家　フォーカス・オン・ザ・ファミリー・バイス・プレジデント　[国]英国　[典]2004

ブルナー, グスタフ　Brunner, Gustav　レーシングカー・デザイナー　トヨタF1チーム技術ディレクター　[国]オーストリア　[生]1950年9月12日　[典]2004／2008

ブルーナー, ジェローム　Bruner, Jerome Seymour　心理学者　ニューヨーク大学教授　[国]米国　[生]1915年10月1日　[典]1996／2000／2004／2008

ブルーナ, ディック　Bruna, Dick　本名=ブルーナ, ヘンドリック・マフダレヌス　画家, 絵本作家, グラフィックデザイナー　[国]オランダ　[生]1927年　[典]1996／2000／2004／2008／2012

ブルナー, デービッド　Brunner, David J.　ビジネスコンサルタント　[典]2004

ブルーニ, カーラ　Bruni, Carla　本名=Bruni Sarkozy,Carla　旧名=Bruni Tedeschi,Carla Gilberta　シンガー・ソングライター, ファッションモデル　サルコジ元フランス大統領夫人　[国]フランス　[生]1967年12月23日　[典]2008／2012

ブルーニ, ブルーノ　Bruni, Bruno　画家　[国]イタリア　[生]1935年　[典]1992

フルニエ, アラン　Fournier, Alain　画家　[国]フランス　[生]1931年　[典]1996

フルニエ, ジャン　Fournier, Jean　バイオリニスト　[国]フランス　[生]1911年7月3日　[典]1992

フルニエ, ピエール　Fournier, Pierre　チェロ奏者　[国]フランス　[生]1906年6月24日　[没]1986年1月8日　[典]1992

ブルニェッティ, イバノ　Brugnetti, Ivano　競歩選手　[国]イタリア　[生]1976年9月1日　[典]2008

ブールニケル, カミーユ　Bourniquel, Camille　文学者　[国]フランス　[生]1918年　[典]1996

ブルーニ・テデスキ, ヴァレリア　Bruni-Tedeschi, Valéria　女優,

映画監督　国イタリア　生1964年11月16日　典2000／2004／2008

ブルーニング, ジョン　Bruning, John R. (Jr.)　航空史研究家, 政治家　インディペンデンス市議　国米国　典2004

フルネ, ジャン　Fournet, Jean　指揮者　元・東京都交響楽団名誉指揮者, 元・オランダ放送フィルハーモニー管弦楽団終身指揮者　国フランス　生1913年4月14日　没2008年11月3日　典1992／1996／2000／2008

ブルネ, ミシェル　Brunet, Michel　人類学者　ポワチエ大学教授　国フランス　典2004／2008／2012

ブルネロ, マリオ　Brunello, Mario　チェロ奏者, 指揮者　国イタリア　生1960年　典1996／2000／2008／2012

ブルーノ, A.アンソニー　Bruno, A.Anthony　ネットワークコンサルタント　典2004

ブルーノ, アンソニー　Bruno, Anthony　作家　国米国　典1996／2000／2004

ブルーノ, ジョン　Bruno, John　SFXスーパーバイザー　国米国　生1948年　典1996

ブルーノ, フランク　Bruno, Frank　元・プロボクサー　元・WBC世界ヘビー級チャンピオン　国英国　生1961年11月16日　典1996／2000

ブルノア, グレアム　ゼネカ・ファーマシューティカルズ上級副社長　元・レスター大学教授　国英国　典2000

ブルノフスキ, アルビン　画家　国スロバキア　生1935年　典1996

ブルハヌディン・ハラハップ　Burhanuddin Harahap　政治家　元・インドネシア首相, 元・マシュミ党指導者　国インドネシア　生1917年　没1987年6月14日　典1992

フルビマーリ, ジェフリー　Fulvimari, Jeffrey　イラストレーター, デザイナー　国米国　生1962年　典2004／2008

ブルヒャルト, ドーリス　Burchard, Doris　ライター　国ドイツ　生1951年　典2004

フルフォード, ロバート　Fulford, Robert C.　治療家　国米国　典2000

フルブライト, ジェームズ・ウィリアム　Fulbright, James William　政治家　元・国際教育交換協議会名誉会長, 元・米国民主党上院外交委員長　国米国　生1905年4月9日　没1995年2月9日　典1992／1996

ブルブリス, ゲンナジー　Burbulis, Gennadii Eduardovich　政治家　ロシア国際戦略政治学センター所長　元・ロシア国務官　国ロシア　生1945年8月4日　典1992／1996／2004／2008

ブールブーロン, ジャック　Bourboulon, Jacques　写真家　国フランス　生1946年　典1996

ブルーベイカー, ウィリアム　Brubaker, William R.　ハーバード大学ジュニアフェロー　社会学　国米国　典2008

ブルボン, ドミニック　ベシネー・フード・パッケージング・ジャパン副社長　国フランス　典2004

ブルボン, ドン・ファン・デ　Borbón y Battenberg, Don Juan de　フアン・カルロス・スペイン国王の父　スペイン　生1913年6月20日　没1993年4月1日　典1996

ブルボン・ドゥ・シシル, ベアトリス・ド　Bourbon deux Siciles, Beatrice de　元・テレビディレクター　ブルボン家の子孫　国フランス　典2000

ブルマ, イアン　Buruma, Ian　ジャーナリスト　生1951年　典1992

フルマー, デービッド　Fulmer, David　作家　国米国　典2008

ブルーマー, ハーバート・ジョージ　Blumer, Herbert Gorge　社会学者　国米国　生1900年　没1987年　典1992

プルマン, ビル　Pullman, Bill　俳優　国米国　生1953年12月17日　典2000

プルマン, フィリップ　Pullman, Philip　作家　国英国　生1946年10月19日　典2004／2008／2012

ブルマン, マイク　Bullmann, Maik　レスリング選手（グレコローマン）　国ドイツ　典1996

ブルミエ, ギィ・ドラモット　ヴィテル社社長　国フランス　生1922年　典1992

ブルミッヒ, フォルカー　Brummig, Volker　テディベア美術　国ドイツ　生1956年　典2004

ブルーミングデイル, ジェームス　Bloomingdale, James　ネットワークコンサルタント　国米国　典2004

ブルーム, アーシュラ　作家　国英国　没1984年10月30日　典1992

ブルーム, アラン　Bloom, Allan　哲学者　元・シカゴ大学教授　国米国　生1930年　没1992年10月7日　典1992／1996

ブルム, ウィリアム　Blum, William　ジャーナリスト　国米国　生1933年　典2004／2008

ブルーム, ウルリッヒ　Blum, Ulrich　経済学者　ハレ経済研究所所長　国ドイツ　生1953年5月19日　典2012

フルーム, エイミー　Frome, Amy　経営コンサルタント　国米国　典2004

ブルーム, エイミー　Bloom, Amy　サイコセラピスト　国米国　生1953年　典2000

ブルーム, オーランド　Bloom, Orlando　俳優　国英国　生1977年1月13日　典2004／2008／2012

ブルム, カール・アルネ　Blom, K.Arne　作家　国スウェーデン　典1992

フルーム, クリス　Froome, Chris　本名＝Froome,Christopher　自転車選手（ロードレース）　ロンドン五輪自転車男子個人タイムトライアル銅メダリスト　国英国　生1985年5月20日

ブルーム, クレア　Bloom, Claire　女優　国英国　生1931年2月15日　典2004／2008／2012

ブルーム, ケルビン　Bloom, Kelvin M.　実業家　アストン・ホテル＆リゾーツ副社長　国米国　生1959年　典2004

ブルーム, サム　元・ブルーム広告社成立者　国米国　生1983年　典1992

ブルーム, ジャスティン　Bloom, Justin L.　技術コンサルタント　テクノロジー・インターナショナル社社長　国米国　生1924年　典1996

ブルーム, ジュディ　Blume, Judy　児童文学作家　国米国　生1938年　典1996／2000

ブルーム, ジョナサン　Bloom, Jonathan　美術史家　イスラム美術　国米国　典2004／2008

ブルーム, スティーヴ　Bloom, Steve　写真家　生1953年　典2008

ブルーム, デービッド　Blume, David　実業家　ジャガージャパン社長　国英国　生1950年　典2000／2004／2008

ブルーム, パツィー　ペット・プラン設立者　国英国　典2000

ブルーム, ハロルド　Bloom, Harold　文芸批評家　エール大学人文学部教授　英国ロマン主義文学　国米国　生1930年　典1992／1996／2000

ブルム, ピエール・アラン　Blum, Pierre-Alain　エベル社社長　国スイス　生1945年

ブルーム, フロイド　脳科学者　「サイエンス」編集長, スクリプス研究所神経薬理学部門長　国米国　典2000

ブルーム, ベッキー　Bloom, Becky　絵本作家　Siphano Picture Books創業者　典2004

ブルーム, ポール　Bloom, Paul N.　経営学者　ノースカロライナ大学チャペルヒル校ケナン・フラグラー経営大学院教授　マーケティング　国米国　典2004／2008

ブルーム, リサ　Bloom, Lisa　社会学者　元・城西国際大学助教授　女性学, ビジュアル・カルチャー　国米国　生1958年　典2004

ブルーム, リチャード　Blum, Richard　コンピューター技術者　Traders Point Christian School理事　国米国　典2004

ブルムズ, アンデルス　Bröms, Anders　経営コンサルタント　SAMサムルベタンデ・コンサルティング・マネージング・パートナー　国スウェーデン　典2004

ブルームバーグ, ジェイソン　Bloomberg, Jason　ライトハウス・システムズ社先端技術室長　国米国　典2000

ブルームバーグ, マイケル　Bloomberg, Michael Rubens　政治家, 金融家　ニューヨーク市市長, ブルームバーグL.P.創業者・社長　国米国　生1942年2月14日　典1992／1996／2000／2004／2008／2012

ブルームバーゲン, N.　Bloembergen, Nicolaas　物理学者　ハーバード大学教授　[専]レーザー分光学　[国]米国　[生]1920年3月11日　[典]1992／1996

ブルームリック, ミーヒャ　Brumlik, Micha　教育学者　ハイデルベルク大学社会教育学科教授　[専]社会教育学　[国]ドイツ　[生]1947年　[典]1996

ブルーメル, キース　Bluemel, Keith　自動車評論家, フェラーリ研究家　[国]英国　[典]2004

ブールメルカ, ハシバ　Boulmerka, Hassiba　陸上選手(中距離)　国際オリンピック委員会(IOC)委員　[国]アルジェリア　[生]1968年　[典]1996／2004

ブルメンソール, ハーマン・アレン　プロダクション・デザイナー　[国]米国　[没]1986年3月30日　[典]1992

ブルメンソール, ハワード　Blumenthal, Howard J.　作家　ロジカル・エクステンション社社長, 米国連邦タイムトラベル委員会(FTTC)特別顧問　[国]米国　[典]1992

ブルメンソール, マイケル　Blumenthal, W.Michael　実業家, エコノミスト　ユニシス会長　元・米国財務長官　[国]米国　[生]1926年1月3日　[典]1992／1996

ブルメンタール, ダニエル　Blumenthal, Daniel J.　コンピューター科学者, 実業家　カリフォルニア大学サンタバーバラ校電子コンピューター工学科準教授, カリエント・ネットワークス創業者　[国]米国　[典]2004

フ

ブルーメンタール・ラザン, マリオン　Blumenthal Lazan, Marion　ホロコースト体験者　[生]1934年　[典]2004

ブルメンフェルド, ローラ　Blumenfeld, Laura　ジャーナリスト　[国]米国　[典]2008

ブルモア, ジェレミー　Bullmore, Jeremy　コンサルタント, コピーライター　[国]英国　[生]1929年　[典]2004

ブルラツキー, フョードル　Burlatskii, Fedor Mikhailovich　政治学者, 劇作家　元・「文学新聞」編集局長　[生]1927年1月4日　[典]1992／1996／2000

フルラネット, フェルッチョ　Furlanetto, Ferruccio　バス歌手　[国]イタリア　[生]1949年　[典]2000／2004／2012

フルーリ, ジャン　料理人　ポール・ボキューズ総支配人・総料理長　[国]フランス　[典]1992

フルーリー, ディーター　Flury, Dieter　フルート奏者　[国]スイス　[生]1952年　[典]2012

フルーレ, ブリジット　Flourez, Brigitte　「夜こそわが耀き―ニコラ・バレの生涯」の著者　[国]フランス　[生]1941年　[典]1996

フルレツ, ボリス　Frlec, Boris　政治家, 化学者　元・スロベニア外相　[国]スロベニア　[生]1936年2月10日　[典]2000(フルレッツ, ボリス)

ブルーワー, サラ　Brewer, Sarah　ライター, コラムニスト　[国]英国　[典]2008

ブルーワー, ジーニー　Brewer, Jeannie　医師, 作家　[専]エイズ　[国]米国　[典]2004

ブルーワー, ジョン　Brewer, John　歴史学者　シカゴ大学教授　[国]英国　[生]1947年　[典]2004／2008

ブルーワー, ジーン　Brewer, Gene　作家　[国]米国　[生]1937年7月4日　[典]2000

ブルーワー, レオ　Brewer, Leo　化学者　元・カリフォルニア大学名誉教授, 元・輻射研究所無機材料部長　[国]米国　[生]1919年6月13日　[没]2005年2月22日　[典]1996(ブリューア, レオ)／2000(ブリューア, レオ)

ブルン, エリック　Bruhn, Erik　バレエダンサー　[国]カナダ　[生]1928年10月3日　[没]1986年4月1日　[典]1992

ブルーン, スタファン　Bruun, Staffan　ジャーナリスト, 作家　[国]フィンランド　[典]2004

ブルーン, スベン　アトラス・コプコ・ガデリウス社長　[国]スウェーデン　[典]1992

プルンスキネ, カジミラ　Prunskiene, Kazimiera　本名=タルビダス, カジミラ　政治家　元・リトアニア共和国首相　[国]リトアニア　[生]1942年　[典]1992

ブルントラント, グロ・ハルレム　Brundtland, Gro Harlem　政治家　国連気候変動に関する事務総長特使　元・世界保健機関(WHO)事務局長, 元・ノルウェー首相　[国]ノルウェー　[生]1939年4月20日　[典]1992／1996／2000／2004／2008／2012

ブルンナー, オットー　Brunner, Otto　歴史学者　元・ハンブルク大学教授　[国]ドイツ　[生]1898年4月21日　[没]1982年　[典]1992

ブルンバック, ロナルド　Brumback, Ronald　実業家　ナビゲーション・テクノロジーズ社長　[国]米国　[典]2000

ブルンバン, ジャン・ハロルド　Brunvand, Jan Harold　民俗学者, コラムニスト　ユタ大学教授　[国]米国　[生]1933年　[典]1992／2000

フルンベルク, アルノン　Grunberg, Arnon　作家　[国]オランダ　[生]1971年　[典]2004

ブーレ, アラン　Beulé, Alain　写真家　[生]1959年　[典]2004

プーレ, ジェラール　Poulet, Gerard　バイオリニスト　[国]フランス　[生]1938年12月8日　[典]2012

プーレ, ジョルジュ　Poulet, Georges　文芸評論家　[国]フランス　[生]1902年　[典]1992

フーレ, ナディーヌ　Fourré, Nadine　デザイナー　日仏農民のわらの交流を実現　[国]フランス　[典]2000

ブーレ, ニーノ　Bule, Nino　サッカー選手(FW)　[国]クロアチア　[生]1976年3月19日　[典]2004／2008

ブレ, パベル　Bure, Pavel　アイスホッケー選手(FW)　[国]ロシア　[生]1971年3月31日　[典]2004／2008

ブレ, フランソワ　Bret, François　画家　[国]フランス　[生]1918年　[典]1996

ブレ, マリー・クレール　Blais, Marie-Claire　作家　カルガリー大学名誉教授　[国]カナダ　[生]1939年10月5日　[典]1992

ブーレ, ヨルン　Boere, Jeroen　サッカー選手　[国]オランダ　[生]1967年11月18日　[没]2007年8月18日　[典]2000

ブレア, クレイ(Jr.)　Blair, Clay (Jr.)　作家, ジャーナリスト　[生]1925年　[典]1992

ブレア, ゲーリー・ライアン　Blair, Gary Ryan　コンサルタント　GoalsGuy Learning System代表　[国]米国　[典]2004

ブレア, シーラ　Blair, Sheila　美術史家　[専]イスラム美術　[国]米国　[典]2004／2008

ブレア, デニス　Blair, Dennis　本名=Blair,Dennis Cutler　元・軍人　元・米国国家情報長官　[国]米国　[生]1947年2月4日　[典]2012

ブレア, デービッド　Blair, David　映画監督　[国]米国　[生]1956年　[典]1996

ブレア, トニー　Blair, Tony　本名=Blair,Anthony Charles Lynton　政治家　JPモルガン・チェース非常勤顧問　元・英国首相, 元・英国労働党党首　[国]英国　[生]1953年5月6日　[典]1996／2000／2004／2008／2012

ブレア, ビル　元・外交官　戦略国際問題研究センター(CSIS)日本部長　[国]米国　[典]2000

ブレア, フレドリカ　Blair, Fredrika　著述家　[国]米国　[没]1990年7月　[典]1992

ブレア, ボニー　Blair, Bonnie　元・スピードスケート選手　カルガリー五輪・アルベールビル五輪・リレハンメル五輪金メダリスト　[国]米国　[生]1964年3月18日　[典]1996／2000／2008／2012

ブレア, マーク　Blair, Mark　マーケティングコンサルタント　[典]2008

ブレア, リチャード　Blair, Richard　コンピューターコンサルタント　[典]2004

フレアー, リック　Flair, Ric　本名=フレアー, リチャード　プロレスラー　[国]米国　[生]1949年2月25日　[典]2000／2004／2008／2012

フレアー, リード　Flair, Reid　プロレスラー　[国]米国　[生]1988年2月26日　[没]2013年3月29日

ブレア, リンダ　Blair, Linda　女優　[国]米国　[生]1959年1月22日　[典]1992／1996

フレアティ, ジム　Flaherty, Jim　本名=フレアティ, ジェームズ　政治家　カナダ財務相　[国]カナダ　[生]1949年12月30日　[典]2008／2012

ブレアートン, ジェームズ　Brereton, James　画家　[国]英国　[生]1954年　[典]2000

フレイ, エドゥアルド　Frei, Eduardo　本名=フレイ・モンタルバ, エドゥアルド　政治家　元・チリ大統領　国チリ　生1911年1月16日　没1982年1月23日　典1992

フレイ, エドゥアルド　Frei, Eduardo　本名=フレイ・ルイス・タグレ, エドゥアルド　政治家　チリ終身上院議員　元・チリ大統領, 元・チリ上院議長　国チリ　生1942年6月24日　典1996／2000／2004／2008／2012

ブーレイ, オリヴィエ　Boulay, Olivier　カーデザイナー　メルセデス・ベンツ北京アドバンスト・デザインセンター副所長　元・三菱自動車乗用車デザイン本部長　国フランス　生1957年8月9日　典2004／2008／2012

ブレイ, カーラ　Blay, Carla　本名=Brog,Carla　ジャズピアニスト, 作曲家　国米国　生1938年5月11日　典2000

フレイ, セバスチャン　Frey, Sebastien　サッカー選手（GK）　国フランス　生1980年3月18日　典2004／2008

フレイ, ダーシー　Frey, Darcy　作家　典2008

ブレイ, ディエン　Bray, Deanne　女優　国米国　生1971年5月14日　典2004／2008

フレイ, デービッド　Frei, David　テレビ司会者　国米国　典2008

ブレイ, ビクトール・マヌエル　Burell, Victor Manuel　音楽評論家　国スペイン　生1937年　典1996

ブレイ, フランチェスカ　Bray, Francesca　カリフォルニア大学サンタバーバラ校教授　国文化人類学　国米国　典1996／2008

フレイ, ボビー　Flay, Bobby　本名=Flay,Robert William　シェフ　国米国　生1964年12月　典2008／2012

ブレイ, ポール　Bley, Paul　ジャズピアニスト　国カナダ　生1932年11月10日　典1996

フレイ・ヴェーリン, C.T.　医師　C.G.ユング研究所訓練分析家　国分析心理学　国スイス　典1992（フレイ・ベーリン, C.T.）

ブレイエ, イブ　Brayer, Yves　画家　国フランス　生1907年　没1990年5月29日　典1992

ブレイク, クェンティン　Blake, Quentin Saxby　画家, イラストレーター　国英国　生1932年12月16日　典1996（ブレーク, クェンティン）／2000（ブレーク, クェンティン）／2012

ブレイク, クェンティン　Blake, Quentin　エディンバラ大学社会人類学部教授, 技術史学会常任理事　国英国　生1932年　典2008

ブレイク, ケーシー　Blake, Casey　大リーグ選手（内野手）　国米国　生1973年8月23日　典2012

ブレイク, ジェームズ・カルロス　Blake, James Carlos　作家　典2012

ブレイク, ロバート　Blake, Robert　本名=Gubitosi,Michael　旧芸名=ブレーク, ボビー　俳優　国米国　生1934年9月18日　典2004（ブレーク, ロバート）／2008（ブレーク, ロバート）

ブレイクスリー, サンドラ　Blakeslee, Sandra　ジャーナリスト　典2004

ブレイクナム, マイケル　Blakenham, Michael　本名=Blakenham, Michael John Hare　実業家　元・ピアソン会長・CEO, 元・英国王立植物園理事長　国英国　生1938年1月25日　典1992／1996／2004／2008／2012

ブレイクモア, コリン・ブライアン　Blakemore, Colin Brian　生理学者　オックスフォード大学教授　国英国　生1944年6月1日　典1996／2000

ブレイザー, ドン　Blaser, Don　本名=ブラッシンゲーム, ドナルド・リー　プロ野球選手・監督　国米国　生1932年3月16日　没2005年4月13日　典1992（ブレーザー, ドン）

ブレイサー, ヒュー　Prather, Hugh　作家, カウンセラー　国米国　典2004

フレイジ, エリアス　元・パレスチナ自治政府観光相, 元・ベツレヘム市長　没1998年3月29日　典1996

ブレイジア, イアン　在名古屋オーストラリア領事　国オーストラリア　典2000

ブレイジャ, クリス　Brazier, Chiris　編集者　国英国　典2008

フレイジャー, チャールズ　作家　国米国　典2000

フレイジャー, デブラ　Frasier, Debra　絵本作家　国米国　典2004

フレイシャー, マイケル　Fleisher, Michael D.　実業家　ガートナーグループ社長・CEO　国米国　典2004

フレイジャー, マイケル　Fraizer, Michael D.　GEファイナンシャル・アシュアランス（GEFA）社長・CEO, GEキャピタル・サービス上級副社長　国米国　生1958年　典1992

ブレイズ, アルンドラ　リング名=メドゥーサ　女子プロレスラー, モデル, 歌手, 女優　国米国　生1964年　典1996

ブレイス, ジェラルド・ウォーナー　Brace, Gerald Warner　小説家　国米国　生1901年　典1996

ブレイズ, ジャック　Blades, Jack　グループ名=ナイト・レンジャー, ダム・ヤンキース　ロック歌手, ロックベーシスト　国米国　生1954年4月24日　典2008／2012

ブレイズ, マイケル　Frase, H.Michael　写真家, 作家　典2008

ブレイズ, ルベーン　音楽家, 俳優　国パナマ　生1948年　典1996

ブレイスウェイト, ケント　Braithwaite, Kent　作家　典2004

フレイタス　Freitas　本名=Carreira,Ricardo de Freitas　サッカー選手（DF）　国ブラジル　生1978年1月20日　典2004

フレイタス, アセリノ　Freitas, Acelino　プロボクサー　元・WBO世界ライト級チャンピオン, 元・WBA・WBO世界スーパーフェザー級チャンピオン　国ブラジル　生1975年9月21日　典2004／2008

フレイチュア, ニコライ　Fraiture, Nikolai　グループ名=ストロークス　ミュージシャン　国米国　生1978年11月13日　典2012

ブレイディ, ジーン　Plaidy, Jean　本名=ヒッバート, エレノア　別筆名=ホルト, ビクトリア, Burford,Eleanor, Carr,Philippa, Ford, Elbur, Kellow,Kathleen, Tate,Ellalice　作家　国英国　生1906年　没1993年1月　典1992（ホルト, ビクトリア）／1996

ブレイディ, トム　Brady, Tom　プロフットボール選手（QB）　国米国　生1977年8月3日　典2004（ブレーディ, トム）／2008（ブレーディ, トム）／2012

フレイディ, マーシャル　Frady, Marshall　ジャーナリスト, 伝記作家　国米国　典2008

ブレイトー, ロディカ　Prato, Rodica　イラストレーター　典2004

ブレイトマン　Breitman, Patti　カウンセラー　国米国　典2008

ブレイナード, ジョン　コンピューター設計者　国米国　生1988年2月1日　典1992

ブレイナード, デール・W.　アイオワ州政府経済開発局日本担当部長　国米国　典1992

ブレイナード, ポール　Brainerd, Paul　アルダス社会長・CEO　国米国　典1996

ブレイバント, ラバーン・E.　米国農産物貿易事務所所長　国米国　生1948年　典1996

フレイビン, クリストファー　Flavin, Christopher　ワールドウォッチ研究所所長　国国際エネルギー問題　国米国　生1955年　典1992／1996／2004／2012

フレイビン, ダン　Flavin, Dan　芸術家　国ミニマルアート　国米国　生1933年4月1日　没1996年11月30日　典1992

ブレイファー, サンディ　彫刻家　国米国　典1996

フレイマン・ウェア, ギャレット　Freymann-Weyr, Garret　作家　国米国　典2004／2008

フレイム, ジャネット　Frame, Janet　作家　国ニュージーランド　生1924年8月24日　没2004年1月29日　典1992／2004

ブレイヤ, カトリーヌ　Breillat, Catherine　映画監督, 脚本家, 作家　国フランス　生1948年　典2000／2004／2008／2012

プレイヤー, ゲーリー　Player, Gary　本名=Player,Gary Jim　プロゴルファー　国南アフリカ　生1935年11月1日　典1992／1996／2000／2008／2012

ブレイヤー, ピエール　Breillat, Pierre　陶芸家　国フランス　生1953年　典1996

フレイリング, クリストファー　Frayling, Christopher John　歴史学者, 批評家, 放送キャスター　ロンドン王立美術大学学長, ビクトリア・アンド・アルバート博物館理事, イングランド芸術協会映画ビデオ放送部門委員長　国英国　生1946年12月25日　典2000

フレイレ, ジルベルト　Freyre, Gilberto de Melho　人類学者, 社会学者, 作家　国ブラジル　生1900年3月15日　没1987年7月18日　典1992

フレイレ, ネルソン　Freire, Nelson　ピアニスト　国ブラジル　生1944年10月18日　典2012

フレイレ, パウロ　Freire, Pouro　識字運動家　元・サンパウロ市教育局長　国ブラジル　生1921年　没1997年5月2日　典1992

ブレイロック, ジェイムズ　Blaylock, James P.　SF作家　国米国　生1950年　典1996

ブレイロック, ハンク　Blalock, Hank　本名=Blalock,Hank Joe　大リーグ選手(内野手)　国米国　生1980年11月28日　典2008

ブレイン, ジョン　Braine, John Gerard　作家, 劇作家　国英国　生1922年4月13日　没1986年10月28日　典1992

ブレイン, デービッド　Blaine, David　本名=White,David Blaine　マジシャン, イリュージョニスト　国米国　生1973年4月4日　典2008／2012

フレイン, マイケル　Frayn, Michael　小説家, 劇作家, 翻訳家　国英国　生1933年9月8日　典2004／2008／2012

ブレイン, マーシャル　Brain, Marshall　コンピューターコンサルタント　ハウ・スタッフ・ワークスCEO　典2004

プレヴァン, ルネ　Pleven, René Jean　政治家　元・フランス首相　国フランス　生1901年4月15日　没1993年1月13日　典1992(プレバン, ルネ)／1996(プレバン, ルネ)

プレヴェラキス, パンテリス　Prevelakis, Pantelis　作家, 劇作家　国ギリシャ　生1909年　典1992(プレベラキス, パンテリス)／1996(プレベラキス, パンテリス)

プレヴェール, ピエール　Prevert, Pierre　映画監督, 俳優　国フランス　生1907年5月26日　没1988年4月6日　典1992(プレベール, ピエール)

プレヴォ, C.　Prevot, Carl　画家　国フランス　生1933年　典1992(プレボ, C.)

プレヴネリエフ, ロセン　Plevneliev, Rosen Asenov　政治家　ブルガリア大統領　国ブルガリア　生1964年5月14日

プレオブラジェンスキー, コンスタンチン　Preobrazhensky, Konstantin　作家, ジャーナリスト, 人権活動家　元・ソ連国家保安委員会(KGB)諜報員　国ロシア　生1953年　典2004

ブレーガー, アヒム　Bröger, Achim　児童文学作家　国ドイツ　生1944年　典1992／2000

ブレーカー, アルノ　彫刻家　国ドイツ　没1991年2月13日　典1992

プレーガー, ヴォルフガング　Pleger, Wolfgang H.　思想家　コブレンツ大学教授　哲学　国ドイツ　生1944年　典2000

プレガー, デニス　Prager, Dennis　ユダヤ思想家　ユダヤ教大学講師　ユダヤ史, 聖書学　国米国　生1948年　典1996

ブレーカー, マイケル　Blaker, Michael　ハーバード大学教授　国際法, 政治学　国米国　典1996

フレガ, ムリエル　Frega, Muriel　画家, イラストレーター　国アルゼンチン　生1972年　典2004

プレカス, ジェニファー　Plecas, Jennifer　挿絵画家　国米国　典2004

プレガルディエン, クリストフ　Prégardien, Christoph　テノール歌手　リリック・テノール　国ドイツ　生1956年1月18日　典2012

ブレーキー, アート　Blakey, Art　本名=ブレーキー, アーサー　別名=アブドゥラー・イブン・ブハイナ　ジャズドラマー　国米国　生1919年10月11日　没1990年10月16日　典1992

ブレーク, アマンダ　Blake, Amanda　本名=Neill,Beverly Louise　女優　国米国　生1931年2月20日　没1989年8月16日　典1992

ブレーク, アンドルー　Blake, Andrew　体育学者　キング・アルフレッズ大学教授　国英国　典1992

フレーク, ゴードン　マンスフィールド太平洋評議会朝鮮問題研究部副部長　北朝鮮経済問題　国米国　典2000

ブレーク, ジェニファー　Blake, Jennifer　ロマンス作家　国米国　典2004

ブレーク, ジョン　Blake, Jon　作家　国英国　生1954年　典1996

ブレーク, ジーン　Blake, Jeanne　テレビリポーター　国米国　生1952年　典1996

ブレーク, ステファニー　Blake, Stephanie　絵本作家　生1968年　典2008

ブレーク, ノーマン(Jr.)　Blake, Norman P.(Jr.)　USF&G会長・社長　国米国　典1996

ブレーク, ホセ・フランシスコ　Blake, Jose Francisco　政治家　元・メキシコ内相　国メキシコ　生1966年5月22日　没2011年11月11日

ブレーク, マイケル　Blake, Michael　作家, シナリオライター　国米国　典1992／1996

ブレーク, ヨハン　Blake, Yohan　陸上選手(短距離)　ロンドン五輪陸上男子4×100メートルリレー金メダリスト　国ジャマイカ　生1989年12月26日

ブレーク, ロバート　Blake, Robert R.　企業コンサルタント　サイエンティフィック・メソッズ社会長　国米国　典1996

ブレーク, ロバート　Blake, Robert Norman William　歴史家, 治安判事　元・オックスフォード大学クィーンズ・カレッジ学長　国英国　生1916年12月23日　没2003年9月20日　典1996

ブレーク, ロブ　Blake, Rob　本名=Blake,Robert Bowlby　元・アイスホッケー選手　ソルトレークシティ五輪アイスホッケー男子金メダリスト　国カナダ　生1969年12月10日　典2004／2008

フレークス, ランドル　Frakes, Randall　シナリオ作家, 小説家　国米国　典1992

ブレグバド, エリック　Blegvad, Erik　絵本作家　生1923年　典1992

ブレグバド, ピーター　Blegvad, Peter　グループ名=スラップ・ハッピー　ミュージシャン　国米国　生1951年8月14日　典2004／2012

ブレクマン, バート　Blechman, Burt　小説家　国米国　生1927年　典1996

ブレークモア, トーマス・レスター　弁護士　元・国際文化会館理事　国米国　生1915年　没1994年2月19日　典1996

ブレークリー, エドワード　Blakely, Edward J.　ニュースクール大学ミラノ校大学院都市政策管理学部長　都市計画, インフラストラクチャー整備, 交通・地域経済開発　国米国　生1938年　典2008

ブレークリー, コリン　Blakely, Colin　俳優　国英国　生1930年9月30日　没1987年5月7日　典1992

ブレゲン, メアリー　Blegen, Mary Beth　高校教師(ワーシントン高校)　国米国　典2000

フレゴシ, ジム　Fregosi, Jim　本名=Fregosi,James Louis　大リーグ監督, 元・大リーグ選手　国米国　生1942年4月4日　典2004

フレゴーニ, マリオ　Fregoni, Mario　ピアチェンツァ聖心カトリック大学教授, ブドウ栽培およびワイン醸造国際事務局事務局長　ブドウ栽培学, ワイン醸造学　国イタリア　生1934年6月　典1996

フレゴニーズ, ヒューゴ　Fregonese, Hugo　映画監督　国アルゼンチン　生1908年4月8日　没1987年　典1992

フレーザー, アリソン　Fraser, Alison　ロマンス作家　国英国　典2004

フレーザー, アルボンヌ　国際女性の権利監視協会(IWRAW)会長, ミネソタ大学ハンフリー研究所シニアフェロー　女性問題, 公共政策　国米国　典1992

フレーザー, アントニア　Fraser, Antonia　旧名=パケナム　作家　元・英国作家協会会長　国英国　生1932年8月27日　典1992／1996／2000

フレーザー, イアン　Frazer, Ian　産婦人科医　クイーンズランド大学教授, オーストラリア産婦人科学会会長　月経障害, 避妊, 不妊　国オーストラリア　典2000／2008／2012

フレーザー, イワン　Fraser, Evan D.　写真家　国英国　生1960年　典2000

フレーザー, ゴードン　Fraser, Gordon　物理学者, 科学編集者　国スイス　典2004

フレーザー, ジョージ・サザーランド　Fraser, George Sutherland　詩人, 批評家　国英国　生1915年11月8日　没1980年1月　典1992

フレーザー, ジョン　Fraser, John Malcolm　政治家　元・オーストラリア首相　国オーストラリア　生1930年5月21日　典1992／1996

／2008／2012

フレーザー, ステファニー　Fraser, Stephanie　平和運動家　核廃絶2000スタッフ　国米国　来2000

フレーザー, ダグラス　Fraser, Douglas Andrew　労働運動家　元・全米自動車労働組合 (UAW) 名誉委員長　国米国　生1916年12月18日　没2008年2月23日　来1996

フレーザー, ダン　Frazer, Dan　本名=Frazer,Daniel Thomas　俳優　国米国　生1921年11月20日　没2011年12月16日

フレーザー, ドーン　Fraser, Dawn　元・水泳選手　国オーストラリア　生1937年9月4日　来1992／1996／2000

フレーザー, ナンシー　Fraser, Nancy　ニュー・スクール・フォー・ソーシャル・リサーチ教授　専政治学, フェミニズム　国米国　生1947年　来2004

フレーザー, ブレンダン　Fraser, Brendan　俳優　国米国　生1968年12月3日　来2000／2004／2008／2012

ブレーザー, マーティン　Blaser, Martin J.　バンダービルト大学感染症部部長・内科教授　専内科学, 感染症　国米国　来2000

ブレーザー, ランドルフ　Blazer, Randolph C.　実業家　ベリングポイント会長・CEO　国米国　来2004／2008

プレーザー, リチャード　Prather, Richard Scott　ミステリー作家　国米国　生1921年　来1992

ブレーザー, ロルフ　Blaeser, Rolf　編集者, 著述家　生1925年　来1996

フレーザー・プライス, シェリー・アン　Fraser-Pryce, Shelly-Ann　陸上選手（短距離）　北京五輪・ロンドン五輪陸上女子100メートル金メダリスト　国ジャマイカ　生1986年12月27日　来2012（フレーザー, シェリーアン）

フレサンジュ, イネス・ド・ラ　Fressange, Ines de la　ファッションデザイナー, ファッションモデル　国フランス　生1957年　来1992（イネス）／2000（イネス）

プレシ, アラン　Plessis, Alain　経済学者　パリ第10大学教授　専経済史　国フランス　来2004

ブレーシー, ハイラー　Bracey, Hyler　経営コンサルタント　アトランタ・コンサルティング・グループ社長　国米国　来1996

フレシェット, ルイーズ　Fréchette, Louise　外交官　元・国連副事務総長　国カナダ　生1946年7月16日　来2000／2004／2008／2012

ブレジネフ, アンドレイ　Brezhnev, Andrei　政治家　全ロシア共産主義運動代表　国ロシア　来2000

ブレジネフ, レオニード　Brezhnev, Leonid Iliich　政治家　元・ソ連最高会議幹部会議長（元首）, 元・ソ連共産党書記長　国ソ連　生1906年12月19日　没1982年11月10日　来1992

ブレジノフ, スタンレー　ニューヨーク・ニュージャージー・ポートオーソリティ総裁　国米国　生1937年

フレージャー, エイミー　Frazier, Amy　ロマンス作家　国米国　来2004

フレージャー, ジョー　Frazier, Joe　本名=フレージャー, ジョセフ・ウィリアム　愛称=スモーキン・ジョー　プロボクサー　元・WBA世界ヘビー級チャンピオン　東京五輪ボクシング・ヘビー級金メダリスト　国米国　生1944年1月22日　没2011年11月7日　来1992／2004

フレジャー, ジーン　Frazier, Zane　格闘家　国米国　生1965年9月18日　来2000

ブレシャー, ポール　Brecher, Paul　太極拳指導者　来2008

フレージャー, ロバート　Frager, Robert　心理学者　シャスター・アビー理事, ジャラヒ・オーダー会長, トランスパーソナル心理学研究所 (ITP) 創始者　国米国　生1941年　来1992

プレシャコフ, ピョートル　Pleshakov, Petr Stepanovich　元・ソ連無線工業相, 元・ソ連陸軍大将　国ソ連　生1922年　没1987年9月11日　来1992

フレージャー・ライド, ジャッキー　Frazier-Lyde, Jacqui　本名=フレージャー, ジャクリン・ライド　プロボクサー　国米国　来2004

プレジャン, ヘレン　尼僧　国米国　来2000

ブレジンスキー, ズビグニュー　Brzezinski, Zbigniew Kazimierz　政治学者, 政治家　戦略国際問題研究所 (CSIS) 顧問　元・米国大統領補佐官　専国際問題（ロシア・東欧・中国問題）　国米国　生1928年3月28日　来1992／1996／2000／2004／2008／2012

ブレジンスキー, マシュー　Brzinski, Matthew　ジャーナリスト　元・「ウォール・ストリート・ジャーナル」モスクワ特派員　専防衛問題　来2004／2012

プレス, イリーナ　Press, Irina　陸上選手　元・ロシア体育観光委員会部長　国ウクライナ　生1939年　没2004年2月21日　来1996

プレス, クラウディア　Pless, Claudia　ジャーナリスト　国ドイツ　生1967年　来2008

プレス, ジェームズ　Press, James E.　別名=プレス, ジム　実業家　クライスラー副会長　元・北米トヨタ自動車社長, 元・米国自動車工業会会長

プレス, タマラ　Press, Tamara　元・陸上選手（円盤投げ・砲丸投げ）　ロシアスポーツ協会副会長　国ロシア　生1937年5月10日　来1992／2008

フレス, パオロ　Fresu, Paolo　ジャズトランペット奏者　国イタリア　生1961年　来1996

ブレーズ, ハーバート　Blaize, Herbert　政治家　元・グレナダ首相　国グレナダ　生1918年　没1989年12月19日　来1992

ブーレーズ, ピエール　Boulez, Pierre　作曲家, 指揮者　IRCAM名誉所長, シカゴ交響楽団名誉指揮者　専現代音楽　国フランス　生1925年3月26日　来1992／1996／2004／2008／2012

プレス, フランク　Press, Frank　地球物理学者　マサチューセッツ工科大学名誉教授　元・米国科学アカデミー総裁　専地震学　国米国　生1924年12月4日　来1992／1996／2000／2008／2012

ブレースウェイト, ニコラス　Brathwaite, Nicolas Alexander　政治家　元・グレナダ首相　国グレナダ　生1925年　来1992／1996

ブレスエット, バークリ　Breathed, Berkeley　イラストレーター　来1996／2000

ブレスク, ジュヌヴィエーヴ　Bresc, Geneviève　ルーブル美術館彫刻部門主任学芸員　来2008

フレスコ, ナディーヌ　Fresco, Nadine　歴史学者　フランス国立科学研究所 (CNRS) 研究員　専反ユダヤ主義, 歴史修正主義の起源と発達, 歴史否認主義の起源と発展　国フランス　来2004

プレスコット, エドワード　Prescott, Edward C.　経済学者　アリゾナ州立大学教授　専マクロ経済学　国米国　生1940年　来2008／2012

プレスコット, ジョン　Prescott, John B.　実業家　元・ブロークン・ヒル・プロプライエタリー (BHP) 社長・CEO　国オーストラリア　生1940年　来1992／1996／2000

プレスコット, ジョン　Prescott, John Leslie　政治家　元・英国副首相　国英国　生1938年5月31日　来2000／2004／2008／2012

フレスコバルディ, ヴィットリオ　Frescobaldi, Vittorio　ワイン醸造家, 実業家　フレスコバルディ会長, スタインハウズリン銀行頭取　国イタリア　生1928年11月30日　来2004／2008

プレスタップ, ジェームズ　Prezystup, James　米国国防大学戦略研究所教授　専アジア研究, 日本政治　国米国　生1943年　来1996／2000

プレステス, ルイス　Prestes, Luís Carlos　革命家　元・ブラジル共産党書記長　国ブラジル　生1898年1月3日　来1992／1996

プレストウィッツ, クライド (Jr.)　Prestowitz, Clyde V. (Jr.)　米国経済戦略研究所長　元・米国商務省審議官　専経済戦略, 日本経済　国米国　生1941年9月6日　来1992／1996／2000／2008／2012

プレストン, M.K.　Preston, Marcia K.　作家　国米国　来2012

プレストン, W.カーティス　Preston, W.Curtis　システムエンジニア　Collective Technologies上級コンサルタント　国米国　来2004

プレストン, ケリー　Preston, Kelly　女優　国米国　生1962年10月13日　来2000／2004

プレストン, ダグラス　Preston, Douglas　作家　国米国　生1956年　来2004

プレストン, ブライアン　Preston, Brian　ジャーナリスト　生1957年　来2008

プレストン, ブルース　Preston, Bruce　モーターサイクル・ジャー

ナリスト 「モーターサイクル・ライダー」編集者,「モーターサイクル・スポーツ」ロードテストライダー・主力執筆者 元・英国モーターサイクル連盟会長 ⊕1935年 ⊛1996

プレストン, ポール Preston, Paul 文化人類学者 カリフォルニア大学サンフランシスコ校疫学生物統計学部助教授 ⊠米国 ⊕1950年 ⊛2004／2008

プレストン, リチャード Preston, Richard ジャーナリスト, 作家 ⊠米国 ⊕1954年 ⊛1992／1996／2000／2012

プレストン, ルイス Preston, Lewis Thompson 銀行家 元・世界銀行（国際復興開発銀行）総裁, 元・J.P.モルガン銀行会長 ⊠米国 ⊕1926年8月5日 ⊗1995年5月4日 ⊛1992／1996

プレストン, ロバート Preston, Robert 俳優 ⊠米国 ⊕1916年6月8日 ⊗1987年3月21日 ⊛1992

プレスナー, ヘルムート Plessner, Hermuth 哲学者 ⊕哲学的人間学 ⊠ドイツ ⊕1892年9月4日 ⊗1985年 ⊛1992

プレスバーガー, エメリック Pressburger, Emeric 映画監督, 脚本家 ⊠英国 ⊕1902年12月5日 ⊗1988年2月5日 ⊛1992

プレスフィールド, スティーブン Pressfield, Steven 作家 ⊛2004

プレスブルゲル, ジョルジョ Pressburger, Giorgio 作家, 演出家 ⊠イタリア ⊕1937年 ⊛2000

プレスマン, エドワード Pressman, Edward R. 映画プロデューサー ⊠米国 ⊕1944年 ⊛1992／1996

プレスマン, グラハム Bleathman, Graham イラストレーター ⊠英国 ⊛2004

プレスマン, ノルマン Pressman, Norman 都市計画家 ワーテルロー大学名誉教授 元・ウインターシティー協会会長 ⊠カナダ ⊛2004

プレスマン, バーニー 元・バーニーズ創業者 ⊠米国 ⊕1991年8月24日 ⊛1992

プレスマン, フレッド Pressman, Fred 実業家 バーニーズ社長 ⊠米国 ⊕1923年 ⊛1992

プレスマン, ロジャー Pressman, Roger S. ソフトウェア工学コンサルタント, 著述家 R.S.プレスマン＆アソシエーツ(RSP&A)社長 ⊠米国 ⊛1992

プレスラー, フェントン Bresler, Fenton ジャーナリスト, 弁護士 ⊠英国 ⊛2004

プレスラー, ポール Pressler, Paul S. 実業家 元・ウォルト・ディズニー・パークス・アンド・リゾーツ会長, 元・ギャップ社長・CEO ⊠米国 ⊕1956年 ⊛2004／2012

プレスラー, ミリアム Pressler, Mirjam 児童文学作家, 翻訳家 ⊠ドイツ ⊕1940年6月18日 ⊛1996

プレスラー, メナヘム Pressler, Menahem 旧グループ名＝ボザール・トリオ ピアニスト ⊕1928年 ⊛2000／2012

プレスラー, ラリー Pressler, Larry 政治家 米国上院議員(共和党) ⊠米国 ⊕1942年3月29日 ⊛1996

プレスリー, リサ・マリー Presley, Lisa-Marie 歌手 ⊕1968年2月1日 ⊛2000／2004／2008

プレズリン, ジミー Breslin, Jimmy コラムニスト 「ニューヨーク・ニューズデー」紙 ⊠米国 ⊕1930年 ⊛1996

プレスロー, ルー 脚本家 ⊠米国 ⊗1987年11月 ⊛1992

プレズロー, ロナルド・チャールズ Breslow, Ronald Charles 化学者 コロンビア大学教授 ⊕有機化学, 生化学 ⊠米国 ⊕1931年3月14日 ⊛2000

プレセ, ジュリ Bresset, Julie 自転車選手(マウンテンバイク) ロンドン五輪自転車女子マウンテンバイク金メダリスト ⊠フランス ⊕1989年6月9日

フレセル・コロビク, ローラ Flessel-Colovic, Laura 旧名＝フレセル, ローラ フェンシング選手(エペ) アトランタ五輪・シドニー五輪メダリスト ⊠フランス ⊕1971年11月6日 ⊛2000(フレセル, ローラ)／2004／2008

プレゼンス, ドナルド Pleasence, Donald 俳優 ⊠英国 ⊕1919年10月5日 ⊗1995年2月2日 ⊛1996

プレターコス, ニキフォロス Brettakos, Nikiphoros 詩人 ⊠ギリシャ ⊕1911年 ⊛1992

ブレダール, モーリー ミズーリ大学教授 元・経済協力開発機構(OECD)農業局農業貿易分析課課長 ⊕農業経済 ⊠米国 ⊛1992

フレチェロウ, カーラ Freccero, Carla 歴史学者 カリフォルニア大学サンタクルズ校教授 ⊛2004

ブレツィナ, トーマス Brezina, Thomas 作家 ⊠オーストリア ⊛2000／2008

ブレツィンカ, ウォルフガング Brezinka, Wolfgang 教育学者 コンスタンツ大学教育学部教授 ⊠ドイツ ⊕1928年 ⊛1992／1996

ブレッカー, ウォーラス Broecker, Wallace S. コロンビア大学ラモント・ドハティ地質観測所教授 ⊕地質学 ⊠米国 ⊛2000

ブレッカー, ケネス Brecher, Kenneth Steven ボストン子ども博物館長 ⊠米国 ⊕1945年 ⊛1992

ブレッカー, マイケル Brecker, Michael グループ名＝ブレッカー・ブラザーズ, ステップス・アヘッド ジャズ・テナーサックス奏者 ⊠米国 ⊕1949年3月29日 ⊗2007年1月13日 ⊛1996／2000

ブレッカー, ランディ Brecker, Randy グループ名＝ブレッカー・ブラザーズ ジャズ・トランペット奏者 ⊠米国 ⊕1945年11月27日 ⊛1996／2008／2012

フレック, スティーブン Fleck, Steven J. スポーツ医学者 コロラド大学スポーツ科学部教授 ⊠米国 ⊛2004／2008

ブレック, ピーター Breck, Peter 俳優 ⊠米国 ⊕1929年3月13日 ⊗2012年2月6日

フレック, ボブ Fleck, Bob コンピューター技術者 ⊠米国 ⊛2004

ブレックナー, ロス Bleckner, Ross 画家 ⊠米国 ⊕1949年 ⊛2000

ブレックマン, アナリス Braeckman, Annelies ファッションデザイナー ⊠オランダ ⊕1973年 ⊛2000

ブレッサー, クラウス ジャーナリスト ZDF(公営第2テレビ)報道局長 ⊠ドイツ ⊕1936年 ⊛1992

ブレッサー, ジャッキー 元・全米運輸労組(チームスターズ・ユニオン)会長 ⊠米国 ⊗1988年7月9日 ⊛1992

ブレッサン, アルベール Bresand, Albert プロメテ所長 ⊠フランス ⊕1951年 ⊛1992

フレッシャー, アレン 写真家 ⊠フランス ⊕1944年 ⊛1992

ブレッシャーズ, デービッド Breashears, David F. 登山家, 山岳映画製作者 ⊠米国 ⊛2000

ブレッシャン, マティアス Breschan, Matthias 実業家 ラドーCEO ⊠オーストリア ⊕1964年

フレッシュ Flesch, Colette 政治家 元・ルクセンブルク副首相 ⊠ルクセンブルク ⊕1937年 ⊛1992

プレッシュ, アンドレイ Plesu, Andrei 政治家 ルーマニア文化相 ⊠ルーマニア ⊛1992

プレッシュベルガー, T. 在日オーストリア大使館商務部商務官(科学技術担当) ⊠オーストリア ⊕1962年 ⊛1996

ブレッシン, ブレンダ Blethyn, Brenda 本名＝Blethyn,Brenda Anne 女優 ⊠英国 ⊕1946年2月20日 ⊛2000／2008／2012

プレッセル, モーガン Pressel, Morgan プロゴルファー ⊠米国 ⊕1988年5月23日 ⊛2004(プレセル, モーガン)／2008／2012

ブレッソン, ロベール Bresson, Robert 映画監督 ⊠フランス ⊕1907年9月25日 ⊗1999年12月18日 ⊛1992／1996

フレッチャー, アンガス Fletcher, Angus ニューヨーク市立大学教授 ⊕文学 ⊠米国 ⊕1930年 ⊛2000

フレッチャー, アンドリュー Fletcher, Andrew ミュージシャン ⊕1961年7月8日 ⊛2008

フレッチャー, ウィリアム ロックウェル・インターナショナル上級副社長 ⊠米国 ⊛2000

フレッチャー, クリス Fletcher, Chris 大英図書館著作原稿管理部長 ⊠英国 ⊛2004

フレッチャー, コリン Fletcher, Colin 著述家 ⊕1922年 ⊛1992

フレッチャー, ジェームズ Fletcher, James Chipman 元・米国航空宇宙局(NASA)長官 ⊠米国 ⊕1919年 ⊗1991年12月22日

㊨1992／1996

フレッチャー, スーザン　Fletcher, Susan　作家　㊀英国　㊤1979年　㊨2012

フレッチャー, デービッド　Fletcher, David　軍事史研究家　㊤1942年　㊨2004

フレッチャー, ヒュー　Fletcher, Hugh Alasdair　フレッチャー・チャレンジCEO　㊀ニュージーランド　㊤1947年11月28日　㊨1996

フレッチャー, マイルズ　Fletcher, William Miles　歴史学者　ノースカロライナ大学教授　㊙近代日本政治史・経済史　㊀米国　㊤1946年　㊨2012

フレッチャー, ラルフ　Fletcher, Ralph　作家,教育コンサルタント　㊀米国　㊤1953年　㊨2004／2012

フレッチャー, リチャード　Fletcher, Richard　歴史学者　ヨーク大学　㊙スペイン初期中世史　㊀英国　㊨2000

フレッチャー, ルイーズ　Fletcher, Louise　女優　㊀米国　㊤1934年7月　㊨1992／1996

フレッチャー, ルシール　Fletcher, Lucille　作家　㊨1992／1996

フレッツァー, ビクトル　演出家　カリーニングラード・ドイツ劇団団長・芸術総監督　㊀ロシア　㊤1966年　㊨2004／2008

プレッツォリーニ, ジュゼッペ　Prezzolini, Giuseppe　文学者　元・コロンビア大学教授　㊀イタリア　㊤1882年1月27日　㊦1982年　㊨1992

ブレット, サイモン　Brett, Simon　作家　㊀英国　㊤1945年　㊨1992／1996

ブレット, ジェレミー　Brett, Jeremy　本名＝Huggins,Peter Jeremy William　俳優　㊀英国　㊤1935年11月3日　㊦1995年9月12日　㊨1996

ブレット, ジョージ　Brett, George　本名＝Brett,George Howard　元・大リーグ選手　ロイヤルズ球団副社長　㊀米国　㊤1953年5月15日　㊨1992／1996／2000

ブレット, ジーン　Brett, Jeanne M.　経営学者　ノースウエスタン大学ケロッグ経営大学院教授　㊙交渉研究　㊨2004／2008

ブレット, マイケル　Brett, Michael　本名＝Tripp,Miles Barton　別筆名＝ブレット, ジョン・マイケル　推理作家　㊀英国　㊤1923年5月5日　㊨1992

ブレッドソー, ドリュー　Bledsoe, Drew　元・プロフットボール選手　㊀米国　㊤1972年2月14日　㊨1996／2000／2004／2008

ブレットン, バーバラ　Bretton, Barbara　ロマンス作家　㊀米国　㊨1992／1996

ブレッヒビュール, ベアート　Brechbühl, Beat　詩人,作家,画家　㊀スイス　㊤1939年　㊨1992

ブレーディ, ジェームス　Brady, James　全米身障者協会副理事長　元・米国大統領報道官　㊀米国　㊤1940年　㊨1992／1996

ブレーディ, ジェームズ　Brady, James　作家,ジャーナリスト　㊀米国　㊨1992

ブレーディ, シェリー　Brady, Shelly　「きっと『イエス』と言ってもらえる―脳性まひのビル・ポーターはトップセールスマン」の著者　㊨2008

ブレーディ, スコット　Brady, Scott　俳優　㊀米国　㊤1985年4月17日　㊨1992

ブレーディ, ニコラス　Brady, Nicholas Frederick　政治家,実業家　ディロン・リード社会長　元・米国財務長官　㊀米国　㊤1930年4月11日　㊨1992／1996／2000

ブレーディ, ポール　Brady, Paul　旧グループ名＝ジョンストンズ,ブランクシティ　シンガー・ソングライター,ギタリスト　㊀アイルランド　㊤1947年　㊨2004

ブレディフ, ジョゼット　Brédif, Josette　オーベルカンプ博物館長　㊙ジュイ更紗　㊀フランス　㊨1992

ブレーデカンプ, ホルスト　Bredekamp, Horst　ベルリン・フンボルト大学教授　㊙芸術史　㊀ドイツ　㊤1947年　㊨2000／2012

ブレーデセン, エスペン　Bredesen, Espen　スキー選手（ジャンプ）　㊀ノルウェー　㊨1996

フレデリクス, フランク　Fredericks, Frank　元・陸上選手（短距離）　IOC理事　バルセロナ五輪・アトランタ五輪銀メダリスト　㊀ナミビア　㊤1967年10月2日　㊨1996／2000／2004／2008／2012

フレデリクセン, マリー　グループ名＝ロクセット　歌手　㊀スウェーデン　㊨2000

フレデリクセン, マリアンネ　Fredriksson, Marianne　作家,元・ジャーナリスト　㊀スウェーデン　㊨2000

フレデリック, カレン　Frederik, Karen　セキュリティエンジニア　㊀米国　㊨2004

フレデリック, ハワード　Frederick, Howard H.　エマーソン大学マス・コミュニケーション学科助教授　㊙マス・コミュニケーション学　㊀米国　㊨1992

フレデリック皇太子　Frederik, HRH Crown Prince　本名＝Frederik André Henrik Christian,HRH Crown Prince　デンマーク皇太子　㊀デンマーク　㊤1968年5月26日　㊨2008／2012

ブレーデン, ダラス　Braden, Dallas　本名＝ブレーデン, ダラス・リー　大リーグ選手（投手）　㊀米国　㊤1983年8月13日　㊨2012

ブレーデン, ビック　Braden, Vic　テニス・コーチ,元・テニス選手　ビック・ブレイデン・テニス・カレッジ設立者　㊀米国　㊤1929年　㊨2004（ブレイデン, ビック）／2008（ブレイデン, ビック）

ブレート, トーマス　ジャーナリスト　「ロサンゼルス・タイムズ」コラムニスト　㊀米国　㊨2000

ブレドソー, ルーシー・ジェーン　Bledsoe, Lucy Jane　作家　㊀米国　㊨2004

ブレードニヒ, ロルフ・ウィルヘルム　Brednich, Rolf Wilhelm　ゲッティンゲン大学民俗学主任教授　㊙口承文芸研究　㊀ドイツ　㊤1935年　㊨1992／1996

プレトニョフ, ミハイル　Pletnëv, Mikhail　本名＝Pletnëv,Mikhail Vasilievich　ピアニスト,指揮者　ロシア・ナショナル管弦楽団創立者　㊀ロシア　㊤1957年4月14日　㊨1992／1996／2004／2008／2012

フレドリクス, タッカー　Fredricks, Tucker　スピードスケート選手　㊀米国　㊤1984年4月16日

フレドリクソン, トビアス　Fredriksson, Thobias　本名＝Fredriksson,Karl Daniel Thobias　スキー選手（距離）　トリノ五輪スキー・クロスカントリー男子団体スプリント金メダリスト　㊀スウェーデン　㊤1975年4月4日

フレドリクソン, マティアス　Fredriksson, Mathias　スキー選手（距離）　㊀スウェーデン　㊤1973年2月11日　㊨2008

フレドリック, リン　Frederick, Lynne　女優　㊀英国　㊤1954年7月26日　㊦1994年4月27日　㊨1996

プレートル, ジョルジュ　Prêtre, Georges　指揮者　㊀フランス　㊤1924年8月14日　㊨2000／2012

ブレナー, アーノルド　Brenner, Arnold S.　モトローラ執行副社長・日本グループ事業部長　㊤1937年4月1日　㊨1996（ブレンナー, アーノルド）

ブレナー, エベレット　Brenner, Everett H.　エベレット・H.ブレナー・アンド・アソシエーツ社社長　㊙データベース構築　㊀米国　㊨1992

ブレナー, ティル　Brönner, Till　ジャズトランペット奏者　㊀ドイツ　㊨2004

ブレナン, J.H.　Brennan, J.H.　作家,心霊現象研究家　㊀アイルランド　㊨1992／1996

ブレナン, ウィリアム・ジョセフ（Jr.）　Brennan, William Joseph (Jr.)　法律家　元・米国最高裁判事　㊀米国　㊤1906年4月25日　㊦1997年7月24日　㊨1992／1996

ブレナン, エドワード　Brennan, Edward A.　実業家　元・シアーズ・ローバック会長・CEO　㊀米国　㊤1934年1月16日　㊦2007年12月27日　㊨1992／1996／2000

ブレナン, キャシー・ファーガソン　Brennan, Cathy Ferguson　水泳コーチ　カリフォルニア大学ロングビーチ校水泳授業担当　㊀米国　㊨1992

ブレナン, クリス・D.　UBネットワークス社長・COO　㊀米国　㊨2000

ブレナン, ジェニファー　ライター　㊀インド　㊨2004

ブレナン, シェーマス　Brennan, Séamus　政治家　元・アイルランド通商相　国アイルランド　⊕1948年2月16日　②2008年7月9日

ブレナン, ジェームス・C.　ユナイテッド航空日本地区副社長　国米国　㊧1992

ブレナン, ジェラルド　Brenan, Gerald　作家, スペイン研究家　国英国　⊕1894年　②1987年1月19日　㊧1992

ブレナン, ジョン　Brennan, John　翻訳家　㊙日本語　国米国　㊧2004

ブレナン, ジョン　Brennan, John　米国中央情報局（CIA）長官　国米国　⊕1955年9月22日

ブレナン, スコット　Brennan, Scott　ボート選手　北京五輪ボート男子ダブルスカル金メダリスト　国オーストラリア　⊕1983年1月9日　㊧2012

ブレナン, デービッド　穀物トレーダー　シカゴ商品取引所会長　国米国　㊧2000

ブレナン, ドナルド　モルガン・スタンレー経営委員会委員・マネージング・ディレクター　国米国　⊕1941年　㊧1996

ブレナン, ピーター　Brennan, Peter J.　政治家　元・米国労働長官　国米国　⊕1918年　②1996年10月2日　㊧1996

ブレナン, メーブ　Brennan, Maeve　作家　国米国　㊧1992

ブレナン, モイア　Brennan, Máire　グループ名＝クラナド　歌手　国アイルランド　㊧2000

フレーニ, ミレラ　Freni, Mirella　ソプラノ歌手　国イタリア　⊕1935年2月27日　㊧1992／1996／2000／2008

フレネ, アンリ　Frenay, Henri　対ドイツ抵抗運動の最高指導者　国フランス　⊕1905年11月18日　②1988年8月7日　㊧1992

フレネ, ジャン　Freney, Jean　医学者　リヨン大学教授　㊙細菌学　国フランス　㊧2008

プレネ, マルスラン　Pleynet, Marcelin　詩人, 評論家　国フランス　⊕1933年　㊧1992

ブレネマン, D.W.　Breneman, David W.　バージニア大学教授・教育学部長　㊙教育学　国米国　㊧2000

ブレネマン, エイミー　Brenneman, Amy　女優　国米国　㊧2000

プレネル, エドウィ　Plenel, Edwy　ジャーナリスト　「ル・モンド」紙警察司法部長　国フランス　⊕1952年　㊧1996

フレノー, アンドレ　Frénaud, André　詩人　国フランス　⊕1907年　㊧1992

ブレハッチ, ラファウ　Blechacz, Rafał　ピアニスト　国ポーランド　⊕1985年6月30日　㊧2008／2012

フレバート, マーク　Frevert, Mark　実業家　エンロン副会長　国米国　㊧2004／2008

プレバル, ルネ・ガルシア　Préval, René Garcia　政治家, 農業学者　元・ハイチ大統領　国ハイチ　⊕1943年1月17日　㊧1996／2000／2004／2008／2012

プレビック, トーレ　報道写真家　国連環境計画広報部長　国ノルウェー　㊧1992／1996

プレビッシュ, ラウル　Prebisch, Raúl　経済学者　元・国連貿易開発会議（UNCTAD）事務局長, 元・国連中南米経済委員会（ECLA）初代事務局長　国アルゼンチン　⊕1901年4月17日　②1986年4月29日　㊧1992

プレビン, アンドレ　Previn, André George　旧名＝Priwin, Andreas Ludwig　指揮者, ピアニスト, 作曲家　ロンドン交響楽団桂冠指揮者, NHK交響楽団首席客演指揮者　国米国　⊕1929年4月6日　㊧1992／1996／2000／2004／2008／2012

プレブドルジ, チョイジルスレンジン　Purevdorj, Choijilsurengiyn　政治家　元・モンゴル副首相　国モンゴル　㊧2000

フレブニコワ, ベーラ　画家, 絵本作家　国ロシア　㊧2000

プレブノフ, ボリス　統一エネルギーシステム（UES）重役会議長　国ロシア　㊧2000

フレーベ, ゲルト　Fröbe, Gert　俳優　国ドイツ　⊕1912年2月5日　②1988年9月5日　㊧1992

プレベリツァイ, イシュトバン　政治家, 電気技師　ハンガリー国会議員（小地主党）　国ハンガリー　㊧1992

ブレヘル, マリオ　Blejer, Mario　元・アルゼンチン中央銀行総裁　国アルゼンチン　㊧2004／2008

ブレマー, イアン　Bremmer, Ian　国際政治学者, 実業家　ユーラシア・グループ社長　国米国　⊕1969年

ブレマー, ポール　Bremer, Paul　本名＝Bremer,L.Paul,III　文民行政官, 元・外交官　元・イラク暫定占領当局（CPA）代表　国米国　⊕1941年9月30日　㊧2004／2008／2012

フレマス, ランド　Flem-Ath, Rand　アトランティス研究家　国カナダ　㊧2004

プレマダサ, ラナシンハ　Premadasa, Ranasinghe　政治家　元・スリランカ大統領　国スリランカ　⊕1924年6月23日　②1993年5月1日　㊧1992／1996

プレマック, デイヴィッド　Premack, David　ペンシルヴァニア大学名誉教授　元・カリフォルニア大学サンタバーバラ校教授, 元・ペンシルヴァニア大学教授　⊕1925年　㊧2008

フレミング, アン・テイラー　Fleming, Anne Taylor　ジャーナリスト　国米国　㊧2008

フレミング, アンドリュー　Fleming, Andrew　映画監督　国米国　⊕1964年　㊧1996

フレミング, カンダス　Fleming, Candace　絵本作家　国米国　㊧2004

フレミング, クエンティン　Fleming, Quentin W.　マネジメント・コンサルタント　㊧2008

フレミング, ペギー　Fleming, Peggy　プロフィギュアスケート選手　国米国　⊕1949年　㊧1996

フレミング, ベリー　作家　国米国　②1989年9月15日　㊧1992

フレミング, ルイス　Fleming, Louis B.　元・ジャーナリスト　国米国　⊕1925年4月16日　㊧2000

フレミング, ルネ　Fleming, Runée　ソプラノ歌手　国米国　⊕1959年2月14日　㊧2004／2008／2012

プレミンジャー, オットー　Preminger, Otto　映画監督　国米国　⊕1906年12月5日　②1986年4月23日　㊧1992

フレーム, J.デビッドソン　Frame, J.Davidson　ジョージワシントン大学国際プロジェクトマネジメント・エクセレンス・センター・ディレクター　㊙プロジェクトマネジメント　国米国　㊧2004

フレーム, アリスティア　Frame, Alistair Gilchrist　実業家　元・RTZ会長　国英国　⊕1929年4月3日　②1993年12月26日　㊧1992（フレイム, アリスティア）

フレーム, ロディ　Frame, Roddy　グループ名＝アズテック・カメラ　ミュージシャン　国英国　⊕1964年　㊧1996／2008／2012

プレム・ティンスラノン　Prem Tinsulanonda　政治家, 軍人　タイ枢密院議長　元・タイ首相・国防相　国タイ　⊕1920年8月26日　㊧1992／1996／2004／2008／2012

ブレムナー, J.ダグラス　Bremner, John Douglas　精神科医　エモリー大学病院陽電子放射断層撮影センター所長　㊙PTSD研究　国米国　㊧2008

ブレムナー, ブライアン　Bremner, Brian　ジャーナリスト　「ビジネス・ウィーク」東京支局長　㊧2008

ブレムナー, ロリー　Bremner, Rory　コメディアン　国英国　⊕1961年　㊧1996

フレムリン, シーリア　Fremlin, Celia　作家　国英国　⊕1914年　㊧1996

ブレメール, フランソワ　Bremer, François　外交官　元・駐日ルクセンブルク大使　国ルクセンブルク　⊕1937年　㊧1996／2000

ブレーメン, ヤン・ファン　Bremen, Jan van　ライデン大学日本韓国研究センター助教授　㊙文化人類学　国オランダ　⊕1946年　㊧1996

フレモー, ドミニク　実業家　グループフレモー社長・CEO　国フランス　⊕1951年　㊧2000

フレーラッジ, レイバーン　Flerlage, Raeburn　写真家　国米国　㊧2004

フレランダー, ラーシュ　Froelander, Lars　水泳選手（バタフライ）　国スウェーデン　⊕1974年5月25日　㊧2004／2008

フレーリー, エース　Frehley, Ace　本名=フレーリー, ポール　グループ名=キッス, フレーリーズ・コメット　ロックギタリスト　⑧米国　⑭1950年4月27日　㊺2004／2008

ブレーリー, リチャード　Brealey, Richard A.　元・ロンドン・ビジネス・スクール教授, 元・ヨーロッパ・ファイナンス学会会長　⑲現代ファイナンス研究(ポートフォリオ理論)　⑧英国　⑭1936年　㊺1992／2004

フレーリックス, ウォルフガング　ヴュルツブルク大学経済学部教授　⑲経営経済学　⑧ドイツ　⑭1940年5月31日　㊺1996

フレリックス, デービッド　シリコングラフィックス(SGI)製品担当マネージャー　⑧米国　㊺2000

フレーリヒ, グスタフ　映画俳優　⑧ドイツ　㉓1987年12月22日　㊺1992

ブレリンガー, リチャード　映像考古学者　⑧米国　⑭1951年　㊺2000

フレール, ポール　元・レーシング・ドライバー　⑧ベルギー　⑭1917年2月　㊺1996

プレール, ミシュリーヌ　Presle, Micheline　本名=シャサーニュ, ミシュリーヌ　女優　⑧フランス　⑭1922年8月22日　㊺2000

プレルジョカージュ, アンジュラン　Preljocaj, Angelin　振付師　バレエ・プレルジョカージュ主宰者　⑲コンテンポラリーダンス　⑧フランス　⑭1957年　㊺1996／2000／2004／2008／2012

フレルバートル　外交官　駐日モンゴル大使　⑧モンゴル　㊺2000

フレルバートル, チョインドン　画家　⑧モンゴル　⑭1959年　㊺2000

フレレング, イザドア　Freleng, Isadore　アニメーション製作者　⑧米国　㉓1995年5月26日　㊺1996

ブレロア, ヘルゲ　Breloer, Helge　公認樹木コンサルタント, 樹木診断専門証人　⑧ドイツ　⑭1937年　㊺2000

プレローグ, ウラジーミル　Prelog, Vladimir　化学者　元・チューリヒ工科大学教授　⑲有機化学　⑧スイス　⑭1906年7月23日　㉓1998年1月7日　㊺1992／1996

プレロックス, クロード　Proellochs, Claude D.　実業家　バセロン・コンスタンチンCEO　⑧スイス　㊺2000

フレンクラー, フリードリッヒ　Frenkler, Friedrich　インダストリアルデザイナー　フロッグデザイン・ジャパン社長　⑧ドイツ　⑭1954年5月11日　㊺1992／1996

フレンケル, ジェーコブ　Frenkel, Jacob A.　シカゴ大学デービッド・ロックフェラー国際経済学教授　⑲国際経済学　⑧米国　㊺2000

フレンゼル, ビル　Frenzel, Bill　本名=フレンゼル, ウィリアム・エルドリッジ　政治家　全米日米協会副会長　元・米国下院議員　⑧米国　⑭1928年7月31日　㊺1996／2004／2008

フレンチ, カール　French, Karl　映画ライター　㊺2004

フレンチ, ショーン　French, S.　共同筆名=フレンチ, ニッキ　作家　⑧英国　㊺2004

フレンチ, ヒラリー　French, Hilary　環境学者　ワールドウォッチ研究所首席副所長　⑲環境保護　⑧米国　㊺2004

フレンチ, フィリップ　French, Philip　著述家　⑧英国　⑭1933年　㊺1996

フレンチ, マリリン　French, Marilyn　作家, 評論家　⑧米国　⑭1929年11月21　㉓2009年5月2日　㊺1992／1996

ブレンチェリー, フランク　テロ対策専門家　⑧英国　㊺1992

フレンツェル, エリック　Frenzel, Eric　スキー選手(複合)　バンクーバー五輪スキー・ノルディック複合4×5キロ団体銅メダリスト　⑧ドイツ　⑭1988年11月21日

フレンツェン, ハインツ・ハラルド　Frentzen, Heinz Harald　元・F1ドライバー　⑧ドイツ　⑭1967年5月18日　㊺1996／2000／2004／2008

プレンツドルフ, ウルリヒ　Plenzdorf, Ulrich　作家, 脚本家, 演出家　⑧ドイツ　⑭1934年10月26日　㉓2007年8月9日　㊺1992

ブレンティエンス, バルト・ヤン　Brentjens, Bart-Jan　自転車選手(マウンテンバイク)　⑧オランダ　⑭1968年10月10日　㊺2000／2008

ブレンデル, アルフレート　Brendel, Alfred　ピアニスト　⑧オーストリア　⑭1931年1月5日　㊺1992／1996／2000／2012

ブレンデル, セバスティアン　Brendel, Sebastian　カヌー選手　ロンドン五輪カヌー男子カナディアンシングル1000メートル金メダリスト　⑧ドイツ　⑭1988年3月12日

フレンド, シンシア　Friend, Cynthia M.　ハーバード大学教授, ラドクリフ女子大学評議員　⑲表面化学　⑧米国　㊺1996

ブレンドン, ピアーズ　Brendon, Piers　ケンブリッジ大学チャーチル関係文献センター所長　⑧英国　⑭1940年　㊺1996

ブレンナー, シドニー　Brenner, Sydney　分子生物学者　沖縄科学技術研究基盤整備機構理事長, ソーク生物研究所所長　元・米国分子科学研究所所長　⑧英国　⑭1927年1月13日　㊺1992／1996／2000／2004／2008／2012

ブレンナー, ジョン　Bremner, John　IQ(知能指数)が148以上の人たちによる国際的な組織"MENSA"メンバー　⑧英国　㊺2004

ブレンナ, ダフ　Brenna, Duff　作家, 詩人　カリフォルニア大学サンマルコス校文学部教授　⑧米国　⑭1947年　㊺2000

ブレンナー, レニ　Brenner, Lenni　社会運動家　⑧米国　⑭1937年　㊺2004

ブレンネス, レスリー　Bremness, Lesley　ガーデンデザイナー, ハーブ栽培家　⑧英国　㊺1996／2000

ブレンネック, カーステン　Brennecke, Carsten　コンピューター技術者　㊺2004

ブレンリー, ボブ　Brenly, Bob　大リーグ監督, 元・大リーグ選手　⑧米国　⑭1954年2月25日　㊺2004／2008

ブーロー, アラン　Boureau, Alain　パリ社会科学高等研究院教授　⑲中世史　⑧フランス　⑭1946年　㊺1996

ブロー, ジョン　Breaux, John B.　政治家　元・米国上院議員(民主党)　⑭1944年3月1日　㊺1996／2000／2004／2012

フロ, トーレ・アンドレ　Flo, Tore Andre　サッカー選手(FW)　⑧ノルウェー　⑭1973年6月15日　㊺2000／2004／2008

ブーロー, バーン　Bullough, Vern　歴史学者　元・ニューヨーク州立大学自然科学・社会科学部長　⑧米国　㊺1992／2000

プロ, ピエール　Pelot, Pierre　作家　⑧フランス　⑭1954年　㊺2000

プロ, ボドワン　Prot, Baudouin　本名=Prot,Baudouin Daniel Claude　銀行家　BNPパリバCEO　⑧フランス　⑭1951年5月24日　㊺2004／2008／2012

ブーロー, ボニー　Bullough, Bonnie　ニューヨーク州看護従事者連盟会長　元・ニューヨーク州立大学看護学部長　⑲看護学　⑧米国　㊺2000

ブロー, マルト　Blau, Marthe　作家, 弁護士　㊺2008

ブロイエル, ビルギット　Breuel, Birgit　政治家　ハノーバー万博事務局長　元・ドイツ信託公社総裁　⑧ドイツ　⑭1937年　㊺1992／1996／2000／2004

プロイショフ, ギーゼラ　Preuschoff, Gisela　家族セラピスト　⑧ドイツ　⑭1950年　㊺2004

プロイシル, ウィリアム　Preucil, William　バイオリニスト　クリーブランド管弦楽団コンサートマスター　⑧米国　㊺2000

プロイス, ポール　Preuss, Paul　SF作家　⑧米国　⑭1942年　㊺1992

プロイスラー, オトフリート　Preussler, Otfried　児童文学作家　⑧ドイツ　⑭1923年　㉓2013年2月18日　㊺1992／1996／2008

プロイツ, スタファン　ポラリス・オプティック社社長　⑧スウェーデン　㊺1992

フロイデンベルガー, ヘルマン　Freudenberger, Herman　テューレン大学教授　⑭1922年　㊺1992／1996

フロイト, アンナ　Freud, Anna　精神分析学者　⑧英国　⑭1895年12月3日　㉓1982年10月9日　㊺1992

フロイト, エスタ　Freud, Esther　作家, 女優, 脚本家　⑧英国　⑭1963年　㊺2000

フロイド, スーザン　Floyd, Susan　本名=キモト, スーザン　ロマンス作家　⑧米国　㊺2004

フロイド, ティム　Floyd, Tim　バスケットボール監督　⑧米国

フロイド, マイケル　Floyd, Michael　技術ジャーナリスト, 編集者　「Web Techniques」編集人　㊥2004

フロイト, ルシアン　Freud, Lucian　画家　⑩英国　㊤1922年12月8日　㊦2011年7月20日　㊥1996

フロイド, レイ　Floyd, Ray　本名＝フロイド, レイモンド・ローラン　プロゴルファー　⑩米国　㊤1942年9月4日　㊥1996／2000／2008

フロイド, ロバート　Floyd, Robert W.　スタンフォード大学教授　⑨計算機科学　⑩米国　㊥1992

ブロイヤー, ウィリアム　Breuer, William B.　戦史家　㊥2004

ブロイヤー, マルセル　Breuer, Marcel Lajos　建築家, 家具デザイナー　元・ハーバード大学助教授, 元・バウハウス教授　スチールパイプの椅子の製作者　⑩米国　㊤1902年5月22日　㊦1981年7月1日　㊥1992

ブロイヤー, ロルフ　Breuer, Rolf E.　銀行家　元・ドイツ銀行頭取　⑩ドイツ　㊤1937年　㊥2000／2004／2012

プローイユ, F.　Plooij, Frans X.　小児科学者　㊥2008

ブロイラー, マンフレッド　Bleuler, Manfred　精神医学者　チューリヒ大学名誉教授　⑨分裂病性精神病の長期・家族研究, 内分泌精神医学, ロールシャッハ研究　⑩スイス　㊤1903年　㊥1992

フローインスティン, A.I.　Vroeijenstijn, A.I.　オランダ大学協会コンサルタント・アドバイザー　⑨高等教育品質保証　⑩オランダ　㊥2004

フロイント, ヴェルナー　Freund, Werner　オオカミ研究家　⑨動物行動学　⑩ドイツ　㊤1933年　㊥1992

フロイント, ジゼル　フォト・ジャーナリスト　⑩ドイツ　㊤1908年　㊥2000

フロイント, ジュリアン　Freund, Julien　社会学者　ストラスブール大学人文科学研究所長・名誉教授　⑨マックス・ウェーバー研究　⑩フランス　㊤1921年　㊥1992

フロイント, ゼヴェリン　Freund, Severin　スキー選手（ジャンプ）　ソチ五輪スキー・ジャンプ男子団体金メダリスト　⑩ドイツ

フロインド, ヘンリー　Freund, Henry P.　Science Application International Corporation (SAIC) 主任研究員　⑨物理学　⑩米国　㊥1992

ブロウ, ハーバート　メリーランド・ボルチモア・カントリー大学英語教授　⑨演劇　⑩米国　㊥1992

フローヴァ, アンドレーア　Frova, Andera　物理学者, 作家　ローマ大学教授　⑩イタリア　㊤1936年　㊥2000

ブローウェル, レオ　Brouwer, Leo　ギター奏者, 作曲家, 指揮者　⑩キューバ　㊤1939年3月1日　㊥1996

ブロウスティン, ジュリアン　Blaustein, Julian　映画プロデューサー　⑩米国　㊤1913年5月30日　㊦1995年6月20日　㊥1996

ブロウスニキナ, オルガ　Brusnikina, Olga　シンクロナイズドスイミング選手　⑩ロシア　㊤1978年11月9日　㊥2004／2008

フロウド, ジーン　Floud, Jean Esther　社会学者　元・ケンブリッジ大学ニューンハム・カレッジ学長　⑩英国　㊤1915年11月3日　㊥1996

ブロウライト, ジョーン　Plowright, Joan　女優　⑩英国　㊤1929年10月28日　㊥1992／1996

ブロエク, ファブリシオ・ヴァンテン　Broeck, Fabricio V.　イラストレーター　⑩メキシコ　㊤1955年　㊥1996

プロカッチ, ジョバンニ　Procacci, Giovanni　政治家　オリーブの木運動全国調整委員, オリーブの木委員会全国責任者　⑩イタリア　㊤1955年　㊥2000

フロガート, シンシア　Froggatt, Cynthia C.　コンサルタント　フロガート・コンサルティング社長, コーネル大学人間生態学部　⑨テレワーク戦略, バーチャルワークプレイス　⑩米国　㊥2004

プロキャビチュス, ミコラス　Burokyavichus, Mikolas Martinovich　政治家　元・リトアニア共和国共産党第1書記　⑩リトアニア　㊤1927年10月7日　㊥1992

ブローグ, マーク　Blaug, Mark　ロンドン大学名誉教授, バッキンガム大学顧問教授　⑨経済学　⑩英国　㊤1927年　㊥1992／1996

プロクシュ, ウォルフガング　Proksch, Wolfgang　メガネデザイナー　⑩ドイツ　㊤1954年　㊥2004

プロクター, ロバート　Proctor, Robert N.　科学史家　ペンシルベニア州立大学教授　⑩米国　㊤1954年　㊥2004

プロクノー, ウィリアム　Prochnau, William　作家, ジャーナリスト　⑩米国　㊤1937年　㊥1996

プロクロロフ, アレクセイ　Prokourorov, Aleksei　スキー選手（距離）　⑩ロシア　㊤1964年3月25日　㊥2000

ブロコウ, トム　Brokaw, Tom　本名＝Brokaw, Thomas John　ニュースキャスター, ジャーナリスト　元・NBCアンカーマン　⑩米国　㊤1940年2月6日　㊥2000／2004／2008／2012

プロコシュ, フレデリク　Prokosch, Frederic　作家, 詩人　⑩米国　㊤1908年　㊦1989年6月2日　㊥1992

ブロコビッチ, エリン　Brockovich, Erin　全米史上最高額の和解金を引き出した公害訴訟の原告　㊥2004

プロゴフ, アイラ　Progoff, Ira　心理学者　ドリュー大学大学院深層心理学研究所所長　⑨深層心理学, ユング心理学　⑩米国　㊤1921年　㊥1992

プロコフィエフ, ミハイル　Prokofiev, Mikhail Alekseevich　政治家　元・ソ連教育相　⑩ソ連　㊤1910年11月18日　㊥1992

プロコフィエフ, ユーリー　Prokofiev, Yurii A.　政治家　元・ソ連共産党政治局員　⑩ソ連　㊤1939年2月20日　㊥1992

ブロサ, アラン　Brossat, Alain　哲学者　パリ第8大学教授　⑨政治哲学　⑩フランス　㊤1946年　㊥2008／2012

プロサイス, クリス　Prosise, Chris　コンピューターセキュリティコンサルタント　⑩米国　㊥2004

ブロシェ, アンヌ　Brochet, Anne　女優　⑩フランス　㊤1967年　㊥1996

プロシネツキ, ロベルト　Prosinecki, Robert　元・サッカー選手　⑩クロアチア　㊤1969年1月12日　㊥2000／2004／2008／2012

ブローシャス, スコット　Brosius, Scott　野球指導者, 元・大リーグ選手　⑩米国　㊤1966年8月15日　㊥2000／2004／2012

プーロス, アーサー　Pulos, Arthur J.　インダストリアルデザイナー　元・国際工業デザイン団体審議会会長　⑨アメリカ・デザイン史　⑩米国　㊤1917年　㊥1992／1996

ブロース, ハンス・ペトル　Buraas, Hans-petter　スキー選手（アルペン）　⑩ノルウェー　㊤1975年3月20日　㊥2000

ブロス, ピーター　Blos, Peter　コロンビア大学精神分析教育研究センター教授, ニューヨーク精神分析研究所教授　⑨精神分析　⑩米国　㊥1992

フロスト, O.W.　Frost, Orcutt William　アラスカ・パシフィック大学名誉教授　⑨ラフカディオ・ハーン研究　⑩米国　㊤1926年　㊥2008

プロスト, アラン　Prost, Alain　本名＝Prost, Alain Marie Pascal　元・F1ドライバー　元・プロストグランプリ・オーナー　⑩フランス　㊤1955年2月24日　㊥1992／1996／2000／2008

プロスト, アントワーヌ　Prost, Antoine　歴史学者　パリ第1大学教授, パリ政治学研究所現代史教授　⑨政治学, 社会学, 人口学, 教育問題　⑩フランス　㊤1933年　㊥1996

フロスト, エレン　Frost, Ellen Luise　エコノミスト　米国通商代表部 (USTR) 参事官（通商政策担当）　⑨日米関係　⑩米国　㊤1945年　㊥1992／1996

フロスト, デービッド　Frost, David　プロゴルファー　⑩南アフリカ　㊤1959年9月11日　㊥1996／2000／2008

フロスト, デービッド　Frost, David　本名＝Frost, David Paradine　テレビ司会者　⑩英国　㊤1939年4月7日　㊦2013年8月31日

フロスト, フランク　Frost, Frank　歴史学者, 作家　⑨ギリシャ史, 考古学　⑩米国　㊥2004

フロスト, マーティン　Fröst, Matin　クラリネット奏者　⑩スウェーデン　㊥2000

フロスト, マーティン　Frost, Martin　政治家　元・米国下院議員（民主党）　⑩米国　㊤1942年1月　㊥2012

フロスト, ロバート　Frost, Robert　心理療法家　⑨キネオロジー　⑩米国　㊥2008

ブロズナハン, リージャー　Brosnahan, Leger　イリノイ州立大学英

語英文学准教授 [専]英文学 [国]米国 [生]1929年12月11日 [典]1992

ブロスナン, ピアース Brosnan, Pierce 俳優 [国]英国 [生]1953年5月16日 [典]1996／2000／2004／2008／2012

ブロズマン, ボブ Brozman, Bob ギタリスト, 民族音楽研究家 [国]米国 [生]1954年3月8日 [没]2013年4月23日 [典]2000（ブロッズマン, ボブ）／2004（ブロッズマン, ボブ）／2008（ブロッズマン, ボブ）

プロセック, ジェームズ Prosek, James 画家, 作家 [国]米国 [生]1975年 [典]2000

ブローダー, サミュエル Brooder, Samuel 米国国立がん研究所（NCI）所長 [専]臨床免疫学 [国]米国 [典]1996

ブローダー, デービッド Broder, David Salzer ジャーナリスト 元・「ワシントン・ポスト」政治担当コラムニスト [国]米国 [生]1929年9月11日 [没]2011年3月9日 [典]1992／1996

ブローダー, ポール Brodeur, Paul 科学ジャーナリスト [国]米国 [生]1931年 [典]2000

ブローダス, ジョン・アルフレッド（Jr.） Broaddus, John Alfred (Jr.) 銀行家, エコノミスト リッチモンド連邦準備銀行総裁 [国]米国 [生]1939年7月8日 [典]2000

フローチ, カール Froch, Carl 本名=Froch,Carl Martin プロボクサー WBA・IBF世界スーパーミドル級チャンピオン 元・WBC世界スーパーミドル級チャンピオン [国]英国 [生]1977年7月2日

ブロッカー, ウォーレス コロンビア大学教授 [専]海洋学 [国]米国 [典]2000

フロッカー, マイケル Flocker, Michael 「メトロセクシャル―すべての都市生活者に贈る究極のライフスタイルガイド」の著者 [典]2008

ブロッカ, リノ Brocka, Lino 映画監督, 反体制活動家 [国]フィリピン [生]1939年4月30日 [没]1991年5月22日 [典]1992

ブロツキー, ジョセフ Brodsky, Joseph 旧名=Brodskii,Iosif Aleksandrovich 詩人 元・マウント・ホリヨーク大学教授 [国]米国 [生]1940年5月24日 [没]1996年1月29日 [典]1992／1996

ブロッキー, ルイ・ル Brocquy, Louis le 画家 [国]アイルランド [生]1916年11月10日 [没]2012年4月25日 [典]1992

ブロック, R.L. Block, Ralph L. 投資アナリスト, 弁護士 Bay Isle Financial Corporation副社長 [専]リート [国]米国 [典]2004

ブロック, アラン Bullock, Alan Louis Charles 歴史学者, 作家 元・オックスフォード大学副学長 [国]英国 [生]1914年12月13日 [没]2004年2月2日 [典]2004

ブロック, アレックス Block, Alex B. ジャーナリスト 「ショー・ビズ・ニュース」編集長,「チャンネルズ」誌コントリビューティング・エディター, ロサンゼルスKGILラジオ・ハリウッド特派員 [国]米国 [典]1992

ブロック, ウィリアム（3世） Brock, William Emerson (III) 政治家 ブロック・グループ会長 元・米国労働長官 [国]米国 [生]1930年11月23日 [典]1992／1996／2000

ブロック, キャロル Block, Carol キャロル・ブロック社経営者 [国]米国 [生]1928年 [典]1992

ブロック, コンラッド Bloch, Konrad 生化学者 元・ハーバード大学名誉教授 [国]米国 [生]1912年1月21日 [没]2000年10月15日 [典]1992（ブロッホ, コンラッド）／1996（ブロッホ, コンラッド）／2000（ブロッホ, コンラッド）

ブロック, サンドラ Bullock, Sandra 女優, 映画プロデューサー [国]米国 [生]1964年7月26日 [典]1996／2000／2004／2008／2012

ブロック, ジェームズ Brock, James W. 経済学者 マイアミ大学モッケル記念経済学部教授 [専]産業組織論, 公共政策 [国]米国 [典]2004

ブロック, ジャイルス Block, Giles 演出家 ナショナルシアター常任演出家 [国]英国 [典]1992／2000

ブロック, ジョエル Block, Joel D. 心理学者, 医師 ロングアイランド・ジューイッシュ・メディカルセンター指導教官, アインシュタイン医科大学専任教官 [国]米国 [典]2008

ブロック, ジョシュア Bloch, Joshua コンピューター技術者 サン・マイクロシステムズ上級スタッフエンジニア [国]米国 [典]2004

ブロック, ジョン Block, John R. 政治家 元・米国農務長官 [国]米国 [生]1935年2月15日 [典]1992

ブロック, ジョン Bulloch, John ジャーナリスト 「サンデー・インディペンデント」紙外交問題担当部長 [国]英国 [典]1992

ブロック, スタンリー Brock, Stanley E. 作家, テレビ番組制作者 [生]1937年 [典]1992

ブロック, デービッド Brock, David ジャーナリスト [国]米国 [典]2008

ブロック, トーマス Block, Thomas R. コンサルタント [国]米国 [典]2004

ブロック, トマス Block, Thomas H. 作家, パイロット [国]米国 [生]1945年 [典]1992

ブロック, ハーバート Bloch, Herbert 切手収集家 元・切手収集財団専門家委員長 [国]米国 [没]1987年9月7日 [典]1992

ブロック, ピーター Block, Peter 組織開発コンサルタント デザインド・ラーニング社共同運営者 [国]米国 [典]1992

ブロック, ピーター Block, B.Peter 化学者 東テネシー州立大学教授 [専]無機化学 [国]米国 [典]1996

ブロック, ピーター Brock, Peter ジャーナリスト 「ヘラルド・ポスト」紙政治担当編集者 [国]米国 [典]2000

ブロック, フェリックス Bloch, Felix 外交官 米国国務省欧州・カナダ局地域政治経済担当部長（休職中） 米国国務省幹部スパイ容疑事件 [国]米国 [典]1992

ブロック, フェリックス Bloch, Felix 理論物理学者 元・ヨーロッパ原子核研究所（CERN）初代所長, 元・スタンフォード大学教授 [国]米国 [生]1905年10月23日 [没]1983年9月10日 [典]1992（ブロッホ, フェリックス）

ブロック, フランチェスカ・リア Block, Francesca Lia 作家, 詩人 [国]米国 [典]2012

ブロック, ベティー Brock, Betty 児童文学作家 [国]米国 [典]2004

プロック, マルクス Prock, Markus 元・リュージュ選手 [国]オーストリア [生]1964年6月22日 [典]2004

ブロック, モーリス Bloch, Maurice 社会人類学者 [国]英国 [生]1939年 [典]1996／2000

ブロック, ルー Brock, Lou 本名=Brock,Louis Clark 元・大リーグ選手 [国]米国 [生]1939年6月18日 [典]1992／2000

ブロック, ロバート Bloch, Robert ホラー作家, シナリオ作家 [国]米国 [生]1917年4月5日 [没]1994年9月23日 [典]1992／1996

ブロック, ローレンス Block, Lawrence 別名=ハリソン, チップ, カバナー, ポール 作家 [国]米国 [生]1938年6月24日 [典]1992／1996／2000／2012

ブロックウェイ, コニー Brockway, Connie ロマンス作家 [国]米国 [典]2012

ブロックウェイ, ハーミア バッチホリスティック研究会理事 [典]2004

ブロックス, ノルベルト Brox, Norbert 古代教会史家 レーゲンスブルク大学カトリック神学部教授 [国]ドイツ [生]1935年6月23日 [典]1996

ブロックドルフダルビッツ, ティーロ・グラーフ 元・ベルリン日独センター事務総長 [国]ドイツ [生]1934年 [典]1992（ブロックドルフ, ティーロ・グラーフ）／2000

ブロックハウス, バートラム Brockhouse, Bertram Neville 物理学者 元・マクマスター大学名誉教授 [国]カナダ [生]1918年7月15日 [没]2003年10月13日 [典]1996

ブロックハウス, ヘニング Brockhaus, Henning 舞台演出家 [生]1946年 [典]2004／2012

フロックハート, キャリスタ Flockhart, Calista 女優 [国]米国 [生]1964年11月11日 [典]2004／2008／2012

ブロックマイヤー, ケビン Brockmeier, Kevin 作家 [国]米国 [生]1972年 [典]2012

ブロックマン, ジョン Brockman, John 著述家 コンテントコム社会長, ブロックマン社創立者 [国]米国 [典]2000

ブロックマン, スーザン Brockmann, Suzanne ロマンス作家 [国]米国 [典]2004

ブロックミシェル, ジャン　作家, ジャーナリスト　[国]フランス　[没]1987年8月14日　[典]1992

ブロックリー, ジョン　Blockley, John　画家　英国パステル協会会長　[専]パステル画　[国]英国　[典]2004／2008

ブロックリー, ジョン・P.　軍人　米国海軍大佐・西太平洋艦隊厚木航空施設司令官　[国]米国　[典]1992

ブロッケル, ヤン　Blokker, Jan　作家　[生]1927年　[典]1996

ブロッサム　歌手　[国]ドイツ　[生]1980年4月　[典]2000

ブロッサール, ジョルジュ　Brossard, Georges　昆虫学者　[国]カナダ　[典]2008

フロッサール, フィリップ　Frossard, Philippe　バイオテクノロジー・コンサルタント　Scios Inc.コンサルタント　[生]1954年　[典]1996

ブロッジーニ, ルイージ　Broggini, Luigi　彫刻家　[国]イタリア　[生]1908年　[典]1992／1996

ブロット, アーミン　Brott, Armin A.　ライター　[専]父親問題　[国]米国　[典]2004

ブロッホ, ダニエル　Bloch, Daniel　ジャーナリスト　「ダバール」紙編集主幹, イスラエル・ジャーナリスト会議議長, イスラエル放送協会理事　[国]イスラエル　[生]1941年　[典]1992

ブロッホ, ロルフ　カミール・ブロッホ社長, スイスユダヤ人連盟会長　[国]スイス　[典]2000

フローデ, リブ　Frohde, Liv　児童文学作家　[国]ノルウェー　[生]1940年　[典]2000

ブロディ, エイドリアン　Brody, Adrien　俳優　[国]米国　[生]1973年4月14日　[典]2004／2008／2012

ブローディ, ドージェ　Brody, Dorje C.　数理物理学者　ケンブリッジ大学応用数理物理学部研究員　[生]1970年　[典]2004

ブロディ, ネビル　Brody, Neville　デザイナー　[国]英国　[生]1957年　[典]1992／1996

ブロディ, バーナード・B.　薬理学者　元・米国科学アカデミー会員　[国]米国　[没]1989年2月27日　[典]1992

ブローディ, ハワード　Brody, Howard　「プラシーボの治癒力―心がつくる体内万能薬」の著者　[典]2008

ブロディ, ヒュー　Brody, Hugh　人類学者, 記録映画作家　クイーンズ大学教員　[国]英国　[生]1943年　[典]2008

ブロディ, リチャード　Brodie, Richard　著述家　ブロディ・テクノロジー・グループ代表　[国]米国　[典]2000

ブロディ, レニー　Brodie, Renee　チャネラー　[生]1920年　[典]2004

プローディ, ロマーノ　Prodi, Romano　政治家, 経済学者　元・イタリア首相, 元・イタリア民主党議長, 元・EU欧州委員会委員長, 元・イタリア産業復興公社(IRI)総裁　[国]イタリア　[生]1939年8月9日　[典]1992／1996／2000／2004／2008／2012

ブローティガン, リチャード　Brautigan, Richard　作家, 詩人　[国]米国　[生]1935年1月30日　[没]1984年9月　[典]1992

ブロディンガー, ペーター　スキーコーチ　日本スキー・ナショナルチーム・コーチ　[国]オーストリア　[生]1941年　[典]1996

フロデノ, ヤン　Frodeno, Jan　トライアスロン選手　北京五輪トライアスロン男子金メダリスト　[国]ドイツ　[生]1981年8月1日　[典]2012

ブローデュアー, ポール・エイドリアン(Jr.)　Brodeur, Paul Adrian, Jr.　小説家　[国]米国　[生]1931年　[典]1996

ブロデューア, マーティン　Brodeur, Martin　アイスホッケー選手(GK)　ソルトレークシティ五輪・バンクーバー五輪アイスホッケー男子金メダリスト　[国]カナダ　[生]1972年5月6日　[典]2008

ブロデュウァ, エイドリアン　Brodeur, Adrienne　「ゾエトロープ」編集長　[国]米国　[典]2000

ブロデリック, マシュー　Broderick, Matthew　俳優　[国]米国　[生]1962年3月21日　[典]1992／1996／2000／2004／2008／2012

ブローデル, フェルナン　Braudel, Fernand　歴史学者　元・コレージュ・ド・フランス教授　[国]フランス　[生]1902年8月24日　[没]1985年11月28日　[典]1992

ブローテン, ケネス　Braaten, Kenneth　スキー選手(複合)　[国]ノルウェー　[生]1974年9月24日　[典]2000

ブローデン, ビル　Brogden, Bill　本名＝Brogden,William　コンピューター技術者　LANWrights副社長　[国]米国　[典]2004／2008

ブロード, ウィリアム　Broad, William　科学ジャーナリスト　[国]米国　[典]2004／2012

ブロード, クレイグ　Brod, Craig　カリフォルニア大学バークレー校講師　[専]精神療法　[国]米国　[典]1992

ブロード, ダグラス　Brode, Douglas　シラキュース大学ニューハウス・スクール・オブ・パブリック・コミュニケーションズ教授　[専]映画研究　[国]米国　[典]1996

フロドゥル, ゲルベルト　Frodl, Gerbert　美術史家　オーストリア美術館　[国]オーストリア　[生]1940年　[典]1996

ブロドカ, ズビグニェフ　スピードスケート選手　ソチ五輪スピードスケート男子1500メートル金メダリスト　[国]ポーランド

ブロドキー, ハロルド　Brodkey, Harold　作家　[国]米国　[生]1930年　[没]1996年1月26日　[典]1992／1996

プロトキン, マーク　Plotkin, Mark　民族植物学者　スミソニアン研究所植物学部門研究員, アマゾン・コンサベーション・チーム代表　[国]米国　[典]2000

ブロドスキー, アーチー　Brodsky, Archie　ハーバード大学医学部附属マサチューセッツ精神保健センター　[国]米国　[典]2004

ブロードヘッド, ジェームズ　Broadhead, James L.　FPLグループ会長・社長・CEO　[典]1992／1996

ブロードベント, ジム　Broadbent, Jim　俳優　[国]英国　[生]1949年5月24日　[典]2004／2008／2012

ブロードベント, マイケル　Broadbent, Michael　ワイン鑑定家・オークショナー, 著述家　[国]英国　[典]2000

ブロードベント, マリアン　Broadbent, Marianne　経営コンサルタント　[典]2004／2008

ブロードリック, アネット　Broadrick, Annette　ロマンス作家　[国]米国　[典]2004

ブロートン, ジャック　Broughton, Jack　軍人　ベトナム戦のドキュメント「ターゲット・ハノイ」を著わした元米国空軍大佐　[国]米国　[典]1992

フロドン, ジャン・ミシェル　Frodon, Jean-Michel　映画批評家, ジャーナリスト　[生]1953年　[典]2004

ブロートン, フランク　Broughton, Frank　ライター　[典]2004／2008

ブローナー, エイドリアン　Broner, Adrien　プロボクサー　WBA世界ウェルター級チャンピオン　元・WBC世界ライト級チャンピオン　[国]米国　[生]1989年7月28日

ブローナー, ピーター　Blauner, Peter　ミステリー作家　[国]米国　[典]1996／2000

ブーローニュ, ジョエル　Boulogne, Joëlle　バレリーナ　ハンブルク・バレエ団プリンシパル　[国]フランス　[生]1968年　[典]2008／2012

ブローヌ, ローズ・バトラー　元・ノースカロライナ大学教育学部長　[専]教育学　[国]米国　[没]1986年12月1日　[典]1992

プロハースコヴァー, イヴァ　Procházková, Iva　作家　[生]1953年　[典]2000

ブロビック, エドガー　Brovick, Edgar　コンピューター技術者　Cambridge's Network Solutions Practiceナショナルディレクター　[典]2004

ブロヒン, オレグ　Blokhin, Oleg　サッカー監督, 政治家　元・サッカー・ウクライナ代表監督, 元・ウクライナ国会議員　[国]ウクライナ　[生]1952年11月5日　[典]2000／2004／2008／2012

ブロヒン, ユーリー　モルドバ共和国国家計画科学・調査研究所副所長, ソ連人民代議員, ソユーズ幹部会員　[国]ソ連　[生]1944年　[典]1992／1996

ブローフィ, ブリジッド　Brophy, Brigid　作家, 批評家　元・英国著作権評議会副議長　[国]英国　[生]1929年6月12日　[没]1995年8月7日　[典]1992／1996

プロフィット, ウィリアム　Proffit, William R.　歯学者　ノースカロライナ大学教授　[国]米国　[典]2008

プロフェット, エリザベス・クレア　Prophet, Elizabeth Clare　宗教思想家, 神秘家　[国]米国　[生]1939年　[典]2000

プロフォジク, デービッド Profozlck, David M. システムズ・モデリング・コーポレーション副社長 [国]米国 [典]2000

プロープスト, ギルバート Probst, Gilbert Jean Bernard 経済学者 [国]スイス [生]1950年 [典]2000

プロブスト, ピエール Probst, Pierre 絵本作家 [国]フランス [生]1913年 [没]2007年4月12日 [典]2000

ブローベル, ギュンター Blobel, Günter 生物学者 ロックフェラー大学教授 [専]分子細胞生物学 [国]米国 [生]1936年5月21日 [典]2000／2008／2012

プロベンセン, アリス Provensen, Alice 絵本作家 [国]米国 [生]1918年 [典]1992／2000

プロベンセン, マーティン Provensen, Martin 絵本作家 [国]米国 [生]1916年 [没]1987年 [典]1992

ブロホヴィッツ, ハンス・ペーター Blochwitz, Hans Peter テノール歌手 [国]ドイツ [生]1949年 [典]1992(ブロホビッツ, ハンス・ペーター)／1996(ブロホビッツ, ハンス・ペーター)

プロホロフ, アレクサンドル Prokhorov, Aleksandr Mikhailovich 物理学者 元・ロシア科学アカデミー物理学天文学部長 [専]量子エレクトロニクス, 量子電波物理学 [国]ロシア [生]1916年7月11日 [没]2002年1月8日 [典]1992／1996

プロホロフ, ミハイル Prokhorov, Mikhail Dmitriyevich 実業家, 政治家 市民プラットフォーム党首, オネクシム・グループ創設者 [国]ロシア [生]1965年5月3日 [典]2012

ブロマーズ, ジョン Blommers, John ネットワーク・コンサルタント [国]カナダ [典]2004

フロマン, パスカル Froment, Pascale ジャーナリスト [国]フランス [典]2004

フロマン, マイケル Froman, Michael 米国通商代表部(USTR)代表 [国]米国

ブローマン, ロニ Brauman, Rony 映画監督, 医師 パリ第12大学客員教授 元・国境なき医師団(MSF)総裁 [国]フランス [生]1950年 [典]2000／2004

ブロマンス, ヨハン Vromans, Johan ビジネスコンサルタント Squirrel Consultancy経営者 [典]2004

ブローム, ヴィンフリート Brohm, Winfried 法学者 コンスタンツ大学法学部教授 [専]公法学, 行政学 [国]ドイツ [生]1932年3月4日 [典]1996

フロム, エーリッヒ Fromm, Erich 社会心理学者, 精神分析学者 [国]米国 [生]1900年3月23日 [没]1980年3月18日 [典]1992

フロム, ジョセフ Fromm, Joseph ジャーナリスト 「USニュース・アンド・ワールド・リポート」編集副主幹 [国]米国 [典]1992

ブローム, ロバート 経済評論家 [専]電力の自由化理論 [国]カナダ [典]2000

プロムイスロフ, ウラジーミル Promyslov, Vladimir Fedorovich 政治家 元・モスクワ市長 [国]ロシア [生]1908年7月28日 [没]1993年5月22日 [典]1996

ブロムカンプ, ニール Blomkamp, Neill 映画監督 [国]カナダ [生]1979年 [典]2012

フロムキン, デービッド Fromkin, David 歴史学者 ボストン大学歴史学教授 [典]2008

ブロムシュテット, ヘルベルト Blomstedt, Herbert Thorson 指揮者 NHK交響楽団名誉指揮者 元・ライプツィヒ・ゲヴァントハウス管弦楽団音楽監督 [国]スウェーデン [生]1927年7月11日 [典]1992／1996／2000／2012

ブロムダウル, トルビョルン ビリヤード選手 [国]スウェーデン [生]1962年10月26日 [典]1992／1996

ブロムリー, リチャード Bromly, Richard Granville コペンハーゲン大学地質学・古生物学研究所教授 [専]古生物学, 生痕学, 炭酸塩堆積学 [国]英国 [生]1939年7月31日 [典]1996

ブローメ, ゲッツ Blome, Götz 自然療法医 [国]ドイツ [典]2004／2008

フロー・ライダー Flo Rida ラップ歌手 [国]米国 [生]1979年12月16日 [典]2012

フローランス, シーラ 女優 [国]オーストラリア [生]1916年 [没]1991年10月12日 [典]1992(フロレンス, シーラ)

ブローリー, エリザベス Blawley, Elizabeth C. インテリアデザイナー [典]2004

フローリー, カトリーヌ Fleury, Catherine 柔道選手 [国]フランス [典]1996

フローリー, デニス Flory, Denis 国際原子力機関(IAEA)事務次長 [国]フランス [典]2012

フローリー, ポール Flory, Paul John 物理化学者 元・スタンフォード大学名誉教授 [国]米国 [生]1910年6月19日 [没]1985年9月9日 [典]1992

フロリアン, ミロスラフ Florian, Miroslav 詩人 [国]チェコスロバキア [生]1931年 [典]1992

フロリオ, ジェームズ Florio, James J. 政治家 元・ニュージャージー州知事(民主党) [国]米国 [生]1937年8月11日 [典]1992／1996

フロリダ, リチャード Florida, Richard ジョージ・メイソン大学公共政策大学院, ハースト記念講座教授。ブルッキングス研究所シニア・フェロー(非常勤) 元・カーネギー・メロン大学ハインツ公共政策大学院、H.ジョン・ハインツ3世記念講座教授 [典]2008

フローリッヒ, ロン 国際トランポリン連盟会長, 国際ワールドゲームズ協会会長 [国]米国 [典]1996

ブローリン, ジェームズ Brolin, James 本名=Bruderlin,James 俳優 [生]1940年7月18日 [典]2000／2004／2008

ブロリン, トマス Brolin, Tomas 元・サッカー選手 [国]スウェーデン [生]1969年11月29日 [典]1996／2000

フロール, クラウス・ペーター Flor, Claus Peter 指揮者 チューリヒ・トーンハレ管弦楽団常任客演指揮者 [国]ドイツ [生]1953年 [典]1992／1996／2000

フローレイク, クリスティアン Vrolijk, Christiaan 英国王立国際問題研究所(RIIA)主任研究員 [国]英国 [典]2004

フロレス, F. Flores, Fernando 「「信頼」の研究―全てのビジネスは信頼から」の著者 [典]2008

フローレス, カルロス Flores, Carlos 政治家 元・ホンジュラス大統領 [国]ホンジュラス [生]1950年3月1日 [典]2000／2004／2008

フローレス, キケ Flores, Quique 本名=フローレス, キケ・サンチェス サッカー監督, 元・サッカー選手 [国]スペイン [生]1965年2月2日

フローレス, フアン・ディエゴ Flórez, Juan Diego テノール歌手 [国]ペルー [生]1973年 [典]2004／2008／2012

フローレス, フランシスコ Flores, Francisco トランペット奏者 [国]ベネズエラ [生]1981年 [典]2012

フロレス, フランシスコ Flores, Francisco 本名=フロレス・ペレス, フランシスコ 政治家 元・エルサルバドル大統領 [国]エルサルバドル [生]1959年10月17日 [典]2000／2004／2008

フローレス, ローラ Flores, Lola 歌手, ダンサー [国]スペイン [没]1995年5月16日 [典]1996(フローレンス, ローラ)

フローレル, ラバナ・マーティン 陸上選手(ハードル) [国]米国 [典]2000

フローレンス, フェルナンド Action Technologies社代表,Logonet社社長 元・チリ大蔵大臣 [専]コンピュータ科学 [典]1992

フロレンド, アベ ジャーナリスト 「スター」紙論説委員 [国]フィリピン [典]1992

フローロ・サンズ, ベニト Floro Sanz, Benito 元・サッカー監督 [国]スペイン [生]1952年6月2日 [典]2000

フロロフ, イワン Frolov, Ivan Timofeevich 哲学者, ジャーナリスト 元・ロシア科学アカデミー人間研究所所長, 元・「プラウダ」編集長 [国]ロシア [生]1929年9月1日 [没]1999年11月18日 [典]1992／1996

フロロワ, オリガ Frolova, Olga P. 元・ノボシビルスク大学外国語学部教授 [国]ロシア [生]1931年 [典]2008／2012

ブローワー, ケネス 著述家 [国]米国 [生]1944年 [典]1996

プロワ, ジャン・ポール Proix, Jean-Paul 画家 [国]フランス [生]1926年 [典]1992

フロワサール, リオネル Froissart, Lionel モータースポーツジャーナリスト 「リベラシオン」紙記者 [国]フランス [生]1958年

ブロワーズ, マイク　Blowers, Mike　本名=ブロワーズ,マイケル　大リーグ選手(内野手),元・プロ野球選手　国米国　生1965年4月24日　掲2000

フロワドヴィーユ, ハマー・モノド・ド　Froideville, Hamer-Monod de　アジア女性基金慰安婦償い事業実施委員会(PICN)委員長　国オランダ　生1941年　掲2004／2008

ブロン, ザハール　Bron, Zachar　バイオリニスト　ケルン音楽大学教授　国カザフスタン　生1947年　掲2000／2004／2012

ブロン, ジョルジュ　Blond, Georges　作家　国フランス　生1906年7月　没1989年3月16日　掲1992

ブロン, ニック　Pron, Nick　ジャーナリスト　「トロント・スター」記者　国カナダ　掲2004

プロンガー, クリス　Pronger, Chris　アイスホッケー選手(DF)　ソルトレークシティ五輪・バンクーバー五輪アイスホッケー男子金メダリスト　国カナダ　生1974年10月10日　掲2000／2004／2008／2012

プロンク, ヤン　Pronk, Jan　本名=Pronk,Johannes Pieter　政治家　元・オランダ環境相　国オランダ　生1940年3月16日　掲2004／2008／2012

プロンコ, マイケル　Pronko, Michael　文筆家　明治学院大学文学部教授　国アメリカ文学・文化・映画　国米国　掲2004

プロンジーニ, ビル　Pronzini, Bill　ミステリー作家　国米国　生1943年　掲1992／1996／2000／2004／2008／2012

ブロンズ, ヴィレム　Brons, Willem　ピアニスト　アムステルダム音楽院教授　国オランダ　生1937年　掲2000／2008

ブロンズ, ジョン　実業家　米国原子力協会会長特別補佐　国米国　掲2004／2008

ブロンスキ, アンジェイ　Wronski, Andrzej　レスリング選手(グレコローマン)　国ポーランド　生1965年10月8日　掲2000／2008

ブロンスキー, ニッキー　Blonsky, Nikki　女優　国米国　生1988年11月9日　掲2008／2012

ブロンソン, チャールズ　Bronson, Charles　本名=バチンスキー,チャールズ　俳優　国米国　生1921年11月3日　没2003年8月30日　掲1996／2000

ブロンソン, フレッド　Bronson, Fred　音楽評論家,脚本家　国米国　生1949年　掲1992／1996

ブロンソン, ポー　Bronson, Po　作家　国米国　掲2004

ブロンソン, マーシャ　Bronson, Marsha　著述家　国アイルランド　生1967年　掲2000

ブロンダン, アントワーヌ　Blondin, Antoine　作家　国フランス　生1922年4月11日　没1991年6月7日　掲1992

ブロンツィーニ, ジョルジャ　Bronzini, Giorgia　自転車選手　国イタリア　生1983年8月3日

フロンディシ, アルトゥーロ　Frondizi, Arturo　政治家　元・アルゼンチン大統領　国アルゼンチン　生1908年10月28日　没1995年4月18日　掲1992／1996

ブロント, ロイ(Jr.)　Blount, Roy (Jr.)　作家,コラムニスト　国米国　生1941年　掲1992／1996

ブロンフェンブレンナー, ユリー　Bronfenbrenner, Urie　心理学者　コーネル大学名誉教授　国米国　生1917年4月29日　掲1996／2000

ブロンフマン, イェフィム　Bronfman, Yefim　ピアニスト　国米国　生1958年　掲1996／2000／2012

ブロンフマン, エドガー(Jr.)　Bronfman, Edgar M. (Jr.)　実業家　元・シーグラム社長・CEO　国カナダ　生1955年　掲1996／2000／2004／2008

ブロンフマン, エドガー・マイルス　Bronfman, Edgar Miles　実業家　元・シーグラム会長,元・世界ユダヤ人会議会長　国米国　生1929年6月20日　没2013年12月21日　掲1992／1996／2000／2004

ブロンベルジェ, ピエール　映画プロデューサー　国フランス　生1905年　没1990年　掲1992

フワゴウシジ　布和敖斯尓　作詞家　北海道立環境科学研究センター研究員,中国科学院助教授　国地理情報　国中国　掲2004

ブーン, T.　Boon, Thierry　ルードビッヒがん研究所ブリュッセル支部長,カトリック大学教授　国遺伝学,免疫学　掲1996

プーン, クリスティーヌ　Poon, Christine A.　実業家　ジョンソン・エンド・ジョンソン副会長　国米国　掲2008／2012

ブン・ケツジャク　文潔若　翻訳家,日本文学研究家　国中国　掲2004

ブン・ゲンセイ　文彦生　Wen, Yan-sheng　本名=徐華龍　別筆名=徐及, 暁園客　上海文芸出版社民間文学読物編輯室主任,中国民俗学会常務理事,上海民俗学会副秘書長,江西省社会科学院客座教授　国民俗学,文化人類学,神話学　国中国　生1948年　掲2000

ブン・シシン　文志森　環境保護運動家　緑色力量(グリーンパワー)代表　国香港　掲2000

ブン・セイシン　聞世震　Wen, Shi-zhen　遼寧省党委書記　国中国　生1940年1月　掲1996／2000／2004

ブン・セキ　文碩　用友会計審計(検査)研究所所長　国会計史の研究　国中国　生1962年　掲1996

ブーン, ダニー　Boon, Dany　映画監督,俳優　国フランス　生1966年6月26日　掲2012

ブーン, デビー　Boone, Debbie　シンガーソングライター,女優　国米国　生1956年9月22日　掲1992／1996

フン, ビクター　Fung, Victor K.　中国名=馮国経　実業家　リー・フン・グループ会長,香港貿易発展局会長,香港総商工会議所会頭　国香港　生1945年10月　掲1996／2000／2004

ブーン, ブレット　Boone, Bret　元・大リーグ選手　国米国　生1969年4月6日　掲2004／2008／2012

ブーン, マリー　Boone, Mary E.　N・ディーン・マイヤー・アンド・アソシエイツ社パートナー　国米国　掲1992／1996

ブン・リツホウ　聞立鵬　油絵家　中央美術学院油絵系主任,中国美術家協会油絵芸術委員会副主任　国中国　生1931年　掲1996

プーン, レナード　Poon, Leonard W.　心理学者　ジョージア大学ジェントロジーセンター所長・老年学部・心理学教授・メンタルパフォーマンス・アンド・エイジングラボラトリー所長　国老年学　国米国　掲1992

ブン・ウム・ナ・チャンパサク　Boun Oum Na Champassak　政治家　元・ラオス首相　国ラオス　生1911年12月11日　没1980年3月17日　掲1992

プンカ, ジョルジョ　Punka, György　航空技術者　国ハンガリー　掲2008

フンガー, ダニエラ　Hunger, Daniela　水泳選手　国ドイツ　生1972年　掲1992／1996

フング, アンディ　オーストラリア貿易促進庁通信産業担当課長　国オーストラリア　掲1992

フンク, ウェルナー　ジャーナリスト　「シュピーゲル」誌編集長　国ドイツ　生1937年　掲1992

フンケ, コルネーリア　Funke, Cornelia　児童文学作家,イラストレーター　国ドイツ　生1958年　掲2004／2008／2012

フンケ, リーゼロッテ　Funcke, Liselotte　政治家　ドイツ外国人労働者担当長官　国ドイツ　生1918年7月20日　掲1996

ブンゲイ, ウィルフレッド　Bungei, Wilfred　陸上選手(中距離)　北京五輪陸上男子800メートル金メダリスト　国ケニア　生1980年7月24日　掲2012

プーン・シパスート　Phoun Sipaseuth　政治家　元・ラオス副首相、ラオス人民革命党政治局員・国際局長　国ラオス　生1920年2月16日　没1994年12月8日　掲1992／1996

ブンスアイ, アレクサンドラ　Bounxouei, Alexandra　歌手　国ラオス　生1987年　掲2008(アレクサンドラ)／2012

ブンストラ, コー　実業家　フィリップス副社長　国オランダ　掲2000

フン・セン　Hun Sen　政治家　カンボジア首相,カンボジア人民党中央委員会副議長(副党首)　国カンボジア　生1951年4月4日　掲1992／1996／2000／2004／2008／2012

ブーンダース, フランツ　美術評論家　ベルギー・ラジオ・テレビジョン・ヘッド・プロデューサー,「Kunst and Cultuur」(美術誌)編集長　国ベルギー　生1942年　掲1992

フンツエーダー, フランツィスカ　ジャーナリスト　国ドイツ
　生1953年　没2000

プンテル, ルイス　Puntel, Luiz　作家　国ブラジル　生1949年
　没1992

フンデルトヴァッサー, フリーデンスライヒ　Hundertwasser,
　Friedensreich　本名=シュトヴァッサー,フリードリヒ　雅号=百
　水　画家,建築家　国オーストリア　生1928年12月25日　没2000年
　2月19日　没1992(フンデルトバッサー)／1996(フンデルトバッ
　サー)／2000

フント, マルティン　Hundt, Martin　歴史学者　国マルクス・エン
　ゲルス　国ドイツ　生1932年　没2004

ブンニャン・ウォラチット　Bounyang Vorachit　政治家,軍人　ラオ
　ス副大統領　国ラオス　生1937年8月15日　没2004／2008／2012

プンピャンスキー, アレクサンドル　Pumpyanskii, Aleksandr
　ジャーナリスト　「ノーボエ・ブレーミャ」誌編集長　国ロシア
　没1996

ブンヤシット・チョクワタナー　Boonchai Chokwatana　実業家
　サハ・グループ社長,泰日協会顧問　国タイ　生1937年　没1996／
　2004／2008

【へ】

ベ・イファン　裴 義煥　号=高峯　世界銀行国際投資紛争解決セン
　ター韓国代表委員　国韓国　生1904年6月30日　没1996

ベ・イルジブ　裴 一集　本名=裵潤植　コメディアン　国韓国
　生1947年1月14日　没1996

ベ・インジュン　裴 仁俊　ジャーナリスト　「東亜日報」東京特派員
　国韓国　生1952年　没1996

ヘ・ウニ　本名=金承珠　歌手　国韓国　生1957年　没1992

ベー, オナ　現代美術家　国オーストリア　生1957年　没2004

ベ・キウン　裴 奇雲　Bae, Ki-un　政治家　韓国国会議員(新千年民
　主党)　国韓国　生1950年9月29日　没1996

ベ・キソン　裴 基善　Bae, Ki-sun　政治家　韓国国会議員(新千年
　民主党)　元・韓国放送広告公社社長　国韓国　生1950年9月15日
　没2004

ベ・キテ　裴 基兌　元・スピードスケート選手　国韓国　没1992／
　1996

ベ・キョンスク　裴 慶淑　仁荷大学法学科教授　国韓国　生1930年2
　月23日　没1996

ベ・ギルス　Bae, Gil-su　体操選手　国北朝鮮　没1996

ベ・キルラン　裴 桔瑯　韓国民自党政勢分析委員会行政室長　国韓
　国　生1942年2月6日　没1996

ベ・サンムン　裴 相文　Bae, Sang-moon　プロゴルファー　国韓国
　生1986年6月21日　没2012

ベ・ジェシク　裴 載湜　法学者　韓国統一政策研究協会理事長,ソウ
　ル大学名誉教授　国国際法,人権　国韓国　生1929年5月8日
　没1996／2000

ベ・ジョンオク　裴 宗玉　タレント　国韓国　生1964年5月13日
　没1996

ベ・ジョンジュン　裴 正忠　Bae, Jong-jung　実業家　三星生命保
　険社長　国韓国　生1945年3月31日　没2004

ヘ・ジン　慧 真　僧侶　ナヌムの家院長　国韓国　生1965年
　没2000

ベ・スクヒョン　裴 淑炫　プロ野球選手(投手)　国韓国　生1969年
　3月30日　没1996

ベ・スビン　Bae, Soo-bin　漢字名=裵秀彬　俳優　国韓国　生1976
　年12月9日　没2012

ベ・スンフン　裴 洵勲　Bae, Sun-hoon　政治家,実業家　元・韓国
　情報通信相　国韓国　生1943年4月30日　没1996／2000／2004

ベ・ソンドン　裴 成東　現代経済社会研究院長,社会開発研究所長
　国韓国　生1936年6月21日　没1996

ベー, ダビド　B., David　漫画家　国フランス　生1959年2月9日
　没2012

ベー, ターリェイ　Boe, Tarjei　バイアスロン選手　バンクーバー五
　輪バイアスロン男子30キロリレー金メダリスト　国ノルウェー
　生1988年7月29日　没2012

ベ・タルジュン　裴 達俊　政治家　北朝鮮国家建設・監督相　国北
　朝鮮　没2000／2004

ベー・チェチョル　Bae, Jae-chul　漢字名=裵宰徹　テノール歌手
　国韓国　生1969年　没2008／2012

ベ・チャンホ　裴 昶浩　Bae, Chang-ho　映画監督　国韓国
　生1953年5月16日　没1992／1996

ベ・チョルス　裴 哲秀　歌手　国韓国　生1953年8月18日　没1996

ベ・チョルフン　裴 哲薰　仁川大学材料工学科助教授　国エネル
　ギー変換材料,セラミック粉末合成　国韓国　没2000

ベ・デウン　裴 大雄　プロ野球コーチ　国韓国　生1954年3月2日
　没1996

ベ・テス　裴 泰洙　外交官　元・在福岡韓国総領事　国韓国　没2004

ベ・ドゥナ　Bae, Doo-na　漢字名=裵斗娜　女優　国韓国　生1979
　年10月11日　没2008／2012

ベ・ビョンヒュ　裴 秉烋　Bae, Byong-hyu　ジャーナリスト　「韓
　国毎日経済新聞」編集顧問　国韓国　生1941年4月17日　没2004

ベ・マヌン　裴 満雲　韓国最高裁判事　国韓国　生1934年11月25
　日　没1996

ベ・マンシル　裴 満実　春瀬トータルデザインアカデミー院長
　国韓国　生1923年4月28日　没1996

ベ・ミョンイン　裴 命仁　弁護士　太平洋合同法律事務所代表　元・
　韓国国家安全企画部長　国韓国　没1992／1996

ベ・ミョンクック　裴 命国　政治家　韓国国会議員,地域開発研究院
　理事長,弘益再活院代表理事　国韓国　生1934年11月6日　没1996

ベ・ムギ　裴 茂基　ソウル大学経済学科教授,韓国労働研究院長
　国労働経済学　国韓国　生1939年4月2日　没1996

ベ・ヨンギュン　裴 鏞均　Bae, Jong-gjun　映画監督,画家　大邱大
　学美術学部教授　国韓国　生1951年　没1992／1996

ベ・ヨンジュン　Bae, Yong-joon　漢字名=裵容濬　俳優　国韓国
　生1972年8月29日　没2004／2008／2012

ベー・ヨンスク　裴 英淑　新高麗新聞社会部長　没2000(ハイ・エイ
　シュク)

ベ・ヨンマン　裴 泳晩　コメディアン　国韓国　生1959年12月13日
　没1996

ベーア, H.ゲオルク　ジャーナリスト,旅行家　国オーストリア
　生1937年　没2004

ヘア, アラン　Hare, Alan　本名=Hare,Alan Victor　エコノミスト
　元・フィナンシャル・タイムズ会長　国英国　生1919年3月14日
　没1995年4月10日　没2000

ベア, イシュマエル　Beah, Ishmael　人権活動家　ヒューマン・ラ
　イツ・ウォッチ子どもの権利部諮問委員会メンバー　生1980年
　没2012

ベーア, エーディト・ハーン　Beer, Edith Hahn　元・裁判官　「ナチ
　将校の妻」の共著者　生1914年　没2004

ベーア, エドワード　Behr, Edward　本名=Behr,Edward Samuel
　作家,ジャーナリスト　元・「ニューズウィーク」誌欧州編集主幹
　国英国　生1926年5月7日　没2007年5月26日　没1992／1996

ベア, エリザベス　Bear, Elizabeth　SF作家　国米国　生1971年
　没2012

ベーア, オラフ　Bär, Olaf　バリトン歌手　ドレスデン国立歌劇場所
　属歌手　国ドイツ　生1957年12月9日　没1992／1996

ベーア, グレゴリー　Baer, Gregory　法律家　国米国　没2008

ベア, グレッグ　Bear, Greg　本名=ベア, グレゴリー・デール　SF
　作家　国米国　生1951年8月20日　没1996／2004／2008／2012

ベア, ジーン　Baer, Jean　ジャーナリスト　国米国　没2004

ヘア, デービッド　Hare, David　劇作家　国英国　生1947年6月5日
　没2000

ヘアー, ビル　環境保護運動家　グリーンピース気候問題政策部長
　国オーストラリア　没2000

ベア, フランク　Baer, Frank　ジャーナリスト　「マクセの唄―ドイツ学童疎開の残照」の著者　[国]ドイツ　[生]1938年　[典]1996

ベア, フランツ・ザーバー　Bea, Franz X.　テュービンゲン大学教授　[専]経営学　[国]ドイツ　[典]2000

ベア, ヘンリック　元・赤十字社連盟事務総長　[没]1987年5月23日　[典]1992

ベアー, リー　Baer, Lee　心理学者, 精神科医　ハーバード大学精神科準教授, マサチューセッツ総合病院OCD科研究主任, マクリーン病院OCD部門研究主任　[専]強迫性障害　[典]2004

ヘア, リチャード　Hare, Richard Mervyn　哲学者　元・オックスフォード大学コーパス・クリスティ・カレッジ名誉教授　[国]英国　[生]1919年3月21日　[没]2002年1月29日　[典]1996

ベアー, ロジェー　Bär, Roger　外交官　駐日スイス大使　[国]スイス　[生]1931年　[典]1996

ヘア, ロバート　Hare, Robert D.　精神病理学者　[専]サイコパス　[典]2004

ベア, ロバート　Baer, Robert　元・CIAケースオフィサー　[国]米国　[生]1953年　[典]2004／2008

ヘアウッド, デービッド　俳優　[国]英国　[典]2000

ベアス, アンヌ・マリ　Beasse, Anne-Marie　絵本作家　マニャール出版児童局長　[典]2008

ペアズ, イアン　Pears, Iain　著述家(美術)　[国]英国　[生]1955年　[典]1996

ヘアデゲン, マティアス　Herdegen, Matthias　ライニッシェ・フリードリッヒ・ヴィルヘルム大学(ボン大学)正教授　[専]公法, 国際法, ヨーロッパ法　[国]ドイツ　[生]1957年　[典]2000

ベアデン, ミルト　Bearden, Milt　元・米国中央情報局(CIA)ソ連東欧部長　[国]米国　[典]2008

ベアード, D.ユアン　Baird, Dugald Euan　シュルンベルジェ会長・社長・CEO　[国]米国　[生]1937年9月16日　[典]1992／1996

ベアード, イアン　自然保護活動家　地球島協会(AEI)発起人　[国]カナダ　[典]2000

ベアード, ゾーイ　Baird, Zoe　弁護士　エトナ保険会社副社長・法律顧問　[国]米国　[生]1952年6月20日　[典]1996

ベアード, ロン　Baird, Ron　新聞記者　「コロラド・デイリー」記者　[国]米国　[典]2000

ベアトリクス女王　Beatrix, Queen　本名＝ベアトリクス・ウィルヘルミナ・アルムハルト　オランダ女王　[国]オランダ　[生]1938年1月31日　[典]1992／1996／2000／2004／2008／2012

ベアナウ, ジョージ　Bernau, George　作家　[国]米国　[生]1945年　[典]1996

ベア・ハート　Bear Heart　メディスンマン　[国]米国　[生]1918年　[典]2004

ペアマン, ロジャー　Pearman, Roger R.　コンサルタント　[典]2004

ベアリュ, マルセル　Béalu, Marcel　詩人, 作家　[国]フランス　[生]1908年　[典]1992／1996

ベアリング, ピーター　Baring, Peter　ベアリングズ会長, ディロン・リード取締役, マーチャントバンク証券業協会長　[国]英国　[生]1935年10月28日　[典]1996

ベアリングールド, ウィリアム　Baring-Gould, William S.　[専]児童文学　[典]2008

ベアリングールド, シール　Baring-Gould, Ceil　[専]児童文学　[典]2008

ベアール, アドリアナ　Behar, Adriana　ビーチバレー選手　[国]ブラジル　[生]1969年2月14日　[典]2004／2008

ベアール, アンリ　Béhar, Henri　パリ第3大学教授　[専]フランス近現代文学　[国]フランス　[生]1940年　[典]2000

ベアール, エマニュエル　Béart, Emmanuelle　女優　[国]フランス　[生]1965年8月14日　[典]1992／1996／2000／2004／2008／2012

ペアレント, ジョセフ　Parent, Joseph　心理学者　[国]米国　[生]1950年　[典]2008

ペアレント, マーク　Parent, Marc　ケースワーカー, コラムニスト　[国]米国　[典]2004

ベアワルド, ハンス　Baerwald, Hans Herman　政治学者, 日本研究家　元・カリフォルニア大学ロサンゼルス校教授　[専]現代日本政治　[国]米国　[生]1927年6月18日　[没]2010年6月2日　[典]1992／1996／2008

ベイ, アリフィン　Bey, Arfin　国際政治学者　元・神田外語大学名誉教授　[専]イスラム研究　[国]インドネシア　[生]1925年　[没]2010年9月2日　[典]1992／1996／2000

ペイ, イオ・ミン　Pei, Ieoh Ming　建築家　I・Mペイ&パートナーズ社代表　[国]米国　[生]1917年4月26日　[典]1992／1996／2000／2008／2012

ヘイ, エリザベス　Hay, Elizabeth　著述家　[国]英国　[生]1936年　[典]1996

ヘイ・カフ　平 可夫　ジャーナリスト　[生]1963年　[典]1996／2004

ベイ, ジェーソン　Bay, Jason　本名＝Bay,Jason Raymond　大リーグ選手(外野手)　[国]カナダ　[生]1978年9月20日

ベイ・シュー　Bei, Xu　ジャズ歌手　[国]中国　[生]1978年　[典]2008／2012

ヘイ, デニス　Hay, Denys　歴史学者　エディンバラ大学名誉教授　[専]ヨーロッパ中世・近代史(イタリア・ルネサンス)　[国]英国　[生]1915年　[典]1992

ヘイ, デービッド　Haye, David　プロボクサー　元・WBA・WBC・WBO世界クルーザー級チャンピオン, 元・WBA世界ヘビー級チャンピオン　[国]英国　[生]1980年10月13日

ヘイ・ボン　平 凡　Ping, Fan　別名＝コモン　イラストレーター, コミックアーティスト　[国]台湾　[生]1967年　[典]2004／2008

ベイ, マイケル　Bay, Michael　映画監督,CMディレクター　[国]米国　[生]1964年　[典]2000／2004／2008／2012

ヘイ, ルイーズ　Hay, Louise L.　作家, 出版人　ヘイハウス創設者　[典]2004

ヘイ・ロ　平 路　Pin, Lu　本名＝路平　作家　[国]台湾　[生]1953年　[典]2004／2008

ヘイ, ロイ　Hay, Roy　グループ名＝カルチャー・クラブ　ギタリスト　[国]英国　[生]1961年8月12日　[典]2000／2004

ペイヴァー, ミシェル　Paver, Michelle　作家, 弁護士　[国]英国　[典]2008

ベイヴェール, パトリック　Beillevaire, Patrick　フランス社会科学高等研究院日本研究所所長　[専]沖縄民俗学,19世紀沖縄史　[生]1949年　[典]2008

ヘイウッド, エディ　Heywood, Eddie　ジャズピアニスト　[国]米国　[生]1915年12月4日　[没]1989年1月2日　[典]1992

ヘイウッド, ガー・アンソニー　Haywood, Gar Anthony　ミステリー作家　[国]米国　[生]1954年　[典]2004

ヘイウッド, ジョン　Haywood, John　歴史学者　ランカスター大学歴史学科リサーチフェロー　[国]英国　[生]1956年　[典]2004

ヘイウッド, ダン　Haywood, Dan　コンピューター技術者　[典]2004

ヘイウッド, デーブ　Haywood, Dave　トリオ名＝レディ・アンテベラム　ミュージシャン　[国]米国　[生]1982年7月5日　[典]2012

ヘイウッド, トレボー　Haywood, Trevor　セントラル・イングランド大学教授　[専]図書館学, 情報経済学　[国]英国　[典]2000

ヘイウッド, ハーレー　レーシングドライバー　[国]米国　[典]1996

ベイエナム, リュージッチ・ファン　Beijnum, Iljitsch van　「BGP―TCP/IPルーティングとオペレーションの実際」の著者　[典]2008

ヘイエルダール, トール　Heyerdahl, Thor　人類学者, 探検家　[国]ノルウェー　[生]1914年10月6日　[没]2002年4月18日　[典]1992／1996

ベイカー, サイモン　Baker, Simon　俳優　[国]米国　[生]1969年7月30日　[典]2012

ヘイガー, サミー　Hager, Sammy　旧グループ名＝ヴァン・ヘイレン　ロック歌手　[国]米国　[生]1949年10月13日　[典]1992／1996／2000／2012

ヘイガー, ジーン　Hager, Jean　作家　[国]米国　[典]2000

ヘイガー, ニッキー　Hager, Nicky　ジャーナリスト　[国]英国　[生]1958年　[典]2004／2008

ベイカー, ビン　Baker, Vin　バスケットボール選手　[国]米国　[生]1971年11月23日　[典]2000／2004／2008

ベイガー, ミアン　ゴルフ選手　国2000

ヘイカル, ムハンマド・ハッサネン　Heikal, Muhammad Hassanein　ジャーナリスト　元・「アル・アハラム」編集長　国エジプト　生1923年　没1992/1996/2000/2004/2008

ヘイグ, アレクサンダー　Haig, Alexander Meigs (Jr.)　政治家, 軍人　元・米国国務長官, 元・NATO軍最高司令官, 元・ワールドワイド・アソシエーツ会長　国米国　生1924年12月2日　没2010年2月20日　国1992/1996/2004/2008

ヘイグ, ウィリアム　Hague, William Jefferson　政治家　英国外相, 英国連邦相　元・英国ウェールズ担当相, 元・英国保守党党首　国英国　生1961年3月26日　国2000/2004/2008/2012

ヘイグ, ブライアン　Haig, Brian　作家, 元・軍人　国米国　生1953年　国2004

ヘイグル, キャスリーン　Heigl, Katherine　女優　国米国　生1978年11月24日　国2000/2012

ヘイザー, ノーリン　国連女性開発基金(UNIFEM)事務局長　専女性問題　国シンガポール　国1992/1996

ベイサット, ムハンマド　Beissat, Mohamed　西サハラ独立運動家　国2012

ベイジ, エレン　Page, Elen　女優　生1987年　国2012

ベイジ, サチェル　Paige, Satchel　大リーグ選手　国米国　生1906年7月7日　没1982年6月8日　国1992

ベイジ, ジェニファー　歌手　国米国　生1972年　国2000

ベイジ, ジェラルディン　Page, Geraldine　女優　国米国　生1924年11月22日　没1987年6月13日　国1992(ページ, ジェラルディン)

ベイジ, ジミー　Page, Jimmy　グループ名=レッド・ツェッペリン　ロック・ギタリスト　国英国　生1944年1月9日　国1992(ページ, ジミー)/1996(ページ, ジミー)/2000/2008/2012

ベイジー, デビッド　Vaisey, David　オックスフォード大学ボードリアン図書館長　専英国近世社会経済史　国英国　国1992

ベイジ, ロバート　映画俳優　国米国　生1987年12月21日　国1992

ベイジェント, マイケル　Baigent, Michael　歴史研究家　生1948年　国2000

ヘイジンガー, ロバート　Hasinger, Robert　オーラソーマカラーセラピスト　国2004

ヘイズ, アルフレッド　銀行家　元・ニューヨーク連邦準備銀行総裁　国米国　没1989年10月22日　国1992

ヘイズ, ウィリアム　オリエンタルコンサルタンツ・シニアコンサルタント　専交通政策　国2008

ベイス, オーランド　Pace, Orlando　元・プロフットボール選手　国米国　生1975年11月4日　国2008

ヘイズ, クレイグ　Hayes, Craig　デザイナー　ティペット・スタジオ・ヘッドデザイナー　国2004

ヘイズ, サムエル(3世)　Hayes, Samuel L. (III)　ハーバード大学ビジネス・スクール教授　専投資銀行論　国米国　国1992/1996

ヘイズ, サラ　Hayes, Sarah　編集者, 児童文学作家・評論家, 絵本作家　国英国　生1945年　国1992

ヘイズ, ジョアンナ　Hayes, Joanna　陸上選手(障害)　国米国　生1976年12月23日　国2008

ヘイズ, ジョセフ　Hayes, Joseph　ミステリー作家　国米国　生1918年　国1992/1996

ヘイズ, ジョン　Hayes, John P.　コンサルタント　国2004

ヘイズ, ダニエル　Hays, Daniel　野外治療プログラムフィールド指導教官　国米国　国2000

ヘイズ, ダレン　Hayes, Darren　旧デュオ名=サヴェージ・ガーデン　ミュージシャン　生1972年5月8日　国2004/2008/2012

ヘイズ, チャーリー　Hayes, Charlie　本名=Hayes, Charles Dewayne　大リーグ選手(内野手)　国米国　生1965年5月29日　国2000/2004/2008

ヘイズ, デニス　Hayes, Denis　環境保護運動家　スタンフォード大学客員教授　国米国　生1944年　国1992

ヘイズ, デニス　Hayes, Dennis Carl　ヘイズ・マイクロコンピュータ・プロダクツ社　国米国　生1950年1月10日　国1992

ヘイズ, デービッド　Hays, David　難聴者国立劇場アートディレクター　国米国　国2000

ヘイズ, ドナ　Hayes, Donna　実業家, 編集者　ハーレクイン・エンタープライゼス・リミテッドCEO　国カナダ　国2004/2008

ヘイズ, トーマス　Hayes, Thomas　経営学者　ビジョンクエスト・マーケティング・ストラテジー社長　元・ザビエル大学マーケティング学科教授　国米国　国2004

ヘイズ, パトリック　Hayes, Patrick J.　ゼロックス社パロアルト研究所　専人工知能(AI)　国英国　生1944年　国1992

ヘイズ, ヘレン　Hayes, Helen　本名=ブラウン, ヘレン・ヘイズ　女優　国米国　生1900年10月10日　没1993年3月17日　国1992/1996

ヘイズ, ボブ　Hayes, Bob　本名=ヘイズ, ロバート　陸上選手(短距離), プロフットボール選手　東京五輪陸上男子100メートル・400メートルリレー金メダリスト　国米国　生1942年12月20日　没2002年9月18日　国1992

ヘイズ, ルイス・ドス　本名=ヘイス・ゴンサルベス, ルイス・ドス　サッカー監督　国ブラジル　生1962年2月1日　国2004

ヘイズ, レベッカ　ジャパン・アンボイチームメンバー　国米国　国2000

ヘイス・ジェンキンス, キャロル　Heiss Jenkins, Carol　フィギュアスケート指導者, 元・フィギュアスケート選手　スコーバレー五輪フィギュアスケート女子シングルス金メダリスト　国米国　生1940年1月20日　国2008/2012

ヘイスティングズ, リード　テクノロジー・ネットワーク代表　国米国　国2000

ヘイステッド, ニック　Hasted, Nick　ライター　国英国　国2004

ペイズナー, ダニエル　Paisner, Daniel　ライター　国2004

ヘイズ・ボーティンスタ, デビッド　Hayes-Bautinsta, David　カリフォルニア大学ロサンゼルス校医学部教授・チカノ(メキシコ系・ヒスパニック)問題研究調査会ディレクター　国米国　国1992

ペイズリー, イアン・リチャード・カイル　Paisley, Ian Richard Kyle　政治家, 牧師　元・北アイルランド自治政府首相　国英国　生1926年4月6日　国2000/2008/2012

ヘイズリット, アダム　Haslett, Adam　作家　国米国　生1970年　国2008

ヘイスリップ, レ・リー　Hayslip, Le Ly　社会事業家, 作家　イースト・ミーツ・ウエスト財団設立者　国米国　生1949年　国1996/2000

ヘイスレット, ニコル　Haislett, Nicole　水泳選手(自由形)　国米国　国1996

ベイゼル, エリザベス　Beisel, Elizabeth　本名=Beisel, Elizabeth Lyon　水泳選手(個人メドレー・背泳ぎ)　ロンドン五輪競泳女子400メートル個人メドレー銀メダリスト　国米国　生1992年8月18日

ヘイター, スタンリー　Hayter, Stanley William　版画家　国英国　生1901年　国1992/1996

ヘイター, スパークル　Hayter, Sparkle　本名=ヘイター, スパークル・ベラ・リネット　作家　国カナダ　生1958年　国2004

ヘイダー, モー　Hayder, Mo　ミステリー作家　国英国　国2004

ベイダーギー, ハミド・レザ　Beidaghi, Hamid Reza　グラフィックデザイナー, イラストレーター　国イラン　生1972年　国2004

ヘイダック, ジョン　Hejduk, John Quentin　建築家, 建築学者　元・クーパー・ユニオン教授　国米国　生1929年7月19日　没2000年7月3日　国1992

ヘイダック, フランキー　Hejduk, Frankie　サッカー選手(MF)　国米国　生1974年8月5日　国2000

ペイチェヴァ, シモナ　Peycheva, Simona　元・新体操選手　国ブルガリア　生1985年5月14日　国2012

ベイチェル, ビバリー　Bachel, Beverly K.　コンサルタント, 著述家　アイデア・ガールズ主宰　国2004

ベイツ, デニス　元・教師　国米国　生1966年　国1996(ベーツ, デニス)

ヘイッキネン, ミッコ　Heikkinen, Mikko　建築家　国フィンランド　生1949年　国1996

ペイティ, ジェームズ　Patty, James Singleton　バンダービルト大学教授　[専]フランス文学　[国]米国　[生]1925年7月17日　[典]1992
ベイテル, バーバラ　Beitel, Barbara J.　バーバラ・ベイテル&アソシエイツ社長　[国]米国　[生]1941年　[典]1996
ヘイデン, チャーリー　Haden, Charlie　本名=Haden,Charles Edward　ジャズ・ベース奏者　[国]米国　[生]1937年8月6日　[典]1992／2008／2012
ヘイデン, トリイ　Hayden, Torey L.　教育心理学者, 作家　[生]1951年5月21日　[典]2000／2008／2012
ヘイデン, ドロレス　Hayden, Dolores　都市史学者, 建築学者　エール大学教授　[専]アメリカンスタディ　[国]米国　[典]2004／2008
ヘイデン, ニッキー　Hayden, Nicky　オートバイライダー　[国]米国　[生]1981年7月30日
ヘイデン, マイケル　Hayden, Michael Vincent　軍人　元・米国中央情報局(CIA)長官　[国]米国　[生]1945年3月17日　[典]2008／2012
ベイデン, マイケル　Baden, Michael　法医学者　[国]米国　[典]2004／2008
ヘイデン, レイ　Hayden, Ray　音楽プロデューサー, ミュージシャン　[国]英国　[生]1962年　[典]1996(ヘイドン, レイ)／2000
ペイト, アレックス　Pate, Alexs　作家　[国]米国　[典]2000
ヘイド, ジム　Heid, Jim　コラムニスト, テクニカルエディター　[国]米国　[典]1992
ペイト, ジョシュ　Pate, Josh　映画監督　[国]米国　[生]1970年1月15日　[典]2000
ベイト, ジョナサン　Bate, Jonathan　英文学者, 作家　ウォーリック大学教授　[専]シェイクスピア研究　[国]英国　[生]1958年6月26日　[典]2004／2012
ペイト, ジョナス　Pate, Jonas　映画監督　[国]米国　[生]1970年1月15日　[典]2000
ペイト, スティーブ　Pate, Steve　本名=Pate,Stephen Robert　プロゴルファー　[国]米国　[生]1961年5月26日　[典]2000／2008
ベイト, ルーシー　Bate, Lucy　児童文学作家, 脚本家　[国]米国　[典]2004
ベイトマン, イアン　Bateman, Ian　環境経済学者　イースト・アングリア大学准教授, 地球環境社会経済研究所上級研究員　[国]英国　[生]1961年　[典]2004
ベイトマン, コリン　Bateman, Colin　作家　[国]英国　[生]1962年　[典]2004
ベイトマン, デービッド　Bateman, David H.　トレント大学　[専]演劇史, 演劇理論　[国]カナダ　[典]2000
ベイトマン, ピーター　外交官　在日英国大使館商務参事官　[国]英国　[典]2000
ベイトマン, ロバート　Bateman, Robert McLellan　画家　[国]カナダ　[生]1930年5月24日　[典]1996(ベートマン, ロバート)／2000／2004／2008／2012
ベイトマン, ロバート・モイス・コルザーズ　Bateman, Robert Moyes Corruthers　作家　[国]英国　[生]1922年　[典]1996(ベートマン, ロバート・モイス・コルザーズ)
ヘイドン, G.ミキ　Hayden, G.Miki　作家, ジャーナリスト　[国]米国　[生]1944年　[典]2008
ヘイドン, ウィリアム　Hayden, Wiliam George　政治家　元・オーストラリア総督　[国]オーストラリア　[生]1933年1月23日　[典]1992／1996／2000
ヘイドン, エリザベス　Haydon, Elizabeth　作家　[国]米国　[生]1965年　[典]2004
ペイトン, キャサリーン　Peyton, Kathleen M.　児童文学作家　[国]英国　[生]1929年　[典]1992／1996
ペイトン, キャロル　Paton, Carol　薬剤師　[国]英国　[典]2004
ペイトン, ゲーリー　Payton, Gary　元・バスケットボール選手　アトランタ五輪・シドニー五輪バスケットボール男子金メダリスト　[国]米国　[生]1968年7月23日　[典]2000／2004／2008
ヘイドン, スターリング　Hayden, Sterling　映画俳優　[国]米国　[生]1916年3月26日　[没]1986年5月23日　[典]1992
ヘイドン, トム　Hayden, Tom　本名=ヘイドン, トーマス　社会運動家, 政治家　元・カリフォルニア州上院議員(民主党)　[国]米国　[生]1939年12月11日　[典]1992／1996／2004／2008
ヘイドン, メリッサ　Hayden, Melissa　本名=ハーマン, ミルドレッド　バレリーナ, 振付師　元・ニューヨーク・シティ・バレエ団(NYCB)プリンシパル　[国]米国　[生]1923年　[没]2006年8月9日　[典]2004
ヘイナー, F.T.　Haner, F.T.　BERI社社長　[専]カントリー・リスク分析　[国]米国　[生]1929年　[典]1992
ベイナー, ジョン　Boehner, John　政治家　米国下院議長(共和党)　[国]米国　[生]1949年11月17日　[典]2008／2012
ヘイナー, プリシラ・B.　Hayner, Priscilla B.　国際移行期正義研究所(ニューヨーク)・国際政策立案室長　[典]2008
ベイナ, ロベール　ボルドー商工会議所産業開発部長　[国]フランス　[典]1992
ヘイニー, エリック　Haney, Eric L.　テロ対策専門家, 元・軍人　[国]米国　[典]2004
ヘイニー, クリス　Haney, Chris　本名=Haney,Christopher Deane　元・プロ野球選手, 元・大リーグ選手　[国]米国　[生]1968年11月16日　[典]2004
ヘイニオ, ヤン　ファルマシア&アップジョン副社長　[典]2000
ヘイニング, ピーター　Haining, Peter　オカルト研究家, アンソロジスト　[国]英国　[生]1940年　[典]2000
ペイネ, レイモン　Peynet, Raymond　漫画家, 広告デザイナー　[国]フランス　[生]1908年11月16日　[没]1999年1月14日　[典]1992／1996
ヘイノヴァ, ズザナ　Hejnova, Zuzana　陸上選手(ハードル・短距離)　ロンドン五輪陸上女子400メートルハードル銅メダリスト　[国]チェコ　[生]1986年12月19日
ヘイノネン, オッリペッカ　Heinonen, Olli-Pekka　YLE(フィンランド国営放送)取締役　元・フィンランド教育大臣特別顧問, 元・教育大臣　[国]フィンランド　[生]1964年　[典]2008
ベイノン, エミリー　Beynon, Emily　フルート奏者　ロイヤル・コンセルトヘボウ管弦楽団首席フルート奏者　[国]英国　[生]1969年　[典]2004／2012
ヘイバー, カレン　Haber, Karen　SF作家　[国]米国　[典]2004
ヘイバー, ロバート　Haber, Robert K.　カレッジ・メディア・ジャーナル(CMJ)代表　[国]米国　[生]1956年7月7日　[典]1992
ベイビーフェイス　BabyFace　本名=エドモンズ, ケネス・ブライアント　音楽プロデューサー, 歌手　[国]米国　[生]1958年4月10日　[典]2000／2004／2008
ペイビン, ジョシュア　Piven, Joshua　ジャーナリスト, 編集者, 作家　[典]2004
ヘイフリック, レオナード　Hayflick, Leonard　カリフォルニア大学教授　[専]老年学, 老化研究　[国]米国　[生]1928年　[典]2000
ペイマー, マイケル　Paymar, Michael　ソーシャル・ワーカー　[典]2008
ヘイマン, オヴェ・フレデリック　Heyman, Ove F.　駐日スウェーデン大使　[国]スウェーデン　[生]1931年　[典]1992
ヘイマン, ジョン　Heyman, John　ワールドグループ会長・CEO　[国]英国　[生]1934年　[典]1996
ヘイマン, デービッド　Heyman, David　映画プロデューサー　[国]英国　[生]1961年7月26日　[典]2004／2008／2012
ヘイマン, デービッド　Heymann, David L.　医師　世界保健機関(WHO)感染症対策局長・SARS対策本部長　[専]SARS　[国]米国　[生]1946年　[典]2004／2008
ヘイマン, マイケル　Heyman, Michael　スミソニアン協会長官　[国]米国　[生]1930年　[典]2000
ヘイマン, リチャード　Heyman, Richard　カルガリー大学教授　[専]コミュニケーション学, 教育学　[国]カナダ　[典]2004／2008
ヘイマン, ロナルド　Hayman, Ronald　作家, 劇作家, 評論家　[国]英国　[生]1932年　[典]2000
ヘイム, ステファン　作家　[国]ドイツ　[生]1913年　[典]1992
ヘイメーカー, リチャード　Haymaker, Richard　理論物理学者, 銃

規制運動家　元・ルイジアナ州立大学教員　[国]米国　[典]2004／2008

ヘイモン, S.T.　Haymon, S.T.　作家, ジャーナリスト　[国]英国　[典]1996

ベイヤー, アン　Baer, Ann　出版人　元・ゲイニーミード取締役　[典]2004

ベイヤー, ウィリアム　Bayer, William　推理作家　[国]米国　[典]1992／1996

ベイヤー, サミュエル　Bayer, Samuel　映像作家　[国]米国　[典]2000

ベイヤー, ロナルド　Bayer, Ronald　法学者　コロンビア大学ジョゼフ・L・メイルマン公衆衛生研究科教授　[国]米国　[典]2008

ペイヤール, レオンス　Peillard, Léonce　作家　[国]フランス　[生]1898年　[典]2000

ペイユ, ジャン・クロード　Paye, Jean-Claude　外交官　元・経済協力開発機構（OECD）事務局長　[国]フランス　[生]1934年8月26日　[典]1992／1996／2000

ベイラー, ドン　Baylor, Don Edward　元・大リーグ監督, 元・大リーグ選手　[国]米国　[生]1949年6月28日　[典]1992／1996／2000／2004

ペイラノ, ルイス　Peirano, Louis　社会学者　ペルー文化相　元・カトリカ大学教授　[専]コミュニケーション論, 大衆演劇　[国]ペルー

ヘイリー　Hayley　本名＝ウェステンラ, ヘイリー　歌手　[国]ニュージーランド　[生]1987年4月10日　[典]2008／2012

ヘイリー, アーサー　Hailey, Arthur　作家　[国]カナダ　[生]1920年4月5日　[没]2004年11月24日　[典]1992／1996／2004

ベイリー, アンドルー　Bailey, Andrew　本名＝Bailey,Andrew Scott　大リーグ選手（投手）　[国]米国　[生]1984年5月31日　[典]2012

ヘイリー, ウィリアム　元・英国放送協会（BBC）会長, 元・ロイター通信会長　[国]英国　[没]1987年9月6日　[典]1992

ベイリー, キャスリーン　Baily, Kathleen C.　軍事評論家　米国国立政策研究所主任研究員　[専]軍縮問題　[国]米国　[典]2004

ベイリー, グウェン　「猫って、何を考えてるの!?—もっと仲良しになれる飼い方の秘訣」の著者　[典]2008

ベイリー, クリストファー　Bayly, Christopher Alan　ケンブリッジ大学教授　[専]近代インド史　[国]英国　[生]1945年5月18日　[典]1996

ペイリ, グレイス　作家　[国]米国　[生]1922年　[典]1992／2000

ベイリー, コバート　Bailey, Covert　フィットネス研究家　[国]米国　[典]2004

ベイリー, ジェリー　Bailey, Jerry　騎手　[国]米国　[生]1957年8月29日　[典]1996／2000

ベイリー, シドニー　Bailey, Sydney D.　国際政治学者　[国]英国　[典]1992

ベイリー, ジャクソン　Bailey, Jackson H.　元・アーラム大学教授　[専]東洋史, 日本史　[国]米国　[生]1925年　[没]1996年8月2日　[典]1996

ヘイリー, ジャッキー・アール　Haley, Jackie Earle　俳優　[国]米国　[生]1961年7月14日　[典]2008／2012

ベイリー, ジョセフ　Bailey, Joseph V.　心理学者　ヘルス・リアライゼーション・コンサルタンツ会長　[国]米国　[典]2004

ベイリー, ショーン　Bailey, Sean　映画プロデューサー　ウォルト・ディズニー・スタジオ・モーション・ピクチャー・プロダクション社長　[国]米国　[生]1970年　[典]2012

ベイリー, ジョン　Bayley, John Oliver　批評家　元・オックスフォード大学セント・キャサリン・カレッジ英文学教授　[国]英国　[生]1925年3月27日　[典]1992／2000／2004／2008／2012

ベイリー, ダイアナ　Bailey, Diana M.　タフツ大学準教授　[専]作業療法　[国]米国　[典]2004

ベイリー, チャンプ　Bailey, Champ　プロフットボール選手（CB）　[国]米国　[生]1978年6月22日　[典]2008

ベイリー, ティム　Baillie, Tim　本名＝Baillie,Timothy Mark　カヌー選手　ロンドン五輪カヌー男子スラローム・カナディアンペア金メダリスト　[国]英国　[生]1979年5月11日

ベイリー, デービッド　Bailey, David　写真家　[国]英国　[生]1938年1月2日　[典]1996／2000

ベイリー, デレク　Bailey, Derek　ギタリスト　[国]英国　[生]1930年1月29日　[没]2005年12月24日　[典]1996

ベイリー, トム　Bailie, Tom　反核運動家　核施設による汚染を告発した農民　[国]米国　[典]2004

ベイリー, バリントン　Bayley, Barrington J.　作家　[国]英国　[生]1937年　[典]1992／1996

ベイリー, パール　Bailey, Pearl Mae　歌手　[国]米国　[生]1918年3月29日　[没]1990年8月17日　[典]1992

ベイリー, ビル　Baillie, Bill　本名＝ベイリー, ウィリアム・H.　ケンブリッジ大学,IBM英国研究所　[専]CIM　[国]英国　[典]1992

ベイリー, ブライアン　Bailey, Brian　作家　[国]英国　[典]1992

ベイリー, ブルース・ロバート　Bailey, Bruce R.　スウォッチグループジャパン社長　[国]米国　[生]1952年　[典]1996

ベイリー, ポール　Bailey, Paul　小説家　ジョナサン・ケイプ出版社顧問　[国]英国　[生]1937年2月16日　[典]1996

ペイリー, マギー　Paley, Maggie　コラムニスト, 作家　[国]米国　[典]2004

ベイリー, ライアン　Bayley, Ryan　自転車選手　[国]オーストラリア　[生]1982年3月9日　[典]2008

ベイリー, リチャード　Bailey, Richard John　元・ロイヤルドルトン会長　[国]英国　[生]1923年7月8日　[典]1992

ベイリー, リチャード　Baily, Richard D.　ベトナム反戦米脱走兵　[国]米国　[生]1948年　[典]1996

ベイリス, ジョン　Baylis, John　ウェールズ大学教授　[専]国際政治学　[国]英国　[生]1946年　[典]1992

ペイリン, サラ　Palin, Sarah　本名＝Palin,Sarah Louise Heath　政治家　元・アラスカ州知事　[国]米国　[生]1964年2月11日　[典]2012

ベイリン, ジョナサン　Valin, Jonathan　作家　[国]米国　[典]1992／1996

ペイリン, マイケル・エドワード　Palin, Michael Edward　俳優, 脚本家, 作家　[国]英国　[生]1943年5月5日　[典]2004／2008／2012

ベイル, ガレス　Bale, Gareth　サッカー選手（DF）　[国]英国　[生]1989年7月16日　[典]2012（ベール, ギャレス）

ベイル, マレイ　Bail, Murray　作家　[国]オーストラリア　[生]1941年　[典]1992／2012

ヘイルズ, ジュリア　Hailes, Julia　環境運動家, 著述家　[国]英国　[生]1961年9月　[典]1992／1996／2000

ベイルズ, ディンニー　テニス選手　[国]オーストラリア　[没]1986年11月22日　[典]1992

ペイロール, エリック　Peyrol, Erick　画家　[国]フランス　[生]1948年　[典]1992

ペイロン, ブルーノ　Payron, Buruno　ヨットマン　エクスプローラ艇長　[国]フランス　[生]1957年　[典]1996（ペロン, ブルノ）／2000

ヘイワース, リタ　Hayworth, Rita　本名＝キャンシノ, マルガリータ　女優　[国]米国　[生]1918年10月17日　[没]1987年5月14日　[典]1992

ヘイワード, トニー　Hayward, Tony　本名＝Hayward,Anthony Bryan　実業家　元・BP CEO　[国]英国　[生]1957年　[典]2008／2012

ヘイワード, ニック　ポップス・ミュージシャン　[国]英国　[生]1961年　[典]1992

ペイン, クリス　Payne, Chris　コンピューター技術者　[国]米国　[典]2004

ペイン, ケリアン　Payne, Keri-Anne　水泳選手（オープン・ウオーター）　ロンドン五輪オープン・ウオーター女子10キロ銀メダリスト　[国]英国　[生]1987年12月9日

ペイン, ジョン　Payne, John　俳優　[国]米国　[生]1912年5月28日　[没]1989年12月6日　[典]1992

ベイン, ジョン・ロバート　Vane, John Robert　生化学者　元・ニューヨーク医科大学薬理学医学教授, 元・ウィリアム・ハーベイ研究所名誉総長　[専]薬理学　[国]英国　[生]1927年3月29日　[没]2004年11月19日　[典]1992／1996／2000

ペイン, ステファン　Paine, Stephen　セキュリティコンサルタント　[国]米国　[典]2004

ペイン, ダグラス　Payne, Douglas William　グループ名＝トラヴィ

ヘ

ス　ロック・ベース奏者　[国]英国　[生]1972年11月14日　[典]2004／2008／2012

ペイン, ノーマン　Payne, Norman　本名=Payne,Norman John　英国空港管理会社(BAA)会長　[国]英国　[生]1921年10月9日　[典]1992／1996

ペイン, ピーター　Payne, Peter　東洋武術家　[国]英国　[生]1945年　[典]1996

ペイン, ビネー　Payne, Benet　教育者　スタンフォード大学複合教育センター・スタッフ　[専]エコロジー教育法　[国]米国　[典]2004

ペイン, ビリー　弁護士　アトランタ五輪組織(ACOG)委員長　[国]米国　[生]1947年10月　[典]1996／2000

ペイン, ブレイス　Paine, Brace　グループ名=ゴシップ　ロック・ギタリスト　[国]米国　[典]2012

ペイン, マーク　電通バーソン・マーステラ上席副社長　[典]1996

ペイン, リアム　Payne, Liam　グループ名=ワン・ダイレクション　歌手　[国]英国　[生]1993年8月29日

ペイン, リン・シャープ　Paine, Lynn Sharp　経営学者　ハーバード・ビジネススクール教授　[典]2008

ペイン, ロジャー　Payne, Roger　動物学者　ホウェール・コンサヴェーション研究所所長, 世界野生生物基金(WWF)シニア・サイエンティスト　[専]神経生理学, 動物行動学, クジラ生態学　[国]米国　[生]1935年　[典]1992／2000

ヘ

ペイン, ローレンス・J.　Payne, Lawrence J.　ファルマシア顧問　[国]米国　[生]1947年4月18日　[典]1996／2000／2004

ヘインク, ウィルヘルム　元・全欧安保協力会議(CSCE)事務総長　[国]ドイツ　[生]1933年12月　[典]1996／2000

ペインコファー, ジム　Peinkofer, Jim　ソーシャルワーカー　[典]2004

ヘインズ, アルフレッド・C.　パイロット　エナイテッド航空機長　[国]米国　[典]1992

ベインズ, オリバー　Baines, Oliver　グループ名=ブレイク　バリトン歌手　[国]英国　[生]1982年11月23日　[典]2012

ベインズ, ジョン　Baines, John　環境教育専門家　[典]1992

ヘインズ, シンディ　Haynes, Cyndi　ライター　[国]米国　[典]2004

ペインズ, ステフ　Paynes, Steph　グループ名=レズ・ツェッペリン　ミュージシャン　[国]米国　[典]2012

ヘインズ, トッド　Haynes, Todd　映画監督　[国]米国　[生]1961年1月2日　[典]1996／2000／2008／2012

ベインズ, ハロルド　Baines, Harold Dougleas　元・大リーグ選手　[国]米国　[生]1959年3月15日　[典]2004

ヘインズ, フィリス　Haynes, Phyllis　メディアプロデューサー　ヘインズ・ブロードキャスティング・グループ主宰者　[国]米国　[典]1992

ヘインズ, ペネローピ　Heyns, Penelope　水泳選手(平泳ぎ)　[国]南アフリカ　[生]1974年11月8日　[典]2000／2004／2008

ベインズ, ポーリン　Baynes, Pauline　イラストレーター　[国]英国　[生]1922年　[典]1996

ヘインズ, マイケル　Haines, Michael　コンピューター技術者　[典]2004

ヘインズ, マリオン　Haynes, Marion E.　[専]管理者教育　[国]米国　[典]2000

ベインブリッジ, ケネス　Bainbridge, Kenneth Tompkins　物理学者　元・ハーバード大学名誉教授　[国]米国　[生]1904年7月27日　[没]没年不詳　[典]1996

ベインブリッジ, ベリル　Bainbridge, Beryl　本名=Bainbridge, Beryl Margaret　作家, 女優　[国]英国　[生]1934年11月21日　[没]2010年7月2日　[典]1992

ベインブリッジ, メリル　歌手　[国]オーストラリア　[典]2000

ヘヴィ・D　Heavy D　本名=マイヤーズ, ドワイト・アリントン　グループ名=ヘヴィ・D&ザ・ボーイズ　ラップ歌手, 俳優　[国]米国　[生]1967年5月24日　[没]2011年11月8日

ヘヴィエル, ダニエル　Hevier, Daniel　詩人　[国]チェコスロバキア　[生]1955年　[典]1992(ヘビエル, ダニエル)

ベヴィラックァ, アルベルト　Bevilacqua, Alberto　作家　[国]イタリア　[生]1934年　[典]1992(ベビラックァ, アルベルト)／2000

ヘヴェデス, ベネディクト　Höwedes, Benedikt　サッカー選手(DF)　[国]ドイツ　[生]1988年2月29日　[典]2012

ベーエ, マイケル　Behe, Michael J.　リーハイ大学助教授　[専]生化学　[国]米国　[生]1952年　[典]2000

ペーエフ, ディミトル　Peev, Dimit'r　SF作家　[国]ブルガリア　[典]1992

ベーカー, A.J.　Baker, A.J.　テネシー大学工学部エンジニアリングサイエンス学科教授, コンピュータショナル・メカニックス社社長　[専]エンジニアリング・サイエンス　[国]米国　[典]2000

ベーカー, E.D.　Baker, E.D.　児童文学作家　[国]米国　[典]2008

ベーカー, M.スティーブン　Baker, M.Steven　テクニカルライター 「Programmer's Journal」編集者　[国]米国　[典]1992

ベーカー, アニタ　歌手　[国]米国　[典]1992

ベーカー, アラン　Baker, Alan　数学者　ケンブリッジ大学純粋数学教授　[専]数論, 高次不定方程式論　[国]英国　[生]1939年8月19日　[典]1992／1996

ベーカー, アラン　Baker, Alan　児童文学作家, 画家　[国]英国　[生]1951年　[典]2000

ベガ, アリシア　映画研究者　[専]映画表現法　[国]チリ　[典]1992／1996

ベガ, アレクサ　Vega, Alexa　女優　[国]米国　[生]1988年8月27日　[典]2004

ベーカー, アンジェラ　婦人会でヌードカレンダーを作り白血病研究に収益金を寄付　[国]英国　[典]2008

ベーカー, ウェイン　Baker, Wayne　ミシガン大学ビジネススクール教授　[専]組織行動学, 組織設計, 経営管理　[国]米国　[典]2004

ベーカー, キャシー　Baker, Kathy　女優　[国]米国　[生]1951年　[典]1996／2000／2004／2008

ベーカー, キャロル　Baker, Carroll　女優　[国]米国　[生]1931年5月28日　[典]1992

ベーカー, ケネス・ウィルフレッド　Baker, Kenneth Wilfred　政治家　元・英国内相　[国]英国　[生]1934年11月3日　[典]1992／1996／2000

ベーカー, ジェームズ(3世)　Baker, James Addison (III)　政治家, 弁護士　イラク研究グループ共同代表　元・米国大統領首席補佐官, 元・米国国務長官　[国]米国　[生]1930年4月28日　[典]1992／1996／2000／2004／2008／2012

ベーカー, ジェリー　ネットワーク・コンピュータ社長　[国]米国　[典]2000

ベーカー, ジャネット　Baker, Janet　メゾ・ソプラノ歌手　[国]英国　[生]1933年8月21日　[典]1996

ベーカー, ジョー・アン　Baker, Jo-Anne　「セクシャル・ヒーリング―最高の愛し方、愛され方」の著者　[典]2008

ベーカー, ジョン・ミルンズ　Baker, John Milnes　建築家　[国]米国　[典]2000

ベーカー, ジンジャー　Baker, Ginger　旧グループ名=クリーム　ドラム奏者　[国]英国　[生]1939年8月19日　[典]2008／2012

ベガ, スザンヌ　Vega, Suzanne　シンガー・ソングライター　[国]米国　[生]1960年　[典]1992／1996／2000／2012

ベーカー, スティーブ　Baker, Steve　グループ名=トマト　クリエーター　[国]英国　[典]2004／2008

ベーカー, スティーブ　Baker, Steve　トリニティサービス人権委員会委員長　[国]米国　[典]2004

ベーカー, スティーブン　Baker, Stephen　マーケティングコンサルタント　[国]米国　[典]1996／2000

ベーカー, スティーブン　Baker, Stephen　ジャーナリスト　[典]2012

ベーカー, ダスティ　Baker, Dusty　本名=Baker,Johnnie B.,Jr.　大リーグ監督, 元・大リーグ選手　[国]米国　[生]1949年6月15日　[典]2000／2004／2008／2012

ベーカー, チェット　Baker, Chet　本名=Baker,Chesney H.　ジャズ・トランペット奏者　[国]米国　[生]1929年12月23日　[没]1988年5月13日　[典]1992

ベーカー, ディーン Baker, Dean 経済学者 経済政策研究所 [専]マクロ経済学 [国]米国 [典]2000

ベーカー, トム Baker, Tom 俳優 [国]英国 [生]1936年 [典]2004

ベーカー, ドリス Baker, Doris テクニカルライター・編集者 [典]2004

ベーカー, ニコルソン Baker, Nicholson 作家 [国]米国 [生]1957年 [典]1996／2000

ベーカー, ハワード(Jr.) Baker, Howard Henry (Jr.) 外交官, 政治家, 弁護士 元・駐日米国大使, 元・米国大統領首席補佐官, 元・米国上院議員(共和党) [国]米国 [生]1925年11月15日 [典]1992／1996／2000／2004／2008／2012

ベーカー, マーク Baker, Mark C. 言語学者 ラトガーズ大学言語学科教授 [国]米国 [典]2004／2008

ベーカー, マリーナ Baker, Marina ライター [国]英国 [生]1967年 [典]2004

ベガ, モニカ 自然保護運動家, ライダー [国]ブラジル [生]1962年5月 [典]1992

ベーカー, ラッセル Baker, Russell Wayne コラムニスト, 評論家, 伝記作家 [国]米国 [生]1925年8月14日 [典]1992／1996

ベーカー, ラリー Baker, Larry 作家 カークウッド・コミュニティ・カレッジ [専]アメリカ文学 [国]米国 [生]1947年 [典]2000

ベーカー, リック Baker, Rick 本名=Baker,Richard A. 特殊メイクアップ・アーティスト [国]米国 [生]1950年12月8日 [典]1992／1996／2000／2004／2008

ベーカー, リン Baker, Lynn S. 医師 [専]精神医学, 神経学 [国]米国 [典]1996

ベガ, レナト 政治家 シナロア州知事 [国]メキシコ [典]2000

ベーカー, ロバート・W. 実業家 アメリカン航空執行副社長 [国]米国 [典]2000

ベーカー, ロビン Baker, Robin R. 動物学者, サイエンスライター 元・マンチェスター大学上級講師 [典]2000／2004

ベカトル, ソフィア Bekatorou, Sofia ヨット選手 アテネ五輪セーリング女子470級金メダリスト [国]ギリシャ [生]1977年12月26日 [典]2008／2012

ベカノ, ペトロ・ミハイ Bacanu, Petre Mihai ジャーナリスト 「ロムニア・リベラ」紙記者 [国]ルーマニア [生]1941年 [典]1992

ベーカー・フィンチ, イアン Baker-Finch, Ian プロゴルファー [国]オーストラリア [生]1960年10月24日 [典]1992(フィンチ, イアン・ベーカー／ベーカーフィンチ, イアン)／1996／2000／2008

ヘーガン, ウィリアム Hagan, William T. 元・オクラホマ大学教授 [専]米国史 [国]米国 [生]1918年 [典]2000

ヘーガン, パトリシア Hagan, Patricia ロマンス作家 [国]米国 [典]2004

ベーキ, ジーノ Bechi, Gino バリトン歌手 [国]イタリア [生]1913年10月16日 [没]1993年2月2日 [典]1996

ベキス, R. ゼニア・ジャパン社長 [生]1932年5月3日 [典]1992

ベキッチ, リュボミル Vekić, Ljubomir 在日ユーゴスラビア商工会議所所長 [国]ユーゴスラビア [典]1992

ペキネル, ギュエール Pekinel, Güher グループ名=ペキネル姉妹 ピアニスト [国]ドイツ [生]1951年 [典]1992

ペキネル, シュエール Pekinel, Süher グループ名=ペキネル姉妹 ピアニスト [国]ドイツ [生]1951年 [典]1992／1996

ベギリスタイン, アイトール Beguiristain, Aitor 本名=Beguiristain Mugica,Aitor 元・サッカー選手 バルセロナ強化責任者 [国]スペイン [生]1964年8月12日 [典]2000／2004／2008／2012

ベギン, ベニー Begin, Benny 本名=ベギン, ビンヤミン・ゼーブ 政治家 元・イスラエル科学相, 元・イスラエル国家統一党党首 [国]イスラエル [生]1943年 [典]1996／2000

ベギン, メナヘム Begin, Menachem 政治家 元・イスラエル首相, 元・リクード党党首 [国]イスラエル [生]1913年8月16日 [没]1992年3月9日 [典]1992／1996

ペキンパー, サム Peckinpah, Sam 本名=Peckinpah,David Samuel 映画監督 [国]米国 [生]1925年2月21日 [没]1984年12月28日 [典]1992

ペク・イルソブ 白 日燮 タレント [国]韓国 [生]1944年6月10日 [典]1996

ペク・インジュン 白 寅俊 元・朝鮮作家同盟委員長, 元・祖国統一汎民族連合北韓側本部議長 [国]北朝鮮 [没]1999年1月20日 [典]1996

ペク・インチョル 白 仁哲 プロ野球選手(投手) [国]韓国 [生]1971年4月7日 [典]1996

ペク・インチョル 白 仁鉄 タレント [国]韓国 [生]1947年5月23日 [典]1996

ペク・インチョン 白 仁天 プロ野球監督, 元・プロ野球選手 [国]韓国 [生]1942年11月27日 [典]1992／1996／2000／2012

ペク・インホ 白 仁浩 プロ野球選手(外野手) [国]韓国 [生]1963年5月19日 [典]1996

ペク・インホ 白 仁鎬 Peak, In-ho 韓国放送振興院理事, YTN社長 [国]韓国 [生]1938年9月2日 [典]2004

ペク・インヨン 白 寅栄 Bak, In-young 韓国民俗楽器演奏家 韓国文化財保護協会演奏団員 [国]韓国 [生]1945年 [典]1996

ペク・ウォンチョル 白 元喆 Peak, Won-chul ハンドボール選手 [国]韓国 [生]1977年1月10日 [典]2008／2012

ペク・キソン 白 基成 プロ野球コーチ [国]韓国 [生]1949年3月27日 [典]1996

ペク・キョンナム 白 京男 Peak, Kyong-nam 政治学者 韓国大統領直属女性特別委員会委員長 元・東国大学政治外交学科教授 [国]韓国 [生]1941年8月20日 [典]2004

ペク・キワン 白 基玩 統一問題研究所長, 全国労働組合協議会顧問 [国]韓国 [生]1933年1月24日 [典]1996

ペク・ジェヨン 白 宰栄 プロ野球選手(投手) [国]韓国 [生]1972年4月7日 [典]1996

ペク・ジュンギ 白 駿基 タレント [国]韓国 [生]1952年12月3日 [典]1996

ペク・ジョンヒョン 白 淙鉉 西江大学経商学部教授 [専]生産管理 [国]韓国 [生]1941年11月20日 [典]1996

ペク・スンギル 白 承吉 ユネスコ韓国委員, 韓国博物館会副会長 [国]韓国 [生]1933年8月2日 [典]1996

ペク・スンホン 白 承弘 Peak, Sung-hong 政治家 韓国国会議員(ハンナラ党) [国]韓国 [生]1943年11月21日 [典]2004

ペク・ソヌ Baek, Sun-woo 女優 [国]韓国 [典]2012

ペク・ソンジン 白 城真 プロ野球選手(内野手) [国]韓国 [生]1968年4月9日 [典]1996

ペク・ソンヨップ 白 善燁 Paik, Sun-yup 元・軍人 元・韓国陸軍連合参謀本部議長 [国]韓国 [生]1920年 [典]1992／1996／2000／2004

ペク・チャスン 白 嗟承 Baek, Cha-seung 大リーグ選手(投手) [国]韓国 [生]1980年5月29日 [典]2008／2012

ペク・チャンギ 白 璨基 政治家 韓国労働問題研究所理事長, 韓国民自党政策委副議長 [国]韓国 [生]1932年6月18日 [典]1996

ペク・チョル 白 鉄 Paek, Chol 本名=白世哲 文芸評論家 元・韓国中央大学教授, 元・国際ペンクラブ韓国本部委員長 [国]韓国 [生]1908年3月18日 [没]1985年 [典]1992

ペク・ドゥジン 白 斗鎮 Paek, Du-jin 政治家 元・韓国首相, 元・韓国国会議長 [国]韓国 [生]1908年10月31日 [没]1993年9月5日 [典]1992／1996

ペク・トンホ 白 東虎 作家 [国]韓国 [典]2008

ペク・ナクチョン 白 楽晴 Paik, Nak-chung 文芸評論家 ソウル大学教授 [専]英文学 [国]韓国 [生]1938年 [典]1992／1996／2000

ペク・ナクホ 白 楽皓 号=白虎 ピアニスト ソウル大学音楽学部器楽科教授 [国]韓国 [生]1929年3月31日 [典]1996

ペク・ナクボム 白 洛範 スポーツ記者, 作家 韓国放送公社(KBS)報道部スポーツ局記者 [国]韓国 [生]1957年 [典]1996

ペク・ナムジ 白 南治 政治家 韓国国会議員, 韓国民自党国策研究院副院長 [国]韓国 [生]1944年1月22日 [典]1996

ペク・ナムスン 白 南淳 Paek, Nam-sun 別名=白南俊 外交官, 政治家 元・北朝鮮外相 [国]北朝鮮 [生]1929年3月13日 [没]2007年

1月2日　[典]2000（パク・ナムスン）／2004

ペク・ハクリム　白 鶴林　Paek, Hak-rim　軍人, 政治家　元・朝鮮人民軍次帥, 元・北朝鮮人民保安相, 元・北朝鮮国防委員会委員, 元・朝鮮労働党中央委軍事委員　[国]北朝鮮　[生]1918年　[没]2006年10月5日　[典]1996／2000／2004

ペク・ピルギュ　白 弼圭　Paik, Pil-gyu　三星経済研究所政策研究センター首席研究員　[国]韓国　[生]1958年　[典]2000

ペク・ボムス　白 範守　元・朝鮮労働党中央委員・中央委部長, 元・黄海南道党責任書記, 元・最高人民会議代議員　[国]北朝鮮　[没]1995年9月15日　[典]1996

ペク・ボンジャ　白 峰子　「韓国語文法辞典」の著者　[典]2008

ヘーグ, マイケル　Hague, Michael　イラストレーター, 画家　[国]米国　[典]1992

ペク・ユンシク　白 潤植　タレント　[国]韓国　[生]1947年3月16日　[典]1996

ペク・ヨンギュ　白 英奎　歌手　[国]韓国　[生]1952年5月22日　[典]1996

ペク・ヨンチョル　白 永鉄　ボクシング選手　[国]北朝鮮　[典]2000

ペク・ヨンフン　白 永勲　Paik, Young-hoon　韓国産業開発研究院院長　[専]韓国経済, 防衛産業　[国]韓国　[生]1930年7月20日　[典]1992／1996／2004

ペク・ヨンホ　白 容鎬　北朝鮮赤十字会書記長　[国]北朝鮮　[典]2000

ヘーグ, ロナルド　Haag, Ronald J.　実業家　サターンジャパン代表　[国]米国　[生]1952年　[典]2000

ヘクシャー, チャールズ　Heckscher, Charles　ラトガース大学労働研究雇用関係学部学部長　[専]労働・雇用研究　[国]米国　[典]2000

ヘーグストランド, オッレ　Högstrand, Olle E.　ミステリー作家　[国]スウェーデン　[生]1934年　[典]1992

ペクストン, パトリック　Pexton, Patrik　ジャーナリスト　「モンゴメリー・ジャーナル」紙記者　[国]米国　[典]1992

ベクセル, エバ　Bexell, Eva　児童文学作家　[国]スウェーデン　[生]1945年　[典]2000

ヘクター, ゲーリー　Hector, Gary　ジャーナリスト　「フォーチュン」誌副編集長　[専]銀行・金融問題　[国]米国　[典]1992

ヘグデ, パンドラン　ジャーナリスト　チプコ運動代表　[国]インド　[典]1992

ヘクデ, ラムクリシュナ　Hegde, Ramakrishna Mahabaleshwar　政治家　元・インド商務相　[国]インド　[生]1926年8月29日　[没]2004年1月12日　[典]2000／2004

ベクテル, スティーブン　Bechtel, Stephen Davison　実業家　元・ベクテル・グループ社長　[国]米国　[生]1900年　[没]1989年3月14日　[典]1992

ヘクト, アン　Hecht, Ann　染織家　[典]2008

ヘクト, ハロルド　Hecht, Harold　映画プロデューサー　[国]米国　[没]1985年5月25日　[典]1992

ヘクトニールセン, ロバート　ヘクトニールセン・ニューロコンピュータ会長　[専]ニューラルコンピューター　[国]米国　[典]1992

ベクトフ, アレクサンドル　Beketov, Aleksander　フェンシング選手　[国]ロシア　[生]1970年3月14日　[典]2000

ベクドルト, ジャック　Bechdolt, Jack　児童文学作家, ジャーナリスト　[国]米国　[典]2004

ベグベデ, フレデリック　Beigbeder, Frédéric　作家　[国]フランス　[生]1965年　[典]2004

ヘクマティアル, グルブディン　Hekmatyar, Gulbuddin　政治家　イスラム党代表　元・アフガニスタン首相　[国]アフガニスタン　[生]1947年　[典]1992／1996／2000／2004／2008

ベクマンベトフ, ティムール　Bekmambetov, Timur　映画監督　[国]ロシア　[生]1961年　[典]2012

ヘクラー, マーガレット　Heckler, Margaret M.　政治家　元・米国厚生長官　[国]米国　[生]1931年6月12日　[典]1992

ヘグランド, ジーン　Hegland, Jean　作家　サンタ・ローザ・ジュニア・カレッジ講師　[国]米国　[典]2000

ベグリー, アダム　Begley, Adam　編集者　[国]米国　[典]2004／2008

ベクリー, ティモシー・グリーン　Beckley, Timothy Green　UFO研究家, ライター, エディター　グローバル・コミュニケーションズ社長　[国]米国　[生]1947年　[典]1992

ベグリー, ルイス　Begley, Louis　作家, 弁護士　[国]米国　[生]1933年　[典]1996

ペクール, ミシェル・アンドレ　Pecqueur, Michel André Fernand　実業家, 鉱山技師　元・エルフ・アキテーヌ会長, 元・フランス原子力庁長官　[国]フランス　[生]1931年8月18日　[没]1995年10月13日　[典]1992／1996

ベグルマン, デービッド　実業家　元・コロンビア映画社長　[国]米国　[没]1995年8月7日　[典]1996

ヘグルンド, アンナ　Höglund, Anna　絵本作家　[国]スウェーデン　[生]1958年　[典]1996／2000

ベグレイ, シャロン　Begley, Sharon　サイエンスライター　[典]2008／2012

ベゲイ, ノータ　Begay, Notah　プロゴルファー　[国]米国　[生]1972年7月14日　[典]2000

ベーケシ, ラースロー　Békesi, László　政治家　元・ハンガリー蔵相　[国]ハンガリー　[生]1942年　[典]1992

ベケシュ, ペテル　政治家　スロベニア共産党中央委員会幹部会員　[国]ユーゴスラビア　[典]1992

ベケット, サミュエル　Beckett, Samuel　本名=Beckett,Samuel Barclay　劇作家, 作家　[国]フランス　[生]1906年4月13日　[没]1989年12月22日　[典]1992

ベケット, ジョシュ　Beckett, Josh　本名=Beckett,Joshua Patrick　大リーグ選手（投手）　[国]米国　[生]1980年5月15日　[典]2008／2012

ベケット, マーガレット　Beckett, Margaret M.　別名=Beckett, Mary　政治家　元・英国外相　[国]英国　[生]1943年1月15日　[典]1996／2000／2004／2008／2012

ペケノ, パウラ　Pequeno, Paula　本名=Pequeno,Paula Renata Marques　バレーボール選手　北京五輪・ロンドン五輪バレーボール女子金メダリスト　[国]ブラジル　[生]1982年1月22日

ペゲラー, フランツ　Pöggeler, Franz　教育学者　アーヘン工科大学教授　[国]ドイツ　[生]1926年12月23日　[典]1996

ヘーゲル, ジョン　Hagel, John (III)　経営コンサルタント　12 Entrepreneuringチーフ・ストラテジー・オフィサー　[典]2004

ヘーゲル, チャック　Hagel, Chuck　本名=ヘーゲル, チャールズ　政治家　米国国防長官　元・米国上院議員（共和党）　[国]米国　[生]1946年10月4日　[典]2004／2012

ペケルマン, ホセ　Pekerman, José　サッカー監督, 元・サッカー選手　サッカー・コロンビア代表監督　元・サッカー・アルゼンチン代表監督　[国]アルゼンチン　[生]1949年9月3日　[典]2008／2012

ベケレ, ケネニサ　Bekele, Kenenisa　陸上選手（長距離）　アテネ五輪・北京五輪金メダリスト, 陸上男子5000メートル・1万メートル世界記録保持者　[国]エチオピア　[生]1982年6月13日　[典]2004／2008／2012

ベコー, ジルベール　Bécaud, Gilbert　本名=シリー, フランソワ・ジルベール　シャンソン歌手, 作曲家　[国]フランス　[生]1927年10月24日　[没]2001年12月18日　[典]1992

ベゴドー, フランソワ　Bégaudeau, François　作家　[国]フランス　[生]1971年　[典]2012

ベコフ, マーク　Bekoff, Marc　米コロラド大学生態・進化学部教授（有機体論生物学）　[典]2008

ベーコン, F.　Bacon, Francis　画家　[国]英国　[生]1909年10月28日　[没]1992年4月28日　[典]1992／1996

ベーコン, ケビン　Bacon, Kevin　俳優　[国]米国　[生]1958年7月8日　[典]1996／2008／2012

ベゴン, マイケル　Begon, Michael　生態学者　リバプール大学生物科学科教授　[国]英国　[典]2004／2008

ベーコン, マーガレット・ホープ　Bacon, Margaret Hope　フリーライター　[生]1921年　[典]1996

ペサトリ, エンリコ　実業家　タンデムコンピューターズCOO　[国]米国　[典]2000

ペサーニャ, ヒカルド　Pessanha, Ricardo　音楽ライター, 教育者　[国]ブラジル　[典]2004

ベザリー, シャロン　Bezaly, Sharon　フルート奏者　国イスラエル　⊕1972年　⊛2012

ヘザリントン, ジョン　Hetherington, John A.C.　元・バージニア大学教授　⊛商法, 契約法, 会社法, 相互・非営利法人法　国米国　⊕1928年　⊛2000

ヘザリントン, レイチェル　Hetherington, Rachel　プロゴルファー　国オーストラリア　⊕1972年4月23日　⊛2000

ページ, ウィリス　Page, Willis　指揮者　元・読売日本交響楽団初代常任指揮者　国米国　⊕1918年9月18日　⊛2013年1月9日

ベーシー, カウント　Basie, Count　本名=Basie,William　ジャズ・ピアニスト, ビッグバンド・リーダー　国米国　⊕1904年8月21日　⊛1984年4月26日　⊛1992

ページ, キャサリン・ホール　Page, Katherine Hall　作家　国米国　⊛2000

ページ, ゴードン　ラジアン・コーポレーション副社長　国米国　⊛1992

ペシ, ジョー　Pesci, Joe　別名=リッチー, リトル・ジョー　俳優　国米国　⊕1943年2月9日　⊛1992/1996/2008/2012

ページ, ディック　Page, Dick　メーキャップアーティスト　国英国　⊕1964年　⊛2012

ページ, ティム　Page, Tim　音楽評論家　国米国　⊛1992

ページ, ティム　Page, Tim　写真家　国英国　⊛2000

ページ, ベティ　Page, Betty　本名=Mae,Bettie　モデル, 女優　国米国　⊕1923年4月22日　⊛2008年12月11日　⊛1996/2008

ページ, マイケル　Page, Michael　広告・出版・著述業　国オーストラリア　⊕1922年　⊛1992

ペシ, マーク　Pesce, Mark　プログラマー　南カリフォルニア大学シネマテレビジョン研究所講師　国米国　⊕1949年1月20日　⊛2000/2004/2008

ページ, マルコム　Page, Malcolm　ヨット選手(470級)　北京五輪・ロンドン五輪セーリング男子470級金メダリスト　国オーストラリア　⊕1972年3月22日　⊛2012

ページ, ラリー　Page, Larry　本名=Page,Lawrence Edward　実業家, コンピューター科学者　グーグル共同創業者・CEO　国米国　⊕1973年3月26日　⊛2004/2008/2012

ページ, リチャード　政治家　英国貿易産業省政務次官, 英国国会議員　国英国　⊕1941年　⊛1996

ページ, ルース　Page, Ruth　神学者, 牧師　エディンバラ大学神学部副部長　国英国　⊛1992

ページ, ルース　Page, Ruth　舞踊家　国米国　⊛1991年4月7日　⊛1992

ページ, レイモンド　Page, Raymond Ian　文学者　ケンブリッジ大学教授・コーパス・クリスティ・カレッジ特別研究員・図書館長　⊛アングロ・サクソン語学, ルーン文字　国英国　⊕1924年9月25日　⊛2000

ページ, レズリー・アン　Page, Lesley Ann　助産婦　テムズバリー大学客員教授　⊛助産学　国英国　⊛2004

ペシエ, ブノワ　Peschier, Benoit　カヌー選手　国フランス　⊕1980年5月21日　⊛2008

ペシェク, ヤン　Peszec, Jan　演出家, 俳優　ウッジ映画大学教授, クラクフ演劇アカデミー教授　国ポーランド　⊕1944年　⊛1992/1996/2000

ペジェグリーニ, マヌエル　Pellegrini, Manuel　サッカー監督, 元・サッカー選手　国チリ　⊕1953年9月16日

ペジェグリーノ, マウリシオ　Pellegrino, Maurizio　サッカー選手(DF)　国アルゼンチン　⊕1971年10月5日　⊛2008

ベジェスナ, シュリーニバス　Vegesna, Srinivas　コンピューター技術者　国米国　⊛2004

ベジェル, アラン　Beigel, Alain　俳優, 映画監督　国フランス　⊛2000

ベシクチ, イスマイル　Besikci, Ismail　社会学者　⊛クルド人問題　国トルコ　⊕1939年　⊛1996

ベジック, ピーター　Pesic, Peter　物理学者, ピアニスト, 作家　セントジョンズカレッジ講師　国米国　⊛2004/2012

ペシッチ, ドラギシャ　Pešić, Dragiša　政治家　元・セルビア・モンテネグロ首相, 元・モンテネグロ社会人民党副党首　国モンテネグロ　⊕1954年8月8日　⊛2004/2008/2012

ベシャウシュ, アズディンヌ　Beschaouch, Azedine　考古学者　元・ユネスコ世界遺産委員会会長　国フランス　⊛1996

ベジャール, モーリス　Béjart, Maurice　本名=ベルジェ, モーリス・ジャン　バレエ振付師・演出家, バレエダンサー　元・ベジャール・バレエ・ローザンヌ芸術監督, 元・20世紀バレエ団芸術監督　国フランス　⊕1927年1月1日　⊛2007年11月22日　⊛1992/1996/2000/2004

ペシャロフ, ニコライ　Pechalov, Nikolay　重量挙げ選手　国クロアチア　⊕1970年5月30日　⊛2004/2008

ヘシャン, J.　Hessian, John　イリノイ大学シカゴ校講師　⊛英語　国米国　⊛2008

ペシュー, クリストフ　Peschoux, Christophe　国連カンボジア人権センター所長補佐官　国フランス　⊕1958年　⊛1996

ベシュテル, アントワーヌ　Waechter, Antoine　政治家, 環境保護運動家　フランス緑の党党首　国フランス　⊕1949年2月11日　⊛1992/1996

ベシュテル, マリ・フランソワーズ　国立行政学院(ENA)院長　国フランス　⊛2004/2008

ベシュレル, ジャン　Baechler, Jean　ソルボンヌ大学教授　⊛社会学, 歴史学, 政治社会学　国フランス　⊕1937年3月　⊛2000

ベシュロス, マイケル　Beschloss, Michael　歴史家, 著述家　元・アンネンバーグ財団上級研究員　⊛米国大統領の研究(セオドア・ルーズベルト, ジョン・F.ケネディ, リンドン・ジョンソン)　国米国　⊕1955年11月30日　⊛2004

ペーション, ヨーラン　Persson, Göran　政治家　元・スウェーデン首相, 元・スウェーデン社会民主労働党党首　国スウェーデン　⊕1949年1月20日　⊛2000/2004/2008

ベジリンド, P.アーン　Vesilind, P.Aarne　元・デューク大学土木環境工学部教授・学部長　⊛環境工学　国米国　⊛1996/2004

ベーシンガー, キム　Basinger, Kim　女優　国米国　⊕1953年12月8日　⊛1996/2000/2004/2008/2012

ヘーシンク, アントン　Geesink, Anton　本名=ヘーシンク, アントニウス・ヨハネス　柔道家　元・国際オリンピック委員会(IOC)委員, 元・欧州柔道連合終身名誉会長　東京五輪柔道男子無差別級金メダリスト　国オランダ　⊕1934年4月6日　⊛2010年8月27日　⊛1992/1996/2000/2004/2008

ベス, ウィリアム　Besse, William　スキー選手(アルペン)　国スイス　⊕1968年3月10日　⊛1996

ヘス, エリザベス　Hess, Elizabeth　ジャーナリスト　⊛2004

ヘス, カール　Hess, Karl　イリノイ大学アーバナ・シャンペン校教授　⊛電気工学, 計算機工学, 物理学　国米国　⊛2004

ヘス, カレン　Hesse, Karen　作家, 詩人　国米国　⊕1952年　⊛2004/2008/2012

ヘス, クルト　元・ウィーン・ヨハン・シュトラウス管弦楽団常任指揮者, 元・NHK交響楽団常任指揮者　国オーストリア　⊕1987年12月4日　⊛1992

ヘス, グレゴリー　Hess, Gregory　医師　サンドツ薬品医療経済部長　国米国　⊕1956年　⊛1996

ペース, ケート　Pace, Kate　スキー選手(アルペン)　国カナダ　⊛1996

ベス, ジョルジュ　Besse, Georges　元・ルノー公団総裁　国フランス　⊛1986年11月17日　⊛1992

ヘス, ジョーン　Hess, Joan　作家　国米国　⊛1996/2000

ペース, スタンレー・カーター　Pace, Stanley Carter　実業家　元・ゼネラル・ダイナミクス社会長　国米国　⊕1921年9月14日　⊛1992/1996

ベス, ダレル　アーチェリー選手　国米国　⊛1992

ベス, トーマス　Beth, Thomas　ヨーロッパ・システムセキュリティ研究所部長, カールスルーエ大学コンピューター学科教授　⊛数学, コンピューター科学　国ドイツ　⊛2004

ペース, ピーター　Pace, Peter　軍人　元・米国統合参謀本部議長　国米国　⊕1945年11月5日　⊛2008/2012

ベス, フェルナンド・トリアス・デ　Bes, Fernando Trias de　マーケティング・コンサルタント　サルベッティ・アンド・ロンバート・パートナー　⑱2008

ペース, フランク(Jr.)　Pace, Frank (Jr.)　元・米国陸軍長官, 元・米国行政管理予算局長　国米国　②1988年1月8日　⑱1992

ベス, フランソワーズ　Besse, Francoise　作家　⑱2008

ベス, ベルナール　写真家　国モナコ　①1953年8月5日　⑱1996

ヘス, ルドルフ　Hess, Rudolf　本名＝Hess,Walter Richard Rudolf　政治家　元・ナチス副総統　国ドイツ　①1894年4月26日　②1987年8月17日　⑱1992

ベズィメンスキー, レフ・アレクサンドロヴィチ　作家, 軍事史家, ジャーナリスト　国ロシア　⑱2004

ベスウィック, ビル　Beswick, Bill　スポーツ心理学コンサルタント　国英国　⑱2008

ヘスキー, エミール　Heskey, Emile　サッカー選手(FW)　国英国　①1978年1月11日　⑱2004／2008

ベスキーヌ, ブリジット　Peskine, Brigitte　作家　国フランス　①1951年　⑱1996

ベズーグロフ, アナトリー　推理作家　「インターポール・モスクワ」誌編集長　国ソ連　⑱1992

ベスコ, ポール　Pesco, Paul　ギタリスト, キーボード奏者, ボーカリスト　①1959年5月13日　⑱1992

ヘス, エスタバン・デ　プロボクサー　元・プロボクシングライト級チャンピオン　国プエルトリコ　①1989年5月11日　⑱1992

ベスメルトヌイフ, アレクサンドル　Bessmertnykh, Aleksandr　政治家, 外交官　対外政策協会(ロシア)会長　元・ソ連外相　国ロシア　①1933年11月10日　⑱1992／1996

ベスター, アルフレッド　Bester, Alfred　SF作家, 放送作家　国米国　①1913年　②1987年9月30日　⑱1992

ヘスター, エリオット　Hester, Elliott　フライトアテンダント, エッセイスト　国米国　⑱2004

ベスター, テオドール　Bestor, Theodore C.　ハーバード大学教授　⑲文化人類学, 日本研究　国米国　⑱1992／2008／2012

ヘスター, デビン　Hester, Devin　プロフットボール選手(WR)　国米国　①1982年11月4日　⑱2012

ヘスター, ポール・V　軍人　在日米国軍司令官　国米国　⑱2004

ヘスター, ランドルフ(Jr.)　Hester, Randolph T. (Jr.)　コミュニティー・デザイナー　カリフォルニア州立大学バークレー校ランドスケープ科教授, コミュニティー・デベロップメント・バイ・デザイン事務所主宰　⑱2000

ベスタル, ジェームズ　Vestal, James　エコノミスト　バークレイズ証券会社チーフ・エコノミスト　国米国　①1955年　⑱1996

ヘースティングズ, ブルック　Hastings, Brooke　ロマンス作家　国米国　⑱1992／1996

ヘースティングズ, マイケル　Hastings, Michael　劇作家, 脚本家　国英国　①1938年9月2日　⑱1996

ヘースティングズ, マックス　ジャーナリスト　「デーリー・テレグラフ」編集局長・取締役　国英国　⑱1992

ベステミアノワ, ナタリア　Bestemianova, Nataliya　フィギュアスケート選手　国ソ連　①1960年1月6日　⑱1992／1996

ベスト, アップライル　Best, Aprille　アーティスト　国米国　⑱2004

ベスト, ウィリアム・J.　A・T・カーニーインターナショナル日本支社代表　国米国　①1948年8月2日　⑱1992／1996

ベスト, キャリ　Best, Cari　児童文学作家　国米国　⑱2008

ベスト, コニー　アメリカン・ナショナル・ビバレッジ副社長　国米国　⑱1992

ベスト, ジョエル　Best, Joel　社会学者　デラウェア大学教授　国米国　⑱2004／2008

ベスト, ジョージ　Best, George　サッカー選手　国英国　①1946年5月22日　②2005年11月25日　⑱1992

ベスト, チャールズ　Vest, Charles M.　マサチューセッツ工科大学学長　⑲機械工学　国米国　①1941年　⑱2000

ベスト, ピート　Best, Pete　旧グループ名＝ビートルズ　元・ロックドラマー　国英国　①1941年11月24日　⑱1996

ベストゥム, ヨー　Pestum, Jo　作家, 画家　国ドイツ　①1936年12月29日　⑱1996

ペストフ, ビクトール　Pestoff, Victor A.　ストックホルム大学スクール・オブ・ビジネス助教授　⑲社会組織論, 社会システム論　国スウェーデン　①1941年　⑱2000

ペーストフ, ピョートル　Pestov, Pyotr　バレエ教師　元・ボリショイ・バレエ学校教師　国ロシア　①1929年　②2011年7月31日

ヘストン, チャールトン　Heston, Charlton　本名＝カーター, ジョン・チャールズ　俳優, 映画監督　元・全米ライフル協会(NRA)会長　国米国　①1924年10月4日　②2008年4月5日　⑱1992／1996／2000／2004／2008

ベスパー, カール　Vesper, Karl H.　ワシントン大学教授　⑲起業家精神研究, ニューベンチャー　国米国　⑱2000

ベースハート, リチャード　Basehart, Richard　俳優　国米国　①1915年8月31日　②1984年9月17日　⑱1992

ベスパーマン, ジェニファー　Vesperman, Jennifer　プログラマー, テクニカルライター　⑱2008

ベスマー, デボラ　ロータス副社長　国米国　⑱2000

ベースマスター・メイス　Pasemaster Mace　本名＝Mason,Vincent Lamont　グループ名＝デ・ラ・ソウル　歌手　国米国　①1970年3月24日　⑱2004／2008

ヘスマン, マイク　Hessman, Mike　本名＝Hessman,Michael Steven　大リーグ選手(内野手), プロ野球選手　北京五輪野球銅メダリスト　国米国　①1978年3月5日　⑱2012

ベズモーズギス, デービッド　Bezmozgis, David　作家　①1973年　⑱2012

ヘスラー, ジョゼ　日本バイエルアグロケム社長　国フランス　⑱2000

ヘスラー, トーマス　Hässler, Thomas　サッカー選手(MF)　国ドイツ　①1966年5月30日　⑱1996／2000／2004／2008

ヘスリッヒ, リッツ　Hesslich, L.　自転車選手(スプリント)　国ドイツ　⑱1992

ヘスレ, ヴィットリオ　Hösle, Vittorio　思想家, 哲学者　エッセン統合大学哲学科教授, ニュー・スクール・フォア・ソシアル・リサーチ准教授　国ドイツ　①1960年　⑱2000

ベスーン, ゴードン　Bethune, Gordon M.　実業家　コンチネンタル航空会長・CEO　国米国　⑱2000

ペーゼラ, グウェンダル　Peizerat, Gwendal　フィギュアスケート選手(アイスダンス)　国フランス　①1972年4月21日　⑱2004／2008

ベゼラ・デ・メーロ, イボネ　Bezerra de Mello, Yvonne　彫刻家, ストリートチルドレン救援活動家　市民の家副代表　国ブラジル　①1947年　⑱1996／2000

ヘセリング, ミハエル　Hesseling, Michiel　大道芸人　国オランダ　⑱1996

ヘーゼルタイン, マイケル　Heseltine, Michael Ray Diddin　政治家　元・英国副首相　国英国　①1933年3月21日　⑱1992／1996／2000

ヘセルデン, ジミ　Heselden, Jimi　本名＝ヘセルデン, ジェームズ・ウィリアム　実業家　元・ヘスコ・バスチオン会長　国英国　①1948年3月27日　②2010年9月26日

ヘーゼン, トーマス・リー　Hazen, Thomas Lee　法学者　国米国　⑱2004／2008

ヘーゼン, ロバート　Hazen, Robert M.　地球物理学者　ワシントン・カーネギー研究所地球物理学研究室研究員, ジョージ・メイソン大学教授　国米国　⑱1992(ヘイゼン, ロバート)／1996／2004

ベセンティ, カルロ　財界人　国イタリア　①1984年9月21日　⑱1992

ベゾス, ジェフェリー　Bezos, Jeffrey Preston　別名＝Bezos,Jeff　実業家　アマゾン・ドット・コム会長・CEO　国米国　①1964年1月12日　⑱2000／2004／2008／2012

ペソット, ジャンルカ　Pessotto, Gianluca　元・サッカー選手　ユベントス・チームマネジャー　国イタリア　①1970年8月11日

[典]2008／2012

ベゾブラゾヴァ, マリカ　Besobrasova, Marika　バレエ教師, バレリーナ　元・プリンセス・グレース・クラシック・ダンス・アカデミー校長　[国]モナコ　[生]1918年　[没]2010年4月24日

ペゾルド, チャールズ　Petzold, Charles　編集者, テクニカルライター　[専]コンピューター・ソフト, OS/2　[国]米国　[生]1953年　[典]1992／2000

ヘソン　Hyesung　本名＝シンヘソン　グループ名＝SHINHWA　歌手　[国]韓国　[生]1979年11月27日　[典]2004／2008／2012

ベダー, エディ　Vedder, Eddie　グループ名＝パール・ジャム　ロック歌手　[国]米国　[典]2004／2008

ベーダー, グスタフ　Weder, Gustav　ボブスレー選手　[国]スイス　[典]1996

ベーダー, ジェフリー　Bader, Jeffrey A.　元・米国国家安全保障会議（NSC）アジア上級部長　[国]米国　[生]1945年　[典]2012

ベーダ, シェルダ　Bede, Shelda　本名＝ブルーノ・ベーダ, シェルダ・ケリー　ビーチバレー選手　[国]ブラジル　[生]1973年1月1日　[典]2004（シェルダ）／2008

ヘダーウィック, マリィ　Hedderwick, Mairi　挿絵画家　[国]英国　[生]1939年　[典]1996／2000

ペーターウィッツ, ロター　ジャーナリスト　「ベルリーナー・ツァイトゥング」紙東アジア特派員　[国]ドイツ　[生]1954年　[典]1992／1996

ペタジーニ, ロベルト　Petagine, Roberto　プロ野球選手（内野手）, 大リーグ選手　[国]ベネズエラ　[生]1971年6月2日　[典]2004／2008／2012

ペータース, ウルリッヒ　Peters, Ulrich　演出家　ミュンヘン・ゲルトナー・プラーツ劇場総裁　[国]ドイツ　[典]2012

ペタス, ニコラス　Pettas, Nicholas　空手家, 格闘家　[国]デンマーク　[生]1973年1月23日　[典]2000／2004／2008／2012

ペータース, ブノワ　Peeters, Benoît　作家　[国]フランス　[生]1956年

ペーターセン, S.I.　ユナイテッド・ブルワリー筆頭副社長　[典]1992

ペダーセン, ウィリアム　建築家　[国]米国　[生]1938年　[典]1992／1996

ペーターゼン, ウォルフガング　Petersen, Wolfgang　映画監督, 映画プロデューサー　[国]ドイツ　[生]1941年3月14日　[典]1996／2004／2008／2012

ペダーセン, チャールズ　Pedersen, Charles J.　日本名＝良男　生化学者　元・デュポン主任研究員　[国]米国　[生]1904年10月　[没]1989年10月26日　[典]1992

ペーターセン, ニールス・ヘルベイ　Petersen, Niels Helveg　政治家　デンマーク外相　[国]デンマーク　[生]1939年1月17日　[典]1996／2000／2004／2008

ペーターセン, ヤン　Petersen, Jan　政治家　元・ノルウェー外相　[国]ノルウェー　[生]1946年6月11日　[典]2004

ベタッティ, カロリーヌ　Bettati, Caroline　弁護士　パリ大学　[国]フランス　[生]1962年　[典]1996

ベダード, マイケル　Bedard, Michael　イラストレーター　[生]1944年　[典]2004

ベタニー, ポール　Bettany, Paul　俳優　[国]英国　[生]1971年　[典]2012

ベダール, エリック　Bedard, Eric　スケート選手（ショートトラック）　[国]カナダ　[生]1976年12月17日　[典]2000

ベダール, ミリアム　Bedard, Myriam　バイアスロン選手　[国]カナダ　[典]1996

ベタンクール, イングリッド　Betancourt, Ingrid　政治家　コロンビア上院議員　[国]コロンビア　[生]1961年　[典]2004／2008

ベタンクール, ロムロ　Betancourt, Rómulo　政治家　元・ベネズエラ大統領　[国]ベネズエラ　[生]1908年2月22日　[没]1981年9月28日　[典]1992

ベタンクール・クアルタス, ベリサリオ　Betancurt Cuartas, Belisario　政治家　元・コロンビア大統領　[国]コロンビア　[生]1923年2月4日　[典]1992

ベタンコート, ラファエル　Betancourt, Rafael　元・大リーグ選手（投手）, 元・プロ野球選手　[国]ベネズエラ　[生]1975年4月29日　[典]2000／2004

ペチェンキナ, ユリア　Pechenkina, Yuliya　陸上選手（ハードル・短距離）　陸上女子400メートルハードル世界記録保持者　[国]ロシア　[生]1978年4月21日

ペチコビッチ, マティヤ　詩人　元・セルビア作家協会会長　[国]ユーゴスラビア　[生]1939年11月　[典]2000

ペチシュカ, エドアルド　Petiska, Eduard　児童文学作家　[国]チェコスロバキア　[生]1924年　[没]1987年6月6日　[典]1992

ベチテル, ステファン　Bechtel, Stefan　「魔法のラッキー・ブック—THE GOOD LUCK BOOK」の著者　[典]2008

ベチャワ, ピョートル　Beczala, Piotr　テノール歌手　[国]ポーランド　[生]1966年　[典]2012

ベーツ, アイラ　Bates, Ira J.　ザ・ホスピスグループ社長　元・全米ホスピス協会副会長　[国]米国　[典]1992

ベーツ, アラン　Bates, Alan　本名＝ベーツ, アーサー　俳優　[国]英国　[生]1934年2月17日　[没]2003年12月27日　[典]1996

ベーツ, キャシー　Bates, Kathy　女優　[国]米国　[生]1948年6月28日　[典]1992／1996／2000／2004／2008／2012

ベーツ, ジャンゴ　Bates, Django　バンド名＝ヒューマン・チェイン, デライトフル・プレシピス　キーボード奏者　[国]英国　[生]1960年　[典]2000

ベーツ, バート　Bates, Bert　コンピューター技術者　[典]2004／2008

ベーツ, マイケル　Bates, Michael　プロフットボール選手（WR）, 元・陸上選手　[国]米国　[生]1969年12月19日　[典]2000／2008

ベーツ, マリリン　Bates, Marilyn　セラピスト　カリフォルニア州立大学　[専]行動障害　[国]米国　[典]2004

ベツァーリ, バレンティナ　Vezzali, Valentina　フェンシング選手（フルーレ）　シドニー五輪・アテネ五輪・北京五輪・ロンドン五輪金メダリスト　[国]イタリア　[生]1974年2月14日　[典]2004／2008／2012

ベツェット, ナナ　芸術家　[専]ごみアート　[国]ドイツ　[生]1962年　[典]2000

ペツオー, ギュンター　Petzow, Günter　マックス・プランク金属研究所名誉所長, シュトゥットガルト大学名誉教授　[専]材料工学　[国]ドイツ　[典]2000

ベッカ　BECCA　歌手, 作家　[国]米国　[生]1989年5月9日　[典]2012

ベッカー, アストリッド　実業家　エヌ・アール・ダブリュー・ジャパン（NRWジャパン）社長　[国]ドイツ　[典]2004／2008

ベッカー, アンドレアス　Wecker, Andreas　体操選手　[国]ドイツ　[生]1970年1月2日　[典]1992／1996／2000

ベッカー, ウォルター　Becker, Walter　グループ名＝スティーリー・ダン　歌手　[国]米国　[典]1996／2004／2008／2012

ベッカー, ウォルト　Becker, Walt　作家, 脚本家　[国]米国　[生]1968年　[典]2000

ベッカー, ヴォルフガング　Becker, Wolfgang　映画監督　[国]ドイツ　[生]1954年　[典]2008

ベッカー, キャサリン・カラマ　Becker, Catherine Kalama　ハワイ大学ヒロ校コミュニケーション学科助教授　[専]異文化間・組織コミュニケーション　[国]米国　[典]2004／2008

ベッカー, ゲーリー　Becker, Gary Stanley　経済学者　シカゴ大学教授　[専]労働経済学, 人的資本理論　[国]米国　[生]1930年12月2日　[典]1996／2000／2008／2012

ベッカー, ジャスパー　Becker, Jasper　ジャーナリスト　[生]1956年　[典]2008

ベッカー, スージー　Becker, Suzy　作家, イラストレーター　[国]米国　[典]1996

ベッカー, チャールズ　Becker, Charles　画家　[国]米国　[生]1952年　[典]2004

ベッカー, ハロルド　Becker, Harold　映画監督　[国]米国　[典]2000／2004

ベッカー, ハワード　Becker, Howard Saul　社会学者　ワシントン大学教授　[国]米国　[生]1928年　[典]2000

ベッカー, ブライアン　Becker, Brian E.　経営学者　ニューヨーク州立大学ビジネス・スクール教授　[国]米国　[典]2004

ベッカー, ヘルムート　Becker, Helmut　ジャーナリスト　「ディ・

ツァイト」「ベルゼン・ツァイトゥンク」極東特派員 [国]ドイツ [生]1943年 [典]1992／1996

ベッカー, ボリス Becker, Boris 元・テニス選手 [国]ドイツ [生]1967年11月22日 [典]1992／1996／2000／2004／2008／2012

ベッカー, マーティ Becker, Marty 獣医 [典]2004

ベッカー, マレー 写真家 [国]米国 [没]1986年3月18日 [典]1992

ベッカー, ロバート Becker, Robert O. ニューヨーク州立大学・同州メディカルセンター正教授 [専]整形外科学 [国]米国 [生]1923年 [典]1996

ベッカート, シュテファニー Beckert, Stephanie スピードスケート選手 バンクーバー五輪スピードスケート女子団体追い抜き金メダリスト [国]ドイツ [生]1988年5月30日 [典]2012

ヘッカート, リチャード・エドウィン Heckert, Richard Edwin 実業家, 化学者 元・デュポン社会長・CEO [専]有機化学 [国]米国 [生]1924年1月13日 [典]1992／1996

ベッカム, デービッド Beckham, David 本名=ベッカム, デービッド・ロバート・ジョセフ 元・サッカー選手 [国]英国 [生]1975年5月2日 [典]2000／2004／2008／2012

ベッカム, ビクトリア Beckham, Victoria 旧名=アダムス, ビクトリア 芸名=ビクトリア, 愛称=ポッシュ グループ名=スパイス・ガールズ 歌手 [国]英国 [生]1974年4月17日 [典]2000（ビクトリア）／2004／2008／2012

ベッカリ, チェザレ Beccalli, Cesare 元・世界ベテランズ陸上競技協会会長 [国]イタリア [典]2000

ベツキー, エーロン キュレーター サンフランシスコ近代美術館建築デザイン部門キュレーター [国]米国 [典]2000

ベッキンセール, ケート Beckinsale, Kate 女優 [国]英国 [生]1973年7月26日 [典]1996（ベッキンセイル, ケイト）／2000／2004／2008／2012

ベック Beck 本名=ハンセン, ベック ミュージシャン [国]米国 [生]1970年7月8日 [典]1996／2000／2004／2008／2012

ベック, K.K. Beck, K.K. 本名=マリス, キャスリン コピーライター, 作家 [国]米国 [典]1996

ペック, M.スコット Peck, M.Scott 心理療法カウンセラー, 医師 [専]精神科学 [国]米国 [生]1936年 [没]2005年 [典]2000

ベック, アラン Beck, Alan [専]応用動物行動学 [国]米国 [典]2004

ベック, イアン Beck, Ian イラストレーター, 絵本作家 [国]英国 [生]1947年 [典]2000

ベック, ウルリッヒ Beck, Ulrich 社会学者 元・ミュンヘン大学教授 [国]ドイツ [生]1944年 [典]2000／2012

ベック, クライブ Beck, Clive トロント大学教育系大学院教授 [専]教育史, 教育哲学 [国]カナダ [生]1939年 [典]1996

ベック, クルト Beck, Kurt George 政治家 ドイツ社会民主党（SPD）党首 [国]ドイツ [生]1949年2月5日 [典]2004／2008／2012

ペック, グレゴリー Peck, Gregory 本名=ペック, エルドレッド・グレゴリー 俳優 [国]米国 [生]1916年4月5日 [没]2003年6月12日 [典]1992／1996／2000

ベック, グレン Beck, Glenn テレビ司会者, キャスター [国]米国 [生]1964年 [典]2012

ペッグ, サイモン Pegg, Simon 俳優, 脚本家 [国]英国 [生]1970年2月14日 [典]2012

ベック, ジェフ Beck, Jeff ロック・ギタリスト [国]英国 [生]1944年6月24日 [典]1992／2000／2004／2008／2012

ベック, ジュディス・S. Beck, Judith S. ベック認知療法研究所所長, ペンシルベニア大学精神科部門臨床心理学助教授 [典]2008／2012

ベック, ジュリアン Beck, Julian 俳優, 演出家 [国]米国 [生]1925年5月31日 [没]1985年9月14日 [典]1992

ベック, ジーン Beck, Jean 看護婦 セントルイス大学精神科主任看護婦 [国]米国 [典]2004

ベック, ステファン Beck, Stephen 映像芸術家 [国]米国 [典]1992／1996

ペック, デール Peck, Dale 作家 [国]米国 [典]1996

ベック, バーバラ 「エコノミスト」調査部長 [国]英国 [典]2000

ヘック, ピーター・J. Heck, Peter J. 作家, 編集者 [国]米国 [典]2004／2012

ベック, フランソワーズ Beck, Francoise 考古学者 [国]フランス [典]2008

ベック, ベアトリ Beck, Béatrix 作家 [国]フランス [生]1914年7月30日 [典]1992

ベック, マーサ Beck, Martha キャリア・カウンセラー, コラムニスト [国]米国 [典]2004

ベック, マルティーン Beck, Martine 作家, セラピスト [国]フランス [生]1947年 [典]2004

ヘック, リチャード Heck, Richard F. 有機化学者 デラウェア大学名誉教授 [専]有機合成化学 [国]米国 [生]1931年8月15日 [典]2012

ペック, リチャード・E. Peck, Richard E. 児童文学作家, 評論家 [国]米国 [生]1934年 [典]1992／2012

ベック, ロッド Beck, Rod 大リーグ選手（投手） [国]米国 [生]1968年8月3日 [典]2000／2008

ペック, ロバート・ニュートン Peck, Robert Newton 作家 [国]米国 [典]1992

ベックウィズ, キャロル 写真家 [国]米国 [典]1992

ベックウィズ, チャーリー Beckwith, Charlie A. テロ・コンサルタント, 元・軍人 [国]米国 [生]1929年 [典]1996

ベックウィス, ハリー Beckwith, Harry ベックウィス・アドバタイジング・アンド・マーケティング・オーナー [国]米国 [典]2000

ベック・ゲルンスハイム, エリザベス Beck-Gernsheim, Elisabeth エアランゲン - ミュンヘン総合大学 [専]社会心理学, 女性問題, 人口問題 [国]ドイツ [生]1946年 [典]1996

ベッグス, ジェームズ Beggs, James M. 元・米国航空宇宙局（NASA）長官 [国]米国 [生]1926年1月9日 [典]1992／1996

ベッグ・スミス, デール Begg-Smith, Dale スキー選手（フリースタイル） トリノ五輪フリースタイルスキー男子モーグル金メダリスト [国]オーストラリア [生]1985年1月18日 [典]2008／2012

ベック・フリス, バルブロ Beck-Friis, Barbro 精神科医 [専]老人医学, 緩和療法 [国]スウェーデン [生]1931年 [典]2000（フリース, バルブロー・ベック）／2004

ヘックマン, ジェームズ Heckman, James Joseph 経済学者 シカゴ大学教授 [専]ミクロ計量経済学 [国]米国 [生]1944年4月19日 [典]2004／2008／2012

ベックマン, ヤン Beckmann, Jan P. 哲学者 [専]認識論, 科学哲学, 形而上学, 近代英米哲学, 哲学史, 医療倫理 [国]ドイツ [生]1937年 [典]2004

ベックマン, レギーネ Beckmann, Regine 作家 [国]ドイツ [生]1957年 [典]2004

ベックマン, ロバート Beckman, Robert 金融・経済評論家 [典]1992

ベックランド, ジャック Becklund, Jack 作家 [典]1996

ベックルツ, カール Beckurts, Karl Heintz 核物理学者 元・シーメンス社技術開発担当重役, 元・西ドイツ原子力研究センター所長 [国]ドイツ [没]1986年7月9日 [典]1992

ベックロフ, マーク Beckloff, Mark スリードッグ・ベーカリー創業者 [典]2004

ベッケ, ルッツ Bethge, Lutz 実業家 モンブランCEO [国]ドイツ [生]1955年 [典]2012

ヘッケ, ロスヴィータ Hecke, Roswitha 写真家 [国]ドイツ [生]1944年 [典]1992／1996

ベッケージ, ナンシー Beckage, Nancy E. カリフォルニア大学リバーサイド校助教授 [専]昆虫学 [国]米国 [典]2000

ベッケル, ジャン Becker, Jean 映画監督 [国]フランス [生]1938年 [典]2004／2008／2012

ヘッケル, スティーブ Haeckel, S. 本名=Haeckel,Stephan H. IBMアドバンスト・ビジネス・インスティテュート（ABI）戦略研究担当ディレクター, マーケティング・サイエンス・インスティテュート議長 [国]米国 [典]2004／2008

へ

ベッケンバウアー, フランツ　Beckenbauer, Franz　本名＝Beckenbauer,Franz Anton　元・サッカー選手　元・サッカー・ドイツ代表監督,元・サッカーW杯ドイツ大会組織委員会会長　国ドイツ　生1945年9月11日　版1992／1996／2000／2004／2008／2012

ヘッサー, アマンダ　Hesser, Amanda　フードライター, コラムニスト　国米国　版2008

ベッサー, ショー　コメディアン　国米国　生1988年3月1日　版1992

ベッシ, アルベ　作家　国米国　生1985年7月21日　版1992

ベッシー, クロード　Bessy, Claude　元・バレリーナ　元・パリ・オペラ座バレエ学校校長,元・パリ・オペラ座バレエ団エトワール　国フランス　版2000／2008／2012

ベッシー, ジョン(Jr.)　Vessey, John W.(Jr.)　軍人　元・米国統合参謀本部議長・陸軍大将　国米国　生1922年6月29日　版1992／1996／2008

ヘッジ, バーク　Hedges, Burke　著述家　国米国　版2004

ベッシー, ピーター　スポーツ・ジャーナリスト　国米国　版2000

ベッシェ, ガエターノ　Pesce, Gaetano　建築家,家具デザイナー　国イタリア　生1939年　版1992／1996

ヘッジコー, ジュリア　Hedgecoe, Julia　写真家　国英国　版2004

ヘッジコー, ジョン　Hedgecoe, John　写真家　ロイヤル・カレッジ・オブ・アート写真学科教授　商業写真　国英国　生1937年3月24日　版2000

ヘッジズ, クリス　Hedges, Chris　ジャーナリスト　「ニューヨーク・タイムズ」記者　国米国　版2004／2008

ヘッジズ, ピーター　Hedges, Peter　作家　国米国　生1963年　版1996

ヘッシュ, エドガー　Hösch, Edgar　ミュンヘン大学教授,ミュンヘン東南ヨーロッパ研究所長　歴史学　国ドイツ　生1935年　版1996

ペッシュ, バンジャマン　Pech, Benjamin　バレエダンサー　パリ・オペラ座バレエ団エトワール　国フランス　生1974年4月3日　版2012

ヘッセリンク, I.ジョン　Hesselink, I.John　神学者　ウエスタン神学大学組織神学教授,米国改革派教会総会副議長　国米国　生1928年3月21日　版1996

ヘッセルト, リア・フォン　ソプラノ歌手　元・東京芸術大学客員教授,元・武蔵野音楽大学講師　国ドイツ　生1989年7月11日　版1992

ヘッセルバイン, フランシス　Hesselbein, Frances Richards　ドラッカー財団理事長　元・全米ガールスカウト連盟CEO　国米国　版1992

ベッソノワ, アンナ　Bessonova, Anna　元・新体操選手　北京五輪新体操個人総合銅メダリスト　国ウクライナ　生1984年6月29日　版2008／2012

ベッソン, ガストン　Besson, Gaston　「戦場のならず者—セルビア軍に立ち向かったフランス人雇われ兵」の共著者　国フランス　生1967年4月　版1996

ベッソン, ジャン・ルイ　Besson, Jean-Louis　イラストレーター, 絵本作家　国フランス　生1932年　版2004／2008

ベッソン, パトリック　Besson, Patrick　作家　国フランス　生1956年6月1日　版1992／1996

ベッソン, フランク　Besson, Frank S.　軍人　元・GHQ民間運輸局長　国米国　生1910年5月30日　版1996

ベッソン, リュック　Besson, Luc　映画監督,脚本家,映画プロデューサー　ヨーロッパ・コープ代表　国フランス　生1959年3月18日　版1992／1996／2000／2004／2008／2012

ベッターセン, S.　Petterssen, Sverre　気象学者　元・シカゴ大学気象学教授　気象力学, 天気予報論　生1898年　版1992

ベッチェイ, アウレリオ　Peccei, Aurelio　実業家　元・ローマクラブの創立者・会長,元・オリベッティ社副社長　国イタリア　生1908年7月14日　没1984年3月14日　版1992

ベッチェマン, ジョン　Betjeman, John　詩人　国英国　生1906年4月6日　没1984年5月19日　版1992

ベッチーニョ　Betinho　本名＝ナシメント,ジウベルト・カルロス　元・サッカー選手　国ブラジル　生1966年6月14日　版2008／2012

ヘッチュ, フォルカー　Hetsch, Volker　ドイツ語講師　元・慶応義塾大学専任講師　国ドイツ　版2004

ペッチュル, ユルゲン　Petschull, Jürgen　ルポライター, 作家　国ドイツ　生1942年　版1992／1996

ペッツィンガー, トマス(Jr.)　Petzinger, Thomas(Jr.)　ジャーナリスト　「ウォール・ストリート・ジャーナル」ヒューストン支局副編集長　国米国　版1992／1996

ヘッツェル, ゲアハルト　Hetzel, Gerhart　バイオリニスト　元・ウィーン・フィルハーモニー管弦楽団コンサートマスター　国オーストリア　生1940年4月24日　没1992年7月29日　版1996

ペッツォ, パオラ　Pezzo, Paola　自転車選手（マウンテンバイク）　国イタリア　生1969年1月8日　版2000／2004

ベッツォージ, アレッサンドロ　Vezzosi, Al'essandro　美術批評家, 美術史家　元・レオナルド・ダ・ヴィンチ　国イタリア　版2000（ヴェッツォシ, アレッサンドロ）

ペッツォルト, クリスティアン　Petzold, Christian　映画監督　国ドイツ　生1960年

ペッツォルト, マルティン　Petzoldt, Martin　ライプツィヒ大学神学部教授,ライプツィヒ・トーマス教会牧師　生1946年　版2008

ペッツォーロ, ルチアーノ　Pezzolo, Luciano　Luigi Bocconi大学（ミラノ）研究員　ビチェンツァ史,ベネチア史　国イタリア　生1959年　版1996

ペッツート, アントニオ　Pezzutto, Antonio　腫瘍免疫学学者　元・フンボルト大学教授　生1953年　版2008

ベッテ, カール・ハインリッヒ　Bette, Karl-Heinrich　社会学者　ハイデルベルク大学スポーツ科学研究所教授　国ドイツ　生1952年　版2004

ベッティ, ラウラ　Betti, Laura　女優,歌手　国イタリア　生1934年5月1日　没2004年7月31日　版1996

ベッティーニ, パオロ　Bettini, Paolo　元・自転車選手（ロードレース）　アテネ五輪自転車男子個人ロードレース金メダリスト　国イタリア　生1974年4月1日　版2008

ベッティンオウル, アリ・シァハー　医師　ギョネン国立病院副院長　整骨療法　国トルコ　生1961年　版2000

ベッテルハイム, ブルーノ　Bettelheim, Bruno　心理学者,精神分析学者　元・シカゴ大学教授　情緒障害児治療・教育　生1903年8月28日　没1990年3月13日　版1992

ベッテンコート, マット　Bettencourt, Matt　プロゴルファー　国米国　生1975年4月12日　版2012

ヘッド, ハワード　Head, Howard　元・ヘッド社（スポーツ用品メーカー）創設者　メタルスキー開発者　国米国　没1991年3月3日　版1992

ヘッド, マイケル・S.　ジョンソン・エンド・ジョンソン社長　国英国　版1996

ヘットフィールド, ジェームス　Hetfield, James　本名＝Hetfield, James Alan　グループ名＝メタリカ　ロック歌手　国米国　生1963年8月3日　版2000／2004／2008／2012

ヘッドブルーム, アラン　Headbloom, Alan　イングリッシュ・トレーニング・コンサルタンツ代表　英語教育　国米国　版2000

ペットマン, ラルフ　Pettman, Ralph　国際政治学者　ビクトリア大学教授　元・西南学院大学法学部国際関係法学科教授　国際関係論,人権問題　国オーストラリア　生1947年　版1992／1996／2004

ベットリー, エルンスト　Vettori, Ernst　スキー選手（ジャンプ）　国オーストリア　版1996

ヘッドリー, チェイス　Headley, Chase　本名＝Headley,Chase Jordan　大リーグ選手（内野手）　国米国　生1984年5月9日

ヘッドリー, ヘザー　Headley, Heather　ミュージカル女優　国米国　版2004

ペッパー, D.W.　Pepper, D.W.　カリフォルニア州立大学工学部機械工学科教授,アドバンスド・プロジェクト・リサーチ社社長　機械工学　国米国

ペッパー, アート　Pepper, Art　本名＝ペッパー, アーサー・エドワード　ジャズ・アルトサックス奏者　国米国　生1925年9月1日　没1982年6月15日　版1992

ペッパー, クロード　Pepper, Claude Denson　弁護士, 政治家　元・米国下院議員・議事運営委員長(民主党)　国米国　⊕1900年9月8日　⊗1989年5月30日　⊛1992

ペッパー, ジョン　Pepper, John Ennis (Jr.)　実業家　ウォルト・ディズニー・カンパニー会長　元・プロクター・アンド・ギャンブル(P&G)会長・CEO　国米国　⊕1938年8月2日　⊛1996/2000/2004/2008/2012

ペッパー, デービッド　Pepper, David　オックスフォード・ブルックス大学教授　⊛地理学　⊕1940年　⊛1996

ペッパー, ドッティ　Pepper, Dottie　旧名=モクリー, ペッパー　プロゴルファー　国米国　⊕1965年8月17日　⊛1992(モクリー, ドッティ)/1996(モクリー, ドッティ)/2008

ペッパー, トマス　Pepper, Thomas　エコノミスト　元・ハドソン研究所上級研究員　⊛日本の産業政策　国米国　⊛1992

ベッヒャー, クラウス　ドイツ外交政策協会研究所研究員　⊛政治学　国ドイツ　⊕1959年　⊛2000

ヘッフェ, オットフリート　Höffe, Otfried　フライブルク大学教授・社会哲学政治学国際研究所長　⊛哲学　国ドイツ　⊕1943年　⊛1992/1996

ヘップ・ティー・リー　Hiep Thi Le　女優　国米国　⊕1971年2月18日　⊛1996

ヘップナー, ベン　Heppner, Ben　テノール歌手　国カナダ　⊕1956年　⊛2004/2012

ヘッフル・リーシュ, マリア　Höfl-Riesch, Maria　旧名=リーシュ, マリア　スキー選手(アルペン)　バンクーバー五輪アルペンスキー女子回転・スーパー複合金メダリスト　国ドイツ　⊕1984年11月24日　⊛2012(リーシュ, マリア)

ベッリ, カルロ　元・アリタリア航空会長　⊗1989年11月6日　⊛1992

ベーテ, ハンス　Bethe, Hans Albrecht　理論物理学者　元・コーネル大学名誉教授　国米国　⊕1906年7月2日　⊗2005年3月6日　⊛1992/1996/2000/2004

ベティ　Betty　グループ名=ベティ&ステッブ　歌手　国カナダ　⊛2004

ベディ, キラン　インド刑務所監察長官　インド初の婦人警察官　国インド　⊛1992/1996

ペティ, トム　Petty, Tom　グループ名=トム・ペティ・アンド・ハートブレーカーズ, トラベリング・ウィルベリーズ　ミュージシャン　国米国　⊕1952年　⊛1992/1996/2008/2012

ベティ, モンゴ　Béti, Mongo　本名=ビユィディ, アレクサンドル　筆名=ボト, エザ　作家　国カメルーン　⊕1932年6月30日　⊗2001年10月8日　⊛1992/1996

ベティ, ロリ　女優　国米国　⊕1963年　⊛2000/2004

ベティ, ローレンス　⊛特許権　⊛2004

ベディエ, アンリ・コナン　Bedie, Henri Konan　政治家　元・コートジボワール大統領　国コートジボワール　⊕1934年5月5日　⊛1996/2000

ヘティ・クース・エンダン　歌手　国マレーシア　⊕1957年　⊛1996

ペティグルー, アントニオ　Pettigrew, Antonio　陸上選手(短距離)　国米国　⊕1967年11月7日　⊗2010年8月10日　⊛1992/2000/2004

ペティグルー, ジム(Jr.)　Pettigrew, Jim (Jr.)　音楽ライター　国米国　⊛2004

ペティショード, ブレット　Pettichord, Bret　コンピューターコンサルタント　⊛2004

ペティジョン, ブルース　CDワールド社長　国米国　⊛2000

ベティス, アンジェラ　Bettis, Angela　女優　国米国　⊕1975年1月19日　⊛1996

ベティス, ジェローム　Bettis, Jerome　プロフットボール選手(RB)　国米国　⊕1972年2月16日　⊛2008

ペティット, アンディ　Pettitte, Andy　本名=Pettitte, Andrew Eugene　元・大リーグ選手　国米国　⊕1972年6月15日　⊛2000/2008/2012

ヘティッヒ, ゲオルク　Hettich, Georg　元・スキー選手(複合)　トリノ五輪スキー・ノルディック複合個人金メダリスト　国ドイツ　⊕1978年10月12日　⊛2008/2012

ベティナート, フレッド　日本アルコン社長　⊛2000

ペティファー, アン　Pettifor, Ann　ジュビリー2000英国代表　国英国　⊕1947年　⊛2000/2004

ベティンガム, マーク　Bedingham, M.F.　ジャーディン・ワインズ・アンド・スピリッツ社長　国英国　⊕1955年5月28日　⊛1992/1996/2000

ヘティンジャー, ジェームズ　Hettinger, James F.　バトルクリーク開発公団(BCU)社長・CEO　国米国　⊕1949年　⊛1996/2000

ベディントン, ジョン　Beddington, John　マスターズインターナショナル社長　国英国　⊛1996

ヘデゴー, コニー　Hedegaard, Connie　政治家　EU欧州委員(気候変動担当)　元・デンマーク気候変動・エネルギー相　国デンマーク　⊕1960年9月15日　⊛2012

ヘデゴー, フレミング　Hedegaard, Flemming　外交官　元・駐日デンマーク大使　国デンマーク　⊕1934年　⊛1996

ペーテション, インゲラ　Peterson, Ingela　イラストレーター　国スウェーデン　⊛2004

ペテフィ, ヤーノシュ　Petöfi, János S.　マツェーラ大学教授　⊛言語学　国ハンガリー　⊕1931年　⊛1992/1996

ペテランセル, ステファン　Peterhansel, Stéphane　レーシングドライバー, オートバイライダー　国フランス　⊕1965年8月6日

ペデリアーリ, ジュゼッペ　Pederiali, Giuseppe　児童文学作家　国イタリア　⊕1937年　⊛2004

ペテルカ, プリモジュ　Peterka, Primmoz　スキー選手(ジャンプ)　国スロベニア　⊕1979年2月20日　⊛2000/2004

ペータルス, ハインツ　Peters, Heinz Frederick　ポートランド州立大学教授　国米国　⊕1910年　⊛1992

ペテルセン, オイステイン　Pettersen, Oeystein　スキー選手(距離)　バンクーバー五輪スキー距離男子団体スプリント金メダリスト　国ノルウェー　⊕1983年1月19日　⊛2012

ペテルセン, スサン　Pettersen, Suzann　プロゴルファー　国ノルウェー　⊕1981年4月7日　⊛2008/2012

ペデルセン, ニールス・ヘニング・オルステッド　Pedersen, Niels-Henning Orsted　ジャズベース奏者　国デンマーク　⊕1946年5月7日　⊗2005年4月19日　⊛2008

ペデルセン, マヤ　Pedersen, Maya　スケルトン選手　トリノ五輪金メダリスト　国スイス　⊕1972年11月27日　⊛2008/2012

ペデルセン, リッケ・メラー　Pedersen, Rikke Moller　水泳選手(平泳ぎ)　競泳女子200メートル平泳ぎ世界記録保持者　国デンマーク　⊕1989年1月9日

ヘーデンボルク, ヴィルフリートカズキ　ヘーデンボルク, ヴィルフリート和樹　バイオリニスト　ウィーン国立歌劇場管弦楽団　国スウェーデン　⊛2004/2008

ペドー, ダン　Pedoe, Dan　数学者　ミネソタ大学名誉教授　⊛幾何学　⊕1910年　⊛2008

ペドゥッラ, アルフレード　Pedullà, Alfredo　スポーツジャーナリスト　国イタリア　⊕1964年　⊛2008

ペトゥホーヴァ, タチャーナ　Petukhoya, Tatiana　ピアニスト　国ロシア　⊕1979年8月23日　⊛1996(ペトゥホーバ, タチャーナ)/2000

ベートゥレーム, シャルル　Bettelheim, Charles　経済学者　元・フランス高等学術研究院政治経済学教授, 元・経済社会開発学術研究所教授　⊛経済計画理論　国フランス　⊕1913年11月20日　⊗2006年7月20日　⊛1992(ベッテルハイム, シャルル)/1996

ヘドクヴィスト, オッレ　Hedqvist, Olle　経営コンサルタント　国スウェーデン　⊛2008

ペトコヴィッチ, イリヤ　Petkovic, Iliya　サッカー監督　元・サッカー・セルビア・モンテネグロ代表監督　国セルビア　⊕1945年9月22日　⊛2000/2004/2008/2012

ペトコブセク, ミトヤ　Petkovšek, Mitja　体操選手　国スロベニア　⊕1977年2月6日

ベートソン, グレゴリー　Bateson, Gregory　精神医学者, 文化人類

学者 [国]米国 [生]1904年5月9日 [没]1980年 [典]1992

ベートソン, メアリー・キャサリン Bateson, Mary Catherine 文化人類学者 ジョージ・メイソン大学教授 [国]米国 [生]1939年 [典]1992／1996

ベドノルツ, ヨハネス Bednorz, Johannes Georg 物理学者 IBMチューリッヒ研究所研究員 [専]超伝導物質 [国]ドイツ [生]1950年5月 [典]1992／1996／2000

ベドベリ, スコット Bedbury, Scott コンサルタント [国]米国 [典]2004

ペドラー, キット Pedler, Kit 作家, 医師, 環境学者 [国]英国 [生]1927年 [典]1992

ペトライズ, ジョージ・H. ワイルド・バード・センターズ・オブ・アメリカ社長 [国]米国 [生]1942年 [典]2000

ペトラコフ, ニコライ Petrakov, Nikolai Y. 経済学者, 政治家 ロシア科学アカデミー市場問題研究所所長, ロシア議会代議員 [国]ロシア [生]1937年3月1日 [典]1992／1996／2000

ペドラザ, ロドニー Pedraza, Rodney 元・プロ野球選手 [国]米国 [生]1969年12月28日 [典]2000／2004／2008

ペドラザス, アラン Pedrazas, Allan 作家 [国]米国 [典]2000

ペトラノフ, トム やり投げ選手 [国]南アフリカ [典]1992／1996

ヘトラン, トール・アルネ Hetland, Tor Arne 元・スキー選手(距離) ソルトレークシティ五輪スキー距離男子個人スプリント金メダリスト [国]ノルウェー [生]1974年1月12日 [典]2004

ペトリー, ダニエル Petrie, Daniel 映画監督 [生]1920年11月26日 [典]1992

ペトリ, ミカラ Petri, Michala リコーダー奏者 [国]デンマーク [生]1958年7月7日 [典]1992／2000／2004／2008／2012

ペトリシチェフ, アレクセイ 元・ソ連化学肥料生産相 [国]ソ連 [没]1986年8月30日 [典]1992

ペトリッカ, オベルト サッカー代理人 イタリア代理人協会会長 [国]イタリア [生]1956年7月6日 [典]2004／2008

ペトリック, ジョゼフ Petrick, Joseph A. 経営コンサルタント [国]米国 [典]2004／2008

ヘドリック, チャド Hedrick, Chad 本名=Hedrick,Chad Paul スピードスケート選手 トリノ五輪スピードスケート男子5000メートル金メダリスト [国]米国 [生]1977年4月17日 [典]2008／2012

ベトリッジ, アンドレア Bettridge, Andrea 「ファットレディス・クラブ」の共著者 [国]英国 [典]2004／2008

ヘードリッヒ, マルセル Haedrich, Marcel ジャーナリスト, 作家 [国]フランス [生]1913年 [典]1996

ペトリーニ, カルロ Petrini, Carlo ワイン・フードジャーナリスト 元・スローフード国際協会会長 スローフード運動の創始者 [国]イタリア [生]1949年6月22日 [没]2012年4月16日 [典]2004／2008／2012

ベドリヌ, ユベール Védrine, Hubert 政治家 ユベール・ベドリヌ・コンサルタント代表, フランソワ・ミッテラン協会会長 元・フランス外相 [国]フランス [生]1947年7月31日 [典]2000／2004／2008／2012

ペトリフ, オレクサンドル Petriv, Oleksandr 射撃選手(ピストル) 北京五輪射撃男子ラピッドファイアピストル金メダリスト [国]ウクライナ [生]1974年8月5日 [典]2012

ペトリロ, ジョン 実業家 AT&T執行副社長 [国]米国 [典]2000

ペトルシェフスカヤ, リュドミラ・スチェファノブナ Petrushevskaia, Liudmila Ctefanovna 劇作家, 作家 [国]ロシア [生]1938年 [典]1996

ペトルチ, エミリオ Pettoruti, Emilio 画家 [国]アルゼンチン [生]1892年 [典]1992

ペトルマン, シモーヌ Pétrement, Simone 哲学者 [国]フランス [典]2004／2008

ペトレ, ストヤン Petre, Stoian 外交官 駐日ルーマニア代理大使 [国]ルーマニア [典]2004／2012

ペトレアス, デービッド Petraeus, David Howell 元・軍人 元・米国中央情報局(CIA)長官, 元・米国陸軍中央軍司令官, 元・イラク駐留多国籍軍司令官 [国]米国 [生]1952年11月7日 [典]2012

ペトレーラ, リッカルド Petrella, Riccardo ルーベン大学教授 [専]地域開発, 科学技術政策 [生]1941年 [典]1996

ペトレンコ, ヴァシリー Petrenko, Vasilii 指揮者 ロイヤル・リバプール管弦楽団首席指揮者 [国]ロシア [生]1976年 [典]2012

ペトレンコ, ヴィクトル Petrenko, Viktor フィギュアスケート選手 [国]ウクライナ [生]1969年6月27日 [典]1992／1996

ペトレンコ, キリル Petrenko, Kirill 指揮者 元・ベルリン・コーミッシェオーパー音楽総監督 [国]ロシア [生]1972年 [典]2012

ベトロ, マリア・カルメラ Betro, Maria Carmela 考古学者 ピサ大学教授 [専]エジプト考古学 [典]2004

ペドロイア, ダスティン Pedroia, Dustin 本名=Pedroia,Dustin Luis 大リーグ選手(内野手) [国]米国 [生]1983年8月17日 [典]2008／2012

ペトロヴァ, マリア Petrova, Maria 新体操選手 [国]ブルガリア [生]1975年11月17日 [典]1996(ペトロバ, マリア)

ペトロヴィッチ, S. Petrovic, Stevan 画家 [国]ユーゴスラビア [生]1949年 [典]1992(ペトロビッチ, S.)

ペトロヴィッチ, ゼリコ Petrovic, Zeljko サッカー監督, 元・サッカー選手 [国]モンテネグロ [生]1965年11月13日 [典]2000(ペトロビッチ, ゼリコ)／2004(ペトロビッチ, ゼリコ)／2008(ペトロビッチ, ゼリコ)／2012

ペトロヴィッチ, ミハイロ Petrovic, Mihailo サッカー監督 [国]セルビア [生]1957年10月18日 [典]2008／2012

ペトロウスキー, マット ソフト開発者 ISOプロダクションズ社長・CEO [典]2004

ペドロサ, ダニ Pedrosa, Dani オートバイライダー [国]スペイン [生]1985年9月29日 [典]2012

ペトロジッロ, オラーツィオ Petrosillo, Orazio ジャーナリスト [国]イタリア [生]1947年4月2日 [典]2000

ペトロシヤン, チグラン 元・チェス世界チャンピオン [国]ソ連 [没]1984年 [典]1992

ペドロ・ジュニオール Pedro Junior 本名=Pedro Bispo Moreira Junior サッカー選手(FW) [国]ブラジル [生]1987年1月29日 [典]2012

ペトロショヴィッツ, アンナ Petrasovits, Anna 政治家 ハンガリー社会民主党党首, ブダペスト国立経済大学講師 [専]国際経済学 [国]ハンガリー [典]1992(ペトロショビッツ, アンナ)

ペトロス・アブラハ 豊田工業大学研究員 エリトリアでコンピューター施設の整備に取り組む [国]エリトリア [典]2000

ペトロスキー, ヘンリー Petroski, Henry デューク大学工学部教授 [専]土木工学 [生]1942年 [典]1996

ペドロソ, イバン Pedroso, Iván 走り幅跳び選手 [国]キューバ [生]1972年12月17日 [典]2000／2004／2008

ペドロソ, ヤディエル Pedroso, Yadier 本名=Pedroso Gonzalez, Yadier 野球選手 [国]キューバ [生]1986年6月 [没]2013年3月16日

ペトロビッチ, ゾラン サッカー審判員 [典]2000

ペトロフ, アレクサンダル Petrov, Aleksandar 詩人 ベオグラード文学芸術研究所教授 [国]ユーゴスラビア [生]1938年 [典]1992

ペトロフ, アレクサンドル Petrov, Alexander アニメーション作家 [国]ロシア [生]1957年7月17日 [典]2000／2004

ペトロフ, アレクセイ Petrov, Alexey 重量挙げ選手 [国]ロシア [生]1974年9月8日 [典]2008

ペトロフ, イヴァイロ Petrov, Ivailo 作家 [国]ブルガリア [生]1923年 [典]1992

ペトロフ, イワン Petrov, Ivan Ivanovich バス歌手 [国]ロシア [生]1920年2月29日 [没]2003年12月26日 [典]1992

ペトロフ, ヴィタリー Petrov, Vitaly F1ドライバー [国]ロシア [生]1984年9月8日

ペトロフ, エフゲニー Petrov, Evgenii クラリネット奏者 [国]ロシア [生]1972年2月1日 [典]1992／1996

ペトロフ, ダニエル Petrov, Daniel 本名=ボイロフ, ダニエル・ペトロフ ボクシング選手 [国]ブルガリア [典]2000

ペトロフ, ニコライ Petrov, Nikolai 本名=Petrov,Nikolai

ヘ

Arnoldovich　ピアニスト　元・モスクワ音楽院教授　国ロシア　生1943年4月14日　没2011年8月3日

ペトロフ, ユーリー　Petrov, Yurii Vladimirovich　元・ロシア大統領府長官　国ロシア　生1939年　著1996

ペトロフ, ワシリー　Petrov, Vasilii Ivanovich　軍人　元・ソ連第1国防次官　国ソ連　生1917年1月15日　没1992

ペトロフスキー, ウラジーミル　Petrovskii, Vladimir Fedorovich　外交官　元・国連欧州本部事務局長　国ロシア　生1933年4月29日　著1996／2004／2008／2012

ペドローリ, アムレート　Pedroli, Amleto　詩人　国スイス　生1922年　著1992

ペドロ・ロドリゲス　Pedro Rodriguez　本名＝レデスマ, ペドロ・ロドリゲス　サッカー選手(FW)　国スペイン　生1987年7月28日　著2012

ペトロワ, ナディア　Petrova, Nadia　テニス選手　国ロシア　生1982年6月8日

ペートン, アラン　Paton, Alan　作家　国南アフリカ　生1903年　没1988年4月12日　著1992(ペイトン, アラン)

ペートン, ウィリアム　Paton, William Andrew　会計学者　国米国　生1889年　著1992

ペートン・ウォルシュ, ジル　Paton Walsh, Jill　作家　国英国　生1937年　著1992／2000

ペナ, アントニオ　Pena, Antonio　マラソン選手　国スペイン　著2004／2008

ペナー, イーサン　元・ノムラ・アセット・キャピタル社長　国米国　著2000

ペナー, パトリシア　Benner, Patricia E.　看護学者　カリフォルニア大学サンフランシスコ校看護学部教授　国米国　著2008

ペナサール, バルトロメ　Bennassar, Baltolomé　歴史学者　国スペイン近世史　国フランス　生1929年　著2004／2008

ペナジ, アベデラティフ　Benazzi, Abdelatif　元・ラグビー選手　生1968年8月20日　著2008

ペナセラフ, バルージ　Benacerraf, Baruj　病理学者, 免疫学者　元・ハーバード大学医学部名誉教授　国米国　生1920年10月29日　没2011年8月2日　著1992／1996

ペナタン, ロン　Ben-Natan, Ron　コンピュータ技術者　ビリアネットCTO・シニア・バイス・プレジデント　著2004

ペナック, ダニエル　Pennac, Daniel　作家　国フランス　生1944年　著1996／2012

ペナディ, ユベール　柔道家　国フランス　著1992／1996

ペナパイ, ジュリアン　Pena-Pai, Julian　建築家, 漫画家　ルーマニア国営都市計画会社　国ルーマニア　著1992

ペナビデス・ベドジャ, アルフレッド　Benavidez Bedoya, Alfredo　版画家　国アルゼンチン　生1951年　著2004／2008

ペナブル, マックス　Venable, Max　元・プロ野球選手　国米国　生1957年6月6日　著1996

ペナブルズ, スティーブン　Venables, Stephen　登山家　国英国　生1954年

ペナム, エリック　Benhamou, Eric　実業家　スリーコムコーポレーション会長・CEO　国米国　生1955年　著2000

ペナント・レア, ルパート　Pennant-Rea, Rupert Lascelles　ジャーナリスト　世界銀行相談役　国英国　生1948年1月23日　著1992／1996／2000

ペニー　Benny　本名＝アンデション, ベニー　旧グループ名＝ABBA　ミュージシャン　国スウェーデン　生1946年　著2004／2008

ペニー, ウィリアム・ジョージ　Penney, William George　原子物理学者　元・英国原子力公社総裁　国英国　生1909年　没1991年3月2日　著1992

ペニー, ニコラス　Penny, Nicholas　ロンドン・ナショナル・ギャラリー・キュレーター　国ルネサンス絵画　国英国　著2008

ペニー, ブラッド　Penny, Brad　本名＝Penny,Bradley Wayne　大リーグ選手(投手)　国米国　生1978年5月24日　著2008／2012

ペニー, ラースロー　Benyi, Laszlo　画家, 美術史家, 美術評論家　ハンガリー国立美術館研究主任　国ハンガリー　生1909年　没1992／1996

ペニー, ルイーズ　Penny, Louise　作家　国カナダ　生1958年　著2012

ペニオフ, デービッド　Benioff, David　作家, 脚本家　国米国　生1970年　著2004

ペニオフ, マーク　Benioff, Marc　実業家　セールスフォース・ドットコム会長　国米国　著2012

ヘーニグ, ミルトン　Hoenig, Milton　物理学者　核管理研究所(NCI)理事　国米国　生1936年8月　著1992

ペニグノ, テオドロ　Benigno, Teodoro C.　ジャーナリスト　「フィリピン・スター」紙コラムニスト　元・フィリピン情報相　国フィリピン　生1923年　著1992／1996

ペニサド, ホチン　Benissad, Hocine　経済学者　アルジェリア経済相　元・アルジェ大学教授　国アルジェリア　著1996

ペニシュ, イボンヌ　Boenisch, Yvonne　柔道選手　アテネ五輪柔道女子57キロ級金メダリスト　国ドイツ　生1980年12月29日　著2008

ペニス, ウォレン　Bennis, Warren Gameliel　南カリフォルニア大学教授, リーダーシップ研究所所長　国組織論　国米国　生1925年3月8日　著2000

ペニソン, C.C.　Benison, C.C.　作家　国カナダ　著2000

ヘニッグ, ロビン・マランツ　Henig, Robin Marantz　医学ジャーナリスト　国米国　著2000

ペーニッシュ, ギュンター　Behnisch, Günter　建築家　元・ダルムシュタット工科大学名誉教授　国ドイツ　生1922年6月12日　没2010年7月12日

ヘニッシュ, ブリジット・アン　Henisch, Bridget Ann　著述家　生1932年　著1996

ヘニッヒ, オットフリード　旧ドイツ関係省政務次官, 東プロイセン難民同盟会長　国ドイツ　生1937年3月　著1992

ベニテス, アーマンド　Benitez, Armando　大リーグ選手(投手)　国ドミニカ共和国　生1972年11月3日　著2004／2008

ベニテス, クリスティアン　Benitez, Cristian　サッカー選手　国エクアドル　生1986年5月1日　没2013年7月29日

ベニテス, ミゲル・アンヘル　Benitez, Miguel Angel　サッカー選手(FW)　国パラグアイ　生1970年5月19日　著2000／2004

ベニテス, ラファエル　Benitez, Rafael　本名＝Benitez Maudes, Rafael　サッカー監督, 元・サッカー選手　国スペイン　生1960年4月16日

ベニート, エドゥアルド・ガルシア　Benito, Edouardo Garcia　画家, イラストレーター, ファッションデザイナー　国スペイン　生1891年　著1996

ベニーニ, マリオ　Venini, Mario　料理研究家　国イタリア　生1936年　著2000

ベニーニ, ロベルト　Benigni, Roberto　俳優, 映画監督　国イタリア　生1952年10月27日　著2000／2004／2008／2012

ペーニャ, アデラ　グループ名＝エロイカ・トリオ　バイオリニスト　国米国　著2004

ペーニャ, ウィリアム　Pena, William M.　国建築プログラミング　著2004

ペーニャ, ウイリー・モー　Peña, Wily MO　プロ野球選手(外野手)　国ドミニカ共和国　生1982年1月23日

ペーニャ, カルロス　Peña, Carlos　本名＝Peña,Carlos Felipe　大リーグ選手(内野手)　国ドミニカ共和国　生1978年5月17日

ペーニャ, ハビエ・ロペス　Peña, Javier López　反政府勢力指導者　元・バスク祖国と自由(ETA)最高指導者　国スペイン　没2013年3月30日

ペーニャ, フェデリコ　Pena, Federico　政治家　元・米国エネルギー長官　国米国　生1947年3月15日　著1996／2000

ペニャチコヴァ, ガブリエラ　ソプラノ歌手　著2000

ペニャニエト, エンリケ　Peña Nieto, Enrique　政治家　メキシコ大統領　国メキシコ　生1966年7月20日

ペニャロサ, ジェリー　Penalosa, Gerry　本名＝ペニャロサ, ジェロ

ニモ　元・プロボクサー　元・WBO世界バンタム級チャンピオン, 元・WBC世界スーパーフライ級チャンピオン　[国]フィリピン　[生]1971年8月7日　[典]2000／2004／2008

ヘニンガー, S.K.(Jr.)　Heninger, Simeon Kahn (Jr.)　英文学者　ノース・カロライナ大学教授　[専]英国ルネサンス文学　[国]米国　[生]1922年　[典]1992

ベニンガ, サイモン　Benninga, Simon Z.　経済学者　ヘブライ大学ビジネススクール教授　[専]ミクロ経済学, マクロ経済学　[国]イスラエル　[典]2004

ベニング, アネット　Bening, Annette　女優　[国]米国　[生]1958年5月29日　[典]2000／2008／2012

ヘニング, ボブ　Henning, Bob　ビリヤード選手　[国]米国　[典]2004

ベーニング, ユテ　Behning, Ute　社会学者　ウィーン大学大学院政治学研究科助教授　[典]2008

ヘニング, ランドール　Henning, C.Randall　国際経済学者　国際経済研究所主任研究員　[国]米国　[生]1956年　[典]1992／1996

ヘニングセン, エッカルト　Henningsen, Eckart　DG銀行経済学部門　[専]協同組合経済学　[国]ドイツ　[生]1944年　[典]1992

ベニントン, チェスター　Bennington, Chester　グループ名=リンキン・パーク　ロック歌手　[国]米国　[典]2004／2008／2012

ベヌ, ゴーパル　Venu, Gopal　古典芸能家　[国]インド　[生]1945年　[典]2008／2012

ベヌ, ピエール　Bennu, Pierre　作家　[国]米国　[典]2004／2008

ベーネ, カルメロ　Bene, Carmelo　劇作家　[国]イタリア　[生]1937年　[典]2000

ヘーネ, ハインツ　Höhne, Heinz　ジャーナリスト　「シュピーゲル」外国ニュース部門編集長・シリーズ部門編集長　[国]ドイツ　[生]1926年　[典]1996

ベネー, フアン　Benet, Juan　作家, 評論家　[国]スペイン　[生]1927年　[没]1993年1月5日　[典]1996

ベネヴォロ, レオナルド　Benevolo, Leonardo　建築学者　[国]イタリア　[生]1923年　[典]2008

ヘネガン, ジェームズ　Heneghan, James　作家　[国]英国　[生]1930年　[典]2004／2012

ベネギ, ローラン　Benegui, Laurent　映画監督　[国]フランス　[生]1959年5月　[典]2000

ベネケ, ヨハン　核物理学者　[国]ドイツ　[典]2000

ヘネシー, エドワード(Jr.)　Hennessy, Edward Lawrence (Jr.)　アライド・シグナル会長・CEO　[国]米国　[生]1928年3月22日　[典]1992／1996

ヘネシー, キリアン　Hennessy, Killian　実業家　元・ヘネシー社長　[国]フランス　[生]1907年　[没]2010年10月1日

ヘネシー, ジョン　Hennessy, John L.　コンピューター科学者　スタンフォード大学学長　[専]最適化コンパイラ技術　[国]米国　[生]1952年9月　[典]2000／2004／2008／2012

ヘネシー, ジール　Hennessy　実業家　ヘネシー副社長　[国]フランス　[生]1949年　[典]2000

ヘネシー, スミコ　ヘネシー, 澄子　旧名=田中澄子　ソーシャルワーカー　アジア・太平洋啓発センター所長　[専]社会福祉　[国]米国　[生]1937年11月8日　[典]1992／2000

ベネシュ, ニコラス　Benes, Nicholas E.　金融家　会社役員育成機構代表理事　[国]米国　[生]1956年　[典]2000／2012

ベネス, アンディ　Benes, Andy　大リーグ選手(投手)　[国]米国　[生]1967年8月20日　[典]2000

ベネター, パット　Benatar, Pat　ロック歌手　[国]米国　[生]1953年　[典]1992

ベネックス, ジャン・ジャック　Beineix, Jean-Jacques　映画監督　[国]フランス　[生]1946年10月8日　[典]1992／1996／2000／2004／2008／2012

ベネット, アイバン・エル(Jr.)　医学者　元・ニューヨーク大学医学部教授, 元・日米医学協力委員会米国委員長　[専]内科学　[国]米国　[没]1990年7月22日　[典]1992

ベネット, アマンダ　Bennett, Amanda　ジャーナリスト　「ウォールストリート・ジャーナル」記者　[国]米国　[典]2004

ベネット, アラン　Bennett, Alan　劇作家, 脚本家, 俳優, 作家　[国]英国　[生]1934年5月9日　[典]1992／2012

ベネット, アンドルー　Bennett, Andrew Francis　政治家　英国下院議員(労働党)　[国]英国　[生]1939年3月9日　[典]2000

ベネット, ウィリアム　Bennett, William John　エンパワー・アメリカ理事　元・米国連邦政府麻薬対策局長　[国]米国　[生]1943年7月3日　[典]1992／1996／2000

ベネット, ウィリアム　Bennett, William　フルート奏者　[国]英国　[生]1936年　[典]2004／2008

ベネット, ウルフ　ABBアジアパシフィック副社長　[国]スウェーデン　[典]1992／1996

ベネット, エスター　Bennett, Esther　グループ名=エターナル　歌手　[国]英国　[典]2004

ベネット, エドワード　実業家　プロディジー社長・CEO　[国]米国　[典]1996

ベネット, キース　Bennett, Keith　ウェブ・パラダイム・アンド・ストラテジー社代表　[国]米国　[典]2000

ベネット, キャロライン　Bennett, Caroline　実業家　モシモシ・スシ創設者　[国]英国　[典]2004／2012

ベネット, ゴードン　Bennett, Gordon C.　イースタン大学準教授　[専]コミュニケーション・アーツ　[国]米国　[生]1935年　[典]1996

ベネット, ジェイ　Bennett, Jay　作家　[国]米国　[生]1912年12月24日　[典]1992

ベネット, シェリー　Bennett, Cherie　作家　[国]米国　[典]2004／2008

ベネット, ジャック　パイロット　[国]米国　[没]2001年8月　[典]2000

ベネット, ジョーン　Bennett, Joan　女優　[国]米国　[生]1910年2月27日　[没]1990年12月7日　[典]1992

ベネット, ジョン　Bennett, John　レディング大学コンストラクション・マネジメント学科教授・建設戦略センター所長　[典]1996

ベネット, ジル　Bennett, Jill　女優　[国]英国　[生]1931年12月24日　[没]1990年10月4日　[典]1992

ベネット, スタンリー　元・ノースカロライナ大学名誉教授　[専]解剖学　[国]米国　[没]1992年8月9日　[典]1996

ベネット, スティーブ　Bennett, Steve　著述家　[国]米国　[典]2004

ベネット, チャールズ　Bennett, Charles　脚本家　[生]1899年8月2日　[没]1995年6月15日　[典]1996

ベネット, チャールズ　Bennett, Charles H.　物理学者　IBMワトソン研究所フェロー　[専]量子暗号, 近代量子情報理論　[生]1943年4月7日

ベネット, デービッド　Bennett, David　宝石専門家, ジュエリーデザイナー　[国]英国　[典]2008

ベネット, デボラ　Bennett, Deborah J.　数学者　ジャージーシティ州立大学助教授　[国]米国　[典]2004

ベネット, トニー　Bennett, Tony　本名=ベネデット, アンソニー・ドミニク　歌手　[国]米国　[生]1926年8月3日　[典]1992／1996／2000／2004／2008／2012

ベネット, ネビル　Bennett, Neville　カンタベリー大学上級講師　[専]経済学　[国]ニュージーランド　[典]2000

ベネット, バートン　Bennett, Burton G.　物理学者　元・放射線影響研究所理事長, 元・国連原子放射線影響科学委員会事務局長　[専]環境中の被ばく線量測定　[国]米国　[典]2004／2008／2012

ベネット, バーニー　Bennett, Vernie　グループ名=エターナル　歌手　[国]英国　[典]2004

ベネット, ビッキー　Bennett, Vicki　作家　[国]オーストラリア　[典]2008

ベネット, ブルック　Bennett, Brooke　水泳選手(自由形)　[国]米国　[生]1980年5月6日　[典]2000／2004／2008

ベネット, ボブ　Bennett, Bob　政治家　元・米国上院議員(共和党)　[国]米国　[生]1933年9月18日　[典]1996／2000／2004／2008／2012

ベネット, マイケル　Bennett, Michael　舞台監督, 演出家, 振付師　[国]米国　[生]1943年4月　[没]1987年7月2日　[典]1992

ベネット, マイケル　Bennett, Michael　プロボクサー　[国]米国

[生]1971年3月26日　[典]2004／2008

ベネット, マーティン　Bennett, Martin　経営学者　ウォルバーハンプトン・ビジネススクール主任講師・経営研究センター環境管理会計グループ長　[専]財務経営学　[国]英国　[典]2004

ベネット, メアリー　Bennett, Mary　編集者　[国]英国　[典]2004

ベネット, メアリ・ルー　Bennett, Mary Lou　カウンセラー, ミステリー作家　[国]米国　[生]1933年　[典]1992／1996

ベネット, リチャード　Bennett, Richard　軍事ジャーナリスト　[国]英国　[典]2004／2008

ベネット, リチャード・ロドニー　Bennett, Richard Rodney　前名=Bennett,Richard　作曲家, ピアニスト　[国]英国　[生]1936年3月29日　[没]2012年12月24日

ベネット, ルース・ロッテール　Bennett, Ruth Loetterle　造園家　[国]米国　[典]2004

ベネット, レジー　Bennett, Reggie　本名=ベネット, レジナルド・アン　元・女子プロレスラー　[国]米国　[生]1961年1月24日　[典]1992／1996／2004

ベネット, ローナン　Bennett, Ronan　作家, 脚本家　[国]英国　[生]1956年　[典]2004

ベネディクト16世　Benedict XVI　本名=ラツィンガー, ヨゼフ　カトリック枢機卿, 神学者　ローマ法王(第265代)　[国]バチカン　[生]1927年4月16日　[典]1992(ラツィンガー, ヨゼフ)／1996(ラツィンガー, ヨゼフ)／2008／2012

ベネディクト, ジェフ　Benedict, Jeff　犯罪問題研究家　[専]トップアスリートと性犯罪　[典]2004

ベネディクト, ブルース　Benedict, Bruce Edwin　大リーグ・コーチ, 元・大リーグ選手　[国]米国　[生]1955年8月18日　[典]2000

ベネディクト, マイケル　Benedict, Michael Les　オハイオ州立大学歴史学科教授　[専]アメリカ史　[国]米国　[生]1945年　[典]1996

ベネディクト, ロベルト　Benedicto, Roberto S.　外交官, 実業家　元・駐日フィリピン大使, 元・フィリピン副大統領　[国]フィリピン　[生]1917年4月17日　[没]2000年5月15日　[典]1992／1996

ベネディック, リチャード・エリオット　Benedick, Richard Elliot　元・外交官　パシフィック・ノースウェスト研究所副理事長　[国]米国　[典]2000

ベネディティ, ジーン　Benedetti, Jean　テレビ作家　国際演劇協会(ユネスコ)会長　元・ローズ・ブルフォード大学学長　[生]1930年　[典]2000

ベネディト, レイモン　Benedito, Ramon　インダストリアルデザイナー　グルーポ・トランサトランチック　[国]スペイン　[生]1945年6月　[典]1996

ベネデク, ラズロ　Benedek, Laslo　映画監督　[国]米国　[生]1907年3月5日　[没]1992年3月11日　[典]1996

ベネデック, テレーズ　Benedek, Therese　シカゴ精神分析研究所所員　[専]精神分析学　[国]米国　[典]1992

ベネデッティ, アレッサンドロ・デ　Benedetti, Alessandro de　ファッションデザイナー　[国]イタリア　[生]1970年12月　[典]2000

ベネデッティ, ガエターノ　Benedetti, Gaetano　精神医学者　元・バーゼル大学教授　[国]イタリア　[生]1920年　[典]2004／2008

ベネデッティ, マリオ　Benedetti, Mario　作家, 詩人, 評論家　[国]ウルグアイ　[生]1920年9月14日　[没]2009年5月17日　[典]1992

ベネトン, アレッサンドロ　Benetton, Alessandro　実業家　ベネトングループ執行副会長　[生]1964年3月2日　[典]1996／2012

ベネトン, ジュリアーナ　Benetton, Giuliana　実業家　ベネトングループ取締役, エディジオーネ・ホールディング取締役　[国]イタリア　[生]1937年7月8日　[典]2008／2012

ベネトン, ルチアーノ　Benetton, Luciano　実業家　ベネトングループ執行会長　元・イタリア上院議員　[国]イタリア　[生]1935年5月13日　[典]1992／1996／2000／2004／2008／2012

ベネトン, ロッコ　Benetton, Rocco　ベネトンF1レーシングチーム監督　[国]イタリア　[生]1969年9月29日　[典]2000

ヘネヒテン, ヒド・ファン　Genechten, Guido Van　絵本作家　[国]ベルギー　[典]2004

ペネフ, ルボスラフ・ムラデノフ　Penev, Luboslav Mladenov　サッカー監督, 元・サッカー選手　サッカー・ブルガリア代表監督　[国]ブルガリア　[生]1966年8月31日　[典]2000／2012

ペネベーカー, ジェームズ　Pennebaker, James W.　社会心理学者　テキサス大学オースティン校教授　[専]社会心身医学　[国]米国　[典]2004

ベネベッリ, アルベルト　Benevelli, Alberto　童話作家　[国]イタリア　[生]1958年　[典]2004

ベネマン, アン　Veneman, Ann Margaret　政治家, 弁護士　ユニセフ事務局長　元・米国農務長官　[国]米国　[生]1949年6月29日　[典]2004／2008／2012

ベネリ, アンドレア　Benelli, Andrea　射撃選手(クレー射撃)　アテネ五輪射撃男子クレー・スキート金メダリスト　[国]イタリア　[生]1960年6月28日　[典]2008

ベネル, アラン　Bennell, Alan Charles　クィーン・エリザベス2世号(豪華客船)船長　[国]英国　[典]1992

ヘーネル, ヴォルフラム　Hänel, Wolfram　作家　[国]ドイツ　[生]1956年　[典]2004

ベネール, ドミニク　Venner, Dominique　作家, 極右活動家　[国]フランス　[生]1935年4月16日　[没]2013年5月21日

ベネンソン, マーク　Benenson, Mark　弁護士　全米火器教育財団会長　[国]米国　[生]1931年　[典]1996

ヘネンロッター, フランク　Henenlotter, Frank　映画監督　[生]1951年　[典]1992／2012

ペノー, デーブ　Pedneau, Dave　作家　[国]米国　[生]1947年　[典]1992／1996

ベノイト・サミュエルソン, ジョーン　Benoit Samuelson, Joan　元・マラソン選手　[国]米国　[生]1957年5月16日　[典]2000

ペノーネ, ジュゼッペ　Penone, Giuseppe　彫刻家　[国]イタリア　[生]1947年　[典]2000／2012

ベノリエル, フレデレック　Benoliel, Frederic　実業家　日本ビオメリュー社長, ビオメリュー副社長　[国]フランス　[生]1949年　[典]2000／2004／2008

ベノワ, デービッド　Benoit, David　ピアニスト, キーボード奏者, 編曲家　[国]米国　[生]1953年8月18日　[典]2000

ベノワ, ニコラ　舞台芸術家　[国]イタリア　[没]1988年3月30日　[典]1992

ペパー, スティーブン　Pepper, Stephen L.　法学者　デンバー大学カレッジ・オブ・ロー教授　[国]米国　[典]2004

ペパーズ, ジュリアス　Pappers, Julius　プロフットボール選手(DE)　[国]米国　[生]1980年1月18日

ペパーズ, ドン　Peppers, Don　マネジメントコンサルタント　ペパーズ・アンド・ロジャーズ・グループ・パートナー　[国]米国　[典]2000／2004

ヘーバース, マイケル　Havers, Michael　本名=Havers,Robert Michael Oldfield　元・英国大法官, 元・英国法務長官　[国]英国　[生]1923年3月10日　[没]1992年4月1日　[典]1996

ペパード, ジョージ　Peppard, George　俳優　[国]米国　[生]1928年10月1日　[没]1994年5月8日　[典]1996

ペパード, ハロルド　眼科医　[国]米国　[生]1899年　[典]1996

ベバリー, エリザベス　Bevarly, Elizabeth　ロマンス作家　[国]米国　[典]2004

ベハール, ジェム　Behar, Cem　ボスフォラス大学経済行政学部経済学科主任教授　[専]経済史　[国]トルコ　[生]1946年　[典]1996

ベバン, クリア　Bevan, Clare　児童文学作家　[国]英国　[典]1996

ペヒシュタイン, クラウディア　Pechstein, Claudia　スピードスケート選手　リレハンメル五輪・長野五輪・ソルトレークシティ五輪・トリノ五輪金メダリスト　[国]ドイツ　[生]1972年2月22日　[典]1996／2000／2004／2008／2012

ベヒトホルト, イルゼ　フランクフルト大学スポーツ学研究所助教授, ドイツ陸上競技連盟副会長　[専]スポーツ学, 陸上競技　[国]ドイツ　[典]1992

ベヒトラー, トーマス　Bechtler, Thomas W.　ヘスター・グループ会長　[国]スイス　[生]1949年　[典]1992

ヘヒラー, ブルーノ　Hächler, Bruno　音楽ジャーナリスト, 作家, シ

ンガーソングライター [生]1960年 [典]2004

ペービン, コーリー　Pavin, Corey　プロゴルファー [国]米国 [生]1959年11月16日 [典]1996／2000／2008

ベフ, ハルミ　Befu, Harumi　漢字名=別府春海　文化人類学者　スタンフォード大学名誉教授 [専]日本文化論 [国]米国 [生]1930年 [典]1992／1996／2000

ベブ, マイク　Bebb, Mike　「パワー・ポーズできれいになる！―体と心を変える「正しく美しい姿勢」の簡単エクササイズ」の著者 [典]2008

ヘファーナン, ウィリアム　Heffernan, William　作家 [国]米国 [典]2000

ヘフェリン, サンドラ　本名=ヘフェリン, アレクサンドラ<Haefelin, Alexandra>　作家 [国]ドイツ [生]1975年 [典]2004

ヘプカー, トーマス　Hoepker, Thomas　写真家　元・マグナム会長 [国]ドイツ [生]1936年 [典]2004／2008／2012

ペプキン, ドナルド　Pipkin, Donald L.　コンピューター技術者 [典]2004

ヘプケン, ウォルフガング　南東欧州研究所上級研究員 [専]東欧政治, 民族問題 [国]ドイツ [生]1952年 [典]1992

ペフゲン, ペーター　Päffgen, Peter　リュート音楽研究家 「Gitarre&Laute」編集長 [国]ドイツ [生]1950年 [典]2000

ヘーフス, ハンスヴィルヘルム　Haefs, Hanswilhelm Von　編集者, 翻訳家 [国]ドイツ [生]1935年 [典]2004

ペブスナー, ニコラウス　Pevsner, Nikolaus　本名=Pevsner, Nikolaus Bernhard Leon　美術史家, 建築史家　元・ロンドン大学教授, 元・ケンブリッジ大学教授 [国]英国 [生]1902年1月30日 [没]1983年8月18日 [典]1992

ヘフティ, ニール　Hefti, Neal　ジャズ作曲家, 編曲家, 指揮者 [国]米国 [生]1922年10月29日 [典]1992

ヘフナー, クリスティ　Hefner, Christie　実業家　元・プレイボーイエンタープライズ会長・CEO [国]米国 [典]1992／2000／2008／2012

ヘフナー, ヒュー　Hefner, Hugh　本名=Hefner,Hugh Marston　出版人, クラブ経営者　プレイボーイエンタープライズ名誉会長, 「プレイボーイ」創刊者 [国]米国 [生]1926年4月9日 [典]1992／1996／2000／2004／2008／2012

ヘプナー, メアリー　Heppner, Mary J.　ミズーリ大学准教授 [専]カウンセリング [国]米国 [典]2004

ヘプバーン, オードリー　Hepburn, Audrey　女優 [生]1929年5月4日 [没]1993年1月20日 [典]1992／1996

ヘプバーン, キャサリン　Hepburn, Katharine　本名=Hepburn, Katharine Houghton　女優 [国]米国 [生]1907年5月12日 [没]2003年6月29日 [典]1992／1996／2000

ヘーフミースター, デービッド　Hafemeister, David W.　カリフォルニア州立工芸大学教授, 米国連邦議会上院外交委員会常任専門委員 [専]物理学 [国]米国 [典]1996

ヘブラー, イングリット　Haebler, Ingrid　ピアニスト [国]オーストリア [生]1929年6月20日 [典]1996／2008

ヘフラー, ドン　電子産業ジャーナリスト [国]米国 [没]1986年4月15日 [典]1992

ベブラウィ, ハゼム　Beblawi, Hazem el　政治家, エコノミスト　元・エジプト暫定首相 [国]エジプト [生]1936年10月17日

ヘフリガー, エルンスト　Haefliger, Ernst　テノール歌手 [国]スイス [生]1919年7月6日 [没]2007年3月17日 [典]1992／1996／2004

ヘフリガー, ミヒャエル　Haefliger, Michael　ルツェルン国際音楽祭芸術総監督, ダボス国際音楽祭創設者 [国]スイス [生]1961年 [典]1996／2004／2012

ベフルーズ, ジハンギール　ジャーナリスト　イラン・プレスダイジェスト社主兼編集長 [国]イラン [典]1992

ペプロー, クレア　People, Clare　映画監督, 脚本家 [国]英国 [典]2004

ペブロー, ジョージ　Pebereau, Georges　マルソー投資会社会長・社長 [国]フランス [生]1931年6月20日 [典]1992／1996

ペプロー, マーク　Peploe, Mark　脚本家, 映画監督 [国]英国 [生]1943年 [典]1996

ペブロー, ミッシェル　Pébereau, Michel　フランス商業銀行会長 [国]フランス [典]1992

ヘフロン, ドリス　Heffron, Dorris　作家 [国]英国 [典]1992

ヘブンス, リッチー　Havens, Richie　本名=Havens,Richard Pierce　フォーク歌手 [国]米国 [生]1941年1月21日 [没]2013年4月22日

ペペ　本名=マシア, ジョゼ　サッカー監督　読売サッカークラブ監督 [国]ブラジル [生]1935年 [典]1992／1996

ペペ　Pepe　本名=ラベラン・リマ・フェレイラ, ケプレル　サッカー選手(DF) [国]ポルトガル;ブラジル [生]1983年2月26日

ペペ, ロドニー　Peppe, Rodney　絵本作家 [国]英国 [生]1934年 [典]2000

ベベアール, クロード　Bébéar, Claude　実業家　アクサ・グループ会長・CEO [国]フランス [生]1935年7月29日 [典]1996／2000／2004

ベベット　Bebeto　本名=オリベイラ, ジョゼ・ロベルト・ガマ・デ　サッカー監督, 元・サッカー選手 [国]ブラジル [生]1964年2月16日 [典]2000／2004／2008／2012

ペペルニャック, イバン　Pepelnjak, Ivan　コンピューター技術者　NILデータ・コミュニケーションズエグゼクティブディレクター [典]2004

ヘベルレ, ルドルフ・オットー　Heberle, Rudolf　社会学者　ルイジアナ州立大学教授 [専]政治社会学, 人口移動, ナチズム [生]1896年 [典]1992

ペーボ, S.　Pääbo, Svante　ミュンヘン大学生物学科教授 [専]分子免疫学 [国]スウェーデン [生]1955年 [典]1996

ヘマー, ウィリアム・A.　元・日本アムウェイ会長 [国]米国 [生]1941年4月15日 [典]1992／1996

ベーマー, ウォルフガング　Böhmer, Wolfgang　政治家　ドイツ連邦参議院議長, ザクセン・アンハルト州首相 [国]ドイツ [生]1936年1月27日 [典]2004／2008

ヘーマン, ハンス・ヘルマン　国立ロシア東欧研究所教授, ケルン大学名誉教授 [専]経済学 [国]ドイツ [生]1933年 [典]1996

ヘミング, フジコ　Hemming, Fujiko　本名=ヘミング, イングリッド・フジコ　ピアニスト [国]スウェーデン [典]2000／2004／2012

ヘミングウェイ, マーゴ　Hemingway, Margaux　ファッションモデル, 女優 [国]米国 [生]1955年2月16日 [没]1996年6月 [典]1992

ヘミングウェイ, マリエル　Hemingway, Mariel　女優 [国]米国 [生]1961年11月22日 [典]1992

ヘミングス, デオン　Hemmings, Deon　陸上選手(障害) [国]ジャマイカ [生]1968年10月9日 [典]2000／2004／2008

ベーム, カール　Böhm, Karl　指揮者　元・ウィーン国立歌劇場音楽総監督, 元・ウィーン・フィルハーモニー管弦楽団名誉指揮者 [国]オーストリア [生]1894年8月28日 [没]1981年8月14日 [典]1992

ベーム, カール・ハインツ　Böhm, Karl-Heinz　市民運動家, 元・俳優　メンシェン・フュア・メンシェン(MfM)代表 [国]ドイツ [生]1928年3月16日 [典]1992

ベーム, バリー　Boehm, Barry　「アジャイルと規律―ソフトウエア開発を成功させる2つの鍵のバランス」の著者 [典]2008

ペーム, マティアス　Pöhm, Matthias　コミュニケーション・トレーナー, アナウンサー, 映画解説者 [典]2004

ヘムサス, デーブ　Hemsath, Dave　ビジネス・アウトリーチ・ブックス設立者 [国]米国 [典]2004

ヘームスケルク, フェムカ　Heemskerk, Femke　水泳選手(自由形)　北京五輪競泳女子4×100メートルリレー金メダリスト [国]オランダ [生]1987年9月21日

ヘムリー, ロビン　Hemley, Robin　作家　ノースカロライナ大学 [国]米国 [生]1958年 [典]1992／1996

ベーメ, イブラヒム　政治家　元・東ドイツ社会民主党(SPD)党首 [国]ドイツ [生]1944年11月 [没]1999年11月22日 [典]1992

ベーメ, ハルトムート　Böhme, Hartmut　ハンブルク大学教授 [専]文芸学 [国]ドイツ [生]1944年 [典]1996

ヘメル, ウーター　Hamel, Wouter　シンガー・ソングライター [国]オランダ [生]1977年 [典]2012

ヘメンウェイ, ケビン　Hemenway, Kevin　コンピューター技術者　㊥2008

ヘメンウェイ, ロバート　Hemenway, Robert E.　カンザス大学総長　㊥アメリカ文学　㊥米国　㊥1941年　㊥2000

ヘモン, アレクサンダル　Hemon, Aleksandar　作家　㊥1964年　㊥2008

ベヤールガンス, フランソワ　Weyergans, François　作家, 映画監督　㊥ベルギー　㊥1941年12月9日　㊥2008／2012

ベユリュネン, パーヴォ　Väyrynen, Paavo Matti　政治家　元・フィンランド外相, 元・フィンランド中央党党首　㊥フィンランド　㊥1946年9月2日　㊥1992（ベイリネン, P.M.）／1996／2000

ヘヨン　Heyoung　本名＝チョヘヨン　女優　㊥韓国　㊥1977年11月13日　㊥2004／2008／2012

ヘラー, アグネス　Heller, Agnes　哲学者　ニュー・スクール・オブ・ソーシャル・リサーチ（ニューヨーク）社会学教授　㊥1929年　㊥1996

ヘラー, ウォルター　元・米国大統領経済諮問委員長　㊥米国　㊥1915年　㊥1987年6月15日　㊥1992

ヘラー, エヴァ　Heller, Eva　作家　㊥ドイツ　㊥1948年　㊥2000

ベラ, カルロス　Vela, Carlos　サッカー選手（FW）　㊥メキシコ　㊥1989年3月1日

ヘラー, ジェーン　Heller, Jane　作家　㊥米国　㊥2004

ヘラー, ジョゼフ　Heller, Joseph　作家, 劇作家　㊥米国　㊥1923年5月1日　㊥1999年12月12日　㊥1992／1996

ヘラー, ゾーイ　Heller, Zoë　作家　㊥英国　㊥1965年　㊥2008／2012

ベーラ, タル　Béla, Tarr　映画監督, 脚本家　㊥ハンガリー　㊥1955年7月21日　㊥2004／2008（タル, ベーラ）／2012

ヘラー, テッド　Heller, Ted　ライター　㊥米国　㊥2004

ヘラー, トーマス　スタンフォード大学法学部教授　㊥国際ビジネス法　㊥米国　㊥1944年　㊥2000

ヘラー, フィリップ　Heller, Philip　コンピューター技術者　㊥2004

ヘラー, マーク　Heller, Mark A.　テルアビブ大学ジャフィー戦略研究所上級研究員　㊥中東戦略問題, パレスチナ問題　㊥イスラエル　㊥1946年　㊥1996

ヘラー, ユルゲン　Höller, Jürgen　コンサルタント　㊥ドイツ　㊥2004

ベラ, ヨギ　Berra, Yogi　本名＝ベラ, ローレンス・ピーター　元・大リーグ選手　㊥米国　㊥1925年5月12日　㊥1992／2000

ヘラー, リチャード　Heller, Richard F.　医学者　マウント・サイナイ医科大学教授, ニューヨーク市立大学名誉教授　㊥生物医学　㊥米国　㊥2004

ヘラー, レイチェル　Heller, Rachael F.　医学者　マウント・サイナイ医科大学教授, ニューヨーク市立大学大学院教授　㊥生物医学　㊥米国　㊥2004

ヘラー, ロバート　Heller, Robert　元・ビザUSA社長・CEO, 元・米国連邦準備制度理事会（FRB）理事　㊥米国　㊥1992／1996

ヘラー, ロバート　Heller, Robert　経営コンサルタント　元・「Management Today」編集長　㊥2004

ベラー, ロバート・ニーリー　Bellah, Robert Neelly　社会学者, 宗教学者, 日本研究家　元・カリフォルニア大学バークレー校名誉教授　㊥比較社会学, 宗教社会学　㊥米国　㊥1927年2月23日　㊥2013年7月30日　㊥1992／2004／2012

ベラ, ローランド　Vera, Roland　マラソン選手　㊥エクアドル　㊥2000

ベライア, マレイ　Perahia, Murray　ピアニスト, 指揮者　㊥米国　㊥1947年4月19日　㊥1992／2000／2012

ベライル, リゼット　Belisle, Lisette　ロマンス作家　㊥米国　㊥2004

ベラウンデ・テリー, フェルナンド　Belaúnde Terry, Fernando　政治家　元・ペルー大統領　㊥ペルー　㊥1912年10月7日　㊥2002年6月4日　㊥1992

ベラオ, ホアキン　Berao, Joaquin　ジュエリーデザイナー　㊥スペイン　㊥1945年　㊥1996／2000

ベラク, ウェード　Belak, Wade　アイスホッケー選手　㊥カナダ　㊥1976年7月3日　㊥2011年8月31日

ペラサ, ニルダ　Peraza, Nilda　現代ヒスパニック・アート美術館長　㊥1992

ヘラシメニア, アリアクサンドラ　Herasimenia, Aliaksandra　水泳選手（自由形・背泳ぎ）　ロンドン五輪競泳女子50メートル・100メートル自由形銀メダリスト　㊥ベラルーシ　㊥1985年12月31日

ベラーズ, ユルゲン　Bellers, Jüergern　ミュンスター大学私講師　㊥ドイツ政治　㊥ドイツ　㊥1951年　㊥1996

ベラスケス, ラモン・ホセ　Velasquez, Ramon Jose　政治家　元・ベネズエラ暫定大統領　㊥ベネズエラ　㊥1916年　㊥1996

ベラスケス・ガステル・ルイス, カンディド　Velázquez-Gaztelu Ruiz, Cándido　実業家　元・テレフォニカ会長　㊥スペイン　㊥1937年　㊥1992／1996／2000

ベラスコ　Belasco　画家　㊥フランス　㊥1992

ベラスコ, ウォーレン　Belasco, Warren J.　メリーランド大学ボルティモア校教授　㊥アメリカ学　㊥米国　㊥1947年　㊥2000

ペラタ, パトリック　Pélata, Patrick　実業家　元・ルノー最高執行責任者（COO）, 元・日産自動車副社長　㊥フランス　㊥1955年8月24日　㊥2004／2012

ペラッシー, ドミニク　Pelassy, Dominique　フランス国立科学研究センター（CNRS）研究員　㊥政治学　㊥フランス　㊥1948年　㊥1996

ベラッパン, ピーター　Velappan, Peter　アジアサッカー連盟ゼネラル・セクレタリー　㊥マレーシア　㊥1940年　㊥1996

ベラーディ, ロバート　Berardy, Robert M.　実業家　元・東京スター銀行頭取・CEO　㊥米国　㊥2012

ヘラード, スー　Hellard, Sue　絵本作家　㊥英国　㊥1949年　㊥1996

ベラトロワ, ロバート　外交官　元・駐チュニジア米国大使　㊥米国　㊥1992／1996

ベラニー, ジョン　Bellany, John　画家　㊥英国　㊥1942年6月18日　㊥1996

ベラネス, シベリス　Veranes, Sibelis　柔道選手　㊥キューバ　㊥1974年2月5日　㊥2004／2008

ベラフィネ, ルシアン　Pellat-finet, Lucien　ファッションデザイナー　㊥フランス　㊥2012

ベラフォンテ, ジュディス　ユダヤ歴史博物館長　㊥オランダ　㊥1992

ベラフォンテ, ハリー　Belafonte, Harry　本名＝ベラフォンテ, ハロルド・ジョージ, Jr.　歌手, 俳優　㊥米国　㊥1927年3月1日　㊥1992／1996／2000／2004／2008

ベラミー, キャロル　Bellamy, Carol　弁護士　元・国連児童基金（ユニセフ）事務局長　㊥米国　㊥1942年　㊥2000／2004／2008／2012

ベラミー, デービッド　Bellamy, David　画家　㊥英国　㊥2004

ベラミー, マシュー　Bellamy, Matthew　別称＝ベラミー・マット　グループ名＝ミューズ　ミュージシャン　㊥英国　㊥2008／2012

ベラヤチ, アリ・アクバル　Velayati, Ali Akbar　政治家　元・イラン外相　㊥イラン　㊥1945年　㊥1992／1996／2000

ベラール, アルマン　Bérard, Armand　外交官　元・駐日フランス大使　㊥フランス　㊥1904年5月2日　㊥1989年11月20日　㊥1992

ベラルディ, アレクサンダー　Berardi, Alexander J.　実業家, 経営コンサルタント　アレクサンダー・グループ名誉会長　㊥米国　㊥2004

ベラルディ, ファビオ　Berardi, Fabio　政治家　元・サンマリノ政務・外務・司法・経済企画長官　㊥サンマリノ　㊥1959年5月26日　㊥2008／2012

ベラルディーノ, ジョー　Berardino, Joe　本名＝ベラルディーノ, ジョセフ　実業家　元・アーサーアンダーセンCEO　㊥米国　㊥2004／2008

ベラルビ, カデール　Belarbi, Kader　バレエダンサー　パリ・オペラ座バレエ団エトワール　㊥1962年　㊥2000

ベラーレス, プリシーラ　Perales, Priscila　ミス・インターナショナル　国メキシコ　歴2008／2012

ベラン, アラン・ドミニク　Perrin, Alain Dominique　実業家　カルティエ・インターナショナル社長　国フランス　生1942年　歴1992／1996

ベラン, ウォルター　Beran, Walter F.　アーンスト・アンド・ヤング最高顧問　国米国　生1926年4月20日　歴1992

ベラン, ジャック　Perrin, Jacques　本名＝シモネ, ジャック・アンドレ　別名＝Simonet, Jacques　俳優, 映画監督・プロデューサー　国フランス　生1941年7月13日　歴1992／1996／2000／2004／2008／2012

ベラン, ジョジアーヌ　Perrin, Josyane　ボランティア活動家　児童虐待　国フランス　生1952年　歴2004

ベラン, ハインリッヒ　Berann, Heinrich C.　画家　国オーストリア　生1915年　歴1996

ベラン, ピエール　Béland, Pierre　セントローレンス国立生態毒性学研究所首席研究員　海洋生態学　国カナダ　歴2000

ベラン, フランシス　Perrin, Francis Henri Jean Siegfried　原子物理学者　元・パリ大学教授　国フランス　生1901年8月17日　没1992年7月4日　歴1992／1996

ベラン, ミシェール　Perrein, Michèle　作家　国フランス　歴1992

ベランガール, ジェレミー　Bélingard, Jérémie　バレエダンサー　パリ・オペラ座バレエ団　国フランス　歴2004／2008

ベランダー, アルト　フィンランド・デザイン・センター代表, アルト・コルサルティング社長　国フィンランド　歴1996

ベラント, クリス　Pellant, Chris　地球科学者, 自然保護主義者　国英国　歴2000

ヘランド, パトリック　Helland, Patrick J.　ソフトウェア・エンジニア　HaLコンピュータシステムズ社　データベース管理, トランザクション処理　国米国　歴1992／1996

ベリー, アリシア　Perry, Alycia　経営コンサルタント　ヴァーサント・アイデンティティ共同創業者　歴2008

ヘーリー, アレックス　Haley, Alex　作家, ジャーナリスト　国米国　生1921年8月11日　没1992年2月10日　歴1992（ヘイリー, アレックス）／1996（ヘイリー, アレックス）

ペリー, アン　Perry, Anne　推理作家　国英国　生1938年　歴2000

ベリー, アンドルー　Berry, Andrew　遺伝学者, ライター　ハーバード大学比較動物学博物館助手　国米国　歴2008

ペーリー, ウィリアム　Paley, William S.　実業家　元・CBS放送会長　国米国　生1901年9月28日　没1990年10月27日　歴1992

ペリー, ウィリアム　Perry, William James　政治家, 数学者　スタンフォード大学上級研究員　元・米国対北朝鮮政策調整官, 元・米国国防長官　国米国　生1927年10月11日　歴1996／2000／2004／2008／2012

ベリー, ウィリアム・E.　弁護士　ミラー・キャンフィールド・パドック・アンド・ストーン法律事務所　ダンピング法　国米国　歴1992

ベリー, ウェンデル　Berry, Wendell　作家　国米国　生1934年8月5日　歴1996

ベリー, エイドリアン　Berry, Adrian　科学ジャーナリスト, 作家　国英国　歴2000

ベリー, エドワード　Berry, Edward　ビクトリア大学教授　英文学, シェークスピア研究　国米国　生1940年　歴1992

ベリー, クレイグ　Berry, Craig A.　コンピュータ技術者　歴2004

ベリー, グレッグ　Perry, Greg　プログラマー　歴2004

ベリ, クロード　Berri, Claude　本名＝ラングマン, クロード　映画監督, 映画プロデューサー　国フランス　生1934年7月1日　没2009年1月12日　歴1996

ペリー, ケイティ　Perry, Katy　前名＝ハドソン, ケイティ　シンガー・ソングライター　国米国　生1984年10月25日　歴2012

ヘーリー, ゲイル　Haley, Gail E.　絵本作家　国米国　生1939年　歴2004

ペリー, ゲイロード　Perry, Gaylord　本名＝Perry, Gaylord Jackson　元・大リーグ選手　国米国　生1938年9月15日　歴1992

ペリー, ケニー　Perry, Kenny　プロゴルファー　国米国　生1960年8月10日　歴2012

ベリー, ケン　Berry, Ken　実業家　EMIミュージック・インターナショナル社長・CEO　国英国　歴1996

ペリー, コリー　Perry, Corey　アイスホッケー選手（FW）　バンクーバー五輪アイスホッケー男子金メダリスト　国カナダ　生1985年5月16日

ペリー, サミュエル　Perry, Samuel　コーネル大学医学部臨床精神医学部門准教授, ニューヨーク病院コンサルテーション・リエゾン部局副部長, コロンビア大学精神分析研究センター協同研究員　精神医学　国米国　歴1992

ヘーリー, ジェイ　Haley, Jay　心理学者, 家族療法家　元・家族療法研究所所長, 元・メリーランド大学精神科教授　国米国　没2007年2月13日　歴2004／2008

ベリ, シーザー　Pelli, Cesar　建築家　国米国　生1926年　歴1992／1996

ペリー, ジョー　Perry, Joe　グループ名＝エアロスミス　ロック・ギタリスト　国米国　生1952年9月10日　歴2000／2004／2008／2012

ベリー, ジョン　Berry, John　舞台美術家　元・ロイヤル・シェイクスピア劇団（RSC）首席デザイナー　国英国　生1925年　没2000年11月22日

ペリー, ジョン・カーティス　Perry, John C.　タフツ大学フレッチャー法律外交大学院教授　東アジア史　歴1992／2000

ペリー, スティーブ　Perry, Steve　作家　国米国　歴2000／2004

ペリー, スティーブ　Perry, Steve　旧グループ名＝ジャーニー　ロック歌手　国米国　生1953年1月22日　歴2004／2008／2012

ベリー, チャック　Berry, Chuck　本名＝ベリー, チャールズ　ロック歌手　国米国　生1926年10月18日　歴1992／1996／2000

ペリー, ティム　Perry, Tim　ライター　歴2004

ベーリー, デービッド　Baley, David H.　ニューヨーク州立大学刑事司法大学院教授　比較国際刑事司法学, 犯罪社会学　国米国　生1933年　歴1992／1996

ペリー, デービッド　Perry, David M.　3M社データ記録製品部研究室長　計算機解析干渉法　国米国　歴1992

ペリー, デービッド　Perry, David　ジャズ・ライター, 映画・テレビプロデューサー　歴2004

ベーリー, ドノバン　Bailey, Donovan　元・陸上選手（短距離）　国カナダ　生1967年12月16日　歴1996／2000

ペリー, トマス　Perry, Thomas　作家　南カリフォルニア大学アシスタント・コーディネーター　国米国　生1947年　歴1992／1996／2004／2008

ベリー, ドロシー・ハマチ　ベリー, ドロシー・浜地　Berry, Dorothy H.　国際金融公社（IFC）副総裁　元・世界銀行（IBRD）人事担当副総裁　歴2000／2004／2008

ベリ, ナビハ　Berri, Nabih　政治家　レバノン国会議長, アマル（シーア派イスラム教徒の民兵組織）指導者　国レバノン　生1938年1月28日　歴1992／1996／2000／2004／2008／2012

ペーリー, ニコラス　Paley, Nicholas　教育学者　ジョージワシントン大学教養学部名誉教授　国米国　歴2004

ベリー, ハル　Berry, Halle　女優　国米国　生1966年8月14日　歴2004／2012

ベリー, ビル　Berry, Bill　旧グループ名＝R.E.M.　ロックドラマー　国米国　生1958年7月31日　歴2004／2008

ペリー, フランク　Perry, Frank　映画監督, 映画プロデューサー　国米国　生1930年　歴1996

ベリー, フランシス　Berry, Francis　騎手　国アイルランド　生1981年1月2日　歴2012

ペリー, フレッド　Perry, Fred John　本名＝ペリー, フレデリック・ジョン　テニス選手　元・全英テニス男子シングルスチャンピオン　国米国　生1909年5月18日　没1995年2月2日　歴1996

ペリー, ヘレン・スウィック　Perry, Helen Swick　編集者, 社会心理学者　国米国　歴2004

ペリー, ポール　Perry, Paul　元・「アメリカン・ヘルス」誌編集長

国米国 殁2000

ベーリー, マイケル　実業家　コンパス・グループ社長・CEO　国英国　殁2004／2008

ベリー, マイケル　Perry, Michael Sydney　実業家　ダンロップ・スラゼンジャーグループ会長, 英国対日貿易促進委員会委員長　国英国　生1934年2月26日　殁1992／2000／2004

ベリー, マリー・エリザベス　Perry, Marie Elizabeth　フラフープ演技者　リングリング・サーカス団員　国米国　殁1992

ベリー, ミシェル　Perry, Michelle　陸上選手（ハードル）　国米国　生1979年5月1日

ベリー, メアリ・エリザベス　Berry, Mary Elizabeth　歴史学者　カリフォルニア大学バークレー校教授　専日本中世・近世史　国米国　殁2004

ベリー, リー　Perry, Lee　レゲエ・ミュージシャン　生1936年　殁2000

ベリー, リチャード　ロック歌手　国米国　生1997年1月23日　殁1992

ベリー, リック　Perry, Rick　本名=Perry,James Richard　政治家　テキサス州知事　国米国　生1950年3月4日　殁2004／2008／2012

ベリー, ルーク　Perry, Luke　本名=Perry,Coy Luther,III　俳優　国米国　生1965年10月11日　殁2000

ベリー, ルース　Perry, Ruth　政治家　元・リベリア暫定国家評議会議長　国リベリア　殁2000

ベリー, ローランド　Perry, Roland　作家, ジャーナリスト　国オーストラリア　生1947年（?）　殁1992

ベリー, ロン　Berry, Ron　作家　殁2008

ベリアー, ジャン・ルネ　実業家　サロモン・アンド・テーラーメイド会長　国フランス　生1944年4月17日　殁2008

ベリアス, ディーパク　Veliath, Deepak　コンピュータ技術者　オラクル　殁2004

ベリアン, シャルロット　Perriand, Charlotte　インテリアデザイナー　国フランス　生1903年　歿1999年　殁1992／2000

ベリエ, オリビエ　Peslier, Olivier　騎手　国フランス　生1973年1月12日　殁2000／2004／2008

ベリエ, スティーブン　Verrier, Steven　英語教師　国米国　殁2004

ベリエ, ミレーユ　Perrier, Mireille　女優　国フランス　殁1996

ベリエニ, ステファノ　元・ナポリ東洋大学助教授　専日本研究　国イタリア　生1945年　歿1986年11月13日　殁1992

ベリオ, ルチアーノ　Berio, Luciano　本名=Berio,Angelo Luciano　作曲家, 指揮者　国イタリア　生1925年10月24日　歿2003年5月27日　殁1992／1996／2000

ベリオソワ, スベトラーナ　Beriosova, Svetlana　バレリーナ　元・ロイヤル・バレエ団プリマ　国英国　生1932年9月24日　歿1998年11月10日　殁2000

ヘリオット, ジェームズ　Herriot, James　本名=ワイト, ジェームズ・アルフレッド　作家, 獣医　国英国　生1916年10月3日　歿1995年2月23日　殁1992／1996

ペリカノワ, タチアナ　数学教師, 反体制活動家　国ロシア　殁2000

ペリカーン, イジー　Perikán, Jiří　ジャーナリスト　「リスティ」編集長　国イタリア　生1923年　殁1992

ベリガン, ダニエル　Berrigan, Daniel J.　神学者, 反戦活動家　元・ウッドストック・カレッジ教授　国米国　生1921年5月9日　殁2004

ベリガン, フランシス　Berrigan, Frances J.　ミドルセックス・ポリテクニック学校映画・テレビ学部研究員　専コミュニケーション論　国英国　殁1992

ペリカン, ヤーロスラフ　Pelikan, Jaroslav　本名=Pelikan, Jaroslav Jan　歴史学者　元・エール大学名誉教授　専哲学, 神学　国米国　生1923年12月17日　歿2006年5月13日　殁2000

ベリークヴィスト, カイサ　Bergqvist, Kajsa　走り高跳び選手　シドニー五輪陸上女子走り高跳び銅メダリスト　国スウェーデン　生1976年10月12日

ヘリクソン, ジェレミー　Hellickson, Jeremy　本名=Hellickson, Jeremy Robert　大リーグ選手（投手）　国米国　生1987年4月8日

ペリクレス　Pericles　本名=オリヴェイラ・ラモス, ペリクレス・デ　サッカー選手（DF）　国ブラジル　生1975年　殁2000／2004／2008

ベリグレン, クリスチャン　Berggren, Christian　リンシェピン大学教授　専産業経営学　国スウェーデン　殁2000

ペリグロ, キッド　Peligro, Kid　ジャーナリスト　殁2008

ペリゴ, フランソワ　Périgot, François　フランス経営者評議会（CNPF）議長　元・ユニリーバー（フランス）社長　国フランス　生1926年5月12日　殁1992／1996

ペリコリ, テゥリオ　Pericoli, Tullio　イラストレーター, 画家　国イタリア　生1936年　殁1996

ペリコーン, ニコラス　Perricone, Nicholas　医学者　エール大学医学部助教授　専皮膚病学　国米国　殁2004

ベリサリオ, マリサ　Bellisario, Marisa　元・イタルテル社社長　国イタリア　生1988年8月4日　殁1992

ペルシェ, アルヴィド　Pelshe, Arvid Yanovich　革命運動家, 政治家　元・ソ連共産党中央委員会付属党統制委員会議長・政治局員　国ソ連　生1899年2月7日　歿1983年5月30日　殁1992

ベリシャ, サリ　Berisha, Sali　政治家, 外科医　アルバニア首相, アルバニア民主党議長　元・アルバニア大統領　国アルバニア　生1944年10月15日　殁1992／1996／2000／2008／2012

ヘリス, アン　Herries, Anne　ロマンス作家　国英国　殁2004

ペリス, ベルナール　Perris, Bernard　ファッションデザイナー　国フランス　生1942年　殁1992

ベリストレーム, スーネ　Bergström, Sune Karl　生化学者　元・カロリンスカ研究所所長　国スウェーデン　生1916年1月10日　歿2004年8月15日　殁1992／1996／2000

ベリストレム, ヘレーナ　Bergström, Helena　女優　国スウェーデン　生1964年　殁2004

ベリストロム, レナ　Bergström, Lena　ガラスデザイナー　国スウェーデン　生1961年　殁2000

ペリスニーボン, ノバ　Peris-Kneebone, Nova　ホッケー選手　国オーストラリア　殁2000／2004

ベリチェフ, グリゴリー　元・柔道選手　国ソ連　殁1992

ベリチック, ビル　Belichick, Bill　プロフットボール監督　国米国　生1952年4月16日

ヘリック, グレゴリー　プロペラ機収集家　国米国　殁2004

ペリッシノット, アレッサンドロ　Perissinotto, Alessandro　作家　国イタリア　生1964年　殁2008／2012

ペリッセ, モーリス　Périsset, Maurice　推理作家, 伝記作家　国フランス　殁1992

ペリッツァーリ, ウンベルト　Pelizzari, Umberto　通称=ベリザリ　潜水家　国イタリア　生1965年8月28日　殁2000

ベリティ, C.ウィリアム（Jr.）　Verity, C.William (Jr.)　政治家, 実業家　元・米国商務官, 元・アーコム社長　国米国　生1917年1月26日　殁1992／1996

ベリデイル・ジョンソン, ミシェル　Berriedale-Johnson, Michelle　料理研究家　国米国　殁2004

ベリーニ, ジェームズ　Bellini, James　シナリオライター, テレビコメンテーター, ジャーナリスト　国英国　殁1992

ベリーニ, マリオ　Bellini, Mario　建築家, インダストリアルデザイナー　「ドムス」編集長　国イタリア　生1935年　殁1992／1996

ベリネリ, ジョゼ　Belineli, José　造形美術家　国ブラジル　殁2004

ペリーノ, ダナ　Perino, Dana　元・米国大統領報道官　国米国　生1972年　殁2008／2012

ペリノ, パスカル　Perrineau, Pascal　政治学者　パリ政治学院附属政治行動センター所長　国フランス　生1950年7月　殁2000

ペリフ, ワジム　ジャーナリスト　「プラウダ」紙記者　国ソ連　生1961年5月15日　殁1992／1996

ペリフィモウ　Perifimou　本名=ジョルジォ, アレクサンダー　画家　国英国　生1916年　殁1996

ベリーマン, ガイ　Berryman, Guy　本名=ベリーマン, ガイ・ルパート　グループ名=コールドプレイ　ミュージシャン　国英国

ペリマン, ステファン・ジョン　Perryman, Stephen John　サッカー監督,元・サッカー選手　国英国　生1951年12月21日　表2000／2004

ベリヤコーヴィッチ, ワレーリー　Belyakovich, Valery　演出家　ユーゴザパト芸術監督　国ロシア　生1950年　表2000／2004／2008／2012

ベリヤコフスカヤ, リータ　シナリオライター　ソ連女性映画人協会会長　国ソ連　表1992

ペリュショ, アンリ　Perruchot, Henri　作家　国フランス　生1917年　没1996年

ベリョー, ウォールデン　Bello, Walden　フィリピン大学教授　専社会学　国米国　表2000／2004

ヘリョン　Hye-ryeon　本名=チョヘリョン　タレント　国韓国　生1970年5月29日　表2008／2012

ベリルンド, パーヴォ　Berglund, Paavo　指揮者　元・フィンランド放送交響楽団音楽総監督・首席指揮者　国フィンランド　生1929年4月14日　没2012年1月25日　表2012

ベリン, デービッド　Bellin, David　コンピューター科学者　ノース・カロライナA&T州立大学教授　国米国　表2004

ベリン, デービッド　Perrin, David　獣医　国カナダ　表2008

ヘリン, ペッカ　Helin, Pekka　建築家　ヘルシンキ工科大学講師　国フィンランド　生1945年　表1996

ベリン, マイケル　科学者　国英国　没1988年8月18日　表1992

ベリン, ロビン　Perrin, Robin D.　社会学者　ペパーダイン大学社会学部助教授　国米国　表2004／2008

ベリンキ, タチアナ　Belinky, Tatiana　児童文学作家　国ブラジル　表2004

ヘリング, キース　Haring, Keith　ポップアート画家　国米国　生1958年5月4日　没1990年2月16日　表1992

ヘリング, ジョージ　Herring, George C.　ケンタッキー大学歴史学教授　専アメリカ外交史　国米国　生1926年　表1996

ヘーリング, トーマス　Herring, Thomas A.　マサチューセッツ工科大学地球大気惑星科学科準教授　専地球物理学　国米国　表2000

ヘーリング, ベルンハルト　Häring, Bernhard　カトリック司祭,神学者　専倫理神学　国ドイツ　生1912年11月10日　没1998年7月3日　表1992

ヘリング, リチャード　ペンシルベニア大学ウォートン・スクール教授　専金融論　国米国　生1946年　表1992

ベル, アーサー　Bell, Arthur H.　経営学者　サンフランシスコ大学教授　国米国　表2004／2008

ベル, アーサー　Pell, Arthur R.　人材管理コンサルタント　国米国　表2004

ベル, アート　Bell, Art　ラジオパーソナリティー　国米国　表2008

ヘール, アラン　ヘール・ポップすい星の発見者　国米国　生1958年　表2000

ベル, アルバート　Belle, Albert　元・大リーグ選手　国米国　生1966年8月25日　表2000／2004

ベル, アレクセイ　Bell, Alexei　野球選手(外野手)　北京五輪野球銀メダリスト　国キューバ　生1983年10月2日　表2012

ペール, アンドリ　Peer, Andri　詩人,作家,エッセイスト　国スイス　生1921年　表1992

ベル, ウィリアム　Bell, William　作家　国カナダ　生1945年　表2000

ベル, ウォーリー　Bell, Wally　大リーグ審判員　国米国　没2013年10月14日

ベル, オニール　Bell, O'Neil　プロボクサー　元・WBA・WBC・IBF世界クルーザー級チャンピオン　国ジャマイカ　生1974年12月29日

ペール, カール・オットー　Pöhl, Karl Otto　銀行家　ベルテルスマン社監査役,QUICK顧問　元・ドイツ連邦銀行総裁　国ドイツ　生1929年12月1日　表1992／1996

ベル, クエンティン　Bell, Quentin　元・オックスフォード大学スレイド教授　専美学,美術史　国英国　生1910年　没1996年　表1992

ベール, クリスチャン　Bale, Christian　俳優　国英国　生1974年1月30日　表1992／2000／2004／2008／2012

ベル, クリステン・レイ　Bell, Kristen Leigh　アロマセラピスト　表2008

ベル, クレイボーン　Pell, Claiborne de Borda　政治家　元・米国上院議員(民主党)　国米国　生1918年11月22日　没2009年1月1日　表1992／1996

ベル, ジェイミー　Bell, Jamie　俳優　国英国　生1986年3月14日　表2004／2008

ベル, ジム　Bell, Jim　コーネル大学天文学部準教授　表2008

ベル, シャノン　Bell, Shannon　哲学者　インディアナ大学助教授　専古典政治理論,女性学理論,法理論　国カナダ　生1955年　表2004

ベル, ジャン　Bell, Jan　会計学者　カリフォルニア州立大学ノースリッジ校教授　国米国　表2004／2008

ベル, ジョージ　Bell, George　大リーグ選手(外野手)　国米国　生1959年10月21日　表1996

ベル, ジョージ　Bell, George　エキサイト社長　国米国　表2000

ベル, ジョシュア　Bell, Joshua　バイオリニスト　国米国　生1967年12月9日　表1992／1996／2000／2012

ヘール, ジョン　Hale, John R.　考古学者　ルイビル大学一般教養課程学部長　国米国　表2008

ベル, ダニエル　Bell, Daniel　社会学者,ジャーナリスト　元・ハーバード大学名誉教授　国米国　生1919年5月10日　没2011年1月25日　表1992／1996／2000

ベル, チップ　Bell, Chip R.　ビジネスコンサルタント　表2004

ベル, テッド　Bell, Ted　別名=ベル,セオドア　作家　表2008

ヘール, デービッド　Hale, David　エコノミスト　ケンパーファイナンシャル社副社長・チーフエコノミスト　国米国　表2000

ベル, デービッド　Bell, David　フィナンシャル・タイムズ(FT)社長　国英国　表1996

ベル, デービッド　Bell, David Michael　大リーグ選手(内野手)　国米国　生1972年9月14日　表2004／2008

ベル, デービッド・エリオット　Bell, David Elliott　経済学者,元・政治家　ハーバード大学教授　元・米国国際開発局長官　国米国　生1919年1月20日　表1996

ヘール, デボラ　Hale, Deborah　ロマンス作家　表2008

ベル, デリック　Bell, Derrick　法律学者,弁護士　ニューヨーク大学ロースクール客員教授　国米国　表2000

ベル, テレル　Bell, Terrel H.　元・米国教育長官　国米国　生1921年11月11日　没1996年6月22日　表1992

ベル, トビン　Bell, Tobin　俳優　国米国　生1942年　表2012

ベル, トーマス・D.(Jr.)　実業家　バーソン・マーステラ社長　国米国　表1996

ベル, ハインリッヒ　Böll, Heinrich Theodor　作家　元・国際ペンクラブ会長　国ドイツ　生1917年12月21日　没1985年7月16日　表1992

ベル, バディー　Bell, Buddy　本名=Bell,David Bell　大リーグ監督,元・大リーグ選手　国米国　生1951年8月27日　表2000／2004／2008／2012

ベル, パール　Bell, Pearl K.　文芸評論家　国米国　生1922年　表1996

ヘル, ハルトムート　Höll Hartmut　ピアニスト　カールスルーエ音楽大学教授　国ドイツ　表1992／1996／2000／2008／2012

ベール, ファビアン　Ver, Fabian　軍人,政治家　元・フィリピン国軍参謀総長・国家情報公安局(NISA)長官　国フィリピン　生1920年1月20日　没1998年11月21日　表1992

ペルー, フランソワ　Perroux, François　経済学者　元・リヨン大学教授,元・パリ大学教授　国フランス　生1903年12月19日　没1987年6月2日　表1992

ヘール, フリードリヒ　Heer, Friedrich　歴史家　元・ウィーン大学歴史学教授　国オーストリア　生1914年　没1983年9月18日　表1992

ベル, マイケル　Bell, Michael　文学者　ウォーリック大学教授　⊕1941年　⊛2004

ベル, マディソン・スマート　Bell, Madison Smartt　作家　⊠米国　⊕1957年　⊛1992／1996

ペルー, マデリン　Peyroux, Madeleine　シンガー・ソングライター　⊠米国　⊛2012

ベル, マリー　Bell, Marie　本名＝ベロン, マリー　女優　⊠フランス　⊕1900年12月23日　⊖1985年8月14日　⊛1992

ベル, マリオ　Bel, Mario　画家　⊠フランス　⊕1924年　⊛1992

ベル, ミッキー　実業家　コンバース社長　⊠米国　⊛1996

ベル, ラジャ　Bell, Raja　バスケットボール選手　⊠米国　⊕1976年9月19日

ベル, ラリー　Bell, Larry　宇宙建築家, 発明家　ヒューストン大学国際宇宙センター教授, 米国工業デザイナー協会理事, 米国航空宇宙局(NASA)顧問　⊠米国　⊕1938年　⊛1992

ヘル, リチャード　Hell, Richard　グループ名＝リチャード・ヘル＆ザ・ヴォイドイズ　作家, 詩人, ミュージシャン　⊛2008

ベル, レジーナ　ソウル歌手　⊠米国　⊛1996

ベル, ロバート　Bell, Robert Ivan　ニューヨーク市立大学ブルックリン校教授　⊠経済学　⊕1942年　⊛1996

ベールイ, ミハイル　Bely, Mikhail M.　外交官　駐日ロシア大使　⊠ロシア　⊕1945年10月20日　⊛2008／2012

ベルイード, ショクリ　Belaïd, Chokri　政治家　元・チュニジア民主愛国主義運動(PPDU)党首　⊠チュニジア　⊖2013年2月6日

ベルイビスト, ニルス　Berghvist, Nils　作家, パン屋　⊠スウェーデン　⊛1992

ベルイマン, イングマール　Bergman, Ingmar　本名＝Bergman, Ernest Ingmar　映画監督, 演出家　⊠スウェーデン　⊕1918年7月14日　⊖2007年7月30日　⊛1992／1996／2000／2004

ベルイマン, ステン　スウェーデン大使館科学技術担当参事官　⊠スウェーデン　⊛1992

ベルイマン, トーマス　Bergman, Thomas　写真家　⊠スウェーデン　⊕1947年8月24日　⊛1992／1996／2000

ベルヴァル, ルネ・ド　Berval, René de　ジャーナリスト, 仏教研究家　⊠フランス　⊖1987年12月28日　⊛1992(ベルバル, ルネ・ド)

ベルヴィシン, エルレン　Pervyshin, Erlen Kirikovich　政治家　ソ連通信工業相　⊠ソ連　⊕1932年　⊛1992(ペルブイシン, エルレン)

ヘルヴィッヒ, クラウス　Hellwig, Klaus　ピアニスト　ベルリン・ホッホシューレ教授　⊠ドイツ　⊕1941年8月3日　⊛1996(ヘルビッヒ, クラウス)

ヘルヴェグ, トマス　Helveg, Thomas　サッカー選手(MF)　⊠デンマーク　⊕1971年6月24日　⊛2004／2008

ベルヴォー, レミー　Belvawx, Rémy　映画監督　⊠ベルギー　⊕1966年11月10日　⊛1996(ベルボー, レミー)

ベルウッド, ピーター　Bellwood, Peter S.　考古学者　オーストラリア国立大学先史学・人類学部教授　⊠オセアニア考古学　⊠オーストラリア　⊕1943年　⊛1992／2000／2012

ベルガー, エルナ　Berger, Erna　ソプラノ歌手　⊠ドイツ　⊕1900年10月19日　⊛1992

ベルガー, ゲルハルト　Berger, Gerhard　元・F1ドライバー　BMWスポーティング・ディレクター　⊠オーストリア　⊕1959年8月27日　⊛1992／1996／2000／2004／2008

ベルガー, パトリック　Berger, Patrik　サッカー選手(MF)　⊠チェコ　⊕1973年11月10日　⊛2000／2008

ベルガー, ハン　Berger, Han　サッカー監督, 元・サッカー選手　サッカー日本代表テクニカル・ディレクター　⊠オランダ　⊕1950年6月17日　⊛2008／2012

ベルカ, マレク　Belka, Marek　政治家, 経済学者　国際通貨基金(IMF)ヨーロッパ局長　元・ポーランド首相, 元・国連欧州経済委員会(UNECE)議長　⊠ポーランド　⊕1952年1月9日　⊛2004／2008／2012

ベルガー, ルドルフ　ウィーン・カマーオパー・ゼネラル・マネジャー　⊛2000

ベルガー, ローランド　Berger, Roland　経営コンサルタント　ローランド・ベルガー社社長　⊠ドイツ　⊕1937年11月22日　⊛1996

ヘルガドッティル, グズルン　Helgadóttir, Gudrún　児童文学者　アイスランド国会議員　⊠アイスランド　⊛1996

ベルガミーニ, アンドレーア　Bergamini, Andrea　哲学史家, 文芸評論家, 音楽評論家　⊠イタリア　⊕1966年　⊛2000

ベルガメンシチコフ, ボリス　Pergamenschchikov, Boris　チェロ奏者　⊠ドイツ　⊕1948年8月　⊖2004年4月30日　⊛1996／2000

ベルガンサ, テレサ　Berganza, Teresa　メゾ・ソプラノ歌手　⊠スペイン　⊕1935年3月16日　⊛1992／1996／2008／2012

ベルカンプ, デニス　Bergkamp, Dennis　元・サッカー選手　⊠オランダ　⊕1969年5月10日　⊛1996／2000／2004／2008／2012

ベルキ, クリスティアン　Berki, Krisztián　体操選手　ロンドン五輪体操男子あん馬金メダリスト　⊠ハンガリー　⊕1985年3月18日

ベルキッチ, ベリス　Belkić, Beriz　政治家　元・ボスニア・ヘルツェゴビナ幹部会員(イスラム教徒代表)　⊠ボスニア・ヘルツェゴビナ　⊕1946年9月8日　⊛2004／2008

ベルキン, ボリス　Belkin, Boris　バイオリニスト　⊠イスラエル　⊕1948年　⊛2012

ベルキン, ミカエル　Belkin, Michael　投資アナリスト　⊕1953年　⊛1996

ベルク, オギュスタン　Berque, Augustin　文化地理学者, 日本学者　フランス社会科学高等研究院教授　元・宮城大学教授　⊠文化地理学, 風土学　⊠フランス　⊕1942年9月6日　⊛1992／1996／2000／2004／2008／2012

ベルク, クリスティアン　Berg, Christian　ミュージカル俳優　⊠ドイツ　⊕1966年　⊛2008

ベルク, ブラントン　Belk, J.Blanton　アップ・ウィズ・ピープル創立者, コロラド州日米協会理事　⊠米国　⊛2004／2008

ベルク, マティアス　Berg, Matthias　ホルン奏者, 元・陸上選手, 元・スキー選手　⊠ドイツ　⊛2000

ベルグジャン, ヴィトルト　Wergzyn, Witold　写真家　国立プラスチック・アート・アカデミー　⊠ポーランド　⊕1945年　⊛1992

ベルグスマ, ヨリット　Bergsma, Jorrit　スピードスケート選手　⊠オランダ　⊕1986年2月1日

ベルクトフ, イーゴリ　Berkutov, Igor B.　物理学者　ハリコフ低温物理工学研究所研究員　⊠低温物理学　⊠ウクライナ　⊕1968年　⊛2004

ベルグナー, エリザベス　Bergner, Elisabeth　女優　⊠英国　⊕1900年8月22日　⊛1992

ベルクハン, バルバラ　Berckhan, Barbara　カウンセラー　⊕1957年　⊛2004

ベルクハーン, フォルカー　Berghahn, Volker R.　歴史学者　ブラウン大学歴史学部教授　⊠ドイツ近現代史, 国際政治史　⊕1938年　⊛1996

ベルグマン, タマル　Bergman, Tamar　作家　⊠イスラエル　⊛2008

ベルクマン, トーマス　Bergman, Thomas　作家, 映像作家　⊠民族学　⊕1943年　⊛1996

ベルグマン, ニル　Bergman, Nir　映画監督　⊠イスラエル　⊕1969年　⊛2004／2008／2012

ベルクマンス, イングリッド　柔道選手　⊠ベルギー　⊛1992

ベルクマンス, ジャック　Pelkmans, Jacques　WRR評議員, College of Europe経済学部長, CEPS研究員, マーストリヒト大学客員教授　⊠オランダ　⊛2008

ベルクマン・ポール, ザビーネ　Bergmann-Pohl, Sabine　政治家, 医師　ドイツ無任所相, ベルリン・フリードリヒスハイン総合病院結核専門部長　元・東ドイツ人民議会議長　⊠ドイツ　⊕1946年4月20日　⊛1992／1996

ベルクム, イダ・ファン　Berkum, Ida van　絵本作家　⊠オランダ　⊕1964年　⊛2000

ベルグラン, ハインツ　Berggruen, Heinz　画商　⊠ドイツ　⊕1914年　⊛2004

ベルグリーノ, ルノー　Pellegrino, Renaud　デザイナー　国フランス　生1946年8月2日　没1996

ベルゲ, グレーテ　Berget, Grete Anni　政治家, 元・ジャーナリスト　元・ノルウェー児童家族問題相　国ノルウェー　生1954年3月25日　没1996／2000

ベルケ, ジル　Berquet, Gilles　写真家, 元・画家　国フランス　生1956年3月3日　没1996

ベルゲル, トラ　Berger, Tora　バイアスロン選手　バンクーバー五輪バイアスロン女子15キロ金メダリスト　国ノルウェー　生1981年3月18日　没2012

ベルコヴィッチ, サンドラ　Perković, Sandra　円盤投げ選手　ロンドン五輪陸上女子円盤投げ金メダリスト　国クロアチア　生1990年6月21日

ベルゴースト, エリク　Bergoust, Eric　スキー選手（フリースタイル）　国米国　生1969年8月27日　没2000

ベルコーラ, サイド　サッカー国際審判　国モロッコ　生1956年8月30日　没2000

ベルゴリア, ホルヘ　Perugorria, Jorge　俳優　国キューバ　没1996

ベルゴリーニ, アンジェロ　Pergolini, Angelo　ジャーナリスト　国イタリア　生1959年10月29日　没2000

ベルゴルチェフ, レオニード　写真家　モスクワ写真家協会会長　国ソ連　生1932年　没1992

ベルゴンツィ, カルロ　Bergonzi, Carlo　テノール歌手　国イタリア　生1924年7月13日　没1992／1996／2000

ベルサー, ウルス　Belser, Urs　歯学者　ジュネーブ大学教授　国スイス　没2004

ベルザー, デーブ　Pelzer, Dave　作家　国米国　没2004／2008／2012

ベルサーニ, ピエルルイジ　Bersani, Pier Luigi　政治家　元・イタリア民主党書記長　国イタリア　生1951年9月29日

ベルサーニ, レオ　Bersani, Leo　フランス文学研究家, 文芸批評家　カリフォルニア大学バークレー校教授　国米国　生1931年　没2000

ベルサン, ロランス・ド　Percin, Laurence de　「パックス―新しいパートナーシップの形」の著者　没2008

ベルシー, キャサリン　Belsey, Catherine　文化史家　カーディフ大学英文学部教授・批評文化理論研究所所長　生1940年　没2008

ベルーシ, ジョン　Belushi, John　コメディアン　国米国　生1949年　没1982年3月5日　没1992

ベルシェ, オスカル　Berger, Oscar　本名＝ベルシェ・ペルドモ, オスカル　政治家　元・グアテマラ大統領　国グアテマラ　生1946年8月11日　没2008／2012

ベルジェ, ピエール　Bergé, Pierre Vital Georges　イヴ・サン・ローラン会長, パリ・オペラ座名誉総裁　国フランス　生1930年11月14日　没2000

ベルジェロ, フィリップ　サッカーコーチ　元・サッカー・フランス代表GKコーチ　国フランス　生1954年1月13日　没2004

ベルジェロン, T.　Bergeron, Tor　気象学者　元・ウプサラ大学教授　国スウェーデン　生1891年8月15日　没1992

ベルジゴン, J.　Perdigão, Jose De Azeredo　グルベンキアン財団理事長　国ポルトガル　生1896年9月19日　没1992

ベルシャー, ニッキー　Belsher, Nikki　ミュージカル女優, 歌手　「ロンドン娘」ボーカリスト　国英国　生1968年1月24日　没1992

ヘールシャム卿　Hailsham, Lord　本名＝ヘールシャム, クインティン・マッガレル・ホッグ　政治家　元・英国大法官, 元・英国上院議員　国英国　生1907年10月9日　没2001年10月12日　没1992（ヘイルシャム卿）

ベルジュ, ジャック　Vergès, Jacques　弁護士　国フランス　生1925年3月5日　没2008／2012

ベルジュイス, マックス　Velthuijs, Max　絵本作家　国オランダ　没2005年1月25日　没1992／1996／2000

ベールシュトルド, ジャック　Berchtold, Jacques　フランス文学者　パリ第3大学教授　国フランス　生1959年　没2008

ヘルシンギウス, J.　EUネット・フィンランド代表　国フィンランド　没2000

ヘルシング, レンナート　Hellsing, Lennart　詩人, 児童文学作家　国スウェーデン　生1919年　没2008

ベルジンシ, アンドリス　Berzinš, Andris　政治家, 銀行家　ラトビア大統領　国ラトビア　生1944年12月10日　没2012（ベルジンシュ, アンドリス）

ベルジンシュ, アンドリス　Berzins, Andris　政治家　元・ラトビア首相　国ラトビア　生1951年8月4日　没2004／2008

ベルジンシュ, インドリス　政治家　ラトビア外相　国ラトビア　没2000

ヘールズ, H.リー　Hales, H.Lee　企業コンサルタント　クーパース・アンド・ライブランド社全米パートナー　国CIM（製造業における統合生産システム）構築コンサルティング　生1948年　没1992（ヘイルズ, H.リー）／1996（ヘイルズ, H.リー）

ベールズ, ケビン　Bales, Kevin　社会学者　国英国　没2004

ペルス, ルイ　Peltz, Lois　投資コンサルタント, ジャーナリスト　没2004

ベルスキー, ゲーリー　Belsky, Gary　編集者　「ESPNマガジン」編集長　国米国　没2004

ベルスキー, ジェイ　Belsky, Jay　ペンシルベニア州立大学教授　国心理学　国米国　生1952年　没1996

ベルストラエテン, ウィム　Verstraeten, Wim　冒険家, 気球乗り　バルーン・プロモーションズ代表　国ベルギー　没2000

ヘルストレム, アンデッシュ　Hellström, Anders　バレエ監督, 元・バレエダンサー　ネザーランド・ダンス・シアター（NDT）芸術監督　国スウェーデン　生1962年　没2008（ヘルシュトレーム, アンデルス）／2012

ヘルストレム, ベリエ　Hellström, Börge　刑事施設・更正施設評論家, 作家　生1957年　没2008

ヘルストローム, クルト　Hellstrom, Kurt　実業家　エリクソン社長　国スウェーデン　生1943年　没2000

ヘルスベルク, クレーメンス　バイオリニスト　ウィーン・フィルハーモニー管弦楽団楽団長　国オーストリア　生1952年3月28日　没2000

ベルスマ, ルネ　Bersma, René P.　「ティツィア―日本へ旅した最初の西洋婦人」の著者　国カナダ　没2004／2008

ベルセ, イヴ・マリ　Bercé, Yves-Marie　パリ大学現代欧州文明研究センター教授　国歴史学, 民俗学　国フランス　生1936年　没1996

ベルゼル, ジョン　Pelzel, John Campbell　人類学者　元・ハーバード大学人類学教授・イエンチン研究所所長, 元・GHQ民間情報教育局（CIE）世論社会調査課課長　国文化人類学　国米国　生1914年7月25日　没1992

ベルーゾ, リチャード　Belluzzo, Richard　実業家　クアンタムCEO　元・マイクロソフト社長・COO, 元・シリコングラフィックス（SGI）会長・CEO　国米国　没2000／2004

ベルソナ, ラファエル　Personnaz, Raphaël　俳優　国フランス　生1981年7月23日

ベルソン, ケン　ジャーナリスト　ニューヨーク・タイムズ東京支局記者　国米国　没2004／2008

ヘルター, ミハエル　芸術運動家　芸術家の家館長, ヨーロピアン・シアター・ミーティング主宰者　国ドイツ　生1934年　没1992／1996

ベルタ, レナート　Berta, Renato　映画カメラマン　国スイス　生1945年　没1996

ヘルダース, マット　Helders, Matt　グループ名＝アークティック・モンキーズ　ミュージシャン, ロックドラマー　国英国　没2008／2012

ベルタッジア, エンリコ　Bertaggia, Enrico　F1ドライバー　国イタリア　生1964年6月16日　没1996

ベルダル, アレックス　Berdal, Alex　画家　国フランス　生1945年6月9日　没1992／1996

ベルタン, ジャック　地図学者, 地理学者　フランス国立科学研究センター（CNRS）研究員, フランス社会科学高等研究院教授　国図形記号論　国フランス　生1918年　没1996

ベルタン, ロラン　俳優　没1992

ベルチーニ, アレッサンドロ　Pertini, Alessandro　政治家　元・イ

タリア大統領　国イタリア　生1896年9月25日　没1990年2月25日
引1992

ベルチャー, アラン　画家　国カナダ　生1957年　引1996

ベルチャー, ジェリー　ジャーナリスト　元・ロサンゼルス・タイムズ事件記者　国米国　生1987年9月5日　引1992

ベルチャー, ジョバン　Belcher, Jovan　プロフットボール選手　国米国　生1987年7月24日　没2012年12月1日

ベルチャー, マシュー　Belcher, Mathew　通称＝ベルチャー, マット　ヨット選手（470級）　ロンドン五輪セーリング男子470級金メダリスト　国オーストラリア　生1982年9月20日

ベルチンスカヤ, アナスタシア　女優　国ソ連　引1992

ベルチンスキ, マチェイ　ポーランド国際関係研究所所長　専国際経済関係　国ポーランド　引1992

ベルツ, マックス　Perutz, Max　本名＝ベルツ, マックス・ファーディナンド　分子生物学者　元・ケンブリッジ大学分子生物学研究所長　専ヘモグロビン　国英国　生1914年5月19日　没2002年2月6日　引1992／1996／2000

ベルツ, モニカ　児童文学作家　国オーストリア　生1944年　引1996

ヘルツォーク, ヴェルナー　Herzog, Werner　本名＝シュティペティチ, ヴェルナー　映画監督　国ドイツ　生1942年9月5日　引1992／1996／2000／2004／2008／2012

ヘルツォーク, ジャック　Herzog, Jacques　建築家　国スイス　生1950年4月19日　引2000／2008／2012

ヘルツォーク, デービッド　Herzog, David　トランペット奏者　新日本フィルハーモニー交響楽団首席トランペット奏者　国米国　引2004／2008／2012

ヘルツォーグ, ハイム　Herzog, Chaim　政治家　元・イスラエル大統領　国イスラエル　生1918年9月17日　没1997年4月17日　引1992／1996

ヘルツォーク, ロマン　Herzog, Roman　政治家, 法律家　元・ドイツ大統領　国ドイツ　生1934年4月5日　引1996／2000／2004／2008／2012

ベルッチ, モニカ　Bellucci, Monica　女優　国イタリア　生1968年9月30日　引2000／2004／2008／2012

ベルッツィ, アンジェロ　Peruzzi, Angelo　元・サッカー選手　国イタリア　生1970年2月16日　引2000／2008／2012

ベルッティ, アントネラ　Bellutti, Antonella　自転車選手　国イタリア　生1968年11月7日　引2000（ベルッチ, アントネラ）／2004

ヘルツバーグ, ゲルハルト　Herzberg, Gerhard　物理学者, 化学者　元・カナダ国立研究所名誉科学者　専分子分光学, 天体分光学　国カナダ　生1904年12月25日　没1999年3月3日　引1992／1996

ヘルツリンガー, レジナ　Herzlinger, Regina E.　経営学者　ハーバード大学ビジネス・スクール教授　専医療経営論, 非営利企業論, 経営工学論　国米国　引2004／2012

ヘルツル, カトリン　Hoelzl, Kathrin　スキー選手（アルペン）　国ドイツ　生1984年7月18日　引2012

ヘルツル, ベルンハルト　Hölzl, Bernhard　哲学者　国オーストリア　生1959年　引2004

ベルテ, アンソニー　Velte, Anthony T.　コンピュータ技術者　Velte Systems社長　引2004

ベルテ, トビー　Velte, Toby J.　ネットワークコンサルタント, ライター　Velte Systems共同創設者　引2004

ベルティ, ジョルダーノ　Berti, Giordano　作家, 批評家　グラーフ研究所主宰　国イタリア　生1959年　引2004

ベルティ, ニコラ　サッカー選手（MF）　国イタリア　生1967年4月14日　引2000

ベルティア, トーマス　Peltier, Thomas R.　セキュリティコンサルタント　Cybersafe Corporationシニアセキュリティコンサルタント　国米国　引2004

ベルティエ, ケネス　Pelletier, Kenneth R.　スタンフォード大学医学校・スタンフォード疾病予防研究センター臨床準教授　専心身相関, 心身医学, ホリスティック医学, ストレス病　国米国　引2000

ベルティエ, デービッド　Pelletier, David　フィギュアスケート選手（ペア）　国カナダ　生1974年11月22日　引2004／2008

ベルティエ, ルイ・トマ　Pelletier, Louis-Thomas　作家, コピーライター　国カナダ　生1965年2月18日　引2004／2008

ベルティーニ, ガリー　Bertini, Gary　指揮者　元・東京都交響楽団音楽監督, 元・ケルン放送交響楽団常任指揮者　国イスラエル　生1927年5月1日　没2005年3月17日　引1992／1996／2000

ベルディヒ, トマス　Berdych, Tomas　テニス選手　国チェコ　生1985年9月17日

ヘルディンク, クラウス　Herding, Klaus　J.W.ゲーテ大学　専近代美術　国ドイツ　生1939年　引1996

ベルティング, ハンス　Belting, Hans　カールスルーエ造形大学教授　専芸術学, メディア論　国ドイツ　生1935年　引1992／2000

ベルテウ　グループ名＝アポカリプティカ　チェロ奏者　国フィンランド　引2004

ベルデシア, レグナ　Verdecia, Legna　柔道選手　国キューバ　生1972年10月29日　引2004

ベルデツ, イリエ　Verdet, Ilie　政治家　元・ルーマニア首相　国ルーマニア　生1925年5月10日　没2001年3月20日　引1992

ベルテッリ, セルジョ　Bertelli, Sergio　フィレンツェ大学近代史正教授　引2008

ベルテッリ, パトリッツィオ　Bertelli, Patrizio　実業家　プラダ・グループ会長・CEO　国イタリア　生1946年4月　引2004／2008／2012

ベルデニック, ズデンコ　Verdenik, Zdenko　サッカー指導者, 元・サッカー選手　元・サッカー・スロベニア代表監督　国スロベニア　生1949年5月2日　引2004／2012

ベルテル, ロザリー　生物統計学者　Order of Grey Nunsメンバー　国米国　引1992

ベルテルセン, デトレフ　Berthelsen, Detlef　ジャーナリスト　国米国　生1943年　引1992

ベルデン, ボブ　Belden, Bob　音楽プロデューサー, ジャズサックス奏者　専テナーサックス　生1956年　引1996

ベルト, アルヴォ　Pärt, Arvo　作曲家　生1935年　引1992／1996

ベルト, アンドレ　Berto, Andre　本名＝Berto,Andre Mike　プロボクサー　元・WBC・IBF世界ウェルター級チャンピオン　国米国　生1983年9月7日

ヘルド, ギルバート　Held, Gilbert　テクニカルライター　国米国　引2004

ヘルト, クラウス　Held, Klaus　現象学者　ヴッパタール大学教授, ドイツ現象学会会長　国ドイツ　生1936年　引1996／2000

ヘルト, クルト　Held, Kurt　児童文学作家　国スイス　生1897年　引1996

ベルト, ジャン・マリー　Pelt, Jean-Marie　植物学者　メス大学教授, 欧州エコロジー研究所所長　国フランス　引2000

ベルト, ジュリエット　Berto, Juliet　女優, 映画監督　国フランス　生1947年　没1990年1月11日　引1992

ヘルド, デービッド　Held, David　政治学者　ロンドン・スクール・オブ・エコノミクス政治学部教授　国英国　生1951年　引2004／2008

ヘルト, ハンス・ワルター　Heldt, Hans-Walter　植物学者　ゲッティンゲン大学アルブレヒト・フォン・ハラー植物科学研究所長　国ドイツ　生1934年　引2004

ベルトー, ファビエンヌ　Berthaud, Fabienne　作家, 女優, 脚本家, 映画監督　国フランス　引2004

ベルト, ブラッドレー　米国国際戦略研究所（CSIS）研究員　専国際金融, 経済政策, 業務戦略　国米国　引2000

ヘルト, ユッタ　Held, Jutta　オスナブリュック大学教授　専美術史　国ドイツ　引1996

ベルドイムハメドフ, グルバングリ　Berdimuhamedov, Gurbanguly　政治家　トルクメニスタン大統領　国トルクメニスタン　生1957年6月29日　引2008／2012

ベルトゥージ, ミケーレ　Pertusi, Michele　バス歌手　国イタリア　生1965年　引2004／2012

ベルトゥッチェリ, ジュリー　Bertucelli, Julie　映画監督, 脚本家　国フランス　生1968年

ベルトゥロ, アンヌ　Berthelot, Anne　コネティカット大学教授　[専]中世フランス文学　[国]フランス　[典]2000

ヘルトゲン, カール・ヨーゼフ　Höltgen, Karl Josef　ケンブリッジ大学クレア・ホール客員教授, オックスフォード大学リナクル・コレッジ客員教授　[生]1927年　[典]2008

ベルトーサ, ベルナール　法律家　元・ジュネーブ州検事総長　[国]スイス　[典]2000／2004

ペルトナー, ギュンター　Pöltner, Günther　ウィーン大学哲学科教授　[生]1942年　[典]2008

ヘルトナー, トーマス　Hartner, Thomas　演出家, 作家　[国]ドイツ　[生]1940年　[典]2004

ペルトネン, ヴィッレ　Peltonen, Ville　アイスホッケー選手(FW)　トリノ五輪アイスホッケー男子銀メダリスト　[国]フィンランド　[生]1973年5月24日

ヘルドブラー, バート　Hölldobler, Bert　本名=Hölldobler, Berthold Karl　動物学者　ビュルツブルク大学教授・テオドール・ボフェリ研究所行動生理学社会生物学部長　[国]ドイツ　[生]1936年6月25日　[典]2000

ヘルドマン, キム　Heldman, Kim　コロラド州プロジェクトマネジメント局ディレクター　[国]米国　[典]2008

ペルドモ, フェリックス　Perdomo, Felix　元・プロ野球選手　[国]ドミニカ　[生]1973年7月24日　[典]2000

ベルトーラ, フアン・ルイス　Bertola, Juan Luis　版画家　[国]アルゼンチン　[生]1973年　[典]2004

ベルトラン, カルロス　Beltran, Carlos　本名=Beltran,Carlos Ivan　大リーグ選手(外野手)　[国]プエルトリコ　[生]1977年4月24日　[典]2000／2008／2012

ベルトラン, クロード・ジャン　Bertrand, Claude-Jean　[専]メディア論　[国]フランス　[典]2004／2008

ベルトラン, ダイマ　Beltran, Dayma　本名=Beltran Guisado, Dayma　柔道選手　[国]キューバ　[生]1972年9月10日　[典]2008

ベルトラン, モーリス　Bertrand, Maurice　ジュネーブ高等国際問題研究所教授　[専]国際問題　[国]フランス　[典]1992／1996

ベルトリーニ, ミレイユ　ユニバーサル・ジュネーブ社PR&メディアスペシャリスト　[国]スイス　[生]1967年　[典]2000

ベルトリノ, ジーナ　世界平和研究所所員　[専]現代日本女性史　[国]米国　[生]1965年　[典]1996

ヘルトリング, ペーター　Härtling, Peter　作家, 詩人, 児童文学作家　[国]ドイツ　[生]1933年11月13日　[典]1992／1996／2000／2004

ベルトルッチ, ベルナルド　Bertolucci, Bernardo　映画監督　[国]イタリア　[生]1941年3月16日　[典]1992／1996／2000／2004／2008／2012

ベルトルッチ, レモ　Bertolucci, Remo　デザイナー　ベルトルッチ社社長・オーナー　[国]スイス　[生]1945年　[典]1992

ベルトルト, トーマス　Berthold, Thomas　元・サッカー選手　[国]ドイツ　[生]1964年11月12日　[典]2008／2012

ベルトレ, エイドリアン　Beltre, Adrian　大リーグ選手(内野手)　[国]ドミニカ共和国　[生]1979年4月7日　[典]2008／2012

ベルトワーズ, ジャン・ピエール　Beltoise, Jean-Pierre　元・F1ドライバー　[国]フランス　[生]1937年　[典]1996

ベルトン, クリストファー　Belton, Christopher　作家, 翻訳家　[国]英国　[生]1955年　[典]2008

ヘルトン, トッド　Helton, Todd Lynn　大リーグ選手(内野手)　[国]米国　[生]1973年8月20日　[典]2004／2008／2012

ペルトン, ロバート・ヤング　Pelton, Robert Young　実業家, 冒険家　Fielding Worldeide社CEO　[国]カナダ　[生]1955年　[典]2000

ベルナー, ジャクリーネ　Boerner, Jacqueline　スピードスケート選手　[国]ドイツ　[典]1996

ヘルナー, ジルケ　Hörner, Silke　元・水泳選手(平泳ぎ)　[国]ドイツ　[典]1992

ペルナ, フランク(Jr.)　Perna, Frank (Jr.)　実業家　MSCソフトウエア会長・CEO　[国]米国　[典]2000

ヘルナー, マルクス　Hellner, Marcus　スキー選手(距離)　バンクーバー五輪スキー距離男子複合・40キロリレー金メダリスト　[国]スウェーデン　[生]1985年11月25日　[典]2012

ベルナー, ロートラウト・ズザンネ　Berner, Rotraut Susanne　イラストレーター　[国]ドイツ　[生]1948年　[典]2000／2008

ベルナイム, エマニュエル　Bernheim, Emmanuèle　作家, 脚本家　[国]フランス　[生]1956年12月　[典]2000

ベルナダック, マリ・ロール　Bernadac, Marie Laure　ピカソ美術館学芸員　[生]1950年　[典]1996

ヘルナーディ, アンドラーシュ　Hernadi, Andras　ハンガリー科学アカデミー附属東南アジア日本研究センター所長, 欧州日本学会会長　[専]経済学　[国]ハンガリー　[生]1946年　[典]2000

ベルナード, デーネシュ　Bernád, Dénes　航空史研究家　[典]2008

ベルナベ, ジャン　Bernabé, Jean　言語学者　アンティル・ギアナ大学教授　[専]クレオール語　[国]フランス　[生]1942年　[典]2000

ベルナーリ, カルロ　Bernari, Carlo　本名=ベルナール, カルロ　作家　[国]イタリア　[生]1909年10月13日　[典]1992／1996

ベルナール, アラン　Bernard, Alain　水泳選手(自由形)　北京五輪・ロンドン五輪金メダリスト　[国]フランス　[生]1983年5月1日　[典]2012

ベルナール, イシュマエル　映画監督　[国]フィリピン　[生]1938年　[典]1992

ベルナール, エリック　Bernard, Eric　F1ドライバー　[国]フランス　[生]1964年8月26日　[典]1992／1996

ベルナール, ジャン・フランソワ　フランステレコム・ジャパン社長　[国]フランス　[典]2000

ベルナール, ダニエル　Bernard, Daniel　オオカミ研究家, 民衆芸術・伝統研究家　[国]フランス　[典]1992

ベルナール, ダニエル　Bernard, Daniel　実業家　カルフールグループ会長・CEO　[国]フランス　[典]2004

ベルナール, ピエール　Bernard, Pierre　グラフィックデザイナー　パリ国立高等装飾美術学校グラフィックデザイン教師　[国]フランス　[生]1942年　[典]2004／2008

ベルナール, フィリプ　Bernard, Phlippe　デュルケーム研究家　パリ政治研究所教授　[国]フランス　[生]1942年　[典]2000

ベルナルデ, ナディール　ダロワイヨ社長　[国]フランス　[生]1944年　[典]1992

ベルナルディーノ, エルノラ　フィリピン国家警察警視　[国]フィリピン　[典]2000

ベルナルド, バーバラ　Bernardo, Barbara　法律家　[国]米国　[典]2000

ベルナルド, ブルス　Bernard, Bruce　美術研究家・評論家, 編集者　[典]1992

ベルナルド, マイク　Bernardo, Mike　格闘家, プロボクサー　[国]南アフリカ　[生]1969年7月28日　[没]2012年2月14日　[典]2000／2004／2008

ベルナン, カルメン　Bernand, Carmen　パリ第5大学教授　[専]文化人類学　[国]フランス　[生]1939年　[典]1992

ヘルナンデス, デービッド　Hernandez, David　大リーグ選手(投手)　[国]米国　[生]1985年5月13日

ヘルナンデス, フェリックス　Hernandez, Felix　本名=Hernandez, Felix Abraham　大リーグ選手(投手)　[国]ベネズエラ　[生]1986年4月8日　[典]2008／2012

ペルニア, ダイミ　Pernia, Daimí　陸上選手(障害)　[国]キューバ　[生]1976年12月27日　[典]2000／2004／2008

ベルニエ, マキシム　Bernier, Maxime　政治家　元・カナダ外相　[国]カナダ　[生]1963年1月18日　[典]2012

ベルニエール, ドミニク　Bernier, Dominique　歌手　[国]フランス　[生]1963年11月　[典]1992

ベルニエール, ルイ・ド　Bernières, Louis De　作家　[国]英国　[生]1954年　[典]2004

ペルヌー, レジーヌ　Pernoud, Régine　中世史学者　元・ジャンヌ・ダルク研究所所長　[国]フランス　[生]1909年　[没]1998年4月22日　[典]1996

ヘルネス, ヘルガ・マリア　Hernes, Helga Maria　ノルウェー外務次官, オスロ平和研究所理事　[専]軍備・軍縮問題　[国]ノルウェー

⑮1992

ベルネル, トマシュ　Verner, Tomáš　フィギュアスケート選手　国チェコ　⑭1986年6月3日　⑮2012

ベールネール, ピエール・ムルロン　Beernaert, Pierre Mourlon　カトリック司祭　⑭1937年　⑮2008

ヘルハウゼン, アルフレート　Herrhausen, Alfred　元・ドイツ銀行頭取　国ドイツ　⑮1989年11月30日　⑮1992

ベールバウム, ルドガー　Beerbaum, Ludger　馬術選手　ソウル五輪・バルセロナ五輪・アトランタ五輪金・シドニー五輪メダリスト　国ドイツ　⑭1963年8月　⑮1996

ベルハデム, アブデルアジズ　Belkhadem, Abdelaziz　政治家　元・アルジェリア首相　国アルジェリア　⑭1945年11月8日　⑮2008／2012

ベルバトフ, ディミタル　Berbatov, Dimitar　サッカー選手（FW）　国ブルガリア　⑭1981年1月30日　⑮2012

ヘルビヒ, ギュンター　Herbig, Günter　指揮者　元・ベルリン交響楽団首席指揮者, 元・ドレスデン・フィルハーモニー管弦楽団音楽総監督　国ドイツ　⑭1931年11月30日　⑮2012

ヘルビヒ, ゲルハルト　Helbig, Gerhard　ドイツ語学者　カール・マルクス大学ドイツ語教育学科教授　国ドイツ　⑭1929年　⑮2004

ベルヒン, ヴィクトル　元・「ソ連鉱山労働者」紙記者　国ソ連　⑭1987年7月　⑮1992

ベルビン, タニス　Belbin, Tanith　元・フィギュアスケート選手（アイスダンス）　トリノ五輪フィギュアスケート・アイスダンス銀メダリスト　国米国　⑭1984年7月11日　⑮2012

ヘルファー, メアリー・エドナ　Helfer, Mary E.　コロラド医科大学予防医学部門専任講師　予防医学　国米国　⑮2008

ヘルファート, エリック　Helfert, Erich A.　経営コンサルタント, 経営学者　元・ハーバード大学教授　ファイナンス, 経営管理　国米国　⑮2004

ベールフィット, アラン　Peyrefitte, Alain　歴史家, 元・政治家　元・「フィガロ」論説委員長, 元・フランス法相　国フランス　⑭1925年8月26日　⑮1999年11月27日　⑮1992／1996

ベールフィット, ロジェ　Peyrefitte, Roger　本名=Peyrefitte, Pierre Roger　作家　国フランス　⑭1907年8月17日　⑮2000年11月　⑮1992

ヘルフゴット, デービッド　Helfgott, David　ピアニスト　国オーストラリア　⑭1947年5月　⑮2000

ベルフスマ, ペーター　Bergsma, Peter　翻訳家　オランダ出版翻訳家協会会長　国オランダ　⑮1996

ベルフスマ, ヨリト　スピードスケート選手　ソチ五輪スピードスケート男子1万メートル金メダリスト　国オランダ

ヘルプマン, ロバート　Helpman, Robert　本名=Helpman,Robert Murray　バレエダンサー, 振付師, 俳優　国オーストラリア　⑭1909年4月9日　⑮1986年9月28日　⑮1992

ベルフラーゲ, フランク　スウェーデン外国貿易次官　国スウェーデン　⑭1942年　⑮1996

ベルプリ, ラマ　Velpuri, Rama　コンピューター技術者　ORAMASTER・CEO　⑮2004

ヘルプリン, マーク　Helprin, Mark　作家　国米国　⑭1947年　⑮1996

ベルフロム, エルス　Pelgrom, Els　児童文学作家　国オランダ　⑭1934年　⑮2000

ヘルベルト, ズビグニェフ　Herbert, Zbigniew　詩人　国ポーランド　⑭1924年10月29日　⑮1998年7月28日　⑮1992

ベルベーロワ, ニーナ　Berberova, Nina　作家　国フランス　⑭1901年　⑮1996

ヘルボイ・コチャール, イルディコー　Herboly-Kocsár, Ildikó　リスト音楽院教授　元・ゾルターン・コダーイ教育研究所教授　音楽教育　国ハンガリー　⑭1939年　⑮2004

ベルホフスキー, アレクサンドル　Verkhovsky, Alexander Grigorevich　実業家, 政治家　ギドロストロイ創業者, ロシア上院議員　国ロシア

ベルポリーティ, マルコ　Belpoliti, Marco　批評家, 編集者　「リーガ」共同編集長, エイナウディ編集委員　国イタリア　⑭1954年　⑮2000

ヘルマー, ファイト　Helmer, Veit　映画監督　国ドイツ　⑭1968年　⑮2004／2008

ベルマディ　政治予言者　超能力者協会会長　国インドネシア　⑮1996

ヘルマリング, ドリス　Helmering, Doris Wild　セラピスト, コラムニスト　国米国　⑮2004

ヘルマン, ウルリヒ　Herrmann, Ulrich　教育学者　テュービンゲン大学教授　国ドイツ　⑭1939年　⑮1996

ヘルマン, コルネリア　Herrmann, Cornelia　ピアニスト　国オーストリア　⑭1977年　⑮2012

ヘルマン, ドナルド　Hellman, Donald C.　ワシントン大学ヘンリー・M・ジャクソン国際問題研究所教授　日本外交, 日米関係史　国米国　⑭1933年　⑮1992／1996

ヘルマン, フアン　Gelman, Juan　詩人　国アルゼンチン　⑭1930年

ベルマン, ブリス　Pelman, Brice　ミステリー作家　⑭1924年　⑮1992／1996

ヘルマン, マルティナ　Hellman, Martina　旧名=オビッツ　円盤投げ選手　国ドイツ　⑮1992／1996

ヘルマン, モンテ　Hellman, Monte　映画監督　国米国　⑭1932年7月12日

ベルマン, ヤクブ　元・ポーランド統一労働者党政治局員　国ポーランド　⑮1984年4月15日　⑮1992

ヘルマン, ヤロン　Herman, Yaron　ジャズ・ピアニスト　⑭1981年7月12日　⑮2012

ヘルマン, ユーディット　Hermann, Judith　作家　国ドイツ　⑭1970年　⑮2012

ヘルマン, ヨアヒム　政治家　元・東ドイツ社会主義統一党（SED）政治局員・党中央委書記　国ドイツ　⑭1928年10月　⑮1992年7月30日　⑮1996

ベルマン, ラザール　Berman, Lazar　ピアニスト　国ロシア　⑭1930年2月26日　⑮2005年2月6日　⑮1992／1996／2000

ヘルマン, リリアン　Hellman, Lillian　劇作家　国米国　⑭1905年6月20日　⑮1984年6月30日　⑮1992

ヘルマンス, ウィリアム　Hermanns, William　詩人, 社会学者　スタンフォード大学フーバー研究所名誉教授・客員研究員　国米国　⑮2004

ヘルマンソン, スタイングミュール　Hermannsson, Steingrimur　政治家　元・アイスランド首相, 元・アイスランド中央銀行総裁　国アイスランド　⑭1928年6月22日　⑮2010年2月1日　⑮1992

ヘルマンダー, ラース　Hörmander, Lars Valter　数学者　元・ハンド大学数学センター名誉教授　偏微分方程式論　国スウェーデン　⑭1931年1月24日　⑮2012年11月25日　⑮1992／1996

ヘルマント, ヨースト　Hermand, Jost　ドイツ文学者　マディソン大学教授　国ドイツ　⑭1930年　⑮2004／2008

ヘルミス, マルゴット　Hellmiss, Margot　作家, ジャーナリスト　国ドイツ　⑮2004

ヘルミナ, セチェイ　Hermina, Szecsei　臨床心理学者　⑮2000

ベルミャコフ, ゲオルギー　Permyakov, Georgii Georgievich　元・ソ連ハルビン防衛本部副部長　国ロシア　⑭1917年11月　⑮1992／1996

ヘルム, エベレット　Helm, Everett　作曲家, ジャーナリスト, 音楽批評家　国米国　⑮1983年7月17日　⑮1996

ヘルム, クリストファー・ロバート　Helm, Christopher Robert　デービス・ライト・トレメイン法律事務所　国米国　⑭1953年　⑮1996

ヘルム, ゲルハルト　Herm, Gerhard　テレビ・ラジオ制作者　国ドイツ　⑭1931年　⑮1996／2000

ヘルム, ポール　Helm, Paul　哲学者　国英国　⑭1940年　⑮2004／2008

ヘルム, レボン　Helm, Levon　本名=Helm,Mark Levon　旧グループ名=ザ・バンド　ロックミュージシャン　国米国　⑭1940年5月

26日　[没]2012年4月19日

ヘルムズ, ジェシー　Helms, Jesse　政治家　元・米国上院外交委員長, 元・米国上院議員（共和党）　[国]米国　[生]1921年10月18日　[没]2008年7月4日　[典]1992／1996／2000／2004／2008

ヘルムス, トビアス　Helms, Tobias　法学者　[専]私法, 民事法　[国]ドイツ　[生]1968年　[典]2004

ヘルムズ, リチャード　Helms, Richard Mcgarrah　元・米国中央情報局（CIA）長官, 元・駐イラン米国大使　[国]米国　[生]1913年3月30日　[没]2002年10月22日　[典]1992

ヘルムステッター, シャド　Helmstetter, Shad　心理学者, 作家　セルフトーク・インスティテュート会長　[専]人間行動学, 自己開発　[国]米国　[典]2004

ヘルムステッター, リチャード　Helmstetter, Richard C.　実業家　元・キャロウェイゴルフ副社長　[国]米国　[生]1942年　[典]2008／2012

ヘルムズリー, ハリー　Helmsley, Harry　不動産業者　[国]米国　[生]1909年　[没]1997年　[典]2000

ベルムデス, ホルヘ・エルナン　Bermudez, Jorge Hernan　サッカー選手（DF）　[国]コロンビア　[生]1971年6月18日　[典]2004

ヘルムリーン, シュテファン　Hermlin, Stephan　本名＝レーダー, ルードルフ　作家, 詩人　[国]ドイツ　[生]1915年4月13日　[典]1992／1996

ベルモ, アンリ・J.　Belmont, Henry-John　本名＝アンリ・ジョン, ベルモ　実業家　ジャガー・ルクルト社社長　[国]フランス　[典]2000

ベルモイ, ヤネト　Bermoy, Yanet　本名＝Bermoy Acosta,Yanet　柔道選手　北京五輪・ロンドン五輪銀メダリスト　[国]キューバ　[生]1987年5月29日

ベルモフタル, モフタル　Belmokhtar, Mokhtar　元・覆面旅団最高幹部　アルジェリア人質事件の首謀者　[国]アルジェリア　[生]1972年　[没]2013年3月2日

ベルモン, ヴェラ　Belmont, Vera　映画監督, 映画プロデューサー　[国]フランス　[生]1931年　[典]2000

ベルモン, ジョセフ　Belmont, Joseph　建築家　フランス公共建築総合企画庁総裁　[国]フランス　[生]1928年　[典]1996

ベルモンテ, ミレイア　Belmonte, Mireia　水泳選手　ロンドン五輪競泳女子200メートルバタフライ・800メートル自由形銀メダリスト　[国]スペイン　[生]1990年11月10日

ベルモンド, ジャン・ポール　Belmondo, Jean-Paul　俳優　[国]フランス　[生]1933年4月9日　[典]1992／1996／2004／2008／2012

ベルモンド, ステファーニア　Belmondo, Stefania　スキー選手（距離）　[国]イタリア　[生]1969年1月13日　[典]1996／2000／2004

ベルモンド, ポール　Belmondo, Paul　F1ドライバー　[国]フランス　[生]1963年4月23日　[典]1996

ベルモント, ララ　Belmont, Lara　女優　[国]英国　[典]2004

ヘルヤー, ジョン　Helyar, John　ジャーナリスト　「サウスポイント」誌首席編集部員　[国]米国　[典]1992

ペルラン, フルール　Pellerin, Fleur　政治家　フランスデジタル経済担当相　[国]フランス

ヘルリグル, ゲオルグ　Höllrigl, Georg　スキーコーチ　アルペンスキー全日本男子チームコーチ　[国]オーストリア　[生]1961年7月26日　[典]1992／2004／2008

ヘルリツィウス, エヴェリン　Herlitzius, Evelyn　ソプラノ歌手　[国]ドイツ　[生]1963年　[典]2012

ベルリッツ, チャールズ　Berlitz, Charles　言語学者, 水中探検家　[国]米国　[生]1914年　[没]2003年12月18日　[典]2000

ベルリネール, アラン　Berliner, Alain　映画監督　[国]フランス　[生]1962年　[典]2000

ベルリング, シャルル　Berling, Charles　俳優　[国]フランス　[典]2000／2004

ベルリングエル, エンリコ　Berlinguer, Enrico　政治家　元・イタリア共産党書記長（下院議員）　[国]イタリア　[生]1922年5月25日　[没]1984年6月11日　[典]1992

ペルリンジェイロ, マルレーネ　Perlingeiro, Marlene　詩人, タペストリー作家, 木版画家, イラストレーター　[国]ブラジル　[典]2004

ベルール, レイモン　Bellour, Raymond　文学・映画評論家, 作家　[国]フランス　[生]1938年　[典]2004／2008

ベルルスコーニ, シルヴィオ　Berlusconi, Silvio　政治家, 実業家　元・イタリア首相, 元・フィニンベスト・グループ会長　[国]イタリア　[生]1936年9月29日　[典]1992／1996／2000／2004／2008／2012

ベルルッティ, オルガ　Berluti, Olga　靴デザイナー　ベルルッティ当主・アートディレクター　[国]イタリア　[典]2004／2008／2012

ペルルミューテール, ヴラド　Perlemuter, Vlado　ピアニスト　元・パリ音楽院教授　[国]フランス　[生]1904年5月26日　[没]2002年9月4日　[典]1992

ペルロフ, アンドレイ　Perlov, Andrei　競歩選手　[国]ロシア　[生]1961年12月12日　[典]1992／1996

ベルント, イエンス・ペーター　水泳選手（個人メドレー）　[国]ドイツ　[典]1992

ベルント, ユルゲン　Berndt, Jürgen　元・フンボルト大学日本学科教授, 元・森鷗外記念館館長　[専]日本文学　[国]ドイツ　[生]1933年　[没]1993年8月16日　[典]1996

ベルンハイム, ニコル・リーズ　Bernheim, Nicole-Lise　作家, ジャーナリスト, テレビディレクター　[典]2004

ベルンハルト, トーマス　Bernhard, Thomas　作家, 劇作家　[国]オーストリア　[生]1931年2月　[没]1989年2月12日　[典]1992

ベルンフォルス, ミカエル　テニス選手　[国]スウェーデン　[典]1996

ベルンレフ, J.　Bernlef, J.　詩人, 作家　[国]オランダ　[生]1937年　[典]2000

ベルンレフ, ヘンク　詩人, 作家　[国]オランダ　[典]2000

ペレ　Pelé　本名＝エドソン・アランテス・ド・ナシメント　元・サッカー選手　元・ブラジル・スポーツ相　[国]ブラジル　[生]1940年10月23日　[典]1992／1996／2000／2004／2008／2012

ペレ, アベディ・アイユー　Pele, Abedi Ayew　本名＝アベディ・アイユー　サッカー選手　[国]ガーナ　[生]1964年11月5日　[典]1996／2000

ペレ, ジャン・フランソワ　Perret, Jean François　ピエール・オウドワン・コンセイユ社社長　[国]フランス　[典]1996

ペレ, ジョセフ　Pérez, Joseph　歴史学者　ボルドー第3大学教授　[国]フランス　[生]1931年　[典]2004

ベーレ, ペトラ　Behle, Petra　バイアスロン選手　[国]ドイツ　[生]1969年1月5日　[典]2000

ペレイラ　Pereira　本名＝ペレイラ, ルイス・カルロス　元・サッカー選手　[国]ブラジル　[生]1960年3月6日　[典]2012

ペレイラ, アジオ　Pereira, Agio　祖国解放運動家　東ティモール救援団体（ETRA）事務局長　[国]インドネシア　[生]1956年　[典]1996／2000

ペレイラ, アリスティデス・マリア　Pereira, Aristides Maria　政治家　元・カボベルデ大統領　[国]カボベルデ　[生]1923年11月17日　[没]2011年9月22日　[典]1992／1996／2004／2008

ペレイラ, アレクサンダー　Pereira, Alexander　チューリヒ歌劇場総裁　[典]2008／2012

ペレイラ, カルラ・ソアレス　Pereira, Carla Soares　作家　[国]ブラジル　[典]2008

ペレーヴィン, ヴィクトル　Pelevin, Viktor　作家　[国]ロシア　[生]1962年　[典]2000／2008／2012

ヘレヴェッヘ, フィリップ　Herreweghe, Philippe　指揮者　ロイヤル・フランダース・フィルハーモニー管弦楽団音楽監督　[国]ベルギー　[生]1947年5月7日　[典]2000／2004／2008／2012

ペレク, マリー・ジョゼ　Perec, Marie-Jose　元・陸上選手（短距離）　[国]フランス　[生]1968年5月9日　[典]2000／2004／2008

ペレ・クリスタン, エヴリーヌ　Péré-Christin, Évelyne　建築家　[国]フランス　[生]1948年　[典]2004／2008

ペレグリニ, フェデリカ　Pellegrini, Federica　水泳選手（自由形）　北京五輪競泳女子200メートル自由形金メダリスト　[国]イタリア　[生]1988年8月5日　[典]2012

ペレグリーノ, チャールズ　Pellegrino, Charles R.　作家, 科学者　[専]海洋学, 宇宙生物学　[国]米国　[典]2012

ペレケーノス, ジョージ・P.　Pelecanos, George P.　ミステリー作家　[国]米国　[生]1957年　[典]2012

ベレゴ, マリア　元・テレビプロデューサー　ユニセフ親善大使　「トッポ・ジージョ」の原作者　国イタリア　⊕2000

ベレゴヴォワ, ピエール　Bérégovoy, Pierre Eugene　政治家　元・フランス首相　国フランス　⊕1925年12月23日　⊖1993年5月1日　⊕1992（ベレゴボワ, ピエール）／1996（ベレゴボワ, ピエール）

ベレーザ　歌手　国米国　⊕1970年　⊕2000

ペレシャン, アルタヴァズド　Pelechian, Artavazd　映画監督　国アルメニア　⊕1938年　⊕1996

ベレシュ, ジュジャンナ　Voros, Zsusanna　近代五種選手　国ハンガリー　⊕1977年5月4日　⊕2008

ベレス, イヘニオ　Velez, Higinio　野球監督　野球キューバ代表監督　国キューバ　⊕1946年7月27日　⊕2008／2012

ペレーズ, ヴァンサン　Pérèz, Vincent　俳優, 映画監督　国フランス　⊕1964年6月6日　⊕1996／2000／2004／2008／2012

ペレス, エディ　Perez, Eduard　本名＝Perez,Eduardo Atanacio　元・大リーグ選手, 元・プロ野球選手　国米国　⊕1969年9月11日　⊕2004

ペレス, エディー　Perez, Eddie　本名＝Perez,Eduardo Rafael　元・大リーグ選手　国ベネズエラ　⊕1968年5月4日　⊕2000／2004／2008／2012

ペレス, エンリケ　Pérez, Enrique　ジャーナリスト, 文化評論家　「革命と文化」誌編集長　国キューバ　⊕1958年　⊕1996

ベレス, オリバー　Velez, Oliver　投資コンサルタント　国米国　⊕2004

ペレス, ガブリエラ　Perez, Gabriela　本名＝ペレス・デル・ソラール, ガブリエラ　元・バレーボール選手　国ペルー　⊕1968年7月10日　⊕1992

ペレス, カルロス　Perez, Carlos　カヌー選手　北京五輪カヌー男子カヤックペア500メートル金メダリスト　国スペイン　⊕1979年4月12日　⊕2012

ペレス, カルロス・アンドレス　Pérez Rodríguez, Carlos Andrés　政治家　元・ベネズエラ大統領　国ベネズエラ　⊕1922年10月27日　⊖2010年12月25日　⊕1992／1996

ペレス, ギリェルモ　Perez, Guillermo　テコンドー選手　北京五輪テコンドー男子58キロ級金メダリスト　国メキシコ　⊕1979年10月14日　⊕2012

ペレス, クリストフ　Pérès, Christophe　デグリップ＆アソシエイツ代表取締役　国フランス　⊕1962年　⊕1996

ペレス, ジェファーソン　Perez, Jefferson　本名＝Perez,Jefferson Leonardo　競歩選手　アトランタ五輪男子20キロ競歩金メダリスト　国エクアドル　⊕1974年7月1日　⊕2008／2012

ペレス, シモン　Peres, Shimon　本名＝ペルスキ, シモン　政治家　イスラエル大統領　元・イスラエル労働党党首　国イスラエル　⊕1923年8月16日　⊕1992／1996／2000／2004／2008／2012

ペレス, ジル　Peress, Gilles　写真家　国米国　⊕1946年　⊕1996

ペレス, セルジオ　Perez, Sergio　F1ドライバー　国メキシコ　⊕1990年1月26日

ペレス, ティモニエル　Perez, Timoniel　大リーグ選手（外野手）, 元・プロ野球選手　国ドミニカ共和国　⊕1977年4月8日　⊕2000／2004

ペレス, トニー　Perez, Tony　大リーグ監督, 元・大リーグ選手　国米国　⊕1942年5月14日　⊕2000／2004／2008

ペレス, パスカル　Perez, Pascual　本名＝Perez,Pascual Gross　大リーグ選手　国ドミニカ共和国　⊕1957年5月17日　⊖2012年11月1日　⊕1992／1996

ペレス, フェリペ　Perez, Felipe　本名＝ペレス・ロケ, フェリペ・ラモン　政治家　元・キューバ外相, 元・キューバ国家評議会委員　国キューバ　⊕1965年3月28日　⊕2004／2008／2012

ペレス, フロレンティーノ　Pérez, Florentino Rodríguez　実業家　レアル・マドリード会長　国スペイン　⊕2004／2008／2012

ペレス, メリド　Perez, Melido　大リーグ選手（投手）　国米国　⊕1966年2月15日　⊕1992

ペレス, ルイ　Perez, Louie　グループ名＝ロス・ロボス　ミュージシャン　国米国　⊕2012

ペレス, レナール　Perez, Renard　作家　国ブラジル　⊕1928年　⊕1992

ペレス, ロージー　Perez, Rosie　女優　国米国　⊕1968年　⊕2000

ペレス, ワルテル・フェルナンド　Pérez, Walter Fernando　自転車選手（トラックレース）　北京五輪自転車男子マディソン金メダリスト　国アルゼンチン　⊕1975年1月31日　⊕2012

ペレス・エスキベル, アドルフォ　Pérez Esquivel, Adolfo　平和運動家, 彫刻家, 建築家　国アルゼンチン　⊕1931年11月26日　⊕1992／1996／2008／2012

ペレス・ゲレロ, マヌエル　元・ベネズエラ国家経済問題相　国ベネズエラ　⊖1985年10月24日　⊕1992

ペレス・サンチェス, アルフォンソ　Prez Sanchez, Alfonso　コンフルテンセ大学教授　元・プラド美術館長　国美術史　国スペイン　⊕1996

ベレストフ, ドミトリー　Berestov, Dmitry　重量挙げ選手　国ロシア　⊕1980年6月13日　⊕2008

ベレストフ, ワレンチン　Berestov, Valentin Dmitrievich　詩人, 考古学者　国ロシア　⊕1928年　⊕1996

ベレズナヤ, エレーナ　Berezhnaya, Elena　フィギュアスケート選手（ペア）　国ロシア　⊕1977年10月20日　⊕2000／2004／2008

ペレス・ヒメネス, マルコス　Pérez Jiménez, Marcos　軍人, 政治家　元・ベネズエラ大統領　国ベネズエラ　⊕1914年4月25日　⊖2001年9月20日　⊕1992

ペレス・フェルナンデス, ペドロ　Perez Fernandez, Pedro　スペイン経済長官　国スペイン　⊕1949年　⊕1992

ベレスフォード, スーザン　Berresford, Susan Vail　実業家　フォード財団理事長　国米国　⊕1943年　⊕2008／2012

ベレスフォード, ブルース　Beresford, Bruce　映画監督　⊕1940年　⊕1992／1996

ベレスフォード, マーティン　Beresford, Martin　画家　国英国　⊕1968年　⊕2000

ペレス・プラード, ダマソ　Pérez-Prado, Damaso　バンド・リーダー, 作曲家, ピアニスト　マンボの王様　⊕1916年12月11日　⊖1989年9月14日　⊕1992

ペレス・モリーナ, オットー　Pérez Molina, Otto Fernando　政治家, 元・軍人　グアテマラ大統領　国グアテマラ　⊕1950年12月1日　⊕2012

ペレス・レベルテ, アルトゥーロ　Pérez-Reverte, Arturo　作家, ジャーナリスト　国スペイン　⊕1951年　⊕2000／2008／2012

ベレゾフスキー, ボリス　Beresovskii, Boris　ピアニスト　国ロシア　⊕1969年　⊕1992／1996／2000／2012

ベレゾフスキー, ボリス　Berezovskii, Boris Abramovich　実業家, 政治家　元・ロゴバスグループ代表, 元・ロシア下院議員, 元・独立国家共同体（CIS）事務局長　国ロシア　⊕1946年1月23日　⊖2013年3月23日　⊕2000／2004／2008／2012

ペレツ, アミール　Peretz, Amir　政治家　元・イスラエル副首相, 元・イスラエル国防相, 元・イスラエル労働党党首　国イスラエル　⊕1952年3月9日　⊕2008／2012

ペレック, ジョルジュ　Pérec, Georges　作家　国フランス　⊕1936年　⊖1982年　⊕1992

ペレッソン, セルジオ　バイオリン製作者　国米国　⊖1991年4月16日　⊕1992

ベレッタ, アンヌ・マリー　Beretta, Anne-Marie　ファッション・デザイナー　国フランス　⊕1938年　⊕1992

ペレット, ブライアン　Perrett, Bryan　著述家　国英国　⊕1934年　⊕2004

ベレット, ルネ　Belletto, René　ミステリー作家　⊕1945年　⊕1996

ペレティエ, ミッシェル　Pelletier, Michel　コンピュータ技術者　国米国　⊕2004

ペレド, ミカ・X　Peled, Micha X.　ドキュメンタリー監督　国米国　⊕2012

ヘレナー, シルケ　Hoerner, S.　水泳選手（平泳ぎ）　国ドイツ　⊕1992

ペレーニ, ミクローシュ　Perényi, Miklós　チェロ奏者　[国]ハンガリー　[生]1948年1月5日　[典]2012

ペレラ, ジハン　Perera, Jehan　スリランカ国民平和評議会(NPC)専務理事　[国]スリランカ　[生]1958年　[典]2012

ペレラ, ジョセフ・R.　元・ワッサースタイン・ペレラ(WP)会長　[典]1992／1996

ペレラ, シルビア・ブリントン　Perera, Sylvia Brinton　心理療法家　ユング研究所講師　[国]米国　[生]1931年　[典]1996／2000

ヘレーラ, パロマ　Herrera, Paloma　バレリーナ　アメリカン・バレエ・シアター(ABT)プリンシパル　[国]アルゼンチン　[生]1975年12月21日　[典]2004／2008／2012

ペレーラ, フレデリカ　Perera, Frederica P.　コロンビア大学公衆衛生学部教授, コロンビア・プレズビテリアン・ガンセンター副所長　[専]公衆衛生学, 分子疫学　[国]米国　[典]2000

ヘレラー, ワルター　Höllerer, Walter Friedrich　詩人, 作家, 批評家　元・ベルリン工科大学文芸学教授　[国]ドイツ　[生]1922年12月19日　[没]2003年5月20日　[典]1992／1996

ペレル, ダニエル　Perel, Daniel　実業家　エス・テー・デュポン・ジャポン社長　[国]フランス　[生]1956年　[典]2004／2012

ペレルソン, アラン・S.　ロスアラモス国立研究所研究員　[専]理論生物学, 生物物理学　[国]米国　[生]1947年　[典]1996

ペレルマン, グレゴリー　Perelman, Grigori　本名=Perelman, Grigori Yakovlevich　数学者　[国]ロシア　[生]1966年6月13日　[典]2008／2012

ヘレロ, スティーブン　Herrero, Stephen　動物生態学者　[国]米国　[典]2000

ペレン, イリーナ　Perren, Irina　バレリーナ　レニングラード国立バレエ団プリンシパル　[国]ロシア　[典]2012

ヘーレン, ハリー　Geelen, Harrie　絵本作家　[国]オランダ　[生]1939年　[典]2000

ペーレン, ベティ　Palen, Betty　英語教師　[国]米国　[典]2000

ベレンガー, ポール　Bérenger, Paul Raymond　政治家　元・モーリシャス首相　[国]モーリシャス　[生]1945年3月26日　[典]2008

ヘレンガ, ロバート　Hellenga, Robert　作家　[国]米国　[典]2004

ベレンキ, ワレリー　Belenkiy, Valeri　体操選手　[国]ドイツ　[生]1969年9月5日　[典]1992／1996／2000

ベレンコ, ヴィクトル　Belenko, Victor Ivanovich　米国名=ベレンコ, ビクター　元・ソ連空軍中尉　[国]米国　[生]1947年2月15日　[典]1992／2000

ベーレンス, ヒルデガルト　Behrens, Hildegard　ソプラノ歌手　[国]ドイツ　[生]1937年2月9日　[没]2009年8月18日　[典]1996／2000／2008

ベレンズ, リッキー　Berens, Ricky　水泳選手(自由形)　北京五輪・ロンドン五輪競泳男子4×200メートルリレー金メダリスト　[国]米国　[生]1988年4月21日

ベレンソン, マリサ　Berenson, Marisa　女優, 元・モデル　[国]米国　[生]1948年2月15日　[典]1996

ベレンド, イヴァン　Berend, Ivan T.　歴史学者　カリフォルニア大学ロサンゼルス校教授　元・カール・マルクス経済大学学長　[専]ハンガリー経済史　[国]ハンガリー　[生]1930年　[典]1992／1996

ベーレント, ホルガー　Behrendt, Holger　体操選手　[国]ドイツ　[生]1964年1月29日　[典]1992

ベレント, マーク　Berent, Mark　作家, 元・空軍パイロット　[国]米国　[生]1931年　[典]1996

ベーレント, ヤン　Behrendt, Jan　元・リュージュ選手　[国]ドイツ　[生]1967年11月29日　[典]1996／2000

ベーレント, ユッタ　Behrendt, Jutta　ボート選手　[国]ドイツ　[典]1992

ベレンバウム, マイケル　Berenbaum, Michael　ホロコースト記念博物館附属研究所長, ジョージタウン大学神学部教授　[専]ホロコースト研究　[国]米国　[典]2000

ベーレンバウム, メイ　Berenbaum, May R.　イリノイ大学昆虫学部主任教授　[専]昆虫学　[国]米国　[典]2000

ベレンホーファー, エルナ　バッカースドルフ核燃料再処理施設反対市民運動代表委員　[国]ドイツ　[典]1992

ベレンホルツ, ベン　Barenhort, Ben　映画プロデューサー　サークル・リリーシング・カンパニー設立者　[国]米国　[典]1996

ベレンホルツ, リチャード　Berenholtz, Richard　写真家　[専]建築　[国]米国　[典]1996

ペロー, アニー　Perreault, Annie　スケート選手(ショートトラック)　[国]カナダ　[生]1971年7月28日　[典]2000

ベロ, カルロス・フィリペ・シメネス　Belo, Carlos Felipe Ximenes　元・カトリック司教　[国]東ティモール　[生]1948年2月3日　[典]2000／2004／2008／2012

ペロー, ジル　Perrault, Gilles　ジャーナリスト　[国]フランス　[生]1931年　[典]1996／2008

ベロー, ソウル　Bellow, Saul　作家　[国]米国　[生]1915年6月10日　[没]2005年4月5日　[典]1992／1996／2000／2004

ペロー, ドミニク　Perrault, Dominique　建築家　[国]フランス　[生]1953年4月9日　[典]1992／1996／2004／2008／2012

ペロー, ベルナール　イリフネ出版社社長, エスパース・ジャポン主宰者,「オヴニー」編集長　[国]フランス　[生]1942年10月　[典]1992／1996

ペロー, ミシェル　Perrot, Michelle　パリ第7大学(ジュスィウ校)名誉教授　[専]社会史, 女性史　[国]フランス　[生]1928年　[典]1992／1996／2000／2008

ペロー, ロス　Perot, Ross　本名=Perot,Henry Ross　実業家　ペロー・グループ代表, ペロー・システムズ会長, エレクトロニクス・データ・システムズ(EDS)創業者　元・米国改革党代表　[国]米国　[生]1930年6月27日　[典]1992／1996／2000／2004／2008／2012

ベローア, ジェロニモ　Berroa, Geronimo　大リーグ選手(アスレチックス・外野手)　[国]ドミニカ共和国　[生]1965年3月18日　[典]2000

ベロウス, ウラジーミル　Belous, Vladimir S.　軍人, 旧ソ連軍退役少将　ロシア国際戦略問題研究所所長　[国]ロシア　[生]1927年　[典]1996／2000

ベロウズ, ギル　Bellows, Gil　俳優　[典]2000／2004

ベロウソフ, イーゴリ　Belousov, Igor Sergeevich　政治家　ソ連国防工業相　[国]ソ連　[生]1928年1月1日　[典]1992

ヘロウド, コンラッド　Heraud, Conrad　ヘロウド・アソシエイツ代表取締役, ニュージーランド・ビジネス開発委員会委員長　[国]ニュージーランド　[典]2004

ヘロエポエトリ, アリンビ　Heroepoetri, Arimbi　環境保護運動家　WALHI副代表　[国]インドネシア　[典]2000

ベログラゾフ, セルゲイ　Beloglazov, Sergei　レスリングコーチ, 元・レスリング選手　レスリング全日本コーチ　[国]ロシア　[典]1992／1996／2000

ヘロ・クンチャロジャクティ　インドネシア大学教授・日本研究センター所長　[専]日本政治, 日本経済　[国]インドネシア　[典]2000

ペロシ, ナンシー　Pelosi, Nancy　政治家　米国民主党下院院内総務　元・米国下院議長　[国]米国　[生]1940年3月26日　[典]2004／2008／2012

ベローズ, レオン・P.　医師　妊娠中絶合法化運動の先駆者　[国]米国　[没]1988年9月15日　[典]1992

ベロツェルコフスキー, マクシム　Belotserkovsky, Maxim　バレエダンサー　アメリカン・バレエ・シアター(ABT)プリンシパル　[典]2004／2008／2012

ベロッキオ, マルコ　Bellocchio, Marco　映画監督　[国]イタリア　[生]1939年　[典]2012

ペロテット, トニー　Perrottet, Tony　作家　[典]2004／2008

ベロデディチ, ミオドラグ　Belodedici, Miodrag　サッカー選手　[国]ユーゴスラビア　[生]1964年5月20日　[典]1996

ペロニ, クロード　万葉集研究家　[国]フランス　[生]1929年　[典]1996

ベロニカ　グループ名=スマイルdk　歌手　[国]スウェーデン　[典]2004

ベロニカ, マレーク　Veronika, Marék　絵本作家　[国]ハンガリー　[生]1937年　[典]2004／2008(マレーク, ベロニカ)

ヘロニモ, サラ　Geronimo, Sarah　本名=Geronimo,Sarah Asher Tua　歌手　[国]フィリピン　[生]1988年7月25日　[典]2012

ペローネ, ポール　Perrone, Paul J.　コンピューター技術者　Assured Technologies社長　[国]米国　[典]2004

ベロノゴフ, アレクサンドル　Beronogov, Aleksandr M.　外交官　ソ連外務次官　[国]ソ連　[生]1931年　[典]1992

ベロフ, アンドレイ　Belov, Andrei　本名=ベロフ, アンドレイ・バシレビッチ　福井県立大学経済学部助教授　[専]ロシア経済・貿易　[国]ロシア　[生]1959年　[典]2004

ベローフ, セルゲイ　Belov, Sergei Vladimirovich　ドストエフスキー研究家, 書誌学者　サルトゥイコフ・シチェドリン記念国立公共図書館上級研究員　[国]ソ連　[生]1937年　[典]1992／1996

ベロフ, ドミトリー　Belov, Dmitri　オペラ演出家　ボリショイ新劇場舞台監督　[国]ロシア　[典]2004／2008

ベロフ, ミシェル　Béroff, Michel　ピアニスト　[国]フランス　[生]1950年5月9日　[典]2000／2004／2008／2012

ベロフ, リューベン　Berov, Lyuben　経済学者　元・ブルガリア首相　[国]ブルガリア　[生]1925年10月6日　[没]2006年12月7日　[典]1996

ベローフ, ワシリー　Belov, Vasilii Ivanovich　作家　[国]ロシア　[生]1932年10月23日　[典]1992

ペロル, ユゲット　Pérol, Huguette　作家　[国]フランス　[生]1930年　[典]1992／2004／2008／2012

ベロン, J.マイケル　Veron, J.Michael　作家, 弁護士　[国]米国　[典]2004

ヘロン, エコー　Heron, Echo　看護婦　[国]米国　[典]2000

ペロン, クロード　Perron, Claude　女優　[国]フランス　[典]2000

ペローン, スチュアート　Perowne, Stewart　オリエント学者, 考古学者, 歴史学者　[国]英国　[生]1901年　[典]1996

ベロン, フアン・セバスチャン　Verón, Juan Sebastián　サッカー選手(MF)　[国]アルゼンチン;イタリア　[生]1975年3月9日　[典]2004／2008／2012

ペロン, マリア・エステラ　Perón, María Estela Martínez de　旧名=Martínez Cartas　通称=ペロン, イサベル, 別称=ペロン, イサベリータ　政治家　元・アルゼンチン大統領, 元・アルゼンチン正義党(ペロン党)党首　[国]アルゼンチン　[生]1931年2月6日　[典]1992／1996／2004／2008／2012

ペロン, ロバート　Perron, Robert　ソフト開発者　ロータス・ユーザー支援部門　[国]米国　[典]2004

ベロン, ロレー　Bellon, Loleh　劇作家, 俳優　[国]フランス　[生]1925年5月　[典]1996

ベロンチ, マリア　Bellonci, Maria　歴史家, 作家　[国]イタリア　[没]1986年5月13日　[典]1992(ベッロンチ, マリア)

ペロンパー, マッティ　俳優　[国]フィンランド　[生]1951年　[没]1995年7月14日　[典]1996

ベン　Ben　グループ名=イーストウエスト・ボーイズ　歌手　[国]米国　[生]1990年9月11日　[典]2012

ペン, アーサー　Penn, Arthur　映画監督, 演出家　[国]米国　[生]1922年9月27日　[没]2010年9月28日　[典]1992／2004／2008

ペン, アービング　Penn, Irving　写真家　[国]米国　[生]1917年6月16日　[没]2009年10月7日　[典]1992／1996／2000／2004／2008

ベン, アントニー　Benn, Anthony Neil Wedgwood　政治家　英国労働党左派グループ総帥　元・英国エネルギー相　[国]英国　[生]1925年4月3日　[典]1992

ペン・ウォンスン　彭 元順　元・漢陽大学新聞放送学科教授　[専]新聞学, マスコミ論　[国]韓国　[生]1929年　[没]1993年　[典]1996

ヘン・キム・ソン　Heng, Kim Song　漫画家　[国]シンガポール　[生]1963年　[典]1996

ペン, クリス　Penn, Chris　本名=ペン, クリストファー　俳優　[国]米国　[生]1965年　[没]2006年1月24日　[典]1996／2000

ペン, ショーン　Penn, Sean　俳優, 映画監督　[国]米国　[生]1960年8月17日　[典]1996／2000／2004／2008／2012

ベン・シリン　卞 之琳　Bian, Zhi-lin　詩人, 翻訳家　元・中国社会科学院外国文学研究所所員, 元・北京大学教授　[専]英文学　[国]中国　[生]1910年　[典]1992／1996

ベン・スウドウ　卞 崇道　Bian, Chong-Dao　中国社会科学院大学院教授　[専]日本近現代哲学　[国]中国　[生]1942年　[典]1992(ベン・シュウドウ)／1996／2000

ペン, スコット　Peng, Scott Y.　金融家　住友銀行キャピタルマーケット(SBCM)バイスプレジデント　[国]米国　[典]2004

ペン, ダン　Penn, Dan　ミュージシャン　[国]米国　[典]2000

ベン, トニー　Benn, Tony　政治家　英国下院議員(労働党)　[国]英国　[生]1925年4月3日　[典]2000

ベーン, ノエル　Behn, Noel　作家　[国]米国　[典]1992

ベン・ハクチュウ　卞 伯仲　藻類研究者　海洋大学水産学部微藻研究所副所長, 中国人民政治協商会議全国委員会委員　[専]微藻の研究　[国]中国　[生]1950年　[典]1996

ベンアモツ, アミー　Ben-Amotz, Ami　イスラエル国立海洋湖沼研究所教授　[専]海洋生物学　[国]イスラエル　[生]1943年7月30日　[典]2000

ベン・アリ, ジン・エル・アビディン　Ben Ali, Zine el-Abidine　政治家, 軍人　元・チュニジア大統領　[国]チュニジア　[生]1936年9月3日　[典]1992／1996／2000／2004／2008／2012

ペン・イエット　Pen Yeth　プノンペン芸術大学学長　[国]カンボジア　[典]1996

ベンヴェヌーティ, ユルゲン　Benvenuti, Jürgen　ミステリー作家　[国]オーストリア　[生]1972年　[典]2004

ペンエーグ・ラッタナルアーン　Pen-ek Ratanaruang　映画監督　[国]タイ　[生]1962年　[典]2004／2008／2012

ベンエリエゼル, ベンヤミン　Ben-Eliezer, Benjamin　本名=ベンエリエゼル, ベンヤミン・ファアード　政治家, 元・軍人　元・イスラエル副首相, 元・イスラエル国防相, 元・イスラエル労働党党首　[国]イスラエル　[生]1936年2月12日　[典]2004／2008／2012

ベンカタラマン, ラマスワミ　Venkataraman, Ramaswamy Iyer　政治家　元・インド大統領　[国]インド　[生]1910年12月4日　[没]2008年1月27日　[典]1992／1996

ヘンク　Henk　本名=デュート, ヘンドリック　元・サッカー選手　[国]オランダ　[生]1964年1月14日　[典]2004／2008

ペンク, A.R.　本名=ウィンクラー, ラルフ　画家　[国]ドイツ　[生]1939年　[典]2000

ヘンクス, ケビン　Henkes, Kevin　絵本作家, 児童文学作家　[国]米国　[生]1960年　[典]1996／2000／2008／2012

ベングリス, リンダ　彫刻家　[国]米国　[典]1992

ベンゲル, アーセン　Wenger, Arsène　サッカー監督, 元・サッカー選手　[国]フランス　[生]1949年10月22日　[典]2004／2012

ヘンケル, アンドレア　Henkel, Andrea　バイアスロン選手　ソルトレークシティ五輪バイアスロン女子15キロ・リレー金メダリスト　[国]ドイツ　[生]1977年11月10日　[典]2004／2012

ヘンケル, ハイケ　Henkel, Heike　旧名=レデツキー, ハイケ　走り高跳び選手　[国]ドイツ　[生]1964年5月5日　[典]1992／1996

ヘンケル, ハンス・オラフ　Henkel, Hans-Olaf　実業家　元・IBMドイツ社長, 元・ドイツ産業連盟(BDI)会長　[国]ドイツ　[生]1940年3月14日　[典]1996／2000／2004／2008／2012

ヘンケル, マヌエラ　Henkel, Manuela　スキー選手(距離)　[国]ドイツ　[生]1974年12月4日　[典]2004

ヘンケル, ライナー　Henkel, Rainer　水泳選手　[国]ドイツ　[生]1964年2月27日　[典]1992

ヘンゲルブロック, トーマス　Hengelbrock, Thomas　指揮者　北ドイツ放送交響楽団首席指揮者　[国]ドイツ　[生]1958年　[典]2012

ベンコ, アティラ　Benko, Attila　「訴えてやる!!!―ちょっとおかしなアメリカ訴訟事例集」の共著者　[国]米国　[典]2008

ベンコ, ローラ　Benko, Laura B.　ジャーナリスト　「モダン・ヘルスケア」記者　[国]米国　[典]2008

ベンコビック, ステファン　Benkovic, Stephen J.　ペンシルベニア州立大学教授, スクリプス研究所教授　[専]有機化学　[国]米国　[生]1938年　[典]1996

ベンザー, シーモア　Benzer, Seymour　分子遺伝学者　元・カリフォルニア工科大学名誉教授　[国]米国　[生]1921年10月15日　[没]2007年11月30日　[典]1992／1996／2000

ペンサック, ロバート・ジョン　Pensack, Robert Jon　精神科医

ヘ

国米国 生1950年 没2000

ヘン・サムリン Heng Samrin 政治家 カンボジア下院議長,カンボジア人民党名誉議長 国カンボジア 生1934年5月25日 没1992／1996／2000／2004／2008／2012

ベンジ, ソフィー Benge, Sophie ジャーナリスト 「香港版ELLE Decoration」副編集長 没2008

ペンジアス, アルノ・アラン Penzias, Arno Allan 電波天文学者 国米国 生1933年4月26日 没1992／1996／2000／2004／2008／2012

ペンジウォル, ジーン Pendizwol, Jean フリーライター 没2004

ヘンジェズ, ビート 元・憲兵 元・巣鴨プリズン看守 国米国 生1929年10月12日 没1996

ヘンシェル, ディートリヒ Henschell, Dietrich バリトン歌手 国ドイツ 生1967年 没2000／2012

ヘンシェル, ハンス・ユルゲン Hentschel, Hans-Jürgen カールスルーエ工科大学員外教授, ミュンヘン工科大学員外教授 専光工学 国ドイツ 生1929年 没1996

ベンジェルール, マリク Bendjelloul, Malik 映画監督 国スウェーデン 生1977年9月14日 没2014年5月13日

ベン・ジェルーン, タハール Ben-Jelloun, Tahar 作家,詩人,劇作家,ジャーナリスト 国フランス 生1944年 没1996(ジェルーン, タハール・ベン)／2000／2008(ジェルーン, タハール・ベン)／2012

ベンシニョール, リック Bensignor, Rick トレーダー ニューヨーク大学助教授 専テクニカル分析 国米国 没2004

ベンジャミン, アダム 振付師,舞踊教育家 元・カンドゥーコ・ダンスカンパニー芸術監督 国英国 没2004

ベンジャミン, アルフレッド Benjamin, Alfred カウンセラー,心理療法家 国イスラエル 生1924年 没1992／2000

ベンジャミン, ジョージ Benjamin, George William John 作曲家,指揮者 国英国 生1960年1月31日 没2000／2004／2008

ベンジャミン, ダニエル Benjamin, Daniel コンピューターコンサルタント 国米国 没2004

ベンジャミン, デービッド Benjamin, David 作家,元・ジャーナリスト 国米国 生1949年 没1996

ベンジャミン, デービッド Benjamin, David 編集者,作家 国米国 生1972年 没2004

ベンジャミン, ニッキ Benjamin, Nikki ロマンス作家 国米国 没2004

ベンジャミン, ヘンリー Benjamin, Henry ネットワーク技術者 没2008

ベンジャミン, リャーン Benjamin, Leanne バレリーナ 英国ロイヤル・バレエ団プリンシパル 没2004

ヘンシュ, クラウス Hänsch, Klaus 政治家 元・欧州議会議長 国ドイツ 生1938年12月15日 没1996／2000

ヘンシュ, テオドール Hänsch, Theodor W. 物理学者 マックスプランク量子光学研究所所長 専レーザー光 国ドイツ 生1941年 没2008／2012

ペンス, エレン Pence, Ellen ドゥルース家庭内暴力介入プロジェクト共同創設者 没2008

ペンス, グレゴリー Pence, Gregory E. アラバマ大学バーミンガム校医学部・哲学部教授 専医学哲学,医療倫理 国米国 没2004

ペンス, ハンター Pence, Hunter 本名=Pence,Hunter Andrew 大リーグ選手(外野手) 国米国 生1983年4月13日

ペンス, リディア Pense, Lydia グループ名=コールド・ブラッドロック歌手 国米国 没2012

ベンスーサン, アラン Bensoussan, Alain フランス国立宇宙研究センター(CNES)総裁, 欧州宇宙機関(ESA)議長 専宇宙開発 国フランス 生1940年 没2004／2008

ヘンストリッジ, ナターシャ Henstridge, Nastassha 女優 国カナダ 生1974年8月15日 没2000／2004

ペンズラー, オットー Penzler, Otto ミステリー作家,ミステリー評論家 国米国 没2000

ベンスラマ, フェティ 精神分析学者 国フランス 生1951年8月31日 没1996／2000

ベンゼマ, カリム Benzema, Karim サッカー選手(FW) 国フランス 生1987年12月19日 没2012

ヘンゼル, ゲオルク Hensel, Georg 作家 国ドイツ 生1923年 没1996

ベンセン, ドナルド Bensen, Donald R. 作家,編集者 バークレイ・ブックス編集担当重役 国米国 生1927年 没1992

ベンソーダ, ファトゥ Bensouda, Fatou B. 国際刑事裁判所(ICC)検察官

ベン・ソバン Pen Sovan 政治家 元・カンボジア国家評議会議長 国カンボジア 没1996／2000

ヘンソム, ケビン Henthome, Kevin 中国名=郝有力 プロ野球選手(投手) 国米国 没2000

ベンソン, M.クリスティナ Benson, M.Christina 精神科医,精神分析医 国米国 没2004

ベンソン, アンドルー Benson, Andrew Alm 生化学者 カリフォルニア大学名誉教授 専植物生理学 国米国 生1917年9月27日 没1996／2000

ベンソン, エズラ・タフト Benson, Ezra Taft 元・モルモン教会第13代大管長, 元・米国農務長官 国米国 生1994年5月30日 没1996

ベンソン, オブス Benson, Owusu サッカー選手(MF) 国ガーナ 生1977年3月22日 没2004／2008

ベンソン, クリス Bensone, Kris 元・大リーグ選手 国米国 生1974年11月7日 没2000／2008／2012

ベンソン, サラ・サム Benson, Sara Sam ライター 国米国 没2004

ヘンソン, ジム Henson, Jim 人形作家,映画監督 セサミストリートの生みの親 国米国 生1936年9月24日 没1990年5月16日 没1992

ベンソン, ジョージ Benson, George 歌手,ジャズギタリスト 国米国 生1943年3月22日 没1996／2004／2008

ベンソン, ジョディ Benson, Jodi 女優,声優 国米国 没1992

ヘンソン, ドリュー Henson, Drew 大リーグ選手(内野手) 国米国 生1980年2月13日 没2004／2008

ベンソン, ナイジェル Benson, Nigel C. 心理学者 バーンフィールド大学 没2004

ベンソン, パトリック Benson, Patrick 挿絵画家,イラストレーター 国英国 生1956年 没1996／2000

ベンソン, ピーター 実業家 リゾルブネットCEO 没2004

ヘンソン, ヘザー Henson, Heather 作家 国米国 没2008

ベンソン, メアリー Benson, Mary ジャーナリスト,黒人解放運動協力者 国英国 没1992

ヘンソン, リサ Henson, Lisa コロンビア映画社長 国米国 没1996

ベンソン, ルイス Benson, Lewis クエーカー教指導者 国米国 生1906年 没1996

ベンソン, レイモンド Benson, Raymond 作家 国米国 生1956年 没2000／2012

ベンソン, ロビー Benson, Robby 俳優 国米国 生1956年1月21日 没1996

ベンダー, エイミー Bender, Aimee 作家 国米国 生1969年 没2004／2008／2012

ベンター, クレイグ Venter, J.Craig 本名=Venter,John Craig 生物学者,実業家 J.クレイグ・ベンター研究所社長 元・セレーラ・ジェノミクス社長 国米国 生1946年10月14日 没2004／2008／2012

ペンダー, ショウ(2世) Pender, Shaw E. (II) SEPアソシエイツインターナショナルCEO 国米国 生1939年4月18日 没1996

ベンダー, スティーブ Bender, Steve グループ名=ジンギスカン ミュージシャン 国ドイツ 生1946年11月2日 没2008／2012

ベンダー, ハンス Bender, Hans 詩人,作家,編集者 国ドイツ 生1919年 没1992

ベンダー, ペーター　Bender, Peter　ジャーナリスト　国ドイツ　生1923年6月16日　他1992

ベンダ, ユージン　Benda, Eugene F.　建築家, 美術家, 都市計画家　コロラド州立大学教授　国米国　他1992／1996

ベンダー, ローレンス　Bender, Lawrence　映画プロデューサー　国米国　生1957年　他2004／2008／2012

ペンダーグラスト, マーク　Pendergrast, Mark　ジャーナリスト　国米国　他2004

ヘンダーソン, A.　Henderson, Amy　国文化史　国米国　他2004

ヘンダーソン, ウェイン　Henderson, Wayne　グループ名＝クルセイダーズ　トロンボーン奏者　国米国　生1939年9月24日　没2014年4月4日

ヘンダーソン, グレゴリー　ハーバード大学東アジア問題研究所研究員　国国際政治　国米国　生1922年　他1992

ヘンダーソン, ジェームズ　Henderson, James A.　実業家　コマツ・インターナショナル・アドバイザリー・ボード（IAB）メンバー　元・カミンズ・エンジン会長・CEO　国米国　他2004

ヘンダーソン, ジュリア　Henderson, Julia　産児制限普及活動家　国連人口プログラム・評価ミッションリーダー　元・国際家族計画連盟事務局長　国米国　生1915年8月15日　他1992／1996

ヘンダーソン, ジョー　Henderson, Joe　ジャズ・テナーサックス奏者　国米国　生1937年4月24日　没2001年6月30日　他1996／2000

ヘンダーソン, ジョー　Henderson, Joe　スポーツライター, ランナー　国米国　生1943年　他2000

ヘンダーソン, スカイラー　Henderson, Schuyler K.　弁護士　ベーカー・アンド・マッケンジー・パートナー　国スワップ取引　他1992

ヘンダーソン, スキッチ　Henderson, Skitch　指揮者, ピアニスト, 作曲家　ニューヨーク・ポップス音楽監督　国米国　生1918年1月27日　他1996

ヘンダーソン, ゼナ　Henderson, Zenna　SF作家　国米国　生1917年　没1983年　他1992

ヘンダーソン, デニス・ハートレー　Henderson, Denys Hartley　ICI会長　国英国　生1932年10月11日　他1992／1996

ヘンダーソン, ドナルド　Henderson, Donald Ainslie　公衆衛生学者　ピッツバーグ大学医学センター教授　元・ジョンズ・ホプキンズ大学名誉教授, 元・世界保健機構（WHO）世界天然痘根絶対策本部長　国米国　生1928年9月7日　他1992／1996／2000／2004／2008／2012

ヘンダーソン, バージニア　Henderson, Virginia A.　エール大学看護学部名誉研究員　国看護学　国米国　生1897年　他1996

ヘンダーソン, ハリー　Henderson, Harry　テクニカルライター・エディター　国コンピュータ　国米国　他1992

ヘンダーソン, バレリー・ランド　Henderson, Valerie Land　心理学者　米国人間研究センター研究員　他2004

ヘンダーソン, ビル　Henderson, Bill　編集者　プッシュカート社社長　国米国　生1942年　他1992

ヘンダーソン, ブルース・D.　元・ボストン・コンサルティング・グループ名誉会長　没1992年7月20日　他1996

ヘンダーソン, フレデリック　Henderson, Frederick A.　実業家　元・ゼネラル・モーターズ（GM）CEO　国米国　他2012

ヘンダーソン, ヘイゼル　Henderson, Hazel　未来学者　国米国　生1933年　他1992／1996／2000

ヘンダーソン, ベス　Henderson, Beth　ロマンス作家　国米国　他2004

ヘンダーソン, リッキー　Henderson, Rickey Henley　元・大リーグ選手　国米国　生1958年12月25日　他1992／1996／2000／2004／2008／2012

ヘンダーソン, ロイ　外交官　国米国　没1986年3月24日　他1992

ヘンダーソン, ロバート　Henderson, Robert　編集者, 作家　国米国　他1992

ヘンダーソン, ローレン　Henderson, Lauren　ミステリー作家　国英国　他2004

ベンダニエル, デービッド　コーネル大学経営大学院教授　国経営学　国米国　他2000

ベンダーニャ, アレハンドロ　Bendaña, Alejandro　ニカラグア中米大学国際問題研究所長　国国際問題　国ニカラグア　生1950年　他1992

ベンチ, ジョニー　Bench, Johnny　本名＝Bench, Johnny Lee　元・大リーグ選手　国米国　生1947年12月7日　他1992

ヘンチェル, エルケ　Hentschel, Elke　ベルリン自由大学ゲルマニスティック学科助手　国ゲルマン語学　国ドイツ　生1952年　他1996

ベンチーニョ　Bentinho　本名＝Bento Dos Santos, Antonio　サッカー選手（FW）　国ブラジル　生1971年12月18日　他2000／2004／2008

ベンチュラ, ジェシー　Ventura, Jesse　本名＝ジャノス, ジェームス　旧リングネーム＝ザ・ボディー　政治家, 元・プロレスラー　元・ミネソタ州知事　国米国　生1951年7月15日　他2000／2004／2008／2012

ベンチュラ, ジュディ　Ventura, Judy　経営コンサルタント　国米国　他2008

ベンチュラ, チャーリー　Ventura, Charlie　本名＝Venturo, Charles　ジャズサックス奏者　国米国　生1916年12月2日　没1992年1月17日　他1996

ベンチュラ, マイケル　Ventura, Michael　コラムニスト, 脚本家, 作家　国米国　生1945年　他2000

ベンチュラ, ロビン　Ventura, Robin Mark　大リーグ監督, 元・大リーグ選手　国米国　生1967年7月14日　他1992／2000／2004／2008／2012

ベンチューリ, ロバート　Venturi, Robert　建築家　国米国　生1925年6月25日　他1992／1996／2000

ベンチリー, ピーター　Benchley, Peter　作家　国米国　生1940年　没2006年2月11日　他1992／1996

ベンツ, ヴォルフガング　Benz, Wolfgang　歴史学者　ベルリン工科大学教授・反ユダヤ主義研究センター所長　国20世紀ドイツ史, 少数民族問題, 反ユダヤ主義, 亡命・移住研究　国ドイツ　生1941年　他2008／2012

ヘンツ, ルドルフ　Henz, Rudolf　作家　元・ウィーン放送局放送部長　国オーストリア　生1897年5月10日　他1992

ベンツィ, ロベルト　Benzi, Roberto　指揮者　国フランス　生1937年12月12日　他2004／2008

ヘンツェ, ハンス・ヴェルナー　Henze, Hans Werner　作曲家, 指揮者　国ドイツ　生1926年7月1日　没2012年10月27日　他1992／1996／2000／2004／2008／2012

ベンツェン, ロイド（Jr.）　Bentsen, Lloyd Millard（Jr.）　政治家, 弁護士　元・米国財務長官　国米国　生1921年2月11日　没2006年5月23日　他1992／1996

ヘンツラー, ハーバート　Henzler, Herbert A.　経営学者　マッキンゼー＆カンパニー・ドイツ支社長, ミュンヘン大学名誉教授　国ドイツ　他1996

ベンツローワ, トーマス　詩人　エール大学　国ロシア文学, ポーランド文学　国米国　生1937年　他1996

ペンティコースト, ヒュー　Pentecost, Hugh　本名＝Philips, Judson Pentecost　探偵作家　国米国　生1903年8月10日　他1992

ヘンティッヒ, ハルトムート・フォン　Hentig, Hartmut von　教育学者　ビーレフェルト大学附属小学校・中高等部校長　国ドイツ　生1925年　他1996／2008

ベンティーン, シェリル　Bentyne, Cheryl　マンハッタン・トランスファー　歌手　国米国　生1954年1月17日　他2008／2012

ヘンディン, ハーバート　Hendin, Herbert　精神医学者　ニューヨーク医科大学教授　国自殺, 安楽死　国米国　他2004

ベンデット, キャシイ　Bendett, Kathy　買い物代行業　国米国　他1992

ヘンデル, イダ　Haendel, Ida　バイオリニスト　国英国　生1928年12月15日　他2000／2008

ベンテレ, フェレーナ　Bentele, Verena　スキー選手（距離）, バイアスロン選手　国ドイツ　生1982年2月28日　他2000

ペンデレツキ, クシシュトフ　Penderecki, Krzysztof　作曲家, 指揮

者　[国]ポーランド　[生]1933年11月23日　[典]1992／1996／2004／2008／2012

ベントゥーラ, レイ　Ventura, Rey　「ぼくはいつも隠れていた―フィリピン人学生不法就労記」の著者　[国]フィリピン　[生]1962年　[典]1996

ヘントゲン, パット　Hentgen, Pat　本名=ヘントゲン, パトリック・ジョージ　元・大リーグ選手　[国]米国　[生]1968年11月13日　[典]2000／2004／2008

ベントソン, I.　Bengtsson, Ingemund　政治家　元・スウェーデン労働相・農相, 元・スウェーデン国会議長　[国]スウェーデン　[生]1919年　[典]1992／1996

ベントソン, リチャード　Bengtsson, Richard　ファッションデザイナー　リチャード・エドワーズ・デザイナー　[国]スウェーデン　[生]1962年　[典]2004

ベントナー, ニクラス　Bendtner, Nicklas　サッカー選手(FW)　[国]デンマーク　[生]1988年1月16日　[典]2012

ヘントフ, ナット　Hentoff, Nat　作家, 評論家　[国]米国　[生]1925年6月10日　[典]1992／1996／2000

ベンドラー, ヘレン　Vendler, Helen　旧名=Hennessy,Helen　文芸評論家　ハーバード大学教授　[専]現代アメリカ詩　[国]米国　[生]1933年4月30日　[典]1996

ペントランド, アレックス　マサチューセッツ工科大学メディア研究所教授　[専]コンピュータ工学　[国]米国　[典]2000

ベントリー, アイリーン　Bentley, Eilean　マッサージ師　[国]英国　[典]2004

ヘンドリー, ジム　Hendry, Jim　元・カブスGM　[国]米国　[典]2012

ヘンドリー, ジョイ　Hendry, Joy　人類学者　オックスフォード・ブルックス大学人類学部教授　[専]日本研究　[国]英国　[典]2004

ヘンドリー, ダイアナ　Hendry, Diana　作家　[典]2004

ベントリー, ビッチ　Bentley, Vicci　ライター, 編集者　[典]2004

ヘンドリー, レオ　Hendry, Leo B.　心理学者　アバディーン大学名誉教授　[専]健康心理学　[国]英国　[生]1935年　[典]2008

ヘンドリクス, J.　フィリップス・コーポレートオートメーション部長　[国]オランダ　[生]1942年　[典]2000

ヘンドリクス, アラン　Hendrickse, Allan　本名=Hendrickse, Herenard Joe　政治家, 牧師　アフリカ民族会議(ANC)西ケープ上院議員　[国]南アフリカ　[生]1927年10月22日　[典]1992／2000

ヘンドリクソン, サラ　Hendrickson, Sarah　スキー選手(ジャンプ)　[国]米国　[生]1994年8月1日

ヘンドリクソン, チェット　Hendrickson, Chet　コンピューター技術者　[典]2004

ヘンドリッカー, サラ　アセンズ市長(オハイオ州)　[国]米国　[典]1992

ヘンドリック, クライド　Hendrik, Clyde　社会心理学者　ポール・ウイットフィールド・ホーン大学教授,「性格社会心理学紀要」編集委員　[専]恋愛と性の態度研究　[国]米国　[典]2004

ヘンドリック, ジョン　オオクマ・マシナリー・インク(OMI)社長　[国]米国　[典]1992

ヘンドリック, スーザン　Hendrik, Susan S.　心理学者, 結婚カウンセラー　テキサス工科大学教授,「社会臨床心理学」副編集長,「結婚と家庭の心理学」編集委員　[国]米国　[典]2004

ヘンドリックス, ゲイ　Hendricks, Gay　トランス・パーソナル・セラピスト　コロラド大学教授　[専]カウンセリング, 教育学　[国]米国　[典]1992／1996／2000

ヘンドリックス, バーバラ　Hendricks, Barbara　本名=Hendricks, Barbara Ann　ソプラノ歌手　[専]リリックソプラノ　[国]スウェーデン　[生]1948年11月20日　[典]1992／1996／2000／2012

ヘンドリックス, ハービル　Hendrix, Harville　結婚セラピスト　[国]米国　[典]2004

ヘンドリックス, ビッキー　Hendricks, Vicki　作家　ブロワード・コミュニティ・カレッジ文芸創作科教師　[国]米国　[生]1952年　[典]2000

ヘンドリックセン, ジョナサン　Hendriksen, Jonathan　実業家　バリュー・クリック・ジャパン社長　[国]ニュージーランド　[生]1969年　[典]2000／2004／2008

ペンドルトン, ドナルド　Pendleton, Donald E.　ハードボイルド作家　[国]米国　[生]1927年　[典]1992

ペンドルトン, ビクトリア　Pendleton, Victoria　本名=Pendleton, Victoria Louise　自転車選手(トラックレース)　北京五輪・ロンドン五輪金メダリスト　[国]英国　[生]1980年9月24日　[典]2012

ベントレーズ, R.J.　Ventres, R.J.　ボーデン社会長・最高経営責任者(CEO)　[国]米国　[生]1924年　[典]1992／1996

ベントレラ, スコット　Ventrella, Scott W.　コンサルタント　[国]米国　[典]2004

ヘンドン, ウィリアム　Hendon, William S.　アクロン大学名誉教授　[専]都市計画　[国]米国　[典]1992

ベントン, クリスティン　Benton, Christine M.　編集者, ライター　[国]米国　[典]2004

ベントン, フィリップ・E.(Jr.)　Benton, Philip E.(Jr.)　元・フォード・モーター社長・COO　[国]米国　[生]1928年　[典]1992／1996

ベントン, ブルック　Benton, Brook　ソウル・シンガー　[国]米国　[没]1988年4月9日　[典]1992

ベントン, マイケル　Benton, Michael　古生物学者　[専]恐竜　[国]英国　[典]1992／2012

ベントン, ロバート　Benton, Robert　映画監督, 脚本家　[国]米国　[生]1932年9月29日　[典]1992／1996／2008／2012

ヘンニッケ, ペーター　Hennicke, Peter　環境問題研究家　ブッパータール気候環境エネルギー研究所所長　元・オスナブリュック大学教授　[専]エネルギー政策　[国]ドイツ　[典]2004／2008

ペン・ヌート　Penn Nouth　政治家　元・カンボジア首相　[国]カンボジア　[生]1906年　[没]1985年5月18日　[典]1992

ベンネマルス, エルベン　Wennemars, Erben　本名=Wennemars, Egbert Rolf　元・スピードスケート選手　トリノ五輪スピードスケート男子1000メートル銅メダリスト　[国]オランダ　[生]1975年11月1日

ヘンネンベルク, フリッツ　Hennenberg, Fritz　ライプツィヒ歌劇場主任顧問　[国]ドイツ　[生]1932年　[典]1996

ベーンハッカー, レオ　Beenhakker, Leo　サッカー監督　元・サッカー・ポルトガル代表監督　[国]オランダ　[生]1942年　[典]2000／2004／2008／2012

ペンバートン, ルディー　Pemberton, Rudy　元・プロ野球選手　[国]ドミニカ共和国　[生]1969年12月17日　[典]2000

ベンハビブ, セイラ　Benhabib, Seyla　イェール大学政治学・政治哲学教授　[典]2008

ベンハビレス, サイダ　Benhabyles, Saida　政治家　国際テロ被害者協会連盟代表, アルジェリア国民評議会議員　[国]アルジェリア　[典]2000

ヘンヒェン, ハルトムート　Haenchen, Hartmut　指揮者　カール・フィリップ・エマニュエル・バッハ室内管弦楽団音楽監督　[国]ドイツ　[生]1943年3月21日　[典]2000

ベンフォード, グレゴリイ　Benford, Gregory　SF作家, 理論物理学者　カリフォルニア大学天体物理学教授　[国]米国　[生]1941年　[典]1992／1996

ペンフォールド, ジョン　Penfold, John B.　ブルネル大学教育デザイン学部講師　[生]1930年　[典]1996

ペンフォールド, ジョン　外交官　駐日米国公使　[国]米国　[典]2000

ベンフリス, アリ　Benflis, Ali　政治家　元・アルジェリア首相　[国]アルジェリア　[生]1944年9月8日　[典]2004／2008

ベン・ベラ, アハメド　Ben Bella, Ahmed　本名=Ben Bella, Mohammed　政治家, 民族運動指導者　元・アルジェリア大統領(初代)　[国]アルジェリア　[生]1916年12月25日　[没]2012年4月11日　[典]1992／1996／2004／2008

ペンペル, T.J.　Pempel, T.J.　政治学者　コロラド大学教授　[専]日本の保守政治　[国]米国　[生]1942年　[典]1996

ヘンペル, エミィ　Hempel, Amy　作家　[国]米国　[生]1958年　[典]1992

ヘンペル, カール　Hempel, Carl Gustav　哲学者, 論理学者　プリンストン大学哲学教授　[国]米国　[生]1905年1月8日　[典]1992

ベンホリン, ダニエル　Ben-Holin, Daniel　ジャーナリスト　コン

ピュメンター事務局長 ◯米国 ⊕1947年 ⊚2000

ベンホルト・トムゼン, ベロニカ Bennholdt-Thomsen, Veronika 民族学者, 社会学者 サブシステンス理論および実践研究所所長 ◯メキシコ ⊚2000

ヘンマン, ティム Henman, Tim 本名=ヘンマン, ティモシー・ヘンリー テニス選手 ◯英国 ⊕1974年9月6日 ⊚2008

ベンマン, ハンス Bemmann, Hans 別筆名=マルティンソン, ハンス 作家 ◯ドイツ ⊕1922年 ⊚1996

ベンマンスール, ムスタファ Benmansour, Mostefa 政治家 アルジェリア内務・地方自治体・環境相 ◯アルジェリア ⊕1942年12月25日 ⊚2000

ベンモシェ, ロバート Benmosche, Robert H. 実業家 アメリカン・インターナショナル・グループ（AIG）社長・CEO ◯米国 ⊚2012

ベン・ヤアコブ, ヤアコブ Ben-Yaacov, Yaacov 実業家 ヤザム・ドット・コムCEO ◯イスラエル ⊕1966年7月 ⊚2004

ベンヤヒヤ, ハビブ Ben Yahia, Habib 政治家 チュニジア国防相 ◯チュニジア ⊕1938年7月30日 ⊚2000／2004

ヘンリー, アラン Henry, Alan モータースポーツ記者 「モータリング・ニューズ」編集委員 ◯英国 ⊕1947年 ⊚1992／1996

ヘンリー, エイプリル Henry, April 作家 ◯米国 ⊚2004

ヘンリー, グラハム Henry, Graham ラグビー監督 元・ラグビー・ニュージーランド代表監督 ◯ニュージーランド ⊕1946年6月8日 ⊚2000／2008／2012

ヘンリー, ジョー Henry, Joe シンガー・ソングライター, 音楽プロデューサー ◯米国 ⊕1960年 ⊚2000／2012

ヘンリー, ジョージー Henley, Georgie 女優 ◯英国 ⊚2012

ヘンリー, ジョディ Henry, Jodie 元・水泳選手（自由形） アテネ五輪競泳女子100メートル自由形金メダリスト ◯オーストラリア ⊕1983年11月17日 ⊚2008

ヘンリー, スー Henry, Sue ミステリー作家 ◯米国 ⊚2000

ヘンリー, トム Henley, Thom 写真家, ライター ◯カナダ ⊚1992／1996

ヘンリー, ドン Henley, Don グループ名=イーグルス ロックドラマー ◯米国 ⊕1947年7月22日 ⊚1996／2008／2012

ヘンリー, ニコール Henry, Nicole ジャズ歌手, 女優, モデル ◯米国 ⊚2012

ヘンリー, ベス Henley, Beth 劇作家 ◯米国 ⊕1952年 ⊚2004／2008

ヘンリー, マーク Henry, Mark プロレスラー, 元・重量挙げ選手 ◯米国 ⊕1971年6月12日 ⊚2000／2012

ヘンリー, ロード 政治家 元・英国教育相・雇用相 ◯英国 ⊕1953年 ⊚2000

ヘンリー王子 Henry, Prince 本名=ヘンリー・チャールズ・アルバート・デービッド 通称=ハリー王子 英国王子 チャールズ皇太子の第二王子 ◯英国 ⊕1984年9月15日 ⊚2000／2004／2008／2012

ヘンリクセン, ジョン 国連人権高等弁務官事務所人権担当官 ◯ノルウェー ⊚2000

ヘンリーケス, ダイアナ Henriques, Diana ジャーナリスト 「ニューヨーク・タイムズ」記者 ◯米国 ⊚2000

ヘンリー・ストッカー, サンドラ Henry-Stocker, Sandra コンピューター技術者 ⊚2004

ヘンリック, リチャード Henrick, Richard P. ミステリー作家 ◯米国 ⊚1992／1996

ヘンリッヒ, ディーター Henrich, Dieter 哲学者 ミュンヘン大学名誉教授 ◯ドイツ ⊕1927年1月5日 ⊚2004／2012

ヘンリード, ポール Henried, Paul 本名=ヘンリード, ポール・ジョージ・ジュリアス・フォン 俳優, 映画監督 ◯米国 ⊕1908年1月10日 ⊖1992年3月29日 ⊚1996

ヘンレ, ワーナー ウイルス学者 元・フィラデルフィア小児病院研究部長 ◯米国 ⊖1987年7月6日 ⊚1992

ペンローズ, アントニー Penrose, Antony 農場経営, 写真家 ◯英

国 ⊕1947年 ⊚1992

ペンローズ, ロジャー Penrose, Roger 数学者, 物理学者 オックスフォード大学名誉教授 ◯英国 ⊕1931年8月8日 ⊚1996／2000

ベンワー, デービッド Benoit, David バスケットボール監督 ◯米国 ⊕1968年5月9日 ⊚2012

【ホ】

ホー, K.Y. Ho, Kwok Yuen 実業家 ATIテクノロジーズCEO ◯カナダ ⊕1950年 ⊚2000

ホー・アンシュウ 浦 安修 Pu, An-hsiu 彭徳懐夫人 ◯中国 ⊕1991年5月2日 ⊖1992

ホー・イエンシン 何 艶新 He, Yan-xin 中国女文字の伝承者 ◯中国 ⊚2012

ホ・ウン 許 雄 ソウル大学名誉教授, ハングル学会理事長 ◯韓国 ⊕1918年10月30日 ⊚1996

ホ・ウンナ 許 雲那 Ho, Un-na 政治家 韓国国会議員（新千年民主党）, 漢陽大学教育工学科教授 ◯教育工学 ◯韓国 ⊕1949年1月30日 ⊚2004

ホ, エスケー ホ, S.K. Ho, S.K. 本名=ホソクホ 漢字名=許奭鎬 プロゴルファー ◯韓国 ⊕1973年8月20日 ⊚2004（ホ・ソクホ）／2008／2012

ホ・ガユン Heo, Ga-yoon グループ名=4Minute 歌手 ◯韓国 ⊕1990年5月18日 ⊚2012

ボー, カルロ Bo, Carlo 批評家 元・ウルビーノ大学学長 ◯フランス文学 ◯イタリア ⊕1911年1月25日 ⊖1992

ホ・キホ 許 起虎 俳優 ◯韓国 ⊕1952年3月28日 ⊚1996

ホ・キュ 許 圭 演出家, パンソリ学会会長 ◯韓国 ⊕1934年12月15日 ⊚1996

ホ・キュオク 許 圭沃 プロ野球選手（外野手） ◯韓国 ⊕1956年8月8日 ⊚1996

ホ・キンセイ 歩 鑫生 元・海塩シャツ工場長 免職になった企業改革の「模範」 ◯中国 ⊕1934年2月 ⊚1992

ホ・キンチ 歩 近智 中国社会科学院歴史研究所教授 ◯中国思想史 ◯中国 ⊚1996

ホー・クォンピン Ho, Kwon-ping 実業家 バンヤンツリー・ホールディングス会長 ◯シンガポール ⊕1952年 ⊚1992／1996／2012

ボ・コククウ 母 国光 光学者 中国科学院応用開放実験室主任, 中国光学学会副理事長 ◯中国 ⊕1931年 ⊚1996

ホ・サムヨン 許 三栄 プロ野球選手（投手） ◯韓国 ⊕1972年6月8日 ⊚1996

ホ・サン 浦 山 旧名=浦持山 国際問題研究者 中国世界経済学会会長, 米カルテン大学名誉法学博士 元・中国社会科学院世界経済・政治研究所所長 ◯中国 ⊕1923年 ⊚1996

ホ・サンマン 許 祥万 Huh, Sang-man 農学者 元・韓国農林相, 元・順天大学総長 ◯韓国 ⊕1943年10月12日 ⊚2004／2008

ホ・ジェヨン 許 在栄 国土開発研究院長 ◯韓国 ⊕1934年9月29日 ⊚1996

ホ・ジノ Heo, Jin-ho 漢字名=許秦豪 映画監督, 脚本家 ◯韓国 ⊕1963年8月8日 ⊚2000／2004／2008／2012

ボー, ジャン・ピエール Baud, Jean-Pierre 法学者 パリ第10大学教授 ◯フランス ⊕1943年 ⊚2004

ホ・ジュノ Huh, Joon-ho 漢字名=許峻豪 俳優 ◯韓国 ⊕1964年4月14日 ⊚2008／2012

ホー, ジョシー Ho, Josie 中国名=何超儀 女優 ◯1974年12月26日 ⊚2004／2008／2012

ホ・ジョン 許 政 元・韓国首相 ◯韓国 ⊕1896年4月8日 ⊖1988年9月18日 ⊚1992

ホ・ジョンウク 許 晶旭 プロ野球選手（投手） ◯韓国 ⊕1965年8月4日 ⊚1996

ホ・ジョンスク 許 貞淑 Ho, Jong-suk 政治家 元・朝鮮労働党

中央委書記　⦿北朝鮮　⊕1908年　㊣1991年6月5日　㊥1992

ホ・ジョンム　許丁茂　Huh, Jung-moo　サッカー監督　元・サッカー韓国代表監督　⦿韓国　⊕1955年1月13日　㊥2000／2004／2008／2012

ホ・ジン　許真　本名=許玉淑　タレント　⦿韓国　⊕1950年8月28日　㊥1996

ホ・シング　許慎九　実業家　韓日経済協会副会長　元・LG石油化学会長　⦿韓国　⊕1929年11月4日　㊥1996

ホ・シンヘン　許信行　農経済研究院長　元・韓国農林水産部長官　⦿韓国　⊕1942年9月13日　㊥1996

ホ・ジンホ　許真浩　I・NETテクノロジーズ社長・CEO　⦿韓国　㊥2000

ホー, スタンリー　Ho, Stanley　中国名=何鴻燊　実業家　信徳企業グループオーナー　⦿香港　㊥1992／1996

ホ・ゼ　許載　バスケットボール選手　⦿韓国　㊥1992

ホ・ソンガン　許成実　Huh, Sung-kwan　経営学者　元・韓国海洋水産相, 元・東亜大学教授　⦿韓国　⊕1947年11月12日　㊥2004／2008

ホ・ソンミョン　許先明　コンピューター技術者　㊥2004

ホ・ダム　許鐵　Ho, Dam　政治家　元・朝鮮労働党政治局員, 元・祖国平和統一委員会委員長, 元・最高人民会議外交委員長　⦿北朝鮮　⊕1929年3月6日　㊣1991年5月11日　㊥1992

ホー, チン　実業家　⦿米国　⊕1987年5月12日　㊥1992

ホー・チン　Ho, Ching　実業家　テマセク・ホールディングス社長・CEO　シンガポール首相夫人　⦿シンガポール　⊕1953年　㊥2004／2008／2012

ホー・ツオシウ　何祚庥　He, Zuo-xiu　物理学者　中国科学院理論物理研究所研究員　⦿理論物理学, 科学史, 哲学, 政治経済学　⦿中国　⊕1927年7月27日　㊥2012

ホー, デービッド　Ho, David　エイズ研究者　アーロン・ダイヤモンド・エイズ研究センター所長　⦿米国　㊥2000

ボ・トクシュン　慕徳春　Mu, De-chun　書家, 篆刻家　遼寧師範大学講師, 福岡教育大学客員研究員　⦿中国　⊕1964年　㊥2000

ホー, ドラ　Ho, Dora Y.　スタンフォード大学生物科学部研究者　⦿ヘルペスウイルス　⦿米国　㊥2000

ホ・ドンチャン　許東粲　大陸研究所主任研究員　⦿韓国　⊕1932年　㊥1992／1996

ホ・ナムフン　許南薫　アジア太平洋環境経営研究院理事長　⦿韓国　⊕1937年1月27日　㊥1996

ホー, ピーター　Ho, Peter　中国名=何潤東　俳優　⦿香港　⊕1975年9月13日　㊥2004／2008／2012

ホ・ヒョング　許亨九　弁護士　⦿韓国　⊕1926年12月9日　㊥1996

ホ・ヒョンチャン　扈賢賛　Ho, Hyun-chan　映画プロデューサー, 映画評論家　韓国文化プロモーション代表　⦿韓国　⊕1926年　㊥2004／2008

ポー, フェルナンド（Jr.）　Poe, Fernando (Jr.)　本名=Poe, Ronald Allan Kelley　俳優, 映画監督　⦿フィリピン　⊕1939年8月20日　㊣2004年12月14日　㊥2004

ホー, ブライアン　Haw, Brian　本名=Haw, Brian William　反戦活動家　⦿英国　⊕1949年1月7日　㊣2011年6月18日

ボー, マリー・クロード　カルティエ現代美術財団代表　⦿フランス　⊕1946年

ホ・マンハ　許万夏　Huh, Man-ha　詩人, 病理学者　高神大学医学部教授, 韓国詩人協会常任理事　⦿韓国　⊕1932年　㊥1996

ボー, ミシェル　Beaud, Michel　パリ第7大学経済学部教授　⦿経済学　⦿フランス　⊕1935年　㊥2000

ホ・ミョン　許銘　韓国研究院教授　⦿韓国　⊕1924年　㊥1992

ホー, ミンフォン　Ho, Minfong　児童文学作家　⊕1951年　㊥1992／2000

ホ・ムンド　許文道　Huh, Moon-doh　元・韓国国土統一院長官, 元・韓国東北亜文化研究所所長　⦿韓国　⊕1940年2月26日　㊥1996／2000／2012

ホ・ムンヨン　許文寧　Ho, Moon-young　韓国民族統一研究院研究委員　⦿北朝鮮対外政策, 南北関係　⦿韓国　⊕1956年　㊥2000

ホー, メイワン　Ho, Mae-wan　生物物理学者　オープンユニバーシティー上級講師, 第三世界ネットワーク（TWN）科学顧問　㊥2004

ホー・メンキット　シンガポール経済開発庁副長官　⦿シンガポール　㊥2000

ホ・ユンジョン　許允禎　タレント　⦿韓国　⊕1966年4月4日　㊥1996

ホ・ヨンファン　許英桓　誠心女子大東洋画科教授　⦿韓国　⊕1937年2月12日　㊥1996

ホ・ヨンマン　許英万　漫画家　⦿韓国　⊕1947年6月　㊥1992／1996

ポー, ロイ　Poe, Roy W.　ビジネス教育コンサルタント　⦿コミュニケーション, 経営開発プログラム　⦿米国　㊥1992

ポー, ローラ　Baugh, Laura　プロゴルファー　⦿米国　⊕1955年5月31日　㊥2000／2008

ボア　BoA　本名=クォンボア　歌手　⦿韓国　⊕1986年11月5日　㊥2012

ホーア, アントニー　Hoare, Antony　本名=Hoare, Charles Antony Richard　コンピューター科学者　オックスフォード大学名誉教授　⦿英国　⊕1934年1月11日　㊥1992／2004／2012

ホーア, ウィリアム　Hoar, William P.　軍事ジャーナリスト　「ワールド・インフォメイション・ネットワーク」編集主幹　⦿米国　㊥1992

ボーア, オーゲ・ニールス　Bohr, Aage Niels　理論物理学者　元・北欧理論核物理学研究所（NORDITA）所長, 元・ニールス・ボーア研究所所長　⦿原子核構造理論　⦿デンマーク　⊕1922年6月19日　㊣2009年9月8日　㊥1992／1996／2004／2008

ボア, ジャン・ヤープ・デ　Boer, Jan Jaap de　オランダ住宅国土計画環境省影響評価局環境部長　⦿オランダ　㊥2000

ホアー, マイク　Hoare, Mike　異名=マッド・マイク　軍人　コンゴの元白人傭兵部隊長　⦿南アフリカ　⊕1919年　㊥1996

ボア・ヴィーブ, ローラン　Boix-Vives, Laurent　ロシニョール会長　⦿フランス　㊥1996（ボア・ビーブ, ローラン）

ホアキン, ニック　Joaquin, Nick　筆名=キハノ・デ・マニラ　作家, ジャーナリスト　⦿フィリピン　⊕1917年　㊥1992／1996／2000／2004

ホアクバ, サアド　ジャーナリスト　「シュルーク」論説委員　⦿アルジェリア　㊥2000

ホアス, スールン　Hoaas, Solrun　映画監督　⦿オーストラリア　⊕1943年　㊥1992／1996

ボアナール, アン　F1グランプリ・タイム・キーパー　㊥1992

ボアーニョ, マリーナ　作家　⦿イタリア　㊥2004／2008

ボアヘン, アルバート・アデュー　ガーナ大学名誉教授　⦿アフリカ史　⦿ガーナ　⊕1932年　㊥2000

ホァン・シャオミン　Huang, Xiao-ming　漢字名=黄暁明　俳優　⦿中国　⊕1977年11月13日　㊥2012

ホアン・ドウドウ　黄豆豆　Huang, Dou-dou　ダンサー　上海歌舞団芸術監督　⦿中国　㊥2008／2012

ホアン, ヘレン　Huang, Helen　ピアニスト　⦿米国　⊕1982年　㊥2000

ボアン, マルク　Bohan, Marc　ファッションデザイナー　ノーマン・ハートネル社芸術監督　⦿フランス　⊕1926年8月22日　㊥1992／2000

ホアン・モンラ　Huang, Mengla　漢字名=黄蒙拉　バイオリニスト　⦿中国　⊕1980年　㊥2012

ホアン・クオク・ビエト　Hoang Quoc Viet　政治家　元・ベトナム祖国戦線名誉議長　⦿ベトナム　⊕1905年　㊣1992年12月25日　㊥1996

ホアン・スアン・シン　Hoang Xuan Sinh　ハノイ国家大学教授, タンロン大学学長　⦿数学　⦿ベトナム　㊥2000

ホアン・ティ・ノー　ベトナム戦争のテト攻勢, フエ作戦の生き残り　⦿ベトナム　㊥2000

ホアン・ハー　歌手　⦿ベトナム　⊕1976年4月22日　㊥2000

ホアン・バン・ギエン　実業家　ハノイ市長,ハネル社長　国ベトナム　現1996

ホアン・バン・タイ　Hoang Van Thai　軍人　元・ベトナム国防次官,元・ベトナム共産党中央委員　国ベトナム　生1986年7月2日　没1992

ホアン・バン・チャウ　Hoang Van Chau　ハノイ貿易大学学長　専国際経済学　国ベトナム　現2012

ホアン・バン・ホアン　Hoang Van Hoan　政治家,外交官　元・ベトナム共産党政治局員　国ベトナム　生1905年　没1991年5月18日　現1992

ホイ,アン　Hui, Ann　中国名=許鞍華　映画監督　国香港　生1947年5月23日　現1992／1996／2000／2004／2008／2012

ホイ,クリス　Hoy, Chris　本名=Hoy,Christopher Andrew　元・自転車選手(トラックレース)　アテネ五輪・北京五輪・ロンドン五輪金メダリスト　国英国　生1976年3月23日　現2008／2012

ホイ,スーエレン　Hoy, Suellen　ノートルダム大学客員教授　専歴史学　国米国　生1942年　現2000

ボイ,フィリップ　Boy, Philipp　体操選手　国ドイツ　生1987年7月23日　現2012

ホーイ,マイケル　Hoeye, Michael　作家　国米国　現2004／2008

ホイ,マイケル　Hui, Michael　中国名=許冠文　映画監督,俳優　国香港　生1942年9月3日　現1996／2000

ホイ,リッキー　Hui, Ricky　中国名=許冠英　俳優　国香港　生1946年8月3日　没2011年11月8日

ホイ,ロバート・W.L.　パークソンズジャパン(株)取締役東京支店長　国マレーシア　生1954年　現1992

ボイアー,ピーター　Boer, F.Peter　タイガーサイエンティフィック社長・CEO　現2008

ボイエ,キルステン　Boie, Kirsten　児童文学作家　国ドイツ　生1950年　現1992／2000

ボイエット,ジョセフ　Boyett, Joseph　経営コンサルタント　ボイエット&アソシエイツ創業者・共同経営者　現2004

ボーイガス,オリオール　Bohigas, Oriol　建築家　バルセロナ市都市計画顧問,オリンピック村計画責任者,ミロ美術館理事長　国スペイン　生1925年　現1992

ボイカート,デートレフ　Peukert, Detlev J.K.　元・ナチズム史研究所長,元・エッセン大学近代史教授　専ナチズム研究　国ドイツ　生1950年9月　没1990年　現1992

ホイク,ジクリト　Heuck, Sigrid　児童文学作家,絵本作家　国ドイツ　生1932年　現1992／1996／2000

ホイクロット,オラフ　Heukrodt, Olaf　カヌー選手　国ドイツ　現1992

ボイコ,オレグ　実業家,政治家　オルビー社長,ロシア国家会議(下院)議員　国ロシア　現1996

ボーイ・ジョージ　Boy George　本名=オダウド,ジョージ　グループ名=カルチャー・クラブ　歌手　国英国　生1961年6月14日　現1992／1996／2000／2004／2008／2012

ホイジンガ,ジョン・ロバート　Huizenga, John Robert　物理学者　ロチェスター大学名誉教授　専原子核　国米国　生1921年4月21日　現1996

ホイジンガー,ルッツ　Heusinger, Lutz　マールブルク大学名誉教授　専美術史　国イタリア　現2000

ボイス,クリス　Boyce, Chris　SF作家　国英国　生1934年　現1992

ボイス,ジム　Boyce, Jim　コラムニスト,ソフトウェア技術者,実業家　「ウィンドウズ・マガジン」コラムニスト,ミネソタ・ウェブワークス創始者・副社長　国米国　現2004

ボイス,デービッド　弁護士　国米国　現2004

ボイス,ヨーゼフ　Beuys, Joseph　前衛美術家,オブジェ作家　国ドイツ　生1921年5月12日　没1986年1月23日　現1992

ホイスゲン,ヘルムート　元・ドレスナー銀行頭取　国ドイツ　没1989年12月27日　現1992

ホイゼッター,ヤーレ　欧州放送連合(EBU)スポーツ担当責任者　国ノルウェー　現2000

ホイセット,エデルテレーセ　スピードスケート選手　国ノルウェー　現2000

ボイタ,ジョージ・J.　バンカース・トラスト・カンパニー副会長,バンカース・トラスト・ニューヨーク副会長　国米国　現2000

ボイタノ,ブライアン　Boitano, Brian　フィギュアスケート選手　国米国　生1963年10月22日　現1992／1996

ボイチャック,アンジェイ　Wojtczak, Andrzej　医師　元・世界保健機関(WHO)神戸センター所長　専公衆衛生　国ポーランド　現2000

ホイッテン,ジェイミ　Whitten, Jamie L.　政治家　元・米国下院歳出委員長(民主党)　国米国　生1910年4月18日　現1992

ホイッテン,タラ　Whitten, Tara　自転車選手(トラックレース)　ロンドン五輪自転車女子3000メートル団体追い抜き銅メダリスト　国カナダ　生1980年7月13日

ホイットニー,ダイアナ　Whitney, Diana　ロマンス作家　国米国　現1992／1996／2004

ホイットニー,フィリス　Whitney, Phillis A.　推理作家　国米国　生1903年9月9日　没2008年2月8日　現1992

ホイットニー,ポール　Whitney, Paul M.A.　実業家　ジャパン・パブリシティ副社長　国米国　生1969年　現2004

ホイットビー,エバン　Whitby, Evan R.　Chimera Technologies副社長　専エーロゾル力学　国米国　生1959年　現2008

ホイットフィールド,サイモン　Whitfield, Simon　トライアスロン選手　シドニー五輪男子トライアスロン金メダリスト　国カナダ　生1975年5月16日　現2004／2008／2012

ホイットフィールド,テリー　Whitfield, Terry　元・大リーグ選手　国米国　生1953年1月12日　現2000

ホイットフィールド,ローデリック　Whitfield, Roderick　ロンドン大学教授,パーシバル・デービッド財団(中国美術)長　専中国美術史,東アジア美術史　国英国　生1937年7月20日　現1996

ホイットマン,キャンディス　Whitman, Candace　ニューヨーク大学助教授　専美術　国米国　現2000

ホイットマン,クリスティーン　Whitman, Christine Todd　政治家　ホイットマン・ストラテジー・グループ社長　元・米国環境保護局(EPA)長官,元・ニュージャージー州知事　国米国　生1946年9月26日　現1996／2000／2004／2008／2012

ホイットマン,メグ　Whitman, Meg　本名=Whitman,Margaret Cushing　実業家　ヒューレット・パッカード(HP)CEO　元・イーベイ社長・CEO　国米国　生1956年8月4日　現2004(ウイットマン,メグ)／2008／2012

ホイットモア,ケイ　Whitmore, Kay Rex　実業家　元・イーストマン・コダック会長・CEO　国米国　生1932年7月24日　現1992／1996

ホイットモア,ジョン　Whitmore, John　経営コンサルタント　生1937年　現2004／2008

ホイットモア,ダイアナ　Whitmore, Diana　サイコシンセシス指導者　サイコシンセシスと教育財団代表　国米国　現1992

ホイットモア,ハンク　Whittemore, Hank　ノンフィクション作家　国米国　生1942年　現1992／2000

ホイットラム,エドワード　Whitlam, Edward Gough　政治家　元・オーストラリア首相　国オーストラリア　生1916年7月11日　現1992／1996／2000／2008

ホイットル,フランク　Whittle, Frank　航空技術者,発明家　元・米国海軍兵学校研究教授,元・BOAC社技術顧問　国英国　生1907年6月1日　没1996年8月8日　現1992／1996

ホイップル,クリス　Whipple, Chris G.　ICFカイザー社副社長,米国環境保護局諮問委員会委員長　国米国　現2000

ホイップル,デービッド　Whipple, David　米国退役情報将校協会会長　元・CIA高官　国米国　現1996(ウィップル,デービッド)

ホイップル,マーク　Whipple, Mark B.　コンピュータ技術者　現2008

ホイテ,ヒュー・デズモンド　Hoyte, Hugh Desmond　政治家　元・ガイアナ大統領　国ガイアナ　生1929年3月9日　没2002年12月22日　現1992／1996

ボイテク, シュテファン　Voitec, Stefan　元・ルーマニア共産党執行委員, 元・ルーマニア国家評議会副議長　国ルーマニア　生1984年12月4日　典1992

ボイテルスバッハー, アルブレヒト　Beutelspacher, Albrecht　数学者　元・ギーセン大学教授　国ドイツ　生1950年　典2004

ボイド, アンドルー　Boyd, Andrew　ジャーナリスト　「エコノミスト」副編集長　国英国　生1920年　典1996

ボイド, ウィリアム　Boyd, William　本名＝Boyd, William Andrew Murray　作家　国英国　生1952年3月7日　典1996／2012

ボイド, ウィル　Boyd, Will　グループ名＝エヴァネッセンス　ロックベース奏者　国米国　典2008

ホイト, エドウィン　Hoyt, Edwin Palmer　作家　国米国　典1992／1996

ホイト, エリック　Hoyt, Erich　作家, 環境コンサルタント　国英国　生1950年　典2000

ボイド, オイル・キャン　Boyd, Oil Can　本名＝ボイド, デニス　元・大リーグ選手(投手)　国米国　生1959年10月6日　典2000

ホイト, サリーナ・ヘイズ　Hoyt, Sarnia Hayes　作家　国米国　生1938年11月4日　典2000

ボイド, ジュリア　Boyd, Julia　「ハンナ・リデル—ハンセン病救済に捧げた一生」の著者　国英国　生1948年　典1996

ボイト, ジョン　Voight, Jon　俳優　国米国　生1938年12月29日　典1992／1996／2000／2004／2008／2012

ボイド, ジョン・イクレー　Boyd, John Dixon Iklé　元・外交官　大英博物館理事長　元・駐日英国大使　国英国　生1936年1月17日　典1996／2000／2004／2008／2012

ボイド, ダグ　Boyd, Doug　社会活動家, 著述家　クロス・カルチュラル・スタディーズ・プログラム(CCSP)主任　国米国　生1935年　典1992

ボイド, チャールズ　Boyd, Charles G.　元・軍人　米国外交問題評議会副会長　国米国　典2004／2008

ボイト, デボラ　Voigt, Deborah　ソプラノ歌手　国米国　生1960年　典2000／2012

ボイド, ニール　Boyd, Neal E.　歌手　国米国　生1975年11月18日　典2012

ボイト, ハリー　Boyte, Harry C.　ミネソタ大学ハンフリー研究所主任研究員　政治, 社会思想　国米国　生1945年　典1996

ボイド, ヒラリー　Boyd, Hilary　看護婦　国英国　典2004／2008

ボイト, フィリップ　Boit, Philip　スキー選手(距離)　国ケニア　生1971年12月12日　典2000／2004

ボイド, ブライアン　Boyd, Brian　オークランド大学英文科大学代表特任教授　ナボコフ　生1952年　典2008

ボイド, ブランドン　Boyd, Brandon　グループ名＝インキュバス　ミュージシャン　国米国　生1976年2月15日　典2004／2008／2012

ボイド, リチャード　Boyd, Richard　ロンドン大学助教授　国日本政治　国英国　生1950年　典1992

ボイトラー, ブルース　Beutler, Bruce　免疫学者　スクリプス研究所教授　国米国　典2012

ボイナー, ジョージ(Jr.)　Poinar, George O. (Jr.)　カリフォルニア大学バークレー校教授　国昆虫学　国米国　典1996

ボイナ, リシャルト　政治家, ジャーナリスト　元・ポーランド国会議員　国ポーランド　生1920年7月　典1992

ポイニャント, ロズリン　Poignant, Roslyn　文化人類学者, 歴史学者　生1927年　典1996

ボイノビッチ, ジョージ　Voinovich, George V.　政治家　元・米国上院議員(共和党), 元・オハイオ州知事　国米国　生1936年7月15日　典2004／2012

ホイブル, ミヒャエル　Häupl, Michael　政治家　ウィーン州知事・市長　国オーストリア　典1996

ボイマー, レミギウス　Bäumer, Remigius　神学者　フライブルク大学教授　教会史, 公会議主義　国ドイツ　生1918年12月11日　典1996

ホイマン, アンドリアス　Heumann, Andreas　写真家　国スイス　生1946年　典1996

ホイヤー, アンドレア　Hoyer, Andrea　イラストレーター　国ドイツ　生1967年　典2004／2008

ボイヤー, クリート　Boyer, Clete　本名＝ボイヤー, クレティス・ルロイ　大リーグ選手, プロ野球選手　国米国　生1937年2月9日　没2007年6月4日　典1996

ボイヤー, ジョー　Poyer, Joe　冒険小説作家　国米国　生1939年　典1992

ボイヤー, スチュアート　Bowyer, Stuart　天文学者　カリフォルニア大学バークレー校教授　極端紫外線天文学　国米国　典1996

ホイヤー, ステニー　Hoyer, Steny Hamilton　政治家　元・米国民主党下院院内総務　国米国　生1939年6月14日　典2008／2012

ボイヤー, デービッド　Poyer, David C.　作家　国米国　典2000

ボイヤー, ハーバート　Boyer, Herbert Wayne　生化学者, 実業家　ジェネンテック創設者　遺伝子工学, 遺伝子組み換え技術　国米国　生1936年　典2004／2012

ボイヤー, ピーター　Boyer, Peter J.　ジャーナリスト　「ニューヨーク・タイムズ」記者　国米国　典1992

ボイヤー, ポール　Boyer, Paul Delos　化学者　カリフォルニア大学ロサンゼルス校名誉教授　国米国　生1918年7月31日　典2000／2008／2012

ボイヤー, リック　Boyer, Rick　本名＝ボイヤー, リチャード・ルイス　推理作家　国米国　生1943年10月13日　典1992／1996

ボイヤーズ, ロバート　Boyers, Robert　文学研究家, 批評家　スキドモア・カレッジ文芸学部教授　国米国　生1942年　典2000

ホイヤーラーセン, ポールエリク　Hoyer-Larsen, Poul-Erik　バドミントン選手　国デンマーク　典2000

ホイーラー, ジョン　Wheeler, John Archibald　物理学者　元・プリンストン大学名誉教授, 元・米国天文学会理事長　国米国　生1911年7月9日　没2008年4月13日　典1996(ウィーラー, ジョン・アーチボルト)／2000(ウィーラー, ジョン・アーチボルト)／2004(ウィーラー, ジョン・アーチボルト)

ボイラン, ジェームズ・フィニー　Boylan, James Finney　作家, 英文学者　コルビー・カレッジ教授　国米国　生1958年　典1996

ボイラン, ポール　Boylan, Paul　アメリカン・インターナショナル・グループ(AIG)不動産事業部ゼネラルマネジャー　国アイルランド　生1961年　典2000

ボイル, T.コラゲッサン　Boyle, T.Coraghessan　作家　国米国　生1948年12月2日　典1992／1996／2004／2008／2012

ボイル, ウィラード　Boyle, Willard Sterling　物理学者　元・ベル研究所通信科学部門責任者　国カナダ　生1924年8月19日　没2011年5月7日

ボイル, ジェームズ　Boyle, James J.　作家, 元・ジャーナリスト　国米国　典2000

ボイル, ジェリー　Boyle, Gerry　ミステリー作家, コラムニスト, ジャーナリスト　国米国　典2004

ボイル, スーザン　Boyle, Susan　歌手　国英国　生1961年4月1日　典2012

ボイル, スティーブン　Boyle, Stephen M.　微生物学者　バージニア・メリーランド獣医科大学生医化学病理学科教授, Veterinary Technologies副社長　病原微生物の毒性メカニズムの研究, 組換えDNA技術によるワクチンの開発　国米国　典2004

ボイル, ダニー　Boyle, Danny　映画監督　国英国　生1956年10月20日　典2000／2004／2008／2012

ホイル, デービッド　Hoyle, David　経営コンサルタント　国英国　典2000

ボイル, デービッド　Boyle, David　ジャーナリスト　国英国　生1958年　典2004

ボイル, フェイドリム　Boyle, Feidhlim　金融　典2004

ボイル, フェリム　Boyle, Phelim　金融学者　ウォータールー大学先端金融研究所所長　デリバティブ　典2004／2008

ホイル, フレッド　Hoyle, Fred　本名＝Hoyle, Frederic　天文学者, 数学者, SF作家　元・カーディフ大学名誉教授, 元・ロイヤル・ソサエティ副会長, 元・英国王立天文学協会会長　国英国　生1915年6月

24日　[没]2001年8月20日　[典]1992／1996／2000

ボイル, ララ・フリン　Boyle, Lara Flynn　女優　[国]米国　[生]1970年3月24日　[典]2004／2008

ボイル, ラーレン　元・陸上選手（短距離）　[国]オーストラリア　[典]2000

ボイル, ロバート　実業家　ジャビッツ・コンベンションセンター会長, ニューヨーク・ニュージャージー・港湾公社総裁　[国]米国　[生]1936年　[典]2000

ボーイルズ, ティム　Boyles, Tim　コンピューター技術者　[国]米国　[典]2004

ボイルス, デニス　Boyles, Denis　編集者, コラムニスト　[国]米国　[典]2004

ホイワイ, ビクトル　Joy Way, Victor　政治家　元・ペルー首相, 元・ペルー国会議長　[国]ペルー　[典]2000

ボイン, ウォルター　Boyne, Walter J.　作家　[国]米国　[典]2000

ポインデクスター, ジョン　Poindexter, John Marlane　軍人　元・米国大統領補佐官（国家安全保障問題担当）　[国]米国　[生]1936年8月12日　[典]1992／1996

ボイントン, グレゴリー　Boyington, Gregory　元・米国海軍大佐　第2次大戦の撃墜王　[国]米国　[生]1912年　[没]1988年1月11日　[典]1992

ホインフィールド, ジョン　Whinfield, John Rex　化学者　元・ICI社研究者　[専]応用化学　[国]英国　[生]1916年2月1日　[典]1992

ホウ・イ　龐 偉　Pang, Wei　射撃選手（ピストル）　北京五輪射撃男子エアピストル金メダリスト　[国]中国　[生]1986年7月19日　[典]2012

ボウ・イショウ　茅 以昇　Mao, Yi-sheng　別名＝茅唐臣　橋梁学者　元・九三学社中央委名誉主席　[国]中国　[生]1896年　[没]1989年11月2日　[典]1992

ボウ・イトウ　茅 威濤　女優　浙江小百花越劇団員　[国]中国　[典]2000

ホウ・インゴウ　彭 蔭剛　Peng, Yin-kang　企業家　台湾中国航運公司董事長　[国]台湾　[典]1996

ボウ, ウイルヘルム　在日ノルウェー大使館産業技術参事官　[国]ノルウェー　[生]1936年　[典]1996

ホウ・エン　彭 炎　Peng, Yen　元・中国赤十字会副会長　[国]中国　[没]1991年5月5日　[典]1992

ホウ・カ　鮑 戈　民主活動家　元・上海医科大学研究員　[国]中国　[典]2000

ホウ・カイタイ　方 開泰　数学者　中国科学院応用数学研究所副所長,『応用数学学報』副編集長, 中国確率統計学会多元分析専門委員会主任　[国]中国　[生]1940年　[典]1996

ホウ・カエイ　龐 佳穎　Pang, Jia-ying　水泳選手（自由形）　競泳女子4×200メートルリレー世界記録保持者　[国]中国　[生]1985年1月6日

ボウ・カキ　茅 家琦　歴史学者　南京大学歴史研究所所長, 江蘇省歴史学会副会長　[国]中国　[生]1927年　[典]1996

ホウ・カンキ　方 漢奇　中国人民大学新聞系教授, 中国新聞学会常務理事　[専]新聞学　[国]中国　[生]1926年　[典]1996

ホウ・キ　方 毅　Fang, Yi　別名＝方静潔　政治家　元・中国人民政治協商会議全国委員会（全国政協）副主席, 元・中国共産党政治局員　[国]中国　[生]1916年2月　[没]1997年10月18日　[典]1992／1996

ホウ・キサン　逢 岐山　装飾画家　中国商業装飾協会理事, 黒龍江省装飾画協会理事　[国]中国　[典]1992／1996

ホウ・キタイ　彭 基泰　四川省甘孜チベット族自治州林業局長　[国]中国　[典]1992／1996

ボウ・キチュウ　牟 其中　企業家　南徳経済集団総裁　[国]中国　[生]1941年　[典]1996／2000

ホウ・ギョク　彭 玉　中国国家計画生育委員会副主任　[国]中国　[生]1941年　[典]1996／2000

ホウ・グン　方 軍　作家　北京社会科学院中日関係研究センター副研究員　[国]中国　[生]1954年　[典]2004／2008

ホウ・ケンメイ　彭 見明　Peng, Jian-ming　作家　湖南省作家協会副主席　[国]中国　[生]1953年　[典]2004／2012

ホウ・ゴウ　方 剛　Fang, Gang　ライター　[国]中国　[生]1968年　[典]2000

ホウ・コウショウ　方 広錩　中国社会科学院アジア太平洋研究所副研究員　[国]中国　[生]1948年　[典]1996

ホウ・コウスウ　方 厚枢　編集者　[専]出版史　[国]中国　[典]2004

ホウ・コウユウ　方 光裕　シンガポール日本協会副会長, AIAシンガポール地域責任者　[国]シンガポール　[生]1941年4月　[典]1992

ホウ・コクイツ　方 克逸　詩人, 対聯芸術家　安徽省巣湖地区直属機関共産党委員会宣伝部部長　[国]中国　[生]1953年　[典]1996

ホウ・コクリツ　方 克立　哲学者　南開大学教授, 中国国務院学位委員会学科評議組メンバー, 中国哲学史学会副会長　[専]中国哲学史　[国]中国　[生]1938年　[典]1996

ホウ・シイ　方 志偉　外交官　駐東京香港経済貿易代表部首席代表　[国]香港　[典]2004／2008

ホウ・シコウ　彭 子岡　元・中国新聞社名誉理事　[国]中国　[没]1988年1月11日　[典]1992

ホウ・シャオシエン　侯 孝賢　Hou, Hsiao-hsien　映画監督, 映画プロデューサー　[国]台湾　[生]1947年4月8日　[典]1992（コウ・コウケン）／1996（コウ・コウケン）／2000（コウ・コウケン）／2004（コウ・コウケン）／2008／2012

ホウ・ジュウトク　封 従徳　Feng, Cong-de　元・民主化運動家　元・天安門広場総指揮部副総指揮　[国]中国　[生]1967年　[典]1996／2012

ホウ・シュケン　方 守賢　原子物理学者　北京正負電子衝突装置工程社長, 中国科学院高エネルギー物理研究所所長, 中国科学院数学物理学部学部委員　[専]加速装置物理の研究　[国]中国　[生]1932年　[典]1996

ホウ・ジュチ　彭 樹智　歴史学者　西北大学歴史系主任兼中東研究所所長, 中国世界現代史研究会副会長　[専]世界史　[国]中国　[生]1938年　[典]1996

ホウ・ジュンシン　包 遵信　Bao, Zun-xin　元・中国社会科学院歴史研究所研究員　[専]歴史学　[国]中国　[生]1937年　[没]2007年10月28日　[典]1992／1996

ホウ・ジュンナン　彭 淮南　銀行家　台湾中央銀行総裁　[国]台湾　[典]2000

ホウ・ジョテイ　包 叙定　Bao, Xu-ding　元・中国機械工業相　[国]中国　[典]2000

ホウ・シン　彭 真　Peng, Zhen　政治家　元・中国全国人民代表大会（全人代）常務委員長, 元・中国共産党政治局員　[国]中国　[生]1902年10月12日　[没]1997年4月26日　[典]1992／1996

ホウ・シンショウ　彭 晋璋　対中投資コンサルタント　日中総合開発会長, 中国綜合開発研究院東京事務所駐日代表　[専]中国ビジネス　[国]中国　[生]1945年　[典]1992／1996

ホウ・セイ　龐 清　Pang, Qing　フィギュアスケート選手（ペア）　バンクーバー五輪フィギュアスケート・ペア銀メダリスト　[国]中国　[生]1979年12月24日　[典]2012

ホウ・セイ　方 成　天文学者　南京大学系副主任, 太陽物理・日地関係専門委員会主任　[国]中国　[生]1938年　[典]1996

ホウ・ソ　方 蘇　Fong, So　元・「90年代」編集者　[国]香港　[典]2000

ホウ・チュウ　彭 冲　Peng, Chong　政治家　元・中国全国人民代表大会（全人代）常務委副委員長, 元・中国共産党書記・中央委員　[国]中国　[生]1915年3月　[没]2010年10月18日　[典]1992／1996

ホウ・チョウメイ　鮑 潮鳴　画家, 絵本画家　河北省劇院美術室課長　[専]中国画　[国]中国　[生]1950年　[典]1992／1996

ホウ・チンシュ　方 鎮珠　延辺大学成人教育学院院長・副教授　[国]中国　[生]1949年　[典]2004

ホウ・テキセン　彭 迪先　Peng, Ti-hsien　別名＝彭偉烈　経済学者　[専]マルクス主義経済学　[国]中国　[生]1909年　[没]1991年7月22日　[典]1992

ホウ・トウ　鮑 彤　Bao, Tong　政治家　元・中国共産党中央政治体制改革研究室主任　[国]中国　[生]1931年　[典]1992／1996／2000

ボウ・トンヒ　牟 敦芾　映画監督　[生]1941年　[典]1996

ホウ・ハイウン　彭 珮雲　Peng, Pei-yun　政治家　中華全国婦女連合会主席, 中国共産党中央委員, 中国全国人民代表大会（全人代）常務副委員長　[国]中国　[生]1929年12月　[典]1992（ホウ・フウウン）／1996／2000／2004／2008

ホウ・ヒンホウ　方 品宝　元・パラシュート選手, 監督　[国]中国

⽣1940年　⽊1996

ボウ, フランク　Bowe, Frank　障害者運動家　ホフストラ大学教授　専教育心理学　国米国　⽊1992

ホウ, ペーター　Høeg, Peter　作家　国デンマーク　⽣1957年　⽊2000

ホウ・ホウ　方方　本名=王正方　作家　国台湾　⽣1938年　⽊1992

ホウ・ホクホウ　方北方　作家　マレーシア作家協会主席, 華文中学（ペナン）教師　国マレーシア　⽣1919年　⽊1992

ホウ・ボツ　彭勃　Peng, Bo　飛び込み選手　国中国　⽣1981年2月18日　⽊2008

ホウ・メイビン　彭明敏　Peng, Ming-min　台湾独立運動指導者, 国際法学者　台湾総統府資政, 台湾建国会会長　元・台湾大学政治学部教授　専航空法　国台湾　⽣1923年　⽊1996／2000／2004／2008

ホウ・リキキン　方力鈞　Fang, Li-jun　画家　国中国　⽣1963年　⽊2000

ボウ, リディック　Bowe, Riddick　元・プロボクサー　元・WBA・IBF世界ヘビー級チャンピオン　国米国　⽣1967年8月10日　⽊1996／2000

ホウ・レイエン　彭麗媛　歌手　国中国　⽣1962年　⽊2012

ホウ・レイシ　方励之　Fang, Li-zhi　天体物理学者, 民主化運動家　元・アリゾナ大学物理学天文学教授, 元・中国科学技術大学副学長　国中国　⽣1936年2月12日　⽒2012年4月6日　⽊1992／1996／2000／2004／2008／2012

ホーヴァット, フランク　Horvat, Frank　写真家　国イタリア　⽣1928年　⽊1992（ホーバット, フランク）

ボーヴァル, ロバート　Bauval, Robert　建築技師, エジプト学者　国エジプト　⽣1948年　⽊1996（ボーバル, ロバート）／2000

ホーウィ, アリソン　Howie, Alison　ステンドグラス作家　国英国　⽣1959年　⽊1996

ボウイ, ジョー　Bowie, Joe　本名=Bowie,Joseph　トロンボーン奏者　国米国　⽣1953年10月17日　⽊2000

ボウイ, デビッド　Bowie, David　本名=ジョーンズ, デビッド・ロバート　グループ名=ティン・マシーン　ロック歌手, 俳優　国英国　⽣1947年1月8日　⽊1992／1996／2000／2004／2008／2012

ボウイー, リーマ　Gbowee, Leymah　平和活動家　国リベリア　⽊2012

ボウイス, ロバート　Powis, Robert E.　インターパス社会長　国米国　⽊1996

ホーウィッツ, トニー　Horwitz, Tony　ジャーナリスト　国米国　⽣1958年　⽊2008

ホーウィッツ, モートン　Horwitz, Morton J.　ハーバード大学ロー・スクール教授　専法学　国米国　⽣1938年　⽊2000

ボーヴィン, アレクサンドル　Bovin, Aleksandr Evgenievich　ジャーナリスト　元・「イズベスチヤ」政治評論家, 元・駐イスラエル・ロシア大使　専国際問題　国ロシア　⽣1930年8月9日　⽒2004年4月29日　⽊1992（ボービン, アレクサンドル）／1996（ボービン, アレクサンドル）／2000

ボヴェ, ギ　Bovet, Guy　オルガン奏者, チェンバロ奏者, 作曲家　国スイス　⽣1942年5月22日　⽊2004／2008

ボヴェ, ジョゼ　Bové, José　反グローバル運動指導者　フランス農民同盟全国代表　国フランス　⽣1953年6月11日　⽊2004／2012

ボヴェ, ダニエル　Bovet, Daniel　薬理学者　元・ローマ大学名誉教授　国イタリア　⽣1907年3月23日　⽒1992年4月8日　⽊1992（ボベ, ダニエル）／1996（ボベ, ダニエル）

ボーヴェ, ティエリー　Beauvais, Thieryy　トムソンCSF社事業部長　国フランス　⽣1949年　⽊2000

ポーヴェール, ジャン・ジャック　Pauvert, Jean-Jacques　作家, ジャーナリスト, 出版人, 編集者　専サド侯爵　国フランス　⽣1926年　⽊2000

ポーウェル, ルイ　Pauwels, Louis　ジャーナリスト, 作家, 思想家　国フランス　⽣1920年8月2日　⽒1997年1月28日　⽊1996

ホーヴェルス, J.C.M.　ストーク・マシーン・グループ取締役会長　国オランダ　⽊1992（ホーベルス, J.C.M.）

ポーウェルス, マリ・クエール　Pauwels, Marie Claire　ジャーナリスト, 作家　「マダム・フィガロ」編集長　国フランス　⽊1992

ボウエン, ジュディス　Bowen, Judith　ロマンス作家　国カナダ　⽊2004

ボーヴォワ, グザヴィエ　Beauvois, Xavier　映画監督, 俳優　国フランス　⽣1967年　⽊2004／2008

ボーヴォワール, シモーヌ・ド　Beauvoir, Simone de　作家, 哲学者, 評論家　国フランス　⽣1908年1月9日　⽒1986年4月14日　⽊1992（ボーボワール, シモーヌ・ド）

ボウカー, ジョン　Bowker, John　グレシャム・カレッジ神学部教授, ペンシルベニア大学准教授, ノースカロライナ大学准教授　専宗教学　国英国　⽣1935年　⽊2000

ボウカー, ジョン　Bowker, John　本名=Bowker,John Brite　プロ野球選手（外野手）, 元・大リーグ選手　国米国　⽣1983年7月8日

ホウグ, タミー　Hoag, Tami　作家　国米国　⽊2000／2012

ホウグランド, デーモン　Hougland, Damon　コンピューター技術者　⽊2004

ボウケット, スティーブ　Bowkett, Steve　作家　国英国　⽊2008

ボウコク　芒克　旧名=姜世偉　作家, 詩人　国中国　⽣1950年11月16日　⽊1996／2000

ボウシャー, チャールズ　Bowsher, Charles　元・米国会計検査院（GAO）院長　国米国　⽊2000

ボウジュン　茅盾　Mao-dun　本名=沈徳鴻　字=雁冰　別名=郎損, 玄珠, 馮虚　作家, 評論家　国中国　⽣1896年7月4日　⽒1981年3月27日　⽊1992

ボウチー, ブルース　Bochy, Bruce　本名=Bochy,Bruce Douglas　大リーグ監督　⽣1955年4月16日　⽊2012

ホーウッド, ウィリアム　Horwood, William　作家　国英国　⽣1944年　⽊1996／2000

ボウディア, デービッド　Boudia, David　飛び込み選手　ロンドン五輪男子高飛び込み金メダリスト　国米国　⽣1989年4月24日

ボウドモン, J.C.　日本リーバ会長　国フランス　⽊2000

ボウマン, ジュディス　Bowman, Judith S.　データベースコンサルタント　⽊2004

ボウマン, スコッティ　Bowman, Scotty　元・アイスホッケー監督　国米国　⽊2000／2004

ボウマン, スティーブン　Bowman, Stephen　グループ名=ブレイクバリトン歌手　国英国　⽣1982年8月22日　⽊2012

ホウム, ダン　Holme, Dan　コンピューターコンサルタント　trainAbilityCEO　国米国　⽊2004

ボウラー, ティム　Bowler, Tim　児童文学作家　国英国　⽣1953年　⽊2008／2012

ポウラス, ロン　Powlus, Ron　アメリカンフットボール選手（QB）　国米国　⽊2000

ホウラーニー, A.　Hawrānī, Akram al-　政治家　元・シリア副大統領・法相　国シリア　⽣1914年　⽊1992／1996

ボウルズ, E.ジョイ　Bowles, Esther Joy　専精油化学, アロマテラピー　国オーストラリア　⽊2004

ボウルズ, アースキン　Bowles, Erskine　元・米国大統領首席補佐官　国米国　⽣1945年8月8日　⽊2000

ボウルズ, サミュエル　Bowles, Samuel　経済学者　マサチューセッツ州立大学教授　国米国　⽣1939年　⽊1996（ボールズ, サミュエル）／2004（ボールズ, サミュエル）

ボウルズ, チェスター　Bowles, Chester Bliss　政治家, 外交官　元・駐インド米国大使　国米国　⽣1901年4月5日　⽒1986年5月25日　⽊1992（ボールズ, チェスター）

ボウルズ, ポール　Bowles, Paul　本名=ボウルズ, ポール・フレデリック　作家, 作曲家　国米国　⽣1910年12月30日　⽒1999年11月18日　⽊1992（ボールズ, ポール）／1996（ボールズ, ポール・フレデリック）

ボウルター, マイケル　Boulter, Michael　イースト・ロンドン大学古生物学教授　⽊2008

ボウルデン, ジム　Boulden, Jim　元・カリフォルニア大学ロサンゼ

ルス校教授 ⑭介護,死の準備教育 国米国 ⑨1929年 ⓣ2000（ボウルディン,ジム）／2004

ボウルデン,ジョアン Boulden, Joan 「看とるひとへのメッセージ」の共著者 国米国 ⓣ2004

ボウルトン,マージョリー Boulton, Marjorie 著述家 エスペラント作家協会副会長,オックスフォード・エスペラント協会会長・事務局長 ⑭エスペラント 国英国 ⑨1924年 ⓣ1996

ボウレイ,J. ウエストミンスター・ジャパンビジネスサービス社ディレクター 国英国 ⓣ1992

ボエティウス,ヘニング Boëtius, Henning 「ヒンデンブルク炎上」の著者 ⓣ2008

ホエニハ,ムサビ Khoeniha, Musavi イラン検事総長 国イラン ⑨1941年 ⓣ1992

ボエフスキ,ガラビン Boevski, Galabin 重量挙げ選手 シドニー五輪重量挙げ男子69キロ級金メダリスト 国ブルガリア ⑨1974年12月19日 ⓣ2004／2012

ボエリー,カレル ジャズ・ピアニスト ヨーロピアン・ジャズ・トリオ・リーダー 国オランダ ⑨1960年 ⓣ1992

ホエーリー,スージー Whaley, Suzy プロゴルファー 国米国 ⑨1966年10月11日 ⓣ2004／2008

ホエーリー,ローレンス Whalley, Lawrence 医学者 アバディーン大学教授 国英国 ⓣ2004／2008

ポエール,アラン Poher, Alain Emile Louis Marie 政治家 元・フランス上院議長 国フランス ⑨1909年4月17日 ⓧ1996年12月9日 ⓣ1992／1996

ボエル,タルメッジ Powell, Talmage ミステリー作家 国米国 ⑨1920年 ⓣ1992（パウエル,タルメッジ）

ボエル,ハンナ Boel, Hanne 歌手 国デンマーク ⓣ1992／1996

ボーエン,ジョン Bowen, John マーケティング・コンサルタント ネバダ大学ラスベガス校ウィリアム・F・ハラー・ホテル経営大学院教授 ⑭ホスピタリティ・マーケティング,マーケティング戦略,サービス・マーケティング 国米国 ⓣ2008

ホーエン,ブリッタ 人口学者 スウェーデン統計局企画部長 国スウェーデン ⑨1945年 ⓣ2000

ボーエン,ブルース Bowen, Bruce 元・バスケットボール選手 国米国 ⑨1971年6月14日

ボーエン,ヘレン Bowen, Helen 弁護士 国ニュージーランド ⓣ2004

ボーエン,リース Bowen, Rhys 作家 ⓣ2012

ボーエン,リッチ Bowen, Rich セキュリティエンジニア ⓣ2008

ボーエン,ロバート Bowen, Robert E. クライスラージャパンセールス社長 国米国 ⓣ2000

ホーエンバーク,ジョン Hohenberg, John コロンビア大学ジャーナリズム学部名誉教授 ⑭ジャーナリズム学 国米国 ⑨1906年 ⓣ1996

ポー・オー・パユットー P.O.Payutto 住職 ⑨1938年 ⓣ2008

ボカ,イリル Bocka, Ilir 政治家 元・アルバニア外相 国アルバニア ⑨1946年 ⓣ1996／2000

ボカサ,ジャン Bokassa, Jean Bédel 別名=Bokassa,Salah-Eddine Ahmed, ボカサ1世 軍人,政治家 元・中央アフリカ皇帝 国中央アフリカ ⑨1921年2月22日 ⓧ1996年11月3日 ⓣ1992／1996

ボーカス,マックス Baucus, Max 政治家 米国上院議員(民主党) 国米国 ⑨1941年12月11日 ⓣ1992／1996／2000／2004／2008／2012

ボガチェワ,イリーナ マラソン選手 国ソ連 ⓣ1992

ボカチカ,ヒラム Bocachika, Hiram Colon 大リーグ選手(外野手),プロ野球選手 ⑨1976年3月4日 ⓣ2012

ボガツキ,トメク Bogacki, Tomek 挿絵画家,絵本作家 国ポーランド ⑨1950年 ⓣ1992／1996／2000

ボーガット,アンドリュー Bogut, Andrew バスケットボール選手 国オーストラリア ⑨1984年11月28日

ボガティ,ウィリアム・J. Bogaty, William J. 実業家 元・東燃ゼネラル石油常務,元・エクソンモービル社長 国米国 ⑨1947年9月13日 ⓧ2012年6月23日

ホガード,エリック Haugaard, Erik Christian 作家 ⑨1923年 ⓣ2000

ボガード,スティーブン・ハンフリー Bogart, Stephen Humphrey 作家 国米国 ⑨1949年 ⓣ2000

ボガード,ダーク Bogarde, Dirk 本名=ボガード,デレク・ニーブン・バン・デン 俳優 国英国 ⑨1921年3月28日 ⓧ1999年5月8日 ⓣ1992

ボガート,ポール Bogart, Paul 映画監督 国米国 ⑨1919年11月21日 ⓧ2012年4月14日

ボガート,マチュー Boogaerts, Mathieu シンガー・ソングライター 国フランス ⓣ2000

ホガート,リチャード Hoggart, Richard 評論家 元・ロンドン大学ゴールドスミス・カレッジ学長 ⑭イギリス近代文学,オーデン 国英国 ⑨1918年9月24日 ⓣ1992

ボガトゥーロフ,アレクセイ・D. ロシア科学アカデミー米国カナダ研究所比較外交研究課課長,モスクワ国際関係大学助教授 ⑭日本の外交政策,比較外交 国ロシア ⑨1954年 ⓣ1992／1996

ボガリ,アンナ Bogaliy, Anna 本名=Bogaliy-Titovets,Anna バイアスロン選手 トリノ五輪・バンクーバー五輪バイアスロン女子24キロリレー金メダリスト 国ロシア ⑨1979年6月12日 ⓣ2012

ポーカロ,ジェフ Porcaro, Jeff グループ名=トト ロックドラマー 国米国 ⑨1955年 ⓧ1992年8月5日 ⓣ1996

ホーガン,クレイグ Hogan, Craig J. ワシントン大学物理天文学部教授 ⑭天文学 国米国 ⓣ2000

ホーガン,ケビン Hogan, Kevin コミュニケーション・コンサルタント,心理学者 国米国 ⓣ2004

ホーガン,ジェームズ・パトリック Hogan, James Patrick SF作家 国英国 ⑨1941年6月27日 ⓧ2010年7月12日 ⓣ1996

ホーガン,ジョン Horgan, John サイエンスライター 元・「サイエンティフィック・アメリカン」シニアライター 国米国 ⓣ2000／2004

ホーガン,トム Hogan, Thom コンピューター専門家 国米国 ⓣ1992／1996

ホーガン,ドリュー 国際自治体連合(IULA)事務局長 国米国 ⓣ2000

ホーガン,ハルク Hogan, Hulk 本名=ボレア,テリー プロレスラー,俳優 国米国 ⑨1955年8月11日 ⓣ1992／1996／2000／2004／2008／2012

ホーガン,ブルック Hogan, Brooke 歌手 国米国 ⑨1988年5月5日 ⓣ2008／2012

ホーガン,ベン Hogan, Ben 本名=Hogan,William Benjamin プロゴルファー ⑨1912年8月13日 ⓧ1997年7月25日 ⓣ1992／1996

ホーガン,ポール Hogan, Paul 俳優,脚本家 国オーストラリア ⑨1940年10月8日 ⓣ2000／2004／2008／2012

ホーガン,マーク Hogan, Mark T. 実業家 デューイ・インベストメンツ社長 国米国 ⑨1951年5月15日 ⓣ2000／2004／2012

ホーガン,リー・W. ヒューストン経済開発委員会(HEDC)代表 元・グレーター・ヒューストン・パートナーシップ社長兼CEO 国米国 ⓣ1992

ホーガン,リンダ Hogan, Linda 作家,詩人 コロラド大学教授 国米国 ⑨1947年 ⓣ2000

ボギエフ,ワジム Bogiev, Vadim レスリング選手(フリースタイル) 国ロシア ⑨1970年12月27日 ⓣ2000

ボキューズ,ポール Bocuse, Paul 料理人 ポール・ボキューズ・オーナーシェフ 国フランス ⑨1926年2月11日 ⓣ2004／2008／2012

ホーキング,スティーブン Hawking, Stephen William 理論物理学者,天文物理学者,応用数学者 元・ケンブリッジ大学ルーカス記念講座教授 ⑭宇宙論,ブラックホール理論 国英国 ⑨1942年1月8日 ⓣ1992／1996／2000／2004／2008／2012

ホーキング,ルーシー Hawking, Lucy 作家,ジャーナリスト

ホーキンス, アースキン　Hawkins, Erskine Ramsay　ジャズトランペット奏者　⑮米国　⑯1914年7月26日　⑰1993年11月11日　⑱1996

ホーキンス, アンディ　Hawkins, Andy　大リーグ選手(投手)　⑮米国　⑯1960年1月21日　⑱1992

ホーキンス, エミリー　Hawkins, Emily A.　言語学者　ハワイ大学インド・パシフィック語科助教授　⑭ハワイ語　⑮米国　⑱1992

ホーキンス, エリック　Hawkins, Eric　舞踊家, 振付師　元・エリック・ホーキンス・ダンス・カンパニー設立者　⑭モダンダンス　⑮米国　⑯1912年　⑰1994年11月23日　⑱1992／1996

ホーキンス, ゲーリー　Hawkins, Gary E.　実業家　グリーンヒルズ・ファームCEO, データ・ワークス・マーケティング・グループ社長　⑮米国　⑱2004／2008

ホーキンス, ジェフ　Hawkins, Jeff　実業家　パーム創業者　⑮米国　⑯1957年6月1日　⑱2004／2012

ホーキンス, ジャスティン　Hawkins, Justin　グループ名＝ダークネス　ロック歌手・ギタリスト　⑮英国　⑱2008

ホーキンス, スコット　Hawkins, Scott　コンサルタント　「Linuxコマンドパーフェクトリファレンス」の著者　⑮米国　⑱2004

ホーキンズ, ティム　Hawkins, Tim　写真家　⑮英国　⑯1953年　⑱1996

ホーキンズ, デービッド・R.　Hawkins, David R.　医師　⑭精神科学　⑱2008

ホーキンス, トリップ　Hawkins, Trip　3DO社長　⑮米国　⑱1996

ホーキンス, ハーシー(Jr.)　Hawkins, Hersey R. (Jr.)　バスケットボール選手　⑮米国　⑯1966年9月29日　⑱1996

ホーキンス, ブライアン　Hawkins, Brian L.　EDUCAUSE会長　元・ブラウン大学学術行政企業担当首席副学長　⑭情報技術　⑮米国　⑱2004

ホーキンス, ロバート　Hawkins, Robert G.　レンセラー・ポリテクニック・インスティテュート経営学部長　⑭経営学　⑮米国　⑱1992

ボギンスカヤ, スヴェトラーナ　Boginskaya, Svetlana　元・体操選手　Gym Wear経営者　⑮ベラルーシ　⑯1973年2月9日　⑱1992／1996／2000／2004

ホーク, R.S.　Houk, R.S.　アイオワ州立大学教授, 米国エネルギー省エームズ研究所化学科教授　⑭化学　⑮米国　⑱1996

ホーク, イーサン　Hawke, Ethan　俳優　⑮米国　⑯1970年11月6日　⑱1996／2000／2004／2008／2012

ボク・カンショク　朴 漢植　英語名＝Park, Han S.　ジョージア大学国際研究所所長　⑭北朝鮮問題　⑮米国　⑱2000

ボク・コイル　ト 鉅一　作家, 詩人　⑮韓国　⑯1946年　⑱1996

ボク・コウ　朴 紅　Park, Hong　北海道大学大学院農学研究院准教授　⑭農業経営　⑮中国　⑯1967年　⑱2000／2004

ホーグ, ジェームズ(Jr.)　Hoge, James E. (Jr.)　ジャーナリスト　「フォーリン・アフェアーズ」編集長

ボク・シケン　朴 志賢　医師　長春中医学院講師・同附属病院糖尿病外来・主治　⑭漢方医学, 糖尿病　⑮中国　⑯1959年　⑱1996

ボク, シセラ　Bok, Sissela　平和運動家, 社会倫理学者　ブランダイス大学哲学科助教授　⑱1992／1996／2000

ボーク, シャーロット　Voake, Charlotte　絵本作家　⑮英国　⑯1957年　⑱2000

ボク・シュンエイ　穆 舜英　Mu, Shun-ying　考古学者　新疆文物考古研究所名誉所長　⑮中国　⑯1932年12月7日　⑱1996

ボク・ショウカ　朴 鍾夏　コンサルタント　⑮韓国　⑱2008

ボク・ショウユウ　穆 祥雄　監督, 中国水泳協会副主席　元・水泳選手　⑮中国　⑯1935年　⑱1996

ボーク, ジョージ　Boak, George　マネジメントコンサルタント　⑱2004

ホーク, ジョン　米国通貨監督庁(OCC)長官　⑮米国　⑱2000

ボーグ, スコット　Borg, Scott　作家　⑮米国　⑱2000

ボク・セイ　穆 青　Mu, Qing　本名＝穆亜才　ジャーナリスト　元・新華社社長　⑮中国　⑯1921年3月15日　⑰2003年10月11日　⑱1992／1996

ボク・チンセキ　朴 椿石　本名＝朴義乗　作曲家　元・巨星レコード会長, 元・韓国音楽著作権協会会長　⑮韓国　⑯1930年5月8日　⑰2010年3月14日　⑱1996(パク・チュンソク)

ホーク, デービッド　Hawk, David　人権活動家　ヒューマンライツ・ウオッチ・アジア顧問　元・アムネスティ・インターナショナル理事　⑱2008

ポーグ, デービッド　Pogue, David　音楽家, コンピュータ・コンサルタント, ライター　⑮米国　⑱1996

ボク, バン・チェン　俳優　⑮インドネシア　⑯1899年　⑰1985年2月15日　⑱1992

ホーク, フレデリック　Hauck, Frederick　宇宙飛行士　米国海軍大佐　⑱1992

ホーク, ポール　Hauck, Paul A.　心理療法家　⑭論理療法　⑮米国　⑱2004

ホーク, ロバート　Hawke, Robert　本名＝ホーク, ロバート・ジェームズ・リー　政治家, 政治評論家　元・オーストラリア首相　⑮オーストラリア　⑯1929年12月9日　⑱1992／1996／2012

ボー・クイー　Vo Quy　鳥類学者　ベトナム国家大学ハノイ校教授　⑮ベトナム　⑯1929年12月31日　⑱2008

ボークウィル, フラン　Balkwill, Fran　王立癌研究基金生物療法研究室長　⑭がん治療　⑮英国　⑯1952年　⑱1996

ボークウィル, リチャード　Balkwill, Richard　著述家, 出版コンサルタント　⑮英国　⑯1946年　⑱2000

ホーク・ウォリアー　Hawk Warrior　本名＝ヘグストランド, マイケル　タッグ名＝ザ・ロード・ウォリアーズ, 旧タッグ名＝ヘル・レイザーズ　プロレスラー　⑮米国　⑯1958年1月26日　⑰2003年10月19日

ホグウッド, クリストファー　Hogwood, Christopher　本名＝Hogwood, Christopher Jarvis Haley　指揮者, 音楽学者, ハープシコード奏者　エンシェント室内管弦楽団名誉指揮者　⑭古楽　⑮英国　⑯1941年9月10日　⑱1992／1996／2000／2012

ボー・グエン・ザップ　Vo Nguyen Giap　革命家, 政治家, 軍人　元・ベトナム閣僚評議会副議長(副首相)・国防相, 元・ベトナム人民解放軍最高司令官　⑮ベトナム　⑯1911年8月28日　⑰2013年10月4日　⑱1992／1996

ボクサー, バーバラ　Boxer, Barbara　政治家　米国上院議員(民主党)　⑮米国　⑯1940年11月11日　⑱1992／1996／2000／2004／2012

ボクシッチ, アレン　Boksic, Alen　元・サッカー選手　⑮クロアチア　⑯1970年1月21日　⑱1996／2000／2004／2008

ボクシル, エディス・ヒルマン　Boxhill, Edith Hillman　ニューヨーク大学教授　⑭音楽療法　⑮米国　⑱2008

ホークス, ジョン　Hawkes, John　本名＝ホークス, ジョン・クレンデニン・バーン, Jr.　作家　元・ブラウン大学名誉教授　⑮米国　⑯1925年8月17日　⑰1998年5月15日　⑱1992

ホーグス, ジョン　Haugse, John　画家, アニメーター, 映像作家　⑮米国　⑱2004

ボーグス, タイロン　Bogues, Tyrone　本名＝Bugues, Tyrone Curtis　バスケットボール選手　⑮米国　⑯1965年1月9日　⑱1996

ホクスプロ, ヴィヴィアン　Hoxbro, Vivian　ニットデザイナー　⑮デンマーク　⑱2004

ホークスリー, ジェラルド　Hawksley, Gerald　イラストレーター　⑮英国　⑯1956年10月30日　⑱2000

ホークスリー, ハンフリー　Hawksley, Humphrey　作家, ジャーナリスト　元・BBC中国支局長　⑮英国　⑱2000／2012

ボグダノヴィチ, ディミトリエ　ベオグラード大学哲学部教授　⑭ビザンチン中・古セルビア文学, 文献学, 中世文化史　⑮ユーゴスラビア　⑯1930年　⑱1996(ボグダノビチ, ディミトリエ)

ボグダノヴィッチ, ドゥシャン　Bogdanović, Dušan　ギター奏者　⑮ユーゴスラビア　⑯1955年2月11日　⑱1992(ボグダノビッチ, ドゥシャン)／1996(ボグダノビッチ, ドゥシャン)

ボグダノヴィッチ, ピーター　Bogdanovich, Peter　映画監督　⑮米国　⑯1939年7月30日　⑱1992／1996／2004／2008／2012

ボグダノフ, イゴール　Bogdanov, Igor　宇宙物理学者　国フランス　生1949年　収1996

ボグダノフ, グリシュカ　Bogdanov, Grichka　宇宙物理学者　国フランス　生1949年　収1996

ボグダノフ, マイケル　Bogdanov, Michael　演出家　国英国　生1938年12月15日　収1992

ボグダン, アンリ　Bogdan, Henry　東欧研究　生1936年1月　収1996

ボグツキ, テオフィル　カトリック神父　国ポーランド　没1987年9月9日　収1992

ホクトウ　北島　Bei-dao　本名=趙振開　詩人　香港中文大学教授　国中国　生1949年8月2日　収1992／1996／2000／2004／2008／2012

ボグド・ゲゲン9世　Bogdo Gegen IX　本名=ジャンバル・ナムドル・チョキ・ギャルツェン　チベット名=ジェブツンタンパ・ホトクト　宗教指導者　チベット仏教黄教派活仏　生1932年　収2004

ボグナー, ウィリー　映画監督, 元・スキー選手　国ドイツ　生1942年　収1992

ボグナー, ノーマン　Bogner, Norman　作家　国米国　収2004

ボグナー, ボトンド　イリノイ大学教授　建築学　国米国　生1944年　収1996

ボーグナイン, アーネスト　Borgnine, Ernest　本名=Borgnino, Ermes　俳優　国米国　生1917年1月24日　没2012年7月8日　収1992／1996／2012

ホグネス, デービッド　Hogness, David S.　スタンフォード大学名誉教授　発生生物学, 生化学　国米国　生1925年　収2008／2012

ボーグフォード, クリスティ　Borgford, Christie L.　化学教師　オレゴン・エピスコーパル・スクール理科主任　国米国　収1992／2000

ボグラー, クリストファー　Voglar, Christopher　ストーリーコンサルタント　20世紀フォックス・ストーリー・エグゼクティブ　国米国　収2004／2008

ボーグラム, リンカーン　彫像家　国米国　生1986年1月27日　収1992

ホグランド, J.デービッド　Hoglund, J.David　建築家　国米国　収1992

ホーグランド, ウィリアム　Hoagland, William　W・ホーグランド・アンド・アソシエーツ社長　国米国　収1996

ホーグランド, エドワード　Hoagland, Edward　作家　国米国　生1932年12月21日　収1996

ホーグランド, ジム　ジャーナリスト　国米国　収1996

ホーグランド, マーロン　Hoagland, Mahlon　分子生物学者　国米国　収2000

ホーグランド, リチャード・C.　サイエンスライター　ザ・マース・プロジェクト会長・理事　国米国　収1992／1996

ボクリス, ジョン　Bockris, John O'M.　物理化学者　テキサスA&M大学教授　元・フリンダーズ大学物理化学学部長, 元・ペンシルベニア大学教授　水素エネルギー　収2004

ボクリス, ビクター　Bockris, Victor　伝記作家　国米国　生1949年　収2004

ボーグル, ジョン　Bogle, John C.　金融家　バンガード・グループ創業者　国米国　収2004／2008／2012

ボーグル, ボブ　Bogle, Bob　グループ名=ベンチャーズ　ベース奏者　国米国　没2009年6月14日　収1996／2000／2004／2008

ボーグルソン, ライアン　Vogelsong, Ryan Andrew　大リーグ選手 (投手), 元・プロ野球選手　生1977年7月22日

ポグレビンスキ, ミハイル　Pogrebinskii, Mikhail Borisovich　政治学者　キエフ政治紛争研究センター所長　国ウクライナ　生1946年　収2000

ホグロギアン, ナニー　Hogrogian, Nonny　絵本作家, イラストレーター　国米国　生1932年　収1992／2012

ポクロフスキー, ボリス　Pokrovskii, Boris Aleksandrovich　オペラ演出家　元・モスクワ・シアター・オペラ芸術監督, 元・ボリショイ劇場演出総監督　国ロシア　生1912年1月23日　没2009年6月5日　収1992／1996／2000／2004

ポーゲズ, エーミー　Porgez, Amerlia　米国通商代表次官補　国米国　収1992

ボーゲニクト, ジョー　Borgenicht, Joe　ライター　収2008

ボーゲニクト, デービッド　Borgenicht, David　ジャーナリスト, 編集者, 作家　収2004

ボーゲニクト, ルイス　「完全図解版 ベビー・マニュアル」の著者　収2008

ボーゲル, エズラ　Vogel, Ezra Feivel　社会学者　ハーバード大学ヘンリー・フォード社会科学研究座名誉教授　元・米国国家情報会議(NIC)東アジア太平洋担当上級専門官　日本研究, 中国研究　国米国　生1930年7月11日　収1992／1996／2000／2004／2008／2012

ボーゲル, ジョージー　Vogels, Josey　コラムニスト　国カナダ　収2004

ボーゲル, スーザン　Vogel, Susan　ソーシャルワーカー, 家族・女性問題研究家　元・ハーバード大学メンタルヘルス主任ソーシャルワーカー　国米国　生1931年　没2012年6月19日　収2004

ボーゲル, スティーブン　Vogel, Steven K.　政治学者　カリフォルニア大学バークレー校准教授　日本政治, 比較政治経済学　国米国　生1961年　収2000／2004／2008／2012

ボーゲル, バーバラ　小学校教師(コロラド州ハイライン小), 奴隷解放運動指導者　国米国　収2000

ホーケン, ポール　Hawken, Paul　著述家, 環境経営コンサルタント　国米国　生1946年　収1996／2004

ホーゲン, ロバート　Haugen, Robert A.　経済学者　カリフォルニア大学アーバイン校名誉教授　国米国　収2004

ボーゴ, マリオン　トロント大学大学院ソシアルワーク学部教授・現場実習部長　ソシアルワーク　国カナダ　収1992／1996

ボコヴァ, イリナ　Bokova, Irina　本名=Bokova,Irina Georgieva　外交官, 政治家　ユネスコ事務局長　元・ブルガリア外相　国ブルガリア　生1952年7月12日　収2012

ボゴシアン, アラン　Boghossian, Alain　元・サッカー選手　国フランス　生1970年10月27日　収2000／2004／2008

ボゴシアン, エリック　Bogosian, Eric　作家, 俳優　国米国　生1953年　収1992

ポゴシャン, ステパン　Pogosyan, Stepan K.　政治家　元・ソ連共産党政治局員　国ソ連　生1932年　収1992

ポーコック, ジョン　Pocock, John Greville Agard　ジョンズ・ホプキンズ大学教授　歴史学, 政治思想史　国英国　生1924年3月7日　収1996

ポコック, ダグラス　ダーラム大学地理学科リーダー, ダーラム・シビック・アメニティ協会セクレタリー　都市地理学, 環境認知・行動地理学, 実存主義地理学　国英国　生1935年　収1996

ホコノフ, ムラート　物理学者　カバルダ・バルカル共和国立大学教授　高エネルギー粒子　国ロシア　生1958年　収2004／2008

ボゴミャコフ, ゲンナジー　Bogomyakov, Gennadii Pavlovich　政治家　元・ソ連共産党中央委員　国ソ連　生1930年6月27日　収1992

ボゴモロフ, オレグ　Bogomolov, Oleg Timofeevich　経済学者　ソ連科学アカデミー国際政治経済研究所所長　国ソ連　生1927年8月20日　収1992／1996

ボゴリューボフ, ニコライ　Bogoliubov, Nikolai Nikolaevich　物理学者, 数学者　元・モスクワ大学教授, 元・キエフ大学教授, 元・連合原子核研究所長　理論物理学　国ロシア　生1909年8月21日　没1992年1月18日　収1992／1996

ポコルニー, ヴァツラフ　Pokorný, Václav　画家, 絵本作家　生1949年　収1996／2000

ポコルニ, ゾルターン　Pokorni, Zoltán　政治家, 元・高校教師　フィデス・ハンガリー市民連盟副党首　元・ハンガリー教育相　国ハンガリー　生1962年1月10日　収2004／2008／2012

ポゴレリチ, イーヴォ　Pogorelich, Ivo　ピアニスト　国クロアチア　生1958年10月20日　収1992(ポゴレリッチ, イーボ)／1996(ポゴレリッチ, イーボ)／2004(ポゴレリッチ, イーヴォ)／2008(ポゴレリッチ, イーヴォ)／2012

ボコーワ, ヤナ　Bokova, Jana　映画監督　⚐英国　⚑1992

ホーコン皇太子　Haakon, Crown Prince　本名＝Haakon Magnus　ノルウェー皇太子　⚐ノルウェー　⚒1973年7月20日　⚑1996／2000／2004／2008／2012

ボサク, ヤン　Bossak, Jan　経済学者　ワルシャワ大学中央統計大学教授・世界経済研究所所長　⚐ポーランド　⚑1992

ポサダ, ホルヘ　Posada, Jorge　本名＝Posada,Jorge Rafael　元・大リーグ選手　⚐プエルトリコ　⚒1971年8月17日　⚑2004／2008／2012

Posadas, ロジャー　Posadas, Roger　フィリピン大学教授　⚙相対性理論,科学政策　⚐フィリピン　⚑1992

ボザック, レオナルド　シスコ社主任研究員　⚙コンピュータ　⚐米国　⚒1952年　⚑1992

ボサート, フェリックス・W.　スイス再保険会社東京駐在員事務所主席駐在員,在日スイス商工会議所会頭　⚑2000

ボーサン, オリビエ　Baussan, Olivier　実業家　ロクシタン創業者　⚐フランス　⚑2012

ホージー, デュウェイン　Hosey, Dwayne　大リーグ選手（外野手）　⚐米国　⚒1967年3月11日　⚑2000

ポージー, パーカー　Posey, Parker　女優　⚐米国　⚒1969年　⚑2000／2004

ポージー, バスター　Posey, Buster　本名＝Posey,Buster Gerald　大リーグ選手（捕手）　⚐米国　⚒1987年3月27日　⚑2012

ボジェ, グレゴリー　Baugé, Grégory　本名＝Baugé,Grégory Benoit　自転車選手（トラックレース）　北京五輪・ロンドン五輪銀メダリスト　⚐フランス　⚒1985年1月31日

ボージェ, ベネディクト　ジャーナリスト　⚐フランス　⚑2008

ボージェ, ミッシェル　Beaugier, Michel　コスモポリタン・コスメティックス・アジアパシフィック・マネージングディレクター　⚑2000

ホーシェット, イティマッド　元・女優　「目撃者―サラハ・ナスルの正体」の著者　⚐エジプト　⚑1992

ボシエール, イヴェット　Bossiére, Yvette　画家　⚐フランス　⚑1992／1996

ボーシェン, ジャン　Bauchesne, Jean　画家　⚐フランス　⚒1924年　⚑1992／1996

ボジオ, ジャンフランコ・デ　舞台演出家,オペラ演出家,映画監督　⚐イタリア　⚒1924年　⚑1992

ボジオ, テリー　Bozzio, Terry　旧グループ名＝フランク・ザッパ・バンド, U.K., ミッシング・パーソンズ　ロック・ドラマー　⚐米国　⚒1950年12月27日　⚑2012

ホジキン, アラン・ロイド　Hodgkin, Alan Lloyd　生理学者　元・ケンブリッジ大学生物物理学教授,元・ケンブリッジ大学トリニティ・カレッジ学長　⚙神経生理学　⚐英国　⚒1914年2月5日　⚓1998年12月20日　⚑1992／1996

ホジキン, ドロシー・メアリ　Hodgkin, Dorothy Mary　旧名＝クローフット, ドロシー　化学者　元・オックスフォード大学名誉教授　⚐英国　⚒1910年5月12日　⚓1994年7月29日　⚑1992／1996

ホジキンソン, ネビル　Hodgkinson, Neville　科学ジャーナリスト　⚙健康・医療問題　⚐英国　⚑1992

ポージス, アーサー　Porges, Arthur　作家　⚐米国　⚒1915年　⚓2006年　⚑1992

ボジゼ, フランソワ　Bozizé, François　政治家,軍人　中央アフリカ大統領　⚐中央アフリカ　⚒1946年10月14日　⚑2008／2012

ホジソン, ジェフリー　Hodgson, Geoffrey M.　経済学者　ハートフォードシャー大学ビジネス研究科教授　⚐英国　⚑2004／2008

ホジソン, ジェームズ　Hodgson, James D.　政治家,実業家　元・駐日米国大使,元・米国労働長官,元・ロッキード社副社長　⚐米国　⚒1915年12月3日　⚓2012年11月28日　⚑1992／1996

ホジソン, ロイ　Hodgson, Roy　サッカー監督,元・サッカー選手　サッカー・イングランド代表監督,元・サッカー・フィンランド代表監督　⚐英国　⚒1947年8月9日

ボシック, エリック　Bossick, Eric　俳優,写真家　⚐米国　⚒1973年　⚑2012

ボシディ, ラリー　Bossidy, Larry　本名＝Bossidy,Lawrence Arthur　実業家　元・ハネウェル・インターナショナル会長・CEO　⚐米国　⚒1935年　⚑2004／2008

ホシノ, ホルヘ・エンリケ　Hoshino, Jorge Enrique　建築家　コロンビア建築家協会会長　⚐コロンビア　⚑1992

ホージマー, マーク　Holzemer, Mark Harold　大リーグ選手（投手）,元・プロ野球選手　⚐米国　⚒1969年8月20日　⚑2000（ホルツマー, マーク）／2004／2008

ポーシャス, A.　Pocius, Alphonsus V.　化学者　⚙接着科学　⚐米国　⚑2000

ポーシャルト, ウルフ　Poschardt, Ulf　ジャーナリスト　ベルリン芸術大学客員教授　⚐ドイツ　⚒1967年　⚑2008

ボージャン, クルキック　Bojan, Krkić　本名＝クルキック・ペレス, ボージャン　サッカー選手（FW）　⚐スペイン　⚒1990年8月28日　⚑2012

ポジャン, ラウラ　Pollán, Laura　人権活動家　元・白い服の女性たち女性共同代表　⚐キューバ　⚒1948年2月13日　⚓2011年10月14日

ボシュ, ポール　Bausch, Paul　Webアプリケーション開発者　⚑2008

ボーシュ, リチャード　Bausch, Richard　作家　⚐米国　⚒1945年　⚑2008／2012

ボジュガイ, イムレ　Pozsgai, Imre　政治家　ハンガリー国民民主同盟議長　元・ハンガリー国務相　⚐ハンガリー　⚒1933年11月26日　⚑1992／1996

ボシュコフ, アレクサンドル　Boshikov, Alexander　政治家　ブルガリア副首相・産業相　⚐ブルガリア　⚒1951年8月9日　⚑2000

ボシュナー, アーサー・バーグ　Bochner, Arthur Berg　「子どもに教えたいお金の話」の著者　⚐米国　⚑2004

ボシュナ, マリー・フランス　ジャーナリスト,伝記作家　⚐フランス　⚑2000

ボジュヌルディ, カゼム・ムサビ　「イスラム大百科事典」の発行人　⚐イラン　⚑2000

ボジュフィ, マルセル　俳優　⚐フランス　⚒1988年2月2日　⚑1992

ボーシュマン, ボブ　Beauchemin, Bob　コンピューター技術者　ディベロップ・メンター　⚑2004

ボーショー, アンリ　Bauchau, Henry　詩人,小説家　⚒1913年　⚑2004

ボショフ, キャレル　Boshoff, Carel　白人だけが住む町として知られる南アフリカのオラニア創設者　⚐南アフリカ　⚒1927年11月9日　⚓2011年3月16日

ホジンズ, ジェシカ　Hodgins, Jessica K.　ジョージア工科大学コンピュータ校助教授　⚙人工知能　⚐米国　⚑2000

ボジンスキー, ゲルハルト　Bosinski, Gerhard　考古学者　ケルン大学教授　⚙ヨーロッパ旧石器時代　⚐ドイツ　⚒1937年　⚑1996

ボーズ, アマー　Bose, Amar G.　実業家　元・ボーズ創業者,元・マサチューセッツ工科大学教授　⚙音響工学　⚐米国　⚒1929年11月2日　⚓2013年7月12日　⚑2008／2012

ボス, アラン　Boss, Alan P.　NASA太陽系外惑星探査計画諮問委員　⚙天文学　⚐米国　⚑2000

ホス, サリム　Hoss, Salim al-　政治家　元・レバノン首相　⚐レバノン　⚒1929年12月20日　⚑1992／1996／2000／2004／2008

ホーズ, ジェームズ　Hawes, James　作家　スウォンジー・ユニバーシティ・カレッジ　⚐英国　⚒1960年　⚑2000

ポース, ジャック　Poos, Jacques F.　政治家　元・ルクセンブルク副首相・外相・通商協力相・国防相　⚐ルクセンブルク　⚒1935年6月3日　⚑1992／1996／2000

ボス, テオ　Bos, Theo　自転車選手（ロードレース）　アテネ五輪自転車男子個人スプリント銀メダリスト　⚐オランダ　⚒1983年8月22日

ボース, デービッド　Vose, David　経営コンサルタント　リスクメディア・マネージング・ディレクター　⚑2004

ボース, パーサ　Bose, Partha　マーケティングコンサルタント　⚑2008

ボス, バーニー　Bos, Burny　児童文学作家　国オランダ　⊕1944年　㊗2000

ホース, ハリー　Horse, Harry　本名＝ホーン, リチャード　絵本作家, 漫画家　国英国　⊕1960年5月9日　㊤2007年1月10日　㊗2004

ボス, ピーター　Bosz, Peter　サッカー選手(MF)　国オランダ　⊕1963年11月21日　㊗2000

ホーズ, マイケル　エンジニア　米国航空宇宙局(NASA)シニアエンジニア　国米国　㊗2000

ポーズ, マイケル　Pause, Michael　建築学者　ノースカロライナ大学デザイン学部教授　㊛デザイン学　国米国　㊗1992

ボス, メダルト　Boss, Medard　精神科医　元・チューリヒ大学教授　㊛精神分析学　国スイス　⊕1903年10月4日　㊤1990年　㊗1992

ボス, ヤン　Bos, Jan　元・スピードスケート選手, 元・自転車選手　長野五輪・ソルトレークシティ五輪銀メダリスト　国オランダ　⊕1975年3月29日　㊗2000／2004

ボス, ラッセル　Boss, Russell　A・T・クロス社長・CEO　国米国　㊗1996

ボス, リチャード・F.　物理学者　IBMトーマス・J・ワトソン研究所研究スタッフ・メンバー　㊛凝集物質の物理　国米国　⊕1948年　㊗1992

ボス, ルイーズ　Voss, Louise　作家, 音楽ディレクター　国英国　㊗2004

ボス, ロバート　グラメックスディスカウントストア社長, ハーバード大学小売研究所専任講師, 日本ウォルマート研究所シニアコンサルタント　国米国　㊗1996

ボズウェル, ウィリアム　Boswell, William　システムエンジニア　ASAソリューションズ・シニアコンサルタント　㊗2004

ボズウェル, バーバラ　Boswell, Barbara　ロマンス作家　㊗2004

ボスカロ, アドリアーナ　Boscaro, Adriana　日本研究者　元・ヨーロッパ日本研究協会会長　国イタリア　⊕1935年　㊗2000

ボスキ, ディノ　Boschi, Dino　画家　国イタリア　⊕1923年　㊗1992／1996

ポスキット, キャルタン　Poskitt, Kjartan　作家, 劇作家, 放送作家　㊗2008

ボスキン, マイケル　Boskin, Michael Jay　経済学者　元・米国大統領経済諮問委員会(CEA)委員長　㊛マクロ経済学, 財政学　国米国　⊕1945年9月23日　㊗1992／1996

ホスキング, ソフィー　Hosking, Sophie　ボート選手　ロンドン五輪ボート女子軽量級ダブルスカル金メダリスト　国英国　⊕1986年1月25日

ホスキンス, ギル　Hoskins, Gil　ナショナル・ミューチュアル・ライフ保険社長　国オーストラリア　㊗1992

ホスキンス, タム　Hoskyns, Tam　作家　国英国　㊗2004

ホスキンス, バーニー　Hoskyns, Barney　編集者　国英国　⊕1959年　㊗1996／2000

ホスキンス, ボブ　Hoskins, Bob　本名＝Hoskins,Robert William　俳優　国英国　⊕1942年10月26日　㊗1992／1996／2000／2008／2012

ボスキン・ホワイト, マーリン　Boskind-White, Marlene　セラピスト　国米国　㊗1992

ボスケ, アラン　Bosquet, Alain　筆名＝ビスク, アナトール　詩人, 批評家　国フランス　⊕1919年3月28日　㊤1998年3月17日　㊗1992

ボスコ, ポール　Bosco, Paul D.　実業家　シスコシステムズ副社長　国米国　㊗2004

ボスコフ, ブヤディン　Boskov, Vujadin　サッカー監督　サッカー・ユーゴスラビア代表監督　国ユーゴスラビア　⊕1931年5月9日　㊗2000

ボスコフスキー, ウィリー　Boskovsky, Willi　バイオリニスト, 指揮者　元・ウィーン・フィルコンサートマスター　国オーストリア　⊕1909年6月16日　㊤1991年4月21日　㊗1992

ポースター, ピアック　本名＝ソンブーンスク・ニヨムシリ　映画監督　国タイ　㊗1992

ポスター, マーク　Poster, Mark　カリフォルニア大学アーバイン校歴史学教授　㊛思想史　国米国　⊕1941年　㊗2000

ポスタン, マイケル　Postan, Michael Moissey　経済史家　元・ケンブリッジ大学名誉教授　国英国　⊕1898年　㊤1981年　㊗1992

ボスティック, キース　Bostic, Keith　コンピューター技術者　国米国　㊗2008

ボスティック, ジョゼフ　Bostic, Joseph　スポーツ・ジャーナリスト　国米国　⊕1988年5月29日　㊗1992

ホステトラー, ジェフ　Hostetler, Jeff　プロフットボール選手　国米国　⊕1961年4月22日　㊗1992／1996／2000

ポステル, サンドラ　Postel, Sandra　世界水政策研究所理事, ワールドウォッチ研究所特別研究員　元・タフツ大学準教授　㊛環境政策学　⊕1956年　㊗2004

ホースト, アーネスト　Hoost, Ernesto　元・ムエタイ選手　国オランダ　⊕1965年7月11日　㊗1996／2000／2004／2008／2012

ポスト, ジェフリー　スミソニアン博物館鉱物部長　㊛地球化学　国米国　⊕1954年　㊗1996

ポスト, ジェロルド　Post, Jerrold M.　ジョージ・ワシントン大学教授　元・人間の性格および政治行動分析総合研究所所長　㊛精神医学, 政治心理学　国米国　㊗2000

ポストゲート, ジョン・レイモンド　Postgate, John Raymond　サセックス大学名誉教授　㊛微生物学　国英国　⊕1922年6月24日　㊗1996

ポストノウズ　Posdnous　本名＝Mercer,Kelvin　グループ名＝デ・ラ・ソウル　歌手　国米国　⊕1969年8月17日　㊗2004／2008

ポストマ, イツ　Postma, Ids　元・スピードスケート選手　長野五輪スピードスケート男子1000メートル金メダリスト　国オランダ　⊕1973年12月28日　㊗2000／2004／2012

ポストマ, ポール　Postma, Paul　グラフィックデザイナー　クウエイデン・ポストマ創設者　国オランダ　⊕1958年　㊗1992

ホーストマン, ジュディス　Horstman, Judith　医療ジャーナリスト　国米国　㊗2004

ポストマン, ニール　Postman, Neil　社会教育学者　ニューヨーク大学教授　㊛コミュニケーション論, メディア環境学　国米国　㊗1996

ポストリガイ, ユーリー　Postrigay, Yury　カヌー選手　ロンドン五輪カヌー男子カヤックペア200メートル金メダリスト　国ロシア　⊕1988年8月31日

ボストリッジ, イアン　Bostridge, Ian　本名＝Bostridge,Ian Charles　テノール歌手　国英国　⊕1964年12月25日　㊗2004／2008／2012

ボストン, アーサー　Boston, Arthure　日本研究家　国米国　⊕1945年　㊗2004

ボストン, ダイアナ　Boston, Diana　作家　ルーシー遺愛の館　国英国　㊗2004

ボストン, ルーシー・マリア　Boston, Lucy Maria　児童文学作家　国英国　⊕1892年12月10日　㊤1990年5月25日　㊗1992

ポズナー, ジェラルド　Posner, Gerald L.　作家　国米国　㊗1996

ポズナー, バリー　Posner, Barry Z.　サンタクララ大学教授, リービー経営大学院教授　㊛行動科学, 経営学　国米国　㊗1996／2012

ボスナック, ロバート　Bosnak, Robert　精神分析家　国米国　⊕1948年　㊗1996(ボスナク, ロバート)／2004／2008／2012

ホスニ, シェブ　歌手　国アルジェリア　㊤1994年9月29日　㊗1996

ポズニャク, ゼノン　ベラルーシ人民戦線議長　㊗2000

ポズネル, ウラジーミル　Pozner, Vladimir Vladimirovich　ジャーナリスト　国ロシア　⊕1934年　㊗1996

ポズネール, ジョルジュ　元・コレージュ・ド・フランス教授　㊛エジプト学　国フランス　㊤1988年5月15日　㊗1992

ホスプ, ニコル　Hosp, Nicole　スキー選手(アルペン)　トリノ五輪アルペンスキー女子回転銀メダリスト　国オーストリア　⊕1983年11月6日

ボスフェルト, パウル　Bosvelt, Paul　サッカー選手(MF)　国オランダ　⊕1970年3月26日　㊗2004／2008

ボスマン, ジャン・マルク　元・サッカー選手　国ベルギー　⊕1964

年 [典]2000

ホースマン, マイケル　Haussman, Michael　映画監督,CMディレクター　[国]米国　[典]2004／2008

ホスラビ, ナスリン　Khosravi, Nasrin　イラストレーター　[国]イラン　[生]1950年　[典]2004

ボズリ, トム　Bosley, Tom　本名=Bosley,Thomas Edward　俳優　[国]米国　[生]1927年10月1日　[没]2010年10月19日

ポスルスウェイト, ピート　Postlethwaite, Pete　本名=Postlethwaite,Peter William　俳優　[国]英国　[生]1946年2月7日　[没]2011年1月2日　[典]2000（ポステルスウェイト, ピート）

ボズレー, L.リー　Bosley, L.Lee　医師　ボズレーメディカル創立者　[国]米国　[典]2008

ホーズレー, ウィリアム　Horsley, William　ジャーナリスト　BBCボン特派員　[国]英国　[生]1947年　[典]1992／1996

ボズワース, スティーブン　Bosworth, Stephen Warren　外交官　タフツ大学フレッチャー法律外交大学院院長　元・駐韓国米国大使, 元・北朝鮮政策担当米国政府特別代表　[国]米国　[生]1939年12月4日　[典]1992／1996／2000／2008／2012

ホセ　Jose　本名=Pasillas,Jose　グループ名=インキュバス　ロック・ドラム奏者　[国]米国　[生]1976年4月26日　[典]2004／2008／2012

ホセイン, アムザド　カバディ選手　[国]バングラデシュ　[典]1992

ホセイン, モアゼム　Hossain, Moazzem　医師　アイチホスピタル院長　[国]バングラデシュ　[典]2012

ボーセジュール, D.F.　プロクター・アンド・ギャンブル・ヘルスケア社長　[国]カナダ　[典]1996

ポーゼナー, ユリウス　Posener, Julius　建築家　[国]ドイツ　[生]1904年　[典]1996

ホセ・マリ　Jose Mari　本名=ロメロ・ポヨン,ホセ・マリア　サッカー選手（FW）　[国]スペイン　[生]1978年12月10日　[典]2004／2008

ホセリート　Joselito　本名=デルガード,ホセ・ミゲル・アロージョ　闘牛士　[国]スペイン　[生]1965年　[典]1996

ホセリート　元・闘牛士　[国]スペイン　[典]2000

ポーゼン, アダム　Posen, Adam S.　エコノミスト　ピーターソン国際経済研究所所長　[専]マクロ経済政策, 日本経済, 金融問題　[国]米国　[生]1966年　[典]2000／2004／2008

ポーゼン, ロバート　実業家　フィデリティ・マネジメント・アンド・リサーチ（FMR）社長　[国]米国　[生]1946年　[典]2000

ポーゼンバーグ, チャック　実業家　インテグレーテッド・システムズ（ISI）社長・CEO　[国]米国　[典]2000

ボゾ, フレデリック　フランス国際関係研究所研究員　[専]欧州安全保障問題, 軍縮問題, 核問題　[国]フランス　[典]2000

ホソイ, クリスチャン　スケートボード選手　[国]米国　[生]1967年10月5日　[典]1992

ボーソス, フィリップ　Borsos, Phillp　映画監督　[国]カナダ　[生]1953年　[没]1995年2月2日　[典]1996

ボゾルグ・アラビー　Bozorg'Alavī　作家　フンボルト大学教授　[国]イラン　[生]1907年　[典]1992／1996

ポーソン, アンソニー・ジェームス　Pawson, Anthony James　分子生物学者　トロント大学教授　[専]細胞の信号伝達　[国]英国　[生]1952年10月18日　[典]2012

ホーソン, ジェニファー・リード　Hawthorne, Jennifer Read　講演家　[典]2004

ホーソン, ナイジェル　Hawthorne, Nigel　俳優　[国]英国　[生]1929年　[没]2001年12月26日　[典]1996／2000

ボーダー, アシュレイ　Bouder, Ashley　バレリーナ　ニューヨーク・シティ・バレエ団（NYCB）プリンシパル　[国]米国　[典]2012

ポーター, アンドルー　Porter, Andrew N.　ロンドン大学帝国史講座教授　[専]歴史学　[国]英国　[典]2000

ポーター, アンナ　Porter, Anna　ミステリー作家, 出版社社長　[生]1944年　[典]1992／1996

ポーター, ウィリアム　Porter, William J.　元・米国国務次官　[国]米国　[没]1988年3月15日　[典]1992

ポーター, エリック　Porter, Eric Richard　俳優　[国]英国　[生]1928年4月8日　[没]1995年5月15日　[典]1996

ポーター, キャサリン・アン　Porter, Katherine Anne　作家　[国]米国　[生]1890年5月15日　[没]1980年9月18日　[典]1992

ポーター, ギャレット　Porter, Garrett　イメージ療法実践者　[国]米国　[生]1969年　[典]1992

ポーター, サラ　Porter, Sarah　編集者　[典]2004

ポーター, ジェーン　Porter, Jane　ロマンス作家　[国]米国　[典]2004

ポター, ジゼル　Potter, Giselle　イラストレーター　[典]2004／2012

ポーター, ジョイス　Porter, Joyce　推理作家　[国]英国　[生]1924年　[没]1990年12月　[典]1992

ポーター, ジョージ　Porter, George　別名=Porter of Luddenham　物理化学者　元・ロンドン大学インペリアルカレッジ教授, 元・ロイヤル・ソサエティ会長　[国]英国　[生]1920年12月6日　[没]2002年8月31日　[典]1992／1996

ポーター, ティム　Porter, Tim　写真家　[国]カナダ　[生]1946年4月　[典]1992

ポーター, トレイシー　Porter, Tracey　作家　[国]米国　[典]2004

ポーター, ドン　Porter, Don　ソフトボール世界連盟会長, 国際オリンピック委員会（IOC）広報委員　[国]米国　[典]2000

ポーター, ハル　Porter, Hal　作家　[国]オーストラリア　[生]1911年　[没]1984年　[典]1992

ボタ, ピーター・ウィレム　Botha, Pieter Willem　政治家　元・南アフリカ大統領, 元・南アフリカ国民党党首　[国]南アフリカ　[生]1916年1月2日　[没]2006年10月31日　[典]1992／1996／2000

ポーター, フィリップ　Porter, Philip　ジャガーコレクター　ジャガー・ドライバーズ・クラブ創設者　[国]英国　[典]2004

ボタ, フランソワ　Botha, Francois　格闘家, 元・プロボクサー　元・IBF世界ヘビー級チャンピオン　[国]南アフリカ　[生]1968年9月28日　[典]2008

ポーター, ブルース　Porter, Bruce　ジャーナリスト　コロンビア大学大学院助教授　[典]2004

ポーター, マイケル　Porter, Michael E.　ハーバード大学ビジネススクール教授　[専]経営戦略論　[国]米国　[典]1996／2000／2008

ポーター, マーティン・ロイ　ジャーディン・フレミング投信投資顧問社長　[国]英国　[典]1996

ボータ, ヨハン　Botha, Johan　テノール歌手　[国]南アフリカ　[生]1965年　[典]2012

ポーター, リチャード　産婦人科医　[国]英国　[典]2004

ボタ, ルロフ　Botha, Roelof Frederik　通称=ボタ, ピック　政治家, 外交官　元・南アフリカ鉱業エネルギー相　[国]南アフリカ　[生]1932年4月27日　[典]1992／1996／2000

ポーター, ロイ　Porter, Roy　歴史家　元・ウェルカム医学史研究所名誉教授　[専]社会史, 医学史　[国]英国　[生]1946年　[没]2002年3月　[典]1996／2000

ポーター, ロジャー　政治学者　元・米国大統領補佐官（内政・経済担当）, 元・ハーバード大学助教授　[国]米国　[典]1992／1996

ポーター, ロドニー・ロバート　Porter, Rodney Robert　生化学者　元・オックスフォード大学教授　[国]英国　[生]1917年10月8日　[没]1985年9月6日　[典]1992

ボー・ダイ・ルオック　Vo Dai Luoc　経済学者　ベトナム社会科学院世界経済研究所所長　[国]ベトナム　[生]1939年　[典]1996／2000

ホタカイネン, カリ　Hotakainen, Kari　作家　[国]フィンランド　[生]1957年　[典]2008

ポタシュナー, ケン　Potashner, Ken　実業家　ソニックブルー会長・社長・CEO　[国]米国　[典]2004

ポタショフ, アレクサンドル　Potashov, Aleksandr　競歩選手　[国]ソ連　[生]1962年3月12日　[典]1992

ボーダーズ, アイラ　元・プロ野球選手　[国]米国　[生]1975年2月18日　[典]1996／2000／2004

ボーダーズ, パット　Borders, Pat　本名=Borders,Patrick Lance　大リーグ選手（捕手）　[国]米国　[生]1963年5月14日　[典]2004／2008

ボーターセ, デシ　Bouterse, Desi　本名=Bouterse,Désiré Delano　政治家, 軍人　スリナム大統領　元・スリナム陸軍総司令官　[国]ス

ホ

リナム ⊕1945年10月13日 ㊨1992／1996／2004／2008／2012

ボダック, チャック　ボクシング・カットマン　㊨米国　⊕1916年6月3日　㊨2000

ボタッシュ, マーリン　Potash, Marlin S.　サイコセラピスト　㊨米国　㊨1992

ボタニ, N.　経済協力開発機構（OECD）教育研究改革センター主任研究員　㊨スイス　⊕1940年　㊨2000

ボターニン, ウラジーミル・オレゴヴィチ　Potanin, Vladimir Olegovich　銀行家　オネクシム銀行頭取, オネクシム・グループ代表　元・ロシア第1副首相　㊨ロシア　⊕1961年1月3日　㊨2000

ボタポフ, パーベル　ジャーナリスト　コムソモリスカヤ・プラウダ東京支局長, 国際モスクワ放送東京支局長　㊨ロシア　㊨2000

ボタマンズ, ジャック　Botermans, Jack　パズルデザイナー, 著述家　㊨1996

ボダリオ, リカルド　Bordallo, R.J.　政治家　元・グアム島知事　㊨米国　㊧1990年1月31日　㊨1992

ボダリデス, ブリュノ　Podalydes, Bruno　映画監督　㊨フランス　㊨2000／2004／2008

ボダール, リュシアン　Bodard, Lucien Albert　作家　㊨フランス　⊕1914年1月9日　㊧1998年3月2日　㊨1992

ポーター・ロス, バド　Porter-Roth, Bud　ITコンサルタント　㊨2008

ボータン　Botan　本名＝スパー・シリシン　作家　㊨タイ　⊕1945年　㊨1992

ホーダーン, マイケル　Hordern, Michael　本名＝Hordern,Michael Murray　俳優　㊨英国　⊕1911年10月3日　㊧1995年5月2日　㊨1996

ボダンスキー, ヨセフ　Bodansky, Yossef　軍事アナリスト　元・米国国防省・国防総省顧問　㊧テロリズム　㊨米国　㊨2004

ボー・チー　Bo Kyi　民主活動家　ビルマ政治犯支援協会事務局長　㊨ミャンマー　⊕1965年　㊨2012

ボチヴァーロフ, レオニード・ヴィクトロヴィチ　ジャーナリスト, 文学者　㊨ロシア　⊕1926年　㊨2000

ポチエ, ヨハン　Pottier, Johan　人類学者　ロンドン大学人類社会学部学部長　㊨2008

ボチェッリ, アンドレア　Bocelli, Andrea　テノール歌手, カンツォーネ歌手　㊨イタリア　⊕1958年9月22日　㊨2000／2012

ボチコ, スティーブン　Bochco, Steven　脚本家, テレビプロデューサー, 作家　㊨米国　⊕1943年　㊨2012

ボー・チ・コン　Vo Chi Cong　政治家　元・ベトナム国家評議会議長（元首）,元・ベトナム共産党政治局員　㊨ベトナム　⊕1913年8月7日　㊨1992／1996

ポチャナ・チャンドラサンティ　詩人　㊨タイ　⊕1954年　㊨1992

ポチョッキ, エセル　Pochocki, Ethel　児童文学作家　㊨米国　⊕1925年　㊨1996

ポチョムキナ, イリーナ　シンクロ演出家・振付師,元・シンクロナイズドスイミング選手　㊨ロシア　㊨2000

ポーツ, スキ・テラダ　Ports, Suki Terada　エイズ問題活動家　ファミリー・ヘルス・プロジェクト理事,APICHA理事, ナショナル・マイノリティー・エイズ・カウンシル理事　㊨米国　㊨1996

ボッカ, ジョルジョ　Bocca, Giorgio　ジャーナリスト　「レプッブリカ」紙論説委員　㊨イタリア　⊕1920年　㊨1996

ボッカ, フリオ　Bocca, Julio　バレエダンサー　バレエ・アルゼンチーノ芸術監督　元・アメリカン・バレエ・シアター（ABT）プリンシパル　㊨アルゼンチン　⊕1967年3月6日　㊨2000／2008／2012

ボッカシーニ, イルダ　Boccassini, Ilda　検察官　ミラノ地検主任検事　㊨イタリア　㊨2012

ホッキン, トーマス　Hockin, Thomas　政治家　元・カナダ国際貿易相　㊨カナダ　⊕1938年3月5日　㊨1996

ホッキンソン, マイケル　Hockinson, Michael J.　フリーライター　「ビートルズファン」誌スタッフ　㊨米国　⊕1960年　㊨1996

ボック, ウイリアム・サウツ　Bock, William Sauts　画家　㊨米国　㊨2004／2008

ホック, エドワード・D.　Hoch, Edward Dentinger　別名＝デンティンジャー, スティーブン, スティーブンズ,R.L., ミスターX, ポーター,R.E., サーカス, アンソニー　推理作家　㊨米国　⊕1930年2月22日　㊧2008年1月17日　㊨1992／2004／2008

ボック, エミル　Boc, Emil　政治家　元・ルーマニア首相　㊨ルーマニア　⊕1966年9月6日　㊨2012

ホッグ, サラ　Hogg, Sarah　本名＝Hogg,Sarah Elizabeth Mary　旧姓＝ボイド・カーペンター　ジャーナリスト　ロンドン・エコノミクス会長　㊨英国　⊕1946年5月14日　㊨1996／2000

ボック, ジェリー　Bock, Jerry　本名＝Bock,Jerrold Lewis　作曲家　㊨米国　⊕1928年11月23日　㊧2010年11月3日

ホック, ディー　Hock, Dee　実業家　ケイオーディック・アライアンスCEO,VISA創業者・名誉CEO　㊨2004／2008

ボック, デニス　Bock, Dennis　作家　㊨カナダ　⊕1964年8月　㊨2004／2008

ボック, デレク　Bok, Derek C.　法学者　ハーバード大学創立300周年記念教授　㊨米国　⊕1930年3月22日　㊨1992／1996／2000／2008／2012

ホッグ, トレーシー　Hogg, Tracy　ベビーシッター, 元・看護婦　㊨米国　㊨2004

ボック, ベルナール　Bok, Bernard D.　ボージョン病院核医学主任教授, 欧州医師会核医学部門会長, 欧州核医学会会長　㊧核医学　㊨フランス　㊨2000

ホッグ, ロン　警察官, フーリガン対策専門家　ダーラム州警察副本部長　㊨英国　㊨2004

ホックシールド, アーリー　Hochschild, Arie　社会学者　カリフォルニア大学バークレー校社会学部教授　㊧女性社会学　㊨米国　⊕1940年　㊨1992

ボックス, C.J.　Box, C.J.　ミステリー作家　㊨米国　㊨2008／2012

ボッグス, J.S.G.　Boggs, J.S.G.　画家　㊨米国　⊕1955年　㊨1996

ボッグス, ウェイド　Boggs, Wade Anthony　元・大リーグ選手　㊨米国　⊕1958年6月15日　㊨1992／1996／2000／2004／2008／2012

ボックス, エルジン　Box, Elgene Owen　ジョージア大学地理学部准教授　㊧地理学, 生態学　㊨米国　⊕1945年　㊨1992／1996

ボックス, ドン　Box, Don　プログラマー　㊨2004

ボックス, バレンタイン　Vox, Valentine　腹話術師　国際腹話術協会会長　㊨米国　㊨2004

ボックス, ミュリエル　Box, Muriel　映画監督　㊨英国　⊕1905年　㊧1991年5月18日　㊨1992

ボックナー, エリック　Bochner, Eric　実業家　インフォシーク副社長　㊨米国　⊕1967年　㊨2000

ホックニー, デービッド　Hockney, David　画家, 版画家　㊨英国　⊕1937年7月9日　㊨1992／1996／2000／2008／2012

ホックマン, サンドラ　Hochman, Sandra　詩人, ジャーナリスト　㊨米国　㊨1992

ボックリス, ジョン　テキサスA&M大学教授　㊧電気化学, 物理化学　㊨米国　㊨1992

ホッケ, グスタフ・ルネ　Hocke, Gustav René　美術史家, ジャーナリスト　㊧マニエリスム研究　㊨ドイツ　⊕1908年　㊧1985年7月14日　㊨1992

ホッケ, シュテファン　Hocke, Stephan　スキー選手（ジャンプ）　㊨ドイツ　⊕1983年10月20日　㊨2004

ボッケルマン, ハンス　Bokelmann, Hans　教育学者　ミュンスター大学一般教育学教授　㊨ドイツ　⊕1931年　㊨1996

ボッコ, ハバルト　Bøkko, Håvard　スピードスケート選手　バンクーバー五輪スピードスケート男子1500メートル銅メダリスト　㊨ノルウェー　⊕1987年2月2日

ボッシ, ウンベルト　Bossi, Umberto　政治家　イタリア制度改革相, レガ・ノルド（北部同盟）党首　㊨イタリア　⊕1941年9月19日　㊨1996／2000／2004／2008／2012

ホッジ, ジョン　Hodge, John　脚本家　㊨英国　㊨2004

ホッジ, メーガン　Hodge, Megan　バレーボール選手　ロンドン五輪バレーボール女子銀メダリスト　[国]米国　[生]1988年10月15日

ホッジ, リンデル　陸上選手　[典]1992

ホッジス, ウォルター　Hodges, Walter　本名=Hodges,C.Walter　挿絵画家,歴史物語作家　[国]英国　[生]1909年　[典]1996

ホッジス, ケビン　Hodges, Kevin Jon　元・大リーグ選手,元・プロ野球選手　[国]米国　[生]1973年6月24日　[典]2004／2008／2012

ホッジス, ジム　Hodges, Jim　政治家　元・サウスカロライナ州知事　[国]米国　[生]1956年11月19日　[典]2004

ホッジス, フィル　Hodges, Phil　フェイスウォーク・リーダーシップセンター・マネジング・ディレクター　[典]2004

ボッシズ, ベンジャミン　神経学者　[国]米国　[没]1984年4月13日　[典]1992

ホッジス, マイク　Hodges, Mike　映画監督,脚本家　[国]英国　[生]1932年　[典]1992

ホッジャ, エンベル　Hoxha, Enver　政治家　元・アルバニア労働党第1書記・政治局員,元・アルバニア人民軍最高司令官　[国]アルバニア　[生]1908年10月16日　[没]1985年4月11日　[典]1992

ホッジャ, ファデリ　Hodza, Fadilj　政治家　ユーゴスラビア連邦幹部会員　[国]ユーゴスラビア　[生]1916年　[典]1992

ポッジャー, レイチェル　Podger, Rachel　バイオリニスト　[国]英国　[生]1968年　[典]2012

ポッシュ, ヴァルトラウト　Posch, Waltraud　ジャーナリスト　[国]オーストリア　[生]1972年　[典]2004／2008

ボッシュ, エディス　Bosch, Edith　元・柔道選手　アテネ五輪柔道女子70キロ級銀メダリスト　[国]オランダ　[生]1980年5月31日

ボッシュ, クリス　Bosh, Chris　バスケットボール選手　北京五輪バスケットボール男子金メダリスト　[国]米国　[生]1984年3月24日

ボッシュ, フアン　Bosch, Juan　本名=Bosch Gaviño,Juan　政治家,作家　元・ドミニカ大統領　[国]ドミニカ　[生]1909年6月30日　[没]2001年11月1日　[典]1992（ボシュ, J.）

ホッスー, カティンカ　Hosszu, Katinka　水泳選手（個人メドレー・バタフライ）　[国]ハンガリー　[生]1989年5月3日

ホッス・レゴツキ, ゲザ　Hosszu-Legocky, Geza　バイオリニスト　[生]1985年　[典]2012

ポッセ, アベル　Posse, Abel　外交官,作家　[国]アルゼンチン　[生]1936年　[典]1996

ボッセ, ゲルハルト　Bosse, Gerhard　指揮者,バイオリニスト　元・ライプツィヒ・ゲヴァントハウス管弦楽団第1コンサートマスター,元・神戸市室内合奏団音楽監督　[国]ドイツ　[生]1922年1月23日　[没]2012年2月1日　[典]2000／2008／2012

ホッセイニ, カーレド　Hosseini, Khaled　作家,医師　[国]米国　[生]1965年　[典]2012

ボッゾ, アナ・クリスティーナ　高校教師　「飢餓を考える国際美術展」を企画　[国]米国　[典]1992

ポッター, E.B.　Potter, E.B.　米国海軍兵学校名誉教授　[専]米国海軍史　[国]米国　[典]1992

ポッター, グレース　Potter, Grace　グループ名=グレース・ポッター・アンド・ザ・ノクターナルズ　歌手　[国]米国　[典]2008／2012

ポッター, サリー　Potter, Sally　映画監督　[国]英国　[生]1949年　[典]1996／2000／2004／2008／2012

ポッター, ジョン・ディーン　Potter, John Deane　作家,ジャーナリスト,評論家　[国]英国　[典]1992

ポッター, テサ　Potter, Tessa　作家　[国]英国　[生]1948年　[典]2000

ポッター, デニス　Potter, Dennis　本名=Potter,Dennis Christopher George　脚本家,劇作家　[国]英国　[生]1935年5月17日　[没]1994年6月7日　[典]1996

ポッター, デービッド　実業家　サイオン会長　[国]英国　[典]2000

ポッター, ハイディ　Potter, Heidi　ジャパン・フェスティバル教育基金（JFET）理事　[国]英国　[典]1996

ポッター, パトリシア　Potter, Patricia　ロマンス作家　[国]米国　[典]2008

ホッター, ハンス　Hotter, Hans　バス・バリトン歌手　[国]ドイツ　[生]1909年1月19日　[没]2003年12月6日　[典]1992／2000

ポッター, ビバリー　Potter, Beverly A.　自己開発コンサルタント　[国]米国　[典]2004／2008

ポッター, フィリップ　Potter, Philip A.　牧師,神学者　西インド諸島合同神学大学教授　元・世界教会協議会総幹事　[生]1921年　[典]1992

ポッター, フランクリン　Potter, Franklin　物理学者　カリフォルニア大学アーバイン校準教授　[国]米国　[典]2004

ポッター, ブルース　Potter, Bruce　コンピューター技術者　[国]米国　[典]2004

ボッタ, マリオ　Botta, Mario　建築家　[国]スイス　[生]1943年　[典]1996

ホッチナー, A.E.　Hotchner, A.E.　ルポライター　[国]米国　[生]1920年　[典]1992／1996

ボッツ, ジェイソン　Botts, Jason　大リーグ選手（内野手）,元・プロ野球選手　[国]米国　[生]1980年7月26日　[典]2012

ポッツ, ジャン　Potts, Jean　推理作家　[国]米国　[生]1910年　[典]1992

ポッツ, ポール　Potts, Paul　テノール歌手　[国]英国　[生]1970年10月13日　[典]2012

ポッツ, ロン　Potts, Ron　作家　[国]米国　[生]1951年　[典]1992

ポッツィ, モアナ　Pozzi, Moana　本名=ポッツィ,アンナ・モアナ・ローザ　女優　[国]イタリア　[生]1961年4月27日　[没]1994年9月15日　[典]1996

ボッツォーラ, アンジェロ　Bozzolla, Angelo　美術家,作家,舞台デザイナー　[生]1938年　[典]1996

ボッテ, ニコル　Bottet, Nicole　画家　[国]フランス　[生]1942年　[典]2004

ボッティ　Botti　本名=Raphael Jose Botti Zacarias Sena　サッカー選手（MF）　[国]ブラジル　[生]1981年2月23日

ボッティ, クリス　Botti, Chris　ジャズ・トランペット奏者　[国]米国　[生]1962年10月12日　[典]2012

ボッティチェリ, アントネッラ　Botticelli, Antonella Tani　歯科衛生士　[専]歯周病　[国]イタリア　[典]2004

ボッテリエ, P.　世界銀行ラテンアメリカ第4局長　[国]オランダ　[生]1937年　[典]1992

ボット, エド　Bott, Ed　テクニカルライター,ジャーナリスト　[国]米国　[典]2004

ボット, ジョーイ　Votto, Joey　本名=Votto,Joseph Daniel　大リーグ選手（内野手）　[国]カナダ　[生]1983年9月10日　[典]2012

ポット・サラシン　Pote Sarasin　政治家,実業家　元・タイ首相,元・東南アジア条約機構（SEATO）事務総長　[国]タイ　[生]1907年3月25日　[没]2000年9月28日　[典]1992

ポットハースト, ケリアン　Pottharst, Kerri-Ann　ビーチバレー選手　シドニー五輪ビーチバレー女子金メダリスト　[国]オーストラリア　[生]1965年6月25日　[典]2004

ポットホフ, エーリッヒ　Potthoff, Erich　経営経済学者　ケルン大学名誉教授　[国]ドイツ　[生]1914年　[典]1992

ポツニャコフ, スタニスラフ　Pozdniakov, stanislav　フェンシング選手　[国]ロシア　[生]1973年9月27日　[典]2000／2008

ポッパー, カール・ライムント　Popper, Karl Raimund　哲学者　元・ロンドン大学名誉教授　[専]科学哲学,論理学　[国]英国　[生]1902年7月28日　[没]1994年9月17日　[典]1992／1996

ホッパー, ジェリー　Hopper, Jerry　映画監督,テレビ監督　[国]米国　[生]1907年7月29日　[没]1988年12月17日　[典]1992

ホッパー, デニス　Hopper, Dennis　俳優,映画監督,写真家　[国]米国　[生]1936年5月17日　[没]2010年5月29日　[典]1992／1996／2000／2004／2008

ホッパー, ヘレン　Hopper, Helen M.　ピッツバーグ大学準教授　[専]日本史　[国]米国　[典]2000

ポッパー, ヤン　Popper, Jan　指揮者,ピアニスト　元・カリフォルニア大学ロサンゼルス校音楽学部長,元・東京芸術大学外国人名誉教授　[国]米国　[生]1907年　[没]1987年9月2日　[典]1992

ホッパー, リー・E.　航空機設計者　[没]1991年4月19日　[典]1992

ホ

ボッビオ, ノルベルト　Bobbio, Norberto　法哲学者, 政治哲学者　元・トリノ大学名誉教授, 元・イタリア終身上院議員　国イタリア　生1909年10月18日　没2004年1月9日　著1996／2000

ポップ, イギー　Pop, Iggy　本名＝オスターバーク, ジェームス・ニューウェル　旧グループ名＝ストゥージス　ロック歌手　国米国　生1947年4月21日　著1992／1996／2004／2008／2012

ポップ, エディナ　Pop, Edina　グループ名＝ジンギスカン　ミュージシャン　生1946年2月3日　著2008／2012

ホップ, ハンス　Hopf, Hans　テノール歌手　国ドイツ　生1916年8月2日　没1993年6月25日　著1996

ポップ, ルチア　Popp, Lucia　ソプラノ歌手　国スロバキア　生1939年11月12日　没1993年11月16日　著1996

ホッファー, ウィリアム　Hoffer, William　作家　国米国　著1992／1996

ホッファー, エイブラム　Hoffer, Abram　精神医学者　カナダ分裂病研究財団会長・理事長　元・サスカチェワン大学教授　専分子整合精神医学　国カナダ　著2004／2008

ホッファー, エリック　Hoffer, Eric　社会評論家・思想家　国米国　生1902年7月25日　没1983年5月21日　著1992

ホッファ, リース　Hoffa, Reese　砲丸投げ選手　ロンドン五輪陸上男子砲丸投げ銅メダリスト　国米国　生1977年10月8日

ホップウッド, アンソニー　Hopwood, Anthony G.　会計学者　オックスフォード大学サイードビジネススクール学長　国英国　著2008

ボツフォード, ベス　Botsford, Beth　水泳選手（背泳ぎ）　国米国　生1981年5月21日　著2000

ホップカーク, ピーター　Hopkirk, Peter　著述家　国英国　生1930年　著1996

ポップコーン, フェイス　Popcorn, Faith　ブレーン・リザーブ会長　国米国　著2000

ホッブズ, ジェレミー　Hobbs, Jeremy　人権擁護活動家　オックスファム・インターナショナル事務局長　国オーストラリア　生1958年　著2004／2008／2012

ホッブズ, デービッド　Hobbs, David A.　エクセター大学上級講師　専数学教育　国英国　生1938年　著1996

ホッブズ, ニコラス　Hobbes, Nicholas　軍事史家　著2008

ホッフバウアー, ジョセフ　Hofbauer, Josef　数学者　ウィーン大学数学科講師　専組み合わせ論, 力学系理論, 生物数学　国オーストリア　生1956年　著1992

ホップマン, テランス　ブラウン大学教授　専政治学　国米国　著1992

ホップマン, ハリー　元・テニス豪デ杯チーム監督　国オーストラリア　没1985年12月28日　著1992

ポップルストーン, ジョン　Popplestone, John A.　心理学者　アクロン大学名誉教授・米国心理学史資料館名誉館長　国米国　生1928年　著2004／2008

ポッペ, エーベルハルト　ハレ・ビッテンベルク大学教授　専憲法学　国ドイツ　著1992

ポッペ, トーマス　Poppe, Thomas　翻訳家, ノンフィクションライター　「月の癒し」の共著者　国ドイツ　生1952年　著2004

ポッペ, ニコラス　Poppe, Nicholas　本名＝Poppe,Nikolai　アルタイ語学者　国米国　生1897年8月8日　著1992

ホッペ, ハンス・ギュンター　Hoppe, Hans-Günter　政治家　ドイツ連邦議会議員（自由民主党）　国ドイツ　生1922年11月9日　著1992／1996

ホッペ, ロルフ　俳優　国ドイツ　生1930年　著2000

ポッペン, クリストフ　Poppen, Christoph　指揮者, バイオリニスト　ドイツ放送フィルハーモニー管弦楽団音楽監督, ミュンヘン音楽演劇大学教授　国ドイツ　生1956年　著2012

ポッペンディーク, トム　Poppendieck, Tom　「リーンソフトウエア開発―アジャイル開発を実践する22の方法」の著者　著2008

ポッペンディーク, メアリー　Poppendieck, Mary　「リーンソフトウエア開発―アジャイル開発を実践する22の方法」の著者　著2008

ホッホライトナー, リカルド・ディエス　ローマ・クラブ議長　専教育学　国スペイン　生1928年　著1996

ポーツマン, ジョン　建築家　ポーツマン・アンド・アソシエーツ経営者, ポーツマン・プロパティーズ経営者　国米国　生1924年　著1992

ボッリエッロ, マルコ　Borriello, Marco　サッカー選手（FW）　国イタリア　生1982年6月18日　著2012

ボッレ, ロベルト　Bolle, Roberto　バレエダンサー　ミラノ・スカラ座バレエ団エトワール　国イタリア　著2004／2008／2012

ボーデ, ティロ　グリーンピース・インターナショナル国際事務局長　国ドイツ　著2000

ボデ, フランソワ　Bodet, François　ジャケ・ドロー社長　国フランス　生1942年　著1996／2000

ボテアック, シュムリー　Boteach, Shmuley　ラビ　国英国　著2004

ボディ, ツビ　Bodie, Zvi　経営学者　ボストン大学経営学部教授　専ファイナンス　国米国　著2004

ホーティウス, J.ダクラス　ビクトリア大学地理学科教授　専交通地理学, 都市史, 環境心理学, 環境美学　国カナダ　生1943年　著1996

ホーディス, アート　Hodes, Art　本名＝Hodes,Arthur W.　ジャズ・ピアニスト, 作曲家　国米国　生1904年11月14日　没1993年3月4日　著1996

ボディッカー, マイク　Boddicker, Mike　本名＝Boddicker,Michael James　大リーグ選手（投手）　国米国　生1957年8月23日　著1992

ボ・ディドリー　Bo Diddley　本名＝マクダニエル, エラス　ロック歌手・ギタリスト　国米国　生1928年12月30日　没2008年6月2日　著2000／2008

ボディーニ, フロリアーノ　Bodini, Floriano　彫刻家　カラーラ美術アカデミー学長　国イタリア　生1933年　著1992

ボティモア, キム・ヤイター　Bottimore, Kim Yaiter　旧名＝ヤイター, キム　日本研究家　日本コダック　国米国　著1996

ポティラ, アンティ　Potila, Antti　フィンランド航空会長・CEO　国フィンランド　生1938年11月1日　著1996

ポテイロ, アントニオ　Poteiro, Antônio　陶芸家, 画家　国ブラジル　生1925年　著2000

ポーティロ, マイケル　Portillo, Michael Denzil Xavier　元・政治家　元・英国下院議員（保守党）, 元・英国国防相　国英国　生1953年5月26日　著2000／2004／2008／2012

ボディロガ, デジャン　Bodiroga, Dejan　バスケットボール選手　国セルビア・モンテネグロ　生1973年3月2日　著2000／2008

ボーデイン, アンソニー　Bourdain, Anthony　料理人, 作家　元・Brasserie Les Halles総料理長　国米国　生1956年　著2004／2008／2012

ポディーン, ショーン　Podein, Shjon　アイスホッケー選手（FW）　国米国　生1968年3月5日　著2008

ポテク, カメリア　Potec, Camelia Alina　水泳選手（自由形）　国ルーマニア　生1982年2月19日　著2008

ポデスタ, ジョン・デービッド　Podesta, John David　米国進歩センター（CAP）所長・CEO　元・米国大統領首席補佐官　国米国　生1949年8月1日　著2000／2012

ポデスタ, ロッサナ　Podestà, Rossana　本名＝ポデスタ, カルラ・ドーラ　女優　国イタリア　生1934年8月20日　没2013年12月10日　著2000

ホーデスン, リリアン　Hoddeson, Lillian　専固体物理学史, 技術史　国米国　著2000

ボデュール　Bodyul, Ivan I.　政治家　元・ソ連副首相　国ソ連　生1918年　著1992

ホーデル, ドナルド　Hodel, Donald P.　政治家　元・米国内務長官　国米国　生1935年5月23日　著1992

ボーデルセン, アーナス　Bodelsen, Anders　ミステリー作家　国デンマーク　生1937年　著1992／1996

ボテロ, ジャン　Bottéro, Jean　歴史学者　エコール・プラティーク・デ・オートゼチュード教授　専アッシリア学　国フランス　生1914年　著2000／2004

ボテロ, フェルナンド　Botero, Fernando　彫刻家, 画家　国コロンビア　生1932年4月19日　著1996／2008／2012

ボーデン, クリスティーン　Boden, Christine　本名＝ブライデン, ク

リスティーン 「私は誰になっていくの?」の著者 国オーストラリア 典2008(ブライデン, クリスティーン/ボーデン, クリスティーン)

ボーデン, ディーター Boden, Dieter 外交官 ドイツ外務省軍縮部長 生1940年 典1996

ボーデン, ニーナ Bawden, Nina 本名=Bawden,Nina Mary 作家,児童文学作家 国英国 生1925年1月19日 没2012年8月22日 典2000

ボーテング, オズワルド Boateng, Ozwald ファッションデザイナー 国英国 生1967年2月22日 典2000/2004/2012

ボーデンハイマー, ジョゼフ スイスユニオン銀行東京支店外国為替バイス・プレジデント 国米国 生1960年 典1996

ポート, ヴィルフリート 実業家 元・三菱ふそうトラック・バス社長 国ドイツ 典2008

ホート, ジェームズ Haught, James A. 編集者 国米国 典2000

ホート, トム Pohrt, Tom 画家 国米国 生1953年 典1996

ボド, フランソワ Baudot, François 作家,ジャーナリスト,評論家 典2000

ボド, ペテル・アコシュ Bod, Péter Ákos 政治家 ハンガリー商工相 国ハンガリー 典1992/1996

ボート, リサ Vogt, Lisa 通訳 東邦大学医学部講師,青山学院大学国際政治経済学部講師 専英語教育, 応用言語学 生1964年6月 典2008(ヴォート, リサ)

ホドイリョフ, ウラジーミル Khodyrev, Vladimir Yakovlevich 政治家 レニングラード市ソビエト執行委員会議長(市長) 国ソ連 生1930年 典1992

ボードウェル, デービッド ウィスコンシン大学マディソン校映画学教授 専映画学 生1947年 典1996

ボトカー, セシル Bo dker, Cecil 詩人,作家 国デンマーク 生1927年 典2012

ボトキン, ジム Botkin, Jim ビジネスコンサルタント インタークラス代表,テキサス大学オースチン校フェロー 国米国 典2000

ポトク, ハイム Potok, Chaim 作家 国米国 生1929年 没2002年7月23日 典1992/1996

ポドコパエワ, リリア Podkopayeva, Lilia 体操選手 国ウクライナ 生1978年8月15日 典2000

ポドゴールナヤ, マルガリータ Podgornaya, Margarita 絵付師 国ソ連 典1992/1996

ポドゴルヌイ, ニコライ Podgornyi, Nikolai Viktorovich 政治家 元・ソ連最高会議幹部会議長(元首) 国ソ連 生1903年2月18日 没1983年1月12日 典1992

ボドストレム, レナート Bodström, Lennart 政治家 元・スウェーデン外相 国スウェーデン 生1928年 典1992

ホドソン, ビクトリア・キンドル Hodson, Victoria Kindle 教育コンサルタント 国米国 典2004

ポトーティ, デービッド Potorti, David ジャーナリスト 国米国 生1956年 典2008

ボドナー, ジョン Bodnar, John Edward インディアナ大学教授 専米国社会史 国米国 生1944年 典2000

ポトビン, ウィリアム デロイト・ロス・トーマツ・イノーディット・マネジング・パートナー 国米国 典1992

ポトフ, ミヒャエル Portoff, Michael 実業家 元・バイエルホールディング社長 国ドイツ 生1947年6月2日 典2004/2008/2012

ポドブニク, ヤネズ Podobnik, Janez 政治家 スロベニア国家会議議長 国スロベニア 生1959年 典2004

ポドベドワ, スベトラーナ Podobedova, Svetlana 重量挙げ選手 ロンドン五輪重量挙げ女子75キロ級金メダリスト 国カザフスタン 生1986年5月25日

ボドマー, ウォルター・フレッド Bodmer, Walter Fred 遺伝学者 専ヒト・ゲノム 国英国 生1936年1月10日 典1996/2000

ボートマン, アレック 元・軍人 国米国 生1923年8月27日 典2000

ボードマン, クリストファー Boardman, Christopher 自転車選手 国英国 生1968年8月26日 典1996/2000

ボドマン, サミュエル Bodman, Samuel Wright(III) 政治家 元・米国エネルギー長官 国米国 生1938年11月26日 典2008/2012

ポートマン, ジョン(Jr.) Portman, John Calvin(Jr.) 建築家 国米国 生1924年 典1992

ボードマン, テッド Boardman, Ted テクニカルライター 国米国 典2000

ボードマン, トーマス・グレー Boardman, Thomas Gray 銀行家 元・ナショナル・ウエストミンスター銀行会長 国英国 生1919年1月12日 没2003年3月10日 典1992/1996

ポートマン, ナタリー Portman, Natalie 女優 国米国 生1981年6月9日 典1996/2000/2004/2008/2012

ポートマン, ロブ Portman, Rob 本名=Portman,Robert Jones 政治家 米国上院議員(共和党) 元・米国行政管理予算局(OMB)局長 国米国 生1955年12月9日 典2008/2012

ホトムスカ, ワンダ Chotomska, Wanda 児童文学作家 国ポーランド 生1929年 典1992

ボトムリー, バージニア Bottomley, Virginia 本名=Bottomley, Virginia Hilda Brunette Maxwell 政治家 元・英国国民文化相 国英国 生1948年3月12日 典1996/2000

ボトムリー, ピーター Bottomley, Peter James 政治家 英国運輸政務次官 国英国 生1944年7月30日 典1992

ホドラー, マーク Hodler, Marc 弁護士 元・国際オリンピック委員会(IOC)副会長, 元・国際スキー連盟(FIS)会長 国スイス 生1918年10月26日 没2006年10月18日 典2004

ポドラゾフ, グリゴリー 歴史哲学者 「メガポリス」誌編集長,モスクワ大学哲学部教授 国ロシア 典2000

ポトラック, デービッド Pottruck, David S. 実業家 チャールズ・シュワブ社長・共同CEO 国米国 典2004/2008

ポドラドチコフ, ユーリ Podladtchikov, Iouri 本名=Podladtchikov,Iouri Aleksandrovich スノーボード選手 国スイス 生1988年9月13日

ポトラン, ジャン 作家 国フランス 典1992

ホートリー, クリストファー Hawtree, Christopher ジャーナリスト 典2004

ボードリー, パトリック 元・宇宙飛行士 アエロスパシアル社特別顧問 国フランス 生1946年 典1992

ボードリ, ピエール Baudry, Pierre エス・ビー・エイ社長 国フランス 生1943年 典1996/2000

ボードリエ, イブ Baudrier, Yves 作曲家 国フランス 生1906年2月11日 没1988年11月14日 典1992

ホドリゴ・ピンパオン Rodrigo Pimpao 本名=Rodrigo Pimpao, Vianna サッカー選手(FW) 国ブラジル 生1987年10月23日 典2012

ボードリソムシンスキー, ミシュリン Beaudry-Somcynsky, Micheline カナダ国際開発庁シニア・アドバイザー 日英仏の開発用語集を作成 国カナダ 典2000

ボードリヤール, ジャン Baudrillard, Jean 思想家,文芸批評家,写真家 元・パリ大学教授 専社会学,記号論 国フランス 生1929年7月 没2007年3月6日 典1992/1996/2000/2004

ホドル, グレン サッカー監督,元・サッカー選手 元・イングランド・サッカー代表チーム監督 国英国 生1957年10月27日 典2000/2004/2008

ボードル, ラリー (株)オリンピック取締役 元・トゥルーテンパー・スポーツ副社長 国米国 典1992

ホドルコフスキー, ミハイル Khodorkovskii, Mikhail Borisovich 実業家 元・ユコス会長,元・メナテップ銀行頭取 国ロシア 生1963年6月26日 典2000/2004/2008/2012

ポドルスキ, ルーカス Podolski, Lukas サッカー選手(FW) 国ドイツ 生1985年6月4日 典2008/2012

ポドルニー, ジョエル Podolny, Joel 経営学者 スタンフォード大学ビジネス・スクール・ウィリアム・ティムケン記念教授 国米国

[典]2004

ボードルール, デービッド　サッカー選手(DF)　[国]米国　[生]1966年12月21日　[典]2000

ポドレス, ジョニー　Podres, Johnny　本名=Podres,John Joseph　大リーグ選手　[国]米国　[生]1932年9月30日　[没]2008年1月13日　[典]2000

ボトレル, ジャン　Bothorel, Jean　「フィガロ」論説委員,「ルヴュ・デ・ドゥー・モンド」編集長　[国]フランス　[生]1940年　[典]2000

ポドロガル, ツベート　Podlogar, Cveto　山岳ガイド, 元・スキー選手　日本アルパイン・ガイド協会公認山岳ガイド　[国]スロベニア　[典]2004／2008

ボドロフ, セルゲイ　Bodrov, Sergei　本名=Bodrov,Sergei Vladimirovich　映画監督, 脚本家　[国]ロシア　[生]1948年6月28日　[典]1996／2000／2004／2008／2012

ポドロフ, モーリス　元・米国プロバスケットボール・リーグ初代コミッショナー, 元・元全米ホッケー連盟会長　[国]米国　[没]1985年11月24日　[典]1992

ホドロフスキー, アレハンドロ　Jodorowsky, Alexandro　映画監督　[生]1930年2月7日　[典]1992／1996

ボードワン1世　Baudouin I　本名=Baudouin Albert Charles Léopold Axel Marie Gustave　元・ベルギー国王(第5代)　[国]ベルギー　[生]1930年9月7日　[没]1993年7月31日　[典]1992／1996

ホ

ホートン, ウィリアム　Horton, William　ウィリアム・ホートン・コンサルティング経営者　[典]2004

ホートン, ウォルター・マーシャル　Horton, Walter Marshall　会衆派神学者　オベリン大学教授　[専]組織神学　[国]米国　[生]1895年　[典]1996

ホートン, サラ　Horton, Sarah　「Webサイトスタイルガイド―サイト構築のための基礎と原則」の著者　[典]2008

ホートン, ジェームズ・リチャードソン　Houghton, James Richardson　実業家　元・コーニング会長・CEO　[国]米国　[生]1936年4月6日　[典]1992／2004／2008／2012

ホートン, ジョン　Houghton, John　大気物理学者　オックスフォード大学名誉研究員　元・英国気象局長官　[国]英国　[生]1931年12月30日　[典]2008／2012

ホートン, ダニエル・J.　元・ロッキード航空機会社会長　[国]米国　[没]1987年7月5日　[典]1992

ホートン, マイケル　Houghton, Michael　カイロン社ウイルス研究部門チーフディレクター　[専]遺伝子工学　[国]英国　[典]1992／1996

ホートン, マック　Horton, Mack H.　翻訳家　カリフォルニア大学助教授　[専]日本文学　[国]米国　[生]1952年　[典]2004／2008

ホートン, リチャード　Houghton, Richard A.　ウッズホール・リサーチ・センター主任研究員　[専]生態学　[国]米国　[典]1992

ホートン, リチャード　Haughton, Richard　写真家　[生]1957年　[典]1996

ホートン, ロバート・ベインズ　Horton, Robert Baynes　実業家　元・ブリティッシュ・ペトロリアム(BP)会長・社長　[国]英国　[生]1939年8月18日　[没]2011年12月30日　[典]1992／1996

ボードン, ロブ　Bourdon, Rob　グループ名=リンキン・パーク　ロック・ドラマー　[国]米国　[典]2004／2008／2012

ホートン, ローレンス　Haughton, Lawrence　ストラテジスト　ジェニングス・パートナーズ・チーフ・ストラテジスト・タクティシャン　[典]2004

ボー・トン・シュアン　農学者　カントー大学副学長　[国]ベトナム　[典]1996

ボナー, ウィリアム　Bonner, William　実業家　アゴラ・パブリッシング社CEO, デイリー・レコニング創設者　[典]2008

ボナー, ギリアン　ゲーム・プロデューサー, 元・モデル　ブラックドラゴン社社長　[国]米国　[典]2000

ボナ, ジャン　Bonna, Jean A.　ロンバー・オーディエ銀行マネージングパートナー　[国]スイス　[生]1945年　[典]2000

ボナー, ジョン・タイラー　Bonner, John Tyler　生物学者　プリンストン大学名誉教授　[国]米国　[生]1920年5月12日　[典]2004／2012

ボナ, ドミニク　Bona, Dominique　作家, 批評家　[国]フランス　[典]1996／2000

ホーナー, ハリー　Horner, Harry　映画セットデザイナー, 映画美術監督　[国]米国　[生]1910年7月24日　[没]1994年12月5日　[典]1996

ホーナー, ボブ　Horner, Bob　本名=Horner,James Robert　元・大リーグ選手　[国]米国　[生]1957年8月6日　[典]1992／2000

ボナー, マルコス　動物学者　フランクフルト動物園協会東アフリカ代表　[国]スイス　[生]1945年　[典]1992／1996

ボナ, リチャード　Bona, Richard　ジャズ・ベース奏者　[生]1967年　[典]2000／2004／2008／2012

ボナイ, ウィリアム　Boni, William C.　セキュリティー・コンサルタント　プライスウォーターハウス・クーパース　[国]米国　[典]2004／2008

ボナヴォーリア, ロザリオ　Bonavoglia, Rosario　イタリア銀行日本駐在事務所初代所長　[国]イタリア　[生]1940年3月8日　[典]1996(ボナボーリア, ロザリオ)

ホナサン, グレゴリオ　Honasan, Gregorio　政治家, 軍人　フィリピン上院議員　[国]フィリピン　[生]1948年　[典]1992／1996／2000

ボーナス, ジェフリー　Bownas, Geoffrey　日本研究家　元・シェフィールド大学名誉教授　[国]英国　[生]1923年　[没]2011年2月17日　[典]2000

ボナーズ, スーザン　Bonners, Susan　児童文学作家, 画家　[国]米国　[典]2004／2008

ボナス, マウリツィオ　Bonas, Maurizio　ファッションデザイナー　[国]イタリア　[生]1949年　[典]1996／2000

ホーナセック, ジェフ　Hornacek, Jeff　バスケットボール監督　[国]米国　[生]1963年5月3日　[典]2000／2008

ボナチッチ, ルカ　Bonacic, Luca　サッカー監督　[国]クロアチア　[生]1955年3月21日　[典]2012

ボナッティ, ワルテル　Bonatti, Walter　登山家　[国]イタリア　[生]1930年6月22日　[没]2011年9月13日　[典]1996

ボナーティ, アンジェロ　Bonati, Angelo　実業家　オフィチーネ・パネライCEO　[国]イタリア　[生]1951年　[典]2012

ボナフ, パスカル　Bonafoux, Pascal　美術史家, 作家　[国]フランス　[生]1949年　[典]1992

ホナボグト, タンマヤ　Honervogt, Tanmaya　ヒーラー　[国]英国　[典]2004

ボーナム, ジェイソン　Bonham, Jason　グループ名=レッド・ツェッペリン, ザ・ジェイソン・ボーナム・バンド　ロック・ドラマー　[国]英国　[生]1966年7月15日　[典]2000／2008／2012

ボナム・カーター, ヘレナ　Bonham-Carter, Helena　女優　[国]英国　[生]1966年5月26日　[典]1996／2000／2004／2008／2012

ホー・ナム・ホン　Hor Nam Hong　政治家　カンボジア外相　[国]カンボジア　[典]1992／1996／2000／2004／2008

ボナリー, スルヤ　Bonaly, Surya　元・フィギュアスケート選手　[国]フランス　[生]1973年12月15日　[典]1996

ボナル, ジェラール　Bonàl, Gérard　ジャーナリスト　[典]2004

ボナール, マルク　Bonnard, Marc　精神科医　[専]男性研究, 男性心理　[国]フランス　[典]2004

ボーナン, J.　ソニー・アメリカ社ホームビデオ・マーケティング・グループ長　[国]米国　[典]1992

ホーナン, ウィリアム　Honan, William H.　ジャーナリスト　「ニューヨーク・タイムズ」紙文化担当主筆　[国]米国　[生]1930年5月　[典]1992／1996

ボナンジンガ, ジェイ　Bonansinga, Jay R.　作家　[国]米国　[典]2000

ボナンノ, ビル　Bonanno, Bill　マフィアの首領ジョゼフ・ボナンノの息子　[国]米国　[生]1932年　[典]2004

ボニー, ウィルフリード　Bony, Wilfried　サッカー選手(FW)　[国]コートジボワール　[生]1988年12月10日

ボニー, ショーン　Bonney, Sean　3Dアニメーター, ゲームデザイナー　Anvil Studio代表　[国]米国　[典]2004

ボニー, バーバラ　Bonney, Barbara　ソプラノ歌手　[国]米国　[生]1956年4月14日　[典]2000／2012

ボニー, ヘレン　Bonny, Helen L.　アメリカ・カトリック大学音楽

療法科助教授　[専]音楽療法, 心理療法　[国]米国　[典]2000

ボニ, ヤイ　Boni, Yayi　政治家　ベナン大統領　[国]ベナン　[生]1952年　[典]2008／2012

ポニア, トーマス　Ponniah, Thomas　[専]地理学, 国際関係, グローバル化　[国]米国　[典]2008

ポニアトウスカ, エレナ　PoniaTowska, Elena　作家, ジャーナリスト　[国]メキシコ　[生]1933年　[典]1996／2004／2008／2012

ポニアトウスキ, ミシェル　Poniatowski, Michel Casimir　政治家　元・フランス独立共和派総裁, 元・フランス内相, 元・欧州議会議員　[国]フランス　[生]1922年5月16日　[没]2002年1月15日　[典]1992／1996

ボニージャ, ホセ　Bonilla, Jose　プロボクサー　元・WBA世界フライ級チャンピオン　[国]ベネズエラ　[生]1967年11月　[没]2002年6月14日　[典]2000

ボニゾッリ, フランコ　Bonisolli, Franco　テノール歌手　[国]イタリア　[生]1938年　[没]2003年10月30日　[典]2004

ボニチ, ジェームス　Bonnici, James　大リーグ選手（内野手）　[国]米国　[生]1972年1月21日　[典]2000

ボニチ, ミフスッド　Bonnici, Carmelo Mifsud　政治家　元・マルタ首相　[国]マルタ　[生]1933年7月17日　[典]1992／1996

ボニツェール, パスカル　Bonitzer, Pascal　映画批評家, 脚本家, 映画監督　[国]フランス　[生]1946年2月1日　[典]2000／2004／2012

ホーニッグ, ダグ　Hornig, Doug　作家　[国]米国　[典]1996

ホニッグ, ドナルド　Honig, Donald　推理作家　[国]米国　[生]1931年　[典]1992

ホーニッシュ, サム（Jr.）　Hornish, Sam（Jr.）　レーシングドライバー　[国]米国　[生]1979年7月2日

ボニーノ, ルイジ　Bonino, Luigi　ダンサー, 振付指導者　マルセイユ・バレエ団　[国]フランス　[典]2012

ポニマン　Ponimam　軍人　元・インドネシア国防治安相　[国]インドネシア　[生]1926年　[典]1992

ボニーヤ, ビクトル・ダニエル　Bonilla, Victor Daniel　ジャーナリスト　[専]哲学, 社会学　[国]コロンビア　[生]1933年　[典]1992

ボニーヤ, ボビー　Bonilla, Bobby　本名=Bonilla,Roberto Martin Antonio　元・大リーグ選手　[国]米国　[生]1963年2月23日　[典]1996／2000／2004

ポニャトスキー, マーティ　Poniatowski, Marty　テクニカルコンサルタント　ヒューレット・パッカード　[国]米国　[典]2004

ホーニング, ドナルド　化学者　元・ブラウン大学学長　[国]米国　[生]1920年　[典]1996

ボニング, トニー　Bonning, Tony　詩人, 作家, ミュージシャン　[国]英国　[典]2004

ボニング, リチャード　Bonynge, Richard　指揮者　オーストラリア歌劇場音楽監督　[国]オーストラリア　[生]1930年9月29日　[典]1992

ボニントン, クリス　Bonington, Christian John Stovey　登山家　英国登山評議会会長, 英国ナショナル・トラスト理事長　[国]英国　[生]1934年8月6日　[典]1996

ボネ, ミシェル　Bonnet, Michel　児童労働問題専門家, カトリック司祭　子どもの権利監視全国センター（ONDE）顧問　元・国際労働機関（ILO）国際労働事務局専門官　[国]フランス　[生]1934年5月　[典]2004／2008

ボネガット, カート（Jr.）　Vonnegut, Kurt（Jr.）　作家　[国]米国　[生]1922年11月11日　[没]2007年4月11日　[典]1992／1996／2004

ボネガット, マーク　Vonnegut, Mark　作家　[国]米国　[生]1946年　[典]1992

ホーネッカー, エーリヒ　Honecker, Erich　政治家　元・東ドイツ社会主義統一党書記長, 元・東ドイツ国家評議会議長（元首）　[国]ドイツ　[生]1912年8月25日　[没]1994年5月29日　[典]1992／1996

ホーネッカー, マルゴット　Honecker, Margot　政治家　元・東ドイツ国民教育相　ホーネッカー旧東ドイツ国家評議会議長夫人　[国]ドイツ　[典]1992／1996

ボネック, アラン　画家　[生]1952年　[典]1996

ボネック, ダニエル　画家　[生]1954年　[典]1996

ホーネック, マンフレート　Honeck, Manfred　指揮者, 元・ビオラ奏者　ピッツバーグ交響楽団音楽監督　[国]オーストリア　[生]1958年　[典]2000／2004／2008／2012

ホーネック, ライナー　Honeck, Rainer　バイオリニスト　ウィーン・フィルハーモニー管弦楽団コンサートマスター　[国]オーストリア　[生]1961年　[典]1996／2012

ホネット, アクセル　Honneth, Axel　コンスタンツ大学哲学科教授　[専]哲学, 社会学, ゲルマニスティーク　[国]ドイツ　[生]1949年　[典]1992／1996／2008

ボネット, ジェームス　Bonnet, James　脚本家　[典]2004／2008

ボネット・ウェクソウ, ジョン　Bonnett Wexo, John　科学ライター　[国]米国　[生]1939年　[典]1996

ボーネマルク, シェル・ウーロフ　Bornemark, Kejell Olof　作家　[国]スウェーデン　[生]1924年　[典]1996

ボーネル, ゲリー　Bonnell, Gary　神秘家, 心理学者, 催眠療法家, 企業コンサルタント　[典]2004

ボネール, サンドリーヌ　Bonnaire, Sandrine　女優　[国]フランス　[生]1967年5月31日　[典]1996／2008／2012

ポネル, ジャン・ピエール　Ponnelle, Jean Pierre　オペラ演出家, 舞台装置家　[国]フランス　[生]1932年2月19日　[没]1988年8月11日　[典]1992

ボノ　Bono　本名=ヒューソン, ポール　グループ名=U2　ロック歌手　[国]アイルランド　[生]1960年5月10日　[典]1992／1996／2000／2004／2008／2012

ボノ, ソニー　Bono, Sonny　元・グループ名=ソニー&シェール　政治家, 元・歌手　元・米国下院議員（共和党）　[国]米国　[生]1935年　[没]1998年1月5日　[典]1996

ホノハン, パトリック　Honohan, Patrick　アイルランド中央銀行総裁　[国]アイルランド　[生]1949年10月　[典]2012

ポノマリョフ, ボリス　Ponomarev, Boris Nikolaevich　政治家, 歴史学者　元・ソ連共産党政治局員候補兼書記　[国]ソ連　[生]1905年1月17日　[典]1992

ポノマリョフ, レオニード　Ponomarev, Leonid Ivanovich　ロシア科学センターI.V.クルチャトフ研究所理論物理部門部長　[専]量子力学　[国]ロシア　[生]1937年　[典]2000

ポノマレンコ, セルゲイ　Ponomarenko, Sergei　フィギュアスケート選手　[国]ロシア　[生]1960年10月6日　[典]1992／1996

ポノマレンコ, パンテレイモン　Ponomarenko, Panteleimon Kondratievich　政治家　元・ソ連文化相, 元・ソ連共産党中央委員会書記　[国]ソ連　[生]1902年8月9日　[没]1984年1月18日　[典]1992

ボノーラ, ヴラディミーロ　靴職人　ア・テストーニ社工場職長　[国]イタリア　[生]1939年　[典]2000

ボノール, アラン　Bonnaure, Alain　画家　マジャムボスト専門学校教授　[国]フランス　[生]1941年　[典]2000

ポノル, カタリナ　Ponor, Catalina　体操選手　アテネ五輪体操女子平均台・ゆか・団体総合金メダリスト　[国]ルーマニア　[生]1987年8月20日　[典]2008

ボノンム, アニー　Bonhomme, Annie　挿絵画家　[国]フランス　[生]1939年　[典]2004

ポーパ, ヴァスコ　Popa, Vasko　詩人, ジャーナリスト　「ノリット」社編集者　[国]ユーゴスラビア　[生]1922年　[典]1992

ボーバ, ベン　Bova, Ben　本名=ボーバ, ベンジャミン・ウィリアム　作家, 編集者, アンソロジスト　[国]米国　[生]1932年　[典]1992

ポパ, マグダレーナ　元・バレリーナ　カナダ・ナショナル・バレエコーチ　[国]カナダ　[典]1996

ボーハス, ジョージ　Borjas, George　ハーバード大学教授　[専]米国経済と移民との関係　[国]米国　[典]2000

ホーバッハ, クリストフ　Hohbach, Christoph　実業家　元・日本ベーリンガーインゲルハイム社長　[国]ドイツ　[生]1945年9月10日　[典]2004／2008

ホーバート, ポリー　Horvath, Polly　作家　[国]米国　[生]1957年　[典]2008（ホーヴァート, ポリー）

ホバネス, アラン　Hovhaness, Alan Scott　作曲家　[国]米国　[生]1911年3月8日　[没]2000年6月21日　[典]1992／1996

ホバーマン, ジム　Hoberman, Jim　映画批評家　「ビレッジ・ボイ

ホ

ス」誌映画批評家, グッゲンハイム特別研究員 ⒼアメリカЭ1949年 ㊥1992／1996

ボバン, ズヴォニミール Boban, Zvonimir 元・サッカー選手 Ⓖクロアチア Э1968年10月8日 ㊥1996／2000／2004

ホーバン, ラッセル Hoban, Russell 本名=Hoban,Russell Conwell 作家, 児童文学作家 Ⓖ米国 Э1925年2月4日 Ⓓ2011年12月13日 ㊥1992／2004

ホーバン, リリアン Hoban, Lillian 挿絵画家, イラストレーター, 絵本作家 Ⓖ米国 Э1925年 ㊥1996

ボー・バン・キエト Vo Van Kiet 政治家 元・ベトナム首相 Ⓖベトナム Э1922年11月23日 Ⓓ2008年6月11日 ㊥1992／1996／2000／2004／2008

ボ・バン・ニュアン Vo Van Nhuan （株）ビロタス幹部 Ⓖベトナム Э1941年 ㊥1996

ポハンバ, ヒフィケプニェ Pohamba, Hifikepunye 政治家 ナミビア大統領 Ⓖナミビア Э1935年8月18日 ㊥2008／2012

ホビー, オベタ Hobby, Oveta Culp 元・米国厚生教育省長官 Ⓖ米国 Э1905年1月19日 Ⓓ1995年8月16日 ㊥1996

ホーヒー, チャールズ Haughey, Charles James 政治家 元・アイルランド首相, 元・アイルランド共和党党首 Ⓖアイルランド Э1925年9月16日 Ⓓ2006年6月13日 ㊥1992／1996

ポピー, フレッド Poppe, Fred 広告業者 ポピー・タイソン社名誉会長, ビジネス・専門広告会国際協会長・ニューヨーク支部会長 Ⓖ米国 ㊥1992

ホビー, ホリー Hobbie, Holly 絵本作家 Ⓖ米国 ㊥2004

ホビー, マーク ジャーナリスト インフォメーション・ロー・アラート代表 Ⓖ米国 ㊥2000

ポピイ・フタガルン Poppy Hutagalung 作家, 詩人 Ⓖインドネシア Э1941年10月10日 ㊥1992

ボビッチ, フレディ Bobic, Fredi サッカー選手（FW） Ⓖドイツ Э1971年10月30日 ㊥2000／2004

ホービッツ, フランツ Howitz, Frantz B. 元・駐日デンマーク大使 Ⓖデンマーク Ⓓ1986年12月8日 ㊥1992

ホピヒラー, フランツ Hoppichler, Franz スキー指導者 国際スキー教育連盟会長, サン・クリストフ国立スキー学校校長 Ⓖオーストリア Э1931年8月28日 ㊥2000

ボービル, カール Bovill, Carl メリーランド大学カレッジパーク校建築学部助教授 Ⓢ建築学 Ⓖ米国 Э1947年 ㊥2000

ホービング, エリック Hoving, Erik 経営コンサルタント アーサー・D.リトル（ADL）ディレクター ㊥2004

ホービング, トマス Hoving, Thomas 作家 元・メトロポリタン美術館館長 Ⓖ米国 Э1931年1月15日 Ⓓ2009年12月10日 ㊥1996／2000

ボフ バンド名=チャンバワンバ ギタリスト Ⓖ英国 ㊥2000

ホープ, アレック Hope, Alec Derwent 詩人, 評論家 元・オーストラリア国立大学名誉教授 Ⓖオーストラリア Э1907年7月21日 Ⓓ2000年7月13日 ㊥1992／1996

ホーフ, ウルリヒ・イム Hof, Ulrich Im 元・ベルン大学正教授 Ⓢ西洋史 Ⓖスイス Э1917年 ㊥2000

ホープ, クリストファー Hope, Christopher 作家, 詩人, 絵本作家 Ⓖ英国 Э1944年 ㊥1992／1996

ホフ, ケイティ Hoff, Katie 水泳選手（自由形・個人メドレー）北京五輪競泳女子400メートル自由形銀メダリスト Ⓖ米国 Э1989年6月3日 ㊥2012

ポープ, ジェネロソ（Jr.） Pope, Generoso（Jr.） 元・ナショナル・インクアイアラー誌社主・発行人 Ⓖ米国 Э1988年10月2日 ㊥1992

ホープ, ジェレミー Hope, Jeremy 経営研修・教育コンサルタント Ⓖ英国 ㊥2000

ホフ, シド Hoff, Syd 本名=ホフ, シドニー 漫画家 Ⓖ米国 Э1912年 ㊥1996／2000

ボブ, ジム グループ名=カーター・ジ・アンストッパブル・セックス・マシーン ロック歌手, ギタリスト Ⓖ英国 Э1960年 ㊥1996

ホープ, ジュディス 弁護士 ハーバード大学自治委員会委員 Ⓖ米国 ㊥1992

ポープ, ジョージナ Pope, Georgina 映画評論家, 映画祭プロデューサー Ⓖオーストラリア Э1965年 ㊥1992

ポープ, ダドリ Pope, Dudley 作家, 海事研究家 Ⓖ英国 ㊥1992／1996

ホープ, ダニエル Hope, Daniel 旧トリオ名=ボザール・トリオ バイオリニスト Ⓖ英国 Э1974年 ㊥2012

ホープ, テリー Hope, Terry フォトジャーナリスト Ⓖ英国 ㊥2004／2008

ホープ, デール Hope, Dale アロハシャツ愛好家 Ⓖ米国 ㊥2008

ホープ, トニー Hope, Tony 国際コンサルタント 欧州経営大学院（INSEAD）客員教授 Ⓖ英国 ㊥2000

ボーブ, トニー Bove, Tony テクニカルライター Ⓢコンピューティング, グラフィックアート, デスクトップパブリッシング（DTP） Ⓖ米国 ㊥1996

ホープ, ビンセント Hope, Vincent McNabb 元・エディンバラ大学哲学部教授 Ⓢ哲学, 道徳哲学（スコットランド啓蒙学派） Ⓖ英国 Э1936年 ㊥2000

ホフ, ベンジャミン Hoff, Benjamin 作家, 写真家, ミュージシャン, 作曲家 Ⓖ米国 Э1946年 ㊥1996

ホープ, ボブ Hope, Bob 本名=Hope,Leslie Townes 喜劇俳優 Ⓖ米国 Э1903年5月26日 Ⓓ2003年7月27日 ㊥1992／1996／2000

ホフ, マーシアン・E. コンピューター技師 Ⓖ米国 Э1937年11月28日 ㊥1992

ポープ, モーリス Pope, Maurice W.M. 古典文献学者 Ⓖ英国 Э1926年 ㊥1996

ボブ・ユン 法輪 僧侶, 人権保護活動家, 難民救援活動家 民族助け合い仏教運動本部代表 Ⓖ韓国 ㊥2000

ボフ, レオナルド Boff, Leonardo 神学者, 元・カトリック神父 ペトロポリス神学校教授 Ⓖブラジル Э1938年12月14日 ㊥1992／1996

ポフィラ, ジャン・ピエール Pophillat, Jean Pierre 画家 Ⓖフランス Э1937年 ㊥1992

ボフィール, ベルトラン 画家 Ⓖスペイン Э1934年 ㊥1996

ボフィール, リカルド Bofill, Ricardo 建築家 Ⓖスペイン Э1939年 ㊥1992／1996／2000

ボーフィンガー, ペーター Bofinger, Peter 経済学者 ビュツルブルク大学教授 Ⓖドイツ ㊥2012

ボブウォツカ, エバ ピアニスト Ⓖポーランド ㊥2000

ホーフォード, アル Horford, Al バスケットボール選手 Ⓖドミニカ共和国 Э1986年6月3日

ホプキン, カレン Hopkin, Karen サイエンス・ジャーナリスト Ⓢ生物学, 生化学 Ⓖ米国 ㊥2004

ホプキンス, アンソニー Hopkins, Anthony 俳優 Ⓖ米国 Э1937年12月31日 ㊥1992／1996／2000／2004／2008／2012

ホプキンズ, アンドレア Hopkins, Andrea 著述家, 英文学者 Ⓖ英国 ㊥2004

ホプキンス, ゲイル Hopkins, Gail 整形外科医, 元・プロ野球選手, 元・大リーグ選手 Ⓖ米国 Э1943年2月19日 ㊥1992／2000

ホプキンス, ジェリー Hopkins, Jerry ミュージックジャーナリスト Ⓢポピュラーミュージック史 Ⓖ米国 ㊥2004

ホプキンス, ジョン Hopkins, John 「シュレック一沼地（スワンプ）からスクリーンへ」の著者 ㊥2008

ホプキンス, ジョン Hopkins, John ロス・アラモス国立研究所国家安全保障研究センター長 Ⓢ核物理学 Ⓖ米国 ㊥1992

ホプキンス, テレンス Hopkins, Terence K. ニューヨーク州立大学教授 Ⓢ社会学 Ⓖ米国 Э1928年 ㊥1996

ホプキンズ, ナンシー Hopkins, Nancy H. 生物学者 マサチューセッツ工科大学（MIT）教授 Ⓢ分子生物学 Ⓖ米国 ㊥1992

ホプキンズ, バッド Hopkins, Budd 画家, 彫刻家, 宇宙科学作家 Ⓖ米国 ㊥1992／1996

ホプキンス, バーナード　Hopkins, Bernard　プロボクサー　IBF世界ライトヘビー級チャンピオン　元・WBA・WBC・IBF・WBO統一世界ミドル級チャンピオン, 元・WBC世界ライトヘビー級チャンピオン　国米国　⊕1965年1月15日　劉2004／2008／2012

ホプキンス, マイケル・ジョン　Hopkins, Michael John　建築家　元・英国建築協会会長　国英国　⊕1935年5月7日　劉1996／2000／2004／2008／2012

ホプキンソン, ヘンリー・トマス　Hopkinson, Henry Thomas　ジャーナリスト, 著述家　国英国　⊕1905年4月19日　⊗1990年6月20日　劉1992

ホブキンソン, ポール　インチケープ・ドッドウェル社長　国英国　⊕1943年　劉1996

ポプケス, スティーブン　Popkes, Steven　SF作家　国米国　劉1996

ホーフシュトラッサー, W.　Hochstrasser, Willy　アカデミア・エンジアディナ講師　働ツーリズム　国スイス　⊕1937年　劉2004

ホフショルネル, パボル　Hochschorner, Pavol　カヌー選手（カナディアン）　シドニー五輪・アテネ五輪・北京五輪カヌー男子カナディアンペア金メダリスト　国スロバキア　⊕1979年9月7日　劉2008／2012

ホフショルネル, ペテル　Hochschorner, Peter　カヌー選手（カナディアン）　シドニー五輪・アテネ五輪・北京五輪カヌー男子カナディアンペア金メダリスト　国スロバキア　⊕1979年9月7日　劉2008／2012

ホフスタッター, ダグラス・リチャード　Hofstadter, Douglas Richard　インディアナ大学教授　働人工知能（AI）　国米国　⊕1945年2月15日　劉1992／1996

ホフスタッター, ロバート　Hofstadter, Robert　物理学者　元・スタンフォード大学教授　国米国　⊕1915年2月5日　⊗1990年11月17日　劉1992

ホフステッタ, フレッド　Hofstetter, Fred T.　デラウェア大学教育技術センターディレクター　国米国　劉2000

ホフステード, ヘールト　Hofstede, Geert　リンブルフ大学名誉教授・異文化間協力に関する研究所専務理事　働組織人類学, 国際経営論　国オランダ　⊕1928年　劉1996

ホブズボーム, エリック　Hobsbawm, Eric John Ernest　別名＝ニュートン, フランシス　歴史学者　元・ロンドン大学バークベック・カレッジ名誉教授　働社会運動史　国英国　⊕1917年6月9日　⊗2012年10月1日　劉1992／1996／2000

ホブソン, J.アラン　Hobson, J.Allan　ハーバード大学医学部教授・附属マサチューセッツ精神衛生センター神経生理学研究所所長　働精神医学, 神経生理学　国米国　⊕1933年　劉1992／1996／2008／2012

ホブソン, R.ピーター　Hobson, R.Peter　心理学者　ロンドン大学ユニバーシティ・カレッジ教授　働自閉症　劉2004

ホブソン, アンディ　Hobson, Andy　グループ名＝プリテンダーズ　ロックベース奏者　劉2008

ホブソン, サリー　Hobson, Sally　イラストレーター　劉2004

ホブソン, ブッチ　Hobson, Butch　元・大リーグ監督　国米国　⊕1951年8月17日　劉1996

ホブソン, ローラ　Hobson, Loura　作家　国米国　⊕1986年2月28日　劉1992

ボブチャンチン, イゴール　Vovchanchyn, Igor　格闘家　国ウクライナ　⊕1973年8月6日　劉2008

ポプチョン　Beop Jeong　禅僧, エッセイスト　国韓国　⊕1932年　⊗2010年3月11日　劉2004（法頂和尚　ポプジョンスニム）

ポプツォフ, オレグ　Poptsov, Oleg Maksimovich　作家, ジャーナリスト　元・全ロシア国営テレビ・ラジオ会社（ロシアテレビ）社長　国ロシア　⊕1934年5月27日　劉2000

ホフパワー, マイカ　Hoffpauir, Micah　プロ野球選手（内野手）, 元・大リーグ選手　国米国　⊕1980年3月1日　劉2012

ホブフォル, イボンヌ・エラス　Hobfoll, Ivonne Heras　カウンセラー　働心理学　国米国　劉2000

ホブフォル, ステバーン　Hobfoll, Stevan E.　ケント州立大学教授　働心理学　国米国　劉2000

ポープ・ヘネシー, ジョン　Pope-Hennessy, John Wyndham　美術史家　元・ニューヨーク大学教授, 元・ビクトリア・アンド・アルバート美術館館長, 元・大英博物館館長　働イタリア彫刻・絵画　国英国　⊕1913年12月13日　⊗1994年10月31日　劉1996

ホフマイヤー, ブレーマー　社会運動家　MRA（モラル・リアーマメント）運動指導者　国南アフリカ　⊕1909年　劉1992

ホフマン, W.マイケル　Hoffman, W.Michael　コンサルタント, 経営倫理学者　ベントレー大学教授・経営倫理センター所長　元・米国経営倫理学会長, 元・エシックス・オフィサー協会会長　劉2004／2008

ホフマン, アビー　Hoffman, Abbie　本名＝Hoffman,Abbot　反戦運動指導者　元・イッピー創設者　国米国　⊕1936年11月30日　⊗1989年4月12日　劉1992

ホフマン, アリス　Hoffman, Alice　作家　国米国　⊕1952年　劉2000／2012

ホフマン, イジー　Hochman, Jiri　オハイオ州立大学助教授　働ジャーナリズム論　国米国　劉1996

ホーフマン, ヴェルナー　Hofmann, Werner　美術史家　国オーストリア　⊕1928年　劉1992

ホフマン, エドワード　Hoffman, Edward　医師　働心理療法　国米国　⊕1951年　劉2008

ホフマン, エバ　Hoffman, Eva　作家　国米国　⊕1947年　劉1996／2012

ホフマン, エレン　Hoffman, Ellen　コラムニスト　国米国　劉2004

ホフマン, カール　Hoffman, Carl　ジャーナリスト　国米国　⊕1960年　劉2004

ホフマン, カール・ハインツ　Hoffmann, Karl-Heinz　政治家, 軍人　元・東ドイツ国防相　国ドイツ　⊕1910年11月28日　⊗1985年12月2日　劉1992

ホフマン, クリスティアン　Hoffmann, Christian　スキー選手（距離）　国オーストリア　⊕1974年12月22日　劉2008

ホーフマン, クルト　放送ディレクター　オーストリア放送協会ディレクター　国オーストリア　⊕1954年　劉1996

ホフマン, コリンヌ　Hofmann, Corinne　「マサイの恋人」の著者　国スイス　⊕1960年　劉2004

ホフマン, ジュール　Hoffmann, Jules A.　免疫学者　ストラスブール大学教授　元・フランス科学アカデミー会長　国フランス　⊕1941年8月2日　劉2012

ホフマン, ジョセフ　Hoffman, Joseph　法学者　インディアナ大学法学部教授, バージニア州立大学法学部教授, 東京大学教授　働刑法, 死刑問題　国米国　⊕1957年　劉1996

ホフマン, ジリアン　Hoffman, Jilliane　作家, 元・検察官　国米国　劉2012

ホフマン, ジル　Hoffman, Jill　詩人　国米国　劉2000

ホフマン, スタンリー　Hoffman, Stanley　国際政治学者　ハーバード大学教授・欧州問題研究所長　働20世紀フランス政治　国米国　⊕1928年11月27日　劉1992

ホフマン, ダスティン　Hoffman, Dustin　本名＝Hoffman,Dustin Lee　俳優　国米国　⊕1937年8月8日　劉1992／1996／2000／2004／2008／2012

ホフマン, ドナルド・D.　Hoffman, Donald D.　カリフォルニア大学アーバイン校認知科学科教授, 同大学哲学科, 情報・コンピュータ科学科教授

ホフマン, トレバー　Hoffman, Trevor　本名＝Hoffman,Trevor William　元・大リーグ選手　国米国　⊕1967年10月13日　劉2000／2004／2008／2012

ホフマン, ニコラス・フォン　Hoffman, Nicholas von　ミステリー作家, コラムニスト　国米国　劉1996

ホフマン, バネシュ　Hoffmann, Banesh　元・ニューヨーク州立クイーンズ・カレッジ名誉教授　働数学, 物理学　⊕1906年　⊗1986年　劉1992

ホフマン, ヒルマー　ドイツ文化センター総裁　国ドイツ　⊕1925年　劉2000

ホフマン, フィリップ・シーモア　Hoffman, Philip Seymour　俳優

[国]米国 [生]1967年7月23日 [没]2014年2月2日 [典]2004／2008／2012

ホフマン, フライア Hoffmann, Freia オルデンブルク大学教授, ソフィー・ドリンカー研究所所長 [生]1945年 [典]2008

ホフマン, ブルース Hoffman, Bruce ランド研究所部長 [専]テロリズム [国]英国 [典]1996／2000

ホフマン, ペーター Hofmann, Peter テノール歌手 [国]ドイツ [生]1944年8月12日 [没]2010年11月30日 [典]1992／1996／2000

ホフマン, ポール Hoffman, Paul E. 実業家 プロパー・パブリッシング社長 [国]米国 [典]2000

ホフマン, マイケル Hoffman, Michael E. 写真家 アパチュアー理事長, フィラデルフィア美術館アルフレッド・スティーグリッツ・センターキュレーター [国]米国 [生]1942年 [典]1996

ホフマン, マイケル Hoffman, Michael A. ジャーナリスト, ライター [国]米国 [典]2004／2008

ホフマン, メアリー Hoffman, Mary 作家 [国]英国 [生]1945年 [典]2008／2012

ホフマン, ヨルク 水泳選手 [国]ドイツ [典]1992

ホフマン, ロアルド Hoffmann, Roald 化学者 コーネル大学名誉教授 [専]有機化学 [国]米国 [生]1937年7月18日 [典]1992／1996／2000／2004／2008／2012

ホフライトネル, R.D. ローマクラブ会長 [国]スペイン [生]1928年 [典]2000

ポプラウスキー, ポール Poplawski, Paul 文学者 [国]英国 [典]2004／2008

ポプラシェン, ニコラ Poplasen, Nikola 政治家 セルビア人共和国大統領 [国]ボスニア・ヘルツェゴビナ [生]1952年 [典]2000／2004／2008

ホフランド, ケヴィン Hofland, Kevin サッカー選手(DF) [国]オランダ [生]1979年6月7日 [典]2004／2008

ボブリック, ベンソン Bobrick, Benson 作家 [国]米国 [生]1947年 [典]1996

ホブリット, グレゴリー Hoblit, Gregory 映画監督 [国]米国 [生]1944年11月27日 [典]2004

ポープル, ジョン・アンソニー Pople, John Anthony 化学者 元・ノース・ウェスタン大学教授 [専]量子化学 [国]英国 [生]1925年10月31日 [没]2004年3月15日 [典]2000

ポープル, ニコラス Pople, Nicolas 建築家 [国]英国 [典]2004／2008

ボブロウ, デービス・バーナード Bobrow, Davis Bernard ピッツバーグ大学国際問題大学院長 [専]国際問題 [国]米国 [生]1936年 [典]1992

ボブログ3世 Bob Log(III) ミュージシャン [国]米国 [生]1969年 [典]2004／2008／2012

ホーベ, チェンジェライ Hove, Chenjerai 作家, 詩人 [国]ジンバブエ [生]1954年 [典]1992／1996

ホベイカ, エリー Hobeika, Elie 軍人, 政治家 元・レバノン電力相 レバノンの元キリスト教右派民兵組織指導者 [国]レバノン [没]2002年1月24日 [典]1992

ホベイダ, フェレイドゥン Hoveyda, Fereydoun 外交評論家 元・国連大使 [国]米国 [生]1924年 [典]1996

ポペスク, アデラ Popescu, Adela 詩人 [国]ルーマニア [生]1936年2月7日 [典]2004／2008

ポペスク, ゲオルゲ Popescu, Gheorghe サッカー選手(DF) [国]ルーマニア [生]1967年10月9日 [典]2000／2004／2008

ポペスク, ペトゥル Popescu, Petru 作家 [国]米国 [典]2000

ボベスコ, ローラ Bobesco, Lola バイオリニスト [国]ベルギー [生]1919年8月9日 [典]1992

ボーベック, ニコル フィギュアスケート選手 [国]米国 [典]2000

ボベック, ボグスワフ Bobek, Bogusław ジャギロニアン大学准教授, 環境生態学研究所野生動物調査所長 [専]動物学, 生態学 [国]ポーランド [典]2000

ボベッティ, キース Bovetti, Keith R. 在日米国大使館商務担当公使 [国]米国 [生]1943年 [典]1992

ボベット, ダニエル Bovet, Daniel P. コンピューター科学者 ローマ大学教授 [典]2004

ポベトキン, アレクサンドル Povetkin, Alexander プロボクサー 元・WBA世界ヘビー級チャンピオン アテネ五輪ボクシングヘビー級金メダリスト [国]ロシア [生]1979年9月2日 [典]2008

ホベルト Roberto 本名=Roberto Julio de Figueiredo 元・サッカー選手 [国]ブラジル [生]1979年2月20日 [典]2008／2012

ボベルマン, ヴォルデマール Bobermann, Voldemar 画家 [国]フランス [生]1897年 [典]1996

ホーベルモー, トリグベ Haavelmo, Trygve 経済学者 元・オスロ大学経済学部教授 [専]計量経済学 [国]ノルウェー [生]1911年12月13日 [没]1999年7月31日 [典]1992

ホーベン, ジャンポール ハッセルト市事務市長 [国]ベルギー [生]1950年4月 [典]1996

ホーベン, ジョン Hoeven, John 政治家 米国上院議員(共和党) 元・ノースダコタ州知事 [国]米国 [生]1957年3月13日 [典]2004／2008／2012

ポポヴァ, タチアナ Popova, Tatiyana ジャーナリスト [国]ロシア [典]2008

ポポヴィチ, K. Popović, Koča 政治家 元・ユーゴスラビア副大統領・外相 [国]ユーゴスラビア [生]1908年3月14日 [典]1992(ポポビチ, K.)／1996(ポポビチ, K.)

ポポヴィッチ, ランコ Popovic, Ranko サッカー監督 [国]オーストリア;セルビア [生]1967年6月26日 [典]2012

ボーボキ, ルイス・ランサナ 元・ギニア元首代行 [国]ギニア [没]1984年8月21日 [典]1992

ボホナー, ソロモン Bochner, Solomon 数学者 元・プリンストン大学教授 [国]米国 [生]1899年 [没]1982年 [典]1992

ポポビッチ, トニー Popovic, Tony サッカー選手(DF) [国]オーストラリア [生]1973年7月4日 [典]2004

ポポフ, アレクサンドル Popov, Aleksandr 水泳選手(自由形) [国]ロシア [生]1971年11月16日 [典]1996／2000／2004／2008

ポポフ, ガヴリイル Popov, Gavriil K. 経済学者 モスクワ国際大学学長 元・モスクワ市長 [国]ロシア [生]1936年10月31日 [典]1992／1996／2000

ポポフ, ディミタル Popov, Dimitar I. 政治家, 元・裁判官 元・ブルガリア首相 [専]運輸関係法, 刑法 [国]ブルガリア [生]1927年6月25日 [典]1992／1996／2000

ポポフ, ニコライ Popov, Nikolai 絵本作家 [国]ロシア [生]1938年 [典]2004

ポポフ, フランク Popoff, Frank Peter 実業家 ダウ・ケミカル会長 [国]米国 [生]1935年10月27日 [典]1992／1996

ホーホフート, ロルフ Hochhuth, Rolf 劇作家 [国]スイス [生]1931年4月1日 [典]1992／2004／2008／2012

ポホヨラ, エルッキ Pohjola, Erkki 音楽教育者 世界音楽教育者会議(ISME)役員, タピオラ合唱団創設者 [国]フィンランド [生]1931年 [典]1996

ポボルスキー, カレル Poborsky, Karel サッカー選手(MF) [国]チェコ [生]1972年3月30日 [典]2000／2004／2008／2012

ポポワ, ディアナ Popova, Diana 新体操選手 [国]ブルガリア [生]1976年12月10日 [典]1996

ホーマー, アレックス Homer, Alex ソフトウェアエンジニア, テクニカルライター [典]2004

ポマシィー, テテ・ミッシェル Kpomassié, Tété Michel 著述家 [生]1941年 [典]1996

ポーマス, ジェローム Pomus, Jerome 作詞家 [国]米国 [没]1991年3月14日 [典]1992

ホーマッツ, ロバート Hormats, Robert D. 実業家 ゴールドマン・サックス・インターナショナル副会長 元・米国国務次官補 [国]米国 [典]1992／1996／2000／2004／2008／2012

ポマレ, フランソワーズ Pommaret, Francoise 民俗学者 フランス国立科学研究センター研究員 [国]フランス [典]2008

ポー・マン 僧侶 ポートム寺住職 [国]カンボジア [典]2000

ボーマン, カーリン Bowman, Karlyn アメリカン・エンタープラ

イズ研究所　国米国の選挙・公共政策　国米国　掲2000

ボーマン, キャロル　Bowman, Carol　作家, 輪廻転生研究家, セラピスト, カウンセラー　国子どもたちの前世　国米国　掲2004

ボーマン, デービッド　Bowman, David　作家　国米国　生1957年　掲2000

ホーマン, ピート　Homan, Pete　ソフトウェア・エンジニア　タンデムコンピューターズ社　国トランザクション処理　国英国　掲1992／1996

ボーマン, フランク　Borman, Frank　元・宇宙飛行士　元・テキサス航空副会長　国米国　生1928年3月14日　掲1992／1996／2000

ボーマン, ベアンテ　Bohman, Berndt　チェロ奏者, 宣教師, 写真家　元・東京交響楽団首席チェロ奏者, 元・玉川大学芸術学部非常勤講師　国オーケストラ客演首席チェロ奏者, 室内楽, ソロ活動, 音楽教育, 宣教の働き, 山岳写真　国スウェーデン　生1951年1月8日　掲2008／2012

ホーマン, マイケル　マイクロ・ソフト社長　国米国　掲1992

ボーマン, マーティン　Bowman, Martin　航空史研究家, 著述家　国英国　掲2008

ボーマン, ロブ　Bowman, Rob　映画監督　国米国　生1960年　掲2000

ホマンズ, ジョージ　Homans, George Caspar　理論社会学者　元・ハーバード大学教授　国米国　生1910年8月11日　没1989年　掲1992

ポミアン, クシシトフ　Pomian, Xrzysztof　思想史家, 歴史学者　コペルニクス大学教授, フランス国立科学研究センター（CNRS）名誉研究員　国フランス　生1934年　掲1996／2004

ボー・ミャ　Bo Mya　元・カレン民族同盟（KNU）議長　国ミャンマー　生1927年1月20日　没2006年12月24日　掲2000

ポミャノフスキ, イエジ　Pomianowski, Jerzy　外交官　ポーランド外務省開発援助局長　元・駐日ポーランド大使　国ポーランド　生1960年　掲2000／2008／2012

ホミルド　Romildo　本名＝サントス・ローザ, ホミルド　サッカー選手（DF）　国ブラジル　生1973年10月25日　掲2004

ボ・ミン・ガウン　Bo Min Gaung　政治家　元・ビルマ内相　国ミャンマー　生1920年　没1983年　掲1996

ポム　BOM　本名＝パクボム　グループ名＝2NE1　歌手　国韓国　生1984年3月24日　掲2012

ボーム, デービッド　Bohm, David Joseph　理論物理学者　元・ロンドン大学名誉教授　国英国　生1917年12月20日　没1992年　掲1996

ホーム, ロバート　Home, Robert　東ロンドン大学講師　国都市計画　国英国　生1947年　掲2004

ボーム, ロルフ　Borm, Rolf Schröder　画家, 版画家　国ドイツ　生1941年　掲1992／1996

ホームウッド, ハリー　Homewood, Harry　作家　国米国　掲1992／1996

ホームズ, A.M.　Homes, A.M.　作家　コロンビア大学　国米国　掲2000

ホームズ, P.　Holmes, Philip　プリンストン大学教授　生1945年　掲2008

ホームズ, アレン　Holmes, H.Allen　ジョージタウン大学助教授　元・米国国防次官補　国米国　掲2004

ホームズ, クリス　Holmes, Chris　ジャーナリスト, 元・水泳選手　元・ロンドン・パラリンピック統合ディレクター　国英国

ホームズ, ケイティ　Holmes, Katie　女優　国米国　生1978年12月18日　掲2008／2012

ホームズ, ケリー　Holmes, Kelly　陸上選手（中距離）　国英国　生1970年4月19日　掲2008

ホームズ, サントニオ　Holmes, Santonio　プロフットボール選手（WR）　国米国　生1984年3月3日　掲2012

ホームズ, ジェームズ　Holmes, James　システム開発コンサルタント　掲2008

ホームズ, ジョーン　ハンガー・プロジェクト会長　国米国　生1935年　掲1996

ホームズ, ジョン　Holmes, John　外交官　国連事務次長・緊急援助調整官　国英国　掲2008／2012

ホームズ, デイル　Holmes, Dale　コンピューターコンサルタント　国米国　掲2004

ホームズ, デービッド　Holmes, David　コンピューター科学者　エンタープライズ・ディストリビューティッド・システムズ・テクノロジー（DSTC Pty）コーポレーティブ・リサーチ・センター上級研究科学者　国オーストラリア　掲2004

ホームズ, ハナ　Holmes, Hannah　サイエンスライター　国米国　掲2008

ホームズ, プリースト　Holmes, Priest　元・プロフットボール選手　国米国　生1973年10月7日　掲2008（ホウムズ, プリースト）

ホームズ, マーティン　Holmes, Martin　ラリージャーナリスト, 元・ラリードライバー　国英国　掲2004

ホームズ, ラリー　Holmes, Larry　元・プロボクサー　元・WBC世界ヘビー級チャンピオン　国米国　生1949年11月3日　掲1992／1996／2000

ホームズ, レスリー　メルボルン大学教授, オーストラリア国際問題研究所評議員　国政治学　国英国　生1948年　掲1996

ポム・チャンティニー　カンボジア赤十字副総裁　国カンボジア　生1953年　掲1996

ボーム・デュシェン, モニカ　Bohm-Duchen, Monica　美術研究家, 展覧会オーガナイザー　国20世紀美術　掲2004

ポムレ, ピエール　パリ首都圏（イル・ド・フランス）議会事務総長　国都市計画　国フランス　掲2004

ホメイニ, ルホラ・ムサビ　Khomeini, Ruhollah Moussavi　政治家, 宗教指導者　元・イラン最高指導者　イラン革命の指導者　国イラン　生1900年5月17日　没1989年6月3日　掲1992

ポメランツ, シャーロット　Pomerantz, Charlotte　絵本作家　国米国　掲1992

ポモー, イワン　Pommaux, Yvan　絵本作家　国フランス　生1946年　掲2000

ホモキ, アンドレアス　Homoki, Andreas　オペラ演出家　ベルリン・コーミッシェ・オーバー総支配人・首席演出家　国ドイツ　生1960年　掲2000／2004／2008／2012

ポモドーロ, C.　Pomodoro, Carmelo　ファッションデザイナー　国米国　生1955年　掲1992

ポモドーロ, アルナルド　Pomodoro, Arnaldo　彫刻家, 舞台美術家　国イタリア　生1926年6月23日　掲1992／1996／2008／2012

ポモドーロ, ジオ　Pomodoro, Gio　彫刻家　国イタリア　生1930年　掲1992

ポモニス, アントニオス　ケンブリッジ大学研究員　国耐震工学　生1957年　掲1996

ボーモル, ウィリアム・ジャック　Baumol, William Jack　プリンストン大学教授, ニューヨーク大学教授　国経済学　国米国　生1922年　掲1992／1996

ボーモン, オリヴィエ　クラブサン（チェンバロ）奏者　国フランス　生1960年　掲1992

ボーモント, J.グレアム　Beaumont, J.Graham　レスター大学心理学部講師　国神経心理学　国英国　掲1992

ボーモント, フランク　ロイター・ジャパン社長　掲2000

ボーモント, マット　Beaumont, Matt　コピーライター, 作家　国英国　掲2004

ボーモント, ララギー　ファッションデザイナー　オースチン・リード・チーフ・デザイナー　生1956年　掲1992

ボヤースキー, アルヴィン　建築批評家　元・AAスクール学長　没1990年8月5日

ボヤツィス, リチャード　Boyatzis, Richard　ケース・ウェスタン・リザーブ大学教授　国組織行動学　国米国　掲2004

ボヤール, ガボール　Bojar, Gabor　実業家　グラフィソフト社長・CEO　国ハンガリー　掲2000

ボヤルチコフ, ニコライ　Boyarchikov, Nicolai Nikolayevich　バレエ演出家, 振付師　レニングラード国立バレエ団芸術監督　国ロシア　生1935年9月27日　掲2008／2012

ボ・ヤン・ナイン　ビルマ独立指導者　国ビルマ　没1989年1月28日　典1992

ボヤンヒシグ　詩人　国中国　典2004

ボラ, E.F.　Borra, Ermanno F.　ラバル大学教授　専天文学　国カナダ　典1996

ボーラ, H.S.　Bhola, H.S.　インディアナ大学教授　専成人教育　生1932年　典2000

ボラー, アリエル　インターネット・プロファイルズ・コーポレーション（アイプロ）創業者　国ベネズエラ　典2000

ボーラー, カール・ハインツ　Bohrer, Karl Heinz　文芸評論家, 美学思想家　「メルクール」主幹　元・ビーレフェルト大学教授　国ドイツ　生1932年9月26日　典1996／2004

ホーラー, テリー　Horler, Terry　自動車愛好家　ミジェット＆スプライト・クラブ書記長　専スポーツカー　典2004

ボラー, ポール・F.(Jr.)　テキサス・クリスチャン大学名誉教授　専米国思想史　国米国　典2012

ボーラー, レイ　Bowler, Ray　画家　国オーストラリア　生1948年　典1996

ポライ, ビクトル　革命運動家　トゥパク・アマル革命運動（MRTA）最高指導者　国ペルー　典2000

ボーライ, ベアベル　Bohley, Barbel　画家, 旧東ドイツ民主活動家　元・新フォーラム共同創設者　国ドイツ　生1945年　没2010年9月11日　典1992

ホライン, ハンス　Hollein, Hans　建築家　ウィーン工芸アカデミー建築学部教授　国オーストリア　生1934年3月30日　典1992／1996

ホラーク, ヤン　Horák, Jan　ピアニスト　元・武蔵野音楽大学教授　国チェコ　生1943年8月2日　没2009年1月18日　典2008

ポラス, ジェリー　Porras, Jerry I.　スタンフォード大学教授　専組織論　国米国　典2000

ポラス, スコット　Boras, Scott　スポーツ代理人　国米国　生1952年11月2日　典2008／2012

ポーラス, マイケル　Borrus, Michael G.　カリフォルニア大学バークレー校教授・国際経済円卓会議（BRIE）共同議長　国米国　典1992／1996

ポラス, ラウル　Borrás, Raúl　政治家　元・アルゼンチン国防相　国アルゼンチン　生1985年5月25日　典1992

ポラスキ, デボラ　Polaski, Deborah　ソプラノ歌手　国米国　生1949年　典2004／2012

ポラック, ウィリアム　Pollack, William　臨床心理士　ハーバード大学精神医学部助教授　専男性研究　国米国　典2004

ポラック, クリスチャン　Polak, Christian　経営コンサルタント, 日仏交流史研究者　セリク社長, 一橋大学客員教授　国フランス　生1950年8月6日　典1996／2000

ポラック, シドニー　Pollack, Sydney　映画監督, 俳優　国米国　生1934年7月1日　没2008年5月26日　典1992／1996／2008

ポラック, ヘンリー　Pollack, Henry N.　ミシガン大学地球物理学教授　専地球熱学　国米国　典1996

ポラック, マーティン・M.　インタナショナル・ハイドロン社長　国米国　典1992

ポラック, ロバート　Pollack, Robert　分子生物学者　コロンビア大学　専DNA, ガンウイルス　典2004

ポラッコ, パトリシア　Polacco, Patricia　絵本作家　国米国　典2000

ポラット, マーク　ゼネラル・マジック会長兼CEO　国米国　典1996

ポラット, ロス　アンコール遺跡保存地域整備機構（APSARA）理事長　国カンボジア　典2000

ホラディ, ウィルヘルミーナ・C.　ワシントン女性芸術美術館館長　国米国　典1992

ポラード, アーサー　Pollard, Arthur　元・ハル大学英文学教授　専英文学　国英国　典2000

ポラード, ウィリアム　Pollard, C.William　実業家　サービスマスター名誉会長　典2004／2008

ポラード, シドニー　Pollard, Sidney　ビーレフェルト大学名誉教授　専経済史　生1925年4月21日　典1992／1996

ポラト, ハナン　Porat, Hanan　政治家　元・イスラエル国会議員　国イスラエル　生1943年12月12日　没2011年10月4日

ポラード, マイケル　Pollard, Michael　作家　典2000

ポラト, マーク　Porat, Marc　ゼネラル・マジック社社長・CEO　典1992

ポラード, リチャード・D.　ニュージーランド政府観光局日本局長　国ニュージーランド　典1992

ポラーニ, ジョン・チャールズ　Polanyi, John Charles　化学者　トロント大学教授　国カナダ　生1929年1月23日　典1992／1996／2008／2012

ボラニョス, エンリケ　Bolaños, Enrique　本名＝ボラニョス・ゲイエル, エンリケ　政治家, 実業家　ボラニョス・サイムサ・グループ総裁　元・ニカラグア大統領　国ニカラグア　生1928年5月13日　典2004／2008／2012

ホラバード, キャサリン　Holabird, Katharine　絵本作家　国米国　生1948年　典1996

ボーラプラガーダ, バイジェイ　Bollapragada, Vijay　コンピューター技術者　デューク大学電気工学部助教授　国米国　典2004

ポラマル, トロイ　Polamalu, Troy　プロフットボール選手（SS）　国米国　生1981年4月19日

ホラーマン, レオン　Hollerman, Leon　経済学者　セント・オラーフ・カレッジ経営経済学教授　国米国　典1992

ボラム　Boram　グループ名＝T-ara　歌手　国韓国　生1986年3月22日　典2012

ホラーラン, アンドルー　Holleran, Andrew　作家　典1996

ポーラン, ギ　Paulin, Guy　ファッションデザイナー　国フランス　生1945年　没1990年6月14日　典1992

ポラン, スティーブン　Pollan, Stephen M.　ファイナンシャル・アドバイザー　国米国　典2004／2008

ホラン, ティム　Horan, Tim　ラグビー選手　国オーストラリア　生1970年5月18日　典2008

ホーラン, ナイル　Horan, Niall　グループ名＝ワン・ダイレクション　歌手　国アイルランド　生1993年9月13日

ポーラン, マイケル　Pollan, Michael　「ハーパーズ・マガジン」総編集長　国米国　典2000

ポーラン, モニカ　Pawlan, Monica　テクニカルライター　典2004

ポランコ, プラシド　Polanco, Placido　本名＝Polanco,Placido Enrique　大リーグ選手（内野手）　国ドミニカ共和国　生1975年10月10日

ボーランジェ, リシャール　Bohringer, Richard　俳優　国フランス　生1942年1月16日　典1996

ボーランジェ, ロマーヌ　Bohringer, Romane　女優　国フランス　生1973年8月14日　典1996／2000／2004／2008

ポランスキー, ロマン　Polanski, Roman　本名＝リブリング, ロマン　映画監督, 脚本家, 俳優　国フランス　生1933年8月18日　典1992／1996／2000／2004／2008／2012

ホランズワース, トッド　Hollandsworth, Todd　大リーグ選手（外野手）　国米国　生1973年4月20日　典2000／2008

ホランダー, サミュエル　Hollander, Samuel　経済学史学者　トロント大学教授　専古典派経済学　生1937年　典1996

ホランダー, ジョン　Hollander, John　詩人, 批評家, 英語学者　元・エール大学名誉教授　国米国　生1929年10月28日　没2013年8月17日

ホランダー, ドリー　Hollander, Dory　「男が女につく101の嘘」の著者　典2008

ホランダー, マーク　Hollander, Marc　ミュージシャン　国ベルギー　生1950年3月24日　典1992

ホランダー, ルネ　Holländer, Lene　看護婦　国デンマーク　典2000

ホランド, アニエスカ　Holland, Agnieszka　映画監督, 脚本家　国ポーランド　生1948年11月28日　典1992／1996／2008／2012

ホランド, イザベル　Holland, Isabelle　作家　国米国　生1920年　典1996

ホランド, ジミー　Holland, Jimmie C.　精神医学者　コーネル大学医学部教授　[国]米国　[典]2004／2008

ホランド, ジョン　Holland, John H.　ミシガン大学教授　[専]心理学, 電子工学, コンピューター科学　[国]米国　[典]1996

ボーランド, ジョン　Borland, John　ライター　[典]2008

ホーランド, セカイ　Holland, Sekai　女性クラブ協会代表　[国]ジンバブエ　[典]1996

ホランド, チャールズ　Holland, Charles Hepworth　層序学者　[典]2004

ホラント, ディートマル　Holland, Dietmar　音楽随筆・評論家　[国]ドイツ　[生]1949年　[典]1992

ホーランド, デクスター　Holland, Dexter　グループ名=オフスプリング　ミュージシャン　[国]米国　[典]2012

ホランド, デーブ　Holland, Dave　ジャズベース奏者　[国]英国　[生]1946年10月1日　[典]1996

ホランド, デボラ　Holland, Deborah J.　核管理研究所(NCI)理事　[国]米国　[生]1966年　[典]1992

ホランド, トム　Holland, Tom　ホラー作家, 脚本家　[国]英国　[典]2008

ホランド, ハリソン　Holland, Harrison M.　スタンフォード大学北東アジア・米国国際フォーラム研究員　元・サンフランシスコ州立大学日米研究所所長　[専]日本の外交・安全保障　[国]米国　[生]1921年　[典]1992

ボランド, フレデリック　元・国連総会議長　[国]アイルランド　[没]1985年12月4日　[典]1992

ポーランド, マーグリート　Poland, Marguerite　作家　[国]南アフリカ　[生]1950年　[典]2008

ホーランド, マックス　Holland, Max　作家, ジャーナリスト　[国]米国　[生]1950年　[典]1996

ホランド, ロバート　Holland, Robert H.　ホランド・システムズ社会長　[国]米国　[典]1992

ホリ, アレン　Hori, Allen　デザイナー　ハード・ベルケン・デザイン　[国]米国　[生]1960年　[典]1996

ホーリー, エリザベス　Hawley, Elizabeth　山岳ジャーナリスト　ヒマラヤ登頂記録家　[国]米国　[典]2000／2012

ポーリー, オリビア　Powrie, Olivia　ヨット選手(470級)　ロンドン五輪セーリング女子470級金メダリスト　[国]ニュージーランド　[生]1987年12月9日

ポーリー, サラ　Polley, Sarah　女優, 映画監督　[国]カナダ　[生]1979年1月8日　[典]2008／2012

ホーリー, ジャック　Hawley, Jack　企業コンサルタント　[国]米国　[生]1932年　[典]1996

ポーリー, ダニエル　Pauly, Daniel　水産資源学者　ブリティッシュ・コロンビア大学海洋資源研究所教授　[国]フランス　[生]1946年5月2日　[典]2008／2012

ホーリー, ドム　Hawley, Dom　本名=Hawley,Dominic　グループ名=DOM & NIC　CMディレクター, 映像作家　[国]英国　[典]2004／2008

ホーリー, ノア　Hawley, Noah　作家　[国]米国　[典]2004

ボリ, バジール　元・サッカー選手　[国]フランス　[生]1967年1月2日　[典]2000

ホーリー, フィリップ　米国デザイナーズコレチオーネ取締役　元・カーター・ホーリー・ヘイル(CHH)会長　[国]米国　[典]1996

ポーリー, ミハエル　Pohly, Michael　ベルリン自由大学イラン学科講師　[専]アフガン研究, オサマ・ビンラディン研究　[国]ドイツ　[生]1956年　[典]2004

ホリー, メージャー　Holley, Major　本名=Holley,Major Quincy, Jr.　ジャズベース奏者　[国]米国　[生]1924年7月10日　[没]1990年10月25日　[典]1992

ポーリー, ルイス　Pauly, Louis W.　経済学者　トロント大学政治学部準教授　[生]1952年　[典]1996

ホリー, ロバート・ウィリアム　Holley, Robert William　生化学者　元・ソーク生物学研究所所員, 元・コーネル大学教授　[国]米国　[生]1922年1月28日　[没]1993年2月11日　[典]1992／1996

ホリー, ローレン　Holly, Lauren　女優　[国]米国　[生]1964年　[典]2000／2004

ボリウ, エティエン・エミール　Baulieu, Etienne-Emile　生化学者, 産婦人科医　フランス国立衛生医学研究所(INSERM)所長　[国]フランス　[生]1926年12月12日　[典]1996／2000

ホリエ, ウイルフレッド　銀行家, 実業家　韓国第一銀行銀行長　[国]米国　[生]1946年　[典]2000／2004

ホリエ・プリヤー　堀江 プリヤー　タイ国立研究所日本語研究センター第三研究室主任研究官　[専]日本語　[国]タイ　[典]2000

ボリエス, アヒム・フォン　Borries, Achim Von　映画監督, 脚本家　[国]ドイツ　[生]1968年　[典]2008／2012

ホリオーク, キース　Holyoake, Keith Jacka　政治家　元・ニュージーランド総督・首相　[国]ニュージーランド　[生]1904年2月11日　[没]1983年12月8日　[典]1992

ボリオッティ, カルロ　スローフード研究家　スローフード協会コラボレーター　[国]イタリア　[典]2008

ホリガー, ハインツ　Holliger, Heinz　オーボエ奏者, 作曲家　フライブルク音楽大学教授　元・バーゼル交響楽団首席奏者　[国]スイス　[生]1939年5月21日　[典]1992／1996／2004／2008／2012

ボリガー, マックス　Bolliger, Max　児童文学作家, 放送作家　[国]スイス　[生]1929年　[典]2000／2004

ポリグ, ジョセフ　Polig, Josef　スキー選手(アルペン)　[国]イタリア　[典]1996

ポリシ, ジョセフ　Polisi, Joseph W.　バスーン奏者　ジュリアード音楽学校学長　[国]米国　[典]1996

ボリシャコフ, アレクセイ　Bolshakov, Aleksei A.　政治家　ロシア第1副首相　[国]ロシア　[生]1939年12月17日　[典]1996／2000

ボーリス, カレン　Bouris, Karen　作家　[国]米国　[典]2004

ホリス, ビリー　Hollis, Billy S.　コンピューター技術者, テクニカルライター　[国]米国　[典]2004

ボリセヴィチ, エドワード　Borysewicz, Edward　自転車競技コーチ　スバル・モンゴメリー監督　[国]米国　[生]1939年　[典]1996(ボリセビチ, エドワード)

ボリセンコ, ジョーン　Borysenko, Joan　細胞生物学者, サイコセラピスト, ヨーガ・インストラクター　[専]精神神経免疫学　[国]米国　[典]1992／2000

ポリゾイデス, ステファノス　Polyzoides, Stefanos　建築家　南カリフォルニア大学建築学部助教授　[生]1946年　[典]2000

ボリソフ, ボイコ　Borisov, Boyko　本名=Borisov,Boyko Metodiev　政治家　ブルガリア首相　元・ソフィア市長　[国]ブルガリア　[生]1959年6月13日　[典]2012

ボリソフ, ユーリー　Borisov, Yurii Albertovich　本名=ボリソフ, ユーリー・アリベルトヴィチ　演出家, 映画監督　[国]ロシア　[生]1956年　[典]2004／2008

ボリソワ, スチェパニーダ　女優, 歌手　[国]ロシア　[生]1950年　[典]1996

ポリツァー, デービッド　Politzer, H.David　物理学者　カリフォルニア工科大学教授　[専]素粒子　[国]米国　[生]1949年8月31日　[典]2008／2012

ボーリック, フランク　Bolick, Frank　元・プロ野球選手, 元・大リーグ選手　[国]米国　[生]1966年6月28日　[典]2000／2004

ポーリック, レイ　Paulick, Ray　競馬記者　ブラッドホース副社長・編集長　[国]米国　[典]2004

ポーリッシュ, マイケル　Polish, Michael　映画監督, 俳優　[国]米国　[生]1970年　[典]2000

ポーリッシュ, マーク　Polish, Mark　俳優, 映画監督　[国]米国　[生]1970年　[典]2000

ボリッチ, ラダ　Boric, Rada　女性戦争被害者救援センター運営者　[国]クロアチア　[典]2000

ポリット, ジョナサン　Porritt, Jonathan　環境保護運動家　元・地球の友幹事長　[国]英国　[生]1950年　[典]1992／1996

ホリデー, チャールズ　Holliday, Charles, O.Jr.　実業家　デュポン会長・CEO　元・デュポン・ジャパン会長　[国]米国　[生]1948年3月　[典]1996／2000

ホ

ホリデー, マット　Holliday, Matt　本名=Holliday,Matthew Thomas　大リーグ選手(外野手)　米国　1980年1月15日

ホリデイ, ダナ　Holliday, Dana　占星術師　米国　2004

ホリデイ, メラニー　Holliday, Melanie　ソプラノ歌手　ウィーン・フォルクス・オーバー専属歌手　米国　1951年　1996/2000/2008/2012

ポリーニ, マウリツィオ　Pollini, Maurizio　ピアニスト,指揮者　イタリア　1942年1月5日　1992/1996/2000/2004/2008/2012

ポリニャック, アラン・ド　Polignac, Alain de　シャンパン醸造家　シャンパン・ポメリー社シャンパン・マスター　フランス　1940年　2000/2004

ホリフィールド, イベンダー　Holyfield, Evander　プロボクサー　元・WBA・WBC・IBF世界ヘビー級チャンピオン,元・WBA・WBC・IBF世界クルーザー級チャンピオン　米国　1962年10月19日　1992/1996/2000/2004/2008/2012

ポリーフカ, ミロスラフ　Polívka, Miloslav　チェコ科学アカデミー・チェコ史一般史研究所所員　チェコ史　チェコスロバキア　1951年　1996

ポリマルケーゼ, エミリア　植物学者　カタニア大学教授,ヌオバ・グッソネア植物園(エトナ火山)園長　イタリア　1936年　1992

ホリマン, ジョン　ジャーナリスト　元・CNN記者　米国　1998年9月12日　1992

ポリャコフ, ユーリー　Polyakov, Yuri　作家　ロシア　2008/2012

ポリャコフ, ワレリー　Polyakov, Valery V.　宇宙飛行士　ロシア生物医学問題研究所副所長　ロシア　1942年　2000

ポリャーン, パーヴェル　Polyan, Pavel Markovich　筆名=ネルレル　地理学者,歴史家,作家　ロシア科学アカデミー地理学研究所主任研究員　ロシア　1952年　2012

ポリャンスキー, イーゴリ　Polyanskii, Igor　水泳選手　ソ連　1992

ポリャンスキー, ドミトリー　Polyanskii, Dmitrii Stepanovich　政治家　元・ソ連共産党政治局員　ソ連　1917年10月25日　1992/1996

ホーリン, ウィリー　Jorrin, Willie　プロボクサー　元・WBC世界スーパーバンタム級チャンピオン　米国　1969年11月21日　2004/2008

ホリン, エンリケ　バイオリニスト　キューバ　1987年12月12日　1992

ポーリン, ステファン　Poulin, Stephane　絵本作家　カナダ　1961年　1996

ボリン, ベルト　Bolin, Bert　気象学者　元・IPCC初代議長,元・ストックホルム大学名誉教授　スウェーデン　1925年3月15日　2007年12月30日　1992/1996/2000

ポーリン, ロバート　Pollin, Robert　経済学者　マサチューセッツ大学アマースト校経済学部教授　米国　1950年　2010

ホリンガー, デービッド　Hollinger, David A.　歴史学者　カリフォルニア大学バークレー校歴史学部教授　米国　1941年　2004

ポーリング, ハロルド・アーサー　Poling, Harold Arthur　実業家　元・フォード・モーター会長・CEO　米国　1925年10月14日　2012年5月12日　1992/1996

ポーリング, ライナス　Pauling, Linus Carl　物理化学者　元・カリフォルニア工科大学教授　米国　1901年2月28日　1994年8月19日　1992/1996

ホリングズ, アーネスト　Hollings, Ernest F.　政治家　元・米国上院議員(民主党),元・サウスカロライナ州知事　米国　1922年1月1日　1996/2000/2004/2008/2012

ホリングデール, スチュアート　Hollingdale, Stuart　数学　1910年　1996

ホリングハースト, アラン　Hollinghurst, Alan　作家,ジャーナリスト　「タイムズ」文芸附録編集次長　英国　1954年　1996

ホリンシェッド, クライブ　Hollinshead, Clive　美術鑑定士,発明家　1924年　1992

ボリンジャー, ジョン　Bollinger, John A.　投資コンサルタント　米国　2004

ボリンジャー, リー　Bollinger, Lee C.　法学者　コロンビア大学総長　米国　1946年4月30日　2008/2012

ホリンズヘッド, エーリアル　Hollinshead, Ariel C.　ジョージ・ワシントン大学医学センター血液学腫瘍学教室教授・内科学教授　血液学,腫瘍学,内科学　米国　1992

ボリンチェス, アントニ　Bolinches, Antoni　臨床心理学者,性科学者　アントニ・ボリンチェス心理学研究所代表　2008

ホリンデイル, ピーター　Hollindale, Peter　児童文学,英国演劇　英国　1936年　2004

ホール, C.マーガレット　Hall, C.Margaret　社会学者　ジョージタウン大学教授　米国　2004

ボール, D.W.　Ball, David W.　クリーヴランド州立大学教授　2008

ホール, J.ストーズ　Hall, J.Storrs　分子マニュファクチャリング研究所研究員,ナノレックス社科学顧問　2008

ホール, アダム　Hall, Adam　本名=ダドリー・スミス,トレバー　別名=トレバー,エルストン,ブラック,マンスル,バージェス,トレバー,ラトレイ,サイモン,スコット,ウォーウィック,スミス,シーザー,ノース,ハワード　作家　英国　1920年2月17日　1995年7月21日　1992/1996

ホール, アデレイド　Hall, Adelaide　ジャズ歌手　1993年11月7日　1996

ホール, アビゲイル　Hole, Abigail　編集者　英国　2008

ボール, アマンダ　英国航空日本支社空港支配人　英国　1996

ポール, アラン　Paul, Alan　グループ名=マンハッタン・トランスファー　歌手　米国　1949年11月23日　2008/2012

ホール, アル　Hall, Al　本名=Hall,Alfred Wesley　ジャズ・ベース奏者　米国　1915年3月18日　1988年1月18日　1992

ホール, アン　Hall, M.Ann　アルバータ大学名誉教授,デ・モントフォート大学客員教授　体育学　2004/2008

ボール, ウィリアム(3世)　Ball, William L.(III)　米国海軍長官　米国　1948年6月10日　1992

ホール, エドウィン　Hall, Edwin　ウェイン州立大学教授　歴史学　米国　2004

ホール, エドワード　Hall, Edward Twitchell　人類学者　元・ノースウェスタン大学教授　比較文化論,文間コミュニケーション　米国　1914年5月16日　1992/1996

ホール, エバンス　政治家　変革と民主主義国民戦線党首　元・ポルトープランス市長　ハイチ　2000

ポール, エレン　Pall, Ellen　別名=ヒル,フィオナ　作家,ジャーナリスト　米国　1952年　2008/2012

ホール, ガス　Hall, Gus　本名=ホールバーグ,アーボ・マイク　政治家　元・米国共産党書記長　米国　1910年10月8日　2000年10月13日　1992/1996

ポル, クラウディア　Poll, Claudia　水泳選手(自由形)　コスタリカ　1972年12月22日　2000/2004/2008

ポール, クリス　Paul, Chris　バスケットボール選手　北京五輪・ロンドン五輪バスケットボール男子金メダリスト　米国　1985年5月6日

ホール, クリスティ　Hall, Kristi　作家　米国　2000

ポール, グレゴリー　Paul, Gregory S.　イラストレーター,恐竜研究家　米国　2000

ホール, ケネス　Hall, Kenneth　「ぼくのアスペルガー症候群」の著者　英国　1989年8月22日　2004

ホール, ゲーリー(Jr.)　Hall, Gary(Jr.)　元・水泳選手(自由形)　シドニー五輪・アテネ五輪競泳男子50メートル自由形金メダリスト　米国　1974年9月26日　2004/2008/2012

ホル, コビー　Hol, Coby　美術教師,絵本作家　オランダ　1943年　1992

ポール, コーリー　Paul, Corey　元・プロ野球選手　米国　1969年6月21日　2004

ポール, サンドラ　Paul, Sandra　ロマンス作家　国米国　発2008

ホール, ジェームズ　Hall, James W.　作家　国米国　生1947年　発2000／2012

ホール, ジェームズ　Hall, James　美術史家　国英国　生1918年　発2008

ホール, ジム　Hall, Jim　本名=Hall, James Stanley　ジャズギタリスト　国米国　生1930年12月4日　没2013年12月10日　発2000／2012

ポール, シャーロット　Paul, Charlotte　作家　国米国　発1992

ホール, ジュディ　Hall, Judy　ヒーラー　国英国　生1943年　発2004

ホール, ジョージ　Hall, George　写真家　専航空機　発2000

ボール, ジョージ　Ball, George Wildman　国際弁護士　元・米国国務次官　国米国　生1909年12月21日　没1994年5月26日　発1992／1996

ホール, ジョン　Hall, John Whitney　歴史学者, 日本研究家　元・エール大学名誉教授　専日本史　国米国　生1916年9月23日　没1997年10月21日　発1992

ホール, ジョン　Hall, John B. (Jr.)　軍人　元・在日米軍司令官　国米国　発2000

ホール, ジョン　Hall, John L.　物理学者　米国国立標準技術研究所名誉研究員, コロラド大学講師　専レーザー光　国米国　生1934年　発2008／2012

ボール, ジョン　Ball, John　本名=Ball, John Dudley, Jr.　ミステリー作家　国米国　生1911年7月8日　没1988年10月15日　発1992

ポール, スーザン・スペンサー　Paul, Susan Spencer　別筆名=スペンサー, メアリー　ロマンス作家　国米国　発2004

ホール, スチュアート　Hall, Stuart　社会学者, 著述家　元・オープン・ユニバーシティ教授　発2004

ホール, スティーブン　Holl, Steven　建築家　コロンビア大学建築科教授　国米国　生1947年　発1992／1996

ホール, スティーブン　Hall, Stephen S.　科学ジャーナリスト　国米国　発2008

ボール, ステファン　Ball, Stefan　バッチセンター・コンサルタント　発2004

ポール, ダイアン　Paul, Diane B.　マサチューセッツ大学教授, ハーバード大学比較動物学博物館研究員　専政治学, 遺伝学史　発1996

ホール, ダリル　Hall, Daryl　グループ名=ホール＆オーツ　ミュージシャン　国米国　生1948年10月11日　発1992／1996／2000／2004／2008／2012

ボール, ダンカン　Ball, Duncan　児童文学作家　生1941年　発1996／2000

ボル, ティモ　Boll, Timo　卓球選手　北京五輪卓球男子団体銀メダリスト　国ドイツ　生1981年3月8日

ボール, デービッド　Ball, David　劇作家, 演出家　デューク大学演劇学科長　国米国　発2004／2008

ホール, テリー　旧グループ名=スペシャルズ　ロック歌手　国英国　発2000

ホール, ニコラ　Hall, Nicola　ギタリスト　国英国　発1996

ホール, ネッド・バークリー　元・メリル・リンチ社長　国米国　没1990年7月7日　発1992

ホル, ノルベルト　国連事務総長特使　発2000

ホール, バド　Hall, Budd Lionel　国際成人教育協議会 (ICAE) 事務局長, 国際識字運動協議会連絡調整事務所 (ITFL) 総主幹　国カナダ　生1943年　発1992

ポール, バーバラ　Paul, Barbara　作家　国米国　発1996

ボール, パメラ　Ball, Pamela　カウンセラー　専夢解釈　発2004／2008

ポール, パメラ　Paul, Pamela　編集者, ジャーナリスト　「アメリカン・デモグラフィクス」記者・編集者　国米国　発2004

ポール, ハリー　Paul, Harry　講演家　国米国　発2004

ホール, ピーター　Hall, Peter　本名=Hall, Peter Reginald Frederick　演出家, 映画監督　元・ナショナルシアター総監督　国英国　生1930年11月22日　発1992

ボール, ビル　Ball, Bill　テクニカルライター, 編集者, 雑誌記者　国米国　発2004

ボール, フィリップ　Ball, Philip　サイエンスライター　「ネイチャー」編集顧問　国英国　発2004

ボール, フィル　Ball, Phil　サッカー・ライター　国英国　生1957年　発2004

ホール, ブライアン　Hall, Brian　作家　国米国　生1959年　発2000

ホール, ブライアン　Hall, Brian K.　生物学者　ダルハウジー大学教授　専発生学　発2004

ポール, フレデリック　Pohl, Frederik　SF作家, 雑誌編集者　元・アメリカSF作家協会会長　国米国　生1919年　没2013年9月2日　発1992／1996

ホール, フロイド　実業家　元・KマートCEO・会長　国米国　発1996／2004

ポール, ペーテル　Pohl, Peter　作家　国スウェーデン　生1940年　発2000

ホール, ボンディ・カーティス　Hall, Vondie Curtis　俳優, 映画監督　国米国　発2000／2004

ホール, マイケル　Hall, Michael W.　元・日本コカ・コーラ社長　国オーストラリア　生1942年8月　発1996／2000／2004

ボール, マクマホン　Ball, MacMahon　本名=Ball, William MacMahon　政治学者, 経済学者, 国際政治評論家　元・メルボルン大学教授, 元・連合国対日理事会イギリス連邦代表　国オーストラリア　生1901年8月29日　没1986年12月26日　発1992

ボル, マヌート　Bol, Manute　バスケットボール選手　国米国　生1962年10月16日　没2010年6月19日　発1996

ポール, マリリン　Paul, Marilyn　コンサルタント　ブリッジウェイ・パートナーズ社長　国米国　発2008

ポール, リチャード　Paul, Richard H.　南カリフォルニア大学医学部教授　専産婦人科学　国米国　発2000

ポール, リチャード　Paul, Richard　教育コンサルタント　国米国　発2004／2008

ホール, リン　Hall, Lynn　作家　国米国　生1937年　発1992

ホール, リンゼー　Hall, Lindsey　「自分が好きになる20の方法」の共著者　国米国　発2004

ボール, ルシール　Ball, Lucill　喜劇女優　国米国　生1911年8月6日　没1989年4月26日　発1992

ポール, レス　Paul, Les　本名=Polfus, Lester　ギタリスト　国米国　生1915年6月9日　没2009年8月13日　発1996

ボール, ロイ　Ball, Lloy　本名=Ball, Lloy James　バレーボール選手　北京五輪バレーボール男子金メダリスト　国米国　生1972年2月17日

ホール, ロバート　Hall, Robert King　言語学者　元・GHQ民間情報教育局 (CIE) 言語課長　国米国　生1912年3月13日　発1996

ポール, ロン　Poole, Lon　テクニカルライター　「Macworld」ライター・編集者　国米国　発2000

ポール, ロン　Paul, Ron　本名=Paul, Ronald Ernest　政治家　米国下院議員（共和党）　国米国　発2012

ホルヴァート, ミヒャエル　Horvath, Michael　作家, シナリオライター　国オーストリア　生1963年　発2004

ボールウェル, ローレンス・ヘンリー　Bolwell, Laurence Henry　地理学者　国英国　発2004／2008

ポールヴォールド, ブノワ　Poelvoorde, Benoît　俳優　国ベルギー　生1964年9月22日　発1996 (ポールブールド, ブノワ)

ボルガ, ファン　Volga, Fun　エッセイスト　国アルゼンチン　生1959年　発2004／2008／2012

ボルカー, ポール　Volcker, Paul Adolph　銀行家, エコノミスト　元・米国経済回復顧問委員会議長, 元・米国連邦準備制度理事会 (FRB) 議長　国米国　生1927年9月5日　発1992／1996／2000／2004／2008／2012

ボルカイ, ジョルト　Borkai, Z.　体操選手　国ハンガリー　発1992

ボルガス, ペーター　Borgas, Peter　実業家　元・日本ベーリンガーインゲルハイム会長　国ドイツ　来2000/2004

ボルキア, ハサナル　Bolkiah, Hassanal　本名=Bolkiah Mu'izuddin Waddaulah,Haji Hassanal　ブルネイ国王（第29代スルタン）, ブルネイ首相・国防相・財務相　国ブルネイ　生1946年7月15日　来1992/1996/2000/2004/2008/2012

ボルキア, モハメッド　Bolkiah, Muda Mohammed　政治家　ブルネイ外相　国ブルネイ　生1947年8月27日　来2012

ホルキナ, スベトラーナ　Chorkina, Svetlana　体操選手　国ロシア　生1979年1月19日　来2000/2004/2008

ボルギーン, ヘルベルト　元・テイサン会長　国ドイツ　生1934年9月2日　来1996

ポルキングホーン, ジョン　Polkinghorne, John Charlton　理論物理学者, 牧師　元・ケンブリッジ大学クィーンズ・カレッジ学長　国英国　生1930年10月16日　来1996/2004/2008

ボルグ, アニータ　女性とテクノロジー研究所（IWT）創設者　専コンピュータ工学　国米国　来2000

ボルグ, ビョルン　Borg, Bjorn Rune　元・テニス選手　国スウェーデン　生1956年6月6日　来1992/1996/2000/2004/2012

ホルクウィスト, マイケル　Holquist, Michael　エール大学比較文学・スラブ語文学教授　専ロシア文学　生1935年　来1996

ボルクマン, アーネスト　Volkman, Ernest　ジャーナリスト　来2004

ボルクマン, ピーター　Borgman, Peter　ジャーナリスト　生1954年　来2004

ボルク・ヤコブセン, ミケル　Borch-Jacobsen, Mikkel　ワシントン大学ロマンス語文学科教授　専精神分析, 哲学　国フランス　生1951年　来2000

ボルグラーヴ, イザベル・ドゥ　Borchgrave, Isabelle de　画家, デザイナー　国ベルギー　来2004/2008

ポルケ, ジグマー　Polke, Sigmar　画家, インスタレーション・アーティスト　国ドイツ　生1941年2月13日　没2010年6月11日　来1992/1996/2000/2004/2008

ホルゲイト, アラン　Holgate, Alan　土木工学者　来2004

ボルゲス, アントニオ　Borges, Antonio　元・国際通貨基金（IMF）欧州局長, 元・欧州経営大学院（INSEAD）学長　専経営学　国ポルトガル　来2000/2012

ボルケス, クラウディオ　チェロ奏者　国ドイツ　生1976年　来2000

ボルゲーゼ, エリザベス・マン　Borgese, Elisabeth Mann　海洋学者, 国際法学者　元・国際海洋研究所（IOI）名誉会長　専国際政治学　国カナダ　生1918年　没2002年2月8日　来1996/2000

ホルケリ, ハリ　Holkeri, Harri Hermanni　政治家　元・フィンランド首相　国フィンランド　生1937年1月6日　没2011年8月7日　来1992/1996

ボルゲルト, ハンス　Borgelt, Hans　劇作家, 脚本家　生1914年　来1996

ボルコフ, ソロモン　Volkov, Solomon　音楽学者, ジャーナリスト　国米国　生1944年　来1996

ホルコム, スティーブン　Holcomb, Steven　ボブスレー選手　バンクーバー五輪ボブスレー男子4人乗り金メダリスト　国米国　生1980年4月14日　来2012

ホルザー, マーガレット　Hoelzer, Margaret　本名=Hoelzer, Josephine Margaret　水泳選手（背泳ぎ）　北京五輪競泳女子200メートル背泳ぎ銀メダリスト　国米国　生1983年3月30日　来2012

ボルザガ, カルロ　Borzaga, Carlo　トレント大学経済学部教授・ISSAN研究所所長　来2008

ボルザコフスキー, ユーリー　Borzakovskii, Yurii　陸上選手（中距離）　アテネ五輪陸上男子800メートル金メダリスト　国ロシア　生1981年4月12日　来2008/2012

ホルサム, ジェラルド　Holtham, Gerald　エコノミスト　Institute for Public Policy Research（IPPR）ディレクター　来2004

ポルザンパルク, クリスチャン・ド　Portzamparc, Christian de　建築家　国フランス　生1944年5月9日　来1992/1996/2000

ポルジ, クリストファー　Polge, Christopher　本名=Polge,Ernest John Christopher　畜産学者　アニマル・バイオテクノロジー・ケンブリッジ社取締役　専低温生物学, 精子保存法　国英国　生1926年8月16日　来1996

ボルジェス　Borges　本名=ボルジェス, テイシェイラ・ウンベリート　サッカー選手（FW）　国ブラジル　生1980年10月5日　来2008

ボルジャー, ジェームズ　Bolger, James Brendan　通称=ボルジャー, ジム　政治家, 外交官　キウィー銀行会長　元・駐米ニュージーランド大使, 元・ニュージーランド首相, 元・ニュージーランド国民党（NP）党首　国ニュージーランド　生1935年5月31日　来1992/1996/2000/2004/2008/2012

ボルジャー, ダーモット　Bolger, Dermot　作家, 劇作家, 詩人, 出版人　国アイルランド　生1959年　来2004

ボルジャー, レイ　俳優　国米国　生1987年1月15日　来1992

ポルジュ, ジャック　調香師　シャネル社調香部　国フランス　来1992

ボルシュグラーブ, アルノー・ド　Borchgrave, Arnaud de　作家　「ニューズウィーク」首席海外特派員　国米国　来1992

ボルジュジャ, ニコライ　Bordyuzha, Nikolai　ロシア大統領府長官・安全保障会議書記　国ロシア　生1949年10月20日　来2000

ホルシュタイン, ヴァルター　Hollstein, Walter　ジャーナリスト　専政治社会学　来2000

ホルシュタイン, マルティン　Hollstein, Martin　カヌー選手（カヤック）　北京五輪カヌー男子カヤックペア1000メートル金メダリスト　国ドイツ　生1987年4月2日　来2012

ホールシュナイダー, アンドレアス　Holschneider, Andreas　ハンブルク大学教授, ドイツ・グラモフォン社アルヒーフ・レーベル担当部長　元・ドイツ・グラモフォン社社長　国ドイツ　生1931年　来2000

ホルショフスキー, ミエチスラフ　Horszowski, Mieczyslaw　ピアニスト　国米国　生1892年6月23日　没1993年5月22日　来1992/1996

ホルシンガー, エリック　Holsinger, Erik　マルチメディア研究家　ミュージカル・イメージリー社オーナー・経営者　国米国　来2000

ボールズ, エド　Balls, Ed　政治家　英国児童・学校・家庭相　国英国　生1967年　来2008/2012

ボールズ, ゴードン・T.　教育者, 文化人類学者　元・国際文化会館創設者, 元・シラキュース大学教授　国米国　生1904年　没1991年11月10日　来1992

ボールズ, ダレル　Boles, Darrel R.　建築家　DBAI建築設計事務所社長　国カナダ

ボルスキー, ポーラ　Volsky, Paula　作家　国米国　来1996

ボルスタッド, リチャード　Bolstad, Richard　心理療法士　来2008

ホルスティン, ウィリアム　Holstein, William J.　ジャーナリスト　「ビジネス・ウィーク」誌記者　専日米関係　来1992

ホルステッド, L.B.　Halstead, L.B.　レディング大学講師, ロンドン王立歯科病院特別研究員　専地質学, 動物学　国英国　来1992/1996

ホルステッド, リンゼイ　Halstead, Lindsey　フォード副社長・南米・アジア太平洋地区貿易担当　国米国　来1992

ホルスト, ハンネ・ビベーケ　Holst, Hanne Vibeke　児童文学作家　国デンマーク　生1959年　来1996

ホルスト, ホルスト・ポール　Horst, H.P.　写真家　国米国　生1906年　来1996

ホルスト, ヨハン・ヨルゲン　Holst, Johan Jorgen　政治家　元・ノルウェー外相　国ノルウェー　生1937年11月29日　没1994年1月13日　来1996

ホルストン　Halston　本名=ホルストン・フローウィック, ロイ　ファッションデザイナー　国米国　生1932年　没1990年3月26日　来1992

ポールセン, ゲーリー　Paulsen, Gary　児童文学作家　国米国　生1939年　来1996

ポールソン, バールフリード　Paulsson, Valfrid　スウェーデン環境保護庁長官　専環境問題　国スウェーデン　来1992

ポールソン, ピーター　Paulson, Pieter　ネットワークエンジニア,

システムコンサルタント Ⓜ2004

ポールソン, ヘンリー（Jr.） Paulson, Henry Merritt (Jr.) 別称=ポールソン, ハンク 金融家 ジョンズ・ホプキンズ大学名誉会員 学者 元・米国財務長官, 元・ゴールドマン・サックス会長・CEO Ⓝ米国 Ⓑ1946年3月28日 Ⓜ2004／2008／2012

ホルダー, エリック Holder, Eric H.(Jr.) 法律家 米国司法長官 Ⓝ米国 Ⓑ1951年1月21日 Ⓜ2012

ホルター, ジェフリー Halter, Jeffrey B. ミシガン大学内科教授 Ⓢ老年学, 老人医療 Ⓝ米国 Ⓜ1996

ボルター, デービッド Bolter, David Jay ジョージア工科大学教授, エール大学コンピュータ科学科客員教授 Ⓢ西洋古典学, コンピュータ・サイエンス Ⓝ米国 Ⓜ1996

ポルタ, パトリツィア・ラ Porta, Patrizia La イラストレーター Ⓝイタリア Ⓑ1964年 Ⓜ2004

ポルタベッラ, ペレ Portabella, Pere 映画監督 Ⓝスペイン Ⓜ1992

ボルダベリ, フアン Bordaberry, Juan María 本名=Bordaberry Arocena,Juan María 政治家 元・ウルグアイ大統領 Ⓝウルグアイ Ⓑ1928年6月17日 Ⓓ2011年7月17日 Ⓜ1992／1996／2004／2008

ホルダーマン, ジェームズ Holderman, James B. サウスカロライナ州立大学学長, ユネスコ・アメリカ国内委員会会長, 国際教育諮問委員会（米国）委員長 Ⓜ1992

ポルタル, ミシェル Portal, Michel 作曲家, クラリネット奏者 Ⓢ映画音楽 Ⓝフランス Ⓑ1935年 Ⓜ1992

ボルタンスキー, クリスチャン Boltanski, Christian 現代美術家, 彫刻家 Ⓝフランス Ⓑ1944年9月6日 Ⓜ1992／1996／2008／2012

ポルチュ, ジャック・ド Portu, Jacques P.de 国際コンサルタント, 元・実業家 三菱総合研究所顧問 元・サンラク・レミー社長 Ⓝフランス Ⓑ1929年 Ⓜ2000

ボルチン, ワレリー Borchin, Valeriy 競歩選手 北京五輪陸上男子20キロ競歩金メダリスト Ⓝロシア Ⓑ1986年9月11日 Ⓜ2012

ボルツ, アルトゥル Boruc, Artur サッカー選手（GK） Ⓝポーランド Ⓑ1980年2月20日 Ⓜ2012

ボルツ, ウォルター Bortz, Walter M. 医師 スタンフォード大学医学部準教授 Ⓢ老年医学 Ⓝ米国 Ⓜ1996／2000

ボルツ, ノルベルト Bolz, Norbert 哲学者 ベルリン工科大学教授 Ⓢコミュニケーション理論 Ⓝドイツ Ⓑ1953年 Ⓜ1996／2000／2004／2012

ボルツ, ルイス 写真家 Ⓝ米国 Ⓑ1945年 Ⓜ1992

ホルツァー, エリカ Holzer, Erika 作家 Ⓝ米国 Ⓜ1996

ホルツァー, ジェニー Holzer, Jenny 造形作家, コンセプチュアル・アーティスト Ⓢ空間造形 Ⓝ米国 Ⓑ1950年7月29日 Ⓜ1992／1996

ボルツィロ, キャリー Borzillo, Carry 音楽ジャーナリスト Ⓝ米国 Ⓜ2004／2008

ホルツヴァルト, ヴェルナー Holzwarth, Werner コピーライター Ⓝドイツ Ⓑ1947年 Ⓜ1996（ホルツバルト, ベルナー）

ホルツデッペ, ラファエル Holzdeppe, Raphael 棒高跳び選手 ロンドン五輪陸上男子棒高跳び銅メダリスト Ⓝドイツ Ⓑ1989年9月28日

ホルツナ, スティーブン Holzner, Steven プログラマー, テクニカルライター ⒮Java Ⓜ2004

ホルツ・バウマート, ゲルハルト Holtz Baumert, Gerhard 作家, 翻訳家, 児童文学者 Ⓝドイツ Ⓑ1927年 Ⓜ1996

ポルテ, ティエリー Porte, Thierry 金融家 新生銀行社長 元・モルガン・スタンレー東京支店長 Ⓝ米国 Ⓑ1957年6月28日 Ⓜ2000／2008／2012

ボルティエ, ピエール Vaultier, Pierre スノーボード選手 Ⓝフランス Ⓑ1987年6月24日

ボルディジャール, イワン 元・国際ペンクラブ副会長, 元・ハンガリーペンクラブ会長 Ⓝハンガリー Ⓓ1988年12月22日 Ⓜ1992

ポルティジョ, アルフォンソ Portillo, Alfonso Antonio 本名=Portillo Cabrera,Alfonso Antonio 政治家 元・グアテマラ大統領 Ⓝグアテマラ Ⓑ1951年9月25日 Ⓜ2000／2004／2008

ボルディック, クリス Baldick, Chris 英文学者 ロンドン大学ゴールドスミス・カレッジ教授 Ⓢ英文学, 比較文化学 Ⓝ英国 Ⓑ1954年 Ⓜ1996

ボールティモア, デービッド Baltimore, David ウイルス学者, 生化学者 カリフォルニア工科大学学長 Ⓝ米国 Ⓑ1938年3月7日 Ⓜ1992／1996／2000

ボルディン, ジェリンド Bordin, Gelindo マラソン選手 Ⓝイタリア Ⓑ1959年4月2日 Ⓜ1992

ボルディン, ワレリー Boldin, Valerii I. 政治家 元・ソ連大統領府長官, 元・ソ連共産党中央委員会総務部長 Ⓝソ連 Ⓑ1935年7月9日 Ⓜ1992

ボールディング, エリーズ Boulding, Elise 社会学者 Ⓝ米国 Ⓑ1920年 Ⓜ1992

ボールディング, ケネス Boulding, Kenneth Ewart 経済学者 元・コロラド大学名誉教授 Ⓝ米国 Ⓑ1910年1月18日 Ⓓ1993年3月18日 Ⓜ1992／1996

ボールティング, ジョン Boulting, John 映画監督・プロデューサー Ⓝ英国 Ⓓ1985年6月19日 Ⓜ1992

ポルテル, ヤドランカ Porter, Jadranka ジャーナリスト Ⓝユーゴスラビア Ⓑ1950年 Ⓜ1996

ホールデン, J.R. Holden, J.R. 本名=ホールデン, ジョン・ロバート バスケットボール選手 Ⓝロシア Ⓑ1976年8月10日 Ⓜ2012

ホールデン, アンソニー Holden, Anthony Ivan 作家, ジャーナリスト Ⓝ英国 Ⓑ1947年5月22日 Ⓜ2000

ホールデン, ウィリアム Holden, William 本名=ビードル, ウィリアム・フランクリン,Jr. 俳優 Ⓝ米国 Ⓑ1918年4月17日 Ⓓ1981年11月16日 Ⓜ1992

ホールデン, ウェンディ Holden, Wendy 作家 Ⓝ英国 Ⓜ2004

ホールデン, クレイグ Holden, Craig 作家 Ⓜ2004

ボルテン, ジョシュア Bolten, Joshua B. 別称=Bolten,Josh 法律家 元・米国大統領首席補佐官 Ⓝ米国 Ⓑ1954年8月16日 Ⓜ2008／2012

ホールデン, ボブ Holden, Bob 政治家 元・ミズーリ州知事 Ⓝ米国 Ⓑ1949年8月24日 Ⓜ2004／2008

ホールデン, ポール Holden, Paul 「苦情という名の贈り物 イラスト版—不満の声から宝物を見つける方法」の著者 Ⓜ2008

ホルト, アンネ Holt, Anne 作家 元・ノルウェー法相 Ⓝノルウェー Ⓑ1958年 Ⓜ2000

ボルト, ウサイン Bolt, Usain 陸上選手（短距離） 北京五輪・ロンドン五輪金メダリスト, 陸上男子100メートル・200メートル世界記録保持者 Ⓝジャマイカ Ⓑ1986年8月21日 Ⓜ2012

ホルト, キンバリー・ウィリス Holt, Kimberly Willis 作家 Ⓝ米国 Ⓜ2008

ホルト, クリス Holt, Chris 本名=Holt,Christopher Michael 元・大リーグ選手, 元・プロ野球選手 Ⓝ米国 Ⓑ1971年9月18日 Ⓜ2004／2008

ホルト, ジェームズ Holt, James Clarke 歴史学者 元・ケンブリッジ大学教授 Ⓢ中世史 Ⓝ英国 Ⓑ1922年4月26日 Ⓜ1996／2004／2012

ホルト, セルマ Holt, Thelma 演劇プロデューサー Ⓝ英国 Ⓜ2008

ホルト, ダグラス・B. Holt, Douglas B. オックスフォード大学教授（マーケティング学） Ⓜ2008

ボルド, トブシンバト バレエダンサー Ⓝモンゴル Ⓜ1996

ホルト, トム Holt, Tom 本名=ホルト, トマス・チャールズ・ルイス 作家 Ⓝ英国 Ⓑ1961年9月13日 Ⓜ2000

ホルト, ニコラス Hoult, Nicholas 俳優 Ⓝ英国 Ⓑ1989年12月7日 Ⓜ2004／2012

ホルト, バーバラ Hohlt, Barbara 銃器規制運動家 ニューヨーカーのためのハンドガン規制代表, ニューヨーク市住宅局 Ⓝ米国 Ⓑ1943年 Ⓜ1996

ホルト, バーバラ Hort, Barbara E. 心理学者, セラピスト Ⓜ2004

ポルト, ピエール　Porte, Pierre　作曲家, ピアニスト, 指揮者　ムーラン・ムージュ音楽監督　国フランス　®1992

ボールト, ブライアン　Bolt, A.Brian　元・エクセター大学教育学部主任　数学教育　国英国　⊕1934年　®1996

ボールド, マーガレット　Bald, Margaret　ジャーナリスト, 評論家　国米国　®2008

ホルトー, ロッド　Holt, Rod　画家, イラストレーター　国英国　⊕1960年　®1996

ボルト, ロバート　Bolt, Robert Oxton　劇作家, 脚本家　国英国　⊕1924年8月15日　⊗1995年2月20日　®1992/1996

ボールドウィン, J.D.　Baldwin, John D.　行動分析学者　カリフォルニア大学サンタバーバラ校社会学部教授　国米国　®2004/2008

ボールドウィン, J.L.　Baldwin, Janice L.　行動分析学者　カリフォルニア大学サンタバーバラ校社会学部教授　国米国　®2004/2008

ボールドウィン, アレック　Baldwin, Alec　本名=Baldwin, Alexander Rae,III　俳優　国米国　⊕1958年4月3日　®1996/2004/2008/2012

ボールドウィン, ウィリアム　Baldwin, William　俳優　国米国　⊕1963年2月21日　®1992/1996

ボールドウィン, カーリス　Baldwin, Carliss Y.　経済学者　ハーバード・ビジネス・スクール教授　国米国　®2008

ボールドウィン, クリスティーナ　Baldwin, Christina　PeerSpirit代表　国米国　®2008

ボールドウィン, ジェイ　Baldwin, Jay　技術者, ライター　国米国　⊕1933年　®2004

ボールドウィン, ジェームズ　Baldwin, James Arthur　作家, 公民権運動家　国米国　⊕1924年8月2日　⊗1987年11月30日　®1992

ボールドウィン, ジョン　ジャーディン・フレミング証券東京支店調査部次長　国米国　⊕1949年　®1996

ボルドウィン, ジョン　Baldwin, John　元・フィギュアスケート選手　国米国　⊕1973年10月18日　®2012

ボールドウィン, スティーブン　Baldwin, Stephen　俳優　国米国　⊕1966年　®2000

ボールドウィン, ダグラス　Baldwin, Douglas　アカディア大学準教授　専カナダ史　国カナダ　⊕1944年　®1996

ボールドウィン, ニール　Baldwin, Neil　作家　国米国　®2000

ボールドウィン, ハンソン　Baldwin, Hanson Weightman　軍事評論家, ジャーナリスト　元・「ニューヨーク・タイムズ」軍事担当部長　国米国　⊕1903年3月22日　®1992/1996

ボールドウィン, ラヒマ　Baldwin, Rahima　教育者, 幼稚園教師　インフォームド・ホームバース創設者　⑨シュタイナー教育　®2004

ポルトゥオンド, オマーラ　Portuondo, Omara　歌手　国キューバ　®2004/2008/2012

ホルトゥーゼン, ハンス・エーゴン　Holthusen, Hans Egon　詩人, 批評家　元・ノースウェスタン大学独文学教授　国ドイツ　⊕1913年4月15日　⊗1997年　®1992

ホールドストック, ロバート　Holdstock, Robert　別筆名=フォールコン, ロバート　作家　国英国　⊕1948年8月2日　®1992/1996

ポルトナール, ヴィクトル　Portenart, Victor　美容研究家　国ベルギー　⊕1944年　®2004

ホルトバック, R.　Holtback, Roger　実業家　ボルボ社長　国スウェーデン　⊕1945年　®1992/1996

ポルトマン, アドルフ　Portmann, Adolf　動物学者, 生物思想家　元・バーゼル大学教授・学長　⑨動物比較形態学　国スイス　⊕1897年5月27日　⊗1982年6月28日　®1992

ホールドマン, ジョー　Haldeman, Joe　本名=ホールドマン, ジョー・ウィリアム　筆名=グレアム, ロバート　SF作家　国米国　⊕1943年6月9日　®1992/1996/2008/2012

ポルトラーニン, ミハイル　Poltoranin, Mikhail Nikiforovich　政治家　ロシア連邦情報センター所長　元・ロシア副首相・新聞情報相　国ロシア　⊕1939年11月22日　®1996/2000

ボールドリー, トニー　Baldry, Tony Brian　政治家　英国下院議員（保守党）　国英国　⊕1950年7月10日　®1996

ボルドリッジ, マルコム　Baldridge, Malcolm　元・米国商務長官　国米国　⊕1922年10月4日　⊗1987年7月25日　®1992

ボルドリッジ, レティシア　Baldrige, Letitia　文筆家, 講演家　ホワイトハウス・アドバイザー　国米国　®1992

ボルドリーニ, ステファノ　Boldrini, Stefano　サッカージャーナリスト　国イタリア　⊕1959年　®2004

ホールトン, D.J.　Houlton, D.J.　本名=ホールトン, デニス・シーン　プロ野球選手（投手）, 元・大リーグ選手　国米国　⊕1979年8月12日　®2012

ボルトン, アイボー　Bolton, Ivor　指揮者　ザルツブルク・モーツァルテウム管弦楽団首席指揮者　国英国　⊕1958年　®2012

ボルドン, アト　Boldon, Ato　陸上選手（短距離）　国トリニダードトバゴ　⊕1973年12月30日　®2000/2004/2008

ボルトン, クリス　興銀インベストメント専務　国英国　®2000

ボルトン, ジョン　Bolton, John Robert　政治家, 法律家　アメリカン・エンタープライズ研究所（AEI）上級研究員　元・米国国務次官, 元・国連大使　国米国　⊕1948年11月20日　®2000/2004/2008/2012

ボルトン, マイケル　Bolton, Michael　ロック歌手　国米国　⊕1953年2月26日　®1992/1996/2000/2008/2012

ボルトン, リチャード　Boulton, Richard E.S.　経営コンサルタント　アーサーアンダーセン・ビジネスコンサルティング統括パートナー　®2004

ホルナゲル, エリック　Hollnagel, Erik　OECD Haldenプロジェクト主席顧問, 欧州認知人間工学会会長　⑨認知人間工学　国デンマーク　⊕1941年　®2000

ポルナレフ, ミシェル　Polnareff, Michel　歌手　国フランス　⊕1944年7月3日　®1992/2004/2008/2012

ボルニ, クシシトフ　Boruń, Krzysztof　SF作家, 新聞記者　国ポーランド　⊕1923年　®1992

ボルニ, リシャルト　Wolny, Ryszard　レスリング選手（グレコローマン）　国ポーランド　⊕1969年3月24日　®2000/2008

ボルニッシュ, ロジェ　Borniche, Roger　探偵作家　国フランス　⊕1919年　®1992

ボルヌ, アラン　Borne, Alain　詩人　国フランス　⊕1915年　®1992

ホルヌング, ヘルムート　Hornung, Helmut　ジャーナリスト　「南ドイツ新聞」科学記者　国ドイツ　⊕1959年　®2000

ボルノー, オットー・フリードリッヒ　Bollnow, Otto Friedrich　哲学者, 教育学者　元・テュービンゲン大学名誉教授, 元・玉川大学名誉教授　国ドイツ　⊕1903年3月14日　⊗1991年2月7日　®1992

ボルハ, ロドリゴ　Borja Cevallos, Rodrigo　政治家, 政治学者　元・エクアドル大統領　国エクアドル　⊕1935年6月19日　®1992/1996

ホールバイン, ヴォルフガンク　Hohlbein, Wolfgang　作家　国ドイツ　⊕1953年　®2008

ホールバーグ, デービッド　Hallberg, David　バレエダンサー　ボリショイ・バレエ団プリンシパル, アメリカン・バレエ・シアター（ABT）プリンシパル　国米国　®2012

ホルバッハ, ミハエル　作家　⊗1986年10月31日　®1992

ホルバート, アンドリュー　Horvat, Andrew　ジャーナリスト　元・アジア財団駐日代表　国カナダ　⊕1946年　®1996/2000/2004/2008/2012

ボルハルト, K・ペーター　Vollhardt, K.Peter C.　化学者　カリフォルニア大学バークレー校　⑨有機化学　®2008/2012

ボルピ, アルフレド　画家　国ブラジル　⊕1896年　⊗1988年5月28日　®1992

ボルピー, ジョセフ　Volpe, Josef　メトロポリタン歌劇場総支配人　国米国　⊕1940年7月2日　®1996/2004/2008（ヴォルピー, ジョセフ／ボルピー, ジョセフ）

ボルピ, マイク　Volpi, Mike　実業家　インデックス・ベンチャーズ・パートナー　元・シスコシステムズ上級副社長　®2004/2012

ホルビッツ, ロバート　Horvitz, H.Robert　分子生物学者　マサチューセッツ工科大学教授　国米国　⊕1947年5月8日　®2004/

2008／2012

ホルブ, アレン　Holub, Allen　著述家　[専]コンピュータ　[国]米国　[典]1992

ホルフィリャ, ネストル　Horfilla, Nestor　演出家　劇団カリワット・ディレクター　[国]フィリピン　[典]1996

ホルフェルト, ホラント・H.　音楽映像制作者　ユニテル社総合プロデューサー　[国]ドイツ　[生]1938年　[典]2000

ホルブルック, テリ　Holbrook, Teri　作家　[国]米国　[典]2004／2008

ホルブルック, ハル　Holbrook, Hal　本名=Holbrook,Harold Rowe,Jr.　俳優　[国]米国　[生]1925年2月17日　[典]2012

ホルブルック, リチャード　Holbrooke, Richard Charles　外交官, 実業家　元・米国アフガニスタン・パキスタン担当特別代表, 元・国連大使, 元・米国国務次官補　[国]米国　[生]1941年4月24日　[没]2010年12月13日　[典]1992／1996／2000／2004／2008

ボルヘ, トマス　Borge, Tomás　本名=Borge Martínez,Tomás　政治家, 革命指導者　元・ニカラグア内相　[国]ニカラグア　[生]1930年8月13日　[没]2012年4月30日　[典]1992／2004／2008

ボルヘス, ホルヘ・ルイス　Borges, Jorge Luis　作家, 詩人, 批評家　[国]アルゼンチン　[生]1899年8月24日　[没]1986年6月14日　[典]1992

ポル・ポト　Pol Pot　別名=サロト・サル　政治家, 軍人　元・ポルポト派最高実力者, 元・民主カンボジア軍最高委員会議長・最高司令官, 元・民主カンボジア首相　[国]カンボジア　[生]1925年5月19日　[没]1998年4月15日　[典]1992／1996

ポルマー, ウード　Pollmer, Udo　栄養学者　ヨーロッパ食糧栄養研究所学術部長　[国]ドイツ　[生]1954年　[典]2008

ボルマー, ダナ　Vollmer, Dana　水泳選手(バタフライ)　ロンドン五輪金メダリスト, 競泳女子100メートルバタフライ世界記録保持者　[国]米国　[生]1987年11月13日

ボルマン, ウィリアム　Vollmann, William T.　作家　[国]米国　[生]1959年　[典]2000

ホルマン, ヴィルダー　Hollmann, Wildor　国際スポーツ医学会会長　[専]スポーツ医学　[国]ドイツ　[典]1992

ホルマン, クヌート　Holmann, Knut　カヌー選手(カヤック)　[国]ノルウェー　[典]2000／2004

ホルマン, シェリ　Holman, Sheri　作家　[国]米国　[典]2004

ホールマン, デービッド　Hallman, David　聖職者　世界教会協議会(WCC)気候変動問題コーディネーター　[国]カナダ　[典]2000

ボールマン, フィリップ・V.　Bohlman, Philip V.　シカゴ大学教授, シカゴ大学ユダヤ研究所所長, 音楽民族学会(米国)会長　[生]1952年　[典]2008

ホルマン, フェリス　Holman, Felice　作家, 詩人　[国]米国　[生]1919年　[典]1992／1996

ホルマン, ボブ　Holman, Bob　ソーシャルワーカー　グラスゴー大学児童社会研究所客員教授　[国]英国　[典]2004

ボールマン, リー　Bolman, Lee G.　ミズーリ大学教授　[専]リーダーシップ学　[国]米国　[典]2000

ホルム, カーステン　Holum, Kirsten　元・スピードスケート選手　[国]米国　[典]2000

ホルム, グレーテリース　Holm, Gretelise　作家　[国]デンマーク　[生]1946年　[典]1996

ホルム, ゲオルグ　Holm, Georg　グループ名=シガー・ロス　ミュージシャン　[国]アイスランド　[典]2004／2008／2012

ホルム, ステファン　Holm, Stefan　元・走り高跳び選手　アテネ五輪陸上男子走り高跳び金メダリスト　[国]スウェーデン　[生]1976年5月25日　[典]2008／2012

ボルム, ヘルベルト　歴史学者　ハンブルク大学日本学部主任研究員　[専]欧州戦後史, 日本近代史　[国]ドイツ　[生]1943年　[典]2000

ホルムクビスト, ヨーラン　ガデリウス社長　[国]スウェーデン　[生]1938年　[典]1992

ホルムグレン, マイク　Holmgren, Mike　元・プロフットボール監督　元・クリーブランド・ブラウンズ社長　[国]米国　[生]1948年6月15日　[典]2000／2008

ボルムズ, ジェラール　Worms, Gérard Etienne　スエズ金融会長　[国]フランス　[生]1936年8月1日　[典]1992／1996

ホルムベルイ, ボー　Holmberg, Bo R.　作家　[国]スウェーデン　[生]1945年　[典]2008

ホルメス, エメリー　医師　[国]米国　[生]1950年　[典]1996

ホルン, ジュラ　Horn, Gyula　政治家　元・ハンガリー首相, 元・ハンガリー社会党党首　[国]ハンガリー　[生]1932年7月5日　[没]2013年6月19日　[典]1992／1996／2000

ホルン, レベッカ　Horn, Rebecca　現代美術家, 彫刻家　[国]ドイツ　[生]1944年　[典]1996(ホーン, レベッカ)／2012

ポーレ, リタ　Pohle, Rita　インダストリアルデザイナー　[国]ドイツ　[典]2004

ボレイコウ, ジェイソン　Boreyko, Jason　実業家　ニュー・ビジョン・インターナショナル共同CEO,E-ビジョン・ドットコム共同CEO　[国]米国　[典]2004

ポレヴォイ, ボリス　Polevoi, Boris Nikolaevich　本名=カンポフ, ボリス　作家　元・「ユーノスチ」編集長　[国]ソ連　[生]1908年3月17日　[没]1981年7月12日　[典]1992(ポレボイ, ボリス)

ポレシュ, ルネ　Pollesch, René　劇作家　ベルリン・フォルクスビューネ劇場プラーター芸術監督　[国]ドイツ　[生]1962年　[典]2012

ボーレス, リチャード・ネルソン　Bolles, Richard Nelson　キャリアカウンセラー　[国]米国　[生]1927年　[典]2004

ボレスコフ, ゲオルギー・コンスタンチノヴィチ　触媒学者　[国]ソ連　[没]1984年8月12日　[典]1992

ボレーゼ, キム　マリンバ創業者・CEO　[国]米国　[典]2000

ホレチェック, ハインツ　Holecek, Heinz　バリトン歌手　[国]オーストリア　[生]1938年　[典]1996

ポレット, エラルド　Poletto, Eraldo　実業家　フルラCEO　[国]イタリア　[生]1960年

ボレット, ジョージ　Bolet, Jorge　ピアニスト　[国]米国　[生]1914年11月15日　[没]1990年10月16日　[典]1992

ポレット, ロバート　Polet, Robert　実業家　グッチグループCEO　[国]オランダ　[生]1955年　[典]2012

ボレーヌ, アレクサンダー　Boraine, Alexander　反アパルトヘイト運動家　元・南アフリカ国会議員　[国]南アフリカ　[典]1992

ボレリ, レアード　Borrelli, Laird　ファッション史研究家　ニューヨーク・ファッション・インスティテュート・オブ・テクノロジー　[典]2004

ボレル, ジャック　Borel, Jacques　作家, 批評家　[国]フランス　[生]1925年12月17日　[没]2002年9月25日　[典]1992／1996

ポレール, ニドラ　Poller, Nidra　作家, 翻訳家　[国]フランス　[生]1935年　[典]1996

ポレル, マルク　Porel, Marc　俳優　[国]フランス　[生]1949年1月3日　[典]1992／1996

ポーレン, アドリアン　元・国際陸上競技連盟(IAAF)会長　[国]オランダ　[没]1985年5月9日　[典]1992

ポーレン, アラベラ　Pollen, Arabella　ファッションデザイナー　[国]英国　[生]1961年　[典]1992

ボーレン, クレイグ　Bohren, Craig F.　ペンシルベニア州立大学教授　[専]気象学　[国]米国　[典]1996

ボーレン, ジーン・シノダ　Bolen, Jean Shinoda　ユング派分析家, 精神科医　カリフォルニア大学サンフランシスコ分校精神医学部臨床教授　[国]米国　[典]1992

ホーレンダー, イオアン　Hollender, Ioan　元・ウィーン国立歌劇場総裁　[国]オーストリア　[生]1935年　[典]2000／2004／2008／2012

ポロー, マリアンヌ　Paulot, Marianne　作家　[国]フランス　[生]1976年　[典]1996

ボロイアン, ドナルド　Boroian, Donald D.　実業家　フランコープ会長・CEO　[国]米国　[典]2000

ボロウィ, ジャン　元・ホッケー選手　[国]カナダ　[典]1992

ホロウィッツ, ゲデール　ソロモン社取締役副社長, 米国証券業協会会長　[国]米国　[典]1992

ホロウィッツ, ジョーゼフ　Horowitz, Joseph　音楽評論家　[国]米国　[生]1948年　[典]1996

ホロウィッツ, デービッド　Horowitz, David　ジャーナリスト

「ランパーツ」誌編集者 国米国 ⊕1939年 ⑨1992

ホローウェイ, ジョン Holloway, John 本名=Holloway, Christopher John 批評家, 詩人, 英文学者 元・ケンブリッジ大学クィーンズ・カレッジ現代英文学教授 国英国 ⊕1920年8月1日 ⊗1999年8月29日 ⑨1992

ホロウェイ, スーザン Holloway, Susan D. 教育学者 国米国 ⑨2008

ホロウズ, バイニー 女優 国米国 ⑨1996

ホロエンコ, ヘンリク Holowenko, Henryk 教育心理学者 ⑨AD/HD（注意欠陥多動性障害） ⑨2004

ボーローグ, ノーマン・アーネスト Borlaug, Norman Ernest 農学者 元・テキサスA&M大学名誉教授, 元・ロックフェラー財団終身研究員 ⑨植物病理学 国米国 ⊕1914年3月25日 ⊗2009年9月12日 ⑨1992／1996／2000／2004

ポロシェンコ, ペトロ Poroshenko, Petro Oleksiyovych 政治家 ウクライナ大統領 国ウクライナ

ポロスコフ, イワン Polozkov, Ivan K. 政治家 元・ロシア共和国共産党第1書記 国ソ連 ⊕1935年2月16日 ⑨1992

ホロストフスキー, ドミトリー Khvorostovskii, Dmitrii 本名=Khvorostovskii,Dmitrii Alexandrovich バリトン歌手 国ロシア ⊕1962年10月16日 ⑨1992（フォロストフスキー, ドミトリー）／1996（フォロストフスキー, ドミトリー）／2008／2012

ボロダコワ, マリア Borodakova, Maria 本名=Borodakova Borisenko,Maria バレーボール選手 国ロシア ⊕1986年3月8日

ボロダフキン, アレクセイ Borodavkin, Aleksei N. 外交官 元・ロシア外務次官（アジア太平洋地域担当） 国ロシア ⊕1950年12月 ⑨2012

ポロック, J.C. Pollock, J.C. 作家 国米国 ⑨1996／2000

ポロック, グリゼルダ Pollock, Griselda 美術史家 リーズ大学芸術学部教授・文化研究所所長 国英国 ⑨2000

ポロック, クレイグ プリティッシュ・アメリカン・レーシング（BAR）監督 国英国 ⑨2000

ポーロック, シャロン Pollock, Sharon 劇作家, 演出家 国カナダ ⊕1936年 ⑨2000

ポロック, スティーブン・トーマス Pollock, Steven BBC科学番組制作スタッフ ⑨動物学, 環境保護 国英国 ⊕1953年 ⑨1996

ポロック, ダニエル Pollock, Daniel 作家 国米国 ⊕1944年 ⑨1996

ポロック, トーマス Pollock, Thomas P. 弁護士, 経営者 MCA副社長, ユニバーサル映画最高経営責任者 国米国 ⊕1943年 ⑨1992

ポロック, ブルース Pollock, Bruce 音楽批評家, 作家 国米国 ⑨1992

ホロックス, ブライアン 軍人 国英国 ⊗1985年1月6日 ⑨1992

ボロッシュ, ペーテル Boross, Peter 政治家 元・ハンガリー首相 国ハンガリー ⊕1928年8月28日 ⑨1996／2000

ボロディナ, オリガ Borodina, Olga メゾソプラノ歌手 国ロシア ⊕1963年 ⑨2004／2008／2012

ボロディン, ウラディミル リンクス国際部長 国ロシア ⑨1996

ボロテリ, ニック Bollettieri, Nick テニスコーチ 国米国 ⑨2000

ホロデンコ, ヴァディム Kholodenko, Vadym ピアニスト 国ウクライナ ⑨2012

ボロトラ, ジャン Borotra, Jean テニス選手 国フランス ⊕1898年 ⊗1994年7月17日 ⑨1992／1996

ボローニ, ロッツ Bölöni, Lotzi コンピューター技術者 国ルーマニア ⑨2004

ホロニアック, ニック(Jr.) イリノイ大学教授 ⑨半導体 国米国 ⊕1928年 ⑨1996

ボロビエワ, ナタリア Vorobieva, Natalia レスリング選手 ロンドン五輪レスリング女子72キロ級金メダリスト 国ロシア ⊕1991年5月27日

ホロビッツ, アーサー Horwich, Arthur L. 生化学者 エール大学教授 国米国 ⑨2012

ホロビッツ, アンソニー Horowitz, Anthony 作家 国英国 ⊕1955年 ⑨2004

ホロビッツ, ウラジーミル Horowitz, Vladimir ピアニスト 国米国 ⊕1904年10月1日 ⊗1989年11月5日 ⑨1992

ホロビン, デービッド Horrobin, David 英国分裂病協会医療顧問 ⑨精神分裂病 国英国 ⑨2004

ボロビンスカヤ, タチアナ マラソン選手 ⑨1992／1996

ボロフスキー, ポール Borovsky, Paul 童話作家 国米国 ⑨1992

ボロン, パトリス Bollon, Patrice ジャーナリスト, エッセイスト 国フランス

ポロンスキー, アントニー Polonsky, Antony ブランディス大学教授, 「ポーリン」誌編集長 ⑨ポーランド現代史 ⊕1940年 ⑨1996

ボーワ, ラリー Bowa, Larry 大リーグ監督, 元・大リーグ選手 国米国 ⊕1945年12月6日 ⑨2004／2008

ホワイ, レイジェン 実業家 シャイアン社長 国米国 ⊕1959年3月 ⑨1996

ボワイエ, イヴ Boyer, Yves エコールポリテクニク戦略工学研究所次長 国フランス ⊕1950年10月9日 ⑨1996

ボワイエ, リュシエンヌ Boyer, Lucienne シャンソン歌手 国フランス ⊕1901年 ⊗1983年12月6日 ⑨1992

ボワイエ, ロベール Boyer, Robert エコノミスト フランス国立科学研究センター（CNRS）教授, 数理経済計画予測研究センター（CEPREMAP）教授, 社会科学高等研究院（EHESS）研究部長 ⑨数理経済学, 経済分析 国フランス ⊕1943年3月 ⑨1992／1996／2000

ホワイティング, アレン Whiting, Allen S. アリゾナ大学教授 ⑨政治学 国米国 ⊕1926年 ⑨2000

ホワイティング, ランダル Whiting, Randall C. 実業家 コマーズネット社長 国米国 ⑨2000

ホワイティング, ロバート Whiting, Robert ジャーナリスト, 作家 国米国 ⊕1942年10月21日 ⑨1996

ホワイト, D.リン White, D.Lynn コンピューター技術者, テクニカルライター Independent Network Consultants社長 国米国 ⑨2004

ホワイト, R.アラン White, R.Alan 作家 国米国 ⑨2004

ホワイト, アイダン White, Aidan ジャーナリスト 国際ジャーナリスト連盟(IFJ)書記長 国英国 ⑨1992

ホワイト, ウィリアム Whyte, William Foote 社会学者 コーネル大学産業労働関係研究校名誉教授 ⑨産業社会学 国米国 ⊕1914年6月27日 ⑨1996

ホワイト, ウィリアム(Jr.) White, William C.(Jr.) 臨床心理士 国米国 ⑨1992

ホワイト, エドマンド White, Edmund 作家 国米国 ⊕1940年 ⑨1992／1996／2000

ホワイト, エルウィン・ブルックス White, Elwyn Brooks エッセイスト, 児童文学作家 国米国 ⊕1899年 ⊗1985年10月1日 ⑨1992

ホワイト, キャリン White, Karyn 歌手 国米国 ⊕1965年 ⑨1992／1996

ホワイト, グロリア White, Gloria ミステリー作家 国米国 ⊕1952年 ⑨1996

ホワイト, ケイティ White, Katie グループ名=ティン・ティンズ 歌手 国英国

ホワイト, ケイト White, Kate 編集者 「コスモポリタン」編集長 国米国 ⑨2004／2008

ホワイト, ケリー White, Kelli 陸上選手（短距離） 国米国 ⊕1977年4月1日 ⑨2004／2008

ホワイト, コリン White, Colin J. データベースアソシエイツ社長, 「InfoDB」編集者・発行者 国米国 ⑨1996

ホワイト, ジェイク White, Jake ラグビー監督 元・ラグビー南アフリカ代表監督 国南アフリカ ⊕1963年3月19日

ホワイト, ジェシー・レイ White, Jesse R. 獣医 国米国 ⊕1934年 ⑨1996

ホワイト, ジェニファー　White, Jennifer　実業家, サクセス専門家　JWCグループ社長　国米国　発2004

ホワイト, ジェームズ　White, James　SF作家　国英国　生1928年　発1992

ホワイト, ジェーン　White, Jane G.　トリニティー・スクールラテン語学部　古典学　国米国　発1992

ホワイト, ショーン　White, Sean　コンサルタント　ノース・リバー・ベンチャーズ経営者　国米国　発2000／2004

ホワイト, ショーン　White, Shaun　本名=ホワイト, ショーン・ロジャー　スノーボード選手(ハーフパイプ)　トリノ五輪・バンクーバー五輪スノーボード男子ハーフパイプ金メダリスト　国米国　生1986年9月3日　発2008／2012

ホワイト, ジョン　White, John　心理学者　ノエティック・サイエンス研究所教育部長, アルファ・ロジックス所長　トランスパーソナル心理学, 超心理学　国米国　発1992

ホワイト, スチュアート　White, Stuart　ミステリー作家　国英国　生1947年　発1992

ホワイト, スティーブン　White, Stephen　心理療法士, 作家　国米国　発1996

ホワイト, セオドア　White, Theodore Harold　ジャーナリスト, 作家　国米国　生1915年5月6日　没1986年5月15日　発1992

ホワイト, ダグラス　Whyte, Douglas　騎手　国南アフリカ　生1971年11月15日　発2012

ホワイト, ダリル　White, Daryl J.　コンパック・コンピュータ・コーポレーション財務担当上級副社長・最高財務責任者　国米国　生1947年9月14日　発1996

ホワイト, チャーリー　White, Charlie　フィギュアスケート選手(アイスダンス)　バンクーバー五輪フィギュアスケート・アイスダンス銀メダリスト　国米国　生1987年10月24日

ホワイト, ディック　White, Dick　元・英国情報局保安部(MI5)・情報局秘密情報部(MI6)部長　007「M」のモデル　国英国　生1906年12月20日　没1993年2月21日　発1996

ホワイト, ティム　White, Tim D.　人類学者　カリフォルニア大学バークレー校教授　国米国　生1950年　発2000／2004／2008／2012

ホワイト, テッド　White, Ted　本名=ホワイト, シオドア・エドワード　SF作家, 編集者　国米国　生1938年　発1992

ホワイト, デービッド・ゴードン　White, David Gordon　宗教史家　カリフォルニア大学サンタバーバラ校宗教学科教授　発2004

ホワイト, デボン　White, Devon　大リーグ選手(外野手)　生1962年12月29日　発2000／2004／2008

ホワイト, テリー　White, Teri　ミステリー作家　国米国　生1946年10月30日　発1992／1996

ホワイト, デリック　White, Derrick Ramon　元・プロ野球選手, 元・大リーグ選手　国米国　生1969年10月12日　発2004

ホワイト, トニー　White, Tony L.　実業家　PEコープ会長　国米国　生1947年　発2004／2012

ホワイト, パトリック　White, Patrick　本名=White,Patrick Victor Martindale　作家, 劇作家　国オーストラリア　生1912年5月28日　没1990年9月30日　発1992

ホワイト, ヒュー　White, Hugh　オーストラリア国立大学教授　元・オーストラリア首相上級補佐官　戦略研究　国オーストラリア

ホワイト, ビル　White, Bill　本名=White,William Dekova　元・ナショナル・リーグ会長, 元・大リーグ選手　国米国　生1934年1月28日　発1992／1996

ホワイト, ヘイドン　White, Hayden　歴史学者　カリフォルニア大学サンタクルーズ校名誉教授　国米国　生1928年　発2004／2008

ホワイト, ペッパー　White, Pepper　エネルギー・コンサルタント　国米国　生1957年　発1996

ホワイト, ベティ　White, Betty　女優　国米国　生1922年1月17日　発1996／2012

ホワイト, ボブ　White, Bob　画家　国英国　生1938年　発1992

ホワイト, ポール　White, Paul　デザイナー　ミー・カンパニー主宰　国英国　生1959年　発2000

ホワイト, マイケル, ホワイト, マット　White, Michael　旧グループ名=トンプソン・ツインズ　科学ジャーナリスト, 作家, ミュージシャン, 大リーグ選手(投手)　国英国, 米国　生1959年　発1996／2000／2012／2000

ホワイト, メアリー　White, Mary　社会学者　ボストン大学教授, ハーバード大学ライシャワー日本研究所研究員　文化人類学, 日米教育の比較研究　国米国　発1992／1996／2000／2004／2008

ホワイト, メアリー　Whyte, Mary　画家, 美術指導者　ポートレート　国米国　発2004

ホワイト, メアリー・ジョー　White, Mary Jo　元・検察官　元・ニューヨーク連邦地検検事正　国米国　発2004

ホワイト, モーリス　White, Maurice　グループ名=アース・ウィンド&ファイアー　ミュージシャン, 音楽プロデューサー　カリンバ・レコード　発1996

ホワイト, ルース　White, Ruth　児童文学作家, 図書館員　国米国　生1942年　発1992

ホワイト, ルス　White, Russ　コンピューター技術者　発2004

ホワイト, レニー　White, Lenny　グループ名=リターン・トゥ・フォーエバー　ジャズ・ドラム奏者　国米国　生1949年12月19日

ホワイト, ロバート　White, Robert L.　エクスプロラトリアム(科学博物館)館長　材料工学　国米国　発1992

ホワイト, ロバート　元・米国商務次官(技術担当), 元・コントロール・データ社副社長　国米国　発1992／1996

ホワイト, ロバート　White, Robert J.　ニューヨーク市立大学ハンター・カレッジ古典・東洋学部助教授　古典学　国米国　発1992

ホワイト, ロルフ　White, Rolf B.　企業コンサルタント　国英国　発1992

ホワイト, ローレン　White, Lauren　イラストレーター　国英国　発2008

ホワイト, ロン　White, Ron　コンピュータ研究家　「PC/Computing」編集長　国米国　発2000

ホワイト, ロンデル　White, Rondell Bernard　大リーグ選手(外野手)　国米国　生1972年2月23日　発2004／2008

ホワイトゥン, アンドルー　Whiten, Andrew　心理学者　セントアンドリューズ大学心理学研究室　発2008

ホワイトサイズ, ジョージ　Whitesides, George M.　化学者　ハーバード大学化学科教授　材料科学, 生命科学, ナノ科学, 有機合成手法　国米国　生1939年8月3日　発1996／2000／2012

ホワイトサイド, T.　ミップス・テクノロジーズ社長　国米国　発1996

ホワイトサイド, ノーマン　Whiteside, Norman　足病学者, 元・サッカー選手　国英国　生1965年5月7日　発2000

ホワイトストーン, ヘザー　ミス・アメリカ(第68回)　国米国　発1996

ホワイトセル, ジョシュ　Whitesell, Josh　本名=Whitesell,Joshua S.　プロ野球選手(内野手), 元・大リーグ選手　国米国　生1982年4月14日　発2012

ホワイトフェザー, シェリ　WhiteFeather, Sheri　ロマンス作家　国米国　発2008

ホワイトブック, ジョエル　Whitebook, Joel　精神科医　国米国　生1947年　発2000

ホワイトヘッド, ジョン　Whitehead, John A.　ウッズホール海洋研究所主任研究員　海洋物理学　国米国　発1992

ホワイトヘッド, ジョン　Whitehead, John Stainton　元・外交官　インチケープグループ名誉顧問　元・駐日英国大使　国英国　生1932年9月20日　発1992／1996／2000

ホワイトヘッド, ダン　Whitehead, Don　ジャーナリスト　国米国　生1908年　発1996

ホワイトマン, ロビン　映画・テレビプロデューサー, 脚本家, 映画監督　国英国　生1944年　発2004

ホワイトリード, レイチェル　彫刻家　国英国　生1963年　発1996

ホワイトロー, ウィリアム　Whitelaw, William Stephan　政治家　元・英国枢相兼上院内総務　国英国　生1918年6月28日　没1999年7月1日　発1992

ホワイブラウ, イアン　Whybrow, Ian　児童文学作家　国英国　生1938年　載2000

ボワイヨン, ジャック　Boyon, Jacque　政治家　フランス国民議会防衛軍事委員会委員長　国フランス　生1934年　載1996

ボワヴァン, ジェローム　Boivin, Jérome Alain　映画監督　国フランス　生1945年　載1996（ボワバン, ジェローム）

ポワーヴル・ダルヴォール, パトリック　Poivre d'Arvor, Patrick　ジャーナリスト, 作家　TF1報道部長　国フランス　生1947年　載1992（ポワーブル・ダルボール, パトリック）／1996（ポワーブル・ダルボール, パトリック）

ボワザール, アレクサンドル　Voisard, Alexandre　詩人, 文筆家　国スイス　生1930年　載1992

ボワシエ, ジャン・ルイ　Boissier, Jean-Louis　マルチメディア・アーティスト　パリ第8大学教授　専インタラクティブ・アート　国フランス　生1945年　載2004／2008

ボワスリエ, ジャン　Boisselier, Jean　考古学者　専仏教美術, 考古学, 仏教学　国フランス　載1996

ボワズロン, フランソア　Boisrond, François　画家, ポスター作家　国フランス　生1959年　載1992

ボワセリエ, ブリジット　Boisselier, Brigitte　化学者　クローンエイド代表, ラエリアン・ムーブメント司教　国フランス　載2004／2008

ポワティエ, シドニー　Poitier, Sidney　俳優, 映画監督　国米国　生1924年2月24日　載1992／1996／2000／2004／2008／2012

ボワデフル, ピエール・ド　Boisdeffre, Pierre de　本名=Boisdeffre, Pierre Jules Marie Raoul　別名=Boisdeffre,Néraud le Mouton de　批評家, 外交官　元・欧州議会議員　国フランス　生1926年7月11日　没2002年5月23日　載1992／1996／2000／2004

ボワテル, ジャンヌ　女優　国フランス　生1904年1月4日　没1987年8月7日　載1992

ボワトラ, ジル　アニメ愛好家　国米国　載2000

ボワバン, ジャン・マルク　冒険家　国フランス　生1990年2月19日　載1992

ボワベール, セルジュ　アイスホッケー選手　国カナダ　生1959年6月1日　載1992

ボワベール, ロジャー　エクソダス・コミュニケーションズ非常勤取締役　国カナダ　載2000／2004

ボワリエ, アンヌ・クレール　Poirier, Anne Claire　映画監督, 脚本家　国カナダ　生1932年　載2000

ボワリエ, チャールズ　Poirier, Charles C.　コンサルタント　A.T.カーニー・コンサルティング・サービスシカゴ事務所　国米国　載2004

ボワリエ, マニュエル　Poirier, Manuel　映画監督　国フランス　載2000

ボワリボー, ジュリエット　ジャーナリスト　「コスモポリタン」誌フランス版編集長　国フランス　載1992

ボワロー, ピエール　Boileau, Pierre　共同筆名=ボワロー・ナルスジャック, アルセーヌ・ルパン　ミステリー作家, シナリオライター　国フランス　生1906年　没1989年1月16日　載1992

ボワロ, ローラン　Boillot, Laurent　実業家　ゲラン社長・CEO　国フランス　生1964年　載2012

ボワロー・デルペッシュ, ベルトラン　Poirot-Delpech, Bertrand　批評家, 作家, ジャーナリスト　元・「ル・モンド」文芸時評担当者　国フランス　生1929年2月10日　没2006年11月14日　載1992

ボワン, ジャンギ　Boin, Jean-Guy　フランス文化省書籍経済部長　国フランス　生1951年　載2000

ホワン, シン・ユン　漢字名=黃心芸　ビオラ奏者　生1971年　載1996

ホーン, アリステア・アラン　Horne, Alistair Allan　作家, 元・ジャーナリスト　国英国　生1925年11月9日　載1996

ボーン, アルノ　元・ポルシェ社長　国ドイツ　載1992／1996

ホン・イルシク　洪 一植　高麗大学総長　国韓国　生1936年　載1996

ホン・イルピョ　洪 日均　Hong, Ihl-pyo　裁判官　韓国司法研修院長　国韓国　生1944年11月29日　載2004／2008

ホン・インギ　洪 寅基　Hong, In-ki　実業家　韓国産業証券社長　国韓国　生1938年2月28日　載1992／1996

ホン・インギル　洪 仁吉　Hong, In-gil　政治家　韓国国会議員（ハンナラ党）　国韓国　生1943年2月18日　載2000

ホン・イングン　洪 仁根　ジャーナリスト　「東亜日報」編集局長　国韓国　生1935年　載1996

ボーン, ウィリアム　Vaughn, William R.　コンピューター技術者　国米国　載2004

ホン・ウンジュ　Hong, Eun-ju　ファッションデザイナー　ENZUVANデザイナー　国韓国　載2004／2008／2012

ホン・ウンジョン　Hong, Un-jong　体操選手　北京五輪体操女子跳馬金メダリスト　国北朝鮮　生1989年3月9日　載2012

ボン, エディ　Peng, Eddie　中国名=彭于晏　俳優　国台湾　生1982年3月24日　載2012

ホーン, エミリー　Horn, Emily　作家　国オーストラリア　生1946年　載2008

ホン・キムン　洪 起文　Hong, Ki-mun　言語学者　元・祖国統一民主主義戦線中央委員会議長, 元・金日成総合大学教授, 元・北朝鮮社会科学院院長　専朝鮮語　国北朝鮮　生1903年　没1992年7月3日　載1992／1996

ホン・キルナム　洪 吉男　プロ野球選手（投手）　国韓国　生1971年2月24日　載1996

ボーン, クリストファー　Vaughan, Christopher　科学ジャーナリスト　国米国　載2000

ボーン, グレッグ　Vaughn, Greg　本名=Vaughn,Gregory Lamont　大リーグ選手（外野手）　国米国　生1965年7月3日　載2000／2004／2008

ボーン, ゲイリー　Vaughan, Gary V.　ソフトウェアエンジニア　@GNU　載2004

ホーン, ゴールディー　Hawn, Goldie　本名=Hawn,Goldie Jean　女優, 映画プロデューサー　国米国　生1945年11月21日　載1992／1996／2000／2004／2008／2012

ホン・サジュン　洪 思重　文芸評論家　「朝鮮日報」論説顧問　国韓国　生1931年12月16日　載1996／2000

ホン・サドク　洪 思徳　Hong, Sa-dug　政治家, 政治評論家　元・韓国政務第1長官　国韓国　生1943年3月5日　載1996／2000

ボーン, サム　Bourne, Sam　本名=フリードランド, ジョナサン　作家　国英国　生1967年　載2012

ボーン, サラ　Vaughan, Sarah Louis　歌手　国米国　生1924年3月27日　没1990年4月3日　載1992

ホン・サンス　Hong, Sang-soo　漢字名=洪尚秀　映画監督　国韓国　生1961年10月25日　載2000／2008／2012

ホン・サンファ　洪 尚和　作家　国韓国　生1940年　載2000

ホン・ジェヒョン　洪 在声　元・韓国副首相・財務相　国韓国　生1938年3月27日　載1996

ボーン, ジェフ　Vaughan, Jeff　実業家　グリニッチグループCEO　国英国　載2004／2008

ボーン, ジェームス・B.　カリフォルニア州アジア貿易投資事務所長　国米国　載1992

ホーン, ジーグフリード　Horn, Siegfried H.　アンドリュース大学学部長・名誉教授　元・米国オリエント研究所所長　専古代オリエント　国米国　載1996

ホン・シハク　洪 時学　政治家　朝鮮労働党中央委員・政治局員候補　元・北朝鮮副首相・中央人民委員　国北朝鮮　生1922年　載1996

ボン・シャオレン　Peng, Xiao-lian　漢字名=彭小蓮　映画監督　国中国　生1953年　載2004（彭 小蓮 ホウ ショウレン）／2008

ホーン, シャーリー　Horn, Shirley　ジャズ歌手・ピアニスト　国米国　生1934年5月1日　没2005年10月20日　載1992／1996

ボン・ジュノ　Bong, Jun-ho　漢字名=奉俊昊　映画監督, 脚本家　国韓国　生1969年9月14日　載2004（ボン・ジュンホ）／2008／2012

ホン・ジュンピョ　洪 準杓　Hong, Jun-pyo　政治家　ハンナラ党代表, 韓国国会議員（ハンナラ党）　国韓国　載2012

ホン・ジヨン　Hong, Ji-yeong　映画監督, 脚本家　国韓国　⊕2012

ホン・ジョンヒ　洪禎禧　舞踊家　バレエ研究会長, バレエプラン指導委員　国韓国　⊕1934年1月9日　⊕1996

ホン・ジョンピル　洪鍾佖　明知大学教授　沖縄戦の韓国人戦死者の調査を続ける　国朝鮮沖縄交流史　国韓国　⊕2000

ホン・ジョンボム　洪宗範　Hong, Jong-beom　済州瞑想センター運営者　「奇蹟の詩—私は誰？　自我に目覚めた若者の叫び」の著者　国韓国　⊕1959年9月8日　⊕2004

ホン・ジンギ　洪瑾基　Hong, Gin-ki　元・中央日報会長, 元・三星電子会長　国韓国　没1986年7月13日　⊕1992

ホン・シンジャ　洪信子　前衛舞踊家　国韓国　⊕1940年　⊕2000

ホン・スイ・セン　Hon, Sui Sen　漢字名=韓瑞生　政治家　元・シンガポール蔵相　国シンガポール　⊕1916年　⊕1992

ホン・スチョル　洪秀哲　歌手　国韓国　⊕1957年1月17日　⊕1996

ボーン, スティービー・レイ　Vaughan, Stevie Ray　グループ名=ダブル・トラブル　ブルースロックギタリスト　国米国　⊕1954年　没1990年8月27日　⊕1992

ホーン, スティーブン　Horn, Stephen　法律家, 作家　元・米国司法省検事補　国米国　⊕2004

ホーン, ステーシー　Horn, Stacy　作家　国米国　⊕1956年　⊕2004／2008／2012

ボーン, ステファニー　Vaughn, Stephanie　作家　国米国　⊕1945年　⊕1996

ホン・スンジク　洪承稷　高麗大学社会学科教授・アジア問題研究所長, 南北教授学術推進委員会委員長　国韓国　⊕1929年6月28日　⊕1996

ホン・スンチャン　洪淳昶　大邱大学教授　国韓日関係史　国韓国　⊕1917年　⊕1992／1996

ホン・スンヒ　洪昇熹　三美文化財団理事長, 省谷学術文化財団理事長, 産学協同財団監事　国韓国　⊕1920年8月14日　⊕1996

ホン・スンヨプ　Hong, Sung-yop　ダンサー, 振付師　韓国国立コンテンポラリーダンス・カンパニー芸術監督　国コンテンポラリーダンス　国韓国　⊕1962年　⊕2012

ホン・スンヨン　洪淳瑛　Hong, Soon-young　政治家, 外交官　元・韓国統一相, 元・韓国外交通商相（外相）　国韓国　⊕1937年1月30日　⊕2000／2004／2008

ホン・セファ　洪世和　Hong, Sai-hwa　ジャーナリスト, 韓国民主化運動家　国韓国　⊕1947年　⊕2000（コウ・セイワ）／2004／2012

ホン・ソクチュン　洪錫中　作家　国北朝鮮　⊕1941年　⊕2000

ホン・ソクヒョン　洪錫炫　Hong, Seok-hyun　新聞人, 実業家　元・韓国中央日報会長, 元・世界新聞協会（WAN）会長, 元・韓国駐米大使　国韓国　⊕2004／2008／2012

ホン・ソボム　洪瑞範　歌手　国韓国　⊕1960年12月7日　⊕1996

ホン・ソンウ　洪性宇　政治家　韓国統一国民党党務委員　国韓国　⊕1941年2月20日　⊕1996

ホン・ソンウォン　洪盛原　作家　国韓国　⊕1937年12月26日　没2008年5月1日　⊕1996

ホン・ソングン　洪性釿　翻訳家　国韓国　⊕2004

ホン・ソンジュア　洪性佐　韓国貿易協会常勤副会長　国韓国　⊕1932年6月25日　⊕1996

ホン・ソンチャン　洪性鑽　イラストレーター　国韓国　⊕1929年　⊕2000

ホン・ソンチョル　洪性澈　平和統一諮問委員会首席副議長, 元・韓国国土統一院長官　国韓国　⊕1926年4月6日　⊕1992／1996

ホン・ソンナム　洪成南　Hong, Song-nam　政治家　元・北朝鮮首相　国北朝鮮　⊕1929年10月　没2009年3月31日　⊕1992／1996／2000／2004／2008

ホン・ソンフブ　人類学者　全南大学人類学科教授　元・東京大学教養学部客員教授　国韓国　⊕2004

ホン・ソンミン　洪性民　タレント　国韓国　⊕1940年5月1日　⊕1996

ホン・ソンユ　洪性裕　作家　韓国小説家協会代表委員, 韓国文人協会理事　国韓国　⊕1928年10月4日　⊕1996

ホン・ソンヨン　洪聖淵　プロ野球選手（投手）　国韓国　⊕1965年7月18日　⊕1996

ホン・ドゥピョ　洪斗杓　中央日報社長　国韓国　⊕1935年12月25日　⊕1996

ボン・ドゥワン　奉斗玩　韓国国民党全党大会議長　国韓国　⊕1935年12月8日　⊕1996

ホーン, トレバー　Horn, Trevor　旧グループ名=バグルス, イエス　ミュージシャン, 音楽プロデューサー　国英国　⊕1949年7月15日　⊕2008／2012

ボーン, パーカー（3世）　Bohn, Parker III　プロボウラー　国米国　⊕1963年7月13日　⊕2000／2004

ホン・ハクピョ　洪鶴標　タレント　国韓国　⊕1961年2月9日　⊕1996

ホン・ハサン　洪夏祥　Hong, Ha-sang　ドキュメンタリー作家　国韓国　⊕1955年　⊕2004

ホーン, ハーバート　Whone, Herbert　バイオリニスト　スコティッシュ・ナショナル管弦楽団第2コンサートマスター　国英国　⊕2004／2008

ホーン, ピーター　Horne, Peter　三菱電機情報通信システム事業本部PC統括事業部長　⊕1951年　⊕2000

ホン・ヒョウウ　洪弦佑　プロ野球選手（内野手）　国韓国　⊕1972年9月28日　⊕1996／2000

ボーン, ビリー　Vaughn, Billy　バンド指揮者, 編曲者　国ポピュラー音楽　国米国　⊕1919年4月12日　没1991年9月26日　⊕1992

ボーン, ビンス　Vaughn, Vince　本名=Vaughn, Vincent Anthony　俳優　国米国　⊕1970年3月28日　⊕2004／2008

ポン・フェイ　彭飛　京都外国語大学教授　国日本文学, 日本語, 世界の文字, 文化比較　⊕昭和33年2月18日　⊕1996（ホウ・ヒ）／2000（ホウ・ヒ）／2004（ホウ・ヒ）

ボーン, フランシス　Vaughan, Frances E.　心理学者　カリフォルニア・トランスパーソナル心理学会理事メンバー　国米国　⊕1992

ボーン, ブルックスリー　弁護士　米国商品先物取引委員会（CFTC）委員長　国米国　⊕2000

ボーン, ボブ　プロホッケー選手　国米国　⊕1992

ホーン, ポール　Horn, Paul M.　実業家, 物理学者　元・IBM上級副社長　国米国　⊕2004／2012

ボーン, マイケル　Bourn, Michael　本名=Bourn, Michael Ray　大リーグ選手（外野手）　国米国　⊕1982年12月27日

ボーン, マシュー　Bourne, Matthew　本名=Bourne, Matthew Christopher　振付師, ダンサー　ニュー・アドベンチャーズ芸術監督　国英国　⊕1960年1月13日　⊕2004／2008／2012

ボーン, マシュー　Vaughn, Matthew　映画監督, 映画プロデューサー　国英国　⊕1971年　⊕2008／2012

ボーン, マット　Borne, Matt　本名=Osborne, Matt Wade　リングネーム=ドインク・ザ・クラウン　プロレスラー　国米国　⊕1957年7月27日　没2013年6月28日

ホン・ミファ　Hong, Miwha　ファッションデザイナー　国韓国　⊕2000

ホン・ミョンボ　洪明甫　Hong, Myung-bo　サッカー監督, 元・サッカー選手　サッカー男子韓国代表監督　国韓国　⊕1969年2月12日　⊕1996／2000／2004／2008／2012

ホン・ムンファ　洪文和　ソウル大学名誉教授, アジア薬師会会長　国韓国　⊕1916年5月1日　⊕1996

ボーン, モー　Vaughn, Mo　本名=Vaughn, Maurice Samuel　大リーグ選手（内野手）　国米国　⊕1967年12月15日　⊕2000／2004

ホン・ユンギ　洪潤基　哲学者　東国大学哲学科教授　国韓国　⊕1957年　⊕2004

ホン・ユンスク　洪允淑　詩人　韓国詩人協会会長　国韓国　⊕1925年8月19日　⊕1996

ホン・ヨソプ　供耀燮　タレント　国韓国　⊕1955年7月3日　⊕1996

ホン・ヨンシク　洪用植　仁荷大学航空宇宙工学科教授, 大韓航空技術

研究院副院長, 航空大学理事　国韓国　生1932年11月1日　典1996

ホン・ヨンテク　洪 燕沢　指揮者　漢陽大学校音楽学部教授　国韓国
生1928年12月28日　典1996

ホン・ラヒ　洪 羅喜　Hong, Ra-hee　サムスン美術館リウム館長
国韓国　生1945年7月15日　典2004／2008

ホーン, リナ　Horne, Lena　本名＝Horne, Lena Calhoun　ジャズ歌手, 女優　国米国　生1917年6月30日　没2010年5月9日　典1992／1996／2000

ホン・リナ　洪 利奈　タレント　国韓国　生1968年2月7日　典1996

ボン, リンゼイ　Vonn, Lindsey　旧姓＝キルドー　スキー選手（アルペン）　バンクーバー五輪アルペンスキー女子滑降金メダリスト
国米国　生1984年10月18日　典2012

ホーン, ロバート　Horn, Robert E.　インフォメーション・マッピング社会長, スタンフォード大学言語と情報に関する研究センター客員研究員　国米国　典2000

ボンヴィチーニ, カンディド　Bonvicini, Candido　ジャーナリスト
TE.SA.TVジャーナリスト協会会長　国イタリア　典1996（ボンビチーニ, カンディド）

ホンエク, ジュラ　Honyek, Gyula　物理学者　典2004／2008

ホング, ジョン　Houng, John　関西学院大学大学院経営戦略研究科教授　国金融　生1940年　典2008

ボングラン, キャロリーヌ　Bongrand, Caroline　作家, ジャーナリスト　生1967年　典2000

ホーングレン, チャールズ　Horngren, Charles T.　公認会計士
典2008

ボンケ, ラインハルト　Bonnke, Reinhard　伝道師　クライスト・フォー・オール・ネイションズ創設者　国ドイツ　典2000

ボーンケオ・チャンタマリー　ラオス国立大学研究推進課課長　国ラオス　生1968年　典2004

ホンゴウ, ギャレット　詩人　オレゴン大学　国米国　生1951年
典1996

ボンゴ・オンディンバ, アリ　Bongo Ondimba, Ali　政治家　ガボン大統領　国ガボン　生1959年2月9日　典2012

ボンゴ・オンディンバ, オマル　Bongo Ondimba, Omar　旧名＝ボンゴ, アルベール・ベルナール　政治家　元・ガボン大統領　国ガボン　生1935年12月30日　没2009年6月8日　典1992（ボンゴ, オマル）／1996（ボンゴ, A.B.）／2000（ボンゴ, A.B.）／2004（ボンゴ, オマル）／2008

ボンコンパン, ピエール　Boncompain, Pierre　画家　国フランス
生1938年　典1992／1996

ポンサクレック・ウォンジョンカム　Pongsaklek Wonjongkam　別名＝ポンサクレック・クラティンデンジム, ポンサクレック・シンワンチャー　プロボクサー　元・WBC世界フライ級チャンピオン
国タイ　生1977年8月11日　典2004（ポンサクレック・クラティンデンジム）／2008／2012

ポンサン・プントゥラープ　Pongsan Puntularp　ラムカムヘン大学教授　国政治学　国タイ　生1946年　典1992

ボンジボー, ベアトリス　Bongibault, Beatrice　クリスチャン・ディオール社長　国フランス　生1952年9月　典1992

ポンジュ, フランシス　Ponge, Francis　本名＝Ponge, Francis Jean Gaston Alfred　詩人, 評論家　国フランス　生1899年3月27日
没1988年8月6日　典1992

ポンショー, フランソワ　Ponchaud, François　カトリック神父
国フランス　生1939年　典1996

ボン・ジョビ, ジョン　Bon Jovi, Jon　本名＝ボン・ジョビ, ジョン・フランシス　グループ名＝ボン・ジョビ　ロック歌手, 俳優
国米国　生1962年3月2日　典1992／1996／2000／2004（ボン・ジョヴィ, ジョン）／2008／2012

ポンズ, スタンレー　元・ユタ大学教授　国プラズマ物理学, 核融合
国米国　生1943年　典1996

ボンズ, バリー　Bonds, Barry　本名＝Bonds, Barry Lamar　元・大リーグ選手　国米国　生1964年7月24日　典1992／1996／2000／2004／2008／2012

ポンス, ファブリツィア　Pons, Fabrizia　レーシングナビゲーター
国イタリア　生1955年6月26日　典2000

ポンス, フィリップ　Pons, Philippe　ジャーナリスト　「ル・モンド」紙極東支局長　国フランス　生1942年　典1996

ポンス, ベルナール　Pons, Bernard　政治家　元・フランス国土整備設備運輸相　国フランス　生1926年7月18日　典1992／1996／2000

ホーンスタイン, ハーベイ　Hornstein, Hervey　社会心理学者, 精神療法士　コロンビア大学教授　国米国　典2004

ボーンスタイン, ルース　Bornstein, Ruth Lercher　絵本作家
国米国　典2000

ホーンステイン, リチャード　実業家　ネットワークアソシエイツ副社長　国米国　典2000

ポンセリー, ジュゼッペ　スキー指導者　国イタリア　典1992

ボンゼル, アンドレ　Bonzel, André　映画撮影監督, 映画監督　国フランス　生1961年5月31日　典1996

ホンダ, マイク　Honda, Mike　本名＝ホンダ, マイケル　政治家
米国下院議員（民主党）　国米国　典2008／2012

ボンタシュ, クリスティーナ　Bontas, Cristina　体操選手　国ルーマニア　生1973年12月5日　典1992／1996

ボンダーシュミット, B.V.　ザイリンクス社長　国米国　典1996

ボンダー・ハイデン, カール・M.　元・RJRナビスコ会長・CEO
国米国　典1996

ポンタリス, J.B.　Pontalis, Jean-Bertrand　精神分析学者　国フランス　生1924年　典1996／2000

ボンダルチューク, セルゲイ　Bondarchuk, Sergei　本名
＝Bondarchuk, Sergei Fedorovich　俳優, 映画監督　国ロシア
生1920年9月25日　没1994年10月20日　典1992／1996

ボンダレフ, ユーリー　Bondarev, Yurii Vasilievich　作家　国ソ連
生1924年　典1992／1996／2000／2004

ボンダレンコ, オリガ　Bondarenko, Olga　陸上選手　国ソ連
生1960年6月2日　典1996

ボンダレンコ, グリゴリー　Bondarenko, Grigorii　軍人　元・ソ連海軍副司令官　国ソ連　没1988年9月　典1992

ボンダレンコ, ボーダン　Bondarenko, Bohdan　走り高跳び選手
国ウクライナ　生1989年8月30日

ボンダレンコ, ミハイル　Bondarenko, Mikhail　ジャーナリスト
「モスクワ・ビジネス」誌副編集長　国ソ連　典1992／1996

ボーンチェ, トード　Boontje, Tord　工業デザイナー　国オランダ
生1968年10月3日　典2008／2012

ポンチャス, リチャード　Pontzious, Richard　元・バイオリニスト
アジアン・ユース・オーケストラ主宰者　国米国　典2000

ポンテ, ロブソン　Ponte, Robson　サッカー選手（MF）　国ブラジル　生1976年11月6日　典2008／2012

ポンティ, カルロ　Ponti, Carlo　映画プロデューサー　国イタリア
生1912年12月11日　没2007年1月10日　典1992

ポンティ, ジャン・リュック　Ponty, Jean-Luc　ジャズバイオリニスト　国フランス　生1942年9月29日　典1996

ボンディ, リュック　演出家　国スイス　生1948年　典2000

ボンティエル, アルマンド　バンドネオン奏者　国アルゼンチン
没1983年暮れ　典1992

ポンティケス, ニコラス　Pontikes, Nicholas K.　実業家　コムディスコCEO　国米国　生1964年　典2000

ポンティッジャ, ジュゼッペ　Pontiggia, Giuseppe　作家　国イタリア　生1934年　没2003年6月　典2004

ポンティヨン, ロベール　政治家　元・西欧同盟（WEU）総会議長, 元・フランス上院議員　国フランス　生1921年　没1992年3月20日
典1992／1996

ボンデヴィック, ヒェル・マグネ　Bondevik, Kjell Magne　政治家, 外交官　元・ノルウェー首相　国ノルウェー　生1947年9月3日
典2000／2004／2008／2012

ポンテコルヴォ, ブルーノ　Pontecorvo, Bruno Maksimovich　物理学者　元・モスクワ大学教授　国核物理学　国ロシア　生1913年8月22日　没1993年9月24日　典1996（ポンテコルボ, ブルーノ）

ポンテス, ドゥルス　Pontes, Dulce　歌手　国ポルトガル　魚2000／2004

ホンテレス, ジョン　Hontelez, John　環境保護運動家　地球の友インターナショナル会長　国オランダ　魚1996

ボンド, アラン　実業家　ボンド・コーポレーション・ホールディングス（BCH）取締役・元会長　国オーストラリア　魚1992／1996

ボンド, エドワード　Bond, Edward　劇作家, 演出家　国英国　生1934年7月18日　魚1992／2004／2008／2012

ボンド, クリストファー　Bond, Christopher Samuel　政治家　元・米国上院議員（共和党）, 元・ミズーリ州知事　国米国　生1939年3月6日　魚1996／2004／2008／2012

ボンド, ゲーリー　コンピューター・プログラマー兼コンサルタント　国米国　魚1992

ボンド, ジュリアン　Bond, Julian　政治家　元・ジョージア州上院議員　国米国　生1940年1月14日　魚1992／1996

ボンド, ジョナサン　Bond, Jonathan　広告業者　カーシェンバウム・ボンド&パートナーズ会長　国米国　魚2004

ボンド, ジョン　Bond, John　本名=Bond,John Reginald Hartnell　実業家, 銀行家　ボーダフォン・グループ会長　元・HSBCホールディングス会長　国英国　生1941年　魚2000／2012

ボンド, ステファニー　Bond, Stephanie　ロマンス作家　国米国　魚2004

ボンド, デービッド　俳優　国米国　没1989年4月16日　魚1992

ボンド, ピーター　Bond, Peter　サイエンスライター　専天文学　国英国　魚2004

ボンド, フェリシア　Bond, Felicia　デザイナー, 挿絵画家　国米国　生1954年　魚1996／2000

ボンド, ブライアン　Bond, Brian　歴史学者　ロンドン大学キングス・カレッジ戦争研究学部教授, 英国軍事史学会会長　専英国軍事史　国英国　生1936年　魚2004

ボンド, ブルース　Bond, Bruce R.　実業家　ピクチャーテル・コーポレーション社長・CEO　国米国　魚2000

ボンド, フレドリク　Bond, Fredrik　CMディレクター　国スウェーデン　魚2004／2008

ボンド, ヘイミッシュ　Bond, Hamish　ボート選手　ロンドン五輪ボート男子かじなしペア金メダリスト　国ニュージーランド　生1986年2月13日

ボンド, ポール　ゲッツブラザーズ社長　国英国　生1946年　魚2000

ボンド, マイケル　Bond, Michael　作家　国英国　生1926年　魚1992／1996／2000／2004／2012

ボンド, マーティン　Bond, Martin　コンピューター技術者　国英国　生1958年　魚2004／2008

ボンド, ラリー　Bond, Larry　軍事スリラー作家, ウォー・ゲーム制作者　国米国　生1951年　魚1992／1996

ボンド, ラルフ　Bond, Ralf　ロンドン国際映画学校教師　元・ロンドン映画技術者組合副委員長　専映画　国英国　魚1992

ボンド, リチャード　通称=ボンド, リッチ　元・米国副大統領補佐官, 元・米国共和党全国委員長　国米国　魚1992／1996／2004

ボンド, レベッカ　Bond, Rebecca　絵本作家　国米国　魚2004

ボンドビル, エマニュエル　作曲家　国フランス　没1987年11月26日　魚1992

ボントリャーギン, レフ　Pontryagin, Lev Semenovich　数学者　元・ソ連科学アカデミー・ステクロフ記念数学研究所部長, 元・モスクワ大学教授　専トポロジー, 代数学　国ソ連　生1908年9月3日　没1988年5月3日　魚1992

ボントワ, ノエラ　Pontois, Noëlla　バレリーナ　元・パリ・オペラ座バレエ団エトワール　国フランス　生1943年　魚1996／2008／2012

ポントン, リン　Ponton, Lynn E.　精神科医　カリフォルニア大学サンフランシスコ校教授　国米国　魚2004

ホン・ニュン　歌手　国ベトナム　魚2000

ボンヌフォワ, アラン　Bonnefoit, Alain　画家, 彫刻家　国フランス　生1937年5月18日　魚1992／1996

ボンヌフォワ, イヴ　Bonnefoy, Yves　本名=Bonnefoy,Yves Jean　詩人, 評論家　元・コレージュ・ド・フランス教授　国フランス　生1923年6月24日　魚1992／1996／2000／2004／2008／2012

ボンヌフォン, セシル　Bonnefond, Cecile　実業家　ヴーヴ・クリコ・ポンサルダン社長・CEO　国フランス　生1956年　魚2004／2012

ボンネセン, ヒデコ　ボンネセン, 日出子　ハープ奏者　デンマーク国立ラジオ交響楽団首席ハーピスト　国デンマーク　生1941年7月22日　魚1992

ボンネル, エレーナ　Bonner, Elena Georgievna　人権擁護運動家　アンドレイ・サハロフ博士夫人　国ロシア　生1923年2月25日　没2011年6月18日　魚1992／1996／2000

ボンバ, タイ　Bomba, Ty　ゲームデザイナー　「コマンドマガジン」編集責任者　魚2004

ボンバリー, ラス　Bomberry, Russ　飛行機操縦士　国カナダ　生1939年　魚1992

ポンパン・レブナグ　Phongphan Lebnag　TLS出版社代表　国タイ　魚2004

ホーンビー, サイモン　Hornby, Simon Michael　園芸家, 実業家　元・英国王立園芸協会会長, 元・ロイズ銀行取締役　国英国　生1934年12月29日　没2010年7月17日　魚2004

ホーンビー, ニック　Hornby, Nick　作家　国英国　生1957年　魚2000（ホーンビィ, ニック）

ポンピアン, スーザン　Pompian, Susan　「TOKYO FOR FREE」の著者　国米国　魚2000

ボンビエリ, エンリコ　Bombieri, Enrico　数学者　プリンストン高等研究所教授　国イタリア　生1940年11月26日　魚1992／1996

ボーンビッチ, シャーリーン　Baumbich, Charlene Ann　作家, ジャーナリスト　国米国　生1945年　魚2004／2008

ポンピドー, アラン　Pompidou, Alain　パリ大学教授, フランス厚生家族省エイズ特別顧問　専細胞生物学　国フランス　魚1992

ボンファイル, エンジオ　エコノミスト　クラリオン・セキュリティーズ主任エコノミスト　国ドイツ　魚2000

ボンファデッリ, ステファニア　Bonfadelli, Stefania　ソプラノ歌手　国イタリア　魚2004／2008

ボンフィリオリ, キリル　Bonfiglioli, Kyril　SF作家　国英国　生1928年　魚1992

ボンフィールド, ピーター　Bonfield, Peter Leahy　実業家　元・ブリティッシュ・テレコム（BT）社長・CEO　国英国　生1944年6月3日　魚1996／2000／2004／2008／2012

ボンベック, エルマ　Bombeck, Erma　コラムニスト, 作家　国米国　生1927年2月21日　没1996年4月22日　魚1992

ポンポン・アディレクサーン　Pongpol Adireksarn　政治家　タイ副首相　元・タイ農業相・協同組合相　国タイ　生1942年3月23日　魚1996／2000／2004／2008

ボンヤスキー, レミー　Bonjasky, Remy　格闘家　国オランダ　生1976年1月10日　魚2008／2012

ホンワナ, ルイ・ベルナルドゥ　Honwana, Luis Bernardo　作家, ジャーナリスト　国モザンビーク　生1942年　魚1992

【マ】

マー, アンドリュー　ジャーナリスト　「インデペンデント」編集長　国英国　生1959年7月　魚2000

マ・イウン　馬 義雄　Mah, Euy-woong　ヘテタイガース代表理事社長　国韓国　生1941年6月22日　魚2000

マー, ウォルター　ファッションデザイナー　国英国　生1951年　魚1992

マ・クァンス　馬 光洙　詩人, 小説家　元・延世大学国語国文学科教授　国韓国　生1951年　魚1996／2000

マ・ケン　馬 建　作家　国中国　生1953年　魚2008

マ・サムヨル　馬 三烈　Ma, Sam-yeol　号=楓山　ジャーナリスト

図書出版錦湖文化代表　国韓国　⊕1936年1月27日　愛2000

マ・シャオフィ　Ma, Xiao-hui　漢字名＝馬暁暉　二胡奏者　国中国　愛2004／2008

マ・ジュンハ　馬 仲可　翰林大学教授　専国際政治　国韓国　⊕1940年　愛2000

マー, ジョン　Marr, John S.　作家，内科医，疫学医　国米国　愛1992

マ, ジングル　Ma, Jingle　漢字名＝馬楚成　映画監督，映画撮影監督　国香港　⊕1957年　愛2004（馬 楚成 バ・ソセイ）／2008（馬 楚成 バ・ソセイ）／2012

マ・フンシク　馬 興植　俳優　国韓国　⊕1948年4月10日　愛1996

マ, マリナ　Ma, Marina　ヨーヨー・マの母　愛2004

マ, ヨーヨー　Ma, Yo-Yo　中国名＝馬友友　チェロ奏者　国米国　⊕1955年10月7日　愛1992／1996／2000／2004／2008／2012

マアウン・ティン　Maung Htin　本名＝ウー・ティンパッ　作家　国ミャンマー　⊕1909年　愛1996

マアルーフ, アミン　Maalouf, Amin　ジャーナリスト，作家　国フランス　⊕1949年2月25日　愛2004／2008／2012

マイ, ウーベイエンス　Mey, Uwe-Jens　スピードスケート選手　国ドイツ　愛1996

マイ, トルシュテン　May, Torsten　ボクシング選手　国ドイツ　愛1996

マイ, マンフレート　Mai, Manfred　作家　国ドイツ　⊕1949年　愛1992／1996

マイアー, ヴァルトラウト　Meier, Waltraud　メゾソプラノ歌手　国ドイツ　⊕1956年　愛2012

マイアー, エイプリル　Mair, Avil　編集者　「i-D」編集者　⊕1971年　愛2004／2008

マイア, バスコンセロス　Maia, Vasconcelos　作家　国ブラジル　⊕1923年　愛1992

マイアー・アイヒェン, ハンスイェルク　プロダクトデザイナー　オーセンティクス代表　国ドイツ　⊕1940年　愛2004

マイアー・シェルコプ, ウルリヒ　Meyer-Shoellkopf, Ulrich　ベルリン・フィルハーモニー監督　⊕1935年　愛2000

マイアソン, ジュリー　Myerson, Julie　作家　国英国　⊕1960年　愛2000

マイエビッチ, アルフレッド・F.　人類学者　ポズナニ大学東洋学部教授　専比較言語学，アイヌ文化　国ポーランド　愛1992／2004／2008

マイエール, シャルル　パリ第7大学教授　専軍事地理学，インドシナ問題　国フランス　愛1992

マイエローウィッツ, エリオット・マーティン　Meyerowitz, Elliot Martin　分子生物学者　カリフォルニア工科大学教授　国米国　愛1996／2000

マイエンブルク, マリウス・フォン　Mayenburg, Marius von　劇作家　国ドイツ　⊕1972年　愛2012

マイオルカ, エンツォ　Maiorca, Enzo　ダイバー　元・イタリア国会議員　国イタリア　⊕1931年6月21日　愛2004

マイク　ミュージシャン　国米国　⊕1964年8月2日　愛1992

マイクD　Mike D　本名＝ダイアモンド, マイク　グループ名＝ビースティ・ボーイズ　ミュージシャン　国米国　⊕1966年11月20日　愛2008

マイクス, ジェイ　Mikes, Jay　バスケットボール指導員　国米国　愛1992

マイケル　Michael　グループ名＝ヒューマン・ネイチャー　歌手　国オーストラリア　⊕1977年1月20日　愛2000

マイケル　Michael　元・バスケットボール選手　専心理学　国米国　愛2004

マイケル, A.W.　Mykel, A.W.　スパイ小説家　国米国　愛1992／1996

マイケル, R.　Michel, Rodolphe　コンピューター技術者　愛2004

マイケル, エモリー　Michael, E.J.　作家　愛2000

マイケル, ジョージ　Michael, George　本名＝パネイトゥ, ジョージ　旧グループ名＝ワム！　ロック歌手　国英国　⊕1963年6月25日　愛1992／1996／2000／2008／2012

マイケル, レイ　アルバータ州東京事務所代表補佐　国カナダ　愛1992／1996

マイケル, ロバート　Michel, Robert Henry　政治家　元・米国下院共和党院内総務　国米国　⊕1923年3月2日　愛1992／1996

マイケルズ, アン　Michaels, Anne　詩人，作家　国カナダ　⊕1958年　愛2004

マイケルズ, エド　Michaels, Ed　人材育成コンサルタント　元・マッキンゼー＆カンパニー・アトランタ支社長　国米国　愛2004

マイケルズ, ケーシー　Michaels, Kasey　本名＝セーディック, キャトリン　ロマンス作家　国米国　愛2000

マイケルズ, ジェニファー　Mikels, Jennifer　ロマンス作家　国米国　愛2004

マイケルズ, ダグ　サンタクルズ・オペレーション（SCO）上級副社長　国米国　愛2000

マイケルズ, ファーン　Michaels, Fern　作家　国米国　愛2004

マイケルズ, レイ　Michaels, Leigh　ロマンス作家　愛2004

マイケルズ, レオナルド　Michaels, Leonard　作家，脚本家　国米国　⊕1933年1月2日　⊖2003年5月10日　愛1996

マイケルソン, ジョン　Mikalson, Jon D.　バージニア大学教授　専ギリシャ宗教史　国米国　⊕1943年　愛2008

マイケルナカムラ　マイケル中村　Micheal Nakamura　本名＝Nakamura,Micheal　登録名＝MICHEAL，日本名＝中村吉秀　元・プロ野球選手　国オーストラリア　⊕1976年9月6日　愛2008／2012

マイケンバウム, ドナルド　Meichenbaum, Donald　心理学者　ウォータールー大学教授　専認知的行動変容（CBM）　⊕1940年　愛1992／1996

マイコ, パンデリ　Majko, Pandeli Sotir　政治家　元・アルバニア首相，元・アルバニア国防相　国アルバニア　⊕1967年11月15日　愛2000／2004／2008／2012

マイコン　Maicon　本名＝Sisenando,Maicon Douglas　サッカー選手（DF）　国ブラジル　⊕1981年7月26日　愛2012

マイザー, アンネッテ　Meiser, Annette　環境運動家　⊕1954年　愛2008

マイズ, ジョニー　Mize, Johny　本名＝Mize,John Robert　大リーグ選手　国米国　⊕1913年1月7日　⊖1993年6月2日　愛1996

マイズ, ラリー　Mize, Larry　プロゴルファー　国米国　⊕1958年9月23日　愛1992／1996／2008

マイスキー, ミッシャ　Maisky, Mischa　本名＝マイスキー, ミハエル　チェロ奏者　国ベルギー　⊕1948年1月10日　愛1992／1996／2000／2012

マイスター, デービッド　Maister, David　経営コンサルタント，経営学者　愛2004

マイズナー, アーサー　Mizener, Arthur Moore　文学批評家　元・コーネル大学教授　国米国　⊕1907年　⊖1988年2月11日　愛1992

マイズナー, キミー　Meissner, Kimmie　本名＝Meissner,Kimberly　フィギュアスケート選手　国米国　⊕1989年10月4日　愛2008／2012

マイスニッツァー, アレクサンドラ　Meissnitzer, Alexandra　元・スキー選手（アルペン）　長野五輪アルペンスキー女子大回転銀メダリスト　国オーストリア　⊕1973年6月18日　愛2008

マイズーラ　Maizurah　歌手　国シンガポール　⊕1971年　愛1996

マイセル, アラン　Meisel, Alan　ピッツバーグ大学法学部教授・医学部精神科教授・医学倫理センター所長　専精神医学，法医学　国米国　愛1996

マイゼル, スティーブン　Meisel, Steven　写真家　国米国　愛1996

マイセンベルク, オレグ　Maisenberg, Oleg　ピアニスト　国ソ連　⊕1945年　愛1992

マイダンス, カール　Mydans, Carl　写真家　国米国　⊕1907年　⊖2004年8月16日　愛1996

マイテ　Maite　本名＝マイテ・ペローニ・ペオリエキ　グループ名

＝RBD　タレント　⚐メキシコ　⊕1983年3月3日　⚑2008／2012

マイデル, ベルント・フォン　Maydell, Bernd von　マックス・プランク研究所外国法国際社会法研究所所長　⚐国際法　⚐ドイツ　⊕1934年　⚑2000

マイトリー・リムピチャート　作家　⚐タイ　⊕1942年　⚑1992

マイトレーヤ, サナンダ　Maitreya, Sananda　旧名＝ダービー, テレンス・トレント　ミュージシャン　⚐米国　⊕1962年3月15日　⚑1992（ダービー, テレンス・トレント）／1996（ダービー, テレンス・トレント）／2004／2008／2012

マイナー, アール　Miner, Earl　元・プリンストン大学教授　⚐英文学,比較文学　⚐米国　⊕1927年　⚒2004年4月17日　⚑1992／1996

マイナー, ハルシー　Minor, Halsey　実業家　エメタリス会長　元・シーネット会長・CEO　⚐米国　⚑2000／2004／2008／2012

マイナー, ハロルド　Miner, Harold　バスケットボール選手　⚐米国　⊕1971年5月5日　⚑1996

マイナシ, マーク　Minasi, Mark　テクニカルライター　MR&D創設者　⚐コンピューター　⚑2000／2004

マイニエリ, ロニー　Mainieri, Ronnie　物理学者　⚐米国　⚑2004

マイノット, スーザン　Minot, Susan　作家　⚐米国　⊕1956年　⚑1992／1996／2012

マイホーファー, アンドレア　Maihofer, Andrea　バーゼル大学教授・ジェンダー・スタディーズ・センター所長　⚐哲学, 社会学, ジェンダー研究　⚐ドイツ　⊕1953年　⚑2004／2008

マイヤー, C.L.　Meyer, Cheryl L.　臨床心理学者　ライト州立大学準教授　⚐米国　⚑2004

マイヤー, アーミン　Meyer, Armin H.　外交官　元・駐日米国大使　⚐米国　⊕1914年5月1日　⚒2006年8月13日　⚑1996（メイヤー, アーミン）

マイヤー, アルヴィン　Meyer, Alwin　ジャーナリスト　⊕1950年　⚑1996

マイヤー, アルブレヒト　Meyer, Albrecht　オーボエ奏者　ベルリン・フィルハーモニー管弦楽団首席オーボエ奏者　⚐ドイツ　⊕1960年　⚑2004／2008／2012

マイヤー, ウリ　Mayer, Uri　指揮者　関西フィルハーモニー管弦楽団常任指揮者, イスラエル・シンフォニエッタ芸術監督　⚐イスラエル　⊕1946年　⚑2000

マイヤー, ウルリケ　Maier, Ulrike　スキー選手（アルペン）　⚐オーストリア　⊕1967年10月22日　⚒1994年1月29日　⚑1996

マイヤー, エルンスト　Mayr, Ernst Walter　動物分類学者　元・ハーバード大学名誉教授　⚐進化生物学, 鳥類学, ダーウィニズム　⚐米国　⊕1904年7月5日　⚒2005年2月3日　⚑1992／1996／2000／2004

マイヤー, エレナ　Meyer, Elena　陸上選手（長距離）　⚐南アフリカ　⊕1966年10月10日　⚑1996／2000／2004／2008

マイヤー, オットー　Mayr, Otto　技術史家　⊕1930年　⚑2000

マイヤー, カイ　Meyer, Kai　作家　⚐ドイツ　⊕1969年　⚑2004／2008

マイヤー, カール・アルフレッド　Meier, C.A.　分析心理学者　元・ユング研究所初代所長, 元・チューリッヒ工科大学教授　⚐スイス　⊕1905年　⚒1995年　⚑1992／1996

マイヤー, キャメロン　Meyer, Cameron　通称＝Meyer, Cam　自転車選手　⚐オーストラリア　⊕1988年1月11日　⚑2012

マイヤー, クリスチャン　Mayer, Christian　元・スキー選手（アルペン）　⚐オーストリア　⊕1972年1月10日　⚑1996／2000

マイヤー, クリスチャン　Meyer, Christian　シェーンベルク研究家　シェーンベルク・センター所長　⚐オーストリア　⚑2004／2008／2012

マイヤー, クリストファー　Meyer, Christopher　経営コンサルタント　キャップジェミニ・アーンスト&ヤングビジネスイノベーションセンター所長,Bios GP社長　⚑2004

マイヤー, グレギー・ドゥ　Maeyer, Gregie De　絵本作家　⚐ベルギー　⊕1951年4月14日　⚑2000

マイヤー, ザビーネ　Mayer, Sabine　クラリネット奏者　⚐ドイツ　⊕1959年　⚑2000／2012

マイヤー, ジェラルド　Meier, Gerald M.　経済学者　スタンフォード大学名誉教授　⚐米国　⚑2004／2008

マイヤー, デービッド　Myers, David　セントラル・クイーンズランド大学人文社会学部長・比較文学教授　⚐比較文学　⚐オーストラリア　⊕1942年　⚑1996

マイヤー, トーマス　Maier, Tomas　デザイナー　ボッテガ・ヴェネタクリエイティブ・ディレクター　⊕1957年　⚑2008／2012

マイヤー, ドミニク　Meyer, Dominique　ウィーン国立歌劇場総裁

マイヤー, ハインリッヒ　Meier, Heinrich　カール・フリードリヒ・フォン・ジーメンス財団長　⚐ドイツ　⊕1953年　⚑1996

マイヤー, ハネス　物理学者　ニューシャテル大学マイクロテクノロジー研究所　⚐太陽電池　⚐スイス　⚑2000

マイヤー, ハンス　西ドイツ金属労組委員長　⚐ドイツ　⊕1921年　⚑1992

マイヤー, ハンス　Mayer, Hans　文芸批評家, 文芸史家　元・ハノーバー工科大学名誉教授　⚐ドイツ　⊕1907年3月19日　⚒2001年5月19日　⚑1996／2000

マイヤー, ハンス　Maier, Hans　政治哲学者, 歴史哲学者　元・ミュンヘン大学社会科学部教授, 元・バイエルン州教育文化相　⚐ドイツ　⊕1931年　⚑2004

マイヤー, ヘニー　Meijer, Hennie　サッカーコーチ, 元・サッカー選手　⚐オランダ　⊕1962年2月17日　⚑2004／2008

マイヤー, ヘルマン　Maier, Hermann　元・スキー選手（アルペン）　長野五輪アルペンスキー男子スーパー大回転・大回転金メダリスト　⚐オーストリア　⊕1972年12月7日　⚑2000／2004／2008／2012

マイヤー, ベルンハルト　Maier, Bernhard　歴史学者　⚐ケルト研究　⚐ドイツ　⊕1963年　⚑2004

マイヤー, ポール　Meyer, Paul J.　サクセス・モティベーション・インスティテュート（SMI）創立者　⚐成功理論, 自己啓発プログラム　⚐米国　⊕1928年　⚑2000

マイヤー, マティアス　スキー選手（アルペン）　ソチ五輪アルペンスキー男子滑降金メダリスト　⚐オーストリア

マイヤー, ヤコブ・ジョルジオ・アルマーニ ジャパン社長　⚐スイス　⚒2003年9月29日

マイヤー, ユルグ　サンド薬品社長　⚐スイス　⚑1996

マイヤー, リチャード　Meier, Richard Alan　建築家　⚐米国　⊕1934年10月12日　⚑2000／2008／2012

マイヤー, ルドルフ　ロシュ・グループ人事統括本部本部長　元・日本ロシュ社長　⚐スイス　⊕1944年4月2日　⚑1992／1996

マイヤー, ワルトラウト　Meier, Wartraud　メゾソプラノ歌手　⚐ドイツ　⊕1956年　⚑2000

マイヤー＝アービッヒ, クラウス　Meyer-Abich, Klaus Michael　エッセン大学名誉教授　⊕1936年　⚑2008

マイヤーウィッツ, ジョール　Meyerowitz, Joel　写真家　⚐米国　⊕1938年　⚑1992／1996／2012

マイヤーオーレ, ヘンドリック　Meyer-Ohle, Hendrik　シンガポール国立大学日本学部助教授　元・ドイツ日本研究所研究員　⚐アジア経済　⚑2004

マイヤーズ, アン・アキコ　Meyers, Anne Akiko　バイオリニスト　⚐米国　⊕1970年5月　⚑1992／1996／2004／2012

マイヤーズ, イザベル　Myers, Isabel Briggs　作家　⚐米国　⚑1992

マイヤーズ, ウォルター・ディーン　Myers, Walter Dean　作家　⚐米国　⊕1937年　⚑2000

マイヤーズ, エステル　Meyers, Estel　イルカ研究家　レインボー・ドルフィン・センター設立者　⚐オーストラリア　⊕1936年　⚑1996

マイヤーズ, クリスタル　Meyers, Krystal　歌手　⚐米国　⊕1988年　⚑2012

マイヤーズ, ゲーリー　幻想作家　⊕1952年（？）　⚑1992

マイヤーズ, ジョン・ピーターソン　Myers, John Peterson　W. オールトン・ジョーンズ財団代表　⚐米国　⚑2000

マイヤーズ, スチュワート　Myers, Stewart C.　経営学者, 財務コンサルタント　マサチューセッツ工科大学教授　元・米国ファイナンス学会会長　[専]財務上の意思決定　[国]米国　[典]2004

マイヤーズ, ディー・ディー　トークショー司会・コメンテーター　元・米国大統領報道官　[国]米国　[典]1996

マイヤース, デービッド　Myers, David G.　ホープカレッジ教授　[専]心理学　[国]米国　[典]2000

マイヤース, トーマス　Myers, T.A.　会計士　T・A・Myers & Co.社長　[国]米国　[典]1996

マイヤーズ, ナンシー　Meyers, Nancy　映画監督, 脚本家, 映画プロデューサー　[国]米国　[生]1949年　[典]2008（メイヤーズ, ナンシー）／2012

マイヤーズ, ノーマン　Myers, Norman　生態学者, 環境開発コンサルタント　[国]米国　[生]1934年8月24日　[典]1996／2000／2004／2008／2012

マイヤーズ, ポール　Myers, Paul　作家　[国]英国　[生]1932年　[典]1996

マイヤーズ, マイク　Myers, Mike　俳優, コメディアン　[国]カナダ　[生]1963年5月25日　[典]2000／2008／2012

マイヤーズ, マーク　Myers, Marc　講演家　[専]運命開拓法　[国]米国　[典]2004

マイヤーズ, マニー　Meyers, Manny　作家, ジャーナリスト, 歴史家　[国]米国　[典]1992

マイヤース, モートン・アレン　Meyers, Morton Allen　医師, 医学教育者　ニューヨーク州立大学医学部放射線科教授,「Gastrointestinal Radiology」誌編集長　[専]放射線学　[国]米国　[生]1933年10月1日　[典]1992

マイヤーズ, ランディ　Myers, Randy　大リーグ選手（投手）　[国]米国　[生]1962年9月19日　[典]2000

マイヤーズ, リチャード　Myers, Richard B.　軍人　元・米国統合参謀本部議長　[国]米国　[生]1942年3月1日　[典]2004／2008／2012

マイヤーズ, ロバート　Myers, Robert T.　パシフィテック社長　[国]米国　[生]1953年　[典]1996

マイヤー・スクマンツ, レネ　Mayer-Skumanz, Lene　児童文学作家　[国]オーストリア　[生]1936年11月7日　[典]2004／2008

マイヤーソン, ミッチ　Meyerson, Mitch　サイコセラピスト　[典]2004

マイヤーソン, ロジャー　Myerson, Roger B.　経済学者　シカゴ大学教授　[専]メカニズム・デザイン理論　[国]米国　[生]1951年3月29日　[典]2012

マイヤー・ラーセン, ウェルナー　Meyer-Larsen, Werner　ジャーナリスト　元・「シュピーゲル」コラムニスト　[典]2004

マイヨ, ジャック　Maillot, Jacques　映画監督　[国]フランス　[生]1962年　[典]2000

マイヨー, ジャン・クリストフ　Maillot, Jean-Christophe　振付師　モンテカルロ・バレエ団芸術監督　[国]フランス　[生]1960年　[典]2004／2008／2012

マイヨ, ハロルド　駐日ケベック州政府代表　[国]カナダ　[典]1992

マイヨール, ジャック　Mayol, Jacques　ダイバー　[専]イルカの生態　[国]フランス　[生]1927年4月1日　[没]2001年12月22日　[典]1996／2000

マイヨール, ピエール　Mayol, Pierre　ダイバー・ジャック・マイヨールの兄　[生]1924年　[典]2008

マイラー, アントン　Myrer, Anton　作家　[国]米国　[典]1992

マイリック, ダニエル　Myrick, Daniel　映画監督　[国]米国　[典]2000

マイリックス, ラリー　Myricks, Larry　陸上選手（走り幅跳び）　ジェネラル・ダイミックス社就職面接官　[国]米国　[典]1992／1996

マイルズ, グレン　カリフォルニア州公務員退職年金コーポレート・ガバナンス・オフィサー　[国]米国　[典]2000

マイルズ, ジャック　Miles, Jack　クレアモント神学校教授　[専]神学　[国]米国　[生]1942年　[典]2000

マイルズ, ジョン　Miles, John　サスペンス作家　オクラホマ大学教授　[国]米国　[典]1992

マイルズ, シルヴィア　Miles, Sylvia　女優　[国]米国　[生]1932年9月9日　[典]1992

マイルス, ダリウス　Miles, Darius　元・バスケットボール選手　[国]米国　[生]1981年10月9日　[典]2004／2008

マイルズ, トーマス　Mails, Thomas E.　牧師　[専]アメリカ先住民研究　[典]2008

マイルズ, バーナード　Miles, Bernard　俳優　[国]英国　[生]1907年9月27日　[没]1991年6月14日　[典]1992

マイルス, バリー　Miles, Barry　伝記作家　[国]英国　[生]1943年　[典]1996

マイルズ, ヒュー　映像作家, カメラマン　[専]野生動物ドキュメンタリー　[国]英国　[生]1942年　[典]1992

マイルズ, ブレンダ・スミス　Myles, Brenda Smith　カンザス大学教育学部特殊教育学科准教授　[専]アスペルガー症候群, 自閉症　[国]米国　[生]1957年　[典]2004

マイルズ, マイケル　Miles, Michael A.　元・フィリップ・モリス会長・CEO　[国]米国　[典]1996

マイルズ, リンダ　Miles, Linda　ロマンス作家　[典]2004

マイルズ, ロバート　Miles, Robert P.　経営学　[国]米国　[典]2004

マイルズ・クラーク, ジャール　Miles Clark, Jearl　旧名＝マイルズ, ジャール　陸上選手（中距離）　[国]米国　[生]1966年9月4日　[典]2004（クラーク, ジャール・マイルズ）／2008

マイルストーン, ルイス　Milestone, Lewis　映画監督　[国]米国　[生]1895年9月30日　[没]1980年9月25日　[典]1992

マイワンディ, スポジャマイ　Maiwandi, Spozhmai　ラジオプロデューサー, アナウンサー　アメリカの声（VOA）パシュトゥー語放送部門長　[国]米国　[典]2004／2008

マインズ, フレデリック（Jr.）　Meins, Frederick（Jr.）　フリードリヒ・ミーシャー研究所グループリーダー　[専]がん研究　[国]米国　[典]1992

マインツァー, クラウス　Mainzer, Klaus　ミュンヘン工科大学教授・カールフォンリンデアカデミー所長　[専]複雑系, 非線形力学　[国]ドイツ　[生]1947年　[典]2000／2012

マインベルク, エックハルト　Meinberg, Eckhard　教育哲学者　ケルン体育大学教授・学長代理　[国]ドイツ　[生]1944年　[典]2004

マウアー, エリザベス　山一バンクスイス副社長　[国]スイス　[典]2000

マウアー, ジョー　Mauer, Joe　本名＝Mauer,Joseph Patrick　大リーグ選手（捕手）　[国]米国　[生]1983年4月19日　[典]2008（モウアー, ジョー）／2012

マウア, トム　Mower, Thomas W.　ニューウエイズ創業者　[国]米国　[生]1942年　[典]2008

マー・ヴァン・カーン　Ma Van Khang　本名＝ディン・チョン・ドアン　作家　ベトナム労働総同盟附属労働出版社編集長　[国]ベトナム　[生]1936年12月1日　[典]1992（マー・バン・カーン）／1996（マー・バン・カーン）

マーウィン, ウィリアム・スタンレー　Merwin, William Stanley　詩人　[国]米国　[生]1927年9月30日　[典]2008／2012

マウエル, ヒルデガルト　Mauel, Hildegard M.　磁器絵付家　[国]ドイツ　[典]2004

マウエル, レナータ　Mauer, Renata　本名＝Mauer-Rozanska, Renata　射撃選手（ライフル）　[国]ポーランド　[生]1969年4月23日　[典]2004／2008

マウグ, ゴルディアン　Maugg, Gordian　映画監督　[国]ドイツ　[生]1966年　[典]2000

マウス, インゲボルク　Maus, Ingeborg　社会学者　[専]カール・シュミット理論　[国]ドイツ　[生]1937年　[典]2004

マウ・ソムナーン　作家　[国]カンボジア　[典]2000

マウチェリー, ジョン　Mauceri, John　指揮者　ハリウッド・ボウル・オーケストラ音楽監督・指揮者, スコティッシュ・ナショナル・オペラ音楽監督　[国]米国　[生]1945年　[典]1996

マウトゥサミー・アッシュ, ジーン　Moutoussamy Ashe, Jeanne　写真家, エイズ防止運動家　[国]米国　[典]1996

マウドゥーディー　Mawdūdī　政治家　[国]パキスタン　[生]1903年　[没]1980年　[典]1992

マウハー, ヘルムート　Maucher, Helmut Oswald　実業家　元・ネスレ会長・社長・CEO　⑳ドイツ　㊤1927年12月9日　㊨1996／2000／2004

マウラー, P.リード　日本ファーマ・プロモーション社長　⑳米国　㊤1937年　㊨2000

マウラー, インゴ　Maurer, Ingo　照明デザイナー　⑳ドイツ　㊤1932年　㊨2000／2004

マウラー, ウエリ　Maurer, Ueli　政治家　元・スイス大統領, 元・スイス国防・市民防衛・スポーツ相　⑳スイス　㊤1950年12月1日

マウラー, オーバル　Mowrer, Orval Hobart　心理学者　元・イリノイ大学心理学教授　⑳米国　㊤1907年1月23日　㊦1982年　㊨1992

マウラ, ダフニ　Maurer, Daphne　マクマスター大学教授　㊋心理学　⑳米国　㊤1946年　㊨1996

マウラ, チャールズ　Maurer, Charles　サイエンス・ライター, 写真家　⑳米国　㊤1946年　㊨1996

マウル, ハインツ・エーバーハルト　ジャーナリスト　⑳ドイツ　㊤1937年　㊨2008

マウル, ハンス　Maull, Hans W.　ドイツ外交政策協会研究所副所長, トリア大学教授, (財)日本国際交流センター欧州代表　㊋国際関係論　⑳ドイツ　㊤1947年　㊨1996

マウレル, イオン・ゲオルゲ　Maurer, Ion Gheorghe　政治家　元・ルーマニア首相　⑳ルーマニア　㊤1902年9月23日　㊦2000年2月8日　㊨1992

マウレンシグ, パオロ　Maurensig, Paolo　作家　⑳イタリア　㊤1943年　㊨2000

マウロ, ダグラス　Mauro, Douglas R.　コンピューター技術者　⑳米国　㊨2004

マヴロディン, イリナ　Mavrodin, Irina　翻訳家, 随筆家, 詩人　ブカレスト大学教授　㊋フランス文学　⑳ルーマニア　㊨1996（マブロディン, イリナ）

マウン, シンシア　Maung, Cynthia　医師　⑳ミャンマー　㊨2000／2004／2008／2012

マウン・エイ　Maung Aye　軍人　ミャンマー国家平和発展評議会（SPDC）副議長　⑳ミャンマー　㊤1937年12月25日　㊨2000／2004／2008／2012

マウン・ターヤ　Maung Thaya　作家　⑳ミャンマー　㊤1931年　㊨1992／2000

マウンテン, ロス　Mountain, Ross Stewart　DARA事務局長　⑳ニュージーランド　㊨2008／2012

マウンテン・ドリーマー, オーリア　Mountain Dreamer, Oriah　シャーマン, ケースワーカー　ドリーム・スター・ロッジ主宰　散文詩「ただ, それだけ」の作者　⑳カナダ　㊨2004

マウント, ブルース　Mount, Bruce　ITコンサルタント　Cambridge Venture Advisors・CTO　㊨2008

マウン・マウン　Maung Maung　政治家　元・ミャンマー大統領・社会主義計画党議長　⑳ミャンマー　㊤1925年1月11日　㊦1994年7月2日　㊨1992／1996

マウン・マウン・カ　Maung Maung Kha　政治家　元・ミャンマー首相　⑳ミャンマー　㊤1920年6月7日　㊦1995年4月30日　㊨1992／1996

マーエ, エディ　政治コンサルタント　エディ・マーエ・カンパニー社代表　元・米国共和党全国委員会副委員長

マーエ, ルイ・パスカル　Mahé, Louis-Pascal　レンヌ国立農業大学農業経営学科教授　㊋農業経済学, フランス・EU農業政策　⑳フランス　㊨2004／2008

マエストリ, アレッサンドロ　Maestri, Alessandro　プロ野球選手（投手）　⑳イタリア　㊤1985年6月1日

マエノ, モニック　Maeno, Monique　作家, ジャーナリスト　⑳フランス　㊤1945年　㊨1992

マエフスキ, トマシュ　Majewski, Tomasz　砲丸投げ選手　北京五輪・ロンドン五輪陸上男子砲丸投げ金メダリスト　⑳ポーランド　㊤1981年8月30日　㊨2012

マエンツァ, ビンセンツォ　Maenza, V.　レスリング選手（グレコローマン48キロ級）　⑳イタリア　㊨1992

マオ, アロン　実業家　ダイレックスジャパン代表取締役　⑳イスラエル　㊤1962年　㊨2000

マオ, アンジェラ　Mao, Angela　本名=茅静瑛　別名=茅瑛, 前名=茅復静　元・女優　⑳米国　㊤1950年9月20日　㊨2012

マオ, ヨン　Mao, Yong　物理学者　セントジョンズ・カレッジ・リサーチ・フェロー　㊨2004

マオア, ロス　Mouer, Ross E.　日本研究者　モナシュ大学アジア言語・研究学部教授　⑳米国　㊤1944年　㊨2004

マオズ, モシェ　ヘブライ大学トルーマン研究所長　㊋中東研究, シリア研究　⑳イスラエル　㊤1935年　㊨1996

マーカー, スティーブ　Marker, Steve　グループ名=ガービッジ　ミュージシャン　⑳米国　㊤1959年3月16日　㊨2004／2008／2012

マガー, パット　McGerr, Pat　本名=マガー, パトリシア　ミステリー作家　⑳米国　㊤1917年　㊦1985年　㊨1992

マカーイ, ロイ　Makaay, Roy　本名=マカーイ, ロイ・ルドルフス・アントン　サッカー選手（FW）　⑳オランダ　㊤1975年3月9日　㊨2004／2008／2012

マカイナイ, マイラニ　Makainai, Mailani　旧デュオ名=ケアヒパイ　歌手　ナ・ホク・ハノハノ・アワーズ最優秀女性ボーカリスト賞を受賞したハワイの歌姫　⑳米国　㊨2012

マカイバー, アシュリー　McIvor, Ashleigh　元・スキー選手（フリースタイル）　バンクーバー五輪フリースタイルスキー女子スキークロス金メダリスト　⑳カナダ　㊤1983年9月15日　㊨2012

マカウ, パトリック　Makau, Patrick　本名=Makau,Musyoki Patrick　マラソン選手　⑳ケニア　㊤1985年3月2日　㊨2012

マガウアン, シェイン　McGowan, Shane　グループ名=ポーグス　ミュージシャン　⑳アイルランド　㊤1957年

マカヴェイエフ, ドゥシャン　Makavejev, Dušan　映画監督　⑳ユーゴスラビア　㊤1932年10月13日　㊨1992（マカベイエフ, ドゥシャン）／1996（マカベイエフ, ドゥシャン）

マカウスキ, フランク　Murkowski, Frank　本名=Murkowski, Frank Hughes　政治家, 銀行家　米国上院議員（共和党）　⑳米国　㊤1933年3月28日　㊨1996／2000／2004／2012

マカウチ, ハンナ　McCouch, Hanna　作家　㊨2008

マガジナー, アイラ　Magaziner, Ira C.　国際ビジネスコンサルタント　元・クリントン米国大統領上級補佐官　⑳米国　㊨1992／1996／2000

マーカス　Marcus　本名=ミーロップ, マーカス・ルードヴィヒ・シェンケンバーグ・ヴァン　モデル　㊤1968年　㊨1996

マーカス, アラン　Marcus, Alan J.　経済学者　ボストン・カレッジ経営大学院教授　⑳米国　㊨2008

マーカス, エリック　Marcus, Erik　作家　㊨2008

マーカス, エリック　Marcus, Eric　「心にトゲ刺す200の花束」の著者　㊨2008

マーカス, カート　Markus, Kurt　写真家　⑳米国　㊤1947年　㊨1996

マーカス, グリール　Marcus, Greil　音楽評論家　⑳米国　㊤1945年6月19日　㊨1996／2000

マーカス, ジョージ　Marcus, George E.　ライス大学人類学科主任教授　㊋人類学　⑳米国　㊨2000

マーカス, スタンリー　Marcus, Stanley　実業家　元・ニーマン・マーカス名誉会長　⑳米国　㊤1905年4月20日　㊦2002年1月22日　㊨1992／1996

マーカス, ドナリー　Markus, Donalee　脳トレーニング研究家　⑳米国　㊨2008

マーカス, バジル　騎手　⑳香港　㊤1957年1月5日　㊨1996／2000

マーカス, リンゼー・ペイジ　コンサルタント　⑳米国　㊨2008

マーカス, ルドルフ　Marcus, Rudolph Arthur　化学者　カリフォルニア工科大学教授　㊋物理化学　⑳米国　㊤1923年7月21日　㊨1996／2000／2008／2012

マカスキー, バージニア　McCaskey, Virginia Halas　シカゴ・ベアーズオーナー　⑳米国　㊤1923年　㊨2012

マカッチャン, フィリップ　McCutchan, Philip　別筆名=マクニー

ル, ダンカン　作家　⑱英国　⑫1913年10月　⑲1996

マカーディ, デーブ　McCurdy, Dave　政治家　元・米国下院議員 (民主党)　⑱米国　⑫1950年3月30日　⑲1996

マカーディ, マイケル　McCurdy, Michael　版画家　⑱米国　⑲2004

マーカティ, マリア　Mercati, Maria　マッサージ指導者　⑱英国　⑲2004

マガート, ジェフ　Maggert, Jeff　プロゴルファー　⑱米国　⑫1964年2月20日　⑲2008

マガト, フェリックス　Magath, Felix　サッカー監督, 元・サッカー選手　⑱ドイツ　⑫1953年7月26日　⑲2012

マーカート, マイケル　Marquardt, Michael J.　人材開発コンサルタント　ジョージ・ワシントン大学教授・海外プログラムディレクター, グローバル・ラーニング・アソシエイツ代表　⑳リーダーシップ論, グローバリゼーション　⑱米国　⑲2004

マカドゥジュ, クリシュ　駐日南アフリカ大使, 南アフリカクリケット統一連盟総裁　⑱南アフリカ　⑲2000

マガニャ, アルバロ　Magana, Alvaro　本名=Magana Borja, Alvaro　政治家　元・エルサルバドル暫定大統領　⑱エルサルバドル　⑫1925年10月4日　⑬2001年7月10日　⑲1992

マカパガル, ディオスダド　Macapagal, Diosdado　政治家　元・フィリピン大統領　⑱フィリピン　⑫1910年9月28日　⑬1997年4月21日　⑲1992/1996

マガバン, ジョン・J.　ランカスター大学英語教育研究所所長　元・京都英国文化センター館長　⑳英語教育　⑱英国　⑲1992

マカファーティ, ミーガン　McCafferty, Megan　作家　⑱米国　⑲2008

マカボイ, R.A.　MacAvoy, R.A.　作家　⑱米国　⑫1949年12月13日　⑲1996

マカボイ, ジェームズ　McAvoy, James　俳優　⑱英国　⑫1979年4月21日　⑲2012

マーカム, R.H.P.　ユニリーバ北東アジア・ビジネスグループ会長　⑱英国　⑲1996/2000

マーカム, ケビン　舞台俳優　⑱米国　⑫1987年7月20日　⑲1992

マーカム, デーブ　Marcum, Dave　ビジネスコンサルタント　⑲2004

マーカム, ベリル　Markham, Beryl　パイロット　⑱ケニア　⑫1902年　⑬1986年8月4日　⑲1992

マーカムソン, ロバート　Malcolmson, Robert W.　クイーンズ大学歴史学教授, 民衆娯楽史　⑱カナダ　⑫1943年　⑲1996

マカライグ, カタリーノ　Macaraig, Catalino　政治家　元・フィリピン官房長官　⑱フィリピン　⑫1927年11月5日　⑲1992

マカラウ, イハル　Makarau, Ihar　柔道選手　⑱ベラルーシ　⑫1979年7月20日　⑲2008

マカーリー, マイケル　ロビイスト　パブリック・ストラテジー・グループ共同経営者　元・米国大統領報道官　⑱米国　⑲1996/2000

マガリエフ, ムハンマド・ユスフ　Magariaf, Mohammad Yusuf al-　政治家　元・リビア制憲議会議長　⑱リビア　⑫1940年

マガリカエス, ホベルト・ホレッタ　Magalhaes, Roberto Roleta　柔術家　⑱ブラジル　⑲2004/2008

マカリース, メアリー　McAleese, Mary Patricia　旧名=Leneghan　政治家, 法学者　アイルランド大統領　⑱アイルランド　⑫1951年6月27日　⑲2000/2004/2008/2012

マカリスター, アン　McAllister, Anne　ロマンス作家　⑱米国　⑲1996

マカリスター, ガリー　McAllister, Gary　サッカー選手 (MF)　⑱英国　⑫1964年12月25日　⑲2000/2008

マカリスター, バッド　水泳コーチ　カナダ・ナショナル・トレーニングセンター・ヘッドコーチ　⑱米国　⑲2004

マカリスター, ブルース　作家, 編集者　⑱米国　⑫1946年　⑲1996

マカリスター, ヘザー　MacAllister, Heather　ロマンス作家　⑱米国　⑲2004

マガリニョス, カルロス・アルフレド　国連工業開発機関 (UNIDO) 事務局長　⑱アルゼンチン　⑲2000

マガリャネス, ヘラルド・フェデリコ　Magallanes, Gerardo Federico　サッカー選手 (MF)　⑱ウルグアイ　⑫1976年8月22日　⑲2000

マカリンタール　Makalintal, Querube C.　元・フィリピン最高裁長官　⑱フィリピン　⑫1910年　⑲1992

マカール, ズデニェク　Mácal, Zdenek　指揮者　元・チェコ・フィルハーモニー管弦楽団首席指揮者, 元・ミルウォーキー交響楽団音楽監督　⑱米国　⑫1936年1月8日　⑲1996/2000/2008/2012

マカル, マフムト　Makal, Mahmut　作家　⑱トルコ　⑫1933年　⑲1992

マカルチク, イェジ　国際法学者　ポーランド外務副大臣　⑱ポーランド　⑲1992

マカルパイン, レーチェル　McAlpine, Rachel　作家, 詩人　同志社女子大学客員教授　⑳フェミニズム, 女性参政権運動　⑱ニュージーランド　⑫1940年　⑲1996

マーガレット王女　Margaret　本名=マーガレット・ローズ　エリザベス英国女王の妹　⑱英国　⑫1930年8月21日　⑬2002年2月9日　⑲1992/1996/2000

マカロフ, V.L.　Makarov, V.L.　経済学者　ソ連中央数理経済研究所 (CEMI) 所長, モスクワ大学教授　⑳数理経済学　⑱ソ連　⑫1937年　⑲1992/1996

マガロフ, ニキータ　Magaloff, Nikita　ピアニスト　⑱スイス　⑫1912年2月8日　⑬1992年12月26日　⑲1996

マカロフ, ミハイル　Makarov, Mikhail　軍人　⑱ロシア　⑫1960年　⑲2004

マカロワ, ナタリア　Makarova, Natalia　本名=Makarova, Natalia Romanovna　バレリーナ　元・アメリカン・バレエ・シアター (ABT) プリンシパル　⑱ロシア　⑫1940年11月21日　⑲1992/2008/2012

マカローン, グレース　Maccarone, Grace　絵本作家　⑱米国　⑲2000

マガーン, ミッシェル　プロゴルファー　⑱米国　⑫1969年12月30日　⑲1996/2000

マーカンジャ, アニル　Markandya, Anil　元・ロンドン環境経済学センター副所長　⑳環境経済学　⑱英国　⑫1945年　⑲1996

マーカンド, デービッド　Marquand, David Ian　サルフォード大学教授　⑳現代史, 政治学　⑱英国　⑫1934年9月20日　⑲1992

マーカンド, リチャード　Marquand, Richard　映画監督　⑱英国　⑫1938年　⑬1987年9月4日　⑲1992

マカンドレス, ブルース (2世)　宇宙飛行士　米国海軍大佐　⑱米国　⑲1992

マギー, アンドルー　Magee, Andrew Donald　プロゴルファー　⑱米国　⑫1962年5月22日　⑲2004/2008

マギー, ケーシー　McGehee, Casey Michael　プロ野球選手 (内野手)　⑱米国

マギー, ジェームズ　McGee, James　作家　⑱英国　⑫1950年8月　⑲1996

マギー, ジェリー　McGee, Gerry　グループ名=ベンチャーズ　ギタリスト　⑱米国　⑫1937年　⑲1996/2000/2008/2012

マギー, スティーブン　テキサス大学教授　⑳経済学, 財政学　⑱米国　⑲1996

マギー, デービッド　Magee, David　ジャーナリスト　⑱米国　⑲2004/2008

マギー, ハワード　McGhee, Howard B.　ジャズ・トランペット奏者　⑱米国　⑫1918年2月6日　⑬1987年7月17日　⑲1992

マギー, ブライアン　Magee, Bryan　哲学者　⑱英国　⑫1930年4月12日　⑲2004

マギ, マウレン・イガ　Maggi, Maurren Higa　走り幅跳び選手　北京五輪陸上女子走り幅跳び金メダリスト　⑱ブラジル　⑫1976年6月25日　⑲2012

マギー, ロバート・テンプル　McGee, Robert Temple　米国東海銀行副頭取　⑱米国　⑫1950年　⑲1996

マギーQ　Maggie Q　本名=キグリー, マーガレット・デニス　女優,

モデル　[生]1979年5月22日　[典]2004／2008／2012

マキカ, パトリス　Makika, Patrice　外交官　駐日ガボン臨時代理大使　[国]ガボン　[生]1944年　[典]1992

マキサック, パトリシア　McKissack, Patricia C.　児童文学作家　[国]米国　[典]2004

マキサック, ラナハナコ　マキサック, ラナhanako　本名=マキサック, ラナ　歌手, 女優　[国]米国　[生]1984年6月5日　[典]2004

マキシー, ロバート　実業家　MGMグランド会長　[国]米国　[典]1996

マキシム　Maksim　ピアニスト　[国]クロアチア　[生]1975年5月3日　[典]2008／2012

マキシム, ジョン　Maxim, John R.　作家　[生]1937年　[典]1996

マギダ, ノクゾラ　Magida, Nokuzola　[専]黒人解放運動家　[国]南アフリカ　[生]1947年　[典]1996

マキタリック, モリー　フリーライター　[国]米国　[生]1951年10月　[典]1992／1996

マーギッツァ, リック　Margitza, Rick　ジャズサックス奏者　[国]米国　[生]1962年　[典]1996

マキナニー, ジェイ　McInerney, Jay　作家　[国]米国　[生]1955年　[典]1992／1996／2000

マキナニー, フランシス　McInerney, Francis　コンサルタント　ノース・リバー・ベンチャーズ経営者　[国]米国　[典]2000／2004

マキナニー, ラルフ　McInerny, Ralph　本名=McInerny,Ralph Matthew　別名=クイル, モニカ, マッキン, エドワード　ミステリー作家, 哲学者　元・ノートルダム大学教授　[国]米国　[生]1929年2月24日　[没]2010年1月29日　[典]2004／2008

マキニス, ドナルド　McInnis, Donald J.　エンジニアリング・システムズ・グループ副社長　[国]米国　[生]1946年11月　[典]1992

マキーヌ, アンドレイ　Makine, Andreï　作家　[国]フランス　[生]1957年　[典]1996（マキン, アンドレイ）／2000（マキン, アンドレイ）／2004／2012

マギヌン　Magnum　本名=Tavares,Magnum Rafael Farias　サッカー選手（MF）　[国]ブラジル　[生]1982年3月24日　[典]2008

マキヌーン, ソライエ　アルザハラ大学学長　[専]教育学　[国]イラン　[典]1992

マキネン, トミ　Makinen, Tommi　元・ラリードライバー　[国]フィンランド　[生]1964年6月26日　[典]2000／2004／2008

マキパー, ヘイッキ　Mäkipää, Heikki　地震・火山学研究者　フィンランドセンター所長　[典]2008

マキャフリー, アン　McCaffrey, Anne　SF作家　[国]米国　[生]1926年4月1日　[典]1992／1996／2012

マキャフリイ, ラリイ　サンディエゴ州立大学教授　[専]ポストモダン文学　[生]1946年　[典]1996

マキャベロ・アモロス, ルイス　Machiavello Amoros, Luis J.　外交官　駐日ペルー大使　[国]ペルー　[生]1931年5月　[典]1992／2004／2008

マキャモン, ロバート　McCammon, Robert R.　作家　[国]米国　[生]1952年　[典]1992／1996／2000

マキャリオン, ヘーゼル　McCallion, Hazel　政治家　ミササガ市長　[国]カナダ　[典]2012

マキュアン, アラン　McHughen, Alan　生物学者　サスカチェワン大学教授　[国]カナダ　[典]2004

マキューアン, イアン　McEwan, Ian　本名=McEwan,Ian Russell　作家　[国]英国　[生]1948年6月21日　[典]1992（マッキュアン, イアン）／1996（マッキュアン, イアン）／2000／2004／2008／2012

マキュージック, マーシャル・カーク　McKusick, Marshall Kirk　コンピューター技術者　[国]米国　[典]2008

マキューズィック, ビクター　Mckusick, Victor A.　遺伝医学者, 医師　ジョンズ・ホプキンズ大学医学部遺伝医学部門教授　[専]国際ヒトゲノム　[国]米国　[生]1921年10月21日　[典]2012

マキューゾ, ジョセフ　Mancuso, Joseph R.　起業コンサルタント　[国]米国　[典]2000

マーキュリー, フレディ　Mercury, Freddie　本名=バルサラ, フレデリック　グループ名=クイーン　ロック歌手　[国]英国　[生]1946年9月5日　[没]1991年11月24日　[典]1992

マーキュリオ, ポール　Mercurio, Paul　舞踊家, 振付師, 俳優　シドニー・ダンスカンパニー主席ダンサー　[国]オーストラリア　[生]1963年3月31日　[典]1996

マーギュリーズ, ジミー　Margulies, Jimmy　漫画家　[国]米国　[生]1951年　[典]1996

マキューン, グラント　McCune, Grant　VFXアーティスト　[国]米国　[生]1943年3月27日　[没]2010年12月27日

マキューン, ケイト　Mckeown, Kate　経営コンサルタント　[国]米国　[典]1992

マキューン, ロッド　McKuen, Rod　詩人, 作詞・作曲家, 歌手, 映画俳優　[国]米国　[生]1933年4月29日　[典]1992

マキリップ, パトリシア・アン　McKillip, Patricia Ann　ファンタジー作家　[国]米国　[生]1948年　[典]1992／2012

マキロイ, ロリー　Mcilroy, Rory　プロゴルファー　[国]英国　[生]1989年5月4日　[典]2012

マキロップ, トム　McKillop, Tom　本名=McKillop,Thomas Fulton Wilson　実業家　元・アストラゼネカCEO　[国]英国　[生]1943年3月19日　[典]2004／2012

マーキンズ, ジェームズ　Makens, James　マーケティング・コンサルタント　[国]米国　[典]2008

マーク, ジャン　Mark, Jan　本名=Mark,Janet Marjorie　児童文学作家　[国]英国　[生]1943年6月22日　[典]1996／2000

マーク, ハンス　Mark, Hans　テキサス大学システム（テキサス14大学の連合）総長　[専]原子核工学　[国]米国　[生]1929年　[典]1992

マーク, マリー・エレン　Mark, Mary Ellen　写真家　[国]米国　[生]1940年　[典]1996

マーク, ラッセル　Mark, Russel　射撃選手（クレー射撃）　[国]オーストラリア　[生]1964年2月25日　[典]2000／2004

マーク, ルービン　Mark, Reuben　コルゲート・パルモリーブ会長　[国]米国　[典]1992

マーク, ロバート　Mark, Robert　プリンストン大学建築・都市計画学教授　[専]実験的応力解析, 建築史　[国]米国　[生]1930年　[典]1992

マグァイアー, アンドリュー　ATI（Appropriate Technology International）事務総長　[国]米国　[典]1992

マグアイア, ディックス　McGuire, Dix　ソフトウェア・エンジニア　タンデムコンピューターズ社　[国]米国　[典]1992／1996

マグアイア, ランバート　Maguire, Lambert　ピッツバーグ大学ソーシャルワーク学部教授　[国]米国　[典]1996

マクアルーン, パディ　McAloon, Paddy　グループ名=プリファブ・スプラウト　ミュージシャン　[国]英国　[生]1957年6月7日　[典]2004／2012

マクアントニー, ジョゼフ　Mac Anthony, Joseph　作家, ジャーナリスト　[生]1936年　[典]1996

マグウィガン, ジム　McGuigan, Jim　社会学者　ロッフバラー大学　[専]文化社会学　[国]英国　[典]2004

マクウェール, デニス　McQuail, Denis　アムステルダム大学名誉教授　[専]社会学, マスコミ論　[国]英国　[生]1935年　[典]2000

マクエイカーン, ダグ　MacEachern, Doug　ソフトウェア・コンサルタント　[国]米国　[典]2004

マクエイケルン, デービッド　MacEachern, David G.　ボブスレー選手　[国]カナダ　[生]1967年11月4日　[典]2000

マークエステル　Marcestel　本名=スキャルシャフィキ, マークエステル　画家　[国]フランス　[生]1943年2月26日　[典]1992（スキャルシャフィキ, マークエステル／マークエステル）／1996／2000／2008（スキャルシャフィキ, マークエステル）／2012

マクエバーズ, ジョーン　McEvers, Joan　占星術師　[国]米国　[典]2004／2008

マクエボイ, アンヌマリー　Mcevoy, Annemarie　女優　[国]米国　[生]1975年9月19日　[典]1992

マクガイア, マイケル　Maguire, Michael　作家, ジャーナリスト　[国]英国　[生]1904年　[典]1992（マグアイア, マイケル）

マクガイア, マイケル　物理学者　[生]1945年　[典]1992（マグアイア,

マイケル）

マクガイア, マイケル　McGwire, Michael　軍事専門家　ケンブリッジ大学上級客員特別研究員　[国]英国　[生]1925年　[典]1992（マグアイア, マイケル）／1996

マクガウン, カール　McGown, Carl　ブリガムヤング大学体育学部教授・男子バレーボールチーム監督　[専]バレーボール指導, 運動学習論　[国]米国　[生]1937年10月　[典]2000

マクガーク, レスリー　McGuirk, Leslie　イラストレーター　[国]米国　[生]1960年7月18日　[典]1996／2000

マクガバーン, ジミー　McGovern, Jimmy　脚本家　[国]英国　[生]1949年　[典]2000

マクガバン, ジョージ　McGovern, George Stanley　政治家　元・米国上院議員（民主党）, 元・国連食糧農業機関（FAO）米国大使代表　[国]米国　[生]1922年7月19日　[没]2012年10月21日　[典]1992／1996／2000／2004／2008／2012

マクガバン, モーリーン　Mcgovern, Maureen　歌手　[国]米国　[典]1992

マクガーワン, ウィリアム　McGowan, William　実業家　元・MCIコミュニケーションズ会長　[国]米国　[生]1927年　[没]1992年6月8日　[典]1992（マガウアン, ウィリアム）／1996（マガウアン, ウィリアム）

マクギー, ジョン　McGee, John　ジェントル・ティーチング研究所所長　[専]心理学, 教育学　[国]米国　[典]2000

マクギーガン, ニコラス　McGegan, Nicholas　指揮者, チェンバロ奏者　ゲッティンゲン・ヘンデル音楽祭芸術監督　[典]2000

マクギニス, アラン・L.　McGinnis, Alan Loy　精神科医, 牧師　[国]米国　[典]1992／1996

マクギネス, フランク　McGuinness, Frank　劇作家　[国]アイルランド　[生]1953年7月29日　[典]2004／2008

マクギネス, マーティン　McGuinness, Martin　政治家　北アイルランド自治政府副首相　[国]英国　[生]1950年5月23日　[典]2000／2004／2008／2012

マクギネス・ケリー, トレーシ・リー　McGuiness-Kelly, Tracy-Lee　イラストレーター　[国]英国　[典]2004／2008

マクーギハン, イアン　元・ラグビー選手　スコットランド代表ラグビー・チーム監督　[国]英国　[生]1946年10月30日　[典]1992

マクギリカディ, ジョン　McGillicuddy, John Francis　銀行家　元・ケミカル・バンキング会長・CEO　[国]米国　[生]1930年12月30日　[典]1992／1996

マクグラス, ジュディ　McGrath, Judy　本名＝マクグラス, ジュディス　実業家　MTVネットワークス会長・CEO　[国]米国　[生]1952年　[典]2008／2012

マクグリン, ジョージ　McGlynn, George H.　運動生理学者　サンフランシスコ大学体育学部教授　[専]呼吸循環系体力, 筋力トレーニング　[国]米国　[典]2004

マクケベット, G.A.　McKevett, G.A.　別名＝マシー, ソーニャー　作家　[国]米国　[生]1952年　[典]2000

マクゴニガル, ケリー　McGonigal, Kelly　心理学者　スタンフォード大学講師　[専]健康心理学　[国]米国　[生]1977年

マクシェイン, フランク　MacShane, Frank　伝記作家　コロンビア大学教授　[専]英米文学, レイモンド・チャンドラー　[国]米国　[生]1927年　[典]1992／1996

マクシェーン, マーク　McShane, Mark　作家　[国]英国　[生]1929年　[典]2000

マクシモビッチ, ゴラン　射撃選手（エアライフル）　[国]ユーゴスラビア　[典]1992

マクシーモフ, ウラジーミル　Maksimov, Vladimir Emelyanovich　本名＝サムソーノフ, レフ・アレクセーヴィチ　作家　元・「コンチネント」誌編集長　[生]1932年12月9日　[没]1995年3月26日　[典]1992／1996

マクシーモフ, ユーリー　Maksimov, Yurii Pavlovich　軍人　ソ連戦略抑止軍司令官（上級大将）　[国]ソ連　[生]1924年6月30日　[典]1992／1996

マクシモワ, エカテリーナ　Maksimova, Ekaterina　本名＝Maksimova,Ekaterina Sergeevna　バレリーナ　元・ボリショイ劇場バレエ団プリンシパル　[国]ロシア　[生]1939年2月1日　[没]2009年4月28日　[典]1996／2008

マクシャン, ジェイ　McShann, Jay Hootie　本名＝マクシャン, ジェームズ　ジャズ・ピアニスト・歌手, 作曲家　[国]米国　[生]1916年1月12日　[没]2006年12月7日　[典]1992／1996

マクジルトン, チャールズ・E.　McJilton, Charles E.　セカンドハーベストジャパン（2HJ）理事長　[国]米国　[生]1963年　[典]2008／2012

マグス　Mags　本名＝フルホルメン, マグネ　グループ名＝a-ha　キーボード奏者　[国]ノルウェー　[生]1962年11月1日　[典]2004／2008

マークス, アラン　Marks, Alan　画家　[国]英国　[生]1957年　[典]2000

マークス, エバン　Marks, Evan R.　コンピューター技術者　元・サン・ユーザー・グループ副会長　[典]2004

マークス, ジェラルド　元・米国商務省シカゴ事務所長　[国]米国　[没]1987年9月4日　[典]1992

マークス, ジョニー　作曲家　[国]米国　[没]1985年9月3日　[典]1992

マークス, ジョン　Marks, John　反戦運動家　サーチ・フォー・コモン・グラウンド代表　[国]米国　[典]2000

マークス, スティーブン　Marks, Stephen　実業家　フレンチ・コネクション社長・CEO　[生]1946年5月23日　[典]2004／2008

マークス, スティーブン　Marx, Steven　カリフォルニア州立工芸大学教授　[専]英文学, 西洋文化, 文学としての聖書　[生]1942年　[典]2004

マークス, デービッド　Marks, David　本名＝Marks,David Lee　グループ名＝ビーチ・ボーイズ　ロックギタリスト　[国]米国　[生]1948年8月22日

マークス, ポール　Marks, Paul Alan　遺伝学者　スローン・ケタリング記念がんセンター名誉総長　元・コロンビア大学教授　[専]がん遺伝子学　[国]米国　[生]1926年8月16日　[典]2004

マークス, リチャード　歌手　[国]米国　[生]1963年　[典]1996

マクスウェル, T.J.W.　Maxwell, Timothy J.W.　エス・ジー・ウォーバーグ証券会社東京支店支店長　[国]英国　[生]1954年8月14日　[典]1992

マクスウェル, ジョン　Maxwell, John C.　人材育成コンサルタント　INJOYグループ主宰　[専]リーダーシップ開発　[国]米国　[生]1947年　[典]2004

マクスウェル, スティーブ　Maxwell, Steve　コンピューター技術者　[国]米国　[典]2004

マクスウェル, ハミシュ　Maxwell, Hamish　元・フィリップ・モリス会長・CEO　[国]米国　[典]1992／1996／2004

マクスウェル, フレデリック・アラン　Maxwell, Fredric Alan　作家　[国]米国　[典]2004／2008

マクスウェル, ロバート　Maxwell, Robert　本名＝ホック, ヤン・ルドウィック　元・マクスウェル・コミュニケーションズ（MCC）会長, 元・ミラーグループ会長　新聞王　[国]英国　[生]1923年6月10日　[没]1991年11月5日　[典]1992

マクスウェル・ハドソン, クレア　Maxwell-Hudson, Clare　マッサージ師　[国]英国　[典]2004

マークスタイン, ジョージ　Markstein, George　スパイ小説家　[典]1992／1996

マクセイ, ケネス　Macksey, Kenneth J.　軍事評論家, 元・軍人　[国]英国　[典]2004

マクソーリー, ジーン　McSorley, Jean　環境保護運動家　[国]英国　[生]1958年2月　[典]1992

マクダイアミッド, アラン　MacDiarmid, Alan G.　高分子化学者　元・ペンシルベニア大学教授　[国]米国　[生]1927年4月14日　[没]2007年2月7日　[典]2004

マクダウエル, アンディ　MacDowell, Andie　女優　[国]米国　[生]1958年4月21日　[典]1996／2012

マクダウェル, ジャック　McDowell, Jack　大リーグ選手（投手）　[国]米国　[生]1966年1月16日　[典]1996／2000

マクダウェル, デービッド　McDowell, David Keith　外交官　国際自然保護連合事務総長　元・駐日ニュージーランド大使　[国]ニュージーランド　[生]1937年4月30日　[典]1996／2000

マクダウェル, マイケル　McDowell, Michael　作家　[国]米国　[生]1950年6月1日　[典]1996

マ

マクタガート, デービッド　McTaggart, David　環境保護活動家　元・グリーンピース創設者　[国]カナダ　[生]1932年　[没]2001年3月23日　[典]1996

マクダナー, ジェームズ　McDonough, James R.　軍人　米国陸軍中佐　[国]米国　[生]1946年　[典]1996

マクダナー, ヨナ・ゼルディス　McDonough, Yona Zeldis　ライター, 児童文学作家　[典]2004

マクダニエル, ピート　McDaniel, Pete　スポーツライター　[国]米国　[典]2000

マクダニエルズ, ジョシュ　McDaniels, Josh　プロフットボールコーチ　[国]米国　[生]1976年4月22日　[典]2012

マクダネル, サンフォード　McDonnell, Sanford N.　マクダネル・ダグラス名誉会長　[国]米国　[生]1922年10月12日　[典]1996

マクダネル, ジョン　McDonnell, John Finney　マクダネル・ダグラス会長・CEO　[国]米国　[生]1938年3月18日　[典]1992（マクドネル, ジョン）

マクダフ, ジャック　McDuff, Jack　本名＝マクダフ, ブラザー・ジャック　ジャズオルガン奏者　[国]米国　[生]1926年9月17日　[没]2001年1月23日　[典]1996

マクダーミド, バル　McDermid, Val　ミステリー作家　[国]英国　[典]2000／2004／2008／2012

マクダーモット, アリス　McDermott, Alice　作家　[国]米国　[生]1954年頃　[典]1992／1996

マクダーモット, ジェームズ・J.（Jr.）　金融アナリスト　キーフェ・ブリューエット・アンド・ウッズ社社長　[国]米国　[典]1996

マクダーモット, ジェラルド　McDermott, Gerald　絵本作家, 映画製作者　[国]米国　[生]1941年　[典]1996

マクダーモット, リチャード　McDermott, Richard　コンサルタント　マクダーモット・コンサルティング代表　[典]2004

マクティア, ジャネット　McTeer, Janet　女優　[国]英国　[生]1961年5月8日　[典]2004／2008／2012

マクティアーナン, ジョン　McTiernan, John　映画監督　[国]米国　[生]1951年　[典]1996

マグディッチ, K.　ユーゴスラビア航空日本韓国地区総支配人　[国]ユーゴスラビア　[典]1992

マクデイド, ジョン　ノーベスト社長　[国]米国　[典]1992

マクテーグ, ジョン　米国大統領科学技術顧問会議委員, フォードモーター社副社長（技術担当）　[専]物理化学　[国]米国　[典]1992

マクデビット, ジャック　McDevitt, Jack　本名＝マクデビット, ジョン・チャールズ　SF作家　[国]米国　[生]1935年　[典]1996／2012

マクデーミド, スーザン　MacDermid, Susan C.　インフォプラス編集部長　[国]カナダ　[生]1957年　[典]2000

マクドゥーガル, ウォルター　McDougall, Walter A.　ペンシルベニア大学教授　[専]歴史学　[国]米国　[生]1946年　[典]2000

マクドゥーガル, クリストファー　McDougall, Christopher　ジャーナリスト, 作家　[国]米国　[生]1962年　[典]2012

マクドゥーガル, ゲイ　McDougall, Gay J.　国連人種差別撤廃委員会委員　[国]米国　[典]2000

マクドゥーガル, ジョイス　精神医学者　パリ精神分析研究所　[国]フランス　[典]2000

マクドゥーガル, ジョン　McDougall, John A.　医師　セント・ヘレナ病院　[専]マクドゥーガル式食事療法　[国]米国　[典]1992

マクドゥガル, テリー　MacDougall, Terry E.　スタンフォード日本センター所長, ボストン大学教授　[専]東南アジア・日本の政治学　[国]米国　[生]1941年8月　[典]1996

マクドゥーガル, バーバラ・ジーン　McDougall, Barbara Jean　経済アナリスト, 政治家　元・カナダ外相　[国]カナダ　[生]1937年11月12日　[典]1996

マクドゥーガル, ボニー　MacDougal, Bonnie　作家, 弁護士　[国]米国　[典]2004

マクドゥガル, マイロン　MacDougall, M.H.　コンピュータ技師　アップル・コンピュータ社先端技術部性能解析グループマネージャー　[国]米国　[典]1992

マクドウガル, マルコム　MacDougall, Malcolm D.　作家　[国]米国　[典]1992

マクドゥーガル, リー　MacDougall, Lee　俳優, 劇作家　[国]カナダ　[典]2004／2008

マクドゥーガル, リチャード　McDougall, Richard　コンピューター技術者　サン・マイクロシステムズ・シニアエンジニア　[典]2004

マクドゥーガル, ロルナ　McDougall, Lorna　コンサルタント　[典]2008

マクトゥーム, アハメド　Maktoum, Ahmed Al-　射撃選手（クレー射撃）　アテネ五輪クレー射撃男子ダブルトラップ金メダリスト　[国]アラブ首長国連邦　[生]1963年12月31日　[典]2008／2012

マクドナー, ウィリアム　McDonough, William Joseph　銀行家　元・ニューヨーク連邦準備銀行総裁, 元・バーゼル銀行監督委員会議長　[国]米国　[生]1934年4月21日　[典]1996／2000／2004／2008／2012

マクドナルド, イアン　McDonald, Ian　SFファンタジー作家　[国]英国　[生]1960年　[典]1996

マクドナルド, イアン　MacDonald, Ian　旧グループ名＝キング・クリムゾン, フォリナー　ミュージシャン, 作曲家, 音楽プロデューサー　[国]英国　[典]2000

マクドナルド, エロール　Mcdonald, Erroll　ランダムハウス副社長　[典]1992／1996

マクドナルド, キム・ペイトン　水泳選手　[国]米国　[没]1986年12月13日　[典]1992

マクドナルド, クリストファー　McDonald, Christopher W.　元・日本ロレックス社長, 元・日本サッカー協会顧問　[国]英国　[生]1931年12月13日　[没]2011年12月2日　[典]1996／2000

マクドナルド, グレゴリー　McDonald, Gregory　ミステリー作家　[国]米国　[生]1937年2月　[没]2008年9月7日　[典]1992／1996／2000

マクドナルド, ケート　Macdonald, Kate　料理研究家　[国]カナダ　[典]1992／1996

マクドナルド, ケビン　Macdonald, Kevin　映画監督　[国]英国　[生]1967年　[典]2008／2012

マクドナルド, ジェームズ　声優　[国]米国　[没]1991年2月1日　[典]1992

マクドナルド, ジェームズ　Macdonald, James D.　作家　[国]米国　[生]1954年　[典]2004

マクドナルド, ジョイス　McDonald, Joyce　児童文学作家　[国]米国　[典]1992

マクドナルド, ジョン・D.　MacDonald, John Dann　ペンネーム＝ファレル, ジョン・ウェイド, リード, ピーター　推理作家　[国]米国　[生]1916年　[没]1986年12月28日　[典]1992

マクドナルド, スチュアート　Macdonald, Stuart　美術教育史家, 画家, イラストレーター　[国]英国　[生]1924年　[典]1992

マクドナルド, スティーブン　Macdonald, Steven C.　疫学者　[専]登山者向けファーストエイド　[国]米国　[典]2004

マクドナルド, ステファン・D.　日本グッドイヤー社長　[典]2000

マクドナルド, デービッド　Macdonald, David　オックスフォード大学特別研究員, 野生動物保護研究ユニット代表　[専]行動生態学　[国]英国　[生]1951年　[典]1996

マクドナルド, パトリシア　MacDonald, Patricia　作家　[国]米国　[典]2000

マクドナルド, フィオーナ　Macdonald, Fiona　歴史家, 編集者, 作家　イースト・アングリア大学講師　[国]英国　[典]1996

マクドナルド, フィオナ　MacDonald, Fiona　カーリング選手　[国]英国　[生]1974年12月9日　[典]2004

マクドナルド, フィリップ　MacDonald, Phillip　筆名＝ポーロック, マーティン, フレミング, オリバー, ローレス, アントニイ　ミステリー作家　[国]米国　[生]1899年　[没]1981年　[典]1992

マクドナルド, フランク　McDonald, Frank　作家　[国]米国　[生]1941年　[典]1992

マクドナルド, フレッド　McDonald, Fred　著述家　[国]英国　[典]2000

マクドナルド, ヘザー　MacDonald, Heather　マンハッタン公共政策研究所特別研究員　[国]米国　[典]2004／2008

マ

マクドナルド, ボブ　Macdonald, Bob　本名=Macdonald,Robert Joseph　元・大リーグ選手　国米国　生1965年4月27日　収2000

マクドナルド, マイケル　MacDonald, Michael　技術コンサルタント　ワーセスター工科大学クライアント・サーバーコンピューティングコース主任インストラクター　収コンピューター

マクドナルド, マーガレット・リード　MacDonald, Margaret Read　ストーリーテラー, 絵本作家　国米国　生1940年　収2004

マクドナルド, マーク　McDonald, Mark　インターネット技術者　センター・フォー・プロセス・エクセレンス・アソシエイト・パートナー・ディレクター　収2004

マクドナルド, マルコム　McDonald, Malcolm H.B.　クランフィールド経営大学院教授　収マーケティング戦略　国英国　収2000

マクドナルド, ラルフ　McDonald, Ralph　パーカッション奏者, 音楽プロデューサー, 作曲家　国米国　生1944年3月15日　収2000

マクドナルド, リチャード　Macdonald, Richard　比較文化学者　国米国　収2004

マクドナルド, レオン　MacDonald, Leon　ラグビー選手　国ニュージーランド　生1977年12月21日　収2008

マクドナルド, ロス　MacDonald, Ross　本名=ミラー,ケネス　筆名=マクドナルド, ジョン, マクドナルド, ジョン・ロス　推理作家　国米国　生1915年12月13日　没1983年7月11日　収1992

マクドナルド, ロバート　McDonald, Robert A.　通称=マクドナルド,ボブ　実業家　プロクター・アンド・ギャンブル(P&G)社長・CEO　国米国　生1953年6月20日　収2000／2004／2012

マクドナルド, ロブ　Macdonald, Rob　コンピューター技術者　収2004

マクドネル, エベリン　McDonnell, Evelyn　音楽評論家　国米国　収2004／2008

マクドネル, テリー　McDonell, Terry　ジャーナリスト　「エスクァイア」編集長　国米国　収1992

マクドノー, デニス　McDonough, Denis Richard　米国大統領首席補佐官　国米国

マクドノウ, J.N.　ミラー・ブルーイング会長・CEO　国米国　収1996

マグドフ, ハリー　Magdoff, Harry　ジャーナリスト　「マンスリー・レビュー」誌編集者　国米国　生1914年　収1992

マクドーマンド, フランシス　McDormand, Frances　女優　国米国　生1957年6月23日　収2000／2004／2008／2012

マクトム・ビン・ラシド・アル・マクトム　Maktoum bin Rashid al-Maktoum　政治家　元・アラブ首長国連邦(UAE)副大統領・首相,元・ドバイ首長　国アラブ首長国連邦　生1943年　没2006年1月4日　収1992／1996／2000／2004

マグドレナ, フィリップ　ロジェール社長　国フランス　生1940年　収1992

マグナー, ジョン　Magnier, John　実業家　クールモアグループ総帥　国アイルランド　生1948年2月10日　収2008

マクナイト・ビンジャー, バージニア　資産家,慈善活動家　VMB財団代表　国米国　収2000

マグナス, シャロン・マクスウェル　Magnus, Sharon Maxwell　ジャーナリスト　国英国　収2008

マグナソン, アンドリ　Magnason, Andri　本名=Magnason,Andri Snaer　作家,口承文芸研究者,自然保護活動家　国アイスランド　生1973年　収2012

マクナーニー, ジェームス　実業家　ゼネラル・エレクトリック(GE)照明事業部門プレジデント・CEO　国米国　収1996

マクナニー, ジェームズ　McNerney, W.James　実業家　ボーイング会長・CEO　元・スリーエム(3M) 会長・CEO　国米国　生1949年8月22日　収2004／2008／2012

マクナブ, アンディ　McNab, Andy　作家,元・軍人　国英国　収2000／2012

マクナブ, クリス　McNab, Chris　軍事史研究家　収2004

マクナブ, ドノバン　McNabb, Donovan　元・プロフットボール選手　国米国　生1976年11月25日　収2004／2008／2012

マクナブ, トム　McNab, Tom　作家,元・陸上選手　国英国　生1933年　収1996

マクナマラ, ケネス　McNamara, Kenneth J.　進化生物学者　ウェスタンオーストラリア博物館地球惑星部門古無脊椎動物担当上級監理官　国英国　収2004

マクナマラ, ジョン　McNamara, John　本名=McNamara,John Francis　大リーグ監督　国米国　生1932年6月4日　収1992

マクナマラ, ジョン(Jr.)　McNamara, John J.(Jr.)　作家　国米国　生1932年(?)　収1992

マクナマラ, ヘザー　McNamara, Heather　編集者　国米国　収2004

マクナマラ, リチャード　McNamara, Richard　九州ルーテル学院大学人文学部講師,阿蘇ワイルド・キャッツ代表　収英語学　国英国　生1958年　収2004

マクナマラ, ロバート　McNamara, Robert Strange　政治家, 実業家　元・世界銀行(IBRD)総裁,元・米国国防長官,元・フォード社長　国米国　生1916年6月9日　没2009年7月6日　収1992／1996／2000／2004／2008

マクナミー, グラム　McNamee, Graham　作家　国カナダ　生1968年　収2012

マクナミー, ブライアン　パシフィック・バイオテクノロジー社社長　国オーストラリア　収1992

マクナリー, デービッド　McNally, David　映画監督,映像作家　国米国　収2004／2008

マクナリー, デービッド　McNally, David　作家　収2008

マクナリー, テレンス　McNally, Terrence　劇作家　国米国　生1939年11月3日　収2000

マクナリー, ロバート　McNally, Robert Aquinas　作家,サイエンスライター, 詩人　収2008

マクナレー, キース　McNally, Keith　映画監督,脚本家　国英国　収1992

マクニッシュ, アラン　McNish, Allan　レーシングドライバー,元・F1ドライバー　国英国　生1969年12月29日　収2004／2008

マクニッシュ, クリフ　McNish, Cliff　「レイチェルと滅びの呪文」の著者　国英国　生1962年　収2004

マクニーリー, スコット　McNeely, Scott　ライター, 編集者　国米国　収2004

マクニーリィ, マーク　McNeilly, Mark R.　経営コンサルタント　国米国　収2004

マクニール, アラステア　MacNeill, Alastair　作家　生1960年　収1996

マクニール, イアン　Macneil, Ian　本名=マクニール, イアン・ロデリック　法学者　元・ノースウエスタン大学名誉教授　収関係契約理論　国米国　生1929年6月20日　没2010年2月16日

マクニール, ウィリアム　Mcneill, William H.　歴史学者　生1917年　収2004

マクニール, ジム　MacNeill, Jim　マクニール・アンド・アソシエイツ社社長,公共政策研究所(オタワ)シニア・フェロー　元・ブルントラント委員会事務局長　収1996

マクニール, ジョン　McNeil, John　作家,コンピュータ・コンサルタント　収1992

マクニール, ジル　McNeil, Gil　作家　国英国　収2004

マクニール, マルコム　McNeill, Malcolm　ミュージシャン　国ニュージーランド　生1945年4月8日　収1992

マクニール, ルトリシア　歌手　国米国　収2000

マグヌス, クルト　Magnus, Kurt　ロケット科学者　収ジャイロスコープ　国ドイツ　生1912年　収2000

マグヌソン, ジェームズ　Magnuson, James　劇作家　国米国　収1992

マグヌッセン, ジェームズ　Magnussen, James　水泳選手(自由形)　ロンドン五輪競泳男子100メートル自由形銀メダリスト　国オーストラリア　生1991年4月11日

マクネアー, シルビア　McNair, Sylvia　ソプラノ歌手　国米国　生1956年　収1996／2000／2012

マクネア, スティーブ　McNair, Steve　プロフットボール選手　[国]米国　[生]1973年2月14日　[没]2009年7月4日　[典]2004／2008

マクネア, ロナルド　McNair, Ronald E.　宇宙飛行士　[国]米国　[生]1950年10月21日　[没]1986年1月28日　[典]1992

マクネイル, ジム　マクネイル・アソシエイション社長　元・国連環境と開発に関する世界委員会事務局長　[国]カナダ　[生]1928年　[典]1992

マクネリー, ジェフ　MacNelly, Jeff　本名=マクネリー, ジェフリー　漫画家　[専]政治漫画　[国]米国　[生]1947年　[没]2000年6月8日　[典]1996

マクネリー, スコット　McNealy, Scott Glenn　実業家　サン・マイクロシステムズ会長　[国]米国　[生]1954年11月13日　[典]1992／1996／2000／2004／2008／2012

マグノ, アレクサンダー　政治学者　フィリピン大学準教授　[国]フィリピン　[生]1954年　[典]1996

マグノ・アウベス　Magno Alves　本名=Araujo,Magno Alves de　サッカー選手(FW)　[国]ブラジル　[生]1976年1月13日　[典]2008

マグノウスン, クリス　Magnusson, Kris　コンピューター技術者　[典]2004

マクノウハー, トーマス　Mcnaugher, Thomas L.　ブルッキングズ研究所上級研究員, ジョンズ・ホプキンズ大学国際研究大学院(SAIS)講師　[専]軍事政策　[国]米国　[典]1992／1996

マクノート, ジュディス　McNaught, Judith　ロマンス作家　[国]米国　[典]2004／2012

マクノートン, コリン　McNaughton, Colin　絵本作家　[国]英国　[典]2000

マクノートン, ジム　スタンディッシュ・インターナショナル・マネジメント社取締役アジア部長　[国]米国　[典]2000

マクノートン, ジョン　McNaughton, John　映画監督　[国]米国　[典]1992

マクハーグ, イアン　McHarg, Ian Lennox　元・ペンシルベニア大学名誉教授　[専]ランドスケープ・アーキテクチャー, 地域計画学　[国]米国　[生]1920年11月20日　[没]2001年1月16日　[典]2004

マクパートランド, ジミー　McPartland, Jimmy　本名=McPartland,James Dugald　ジャズトランペット・コルネット奏者　[国]米国　[生]1907年3月15日　[没]1991年3月13日　[典]1992

マクバーニー, サイモン　McBurney, Simon　演出家, 俳優　テアトル・ド・コンプリシテ芸術監督　[国]英国　[生]1957年　[典]1996／2000／2004／2008／2012

マクビーティ, ケネス　McVety, Kenneth　宣教師, 出版人, ロビンソン・クルーソー研究家　[国]カナダ　[典]2004

マクファーカー, ロデリック　ハーバード大学フェアバンク東アジア研究所所長,「チャイナ・クォータリー」編集長　[専]中国問題　[国]米国　[生]1930年　[典]1992

マクファーソン, アレクサンダー　McPherson, Alexander　カリフォルニア大学リバーサイド校教授　[専]生化学　[国]米国　[典]1992

マクファーソン, アン　McPherson, Ann　医師　[国]英国　[典]1992

マクファーソン, イアン　MacPherson, Ian　ビクトリア大学ブリティッシュ・コロンビア協同組合研究所所長　元・カナダ協同組合連合会(CCA)会長　[専]協同組合　[国]カナダ　[典]2004／2008

マクファーソン, ダニー　McPherson, Danny　コンピューター技術者　[典]2004

マクファーソン, マイラ　MacPherson, Myra　ジャーナリスト　[国]米国　[典]1992／1996

マクファーソン, マルコム　MacPherson, Malcolm　作家, ジャーナリスト　[国]米国　[典]1992／2000

マクファーソン, マルコム　ハーバード国際開発研究所フェロー　[専]国際開発　[生]1948年　[典]2000

マクファディン, コーディ　McFadyen, Cody　作家　[国]米国　[生]1968年　[典]2012

マクファデン, アンガス　MacFadyen, Angus　俳優　[国]英国　[生]1963年　[典]2004

マクファデン, ダニエル　McFadden, Daniel Little　経済学者　カリフォルニア大学バークレー校教授　[専]ミクロ計量経済学　[国]米国　[生]1937年7月29日　[典]2004／2008／2012

マクファーラン, F.ウォーレン　McFarlan, F.Warren　ハーバード・ビジネス大学スクール経営情報システム講座責任者　[専]経営情報システム　[国]米国　[生]1937年　[典]1992

マクファーランド, クレイグ・ジョージ　MacFarland, Craig George　爬虫類学者, 熱帯自然資料管理コンサルタント　元・ダーウィン研究所所長　[国]米国　[生]1943年　[典]2000

マクファーランド, ジム　McFarland, Jim　絵本作家　[国]米国　[典]2008

マクファーランド, デービッド　McFarland, David　オックスフォード大学動物行動学研究室動物行動研究グループ主任　[専]動物行動学　[国]英国　[生]1939年　[典]1996

マクファーランド, リン・ロシター　McFarland, Lyn Rossiter　絵本作家　[国]米国　[典]2008

マクファーリン, ボビー　Mcferlin, Bobby　ジャズ歌手　[国]米国　[生]1950年3月11日　[典]1992／1996／2000

マクファーレン, アイダン　Macfarlane, Aidan　医師　[国]英国　[典]1992

マクファーレン, アラン　Macfarlane, Alan　本名=Macfarlane, Alan Donald James　ケンブリッジ大学教授　[専]歴史人類学　[国]英国　[生]1941年12月20日　[典]1996

マクファーレン, アレクサンダー　McFarlane, Alexander C.　精神科医　アデレード大学医学部精神科教授, クイーン・エリザベス病院精神科部長　[専]トラウマ　[国]オーストラリア　[典]2004

マクファーレン, グウィン　Macfarlane, Gwyn　元・オックスフォード大学名誉教授　[専]臨床病理学, 血友病　[国]英国　[生]1907年　[没]1987年　[典]1992

マクファーレン, セス　Macfarlane, Seth　映画監督, テレビプロデューサー, アニメーター, 声優, 俳優　[国]米国　[生]1973年

マクファーレン, トッド　McFarlane, Todd　漫画家　[生]1961年3月　[典]2000

マクファーレン, ノーマン　Macfarlane, Norman　本名=Macfarlane,Norman Somerville　別名=Macfarlane of Bearsden　実業家　ユナイテッド・ディスティラーズ(UD)会長, ギネス社副会長　[国]英国　[生]1926年3月5日　[典]1992／1996

マクファーレン, ロバート　McFarlane, Robert Carl　マクファーレン・アソシエーツ会長　元・米国大統領補佐官(国家安全保障問題担当)　[国]米国　[生]1937年7月12日　[典]1992／1996

マクフィー, ジョン　McPhee, John　ライター　[国]米国　[生]1931年　[典]1996

マクフィリー, ウィリアム　McFeely, William S.　歴史学者　ジョージア大学教授　[専]米国史　[国]米国　[典]2000

マクブライド, クリスチャン　McBride, Christian　ベース奏者　[国]米国　[典]1996／2000

マクブライド, ジェームズ　McBride, James　作家, ジャーナリスト, 作曲家, サックス奏者　[国]米国　[典]2000

マクブライド, ショーン　MacBride, Seán　人権擁護運動家, 弁護士, 政治家　元・アムネスティ・インターナショナル委員長(初代), 元・国連事務次長, 元・アイルランド外相　[国]アイルランド　[生]1904年1月26日　[没]1988年1月15日　[典]1992

マクブライド, ジョン　McBride, John　ジェイ・スカイ・ビー副社長　[国]オーストラリア　[生]1960年3月31日　[典]2000

マクブライド, マーク　McBride, Marc　イラストレーター　[国]オーストラリア　[典]2004

マクブライド, マーグレット　McBride, Margret　ビジネスコンサルタント　[典]2004

マクブライド, メアリー　McBride, Mary　ロマンス作家　[国]米国　[典]2008

マクブライド, ラルス　McBride, J.K.Lars　チェイス投資銀行欧州M&Aマネージング・ディレクター　[国]英国　[生]1954年5月14日　[典]1996

マクブライド, ロジャー・リー　MacBride, Roger Lea　弁護士「大草原の小さな家」の作者の孫　[国]米国　[没]1995年3月　[典]1996

マクブレー, ドナルド　McCubbrey, Donald J.　デンバー大学教授・マネジメント・インフォメーション・システム部門責任者　[専]情報システム　[国]米国　[典]1992

マ

マクベイドン, エリック　中国軍事専門家, 元・軍人　国米国　発2000

マクベイニー, C.エドワード　McVaney, C.Edward　実業家　J.D.エドワーズCEO・会長　国米国　生1940年　発2000

マクヘイル, D.J.　MacHale, D.J.　作家, テレビディレクター　国米国　発2008

マクヘイル, ケビン　McHale, Kevin　本名=マクヘイル, ケビン・エドワード　バスケットボール選手　国米国　生1957年12月19日　発1996

マクベイン, エド　McBain, Ed　本名=ハンター, エバン　旧名=Lambino,Salvatore A.　別筆名=マーステン, リチャード, コリンズ, ハント, キャノン, カート　ミステリ作家　国米国　生1926年10月15日　没2005年7月6日　発1992／1996／2000／2004

マクベイン, ジェームズ　Mcvean, James　作家　国英国　発1992

マクベイン, ローリー　McBain, Laurie　作家　国米国　生1949年10月15日　発1992

マクベス, ジョージ・マン　MacBeth, George Mann　詩人　国英国　生1932年　没1992年2月16日　発1992／1996

マクベス, ドン　騎手　国米国　没1987年3月1日　発1992

マクヘンリー, ドナルド　McHenry, Donald　元・米国国連大使　国米国　生1936年10月13日　発1992

マクマイケル, アンドリュー・ジェームス　McMichael, Andrew James　オックスフォード大学メディカル・リサーチ・カウンシル免疫臨床研究部門教授・分子医学研究所分子免疫学部門部長　免疫学　国英国　生1943年11月8日　発1996

マクマスター, グレアム　McMaster, Graham　東北大学外国人教師　英文学　国英国　発1992

マクマスターズ, エリック　McMasters, Eric　システムエンジニア　Sprint PCSネットワークシステムズエンジニア　国米国　発2004

マクマートリー, ジョン　McMurtry, John　哲学者　グウェルフ大学哲学科教授　発2004

マクマートリー, バートン　McMurtry, Burton　ベンチャー・キャピタリスト　テクノロジー・ベンチャー・インベスターズ(TVI)創業者　国米国　生1935年3月　発2000

マクマートリー, ラリー　Mcmurtry, Larry　作家, 脚本家　国米国　生1936年　発1992／1996／2000

マクマナス, ジェームズ　McManus, James　作家, 詩人　国米国　発2012

マクマナス, ドイル　McManus, Doyle　ジャーナリスト　「ロサンゼルス・タイムズ」紙ワシントン支局員　国米国　発1996

マクマナマン, スティーブ　McManaman, Steve　サッカー選手(MF)　国英国　生1972年2月11日　発2008

マクマホン, ウィリアム　McMahon, William　政治家　元・オーストラリア首相　国オーストラリア　生1908年2月23日　没1988年3月31日　発1992

マクマホン, スザンナ　McMahon, Susanna　コミュニティー・メンタル・ヘルス・プログラム理事　国米国　発2000

マクマホン, チャーリー　McMahon, Charlie　グループ名=ゴンドワナランド　音楽家　国オーストラリア　生1951年6月　発1996

マクマホン, トーマス　弁護士　米国弁護士会国際環境法・企業経営関係小委員会委員長　国米国　発1992／1996

マクマホン, ビンス　McMahon, Vince　本名=マクマホン, ビンセント・ケネディ　プロレスプロモーター　ワールド・レスリング・エンターテインメント(WWE)会長　国米国　生1945年8月24日　発2004／2012

マクマホン, ブリギット　McMahon, Brigitte　トライアスロン選手　国スイス　生1967年3月25日　発2004／2008

マクマホン, リチャード・アラン　McMahon, Richard Alan　コンピューター技術者, 元・軍人　ヒューストン州立大学教授　国米国　発2004

マクマレー, フレッド　MacMurray, Fred　俳優　国米国　生1908年8月30日　没1991年11月5日　発1992

マクマーレイ, リック　McMurray, Rick　グループ名=アッシュ　ミュージシャン　国英国　発2008／2012

マクマレン, マイケル　McMullen, Michael W.D.　ホーム・ショッピング・ネットワーク社(HSN)国際社長　国米国　発1996

マクマーン, チャーリー　ミュージシャン　楽ディジュリドゥー　国オーストラリア　発2000

マクマーン, バーバラ　McMahon, Barbara　ロマンス作家　国米国　発2004

マークマン, ハワード　Markman, Howard J.　心理学者　デンバー大学教授, PREP会長　カップルの研究　国米国　発2004／2008

マクミーキン, ゲイル　McMeekin, Gail　人材育成コンサルタント　クリエイティブ・サクセス経営者　発2004

マクミラン, イアン　MacMillan, Ian　経営学者　ペンシルベニア大学ウォートン校スナイダー起業研究プログラム教育部長・マネジメント学科フレッド・サリバン教授　起業論　国米国　発2004／2008

マクミラン, エドウィン　McMillan, Edwin Mattison　物理学者　元・カリフォルニア大学バークレー校名誉教授　国米国　生1907年9月18日　没1991年9月7日　発1992

マクミラン, ケネス　McMillan, Kenneth　俳優　国米国　生1932年7月2日　没1989年1月8日　発1992

マクミラン, ケネス　Macmillan, Kenneth　振付師, バレエダンサー　元・英国ロイヤル・バレエ団芸術監督・主席振付師　国英国　生1929年12月11日　没1992年10月29日　発1992／1996

マクミラン, ジェームズ　MacMillan, James　作曲家, 指揮者　BBCフィルハーモニック指揮者　国英国　生1959年　発2004／2008

マクミラン, テリー　McMillan, Terry　作家　アリゾナ州立大学教授　文学(創作)　国米国　生1952年　発1996／2000

マクミラン, ニール　英国貿易産業省国際電気通信政策局長　国英国　発2000

マクミラン, ネート　McMillan, Nate　バスケットボール監督, 元・バスケットボール選手　国米国　生1964年8月3日　発2004／2008

マクミラン, ピーター　Mcmillan, Peter A.　杏林大学外国語学部教授　英語　国アイルランド　生1959年2月6日　発2008

マクミラン, ホイットニー　MacMillan, Whitney　カーギル会長　国米国　生1929年　発1992／1996

マクミラン, マーガレット　MacMillan, Margaret　歴史学者　オックスフォード大学セント・アントニー・カレッジ学長　元・ライアソン大学歴史学教授, 元・トロント大学トリニティ・カレッジ学長　生1943年　発2008

マクミラン, モーリス・ハロルド　Macmillan, Maurice Harold　別名=ストックトン卿　政治家　元・英国首相　国英国　生1894年2月10日　没1986年12月29日　発1992

マクミラン, ロビン　McMillan, Robin　「ゴルフ・マガジン」増刊号編集長　国英国　発1992

マクミラン, ロン　McMillan, Ron　「言いにくいことを上手に伝えるスマート対話術」の著者　発2008

マクメナミー, クリステン　Mcmenamy, Kristen　モデル　発2000

マクメナミー, サラ　McMenemy, Sarah　イラストレーター, 絵本作家　発2008／2012

マークラ, マイク　Markkule, Mike　元・アップル・コンピューター会長　国米国　発1996(マッキュラ, A.C.)／2000

マクラウド, アリステア　MacLeod, Alistair　作家　国カナダ　生1936年　発2004

マクラウド, イアン　MacLeod, Ian R.　作家　国英国　生1956年8月6日　発2012

マクラウド, カーラ　MacLeod, Carla　アイスホッケー指導者, 元・アイスホッケー選手　アイスホッケー女子日本代表コーチ　トリノ五輪・バンクーバー五輪アイスホッケー女子金メダリスト　国カナダ　生1982年

マクラウド, グレッグ　MacLeod, Greg　経済学者　ユニバーシティ・カレッジ・オブ・ケープ・ブレトン教授　コミュニティ経済開発　発2004

マクラウド, ケン　MacLeod, Ken　作家　国英国　生1954年　発2012

マクラウド, シャーロット　MacLeod, Charlotte　筆名=クレイグ, アリサ, ヒューズ, マチルダ　ミステリー作家　国カナダ　生1922

マクラウド, スコット MacLeod, Scott ジャーナリスト 「タイム」パリ支局中東担当記者 国米国 掲2000

マクラウド, ニール McLeod, Neil 障害者福祉家 元・シドニー脳性麻痺センター創立者 国オーストラリア 生1909年 没1993年10月 掲1996

マグラカス, アメリア・マンゲイ 国際看護婦協会理事 看護学 国フィリピン 掲1992／1996

マクラガン, デービッド Maclagan, David 美術家, アートセラピスト バーミンガム工科大学講師, シェフィールド大学講師 国英国 生1940年 掲1996

マクラーガン, パット McLagan, Patricia A. コンサルタント 掲2004／2008

マクラクラン, カイル MacLachlan, Kyle 俳優 国米国 生1959年2月27日 掲1992／1996

マクラクラン, クレイグ McLachlan, Craig トレッキング・ガイド 国ニュージーランド 生1962年 掲2000／2004

マクラクラン, サラ Mclachlan, Sarah 歌手 国カナダ 生1968年1月28日 掲1992／1996／2000／2004／2008

マクラクラン, パトリシア MacLachlan, Patricia 児童文学作家 国米国 掲1992／1996／2000

マクラクラン, ビバリー McLachlin, Beverley 裁判官, 弁護士 カナダ最高裁長官 国カナダ 生1943年9月7日 掲2004／2008／2012

マクラクリン, オードリー Mclaughlin, Audrey 政治家 元・カナダ新民主党党首 国カナダ 生1936年11月7日 掲1992／1996

マグラス, アリスター McGrath, Alister E. 神学者 ロンドン大学キングス・カレッジ教授 国英国 生1953年 掲2004／2008／2012

マグラス, パトリック McGrath, Patrick 作家 国米国 生1950年 掲1992／1996／2000／2012

マグラス, ポール 米国司法省反トラスト局長 国米国 生1940年 掲1992

マグラス, メラニー McGrath, Melanie 作家 国英国 生1964年 掲2000

マグラス, リタ McGrath, Rita 経営学者 コロンビア大学大学院ビジネス・スクール準教授 起業論 国米国 掲2004

マクラスキー, ジム McCluskey, Jim ランドスケープ・アーキテクト 大ロンドン市建築都市デザイン局 国英国 掲1992／1996

マクラッケン, エドワード McCracken, Edward R. 実業家 元・シリコングラフィックス会長・CEO 国米国 生1943年12月 掲1996／2000

マクラッケン, エリザベス McCracken, Elizabeth 作家 国米国 生1967年 掲2000

マクラッケン, グラント McCracken, Grant ゲルフ大学（オンタリオ州）助教授 消費研究 国カナダ 生1951年 掲1992

マクラッケン, ジェームズ McCracken, James テノール歌手 国米国 生1926年3月16日 没1988年4月30日 掲1992

マクラッケン, ポール McCracken, Paul Winston 経済学者 元・エドモント・エズラ・デイ大学名誉教授, 元・ミシガン大学教授, 元・米国大統領経済諮問委員会委員長 経営学, 経済学, 公共政策 国米国 生1915年12月29日 没2012年8月3日 掲1992

マクラッチー, チャールズ McClatchy, Charles K. ジャーナリスト, 新聞経営者 国米国 没1989年4月 掲1992

マクラーティ, ジェイ MacLarty, Jay 作家 掲2008

マクラーティ, トーマス McLarty, Thomas F. 政治家, 実業家 米国大統領顧問 国米国 生1946年6月14日 掲1996

マクラナハン, エド McClanahan, Ed 作家 国米国 掲1992

マクラナハン, ルー McClanahan, Rue 本名=McClanahan, Eddie-Rue 女優 国米国 生1934年2月21日 没2010年6月3日

マクラバティ, マイケル McLaverty, Michael 作家 国アイルランド 生1907年 掲1992

マクラフリン, ジョン McLaughlin, John 別名=マクラフリン, マハヴィシュヌ・ジョン グループ名=マハビシュヌ・オーケストラ, リメンバー・シャクティ, 旧グループ名=シャクティ ギタリスト 国英国 生1942年1月4日 掲2000／2004／2008／2012

マクラフリン, トーマス McLaughlin, Thomas 英文学者 アパラチアン州立大学教授 掲2004

マクラフリン, ピーター McLaughlin, Peter J. マーケティングコンサルタント ピーター・マクラフリン・アンド・アソシエイツ社代表 国米国 掲2000

マクラフリン, ブレット McLaughlin, Brett コンピュータ技術者 掲2004

マクラム, シャーリン McCrumb, Sharyn 作家 国米国 掲1996

マクラリー, アンドルー McClary, Andrew おもちゃ研究家, 自然科学者 ミシガン州立大学名誉教授 国米国 生1927年 掲2000

マクラーレン, アン McLaren, Anne 発生生物学者 元・ウエルカムがん研究所客員主任研究員 国英国 生1927年4月26日 没2007年6月7日 掲2004／2008

マクラーレン, ジョン McLaren, John 大リーグコーチ 国米国 生1951年 掲2008／2012

マクラレン, ジョン McLaren, John 作家, 音楽イベント企画家 ドイッチェ・モルガン・グレンフェル取締役 国英国 生1951年 掲2000

マクラーレン, スティーブ McLarren, Steve サッカー指導者 元・サッカー・イングランド代表監督 国英国 生1961年5月3日 掲2008／2012

マクラーレン, ノーマン McLaren, Norman アニメーション作家, 映画製作者 国カナダ 生1914年4月11日 没1987年1月26日 掲1992

マクラーレン, マルコム Mclaren, Malcolm 音楽プロデューサー, ミュージシャン 国英国 生1946年1月22日 没2010年4月8日 掲1996／2000／2004／2008

マクリー, ウィリアム McCrea, William Hunter 天体物理学者, 数学者 元・サセックス大学名誉教授, 元・王立天文学会会長 理論天文学 国英国 生1904年12月13日 没1999年4月25日 掲1992／1996

マクリー, ジョエル McCrea, Joel 俳優 国米国 生1905年11月5日 没1990年10月20日 掲1992

マクリーシュ, アーチボルド MacLeish, Archibald 詩人, 劇作家 元・ハーバード大学教授, 元・米国国会図書館館長, 元・米国国務次官補 国米国 生1892年5月7日 没1982年4月20日 掲1992

マクリーシュ, エバン McLeish, Evan 動物学者 環境教育委員会委員長 国英国 掲1992

マークリス, シンシア Makris, Cynthia ソプラノ歌手 国米国 掲2004／2008

マーグリス, リン Margulis, Lynn 旧名=Alexander 生物学者 元・マサチューセッツ大学特別教授 国米国 生1938年3月5日 没2011年11月22日 掲1996／2000／2004／2008

マグリスコ, アーネスト Maglischo, Ernest W. 水泳コーチ カリフォルニア大学ベーカーズフィールド校水泳コーチ・水泳授業担当 国米国 掲1992

マクリダキス, スピーロス Makridakis, Spyros ヨーロッパ経営大学院研究教授 経営学 国ギリシャ 掲1992

マグリッチ, ロバート 実業家 サン・マイクロシステムズ・アジア・パシフィック地域担当副社長 国米国 掲2000

マグリービー, ジム McGreevey, Jim 本名=McGreevey, James E. 政治家 元・ニュージャージー州知事 国米国 生1957年8月6日 掲2004／2008

マグリフ, フレッド McGriff, Fred 本名=McGriff, Frederick Stanley 大リーグ選手（外野手） 国米国 生1963年10月31日 掲1992（マクグリフ, フレッド）／1996／2000／2004／2008

マクリーン, アリステア Maclean, Alistair 作家 国英国 生1923年 没1987年2月2日 掲1992

マクリーン, イアン MacLean, Ian システムエンジニア 掲2004

マクリーン, キャサリン Maclean, Katherine 筆名=ダイ, チャールズ, モリス, G.A. SF作家, 食品品質管理研究家 国米国 生1925年 掲1992

マクリーン, キャスリーン　McLean, Kathleen　エクスプロラトリアム展示・プログラム部門ディレクター　国米国　歴2004

マクリーン, ドナルド(2世)　MacLean, Donald (Jr.)　日米文化交流活動家　国米国　生1910年　没1984年9月12日　歴1992

マクリーン, ドロシー　Maclean, Dorothy　フィンドホーン共同体創設者　国カナダ　歴2000

マクリーン, ポール　MacLean, Paul D.　米国国立精神衛生研究所嘱託　専神経生理学　国米国　生1913年　歴1996

マクリンティック, デービッド　McClintick, David　ジャーナリスト, 著述家　国米国　歴1992

マクリントック, バーバラ　McClintock, Barbara　遺伝学者　元・カーネギー研究所名誉研究員　専トウモロコシの遺伝　国米国　生1902年6月16日　没1992年9月2日　歴1992／1996

マクルーア, ジェームズ　McClure, James　推理作家　国南アフリカ　歴1992／1996

マクルーア, ダグ　McClure, Doug　俳優　国米国　生1935年5月11日　没1995年2月5日　歴1996

マクルアー, ビマラ　McClure, Vimala　マッサージ指導者　国際インファントマッサージ協会設立者　国米国　歴2004

マクルーア, マイケル　McClure, Michael　詩人, 劇作家　国米国　生1932年10月20日　歴1996

マクルキン, ロバートソン　神学者　元・コロンビア・バイブル・カレッジ・アンド・セミナリー学長, 元・日本クリスチャンカレッジ学長　国米国　歴2004／2008

マクルーハン, エリック　McLuhan, Eric　英文学者, 社会学者　トロント大学文化技術センター副所長　国カナダ　生1942年　歴2004

マクルーハン, マーシャル　McLuhan, Marshall Herbert　社会学者, 英文学者　元・トロント大学文化技術センター所長　専コミュニケーション理論　国カナダ　生1911年7月21日　没1980年12月31日　歴1992

マークルンド, リサ　Marklund, Liza　作家　国スウェーデン　生1962年　歴2004

マクレー, カーメン　McRae, Carmen　ジャズ歌手, ピアニスト　国米国　生1922年4月8日　没1994年11月10日　歴1992／1996 (マクレエ, カーメン)

マークレー, クリスチャン　Marclay, Christian　ターンテーブル奏者, アーティスト　国米国　生1955年　歴2000

マクレー, ゴードン　MacRae, Gordon　歌手, 俳優　国米国　生1921年　没1986年1月24日　歴1992

マクレー, コリン　McRae, Colin　ラリードライバー　国英国　生1968年8月5日　没2007年9月15日　歴2000／2004

マクレー, ハル　McRae, Hal　大リーグ監督, 元・大リーグ選手　国米国　生1945年7月10日　歴1996／2004／2008

マクレー, ヘミッシュ　McRae, Hamish Malcolm Donald　金融ジャーナリスト　「ザ・インデペンデント」アソシエイト・エディター　国英国　生1943年10月20日　歴2000

マクレアリ, スーザン　McClary, Susan　音楽学者　国米国　生1946年　歴2000

マクレイ, シャーロット　Maclay, Charlotte　ロマンス作家　歴2004

マクレイ, スティーブン　McRae, Steven　バレエ・ダンサー　英国ロイヤル・バレエ団プリンシパル　国オーストラリア　生1985年12月19日　歴2012

マグレイン, シャロン・バーチュ　McGrayne, Sharon Bertsh　サイエンス・ライター　「エンサイクロペディア・ブリタニカ」物理学編集者・ライター　国米国　歴2000

マグレガー, ケリー　McGregor, Keli S.　実業家　元・コロラド・ロッキーズ社長　国米国　生1962年1月23日　没2010年4月20日

マグレガー, ジェームズ　MacGregor, James　弁護士, ミステリー作家　国英国　生1950年　歴1992／1996

マグレガー, ジョン　MacGregor, John Roddick Russell　政治家　英国下院院内総務　元・英国教育・科学相　国英国　生1937年2月14日　歴1992

マグレガー, ジョン　MacGregor, John M.　美術史家　歴2004

マクレガー, ダグラス・A.　ソルボーン社長・CEO　国米国　歴1992

マグレガー, ニール　MacGregor, Neil　大英博物館館長　国英国　生1946年6月16日　歴2012

マグレガー, マーガレット　プロボクサー　国米国　歴2000

マグレガー, ユアン　McGregor, Ewan　俳優　国英国　生1971年3月31日　歴2000／2004／2008／2012

マグレガー, リチャード　ジャーナリスト　オーストラリア放送協会東京特派員　国オーストラリア　歴1992

マグレガー, ロブ　MacGregor, Rob　作家　国米国　歴1996／2000

マグレディ, トレーシー　McGrady, Tracy　元・バスケットボール選手　国米国　生1979年5月24日　歴2008／2012

マグレディ, マイク　McGrady, Mike　作家　国米国　生1933年　歴1992／1996

マクレナン, イアン　McLennan, Ian Munro　実業家, エンジニア　元・ブロークン・ヒル・プロパライアター社 (BHP) 会長, 元・日豪経済合同委員会オーストラリア委員長　国オーストラリア　生1909年11月30日　没1998年10月25日　歴1992／1996

マクレナン, スコット　McLennan, Scott M.　ニューヨーク州立大学ストーニーブルック校宇宙地球科学科教授　専宇宙地球科学　国米国　歴2000

マクレナン, ヒュー　MacLennan, Hugh　本名=Maclennan, John Hugh　作家, エッセイスト　元・マッギル大学名誉教授　国カナダ　生1907年3月20日　没1990年11月7日　歴1992

マクレナン, ロザンナ　MacLennan, Rosannagh　通称=マクレナン, ロージー　トランポリン選手　ロンドン五輪女子トランポリン金メダリスト　国カナダ　生1988年8月28日

マクレラン, エドウィン　McClellan, Edwin　日本文学研究者　元・エール大学名誉教授　国英国　生1925年　没2009年4月27日　歴1996

マクレラン, サラ　McLellan, Sarah　旧グループ名=レズ・ツェッペリン　ミュージシャン　国オーストラリア　歴2012

マクレラン, ディーク　McClelland, Deke　著述家　国米国　歴1996／2000

マクレラン, デービッド　McLellan, David　ケント大学教授　専政治学　国英国　生1940年2月10日　歴2000

マクレラン, ニック　McLellan, Nick　ジャーナリスト　「パシフィック・ニューズ・ブレティン」編集委員, 「海の軍備撤廃を！太平洋運動」運営委員　国オーストラリア　生1957年　歴1992

マクレーン, カトリーナ　McClain, Katrina　バスケットボール選手　国米国　歴2000

マクレーン, キャサリン　McLane, Kathryn J.　ベジタリアン料理研究家, 元・看護婦　レディング・インスティテュート・フォー・ベターリビングCEO　国米国　歴2004

マクレーン, ジェラルド　McLane, Gerard D.　医師　レディング・インスティテュート・フォー・ベターリビングCEO　専予防医学, 栄養学　国米国　歴2004

マクレーン, シャーリー　MacLaine, Shirley　本名=ビーティ, シャーリー・マクレーン　女優　国米国　生1934年4月24日　歴1992／1996／2000／2004／2008／2012

マクレーン, スコット　McClain, Scott Michael　元・プロ野球選手　国米国　生1972年5月19日　歴2004／2012

マクレーン, デニー　McLain, Denny　元・大リーグ選手　国米国　生1944年3月29日　歴2000

マクレンドン, ゴードン　放送人, 映画製作者　元・ラジオネットワークLBS創設者　国米国　生1986年9月14日　歴1992

マクロー, L.G. (Jr.)　Maccraw, Leslie G. (Jr.)　フルアー社社長　国米国　歴1992

マグロー, ティム　McGraw, Tim　本名=マグロー, サミュエル・ティモシー　カントリー歌手　国米国　生1967年5月1日　歴2008／2012

マグロー, フィリップ　McGraw, Phillip C.　心理学者, ライフプランナー　コートルーム・サイエンスィズ代表　国米国　歴2004

マクロイ, クリスティン　McCloy, Kristin　作家　国米国　生1962年　歴1992／1996

マクロイ, ヘレン　McCloy, Helen　ミステリー作家　元・アメリカ

探偵作家クラブ会長　国米国　⊕1904年　㊣1992年　㊨1992

マグロウ, ハロルド(3世)　McGraw, Harold Whittlesey (III)　実業家　マグロウヒル会長・CEO　国米国　⊕1948年8月30日　㊨2004／2012

マクロクリン, W.R.D.　McLaughlin, W.R.D.　冒険小説作家　国英国　⊕1908年　㊨1992

マクロークリン, ジョージ　McLaughlin, George　ギャン理論研究家　国米国　⊕1961年　㊨2000

マクロスキー, ジーン　カナダ天然資源省次官　国カナダ　㊨2000

マクロスキー, ディアドラ　McCloskey, Deirdre N.　経済学者　アイオワ大学　国米国　⊕1942年　㊨2004

マクロード, キャメロン　シェフィールド大学地球科学部長　国分析科学　国英国　㊨2000

マグローリー, スコット　McGrory, Scott　自転車選手　国オーストラリア　㊨2004

マクローリー, ブルース・K.　ブルッキングズ研究所所長　国経済学　国米国　㊨1992／1996

マクローリー, ボブ　McCrory, Bob　本名＝McCrory,Robert Glenn　大リーグ選手(投手)、プロ野球選手　国米国　⊕1982年5月3日　㊨2012

マクローリン, エマ　McLaughlin, Emma　作家　国米国　㊨2004

マクローリン, ジョン　McLoughlin, John C.　動物学者、サイエンスイラストレーター　国米国　㊨1992

マグロン　MAGRÃO　本名＝アランダ, ジュリアーノ・タデウ　サッカー選手(FW)　国ブラジル　⊕1974年2月21日　㊨2000／2004

マグロン　Magrao　本名＝ロドリゲス, マルシオ　サッカー選手(MF)　国ブラジル　⊕1978年12月20日　㊨2008／2012

マクロン, キャサリーン　Macklon, Catherine　ビジネスコンサルタント、著述家　国英国事情　国英国　⊕1945年　㊨1996／2000／2004

マクローン, マイケル　Macrone, Michael　英文学者　国米国　㊨2004

マクローン, メリッサ　McClone, Melissa　ロマンス作家　国米国　㊨2008

マグワイア, ジャック　Maguire, Jack　作家　国米国　⊕1945年　㊨2004

マグワイア, シャロン　Maguire, Sharon　映画監督　国英国　㊨2004／2008／2012

マグワイア, ダーシー　Maguire, Darcy　ロマンス作家　国オーストラリア　㊨2008

マグワイア, トビー　Maguire, Tobey　俳優　国米国　⊕1975年6月27日　㊨2004／2008／2012

マグワイア, ビル　McGuire, Bill　火山学者　ロンドン大学教授、ベンフィールド・グレイグ災害調査センター所長　国英国　㊨2004

マグワイア, マイク　McGuire, Mike　グループ名＝KUNTZ & McGUIRE　CMディレクター　国米国　㊨2004／2008

マグワイア, マーク　McGwire, Mark　大リーグコーチ、元・大リーグ選手　国米国　⊕1963年10月1日　㊨1992(マグアイア, マーク)／1996(マクガイア, マーク)／2000／2004／2008／2012

マグワイア, マーゴ　Maguire, Margo　ロマンス作家　国米国　㊨2008

マクワン, フランシス　Macouin, Francis　ギメ東洋美術館図書館長　国歴史学　国フランス　㊨2000

マグーン, オービル　Magoon, Orville T.　米国海岸保全協会会長、沿岸域基金会長　国土木工学　国米国　⊕1928年　㊨1992／1996

マグーン, ホラス　Magoun, Horace Winchell　神経解剖学者　元・カリフォルニア大学ロサンゼルス校教授　国米国　⊕1907年　㊨1992

マーケイキス, ニック　Markakis, Nick　本名＝Markakis,Nicholas William　大リーグ選手(外野手)　国米国　⊕1983年11月17日　㊨2012(マーカーキス, ニック)

マゲイジョ, ジョアオ　Magueijo, Joao　理論物理学者　ロンドン大学インペリアル・カレッジ教授　国ポルトガル　⊕1967年　㊨2008

マケイン, ジョン(3世)　McCain, John Sidney (III)　政治家、元・軍人　米国上院議員(共和党)　国米国　⊕1936年8月29日　㊨1992(マッケイン, ジョン(3世))／1996(マッケイン, ジョン(3世))／2000(マッケイン, ジョン(3世))／2004／2008／2012

マケイン, シンディ　McCain, Cindy　本名＝McCain,Cindy Hensley　実業家　ヘンズレー・アンド・カンパニー会長　マケイン米国上院議員夫人　国米国　⊕1954年　㊨2012

マケーエフ, ヴィクトル　Makeev, Viktor Petrovich　設計技師　国ソ連　⊕1924年10月25日　㊣1985年10月27日　㊨1992

マケーエフ, ワレンチン　Makeev, Valentin Nikolaevich　政治家　ソ連全ソ労組中央評議会書記　国ソ連　⊕1930年4月10日　㊨1992／1996

マケクロン, デービッド　MacEachron, David　元・ジャパン・ソサエティ(ニューヨーク)理事長　国米国　⊕1923年　㊣1990年1月13日　㊨1992

マケダ, フェデリコ　Macheda, Federico　サッカー選手(FW)　国イタリア　⊕1991年8月22日　㊨2012

マケッカン, アラン　MacEachen, Allan Joseph　政治家　元・カナダ副首相兼外相　国カナダ　⊕1921年7月6日　㊨1992

マーケッティ, ビクター　Marchetti, Victor　ジャーナリスト　国米国　㊨1992

マケバ, ミリアム　Makeba, Miriam　本名＝Makeba,Zenzile　歌手　国南アフリカ　⊕1932年3月4日　㊣2008年11月10日　㊨1992／1996

マケビー, アラン　McEvey, Allan　鳥類学者、美術史研究家　国ジョン・グールド研究　国オーストラリア　㊨1992

マケベニュ, ケビン　McEvenue, Kevin　「ホールボディ・フォーカシングーアレクサンダー・テクニークとフォーカシングの出会い」の著者　㊨2008

マケラ, ハンヌ　Mäkelä, Hannu　作家、詩人　国フィンランド　⊕1943年　㊨2000／1992

マケラヌメラ, サトゥ　Makela-Nummela, Satu　射撃選手(クレー射撃)　北京五輪射撃女子クレー・トラップ金メダリスト　国フィンランド　⊕1970年10月26日　㊨2012

マケレレ, クロード　Makelele, Claude　元・サッカー選手　国フランス　⊕1973年2月18日　㊨2008／2012

マーゲン, シェルドン　Margen, Sheldon　カリフォルニア大学公衆衛生学部教授　国栄養学　国米国　㊨1992

マーコー, メリル　Markoe, Merrill　放送作家　㊨2008

マコ・イワマツ　Mako Iwamatsu　本名＝岩松信　俳優　国米国　⊕1933年12月10日　㊣2006年7月21日　㊨1992(マコ)／1996(マコ)／2000(マコ)／2004(マコ)

マコウ, リッチー　McCaw, Richie　本名＝McCaw,Richard　ラグビー選手(FW)　国ニュージーランド　⊕1980年12月31日　㊨2008／2012

マコヴェスク, G.　Macovescu, Gheorghe　政治家、作家　ブカレスト大学教授　元・ルーマニア外相　国ルーマニア　⊕1913年5月28日　㊨1992(マコベスク, G.)／1996(マコベスク, G.)

マコヴェツ, イムレ　Makovecz, Imre　建築家　国ハンガリー　⊕1935年11月20日　㊣2011年9月27日　㊨1992(マコベツ, イムレ)／1996(マコベツ, イムレ)

マコウスキー, ルーカス　Makowsky, Lucas　スピードスケート選手　バンクーバー五輪スピードスケート男子団体追い抜き金メダリスト　国カナダ　⊕1987年5月30日　㊨2012

マコークル, ジル　McCorkle, Jill　作家　国米国　⊕1958年　㊨1992／1996

マコックレン, トム　McCaughren, Tom　児童文学作家、ジャーナリスト　国英国　㊨1992

マコート, フランク　McCourt, Frank　作家　国米国　⊕1930年　㊣2009年7月19日　㊨2000

マゴナ, シンディウェ　Magona, Sindiwe　作家　国南アフリカ　⊕1943年　㊨2004／2008

マコーネル, ジェームズ(Jr.)　McConnell, James V. (Jr.)　J.ウォルター・トンプソン・ジャパン(株)社長　国米国　⊕1938年

[典]1992

マコネル, マイク　McConnell, Mike　本名=McConnell,John Michael　元・米国国家情報長官　[国]米国　[生]1943年7月26日　[典]2008／2012

マコネル, ミッチ　McConnell, Mitch　本名=McConnell,Addison Mitchel,Jr.　政治家, 弁護士　米国上院議員(共和党)　[国]米国　[生]1942年2月20日　[典]2004／2008／2012

マコーネル・マイク　ビジョニア社長　[国]米国　[典]2000

マコノヒー, マシュー　McConnaughey, Matthew　俳優　[国]米国　[生]1969年11月4日　[典]2000(マコナヘイ, マシュー／マコノヒー, マシュー)／2004／2008／2012

マコーバー, トッド　作曲家　マサチューセッツ工科大学メディア研究所助教授　[専]コンピューター音楽　[国]米国　[典]1992

マコビー, マイケル　Maccoby, Michael　政策問題研究所所員　[国]米国　[生]1933年　[典]1992

マコービアック, H.D.　ジーメンス半導体営業本部長　[国]ドイツ　[生]1951年　[典]1996

マーコビッツ, ハリー　Markowitz, Harry M.　経済学者　ハリー・マーコビッツ・カンパニー社長　元・ニューヨーク市立大学バルーク校教授, 元・米国金融協会会長　[専]金融論, 現代ポートフォリオ理論(MPT)　[国]米国　[生]1927年8月24日　[典]1992／1996／2008／2012

マーコフ, ジョン　Markoff, John　ジャーナリスト　[国]米国　[生]1949年　[典]2000

マコフ, ベイラル　Makhov, Beylal　レスリング選手(フリースタイル)　[国]ロシア　[生]1987年9月20日

マコーマック, エリック　McCormack, Eric　作家　セント・ジェローム大学教授　[国]カナダ　[生]1940年　[典]1996／2004

マコーマック, ガバン　McCormack, Gavan Patrick　歴史学者　オーストラリア国立大学教授　[専]アジア近・現代史　[国]オーストラリア　[生]1937年　[典]1992／1996／2000

マコーマック, フランク　McCormack, Frank　自転車選手　[国]米国　[生]1969年5月28日　[典]2000

マコーマック, マーク　McCormack, Mark Hume　スポーツエージェント, 実業家　元・インターナショナル・マネジメント・グループ(IMG)創業者　[国]米国　[生]1930年11月6日　[没]2003年5月16日　[典]1992／1996

マコーマック, リチャード　McCormack, Richard T.　キャンプ・バーシュ・テート社国際経済部長　元・米国国務次官(経済・農業担当)　[国]米国　[生]1941年3月6日　[典]1992／1996

マゴマドワ, マディナ　チェチェン母親委員会代表　[国]ロシア　[典]2000

マコーミック, アンドリュー　McCormick, Andrew Fergus　ラグビー監督, 元・ラグビー選手　[国]ニュージーランド　[生]1967年2月5日　[典]2008

マコーミック, ウィリアム　McCormick, Willam T.(Jr.)　実業家　元・CMSエナジー会長・CEO　[国]米国　[典]1992／2004

マコーミック, クリストファー　McCormick, Christopher　実業家　L.L.ビーン社長・CEO　[国]米国　[生]1955年

マコーミック, ジョセフ　McCormick, Joseph B.　ウイルス学者　米国疾病対策センター(CDC)特殊病原菌体部長　[専]エボラ出血熱, ラッサ熱,HIV　[国]米国　[生]1944年　[典]2000

マコーミック, トーマス　McCormick, Thomas J.　ウィスコンシン大学教授　[専]アメリカ外交史　[国]米国　[生]1933年　[典]1996

マコーミック, ニール　MacComick, Niel　エディンバラ大学法理学欽定講座教授　[専]法学　[国]英国　[生]1941年5月27日　[典]2000

マコーミック, ブレーン　McCormick, Blaine　経営学者　ベイラー大学ハンカマービジネススクール教授　[国]米国　[典]2004

マゴメドフ, ハジムラド　Magomedov, Khadzhimurad　レスリング選手(フリースタイル)　[国]ロシア　[生]1974年2月24日　[典]2000／2008

マコーリー, バーバラ　McCauley, Barbara　ロマンス作家　[国]米国　[典]2004

マコーリー, ポール　McAuley, Paul J.　SF作家　[国]英国　[生]1955年　[典]2000

マコーリー, マーティン　ロンドン大学ソ連東欧研究所上級講師　[専]ソ連・東欧問題, 国際政治　[国]英国　[生]1934年　[典]1992

マゴリアン, ミシェル　Magorian, Michelle　俳優, 児童文学作家　[国]英国　[生]1947年　[典]1992／1996／2000

マーゴリス, スー　Margolis, Sue　作家　[国]英国　[生]1955年　[典]2004

マーゴリック, デービッド　Margolick, David　ジャーナリスト　[国]米国　[典]2004／2008

マコーリフ, クリスタ　McAuliffe, Christa C.　高校教師　米国一般市民宇宙飛行士第1号　[国]米国　[生]1948年9月2日　[没]1986年1月28日　[典]1992

マーゴリン, フィリップ　Margolin, Phillip　弁護士, 作家　[国]米国　[典]2000

マーゴリン, マルコム　Margolin, Malcolm　著述家, 編集者　[国]米国　[典]2008

マーゴリン, レスリー　Margolin, Leslie　アイオワ大学教育学部教授　[専]カウンセリング　[国]米国　[典]2004／2008

マコーレイ, デービッド　Macaulay, David A.　イラストレーター, グラフィックデザイナー　[国]米国　[生]1946年　[典]1996／2012

マコーワー, ジョエル　Makower, Joel　ジャーナリスト　ティルデン・プレス社長　[国]米国　[典]1996

マゴワン, チャールズ・メリル　CMM・CEO　[国]米国　[生]1963年　[典]2000

マゴーン, ジル　McGown, Jill　別筆名=チャップリン, エリザベス　作家　[国]英国　[生]1947年8月　[典]1996(チャップリン, エリザベス)／2012

マコンビー, カレン　McCombie, Karen　作家　[国]英国　[典]2008

マサ　Masa　漢字名=瑪莎　グループ名=メイデイ　ミュージシャン　[国]台湾　[生]1977年

マーザー, ヴェルナー　Maser, Werner　歴史家　[専]ドイツ・ヨーロッパ近現代史　[国]ドイツ　[生]1922年　[典]1996／2004

マーザー, グレン　Merzer, Glen　ベジタリアン活動家　[国]米国　[典]2004

マーサー, ジェフ　Mercer, Geof　社会学者　リーズ大学社会学社会政策学部ディスアビリティ・スタディーズ・センター上級講師　[国]英国　[典]2008

マーサ, ジョン　Murtha, John　本名=Murtha,John Patrick　政治家　元・米国下院議員(民主党)　[国]米国　[生]1932年6月17日　[没]2010年2月8日

マザー, ジョン　Mather, John C.　本名=マザー, ジョン・クロムウェル　物理学者　米国航空宇宙局(NASA)ゴダード宇宙飛行センター上席研究員　[国]米国　[生]1946年8月7日　[典]2012

マーサー, トニー　Mercer, Tony　アイスショー演出家　[生]1959年　[典]2008／2012

マザー, マイケル　Mazarr, Michael J.　ジョージタウン大学助教授　[専]国家安全研究　[国]米国　[典]2004

マーサー, レイ　Mercer, Ray　別名=マーサー, レイ・マーシアス　プロボクサー　元・WBO世界ヘビー級チャンピオン　[国]米国　[生]1962年4月4日　[典]1992／2008

マーサー, ロバート　米国ポテト協会代表　[国]米国　[典]1992

マサイ, リネット　Masai, Linet　本名=Masai,Linet Chepkwemoi　陸上選手(長距離)　[国]ケニア　[生]1989年12月5日

マサイアス, ショーン　Mathias, Sean　俳優, 舞台演出家, 映画監督　[国]英国　[生]1956年　[典]2000

マサイアス, ピーター　Mathias, Peter　歴史学者　ケンブリッジ大学ダウニング・カレッジ学長　[専]経済史　[国]英国　[生]1928年1月10日　[典]1996

マサイアス, レベッカ　Matthias, Rebecca　実業家　マザーズ・ワーク社長　[国]米国　[典]2004

マザーウェル, ロバート　Motherwell, Robert　画家　[国]米国　[生]1915年1月24日　[没]1991年7月16日　[典]1992

マサオカ, キャシー　全米日系人賠償補償連合副委員長　[国]米国　[典]2000

マサキ, ベッキー　アジア女性シェルター代表　国米国　歴2000

マサキ, メグミ　Masaki, Megumi　ピアニスト　国カナダ　歴1992

マーサス, R.　米国半導体工業会(SIA)日本事務所代表　国米国　歴1996

マザーズ, ペトラ　Mathers, Petra　絵本作家　国米国　歴2000

マザネック, ヨアヒム　Masannek, Joachim　児童文学作家　生1960年　歴2004/2008

マサリエフ, アブサマト　Masaliev, Absamat M.　政治家　元・キルギスタン最高会議議長, 元・ソ連共産党政治局員　生1933年4月10日　国ソ連　歴1992/1996

マザロッピ　Mazaropi　本名=フィーリョ, ジェラルド・ペレイラ・マットス　サッカー・コーチ, 元・サッカー選手　国ブラジル　生1953年1月27日　歴2004/2008

マザンコフスキ, ドナルド　Mazankowski, Donald Frank　政治家　元・カナダ副首相・蔵相　国カナダ　生1935年7月23日　歴1992(マザンカウスキー, ドナルド)/1996

マ・サンダー　Ma Sander　本名=チョーチョーティン　作家　国ミャンマー　生1947年9月3日　歴1996

マージ, カム　Majd, Kam　パイロット, 作家　国米国　歴2004

マージ, マルコ・ヴァレリオ　Masi, Marco Valerio　ベンチャービジネス経営者　国イタリア　生1966年　歴2000

マシア, ホアン　Masia, Juan　コミリアス大学神学部教授　国神学　国スペイン　生1941年　歴1996

マシアス, イワン・メネンデス　新聞記者　国メキシコ　没1986年11月7日(遺体発見)　歴1992

マジアーノ, デービッド　Maggiano, David　プログラマー　モトローラ　歴2004

マシェケ, マリンバ　Masheke, Malimba　政治家　ザンビア首相　国ザンビア　歴1992

マジェスキ, エドワード　元・UPI通信写真担当副社長　国米国　没1988年1月21日　歴1992

マジェスケ, ダニエル　Majeske, Daniel　バイオリニスト　元・クリーブランド管弦楽団コンサートマスター　国米国　生1932年9月17日　没1993年11月28日　歴1996

マシェック, クラウス　Mattheck, Claus　公認樹木コンサルタント　カールスルーエ研究センター　国ドイツ　生1947年　歴2000

マシェラン, ウィリー　Masschelein, Willy J.　水質コンサルタント　元・国際オゾン協会会長　国ベルギー　生1936年9月6日　歴2008

マシェル, グラサ　Machel, Graca　人権運動家　元・モザンビーク教育文化相　国モザンビーク　歴2000

マシェル, サモラ・モイゼス　Machel, Samora Moisés　政治家　元・モザンビーク大統領　国モザンビーク　生1933年10月　没1986年10月19日　歴1992

マシエル, マルコ　Maciel, Marco　政治家　ブラジル自由戦線党総裁　国ブラジル　生1940年7月21日　歴1992

マジェール, ラバー　Madjer, Rabah　元・サッカー選手　国アルジェリア　生1958年12月15日　歴2000

マジシドフ, カマンドル　Madjidov, K.　レスリング選手(グレコローマン62キロ級)　国ソ連　歴1992

マシスン, リチャード　Matheson, Richard　本名=マシスン, リチャード・バートン　SF作家, ホラー作家, 脚本家　国米国　生1926年2月20日　没2013年6月23日　歴1992/2012

マシーセン, ピーター　Matthiessen, Peter　作家, ジャーナリスト, ナチュラリスト　国米国　生1927年5月22日　歴1992/1996

マシソン, スコット　Mathieson, Scott　本名=Mathieson,Scott William　プロ野球選手(投手), 元・大リーグ選手　国米国　生1984年2月27日

マジッチ, ペトラ　Majdič, Petra　元・スキー選手(距離)　バンクーバー五輪スキー・クロスカントリー女子個人スプリント銅メダリスト　国スロベニア　生1979年12月22日

マジッド, シーラ　Majid, Sheila　歌手　国マレーシア　生1965年1月3日　歴1992/1996

マジディ, マジッド　Majidi, Majid　映画監督　国イラン　生1959年　歴2000/2004/2008/2012

マシーナ, ジュリエッタ　Masina, Giulietta　女優　国イタリア　生1920年2月22日　没1994年3月23日　歴1992/1996

マシーニー, マイク　Matheny, Mike　本名=Matheny,Michael Scott　大リーグ監督, 元・大リーグ選手　国米国　生1970年9月22日　歴2012

マーシニアック, バーバラ　Marciniak, Barbara　トランス・チャネラー　国米国　歴2004

マジーニョ　Mazinho　本名=フィリョ, バルデマール・アウレリアーノ・ジ・オリベイラ　元・サッカー選手　国ブラジル　生1965年12月26日　歴2012

マジメル, ブノワ　Magimel, Benoit　俳優　国フランス　生1974年　歴2004/2008/2012

マジャ, ベレン　Maya, Belén　フラメンコダンサー　国スペイン　生1966年　歴2004/2008

マジャ, マリオ　Maya, Mario　フラメンコダンサー　元・アンダルシア舞踊団芸術監督　国スペイン　生1937年　没2008年9月27日　歴1992(マヤ, マリオ)/1996(マヤ, マリオ)/2004/2008

マーシャック, ロバート　Marshak, Robert E.　物理学者　国米国　生1916年10月11日　没1992年12月23日　歴1996

マシャド, アナ・マリア　Machado, Ana Maria　作家　生1941年　歴2004/2008

マシャード, ジャン・ジャック　Machado, Jean Jacques　柔術家　ジャン・ジャック・マシャード・アカデミー主宰　国ブラジル　歴2008

マシャド, マヌエラ　Machad, Manuela　マラソン選手　国ポルトガル　生1963年8月9日　歴1996/2000

マジャリ, アブドル・サラム　Majali, Abdul Salam　政治家　元・ヨルダン首相　国ヨルダン　生1925年　歴1992/1996/2000

マーシャル, アマンダ　Marshall, Amanda　歌手　国カナダ　生1972年8月　歴2000

マーシャル, アラン　Marshall, Alan　作家　国オーストラリア　生1902年　歴1992

マーシャル, アンドルー　Marshall, Andrew　軍略家　米国国防省評定室長　国米国　歴2008

マーシャル, アンドルー　Marshall, Andrew　ジャーナリスト　「エスクァイア」(英国版)アジア特派員　国英国　生1967年　歴2000

マーシャル, イアン　Marshall, Ian　精神分析家　国英国　歴2004

マーシャル, ウィリアム　Marshall, William　作家　国オーストラリア　生1944年　歴2000

マーシャル, ウォルター　Marshall, Walter Charles　別名=Marshall of Goring　原子力学者　元・原子力発電事業者国際協会(WANO)理事長, 元・英国原子力公社総裁　国米国　生1932年3月5日　没1996年2月20日　歴1996

マーシャル, エバン　Marshall, Evan　作家, 著作権代理人　歴2008

マーシャル, キース　Marshall, Keith　テレビプロデューサー, ジャーナリスト　国英国　歴2004

マーシャル, ゲーリー　Marshall, Garry　本名=Marshall,Garry Kent　映画監督, 脚本家, 俳優　国米国　生1934年11月13日　歴2004/2008/2012

マーシャル, コリン　Marshall, Colin Marsh　実業家　元・英国航空(BA)会長, 元・英国産業連盟会長　国英国　生1933年11月16日　歴1992/1996/2000/2004/2012

マーシャル, サーグッド　Marshall, Thurgood　法律家　元・米国最高裁判事　国米国　生1908年7月2日　没1993年1月24日　歴1992/1996

マーシャル, ジェームズ・バンス　Marshall, James Vance　本名=ペイン, ドナルド・ゴードン　別名=キャメロン, イアン　作家　国英国　生1924年1月3日　歴1992

マーシャル, ジェレミー　Marshall, Jeremy　本名=Marshall,John Jeremy Seymour　元・英国空港管理社(BAA)社長　国英国　生1938年4月18日　歴1992

マーシャル, ジェレミー　Marshall, Jeremy　辞書編集者　国英国　歴2000

マーシャル, ジム　Marshall, Jim　写真家　[国]米国　[没]2010年3月23日　[典]2008

マーシャル, ジョン　Marshall, John Ross　政治家　元・ニュージーランド首相, 元・ニュージーランド国民党党首　[国]ニュージーランド　[生]1912年3月5日　[典]1992

マーシャル, ジョン　Marshall, John　鉄道史研究家　[国]英国　[典]2000

マーシャル, チェスター　Marshall, Chester　著述家, 元・軍人　[国]米国　[生]1917年　[典]2004

マーシャル, デービッド　Marshall, David Saul　政治家, 外交官, 弁護士　元・シンガポール労働戦線党首, 元・駐スイス・シンガポール大使　[国]シンガポール　[生]1908年3月12日　[没]1995年12月12日　[典]1992／1996

マーシャル, デービッド　Marshall, David　IBCA取締役　[国]英国　[典]2000

マーシャル, トニー　Marshall, Tonie　映画監督, 女優　[国]フランス　[典]2000／2004

マーシャル, トーマス　Marshall, Thomas Humphrey　社会学者　元・国際社会学会会長, 元・ユネスコ社会科学部長, 元・ロンドン・スクール・オブ・エコノミクス教授　[専]社会階層論, 社会政策論　[国]英国　[生]1893年　[没]1981年　[典]1992

マーシャル, バリー　Marshall, Barry J.　胃腸病学者　西オーストラリア大学ヘリコバクター・ピロリ研究所名誉研究員　[専]ピロリ菌　[国]オーストラリア　[生]1951年9月30日　[典]2000／2004／2008／2012

マーシャル, ピーター・デービッド　Marshall, P.David　ノースイースタン大学教授　[専]コミュニケーション　[典]2004

マーシャル, フランク　Marshall, Frank　映画プロデューサー, 映画監督　[国]米国　[生]1946年9月13日　[典]1992／1996／2008／2012

マーシャル, ペニー　Marshall, Penny　本名=Marshall,Carole Penny　映画監督, 女優　[国]米国　[生]1943年10月15日　[典]1992／1996／2004／2008／2012

マーシャル, ポーラ　Marshall, Paula　ロマンス作家　[国]英国　[典]2004

マーシャル, ポール　Marshall, Paule　作家　バージニア・コモンウェルス大学教授　[国]米国　[生]1929年　[典]1996

マーシャル, マイケル　Marshall, Michael　作家, 脚本家　[国]英国　[生]1965年　[典]2012

マシャル, モーリス　Mashaal, Maurice　ジャーナリスト　[国]フランス　[生]1957年　[典]2004

マーシャル, ラッセル　Marshall, Russell　政治家　元・ニュージーランド外相　[国]ニュージーランド　[生]1936年2月　[典]1992／1996

マーシャル, リタ　Marshall, Rita　デザイナー　クリエイティブ・カンパニー・アートディレクター　[典]2004

マーシャル, ルース・アン　Marshall, Ruth Ann　実業家　元・アメリカズ・マスターカード社長　[国]米国　[典]2008／2012

マーシャル, ロバート　Marshall, Robert　作家, 脚本家　BBC歴史番組プロデューサー　[国]英国　[生]1952年　[典]1996

マーシャル, ロバート・ルイス　Marshall, Robert Lewis　ブランダイス大学教授　[専]音楽学　[生]1939年　[典]1996

マーシャル, ロブ　Marshall, Rob　振付師, 舞台演出家, 映画監督　[国]米国　[生]1960年10月17日　[典]2004／2008／2012

マーシャン, アンドレ　Marchand, Andre　ピアニスト　[国]ドイツ　[生]1945年　[典]1992

マーシュ, イアン　Marsh, Ian K.　実業家　アメリカン・エキスプレス・インターナショナル日本支社社長　[国]英国　[生]1953年6月　[典]2000

マシュー, カトリオナ　Matthew, Catriona　本名=Matthew, Catriona Isobel　プロゴルファー　[国]英国　[生]1969年8月25日　[典]2012

マーシュ, グラハム　Marsh, Graham　プロゴルファー　[国]オーストラリア　[生]1944年1月14日　[典]1992／2000／2008

マシュー, ジャック　Massu, Jacques　軍人　元・フランス西独駐留軍司令官　[国]フランス　[生]1908年5月5日　[没]2002年10月26日　[典]1992

マーシュ, ジャネット　Marsh, Janet　挿絵画家　[国]英国　[生]1953年　[典]1992

マーシュ, ジャン　Marsh, Jan　伝記作家　[国]英国　[典]2000

マーシュ, ジョナサン　Marsh, Jonathan　建築家, 作家　[国]米国　[典]2004

マーシュ, ジョン（Jr.）　Marsh, John O.（Jr.）　軍人, 政治家　元・米陸軍長官　[国]米国　[生]1926年8月7日　[典]1992

マーシュ, デービッド　Marsh, David　ジャーナリスト, コンサルタント　SCCOインターナショナル会長　元・「フィナンシャル・タイムズ」編集委員　[国]英国　[生]1952年　[典]1992／1996／2012

マーシュ, ナターシャ　Marsh, Natasha　ソプラノ歌手　[国]英国　[生]1975年　[典]2012

マーシュ, マイク　Marsh, Mike　元・陸上選手（短距離）　[国]米国　[生]1967年8月4日　[典]1996／2000

マシューズ, アンドリュー　Matthews, Andrew　「自分らしく生きているかい？」の著者　[典]2008

マシューズ, エイドリアン　Mathews, Adrian　作家　[国]英国　[生]1957年　[典]2004

マシューズ, エディー　Mathews, Eddie　本名=Mathews,Edwin Lee　大リーグ選手, 大リーグ監督　[国]米国　[生]1931年10月13日　[没]2001年2月18日　[典]1992

マシューズ, ガレス　Matthews, Gareth B.　マサチューセッツ大学教授　[専]哲学　[国]米国　[生]1929年　[典]2000

マシューズ, クラーク（2世）　Matthews, Clark J.（II）　サウスランド社社長・CEO　[国]米国　[典]1992

マシューズ, グレッグ　Matthews, Greg　作家　[国]米国　[典]1992

マシューズ, ケイトリン　Matthews, Caitlín　著述家　[典]2008

マシューズ, ゴードン　Mathews, Gordon　文化人類学者　香港中文大学準教授　[生]1978年　[典]2004

マシューズ, コリン　作曲家, 音楽プロデューサー　[国]英国　[生]1946年　[典]2000

マシューズ, ジェイナ　Matthews, Jana　コンサルタント　ボルダー・クオンタム・ベンチャーズ創業者　[典]2004

マシューズ, ジェシカ　Mathews, Jessica Tuchman　カーネギー国際平和財団理事長　元・米国外交問題評議会上級研究員, 元・「ワシントン・ポスト」紙コラムニスト　[専]環境問題　[国]米国　[生]1946年　[典]1992／1996／2012

マシューズ, ジェームズ　Matthews, James　作家, 詩人　[国]南アフリカ　[生]1929年　[典]1992／2000／2004

マシューズ, ジャック　Mathews, Jack　ジャーナリスト　「ロサンゼルス・タイムズ」記者　[国]米国　[典]1992

マシューズ, ジョン　マクウォーリー大学経営大学院助教授　[専]アジア経済　[国]オーストラリア　[典]2000

マシューズ, ジョン　Matthews, John　[専]アーサー王伝説, 聖杯伝説　[典]2008

マシューズ, スタンリー　Matthews, Stanley　サッカー選手　[国]英国　[生]1915年2月1日　[没]2000年2月23日　[典]2000

マシューズ, デービッド　Matthews, David　グループ名=マンハッタン・ジャズ・オーケストラ　ジャズ・キーボード奏者, 作曲家, 編曲家　[国]米国　[生]1942年4月3日　[典]1992／2000／2004／2008／2012

マシューズ, デーブ　Matthews, Dave　本名=マシューズ, デービッド　グループ名=デーブ・マシューズ・バンド　ロック歌手・ギタリスト　[国]米国　[生]1967年1月9日　[典]2004／2008／2012

マシューズ, パトリック　Matthews, Patrick　ジャーナリスト　[国]英国　[生]1953年　[典]2008

マシューズ, マックス　Mathews, Max V.　スタンフォード大学教授, コンピーター技術音楽音響研究所　[専]音声・音楽信号処理　[国]米国　[典]1992

マシューズ, リチャード　Mathews, Richard　ジャーナリスト　「アトランタ・ジャーナル」紙編集委員　[国]米国　[生]1945年　[典]1992／2000

マシューズ, ルー　ジャズピアニスト　[国]米国　[生]1946年　[典]2000

マシューズ, ルーパート　Matthews, Rupert　作家　[国]英国

マ

㊅1961年　㊟2000

マシュノー, バンサン　Machnaud, Vincent　ジャーナリスト　「フランス・フットボール」記者　㊨サッカー　㊩フランス　㊅1953年4月27日　㊟2004

マシュフール, マシュフール・アーメド　Mashhour, Mashhour Ahmed　エジプト日本経済委員会委員長, エジプト運河庁名誉総裁　㊩エジプト　㊟1992

マシュラー, トム　Maschler, Tom　編集者, 出版人　元・ジョナサン・ケイプ社長　㊩英国　㊅1933年　㊟2012

マシュレ, ピエール　Macherey, Pierre　パリ第1大学教授　㊨哲学　㊩フランス　㊅1938年　㊟2000

マジュレル, ジャン・ルイ　Masurel, Jean-Louis Antoine Nicolas　エディアール社長　㊩フランス　㊅1940年9月18日　㊟1996

マジル, ドミトル　Mazilu, Dumitru　元・ルーマニア救国戦線評議会第一副議長　㊩ルーマニア　㊅1934年6月　㊟1992

マシーレ, クェット・ケトゥミレ・ジョニ　Masire, Quett Ketumile Joni　政治家　元・ボツワナ大統領, 元・ボツワナ民主党(BDP)党首　㊩ボツワナ　㊅1925年7月23日　㊟1992／1996／2000

マース, ケビン　元・プロ野球選手　㊟2000

マース, ジェームズ　Maas, James B.　心理学者　コーネル大学教授　㊨睡眠, 快眠法　㊩米国　㊟2004

マース, ディック　Maas, Dick　映画監督, 脚本家　㊩オランダ　㊅1950年　㊟1992／2004／2008

マス, デービッド　Muss, David　精神科医　ナフィールド病院PTSD科部長　㊩米国　㊅1943年　㊟2000

マス, ニコラス　Massu, Nicolas　テニス選手　㊩チリ　㊅1979年10月10日　㊟2008

マース, ロバート　元・サッカー選手　IMG東京サッカーディビジョン・マネージャー　㊩ベルギー　㊅1959年　㊟2000

マズア, クルト　Masur, Kurt　指揮者　ライプツィヒ・ゲヴァントハウス管弦楽団名誉指揮者, イスラエル・フィルハーモニー終身名誉指揮者　元・フランス国立管弦楽団音楽監督, 元・ニューヨーク・フィルハーモニック音楽監督　㊩ドイツ　㊅1927年7月18日　㊟1992／1996／2000／2004／2012

マスカー, ジョン　Musker, John　アニメーション監督　㊩米国　㊅1953年　㊟2012

マスカエフ, オレグ　Maskaev, Oleg　プロボクサー　元・WBC世界ヘビー級チャンピオン, 元・PABAヘビー級チャンピオン　㊩米国　㊅1969年3月2日　㊟2000

マスカット, キャリー　Muskat, Carrie　スポーツ・ジャーナリスト　元・UPI通信記者　㊩米国　㊅1956年　㊟2004

マスカレーナス, アンドルー　Mascarenhas, Andrew A.　実業家　日本イーライリリー社長　㊩米国　㊅1947年　㊟2000

マスキー, エドマンド　Muskie, Edmund Sixtus　政治家, 法律家　元・米国国務長官, 元・米国上院議員(民主党)　㊩米国　㊅1914年3月28日　㊣1996年3月26日　㊟1992／1996

マスキノ, モーリス　Maschino, Maurice　著述家, 元・教師　㊩フランス　㊅1931年　㊟2004

マスキン, エリック　Maskin, Eric S.　経済学者　プリンストン高等研究所教授　㊨メカニズム・デザイン理論　㊩米国　㊅1950年12月12日　㊟2012

マスク, イーロン　Musk, Elon　実業家　テスラ・モーターズ会長・CEO　㊩米国　㊅1971年　㊟2012

マスグレイブ, ストーリー　元・宇宙飛行士, 医師　㊩米国　㊟2000

マスグローブ, ロニー　Musgrove, Ronnie　政治家　ミシシッピ州知事　㊩米国　㊅1956年7月29日　㊟2004／2008／2012

マスケ, ヘンリー　Maske, Henry　元・プロボクサー　元・WBA・IBA世界ライトヘビー級チャンピオン　㊩ドイツ　㊅1964年1月6日　㊟1992

マスケラーノ, ハビエル　Mascherano, Javier　サッカー選手(MF)　北京五輪サッカー男子金メダリスト　㊩アルゼンチン　㊅1984年6月8日　㊟2008／2012

マスケリー, メアリー・アン　Maskéry, Mary Ann　放送記者　日本外国特派員協会会長, ABC放送東京支局ラジオレポーター　㊩米国　㊟1992

マスケリーニ, マルチェロ　Mascherini, Marcello　彫刻家　㊩イタリア　㊅1906年　㊣1983年2月19日　㊟1992

マスコウィッツ, スチュワート　Moskowitz, Stewart　画家　㊩米国　㊅1941年7月6日　㊟1992／1996／2000

マスコビッツ, カール　Moskowitz, Karl　韓国コンサルタント会社(KSA)社長　㊩米国　㊅1948年　㊟1996

マスジェドジャメイ, アハマド　Masjed Jamei, Ahmad　政治家　イラン・イスラム指導相　㊩イラン　㊟2004／2008

マスターP　本名＝ミラー, パーシー　ラッププロデューサー, スポーツ代理人, バスケットボール選手　ノーリミテッド・レコーズ社代表, ノーリミット・スポーツマネージメント社代表　㊩米国　㊟2000

マスターズ, アンソニー　Masters, Anthony　伝記作家, 小説家, 脚本家　㊩英国　㊅1940年　㊟1992

マスターズ, ウィリアム　Masters, William Howell　性科学者　元・マスターズ・アンド・ジョンソン研究所主宰　㊩米国　㊅1915年12月27日　㊣2001年2月16日　㊟1992／1996

マスターズ, ブライアン　Masters, Brian　作家　㊩英国　㊅1939年　㊟2000

マスターズ, プリシラ　Masters, Priscilla　作家, 看護師　㊩英国　㊟2012

マスターズ, ロジャー　Masters, Roger D.　政治学者　ダートマス大学教授　㊩米国　㊅1933年　㊟2004

マスターソン, メアリー・スチュアート　Masterson, Mary Stuart　女優　㊩米国　㊅1966年　㊟1996／2000／2004／2008

マスタートン, グレアム　Masterton, Graham　作家　㊩英国　㊅1946年　㊟2004

マスディ, オマラ・ハーン　Masodi, Omara Khan　カブール博物館館長　㊩アフガニスタン　㊟2004／2008／2012

マステルコワ, スベトラナ　Masterkova, Svetlana　元・陸上選手(中距離)　㊩ロシア　㊅1968年1月1日　㊟2000／2004

マスデン, カーク　Masden, Kirk　熊本学園大学経済学部准教授　㊨日本比較文化論　㊩米国　㊅1958年　㊟1992／2000

マーズデン, ジェームズ　Marsden, James　俳優　㊩米国　㊅1973年9月18日　㊟2004

マーズデン, ジェーン・ドーティー　Marsden, Jane Doughty　ライター　㊟2008

マーズデン, ジョン　児童文学作家　㊩オーストラリア　㊅1950年9月　㊟1992

マーズデン, ハワード　メディカル・リサーチ・カウンシル(MRC)リサーチ・プロフェッサー　㊨ウイルス研究, 遺伝子治療　㊩英国　㊟2000

マーズデン, ブライアン・ジェフリー　Marsden, Brian G.　天文学者　小惑星センター(MPC)センター長, 国際天文学連合(IAU)天文電報中央局(CBAT)局長　㊩英国　㊅1937年　㊟2000

マスード, アハマド・シャー　Masood, Ahmad Shah　ゲリラ指導者　元・北部同盟最高指導者, 元・アフガニスタン国防相　㊩アフガニスタン　㊅1953年　㊣2001年9月10日　㊟1996／2000

マスト, デービッド　Musto, David F.　児童研究センター精神病理学教授, エール大学医学史教授　㊨精神病理学, 医学史　㊩米国　㊟1996

マストニー, ヴォイチェフ　Mastny, Vojtech　歴史学者　ウッドロー・ウィルソン国際センター上級研究員　㊨現代史, 国際政治史　㊅1936年　㊟2000

マストラントニオ, メアリー・エリザベス　Mastrantonio, Mary Elizabeth　女優　㊩米国　㊅1958年11月17日　㊟1992／2000／2004／2008

マストロヤンニ, ウンベルト　Mastroianni, Umberto　彫刻家　㊩イタリア　㊅1910年9月21日　㊣1998年2月23日　㊟1992／1996

マストロヤンニ, キアラ　Mastroianni, Chiara　女優　㊩フランス　㊅1972年5月28日　㊟2004／2008

マストロヤンニ, マルチェロ　Mastroianni, Marcello　俳優　㊩イタリア　㊅1924年9月28日　㊣1996年12月19日　㊟1992／1996

マーストン, ジョシュア　Marston, Joshua　映画監督, 脚本家　㊩米

国　[典]2008／2012

マスハドフ, アスラン　Maskhadov, Aslan　政治家, 軍人　元・チェチェン共和国大統領　[国]ロシア　[生]1951年9月21日　[没]2005年3月8日　[典]2000／2004

マスパン, アンドレ　Massepain, André　児童心理学者, 児童文学作家　[国]フランス　[典]1992

マスラク, ケシャバン　Maslak, Keshavan　別名＝ケニー・ミリオン　ジャズサックス奏者, 詩人　[国]米国　[生]1947年2月26日　[典]1996

マスリ, ザフィル　El-Masri, Zafir　元・ナブルス（ヨルダン）市長　[国]パレスチナ　[没]1986年3月2日　[典]1992

マスリ, タヘル・ナシャト　Masri, Taher Nashat al　政治家, 外交官　元・ヨルダン首相　[国]ヨルダン　[生]1942年3月5日　[典]1992／1996

マスリ, メイ　ドキュメンタリー映画監督　[国]レバノン　[典]2004／2008

マスリュコフ, ユーリー　Maslyukov, Yurii Dmitrievich　政治家　元・ロシア下院議員, 元・ロシア第1副首相　[国]ロシア　[生]1937年9月30日　[没]2010年4月1日　[典]1992／2000

マズール, ディーター　Masuhr, Dieter　画文作家　[生]1938年　[典]1992

マズルコ, フィリップ　Mazzurco, Philip　エディター, ライター　[専]インテリアデザイン　[国]米国　[典]1992

マーズルーミプール, スィヤワシュ　Mazloumipour, Siyavosh　イラストレーター, インテリアデザイナー　[国]イラン　[生]1952年　[典]2004／2008

マスレンニコフ, アルカジー　Maslennikov, Arkadii A.　ソ連最高会議報道担当官　[国]ソ連　[生]1931年5月25日　[典]1992／1996

マズロフ, キリル　Mazurov, Kirill Trofimovich　政治家　元・ソ連第1副首相　[国]ソ連　[生]1914年4月7日　[没]1989年12月19日　[典]1992

マセ, クリスチャン　Masset, Christian　外交官　駐日フランス大使　[国]フランス　[生]1957年1月23日

マゼ, ティナ　Maze, Tina　スキー選手（アルペン）　バンクーバー五輪アルペンスキー女子大回転銀メダリスト　[国]スロベニア　[生]1983年5月2日　[典]2012

マセ, フランソワ　Macé, François　フランス国立東洋言語文化研究所教授　[専]宗教史　[国]フランス　[生]1947年　[典]1992／1996

マセケラ, ヒュー　Masekela, Hugh Ramapolo　ジャズ・トランペット奏者　[国]南アフリカ　[生]1939年4月4日　[典]2004／2008

マセソン, クリストファー　Matheson, Christopher　写真家　BBC顧問　[国]英国　[典]1992

マセダ, ホセ　Maceda, José　作曲家, 民族音楽学者　フィリピン大学名誉教授　[国]フィリピン　[生]1917年　[典]1992／1996／2000

マセッティ, ダニエラ　Mascetti, Daniela　宝石専門家　[国]イタリア　[典]2008

マセラー, アンドレ　写真家　[生]1941年　[典]1992

マーセラス, ダイアナ　Marcellas, Diana　作家　[国]米国　[典]2004

マゼル, ジュディ　Mazel, Judy　ダイエット研究家, 女優　[国]米国　[生]1943年12月20日　[没]2007年10月12日　[典]2004

マゼール, ロリン　Maazel, Lorin　指揮者, バイオリニスト, 作曲家　ミュンヘン・フィルハーモニー管弦楽団音楽監督　元・ニューヨーク・フィルハーモニック音楽監督　[国]米国　[生]1930年3月6日　[典]1992／1996／2000／2004／2008／2012

マセロ, デービッド　Masello, David　ジャーナリスト, 作家　[国]米国　[典]2004

マゾヴィエツキ, タデウシ　Mazowiecki, Tadeusz　政治家　元・ポーランド首相　[国]ポーランド　[生]1927年4月18日　[没]2013年10月28日　[典]1992（マゾビエツキ, タデウシ）／1996（マゾビエツキ, タデウシ）

マソプスト, ヨゼフ　Masopust, Josef　元・サッカー選手, 元・サッカー監督　元・サッカー・チェコスロバキア代表監督　[国]チェコ　[生]1931年2月9日　[典]2004／2008

マゾーラ　Mazzolla　本名＝マセリーノ・ジュニオール・ロペス・アルダ　サッカー選手（FW）　[国]ブラジル　[生]1989年5月8日　[典]2012

マソル, ヴィタリー　Masol, Vitalii Andreevich　政治家　元・ウクライナ首相　[国]ウクライナ　[生]1928年11月14日　[典]1996

マーソン, マイケル　Merson, Michael　世界保健機関（WHO）世界エイズ対策局長　[国]米国　[生]1945年6月7日　[典]1996

マソン, マルセル　Masson, Marcel　画家　[国]フランス　[生]1911年　[典]1992／1996

マータ, エドアルド　Mata, Eduardo　指揮者, 作曲家　[国]メキシコ　[生]1942年9月15日　[没]1995年1月4日　[典]1996

マーター・アムリターナンダマイー　Mata Amritanandamayi　宗教家　[国]インド　[生]1953年　[典]2008

マータイ, ワンガリ　Maathai, Wangari　本名＝マータイ, ワンガリ・ムタ　環境活動家, 政治家, 生物学者　元・ケニア副環境相, 元・国連平和大使　グリーンベルト運動（GBM）の創設者　[国]ケニア　[生]1940年4月1日　[没]2011年9月25日　[典]1992（ワンガリ・マザイ）／2008

マータイ, ワンジラ　Maathai, Wanjira　社会活動家　グリーンベルト運動（GBM）事務局長　[国]ケニア　[生]1971年　[典]2012

マダヴィ, マンスール　映画監督　[国]オーストリア　[生]1944年　[典]1992（マダビ, マンスール）

マダウ・ディアツ, アントネッロ　Madau Diaz, Antonello　オペラ演出家　[国]イタリア　[典]2004／2012

マタス, キャロル　Matas, Carol　作家　[国]カナダ　[典]2004

マタスケレケレ, カルコット　Mataskelekele, Kalkot　政治家　元・バヌアツ大統領　[国]バヌアツ　[生]1949年　[典]2008／2012

マタチッチ, ロヴロ・フォン　Matačić, Lovro von　指揮者　[国]ユーゴスラビア　[生]1899年2月14日　[没]1985年1月4日　[典]1992

マダックス, グレグ　Maddux, Greg　本名＝Maddux,Gregory Alan　元・大リーグ選手　[国]米国　[生]1966年4月14日　[典]1996／2000／2004／2008／2012

マダニ, アッバシ　Madani, Abbasi　政治家, 宗教家　イスラム救国戦線（FIS）議長　[国]アルジェリア　[典]1992／1996／2000

マタノヤン, キャロライン　又野・ヤン, キャロライン　Matano Yang, Caroline A.　元・フルブライト対外奨学金理事長　[国]米国　[典]1996

マダム・セリーヌ　本名＝ピアナ, セリーヌ　デザイナー　元・セリーヌ経営者　[国]フランス　[典]1992／2000

マダム・ソイア　画家　[国]スウェーデン　[生]1903年　[典]1996

マタヨシ, ジェームズ　Matayoshi, James　政治家　ロンゲラップ島市長　[国]マーシャル諸島　[典]2000

マダンバ, アーマンド　アジア太平洋経済協力会議（APEC）事務局長　元・フィリピン国軍副参謀総長　[国]フィリピン　[典]2000

マーチ, ジェーン　March, Jane　女優　[国]英国　[生]1973年3月　[典]1996

マチー, マヌエル　Machi, Manuel　画家　[国]スペイン　[生]1936年　[典]1992／1996

マーチ, ロジャー　翻訳業　オーストラリアビジネス協会（ABA）会長　[国]オーストラリア　[生]1950年　[典]1992

マチジアク, グンナー　Matysiak, Gunner　映画製作者, 挿絵画家　[国]ドイツ　[生]1946年　[典]1992

マチス, オルガー　Matthies, Holger　グラフィックデザイナー　[国]ドイツ　[生]1940年　[典]1992／1996／2000

マチャド, ジョアオ　EC委員会国際関係部門日本課職員　[国]ポルトガル　[典]1992

マーチャント, イスマイル　Merchant, Ismail　映画プロデューサー　[国]英国　[生]1936年12月25日　[没]2005年5月25日　[典]1996

マーチャント, ナタリー　旧グループ名＝10,000マニアックス　歌手　[国]米国　[典]2000

マチュー, アニエス　Mathieu, Agnès　イラストレーター　[国]フランス　[生]1956年11月7日　[典]1996（マチュウ, アニエス）

マチュー, クリスティーン　Mathieu, Christine　文化人類学者　セント・メアリー大学教員　[生]1954年　[典]2004／2008

マチュー, ジェラール　Mathieu, Gérard　漫画家　[国]フランス　[生]1949年　[典]1992

マチュー, ジョルジュ　Mathieu, Georges Victor Adolphe　画家　国フランス　⊕1921年1月27日　②2012年6月10日　⊛1992／1996／2004／2008／2012

マチュー, ピエール・ルイ　Mathieu, Pierre-Louis　サンボリスム研究家　国フランス　⊛2000

マチュー, ミレイユ　Mathieu, Mireille　シャンソン歌手　国フランス　⊕1946年7月22日　⊛1992

マチューズ, フィリップ　ラグビー選手　国アイルランド　⊕1960年1月24日　⊛1992

マチュー・リーデル, エリザベト　Mathieu-Riedel, Elisabeth　医師　フランス緩和ケアサービス協会（SFAP）　国フランス　⊕1951年　⊛2004

マーチン, ロバート・C.　Martin, Robert C.　ソフトウェアコンサルタント　オブジェクト・メンター創設者　⊛2008

マーツ, ジュディー　Martz, Judy　政治家　モンタナ州知事　国米国　⊕1943年7月28日　⊛2004／2008

マツァルス, アラン　Mazars, Alain　映画監督　国フランス　⊕1955年　⊛1992／1996

マツイ, ロバート　Matsui, Robert T.　政治家　元・米国下院議員（民主党）　国米国　⊕1941年9月17日　②2005年1月1日　⊛1996

マツィーラ, ジェリー　Matsila, Jerry　アフリカ民族会議（ANC）駐日代表　⊛1992

マツィリア, ジョン　Marzillier, John　臨床心理士, サイコセラピスト　国英国　⊛2004／2008

マツェイチュク, オレグ　Matseichuk, Oleg　フェンシングコーチ　フェンシング男子日本代表コーチ　国ウクライナ　⊕1972年3月8日　⊛2012

マツーエフ, デニス　Matsuev, Denis　ピアニスト　国ロシア　⊕1975年　⊛2000／2012

マツオ, ドロシー　Matsuo, Doroty　「若者たちの戦場—アメリカ日系2世第442部隊の生と死」の作者　国米国　⊕1928年　⊛1996

マツォウカス, ウィリアム　Matsoukas, William　コンピューターコンサルタント　Speed Productions社長　国米国　⊛2004

マツオカ, ジャック　Matsuoka, Jack　日本姓＝松岡　漫画家　国米国　⊛1992／1996

マツオカ, ジョン　ハワイ大学社会福祉学科助教授　⊛社会福祉学　⊛1992

マッカイ, アラン　Mackay, Alan Lindsay　結晶学者　元・ロンドン大学バークベック・カレッジ教授　国英国　⊕1926年9月6日　⊛2004

マッカイ, チャールズ　Mackay, Charles Dorsey　実業家　インチケープ副会長　国英国　⊕1940年4月14日　⊛1996(マカイ, チャールズ)／2000

マッカイ, ロジャー　Mackay, Roger　プロゴルファー　国オーストラリア　⊕1956年3月31日　②2002年6月17日　⊛1992(マッケイ, ロジャー)／1996

マッカーヴォイ, エドゥアール　Mac'avoy, Edouard　画家　サロン・ドートンヌ会長　国フランス　⊕1905年　⊛1992(マッカーボイ, エドゥアール)／1996(マッカーボイ, エドゥアール)

マッカーサー, アントニー　McArthur, P.Anthony　弁護士　レイ・コーネル法律事務所勤務　国カナダ　⊛1992

マッカーサー, ダグラス（2世）　MacArthur, Douglas（II）　外交官　元・駐日米国大使　国米国　⊕1909年　②1997年11月15日　⊛1992

マッカーシー, P.D.　McCarthy, P.D.　ノードストローム社販売員　⊛2004

マッカーシー, イレーヌ　McCarthy, Elaine Clark　作家　国米国　⊛2004

マッカーシー, ウィリアム　全米運輸労組（チームスターズ）会長　国米国　⊛1992

マッカーシー, ウィルソン　McCarthy, Wilson　作家　⊕1930年　⊛1992

マッカーシー, エド　McCarthy, Ed　ライター, ワイン・コレクター　国米国　⊕1965年　⊛2000

マッカーシー, キャロライン　McCarthy, Carolyn　政治家　米国下院議員（民主党）　国米国　⊛2000

マッカーシー, グレン　McCarthy, Glenn　テキサス石油王　国米国　②1988年12月26日　⊛1992

マッカーシー, ケビン　McCarthy, Kevin W.　経営コンサルタント　⊛2008

マッカーシー, ケビン　McCarthy, Kevin　俳優　国米国　⊕1914年2月15日　②2010年9月11日

マッカーシー, ケン　McCarthy, Ken　コンピュータ・コンサルタント　イーメディア社長　国米国　⊛2000

マッカーシー, コーマック　McCarthy, Cormac　作家　国米国　⊕1933年　⊛1996／2012

マッカーシー, ジョン　McCarthy, John　コンピューター科学者　元・スタンフォード大学名誉教授, 元・米国人工知能学会（AAAI）初代会長　⊛人工知能　国米国　⊕1927年9月4日　②2011年10月24日　⊛1992／1996

マッカーシー, ジョン　McCarthy, John Philip　外交官　元・駐日オーストラリア大使　国オーストラリア　⊕1942年11月29日　⊛2004／2008／2012

マッカーシー, スーザン　McCarthy, Susanne　ロマンス作家　国英国　⊛2004

マッカーシー, ティモシー　McCarthy, Timothy F.　金融家　日興アセットマネジメント会長・CEO　国米国　⊕1951年9月19日　⊛2004／2008

マッカーシー, トム　McCarthy, Tom　俳優, 映画監督, 脚本家　国米国　⊕1966年　⊛2012

マッカーシー, ノブ　McCarthy, Nobu　旧名＝渥美延　女優　元・イースト・ウェスト・プレイヤーズ芸術監督　国米国　⊕1934年11月13日　②2002年4月6日　⊛1992／1996

マッカーシー, ベネディクト　MaCarthy, Benedict　サッカー選手（FW）　国南アフリカ　⊕1977年11月12日　⊛2000／2004／2008

マッカーシー, マイケル　McCarthy, Michael　通称＝マッカーシー, ミック　サッカー監督, 元・サッカー選手　元・サッカー・アイルランド代表監督　国アイルランド　⊕1959年2月7日　⊛2004／2008

マッカーシー, メアリー　McCarthy, Mary Therese　作家, 文芸批評家　国米国　⊕1912年6月21日　②1989年10月25日　⊛1992

マッカーシー, ユージン　McCarthy, Eugene Joseph　政治家, コラムニスト　元・米国上院議員（民主党）　国米国　⊕1916年3月29日　②2005年12月10日　⊛1992／2004

マッカスリン, ジェームス　実業家　ハーレーダビッドソン社長・COO　国米国　⊛2004／2008

マッカーター, P.カイル(Jr.)　McCarter, P.Kyle（Jr.）　ジョンズ・ホプキンス大学人文科学系学部副学部長, 米国オリエント研究学会会長　⊛古代オリエント　国米国　⊛1996

マッカッチェン, アンドルー　McCutchen, Andrew　本名＝McCutchen,Andrew Stefan　大リーグ選手（外野手）　国米国　⊕1986年10月10日

マッカーティ, ピーター　McCarty, Peter　絵本作家　国米国　⊛2008

マッカーティ, ビル　McCarty, Bill　コンピューター科学者　アズーサ・パシフィック大学準教授　国米国　⊛2004／2008

マッカーティ, マリル・ハート　McCarty, Marilu Hurt　経済学者　ジョージア工科大学名誉教授　国米国　⊛2004

マッカートニー, ステラ　McCartney, Stella　ファッションデザイナー　国英国　⊕1971年9月13日　⊛2000／2004／2008／2012

マッカートニー, ビル　McCartney, Bill　プロミス・キーパーズ創始者・CEO　国米国　⊛2000

マッカートニー, ポール　McCartney, Paul　本名＝マッカートニー, ジェームズ・ポール　グループ名＝ウイングス, 旧グループ名＝ビートルズ　ロック歌手, シンガーソングライター　国英国　⊕1942年6月18日　⊛1992／1996／2000／2004／2008／2012

マッカートニー, ルース　McCartney, Ruth　シンガー・ソングライター, ヘアデザイナー　国英国　⊕1960年2月15日　⊛1992

マッカートニー・スネイプ, ティム　Macartney Snape, Tim　登山

家 [国]オーストラリア [生]1956年 [典]2000

マッカーナ, プロインシァス MacCana, Proinsias ダブリン大学ケルト語教授 [専]ケルト学 [国]アイルランド [生]1926年7月6日 [典]1992

マッカニコ, アントニオ Maccanico, Antonio 政治家 元・イタリア郵政・通信相, 元・イタリア上院議員 [国]イタリア [生]1924年 [典]2000

マッカラー, ウェイン McCullough, Wayne プロボクサー 元・WBC世界バンタム級チャンピオン [国]英国 [生]1970年7月7日 [典]1996／2000／2008

マッカラ, コリーン McCullough, Colleen 作家 [生]1928年 [典]1992／1996／2004

マッカラム, スコット McCallum, Scott 政治家 元・ウィスコンシン州知事 [国]米国 [生]1950年5月2日 [典]2004／2008

マッカラム, スティーブン McCallum, Stephen ストーリーボード作家, アニメーター, 映画監督, 挿絵画家 [国]カナダ [典]1996

マッカラム, ビル McCollum, Bill 政治家 米国下院議員(共和党) [国]米国 [生]1944年6月12日 [典]1996

マッカラム, リック McCallum, Rick 映画プロデューサー [国]米国 [生]1952年 [典]2004／2008

マッカラン, ゴードン McClung, Gordon W. マーケティングコンサルタント [国]米国 [典]2008

マッカリー, パトリック McCully, Patrick ダム反対運動家 国際河川ネットワーク [国]英国 [生]1965年3月17日 [典]2000

マッカリスキー, バーナデット 旧名=デブリン, バーナデット 公民権運動指導者 元・英国下院議員 [国]英国 [生]1947年4月23日 [典]1992

マツカワ, ダニエル ファゴット奏者 フィラデルフィア管弦楽団首席ファゴット奏者 [国]米国 [典]2004／2008

マッガワン, クリス McGowan, Chris 音楽ライター, コラムニスト [典]2004

マッカーン, チャールズ McKhann, Charles F. 医師 エール大学医学部教授 [専]外科学 [国]米国 [生]1930年 [典]2004

マッカン, ドナル 俳優 [国]アイルランド [典]2000

マッカン, ベス Mccann, Beth リザルト・INC社社長 [典]1992

マッキー, B.アラン 本名=マッキー, バーナード・アラン 建築家 [国]カナダ [生]1925年10月16日 [典]2000／2004

マッキー, アニー McKee, Annie 教育学者 ペンシルベニア大学教育学大学院教授 [国]米国 [典]2004

マッキ, アハマド・ビン・アブドルナビ・アル Makki, Ahamad bin Abd al-Nabi al 政治家 オマーン国家経済相 [国]オマーン [典]2000／2004／2012

マッキー, アラン Mackey, Allan 法律家 [国]ニュージーランド [典]2008

マッキー, イアン Macky, Ian コンピューター技術者 オラクル・技術スタッフ・プリンシパルメンバー [典]2004

マッキー, ジナ Mckee, Gina 女優 [国]英国 [生]1964年 [典]2004

マッキー, ティム McKee, Tim ジャーナリスト [国]米国 [典]2004

マッキー, デービッド McKee, David 絵本作家, イラストレーター, アニメーション作家 [国]英国 [生]1935年 [典]1992／1996／2004／2008／2012

マッキー, ニール グループ名=無限響 和太鼓奏者 [国]英国 [典]2000

マッキー, ベラ Mackie, Vera 女性学者 カーティン工科大学大学院人文学研究センター所長 [専]日本近現代史, ジェンダー研究 [典]2008

マッキー, ヘレン・E. 京都アメリカン・センター館長 [国]米国 [生]1949年5月26日 [典]1992

マッキー, ロビン McKie, Robin 科学ライター 「オブザーバー」紙ライター [国]英国 [生]1950年 [典]1996

マッキオン, ジャック McKeon, Jack 大リーグ監督 [国]米国 [生]1930年11月23日 [典]2000(マッキーン, ジャック)／2004／2008／2012

マッキナニー, ジョゼフ 太平洋アジア観光協会(PATA)理事長 [国]米国 [典]2000

マッキニー, ケネディ McKinney, Kennedy プロボクサー [国]米国 [典]1992／2000

マッキニー, スチーブ プロスキーヤー [国]米国 [没]1990年11月10日 [典]1992

マッキネス, ブライアン ゲーム発明家 [国]オーストラリア [生]1947年 [典]1992

マッキネス, ヘレン MacInnes, Helen 作家 [国]米国 [生]1907年 [没]1985年9月30日 [典]1992

マッキノン, キャサリン MacKinnon, Catharine A. 弁護士, 法学者 ミシガン大学ロースクール教授 [専]法学, フェミニズム [国]米国 [生]1946年 [典]1996／2000／2012

マッキノン, ドン McKinnon, Don 本名=マッキノン, ドナルド 政治家 元・ニュージーランド外相 [国]ニュージーランド [生]1939年 [典]1992／1996／2000

マッキノン, ロデリック MacKinnon, Roderick 生物物理学者, 医師 ロックフェラー大学教授 [国]米国 [生]1956年 [典]2004／2008／2012

マッキノン, ロナルド Mckinnon, Ronald I. 経済学者 スタンフォード大学経済学部教授 [専]国際貿易, 国際金融 [国]米国 [生]1935年 [典]1996／2000

マッキーバー, エド McKeever, Ed 本名=McKeever,Edward Daniel カヌー選手 ロンドン五輪カヌー男子カヤックシングル200メートル金メダリスト [国]英国 [生]1983年8月27日

マッキーバー, ブライアン McKeever, Brian スキー選手(ノルディック) [国]カナダ

マッギバーン, ウィリアム・ピーター McGivern, William Peter ミステリー作家 [国]米国 [生]1922年 [没]1982年 [典]1992

マッキベン, ビル Mckibben, Bill 本名=Mckibben,William 科学ジャーナリスト, エコロジスト [専]環境問題 [国]米国 [生]1961年 [典]1992／1996

マッキャリー, チャールズ McCarry, Charles 作家 [国]米国 [生]1930年6月14日 [典]1992／1996

マッキャロン, アンソニー McCarron, Anthony 新聞記者 [国]米国 [典]2008

マッキャロン, クリス McCarron, Chris J. 元・騎手 [国]米国 [生]1952年3月27日 [典]1992／1996／2004／2008

マッキャン, ジム McCann, Jim 実業家 1-800-フラワーズCEO [国]米国 [典]2004

マッキャン, ブライアン McCann, Brian 本名=McCann,Brian Michael 大リーグ選手(捕手) [国]米国 [生]1984年2月20日 [典]2012

マッキャン, レネッタ McCann, Renetta 実業家 スターコム・メディアベスト・グループCEO [国]米国 [生]1956年12月8日 [典]2008／2012

マッキュー, ジェームズ McHugh, James A.M. コンピューター科学者 ニュージャージー技術研究所計算機情報科学科教授 [国]米国 [典]2008

マッキューン, シャノン McCune, Shannon B.B. 沖縄研究家, 地理学者 沖縄文官民政官(初代) 元・マサチューセッツ大学副学長, 元・ユネスコ本部教育局長 [国]米国 [生]1913年4月6日 [典]1992

マッキルバニー, ウィリアム McIlvanney, William 作家, 詩人 [国]英国 [生]1936年 [典]1992／1996

マッキン, J.C. Mackin, J.C. ライター, 編集者, コンサルタント [典]2008

マッキーン, ウィリアム・F. 実業家 [国]米国 [生]1944年9月24日 [典]1992

マッキン, ジェームス・W 元・日本ルーセント・テクノロジー社長 [国]米国 [典]2000

マッキーン, トーマス McKean, Thomas A. 「ぼくとクマと自閉症の仲間たち」の著者 [国]米国 [典]2008

マッギン, バーナード McGinn, Bernard シカゴ大学神学部教授 [専]神学, キリスト教思想史 [国]米国 [生]1937年 [典]2000

マッキーン, ベス　MacEoin, Beth　ホメオパシー医師　⑳2008

マッギン, リチャード　McGinn, Richard A.　実業家　元・ルーセント・テクノロジーズ会長・CEO　⑮米国　⑯1947年　⑳2000／2004

マッギン, ロジャー　McGuinn, Roger　旧グループ名＝バーズ　ロック歌手　⑮米国　⑯1942年7月13日　⑳1996

マッキンストリー, ナンシー　McKinstry, Nancy　実業家　ウォルターズ・クルワーCEO・会長　⑮米国　⑯1959年　⑳2008／2012

マッキンタイア, アラスデア　MacIntyre, Alasdair Chalmers　ノートル・ダム大学教授　⑲哲学　⑮米国　⑯1929年1月12日　⑳1996

マッキンタイア, アン　メディカルハーバリスト, ハーバルコンサルタント　⑲ハーブ, メディカルハーブ　⑮英国　⑳2004

マッキンタイア, ジョー　McIntyre, Joe　グループ名＝ニュー・キッズ・オン・ザ・ブロック　歌手　⑮米国　⑯1972年12月31日　⑳1992／1996

マッキンタイア, ジョン　McIntire, John　俳優　⑮米国　⑯1907年6月27日　⑰1991年1月30日　⑳1992

マッキンタイア, ティム　俳優　⑮米国　⑯1986年4月15日　⑳1992

マッキンタイア, デボラ　McIntyre, Deborah　児童セラピスト, 看護婦　⑳2004

マッキンタイアー, ベン　Macintyre, Ben　ノンフィクション作家, コラムニスト　元・「ザ・タイムズ」パリ支局長　⑮英国　⑯1963年　⑳1996／2000／2012

マッキンタイア, ボンダ　McIntyre, Vonda N.　SF作家, 遺伝学者　⑮米国　⑯1948年　⑳1992／1996／2000／2004／2008

マッギンティ, S.　McGinty, Sarah Myers　心理学者　ハーバード大学教授　⑮米国　⑳2004／2008

マッキントッシュ, キャメロン　Mackintosh, Cameron Anthony　ミュージカルプロデューサー　⑮英国　⑯1946年10月17日　⑳1996／2000／2008／2012

マッキントッシュ, クリストファー　McIntosh, Christopher　ジャーナリスト, ドイツ文学者　⑲思想史　⑮英国　⑯1943年　⑳2008

マッキントッシュ, ジェイソン　McIntosh, Jason　テクニカルライター　⑮米国　⑳2004

マッキントッシュ, ジェニスタ　McIntosh, Genista Mary　ロイヤル・オペラ総監督　⑮英国　⑯1946年9月23日　⑳2000

マッキントッシュ, ドワイト　Mackintosh, Dwight　画家　⑮米国　⑯1906年　⑳1996

マッキントッシュ, ノエル　タイプクイック社社長　⑯1940年　⑳1992

マッキントッシュ, マルコム　Mackintosh, Malcolm　本名＝Mackintosh,John Malcolm　英国国際戦略研究所上級研究員　⑲ソ連研究　⑮英国　⑯1921年12月25日　⑳1992

マッキンネル, ヘンリー　McKinnell, Henry A.　実業家　ファイザー会長　⑮米国　⑳2004／2008／2012

マッキンノン, ジャニス　MacKinnon, Janice R.　「アグネス・スメドレー　炎の生涯」の著者　⑯1943年　⑳1996

マッキンノン, スティーブン　MacKinnon, Stephen R.　アリゾナ州立大学教授・アジア研究センター所長　⑲中国史　⑯1940年　⑳1996

マッキンノン, リチャード　McKinnon, Richard Nichols　日本文化研究家　元・ワシントン大学名誉教授　能狂言の米国への紹介者　⑮米国　⑯1922年　⑰1994年5月29日　⑳1996

マッギンリー, ジョン　McGinley, John C.　俳優　⑳2000

マッキンリー, チャールズ　McKinley, Charles　テニス選手　⑮米国　⑯1986年8月11日　⑳1992

マッギンリー, デボラ　McKinlay, Deborah　コラムニスト　⑳2004

マッギンリー, ポール　McGinley, Paul　プロゴルファー　⑮アイルランド　⑯1966年12月16日

マッキンリイ, ロビン　McKinley, Robin　本名＝マッキンリイ, ジェニファー・キャロリン・ロビン　ファンタジー作家　⑮米国　⑳1996／2012

マック, アンドルー　オーストラリア国立大学教授・平和研究センター元所長　⑲国際関係論, 朝鮮半島の安全保障問題　⑳1996

マック, ウォルター　元・ペプシ・コーラ社長　⑮米国　⑯1895年　⑰1990年3月18日　⑳1992

マック, コニー(3世)　Mack, Connie(III)　本名＝McGillicuddy, Cornelius,III　政治家　米国上院議員(共和党)　⑮米国　⑯1940年10月29日　⑳1996／2000

マック, ジョン　Mack, John E.　精神医学者　ハーバード大学ケンブリッジ病院教授, 心理学と社会変革センター創立者・所長　⑮米国　⑳2004

マック, ジョン　Mack, John J.　実業家　モルガン・スタンレー会長　⑮米国　⑯1944年11月17日　⑳2008／2012

マック, ティモシー　Mack, Timothy　棒高跳び選手　⑮米国　⑯1972年9月15日　⑳2008

マック, デービッド　造形作家　⑮英国　⑯1956年　⑳1996

マック, ドニー　Mack, Donny　コンピューター技術者　⑮米国　⑳2004

マック, バートン　Mack, Burton L.　クレアモント神学校大学院　⑲宗教学　⑮米国　⑯1931年　⑳1996

マック, ヘレン　Mack, Helen　人権活動家　⑮グアテマラ　⑳2000

マック, マーク　Mack, Mark　建築家　カリフォルニア大学ロサンゼルス校準教授　⑮米国　⑯1949年　⑳1992／1996

マックG　McG　映画監督　⑮米国　⑯1968年8月9日　⑳2012

マックアイザック, アシュレイ　バイオリニスト　⑮カナダ　⑳2000

マックァリー, クリストファー　McQuarrie, Christopher　脚本家　⑮米国　⑳2000

マッグイガン, マーク　MacGuigan, Mark Rudolph　裁判官, 政治家, 法学者　元・カナダ控訴裁判所判事, 元・カナダ法相　⑮カナダ　⑯1931年2月17日　⑰没年不詳　⑳1992

マックイラン, マーティン　McQuillan, Martin　リーズ大学講師　⑲文化理論　⑮英国　⑳2004

マックィーン, アレクサンダー　McQueen, Alexander　本名＝McQueen,Lee Alexander　ファッションデザイナー　元・グッチ主任デザイナー　⑮英国　⑯1969年　⑰2010年2月11日　⑳2000／2008

マックィーン, クレイグ　McQueen, Craig　コンピューター技術者　⑳2004

マックィーン, スティーブ　McQueen, Steve　本名＝McQueen, Terence Steven　俳優　⑮米国　⑯1930年3月24日　⑰1980年11月7日　⑳1992

マックィーン, チャド　McQueen, Chad　俳優　⑮米国　⑯1960年12月28日　⑳2004／2008

マックィーン, バタフライ　McQueen, Butterfly　本名＝McQueen, Thelma　女優　⑮米国　⑯1911年　⑰1995年12月23日　⑳1996

マックィーン, フレッド　McQueen, Fred　俳優　⑳2008／2012

マックウェイ, マイク　McQuay, Mike　ハードボイルド作家,SF作家　⑳1992

マックギニス, ウィリアム　McGinnis, William　エール大学分子生物物理学・生化学教授　⑲分子生物学　⑮米国　⑳1996

マックギャレイ, ウィリアム　Mcgarey, William A.　医師　⑳2004

マックギャレイ, グラディス・テーラー　Mcgarey, Gladys Taylor　医師　⑮米国　⑳2004

マックグルー, アントニー　McGrew, Anthony G.　社会学者　⑳2008

マックグルー, ウィリアム　McGrew, William Clement　マイアミ大学社会学人類学教室・動物学教室教授　⑲人類学,動物学　⑮米国　⑳2000

マックグルー, ケリー　McGrew, Kelly　ネットワークコンサルタント　mcgrew.net副社長　⑮米国　⑳2004

マックシャリー, レイ　Macsharry, Ray　政治家　アイルランド下院議員　⑮アイルランド　⑯1938年4月29日　⑳1992／1996

マックス, ネルソン　カリフォルニア大学デービス校教授　⑲コンピューターグラフィックス　⑮米国　⑳1996

マックス, ピーター　Max, Peter　画家　⑬米国　⑭1937年　⑮1992／1996

マックスウィーニー, ブレンダ　McSweeney, Brenda Gael　国連ボランティア計画（UNV）事務局長　⑬米国　⑮1992（マクスィーニー, ブレンダ・ゲール）／1996

マックスウェル　Maxwell　歌手　⑬米国　⑮2000

マックスウェル, ロバート　ボランティア活動家　全米退職者協会（AARP）名誉会長　⑬米国　⑮1996

マックダーモット, アラステアー・T.　外交官　在日英国大使館一等書記官　⑬英国　⑭1945年9月17日　⑮1992（マクダーモット, アラステアー・T.）

マックナイト, クロード　McKnight, Claude　グループ名＝テイク・シックス　歌手　⑬米国　⑮2000／2012

マックナイト, ジェナ　McKnight, Jenna　ロマンス作家　⑬米国　⑮2008

マックナイト, トーマス　McKnight, Thomas　画家　⑬米国　⑭1941年　⑮1992／1996

マックナイト, ブライアン　McKnight, Brian　歌手　⑬米国　⑮2004／2008

マックナイト, リー　McKnight, Lee W.　タフツ大学フレッチャー外交大学院準教授　⑭国際コミュニケーション　⑬米国　⑮2004

マックニコル, ピーター　MacNicol, Peter　俳優　⑬米国　⑭1954年4月10日　⑮2000

マックネス, ロビン　Mackness, Robin　「オラドゥール 大虐殺の謎」の著者　⑬英国　⑭1938年　⑮2000

マックファクハー, ロドリック　Macfarquhar, Roderic　ハーバード大学リーロイ・ウィリアムズ記念歴史政治学教授　⑭極東地域研究　⑬英国　⑮1996

マックファーデン, ブライアン　McFadden, Bryan　本名＝McFadden,Bryan Nicholas　旧グループ名＝ウエストライフ　歌手　⑬アイルランド　⑭1980年4月12日　⑮2004（ブライアン）／2008（ブライアン）

マックフィー, チャールズ　Mcphee, Charles　精神科医　サンタバーバラ睡眠障害センター睡眠時無呼吸症候群治療プログラムディレクター　⑭睡眠障害　⑬米国　⑮2004

マックブライド, アンガス　McBride, Angus　イラストレーター　⑬英国　⑭1931年　⑮2004

マックブライド, サイモン　McBride, Simon　写真家　⑬英国　⑮2000

マックブライド, ダニー　McBride, Danny　アルファイーグルリサーチ主宰　⑭生態エネルギー　⑬ニュージーランド　⑭1945年　⑮1996

マックボイ, エレノア　McEvoy, Eleanor　シンガー・ソングライター　⑬アイルランド　⑮1996

マックマス, ロバート　McMath, Robert M.　マーケティング・コンサルタント　⑬米国　⑮2004

マックマナウェイ, クライトン・E.　フェアファックス・グループ副社長　⑬米国　⑮2000

マックモーディ, テイバー　Mcmordie, Taber　作家　⑬米国　⑮1992

マックモロー, ウィリアム　Mcmorrow, William J.　ケネディ・ウィルソン社社長　⑬米国　⑭1947年4月　⑮1996

マックラウド, ロバート　Macleod, Robert　建築家　ブライトン大学教授　⑬カナダ　⑭1932年　⑮1996

マックリール, ルドルフ　Makkreel, Rudolf A.　哲学者　エモリー大学教授　⑬米国　⑭1939年　⑮1996

マッグリン, パット　McGlynn, Pat　本名＝マッグリン, パトリック・ジェームス　ユニット名＝ストーム、旧グループ名＝ベイ・シティ・ローラーズ　ミュージシャン　⑬英国　⑭1958年3月31日　⑮2012

マックルー, スチュアート　McClure, Stuart　コンピュータ技術者　Foundstone社長・CTO　⑮2004

マックル, マリサ　Mackel, Marisa　作家　⑬アイルランド　⑮2008

マックルーア, カーマ　McClure, Carma L.　イリノイ工科大学教授, ノースウェスタン大学ケロッグ大学院経営学部教授, エクステンディド・インテリジェンス社研究部門副社長　⑭コンピュータ科学, CASE, ソフトウェア保守　⑬米国　⑮1996（マクルーア, カーマ）

マックルーア, スティーブ　「ビルボード」東京特派員　⑬カナダ　⑭1958年　⑮2000

マッグルーダー, アーロン　McGruder, Aaron　マンガ家　⑭1974年　⑮2008

マックレディ, ポール　MacCready, Paul　本名＝MacCready,Paul Beattie　人力飛行機開発者　元・エアロ・バイロンメント社長　⑬米国　⑭1925年9月29日　⑯2007年8月28日　⑮1992

マックレラン, ベッティ　McLellan, Betty　心理セラピスト　⑮2004

マックレランド, ジュリア　McClelland, Julia　絵本作家　⑬オーストラリア　⑭1954年　⑮1996

マックロイ, ジョン　McCloy, John　元・駐西ドイツ米国高等弁務官, 元・チェース・ナショナル・バンク会長　⑬米国　⑯1989年3月11日　⑮1992（マクロイ, ジョン）

マックロウ, ジャック　McCullough, Jack　コンピューター技術者　⑮2004

マックロスキー, ロバート　McCloskey, Robert　絵本作家　⑬米国　⑭1914年　⑯2003年6月30日　⑮1996

マッケイ, アル　グループ名＝アル・マッケイ＆オールスターズ、旧グループ名＝アース・ウインド＆ファイアー　ギタリスト, 作曲家　⑬米国　⑭1946年　⑮2004／2008

マッケイ, デービッド　Mckay, David　地質学者　米国航空宇宙局（NASA）　⑭隕石　⑮2000

マッケイ, ドナルド　Mackay, Donald　環境学者　トレント大学環境資源研究所教授　⑭海洋石油汚染　⑬カナダ　⑮2004／2008

マッケイ, ハービー　Mackay, Harvey　マッケイ総合メール・パッケージング会社社長　⑬米国　⑭1935年　⑮1992

マッケイ, ピーター　Mackay, Peter Gordon　政治家, 弁護士　カナダ国防相　元・カナダ外相　⑬カナダ　⑭1965年9月27日　⑮2008／2012

マッケイ, マーク　Mackay, Mark　マリンアーティスト　⑬米国　⑭1950年　⑮2000

マッケイ, メアリー　Mackey, Mary　作家, 詩人, 脚本家　カリフォルニア州立大学教授　⑬米国　⑮1996

マッケイグ, ドナルド　McCaig, Donald　作家　⑬米国　⑭1940年　⑮1996／2012

マッグイン, トマス　McGuane, Thomas　作家　⑬米国　⑭1939年　⑮1992／1996

マッケシー, セリーナ　Mackesy, Serena　作家, ジャーナリスト　⑮2004

マッケナ, シボーン　Mckenna, Siobhaun　女優　⑬アイルランド　⑭1923年5月24日　⑯1986年11月16日　⑮1992

マッケナ, シャノン　McKenna, Shannon　ロマンス作家　⑮2008

マッケナ, テレンス　McKenna, Terrence　シャーマニズム研究家, 民族医学研究家　⑬米国　⑭1946年　⑮1996

マッケナ, バージニア　McKenna, Virginia　女優, 野生動物保護運動家　ボーンフリー財団設立者　⑬英国　⑭1931年6月7日　⑮2000

マッケナ, パトリック　McKenna, Patrick J.　ビジネスコンサルタント　⑬米国　⑮2004／2008

マッケナ, マリータ・コンロン　Mckenna, Marita Conlon　児童文学作家　⑬アイルランド　⑭1956年　⑮1996（マケーナ, マリータ・コンロン）

マッケナ, メアリー　Mckenna, Mary　フレンドシップ・フォース（友情部隊）活動家　⑬米国　⑮1992

マッケナ, リンゼイ　McKenna, Lindsay　ロマンス作家　⑬米国　⑮2004

マッケナ, レジス　McKenna, Regis　ベンチャーキャピタリスト　マッケナ・グループ会長　⑬米国　⑮1992／1996／2000（マッケナ, レジス）／2004

マッケーブ, ロビン　McCabe, Robin　ピアニスト　ワシントン大学ピアノ科教授　⑬米国　⑮1996

マッケボイ, J.P.　McEvoy, J.P.　サイエンスライター　[典]2004

マッケラス, チャールズ　Mackerras, Charles　指揮者　元・イングリッシュ・ナショナル・オペラ音楽監督　[国]英国　[生]1925年11月17日　[没]2010年7月14日　[典]2000

マッケラン, イアン　McKellen, Ian Murray　俳優, 舞台監督　[国]英国　[生]1939年5月25日　[典]1992／2000／2004／2008／2012

マッケリー, スティーブ　McQuerry, Steve　ネットワークコンサルタント　[国]米国　[典]2004

マッケリー, マイケル　McCary, Michael　グループ名=ボーイズIIメン　歌手　[国]米国　[典]2000／2004／2008

マッケール, サム・S.　サンタイムズ・カンパニー社長・最高経営責任者　[国]米国　[典]1992

マッケルロイ, スーザン・チャーナック　McElroy, Susan Chernak　作家　[国]米国　[典]2004

マッケルロイ, ポール　McElroy, Paul　作家, 編集者　ワシントン大学講師　元・「シアトル・ポスト・インテリジェンサー」編集者　[国]米国　[生]1955年　[典]2004

マッケロー, アマンダ　McKerrow, Amanda　バレリーナ　元・アメリカン・バレエ・シアター(ABT)プリンシパル　[国]米国　[生]1963年　[典]2004／2008／2012

マッケンジー, ケビン　McKenzie, Kevin　バレエダンサー, 振付師　アメリカン・バレエ・シアター(ABT)芸術監督　元・アメリカン・バレエ・シアター(ABT)プリンシパル　[国]米国　[生]1954年4月29日　[典]2008／2012

マッケンジー, ダン・ピーター　McKenzie, Dan Peter　地球物理学者　ケンブリッジ大学ロイヤル・ソサエティ研究教授　[国]英国　[生]1942年2月21日　[典]1992／1996／2000／2008／2012

マッケンジー, デービッド　Mackenzie, David　歴史学者　ノース・カロライナ大学歴史学教授　[専]バルカン史, 東欧史, 南スラブ　[国]米国　[典]1996

マッケンジー, ドナルド　アイエヌジーバンク日本総支配人　[典]2000

マッケンジー, ノーマン　Mackenzie, Norman　共同筆名=フォレスト, アンソニー　作家　[国]英国　[典]2000

マッケンジー, マーナ　Mackenzie, Myrna　ロマンス作家　[国]米国　[典]2004

マッケンジー, ライオネル　McKenzie, Lionel Wilfred　経済学者　元・ロチェスター大学名誉教授　[専]数理経済学　[国]米国　[生]1919年　[没]2010年10月12日　[典]2008

マッケンジー, リチャード　Mackenzie, Richard　ゴルフ・キャディ　[国]英国　[典]2004

マッケンジー, リンダ　Mackenzie, Linda　本名=MacKenzie,Linda June　水泳選手(自由形)　北京五輪競泳女子4×200メートルリレー金メダリスト　[国]オーストラリア　[生]1983年12月14日

マッケンジー, ルイス　元・軍人　元・国連防護軍司令官, 元・カナダ陸上軍中央管区司令官　[国]カナダ　[生]1940年　[典]1996

マッケンティー, ショーン　政治家　[国]アイルランド　[没]1984年1月9日　[典]1992

マッケンドリック, アレクサンダー　Mackendrick, Alexander　映画監督　元・カリフォルニア芸術大学映像学部長　[国]英国　[生]1912年　[没]1993年12月22日　[典]1996

マッケンブリッジ, マーセデス　McCambridge, Mercedes　本名=McCambridge,Carlotta Mercedes Agnes　女優　[生]1918年3月17日　[没]2004年3月2日　[典]1992／1996

マッケンロー, ジョン　McEnroe, John Patrick　元・テニス選手　[国]米国　[生]1959年2月16日　[典]1992／1996／2000／2004／2008／2012

マッコイ, アルフレッド　McCoy, Alfred　ウィスコンシン大学歴史学教授　[専]東洋史, 麻薬問題　[国]米国　[生]1945年　[典]1996

マッコイ, チャールズ(Jr.)　McCoy, Charles W.(Jr.)　裁判官　ロサンゼルス高等裁判所判事　[国]米国　[典]2004／2008

マッコイ, マーク　McKoy, Mark　陸上選手(障害)　[国]カナダ　[典]1996

マッコイ, マックス　McCoy, Max　作家, ジャーナリスト　[国]米国　[典]2000

マッコード, リチャード　McCord, Richard　ジャーナリスト　[国]米国　[典]2000

マッコネル, パトリシア　McConnel, Patricia　「優しく歌って、高らかに歌って—檻の中の女たち」の著者　[典]2008

マッコベイ, ウィリー　McCovey, Willie　本名=McCovey,Willie Lee　元・大リーグ選手　[国]米国　[生]1938年1月10日　[典]1992

マッコーマー, デビー　Macomber, Debbie　ロマンス作家　[国]米国　[典]2000

マッコーラム, マイケル　McCollum, Michael　SF作家　[国]米国　[生]1946年　[典]1996

マッコーリーン, ジェラルディン　McCaughrean, Geraldine　本名=ジョーンズ, ジェラルディン　児童文学作家　[国]英国　[生]1951年　[典]2000(マコーリアン, ジェラルディン)／2004

マッコール, イワン　MacColl, Ewan　本名=ミラー, ジェームズ　フォーク歌手, 作曲家, 劇作家　[国]英国　[生]1915年　[没]1989年10月22日　[典]1992

マッコール, エディス　McCall, Edith　作家　[国]米国　[典]2000

マッコール, オリバー　McCall, Oliver　プロボクサー　元・WBC世界ヘビー級チャンピオン　[国]米国　[生]1965年4月21日　[典]1996／2000／2008

マッコール, ジャネット・L.　ザ・カーネギー企画運営部長　[国]米国　[生]1953年　[典]1992

マッコール, ダン　McCall, Dan　作家　[国]米国　[典]1996

マッコール, チャールズ　McCall, Charles W.　コンピュサーブ社社長　[国]米国　[典]1992

マッコール, モーガン(Jr.)　McCall, Morgan W.(Jr.)　経営学者　南カリフォルニア大学マーシャル・ビジネススクール教授　[専]早期選抜, 次世代リーダー育成, 経営者の脱線　[国]米国　[典]2004／2008

マッコルガン, リズ　McColgan, Liz　元・陸上選手(長距離)　[国]英国　[生]1964年5月24日　[典]1992／1996／2000／2004

マッコーン, ジョン　McCone, John A.　米国中央情報局(CIA)長官　[国]米国　[没]1991年2月14日　[典]1992

マッコンネル, ジョン・ポール　McConnell, John P.　軍人　元・米国空軍参謀長, 元・退役空軍大将　[国]米国　[没]1986年11月22日　[典]1992

マッサー, デービッド　Musser, David R.　コンピューター科学者　Rensselaer Polytechnic Insitute教授　[専]ジェネリックプログラミング　[典]2004

マッサ, フェリペ　Massa, Felipe　F1ドライバー　[国]ブラジル　[生]1981年4月25日　[典]2012

マッシー, ジョセフ　ダートマス大学教授　元・米国通商代表部(USTR)日本中国担当代表補　[専]日本政治　[国]米国　[典]1996

マッシー, ジーン　Massey, Jeanne　絵本作家　[国]米国　[典]2004

マッシー, スジャータ　Massey, Sujata　作家　[典]2004

マッシー, ベンジャミン　Massey, Thomas Benjamin　メリーランド大学ユニバーシティ・カレッジ学長　[専]産業心理学　[国]米国　[生]1926年9月5日　[典]1992

マッシー, ロバート　Massie, Robert K.　伝記作家　元・米国作家協会会長　[国]米国　[生]1929年　[典]2000

マッシー, ロバート　Massey, Robert　画家, 版画家, 彫刻家, 工芸家, モザイク作家　テキサス大学美術科名誉教授　[国]米国　[典]2004

マッジ, ロバート　マッジ・ロットワークス社長, オープン・トークン協会(OTF)議長　[国]英国　[生]1952年　[典]1992

マッジオ, キャロル　Maggio, Carole　エステティシャン, スキンケア専門家　[国]米国　[典]2004

マッジオ, ロザリー　Maggio, Rosalie　作家　[典]2008

マッシメッロ, ジョヴァンニ　Massimello, Giovanni　航空史研究家　[国]イタリア　[典]2004

マッシュバーン, ジャマール　Mashburn, Jamal　バスケットボール選手　[国]米国　[生]1972年11月29日　[典]2008

マッジョーラ, ポールデラ　Maggiora, Paul Della　コンピューター技術者　[国]米国　[典]2008

マッセ, ピエール　元・フランス電力総裁　[国]フランス　[没]1987年12

マッセイ, アンナ　Massey, Anna　本名=Massey,Anna Raymond　女優　国英国　生1937年8月11日　没2011年7月3日

マッセイ, ロバート　Massey, Robert J.　実業家　コンピュサーブ社社長　生1945年　収2000

マッセリア, フランシスコ　Masseria, Fransisco　画家　国アルゼンチン　生1926年　収1992

マッセロ, ロバート　Masello, Robert　作家, ジャーナリスト　国米国　収2000

マッソー, ウォルター　Matthau, Walter　本名=マッシャンスカヤスキー, タミルトン・ウォルター　俳優　国米国　生1920年10月1日　没2000年7月1日　収1992／1996

マッソグリア, クリス　Massoglia, Chris　俳優　国米国　生1992年3月29日　収2012

マツソフスキー, ミハイル　作詞家　国ソ連　没1990年7月　収1992

マッソン, アンドレ　Masson, André　画家　国フランス　生1896年1月4日　没1987年10月27日　収1992（マソン, アンドレ）

マッソン, ジェフリー M.　Masson, Jeffrey M.　カリフォルニア大学バークレー校客員教授　専精神分析学　国米国　生1941年　収1992

マッソン, テレンス　Masson, Terrence　ILMテクニカルディレクター・CGスーパーバイザー　専SFX映画　国米国　収2004

マッソン, ロビン　ユニスコープ社長　国英国　収1996

マッタ, ロベルト　Matta, Roberto Sebastiano　本名=マッタ・エチャウッレン, ロベルト・セバスチアーノ　画家　国フランス　生1911年11月11日　没2002年11月23日　収1992／1996／2000

マッダロニ, ジュゼッペ　Maddaloni, Giuseppe　柔道選手　シドニー五輪男子柔道73キロ級金メダリスト　国イタリア　生1976年7月10日　収2004／2008

マッチニック, マーク　Muchnick, Marc　経営コンサルタント　ピープル・ファースト・グループ創業者　収2008

マッツァンティーニ, マルガレート　Mazzantini, Margaret　作家　生1961年　収2004／2008

マッツェイ, フランコ　ナポリ東洋大学教授　専極東史, 極東文化　国イタリア　収2000

マッツェッティ, ロレンツァ　Mazzetti, Lorenza　映画監督, 作家　国イタリア　収2004／2008

マッツォーラ, サンドロ　Mazzola, Sandro　本名=マッツォーラ, アレッサンドロ　元・サッカー選手　国イタリア　生1942年11月8日　収2004

マッツーケーリ, デービッド　Mazzucchelli, David　漫画家, イラストレーター　国米国　生1960年　収2004／2008

マッティラ, カリタ　Mattila, Karita　ソプラノ歌手　国フィンランド　生1960年　収2012

マッティングリー, ドン　Mattingly, Don　本名=Mattingly,Donald Arthur　大リーグ監督, 元・大リーグ選手　国米国　生1961年4月20日　収2000／2008／2012

マッテウッツィ, ウィリアム　Matteuzzi, William　テノール歌手　生1957年　収1996／2000／2012

マッデン, ジョン　Madden, John　映画監督, 演出家, シェイクスピア研究家　国英国　生1949年4月8日　収2000／2004／2008／2012

マッデン, ジョン　Madden, John　アイスホッケー選手（FW）　国カナダ　生1973年5月4日　収2008

マット, アンドレアス　Matt, Andreas　スキー選手（フリースタイル）　バンクーバー五輪フリースタイルスキー男子スキークロス銀メダリスト　国オーストリア　生1982年10月19日

マット, マリオ　スキー選手（アルペン）　ソチ五輪アルペンスキー男子回転金メダリスト　国オーストリア

マット, リチャード　Mott, Richard　コンサルタント　国米国　生1961年　収2004／2008

マットシェロト, カトリン　Mattscherodt, Katrin　スピードスケート選手　バンクーバー五輪スピードスケート女子団体追い抜き金メダリスト　国ドイツ　生1981年10月26日　収2012

マッドセン, デニス　Madsen, Dennis　実業家　レクリエーショナル・イクイップメント・インク（REI）社長・CEO　国米国　収2004

マツナガ, スパーク　Matsunaga, Spark Masayuki　政治家　元・米国上院議員（民主党）　国米国　生1916年10月8日　没1990年4月15日　収1992

マツフル, ミュリエル　バレリーナ　サンフランシスコバレエ団首席バレリーナ　国米国　収2000

マツモト, ヒサオ　Matsumoto, Hisao　元・米国議会図書館アジア部門日本課課長　国米国　収1996

マッラ, ビジャイ　Malla, Vijay　作家　国ネパール　生1925年　収1996

マーティー, アイリーヌ　Marty, Irene　ドキュメンタリー映画監督　国スイス　生1958年9月27日　収2012

マーディー, アブエラ　ワサト党代表　国エジプト　収2000

マテイ, ジャン・フランソワ　Mattei, Jean-François　医師　フランス保健相　専遺伝病学　国フランス　生1943年　収2000／2004／2008

マーティー, マーティン　Marty, Martin E.　シカゴ大学教授,「Christian Century」誌編集者　専アメリカ教会史, キリスト教近現代史　国米国　生1928年　収1992

マーティ, ローレン　赤十字国際委員会（ICRC）博物館館長　国スイス　収1992

マティア, マーティン　Matje, Martin　イラストレーター　国フランス　収2004

マティアス, マヌエル　Matias, Manuel　マラソン選手　国ポルトガル　生1962年3月30日　収1992

マティヴァ, ルネ　Mathivat, René　ドゥ・マゴ（カフェ）オーナー　国フランス　生1903年　収1992（マティバ, ルネ）

マディエ, モニック　Madier, Monique　ミステリー作家　国フランス　収1992

マティエイカ, ミラン　Matějka, Milan　プラハ経済大学教授　専統計学　国チェコスロバキア　生1938年　収1996

マディガン, エドワード　Madigan, Edward R.　政治家　元・米国農務長官　国米国　生1936年1月13日　没1994年12月7日　収1992／1996

マディガン, キャロル　Madigan, Carol Orsag　作家　国米国　生1948年　収2004

マディガン, ティム　Madigan, Tim　ジャーナリスト　国米国　収1996

マディガン, マイケル　Madigan, Michael T.　微生物学者　南イリノイ大学カーボンデール校教授　国米国　収2004

マディキゼラ・マンデラ, ウィニー　Madikizela-Mandela, Winnie　旧名=マンデラ, ウィニー　黒人解放運動指導者, 政治家　元・アフリカ民族会議（ANC）女性同盟議長, 元・南アフリカ芸術文化科学技術次官　国南アフリカ　生1934年9月26日　収1992（マンデラ, ウィニー）／1996（マンデラ, ウィニー）／2000／2004／2008／2012

マーディギャン, ミシェル　Mardiguian, Michel　EMCコンサルタント　国フランス　生1941年　収2004

マティス, ピエール　Matisse, Pierre　画商　アンリ・マティスの息子　国フランス　没1989年8月9日　収1992（マチス, ピエール）

マティスヤフ　Matisyahu　本名=ミラー, マシュー　レゲエ歌手　国米国　生1979年　収2008／2012

マディソン, アンガス　Maddison, Angus　経済学者, 経済史家　元・フローニンゲン大学名誉教授, 元・OECD開発センター技術援助部長　専経済成長の統計的研究　国英国　生1926年12月　没2010年4月24日　収1992

マティソン, クリス　Mattison, Chris　写真家　国英国　生1949年　収2000

マディソン, スーザン　Madison, Susan　作家　国英国　収2004

マディソン, ティアナ　Madison, Tianna　本名=Madison Bartoletta,Tianna　陸上選手（短距離）, 走幅跳び選手　ロンドン五輪陸上女子4×100メートルリレー金メダリスト　国米国　生1985年8月30日

マディーナ　Madina　マディーナ代表　国イタリア　収2000

マディマン, デーブ　Muddiman, Dave　図書館学者　リーズ・メト

ロポリタン大学図書館情報学主任講師 [典]2008

マーティン, J.ウォリス　Martin, J.Wallis　ミステリー作家, 脚本家 [典]2004

マーティン, アグネス　Martin, Agnes　画家 [専]ミニマルアート [国]米国 [生]1912年 [没]2004年12月16日 [典]1992／1996

マーティン, アーチャー　Martin, Archer John Porter　化学者　元・英国国立医学研究所物理化学部長 [国]英国 [生]1910年3月1日 [没]2002年7月28日 [典]1992／1996／2000

マーティン, アレクサンダー　劇作家 [国]米国 [生]1961年 [典]1996

マーティン, アン　Martin, Ann M.　作家 [国]米国 [生]1955年 [典]2004／2008

マーティン, アン　Martin, Ann N.　コラムニスト [国]カナダ [典]2008

マーティン, イアン　Martin, Ian　元・アムネスティ・インターナショナル事務総長 [国]英国 [生]1946年 [典]1992／1996／2004

マーティン, ヴィクター　ポルトガル副国務相（EC統合担当） [国]ポルトガル [生]1947年2月7日 [典]1992

マーティン, ウィットニー　Martin, Whitney J.　実業家　キャピタル・アクロス・アメリカCEO　元・全米女性企業家協会（NAWBO）議長 [国]米国 [典]2004

マーティン, ウィリアム　Martin, William F.　ワシントン・ポリシー・アンド・アナリシス（WPA）会長　元・米国エネルギー省副長官 [国]米国 [生]1951年 [典]2000

マーティン, エディス　Martin, Edith W.　ボーイング・エレクトロニクス社副社長 [国]米国 [生]1945年 [典]1992／1996

マーティン, エリック　Martin, Eric　グループ名＝ミスター・ビッグ　ロック歌手 [国]米国 [生]1960年10月10日 [典]2004／2008／2012

マーティン, カミラ　Martin, Camilla　元・バドミントン選手 [国]デンマーク [生]1974年3月23日 [典]2004／2008

マーティン, キャサリン [専]組みひも [国]英国 [典]1992

マーティン, キルスティ　Martin, Kirsty　バレリーナ　オーストラリア・バレエ団プリンシパル [国]オーストラリア [典]2008／2012

マーティン, クイン　テレビ映画プロデューサー [国]米国 [没]1987年9月5日 [典]1992

マーティン, グラハム　Martin, Graham A.　外交官　元・駐南ベトナム米国大使 [国]米国 [没]1990年3月13日 [典]1992

マーティン, グラント　Martin, Grant　コンピューター技術者 [典]2004

マーティン, クリス　Martin, Chris　本名＝マーティン, クリストファー・アンソニー・ジョン　グループ名＝コールドプレイ　ミュージシャン [国]英国 [生]1977年3月2日 [典]2004／2008／2012

マーティン, ケーシー　Martin, Casey　プロゴルファー [国]米国 [生]1972年6月2日 [典]2000

マーティン, ケビン　Martin, Kevin　カーリング選手　バンクーバー五輪カーリング男子金メダリスト [国]カナダ [生]1966年7月31日 [典]2012

マーティン, サイモン　考古学者　ロンドン大学考古学研究所研究員 [専]マヤ碑文学 [国]英国 [典]2004

マーティン, ジャクリーン・ブリッグズ　Martin, Jacqueline Briggs　絵本作家 [国]米国 [典]2004

マーティン, ジョージ　Martin, George R.R.　作家 [国]米国 [生]1948年9月20日 [典]1992／1996／2012

マーティン, ジョージ　Martin, George Henry　音楽プロデューサー, 作曲家　AIRグループ会長 [国]英国 [生]1926年1月3日 [典]1996／2000／2008／2012

マーティン, ジョン・バートロー　米国大統領の演説起草家 [国]米国 [没]1987年1月3日 [典]1992

マーティン, スティーブ　Martin, Steve　コメディアン, 俳優, 脚本家 [国]米国 [生]1945年8月14日 [典]2000／2008／2012

マーティン, スティーブン　Martin, Steven M.　映画監督 [国]米国 [典]2004

マーティン, ダニー　Martin, Dannie M.　愛称＝レッド・ホック　作家 [国]米国 [典]2000

マーティン, ディディア　Martin, Didier　コンピューター技術者　TalvaCEO [典]2004

マーティン, ディーン　Martin, Dean　本名＝Crocetti,Dino　歌手, 俳優, エンターテイナー [国]米国 [生]1917年6月17日 [没]1995年12月25日 [典]1992／1996

マーティン, デービッド　Martin, David　ミステリー作家 [国]米国 [典]1996

マーティン, デービッド　Martin, David E.　生理学者　ジョージア州立大学教授 [専]健康科学, スポーツ医学 [国]米国 [典]2004

マーティン, トッド　Martin, Todd　テニス選手 [国]米国 [生]1970年7月8日 [典]1996／2000／2008

マーティン, バーデット　元・レーシングドライバー　米国自動車レース評議会会長 [国]米国 [典]2000

マーティン, バレリー　Martin, Valerie　作家 [国]米国 [生]1948年 [典]1996／2000

マーティン, ビリー　Martin, Billy　本名＝ペサノ, アルフレッド・マニュエル　大リーグ監督・選手 [国]米国 [生]1928年5月16日 [没]1989年12月25日 [典]1992

マーティン, ビル（Jr.）　Martin, Bill（Jr.）　教育家, 児童文学作家 [国]米国 [典]1996

マーティン, ブライアン　Martin, Brian　経営学者　オークランド工科大学経営学部教授 [生]1937年 [典]2008

マーティン, ブラッドレー　Martin, Bradley K.　ジャーナリスト「ブルームバーグ・ニュース」東京駐在特派員 [国]米国 [生]1942年 [典]2012

マーティン, フランチェスカ　Martin, Francesca　絵本作家 [国]英国 [典]2004

マーティン, プレストン　Martin, Preston　米国連邦準備制度理事会（FRB）副議長 [国]米国 [典]1992

マーティン, ポール　Martin, Paul　政治家　元・カナダ首相, 元・カナダ自由党党首 [国]カナダ [生]1938年8月28日 [典]2000／2004／2008／2012

マーティン, ポール　Martin, Paul　生物学者　ケンブリッジ大学講師 [専]行動生物学 [国]英国 [典]2004

マーティン, ポール　Martin, Paul　スキー選手, アイスホッケー選手, 自転車選手, トライアスロン選手 [国]米国 [生]1967年 [典]2008

マーティン, マイク　Martin, Mike W.　哲学者　チャップマン大学哲学科教授 [専]応用倫理学 [国]米国 [典]2004

マーティン, マラカイ　Martin, Malachi　作家, 宗教評論家　イエズス会士 [生]1921年 [典]1992

マーティン, ミンディ　Martin, Mindy　ソフトウェア開発者 [典]2004

マーティン, メアリー　Martin, Mary　ミュージカル女優 [国]米国 [生]1913年12月1日 [没]1990年11月3日 [典]1992

マーティン, ラッセル　Martin, Russell　作家, ジャーナリスト [国]米国 [典]2004

マーティン, ラッセル　Martin, Russell　本名＝Martin,Russell Nathan Coltrane　大リーグ選手（捕手） [国]カナダ [生]1983年2月15日 [典]2008／2012

マーティン, リッキー　Martin, Ricky　本名＝Morales,Enrique Martin　旧グループ名＝メヌード　歌手, 俳優 [国]米国 [生]1971年12月24日 [典]2000／2004／2008／2012

マーティン, リン　Martin, Lynn Morley　政治家, 労働環境問題専門家　米国三菱自動車製造社会調査団団長　元・米国労働長官 [国]米国 [生]1939年12月26日 [典]1992／1996／2000

マーティン, ロジャー　Martin, Roger L.　経営学者　トロント大学ジョゼフ・L・ロットマン・スクール・オブ・マネジメント学長 [典]2008

マーティン, ローナ　Martin, Rhona　カーリング選手 [国]英国 [生]1966年10月12日 [典]2004／2008／2012

マーティン, ローレンス　Martin, Laurence Woodward　元・王立国際問題研究所所長 [専]国際戦略論 [国]英国 [生]1928年7月30日 [典]1996／2000

マーティン, ローレンス　Martin, Lawrence　医師　マウント・シナ

マ

イ・メディカル・センター肺およびクリティカル・ケア部門主任 国米国 ⊕1943年 ⊛1996

マーティン, ロン　Martin, Ron　作家, 高校教師　国米国 ⊕1941年10月10日 ⊛1996

マーティンコ, ジョン　Martinko, John M.　免疫学者, 微生物学者 南イリノイ大学カーボンデール校教授　国米国 ⊛2004

マーティンス, ハーディ　Martins, Hardy　映画監督, スタントマン, スタントコーディネーター　国ドイツ ⊕1963年6月5日 ⊛2000／2008

マーティンス, ピーター　Martins, Peter　バレエ演出家・振付師, 元・バレエダンサー　ニューヨーク・シティ・バレエ団(NYCB)芸術監督, スクール・オブ・アメリカン・バレエ(SAB)代表　国米国 ⊕1946年10月27日 ⊛2004／2008／2012

マーティンズ, リチャード　Martins, Richards　ミステリー作家 国米国 ⊛1996

マデ・ウィアンタ　画家　国インドネシア ⊕1949年 ⊛1996

マテウス, ローター　Matthäus, Lother　サッカー監督, 元・サッカー選手　元・サッカー・ブルガリア代表監督, 元・サッカー・ハンガリー代表監督　国ドイツ ⊕1961年3月21日 ⊛1992／1996／2000／2004／2008／2012

マテオ, イバーラ　Mateo, Ibarra C.　ジャーナリスト　国フィリピン ⊕1962年 ⊛2000

マデオ, リリアーナ　Madeo, Liliana　ジャーナリスト　国イタリア ⊕1933年 ⊛2000

マテオプーロス, ヘレナ　Matheopoulos, Helena　音楽ジャーナリスト　ロンドン・フィルハーモニア管弦楽団Director of Vocal Projects　国ギリシャ ⊛2004／2008

マデー・サラ　Made Sara　彫刻家　国インドネシア ⊕1951年 ⊛1992

マテシャ, ズラトコ　Mateša, Zlatko　政治家　元・クロアチア首相 国クロアチア ⊕1949年6月7日 ⊛2000／2004／2008

マテス, ジェーン　Mattes, Jane　心理療法士　国米国 ⊕1943年 ⊛2000

マテテ, サミュエル　Matete, Samuel　陸上選手(障害)　国ザンビア ⊕1968年7月7日 ⊛1992／1996／2000

マテフスキー, マテヤ　Matevski, Mateja　詩人　国ユーゴスラビア ⊕1929年 ⊛1992

マテューテス, アベル　Matutes, Abel　本名=Matutes Juan,Abel 政治家　スペイン外相　国スペイン ⊕1941年10月31日 ⊛1992／1996／2000／2004

マデュラ, デブラ　Madura, Debra J.　産婦人科医　アーネット・クリニック産婦人科医師　国米国 ⊛2000

マテラッツィ, マルコ　Materazzi, Marco　サッカー選手(DF) 国イタリア ⊕1973年8月19日 ⊛2004／2008／2012

マテラルト, アルマンド　Mattelart, Armand　社会学者　レンヌ大学教授　⊕1936年 ⊛1992

マーテリ, アレックス　Martelli, Alex　ソフトウェアコンサルタント ⊛2008

マーテル, ジョン　Martel, John Sheldon　弁護士, 作家　国米国 ⊕1931年1月1日 ⊛1992／1996

マーテル, ヤン　Martel, Yann　作家　国カナダ ⊕1963年 ⊛2008／2012

マーデン, ブライス　Marden, Brice　画家　⊕ミニマルアート 国米国 ⊕1938年 ⊛1992

マデン, ミッキー　Madden, Mickey　グループ名=マルーン5, 旧グループ名=カーラズ・フラワーズ　ミュージシャン　国米国 ⊛2008／2012

マーテン, ローリー　プロゴルファー　国米国 ⊛1996

マーテンズ, アンドリュー　Mehrtens, Andrew　ラグビー選手 ⊕1973年4月28日 ⊛2008

マト　Mato　本名=Neretljak,Mato　サッカー選手(DF)　国クロアチア ⊕1979年6月3日 ⊛2012

マトゥー, アミタブ　Mattoo, Amitabh　ネール大学国際問題研究学部准教授　⊕南アジアの核問題　国インド ⊛2000

マトヴィエンコ, デニス　Matvienko, Denis　バレエダンサー　マリインスキー劇場バレエ団プリンシパル ⊕1979年 ⊛2004／2008／2012

マトヴィエンコ, ワレンチナ　Matvienko, Valentina Ivanovna　政治家　ロシア上院議長　元・ロシア副首相, 元・サンクトペテルブルク市長　国ロシア ⊕1949年4月7日 ⊛2004／2008／2012

マトヴェイェーヴィチ, プレドラグ　Matvejevitch, Predrag　作家, エッセイスト, スラブ文学者　ローマ大学 ⊕1932年 ⊛2004／2008

マトヴェーエフ, レフ　Matveev, Lev Pavlovich　本名=マトヴェーエフ, レフ・パヴロヴィチ　体育学者　ロシア国立体育アカデミー教授　国ロシア ⊕1924年1月23日 ⊛1992

マトウシェク, J.　Matousek, Jirí　数学者　チャールズ大学応用数学科教授 ⊕1963年 ⊛2004

マトウシャック, ヴォイテック　Matusiak, Wojtek　歴史研究家 「Skrzydlata Polska」編集者　⊛ポーランド空軍　国ポーランド ⊛2004

マトゥーテ, アナ・マリア　Matute, Ana María　本名=Matute Ausejo,Ana María　作家, 児童文学作家　国スペイン ⊕1926年7月26日 ⊛1992

マトゥブ, ルネス　Matoub, Lounès　歌手　国アルジェリア ⊕1956年 ⊛1996

マドゥロ, ニコラス　Maduro Moros, Nicolás　政治家　ベネズエラ大統領　国ベネズエラ

マドゥロ, リカルド　Maduro, Ricardo　本名=マドゥロ・ジョエスト, リカルド　政治家, 実業家　元・ホンジュラス大統領　国ホンジュラス ⊕1946年4月20日 ⊛2004／2008／2012

マトゥロン, アレクサンドル　Matheron, Alexandre　フォントゥネ・サン・クル高等師範学校教授　⊕17世紀哲学思想　国フランス ⊕1926年 ⊛1992

マトス・フエンテス, アンヘルバロディア　Matos Fuentes, Angel Valodia　テコンドー選手　国キューバ ⊕1976年12月24日 ⊛2004

マドソン, クリス　Madsen, Chris　作家, 教師　国英国 ⊛2000

マドセン, バージニア　Madsen, Virginia　女優　国米国 ⊕1961年 ⊛1996

マドセン, リチャード　Madsen, Richard　社会学者　カリフォルニア大学サンディエゴ校教授　国米国 ⊛2004

マードック, アイリス　Murdoch, Iris　本名=Murdoch,Jean Iris 作家, 哲学者　国英国 ⊕1919年7月15日 ⊗1999年2月8日 ⊛1992／1996

マードック, アンドルー　Murdock, Andrew　デザイナー　国オーストラリア ⊛2000

マードック, エリザベス　Murdoch, Elizabeth　実業家　シャイン会長・CEO　元・スカイ・ネットワーク社長　国英国 ⊕1968年8月22日 ⊛2000／2004／2008／2012

マードック, ジェームズ　Murdoch, James　本名=Murdoch,James Rupert Jacob　実業家　ニューズ・コーポレーション副COO 国米国 ⊕1972年12月13日 ⊛2008／2012

マードック, ジョージ　Murdock, George Peter　文化人類学者 元・ピッツバーグ大学教授, 元・エール大学教授　国米国 ⊕1897年5月11日 ⊗1985年 ⊛1992

マードック, ラクラン　Murdoch, Lachlan Keith　実業家　Illyria会長　元・ニューズ・コーポレーション副COO, 元・ニューズ・リミテッド会長・CEO, 元・ニューヨーク・ポスト発行人 ⊕1971年9月8日 ⊛2000／2004／2008／2012

マードック, ルパート　Murdoch, Rupert　本名=Murdoch,Keith Rupert　実業家　ニューズ・コーポレーション会長・CEO, フォックス社会長・CEO, 「タイムズ」社主　国米国 ⊕1931年3月11日 ⊛1992／1996／2000／2004／2008／2012

マドックス, ジョージ　Maddox, George L.　社会学者　デューク大学WHO/PAHO Collaborating Research Center on Aging所長 ⊕医療社会学, 老年学　国米国 ⊛1992／1996

マドックス, ジョン　Maddox, John　本名=Maddox,John Royden 編集者　元・「ネイチャー」名誉編集長　国英国 ⊕1925年11月27

日 ⓓ2009年4月12日 ⓔ2004

マドックス, ブレンダ　Maddox, Brenda　作家, ジャーナリスト　ⓔ2004／2008／2012

マドーニ, シルヴィア　Maddonni, Silvia　絵本作家　ⓒスイス　ⓑ1946年　ⓔ1992

マトハーノワ, ネーリ　Matkhanova, Nelly　劇作家　ⓒロシア　ⓔ2000

マトビエンコ, イーホリ　Matviyenko, Ihor　ヨット選手　ⓒウクライナ　ⓑ1971年5月17日　ⓔ2000／2008

マドフ, バーナード　Madoff, Bernard　実業家　元・ナスダック・ストック・マーケット会長　ⓒ米国　ⓑ1938年　ⓔ2012

マトム, ビクター　Matom, Victor　フォトジャーナリスト　ⓒ南アフリカ　ⓑ1959年　ⓔ1996／2000／2008／2012

マドラン, アラン　Madelin, Alain　政治家　ルドン市長　元・フランス経済財政相(蔵相)　ⓒフランス　ⓑ1946年3月26日　ⓔ1996／2000／2004

マドリック, ジェフ　Madrick, Jeff　編集者, ライター　ⓒ米国　ⓔ2004

マドリード, アルトロ　教育学者　トマス・リベラセンター所長　ⓒ米国　ⓑ1939年　ⓔ1996

マトリン, マーリー　Matlin, Marley　女優　ⓒ米国　ⓑ1966年　ⓔ1992／1996

マードル, フェレンツ　Mádl, Ferenc　政治家, 法学者　元・ハンガリー大統領　ⓒハンガリー　ⓑ1931年1月29日　ⓓ2011年5月29日　ⓔ2004／2008

マトロック, グレン　Matlock, Glen　旧グループ名＝セックス・ピストルズ　ロック・ベース奏者　ⓒ英国　ⓑ1956年8月27日　ⓔ1996／2012

マドロック, ビル　Madlock, Bill　本名＝Madlock, William, Jr.　大リーグ・コーチ, 元・大リーグ選手　ⓒ米国　ⓑ1951年1月12日　ⓔ1992／2004

マドロン, トム　Maddron, Tom　「カラー占い―4つの色で性格判断」の著者　ⓔ2008

マートン, サンドラ　Marton, Sandra　ロマンス作家　ⓒ米国　ⓔ2004

マトン, シャルル　Matton, Charles　映画監督　ⓒフランス　ⓑ1933年　ⓔ2004

マドン, ジョー　Maddon, Joe　本名＝マドン, ジョセフ・ジョン　大リーグ監督　ⓒ米国　ⓑ1954年2月8日　ⓔ2012

マートン, ドン　ニュージーランド環境庁野生動物保護官　ⓒニュージーランド　ⓔ1992

マートン, マット　Murton, Matt　プロ野球選手(外野手), 元・大リーグ選手　ⓒ米国　ⓑ1981年10月3日　ⓔ2012

マートン, ヤーノシュ　Marton, Janos　ジャーナリスト　ハンガリー通信東京特派員　ⓒハンガリー　ⓔ1992／1996／2000

マートン, レイナー　Martens, Rainer　スポーツコンサルタント　ヒューマン・キネティック社社長　ⓒスポーツ心理学　ⓒ米国　ⓔ1992

マートン, ロバート　Merton, Robert King　社会学者　元・コロンビア大学名誉教授, 元・アメリカ社会学会会長　ⓒ米国　ⓑ1910年7月5日　ⓓ2003年2月23日　ⓔ1992／1996

マートン, ロバート　Merton, Robert C.　経済学者　ハーバード大学ビジネス・スクール教授　ⓒ米国　ⓑ1944年7月31日　ⓔ2000／2004／2008／2012

マドンナ　Madonna　本名＝チコーネ, マドンナ・ルイーズ　別名＝エスター　歌手, 女優　ⓒ米国　ⓑ1958年8月16日　ⓔ1992／1996／2000／2004／2008／2012

マーナー, エドウイン　Merner, Edwin　ファンドマネージャー　アトランティス・インベストメント・リサーチ・コーポレーション社長　元・シュローダー・インベストメント・マネジメント・ファンドマネジャー　ⓒ英国　ⓑ1942年　ⓔ1992／2004

マナーエフ, ユーリ　Manaev, Yurii　漫画家　ⓒロシア　ⓔ1996

マナエンコフ, ユーリー　Manaenkov, Yurii Alekseevich　政治家　元・ソ連共産党書記　ⓒソ連　ⓑ1936年8月2日　ⓔ1992

マナケ, サンガラトナホウテン　マナケ, サンガラトナ・法天　Manake, Sangharatna Hoten　僧侶　インド禅定林(天台宗)住職　ⓒインド　ⓔ2000／2008／2012

マナーズ, デービッド　Manners, David　リード・ビジネス・パブリッシング・シニアエディター　ⓒ米国　ⓑ1942年6月28日　ⓔ2000

マナセロ, マテオ　Manassero, Matteo　プロゴルファー　ⓒイタリア　ⓑ1993年4月19日　ⓔ2012

マナット, チャールズ　Manatt, Charles T.　政治家　元・米国民主党全国委員長　ⓒ米国　ⓑ1936年6月9日　ⓔ1992

マナドゥ, フローラン　Manaudou, Florent　水泳選手(自由形)　ロンドン五輪競泳男子50メートル自由形金メダリスト　ⓒフランス　ⓑ1990年11月12日

マナドゥ, ロール　Manaudou, Laure　元・水泳選手(自由形・背泳ぎ)　アテネ五輪競泳女子400メートル自由形金メダリスト　ⓒフランス　ⓑ1986年10月9日　ⓔ2008／2012

マナーラ, ファウスト　Manara, Fausto　精神科医　ⓒ神経学, 心理学, 精神医学　ⓒイタリア　ⓑ1947年　ⓔ2000

マナラスタス, イザベリータ　Manalastas, Isabelita T.　エコノミスト　フィリピン国立銀行副総裁代理・東京事務所長　ⓒ投資論　ⓒフィリピン　ⓑ1953年　ⓔ1992

マナロ, エドウイン・リャネス　セント・ルイス大学医学部助教授　ⓒ外科　ⓒフィリピン　ⓔ1996

マナンカ, デレック　ジャーナリスト　「メディア・インドネシア」編集委員　ⓒインドネシア　ⓔ2000

マニエ, ティエリー　Magnier, Thierry　作家　ⓔ2004／2008

マニエ, パスカル　Magne, Pascal　歯学者　ⓒ審美歯科学, 接着歯科医学　ⓒスイス　ⓔ2004

マニエ, フレデリック　Magné, Frédéric　元・自転車選手(トラックレース)　元・自転車日本代表ナショナル・ディレクター　ⓒフランス　ⓑ1969年2月5日

マニエル, チャーリー　Manuel, Charlie　本名＝Manuel, Charles Fuqua　別称＝マニエル, チャック　大リーグ監督, 元・大リーグ選手, 元・プロ野球選手　ⓒ米国　ⓑ1944年1月4日　ⓔ1992／1996／2000／2004／2012

マニガ, ミランド　Manigat, Mirlande H.　政治学者, 政治家　元・ハイチ上院議員　ⓒハイチ　ⓑ1940年11月3日　ⓔ2012

マニカ, ラニ　Manicka, Rani　作家　ⓔ2008

マニカ, リズ　Manniche, Lise　エジプト学者　ⓔ1992(マニケ, リーセ)／1996

マニガ, レスリー　Manigat, Leslie F.　政治家　元・ハイチ大統領　ⓒハイチ　ⓑ1930年8月　ⓔ1992／1996

マニケー, アヌラー・ヴィジャヤラトナ　Menike, Anula Wijayaratna　作家　ⓒスリランカ　ⓑ1949年　ⓔ1996

マニコ, ユーリー・イワノヴィチ　ソ連科学アカデミー極東支部生物・土壌研究所森林研究部長　ⓒ森林動態学　ⓒソ連　ⓑ1931年　ⓔ1992／1996

マニサル, エロル　イスタンブール大学教授・欧州中東研究所所長　ⓒ政治学, 国際関係論　ⓒトルコ　ⓑ1940年　ⓔ1996

マニシェ　Maniche　本名＝オリヴェイラ・リベイロ, ヌーノ・リカルド　サッカー選手(MF)　ⓒポルトガル　ⓑ1977年11月11日　ⓔ2008／2012

マニックス, ダニエル　Mannix, Daniel P.　作家　ⓒ米国　ⓔ1992／2000

マニックス, マックス　Mannix, Max　映画監督, 脚本家　ⓑ1964年　ⓔ2012

マニッチ　Manic　本名＝マニッチ, ラディボエ　サッカー選手(FW)　ⓒユーゴスラビア　ⓑ1972年1月16日　ⓔ2000

マニノ, グレッグ　Mannino, Greg　スキー選手(アルペン)　ⓒ米国　ⓑ1962年4月7日　ⓔ2000

マニャーニ, フランカ　Magnani, Franca　ジャーナリスト　ⓒイタリア　ⓑ1925年　ⓔ1996

マニャン, ピエール　Magnan, Pierre　ミステリー作家　ⓒフランス　ⓔ1992

マニュエリディス, イライアス　元・エール大学医学部名誉教授　[専]脳医学　[国]米国　[没]1992年11月11日　[典]1996

マニュエル, ピーター　Manuel, Peter　コロンビア大学助教授　[専]民族音楽学　[国]米国　[生]1952年　[典]1996

マニラトナム　Mani Ratnam　映画監督　[国]インド　[生]1956年　[典]2000

マニロウ, バリー　Manilow, Barry　歌手　[国]米国　[生]1946年6月17日　[典]1992／1996／2008／2012

マニング, イーライ　Manning, Eli　プロフットボール選手（QB）　[国]米国　[生]1981年1月3日　[典]2012

マニング, パトリック　Manning, Patrick　本名=Manning,Patrick Augustus Mervyn　政治家　元・トリニダードトバゴ首相　[国]トリニダードトバゴ　[生]1946年8月17日　[典]1996／2000／2004／2008／2012

マニング, フランキー　Manning, Frankie　ダンサー　[国]米国　[典]2000

マニング, ペイトン　Manning, Peyton　プロフットボール選手（QB）　[国]米国　[生]1976年3月24日　[典]2000／2004／2008／2012

マニング, マーサ　Manning, Martha　臨床心理学者, セラピスト　元・ジョージ・メイソン大学教授　[国]米国　[典]2000

マニング, ミック　Manning, Mick　イラストレーター　グラスゴー美術学校イラストレーション科教授　[国]英国　[典]2004

マニング, リチャード　Manning, Richard　マニング社社長　[国]英国　[生]1946年2月12日　[典]1996

マニング, ロバート　Manning, Robert A.　米国外交問題評議会上級研究員　元・米国国務省顧問　[国]米国　[典]1996／2000

マヌキアン, マーティロ　画家　[国]米国　[生]1947年　[典]2000

マヌト・ブンチュムノン　Manus Boonjumnong　ボクシング選手　アテネ五輪ボクシング・ライトウエルター級金メダリスト　[国]タイ　[生]1980年6月23日　[典]2008／2012

マネー, ジョン　Money, John　ジョンズ・ホプキンズ大学小児科教授・精神科準教授　[専]小児科学, 精神医学, ジェンダー研究　[国]米国　[典]1992

マネクショウ, S.H.F.　Manekshaw, Sam Hormuzji Framji Jamshedji　軍人　元・インド陸軍参謀総長・陸軍元帥　[国]インド　[生]1914年4月3日　[没]2008年6月26日　[典]1992／1996

マネザ, マイヤ　Maneza, Maiya　中国名=姚麗　重量挙げ選手　ロンドン五輪重量挙げ女子63キロ級金メダリスト　[国]カザフスタン　[生]1985年11月1日

マネシエ, アルフレッド　Manessier, Alfred　画家　[国]フランス　[生]1911年12月5日　[没]1993年8月1日　[典]1992／1996

マネス, ジナ　Manes, Gina　女優　[国]フランス　[生]1900年4月7日　[没]1989年9月6日　[典]1992

マネスク, コルネリウ　Mănescu, Corneliu　政治家, 外交官　元・ルーマニア国家統一暫定評議会執行委員会メンバー, 元・ルーマニア外相　[国]ルーマニア　[生]1916年2月6日　[没]2000年6月26日　[典]1992

マネスク, マネア　Manescu, Manea　政治家　元・ルーマニア国家評議会第一副議長, 元・ルーマニア首相　[国]ルーマニア　[生]1916年8月9日　[典]1992

マネロ, トニー　プロゴルファー　[国]米国　[没]1989年10月22日　[典]1992

マーネン, ジョン・バン　Maanen, John Van　マサチューセッツ工科大学教授　[専]社会学　[国]米国　[生]1943年　[典]2000

マノウト, フランク・J.　ハワイ銀行会長　[国]米国　[典]1992

マノエル　Manoel　本名=Manoel,Sergio,Jr.　サッカー選手（MF）　[国]ブラジル　[生]1972年3月2日　[典]2000

マノップ・ウドムデート　映画監督　[国]タイ　[典]1992

マノップ・パークスワン　外交官　在大阪タイ総領事　[国]タイ　[典]1992

マノニ, ジェラール　Mannoni, Gérard　ジャーナリスト, バレエ・舞踊評論家　「コティディアン・ド・パリ」文化部編集長　[国]フランス　[生]1939年　[典]1996

マーハー, チャールズ　Maher, Charles A.　ラトガース大学心理学教授　[専]スポーツ心理学　[国]米国　[典]2000

マーバー, パトリック　Marber, Patrick　劇作家, 演出家　[国]英国　[生]1964年9月19日　[典]2012

マーハ, メアリー　Meagher, Mary T.　水泳選手（バタフライ）　[国]米国　[典]1992

マーバーガー, ジョン　Marburger, John H.（III）　物理学者, 電気工学者　米国政府科学顧問・科学技術政策局（OSTP）局長　元・ブルックヘブン国立研究所所長　[専]レーザー, 量子エレクトロニクス, 非線形光学　[国]米国　[典]2004

マハ・コーサナンダ　Maha Ghosananda　僧侶　[国]カンボジア　[生]1929年　[典]2000

マハジャン, プラモド　Mahajan, Pramodo　政治家　インド情報産業相・議会担当相　[国]インド　[典]2004／2008

マハジャン, ラフール　平和活動家　[典]2008

マハチェク, デービッド・W.　宗教学者　[専]宗教社会学　[国]米国　[生]1967年　[典]2004

マハディ, サディク・アル　Mahdi, Sadiq Al　政治家　元・スーダン首相　[国]スーダン　[生]1936年　[典]1992／1996

マハティール, マリーナ　Mahathir, Marina　PRコンサルタント, ジャーナリスト　[国]マレーシア　[典]2000

マハティール・モハマド　Mahathir Mohamad　本名=マハティール・ビン・モハマド　政治家　元・マレーシア首相, 元・統一マレー国民組織（UMNO）総裁　[国]マレーシア　[生]1925年12月20日　[典]1992／1996／2000／2004／2008／2012

マハパトラ, ジャヤンタ　Mahapatra, Jayanta　詩人　[国]インド　[生]1928年10月28日　[典]1992

マハマ, ジョン・ドラマニ　Mahama, John Dramani　政治家　ガーナ大統領　[国]ガーナ　[生]1958年11月29日

マハムーディ, バグダディ・アリ　Mahmudi, Baghdadi Ali　政治家, 医師　リビア全人民委員会書記（首相）　[国]リビア　[生]1950年　[典]2008／2012

マハラゼ, アフタンディル　Makharaze, Avtandil　俳優　[国]グルジア　[生]1943年　[典]2012

マハリナ, ユリヤ　Makhalina, Yulia Victorovna　バレリーナ　マリインスキー劇場バレエ団（キーロフ・バレエ）プリンシパル　[国]ロシア　[生]1968年6月23日　[典]2004／2008／2012

マハリン, マット　Mahurin, Matt　写真家, イラストレーター, ビデオ作家　[国]米国　[生]1959年　[典]1992／1996

マハール, タジ　Mahal, Taj　ミュージシャン　[国]米国　[生]1942年　[典]1992／1996／2004／2008

マハンタ, プラフラ・クマール　Mahanta, Prafulla Kumar　政治家　アッサム州首相　[国]インド　[生]1952年12月23日　[典]1992

マーヒー, マーガレット　Mahy, Margaret　本名=Mahy,Margaret May　児童文学作家　[国]ニュージーランド　[生]1936年3月21日　[没]2012年7月23日　[典]1992／1996／2000／2008／2012

マビカ, ムワディ　バスケットボール選手　[国]コンゴ　[典]2004／2008

マビラ, オクタビオ　実業家　日本に学べ運動指導者　[国]ペルー　[典]1992

マービン, キャロリン　Marvin, Carolyn　ペンシルベニア大学アンネンバーグ校助教授　[専]コミュニケーション論　[典]2008

マービン, リー　Marvin, Lee　映画俳優　[国]米国　[生]1924年2月19日　[没]1987年8月29日　[典]1992

マーフィー, R.ターガート　Murphy, R.Taggart　経済評論家　筑波大学大学院ビジネス科学研究科教授　[国]米国　[生]1952年　[典]1996／2000（マーフィー, ターガート／マーフィー, R.タガート）／2004／2008

マーフィ, アラン　Murphy, Alan　ライター　[国]オーストラリア　[典]2008

マーフィ, ウィリアム　Murphy, William Parry　内科学者, 医師　元・ハーバード大学準教授　[国]米国　[生]1892年2月6日　[没]1987年　[典]1992／1996

マーフィ, ウォーレン　Murphy, Warren B.　共同筆名=ストライカー, デブ　ハードボイルド作家　[国]米国　[生]1933年9月13日　[典]1992／1996

マーフィ, エディ　Murphy, Eddie　本名=Murphy,Edward Regan

コメディアン, 俳優　国米国　生1961年4月3日　典1992／1996／2000／2004／2008／2012

マーフィ, エリオット　Murphy, Elliott　シンガーソングライター　国米国　生1949年　典1992

マーフィ, エリン　Murphy, Erin　タレント　国米国　生1964年6月17日　典2000

マーフィー, カーティス　Murphy, Curtis　ソフトウェアエンジニア　典2004

マーフィ, カーライル　Murphy, Caryle　ジャーナリスト　「ワシントン・ポスト」記者　国米国　典1992／1996

マーフィー, キリアン　Murphy, Cillian　俳優　国アイルランド　生1976年　典2008／2012

マーフィ, グレアム　Murphy, Graham　自然保護運動家, 牧師　マンチェスター大学ユニテリアン・カレッジ学寮長, ユニテリアン教会（リバプール）牧師　国英国　生1947年　典1996

マーフィー, グレアム　Murphy, Graeme　振付師, 元・バレエダンサー　元・シドニー・ダンス・カンパニー芸術監督　国オーストラリア　生1950年11月2日　典2008／2012

マーフィ, グロリア　Murphy, Gloria　作家　国米国　典2000

マーフィー, シェーン　Murphy, Shane　心理学者　ゴールド・メダル・サイコロジカル・コンサルタンツ社共同経営者　国米国　典2000

マーフィ, ジョージ　Murphy, George　俳優, 政治家　元・米国上院議員　国米国　生1902年7月4日　没1992年5月3日　典1996

マーフィ, ショーン　Murphy, Sean　情報セキュリティ研究者　ロンドン大学ロイヤル・ホロウェー教授　生1963年　典2008

マーフィ, ジョン　Murphy, John J.　先物コンサルタント　JJMテクニカル・アドバイザー社社長　典1992

マーフィー, ジリアン　Murphy, Gillian　バレリーナ　アメリカン・バレエ・シアター（ABT）プリンシパル　国米国　生1979年4月11日　典2004／2008／2012

マーフィ, ジル　Murphy, Jill　絵本作家　国英国　生1949年　典1996

マーフィ, ジーン　Murphy, Jean　講演家　教育家ジョセフ・マーフィの妻　国米国　典2004

マーフィ, スザンヌ　Murphy, Suzanne　ソプラノ歌手　国英国　典1992

マーフィ, ターク　Murphy, Turk　本名＝マーフィ, エルビン　ジャズ・トロンボーン奏者・編曲者　国米国　生1915年12月16日　没1987年5月30日　典1992

マーフィ, ダラス　Murphy, Dallas　ライター　典2004

マーフィー, ディーン　Murphy, Dean E.　ジャーナリスト　「ニューヨーク・タイムズ」サンフランシスコ支局長　国米国　生1958年　典2004

マーフィ, デール　Murphy, Dale　元・大リーグ選手　国米国　生1956年3月12日　典1992／2000

マーフィ, トーマス　Murphy, Thomas　別名＝マーフィ, トム　劇作家　国アイルランド　生1935年2月23日　典1996／2000

マーフィ, パット　Murphy, Pat　SF作家　「Exploratorium Quarterly」誌編集員　国米国　生1955年（？）　典1996

マーフィ, ピーター　Murphy, Peter　旧グループ名＝バウハウス　ロックミュージシャン　国英国　生1957年7月11日　典1996

マーフィ, ビル　Murphy, Bill　作家, 劇作家, 脚本家　国アイルランド　典2004

マーフィー, ビル　Murphy, Bill　本名＝Murphy,William R.W.　大リーグ選手（投手）, プロ野球選手　国米国　生1981年5月9日　典2012

マーフィ, ホートン　Murphy, Haughton　ミステリー作家, 弁護士　国米国　典1996

マーフィ, マイケル　Murphy, Michael　エサレン研究所会長　スポーツ心理学　国米国　典1992

マーフィー, メアリー　Murphy, Mary　絵本作家　国アイルランド　生1961年　典2004

マーフィー, リタ　Murphy, Rita　「真夜中の飛行」の著者　典2008

マーフィ, リチャード　Murphy, Richard W.　元・米国国務次官補　国米国　典1992

マーフィ, ロバート　ベリフォーン国際営業ディレクター　典2000

マーフィア, ローマ　Maffia, Roma　女優　典2000

マフェゾリ, ミシェル　Maffesoli, Michel　社会学者　ソルボンヌ大学教授　国フランス　生1944年　典1996／2000

マーフェット, ハワード　Murphet, Howard　サイババ研究家, 元・ジャーナリスト　国オーストラリア　生1906年　典1996

マフカモフ, カハル　Makhkamov, Kakhar Makhkamovich　政治家　元・タジキスタン大統領　国ソ連　生1932年4月16日　典1992／1996

マフグーブ, リファート・エル　Mafgoub, Rifaat el　政治家　元・エジプト人民議会議長　国エジプト　生1990年10月12日　典1992

マフーズ, アファフ　女性運動家　女性2000年会議議長　国エジプト　典2004

マブバニ, キショール　Mahbubani, Kishore　リー・クアンユー公共政策大学院院長　元・シンガポール国連大使　国シンガポール　生1948年　典2008／2012

マフフーズ, ナギーブ　Mahfūz, Najīb　作家　国エジプト　生1911年12月11日　没2006年8月30日　典1992／1996／2000／2004

マフマルバフ, サミラ　Makhmalbaf, Samira　映画監督　国イラン　生1980年2月15日　典2000／2004／2008／2012

マフマルバフ, ハナ　Makhmalbaf, Hana　映画監督　国イラン　生1988年9月3日　典2008／2012

マフマルバフ, モフセン　Makhmalbaf, Mohsen　映画監督, 作家　国イラン　生1957年　典2000／2004／2008／2012

マーブリー, ステフォン　Marbury, Stephon　バスケットボール選手　国米国　生1971年2月20日　典2000／2004／2008

マーブル, アリス　Marble, Alice　テニス選手・コーチ　国米国　生1913年9月28日　没1990年12月12日　典1992

マブロ, ロバート　経済学者　オックスフォード大学エネルギー研究所所長　国英国　生1934年　典1992

マフロフィ, タウフィク　Makhloufi, Taoufik　陸上選手（中距離）　ロンドン五輪陸上男子1500メートル金メダリスト　国アルジェリア　生1988年4月29日

マーベ, ブッシー　反アパルトヘイト運動家　国南アフリカ　典1992

マーヘル, アハマド　Maher, Ahmad　本名＝Maher Es-Sayed, Ahmad　政治家, 外交官　エジプト外相　国エジプト　生1935年9月14日　典2004／2008

マヘル, ウィリアム　カトリック神父　国米国　典1992

マヘンドラン, チタンバラナタン　Mahendran, Chitambaranathan　外交官　駐日スリランカ大使　国スリランカ　生1932年　典1996

マホーニー, デービッド　実業家　米国チャールズ・A.ダナ基金会長　元・ノートン・サイモンCEO　国米国　典2004

マホーニー, リチャード・ジョン　Mahony, Richard John　実業家　元・モンサント会長・CEO　国米国　生1934年1月30日　典1992／1996

マホーニィ, パトリック　Mahoney, Patrick J.　モントリオール大学英文学教授　精神分析　国カナダ　生1932年　典2000

マホフ, エフゲニー　Makhov, Evgenii N.　元・ソ連共産党中央統制委員会議長　国ソ連　典1992

マホームズ, パット　Mahomes, Pat　本名＝Mahomes,Patrick Lavon　大リーグ選手（投手）　国米国　生1970年8月9日　典2000／2004／2008

マホーン, オースティン　Mahone, Austin　本名＝マホーン, オースティン・カーター　歌手　国米国　生1996年4月4日

ママディ・ケイタ　ジャンベ奏者　元・ギニア国立舞踊団首席ジャンベ奏者　国ギニア　典2004

ママトフ, ビクトル　元・バイアスロン選手　ロシア・オリンピック委員会（ROC）長野五輪準備委員会委員長　国ロシア　典2000

ママドリ, エルヌル　Mammadli, Elnur　柔道選手　北京五輪柔道男子73キロ級金メダリスト　国アゼルバイジャン　生1988年6月29日

[典]2012

ママロニ, ソロモン　Mamaloni, Solomon　政治家　元・ソロモン諸島首相　[国]ソロモン諸島　[没]2000年1月11日　[典]1992／1996

マーマン, エセル　Merman, Ethel　本名＝ジンマーマン, エセル・アグネス　女優, 歌手　[国]米国　[生]1909年1月16日　[没]1984年2月15日　[典]1992

マミアシヴィリ, ミハイル　Mamiashvili, Mikhail　レスリング選手　[国]ソ連　[典]1992（マミアシビリ, ミハイル）

マムー, ジャッキー　Mamou, Jacky　ボランティア活動家　メドゥサン・デュ・モンド名誉会長　[典]2004／2008

マーム, ジュラン・S.　ジーイー横河メディカルシステム会長　[国]スウェーデン　[生]1947年3月14日　[典]1996／2000

マムーディ, ベティ　人権擁護運動家　ワン・ワールド・フォア・チルドレン設立者　[国]米国　[典]1996

マムーナタ, シセ　女性運動家　ブルキナファソ農務省開発部門予算担当課長　[国]ブルキナファソ　[典]2000

マムラ　Mamula, Branko　政治家, 軍人　元・ユーゴスラビア国防相　[国]ユーゴスラビア　[生]1921年　[典]1992

マムリ, ムールード　Mammeri, Mouloud　作家, 民族学者　アルジェ大学教授, 人間科学研究センター所長　[国]アラブ首長国連邦　[生]1917年　[典]1992

マムーリアン, ルーベン　Mamoulian, Rouben　映画監督　[国]米国　[生]1898年10月8日　[没]1987年12月4日　[典]1992

マムーン, マルガリータ　Mamun, Margarita　新体操選手　[国]ロシア　[生]1995年11月1日

マメット, デービッド　Mamet, David Alan　劇作家, 演出家　[国]米国　[生]1947年11月30日　[典]1992／1996

マーメン, デービッド　Mammen, David　ニューヨーク行政研究所国際都市研究部長　[専]都市・地域学　[国]米国　[生]1952年　[典]1992／1996

マーモット, マイケル　Marmot, Michael　医学者　ロンドン大学ユニバーシティカレッジ健康と社会に関する国際センター教授　[専]疫学, 公衆衛生学　[国]英国　[典]2004

マーヤ　本名＝イルス, マーヤ・リース　歌手　[国]エストニア　[生]1980年12月24日　[典]2000

マヤ　MAYA　本名＝ヴォン・ドール, マヤ　グループ名＝ソーホードールズ　歌手　[国]英国　[典]2012

マヤワティ　Mayawati　本名＝Mayawati,Kumari　政治家　ウッタルプラデシュ州首相, 大衆社会党党首　[国]インド　[生]1956年1月15日　[典]2012

マヨリ, イバ　Majoli, Iva　テニス選手　[国]クロアチア　[生]1977年8月12日　[典]2000／2008

マヨール, フェデリコ　Mayor Zaragoza, Federico　生物学者, 識字運動家　ユネスコ（UNESCO）事務局長　[国]スペイン　[生]1934年1月27日　[典]1992／1996／2000／2004

マヨロシュ, イシュトバーン　Majoros, Istvan　レスリング選手（グレコローマン）　[国]ハンガリー　[生]1974年7月11日　[典]2008

マラ, カミセセ　Mara, Kamisese Kapaiwai Tuimacilai　政治家　元・フィジー大統領, 元・フィジー首相　[国]フィジー　[生]1920年5月13日　[没]2004年4月18日　[典]1992／1996／2000／2004

マーラ, サリア　Mara, Thalia　バレリーナ, バレエ指導者　[国]米国　[没]2003年10月8日　[典]2000

マラ, バーバラ　Mara, Barbara A.　心理療法士　[典]2004

マーラー, ハルフダン　Mahler, Halfdan T.　元・国際家族計画連盟（IPPF）事務局長, 元・世界保健機構（WHO）事務局長　[国]デンマーク　[生]1923年4月21日　[典]1992／1996／2000

マーラー, ポール　インディアナ大学教授　[専]旧ソ連・東ヨーロッパ経済　[国]米国　[生]1936年　[典]1996

マラー, マーシャ　Muller, Marcia　ミステリー作家　[国]米国　[生]1944年　[典]1996

マーラ, ルーニー　Mara, Rooney　女優　[国]米国　[生]1985年4月17日

マラー, ロバート　Muller, Robert J.　データベース・デザイン・コンサルタント　[典]2004

マライーニ, ダーチャ　Maraini, Dacia　作家, 劇作家, 詩人, フェミニズム運動家　[国]イタリア　[生]1936年11月13日　[典]1992／1996／2000／2004／2008／2012

マライーニ, フォスコ　Maraini, Fosco　文化人類学者, 写真家　元・イタリア日本文化研究学会会長, 元・イタリア日本学研究会名誉会長, 元・フィレンツェ大学名誉教授　[専]日本研究, アイヌ民族研究　[国]イタリア　[生]1912年11月15日　[没]2004年6月8日　[典]1992／1996／2000

マラカー, サンジャヤ　Malakar, Sanjaya　歌手　[国]米国　[生]1989年9月10日　[典]2012

マーラー・カムチャン　作家　[国]タイ　[生]1952年　[典]1992

マラガムワ, ディランタ　Malagamuwa, Dilantha Ranjula Bandara　レーシングドライバー　[国]スリランカ　[生]1963年6月24日　[典]2000／2004

マラガル, パスクアル　Maragall, Pasqual　政治家　バルセロナ市長, バルセロナ五輪組織委（COOB）委員長　[国]スペイン　[典]1992／1996

マラガンバ, マルセーロ　Malagamba, Marcelo　画家　[国]アルゼンチン　[生]1954年　[典]2004／2008

マラーク, カマル・エル　考古学者　元・アルアハラム副編集長　[国]エジプト　[没]1987年10月29日　[典]1992

マラークシェフ, アレクセイ　Marakushev, A.A.　岩石学者　モスクワ大学地質学部教授　[国]ロシア　[生]1925年3月4日　[典]2000

マラゴディ, ジョバンニ　Malagodi, Giovanni Francesco　政治家　元・イタリア自由党議長（党首）　[国]イタリア　[生]1904年10月12日　[没]1991年4月17日　[典]1992

マラコフ, ミハイル　医師, 探検家　「アイスウォーク」隊員として徒歩で北極点に到達　[国]ソ連　[典]1992

マラスコ, ロバート　Marasco, Robert　作家　[国]米国　[生]1936年　[典]1992

マラッツィ, ポール　Marazzi, Paul　グループ名＝a1　歌手　[国]英国　[生]1975年1月24日　[典]2004

マラドーナ, ディエゴ　Maradona, Diego　本名＝マラドーナ, ディエゴ・アルマンド　サッカー監督, 元・サッカー選手　元・サッカー・アルゼンチン代表監督　[国]アルゼンチン　[生]1960年10月30日　[典]1992／1996／2000／2004／2008／2012

マラーニ, ディエゴ　Marani, Diego　作家　[国]イタリア　[生]1959年　[典]2012

マラニス, デービッド　Maraniss, David　ジャーナリスト　[国]米国　[典]2000

マラビー, セバスチャン　Mallaby, Sebastian　ジャーナリスト　「エコノミスト」東京支局長　[国]英国　[生]1964年　[典]1996

マラヒミン, イスマイル　Marahimin, Ismail　作家　インドネシア大学文学部教員　[国]インドネシア　[生]1934年4月23日　[典]1992／1996

マラヒール, マジド・アブ　陸上選手　[国]パレスチナ　[典]2000

マラブー, カトリーヌ　Malabou, Catherine　哲学者　パリ第10大学助教授　[専]ヘーゲル哲学　[生]1959年　[典]2008／2012

マラブル, アルフレッド（Jr.）　Malable, Alfred L.（Jr.）　ジャーナリスト　「ウォールストリート・ジャーナル」紙経済記者　[国]米国　[典]1996

マラベ　Malave　本名＝マラベ, ホセ　元・プロ野球選手　[国]ベネズエラ　[生]1971年5月31日　[典]2000

マラーホフ, ウラジーミル　Malakhov, Vladimir　バレエダンサー, 振付師　ベルリン国立バレエ団芸術監督・プリンシパル　元・ウィーン国立歌劇場バレエ・プリンシパル　[生]1968年1月7日　[典]1996／2000／2004／2008／2012

マラマッド, バーナード　Malamud, Bernard　作家　[国]米国　[生]1914年4月26日　[没]1986年3月18日　[典]1992

マラミス　Maramis, J.B.P.　外交官　元・ESCAP事務局長　[国]インドネシア　[生]1922年　[典]1992

マラモッティ, アキーレ　Maramotti, Achille　実業家　元・マックスマーラ創業者　[国]イタリア　[没]2005年1月12日　[典]2000

マラモッティ, ルイジ　Maramotti, Luigi　実業家　マックスマーラ会長　[国]イタリア　[生]1957年　[典]2012

マラーリー, アラン　Mulally, Alan R.　実業家　ボーイング上級副社長, ボーイング防衛・宇宙部門社長　⦿米国　⦿1945年8月4日　⦿2000

マラン, イザベル　Marant, Isabel　ファッションデザイナー　⦿フランス　⦿1967年

マラン, ジャン　Marin, Jean　本名＝モルバン, イブ　ジャーナリスト, 実業家　元・フランス通信社（AFP）社長　⦿フランス　⦿1909年2月24日　⦿1995年6月3日　⦿1996

マラン, ペドロ　Malan, Pedro　政治家　ブラジル蔵相　⦿ブラジル　⦿1943年2月19日　⦿2000／2004

マラン, マギー　Marin, Maguy　振付師, 元・バレリーナ　⦿フランス　⦿1951年　⦿1992／2000／2008／2012

マラン, マグヌス・アンドレ　Malan, Magnus André de Merindol　軍人　元・南アフリカ国防相　⦿南アフリカ　⦿1930年1月30日　⦿1996／2000

マラン, ライアン　Malan, Rian　ジャーナリスト　⦿南アフリカ　⦿1954年　⦿1992

マラン, ルイ　Marin, Louis　元・社会科学高等研究院芸術言語研究センター教授・研究部長　⦿記号論　⦿フランス　⦿1931年　⦿1992年10月　⦿1992／1996

マランヴォー, エドモン　Malinvaud, Edmond　経済学者　コレージュ・ド・フランス名誉教授　⦿フランス　⦿1923年4月25日　⦿1996（マランボー, エドモン）／2000

マランソン, ジル　Malencon, Gilles　脚本家　⦿2008

マリー　Marie　本名＝Serneholt,Marie　グループ名＝A☆TEENS　歌手　⦿スウェーデン　⦿1983年7月11日　⦿2004

マリー　Marit　本名＝Larsen,Marit Elisabeth　ユニット名＝M2M　歌手, ギタリスト　⦿ノルウェー　⦿1983年7月1日　⦿2004

マリー, アンディ　Murray, Andy　本名＝マリー, アンドルー　テニス選手　ロンドン五輪テニス男子シングルス金メダリスト　⦿英国　⦿1987年5月15日　⦿2012

マリー, オーレリウス・ジョン・バプティスト・レイマズ　Marie, Aurelius John Baptiste Lamothe　政治家　元・ドミニカ大統領　⦿ドミニカ　⦿1904年12月23日　⦿1992

マーリー, ジョン　映画俳優　⦿米国　⦿1984年5月22日　⦿1992

マリー, ティーナ　Marie, Teena　旧名＝Brockert,Mary Christine　ソウル歌手　⦿米国　⦿1956年　⦿2010年12月26日

マーリー, ボブ　Marley, Bob　本名＝マーリー, ロバート・ネスタ　歌手, ギタリスト, 作曲家　⦿ジャマイカ　⦿1945年2月5日　⦿1981年5月11日　⦿1992

マリー, リサ　Marie, Lisa　女優　⦿米国　⦿2000／2004

マーリー, リタ　Marley, Rita　グループ名＝I-Three　レゲエ歌手　⦿ジャマイカ　⦿1950年7月25日　⦿1996

マリア, タニア　Maria, Tania　フュージョン・ミュージシャン　⦿ブラジル　⦿1992

マリーアス, フリアン　Marías, Julián　哲学者　スペイン国立遠隔教育大学教授,Instituto de España教授, スペイン上院議員　⦿スペイン　⦿1914年　⦿1996

マリアーニ, ロレンツォ　舞台芸術家　⦿米国　⦿2000

マリアーノ, チャーリー　Mariano, Charlie　本名＝Ugo,Carmine　サックス奏者　⦿アルトサックス　⦿米国　⦿1923年11月12日　⦿1996

マリアノビッチ, ヨバン　Marijanovic, Jovan　政治家, 政治学者　セルビア再生運動党副委員長　元・ユーゴスラビア共産主義者同盟高級政治学校教授, 元・ベオグラード大学政治学部教授　⦿ユーゴスラビア　⦿1996

マリエトア・タヌマフィリ2世　Malietoa Tanumafili II　政治家　元・サモア大首長（元首）　⦿サモア　⦿1913年1月4日　⦿2007年5月12日　⦿2004

マリエル, ジャン・ピエール　Marielle, Jean-Pierre　俳優　⦿フランス　⦿1932年　⦿1996／2000

マリオ　Mario　本名＝ブリトー, マリオ　元・プロ野球選手　⦿1966年4月9日　⦿2000

マリオ　Mario　本名＝ソアレス・ド・プラド, ジョゼ・マリオ　サッカーコーチ, 元・サッカー選手　元・サッカー日本代表コーチ　⦿ブラジル　⦿1953年7月27日　⦿2004

マリオッティ, マリオ　Mariotti, Mario　美術家　⦿イタリア　⦿1936年　⦿1996

マリオット, ジョン・ウィラード　Marriott, John Willard　実業家　元・マリオット創業者　⦿米国　⦿1900年　⦿1985年8月13日　⦿1992

マリオット, ジョン・ウィラード（Jr.）　Marriott, John Willard (Jr.)　実業家　マリオット会長・CEO　⦿米国　⦿1932年3月25日　⦿1992／2000／2004／2012

マリオット, スティーブ　旧グループ名＝スモール・フェイセズ, ハンブル・パイ　ロックギタリスト, 歌手　⦿英国　⦿1991年4月20日　⦿1992

マリオット, ヘレン　Marriott, Helen　言語学者　⦿日本語社会言語学, 応用言語学方法論, アカデミックインターアクション・リテラシー　⦿2008

マリー・オン　カレン民族同盟（KNU）リーダー, カレン難民委員会副議長　⦿ミャンマー　⦿2000

マリオン　Marion　本名＝Raven,Marion Elise　ユニット名＝M2M　歌手, キーボード奏者　⦿ノルウェー　⦿1984年5月25日　⦿2004

マリオン, ジャン・リュック　Marion, Jean-Luc　哲学者　パリ第4大学教授　⦿フランス　⦿1946年7月3日　⦿1996／2000／2012

マリオン, ショーン　Marion, Shawn　バスケットボール選手　アテネ五輪バスケットボール男子銅メダリスト　⦿米国　⦿1978年5月7日　⦿2008／2012

マリオン, ピエール・ジャン・ルイ　Marion, Pierre Jean Louis　元・フランス対外治安総局（DGSE）局長　⦿フランス　⦿1921年1月　⦿1992

マリオン, ルイス　Marion, Louis　元・サザビー・パーク・バーネット社（米美術品競売会社）元社長　⦿米国　⦿1984年12月11日　⦿1992

マリオン, ロバート　Marion, Robert　産婦人科医, 小児科医　アルバート・アインシュタイン医科大学教授　⦿米国　⦿2008

マリガン, キャリー　Mulligan, Carey　女優　⦿英国　⦿1985年5月8日　⦿2012

マリガン, ジェリー　Mulligan, Gerry　本名＝Mulligan,Gelard Joseph　ジャズサックス奏者, ピアニスト, 編曲家　⦿バリトン・サックス　⦿米国　⦿1927年4月6日　⦿1996年1月20日　⦿1996

マリガン, ジョン　Mulligan, John P.　コンピューター・エンジニア　P.H.Glatfelter Company環境プロジェクトエンジニア　⦿2004

マリガン, ブライアン　Mulligan, Brian R.　理学療法士　⦿ニュージーランド　⦿2004

マリキ, ヌーリ　Maliki, Nouri　本名＝マリキ, ヌーリ・カメル　通称＝マリキ, ジャワド　政治家　イラク首相, アッダワ党代表　⦿イラク　⦿1950年7月1日　⦿2008／2012

マリキーリャ　Mariquilla　本名＝ゴメス, マリア・グアルディア　スペイン舞踊家　グラナダ大学教授　⦿フラメンコ　⦿スペイン　⦿1996

マリク, ゼイン　Malik, Zayn　グループ名＝ワン・ダイレクション　歌手　⦿英国　⦿1993年1月12日

マリク, チャールズ　元・レバノン外相　⦿レバノン　⦿1987年12月28日　⦿1992

マリク, ヤコフ　Malik, Yakov Aleksandrovich　外交官　元・駐日ソ連大使, 元・ソ連外務次官　⦿ソ連　⦿1906年　⦿1980年2月11日　⦿1992

マリケン, ロバート　Mulliken, Robert Sanderson　物理化学者　元・シカゴ大学教授　⦿米国　⦿1896年6月7日　⦿1986年10月31日　⦿1992

マリコヴァ, アンナ　Marikova, Anna　ピアニスト　⦿ウズベキスタン　⦿1965年　⦿2012

マリゴールド, リース　Marigold, Lys　マーケティングコンサルタント　元・ブレーン・リザーブ・クリエイティブ・ディレクター　⦿米国　⦿2004

マリーザ　Mariza　歌手　⦿ポルトガル　⦿2012

マリーシャ　歌手　国ポーランド　2000

マリシュ, アダム　Malysz, Adam　元・スキー選手（ジャンプ）　ソルトレークシティ五輪・バンクーバー五輪スキー・ジャンプ銀メダリスト　国ポーランド　1977年12月3日　2004／2008／2012

マリス, カリー　Mullis, Kary B.　生化学者, 生化学アドバイザースター・ジーン社会長　元・シータス社研究員　分子生物学　国米国　1944年12月28日　1992／1996／2000／2008／2012

マーリーズ, ジェームズ　Mirrlees, James Alexander　経済学者　香港中華大学教授　元・ケンブリッジ大学教授　公共経済学　国英国　1936年7月5日　2000／2008／2012

マリス, ハンフリー　Maris, Humphrey　ブラウン大学教授　物理学　2000

マリス, ロジャー　Maris, Roger　本名=Maris,Roger Eugene　大リーグ選手　国米国　1934年9月10日　1985年12月14日　1992

マリスカル, ハビエル　Mariscal, Javier　本名=Mariscal,Francisco Javier Errando　デザイナー　バルセロナ五輪のマスコット「コビー君」の創造者　国スペイン　1950年　1992／1996

マリスコ, マイケル　Malyszko, Michael　写真家　国米国　2004

マリセッティ, サディア　Marisetti, Sudheer N.　データベースコンサルタント　コロンビア大学助教授　国米国　2004

マリソール　Marisol　本名=マリソール, エスコバール　ポップアーティスト, 彫刻家　国ベネズエラ　1930年5月22日　1992／1996

マリック, テレンス　Malick, Terrence　映画監督　国米国　1943年11月30日　2000／2008／2012

マリッチ　Maric　本名=Maric,Tomislav　サッカー選手　ドイツ・ホッフェンハイムコーチ　国クロアチア　1973年1月28日　2012

マリッツ, ニコラース　Maritz, Nicolas　画家　国南アフリカ　1959年　1996

マリーナ, トビー　Malina, Toby　グラフィックデザイナー　国米国　1963年　2000

マリナー, ネビル　Marriner, Neville　指揮者, バイオリニスト　セント・マーティン・アカデミー室内管弦楽団創設者　国英国　1924年4月15日　1992／1996／2000

マリーナ, ロバート　Malina, Robert M.　ミシガン州立大学教授　体育, 運動科学　国米国　1996

マリナンジェリ, ルチアーナ　Marinangeli, Luciana　作家, 心理学者　国イタリア　2004

マリーニ, マリノ　Marini, Marino　彫刻家, 画家　国イタリア　1901年2月27日　1980年8月6日　1992

マリーニナ, アレクサンドラ　Marinina, Aleksandra　本名=アレクセーエヴァ, マリーナ　推理作家　国ロシア　1957年　2000

マリニャック, マルティーヌ　映画プロデューサー　ピエール・グリズ・プロダクション代表　国フランス　2000

マリーニョ, フランシスコ　元・サッカー選手　国ブラジル　1996

マリニン, マキシム　Marinin, Maxim　元・フィギュアスケート選手（ペア）　トリノ五輪フィギュアスケート・ペア金メダリスト　国ロシア　1977年3月23日　2008／2012

マリネスキュー, フロイド　Marinescu, Floyd　コンピューター技術者　2004

マリネッリ, キャロル　Marinelli, Carol　ロマンス作家　2008

マリーノ, アルベルト　タンゴ歌手　国アルゼンチン　1989年6月21日　1992

マリーノ, ダン　Marino, Dan　本名=Marino,Daniel Constantine Jr.　元・プロフットボール選手　国米国　1961年9月15日　2000／2004

マリノ, ドロシー　Marino, Dorothy　絵本作家　国米国　1912年　2004

マリノヴァ, ミラ　Marinova, Mila　新体操選手　国ブルガリア　1974年6月3日　1992（マリノバ, ミラ）／1996（マリノバ, ミラ）

マリノバ, テレザ　Marinova, Tereza　三段跳び選手　国ブルガリア　1977年9月5日　2004

マリノフ, セブダリン　Marinov, S.　重量挙げ選手（52キロ級）　国ブルガリア　1992

マリノフ, ルー　Marinoff, Lou　哲学者　ニューヨーク市立大学教授, 米国実践哲学協会会長　国米国　1951年　2004／2012

マリノフスキ, クシシトフ　Malinowski, Krzysztof　作家, 物理学者　国ポーランド　1946年　1992

マリーバ, マヌエラ　Maleeva, Manuela　テニス選手　国ブルガリア　1967年2月14日　1992（マリーバ, マヌエラ／マレーバ, マヌエラ）

マリベス　Maribeth　歌手　国フィリピン　1972年　1996

マリボー, ソフィー　Malibeaux, Sophie　放送ジャーナリスト　国フランス　1966年　2000

マリヤース, フロリス　Maljers, Floris　実業家　フィリップス監査役会会長　元・ユニリーバ会長　国オランダ　1933年8月12日　1996

マリン　グループ名=スマイルdk　歌手　国スウェーデン　2004

マーリン, アリス・テッパー　Marlin, Alice Tepper　社会活動家　経済優先順位研究所設立者　国米国　2004／2008

マリン, イオン　Marin, Ion　指揮者　ロシア・ナショナル管弦楽団首席客演指揮者　国オーストリア　1955年　2012

マリン, カルロス　Marin, Carlos　グループ名=イル・ディーヴォ　バリトン歌手　国スペイン　1968年10月13日　2008／2012

マリン, クリス　Mullin, Chris　本名=マリン, クリストファー・ポール　元・バスケットボール選手　国米国　1963年7月30日　1996／2000／2004／2008／2012

マーリン, スターリング　Marlin, Stering　レーシングドライバー　国米国　1996

マリン, デービッド　Marine, David　天文学者, 写真家　シドニー英豪天文台（AAO）　天体写真　国オーストラリア　1941年　2004／2008

マーリン, デブラ　Marlin, Debra　写真家, 画家　国米国　2004

マリン, リチャード　Marin, Richard　カメラマン　国米国　1956年　1996

マーリンガー, マリタ　Mahringer, Marita　児童文学作家　国ドイツ　1981年　2004／2008

マーリンク, クリストフ・ヘルムート　Mahling, Christoph-Hellmut　音楽学者　マインツ大学音楽学主任教授　元・国際音楽学会会長　国ドイツ　1932年　1992／1996

マリンコヴィチ, ランコ　Marinković, Ranko　作家, 劇作家　元・ザグレブ国立劇場支配人　国ユーゴスラビア　1913年　1992（マリンコビチ, ランコ）／1996（マリンコビチ, ランコ）

マリン・ゴンザレス, マヌエル　Marin Gonzalez, Manuel　政治家　元・EU欧州委員会副委員長　国スペイン　1949年10月21日　1992（ゴンザレス, マヌエル・マリン）／1996（ゴンザレス, マヌエル・マリン）／2000

マリンズ, デービッド　元・米国連邦準備制度理事会（FRB）副議長　金融論　国米国　1996

マリンズ, ユースタス　Mullins, Eustace　評論家, 美術家, 編集者, 作家　国米国　1922年　1996／2000

マリンズ, リンダ　Mullins, Linda　テディベア収集家　2000

マール, アンネ　Maar, Anne　絵本作家, 演出家　国ドイツ　1965年　2004

マール, クルト　Mahr, Kurt　SF作家　国ドイツ　1993年6月27日　1992／1996

マール, パウル　Maar, Paul　絵本作家, 劇作家　国ドイツ　1937年　1996／2000

マール, マリ　写真家　国ハンガリー　1941年　2000

マル, ルイ　Malle, Louis　映画監督　国フランス　1932年10月30日　1995年11月23日　1992／1996

マルイ, ヘラルド　ペルー野球連盟会長　元・ペルースポーツ大臣　国ペルー　1929年　1992／2000

マルカインド, マーガレット　Malkind, Margaret　ロマンス作家

マルカウ, アイケ　Markau, Eike　フランクフルト国際見本市会社社長　国ドイツ　生1935年　典1992

マルガダン・S., ギリェルモ・フローリス　Margadant S., Guillermo Floris　メキシコ国立自治大学法学部教授　国メキシコ　法　生1924年　典1996

マルカデル, ルイス　デザイナー　国スペイン　典2000

マルカム, エレン　Malcolm, Ellen　EMILYリスト会長　国米国　典1996（マルコム, エレン）

マルカム, ジョン　ミステリー作家　国英国　生1936年　典1996（マルコム, ジョン）

マルカム, ノーマン　Malcolm, Norman　哲学者　国米国　生1911年　典2000

マルガリート, イスラエラ　Margalit, Israela　ピアニスト　国イスラエル　生1944年　典1992

マルカン, クリスチャン　Marquand, Christian　俳優、映画監督　国フランス　生1927年3月15日　典2000

マールギー, ステラ　Maiucchi, Stella　女優　国タイ　生1975年　典2004

マルキオディ, キャシー　Malchiodi, Cathy A.　アートセラピスト、臨床心理学専門家　典2004

マルキオンネ, セルジオ　Marchionne, Sergio　実業家　フィアットCEO　元・SGS会長　国カナダ　生1952年　典2012

マルキデス, キリアコス　Markides, Kyriacos C.　メイン大学教授　国社会学　生1942年11月19日　典2000

マルキデス, コンスタンチノス　Markides, Constantinos C.　経営学者　ロンドン・ビジネススクール教授・戦略研究科長, アマタス社外取締役　国戦略論, 国際経営　典2004

マルキーニョス　Marquinhos　本名＝シルバ, マルコ・アントニオ　サッカー選手　国ブラジル　生1966年5月9日　典2012

マルキーニョス　Marquinhos　本名＝Araujo,Marquinhos Marcos Gomes De　サッカー選手(FW)　国ブラジル　生1976年3月23日　典2004／2008／2012

マルキール, バートン　Malkiel, Burton G.　経済学者　プリンストン大学経済学部教授　国米国　生1932年　典1996／2004／2012

マルキン, エフゲニー　Malkin, Evgeni　アイスホッケー選手(FW)　国ロシア　生1986年7月31日

マルキン, ゲイリー・スコット　Malkin, Gary Scott　エンジニア　Nortel Networks　国経路制御プロトコル(RIP)　典2004

マルキン, ベンヤミン　外交官, 医師　駐日ボスニア・ヘルツェゴビナ大使　国ボスニア・ヘルツェゴビナ　典2000

マルク, アレッサンドラ　Marc, Alessandra　ソプラノ歌手　生1959年　典2004

マルクシース, クリストフ　Markschies, Christoph　神学者　ハイデルベルク大学神学部教授　国ドイツ　生1962年　典2004／2008

マルクス, アルバート　元・ディスカバリー・レコーズ社創立者　没1991年5月1日　典1992

マルクス, ゲオルク　Markus, Georg　ジャーナリスト　国オーストリア史, フランツ・ヨーゼフ研究　国オーストリア　典1996／2000

マルクス, ジェフリー　Marx, Jeffrey A.　カウンセラー, 作家　国米国　典2004

マルクス, ジョルジュ　Marx, György　物理学者　元・エトヴェシュ・ローランド大学名誉教授　国ハンガリー　生1927年5月25日　没2002年12月2日　典2004

マルクッチ, リサ　Marcucci, Lisa　医師　国米国　典2004／2008

マルグベラシビリ, ギオルギ　Margvelashvili, Giorgi　政治家　グルジア大統領　国グルジア

マルクマス, スティーブン　Malkmus, Stephen　グループ名＝ペイブメント　ミュージシャン　国米国　生1958年12月17日　典2012

マルグリス, ヴィタリー　Margulis, Vitaly　ピアニスト, 音楽哲学者　カリフォルニア大学ロサンゼルス校教授　生1928年4月16日　典2004

マルグリス, グレゴリー　Margulis, Gregorii Aleksandrovich　数学者　ソ連情報伝達研究所　国群論　国ソ連　生1946年2月24日　典1992／1996

マルグリース, ジュリアナ　Margulies, Julianna　女優　国米国　典2004／2008／2012

マルグレーテ2世　Margrethe II　デンマーク女王　国デンマーク　生1940年4月16日　典1992／1996／2000／2004／2008／2012

マルケイヒー, アン　Mulcahy, Anne Marie　実業家　元・ゼロックス会長・CEO　国米国　生1952年10月21日　典2008／2012

マルケヴィチ, イーゴリ　Markevich, Igor Borisovich　指揮者, 作曲家　国イタリア　生1912年7月27日　没1983年3月7日　典1992（マルケビチ, イーゴリ）

マルケヴィチ, ウラジスラフ　Malkevich, Vladislav L.　ソ連商工会議所会頭　国ソ連　生1936年　典1992（マルケビチ, ウラジスラフ）

マルケージ, グァルティエロ　Marchesi, Gualtiero　料理人　国イタリア　生1930年　典1992／1996／2000

マルケス　Marques　本名＝バチスタ・ド・アブレウ, マルケス　サッカー選手(FW)　国ブラジル　生1973年2月12日　典2004／2008

マルケス, ファン・マヌエル　Márquez, Juan Manuel　本名＝Márquez Mendez,Juan Manuel　プロボクサー　元・WBA・IBF・WBO世界フェザー級統一チャンピオン　国メキシコ　生1973年8月23日

マルケス, マルク　Márquez, Marc　オートバイライダー　国スペイン　生1993年2月17日　典2012

マルケス, ラファエル　Márquez, Rafael　サッカー選手(DF)　国メキシコ　生1979年2月13日　典2004／2008／2012

マルケス, ルイス　サンパウロ美術館館長, カンピーナス大学イタリア中世・現代美術助教授　国イタリア美術　国ブラジル　生1952年　典1996

マルゲッツ, マルティナ　Margetts, Martina　ロンドン王立芸術大学人文科学客員講師・指導教員　国英国　生1951年　典1996

マルケッティ, シルヴィオ　イタリア文化会館館長　国イタリア　典2004／2008

マルケット, エンニオ　Marchetto, Ennio　パフォーマー　国イタリア　生1960年　典2000／2004／2012

マルケル, クリス　Marker, Chris　本名＝ブッシュ・ヴィルヌーヴ, クリスティアン・フランソワ　映画監督, 脚本家　国フランス　生1921年7月22日　没2012年7月29日

マルコ, パトリツィオ・ディ　Marco, Patrizio di　実業家　グッチ社長・CEO　国イタリア　生1962年6月5日　典2012

マルコヴィチ, D.　Markovic, Dragoslav　政治家　元・ユーゴスラビア共産主義者同盟中央幹部会議長(党首)　国ユーゴスラビア　生1920年　典1992（マルコビチ, D.）

マルコヴィチ, アンテ　Marković, Ante　政治家　元・ユーゴスラビア首相　国クロアチア　生1924年11月25日　没2011年11月28日　典1992（マルコビチ, アンテ）／1996（マルコビチ, アンテ）

マルコス　Marcos　本名＝アウレリオ・フェルナンデス・ダ・シルバ, マルコス　サッカー選手(MF)　国ブラジル　生1977年9月23日　典2000

マルコス　Marcos　本名＝ソウザ・リベイロ, マルコス・パウロ　サッカー選手(FW)　国ブラジル　生1974年3月21日　典2004

マルコス　Marcos　本名＝シルベイラ・レイス, マルコス・ロベルト　サッカー選手(GK)　国ブラジル　生1973年8月4日　典2004／2008

マルコス, アイミー　Marcos, Imee　政治家　北イロコス州知事　元・フィリピン下院議員　国フィリピン

マルコス, イメルダ　Marcos, Imelda Romualdez　フィリピン下院議員　フィリピン元大統領夫人　国フィリピン　生1929年7月2日　典1992／1996／2000／2004／2008／2012

マルコス, フェルディナンド　Marcos, Ferdinand E.　政治家　元・フィリピン大統領　国フィリピン　生1917年9月11日　没1989年9月28日　典1992

マルコス, フェルディナンド(Jr.)　Marcos, Ferdinand, Jr.　政治家　フィリピン上院議員　国フィリピン

マルコスフクシレイ　マルコス副指令　Sup Marcos　民族運動家

サパティスタ民族解放軍スポークスパースン　[国]メキシコ　[典]2008

マルコーニ, ジオ　Marconi, Giò　画廊経営者　ジオ・マルコーニ代表　[国]イタリア　[生]1964年　[典]2000

マルコビッチ, ジョン　Malkovich, John　俳優　[国]米国　[生]1953年12月9日　[典]2000／2004／2008／2012

マルコビッチ, ミリアナ　Markovic, Mirjana　政治家　ユーゴスラビア左翼連合党首　[国]ユーゴスラビア　[典]2000

マルコビッツ, ジョン　Markowitz, John S.　薬剤師　[専]向精神薬　[国]米国　[典]2008

マルコフ, イリア　Markov, Ilya　競歩選手　アトランタ五輪陸上男子20キロ競歩銀メダリスト　[国]ロシア　[生]1972年6月19日　[典]2000／2004／2008

マルコフ, ゲオルギー　Markov, Georgii Mokeevich　作家　元・ソ連作家同盟議長　[国]ソ連　[生]1911年4月19日　[没]1991年9月26日　[典]1992／1996

マルコフ, フリスト　Markov, Khristo　三段跳び選手　[国]ブルガリア　[生]1965年1月27日　[典]1992

マルコフ・アシスタント, ニロ　Markoff Asistent, Niro　「どうして私はエイズから生還したのか」の著者　[生]1945年　[典]1996

マルコム, ジョン　Malcolm, John　作家, 法律家, 脚本家, 作曲家　[国]英国　[生]1929年　[典]1992

マルコム, ニール　王立国際問題研究所ソ連外交政策部長　[専]ソ連外交政策　[国]英国　[生]1943年　[典]1992

マルコム, フレーザー　Malcolm, Fraser　HSBCミッドランド銀行リスク・マネジャー　[国]英国　[典]2004

マルゴリー, エバ　Margolies, Eva　心理療法セラピスト　[国]米国　[典]1992

マルゴリナ, イリナ　脚本家　スタジオ・ミール代表　[国]ロシア　[典]2000

マルコリーニ, ピエール　Marcolini, Pierre　ショコラティエ　[国]ベルギー　[生]1964年7月12日

マルコワ, アリシア　Markova, Alicia　本名=マークス, リリアン・アリシア　バレリーナ　元・ロイヤル・バレエ学校総裁　[国]英国　[生]1910年12月1日　[没]2004年12月2日　[典]1996（マルコバ, アリシア）

マルコワ, ユリアナ　ピアニスト　[典]2000

マルコン　本名=フェレイラ, マルコ・アントニオ・アウメイダ　サッカー選手（DF）　[国]ブラジル　[生]1965年12月20日　[典]2000

マルコン, アンドレア　Marcon, Andrea　指揮者, オルガン奏者, チェンバロ奏者, 音楽学者　ベニス・バロック・オーケストラ（VBO）音楽監督　[専]古楽　[国]イタリア　[生]1963年　[典]2004／2008／2012

マルサリス, ウィントン　Marsalis, Wynton　ジャズ・トランペット奏者　[国]米国　[生]1961年10月18日　[典]1992／1996／2000／2004／2008／2012

マルサリス, エリス　Marsalis, Ellis　ジャズ・ピアニスト, 音楽教育者　ニューオリンズ大学　[国]米国　[生]1934年11月14日　[典]1996／2008／2012

マルサリス, ブランフォード　Marsalis, Branford　グループ名=バックショット・ルフォンク　サックス奏者　[国]米国　[生]1960年8月26日　[典]2000／2004／2008

マルシア, ギ　Marcillat, Guy　実業家　アクサ損害保険会長　[生]1949年7月29日　[典]2000／2008

マルシアーノ, ジョン・ベーメルマンス　Marciano, John Bemelmans　絵本作家　[国]米国　[典]2004／2008

マルシェ, ジョルジュ　Marchais, Georges　政治家　元・フランス共産党書記長　[国]フランス　[生]1920年6月7日　[没]1997年11月16日　[典]1992／1996

マルジェラ, マルタン　Margiela, Martin　ファッションデザイナー　元・エルメスデザイナー　[国]ベルギー　[典]2000／2012

マルシカノ, トレバー　Marsicano, Trevor　スピードスケート選手　バンクーバー五輪スピードスケート男子団体追い抜き銀メダリスト　[国]米国　[生]1989年4月5日　[典]2012

マルシャル, オリヴィエ　Marchal, Olivier　映画監督, 俳優　[国]フランス　[生]1958年　[典]2008／2012

マルシャル, デニス　Marshall, Dennis　サッカー選手　[国]コスタリカ　[生]1985年8月9日　[没]2011年6月23日

マルシャン, アンドレ　Marchand, André　画家　[国]フランス　[生]1907年2月10日　[没]1987年3月30日　[典]1992（マルサン, アンドレ）

マルシャン, ジャン　Marchand, Jean　政治家　元・カナダ上院議長　[国]カナダ　[生]1918年　[典]1992

マルシャン, ステファヌ　Marchand, Stéphane　ジャーナリスト　[国]フランス　[典]2004

マルシャントネル, モーリス　ジバンシィS.A.代表取締役社長　[国]フランス　[生]1944年　[典]1992

マルジュリ, ロベール　作家　[国]フランス　[生]1910年　[没]1988年6月28日　[典]1992

マールシンク, B.　Maarsingh, Berend　神学者　元・ユトレヒト大学神学部講師　[国]オランダ　[生]1916年4月4日　[典]1996

マルズーキ, モンセフ　Marzouki, Moncef　政治家, 人権活動家　チュニジア大統領　[国]チュニジア　[生]1945年7月7日

マルセ, ロゼ　Marcé, Roser　ファッションデザイナー　[国]スペイン　[生]1947年　[典]1992

マルセド, オルランド・ルイス　Merced, Orlando Luis　大リーグ選手（外野手）　[国]プエルトリコ　[生]1966年11月2日　[典]2004／2008

マルセリーニョ　Marcelinho　本名=スルシン, マルセロ・ペレイラ　サッカー選手（MF）　[国]ブラジル　[生]1971年2月1日　[典]2004／2008／2012

マルセロ　Marcello　本名=Marcello,Pontes Lopes　サッカー指導者　元・川崎フロンターレフィジカルコーチ　[国]ブラジル　[生]1966年10月15日　[没]2012年5月6日

マルセロ　Marcelo　本名=Vieira da Silva Júnior,Marcelo　サッカー選手（DF）　ロンドン五輪サッカー男子銀メダリスト　[国]ブラジル　[生]1988年5月12日

マルセロ, ロヘリオ　Marcelo Garcia, Rogelio　ボクシング選手　[国]キューバ　[典]1996

マルソー, ソフィー　Marceau, Sophie　ペンネーム=Maupu, Sophie Danièle Sylvie　女優　[国]フランス　[生]1966年11月17日　[典]1992／1996／2000／2004／2008／2012

マルソー, パスカル　Marsault, Pascal　オルガン奏者　[国]フランス　[典]2000

マルソー, フェリシヤン　Marceau, Félicien　本名=カレット, ルイ　作家, 劇作家　[国]フランス　[生]1913年9月16日　[没]2012年3月7日　[典]1992／1996／2000／2004／2012

マルソー, マルセル　Marceau, Marcel　本名=Mangel,Marcel　パントマイム俳優　[国]フランス　[生]1923年3月22日　[没]2007年9月22日　[典]1992／1996／2000／2004

マルゾット, パオラ　ファッションデザイナー　[国]イタリア　[典]1996

マルソーフ, ロバート　Multhauf, Robert P.　科学技術史家　[国]米国　[典]1992

マルゾーロ, ジーン　Marzollo, Jean　児童文学作家　[国]米国　[生]1942年　[典]1996

マルタ　Marta　本名=ダ・シウバ, マルタ・ビエイラ　サッカー選手（FW）　アテネ五輪・北京五輪サッカー女子銀メダリスト　[国]ブラジル　[生]1986年2月19日　[典]2008／2012

マルダー, カレン　Mulder, Karen　モデル　[生]1967年　[典]2000

マルダー, マーク　Mulder, Mark Alan　大リーグ選手（投手）　[国]米国　[生]1977年8月5日　[典]2004／2008／2012

マルタ王女　Märtha, Princess　本名=マルタ・ルイーセ　ノルウェー王女　[国]ノルウェー　[生]1971年　[典]2004／2012

マルタン, アンリ・ジャン　Martin, Henri-Jean　書物社会史研究家　元・エコール・プラティーク・デ・オートゼチュード教授　[国]フランス　[生]1924年1月16日　[没]2007年1月13日　[典]2000

マルタン, エルベ　Martin, Herve　実業家　バカラCEO　[国]フランス　[生]1958年　[典]2000／2012

マルタン, クロード　Martin, Claude　文学者　リヨン第2大学名誉教授　[国]フランス　[生]1933年　[典]2004／2008

マルタン, ジャン・クレ　Martin, Jean-Clet　哲学者　[国]フランス

マルタン, ジャン・フランソワ　Martin, Jean-François　絵本作家　国フランス　生1967年　没2000

マルタン, ダニエル　Martin, Daniel　料理人　（株）ダニエルマルタンジャポン社長　フランス料理　国フランス　生1952年　没2000

マルタン, ディディエ　Martin, Didier　作家　国フランス　生1938年　没1992

マルタン, マルセル　Martin, Marcel　映画評論家　国際映画評論家連盟名誉会長　国フランス　生1926年10月12日　没1996／2004

マルタン・フュジエ, アンヌ　Martin-Fugier, Anne　歴史学者　社会科学高等研究院歴史研究センター研究員　19世紀フランス文化　国フランス　没2004

マルチ, アレイダ　March, Aleida　革命家チェ・ゲバラの2度目の妻　国キューバ　生1936年　没2012

マルチェガリア, エマ　Marcegaglia, Emma　実業家　マルチェガリア社長,イタリア産業連盟会長　国イタリア　生1965年　没2012

マルチェンコ, アナトリー　Marchenko, Anatolii　人権活動家　国ソ連　没1986年12月　没1992

マルチェンコ, ミカエル　Martchenko, Michael　絵本作家,挿絵画家　国フランス　没2008

マルチェンコ, ワレリー　Marchenko, Valerii　反体制派ジャーナリスト　国ソ連　没1984年10月8日　没1992

マルチニャック, レナ　Marciniak, Rena　詩人,ジャーナリスト　「青少年出版」編集者　国ポーランド　生1947年　没1992

マルチネス　Martinez　本名＝Martinez,Luis Fernando Lojudice　サッカー選手（MF）　国ブラジル　生1980年4月21日　没2012

マルチネス, ヴァンサン　Martinez, Vincent　俳優,ミュージシャン　国フランス　生1975年9月26日　没2000

マルチネス, セルヒオ　Martinez, Sergio　本名＝Martinez,Sergio Gabriel　プロボクサー　WBC世界ミドル級チャンピオン　元・WBC世界スーパーウェルター級チャンピオン,元・WBO世界ミドル級チャンピオン　国アルゼンチン　生1975年2月21日

マルチネス, フェレ　Martinez, Fele　俳優　国スペイン　生1975年　没2008／2012

マルチュク, エフヘン　Marchuk, Evhen K.　政治家　元・ウクライナ首相　国ウクライナ　没2000

マルチューク, グーリー　Marchuk, Gurii Ivanovich　数学者,政治家　元・ソ連科学アカデミー総裁,元・ソ連副首相　コンピューター,応用数学　国ウクライナ　生1925年6月8日　没1992／1996／2000

マルチュケ, ハンス・ペーター　Marutschke, Hans Peter　法学者　同志社大学大学院司法研究科教授　ドイツ法　国ドイツ　生1951年　没1992／1996／2004

マルチョー, トム　Malchow, Tom　本名＝マルチョー, トーマス　水泳選手（バタフライ）　国米国　生1976年8月18日　没2004／2008

マルツ, マクスウェル　Maltz, Maxwell　医師,心理学者　形成外科,サイコサイバネティクス理論　国米国　没1992／1996

マルツィアリ, ヴァレンティナ　Marziali, Valentina　「トッティ王子のちょっぴしおバカな笑い話」の著者　国イタリア　没2008

マルツティラ, パーボ　外交官　在日フィンランド大使館商務参事官　国フィンランド　没1992

マルツバーグ, バリー　Malzberg, Barry N.　筆名＝オダネル,K.M.,バリー, マイク, ワトキンス, ジェラルド　SF作家,アンソロジスト　国米国　生1939年7月24日　没1992／1996

マルティ, エリック　Marty, Éric　文学者　パリ7大学教授　国フランス　生1955年　没2004／2008／2012

マルティ, オリヴィエ　Marty, Olivier　医師　肝臓,腸,消化器系　没2004

マルティ, カルロス　詩人,政治家　キューバ文化省第1副大臣　国キューバ　生1950年　没2000

マルティ, クルト　Marti, Kurt　詩人,牧師　国スイス　生1921年　没1992

マルディエム　元従軍慰安婦　国インドネシア　没2000

マルティカ　本名＝マレーロ,マルタ　歌手　国米国　生1969年5月　没1992

マルティカン, ミハル　Martikan, Michal　カヌー選手（カナディアン）　アトランタ五輪・北京五輪カヌー男子カナディアンシングル金メダリスト　国スロバキア　生1979年5月18日　没2000／2004／2008／2012

マルティーニ, カルロ・マリア　Martini, Carlo Maria　カトリック枢機卿,神学者　元・ミラノ大司教　新約聖書学　国イタリア　生1927年2月15日　没2012年8月31日　没1996／2000／2004

マルティニ, スティーブ　Martini, Steve　作家,元・法廷弁護士　国米国　生1946年　没2000

マルディーニ, チェザーレ　Maldini, Cesare　サッカー監督,元・サッカー選手　元・サッカー・イタリア代表監督,元・サッカー・パラグアイ代表監督　国イタリア　生1932年2月5日　没2000／2004

マルディーニ, パオロ　Maldini, Paolo　元・サッカー選手　国イタリア　生1968年6月26日　没2000／2004／2008／2012

マルティニ, ピエールルイジ　Martini, Pierluigi　元・F1ドライバー　国イタリア　生1961年4月23日　没1992／1996

マルティネ, アンドレ　Martinet, André　言語学者　元・パリ大学教授,元・フランス高等学術研究院教授　記述言語学,音韻論,一般言語学　国フランス　生1908年4月12日　没1999年7月16日　没1992

マルティネ, ジャンヌ　Martinet, Jeanne　作家　没2004

マルティネス, イケル　Martinez, Iker　本名＝Martinez de Lizarduy Lizarribar,Iker　ヨット選手（49er級）　アテネ五輪セーリング49er級金メダリスト　国スペイン　生1977年6月16日　没2008

マルティネス, エドガー　Martinez, Edgar　元・大リーグ選手　国米国　生1963年1月2日　没2000（マルチネス, エドガー）／2004（マルチネス, エドガー）／2008

マルティネス, エレナ　Martinez, Elena　国連開発計画（UNDP）中米二課課長　没1992／1996

マルティネス, エンリケ　Martínez, E.　イラストレーター,絵本作家　ブラチスラバ国際絵本原画展（BIB）国際委員会メンバー　国キューバ　生1947年　没1992／1996

マルティネス, カルメロ　Martinez, Carmelo　元・大リーグ選手　国米国　生1960年7月28日　没1992／1996

マルティネス, ギジェルモ　Martínez, Guillermo　作家　国アルゼンチン　生1962年　没2012

マルティネス, コンチタ　Martinez, Conchita　テニス選手　国スペイン　生1972年4月16日　没1992／1996／2000／2008

マルティネス, ジョゼ　Martínez, Josè Carlos　バレエダンサー　スペイン国立ダンスカンパニー芸術監督　元・パリ・オペラ座バレエ団エトワール　国フランス　生1969年　没2004／2008／2012

マルティネス, セルジオ　Martinez, Sergio　イラストレーター　没2004／2012

マルティネス, ティノ　Martinez, Tino　本名＝Martinez,Constantino　大リーグ選手（内野手）　国米国　生1967年12月7日　没2000／2004／2008

マルティネス, デニス　Martinez, Dennis　本名＝マルチネス, デニス・ホセ　元・大リーグ選手　国米国　生1955年5月14日　没1992／1996／2000／2012

マルティネス, トマス・エロイ　Martínez, Tomás Eloy　作家　元・ラトガース大学教授・ラテン・アメリカ学習課程部長　国アルゼンチン　生1934年　没2010年1月31日　没2000

マルティネス, ハース　Martinez, Hirth　ジャズ歌手　国米国　没2000

マルティネス, ビクター　Martinez, Victor　作家　国米国　没2000

マルティネス, ビクトル　Martínez, Víctor　元・アルゼンチン副大統領　政治家　国アルゼンチン　生1924年　没1992

マルティネス, ペドロ　Martinez, Pedro　本名＝Martinez,Pedro Jaime　元・大リーグ選手　国ドミニカ共和国　生1971年10月25日　没2000／2004／2008／2012

マルティネス, ホセ・デ・ヘスス　詩人,作家,数学者,哲学者　国パナマ　没1991年　没1992

マルティネス, ミゲル　Martinez, Miguel　自転車選手　国フランス

⊗2004

マルティネス, ラモン　Martinez, Ramon Jaime　元・大リーグ選手　⊕ドミニカ共和国　⊕1968年3月22日　⊗1996／2000／2004

マルティネス, リンダ　Martinez, Linda Pitt　教育学者　サンタフェ大学特任教授,アリゾナ大学特任教授　⊕米国　⊗2004／2008

マルティネス, ロバート　Martinez, Robert　政治家　米国麻薬対策局長　元・フロリダ州知事　⊕米国　⊕1934年12月25日　⊗1992／1996

マルティネス・アリエ, フアン　Martinez-Alier, Juan　経済学者　バルセロナ自治大学教授　元・国際エコロジー経済学会(ISEE)理事　⊕エコロジー経済学　⊕スペイン　⊕1939年　⊗1992／1996／2000

マルティネッリ, エルザ　Martinelli, Elsa　ファッションデザイナー,女優　⊕イタリア　⊕1935年1月13日　⊗1996

マルティネリ, リカルド　Martinelli, Ricardo　本名=Martinelli Berrocal,Ricardo　政治家,実業家　パナマ大統領,民主改革党(CD)党首　⊕パナマ　⊕1952年3月11日　⊗2012

マルティネロ, シルビオ　Martinello, Silvio　自転車選手　⊕イタリア　⊕1963年1月19日　⊗2000／2004

マルティーノ, ヘラルド　Martino, Gerardo　サッカー監督,元・サッカー選手　元・サッカー・パラグアイ代表監督　⊕アルゼンチン　⊕1962年11月20日

マルティノフ, ウラジレン　Martynov, Vladilen Arkadevich　ロシア科学アカデミー世界経済国際関係研究所(IMEMO)所長　⊕米国農業,資本主義経済,国際関係　⊕ロシア　⊕1929年2月14日　⊗1992／1996／2000

マルティノフ, セルゲイ　Martynov, Sergei　射撃選手(ライフル)　ロンドン五輪射撃男子ライフル伏射金メダリスト　⊕ベラルーシ　⊕1968年5月18日

マルティノフ, ニコライ　Martynov, Nikolai Vasilievich　政治家　元・ソ連副首相　⊕ソ連　⊕1910年3月12日　⊗1992／1996

マルティ・プティ, アントニ　Marti Petit, Antoni　政治家　アンドラ首相　⊕アンドラ　⊗2012

マルディロ　Mordillo　本名=Mordillo,Guillermo　画家　⊕1932年8月4日　⊗2000

マルティン, カール　Martin, Karl　指揮者　パレルモ・テアトロマッシモ・オペラ音楽監督・オーケストラ主席指揮者　⊕スイス　⊕1942年　⊗1992

マルティン, トニー　Martin, Tony　自転車選手(ロードレース)　ロンドン五輪自転車男子個人タイムトライアル銀メダリスト　⊕ドイツ　⊕1985年4月23日

マルティン・ガイテ, カルメン　Martín Gaite, Carmen　作家　⊕スペイン　⊕1925年　⊗1996

マルティン・ビヒル, ホセ・ルイス　Martín Vigil, José Luis　作家　⊕スペイン　⊕1919年　⊗1992／1996

マルテット・メリエス, マドレーヌ　Malthête-Méliès, Madeleine　メリエス友の会主宰　⊕フランス　⊕1923年　⊗1996

マルテリー, ミシェル　Martelly, Michel　本名=Martelly,Michel Joseph　愛称=スイート・ミッキー　政治家,歌手　ハイチ大統領　⊕ハイチ　⊕1961年2月12日　⊗2012(マーテリー, ミシェル)

マルテル, フレデリック　Martel, Frédéric C.　社会学者,作家,ジャーナリスト　⊕フランス　⊕1967年　⊗2012

マルデン, カール　Malden, Karl　本名=セクロヴィッチ,マルデン・ジョージ　俳優　⊕米国　⊕1912年3月22日　⊗2009年7月1日　⊗1992／1996

マルテンス, ウィルフリート　Martens, Wilfried　本名=Martens, Wilfried A.E.　政治家　元・ベルギー首相　⊕ベルギー　⊕1936年4月19日　⊗2013年10月10日　⊗1992／1996

マルドナド, ロウリサ　Maldonado, Laurisa G.　ソフト開発者　IBMロータス・インテグレーション・センター(ILIC) AIX版ドミノ担当者　⊕米国　⊗2004

マルトーネ, マリオ　Martone, Mario　演出家,映画監督　⊕イタリア　⊗2012

マルトノ, モーリス　Martenot, Maurice　音楽家　電気楽器の発明家　⊕フランス　⊕1898年10月14日　⊗1980年10月8日　⊗1992

マルトラーナ, マリーナ　Martorana, Marina　ライター　⊕イタリア　⊗2004／2008

マルトル, アンリー　実業家　アエロスパシアル名誉会長,フランス経団連日仏委員会委員長　⊕フランス　⊕1928年　⊗2000

マルトン, エヴァ　Marton, Eva　ソプラノ歌手　⊕ハンガリー　⊕1943年6月18日　⊗1992

マルドーン, ロバート　Muldoon, Robert David　政治家　元・ニュージーランド首相・国民党党首　⊕ニュージーランド　⊕1921年9月21日　⊗1992年8月5日　⊗1992／1996

マルナ, マルセル　Marnat, Marcel　音楽評論家　⊕1933年　⊗2000

マルパス, ロバート　実業家　ユーロトンネル会長,クックソン・グループ会長　⊕英国　⊗2000

マルバル, ロベール　Malval, Robert　政治家　元・ハイチ首相　⊕ハイチ　⊕1943年　⊗1996

マルバーン, グラディス　作家　⊕米国　⊗2008

マルーフ, ダグ　Malouf, Doug　コンサルタント　⊕オーストラリア　⊗2004／2008

マルーフ, デービッド　Malouf, David George Joseph　詩人,作家　⊕オーストラリア　⊕1934年3月20日　⊗1992／1996／2000／2004／2008／2012

マルフォード, チャールズ　Mulford, Charles W.　会計学者　ジョージア工科大学デュプリー経営学カレッジインベスコ会計学教授　⊕米国　⊗2008

マルフォード, デービッド　Mulford, David C.　ファースト・ボストン副会長　元・米国財務次官(国際問題担当)　⊕米国　⊗1992／1996

マルフォード, マリリン　Mulford, Marilyn　映画監督,映画プロデューサー　⊕米国　⊗1996

マルホトラ, ラビ　Malhotra, Ravi　コンピューター科学者　⊗2004

マルホラン, ボブ　反原発運動家　⊕米国　⊗1992

マルホランド, テリー　Mulholland, Terry　大リーグ選手(投手)　⊕米国　⊕1963年3月9日　⊗1992／2000／2008

マルホール, ダグラス　Mulhall, Douglas　技術ジャーナリスト　⊗2008

マールマン, カーステン　元・ストットラー・グループ会長,元・シカゴ・ボード・オブ・トレード理事長　⊕米国　⊗1992

マルムスティーン, イングヴェイ　Malmsteen, Yngwie　ロック・ギタリスト　⊕スウェーデン　⊕1963年6月30日　⊗1996／2000／2004／2008／2012

マルムステン, エルンスト　Malmsten, Ernst　実業家　元・boo.com最高経営責任者　⊕スウェーデン　⊗2004／2008

マルラ, マイケル　Marra, Michael F.　日本文学研究者　元・カリフォルニア大学ロサンゼルス校教授　⊕米国　⊕1956年　⊗2011年2月23日

マルライ, ジム　Marurai, Jim　政治家　元・クック諸島首相　⊕クック諸島　⊕1947年　⊗2008／2012

マルルーニー, マーティン・ブライアン　Mulroney, Martin Brian　政治家　元・カナダ首相　⊕カナダ　⊕1939年3月20日　⊗1992／1996／2012

マルロー, マドレーヌ　Malraux, Madeleine　ピアニスト　⊕フランス　⊕1914年4月7日　⊗2000／2012

マレー, アーサー　Murray, Arthur　ダンス教師　⊕米国　⊕1895年4月4日　⊗1991年3月3日　⊗1992

マレー, アリソン　Murray, Alison J.　オーストラリア国立大学太平洋研究所人文地理学科研究員　⊕人文地理学　⊕英国　⊕1961年　⊗1996

マレー, アルバート　Murray, Albert　作家,評論家　⊕米国　⊕1917年　⊗2000

マレー, アレン　Murray, Allen Edward　実業家　元・モービル会長・CEO　⊕米国　⊕1929年3月5日　⊗1992／1996

マレー, アンドルー　Murray, Andrew　カリフォルニア大学準教授　⊕生化学　⊕米国　⊕1955年　⊗2000

マレー, ウィリアム　Murray, William　作家　国米国　典1996

マレー, ウィリアム　Murray, William H. (III)　コンピューター科学者　ニューヨーク州立大学ビンガムトン校教授　国米国　典2004

マレー, ウィリアムソン　Murray, Williamson　軍事史研究家　オハイオ州立大学名誉教授　典2008

マレー, エディ　Murray, Eddie　本名＝Murray,Eddie Clarence　元・大リーグ選手　国米国　生1956年2月24日　典1992／1996／2000／2004／2008

マレー, エリック　Murray, Eric　ボート選手　ロンドン五輪ボート男子かじなしペア金メダリスト　国ニュージーランド　生1982年5月6日

マレ, カール・ハインツ　Mallet, Carl-Heinz　著述家　国ドイツ　生1926年　典1992／1996／2000

マレー, クリストファー　Murray, Christopher J.　ハーバード大学准教授　公衆衛生学　国米国　典2000

マレー, ケリー　Murray, Kelly　ゴルファー　国カナダ　典2000

マレー, サイモン　実業家　GEMS会長　生1940年　典2000

マーレー, ジェニファー　Murray, Jennifer　ヘリコプターの女性単独操縦による世界一周を達成　国英国　典2004

マレー, ジェフリー　Murray, Geoffrey　ジャーナリスト　「Japan Digest」誌編集者　国英国　生1942年　典1992／1996

マレー, ジャック　Mallet, Jacques　化学者　フランス国立科学研究センター(CNRS)研究部長　国フランス　生1945年　典1996

マレー, ジャネット・ホロウィッツ　Murray, Janet H.　ジョージア工科大学教授　デジタルメディア　国米国　典2004

マレー, ジャン　Marais, Jean　本名＝Villain-Marais,Jean Alfred　俳優　国フランス　生1913年12月11日　没1998年11月8日　典1992／1996

マレー, ジョセフ・エドワード　Murray, Joseph Edward　外科医　元・ハーバード大学医学部外科学名誉教授　外科学, 腎臓移植, 形成外科　国米国　生1919年4月1日　没2012年11月26日　典1992／1996／2008／2012

マレ, セルジュ　Mallet, Serge　政治理論家　元・パリ大学教授　現代革命論　国フランス　生1927年12月20日　典1992／1996

マレー, デービッド　Murray, David　ジャズサックス奏者　国米国　生1955年2月19日　典1996

マレー, ドナルド　Murray, Donald M.　著述家, 元・ジャーナリスト　国米国　生1924年9月16日　典2004

マレー, パティー　Murray, Patty　政治家　米国上院議員（民主党）　国米国　生1950年10月11日　典1992／1996／2000／2004／2012

マレー, ピーター　Murray, Peter　美術史家, 画家　英国ルネッサンス研究協会会長, 英国建築史家協会会長　国英国　生1920年4月23日　典1992

マレー, ビル　Murray, Bill　本名＝Doyle-Murray,William　俳優, タレント, 脚本家　国米国　生1950年9月21日　典1996／2000／2004／2008／2012

マレー, ヘンリー　Murray, Henry Alexander　心理学者　元・ハーバード大学教授　臨床心理学　国米国　生1893年5月13日　没年不詳　典1992

マレー, ポール　外交官, 小泉八雲研究家　在英アイルランド大使館員　国アイルランド　典1996

マレー, マーゴ　Murray, Margo　コンサルタント　国米国　典2004／2008

マレー, マータイン　Murray, Martine　絵本作家　典2008

マレ, マリ・ジョゼフ　実業家　エールフランス取締役　国フランス　典2004

マレー, ライオネル　Murray, Lionel　労働運動家, 政治家　元・英国労働組合会議（TUC）書記長　国英国　生1922年8月2日　典1992

マレー, リチャード・G.　ブジョー・ジャポン社長　国南アフリカ共和国　生1947年　典1996

マレ, レオ　Malet, Leo　別名＝ハーディング, フランク　ミステリー作家, 詩人　国フランス　生1909年3月7日　没1996年3月3日　典1992

マレー, ロビン　Murray, Robin　産業経済学者　ロンドン経済大学グローバル・ガバナンス研究センター客員研究員　国英国　典2004／2008

マレ, ロベール　Mallet, Robert　詩人　国フランス　生1915年　典1992

マレイ, エリザベス　美術家　国米国　生1940年　典1992

マーレイ, ジム　Murray, Jim　ウイスキー評論家　国英国　生1957年　典2000

マレ・ジョリス, フランソワーズ　Mallet-Joris, Françoise　作家　国ベルギー　生1930年　典1992／2000／2004／2008

マレー・スミス, ジョアンナ　Murray-Smith, Joannna　作家, 劇作家　国オーストラリア　生1962年　典2004／2008

マレット, ケビン　Mullet, Kevin　コンピューター・コンサルタント　アトミック・コンサルティング設立者　典2004

マレット, ダイアナ　Mullet, Dianna　コンピューター・コンサルタント　アトミック・コンサルティング設立者　典2004

マレード　Mairead　グループ名＝ケルティック・ウーマン　バイオリニスト　国アイルランド　典2008／2012

マレーバ, カテリナ　Maleeva, Katerina　元・テニス選手　国ブルガリア　生1969年5月7日　典2000

マレーバ, マグダレナ　Maleeva, Magdalena　テニス選手　国ブルガリア　生1975年4月1日　典2000／2008

マレーバフラニエール, マヌエル　元・テニス選手　国スイス　生1967年2月14日　典1996

マレラ, パオロ　Marella, Paolo　カトリック枢機卿　国バチカン　生1895年1月25日　没1984年10月15日　典1992

マレリー, スーザン　Mallery, Susan　ロマンス作家　典2004

マレル, ジョン　Murrell, John　劇作家, 翻訳家　国カナダ　生1945年　典2000

マレル, デービッド　Morrell, David　ミステリー作家　元・アイオワ州立大学教授　国米国　生1943年　典1992／1996／2004／2008／2012

マレルバ, ルイージ　Malerba, Luigi　作家　国イタリア　生1927年11月11日　典1992

マレルブ, ローリー　ヨガ教師　国スイス　典1992

マレン, マイク　Mullen, Mike　本名＝Mullen,Michael Glenn　軍人　元・米国統合参謀本部議長　国米国　生1946年10月4日　典2012

マレンコフ, ゲオルギー　Malenkov, Georgii Maksimilianovich　元・ソ連首相　国ソ連　生1902年1月8日　没1988年1月14日　典1992

マロー, ベロニク　マラソン選手　国英国　典1992

マロイ, エドワード　ノートルダム大学学長　国米国　典1992

マロイ, ライアン　Malloy, Ryan　グループ名＝メイレイ　ミュージシャン　国米国　典2012

マロイダ, ギュンター　Maleuda, Guenter　政治家　ドイツ民主農民党（DBD）党首　元・東ドイツ人民議会議長　国ドイツ　生1931年　典1992

マーロウ, スティーブン　Marlowe, Stephen　推理作家, SF作家　国米国　生1928年　没2008年2月22日　典1992／1996

マーロウ, ダン　Marlowe, Dan J.　ミステリー作家　国米国　典1992

マーロウ, マックス　Marlow, Max　作家　典1996

マーロウ, ユジューヌ　Marlow, Eugene　バルーク大学講師, フォーダム大学講師　メディア論　国米国　典2008

マロヴィッチ, スヴェトザル　Marović, Svetozor　政治家, 法律家　元・セルビア・モンテネグロ大統領　国モンテネグロ　生1955年3月21日　典2004／2008／2012

マロコ, エレナ　モスクワ理工大学教授　英語　国ロシア　生1960年　典1996

マロック・ブラウン, マーク　Malloch Brown, Mark　実業家　アフリカ・アジア・国連担当相, クァンタム・ファンド・マネジメントグループ副会長　元・国連副事務総長, 元・国連開発計画（UNDP）総裁　国英国　生1953年　典2000（ブラウン, マロック）／2004（ブ

ラウン, マロック）／2008／2012

マロット, ジョン　Malott, John R.　外交官　米国国務省アジア局国際次官補代理　[国]米国　[生]1946年　[典]1992／1996

マローニー, シェイン　Maloney, Shane　作家　[国]オーストラリア　[典]2004

マロニー, スージー　フロリダ海峡単独遠泳に成功　[国]オーストラリア　[典]2000

マロニー, マッケイラ　Maroney, McKayla　本名=Maroney, McKayla Rose　体操選手　ロンドン五輪体操女子団体総合金メダリスト　[国]米国　[生]1995年12月9日

マロニー, マット　Maloney, Matt　バスケットボール選手　[国]米国　[生]1971年12月6日　[典]2000

マロブ, ユージン　Mallove, Eugene F.　サイエンスライター　クラストロン・サイエンシーズ・オペレーション社副会長　[専]常温核融合　[国]米国　[生]1947年　[典]1996

マロフェーエフ, アナトリー　Malofeev, Anatolii Aleksandrovich　政治家　ベラルーシ下院議長　[国]ベラルーシ　[生]1933年5月14日　[典]1992／1996／2000

マロヤン・キシダ, アナ　Maloyan-Kishida, Ana　心理学者, サイコセラピスト　AMIカウンセリング設立者　[生]1957年　[典]2008

マロン, G.P.　Mallon, Gerald P.　コロンビア大学助教授　[専]動物介在療法　[国]米国　[典]2004

マローン, エリザベス・L.　社会科学者　パシフィック・ノースウエスト国立研究所マネジャー　[専]地球温暖化対策　[国]米国　[典]2000

マローン, カール　Malone, Karl　元・バスケットボール選手　[国]米国　[生]1963年7月24日　[典]1996／2000／2004／2008／2012

マローン, ジョン　Malone, John C.　実業家　リバティ・メディア会長　元・TCI会長・CEO　[国]米国　[生]1941年3月7日　[典]1996／2000／2004／2008／2012

マローン, ジョン　Malone, John　作家　[典]2008

マローン, デービッド　Malone, David M.　外交官　国連事務次長・国連大学学長　[国]カナダ

マローン, デュマス　歴史学者　[国]米国　[没]1986年12月27日　[典]1992

マローン, ドナルド　Marron, Donald B.　金融家　ペインウェバー会長・CEO　[国]米国　[典]2004

マロン, ドナルド　ペイン・ウェバー会長・社長・CEO　[国]米国　[典]1996

マローン, ドロシー　Malone, Dorothy　本名=マローニー, ドロシー・エロイーズ　女優　[国]米国　[生]1925年1月30日　[典]1992／1996

マローン, ニッキー　Marone, Nicky　教育学者　[専]教育問題, 青少年心理学　[国]米国　[典]1992

マロン, ブレンダ　Mallon, Brenda　「夢バイブル―あらゆる夢のシンボルを解き明かす決定的ガイド」の著者　[典]2008

マローン, マイケル　Malone, Michael　作家, 心理学者, 脚本家　[国]米国　[生]1942年　[典]1992／1996／2000

マロン, マーガレット　Maron, Margaret　ミステリー作家　[国]米国　[典]2000

マローン, メグ　Mallon, Meg　プロゴルファー　[国]米国　[生]1963年4月14日　[典]1992／1996／2008

マロン, モニカ　作家　[国]ドイツ　[生]1941年　[典]1996

マロンジュ, マルセル　Marongiu, Marcel　ファッションデザイナー　[国]フランス　[生]1962年　[典]2000／2004／2008

マワ, ジャミル　Mahuad, Jamil　本名=マワ・ウィット, ジャミル　政治家　元・エクアドル大統領　[国]エクアドル　[生]1949年7月29日　[典]2000／2004／2008

マワイ, ケビン　Mawae, Kevin　元・プロフットボール選手　[国]米国　[生]1971年1月23日　[典]2008

マン, アルフレッド　Mann, Alfred E.　実業家　アドバンスト・バイオニクス社長　[国]米国　[生]1925年　[典]2004

マン, エイミー　Mann, Aimee　旧グループ名=ティル・チューズデイ　シンガー・ソングライター　[国]米国　[生]1960年　[典]2012

マン, クリス　Mann, Chris　著述家　[典]2008

マン, ゴーロ　Mann, Golo　本名=マン, アンゲルス・ゴットフリート・トーマス　歴史学者, 政治学者, 哲学者　[国]ドイツ　[生]1909年3月27日　[没]1994年4月7日　[典]1992／1996

マン, サリー　Man, Sally　写真家　[国]米国　[生]1951年　[典]1996

マン, サンディ　Mann, Sandi　心理学者　BBC専属コメンテーター　[国]英国　[典]2004

マン, シェリー　Manne, Shelly　本名=Manne,Sheldon　ジャズ・ドラマー　[国]米国　[生]1920年6月11日　[没]1984年9月26日　[典]1992

マン, ジム　Mann, Jim　本名=マン, ジェームズ　ジャーナリスト「ロサンゼルス・タイムズ」外交担当記者・コラムニスト　[専]アジア問題　[国]米国　[典]1992／2004

マーン, シャキラ　女性解放運動家, デザイナー　「原理主義に反対する女性たち」創立者　[国]米国　[典]1992

マン, ジョナサン　Mann, Jonathan　元・ハーバード大学公衆衛生学部教授・国際エイズセンター所長　[専]公衆衛生学, エイズ　[国]米国　[生]1947年　[没]1998年9月3日　[典]1996

マン, ジョナサン　Mun, Johnathan C.　投資コンサルタント　[国]米国　[典]2004／2008

マン, ジョン　Mann, John　有機化学者　レディング大学教授　[専]癌治療薬品の設計・合成　[国]英国　[典]2004

マン, ジョン　Man, John　作家　[国]英国　[典]2008

マン, ダニエル　Mann, Daniel　映画監督　[国]米国　[生]1912年8月8日　[没]1991年11月21日　[典]1992

マン, デルバート　Mann, Delbert　本名=マン, デルバート・マーティン　映画監督　[国]米国　[生]1920年1月30日　[没]2007年11月11日　[典]1992／1996／2000

マン, トーマス　Mann, Thomas E.　政治学者　ブルッキングズ研究所上級研究員　[国]米国　[生]1944年　[典]1996／2000／2004

マン, ビーニー　本名=デービス, モーゼス　歌手　[国]ジャマイカ　[典]2000

マン・フィ　万 稀　教育者　安養市民大学校長　[国]韓国　[典]2004

マン, フェリックス　フォトジャーナリスト　[国]英国　[没]1985年2月1日　[典]1992

マン・ホウ　万 方　劇作家　[国]中国　[生]1952年　[典]2004／2008

マン, ポール　Mann, Paul　ミステリー作家, ジャーナリスト　[国]英国　[生]1947年1月16日　[典]1996

マン, マイケル　Mann, Michael　本名=Mann,Michael K.　映画プロデューサー, 映画監督, 脚本家, テレビディレクター　[国]米国　[生]1943年2月5日　[典]1996／2000／2004／2008／2012

マン, マイケル　Mann, Michael　歴史社会学者　カリフォルニア大学ロサンゼルス校教授　[国]英国　[生]1942年　[典]2004／2012

マン, マービン　Mann, Marvin L.　実業家　レックスマーク・インターナショナル会長・CEO　元・IBM副社長　[国]米国　[生]1933年4月　[典]2000

マン, ユーリー　Mam, Yurii Vladimirovich　ゴーゴリ研究家　ロシア科学アカデミー世界文学研究所主管研究員　[国]ロシア　[生]1929年6月9日　[典]1996

マン, レスリー　Mann, Leslie　女優　[国]米国　[生]1972年　[典]2000／2004

マン, ロバート　Mann, Robert　バイオリニスト, 指揮者, 作曲家　ジュリアード弦楽四重奏団第一バイオリン奏者　[国]米国　[生]1920年7月19日　[典]2000

マンヴェル, ロジャー　Monvell, Roger　映画評論家　元・ボストン大学終身教授　[国]英国　[生]1909年　[没]1987年11月30日　[典]1992（マンベル, ロジャー）

マンガー, ケイティ　Munger, Katy　作家　[国]米国　[典]2004

マンガド・ベローキ, フランシスコ・ホセ　Mangado Beloqui, Francisco José　建築家　[国]スペイン　[生]1957年　[典]1996

マンガネッリ, ジョルジョ　Manganelli, Giorgio　作家　[国]イタリア　[生]1922年　[典]1992

マンガーノ, シルヴァーナ　Mangano, Silvana　女優　[国]イタリア　[生]1930年4月21日　[没]1989年12月16日　[典]1992

マンガレリ, ユベール　Mingarelli, Hubert　作家　[国]フランス

マンガン, アン　Mangan, Anne　児童文学作家　国英国　歿2008
マンギー, フレデリック　Menguy, Flederique　画家　国フランス　生1927年　歿1992
マンキーウィッツ, ジョーゼフ・L.　Mankiewicz, Joseph L.　映画監督, 脚本家, 映画プロデューサー　国米国　生1909年2月11日　没1993年2月5日　載1992/1996
マンキーウィッツ, リチャード　Mankiewicz, Richard　ミドルセックス大学準研究員　専数学　国英国　載2004
マンキエフ, ナズリュ　Mankiev, Nazyr　レスリング選手（グレコローマン）　北京五輪レスリング男子グレコローマン55キロ級金メダリスト　国ロシア　生1985年1月27日　載2012
マンキュー, N.グレゴリー　Mankiw, N.Gregory　経済学者　ハーバード大学経済学部教授　元・米国大統領経済諮問委員会（CEA）委員長　専マクロ経済学　国米国　生1958年　載2004/2008/2012
マンキラー, ウィルマ　チェロキー族（アメリカ・インディアン）チーフ　国米国　載1992
マンク, アラン　Minc, Alain　企業コンサルタント, 著述家　AMコンセーユ社長　国フランス　生1949年　載1992/1996
マングェル, アルベルト　Manguel, Alberto　作家, 批評家　国カナダ　生1948年　載2000
マンクーゾ, ジュリア　Mancuso, Julia　スキー選手（アルペン）　トリノ五輪アルペンスキー女子大回転金メダリスト　国米国　生1984年3月9日　載2008/2012
マングラプス, ラウル　Manglapus, Raul S.　政治家　元・フィリピン外相, 元・フィリピン上院議員　国フィリピン　生1918年10月20日　没1999年7月25日　載1992/1996
マングンウィジャヤ, ユスフ・ビリヤトラ　Mangunwijaya, Yusuf Bilyatra　通称＝マングン, ロモ　コラムニスト, 作家, カトリック神父, 建築家　国インドネシア　生1929年　没1999年2月10日　載1992/1996
マンケル, ヘニング　Mankell, Henning　作家, 舞台演出家　国スウェーデン　生1948年2月3日　載2000/2012
マンゴー, レイモンド　Mungo, Raymond　編集者　モンタナ・ブックス経営　国米国　生1940年　載1996/2000
マンコウィツ, ウルフ　Mankowitz, Wolf　本名＝Mankowitz, Cyril Wolf　作家, 劇作家, 脚本家　国英国　生1924年11月7日　没1998年5月20日　載1992
マンコウィツ, ジェレド　Mankowitz, Gered　写真家　国英国　生1946年　載2004
マンゴールド, ジェームズ　Mangold, James　映画監督　国米国　生1964年　載2000/2004
マンゴールド, トム　Mangold, Tom　本名＝Mangold, Thomas Cornelius　ジャーナリスト, 作家　BBCテレビ記者　国英国　生1934年8月20日　載2004
マンゴールド, ロバート　Mangold, Robert　画家　専ミニマルアート　国米国　生1937年　載1992
マンサー, ブルーノ　Manser, Bruno　環境保護運動家　ブルーノ・マンサー基金理事長　国スイス　生1954年8月25日　載1992/1996/2000/2004/2008
マンザレク, レイ　Manzarek, Ray　本名＝マンザレク, レイモンド・ダニエル　グループ名＝ドアーズ　ミュージシャン　国米国　生1939年2月12日　没2013年5月20日　載1996/2008/2012
マンシー, キャメロン　Muncey, Cameron　グループ名＝JET　ミュージシャン　国オーストラリア　載2012
マンジ, ジム　Manzi, Jim P.　実業家　インダストリー・ネットCEO　元・ロータス会長・CEO, 元・IBM副社長　国米国　生1951年　載1992/1996/2000
マンシェット, ジャン・パトリック　Manchette, Jean-Patrick　作家　国フランス　生1942年　没1995年　載1992
マンシーニ, アルベルト　Mancini, Alberto　テニス選手　国アルゼンチン　生1969年5月20日　載1992/1996
マンシーニ, ヘンリー　Mancini, Henry　作曲家　専映画音楽　国米国　生1924年4月16日　没1994年6月14日　載1992/1996

マンジャニ, ミレラ　Manjani, Mirela　旧名＝マンジャニ・ゼリリ, ミレラ　やり投げ選手　国ギリシャ　生1976年12月21日　載2000（マンジャニ・ツェリリ, ミレラ）/2004（マンジャニ・ゼリリ, ミレラ）/2008
マンジャロッティ, アンジェロ　Mangiarotti, Angelo　建築家　国イタリア　生1921年　載1992
マンシュ, マチュー　Manche, Matthieu　アーティスト　国フランス　生1969年　載2004/2012
マンジュマタン, パスカル　Mangematin, Pascale　国フランス語　国フランス　載2004
マンジョン・スミス, ウィリアム　Mangione-Smith, William H.　カリフォルニア大学ロサンゼルス校電気工学科教官　国米国　載2000
マンシル, トニー　Mancill, Tony　コンピューター技術者, プログラマー　載2004
マンシンガー, リン　Munsinger, Lynn　イラストレーター　国米国　載2000
マンズー, ジャコモ　Manzù, Giacomo　本名＝マンゾーニ, ジャコモ　彫刻家　国イタリア　生1908年12月22日　没1991年1月17日　載1992
マンス, ジュニア　Mance, Junior　本名＝Mance, Julian Clifford, Jr.　ジャズピアニスト　国米国　生1928年10月10日　載1992/2000
マンスズ, イルハン　Mansiz, Ilhan　フィギュアスケート選手（ペア）, 元・サッカー選手　国トルコ　生1975年8月10日　載2004（マンシズ, イルハン）/2008/2012
マンスフィールド, ピーター　Mansfield, Peter　物理学者　ノッティンガム大学名誉教授　国英国　生1933年10月9日　載2004/2008/2012
マンスフィールド, マイケル　Mansfield, Michael Joseph　政治家, 外交官　元・駐日米国大使, 元・米国民主党上院院内総務　国米国　生1903年3月16日　没2001年10月5日　載1992/1996/2000
マンスホルト, シッコ　Mansholt, Sicco Leendert　政治家　元・欧州共同体（EC）委員長（第4代）　国オランダ　生1908年9月13日　没1995年6月30日　載1992/1996
マンスーリ, ロトフィー　オペラ演出家　サンフランシスコ・オペラ総監督　国米国　載1996
マンスール, アドリー　Mansour, Adly　政治家, 法律家　最高憲法裁判所長官　元・エジプト暫定大統領　国エジプト　生1945年12月23日
マンスール, ジョイス　Mansour, Joyce　作家, 詩人　国エジプト　生1928年　載1996
マンスール, タラル　Mansoor, Talal　陸上選手（短距離）　国カタール　載1996
マンスーロフ, アレクサンドル　北朝鮮問題専門家, 元・外交官　国ロシア　載2000
マンスロフ, ファリド　Mansurov, Farid　レスリング選手（グレコローマン）　アテネ五輪レスリング男子グレコローマン66キロ級金メダリスト　国アゼルバイジャン　生1982年5月10日　載2008
マンゼル, アルベルト　Manser, Albert　画家　国スイス　生1937年12月30日　載1992
マンセル, ドム　Mansell, Dom　絵本作家　国英国　生1961年　載1996
マンセル, ナイジェル　Mansell, Nigel　元・F1ドライバー　国英国　生1954年8月8日　載1992/1996/2004
マンゾーニ, ジャコモ　Manzoni, Giacomo　作曲家　国イタリア　生1932年9月26日　載2000
マンソン, エレナ　Manson, Heléna　女優　国フランス　生1903年8月18日　没1994年9月15日　載1996
マンソン, シャーリー　Manson, Shirley　グループ名＝ガービッジ, エンジェルフィッシュ　ロック歌手, ギタリスト　国英国　生1966年8月26日　載2004/2008/2012
マンソン, マリリン　Manson, Marilyn　グループ名＝マリリン・マンソン　ロック歌手　国米国　生1969年1月5日　載2004/2008/2012
マンソン, ロナルド　Munson, Ronald　作家, 科学哲学者　ミズーリ

大学教授　国米国　典2000

マンダラ, アナック・アグン　コンサートマスター, クンダン打者　元・プリアタン歌舞団(バリ島)総監督　国インドネシア　⊕1986年12月1日　典1992

マンダラ, ケイコ　Mandara, Keiko　画家　国インドネシア　典1992

マンチ, ロバート　Munsch, Robert　絵本作家　国カナダ　典2008

マンチェフスキー, ミルチョ　Mančhevski, Milčo　映画監督, 作家, ジャーナリスト　国マケドニア　⊕1959年　典1996／2004／2012

マンチーニ, ロベルト　Mancini, Roberto　サッカー監督, 元・サッカー選手　国イタリア　⊕1964年11月27日　典1996／2000／2004／2008／2012

マンチャム, ジェームズ　Mancham, James Richard Marie　政治家, 法律家　元・セーシェル大統領(初代)　国英国　⊕1939年8月11日　典2012

マンツ, チャールズ　Manz, Charles C.　人材育成コンサルタント　州立マサチューセッツ大学経営学部教授　勤ビジネスリーダーシップ　国米国　典2008

マンツィオス, グレゴリー　Mantsios, Gregory　ニューヨーク市立大学クイーンズ校労働者教育プログラム部長　国米国　典2004

マンディア, ケビン　Mandia, Kevin　勤コンピュータ―法科学　国米国　典2004

マンディアルグ, アンドレ・ピエール・ド　Mandiargues, André Pieyre de　詩人, 作家, 美術評論家　国フランス　⊕1909年3月14日　没1991年12月13日　典1992／1996

マンディアルグ, ボナ・ド　Mandiargues, Bona de　画家　国イタリア　⊕1926年　典1992／1996

マンディッチ, ミリカ　Mandić, Milica　テコンドー選手　ロンドン五輪テコンドー女子67キロ超級金メダリスト　国セルビア　⊕1991年12月6日

マンティラ, ヤリ　Mantila, Jari　スキー選手(複合)　国フィンランド　⊕1971年7月14日　典2004

マンデス・フランス, ピエール　Mendés-France, Pierre　政治家　元・フランス首相　国フランス　⊕1907年1月11日　没1982年10月18日　典1992

マンデス・フランス, マリ・クレール　Mendés-France, Marie-Claire　中東和平国際センターフランス委員会会長　国フランス　典2000

マンデラ, ネルソン　Mandela, Nelson Rolihlahla　政治家, 黒人解放運動指導者　元・南アフリカ大統領, 元・アフリカ民族会議(ANC)議長　反アパルトヘイト闘争の指導者　国南アフリカ　⊕1918年7月18日　没2013年12月5日　典1992／1996／2000／2004／2008／2012

マンデリ, マリウッチャ　Mandelli, Mariuccia　ファッションデザイナー　クリツィア・デザイナー　国イタリア　⊕1933年　典2004／2008／2012

マンデル, エルネスト　Mandel, Ernest　経済学者　勤マルクス経済学　国ベルギー　⊕1923年4月4日　没1995年7月20日　典1996

マンテル, ハワード　Mantel, Howard N.　ニューヨーク行政研究所政府研究部長・法律顧問　勤行政学　国米国　⊕1930年　典1996

マンテル, ヒラリー　Mantel, Hilary Mary　作家　国英国　⊕1952年7月6日　典2012

マンデル, ブレット　Mandel, Brett H.　文筆業　国米国　典2008

マンテル, ポール　Mantell, Paul　「ニュー・リビング・ニュースペーパー」主宰者　国米国　典1996

マンデル, マイケル　Mandel, Michael J.　編集者, 経済ジャーナリスト　「ビジネスウィーク」経済エディター　国米国　典2004

マンデル, ロバート　Mundell, Robert Alexander　経済学者　コロンビア大学教授　勤国際貿易　国カナダ　⊕1932年10月24日　典2000／2004／2008／2012

マンデルカー, スコット　Mandelker, Scott　カウンセラー　国米国　⊕1962年　典2000

マンデルカーン, デイブ　タラリアン社長　国米国　典1996

マンデルソン, ピーター・ベンジャミン　Mandelson, Peter Benjamin　政治家　元・英国筆頭国務相, 元・英国枢密院議長　国英国　⊕1953年10月21日　典2000／2004／2012

マンデルバウム, モーリス　Mandelbaum, Maurice　ダートマス・カレッジ教授　勤哲学　国米国　典1992

マンデルブロー, ブノワ　Mandelbrot, Benoît B.　数学者, 科学者　元・エール大学名誉教授　勤フラクタル幾何学　国米国　⊕1924年11月20日　没2010年10月14日　典1992／1996／2004／2008

マンデルボーム, ジャン　Mandelbaum, Jean　貿易コンサルタント　フランス・パシフィック・コンサルタンツ社長, フランス政府貿易顧問, パリ第4大学教授　勤国際マーケティング　国フランス　⊕1938年　典1996

マンデン, アリソン　Munden, Alison　精神科医　国英国　⊕1964年　典2004

マント, ジェフ　Manto, Jeff　本名=Manto,Jeffrey Paul　大リーグコーチ, 元・プロ野球選手　国米国　⊕1964年8月23日　典2000／2012

マントゥーゾ, チャールズ　外交官　在日ジンバブエ大使館一等書記官　国ジンバブエ　⊕1962年　典1992

マンドキ, レスリー　Mandoki, Leslie　グループ名=ジンギスカン　ミュージシャン　⊕1953年1月7日　典2008／2012

マントバーニ, アヌンチオ　Mantovani, Annuncio　本名=Mantovani,Annuncio Paolo　指揮者, バイオリニスト, 編曲家　元・マントバーニ・オーケストラ指揮者　国英国　⊕1905年11月15日　没1980年3月30日　典1992

マンドラー, ジョージ　Mandler, George　心理学者　カリフォルニア大学サンディエゴ校人間情報処理センター所長　勤認知心理学　国米国　⊕1924年　典1992

マンドリコワ, ハナ　Mandlikova, Hana　元・テニス選手　国オーストラリア　⊕1962年2月19日　典1992／1996

マンドル, アレックス　実業家　アソシエイテッド・コミュニケーションズ会長　元・AT&T社長・COO　典2000

マントル, ジョナサン　Mantle, Jonathan　ジャーナリスト　国英国　⊕1954年　典2000

マントル, ミッキー　Mantle, Mickey　本名=Mantle,Mickey Charles　大リーグ選手　国米国　⊕1931年10月20日　没1995年8月13日　典1992／1996

マントレ, ジャン　Mantelet, Jean　発明家, 実業家　元・ムリネ社創設者　マッシュポテト製造機械発明者　国フランス　没1991年1月19日　典1992

マンドレル, バーバラ　カントリー歌手　国米国　⊕1948年12月25日　典1992

マンナ, アンソニー　Manna, Anthony L.　俳優　典2004

マンニネン, ハンヌ　Manninen, Hannu　元・スキー選手(複合)　ソルトレークシティ五輪スキー・ノルディック複合団体金メダリスト　国フィンランド　⊕1978年4月17日　典2004／2008／2012

マンニーノ, フランコ　Mannino, Franco　作曲家, 指揮者, ピアニスト　国イタリア　⊕1924年4月25日　没2005年2月1日　典1992

マンネル, ロジャー　Mannell, Roger C.　社会心理学者　ウォータールー大学教授　典2008

マンノ, ブルーノ　Manno, Bruno V.　アニー・E・キャシー財団上級研究員　国米国　⊕1947年　典2004

マンバ, サマンサ　Mumba, Samantha　歌手　国アイルランド　⊕1983年1月18日　典2004

マンビー, クリス　Manby, Chris　別筆名=ステファニー, アッシュ　作家　国英国　典2008

マンビル, レスリー　Manville, Lesley　女優　国英国　⊕1956年3月12日　典2012

マンフィラ, カンテ　Manfila, Kanté　グループ名=アンバサドゥール　ギタリスト　国ギニア　⊕1946年　典1996

マンフォード, デービッド・ブライアント　Mumford, David Bryant　数学者　ブラウン大学教授　勤代数幾何学　国米国　⊕1937年6月11日　典1992／1996／2000／2004／2008／2012

マンフォード, ルイス　Mumford, Lewis　社会哲学者, 文明批評家, 都市計画家　勤都市論　国米国　⊕1895年10月19日　没1990年1月26日　典1992

マンフレディ, G. Manfredi, Giulio 実業家,宝飾デザイナー マンフレディ社社長 ⒩イタリア ⒢1945年 ⒭1992

マンフレディ, ヴァレリオ・マッシモ Manfredi, Valerio Massimo 考古学者,作家 ボッコーニ大学教授 ⒮古代地誌学 ⒩イタリア ⒢1943年 ⒭2004/2012

マンリー, ジョン Manley, John 政治家 元・カナダ副首相,元・カナダ財務相 ⒩カナダ ⒢1950年1月5日 ⒭2000/2004/2008

マンリー, スティーブン Manly, Steven L. 物理学者 ロチェスター大学教授 ⒭2012

マンリー, ビル Manley, Bill 考古学者 グラスゴー大学 ⒭2004

マンリー, マイケル・ノーマン Manley, Michael Norman 政治家 元・ジャマイカ首相 ⒩ジャマイカ ⒢1924年12月10日 ⒠1997年3月6日 ⒭1992/1996

マンロー, アリス Munro, Alice 作家 ⒩カナダ ⒢1931年7月10日 ⒭2000/2004/2008/2012

マンロー, モイラ Munro, Moira 絵本作家,イラストレーター,漫画家 ⒭2008

マンロ, ロクシー Munro, Roxie 画家 ⒩米国 ⒭1992

マンロー, ロス Munro, Ross H. ジャーナリスト 元・フィラデルフィア外交政策研究所アジア問題部長,元・グローブ・アンド・メール北京支局長 ⒮中国問題,アジア問題 ⒢1941年6月 ⒭2000

【ミ】

ミー, チャールズ(Jr.) Mee, Charles L.(Jr.) 作家 ⒩米国 ⒭1992

ミーア, ファティマ Meer, Fatima 社会学者,反アパルトヘイト運動家 ナタール大学 ⒩南アフリカ ⒢1928年 ⒭1992

ミアース, アインスリー Meares, Ainslie 心理療法家 元・国際催眠学会会長 ⒮催眠学 ⒢1910年 ⒭2004

ミアーズ, アナ Meares, Anna 自転車選手(トラックレース) アテネ五輪・ロンドン五輪メダリスト ⒩オーストラリア ⒢1983年9月21日 ⒭2008/2012

ミアンコワ, アクサナ Miankova, Aksana ハンマー投げ選手 北京五輪陸上女子ハンマー投げ金メダリスト ⒩ベラルーシ ⒢1982年3月28日 ⒭2012

ミウォシュ, チェスワフ Miłosz, Czesław 詩人,随筆家 元・カリフォルニア大学教授 ⒩ポーランド ⒢1911年6月30日 ⒠2004年8月14日 ⒭1992/2000/2004

ミウラ, ティニ 製本装幀家 ⒩ドイツ ⒢1949年 ⒭1992/1996

ミエヴィル, アンヌ・マリー Miéville, Anne-Marie 映画監督,脚本家 ⒩フランス ⒢1945年11月11日 ⒭1996(ミエビル, アンヌ・マリー)/2000/2004/2008/2012

ミエヴィル, チャイナ Miéville, China 作家 ⒩英国 ⒢1972年 ⒭2004(ミービル, チャイナ)/2012

ミオー, ドニ Miau, Denis 画家 ⒢1951年 ⒭1992

ミオット, エンリコ Miotto, Enrico ミラノ市立プラネタリウム ⒮天文学 ⒩イタリア ⒭1996

ミーカ MIKA シンガー・ソングライター ⒩英国 ⒢1983年 ⒭2008/2012

ミカ Mika グループ名=大国男児 歌手 ⒩韓国 ⒢1990年6月28日 ⒭2012

ミーカー, マリジェーン Meaker, Marijane 別名=カー,M.E.,パッカー,ビン 作家 ⒩米国 ⒢1927年 ⒭2008

ミーカー, ラルフ Meeker, Ralph 本名=Rathgeber,Ralph 俳優 ⒩米国 ⒢1920年11月21日 ⒠1988年8月5日 ⒭1992

ミカエル, イブ Michael, Ib 作家 ⒩デンマーク ⒢1945年 ⒭2008

ミガキ, ポール Migaki, Paul 実業家 ナイキジャパン社長・CEO ⒩米国 ⒭2000

ミカティ, ナジブ Mikati, Najib 本名=Mikati,Najib Azmi 政治家,実業家 レバノン首相 ⒩レバノン ⒢1955年11月24日 ⒭2008

ミカルスキ, バーバラ Mikulski, Barbara Ann 政治家 米国上院議員(民主党) ⒩米国 ⒢1936年7月20日 ⒭1996/2000/2004/2012

ミカルスキ, ブレント Michalski, Brent コンピューター技術者 ⒭2004

ミーガン, ジョージ Meegan, George 冒険家 神戸商船大学講師 ⒩英国 ⒢1952年 ⒭1996

ミーガン, ジョン Mehegan, John ジャズ・ピアニスト,評論家 ⒩米国 ⒢1920年6月6日 ⒠1984年4月3日 ⒭1992

ミーガン, トム Meighan, Tom バンド名=カサビアン 歌手 ⒩英国 ⒭2012

ミキ, ロイ Miki, Roy サイモン・フレーザー大学教授 ⒮英文学 ⒩カナダ ⒭1996

ミキール, ショーン Micheel, Shaun プロゴルファー ⒩米国 ⒢1969年1月5日 ⒭2004/2008

ミキルセン, アンヌ・ドゥールト シンガーソングライター,ジャーナリスト ⒩デンマーク ⒢1958年 ⒭1992

ミギロ, アシャローズ Migiro, Asha-rose Mtengeti 政治家 国連副事務総長 元・タンザニア外務・国際協力相 ⒩タンザニア ⒢1956年7月7日 ⒭2008/2012

ミーク, ジョージ Meek, George W. 超科学研究財団創立者 ⒢1910年 ⒭2000

ミーク, マーガレット Meek, Margaret 本名=ミーク・スペンサー, マーガレット 文学者,評論家 ロンドン大学教育研究所名誉準教授 ⒮児童文学 ⒩英国 ⒭2004/2008

ミクー, ヨハン Micoud, Johan サッカー選手(MF) ⒩フランス ⒢1973年7月24日 ⒭2008

ミクウス, ミヒャエル Mickus, Michael イラストレーター,画家 ⒩ドイツ ⒢1972年 ⒭2004

ミークス, アローン・レイモンド Meeks, Arone Raymond 画家 ⒩オーストラリア ⒭1996

ミクセル, スヴェン Mikser, Sven 政治家 エストニア国防相 ⒩エストニア ⒢1973年11月8日 ⒭2004

ミクブライド, ロス McBride, Ross デザイナー ⒩米国 ⒢1962年 ⒭2000

ミグラニャン, アンドラニク Migranyan, Andrannik 政治学者 国際経済政治研究所CIS問題センター長,ロシア大統領諮問評議会メンバー ⒮ヨーロッパ政治思想 ⒩ロシア ⒢1949年 ⒭1992/1996

ミクリ, アラン Mikli, Alain メガネデザイナー ⒩フランス ⒢1955年 ⒭2000/2004

ミクリッチ, ブランコ Mikulić, Branko 政治家 元・ユーゴスラビア連邦執行会議議長(首相) ⒩ボスニア・ヘルツェゴビナ ⒢1928年6月10日 ⒠1995年4月 ⒭1992

ミクーリン, アレクサンドル Mikulin, Aleksandr Aleksandrovich 航空機エンジン設計者 ⒩ソ連 ⒢1895年 ⒠1985年5月15日 ⒭1992

ミクルスウェイト, ルーシー Micklethwait, Lucy 美術家 ⒩英国 ⒢1951年 ⒭1996/2000/2004

ミクロシュ, イワン Mikloš, Ivan 政治家 スロバキア副首相・財務相 ⒩スロバキア ⒢1960年6月2日 ⒭2004

ミケイラ Mikaila 本名=エンリケス, ミケイラ 歌手 ⒩米国 ⒢1986年12月15日 ⒭2004

ミケシュ, ジョージ Mikes, George 作家 ⒩英国 ⒢1912年 ⒭1992

ミゲス・ボニーノ, ホセ Míguez-Bonino, José 神学者,牧師(メソジスト派) 元・ブエノスアイレス神学研究所名誉教授 ⒮解放の神学 ⒩アルゼンチン ⒢1924年3月5日 ⒠2012年6月30日 ⒭1996

ミーケム, グレン Meakem, Glen T. 実業家 フリーマーケッツ会長・CEO ⒩米国 ⒭2004/2008

ミケランジェリ, アルトゥーロ・ベネデッティ Michelangeli, Arturo Benedetti 本名=ベネデッティ・ミケランジェリ, アルトゥーロ

ピアニスト [国]イタリア [生]1920年1月5日 [没]1995年6月12日 [典]1992(ベネデッティ・ミケランジェリ, アルトゥーロ)／1996

ミゲル, アウレリオ　Miguel, Aurelio　柔道選手 [国]ブラジル [典]1992

ミケル, ピエール　Miquel, Pierre Gabriel Roger　元・ソルボンヌ大学教授, 元・ジャーナリズム研修学院長 [専]歴史, マスコミ論 [国]フランス [生]1930年6月30日 [没]2007年11月26日 [典]2000

ミゲル, ホセ　フラメンコダンサー [国]スペイン [典]1992

ミゲル, ルイス　Miguel, Luis　歌手 [生]1970年4月19日 [典]2008／2012

ミケルス, リヌス　Michels, Rinus　サッカー指導者　元・サッカー・オランダ代表監督 [国]オランダ [生]1928年 [没]2005年3月3日 [典]2000

ミケルソン, フィル　Mickelson, Phil　本名=Mickelson,Philip Alfred　プロゴルファー [国]米国 [生]1970年6月16日 [典]1996／2000／2004／2008／2012

ミザーニ, ニコラ　Misani, Nicola　経済学者　Bocconi大学ジョルジョ・ピバート経済商工研究所研究員,Bocconi大学SPACE研究所研究員 [専]リスク・マネジメント, 株主価値マネジメント, 戦略シナリオ [国]イタリア [典]2004

ミザン・ザイナル・アビディン　Mizan Zainal Abidin　マレーシア国王(第13代) [国]マレーシア [生]1962年1月22日 [典]2012

ミージア　Mísia　歌手 [国]ポルトガル [典]2000

ミシェウ　Michael　本名=Nascimento,Michael Jefferson　サッカー選手(MF) [国]ブラジル [生]1982年1月21日 [典]2012

ミジェット, アレン　Midgette, Allen　俳優, 画家 [国]米国 [生]1939年 [典]1992／1996

ミシェル, アンリ　Michel, Henri　サッカー監督, 元・サッカー選手　サッカー・ケニア代表監督　元・サッカー・コートジボワール代表監督 [国]フランス [生]1947年10月20日 [典]2004／2008／2012

ミシェル, ジェームス・アリックス　Michel, James Alix　政治家　セーシェル大統領 [国]セーシェル [生]1944年8月16日 [典]2008／2012

ミシェル, ジル　Michel, Gilles　実業家　シトロエン社長 [国]フランス [生]1956年 [典]2012

ミシェル, スマーク　Michel, Smark　政治家, 実業家　元・ハイチ首相 [国]ハイチ [生]1937年3月29日 [没]2012年9月1日 [典]1996

ミシェル, ファビオ　サッカービジネスコンサルタント [典]2004

ミシェレット, ユン　Michelet, Jon　冒険推理作家 [国]ノルウェー [典]1992／1996

ミシキン, ヤン　Mysjkin, Jan　詩人, 翻訳家 [国]ベルギー [典]1996

ミシクチョノク, ナタリア　Mishkutienok, Nataliya　フィギュアスケート選手 [国]ロシア [典]1996

ミシチ, ミラン　ジャーナリスト　「ポリティカ」紙東京特派員 [国]ユーゴスラビア [典]1992

ミシャネック, クリスティーナ　Michanek, Christina　バレリーナ　デンマーク・ロイヤル・バレエ団ソリスト [国]デンマーク [生]1984年12月18日 [典]2012

ミシャン, エドワード　Mishan, Edward Joshua　経済学者　元・ロンドン大学経済学教授 [専]厚生経済学, 環境問題 [国]英国 [生]1917年 [典]1992

ミシューク, ウラジーミル　Mishouk, Vladimir　ピアニスト　サンクトペテルブルク音楽院教授 [国]ロシア [生]1968年 [典]2000／2004／2008

ミシューチン, グリゴリー　Misutin, Grigorii　体操選手 [国]ウクライナ [典]1996

ミシュニク, ウォルフガング　Mischnick, Wolfgang　政治家　元・西ドイツ自由民主党(FDP)院内総務 [国]ドイツ [生]1921年9月29日 [没]2002年10月6日 [典]1992

ミシュラン, エドゥアール　Michelin, Edouard　実業家　元・ミシュラン社主・CEO [国]フランス [生]1963年 [没]2006年5月26日 [典]2004

ミシュラン, フランソワ　Michelin, François　実業家　元・ミシュラン会長 [国]フランス [生]1926年7月15日 [典]1992／1996／2004

／2008／2012

ミショー, アンリ　Michaux, Henri　詩人, 画家 [国]フランス [生]1899年5月24日 [没]1984年10月18日 [典]1992

ミショー, ヴァレリー　Michaut, Valérie　絵本画家 [国]フランス [生]1964年 [典]1996

ミショー, ジルベール　Michaud, Gilbert　画家 [国]フランス [生]1948年4月24日 [典]1992／1996

ミシリビエッチ, エバ　Mysliwiec, Eva　カンボジア開発調査研究所(CDRI)代表 [国]米国 [生]1949年 [典]1996

ミース, エドウィン　Meese, Edwin　政治家　元・米国司法長官 [国]米国 [生]1931年12月2日 [典]1992／1996

ミス, キャロライン　Myss, Caroline M.　透視家, 神学者 [国]米国 [典]2000／2004

ミース, マリア　Mies, Maria　フェミニスト, 社会学者　元・ケルン単科大学教授 [専]フェミニズム運動 [国]ドイツ [生]1938年 [典]1996

ミスアリ, ヌルハディ　Misuari, Nurhadi　政治家　モロ民族解放戦線(MNLF)名誉議長 [国]フィリピン [生]1941年3月3日 [典]1992／1996／2000／2004／2008

ミ・ズエン　My Duyen　女優 [国]ベトナム [生]1972年 [典]2004／2008

ミスキナ, アナスタシア　Myskina, Anastasia　テニス選手 [国]ロシア [生]1981年7月8日 [典]2008

ミスターペッツ　寵物先生　本名=王建閔　作家 [国]台湾 [生]1980年 [典]2012

ミスターローディ　Mr.ローディ　Mr.Lordi　グループ名=ローディ　ミュージシャン [国]フィンランド [典]2012

ミスティカル　Mystikal　本名=タイラー, マイク　ラップ歌手 [国]米国 [典]2004／2008

ミストリー, ドゥルーヴァ　彫刻家 [国]インド [生]1957年 [典]1992

ミストリー, ロヒントン　Mistry, Rohinton　作家 [国]カナダ [生]1952年 [典]1992／1996

ミストレ, ジャン　作家　元・フランス学士院名誉終身事務局長 [国]フランス [生]1897年9月 [没]1988年11月10日 [典]1992

ミズラック, リチャード　Misrach, Richard　写真家 [国]米国 [典]1996

ミズラヒ, アイザック　Mizrahi, Isaac　ファッションデザイナー, 俳優 [国]米国 [生]1961年10月14日 [典]1992／1996／2000／2004／2008／2012

ミス・リード　Miss Read　本名=セイント, ドーラ　作家, 脚本家 [国]英国 [生]1913年4月17日 [没]2012年4月7日 [典]2000

ミズロック, ジョン　Mizroch, John F.　世界環境センター(WEC)CEO [国]米国 [典]2004／2008

ミゼール, リチャード・L.　アーサー・アンダーセン世界代表 [国]米国 [典]2000

ミゼルスキ, アンティエ　Misersky, Antje　バイアスロン選手 [国]ドイツ [典]1996

ミタキドウ, クリストドウラ　Mitakidou, Christodoula　アリストテレス大学　「うるわしのセモリナ・セモリナス」の共著者 [国]ギリシャ [典]2004

ミーダナー, タレン　Miedaner, Talane　ライフコーチ　タレン・コーチング・カンパニー創設者 [国]米国 [典]2008

ミチェルセン, クラウス　Michelsen, Klaus　プログラマー [典]2004

ミチェレッティ, ロベルト　Micheletti, Roberto　政治家　元・ホンジュラス暫定大統領 [国]ホンジュラス [典]2012

ミチソン, A.　Mitchison, Avrion　本名=Mitchison,Nicholas Avrion　ドイツ・リウマチ研究センター科学部長 [専]動物学 [国]英国 [生]1928年5月5日 [典]1996

ミチャイ・ヴィラヴァイディア　Mechai Viravaidya　社会運動家, 政治家　人口と地域開発協会(PDA)会長　元・タイ上院議員 [国]タイ [生]1941年1月 [典]1992(ミチャイ・ビラバイディア)／1996(ミチャイ・ビラバイディア)／2000／2004／2008／2012

ミチン, アレクセイ　Michine, Alexei　レスリング選手(グレコローマン)　アテネ五輪レスリング男子グレコローマン84キロ級金メダリスト [国]ロシア [生]1979年2月8日 [典]2008

ミツィオス, ヘレン　Mitsios, Helen　英文学者　国米国　殁1992

ミツォタキス, コンスタンティノス　Mitsotakis, Konstantinos　政治家　新民主主義党(ND)党首　元・ギリシャ首相　国ギリシャ　生1918年10月18日　殁1992／1996／2004

ミッシェル, ドミニク　Michel, Dominique　料理史研究家　国フランス　殁2004

ミッジリー, ジェームズ　Midgley, James　社会福祉学者　カリフォルニア大学バークレー校公共社会サービス学部教授・社会福祉大学院学長　殁2004／2008

ミッジリー, メアリー　Midgley, Mary　ニューキャッスル・アポン・タイン大学講師,リーディング大学講師　国哲学、フェミニズム研究　国英国　殁1992／1996

ミッセル, ジム　Mischel, Jim　コンピューター技術者　国米国　殁2004

ミッソーニ, アンジェラ　Missoni, Angera　ファッションデザイナー　ミッソーニ・クリエイティブディレクター　国イタリア　生1958年　殁2000／2004／2008／2012

ミッソーニ, ヴィットリオ　Missoni, Vittorio　実業家　元・ミッソーニCEO　国イタリア　生1954年4月25日　没2013年1月　殁2004／2008／2012

ミッソーニ, オッタヴィオ　Missoni, Ottavio　本名=Missoni,Tai Ottavio　ファッションデザイナー、ニットデザイナー　元・ミッソーニ創設者　国イタリア　生1921年2月11日　没2013年5月9日　殁1992／2000／2004／2008／2012

ミッソーニ, ロジータ　Missoni, Rosita　ファッションデザイナー　ミッソーニ創設者　国イタリア　生1931年　殁2000／2004／2008

ミッタ, アレクサンドル　Mitta, Aleksandr　映画監督　国ソ連　生1933年3月28日　殁1992

ミッダ, サラ　Midda, Sara　イラストレーター　国英国　生1951年　殁1996／2000

ミッターク, ギュンター　Mittag, Günter　政治家　元・東ドイツ社会主義統一党政治局員　国ドイツ　生1926年10月8日　没1994年3月18日　殁1992／1996

ミッターマイヤー, ラッセル　Mittermeier, Russell　霊長類学者、熱帯雨林生物保護活動家　コンサベーション・インターナショナル会長　国米国　殁2012

ミッタル, バン　Mittal, Banwari　経営学者　ノーザン・ケンタッキー大学教授　国米国　殁2008

ミッタル, ラクシュミ　Mittal, Lakshmi N.　実業家(鉄鋼王)　ミッタルCEO、アルセロール・ミッタルCEO　国インド　生1950年6月15日　殁2008／2012

ミッチェナー, ジェームズ　Michener, James　本名=Michener, James Albert　作家　国米国　生1907年2月3日　没1997年10月16日　殁1992／1996

ミッチェル, アーサー(3世)　Mitchell, Arthur M.(III)　弁護士　チャドボーン・アンド・パーク法律事務所　国米国　生1947年　殁1992／1996／2000

ミッチェル, ウィリアム　Mitchell, William J.　マサチューセッツ工科大学建築・都市計画学部長　国建築学　生1944年　殁1992／1996／2000

ミッチェル, ウィリアム　Mitchell, William L.　愛称=ミッチェル、ビル　カーデザイナー　元・ジェネラル・モーターズ(GM)デザイナー　国米国　殁2000

ミッチェル, エイドリアン　Mitchell, Adrian　詩人、劇作家　国英国　生1932年10月24日　没2008年12月20日　殁2004

ミッチェル, エマ　Mitchell, Emma　アロマセラピスト、リフレクソロジスト　国英国　殁2008

ミッチェル, カーク　Mitchell, Kirk　作家　国米国　殁2000

ミッチェル, キース　Mitchell, Keith Claudius　政治家　元・グレナダ首相・財務相　国グレナダ　生1946年11月12日　殁2000／2004／2008／2012

ミッチェル, キャスリーン・M.　ライブピクチャー社長　国米国　殁2000

ミッチェル, キャメロン　Mitchell, Cameron　俳優　国米国　生1918年11月4日　没1994年7月6日　殁1996

ミッチェル, クリストファー　Mitchell　英国コンサルタント協会会長　国英国　殁1992

ミッチェル, ケビン　Mitchell, Kevin　プロ野球選手、元・大リーグ選手　国米国　生1962年1月13日　殁1992／1996／2000／2004

ミッチェル, ジェフリー　Mitchell, Jeffrey T.　メリーランド大学教授　国危機介入、災害心理学、緊急事態ストレス管理　国米国　殁2008

ミッチェル, ジェームズ　Mitchell, James Fitzallen　政治家　元・セントビンセントグレナディーン首相・蔵相　国セントビンセントグレナディーン　生1931年5月15日　殁1992／1996／2000／2004／2008

ミッチェル, ジェームズ　Mitchell, James　シェフィールド大学政治学部教授　国スコットランド政治　国英国　殁2000

ミッチェル, ジャック　Mitchell, Jack　実業家　ミッチェルズCEO、リチャーズCEO　国米国　殁2008

ミッチェル, ジャン　Mitchell, Jann　ジャーナリスト、作家　殁2004

ミッチェル, ジョージ　Mitchell, George John　政治家、法律家　元・米国民主党上院院内総務、元・米国中東和平担当特使　国米国　生1933年8月20日　殁1992／1996／2000／2004／2008／2012

ミッチェル, ジョージ　Mitchell, George P.　実業家、資産家　元・ミッチェル・エナジー・アンド・デベロップメント創業者　シェールガス開発の父　国米国　生1919年5月21日　没2013年7月26日

ミッチェル, ジョゼフ　Mitchell, Joseph Quincy　ジャーナリスト、作家　国米国　生1908年7月27日　没1996年5月24日　殁2000

ミッチェル, ジョニ　Mitchell, Joni　本名=アンダーソン、ロバータ・ジョアン　シンガーソングライター、画家　国カナダ　生1943年9月27日　殁1992／2000

ミッチェル, ジョーン　Mitchell, Joan　画家　国米国　生1926年　没1992年10月30日　殁1996

ミッチェル, ジョン　Mitchell, John　元・米国テレビ芸術科学アカデミー会長　国米国　没1988年1月19日　殁1992

ミッチェル, ジョン　Mitchell, John Newton　元・米国司法長官　ウォーターゲート事件の主犯格　国米国　生1913年9月5日　没1988年11月9日

ミッチェル, ジョン　作家　国英国　生1933年　殁1992／2000

ミッチェル, ジョン　Mitchell, John G.　編集者、ライター　国米国　殁2004

ミッチェル, ジョン・キャメロン　Mitchell, John Cameron　映画監督、俳優　国米国　生1963年4月21日　殁2004／2008／2012

ミッチェル, スコット　Mitchell, Scott　コンピューター技術者　殁2004

ミッチェル, スティーブン　Mitchell, Stephen　作家　殁2004／2008

ミッチェル, デニス　Mitchell, Dennis　陸上選手(短距離)　国米国　生1966年2月20日　殁1996／2000

ミッチェル, デービッド　Mitchell, David　作家　国英国　生1969年1月　殁2008／2012

ミッチェル, デール　Mitchell, Dale　本名=Mitchell, Loren Dale　大リーグ選手　国米国　生1921年8月23日　没1987年1月5日　殁1992

ミッチェル, トニー　Mitchell, Tony　元・プロ野球選手　国米国　生1970年10月14日　殁2004

ミッチェル, トム　Mitchell, Tom　実業家　元・シーゲート・テクノロジー社長　国米国　殁2000

ミッチェル, ネイル　Mitchell, Neil J.　経営学者　ニューメキシコ大学政治学部教授　国企業と政治、企業の政治理論、企業活動と政治・政策との関係　国米国　殁2004／2008

ミッチェル, ピーター・デニス　Mitchell, Peter Dennis　生化学者　元・グリン研究所会長　国英国　生1920年9月29日　没1992年4月10日　殁1992／1996

ミッチェル, ブライアン　Mitchell, Brian　プロフットボール選手(RB)　生1968年8月18日　殁2008

ミッチェル, メアリー　Mitchell, Mary　アンカマン・コーテシーズ設立者　国企業エチケット、組織行動　国米国　殁2000

ミッチェル, レオナ　Mitchell, Leona　ソプラノ歌手　国米国

[生]1949年10月13日　[典]1992

ミッチェル, レッド　Mitchell, Red　本名=ミッチェル, キース・ムーア　ジャズベース奏者　[国]米国　[生]1927年9月20日　[没]1992年11月8日　[典]1996

ミッチェル, ロジャー　Michell, Roger　映画監督, 演出家　[国]英国　[典]2000／2004

ミッチェル, ロバート　Mitchell, Robert Cameron　クラーク大学地理学部教授　[国]米国　[典]2004

ミッチオ, ガエターノ　Miccio, Gaetano　料理人　ホテル・ハスラー・ローマ総料理長　[国]イタリア　[生]1930年4月19日　[典]1996

ミッチャード, ジャクエリン　Mitchard, Jacquelyn　作家　[国]米国　[典]2000

ミッチャム, マシュー　Mitcham, Matthew　飛び込み選手　北京五輪男子高飛び込み金メダリスト　[国]オーストラリア　[生]1988年3月2日　[典]2012

ミッチャム, ロバート　Mitchum, Robert　本名=Mitchum,Robert Charles Duran　俳優　[国]米国　[生]1917年8月6日　[没]1997年7月1日　[典]1992

ミッチャーリヒ, アレクサンダー　Mitscherlich, Alexander　精神分析学者　元・フランクフルト大学心理学教授　[生]1908年　[典]1992

ミッチャーリヒ, マルガレーテ　Mitscherlich, Margarete　旧名=ニールセン　精神分析学者　[国]デンマーク　[生]1917年　[典]1992

ミッテラウアー, ミヒャエル　Mitterauer, Michael　ウィーン大学経済社会史研究所教授　[専]家庭史, 日常史, 歴史人類学　[生]1937年　[典]1996

ミッテラン, ダニエル　Mitterrand, Danielle　人権活動家　元・フランス・リベルテ・ダニエル・ミッテラン基金総裁　ミッテラン・フランス大統領の妻　[国]フランス　[生]1924年10月29日　[没]2011年11月22日　[典]1992／1996

ミッテラン, フランソワ　Mitterrand, François Maurice Marie　政治家　元・フランス大統領, 元・フランス社会党第1書記　[国]フランス　[生]1916年10月26日　[没]1996年1月8日　[典]1992／1996

ミッテルバッハ, フランク　Mittelbach, Frank　テクニカルライター　[典]2004

ミッデルホフ, トーマス　Middelhoff, Thomas　実業家, 出版人　元・アルカンドールCEO, 元・ベルテルスマンCEO　[国]ドイツ　[生]1953年5月11日　[典]2000／2004／2012

ミッテルマン, ジェームズ　Mittelman, James H.　アメリカン大学国際サービス大学院教授　[専]国際関係学　[国]米国　[生]1944年　[典]2004

ミットガング, ハーバート　Mitgang, Herbert　ジャーナリスト, 作家　「ニューヨーク・タイムズ」論説委員, 米国作家同盟基金理事長　[国]米国　[生]1920年　[典]1996

ミットグッチュ, アンナ　Mitgutsch, Anna　作家　[国]オーストリア　[生]1948年　[典]2004／2008

ミットマン, ベンジャミン　ノースウエスタン大学教授, ケロッグ経営大学院情報管理担当教授　[専]戦略情報システム（SIS）　[国]米国　[典]1992

ミットラー, ピーター　Mittler, Peter　教育学者　マンチェスター大学名誉教授　[専]インクルージョン教育　[国]英国　[生]1930年　[典]2004／2008

ミッドランド, ブレント　グループ名=グレートフル・デッド　ロックプレーヤー　[国]米国　[没]1990年7月26日　[典]1992

ミットン, ジャクリーン　Mitton, Jacqueline　天文学者　「英国天文協会（BAA）」誌編集長, 王立天文学会広報部門担当　[国]英国　[典]2000

ミツナ, アムラム　Mitzna, Amram　政治家, 元・軍人　イスラエル労働党党首, ハイファ市長　[国]イスラエル　[生]1945年2月2日　[典]2004／2008

ミッロ, アプリーレ　Millo, Aprile　ソプラノ歌手　[国]米国　[生]1958年　[典]1992／1996

ミーディエート, ロッコ　Mediate, Rocco　プロゴルファー　[国]米国　[生]1962年12月17日　[典]2012

ミーデン, ジョージ・テレンス　気象学者　「気象ジャーナル」編集長　[専]低温物理学　[国]英国　[典]1992

ミード, アリス　Mead, Alice　児童文学作家　[国]米国　[生]1952年　[典]2004／2008

ミード, クリス　Mead, Chris　鳥類研究家　[専]ヨーロッパコマドリ, スズメ, フクロウ　[国]英国　[典]2004

ミード, グレン　Meade, Glenn　作家　[国]アイルランド　[典]2004

ミード, ジェームズ　Meade, James Edward　経済学者　元・ケンブリッジ大学名誉教授, 元・英国王立経済学会会長　[国]英国　[生]1907年6月23日　[没]1995年12月22日　[典]1992／1996

ミード, シド　Mead, Syd　コンセプチュアルデザイナー　[国]米国　[生]1933年7月　[典]1992／1996／2000／2008／2012

ミード, シルビア・アール　海洋生物学者, 潜水家　[生]1935年8月30日　[典]1992

ミード, ブラドカ　Meed, Vladka　本名=ペルテル・ミェジジェツキ, ファイゲル　ホロコースト教育活動家, 元・ユダヤ人救援活動家　[国]米国　[典]1996

ミード, ホリー　Meade, Holly　挿絵画家　[国]米国　[典]2008

ミトゥーリチ, マイ　Miturich, Mai　本名=ミトゥーリチ・フレブニコフ, マイ　画家　元・モスクワ印刷芸術大学絵画科教授　[国]ロシア　[生]1925年　[典]1996／2008／2012

ミドゥルトン, マルコム　グループ名=アラブ・ストラップ　ギタリスト　[国]英国　[典]2004／2008

ミトコーワ, タチアナ　テレビキャスター　NTVキャスター　[国]ロシア　[典]1996

ミトコワ, タチヤナ　Mitkova, Tatyana　テレビキャスター　ロシア独立テレビ（NTV）副社長　[国]ロシア　[典]2004／2008／2012

ミトニック, ケビン　Mitnic, Kevin　コンサルタント　全米に知られた大物ハッカー　[国]米国　[典]2000／2012

ミトマリット妃　Mette-Marit　旧名=ヘイビー, ミトマリット・チェセム　ノルウェー皇太子妃　[国]ノルウェー　[典]2004

ミドモア　彫刻家　[国]オーストラリア　[生]1929年　[典]1992

ミトラ, サンジット　Mitra, Sanjit K.　「MATLABを用いたディジタル信号処理」の著者　[典]2008

ミドラー, ベット　Midler, Bette　歌手, 女優　[国]米国　[生]1945年12月1日　[典]1992／1996／2004／2008／2012

ミトラ, ラモン　Mitra, Ramon　政治家　元・フィリピン下院議長　[国]フィリピン　[生]1928年2月3日　[没]2000年3月20日　[典]1992／1996

ミトラン, ミルチェア　Mitran, Mircea　外交官　駐日ルーマニア大使　[国]ルーマニア　[生]1932年　[典]1992／1996

ミトリ, ジャン　映画史研究家　[国]フランス　[没]1988年1月18日　[典]1992

ミドルトン, ニック　オックスフォード大学講師, 国際自然保護連合コンサルタント, 国際環境計画機関コンサルタント　[国]英国　[生]1960年　[典]1996

ミドルトン, ハイドン　Middleton, Haydn　作家　[国]英国　[典]2004

ミドルトン, レイ　ミュージカル歌手　[国]米国　[没]1984年4月10日　[典]1992

ミドルバーグ, ドン　Middleberg, Don　マーケティングコンサルタント　Middleberg Euro社長・CEO　[国]米国　[典]2004／2008

ミートローフ　Meat Loaf　ロック歌手　[国]米国　[生]1947年　[典]1996

ミトロファノフ　政治家　ロシア下院議員（ロシア自由民主党）　[国]ロシア　[典]2000

ミドン, ラウル　Midon, Raul　作曲家, 歌手, ギタリスト　[国]米国　[生]1966年3月14日　[典]2008／2012

ミーナ　Mina　本名=マッツィーニ, アンナ　カンツォーネ歌手　[国]イタリア　[生]1940年3月25日　[典]1992

ミーナ　Meena　女優　[国]インド　[生]1976年9月16日　[典]2000

ミナー, ルース・アン　Minner, Ruth Ann　政治家　元・デラウェア州知事　[国]米国　[生]1935年1月17日　[典]2004／2008／2012

ミナキル, パーヴェル　Minakir, Pavel Aleksandrovich　経済学者　ロシア科学アカデミー極東支部経済研究所所長　[国]ロシア　[生]1947年12月2日　[典]1992／1996／2008／2012

ミナース, フランク　Minirth, Frank B.　精神科医　ミナース・メ

イヤークリニック創設者　国米国　典2004

ミナハン, ジョン　Minahan, John　作家, ジャーナリスト　国米国　生1933年4月30日　典1992／1996

ミニー, サフィア　Minney, Safia　実業家　フェア・トレード・カンパニー社長　国英国　生1964年　典2000／2004

ミーニー, ジョージ　Meany, George　労働運動家　元・アメリカ労働総同盟・産別会議（AFL-CIO）会長, 元・国際自由労働組合連盟（ICFTU）副会長　国米国　生1894年8月16日　没1980年1月10日　典1992

ミニング, ミシェル　Minning, Michel　人道支援活動家　元・赤十字国際委員会（ICRC）南米駐在代表, 元・赤十字国際委員会（ICRC）ペルー駐在代表　国スイス　生1952年　典2000／2008／2012

ミニター, リチャード　Miniter, Richard F.　「僕がほしいのはパパとママと釣りざおだった」の著者　国米国　典2004

ミニター, リチャード　Miniter, Richard　ジャーナリスト　典2004／2008

ミニック, クリス　Minnick, Chris　コンピューター技術者　ミニック・ウェブ・サービス社長　典2004

ミニック, メアリー　Minnick, Mary E.　実業家　ライオンキャピタルパートナー　元・コカ・コーラ副社長　国米国　生1959年11月27日　典2004／2008／2012

ミニャーエフ, イーゴリ　Minyaev, Igor　映画監督　国ソ連　生1954年　典1992／1996

ミニョーノ, ロラン　アーティスト　国フランス　生1967年　典2000

ミニョン, パトリック　Mignon, Patrick　社会学者　パリ第4大学教授, フランス国立体育スポーツ学院（INSEP）社会学研究所研究員　国フランス

ミヌ　Minwoo　本名＝イミヌ　ソロ名＝M　グループ名＝SHINHWA　歌手　国韓国　生1980年7月28日　典2004／2008／2012

ミネイロ, マルシオ　本名＝サントス・シルバ, マルシオ・ドス　サッカー選手（MF）　国ブラジル　典2000

ミネタ, ノーマン　Mineta, Norman Yoshio　政治家　ヒル・アンド・ノウルトン副会長　元・米国運輸長官, 元・米国商務長官, 元・米国下院議員（民主党）　国米国　生1931年11月12日　典1992／1996／2004／2008／2012

ミネハン, キャシー　ボストン連邦銀行総裁　典1996／2000

ミネリー, ジョン　Minnery, John　軍事研究家, 元・軍人　国米国　典2004

ミネリ, ビンセント　Minnelli, Vincent　映画監督　国米国　生1913年2月28日　没1986年7月25日　典1992

ミネリ, ライザ　Minnelli, Liza　本名＝Minnelli,Liza May　女優, 歌手　国米国　生1946年3月12日　典1992／1996／2004／2008／2012

ミネンコ, マギー　元・タレント　典2000

ミノー, アンドレ　Minaux, André　画家　国フランス　生1923年　没1986年10月4日　典1992

ミノウ, マーサ　Minow, Martha　法学者　ハーバード法科大学院教授　国米国　生1954年　典2008

ミノーグ, カイリー　Minogue, Kylie　本名＝Minogue,Kylie Ann　歌手, 女優　国オーストラリア　生1968年5月28日　典1992／2004／2008／2012

ミノーグ, ケニス　Minogue, Kenneth Robert　ロンドン・スクール・オブ・エコノミクス（LSE）教授, ロンドン大学教授　専政治学　国英国　生1930年9月11日　典2000

ミノーグ, ダニー　Minogue, Danii　歌手　国オーストラリア　典2000

ミノザ, フランキー　Minoza, Frankie　プロゴルファー　国フィリピン　生1959年12月29日　典1996／2000／2004／2008

ミノソ, ミニー　Minoso, Minnie　本名＝Minoso,Saturnino Orestes Armas Arrieta　大リーグ選手（外野手）　国米国　生1922年11月29日　典1996

ミノール, ナタ　Minor, Nata　作家, 翻訳家, 元・精神分析医　国フランス　典1996

ミノワ, ジョルジュ　Minois, Georges　歴史学者　超領域学術研究国際センター（CIRET）研究員　専ブルターニュ史, 宗教心性史　生1946年　典2004

ミハイリン, アレクサンドル　Mikhaylin, Alexandre　柔道選手　ロンドン五輪柔道男子100キロ超級銀メダリスト　国ロシア　生1979年8月18日　典2008

ミハイロヴァ, ナデジュダ　Mihailova, Nadezhda　政治家　ブルガリア外相　国ブルガリア　生1962年8月9日　典2000

ミハイロヴィッチ, シニシャ　Mihajlovic, Sinisa　サッカー監督, 元・サッカー選手　国セルビア　生1969年2月20日　典2000（ミハイロビッチ, シニシャ）／2004（ミハイロビッチ, シニシャ）／2008／2012

ミハイロフ, ボリス　Mikhailov, Boris　写真家　国ウクライナ　生1938年　典2008／2012

ミハイロフ, マキシム　Mikhaylov, Maxim　バレーボール選手　ロンドン五輪バレーボール男子金メダリスト　国ロシア　生1988年3月19日

ミハエル1世　Michael, HM King　元・ルーマニア国王　国ルーマニア　生1921年10月25日　典1992（ミハイ1世）／1996（ミハイ1世）／2000（ミハイ1世）／2008／2012

ミハルコヴィチ, ヨゼフ　Mihalkovič, Jozef　詩人　国チェコスロバキア　生1935年　典1992（ミハルコビチ, ヨゼフ）

ミハルコフ, セルゲイ　Mikhalkov, Sergei Vladimirovich　劇作家, 詩人, 児童文学作家　国ロシア　生1913年3月13日　没2009年8月27日　典1992／1996／2004

ミハルコフ, ニキータ　Mikhalkov, Nikita　本名＝Mikhalkov, Nikita Sergeevich　映画監督, 俳優　国ロシア　生1945年10月21日　典1992／1996／2000／2004／2008／2012

ミハルコフ・コンチャロフスキー, アンドレイ　Mikhalkov-Konchalovskii, Andrei Sergeevich　映画監督　国ロシア　生1937年8月20日　典2008／2012

ミハルチアヌ, ダン　画家　生1954年　典1996

ミハレス, クリスチャン　Mijares, Cristian　プロボクサー　元・WBA・WBC・IBF世界スーパーフライ級チャンピオン　国メキシコ　生1981年10月2日

ミヒェル, F.　ドイツワイン振興会理事長　国ドイツ　生1932年　典1992

ミヒェル, ハルトムート　Michel, Hartmut　生化学者　マックスプランク生物物理学研究所所長　国ドイツ　生1948年7月18日　典1992／1996／2000

ミヒェルス, ティルデ　Michels, Tilde　作家　国ドイツ　生1920年　典1996

ミヒェルス, フォルカー　Michels, Volker　ヘルマン・ヘッセ研究家　ズールカンプ社編集顧問　国ドイツ　典2000

ミヒル, ラインハルト　Michl, Reinhard　絵本作家　国ドイツ　生1948年　典1996

ミフニク, アダム　Michnik, Adam　政治評論家, 歴史家　「ガゼータ・ヴィボルチャ」編集長　国ポーランド　生1946年　典1992／1996／2000

ミヘイレアニュ, ラデュ　ミホ・シボ　美帆　シボ　Mihaileanu, Radu　本名＝シボ, ミホ　旧名＝新聞　日本名＝みほ　映画監督, 平和運動家　フランス広島長崎研究所代表　国フランス　生1958年, 昭和24年　典2008／2012／1992（シボ・新聞, ミホ）

ミムス, セドリック　Mims, Cedric　微生物学者　ガイ病院教授　国英国　典2004

ミモーニ, ジル　Mimouni, Gills　映画監督　国フランス　生1956年　典2000

ミヤウチ, エルケシュナーベル　宮内, エルケ・シュナーベル　フィンランド大使館技術開発センター調整役　国フィンランド　生1958年　典2000

ミャオ・ブ　Miao, Pu　漢字名＝苗圃　女優　国中国　典2008／2012

ミヤガワ, マリオ　宮川, マリオ　F1グランプリ・コーディネーター　国イタリア　生1963年　典1992

ミャグマル, デムベーギーン　Mjagmar, Dembeegijn　作家, 詩人

ミヤシロ, マルコ　ペルー特別情報局　国ペルー　殁2000
ミヤスニコフ, ウラジーミル　ロシア科学アカデミー極東研究所副所長　職極東研究　国ロシア　生1931年　殁1996
ミャ・タン・ティン　Mya Than Tint　本名＝ウーミャタン　作家, 翻訳家　国ミャンマー　生1929年8月29日　没1998年2月19日　殁1992
ミヤトヴィッチ, プレドラグ　Mijatovic, Predrag　元・サッカー選手　国モンテネグロ　生1969年1月19日　殁2000（ミヤトビッチ, プレドラグ）／2008（ミヤトビッチ, プレドラグ）／2012
ミヤトビッチ　Mijatović, Cvijetin　政治家　ユーゴスラビア連邦幹部会員　国ユーゴスラビア　生1913年　殁1992
ミヤハラ・エイジ　宮原 永治　中国名＝李柏青, インドネシア名＝ウマル・ハルトノ　福祉友の会顧問　国インドネシア　殁2000
ミヤミャウイン　Mya Mya Win　元・在日ビルマ人協会名誉会長　生1946年6月27日　殁2000
ミュア, ジーン　Muir, Jean Elizabeth　ファッションデザイナー　国英国　生1929年　没1995年5月28日　殁1996
ミュウ・ミュウ　Miou-Miou　本名＝Héry,Sylvette　女優　国フランス　生1950年2月22日　殁1992／1996／2000／2008／2012
ミュグレー, ティエリー　Mugler, Thierry　ファッションデザイナー　ティエリー・ミュグレー社設立者　国フランス　生1945年2月8日　殁1992／1996
ミュクレブスト, ラグンヒル・ハルボーセン　Myklebust, Ragnhild Halvorsen　スキー選手（距離）, バイアスロン選手　国ノルウェー　生1943年12月13日　殁2000／2004／2008
ミューサー, トニー　Muser, Tony　本名＝Muser,Anthony Joseph　元・大リーグ監督, 元・大リーグ選手, 元・プロ野球選手　国米国　生1947年8月1日　殁2000／2004
ミュージアル, スタン　Musial, Stan　本名＝Musial,Stanley Frank　大リーグ選手　国米国　生1920年11月21日　没2013年1月19日　殁1992
ミュージク, キャサリン　Muzik, Katherine　筆名＝水木桂子　海洋生物学者　ハーバード大学研究員, MUZIK主宰者　職八放サンゴ　国米国　生1948年　殁1996
ミュシャ, ジリ　Mucha, Jiri　チェコ名＝ムハ, イージー　作家, 美術評論家　国チェコスロバキア　生1915年　殁1992／1996
ミュシャンブレド, ロバート　Muchembled, Robert　文化史家　ノール大学教授　国フランス　生1944年　殁1996
ミューズ, キャシー　Meeus, Cathy　作家　殁2008
ミュース, ジョン・J.　Muth, Jon J.　絵本作家, イラストレーター　国米国　殁2004
ミュゾッフ, ピーター　Musolf, Peter　文明批評家　元・リーハイ大学外国語学部助教授　国米国　殁2000
ミュターティース, クラウス　Müterthies, Klaus　歯科技工士　国ドイツ　生1943年　殁1996
ミューナン, ハイディ　Munan, Heidi　ジャーナリスト　国マレーシア　殁2000
ミュニズ, フランキー　Muniz, Frankie　本名＝Muniz,Francisco James IV　俳優　国米国　生1985年12月5日　殁2008／2012
ミュラー, イエルク　Müller, Jörg　挿絵画家　国スイス　生1942年10月　殁2004／2008
ミュラー, ウェルナー　Müller, Werner　政治家　元・ドイツ経済相　国ドイツ　生1946年6月1日　殁2004
ミュラー, エダ　ドイツ環境・自然保護・原子力安全省エコマーク担当課長　国ドイツ　殁1992／1996
ミューラー, エディー　Muller, Eddie　作家　国米国　殁2004
ミュラー, エルウィン・ウィルヘルム　Mueller, Erwin Wilhelm　物理学者　国米国　生1911年6月13日　殁2000
ミュラー, カール・アレックス　Müller, Karl Alex　本名＝ミュラー, カール・アレクサンダー　物理学者　IBMチューリッヒ研究所上級研究員　職酸化物, 超伝導物質　国スイス　生1927年4月20日　殁1992／1996／2000

ミュラー, クリスティアン　Müller, Christian　ローザンヌ大学教授　職精神医学　国スイス　生1921年　殁2000
ミューラー, ゲルダ　Muller, Gerda　絵本作家, 絵本編集者　生1926年　殁1996
ミュラー, ゲルト　Müller, Gerd　元・サッカー選手　国ドイツ　生1945年11月3日　殁2000／2012
ミューラー, コンラート・ルーフス　Müller, Konrad R.　写真家　国ドイツ　生1940年　殁2000
ミュラー, サッシャ　Müller, Sascha　ドイツ自然保護連合国際部長　国ドイツ　殁2000
ミューラー, ジョン・ポール　Mueller, John Paul　フリーライター, テクニカルエディター　殁2004
ミュラー, セヴェリン　Müller, Severin　アウグスブルク大学哲学科教授　職哲学　国ドイツ　生1942年　殁1992／1996／2000
ミュラー, ゼノ　Mueller, Xeno　ボート選手　国スイス　殁2000／2004
ミューラー, デニス　Mueller, Dennis C.　メリーランド大学経済学部教授　職公共選択論, 産業組織論　殁1996
ミュラー, トーマス　Müller, Thomas　サッカー選手（MF）　国ドイツ　生1989年9月13日　殁2012
ミュラー, ドミニック　Muller, Dominique　作家, 伝記作家, ジャーナリスト　国フランス　生1948年　殁2000
ミュラー, ハイナー　Müller, Heiner　劇作家, 演出家　国ドイツ　生1929年1月9日　没1995年12月30日　殁1992／1996
ミュラー, ハイメ　Müller, Heime　グループ名＝アルテミス・クァルテット　バイオリニスト　国ドイツ　生1970年　殁2004
ミュラー, パウル　Müller, Paul　生態学者　ザールラント大学教授・環境科学研究所長　国ドイツ　殁1992／1996
ミュラー, ヒルデガルト　Müller, Hildegard　絵本作家, 画家　国ドイツ
ミューラー, フランク　柔道選手　国ドイツ　殁1996
ミュラー, ヘルタ　Müller, Herta　作家　国ドイツ　生1953年8月17日　殁2000／2004／2008／2012
ミュラー, ミヒャエル　歴史家　ハレ大学教授, ポーランド・ドイツ共同教科書委員会委員長, ゲオルク・エッカート国際教科書研究所会員　職ポーランド史, ポーランド・ドイツ関係学　国ドイツ　殁2004
ミュラー, ミヒャエル　Müller, Michael　政治家　ドイツ連邦議会議員, ドイツ社会民主党（SPD）副院内総務　国ドイツ　生1948年7月10日　殁2004
ミュラー, メリッサ　Müller, Melissa　ジャーナリスト　国オーストリア　生1967年　殁2004
ミュラー, ヨルク　Müller, Jörg　ジャーナリスト, 作家　国ドイツ　生1956年　殁1996
ミュラー, ラリー　Mueller, Larry　実業家　アリバ社長・COO　国米国　殁2004
ミュラー, ルーファス　Müller, Rufus　テノール歌手　国英国　生1959年　殁2004／2008
ミュラー, レイ　Müller, Ray　映画監督　国ドイツ　生1949年　殁1996
ミューラー, ロバート　Muller, Robert　国連平和大学学長　殁1992／1996／2000
ミューラー, ロバート　Mueller, Robert K.　企業コンサルタント　アーサー・D・リトル特別顧問　国米国　生1913年　殁1992
ミュラー, ロビー　Müller, Robby　映画撮影監督　国オランダ　生1940年4月4日　殁2000
ミュラ, ロール　Murat, Laure　作家, ジャーナリスト　生1967年　殁2004
ミュラー・ヴェンク, ルディー　フリスコ・フィンドゥス社財務担当取締役, ザンクト・カレン大学経済エコロジー研究所教授　職エコロジー会計　国スイス　生1937年　殁1996（ミュラー・ベンク, ルディー）
ミュラー・ヴォールファルト, H.W.　Müller-Wohlfahrt, Hans-Wilhelm　整形外科医　サッカードイツ代表チームドクター　職スポーツ医学　国ドイツ　生1942年　殁2004

ミュラー・ショット, ダニエル　Müller-Schott, Daniel　チェロ奏者　国ドイツ　⊕1976年　⊛2012

ミュラー・ヒル, ベンノ　Müller-Hill, Benno　ケルン大学遺伝学研究所教授　専遺伝学　⊕1933年　⊛1996

ミュラー・ブロックマン, ヨゼフ　Müller-Brockmann, Josef　グラフィックデザイナー, インダストリアルデザイナー　英国芸術学士院インダストリアルデザイナー　国スイス　⊕1914年　⊗1992／1996／2000

ミュラン, ピーター　Mullan, Peter　俳優, 映画監督　国英国　⊕1954年　⊛2004／2008／2012

ミュリス, ダレル　Mullis, Darrell　教育コンサルタント　⊛2004

ミュリセ, イヴァン　Muriset, Yvan　報道写真家　国フランス　⊛1992

ミュリナゥ, グレン　Mullineux, Glen　ブリュンネル大学経営工学部門講師・付属研究所主任研究員・講師　専CAD／CAM, ロボット工学, CAE　国英国　⊛1992

ミュリン, ジャック　Murrin, Jack　公認会計士　元・マッキンゼー＆カンパニー・パートナー　国米国　⊛2000

ミュール, ロジェ　Muhl, Roger　画家　国フランス　⊕1929年　⊛1992

ミュルダール, アルバ　Myrdal, Alva　旧名＝レイメル　社会学者, 政治家, 外交官, 平和運動家　元・スウェーデン軍縮相, 元・国連軍縮委員会スウェーデン首席代表　国スウェーデン　⊕1902年1月31日　⊗1986年2月1日　⊛1992

ミュルダール, グンナー　Myrdal, Gunnar　本名＝Myrdal, Karl Gunnar　元・ストックホルム大学教授, 元・国連ヨーロッパ経済委員会（ECE）委員長　専経済学者, 社会学者, 政治家　国スウェーデン　⊕1898年12月6日　⊗1987年5月17日　⊛1992

ミュルダール, ヤーン　Myrdal, Jan　批評家, 作家, 随筆家　国スウェーデン　⊕1927年7月19日　⊛1992／1996／2000／2004／2008／2012

ミュールホフ, ウルリケ　Mühlhoff, Ulrike　絵本画家　国ドイツ　⊕1957年　⊛1992

ミュルラウアー, ヨハン　ラジウム社長　国オーストリア　⊛1996／2000

ミュルレ, ミカ　Myllylae, Mika　元・スキー選手（距離）　国フィンランド　⊕1969年9月12日　⊛2000／2004

ミュレイン, R.マイク　Mullane, R.Mike　元・宇宙飛行士　国米国　⊛2000

ミューレッカー, フリードリヒ　Mühlöcker, Friedrich　哲学者　ウィーン大学哲学研究所講師　国オーストリア　⊕1944年　⊛2004

ミューレック, ヨハン　Muehlegg, Johann　スキー選手（距離）　国スペイン　⊕1970年11月8日　⊛2004／2008

ミューレマン, ルーカス　Mühlemann, Lukas　実業家　元・クレディ・スイス・グループ（CSG）会長・CEO　国スイス　⊕1950年　⊛2004

ミューレル　Müller　本名＝コレア・ダ・コスタ, ルイス・アントニオ　サッカー選手（FW）　国ブラジル　⊕1966年1月31日　⊛1996／2000

ミュレール, マルコ　Muller, Marco　映画プロデューサー, 映画祭ディレクター, 映画評論家　ベネチア国際映画祭ディレクター　国イタリア　⊕1953年　⊛2008／2012

ミューレン, ジム　格闘家, エクササイズ・インストラクター　国米国　⊕1969年10月28日　⊛2000

ミューレン, ティム　Mullen, Tim　別名＝Thor　ソフトウェアアーキテクト　⊛2008

ミューレン, デニス　Muren, Dennis　特殊効果撮影監督　インダストリアル・ライト＆マジック視覚部門　国米国　⊛2000

ミューレン, ヘンズリー　Meulens, Hensley　大リーグコーチ, 元・プロ野球選手　国オランダ　⊕1967年6月23日

ミューレン, ポール　Mullen, Paul E.　精神医学者　モナシュ大学法精神医学教授　⊛2008

ミューレン, ラリー　Mullen, Larry　グループ名＝U2　ロックドラマー　国英国　⊕1961年10月31日　⊛2000／2004／2008／2012

ミュレンハイム・レッヒベルク, ブルカルト・フォン　Müllenheim Rechberg, Burkard von　元・軍人, 元・外交官　国ドイツ　⊕1910年　⊛1996

ミュンクナー, ハンス・H.　社会学者　マールブルク大学教授　国ドイツ　⊛2004

ミュンテフェリング, フランツ　Müntefering, Franz　政治家　元・ドイツ副首相・労働社会相, 元・ドイツ社会民主党（SPD）党首　国ドイツ　⊕1940年1月16日　⊛2000／2004／2008／2012

ミュンヒ, カールハインツ　Münch, Karlheinz　軍事史研究家　専ドイツ軍戦車部隊　国ドイツ　⊛2004

ミュンヒハウゼン, クラウス・フォン　ブレーメン大学外国人憎悪民族虐殺問題研究所講師　国ドイツ　⊛2000

ミュンヒンガー, カール　Münchinger, Karl W.　指揮者　元・シュトゥットガルト室内管弦楽団創設者　国ドイツ　⊕1915年5月29日　⊗1990年3月13日　⊛1992

ミヨシ, デービッド　Miyoshi, David Masao　弁護士, ビジネスコンサルタント　国米国　⊛2000

ミヨシ, マサオ　Miyoshi, Masao　日本名＝三好将夫　元・カリフォルニア大学サンディエゴ校名誉教授　専英文学, 非西欧文学, 日本文学, 比較文学（英日）　国米国　⊕1928年　⊗2009年10月1日　⊛1992

ミョドビッチ, アルフレッド　ポーランド全国労組連盟議長　国ポーランド　⊛2000

ミョン・ウシク　明 于植　東洋テクノース代表　専生命現象　国韓国　⊛2000

ミョン・ゲナム　Myung, Kye-nam　漢字名＝明桂南　映画製作者, 俳優　イーストフィルム代表　国韓国　⊕1952年7月26日　⊛2004／2008

ミヨン, シャルル　Millon, Charles　政治家　右翼党首　元・フランス国防相　国フランス　⊕1945年11月12日　⊛1996／2000

ミョン・ヨンソク　明 栄錫　全国農漁民後継者協議会主席副会長　国韓国　⊛1992／1996

ミラー, J.R.　Miller, J.R.　サスカチェワン大学教授　専カナダ史　国カナダ　⊕1943年　⊛1996

ミラー, J.ヒリス　Miller, J.Hillis　英文学者, 言語学者　カリフォルニア大学アーバイン校教授　元・米国近代言語協会（MLA）会長　専比較文学　国米国　⊕1928年　⊛2000／2004／2008

ミラー, P.スカイラー　Miller, P.Schuyler　SF作家, 評論家　国米国　⊕1912年　⊛1992

ミラー, アーサー　Miller, Arthur　本名＝Miller, Arthur Ashur　劇作家, 脚本家　国米国　⊕1915年10月17日　⊗2005年2月10日　⊛1992／1996／2000／2004

ミラー, アーサー・I.　Miller, Arthur I.　科学史家　ロンドン・ユニバーシティ・カレッジ教授　専科学史, 科学哲学　国英国　⊛2004／2012

ミラー, アーノルド　元・全米鉱山労組会長　国米国　⊗1985年7月12日　⊛1992

ミラー, アラン　Miller, Alan S.　メリーランド大学気候変動センター所長　専気象学　国米国　⊛1992

ミラー, アリス　Miller, Alice　著述家, 精神分析家　国スイス　⊕1923年　⊛1996／2000

ミラー, アレックス　Miller, Alex　サッカー監督　国英国　⊕1949年7月4日　⊛2012

ミラー, アンドルー　Miller, Andrew　作家　国英国　⊛2004

ミラー, アンドルー　Miller, Andrew　ラグビー選手（SO）　国ニュージーランド　⊕1972年9月13日　⊛2004／2008

ミラー, インガー　Miller, Inger　陸上選手（短距離）　国米国　⊕1972年6月12日　⊛2000／2008

ミラー, ウィリアム　Miller, William F.　スタンフォード大学教授, スタンフォード大学経営大学院名誉教授　専コンピューター科学, 経営学, 技術と経済問題　国米国　⊕1926年　⊛1992／2000

ミラー, ウィリアム　Miller, G.William　元・米国連邦準備制度理事会（FRB）議長, 元・米国財務長官　国米国　⊕1925年3月9日　⊗2006年3月17日　⊛1992／1996

ミラー, ウィリアム　ユジノサハリンスク・アメリカン・ビジネスセンター(ABC)館長　[国]米国　[典]2000

ミラー, ウエイン　Miller, Wayne F.　元・写真家　元・マグナム会長　[国]米国　[生]1918年　[典]1996／2000

ミラー, ウェントワース　Miller, Wentworth　俳優　[国]米国　[生]1972年6月2日　[典]2008／2012

ミラー, ウォーレン　Miller, Warren E.　政治学者　アリゾナ州立大学教授　[専]アメリカ政治学, 投票行動論, 政治心理学　[国]米国　[典]1996

ミラー, エドガー　Miller, Edgar　臨床心理学者　レスター大学教授　元・英国心理学会会長　[専]アルツハイマー型痴呆, パーキンソン病　[国]英国　[典]2004／2008

ミラー, エリザベス　Miller, Elizabeth　医師　[専]小児科, 内科　[国]米国　[典]2000

ミラー, エリノア　Miller, Eleanor M.　ミルウォーキー大学社会学部助教授　[専]社会学　[国]米国　[生]1948年　[典]1996

ミラー, オットー　元・シェブロン社会長　[国]米国　[没]1988年2月4日　[典]1992

ミラー, クラレンス　Miller, Clarence　通称=ミラー, ビッグ　ジャズ歌手　[国]米国　[生]1923年12月18日　[没]1992年6月9日　[典]1996

ミラー, クリス　Miller, Chris　コンピューター技術者　[典]2004

ミラー, クリフ　Miller, Cliff　日本名=栗富実良　マウンテンビューデータ社長　[国]米国　[生]1957年8月11日　[典]2000／2004

ミラー, グレン　Miller, Glenn　実業家　Tsunami Consulting Group社長・共同創立者　[国]米国　[典]2004

ミラー, ケン　ロードスター社長　[国]米国　[典]1992

ミラー, シエナ　Miller, Sienna　本名=Miller,Sienna Rose　女優　[国]米国　[生]1981年12月28日　[典]2012

ミラー, ジェフ　ウミガメ・生態研究家　[国]オーストラリア　[典]1992

ミラー, ジェームズ　Millar, James R.　ソ連学者　ジョージ・ワシントン大学中国ソ連研究所所長・国際問題研究所教授　[国]米国　[生]1936年7月7日　[典]1996

ミラー, ジェームズ　Miller, James E.　実業家　元・マツダ社長　[国]米国　[生]1946年5月15日　[典]2000

ミラー, ジェームズ　Miller, James　The New School for Social Research政治学科教授・リベラル・スタディーズ学科長　[専]思想史　[国]米国　[生]1947年　[典]2000

ミラー, ジェームズ　Miller, James D.　経済学者　スミス・カレッジ助教授　[国]米国　[典]2008

ミラー, ジェームズ(3世)　Miller, James Clifford (III)　元・米国連邦取引委員会(FTC)委員長　[国]米国　[生]1942年6月25日　[典]1996

ミラー, ジャスティン　Miller, Justin　本名=Miller,Justin Mark　大リーグ選手, プロ野球選手　[国]米国　[生]1977年8月27日　[没]2013年6月26日

ミラー, シャノン　Miller, Shannon　体操選手　[国]米国　[生]1977年3月10日　[典]1996／2000／2004

ミラー, シャノン　アイスホッケー・カナダ女子代表監督　[国]カナダ　[典]2000

ミラー, ジュディス　Miller, Judith　ジャーナリスト　「ニューヨーク・タイムズ」記者　[専]中東問題, テロ　[国]米国　[典]2004／2008／2012

ミラー, ジョージ　Miller, George　映画監督, 映画プロデューサー　[国]オーストラリア　[生]1945年3月3日　[典]1992／1996／2000／2008／2012

ミラー, ジョージ　Miller, George　映画監督　[国]オーストラリア　[典]2000

ミラー, ジョージ　哲学者　ルイス大学哲学学部教授　[国]米国　[生]1959年　[典]2004

ミラー, ジョナサン　Miller, Jonathan Wolfe　演出家, 映画監督, 神経科医, 作家　元・オールド・ビック劇場芸術監督　[国]英国　[生]1934年7月21日　[典]2000／2008／2012

ミラー, ジョニー　Miller, Johnny　本名=Miller,Johnny Laurence　プロゴルファー　[国]米国　[生]1947年4月29日　[典]1992／1996

ミラー, ジョフリー　Miller, Geoffrey　ジャーナリスト　元・AP通信欧州運動部長　[国]英国　[没]1984年2月16日　[典]1992

ミラー, ジョン　Miller, John P.　トロント大学オンタリオ教育研究所教授,「ホリスティック教育レビュー」編集委員　[国]カナダ　[生]1943年　[典]1996／2000

ミラー, ジョン　Miller, John E.　歴史学者　サウスダコタ州立大学教授　[典]2004

ミラー, ジョン　Miller, John G.　人材育成コンサルタント　[典]2008

ミラー, ジョン・ラムゼー　Miller, John Ramsey　作家　[国]米国　[典]2000

ミラー, ジーン・ベーカー　Miller, Jean Baker　ボストン大学医学部教授　[専]臨床精神医学　[国]米国　[典]1992

ミラー, スー　Miller, Sue　作家　[国]米国　[典]1992／1996

ミラー, ゼル　Miller, Zell　本名=Miller,Zell Bryan　政治家　元・米国上院議員(民主党), 元・ジョージア州知事　[国]米国　[生]1932年2月24日　[典]1996／2000／2004／2008／2012

ミラー, ダン　政治家　ブリティッシュ・コロンビア州副首相・雇用投資相　[国]カナダ　[典]2000

ミラー, デービッド　Miller, David L.　シラキュース大学教授　[専]神学　[国]米国　[生]1936年　[典]1992

ミラー, デービッド　編集者, 元・軍人　[典]2004

ミラー, デービッド　Miler, David　グループ名=イル・ディーヴォ　テノール歌手　[国]米国　[生]1973年4月14日　[典]2008／2012

ミラー, デレク　Miller, Derek　デュオ名=スレイ・ベルズ, 旧グループ名=Poison The Well　ロック・ギタリスト　[国]米国　[典]2012

ミラー, ナンシー　Miller, Nancy E.　作業療法士　[国]米国　[典]2008

ミラー, バート　Miller, Bart A.　ブリーダー　[国]カナダ　[生]1948年　[典]1996

ミラー, ハーバート・S.　実業家　アメリカン・モールズ・インターナショナル(AMI)会長　[国]米国　[生]1943年　[典]2000

ミラー, ハーランド　Miller, Harland　アーティスト, 作家　[国]英国　[生]1964年　[典]2004

ミラー, ハロルド　Miller, Harold T.　軍人　元・GHQ民間運輸局長　[国]米国　[生]1896年10月13日　[典]1996

ミラー, ピーター　Millar, Peter　作家　[国]英国　[典]2004

ミラー, ピーター　Miller, Peter　会計学者　ロンドン大学教授　[国]英国　[典]2008

ミラー, ヒュー　Miller, Hugh　作家　[国]英国　[典]2000

ミラー, ビル　Mueller, Bill　本名=Mueller,William Richard　大リーグ選手(内野手)　[国]米国　[生]1971年3月17日　[典]2008

ミラー, ブルース　Miller, Bruce　外交官　駐日オーストラリア大使　[国]オーストラリア

ミラー, ブレント　Miller, Brent A.　コンピューター技術者　[国]米国　[典]2004

ミラー, ベネット　Miller, Bennett　映画監督　[国]米国　[生]1966年　[典]2008／2012

ミラー, ペネロープ・アン　Miller, Penelope Ann　女優　[国]米国　[生]1964年　[典]1996

ミラー, ヘンリー　Miller, Henry　本名=Miller,Henry Valentine　作家　[国]米国　[生]1891年12月26日　[没]1980年6月7日　[典]1992

ミラー, ボディ　Miller, Bode　スキー選手(アルペン)　バンクーバー五輪アルペンスキー男子スーパー複合金メダリスト　[国]米国　[生]1977年10月12日　[典]2008／2012

ミラー, ポール　元・AP通信社会長, 元・ガネット社理事長　[国]米国　[生]1906年9月　[没]1991年8月21日　[典]1992

ミラー, ポール　Miller, Paul B.W.　会計学者, 公認会計士　コロラド大学教授　[国]米国　[典]2008

ミラー, ボン　Miller, Von　プロフットボール選手(OLB)　[国]米国　[生]1989年3月26日

ミラー, マイク　Miller, Mike　バスケットボール選手　[国]米国　[生]1980年2月19日

ミラー, マイケル　Miller, Michael　編集者, テクニカルライター

ミラー, マーカス　Miller, Marcus　ジャズ・ベース奏者, 作曲家　国米国　生1959年6月14日　載1996／2004／2008／2012

ミラー, マーガレット　Millar, Margaret　作家　国米国　生1915年　没1994年3月26日　載1992／1996

ミラー, マーク　Millar, Mark　ライター　載2004／2008

ミラー, マートン　Miller, Merton Howard　経済学者　元・シカゴ大学ビジネススクール名誉教授, 元・シカゴ・マーカンタイル取引所理事, 元・アメリカ金融協会会長　専銀行論, 企業金融論　国米国　生1923年5月16日　没2000年6月3日　載1992／1996／2000

ミラー, マービン　Miller, Marvin　元・大リーグ選手会専務理事　国米国　生1917年　没2012年11月27日　載1996

ミラー, マリコ・テラサキ　Miller, Mariko Terasaki　駐米名誉総領事　外交官・寺崎英成の娘　国米国　生1932年　載1992／1996／2000

ミラー, マリリン　Miller, Marilyn　フリーライター, 編集者　国米国　載2004

ミラー, メリッサ　Miller, Melissa　投資コンサルタント　国米国　載2004

ミラー, メル　コメディアン　国南アフリカ　載2000

ミラー, ランド　コンピュータゲームプログラマー　サイアン経営　国米国　載1996

ミラー, ランドルフ・クランプ　Miller, Randolph Crump　宗教教育学者　元・エール大学神学部教授　国米国　生1910年10月1日　載1996

ミラー, リーアン　フィギュアスケート振付師　国米国　載2000

ミラー, リチャード　元・ワング・ラボラトリーズ社長・COO　国米国　載1992／1996

ミラー, リンダ・ラエル　Miller, Linda Lael　ロマンス作家　国米国　載2004

ミラー, ルース　Miller, Ruth　グループ名=プラネッツ　フルート奏者　国英国　生1978年8月29日　載2004

ミラー, レジー　Miller, Reggie　元・バスケットボール選手　国米国　生1965年8月24日　載1996／2000／2008／2012

ミラー, レックス　Miller, Rex　作家　国米国　載2004／2008

ミラー, レット　Miller, Rhett　旧グループ名=オールド97's　シンガーソングライター　国米国　載2004／2008

ミラー, レベッカ　Miller, Rebecca　映画監督, 脚本家, 作家　国米国　生1962年　載2012

ミラー, ロイ　Miller, Roy　コンピューター技術者　載2004

ミラ, ロジェ　Milla, Roger　本名=ミラー, アルベール・ロバート　元・サッカー選手　カメルーン特別親善大使, 国際エイズ計画親善大使　国カメルーン　生1952年5月20日　載1992／1996／2004／2008／2012

ミラー, ロジャー　Miller, Roger Dean　カントリー歌手　国米国　生1936年1月2日　没1992年10月25日　載1996

ミラー, ロス　Miller, Ross M.　ビジネスコンサルタント　国米国　載2004／2008／2012

ミラー, ロドリック　Miller, Roderick Macalister　外交官　元・駐日ニュージーランド大使　国ニュージーランド　生1925年　載1996

ミラー, ロバート　Miller, Robert B.　経営コンサルタント　ミラー・ハイマン社設立者　国米国　載1992

ミラー, ロバート　Miller, Robert V.　オクラホマ州立大学教授　専微生物学, 分子遺伝学　国米国　載2000

ミラー, ロバート　Miller, Robert Joseph　政治家　元・ネバダ州知事　国米国　生1945年3月30日　載2000

ミラー, ロバート・C.　元・MIPSコンピュータ・システムズ会長・CEO　国米国　載1992／1996

ミラー, ロビン　コンピュータゲームプログラマー　サイアン経営　国米国　載1996

ミラー, ローラ　Miller, Laura　ライター　国米国　載2004

ミラー, ローレンス　Miller, Laurence　写真家　ローレンス・ミラー・ギャラリー主宰者　国米国　生1948年　載1996

国米国　載2004

ミラー, ロン　Miller, Ron　イラストレーター　国米国　載2000

ミラウツ, ペーター　Millautz, Peter　菓子職人　ハークマン菓子店工場長　国オーストリア　生1943年6月　載1996

ミラージェス, フランセスク　Miralles, Francesc　作家　国スペイン　載2012

ミラー・スミス, チャールズ　Miller Smith, Charles　実業家　ICI社長　国英国　生1939年11月　載2000

ミラソール, ドミナドール　作家　国フィリピン　生1940年　載1992

ミラード, アラン　Millard, Alan　考古学者　国英国　載2008

ミラード, アン　Millard, Anne　考古学者　専古代エジプト　国英国　載2004

ミラード, アンドレ　Millard, Andre　アトランタ大学教授　専経済史, 技術史　生1947年　載2000

ミラード, ウィリアム・H.　コンピュータランド社長　国米国　載1992

ミラニ, タミネ　映画監督　国イラン　載2000

ミラネース, アイデー　Milanes, Haydee　歌手　国キューバ　生1980年　載2012

ミラノヴィッチ, ゾラン　Milanović, Zoran　政治家　クロアチア首相　国クロアチア　生1966年10月30日

ミラノフ, ジンカ　Milanov, Zinka　旧名=クンツ, ジンカ<Kunc, Zinka>　ソプラノ歌手　国ユーゴスラビア　生1906年5月17日　没1989年5月30日　載1992

ミラバル, カルロス　Mirabal, Carlos　中国名=馬来宝　元・プロ野球選手　国米国　生1973年4月24日　載2000(馬来宝 バ・ライホウ)／2004／2008／2012

ミラベラ, グレース　Mirabella, Grace　ファッション・エディター　国米国　載2000

ミラー・ペリン, シンディ　Miller-Perrin, Cindy L.　心理学者　ペパーダイン大学心理学部助教授　国米国　載2004／2008

ミラルダ, アントニ　イベント・アーティスト　国スペイン　生1942年　載1992

ミラン, エリック　Mielants, Eric　社会学者　フェアフィールド大学准教授　生1973年　載2012

ミラン, ジャン・フランソワ　Millan, Jean-François　画家　国フランス　生1939年　載2000

ミラン, ブルース　Millan, Bruce　政治家　元・EU欧州委員会委員, 元・英国下院議員(労働党)　国英国　生1927年10月5日　没2013年2月21日　載1992／1996

ミランスキー, オーブリー　Milunsky, Aubrey　医学者　ボストン医科大学教授　専遺伝学　載2004

ミランダ, サンチャゴ　Miranda, Santiago　デザイナー　生1947年　載1992

ミランダ, リン・マニュエル　Miranda, Lin-Manuel　ミュージカル作曲家　国米国　載2012

ミランド, レイ　Milland, Ray　本名=Millane,Jack　映画俳優・監督　国米国　生1905年1月3日　没1986年3月10日　載1992

ミリアス, ジョン　Milius, John　映画監督, シナリオ作家　国米国　生1944年4月11日　載1992／2012

ミリアン, エクトル　Milian Perez, Hector　レスリング選手(グレコローマン)　国キューバ　載1996

ミリアン, クリスティーナ　Milian, Christina　歌手　国米国　生1980年　載2012

ミリキタニ, ジミー　Mirikitani, Jimmy　本名=ミリキタニ, ジミー・ツトム　姓の漢字名=三力谷　画家　国米国　生1920年6月15日　没2012年10月21日　載2012

ミリケン, トム　Milliken, Tom　野生動植物国際取引調査記録特別委員会(トラフィック)ジャパン事務局長　国米国　載1992

ミリス, ルドー　Milis, Ludo J.R.　歴史家　ヘント大学教授　専中世史, 中世研究方法論　国ベルギー　生1940年　載2004

ミリタル, ニコラエ　Militaru, Nicolae　軍人, 政治家　元・ルーマニア国防相　国ルーマニア　載1992／1996

ミリトシアン, イスライル　Militossian, Israel　重量挙げ選手　国ア

ルメニア [典]1996

ミリノヴィッチ, ゼリコ　Milinovic, Zeljko　サッカー選手(DF)　[国]スロベニア　[生]1969年10月12日　[典]2004／2008

ミリバンド, エド　Miliband, Ed　本名=Miliband,Edward Samuel　政治家　英国労働党党首　元・英国エネルギー気候変動相　[国]英国　[生]1969年12月24日　[典]2012

ミリバンド, デービッド　Miliband, David Wright　政治家　元・英国外相　[国]英国　[生]1965年7月15日　[典]2008／2012

ミリポルスキー, アンドレ　ポップアーティスト　[生]1951年　[典]1992

ミリュコフ, アナトリー　Milyukov, Anatolii Illarionovich　経済学者　モスビジネス銀行副頭取　[国]ロシア　[典]1992／1996／2000

ミリョ　Miryo　グループ名=ブラウン・アイド・ガールズ　歌手　[国]韓国　[生]1981年11月2日　[典]2012

ミー・リン　My Linh　歌手　[国]ベトナム　[生]1975年　[典]2008／2012

ミリントン, アントニー　Millington, Anthony Nigel Raymond　欧州自動車工業会東京事務所初代理事長　元・ロールスロイス・ファーイースト社長　[国]英国　[生]1945年1月29日　[典]1992／1996

ミル　Mir　グループ名=MBLAQ　歌手　[国]韓国　[生]1991年3月10日　[典]2012

ミール, M.P.　Mirr, Michaelene Pheifer　ウイスコンシン大学オー・クレア校准教授　[専]看護学　[国]米国　[典]2000

ミルウォード, デービッド・ウィン　Millward, David Wynn　画家　[国]英国　[生]1944年　[典]2000

ミルウッド, ケビン　Millwood, Kevin　本名=Millwood,Kevin Austin　大リーグ選手(投手)　[国]米国　[生]1974年12月24日　[典]2000／2004／2008／2012

ミルガニ, アハマド・アル　Mirghani, Ahamad Al　政治家　元・スーダン大統領　[国]スーダン　[生]1941年　[没]2008年11月2日　[典]1992

ミルグラム, スタンレー　Milgram, Stanley　ニューヨーク市立大学大学院心理学教授　[専]社会心理学　[国]米国　[典]1996

ミルグリム, デービッド　Milgrim, David　イラストレーター, 絵本作家　[国]米国　[典]2004

ミルグロム, ポール　Milgrom, Paul　スタンフォード大学経済学部教授　[専]産業組織論, ゲーム理論　[国]米国　[生]1948年　[典]2000

ミールケ, エーリヒ　Mielke, Erich　政治家　元・東ドイツ国家保安相　[国]ドイツ　[生]1907年12月28日　[没]2000年5月21日　[典]1992／1996／2000

ミルケ, ボド　ダイスタージャパン社長　[国]ドイツ　[典]2000

ミルケン, マイケル　債券アナリスト　ミルケン研究所会長　元・ドレクセル・バーナム・ランベール社チーフ・ボンド・トレーダー　[国]米国　[生]1946年　[典]1992／1996／2000

ミルコウスキー, ビル　Milkowski, Bill　音楽ジャーナリスト, ギタリスト, ベース奏者　[国]米国　[生]1954年9月26日　[典]1996／2000

ミルコ・クロコップ　Milko CroCop　本名=フィリポビッチ, ミルコ　格闘家, 政治家　元・クロアチア国会議員　[国]クロアチア　[生]1974年9月10日　[典]2000(フィリポビッチ, ミルコ)／2004／2008／2012

ミルザ, サニア　Mirza, Sania　テニス選手　[国]インド　[生]1986年11月15日　[典]2012

ミルザ, ジル　Mirza, Jill　画家　[典]2004

ミルザッカニアン, エミール　Mirzakhanian, Emil　ファッションデザイナー　ミルザッカニアン・オーナー　[国]イタリア　[生]1960年　[典]2012

ミルズ, ウィルバー　Mills, Wilbur Daigh　政治家　元・米国下院歳入委員会委員長　[国]米国　[生]1909年5月24日　[没]1992年5月2日　[典]1992／1996

ミルズ, エレイン　Mills, Elaine　絵本作家　[国]英国　[生]1941年2月12日　[典]2000

ミルズ, カイル　Mills, Kyle　「全米無差別テロの恐怖」の著者　[典]2008

ミルズ, クラウディア　Mills, Claudia　児童文学作家　[国]米国　[生]1954年　[典]2008

ミルズ, クリスピアン　Mills, Crispian　グループ名=ジーバズ, 旧グループ名=クーラ・シェイカー　ミュージシャン　[国]英国　[生]1973年1月18日　[典]2004／2008／2012

ミルズ, サイモン　ハーブリスト　エクスター大学コンプリメンタリー・ヘルス・スタディーズ学長,ESCOP書記長　元・ナショナル・インスティテュート・オブ・メディカル・ハーブリスツ(NIMH)代表　[専]ハーブル・メディスン　[国]英国　[生]1949年　[典]2000

ミルズ, ジェフ　Mills, Jeff　ミュージシャン,DJ　[国]米国　[生]1963年　[典]2000／2004／2008／2012

ミルズ, ジョン　Mills, John Lewis Ernest Watts　俳優, 演出家　[国]英国　[生]1908年2月22日　[没]2005年4月23日　[典]1992／1996

ミルズ, ジョン・S.　実業家　昭和シェル石油社長　[国]英国　[生]1953年5月10日　[典]2004

ミルズ, ジョン・アッタ　Mills, John Atta　本名=Mills,John Evans Atta　政治家　元・ガーナ大統領　[国]ガーナ　[生]1944年7月21日　[没]2012年7月24日　[典]2012

ミルズ, ステファニー　歌手　[国]米国　[典]1992

ミルズ, チャック　Mills, Chuck　米国沿岸警備隊士官学校体育局長　[国]米国　[生]1928年12月1日　[典]1992／2000

ミルス, ハーバート　Mills, Herbert　歌手　元・「ミルス・ブラザーズ」(コーラスグループ)の元メンバー　[国]米国　[没]1989年4月12日　[典]1992

ミルズ, ビリー　Mills, Billy　本名=Mills,William M.　元・陸上選手(長距離)　[国]米国　[生]1938年　[典]1992／2000

ミルズ, フィリップ　Mills, Philip　レーシングドライバー　[国]英国　[生]1963年8月30日　[典]2008

ミルズ, ヘイリー　Mills, Hayley　女優　[国]英国　[生]1946年4月18日　[典]1992／1996

ミルズ, マイク　Mills, Mike　グループ名=R.E.M.　ロック・ベース奏者　[国]米国　[生]1958年12月17日　[典]2004／2008／2012

ミルズ, マイク　Mills, Mike　映画監督,CMディレクター, グラフィックデザイナー　[国]米国　[生]1966年　[典]2004／2008／2012

ミルズ, マグナス　Mills, Magnus　作家　[国]英国　[生]1954年　[典]2004

ミルズ, ユージン　Mills, Eugene S.　心理学者　ホイッティア大学名誉学長　[国]米国　[生]1924年　[典]1996

ミルズ, ラッセル　Mills, Russell　画家　[国]英国　[生]1952年　[典]1992

ミルズ, ロジャー　Mills, Roger W.　金融学者, 会計コンサルタント　ヘンリー・マネジメント・カレッジ教授　[専]戦略的金融価値分析, コーポレート・ファイナンス, 金融評価,M&A分析, 企業リストラ　[国]英国　[典]2004

ミルズ, ロバート　オハイオ州立大学教授　[専]物理学　[国]米国　[生]1927年　[典]1996

ミールスキー, ゲオルギー・I.　ソ連科学アカデミー世界経済国際関係研究所(IMEMO)開発途上諸国・非同盟運動研究センター主任研究員　[専]中東問題　[国]ソ連　[典]1992

ミルスタイン, アイラ　Millstein, Ira　弁護士　[専]コーポレートガバナンス(企業統治)　[国]米国　[生]1926年　[典]2000

ミルスタイン, セザール　Milstein, César　分子生物学者, 免疫学者　元・ケンブリッジ分子生物学研究所副所長　[国]英国　[生]1927年10月8日　[没]2002年3月24日　[典]1992／1996／2000

ミルスタイン, ネーサン　Milstein, Nathan　本名=Milstein, Nathan Mironovich　バイオリニスト　[国]米国　[生]1904年12月31日　[没]1992年12月21日　[典]1992／1996

ミルチェフ, ミコラ　Milchev, Mykola　射撃選手(クレー射撃)　[国]ウクライナ　[生]1967年11月3日　[典]2004／2008

ミルチャン, アーノン　Milchan, Arnon　映画プロデューサー　[生]1949年　[典]1996

ミルティテ, ルタ　Meilutyte, Ruta　水泳選手(平泳ぎ)　ロンドン五輪競泳女子100メートル平泳ぎ金メダリスト　[国]リトアニア　[生]1997年3月19日

ミルティノビッチ, ボラ　Milutinovic, Bora　本名=ミルティノビッチ, ベリボール　サッカー監督, 元・サッカー選手　元・サッカー中

国代表監督,元・サッカー・イラク代表監督 国セルビア ⊕1944年9月7日 ㊣1996(ミルチノビッチ, ボラ)／2000(ミルチノビッチ, ボラ)／2004(ミルチノビッチ, ボラ)／2008(ミルチノビッチ, ボラ)／2012

ミルティノビッチ, ミラン Milutinović, Milan 法律家, 政治家 元・セルビア共和国大統領 国セルビア ⊕1942年12月19日 ㊣2000／2004／2008／2012

ミルトン, キャサリン Milton, Katharine カリフォルニア大学バークレー校教授 ㊦人類学 国米国 ㊣1996

ミルトン, ジャイルズ Milton, Giles 作家, ジャーナリスト 国英国 ⊕1966年 ㊣2004

ミルトン, デービッド Milton, David Scott 作家 国米国 ⊕1934年9月15日 ㊣1992

ミルトン, リチャード Milton, Richard 科学ジャーナリスト 国英国 ⊕1943年 ㊣1996

ミルナー, アンソニー オーストラリア大学アジア学部教授・アジア史研究センター所長 ㊦アジア史 国オーストラリア ⊕1945年 ㊣2000

ミルナー, ジュディス Milner, Judith ハダースフィールド大学ソーシャルワーク学部上級講師 ㊦社会福祉学, リスクマネジメント戦略 国英国 ㊣2004

ミルナー, ジョン・ウイラード Milnor, John W. 数学者 プリンストン大学教授,「Annals of Mathematics」誌編集者 ㊦微分位相幾何学 国米国 ⊕1931年2月20日 ㊣1992／1996

ミルナー, ピーター Milner, Peter M. 生理心理学者 マッギル大学名誉教授 国カナダ ㊣1996

ミルナー, リチャード Milner, Richard 科学史家 「Natural History」編集者 国米国 ㊣2000

ミルヌイ, マックス Mirnyi, Max 本名=Mirnyi,Maxim Nikolaevich テニス選手 ロンドン五輪テニス混合ダブルス金メダリスト 国ベラルーシ ⊕1977年7月6日

ミルネール, ジャン・クロード Milner, Jean-Claude 言語学者 パリ第7大学教授 国フランス ⊕1941年 ㊣2000

ミルバ Milva 本名=ビオルカーティ,マリア・イルバ 歌手 国イタリア ⊕1939年7月1日 ㊣1992／1996／2000／2008／2012

ミルハウザー, スティーブン Millhauser, Steven 作家 国米国 ⊕1943年 ㊣1992／1996／2000／2012

ミルバーン, ジェラルド Milburn, Gerard J. コンピューター科学者 クイーンズランド大学教授 ㊦量子コンピューター 国オーストラリア ㊣2004

ミルバーン, マイケル Milburn, Michael 心理学者 マサチューセッツ大学教授 国米国 ㊣2004

ミルベルク, ヨアヒム 実業家 元・BMW社長 国ドイツ ㊣2000／2004

ミール・ホセイニー, ズィーバー Mir-Hosseini, Ziba 社会人類学者 ㊣2008

ミルホリン, ゲアリー ウィスコンシン大学法学部教授,ウィスコンシン・プロジェクト所長 ㊦核拡散問題 国米国 ㊣1996

ミルボルド, ネーサン Myhrvold, Nathan 古生物研究家 元・マイクロソフトCTO ㊦恐竜 国米国 ㊣2004／2008

ミル・マスカラス Mil Mascaras 本名=ロドリゲス,アロン プロレスラー 国メキシコ ⊕1942年7月15日 ㊣1996／2012

ミルマン, ダン Millman, Dan 著述家 スタンフォード大学㊦運命システム 国米国 ㊣2004

ミルラン, エレーヌ Millerand, Hélène 「コケットな女」の著者 国フランス ㊣2004

ミルロイ, リサ 画家 国カナダ ⊕1959年 ㊣1996

ミルロイ, レズリー Milroy, Lesley 社会言語学者 ニューカッスル・アポン・タイン大学 ㊣2004

ミルロイ, ローリー Mylroie, Laurie 政治学者, ジャーナリスト アメリカン・エンタープライズ研究所研究員 ㊦イラク問題 国米国 ㊣2004

ミルン, ゴードン 元・サッカー監督 国英国 ⊕1937年3月29日 ㊣1996

ミルンズ, シェリル Milnes, Sherrill Eustace バリトン歌手,指揮者 国米国 ⊕1935年1月10日 ㊣2000

ミレ, キャシー Millet, Cathy 本名=ルー,クリスティアン 画家, グラフィックデザイナー 国フランス ⊕1952年 ㊣1992／1996

ミレー, ジョージ Miley, George K. ライデン大学天文学教授 ㊦電波天文学 ㊣1996

ミーレ, マルクス Miele, Markus 実業家 ミーレ社長 国ドイツ ⊕1968年 ㊣2008／2012

ミレスマイリ, アラシュ Miresmaeili, Arash 柔道選手 国イラン ⊕1981年3月3日 ㊣2008

ミレット, ケイト Millett, Kate 本名=Millett,Katherine Murray 女性解放運動家, 作家, 彫刻家 国米国 ⊕1934年9月14日 ㊣1992

ミレット, マイケル Millett, Michael ジャーナリスト 「シドニー・モーニング・ヘラルド」東京支局長 国オーストラリア ㊣2000

ミレル, アレクセイ Miller, Alexei 実業家 ガスプロム社長・CEO 元・ロシアエネルギー省次官 国ロシア ⊕1962年1月31日 ㊣2004／2008／2012

ミレール, クロード Miller, Claude 映画監督 国フランス ⊕1942年4月20日 ㊣2012年4月4日 ㊣1992／1996／2000／2004／2008／2012

ミレール, ジャック・アラン Miller, Jacques-Alain パリ第8大学精神分析学部長 ㊦精神分析学 国フランス ⊕1943年 ㊣1992

ミレル, ズデネック Miler, Zdenek アニメーション作家, 絵本作家 国チェコ ⊕1921年 ㊣2008／2012

ミレル, レシェク Miller, Leszek 政治家 元・ポーランド首相, 元・ポーランド民主左翼連合(SLD)代表 国ポーランド ⊕1946年7月3日 ㊣1992／1996／2004／2008

ミレン, ヘレン Mirren, Helen 旧名=Mirrenova,Ilynea Lydia 女優 国英国 ⊕1945年7月26日 ㊣2004／2008／2012

ミレンコビッチ, ドラガン Milenkovic, Dragan ジャーナリスト タンユグ通信東京特派員 国ユーゴスラビア ⊕1948年 ㊣1996

ミーロ, サンドラ Milo, Sandra 本名=マリーニ,アレッサンドラ 女優 国イタリア ⊕1935年 ㊣2000

ミロ, ジョアン Miró, Joan 画家, 版画家 国スペイン ⊕1893年4月20日 ㊣1983年12月25日 ㊣1992

ミロー, ソフィー Mileau, Sofie 別筆名=スレー, カリー 児童文学作家 国オランダ ⊕1949年 ㊣2000

ミロ, モハマド・ムスタファ Miro, Mohamad Mustafa 政治家 元・シリア首相 国シリア ⊕1941年 ㊣2004／2008

ミロ, ロニ 政治家 テルアビブ市長 国イスラエル ⊕1949年 ㊣2000

ミログリオ, ティエリー Miroglio, Thierry パーカッション奏者 国フランス ⊕1963年 ㊣1992

ミログリオ, フランシス Miroglio, Francis 作曲家 パリ大学教授, オルレアン現代音楽フェスティバル音楽監督 国フランス ㊣1992

ミロシェビッチ, スロボダン Milošević, Slobodan 政治家 元・ユーゴスラビア連邦大統領 国セルビア・モンテネグロ ⊕1941年8月20日 ㊣2006年3月11日 ㊣1992(ミロセビッチ, スロボダン)／1996(ミロセビッチ, スロボダン)／2000／2004

ミロシェビッチ, ボリスラブ Milosevič, B. 外交官 駐ロシア・ユーゴスラビア大使 国ユーゴスラビア ⊕1936年7月 ㊣2000／2004／2008

ミロシニチェンコ, イリーナ Miroshnichenko, Irina 女優 国ソ連 ㊣1992

ミロシュ Miloš 本名=カラダグリッチ, ミロシュ ギター奏者 ⊕1983年

ミロソヴィッチ, ラヴィニア Milosovici, Lavinia Corina 元・体操選手 国ルーマニア ⊕1976年10月21日 ㊣1996(ミロソビッチ, ラビニア)／2000／2004

ミロノフ, エフゲニー Mironov, Evgenii 本名=Mironov,Evgenii Vitalievich 俳優 国ロシア ⊕1966年11月26日 ㊣2004／2008／2012

ミロノフ, セルゲイ Mironov, Sergei Mikhailovich 政治家 ロシ

ア連邦会議(上院)議長, 公正なロシア党首 [国]ロシア [生]1953年2月14日 [典]2004／2008／2012

ミロノフ, ワレリー Mironov, Valerii Ivanovich 軍人 ロシア陸軍大将 元・ロシア国防次官 [国]ロシア [生]1943年12月19日 [典]1996／2004

ミロン, イムダドゥル・ホク Milon, Imdadul Haque 作家 [国]バングラデシュ [生]1955年 [典]2008／2012

ミン Ming 漢字名=冠佑 グループ名=メイデイ ミュージシャン [国]台湾 [生]1973年

ミン, アンチー Min, Anchee 作家 [国]米国 [生]1957年 [典]2004

ミン, ウィリーマイン Min, Willemien 絵本作家 [国]オランダ [生]1956年1月 [典]1992／1996／2000

ミン・ウォンギ 閔 鴻基 プロ野球選手(投手) [国]韓国 [生]1969年7月5日 [典]1996

ミン・ギュドン Min, Kyu-dong 映画監督 [国]韓国 [生]1970年 [典]2012

ミン・キョンサム 閔 庚三 プロ野球選手(投手) [国]韓国 [生]1963年2月29日 [典]1996

ミン・キョンチャン 閔 庚燦 Min, Kyung-chan 音楽学者 韓国芸術総合学校音楽院教授 [専]音楽教育, 韓国近現代音楽 [国]韓国 [典]2000／2004／2008

ミン・クァンシク 閔 寛植 政治家 元・韓国国会副議長, 元・韓国文教部長官(文相) [国]韓国 [生]1918年5月3日 [没]2006年1月16日 [典]1996

ミン・スギ 閔 寿基 Min, Soo-gie 実業家 LG建設社長 [国]韓国 [生]1943年2月8日 [典]2000

ミン・ソクギ 閔 碩基 韓国科学技術研究院(KAIST)半導体材料研究室長・情報材料研究団部長 [専]半導体材料 [国]韓国 [生]1938年12月14日 [典]1992(閔 磧基 ミン・ソッキ)／1996

ミン・チュンシク 閔 忠植 「東南日報」論説委員 [国]韓国 [生]1920年8月1日 [典]1996

ミン・ドゥギ 閔 斗基 ソウル大学東洋史学科教授 [国]韓国 [生]1932年11月2日 [典]1996

ミン・ドクギ 閔 徳基 清州大学歴史教育科専任講師 [専]歴史教育 [国]韓国 [生]1954年10月 [典]1996

ミン・ビョンフン 閔 丙勲 文学者 湘南大学非常勤講師, 光州大学非常勤講師 [専]日本文学 [国]韓国 [典]2004

ミン・ヘギョン 閔 海京 本名=白美京 歌手 [国]韓国 [生]1962年4月18日 [典]1996

ミン・ヘギョン 閔 海景 歌手 [国]韓国 [典]1992

ミン・ボクジン 閔 福鎮 彫刻家 韓国彫刻家協会副会長 [国]韓国 [生]1927年6月29日 [典]1996

ミンウ Min Woo 本名=ハミンウ グループ名=ZE：A 歌手 [国]韓国 [生]1990年9月6日 [典]2012

ミンガー, エルダ Minger, Elda ロマンス作家 [国]米国 [典]2004

ミンギンズ, クリスティーン Mingins, Christine コンピューター科学者 モナッシュ大学情報技術学部教員 [専]ソフトウェアメトリクス, コンポーネント再利用, IT教育, 分析設計メソッド [国]オーストラリア [典]2004

ミングッツィ, アンドレア Minguzzi, Andrea レスリング選手(グレコローマン) 北京五輪レスリング男子グレコローマン84キロ級金メダリスト [国]イタリア [生]1982年2月1日 [典]2012

ミンゲラ, アンソニー Minghella, Anthony 映画監督, 劇作家, 脚本家 [国]英国 [生]1954年1月6日 [没]2008年3月18日 [典]2000／2004／2008

ミンケラ, デーモン Minchella, Damon グループ名=オーシャン・カラー・シーン ロック・ベース奏者 [国]英国 [生]1969年6月1日 [典]2004／2008／2012

ミンゲーリャ, ジョセップ・マリア サッカー代理人 [国]スペイン [生]1944年 [典]2004

ミンコフ, ロブ Minkoff, Rob 映画監督 [国]米国 [生]1962年 [典]2012

ミンコフスキ, マルク Minkowski, Marc 指揮者 [国]フランス [生]1962年 [典]2000／2012

ミンジ MINJI モデル, 女優, 歌手 [国]韓国 [生]1984年5月14日 [典]2012

ミンジ MINZY 本名=コンミンジ グループ名=2NE1 歌手 [国]韓国 [生]1994年1月18日 [典]2012

ミーンズ, W.スコット Means, W.Scott コンピューター技術者 [国]米国 [典]2004

ミーンズ, ガーディナー Means, Gardiner Coit 経済学者 元・米国資源計画局経済顧問 [専]経済政策 [国]米国 [生]1896年 [没]1988年2月15日 [典]1992

ミーンズ, グラディ Means, Grady E. コンサルタント プライスウォーターハウスクーパース・マネージング・パートナー [国]米国 [典]2004

ミーンズ, ラッセル Means, Russell 俳優, 活動家 元・アメリカン・インディアン運動スポークスマン [国]米国 [生]1939年11月10日 [没]2012年10月22日

ミンスキー, マービン Minsky, Marvin Lee コンピューター科学者 マサチューセッツ工科大学教授・人工知能研究所所長 [専]人工知能(AI), ロボット [国]米国 [生]1927年8月9日 [典]1992／1996／2000

ミンチー Minchey 本名=ミンチー, ネイサン プロ野球選手(投手) [国]米国 [生]1969年8月31日 [典]2004

ミンチ, スティーブ Muench, Steve コンピューター技術者 オラクル [典]2004

ミンチョル Min Chul 本名=シンミンチョル グループ名=T-max 歌手 [国]韓国 [生]1980年2月5日 [典]2012

ミンチントン, ジェリー Minchinton, Jerry 著述家, 自己啓発家 [国]米国 [典]2004

ミンツ, シドニー Mintz, Sidney W. 人類学者 ジョンズ・ホプキンズ大学名誉教授 [専]カリブ海域のクレオール文化 [国]米国 [生]1922年 [典]2004

ミンツ, シュロモ Mintz, Shlomo バイオリニスト [国]イスラエル [生]1957年10月30日 [典]2012

ミンツァー, ボブ Mintzer, Bob グループ名=イエロー・ジャケッツ, 旧グループ名=ワード・オブ・マウス ジャズサックス奏者, 作曲家, 編曲家 [国]米国 [生]1953年1月27日 [典]1996

ミンツァー, ロバート Mintzer, Robert 翻訳家, コピーライター [国]米国 [生]1949年 [典]2004／2008

ミンツバーグ, ヘンリー Mintzberg, Henry 組織理論学者 マッギル大学経営大学院教授 [国]カナダ [典]1992／1996／2000

ミンテインカ Min Thein Kah 「マヌサーリー」の著者 [典]2008

ミンデル, アーノルド Mindell, Arnold 心理学者 プロセス・ワーク・センター所長 [国]米国 [生]1940年 [典]1996／2000

ミンデル, アール Mindell, Earl パシフィック・ウェスタン大学教授 [専]栄養学 [生]1940年 [典]1996

ミンデル, エイミー Mindell, Amy 臨床心理学者 [専]プロセス・ワーク [国]米国 [典]2004

ミント, H. Myint, Hla 経済学者 元・ラングーン大学学長, 元・ロンドン・スクール・オブ・エコノミクス教授 ミント・レポートの報告者 [国]ミャンマー [生]1920年3月20日 [典]1992／1996

ミントフ, ドミニク Mintoff, Dominic 別名=ミントフ, ドム 政治家 元・マルタ首相 [国]マルタ [生]1916年8月6日 [没]2012年8月20日 [典]1992

ミンドラシヴィリ, レバス Mindorashvili, Revazi レスリング選手(フリースタイル) 北京五輪レスリング男子フリースタイル84キロ級金メダリスト [国]グルジア [生]1976年7月1日 [典]2012

ミンネ, ビルヒッテ Minne, Brigitte 絵本作家 [生]1962年 [典]2004

ミンハ, トリン Minh-ha, Trinh T. 詩人, 作家, 映像作家, 作曲家 カリフォルニア大学バークレー校教授 [専]女性学, 映像論 [国]米国 [生]1952年 [典]1996／2000

ミンホ Minho グループ名=SHINee 歌手 [国]韓国 [生]1991年12月9日 [典]2012

ミンホ Minho グループ名=SHU-I 歌手 [国]韓国 [生]1989年2月1日 [典]2012

【ム】

ムー, エリック 中国名=巫啓賢 歌手 ⓘ1963年 ⓜ2000

ムーア, G.T. Moore, Gary T. 建築学者, 環境心理学者 ミルウォーキー大学建築学科教授 ⓔ環境行動学, 環境デザイン学 ⓝ米国 ⓜ2000

ムーア, アーデン Moore, Arden ライター, コラムニスト ⓜ2008

ムーア, アレックス Moore, Alex ダンサー ⓔボールルームダンス, 社交ダンス ⓝ英国 ⓜ2004

ムーア, アレン Moore, Allen 元・米国大統領次席補佐官, 元・米国商務次官 ⓝ米国 ⓘ1945年1月25日 ⓜ1992/1996

ムーア, アン Moore, Ann S. 実業家, 出版人 タイム会長・CEO ⓝ米国 ⓘ1950年 ⓜ2008/2012

ムーア, アンジェロ Moore, Angelo グループ名=フィッシュボーン ミュージシャン ⓝ米国 ⓜ2012

ムーア, アンソニー Moore, Anthony グループ名=スラップ・ハッピー ミュージシャン ケルン大学客員教授 ⓝ英国 ⓘ1948年 ⓜ2004/2008/2012

ムーア, ウィリアム Moore, William L. UFO研究家 ⓝ米国 ⓜ1992

ムーア, ウィルバート Moore, Wilbert Ellis 社会学者 元・プリンストン大学教授, 元・アメリカ社会学会会長 ⓔ産業問題, 社会変動論 ⓝ米国 ⓘ1914年10月26日 ⓜ1992

ムーア, キャサリン・ルーシル Moore, Catherine Lucile 共同筆名=パジェット, ルイス SF作家 ⓝ米国 ⓘ1911年 ⓓ1987年4月4日 ⓜ1992

ムーア, クリストファー Moore, Christopher 作家 ⓝ米国 ⓘ1957年 ⓜ2000

ムーア, クリストファー Moore, Christopher G. 作家 ⓝカナダ ⓜ2004

ムーア, ゲーリー Moore, Gary グループ名=シン・リジィ ロックギタリスト ⓝ英国 ⓘ1952年4月4日 ⓓ2011年2月6日 ⓜ1992/1996

ムーア, ケーレブ Moore, Caleb スノーモービル選手 ⓝ米国 ⓘ1987年8月28日 ⓓ2013年1月31日

ムーア, ゴードン Moore, Gordon E. 実業家 インテル名誉会長 ⓝ米国 ⓘ1929年1月3日 ⓜ1996/2000/2004/2008/2012

ムーア, コリーン Moore, Colleen 本名=Morrison,Kathleen 女優 ⓘ1902年8月19日 ⓓ1988年1月25日 ⓜ2000/2004/2008/2012

ムーア, サーストン Moore, Thurston グループ名=ソニック・ユース ミュージシャン ⓝ米国 ⓘ1958年 ⓜ1996/2004/2008/2012

ムーア, サム Moor, Sam 旧グループ名=サム&デイヴ ソウル歌手 ⓝ米国 ⓜ2012

ムーア, ジェフリー Moore, Geoffrey A. 実業家 キャズム・グループ会長 ⓝ米国 ⓜ2004/2008

ムーア, ジェームス Moore, James W. ペガサス・ランゲージ・サービス語学事業部長 ⓝ米国 ⓜ1992

ムーア, ジェームズ Moore, James 著述家 ⓔゲオルギー・グルジェフ研究 ⓝ英国 ⓘ1929年 ⓜ2004

ムーア, ジェラルド Moore, Gerald ピアニスト ⓝ英国 ⓘ1899年7月30日 ⓓ1987年3月13日(発見) ⓜ1992

ムーア, ジェーン Moore, Jane ジャーナリスト, ニュースキャスター ⓝ英国 ⓜ2008

ムーア, ジュリアン Moore, Julianne 女優 ⓝ米国 ⓘ1961年12月3日 ⓜ2000/2004/2008/2012

ムーア, ショーン Moore, Sean グループ名=マニック・ストリート・プリーチャーズ ロック・ドラマー ⓝ英国 ⓘ1970年7月30日 ⓜ2004/2008/2012

ムーア, ジョン Moore, John Edward Michael 政治家 英国社会保障相 ⓝ英国 ⓘ1937年11月26日 ⓜ1992/1996

ムーア, ジョン Moore, John 映画監督, 映画カメラマン ⓝアイルランド ⓜ2004/2008

ムーア, ジョン Moore, John Alexander 生物学者 元・カリフォルニア大学リバーサイド校名誉教授 ⓔ進化と発生 ⓝ米国 ⓘ1915年6月27日 ⓓ2002年5月26日 ⓜ2004

ムーア, スタンフォード Moore, Stanford 生化学者 元・ロックフェラー医学研究所教授 ⓝ米国 ⓘ1913年9月4日 ⓓ1982年8月23日 ⓜ1992

ムーア, スティーブン・ブルース マグロウヒル化学業界誌アジア地域チーフ特派員 ⓝニュージーランド ⓘ1966年 ⓜ2000

ムーア, チャールズ Moore, Charles W. 建築家 元・ムーア・ルーブル・ユーデル建築事務所代表, 元・テキサス大学オースティン校教授 ⓝ米国 ⓘ1925年10月31日 ⓓ1993年12月16日 ⓜ1992/1996

ムーア, デービッド 写真家 ⓝオーストラリア ⓜ1992

ムーア, デミ Moore, Demi 本名=ガインズ, デミトリア 女優 ⓝ米国 ⓘ1962年11月11日 ⓜ1992/1996/2000/2004/2008/2012

ムーア, トマス Moore, Thomas 作家, サイコセラピスト ⓝ米国 ⓘ1940年 ⓜ2000

ムーア, トレイ Moore, Trey プロ野球選手(投手), 元・大リーグ選手 ⓝ米国 ⓘ1972年10月2日 ⓜ2004

ムーア, ドロシー Moore, Dorothy 歌手 ⓝ米国 ⓘ1947年10月13日 ⓜ2004

ムーア, ノーマン Moore, Norman グラフィック・デザイナー ⓝ英国 ⓘ1950年 ⓜ1996

ムーア, パトリシア 工業デザイナー ガインズ・デザイン社社長 ⓝ米国 ⓜ2000

ムーア, ハロルド Moore, Harold G. 著述家, 講演家, 元・軍人 ⓝ米国 ⓘ1922年 ⓜ2004/2008

ムーア, ブライアン Moore, Brian 作家 ⓝカナダ ⓘ1921年8月25日 ⓓ1999年1月10日 ⓜ1996

ムーア, フランク Moore, Frank 画家 ⓝ米国 ⓘ1953年 ⓜ2000

ムーア, ヘンリー Moore, Henry 本名=Moore,Henry Spencer 彫刻家 ⓝ英国 ⓘ1898年7月30日 ⓓ1986年8月31日 ⓜ1992

ムーア, ボビー Moore, Bobby 本名=Moore,Robert サッカー選手 ⓝ英国 ⓘ1941年4月12日 ⓓ1993年2月24日 ⓜ1996

ムーア, マイケル Moore, Michael Kenneth 別称=ムーア, マイク 政治家 元・世界貿易機関(WTO)事務局長, 元・ニュージーランド首相 ⓝニュージーランド ⓘ1949年1月28日 ⓜ1992/1996/2000/2004/2008/2012

ムーア, マイケル Moore, Michael 本名=Moore,Michael Francis 映画監督, ジャーナリスト, 作家 ⓝ米国 ⓘ1954年4月23日 ⓜ2004/2008/2012

ムーア, マイケル Moore, Michael G. 教育学者 ⓔ遠隔教育 ⓝ米国 ⓜ2008

ムーア, マーガレット Moore, Margaret ロマンス作家 ⓜ2004

ムーア, マンディ Moore, Mandy 本名=Moore,Amanda Leigh 歌手, 女優 ⓝ米国 ⓘ1984年4月10日 ⓜ2004/2012

ムーア, メロディー Moore, Melodie 編集者 ⓝ米国 ⓘ1961年 ⓜ2004

ムーア, ライアン Moore, Ryan 騎手 ⓝ英国 ⓘ1983年9月18日 ⓜ2012

ムーア, リッチ Moore, Rich アニメーション監督 ⓝ米国 ⓘ1963年

ムーア, リリアン Moore, Lilian 詩人, 童話作家 ⓝ米国 ⓘ1909年 ⓓ2004年 ⓜ1992/1996/2000

ムーア, レイ・A. Moore, Ray Arvil 歴史学者 アマースト大学名誉教授 ⓔ戦後史, アジア史, アジア言語・文化研究 ⓝ米国 ⓘ1933年 ⓜ1996

ムーア, ロジャー Moore, Roger 俳優 国連児童基金(ユニセフ)親善大使 ⓝ英国 ⓘ1927年10月14日 ⓜ2000/2004/2008/2012

ムーア, ロバート　キャラクター・デザイナー　国米国　生1920年
㊐1992

ムーア, ロバート　Moor, Robert L.　心理分析家　国米国　生1942
年　㊐1996

ムーア, ロビン　Moore, Robin　本名=ムーア, ロバート・L.,Jr.　作家　国米国　生1925年　没2008年2月21日　㊐1992／1996

ムーア, ロビン　Moore, Robin C.　ノース・カロライナ州立大学教授, ムーア・イアコファノ・ゴルツマン事務所設立者　専ランドスケープ・デザイン, コミュニティ・デザイン　国米国　㊐1992

ムーア, ローリー　Moore, Lorrie　作家　ウィスコンシン大学英文科教授　国米国　生1957年　㊐1992／1996／2000／2004

ムーア・イード, マーティン　Moore-Ede, Matin　ハーバード大学生理学教授・サーカディアン生理学研究所所長, サーカディアン・テクノロジーズCEO　国米国　生1947年　㊐1996

ムーアクラフト, ポール　Moorcraft, Paul L.　ジャーナリスト
㊐2008

ムアコック, マイケル　Moorcock, Michael　本名=Moorcock, Michael John　SF作家　元・「ニュー・ワールズ」編集長　国英国　生1939年12月18日　㊐1992／1996／2012

ムーアハウス, アドリアン　Moorhouse, Adrian　水泳選手（平泳ぎ）　国英国　㊐1992／1996

ムーアハウス, フランク　Moorhouse, Frank　作家, ジャーナリスト
国オーストラリア　生1938年　㊐1992

ムーアヘッド, アラン　Moorehead, Alan　ノンフィクション作家
国オーストラリア　生1910年　没1983年9月29日　㊐1992

ムアヘッド, テレンス　Moorehead, Terrence　エイボン・プロダクツ会長　生1963年1月30日　㊐2008

ムアマン, シャーロット　チェロ奏者　国米国　生1991年11月8日
㊐1992

ムアワド, ルネ　Moawwad, Rene　政治家　元・レバノン大統領
国レバノン　没1989年11月22日　㊐1992

ムイ, アニタ　Mui, Anita　中国名=梅艶芳　女優, 歌手　国香港
生1963年10月10日　没2003年12月29日　㊐2000（梅 艶芳 バイ・エンホウ）／2004（梅 艶芳 バイ・エンホウ）

ムイチン, エディン　Mujcin, Edin　サッカー選手（MF）　国ボスニア・ヘルツェゴビナ　生1970年1月14日　㊐2004／2008

ムイヤールト, バルト　Moeyaert, Bart　児童文学作家　国ベルギー
生1964年　㊐2000

ムウィニ, アリ・ハッサン　Mwinyi, Ali Hassan　政治家　元・タンザニア大統領　国タンザニア　生1925年5月8日　㊐1992／1996／2000

ムウォドゼニェツ, ヤン　Młodożeniec, Jan　ポスター作家　国ポーランド　生1929年　㊐1992

ムエックス, クリスチャン　Moueix, Christian　実業家　ジャン・ピエール・ムエックス社長　国フランス　生1946年　㊐2000

ムエンザー, ロリアン　Muenzer, Lori-Ann　自転車選手　国カナダ
生1966年5月21日　㊐2008

ムエン・バン・フォン　東ベルリン市職員　国ベトナム　㊐1992

ムーカジ, バーラティ　Mukherjee, Bharati　作家　国米国　生1940
年　㊐1992／1996

ムカジー, プラナブ　Mukherjee, Pranab　本名=Mukherjee, Pranab Kumar　政治家　インド大統領　元・インド財務相・外相
国インド　生1935年12月11日　㊐1992（ムケルジー, P.）／1996／2000

ムカパ, ベンジャミン・ウィリアム　Mkapa, Benjamin William
政治家　元・タンザニア大統領　国タンザニア　生1938年11月12
日　㊐2000／2004／2008

ムガベ, モーリス　ジャーナリスト　国ルワンダ　㊐2000

ムガベ, ロバート　Mugabe, Robert　本名=ムガベ, ロバート・ガブリエル　政治家　ジンバブエ大統領, ジンバブエ・アフリカ民族同盟愛国戦線（ZANU-PF）議長　国ジンバブエ　生1924年2月21日
㊐1992／1996／2000／2004／2008／2012

ムガール, ノルマ　オルター・トレード・ネグロス代表　国フィリピン　㊐2000

ムギィ, ブラッド　McGehee, Brad M.　コンピュータトレーナー
国米国　㊐2004

ムキエリ, ジャン・ルイ　Mucchielli, Jean-Louis　パリ第1大学パンテオン・ソルボンヌ校教授　専国際経済学　国フランス　㊐1996

ムーク, コリン　Moock, Colin　コンピューター技術者　㊐2004／2008

ムクーラ, アブドル　Mkura, Abdul A.　画家　国タンザニア
生1954年　㊐1996

ムグラリス, アナ　Mouglalis, Anna　女優, モデル　国フランス
生1978年　㊐2012

ムーケ, エリック　Mouquet, Eric　グループ名=ディープ・フォレスト　ミュージシャン, キーボード奏者　国フランス　生1960年3月19日　㊐2000

ムーゴ, ミシェレ・ギタエ　詩人　シラキュース大学準教授　国ケニア　生1942年　㊐1996

ムーサ, アムル・マハムード　Moussa, Amr Mahmoud　政治家, 外交官　元・アラブ連盟事務局長, 元・エジプト外相　国エジプト
生1936年10月3日　㊐1996／2000／2004／2008／2012

ムサ, サイド　Musa, Said　政治家　元・ベリーズ首相　国ベリーズ
生1944年3月19日　㊐2000／2004／2008／2012

ムーサ, ムハマド・アブデルハリム　Mousa, Muhammad Abdelhalim　政治家　元・エジプト内相　国エジプト　㊐1992／1996

ムサウイ, アブド・サマド　Moussaoui, Abd Samad　米国同時多発テロ事件容疑者の兄　国フランス　㊐2002

ムサウィ, ナビール　イラク国民会議（INC）政治連絡事務所長　国イラク　㊐2000

ムザディ, ハシム　Muzadi, Hasyim　政治家　ナフダトゥール・ウラマ（NU）議長　元・インドネシア国会議員　国インドネシア
㊐2004／2008

ムサビ, ミルホセイン　Mousavi, Mirhossein　政治家　イラン改革派指導者　元・イラン首相　国イラン　生1942年3月　㊐1992／1996／2012

ムサ・ヒタム　Musa Hitam　政治家　元・マレーシア副首相・内相
国マレーシア　生1934年4月18日　㊐1992／2000

ムサ・ビン・ヒッタム　Musa Bin Hitam　国連人権委員会マレーシア主席代表　国マレーシア　生1934年　㊐1996

ムザファー, チャンドラ　人権活動家　マラヤ大学文明対話センター教授, 公正な世界を目指す国際運動会長　専政治学　国マレーシア
㊐1992／1996／2000

ムザリ, モハメド　Mzali, Mohamed　政治家　元・チュニジア首相, 元・国際オリンピック委員会（IOC）副会長　国チュニジア
生1925年12月23日　没2010年6月23日　㊐1992／2004／2008

ムサンテ, トニー　Musante, Tony　俳優　国米国　生1936年6月30日　没2013年11月26日

ムシク, ラインハルト　Mussik, Reinhard　専予言, ラテン・アメリカ研究　生1960年　㊐2000

ムシーナ, マイク　Mussina, Mike　本名=Mussina,Michael Cole
元・大リーグ選手　国米国　生1968年12月8日　㊐2000／2004／2008／2012

ムシャウォヴィチ, ヘンリク　Musiałowicz, Henryk　画家　国ポーランド　生1914年　㊐1992（ムシャウォビチ, ヘンリク）／1996（ムシャウォビチ, ヘンリク）

ムジャディディ, シブガトラ　Mojaddidi, Sibghatulla　アフガニスタン民族解放戦線代表　元・アフガニスタン暫定評議会議長　国アフガニスタン　生1925年　㊐1992／1996

ムシャラフ, ペルベズ　Musharraf, Pervez　政治家, 軍人　元・パキスタン大統領, 元・パキスタン陸軍参謀総長　国パキスタン
生1943年8月11日　㊐2000／2004／2008／2012

ムジャワル, アリ・ムハンマド　Mujawar, Ali Mohammed　政治家
イエメン首相　国イエメン　生1953年　㊐2012

ムシュク, アードルフ　Muschg, Adolf　作家, 批評家, ドイツ文学者
チューリヒ工科大学教授　国スイス　生1934年5月13日　㊐1992／1996／2000／2004

ムジョノ　Mudjono　裁判官, 軍人　元・インドネシア最高裁判所長

官,元・ゴルカル指導者 国インドネシア ⽣1984年4月14日 歴1992

ムショーペ, グシナ 女優,詩人,作家 国南アフリカ ⽣1958年 歴2000

ムショロンゴ, ソミッツ Mhlongo, Somizi 俳優 国南アフリカ 歴1992

ムスクーリ, ナナ Mouskouri, Nana 本名=ムスクーリ,ジョハンナ 歌手 IOC名誉委員 国ギリシャ ⽣1936年10月13日 歴1992

ムスター, トーマス Muster, Thomas テニス選手 国オーストリア ⽣1967年10月2日 歴1992/1996

ムスターカス, クラーク Moustakas, Clark E. 心理療法家 デトロイト人間性研究センター所長 国米国 ⽣1921年 歴1996/2000

ムスタキ, ジョルジュ Moustaki, Georges 本名=ムスタッチ,ヨセフ シャンソン歌手,作詞・作曲家 国フランス ⽣1934年5月3日 没2013年5月23日 歴1992/1996/2000

ムスターシュ 本名=ガルピデス,フランソワ・アレクサンドル ジャズ・ドラマー,映画俳優 国フランス ⽣1929年2月 没1987年3月25日 歴1992

ムスタファ Mustapha bin Datu Harun, Tun Datu 政治家 元・サバ州首席大臣,元・統一サバ州国民議長 国マレーシア ⽣1918年8月31日 没1995年1月2日 歴1992/1996

ムスタファ, イマド Moustapha, Imad 外交官,情報技術学者 駐中国シリア大使 国シリア

ムスタフィナ, アリーヤ Mustafina, Aliya 体操選手 ロンドン五輪体操女子段違い平行棒金メダリスト 国ロシア ⽣1994年9月30日

ムステイン, デイブ Mustaine, Dave グループ名=メガデス ロック歌手 国米国 ⽣1961年9月13日 歴2004/2008/2012

ムスト, マイケル Musto, Michael ゴシップ・コラムニスト 「ヴィレッジ・ボイス」誌コラムニスト 国米国 歴1992

ムストネン, オリ Mustonen, Olli ピアニスト,指揮者,作曲家 国フィンランド ⽣1967年6月7日 歴1996/2000/2012

ムースハルト, ヘルマン Moeshart, Herman J. 日本史研究家 ライデン大学文学部写真歴史部講師・同写真絵画博物館写真副部長, ライデン市博物館美術館協会会長 国オランダ 歴1992

ムズメキ, ジャン・パオロ Musumeci, Gian-Paolo D. コンピューター技術者 歴2008

ムスルベス, ダビド Moussoulbes, David レスリング選手(フリースタイル) シドニー五輪レスリング男子フリースタイル130キロ級金メダリスト 国スロバキア ⽣1972年5月28日 歴2004/2008/2012

ムズロヴィッチ, フアド Muzurovic, Fuad サッカー監督,元・サッカー選手 国ボスニア・ヘルツェゴビナ ⽣1945年11月3日 歴2008

ムズワキ・イスマエル・ムブーリ 詩人,音楽家 南アフリカ作家協会副会長 国南アフリカ ⽣1959年 歴1996

ムスワティ3世 Mswati III 本名=Makhosetive Mswati III スワジランド国王 国スワジランド ⽣1968年4月19日 歴1992/1996/2000/2004/2008/2012

ムセベニ, ヨウェリ・カグタ Museveni, Yoweri Kaguta 政治家 ウガンダ大統領 国ウガンダ ⽣1944年8月15日 歴1992/1996/2000/2004/2008/2012

ムゾレワ, アベル・テンデカイ Muzorewa, Abel Tendekayi 政治家,牧師 元・ジンババエ首相,元・統一アフリカ民族評議会(UANC)議長 国ジンバブエ ⽣1925年4月14日 没2010年4月8日 歴1992/2004/2008

ムター, アンネ・ゾフィー Mutter, Anne-Sophie バイオリニスト 国ドイツ ⽣1963年6月29日 歴1992/1996/2000/2004/2012

ムタイ, ジョフリー Mutai, Geoffrey マラソン選手 国ケニア ⽣1981年10月7日 歴2012

ムダファーラ, スワード・アル Mudhaffar, Suad Al 旧名=森田美保子 アザン・ビン・ケイス私立学校校長 国オマーン 歴2000

ムタリカ, ビング Mutharika, Bingu 本名=ムタリカ,ビング・ワ 政治家 元・マラウイ大統領,元・マラウイ民主進歩党党首 国マラウイ ⽣1934年2月24日 没2012年4月5日 歴2008/2012

ムタリボフ, アヤズ Mutalibov, Ayaz N. 政治家 元・アゼルバイジャン大統領 国アゼルバイジャン ⽣1938年5月12日 歴1992/1996

ムータワキル, ナワル・エル Moutawakel, Nawal El 元・陸上選手(障害) IOC理事・評価委員長 元・モロッコ青少年・スポーツ大臣 ロス五輪陸上女子400メートル障害金メダリスト 国モロッコ ⽣1962年4月15日 歴2012

ムチャーリ, オズワルド Mtshali, Oswald 詩人 国南アフリカ ⽣1940年 歴1992

ムチル, サイモン 環境運動家 アフリカNGO環境ネットワーク(ANEN)専務理事 国ケニア 歴1992/1996

ムッシアーノ, チャック Musciano, Chuck コンピューター技術者 国米国 歴2004

ムッソリーニ, アレッサンドラ Mussolini, Alessandra 女優,政治家 イタリア下院議員 国イタリア 歴1996

ムッチーノ, ガブリエレ Muccino, Gabriele 映画監督 国イタリア ⽣1967年 歴2008/2012

ムッチョリ, ビンチェンツォ 元・麻薬中毒患者社会復帰施設サンパトリニャーノ創設者 国イタリア ⽣1995年9月19日 歴1996

ムッレール, リッレール Moller, Liller 絵本作家 国デンマーク ⽣1952年 歴1996

ムーテ, ロバート Moote, Robert ソフトウェア・エンジニア Phar Lap Software社副社長 国米国 歴1992

ムーティ, オルネッラ Muti, Ornella 女優 国イタリア ⽣1955年3月9日 歴1992

ムーディ, グリン Moody, Glyn テクニカルライター 国英国 歴2004

ムーディ, パトリシア Moody, Patricia E. コンサルタント 歴2004/2008

ムーディ, ビル Moody, Bill 作家,ジャズ評論家 国米国 ⽣1941年 歴2000

ムーティ, リッカルド Muti, Riccardo 指揮者 ローマ歌劇場音楽監督,シカゴ交響楽団音楽監督 元・ミラノ・スカラ座音楽監督 国イタリア ⽣1941年7月28日 歴1992/1996/2000/2008/2012

ムーディ, レイモンド(Jr.) Moody, Raymond A.(Jr.) 精神の劇場主宰 精神医学,法精神医学 国米国 ⽣1944年 歴1992/1996

ムーディソン, ルーカス Moodysson, Lukas 映画監督 国スウェーデン ⽣1969年 歴2004/2008

ムテビ2世 本名=ロナルド・フレデリック・ムウェンダ・ムテビ2世 ブガンダ王国国王 国ウガンダ 歴1996/2000/2004

ムトゥ, アドリアン Mutu, Adrian サッカー選手(FW) 国ルーマニア ⽣1979年1月8日 歴2004/2008/2012

ムトラ, マリア Mutola, Maria 本名=Mutola,Maria de Lurdes 陸上選手(中距離) シドニー五輪陸上女子800メートル金メダリスト 国モザンビーク ⽣1972年10月27日 歴2004/2008

ムトル, ハリル Mutlu, Halil 重量挙げ選手 国トルコ ⽣1973年7月14日 歴2000/2004/2008

ムートン, パトリック Mouton, Patrick 海洋作家 歴2008

ムートン, ライル Mouton, Lyle 大リーグ選手(内野手) 国米国 ⽣1969年5月13日 歴2000

ムトンボ, ディケンベ Mutombo, Dikembe バスケットボール選手 ⽣1966年6月25日 歴2000/2004/2008

ムナーリ, ブルーノ Munari, Bruno 美術家,デザイナー 国イタリア ⽣1907年 没1998年9月29日 歴1992

ムーニー, ステファン Mooney, Stephen Stephen Mooney&Associates創業者 歴2008

ムーニー, ハロルド Mooney, Harold Alfred 植物生態学者 スタンフォード大学教授 収斂進化 国米国 ⽣1932年6月1日 歴2004/2008/2012

ムニエ, ジェルメーヌ Mounier, Germaine ピアニスト 元・エコール・ノルマル・ドゥ・ミュージック教授,元・パリ国立高等音楽院名誉教授,元・大阪国際コンクール名誉芸術監督 国フランス

[生]1920年2月7日　[没]2006年6月27日　[典]2004

ムニエ, ピエール　Meunier, Pierre　元・政治家　[国]フランス　[生]1908年8月15日　[典]2000

ムニエ, レジーナ　Meunier, Regine　ソフトウェアエンジニア　シーメンス　[国]ドイツ　[典]2004

ムニオン, W.マイケル　Munion, W.Michael　心理療法家　スーパースティション・マウンテン・メンタルヘルスセンター臨床部長　[国]米国　[典]2004

ムニャチコ, ラディスラウ　Mňačko, Ladislav　作家　[国]チェコスロバキア　[生]1919年1月29日　[典]1992／1996

ムニュー, ベルナデット　Menu, Bernadette　詩人　フランス国立科学研究センター（CNRS）モンペリエ研究所所長　[専]エジプト学, 古代エジプト語　[国]フランス　[典]2000

ムニョス, アルムデナ　Muñoz Martinez, Almudena　柔道選手　[国]スペイン　[典]1996

ムニョス, アレクサンデル　Muñoz, Alexander　プロボクサー　元・WBA世界スーパーフライ級チャンピオン　[国]ベネズエラ　[生]1979年2月8日　[典]2004／2008／2012

ムニョス, キティン　Muñoz, Kitín　海洋探検家　[国]スペイン　[生]1958年　[典]2000

ムニョス, ジョランダ　アイヌ文化研究家　[国]メキシコ　[典]2000

ムニョス, パトリシア　人権擁護活動家　マナソップ代表　[国]ペルー　[典]2004

ムニョス, ラファエル　Muñoz, Rafael　水泳選手（バタフライ）　競泳男子50メートルバタフライ世界記録保持者　[国]スペイン　[生]1988年3月3日

ムニョス・マリン, ルイス　Muñoz Marin, Luis　政治家, ジャーナリスト　元・プエルトリコ知事　[国]プエルトリコ　[生]1898年2月18日　[没]1980年4月30日　[典]1992

ムヌーシュキン, アリアーヌ　Mnouchkine, Ariane　演出家, 映画監督　太陽劇団（テアトル・デュ・ソレイユ）主宰　[国]フランス　[生]1939年3月3日　[典]2004／2008／2012

ムヌーシュキン, アレクサンドル　Mnouchkin, Alexandre　映画プロデューサー　[国]フランス　[生]1908年　[没]1993年4月3日　[典]1996

ムバイ, ウィリアム　映画監督　[国]セネガル　[典]1992

ムバシェル, アブドゥル　ジャーナリスト　「アル・アハラム」紙編集局次長・軍事コラムニスト　[国]エジプト　[生]1937年　[典]1992

ムバッザア, フアード　Mbazaa, Fouad　政治家　元・チュニジア暫定大統領　[国]チュニジア　[典]2012

ムハマド王子　初代イブン・サウド王の第6子　[国]サウジアラビア　[没]1988年11月25日　[典]1992

ムハメッドジャニー, Z.　Muhamedcani, Ziya　マディソン社社長　[国]米国　[典]2000

ムハメド, アリ・ナセル　Muhammad, Ali Nasser　政治家　元・南イエメン大統領, 元・イエメン社会党書記長　[国]南イエメン　[生]1939年　[典]1992

ムハメドフ, イレク　Mukhamedov, Irek　本名=Mukhamedov,Irek Javdatovich　バレエダンサー　ギリシャ国立バレエ団芸術監督　元・英国ロイヤル・バレエ団プリンシパル　[生]1960年2月8日　[典]2004／2008／2012

ムバヤ, エティエン・リチャード　Mbaya, Etienne Richard　政治家　コンゴ計画開発相　[国]コンゴ　[生]1940年　[典]2000

ムバラク, ムハンマド・ホスニ　Mubarak, Muhammad Hosni　政治家　元・エジプト大統領　[国]エジプト　[生]1928年5月4日　[典]1992／1996／2000／2004／2008／2012

ムバンゴ, フランソワーズ　Mbango, Françoise　本名=Mbango Etone,Françoise　三段跳び選手　アテネ五輪・北京五輪陸上女子三段跳び金メダリスト　[国]カメルーン　[生]1976年4月14日　[典]2008／2012

ムハンド, ペニナ　Muhando, Penina　作家　ダルエスサラーム大学演劇学科講師　[国]タンザニア　[生]1948年　[典]1992

ムハンマド・ビン・ラシド・アル・マクトム　Muhammad bin Rashid al-Maktoum　政治家　アラブ首長国連邦（UAE）副大統領・首相・国防相, ドバイ首長, ゴドルフィン・レーシング総帥　[国]アラブ首長国連邦　[生]1948年　[典]2000（ムハマド・ビン・ラシド・アル・マクトム）／2004（ムハマド・ビン・ラシド・アル・マクトム）／2008／2012

ムヒカ, ホセ　Mujica, José　本名=Mujica Cordano,José Alberto　別名=Mujica,Pepe　政治家　ウルグアイ大統領　[国]ウルグアイ　[生]1935年5月20日　[典]2012

ムヒカ・ライネス, マヌエル　Mujica Láinez, Manuel　作家　[国]アルゼンチン　[生]1910年　[没]1984年4月21日　[典]1992

ムーヒン, レフ　Mukhin, Lev　惑星科学者　ソ連科学アカデミー宇宙科学研究所研究室長　[専]宇宙科学　[国]ソ連　[生]1933年　[典]1992／1996

ムフ, シャンタル　Mouffe, Chantal　政治哲学者　ウェストミンスター大学デモクラシー研究センター特別研究員　[生]1943年　[典]2004／2008

ムファ, カミーユ　Muffat, Camille　水泳選手（自由形）　ロンドン五輪競泳女子400メートル自由形金メダリスト　[国]フランス　[生]1989年10月28日

ムファレレ, エスキア　Mphahlele, Es'kia　本名=ムファレレ, エゼキエル　作家, 評論家　元・ウィットウォーターズランド大学名誉教授　[国]南アフリカ　[生]1919年12月17日　[没]2008年10月27日　[典]1992／2000／2004／2008

ムフティ, アクシ　Mufti, Uxi　民俗文化保存専門家　パキスタン国立民俗伝統遺産研究所（ローク・ヴィルサ）初代所長　[国]パキスタン　[典]2008／2012

ムベキ, ターボ　Mbeki, Thabo Mvuyelwa　政治家　元・南アフリカ大統領, 元・アフリカ民族会議（ANC）議長　[国]南アフリカ　[生]1942年6月18日　[典]1996／2000／2004／2008／2012

ムペンザ, エミール　Mpenza, Emile　本名=ムペンザ, ロコンダ・エミール　サッカー選手（FW）　[国]ベルギー　[生]1978年7月4日　[典]2000／2004／2008

ムボウ, A.M.　M'bow, Amadou-Mahtar　元・ユネスコ事務総長　[国]セネガル　[生]1921年3月20日　[典]1992／1996

ムヤール, ダニエル　トダ・モード社長, ア・テストーニ日本代表, ジバンシー日本代表　[国]フランス　[生]1945年　[典]1992

ムラ, ギュイ　Merat, Guy　絵本作家　[国]スイス　[生]1952年　[典]1992

ムーラー, フレディ　Murer, Fredi M.　映画監督　[国]スイス　[生]1940年　[典]2004／2008／2012

ムラー, フレミング・クイスト　Moller, Flemming Quist　作家, 音楽家　[国]デンマーク　[生]1942年　[典]1996

ムラヴィンスキー, エフゲニー　Mravinskii, Evgenii Aleksandrovich　指揮者　元・レニングラード・フィル常任指揮者　[国]ソ連　[生]1903年6月4日　[没]1988年1月20日　[典]1992（ムラビンスキー, エフゲニー）

ムラウジ, ムブイレニ　Mulaudzi, Mbulaeni　陸上選手（中距離）　アテネ五輪陸上男子800メートル銀メダリスト　[国]南アフリカ　[生]1980年9月8日

ムラカミ, ジミー・T.　Murakami, Jimmy Teru　アニメーション作家　[国]米国　[生]1933年　[典]1992／1996

ムラギルディン, リシャット　Mullagildin, Rishat　建築家　[国]ロシア　[生]1969年　[典]2004／2008

ムラシャニ, シモン　Mrashani, Simon　マラソン選手　[国]タンザニア　[生]1964年4月18日　[典]1992／2004／2008

ムラシャニ, バヌーエリア　Mrashani, Banuelia　マラソン選手　[国]タンザニア　[生]1977年11月14日　[典]2004／2008

ムラーズ, ジェイソン　Mraz, Jason　シンガー・ソングライター　[国]米国　[生]1977年

ムラッツァーニ, シモーナ　Mulazzani, Simona　イラストレーター　[国]イタリア　[典]2000

ムラディッチ, ラトコ　Mladić, Ratko　軍人　元・セルビア人勢力軍最高司令官　[国]ボスニア・ヘルツェゴビナ　[生]1942年3月12日　[典]1996（ムラジッチ, ラトコ）／2000（ムラジッチ, ラトコ）／2012

ムラデノビッチ　Mladenovic　本名=ムラデノビッチ, ムラデン　サッカー選手（MF）　[国]クロアチア　[生]1964年9月13日　[典]2000

ムラデノフ, ペタル　Mladenov, Peter Toshev　政治家　元・ブルガ

ムラド, フェリド　Murad, Ferid　薬理学者　テキサス大学医学部教授　⑮米国　⑭1936年9月14日　⑮2000／2008／2012

ムラトビッチ, ハサン　Muratovic, Hasan　政治家　元・ボスニア・ヘルツェゴビナ暫定中央政府首相　⑮ボスニア・ヘルツェゴビナ　⑭1940年　⑮2000

ムラドフ, シルヴァニ　Muradov, Shirvani　レスリング選手（フリースタイル）　北京五輪レスリング男子フリースタイル96キロ級金メダリスト　⑮ロシア　⑭1985年6月20日　⑮2012

ムラートワ, キーラ　Muratova, K.　映画監督　⑮1992／1996

ムラブチック, ジョシュア　Muravchik, Joshua　アメリカン・エンタープライズ研究所（AEI）研究員　⑮米国　⑭1947年9月　⑮1992／2004／2008

ムラホフスキー, フセヴォロド　Murakhovskii, Vsevolod Serafimovich　政治家　元・ソ連第1副首相　⑮ソ連　⑭1926年10月17日　⑮1992

ムラロ, ロジェ　Muraro, Roger　ピアニスト　⑮フランス　⑭1959年　⑮2008

ムランボヌクカ, プムジレ　Mlambo-Ngcuka, Phumzile　政治家　南アフリカ副大統領　⑮南アフリカ　⑭1955年11月3日　⑮2008／2012

ムリ, ダニエラ　Meuli, Daniela　スノーボード選手　トリノ五輪スノーボード女子パラレル大回転金メダリスト　⑮スイス　⑭1981年11月6日　⑮2008／2012

ムーリー, テレサ　Moorey, Teresa　カウンセラー、ヒプノセラピスト、占い師　⑫占星術　⑮2008

ムリアイナ, ミルズ　Muliaina, Mils　本名＝Muliaina, Junior Malili　ラグビー選手（FB）　⑮ニュージーランド　⑭1980年7月31日

ムリエラス, クロード　Mourieraz, Claude　映画監督　⑮フランス　⑭1953年　⑮2004

ムリシュ, ハリー　Mulisch, Harry　本名＝Mulisch,Harry Kurt Viktor　作家　⑮オランダ　⑭1927年7月29日　⑮2010年10月30日

ムリナーシ, ズデネク　Mlynar, Zdenek　政治家　元・チェコスロバキア共産党中央委員会書記　⑮チェコスロバキア　⑭1930年6月22日　⑮1992／1996

ムルヴィッツ, モーシェ　Murvitz, Moshé　バイオリニスト　元・イスラエル・フィルハーモニーコンサート・マスター　⑮イスラエル　⑭1930年　⑮2000

ムルガ, クリシュナ・マーン　Muruga, Krishna Maan　心理学者　⑭1940年　⑮1992

ムルカイ, ルシール　Mulcahy, Lucille　作家　⑮米国　⑮1992

ムルジ, バキリ　Muluzi, Bakili　政治家　マラウイ統一民主戦線（UDF）党首　元・マラウイ大統領　⑮マラウイ　⑭1943年3月17日　⑮1996／2000／2004／2008／2012

ムルージ, マルセル　Mouloudji, Marcel　シャンソン歌手、俳優　⑮フランス　⑭1922年9月16日　⑮1994年6月14日　⑮1996

ムルダー, コニー　政治家　元・南アフリカ情報相　⑮南アフリカ　⑮1988年1月12日　⑮1992

ムルダー, テーン　Mulder, Teun　自転車選手（トラックレース）　ロンドン五輪自転車男子ケイリン銅メダリスト　⑮オランダ　⑭1981年6月18日

ムルダー, ミシェル　スピードスケート選手　ソチ五輪スピードスケート男子500メートル金メダリスト　⑮オランダ

ムルダー, ヤン　Mulder, Jan　彫刻家、美術家　⑮オランダ　⑭1940年　⑮1992

ムルタサリエフ, サギド　Mourtasaliyev, Saghid　レスリング選手（フリースタイル）　⑮ロシア　⑮2004

ムルダニ, ベニ　Murdani, Benny　軍人　元・インドネシア国防治安相、元・インドネシア軍事司令官　⑮インドネシア　⑭1932年10月2日　⑮2004年8月29日　⑮1992（ベニ・ムルダニ）／1996／2000

ムルテ, クリストフ　Mourthé, Christophe　写真家　⑮フランス　⑭1959年4月29日　⑮1996

ムールティ, ナーラーシンハ　Murthy, P.A.Narasimha　ジャワハルラール・ネール大学教授　⑫日本現代史　⑮インド　⑭1933年　⑮1996

ムールティー, ナラヤナ　Murthy, Narayana　本名＝Murthy, Nagavara Ramarao Narayana　実業家　インフォシス・テクノロジーズ創業者・会長　⑮インド　⑭1946年8月20日　⑮2004／2008／2012

ムルディヨノ　Moerdiono　政治家　インドネシア国家官房長官　⑮インドネシア　⑮1992

ムルトソス, ミカイル　Mouroutsos, Michail　テコンドー選手　⑮ギリシャ　⑭1980年2月29日　⑮2004／2008

ムルバ, ジム　Mulva, Jim　本名＝ムルバ, ジェームズ　実業家　コノコフィリップス会長・CEO　⑮米国　⑭1946年　⑮2008／2012

ムレル, ファビアナ　Murer, Fabiana　棒高跳び選手　⑮ブラジル　⑭1981年3月16日

ムーロ, パコ　Muro, Paco　オットー・ウォルター会長　⑮スペイン　⑮2008／2012

ムローヴァ, ヴィクトリア　Mullova, Viktoria　バイオリニスト　⑮ロシア　⑭1959年11月27日　⑮1996（ムローバ, ビクトリア）／2000（ムローバ, ビクトリア）／2004（ムローバ, ビクトリア）／2008（ムローバ, ビクトリア）／2012

ムロウズ, ジョン・E.　東西問題研究所理事長　⑫ロシア・東欧問題　⑮米国　⑮1992／1996

ムロジェク, スワヴォミル　Mrożek, Sławomir　劇作家、作家、漫画家　⑮ポーランド　⑭1930年6月26日　⑮1992／1996／2004／2008／2012

ムロチコフスキー, トーマス　アメリカン大学助教授　⑫国際経営学　⑮米国　⑭1949年　⑮1992

ムロディナウ, レナード　Mlodinow, Leonard　ライター　⑮米国　⑮2004／2008

ムロンゲ, ティエリー　Moulonguet, Thierry　実業家　ルノーCFO　元・日産自動車副社長・CFO　⑮フランス　⑭1951年2月27日　⑮2004／2012

ムワナワサ, レビ　Mwanawasa, Levy Patrick　政治家、弁護士　元・ザンビア大統領　⑮ザンビア　⑭1948年9月3日　⑮2008年8月19日　⑮2004／2008

ムワンギ, メジャ　Mwangi, Meja　本名＝ムワンギ, デービッド　作家　⑮ケニア　⑭1948年　⑮1992／1996

ムワンドロ, ムバルック・カッシム　Mwandoro, Mbaruk Kassim　タンザニアBoard of External Trade総裁　⑮タンザニア　⑭1942年　⑮1992

ムン・イクファン　文益煥　Moon, Ik-hwan　詩人、牧師、反体制活動家　⑮韓国　⑭1918年6月1日　⑮1994年1月18日　⑮1992／1996

ムン・イルジ　文一枝　舞踊家　国立国楽院常任按舞家　⑮韓国舞踊　⑮韓国　⑭1945年11月30日　⑮1996

ムン・イング　文仁亀　号＝蘇山　弁護士　韓国法学院長、韓国海外同胞問題研究所名誉理事長、韓国経済法学会会長　⑮韓国　⑭1924年11月1日　⑮1996

ムーン, ウォーレン　Moon, Warren　元・プロフットボール選手　⑮米国　⑭1956年11月18日　⑮2000／2004

ムン・ウンヒ　文銀姫　画家　⑫水墨画　⑮韓国　⑭1931年11月4日　⑮1992

ムーン, エリザベス　Moon, Elizabeth　作家　⑮米国　⑭1945年　⑮2012

ムン・ギョンエ　マラソン選手　⑮北朝鮮　⑮1992

ムン・クィソク　文貴錫　プロ野球選手（投手）　⑮韓国　⑭1971年9月14日　⑮1996

ムン・グクヒョン　文国現　Moon, kook-hyun　実業家、環境保護活動家、政治家　創造韓国党代表　元・柳韓キムバリー社長　⑮韓国　⑭1949年1月12日　⑮2000（ムン・グックヒョン）／2008／2012

ムン・クックジン　文国鎮　Moon, Gook-jin　法医学者　高麗大学法医学研究所長、高麗大学医学部名誉教授　⑮韓国　⑭1925年3月9日　⑮1996

ムン・グニョン　Moon, Geun-young　漢字名＝文根英　女優　⑮韓

国 ⓟ1987年5月6日 ⓡ2008／2012

ムーン, クリス Moon, Chris 対人地雷禁止運動家, 元・英国陸軍大尉 ⓒ英国 ⓟ1962年 ⓡ2000

ムーン, サラ Moon, Sarah 旧名＝アダンギュ, マリエル 写真家 ⓓファッション, 広告 ⓒフランス ⓟ1941年11月 ⓡ1992／1996／2000／2004

ムン・ジェイン 文 在寅 Moon, Jae-in 政治家, 弁護士 韓国国会議員 ⓒ韓国 ⓟ1953年1月24日 ⓡ2004／2008

ムン・ジェソン 文 哉成 プロ野球選手(捕手) ⓒ韓国 ⓟ1971年10月24日 ⓡ1996

ムン・ジャンファン 文 章換 ジャーナリスト KOCO ⓒ韓国 ⓟ1957年 ⓡ1996

ムン・ジョンイン 文 正仁 政治学者 延世大学政治外交学科教授 ⓒ韓国 ⓟ1951年 ⓡ1996／2004／2008／2012

ムン・ジョンス 文 正秀 政治家 釜山市長 ⓒ韓国 ⓡ2000

ムン・スンフン 文 勝勲 プロ野球選手(内野手) ⓒ韓国 ⓟ1966年3月14日 ⓡ1996

ムン・ソリ Moon, So-ri 漢字名＝文素利 女優 ⓒ韓国 ⓟ1974年7月2日 ⓡ2008／2012

ムン・ソンギル 文 成吉 プロボクサー WBC世界ジュニアバンタム級チャンピオン ⓒ韓国 ⓟ1963年7月20日 ⓡ1992／1996

ムン・ソングン Moon, Sung-geun 漢字名＝文盛瑾 俳優 ⓒ韓国 ⓟ1953年5月28日 ⓡ1996／2000／2008／2012

ムン・ソンス 文 性守 元・在日朝鮮人総連合国際局副局長 ⓒ北朝鮮 ⓟ1986年7月18日 ⓡ1992

ムン・ソンヒョン 文 成賢 Moon, Sung-hyun 政治家 韓国民主労働党代表 ⓒ韓国 ⓟ1952年2月8日 ⓡ2008／2012

ムン・ソンミョン 文 鮮明 Moon, Sun-myung 本名＝文竜明 宗教家 元・世界基督教統一神霊協会(統一教会)創始者・教主 ⓒ韓国 ⓟ1920年1月6日 ⓓ2012年9月3日 ⓡ1992／1996／2004／2008／2012

ムン, ダニエル Moon, Daniel 「カリスマ英語教師ダニエル・ムンの英語を学び直せ！ーTry again！」の著者 ⓡ2008

ムン・チェウォン Moon, Chae-won 女優 ⓒ韓国 ⓟ1986年11月13日

ムン・テカブ 文 胎甲 ソウルオリンピック記念国民体育振興公団理事長 ⓒ韓国 ⓟ1930年2月25日 ⓡ1996

ムン・テジュン 文 太俊 延世大学医学部外来教授, 韓国癌学会顧問, 韓国保健医療政策研究会会長, 韓国医学協会名誉会長 ⓒ韓国 ⓟ1928年1月14日 ⓡ1996

ムン・デソン 文 大成 Moon, Dae-sung テコンドー選手 アテネ五輪テコンドー男子80キロ以上級金メダリスト ⓒ韓国 ⓟ1976年9月3日 ⓡ2008

ムン・ドクス 文 徳守 弘益大学国語教育学科教授, 月刊「詩文学」主幹 ⓒ韓国 ⓟ1927年10月17日 ⓡ1996

ムーン, パット Moon, Pat 児童文学作家 ⓒ英国 ⓡ2000

ムン・ヒオク 文 喜玉 歌手 ⓒ韓国 ⓟ1969年7月27日 ⓡ1996

ムン・ヒカブ 文 熹甲 Moon, Hi-gab 政治家 元・韓国国会議員 ⓒ韓国 ⓟ1937年6月9日 ⓡ1992／1996

ムン・ヒサン 文 喜相 Moon, Hee-sang 政治家 元・韓日議員連盟会長, 元・ウリ党議長, 元・韓国大統領秘書室長 ⓒ韓国 ⓟ1945年3月3日 ⓡ2000／2004／2008／2012

ムン・ヒス 文 熙秀 プロ野球選手(投手) ⓒ韓国 ⓟ1965年3月15日 ⓡ1996

ムン・ヒファ 文 熙和 韓国生産性本部会長, 韓国生産学会顧問, アジア生産性機構APO議長 ⓒ韓国 ⓟ1938年9月21日 ⓡ1996

ムン・ビョンギ 文 炳基 韓国再活財団理事長, 韓国損害保険協会医療審査委員会常勤委員長, 韓国整形外科学会名誉会長, 韓国障害者再活協会会長 ⓟ1911年3月15日 ⓡ1996

ムン・ビョンウォン 文 炳権 プロ野球選手(投手) ⓒ韓国 ⓟ1965年4月4日 ⓡ1996

ムン・ビョンジブ 文 炳鏶 韓国中央大学地域社会開発学科教授 ⓓ地域社会開発 ⓒ韓国 ⓟ1928年9月10日 ⓡ1996

ムン・ヒョンジュ 文 賢珠 梨花女子大学言語教育院韓国語講師 ⓓ韓国語 ⓒ韓国 ⓡ2004

ムン・ビョンラン 文 炳蘭 詩人 朝鮮大学副教授 ⓒ韓国 ⓟ1935年3月28日 ⓡ1996

ムン・ホグン 文 昊瑾 演出家 芸術の殿堂芸術監督, 韓国音楽劇研究所代表, 韓国民族芸術人総連合常任理事・国際部長 ⓒ韓国 ⓟ1946年11月17日 ⓡ1996／2000

ムン・ホンジュ 文 鴻柱 米国憲法研究所理事長 ⓒ韓国 ⓟ1918年6月7日 ⓡ1996

ムン・ボンナム 文 鳳男 韓国日報社名古屋総局局長 ⓒ韓国 ⓡ1996

ムーン, マリアンヌ Moon, Marianne 編集者, ライター, 実業家 Moon Joyce Resources共同経営者 ⓡ2004

ムン・ミョンジャ 文 明子 英語名＝Moon, Julie ジャーナリスト 元・USアジアニュースサービス設立者, 元・米国女性記者協会会長 ⓒ米国 ⓟ1930年11月 ⓓ2006年7月21日 ⓡ2004(ブン・メイシ)／2008(ブン・メイシ)

ムン・ムビョン 文 武秉 釜山大学講師, 済州大学講師 ⓓ民俗学 ⓒ韓国 ⓟ1950年 ⓡ1996

ムン・ヨンミ 文 英美 本名＝文学天 コメディアン ⓒ韓国 ⓟ1953年8月22日 ⓡ1996

ムンアウン シンガーソングライター ⓒミャンマー ⓡ2000

ムンカダ, ジェズス Moncada, Jesús 作家 ⓒスペイン ⓟ1941年 ⓡ2000

ムンゴシ, チャールズ Mungoshi, Charles 詩人, 作家 ⓒジンバブエ ⓟ1947年 ⓡ2000

ムンジウ, クリスティアン Mungiu, Cristian 映画監督, 脚本家 ⓒルーマニア ⓟ1968年 ⓡ2012

ムンター, メアリー Munter, Mary 経営学者 ダートマス大学タック経営大学院教授 ⓡ2008

ムンティン, ヘモ 政治家 欧州議会議員(オランダ労働党) ⓒオランダ ⓡ1992

ムント, ウーベ Mund, Uwe 指揮者 京都市交響楽団常任指揮者 元・グラーツ歌劇場音楽監督 ⓒオーストリア ⓟ1941年3月30日 ⓡ2000

ムンプニ, トゥリ Mumpuni, Tri 社会起業家 IBEKA創設者 ⓒインドネシア ⓡ2012

ムンマ, ゴードン Mumma, Gordon 作曲家 ⓒ米国 ⓟ1935年3月30日 ⓡ1992

ムンロ, アラン Munro, Alan 騎手 ⓒ英国 ⓟ1967年1月14日 ⓡ1996

ムンロ・ハイ, スチュアート Munro-Hay, Stuart 歴史学者 ベルリン大学客員教授 ⓡ2004

【メ】

メア, ケビン Maher, Kevin 外交官 元・米国国務省日本部長 ⓒ米国 ⓟ1954年 ⓡ2012

メーア, フィル スキー選手(アルペン) ⓒ米国 ⓡ1992

メアーズ, ナンシー Mairs, Nancy 詩人, エッセイスト ⓒ米国 ⓟ1943年 ⓡ2000

メイ MAY 歌手 ⓒ韓国 ⓟ1982年5月6日 ⓡ2008／2012

メイ・アイコク 明 愛国 Ming, Ai-guo 電気通信大学電気通信学部准教授 ⓓ工業ロボット ⓒ中国 ⓟ1962年10月 ⓡ2008

メイ, アーネスト May, Ernest R. 外交史家 ハーバード大学教授 ⓒ米国 ⓟ1928年 ⓡ2008

メイ, エヴァ Mei, Eva ソプラノ歌手 ⓒイタリア ⓟ1967年 ⓡ2012

メイ, カーラ May, Kara 児童文学作家, 脚本家 ⓒ英国 ⓡ2004

メイ, ジュリアン May, Julian SF作家 ⓒ米国 ⓟ1931年7月10日 ⓡ1992

メイ, ジョン　グリーンピース・ブックス編集長　国2000

メイ, デーブ　May, Dave　本名＝May,David La France　大リーグ選手　国米国　生1943年12月23日　没2012年10月20日

メイ, デリック　May, Derrick Brant　元・大リーグ選手　国米国　生1968年7月14日　国2004／2008

メイ, バネッサ　Mae, Vanessa　バイオリニスト　国英国　生1978年　国1996／2000

メイ, ビル　シンクロナイズドスイミング選手　国米国　国2000

メイ, フィオナ　May, Fiona　走り幅跳び選手　国イタリア　生1969年12月12日　国2000

メイ, ブライアン　May, Brian　本名＝メイ, ブライアン・ハロルド　グループ名＝クイーン　ロックギタリスト　国英国　生1947年7月19日　国1992／1996／2000／2004／2008／2012

メイ, マチルダ　May, Mathilda　女優, ミュージシャン　国フランス　国1996

メイ, リチャード（Jr.）　福岡アメリカン・センター館長　国米国　生1959年9月　国1992／1996

メイ, ロバート　May, Robert McCredie　動物学者, 生物学者　元・英国政府首席科学顧問, 元・英国科学技術庁長官, 元・ロイヤル・ソサエティ会長　理論生態学, カオス理論　国英国　生1936年8月1日　国1996／2000／2004／2008／2012

メイ, ロロ　May, Rollo　精神分析家　国米国　生1909年　国1996

メイアー, スーザン　Meier, Susan　ロマンス作家　国米国　国2004

メイアン, アラン　実業家　メイアン・スターローズ代表　国フランス　国2004／2008

メイイェル, マリー　Meijer, Marie　児童文学作家　国スウェーデン　国2004

メイヴ　Meav　旧グループ名＝ケルティック・ウーマン　歌手　国アイルランド　国2008／2012

メイウェザー, フロイド　Mayweather, Floyd　本名＝Mayweather, Floyd Joy,Jr.　プロボクサー　WBA・WBC世界スーパーウェルター級チャンピオン　元・WBC世界スーパーフェザー級・ライト級・スーパーライト級・ウェルター級チャンピオン　アトランタ五輪ボクシングフェザー級銅メダリスト　国米国　生1977年2月24日　国2008／2012

メイエ, ポール　Meyer, Paul　クラリネット奏者, 指揮者　東京佼成ウインドオーケストラ首席指揮者　国フランス　生1965年　国2000／2004

メイエス, メノ　Meyjes, Menno　映画監督, 脚本家　国オランダ　生1954年　国2004／2008

メイエ・スタブレ, ベルトラン　Meyer-Stabley, Bertrand　ジャーナリスト, 作家　生1955年　国2004／2008

メイエール, シャルル　Meyer, Charles　民族学者　国フランス　生1923年　国2000

メイエール, ジャン　Meyer, Jean　ソルボンヌ大学教授　アメリカ史　国フランス　生1924年　国1996

メイコック, ポール　植物学者　トロント大学植物学教授, 国際生態学会事務局長　カナダ中部の落葉・常緑樹林, 植生群落の調査　国カナダ　生1930年　国1992

メイザー, ウェイン　写真家, ビデオ・ディレクター　国米国　生1946年　国1996

メイザー, ノーマ・フォックス　Mazer, Norma Fox　作家　国米国　生1931年3月15日　国1992／1996

メイザー, バリー　Mazur, Barry　数学者　ハーバード大学教授　国米国　生1937年　国2008

メイシー, ウィリアム　Macy, William H.　俳優　国米国　生1950年3月13日　国2000／2004／2008／2012

メイジャー, アン　Major, Ann　ロマンス作家　国米国　国2004

メイズ, J.L.　Mays, James Luther　神学者　ユニオン神学校名誉教授　旧約聖書学　国米国　国1921年　国1996

メイズ, ウィリー　Mays, Willie　本名＝Mays,Willie Howard　元・大リーグ選手　国米国　生1931年5月6日　国1992／2000／2012

メイズ, エリザベス　Mays, Elizabeth　経済学者　国信用リスク分析, 自動貸出審査　国米国　国2004

メイズ, ジョー　Mays, Joe　大リーグ選手（投手）　国米国　生1975年12月10日　国2004／2008

メイス, ジョージナ　Mace, Georgina　生物学者　ロンドン大学NERC個体群生物学研究センター教授・所長　国英国　生1953年12月8日　国2008／2012

メイズ, フランシス　Mayes, Frances　詩人　サンフランシスコ州立大学教授　国米国　国2000

メイズ, ベンジャミン　黒人教育者　国米国　没1984年3月28日　国1992

メイスタット, フィリップ　Maystadt, Philippe　政治家　ベルギー蔵相　国ベルギー　生1948年3月14日　国1996／2000／2004

メイズルズ, デービッド　Maysles, David　ドキュメンタリー作家　国米国　生1931年　没1987年1月3日　国1992

メイゼル, L.サンディ　Maisel, L.Sandy　政治学者　コルビー大学教授　アメリカ政治（政党と選挙）　国米国　生1945年　国1996

メイゼル, エリック　Maisel, Eric　臨床心理士, クリエイティビティ・コンサルタント　国米国　国2004

メイダニ, レジェブ　Meidani, Rexhep Qemal　政治家, 物理学者　ティラナ大学教授　元・アルバニア大統領　国アルバニア　生1944年8月17日　国2000／2004／2008／2012

メイツ, マイケル　政治家, 元・軍人　英国下院議員・下院軍事委員長　国英国　国1992

メイディーク, モデスト　Maidique, Modest A.　フロリダ国際大学学長　国米国　生1940年　国1996

メイデュー, エドワード　Maydew, Edward L.　会計学者　ノースカロライナ大学助教授　国米国　国2004

メイトランド, デレック　Maitland, Derek　小説家, ノンフィクション作家　国英国　生1943年　国1996

メイトランド, バリー　Maitland, Barry　作家　ニューカッスル大学建築学部学部長・教授　建築学　国英国　生1941年　国1996

メイ・トレーナー, ミスティ　May-Treanor, Misty　旧名＝メイ, ミスティ　元・ビーチバレー選手, 元・バレーボール選手　アテネ五輪・北京五輪・ロンドン五輪ビーチバレー女子金メダリスト　国米国　生1977年7月30日　国2008（メイ, ミスティ）／2012

メイナード, アンドルー　Maynard, Andrew　ボクシング選手　国米国　国1992

メイナード, ジェフリー　Maynard, Geoffrey W.　リーディング大学客員教授, インベストコープ・インターナショナル経済顧問　経済学　国英国　国1992

メイナード, ジョイス　Maynard, Joyce　作家　国米国　生1953年　国1992／1996

メイナード, ダグラス　Maynard, Douglas W.　社会学者　ウィスコンシン大学社会学部教授　国米国　生1946年　国2008

メイナード・スミス, ジョン　Maynard Smith, John　生物学者　元・サセックス大学名誉教授　国英国　生1920年1月6日　没2004年4月19日　国1992／1996／2004

メイニー, ケビン　Maney, Kevin　ジャーナリスト　「USAツデー」記者　国米国　国2000

メイネル, キャロリン・P.　Meinel, Carolyn P.　コンピューター・ジャーナリスト　ハッピーハッカー代表　国米国　国2000／2004

メイハー, バリー　Maher, Barry　セールスコンサルタント　国米国　国2004

メイハール, D.J.　Mahar, Dennis J.　生態学者　国2004

メイバーン, ハロルド　Mabern, Harold　ジャズピアニスト　国米国　生1936年3月20日　国1992／1996

メイヒュー, ジェームズ　Mayhew, James　絵本作家, イラストレーター　国英国　生1964年　国2008

メイヒュー, デービッド　エール大学教授　政治学　国米国　国1996

メイヒュー, デービッド　Mayhew, David　コンピューター技術者　StarBridge Technologies主任設計技師　国2004

メイヒュー, ブラドリー　Mayhew, Bradley　ガイドブックライ

ター ⓢ2008

メイビン, マックス Maven, Max 本名＝ゴールドスティン, フィル 別名＝マックス名人 マジシャン ⓝ米国 ⓑ1950年 ⓢ1992

メイフィールド, マーク Mayfield, Mark コンピューター技術者 ⓝ米国 ⓢ2004

メイブリィ, ジョン Maybury, John 映画監督 ⓝ英国 ⓑ1958年 ⓢ2000

メイマン, シオドア Maiman, Theodore Harold 物理学者 メイマン社会長 ⓘ量子光学 ⓝ米国 ⓑ1927年7月11日 ⓢ1992（メーマン, シオドア）／1996

メイヤ Meja 本名＝ベックマン, メイヤ 歌手 ⓝスウェーデン ⓑ1969年2月12日 ⓢ2000／2004／2008

メイヤー, N.ディーン Meyer, N.Dean 企業コンサルタント N・ディーン・マイヤー・アンド・アソシエイツ社社長 ⓝ米国 ⓢ1992（マイヤー, N.ディーン）／1996

メイヤー, アーチャー Mayor, Archer 作家 ⓝ米国 ⓢ1996

メイヤー, イレーヌ 画家 ⓝ米国 ⓢ1996／2000

メイヤー, キャサリン Meyer, Kathleen アウトドアライター ⓝ米国 ⓑ1942年 ⓢ1996

メイヤー, ジェフリー Mayer, Jeffrey J. ビジネスコンサルタント ⓝ米国 ⓢ2004

メイヤー, ジョセフ・エドワード Mayer, Joseph Edward 物理学者 ⓝ米国 ⓑ1904年2月5日 ⓢ1992

メイヤー, ジョン Mayer, John シンガーソングライター, ギタリスト ⓝ米国 ⓑ1977年 ⓢ2008／2012

メイヤー, ジーン Mayer, Jean 栄養学者 元・タフツ大学名誉学長 ⓝ米国 ⓓ1993年1月1日 ⓢ1996

メイヤー, ジーン Meyer, Gene ファッションデザイナー ⓝ米国 ⓑ1956年 ⓢ2000

メイヤー, ステファニー Meyer, Stephenie 作家 ⓝ米国 ⓑ1973年 ⓢ2012

メイヤー, ダグラス Mayer, Douglas F. 経営学者 ハートウィック大学経済経営学学科長・経営学準教授 ⓝ米国 ⓢ1992

メイヤー, ダニー 反自爆テロ団体を組織したユダヤ人 ⓝオーストラリア ⓢ2004／2008

メイヤー, ニコラス Meyer, Nicholas 作家, シナリオライター ⓝ米国 ⓑ1947年 ⓢ1992／1996／2000

メイヤー, ハーバート Meyer, Herbert E. 企業コンサルタント 元・米国国家情報評議会副議長 ⓘ情報戦略 ⓝ米国 ⓢ1992（マイヤー, ハーバート）／1996

メイヤー, ヒルデガルド・ゴス 平和運動家 国際友和会名誉会長 ⓝオーストリア ⓢ1992

メイヤー, ボブ Mayer, Bob 作家, 軍人 ⓝ米国 ⓑ1959年 ⓢ2000／2012

メイヤー, ポール Meier, Paul D. 精神科医 ミナース・メイヤークリニック創設者 ⓝ米国 ⓢ2004

メイヤー, マーサ Mayer, Mercer 絵本作家, 挿絵画家 ⓘ児童文学 ⓝ米国 ⓑ1943年 ⓢ1992／1996

メイヤー, マーティン Mayer, Martin 金融ジャーナリスト, 作家 ⓝ米国 ⓑ1928年 ⓢ1992／1996／2000

メイヤー, マリッサ Mayer, Marissa Ann 実業家 ヤフーCEO 元・グーグル副社長 ⓝ米国 ⓑ1975年5月30日

メイヤー, リン Meyer, Lynn 作家 社会変革研究財団理事 ⓝ米国 ⓢ1992

メイヤー, ロバート Mayer, Robert 作家 ⓝ米国 ⓢ1992

メイヤー, ロン 実業家 MCA社長・COO ⓝ米国 ⓢ1996

メイヤーズ, スコット Meyers, Scott コンピューター技術者 ⓢ2004

メイヤス, トーマス KLMオランダ航空日本支社長 ⓝオランダ ⓢ2000

メイヤーソン, モートン ペロー・システムズ会長 ⓝ米国 ⓢ1996

メイヨー, チャールズ ソーシャルワーカー ⓝ米国 ⓑ1925年 ⓢ1996

メイヨ, バージニア Mayo, Virginia 本名＝Jones,Virginia 女優 ⓝ米国 ⓑ1920年11月30日 ⓓ2005年1月17日 ⓢ1996

メイヨー, マーガレット Mayo, Margaret ロマンス作家 ⓝ英国 ⓢ2004

メイヨット, ティム Mayotte, Tim テニス選手 ⓝ米国 ⓑ1960年8月3日 ⓢ1992／1996

メイラー, ノーマン Mailer, Norman 本名＝Mailer,Norman Kingsley 作家 ⓝ米国 ⓑ1923年1月31日 ⓓ2007年11月10日 ⓢ1992／1996／2000／2004

メイリア, マーティン Malia, Martin 歴史学者 カリフォルニア大学名誉教授 ⓘロシア史 ⓝ米国 ⓑ1924年3月 ⓢ2000

メイリック, ディック Meyrick, Dick ナショナルトラスト・コーンウォール地区局長 ⓘ土地管理 ⓝ英国 ⓑ1936年 ⓢ1996

メイリング, アーサー Maling, Arthur 探偵小説作家 ⓝ米国 ⓑ1923年6月11日 ⓢ1992／1996

メイリンズ, フィリップ Malins, Philip 元・軍人 国際友好和解基金会長 ⓝ英国 ⓢ2012

メイル, ピーター Mayle, Peter 作家, エッセイスト ⓝ英国 ⓑ1939年 ⓢ1996／2000／2004／2008／2012

メイル, ラッセル Mael, Russell グループ名＝スパークス, 旧グループ名＝ハーフネルソン ミュージシャン ⓝ米国 ⓑ1953年10月5日 ⓢ2012

メイル, ロン Mael, Ron グループ名＝スパークス, 旧グループ名＝ハーフネルソン ミュージシャン ⓝ米国 ⓑ1948年8月12日 ⓢ2012

メイルハウス, ロブ Meilhouse, Rob グループ名＝ドッグスター ロックドラマー ⓝ米国 ⓢ2004

メイレレス, フェルナンド Meirelles, Fernando 映画監督 ⓝブラジル ⓑ1955年9月11日 ⓢ2008／2012

メイロウィッツ, ジョシュア Meyrowitz, Joshua ニューハンプシャー大学コミュニケーション学部教授 ⓘコミュニケーション学 ⓢ2008

メイン, ウィリアム Mayne, William 児童文学作家 ⓝ英国 ⓑ1928年3月16日 ⓢ1992／1996／2000／2004／2008

メイン, エリザベス Mayne, Elizabeth ロマンス作家 ⓢ2004

メイン, チャールズ・エリック Maine, Charles Eric 本名＝マクルウェイン, デービッド 別名＝レイナー, リチャード SF作家 ⓝ英国 ⓑ1921年 ⓢ1992

メイン, トム Mayne, Thom グループ名＝モーフォシス 建築家 カリフォルニア大学ロサンゼルス校準教授 ⓝ米国 ⓑ1943年 ⓢ1992／1996

メイン, ブレント Mayne, Brent Danem 大リーグ選手(捕手) ⓝ米国 ⓑ1968年4月19日 ⓢ2004／2008

メインズ, スティーブン Manes, Stephen コラムニスト, 構成作家 ⓝ米国 ⓢ2004

メインズ, チャールズ・ウィリアム Maynes, Charles William 「フォーリンポリシー」誌編集長 元・米国国防省次官補 ⓝ米国 ⓢ1996

メインズ, ナタリー Maines, Natalie グループ名＝ディキシー・チックス カントリー歌手 ⓝ米国 ⓑ1974年10月14日 ⓢ2000／2004／2008／2012

メインデルツ, コース Meinderts, Koos 作家, 作詞家 ⓑ1953年 ⓢ2000

メオラ, アル・ディ ギタリスト ⓝ米国 ⓑ1954年 ⓢ1992／1996

メーカ, ハンナ Merker, Hannah 作家 ⓝ米国 ⓢ2000

メガグ・サマター, イブラヒム Maygaag Samatar, Ibrahim 政治家 元・ソマリア財務相, 元・ソマリ国民運動(SNM)中央委員会委員長 ⓓ2011年1月31日

メカス, ジョナス Mekas, Jonas 詩人, 映像作家, 映画評論家 アンソロジー・フィルム・アーカイブ(実験映画資料館)館長 ⓝ米国 ⓑ1922年12月24日 ⓢ1992／2000

メガワティ・スカルノプトリ Megawati Sukarnoputri 本名＝メガワティ・スティアワティ・スカルノプトリ 愛称＝エガ, メガ 政

治家　インドネシア闘争民主党（PDI-P）党首　元・インドネシア大統領　⃝国インドネシア　⃝生1947年1月23日　⃝典1996（メガワティ，スティアワティ・スカルノプトリ）／2000／2004／2008／2012

メガンク, リチャード　国連環境計画（UNEP）国際環境技術センター所長　⃝国米国　⃝典1996

メギド, アハメド・エスマト・アブデル　Meguid, Ahmed Esmat Abdel　外交官　元・アラブ連盟事務局長，元・エジプト外相　⃝国エジプト　⃝生1923年3月22日　⃝典1992／1996／2004／2008

メーキン, ジョン　Makin, John H.　エコノミスト　アメリカン・エンタープライズ研究所（AEI）上級研究員　⃝職財政政策　⃝国米国　⃝典1992（メイキン，ジョン）／1996／2004／2008

メクシ, アレクサンデル　Meksi, Aleksander　政治家，考古学者，建築学者　元・アルバニア首相　⃝国アルバニア　⃝生1939年　⃝典1996／2000

メクセス, フィリップ　Mexes, Philippe　サッカー選手（DF）　⃝国フランス　⃝生1982年3月30日　⃝典2004／2008／2012

メグラヒ, アブデル・バセット　Megrahi, Abdul Baset Al　イスラム過激派活動家　元・リビア情報部工作員　パンナム機爆破テロ事件の容疑者　⃝国リビア　⃝生1952年　⃝典2004／2008

メクレル, グリゴリー・コノヴィチ　元・軍人　⃝国ロシア　⃝生1909年　⃝典1996

メコネン, アベベ　Mekonnen, Abebe　マラソン選手　⃝国エチオピア　⃝生1964年9月1日　⃝典1992／1996

メコネン, ハイル　Mekonnen, Hailu　マラソン選手　⃝国エチオピア　⃝生1980年4月4日　⃝典2012

メゴール, ブレーン　フォルケセンター所長　⃝職新エネルギー　⃝国デンマーク　⃝典1996

メーサー, アレクサンダー　Mather, Alexander S.　アバディーン大学教授　⃝職環境問題，天然資源管理，土地資源利用　⃝国英国　⃝生1943年　⃝典1996

メーザー, アン　Mather, Anne　ロマンス作家　⃝国英国　⃝典2000／2012

メサ, カルロス　Mesa, Carlos　本名＝メサ・ヒスベルト，カルロス　政治家，歴史学者　元・ボリビア大統領　⃝国ボリビア　⃝生1953年8月12日　⃝典2008／2012

メサ, ホセ　Mesa, Jose　大リーグ選手（投手）　⃝国ドミニカ共和国　⃝生1966年5月22日　⃝典1996／2000／2004／2008

メサジェ, アネット　Messager, Annette　美術家　⃝国フランス　⃝生1943年11月30日　⃝典2012

メーザーズ, ピーター　Mathers, Peter　作家　⃝国オーストラリア　⃝生1931年　⃝典1992

メザーブ, マイケル　外交官　元・在札幌米国総領事　⃝国米国　⃝典2000／2004

メサロヴィッツ, ミハイロ　Mesarovic, Mihajlo D.　システム工学者　ケース工科大学教授　⃝国米国　⃝生1928年7月2日　⃝典1992（メサロビッツ，ミハイロ）／1996（メサロビッツ，ミハイロ）

メサン, ティエリ　Meyssan, Thierry　ジャーナリスト　⃝国フランス　⃝生1957年5月18日　⃝典2004

メーシー, ジョアンナ　Macy, Joanna　カリフォルニア統合学研究所　⃝生1929年　⃝典1996

メシアン, オリヴィエ　Messiaen, Olivier　本名＝メシアン，オリヴィエ・ウジェーヌ・プロスペール・シャルル　作曲家，オルガン奏者　元・パリ音楽院教授　⃝国フランス　⃝生1908年12月10日　⃝没1992年4月28日　⃝典1992／1996

メシエ, ジャン・マリー　Messier, Jean-Marie Raymond Pierre　実業家　元・ビベンディ・ユニバーサル会長・CEO　⃝国フランス　⃝生1956年12月13日　⃝典2000／2004／2008／2012

メシエ, マーク　Messier, Mark　元・アイスホッケー選手　⃝国カナダ　⃝生1961年1月18日　⃝典2000／2004／2008／2012

メジェライチス, エドゥアルダス　Mezhelaitis, Eduardas Beniamino　詩人，作家　元・リトアニア共和国作家同盟議長，元・ラトビア共産党中央委員　⃝国リトアニア　⃝生1919年10月3日　⃝没1997年6月6日　⃝典1992／1996

メジクンヌ, サリム　Medjkoune, Salim　プロボクサー　元・WBA世界スーパーバンタム級チャンピオン　⃝国フランス　⃝生1972年1月4日　⃝典2004／2008

メシコフ, ユーリ　Meshkov, Yuri　政治家　クリミア共和国大統領　⃝国ウクライナ　⃝生1945年　⃝典1996

メジシ, エミリオ　Medici, Emilio Garrastazu　政治家　元・ブラジル大統領　⃝国ブラジル　⃝生1905年12月　⃝没1985年10月9日　⃝典1992

メシッチ, スティエパン　Mesić, Stjepan　別名＝メシッチ，スティペ　政治家　元・クロアチア大統領　⃝国クロアチア　⃝生1934年12月24日　⃝典1992／1996／2000／2004／2008／2012

メシーナ, リン　Messina, Lynn　編集者，作家　⃝国米国　⃝典2008

メジャー, アル　Major, Al　ソフトウェア開発者，実業家　BrainPlay.Com共同設立者　⃝国米国　⃝典2004

メージャー, ジョン　Major, John　政治家　元・英国首相，元・英国保守党党首　⃝国英国　⃝生1943年3月29日　⃝典1992／1996／2000／2004／2008／2012

メージャー, ノーマ　Major, Norma　ジョン・メージャー英国首相夫人　⃝国英国　⃝生1942年　⃝典1992

メージャー, マルビーナ　Major, Malvina　ソプラノ歌手　⃝国ニュージーランド　⃝生1943年1月28日　⃝典1996

メーシャツ, ワレンチン　Mesyats, Valentin Karpovich　政治家　元・ソ連農相　⃝国ソ連　⃝生1928年　⃝典1992

メシャール, ハレド　Meshaal, Khaled　政治家　ハマス政治部門最高指導者　⃝国パレスチナ　⃝生1956年5月28日　⃝典2008／2012

メシャン, コレット　Méchin, Colette　国立科学研究センター（CNRS）研究員，ストラスブール大学人文学部講師　⃝職民族学　⃝国フランス　⃝生1948年　⃝典1996

メジューエワ, イリーナ　Mejoueva, Irina　ピアニスト　⃝国ロシア　⃝生1975年　⃝典2000／2004／2008／2012

メシュクール, ミシェル　Mechkour, Michel　画家　⃝国フランス　⃝生1941年　⃝典2000

メステッキー, ジェリー　Mestecky, Jiri M.　弁護士　増田舟井アイファート&ミッチェル法律事務所　⃝典2004

メスード, ハキムラ　Mehsud, Hakimullah　元・パキスタン・タリバン運動（TTP）最高指導者　⃝国パキスタン　⃝没2013年11月1日

メストラレ, ジェラール　Mestrallet, Gerard　実業家　GDFスエズ会長・CEO　⃝国フランス　⃝生1949年4月1日　⃝典1996／2008／2012

メストリーニョ, ジルベルト　Mestrinho, Gilbert　政治家　アマゾナス州知事　⃝国ブラジル　⃝生1928年　⃝典1996

メストレ, グザヴィエ・ドゥ　Maistre, Xavier de　ハープ奏者　ハンブルク音楽大学教授　⃝国フランス　⃝生1973年　⃝典2012

メスナー, ラインホルト　Messner, Reinhold　登山家，作家　⃝国イタリア　⃝生1944年9月17日　⃝典1992／1996／2000／2012

メスナーニ, サラーハ　Methnani, Salah　翻訳家　⃝生1963年　⃝典1996

メスネル, Z.　Messner, Zbiqniew　政治家，経済学者　元・ポーランド首相　⃝国ポーランド　⃝生1929年3月　⃝典1992

メスバウアー, ルドルフ　Mössbauer, Rudolf Ludwig　物理学者　ミュンヘン工科大学名誉教授　⃝国ドイツ　⃝生1929年1月31日　⃝典1992／1996／2004／2008／2012

メスメル, ピエール　Messmer, Pierre　本名＝Messmer, Pierre Auguste Joseph　政治家，外交官　元・フランス首相　⃝国フランス　⃝生1916年3月20日　⃝没2007年8月29日　⃝典1992

メスラー, スティーブ　Mesler, Steve　ボブスレー選手　バンクーバー五輪ボブスレー男子4人乗り金メダリスト　⃝国米国　⃝生1978年8月27日　⃝典2012

メスラー, ドナルド　Mesler, Donald T.　証券アナリスト　マッキー・シールズ・フィナンシャル・コーポレーション役員，アメリカ個人投資家協会（AAII）シカゴ支部代表　⃝国米国　⃝典1992

メズリック, ベン　Mezrich, Ben　作家　⃝国米国　⃝生1969年　⃝典2000

メーゼ, ジャンニーヌ・ゲラン・ダッレ　Mese, Jeannine Guérin Dalle　イタリア文学者　ポアティエ大学文学部教授　⃝典2008

メセニー, パット　Metheny, Pat　本名＝Metheny, Patrick Bruce　グループ名＝パット・メセニー・グループ　ジャズギタリスト，作曲家　⃝国米国　⃝生1954年8月12日　⃝典1992／1996／2000／2004／2008／2012

メソッド・マン　Method Man　本名=スミス,クリフォード　グループ名=ウータン・クラン　ラップ歌手　国米国　⑲2000

メソニエ,マルタン　Meissonnier, Martin　音楽プロデューサー　国フランス　㊊1956年　⑲1992

メーソン,アントニー　Mason, Anthony　著述家　国英国　⑲2008

メーソン,アンドルー　Mason, Andrew G.　コンピューターコンサルタント　国英国　⑲2004

メーソン,アンドルー　Mason, Andrew　実業家　グルーポン創業者・CEO　国米国　㊊1981年　⑲2012

メーソン,ジェームス　Mason, James　俳優　国英国　㊊1909年5月15日　㊥1984年7月27日　⑲1992

メーソン,ダニエル　Mason, Daniel Philippe　作家　国米国　⑲2004／2008

メーソン,デービッド　Mason, David　作家,元・軍人　国英国　㊊1951年　⑲1996／2000

メーソン,デービッド　メーソン・ヘリテージ財団副所長(政務担当)　国米国　⑲2000

メーソン,デーブ　Mason, Dave　旧グループ名=トラフィック　ロック歌手　国英国　㊊1946年5月10日　⑲1992

メーソン,ドナルド　Mason Donald E.　元・上智大学教授,元・イエズス会神父　国米国　㊊1924年11月18日　㊥1986年8月23日　⑲1992

メーソン,ニック　Mason, Nick　旧グループ名=ピンク・フロイド　ロック・ドラム奏者　国英国　㊊1945年1月27日　⑲2004／2008／2012

メーソン,ハービー　Mason, Harvey (Jr.)　旧グループ名=ヘッド・ハンターズ　ドラム奏者　国米国　㊊1947年2月22日　⑲2008

メーソン,フィリップ　Mason, Philip　筆名=ウッドラブ,フィリップ　著述家　国英国　㊊1906年3月19日　㊥1999年1月25日　⑲1996

メーソン,ベリンダ　エイズ対策活動家　元・エイズ対策評議会メンバー　国米国　㊥1991年9月9日　⑲1992

メーソン,ボビー・アン　Mason, Bobbie Ann　作家　国米国　㊊1940年　⑲1992／1996

メーソン,ポール　Mason, Paul　画家　国英国　⑲2008

メーソン,モニカ　Mason, Monica　元・バレリーナ　英国ロイヤル・バレエ団芸術監督　国英国　㊊1941年9月6日　⑲2004／2008／2012

メーソン,リサ　Mason, Lisa　SF作家　国米国　⑲1996

メーソン,リチャード　Mason, Richard　作家　国英国　⑲2004

メーソン,ロジャー　Mason, Roger　経済学者　サルフォード大学教授　㊗消費論,経済思想史　国英国　㊊1940年　⑲2004

メーソン,ロバート　Mason, Robert　作家　国米国　㊊1942年　⑲1996

メータ,M.C.　法律家　インド環境法学研究所事務局長　国インド　⑲2000

メタ,イリル　Meta, Ilir Rexhep　政治家　アルバニア副首相,アルバニア経済・貿易・エネルギー相　元・アルバニア首相　国アルバニア　㊊1969年3月24日　⑲2000／2004／2008／2012

メタ,シェカー　元・ラリードライバー　国際自動車連盟(FIA)ラリー部会委員長　国ケニア　⑲2008

メータ,ズビン　Mehta, Zubin　指揮者　ウィーン・フィルハーモニー管弦楽団名誉指揮者,イスラエル・フィルハーモニー管弦楽団終身音楽監督　元・ニューヨーク・フィルハーモニック音楽監督　国インド　㊊1936年4月29日　⑲1992／1996／2000／2008／2012

メータ,ディーパ　Mehta, Deepa　映画監督　国カナダ　⑲2004

メーダ,ドミニク　Méda, Dominique　政治哲学者　元・パリ政経学院教授　国フランス　㊊1962年　⑲2004

メーター,バーバラ　映画監督　㊊1939年　⑲1996

メタ,メーリ　Mehta, Mehli　バイオリニスト,指揮者　元・ボンベイ交響楽団創立者　国米国　㊊1908年9月25日　㊥2002年10月19日　⑲1992

メーター,レオ　「バーバラへの手紙」の著者　㊊1909年　⑲1996

メダウォア,ピーター　Medawar, Peter Brian　生物学者　元・ロンドン大学教授,元・ロンドン国立医学研究所所長　㊗免疫学,組織移植　国英国　㊊1915年2月28日　㊥1987年10月2日　⑲1992

メダコヴィチ,デアン　ベオグラード大学哲学部教授　㊗ユーゴスラビア近代美術　国ユーゴスラビア　㊊1922年　⑲1996(メダコビチ,デアン)

メダワー,ジーン　Medawar, Jean S.　英国家族計画協会副会長　国英国　㊊1913年　⑲1996

メチアル,ウラジミル　Mečiar, Vladimir　政治家　民主スロバキア運動(HZDS)党首　元・スロバキア首相　国スロバキア　㊊1942年7月26日　⑲1996／2000

メチージュ,ミロスラフ　Mecir, Miloslav　元・テニス選手　国チェコスロバキア　⑲1992／1996

メツ,ブルーノ　Metsu, Bruno　サッカー指導者,サッカー選手　元・サッカー・セネガル代表監督　国フランス　㊊1954年1月28日　㊥2013年10月15日　⑲2004／2008／2012

メツカー,スティーブン・ジョン　Metsker, Steven John　コンピューター技術者,テクニカルライター　⑲2004

メッグズ,ブラウン　Meggs, Brown　作家　国米国　㊊1930年　⑲1992／1996

メッケル,マルクス　Meckel, Markus　政治家,牧師　SPD党首代行　元・東ドイツ外相　国ドイツ　㊊1952年　⑲1992

メッシ,リオネル　Messi, Lione　本名=Messi,Lionel Andrés　サッカー選手(FW)　北京五輪サッカー男子金メダリスト　国アルゼンチン　㊊1987年6月24日　⑲2008／2012

メッジ,ルネ　Metge, René　レース・オーガナイザー　国フランス　㊊1941年10月23日　⑲1992／1996

メッジェシ,ペーテル　Medgyessy, Péter　政治家　元・ハンガリー首相,元・ハンガリー蔵相　国ハンガリー　㊊1942年10月19日　⑲2000(メジェシ,ペーテル)／2004／2008／2012

メッシーナ,フランチェスコ　Messina, Francesco　彫刻家　国イタリア　㊊1900年　㊥1995年9月13日　⑲1992／1996

メッシーナ,ロザリオ　Messina, Rosario　実業家　フルー社長,イタリア家具協会会長　国イタリア　㊊1944年　⑲2004／2008

メッゼッティ,フェルナンド　Mezzetti, Fernando　新聞記者　「ラ・スタンパ」紙アジア支局長　国イタリア　㊊1942年　⑲1992

メッセレル,アサフ　Messerer, Asaf Mikhailovich　バレエダンサー,バレエ演出家・指導者　元・ボリショイ・バレエ団　国ソ連　㊊1903年11月19日　㊥1992年3月9日　⑲1992(メッセール,アサフ)／1996

メッソーリ,ヴィットリオ　Messori, Vittorio　ジャーナリスト　国イタリア　㊊1941年　⑲1996

メッツ,E.D.　米半導体工業会日本事務所所長　国米国　㊊1927年　⑲1992

メッツ,アラン　Mets, Alan　絵本作家　国フランス　㊊1961年　⑲2004

メッツ,クリスチャン　Metz, Christian　記号学者　元・社会科学高等学術研究所教授　国フランス　㊊1930年　㊥1993年9月　⑲1996

メッツァー,ガイ　Mezger, Guy　格闘家　国米国　㊊1968年1月1日　⑲2008

メッツイ,フランシスコ　Metzi, Francisco　医師　国ベルギー　㊊1958年　⑲1992

メッツェルダー,クリストフ　Metzelder, Christoph　サッカー選手(DF)　国ドイツ　㊊1980年11月5日　⑲2004／2008／2012

メッツオジョルノ,ヴィットリオ　Mezzogiorno, Vittorio　俳優　国イタリア　㊊1941年　㊥1994年1月8日　⑲1992／1996

メッツガー,ダーリ　Metzger, Dali　絵本作家　国スイス　⑲2004

メッツガー,フィリップ　Metzger, Philip William　画家　国米国　㊊1931年　⑲1996

メッツガー,ブルース　Metzger, Bruce Manning　プリンストン大学神学校教授　㊗新約聖書学　国米国　⑲1992／1996

メッツガー,ポール　Metzger, Paul J.　コンピューター技術者　⑲2008

メッツマッハー,インゴ　Metzmacher, Ingo　指揮者　ベルリン・ド

イツ交響楽団首席指揮者・音楽監督　国ドイツ　生1957年　没2012

メッテルニッヒ, フランツ　Metternich, Franz A.　ワイン醸造家　「オーストリアワインと文化の会」会長　オーストリア宰相メッテルニッヒの4代目　国オーストリア　紹1992

メッテルニヒ侯爵　Metternich, Fürst　本名=メッテルニヒ・ウィンネバーグ, パウル・アルフォンス・フォン　元・国際自動車連盟(FIA)名誉会長　国ドイツ　生1917年5月27日　没1992年9月21日　紹1996

メッドグン・トヨタタイランド　Medgoen Toyota-thailand　本名=ブンサイ・シンスラート　旧リング名=メッドグン・3Kバッテリー, メッドグン・シンスラート　プロボクサー　元・WBC世界フライ級チャンピオン　国タイ　生1978年6月12日　紹2004／2008

メツラー, ロイド　Metzler, Lloyd Appleton　経済学者　元・シカゴ大学教授　国米国　生1913年　没1980年　紹1992

メディカ, ジョン　元・デルコンピュータ社長　生1958年　紹2000

メディ・クロンカエウ　タマサート大学東アジア研究所所長　専経済学　国タイ　紹2000

メディソン・ストーリー　Medicine Story　本名=マニトンクウァット　「インディアンの愛」の著者　国米国　生1929年　紹1996

メディック, ハンス　Medick, Hans　マックス・プランク歴史学研究所研究員　専歴史学　国ドイツ　生1939年　紹1992／1996

メディーナ, オフェーリア　Medina, Ofelia　女優　国メキシコ　生1950年　紹1996／2000

メディナ, ダニロ　Medina, Danilo　政治家　ドミニカ共和国大統領　国ドミニカ共和国　生1951年11月10日

メディナ, ペドロ　元・野球選手　キューバ体育学院教授　国キューバ　生1951年　紹1996

メディプール, チャンギーズ　吟遊詩人, コブズ演奏家　国イラン　生1961年　紹2004／2008

メデスキ, ジョン　Medeski, John　グループ名=メデスキ・マーティン&ウッド　ジャズ・キーボード奏者　国米国　紹2004／2008／2012

メデム, フリオ　Medem, Julio　映画監督　国スペイン　生1958年　紹2004

メドー, スーザン　Meddaugh, Susan　絵本作家, イラストレーター　国米国　紹1992／1996／2000

メドヴェージェフ, ヴィクトル　Medvedev, Viktor　SATIKA社長　国ソ連　紹1992(メドベージェフ, ビクトル)

メドヴェージェフ, ジョレス　Medvedev, Zhores Aleksandrovish　生化学者, 作家　国ロシア　生1925年11月14日　紹1992(メドベージェフ, ジョレス)／1996(メドベージェフ, ジョレス)／2000／2004／2008／2012

メドヴェージェフ, ドミトリ　Medvedev, Dmitrii　本名=Medvedev,Dmitrii Analolyevich　政治家, 実業家　ロシア首相　元・ロシア大統領, 元・ガスプロム会長　国ロシア　生1965年9月14日　紹2004／2008／2012

メドヴェージェフ, ロイ　Medvedev, Roi Aleksandrovich　歴史家　元・ロシア勤労者社会党共同議長　国ロシア　生1925年11月14日　紹1992(メドベージェフ, ロイ)／1996(メドベージェフ, ロイ)／2000／2004／2008／2012

メドヴェージェフ, ワジム　Medvedev, Vadim Andreevich　政治家　元・ソ連大統領顧問, 元・ソ連共産党政治局員　国ソ連　生1929年3月29日　紹1992(メドベージェフ, ワジム)／1996(メドベージェフ, ワジム)

メドヴェージェワ, スヴェトラーナ　Medvedeva, Svetlana　メドヴェージェフ・ロシア大統領夫人　国ロシア　紹2012

メドウェド, マメブ　Medwed, Mameve　作家　国米国　紹2004

メドヴェドツェワ, オリガ　Medvedtseva, Olga　バイアスロン選手　バンクーバー五輪バイアスロン女子24キロリレー金メダリスト　国ロシア　生1975年7月7日　紹2012

メドウズ, キャスリーン　Meadows, Kathleen　ノンフィクション作家, 童話作家　国米国　生1958年　紹2000

メドウズ, シェーン　Meadows, Shane　映画監督　国英国　紹2012

メドウズ, デニス　Meadows, Dennis L.　経営学者　インタラクティブラーニング代表, ニューハンプシャー大学名誉教授　専システム政策学　国米国　生1942年　紹1996／2004／2008／2012

メドウス, メリー　モデル, 麻薬撲滅運動家　スカーレット・オハラのそっくりさん　国米国　紹2000

メトカルフ, スティーブン　Metcalfe, Stephen　劇作家, 演出家, 脚本家　オールド・グローブ・シアター作家・演出家　国米国　生1953年　紹1996

メトカルフ, ティム　Metcalfe, Tim　映画監督, 脚本家　国米国　紹2000

メトカルフ, フランツ　Metcalf, Franz　発達心理学者, 宗教学者　専仏教　国米国　紹2004

メトカルフェ, ロバート　実業家　スリーコム設立者　イーサネットの発明者　国米国　生1946年　紹2004

メドベデフ, アンドレイ　Medvedev, Andrei　テニス選手　国ウクライナ　生1974年8月31日　紹2000

メートル, クリスチャン　Maitre, Christian　インテリアデザイナー　国フランス　紹1992

メドレー, リチャード　Medley, Richard　投資コンサルタント　メドレー・グローバル・アドバイザーズ主幹　国米国　紹2000

メトロ, ダニエル　Metraux, Daniel A.　メアリー・ボールドウィン大学(バージニア州スタントン)準教授　専アジア研究, 創価学会研究　国米国　生1948年　紹1992

メトロン, ジャン　フランス労働運動史研究家　国フランス　生1987年11月16日　紹1992

メナデュー, ジョン・ローレンス　Menadue, John L.　シドニー大学アジア太平洋調査研究所所長　元・カンタス航空社長, 元・駐日オーストラリア大使　国オーストラリア　生1935年　紹1992／1996／2000

メナデュー, シンシア　Menadue, Cynthia　元・アジア婦人友好会委員長　国オーストラリア　紹1992

メナード, ヘンリー・ウィリアム　Menard, Henry William　地質学者　専海洋地質学　国米国　紹2000

メナ・マルケス, マヌエラ　Mena Marqués, Manuela B.　美術史家　スペイン国立プラド美術館18世紀絵画部長　専ゴヤ　国スペイン

メナール, ドミニク　Mainard, Dominique　作家　国フランス　生1967年

メナール, ロベール　Ménard, Robert　ジャーナリスト　国境なき記者団創設者, 報道の自由のためのドーハ・センター創設者　国アルジェリア　生1953年　紹2012

メニケッティ, ロベルト　Menichetti, Roberto　ファッションデザイナー　バーバリー・デザインディレクター　国イタリア　紹2000

メニック, ジム　Menick, Jim　編集者　リーダーズ・ダイジェスト　国米国　生1948年　紹2004

メーニッヒ, キャサリン　Moennig, Katherine　女優　国米国　生1977年12月29日　紹2004

メニーノ, H.M.　Menino, H.M.　児童文学作家　国米国　紹2004

メニューイン, ユーディ　Menuhin, Yehudi　バイオリニスト, 指揮者　元・ロイヤル・フィルハーモニック管弦楽団会長　国英国　生1916年4月22日　没1999年3月12日　紹1992／1996

メニュリ, ピエール　Méhaignerie, Pierre　政治家　フランス社会民主中道派(CDS)委員長　元・フランス法相　国フランス　生1939年5月4日　紹1992／1996

メニンガー, カール　Menninger, Karl Augustus　精神医学者　国米国　生1893年7月22日　没1990年7月18日　紹1992

メニングハウス, ヴィンフリート　Menninghaus, Winfried　評論家　ベルリン自由大学教授　国ドイツ　生1952年　紹1996／2004／2012

メネグッツォ, トニ　Meneguzzo, Toni　写真家　国イタリア　生1949年　紹1992／1996

メネゴーズ, マルガレート　Menegoz, Margaret　映画プロデューサー　ユニフランス会長, レ・フィルム・デュ・ロザンジュ共同経営者　国フランス　生1941年　紹2012

メネス, G.　考古学者　モンゴル科学アカデミー歴史研究所考古学研究員　国モンゴル　紹1992

メネスカル, ロベルト　Menscal, Roberto　ギタリスト, 音楽プロデューサー　国ブラジル　生1937年　典2008

メネスゲン, マルク　Menesguen, Marc　実業家　日本ロレアル社長　国フランス　生1955年3月14日　典2004／2008

メネセス, アントニオ　Meneses, Antonio　旧グループ名＝カザルス・ホール・カルテット　チェロ奏者　国ブラジル　生1957年　典1996／2000／2012

メネセス, サラ　Menezes, Sarah　柔道選手　ロンドン五輪柔道女子48キロ級金メダリスト　国ブラジル　生1990年3月26日

メネゼス, タイーザ　Menezes, Thaisa　本名＝Menezes,Thaisa Daher de　バレーボール選手　北京五輪・ロンドン五輪バレーボール女子金メダリスト　国ブラジル　生1987年5月15日

メネゼス, マノ　Menezes, Mano　サッカー監督, 元・サッカー選手　元・サッカー・ブラジル代表監督　国ブラジル　生1961年6月11日　典2012

メネム, カルロス・サウル　Menem, Carlos Saúl　政治家　元・アルゼンチン大統領, 元・アルゼンチン正義党（ペロン党）総裁　国アルゼンチン　生1935年7月2日　典1992／1996／2000／2004／2008／2012

メネンデス, オスレイディス　Menéndez, Osleidys　本名＝Menéndez,Osleidys Sáenz　やり投げ選手　アテネ五輪陸上女子やり投げ金メダリスト　国キューバ　生1979年11月14日　典2008／2012

メノッティ, ジャン・カルロ　Menotti, Gian Carlo　作曲家, オペラ作家　国米国　生1911年7月7日　没2007年2月1日　典1992／1996

メノッティ, セザール・ルイス　Menotti, Cesar Luiz　サッカー監督　元・アルゼンチン・サッカー代表監督　国アルゼンチン　生1938年　典2000／2004／2012

メノヨ, エロイ・グティエレス　革命家　キューバの変革指導者　国キューバ　典2000

メノラスチーノ, フランク　Menolascino, Frank J.　精神医学者　元・ネブラスカ大学教授　国米国　典2000

メノン, M.G.K.　Menon, Mambillikalathil Govind Kumar　物理学者　国際学術連合（ICSU）会長, インド首相科学顧問, インド計画委員会委員　国インド　生1928年8月28日　典1992／1996

メノン, ラジャン　Menon, Rajan　リーハイ大学国際関係学部教授　国国際関係　国米国　典2000

メヒア, オスカル　Mejia Victores, Oscar Humberto　政治家, 軍人　元・グアテマラ軍事評議会議長・国防相　国グアテマラ　生1930年12月9日　典1992／1996

メヒア, カルロス　Mejia, Carlos　自然保護研究者　ロスアンデス大学教授　国コロンビア　典2000

メヒア, ラファエル・イポリト　Mejía, Rafael Hipólito　本名＝メヒア・ドミンゲス, ラファエル・イポリト　政治家　元・ドミニカ共和国大統領　国ドミニカ共和国　生1941年2月22日　典2004／2008／2012

メビウス　Moebius　本名＝ジロー, ジャン・アンリ・ガストン　旧筆名＝ジル　漫画家, イラストレーター　国フランス　生1938年　没2012年3月10日　典1996／2000／2012

メブス, グードルン　Mebs, Gudrun　児童文学作家　国ドイツ　生1944年　典2000

メフタヘジノワ, ゼムフィラ　Meftakhetdinova, Zemfira　射撃選手（クレー射撃）　シドニー五輪射撃女子クレー・スキート金メダリスト　国アゼルバイジャン　生1963年5月28日　典2004／2008

メーブリー, マイケル　Mabry, Michael　グラフィックデザイナー　マイケル・メーブリー・デザイン設立者　国米国　典1996

メープルズ, ウィリアム　Maples, William　法人類学者　フロリダ大学C・A・パウンド人体識別研究所主任研究員　国米国　生1937年　典1996

メープルソープ, ロバート　Mapplethorpe, Robert　写真家　国米国　生1946年11月4日　没1989年3月9日　典1992（メイプルソープ, ロバート）

メホンツェフ, イーゴリ　Mekhontcev, Egor　ボクシング選手　ロンドン五輪ボクシング男子ライトヘビー級金メダリスト　国ロシア　生1984年11月14日

メラー, B.　Moeller, Bernd　神学者　ゲッティンゲン大学教授, 宗教改革史協会会長　国教会史　国ドイツ　生1931年5月19日　典1992

メラー, アンドレアス　Möller, Andreas　元・サッカー選手　国ドイツ　生1967年9月2日　典2000／2004／2008

メラー, イングリット　Möller, Ingrid　作家　国ドイツ　生1934年　典2000

メラー, オーブリー　Mellor, Aubrey　演劇人　プレイボックスシアター芸術監督　国オーストラリア　典2004／2008

メラー, クリスティアン　マルチメディア・アーティスト　アーキメディア・ディレクター　国ドイツ　生1959年　典2000

メラー, スティーブ　Mellor, Stephen J.　コンピューター技術者　典2008

メラ, ドロシー　Mella, Dorothee Lusson　Domel社長　典2000

メラー, メアリ　Mellor, Mary　ノーザンブリア大学社会学主任講師　国社会学　国英国　生1946年　典1996

メラー, ラインヒルト　Moeller, Reinhild　スキー選手（アルペン）　国ドイツ　生1956年2月24日　典2000

メラー, レンナート　Möller, Lennart　医学者　カロリンスカ研究所教授　国スウェーデン　典2008

メラ, ロザリア　Mera, Rosalia　本名＝Mera Goyenechea,Rosalia　実業家　元・インディテックス共同創業者　国スペイン　生1944年1月28日　没2013年8月15日

メラニーB　Melanie B　本名＝ブラウン, メラニー・ジェニー　旧名＝メラニーG　グループ名＝スパイス・ガールズ　歌手　国英国　生1975年5月29日　典2000（メラニーG）／2004／2008／2012

メラニーC　Melanie C　本名＝Chisolm,Melanie Jayne　グループ名＝スパイス・ガールズ　歌手　国英国　生1974年1月12日　典2000／2004／2008／2012

メラノビッチ, ミコワイ　Melanowicz, Mikołaj　ワルシャワ大学東洋学研究所日本学科教授　国日本近代文学　国ポーランド　生1935年　典1996

メラー・ベニダ, ヌーリア　Merah Benida, Nouria　陸上選手（長距離）　国アルジェリア　生1970年10月19日　典2004／2008

メラメド, ヨハンナ　女優, 脚本家　国米国　典2000

メラメド, レオ　Melamed, Leo　金融家　シカゴ・マーカンタイル取引所（CME）グループ名誉会長　国米国　生1932年　典2012

メラール, スタニスラス　Merhar, Stanislas　俳優　国フランス　生1974年　典2000／2004

メラン, オリビア　Mellan, Olivia　講演家, 心理療法医　国マネー心理学　国米国　典2004

メラン, ジョージ・ヘンリー　Meylan, Gerges-Henri　実業家　オーデマ・ピゲ社長　国スイス　生1945年　典2000

メラン, パトリック　Mérand, Patrick　トーゴビル大学　国アフリカ文学　国フランス　生1948年　典1996

メランドリ, マルコ　Melandri, Marco　オートバイライダー　国イタリア　生1982年8月7日

メリ, ヴェイヨ　Meri, Veijo Väinö Valvo　作家　国フィンランド　生1928年12月31日　典1992

メリ, レナルト　Meri, Lennart　政治家　元・エストニア大統領　国エストニア　生1929年3月29日　没2006年3月14日　典1996／2000／2004

メリアム, アラン　Merriam, Alan Parkhurst　民族音楽学者, 人類学者　元・インディアナ大学教授　国米国　生1923年11月1日　没1980年3月14日　典1992

メリウェザー, ジョン　Meriwether, John　トレーダー　ロングターム・キャピタル・マネジメント（LTCM）代表　元・ソロモン・ブラザーズ副会長　国米国　生1947年　典1996／2000

メリエス, マリ・エレーヌ　Melies, Marie-Helene　映画弁士　メリエス友好協会幹部, フランス国営テレビ勤務　ジョルジュ・メリエスの孫　国フランス　生1948年12月21日　典1992／1996

メリサニディス, イオニス　Melissanidis, Ioannis　体操選手　国ギリシャ　生1977年3月27日　典2000

メリチャンプ, ダンカン　Mellichamp, Duncan A.　カリフォルニア

大学サンタバーバラ校教授 [専]化学工学 [国]米国 [典]2000

メリック, アン Merrick, Anne 児童文学作家 [国]英国 [生]1935年 [典]2000

メリック, ザック Merrick, Zack グループ名=オール・タイム・ロウ ミュージシャン [国]米国 [典]2012

メリック, モンテ Merrick, Monte 脚本家 [国]米国 [典]1992／1996

メリッサ・P Melissa P. 作家 [国]イタリア [生]1985年12月3日 [典]2008

メリット, アリエス Merritt, Aries 陸上選手(障害) ロンドン五輪金メダリスト, 陸上男子110メートル障害世界記録保持者 [国]米国 [生]1985年7月24日

メリット, ガイ Merritt, Guy M. 経営コンサルタント [国]米国 [典]2008

メリット, ジャスティン Merritt, Justine 環境保護運動家, 平和運動家 リボン運動の創始者 [国]米国 [典]1992

メリット, ジャッキー Merritt, Jackie ロマンス作家 [国]米国 [典]2004

メリット, ラショーン Merritt, LaShawn 陸上選手(短距離) 北京五輪陸上男子400メートル金メダリスト [国]米国 [生]1986年6月27日 [典]2012

メリット, ロブ Merritt, Rob 新聞記者 [国]米国 [典]2008

メリデン, トレバー Merriden, Trevor ジャーナリスト [国]英国 [典]2004

メリニチェンコ, ウラジーミル Melnichenko, Vladimir Efimovich 元・レーニン中央博物館館長 [専]ウラジーミル・レーニン研究 [国]ウクライナ [生]1946年 [典]2004／2008

メリノ, ベアトリス Merino, Beatriz 政治家 元・ペルー首相 [国]ペルー [生]1949年 [典]2004／2008

メリフィールド, ロバート・ブルース Merrifield, Robert Bruce 生化学者 元・ロックフェラー大学名誉教授 [国]米国 [生]1921年7月15日 [没]2006年5月14日 [典]1992／1996／2000

メリーフィンチ, レスリー 女性解放運動家 [典]1992

メリマン, ショーン Merriman, Shawne 元・プロフットボール選手 [国]米国 [生]1984年5月25日

メリマン, レイモンド Merriman, Raymond A. 証券アナリスト メリマン・マーケット・アナリスト社代表 [国]米国 [生]1946年 [典]2000

メリル, A.ロジャー Merrill, A.Roger 企業コンサルタント フランクリン・コビー創設者 [典]2004

メリル, ゲイリー Merrill, Gary 俳優 [国]米国 [生]1915年8月2日 [没]1990年3月5日 [典]1992

メリル, ジェームズ Merrill, James 本名=メリル, ジェームズ・イングラム 詩人, 作家 [国]米国 [生]1926年3月3日 [没]1995年2月6日 [典]1996

メリル, ジュディス Merill, Judith アンソロジスト, 作家, 評論家, 翻訳家 [国]カナダ [生]1923年 [典]1992

メリル, ジョン・プットナム 元・ハーバード大名誉教授 じん臓移植の草分け [国]米国 [没]1984年4月4日 [典]1992

メリル, ジーン Merrill, Jean 作家 [国]米国 [生]1923年 [典]2000

メリル, ブラッド Merrill, Brad コンピューター技術者 [国]米国 [典]2004

メリル, ヘレン Merrill, Helen ジャズ歌手 [国]米国 [生]1929年6月21日 [典]1992／1996／2000／2004／2008／2012

メリル, レベッカ Merrill, Rebecca R. 「7つの習慣 最優先事項」の共著者 [典]2004

メリンガー, ジョージ Mellinger, George 著述家 [専]航空戦史 [典]2004／2008

メリンガー, ローランド Mehringer, Roland スヴェンソン・インターナショナル代表取締役社長 [国]ドイツ [生]1942年 [典]1992

メリング, O.R. Melling, O.R. 作家 [国]カナダ [典]1996／2000

メーリンク, マルセル Möring, Marcel 作家 [国]オランダ [典]2000

メーリング, ワルター Mehring, Walter シャンソン作家, 詩人, 劇作家 [国]ドイツ [生]1896年 [没]1981年10月3日 [典]1992

メリンテ, ミハエラ Melinte, Mihaela ハンマー投げ選手 [国]ルーマニア [生]1975年3月25日 [典]2000／2004

メール, E. Maire, Edmond フランス民主労働総同盟(CFDT)書記長 [国]フランス [生]1931年1月24日 [典]1992

メル, H.X. Mel, H.X. コンピューターコンサルタント [典]2004

メール, フランシス Mer, Francis Paul 政治家, 実業家 元・フランス財務相, 元・アルセロール共同会長 [国]フランス [生]1939年5月25日 [典]2004／2008／2012

メル, マリサ Mell, Marisa 女優 [国]オーストリア [没]1992年5月16日 [典]1996

メルア, ケイティ Melua, Katie 歌手 [生]1984年 [典]2008／2012

メルキオー, イブ Melchior, Ib 作家 [典]1992

メルキゼデク, ドランバロ Melchizedek, Drunvalo フラワー・オブ・ライフ主宰, マカバ瞑想主宰 [典]2004

メルク, シンディー パッケージデザイナー エイチツーオー・プラス社代表 [国]米国 [典]2000

メルク, マルクス Merk, Markus サッカー審判員 [国]ドイツ [生]1962年3月15日 [典]2008／2012

メルクス, エディ Merckx, E. 元・プロ自転車選手 [国]ベルギー [典]1992

メルクリ, ダニエラ Mercury, Daniela 歌手 [国]ブラジル [典]2000

メルクーリ, メリナ Mercouri, Melina 本名=Mercouri,Anna Amalia 政治家, 女優 元・ギリシャ文化相 [国]ギリシャ [生]1925年10月18日 [没]1994年3月6日 [典]1992／1996

メルクル, ジュン Märkl, Jun 日本名=メルクル, 準 指揮者 ライプツィヒ放送交響楽団首席指揮者・芸術監督 [国]ドイツ [生]1959年2月11日 [典]2000／2004／2008／2012

メルクロワ, ユリア Merkulova, Iuliia バレーボール選手 [国]ロシア [生]1984年2月17日

メルケリス, レミディウス Merkelys, Remigijus 作曲家 [典]1992／1996

メルケル, アンゲラ Merkel, Angela 本名=Merkel,Angela Dorothea 政治家 ドイツ首相, ドイツ・キリスト教民主同盟(CDU)党首 元・ドイツ環境相 [国]ドイツ [生]1954年7月17日 [典]2000／2004／2008／2012

メルザック, ロナルド Melzack, Ronald マッギル大学心理学教室E.P.テイラー記念教授, モントリオール総合病院疼痛診察室研究室長 [専]神経生理学 [典]1996

メルシー, ドミニク Mercy, Dominique バレエダンサー ピナ・バウシュ・ヴッパタール舞踊団芸術監督 [国]フランス [生]1950年 [典]2012

メルシエ, イザベル Mercier, Isabelle 社会心理学者 [国]フランス [典]2004

メルジェ, マルク Merger, Marc ナンシー大学講師, メス大学講師 「ぼくはこの足でもう一度歩きたい」の著者 [専]経済学 [国]フランス [生]1961年5月 [典]2004

メルシオール・ボネ, サビーヌ Melchior-Bonnet, Sabine ジャーナリスト [国]フランス [典]2004

メルシュ, イヴ Mersch, Yves 銀行家 ルクセンブルク中央銀行総裁 [国]ルクセンブルク [生]1949年10月1日 [典]2000／2012

メールス, ヘルマン Moers, Hermann 児童文学作家 [国]ドイツ [生]1930年 [典]1992／1996

メルズキ, ムラッド Merzouki, Mourad ダンサー, 振付師 カンパニー・カフィグ主宰 [国]フランス [生]1973年 [典]2012

メルセ, ホセ フラメンコ歌手 [国]スペイン [典]2004／2008

メルソン, リチャード Melson, Richard コンサルタント ケンブリッジ・フォーキャスト・グループ(CFG)設立者 [国]米国 [生]1948年 [典]2004

メルタ, ウラジミール Merta, Vladimir シンガー・ソングライター [国]チェコスロバキア [生]1948年 [典]1992／1996

メルツ, ハンス・ルドルフ Merz, Hans-Rudolf 政治家 元・スイス大統領・財務相 [国]スイス [生]1942年11月10日 [典]2012

メ

メルツ, マリオ　Merz, Mario　彫刻家　⦿イタリア　⊕1925年1月1日　⊗2003年11月9日　⦿1992／2004

メルツァー, アラン　Meltzer, Allan H.　経済学者　カーネギー・メロン大学教授　⦿米国　⊕1928年　⦿2000／2008／2012

メルツァー, ケビン　Meltzer, Kevin　コンピューター技術者　Hartford Perl Mongers創始者　⦿米国　⦿2004

メルツァー, ブラッド　Meltzer, Brad　作家　⦿米国　⊕1970年　⦿2000／2004／2012

メルツォフ, アンドルー　Meltzoff, Andrew N.　心理学者　ワシントン大学心理学部教授　⦿児童心理学　⦿米国　⦿2004

メルドー, ブラッド　Mehldau, Brad　ジャズピアニスト　⦿米国　⊕1970年8月23日　⦿2000／2008／2012

メルトン, H.キース　Melton, H.Keith　作家　⦿2008

メルトン, ジム　Melton, Jim　コンピューター技術者　⦿2008

メルトン, ダグラス　Melton, Douglas A.　発生生物学者　ハーバード大学教授　⦿すい臓再生, ヒトES細胞研究　⦿米国　⦿2008

メルトン, メラニー　Melton, Melanie　天文コンサルタント, 著述家　⦿天文学教育　⦿米国　⦿2000

メルニク, ジョージ　Melnyk, George R.　リジャイナ大学カナダ大平原研究センター研究員, ニューラナーク・コンサルタンツ主宰者　⦿カナダ　⊕1946年　⦿1992

メルニコフ, アレクサンドル　Melnikov, Alexander　ピアニスト　⦿ロシア　⊕1973年

メルニーシー, ファーティマ　Mernisi, Fatima　社会学者, 作家　⦿モロッコ　⊕1940年　⦿2004／2008

メルニチェンコ, ハンナ　Melnichenko, Ganna　七種競技選手　⦿ウクライナ　⊕1983年4月24日

メルニチェンコ, ユーリ　Melnichenko, Yuri　レスリング選手(グレコローマン)　⦿カザフスタン　⊕1972年6月5日　⦿2000

メルバ, カスディ　Merbah, Kasdi　本名＝ハレフ, アブデラ　政治家　元・アルジェリア首相　⦿アルジェリア　⊕1938年　⊗1993年8月21日　⦿1992／1996

メルバー, デレク　Melber, Derek　コンピューターコンサルタント　Melber and Associates経営者　⦿2004

メール・ハミス, ジュリアノ　Mer Khamis, Juliano　映画監督, 平和運動家　⦿イスラエル　⊗2011年4月4日

メルバーン, リンダ　Melvern, Linda　教育者, 文筆家　⦿英国　⦿2004／2008

メルビル, ジェームズ　Melville, James　推理作家　⦿英国　⊕1931年　⦿1992

メルビル, ジョン・レスリー　野生動物保護運動家　⊕1984年4月30日　⦿1992

メルビン, フランツミカエル・スキョル　Mellbin, Franz-Michael　外交官　駐日デンマーク大使　⦿デンマーク　⊕1958年11月11日　⦿2012

メルビン, ボブ　Melvin, Bob　本名＝Melvin,Robert Paul　大リーグ監督, 元・大リーグ選手　⦿米国　⊕1961年10月28日　⦿2012

メルビン, マイケル　アイアールファーイースト副社長　⦿米国　⦿2000

メルベイユ, クリスチャン　Merveille, Christian　アーティスト　⦿ベルギー　⊕1949年　⦿2004

メルマズ, ルイ　Mermaz, Louis　政治家　ビエンヌ市長　元・フランス議会関係相・政府スポークスマン　⦿フランス　⊕1931年8月20日　⦿1992／1996

メールマン, ジェフリー　Mehlman, Jeffrey　ボストン大学教授　⦿フランス文学　⊕1944年　⦿2000

メールマン, パトリシア　Moehlman, Patricia D.　動物学者　⦿米国　⦿2000

メールマン, ベノ　サッカー指導者, 元・サッカー選手　⦿ドイツ　⊕1954年8月1日　⦿2000

メルモン, ステファン　Miermont, Stephane　振付師, 元・シンクロナイズドスイミング選手　⦿フランス　⦿2008

メルーリ, ウサマ　Mellouli, Oussama　水泳選手(自由形・オープン・ウォーター)　北京五輪・ロンドン五輪金メダリスト　⦿チュニジア　⊕1984年2月16日　⦿2012

メルル, カロル　元・スキー選手(アルペン)　⦿フランス　⦿1996

メルル, ロベール　Merle, Robert　作家　⦿フランス　⊕1908年8月29日　⊗2004年3月27日　⦿1992／1996

メルルドービニエ, ロベール　整形外科医　⦿フランス　⊗1989年10月11日　⦿1992

メルレニ, イリーニ　Merleni, Irini　旧名＝メルニク, イリーニ　レスリング選手　アテネ五輪レスリング女子48キロ級金メダリスト　⦿ウクライナ　⊕1982年2月8日　⦿2008(メルニク, イリーニ)／2012

メルロ, クラウディオ　Merlo, Claudio　美術評論家　⦿イタリア　⦿2008

メルローズ, リチャード　Melrose, Richard B.　数学者　マサチューセッツ工科大学教授　⦿偏微分方程式論　⦿オーストラリア　⊕1949年　⦿2004／2008

メレ, フォスティーヌ　Merret, Faustine　ヨット選手　アテネ五輪セーリング女子ミストラル級金メダリスト　⦿フランス　⊕1978年3月13日　⦿2008

メレス・ゼナウィ　Meles Zenawi　政治家　元・エチオピア首相　⦿エチオピア　⊕1955年5月9日　⊗2012年8月20日　⦿1992／1996(ゼナウィ, メレス)／2000／2004／2008／2012

メレティス, クリス　Meletis, Chris D.　医師　⦿自然療法学　⦿米国　⦿2008

メレディス, スペンサー　Meredith, Spencer B.　証券分析インストラクター　⦿米国　⦿2004

メレディス, ローレンス　Meredith, Laurence　自動車ジャーナリスト　元・「VWモータリング」副編集長　⦿フォルクスワーゲン　⦿英国　⦿2004

メレ・パルメール, クリスチャン　Merret-Palmair, Christian　映画監督, 俳優　⦿フランス　⦿2004

メレマン, ユルゲン　Möllemann, Jürgen W.　政治家　元・ドイツ経済相・副首相　⦿ドイツ　⊕1945年7月15日　⊗2003年6月5日　⦿1996／2000

メレール, ジャック　Mehler, Jacques　認知心理学者　フランス社会科学高等研究院教授, フランス国立科学研究所(CNRS)認知科学心理言語学研究所所長　⦿フランス　⊕1936年　⦿2000

メーレン, エリザベス　Mehren, Elizabeth　ジャーナリスト　⦿米国　⦿2004

メレンキャンプ, ジョン　Mellencamp, John　旧名＝クーガー・メレンキャンプ, ジョン　旧芸名＝クーガー, ジョン　ロック歌手　⦿米国　⊕1951年10月9日　⦿1992／2000／2008／2012

メレンチエフ, レフ　Melentiev, Lev Aleksandrovich　科学者　元・ソ連国家科学技術委員会エネルギー研究所長　⦿エネルギー学　⦿ソ連　⊕1908年12月22日　⊗1986年7月8日　⦿1992

メレンデス, アイコ　Melendez, Aiko　本名＝下地愛子　女優　⦿1996

メレンデス, ビル　Melendez, Bill　アニメーター, テレビプロデューサー　⦿米国　⊕1916年11月15日　⊗2008年9月2日　⦿2004／2008

メレンデス, ベン　Mellendeth, Ben　ライター　⦿米国　⊕1962年　⦿2000

メロー, クレイグ　Mello, Craig C.　遺伝学者　マサチューセッツ大学医学部教授　⦿米国　⊕1960年10月18日　⦿2012

メロー, メアリ　ニューカッスル・ポリテクニク(総合技術専門学校)社会学講座主任講師　⦿社会学　⦿英国　⊕1946年　⦿1996

メロッシ, ダリオ　Melossi, Dario　カリフォルニア大学デービス校社会学部准教授　⦿社会学　⦿イタリア　⊕1948年6月10日　⦿1996

メロディ, ピア　Mellody, Pia　心理カウンセラー　⦿嗜癖(アディクション), 恋愛依存症　⦿米国　⦿2004

メロト, アントニオ　Meloto, Antonio　社会活動家　ガワッド・カリンガ代表　⦿フィリピン　⊕1950年　⦿2012

メローニ, ルー　Merloni, Lou　本名＝Merloni,Louis William　大リーグ選手(内野手)　⦿米国　⊕1971年4月6日　⦿2000／2004

2008

メロン, ポール　Mellon, Paul　元・メロン家当主, 元・アンドルー・W・メロン財団理事長　⑱米国　⑭1907年6月11日　⑲1999年2月1日　⑳1992

メン・サンフン　孟 相勲　タレント　⑱韓国　⑭1960年10月29日　⑳1996

メン, ジョセフ　Menn, Joseph　ジャーナリスト　⑱米国　⑳2008／2012

メン・メン　棉 棉　Mian, Mian　作家　⑱中国　⑭1970年　⑳2004／2012

メンギスツ, キブレット　在日エチオピア大使館参事官　⑱エチオピア　⑭1947年　⑳1992

メンギスツ・ハイレ・マリアム　Mengistu Haile Mariam　政治家, 軍人　元・エチオピア大統領　⑱エチオピア　⑭1937年5月26日　⑳1992／1996／2004／2008

メンキーニ, パット　Menchini, Pat　ニットデザイナー　⑱英国　⑳1992／1996

メング・ジアドング　Meng, Xiao-dong　医師　⑱中国　⑳2004／2008

メンケ, サリー　Menke, Sally　映画編集技師　⑱米国　⑭1953年　⑲2010年9月28日

メンゲス, H.ゲオルグ　Menges, H.Georg L.　アーヘン工科大学機械工学名誉教授　⑰プラスチック加工研究　⑱ドイツ　⑳2000

メンケス, スージー　Menkes, Suzy　ファッション・ジャーナリスト　「インターナショナル・ヘラルド・トリビューン」ファッション記事責任者　⑱英国　⑳2008／2012

メンケン, アラン　Menken, Alan　作曲家　⑰映画音楽, 舞台音楽　⑱米国　⑭1949年7月26日　⑳1992／1996／2000／2012

メンコフ, アレクサンドル　Menkov, Aleksandr　走り幅跳び選手　⑱ロシア　⑭1990年12月7日

メンサー, アイザック・ダンキ　Mensah, Isaac Dankyi　出版者, 児童文学作家　⑱ガーナ　⑭1944年　⑳1996

メンザー, ジョン　Menzer, John B.　実業家　ウォルマート・ストアーズ上級副社長, ウォルマート・インターナショナル社長・CEO　⑱米国　⑳2004／2008

メンザス, ヤニ　Mentzas, Ioannis　翻訳者, 出版者　⑱ギリシャ　⑭1972年　⑳2008

メンシコフ, オレグ　Menshikov, Oleg　本名＝Menshikov,Oleg Evgenievich　俳優　⑱ロシア　⑭1960年11月8日　⑳2000／2004／2008／2012

メンシコフ, スタニスラフ　Menshikov, Stanislav　経済学者　エラスムス大学教授　⑱ロシア　⑭1927年　⑳1992／1996

メンジーズ, ギャビン　Menzies, Gavin　「1421―中国が新大陸を発見した年」の著者　⑱英国　⑭1937年　⑳2008／2012

メンズィング, カーチャ　Mensing, Katja　イラストレーター, 絵本作家　⑱ドイツ　⑭1968年10月6日　⑳1996

メンゼル, ピーター　Menzel, Peter　フォトジャーナリスト　⑳2004

メンゼロプロス, コリンヌ　実業家　シャトー・マルゴー代表　⑭1953年　⑳1992／2004／2008

メンチュ, リゴベルタ　Menchú, Rigoberta　本名＝Menchú Tum, Rigoberta　人権擁護活動家　ユネスコ国際親善大使　⑱グアテマラ　⑭1959年1月9日　⑳1996／2000／2004／2012

メンツェ, クレメンス　Menze, Clemens　教育学者　ケルン大学教授　⑱ドイツ　⑭1928年9月20日　⑳1996

メンツェル, イジー　Menzel, Jiří　映画監督, 演出家, 俳優　⑱チェコ　⑭1938年2月23日　⑳1992／1996／2008／2012

メンディエタ, ガイスカ　Mendieta, Gaizka　サッカー選手(MF)　⑱スペイン　⑭1974年3月17日　⑳2004／2008

メンディーニ, アレッサンドロ　Mendini, Alessandro　デザイナー, 建築家　⑱イタリア　⑭1931年　⑳2004／2008

メンデス, サム　Mendes, Sam　演出家, 映画監督　元・ドンマー・ウェアハウス芸術監督　⑱英国　⑭1965年8月1日　⑳1996／2000／2004／2008／2012

メンデス, シコ　Mendes, Chico　本名＝メンデス・フィーリョ, フランシスコ・アルヴェス　環境保護運動家　⑱ブラジル　⑭1944年12月15日　⑲1988年12月22日　⑳1992

メンデス, セルジオ　Mendes, Sergio　ミュージシャン　⑱ブラジル　⑭1941年2月11日　⑳1992／1996／2008／2012

メンデス・ピント, マリア　Mendes Pinto, Maria H.　南蛮屛風研究家　ポルトガル国立古美術館学芸員　⑱ポルトガル　⑭1931年　⑳1992

メンデル, ネイト　Mendel, Nate　グループ名＝フー・ファイターズ, 旧グループ名＝サニーデイ・リアル・エステイト　ミュージシャン　⑱米国　⑭1968年12月2日　⑳2008／2012

メンデルス, フランクリン　Mendels, Franklin Frits　元・ジュネーブ大学教授　⑰経済史　⑱米国　⑭1943年　⑲1989年　⑳1992

メンデルソーン, ジェイン　Mendelsohn, Jane　作家　⑱米国　⑳2000

メンテン, テッド　Menten, Ted　作家, テディベア作家　⑱米国　⑳2004

メンデンホール, ジョン　Mendenhall, John　カリフォルニア州立工芸大学グラフィックデザイン科・デザイン史教授　⑰グラフィックデザイン, デザイン史　⑱米国　⑳1992

メンデンホール, マーク　Mendenhall, Mark E.　心理学者　テネシー大学チャタノーガ校ビジネスリーダーシップセンター所長　⑱米国　⑳2004

メンドサ, エドゥアルド　Mendoza, Eduardo　作家　⑱スペイン　⑭1943年　⑳2000

メンドサ, トニー　Mendoza, Tony　写真家　⑭1941年　⑳2008

メンネン, イングリット　Mennen, Ingrid　作家　⑱ジンバブエ　⑭1954年　⑳1996

メンミ, アルベール　Memmi, Albert　作家　パリ第10大学名誉教授　⑰社会心理学　⑱フランス　⑭1920年12月15日　⑳1992／2000／2004／2008／2012

【モ】

モー・イェン　莫 言　Mo, Yan　本名＝管謨業　作家　⑱中国　⑭1955年2月17日　⑳1992(バク・ゲン)／1996(バク・ゲン)／2000(バク・ゲン)／2008(バク・ゲン)／2012

モー, サム　Maw, Sam　デニーズ社長　⑱米国　⑳1992

モー, ステファン　Mohr, Stephen　コンピューター技術者　⑳2004

モー, ティモシー　Mo, Timothy　作家　⑱英国　⑭1950年12月30日　⑳2000

モ・テボン　牟 太釟　Mo, Tae-bum　スピードスケート選手　バンクーバー五輪スピードスケート男子500メートル金メダリスト　⑱韓国　⑭1989年2月15日　⑳2012

モー, トミー　Moe, Tommy　元・スキー選手(アルペン)　⑱米国　⑭1970年2月17日　⑳1996／2000

モア, ジョン　弁護士　ブリスベーンシティーハート社団会長　⑱オーストラリア　⑭1955年　⑳2000

モア, チャールズ　Mohr, Charles　元・ニューヨーク・タイムズ記者　⑱米国　⑲1989年6月16日　⑳1992

モーア, ベルベル　Mohr, Bärbel　作家, 写真家, 編集者, グラフィックアーティスト　⑱ドイツ　⑭1964年　⑳2008

モア, マイク　Moore, Mike　ジャーナリスト　「ブレティン・オブ・ジ・アトミック・サイエンティスツ」誌編集長　⑱米国　⑳2000

モーア, マルグリート・デ　Moor, Margriet de　作家, 元・声楽家　⑱オランダ　⑭1941年　⑳2004

モアカニン, ラドミラ　Moacanin, Radmila　心理療法家　⑳2004

モアザン, ジャック　ヘア・デザイナー　⑱フランス　⑳1992

モアシール　本名＝サントス, モアシール・ロドリゲス　サッカー選手(MF)　⑱ブラジル　⑭1970年3月21日　⑳2000

モアハウス, ウォード(3世)　Morehouse, Ward(III)　演劇評論家, ジャーナリスト, 作家　⑱米国　⑳2004／2008

モアリノ, エドモン　Moirignot, Edmond　彫刻家　⑬フランス　⑭1913年　⑮1992

モイ, ジョン　Moy, John T.　コンピューター技術者　⑬米国　⑮2004／2008

モイ, ダニエル・アラップ　Moi, Daniel Arap　政治家　元・ケニア大統領　⑬ケニア　⑭1924年2月2日　⑮1992／1996／2000／2004／2008／2012

モイジ, ドミニク　Moisi, Dominique　国際政治学者, コラムニスト　フランス国際関係研究所（IFRI）上級顧問　⑯フランス外交, 欧米関係, 安全保障　⑬フランス　⑭1946年10月21日　⑮1992／1996／2000／2004／2008／2012

モイシウ, アルフレド　Moisiu, Alfred　政治家　元・アルバニア大統領　⑬アルバニア　⑭1929年12月1日　⑮2004／2008／2012

モイーズ, デービッド　Moyes, David　サッカー監督, 元・サッカー選手　⑬英国　⑭1963年4月25日

モイーズ, パトリシア　Moyes, Patricia　推理作家　⑬英国　⑭1923年　⑮1992／1996／2004

モイズ, ヘザー　Moyse, Heather　ボブスレー選手　バンクーバー五輪ボブスレー女子2人乗り金メダリスト　⑬カナダ　⑭1978年7月23日　⑮2012

モイーズ, マルセル　Moyse, Marcel Joseph　フルート奏者　⑬フランス　⑭1889年5月17日　⑰1984年11月1日　⑮1992

モイセエフ, アンドレイ　Moiseev, Andrey　近代五種選手　アテネ五輪・北京五輪男子近代五種金メダリスト　⑬ロシア　⑭1979年6月3日　⑮2008／2012

モイセーエフ, イーゴリ　Moiseyev, Igor Aleksandrovich　舞踊家, 振付師, 演出家　元・ロシア国立アカデミー民族舞踊アンサンブル（モイセーエフバレエ団）創設者・芸術監督　⑬ロシア　⑭1906年1月21日　⑰2007年11月2日　⑮1992／1996

モイセーエフ, ミハイル　Moiseev, Mikhail A.　軍人　元・ソ連軍参謀総長　⑬ソ連　⑭1939年　⑮1992

モイソフ, ラザール　Mojsov, Lazar　政治家, 外交官　元・ユーゴスラビア連邦幹部会議長（元首）　⑬マケドニア　⑭1920年12月19日　⑰2011年8月25日　⑮1992

モイナハン, ブライアン　Moynahan, Brian　ジャーナリスト, 歴史家　「サンデー・タイムズ」ヨーロッパ編集長　⑯ロシア史　⑬英国　⑮2004

モイナハン, モリー　Moynahan, Molly　作家　⑬米国　⑮2012

モイニハン, ケビン　Moynihan, Kevin　テレビプロデューサー　⑬カナダ　⑮1992

モイニハン, ダニエル　Moynihan, Daniel Patrick　政治家　元・米国上院議員（民主党）, 元・国連大使　⑬米国　⑭1927年3月16日　⑰2003年3月26日　⑮1992／1996／2000

モイネス, ダイアン　Moynes, Diane Radovich　理学療法士　センチネラ病院メディカルセンターリサーチ部門担当副責任者　⑯神経学　⑬米国　⑮1992

モイヤー, ジェイミー　Moyer, Jamie　大リーグ選手（投手）　⑬米国　⑭1962年11月18日　⑮2000／2004／2008／2012

モイヤー, スコット　Moir, Scott　フィギュアスケート選手（アイスダンス）　バンクーバー五輪フィギュアスケート・アイスダンス金メダリスト　⑬カナダ　⑭1987年9月2日　⑮2012

モイヤー, レイ　映画セット・デコレーター　⑬米国　⑭1986年2月6日　⑮1992

モイヤーズ, ビル　Moyers, Bill　ジャーナリスト　⑬米国　⑭1934年　⑮1996

モイル, マイケル　社会人野球選手（捕手）　⑬オーストラリア　⑭1971年9月8日　⑮2004

モウ・イサイ　孟 偉哉　旧名＝孟全　筆名＝小剣　作家　中国人民美術出版社社長, 中国文学芸術界連合会秘書長　⑬中国　⑭1933年12月10日　⑮1996

モウ・カンリョウ　孟 関良　Meng, Guan-liang　カヌー選手　アテネ五輪・北京五輪カヌー男子カナディアンペア500メートル金メダリスト　⑬中国　⑭1977年1月24日　⑮2008／2012

モウ・キ　孟 毅　本名＝黄孟文　作家　元・写作人協会会長　⑬シンガポール　⑭1937年　⑮1992

モウ・ゲン　茅 原　本名＝李錫凱　作家, 学校教師　⑬シンガポール　⑭1941年　⑮1992

モウ・ショウセキ　毛 昭晰　考古学者　浙江省考古学会会長　⑬中国　⑭1929年　⑮1996

モウ・ジョハク　毛 如柏　中国共産党寧夏回族自治区委員会書記　⑬中国　⑭1938年　⑮2000

モウ・シンウ　毛 新宇　Mao, Xin-yu　軍人　中国軍事科学院戦争理論戦略研究部副部長, 中国人民解放軍少将　⑬中国　⑭1970年　⑮2012

モウ・シンゲン　毛 新源　競歩選手　⑬中国　⑭1971年　⑮1996

モウ・チュウホウ　孟 仲芳　中国琵琶奏者　天津音楽学院講師　⑬中国　⑮1996

モウ・チヨウ　毛 致用　中国共産党中央委員　元・中国共産党江西省委員会書記　⑬中国　⑭1929年　⑮1996

モウ・ホウ　毛 峰　ジャーナリスト　「亜洲週刊」東京特派員　⑬中国　⑭1957年　⑮2004／2008

モウ・ボンアイ　孟 凡愛　元・アーチェリー選手　⑬中国　⑭1955年　⑮1996

モウ・ヨウセン　孟 用潜　元・中国国際関係研究所長　⑬中国　⑭1905年　⑰1985年8月8日　⑮1992

モウアー, サイモン　Mawer, Simon　作家　⑬英国　⑮1996

モウブレイ, ミランダ　Mowbray, Miranda　⑯インターネットの社会的影響　⑬米国　⑮2004

モウモウ　Moe Moe　作家　⑬ミャンマー　⑭1945年　⑰1990年　⑮1992

モウラ, トニーニョ　元・サッカー監督　⑭1954年7月22日　⑮2000

モウリーニョ, ジョゼ　Mourinho, Jose　サッカー監督　⑬ポルトガル　⑭1963年1月26日　⑮2008／2012

モーエセン, ヤン　Mogensen, Jan　イラストレーター, 絵本作家　⑬スウェーデン　⑭1945年　⑮1996

モエン, ジャン・ピエール　Mohen, Jean-Pierre　先史学者　フランス博物館研究所所長　⑬フランス　⑮2004

モーエン, ジョー　Mohen, Joe　実業家　エレクション・ドット・コムCEO　⑮2004

モーエン, ジョン　Moen, John V.　元・北海道東海大学国際文化学部教授　⑯英語学　⑬米国　⑭1928年6月19日　⑮2000

モガー, デボラ　Moggach, Deborah　作家　⑬英国　⑮2004

モカヌ, ディアナ　Mocanu, Diana　水泳選手（背泳ぎ）　⑬ルーマニア　⑭1984年7月19日　⑮2004／2008

モカレッリ, パオロ　病理学者　ミラノ大学教授　⑬イタリア　⑮2000

モーガン, アレックス　Morgan, Alex　サッカー選手（FW）　ロンドン五輪サッカー女子金メダリスト　⑬米国　⑭1989年7月2日

モーガン, ウィリアム　Morgan, William Jason　地球科学者　プリンストン大学地理学ノックス・テイラー教授　⑯プレートテクトニクス理論　⑬米国　⑭1935年　⑮1992

モーガン, ウィリアム・M.　外交官　在日米国大使館報道官　元・福岡アメリカンセンター館長　⑬米国　⑭1946年　⑮1992／1996

モーガン, エレイン　Morgan, Elaine　著述家, 脚本家　⑬英国　⑭1920年　⑮2000

モーガン, ケネス　Morgan, Kenneth　ジャーナリスト　英国報道苦情処理委員会顧問　⑬英国　⑭1928年11月3日　⑮2000

モーガン, サリー　Morgan, Sally　作家, 画家　⑬オーストラリア　⑭1951年　⑮1996

モーガン, ジェームス　Morgan, James C.　実業家　アプライド・マテリアルズ会長・CEO　元・国際半導体製造装置材料協会（SEMI）会長　⑬米国　⑮1992／1996／2000／2004

モーガン, ジェームズ　Morgan, James　作家　⑬米国　⑮2008

モーガン, ジョン　Morgan, John　本名＝Morgan, John Albert Leigh　元・外交官　国際レコード製作者連盟（IFPI）会長　⑬英国　⑭1929年6月21日　⑮1992

モーガン, スピア　Morgan, Speer　作家　⑬米国　⑭1946年1月25日　⑮2004

モーガン, ディック　Morgan, Dick　ジャズピアニスト, 弁護士　国米国　⽣1929年6月12日　拠1996

モーガン, デービッド　Morgan, David　ロンドン大学助教授　専中東史, ペルシャとモンゴル帝国の歴史　国英国　⽣1945年　拠1996

モーガン, デービッド　Morgan, David　ライター　国米国　拠2004／2008

モーガン, デブラ　歌手　国米国　拠2000

モーガン, トーマス　Morgan, Thomas B.　ジャーナリスト, 作家　国米国　拠1992

モーガン, トミー　Morgan, Tommy　ハーモニカ奏者　国米国　⽣1932年　拠2008／2012

モーガン, ネルソン　Morgan, Nelson　ナショナル・セミコンダクター社勤務　専音声合成　国米国　拠1992

モーガン, バーバラ　Morgan, Barbara　宇宙飛行士, 小学校教師　国米国　拠2000／2004／2008／2012

モーガン, ピーター　Morgan, Peter　脚本家, 劇作家　国英国　⽣1963年　拠2008／2012

モーガン, ブライアン　Morgan, Brian　コンピューター技術者　メンターテクノロジーズCCSI　拠2004

モーガン, ベッキー　ジョイント・ベンチャー・シリコンバレーCEO・社長　元・カリフォルニア州上院議員　国米国　拠1996

モーガン, マーク　Morgan, Mark W.　経営コンサルタント　リチャード・チャン・アソシエイツ上級コンサルタント　国米国　拠2004

モーガン, ラッセル・H.　放射線医学者　元・ジョンズ・ホプキンズ大学医学部長　国米国　没1986年2月24日　拠1992

モーガン, リチャード・H.　外交官　在福岡米国領事　国米国　拠1992

モーガン, レイ　Morgan, Raye　ロマンス作家　国米国　拠2004

モーガン, ロド　Morgan, Rod　法学者　ブリストル大学法学部教授　専刑事司法　国英国　拠2000

モーガン, ロドリー　Morgan, Rhodri　政治家　ウェールズ主席相　国英国　拠2004

モーガン, ロビン　Morgan, Robin　女性解放運動家　「ミズ」編集長　国米国　拠1992／1996

モカンバ, オンベチョ　マラソン選手　国ケニア　⽣1982年4月6日　拠2008

モギルニー, ワレンチン　Moguilny, Valentin　体操選手　国ソ連　⽣1965年12月18日　拠1992

モギレフスキー, アレクサンドル　Mogilevskii, Aleksandr Evgenievich　ピアニスト　国ロシア　⽣1977年　拠1996

モク, カレン　Mok, Karen　中国名＝莫文蔚　女優, 歌手　国香港　⽣1970年6月2日　拠2000／2004／2008／2012

モークリー, ジョン　Mauchly, John William　コンピューター工学者　専UNIVACの開発　国米国　⽣1907年8月30日　没1980年1月8日　拠1992

モーグリッジ, ジョン　Morgridge, John P.　実業家　シスコ・システムズ会長　国米国　拠1996／2000

モグレン, ホーカン　Mogren, Håkan　実業家　元・瑞日基金会長　国スウェーデン　拠1992／2000／2008／2012

モーゲス, モハマド　国境なき医師団資材センター職員　国エチオピア　拠2000

モケット, アルフレッド　Mockett, Alfred　実業家　ブリティッシュ・テレコム・グローバル（BTグローバル）CEO　国英国　拠2000

モーゲンサル, JP　Morgenthal, JP　インターネット技術アナリスト　XMLソリューションズ・コーポレーションCTO　拠2004

モーゲンスターン, ジュリー　Morgenstern, Julie　整理整頓コンサルタント　タスク・マスターズ創業者・オーナー　国米国　拠2004

モーゲンソー, ハンス　Morgenthau, Hans Joachim　国際政治学者, 国際法学者　国米国　⽣1904年2月17日　没1980年7月19日　拠1992

モーゲンタール, リチャード　Morgenthal, Richard　メガネデザイナー　国米国　⽣1952年　拠2000

モコトング, エリザベス　社会教育活動家　国南アフリカ　⽣1946年　拠1992

モーザー, エルビン　Moser, Erwin　絵本作家　国オーストリア　⽣1954年　拠1992／1996／2000

モーザ, キャロライン　Moser, Caroline O.N.　世界銀行シニア都市計画専門家　専都市計画, ジェンダーと開発　国英国　⽣1944年　拠2000

モーザー, ディーツ・リューディガー　Moser, Dietz-Rüdiger　音楽学者, 文化歴史学者, 民俗学者　ミュンヘン大学バイエルン文学史研究所理事　国ドイツ　⽣1939年　拠2004

モーザー, バリー　Moser, Barry　挿絵画家　国米国　拠2000

モーザー, マイク　Moser, Mike　クリエーティブ・ディレクター　元・ゴールドバーグ・モーザー・オニール共同経営者　拠2008

モーザー・ウェルマン, アネット　Moser-Wellman, Annette　経営コンサルタント　国米国　拠2004／2008

モサック, ハロルド　Mosak, Harold H.　臨床心理学者　アルフレート・アドラー研究所評議員会委員長　専ライフ・スタイル診断　国米国　拠2004

モザー・プレル, アンネマリー　Moser-Pröll, Annemarie　旧名＝モザー, アンネマリー　元・スキー選手　国オーストリア　⽣1953年　拠1992（プレル, アンネマリー・モザー）／2000（プレル, アンネマリー・モザー）

モーサム, サンドラ　政治家　フロリダ州務長官（共和党）　国米国　拠2000

モサリーニ, ファン・ホセ　グループ名＝モサリーニ＆アントニオ・アグリ五重奏団　バンドネオン奏者　⽣1943年　拠2000

モージェイ, ガブリエル　Mojay, Gabriel　セラピスト　トラディショナル・ハーバル・メディスン＆アロマテラピー・インスティテュート校長　専アロマテラピー　拠2004

モシェラ, デービッド　Moschella, David C.　ITアナリスト　コンピュータワールド社リサーチ担当副社長　国米国　拠2000

モシシリ, パカリタ　Mosisili, Pakalita　本名＝Mosisili,Bethuel Pakalitha　政治家　元・レソト首相, 元・レソト民主主義会議（LCD）党首　国レソト　⽣1945年3月14日　拠2000／2004／2008／2012

モジタバイ, A.G.　Mojtabai, A.G.　作家　国米国　⽣1937年　拠2000

モジニー, ビアトリス・カルトン　Mosionier, Beatrice Culleton　作家　国カナダ　拠2008

モジャーエフ, ボリス　Mozhaev, Boris Andreevich　作家　国ロシア　⽣1923年6月1日　没1996年3月2日　拠1992／1996

モジャーン, カマル　Morjane, Kamel　外交官, 政治家　元・チュニジア外相, 元・チュニジア国防相, 元・国連難民高等弁務官事務所（UNHCR）高等弁務官補　国チュニジア　⽣1948年5月9日　拠2004／2008／2012

モジュリー, アルフェリオ　Maugeri, Alferio　画家　⽣1933年　拠2004

モショエショエ2世　Moshoeshoe II　元・レソト国王　国レソト　⽣1938年5月2日　没1996年1月15日　拠1992

モジョリ, ジャコモ　Mojoli, Giacomo　市民運動家　イタリア・スローフード協会副会長　国イタリア　⽣1955年　拠2004／2008

モーション, アンドルー　Motion, Andrew　詩人, 作家　ロンドン大学教授　国英国　⽣1952年10月26日　拠2004／2012

モース, L.A.　Morse, L.A.　ハードボイルド作家　国米国　⽣1946年（？）　拠1992／1996

モス, P.バックリー　Moss, P.Buckley　画家　国米国　拠1992

モス, アーノルド　俳優　国米国　没1989年12月15日　拠1992

モス, エリック・オーエン　Moss, Eric Owen　建築家　南カリフォルニア建築学院（サイ・アーク）　国米国　⽣1943年　拠1996

モス, カール　Moss, Karl　ソフトウェア技術者　SASインスティテュート研究開発チーム上級デベロッパー　国米国　拠2004

モス, キャリー・アン　Moss, Carrie-Anne　女優　⽣1967年8月21日　拠2008

モース, クリストファー　Morse, Christopher Jeremy　銀行家　元・イングランド銀行理事, 元・国際通貨基金(IMF)20ケ国委員会代理会議議長　⑮英国　㊗1928年12月10日　㊞1992／1996

モス, ケイト　Moss, Kate　スーパーモデル　⑮英国　㊗1974年1月16日　㊞2000／2008／2012

モス, ケイト　Mosse, Kate　作家　⑮英国　㊞2008／2012

モース, ケン　Morse, Ken　本名＝モース, ケネス　マサチューセッツ工科大学起業センター所長　⑮米国　㊞2000／2004

モス, サンフォード(3世)　Moss, Sanford A. (III)　魚類学者　サウスイースタン・マサチューセッツ大学生物学教授　⑮米国　㊗1939年　㊞1996

モス, ジェイソン　Moss, Jason　心理学者　⑳性心理学, 犯罪心理学　⑮米国　㊗1975年　㊞2004

モス, ジョアンナ　Moss, Joanna　画家　⑮英国　㊞2008

モス, ジョン　Moss, Jon　グループ名＝カルチャー・クラブ　ドラム奏者　⑮英国　㊗1957年9月11日　㊞2000／2004

モス, シンシア　Moss, Cynthia　野生象生態研究家　アフリカン・ワイルドライフ・ファウンデーション(AWF)責任者　⑮米国　㊞2000

モス, スターリング　Moss, Stiring　元・F1ドライバー　⑮英国　㊗1929年9月17日　㊞1992／1996

モス, スティーブ　Moss, Steve　編集者, 出版人　「ニュー・タイムズ」発行人　⑮米国　㊞2008

モース, ディアナ　アニメーション作家　グランド・バレー州立大学コミュニケーション学部教授　⑮米国　㊞2000

モース, デービッド　Morse, David A.　労働問題専門家　元・国際労働機関(ILO)事務局長　⑮米国　㊗1907年5月13日　㊙1990年12月1日　㊞1992

モース, ピーター　Morse, Peter　浮世絵研究家　元・ホノルル美術館研究員　⑮米国　㊙1993年1月3日　㊞1992／1996

モース, ブラッドフォード　Morse, F.Bradford　政治家　元・国連開発計画(UNDP)事務局長　⑮米国　㊗1921年8月7日　㊙1994年12月18日　㊞1992

モス, フレイザー　Moss, Fraser　ファッションデザイナー　ユー・マスト・クリエイト(YMC)設立者　⑮英国　㊗1966年　㊞2000

モス, ミリアム　Moss, Miriam　作家　⑮英国　㊗1955年　㊞2008

モス, ラルフ　Moss, Ralph W.　科学ジャーナリスト　米国国立衛生研究所代替医学部門顧問　元・メモリアル・スローン・ケタリングがんセンター副部長　⑳癌　⑮米国　㊞1992／1996

モス, ランディ　Moss, Randy　元・プロフットボール選手　⑮米国　㊗1977年2月13日　㊞2000／2004／2008／2012

モース, ロナルド　Morse, Ronald A.　日本研究家　元・カリフォルニア大学ロサンゼルス校教授　⑳中国問題　⑮米国　㊗1938年　㊞1992／1996／2000／2004／2008／2012

モス, ロナルド・J.　ニューヨーク州商務局コミッショナー　⑮米国　㊞1992

モス, ロバート　Moss, Robert　作家, ジャーナリスト　⑮英国　㊗1946年　㊞1992／2000

モスカ, パオロ　Mosca, Paolo　ジャーナリスト, 作家　⑮イタリア　㊞2008

モスカレンコ, アレクサンドル　Moskalenko, Alexandr　トランポリン選手　⑮ロシア　㊗1969年11月4日　㊞2004／2008

モスカレンコ, キリル　Moskalenko, Kiril Semenovich　軍人　元・ソ連元帥　⑮ソ連　㊗1902年5月11日　㊙1985年6月17日　㊞1992

モスキーノ, フランコ　Moschino, Franco　ファッションデザイナー　⑮イタリア　㊗1950年　㊙1994年9月18日　㊞1992／1996

モスコウ, アルビン　Moscow, Alvin　ジャーナリスト　⑮米国　㊞2008

モスコウ, マイケル　元・米国通商代表部(USTR)次席代表　⑮米国　㊗1938年　㊞1992／1996

モスコソ, ミレヤ・エリサ　Moscoso, Mireya Elisa　本名＝Moscoso de Gruber,Mireya Elisa　政治家　元・パナマ大統領　⑮パナマ　㊗1946年7月1日　㊞2000／2004／2008

モスティン, デービッド　Mostyn, David　イラストレーター　⑮英国　㊗1944年8月20日　㊞2004

モースト, ネーレ　Moost, Nele　フリーライター, 翻訳家　⑮ドイツ　㊗1952年　㊞2000

モストウ, ジョナサン　Mostow, Jonathan　映画監督　⑮米国　㊞2004／2008

モストヴォイ, アレクサンデル　Mostovoi, Alexander　サッカー選手(MF)　⑮ロシア　㊗1968年8月22日　㊞2004／2008

モストヴォイ, パーヴェル　Mostvoi, Pavel I.　政治家　元・ソ連副首相　⑮ソ連　㊗1931年　㊞1992(モストボイ, パーベル)／1996(モストボイ, パーベル)

モスナー, リカルド　Mosner, Ricardo　画家, グラフィックデザイナー　㊗1948年　㊞1992

モスバカー, ジョージェット　Mosbacher, Georgette　ラ・プレリー社会長・CEO　⑮米国　㊞1992(モスバッカー, ジョージェット)／1996

モスバカー, ロバート　Mosbacher, Robert Adam　政治家, 実業家　元・米国商務長官, 元・モスバカー・エナジー会長　㊗1927年3月11日　㊙2010年1月24日　㊞1992(モスバッカー, ロバート)／1996

モスビー, ロイド　Mosbey, Lloyd Anthony　元・プロ野球選手　⑮米国　㊗1959年11月5日　㊞1996

モスマン, バーバラ　Mossmann, Barbara　イラストレーター　⑮ドイツ　㊗1956年　㊞2000

モズリー, ウォルター　Mosley, Walter　作家　⑮米国　㊗1952年　㊞1996／2000

モズリー, オズワルド　Mosley, Oswald Ernald　政治家, ファシスト　⑮英国　㊗1896年11月16日　㊙1980年12月3日　㊞1992

モーズリー, ジェリィ　Maudsley, Jere　作家, 会社社長　⑮カナダ　㊞1996

モズリー, シェーン　Mosley, Shane　プロボクサー　WBCインターナショナル・ウエルター級チャンピオン　元・WBA・WBC統一世界スーパーウエルター級チャンピオン, 元・WBC世界ウエルター級チャンピオン　⑮米国　㊗1971年9月8日　㊞2000／2004(モズレー, シェーン)／2008／2012

モズリー, ジョニー　Moseley, Jonny　元・スキー選手(フリースタイル)　⑮米国　㊗1975年8月27日　㊞2000

モズリー, レナード　Mosley, Leonard　作家, ジャーナリスト　⑮英国　㊗1913年　㊞1992

モズリー・ブラウン, キャロル　Moseley-Braun, Carol　外交官, 政治家　駐ニュージーランド米国大使　元・米国上院議員(民主党)　⑮米国　㊗1947年8月16日　㊞1996(ブラウン, キャロル・モスリー)／2000(ブローン, キャロル・モーズリー)

モーゼス, エドウィン　Moses, Edwin　元・陸上選手(障害)　モントリオール五輪・ロス五輪陸上男子400メートル障害金メダリスト　⑮米国　㊗1955年8月31日　㊞1992／1996／2004／2008／2012

モーゼス, エリッサ　Moses, Elissa　マーケティング・コンサルタント　ロイヤル・フィリップス・エレクトロニクス上席副社長　⑮米国　㊞2004／2008

モーゼス, ステファヌ　Mosès, Stéphane　ユダヤ学者　ヘブライ大学名誉教授　⑮イスラエル　㊗1931年　㊞2004／2008

モセール, ミッシェル　フランス化粧品工業会長　⑮フランス　㊗1931年　㊞1992／2000

モーソン, ロバート　Mawson, Robert　作家　⑮英国　㊗1956年　㊞2004

モタ, ジョアン　美術家　⑮ポルトガル　㊞2000

モタ, ロザ　Mota, Rosa　本名＝モタ, ロザ・マリア・コレイア・ドス・サントス　元・マラソン選手　ソウル五輪陸上女子マラソン金メダリスト　⑮ポルトガル　㊗1958年6月29日　㊞1992／1996／2000／2012

モダノ, マイク　Modano, Mike　本名＝Modano,Michael　元・アイスホッケー選手　ソルトレークシティ五輪アイスホッケー男子銀メダリスト　⑮米国　㊗1970年6月7日　㊞2008

モダビル, サディク　通称＝ドクター・サディク　アフガン・ゲリラ司令官　ハザラジアード中央委員会書記, ジハード(聖戦)最高機関

司令官,ハラカッティ・イスラム(イスラム運動)軍事部門司令官　国アフガニスタン　生1960年2月18日　掲1996

モタメドアーリア, ファテメ　女優　国イラン　掲1996/2000

モダール, メアリー　Modahl, Mary　実業家,産業アナリスト　フォレスター・リサーチ副社長　国米国　掲2004

モチヅキ, マイク・マサト　Mochizuki, Mike Masato　政治学者　ジョージ・ワシントン大学教授　⚐日本外交論,日米関係　国米国　生1950年　掲1996/2000/2004/2008/2012

モチャヌ, ドミニク　Moceanu, Dominique　体操選手　国米国　生1981年9月30日　掲1996/2000

モチャル, ミエチスワフ　Moczar, Mieczysław　政治家　元・ポーランド内相,元・ポーランド共産党政治局員　国ポーランド　生1913年12月25日　没1986年11月1日　掲1992

モッカ, ケン　Macha, Ken　本名=Macha,Kenneth Edward　大リーグ監督,元・大リーグ選手,元・プロ野球選手　国米国　生1950年9月29日　掲2008/2012

モック, アロイス　Mock, Alois　政治家　国民党名誉党首　元・オーストリア外相　国オーストリア　生1934年6月10日　掲1992/1996/2000

モック, ファイ　Mok, Fai　ホロプレックス代表　⚐ホログラム・メモリー　国米国　掲2000

モック, マルジャ　Mogk, Marja　ライター,編集者　国米国　掲2004/2008

モック, ライラス　Mogk, Lylas G.　眼科医　国米国　掲2004

モックフォード, キャロライン　Mockford, Caroline　絵本作家　掲2004/2008

モッスベリィ, ブー　Mossberg, Bo　イラストレーター　国スウェーデン　生1935年　掲1996

モッセ, ジョージ　Mosse, George L.　元・ウィスコンシン大学名誉教授,元・ヘブライ大学名誉教授　国米国　生1918年　没1999年　掲1996/2000

モッタキ, マヌチェフル　Mottaki, Manouchehr　外交官,政治家　元・イラン外相,元・駐日イラン大使　国イラン　生1953年　掲2000/2008/2012

モッテルソン, ベン　Mottelson, Ben Roy　本名=Mottelson, Benjamin Roy　物理学者　元・北欧理論核物理学研究所(NORDITA)教授　国デンマーク　生1926年7月9日　掲1992/1996/2004/2008

モット, クレール　Motte, Claire　舞踊家　国フランス　没1986年7月16日　掲1992

モット, スティーブ　マスターカード・インタナショナル上席副社長　掲2000

モット, ネビル　Mott, Nevill Francis　物理学者　元・ケンブリッジ大学教授　⚐固体量子論　国英国　生1905年9月30日　没1996年8月8日　掲1992/1996

モットラ, トーマス　Mottola, Thomas　実業家,音楽プロデューサー　元・ソニー・ミュージックエンタテインメント会長　国米国　掲2004/2008

モットラム, レスリー　Mottram, Leslie　元・サッカー審判員,元・サッカー選手　元・日本サッカー協会審判チーフインストラクター　国英国　生1951年3月5日　掲2000/2004/2008

モデイ, B.K.　Modi, B.K.　モデイ会長　国インド　生1949年　掲1996

モティ, カイコ　Moti, Kaiko　版画家　国インド　生1921年　掲1992

モディ, ナレンドラ　Modi, Narendra Damodardas　政治家　インド首相　元・グジャラート州首相　国インド

モディアノ, パトリック　Modiano, Patrick　作家　国フランス　生1945年7月30日　掲1992/1996/2000/2004/2008/2012

モーティマー, エミリー　Mortimer, Emily　女優　国英国　生1971年12月1日　掲2012

モーティマー, キャロル　Mortimer, Carole　ロマンス作家　国英国　掲1992/1996/2000/2004

モーティマー, ジム　作家　国英国　生1962年　掲1996

モーティマー, ジョン　Mortimer, John　本名=Mortimer,John Clifford　作家,劇作家,脚本家,弁護士　国英国　生1923年4月21日　没2009年1月16日　掲1992/1996/2000

モーティマー, ビッキー　舞台デザイナー　国英国　掲2000

モーティマリー, ポール・D.　エコノミスト　パリバ証券チーフエコノミスト　国英国　生1953年

モディリアーニ, フランコ　Modigliani, Franco　経済学者　元・マサチューセッツ工科大学名誉教授　国米国　生1918年6月18日　没2003年9月25日　掲1992/1996/2000

モディーン, マシュー　Modine, Matthew　俳優,画家　国米国　生1959年3月22日　掲1992/1996/2000/2004/2008

モティンゴ・ブーシェ　Motinggo Boesje　作家　国インドネシア　生1937年　掲1992

モデナ, ステファノ　Modena, Stefano　F1ドライバー　国イタリア　生1963年5月12日　掲1992/1996

モデネーゼ, ベッペ　Modenese, Beppe　ミラノ・コレクション事務局長,イデアコモ事務局長　国イタリア　掲1992

モデル, マーティン　Modell, Martin E.　システム・コンサルタント　アーサー・D・リトル社Senior Information Systems Consultant　⚐データ処理,データベース,システム分析　国米国　掲1992

モデルモグ, デブラ　Moddelmog, Debra A.　英文学者　オハイオ州立大学準教授　国米国　掲2004/2008

モデレ, アルメル　Modéré, Armelle　イラストレーター　国フランス　生1971年　掲2004/2008

モーテンセン, デール　Mortensen, Dale T.　経済学者　元・ノースウエスタン大学教授　⚐労働経済学,マクロ経済学　国米国　生1939年2月2日　没2014年1月9日　掲2012

モーテンセン, ビゴ　Mortensen, Viggo　本名=Mortensen,Viggo Peter,Jr.　俳優　国米国　生1958年10月20日　掲2004/2008/2012

モト, ロコ　Motto, Rocco L.　Guraduate Center for Child Development of PsychotherapyのDean　⚐情緒障害児教育　国米国　掲1992

モドゥー, アラン　Modoux, Alan　国際PR協会会長,国際赤十字・スイス本部担当役員　国スイス　掲1992

モドゥーニョ, ドメニコ　Modugno, Domenico　カンツォーネ歌手,作曲家　国イタリア　生1928年1月9日　没1994年8月6日　掲1992/1996

モトペング, セパニア・レコーネ　政治家　元・パンアフリカニスト会議(PAC)議長　国南アフリカ　没1990年10月24日　掲1992

モトムブリ, ビクトル　Motombrie, Victor M.　ソロン教会神父　国インドネシア　生1949年　掲1996

モトラナ, タト　Motlana, Nthato Harrison　医師,黒人解放運動家　国南アフリカ　生1925年2月16日　没2008年11月30日　掲1992

モトランテ, ハレマ　Motlanthe, Kgalema　政治家　南アフリカ副大統領,アフリカ民族会議(ANC)副議長　元・南アフリカ大統領　国南アフリカ　生1949年7月19日　掲2012

モドリッチ, ルカ　Modric, Luka　サッカー選手(MF)　国クロアチア　生1985年9月9日　掲2012

モドリン, アービン　Modlin, Irvin M.　分子生物学者,外科学者　エール大学医学部教授　⚐酸　掲2004/2008

モトレー, ロナルド・L.　弁護士　国米国　掲2004

モトロ, ハリー　実業家　CNN上級副社長　掲2000

モドロウ, ハンス　Modrow, Hans　政治家　欧州議会議員,ドイツ民主社会党(PDS)名誉党首　元・東ドイツ首相　国ドイツ　生1928年1月27日　掲1992/1996/2000

モートロック, スターリング　Mortlock, Stirling　本名=Mortlock, Stirling Austin　元・ラグビー選手　国オーストラリア　生1977年5月20日

モトワニ, プレム　Motwani, Prem　ネール大学教授　⚐日本史,日本語　国インド　生1954年　掲1992/1996/2000

モートン, アンドルー　Morton, Andrew　ジャーナリスト,作家　国英国　生1953年　掲2000

モートン, ウェンディ　Moton, Wendy　歌手　国米国　生1965年11

モートン, サマンサ　Morton, Samantha　女優　⦿英国　⊕1977年5月13日　⦿2004／2008／2012

モートン, ダネル　Morton, Danelle　ジャーナリスト, ライター　⦿2004

モートン, デービッド　Morton, David　アルキャン・アルミニウム会長　⦿英国　⊕1929年　⦿1992／1996

モートン, パトリシア　Morton, Patricia A.　カリフォルニア大学リバーサイド校美術史学部教授　⦿美術史, 建築史　⦿米国　⦿2004

モートン, ロッキー　Morton, Rocky　映画監督, CMディレクター　⦿米国　⦿2004／2008

モートン, ロバート　Morton, Robert H.　元・ヤンセン協和社長　⦿カナダ　⊕1937年5月31日　⦿1996／2000

モナコフ, ドミトリー　Monakov, Dmitrii　射撃選手（クレー・トラップ）　⦿ソ連　⦿1992

モナハン, ウィリアム・T.　実業家　イメーション会長・CEO　⦿米国　⊕1947年　⦿2000

モナハン, トーマス　Monaghan, Thomas S.　ドミノ・ピザ社長　⦿米国　⦿1996

モーニエ, チエリー　Maulnier, Thierry　本名＝タラグラン, ジャック　劇作家, ジャーナリスト　⦿フランス　⊕1909年10月1日　⊖1988年1月9日　⦿1992

モニカ　Monica　本名＝アーノルド, モニカ　歌手　⦿米国　⊕1980年10月24日　⦿2000

モニコバ, リブシュ　作家　⦿ドイツ　⊕1945年　⦿1992

モニチェリ, マリオ　Monicelli, Mario　別名＝バディエク, ミケーレ　映画監督, 脚本家　⦿イタリア　⊕1915年5月15日　⊖2010年11月29日

モーニック, ジャン・ポール　Maunick, Jean-Paul　通称＝ブルーイ　グループ名＝インコグニート　ミュージシャン, 音楽プロデューサー　⦿英国　⊕1957年2月19日　⦿2012

モーニング, アロンゾ　Mourning, Alonzo　元・バスケットボール選手　シドニー五輪バスケットボール男子金メダリスト　⦿米国　⊕1970年2月8日　⦿1996／2000／2004／2008／2012

モヌリー・ゴアラン, アニー　Monnerie-Goarin, Annie　アリアンス・フランセーズ教務部長　⦿フランス語教育　⦿フランス　⦿2004

モヌレ, ジャン　Monneret, Jean　画家　⦿フランス　⊕1922年　⦿1992

モヌレ, ソフィー　Monneret, Sophie　美術史家　⦿19世紀絵画　⦿フランス　⦿1992

モネ, リビア　Monnet, Livia　モントリオール大学準教授　⦿近代日本文学, 日本戦後記録文学史, 女性作家, フェミニズム　⦿スイス　⦿1992

モネゲッティ, スティーブン　Moneghetti, Stephen　マラソン選手　⦿オーストラリア　⊕1962年9月26日　⦿1992／1996／2000

モネゴー, フィリップ　Monego, Philip J.　経営コンサルタント　⦿米国　⦿2000

モネゴ, マルクス・デル　Monego, Markus Del　ソムリエ　ケーブ・ワインサービス代表　⦿ドイツ　⊕1966年　⦿2000

モネスティエ, マルタン　Monestier, Martin　ジャーナリスト, 作家　⦿フランス　⦿2004

モネット, ポール　Monette, Paul　作家, 詩人　⦿米国　⊕1945年　⦿1992／1996

モネム, バカル・アブデル　Munem, Baker Abdel　パレスチナ解放機構（PLO）在カナダ事務所代表, パレスチナ国民議会代議員　⦿パレスチナ　⊕1942年6月6日　⦿1992／1996

モノリ, ジャック　Monory, Jacques　画家　⦿フランス　⊕1924年6月25日　⦿2004／2008／2012

モハー, フランク　Moher, Frank　劇作家, 演出家　⦿カナダ　⊕1955年　⦿2012

モハエ, フェスタス　Mogae, Festus Gontebanye　政治家　元・ボツワナ大統領　⦿ボツワナ　⊕1939年8月21日　⦿2000／2004／2008／2012

モバーグ, キャロル　Moberg, Carol L.　ロックフェラー大学細胞生理学・免疫学研究室　⦿細胞生理学, 免疫学　⦿1992

モーバーゴ, J.E.　Morpurgo, J.E.　著作家　元・ペンギン社編集者　⦿英国　⊕1918年　⦿1992

モーバーゴ, マイケル　Morpurgo, Michael　児童文学作家　⦿英国　⊕1943年　⦿2004／2008／2012

モハジェラニ, アタオラ　Mohajerani, Ataollah　政治家　イラン文明間の対話国際センター所長　元・イラン・イスラム指導相　⦿イラン　⊕1954年　⦿2000／2004／2008

モハッシェタ・デビ　Mahasweta Devi　作家　⦿インド　⊕1926年1月14日　⦿1996（デビ, モハッシェタ）／2012

モハマディ, モハマド・ナビ　イスラム神学者, 政治家　⦿アフガニスタン　⦿1992

モハマド, アブドゥル・ラティフ　Mohmod, Abdul Latif　マレーシア森林研究所所長　⦿林学　⦿マレーシア　⦿2012

モハマド, ファデル　実業家　ブカカ・テクニック・ウタマ社長, インドネシア商工会議所会頭　⦿インドネシア　⦿1996

モハムド, ハッサン・シェイク　Mohamud, Hassan Sheikh　政治家　ソマリア大統領　⦿ソマリア　⊕1955年11月29日

モハメド6世　Mohamed VI　本名＝シディ・モハメド　モロッコ国王, イスラム諸国会議機構（OIC）エルサレム委員会委員長　⦿モロッコ　⊕1963年8月21日　⦿2000／2004／2008／2012

モハメド, アブドゥル・ワヒド　文学者　⦿翻訳理論, 文体研究　⦿イラク　⦿2004／2008

モハメド, アリ・マハディ　Mohamed, Ali Mahdi　政治家　元・ソマリア暫定大統領　⦿ソマリア　⦿2000

モハメド, サイド・アフメド　Mohamed, Said Ahmed　作家　大阪外国語大学客員教授　⦿スワヒリ語　⦿タンザニア　⦿1992

モハン, シャンムガスンダラム　元・裁判官　元・インド最高裁判所判事　⦿インド　⊕1930年　⦿2000

モハンティ, J.N.　Mohanty, Jitendra Nath　哲学者　テンプル大学教授, オックスフォード大学オール・ソールズ・カレッジ客員フェロー　⦿現象学　⊕1928年9月26日　⦿1992

モービー　Moby　本名＝ホール, リチャード・メルビル　ミュージシャン　⦿米国　⊕1965年9月11日　⦿2004／2008／2012

モビアス, マーク　Mobius, Mark　テンプルトン・アセット・マネジメント代表　⦿米国　⊕1936年　⦿1996／2004

モヒ・ウド・ディン, アクタル　Mohi-Ud-Din, Akhtar　作家　⦿インド　⊕1928年　⦿1996

モヒエディン, アハマド・ファド　Mohieddin, Ahmad Fuad　政治家　元・エジプト首相　⦿エジプト　⊕1926年　⊖1984年6月5日　⦿1992

モヒット, ファーハド　実業家　ビズレート・ドットコム会長　⦿米国　⊕1969年2月　⦿2004

モービル, ピーター　Morville, Peter　テクニカルライター　Argus Associates副社長　⦿情報アーキテクチャ, 情報検索　⦿米国　⦿2000

モービン, アーミステッド　Maupin, Armistead　作家　⦿米国　⦿2004

モーファー, トーマス　Maufer, Thomas A.　ネットワーク技術者　スリーコム　⦿米国　⦿2004

モファズ, シャウル　Mofaz, Shaul　政治家, 軍人　元・イスラエル副首相・国防相　⦿イスラエル　⊕1948年　⦿2004／2008／2012

モファット, エイダン　グループ名＝アラブ・ストラップ　歌手　⦿2004／2008

モファット, トレイシー　Moffatt, Tracey　映画監督, 写真家　⦿オーストラリア　⊕1960年　⦿2000

モフィット, ペギー　Moffitt, Peggy　本名＝Moffitt Claxton, Peggy　ファッションモデル　⦿米国　⊕1939年　⦿2004

モフォケン, マカロ　俳優, ステージマネジャー　⦿南アフリカ　⦿1992

モフォード, ローズ　Mofford, Rose　政治家　元・アリゾナ州知事　⦿米国　⊕1922年6月10日　⦿1992／1996／2000

モフシシャン, ウラジーミル　Movsisyan, Vladimir M.　政治家

元・ソ連共産党政治局員　⑲ソ連　⑨1933年11月12日　⑱1992

モフタル・クスマアトマジャ　Mochtar Kusumaatmadja　海洋法学者, 政治家　元・インドネシア外相　⑲インドネシア　⑨1929年2月17日　⑱1992／1996

モフタル・ルビス　Mochtar Lubis　ジャーナリスト, 作家　アジア新聞財団事務総長, ジャカルタ・アカデミー会長　⑲インドネシア　⑨1922年3月7日　⑱1992／1996／2000／2004／2008

モーブッサン, A.　Mauboussin, Alain　モーブッサン社長, フランス高級宝石協会副会長　⑲フランス　⑨1945年　⑱1992

モーブッシン, マイケル　Mauboussin, Michael J.　クレディ・スイス・ファースト・ボストン・マネジング・ディレクター　⑲証券分析　⑲米国　⑱2004／2008

モブツ・セセ・セコ　Mobutu Sese Seko　本名＝Mobutu Sese Seko Kuku Ngbendu Wa Za Banga　旧名＝Mobutu, Joseph Désiré　政治家, 軍人　元・ザイール大統領, 元・ザイール陸軍元帥　⑲コンゴ　⑨1930年10月14日　⑩1997年9月7日　⑱1992／1996

モーブリー, ブノワ　Maubrey, Benoit　グループ名＝デ・アウディオ・グルッペ　パフォーマンス・アーティスト　⑲米国　⑨1952年　⑱2000

モブリー, ルー　Mobley, Lou　経営コンサルタント　⑲米国　⑱1992

モーブレイ, ジョスリン・ド　Moubray, Jocelyn de　ジャーナリスト　「ペースメーカー・アップデート・インタナショナル」誌編集長　⑲英国　⑱1992

モペス, カトリーヌ・ヴァン　Moppès, Catherine van　ジャーナリスト, 作家　⑨1946年　⑱2012

モヘディン, ザカリヤ　Muhī al-Dīn, Zakariyā　軍人, 政治家　元・エジプト首相　⑲エジプト　⑨1918年5月7日　⑱1992／1996

モヘレ, ヌツ　Mokhehle, Ntsu　政治家　元・レソト首相, 元・レソト民主主義会議(LCD)党首, 元・バソト会議党(BCP)党首　⑲レソト　⑨1918年12月16日　⑩1999年1月6日　⑱1996

モホリタ, ヴァシル　Mohorita, Vasil　政治家　元・チェコスロバキア共産党第1書記　⑲チェコスロバキア　⑨1952年9月19日　⑱1992

モホンビ　Mohombi　本名＝モホンビ・ンザシ・ムポンド　ユニット名＝Avalon　歌手　⑨1986年　⑱2012

モーム, ロビン　Maugham, Robin　作家　⑲英国　⑩1981年3月13日　⑱1992

モムゼン, エルンスト・ウォルフ　Mommsen, Ernst Wolf　実業家　元・クルップ社社長　⑲ドイツ　⑨1910年　⑱1992

モムゼン, ウォルフガング　Mommsen, Wolfgang J.　現代史家, 歴史学者　デュッセルドルフ大学名誉教授　⑲ドイツ史　⑲ドイツ　⑨1930年2月5日　⑱1996／2004／2008

モモ, ジョゼフ　Momoh, Joseph Saidu　政治家　元・シエラレオネ大統領　⑲シエラレオネ　⑨1937年1月26日　⑩2003年8月2日　⑱1992／1996

モヤ, カルロス　Moya, Carlos　元・テニス選手　⑲スペイン　⑨1976年8月27日　⑱2000／2008／2012

モーラ, パトリス　Morlat, Patrice　フランス国立科学研究センター(CNRS)附属第三世界の認識研究室研究員　⑲フランス　⑨1951年7月7日　⑱2000

モーラー, ビリー　Mohler, Billy　グループ名＝コーリング　ロックベース奏者　⑲米国　⑱2004／2008

モーラー, ブライアン　Moehler, Brian Merritt　大リーグ選手(投手)　⑲米国　⑨1971年12月31日　⑱2000／2004／2008

モーラー, マイケル　Moorer, Michael　プロボクサー　元・WBA・IBF統一世界ヘビー級チャンピオン　⑲米国　⑨1967年11月12日　⑱1996／2000／2008

モラー, ロレーン　Moller, Lorraine Mary　マラソン選手　ハート・オブ・ゴールド副代表理事　⑲ニュージーランド　⑨1955年6月1日　⑱1992／1996／2000／2008

モライス, フェルナンド　ジャーナリスト　⑲ブラジル　⑱2004

モラヴィア, アルベルト　Moravia, Alberto　本名＝ピンケルレ, アルベルト　作家　⑲イタリア　⑨1907年11月28日　⑩1990年9月26日　⑱1992(モラビア, アルベルト)

モラヴェック, ランディ　Moravec, Randy　グラフィックデザイナー, 写真家　⑲米国　⑨1954年　⑱2000

モラウスカ, エヴァ　Morawska, Ewa　ペンシルベニア大学準教授　⑲社会学　⑨1949年　⑱1996

モラウタ, メケレ　Morauta, Mekere　政治家　パプアニューギニア党党首　元・パプアニューギニア首相・財務相　⑲パプアニューギニア　⑨1946年6月12日　⑱2000／2004／2008／2012

モラウチーク, シチェファン　Moravčík, Štefan　詩人　⑲チェコスロバキア　⑨1943年　⑱1992

モラゴ, カルロス　Morago, Carlos　画家　⑲スペイン　⑨1954年　⑱1992／1996

モラス, インゲ　Morath, Inge　本名＝Morath, Ingeborg Hermine　写真家　⑲米国　⑨1923年5月27日　⑩2002年1月30日　⑱2000

モラスキー, マイケル　Molasky, Michael　通称＝モラスキー, マイク　日本研究者, エッセイスト, ジャズ・ピアニスト　早稲田大学国際教養学部教授　⑲戦後日本文化, 沖縄文学　⑲米国　⑨1956年　⑱2008／2012

モラーチェ, カロリーナ　元・サッカー監督, 元・サッカー選手　⑲イタリア　⑱2000

モラーツ, パトリック　Moraz, Patrick　旧グループ名＝メインホース, レフュジー, イエス, ムーディー・ブルース　作曲家, キーボード奏者　⑲スイス　⑱1992／2012

モラッツォーニ, マルタ　Morazzoni, Marta　作家　⑲イタリア　⑨1950年　⑱1996／2000

モーラッド, ジェフ　Moorad, Jeff　スポーツ代理人　パドレス副会長・CEO　⑲米国　⑱2012

モラ・デュ・ジュルダン, ミシェル　Mollat du Jourdin, Michel Jacques　パリ大学文学部名誉教授, パリ高等研究実習院指導教授　⑲フランス海事史　⑲フランス　⑨1911年7月13日　⑱2000

モラニス, リック　Moranis, Rick　俳優　⑲米国　⑱1992／1996

モラーヌ, カミーユ　Maurane, Camille　前名＝モロー, カミーユ　バリトン歌手　元・パリ国立高等音楽院名誉教授　⑲フランス　⑨1911年11月29日　⑩2010年1月21日　⑱1996

モラハン, クリストファー　演出家, 映画監督　⑲英国　⑱1992

モラビト, パスカル　彫刻家, 宝石デザイナー　⑲フランス　⑨1945年　⑱1996

モラフチク, ヨゼフ　Moravčík, Jozef　政治家　元・スロバキア首相　⑲スロバキア　⑨1945年5月19日　⑱1996／2000

モラベック, ハンス　Moravec, Hans　カーネギー・メロン大学ロボティックス研究所員　⑲知能ロボット　⑲米国　⑨1948年　⑱1992

モラリー, ジャン・ベルナール　Moraly, Jean-Bernard　劇作家　ヘブライ大学教授　⑱1996

モラリュー, コリーナ　Morariu, Corina　テニス選手　⑲米国　⑨1978年1月26日　⑱2004／2008

モラル, J.B.　Morrall, John B.　歴史学者　⑲中世政治思想史　⑲英国　⑨1923年　⑱2004

モラル, アンドルー　Morall, Andrew　クリスティーズ(ロンドン)美術コース講師　⑲美術史　⑲英国　⑱1992／1996

モラール, クロード　Mollard, Claude　フランス文化行政官　元・ボーブール・ポンピドゥーセンター事務局長　⑲フランス　⑱2004／2008

モラレス, エボ　Morales, Evo　本名＝モラレス・アイマ, フアン・エボ　政治家　ボリビア大統領　⑲ボリビア　⑨1959年10月26日　⑱2008／2012

モラレス, エリック　Morales, Erik　プロボクサー　元・WBC・IBF世界スーパーフェザー級チャンピオン, 元・WBC世界スーパーバンタム級チャンピオン　⑲メキシコ　⑨1976年9月1日　⑱2004／2008

モラレス, ケンドリー　Morales, Kendry　本名＝モラレス, ケンドリアス　大リーグ選手(内野手)　⑲米国　⑨1983年6月20日　⑱2012

モラレス, フランシスコ　Morales, Francisco　本名＝モラレス・ベルムデス, フランシスコ　政治家, 軍人　元・ペルー大統領　⑲ペルー　⑨1921年10月4日　⑱1992／1996／2004／2008

モラン, エティエンヌ　Morin, Étienne　著述家, 画家　⑲フランス

[生]1914年　[典]1992

モラン, エドガール　Morin, Edgar　社会学者, 思想家　フランス国立科学研究所(CNRS)名誉研究部長　[国]フランス　[生]1921年7月8日　[典]1992／1996／2000／2004／2008／2012

モーラン, ガリー　Moran, Gary T.　法医学者, バイオメカニクス研究者　サンフランシスコ大学教授, バイオスポーツ社長　[専]クロストレーニング　[国]米国　[典]2004／2008

モラン, ジェームス　米国南東部トヨタ販売(SET)社長, 日野アメリカ販売社長　[国]米国　[典]1992

モラン, トーマス　Moran, Thomas　作家, ジャーナリスト, 編集者　[国]米国　[典]2004

モラン, ビクトリア　Moran, Victoria　講演家　[国]米国　[典]2004

モーラン, ブライアン　Moeran, Brian　人類学者　ロンドン大学東洋アフリカ研究学院(SOAS)人類学科教授　[専]社会人類学, 日本研究, 民芸研究　[国]英国　[生]1944年1月27日　[典]1992／1996

モーラン, マイケル　Moran, Michael J.　エコノミスト　米国大和証券チーフエコノミスト　[国]米国　[生]1952年　[典]1996

モラン, リチャード　Moran, Richard　作家　[国]米国　[生]1942年　[典]1996／2000

モラン, ロバート　Moran, Robert T.　心理学者, 国際組織経営コンサルタント　アメリカ国際経営大学院教授　[国]米国　[典]1996

モランダー, ロジャー　Molander, Roger　本名=Molander,Roger Carl　反核戦争指導者　元・ランド研究所上級政策研究員　[国]米国　[生]1940年11月20日　[没]2012年3月25日

モランテ, エルサ　Morante, Elsa　作家　[国]イタリア　[生]1912年8月18日　[没]1985年11月25日　[典]1992

モランテ, ネルソン　ジャーナリスト　ベネズエラ通信東京特派員　[国]ベネズエラ　[典]1992

モランディ, ピエール・ジョルジョ　指揮者　[国]イタリア　[生]1958年　[典]1996／2000

モリ, エマニュエル　Mori, Emmanuel　政治家, 銀行家　ミクロネシア連邦大統領　元・ミクロネシア連邦銀行副総裁　[国]ミクロネシア　[生]1948年12月25日　[典]2012

モーリー, キャロル　Morley, Carol　イラストレーター, 絵本作家　[国]英国　[生]1967年　[典]1996

モーリー, ジャクリーン　Morley, Jacqueline　美術史家　[国]英国　[典]2000

モリ, ジュン　森, ジュン　弁護士　ケリー・ドライ&ウォーレン法律事務所　[国]米国　[生]1929年12月13日　[典]1992

モリ, ファブリツィオ　Mori, Fabrizio　陸上選手(障害)　[国]イタリア　[生]1969年6月28日　[典]2000／2004

モーリー, マルコム　Morley, Malcom　画家　[国]英国　[生]1931年　[典]2004／2008

モーリア, ポール　Mauriat, Paul　指揮者, ピアニスト, 作曲家, 編曲家　元・ポール・モーリア・グランド・オーケストラ指揮者　[国]フランス　[生]1925年3月4日　[没]2006年11月3日　[典]1992／2000

モリアル, アーネスト　Morial, Ernest　政治家, 弁護士　元・ニューオーリンズ市長　[国]米国　[没]1989年12月24日　[典]1992

モーリエ, クレール　Maurier, Claire　女優　[国]フランス　[生]1929年　[典]2000／2004

モリエンテス, フェルナンド　Morientes, Fernando　本名=モリエンテス・サンチェス, フェルナンド　元・サッカー選手　[国]スペイン　[生]1976年4月5日　[典]2000／2004／2008／2012

モリコーネ, エンニオ　Morricone, Ennio　別名=サヴィオ, ダン, ニコルス, レオ　作曲家　[専]映画音楽　[国]イタリア　[生]1928年11月10日　[典]1992／1996／2000／2004／2008／2012

モリス, アニー　Morris, Annie　画家　[国]英国　[典]2008

モリス, アン　Morice, Anne　本名=ショウ, フェリシティ　ミステリー作家　[国]英国　[生]1918年　[典]1996

モーリス, ウェイン　Morris, Wayne　コンピューター技術者　[典]2008

モリス, ウォンヤ　Morris, Wanya　グループ名=ボーイズIIメン　歌手　[国]米国　[典]2000／2004／2008／2012

モリス, エロール　Morris, Errol　映画監督　[国]米国　[生]1948年2月5日　[典]2008／2012

モリス, キャスリン　Morris, Kathryn　女優　[国]米国　[生]1969年1月28日　[典]2008／2012

モリス, クリス　Morris, Chris　作家　[国]米国　[典]1992／1996

モリス, クリストファー　エコノミスト　国際通貨基金(IMF)シニアエコノミスト　[専]経済分析　[国]英国　[典]2000

モリス, クリストファー　Morris, Christopher　フォトジャーナリスト　[国]米国　[生]1958年　[典]2000

モリス, ケネス　Morris, Kenneth M.　シーゲル&ゲール社長　[国]米国　[典]1996

モリス, ジェフリー　Morris, Geoffrey E.　X/Openカンパニーリミテッド社長・CEO　[国]英国　[典]1996

モリス, ジェームズ　Morris, James T.　実業家　IWCリソース会長・CEO　元・国連世界食糧計画(WFP)事務局長　[国]米国　[生]1943年4月18日　[典]2004／2008／2012

モリス, ジム　野球監督　ジョージア工科大学野球部監督　[国]米国　[生]1950年　[典]1992

モリス, ジム　Morris, Jim　元・大リーグ選手　[国]米国　[生]1964年1月19日　[典]2004／2008

モリス, ジム　Morris, Jim　映画プロデューサー　ピクサー・アニメーション・スタジオゼネラル・マネージャー・プロダクション担当副社長　[国]米国

モリス, ジャッキー　Morris, Jackie　イラストレーター, 絵本作家　[国]英国　[典]2004

モリス, ジャック　Morris, Jack　元・大リーグ選手　[国]米国　[生]1955年5月16日　[典]1992／1996

モリス, ジャネット　Morris, Janet　作家　[国]米国　[典]1992／1996

モリス, ジャン　本名=モリス, ジェイムズ　作家　[国]英国　[生]1926年　[典]1992

モリス, ジュリアナ　Morris, Julianna　ロマンス作家　[典]2008

モリス, ステファン　Morris, Stephen　作家　[国]米国　[典]1992／1996

モリス, チャールズ　Morris, Charles R.　経済・金融ジャーナリスト, テクノロジー・コンサルタント　[国]米国　[典]1992／1996

モリス, ディック　Morris, Dick　選挙戦略家, 政治コンサルタント, コラムニスト, 実業家　元・クリントン米国大統領選挙参謀　[国]米国　[生]1947年　[典]2000／2004／2012

モリス, デズモンド・ジョン　Morris, Desmond John　動物学者, 科学評論家　[専]動物行動学　[国]英国　[生]1928年1月24日　[典]1992／1996／2000

モリス, デービッド　Morris, David B.　作家　「Literature and Medicine」副編集長　[国]米国　[生]1942年　[典]2000

モリス, デーブ　Morris, Dave　作家, ゲームデザイナー　[国]米国　[典]2004

モーリス, トール　Morisse, Tor　イラストレーター　[生]1947年　[典]1996

モリス, ネーサン　Morris, Nathan　グループ名=ボーイズIIメン　歌手　[国]米国　[典]2000／2004／2008／2012

モリス, バージニア　Morris, Virginia　ジャーナリスト　[国]米国　[典]2004

モリス, バージニア　Morris, Virginia B.　編集者　[典]2008

モリス, ハーベイ　Morris, Harvey　ジャーナリスト　「インディペンデント」紙外報副部長　[専]中東問題　[国]英国　[典]1992

モリス, マーク　Morris, Mark　本名=Morris,Mark William　振付師, ダンサー　マーク・モリス・ダンス・グループ芸術監督　[国]米国　[生]1956年8月29日　[典]2004／2008／2012

モーリス, マット　Morris, Matt　本名=Morris,Matthew Christian　大リーグ選手(投手)　[国]米国　[生]1974年8月9日　[典]2008

モリス, マリオン　Morris, M.E.　作家, 退役海軍大佐　[国]米国　[生]1926年　[典]1992／1996

モリス, ミーガン　Morris, Meaghan　文化批評家　嶺南大学教授　[専]カルチュラルスタディーズ　[国]オーストラリア　[典]2004／2008

モ

モーリス, メアリー　Morris, Mary McGarry　作家　⑮1943年　⑯1996／2000

モリス, メアリー　Morris, Mary　作家　⑮米国　⑮1947年　⑯1992／1996

モリス, ライト　Morris, Wright Marion　作家,写真家　⑮米国　⑮1910年1月6日　⑯1992／1996

モリス, リチャード　Morris, Richard　科学ライター　⑯物理学　⑯2004

モリス, ロッド　テレビプロデューサー,ナチュラリスト　⑮ニュージーランド　⑯1992

モリス, ロバート　Morris, Robert　彫刻家　⑮米国　⑮1931年2月9日　⑯1992

モーリス, ロバート・リー　Morris, Robert Lee　ジュエリー・アーティスト　⑮米国　⑮1947年　⑯2000

モリス, ロビン　Morris, Robin　神経心理学者　ロンドン大学精神医学研究所神経心理学部門長,モーズレイ病院名誉顧問,王立ベスレム病院名誉顧問　⑯記憶と問題解決,アルツハイマー病　⑮英国　⑯2004／2008

モーリス・スズキ, テッサ　Morris Suzuki, Tessa I.J.　オーストラリア国立大学教授　⑯日本経済史,日本経済思想史　⑮オーストラリア　⑮1951年　⑯1996／2000／2004／2012

モリズロー, パトリシア　Morrisroe, Patricia　「ニューヨーク」コントリビューティング・エディター　⑮米国　⑯2004

モリセット, アラニス　Morissette, Alanis　ロック歌手　⑮カナダ　⑮1974年6月1日　⑯1996／2000／2004／2008／2012

モリソン, アダム　Morrison, Adam　バスケットボール選手　⑮米国　⑮1984年7月14日　⑯2012

モリソン, アラステアー　元・軍人　ディフェンス・システムズ・リミテッド会長　⑮英国　⑮1942年　⑯2000

モリソン, アレスデア　Morrison, Alasdair G.　実業家　ジャーディン・マセソン社長　⑮香港　⑯1996

モリソン, アレックス　ピアソン平和維持センター会長　⑮カナダ　⑮1941年　⑯1996／2004／2008

モリソン, サリー　Morrison, Sally　ボランティア活動家　エイズ研究米国基金ディレクター　⑮英国　⑯1992

モリソン, ジェームス　Morrison, James　シンガーソングライター　⑮英国　⑮1984年8月13日　⑯2012

モリソン, ジョン　Morrison, John　作家　⑮オーストラリア　⑮1904年　⑯1992

モリソン, ジョン　Morrison, John　写真家　⑮アイルランド　⑮1956年　⑯1996

モリソン, デニー　Morrison, Denny　スピードスケート選手　バンクーバー五輪スピードスケート男子団体追い抜き金メダリスト　⑮カナダ　⑮1985年9月8日　⑯2012

モリソン, デービッド　Morrison, David　ジャーナリスト　⑮米国　⑯2000

モリソン, デービッド　Morrison, David J.　経営コンサルタント　マーサー・マネジメント・コンサルティング副会長　⑮米国　⑯2004／2008

モリソン, デルシー・シュラム　Morrison, Delcy Schram　医師　⑯精神神経科学　⑮米国　⑯2008

モリソン, トニ　Morrison, Toni　本名=モリソン, クロウィ・アントニー　旧名=Wofford　作家,編集者　プリンストン大学教授　元・ランダムハウス社文芸編集者　⑮米国　⑮1931年2月18日　⑯1992／1996／2000／2004／2008／2012

モリソン, トミー　Morrison, Tommy　プロボクサー　元・WBO世界ヘビー級チャンピオン　⑮米国　⑮1969年1月2日　⑯2013年9月1日　⑯2000

モリソン, バン　Morrison, Van　ロック歌手　⑮英国　⑮1945年　⑯1996

モリソン, フィリップ・ブレイク　Morrison, Philip Blake　詩人,評論家,エッセイスト　「オブザーバー」編集者　⑮英国　⑮1950年10月8日　⑯1992／2000

モリソン, メアリー　Morrison, Mary C.　著述家　⑮米国　⑯2000

モリタ, エレーヌ　高校教師,翻訳家　⑮フランス　⑯1992／1996

モリタ, ノリユキ・パット　Morita, Noriyuki Pat　本名=Morita, Noriyuki　俳優　⑮米国　⑮1932年6月28日　⑯2005年11月24日　⑯1992／1996

モリタ, フィリスボーナー　森田, フィリス・ボーナー　ピーアンドシーアソシエイツ社長　⑮米国　⑮1957年　⑯1996

モリター, ポール　Molitor, Paul Leo　大リーグ・コーチ,元・大リーグ選手　⑮米国　⑮1956年8月22日　⑯2000／2008

モリタ, リチャード　Morita, Richard H.　実業家,編集者　PMAインターナショナル社長,オリソン・スウェット・マーデン財団理事　⑮1963年　⑯2000

モリック, アカイ　画家　⑮インド　⑯2000

モリッシー　Morrissey　本名=モリッシー, スティーブン・パトリック　旧グループ名=ザ・スミス　ミュージシャン　⑮英国　⑮1959年5月22日　⑯1992／1996／2000／2008／2012

モリッシー, ドナ　Morrissey, Donna　作家　⑮カナダ　⑮1956年

モリッソ・リロイ, ニルヴァ　Morisseau-Leroy, Nirva　コンピューター科学者　海洋大気圏督大学(NOAA)オラクル・データベース管理者,大西洋海洋気象研究所(AOML)ハリケーン研究部門　⑯データベース,情報処理　⑯2004

モーリッツ, チャールズ　Moritz, Charles W.　ダン・アンド・ブラッドストリート・コーポレーション(D&B)会長　⑮米国　⑯1992

モリナ, アレハンドロ　民族解放運動家　プエルトリコ民族解放運動(PNLM)中央委員,プエルトリコ・カルチャーセンター事務局長　⑮プエルトリコ　⑯1992

モリーナ, アンヘラ　Molina, Angela　女優　⑮スペイン　⑮1953年　⑯2000

モリナ, マリオ　Molina, Mario Jose　化学者　マサチューセッツ工科大学教授　⑯フロンガス研究　⑮米国　⑮1943年3月19日　⑯1996／2000／2008／2012

モリーナ, ヤディエル　Molina, Yadier　本名=Molina, Yadier Benjamin　大リーグ選手(捕手)　⑮プエルトリコ　⑮1982年7月13日

モリナーリ, アンナ　Molinari, Anna　ファッションデザイナー　⑮イタリア　⑯2000／2008／2012

モリナリ, スーザン　キャスター,政治家　CBSテレビ・キャスター　元・米国下院議員(共和党)　⑮米国　⑯2000

モリナーリ, マルコ・パオロ　Molinari, Marco Paolo　料理人　ラ・カーサ・ディ・マルコオーナーシェフ　⑮イタリア　⑮1966年　⑯2000／2008／2012

モリナーリ, ロッセッラ・タラビーニ　Molinari, Rossella Tarabini　ファッションデザイナー　⑮イタリア　⑯2000

モリナロ, エドゥアール　Molinaro, Edouard　映画監督　⑮フランス　⑮1928年5月13日　⑯2013年12月7日　⑯2000

モリーニ, エリカ　Morini, Erica　バイオリニスト　⑮米国　⑮1906年1月5日　⑯1995年11月1日　⑯1992

モリモト, アメリア　Morimoto, Ameria　ペルー国立考古文化人類学博物館顧問研究員　⑯歴史学, 人類学, 社会学　⑮ペルー　⑮1949年　⑯1996

モリモト, シゲノリ　森本 重則　ITTフリクト社長　⑮米国　⑯1996

モリモト, リサ　Morimoto, Risa　ドキュメンタリー映画監督　⑮米国　⑯2008／2012

モーリヤック, クロード　Mauriac, Claude　作家,劇作家,評論家　⑮フランス　⑮1914年4月25日　⑯1996年3月22日　⑯1992／1996

モリヤマ, スティーブ　Moriyama, Steve　コンサルタント　⑯2008

モリヤマ, レイモンド　Moriyama, Raymond　日本名=モリヤマ, ジュンイチ　建築家　カナダ日系博物館顧問　⑮カナダ　⑮1929年10月11日　⑯1992／2004／2008／2012

モリーヨ, フアン　Morillo, Juan　大リーグ選手(投手), プロ野球選手　⑮ドミニカ共和国　⑮1983年11月5日　⑯2012

モリーン, カレン　Moline, Karen　作家　⑮米国　⑯2004

モーリン, ジム　Morin, Jim　漫画家　⑮米国　⑮1953年　⑯1996

モリン, デーブ　Morine, Dave　ライター　国米国　著2004

モール, アブラアム　Moles, Abraham A.　美学者,社会心理学者　ストラスブール大学社会心理学教授　国フランス　生1920年8月19日　没1996

モル, クルト　Moll, Kurt　バス歌手　国ドイツ　著2004／2008

モール, ダイアナ　Maul, Diana　実業家　TMIシニア・コンサルタント・副社長　国米国　著2004

モル, ドミニク　Moll, Dominik　映画監督　生1962年　著2004／2008

モル, フィリップ　Moll, Pillip　ピアニスト　国米国　生1943年9月16日　著2000

モルガール, ルー　Mollgaard, Lou　ジャーナリスト,ファッションモデル　著1992／2000

モルガン, ミシェール　Morgan, Michèle　本名＝リュッセル,シモーヌ　女優　国フランス　生1920年2月29日　著1992／1996／2000

モルク, トルルス　Mørk, Truls　本名＝Mørk,Truls Otterbech　チェロ奏者　スタヴァンゲル国際室内楽音楽祭芸術監督　国ノルウェー　生1961年4月25日　著2004／2008／2012

モルグリッジ, ジョン　シスコ社長　国米国　生1933年　著1992

モルグロフ, イーゴリ　Morgulov, Igor V.　外交官　ロシア外務次官(アジア太平洋地域担当)　国ロシア　生1961年5月4日

モルゲンシュテルン, トーマス　Morgenstern, Thomas　スキー選手(ジャンプ)　トリノ五輪・バンクーバー五輪金メダリスト　国オーストリア　生1986年10月30日　著2008／2012

モルゲンステルヌ, スージー　Morgenstern, Susie　作家,イラストレーター　国フランス　生1945年　著2012

モルゲンステルヌ, マドレーヌ　Morgensterne, Madelène　レ・フィルム・デュ・キャロッス代表　国フランス　著1996

モルゲンロート, ハルトムート　Morgenroth, Hartmut　医師　小児科　国ドイツ　生1940年　著2008

モルシ, ムハンマド　Morsi, Muhammad　政治家　元・エジプト大統領,元・エジプト自由公正党党首　国エジプト　生1951年8月8日

モールズワース, カール　Molesworth, Carl　軍事史研究家　国米国　著2004

モルセリ, ヌールディヌ　Morcelli, Noureddine　陸上選手(中距離・長距離)　国アルジェリア　生1970年2月20日　著1992／1996／2000／2008

モルティエ, ジェラール　Mortier, Gérard　オペラ監督　元・パリ・オペラ座総裁,元・ザルツブルク音楽祭総監督・芸術監督,元・ベルギー王立モネ劇場総裁　国ベルギー　生1943年11月25日　没2014年3月8日　著2000／2004／2008／2012

モルティエ, ロラン　Mortier, Roland F.J.　ベルギー自由大学名誉教授　国フランス文学,比較文学　国ベルギー　生1920年12月21日　著1996

モールディン, ビル　Mauldin, Bill　漫画家　国米国　没2003年1月22日　著1996

モールディング, コリン　Moulding, Colin　グループ名＝XTC　ベース奏者　国英国　著2000

モールディング, ピーター　Moulding, Peter　コンピューター技術者　著2004

モルテーニ, コラード　Molteni, Corrad　ボッコーニ商科大学　国日本経済論　国イタリア　生1953年　著1996

モルデハイ, イツハク　Mordechai, Yitzhak　政治家　元・イスラエル副首相・運輸相　国イスラエル　生1944年　著2000／2004

モルドヴァ, ジェルジュ　Moldova, György　作家　国ハンガリー　生1934年　著2000

モルドベアヌ, アリンゲオルゲ　Moldoveanu, Alin George　射撃選手(ライフル)　ロンドン五輪射撃男子エアライフル金メダリスト　国ルーマニア　生1983年5月3日

モルトマン, ユルゲン　Moltman, Jürgen　プロテスタント神学者　元・テュービンゲン大学教授　国ドイツ　生1926年4月8日　著1992／2000

モールトン, アレクサンダー　Moulton, Alexander Eric　通称＝モールトン, アレックス　実業家,技術者　元・アレックス・モールトン社長　国英国　生1920年4月9日　没2012年12月9日　著1996

モルナー, アントン　Molnar, Anton　画家　国ハンガリー　生1957年　著2004

モルナール, マイケル　Molnar, Michael　ロンドン・フロイト記念館館長代行　著2008

モルナール, ヨセフ　Molnar, Josef　ハープ奏者,声楽家(バリトン)　上野学園大学名誉教授　国クラシック音楽,音楽教育　国オーストリア　生1929年9月7日

モルノー, ジャスティン　Morneau, Justin　本名＝Morneau,Justin Ernest George　大リーグ選手(内野手)　国カナダ　生1981年5月15日　著2012(モーノウ, ジャスティン)

モルノス, アンジェラ　Molnos, Angela　心理学者　国ブリーフ・ダイナミック・サイコセラピー　国ハンガリー　生1923年　著2004／2008

モルビデリ, ジャンニ　Morbiderri, Gianni　レーシングドライバー,元・F1ドライバー　国イタリア　生1968年1月13日　著1996／2000

モルフェオ, ドメニコ　Morfeo, Domenico　サッカー選手(MF)　国イタリア　生1976年1月16日　著2008

モルフェッタ, カルロ　Molfetta, Carlo　テコンドー選手　ロンドン五輪テコンドー男子80キロ超級金メダリスト　国イタリア　生1984年2月15日

モルポワ, ジャン・ミシェル　Maulpoix, Jean-Michel　詩人　パリ第10大学教授　国フランス現代文学　国フランス　生1952年11月6日

モルメク, ジャン・マルク　Mormeck, Jean-Marc　プロボクサー　元・WBA・WBC世界クルーザー級チャンピオン　国フランス　生1972年6月3日

モルメンティ, ダニエレ　Molmenti, Daniele　カヌー選手　ロンドン五輪カヌー男子スラローム・カヤックシングル金メダリスト　国イタリア　生1984年8月1日

モルロッティ, ドミニック　Morlotti, Dominique　ファッションデザイナー　ジャンヌ・ランバン・メンズプレタポルテ・デザイナー　国フランス　生1950年　著1992／2000

モレ, マリー・ルイーズ　Mollet, Marie Louise　教師,料理家　国フランス　著2000

モレー, モディカイ　Moreh, Mordecaj　画家,版画家　国イラク　生1937年　著1992／1996

モーレー, ロバート　Morley, Robert　俳優　国英国　生1908年5月26日　没1992年6月3日　著1996(モーリー, ロバート)

モレイラ, アドリアノ　国際政治学者　元・ポルトガル海外領土相　国ポルトガル　生1922年　著2004

モレイラ, マルシリオ・マルケス　Moreira, Marcílio Marques　ブラジル経済相　国ブラジル　生1931年　著1996

モレスキー, ジャンベッペ　Moreschi, GianBeppe　モレスキー社代表　国イタリア　生1934年　著1996

モレスモ, アメリ　Mauresmo, Amélie　元・テニス選手　国フランス　生1979年7月5日　著2000(モーリスモ, アメリー)／2008／2012

モレッツ, クロエ・グレース　Moretz, Chloe Grace　女優　国米国　生1997年　著2012

モレッティ, ジャン・マリ　Moretti, Jean-Marie　イエズス会司祭,科学者　国フランス　著2000

モレッティ, ナンニ　Moretti, Nanni　本名＝Moretti,Giovanni　映画監督　国イタリア　生1953年8月19日　著1992／1996／2004／2008／2012

モレッティ, ファブリツィオ　Moretti, Fabrizio　グループ名＝ストロークス　ミュージシャン　国米国　生1980年6月2日　著2012

モレッティ, フランコ　Moretti, Franco　文芸批評家　ベローナ大学教授　国イタリア　生1950年　著1996

モレッリ, パウロ　Morelli, Paulo　映画監督　国ブラジル　生1956年　著2012

モレニ, ポピー　Moreni, Popy　ファッションデザイナー　国フランス　著2000

モレノ, アンセルモ　Moreno, Anselmo　プロボクサー　WBA世界バンタム級スーパーチャンピオン　国パナマ　生1985年6月28日

モレノ, カルロス・マルティネス　Moreno, Carlos Martínez　作家　国ウルグアイ　生1917年　没1992

モレーノ, シモーネ　歌手　国ブラジル　収1996

モレノ, ハイメ　サッカー選手(FW)　国ボリビア　生1974年1月19日　収2000

モレノ, リタ　Moreno, Rita　本名=Alverio,Rosita Dolores　女優, 歌手, ダンサー　国米国　生1931年12月11日　収1992／1996

モレノ, ロベルト　Moreno, Roberto　レーシングドライバー, 元・F1ドライバー　国ブラジル　生1959年2月11日　収1992／1996／2004／2008

モレノオカンポ, ルイス　Moreno-Ocampo, Luis　検察官　国際刑事裁判所主任検察官　国アルゼンチン　生1953年　収2012

モレーノ・ピーノ, ケニー　Moreno Pino, Kenny　バレーボール選手　国コロンビア　生1979年1月6日　収2008／2012

モレラ, ジョー　Morella, Joe　映画ライター　国米国　収1992

モレリ, アンヌ　Morelli, Anne　歴史学者　ブリュッセル自由大学教授　専歴史批評学, 戦争プロパガンダ　国ベルギー　生1948年　収2004／2008

モレル, スティーブ　Morrell, Steve　コンピューターアナリスト　国英国　収2004

モレル, マーゴ　Morrell, Margot　「史上最強のリーダー シャクルトン」の著者　収2004

モレロ, トム　Merello, Tom　通称=モレロ, トミー　グループ名=レイジ・アゲインスト・ザ・マシーン　ミュージシャン　生1964年　収2004(トム)／2008(トム)／2012

モーレン, ピーター　Moreń, Peter　グループ名=ピーター・ビョーン・アンド・ジョン　ミュージシャン　国スウェーデン　収2008／2012

モレンハウアー, クラウス　Mollenhauer, Klaus　教育学者　元・ゲッティンゲン大学教授　国ドイツ　生1928年10月31日　没1998年　収1996

モレンホフ, クラーク・レイモンド　Mollenhoff, Clark Ramond　ジャーナリスト　国米国　生1921年　収1996

モロー, アーサー　Moreau, Arthur　元・米海軍欧州艦隊司令官, 元・北大西洋条約機構(NATO)南欧軍司令官　国米国　生1986年12月8日　収1992

モロー, エルヴェ　Moreau, Hervé　バレエダンサー　パリ・オペラ座バレエ団エトワール　国フランス　収2008／2012

モーロ, ジム　Mauro, Jim　コンピューター技術者　サン・マイクロシステムズ・シニアエンジニア　収2004

モロー, ジャンヌ　Moreau, Jeanne　女優, 映画監督　国フランス　生1928年1月23日　収1992／1996／2000／2004／2008／2012

モロー, バイバ　Morrow, Baiba　登山家, 著述家　国カナダ　生1955年　収2000

モロー, パトリック　Morrow, Patric　登山家　国カナダ　生1953年　収2000

モロ, ハビエル　Moro, Javier　ライター　国スペイン　生1955年　収2004

モロー, ビル　Morrow, Bill　本名=モロー, ウィリアム　実業家　元・英国ボーダフォン社長, 元・ボーダフォン社長, 元・日本テレコムホールディングス社長　国米国　生1959年7月2日　収2004／2008／2012

モロー, ブラッドフォード　Morrow, Bradford　作家　「コンジャクション」編集者　国米国　生1951年　収1996

モロー, ミシェル　Moreau, Michel　写真家　国フランス　生1942年　収1996

モロー, ロバート　Morrow, Robert D.　作家　国米国　収2000

モロイ, ジョン　Molloy, John T.　著述家, イメージ・コンサルタント　国米国　収2008

モロイ, マイケル　Molloy, Michael　作家　国英国　生1940年12月　収2004

モロイセ, ベンジャミン　Moloise, Benjamin　詩人, 黒人解放運動家　国南アフリカ　没1985年10月18日　収1992

モロジーニ, ピエルマリオ　Morosini, Piermario　サッカー選手　国イタリア　生1986年7月5日　没2012年4月14日

モロジャコフ, ワシーリー　Molodiakov, Vassili　歴史学者　拓殖大学日本文化研究所客員教授　専日本近現代史, 国際関係史　国ロシア　生1968年　収1996

モロ・シール, エドゥアール　Morot-Sir, Édouard　文学者, 哲学者　ノースカロライナ大学教授　生1910年　没2004

モロストーワ, イリーナ　Morostova, Irina　オペラ演出家　ウクライナ国立歌劇場首席演出家　国ロシア　収2000

モロゾフ, イーゴリ　Morozov, Igor　軍事ジャーナリスト　「ペレバール」誌副編集長　国ロシア　生1960年　収1996

モロゾフ, ニコライ　Morozov, Nikolai　フィギュアスケート指導者　生1975年12月17日　収2008／2012

モロゾフ, ミハイル・V.　ジャーナリスト　「コムソモリスカヤ・プラウダ」紙記者　国ロシア　生1957年　収1996

モロッツィ, マッシモ　Morozzi, Massimo　デザイナー　国イタリア　生1941年　収1992

モロドガジエフ, リスベク　Moldogaziev, Rysbek　外交官　駐日キルギス大使　国キルギス　生1969年4月

モロトフ, ヴァチェスラフ　Molotov, Vyacheslav Mikhailovich　本名=Skryabin　政治家　元・ソ連首相・外相　国ソ連　生1890年3月9日　没1986年11月8日　収1992

モロードファルジュ, フィリップ　フランス国際関係研究所所長付特別研究員, フランス外務省顧問, パリ政経学院教授　専国際関係　国フランス　収1992

モロニー, サイモン　モフォシス社CEO　国ドイツ　収2000

モローニ, ティエリー　Moroni, Thierry　エコノコム・インターナショナル代表取締役　国フランス　生1950年　収1992

モローニ, パディ　Moloney, Paddy　グループ名=チーフタンズ　音楽家　国アイルランド　生1938年8月1日　収2000／2008／2012

モロフ, バレンティン　実業家　ビジネス・ブロック設立者, プライベート・ビジネス同盟設立者　国ブルガリア　生1954年　収1992

モーロワ, ピエール　Mauroy, Pierre　政治家　元・フランス首相, 元・フランス社会党第1書記, 元・リール市長　国フランス　生1928年7月5日　没2013年6月7日　収1992／1996／2000

モワザン, ロラン　風刺漫画家　国フランス　生1908年　没1987年2月27日　収1992

モワジ, クロード　ジャーナリスト　元・フランス通信社(AFP)社長　国フランス　生1927年　収1992／1996

モワット, ファーリー　Mowat, Farley McGill　作家, 生物学者　国カナダ　生1921年5月12日　収1992／1996

モワンヌ, フィリップ　Moine, Philippe　ヴィクトル・ユゴー文学記念館館長, デイアログ&コミュニケーション社社長　国フランス　生1947年6月6日　収2000

モン・キ　門騏　文学者　天津社会科学院文学研究所副研究員　国中国　生1943年　収1996

モン・ジー　Meng, Ji　漢字名=夢継　テレビ監督　国中国　生1961年5月20日　収2008／2012

モーン, デリック　Maughan, Deryck C.　実業家　シティグループ・インターナショナル会長・CEO　国米国　生1947年　収1992／1996／2000／2008

モンカーダ, マルタ　版画家　国スペイン　生1961年　収2000

モンク, アート　Monk, Art　元・プロフットボール選手　国米国　生1957年　収1996／2000

モンク, ジェラルド　Monk, Gerald　セラピスト　ワイカト大学カウンセラー教育養成プログラム所長　収2004

モンク, セロニアス　Monk, Thelonious　本名=Monk,Thelonious Sphere　ジャズピアニスト, 作曲家　国米国　生1920年10月10日　没1982年2月17日　収1992

モンク, セロニアス(Jr.)　Monk, Thelonious (Jr.)　ジャズドラマー　国米国　生1949年12月27日　収1996

モンク, メレディス　Monk, Meredith　女優, 作曲家, 演出家, 振付師　国米国　生1942年　収1996／2000

モンク, レイ　Monk, Ray　サウザンプトン大学哲学講師　⑲哲学　⑱英国　⑭1957年　⑰1996

モンクス, ジョン　英国労働組合会議（TUC）書記長　⑱英国　⑭1945年8月　⑰1996

モンクス, フラン　日本漢字能力検定協会ロンドン事務所職員　⑱英国　⑭1970年　⑰1996

モンクス, ロバート　Monks, Robert Augustus Gardner　投資家　インスティチューショナル・シェアホルダー・サービシズ（ISS）創業者　⑱米国　⑰2004

モングッツィ, ブルーノ　Monguzzi, Bruno　グラフィックデザイナー　ルガノ応用美術学校教授　⑱スイス　⑭1941年　⑰1996

モンクルトワ, ドミニク　Moncourtois, Dominique　化粧品開発者, メイクアップアーティスト　元・シャネル・メークアップ・クリエーション・ディレクター　⑱フランス　⑰2004／2008／2012

モンゲラ, ガートルード　国連世界婦人会議事務局長　⑱タンザニア　⑭1945年　⑰1996

モンゴメリー, エリザベス　Montgomery, Elizabeth　女優　⑱米国　⑭1933年4月15日　⑳1995年5月18日　⑰1996

モンゴメリー, コリン　Montgomerie, Colin　プロゴルファー　⑱英国　⑭1963年6月23日　⑰1996／2000／2004／2008／2012

モンゴメリー, ジェフ　Montgomery, Jeff　本名＝Montgomery, Jeffrey Thomas　大リーグ選手（投手）　⑱米国　⑭1962年1月7日　⑰2000

モンゴメリー, ジョン　Montgomery, John　行政学者, 元・軍人　ハーバード大学名誉教授　元・広島市復興顧問　⑱米国　⑰2000

モンゴメリー, ジョン　Montgomery, Jon　スケルトン選手　バンクーバー五輪スケルトン男子金メダリスト　⑱カナダ　⑭1979年5月6日　⑰2012

モンゴメリー, ティム　Montgomery, Tim　元・陸上選手（短距離）　シドニー五輪陸上男子400メートルリレー金メダリスト　⑱米国　⑭1975年1月28日　⑰1996／2000／2004／2008／2012

モンゴメリー, パーシー　Montgomery, Percy　本名＝Montgomery, Percival Colin　元・ラグビー選手　⑱南アフリカ　⑭1974年3月15日

モンコンブル, ジェラール　Moncomble, Gerard　作家, さし絵画家　⑱フランス　⑭1951年3月19日　⑰1996

モンサンジョン, ブルーノ　Monsaingeon, Bruno　映像作家, バイオリニスト　⑱フランス　⑭1943年　⑰1992／2004／2008／2012

モンシバイス, カルロス　Monsiváis, Carlos　作家, ジャーナリスト　⑱メキシコ　⑭1935年　⑰1996

モンジャン, オリヴィエ　Mongin, Olivier　編集者　「エスプリ」編集長, リヨン大学講師　⑱フランス　⑭1951年　⑰2004

モンショー, アマントル　Montsho, Amantle　陸上選手（短距離）　⑱ボツワナ　⑭1983年7月4日

モーンズ, ポール　Mones, Paul　弁護士, 著述家　⑱米国　⑰2000

モンスター　Monster　漢字名＝怪獣　グループ名＝メイデイ　ミュージシャン　⑱台湾　⑭1976年

モンセン, ペール　ジャーナリスト　元・国際新聞編集者協会（IPI）理事　⑱ノルウェー　⑭1985年8月29日　⑰1992

モンソー, モーガン　Monceaux, Morgan　画家, 歌手　⑱米国　⑰2000

モンソド, ソリタ　フィリピン大学経済学部助教授　元・フィリピン経済開発庁長官　⑲経済学　⑱フィリピン　⑰1992

モンソン, カルロス　Monzon, Carlos　プロボクサー　元・世界ミドル級チャンピオン　⑱アルゼンチン　⑭1942年8月7日　⑳1995年1月8日　⑰1992／1996

モンソンヘーフェル, リチャード　Monson-Haefel, Richard　コンピューター技術者　⑰2004

モンダー, レオナルド　Maunder, Leonard　ニューカッスル・アポン・タイン大学工学部機械工学科主任教授　⑲ジャイロスコープの動力学　⑱英国　⑭1927年5月10日　⑰1996

モンタギュー, ダン　Montague, Dan　作家　元・マサチューセッツ港湾局長　⑱米国　⑰2004

モンタギュー, マイケル　モンサント科学技術室研究部長　⑱米国

モンタギュー, マルク・C.E.ファン　フランダース・バイオテクノロジー大学間研究所遺伝学部長, ゲント大学教授　⑲植物分子生物学　⑱ベルギー　⑭1933年11月10日　⑰2000

モンタゼリ, フセイン・アリ　Montazeri, Hussein Ali　イスラム神学者　元・イスラム教シーア派指導者　⑱イラン　⑭1922年　⑳2009年12月20日　⑰1992／1996／2004／2008

モンタナ, クロード　Montana, Claude　ファッションデザイナー　⑱フランス　⑭1946年　⑰1992／1996／2004／2008／2012

モンタナ, ジョー　Montana, Joe　元・プロフットボール選手　⑱米国　⑭1956年6月11日　⑰1992／1996／2000

モンタナーリ, アルマンド　Montanari, Armando　ローマ大学経済学部教授　⑱イタリア　⑭1946年　⑰2000

モンタナーロ, シルバーナ　Montanaro, Silvana Quattrocchi　精神科医　⑲R.A.T.　⑱イタリア　⑰2008

モンタニー, フランク　Montagny, Franck　レーシングドライバー, 元・F1ドライバー　⑱フランス　⑭1978年1月5日　⑰2000／2012

モンタニエ, リュック　Montagnier, Luc Antoine　医学者　世界エイズ予防財団（WFARP）代表, パリ大学名誉教授　⑲腫瘍学, エイズ研究　⑱フランス　⑭1932年8月18日　⑰1992／1996／2000／2008／2012

モンターニャ, エルヴィーノ　Montagna, Elvino　画家　⑱イタリア　⑭1929年　⑰1996

モンターニョ, カイセド　Montaño, Caicedo　本名＝モンターニョ・カイセド, ジョニエル・エスティネル　サッカー選手（MF）　⑱コロンビア　⑭1983年1月14日　⑰2004／2008

モンタネル, ジュゼップ・マリア　建築家　バルセロナ建築学校専任教授　⑱スペイン　⑭1954年　⑰1992

モンタノ, アルド　Montano, Aldo　フェンシング選手（サーブル）　アテネ五輪フェンシング男子サーブル個人金メダリスト　⑱イタリア　⑭1978年11月18日　⑰2008

モンターノ, ジュデス　クレージー・キルト・デザイナー　⑱米国　⑭1945年　⑰1992

モンダビ, マイケル　Mondavi, R.Michael　実業家　ロバート・モンダビ・ワイナリー社長　⑱米国　⑰2000／2004／2012

モンダビ, マーグリット　Mondavi, Margrit　本名＝モンダビ, マーグリット・ビーバー　実業家　ロバート・モンダビ・ワイナリー副社長　⑱米国　⑭1925年　⑰2012

モンダビ, ロバート・ジェラルド　Mondavi, Robert G.　ワイン生産者, 醸造家　元・ロバート・モンダビ・ワイナリー創設者　⑱米国　⑭1913年　⑳2008年5月16日　⑰2004

モンタルド, ジュリアーノ　Montaldo, Giuliano　映画監督, オペラ演出家　⑱イタリア　⑭1930年2月22日　⑰1992

モンタルバノ, W.D.　Montalbano, W.D.　「マイアミ・ヘラルド」紙記者　⑱米国　⑰1992

モンタルバン, ホセ　Montalban, José　画家　⑱スペイン　⑭1927年　⑰1992／1996

モンタルボ, ニウルカ　Montalvo, Niurka　走り幅跳び選手　⑱スペイン　⑭1968年6月4日　⑰2000／2004

モンターレ, エウジェーニオ　Montale, Eugenio　詩人, 批評家　⑱イタリア　⑭1896年10月12日　⑳1981年9月12日　⑰1992

モンタン, イヴ　Montand, Yves　本名＝リヴィ, イヴォ　シャンソン歌手, 俳優　⑱フランス　⑭1921年10月31日　⑳1991年11月9日　⑰1992

モンタンドン, ロジェ　60日間の世界記録で大西洋横断　⑱スイス　⑰2000

モンチ, マリーザ　Monte, Marisa　歌手, 作曲家　⑱ブラジル　⑰2008／2012

モンツローズ, シャロン　Montrose, Sharon　写真家　⑱米国　⑰2004

モンディ, ケネス　Monday, Kenneth　レスリング選手　⑱米国　⑰1992

モンティ, マリオ　Monti, Mario　政治家, 経済学者　イタリア終身上院議員　元・イタリア首相, 元・欧州委員, 元・ボッコーニ大学学

長 [専]金融・財政政策 [国]イタリア [生]1943年3月19日 [典]1996／2000／2012

モンティエ, ニコラ Montier, Nicolas グループ名＝トリオ・コラ ジャズサックス奏者 [国]フランス [典]1996

モンテイエ, ユベール Monteilhet, Hubert ミステリー作家 [国]フランス [生]1928年 [典]1992／1996

モンティエル, フェルナンド Montiel, Fernando プロボクサー 元・WBC・WBO統一世界バンタム級チャンピオン [国]メキシコ [生]1979年3月1日 [典]2012

モンティース, ガレス Monteath, Gareth 英語講師 [国]英国 [典]2004／2008

モンティス, コリー Monteith, Cory 本名＝Monteith,Cory Allan Michael 俳優 [国]カナダ [生]1982年5月11日 [没]2013年7月13日

モンティーユ, カロル Montillet-Carles, Carole スキー選手（アルペン） [国]フランス [生]1973年4月7日 [典]2004

モンティラー, D. Montaillier, D. 画家 [国]フランス [生]1946年 [典]1992

モンテイロ, アントニオ Monteiro, Antonio Manuel Mascarenhas 政治家,法律家 元・カボベルデ大統領 [国]カボベルデ [生]1944年2月16日 [典]1992／1996／2004／2008

モンテイロ, ヴァルシル Monteiro, Walcyr 文化人類学者 [専]アマゾン文化 [国]ブラジル [生]1940年 [典]2008

モンデシー, ラウル Mondesi, Raul Ramon 大リーグ選手（外野手） [国]ドミニカ [生]1971年3月12日 [典]1996／2000／2004／2008

モンテシノス, ブラディミロ 元・軍人 元・ペルー国家情報局（SIN）顧問 [国]ペルー [典]2000／2004／2008

モンテゼモーロ, ルカ・コルデロ・ディ Montezemolo, Luca Cordero di 実業家 フェラーリ会長 [国]イタリア [生]1947年8月 [典]1996／2012

モンテッソリ, レニルデ Montessori, Renilde 教育家 国際モンテッソリ協会事務局長 [専]モンテッソリ教育 [典]2004

モンテラ, ヴィンツェンツォ Montella, Vincenzo サッカー監督,元・サッカー選手 [国]イタリア [生]1974年6月18日 [典]2004／2008／2012

モンテラ, クリスチャン・ド Montella, Christian de 作家,翻訳家 [国]フランス [生]1958年 [典]1996

モンテリオン, ジェームズ Monteleone, James A. 医学者 セントルイス大学医学部小児科産婦人科教授 [専]小児内分泌学 [国]米国 [典]2004／2008

モンデール, ウォルター Mondale, Walter Frederick 弁護士,政治家 元・米国副大統領,元・駐日米国大使 [国]米国 [生]1928年1月5日 [典]1992／1996／2000／2004／2008／2012

モンデール, エレノア Mondale, Eleanor モンデール元米国副大統領の長女 [国]米国 [生]1960年1月19日 [没]2011年9月17日

モンデール, ジョーン・アダムス Mondale, Joan Adams モンデール元駐日米国大使夫人 [国]米国 [生]1930年8月8日 [典]1996／2000

モンテルオーニ, トーマス Monteleone, Thomas F. 作家 [生]1946年 [典]2000

モンテーロ, パオロ Montero, Paolo 本名＝モンテーロ, パオロ・イグレシアス サッカー選手（DF） [国]ウルグアイ [生]1971年9月3日 [典]2008

モンテローザ, ロナウド Monterosa, Ronald ブラジル政府観光公社総裁 [国]ブラジル [典]1992

モンテローズ, J.R. Monterose, J.R. 本名＝モンテローズ, フランク・アンソニー,Jr. テナーサックス奏者 [国]米国 [生]1927年1月9日 [典]2000

モントゴメリー, J.D. バイトクラフト社国際部長 [国]オーストラリア [典]1996

モントヤ, カルロス Montoya, Carlos フラメンコ・ギタリスト,作曲家 [国]米国 [生]1903年12月13日 [没]1993年3月3日 [典]1992／1996

モントーヤ, ファン Montoya, Juan 本名＝モントーヤ, ファン・パブロ レーシングドライバー,元・F1ドライバー [国]コロンビア [生]1975年9月20日 [典]2004／2008／2012

モントリ・シヨン Montri Sriyong 詩人 [国]タイ [典]2008／2012

モントリュー, テテ Montoliu, Tete 本名＝モントリュー, ヴィンセント ジャズピアニスト [国]スペイン [生]1933年3月28日 [典]1992

モンナ, A.F. Monna, A.F. ユトレヒト大学名誉教授 [専]数学史 [国]オランダ [典]1996

モンパー, ワルター 政治家 旧西ベルリン市長 元・西ドイツ連邦参議院議長 [国]ドイツ [生]1945年2月 [典]1992

モンハイト, ジェーン Monheit, Jane ジャズ歌手 [国]米国 [生]1977年11月3日 [典]2004／2012

モンピエ, ハイラ Monpie, Haila 歌手 [国]キューバ [典]2004

モンフェラン, ベルナール・ド Montferrand, Bernard de 外交官 元・駐日フランス大使 [国]フランス [生]1945年8月6日 [典]2004／2008／2012

モンフォート, チャールズ Monfort, Charles K. 通称＝モンフォート, ディック ロッキーズ・オーナー [国]米国 [生]1959年10月30日 [典]2012

モンプレイジア, ジェラルド Momplaisir, Gerald P. コンピュータープログラマー・コンサルタント 海洋大気圏監督大学（NOAA）環境調査研究機関コンピューターサービス部門ディレクター,Datai Inc.共同創立者・主任コンサルタント [典]2004

モンフロワ, ジャン・ジル Monfroy, Jean-Gilles 本名＝ジルモン, ジャン・フランソワ 歴史家 ルーバン・ラ・ヌーブ大学哲学文学部教授 [専]書物史 [国]ベルギー [生]1934年 [典]2000

モンヘ, アルベルト Monge Alvarez, Luis Alberto 政治家 元・コスタリカ大統領 [国]コスタリカ [生]1925年12月29日 [典]1992／2004／2008

モンポウ, フェデリコ Mompou, Federico 作曲家 [国]スペイン [生]1893年4月16日 [没]1987年6月30日 [典]1992

モンロー, クリス Monroe, Chris イラストレーター,漫画家 [国]米国 [典]2004

モンロー, スチュアート 元・東芝バロティーニ代表取締役,元・（社）江の島ヨットクラブ理事 [没]1987年1月3日 [典]1992

モンロー, スティーブ Monroe, Steve 作家,不動産仲介業者,元・記者 [国]米国 [生]1961年 [典]2004

モンロー, デービッド・A. 環境問題研究家 新世界環境保全戦略プロジェクトディレクター [国]カナダ [生]1923年 [典]1996

モンロー, ビル Monroe, Bill 本名＝モンロー, ウィリアム 旧グループ名＝ブルーグラス・ボーイズ カントリー歌手,フラット・マンドリン奏者,作詞・作曲家 [国]米国 [生]1911年9月13日 [没]1996年9月9日 [典]1992

モンロー, マット 歌手 [国]英国 [没]1985年2月7日 [典]1992

モンロー, メアリー・アリス Monroe, Mary Alice フリーライター,作家 [国]米国 [典]2008

モンロー, ロビン Monro, Robin ヨーガ・セラピスト ヨーガ・バイオメディカル財団（YBT）理事長 [専]ホリスティック医学 [国]英国 [典]2004

モンロイ, バート Monroy, Bert 写真家 [国]米国 [典]2000

モンローデービス, ロビン 実業家 フィッチIBCA・CEO [国]英国 [生]1940年 [典]2000

【ヤ】

ヤアロン, モシェ Ya'alon, Moshe 政治家,元・軍人 イスラエル首相代理・戦略担当相 元・イスラエル軍参謀総長 [国]イスラエル [生]1950年6月24日 [典]2012

ヤイター, クレイトン Yeutter, Clayton Keith 弁護士 元・米国農務長官・通商代表部（USTR）代表 [国]米国 [生]1930年12月10日 [典]1992／1996

ヤイノティス, スピルドン Gianniotis, Spyridon 水泳選手（オープン・ウオーター） [国]ギリシャ [生]1980年2月19日

ヤイリ, エフド Yairi, Ehud 言語病理学者 イリノイ大学名誉教授 [専]吃音治療 [国]米国 [典]2008／2012

ヤ

ヤインドル, フォルカー　Jaindl, Volker A.　元・オーストリア政府観光局東京事務局長　[国]オーストリア　[生]1942年8月18日　[典]1992／2004／2008／2012

ヤウク, アダム　Yauch, Adam　芸名=MCA　グループ名=ビースティ・ボーイズ　ミュージシャン　[国]米国　[生]1964年8月5日　[没]2012年5月4日　[典]2008（MCA）

ヤウス, ハンス・ローベルト　Jauss, Hans Robert　コンスタンツ大学名誉教授　[専]文学史, 文学理論　[国]ドイツ　[生]1921年　[典]1996

ヤウヒ, U.P.　Jauch, Ursula Pia　哲学者　チューリヒ大学哲学・文化史科教授　[生]1959年　[典]2008

ヤウマン, ベルンハルト　Jaumann, Bernhard　作家　[国]ドイツ　[生]1957年　[典]2012

ヤヴリンスキー, グリゴリー　Yavlinskii, Grigorii Alekseevich　政治家, 経済学者　経済政治研究センター（EPIセンター）所長　元・ヤブロコ代表, 元・ロシア下院議員, 元・ロシア共和国副首相　[国]ロシア　[生]1952年4月10日　[典]1992（ヤブリンスキー, グリゴリー）／1996（ヤブリンスキー, グリゴリー）／2000／2004／2008／2012

ヤオ・ウェイ　Yao, Wei　バレリーナ　デンマーク・ロイヤル・バレエ団プリンシパル　[国]中国　[生]1984年3月1日　[典]2004／2008／2012

ヤオ, シントゥン　Yau, Shing-tung　中国名=丘成桐　数学者　スタンフォード大学教授, プリンストン高等研究所教授　[国]中国　[生]1949年4月4日　[典]1992／1996

ヤオ・ユアンハオ　旧名=鄧詠麟　俳優　[国]台湾　[生]1982年　[典]2004／2008

ヤーカー, コリン　アイ・ビィ・ビィ社長　[国]英国　[生]1950年　[典]2000

ヤーガー, ダーク　実業家　元・プロクター・アンド・ギャンブル会長・CEO　[国]米国　[典]1992／2004

ヤーガー, ヤロミール　Jágr, Jaromír　アイスホッケー選手（FW）　長野五輪アイスホッケー男子金メダリスト　[国]チェコ　[生]1972年2月15日　[典]2000／2004／2008／2012

ヤカリス, ジョン　Yacalis, John A.　経営コンサルタント　E.W.I.S（イースト・ウェスト・インフォメーション・サービス）代表取締役　[国]米国　[生]1952年　[典]1996

ヤカール, ラッシェル　Yakar, Rachel　ソプラノ歌手　パリ国立高等音楽院教授, ベルサイユ・バロック・オペラ・ステュディオ主宰者　[国]フランス　[生]1938年3月3日　[典]2000

ヤギ, ダリル　スクールカウンセラー　カリフォルニアカウンセリング発達協会（CACD）会長　[国]米国　[典]2000

ヤーキズ, レスリー　Yerkes, Leslie　経営コンサルタント　[典]2004

ヤーギン, ダニエル　Yergin, Daniel A.　ノンフィクション作家　ケンブリッジ・エネルギー・リサーチ・アソシエーツ（CERA）会長　[専]石油問題, 国際政治, エネルギー問題　[国]米国　[生]1947年2月6日　[典]1992／1996／2000／2008／2012

ヤキン, ムラト　Yakin, Murat　サッカー選手（MF）　[国]スイス　[生]1974年9月15日　[典]2000

ヤグェーロ, マリナ　Yaguello, Marina　パリ第7大学言語学部門　[専]言語学　[国]フランス　[生]1944年　[典]1992／1996

ヤクシキン, ドミトリー　Yakushkin, Domitrii　ジャーナリスト　元・ロシア大統領報道官　[国]ロシア　[生]1957年2月2日　[典]2000

ヤグディン, アレクセイ　Yagudin, Alexei　元・フィギュアスケート選手　[国]ロシア　[生]1980年3月18日　[典]2004／2008

ヤクトーヴィチ, オリガ　Jakutovich, Olga　画家　[国]ウクライナ　[典]2000

ヤクーブ, マグディ　Yacoub, Magdi　ヘアーフィールド病院心臓外科部長, ロンドン大学教授　[専]心臓移植　[国]エジプト　[典]1992

ヤーグラン, トールビョルン　Jagland, Thorbjørn　政治家　ノーベル賞委員会委員長, 欧州評議会事務総長　元・ノルウェー首相　[国]ノルウェー　[生]1950年11月5日　[典]2000（ヤーグラント, トールビョルン）／2012

ヤケシュ, ミロシュ　Jakeš, Miroš　政治家　元・チェコスロバキア共産党書記長　[国]チェコスロバキア　[生]1922年8月12日　[典]1992／1996

ヤゲーロ, マリナ　Yaguello, Marina　言語学者　[国]フランス　[生]1944年　[典]2000

ヤコヴレフ, アレクサンドル　Yakovlev, Aleksandr Nikolaevich　政治家　元・ソ連共産党政治局員, 元・ロシア社会民主党党首　[国]ロシア　[生]1923年12月2日　[没]2005年10月18日　[典]1992（ヤコブレフ, アレクサンドル）／1996（ヤコブレフ, アレクサンドル）／2000／2004

ヤコヴレフ, アレクサンドル　Yakovlev, Aleksandr Sergeevich　航空機設計技師　[国]ソ連　[生]1906年4月1日　[没]1989年8月22日　[典]1992（ヤコブレフ, アレクサンドル）

ヤコヴレフ, ウラジーミル　Yakovlev, Vladimir　ジャーナリスト　「コメルサント」紙編集長　[国]ソ連　[生]1959年　[典]1992（ヤコブレフ, ウラジーミル）／1996（ヤコブレフ, ウラジーミル）

ヤコヴレフ, エゴール　Yakovlev, Egor Vladimirovich　ジャーナリスト　元・「モスクワ・ニュース」編集長　[国]ロシア　[生]1930年　[没]2005年9月18日　[典]1992（ヤコブレフ, エゴール）／1996（ヤコブレフ, エゴール）

ヤコヴレフ, ユーリー　Yakovlev, Yurii Yakovlevich　児童文学作家　サマンサ・スミス記念児童外交センター所長　[国]ロシア　[生]1922年　[典]1992（ヤコブレフ, ユーリー）／1996（ヤコブレフ, ユーリー）

ヤコカ, ミシェレ　Iacocca, Michele　絵本作家　[国]ブラジル　[典]2004

ヤコカ, リリアナ　Iacocca, Liliana　絵本作家　[国]ブラジル　[典]2004

ヤコジスツ, ミヒャエル　射撃選手　[国]ドイツ　[典]1996

ヤコービ, シュテファン　実業家　ミツビシ・モータース・ヨーロッパ社長・CEO　[国]ドイツ　[典]2004／2008

ヤコビー, マリオ　Jacoby, Mario　医師　C.G.ユング研究所訓練分析家　[専]分析心理学　[国]スイス　[生]1925年　[典]1992／2000

ヤコブ, タラト　元・パレスチナ解放戦線（PLF）議長　[没]1988年11月17日　[典]1992

ヤコブ, タン・スリ　軍人　マレーア国軍司令官代理・陸軍司令官　[国]マレーシア　[生]1935年　[典]1996

ヤコブ, テュック　Jacob, Teuku　人類学者　ガジャマダ大学生物人類学古人類学研究所所長　[専]ジャワ原人　[国]インドネシア　[生]1929年　[典]2000

ヤコブ, ボリス　Jacob, Boris　カーデザイナー　フォード・デザイン部門スタジオマネージャー　[国]ドイツ　[生]1967年　[典]2004

ヤーコブ, ミヒャエル　Jakob, Michael　「Comparison」主宰者　[専]比較文学　[生]1959年　[典]2000

ヤコブス, アドリアヌス・ヘラドゥス　Jacobs, Adrianus Gerardus　実業家　元・INGグループ会長　[国]オランダ　[生]1936年5月28日　[典]2000

ヤーコプス, ウナ　Jacobs, Una　生物学者, 絵本作家　[国]ドイツ　[生]1934年　[典]1996／2000

ヤコプス, マルコ　Jacobs, Marco　ボブスレー選手　[国]ドイツ　[生]1974年5月30日　[典]2000

ヤーコプス, ルネ　Jacobs, René　指揮者, 元・カウンター・テナー歌手　[国]ベルギー　[生]1946年10月30日　[典]1996／2012

ヤコブセン, クラウス　ラジオメータートレーディング・マーケティングマネジャー　[国]デンマーク　[生]1960年　[典]2000

ヤコブセン, ハンス・アドルフ　Jacobsen, Hans-Adolf　政治学者　ボン大学名誉教授　[専]現代ドイツ政治, 東欧・旧ソ連問題, 安全保障　[国]ドイツ　[生]1925年11月16日　[典]1992／1996／2000

ヤコブセン, フォルカー　Jacobsen, Volker　グループ名=アルテミス・クァルテット　ビオラ奏者　[国]ドイツ　[生]1970年　[典]2004

ヤコブセン, ミキ　Jacobsen, Miki　イラストレーター　[国]デンマーク　[生]1965年　[典]1996

ヤコブセン, ヨーン　映画プロデューサー　[国]ノルウェー　[生]1945年　[典]1992

ヤコブソン, イバー　Jacobson, Ivar　コンピューター技術者　レーショナル・ソフトウェア・プロセスストラテジー担当副社長　[国]米国　[典]2004

ヤコブソン, ハワード　Jacobson, Howard　作家, 評論家　[生]1942年　[典]2004

ヤコブソン, フレドリク　Jacobson, Fredrik　プロゴルファー　[国]ス

ウェーデン ⓑ1974年9月26日 ⓜ2008

ヤコブソン, マックス Jakobson, Max 国際問題研究家 元・国連フィンランド大使 ⓒフィンランド ⓑ1923年 ⓜ1992

ヤコブソン, ユハン Jakobson, Juhan 北欧ユーラシア研究所設立者 ⓒ北欧神秘学 ⓒスウェーデン ⓑ1942年 ⓜ2000

ヤコブソン, ロマーン Jakobson, Roman Osipovich 言語学者, 文芸評論家 元・ハーバード大学教授 ⓒ米国 ⓑ1896年10月11日 ⓓ1982年7月18日 ⓜ1992

ヤコブ・ユソフ, ハジ センチュリー証券取締役 ⓒブルネイ ⓜ2000

ヤコブレフ, ウラジーミル Yakovlev, Vladimir A. 政治家 元・ロシア副首相, 元・サンクトペテルブルク市長 ⓒロシア ⓑ1944年11月25日 ⓜ2000／2004／2008／2012

ヤコペッティ, グアルティエロ Jacopetti, Gualtiero 映画監督 ⓒイタリア ⓑ1919年9月4日 ⓓ2011年8月17日 ⓜ1992

ヤサカ, ウィルソン・ジュンイチロウ 薬学者 サンパウロ総合大学薬理学部生化学研究所教授・医療テクノロジー開発センター総支配人 ⓒブラジル ⓑ1948年7月 ⓜ2004／2008

ヤシオ, グレース Yashio, Grace 米国内国歳入庁東京事務所長補佐官 ⓒ米国 ⓜ1992

ヤシーヌ, カテブ Yacine, Kateb 詩人, 作家, 劇作家 ⓒアルジェリア ⓑ1929年 ⓓ1989年10月28日 ⓜ1992

ヤシャル・ケマル Yaşar Kemal 本名＝ケマル・サドク・ギョクチェリ 作家, ジャーナリスト ⓒトルコ ⓑ1922年 ⓜ1992／1996

ヤシルド, ペール・クリスチャン Jersild, Per Christian 作家 ⓒスウェーデン ⓑ1935年 ⓜ1996

ヤシン, H.B. Jassin, Hans Bague 文芸批評家 ⓒインドネシア ⓑ1917年 ⓜ1992

ヤシン, アハメド Yassin, Ahmed イスラム教導師 元・ハマス創設者 ⓒパレスチナ ⓑ1938年 ⓓ2004年3月22日 ⓜ1996／2000／2004

ヤシン, アレクセイ Yashin, Alexei 元・アイスホッケー選手 長野五輪アイスホッケー男子銀メダリスト ⓒロシア ⓑ1973年11月5日 ⓜ2000／2004／2008

ヤーシン, エフゲニー Yashin, Evgenii G. 経済学者, 政治家 ロシア経済大学学長 元・ロシア経済相 ⓒロシア ⓑ1934年 ⓜ1996／2000／2008

ヤシン, レフ Yashin, Lev 本名＝ヤシン, レフ・イヴァノビッチ サッカー選手 ⓒソ連 ⓑ1929年10月22日 ⓓ1990年3月21日 ⓜ1992

ヤスイ, ミノル Yasui, Minoru 弁護士 ⓒ米国 ⓓ1986年11月13日 ⓜ1992

ヤスカワ, ロジャー 安川, ロジャー Yasukawa, Roger レーシングドライバー ⓒ米国 ⓑ1977年10月10日 ⓜ2012

ヤスダ, キャシー Yasuda, Cathy 実業家 ライフメディアCEO ⓒ米国 ⓜ2004

ヤズディ, モハマド Yazdi, Mohhamad 元・イラン司法府代表 ⓒイラン ⓑ1931年 ⓜ1992／1996／2000

ヤストルジェムブスキー, セルゲイ Yastrzhembskii, Sergei Vladimirovich 外交官 元・ロシア大統領報道官・大統領府副長官 ⓒロシア ⓑ1953年12月4日 ⓜ2000

ヤストレムスキー, カール Yastrzemski, Carl 本名＝Yastrzemski, Carl Michael 元・大リーグ選手 ⓒ米国 ⓑ1939年8月22日 ⓜ1992

ヤストロウ, シェルビー Yastrow, Shelby ミステリー作家, 弁護士 マクドナルド法務担当上席副社長 ⓒ米国 ⓜ2000

ヤズミーン Yasmeen 本名＝スリーマン, ヤズミーン 歌手 ⓒ米国 ⓜ2004

ヤゾフ, ドミトリー Yazov, Dmitrii Timofeevich 政治家, 軍人 ロシア国防省軍事顧問 元・ソ連国防相 ⓒロシア ⓑ1923年11月8日 ⓜ1992／1996／2004／2008

ヤダブ, ラム・バラン Yadav, Ram Baran 政治家, 医師 ネパール大統領(初代) ⓒネパール ⓑ1948年2月4日 ⓜ2012

ヤッカリーノ, ダン Yaccarino, Dan 絵本作家, イラストレーター ⓒ米国 ⓑ1965年 ⓜ2004／2008

ヤッゲ, フィン・クリスチャン Jagge, Finn Christian 元・スキー選手(アルペン) ⓒノルウェー ⓑ1966年4月4日 ⓜ1996／2000／2004

ヤツコ, パメラ Yatsko, Pamela ジャーナリスト ⓒ米国 ⓑ1963年 ⓜ2004／2008

ヤット YAT 本名＝張少逸 ファッションデザイナー ⓒ香港 ⓑ1965年 ⓜ1996

ヤップ, マイケル 実業家 コマース・エクスチェンジCEO 元・シンガポール国家コンピュータ庁(NCB)長官 ⓒシンガポール ⓜ2004

ヤップ, リン Yap, Lynn 風水師 ⓒシンガポール ⓜ2004／2008

ヤッフェ, ジェームズ Yaffe, James 作家 ⓒ米国 ⓑ1927年 ⓜ1992／1996

ヤディン, イガエル Yadin, Yigael 考古学者, 政治家 元・イスラエル副首相 ⓒイスラエル ⓑ1917年 ⓓ1984年6月28日 ⓜ1992

ヤーデニ, エドワード Yardeni, Edward E. エコノミスト C.D.ローレンス社取締役・チーフエコノミスト ⓒ米国 ⓜ1992

ヤーテーンマキ, アネリ Jäätteenmäki, Anneli Tuulikki 政治家, 弁護士 元・フィンランド首相 ⓒフィンランド ⓑ1955年2月11日 ⓜ2004／2008／2012

ヤドランカ Jadranka 本名＝ストヤコヴィッチ, ヤドランカ 歌手, サズ奏者 ⓒボスニア・ヘルツェゴビナ ⓑ1950年7月24日 ⓜ1992(ストヤコビッチ, ヤドランカ)／1996／2000／2004／2012

ヤトリ Yatori 東洋哲学研究者 ⓑ1936年 ⓜ1992

ヤードリー, キャシー Yardley, Cathy 「背徳のレシピ」の著者 ⓜ2008

ヤナーエフ, ゲンナジー Yanaev, Gennadii Ivanovich 政治家 元・ソ連副大統領 ⓒロシア ⓑ1937年8月26日 ⓓ2010年9月24日 ⓜ1992／1996／2000

ヤナーク, イグナーツ Janák, Ignác 政治家 チェコスロバキア共産党幹部会員, スロバキア共産党第1書記 ⓒチェコスロバキア ⓑ1930年10月4日 ⓜ1992

ヤニー Yanni 本名＝キリソマス, ヤンニ シンセサイザー奏者 ⓒギリシア ⓑ1954年11月14日 ⓜ1992／1996／2000

ヤニグロ, アントニオ Janigro, Antonio チェロ奏者, 指揮者 元・ザグレブ室内合奏団指揮者・独奏者 ⓒイタリア ⓑ1918年1月21日 ⓓ1989年5月1日 ⓜ1992

ヤニツ, ナターシャ Janics, Natasa 本名＝Douchev-Janics, Natasa カヌー選手(カヤック) アテネ五輪・北京五輪カヌー女子カヤックペア500メートル金メダリスト ⓒハンガリー ⓑ1982年6月24日 ⓜ2008／2012

ヤニッヒ, ペーター Janich, Peter 自然科学者 マールブルク大学教授 ⓑ1942年 ⓜ2000

ヤニューシェフ, フョードル 政治家 セベロクリリスク市長 ⓒロシア ⓜ2000

ヤニロブ, エヤル Yanilov, Eyal クラブマガインストラクター クラブマガ国際スクール校長 ⓑ1959年 ⓜ2004

ヤーヌ, ニルス Jerne, Niels Kaj 免疫学者 元・バーゼル免疫学研究所所長 ⓒデンマーク ⓑ1911年12月23日 ⓓ1994年10月7日 ⓜ1992／1996

ヤヌコヴィッチ, ヴィクトル Yanukovych, Viktor Fedorovych 政治家 ウクライナ大統領 元・ウクライナ首相 ⓒウクライナ ⓑ1950年7月9日 ⓜ2008／2012

ヤヌザイ, アドナン Januzaj, Adnan サッカー選手(MF) ⓒベルギー ⓑ1995年2月5日

ヤヌシャック, バルデマー Januszczak, Waldemar 美術評論家 ⓒ英国 ⓜ2000

ヤヌス, グレタ Janus, Grete 作家, 著述家, 翻訳家 ⓒデンマーク ⓑ1915年 ⓜ2000

ヤネス, アグスティン・ディアス Yanes, Agustin Diaz 映画監督, 脚本家 ⓒスペイン ⓑ1950年 ⓜ2004／2008

ヤーネス, ヘスウス Yanes, Jesus ヤーネス社社長, スペイン時計宝飾銀器小売店業会長 ⓒスペイン ⓑ1934年 ⓜ1992

ヤネス, ルイス　Yanez, Luis　プロボクサー　国米国　生1988年10月25日

ヤノヴィッツ, グンドゥラ　Janowitz, Gundula　オペラ歌手・監督　オーストリア宮廷歌手　職ソプラノ　国オーストリア　生1937年8月2日　典1992(ヤノビッツ, グンドゥラ)

ヤーノシュ　Janosch　本名＝エッカート,ホルスト　絵本作家　国ドイツ　生1931年3月11日　典1996／2000／2004

ヤーノフ, アレクサンドル　Yanov, Alexander　政治学者　ニューヨーク市立大学教授　国米国　生1931年　典1996／2000

ヤノフスキー, スラフ　本名＝ヤノフスキー,ヴャチェスラフ　プロボクサー　日本ジュニアウエルター級チャンピオン　国ベラルーシ　生1957年2月8日　典1992

ヤノフスキ, マレク　Janowski, Marek　指揮者　スイス・ロマンド管弦楽団芸術・音楽監督　国ドイツ　生1939年2月18日　典2000／2008／2012

ヤーノルド, エリザベス　スケルトン選手　ソチ五輪スケルトン女子金メダリスト　国英国

ヤハンバイ, H.　Ykhanbai, Hijaba　経済学者　モンゴル自然環境省戦略管理計画部長　職環境経済学　国モンゴル　生1954年　典2004

ヤービー, フランク　Yerby, Frank　作家　国米国　生1916年　没1991年11月29日　典1992

ヤヒア・カーン, A.　Yahya Khān, Agha Mohammed　軍人,政治家　元・パキスタン大統領　国パキスタン　生1917年2月4日　没1980年8月9日　典1992

ヤヒヤガ, アティフェテ　Jahjaga, Atifete　政治家　コソボ大統領　国コソボ　生1975年4月20日　典2012

ヤブオニスキ, ヘンリク　Jaboński, Henryk　政治家,歴史家　元・ポーランド国家評議会議長(元首),元・ワルシャワ大学教授　国ポーランド　生1909年12月27日　没2003年1月28日　典1992

ヤフマー, カリム　Yaghmour, Karim　実業家　Opersys社長　典2008

ヤーブロー, エマニュエル　相撲選手　国米国　生1964年9月6日　典1996

ヤーブロウ, スティーブ　Yarbrougt, Steve　作家　国米国　生1958年　典2004

ヤブロコフ, アレクセイ　Yablokov, Aleksei　生物学者　ロシア安全保障会議環境委員長,ロシア環境政策センター代表　職海洋ほ乳類　国ロシア　生1933年　典2000

ヤブロンスカヤ, オクサナ　Yablonskaya, Oksana　ピアニスト　国米国　生1942年　典1996

ヤブロンスキー, ペーテル　Jablonski, Peter　ピアニスト　国スウェーデン　生1971年2月　典1996／2000／2004／2012

ヤブロンスキー, ルイス　Yablonsky, Lewis　カリフォルニア州立大学ノースリッジ校教授　職心理学　国米国　典1996

ヤホダ, グスタフ　Jahoda, Gustav　心理学者,社会心理学者　ストラスクライド大学名誉教授　職異文化間心理学　国英国　生1920年10月11日　典1996

ヤマウチ, エミ　Yamauchi, Emi Linn　外交官　在日米国大使館報道統括部長・報道官　国米国　生1954年　典1996

ヤマウチ, マーラ　Yamauchi, Mara　旧名＝Myers　元・マラソン選手　国英国　生1971年8月13日　典2012

ヤマウチ, ワカコ　Yamauchi, Wakako　旧名＝ナカムラ,ワカコ　日本名＝山内和歌子　作家　国米国　生1924年　典2004／2008

ヤマグチ, クリスティ　Yamaguchi, Kristi　フィギュアスケート選手　国米国　生1971年7月12日　典1992／1996／2000

ヤマザキ, ジェームズ・ノブオ　Yamazaki, James Nobuo　カリフォルニア大学ロサンゼルス校医学部教授　職放射能障害　国米国　生1916年　典2000

ヤマザキ, ジョン・ミサオ　Yamazaki, John Misao　宗教家　国米国　生1985年3月8日　典1992

ヤマサキ, チヅカ　Yamasaki, Tizuka　漢字名＝山崎千津香　映画監督　国ブラジル　生1949年5月2日　典1992／1996

ヤマサキ, ミノル　Yamasaki, Minoru　建築家　国米国　生1912年　没1986年2月6日　典1992

ヤマシタ, アイリス　Yamashita, Iris　脚本家　国米国　典2008／2012

ヤマシタ, カレン・テイ　作家　国米国　典1996

ヤマシタ, マイケル　Yamashita, Michael　ライター,写真家　国米国　典2004／2008

ヤマダ, ミツエ　Yamada, Mitsuye　詩人　国米国　典2008

ヤマニ, アハメド・ザキ　Yamani, Ahmed Zaki　政治家　世界エネルギー研究センター理事長　元・サウジアラビア石油相　国サウジアラビア　生1930年　典1992／1996／2000／2004

ヤマニタ, ディッタ　Yamanita, Ditta　バンド名＝H.I.T.　歌手　国インドネシア　生1971年　典1996

ヤマモト, ドナルド・ユキオ　外交官　元・在福岡米国領事館首席領事　国米国　典2004

ヤマモト・マークツヨシ　山本 マーク豪　元・ヴァージンシネマズジャパン社長　国米国　生1967年　典2000／2004

ヤミン, エリオット　Yamin, Elliott　歌手　国米国　典2012

ヤムニャヌ, コフィ　政治家　フランス閣外相(社会問題・移民統合担当)　国フランス　典1992／1996

ヤラ, クンバ　Yalá, Kumba　政治家　元・ギニアビサウ大統領　国ギニアビサウ　生1954年　典2004／2008

ヤーライ, ジグモンド　Jarai, Zsigmond　銀行家,政治家　元・ハンガリー国立銀行総裁,元・ハンガリー蔵相　国ハンガリー　生1951年12月29日　典2004／2012

ヤラドゥア, ウマル　Yar'Adua, Umaru　本名＝ヤラドゥア,ウマル・ムサ　政治家　元・ナイジェリア大統領　国ナイジェリア　生1951年8月16日　没2010年5月5日　典2008(ヤルアドゥア, ウマル)

ヤリブ, アハロン　Yariv, Aharon　軍人,政治家　元・テルアビブ大学戦略研究所所長,元・イスラエル情報相,元・イスラエル国防軍情報部長　国イスラエル　生1920年　没1994年5月8日　典1992

ヤリーブ, アムノン　Yariv, Amnon　物理学者　カリフォルニア工科大学教授　職量子工学,光量子エレクトロニクス　典2004

ヤリョメンコ, ユーリー　Yaremenko, Yurii Vasilievich　経済学者　元・ソ連科学アカデミー国民経済予測研究所所長　職ソ連経済　国ロシア　生1935年8月8日　没1996年9月18日　典1992／1996

ヤーリン, アレクサンドル　Yarin, Alexander A.　ソ連貿易コンサルタント　職経営システムの経済計算モデル,資源プランニング　生1946年　典1992

ヤーリン, ヴェニアミン　Yarin, Veniamin　ソ連人民代議員　元・ソ連大統領会議メンバー　国ソ連　生1940年　典1992／1996

ヤリング, グンナー　Jarring, Gunnar Valfrid　外交官,言語学者　国スウェーデン　生1907年10月12日　没2002年5月29日　典1992／1996

ヤルヴィ, ネーメ　Järvi, Neeme　指揮者　元・ニュージャージー交響楽団音楽監督,元・デトロイト交響楽団音楽監督,元・イェーテボリ交響楽団首席指揮者　国エストニア　生1937年6月7日　典1992(ヤルビ, ネーメ)

ヤルヴィ, パーヴォ　Järvi Paavo　指揮者　パリ管弦楽団音楽監督,フランクフルト放送交響楽団音楽監督,ドイツ・カンマーフィル芸術監督　国米国　生1962年　典2012

ヤルヴィネン, カリ　Järvinen, Kari　建築家　国フィンランド　生1940年　典1996(ヤルビネン, カリ)

ヤルヴェラ, ヨンネ　Jarvela, Jonne　グループ名＝コルピクラーニ　ミュージシャン　国フィンランド　生1974年3月6日　典2008／2012

ヤルゴスキー, クリストファー　Jargodzki, Christopher P.　物理学者　セントラルミズーリ州立大学準教授　典2004

ヤルゼルスキ, ウォイチェフ　Jaruzelski, Wojciech Witold　政治家,軍人　元・ポーランド大統領・首相・国防相　国ポーランド　生1923年7月6日　典1992／1996／2000／2004／2008／2012

ヤルデニ, エドワード　Yardeni, Edward　エコノミスト　ドイッチェ・モルガングレンフェル証券チーフエコノミスト　国米国　典2000

ヤルニ, ロベルト　Jarni, Roberto　本名＝Jarni,Robert　サッカー選手(DF)　国クロアチア　生1968年10月26日　典2000／2004

ヤルブーソヴァ, フランチェスカ　Yarbusova, Francheska　アニメーション美術監督　国ロシア　⊕1942年　®2004

ヤルホフスキー, ペトル　Jarchovský, Petr　作家, 脚本家　国チェコ　⊕1966年10月6日　®2004／2008

ヤルマン, ヌール　Yalman, Nur　文化人類学者　ハーバード大学名誉教授　国米国　⊕1931年　®1996／2000／2004／2008／2012

ヤロー, アブラハム　Yalow, Abraham　本名＝Yalow,Aaron　物理学者　国米国　⊕1919年　®1992（ヤーロウ, アブラハム）／1996（ヤーロウ, アブラハム）

ヤロー, ロザリン　Yalow, Rosalyn Sussman　旧名＝Sussman　医療物理学者　元・マウント・サイナイ医学校業績記念教授　国米国　⊕1921年7月19日　⊜2011年5月30日　®1992（ヤーロウ, ロザリン）／1996（ヤーロウ, ロザリン）／2000（ヤーロウ, ロザリン）／2004／2008

ヤロウィッツ, ポール　Yalowitz, Paul　イラストレーター　国米国　⊕1958年　®1996／2000

ヤロシェヴィッチ, ピョートル　Jaroszewicz, Piotr　政治家　元・ポーランド首相　国ポーランド　⊕1909年10月8日　⊜1992年9月2日　®1996（ヤロシェビッチ, ピョートル）

ヤロシュ, オルドジフ　元・ドプチェク・チェコスロバキア共産党第1書記第1秘書　国チェコスロバキア　®1992

ヤロシンスカヤ, アラ　Yaroshinskya, Alla　ジャーナリスト　ロシア新聞情報省マスメディア局　国ウクライナ　⊕1953年　®1996／2000

ヤロップ, デービッド　Yallop, David　ノンフィクション作家　国英国　⊕1937年　®2000

ヤロフ, ユーリー　Yarov, Yurii Fedorovich　政治家　独立国家共同体執行書記　元・ロシア大統領府第1副長官　国ロシア　⊕1942年　®1996／2000

ヤーロム, アービン　Yalom, Irvin D.　サイコセラピスト　スタンフォード大学医学部精神科名誉教授　国米国　⊕1931年　®1992／2000

ヤワル, ガジ　Yawar, Ghazi　本名＝Yawar,Ghazi Mashal Ajil al-　政治家　元・イラク暫定政府大統領　国イラク　⊕1958年　®2008／2012

ヤン・イクチュン　Yan, Ik-jun　映画監督, 俳優　国韓国　⊕1975年　®2012

ヤン・イルファン　梁 日煥　プロ野球コーチ　国韓国　⊕1961年6月10日　®1996

ヤン・インオク　梁 寅玉　湖南大学学長　国韓国　⊕1926年8月24日　®1996

ヤン・インソク　梁 縝錫　韓国外国語大学英語学科教授　国英語　国韓国　⊕1933年8月8日　®1996

ヤン, ウエン・エイ　Yang, Wen-Jei　ミシガン大学教授, 清華大学名誉教授　国機械工学　®1996

ヤン・ウォンシク　「高麗日報」新聞社編集長　国ロシア　⊕1932年　®2000

ヤン・ウニョン　Yang, Eun-yong　漢字名＝梁銀容　女優　国韓国　⊕1977年7月15日　®2004／2012

ヤン・ウンヨン　梁 殷淳　プロ野球コーチ　国韓国　⊕1960年11月9日　®1996

ヤン, エドワード　Yang, Edward　中国名＝楊徳昌　映画監督　国台湾　⊕1947年9月24日　⊜2007年6月29日　®1992（楊 徳昌 ヨウ・トクショウ）／1996（楊 徳昌 ヨウ・トクショウ）／2000（楊 徳昌 ヨウ・トクショウ）／2004（楊 徳昌 ヨウ・トクショウ）

ヤン・オクリョン　梁 玉龍　仁荷大学工科大学機械工学科教授, 国際学生技術研修協会会長, 韓国液体微立化研究会会長　国韓国　⊕1939年10月24日　®1996

ヤン, オリビア　Yan, Olivia　演出家, 女優　劇場組合（シアター・アンサンブル）共同芸術監督　国香港

ヤン・クァンナム　梁 広南　俳優　韓国中央大学芸術学部演劇映画学科教授　国演劇学, 韓国演劇　⊕1933年5月1日　®1996

ヤン・グィジャ　Yang, Gwi-ja　作家　国韓国　⊕1955年　®2000

ヤン・サンムン　楊 相汶　Yang, Sang-moon　プロ野球二軍監督　国韓国　⊕1961年3月24日　®1996／2012

ヤン・ジェソン　梁 在成　タレント　国韓国　⊕1945年3月15日　®1996

ヤン, ジェフ　Yang, Jeff　編集者, コラムニスト　国米国　®2000

ヤン・ジェボン　梁 在奉　大信グループ会長　国韓国　⊕1925年6月20日　®1996

ヤン・ジェモ　梁 在謨　延世大学名誉教授　国韓国　⊕1920年1月27日　®1996

ヤン, ジェリー　Yang, Jerry C.　中国名＝YanChih-yuan　実業家　ヤフー共同創業者　元・ヤフー会長・CEO　国米国　⊕1968年11月6日　®2000／2004／2008／2012

ヤン, ジヌ　Yang, Jin-woo　漢字名＝梁瑾佑　俳優　国韓国　⊕1979年9月3日　®2008／2012

ヤン, シュエトン　閻 学通　Yan, Xue-tong　国際政治学者　清華大学教授・国際関係研究院院長　国国際関係　国中国　⊕1952年　®2000（エン・ガクツウ）／2012

ヤン・ジュンヒョク　梁 埈赫　Yang, Joon-hyuk　元・プロ野球選手　国韓国　⊕1969年5月26日　®2000／2008／2012

ヤン・ジュンモ　梁 俊模　弁護士　大韓弁護士協会法律救助事業会長, 国会訴訟審査委員長　国韓国　⊕1922年4月20日　®1996

ヤン・シヨン　梁 時栄　ジャーナリスト, 映画祭コーディネーター　「PREMIER韓国版」日本特派員　国韓国　⊕1967年　®2000

ヤン・ジョンウン　梁 正雄　Yang, Jung-ung　演出家　劇団旅行者代表　国韓国　⊕1968年　®2012

ヤン・ジョンギュ　梁 正圭　韓国国会議員, 韓国観光公社理事長, 済州福祉会理事長　国韓国　⊕1933年2月5日　®1996

ヤン, ジョンソン　Yeung, Johnson　中国名＝ヤンコンサン　東海観光社長　国中国　⊕1954年5月14日　®2012

ヤン・ジョンチョル　梁 鍾鉄　コメディアン　国韓国　⊕1962年11月14日　®1996

ヤン・スギョン　Yang, Su-kyong　漢字名＝梁秀敬　歌手　国韓国　⊕1967年9月23日　®1992／1996／2008／2012

ヤン・スギル　楊 秀吉　韓国対外経済政策研究院院長　国韓国　⊕1943年12月7日　®1996／2000

ヤン・スンイム　梁 順任　太平洋戦争犠牲者遺族会常任理事　国韓国　®1992／1996

ヤン・スンシク　楊 淳植　シンボ産業会長　国韓国　⊕1925年5月11日　®1996

ヤン・スンテク　梁 承沢　元・韓国情報通信相　国韓国　⊕1939年10月24日　®1996／2000

ヤン・スンドゥ　梁 承斗　Yang, Seoung-doo　法学者　延世大学法学部教授　国韓国　⊕1934年12月8日　®1996

ヤン・スンヨン　梁 承栄　恐竜研究家　慶北大学教授　国古生物学　国韓国　⊕1938年　®1996

ヤン, ゼホ　梁 宰豪　Yang, Jae-ho　棋士　囲碁9段（韓国棋院）　国韓国　⊕1963年2月8日　®1992／1996／2000

ヤン・セユン　梁 世允　タレント　国韓国　⊕1975年9月5日　®1996

ヤン・ソンウ　梁 性佑　韓国民自党政務企画室長　国韓国　⊕1943年11月1日　®1996

ヤン・ソンチョル　梁 性喆　政治家　韓国国会議員　国韓国　®2000

ヤン, チェンニン　Yang, Chen-ning　中国名＝楊振寧, 別名＝ヤン, フランク　理論物理学者　ニューヨーク州立大学名誉教授　国素粒子物理学　国米国　⊕1922年9月22日　®1992／1996／2004／2008／2012

ヤン, チャーリー　Yeung, Charlie　中国名＝楊采妮　女優, 歌手　国台湾　⊕1974年5月23日　®2000／2008／2012

ヤン・チャンウ　楊 燦宇　元・韓国国会議員　国韓国　⊕1926年1月25日　®1996

ヤン・テクシク　梁 鐸植　（株）東西石油化学会長　国韓国　⊕1924年7月11日　®1996

ヤン, トニー　Yang, Tony　漢字名＝楊祐寧, 愛称＝祐祐　俳優　国台湾　⊕1980年8月30日　®2008／2012

ヤン・ハクソン　梁 鶴善　Yang, Hak-seon　体操選手　ロンドン五輪体操男子跳馬金メダリスト　[国]韓国　[生]1992年12月6日

ヤン・ハヨン　楊 夏英　本名=申彦玉　歌手　[国]韓国　[生]1962年6月14日　[典]1996

ヤン・ヒウン　楊 姫銀　歌手　[国]韓国　[典]2004／2008

ヤン・ヒギョン　梁 熹璟　タレント　[国]韓国　[生]1954年12月3日　[典]1996

ヤン・ヒョンソク　梁 鉉錫　歌手　[国]韓国　[生]1970年12月2日　[典]1996

ヤン・ヒョンソプ　楊 亨燮　Yang, Hyong-sop　政治家　北朝鮮最高人民会議常任委員会副委員長, 朝鮮労働党中央委員　[国]北朝鮮　[生]1923年　[典]1992／1996／2000／2004／2008／2012

ヤン・フェヨル　梁 会烈　プロ野球選手(内野手)　[国]韓国　[生]1971年9月9日　[典]1996

ヤン・フンモ　梁 興模　放送文化振興会理事長　[国]韓国　[生]1924年9月24日　[典]1996

ヤン・ペイミン　画家　[国]中国　[生]1960年　[典]2000

ヤン・ヘスク　梁 恵淑　梨花女子大学ドイツ語ドイツ文学科教授, 世界専門職女性連合会韓国連副会長, 国際劇評論家協会韓国本部委員長　[国]韓国　[生]1936年6月19日　[典]1996

ヤーン, ヘルムート　Jahn, Helmut　建築家　マーフィ/ヤーン・アーキテクツ取締役社長　[国]米国　[生]1940年　[典]1992

ヤン, ベンジャミン　中国名=楊炳章　中国人民大学国際政治学部教授　[専]中国共産党史, 米中関係　[国]中国　[生]1945年　[典]2000

ヤン・ボンジン　梁 奉鎮　経営学者, 経済ジャーナリスト　世宗大学経営大学院教授　[国]韓国　[生]1952年　[典]2004／2008

ヤーン, マイク　Jahn, Mike　本名=Jahn,Joseph Michael　筆名=ジャン, マイケル, マーシャル,H.H.　ミステリー作家　[国]米国　[生]1943年8月4日　[典]1992

ヤン, マーティン　Yan, Martin　料理人　[国]米国　[典]2000

ヤン, ミキ　Yeung, Miki　漢字名=楊愛瑾　グループ名=クッキーズ　タレント, 女優　[国]香港　[典]2008／2012

ヤン・ミギョン　梁 美京　タレント　[国]韓国　[生]1961年7月25日　[典]1996

ヤン・ヤオシュン　陽 耀勲　Yang, Yao-Shun　プロ野球選手(投手)　[国]台湾　[生]1983年1月22日　[典]2008／2012

ヤン・ユアンチン　楊 元慶　Yang, Yuan-qing　実業家　聯想集団(レノボ・グループ)CEO　[国]中国　[生]1964年　[典]2008(ヨウ・ゲンケイ)／2012

ヤン・ユノ　Yang, Yun-ho　映画監督　[国]韓国　[生]1966年　[典]2004

ヤン・ユンセ　梁 潤世　韓筝グループ国際担当顧問　[国]韓国　[生]1931年7月2日　[典]1996

ヤン・ヨソプ　Yang, Yo-seop　グループ名=BEAST　歌手　[国]韓国　[生]1990年1月5日　[典]2012

ヤン・ヨンジュン　梁 泳駿　タレント　[国]韓国　[生]1940年12月20日　[典]1996

ヤン・ヨンモ　梁 龍模　プロ野球選手(捕手)　[国]韓国　[生]1967年9月25日　[典]1996

ヤーン, ライナー　Jahn, Rainer H.　元・ダイムラー・ベンツ日本社長　[国]ドイツ　[生]1942年　[典]1996／2000／2004

ヤン・リーピン　Yang, Li-ping　漢字名=楊麗萍　舞踊家　[国]中国　[生]1958年11月10日　[典]2000(楊 麗萍 ヨウ・レイヘイ)／2012

ヤン, ワイイー　ヤン,Y.E.　Yang, Y.E.　漢字名=梁容銀　プロゴルファー　[国]韓国　[生]1972年1月15日　[典]2012

ヤン・アーシュ・ナム　Yang Erche Namu　モデル　[国]中国　[生]1966年　[典]2004／2008

ヤンカー, カルステン　Jancker, Carsten　サッカー選手(FW)　[国]ドイツ　[生]1974年8月28日　[典]2004／2008

ヤンカ, カルロ　Janka, Carlo　スキー選手(アルペン)　バンクーバー五輪アルペンスキー男子大回転金メダリスト　[国]スイス　[生]1986年10月15日　[典]2012

ヤンガー, ジョージ・ケネス・ホットソン　Younger, George Kenneth Hotson　政治家　元・英国国防相　[国]英国　[生]1931年9月22日　[没]2003年1月26日　[典]1992

ヤンカ, ワルター　Janka, Walter　言論人, 脚本家　[国]ドイツ　[典]1992

ヤンカウスキー, カール　ソニー・エレクトロニクス社長　[国]米国　[典]1996

ヤンカース, ジョン・K.　ユーネックス社社主, ハイトークジャパン会長　[国]米国　[典]1992

ヤング, J.H.　国際金融アナリスト　モルガン・ギャランティ・トラスト(モルガン銀行)国際金融担当　[典]1992

ヤング, アダム　Young, Adam　ソロプロジェクト名=アウル・シティー　ミュージシャン　[国]米国　[典]2012

ヤング, アラン　Young, Allan　人類学者　マッギル大学教授　[専]医療人類学　[国]米国　[生]1938年3月31日　[典]2004

ヤング, アレクサンダー　Young, Alexander　中国名=楊慶安　ニューヨーク州立大学教授　[専]国際関係学　[国]米国　[生]1928年　[典]2000

ヤング, アンガス　Young, Angus　グループ名=ACDC　ロック・ギタリスト　[国]オーストラリア　[生]1959年3月31日　[典]2004／2008／2012

ヤング, アンソニー　Young, Anthony　大リーグ選手(投手)　[国]米国　[生]1966年1月19日　[典]1996

ヤング, アンドルー　Young, Andrew Jackson (Jr.)　政治家, 黒人運動指導者, 牧師　元・アトランタ市長, 元・国連大使, 元・米国下院議員(民主党)　[国]米国　[生]1932年3月12日　[典]1992／1996／2000／2004／2008

ヤング, イザベル・アドマコー　Young, Isabel Adomakah　共同筆名=コーダー, ジズー　作家　[国]英国　[典]2008

ヤング, エイドリアン　Young, Adrian　グループ名=ノー・ダウト　ドラム奏者　[国]米国　[生]1969年8月26日　[典]2004／2008

ヤング, エド　Young, Ed　絵本画家　[国]米国　[典]1992／1996

ヤング, エリック　Young, Eric Orlando　大リーグコーチ, 元・大リーグ選手　[国]米国　[生]1967年5月18日　[典]2000／2008／2012

ヤング, キャシー　Young, Cathy　ロシア名=ユング, エカテリーナ　著述家, 評論家　[国]米国　[典]1992

ヤング, ギャビン・デービッド　Young, Gavin David　ジャーナリスト　[国]英国　[生]1928年4月24日　[典]1992

ヤング, ケビン　Young, Kevin　陸上選手(障害)　[国]米国　[生]1966年9月16日　[典]1996／2000

ヤング, ジェフリー　Young, Jeffrey D.　経済アナリスト　ソロモン・ブラザーズ・アジア証券副社長　[国]米国　[典]2000

ヤング, シモーネ　Young, Simone　本名=Young,Simone Margaret　指揮者　ハンブルク州立歌劇場音楽監督, ハンブルク・フィルハーモニー管弦楽団首席指揮者　[国]オーストラリア　[生]1961年3月2日　[典]2000／2004／2012

ヤング, ジョン　Young, John Alan　ノベル会長　[国]米国　[生]1932年4月24日　[典]1992／1996／2000

ヤング, ジョン　Young, John Watts　宇宙飛行士　元・ジョンソン宇宙センター次長　[国]米国　[生]1930年9月24日　[典]2008

ヤング, ジョン・P.　国際経済学者　[国]米国　[没]1988年11月29日　[典]1992

ヤング, ジョン・ザカリー　Young, John Zachary　動物学者　元・ロンドン大学名誉教授　[国]英国　[生]1907年3月18日　[没]1997年7月4日　[典]1996

ヤング, スチュアート　Young, Stuart　元・英国放送協会(BBC)経営委員長　[国]英国　[生]1934年4月　[没]1986年8月29日　[典]1992

ヤング, スティーブ　Young, Steve　元・プロフットボール選手　[国]米国　[生]1961年10月11日　[典]1996／2000／2004

ヤング, スティーブン　Young, Steven　作家　[国]米国　[生]1949年　[典]2004

ヤング, セリーナ　Young, Selina　絵本作家, イラストレーター　[生]1971年　[典]2000

ヤング, ティム　Young, Tim　元・プロ野球選手, 元・大リーグ選手　[国]米国　[生]1973年10月15日　[典]2004

ヤング, デービッド Young, David Ivor 称号=ロード・ヤング 元・ケーブル&ワイヤレス(C&W)会長,元・英国貿易産業相 国英国 ⊕1932年 ⊗1992／1996

ヤング, デービッド Young, David H. コンピューター技術者 ⊗2008

ヤング, テレンス Young, Terence 映画監督 国英国 ⊕1915年6月20日 ⊗1994年9月7日 ⊗1996

ヤング, トーマス Young, Thomas マーチン・マリエッタ社社長 国米国 ⊗1992

ヤング, ニール Young, Neil 旧グループ名=バッファロー・スプリングフィールド, CSN&Y ロック歌手 国カナダ ⊕1945年11月12日 ⊗1992／1996／2000／2004／2008

ヤング, ノエラ Young, Noera 絵本さし絵画家 国オーストラリア ⊕1930年 ⊗1992

ヤング, バイロン Young, Byron スポーツ・ジャーナリスト 「サンケイスポーツ」紙特約記者 国英国 ⊕1960年4月13日 ⊗1996

ヤング, パーバス Young, Purvis 画家 国米国 ⊕1943年 ⊗1996

ヤング, ピーター Young, Peter C. 経営学者 セント・トーマス大学教授 専リスク・マネジメント 国米国 ⊗2004

ヤング, ヒューゴ Young, Hugo John Smelter コラムニスト, ジャーナリスト 国英国 ⊕1938年10月13日 ⊗2003年9月22日 ⊗1992

ヤング, ブラッド Young, Brad オーラル・ロバーツ大学大学院助教授 専ユダヤ・キリスト教研究 ⊗2000

ヤング, ヘンリー Yang, Henry T.Y. カリフォルニア大学サンタバーバラ校校長 専航空宇宙工学 国米国 ⊗2000

ヤング, ポール Young, Paul ロック歌手 国英国 ⊕1956年1月17日 ⊗1992／1996

ヤング, マイケル Young, Michael K. ジョージ・ワシントン大学法学部長 元・米国国務省次席法律顧問 専日本法律研究, 会社法 国米国 ⊕1949年 ⊗1992

ヤング, マイケル Young, Michael J. テクニカルライター 専コンピューター 国米国 ⊗2004

ヤング, マイケル Young, Michael 本名=Young,Michael Brian 大リーグ選手(内野手) 国米国 ⊕1976年10月19日 ⊗2008／2012

ヤング, マルコム Young, Malcolm グループ名=ACDC ロック・ギタリスト 国オーストラリア ⊗2004／2008／2012

ヤング, ミシェル Young, Michele 英語教育家 パス・パールトゥ創立者 国英国 ⊗1996

ヤング, ラ・モンテ Young, La Monte 作曲家 国米国 ⊕1935年10月14日 ⊗1992

ヤング, ルイーザ Young, Louisa 共同筆名=コーダー, ジズー 作家, ジャーナリスト 国英国 ⊗2008

ヤング, ルイーズ Young, Louise B. サイエンスライター 国米国 ⊗1992

ヤング, ルイーズ Young, Louise 日本史研究家 ニューヨーク大学助教授 専日本近代史 国米国 ⊗2004

ヤング, ロバート・フランクリン Young, Robert Franklin SF作家 国米国 ⊕1915年 ⊗1986年6月22日 ⊗1992

ヤング, ローランド グラフィックデザイナー アート・センター・カレッジ・オブ・アート講師 国米国 ⊕1938年 ⊗1996

ヤング, ロレッタ Young, Loretta 本名=ヤング, グレッチェン 女優 国米国 ⊕1913年1月6日 ⊗2000年8月12日 ⊗1992／1996

ヤングス, ベティ Youngs, Bettie B. カウンセラー サンディエゴ州立大学, フェニックス財団理事 専セルフエスティーム 国米国 ⊗2000

ヤングソン, ディック Youngson, Dick 英国シカ協会技術部長 国英国 ⊗2000

ヤング・ブルーエル, エリザベス Young-Bruehl, Elisabeth サイコセラピスト コロンビア大学精神分析訓練研究所研究員 国米国 ⊕1946年 ⊗2004／2012

ヤンケル, ジャック Yankel, Jacques 画家 国フランス ⊕1921年 ⊗1992

ヤンケロビッチ, ダニエル Yankelovich, Daniel 社会・世論分析家 DYG会長 国米国 ⊗1996／2000

ヤンコ, マルセル 画家, 建築家 ダダイズムの中心メンバー ⊗1984年4月21日 ⊗1992

ヤンコヴィッチ, ヴラデッタ Jankovic, Vladeta ベオグラード大学教授, セルビア民主運動(DEPOS)スポークスマン 専ギリシャ哲学 国ユーゴスラビア ⊗1996(ヤンコビッチ, ブラデッタ)

ヤンコヴィッチ, エレナ Jankovic, Jelena テニス選手 国セルビア ⊕1985年2月28日 ⊗2012

ヤンコウスキー, クルト Jankowsky, Kurt Robert 言語学者 ジョージタウン大学教授 専言語学史(19世紀ドイツ言語学), 史的比較言語学, ゲルマン言語学, 言語哲学 国ドイツ ⊕1928年

ヤンコビッチ, スネジャナ Jankovic, Snezana 翻訳家, 外交官 元・在日ユーゴスラビア大使館文化交流担当官 国ユーゴスラビア ⊗2004

ヤンコフスキー, オレグ Yankovskii, Oleg 本名=Yankovskii,Oleg Ivanovich 俳優 国ロシア ⊕1944年2月23日 ⊗2009年5月20日 ⊗1992／1996

ヤンコフスキー, カール Yankowski, Carl 実業家 パームCEO 国米国 ⊗2004

ヤンコフスキ, ヘンリク Jankowski, Henryk 本名=ヤンコフスキ, ラドカ・ヘンリク カトリック神父 元・聖ブリギッダ教会(グダニスク)司祭 国ポーランド ⊕1936年12月18日 ⊗2010年7月12日 ⊗1992／1996

ヤンシー, フィリップ Yancey, Philip 編集者, 著述家 「クリスチャニティ・トゥデイ」編集顧問 国米国 ⊗2004

ヤンシャ, ヤネス Janša, Janez 政治家 スロベニア首相, スロベニア民主党(SDS)党首 国スロベニア ⊕1958年9月17日 ⊗2008／2012

ヤンシン, アレクサンドル Yanshin, Aleksandre Leonidovich 地質学者 ソ連科学アカデミー副会長 国ソ連 ⊕1911年3月28日 ⊗1992

ヤンスドッター, ロッタ Jansdotter, Lotta テキスタイルデザイナー ⊗2008

ヤンセ, ヘルマン Janse, Herman 建築史家, 建築家 国オランダ ⊕1926年 ⊗2004

ヤンセン, H.V. Jansen, Henri V. 技術者 Twente大学技術者 専プラズマ技術 国ドイツ ⊗2004

ヤンセン, ウルリヒ Janssen, Ulrich 編集者 国ドイツ ⊕1959年 ⊗2008

ヤンセン, ジャニーヌ Jansen, Janine バイオリニスト 国オランダ ⊕1978年 ⊗2012

ヤンセン, ビム Jansen, W. サッカー指導者, 元・サッカー選手 国オランダ ⊕1946年 ⊗1996／2000／2004／2008

ヤンセン, ファムケ Janssen, Famke 女優 ⊕1964年11月1日 ⊗2004

ヤンセン, ペア・H. ノボ生化学工業社長 国デンマーク ⊗1992

ヤンセン, ポール Janssen, Paul ヤンセン・ファーマスーティカ会長 国ベルギー ⊗1996

ヤンセン, ホルスト Janssen, Horst 画家, 版画家 国ドイツ ⊕1929年11月14日 ⊗1995年8月31日 ⊗1992／1996

ヤンセン, マルセル Jansen, Marcell サッカー選手(DF) 国ドイツ ⊕1985年11月4日 ⊗2012

ヤンセン, ヤン Jansen, Jan 靴デザイナー 国オランダ ⊕1941年 ⊗2008

ヤンセン, ヤンシェ 生け花教師 国オランダ ⊗1990年6月3日 ⊗1992

ヤンソン, R.H. フォルクスワーゲングループ東京代表, フォルクスワーゲン・グループ・ジャパン副社長 ⊕1949年 ⊗1996

ヤンソン, トーヴェ Jansson, Tove 本名=ヤンソン, トーヴェ・マリカ 児童文学作家, 画家 国フィンランド ⊕1914年8月9日 ⊗2001年6月27日 ⊗1992／1996／2000

ヤンソン, ラルス　Jansson, Lars　コミック作家　国フィンランド
生1926年　没2000年7月31日　典1992/1996

ヤンソン, ロバート　Janson, Robert H.　実業家　ヤンソン・アンド・アソシエイツ・リミテッド社長
国米国　典2000

ヤンソンス, アルヴィド　Yansons, Arvid Krishevich　指揮者　元・レニングラード・フィル常任指揮者, 元・東京交響楽団名誉指揮者
国ソ連　生1914年10月24日　没1984年11月21日　典1992

ヤンソンス, マリス　Jansons, Mariss　指揮者　バイエルン放送交響楽団首席指揮者, ロイヤル・コンセルトヘボウ管弦楽団首席指揮者　元・オスロ・フィルハーモニー管弦楽団首席指揮者　国ラトビア　生1943年1月14日　典1996/2000/2004/2008/2012

ヤンダ, ヤクブ　Janda, Jakub　スキー選手（ジャンプ）　国チェコ　生1978年4月27日

ヤンダルビエフ, ゼリムカン　Yandarbiev, Zelimkhan　政治家, 作家　元・チェチェン共和国大統領代行　国ロシア　生1952年9月12日　没2004年2月13日　典2000

ヤンツ, リチャード　モトローラ・アジア北中南米担当執行副社長
国米国　典2000

ヤンツァーリク, ヴェルナー　Janzarik, Werner　元・ハイデルベルク大学精神医学教室主任教授　精神医学　国ドイツ　生1920年　典1996/2000

ヤンツェック, アンタル　Jancsek, Antal　画家　国ハンガリー
生1907年　典1992/1996

ヤンドゥル, エルンスト　Jandl, Ernst　詩人, 劇作家　国オーストリア　生1925年8月1日　没2000年7月9日　典2000

【ユ】

ユ・イクシ　喩 育之　辛亥革命最後の生存者　国中国　生1889年12月　没1993年3月14日　典1996

ユ・インチョン　柳 仁村　Yu, In-chon　俳優名=ユインチョン　俳優　元・韓国文化観光相, 元・韓国中央大学演劇映画学部教授
国韓国　生1951年3月20日　典1996/2012

ユ・インテ　柳 寅泰　Yoo, Ihn-tae　政治家　韓国大統領秘書室政務主席秘書官　国韓国　生1948年9月5日　典2004/2008

ユ・インホ　愈 仁浩　韓国中央大学政経学部教授　韓国経済
国韓国　生1926年6月12日　典1996

ユ・ウォンドン　劉 元東　国民精神発展中央協議会長　国韓国
生1924年4月19日　典1996

ユ・オソン　Yu, Oh-sung　漢字名=劉五性　俳優　国韓国　生1968年9月11日　典2004/2008/2012

ユ・ガンソン　柳 江善　昆虫病理学者　韓国農村振興庁養糸昆虫研究所室長　国韓国　生1955年3月24日　典2000

ユ・キジョン　柳 琦得　三和印刷会長, 三和出版社会長, 世界中小企業連盟会長・韓国委員長　国韓国　生1922年1月6日　典1996

ユ・キョンファン　劉 庚煥　詩人, ジャーナリスト　「朝鮮日報」論説委員　国韓国　生1937年11月23日　典1996

ユ・クァンヨル　柳 光烈　号=海剛[2代目]　陶芸家, 陶磁器史研究家　海剛陶磁美術館館長　国韓国　典2004/2008

ユ・クンイル　柳 根一　「朝鮮日報」論説委員室長　国韓国
生1938年1月30日　典1996

ユ・クンハン　柳 根恒　ガス公社理事長　国韓国　生1928年11月24日　典1996

ユ・コウビン　兪 瀬敏　歴史学者　上海外国語大学国際文化交流学院文学研究室　中国文化史　国中国　生1955年　典2004

ユ・コクカ　兪 国華　Yu, Kuo-hua　政治家　元・台湾行政院院長（首相）, 元・台湾国民党副主席　国台湾　生1914年1月10日　没2000年10月4日　典1992/1996/2000

ユ・コンホ　柳 建浩　韓国新聞編集人協会顧問, 韓国全国災害対策協議会会長　国韓国　生1922年1月24日　典1996

ユ・サングン　兪 尚根　明知学園理事長, 明知建設会長, 明知大学名誉総長, 韓国大学法人協議会会長, 基督教宣教局会長　国韓国

生1922年2月20日　典1996

ユ・サンチョル　柳 想鉄　Yoo, Sang-chul　元・サッカー選手
国韓国　生1971年10月18日　典2000/2004/2008/2012

ユ・サンブ　劉 常夫　実業家　浦項総合製鉄会長　国韓国　生1942年　典2000

ユ・ジェゴン　柳 在坤　日韓関係研究家　成和大学講師　国韓国
生1949年　典1992（ユ・ゼゴン）/1996

ユ・ジェス　柳 在守　イラストレーター　国韓国　生1954年
典1992（ユ・ゼス）/1996/2000

ユ・ジェスン　柳 在順　ノンフィクション作家, ルポライター　国韓国　生1958年5月6日　典1992（ユ・ゼスン）/1996

ユ・ジェチョン　劉 載天　西江大学社会大学学長・言論文化研究所長, 学園奨学財団理事長　国韓国　生1938年11月30日　典1996

ユ・ジェドゥ　柳 済斗　元・プロボクサー　柳済斗ボクシングジム経営者　元・WBA世界ジュニア・ミドル級チャンピオン　国韓国
典1996/2000

ユ・ジェボン　劉 在奉　慶煕大学師範大学教授　教育学　国韓国
生1928年4月10日　典1996

ユ・ジテ　Yu, Ji-tae　漢字名=劉智泰　俳優　国韓国　生1976年4月13日　典2004/2008/2012

ユ・ジフォン　柳 志垣　プロ野球コーチ　国韓国　生1955年10月4日　典1996

ユ・ジュヨル　柳 洲烈　外交官　元・駐名古屋韓国総領事　国韓国
典2004

ユ・ジュンイル　柳 仲逸　Ryu, Joong-il　プロ野球監督, プロ野球選手　国韓国　生1963年4月28日　典1996

ユ・ジュンサン　柳 睦相　Yoo, Joon-sang　政治家　21世紀経済社会研究院理事長　国韓国　生1942年10月10日　典1992/1996

ユー, ショーン　Yue, Shawn　中国名=余文楽　俳優, 歌手　国香港
生1981年11月13日　典2008/2012

ユ・ジョンギョム　柳 種兼　プロ野球コーチ, 元・プロ野球選手
国韓国　生1956年9月14日　典1996

ユ・ジョンタク　柳 鍾卓　韓国山林庁長　国韓国　生1937年12月6日
典1996

ユ・ジョンハ　柳 宗夏　Yoo, Chong-ha　外交官　元・韓国外相
国韓国　生1936年7月28日　典1996/2000

ユ・ジョンヨル　柳 正烈　韓国外国語大学政治学科教授, 中東・アフリカ研究院理事長　国韓国　生1933年9月30日　典1996

ユ・シン　劉 信　作曲家　韓国作曲家協会理事, 韓国芸術評論家協議会会長, 韓国音楽評論家協会会長　国韓国　生1918年8月6日
典1996

ユ・ジンオ　兪 鎮午　Yu, Chin-o　法学者, 作家　元・高麗大学総長, 元・韓国国政問委員, 元・新民党党首　国韓国　生1906年5月13日　没1987年8月30日　典1992

ユ・シンヒ　兪 振飛　Yu, Zhen-fei　号=箴非　京劇・昆劇俳優
国中国　生1902年7月　没1993年7月17日　典1996

ユ・スンクック　柳 承国　成均館大学名誉教授　国韓国　生1923年2月17日　典1996

ユ・スンサム　劉 承三　ジャーナリスト　「中央日報」論説委員
国韓国　生1942年　典1992

ユ・スンジュン　劉 承俊　You, Seung-jun　歌手　生1976年12月15日　典2000/2004/2008（リュウ・ショウシュン）

ユ・スンピル　柳 承弼　(株)柳柳産業社長, 世宗学園財団理事長, 世界大衆薬協会副会長　国韓国　生1946年9月23日　典1996

ユ・スンボン　劉 丞奉　タレント　国韓国　生1951年6月8日
典1996

ユ・スンミン　柳 承敏　Ryu, Seung-min　卓球選手　アテネ五輪卓球男子シングルス金メダリスト　国韓国　生1982年8月5日　典2008

ユ・セイセイ　兪 正声　Yu, Zheng-sheng　政治家　中国共産党政治局常務委員, 上海市党委書記, 中国全国政治協商会議（政協）主席　元・中国建設相　国中国　生1945年4月　典2000/2004/2008

ユ・セヒ　柳 世熙　漢陽大学法政学部教授・中ソ問題研究所所長
国韓国　生1940年5月8日　典1996

ユ・ソクリョル　柳 錫烈　韓国外交安保研究院教授・安保統一研究部長　[専]外交問題,安全保障問題　[国]韓国　[生]1937年10月1日　[典]1992(ユ・ソクイョル)／1996／2000

ユ・ソンオク　劉 頌玉　成均館大学教授,韓国服飾学会副会長　[国]韓国　[生]1937年6月3日　[典]1996

ユ・ソンギ　柳 聖基　プロ野球選手(内野手)　[国]韓国　[生]1972年10月9日　[典]1996

ユ・ソンギ　柳 晟奎　釜山水産大学総長　[国]韓国　[生]1935年1月28日　[典]1996

ユ・ソンヒ　劉 仙姫　Yoo, Sun-hee　スピードスケート選手　[国]韓国　[典]1992／1996

ユ・タイイ　兪 大維　Yu, Ta-wai　政治家　元・台湾国防部長　[国]台湾　[生]1897年　[没]1993年7月8日　[典]1996

ユ・ダルヨン　柳 達永　号＝星泉　ソウル大学名誉教授,全国農業技術者協会総裁,星泉文化財団理事長　[国]韓国　[生]1911年5月6日　[典]1996

ユ・チソン　柳 致松　Yoo, Chi-song　政治家　元・韓国民主韓国党(民韓党)総裁　[国]韓国　[生]1924年10月7日　[典]1992

ユ・チャンウ　柳 纉佑　(株)豊山会長,大韓商議監事　[国]韓国　[生]1923年5月19日　[典]1996

ユ・チャンスン　劉 彰順　Yoo, Chang-soon　実業家,政治家　元・韓国全国経済人連合会(全経連)名誉会長,元・ロッテ製薬会長,元・韓国首相　[国]韓国　[生]1918年8月6日　[没]2010年6月2日　[典]1992(ユ・ジャンスン)／1996

ユ・チャンヒョク　劉 昌赫　棋士　囲碁9段(韓国棋院)　[国]韓国　[生]1966年4月25日　[典]1996／2000／2004

ユ・チュンヨル　劉 忠烈　釜山水産大学貿易学科教授　[専]水産物流通　[国]韓国　[典]1992(ユ・チュンイョル)／1996

ユ・テクヒョン　柳 宅馨　弁護士　栗谷文化院理事長　[国]韓国　[生]1929年1月7日　[典]1996

ユ・テジョン　劉 太鐘　高麗大学教授,韓国保健社会部食品衛生審議会委員,建陽大学教授・食文化研究所長　[専]食物学　[国]韓国　[典]2000

ユ・テフン　愈 泰興　弁護士　[国]韓国　[生]1919年11月28日　[典]1996

ユ・テヨン　柳 泰永　建国大学農科大学学長,韓民族文化研究院長,韓デンマーク協会副会長　[国]韓国　[生]1936年5月14日　[典]1996

ユ・テヨン　柳 泰瑛　プロ野球選手(内野手)　[国]韓国　[生]1969年12月12日　[典]1996

ユ・テンハク　兪 天白　Yu, Tian-bai　編集者,作家　「萌芽」副編集長　[国]中国　[生]1937年　[典]1996

ユ・ドゥヨル　柳 斗烈　プロ野球選手　[国]韓国　[生]1956年9月16日　[典]1996

ユ・ドンウ　柳 惇佑　韓国民自党税制改革委員長　[国]韓国　[生]1933年5月10日　[典]1996

ユ・ドングン　柳 東根　タレント　[国]韓国　[生]1956年6月18日　[典]1996

ユ・ドンシク　柳 東植　元・延世大学教授　[専]宗教学　[国]韓国　[生]1922年　[典]1992

ユ・ドンヒョ　柳 東孝　プロ野球選手(内野手)　[国]韓国　[生]1965年4月16日　[典]1996

ユ・ナムホ　柳 南鎬　プロ野球コーチ　[国]韓国　[生]1951年9月3日　[典]1996

ユー・ナン　Yu, Nan　漢字名＝余男　女優　[国]中国　[生]1978年　[典]2012

ユ・ハ　Yu, Ha　漢字名＝柳河　映画監督,詩人　[国]韓国　[生]1963年2月9日　[典]2012

ユー, ハイディ　Yu, Heidi　英語教師　[国]英国　[典]2004

ユ・ハクソン　愈 学聖　政治家　元・韓国民自党常任顧問,元・韓日協力委員会顧問　[国]韓国　[生]1927年2月28日　[没]1997年4月3日　[典]1996

ユ・ハンヨル　柳 漢烈　元・韓国国会議員　[国]韓国　[生]1938年1月5日　[典]1996

ユ・ヒギョン　柳 喜卿　服飾文化研究院長,韓国文化財委員　[専]韓国服飾史　[国]韓国　[生]1921年6月25日　[典]1996

ユ・ヒジュン　劉 熙俊　漢陽大学工学部教授　[国]韓国　[生]1934年2月8日　[典]1996

ユー, ピーター　Yu, Peter Y.　カリフォルニア大学バークレー校教授　[専]物理学　[生]1944年　[典]2000

ユ・ヒョクイン　柳 赫仁　国際文化協会長,韓国国際交流財団理事長　[国]韓国　[生]1934年1月16日　[典]1996

ユ・ヒヨル　柳 熙烈　科学技術処技術開発局長　[国]韓国　[生]1947年1月12日　[典]1996

ユ・ヒョンジョン　劉 賢鍾　作家　国際ペンクラブ韓国本部理事　[国]韓国　[生]1939年　[典]2000

ユ・ビョンヒョン　柳 炳賢　Lew, Byong-hyon　軍人,外交官　元・駐米韓国大使　[国]韓国　[生]1924年　[典]1992

ユ・ヒョンモク　愈 賢穆　映画監督　東国大学名誉教授　[国]韓国　[生]1925年7月2日　[典]1996

ユ・ピルファ　劉 必和　Yoo, Pil-hwa　成均館大学教授,サイモン・アンド・パートナー顧問　[専]経営学　[国]韓国　[生]1954年　[典]2000

ユ・ヒン　愈 斌　Yu, Bin　棋士　囲碁9段(中国棋院)　[国]中国　[生]1967年4月16日　[典]1992／1996(兪 斌／愈 斌)／2000

ユ・フン　愈 熏　ソウル大学行政大学院教授,行政問題研究所理事長,韓国予算会計制度審議委員会委員　[国]韓国　[生]1929年8月5日　[典]1996

ユ・フンス　柳 興洙　Yoo, Heung-soo　政治家　元・韓国国会議員(ハンナラ党),元・韓日議員連盟幹事長　[国]韓国　[生]1937年12月3日　[典]1996／2004／2012

ユ・ヘイハク　兪 平伯　Yu, Ping-po　本名＝兪銘衡　中国文学者,詩人　元・中国人民政治協商会議全国委員会(全国政協)委員　[専]「紅楼夢」研究　[国]中国　[生]1899年　[没]1990年10月15日　[典]1992

ユ・ベクマン　兪 百万　プロ野球コーチ　[国]韓国　[生]1942年9月20日　[典]1996

ユ・ヘリ　柳 恵梨　俳優　[国]韓国　[生]1964年8月15日　[典]1996

ユ・ホ　愈 湖　本名＝愈海濬　放送作家　[国]韓国　[生]1921年11月15日　[典]1996

ユ・ホウネン　兪 彭年　Yu, Peng-nian　長崎シーボルト大学国際情報学部国際交流学科教授　[専]中日関係,日本語教育　[国]中国　[生]1937年11月　[典]2000

ユ・ホジョン　柳 好貞　タレント　[国]韓国　[生]1969年1月24日　[典]1996

ユ・ミョンウ　柳 明佑　プロボクサー　WBAジュニア・フライ級チャンピオン　[国]韓国　[生]1964年1月　[典]1996

ユ・ミョンソン　柳 明善　プロ野球選手(投手)　[国]韓国　[生]1965年9月3日　[典]1996

ユ・ミョンファン　柳 明桓　Yu, Myung-hwan　外交官　元・韓国外交通商相(外相),元・駐日韓国大使　[国]韓国　[生]1946年4月8日　[典]2008／2012

ユ・ミン　柳 敏　ジャーナリスト　ソウル新聞政治2部記者　[国]韓国　[生]1958年3月　[典]1996

ユ・ミンヨン　柳 敏栄　檀国大学国文科教授　[国]韓国　[生]1937年4月5日　[典]1996

ユ・ヤンス　柳 陽洙　東亜建設顧問,韓国外交協会副会長　[国]韓国　[生]1923年8月9日　[典]1996

ユ・ヨル　柳 列　本名＝柳鍾列　歌手　[国]韓国　[生]1961年1月1日　[典]1996

ユ・ヨン　愈 炴　韓国経済社会政策研究院院長　[専]経済政策,韓国経済　[国]韓国　[生]1948年3月19日　[典]1996

ユ・ヨンイク　柳 永益　延世大学国際学大学院教授・現代韓国学研究所所長　[専]韓国近現代史　[国]韓国　[典]2004

ユ・ヨンウォン　劉 泳源　プロ野球選手(内野手)　[国]韓国　[生]1969年9月5日　[典]1996

ユ・ヨング　兪 英九　Yoo, Young-ku　ジャーナリスト　中央日報社統一文化研究所常任研究員　[専]北朝鮮問題　[国]韓国　[生]1959年　[典]2000

ユ・ヨングン　劉 溶根　韓国農漁村問題研究所理事長,韓国北方研究所理事長　[国]韓国　[生]1940年12月29日　[典]1996

ユ・ヨンス　柳 永洙　プロ野球コーチ　[国]韓国　[生]1945年5月25日

ユ

[典]1996

ユ・ヨンファン　柳 永丸　プロ野球選手(内野手)　[国]韓国　[生]1969年2月15日　[典]1996

ユー・リクウァイ　Yu, Lik-wai　漢字名=余力為　映画監督・撮影監督　[国]香港　[生]1966年　[典]2004／2012

ユー, ロサリオ　Yu, Rosario Torres-　フィリピン国立大学フィリピノ語・フィリピン文学科准教授　[専]フィリピノ語, フィリピン文学　[国]フィリピン　[生]1949年　[典]1996／2008(トーレス・ユー, ロサリオ)

ユー, ロニー　Yu, Ronny　中国名=于仁泰　映画監督　[国]香港　[生]1950年　[典]2000／2004／2008／2012

ユー, ロベール　Hue, Robert　政治家　元・フランス共産党全国書記　[国]フランス　[生]1946年10月19日　[典]1996／2000／2004／2008／2012

ユ・ワンソク　劉 完錫　漫画家　「スポーツ朝鮮」記者　[国]韓国　[典]2004

ユアグロー, バリー　Yourgrau, Barry　作家　[国]米国　[生]1949年　[典]2000／2004／2008／2012

ユアン・カー　漢字名=袁可　グループ名=チャイナ・ミュージック・オーケストラ[CMO]　揚琴奏者　[国]中国　[典]2008

ユアンズ, マーティン　Ewans, Martin　元・外交官　チルドレンズ・エイド・ディレクト会長　[国]英国　[典]2004

ユイ　本名=ロジャナ・ペトカンナ　モデル　[国]タイ　[典]2000

ユイ　U-ie　グループ名=AFTERSCHOOL　歌手　[国]韓国　[生]1988年4月9日　[典]2012

ユイ・チェ　余 傑　Yu, Jie　人権活動家, 作家　[国]中国　[典]2012

ユイ, ロン　漢字名=余隆　指揮者　中国フィルハーモニック・オーケストラ芸術監督・首席指揮者　[国]中国　[生]1964年　[典]2004

ユイグ, エディット　Huyghe, Edith　文筆家　[国]フランス　[生]1956年　[典]2000

ユイグ, フランソワ・ベルナール　Huigue, François Bernard　応用文理研究センター(CELSA)　[専]コミュニケーション社会学, メディア社会学　[国]フランス　[生]1950年　[典]1992／2000

ユイグ, ルネ　Huyghe, René　美術史家, 美術批評家　[国]フランス　[生]1906年5月3日　[没]1997年2月4日　[典]1992／1996

ユイレ, ダニエル　Huillet, Danièlle　映画製作者, 映画監督　[生]1936年5月1日　[没]2006年10月9日　[典]2000

ユーイング, ウィリアム・A.　写真史家　エリーゼ美術館館長　[国]米国　[生]1944年　[典]2000

ユーイング, キース　Ewing, Keith D.　ロンドン大学キングズカレッジ教授　[専]憲法, 政治資金法制, 労働法　[国]英国　[生]1955年　[典]2000

ユーイング, デービッド　Ewing, David W.　元・「ハーバード・ビジネス・レビュー」編集局長　[専]経営学　[国]米国　[生]1923年　[典]1996

ユーイング, ノーマン　Ewing, Norman　反戦活動家　ベトナム反戦米兵　[国]米国　[生]1951年5月23日　[典]1992

ユーイング, パトリック　Ewing, Patrick　元・バスケットボール選手　[国]米国　[生]1962年8月5日　[典]1996／2000／2004／2008／2012

ユーイング, マリア　Ewing, Maria　メゾソプラノ歌手　[国]米国　[典]1992

ユーイング・マリガン, メアリー　Ewing-Mulligan, Mary　国際ワイン・センター共同所有者　[国]米国　[典]2000

ユウ・エンホウ　熊 遠報　Xiong, Yuan-bao　歴史学者　早稲田大学理工学術院教授　[専]社会史　[国]中国　[生]1963年　[典]2004

ユウ・キョンミ　劉 卿美　長崎大学大学教育機能開発センター准教授　[専]比較文化学　[国]韓国　[生]1967年　[典]2004

ユウ・ゲイ　熊 倪　Xiong, Ni　飛び込み選手　[国]中国　[生]1974年1月24日　[典]2000／2004

ユウ・シャクコン　游 錫堃　Yu, Shyi-kun　政治家　台湾民主進歩党(民進党)主席　元・台湾行政院院長(首相)　[国]台湾　[生]1948年4月25日　[典]2004／2008／2012

ユウ・シュウレイ　游 修齢　農学者　浙江省農業大学教授　[専]中国農業史　[国]中国　[典]1992／1996

ユウ・スウシャク　尤 崇杓　生物学者　中国農業科学院原子力利用研究所所長　[国]中国　[生]1932年　[典]1996

ユウ・セイ　尤 清　Yu, Ching　弁護士, 政治家　台北県県長(民主進歩党)　[国]台湾　[生]1942年　[典]1992／1996

ユウ・セイセン　熊 清泉　元・中国共産党湖南省委員会書記, 元・中国共産党中央委員　[国]中国　[生]1927年　[典]1996

ユウ・セイビ　熊 性美　経済学者　南開大学経済学部教授, 世界経済学会副会長　[国]中国　[典]2004

ユウ・ソウ　勇 壮　本名=Martinez,Osvaldo　プロ野球選手(投手)　[典]2000

ユウ・チョウチュウ　熊 朝忠　Xiong, Chao-zhong　プロボクサー　WBC世界ミニマム級チャンピオン　[国]中国　[生]1982年10月3日

ユウ・テンケイ　熊 天荊　元・中国人民政治協商会議全国委員会(全国政協)常務委員　[国]中国　[生]1902年　[没]1985年4月19日　[典]1992

ユウ・トクケイ　游 德馨　福建省副省長兼経済貿易委員会主任, 高級経済師　[国]中国　[生]1931年　[典]1996

ユウ・フク　熊 復　Xiong, Fu　筆名=傅容, 茹純　元・中国全国人民代表大会(全人代)常務委員, 元・「紅旗」編集長, 元・新華社社長　[国]中国　[生]1915年　[没]1995年1月3日　[典]1992／1996

ユウ・リンシュ　游 琳姝　女優　[国]中国　[典]2004／2008

ユーウェン, スチュアート　Ewen, Stuart　ニューヨーク市立大学ハンター・カレッジ・コミュニケーション学部教授　[専]社会学　[国]米国　[生]1945年　[典]1992

ユウリアルバチャコフ　勇利アルバチャコフ　Yuri Arbachakov　本名=アルバチャコフ, ユーリ・ヤコブレビッチ　元・プロボクサー　元・WBC世界フライ級チャンピオン　[国]ロシア　[生]1966年10月22日　[典]1992(アルバチャコフ, ユーリー)／2012

ユエホン　Yuehong　歌手　[国]中国　[生]1975年11月5日　[典]2000

ユエン・ティン　Yuen, Ding　漢字名=袁丁　テレビディレクター, 俳優　[国]中国　[生]1965年5月8日　[典]2004

ユカワ, ダイアナ　湯川, ダイアナ　Yukawa, Diana　バイオリニスト　[国]英国　[生]1985年9月16日　[典]2012

ユキムラ, ジョアン　ハワイ州カウアイ島リフエ市長　[国]米国　[典]1992

ユーキリス, ケビン　Youkilis, Kevin　本名=Youkilis,Kevin Edmund　大リーグ選手(内野手)　[国]米国　[生]1979年3月15日

ユク・クンビョン　陸 根丙　Yook, Keun-byung　美術家　[専]インスタレーション　[国]韓国　[生]1957年　[典]1996

ユク・ワンスン　陸 完順　舞踊家　[国]韓国　[生]1933年6月16日　[典]1996

ユケチェフ, ヴィクトル　ジャーナリスト　「シベリア新聞」編集長　[国]ソ連　[典]1992／1996

ユーゴ, ピエール・ド　画家　[国]フランス　[生]1960年　[典]2000

ユーゴビッチ, ウラジミル　Jugovic, Vladimir　サッカー選手(MF)　[国]ユーゴスラビア　[生]1969年8月30日　[典]1996／2000／2004

ユシェ, ユルバン　Huchet, Urbain　画家　[国]フランス　[生]1930年　[典]1992

ユージェニデス, ジェフリー　Eugenides, Jeffrey　作家　[国]米国　[生]1960年　[典]1996／2004／2008／2012

ユーシェンコ, ヴィクトル　Yushchenko, Viktor Andriyovich　政治家, エコノミスト　元・ウクライナ大統領, 元・ウクライナ首相, 元・ウクライナ国民銀行総裁　[国]ウクライナ　[生]1954年2月23日　[典]2004(ユシチェンコ, ヴィクトル)／2008／2012

ユシーム, マイケル　Useem, Michel　経営学者　ペンシルベニア大学ウォートン校マネージメント学科教授　[国]米国　[典]2004／2008

ユシルマン, アデル　Yusirman, Adhel　弁護士　[国]インドネシア　[典]2004

ユージーン　Youjeen　旧グループ名=チェリー・フィルター　ロック歌手　[国]韓国　[生]1977年7月5日　[典]2004／2008

ユージン　Eugene　本名=金栖真　グループ名=S.E.S　歌手　[国]韓国　[生]1981年3月3日　[典]2000／2004／2008

ユスカ, ギュンスター　日本ノルディカ社長　[国]ドイツ　[典]2000

ユスケビッチ, イーゴリ　Youskevitch, Igor　バレエダンサー　[国]米国　[生]1912年3月13日　[没]1994年6月13日　[典]1996

ユスタス, アーンヒム　Eustace, Arnhim Ulric　政治家　元・セントビンセントグレナディーン首相　国セントビンセントグレナディーン　生1946年10月5日　載2004/2008

ユスティノフ, ピーター　Ustinov, Peter　本名＝Ustinov,Peter Alexander　俳優,映画監督,劇作家,作家　国英国　生1921年4月16日　没2004年3月28日　載1992/1996/2000

ユストゥス, アドリアン　Justus, Adrian　バイオリニスト　国メキシコ　生1970年　載1996

ユズバシャン, マリウス　Yuzbashyan, Marius Aramovich　元・アルメニア国家保安委員会(KGB)議長　国アルメニア　生1924年　没1993年7月21日　載1996

ユスフ, アブドラヒ　Yusuf, Abdullahi　本名＝Yusuf Ahmed, Abdullahi　政治家,軍人　元・ソマリア暫定大統領　国ソマリア　生1934年12月15日　没2012年3月23日　載2008/2012

ユスフ, アンディ・モハマッド　Yusuf, Andi Mohamad　軍人,政治家　元・インドネシア国防治安相・国軍司令官　国インドネシア　生1928年6月23日　没2004年9月8日　載1992/1996

ユスフ, シャヒッド　Yusuf, Shahid　エコノミスト　世界銀行開発経済リサーチグループ・リサーチマネージャー　載2008/2012

ユースーフィ, アブデルラハマン　Youssoufi, Abderrahmane　政治家　元・モロッコ首相　国モロッコ　生1925年　載2000/2004/2008

ユースフ・イドリース　Yūsuf Idrīs　作家　元・「アル・アハラム」紙文芸編集顧問　国エジプト　生1927年　没1991年8月1日　載1992

ユスフザイ, マララ　Yousafzai, Malala　人権活動家　2014年ノーベル平和賞受賞　国パキスタン　生1997年7月12日

ユーセフ, ハビブ　Youssef, Habib　コンピューター科学者　ファハド国王石油鉱物大学(KFUPM)計算機工学助教授　専VLSIのCAD,コンピューター・ネットワーク　国サウジアラビア　載2004

ユーセフ, ユーセフ・ビン・アメーリ・ビン　Youssef, Yousef bin Ameir-bin　政治家　元・アラブ首長国連邦(UAE)石油鉱物資源相　国アラブ首長国連邦　生1956年11月11日　載1992(ユセフ・ビン・アメーリ・ビン・ユーセフ)/1996

ユゼファツカ, マリア　Józefacka, Maria　詩人　国ポーランド　生1942年　載1992

ユセラ, ツーリキ　婦人運動家　元・国際有職婦人クラブ連合会会長,元・フィンランド保健教育協議会事務局長　国フィンランド　載1992

ユーダル, ブレーディ　Udall, Brady　作家　国米国　載2008

ユーチェンコ, アルフォンソ　Yuchengco, Alfonso T.　外交官,実業家　駐日フィリピン大使,日比経済協力委員会委員長　国フィリピン　生1923年　載2000

ユチョン　Yucheon　本名＝パクユチョン　別名＝Micky　グループ名＝東方神起　歌手,俳優　国韓国　生1986年6月4日　載2008/2012

ユッカー, ギュンター　Uecker, Günther　造形作家,画家　国ドイツ　生1930年3月13日　載2008

ユッカー, ジタ　Jucker, Sita　画家　国スイス　生1921年　載1996

ユッスー・ンドゥール　Youssou N'dour　歌手　国セネガル　生1959年　載1992/1996/2000/2008/2012

ユッセラー, ロルフ　Uesseler, Rolf　著述業　国イタリア　生1943年　載2012

ユッセン, アルトゥール　Jussen, Arthur　ピアニスト　国オランダ　生1996年

ユッセン, ルーカス　Jussen, Lucas　ピアニスト　国オランダ　生1993年

ユッソン, パトリック　テノール歌手　国フランス　載2000

ユッタナー・ムクダーサニット　Euthana Mukdasnit　映画監督　国タイ　生1952年5月25日　載2004/2008

ユッテ, ヤン　Jutte, Jan　イラストレーター　国オランダ　生1954年　載2004/2012

ユット, ジェームズ　Huth, James　映画監督,脚本家　国フランス　載2000

ユディスティラ・ANM・マサルディ　Yudhistira ANM Massardi　本名＝Yudhistira Ardi Nugraha Mulyana Massardi　作家,ジャーナリスト　国インドネシア　生1954年　載1996

ユデスキー, ジェームス　Udesky, James　そば研究家　国米国　生1951年　載1992

ユーデック, ハンス・ヘニング　J・E・アクセス社長　国ドイツ　生1950年　載1992

ユード, エドワード　Youde, Edward　元・香港総督　国英国　没1986年12月4日　載1992

ユトケヴィッチ, セルゲイ　Yutkevich, Sergei Iosifovich　映画監督　国ソ連　生1904年　没1985年4月25日　載1992(ユトケビッチ, セルゲイ)

ユドヨノ, スシロ・バンバン　Yudhoyono, Susilo Bambang　政治家,元・軍人　インドネシア大統領　元・インドネシア調整相(政治・治安・社会担当),元・国連ボスニア・ヘルツェゴビナ停戦監視団長　国インドネシア　生1949年9月9日　載2004/2008/2012

ユードリイ, ジャニス・メイ　Udry, Janice May　絵本作家　国米国　生1928年　載1996

ユドン, ジャン　Hudon, Jean　ロックミュージシャン　国カナダ　載1992

ユナ　Yoon-a　グループ名＝少女時代　歌手　国韓国　生1990年5月30日　載2012

ユナク　Yoon-hak　本名＝チョンユナク　グループ名＝超新星　歌手　国韓国　載2012

ユナコビッチ, スヴェトラン　Junaković, Svjetlan　画家,絵本作家　国クロアチア　生1961年1月23日　載2004/2012

ユーナック, ドロシイ　Uhnak, Dorothy　作家　国米国　生1933年　載1992

ユナピング, マンドォエ　Yunupingu, Mandawuy　グループ名＝ヨス・インディ　歌手　国オーストラリア　生1956年9月17日　載1996

ユナン, ジャン・クロード　Hunin, Jean Claude　冒険家,カメラマン　国フランス　載1992

ユニョン　Yun-young　グループ名＝A-JAX　歌手　国韓国　生1993年2月15日

ユヌス, ムハンマド　Yunus, Muhammad　銀行家,経済学者　元・グラミン銀行総裁　国バングラデシュ　生1940年6月28日　載1996/2000/2004/2008/2012

ユヌベル, アンドレ　Hunebelle, André　映画監督　国フランス　生1896年9月1日　没1985年11月27日　載1992

ユーヌマン, カイ　Jünemann, Kai　写真家　国ドイツ　生1973年　載2004/2008

ユネス, タラール　Younes, Talal　生物学者　国際生物科学連合(IUBS)事務局長　専分子遺伝学,生物倫理,生態学,生物学教育　国レバノン　載2000

ユハース, フェレンツ　Juhász, Ferenc　言語学者,詩人　国ハンガリー　生1928年　載1992/1996

ユパンキ, アタウアルパ　Yupanqui, Atahualpa　本名＝チャベロ, エクトル　ギタリスト,歌手,作曲家,詩人,随筆家　国アルゼンチン　生1908年1月30日　没1992年5月23日　載1992/1996

ユーバンク, ティム　Ewbank, Tim　ジャーナリスト　国英国　載2004

ユーバンクス, ロビン　Eubanks, Robin　トロンボーン奏者,作曲家　国米国　生1955年10月25日　載1992/1996

ユブホフ, ニコル　Uphoff, Nicole　馬術選手(馬場馬術)　国ドイツ　載1992/1996

ユーベ, イングリート　Uebe, Ingrid　作家,童話作家　国ドイツ　載1992/1996/2000

ユベール, イザベル　Huppert, Isabelle　本名＝Huppert,Isabelle Anne　女優　国フランス　生1953年3月16日　載2000/2004/2008/2012

ユベール, ラエティシャ　Hubert, Laetitia　フィギュアスケート選手　国フランス　載1992

ユベルツ, イザベラ　Hupperts, Isabelle　ベルギー・ジェネラール・グループ・ジャパン社長,ケンウッド取締役,ベルギー外国貿易振興

局顧問　国ベルギー　生1955年1月31日　掲1996／2000

ユベロス, ピーター　Ueberroth, Peter V.　米国オリンピック委員会(USOC)会長　元・ロサンゼルス五輪組織委員会委員長, 元・大リーグコミッショナー　国米国　生1937年9月2日　掲1992／1996／2000／2008／2012

ユー・ホセ, リディア・N.　Yu-Jose, Lydia N.　政治学者　アテネオ・デ・マニラ大学社会学部教授　専政治学, フィリピン・日本関係史　国フィリピン　掲2008(ホセ, リディア・N.ユー)

ユマシェフ, ワレンチン　Yumashev, Valentin Borisovich　ロシア大統領顧問　元・ロシア大統領府長官　国ロシア　生1952年12月15日　掲2000／2004／2012

ユメール, ダニエル　Humair, Daniel　ジャズドラマー, 画家　国フランス　生1938年5月23日　掲1992／1996

ユメンヨラ, オシー　Umenyiora, Osi　プロフットボール選手(DE)　国米国　生1981年11月16日　掲2012

ユラソフ, ドミトリー　Yurasov, Dmitrii　人権活動家　ロシア革命後の犠牲者の歴史発掘運動を推進　国ロシア　掲1992／1996／2004

ユラール・ヴィルタール, エヴリン　Hurard Viltard, Eveline　フランス国立科学研究所(CNRS)「美学と芸術」セクション部長　専音楽, 美学　国フランス　生1930年　掲1992(ユラール・ビルタール, エブリン)

ユリ　Yu-ri　グループ名＝少女時代　歌手　国韓国　生1989年12月5日　掲2012

ユーリー, ウィリアム　Ury, William L.　ハーバード大学交渉ネットワーク研究所所長　専交渉学　国米国　掲1992／1996／2004／2008

ユーリー, ハロルド　Urey, Harold Clayton　化学者　元・カリフォルニア大学教授　専物理化学, 宇宙化学, 地球物理学　国米国　生1893年4月29日　没1981年1月5日　掲1992

ユリアナ　Juliana　本名＝ルイーズ・エマ・マリー・ウィルヘルミナ・ユリアナ　元・オランダ女王　国オランダ　生1909年4月30日　没2004年3月20日　掲1992(ユリアナ女王)／1996(ユリアナ女王)／2004

ユリアンティラ, カリ　Ylianttila, Kari　スキー指導者, 元・スキー選手(ジャンプ)　元・スキー全日本代表ジャンプチーム・ヘッドコーチ　国フィンランド　生1953年8月28日　掲2008／2012

ユリエ, ジュヌヴィエーブ　Huriet, Genevieve　絵本作家　国フランス　生1927年8月24日　掲2000

ユーリス, レオン　Uris, Leon Marcus　作家　国米国　生1924年8月3日　没2003年6月21日　掲1992

ユーリック, クラウス　ケルン市都市計画局長　国ドイツ　生1932年　掲1996

ユーリック, ソル　Yurick, Sol　作家　国米国　生1925年　掲1992／1996

ユーリック, ハーバート　Uhlig, Herbert H.　マサチューセッツ工科大学(MIT)名誉教授　専金属学, 腐食　国米国　生1906年　掲1992

ユーリディシー　Eurudice　作家　「SPIN」スタッフ・ライター　掲2000

ユール, ウィリアム　Yule, William　臨床心理学者　ロンドン大学精神医学研究所教授　専児童心理学, PTSD, トラウマ　国英国　掲2004／2008

ユルクス, ミヒャエル　Jürgs, Michael　作家　元・「シュテルン」誌編集長　国ドイツ　生1945年　掲2000

ユルゲンス, ウーリッヒ　Jurgens, Ulrich　ベルリン社会科学センター主任研究員　専日独産業比較　国ドイツ　生1943年　掲1992

ユルゲンス, ウルダ　Jürgens, Urda　ジャーナリスト　国ドイツ　生1959年　掲1992

ユルゲンス, ユルゲン　Jürgens, Jürgen　指揮者　国ドイツ　生1925年11月5日　没1994年8月4日　掲1996

ユルゲンスマイヤー, マーク　Juergensmeyer, Mark Karl　カリフォルニア大学サンタバーバラ校教授　専社会学, 宗教学　国米国　掲1996

ユルコフスキ, ヘンリク　Jurkowski, Henryk　演劇史家, 批評家, 記号学者　シャルルヴィル・メジエール国際人形劇研究所(フランス)講師, 国際人形劇連盟(UNIMA)会長　国ポーランド　掲1992

ユルスナール, マルグリット　Yourcenar, Marguerite　本名＝Crayencour,Marguerite de　作家　国フランス　生1903年6月8日　没1987年12月17日　掲1992

ユルスマン, ジェリー　Yulsman, Jerry　ミステリー作家, フォトジャーナリスト　国米国　生1924年　掲1996

ユルズマン, ジェリー　Uelsmann, Jerry　写真家　フロリダ大学芸術研究所教授　国米国　生1934年　掲1996

ユルセン, カイ　クリスタル・ハーモニー船長　国ノルウェー　生1943年　掲1992

ユルドゥルム, メフメット・サリーヒ　Yildirim, Mehmet Salih　政治家　トルコ国務相　国トルコ　生1943年　掲2000

ユルマズ, メスート　Yilmaz, Mesut　政治家　トルコ祖国党党首　元・トルコ首相　国トルコ　生1947年11月6日　掲1992(イルマズ, メスト)／1996(イルマズ, メスト)／2000／2004／2008

ユルメール, ジョルジュ　作詞・作曲家　国フランス　生1919年　没1989年9月29日　掲1992

ユールヨーゲンセン, オブ　Jorgensen, Ove Juul　元・欧州連合(EU)駐日欧州委員会代表部大使　国デンマーク　生1939年　掲2000

ユーレン, アンドレア　U'Ren, Andrea　絵本作家　国米国　掲2008

ユレンステン, ラルス　医学者, 詩人　ノーベル財団理事長, カロリンスカ研究所教授　国スウェーデン　生1921年11月　掲1992

ユロウスキ, ウラディーミル　Jurowski, Vladimir　指揮者　ロンドン・フィルハーモニック首席指揮者　国ロシア　生1972年4月4日

ユーロセビッチ, ケリー　Urosevich, Kerrie　日米コミュニティ・エクスチェンジ(JUCEE)コーディネーター　国米国　掲2000

ユン, アニタ　中国名＝袁詠儀　女優　国香港　生1971年　掲1996／2000

ユーン, アレックス　Yoong, Alex　レーシングドライバー　国マレーシア　生1976年7月20日　掲2004

ユン・イクヒ　尹益希　本名＝盧貴女　歌手　国韓国　生1971年7月4日　掲1996

ユン・イサン　尹伊桑　Yun, I-sang　作曲家　国ドイツ　生1917年9月17日　没1995年11月3日　掲1992／1996(イン・イソウ)

ユン・イルソン　尹日善　元・ソウル大学総長　国韓国　生1987年6月22日　掲1992

ユン・イルボン　尹一峯　俳優　国韓国　生1934年3月1日　掲1996

ユン・ウネ　Yoon, Eun-hye　漢字名＝尹恩恵　女優　国韓国　生1984年10月3日　掲2008／2012

ユン・ウン　尹雄　Yoon, Woong　ビジネスコンサルタント　生1966年　掲2000(イン・ユウ)

ユン・ウンギョン　脚本家　国韓国　生1974年12月4日　掲2004／2008／2012

ユン・オクヨン　尹沃栄　韓国水産庁長　国韓国　生1935年4月26日　掲1996

ユン・キジョン　尹基貞　政治家　元・金日成総合大学名誉教授, 元・朝鮮労働党中央委員候補, 元・最高人民会議代議員　国北朝鮮　没2010年8月13日　掲2000

ユン・キボク　尹基福　Yun, Gi-bok　政治家　元・北朝鮮祖国統一民主主義戦線議長, 元・朝鮮労働党中央委員会書記(教育文化担当)　国北朝鮮　生1926年8月　没2003年5月8日　掲1992／1996／2000

ユン, キャロル　Yoon, Carol Kaesuk　生物学者, サイエンスライター　掲2008

ユン・キョンシン　尹京信　Yoon, Kyung-shin　ハンドボール選手　国韓国　生1973年7月7日　掲2004／2008／2012

ユン・キルジュン　尹吉重　Yoon, Giel-joong　政治家　元・韓国民正党代表委員　国韓国　生1916年8月14日　掲1992／1996

ユン・クビョン　児童文学作家　国韓国　生1943年　掲2004／2008

ユン・クンシク　尹謹植　成均館大学教授　専政治学　国韓国　生1931年8月13日　掲1996

ユン・クンノ　尹国老　元・韓国国会議員, 元・民主正義院内首席副総務　国韓国　没1986年12月9日　掲1992

ユン・クンファン 尹 謹煥 地方自治制実施研究委員 国韓国 生1929年1月28日 没1996

ユン・サスン 尹 絲淳 高麗大学哲学科教授,孔子学会会長 専儒教,哲学 国韓国 生1936年12月19日 没1996

ユン・サン 尹 相 歌手,作曲家 国韓国 生1968年5月11日 没1996

ユン・サンイン 尹 相仁 漢陽大学文学部助教授 専近代日本文学,比較文学 国韓国 生1955年 没1996／2008

ユン・サンヒョン 尹 Yoon, Sang-hyeon 俳優 国韓国 生1977年9月21日 没2012

ユン・ジェスル 尹 済述 元・韓国国会副議長 国韓国 生1986年7月24日 没1992

ユン・ジェソン 尹 載善 政治学者 翰林聖心大学地方行政学科教授 生1954年 没2008

ユン・ジェチョル 尹 在哲 Yoon, Jae-chul 実業家 韓国富士通社長 国韓国 生1949年1月3日 没2004／2008

ユン・ジェホ 尹 載皓 プロ野球選手(内野手) 国韓国 生1967年3月6日 没1996

ユン・ジャンソプ 尹 張燮 ソウル大学名誉教授,同宇建築顧問建築士 専建築学 国韓国 没2000

ユン・ジュオク 尹 周玉 元・在日本朝鮮仏教徒連盟副委員長 国北朝鮮 生1987年7月17日 没1992

ユン・ジュヨン 尹 胄栄 Yoon, Chu-yung 写真家 元・韓国国会議員 国韓国 生1928年7月26日 没1996

ユン・シユン Yoon, Si-yoon 漢字名=尹施允 俳優 国韓国 生1986年9月26日 没2012

ユン・ジュンヒョン 尹 増鉉 Yoon, Jeung-hyun 政治家 韓国企画財政相 国韓国 生1946年 没2012

ユン・ジョンオク 尹 貞玉 韓国挺身隊問題対策協議会共同代表 元・梨花女子大学英文科教授 専英文学,19世紀イギリス小説 国韓国 生1925年 没1992／1996／2000

ユン・ジョンギュ 尹 正奎 作家 国韓国 生1937年 没1992

ユン・ジョンシン 尹 鍾信 歌手 国韓国 生1969年10月15日 没1996

ユン・ジョンソク 尹 正錫 韓国中央大学政治外交学科教授,韓国公共政策学会会長 専国際政治学,日韓関係論 国韓国 生1936年6月26日 没1992／1996

ユン・ジョンファン 尹 晶煥 Yoon, Jong-hwan サッカー監督,元・サッカー選手 国韓国 生1973年2月16日 没2004／2008／2012

ユン・ジョンモ 尹 静慕 作家 国韓国 没1996

ユン・ジョンヨン 尹 鍾竜 実業家 サムスン電子副会長・CEO 国韓国 生1944年1月 没2000／2004／2008

ユン・ジンシク 尹 鎮植 Yoon, Jin-sik 元・韓国産業資源相,元・韓国関税庁長 国韓国 生1946年3月4日 没2004／2008

ユン・スイル 尹 秀一 歌手 国韓国 生1955年2月6日 没1996

ユン・スンウォン 尹 承園 タレント 国韓国 生1958年5月29日 没1996

ユン・スンホン 尹 舜鴻 タレント 国韓国 生1956年9月7日 没1996

ユン・ソクチュン 尹 石重 童謡作家 セセク(新芽)会長 国韓国 生1911年5月25日 没1996(ユン・ソクジュン)

ユン・ソクヒョ 尹 錫暁 Yun, Suk-hyo 歴史学者 漢城大学助教授 専韓国古代史 国韓国 生1944年 没1996／2004

ユン・ソクホ Yoon, Sok-ho 漢字名=尹錫珊 テレビ演出家・プロデューサー ファンエンターテインメントドラマ制作チーム監督 国韓国 生1957年6月4日 没2004／2008／2012

ユン・ソクミン 尹 錫民 西洲産業会長,韓国能率協会副会長 国韓国 生1938年9月4日 没1996

ユン・ソソク 尹 瑞石 韓国中央大学名誉教授 専家政学,食品学 国韓国 生1923年1月6日 没1996

ユン・ソナ Yoon, Son-ha アーティスト名=sona, 漢字名=尹孫河 女優 国韓国 生1976年11月17日 没2012

ユン・ソンヒ Yun, Sung-hee 脚本家,作詞家 国韓国 生1971年2月14日 没2008／2012

ユン・ソンフン 尹 聖勲 プロ野球選手(内野手) 国韓国 生1966年6月4日 没1996

ユン・ソンミン 尹 誠敏 Yun, Sung-min 軍人 韓国石油開発公社理事長 元・韓国国防相 国韓国 生1926年10月15日 没1992

ユン・チャン 尹 燦 プロ野球選手(内野手) 国韓国 生1967年10月16日 没1996

ユン・チャンジュン 尹 昶重 Yoon, Chang-jung 「世界日報」政治部次長 国韓国 生1956年 没1996

ユン・チヨン 尹 致暎 安重根義士崇慕会理事長 国韓国 生1898年2月10日 没1992

ユン・デイル 尹 大日 韓国脱北者同志会副会長 生1955年 没2004／2008

ユン・テク 尹 鐸 映画振興公社社長 国韓国 生1933年3月3日 没1996

ユン・テクジュン 尹 宅重 韓国憲政会副会長,韓国全国指導者育成協議会長,韓国民族文化考証学会会長 国韓国 生1913年12月16日 没1996

ユン・テヨン 尹 太瀛 Yoon, Tae-young 韓国大統領秘書室広報主席代弁人・代弁人チーム長 国韓国 生1961年1月10日 没2004／2008

ユン・ドゥジュン Yoon, Du-jun グループ名=BEAST 歌手 国韓国 生1989年7月4日 没2012

ユン・ドクギュ 尹 徳奎 プロ野球選手(外野手) 国韓国 生1963年2月25日 没1996

ユン・ドクホン 尹 徳弘 Yoon, Deok-hong 社会学者 元・大邱大学総長,元・韓国副首相・教育人的資源相 国韓国 生1947年4月19日 没2004／2008

ユン・ドクミン 尹 徳敏 国際政治学者 韓国外交安保研究院教授 専北朝鮮・東アジアの安全保障,国際関係論 国韓国 生1959年 没1996／2000／2004／2012

ユン・ドグン 尹 道根 弘益大学建築工学科教授,芸総副会長 専建築工学 国韓国 生1935年2月17日 没1996

ユン・ドンギュン 尹 東均 プロ野球監督 国韓国 生1949年7月2日 没1996

ユン・ドンユン 尹 東潤 元・韓国通信相 国韓国 生1938年6月18日 没1996

ユン・ハクギル 尹 学吉 プロ野球コーチ 国韓国 生1961年7月4日 没1992(ユン・ハッギル)／1996／2012

ユン・ヒジュン 尹 嬉重 梨花女子大学人文学部教授 国韓国 生1934年10月28日 没1996

ユン・ビョウ Yuen, Biao 本名=夏令震 漢字名=元彪 俳優 国香港 生1957年6月27日 没1992／1996／2008／2012

ユン・ヒョク 尹 赫 プロ野球選手(外野手) 国韓国 生1967年5月22日 没1996

ユン・ヒョクギ 尹 赫基 (株)シネテルソウル代表理事 国韓国 生1937年9月29日 没1996

ユン・ヒョン 尹 玄 牧師(メソジスト派),人権活動家,放送コラムニスト 北韓同胞の生命と人権を守る市民連合代表 国韓国 生1929年 没2000

ユン・ヒョンギュウ 尹 迴奎 韓国大阪総領事 国韓国 生1944年 没1992／2000

ユン・ヒョングン 尹 亨根 Yoon, Hyong-keun 画家 国韓国 生1928年 没1996

ユン・ビョンソク 尹 炳奭 仁荷大学教授・韓国学研究所長 専韓国史 国韓国 生1930年8月24日 没1996

ユン・ヒョンソプ 尹 亨燮 Yoon, Hyoung-sop 政治学者 大韓教員団体総連合会会長,延世大学政治外交学科教授 元・韓国教育相 専比較政治論,韓国政治論 国韓国 生1933年10月4日 没1992／1996

ユン・ビョンテ 尹 炳泰 忠南大学教授 国韓国 生1933年10月3日 没1996

ユン・ヒョンベ 尹 炯培 プロ野球選手(投手) 国韓国 生1969年

4月20日 [典]1996

ユン・ピルヨン 尹必鏞 Yun, Pil-yong 軍人 韓国専流公社理事長 元・韓国首都警備司令官, 元・韓国道路公社社長 [国]韓国 [生]1927年3月10日 [典]1992

ユン・フジョン 尹厚淨 梨花女子大学総長 [国]韓国 [生]1932年5月7日 [典]1996

ユン・フンギル 尹興吉 Yun, Hung-gil 作家 [国]韓国 [生]1942年 [典]1992／1996

ユン・ボクジャ 尹福子 延世大学家政学部住生活学科教授 [国]韓国 [生]1934年10月25日 [典]1996

ユン・ホクン 尹浩根 Yoon, Ho-gan 元・国連大使, 元・ニューヨーク総領事 [国]韓国 [生]1925年1月22日 [典]2004／2008

ユン・ボソン 尹潽善 Yun, Bo-sun 政治家 元・韓国大統領 [国]韓国 [生]1897年8月26日 [没]1990年7月18日 [典]1992

ユーン, ポール Yoon, Paul 作家 [国]米国 [生]1980年

ユン・ミジン 尹美進 Yun, Mi-jin アーチェリー選手 シドニー五輪・アテネ五輪アーチェリー女子団体金メダリスト [国]韓国 [生]1983年4月30日 [典]2004／2008

ユン・ミョンロ 尹明老 圓光大学招聘教授 [専]哲学 [国]韓国 [生]1922年5月30日 [典]1996

ユン・ミョンロ 尹明老 ソウル大学美術学部教授 [国]韓国 [生]1936年10月14日 [典]1996

ユン・ミラ 尹美羅 タレント [国]韓国 [生]1951年12月18日 [典]1996

ユン・ムビョン 尹武炳 Yon, Moo-byong 考古学者 元・忠南大学教授, 元・円光大学教授, 元・韓国文化財委員 [専]青銅器文化 [国]韓国 [生]1924年2月9日 [没]2010年8月5日 [典]1996

ユン・ムンシク 尹文植 タレント [国]韓国 [生]1942年12月13日 [典]1996

ユン・ヤンジュン 尹亮重 元・(株)錦湖(現・錦湖タイヤ)社長 [国]韓国 [生]1931年12月1日 [典]1996／2000

ユン・ヤンハ 尹良河 本名=尹炳規 俳優 [国]韓国 [生]1940年5月1日 [典]1996

ユン・ユソン 尹宥善 タレント [国]韓国 [生]1969年1月17日 [典]1996

ユン・ヨジュン 尹汝雋 Yoon, Yeo-joon 韓国大統領公報首席秘書官 [国]韓国 [生]1939年10月17日 [典]1996

ユン・ヨンア 尹映我 歌手 [国]韓国 [生]1972年11月13日 [典]1996

ユン・ヨンイ 尹龍二 円光大学教授・博物館館長 [専]韓国陶器史 [国]韓国 [生]1947年 [典]2000

ユン・ヨンギョ 尹永教 外交安保研究院名誉教授, 韓米経済協議会常勤副会長 [国]韓国 [生]1927年4月2日 [典]1996

ユン・ヨングァン 尹永寛 Yoon, Young-kwan 国際政治学者 元・韓国外交通商相, 元・ソウル大学教授 [国]韓国 [生]1951年1月12日 [典]2004／2008

ユン・ヨンジャ 尹英子 彫刻家 牧園大学名誉教授, 美術協会顧問 [国]韓国 [生]1924年2月21日 [典]1996

ユン・ヨンタク 尹栄卓 韓国国民党政策委員会議長 [国]韓国 [生]1933年6月4日 [典]1996

ユン・ヨンハ 尹用夏 プロ野球選手(外野手) [国]韓国 [生]1968年6月7日 [典]1996

ユン・ヨンフン 尹栄勲 科学技術振興財団事務総長 [国]韓国 [生]1936年8月25日 [典]1996

ユン・ヨンミン Yoon, Jeong-min コンサルタント [国]韓国 [生]1961年 [典]2004

ユンガー, エルンスト Jünger, Ernst 作家, 評論家 [国]ドイツ [生]1895年3月29日 [没]1998年2月17日 [典]1992／1996

ユンガー, セバスチャン Junger, Sebastian ジャーナリスト [国]米国 [生]1962年 [典]2000

ユンガイ, プリンセシータ・デ Yungay, Princesita De 本名=ハラダ・バスケス, アンヘリカ フォルクローレ歌手 [国]ペルー [生]1938年 [典]1992

ユンカーマン, ジョン Junkerman, John 映画監督 [国]米国 [生]1952年 [典]1996／2000／2004／2008／2012

ユング, カール Jung, Karl ドイツ労働社会省事務次官 [国]ドイツ [生]1930年 [典]1996

ユング, ドミニク ジャーナリスト 「デルニエール・ヌーベル・ダルザス(DNA)」紙記者 [国]フランス [生]1951年 [典]1996

ユング, ミヒャエル Jung, Michael 馬術選手 ロンドン五輪総合馬術個人・団体金メダリスト [国]ドイツ [生]1982年7月31日

ユンク, ローベルト Jungk, Robert ジャーナリスト, 作家, 平和運動家 [国]オーストリア [生]1913年5月11日 [没]1994年7月14日 [典]1996

ユングスラーガー, ジェラード Jungslager, Gerard 歴史研究家, 元・弁護士, 元・軍人 対日道義請求財団 [国]オランダ [典]1996

ユングベリ, フレドリク Ljungberg, Fredrik 元・サッカー選手 [国]スウェーデン [生]1977年4月16日 [典]2004／2008／2012

ユングベリ, ミカエル Ljungberg, Mikael レスリング選手(グレコローマン) [国]スウェーデン [生]1970年6月13日 [没]2004年11月16日 [典]2004

ユンゲ, ノルマン Junge, Norman 画家 [国]ドイツ [生]1938年 [典]2000

ユンゲル, エーバハルト Jüngel, Eberhard 神学者 テュービンゲン大学教授 [国]ドイツ [生]1934年12月5日 [典]2004

ユンケル, ジャンクロード Juncker, Jean-Claude 政治家 ルクセンブルク首相・財務相 [国]ルクセンブルク [生]1954年12月9日 [典]1996／2000／2004／2008／2012

ユンソン, バーデン Eunson, Baden コンサルタント ユンソン・トレーニング&コンサルタント主席コンサルタント [国]オーストラリア [生]1948年 [典]2004

ユンホ Yunho 本名=チョンユンホ 別名=U-Know グループ名=東方神起 歌手 [国]韓国 [生]1986年2月6日 [典]2008／2012

【ヨ】

ヨ・ウンゲ Yeo, Woon-kay 漢字名=呂運計 女優 [国]韓国 [生]1940年2月25日 [没]2009年5月22日 [典]1996(呂 運計 ヨ・ウンケイ)

ヨ・カ 余華 Yu, Hua 作家 [国]中国 [生]1960年4月3日 [典]2004／2008／2012

ヨ・カプスン 呂甲順 Yeo, Kab-soon 射撃選手(ライフル) [国]韓国 [典]1996

ヨ・カンシュン 余煥春 Yu, Huan-chun 編集者 「経済日報」副編集長 [国]中国 [生]1935年 [典]1996

ヨ・クムジュ 呂錦朱 「『喜び組』に捧げた私の青春―北朝鮮少女日記」の著者 [生]1974年 [典]2008

ヨ・シュウウ 余秋雨 文芸理論家 上海戯劇学院院長, 上海創作学会会長 [国]中国 [生]1946年 [典]1996

ヨ・シュウリ 余秋里 Yu, Qiu-li 政治家, 軍人 元・中国副首相, 元・中国人民解放軍総政治部主任 [国]中国 [生]1914年10月 [没]1999年2月3日 [典]1992／1996

ヨー, ジョージ Yeo, George 中国名=楊栄文 政治家 シンガポール通産相 [国]シンガポール [生]1954年 [典]1996／2000／2004

ヨ・ソクキ 呂石基 高麗大学名誉教授 [専]演劇 [国]韓国 [生]1922年3月6日 [典]1996

ヨ・タイキ 余大喜 江西省舞踏家協会秘書長 [国]中国 [生]1952年 [典]2000

ヨー・チョウトン Yeo, Cheow-tong 中国名=姚照東 政治家 シンガポール商工相 [国]シンガポール [生]1947年 [典]1996

ヨ・テキ 余笛 画家 保定市冀中書画大学教授 [専]中国画(花鳥画) [国]中国 [生]1927年 [典]1996

ヨ・テグ 呂泰九 プロ野球選手(外野手) [国]韓国 [生]1964年12月1日 [典]1996

ヨ・トウハツ 余登発 Yu, Teng-fa 在野反政府実力者 元・高雄県長 [国]台湾 [生]1904年 [没]1989年9月11日 [典]1992

ヨ

ヨ・ブンケイ 余 文景 出版社経営者 [国]香港 [典]2000

ヨ・ボウン 余 慕雲 香港映画史研究家 香港電影資料館顧問, 香港国際映画祭顧問, 香港区域市政局顧問 [国]香港 [生]1930年 [典]2000

ヨー, ミシェル Yeoh, Michelle 本名=Nee Yeoh Choo-keng 旧名=キング, ミシェル 中国名=楊紫瓊, 別名=Khan,Michelle, Yang,Ziqiong, Yeung,Chi-king 女優 [生]1962年8月6日 [典]1996（キング, ミシェール）／2000／2004／2008／2012

ヨ・ユウタイ 余 友泰 Yu, You-tai 東北農学院名誉院長・農学機械化研究室主任教授 [専]農業機械学 [国]中国 [典]1992

ヨ・ヨンム 呂 永茂 東亜日報統一研究所長 [国]韓国 [生]1935年3月8日 [典]1996

ヨアヒムスターラー, エーリッヒ Joachimstaler, Erich A. ブランド戦略コンサルタント ブランド・リーダーシップ・カンパニーCEO, バージニア大学ダーデン・ビジネス・スクール客員教授 [典]2004

ヨウ・イ 楊 威 Yang, Wei 元・体操選手 北京五輪体操男子個人総合・団体総合金メダリスト [国]中国 [生]1980年2月8日 [典]2012

ヨウ・イ 楊 維 Yang, Wei 元・バドミントン選手 アテネ五輪バドミントン女子ダブルス金メダリスト [国]中国 [生]1979年1月13日 [典]2008

ヨウ・イコウ 楊 偉光 中央テレビ局局長 [国]中国 [生]1935年 [典]1996

ヨウ・イサン 楊 漪珊 Yang, Yee-shan 作家 [国]中国 [生]1961年 [典]2004

ヨウ・イシ 葉 偉志 Yeh, Wei-tze プロゴルファー [国]台湾 [生]1973年2月20日 [典]2008／2012

ヨウ・イチドウ 楊 一堂 Yang, Yi-tang 雲南省人民代表大会常務委員会副主任 [国]中国 [生]1930年 [典]1996

ヨウ・イツ 楊 一 Yan, Gyi 歌手 [国]中国 [生]1969年 [典]2004／2008

ヨウ・イリ 楊 威理 日本名=中日威博, 別名=陳威理, 陳威博 新潟産業大学教授, 北京中央編訳局図書館名誉館長 [専]図書館史, 書誌学 [国]中国 [生]1925年 [典]1992／1996

ヨウ・イリン 楊 伊琳 Yang, Yi-lin 体操選手 北京五輪体操女子団体総合金メダリスト [国]中国 [生]1992年8月26日

ヨウ・イリン 葉 蔚林 作家 湖南省歌舞団創作員, 湖南省作家協会副主席 [国]中国 [生]1934年 [典]1996

ヨウ・イリン 姚 依林 Yao, Yi-lin 政治家 元・中国副首相, 元・中国共産党政治局常務委員 [国]中国 [生]1917年9月 [没]1994年12月11日 [典]1992／1996

ヨウ・ウ 楊 雨 Yang, Yu 水泳選手（自由形） 競泳女子4×200メートルリレー世界記録保持者 [国]中国 [生]1985年2月6日

ヨウ・ウモウ 葉 雨蒙 本名=宋国勲 映画編集者, 脚本家 中国人民解放軍81映画製作所高級編集 [国]中国 [生]1952年 [典]1992／1996

ヨウ・エイコウ 葉 栄光 チェス選手 チェス男子国際名人 [国]中国 [生]1963年 [典]1996

ヨウ・エイセイ 楊 永青 画家, 版画家 中国少年児童出版社美術編集部, 中国美術家協会児童美術芸術委員会主任, 中国版画家協会理事 [国]中国 [生]1927年 [典]1992／1996

ヨウ・エイレツ 葉 永烈 筆名=葉艇, 勇烈 作家 中国作家協会上海分会専業作家 [国]中国 [生]1940年 [典]1996

ヨウ・エンギン 楊 衍銀 中華全国婦女連合副主席・書記処書記 [国]中国 [生]1947年 [典]1996

ヨウ・カ 楊 霞 Yang, Xia 重量挙げ選手 シドニー五輪重量挙げ女子53キロ級金メダリスト [国]中国 [典]2004／2012

ヨウ・カイコウ 楊 開煌 東呉大学政治学部教授 [専]政治学 [国]台湾 [生]1945年10月 [典]2000

ヨウ・カカ 姚 嘉華 教員 広州市東山区副区長, 中国国民党革命委員会中央委員候補 [国]中国 [生]1938年 [典]1996

ヨウ・ガク 楊 楽 数学者 中国科学院数学研究所所長, 中国科学院数理学部学部委員 [専]関数論 [国]中国 [生]1939年 [典]1996

ヨウ・カショウ 楊 家祥 元・新華社通信社副社長 [国]中国 [没]1986年9月3日 [典]1992

ヨウ・カチ 楊 嘉墀 工学者 中国科学院技術科学部学部委員, 国際宇宙飛行科学院院士 [専]人工衛星の研究 [国]中国 [生]1919年 [典]1996

ヨウ・カメイ 葉 華明 深圳市先科技術開発公司董事長 [国]中国 [生]1934年 [典]1992

ヨウ・カンイツ 楊 貫一 料理人 富臨飯店経営者 [専]中華料理 [国]香港 [典]2000

ヨウ・カンショウ 陽 翰笙 Yang, Han-sheng 本名=欧陽継修 劇作家, シナリオ作家 元・中華全国文学芸術界連合会副主席 [国]中国 [生]1902年 [没]1993年6月7日 [典]1992／1996

ヨウ・カンチュウ 葉 漢忠 広東省アクロ体操チーム・コーチ [国]中国 [生]1936年 [典]1996

ヨウ・カンメイ 楊 煥明 Yang, Huan-ming 生命工学者 北京ゲノム研究所主任 [専]遺伝子, ゲノム [国]中国 [生]1952年 [典]2004／2008

ヨウ・キ 楊 希 監督 元・中国女子バレーボール選手 [国]中国 [生]1956年 [典]1996

ヨウ・キ 楊 暉 棋士 囲碁8段 [国]中国 [典]1996

ヨウ・キクラン 葉 菊蘭 Ye, Ju-lan 政治家 台湾立法委員（民主進歩党） 元・台湾総統府秘書長, 元・台湾交通部長（運輸相） [国]台湾 [生]1949年2月13日 [典]1992／1996／2004／2008／2012

ヨウ・キショウ 楊 喜松 医師 元・台北医学院教授 [専]耳鼻咽喉科 [国]台湾 [生]1921年9月24日 [典]2000

ヨウ・キセン 楊 基銓 Yang, Chi-chuan 英語名=Yang,Edward C.H. 元・台湾総統府国策顧問, 元・国際文化基金会設立者, 元・華南銀行会長 [国]台湾 [生]1918年2月11日 [没]2004年6月16日 [典]2000

ヨウ・キチユウ 楊 吉友 映画監督, 画家 [国]中国 [生]1928年10月4日 [典]1992（ヨウ・キツユウ）／1996

ヨウ・キビ 楊 貴媚 女優, 歌手 [国]台湾 [典]2000

ヨウ・ギョウショウ 楊 暁捷 Yang, Xiao-jie 日本文学者 カルガリー大学準教授 [専]日本中世文学 [国]中国 [生]1959年 [典]2004

ヨウ・キョウハ 葉 喬波 Ye, Qiao-bo 元・スピードスケート選手 [国]中国 [典]1996

ヨウ・ギンロク 楊 銀禄 元・中国共産党中央老幹部局副局長 江青の元秘書 [国]中国 [生]1938年 [典]2004

ヨウ・グロ 楊 愚魯 Yang, Yu-lu 「中国語の手紙の書き方」の共著者 [国]中国 [生]1961年 [典]2000

ヨウ・ケイウ 楊 景宇 Yang, jing-yu 中国国務院法制弁公室主任 [国]中国 [生]1936年 [典]2000

ヨウ・ケイエン 姚 景遠 元・重量挙げ選手 [国]中国 [生]1958年 [典]1996

ヨウ・ケイキ 楊 景輝 Yang, Jing-hui 飛び込み選手 [国]中国 [生]1983年5月15日 [典]2008

ヨウ・ケイジュ 楊 啓寿 玉山神学院講師 [国]台湾 [生]1931年 [典]2004／2008

ヨウ・ケイツウ 楊 桂通 力学者 太原工業大学学長, 中国生物力学専門委員会副主任 [専]可塑性力学 [国]中国 [生]1931年 [典]1996

ヨウ・ケツチ 楊 潔篪 Yang, Jie-chi 外交官, 政治家 中国国務委員（副首相級）, 中国共産党中央委員 元・中国外相 [国]中国 [生]1950年5月 [典]2008／2012

ヨウ・ケン 楊 鈴 日本気功協会指導員 [専]気功法 [国]中国 [生]1953年 [典]1992（ヨウ・キン）

ヨウ・ケンエイ 葉 剣英 Ye, Jian-ying 政治家, 軍人 元・中国共産党副主席, 元・中国全国人民代表大会（全人代）常務委委員長, 元・中国国家中央軍事委副主席 [国]中国 [生]1897年4月28日 [没]1986年10月22日 [典]1992

ヨウ・ゲンゲン 姚 元元 作家袁犀の娘 [国]中国 [生]1958年 [典]2000

ヨウ・ケンチン 楊 献珍 Yang, Xian-zhen 哲学者 元・中国共産党中央党学校顧問 [国]中国 [生]1895年 [没]1992年8月25日 [典]1996

ヨウ・ケンメイ 楊 剣鳴 作家 [国]中国 [生]1957年1月 [典]2000

ヨウ・コウ 楊 絳 Yang, Jiang 作家 [国]中国 [生]1911年 [典]1996／2000

ヨウ・コウイ　葉 鴻偉　映画監督　[国]台湾　[生]1963年1月4日　[典]1996
ヨウ・コウキ　葉 公琦　元・上海市人民代表大会常務委員会主任　[国]中国　[生]1929年　[典]1996／2000
ヨウ・コウキン　葉 広芩　作家　[国]中国　[生]1948年10月　[典]2004
ヨウ・コウクン　楊 鴻勲　建築考古学者　中国社会科学院考古研究所研究員, 米州中国文化センター顧問　[国]中国　[生]1931年　[典]1996
ヨウ・コウケイ　楊 向奎　字=拱辰　歴史学者　孔子基金会副会長　元・中国社会科学院歴史研究所教授　[専]中国史, 中国哲学　[国]中国　[生]1910年　[典]1996
ヨウ・コウサン　楊 甲三　漢方医　北京中医学院教授　[専]鍼灸, 内科臨床　[国]中国　[生]1919年　[典]1996
ヨウ・コクヘイ　楊 国平　上海大衆タクシー会長・社長　[国]中国　[生]1956年　[典]1996
ヨウ・コクヘイ　楊 国屏　Yang, Guo-ping　軍人　中国人民武装警察部隊総部司令員　[国]中国　[典]2000
ヨウ・コクリョウ　楊 国梁　軍人　中国人民解放軍第二砲兵隊司令官, 上将, 中国共産党中央委員　[国]中国　[生]1938年　[典]2000
ヨウ・コクリン　楊 克林　ジャーナリスト　新大陸出版社編集長　[国]香港　[生]1948年12月　[典]1996
ヨウ・コッカ　葉 国華　香港政策研究所主席, 香港行政長官特別顧問　[国]香港　[生]1943年　[典]2000
ヨウ・コッコウ　楊 国光　ジャーナリスト　[国]中国　[生]1932年　[典]2000
ヨウ・サクシュウ　楊 作州　政治家　台湾立法委員, 中日関係研究会理事研究員, 蒋経国中日文化交流基金会理事　[国]台湾　[生]1926年3月15日　[典]1996
ヨウ・シキョウ　楊 志強　中華全国青年聯合会旅遊部副部長, 中国青年旅行社総社日本部長　楼蘭探検隊中国側隊長　[国]中国　[典]1992
ヨウ・ジビン　楊 治敏　成都市環境保護科学研究所副所長　[専]環境保護科学　[国]中国　[生]1944年　[典]2000
ヨウ・シブン　葉 詩文　Ye, Shi-wen　水泳選手(個人メドレー)　ロンドン五輪競泳女子200メートル・400メートル個人メドレー金メダリスト　[国]中国　[生]1996年1月1日　[典]2012
ヨウ・シメイ　葉 子銘　筆名=南草　文芸評論家　南京大学研究生院副院長, 中国現代文学研究会副会長, 中国国務院学位委員会学科評議組メンバー　[専]現代文学　[国]中国　[生]1935年　[典]1996
ヨウ・シャクラン　楊 錫蘭　元・中国女子バレーボール選手　[国]中国　[生]1961年　[典]1996
ヨウ・シュウレイ　楊 秀麗　Yang, Xiu-li　柔道選手　北京五輪柔道女子78キロ級金メダリスト　[国]中国　[生]1983年9月1日　[典]2012
ヨウ・シュクカ　葉 叔華　天文学者　全国人民代表大会常務委員会委員, 上海市人民代表大会常務委員会副主任　元・上海天文台台長　[国]中国　[生]1927年　[典]1996
ヨウ・ジュヒン　楊 儒賓　中国文学者　[国]台湾　[典]2004
ヨウ・ジュンギ　楊 遵儀　旧名=楊宗一　地質学者　中国科学院地学部学部委員, 中国古生物学会副理事長　[国]中国　[生]1908年　[典]1996
ヨウ・ショウ　楊 晶　Yang, Jing　翻訳家　元・中国共産党中央対外連絡部二等書記官　[国]中国　[生]1955年　[典]1996
ヨウ・ショウ　楊 鐘　中国国務院農村発展研究センター組長　元・中国林業相　[国]中国　[生]1932年　[典]1996
ヨウ・ショウエイ　葉 釗穎　Ye, Zhaoying　バドミントン選手　[国]中国　[生]1974年5月7日　[典]2000／2004
ヨウ・ショウキ　葉 尚輝　電子工学者　西安電子科学技術大学系主任, 中国国務院学位委員会学科評議組メンバー　[国]中国　[生]1927年　[典]1996
ヨウ・ショウキン　葉 紹鈞　Ye, Shao-jun　字=聖陶, 筆名=華秉函, 柳山　作家, 教育者　元・中国作家協会顧問, 元・人民教育出版社社長　[国]中国　[生]1894年10月28日　[没]1988年2月16日　[典]1992
ヨウ・ショウコン　楊 尚昆　Yang, Shang-kun　政治家　元・中国国家主席　[国]中国　[生]1907年5月　[没]1998年9月14日　[典]1992／1996
ヨウ・ショウハツ　楊 祥発　カリフォルニア大学デービス校教授　[専]エチレン系植物生化学　[生]1932年　[典]1992
ヨウ・ショウメイ　楊 紹明　Yan, Shao-ming　カメラマン　中国当代撮影学会主席, 中国撮影家協会副主席, 中国国際友誼促進会副理事長　[国]中国　[典]1996／2000
ヨウ・ジョタイ　楊 汝岱　Yang, Ru-dai　政治家　中国人民政治協商会議全国委員会(全国政協)副主席　元・中国共産党四川省委書記　[国]中国　[生]1926年12月　[典]1992／1996
ヨウ・ジョトウ　葉 如棠　中国建設省次官　[国]中国　[生]1940年　[典]1996
ヨウ・ジョモ　楊 汝模　筆名=楊穆　編集者　中国導報社副編集長, 編審定者　[専]現代国際関係史, 外国近代社会思想史　[国]中国　[生]1931年　[典]1996
ヨウ・シン　葉 辛　Ye, Xin　本名=葉承喜　作家　上海市作家協会副主席　[国]中国　[生]1949年10月　[典]2000
ヨウ・シンア　楊 振亜　Yang, Zhen-ya　筆名=雅方　外交官　中国全国人民代表大会(全人代)外事委員会副主任　元・駐日中国大使　[国]中国　[生]1928年3月　[典]1992／1996／2000
ヨウ・シンア　楊 振亜　Yang, Zhen-ya　元・中国革命博物館長, 元・中国歴史博物館長　[国]中国　[没]1985年8月29日　[典]1992
ヨウ・シンカイ　楊 振懐　中国水利相, 高級技師, 中国共産党中央委員候補　[国]中国　[生]1928年　[典]1996
ヨウ・ジンジュ　葉 仁寿　中国ゴルフ協会副会長, 中国人民政治協商会議全国委員会(全国政協)常務委員　[国]中国　[典]1992／1996
ヨウ・セイ　葉 青　本名=叶青　作家　東京国際交流学院理事長, 新宿国際交流学院理事長　[専]東洋史, 経済学　[国]中国　[生]1972年6月12日　[典]2000
ヨウ・セイ　葉 青　Ye, Qing　本名=任卓宣　筆名=張其平, 長青, 葉逢春　思想家, 評論家　[国]台湾　[生]1896年4月4日　[典]1992／1996
ヨウ・セイカ　葉 声華　光学者　天津大学教授, 中国計量測試学会幾何量専門委員会副主任委員　[専]レーザーの研究　[国]中国　[生]1934年　[典]1996
ヨウ・セイカン　楊 世緘　Yang, Shih-chien　台湾経済省常務次官　[国]台湾　[典]1996
ヨウ・セイゴ　楊 正午　Yang, Zheng-wu　政治家　湖南省共産党委員会書記　[国]中国　[生]1941年1月　[典]2000
ヨウ・セイジン　楊 静仁　Yang, Jing-ren　政治家　元・中国副首相, 元・中国人民政治協商会議全国委員会(全国政協)副主席, 元・中国共産党中央委員　[国]中国　[生]1918年9月　[没]2001年10月19日　[典]1992／1996／2000
ヨウ・セイタイ　葉 正大　Ye, Zheng-da　軍人　中国国防科学技術工業委員会科学技術委員会副主任, 中将　[国]中国　[生]1927年　[典]1996
ヨウ・セイトウ　葉 聖陶　作家　元・中国人民政治協商会議全国委員会(全国政協)副主席　[国]中国　[生]1893年　[没]1988年2月16日　[典]1992
ヨウ・セイブ　楊 成武　Yang, Cheng-wu　軍人, 政治家　元・中国人民解放軍総参謀長代理, 元・中国人民政治協商会議全国委員会(全国政協)副主席　[国]中国　[生]1914年10月8日　[没]2004年2月14日　[典]1992／1996
ヨウ・セイメイ　葉 正明　中国科学技術協会国際部副部長　[国]中国　[生]1931年　[典]1992
ヨウ・セキ　楊 赤　京劇俳優　大連京劇団団長　[国]中国　[典]2004／2008
ヨウ・セキソウ　楊 析綜　Yang, Xi-zong　四川省人民代表大会常務委員会主任　元・河南省共産党委書記　[国]中国　[生]1928年　[典]1996
ヨウ・セキトウ　葉 石涛　Yeh, Shih-tao　作家　[国]台湾　[生]1925年　[没]2008年12月　[典]2004／2008
ヨウ・セツギン　姚 雪垠　Yao, Xue-yin　作家　元・中国作家協会名誉副主席　[国]中国　[生]1910年10月　[没]1999年4月29日　[典]1992／1996
ヨウ・セン　姚 遷　元・南京博物院院長　[専]考古学　[国]中国　[没]1984年11月8日　[典]1992
ヨウ・センペイ　葉 選平　Ye, Xuan-ping　政治家　中国人民政治協商会議全国委員会(全国政協)副主席　元・中国共産党中央委員, 元・広東省長　[国]中国　[生]1924年11月　[典]1992／1996／2000
ヨウ・センヨ　葉 浅予　Ye, Qian-yu　漫画家, 中国画家　[国]中国　[生]1907年3月　[没]1995年5月8日　[典]1996

ヨウ・ソウブン　楊 曽文　Yang, Zeng-wen　宗教学者　中国社会科学院世界宗教研究所教授・仏教研究室主任　⑧中国仏教史,日本仏教史,日本神道教　⑨中国　⑭1939年　⑯1996／2000

ヨウ・ダイカン　陽 岱鋼　Yang, Dai-kang　旧名＝陽仲寿　プロ野球選手（内野手）　⑨台湾　⑭1987年1月17日　⑯2012（陽 仲寿 ヨウ・チョンシュ）

ヨウ・ダイケイ　楊 大慶　ジョージ・ワシントン大学歴史学部助教授　⑧日本外交史,植民地史　⑭1964年　⑯2000

ヨウ・タイネン　葉 大年　Ye, Da-nian　鉱物学者　中国科学院地質研究所研究生部主任,中国地質学会鉱物専門委員会主任　⑨中国　⑭1939年　⑯1996

ヨウ・タイホウ　楊 泰芳　高級技師　元・中国郵電相,元・中国共産党中央委員　⑨中国　⑭1927年　⑯1996／2000

ヨウ・タメオ　楊 為夫　早稲田大学客員教授　⑧中国語　⑭1935年　⑯2004

ヨウ・チチュウ　葉 智中　ジャーナリスト,作家　「自立晩報」記者　⑨台湾　⑭1962年　⑯1996

ヨウ・チュウビ　楊 中美　Yang, Zhong-mei　作家,中国近現代史研究家　当代中国研究センター代表,アメリカ中日米比較政策研究所高級研究員　⑧中国近現代史,中国共産党史,北朝鮮当代史,日本政治人物研究　⑨中国　⑭1945年9月　⑯1992／1996／2000

ヨウ・チョウリン　楊 兆麟　中国放送劇研究会会長　元・中国人民放送局局長　⑨中国　⑭1923年　⑯1996

ヨウ・テキセイ　葉 迪生　天津市副市長,天津経済技術開発区（TEDA）管理委員会主任　⑨中国　⑭1937年　⑯1996

ヨウ・テツリョウ　楊 鉄梁　Yang, Ti-liang　元・香港最高法院長官　⑨香港　⑭1929年6月30日　⑯2000

ヨウ・デンコウ　楊 伝広　Yang, Chuan-kuang　陸上選手（十種競技）　元・台湾体育協会トレーニングセンター総合監督,元・台湾立法委員　ローマ五輪銀メダリスト　⑨台湾　⑭1933年7月10日　⑳2007年1月27日　⑯1992／1996

ヨウ・テンセキ　楊 天石　Yang, Tian-shi　中国社会科学院近代史研究所研究員・学術委員会委員,「中国哲学」編集委員,中国現代文化学会秘書長　⑧中国哲学　⑭1936年　⑯1996

ヨウ・テンユウ　楊 天佑　Yang, Tian-you　芸術考古学者　⑨中国　⑭1930年　⑯2000

ヨウ・トウヘイ　楊 東平　北京理工大学高等教育研究所副教授　⑨中国　⑭1949年9月　⑯2000

ヨウ・トクシ　楊 得志　Yang, De-zhi　本名＝楊敬志　幼名＝敬虎子　軍人,政治家　元・中国人民解放軍総参謀長,元・中国共産党政治局員　⑨中国　⑭1911年1月3日　⑳1994年10月25日　⑯1992／1996

ヨウ・トクチュウ　楊 徳中　軍人　中国共産党中央委員会弁公庁副主任兼警衛局局長,中将　元・中国共産党中央委員　⑨中国　⑭1923年　⑯2000

ヨウ・ナン　葉 楠　旧名＝陳佐華　筆名＝礬枒　劇作家　中国人民解放軍海軍政治部専任作家　⑨中国　⑭1930年　⑯1996

ヨウ・ハ　楊 波　Yang, Bo　体操選手　⑨中国　⑯1992／1996

ヨウ・ハクコウ　楊 伯江　国際政治学者　中国現代国際関係研究所教授　⑧日米同盟,日本外交,中日関係,北東アジア地域問題　⑨中国　⑯2000／2004

ヨウ・ハクタツ　楊 伯達　Yang, Bo-da　文物鑑定家　故宮博物院研究室研究員・元院長,香港中文大学中国文化研究所文物館名誉顧問　⑨中国　⑭1927年　⑯1996

ヨウ・ハクヒョウ　楊 白冰　Yang, Bai-bing　本名＝楊尚正　軍人,政治家　元・中国人民解放軍総政治部主任,元・中国共産党中央軍事委員会秘書長　⑨中国　⑭1920年9月9日　⑳2013年1月15日　⑯1992／1996／2000

ヨウ・ハクヨウ　楊 伯鏞　元・バスケットボール選手　元・中国女子バスケットボール・チーム監督　⑨中国　⑭1935年　⑯1996

ヨウ・ヒ　葉 飛　Ye, Fei　本名＝啓亨　軍人,政治家　元・中国全国人民代表大会（全人代）常務委員会副委員長　⑨中国　⑭1914年5月7日　⑳1999年4月18日　⑯1996

ヨウ・ヒラ　姚 非拉　Yao, Feila　漫画家　⑨中国　⑭1974年

ヨウ・ヒン　楊 斌　実業家　欧亜集団創業者,北朝鮮新義州特別行政区行政長官　⑨オランダ　⑭1963年　⑯2004／2008

ヨウ・フクカ　楊 福家　Yang, Fu-jia　原子物理学者　中国科学院原子核研究所所長,上海市科学技術協会主席　⑧原子核エネルギー譜学,核自然崩壊の規則などの分析　⑨中国　⑭1936年6月　⑯1996

ヨウ・フクトウ　楊 福東　Yang, Fu-dong　現代美術家　⑨中国　⑭1971年10月　⑯2012

ヨウ・フセイ　楊 芙清　電子工学者　北京大学計算機系主任,中国ソフトウェア専門学会副主任,中国科学院技術科学部学部委員　⑨中国　⑭1932年　⑯1996

ヨウ・ブンイ　楊 文意　Yong, Weh-yi　実業家,元・水泳選手　⑨中国　⑭1972年　⑯1992／1996／2000

ヨウ・ブンカイ　楊 文魁　華僑新報社長　⑨台湾　⑭1919年　⑯1996

ヨウ・ブングン　楊 文軍　Yang, Wen-jun　カヌー選手　アテネ五輪・北京五輪カヌー男子カナディアンペア500メートル金メダリスト　⑨中国　⑭1983年12月25日　⑯2008／2012

ヨウ・ブンゲン　姚 文元　Yao, Wen-yuan　政治家,ジャーナリスト,文芸評論家　元・中国共産党政治局員　⑨中国　⑭1931年　⑳2005年12月23日　⑯1992／1996／2000／2004

ヨウ・ブンコ　葉 文虎　社会学者,環境学者　北京大学中国持続発展研究センター教授　⑧環境社会システム発展学,環境計画　⑨中国　⑭1939年　⑯2004／2008／2012

ヨウ・ブンテイ　葉 文程　考古学者　中国古陶瓷研究会名誉会長　⑨中国　⑭1929年　⑯2008

ヨウ・ボク　楊 牧　詩人　ワシントン大学教授　⑨台湾　⑭1940年　⑯2012

ヨウ・ホテイ　楊 歩亭　実業家　中国映画集団公司会長　⑨中国　⑯2004／2008

ヨウ・ボン　楊 凡　Yon, Fan　映画監督　⑨香港　⑭1947年　⑯2000／2004

ヨウ・マツ　楊 沫　Yang, Mo　旧名＝楊成業　作家　⑨中国　⑭1914年8月　⑳1995年12月11日　⑯1992／1996

ヨウ・メイ　姚 明　Yao, Ming　元・バスケットボール選手　上海シャークスGM　⑨中国　⑭1980年9月12日　⑯2004／2008／2012

ヨウ・メイショウ　楊 明照　字＝彧甫　古文学者　四川大学教授,中国古代文学理論学会会長,蘇軾研究会会長　⑨中国　⑭1909年　⑯1996

ヨウ・モリン　楊 茂林　作家　⑨中国　⑭1936年（？）　⑯1992

ヨウ・ユウ　楊 勇　Yang, Yong　環境保護活動家　⑨中国　⑭1959年

ヨウ・ヨウ　楊 揚　Yang, Yang　元・スピードスケート選手（ショートトラック）　国際オリンピック委員会(IOC)委員　ソルトレークシティ五輪金メダリスト　⑨中国　⑭1976年8月24日　⑯2004／2008／2012

ヨウ・ヨウ　楊 陽　元・バドミントン選手　マレーシアバドミントンチーム・コーチ　⑨中国　⑭1963年　⑯1996

ヨウ・ラン　楊 瀾　Yang, Lan　キャスター,実業家　サン・テレビジョン・サイバーネットワークス共同設立者　⑨中国　⑭1968年　⑯2004／2008／2012

ヨウ・リエイ　葉 莉英　Ye, Li-ying　プロゴルファー　⑨中国　⑭1978年11月7日　⑯2012

ヨウ・リキ　楊 力　中国中医研究院研究生部副教授　⑧中医理論　⑨中国　⑭1946年　⑯1996

ヨウ・リッコク　楊 立国　映画監督　⑨台湾　⑭1949年　⑯1996

ヨウ・リョウ　楊 凌　Yang, Ling　射撃選手（クレー射撃）　⑨中国　⑭1972年5月24日　⑯2000／2004

ヨウ・レンショウ　葉 連松　Ye, Lian-song　河北省党委書記　⑨中国　⑭1935年3月　⑯1996／2000／2004

ヨウ・レンセイ　楊 蓮生　Young, Lien-sheng　医師　⑧耳鼻咽喉科学,神経耳科学　⑨台湾　⑭1924年　⑯2000

ヨヴィッチ, ボジダール　Jovic, Bozidar　元・ハンドボール選手　アトランタ五輪男子ハンドボール金メダリスト　⑨クロアチア　⑯2012

ヨヴィッチ, ボリサウ　Jović, Borisav　政治家　ユーゴスラビア連

邦幹部会議長(元首) 国ユーゴスラビア 生1928年2月19日 没1992(ヨビッチ, ボリサウ)

ヨウリュウ・シュクギ 葉劉 淑儀 Lau, Suk-yee 英語名=イップ, レジーナ 政治家 元・香港保安局長 国香港 生1950年8月24日 没2012

ヨガ・スガマ Joga Sugama インドネシア日本友好協会名誉会長, プルサダ(元日本留学生協会)会長 元・インドネシア国家情報調整本部(バキン)長官 国インドネシア 受1992／1996

ヨーカム, ルイス Yocum, Lewis A. 整形外科医, スポーツ医学専門家 元・ロサンゼルス・エンゼルスチームドクター 国米国 生1947年11月8日 没2013年5月25日

ヨーキー, ジーン・R. 元・ボストン・レッドソックス(大リーグ)オーナー 国米国 没1992年2月26日 受1996

ヨーキッチ, スティーブン 全米自動車労組(UAW)会長 国米国 生1935年 受1996／2000

ヨキレット, ユッカ Jokilehto, Jukka 建築家 生1938年 受2008

ヨーク, アンドルー York, Andrew グループ名=ロサンゼルス・ギター・カルテット ギタリスト, 作曲家 国米国 受2004／2008

ヨーク, ジェームズ Yorke, James A. 数学者, 物理学者 メリーランド大学物理科学技術研究所教授 専カオス 国米国 生1941年8月3日 受2004／2008／2012

ヨーク, ジェローム York, Jerome Bailey 通称=ヨーク, ジェリー 実業家 元・アップル取締役, 元・IBM・CFO, 元・ゼネラル・モーターズ(GM)取締役 国米国 生1938年 没2010年3月18日

ヨーク, ディック York, Dick 俳優 国米国 生1928年9月4日 没1992年2月20日 受1996

ヨーク, テイラー York, Taylor 本名=York,Taylor Benjamin グループ名=パラモア ミュージシャン 国米国 受2012

ヨーク, デレク York, Derek 地球科学者 トロント大学教授 専プレートテクトニクス 生1936年 受1992／1996

ヨーク, トム Yorke, Thom 本名=Yorke,Thomas Edward グループ名=レディオヘッド ミュージシャン 国英国 生1968年10月7日 受2004／2008／2012

ヨーク, ドワイト Yorke, Dwight 元・サッカー選手 国トリニダードトバゴ 生1971年11月3日 受2008／2012

ヨーク, マイケル York, Michael 本名=ヨーク・ジョンソン, マイケル 俳優 国英国 生1942年3月27日 受1992

ヨーク, リッチー Yorke, Ritchie ロック・ジャーナリスト 受1996

ヨークサ, ルーファス Yerxa, Rufus 米国通商代表部(USTR)次席代表 国米国 受1992／1996

ヨク・ブーラパー Yok Burapha 本名=チャレームサク・ロンカパリン 作家, 編集者 国タイ 生1945年9月9日 受1992

ヨーケルソン, ジョン 戦略国際問題研究所(CSIS)副所長, 米国議会合同経済委員会顧問 専国際経済戦略 国米国 生1944年 受1996

ヨーゲンセン, アンカー Jorgensen, Anker Henrik 政治家 元・デンマーク首相, 元・デンマーク社民党党首 国デンマーク 生1922年7月13日 受1992(イェルゲンセン, A.／ヨーゲンセン, アンカー)／1996

ヨコビッチ, ミリヤーナ Jokovic, Mirjana 女優 生1967年 受2000

ヨジダ, シゲ・エドワード 元・シメイナス第2ボーイスカウト隊長 壁画になった日系カナダ人 国カナダ 生1908年 受1996

ヨシトミ, ジェラルド Yoshitomi, Gerald 日本名=吉富 日米文化会館専務理事 国米国 受1992／1996

ヨシノ, ロジャー アリゾナ大学社会学教授 専社会学 国米国 生1920年 受1996

ヨシポヴィッチ, イヴォ Josipović, Ivo 政治家, 法律家, 作曲家 クロアチア大統領 元・ザグレブ大学法学部教授 国クロアチア 生1957年8月28日 受2012

ヨシヤマ, ハイメ Yoshiyama, Jaime 本名=ヨシヤマ・タナカ, ハイメ 日本名=吉山達成 政治家 ペルー大統領府長官, 新多数運動カンビオ90党首 国ペルー 生1944年7月 受1996

ヨース, マリア Hjorth, Maria プロゴルファー 国スウェーデン 生1973年10月15日 受2000／2012

ヨスト, アレキサンダー・F.O. 元・ネッスル(日本)社長 国スイス 生1943年 受1992

ヨスト, ユルゲン Jost, Jürgen 数学者 マックス・プランク数学研究所 専解析学 受2004

ヨセフ, モニ Yosef, Moni 俳優, 劇作家 アッコ・シアター・センター主宰 国イスラエル 生1957年 受2012

ヨセフソン, エルランド Josephson, Erland 俳優, 演出家, 作家 国スウェーデン 生1923年6月15日 没2012年2月25日 受1996

ヨセ・リザル・マヌア 詩人, 劇作家, 演出家, 俳優 劇団祖国主宰, 朗読工房主宰, ジャカルタ芸術大学講師 国インドネシア 受2000

ヨーダー, ジョン Yoder, John Howard 神学者 ノートルダム大学教授 専歴史神学 国米国 生1927年 受1996

ヨーダー, ワンダ Yoder, Wanda M. 「マーキー」の著者 国米国 受2004

ヨチン・ゲツエイ 余陳 月瑛 Yu Chen, Yueh-ying 政治家 元・高雄県長(民主進歩党) 国台湾 生1926年 受1992／1996

ヨックタイ・シソオー Yokthai Sithoar プロボクサー 元・WBA世界ジュニアバンタム級チャンピオン 国タイ 生1975年12月25日 受2000／2004／2008

ヨッフェ, オリンピアド Ioffe, Olimpiad 法律学者 コネティカット法科大学教授 元・レニングラード大学民法学部長 国米国 受1992

ヨッフェ, ディーナ Joffe, Dina ピアニスト 生1952年12月18日 受1992／1996／2012

ヨッフム, オイゲン Jochum, Eugen 指揮者 元・バイエルン放送交響楽団音楽監督 国ドイツ 生1902年11月1日 没1987年3月26日

ヨードン, エドワード Yourdon, Edward ソフトウェア工学者 カッターコンソーシアム会長 受1992／1996／2000

ヨナ グループ名=クレオパトラ 歌手 国英国 受2000

ヨナス, G. Yonas, Gerold サンディア国立研究所理工学部門副所長 専物理工学 国米国 受2000

ヨナット, アダ Yonath, Ada 化学者 ワイツマン科学研究所教授 国イスラエル 生1939年 受2012

ヨネモト, ノーマン 映像作家 キョウダイ・プロダクション 国米国 生1946年 受1996

ヨネモト, ブルース 映像作家 キョウダイ・プロダクション 国米国 生1949年 受1996／2000

ヨネヤマ・リサ 米山 リサ 文化人類学者 カリフォルニア大学サンディエゴ校文学部準教授 専文化研究, 日本研究 国米国 生1959年 受1996／2004

ヨハイ, モーゼス・ベン ノストラダムス研究家 国米国 生1917年 受2000

ヨーハウグ, テレーセ Johaug, Therese スキー選手(距離) バンクーバー五輪スキー距離女子20キロリレー金メダリスト 国ノルウェー 生1988年6月25日 受2012

ヨハネス, ヤロミール Johanes, Jaromír 外交官, 政治家 元・チェコスロバキア外相 国チェコスロバキア 生1933年 受1992

ヨハネセン, テリエ Johannessen, Terje 外交官 駐日ノルウェー大使 国ノルウェー 生1936年11月 受1992

ヨハネ・パウロ2世 Johannes Paulus II 本名=ボイチワ, カロル・ユゼフ 元・ローマ法王(第264代) 国バチカン 生1920年5月18日 没2005年4月2日 受1992／1996／2000／2004

ヨバルト, ジョルディ 競歩コーチ, 元・競歩選手 スペイン陸連競歩副部長 国スペイン 生1952年5月5日 受2004／2008

ヨハン, ヘリベルト Johann, Heribert 実業家 ベーリンガーインゲルハイム会長 国ドイツ 受2000

ヨハンソン, オーケ Johansson, Ake FUB理事, FUB本人部門理事会会長 国スウェーデン 生1931年 受2000

ヨハンソン, グレッグ Johanson, Greg 「ハコミセラピー—タオイズムと心理療法」の著者 受2008

ヨハンソン, グン Johansson, Gunn ファッションデザイナー ラム・デザイナー 国スウェーデン 受2004／2012

ヨハンソン, スカーレット Johansson, Scarlett 女優 国米国

[生]1984年11月22日 [典]2008（ジョハンソン, スカーレット）／2012（ジョハンソン, スカーレット）

ヨハンソン, ステファン Johansson, Stefan 元・F1ドライバー [国]スウェーデン [生]1956年9月8日 [典]1992／1996／2000

ヨハンソン, トーマス Johansson, Thomas 元・テニス選手 [国]スウェーデン [生]1975年3月24日 [典]2004／2008／2012

ヨハンソン, トマス Johansson, Thomas B. 物理学者 ルンド大学環境エネルギーシステム学部エネルギーシステム分析学教授, スウェーデン電力庁（ヴァテンファール）理事 [専]エネルギーシステム分析学 [国]スウェーデン [生]1943年 [典]1996

ヨハンソン, パー・ユーリック プロゴルファー [国]スウェーデン [生]1966年12月6日 [典]1996

ヨハンソン, ラルフ Johansson, Ralph 元・ボルボ・ジャパン社長 [国]スウェーデン [生]1932年10月29日 [典]1992

ヨハンソン, レイフ Johansson, Leif 実業家 ボルボ社長・CEO [国]スウェーデン [生]1951年8月 [典]1996／2000

ヨハンソン, レンナート Johansson, Lennart 国際サッカー連盟（FIFA）副会長 元・欧州サッカー連盟（UEFA）会長 [国]スウェーデン [生]1929年11月5日 [典]2000／2008／2012

ヨヒムセン, ウルリヒ Jochimsen, Ulrich 分散エネルギー研究所主宰者 民衆エネルギー自立運動アドバイザー [国]ドイツ [生]1935年 [典]1996

ヨフィー, デイビッド Yoffie, David B. 「柔道ストラテジー―小さい企業がなぜ勝つのか」の著者 [典]2008

ヨベル, イルミヤフ Yovel, Yirmiyahu 哲学者 ヘブライ大学哲学科教授, 国際スピノザ協会会長 [専]ドイツ哲学 [国]イスラエル [生]1935年 [典]2004／2008

ヨム・キョンヨプ 廉 京燁 プロ野球選手（内野手） [国]韓国 [生]1968年3月1日 [典]1996

ヨム・キルジョン 廉 吉正 （株）韓国コンピュータグラフィック会長 [国]韓国 [生]1938年11月21日 [典]1996

ヨム・サンウク Yom, Sang-uk 彫刻家 [国]韓国 [生]1974年 [典]2012

ヨム・ジョンア 廉 淨娥 タレント [国]韓国 [生]1972年7月28日 [典]1996

ヨム・ジョンソク 廉 鍾錫 プロ野球選手（投手） [国]韓国 [生]1973年3月20日 [典]1996

ヨム・ホンチョル 廉 弘喆 政治家, 政治学者 大田市長 元・慶南大学教授 [国]韓国 [生]1944年 [典]1996（廉 弘哲／廉 弘喆）

ヨーランソン, シャシュティン Göransson, Kerstin FUB附属研究所ALA所長 [国]スウェーデン [典]2004

ヨリンクス, アーサー 絵本作家 [国]米国 [生]1953年 [典]1992

ヨルゲンセン, スヴェン 湖沼学者 デンマーク王立薬科大学教授, 国際湖沼環境委員会（ILEC）科学委員長 [国]デンマーク [典]2004／2008

ヨルゲンセン, マルティン Jorgensen, Martin サッカー選手（MF） [国]デンマーク [生]1975年10月6日 [典]2008／2012

ヨルゴス Yorgos ミュージシャン, 音楽プロデューサー [国]スウェーデン [典]2000

ヨルダノフ, ワレンティン Jordanov, Valentin レスリング選手（フリースタイル） [国]ブルガリア [生]1960年1月26日 [典]2000

ヨルダン, エルンスト Jordan, Ernst Pascual 理論物理学者, 数学者 元・ハンブルク大学教授, 元・ドイツ国立理論物理学研究所所長 [国]ドイツ [生]1902年10月18日 [没]1980年7月31日 [典]1992

ヨーレン, ジェーン Yolen, Jane 作家 [国]米国 [生]1939年 [典]1996／2000

ヨワノヴィッチ, ミラン Jovanović, Milan 画家 [国]ユーゴスラビア [生]1933年 [典]1992（ヨワノビッチ, ミラン）

ヨン・イ Yong, I 映画監督 [国]韓国 [生]1974年 [典]2008

ヨン・ウンギョン 延 雲景 タレント [国]韓国 [生]1953年8月19日 [典]1996

ヨン・キュジン 延 圭真 タレント [国]韓国 [生]1945年11月4日 [典]1996

ヨン・ジュンヒョン Yong, Jun-hyung グループ名=BEAST 歌手 [国]韓国 [生]1989年12月19日 [典]2012

ヨン・ハチョン 延 河清 韓国開発研究院北朝鮮経済研究センター所長 [国]韓国 [生]1945年5月9日 [典]1996

ヨン・ヒョンシク 延 賢植 Yon, Hyong-sik 韓国国家情報研修院教授 [専]安全保障問題 [国]韓国 [生]1953年 [典]2000

ヨン・ヒョンムク 延 亨黙 Yon, Hyong-muk 政治家 元・北朝鮮首相, 元・北朝鮮国防委員会副委員長, 元・朝鮮労働党政治局員候補 [国]北朝鮮 [生]1931年11月3日 [没]2005年10月22日 [典]1992／1996／2000／2004

ヨング, ドラ・ド Jong, Dola de 作家 [生]1911年 [没]2003年 [典]1996（ド・ヨング, ドラ）

ヨングク Yong-guk 本名=バンヨングク グループ名=B.A.P 歌手 [国]韓国 [生]1990年3月31日

ヨンゲラス, ルイス Llongueras, LLuis ビューティ・アーティスト [国]スペイン [生]1936年 [典]1992

ヨンジェ Young-jae グループ名=B.A.P 歌手 [国]韓国 [生]1994年1月24日

ヨーンスドッティル, アウスロイグ Jónsdóttir, Áslaug イラストレーター, グラフィックデザイナー, 絵本作家, 画家 [生]1963年 [典]2008

ヨンセン Johnsen 本名=ヨンセン, フローデ サッカー選手（FW） [国]ノルウェー [生]1974年3月17日 [典]2008／2012

ヨンセン Young-saeng 本名=ホヨンセン 漢字名=許永生 グループ名=ss501 歌手 [国]韓国 [生]1986年11月3日 [典]2012

ヨーンゾン, ウーヴェ Johnson, Uwe 作家 [国]ドイツ [生]1934年7月20日 [没]1984年2月23日 [典]1992

ヨンソン, グスタフ Jonsson, Gustav 精神科医 [国]スウェーデン [典]1992

ヨーント, ロビン Yount, Robin 元・大リーグ選手 [国]米国 [生]1955年9月16日 [典]1992／1996／2000

ヨンドン, ダラムイン Yondon, Daramyn 外交官 元・モンゴル外務副大臣, 元・駐日モンゴル大使 [国]モンゴル [生]1927年 [典]1996／2000

ヨンパルト, ホセ Llompart, José カトリック司祭 元・上智大学名誉教授 [専]法哲学 [国]スペイン [生]1930年3月3日 [没]2012年4月22日 [典]2004

ヨンユット・トンコントーン Yongyoot Thongkongtoon 映画監督 [国]タイ [生]1967年 [典]2004

ヨンユット・ユッタウォン Yongyuth Yuthavong 遺伝子工学者 マヒドン大学名誉教授 元・タイ科学技術相 [専]マラリア原虫の構造解明 [国]タイ [生]1944年 [典]2008／2012

【ラ】

ラ・ウンシム Ra, Un-sim サッカー選手（FW） [国]北朝鮮 [生]1988年6月2日 [典]2012

ラ・エイキョ 羅 栄渠 Luo, Rong-qu 北京大学史学科教授 [専]歴史学 [国]中国 [生]1927年 [典]1996

ラ・カン 羅 幹 Luo, Gan 政治家 元・中国共産党政治局常務委員, 元・中国国務委員 [国]中国 [生]1935年7月14日 [典]1992／1996／2000／2004／2008／2012

ラ・キショウ 羅 其湘 徐州師範学院徐福研究室教授, 中国徐福会副会長 [専]徐福研究 [国]中国 [生]1923年 [典]1992

ラ・キハ 羅 貴波 Luo, Gui-bo 外交官 元・中国外務次官 [国]中国 [生]1905年 [没]1995年11月2日 [典]1996

ラ・キョクズイ 羅 旭瑞 香港観光協会会長, センチュリーシティーグループ会長 [国]香港 [典]2000

ラ・ギョクツウ 羅 玉通 Luo, Yu-tong 飛び込み選手 ロンドン五輪男子シンクロナイズド板飛び込み金メダリスト [国]中国 [生]1985年10月6日

ラ・ゴウサイ 羅 豪才 中国致公党主席, 中国最高人民法院副院長 [国]中国 [典]2000

ラ・サイトウ 羅 際棠 Lo, Chi-tang 銀行家 台湾銀行会長 ⓝ台湾 ⓑ1930年4月20日 ⓡ2000

ラ・ジコウ 羅 爾綱 Luo, Er-gang 歴史学者 元・南京太平天国歴史博物館館長,元・南京太平天国史学会名誉会長 ⓦ太平天国の研究 ⓝ中国 ⓑ1901年 ⓓ没年不詳 ⓡ1996

ラ・ジョンイル 羅 鍾一 Ra, Jong-yil 政治学者 又石大学総長 元・慶熙大学政治経済学部教授,元・駐日韓国大使 ⓝ韓国 ⓑ1940年12月5日 ⓡ2008／2012

ラ・セツケン 羅 雪娟 Luo, Xue-juan 元・水泳選手(平泳ぎ) アテネ五輪競泳女子100メートル平泳ぎ金メダリスト ⓝ中国 ⓑ1984年1月26日 ⓡ2004／2008／2012

ラ・タクヨウ 羅 卓瑤 Luo, Zhuo-yao 英語名=ロー,クララ 映画監督 ⓝ香港 ⓑ1957年5月29日 ⓡ1992／1996

ラ・チカン 羅 致煥 元・スピードスケート選手 中国スケート・チーム監督,中国冬季運動協会副主席 ⓝ中国 ⓑ1941年 ⓡ1996

ラ・チュウリツ 羅 中立 画家 四川美術学院副教授 ⓝ中国 ⓑ1948年7月23日 ⓡ1992／1996

ラ・テツブン 羅 哲文 Luo, Zhe-wen 建築学者,高級技師 中国長城学会会長,中国文物学会副会長 ⓦ中国古代建築 ⓝ中国 ⓑ1925年 ⓡ1992／1996

ラ・デンケン 羅 伝賢 台湾行政院新聞局広播電視処処長 ⓝ台湾 ⓑ1950年 ⓡ1996

ラ・デンコウ 羅 田広 外交官 元・在大阪中国総領事 ⓝ中国 ⓑ1952年12月 ⓓ2008年7月11日 ⓡ2000

ラ・テンプク 羅 天福 成都華西工業公司会長・社長 ⓝ中国 ⓡ1996

ラ・ビ 羅 微 Luo, Wei テコンドー選手 ⓝ中国 ⓑ1983年5月23日 ⓡ2008

ラ・ヒンケツ 羅 斌傑 地質学者 蘭州地質研究所所長 ⓦ堆積地球化学,石油地球化学 ⓝ中国 ⓑ1934年 ⓡ1996

ラ・フ 羅 孚 旧名=羅承勲 評論家 ⓡ2000

ラ・フクゼン 羅 福全 Lo, Fu-cheng 外交官 国連大学高等研究所名誉教授 元・台湾亜東関係協会会長,元・台北駐日経済文化代表処代表(駐日台湾大使) ⓦ地域開発,都市問題,経済発展 ⓝ台湾 ⓑ1935年5月8日 ⓡ1992／1996／2000／2004／2008／2012

ラ・ホウ 羅 鵬 旧名=羅盛昌 植物学者 四川大学植物研究所所長,中国国務院学位委員会学科評議組メンバー,国家教育委員会科学技術委員会委員 ⓝ中国 ⓑ1926年 ⓡ1996

ラ・マンヒ 羅 曼菲 舞踊家 台湾国立芸術大学教授,雲門舞集舞踏団主宰 ⓝ台湾 ⓑ1955年 ⓡ1996

ライ,アイシュワリヤ Rai, Aishwarya 女優 ⓝインド ⓑ1973年 ⓡ2000

ライ,アイリーン Lai, Eileen キャスター ⓝ香港 ⓡ2004

ライ・ウ 雷 宇 Lei, Yu 政治家 広西チワン族自治区政府副主席 ⓝ中国 ⓡ1996

ライ・エイショウ 頼 英照 Lai, Ying-chao 政治家 元・台湾行政院副院長(副首相) ⓝ台湾 ⓑ1946年8月24日 ⓡ2004

ライ・カクコン 雷 覚坤 元・金公主院線(ゴールデン・プリンセス)創業者 ⓝ香港 ⓑ1933年 ⓓ1992年12月24日 ⓡ1996

ライ・ケツケイ 雷 潔瓊 Lei, Jie-qiong 政治家,社会学者 元・中国民主促進会(民進)主席,元・中国全国人民代表大会(全人代)常務委員会副委員長 ⓝ中国 ⓑ1905年9月 ⓓ2011年1月9日 ⓡ1996／2000／2004

ライ・コウエン 頼 幸媛 Lai, Shin-yuan 政治家 台湾行政院大陸委員会主任委員 ⓝ台湾 ⓑ1956年11月9日 ⓡ2012

ライ・シヘイ 来 思平 Lai, Si-ping 北京語言学院副教授 ⓦ中国語教育 ⓝ中国 ⓑ1941年 ⓡ1996

ライ,ジミー Lai, Jimmy 中国名=黎智英 実業家 ネクスト・メディア会長 ⓝ香港 ⓑ1948年 ⓡ1996(黎 智英 レイ・チエイ)／2000／2012

ライ・シンカ 来 新夏 歴史学者 ⓦ中国近現代史 ⓝ中国 ⓡ1992

ライ・シングン 雷 新軍 経済学者 ⓝ中国 ⓑ1963年 ⓡ2004

ライ・セイ 雷 声 Lei, Sheng フェンシング選手(フルーレ) ロンドン五輪フェンシング男子フルーレ個人金メダリスト ⓝ中国 ⓑ1984年3月7日

ライ・セイセン 頼 声川 英語名=ライ,スタン 演出家,映画監督 ⓝ台湾 ⓑ1954年 ⓡ1996

ライ・ホイウィン Lai, Hoi-wing 騎手 ⓝ香港 ⓑ1983年10月29日 ⓡ2012

ライ,マデュ Rai, Madhu 作家,劇作家 ⓝインド ⓑ1942年 ⓡ1996

ライ,ミラン Rai, Milan 反戦活動家 ⓝ英国 ⓑ1965年 ⓡ2004／2008

ライ,レオン Lai, Leon 中国名=黎明 俳優,歌手 ⓝ香港 ⓑ1966年12月11日 ⓡ2000／2004／2008／2012

ライアル,ギャビン Lyall, Gavin 冒険作家 ⓝ英国 ⓑ1932年 ⓓ2003年1月18日 ⓡ1992／1996／2000

ライアル,マーク Ryal, Mark 本名=Ryal,Mark Dwayne 元・大リーグ選手,元・プロ野球選手 ⓝ米国 ⓑ1960年4月28日 ⓡ2012

ライアル,ラスティ Ryal, Rusty 本名=Ryal,Rusty Allen 大リーグ選手(内野手) ⓝ米国 ⓑ1983年3月16日 ⓡ2012

ライアルズ,ジャック Ryalls, Jack セントラル・フロリダ大学オーランド校助教授 ⓦ言語聴覚,言語病理学 ⓝ米国 ⓡ2008

ライアン,アーサー Ryan, Arthur Frederick プルデンシャル保険会長・CEO ⓝ米国 ⓑ1942年9月14日 ⓡ2000

ライアン,ウィリアム カメラマン 元・AP通信社写真部長 ⓝ米国 ⓓ1989年7月17日 ⓡ1992

ライアン,ウィリアム Ryan, William B.F. 海洋地質学者 コロンビア大学教授・ラモントードハティ地球観察研究所教授 ⓡ2004／2008

ライアン,キャシー Ryan, Cathy 作家 ⓝ米国 ⓑ1964年 ⓡ2004

ライアン,クリス Ryan, Chris 作家,元・軍人 ⓝ英国 ⓑ1961年 ⓡ2000／2012

ライアン,ジェームズ Lyon, James ライター ⓡ2008

ライアン,ジミー ジャズ・ミュージカルピアニスト ⓝ米国 ⓓ1984年11月28日 ⓡ1992

ライアン,ジム Lyon, Jim ソフトウェア・エンジニア タンデムコンピューターズ社 ⓝ米国 ⓡ1992／1996

ライアン,ジョージ Ryan, George H. 政治家 元・イリノイ州知事 ⓝ米国 ⓑ1934年2月24日 ⓡ2004／2008

ライアン,ジョン Ryan, John 実業家 エントラスト・テクノロジーズ社長・CEO ⓝカナダ ⓡ2004

ライアン,チャールズ Ryan, Charles ミステリー作家 ⓝ米国 ⓑ1938年 ⓡ1996

ライアン,デービッド Lyon, David 社会学者 クイーンズ大学社会学部教授 ⓝカナダ ⓡ2004／2012

ライアン,トッド Lyon, Todd ライター ⓝ米国 ⓡ2004／2008

ライアン,ノーラン Ryan, Nolan 本名=Ryan,Lynn Nolan,Jr. 元・大リーグ選手 レンジャーズ球団社長 ⓝ米国 ⓑ1947年1月31日 ⓡ1992／1996／2000／2004／2008／2012

ライアン,パトリック Ryan, Patrick G. 実業家 エイオン・コーポレーション社長 ⓝ米国 ⓡ1992／1996／2012

ライアン,パム Ryan, Pam Muñoz 作家 ⓝ米国 ⓡ2004

ライアン,ポール Ryan, Paul 政治家 米国下院議員(共和党),米国下院予算委員会委員長 ⓝ米国 ⓑ1970年

ライアン,マイク Ryan, Mike 軍人 英国陸軍将校 ⓝ英国 ⓡ2008

ライアン,マシュー Ryan, Matthew Morgan 馬術選手 ⓝオーストラリア ⓡ1996

ライアン,マシュー Lyon, Matthew カリフォルニア大学バークレー校副学長補佐 元・「テキサス・オブザーバー」副編集長 ⓝ米国 ⓡ2004

ライアン,マット Ryan, Matt 本名=Ryan,Matthew Thomas プロフットボール選手(QB) ⓝ米国 ⓑ1985年5月17日

ライアン,ミム Ryan, Mim ランドーアソシエイツ日本代表 ⓝ米国 ⓑ1931年12月28日 ⓡ1992

ライアン, メグ　Ryan, Meg　女優　国米国　⊕1961年11月19日
⊛1992／1996／2000／2004／2008／2012

ライアン, レイマンド　Ryan, Raymund　建築学者　国アイルランド　⊛2004

ライアン, ロブ　Ryan, Rob　作家　国英国　⊕1951年　⊛2004

ライアンズ, アイバン　Lyons, Ivan　推理作家　国米国　⊕1934年
⊛1992／1996

ライアンズ, アルバート　Lyons, Albert S.　医学者　マウント・サイナイ医科大学名誉教授・医療センター医学史学科学長　⊕予言術
国米国　⊛2004

ライアンズ, ダニエル　Lyons, Daniel　作家, ジャーナリスト　国米国　⊛2004

ライアンズ, デービッド　Lyons, David　コーネル大学教授　⊕哲学,法律学　国米国　⊛1992

ライアンズ, ナン　Lyons, Nan　推理作家　国米国　⊕1935年
⊛1992／1996

ライアンズ, メアリー　Lyons, Mary　ロマンス作家　国英国
⊛2004

ライアン・ハイド, キャサリン　Ryan Hyde, Catherine　作家
国米国　⊛2004

ライヴァ, デービッド　Riva, David　本名=ライヴァ, ジョン・デービッド　映画監督　⊛2008

ライヴァ, マリア　Riva, Maria　元・女優　女優マレーネ・ディートリヒの娘　⊕1924年12月13日　⊛2004／2008

ライオン, アルフレッド　Lion, Alfred　音楽プロデューサー
⊕1908年4月21日　⊗1987年2月2日　⊛1992

ライオン, デービッド　ランド・コーポレーション日米関係センター所長　⊕日米関係　国米国　⊕1941年　⊛1992

ライカー, ジェフリー　Liker, Jeffrey K.　経済学者　ミシガン大学教授, ザ・トヨタ・ウェイ・アカデミー共同創立者・会長　国米国
⊛2008／2012

ライカールト, フランク　Rijkaard, Frank　サッカー監督, 元・サッカー選手　元・サッカー・サウジアラビア代表監督, 元・サッカー・オランダ代表監督　国オランダ　⊕1963年9月30日　⊛1996／2000／2004／2008／2012

ライキン, アルカジー　Raikin, Arkadii Isaakovich　俳優, 演出家
国ソ連　⊕1911年10月24日　⊗1987年12月　⊛1992

ライク, クリストファー　Reich, Christopher　作家　⊛2000

ライク, チャールズ　Reich, Charles A.　社会批評家　エール・ロー・スクール客員教授　国米国　⊕1928年　⊛2000

ライク, ラースロ　Rajk, László　建築設計家, 反体制活動家　ハンガリー自由民主連盟幹部　国ハンガリー　⊕1949年1月　⊛1992

ライクス, キャシー　Reichs, Kathy　本名=ライクス, キャスリーン　法人類学者, 作家　⊕骨鑑定　国米国　⊛2004（レイクス, キャスリーン）／2012

ライクヘルド, フレデリック　Reichheld, Frederick F.　マネジメント・コンサルタント　ベイン・アンド・カンパニー・ディレクター
国米国　⊛2000

ライクマン, アルバート　不動産業者　オリンピア＆ヨーク社　国カナダ　⊕1930年　⊛1992／1996

ライクマン, ポール　実業家（不動産王）　オリンピア＆ヨーク社長
国カナダ　⊕1928年　⊛1992／1996

ライクラー, ジョー　Reichler, Joe　元・大リーグ野球プロモーション副社長　国米国　⊗1988年12月12日　⊛1992

ライグラフ, ハンス　Leygraf, Hans　ピアニスト　元・モーツァルテウム音楽大学教授　国スウェーデン　⊕1920年9月7日　⊗2011年2月12日

ライクル, ルース　Reichl, Ruth　フードエディター　「グルメ」編集長　国米国　⊛2004

ライクレン, スティーブン　Raichlen, Steven　作家, 料理研究家
国米国　⊛2008

ライケン, デイドラ　Laiken, Deidre S.　ミステリー作家, ノンフィクション作家　国米国　⊛1996

ライケンス, レイン　Rijkens, Rein　企業コンサルタント　元・ヨーロッパ広告業協会会長　⊛1996

ライゴ, レイモンド　Lygo, Raymond Derek　実業家　元・ブリティッシュ・エアロスペース社長　国英国　⊕1924年3月15日
⊗2012年3月7日　⊛1992

ライコネン, キミ　Räikkönen, Kimi　本名=Räikkönen,Kimi Matias　F1ドライバー, ラリードライバー　国フィンランド
⊕1979年10月17日　⊛2004／2008／2012

ライサチェク, エバン　Lysacek, Evan　フィギュアスケート選手
バンクーバー五輪フィギュアスケート男子シングル金メダリスト
国米国　⊕1985年6月4日　⊛2012

ライシグ, クリス　実業家　パラメトリック・テクノロジー・コーポレーション（PTC）上級副社長,日本パラメトリック・テクノロジー（日本PTC）ゼネラル・マネジャー　国米国　⊛2000

ライジハー, ミハエル　Reiziger, Michael　サッカー選手（DF）
国オランダ　⊕1973年5月3日　⊛2000／2008

ライシャワー, エドウィン　Reischauer, Edwin Oldfather　東洋学者, 日本研究家　元・日本交渉学会名誉会長, 元・駐日米国大使, 元・ハーバード大学教授　国米国　⊕1910年10月15日　⊗1990年9月1日　⊛1992

ライシャワー, ロバート　Reischauer, Robert　アーバン・インスティテュート会長　元・米国議会予算局長　国米国　⊕1941年1月18日　⊛1992／1996／2000／2004／2008

ライシュ, マイケル　Reich, Michael R.　生化学者, 政治学者　ハーバード大学助教授　⊕環境問題　国米国　⊕1950年　⊛1992

ライシュ, ロバート　Reich, Robert Bernard　経済学者　カリフォルニア大学バークレー校教授　元・米国労働長官, 元・ハーバード大学教授　⊕政治経済学, 経済政策, 行政学　国米国　⊕1946年6月24日　⊛1992／1996／2000／2004／2008／2012

ライス, アミン　Rais, Amien　政治家, インドネシア・イスラム教指導者　インドネシア国民協議会（MPR）議長, インドネシア国民信託党（PAN）党首　元・ムハマディア総裁　国インドネシア
⊕1944年4月26日　⊛2000／2004／2008／2012

ライス, アル　Ries, Al　マーケティング・コンサルタント　⊛2000

ライス, アン　Rice, Anne　別名=ランプリング, アン, ロクロール, アン・N.　作家　国米国　⊕1941年10月4日　⊛1992／1996

ライス, カレル　Reisz, Karel　映画監督　国英国　⊕1926年7月21日　⊗2002年11月25日　⊛1992／1996

ライス, クリストファー　Rice, Christopher　作家　国米国
⊕1978年　⊛2004

ライス, グレン　Rice, Glen　本名=ライス, グレン・アンソニー　バスケットボール選手　国米国　⊕1967年5月28日　⊛2000／2004／2008

ライス, コンドリーザ　Rice, Condoleezza　国際政治学者　スタンフォード大学フーバー研究所上級研究員　元・米国国務長官, 元・米国大統領補佐官（国家安全保障担当）　国米国　⊕1954年11月14日　⊛2004／2008／2012

ライス, ジェリー　Rice, Jerry　元・プロフットボール選手　国米国
⊕1962年10月13日　⊛1996／2000／2004／2008／2012

ライス, ジム　Rice, Jim　本名=Rice,James Edward　大リーグ選手　国米国　⊕1953年3月8日　⊛2012

ライス, ショーン　画家　⊕1950年　⊛1996

ライス, ジョン　全米プロバスケットボール協会（NBA）日本法人代表　国米国　⊛2000

ライス, スーザン　Rice, Susan　本名=Rice,Susan Elizabeth　政治家, 外交官　国連大使　元・米国国務次官補　国米国　⊕1964年11月11日

ライス, ステファニー　Rice, Stephanie　水泳選手（個人メドレー）
北京五輪競泳女子200メートル・400メートル個人メドレー金メダリスト　国オーストラリア　⊕1988年6月17日　⊛2012

ライス, ティム　Rice, Tim Miles Bindon　本名=Rice,Timothy Miles Bindon　作詞家　国英国　⊕1944年11月10日　⊛1996／2004／2008／2012

ライス, トニー　ミュージシャン　国米国　⊕1951年　⊛1992

ライス, バディ　Rice, Buddy　レーシングドライバー　国米国

[生]1976年1月31日 [典]2008
ライス, パトリック　Rice, Patrick　神父, セラピスト [典]2008
ライス, ピーター　Rice, Peter Ronan　構造設計家 [国]英国 [生]1935年6月16日 [没]1992年10月25日 [典]1996
ライス, ベン　Rice, Ben　作家 [国]英国 [生]1972年 [典]2004
ライス, リーバ　Rice, Reva　ミュージカル女優, ダンサー [国]米国 [典]2004／2008
ライス, ルアンヌ　Rice, Luanne　作家 [国]米国 [典]2008／2012
ライズ, ローラ　Ries, Laura　実業家　ライズ&ライズ共同経営者 [典]2004
ライズィ, エルンスト　Leisi, Ernst　チューリヒ大学名誉教授 [専]英語学 [国]スイス [生]1918年 [典]1996／2000
ライスカブ, メアリー・リン　Rajskub, Mary Lynn　女優 [国]米国 [生]1971年6月22日 [典]2008／2012
ライスター, カール　Leister, Karl　クラリネット奏者　ハンス・アイスラー音楽院教授 [国]ドイツ [生]1937年6月15日 [典]1996／2000／2012
ライゼナール, テオ　Ruizenar, Theo　スポーツジャーナリスト [国]オランダ [生]1965年6月8日 [典]2004
ライゼン, ジェームズ　Risen, James　新聞記者「ニューヨークタイムズ」記者 [典]2008
ライダー, アイザイア(Jr.)　Rider, Isaiah (Jr.)　バスケットボール選手 [国]米国 [生]1971年3月12日 [典]2004／2008
ライター, アル　Leiter, Al　本名=Leiter,Alois Terry　大リーグ選手(投手) [国]米国 [生]1965年10月23日 [典]2000／2004／2008
ライダー, アレックス　Ryder, Alex　ロマンス作家 [国]英国 [典]2004
ライダー, ウィノナ　Ryder, Winona　本名=Horowitz,Winona Laura　女優 [国]米国 [生]1971年10月29日 [典]1992／1996／2000／2004／2008／2012
ライター, エリッヒ　オーストリア国立戦略研究所所長 [専]戦略研究 [国]オーストリア [生]1944年 [典]2000
ライダー, ジョアンヌ　Ryder, Joanne　詩人, 作家 [国]米国 [典]2000
ライダー, ディック・J.　コンサルタント [国]米国 [典]2004
ライダー, マッズ　Ryder, Mads　実業家　ロイヤルコペンハーゲンCEO [生]1963年
ライター, マリオ　Reiter, Mario　元・スキー選手(アルペン) [国]オーストリア [生]1970年11月5日 [典]2000／2004
ライター, ローズマリー　ジャーナリスト「タイムズ」論説委員 [国]英国 [典]2000
ライタン, ロバート　Litan, Robert E.　ブルッキングス研究所シニア・フェロー, カウフマン財団副理事長 [専]インターネット金融 [国]米国 [生]1950年 [典]2000／2004／2012
ライディ, ザキ　政治評論家 [専]国際政治学 [国]フランス [生]1954年 [典]2004／2008
ライデスドルフ, ルート　Leydesdorff, Loet　アムステルダム大学科学動態学科主任講師 [専]科学計量学 [国]オランダ [典]2004
ライデル, マーク　Rydell, Mark　映画監督, 俳優　アクターズ・スタジオ・ウェスト芸術監督 [国]米国 [生]1934年3月23日 [典]2012
ライテルス, フウス　Luijters, Guus　作家, ジャーナリスト [国]オランダ [生]1943年 [典]1996
ライデン, ヴァッスーラ　Ryden, Vassula　宗教家 [国]エジプト [生]1942年 [典]1996
ライデン, ピーター　Leyden, Peter　ジャーナリスト　元・「ワイアード」マネジング・エディター [国]米国 [典]2004
ライート　Rayito　シンガー・ソングライター [国]スペイン [生]1983年 [典]2012
ライト, E.M.　Wright, Edward Maitland　数学者　元・アバディーン大学学長 [国]英国 [生]1906年 [典]2004
ライト, L.R.　Wright, L.R.　作家 [国]カナダ [典]1996
ライト, T.M.　Wright, T.M.　作家 [国]米国 [典]1996
ライト, アンニャ　Light, Anja　熱帯雨林保護活動家, 反核活動家, 歌手　熱帯雨林情報センター代表 [国]オーストラリア [典]1992／2000
ライト, ウィル　Wright, Will　ゲームデザイナー　エレクトロニック・アーツ(EA) [国]米国 [生]1960年1月20日 [典]2004／2012
ライト, エド　Wright, Ed　ソフトウェアエンジニア [典]2004
ライト, エドガー　Wright, Edgar　映画監督 [国]英国 [生]1974年4月18日 [典]2012
ライト, エリック　ミステリー作家 [国]カナダ [生]1929年 [典]1996
ライト, キャムロン　Wright, Camron　作家 [国]米国 [典]2004
ライト, クライド　Wright, Clyde　元・大リーグ選手, 元・プロ野球選手 [国]米国 [生]1941年2月20日 [典]1996／2000
ライト, グローバー　Wright, Glover　本名=グローバー=ライト, ジェフリー　作家 [国]英国 [生]1940年 [典]1996
ライト, ゲーリー　Wright, Gary R.　コンピューターコンサルタント [国]米国 [典]2004
ライト, サイモン　Wright, Simon　グループ名=ディオ, 旧グループ名=ACDC　ロック・ドラマー [典]2004／2008／2012
ライト, サリー　Wright, Sally S.　作家 [国]米国 [典]2004
ライド, サリー　Ride, Sally　本名=ライド, サリー・クリスティン　宇宙飛行士, 物理学者　元・カリフォルニア大学サンディエゴ校教授, 元・サリーライド・サイエンス社主宰 [専]宇宙科学 [国]米国 [生]1951年5月26日 [没]2012年7月23日 [典]1992／1996
ライト, ジェフリー　Wright, Jeffrey　俳優 [国]米国 [典]2000／2004／2008
ライト, ジェームズ(Jr.)　Wright, James C. (Jr.)　通称=ライト, ジム　政治家　元・米国下院議長(民主党) [国]米国 [生]1922年12月22日 [典]1992
ライト, ジェーン・クック　医学者 [専]がんの化学療法 [国]米国 [生]1919年11月30日 [典]1992
ライト, シーモア　Reit, Seymour V.　作家, イラストレーター [国]米国 [生]1918年 [没]2001年11月21日 [典]1996
ライト, ジャネット　Wright, Janet　ライター, ジャーナリスト [典]2004
ライト, ジャレット　Wright, Jaret　大リーグ選手(投手) [国]米国 [生]1975年12月29日 [典]2000／2008
ライト, シューアル　Wright, Sewall　遺伝学者　元・ウィスコンシン大学教授 [国]米国 [生]1889年12月21日 [没]1988年3月3日 [典]1992
ライト, ジュディス　Wright, Judith　本名=Wright,Judith Arundell　詩人, 作家, 環境保護運動家　元・オーストラリア環境保護基金終身名誉会員 [国]オーストラリア [生]1915年5月31日 [没]2000年6月25日 [典]1992
ライト, ジョー　Wright, Joe　映画監督 [国]英国 [生]1972年 [典]2012
ライト, ジョージ　Wright, George　経営学者　グローバル・ビジネス・ネットワーク教授 [典]2004／2008
ライト, ジョゼフ　Wright, Joseph　イラストレーター [国]英国 [生]1947年 [典]1996
ライト, ジョン　Wright, John Charles　作家 [国]米国 [生]1961年 [典]2012
ライト, ダグラス・T.　ウォータールー大学総長 [専]空間構造技術 [国]カナダ [典]1992
ライト, デービッド　Wright, David John　外交官　バークレイズ・キャピタル副会長　元・駐日英国大使, 元・英国投資庁長官 [国]英国 [生]1944年6月16日 [典]1996／2000／2004／2012
ライト, デービッド　Wright, David　本名=Wright,David Allen　大リーグ選手(内野手) [国]米国 [生]1982年12月20日 [典]2012
ライト, テレサ　Wright, Teresa　本名=Wright,Muriel Teresa　女優 [国]米国 [生]1918年10月27日 [没]2005年3月6日 [典]1992／1996
ライト, ニコラス　Wright, Nicholas　演出家, 劇作家, 翻案家　ロイヤル・ナショナル・シアター文芸部長 [国]英国 [生]1940年 [典]1996
ライト, バジル　Wright, Basil　ドキュメンタリー映画プロデューサー・監督 [国]英国 [生]1907年6月12日 [没]1987年10月14日 [典]1992
ライト, ピーター　Wright, Peter Robert　バレエ監督・振付師, 元・

ラ

バレエダンサー　バーミンガム・ロイヤル・バレエ団名誉監督　⑰英国　⑭1926年11月25日　⑳1996／2000／2004／2008／2012

ライト, マイカ・イアン　Wright, Micah Ian　アニメーション作家　⑰米国　⑳2004／2008

ライト, マイケル　Light, Michael　アーティスト,写真家　⑰米国　⑳2000

ライト, マーガレット・ニケルソン　Wright, Margaret Nickelson　美術研究家　⑰米国　⑳2004／2008

ライト, マーティン　Wright, Martin　実業家　アストラゼネカ社長　⑳2004／2008

ライト, リチャード　Wright, Richard　通称＝ライト, リック　グループ名＝ピンク・フロイド　ロックミュージシャン　⑰英国　⑭1945年7月28日　⑮2008年9月15日　⑳2004／2008

ライト, レベッカ　Wright, Rebecca　アーティスト　⑰英国　⑳2004

ライト, ロザリンド　弁護士　英国重大不正捜査局局長　⑰英国　⑳2000

ライト, ロバート　Wright, Robert　科学ジャーナリスト　「ザ・ニュー・リパブリック」シニア・エディター　⑰米国　⑳1992／1996

ライト, ロビン　Wright, Robin　ジャーナリスト　ロサンゼルス・タイムズ社ワシントン支局政治担当記者　⑰米国　⑭1948年　⑳1996

ライト, ロビン　Wright, Robin　本名＝ライト, ロビン・バージニア　女優　⑰米国　⑭1966年4月8日　⑳2000／2004／2008／2012

ライト, ローラ　Wright, Laura　ロマンス作家　⑰米国　⑳2008

ライト, ローレン　Wright, Lauren K.　経営学者　カリフォルニア州立大学チコ校教授　⑯マーケティング学　⑰米国　⑳2004／2008

ライトソン, パトリシア　Wrightson, Patricia　児童文学作家,編集者　⑰オーストラリア　⑭1921年6月19日　⑳1992

ライトナー, テア　Leitner, Thea　ノンフィクション作家　⑳2000

ライトナー, パトリック　Leitner, Patric-Fritz　リュージュ選手　ソルトレークシティ五輪リュージュ男子2人乗り金メダリスト　⑰ドイツ　⑭1977年2月23日　⑳2004／2012

ライトナー, フェルディナント　Leitner, Ferdinand　指揮者　⑰ドイツ　⑭1912年3月4日　⑮1996年6月3日　⑳1992／1996

ライトバウン, ロナルド　Lightbown, Ronald W.　美術史家　⑯中世・ルネサンス美術史　⑰英国　⑳2000

ライトバーン, ロン　Lightburn, Ron　イラストレーター　⑰カナダ　⑳2004

ライトマン, アイバン　Reitman, Ivan　映画監督,映画プロデューサー　⑰カナダ　⑭1946年10月26日　⑳1992／1996／2012

ライトマン, アラン　Lightman, Alan　天体物理学者　マサチューセッツ工科大学教授　⑰米国　⑭1948年　⑳1996／2000

ライトマン, ジェイソン　Reitman, Jason　映画監督　⑭1977年　⑳2012

ライトル, アンドルー・ネルソン　Lytle, Andrew Nelson　作家　⑰米国　⑭1902年　⑮1995年12月12日　⑳1992／1996

ライトル, ジム　Lyttle, Jim　本名＝Lyttle,James　元・プロ野球選手　⑭1946年5月20日

ライドン, ジョン　Lydon, John　旧芸名＝ロットン, ジョニー　グループ名＝セックス・ピストルズ, パブリック・イメージ・リミテッド　ミュージシャン　⑭1956年1月31日　⑳1996／2000／2008／2012

ライドン, ニコラス　Lydon, Nicholas B.　生化学者　ブループリントメディスン社創立者・取締役　⑯がん研究　⑰米国　⑭1957年2月27日

ライドン, マイケル　Lydon, Michael　編集者　⑰米国　⑳2008／2012

ライナー, ヴァルター　Reiner, Walter　画家,挿絵画家,絵本作家　⑯特撮映画　⑭1924年　⑳1996

ライナー, トラウドゥル　Reiner, Traudl　画家,挿絵画家,絵本作家　⑯特撮映画　⑭1930年　⑳1996

ライナー, ルイーゼ　Rainer, Luise　女優　⑰米国　⑭1912年　⑳1992／1996

ライナー, ロブ　Reiner, Rob　映画監督,脚本家,俳優　⑰米国　⑭1945年3月6日　⑳1996

ライナー, ロブ　Reiner, Robb　グループ名＝Anvil　ミュージシャン　⑰カナダ　⑳2012

ライニアソン, ピーター　Rinearson, Peter　ジャーナリスト　「シアトルタイムズ」紙記者　⑰米国　⑭1954年　⑳1992／1996

ライニッシュ, ジューン・マコーバー　Reinisch, June M.　キンゼイ性調査研究所所長,インディアナ大学教授　⑯性問題　⑰米国　⑳1992

ライネス, フレデリック　Reines, Frederick　物理学者　元・カリフォルニア大学アーバイン校教授　⑯軽粒子物理学　⑰米国　⑭1918年3月16日　⑮1998年8月26日　⑳1996

ライネス, ペトローナ　グアテマラ農民団結委員会(CUC)メンバー　⑰グアテマラ　⑭1954年　⑳1992

ライネルト, ディートマール　Reinert, Dietmar　ドイツ職業保険組合中央研究所認証部長　⑰ドイツ　⑳2008

ライバー, フリッツ　Leiber, Fritz　怪奇小説家,SF作家　⑰米国　⑭1910年12月25日　⑮1992年9月5日　⑳1992／1996

ライハウゼン, パウル　Leyhausen, Paul　動物学者　⑯動物生態学　⑰ドイツ　⑭1916年　⑳2000

ライバック, ティモシー　Ryback, Timothy W.　歴史家　歴史的正義と和解研究所共同設立者　⑯歴史,文学　⑰米国　⑭1954年　⑳1996／2012

ライバック, デービッド　Ryback, David　臨床心理学者　⑯夢,無意識の精神作用　⑰米国　⑳2004

ライヒ, インス　分子生物学者,反体制活動家　新フォーラム発起人　⑰ドイツ　⑳1992

ライヒ, スティーブ　Reich, Steve　本名＝Reich,Stephan Michael R.　作曲家,ピアニスト,打楽器奏者　⑰米国　⑭1936年10月3日　⑳1996／2000／2004／2008／2012

ライヒ, ベンヤミン　Raich, Benjamin　スキー選手(アルペン)　トリノ五輪アルペンスキー男子大回転・回転金メダリスト　⑰オーストリア　⑭1978年2月28日　⑳2008／2012

ライヒェ, ディートロフ　Reiche, Dietlof　作家,イラストレーター　⑰ドイツ　⑭1941年　⑳2004

ライヒェル, ザビーネ　Reichel, Sabine　ジャーナリスト　⑰米国　⑭1946年　⑳1996

ライヒェルト, アビラム　ピアニスト　⑰イスラエル　⑭1971年　⑳2000／2004

ライヒシュタイン, アレクサンダー　Reichstein, Alexander　イラストレーター　⑭1957年　⑳2004

ライヒシュタイン, タデウス　Reichstein, Tadeus　有機化学者　元・バーゼル大学名誉教授　⑰スイス　⑭1897年7月20日　⑮1996年8月1日　⑳1992／1996

ライヒト, ロベルト　ジャーナリスト　「ツァイト」編集長　⑰ドイツ　⑭1944年　⑳2000

ライヒマン, ポール　Reichmann, Paul　実業家　ライヒマングループ総帥　⑰カナダ　⑭1930年　⑳1992／1996

ライヒ・ラニツキ, マルセル　Reich-Ranicki, Marcel　文芸評論家　元・「フランクフルター・アルゲマイネ」文芸デスク　⑰ドイツ　⑭1920年6月2日　⑮2013年9月18日　⑳2004

ライブ, ヴォルフガング　Laib, Wolfgang　彫刻家,造形作家　⑰ドイツ　⑭1950年　⑳2004／2008

ライフ, レジー　Life, Regge　映画監督,映像プロデューサー　⑰米国　⑳1996／2000

ライフソン, アレックス　Lifeson, Alex　グループ名＝ラッシュ　ミュージシャン　⑰カナダ　⑭1953年8月27日　⑳2012

ライブリー, ブレイク　Lively, Blake　女優　⑰米国　⑭1987年8月25日　⑳2012

ライブリー, ペネロピ　Lively, Penelope Margaret　旧名＝Low, Penelope Margaret　作家,児童文学作家　⑰英国　⑭1933年3月17日　⑳1996／2000

ライブリー, リン　Lively, Lynn　実業家　アメリカン・パイオニア・ソナーズ共同設立者　⑰米国　⑳2004

ラ

ライヘル・ドルマトフ, G. Reichel Dolmatoff, Gerardo 考古学者,人類学者,民族学者 国デサナ族(コロンビアのインディオ)研究 国コロンビア 生1912年3月16日 没1992

ライベングッド, ジェフ Libengood, Jeff フィットネストレーナー ジェフスフィットネス主宰,楽天イーグルス・コンディショニング統括ディレクター 国米国 生1965年 載2008

ライヘンバーガー, ウォルフガング Reichenberger, Wolfgang H. 実業家 ネスレ日本社長 国オーストリア 生1953年7月19日 載2000

ライベンバッハ, ツィピ 映画監督 国イスラエル 生1947年 載1996

ライポルト, アレクサンダー Leipold, Alexander レスリング選手(フリースタイル) 国ドイツ 載2004

ライポルト, ゲルト Leipold, Gerd 環境保護運動家 グリーンピース・インターナショナル事務局長 国ドイツ 生1951年1月1日 載2004／2012

ライマー, ゲーリ 日本ナショナルインスツルメンツ社長 国米国 生1953年7月 載1996

ライマー, マイケル Rymer, Michael 映画監督 国オーストラリア 生1963年 載2000／2004

ライマン, エツコ・オバタ Reiman, Etsuko Obata アリゾナ州立大学準教授 国日本語学 国米国 生1938年 載1992／1996／2000

ライマン, ジェフ Ryman, Geoff SF作家,映画評論家 国英国 生1951年 載1996／2012

ライマン, ハーバート 元・ディズニー・プロダクション美術部員 国米国 没1989年2月10日 載1992

ライマン, ハワード Lyman, Howard F. ベジタリアン活動家 国際地球救済会議会長,世界ベジタリアン連合会長 国米国 載2004／2008

ライマン, ピエール モンパルナス・マルチメディア社会長 国フランス 載2000

ライマン, プリンストン Lyman, Princeton 外交官 米国国務次官補 国米国 生1935年11月20日 載2000

ライマン, ロバート Ryman, Robert 画家 国ミニマルアート 国米国 生1930年5月30日 載1992／2008／2012

ライミ, アティク Rahimi, Atiq 作家,映画監督 生1962年 載2008(ラヒーミー, アティーク)／2012

ライミ, サム Raimi, Sam 本名=Raimi,Samuel Marshall 映画監督,映画プロデューサー,俳優 国米国 生1959年10月23日 載1992／1996／2000／2004／2008／2012

ライミス, ハロルド Ramis, Harold 映画監督,脚本家,俳優 国米国 生1944年11月21日 没2014年2月24日 載1992

ライムズ, トーマス Rymes, Thomas K. カールトン大学経済学部教授 国経済学 国カナダ 生1932年 載1996

ライムス, リアン Rimes, LeAnn 本名=Rimes,Margaret LeAnn カントリー歌手 国米国 生1982年8月28日 載2000／2004／2008

ライモンディ, ジャンニ Raimondi, Gianni テノール歌手 国イタリア 生1923年4月17日 没2008年10月19日 載2000

ライモンディ, ルッジェーロ Raimondi, Ruggero バス歌手 国イタリア 生1941年10月3日 載1992／2000／2012

ライヤン, キャセイ・C. ビー玉競技インストラクター 国米国 生1952年 載1996

ライラ, ゴンザーロ Lira, Gonzalo 作家 載2008

ライラント, シンシア Rylant, Cynthia 児童文学作家,詩人 国米国 生1954年 載1992／1996／2007

ライリー, ウィリアム Reilly, William Kane 元・米国環境保護長官 国環境保護問題 国米国 生1940年 載1992／1996

ライリー, ケン Riley, Ken 物理学者 載2004／2008

ライリー, サマンサ Riley, Samantha 元・水泳選手 国オーストラリア 生1972年11月13日 載2000／2004

ライリー, サム Riley, Sam 俳優 国英国 生1980年1月8日 載2012

ライリー, ジョン・C. Reilly, John C. 俳優 国米国 生1965年5月 載2004／2008／2012

ライリー, ティム Riley, Tim ピアニスト,作曲家,音楽評論家 国米国 生1960年 載1992／1996

ライリー, テリー Riley, Terry 作曲家,即興演奏家 国米国 生1935年6月24日 載1996

ライリー, パット Riley, Pat バスケットボール監督,元・バスケットボール選手 国米国 生1945年3月20日 載1996／2000／2004／2008／2012

ライリー, パトリック Riley, Patrick G. 実業家 載2008

ライリー, フィリップ Reilly, Philip R. 医学者 インターロイキン・ジェネティクスCEO 国小児精神神経医学,分子遺伝学,臨床遺伝学,生命倫理 国米国 載2004／2008／2012

ライリー, ブリジット Riley, Bridget 本名=Riley,Bridget Louise 画家 国英国 生1931年4月24日 載1992／1996／2004／2008／2012

ライリー, ポーリン Reilly, Pauline 鳥類学者 国コガタペンギン 国オーストラリア 生1918年 載2000

ライリー, マーク Reilly, Mark グループ名=マット・ビアンコ ミュージシャン 国英国 生1960年2月20日 載2004／2008／2012

ライリー, マシュー Reilly, Matthew 作家 生1974年 載2008

ライリー, リチャード Riley, Richard Wilson 政治家 元・米国教育長官,元・サウスカロライナ州知事 国米国 生1933年1月2日 載1996／2000／2004／2012

ライリー, リック Reilly, Rick 「キャディに乾杯！」の著者 載2008

ライル, アンドルー グラクソ・ウエルカム・リサーチ・ディベロップメント医療研究センター高度技術・インフォマティクス部長 国バイオインフォマティクス 国英国 載2000

ライール, クロード Rahir, Claude 壁画・モザイク作家 国ベルギー 生1937年 載1992／1996

ライル, サンディ Lyle, Sandy プロゴルファー 国英国 生1958年9月2日 載1992／1996／2000／2008

ライル, ジャネット・テイラー Lisle, Janet Taylor 児童文学作家 国米国 載1996

ライル, マーティン Ryle, Martin 物理学者,電波天文学者 元・グリニッジ天文台長 国英国 生1918年9月27日 没1984年10月14日 載1992

ライン, エイドリアン Lyne, Adrian 映画監督 国英国 生1941年3月4日 載1992／2004／2008／2012

ライン, ジョセフ Rhine, Joseph Banks 心理学者 元・デューク大学超心理学研究所所長 超心理学の創始者 国米国 生1895年9月28日 没1980年 載1992

ラインケン, パトリック Reinken, Patrick 作家,弁護士 国米国 載2004

ラインゴールド, エドウィン Reingold, Edwin M. ジャーナリスト 南カリフォルニア大学国際ジャーナリズムセンター所長代理 元・タイム日本支局長,元・日本外国特派員協会会長 生1927年 載2000

ラインゴールド, ハワード Rheingold, Howard ライター,評論家,編集者 元・「Hot Wired」誌編集長 国米国 生1947年 載1996／2000／2012

ラインシュ, レナード Reinsch, Leonard 本名=Reinsch,James Leonard 元・コックス放送会社長 歴代米国大統領のメディア対策アドバイザー 国米国 生1908年6月28日 没1991年5月9日 載1992

ラインシュミット, ジョージ Reinschmidt, Joerg コンピューター技術者 国米国 載2004

ラインズ, クリフォード・ジョン Lines, Cliford John 地理学者 国英国 載2004

ラインズ, マルコム Lines, Malcolm E. 物理学者 ベル研究所研究員 国固体物理学 国米国 生1936年 載1992／2000

ラインスドルフ, エーリヒ Leinsdorf, Erich 指揮者 元・ボストン交響楽団音楽監督,元・メトロポリタン歌劇場常任指揮者 国米国 生1912年2月4日 没1993年9月11日 載1992／1996

ラインスミス, スティーブン　Rhinesmith, Stephen H.　実業家　ラインスミス・アンド・アソシエイツ社長, 全米人材開発機構（ASTD）会長　⑱米国　⑲1944年　⑳1996

ラインバック, マーティ　Leimbach, Marti　作家　⑱米国　⑳1992／1996

ラインハート, キース　Reinhard, Keith Leon　実業家, クリエイティブディレクター　DDBニーダム・ワールドワイド・コミュニケーションCEO　⑱米国　⑲1935年1月20日　⑳2000

ラインハート, ジョージナ　Rinehart, Georgina　別称＝ラインハート, ジーナ　実業家　ハンコック・プロスペクティング会長　⑱オーストラリア　⑲1954年　⑳2008／2012

ラインハート, バート　Reinhardt, Burt　本名＝Reinhardt,Burton　実業家, ジャーナリスト　元・CNNテレビ社長　⑱米国　⑲1920年4月19日　㊀2011年5月10日

ラインハルト, アリアン　元・外交官　元・国際労働機関（ILO）労使関係労働行政局労働法・労使関係担当　⑯国際公法　⑱ドイツ　⑳2004

ラインハルト, ウルズラ　Reinhardt, Ursula　祖父ジョン・ラーベが記した南京大虐殺の日記を公開　⑱ドイツ　⑲1931年　⑳2000

ラインハルト, ヨハン　人類学者, 登山家　米国ナショナルジオグラフィック協会所属探険家, ウエストバージニア州山岳協会調査員, ペルー・カソリック大学名誉教授　⑱米国　⑲1943年　⑳2000

ラインフェルダー, ジョン・シェパード　Leinfelder, John Shepard　ジャーナリスト　⑱米国　⑲1927年　⑳1992

ラインフェルト, フレドリック　Reinfeldt, Fredrik　政治家　スウェーデン首相　⑱スウェーデン　⑲1965年8月4日　⑳2008／2012

ラウ, アンディ　Lau, Andy　中国名＝劉徳華　俳優, 歌手　⑱香港　⑲1961年9月27日　⑳1996／2000／2004／2008／2012

ラウ, アンドルー　Lau, Andrew　中国名＝劉偉強　映画監督　⑱香港　⑲1960年4月4日　⑳2000／2004／2008／2012

ラウ, イアン・V.　GM研究所生物医学部上級スタッフ・エンジニア　⑯生物医学工学　⑱米国　⑳1992

ラウ, エミリー　Lau, Emily　中国名＝劉慧卿　政治家, ジャーナリスト　香港立法評議会議員, 民主党副主席　元・香港ジャーナリスト協会会長　⑱香港　⑲1952年　⑳2000／2004／2008／2012

ラウ, カリーナ　Lau, Carina　中国名＝劉嘉玲　女優　⑱香港　⑲1964年12月8日　⑳1996／2000／2008／2012

ラウ, カーリョン　Lau, Kar-leung　中国名＝劉家良　映画監督, アクション指導家, 武術家　⑱香港　㊀2013年6月25日

ラウ, グロリア　Lau, Gloria J.　実業家　チャールズ・シュワブ・アジア社長　⑱米国　⑳2000

ラウ, ジェフ　中国名＝劉鎮偉, 筆名＝技安　映画監督, 映画プロデューサー　⑱香港　⑳1996

ラウ・チンワン　Lau, Ching-wan　漢字名＝劉青雲, 英語名＝ラウ, アンディ・ショーン　俳優　⑱香港　⑲1964年2月16日　⑳1996（ラウ・チェンワン）／2000（ラウ・チェンワン）／2004（ラウ・チェンワン）／2012

ラウ・ティアキアン　Low, Thia-khiang　政治家　シンガポール労働者党（WP）書記長　⑱シンガポール　⑳2012

ラウ, ピーター　Lau, Peter　ファッションデザイナー　⑱香港　⑳2000

ラウ, ヒレ　Rau, Hille　建築家　⑯大学建築, 大学病院建築　⑱ドイツ　⑳1992／1996

ラウ, マイケル　Lau, Michael　フィギュア・アーティスト　⑱香港　⑲1970年　⑳2004／2008

ラウ, ヨハネス　Rau, Johannes　政治家　元・ドイツ大統領　⑱ドイツ　⑲1931年1月16日　㊀2006年1月27日　⑳1992／1996／2000／2004

ラウ, ローレンス　スタンフォード大学教授　⑯経済学　⑱米国　⑳2000

ラヴァ, ジュゼッペ　Lava, Giuseppe　実業家, 鞄職人　ラヴァ・オーナー　⑱イタリア　⑲1940年　⑳2004

ラヴァネリ, ファブリツィオ　Ravanelli, Fabrizio　サッカー選手（FW）　⑱イタリア　⑲1968年12月11日　⑳1996（ラバネッリ, ファブリツィオ）／2000

ラウアブデリア, カリム　医師　国境なき医師団パリ本部事務局長　⑯麻酔科　⑳2000

ラヴァン, ドニ　Lavant, Denis　俳優　⑱フランス　⑲1961年6月17日

ラヴィー, ペレツ　Lavie, Peretz　テクニオン大学医学部学部長, テクニオン睡眠研究所所長　⑯睡眠　⑱イスラエル　⑲1949年　⑳2000

ラヴィーニュ, マリー　Lavigne, Marie　経済学者　ポー大学名誉教授　元・パリ大学社会主義諸国国際経済学センター所長　⑱フランス　⑲1935年　⑳2004

ラヴィレール, フレッド　グラフィックデザイナー　「エルメスの世界」アート・ディレクター　⑳2004

ラヴィーン, アヴリル　Lavigne, Avril　シンガー・ソングライター　⑱カナダ　⑲1984年9月27日　⑳2004（ラビーン, アブリル）／2008（ラビーン, アブリル）／2012

ラウェア, ジョン・P.　ショーマット・ナショナル社長, ショーマット銀行会長　⑱米国　⑲1928年　⑳1996

ラヴェーラ, リディア　Ravera, Lidia　作家　⑱イタリア　⑲1951年　⑳1996（ラベーラ, リディア）

ラウエル, ミロ　Rowell, Milo E.　法律家　元・GHQ民政局法規課長　⑱米国　⑲1903年7月25日　⑳1996

ラヴェロ, フランソワ　Ravello, François　画家　⑱フランス　⑲1926年　⑳1996（ラベロ, フランソワ）

ラヴェンスキフ, ボリス　Ravenskikh, Boris Ivanovich　演出家　元・マールイ劇場首席演出家　⑱ソ連　⑲1914年　㊀1980年　⑳1992（ラベンスキフ, ボリス）

ラヴォーダン, ジョルジュ　Lavaudant, Georges　演出家, 俳優　元・オデオン・ヨーロッパ劇場ディレクター　⑱フランス　⑲1947年2月18日　⑳2012

ラヴォル, L.N.　Lavolle, L.N.　本名＝ショレ, エレーヌ　作家　⑱フランス　⑳1992（ラボル, L.N.）

ラウク　実業家　メルセデス・ベンツ商用車部門トップ　⑱ドイツ　⑳2000

ラウク, ジェニファー　Lauck, Jennifer　作家　⑱米国　⑳2004

ラウグヴィッツ, D.　Laugwitz, D.　数学者　ダルムシュタット工科大学数学科教授　⑱ドイツ　⑲1932年　⑳2000

ラウシェンバーグ, ロバート　Rauschenberg, Robert　造形作家, 画家　⑱米国　⑲1925年10月22日　㊀2008年5月12日　⑳1992／1996／2000／2004／2008

ラウシュ, ジョナサン　Rauch, Jonathan　ジャーナリスト　「ナショナル・ジャーナル」編集委員　⑱米国　⑲1960年　⑳1992（ラウチ, ジョナサン）／1996／2000

ラウス, A.L.　Rowse, Alfred Leslie　歴史家, 詩人, 作家　⑱英国　⑲1903年12月4日　㊀1997年10月3日　⑳1992

ラウス, アービング　Rouse, Irving　本名＝Rouse,Benjamin Irving　考古学者　元・エール大学名誉教授・附属ピーボディ博物館名誉学芸員, 元・米国考古学会会長　⑱米国　⑲1913年8月29日　㊀2006年2月4日　⑳1992／1996

ラウス, ジェフ　Rouse, Jeff　元・水泳選手（背泳ぎ）　⑱米国　⑲1970年2月6日　⑳1996／2000

ラウス, ジェームス　商業施設ディベロッパー　⑱米国　⑲1918年　㊀1996年4月9日　⑳1992

ラウス, ジョゼフ　Rouse, Joseph　哲学者　ウェズレー大学教授　⑯科学哲学　⑱米国　⑲1952年　⑳2004

ラウス, スタンリー　元・国際サッカー連盟（FIFA）会長　⑲1986年7月18日　⑳1992

ラウス, ピート　Rouse, Pete　本名＝Rouse,Peter M.　政治家　元・米国大統領首席補佐官　⑱米国　⑳2012

ラウス, ブランドン　Routh, Brandon　本名＝ラウス, ブランドン・ジェームズ　俳優　⑱米国　⑲1979年10月9日　⑳2008／2012

ラウス, リサ　Routh, Lisa C.　「脳画像で探る『うつ』と『不安』の癒し方」の著者　⑳2008

ラウダ, ニキ　Lauda, Niki　実業家,元・F1ドライバー　ニキ航空社長　元・ジャガー最高責任者　国オーストリア　生1949年2月22日　死1992／1996／2004／2008／2012

ラウタヴァーラ, エイノユハニ　Rautavaara, Einojuhani　作曲家　シベリウス音楽アカデミー作曲教授　国フィンランド　生1928年10月9日　死1996（ラウタバーラ, エイノユハニ）

ラウダシュル, フーベルト　ヨット選手　国オーストラリア　死2000

ラウターバー, ポール　Lauterbur, Paul C.　本名=ラウターバー, ポール・クリスチャン　元・イリノイ大学アーバナ・シャンペン医学校教授・生物医学磁気共鳴研究所所長　専バイオメディカルMR　国米国　生1929年5月6日　没2007年3月27日　死1996／2004

ラウダラ・トブダインダインタル　元・中国人民政治協商会議チベット自治区委副主席, 元・ダライ・ラマ14世の元秘書　国中国　没1985年6月16日　死1992

ラウデン, ジョン　Lowden, John　美術史家　ロンドン大学コートールド美術研究所講師　専中世美術史, ビザンティン美術史　国英国　死2004

ラウデン, デズモンド　Lowden, Desmond　作家　生1937年　死1992／1996

ラウド, レイン　Raud, Rein　日本文学研究家, 作家　タリン大学教授, ヨーロッパ日本研究協会（EAJS）会長　元・タリン大学学長　国エストニア　生1961年12月　死1996／2000／2012

ラウトマン, ペーター　Rautmann, Peter　美術史家　ブレーメン芸術大学教授　国ドイツ　生1941年　死2004

ラウドルップ, ミカエル　Laudrup, Michael　サッカー指導者, 元・サッカー選手　国デンマーク　生1964年6月15日　死2000／2012

ラウドン, J.J.H.　Loudon, Jonkheer John Hugo　実業家　元・ロイヤル・ダッチ・シェル代表　国オランダ　生1905年6月27日　没1996年2月4日　死1992／1996

ラウプ, デービッド　Raup, David M.　生物学者　シカゴ大学シューウェール・L.エイブリー殊勲教授　専古生物学, 進化生物学　国米国　生1933年　死1992／2000

ラウプリヒ, ニーナ　Rauprich, Nina　作家　国ドイツ　死2000

ラウマー, ヘルムート　Laumer, Helmut　エコノミスト　バイエルン独日協会会長　国ドイツ　生1931年　死1992／1996／2004／2008

ラヴョーロフ, ニコライ　Laverov, Nikolai P.　ソ連副首相　元・ソ連科学アカデミー副総裁　国ソ連　生1930年1月12日　死1992（ラヴョーロフ, ニコライ）／1996（ラブョーロフ, ニコライ）／2000

ラウリー, ジャネット　Rowly, Janet Davison　旧名=Davison, Janet Ballantyne　医師, 医学者　シカゴ大学人類遺伝学部ブラム・リース特別教授　専遺伝学, がん研究　生1925年4月5日

ラウリー, リチャード　Lourie, Richard　作家　生1940年　死1996

ラウリセンス, スタン　Laurysseus, Stan　ジャーナリスト, 作家　専ナチス　国ベルギー　死2004

ラウリッセン, イルマ　Lauridsen, Irma　作家　国デンマーク　生1948年　死2004

ラヴリリエ, キャロル・マーク　Lavrillier, Carol Marc　写真家　ギャラリー・スタジオ666経営者　国フランス　生1933年　死1992（ラブリリエ, キャロル・マーク）

ラウール　Raul　フラメンコ舞踊家　国スペイン　生1949年　死1996

ラウル　Raoul　画家　国フランス　生1962年　死1996

ラウル・ゴンサレス　Raúl Gonzáles　本名=ブランコ, ラウル・ゴンサレス　サッカー選手（FW）　国スペイン　生1977年6月27日　死2000（ラウル）／2004（ラウル）／2008（ラウル）／2012

ラウルセン, マルティン　Laursen, Martin　サッカー選手（DF）　国デンマーク　生1977年7月26日　死2004／2008

ラウレル, サルバドル　Laurel, Salvador Hidalgo　政治家　元・フィリピン副大統領　国フィリピン　生1928年11月18日　没2004年1月27日　死1992／1996

ラウレン　Lauren　本名=マイヤー, ラウレン・エタメ　サッカー選手（DF）　国カメルーン　生1977年1月19日　死2004／2008

ラウン, バーナード　Lown, Bernard M.D.　平和運動家　ハーバード大学公衆衛生学院名誉教授　専心臓病学　国米国　生1921年6月7日　死1996／2000

ラエル, クロード・ボリロン　Raël, Claude Vorilhon　宗教活動家　ラエリアン・ムーブメント創立者　国フランス　生1946年　死1996／2000／2004／2008

ラオ, C.N.R.　Rao, C.N.R.　材料化学者　ジャワハルラル・ネール先端科学研究所名誉所長　国インド　生1934年6月　死2012

ラオ, C.ラダクリシュナ　Rao, Calyampudi Radhakrishna　統計学者　ペンシルベニア州立大学エベリー特別教授　専数理統計学　国インド　生1920年9月10日　死1996

ラオ, E.プラサド　Rao, E.Prasad　カバディ・コーチ, 元・カバディ選手　インドスポーツ局ネタジ・サブハス西地区スポーツセンター学術研究員, アジア・アマチュア・カバディ連盟（AAKF）テクニカルディレクター　国インド　生1954年　死2004

ラオ, K.ナラヤン　Rao, Katamraju Narayan　占星術師　Bharatiya Vidya Bhavan's Institute of Astrology主宰　国インド　死2004

ラオ, チャンドラ・ラジェシュワラ　Rao, Chandra Rajeswar　政治家　元・インド右派共産党書記長　国インド　生1914年6月6日　没1994年4月9日　死1996

ラオ, ナラシマ　Rao, Narasimha　政治家, 詩人　元・インド首相, 元・インド国民会議派総裁　国インド　生1921年6月28日　没2004年12月23日　死1992／1996／2000／2004

ラオ, ラインホルト　Rauh, Reinhold　ミュンヘン大学, ボーフム大学　専映画学　国ドイツ　生1951年　死1996

ラオ・カムホーム　本名=カムシン・シーノーク　作家, 評論家　国タイ　生1930年　死1992

ラオク, テリバート　市民運動家　ナムフレル専務理事　国フィリピン　死2000

ラオホフライシュ, ウード　Rauchfleisch, Udo　バーゼル大学臨床心理学教授　専精神分析　国ドイツ　生1942年　死1996

ラオ・モンハイ　クメール・デモクラシー研究所所長　国カンボジア　死2000

ラオレッティー, ラリー　プロゴルファー　国米国　死1996

ラカー, ウォルター　Laqueur, Walter Ze'ev　歴史家, 政治学者　戦略国際問題研究所（CSIS）国際研究評議会議長　専ヨーロッパ現代史　生1921年5月26日　死1992／1996／2004／2008

ラガー, ジェームス　Lager, James L.　写真家　元・米国ライカ歴史協会会長　国米国　死2000

ラカー, トマス　Laqueur, Thomas　カリフォルニア大学バークレー校教授　専歴史学　国トルコ　生1945年9月6日　死2000

ラガイエット, フィリップ　Lagayette, Philippe Ernest Georges　フランス預金供託金庫総裁　国フランス　生1943年6月16日　死2000

ラカジェ, ルイス　Lacalle, Luis Alberto　政治家　元・ウルグアイ大統領　国ウルグアイ　生1941年7月13日　死1992／1996

ラカーズ, アンドレ　Lacaze, André　作家, ジャーナリスト　国フランス　死1992

ラカス, デメトリオ　Lakas Bahas, Demetrio Basilio　政治家　元・パナマ大統領　国パナマ　生1925年8月29日　没1999年11月2日　死1992

ラガッシュ, クロード・カトリーヌ　Ragache, Claude-Catherine　エコール・ノルマル・ダンスティテュトゥール図書館責任者　専フランス文学　国フランス　生1947年　死1992

ラガッシュ, ジル　Ragache, Gilles　編集者　アシェット・ジュニア社叢書編集長　専歴史学, 地理学　国フランス　生1946年　死1992／1996

ラガッセ, エメリル　Lagasse, Emeril John　シェフ　国米国　生1959年10月15日　死2008／2012

ラカッラ, ルシア　Lacarra, Lucia　バレリーナ　ミュンヘン・バレエ団プリンシパル　死2004／2008／2012

ラ・ガーディア, ジュリエット　La Guardia, Juliet　小学校教師　フィオレロ・ラ・ガーディア元ニューヨーク市長の孫娘　国米国　死1992

ラガット, エリジャ　Lagat, Elijah　マラソン選手　国ケニア　死2000

／2004

ラガト, バーナード　Lagat, Bernard　陸上選手(中・長距離)　アテネ五輪陸上男子1500メートル銀メダリスト　国米国　生1974年12月12日

ラカトシュ, ロビー　Lakatos, Roby　バイオリニスト　国ハンガリー　生1965年　版2004／2008／2012

ラカバ, ホセ・F.　Lacaba, Jose F.　詩人, 脚本家, ジャーナリスト　国フィリピン　生1945年　版2004／2008／2012

ラガーフェルド, カール　Lagerfeld, Karl-Otto　ファッションデザイナー, 写真家　シャネル主任デザイナー　国ドイツ　生1938年9月10日　版1992／2000／2004／2008／2012

ラカプラ, ドミニク　LaCapra, Dominick　コーネル大学教授　専ヨーロッパ思想史　国米国　生1939年　版1992／1996

ラーカム, スティーブン　Larkham, Stephen　元・ラグビー選手　国オーストラリア　生1974年5月29日

ラカリエール, ジャック　Lacarrière, Jacques　詩人, 作家　生1925年　版2000

ラガルド, クリスティーヌ　Lagarde, Christine　本名=Lagarde, Christine Madeleine Odette　旧名=Lallouette　政治家, 弁護士　国際通貨基金(IMF)専務理事　元・フランス財務相　国フランス　生1956年1月1日　版2008／2012

ラカン, シビル　Lacan, Sibylle　翻訳家　国フランス　生1940年　版2000

ラカン, ジャック　Lacan, Jacques Marie　精神分析哲学者　国フランス　生1901年4月13日　没1981年9月9日　版1992

ラキブ, ザキ　テラヨン社CEO　生1959年　版2000

ラキューザ, マイケル・ジョン　LaChiusa, Michael John　作曲家, 作詞家, 劇作家　国米国　版2004／2008

ラーキン, エマ　Larkin, Emma　ジャーナリスト　国米国　生1970年　版2008／2012

ラーキン, バリー　Larkin, Barry Louis　元・大リーグ選手　国米国　生1964年4月28日　版1996／2000／2008

ラーキン, フィリップ　Larkin, Philip Arthur　詩人, 作家　国英国　生1922年8月9日　没1985年12月2日　版1992

ラーキン, モリー　Larkin, Molly　「母なる風の教え」の共著者　版2004

ラク・イリュウ　駱 為龍　Luo, Wei-long　中華日本学会常務副会長　専日本学　国中国　生1933年　版1992／1996

ラク・ショウクン　駱 少君　高級評茶師　中華全国供銷合作総社杭州茶葉研究院院長　国中国　版2008

ラク・ニンセキ　駱 忍石　中国国際戦略学会高級研究員, 解放軍国際関係大学教授　専軍備管理, 国際関係　国中国　生1925年　版2000

ラク・ヒンキ　駱 賓基　Luo, Bin-ji　本名=張璞君　作家, 金文学者　専金文, 駱学　国中国　生1917年2月12日　没1994年6月11日　版1992／1996

ラク・ヘイ　洛 萍　本名=陳振亜　別名=江陵, 白蒂, 陳琪　作家, 編集者　国シンガポール　生1920年　版1992

ラクーア, ローレンス　Lacour, Lawrence L.　牧師　国米国　生1914年6月5日　版1992

ラクヴァ, カルステン　Laqua, Carsten　ジャーナリスト　国ドイツ　生1961年　版2004

ラクシュマン, W.D.　Lakshman, W.D.　コロンボ大学経済学科教授　専経済学　国スリランカ　生1940年　版1996

ラクシュマン, ブルス　Lakshman, Bulusu　コンピューター技術者　国米国　版2004

ラクシュマン・ウプレティ　ビデオ・ジャーナリスト　国ネパール　生1961年　版1996

ラクスネス, ハルドウル　Laxness, Halldór Kiljan　作家　国アイスランド　生1902年4月23日　没1998年2月8日　版1992／1996

ラクソウレイチタケツ　洛桑・霊知多傑　Luosang Lingzhiduojie　中華全国青年連合会(全国青連)副主席, 中国共産主義青年団(共青団)中央委員会書記処書記　国中国　生1948年　版1996

ラクソルト, ポール　Laxalt, Paul　政治家　元・米国上院議員(共和党)　国米国　生1922年8月2日　版1992

ラグダフ, ムライ・ウルド・モハメド　Laghdhaf, Moulaye Ould Mohamed　政治家　モーリタニア首相　国モーリタニア　生1957年　版2012

ラクチュール, ジャン　Lacouture, Jean　ジャーナリスト, 政治学者　国フランス　生1921年　版1992

ラグテンコ, イリヤ　グループ名=ムミー・トローリ　ミュージシャン　国ロシア　版2000

ラグノー, フィリップ　Ragueneau, Philippe　セコディス投資会社副社長, ド・ゴール派研修会事務総長　国フランス　版1996

ラクバ・シン　Lakva Sim　本名=ドゴルバートル, ザガア　リングネーム=ラクバ拳士　元・プロボクサー　元・WBA世界スーパーフェザー級チャンピオン　国モンゴル　生1972年3月10日　版2000(シン, ラクバ)／2004(ラクバ・拳士(けんし))／2008(ラクバ・拳士(けんし))／2012

ラ・グーマ, アレックス　La Guma, Alex　作家　国南アフリカ　生1925年2月20日　没1985年10月11日　版1992／1996

ラクマン, ハシム　Rahman, Hasim　プロボクサー　元・WBC・IBF・IBO世界ヘビー級チャンピオン　国米国　生1972年11月7日　版2004／2008

ラクラウ, エルネスト　Laclau, Ernesto　政治学者　エセックス大学教授　専政治理論　国英国　版2004

ラクー・ラバルト, フィリップ　Lacoue-Labarthe, Philippe　哲学者　元・ストラスブール大学名誉教授　国フランス　生1940年9月26日　没2007年1月　版1996／2000／2004

ラグランジュ, J.J.　ドキュメンタリー映画監督　ロマンド・テレビ　国スイス　版1992

ラグランド, ロバート・O.　Ragland, Robert Oliver　作曲家　専映画音楽　国米国　生1931年7月3日　没2012年4月18日

ラクリン, ジュリアン　Rachlin, Julian　バイオリニスト, ビオラ奏者　国オーストリア　生1974年12月8日　版1996／2004／2008／2012

ラクール, カミーユ　Lacourt, Camille　水泳選手(背泳ぎ)　国フランス　生1985年4月22日

ラグル, ジルベール　Lagrue, Gilbert　医師　専血管病　国フランス　版2008

ラクレア, デイ　Leclaire, Day　ロマンス作家　国米国　版2004

ラクロア, ダレン　LaCroix, Darren　コメディアン　版2004

ラクローズ, ジャーク　Racloz, Jacques　サンド社社長　国スイス　生1941年10月8日　版1996

ラクロット, ミシェル　Laclotte, Michel　ルーブル美術館館長　専イタリア絵画(14・15世紀)　国フランス　生1929年　版1992／1996

ラクロワ, クリスチャン　Lacroix, Christian　本名=Lacroix, Christian Marie Marc　ファッションデザイナー　国フランス　生1951年5月16日　版1996／2000／2004／2008／2012

ラゲット, イゾベル　Raggett, Isobel　コンピューター技術者　版2004

ラゲット, ジェニー　Raggett, Jenny　テクニカルライター　版2004

ラゲット, デーブ　Raggett, Dave　Webサイト設計者　W3C　版2004

ラゲブ, アリ・アブ・アル　Ragheb, Ali Abu al　政治家, 元・実業家　元・ヨルダン首相　国ヨルダン　生1946年　版2004／2008

ラーゲルクランツ, ローセ　Lagercrantz, Rose　児童文学作家　国スウェーデン　生1947年　版2000

ラコー, キース　Rakow, Keith　ハバード・ブロードキャスティング東京支局長　国米国　生1969年　版1996

ラゴ, スコット　Lago, Scott　通称=ラゴ, スコッティ　スノーボード選手　バンクーバー五輪スノーボード男子ハーフパイプ銅メダリスト　国米国　生1987年11月12日

ラゴウスキー, バーバラ　Lagowski, Barbara　ライター, 元・編集者　版2004

ラゴス, リカルド　Lagos, Ricardo　本名=ラゴス・エスコバル, リカルド　政治家, 経済学者　元・チリ大統領　国チリ　生1938年3月2日　版2000／2004／2008／2012

ラコステ, ベルナール　Lacoste, Bernard　実業家　元・ラコステ社長　国フランス　生1931年6月22日　没2006年3月21日　載2004/2008

ラコト　Rakoto　シンガー・ソングライター　国フランス　生1951年　載1996

ラコフスキ, ミエチスワフ　Rakowski, Mieczysław Franciszek　政治家, ジャーナリスト　元・ポーランド首相, 元・ポーランド統一労働者党第1書記, 元・「ポリチカ」編集長　国ポーランド　生1926年12月1日　没2008年11月8日　載1992/1996

ラゴン, ミシェル　Ragon, Michel　作家, 美術批評家　国フランス　生1924年6月24日　載2012

ラザー, ジャック　Wrather, Jack　テレビ・映画プロデューサー　国米国　生1984年11月12日　載1992

ラザー, ダン　Rather, Dan　ニュースキャスター　元・CBSキャスター　国米国　生1931年10月31日　載1996/2004/2008/2012

ラザク, アブドル　Razak, Abdul　日本語強化プログラム責任者　国マレーシア　載2000

ラサター, マーティン　Lasater, Martin　ジョージ・ワシントン大学上級研究員　中国・台湾問題　国米国　生1945年　載2000

ラサネン, アルヴォ　Räsänen, Arvo Martti Oktavianus　チュルク諸語学者　元・ヘルシンキ大学トルコ語学教授　国フィンランド　生1893年　載1996

ラサーネン, カウコ　Räsänen, Kauko　メダル彫刻家　国フィンランド　生1926年　載1996

ラザノ, ヴィルジニ　Razzano, Virginie　テニス選手　国フランス　生1983年5月12日　載2008/2012

ラザファード, エドワード　Rutherfurd, Edward　作家　国英国　載2004/2008

ラザフォード, グレッグ　Rutherford, Greg　走り幅跳び選手　ロンドン五輪陸上男子走り幅跳び金メダリスト　国英国　生1986年11月17日

ラザフォード, ドン　Rutherford, Don　ビジネス・コミュニケーション・コンサルタント　カルチャー・コネクト社長　載2004

ラザラス, シェリー　Lazarus, Shelly　実業家　オグルビー&メイザー・ワールドワイド会長・CEO　国米国　生1947年9月1日　載2000/2008/2012

ラザラス, チャールズ　トイザラス会長　国米国　載1992/1996

ラザラス, デービッド　Lazarus, David　ジャーナリスト　「ジャパン・タイムズ」コラムニスト　国米国　生1961年　載1996

ラザリ・イスマイル　Razali Ismail　外交官　元・国連大使, 元・国連総会議長　国マレーシア　生1939年　載2000(イスマイル, ラザリ)/2004(イスマイル, ラザリ)/2012

ラザリデス, リンダ　Lazarides, Linda　栄養療法士　国英国　載2004

ラーザール, ジェルジ　Lázár, György　政治家　ハンガリー社会主義労働者党副書記長　国ハンガリー　生1924年9月15日　載1992

ラサール, ダイアナ　LaSalle, Diana　「バナナがバナナじゃなくなるとき—ありふれたモノから特別な価値を生み出すマーケティング戦略」の著者　載2008

ラザルス, アーノルド　Lazarus, Arnold A.　心理学者, セラピスト　ラトガース大学教授　国米国

ラザルス, リチャード　Lazarus, Richard S.　カリフォルニア大学バークレー校心理学教授　ストレス理論, パーソナリティ, 臨床心理学　国米国　載1992/1996

ラザレイ・ハムザー　Razaleigh Hamzah, Tengku Tan Sri　実業家, 政治家　元・マレーシア貿易産業相　国マレーシア　生1937年　載1992/1996

ラザレフ, アレクサンドル　Lazarev, Aleksandr　本名=Lazarev, Aleksandr Nikolaevich　指揮者　日本フィルハーモニー交響楽団首席指揮者　元・ボリショイ交響楽団首席指揮者, 元・ボリショイ劇場オペラ部門音楽監督　国ロシア　生1945年7月5日　載1996/2012

ラザレフ, エレーヌ・ゴルドン　元・「エル」創刊者　国フランス　生1909年　没1988年2月16日　載1992

ラザレフ, ワシリー　宇宙飛行士　国ソ連　没1991年1月　載1992

ラザレンコ, パーベル　Lazarenko, Pavlo I.　政治家　元・ウクライナ首相　国ウクライナ　生1953年1月23日　載2000

ラザーロ, ジョゼフ　Lazzaro, Joseph J.　コンピューター技術者, ライター　国米国　載2004

ラザロヴァ, ルージャ　Lazarova, Rouja　ジャーナリスト, 作家　生1968年　載2004

ラザロニ, セバスチャン　Lazaroni, Sebastião Barroso　サッカー監督　サッカー・カタール代表監督　元・サッカー・ブラジル代表監督　国ブラジル　生1950年9月25日　載2004/2012

ラザロフ, ドブリ・L.　化学者　ソフィア大学化学科助教授　国ブルガリア　生1932年　載1992

ラサーン, ルドルフ　Lassahn, Rudolf　教育学者　ボン大学教授　国ドイツ　生1928年　載2000

ラージ, アンドリュー　Large, Andrew Mcleod Brooks　銀行家　英国証券投資委員会(SIB)委員長　国英国　生1942年8月7日　載2000/2004

ラジ, ゴパラン・サレシュ　Raj, Gopalan Suresh　コンピューター技術者　国Java　載2004

ラジア, ジェームズ　Lagier, James C.　ジャーナリスト　AP通信社東京支局長, 日本外国特派員協会会長　国米国　生1935年7月24日　載1996

ラシヴェール, マルセル　Lachiver, Marcel　フランス農業史研究家　元・パリ第10大学教授　国フランス　生1938年　載2004

ラジェ, クロード　Lager, Claude　本名=ラップ, クリスチャンヌ　児童書出版業, 絵本画家　パステル社主宰　国ベルギー　載1992

ラーシェド, ロシュディー　Rashed, Roshdi　科学史家　元・東京大学教養学部教授　アラビア科学史　国エジプト　生1936年　載2008

ラシェノワ, ナタリア　Laschenova, Nataliya　体操選手　国ソ連　生1973年9月16日　載1992/1996

ラジエル, イーサン　Rasiel, Ethan M.　投資銀行家, 株式ファンド・マネジャー　国米国　載2004

ラシェル, ジョーゼフ　LaShelle, Joseph　映画カメラマン　国米国　生1989年8月20日　載1992

ラシェル, レナート　本名=ラヌッチ, レナート　俳優, 作曲家, 作詞家　国イタリア　没1991年1月2日　載1992

ラージェント, デール　外交官　京都アメリカ・センター館長　国米国　生1956年　載1996

ラジェンドラン, ムース　Rajendran, M.　日本研究家　岩手県立大学社会福祉学部福祉経営学科教授　国マレーシア　生1946年　載2000

ラジオ　Raggio　本名=ラジオ, ブレーディ　元・プロ野球選手, 元・大リーグ選手　国米国　生1972年9月17日　載2004

ラシケット, パチスラフ　ソ連内務省警察特殊部隊(リガ部隊)司令官　国ソ連　載1992

ラシザーデ, アルトゥル　Rasi-Zade, Artur Tair Oglu　政治家　アゼルバイジャン首相　国アゼルバイジャン　生1935年2月26日　載2000/2004/2008/2012

ラジス, ジェームズ　Lagis, James　画家　国米国　生1950年　載1992

ラシッド, アハメド　Rashid, Ahmed　ジャーナリスト　「ファーイースタン・エコノミック・レビュー」特派員　国パキスタン　生1948年6月9日　載2000/2004

ラシド・ビン・サイド・アル・マクトウム　Rashid bin Said al-Maktoum(Sheikh)　政治家　元・アラブ首長国連邦(UAE)副大統領・首相, 元・ドバイ首長　国アラブ首長国連邦　生1914年　没1990年10月7日　載1992

ラシドフ, シャラフ　Rashidov, Sharaf Rashidovich　政治家　元・ソ連共産党政治局員候補　国ソ連　生1917年11月6日　没1983年10月31日　載1992

ラシナック, サド　Lacinak, Thad　動物訓練士　ブッシュ・エンタテインメント副社長・動物訓練国内ディレクター　国米国　載2004

ラジニカーント　Rajinikanth　俳優　国インド　生1950年　載2000

／2012
- ラジニーシ, オショー　Rajneesh, Osho　スピリチュアル・マスター　国インド　生1931年12月11日　没1990年1月19日　典1992／1996　(和尚 オショウ)
- ラジハ, ダウド　Rajiha, Dawoud　軍人, 政治家　元・シリア国防相, 元・シリア陸軍参謀総長　国シリア　生1947年　没2012年7月18日
- ラジャパクサ, マヒンダ　Rajapaksa, Mahinda　政治家　スリランカ大統領　元・スリランカ首相　国スリランカ　生1945年11月18日　典2008／2012
- ラジャブザーデ, ハーシェム　Rajabzadeh, Hashem　歴史学者　元・大阪外国語大学客員教授　国イラン中世史　国イラン　生1941年　典2004／2012
- ラシャペル, アンドレ　Lachapelle, Andre　作家　国カナダ　生1934年　典2004
- ラシャペル, デービッド　LaChapelle, David　写真家　国米国　生1969年　典2008／2012
- ラジャラトナム, シンナタムビ　Rajaratnam, Sinnatamby　政治家　元・シンガポール高級首相府相　国シンガポール　生1915年2月23日　典1992
- ラジャン, マナルスワミガラ　Rajan, Mannarswamighala Sreeranga　ネール大学名誉教授　元・インド外相　国国際機構論　国インド　生1920年8月4日　典1996
- ラジャン, ラグラム　Rajan, Raghuram G.　経済学者　インド準備銀行総裁　国国際経済, 銀行論, 金融システム論　国インド　生1963年
- ラジュー, ジャグモハン　Raju, Jagmohan　経営学者　ペンシルベニア大学ウォートン校マーケティング学部長　典2012
- ラジュー, ラマ　貧農生活改善家　農村総合開発協会(CSSS)指導者　国インド　生1954年　典1996
- ラジュ, ラマリンガ　Raju, Ramalinga B.　サティヤム・コンピュータ・サービス創業者　国インド　典2012
- ラシュカ, クリス　絵本作家　国米国　生1959年　典1996／2000
- ラジューカス　政治家　ラトビア人民戦線議長　国ラトビア　典1992
- ラシュキ, リンダ・ブラッドフォード　Raschke, Linda Bradford　投資コンサルタント, トレーダー　典2004
- ラシュコフ, ダグラス　Rushkoff, Douglas　ライター, 編集者　国米国　生1964年　典2000
- ラシュディ, サルマン　Rushdie, Salman　本名=Rushdie, Ahmed Salman　作家　国英国　生1947年6月19日　典1992／1996／2000／2012
- ラシュトフカ, カレル　Lastovka, Karel　画家　国チェコスロバキア　生1938年　典1992／1996
- ラシュトン, ロージー　Rushton, Rosie　ライター　国英国　典2004／2008
- ラシュビー, ケビン　Rushby, Kevin　作家　国英国　生1964年　典2008
- ラシュマノワ, エレーナ　Lashmanova, Elena　競歩選手　ロンドン五輪金メダリスト, 陸上女子20キロ競歩世界記録保持者　国ロシア　生1992年4月9日
- ラジュリー, リチャード　Rudgley, Richard　社会人類学者　ピット・リバーズ博物館　国民族学, 博物館民族誌学, 先史学　国英国　生1961年　典2000
- ラシュワン, モハメド　Rashwan, Mohamed Ali　柔道家　ロス五輪柔道男子無差別級銀メダリスト　国エジプト　典1992／1996／2012
- ラジョエリナ, アンドリー　Rajoelina, Andry Nirina　政治家　マダガスカル暫定大統領　国マダガスカル　生1974年5月30日　典2012
- ラショセ, ミシェル　メリアル・ジャパン社長　国フランス　生1948年　典2000
- ラジョニエリ, ピーナ　カーサ・ブオナローティ館長　国イタリア　典2000
- ラジョワニ, アンドレ　Lajoinie, André　政治家　元・フランス下院議員, 元・フランス共産党(PCF)議員団長　国フランス　生1929年12月26日　没1999年11月2日　典1992
- ラーション, イェルハルド　Larsson, Gerhard　サムハル社長　国スウェーデン　典1996／2000
- ラーション, ヘンリク　Larsson, Henrik　サッカー監督, 元・サッカー選手　国スウェーデン　生1971年9月20日　典2004／2008／2012
- ラシラ, リディア　Lassila, Lydia　旧名=イエロディアコヌ, リディア　スキー選手(フリースタイル)　バンクーバー五輪フリースタイルスキー女子エアリアル金メダリスト　国オーストラリア　生1982年1月17日　典2012
- ラジンスキー, エドワルド　Radzinskii, Edvard Stanislavovich　劇作家, 歴史家　国ロシア　生1936年9月23日　典1996／2000／2004／2008／2012
- ラス, ゲーリー　Rath, Gary　登録名=レス　プロ野球選手(投手)　国米国　生1973年1月10日　典2004／2008／2012
- ラス, ジョアナ　Russ, Joanna　SF作家　国米国　生1937年2月22日　典1992
- ラズ, ジョセフ　Raz, Joseph　法哲学者　国イスラエル　生1939年3月21日　典1996／2000／2012
- ラズ, ヤコブ　Raz, Jacob　文化人類学者　テルアビブ大学教授　国イスラエル　生1944年　典1996／2000／2012
- ラズウェル, ビル　Laswell, Bill　グループ名=マテリアル　ミュージシャン　国米国　生1955年2月12日　典2008／2012
- ラスウォク, ベルハーネ　インター・アフリカン・コミッティー(IAC)会長　国エチオピア
- ラズガイティス, R.　Razgaitis, Richard　コンサルタント　IPCグループ上席コンサルタント　国米国　典2008
- ラスカー・ウォルフィッシュ, アニタ　Lasker-Wallfisch, Anita　チェロ奏者　生1925年　典2004／2008
- ラースガード, クリス　Larsgaard, Chris　作家　国米国　典2004
- ラスカム, デービッド　Luscombe, David Edward　歴史学者　シェフィールド大学名誉教授　国英国　生1938年7月22日　典2004／2012
- ラスカル　Rascal　絵本作家　生1959年　典2008
- ラスキー, カツィミエール　ウィーン国際比較経済研究所所長　国国際経済　国オーストリア　生1921年　典1996
- ラスキー, キャスリン　Lasky, Kathryn　作家　国米国　典2004／2008／2012
- ラスキー, ビクター　Lasky, Victor　作家, ジャーナリスト　国米国　生1918年1月7日　典1992
- ラスキーヌ, リリー　Laskine, Lily　ハープ奏者　元・パリ音楽院教授　国フランス　生1893年8月31日　没1988年1月4日　典1992
- ラスキン, ジョン　Luskin, John　アラバマ大学教授　国ジャーナリズム学　国米国　生1908年　典2000
- ラスキン, バレリー　Raskin, Valerie D.　精神科医　国米国　典2000
- ラスキン, フレッド　Luskin, Fred　心理学者　スタンフォード大学医学部研究員　国米国　典2008
- ラスキン, ボリス　Laskin, Boris　翻訳家　プログレス出版社極東部長　国日本文学　国ソ連　生1927年　典1992／1996
- ラスク, ディーン　Rusk, Dean　本名=ラスク, デービッド・ディーン　政治家　元・米国国務長官　国米国　生1909年2月9日　没1994年12月20日　典1992／1996
- ラスク, ハワード　Rusk, Howard　身体障害者機能回復訓練技術開発者　国米国　没1989年11月4日　典1992
- ラスコー, マーク　Racicot, Marc F.　政治家　米国共和党全国委員長　元・モンタナ州知事　国米国　生1948年7月24日　典2004／2008
- ラ・スコーラ, ヴィンチェンツォ　La Scola, Vincenzo　テノール歌手　国イタリア　生1958年1月25日　没2011年4月15日　典2000／2004／2008
- ラ・スーシー　本名=アマドール, スサーナ　歌手　国スペイン　典1996
- ラスジェン, カール・ヘンリー　Rathjen, Carl Henry　作家　国米国　生1909年8月28日　典1992
- ラスダン, ジェームズ　Lasdun, James　作家, 脚本家, 詩人　典2004

ラスティック, イアン　ペンシルベニア大学教授　⊕中東問題　⊕米国　⊕1992

ラスティナ, ラリーサ　Lazutina, Larissa　スキー選手(距離)　⊕ロシア　⊕1965年6月1日　⊕2000/2004/2008

ラスティン, ベイヤード　黒人公民権運動家　⊕米国　⊕1987年8月23日　⊕1992

ラスト, ローランド　Rust, Roland T.　メリーランド大学教授,「Journal of Service Research」編集長　⊕サービス・マーケティング　⊕米国　⊕2004/2008

ラストヴォロフ, ユーリー　Rastvorov, Yurii A.　米国名=サイモンズ, マーティン・F.　スパイ　元・在日ソ連代表部2等書記官　⊕1921年7月11日　⊕2004年1月19日　⊕1992(ラストボロフ, ユーリー)

ラストバーグ, アーチ　Lustberg, Arch　コミュニケーション・アドバイザー　⊕米国　⊕2004

ラストベーダー, エリック・バン　Lustbader, Eric van　作家　⊕米国　⊕1992

ラストマン, フレッド(Jr.)　Rustmann, F.W.(Jr.)　ビジネスコンサルタント　元・米国中央情報局(CIA)ファーム教官　⊕米国　⊕2004/2008

ラスプーチン, ワレンチン　Rasputin, Valentin Grigorievich　作家, 環境保護運動家　⊕ロシア　⊕1937年3月15日　⊕1992/1996/2004/2008/2012

ラスブリッジャー, アラン　Rusbridger, Alan　ジャーナリスト「ガーディアン」編集長　⊕英国　⊕1953年12月29日

ラズボロフ, アレクサンドル　Razborov, Aleksandr Aleksandrovich　数学者　ステクロフ数学研究所上級研究員　⊕ソ連　⊕1963年2月16日　⊕1992

ラズボーン, アンディ　Rathbone, Andy　コンピュータ関連ライター　⊕2000

ラズボーン, ジュリアン　Rathbone, Julian　作家, 詩人　⊕英国　⊕1935年2月10日　⊕2008年2月28日　⊕1996

ラスマン, ペギー　Rathmann, Peggy　絵本作家　⊕米国　⊕2000

ラズミ, ジャハンギル　Razmi, Jahangir　報道写真家　⊕イラン　⊕2008/2012

ラスムセン, アナス・フォー　Rasmussen, Anders Fogh　政治家　北大西洋条約機構(NATO)事務総長　元・デンマーク首相, 元・デンマーク自由党党首　⊕デンマーク　⊕1953年1月26日　⊕2004/2008/2012

ラスムセン, ポール・ニュルップ　Rasmussen, Poul Nyrup　政治家　欧州社会党(PES)党首　元・デンマーク首相　⊕デンマーク　⊕1943年6月15日　⊕1996/2004/2008/2012

ラスムセン, マス　Rasmussen, Mads　本名=Rasmussen,Mads Reinholdt　ボート選手　ロンドン五輪ボート男子軽量級ダブルスカル金メダリスト　⊕デンマーク　⊕1981年11月24日

ラスムセン, ラース・ロッケ　Rasmussen, Lars Løkke　政治家　デンマーク自由党(ベンスタ)党首　元・デンマーク首相　⊕デンマーク　⊕1964年5月15日　⊕2012

ラスムッセン, スールイエード・ビヨルン　スウェーデン王立科学アカデミー広報部長　⊕スウェーデン　⊕1992

ラズムネーヴィチ　ジャーナリスト, 作家, 評論家　⊕ロシア　⊕1928年　⊕1996(ラズムネービチ)

ラズモフスキー, ゲオルギー　Razumovskii, Georgii Petrovich　政治家　元・ソ連共産党政治局員候補・書記　⊕ロシア　⊕1936年1月19日　⊕1992/1996

ラスール, フィローズ　Rasul, Firoz　実業家　バラード・パワー・システムズ会長・CEO　⊕2000

ラズロー, アーヴィン　Laszlo, Ervin　哲学者, 未来学者, ピアニスト　ブダペストクラブ創設者・会長　元・ニューヨーク州立大学教授　⊕システム哲学　⊕1932年　⊕2000/2004/2008/2012

ラスロー, ピエール　Laszlo, Pierre　有機化学者　リエージュ大学教授, エコール・ポリテクニク化学科教授　⊕核磁気共鳴　⊕フランス　⊕1938年　⊕2000

ラスロップ, タッド　Lathrop, Tad　音楽編集者　⊕米国　⊕2004

ラセター, ジョン　Lasseter, John　本名=Lasseter,John A.　アニメーション監督・プロデューサー　ピクサー・アニメーション・スタジオCCO, ウォルト・ディズニー・スタジオCCO　⊕米国　⊕1957年1月12日　⊕2000(ラセッター, ジョン)/2004/2008/2012

ラセター, ドン　Lasseter, Don　作家　⊕2004

ラセット, シンシア・イーグル　Russett, Cynthia Eagle　歴史学者　エール大学教授　⊕米国　⊕1937年　⊕1996

ラセット, ブルース　Russett, Bruce　エール大学教授　⊕政治学　⊕米国　⊕1933年　⊕2000

ラーセン, クリス　Larsen, Chris　実業家　EローンCEO　⊕米国　⊕2000

ラーセン, トーア　Larsen, Thor　環境保護活動家　世界自然保護基金(WWF)理事　⊕ノルウェー　⊕1939年　⊕1996

ラーセン, ドン　Larsen, Don James　元・大リーグ選手　⊕米国　⊕1929年8月7日　⊕2000/2012

ラーセン, ペーター・ゴルム　Larsen, Peter Gorm　コンピューター科学者　⊕デンマーク　⊕2004

ラーセン, ヘニング　Larsen, Henning　建築家　元・デンマーク王立アカデミー教授　⊕デンマーク　⊕1925年8月20日　⊕2013年6月22日

ラーセン, ラルフ　Larsen, Ralph Stanley　実業家　ジョンソン・エンド・ジョンソン会長・CEO　⊕米国　⊕1938年11月19日　⊕2000/2004

ラソ, ペドロ　Lazo, Pedro　本名=Lazo Iglesias,Pedro Luis　元・野球選手　アトランタ五輪・アテネ五輪野球金メダリスト　⊕キューバ　⊕1973年4月15日　⊕2008/2012

ラソーダ, トミー　Lasorda, Tommy　本名=ラソーダ, トーマス・チャールズ　別名=ラソーダ, トム　大リーグ監督　元・野球シドニー五輪米国代表監督　⊕米国　⊕1927年9月22日　⊕1992/1996/2000/2004/2012

ラーソン, エリック　Larson, Erik　ジャーナリスト　元・「ウォール・ストリート・ジャーナル」専属記者　⊕米国　⊕1954年　⊕2004

ラーソン, ステン　Lasson, Steen M.L.　国際教育協議連盟(FICE)インタナショナル会長　⊕情緒障害児教育　⊕デンマーク　⊕1996

ラーソン, ビル　Larson, Bill　実業家　ネットワークアソシエイツ(NAI)会長　⊕米国　⊕1956年　⊕2004

ラーソン, フレデリック　カメラマン　⊕米国　⊕1992

ラーソン, マイケル　ビル・ゲイツ・インベストメンツ(BGI)マネー・マネジャー, カスケード代表　⊕米国　⊕2000

ラーソン, マーティン　Larson, Martin A.　実業家, 宗教研究家　⊕ニューソート　⊕米国　⊕1897年　⊕1992

ラーソン, ロジャー　Larson, Roger L.　海洋学者　ロードアイランド大学教授　⊕米国　⊕1996

ラダクリシュナン, ニーラカンタ　Radhakrishnan, N.　ガンジー研究家　マハトマ・ガンジー非暴力開発センター所長　元・ガンジー記念館館長　⊕インド　⊕1944年　⊕1996/2004/2008/2012

ラタシ, カムタ　Latasi, Kamuta　政治家　元・ツバル首相・外相・経済企画相　⊕ツバル　⊕1936年9月4日　⊕1996/2000/2004/2008

ラタッシュ, マーク　Latash, Mark L.　生理学者　ペンシルベニア州立大学キネシオロジー学部教授　⊕運動神経生理学　⊕米国　⊕2004

ラーダマッチャー, トッド　Radermacher, Todd　コンピューター技術者　⊕米国　⊕2004

ラタラハティ, マッティ　インダストリアルデザイナー　ラハティ・デザイン研究所工業デザイン教授　⊕フィンランド　⊕1992

ラダワン・ウォンスリウォン　政治家, ジャーナリスト　タイ下院議員(民主党)　⊕タイ　⊕1956年5月16日　⊕1992

ラタンシ, アリ　Rattansi, Ali　シティ大学講師　⊕社会学, 哲学　⊕1947年　⊕2000

ラタンジー, クロエ　Lattanzi, Chloe　本名=Lattanzi,Chloe Rose　シンガー・ソングライター　⊕米国　⊕1986年1月17日　⊕2012

ラチェッキ, マリナ　Lachecki, Marina　講演家　⊕米国　⊕2004

ラチチュラー, トビアス　Ratschiller, Tobias　コンピューターコンサルタント　[典]2004

ラチャン, イビツァ　Račan, Ivica　政治家　元・クロアチア首相　[国]クロアチア　[生]1944年2月24日　[没]2007年4月29日　[典]2000／2004

ラチュ, イオン　全国農民キリスト教民主党代表　[国]ルーマニア　[典]1992

ラチラウナナ, ノルベール　Ratsirahonana, Norbert Lala　政治家　マダガスカル首相・大統領代行　[国]マダガスカル　[生]1938年11月18日　[典]2000

ラチラカ, ディディエ　Ratsiraka, Didier　政治家　元・マダガスカル大統領　[国]マダガスカル　[生]1936年11月4日　[典]1992／1996／2000／2004／2008

ラツィス, オットー　Latsis, Otto Rudolifovich　ジャーナリスト　元・「イズベスチヤ」政治評論員　[国]ロシア　[生]1934年6月22日　[没]2005年11月3日　[典]1996／2000

ラツィック, デヤン　Lazic, Dejan　ピアニスト, 作曲家　[国]クロアチア　[生]1977年　[典]2012

ラツカ, アドルフ　Ratzka, Adolf D.　経済研究者　ストックホルム王立工科大学　[国]スウェーデン　[典]2000

ラッカー, ダリアス　Rucker, Darius　グループ名=フーティ＆ザ・ブロウフィッシュ　歌手　[国]米国　[典]2000

ラッカー, ルディ　Rucker, Rudy　本名=Rucker,Rudy von Bitter　SF作家, コンピュータ科学者　サン・ホセ州立大学准教授　[専]論理数学　[国]米国　[生]1946年3月22日　[典]1996

ラッカム, ニール　Rackham, Neil　ハスウェイト社代表取締役　[生]1944年　[典]1996

ラッキー, ジョン　Lackey, John　本名=Lackey,John Derran　大リーグ選手（投手）　[国]米国　[生]1978年10月23日　[典]2004／2008／2012

ラッキー, マーセデス　Lackey, Mercedes R.　SF作家　[国]米国　[生]1950年　[典]2012

ラッキー・デューベ　レゲエ歌手　[国]南アフリカ　[典]1992（デューベ, ラッキー）／1996

ラック, アンドリュー　Luck, Andrew　プロフットボール選手（QB）　[国]米国　[生]1989年9月12日

ラック, アンドルー　NBCニュース社長　[国]米国　[典]1996

ラック, ティーウ　ジャーナリスト, ドキュメンタリー映画監督　[典]2008

ラックス, ケネス　Lux, Kenneth　経済心理学者　[国]米国　[典]2000

ラックス, ピーター　Lax, Peter D.　数学者　ニューヨーク大学名誉教授　[専]流体力学, 偏微分方程式, 数値解析　[生]1926年5月1日　[典]2008／2012

ラックストン, イアン　Ruxton, Ian C.　九州工業大学工学部准教授　[専]日英関係史　[国]ペルー　[生]1956年　[典]2004

ラックマン, ウィリアム　Ruckman, William P.　医学者, 産婦人科医　インディアナ大学医学部産婦人科助教授, ラフィエット・ウーマンズ・クリニック産婦人科医師　[専]不妊治療, 婦人科手術, 不妊治療手術　[国]米国　[典]2004

ラッケルズハウス, ウィリアム　Ruckelshaus, William D.　政治家　元・米国環境保護局長　[国]米国　[生]1932年7月24日　[典]1992

ラッサー, ロスヴィータ　Lasser, Roswitha　企業コンサルタント　[国]ドイツ　[生]1956年　[典]1996

ラッサー, ローレンス　Lasser, Lawrence J.　パトナム・インベストメンツ社長　[国]米国　[生]1942年　[典]1996／2000

ラッシュ, アレクサンダー　Rush, Alexander　コンピューター技術者　[典]2004

ラッシュ, オーティス　Rush, Otis　シンガー・ギタリスト　[国]米国　[生]1934年4月29日　[典]1996／2000

ラッシュ, クリスティン・キャスリン　Rusch, Kristine Kathryn　共同筆名=スコフィールド, サンディー　作家, 編集者　「F&SF」編集長　[専]SF, ファンタジー　[国]米国　[典]1996／2000／2004／2008

ラッシュ, クリストファー　Rush, Christopher　詩人, 作家　[国]英国　[生]1944年　[典]1996

ラッシュ, ジェフリー　Rush, Geoffrey　俳優　[国]オーストラリア　[生]1951年7月6日　[典]2000／2004／2008／2012

ラッシュ, ジョナサン　環境保護運動家　世界資源研究所所長　[国]米国　[典]1996

ラッシュ, ジョン　Lash, John　著述家　[生]1945年　[典]1996

ラッシュ, スコット　Lash, Scott　社会学者　ランカスター大学教授　[国]英国　[生]1945年　[典]2000

ラッシュ, バーバラ　Rush, Barbara　女優　[国]米国　[生]1929年1月4日　[典]2000

ラッシュ, マイロン　コーネル大学教授, ランド研究所メンバー　[専]ソ連現代政治　[国]米国　[生]1921年　[典]1992

ラッシュ, マロリー　Rush, Mallory　ロマンス作家　[国]米国　[典]2004

ラッシュ, リンダ　Lash, Linda M.　エイビス・ヨーロッパ社顧客満足部部長　[国]米国　[典]1992

ラッシュネル, スクワイア　Rushnell, SQuire　グッドライフ・テレビ・ネットワーク社長・CEO　[国]米国　[典]2004／2008

ラッシング, ジェーン・ギルモア　Rushing, Jane Gilmore　作家　[国]米国　[生]1925年11月15日　[典]1992

ラッセル, アンドルー　Russell, Andrew J.　作家, テレビ作家　[国]米国　[典]1992

ラッセル, ウィリー　Russell, Willy　劇作家　[国]英国　[生]1947年　[典]1996／2000

ラッセル, オードリー　ジャーナリスト　[国]英国　[没]1989年8月9日　[典]1992

ラッセル, カート　Russell, Kurt　本名=Russell,Kurt von Vogel　俳優　[国]米国　[生]1951年3月17日　[典]2000／2004／2008／2012

ラッセル, ゲーリー　Russell, Gary　編集者, ライター, コラムニスト, ラジオドラマプロデューサー　[典]2004

ラッセル, ケン　Russel, Ken　本名=ラッセル, ヘンリー・ケネス・アルフレッド　映画監督　[国]英国　[生]1927年7月3日　[没]2011年11月27日　[典]1992／1996

ラッセル, ケン　Russell, Ken　IQ（知能指数）が148以上の人たちによる国際的な組織"MENSA"メンバー　[国]英国　[典]2004

ラッセル, ジェフ　Russell, Jeff　本名=Russell,Jeffrey Lee　大リーグ選手（投手）　[国]米国　[生]1961年9月2日　[典]1992／1996

ラッセル, ジェフリー　Russell, Jeffrey Burton　歴史学者　カリフォルニア大学歴史学科教授　[国]米国　[典]2004

ラッセル, ジェーン　Russell, Jane　本名=Russell,Ernestine Jane Geraldine　女優　[国]米国　[生]1921年6月21日　[没]2011年2月28日　[典]1992

ラッセル, ジョージ　Russel, George　ジャズ作曲者・編曲者・演奏家　[国]米国　[生]1923年6月23日　[没]2009年7月27日　[典]1992

ラッセル, ジョン　Russell, John　俳優　[国]米国　[生]1921年1月3日　[没]1991年1月26日　[典]1992

ラッセル, スコット　Russell, Scott　レーシングドライバー　[国]米国　[生]1964年10月28日　[典]2000

ラッセル, スチュワート　Russell, Stuart　カリフォルニア大学バークレー校教授　[専]計算機科学, 人工知能　[典]2000

ラッセル, ダイアナ　Russell, Diana E.H.　社会学者　ミルズ・カレッジ教授　[専]女性・女児に対する性暴力問題　[国]米国　[典]2004／2008

ラッセル, ダニエル　Russel, Daniel R.　外交官　米国国家安全保障会議（NSC）アジア上級部長　元・米国国務省東アジア・太平洋局日本部長　[国]米国　[生]1953年　[典]2012

ラッセル, チャーリー　Russel, Charlie　コンピューターコンサルタント　[典]2008

ラッセル, チン・イエン　Russel, Chin Yeung　中国名=楊青　作家　[国]米国　[典]2000

ラッセル, デービッド　Russell, David　ギタリスト　[国]英国　[生]1953年　[典]1996

ラッセル, デービッド　フリーライター　[国]米国　[生]1952年　[典]1996

ラッセル, トビー　Russel, T.　映画監督　[国]英国　[生]1964年

ラ

ラッセル, ドラ　婦人解放家, 平和運動家　国英国　生1986年5月31日　収1992

ラッセル, パット　Russell, Pat　レタリングデザイナー　国英国　収1992

ラッセル, ピーター　Russell, Peter　企業コンサルタント　生1946年　収1996

ラッセル, ピーター　Russell, Peter Edward Lionel　オックスフォード大学名誉教授　スペイン学　国英国　生1913年10月24日　収2000

ラッセル, ビル　Russell, Bill　元・大リーグ監督, 元・大リーグ選手　国米国　生1948年10月21日　収2000

ラッセル, ブレンダ　Russell, Brenda　歌手, ソング・ライター　国米国　収1992

ラッセル, ポール・エリオット　Russell, Paul Elliot　作家, 批評家　バッサー大学英文科教授　国米国　生1956年　収2000

ラッセル, マーティン　Russell, Martin　推理作家　国英国　生1935年　収1992／1996

ラッセル, ライアン　Russell, Ryan　別名＝Blue Boar　ソフトウェアエンジニア　収2008

ラッセル, ルーシー　Russell, Lucy　女優　国英国　収2004／2008

ラッセル, レイ　Russell, Ray　作家　元・「プレイボーイ」誌編集長　国米国　生1924年　収1996

ラッセル, レオン　Russell, Leon　ミュージシャン　国米国　生1942年　収1996

ラッセル, ロス　Russell, Ross　ジャズ評論家　国米国　生1920年　収1996

ラッセル, ロバータ　Russell, Roberta　エール大学ビジネス・スクール, ニューヨーク大学　心理療法, セルフ・マーケティング　国米国　生1944年　収1996

ラッセン, クリスチャン　Lassen, Christian Riese　画家　国米国　生1956年　収1992／1996／2000

ラッソー, エッカート　フンボルト大学マルクス・レーニン主義学科教授・学科長　社会主義, マルクス・レーニン主義　国ドイツ　収1992

ラッタ, ジョン　Latta, John N.　フォース・ウェーブ社社長　国米国　収1996

ラッタンシ, P.M.　Rattansi, P.M.　ロンドン大学教授, プリンストン大学客員講師　科学史, 科学哲学　国英国　収1996

ラッチェ, アネッテ　Rathje, Annette　考古学者　コペンハーゲン大学教授　元・ローマ・デンマークアカデミー副所長　古代ギリシャ, 古代ローマ　国デンマーク　収2004／2008

ラッツ, ジョン　Lutz, John　筆名＝ストレンジ, エルウィン, ベネット, ジョン　ミステリー作家　国米国　生1939年　収1992／1996／2000

ラッツ, セバスチャン　Rahtz, Sebastian　元・TEX Users Group (TUG)幹事長　収2004

ラッツ, ロバート　Lutz, Robert A.　別名＝ラッツ, ボブ　実業家　元・ゼネラル・モーターズ(GM)副会長, 元・クライスラー副会長　国米国　生1932年2月12日　収1992／1996／2000／2004／2008／2012

ラッツェンバーガー, ローランド　F1ドライバー　国オーストリア　生1962年7月4日　没1994年4月30日　収1996

ラッツォーリ, ジュリアーノ　Razzoli, Giuliano　スキー選手(アルペン)　バンクーバー五輪アルペンスキー男子回転金メダリスト　国イタリア　生1984年12月18日　収2012

ラット　Lat　本名＝カリッド, モハマド・ノール　漫画家　国マレーシア　生1951年　収1992／1996／2000／2004／2008

ラッド, ケビン　Rudd, Kevin　政治家　元・オーストラリア首相・外相, 元・オーストラリア労働党党首　国オーストラリア　生1957年9月21日　収2008／2012

ラッド, ジェームス　Ladd, James R.　経営コンサルタント　ラッド・パシフィック・コンサルティング社社長　国米国　生1943年　収2000

ラッド, スコット　Ladd, Scott　科学ジャーナリスト　コンピュータ　国米国　収1992

ラッド, ダイアン　Ladd, Diane　女優　国米国　生1939年11月29日　収1996

ラッド, デービッド　Ladd, David　映画プロデューサー　国米国　収1992

ラッド, パービッツ　Rad, Parviz F.　「プロジェクト・コストマネジメント―PM必須知識 見積もりモデル・進捗管理手法」の著者　収2008

ラットゥアーダ, アルベルト　Lattuada, Alberto　映画監督　国イタリア　生1914年11月13日　没2005年7月3日　収1992

ラッパポート, アンドルー・S.　テクノロジー・リサーチ・グループ社社長　国米国　収1992

ラッパポート, ダニエル　ニューヨーク・マーカンタイル取引所(NYMEX)会長　国米国　収1996

ラップ, アンソニー　Rapp, Anthony　俳優　国米国　生1971年10月26日　収2004／2008

ラップ, ウィリアム　Rapp, William V.　経済学者　ニュージャージー工科大学経営大学院教授, コロンビア大学経営大学院日本経済経営研究所上級研究員　収2008

ラップ, ジェフ　Rupp, Geoff T.　翻訳家　収2004／2008

ラップ, ジョージ　Rupp, George　コロンビア大学学長　宗教学　国米国　生1942年9月　収1996

ラップ, スタン　Rapp, Stan　マッキャン・リレーションシップ・マーケティング・ワールドワイド会長・CEO, マキシマーケティング研究所インターナショナル創設者, ラップ&コリンズ創設者　国米国　収1996／2000／2004／2008

ラップ, ベルナール　Rapp, Bernard André　ジャーナリスト, 映画監督, テレビ演出家・プロデューサー　元・フランス3プロデューサー　国フランス　生1945年2月17日　没2006年8月17日　収2000／2004／2008

ラップ, ラルフ　Lapp, Ralph Eugene　原子物理学者　国米国　生1917年8月24日　没2004年9月7日　収1992／1996

ラッファー, アーサー　Laffer, Arthur B.　エコノミスト　ラッファー・アソシエーツ代表　国米国　生1940年　収2000

ラッフェル, M.　Raffel, Markus　物理学者　DLR流体力学研究所　空気力学, 流体力学　国ドイツ　収2004

ラッヘンマン, ヘルムート　Lachenmann, Helmut　作曲家　国ドイツ　生1935年　収2004／2008／2012

ラデ　Rade　本名＝ボグダノビッチ, ラデ　サッカー選手(FW)　国ボスニア・ヘルツェゴビナ　生1970年5月21日　収2000

ラーティ, クリスティン　Lahti, Christine　女優　国米国　生1950年4月4日　収2000

ラティ, セーラ　Ratty, Sarah　ファッションデザイナー　国英国　生1964年　収2000

ラーディ, ニコラス　Lardy, Nicholas R.　経済学者　米国国際経済研究所上級研究員　元・ワシントン大学ヘンリー・M・ジャクソン国際問題スクール所長・教授　中国経済　国米国　収2004／2008

ラテイエ, エーモス　Latteier, Amos　コンピュータ技術者　収2004

ラティエール, ベルナール　Lathière, Bernard　エアバス・インダストリー社長　国フランス　生1929年3月4日　収1992

ラティシ, ジョン　Letiche, John M.　経済学者　カリフォルニア州立大学バークレー校教授　国米国　生1918年　収1996

ラティシェフ, イーゴリ　Latyshev, Igor Aleksandrobits　ジャーナリスト　元・プラウダ東京支局長, 元・ロシア科学アカデミー主任研究員　日本研究　国ロシア　生1925年　没2006年10月6日　収1992／1996／2000

ラティシェフ, ウラジスラフ　サハリン州郷土史博物館館長　国ロシア　収2000

ラディシッチ, ジフコ　Radišić, Zivko　政治家　セルビア人共和国社会党党首　元・ボスニア・ヘルツェゴビナ幹部会員(セルビア人代表)　国ボスニア・ヘルツェゴビナ　生1937年　収2000／2004

ラディツォヴァー, イヴェタ　Radičová, Iveta　政治家, 社会学者

スロバキア首相 [国]スロバキア [生]1956年12月7日 [典]2012

ラディッシュ, クリス Radish, Kris ジャーナリスト, 元・新聞記者 [国]米国 [典]2004

ラティニナ, ラリサ Latynina, Larisa Semenovna 元・体操選手 [国]ウクライナ [生]1934年12月27日 [典]1992／1996

ラディーノ, フランチェスコ Radino, Francesco 写真家 [国]イタリア [生]1947年 [典]1996

ラティーフ, アドリース Latif, Adrees フォトジャーナリスト ロイター通信 [生]1973年 [典]2012

ラティファ Latifa 「ラティファの告白―アフガニスタン少女の手記」の著者 [国]アフガニスタン [生]1980年 [典]2004

ラディフォギッド, ピーター Ladefoged, Peter 言語学者 カリフォルニア大学ロサンゼルス校名誉教授・Research Linguist [専]音声学 [生]1925年 [典]2000

ラティモア, オーエン Lattimore, Owen 東洋学者 元・リーズ大学中国学部長, 元・中国国民党政府政治顧問 [専]中国研究 [国]米国 [生]1900年7月29日 [没]1989年5月31日 [典]1992

ラディン, ドナルド Rudin, Donald 医学者 [国]米国 [典]2004／2008

ラデク, ジョン 作家 [国]チェコスロバキア [生]1954年 [典]1992

ラテュ, セポ Räty, Seppo やり投げ選手 [国]フィンランド [生]1962年4月27日 [典]1992／1996

ラデュチェル, ウイリアム Raduchell, William J. 実業家 サン・マイクロシステムズ副社長・チーフ・インフォメーション・オフィサー [国]米国 [生]1946年 [典]2000

ラデロフ, ハインリヒ・ヨハン 画家 京都外国語大学名誉教授 [専]独墨 [国]ドイツ [典]2008

ラト, グジェゴシ Lato, Grzegorz 本名=ラト, グジェゴシ・ボレスラフ 元・サッカー選手 [国]ポーランド [生]1950年4月8日 [典]2004／2008

ラト, ヤン Rath, Jan アムステルダム大学移民民族研究所(IMEs)シニア・リサーチャー [国]オランダ [生]1956年 [典]2000

ラト, ロドリゴ Rato, Rodrigo 本名=ラト・イ・フィガレド, ロドリゴ・デ 政治家 元・国際通貨基金(IMF)専務理事, 元・スペイン第1副首相・経済相 [国]スペイン [生]1949年3月18日 [典]2008／2012

ラドヴァン, スタニスワフ Radwan, Stanislaw 作曲家 スタールィ劇場芸術監督 [国]ポーランド [生]1939年 [典]1992(ラドバン, スタニスワフ)

ラドウィック, エリック Ludwick, Eric 元・大リーグ選手, 元・プロ野球選手 [国]米国 [生]1971年12月14日 [典]2000／2004

ラドゥカン, アンドレーア Raducan, Andreea 元・体操選手 [国]ルーマニア [生]1983年9月30日 [典]2004／2008

ラトゥーシュ, セルジュ Latouche, Serge 経済哲学者, 思想家 パリ南大学名誉教授 [専]南北問題, 社会科学哲学 [国]フランス [生]1940年 [典]2012

ラトゥシンスカヤ, イリーナ Ratushinskaya, Irina 詩人 [国]ソ連 [生]1954年 [典]1992／1996

ラトゥール, ブルーノ Latour, Bruno 人類学者 パリ政治学院・組織に関する社会学センター教授・副学長 [専]科学人類学 [国]フランス [生]1947年 [典]2012

ラトゥール, ホセ Latour, José ミステリー作家 [国]キューバ [生]1940年 [典]2004

ラドゥロヴィッチ, ネマニャ Radulovic, Nemanja バイオリニスト [国]セルビア [生]1985年 [典]2012

ラドゥロヴィッチ, ランコ Radulovic, Ranko 外交官 駐日ユーゴスラビア大使 [国]ユーゴスラビア [生]1930年 [典]1992(ラドゥロビッチ, ランコ)／1996(ラドゥロビッチ, ランコ)

ラドゥンスキー, ウラジーミル Radunskii, Vladimir イラストレーター, デザイナー [国]ロシア [生]1954年 [典]2000

ラトガース, マイケル Ruettgers, Michael C. 実業家 EMC会長 [国]米国 [生]1942年12月11日 [典]1996／2000／2004

ラドキ, オーガスト Radke, August C. 西ワシントン大学歴史学名誉教授 [専]アメリカ史 [国]米国 [生]1922年 [典]1996

ラトクリフ, C.テート Ratcliffe, C.Taat アイ・ビイ・アイ社長 [国]米国 [生]1940年6月23日 [典]1992／1996／2000

ラトクリフ, カーター Ratcliff, Carter 美術評論家, 詩人 [国]米国 [典]1992

ラドクリフ, ダニエル Radcliffe, Daniel 本名=Radcliffe,Daniel Jacob 俳優 [国]英国 [生]1989年7月23日 [典]2004／2008／2012

ラドクリフ, ポーラ Radcliffe, Paula 本名=Radcliffe,Paula Jane マラソン選手 陸上女子マラソン世界記録保持者 [国]英国 [生]1973年12月17日 [典]2004／2008／2012

ラトケ, アンティエ Radcke, Antje 政治家 90年連合緑の党代表 [国]ドイツ [生]1960年2月7日 [典]2000

ラドチェンコ, ディミトリー Radchenko, Dimitory サッカー選手(FW) [国]ロシア [生]1970年12月2日 [典]2000／2004／2008

ラドック, セオドア・デービス 軍人, 海軍砲術専門家 元・米国海軍中将 [国]米国 [没]1989年8月11日 [典]1992

ラドナー, ギルダ Radner, Gilda 女優 [国]米国 [生]1946年6月28日 [没]1989年5月20日 [典]1992

ラトナー, デービッド Ratner, David L. 法学者 サンフランシスコ大学ロー・スクール名誉教授 [国]米国 [典]2004／2008

ラトナー, ブレット Ratner, Brett 映画監督 [国]米国 [生]1970年3月28日 [典]2000／2004／2008

ラトナム, スハーシニ 映画監督, 女優 [国]インド [典]2000

ラトニック, ハワード Lutnick, Howard 実業家 キャンター・フィッツジェラルド会長・CEO [国]米国 [典]2012

ラドニック, ポール Rudnick, Paul 作家 [国]米国 [生]1957年12月29日 [典]1992／1996

ラドネッジ, キア サッカージャーナリスト [国]英国 [典]2004

ラドハクリシュナン, E.V. インド中央水産研究所上級研究官 [専]水産生物 [国]インド [典]2000

ラドフォード, ジョン Radford, John 心理学者 東部ロンドン大学名誉教授, 王立人類学研究所所員 [国]英国 [生]1931年 [典]2004

ラドフォード, マイケル Radford, Michael 映画監督 [国]英国 [生]1946年 [典]2008／2012

ラドマノヴィッチ, ネボイシャ Radmanović, Nebojša 政治家 ボスニア・ヘルツェゴビナ幹部会員(セルビア人代表) [国]ボスニア・ヘルツェゴビナ [生]1949年10月1日 [典]2008／2012

ラドマン, ウォーレン Rudman, Warren Bruce 政治家, 弁護士 元・米国上院議員(共和党) [国]米国 [生]1930年5月18日 [没]2012年11月20日 [典]1996

ラトマンスキー, アレクセイ Ratmansky, Alexei バレエダンサー, 振付師 アメリカン・バレエ・シアター(ABT)アーティスト・イン・レジデンス 元・ボリショイ・バレエ団芸術監督 [国]ロシア [生]1968年8月27日 [典]2004／2008／2012

ラドラム, ロバート Ludlum, Robert 別筆名=ライダー, ジョナサン ミステリー作家 [国]米国 [生]1927年5月25日 [没]2001年3月12日 [典]1992／1996

ラトリッジ, シンシア Rutledge, Cynthia ロマンス作家 [国]米国 [典]2008

ラドル, ケネス Ruddle, Kenneth ベルゲン大学教授 [専]文化人類学 [国]英国 [生]1942年 [典]1996

ラトル, サイモン Rattle, Simon 指揮者 ベルリン・フィルハーモニー管弦楽団首席指揮者・芸術監督 元・バーミンガム市交響楽団音楽監督 [国]英国 [生]1955年1月19日 [典]1992／1996／2000／2004／2012

ラトルスネーク・アニー カントリーミュージック歌手 [国]米国 [典]1992／1996

ラトルチュ, ジェラール Latortue, Gérard 政治家 元・ハイチ首相 [国]ハイチ [生]1934年 [典]2008／2012

ラトーレ, オクタビオ Latorre, Octavio 歴史家 元・エクアドル中央銀行人類学博物館 [国]エクアドル [生]1930年 [典]1996

ラトレイ, ベン Rattray, Ben 実業家, 社会活動家 Change.org創業者 [国]米国 [生]1980年

ラトレッジ, ジム Rutledge, Jim プロゴルファー [国]カナダ [生]1959年8月26日 [典]2012

ラドロー, ケレン　Ludlow, Keren　画家　[国]英国　[生]1955年　[典]2000

ラドロウ, ピーター　欧州政策研究所所長　[国]英国　[典]2000

ラドワンスカ, アグニエシュカ　Radwanska, Agnieszka　テニス選手　[国]ポーランド　[生]1989年3月6日　[典]2012

ラドンチッチ　Radoncic　本名=Radoncic,Dzenan　サッカー選手（FW）　[国]モンテネグロ　[生]1983年8月2日　[典]2012

ラーナー, A.　Lerner, Abba Ptachaya　経済学者　元・ルーズベルト大学教授　[国]米国　[生]1903年10月28日　[没]1982年　[典]1992

ラーナー, アラン　Lerner, Alan C.　バンカーズ・トラスト・グローバル・マーケット経済担当取締役　[国]米国　[典]1992

ラーナー, アラン・ジェイ　Lerner, Alan Jay　作詞家, シナリオライター　[国]米国　[生]1918年8月31日　[没]1986年6月14日　[典]1992

ラーナー, エリック　Lerner, Eric J.　科学ジャーナリスト　[国]米国　[生]1947年　[典]1996

ラーナー, カール　Rahner, Karl　カトリック神学者, イエズス会士　[国]ドイツ　[生]1904年3月5日　[没]1984年3月31日　[典]1992

ラーナー, ゲルダ　Lerner, Gerda　歴史学者　元・ウィスコンシン大学名誉教授, 元・米国歴史学者機構会長　[専]女性史　[国]米国　[生]1920年　[没]2013年1月2日　[典]2000

ラーナー, サミー　作詞家　[国]米国　[没]1989年12月13日　[典]1992

ラーナー, マックス　Lerner, Max　評論家　[国]米国　[生]1902年12月20日　[没]1992年6月5日　[典]1996

ラーナー, マレー　Lerner, Murray　ドキュメンタリー映画監督　[典]2000

ラナーズ, エディ　Lanners, Edi　建築家　[国]ルクセンブルク　[生]1929年4月2日　[典]1992／2000

ラナリット, ノロドム　Ranariddh, Norodom　政治家　ノロドム・ラナリット党党首　元・カンボジア下院議長, 元・カンボジア第1首相, 元・フンシンペック党（FUNCINPEC）党首　[国]カンボジア　[生]1944年1月2日　[典]1996／2000／2004／2008／2012

ラナルド, リー　Ranaldo, Lee　グループ名=ソニック・ユース　ギタリスト　[国]米国　[生]1958年2月3日　[典]2004／2008／2012

ラーナン, ウリ　国際政治学者　タフツ大学国際政治学教授　[典]2008

ラニー, ドーナル　Lunny, Donal　音楽プロデューサー, 作曲家, ミュージシャン　[国]アイルランド　[典]2000

ラニア, シャノン　Lanier, Shannon　米国第3代大統領トーマス・ジェファーソンの子孫　[生]1979年　[典]2008

ラニアー, ジャロン　Lanier, Jaron　コンピューター科学者　カリフォルニア大学バークレー校起業家・技術センター（CET）客員教授　[国]米国　[典]2004／2008／2012

ラニア, バージニア　Lanier, Virginia　ミステリー作家　[国]米国　[生]1930年　[典]2000

ラニア王妃　Rania　本名=ラニア, アル・アブドラ　ヨルダン王妃　[国]ヨルダン　[生]1970年8月31日　[典]2008／2012

ラニエリ, クラウディオ　Ranieri, Claudio　サッカー監督, 元・サッカー選手　[国]イタリア　[生]1951年10月20日

ラニエリ, ルイス　ラニエリ・ウィルソン会長　[国]米国　[典]1996

ラニクルズ, ドナルド　Runnicles, Donald　指揮者　ベルリン・ドイツ・オペラ音楽監督, BBCスコティッシュ交響楽団首席指揮者　[国]英国　[生]1954年　[典]2012

ラヌー, アルマン　Lanoux, Armand　作家　[国]フランス　[生]1913年10月24日　[没]1983年　[典]1992

ラヌエット, ウィリアム　Lanouette, William　米国会計検査院アナリスト　[専]科学政策, エネルギー　[国]米国　[典]2004

ラヌーセ, アレハンドロ　Lanusse, Alejandro Agustín　軍人, 政治家　元・アルゼンチン大統領　[国]アルゼンチン　[生]1918年8月28日　[没]1996年8月26日　[典]1992／1996

ラネフスカヤ, ファイーナ・G.　舞台・映画女優　[国]ソ連　[没]1984年　[典]1992

ラノット, マーラ・PL.　Lanot, Marra PL.　詩人, エッセイスト　[国]フィリピン　[生]1944年　[典]2004／2008

ラノワ, ポール　Lannoye, Paul　政治家, 物理学者　欧州議会議員, 緑グループ代表　[国]ベルギー　[典]2000

ラパイン, ジェームズ　Rapine, James　演出家, 脚本家　[国]米国　[生]1949年　[典]1992

ラバゲット, ハリー・アーサー　Lavagetto, Harry Arthur　通称=Lavagetto,Cookie　大リーグ選手・監督　[国]米国　[生]1912年12月1日　[没]1990年8月10日　[典]1992

ラバジオ, ジョバンニ　EC委員会経済財政総局長　[生]1939年　[典]1996

ラバス, ジャン　Rabasse Jean　舞台美術家　[国]フランス　[生]1961年　[典]2000

ラパス, ノオミ　Rapace, Noomi　女優　[国]スウェーデン　[生]1979年　[典]2012

ラバスティダ, フランシスコ　Labastida, Francisco　政治家　元・メキシコ内相　[国]メキシコ　[典]2004

ラバスティール, アン　LaBastille, Anne　野生生物研究家　全米野生生物連盟総務, 世界野生生物基金コンサルタント　[国]米国　[生]1938年　[典]1996

ラパッチーニ, キアラ　Rapaccini, Chiara　画家　[国]イタリア　[生]1954年　[典]2004

ラハテラ, ヤンネ　Lahtela, Janne　モーグル指導者, 元・スキー選手（フリースタイル）　モーグル日本代表チームチーフコーチ　ソルトレークシティ五輪金メダリスト　[国]フィンランド　[生]1974年2月28日　[典]2004／2008／2012

ラバナレス, ビクトル　Rabanales, Victor　プロボクサー　元・WBC世界バンタム級チャンピオン　[国]メキシコ　[生]1962年12月23日　[典]1996／2004／2008

ラバニ, ブルハヌディン　Rabbani, Burhanuddin　政治家, 神学者　元・アフガニスタン大統領, 元・イスラム協会（JI）最高指導者　[国]アフガニスタン　[生]1940年　[没]2011年9月20日　[典]1996／2000／2004／2008

ラパポート, アナトール　Rapoport, Anatol　数学者, 心理学者, 平和研究家　元・ミシガン大学教授, 元・トロント大学教授　[専]数理生物学, 数理心理学　[国]米国　[生]1911年5月22日　[典]1992／1996

ラパポート, アルフレッド　Rappaport, Alfred　経営学者　ノースウェスタン大学ケロッグスクール名誉教授　[国]米国　[典]2004／2008

ラパポート, ドリーン　Rappaport, Doreen　児童文学作家　[国]米国　[典]2004

ラパポート, ハーマン　Rapaport, Herman　比較文学者　サウサンプトン大学芸術学部英語学科教授　[典]2004／2008

ラバリー, デービッド　Lavallee, David　作家　[国]米国　[典]2004

ラバリッジ・サンボンマツ, ジョーン　Loveridge-Sanbonmatsu, Joan　ニューヨーク州立大学オスエゴ校教授　[専]文化間コミュニケーション, 女性学　[国]米国　[典]1996

ラバルー, M.　コンピエーヌ工科大学学長　[国]フランス　[生]1930年　[典]1992

ラバル, リベルト　Rabal, Liberto　俳優　[国]スペイン　[生]1975年5月30日　[典]2000

ラハルジョ, M.ダワム　Rahardjo, M.Dawam　イスラム学者　イスラム大学（UNISMA）学長　[国]インドネシア　[生]1942年4月　[典]2000

ラバルト, アンドレ　映画監督, テレビディレクター　[国]フランス　[生]1931年12月18日　[典]1996

ラーバレスティア, ジャスティーン　Larbalestier, Justine　作家　[国]オーストラリア　[典]2012

ラバン, ジョナサン　Raban, Jonathan　著述家　[国]英国　[生]1942年　[典]1992／1996

ラバンド, エドモン・ルネ　Labande, Edmond René　フランス中世史家　[国]フランス　[生]1908年　[典]2000

ラバンヌ, パコ　Rabanne, Paco　ファッションデザイナー　[国]フランス　[生]1934年2月18日　[典]1992／1996／2000

ラビー, アブラハム　外交官　[国]米国　[典]1992

ラービ, イシドール・アイザック　Rabi, Isidor Isaac　物理学者　元・コロンビア大学名誉教授　[国]米国　[生]1898年7月29日　[没]1988年1月11日　[典]1992

ラビアガ, リカルド　Labiaga, Ricardo　コンピューター技術者　国米国　愛2004

ラビアン, アンドリアン・B.　インドネシア大学教授　愛海運史　国インドネシア　愛2000

ラピエール, ドミニク　Lapierre, Dominique　作家　国フランス　生1931年7月30日　愛1992／1996

ラビシャンカール, シュリ・シュリ　Ravi Shankar, Sri Sri　宗教家　国インド　生1956年　愛2004

ラピック, シャルル　Lapicque, Charles　画家　国フランス　生1898年10月6日　没1988年7月15日　愛1992

ラビッチ, リーナ　Lovich, Lene　ロックミュージシャン, 女優　愛1996

ラピッド, シュラミット　Lapid, Shulamit　作家　国イスラエル　生1934年　愛2000

ラピド, リト　政治家,俳優　フィリピン大統領特使(都市貧困層担当), パンパンガ州知事　国フィリピン　愛2004／2008

ラビノウ, ポール　Rabinow, Paul　人類学者　カリフォルニア大学バークレー校教授　国米国　生1944年　愛2000

ラビノヴィチ, アレクサンドル　ピアニスト,作曲家　国フランス　生1945年　愛1996(ラビノビチ, アレクサンドル)

ラビノフ, カーター　専電子工学,数学　国米国　没1986年7月12日(遺体発見)　愛1992

ラビュート, ニール　LaBute, Neil　映画監督,映画製作者,脚本家,俳優　国米国　生1963年3月19日　愛2004／2008

ラビュニ, ルノー　Lavillenie, Renaud　棒高跳び選手　ロンドン五輪陸上男子棒高跳び金メダリスト　国フランス　生1986年9月18日

ラヒリ, ジュンパ　Lahiri, Jhumpa　作家　国米国　生1967年　愛2000／2004／2008／2012

ラビン, イツハク　Rabin, Yitzhak　政治家,軍人　元・イスラエル首相・国防相,元・イスラエル労働党党首　国イスラエル　生1922年3月1日　没1995年11月4日　愛1992／1996

ラビン, ジェイ・F.　GE非常勤顧問　元・日本ゼネラル・エレクトリック社長　国米国　愛1996

ラビン, スーザン　Rabin, Susan　セラピスト,コミュニケーション・コンサルタント　国米国　愛2004／2008

ラービン, セルゲイ　Lapin, Sergei Georgievich　元・ソ連国家テレビラジオ委員会議長　国ソ連　生1912年7月15日　没1990年10月　愛1992

ラビン, トレバー　Rabin, Trevor　グループ名=イエス　ロック・ギタリスト　生1954年1月13日　愛1996／2008／2012

ラビン, ミカエル　Rabin, Michael O.　ハーバード大学教授,ヘブライ大学教授　専計算機科学,数学　国イスラエル　愛1992

ラビン, メアリ　Lavin, Mary　作家　元・アイルランド文芸家協会会長　国アイルランド　生1912年6月12日　没1996年3月25日　愛1992

ラビン, リチャード　Lavin, Richard　カウンセラー,ヒプノセラピスト　国米国　生1955年5月5日　愛1992／2012

ラブ, ケビン　Love, Kevin　バスケットボール選手　ロンドン五輪バスケットボール男子金メダリスト　国米国　生1988年9月7日　愛2012

ラブ, コートニー　Love, Courtney　グループ名=ホール　ロック歌手,女優　国米国　生1965年7月9日　愛1996／2000／2004／2008／2012

ラブ, ジョナサン　Rabb, Jonathan　政治学者,作家　専政治思想　国米国　生1964年　愛2000

ラブ, スコット　ファーキャストCEO　国米国　愛1996

ラブ, デニス　Love, Dennis　ジャーナリスト　国米国　愛2004

ラブ, デービス(3世)　Love, Davis(III)　本名=ラブ, デービス・ミルトン,3世　プロゴルファー　国米国　生1964年4月13日　愛2000／2008

ラフ, ハワード　Ruff, Howard J.　投資コンサルタント　ハワード・ラフ・コンサルティング・センター代表　国米国　生1929年　愛1992

ラブ, ベッシー　Love, Bessie　女優　国英国　没1986年4月26日　愛1992

ラブ, マイク　Love, Mike　グループ名=ビーチ・ボーイズ　ロック歌手　国米国　生1941年3月15日　愛2000／2008／2012

ラフ, マーティン・チャールズ　Raff, Martin Charles　生物学者　ロンドン大学生物学部教授　国英国　生1938年1月15日　愛1996

ラファイユ, ジルベール　Lafaille, Gilbert　シャンソン歌手　国フランス　生1948年　愛1992

ラファウイ, ムスタファ　Larfaoui, Mustapha　元・水球選手　国際水泳連盟(FINA)会長,国際オリンピック委員会(IOC)委員　国アルジェリア　生1932年11月27日　愛2004／2008

ラファエリ, シリル　Raffaelli, Cyril　俳優,アクション監督,武道家　国フランス　生1974年　愛2008／2012

ラファエル　Rafael　本名=マリアーノ, ラファエル・マルケス　サッカー選手(FW)　国ブラジル　生1983年5月27日　愛2012

ラファエル, ビバリー　Raphael, Beverley　精神科医　クィーンズランド大学医学部精神科主任教授,国立ブリスベーン病院精神科医長　国オーストラリア　愛1996

ラファエル, フレデリック　Raphael, Frederic Michael　作家,脚本家　国米国　生1931年8月14日　愛2000／2008／2012

ラファティ, ラファエル・アロイシャス　Lafferty, Raphael Aloysius　SF作家　国米国　生1914年11月4日　没2002年3月18日　愛1992／1996

ラファラン, ジャンピエール　Raffarin, Jean-Pierre　政治家　元・フランス首相　国フランス　生1948年8月3日　愛2004／2008／2012

ラファルグ, イヴ　オルガン奏者　元・キタラ専属オルガン奏者　国フランス　生1969年　愛2000／2004

ラファロ, マーク　Ruffalo, Mark　俳優　国米国　生1967年　愛2008／2012

ラブイス, ヘンリー　元・国連児童基金(ユニセフ)事務局長　国米国　没1987年3月25日　愛1992

ラフィット, ジャック　Laffite, Jacques　元・F1ドライバー　国フランス　生1943年11月21日　愛1992／1996

ラフィーバー, ウォルター　LaFeber, Walter　歴史学者　コーネル大学歴史学部教授　専米国史　国米国　生1933年8月30日　愛1996／2000

ラフィーバー, ジム　Lefebvre, Jim　本名=Lefebvre,James Kenneth　大リーグ監督　元・野球・中国代表監督　国米国　生1943年1月7日　愛1996／2000／2004／2008／2012

ラフィン, デービッド　旧グループ名=テンプテーションズ　歌手　国米国　生1941年1月　没1991年6月1日　愛1992

ラフェル, セウソ　Lafer, Celso　政治家,法哲学者　サンパウロ大学教授　元・ブラジル外相,元・ブラジル開発相　国ブラジル　生1941年8月7日　愛2004／2008／2012

ラフェルソン, ボブ　Rafelson, Bob　映画監督　国米国　生1934年　愛1992

ラフ・オハーン, ジャン　Ruff-O'Herne, Jan　オランダ人として初めて慰安婦であったことを告白　国オランダ　生1923年　愛2000

ラフォルグ, ローラン　Lafforgue, Laurent　数学者　フランス高等科学研究所(IHES)教授　専ラングランズ予想　国フランス　生1966年11月6日　愛2004／2008／2012

ラフォレー, カルメン　Laforet, Carmen　作家　国スペイン　生1921年9月6日　愛1992

ラフォレ, マルク　Laforet, Marc　ピアニスト　国フランス　生1966年8月　愛1992／1996／2012

ラフォン, スザンヌ　Lafont, Suzanne　美術家　国フランス　生1949年　愛1996

ラフォンテイン, ジョージ　La Fountaine, George　脚本家,作家　国米国　愛1992

ラフォンテイン, デービッド　La Fontaine, David　ジャーナリスト　国米国　愛2000

ラフォンテーヌ, オスカー　Lafontaine, Oskar　政治家　元・ドイツ蔵相,元・ドイツ社会民主党(SPD)党首　国ドイツ　生1943年9月

16日 ⊕1992／1996／2000

ラフォンド, R.E. LaFond, R.E. アムハースト大学研究学部員 ⊕細胞生物学,がん研究 ⊕米国 ⊕1992

ラブグローブ, ロス Lovegrove, Ross インダストリアルデザイナー ⊕英国 ⊕1958年 ⊕2000／2004／2012

ラフサンジャニ, アリ・アクバル・ハシェミ Rafsanjani, Ali Akbar Hashemi 政治家,イスラム神学者 イラン最高評議会議長 元・イラン大統領 ⊕イラン ⊕1934年8月25日 ⊕1992／1996／2000／2004／2008／2012

ラプージュ, ジル Lapouge, Gilles 作家,ジャーナリスト ⊕フランス ⊕1924年（？）⊕1996

ラブジョイ, トーマス Lovejoy, Thomas Eugene 生物学者 ジョージ・メイソン大学教授 ⊕環境科学・政策 ⊕米国 ⊕1941年8月22日 ⊕2012

ラプス, フロレンチノ Lapus, Florentino A. 作家 ⊕フィリピン ⊕1920年6月3日 ⊕1992

ラブスリー, ヒラリー Lapsley, Hilary 心理学者 ⊕女性学,ジェンダー ⊕ニュージーランド ⊕2004／2008

ラブゼイ, ピーター Lovesey, Peter 別名＝リア,ピーター 推理作家 ⊕英国 ⊕1936年 ⊕1992／1996／2000／2012

ラブーダ, イザベラ Labuda, Izabela ソプラノ歌手 ⊕ポーランド ⊕1996／2000

ラフター, パトリック Rafter, Patrick テニス選手 ⊕オーストラリア ⊕1972年12月28日 ⊕1992

ラフダン, ヤクーブ・アル バーレーン体育協会事務局長 北京アジア大会バーレーン選手団長 ⊕バーレーン ⊕1992

ラブ・タンシ, ソニー Labou-Tansi, Sony 本名＝ソニー,マルセル 作家,劇作家 元・ロカド・ズールー劇団主宰 ⊕コンゴ共和国 ⊕1947年 ⊕1995年6月14日 ⊕1996

ラプチェフ, イワン Laptev, Ivan D. ジャーナリスト ソ連最高会議議長代行,ソ連最高会議連邦会議議長,民主改革運動副議長 ⊕ソ連 ⊕1934年10月 ⊕1992

ラプチック, リチャード 人種問題研究家 ノースイースタン大学教授 ⊕米国 ⊕1945年7月16日 ⊕2000

ラフード, エミール Lahoud, Emile 政治家,軍人 元・レバノン大統領,元・レバノン国軍最高司令官 ⊕レバノン ⊕1936年1月12日 ⊕2000／2004／2008／2012

ラフト, ジョージ Raft, George 俳優 ⊕米国 ⊕1903年9月24日 ⊕1980年11月24日 ⊕1992

ラフト, ローナ Luft, Lona 女優 ⊕米国 ⊕1952年11月21日 ⊕1996

ラブノ, クリスチャンヌ ユネスコ広報部主任渉外官 ⊕フランス ⊕1992

ラプノー, ジャン・ポール Rappeneau, Jean-Paul 映画監督 ⊕フランス ⊕1932年4月8日 ⊕1992／2000／2008／2012

ラブーフ, シャイア Labeouf, Shia 俳優 ⊕米国 ⊕1986年 ⊕2008／2012

ラブマナンジャラ, ジャック Rabémananjara, Jacques 詩人,作家,政治家 元・マダガスカル外相 ⊕マダガスカル ⊕1913年6月23日 ⊕2005年4月1日 ⊕1992／1996

ラフマン, サンガジ Rachman, Sangadji インドネシア労働省職業訓練生産性向上総局総局長 ⊕インドネシア ⊕1992

ラフモン, エモマリ Rakhmon, Imamali 旧名＝ラフモノフ,エモマリ 政治家 タジキスタン大統領 ⊕タジキスタン ⊕1952年10月5日 ⊕1996（ラフモノフ,エモマリ）／2000（ラフモノフ,エモマリ）／2004（ラフモノフ,エモマリ）／2008／2012

ラブラ, エドマンド Rubbra, Edmund 作曲家,ピアニスト ⊕英国 ⊕1901年5月23日 ⊕1986年2月13日 ⊕1992

ラブラノ, ジーナ 「サンディエゴ・ユニオン・トリビューン」リーダーズ・リプレゼンタティブ ⊕米国 ⊕2000

ラブランク, トム LaBlanc, Tom 詩人 ⊕米国 ⊕1946年 ⊕2004／2008

ラプランシュ, ジャン Laplanche, Jean 哲学者,精神分析医 ソルボンヌ大学教授 ⊕精神分析学 ⊕フランス ⊕1924年 ⊕2000

ラフランス, ジョージ LaFrance, George アメリカン・フットボール選手 ⊕米国 ⊕1965年9月24日 ⊕2000

ラ・プラント, リンダ La Plante, Lynda 作家,脚本家 ⊕英国 ⊕1946年 ⊕2000

ラフリー, アラン Lafley, Alan G. 実業家 元・プロクター・アンド・ギャンブル（P&G）会長・社長・CEO ⊕米国 ⊕1947年6月13日 ⊕2004／2008／2012

ラフリー, ゲーリー LaFree, Gary メリーランド大学犯罪刑事司法学部教授 ⊕犯罪学,逸脱の社会学 ⊕米国 ⊕2004

ラプリ, ジョン Lapli, John Ini 政治家,司祭 元・ソロモン諸島総督 ⊕ソロモン諸島 ⊕2004／2008

ラブリー, デービッド 米国航空宇宙局（NASA）火星探査計画マネジャー ⊕火星探査,太陽系探査 ⊕米国 ⊕2000

ラフリッチ, クレメン Lavric, Klemen サッカー選手（FW）⊕スロベニア ⊕1981年6月12日 ⊕2012

ラブリュス, ロジェ Labrusse, Roger ミステリー作家 ⊕フランス ⊕1992／1996

ラフリン, グレッグ Laughlin, Greg 物理学者 ⊕米国 ⊕2004

ラフリン, ジョセフ 実業家 シアーズ・ローバック上級副社長,グローバルネットエクスチェンジ（GNX）CEO ⊕米国 ⊕2004

ラフリン, チャールズ Laughlin, Charles LSIロジック・ジャパン・セミコンダクター代表取締役ゼネラルマネジャー ⊕米国 ⊕1939年 ⊕2000

ラフリン, ロバート Laughlin, Robert B. 物理学者 韓国科学技術高等研究院（KAIST）院長 元・スタンフォード大学教授 ⊕米国 ⊕1950年11月1日 ⊕2000／2008／2012

ラフルーア, ウィリアム・R. カリフォルニア大学ロサンゼルス校東アジア言語文化部教授 ⊕中世日本仏教・文学 ⊕米国 ⊕1936年 ⊕1992

ラブルース, アラン Labrousse, Alain 社会学者 麻薬地政学監視機構（OGD）創設者 ⊕麻薬社会学 ⊕2004

ラブルース, エルネスト Labrousse, Ernest 歴史学者 元・パリ大学教授 ⊕社会経済史 ⊕フランス ⊕1895年3月16日 ⊕1992／1996

ラフルスキー, ロルフ Rafflewski, Rolf 画家 ⊕ドイツ ⊕1943年 ⊕2000

ラフレア, クリス 外交官 在日米国大使館公使 ⊕米国 ⊕2000

ラブレク, ジェニファー LaBrecque, Jennifer ロマンス作家 ⊕米国 ⊕2004

ラブレス, パティ Loveless, Patty カントリー歌手 ⊕米国 ⊕2004

ラブレース, マリーン ロマンス作家 ⊕米国 ⊕2004

ラブレース, モード・ハート Lovelace, Maud Hart 児童文学作家 ⊕1892年 ⊕1996

ラブレック, トーマス Labrecque, Thomas G. 銀行家 元・チェース・マンハッタン銀行会長・CEO ⊕米国 ⊕1938年9月17日 ⊕2000年10月16日 ⊕1996／2000

ラブロ, フィリップ Labro, Philippe 作家,映画監督 ⊕フランス ⊕1936年8月27日 ⊕1992／1996

ラブロ, モーリス Labro, Maurice 映画監督 ⊕フランス ⊕1910年9月21日 ⊕1987年3月23日 ⊕1992

ラブロック, クリストファー Lovelock, Christopher H. 企業コンサルタント クリストファー・ラブロック・アソシエーツ主宰 ⊕米国 ⊕1992

ラブロック, ジェームズ Lovelock, James Ephraim 科学者 オックスフォード大学名誉客員研究員 元・海洋生物学協会会長 ガイア仮説提唱者 ⊕生物物理学,ガス・クロマトグラフィー ⊕英国 ⊕1919年7月26日 ⊕1992／1996／2000／2004／2008／2012

ラブロフ, セルゲイ Lavrov, Sergei Viktorovich 外交官,政治家 ロシア外相 ⊕ロシア ⊕1950年3月21日 ⊕1996／2000／2008／2012

ラヘ, カルロス Lage, Carlos 本名＝ラヘ・ダビラ,カルロス 政治家 元・キューバ国家評議会副議長,元・キューバ閣僚評議会執行委員会書記 ⊕キューバ ⊕1951年10月15日 ⊕2004／2008／2012

ラベ, サムエル 作家 国ブラジル 生1929年 没1992

ラーベ, フーベルトゥス Rabe, Hubertus 編集者 ホフマン・ウント・カンペ編集者 国ドイツ 収2004

ラベ, ブリジット Labbé, Brigitte 作家 収2008

ラーベ, マックス Rabbe, Max 歌手 国ドイツ 生1964年 収2008／2012

ラヘイ, ティム LaHaye, Tim 作家, 教育家, 元・牧師 国米国 収2004

ラペイ, ロナルド Rapee, Ronald M. 心理学者 マックァリー大学心理学部準教授 収2008

ラベッチ, アダム Ravetch, Adam 映画監督 国米国 収2008／2012

ラベッツ, ジェローム Ravetz, Jerome Raymond 別名=ラベッツ, ジェリー 科学史家, 科学哲学者 国英国 生1929年 収2004／2012

ラベット, サラ Lovett, Sarah 作家 国米国 収2004

ラベット, デービッド Lovett, David 財務コンサルタント 国英国 収2004

ラベリ, トーマス Ravelli, Thomas 元・サッカー選手 国スウェーデン 生1959年8月13日 収2000

ラベリ, ホルヘ Lavelli, Jorge 演出家 国アルゼンチン 生1931年 収1992／1996

ラベル, ジェームズ Lavelle, James モ・ワックス代表 国英国 収2000

ラベル, ジム Lovell, Jim A. 元・宇宙飛行士 国米国 生1928年3月25日 収1996

ラベル, デービッド Lovell, David コンピュータ技術者 収2004／2008

ラベル, バーナード Lovell, Bernard 本名=Lovell, Alfred Charles Bernard 天文学者 マンチェスター大学名誉教授 専電波天文学 国英国 生1913年8月31日 収1992／1996／2000／2008／2012

ラベロマナナ, マルク Ravalomanana, Marc 政治家, 実業家 TIKO創業者 元・マダガスカル大統領, 元・アンタナナリボ市長 国マダガスカル 生1949年12月12日 収2004(ラバロマナナ, マルク)／2008(ラバロマナナ, マルク)／2012

ラペンタ, ジョセフ LaPenta, Joseph 作家, 華道家 国米国 収2004

ラボイエ, ロナルド LaVoie, Ronald E. 実業家 RTKL日本事務所代表 国米国 生1964年 収2000

ラホイ・ブレイ, マリアノ Rajoy Brey, Mariano 政治家 スペイン首相, スペイン国民党党首 国スペイン 生1955年3月27日 収2012

ラポイント, ジャック LaPointe, Jacques カトリック神父 元・フランシスカン・チャペル・センター助任司祭 収2000

ラポゾ, ジョセフ Raposo, Joseph 作曲家 国米国 没1989年2月5日 収1992

ラポート, トニー Rapport, Tony バイオリニスト 収2000

ラポポート, ジュディス Rapoport, Judith L. 米国国立精神衛生研究所児童精神医学部門主任 専児童精神医学 国米国 収1992／2000

ラボリ, アンリ Laborit, Henri Marie Léon 神経医学者, 行動生物学者 元・ブシコ病院ユトノロジー研究所所長 国フランス 生1914年11月21日 没1995年5月18日 収1996

ラボリ, エマニュエル Laborit, Emmanuelle 女優 国際視聴覚劇場代表 国フランス 生1971年 収1996／2000／2008／2012

ラボルタ, サンドラ La Porta, Sandra 版画家 国アルゼンチン 生1965年 収2004

ラボルデ, ユリセル Laborde, Yurisel 本名=Laborde Duanes, Yurisel 柔道選手 アテネ五輪柔道女子78キロ級銅メダリスト 国キューバ 生1979年8月18日

ラボレル, ワレン 世界貿易機関(WTO)次長 国米国 収1996

ラポンデール, ウルコ Laponder, Ulco 児童文学作家, 写真家 国オランダ 生1958年 収1996

ラマ, R.D. Lama, R.D. カールスルーエ大学土質力学・岩石力学研究所 専鉱山学 国インド 生1940年4月1日 収1996

ラマー, ダニエル Lamarre, Daniel 実業家 シルク・ドゥ・ソレイユ社長・CEO 収2012

ラマー, モーゼス ミュージカル歌手, 声優 国米国 生1985年8月3日 収1992

ラマエマ, エライアス Ramaema, Elias Phisoana 政治家 レソト軍事評議会議長 国レソト 生1933年11月10日 収1992／1996

ラマクリシュナン, ニランジャン Ramakrishnan, Niranjan コンピュータ技術者 オラクル・技術スタッフ・シニアメンバー 収2004

ラマクリシュナン, ベンカトラマン Ramakrishnan, Venkatraman 化学者 ケンブリッジ大学上級研究フェロー 国米国 生1952年 収2012

ラマ・ケツン・サンポ Lama Khetsun Sangpo ラマ僧 ニンマ派ラマ・カレッジ(ネパール)学長 国中国 生1921年 収1996／2000

ラマーズ, ウェイン 翻訳家 国米国 収1996

ラーマース, カール Lamers, Karl 政治家 ドイツ連邦議会議員 国ドイツ 生1935年11月11日 収2000

ラマゾッティ, エロス Ramazzotti, Eros 歌手 国イタリア 収1992

ラマダーニ, サムソン Ramadhani, Samson マラソン選手 国タンザニア 生1982年12月25日 収2004／2008／2012

ラマダン, タハ・ヤシン Ramadan, Taha Yassin 政治家 元・イラク副大統領 国イラク 生1938年 没2007年3月20日 収1992／1996／2004

ラマチャンドラン, A. Ramachandran, A. 画家, 絵本作家 ジャミア・ミリア・イスラミア大学美術学部長 国インド 生1935年 収1996／2000

ラマチャンドラン, V.S. Ramachandran, Vilayanur S. 神経科学者 カリフォルニア大学サンディエゴ校脳認知センター所長・教授 国米国 収1996／2000

ラマチャンドラン, チャミリ Ramachandran, Chameli 絵本作家, 画家 国インド 生1940年 収1996

ラマチャンドラン, マルドル・ゴパラン 俳優 元・タミルナード州首相 国インド 生1917年1月1日 没1987年12月24日 収1992

ラマート, ノルベルト Lammert, Norbert 政治家 ドイツ連邦議会議長 国ドイツ 生1948年11月16日 収2008／2012

ラマフォサ, シリル Ramaphosa, Matamela Cyril 政治家 アフリカ民族会議(ANC)書記長 国南アフリカ 生1952年11月17日 収1992／1996／2000

ラマ・ラオ, N.T. Rama Rao, Nandamuri Taraka 政治家 元・アンドラプラデシュ州首相 国インド 生1923年5月28日 没1996年1月18日 収1992(ラオ, ラマ)／1996(ラオ, ラマ)

ラマール, ヘディ Lamarr, Hedy 本名=キースラー, ヘドヴィヒ・エヴァ・マリア 旧名=キースラー, ヘディ 女優 国米国 生1914年11月9日 没2000年1月19日 収1992

ラーマン, アジズル Rahman, A. 元・バングラデシュ首相 国バングラデシュ 生1988年9月1日 収1992

ラーマン, アテック Rahman, Atiq バングラデシュ高等研究センター所長 国バングラデシュ 収2000

ラーマン, アブドゥル Rahman, Abdul 本名=トアンク・アドゥル・ラーマン 政治家 元・マレーシア首相(初代), 元・マレーシア国王(初代) 国マレーシア 生1903年2月8日 没1990年12月6日 収1992

ラーマン, クレイグ Larman, Craig 技術コンサルタント, コンピュータ技術者 Object Spaceテクニカルディレクター・教育指導者 収2004

ラーマン, ジアウル Rahman, Ziaur 政治家, 軍人 元・バングラデシュ大統領 国バングラデシュ 生1935年 没1981年5月30日 収1992

ラーマン, ジルル Rahman, Zillur 政治家 元・バングラデシュ大統領 国バングラデシュ 生1929年3月9日 没2013年3月20日 収2012

ラーマン, バズ　Luhrmann, Baz　本名＝Luhrmann,Bazmark Anthony　映画監督,演出家,俳優　国オーストラリア　生1962年9月17日　受1996/2000/2004/2008/2012

ラーマン, ミーナクシ　弁護士,環境運動家　地球の友(SAM)スタッフ　国マレーシア　受1992/1996

ラマンガン, ジョエル　Lamangan, Joel　映画監督　国フィリピン　生1954年　受2000

ラマンディエ, エステル　Lamandier, Esther　吟遊詩人　国フランス　受1992

ラマンナ, ロス　LaManna, Ross　脚本家,作家　国米国　受2004

ラミー, パスカル　Lamy, Pascal　本名＝ラミー,パスカル・ルシアン・フェルナン　世界貿易機関(WTO)事務局長　元・EU欧州委員会委員(通商担当)　国フランス　生1947年4月8日　受1992/2000/2004/2008/2012

ラミ・ミシェル　Lamy, Michel　歴史研究家　国フランス　生1948年　受2000

ラミー・シャプイ, ジェーソン　Lamy Chappuis, Jason　スキー選手(複合)　バンクーバー五輪スキー・ノルディック複合個人ノーマルヒル金メダリスト　国フランス　生1986年9月9日　受2012

ラミニ, B.A.　Dlamini, Bhekimpi Alpheus　政治家　元・スワジランド首相　国スワジランド　没1999年11月1日　受1992/1996

ラミニ, S.　Dlamini, Sotsha　政治家　元・スワジランド首相　国スワジランド　受1992

ラミレス, アラミス　Ramirez, Aramis　本名＝Ramirez,Aramis Nin　大リーグ選手(内野手)　国ドミニカ共和国　生1978年6月25日

ラミレス, アルセリア　Ramirez, Arcelia　女優　国メキシコ　生1967年　受2000

ラミレス, アレックス　Ramirez, Alex　本名＝Ramirez,Alexander Ramon　プロ野球選手・コーチ(外野手),元・大リーグ選手　国ベネズエラ　生1974年10月3日　受2004/2008/2012

ラミーレス, エラクリオ　Ramírez, Heraclio　イラストレーター　国メキシコ　生1949年　受1996

ラミレス, セルヒオ　Ramirez Mercado, Sergio　政治家,作家,弁護士　元・ニカラグア副大統領　国ニカラグア　生1942年8月5日　受1992/1996

ラミレス, ハンリー　Ramirez, Hanley　大リーグ選手(内野手)　国ドミニカ共和国　生1983年12月23日　受2008/2012

ラミレス, フィデル・デュケ　Ramirez, Fidel Duque　駐日コロンビア大使,コーヒー生産者連合顧問,アビアンカ航空顧問,コロンビア国営海運顧問,ロスアンデス大学教授,ハベリアナ大学教授　国コロンビア　受1992

ラミレス, マニー　Ramirez, Manny　本名＝Ramirez,Manuel Aristides　大リーグ選手(外野手)　国米国　生1972年5月30日　受2000/2004/2008/2012

ラミレス, マリア・フィオリニ　金融エコノミスト　マリア・ラミレス・キャピタル・コンサルタンツ社長　元・ドレクセル・バーナム・ランベール社マネジングディレクター　国米国　生1948年2月　受1992

ラミレス, ロベイシー　Ramirez, Robeisy　本名＝Ramirez Carrazana,Robeisy　ボクシング選手　ロンドン五輪ボクシング男子フライ級金メダリスト　国キューバ　生1993年12月20日

ラミレス・サトー, ジョセフィン　RamirezSato, Josephine Y.　オクシデンタル・ミンドロ州知事　国フィリピン　生1954年　受1996

ラミング, ジョージ　Lamming, George Eric　作家　国バルバドス　生1927年6月8日　受1992/2004

ラームー　オオカミ少年　国インド　没1985年2月18日　受1992

ラム, ウィリー・ウォー・ラップ　Lam, Willy Wo-Lap　中国名＝林和立　ジャーナリスト　国際教養大学教授　元・「サウスチャイナ・モーニングポスト」中国担当編集長　中国問題　国香港　生1952年8月　受1992(林 和立 リン・ワリツ)/1996/2000/2004/2008/2012

ラム, ウィリス(Jr.)　Lamb, Willis Eugene(Jr.)　理論物理学者　元・アリゾナ州立大学名誉教授　国米国　生1913年7月12日　没2008年5月15日　受1992/1996/2004/2008

ラム, ウォーリー　Lamb, Wally　作家　コネティカット大学英語学部助教授　国米国　受2004

ラム, カリーナ　Lam, Karena　中国名＝林嘉欣,別名＝リン,カリーナ　女優　国カナダ　生1978年8月17日　受2008/2012

ラム, ケイト　Lum, Kate　絵本作家　受2008

ラム, ケリー　Lam, Kelly　弁護士　フジテレビ香港顧問・主席コーディネーター　国香港　受2000

ラム, サンディ　Lam, Sandy　中国名＝林憶蓮　歌手　国香港　生1966年4月26日　受1992/1996/2008/2012

ラム, ジャグジバン　Ram, Jagjivan　政治家　元・インド副首相　国インド　生1908年4月5日　没1986年7月6日　受1992

ラム, ジョン　Lam, John　テクニカルライター　DevelopMentorテクニカルスタッフ　受2004

ラム, ダンテ　Lam, Dante　中国名＝林超賢　映画監督　国香港　生1964年

ラム, チ・クワン　中国名＝林緗光　実業家,画家,書家　ディッシュ・オブ・ソルト・オーナー　国米国　生1939年　受2000

ラム, バック　作曲家　「オンリー・ユー」作曲　国米国　没1991年1月1日　受1992

ラム, バニース　Lum, Bernice　絵本作家　国カナダ　生1963年　受2000

ラム, ホアン　Lam, Hoang Q.　コンピューター技術者　国米国　受2004

ラム, ポール　Lam, Paul　医師　国オーストラリア　受2004

ラム, リサ　Lambe, Lisa　グループ名＝ケルティック・ウーマン　歌手,女優　国アイルランド　受2012

ラム, リチャード　Lamm, Richard D.　作家,政治家　元・コロラド州知事　国米国　生1935年　受1996/2000/2004

ラム, リンゴ　Lam, Ringo　中国名＝林嶺東　映画監督　国香港　生1955年12月8日　受1996

ラム, リンダ　Lamb, Linda　編集者　受2004

ラム, ロバート　Lamm, Robert　グループ名＝シカゴ　ロックミュージシャン　国米国　受1996/2012

ラムーア, ルイス　L'Amour, Louis　西部劇作家　国米国　生1908年　没1988年6月10日　受1992(アムール, ルイス)

ラムーグラム, シウサグル　Ramgoolam, Seewoosagur　元・モーリシャス英総督・初代首相　国モーリシャス　没1985年12月15日　受1992

ラムグーラム, ナビンチャンドラ　Ramgoolam, Navinchandra　政治家,医師　モーリシャス首相・国防相・内相,モーリシャス労働党(MLP)党首　国モーリシャス　生1947年7月14日　受2000/2004/2012

ラム・サイ・キット　Lam Sai Kit　ウイルス学者　マラヤ大学医学部教授　ニパウイルス　国マレーシア　生1938年　受2004/2008

ラムザイヤー, マーク　Ramseyer, J.Mark　シカゴ大学教授　会社法,法と経済学,日本法　国米国　生1954年　受1992/1996

ラムサン, ボニー　Ramthun, Bonnie　作家　国米国　受2004/2008

ラムジ, ラシド　Ramzi, Rashid　陸上選手(中距離)　国バーレーン　生1980年7月17日　受2008/2012

ラムス, ディーター　Rams, Dieter　インダストリアルデザイナー　元・ブラウン社取締役デザイン部門長　国ドイツ　生1932年　受1992/1996/2012

ラムズデン, チャールズ　Lumsden, Charles J.　トロント大学医学部助教授　受1992

ラムスドルフ, オットー・グラーフ　Lambsdorff, Otto Graf　本名＝Lambsdorff,Otto Graf Friedrich Wilhelm von der Wenge　政治家　元・ドイツ自由民主党(FDP)党首,元・西ドイツ経済相　国ドイツ　生1926年12月20日　没2009年12月5日　受1992/1996

ラムスフィエル, B.A.　Ramsfjell, B.A.　本名＝Ramsfjell,Bent Aanund　カーリング選手　ソルトレークシティ五輪カーリング男子金メダリスト　国ノルウェー　生1967年11月30日　受2004

ラムズフェルド, ドナルド　Rumsfeld, Donald　政治家,実業家

ラムゼー，アーサー・マイケル　Ramsey, Arthur Michael　聖職者　元・米国国防長官　国米国　生1932年7月9日　掲1992/1996/2004/2008/2012

ラムゼー，アーサー・マイケル　Ramsey, Arthur Michael　聖職者　元・英国国教会カンタベリー大主教　国英国　生1904年11月4日　没1988年4月23日　掲1996

ラムゼー，ノーマン　Ramsey, Norman Foster　物理学者　元・ハーバード大学名誉教授　専原子物理学　国米国　生1915年8月27日　没2011年11月4日　掲1992/1996

ラムゼイ，ジャック　Ramsay, Jack　バスケットボールコーチ　国米国　掲2000

ラムゼイ，フランシス　Rumsey, Francis　サリー大学音楽芸術学科講師　専電子工学　国英国　掲1996

ラムゼイ，マイケル　Ramsay, Michael　シリコンスタジオ社長　掲1996

ラムゼイ，マーティン　Ramsay, Martin　コバーグ・プレストン・セカンダリーカレッジ教員　専日本語　国オーストラリア　生1960年　掲1996

ラムゼイ，リン　Ramsay, Lynne　映画監督　国英国　生1969年　掲2004/2008

ラムソン，ペギー　Lamson, Peggy　作家，ジャーナリスト　掲1996

ラム・ダス　Ram Dass　本名=アルバート，リチャード　導師（グル）　元・ハーバード大学心理学部教授　国米国　生1931年　掲1996（アルバート，リチャード/ラム・ダス）/2000/2004/2008

ラムツ，ティモシー・C.J.　ボランティア活動家　ヘルプエイジ・ケニア（HAK）会長　元・ナイロビ市長　国ケニア　掲1992/1996

ラムビー，ローズマリー　Lambie, Rosemary　教育学者，カウンセラー　コモンウェルス大学教育学部助教授　国米国　掲2004

ラムファルシー，アレクサンドル　Lamfalussy, Alexandre　エコノミスト　元・欧州通貨機関（EMI）総裁　国ベルギー　生1929年4月26日　掲1996/2000

ラムブハイ・バルニ王妃　元・タイ国王故ラーマ7世王妃　国タイ　生1904年5月22日　掲1992

ラムラス，ハーバート　GEプラスチックス・パシフィック社社長　掲1992

ラムラニ，モハメド・カリム　Lamrani, Mohammed Karim　政治家，経済学者　元・モロッコ首相　国モロッコ　生1919年5月1日　掲1992/1996

ラムリー，P.　俳優，映画監督　国マレーシア　掲1992

ラムリ，タジュディン　Ramli, Tajudin　マレーシア航空会長，テクノロジー・リソーセス・インダストリーズ会長　国マレーシア　掲1996

ラムリ，リザル　Ramli, Rizal　政治家，エコノミスト　元・インドネシア財務相，元・インドネシア経済担当調整相　専経済分析　国インドネシア　生1953年5月10日　掲2000/2004/2012

ラムリィ・イブラヒム　舞踊家　ストラダンスカンパニー代表　国マレーシア　生1953年　掲1996

ラムール，ジャン・フランソワ　Lamour, Jean François　フェンシング選手　国フランス　掲1992

ラムール，トッド　Lammle, Todd　技術コンサルタント　グローバルネット・トレーニング・ソリューションズ社長　掲2004

ラムレイ，ブライアン　Lumley, Brian　怪奇小説作家　国英国　生1937年　掲1992

ラーメ，フランカ　Rame, Franca　女優，政治家　元・イタリア上院議員　国イタリア　生1929年　没2013年5月29日

ラメジャラー，ピーター　Lemesurier, Peter　著述家　国英国　生1936年　掲2000

ラメーズ，エリク　Lamaze, Eric　馬術選手（障害飛越）　北京五輪馬術障害飛越個人金メダリスト　国カナダ　生1968年4月17日　掲2012

ラ・メリ　本名=ヒューズ，ラッセル・メリウェザー　舞踊家　国米国　生1988年1月7日　掲1992

ラメル，スティーグ　Ramel, Stig　スウェーデン年金基金財団理事長　元・ノーベル財団専務理事　国スウェーデン　生1927年2月24日　掲1992/1996

ラメル，スティーブ　サッカー選手（FW）　国米国　生1968年4月20日　掲2000

ラメール，ピエール　Ramel, Pierre　画家　国フランス　生1927年7月3日　掲1996

ラメンクーサ，キャシー　Lamancusa, Kathy　ライフスタイル・コンサルタント　国米国　掲2004

ラモー，サイモン　Ramo, Simon　物理学者，実業家　元・TRW富士通会長　専ICBM開発　国米国　生1913年5月7日　掲1992/1996/2000

ラモ，マリオ　Ramos, Mario　イラストレーター，絵本作家　国ベルギー　生1958年　掲2004/2008

ラーモア，ジェニファー　Larmore, Jennifer　メゾソプラノ歌手　国米国　生1958年　掲2012

ラモス，ファンデ　Ramos, Juande　サッカー監督，元・サッカー選手　国スペイン　生1954年9月25日

ラモス，フィデル　Ramos, Fidel V.　政治家，軍人　元・フィリピン大統領，元・フィリピン国防相，元・フィリピン国軍参謀総長　国フィリピン　生1928年3月18日　掲1992/1996/2000/2004/2012

ラモス・ホルタ，ジョゼ　Ramos-Horta, José　政治家，人権活動家　元・東ティモール大統領，元・東ティモール首相，元・東ティモール民族抵抗評議会（CNRT）副議長　国東ティモール　生1949年12月26日　掲2000/2004/2008/2012

ラモター，ドナルド　Ramotar, Donald　政治家　ガイアナ大統領　国ガイアナ　生1950年10月22日

ラモット，アン　Lamott, Anne　作家　国米国　掲2000

ラモネ，イニャシオ　Ramonet, Ignacio　ジャーナリスト　元・「ルモンド・ディプロマティック」社主・総編集長，元・パリ第7大学教授　国フランス　生1943年　掲1996/2000/2004/2008/2012

ラモン　Ramon　本名=Menezes,Ramon Hubner　サッカー選手（FW）　国ブラジル　生1972年6月30日　掲2004/2008

ラモーン，トミー　Ramone, Tommy　本名=タマス，アーデライ　グループ名=ラモーンズ　ドラム奏者　国米国　生1949年1月29日　没2014年7月11日

ラモーン，フィル　Ramone, Phil　音楽プロデューサー，録音技術者　国米国　生1934年1月5日　没2013年3月30日　掲1996

ラモント，チャールズ　Lamont, Charles　映画監督　国米国　生1898年5月5日　没1993年9月11日　掲1996

ラモント，ノーマン　Lamont, Norman Stewart Hughson　政治家　ロスチャイルド取締役　元・英国蔵相　国英国　生1942年5月8日　掲1992/1996/2000

ラユネン，サンパ　Lajunen, Samppa　スキー選手（複合）　国フィンランド　生1979年4月23日　掲2000/2004

ラユール，ジョニー　政治家　ルクセンブルク環境相・保健相（社会労働党）　国ルクセンブルク　生1942年　掲2000

ラーラ，アデア　Lara, Adair　ライター　国米国　掲2004

ララ，パブロ　Lala, Pablo　重量挙げ選手　国キューバ　掲2000

ララ，ルッシィ　LaLa, Russi M.　ジャーナリスト　国インド　生1928年　掲1992/1996

ララキ，アズディン　Laraki, Azeddine　政治家　元・モロッコ首相，元・イスラム諸国会議機構（OIC）事務局長　国モロッコ　生1929年　没2010年2月1日　掲1992/1996/2000

ララス，アレクシー　グループ名=ジプシー　サッカー選手（DF），ロック歌手　国米国　生1970年1月6日　掲2000/2004/2008

ララニャガ，アナ・マルティン　Larrañaga, Ana Martín　絵本作家　国スペイン　掲2004

ララビー，トレーシー・リン　Larrabee, Tracy Lynn　サンタクルズ大学コンピュータ工学科助教授　専コンピュータシステム　国米国　生1957年11月16日　掲1992

ラリー，ダニー　Lary, Dani　マジシャン　国フランス　生1958年　掲2004/2008

ラリオス，オスカー　Larios, Oscar　元・プロボクサー　元・WBC世界フェザー級チャンピオン，元・WBC世界スーパーバンタム級チャンピオン　国メキシコ　生1976年11月1日　掲2004/2008/2012

ラリーシャ　Lalisha　グループ名=allure　歌手　国米国　掲2000

ラリジャニ, アリ　Larijani, Ali　政治家　イラン国会議長　国イラン　生1958年　歴2012

ラリス, ジョルジオ　Rallis, Georgios　政治家　元・ギリシャ首相　国ギリシャ　生1918年12月26日　没2006年3月15日　歴1992／1996

ラリター・パンヨーパート　Lalita Panyopat　女優, モデル　国タイ　生1971年　歴2004／2008

ラリック, マリークロード　Lalique, Marie-Claude　実業家, ガラス工芸家　元・ラリック社長　国フランス　没2003年4月14日　歴1992／1996／2000

ラリッチ, ミハイロ　Lalić, Mihailo　作家　国ユーゴスラビア　生1914年10月7日　歴1992／1996

ラリッチ, ヤンヤ　Lalich, Janja　カルト研究家　「カルティック・スタディーズ・ジャーナル」誌編集人　国米国　歴2000

ラーリナ, アンナ　Larina, Anna Mikhailovna　ニコライ・ブハーリン夫人　国ロシア　生1914年1月24日　没1996年2月24日　歴1992

ラリーニ, ニコラ　Larini, Nicola　F1ドライバー　国イタリア　生1964年3月19日　歴1992／1996

ラリベルテ, ギー　Laliberté, Guy　サーカス興行師, 実業家　シルク・ドゥ・ソレイユ創設者・CEO　国カナダ　生1959年9月2日　歴1996(ラリバテ, ギイ)／2004(ラリバテ, ギー)／2008(ラリバテ, ギー)／2012

ラリュー, アメール　Larrieux, Amel　旧グループ名=グループ・セオリー　歌手　国米国　生1973年　歴2004／2008

ラリュー, ダニエル　Larrieu, Daniel　舞踊家　アストラカン・ダンス・カンパニー主宰　国フランス　生1957年　歴1992

ラリュー・スミス, フランシー　Larrieu Smith, Francie　マラソン選手, 陸上選手　国米国　生1952年11月23日　歴1996

ラリュミエール, カトリーヌ　Lalumiére, Cotherine　元・欧州会議(CE)事務局長　国フランス　生1935年8月3日　歴1992／1996

ラーリン, ヴィクトル　Larin, Victor L.　ロシア科学アカデミー極東支部歴史・考古学・民俗学研究所所長　専東洋学　国ロシア　生1952年　歴1996

ラルー, オスマン　Lahlou, Othman　国際かんがい排水会議(IGID)会長　国モロッコ　歴1992

ラル, ジェームズ　Lull, James　サンノゼ州立大学教授　専コミュニケーション論　国米国　生1944年　歴1996

ラール, マルト　Laar, Mart　政治家, 歴史学者　エストニア国会議員　元・エストニア首相　国エストニア　生1960年4月22日　歴1996／2000／2004／2008／2012

ラルー, ルネ　Laloux, René　アニメーション作家, 映画監督　国フランス　生1929年7月13日　没2004年3月14日　歴1992／2004／2008

ラルカカ, ルスタム　Lalkaka, R.　ビジネスコンサルタント　ビジネス・アンド・テクノロジー・デベロップメント・ストラテジーズ社長　国米国　歴2004／2008

ラルキエ, アンドレ・オリビエ　Larquié, André Olivier　元・パリ・オペラ座支配人　国フランス　生1938年6月26日　歴1996／2000

ラルコ, ギジェルモ　Larco Cox, Guillermo　政治家　元・ペルー首相　国ペルー　生1932年2月19日　没2002年7月13日　歴1992／1996

ラ・ルーサ, トニー　La Russa, Tony　本名=La Russa,Anthony　元・大リーグ監督　国米国　生1944年10月4日　歴1992(ラ・ルッサ, トニー)／1996／2000／2004／2008／2012

ラ・ルーサ, ロバート　La Russa, Robert S.　米国商務次官代行　国米国　歴2004

ラルサン, グナール　写真家, ジャーナリスト　専ファッション　国デンマーク　没1990年8月1日　歴1992

ラルーシュ, リンドン　LaRouche, Lyndon H.(Jr.)　エコノミスト, 経済アナリスト　国米国　生1922年9月8日　歴2008

ラルストン, ケン　Ralston, Ken　特撮(SFX)監督　イメージ・ワークス代表　国米国　歴2000

ラルストン, ジョゼフ　Ralston, Joseph　軍人　北大西洋条約機構(NATO)欧州連合軍最高司令官　国米国　歴2004

ラルセン, エイリク・ベラス　Larsen, Eirik Veraas　カヌー選手　アテネ五輪・ロンドン五輪カヌー男子カヤックシングル1000メートル金メダリスト　国ノルウェー　生1976年3月26日　歴2008／2012

ラルセン, エリック　Larsen, Erik　カンザス大学名誉教授　専美術史　国オーストリア　生1911年　歴1996

ラルティーグ, D.　Lartigue, Dany　画家　国フランス　生1921年　歴1992

ラルティーグ, ジャック・アンリ　Lartigue, Jacques-Henri　写真家, 画家　国フランス　生1894年　没1986年9月11日　歴1992

ラルティーグ, ピエール　Lartigue, Pierre　ラリードライバー　国フランス　生1948年10月22日　歴1996／2000

ラルドロー, ギー　Lardreau, Guy　哲学者　国フランス　生1947年　歴1996

ラルベス, ダロン　Rahlves, Daron　本名=Rahlves,Daron Louis　元・スキー選手(アルペン)　国米国　生1973年6月12日　歴2004／2008

ラルマン, ベルナール　外交官　フランス・ドイツ防衛安全研究所参事官, パリ仏独合唱団団長　国フランス　歴2000

ラレック, ジョン　Larrecq, John　画家　国米国　歴2004

ラレード, ルース　Laredo, Ruth　ピアニスト　国米国　生1937年11月20日　歴1996

ラレーン, フィリップ　Larrain, Felipe　チリ・カトリック大学教授　専経済政策　生1958年　歴2000

ラレンコバ, A.　Ralenkova, Anelia　元・新体操選手　国ブルガリア　生1964年1月25日　歴1992／1996

ラーレンツ, カール　Larenz, Karl　法学者　元・ミュンヘン大学名誉教授　専法哲学, 民法学　国ドイツ　生1903年4月23日　没年不詳　歴1992

ラロ, ジョン　Rallo, John A.　著述家　フェアフィールド大学教員　歴2004

ラロー, セバスティアン　Lareau, Sebastien　テニス選手　国カナダ　生1973年4月27日　歴2004

ラ・ロカ　La Loca　本名=キャロル, パマラ　詩人　国米国　生1950年　歴1992

ラロク, ロジェ　元・ヌーメア(ニューカレドニア首都)市長, 元・保守党カレドニア共和国連合(RPCR)党党首　国ニューカレドニア　生1985年11月18日　歴1992

ラローシュ, アダム　LaRoche, Adam　本名=LaRoche,David Adam　大リーグ選手(内野手)　国米国　生1979年11月6日

ラロシュ, ロベール・ド　Laroche, Robert de　ジャーナリスト, DJ　国フランス　生1949年　歴2004

ラローチャ, アリシア・デ　Larrocha, Alicia de　ピアニスト　国スペイン　生1923年5月23日　没2009年9月25日　歴1996／2000／2004／2008

ラロッカ, グレッグ　LaRocca, Greg　本名=LaRocca,Gregory Mark　元・プロ野球選手, 元・大リーグ選手　国米国　生1972年11月10日　歴2008／2012

ラロック, ジーン　La Rocque, Gene Robert　米海軍退役少将, 米国国防情報センター所長　国米国　生1919年　歴1992

ラロック, ピエール　Laroque, Pierre　社会保障専門家　元・フランス社会保障全国金庫理事長, 元・フランス国立行政学院教授　国フランス　生1907年11月2日　歴1992

ラロック, フランソワ　Laroque, François　パリ第3大学教授　専英文学　国フランス　歴1996

ラ・ロッシュ, ギ　La Roche, Guy　ファッションデザイナー　国フランス　生1924年　没1989年2月17日　歴1992

ラロビッチ, ペテル　Lalovic, Peter　ドキュメンタリー作家　国セルビア　歴2008／2012

ラロン, ウィリアム・ジェームス　LaLonde, William James　マカフィー・アソシエイツ・アジア・パシフィック取締役ディレクター　国米国　生1965年　歴2000

ラロンデ, ドニー　元・プロボクサー　元・WBCライトヘビー級チャンピオン　国カナダ　歴1992

ラロンド, ブリス　Lalonde, Brice　政治家　元・フランス環境相　国フランス　歴1992／1996

ラワト, ハリッシュ　Rawat, Harish　ソフトウェア技術者　オラクル　⑳2004

ラワブデ, アブドル・ラウーフ　Rawabdeh, Abdul Rauf　政治家　元・ヨルダン首相・国防相　国ヨルダン　⊕1939年　⑳2004

ラン, アリックス・ジロド　l'Ain, Alix Girod de　編集者　「ELLE」編集者　⑳2008

ラーン, ウィリアム　ユニバーサル・スタジオ・コンシューマー・プロダクツ・ジャパン（USCPJ）ゼネラル・マネジャー　国米国　⊕1955年　⑳2000

ラン・キクケツ　欒 菊傑　Luan, Ju-jie　フェンシング選手　ロス五輪フェンシング女子フルーレ金メダリスト　国カナダ　⊕1958年7月14日　⑳1996／2012

ラン・ケイ　欒 勁　元・バドミントン選手　国中国　⊕1958年　⑳1996

ラン, ダニエル　Laeng, Danielle　人権活動家　国フランス　⊕1955年　⑳2008

ラン, デービッド　中国名＝藍鴻震　在日香港経済貿易代表部首席代表　国香港　⊕1940年　⑳1996

ラン・ラン　郎 朗　Lang, Lang　ピアニスト　国中国　⊕1982年　⑳2004（ロウ・ロウ）／2008／2012

ランヴァン, ジェラール　Lanvin, Gérard　俳優　国フランス　⊕1950年6月21日　⑳2004

ランガー, エレン　Langer, Ellen J.　心理学者　ハーバード大学教授・社会心理学課程主任・医学部老年学研究員　社会心理学　国米国　⑳1992／1996

ランガー, スーザン　Langer, Susanne Knauth　哲学者　国米国　⊕1895年12月20日　⊖1985年7月17日　⑳1992

ランガー, ヘルムート　Langer, Helmut　グラフィックデザイナー　身障者とデザインのためのヨーロッパ研究所設立者　元・国際グラフィックデザイナー協会会長　国ドイツ　⑳2004／2008

ランガー, ベルンハルト　Langer, Bernhard　プロゴルファー　国ドイツ　⊕1957年8月27日　⑳1992／1996／2000／2004／2008／2012

ランカスター, F.ウィルフリド　Lancaster, F.Wilfrid　イリノイ大学大学院教授　図書館・情報学　国米国　⑳1992

ランカスター, ジョージ　不動産ディベロッパー日本担当　国米国　⑳1992

ランカスター, セシル・E.　元・西南女学院名誉副院長　国米国　⊖1986年1月2日　⑳1992

ランカスター, バート　Lancaster, Burt　本名＝ランカスター, バートン・スティーブン　俳優, 映画プロデューサー, 映画監督　国米国　⊕1913年11月2日　⊖1994年10月20日　⑳1992／1996

ランガット, ナンシー・ジェベット　Langat, Nancy Jebet　陸上選手（中距離）　北京五輪陸上女子1500メートル金メダリスト　国ケニア　⊕1981年8月22日　⑳2012

ランカトーレ, デジレ　Rancatore, Désirée　ソプラノ歌手　国イタリア　⊕1977年1月29日　⑳2012

ランガネ, アンドレ　Langaney, André　人類学者, 遺伝学者　パリ自然史博物館教授, パリ人類博物館人類研究部長　国フランス　⑳2000／2004

ランガン, ルース　Langan, Ruth　ロマンス作家　国米国　⑳2004

ラーンキ, デジェー　Ránki, Dezsö　ピアニスト　国ハンガリー　⊕1951年9月8日　⑳2012

ランキ, ヒラリー　Lunke, Hilary　プロゴルファー　国米国　⊕1979年6月7日　⑳2004／2008

ランキン, イアン　Rankin, Ian　別名＝ハーベイ, ジャック　作家　国英国　⊕1960年　⑳2000／2008／2012

ランキン, キース　Rankin, K.　共同筆名＝デービス, ランキン　作家　国英国　⑳2004

ランキン, ジャニス　Rankin, Janice　カーリング選手　国英国　⊕1972年2月8日　⑳2004

ランキン, ブルース　Rankin, Bruce　元・駐日カナダ大使　国カナダ　⊕1918年　⊖1986年7月27日　⑳1992

ランキン, ボブ　Rankin, Bob　プログラマー, フリーライター

ラング, ウォルター　Lang, Walter N.　ジャーナリスト　「ナショナル・ディフェンス」誌編集顧問, 米国軍情報サービス社編集サービス局長　国米国　⑳1992

ラング, ゲリー　Lange, Gerry　ビジネスコンサルタント, テレビ・ラジオプロデューサー, 政策アドバイザー　国米国　⑳2004

ラング, サージ　Lang, Serge　数学者　エール大学教授　国米国　⊕1927年　⑳1992

ラング, サマンサ　Lang, Samantha　映画監督　国オーストラリア　⊕1967年　⑳2000／2004

ラング, ジェシカ　Lange, Jessica　女優　国米国　⊕1949年4月20日　⑳1992／1996／2000／2004／2008／2012

ラング, ジャック　Lang, Jack　政治家　フランス下院議員　元・フランス文化相　国フランス　⊕1939年9月2日　⑳1992／1996／2004／2008／2012

ラング, ジョニー　ブルース・ギタリスト・歌手　国米国　⑳2000

ラング, ダニエル　Lang, Daniel　ジャーナリスト, 作家　国米国　⊕1915年　⊖1981年　⑳1992

ラング, トーマス　Lang, Thomas　歌手　国英国　⊕1962年　⑳1992

ラング, ペトラ　Lang, Petra　メゾソプラノ歌手　国ドイツ　⑳2004

ラング, ヘルムート　Lang, Helmut　ファッションデザイナー　国オーストリア　⊕1956年　⑳1992／1996

ラング, マイケル　Lang, Michael　音楽マネージャー　国米国　⊕1944年12月11日　⑳1996／2000

ラング, マーティン　Laing, Martin　本名＝Laing,John Martin Kirby　ジョン・ラング会長　国英国　⊕1942年1月18日　⑳1992

ラング, ヨアヒム　Lang, Joachim　オペラ演出家　ベルリン国立歌劇場副総裁　国ドイツ　⊕1939年　⑳1992

ラング, ラリー　Lange, Larry　音楽ジャーナリスト, 作曲家, 音楽プロデューサー　国米国　⑳2004

ラング, ルドルフ　医師　国境なき医師団（MSF）メンバー　国フランス　⑳2000

ラング, レニー　Lang, Lany　ソーシャルワーカー　国米国　⑳1992／1996

ランクサッド, ジャック　軍人　フランス国際関係研究所理事　元・フランス統合参謀総長　国フランス　⊕1934年9月　⑳1992／2004

ランクス, シャバ　Ranks, Shabba　本名＝ゴードン, レクストン　歌手, ディスクジョッキー　国ジャマイカ　⊕1966年　⑳1992／1996

ラングスタッフ, J.E.　Langstaff, Julie E.　幼児語学教育　⊕1947年　⑳2004

ラングストン, マーク　Langston, Mark　元・大リーグ選手　国米国　⊕1960年8月20日　⑳1992／1996／2000／2004

ラングストン, ローラ　Langston, Laura　作家, キャスター　国カナダ　⑳2008

ラングトン, クリストファー　スウォーム社CTO　国人工生命研究　国米国　⑳2000

ラングトン, ジェーン　Langton, Jane　ミステリー作家　国米国　⊕1922年　⑳2000

ラングトン, ブライアン　Langton, Brian D.　ホリデイ・イン・ワールドワイド会長・CEO　国英国　⑳1996

ラングナー, ボルフガング・K.　シーボルト協会理事長　国ドイツ　⑳2000

ラングバイン, ヘルマン　オーストリア・アウシュビッツ生存者の会会長, 国際アウシュビッツ委員会事務局長　国オーストリア　⊕1912年　⑳1996

ラングハマー, フレッド　Langhammer, Fred H.　実業家　エスティ・ローダーカンパニーズCEO　国米国　⑳2004／2008

ラングフォード, ジェレミー　Langford, Jeremy　編集者　国米国　⑳2004

ラングフォード, マイク　Langford, Mike　コマーシャル写真家　国オーストラリア　⑳1992

ランクマン, アブラム　「ゲットー脱出―あるユダヤ人の生還」の著

者　国イスラエル　生1923年　没1996

ラングマン, ハンス・ヨアヒム　Langmann, Hans-Joachim　物理学者　エー・メルク会長・CEO　元・ドイツ工業連盟 (BDI) 会長　国ドイツ　生1924年10月5日　歴1992／1996

ラングラード, シャック・ド　Langlade, Jacques de　パリ大学教授　専比較文学　国フランス　歴1992

ランクル, セオドア・ヴァン　Rankle, Theadora Van　旧名＝Schweppe,Dorothy　衣裳デザイナー　国米国　生1928年3月27日　没2011年11月4日

ラングレー, ウィンストン　Langley, Winston E.　政治学者　マサチューセッツ大学教授　専人権問題　国米国　歴2008

ラングレ, ジャック・ド　Langre, Jacques de　自然食健康法研究家　国米国　生1925年　没1993年　歴1996

ラングレー, ボブ　Langley, Bob　作家　専冒険小説　国英国　生1936年　歴1992／1996／2000

ラングレイ, ジョナサン　Langley, Jonathan　イラストレーター, 絵本作家　国英国　生1952年　歴2000

ラングレン, トッド　Rundgren, Todd　旧グループ名＝ユートピア, ナッズ　ミュージシャン, 音楽プロデューサー　国米国　生1948年6月22日　歴1992／1996／2000／2004／2008／2012

ラングレン, ドルフ　Lundgren, Dolph　俳優　国米国　生1959年11月3日　歴1992／1996／2000／2004／2008／2012

ラングロワ, フローランス　Langlois, Florence　イラストレーター, グラフィックアーティスト　国フランス　生1964年5月8日　歴2000

ラングロワ, リチャード　Langlois, Richard Normand　経済学者　コネティカット大学経済学教授　専組織経済学, 制度経済学, 経済思想, 経済史　歴2012

ランゲ, アンドレ　Lange, Andre　元・ボブスレー選手　ソルトレークシティ五輪・トリノ五輪・バンクーバー五輪金メダリスト　国ドイツ　生1973年6月28日　歴2004／2008／2012

ランゲ, ヴィクトル　Lange, Viktor Nikolaevich　物理学者　レニングラード水運研究所物理部門主任　専半導体　国ソ連　歴1992／1996

ランゲ, ウォルター　Lange, Walter　実業家　ランゲ・アンド・ゾーネ社長　国ドイツ　生1924年　歴2004／2008

ランゲ, トーマス　ボート選手 (シングルスカル)　国ドイツ　歴1992／1996

ランゲ, フリッツ　Lange, Fritz　政治家　元・東ドイツ文化相, 元・ブランデンブルク市長　国ドイツ　生1898年11月23日　歴1992

ランゲ, ヘルマン　Lange, Hermann　テュービンゲン大学名誉教授　専法学　国ドイツ　生1922年1月24日　歴2000

ランケ・ハイネマン, ウタ　Ranke-Heinemann, Uta　カトリック神学者　エッセン大学宗教史教授　国ドイツ　生1927年10月2日　歴2000

ランゲビーシュ, ボルフガング　Langewiesche, Wolfgang　テストパイロット, ライター　歴2004

ランゲフェルト, マルティヌス・ヤン　Langeveld, Martinus J.　教育学者　ユトレヒト大学教授　国オランダ　生1905年　歴1992

ランゲン, クリストフ　Langen, Christoph　ボブスレー選手　国ドイツ　生1962年3月27日　歴2000／2004

ランコヴィチ, アレクサンダル　Ranković, Aleksandar　政治家　元・ユーゴスラビア副大統領　国ユーゴスラビア　生1909年11月28日　没1983年8月19日　歴1992 (ランコビチ, アレクサンダル)

ランコフ, アンドレ　Lankov, Andrei　韓国国民大学准教授　専朝鮮史　国ロシア　生1963年7月　歴1996／2012

ランザ, ロバート　Lanza, Robert P.　アドバンスト・セルテクノロジー医科学開発部門副所長　専組織工学, 移植医療　歴2004

ランジェス, クラウディオ　Langes, Claudio　F1ドライバー　国イタリア　生1960年7月20日　歴1992／1996

ランジェラ, フランク　Langella, Frank　俳優　国米国　生1940年1月1日　歴2012

ランシエール, ジャック　Rancière, Jacques　哲学者, 美学者　パリ第8大学名誉教授　国フランス　生1940年　歴2012

ランシエール, フーベルト　Lanssiers, Hubert　カトリック神父, 人権活動家　元・ペルー政府赦免特別委員会委員長　国ペルー　生1929年　没2006年3月23日　歴2000

ランシエン, ナタリー　Lancien, Nathalie　自転車選手　国フランス　生1970年3月7日　歴2000

ランジバー, アミール　Ranjbar, Amir S.　コンピューター技術者　国カナダ　歴2004

ランシマン, スティーブン　Runciman, Steven　本名＝Runciman, James Cochran Stevenson　歴史家　国英国　生1903年7月7日　没2000年11月1日　歴2000

ランジュ, ニコラス・デ　Lange, Nicholas de　宗教学者　ケンブリッジ大学神学宗教学科教授　歴2008

ランジュ, モニク　Lange, Monique　作家, シナリオライター　国フランス　歴1996

ランジュヴァン・ジョリオ, エレーヌ　Langevin-Joliot, Hélène　物理学者　オルセー原子核研究所特別研究部長　専核物理学　国フランス　歴2000

ランジュラン, ジョルジュ　Langelaan, George　作家　国英国　生1908年　歴1996

ランジル, ノーマン　演劇・イベントプロデューサー　国米国　歴1992

ランシング, アルフレッド　Lansing, Alfred　作家　国米国　歴2000

ランシング, シェリー　Lansing, Sherry　映画プロデューサー　パラマウント・ピクチャーズ映画グループ会長　元・フォックス社社長　国米国　生1944年7月31日　歴1992／1996

ランス　Lance　本名＝Bass,James Lance　グループ名＝イン・シンク　歌手　歴2004

ランス, ベッティナ　Rheims, Bettina　写真家　国フランス　生1952年　歴1992／1996／2000／2012

ランスキー, ビッキー　Lansky, Vicki　コラムニスト　国米国　生1942年　歴2004

ランズデール, エドワード　退役空軍少将, 対東南アジアゲリラ戦争専門家　国米国　生1987年2月22日　歴1992

ランズデル, エリック　Ransdell, Eric　ジャーナリスト　「USニューズ＆ワールド・レポート」ヨハネスブルク支局長　国米国　生1964年　歴1996

ランズデール, ジョー　Lansdale, Joe R.　作家　国米国　生1951年　歴2004／2008／2012

ランズバーグ, スティーブン　Landsburg, Steven E.　ロチェスター大学経済学部准教授　専経済学, 数学　国米国　歴2000

ランズベルギス, ヴィタウタス　Landsbergis, Vytautas　旧名＝Zemkalnis,Jonas　政治家, ピアニスト, 音楽学者　欧州議会議員　元・リトアニア国会議長, 元・リトアニア祖国同盟代表　国リトアニア　生1932年10月18日　歴1992／1996／2000／2004／2008／2012

ランスマイアー, クリストフ　Ransmayr, Christoph　作家　国オーストリア　生1954年3月20日　歴2000

ランズマン, クロード　Lanzmann, Claude　映画監督, ジャーナリスト　「レ・タン・モデルヌ」編集長　国フランス　生1925年11月27日　歴1996／2000

ランセロッティ, リック　Lancellotti, Rick　本名＝ランセロッティ, リチャード　登録名＝リック　元・プロ野球選手, 元・大リーグ選手　国米国　生1956年7月5日　歴2000

ランソーン, ロドニー　キョウセラ・インターナショナル社長, キョウセラ・エレクトロニクス社長　国米国　歴1992／1996

ランダウ, シガリット　Landau, Sigalit　現代美術家　国イスラエル　生1969年

ランダエタ, ファン　Landaeta, Juan　本名＝Landaeta,Juan Jose　プロボクサー　元・WBA世界ミニマム級暫定チャンピオン　国ベネズエラ　生1978年10月7日

ランダース, アン　Landers, Ann　本名＝レダラー, エスター　コラムニスト　国米国　生1918年　没2002年6月22日　歴1992／2000

ランダゼッセ, L.P.　Randazzese, Lucien P.　ハーバード大学科学国際問題研究センター博士研究員　専産学協同研究, 科学技術政策　国米国　歴2000

ランタネン, ヘリ　Rantanen, Heli　やり投げ選手　㊌フィンランド　㊌1970年2月26日　㊌2000

ランダル, マーガレット　Randall, Margaret　エッセイスト, 写真家　㊌米国　㊌1936年　㊌1996（ランドール, マーガレット）

ランダル, マック　Randall, Mac　音楽ジャーナリスト　「LAUNCH」東海岸版編集長　㊌2004

ランダワ, ジョティ　プロゴルファー　㊌インド　㊌1972年5月4日　㊌2004／2008

ランタンフ, ローラン　Lintanf, Laurent　社会運動家　㊌ブルトン文化研究　㊌フランス　㊌1958年　㊌1996

ランチ, リディア　ロックミュージシャン　㊌米国　㊌1959年　㊌1996

ランチェスター, エルザ　Lanchester, Elsa　女優　㊌米国　㊌1902年　㊌1986年12月26日　㊌1992

ランチェスター, ジョン　Lanchester, John　作家　㊌英国　㊌1962年　㊌2004／2008／2012

ランチェッティ, ピノ　Lancetti, Pino　ファッションデザイナー　㊌イタリア　㊌1932年　㊌2007年3月7日　㊌1996

ランチョス, コルネリウス　Lanczos, Cornelius　理論物理学者　㊌解析力学　㊌ハンガリー　㊌1893年　㊌1996

ランツ, ウォルター　Lantz, Walter　アニメ映画製作者　漫画「ウッドペッカー」の作者　㊌米国　㊌1900年4月27日　㊌1994年3月22日　㊌1996

ランツ, デービッド　Lanz, David　作曲家, ピアニスト　㊌米国　㊌1992

ランデイ, ウィリアム　Landay, William　作家　㊌米国　㊌2008／2012

ランディ, ケン　Lunde, Ken　コンピュータ技術者　㊌米国　㊌1965年8月　㊌2004

ランディ, ジェームズ　Randi, James　超常現象コメンテーター　サイコップ（CSICOP）創設者　㊌米国　㊌1928年　㊌1992／2000

ランディ, ポール　Lunde, Paul　イスラム文化史研究家　㊌米国　㊌1943年　㊌2008

ランディ, マルコ　Randi, Marco　実業家　アップルコンピュータ執行副社長・COO　㊌米国　㊌2000

ランディージ, ロバート　Randisi, Robert J.　作家　「ミステリー・シーン」誌編集人　㊌米国　㊌1951年　㊌1996

ランディス, ジェフリー　Landis, Geoffrey A.　作家　㊌米国　㊌1955年　㊌2012

ランディス, ジョン　Landis, John　映画監督　㊌米国　㊌1950年8月30日　㊌2000

ランディン, スティーブン　Lundin, Stephen C.　著述家, 講演家　㊌米国　㊌2004

ランティング, フランス　Lanting, Frans　写真家　㊌米国　㊌1951年7月13日　㊌1996

ランデタ, マティルデ　Landeta, Matilde　映画監督　㊌メキシコ　㊌1992

ランデル, ブライアン　Randell, Brian A.　コンサルタント　ディベロップ・メンター, MCWテクノロジーズ・シニアコンサルタント　㊌2004

ランデル, マット　Randel, Matt　プロ野球選手（投手）　㊌米国　㊌1977年2月15日　㊌2004／2012

ランデルマン, ケビン　Randleman, Kevin　格闘家　㊌米国　㊌1970年8月10日　㊌2008

ランデーロ, ルイス　Landero, Luis　作家　㊌スペイン　㊌1948年　㊌1996

ランデン, A.ファン　Randen, Age Van　マトゥーラ・インターナショナル社副社長　㊌オランダ　㊌1996

ランド, アン　Rand, Ann　作家　㊌2004

ランド, エドウィン　Land, Edwin Herbert　発明家　元・ポラロイド社創業者　ポラロイドカメラ発明者　㊌米国　㊌1909年5月7日　㊌1991年3月1日　㊌1992

ランドー, エレーン　Landau, Elaine　ジャーナリスト　㊌米国　㊌2004

ランド, カタリーナ　Rando, Caterina　カウンセラー　㊌2008

ランド, ジョン　Lund, John　俳優　㊌米国　㊌1913年2月6日　㊌1992年5月10日　㊌1996

ランド, ジョン　Land, Jon　作家　㊌米国　㊌1953年　㊌1996

ランド, ジョン　Lund, John　写真家　㊌米国　㊌2008

ランドー, ジョン　Landau, Jon　映画プロデューサー　㊌米国　㊌1960年　㊌2012

ランド, ハリー　Rand, Harry　美学者, キュレーター　㊌米国　㊌2004／2008

ランド, ハロルド　Land, Harold　本名=Land, Harold De Vance　ジャズサックス奏者　㊌米国　㊌1928年2月18日　㊌2001年7月27日　㊌1996

ランド, ポール　Rand, Paul　グラフィックデザイナー　エール大学名誉教授　㊌CI　㊌米国　㊌1914年　㊌1992／1996

ランドー, マーティン　Landau, Martin　俳優　㊌米国　㊌1925年6月30日　㊌1992／1996／2000／2004／2008／2012

ランド, ヤーコヴ　Rand, Yaacov　教育学者　バー・イラン大学教育学部長, タルピオット師範大学学長, ハダッサー・ウイッツ・カナダ研究所（HWCRI）副所長・上級研究員　㊌イスラエル　㊌1926年　㊌2004

ランドウ, イーライ　Landau, Eli　作家, ジャーナリスト　㊌イスラエル　㊌1992

ラントシュ, イシュトバーン　Lantos, István　ピアニスト　札幌大谷大学客員教授　㊌ハンガリー　㊌1949年　㊌2000／2008／2012

ランドストラ, イェレ・A.　外交官　在日オランダ大使館農務参事官　㊌オランダ　㊌1992

ランドストローム, オロフ　Landström, Olof　絵本画家, アニメーション作家　㊌フィンランド　㊌1943年　㊌1996／2000

ランドストローム, レーナ　Landström, Lena　絵本作家　㊌1943年　㊌2000

ラントマン, ザルチア　Landmann, Salcia　ユダヤ・ユダヤ人研究家　㊌1911年　㊌1996

ランドマン, ビンバ　Landmann, Bimba　絵本作家　㊌イタリア　㊌1968年　㊌2004／2008／2012

ラントマン, ミヒャエル　Landmann, Michael　哲学者　㊌スイス　㊌1913年12月16日　㊌1992／1996

ラントラード, フランソワ　Lantrade, François　作家　㊌フランス　㊌1996

ランドリー, モニーク　Landry, Monique　政治家　元・カナダ対外関係経済相　㊌カナダ　㊌1937年　㊌1992／1996

ランドリアマモンジィ, マリー　国連食糧農業機関（FAO）女性及び人口部副部長　㊌マダガスカル　㊌2000

ランドリガン, スエラ　Landrigan, Suella Jean　教師　North Education Center High School（コロンバス市）教師　㊌米国　㊌1950年　㊌1992

ランドリュー, マリー　Landrieu, Mary L.　政治家　米国上院議員（民主党）　㊌米国　㊌1955年11月23日　㊌2004／2008／2012

ランドル, イボンヌ　Randle, Yvonne　経営コンサルタント　マネジメント・システムズ・コンサルティング社経営コンサルタント　㊌米国　㊌1996

ランドール, ウィリアム　Randall, William　コロラド州教育長　㊌米国　㊌1931年　㊌1996

ランドル, ケビン　Randle, Kevin D.　UFO研究家, 元・軍人　ハイネックUFO研究センター特別調査員　㊌米国　㊌2000

ランドール, トニー　Randall, Tony　本名=Rosenberg, Anthony Leonard　喜劇俳優　㊌米国　㊌1920年2月26日　㊌2004年5月17日　㊌1996

ランドル, ピーター　Randall, Peter E.　著述家　㊌米国　㊌2004

ランドル, ボブ　Randall, Bob　ミステリー作家, 脚本家　㊌1992

ランドール, リサ　Randall, Lisa　理論物理学者　ハーバード大学物理学教授　㊌素粒子物理学, ひも理論, 宇宙論　㊌米国　㊌2008／2012

ランドルフ, ウィリー　Randolph, Willie　本名＝Randolph,Willie Larry　大リーグ監督,元・大リーグ選手　国米国　生1954年7月6日　典1992／2008／2012

ランドルフ, ザック　Randolph, Zach　バスケットボール選手　国米国　生1981年7月16日

ランドルフ, ジェーン・フィツ　映画脚本家　国米国　生1915年　典1992

ランドルフ, スティーブン　Randolph, Stephen　プロ野球選手(投手),元・大リーグ選手　国米国　生1974年5月1日　典2012

ランドルフ, セロン　Randolph, Theron G.　医師　内科　国米国　生1906年　典1996

ランドン, H.C.ロビンズ　Landon, Howard Chandler Robbins　音楽学者,ハイドン研究家　国米国　生1926年3月6日　没2009年11月20日　典1996

ランドン, アルフレッド　Landon, Alfred Mossman　元・カンザス州知事　元・米国共和党大統領候補　国米国　生1887年　没1987年10月12日　典1992

ランドン, ヴァンサン　Lindon, Vincent　俳優　国フランス　生1959年　典2000

ランドン, ケン　Langdon, Ken　コンサルタント　典2004

ランドン, マイケル　Landon, Michael　本名＝Orowitz,Michael　俳優　国米国　生1937年10月31日　没1991年7月1日　典1992

ランヌ, ローラン　Lasne, Laurent　ジャーナリスト　「Participer」副編集長　国フランス　生1958年　典2004

ランバーグ, リン　Lamberg, Lynne　ライター　国米国　典2004

ランバーサド, アーノルド　Rampersad, Arnold　プリンストン大学文学部教授　国米国　典1996

ランバート, アダム　Lambert, Adam　歌手　国米国　生1982年　典2012

ランバート, クリストファー　Lambert, Christopher　本名＝ランバート,クリストフ　俳優　国米国　生1957年3月29日　典1992／1996／2000／2004／2008／2012

ランバート, ジョアン・ダール　Lambert, Joan Dahr　作家　国米国　典2000

ランバート, スティーブン　Lambert, Stephen　イラストレーター　典2004

ランバート, デービッド　Lambert, David　著述家　恐竜　国米国　典2004

ランバート, デレック　Lambert, Derek　作家　国英国　生1929年10月10日　典1992

ランバート, ハリー　ニューペインティング作家,アートディレクター　国ギリシャ　生1955年　典1992

ランバート, ヒュー　振付師　国米国　没1985年8月18日　典1992

ランバード, フランク　Lampard, Frank　本名＝Lampard,Frank James　サッカー選手(MF)　国英国　生1978年6月20日　典2008／2012

ランバート, マイケル　Lambert, Michael D.　NCRサンディエゴ施設エンジニアリング・製造担当ゼネラル・マネージャー　国米国　生1947年　典1996

ランバート, マーガレット・バークマン　Lambert, Margaret Bergman　ドイツ名＝ベルクマン,グレーテル　元・走り高跳び選手　国米国　生1914年　典2000／2012

ランバート, マーク　Lambert, Mark　フリーライター,編集者　国英国　典1992

ランバート, マリー　Rambert, Marie　本名＝ランバッハ,ミリアム　バレリーナ,バレエ教師　元・ランバート・バレエ団主宰　国英国　生1888年2月20日　没1982年6月13日　典1992

ランバート, メアリー　Lambert, Mary　風水コンサルタント,ヒーラー　典2004

ランパル, ジャン・ピエール　Rampal, Jean-Pierre Louis　フルート奏者　元・パリ・オペラ座管弦楽団首席フルート奏者,元・志度音楽ホール名誉館長　国フランス　生1922年1月7日　没2000年5月20日　典1992／1996

ランバルディ, カルロ　Rambaldi, Carlo　映画特殊効果技師　業SFX　国イタリア　生1925年9月16日　没2012年8月10日　典1996

ランビエール, ステファン　Lambiel, Stéphane　元・フィギュアスケート選手　トリノ五輪フィギュアスケート男子シングル銀メダリスト　国スイス　生1985年4月2日　典2008／2012

ランプ, リサ　Lampe, Lisa　精神科医　ニューサウスウェールズ大学精神科講師　国オーストラリア　典2004

ランファル, シュリダス　Ramphal, Shridath Surendranath　弁護士　元・英国連邦事務総長　国ガイアナ　生1928年10月3日　典1996／2000

ランフィエール, トーマス　米軍パイロット　国米国　生1987年11月26日　典1992

ランフォード・ギヌビー, ルービー　作家　国オーストラリア　生1934年1月26日　典1996

ランブカ, シティベニ　Rabuka, Sitiveni Ligamamada　軍人,政治家　元・フィジー首相　国フィジー　生1948年9月13日　典1996／2000

ランプキン, トーマス　Lumpkin, Thomas A.　ワシントン州立大学農学部助教授　業作物学,栽培学　国米国　生1948年　典1996

ランプトン, シェルドン　Rampton, Sheldon　著述家　国米国　生1957年　典2004

ランプトン, デービッド　政治学者　ニクソン・センター中国研究部長,ジョンズ・ホプキンス大学教授　元・米中関係委員会代表　業米中関係　国米国　典2004／2008

ランブラン, クリスチャン　児童文学作家　典2004

ランブラン, ビアンカ　元・哲学教師　「ボーヴォワールとサルトルに狂わされた娘時代」の著者　国フランス　生1921年　典2000

ランブリ, ルイザ　Lambri, Luisa　写真家　業建築写真　国イタリア　生1969年　典2004

ランプリング, シャーロット　Rampling, Charlotte　女優　国英国　生1945年2月5日　典1992／1996／2004／2008／2012

ランブール, グザビエ　Lambours, Xavier　写真家　国フランス　典2000

ランペ, ジョン　Lampe, John　実業家　元・ブリヂストン・アメリカス・ホールディング会長・CEO　国米国　典2004／2008

ランベッリ, ファビオ　Rambelli, Fabio　ウィリアムス大学助教授　業日本宗教・思想史,東洋宗教史,文化の記号論　国イタリア　生1963年　典2000

ランベール, アラン　クラブ・メッド2船長　国フランス　生1939年　典1996

ランベール, ジェローム　Lambert, Jérôme　実業家　ジャガー・ルクルトCEO　生1969年

ランベール, ニコル　Lambert, Nicole　絵本作家　国フランス　生1948年9月8日　典1996／2000

ランボー, グンター　Rambow, Gunter　グラフィックデザイナー　カールスルーエ造形大学教授　国ドイツ　生1938年　典2000

ランボー, ジェームズ　Rumbaugh, James　コンピュータ技術者　レーショナル・ソフトウェア・フェロー　国米国　典2004

ランボー, パトリック　作家　国フランス　典2000

ランボルギーニ, トニーノ　Lamborghini, Tonino　実業家　トニーノ・ランボルギーニ・グループ代表　国イタリア　生1947年　典2008

ランボルン, モーリーン　Lambourne, Maureen　業ジョン・グールド研究　国英国　典1992／1996

ランボレル, ジャン　Lamborelle, Jean　ミステリー作家,元・警察官　国フランス　生1922年(？)　典1992

ランヤン, マーラ　Runyan, Marla　陸上選手(中距離),マラソン選手　国米国　生1969年1月4日　典2000(ラニャン,マーラ)／2004／2008

【リ】

リ・アビン 李 亜敏 射撃選手 [国]中国 [生]1954年 [典]1996

リー, アラン Lee, Alan イラストレーター [国]英国 [生]1947年 [典]2000

リー, アリソン Leigh, Allison ロマンス作家 [国]米国 [典]2004

リー, アルビン Lee, Alvin 本名=Lee,Graham Alvin グループ名=テン・イヤーズ・アフター ギタリスト [国]英国 [生]1944年12月19日 [没]2013年3月6日

リー, アレクセイ ロシア国民慈善基金総裁 [国]ロシア [典]2000

リー, アン Lee, Ang 中国名=李安 映画監督 [国]米国 [生]1954年10月23日 [典]1996／2000／2004／2008／2012

リー, アンジェリカ Lee, Angelica 中国名=李心潔 女優, 歌手 [生]1976年1月23日 [典]2004／2008／2012

リー, アンソニー Lee, Anthony 作家 [国]米国 [典]2004

リ・イ 李 為 産業社会学研究室研究員 [専]社会学 [国]中国 [生]1964年 [典]2000

リ・イ 李 怡 Li, Yi 筆名=斉辛 ジャーナリスト, 政治評論家 「九十年代」誌編集長 [国]香港 [生]1936年5月1日 [典]1992／1996／2000

リ・イアン 李 維安 南開大学国際商学院院長・現代管理研究所所長, 日本学術振興会特別研究員 [専]経営学, 経済学 [国]中国 [生]1957年 [典]2000

リ・イカン 李 維漢 Li, Wei-han 旧名=李羅邁 政治家 元・中国共産党中央顧問委副主任 [国]中国 [生]1897年 [没]1984年8月11日 [典]1992

リ・イクホウ 李 毓芳 Li, Yu-fang 考古学者 中国社会科学院考古研究所助理研究員 [国]中国 [生]1943年 [典]1996

リ・イチボウ 李 一氓 Li, Yi-mang 本名=李民治 別名=李一民 外交官 元・中国国際交流協会会長, 元・中国共産党中央顧問委員会常務委員 [国]中国 [生]1903年 [没]1990年12月4日 [典]1992

リー, イーユン Li, Yi-yun 漢字名=李翊雲 作家 カリフォルニア大学デービス校教授 [国]中国 [生]1972年 [典]2008／2012

リー・イン 李 纓 映画監督 龍影代表 [国]中国 [生]1963年9月13日 [典]1996（リ・エイ）

リー, ウー・C. 外交官 在福岡米国領事館首席領事 [国]米国 [典]2004／2008

リー, ヴィニー Lee, Vinny 記者, デザイナー [典]2008

リー, ウィリアム Lee, William W. 教育学 [国]米国 [典]2004／2008

リー・ウェイ 李 威 Lee, Wei ユニット名=WEWE 俳優, 歌手 [国]台湾 [生]1980年7月9日 [典]2008／2012

リ, ウェイガン Li, Weigang グループ名=上海クワルテット バイオリニスト [典]2004／2008

リー・ウンサップ Lee, Eun-sup 釜山大学貿易国際学部教授 [専]貿易 [国]韓国 [生]1952年 [典]2004／2008

リ・エイ 李 瑛 詩人 中国文学芸術界連合会執行副主席, 中国作家協会主席団委員 [国]中国 [生]1926年12月8日 [典]1996

リ・エイエイ 李 栄栄 パラシュート選手 [国]中国 [生]1963年 [典]1996

リ・エイキン 李 永金 政治家 大連市副市長 [国]中国 [生]1944年 [典]1996

リ・エイハ 李 永波 元・バドミントン選手 バドミントン男子中国代表監督 [国]中国 [生]1962年 [典]1996／2004／2008

リー, エイミー Lee, Amy グループ名=エヴァネッセンス ロック歌手 [国]米国 [典]2008／2012

リー, エイモス Lee, Amos シンガーソングライター [国]米国 [典]2008／2012

リ・エイリョウ 李 永亮 演出家 芸術座アジア代表世話人 [国]中国 [典]1996

リ・エキシ 李 易芝 アイ・ティー・シー社長 [国]台湾 [典]1996

リー, エレーヌ Lee, Hélène ジャーナリスト [国]フランス [生]1947年 [典]1992／1996

リ・エン 李 琰 スケート選手 [国]中国 [生]1968年 [典]1996

リ・エン 李 燕 中国画家 中央工芸美術学院助教授, 中国画研究会会長 [国]中国 [生]1943年 [典]1996

リ・エンエン 李 媛媛 女優 [国]中国 [典]2000

リ・エンテツ 李 遠哲 Lee, Yuan-tseh 米国名=リー, ユアン 物理化学者 カリフォルニア大学バークレー校名誉教授 元・台湾中央研究院院長 [国]台湾 [生]1936年11月29日 [典]1992（リー, ユアン）／1996／2000／2004／2008／2012

リ・エンヘイ 李 艶萍 ファッションデザイナー 李艶萍時装設計有限公司総設計師 [国]中国 [生]1950年 [典]1992／1996

リ・エンホウ 李 艶鳳 Li, Yan-feng 円盤投げ選手 ロンドン五輪陸上女子円盤投げ銅メダリスト [国]中国 [生]1979年5月15日

リ・オウヨウ 李 旺陽 Li, Wang-yang 民主活動家 [国]中国 [生]1950年 [没]2012年6月6日

リ・オンミン 李 恩民 Li, En-min 桜美林大学国際学部助教授 [専]日中経済関係史, 中国近現代史, 現代中国社会論 [国]中国 [生]1961年 [典]2004（リ・エンミン）

リ・カ 李 過 本名=李今再 別名=辛見, 賈旦, 頑岩 作家 [国]シンガポール [生]1929年8月 [典]1992／1996

リ・カ 李 霞 武術家 中華気功武術学院講師 [国]中国 [生]1958年9月27日 [典]1996

リ・カ 李 樺 Li, Hua 木版画家 元・中国版画家協会主席, 元・中国中央美術学院教授・版画系主任 [国]中国 [生]1907年3月6日 [没]1994年5月29日 [典]1992／1996

リ・カキツ 李 化吉 油絵家 中央美術学院壁絵系主任, 中国美術家協会壁絵芸術委員会副主任 [国]中国 [生]1931年 [典]1996

リ・ガクキン 李 学勤 中国社会科学院歴史研究所研究員・研究院歴史係主任 [専]中国古代漢字学 [国]中国 [生]1933年 [典]1992／1996

リ・ガクブン 李 学文 本名=李文学 作家 [国]シンガポール [生]1938年 [典]1992

リ・カグン 李 佳軍 Li, Jia-jun 元・スピードスケート選手（ショートトラック） 長野五輪・ソルトレークシティ五輪銀メダリスト [国]中国 [生]1975年10月15日

リー・カーシン Lee, Ka-sing 中国名=李家昇 写真家 [国]香港 [生]1954年 [典]2000

リ・カセイ 李 嘉誠 Li, Ka-shing 実業家（華僑） 長江グループCEO 元・長江実業会長 [国]香港 [生]1928年6月13日 [典]1996／2000／2004／2012

リ・カセン 李 可染 Li, Ke-ran 画家 [国]中国 [生]1907年3月15日 [没]1989年12月5日 [典]1992

リ・カトウ 李 家騰 医師 [専]内科 [生]1927年 [典]1992／1996

リー, カルロス Lee, Carlos 本名=Lee,Carlos Noriel 大リーグ選手（外野手） [国]パナマ [生]1976年6月20日

リ・カン 李 煥 Li, Huan 原名=錫俊 政治家 元・台湾行政院長（首相）, 元・台湾国民党秘書長（幹事長） [国]台湾 [生]1917年9月24日 [没]2010年12月2日 [典]1992／1996／2000

リー・カンイ Lee, Kang-yi 漢字名=李康宜 女優 [国]台湾 [生]1980年5月22日 [典]2004（李 康宜 リ・コウギ）／2012

リ・カンキン 李 煥金 中国人民解放軍北京軍区空軍師団技術部長 [専]ミサイルの研究 [国]中国 [生]1938年 [典]1996

リ・カンコン 李 漢魂 元・中国国民党広東省政府主席 [国]中国 [没]1987年6月30日 [典]1992

リー・カンション Lee, Kang-sheng 漢字名=李康生 俳優, 映画監督 [国]台湾 [生]1968年 [典]2000（李 康生 リ・コウセイ）／2004／2008／2012

リ・カンヒツ 李 函宓 医師 香港ウィレンス親王病院院長 [生]1945年 [典]2004／2008

リ・カンブン 李 漢文 ペーパークラフト作家 [国]台湾 [生]1964年 [典]2004

リ・カンリュウ 李 贛騮 医師 中国人民政治協商会議全国委員会・外事委員会副主任 [専]内科 [国]中国 [生]1933年 [典]1996

リ・キ 李 琦 画家 [国]中国 [典]2000

リ・キ　李季　Li, Ji　本名=李振鵬　筆名=李寄,里計　詩人　元・「人民文学」編集長,元・中国作家協会副主席　国中国　⊕1922年8月1日　⊗1980年3月8日　®1992

リ・キエン　李其炎　Li, Qi-yan　政治家　元・北京市長　国中国　⊕1938年　®1996／2000

リ・キク　李菊　Li, Ju　卓球選手　国中国　®2004／2008

リ・キセイ　李紀星　気功師　中国国際気功科学技術開発交流センター顧問　国中国　⊕1956年　®2000

リ・キセン　李貴鮮　Li, Gui-xian　電子技術者,政治家　中国共産党中央委員　元・中国人民銀行総裁,元・中国国務委員　国中国　⊕1937年8月　®1992／1996／2000

リ・キチュウ　李毅中　Li, Yi-zhong　政治家,実業家　元・中国工業情報相,元・中国石油化工股份有限公司理事長　国中国　⊕1945年3月　®2004／2008／2012

リ・キツキン　李吉鈞　地理学者　蘭州大学地理系主任,『氷川凍土』編集主幹　国中国　⊕1933年　®1996

リ・キハン　李希凡　Li, Xi-fan　本名=李錫範　文芸評論家　元・中国人民日報文芸部責任者,元・中国作家協会理事　国中国　⊕1927年12月11日　®1992／1996

リー・キムユー　実業家　カントリー・ハイツ社長　国マレーシア　®2000

リー・ギャク・ボイ　Lee, Geok-boi　著述家　国マレーシア　⊕1946年　®2000

リー, キャロル・アン　Lee, Carol Ann　ジャーナリスト　働アンネ・フランク　国英国　⊕1969年　®2004

リ・キュウリュウ　李九龍　Li, Jiu-long　軍人　元・中国人民解放軍成都軍区指令員・上将　国中国　⊕1929年3月　⊗2003年11月19日　®1992／1996／2000／2004

リ・キョウ　李強　Li, Qiang　政治家　元・中国貿易相　国中国　⊕1905年　⊗1996年9月29日　®1992／1996

リ・ギョウ　李曉　本名=李小棠　作家　国中国　®1992／1996

リ・ギョウカ　李曉霞　Li, Xiao-xia　卓球選手　ロンドン五輪卓球女子シングルス・団体金メダリスト　国中国　⊕1988年1月16日

リ・ギョウグン　李暁軍　Li, Xiao-jun　画家　国中国　⊕1952年　®1992／1996

リ・キョクカク　李旭閣　Li, Xu-ge　軍人　中国人民解放軍第二砲兵司令官　国中国　⊕1927年　®1992／1996

リ・ギョクケイ　李玉敬　Li, Yu-jing　元・北京語言学院教授　国中国語　国中国　⊕1934年　®2000

リ・キョメイ　李居明　プロ野球監督,元・プロ野球選手　国台湾　®2000／2004

リ・キンカ　李金華　Li, Jin-hua　政治家　元・中国会計検査署検査長,元・中国共産党中央委員　国中国　⊕1943年　®2000／2008／2012

リ・キンガイ　李金鎧　情報処理研究者　北京師範大学教授,国際科学院院士　働漢字コードの研究　国中国　⊕1935年　®2000

リ・キンショウ　李金昌　北京金昌環境研究所所長,中国国家環境保護総局環境経済政策研究センター研究員　働環境問題　国中国　⊕1934年　®2000

リ・キンヨウ　李均洋　Li, Jun-yang　日本文学者　中国首都師範大学外国語学院日本語学科教授　働中日比較文学,中日比較言語　国中国　⊕1954年　®2004／2008

リ・キンリン　李瑾倫　児童文学作家　国台湾　⊕1965年　®2004

リー・クアンユー　Lee, Kuan Yew　中国名=李光耀　政治家　元・シンガポール首相　国シンガポール　⊕1923年9月16日　®1992／1996／2000／2004／2008／2012

リー, クリストファー　Lee, Christopher　本名=リー, クリストファー・フランク・カランディニ　俳優　国英国　⊕1922年5月27日　®1996／2004／2008／2012

リー, クリフ　Lee, Cliff　本名=Lee,Clifton Phifer　大リーグ選手（投手）　国米国　⊕1978年8月30日　®2012

リ・ケイ　李京　童話作家　中国和平出版社編集部,中国少数民族文化芸術基金会理事　国中国　⊕1957年　®1992（リ・キョウ）／1996

リ・ケイ　李敬　Li, Jing　体操選手　国中国　⊕1970年2月23日　®1992／1996

リ・ケイ　李景　軍人,元・パイロット　中国人民解放軍海軍中将,中国共産党中央委員　国中国　⊕1930年　®1996

リ・ケイウ　李継禹　北京言語文化大学助教授　国中国語　国中国　®2000

リ・ケイカ　李慶華　政治家　台湾立法委員,台湾新党党首　国台湾　®1996／2000

リ・ゲイカ　李芸花　元・飛込選手　国中国　⊕1963年　®1996

リ・ケイジュウ　李啓充　コラムニスト,医学者　元・ハーバード大学医学部助教授　働大リーグ,管理医療　⊕1954年　®2004

リ・ケイシュン　李恵春　Li, Hui-chun　ジャーナリスト　「人民中国」東京特派員　国中国　⊕1938年　®1992／1996

リ・ケイゼン　李恵然　蘇州大学教授,蘇州市中日関係史研究会副会長　働中日文化関係史　国中国　⊕1925年　®1996

リ・ケイタイ　李継耐　Li, Ji-nai　軍人　中国共産党中央軍事委員,中国国家中央軍事委員,中国人民解放軍総装備部長・総政治部主任・上将　⊕1942年7月　®2004／2008／2012

リ・ケツ　李傑　Lee, Jye　軍人　元・台湾国防部長（国防相）　国台湾　⊕1940年6月6日　®2008／2012

リ・ゲッカ　李月華　ジャーナリスト　「明報」紙記者,香港記者協会副会長　国香港　®1996

リ・ゲッキュウ　李月久　Li, Yue-jiu　元・体操選手　国中国　⊕1957年　®1996

リ・ゲツメイ　李月明　バレーボール選手　国中国　⊕1968年1月24日　®1992

リー, ゲディー　Lee, Geddy　本名=ウェインリブ, ゲイリー・リー　グループ名=ラッシュ　ミュージシャン　国カナダ　⊕1953年7月29日　®2012

リ・ケンゴ　李健吾　Li, Jian-wu　筆名=劉西渭　文学者,作家,劇作家　元・中国文連委員,元・中国社会科学院外国文学研究所研究員,元・中国戯劇家協会理事　国中国　⊕1906年8月17日　⊗1982年11月24日　®1992

リ・ゲンコウ　李彦宏　英語名=リー, ロビン　実業家　百度（バイドゥ・ドット・コム）会長・CEO　国中国　⊕1968年　®2008／2012

リ・ケンショウ　李建章　Li, Jian-zhang　「世界体育用品博覧」編集部主任　国中国　⊕1946年　®2000

リ・ゲンソウ　李元簇　Li, Yuan-tsu　字=肇東　政治家　台湾副総統,台湾国民党副主席　国台湾　⊕1923年9月24日　®1992（リ・ゲンゾク）／1996／2000

リ・ゲンチョウ　李源潮　Li, Yuan-chao　政治家　中国副首相,中国共産党政治局員　元・中国共産党中央組織部長　国中国　⊕1950年11月　®2008／2012

リ・ケンポ　李健保　清華大学助教授　働材料工学（ファインセラミック）　国中国　®1996

リ・コウ　李灝　Li, Hao　元・中国共産党深圳市委員会書記　国中国　⊕1926年　®1996

リ・コウ　李庚　画家　京都造形芸術大学芸術学部教授　働水墨画　国中国　⊕1950年　®1992

リ・コウ　李昂　Li, Ang　本名=施淑端　作家　国台湾　⊕1952年　®1996／2000／2012

リ・コウ　李行　映画監督　台湾映画監督協会会長　国台湾　⊕1930年　®1996／2000

リ・コウキ　李鴻禧　Lee, Hong-hsi　憲法学者　元・台湾大学法学部教授　国台湾　⊕1937年　®1996／2004

リ・コウシ　李洪志　Li, Hong-zhi　気功師　法輪功創始者,法輪大法研究会会長　国中国　⊕1952年7月7日　®2000／2004／2008／2012

リ・コウジ　李效時　中国国家科学技術委員会副主任,科学日報社長　国中国　⊕1940年　®1992／1996

リ・コウセイ　李孔政　元・中国飛込チーム選手　国中国　⊕1959年　®1996

リ・コウヒン　李広浜　画家　黒龍江省美術館　国中国　⊕1938年

リ・コウリ　李 江利　通訳, 翻訳家　⑮中国　⑭1949年　㉒2008
リ・コクイ　利 国偉　実業家　恒生銀行頭取　⑮香港　㉒2000
リ・コクイツ　李 谷一　ソプラノ歌手　中国軽音楽団団長　⑮中国　⑭1944年　㉒1996
リ・コクキ　李 国機　弁護士　⑮中国　⑭1926年9月　㉒1992
リ・コクキョウ　李 克強　Li, Ke-qiang　政治家　中国首相, 中国共産党政治局常務委員　⑮中国　⑭1955年7月　㉒1996／2000／2004／2008／2012
リ・コクテイ　李 国鼎　Li, Kuo-ting　政治家　元・台湾総統府最高顧問, 元・台湾行政院政務委員　⑮台湾　⑭1910年1月28日　㉓2001年5月31日　㉒1992／1996
リ・コクブン　李 国文　作家　中国鉄道文工団創作員　⑮中国　⑭1930年　㉒1996
リ・コンサン　李 今山　中国社会科学院哲学研究所教授　⑯哲学　⑮中国　⑭1926年　㉒1992／1996
リ・コンセイ　李 昆声　Li, Kun-sheng　雲南省博物館館長　⑯新石器考古学　⑮中国　⑭1944年　㉒1996
リ・サイコウ　李 再光　光学者　華中理工大学レーザー技術国家重点実験室主任　⑮中国　⑭1929年　㉒1996
リ・サイユウ　李 最雄　中国敦煌研究院副院長, 蘭州大学化学部教授　⑯保存科学, 敦煌研究　⑮中国　⑭1941年　㉒2004
リー, サム　Lee, Sam　中国名＝李燦森　俳優　⑮香港　⑭1975年9月27日　㉒2000／2004／2012
リー, サム　Lee, Sam　ミュージシャン　⑮英国
リー, サン・キョン　Lee, Sang Kyong　漢字名＝李相景　ウィーン大学演劇学研究所・日本学研究所助教授　⑯比較演劇　⑭1934年　㉒1996
リー, ジェイソン・スコット　Lee, Jason Scotto　俳優　⑮米国　⑭1966年11月19日　㉒1996／2000
リー・ジェイチョウ　Lee, Jey-cho　米国東西センター副総長・人口研究所長　⑭1936年　㉒1992
リー, ジェット　Li, Jet　本名＝李連杰　別名＝李陽中　俳優, 映画プロデューサー　⑭1963年4月26日　㉒1992(李 連杰 リ・レンケツ)／1996(李 連杰 リ・レンケツ)／2000(李 連杰 リ・レンケツ)／2004／2008／2012
リー, ジェニファー・ジェーソン　Leigh, Jannifer Jason　本名＝Morrow, Jennifer Lee　女優　⑮米国　⑭1962年2月5日　㉒1992／1996／2000／2004／2008／2012
リー, ジェームズ　Leigh, James　作家　⑮英国　㉒1992
リー, ジェームズ　Lee, James　コンピュータ技術者　⑮米国　㉒2004
リー, シェリル　Lee, Sheryl　女優　⑮米国　⑭1967年4月　㉒1996
リー, ジェントリー　Lee, Gentry　SF作家, エンジニア　元・NASAジェット推進研究所(JPL)主任技師　⑮米国　㉒1992／1996／2000
リー・シェンヤン　Lee, Hsien Yang　実業家　シンガポール・テレコム社長・CEO　⑮シンガポール　㉒1996／2000
リー・シェンロン　Lee, Hsien Loong　中国名＝李顕龍　政治家　シンガポール首相　⑮シンガポール　⑭1952年2月10日　㉒1992／1996／2000／2004／2008／2012
リ・シキ　李 子奇　元・中国共産党甘粛省顧問委員会主任, 元・中国共産党中央委員　⑮中国　⑭1923年　㉒1996
リ・シキ　李 志毅　映画監督　⑮香港　㉒2000
リ・シクン　李 子君　Li, Zi-jun　フィギュアスケート選手　⑮中国　⑭1996年12月
リ・シシン　李 士信　北京大学副教授　⑯体育学, 武術, 気功学　⑮中国　⑭1939年　㉒1992／1996
リ・シスイ　李 志綏　故毛沢東中国国家主席の元主治医　⑮米国　⑭1919年12月　㉓1995年2月14日　㉒1996
リ・シセイ　李 志清　Lee, Chi-ching　漫画家　⑮香港　⑭1963年　㉒2004／2008／2012
リ・シチョウ　李 子超　中国人民政治協商会議山東省委員会主席　⑮中国　⑭1921年　㉒1996
リ・シデン　李 思田　地質学者　中国地質大学炭田教育研究室主任　⑯炭田地質の研究　⑮中国　⑭1934年　㉒1996
リ・シトウ　李 志東　Li, Zhi-dong　長岡技術科学大学経営情報系教授　⑯計量経済学, エネルギー経済論, 環境経済論　⑮中国　⑭1962年3月7日　㉒2008
リ・シミン　李 志民　元・中国共産党中央顧問委員　⑮中国　㉓1987年11月16日　㉒1992
リー・シャオルー　Li, Xiao-lu　漢字名＝李小璐　女優　⑮中国　⑭1981年9月30日　㉒2008／2012
リ・シャクメイ　李 錫銘　Li, Xi-ming　政治家　元・中国全国人民代表大会(全人代)常務委員会副委員長, 元・中国共産党北京市委書記　⑮中国　⑭1926年　㉓2008年11月10日　㉒1992／1996／2000／2004
リー, ジャック　Lee, Jack　ジャズギタリスト, 音楽プロデューサー　⑮韓国　⑭1966年　㉒2012
リー, ジャネット　Leigh, Janet　本名＝モリソン, ジャネット・ヘレン　女優　⑮米国　⑭1927年7月6日　㉓2004年10月3日　㉒1992／2000／2004
リー, シャノン　女優　⑮米国　㉒2000／2004
リ・ジュウグン　李 従軍　Li, Cong-jun　政治家　新華社社長　元・中国共産党中央委員　⑮中国　⑭1949年10月　㉒2012
リ・シュウレイ　李 秀玲　Li, Xiu-ling　北京医科大学第1病院神経内科講師, 中国中医学進修学院客員助教授　⑯東洋医学　⑮中国　⑭1949年　㉒1996
リ・シュクソウ　李 淑錚　Li, Shu-zheng　政治家　元・中国共産党中央委員会対外連絡部長　⑮中国　⑭1929年　㉒1996／2000
リ・シュクラン　李 淑蘭　元・アーチェリー選手　中国アーチェリー・チーム監督　⑮中国　⑭1944年　㉒1996
リー・シューチョウ　政治家, 医師　元・シンガポール社会主義戦線委員長, 元・シンガポール国会議員(労働者党)　⑮シンガポール　㉓2002年7月18日　㉒1992(リ・シューチョウ)
リ・ジュン　李 准　Li, Zhun　作家, シナリオ作家　中国作家協会最高会議幹部会員　⑮中国　⑭1928年5月17日　㉒1992／1996
リ・シュンイク　李 春昱　地質学者　元・中央地質調査研究所長　⑮中国　⑭1988年8月6日　㉒1992
リ・ジュンエン　李 純娟　英語名＝リー, チュエン・ジュアン・アグネス　大渓市聖功会修練院修練長　⑮台湾　⑭1941年　㉒1996
リ・ジュンセイ　李 純青　Li, Chun-qing　評論家　元・中国人民政治協商会議全国委員会(全国政協)常務委員　⑮中国　㉓1990年5月20日　㉒1992
リ・ジュンゼン　李 順然　放送記者　北京放送局副編集長　⑮中国　⑭1933年　㉒1992／1996／2000
リ・シュンテイ　李 春亭　山東省省長, 中国共産党中央委員候補　⑮中国　⑭1936年　㉒1996
リ・シュンホウ　李 春宝　Li, chun-bao　大連海運学院海洋情報研究所主任教授・博士コース責任導師　⑯海洋情報　⑮中国　㉒1992／1996
リー, ジョー　Lee, Joe R.　レッド・ロブスター社長・最高経営責任者　元・米国レストラン協会会長　⑮米国　㉒1992
リー, ジョー　Leigh, Jo　作家, 脚本家　⑮米国　㉒2004
リー, ジョアン　Lee, Joanne　実業家　スターコミュニケーション代表理事, ヒューマンインターフェイス会長, Burson&Marstellar韓国支社長　⑮韓国　⑭1945年3月8日　㉒2004
リー, ジョイ　Lee, Joie　女優　⑮米国　㉒1992
リ・ショウコウ　李 少紅　映画監督　⑮中国　⑭1955年　㉒1996
リ・ジョウセキ　李 丞責　風水師　⑮香港　㉒2012
リ・ショウセン　李 小嬋　実業家　アモイ・リー・アパレル社長　⑮中国　㉒2004
リ・ショウソウ　李 小双　Li, Xiao-shuang　体操選手　⑮中国　⑭1973年11月1日　㉒1996／2000
リ・ショウヘイ　李 小平　体操選手　⑮中国　⑭1962年　㉒1996
リ・ショウヘイ　李 昌平　記者, 編集者　「中国改革」記者, 「改革内

参」記者 [国]中国 [生]1963年4月 [典]2008

リ・ショウホウ 李 小鵬 Li, Xiao-peng 旧名=李鵬 体操選手 シドニー五輪体操男子平行棒・団体総合金メダリスト [国]中国 [生]1981年7月27日 [典]2004／2008／2012

リ・ショウリン 李 小林 ジャーナリスト 「収穫」副編集長, 上海文学発展基金会副会長 [国]中国 [生]1945年 [典]1992／1996

リ・ショガク 李 緒鄂 中国国家科学技術委員会副主任, 研究員 [国]中国 [生]1928年 [典]1996

リ・ショケン 李 初建 ソプラノ歌手 中央楽団合唱隊副隊長 [国]中国 [生]1953年 [典]1996

リ・ジョリン 李 汝琳 本名=李宏賁 別名=李霖, 李极光, 李曼丹 作家 [国]シンガポール [生]1914年7月 [典]1992

リー, ジョン Lee, John 作家 [国]米国 [典]1992

リー, ジョン Lee, John Y. 会計学者 カリフォルニア州立大学ロサンゼルス校教授 [専]管理会計論, 原価計算論 [国]米国 [典]1992

リー, ジョン Lee, John カウンセラー オースチン・マンズ・センター主宰 [生]1951年 [典]1996

リー・ジョンファ 李 静和 成蹊大学法学部教授 [専]政治社会学, コミュニケーション論 [生]1958年 [典]2004

リー・シン Li, Xin 漢字名=李昕 モデル, 女優 [国]中国 [生]1975年12月28日 [典]2008／2012

リ・シン 李 振 山東省人民代表大会常務委員会主任 [国]中国 [生]1924年 [典]1996

リ・シンギョク 李 振玉 演劇評論家 中国文学芸術界連合会党組メンバー [国]中国 [生]1933年3月20日 [典]1996

リ・ジンコウ 李 人厚 電子工学者 西安交通大学信息・制御工程系主任 [国]中国 [生]1935年 [典]1996

リ・シンシ 李 慎之 Li, Shen-Zhi 国際問題研究家 元・中国社会科学院副院長・米国研究所長 [専]米国研究 [国]中国 [生]1923年 [没]2003年4月22日 [典]1996

リ・シンジ 李 振恃 元・卓球選手 [国]中国 [生]1949年 [典]1996

リ・シンシュ 李 進守 元・上海外国語学院日本語科教授 [専]日本語 [国]中国 [生]1927年 [典]1996

リ・シンセイ 李 振声 農学者 元・中国科学院副院長 [専]小麦の遺伝による育種 [国]中国 [生]1931年 [典]1996

リ・シンソウ 李 心草 Li, Xin-cao 指揮者 中国国立交響楽団常任指揮者 [国]中国 [生]1971年 [典]2000

リ・シンモ 李 森茂 Li, Sen-mao 元・中国鉄道相 [国]中国 [生]1929年12月 [没]1996年6月18日 [典]1992／1996

リ・シンリョウ 李 新良 Li, Xin-liang 軍人 中国人民解放軍瀋陽軍区司令員・上将 [国]中国 [生]1936年11月 [典]1996／2000／2004

リ・ズイカン 李 瑞環 Li, Rui-huan 政治家 元・中国人民政治協商会議全国委員会（全国政協）主席, 元・中国共産党政治局常務委員, 元・天津市長 [国]中国 [生]1934年9月 [典]1992／1996／2000／2004／2008／2012

リ・スイト 李 水土 Li, Shui-tu 企業家 台湾三富自動車公司董事長 [国]台湾 [生]1928年1月15日 [典]1996

リー, スーザン Lee, Susan エコノミスト 「フォーブス」誌上級編集者 [国]米国 [典]1992

リー, スタン Lee, Stan 漫画原作者 マーベル・コミックス名誉会長 [国]米国 [生]1922年 [典]2004／2008／2012

リー, スパイク Lee, Spike 本名=リー, シェルトン・ジャクソン 映画監督, 脚本家 [国]米国 [生]1957年3月20日 [典]1992／1996／2000／2004／2008／2012

リ・セイケイ 李 世蕙 台湾全宝協社長 [国]台湾 [典]1996

リ・セイサイ 李 世済 京劇女優 中国京劇院第1団団長, 中国人民政治協商会議常務委員会委員 [国]中国 [生]1933年 [典]1996

リ・セイセン 李 井泉 Li, Jing-quan 政治家 元・中国全国人民代表大会（全人代）常務副委員長 [国]中国 [生]1909年9月9日 [没]1989年4月24日 [典]1992

リ・セイチュウ 李 正中 台湾中央大学光電科学研究所教授 [専]光学 [国]台湾 [典]2004

リ・セイリン 李 盛霖 Li, Sheng-lin 政治家 中国交通運輸相, 中国共産党中央委員 元・天津市長 [国]中国 [生]1946年11月 [典]2000／2012

リ・セツエイ 李 雪英 Li, Xue-ying 重量挙げ選手 ロンドン五輪重量挙げ女子58キロ級金メダリスト [国]中国 [生]1990年5月15日

リ・セツケン 李 雪健 俳優 [国]中国 [生]1954年 [典]2000

リ・セツゼイ 李 雪芮 Li, Xue-rui バドミントン選手 ロンドン五輪バドミントン女子シングルス金メダリスト [国]中国 [生]1991年1月24日

リ・セン 李 佺 [専]漢英語源比較研究 [国]中国 [生]1963年 [典]2004／2008

リ・セン 李 泉 Lee, Chuen ピアニスト 上海音楽学院講師 [国]中国 [生]1969年 [典]1996

リ・センネン 李 先念 Li, Xian-nian 政治家, 軍人 元・中国人民政治協商会議全国委員会（全国政協）主席, 元・中国国家主席, 元・中国共産党副主席・政治局常務委員 [国]中国 [生]1909年6月23日 [没]1992年6月21日 [典]1992／1996

リ・ソウコウ 李 双江 テノール歌手 中国人民解放軍総政治部歌舞団ソリスト [国]中国 [生]1939年 [典]1996

リ・ソウリュウ 李 双龍 社会学者 復旦大学新聞学院助教授 [専]メディア学 [国]中国 [典]2004／2008

リ・ソゲン 李 祖原 Lee, Chu-yuan 建築家 同済大学名誉教授 [国]台湾 [生]1938年 [典]2008／2012

リ・ソンホ 李 存葆 筆名=茅山 作家 中国作家協会理事 [国]中国 [生]1946年 [典]1996

リ・ダ 李 陀 旧名=孟克勤 筆名=杜雨, 孟輝 作家 中国作家協会北京分会専任作家 [国]中国 [生]1939年 [典]1996

リ・タイコウ 李 対紅 Li, Dui-hong 射撃選手（ピストル） [国]中国 [生]1970年1月25日 [典]2000／2008

リ・タイセン 李 大川 聊城師範学院外国語学部教授, 山東省民俗学会常務理事 [国]中国 [生]1941年 [典]1996

リー, ダグ Lea, Doug コンピューター科学者 ニューヨーク州立大学オスウィーゴ校教授 [典]2004

リ・タクコウ 李 沢厚 Li, Ze-hou 哲学者 中国社会科学院哲学研究所研究員 [専]中国美術史, 中国思想史 [国]中国 [生]1930年6月13日 [典]1992／1996

リ・タクジン 李 卓人 香港労働組合連合会書記長 [国]香港 [生]1952年2月 [典]2000

リ・タクゼン 李 焯然 Lee, Cheuk-yin シンガポール国立大学中文科講師 [専]明史 [国]シンガポール [生]1955年 [典]1996

リ・タクミン 李 沢民 中国共産党中央委員 元・中国共産党浙江省委員会書記 [国]中国 [生]1934年 [典]1996／2000

リー, ダグラス フィギュアスケートコーチ, 元・フィギュアスケート選手 [国]カナダ [生]1950年4月4日 [典]2004／2008

リー, ダニー Lee, Danny プロゴルファー [国]ニュージーランド [生]1990年7月24日 [典]2012

リー, ダニエル Lee, Daniel 漢字名=李仁港 映画監督 [国]中国 [生]1960年4月27日 [典]2000

リー, タニス Lee, Tanith ファンタジー作家, 児童文学作家 [国]英国 [生]1947年9月19日 [典]1992／1996／2008／2012

リー・チアオ 李 喬 Lee, Chiao 本名=李能棋 別筆名=壹闡堤 作家 「台湾文芸」総編集 [国]台湾 [生]1934年 [典]1996（リ・キョウ）

リー, チェジン クレアモント大学政治学教授 [専]国際政治 [国]米国 [生]1936年 [典]1992

リー・チーシアン Li, Ji-xian 漢字名=李継賢 映画監督, 映画美術監督 [国]中国 [生]1962年 [典]2008／2012

リー, チャンレー Lee, Chang-rae 作家 [国]米国 [生]1963年 [典]2000／2004／2008／2012

リー・チュウホー JTCインターナショナル日本代表 [国]シンガポール [典]2000

リ・チュウメイ 李 柱銘 Lee, Chu-ming 英語名=リー, マーティン 政治家, 弁護士 元・香港立法議会議員, 元・香港民主党主席 [国]香港 [生]1938年 [典]1992／1996／2000／2004／2008／2012

リ・チュンヒ アナウンサー（朝鮮中央テレビ） [国]北朝鮮 [生]1943年

リ・チョウシュン　李 長春　Li, Chang-chun　政治家　元・中国共産党政治局常務委員　国中国　生1944年2月　著1996／2000／2004／2008／2012

リ・チョウセイ　李 肇星　Li, Zhao-xing　政治家,外交官　北京大学教授　元・中国外相,元・駐米中国大使,元・中国共産党中央委員　国中国　生1940年10月　著1996／2000／2004／2008／2012

リー・チョンウェイ　Lee, Chong-wei　バドミントン選手　北京五輪・ロンドン五輪バドミントン男子シングルス銀メダリスト　国マレーシア　生1982年10月21日

リー, チョン・ムーン　Lee, Chong-Moon　実業家　アンベックス・ベンチャー・グループ会長・CEO,S3名誉会長,スタンフォード大学アジア太平洋研究センター顧問教授　国米国　著2004／2008

リー, チンルン　Lee, Chinlun　絵本作家　国台湾　生1965年　著2004

リー・ツァオユエン　Lee, Tsao Yuan　シンガポール政策研究院院長,シンガポール国会議員　専経済学,経済政策　国シンガポール　著2000

リー, ツォンダオ　Lee, Tsung-dao　中国名＝李政道　理論物理学者　元・プリンストン高等研究所教授　国米国　生1926年11月25日　著1992（李 政道 リ・セイドウ）／1996／2004／2008／2012

リー, ツーリ　Li, Zuli　画家　国フランス　生1962年　著2004／2012

リー・ツンシン　Li, Cunxin　バレエダンサー　元・オーストラリア・バレエ団プリンシパル　生1961年　著2012

リ・テイ　李 婷　Li, Ting　飛び込み選手　アテネ五輪シンクロナイズド高飛び込み金メダリスト　国中国　生1987年4月1日　著2008

リ・テイ　李 婷　Li, Ting　テニス選手　国中国　生1980年1月5日　著2008

リ・テイ　李 鼎　上海中医薬大学教授・博士課程指導教授　専経絡学,針灸学　国中国　生1929年12月　著1996

リ・テイキョ　李 廷挙　元・北京大学哲学系教授　専哲学,科学技術哲学　国中国　生1932年　著1996

リ・テイシャク　李 定灼　軍人　元・中国人民解放軍武漢軍区司令部顧問　国中国　生1987年9月5日　著1992

リー, ディック　Lee, Dick　本名＝リー, リチャード　中国名＝李炳文　ミュージシャン,作曲家,ファッションデザイナー　元・ソニー・ミュージック・アジア副社長　国シンガポール　生1956年8月24日　著1992／1996／2000／2004／2008／2012

リ・テキハイ　李 惕碚　物理学者　『高エネルギー物理・核物理』副編集主幹,空間科学学会空間天文委員会副主任　専宇宙線物理及び天体物理の研究　国中国　生1939年　著1996

リー, デズモンド　Lee, Desmond　本名＝Lee,Henry Desmond Pritchard　古典学者　国英国　生1908年8月30日　没1993年12月8日　著2000

リ・テツエイ　李 鉄映　Li, Tie-ying　政治家　元・中国全人代常務副委員長,元・中国社会科学院院長,元・中国共産党政治局員,元・中国国務委員　国中国　生1936年9月　著1992／1996／2000／2004／2008／2012

リ・テツミン　李 鉄民　外交官　元・駐札幌中国総領事　国中国　著2004

リー, デービッド　Li, David K.P.　中国名＝李国宝　銀行家　東亜銀行会長・頭取,香港立法評議会議員　国香港　生1939年3月13日　著1992（李 国宝 リ・コクホウ）／2000（李 国宝 リ・コクホウ／リー, デービッド）／2004／2008

リー, デービッド　Lee, David　画家　生1944年　著1992／1996

リー, デービッド　Lee, David Morris　物理学者　コーネル大学教授　専低温物理学　国米国　生1931年1月20日　著2000／2008／2012

リー, デービッド　Lee, David　バスケットボール選手　国米国　生1983年4月29日

リー, デレク　Lee, Derrek　本名＝Lee,Derrek Leon　元・大リーグ選手　国米国　生1975年9月6日　著2004／2008／2012

リ・テンウ　李 天羽　Lee, Tien-yu　軍人　元・台湾国防部長（国防相）　国台湾　生1946年5月23日　著2012

リ・テンキ　李 天驥　武術家　国中国　生1914年　著1996

リ・デンフク　李 殿福　Li, Dian-fu　考古学者　吉林省文物考古研究所研究室主任,吉林省社会科学院歴史研究所東北考古研究室主任　国中国　生1934年　著1996

リ・テンロク　李 天禄　人形師,俳優　国台湾　生1910年　没1998年8月13日　著1996

リ・トウ　李 彤　グループ名＝黒豹　ロック歌手　国中国　著2000

リ・トウ　李 潼　Li, Tong　本名＝賴西安　児童文学作家,作家　国台湾　生1953年8月24日　著2000

リ・トウキ　李 登輝　Lee, Teng-hui　政治家　台湾綜合研究院名誉会長　元・台湾総統,元・台湾国民党主席　国台湾　生1923年1月15日　著1992／1996／2000／2004／2008／2012

リ・トウキョウ　李 東橋　俳優　陝西省秦腔劇団　国中国　著1996

リ・トウセイ　李 東生　実業家　TCL集団総裁　国中国　生1957年7月　著2004／2008

リ・ドウヨ　李 道予　Li, Dao-yu　外交官　全人代華僑委員会副主任　元・駐米中国大使　国中国　生1932年8月7日　著1996／2000

リ・トクイン　李 徳印　Li, De-yin　武術家　中国人民大学教授　国中国　生1938年　著1996／2000

リ・トクシュ　李 徳洙　Li, De-zhu　政治家　元・中国国家民族事務委員会主任,元・中国共産党中央委員　国中国　生1943年　著2000／2008／2012

リ・トクジュン　李 徳純　中国社会科学院外国文学研究所特約研究員　専近代日本文学,比較文学　国中国　生1926年　著1992／1996／2000

リ・トクセイ　李 徳生　Li, De-sheng　政治家,軍人　元・中国共産党政治局員・副主席　国中国　生1916年5月20日　没2011年5月8日　著1992／1996

リ・トクホウ　李 徳芳　拳法家　龍飛会代表　専太極拳,形意拳,八掛掌　国中国　生1958年　著1992／1996

リー, ドナルド　Lee, Donald C.　システムエンジニア　シスコ・システムズ上級システムエンジニア　著2004

リー, トーマス　Lee, Thomas　コンピューターコンサルタント　著2004

リー, トラビス　Lee, Travis　大リーグ選手（内野手）　国米国　生1975年5月26日　著2000／2004／2008

リー, ドン　Lee, Don　作家　国米国　著2008

リ・ドンファ　Li, Donghua　旧名＝李東華　体操選手　国スイス　生1966年11月10日

リ・ナ　李 娜　Li, Na　飛び込み選手　国中国　生1984年5月1日　著2004／2008

リ・ナ　李 娜　Li, Na　テニス選手　国中国　生1982年2月26日　著2008／2012

リー, ナンシー　Lee, Nancy　実業家　グローバル・ジャパン社長　国米国　著2000／2004

リー・ニナ　李 妮娜　Li, Ni-na　スキー選手（フリースタイル）　トリノ五輪・バンクーバー五輪フリースタイルスキー女子エアリアル銀メダリスト　国中国　生1983年1月10日　著2012

リ・ネイ　李 寧　Li, Ning　実業家,元・体操選手　李寧スポーツ用品会長　ロス五輪体操金メダリスト　国中国　生1963年　著1992／1996／2000／2004／2008／2012

リ・バイナン　李 培南　Li, Pei-nan　元・上海社会科学院院長　国中国　生1993年8月13日　著1996

リ・ハイブン　李 沛文　科学者,教育家　国中国　没1985年4月16日　著1992

リ・ハイホ　李 佩甫　作家　河南省文学院副院長　国中国　生1953年　著2008

リ・ハイヨウ　李 沛瑤　Li, Pei-yao　元・中国全国人民代表大会（全人代）常務委員会副委員長,元・中国国民党革命委員会（民革）中央主席　国中国　生1933年7月　没1996年2月2日　著1996

リ・バイリン　李 培林　社会学者　中国社会科学院社会学研究所副所長　国中国　著2008／2012

リ・ハクショウ　李 伯釗　劇作家　元・中国人民政治協商会議全国委員会（全国政協）常務委員（第6期）,元・中国戯劇家協会副主席　国中国　生1911年　没1985年4月17日　著1992

リ・ハクユウ　李 伯勇　Li, Bo-yong　ロケット・エンジン研究者　中国共産党中央委員　元・中国労働相　[国]中国　[生]1932年　[典]2000

リー, ハーパー　Lee, Harper　本名=Lee,Nell Harper　作家　[国]米国　[生]1926年　[典]1992

リー, バーバラ　Lee, Barbara　政治家　米国下院議員(民主党)　[国]米国　[生]1946年7月16日　[典]2004

リー, パメラ・アンダーソン　Lee, Pamela Anderson　女優　[典]2000／2004

リー, ハン　Lee, Han　プロゴルファー　[国]米国　[生]1977年9月2日

リー, ビクトル　Li, Victor　中国名=李沢鉅　実業家　長江実業会長　[国]中国　[生]1964年　[典]2000(李 沢鉅 リ・タクキョ)／2004

リ・ヒョウ　李 馮　作家, 脚本家　[生]1968年　[典]2008

リ・ヒョウヒョウ　李 冰冰　女優　[国]中国　[生]1976年　[典]2004

リ・ビン　李 敏　Li, Min　毛沢東の娘　[国]中国　[生]1937年　[典]2004

リ・ビン　李 敏　女優　[国]中国　[典]2008／2012

リー・ピンビン　Lee, Ping-bin　漢字名=李屏賓　映画撮影監督　[国]台湾　[典]2008／2012

リー・プー　李 普　実業家　元・新華社通信副社長　[国]中国　[没]2010年11月8日

リー・ファンピン　李 方平　弁護士　[国]中国　[典]2012

リ・フエイ　李 富栄　元・卓球選手・監督　中国国家体育委員会副主任兼訓練局局長, 中国卓球協会副主席, 中国オリンピック委員会副主席　[国]中国　[生]1942年　[典]1996

リー, ブランドン　Lee, Brandon　俳優　[国]米国　[生]1965年2月1日　[没]1993年3月31日　[典]1996

リー, ブレイン　人材育成コンサルタント　コヴィー・リーダーシップ・センター共同設立者　[典]2008

リー, ブレンダ　歌手　[国]米国　[生]1944年　[典]1996

リ・ブンカ　李 文華　漫才師　[国]中国　[生]1927年　[典]1996

リ・ブンキン　李 文今　Li, Wen-jin　モデル　[国]中国　[生]1975年10月2日　[典]2000

リ・ブンゲン　李 文彦　地理学者　中国科学院経済地理研究所副所長, 中国自然資源研究会副理事長　[専]経済地理学　[国]中国　[生]1929年　[典]1996

リ・ブンズイ　李 文瑞　中医師　中国医科大学教授, 北京医院中医科　[専]中医学　[国]中国　[生]1927年　[典]2000

リ・ヘイ　李 萍　京劇女優　[国]中国　[典]2000

リ・ヘイキ　李 炳輝　歌手, アコーディオン奏者　[国]台湾　[典]2000

リー, ペギー　Lee, Peggy　本名=エグストローム, ノーマ・デロリス　ジャズ歌手, 作詞・作曲家　[国]米国　[生]1920年5月26日　[没]2002年1月21日　[典]1992

リ・ヘリ　李 ヘリ　Lee, Helie　著述家　[国]米国　[典]2000

リー, ベン　Lee, Ben　ミュージシャン　[国]オーストラリア　[典]2000

リー, ベンソン　Lee, Benson　映画監督　[国]米国　[生]1969年　[典]2000

リ・ホウ　李 方　政治家　元・中国人民政治協商会議全国委員会(全国政協)副主席　[国]中国　[没]1987年12月17日　[典]1992

リ・ホウ　李 鵬　Li, Peng　政治家　元・中国全国人民代表大会(全人代)常務委員長, 元・中国首相, 元・中国共産党政治局常務委員　[国]中国　[生]1928年10月20日　[典]1992／1996／2000／2004／2008／2012

リ・ボウ　李 芒　Li, Mang　日本文学者, 翻訳家　[国]中国　[生]1920年2月　[典]1992／1996／2004

リ・ホウキョ　李 鵬挙　元・撫順石油学院物理課副教授　[専]中国科学思想史　[国]中国　[生]1926年　[典]1996

リ・ホウシュン　李 宝春　京劇俳優　[国]中国　[生]1950年　[典]2008

リ・ホウソウ　李 法曽　俳優　中国実験話劇院　[国]中国　[生]1941年　[典]1996

リ・ホヘイ　李 保平　実業家　[国]中国　[典]2000

リ, ホンガン　Li, Honggang　グループ名=上海クワルテット　ビオラ奏者　[典]2004／2008

リー, マイク　Leigh, Mike　映画監督, 演出家　[国]英国　[生]1943年2月20日　[典]1996／2000／2004／2008／2012

リー, マイケル　政治家　元・オーストラリア通信・芸術・観光相　[国]オーストラリア　[典]1996／2000

リー, マシュー　弁護士　[国]米国　[典]2000

リー, ミシェル　Lee, Michelle　中国名=李嘉欣　女優　[国]香港　[生]1970年6月20日　[典]1996／2000／2004／2008／2012

リー, ミシェル　Lee, Michelle　ファッション・ジャーナリスト　[典]2008

リー, ミッチ　Leigh, Mitch　作曲家　[専]ポピュラー音楽　[国]米国　[生]1928年1月30日　[没]2014年3月16日　[典]1992

リ・ミョンフン　別名=リ, マイケル　バスケットボール選手　[国]北朝鮮　[典]2004／2008

リー, ミランダ　Lee, Miranda　ロマンス作家　[国]オーストラリア　[典]2004

リ・ムカ　李 夢華　Li, Meng-hua　元・中国国家体育運動委員会主任　[国]中国　[生]1922年　[没]2010年11月9日　[典]1992／1996

リ・メイ　李 明　Li, Ming　東京外国語大学客員教授　[専]中国語教育　[国]中国　[典]2000

リ・メイキョウ　李 名強　ピアニスト　上海音楽学院ピアノ系助教授　[国]中国　[生]1936年　[典]1996

リ・メイドウ　李 明道　英語名=Lee,Akibo　グラフィックデザイナー　[国]台湾　[生]1961年　[典]1996

リ・メイフ　李 明富　漢方学者　成都中医学院院長, 教授　[専]内科　[国]中国　[生]1939年　[典]1996

リー, メン　Lee, Meng　コンピューター技術者, テクニカルライター　[典]2004

リ・モクゼン　李 默然　Li, Mo-ran　本名=李紹誠　俳優　元・中国戯劇家協会主席　[国]中国　[生]1927年12月21日　[没]2012年11月8日

リー, モーリス　Lee, Maurice　弁護士, 作家　[国]香港　[典]2004

リー, ユットワー・デージー　Li, Yuet-wah Daisy　ジャーナリスト　「明報」特集面取材部長　[国]香港　[典]2000

リ, ユンディ　Li, Yundi　漢字名=李雲迪　ピアニスト　[国]中国　[生]1982年10月　[典]2004／2008／2012

リ・ヨウ　李 陽　英語講師　[国]中国　[生]1969年　[典]2004／2012

リ・ヨンホ　李 英鎬　Ri, Yong-ho　軍人, 政治家　朝鮮労働党政治局常務委員・中央軍事委員会副委員長, 朝鮮人民軍総参謀長・次帥　[国]北朝鮮　[生]1942年10月5日　[典]2012

リ・ヨンホ　李 容浩　外交官　北朝鮮外務次官　[国]北朝鮮　[典]2012

リ・ヨンム　李 勇武　Ri, Yong-mu　軍人　北朝鮮国防委員会副委員長, 朝鮮労働党中央委員, 次帥　[国]北朝鮮　[生]1923年　[典]1996(イ・ヨンム)／2000(イ・ヨンム)／2008(イ・ヨンム)／2012

リ・ライグン　李 来群　中国将棋師　中国将棋特級大師　[国]中国　[生]1959年　[典]1996

リー・ライトー　Lee, Lai-to　国際政治学者　シンガポール国立大学準教授　[専]中国問題, アジア太平洋州の安全保障問題　[国]シンガポール　[生]1945年4月　[典]1996／2000／2004／2008

リ・ライハツ　李 来発　プロ野球監督, 元・プロ野球選手　[国]台湾　[生]1956年6月28日　[典]1992／1996／2000

リー, ラッセル　記録写真家　[国]米国　[没]1986年8月28日　[典]1992

リ・ランセイ　李 嵐清　Li, Lan-qing　政治家　元・中国副首相, 元・中国共産党政治局常務委員　[国]中国　[生]1932年5月　[典]1992／1996／2000／2004／2008／2012

リ・リ　李 莉　元・卓球選手　中国人民解放軍八一卓球チーム監督　[国]中国　[生]1946年　[典]1996

リー, リカルド　作家　[国]フィリピン　[生]1949年　[典]1992

リー, リチャード　Li, Richard　中国名=李沢楷　実業家　パシフィック・センチュリー・グループ(PCG)会長・CEO　[国]カナダ　[生]1966年　[典]1996／2000／2004／2012

リー, リチャード　Leigh, Richard　歴史学者, 作家　[国]米国　[生]1943年　[典]2000

リ・リツコウ　李 立功　元・中国共産党山西省委員会書記, 元・中国共産党中央委員　[国]中国　[生]1925年　[典]1996

リ・リツシン　李 立新　香港経済貿易代表部代表　[国]香港　[生]1949

リ・リョウエン 李凌燕 Li, Ling-yan 北京師範大学 ⑬中国 ⑭1958年 ⑲2000

リ・リン 李林 Li, Lin エコノミスト 元・北京対外経済貿易大学国際経済系講師 ⑬国際経済 ⑬中国 ⑭1952年7月 ⑲1992／1996

リー, ルーシー 陶芸家 ⑬英国 ⑭1902年 ⑮1995年4月1日 ⑲1992／1996

リ・レイイ 李玲蔚 元・中国女子バドミントン・チーム選手 ⑬中国 ⑭1964年 ⑲1996

リ・レイギョク 李玲玉 歌手, 女優, テレビコメンテーター ⑬中国 ⑭1963年 ⑲1996

リ・レイサン 李麗珊 Lee, Lai-shan ヨット選手 ⑬香港 ⑭1970年9月5日 ⑲2000 (リー・ライシャン)／2004／2008

リー, レオン Lee, Leon 元・プロ野球監督, 元・プロ野球選手 ⑬米国 ⑭1952年12月4日 ⑲1996 (レオン)／2000 (レオン)／2004／2012

リー, レロン Lee, Leron 元・プロ野球選手 ⑬米国 ⑭1948年3月4日 ⑲1992／1996／2000／2004

リ・レンシュウ 李連秀 軍人 中将 元・中国人民武装警察部隊司令官 ⑬中国 ⑭1922年 ⑲1996

リ・ロク 李録 Li, Lu 民主化運動家 民聯陣人権外交委員会共同主任兼対外スポークスマン ⑬中国 ⑭1966年4月 ⑲1996

リ・ロクオツ 李六乙 演出家 北京人民芸術劇院演出家, 李六乙工作室主宰 ⑬中国 ⑲2004／2008

リー, ロバート Lee, Robert 中国名=李振輝 ミュージシャン, 映画プロデューサー ⑬香港 ⑭1948年

リー, ロバート・M. Lee, Robert M. 通称=リー, ボブ 実業家, 探検家 ハンティング・ワールド創設者 ⑬米国 ⑲2000／2004／2008

リー, ローリー Lee, Laurie 作家, 詩人 ⑬英国 ⑭1914年6月26日 ⑮1997年5月14日 ⑲1996

リー, ロレッタ Lee, Loretta 中国名=李麗珍 女優 ⑬香港 ⑭1966年1月8日 ⑲1996／2004／2008／2012

リア, アマンダ Lear, Amanda 画家, 元・モデル, 元・歌手 ⑬フランス ⑭1946年 ⑲1996

リア, シモーン Lia, Simone 絵本作家, イラストレーター ⑬英国 ⑭1973年 ⑲2004

リア, ジョン Lear, John 作家 ⑬英国 ⑲1996

リア, リンダ Lear, Linda ジョージワシントン大学教授 ⑬環境史 ⑬米国 ⑲2004

リアオ, スタン Liao, Stan コンピュータ技術者 ⑲2004

リアオ, ビン シスコシステムズ・アジア本部ディレクター ⑬香港 ⑲2000

リアディ, モフタル 中国名=李文正 実業家 リッポー・グループ会長 ⑬インドネシア ⑭1929年5月 ⑲1996 (モフタル・リヤディ)／2000

リアドン, ジョン Reardon, John オペラ歌手 ⑬バリトン ⑬米国 ⑭1930年4月8日 ⑮1988年4月16日 ⑲1992

リアドン, リサ Reardon, Lisa ⑬米国 ⑭1962年 ⑲2004

リアドン, ロイ Reardon, Roy L. 弁護士 シンプソン・サッチャー&バートレット法律事務所 ⑬米国 ⑲2000

リアーナ Rihanna 本名=フェンティ, ロビン・リアーナ 歌手 ⑬バルバドス ⑲2008／2012

リアニス, ジョージ Lianis, George 駐日ギリシャ大使 ⑬ギリシャ ⑲1992

リアブコ, アレクサンドル Riabko, Alexandre バレエダンサー ハンブルク・バレエ団プリンシパル ⑬ウクライナ ⑭1978年2月20日 ⑲2012

リアリー, デニス Leary, Denis 俳優, コメディアン ⑬米国 ⑲2000

リアリー, マーク Leary, Mark R. 社会心理学者 ウェイク・フォレスト大学教授 ⑬社会的な動機と感情, 自己呈示, 対人不安, 自尊心

⑬米国 ⑲2004

リアル, テレンス Real, Terrence 臨床心理士 ハーバード大学ジェンダー・リサーチ・プロジェクト・ディレクター ⑬家族セラピー ⑲2004

リアン, デーブ Liang, Dave 本名=梁文偉 プロジェクト名=シャンハイ・レストレーション・プロジェクト [SRP] ミュージシャン, 音楽プロデューサー ⑬中国 ⑭1979年1月 ⑲2012

リイ, レスター・デル Rey, Lester Del SF作家 ⑬米国 ⑭1915年 ⑲1992

リィノルドゥナー, トマス アニメーション作家 ASIFAインターナショナル理事 ⑬オーストリア ⑭1960年 ⑲2000

リウ・イエ Liu, Ye 漢字名=劉燁 俳優 ⑬中国 ⑭1978年3月23日 ⑲2008／2012

リウ・イーフェイ Liu, Yi-fei 本名=劉茜美子 漢字名=劉亦菲, 英語名=Crystal 女優 ⑬中国 ⑭1987年8月25日 ⑲2008／2012

リウ・シャオチン Liu, Xiao-qing 漢字名=劉暁慶 女優, 実業家 ⑬中国 ⑭1955年10月30日 ⑲1992 (劉暁慶 リュウ・ギョウケイ)／1996 (劉暁慶 リュウ・ギョウケイ)／2000 (劉暁慶 リュウ・ギョウケイ)／2004 (劉暁慶 リュウ・ギョウケイ)／2008／2012

リウ・ペイチー Liu, Pei-qi 漢字名=劉佩琦 俳優 ⑬中国 ⑭1958年3月16日 ⑲2004／2008／2012

リヴァ, エマニュエル Riva, Emmanuelle 女優 ⑬フランス ⑭1927年2月24日 ⑲2012

リーヴァイ, シルヴェスター Levay, Sylvester 作曲家 ⑬ハンガリー ⑲2012

リヴィ, ジャン・ルイ Livi, Jean-Louis 映画プロデューサー ⑬フランス ⑲1996 (リビ, ジャン・ルイ)

リヴィエール, マリー Rivire, Marie 女優 ⑬フランス ⑭1956年 ⑲2000

リヴィオ, マリオ Livio, Mario 宇宙物理学者 ⑲2012

リヴィニウス, グスタフ チェロ奏者 ⑬ドイツ ⑭1965年 ⑲1992 (リビニウス, グスタフ)

リヴェット, ジャック Rivette, Jacques 映画監督 ⑬フランス ⑭1928年3月1日 ⑲1992 (リベット, ジャック)／1996 (リベット, ジャック)／2000／2004／2008／2012

リヴェラ, ジャンニ Rivera, Gianni 元・サッカー選手, 政治家 元・ACミラン副社長, 元・イタリア国務大臣 ⑬イタリア ⑭1943年8月18日 ⑲2004

リヴェール, イザベル Rivère, Isabelle ジャーナリスト ⑬英国王室 ⑬フランス ⑲2004

リヴォワ, イリーナ Lvova, Irina L. 本名=ヨッフェ 日本文学専門家 元・ソ連作家同盟日本文学特別顧問 ⑬ソ連 ⑭1915年 ⑮1989年10月17日 ⑲1992 (リボワ, イリーナ)

リヴォワール, クリスチーヌ・ド Rivoyre, Christine de 作家 ⑬フランス ⑭1921年 ⑲1992 (リボワール, クリスチーヌ・ド)

リウス Rius 漫画家 ⑬メキシコ ⑭1934年 ⑲2000

リーヴス, トニー Reeves, Tony 「世界の映画ロケ地大事典」の著者 ⑲2008

リーヴス, ユベール Reeves, Hubert 天体物理学者 フランス国立科学研究センター (CNRS) 研究部長, サクレー原子力研究所 ⑬フランス ⑲1996 (リーブズ, ユベール)

リウッツィ, ヴィタントニオ Liuzzi, Vitantonio レーシングドライバー, 元・F1ドライバー ⑬イタリア ⑭1981年8月6日 ⑲2000／2008／2012

リヴニ, ツィピ Livni, Tzipi 政治家, 弁護士 カディマ党首 元・イスラエル副首相・外相 ⑬イスラエル ⑭1958年7月5日 ⑲2008／2012

リエス, フィリップ Ries, Philippe ジャーナリスト AFP通信ブリュッセル支局長 ⑬1948年 ⑲2008

リエター, ベルナルド Lietaer, Bernard A. 経済学者 カリフォルニア大学バークレー校客員研究員 ⑭1942年 ⑲2004

リエパ, マリス Liepa, Maris-Rudolf Eduardvich バレエダンサー ⑬ロシア ⑭1936年 ⑮1989年3月25日 ⑲1992

リエバノ・デ・マルケス, ミルナ　Lievano de Marques, Mirna　エルサルバドル国家復興計画企画大臣　国エルサルバドル　典1996

リーエル, アンネ・リーセ　行政監察官　男女平等オンブッド　国ノルウェー　生1958年　典2000

リオ, ミシェル　作家　国フランス　典1996

リオ, リチャード　Leo, Richard　著述家　国米国　生1952年　典1996

リオス, マルセロ　Rios, Marcelo　テニス選手　国チリ　生1975年12月26日　典2000／2008

リオス・モントゥ, エフライン　Rios Montt, Efraim　政治家　元・グアテマラ大統領　国グアテマラ　生1925年　典1992

リオタール, ジャン・フランソワ　Lyotard, Jean François　思想家, 哲学者　元・パリ第8大学名誉教授　専現象学　国フランス　生1924年　没1998年4月21日　典1992／1996

リオダン, ブライアン　ブロードビュー・インターナショナル・ディレクター・アジア地域統括責任者, ブロードビュー・インターナショナル日本支社代表　国米国　典2000

リオーダン, マイケル　Riordan, Michael　サイエンスライター　国米国　典2000

リオーダン, リック　Riordan, Rick　作家　国米国　生1964年　典2004／2012

リオーダン, レベッカ　Riordan, Rebecca M.　ソフトウェア開発者　国米国　典2004

リオッタ, レイ　Liotta, Ray　俳優　国米国　生1955年12月18日　典2000／2004／2008／2012

リオトー, ベルナルド　Liautaud, Bernard　実業家　ビジネスオブジェクツ会長・CEO　国フランス　典2004／2008

リオム, ハイディ　Ryom, Heidi　バレリーナ　元・デンマーク・ロイヤル・バレエ団プリンシパル　国デンマーク　生1955年8月26日　没2013年10月6日

リオレ, フィリップ　Lioret, Philippe　映画監督　国フランス　生1955年　典1996

リオワ, カトリーヌ　Rihoit, Catherine　作家　国フランス　典1992

リオン, スー　Lyon, Sue　女優　国米国　生1946年7月10日　典1996

リオン, ブルーノ　Lion, Bruno　フランス文化省ロック・ポピュラー音楽担当官　国フランス　生1963年3月　典1992

リオン, マルゴ　女優　国フランス　生1904年2月　没1989年2月25日　典1992

リオンス, ジャック・ルイ　Lions, Jacques-Louis　数学者　元・フランス科学アカデミー会長, 元・フランス国立宇宙研究センター (CNES)総裁　専応用解析学　国フランス　没2001年5月17日　典1992

リオンス, マドリーヌ　人形劇セラピスト　人形劇とセラピー協会会長　国フランス　典1992／2000

リーガー, エヴァ　Rieger, Eva　音楽学者　ヒルデスハイム大学講師　国ドイツ　生1940年　典1992

リーガー, ビルギット　Rieger, Birgit　グラフィックアーティスト, イラストレーター　国ドイツ　生1949年　典1996／2000

リカー, メール　Ricker, Maëlle　スノーボード選手　バンクーバー五輪スノーボード女子スノーボードクロス金メダリスト　国カナダ　生1978年12月2日　典2012

リカイゼン, アラン　Rickayzen, Alan　コンピューター技術者　典2004

リガチョフ, エゴール　Ligachev, Egor Kuzimich　政治家　ロシア下院議員　元・ソ連共産党政治局員・書記　国ロシア　生1920年11月29日　典1992／1996／2000

リカーディ, テッド　Riccardi, Ted　「シャーロック・ホームズ 東洋の冒険」の著者　典2008

リカド, セシル　Licad, Cecile　ピアニスト　国フィリピン　典2004

リカード, タック　Rickards, Tuck　企業コンサルタント, ヘッドハンター　ラッセル・レイノルズ・アソシエイツ・マネージング・ディレクター　国米国　生1963年　典2004

リカード, ピーター　Rickard, Peter　ケンブリッジ大学名誉教授, エマニュエル・カレッジ評議員　専フランス語, フランス文学　国英国　生1922年9月20日　典1996

リカード, ブレントン　Rickard, Brenton　水泳選手（平泳ぎ）　北京五輪競泳男子200メートル平泳ぎ・4×100メートルメドレーリレー銀メダリスト　国オーストラリア　生1983年10月19日　典2012

リカード, ロバート　「フォーティアン・タイムズ」発行人　国英国　典1992

リーガートナー, ケーリン　Lee-Gartner, Kerrin　元・スキー選手（アルペン）　国カナダ　生1966年9月21日　典1996

リーガブエ, ルチアーノ　ロック歌手, 映画監督　国イタリア　生1960年　典2000

リカール, マチウ　Ricard, Matthieu　僧侶, 翻訳家　国フランス　生1946年　典2004

リカルジーニョ　Ricardinho　本名＝シルバ, リカルド・ソーザ　サッカー選手（MF）　国ブラジル　生1975年11月28日　典2000／2004

リカルジーニョ　Ricardinho　本名＝サントス, リカルド・アレシャンドレ・ドス　サッカー選手（MF）　国ブラジル　生1976年6月24日　典2004／2008

リカルジーニョ　Ricardinho　本名＝リカルド・フェリペ・ダ・シルバ・ブラガ　フットサル選手（FP）　国ポルトガル　生1985年9月3日　典2012

リカルド　Ricardo　サッカー選手（GK）　国ポルトガル　生1976年2月11日　典2004／2008／2012

リカルドゥー, ジャン　Ricardou, Jean　作家, 評論家　国フランス　生1932年　典1992

リーガン, ドナルド　Regan, Donald Thomas　実業家　元・米国財務長官, 元・メリルリンチ会長　国米国　生1918年12月21日　没2003年6月10日　典1992／1996

リキ・グン　力群　Li, Qun　本名＝郝麗春　版画家　中国美術家協会常務理事　専木版画　国中国　生1912年12月25日　典1992／1996

リーキー, メアリー　Leakey, Mary Douglas　旧名＝ニコル　考古学者　国英国　生1913年2月6日　没1996年12月9日　典1996

リーキー, リチャード　Leakey, Richard Erskine Frere　人類学者, 野生生物保護運動家　元・ケニア野生生物公社（KWS）長官, 元・東アフリカ野生生物協会会長　国ケニア　生1944年12月19日　典1992／1996／2000／2004／2008

リキエル, ソニア　Rykiel, Sonia　ファッションデザイナー　国フランス　生1930年5月25日　典1992／1996／2000／2004／2008／2012

リーキッチ, スラベンコ　スピードスケート選手　国ボスニア・ヘルツェゴビナ　典2000

リキテンスタイン, ロイ　Lichtenstein, Roy　画家, 造形芸術家　国米国　生1923年10月27日　没1997年9月29日　典1992／1996

リギーニ, マリエラ　Righini, Mariella　作家, ジャーナリスト　典1996

リキノ, ジョセフ　カトリック神父, 社会運動家　コルディリエラ人民連合（CPA）副議長　国フィリピン　典1992

リギンズ, ロイド　Riggins, Lloyd　バレエダンサー　ハンブルク・バレエ団プリンシパル　生1969年　典2008／2012

リク・イメイ　陸偉明　中日新報社長　国中国　典1996

リク・ウチョウ　陸宇澄　Lu, Yu-cheng　北京市副市長　国中国　生1939年　典2000

リク・エイ　陸永　Lu, Yong　重量挙げ選手　北京五輪重量挙げ男子85キロ級金メダリスト　国中国　生1986年1月1日　典2012

リク・キ　陸琪　在福岡中国総領事　国中国　典2000

リク・キチアン　陸吉安　実業家　上海汽車工業総公司総裁代表　国中国　典2000

リク・キンシン　陸鑫森　造船学者　上海交通大学船舶構造力学研究室主任, 「振動と衝撃」副編集主幹　国中国　生1933年　典1996

リク・ケイワ　陸慶和　Lu, Qin-ghe　蘇州大学国際文化交流学院副教授　専中日文化論　国中国　典2004

リク・ケンジン　陸建人　中国社会科学院アジア太平洋研究所国際

関係協力室主任　アジア太平洋問題　中国　1946年8月　1996

リク・ケントウ　陸健東　作家　広州市文芸創作研究所専業作家　中国　1960年　2004

リク・コウ　陸鏗　Lu, Keng　ジャーナリスト　元・「百姓」社長　1919年　2008年6月21日　1992／1996／2000

リク・シケン　陸思賢　考古学者　元・内蒙古文物考古研究所副所長　中国　1935年　2004

リク・シュンリュウ　陸春龍　Lu, Chun-long　トランポリン選手　北京五輪男子トランポリン金メダリスト　中国　1989年4月8日　2012

リク・シュンレイ　陸春齢　Lu, Chun-ling　横笛奏者　上海音楽学院教授　中国　1921年9月　1996

リク・ショウブ　陸鍾武　冶金学者　東北工学院研究生院長　元・東北工学院院長　冶金炉,冶金熱エネルギー　中国　1929年　1996

リク・ショウフン　陸小芬　Lu, Hsiao-fen　女優　台湾　1992／1996

リグ, ダイアナ　Rigg, Diana　女優　英国　1938年7月20日　1996

リク・チュウイ　陸忠偉　国際関係学者　中国現代国際関係研究所所長　中国　1996／2000／2004／2008

リク・テイツ　陸定一　Lu, Ding-yi　政治家　元・中国国務院副総理・文化部長,元・中国人民政治協商会議全国委員会（全国政協）副主席　中国　1906年　1996年5月9日　1992／1996

リク・バイシュン　陸培春　本名=陸土生　筆名=倉洋　ジャーナリスト,コラムニスト　日中経済新聞社副社長　日本語,日本問題　マレーシア　1947年2月21日　1996／2000

リーグ, ブランドン　League, Brandon　本名=League,Brandon Paul　大リーグ選手（投手）　米国　1983年3月16日　2012

リク・ブンプ　陸文夫　Lu, Wen-fu　作家　元・中国作家協会名誉副主席　中国　1928年3月23日　2005年7月9日　1992／1996

リク・ホウリン　陸宝麟　生物学者　中国軍事医学科学院研究員,中国科学院生物学部学部委員,中国昆虫学会副理事長　1916年　1996

リク・リ　陸莉　Lu, Li　体操選手　中国　1996

リクアナン, F.H.　アヤラ・ランド社社長　フィリピン　1944年　1996

リ・クイ・チュン　ジャーナリスト,元・政治家　元・南ベトナム情報相　ベトナム　1940年　2000

リクソン, アン　Wrixon, Ann　シニアネット社長・CEO　米国　2004／2008

リグット, ブルーノ　Rigutto, Bruno　ピアニスト　パリ音楽院教授　フランス　1945年8月12日　1996／2000／2012

リグニー, ビル　Rigney, Bill　本名=Rigney,William Joseph　元・大リーグ選手　米国　1918年1月29日　1996

リグビー, エレノア　Rigby, Eleanor　作家　英国　2008

リグビー, トーマス　オーストラリア国立大学教授　ソ連研究　オーストラリア　1925年　1996

リグビー, リズ　Rigbey, Liz　作家　英国　1957年　2000

リーグラー, ヨーゼフ　Riegler, Josef　政治家　オーストリア国民党党首,オーストリア副首相・行政改革相　オーストリア　1938年11月1日　1992／1996

リクリス, エラン　Riklis, Eran　映画監督　イスラエル　1954年　2012

リーグル, ドナルド（Jr.）　Riegle, Donald W.（Jr.）　政治家　米国上院議員（民主党・ミシガン州）　米国　1938年2月4日　1992／1996／2000

リクール, ポール　Ricoeur, Paul　哲学者　元・パリ大学名誉教授,元・シカゴ大学名誉教授　現象学的解釈学　フランス　1913年3月27日　2005年5月20日　1992／1996／2000／2004

リグルマン, ジム　Riggleman, Jim　大リーグ監督　米国　1952年11月9日　2000／2012

リグロ, ピエール　Rigoulot, Pierre　編集者　フランス　1944年2月12日　2008

リグロン, イネス　Ligron, Inés　ミス・ユニバース・ジャパン・ナショナル・ディレクター　2012

リクワート, ジョセフ　Rykwert, Joseph　芸術学者,建築家　ペンシルベニア大学教授　英国　1926年　1992／1996

リケッツ, J.ジョー　Ricketts, J.Joe　金融家　アメリトレード会長　米国　2000

リゲティ, アンドラーシュ　Ligeti, András　バイオリニスト,指揮者　ハンガリー　1953年8月5日　1996

リゲティ, ジェルジ　Ligeti, György Sándor　作曲家　元・ハンブルク音楽大学作曲科教授　オーストリア　1923年5月28日　2006年6月12日　1992／1996／2000／2004

リゲティ, テッド　Ligety, Ted　本名=Ligety,Theodore Sharp　スキー選手（アルペン）　トリノ五輪アルペンスキー男子複合金メダリスト　米国　1984年8月31日　2008／2012

リケルソン, ジェフリー　Richelson, Jeffrey T.　米国国家安全保障文書局主任研究員　米国　2000

リケルメ, ファン・ロマン　Riquelme, Juan Román　サッカー選手（MF）　北京五輪サッカー男子金メダリスト　アルゼンチン　1978年6月24日　2004／2008／2012

リゴー, ジャック　Rigaut, Jacques　ラジオ・テレビ・リュクサンブール社長,アドミカル会長　フランス　1932年　1992／1996

リコー, ジャン・ルイ　Ricaud, Jean-Louis　実業家　ユジノール上級副社長　フランス　1952年　2004

リコ・ゴドイ, カルメン　Rico-Godoy, Carmen　ジャーナリスト,政治コラムニスト,作家　スペイン　1939年　1992／1996

リコーナ, トーマス　Lickona, Thomas　ニューヨーク州立大学教授　教育学　米国　1943年　2000

リゴーニ・ステルン, マーリオ　Rigoni Stern, Mario　作家　イタリア　1921年11月1日　2008年6月16日　1996／2000（ステルン, マリオ・リゴーニ）

リコリッシュ, W.B.R.　Lickorish, W.B.Raymond　数学者　ケンブリッジ大学教授　幾何学トポロジー　英国　1938年2月19日　2004

リーゴン, バニース　Reagon, Bernice　歌手　スミソニアン博物館研究員　米国　1992

リゴンドウ, ギジェルモ　Rigondeaux, Guillermo　本名=Rigondeaux Ortiz,Guillermo　プロボクサー　WBO・WBA世界スーパーバンタム級チャンピオン　シドニー五輪・アテネ五輪ボクシングバンタム級金メダリスト　キューバ　1980年9月30日　2004／2008

リーサ　Lisa　歌手　スウェーデン　2012

リザー, ジェームズ　Risser, James　元・ジャーナリスト　スタンフォード大学教授　コミュニケーション学　米国　1938年　1996

リーサック, マイケル　Lissack, Michael　コンサルタント　ニューイングランド複雑系研究所（NECSI）主宰　複雑系研究　米国　2004

リーサム, ヴィクトリア　Leatham, Victoria　「ブラッドレッティング-リストカットの闇を生きたヴィクトリア」の著者　2008

リザラズ, ビセンテ　Lizarazu, Bixente　サッカー選手（DF）　フランス　1969年12月9日　2004／2008

リサリサ　Lisa Lisa　ミュージシャン　米国　1967年1月15日　1992

リジ　Lizzy　グループ名=AFTERSCHOOL　歌手　韓国　1992年7月31日　2012

リージ, ヴィルナ　Lisi, Virna　女優　イタリア　1937年9月8日　1996／2000

リジエ, ギー　Ligier, Guy　元・F1コンストラクター,元・F1ドライバー　元・リジエ・チーム・オーナー　フランス　1930年　1996

リシェ, ピエール　Riché, Pierre　歴史学者　パリ第10大学名誉教授

㊟中世史　㊥フランス　㊕1921年10月4日　㊦1996

リジェイ, ジョン　Lidzey, John　水彩画家　㊦2004

リーシェル, ゲーリー・E.　パナシークエント専務　㊥米国　㊦1996

リシキ, ザビーネ　Lisicki, Sabine　テニス選手　㊥ドイツ　㊕1989年9月22日

リジチェフ, アレクセイ　Lizichev, Aleksei D.　軍人　ソ連陸海軍政治総本部長　㊥ソ連　㊕1928年　㊦1992

リシチキン, ゲンナジー　エコノミスト　ソ連科学アカデミー国際政治経済研究所部長　㊥ソ連　㊦1992

リシャール, J.F.　Rischard, J.F.　銀行家　世界銀行副総裁　㊦2004／2008

リシャール, アラン　Richard, Alain　画家　㊥フランス　㊕1923年　㊦1992

リシャール, アラン　Richard, Alain　政治家　フランス国防相　㊥フランス　㊦2000／2004

リシャール, ギ　Richard, Guy　歴史学者　カーン大学名誉教授　㊥フランス　㊕1930年　㊦2004

リシャール, ジャン　Richard, Jean　歴史学者　元・ディジョン大学教授　㊥フランス　㊕1921年　㊦2008

リシャール, ジャン・ピエール　Richard, Jean-Pierre　作家, 文芸批評家　元・パリ第4大学教授　㊥フランス　㊕1922年　㊦1992／2012

リシャール, ナタリー　Richard, Nathalie　女優　㊥フランス　㊦2000／2004／2008

リシャール, パスカル　Richard, Pascal　自転車選手　㊥スイス　㊦2000

リシャール, ピエール　Richard, Pierre　実業家　デクシアグループ会長　㊥フランス　㊕1941年3月9日　㊦2008／2012

リシャルデス, マルシオ　Richardes, Marcio　本名=Richardes de Andrade,Marcio　サッカー選手(MF)　㊥ブラジル　㊕1981年11月30日　㊦2012

リーシュ, パトリック　Rich, Patrick Jean-Jacques　実業家　元・BOCグループ会長　㊥フランス　㊕1931年3月28日　㊦1996／2000

リシュカ, フリッツ　Lischka, Fritz　ラウフェン・サニタリー・ミュージアム館長　㊥オーストリア　㊕1920年　㊦1992

リシュナー, レイ　Lischner, Ray　テクニカルライター　㊦2004

リジョ, フーリャ・カラビアス　Lillo, Julia Carabias　生物学者　メキシコ国立自治大学理学部教授　元・メキシコ環境・天然資源・漁業担当相　㊟生態系, 環境科学　㊥メキシコ　㊕1954年　㊦2008

リショイ, ニール　Rishoi, Niel　文筆家　㊥米国　㊦2000

リーズ, D.G.　ウェールズ大学カーディフ・ビジネス・スクール教授　㊟自動車産業経済学　㊥英国　㊦1996

リーズ, アダム　Riess, Adam G.　物理学者　ジョンズ・ホプキンス大学教授　㊥米国　㊕1969年　㊦2012

リーズ, ウィリアム・E.　Rees, William E.　生態学者, 動物行動学者　ブリティッシュ・コロンビア大学教授　㊟生態経済学　㊥カナダ　㊕1943年12月18日

リス, ウォルター　水泳選手　㊥米国　㊕1989年12月25日　㊦1992

リーズ, エムリン　Rees, Emlyn　作家　㊥英国　㊦2004

リーズ, ギーゼラ　Riess, Gisela　心理療法家　㊟臨床心理学　㊥ドイツ　㊕1935年　㊦1996

リーズ, クルト　Riess, Curt　評論家, ジャーナリスト　㊥ドイツ　㊕1902年　㊨1993年　㊦1992

リーズ, サイモン　ウエンブリー・ジャパン常務　㊥英国　㊦1996

リーズ, サミュエル　Reese, Samuel　コンサルタント　㊦2008

リーズ, ジェフ　レーシングドライバー　㊥英国　㊦1992

リーズ, ジェームズ・マービン　Leath, James Marvin　政治家　米国下院議員(民主党・テキサス州)　㊥米国　㊕1931年5月6日　㊦1992

リース, シャロン　Leece, Sharon　編集者　元・「Elle Decoration Hong Kong」編集長　㊦2008

リーズ, ジョージ　Reese, George　情報システムコンサルタント　㊥米国　㊦2004

リーズ, セリア　Rees, Celia　作家　㊥英国　㊕1949年　㊦2004

リーズ, デービッド　Rees, David　作家　㊥英国　㊕1936年　㊦2000

リス, デービッド　Liss, David　ミステリ作家　㊥米国　㊕1966年　㊦2004

リーズ, デービッド・ブライアン　Lees, David Bryan　公認会計士　ジーケーエヌ(GKN)会長・CEO　㊥英国　㊕1936年11月23日　㊦1992／1996

リス, ドミトリー　Liss, Dmitri　指揮者　ウラル・フィルハーモニー音楽監督　㊥ロシア　㊕1960年　㊦2000

リーズ, ピーター　Reith, Peter　政治家　オーストラリア雇用相・労使関係小企業相　㊥オーストラリア　㊕1950年7月15日　㊦2000／2004

リーズ, フラン　Rees, Fran　経営コンサルタント　㊥米国　㊦2004

リーズ, ブリトニー　Reese, Brittney　走り幅跳び選手　ロンドン五輪陸上女子走り幅跳び金メダリスト　㊥米国　㊕1986年9月9日

リース, ポーキー　Reese, Pokey　本名=Reese,Calvin,Jr.　大リーグ選手(内野手)　㊥米国　㊕1973年6月10日　㊦2004／2008

リーズ, マイケル　CMPパブリケーションズ社長・CEO　㊥米国　㊦2000

リーズ, マシウ　フリーライター　㊥米国　㊕1960年　㊦1992

リーズ, マシュー　Rees, Matthew J.　コンピューター技術者　Calence顧問　㊦2004

リーズ, マーティン　Rees, Martin John　天体物理学者　ケンブリッジ大学教授　㊥英国　㊕1942年6月23日　㊦1996

リーズ, マーティン　Lees, Martin　ローマ・クラブ事務局長　㊥英国　㊕1941年　㊦2012

リーズ, ミッチェル　Reiss, Mitchell B.　ウィリアム・メリー大学副学長　㊟安全保障問題　㊥米国　㊦2008

リーズ, メアリ　Rees, Mary　イラストレーター　㊥英国　㊕1960年　㊦1996

リーズ, ローラ　Reese, Laura　作家　㊥米国　㊦2004

リスカイ, ラースロー　Liszkai, László　ジャーナリスト　㊥ハンガリー　㊕1951年4月　㊦1996

リスカシ, ロバート　軍人　元・在韓国米国軍司令官　㊥米国　㊦1992／1996

リスキン, ステーブン　Riskin, Steven　外交問題アナリスト　フォード財団発展途上国プログラム担当官, ペトロリウム翻訳出版サービス北米事務所所長　㊟中東問題　㊥米国　㊦1992

リスゴウ, ジョン　Lithgow, John　俳優　㊥米国　㊕1945年6月6日

リスター, ティモシー　Lister, Timothy　コンサルタント　アトランティック・システム・ギルド共同経営者　㊥米国　㊦2004／2008

リスター, パメラ　Lister, Pamela　編集者, ライター　「REDBOOK Magazine」編集記者　㊥米国　㊦2004

リスター, メルビン　Lister, Melvin　走り幅跳び選手　㊥米国　㊕1977年8月29日　㊦2004

リズデール, ジュリアン　Ridsdale, Julian Errington　政治家　元・英国下院議員, 元・英日議員連盟会長　㊥英国　㊕1915年6月8日　㊨2004年7月22日　㊦1992

リスト, ピピロッティ　Rist, Pipilotti　現代美術家　㊥スイス　㊕1962年　㊦2008／2012

リストー, フィル　Rizzuto, Phil　本名=Rizzuto,Philip Francis　元・大リーグ選手　㊥米国　㊕1917年9月25日　㊦1996

リスト, ユージン　List, Eugene　ピアニスト　㊥米国　㊕1918年7月6日　㊨1985年3月1日　㊦1992

リスト, ラーナ・レイコ　Rizzuto, Rhana Reiko　作家　㊥米国　㊦2004

リストウィン, ドン　Listwin, Don　本名=リストウィン, ドナルド　実業家　フォンドットコム社長・CEO　元・シスコシステムズ上級副社長　㊥米国　㊦2000／2004／2008

リストフ, エバ　Risztov, Éva　水泳選手(オープン・ウオーター)　ロンドン五輪オープン・ウオーター女子10キロ金メダリスト　国ハンガリー　生1985年8月30日

リーストマ, サンフォード　Leestma, Sanford　数学者　カルビ・カレッジ教授　専コンピューターサイエンス, アルゴリズム, 数値計算　国米国　歴2004

リスナー, ステファン　オペラ演出家　エクサンプロバンス国際音楽祭総監督　元・シャトレ座総支配人　国フランス　歴2004

リスバ, パスカル　Lissouba, Pascal　遺伝学者, 政治家　元・コンゴ共和国大統領　国コンゴ共和国　生1931年11月15日　歴1996/2000/2004/2008

リースパッサー, スザンネ　Riess-Passer, Susanne　政治家　元・オーストリア副首相, 元・オーストリア自由党党首　国オーストリア　生1961年1月3日　歴2004/2012

リズビ, アディブル・ハサン　医師　国パキスタン　歴2000

リスポリ, ウンベルト　Rispoli, Umberto　騎手　国イタリア　生1988年8月31日　歴2012

リース・マイヤーズ, ジョナサン　Rhys Meyers, Jonathan　俳優　国アイルランド　生1977年　歴2000/2004/2008

リースマン, W.マイケル　Reisman, W.Michael　法学者　エール大学教授　国米国　生1939年　歴2004

リースマン, デービッド　Riesman, David　社会学者, 批評家　元・ハーバード大学教授　国米国　生1909年9月22日　没2002年5月10日　歴1992/1996/2000

リース・モッグ, ウィリアム　Rees-Mogg, William　別名=リース・モッグ　ジャーナリスト, ファイナンシャル・アドバイザー　元・BBC副会長, 元・「タイムズ」編集長　国英国　生1928年7月14日　没2012年12月29日　歴1996

リスラー, アルブレヒト　Rissler, Albrecht　イラストレーター, グラフィックデザイナー　生1944年　歴2004

リーズル, ミラン　Rýzl, Milan　元・ジョン・F・ケネディ大学教授　専超心理学　国米国　生1928年5月22日　歴2000

リズン, マリーズ　Ruthven, Malise　著述家　歴2008

リーセ, ヒルデグン　女優, 歌手　国ノルウェー　歴2000

リセンコ, タチアナ　Lysenko, Tatiyana　体操選手　国ウクライナ　生1975年6月23日　歴1996

リゾー, アンソニー　Rizzo, Anthony　本名=Rizzo, Anthony Vincent　大リーグ選手(内野手)　国米国　生1989年8月8日

リーソー, ジェイムズ　Leasor, James　作家, レポーター　国英国　生1923年　歴1992

リソ, ドン・リチャード　Riso, Don Richard　作家, 心理コンサルタント　エニアグラム・パーソナリティー・タイプ社長　国米国　生1946年　歴1992/1996/2004

リゾ, パティ　プロゴルファー　国米国　生1960年　歴1996

リゾー, フランク　Rizzo, Frank　元・GHQ民政局長　国米国　生1903年7月19日　歴1996

リソフスカヤ, ナタリア　Lisovskaya, Natalya　砲丸投げ選手　国ソ連　歴1992

リーソン, ニック　Leeson, Nick　元・ベアリングズ社トレーダー, 元・トレーダー　国英国　生1967年2月25日　歴1996/2000/2004

リーダー, エディ　Reader, Eddi　旧グループ名=フェアグラウンド・アトラクション　歌手　国英国　歴2000/2012

リタウディン, アーマド　Rithaudeen, Ahmad　政治家　元・マレーシア国防相　国マレーシア　生1932年6月　歴1992

リーダス, ノーマン　Reedus, Norman　俳優, ファッションモデル　国米国　生1969年　歴2004

リーチ, T.J.　Leech, T.J.　「絞首刑執行人の日記」の著者　国英国　生1949年　歴1996

リーチ, エドマンド・ロナルド　Leach, Edmund Ronald　社会人類学者　元・ケンブリッジ大学教授　国英国　生1910年11月7日　没1989年1月　歴1992

リーチ, ケネス　Leech, Kenneth　英国聖公会司祭　国英国　生1939年　歴2008

リーチ, ジェフリー　Leech, Geoffrey Neil　ランカスター大学教授　専言語学, 現代英語　国英国　生1936年1月16日　歴1996/2000

リーチ, ジム　Leach, Jim　本名=リーチ, ジェームス　政治家　米国下院議員(共和党)・下院銀行委員長　国米国　生1942年10月15日　歴1996/2000

リーチ, デービッド　Leach, David Andrew　陶芸家　国英国　生1911年5月7日　歴1996

リチー, ドナルド　Richie, Donald　映画評論家, 映像史家, 作家　元・ニューヨーク近代美術館映画部長　国米国　生1924年4月17日　没2013年2月19日　歴1996/2000

リーチ, バリー　Leach, Barry　軍事史研究家, 野鳥保護運動家, 元・軍人　専ドイツ陸軍　国英国　歴2004

リーチ, ペネロープ　Leach, Penelope　ソーシャルワーカー　専乳児の発達研究　国英国　歴2004

リーチ, モーリス　Leitch, Maurice　作家　BBCラジオ・ドラマ部門プロデューサー　国英国　生1933年　歴1992/1996

リーチェ　Lee-tzsche　本名=李尚恩　シンガー・ソングライター　国韓国　歴2000/2004/2008

リチェーリ　Rychely　本名=リチェーリ・カンタニェーデ・デ・オリベイラ　サッカー選手(FW)　国ブラジル　生1987年8月6日　歴2008/2012

リーチェル, エルンスト・テオドール　Rietschel, Ernst Theodor　免疫化学者　元・リューベック大学教授, 元・ライプニッツ協会会長　専エンドトキシン　国ドイツ　歴1996/2012

リチートラ, サルヴァトーレ　Licitra, Salvatore　テノール歌手　国イタリア　生1968年8月10日　没2011年9月5日　歴2004/2008

リチャーズ, アン　Richards, Anne Willis　政治家　元・テキサス州知事　国米国　生1933年9月3日　没2006年9月13日　歴1992/1996/2000

リチャーズ, エミリー　Richards, Emilie　ロマンス作家　国米国　歴2004

リチャーズ, キース　Richards, Keith　本名=リチャード, キース　グループ名=ローリング・ストーンズ　ロック・ギタリスト　国英国　生1943年12月18日　歴1992/1996/2000/2004/2008/2012

リチャーズ, キース　Richards, Keith N.　米国児童福祉センター上級ケースワーカー　国米国　生1951年　歴2004

リチャーズ, ジョージ・マクスウェル　Richards, George Maxwell　政治家, 化学工学者　トリニダードトバゴ大統領　国トリニダードトバゴ　生1931年12月1日　歴2008/2012

リチャーズ, ダコタ・ブルー　Richards, Dakota Blue　女優　国英国　生1994年　歴2012

リチャーズ, デニス　Richards, Denise　女優　国米国　生1972年2月17日　歴2000/2004/2008/2012

リチャーズ, ブライアン　Richards, Brian　建築家　ロンドン・トランスポート・コンサルタント　専交通設計　国英国　生1928年　歴1996

リチャーズ, ペニー　Richards, Penny　ロマンス作家　国米国　歴2008

リチャーズ, ポール　Richards, Paul　本名=Richards,Paul Rapier　大リーグ監督・総支配人　国米国　生1908年11月21日　没1986年5月4日　歴1992

リチャーズ, ポール　Richards, Paul G.　「地震学―定量的アプローチ」の著者　歴2008

リチャーズ, ミランダ・リー　Richards, Miranda Lee　ミュージシャン　国米国　生1975年4月　歴2004

リチャーズ, ユージン　Richards, Eugene　写真家　国米国　生1944年　歴1996

リチャーズ, リオ　Richards, Leo　南カリフォルニア大学教育学部教授　専ソロバン教育　国米国　歴1992

リチャーズ・ロス, サーニャ　Richards-Ross, Sanya　旧名=リチャーズ, サーニャ　陸上選手(短距離)　ロンドン五輪400メートル・4×400メートルリレー金メダリスト　国米国　生1985年2月26日　歴2012

リチャード, クリフ　Richard, Cliff　本名=ウェッブ, ハリー・ロ

ジャー　ロック歌手　⑲英国　⑭1940年10月14日　㊗1992／1996／2000／2008／2012

リチャード・アマト, **P.A.**　Richard-Amato, P.A.　元・カリフォルニア州立大学教授　⑳英語教育　⑲米国　㊗1996

リチャードソン, アリータ　Richardson, Arleta　児童文学作家　⑲米国　⑭1923年　㊗1996／2000

リチャードソン, ウェンディ　Richardson, Wendy　美術教育相談員　⑲英国　⑭1939年　㊗1992／1996

リチャードソン, ウォレス　Richardson, Wallace G.　神秘研究家　⑲米国　㊗2000

リチャードソン, エリオット　Richardson, Elliot Lee　政治家, 法律家　元・米国海洋法会議特別代表, 元・米国司法長官　⑲米国　⑭1920年7月20日　⑮1999年12月31日　㊗1992／1996

リチャードソン, キース　Richardson, Keith　ライター　⑲米国　㊗2004／2008

リチャードソン, ゴードン　Richardson, Gordon William Humphreys　元・イングランド銀行総裁　⑲英国　⑭1915年　㊗1992

リチャードソン, ジェイソン　Richardson, Jason　陸上選手（ハードル）　ロンドン五輪陸上男子110メートルハードル銀メダリスト　⑲米国　⑭1986年4月4日

リチャードソン, シェリル　Richardson, Cheryl　講演家　国際コーチ連盟初代会長　⑳コーチング　⑲米国　㊗2004／2008

リチャードソン, ジャック　Richardson, Jack　美術研究家　⑲英国　⑭1936年　㊗1992／1996

リチャードソン, ジャック　Richardson, Jack　劇作家　⑲米国　⑭1935年2月18日　㊗1992

リチャードソン, ジョエリー　Richardson, Joely　女優　⑲英国　⑭1965年　㊗2000／2004／2008

リチャードソン, ジョン　EC委員会対外総局日本課長　⑲英国　⑭1944年　㊗1996

リチャードソン, スティーブン　プロゴルファー　⑲英国　⑭1966年7月24日　㊗1996

リチャードソン, ダグ　Richardson, Doug　技術評論家, 軍事ジャーナリスト　「National Defense」編集者　⑲米国　㊗1992／1996

リチャードソン, ダニエル　Richardsson, Daniel　スキー選手（距離）　バンクーバー五輪スキー距離男子40キロリレー金メダリスト　⑲スウェーデン　⑭1982年3月15日　㊗2012

リチャードソン, ディーン　工業デザイナー　フィッチ・リチャードソン・スミス社会長　⑲米国　⑭1930年　㊗1992

リチャードソン, デズモンド　Richardson, Desmond　バレエダンサー　コンプレクションズ芸術監督　元・アメリカン・バレエ・シアター（ABT）プリンシパル　⑲米国　⑭1969年　㊗2000

リチャードソン, ドット　Richardson, Dot　整形外科医, ソフトボール選手（遊撃手）　南カリフォルニア大学附属病院整形外科研修医　⑲米国　⑭1961年9月22日　㊗2000

リチャードソン, トニー　Richardson, Tony　本名=Richardson, Cecil Antonio　演出家, 映画監督　⑲英国　⑭1928年6月5日　⑮1991年11月14日　㊗1992

リチャードソン, バージニア　Richardson, Virginia E.　オハイオ州立大学ソーシャルワーク学科教授　⑳ソーシャルワーク, 老年学　⑲米国　㊗2004／2008

リチャードソン, ヒュー　Richardson, Hugh　外交官　元・駐日欧州連合大使　⑲英国　⑭1947年5月12日　㊗2008／2012

リチャードソン, ヒュー・エドワード　Richardson, Hugh Edward　チベット研究家　⑲英国　⑭1905年12月22日　㊗2000

リチャードソン, ビル　Richardson, Bill　本名=Richardson, William Blain　政治家, 外交官　ニューメキシコ州知事　元・米国エネルギー長官, 元・国連大使　⑲米国　⑭1947年11月15日　㊗1996／2000／2004／2008／2012

リチャードソン, ビル　Richardson, Bill　作家　⑲カナダ　㊗2008

リチャードソン, フィリップ　Richardson, Philip J.　地質学者　⑲英国　⑭1954年　㊗1996

リチャードソン, ブラッドリー　Richardson, Bradley M.　元・オハイオ州立大学日本研究所所長　⑳日本政治　⑲米国　⑭1929年　㊗1996／2012

リチャードソン, ヘイゼル　Richardson, Hazel　遺伝子学者, サイエンスライター　⑲英国　㊗2008

リチャードソン, ヘザー　Richardson, Heather　スピードスケート選手　⑲米国　⑭1989年3月20日

リチャードソン, マーガレット　Richardson, Margaret M.　アーンスト・アンド・ヤング・パートナー　元・米国内国歳入庁（IRS）長官　⑲米国　㊗2000

リチャードソン, ミランダ　Richardson, Miranda　女優　⑲英国　⑭1958年3月3日　㊗1996／2012

リチャードソン, ラルフ　Richardson, Ralph David　俳優　元・オールド・ビック座総監督　⑲英国　⑭1902年12月19日　⑮1983年10月10日　㊗1992

リチャードソン, ルイーズ　Richardson, Louise　国際政治学者　セントアンドルーズ大学学長　⑲米国　㊗2012

リチャードソン, ロバート　Richardson, Robert　ミステリー作家　⑲英国　⑭1940年　㊗1996

リチャードソン, ロバート　Richardson, Robert Coleman　物理学者　元・コーネル大学教授　⑲米国　⑭1937年6月26日　⑮2013年2月19日　㊗2000／2008／2012

リチャードソン, ロン　Richardson, Ron　ミュージカル俳優　⑲米国　⑮1995年4月5日　㊗1996

リチャルディ, ローレンス・**R.**　元・RJRナビスコ会長・CEO　⑲米国　㊗1996

リッカー, オードリー　Ricker, Audrey　教育家　⑳しつけ　⑲米国　㊗2004

リッカートセン, リック　Rickertsen, Rick　実業家　セイヤー・キャピタルCOO　⑲米国　㊗2004

リッキー, ジョージ　Ricky, George　彫刻家　⑲米国　⑭1907年6月6日　⑮2002年7月17日　㊗1996

リツキー, ミハイル　Lidsky, Mikhail　ピアニスト　⑲ロシア　⑭1968年　㊗1996／2000／2012

リック, フランシス　Ryck, Francis　スパイ小説家　⑲フランス　㊗1992／1996

リックス, アラン　Rix, Alan Cordon　日本研究家　クイーンズランド大学日本・中国研究学科主任教授　⑳日本政治, 日本外交, 日豪関係, 太平洋地域協力　⑲オーストラリア　⑭1949年　㊗1992／1996

リックス, クリストファー　Ricks, Christopher Bruce　英文学者　ボストン大学教授　⑳英語詩　⑲英国　⑭1933年9月18日　㊗2000

リックス, トーマス　Ricks, Thomas E.　ジャーナリスト, 作家　⑲米国　㊗2004／2012

リッグス, フレッド　Riggs, Fred W.　ハワイ大学政治学教授　⑳政治学　㊗1992

リックス, ボ・アンドレアセン　Rix, Bo Andreassen　デンマーク癌協会研究員　⑳心理学　⑲デンマーク　⑭1954年12月11日　㊗2000

リックマン, アラン　Rickman, Alan　俳優　⑲英国　⑭1946年2月21日　㊗1996／2000／2004／2008／2012

リックマン, アラン　アメリカン大学教授　⑳米国政治史　⑲米国　⑭1947年　㊗2000

リックヨシムラ　リック吉村　本名=ロバーツ, フレデリック　元・プロボクサー　⑲米国　⑭1965年2月12日　㊗2004

リッケ, カイウベ　Ricke, Kai-Uwe　実業家　元・ドイツ・テレコム（DT）CEO　⑲ドイツ　⑭1961年10月　㊗2004／2008／2012

リッケ, ヘルムート　Ricke, Helmut　デュッセルドルフ美術館副館長　⑲ドイツ　⑭1943年　㊗1996

リッケン, ラルス　Ricken, Lars　サッカー選手（FW）　⑲ドイツ　⑭1976年7月10日　㊗2000／2004

リッコーバー, ハイマン　Rickover, Hyman George　軍人　元・米国海軍大将　米原潜の開発者　⑲米国　⑭1900年1月27日　⑮1986年7月8日　㊗1992

リッジ, ウォーレン　Ridge, Warren J.　経営コンサルタント　⑲米国　㊗1992

リッジ, トム　Ridge, Tom　本名＝リッジ,トーマス　政治家　元・米国国土安全保障長官,元・ペンシルベニア州知事　⑲米国　㊤1945年8月26日　㊗1996／2000／2004／2008／2012

リッジウェー, クリスティ　Ridgway, Christie　ロマンス作家　⑲米国　㊗2004

リッジウェイ, ロザンヌ　元・米国国務次官補　⑲米国　㊗1992

リッジウェイ, ジェームズ　Ridgeway, James　ジャーナリスト　「ビレッジ・ボイス」誌ワシントン特派員　⑲米国　㊤1936年　㊗1996

リッジウェイ, マシュー　Ridgway, Matthew Bunker　軍人　元・日本占領連合国軍最高司令官,元・米国陸軍参謀総長・大将　⑲米国　㊤1895年3月3日　㊦1993年7月26日　㊗1992（リッジウェー, マシュー）／1996（リッジウェー, マシュー）

リッシャー, ジェイミー　ファッションモデル　⑲米国　㊤1976年　㊗2000

リッシャルド, エルベ　フランス・テレコム社長　⑲フランス　㊗1992

リッシュマン, ビル　Lishman, Bill　彫刻家　渡り鳥の繁殖地拡大に取り組む　⑲カナダ　㊗2000

リッジョ, ルチアーノ　マフィアのボス　⑲イタリア　㊤1925年　㊦1993年11月15日　㊗1996

リッジリー, ダイアン　Ridgely, Dianne Dillon　環境保護運動家　シティズンズネットワーク会長　⑲米国　㊗1996

リッズ, チャールズ　Lidz, Charles W.　ピッツバーグ大学医学部社会精神医学教授・医学倫理センター研究副所長　㊟精神医学　⑲米国　㊗1996

リッセン, ドン　Lessem, Don　筆名＝ディノ・ドン　恐竜研究家　「ディノ・タイムズ」紙編集長,恐竜協会会長　⑲米国　㊗1996

リッソーニ, ピエロ　Lissoni, Piero　インテリアデザイナー　⑲イタリア　㊤1956年　㊗2000

リッダー, ウォルター　Ridder, Walter　新聞記者　元・リッダー新聞グループ創始者　⑲米国　㊤1917年4月1日　㊦1990年3月17日　㊗1992

リッター, エリカ　Ritter, Erika　脚本家,コラムニスト,ラジオ・パーソナリティ　⑲カナダ　㊗2000

リッター, ゲアハルト　Ritter, Gerhard A.　歴史家　ミュンヘン大学名誉教授　㊟ドイツ史　⑲ドイツ　㊤1929年3月29日　㊗2000

リッター, スコット　Ritter, Scott　元・国連大量破壊兵器廃棄特別委員会（UNSCOM）主任査察官　⑲米国　㊗2004／2008

リッター, ドン　Ritter, Don　本名＝Ritter,Donald Lawrence　政治家　アフガニスタン・アメリカ財団会長　元・米国下院議員（共和党）　⑲米国　㊤1940年10月21日　㊗2004／2008

リッター, ルイーズ　Ritter, Louise　走り高跳び選手　⑲米国　㊗1992

リッチ, アドリエンヌ　Rich, Adrienne　本名＝Rich,Adrienne Cecile　詩人,フェミニズム批評家　元・スタンフォード大学教授　⑲米国　㊤1929年5月16日　㊦2012年3月27日　㊗1992／1996／2000／2004／2008／2012

リッチー, ガイ　Ritchie, Guy　映画監督　⑲英国　㊤1969年　㊗2000／2004／2008／2012

リッチー, カレン　Ritchie, Karen　ゼネラル・モーターズ・メディアワークス社副社長・専務

リッチ, クリスティーナ　Ricci, Christina　女優　⑲米国　㊤1980年2月12日　㊗2000／2004／2008／2012

リッチ, ジム　Rich, Jim　リッチ・アンド・アソシエーツ社長　㊗1996

リッチー, ジャック　Ritchie, Jack　本名＝レイチ, ジャック　別名＝オッコネル, スティーブ　推理作家　⑲米国　㊤1922年2月26日　㊗1992

リッチー, ジョン　Richie, John　作曲家　国際音楽教育協会（ISME）会長　⑲ニュージーランド　㊤1921年　㊗1992

リッチー, デニス　Ritchie, Dennis　本名＝Ritchie,Dennis MacAlistair　コンピュータ科学者　AT&Tベル研究所特別名誉技師　㊟コンピュータ言語,オペレーティング・システム設計　⑲米国　㊤1941年9月9日　㊗1992／2012

リッチ, トーマス　Rich, Thomas Hewitt　ビクトリア博物館古脊椎動物部門キュレーター　㊟古生物学　⑲オーストラリア　㊗1996

リッチー, ニコール　Richie, Nicole　本名＝リッチー, ニコール・カミーユ　旧名＝Escovedo,Nicole Camille　女優　⑲米国　㊤1981年9月21日　㊗2008／2012

リッチ, バディ　Rich, Buddy　本名＝Rich,Bernard　ジャズドラマー　⑲米国　㊤1917年9月30日　㊦1987年4月2日　㊗1992

リッチ, フランク　Rich, Frank　演劇評論家,ジャーナリスト　「ニューヨーク・タイムズ」コラムニスト　⑲米国　㊤1949年1月2日　㊗1992／2004／2008／2012

リッチー, マーク　Ritchie, Mark　農業貿易政策研究所所長　⑲米国　㊤1950年　㊗1992／1996

リッチ, マティ　Rich, Matty　本名＝リチャードソン, マシュー・サティスフィールド　映画監督,映画プロデューサー,脚本家　㊤1972年　㊗1996

リッチー, ライオネル　Richie, Lionel　旧グループ名＝コモドアーズ　歌手,ソングライター　⑲米国　㊤1949年6月20日　㊗1992／2000／2008／2012

リッチ, ルッジェーロ　Ricci, Ruggiero　バイオリニスト　⑲米国　㊤1918年7月24日　㊦2012年8月6日　㊗2000

リッチ, ロベール　デザイナー　元・ニナリッチ社長　⑲フランス　㊤1988年8月8日　㊗1992

リッチフィールド, パトリック　Lichfield, Patric　本名＝Anson, Thomas Patrick John　写真家　⑲英国　㊤1939年4月25日　㊦2005年11月11日　㊗1996（リッチフィールド伯爵）

リッチマン, アラン　ジャーナリスト　「USGQ」特別寄稿編集者　⑲米国　㊗2000

リッチマン, ジョン　ウォッチテル・リプトン・ローゼン・カッツ顧問　元・クラフト・ゼネラル・フーズ（KGF）会長・最高経営責任者　⑲米国　㊗1992

リッチマン, シーラ　Richman, Shira　行動療法コンサルタント　⑲米国　㊗2004

リッチマン, リンダ　Richman, Linda　コラムニスト　⑲米国　㊗2004

リッチモンド, エマ　Richmond, Emma　ロマンス作家　⑲英国　㊗2004

リッチモンド, ミッチ　Richmond, Mitch　元・バスケットボール選手　⑲米国　㊤1965年6月30日　㊗2000／2004

リッチャレッリ, カティア　Ricciarelli, Katia　ソプラノ歌手　⑲イタリア　㊤1946年1月16日　㊗1992／1996／2000

リッチラー, モルデカイ　Richler, Mordecai　作家　⑲カナダ　㊤1931年　㊦2001年7月3日　㊗1992（リクラー, モルデカイ）／1996（リクラー, モルデカイ）／2000（リクラー, モルデカイ）

リッチリング, グレッグ　Richling, Greg　グループ名＝ウォールフラワーズ　ロックベース奏者　⑲米国　㊗2004／2008

リッツ, デービッド　Ritz, David　作家,伝記作家　⑲米国　㊤1943年12月　㊗1996

リッツ, ハーブ　Ritts, Herb　写真家　⑲米国　㊤1952年8月13日　㊦2002年12月26日　㊗1992／1996／2000

リッツァーニ, カルロ　Lizzani, Carlo　映画監督,脚本家　⑲イタリア　㊤1922年3月4日　㊦2013年10月5日

リッツィ, アントニー　Rizzi, Antony　バレエダンサー,振付師　フランクフルト・バレエ団バレエマスター　⑲米国　㊤1965年　㊗2000

リッツィ, ティモシー　Rizzi, Timothy　作家　⑲米国　㊗2000

リッツェマ, ルドルフ　Ritsema, Rudolf　エラノス財団代表理事　⑲オランダ　㊤1918年　㊗1992／1996

リッツォス, ヤニス　Ritsos, Giannēs　詩人　⑲ギリシャ　㊤1909年　㊦1990年11月11日　㊗1992

リッツット, ロン　Rizzuto, Ron　経済学者　デンバー大学ダニエル・カレッジ・オブ・ビジネス教授　㊟財務会計　⑲米国　㊗2004

リッテルトン, セリア　Lyttelton, Celia　画家,版画家,アート・ライター　⑲英国　㊤1960年　㊗2000

リット, マーティン　Ritt, Martin　映画監督　[国]米国　[生]1920年3月2日　[没]1990年12月8日　[典]1992

リットマン, ジョナサン　Littman, Jonathan　ジャーナリスト　[国]米国　[典]2000

リットマン, ペーター　Littmann, Peter　ヒューゴ・ボス社長・CEO　[国]ドイツ　[生]1947年　[典]1996

リッパ・ディ・メアナ, カルロ　Ripa di Meana, Carlo　政治家　EC委員会委員　[国]イタリア　[生]1929年8月15日　[典]1992

リッピ, マルチェロ　Lippi, Marcello　サッカー監督, 元・サッカー選手　元・サッカー・イタリア代表監督　[国]イタリア　[生]1948年4月11日　[典]2000／2004／2008／2012

リッピンコット, デービッド　Lippincott, David　作家　[国]米国　[生]1925年6月17日　[典]1992

リップ, ダグラス　Lipp, Douglas　企業コンサルタント　ダグラス・リップ&アソシエイツ社長　[国]米国　[典]1996／2000

リップシュタット, デボラ　Lipstadt, Deborah E.　エモリー大学教授　[専]現代ユダヤ史, ホロコースト　[国]米国　[典]1996

リップス　Lips　本名＝クドロー, スティーブ　グループ名＝Anvil　ミュージシャン　[国]カナダ　[典]2012

リップス, マイケル　Rips, Michael　作家　[国]米国　[典]2004

リップニッキー, ジョナサン　Lipnicki, Jonathan　俳優　[国]米国　[典]2004

リップマン, スタンリー　Lippman, Stanley B.　コンピューター技術者　ドリームワークス・フィーチャー・アニメーション・コア・テクノロジーグループメンバー　[国]米国　[典]2004

リップマン, フリッツ　Lipmann, Fritz Albert　生化学者　元・ハーバード大学教授　[国]米国　[生]1899年6月12日　[没]1986年7月24日　[典]1992

リップマン, ローラ　Lipman, Laura　作家　[国]米国　[典]2000／2004／2012

リップルウッド, ディーン　Ripplewood, Dean　作家　[典]2004

リッペ・ビースターフェルト, イレーネ・ファン　Lippe-Biesterfeld, Irene van　オランダ王女　[国]オランダ　[生]1939年　[典]2004／2008

リッペルト, ヘルムート　Lippelt, Helmut　政治家　ドイツ連邦議会議員, 90年連合緑の党外交政策広報官　[国]ドイツ　[生]1932年3月24日　[典]2004

リッペンコット, ブレット　Lippencott, Brett C.　中国研究家　ヘリテージ財団アジア研究センターアナリスト　[専]米中関係　[国]米国　[生]1968年　[典]1996

リッポネン, パーボ　Lipponen, Paavo Tapio　政治家　元・フィンランド首相　[国]フィンランド　[生]1941年4月23日　[典]1996／2000／2004／2008／2012

リツマ, リンチェ　Ritsma, Rintje　元・スピードスケート選手　[国]オランダ　[生]1970年4月13日　[典]1996／2000／2004

リディン, オロフ・グスタフ　Lidin, Olof Gustaf　コペンハーゲン大学教授　[専]日本思想史, 日本近代文学　[国]デンマーク　[生]1926年　[典]1992

リーディング, バーティス　ジャズ歌手, ミュージカル女優　[没]1991年6月8日　[典]1992

リデル, クリス　Riddell, Chris　イラストレーター, 漫画家　[国]英国　[典]2000／2008

リテル, ジョナサン　Littell, Jonathan　作家　[国]米国　[生]1967年　[典]2008／2012

リーデル, ラース　Riedel, Lars　円盤投げ選手　アトランタ五輪陸上男子円盤投げ金メダリスト　[国]ドイツ　[生]1967年6月28日　[典]2000／2004／2008

リテル, ロバート　Littell, Robert　作家　[国]米国　[生]1935年　[典]1992／1996／2000／2012

リード, J.D.　Read, J.D.　作家, 詩人, 雑誌編集者　[国]米国　[典]1992

リード, L.A.　Reid, L.A.　別称＝リード, アントニオ・L.A.　音楽プロデューサー　アイランド・デフ・ジャム・ミュージックオーナー　元・アリスタ・レコード社長　[国]米国　[典]2004／2008／2012

リード, アラン　本名＝カンティ, クリストファー　プロレス・マネジャー, ダンサー　[国]米国　[生]1968年12月12日　[典]2000

リード, アリソン　Reed, Allison　フィギュアスケート選手（アイスダンス）　[国]グルジア　[生]1994年6月8日　[典]2012

リード, アルフレッド　Reed, Alfred　作曲家, 指揮者　元・洗足学園音楽大学客員教授　[国]米国　[生]1921年　[没]2005年9月17日　[典]1992／1996

リード, アンソニー　Reid, Anthony John Stanhope　歴史学者　シンガポール国立大学アジア研究所所長　元・カリフォルニア大学ロサンゼルス校教授, 元・オーストラリア国立大学太平洋学部教授　[専]東南アジア史　[国]オーストラリア　[生]1939年6月19日　[典]2000／2004／2008

リード, アンソニー　Read, Anthony　作家, テレビプロデューサー　[国]英国　[生]1935年　[典]2004

リード, イシュメイル　Reed, Ishmael Scott　作家, 詩人　[国]米国　[生]1938年2月22日　[典]1992／1996／2000／2004

リード, ウィリアム　Reed, William S.　元・ウェルズリー大学財務総務担当副学長　[専]財務, 経営　[国]米国　[典]2008

リード, ウォルター　Reid, Walter V.　世界資源研究所（WRI）副所長　[専]野生生物学　[国]米国　[典]1996

リード, ウォーレン　Reed, Warren　著述家　[国]オーストラリア　[生]1945年　[典]1992／1996

リード, エド　Reed, Ed　プロフットボール選手（FS）　[国]米国　[生]1978年9月11日

リード, エリック　Leed, Eric J.　フロリダ国際大学教授　[専]歴史学　[国]米国　[生]1942年　[典]1996

リード, サンディ　歌手　[国]ドイツ　[生]1968年　[典]2000

リード, ジェームス・G.W.　ABNアムロ証券社長　[国]米国　[生]1952年　[典]2000

リード, ジャック　Reed, Jack　本名＝Reed,John Francis　政治家　米国上院議員（民主党）　[国]米国　[生]1949年11月12日　[典]2000／2004／2012

リード, シャネーズ　Reade, Shanaze　本名＝Reade,Shanaze Danielle　自転車選手（BMX）　[国]英国　[生]1988年9月23日

リード, ジュリー　Leto, Julie Elizabeth　ロマンス作家　[国]米国　[典]2008

リード, ジョン　Reed, John Shepard　銀行家　元・シティグループ会長, 元・シティコープ会長・CEO　[国]米国　[生]1939年2月7日　[典]1992／1996／2000／2004／2008／2012

リード, ジョン　Reed, John　作家　[国]米国　[生]1938年　[典]2008

リード, スティーブン　Reed, Steven R.　中央大学総合政策学部教授　[専]比較政治学　[国]米国　[生]1947年　[典]2004／2008

リード, チャールズ　Reid, Charles E.　フロリダ大学名誉教授　[専]熱力学, 量子化学　[国]米国　[生]1917年　[典]1996

リード, デービッド　Reid, David　元・プロボクサー　元・WBA世界スーパーウエルター級チャンピオン　[国]米国　[生]1973年9月17日　[典]2000／2004

リード, デービッド　実業家　テスコ副会長　[国]英国　[典]2004

リード, テレンス・ジェームス　Reed, Terence James　オックスフォード大学クィーンズ・カレッジ・テイラー研究所ドイツ文学担当教授　[専]ドイツ語, ドイツ文学　[国]英国　[生]1937年4月16日　[典]1996

リード, ドナ　Reed, Donna　女優　[国]米国　[生]1921年1月27日　[没]1986年1月14日　[典]1992

リード, トム　Reid, Tom　本名＝リード, トーマス　ジャーナリスト　元・「ワシントン・ポスト」紙極東総局長　[国]米国　[生]1944年5月13日　[典]1992／1996／2000

リード, バーノン　Reid, Vernon　グループ名＝リビング・カラーロック・ミュージシャン　[国]米国　[生]1958年　[典]1992

リード, ハリー　Reid, Harry　政治家　米国上院議員（民主党）　[国]米国　[生]1939年12月2日　[典]1996／2000／2004／2012

リード, バリー　Reed, Barry　作家, 弁護士　[国]米国　[生]1927年　[没]2002年7月19日　[典]1992／1996／2000

リード, ピアズ・ポール　Read, Piers Paul　小説家, ノンフィクション作家　[国]英国　[生]1941年　[典]1992／2012

リード, ペイトン　Reed, Peyton　映画監督　[国]米国　[典]2004／

リ

2008／2012

リード, ベティー　Reid, Betty　元・英国共産党活動家　国英国　⑱1992

リート, ヘルムート　生態学者　オスナブリュック大学生態学主任教授　国ドイツ　⊕1925年　⑱1992

リード, ベン　Reed, Ben　バーテンダー　国英国　⑱2004

リード, ベンジャミン　Read, Benjamin　市民運動家　エコ・ファンド92会長　元・米国国務次官　国米国　⑱1992

リード, ヘンリー　Reed, Henry　プリンストン大学心理学教授　⑱人文主義的心理学　国米国　⑱1996／2000

リード, ポール(Jr.)　Reed, Paul R.(Jr.)　コンピューターコンサルタント　国米国　⑱2004／2008

リード, マイルス　Reid, Miles A.　数学者　ウォーリック大学教授　⑱代数幾何学　⊕1948年　⑱2004

リード, マーク　Reed, Mark A.　エール大学電気工学科教授　⑱固体物理学　国米国　⑱1996

リード, マーク　Read, Mark　グループ名＝a1　歌手　国英国　⊕1978年11月7日　⑱2004

リード, ミシェル　Reid, Michelle　ロマンス作家　国英国　⑱2004

リード, ラルフ　政治コンサルタント　元・クリスチャン・コアリション事務局長　⊕1961年6月　⑱2000

リード, ルー　Reed, Lou　本名＝リード, ルイス・アラン　旧名＝ファーバンク, ルイス　グループ名＝ベルベット・アンダーグラウンド　ロック・ミュージシャン　国米国　⊕1942年3月2日　②2013年10月27日　⑱1992／1996／2000／2004／2008

リード, ローク・M.　サザン・メソジスト大学ロースクール主任教授　⑱刑事訴訟法　国米国　⊕1940年　⑱1992

リード, ロバート　Reed, Robert S.　画家　⑱1992

リード, ロバート　Reed, Robert　作家　国米国　⊕1956年　⑱2008

リード, ロリー　Reid, Lori　西洋占星術師　国英国　⑱2004

リトヴィノフ, セルゲイ　Litvinov, Sergei　ハンマー投げ選手　⑱1992(リトビノフ, セルゲイ)／1996(リトビノフ, セルゲイ)

リトウィン, ポール　Litwin, Paul　コンピューター技術者　⑱2004

リトゥカ, ジグムント　Rytka, Zygmunt　写真家　国ポーランド　⊕1947年　⑱1992

リートケ, ゲルハルト　Liedke, Gerhard　牧師　ハイデルベルク大学講師, ハントシューハイム平和教会牧師　⑱キリスト教学　国ドイツ　⊕1937年　⑱1992／1996

リドストロム, ニクラス　Lidström, Nicklas　元・アイスホッケー選手　トリノ五輪アイスホッケー男子金メダリスト　国スウェーデン　⊕1970年4月28日　⑱2008

リトナー, キャロル　Rittner, Carol　カトリック修道女　エリ・ウィーゼル人道基金理事長, シスターズ・オブ・マーシイ・シスター　⑱ユダヤ・キリスト教関係史, ホロコースト　国米国　⑱1992

リトナー, ドン　Rittner, Don　編集者, 環境保護運動家　「MUG News Service」創設者・編集者, Computer Users for Social Responsibility設立者・代表者　国米国　⑱1996

リトナー, リー　Ritenour, Lee Mack　ギタリスト　i.e.ミュージック専属プロデューサー　国米国　⊕1952年1月11日　⑱2000／2004／2008／2012

リドパス, マイケル　Ridpath, Michael　作家　国英国　⑱2000

リトバルスキー, ピエール　Littbarski, Pierre　サッカー監督, 元・サッカー選手　国ドイツ　⊕1960年4月16日　⑱1996／2000／2004／2008／2012

リドビッチ, ラースロー　Ridovics, László　画家　国ハンガリー　⊕1925年　⑱1992／1996

リードベック, ベッテル　Lidbeck, Petter　児童文学作家　国スウェーデン　⊕1964年　⑱2012

リトボ, ハリエット　Ritvo, Harriet　歴史学者　マサチューセッツ工科大学教授　国米国　⊕1946年　⑱2004

リードホルム, ニルス　Liedholm, Nils　サッカー選手　国スウェーデン　⊕1922年10月8日　②2007年11月5日　⑱2000

リード・マウラー, ポール　Reed Maurer, Paul　米国製薬工業協会日本代表, メットパック社社長　国米国　⊕1937年　⑱1992

リトマネン, ヤリ　Litmanen, Jari　サッカー選手(FW)　国フィンランド　⊕1971年2月21日　⑱1996／2000／2004／2008

リードマン, サーラ　Lidman, Sara　本名＝Lidman,Sara Adela　作家　国スウェーデン　⊕1923年12月30日　②2004年6月17日　⑱1992／2008

リトラー, G.　ナショナル・ウェストミンスター投資銀行役員　元・英国大蔵省次官　国英国　⑱1992

リトラー, ウィリアム　音楽評論家, 舞踏評論家　トロント王立音楽院　国カナダ　⑱1996

リドリー, イボンヌ　Ridley, Yvonne　ジャーナリスト　アフガニスタンに潜入取材しタリバンに逮捕・拘束された女性ジャーナリスト　国英国　⑱2004

リドリー, ジョン　Ridley, John　脚本家, 作家　国米国　⑱2004

リドリー, フィリップ　Ridley, Philip　映画監督, 作家, 脚本家, 画家　国英国　⊕1960年　⑱1996(リドレー, フィリップ)

リトル, アラステア　料理人　国英国　⑱2000

リトル, クリーボン　Little, Cleavon　俳優　国米国　⊕1939年6月1日　②1992年10月22日　⑱1996

リトル, クレア　Little, Claire　挿絵画家　国英国　⑱2004／2008

リトル, ケイト　Little, Kate　作家　国米国　⑱2004

リトル, ジョン　Little, John　数学者　Holy Cross大学数学学部　⑱2004

リトル, ジョン　Little, John　ブルース・リー研究家　⑱2008

リトル, ジーン　Little, Jean　児童文学作家　国カナダ　⊕1932年　⑱1992

リドル, ネルソン　Riddle, Nelson　作曲家　国米国　⊕1921年6月1日　②1985年10月6日　⑱1992

リードル, ペーター・アンセルム　Riedl, Peter Anselm　ハイデルベルク大学近現代美術史講座正教授　⑱美術史　国ドイツ　⊕1930年　⑱2000

リトル, マーガレット　Little, Margaret　教育分析家　国英国　⑱2000

リードル, ルーペルト　Riedl, Rupert　ウィーン大学動物学講座主任教授　⑱動物学　国オーストリア　⊕1925年　⑱1992

リトル, レジ　Little, Reg　著述家, コンサルタント　国際儒学連合会初代会長　国オーストラリア　⊕1937年　⑱1992／2004

リトルウッド, イアン　Littlewood, Ian　サセックス大学講師　⑱英文学　国英国　⑱2000

リトルジョン, ガリー　Littlejohn, Gary　ブラッドフォード大学教授　国英国　⊕1945年　⑱1996

リドルストーン, スー　Riddlestone, Sue　実業家　バイオリージョナル・ディベロプメント・グループ共同設立者　⑱2008

リトルトン, C.スコット　Littleton, C.Scott　オクシデンタル大学教授　⑱社会人類学　国米国　⊕1933年　⑱2000

リトル・リチャード　Little Richard　本名＝ペニマン, リチャード　ロック歌手　国米国　⊕1932年12月5日　⑱1992／1996

リドレー, スコット　Ridley, Scott　ジャーナリスト　⑱エネルギー問題　国米国　⑱1992

リドレー, ニコラス　Ridley, Nicholas　政治家　元・英国貿易産業相　国英国　⊕1929年2月17日　②1993年3月4日　⑱1992／1996

リドレー, マット　Ridley, Matt　ジャーナリスト　元・「エコノミスト」記者　国英国　⊕1958年　⑱1996／2004

リーナー, ゲルハルト　Liener, Gerhard　元・ダイムラー・ベンツ副社長　国ドイツ　⊕1932年4月23日　②1995年12月14日　⑱1996

リナー, ルーアン　Rinner, Louann　作業療法士　カンザス大学病院発達障害センター　⑱2008

リーナメン, カレン・スカルフ　Linamen, Karen Scalf　「疲れすぎて無性にチョコレートが食べたくなるあなたへーストレスをコントロールする14の方法」の著者　⑱2008

リナレス, オマール　Linares, Omar　元・プロ野球選手　国キューバ　⊕1967年10月23日　⑱1996／2000／2004／2008

リナレス, フリオ　政治家　元・パナマ外相　[国]パナマ　[没]1993年10月27日　[典]1996

リナレス, ホルヘ　Linares, Jorge　プロボクサー　元・WBA世界スーパーフェザー級チャンピオン, 元・WBC世界フェザー級チャンピオン　[国]ベネズエラ　[生]1985年8月22日　[典]2008

リニー　Linnie　グループ名=allure　歌手　[国]米国　[典]2000

リニ, ウォルター　Lini, Walter Hadye　政治家　元・バヌアツ首相　[国]バヌアツ　[生]1942年　[没]1999年2月21日　[典]1992

リニー, ローラ　Linney, Laura　女優　[国]米国　[生]1964年2月5日　[典]2004／2008／2012

リヌーフ, ディーン　Renouf, Deane　ニューファウンドランド・メモリアル大学準教授　[専]生物心理学　[国]カナダ　[典]1992

リネカー, ゲーリー　Lineker, Gary　本名=リネカー, ゲーリー・ウインストン　元・サッカー選手　[国]英国　[生]1960年11月30日　[典]1992／1996／2000／2012

リネハン, パトリック　Linehan, Patrick J.　外交官　大阪・神戸アメリカ総領事　[国]米国　[典]2000

リネール, テディ　Riner, Teddy　柔道選手　ロンドン五輪柔道男子100キロ超級金メダリスト　[国]フランス　[生]1989年4月7日　[典]2012

リーネル, ブルーノ　Rhyner, Bruno　臨床心理学者　元・京都文教大学客員助教授, 元・国際日本文化研究センター客員助教授　[国]スイス　[生]1956年　[典]2004

リネン, ジェームズ　元・タイム社長　[国]米国　[没]1988年2月1日　[典]1992

リネンジャー, ジェリー　Linenger, Jerry　宇宙飛行士　[国]米国　[生]1956年　[典]2004

リノ, ジャネット　Reno, Janet　法律家　元・米国司法長官　[国]米国　[生]1938年7月21日　[典]1996／2000／2004

リノ, ナンシー　Reno, Nancy　ビーチバレー選手　[国]米国　[典]2000

リノーイ・カン, アレクサンダー　オランダ産業連盟会長　元・エラスムス大学総長　[国]オランダ　[典]2000

リパ, エリザベタ　Lipa, Elisabeta　ボート選手　[国]ルーマニア　[典]1996

リーバー, ジョン　Lieber, Jon　本名=Lieber,Jonathan Ray　大リーグ選手（投手）　[国]米国　[生]1970年4月2日　[典]2004／2008

リーパー, スティーブン　Leaper, Steven　翻訳家　広島平和文化センター理事長, グローバル・ピースメーカーズ・アソシエーション（世界平和活動家協会）代表　[国]米国　[典]1996／2000／2004／2008／2012

リーパ, ヤニク　Ripa, Yannick　歴史家　パリ第8大学助教授　[専]フランス近代史, 女性史　[国]フランス　[生]1954年　[典]1996

リーバ, ルイジ　Riva, Luigi　元・サッカー選手　[国]イタリア　[生]1944年11月7日　[典]2004

リーバー, ロン　Lieber, Ron　コラムニスト　[典]2004

リバウド　Rivaldo　本名=ボルバ・フェレイラ, リバウド・ビトル　サッカー選手（MF）　モジミリン会長　[国]ブラジル　[生]1972年4月19日　[典]2000／2004／2008／2012

リーバー卿　Lever of Manchester, Baron　本名=リーバー, ハロルド　政治家　元・ランカスター公領相　[国]英国　[生]1914年1月15日　[没]1995年8月6日　[典]1996

リーハーク, ロバート　Rehak, Robert　リーハーク・クリエーティブ・サービス社創業者　[国]米国　[典]2000

リバコフ, ヤロスラフ　Rybakov, Yaroslav　走り高跳び選手　北京五輪陸上男子走り高跳び銅メダリスト　[国]ロシア　[生]1980年11月22日

リバサル, ケネス　ミシガン大学教授　[専]中国政治　[国]米国　[典]2000

リバス, イヴォネ　Rivas, Ivonne　文化人類学者　[国]ベネズエラ　[典]2004

リバーズ, キャリル　Rivers, Caryl　ジャーナリスト, 作家　ボストン大学教授　[専]ジャーナリズム　[国]米国　[典]1996

リバース, ゲイル　Rivers, Gayle　傭兵　[典]1992／1996

リバーズ, ジョーン　Rivers, Joan　本名=モリンスキー, ジョーン・アレクザンドラ　喜劇女優　[国]米国　[生]1933年6月8日　[没]2014年9月4日

リバース, フィリップ　Rivers, Philip　プロフットボール選手（QB）　[国]米国　[生]1981年12月8日

リバス, マヌエル　Rivas, Manuel　作家, 詩人　[国]スペイン　[生]1957年　[典]2012

リバソール, ケネス　Lieberthal, Kenneth　国際政治学者　ブルッキングス研究所ジョン・ソーントン中国センター所長　元・米国国家安全保障会議アジア担当上級部長, 元・ミシガン大学教授　[専]政治学, 対中国政策　[国]米国　[典]2000／2004／2008／2012

リハチョフ, ドミトリー　Likhachev, Dmitrii Sergeevich　文芸学者　元・ロシア文化基金名誉総裁　[専]中世ロシア文学　[国]ロシア　[生]1906年11月28日　[没]1999年9月30日　[典]1992／1996

リバティ, ジェシー　Liberty, Jesse　プログラマー　Liberty Associates社長　[典]2008

リパティン　Lipatin　本名=リパティン・ロペス, マルセロ　サッカー選手（FW）　[国]ウルグアイ　[生]1977年1月28日　[典]2004／2008

リパード, スティーブン　Lippard, Stephen J.　マサチューセッツ工科大学教授　[専]生物無機化学, 無機化学　[国]米国　[典]2000

リバート, バリー　Libert, Barry D.　経営コンサルタント　アーサーアンダーセン・パートナー　[典]2004

リパード, ルーシー・ローランド　Lippard, Lucy R.　美術批評家　[国]米国　[典]1996

リバネリ, ズルフュ　作曲家, 映画監督, 作家　[国]トルコ　[典]1996

リハーノフ, アリベルト　Likhanov, Albert Anatolevich　作家　国際児童基金協会総裁　[国]ロシア　[生]1935年9月13日　[典]2000

リハノフ, ドミトリー　ジャーナリスト　「トップ・シークレット」紙副編集長　[国]ソ連　[生]1959年　[典]1992

リバプール, ニコラス　Liverpool, Nicholas Joseph Orville　政治家　ドミニカ大統領　[国]ドミニカ　[生]1934年9月9日　[典]2008／2012

リバーベンド　Riverbend　「バグダッド・バーニング―イラク女性の占領下日記」の著者　[典]2008

リーバーマン, アヴィグドール　Lieberman, Avigdor　政治家　イスラエル副首相・外相　[国]イスラエル　[生]1958年6月5日　[典]2012

リーバーマン, ウィリアム　Lieberman, William S.　メトロポリタン美術館20世紀美術部長　[国]米国　[生]1924年　[典]1996／2000

リバーマン, ジェイコブ　Liberman, Jacob　シントニック・オプトメトリー・カレッジ学長, ユニバーサル・ライト・テキルロジー社社長　[専]フォトセラピー（光療法）　[国]米国　[典]2000

リバーマン, シャリ　Lieberman, Shari　臨床栄養士, 代替医療コンサルタント　ブリッジポート大学　[国]米国　[典]2000

リーバーマン, ジョゼフ　Lieberman, Joseph I.　政治家　米国上院議員（民主党）　[国]米国　[生]1942年2月24日　[典]1996／2000／2004／2008／2012

リーバーマン, デービッド　Lieberman, David J.　心理学者　[国]米国　[典]2004

リーバーマン, ハーバート・ヘンリー　Lieberman, Herbert Henry　作家, 劇作家　[国]米国　[典]1992

リーバーマン, モーシェ　Lieberman, Moshe　哲学者　[専]スピノザ研究　[国]米国　[典]2004

リーバーマン, リチャード　Lieberman, Richard Kenneth　ラガーディア・コミュニティー・カレッジ教授, ラガーディア古文書保存所所長　[専]米国史　[国]米国　[生]1945年　[典]2000

リーバーマン, ロウェル　Liebermann, Lowell　作曲家, ピアニスト, 指揮者　ダラス交響楽団レジデント・コンポーザー　[国]米国　[生]1961年　[典]2004／2008

リーバーマン, ロニ　Liebermann, Loni　写真家　[国]ドイツ　[生]1949年　[典]1992

リーバーマン, ロルフ　Liebermann, Rolf　作曲家, 劇場監督　元・パリ・オペラ座総監督　[国]スイス　[生]1910年9月14日　[没]1999年1月2日　[典]1992

リバモア, アン　Livermore, Ann　本名=Livermore,Ann Martinelli　実業家　ヒューレット・パッカード上級副社長　[国]米国　[生]1958年8月23日　[典]2008／2012

リバリス, アンドルー　Liveris, Andrew N.　実業家　ダウ・ケミカ

ル会長・社長・CEO　[国]オーストラリア　[生]1954年5月5日　[典]2012

リバルチェンコ, ディミトリー　スカーフデザイナー　[国]フランス　[典]2000

リビー, ウィラード　Libby, Willard Frank　物理化学者　元・カリフォルニア大学化学教授・地球物理学研究所所長　[専]放射化学　[国]米国　[生]1908年12月17日　[没]1980年9月8日　[典]1992

リーヒー, ジョン　エアバス上級副社長　[国]米国　[生]1950年　[典]2000

リービ, スタンリー　Leavy, Stanley A.　精神科医, 精神分析学者　[国]米国　[生]1915年　[典]1996

リービー, スチュアート　Levy, Stuart J.　実業家　TOKYOPOP・CEO　[国]米国　[生]1967年　[典]2008

リーヒー, テリー　Leahy, Terry　実業家　元・テスコCEO　[国]英国　[生]1956年　[典]2004／2012

リービー, マーク　Levy, Mark　経営コンサルタント　[国]米国　[典]2008

リビー, ルイス　Libby, Lewis　弁護士　元・米国副大統領首席補佐官　[国]米国　[生]1950年8月22日　[典]2000／2008／2012

リビー, レオナ・マーシャル　物理化学者　[国]米国　[没]1986年11月10日　[典]1992

リビエ, ジャン　Rivier, Jean　作曲家　元・パリ音楽院教授　[国]フランス　[生]1896年7月21日　[没]1987年11月6日　[典]1992

リピエッツ, アラン　Lipietz, Alain　エコノミスト　数理経済計画予測研究センター（CEPREMAP）教授, フランス国立科学研究センター（CNRS）教授　[国]フランス　[生]1947年9月　[典]1992／1996／2000

リビシ, ジョバンニ　Ribisi, Giovanni　俳優　[国]米国　[生]1974年　[典]2008／2012

リービス, ダレル　Revis, Darrelle　プロフットボール選手（CB）　[国]米国　[生]1985年7月14日

リヒター, カート　Richter, Curt Paul　心理学者, 生物学者　元・ジョンズ・ホプキンズ大学教授　[専]生物のバイオリズム　[国]米国　[生]1894年2月20日　[没]1988年12月21日　[典]1992（リクター, カート）

リヒター, カール　Richter, Karl　オルガン奏者, 指揮者　元・ミュンヘン・バッハ管弦楽団指揮者, 元・ミュンヘン高等音楽学校教授　[国]ドイツ　[生]1926年10月15日　[没]1981年2月15日　[典]1992

リヒター, ゲルハルト　Richter, Gerhard　現代美術家　[国]ドイツ　[生]1932年2月9日　[典]1992／2000／2004／2008／2012

リヒター, コンラート　シュトゥットガルト音楽大学教授　[国]ドイツ　[生]1935年　[典]1996

リヒター, ジェフリー　Richter, Jeffrey　プログラミングセミナー講師, コンピューターコンサルタント　[国]米国　[典]2004

リヒター, ステファン　弁護士　トランス・アトランティック・フューチャーズ所長　[専]国際経済　[国]ドイツ　[典]2000

リヒター, チャールズ　Richter, Charles Francis　地震学者　元・カリフォルニア工科大学名誉教授　[国]米国　[生]1900年4月26日　[没]1985年9月30日　[典]1992

リヒター, トビアス　Richter, T.　オペラ演出家　ライン・ドイツ・オペラ総支配人　[国]スイス　[生]1953年4月　[典]1996／2000

リヒター, バートン　Richter, Burton　物理学者　スタンフォード大学教授・線型加速研究所名誉所長　[国]米国　[生]1931年3月22日　[典]1992／1996／2008／2012

リヒター, ハンス　Richter, Hans Werner　作家　[国]ドイツ　[生]1908年11月12日　[没]1993年3月23日　[典]1992／1996

リヒター, ハンス・ピーター　Richter, Hans Peter　社会心理学者, 児童文学作家　[国]ドイツ　[生]1925年　[没]1993年　[典]1996

リヒター, ユッタ　Richter, Jutta　作家　[国]ドイツ　[生]1955年　[典]2008／2012

リヒター, ヨーク　料理人　ウェスティンホテル東京総料理長　[国]ドイツ　[生]1961年　[典]2000

リヒター, ローランド・ズゾ　Richter, Roland Suso　映画監督　[国]ドイツ　[生]1961年1月7日　[典]2004／2008／2012

リヒタリンゲン, エルンスト　グローバル・リポーティング・イニシアティブ（GRI）国際事務局代表　[国]オランダ　[典]2000／2004／2008

リビック, エッサド　Ribic, Essad T.　漫画家　[典]2004

リヒテル, スヴャトスラフ　Richter, Sviatoslav Teofilovich　ピアニスト　[国]ロシア　[生]1915年3月20日　[没]1997年8月2日　[典]1992／1996

リヒテンシュタイン, ウォレン　Lichtenstein, Warren　スティール・パートナーズ代表　[国]米国　[生]1965年7月2日　[典]2008／2012

リヒテンバーグ, ロナ　Lichtenberg, Ronna　経営コンサルタント　クリア・ピーク・コミュニケーションズ社長　[典]2004／2008

リヒトマン, ジェフ　Lichtman, Jeff W.　ワシントン大学医学部教授　[専]神経生物学　[国]米国　[典]1996

リピューマ, トミー　Lipuma, Tommy　音楽プロデューサー　GRPレコード社長　[国]米国　[典]1996

リピン, キャシー　Ripin, Kathy M.　情報システム・コンサルタント　[典]2004

リビングストン, アリステア　Livingstone, Alistair　ホメオパシー医師　[典]2008

リビングストン, ケン　Livingstone, Ken　本名=Livingstone, Kenneth Robert　政治家　元・ロンドン市長　[国]英国　[生]1945年6月17日　[典]2004／2012

リビングストン, ジェニー　映画監督　[国]米国　[生]1962年　[典]1996

リビングストン, ジェーン　Livingston, Jane　キュレーター　元・コーコラン・アート・ギャラリーチーフ・キュレーター・アシスタント・ディレクター　[国]米国　[典]1992／1996

リビングストン, ジョン　Livingston, John A.　環境思想家, ナチュラリスト　トロント大学名誉教授　[国]カナダ　[典]2000

リビングストン, シンディ　Livingston, Cindy　実業家　シーケルAG社長・CEO　[国]米国

リビングストン, ニール　Livingstone, Neil　危機管理コンサルタント　[国]米国　[生]1946年　[典]2000

リビングストン, マルコ　Livingston, Marco　美術評論家　元・オックスフォード近代美術館次長　[国]英国　[典]1992

リビングストン, リッキー　Livingston, Rickie　ゲシュタルト療法家　東京ゲシュタルト研究所所長　[典]1992

リビングストン, ロバート　Livingston, Robert　現代ドイツ問題研究所所長　[専]ドイツ問題　[国]米国　[生]1927年　[典]1992

リビングストン, ロバート　Livingston, Robert L.（Jr.）　政治家　米国下院歳出委員長（共和党）　[国]米国　[生]1943年4月30日　[典]2000

リピンスキ, エドワルド　Lipinski, Edward　反体制活動家　[国]ポーランド　[没]1986年7月13日　[典]1992

リピンスキー, タラ　Lipinski, Tara　プロスケーター　[国]米国　[生]1982年6月10日　[典]2000

リフ, エレーヌ　Riff, Hélène　絵本作家　[生]1969年　[典]2008

リーブ, クリストファー　Reeve, Christpher　俳優　[国]米国　[生]1952年9月25日　[没]2004年10月10日　[典]1996／2000／2004

リーブ, ジョナサン　ロンドン大学南アフリカ経済・国際金融センター所長　[国]英国　[生]1958年　[典]1996

リブー, フランク　Ribund, Franck　実業家　ダノンCEO　[国]スイス　[生]1955年11月7日

リーブ, フランクリン・アレン　Leib, Franklin Allen　作家　[国]米国　[生]1945年　[典]1992／1996／2000

リーフ, マイケル　Lief, Michael S.　検察官　[国]米国　[典]2004

リブー, マルク　Riboud, Marc　写真家　元・マグナム会長　[国]フランス　[生]1923年　[典]1992／1996

リーフ, ライアン　Leaf, Ryan　元・プロフットボール選手　[国]米国　[生]1976年5月15日　[典]2004

リブー, リクストフ　元・フランス世論調査機関（IFOP）社長　[専]世論調査　[国]フランス　[没]1987年8月31日　[典]1992

リーブ, リチャード　Rive, Richard　作家　[国]南アフリカ　[生]1931年　[典]1992／1996

リープ, ルシアン　Leape, Lucian L.　医学者　ハーバード大学助教授　[専]保健政策　[典]2004

リファイ, ザイド　Rifai, Zaid al　政治家　元・ヨルダン首相・国防相　[国]ヨルダン　[生]1936年11月27日　[典]1992／1996

リ

リファイ, サミル　Rifai, Samir　本名=Rifai,Samir Zaid ar-　政治家　元・ヨルダン首相・国防相　[国]ヨルダン　[生]1966年7月1日　[典]2012

リファール, セルジュ　Lifar, Serge　バレエダンサー, 振付師　[国]フランス　[生]1905年4月2日　[没]1986年12月15日　[典]1992

リフェルド, ジョン　セイコー・インストルメンツUSA社長　[国]米国　[典]1992

リーフェンシュタール, レニ　Riefenstahl, Leni　本名=リーフェンシュタール, ベルタ・ヘレネ・アマリエ　映画監督, 写真家, 作家, 女優　[国]ドイツ　[生]1902年8月22日　[没]2003年9月8日　[典]1992／1996／2000

リーフォード, ポリー　Wreford, Polly　写真家　[専]ライフスタイル, インテリア　[典]2004

リフキン, アダム　映画監督　[国]米国　[生]1966年　[典]1996

リフキン, グレン　Rifkin, Glenn　「コンピュータワールド」誌編集者　[国]米国　[典]1992

リフキン, ジェレミー　Rifkin, Jeremy　文明批評家, エコロジスト　エコノミック・トレンド基金会長　[国]米国　[生]1945年　[典]1992／1996／2000

リブキン, スチーブ　Rivkin, Steve　マーケティングコンサルタント　[典]2004／2008

リフキンド, マルコム　Rifkind, Malcolm Leslie　政治家　英国下院議員(保守党)　元・英国外相・国防相　[国]英国　[生]1946年6月21日　[典]1996／2000／2012

リプケン, カル(Jr.)　Ripken, Cal (Jr.)　本名=Ripken,Calvin Edwin,Jr.　元・大リーグ選手　[国]米国　[生]1960年8月24日　[典]1992／1996／2000／2004／2008／2012

リプシー, ジャンヌ　Lipsey, Jeanne　写真家　[典]2004

リフシツ, アレクサンドル　Livshits, Aleksandr Yakovlevich　政治家, 経済学者　元・ロシア副首相, 元・ロシア蔵相, 元・ロシア大統領府副長官　[国]ロシア　[生]1946年9月6日　[典]2000／2004／2012

リフシッツ, コンスタンチン　Lifschitz, Konstantin　ピアニスト　[国]ロシア　[生]1976年　[典]1996／2000／2012

リプシッツ, ヘンリク　Lipszyc, Henryk　日本研究者　ワルシャワ大学講師　元・駐日ポーランド大使　[専]日本演劇　[国]ポーランド　[生]1941年5月17日　[典]1992／1996／2000／2004／2008

リブシャベール, アルベール　Libchaber, Albert　ロックフェラー大学物理学生物学センター教授　[専]物理学, 生物学　[国]フランス　[生]1934年　[典]2000

リブジンスキー, ヴィートルト　Rybczynski, Witold　建築家, 文明評論家　ペンシルベニア大学教授　[生]1943年　[典]2000

リーブス, アンソニー　Reeves, Anthony H.　ライフタイム社長　[国]英国　[典]1992

リーブス, キアヌ　Reeves, Keanu　本名=Reeves,Keanu Charles　俳優　[国]カナダ　[生]1964年9月2日　[典]1996／2000／2004／2008／2012

リーブズ, サスキア　Reeves, Saskia　女優　[国]英国　[生]1961年　[典]2000

リーブズ, サム　Reaves, Sam　作家　[国]米国　[典]1996

リーブス, ダイアン　Reeves, Dianne　ジャズ歌手　[国]米国　[生]1956年10月23日　[典]1992／1996／2000／2004／2008／2012

リーブス, チップ　フットボール選手　[国]米国　[典]1992

リーブス, ニコラス　Reeves, Nicholas　エジプト学者　イートン・カレッジ・マイヤーズ博物館エジプト部門主事　[国]英国　[生]1956年　[典]1996／2000／2004

リーブス, バイロン　Reeves, Byron　メディア学者　スタンフォード大学コミュニケーション学部教授, 米国言語情報研究所(CSLI)所長　[典]2004／2008

リプス, フリードリヒ　アコーディオン奏者　グネシン音楽教育大学教授　[国]ソ連　[典]1992

リーブス, ヘレン　全英犯罪被害者援護協会(VS)代表　[国]英国　[典]2000

リーブス, ポール　Reeves, Paul Alfred　アングリカン・チャーチ司祭　元・ニュージーランド総督, 元・オークランド工科大学総長　[国]ニュージーランド　[生]1932年12月6日　[没]2011年8月14日　[典]1992／1996

リーブス, マイケル　Reaves, Michael　作家　[国]米国　[典]2004

リーブス, リチャード　Reeves, Richard　コラムニスト　元・「ニューヨーク・タイムズ」紙記者　[国]米国　[典]1992

リーブズ, ロバート　Reeves, Robert　ミステリー作家　[国]米国　[典]1996

リーブス, ロン　Reeves, Ron　コンピューターコンサルタント　CEI社長　[国]米国　[典]2004

リプスキ, ジョン　Lipski, John M.　言語学者　ペンシルベニア州立大学教授　[専]スペイン語, イタリア語, ポルトガル語　[国]米国　[生]1950年　[典]2008

リプスキー, ジョン　Lipsky, John　エコノミスト　国際通貨基金(IMF)専務理事代行　[典]2012

リプスコム, ウィリアム(Jr.)　Lipscomb, William Nunn (Jr.)　化学者　元・ハーバード大学名誉教授　[専]無機化学　[国]米国　[生]1919年12月9日　[没]2011年4月14日　[典]1992／1996

リプステイン, アルトゥーロ　Ripstein, Arturo　本名=リプステイン・ロセン, アルトゥーロ　映画監督　[国]メキシコ　[生]1943年12月13日　[典]2004／2008／2012

リプセット, シーモア・マーティン　Lipset, Seymour Martin　社会学者　元・ジョージ・メースン大学名誉教授, 元・ハーバード大学教授　[専]政治社会学, 社会政策　[国]米国　[生]1922年3月18日　[没]2006年12月31日　[典]1992／1996／2000／2004／2008

リフソン, ローレンス　Lifson, Lawrence E.　ハーバード大学メディカルスクール非常勤講師, タフツ大学医学部准教授, ボストン精神分析研究所員　[専]精神医学, 精神分析　[国]米国　[典]2004

リプチンスキ, ズビグニエフ　Rybczynski, Zbigniew　ハイビジョン映像作家　[国]米国　[生]1949年　[典]1992／1996

リプトン, ジュディス　Lipton, Judith Eve　精神科医　[国]米国　[典]2004

リフトン, ロバート・ジェイ　Lifton, Robert Jay　ニューヨーク市立大学精神医学・心理学教授　[専]精神医学　[国]米国　[生]1926年　[典]1992／1996／2000

リプニツカヤ, ユリア　フィギュアスケート選手　[国]ロシア

リフビエア, クラウス　Rifbjerg, Klaus　作家, 詩人　[国]デンマーク　[生]1931年12月15日　[典]1992

リプマン, エリノア　Lipman, Elinor　作家　[国]米国　[生]1950年　[典]1996

リープマン, マイケル　Leapman, Michael　フリーライター　[国]英国　[生]1938年　[典]1992

リーブマン, マービン　「大統領をつくった男はゲイだった」の著者　[国]米国　[生]1923年　[典]1996

リーブマン, ロン　Leibman, Ron　俳優　[国]米国　[生]1937年10月11日　[典]1996

リブラ, タキエ・スギヤマ　Lebra, Takie Sugiyama　人類学者　ハワイ大学名誉教授　[専]比較文化学, 社会人類学　[国]米国　[生]1930年　[典]1996／2004

リプリー, アレクサンドラ　Ripley, Alexandra　作家　[国]米国　[没]2004年1月10日　[典]1996

リプリー, マイク　ミステリー作家　[国]英国　[典]1996

リブリッヒ, アミア　Lieblich, Amia　ヘブライ大学心理学科教授　[専]心理療法　[国]イスラエル　[典]1996

リブリン, アリス　Rivlin, Alice Mitchell　エコノミスト　ブルッキングズ研究所上級研究員　元・米国連邦準備制度理事会(FRB)副議長, 元・米国行政管理予算局(OMB)局長　[国]米国　[生]1931年3月4日　[典]1996／2000／2008／2012

リーブリング, マーク　Riebling, Mark　ケンブリッジ大学出版局エディトリアル・コンサルタント, オックスフォード大学出版局エディトリアル・コンサルタント　[国]米国　[生]1963年　[典]2000

リベイロ, ジョージ　スポーツライター　[国]米国　[典]2000

リベイロ, フェルナンダ　Ribeiro, Fernanda　陸上選手(長距離)　[国]ポルトガル　[生]1969年6月23日　[典]2000／2004／2008

リベイロ, フリオ・ラモン　Ribeyro, Julio Ramon　作家　[国]ペルー

[生]1929年 [典]2000／2004

リベイロ, マルクス・ヴェニシオ・トレード Ribeiro, Marcus Venício ブラジル国立図書館出版部コーディネーター [専]歴史学 [国]ブラジル [生]1948年 [典]2004／2008

リベク, エーリッヒ Ribbeck, Erich サッカー監督 元・サッカー・ドイツ代表監督 [国]ドイツ [典]2000／2004／2008

リーベス, エタ 推理作家 [国]米国 [典]1992

リペス, リチャード Lipez, Richard 作家 [生]1938年 [典]1992

リベスキンド, ダニエル Libeskind, Daniel 建築家 [国]米国 [生]1946年 [典]1992／1996／2000／2004／2008／2012

リベット, ケビン Rivette, Kevin G. 実業家, 元・弁護士 オリジン・システムズ会長 [典]2004

リベラ Rivera 画家 [国]スペイン [生]1932年 [典]1992

リベラ, チタ 本名=デル・リベロ, ドロレス・コンチタ・フィゲロア ミュージカル女優, 元・バレリーナ [国]米国 [生]1933年 [典]1996

リベラ, ハーマン Rivera, German 本名=Rivera,German Diaz 元・大リーグ選手, 元・日本プロ野球選手 [国]プエルトリコ [生]1960年6月6日 [典]1992

リベラ, ピラリータ フィリピン大学公衆衛生学部助教授 [専]マラリア [国]フィリピン [典]1996

リベラ, ブルックリン ニカラグア自治地方開発庁長官 [国]ニカラグア [典]1992

リベラ, ベン Rivera, Ben 本名=Rivera,Bienvenido Santana 元・プロ野球選手, 元・大リーグ選手 [国]米国 [生]1969年1月11日 [典]2000

リベラ, マリアノ Rivera, Mariano 元・大リーグ選手 [国]パナマ [生]1969年11月29日 [典]2000／2004／2008／2012

リベラ, ルーベン Rivere, Ruben Moreno 大リーグ選手(外野手) [国]パナマ [生]1973年11月14日 [典]2000／2004／2008

リベラーチェ 本名=リベラーチェ, ウラジウ・バレンチノ ピアニスト, 歌手 [国]米国 [生]1919年 [没]1987年2月4日 [典]1992

リベラティ, アンナ・マリア Liberati, Anna Maria ローマ文明博物館館長 [専]博物館学, 考古学 [国]イタリア [生]1951年 [典]2000

リーベリ, ウォルフ Lyberg, Wolf スポーツ記者 アジアサッカー連盟国際顧問 [国]スウェーデン [典]2000

リベリー, フランク Ribery, Frank サッカー選手(MF) [国]フランス [生]1983年4月7日 [典]2008／2012

リベリオ, アダ Liberio, Ada 新体操選手 [国]スペイン [生]1974年8月10日 [典]1992

リベリス, アンドルー・N. 実業家 ダウ・エンバイロメンタル副社長 [典]2000

リーベルマン, エフセイ Liberman, Evsej Grigorievich 経済学者 元・ハリコフ国立大学教授 [国]ソ連 [生]1897年10月2日 [没]1981年 [典]1992

リベルマン, シルバン 物理学者 元・フランス国立科学研究センター(CNRS)研究部長 [国]フランス [没]1988年8月5日 [典]1992

リベロ, エドムンド タンゴ歌手 [国]アルゼンチン [生]1911年7月8日 [没]1986年1月18日 [典]1992

リーベン, ドミニク Lieven, Dominic ロンドン・スクール・オブ・エコノミクス(LSE)教授 [専]ロシア・東欧近代史, 政治学 [国]英国 [生]1952年 [典]1992／1996

リーベンサール, ランス Leventhal, Lance A. コンピューター関連コンサルタント [国]米国 [典]1992

リーベンス, ドーシー Levens, Dorsey プロフットボール選手(RB) [国]米国 [生]1970年5月21日 [典]2000／2008

リベンツィ, エルマンノ Libenzi, Ermanno 児童文学作家 [国]イタリア [生]1936年 [典]1992

リーペンバートン, ロバート Leigh-Pemberton, Robert 銀行家 元・イングランド銀行(BOE)総裁 [国]英国 [生]1927年1月5日 [典]1992／1996

リーベンボイム, パウロ Ribenboim, Paulo 数学者 クイーンズ大学名誉教授 [国]カナダ [生]1928年 [典]2004

リボー, フレッド ニューヨーク・シティー・マラソン創設者 [国]米国 [没]1994年10月9日 [典]1996

リホ, ホゼ Rijo, Jose 大リーグ選手(投手) [国]ドミニカ共和国 [生]1965年5月13日 [典]2004／2008

リーボイ, マイロン Levoy, Myron 作家 [国]米国 [典]1996

リポヴェツキー, ジル Lipovetsky, Gilles 哲学者, 社会学者 グルノーブル大学教授 [国]フランス [生]1944年 [典]2008

リボウスキー, マーク Ribowsky, Mark ロックライター [国]米国 [典]1992

リボク Lifok 中国名=黄貴潮 「リボク日記」の著者 [国]台湾 [生]1932年 [典]2000

リー・ポッツ, アンドルー Lee-Potts, Andrew 俳優 [国]英国 [典]2004

リーボビッツ, アーニー Leibovitz, Annie 写真家 [国]米国 [生]1949年10月2日 [典]1996／2008／2012

リマ, アジウソン Lima, Edieuson 柔術家 [国]ブラジル [生]1964年3月24日 [典]2000

リマ, アドリアーナ Lima, Adriana Francesca ファッションモデル [国]ブラジル [生]1981年6月12日 [典]2008／2012

リマー, クリスティン Rimmer, Christine ロマンス作家 [国]米国 [典]2004

リマ, ケビン Lima, Kevin アニメーション監督, アニメーター [国]米国 [生]1961年 [典]2012

リマ, パウラ Lima, Paula 歌手 [国]ブラジル [典]2012

リーマー, フレデリック Reamer, Frederic G. ロードアイランド大学社会福祉大学院教授 [専]社会福祉学 [国]米国 [典]2004／2008

リマ, ホセ Lima, José 本名=Lima,José Desiderio Rodriguez 大リーグ選手 [生]1972年9月30日 [没]2010年5月23日

リマ, マウリシオ・カマルゴ バレーボール選手 [国]ブラジル [生]1968年1月27日 [典]1996

リーマー, ローレンス Leamer, Laurence 作家 [国]米国 [典]2000

リマス, ティモシー Remus, Timothy ライター, 写真家 [専]車, ハーレー・ダビッドソン [国]米国 [典]2004

リマ・デ・ファリア, アントニオ Lima de Faria, Antonio ルンド大学分子細胞遺伝学研究所名誉教授 [専]遺伝学 [国]スウェーデン [生]1921年7月4日 [典]1996

リマルド・ガスコン, ルーベン Limardo Gascón, Rubén フェンシング選手(エペ) ロンドン五輪フェンシング男子エペ個人金メダリスト [国]ベネズエラ [生]1985年8月3日

リーマン, アントニー Liman, Anthony V. トロント大学教授 [専]日本近現代文学 [国]カナダ [生]1932年 [典]1992／1996

リーマン, ウルス Lehmann, Urs 元・スキー選手(アルペン) [国]スイス [生]1969年1月4日 [典]1996／2000

リーマン, オリバー Leaman, Oliver イスラム哲学史家 [国]英国 [典]2004

リーマン, ジャン・P. 国際経営開発研究所(IMD)教授 [専]日本近代史 [典]2000

リーマン, トム Lehman, Tom 本名=Lehman,Thomas Edward プロゴルファー [国]米国 [生]1959年3月7日 [典]2000／2008

リマン, ヒラ Limann, Hilla 政治家 元・ガーナ大統領 [国]ガーナ [生]1929年 [没]1998年1月23日 [典]1992

リーマン, ブルース Lehman, Bruce A. パテント&ライセンス・エクスチェンジ(plX)取締役, 国際知的財産研究所会長 元・米国特許商標庁長官 [国]米国 [典]2000

リミナ, デーブ Limina, Dave キーボード奏者 バークリー音楽院助教授 [国]米国 [典]2004

リミントン, ジョン・デービッド Rimington, John David 英国保健安全局長 [国]英国 [生]1935年6月27日 [典]1996

リミントン, ステラ Rimington, Stella 元・英国情報局保安部(MI5)部長 [国]英国 [生]1935年 [典]2000／2012

リム, アルフレド Lim, Alfredo 政治家 元・フィリピン自治相, 元・マニラ市長 [国]フィリピン [生]1929年12月21日 [典]2000／2004

リム, ウィリアム Lim, William S.W. 建築家, 都市計画家 ウィ

リ

リアム・リム・アソシエイツ主宰, シンガポール・ヘリテッジ・ソサエティ代表　国シンガポール　⊕1932年　🄻1996

リム, エイチジェイ　リム,H.J.　Lim, H.J.　ピアニスト　国韓国

リム, カルロ　Rim, Carlo　漫画家, 映画監督　国フランス　⊕1905年　⊗1989年12月3日　🄻1992

リム, キャサリン　Lim, Catherine　作家　国シンガポール　⊕1942年　🄻1992

リム, ジミー　建築家　国マレーシア　⊕1944年　🄻2000

リム・ジョンシム　Rim, Jong-sim　重量挙げ選手　ロンドン五輪重量挙げ女子69キロ級金メダリスト　国北朝鮮　⊕1993年2月5日

リム・チョンヤー　Lim, Chong-yah　経済学者　南洋理工大学経済学教授・会計経営学部研究所長　国シンガポール　⊕1932年　🄻1992／1996／2000

リム・チンベン　Lim, Chin Beng　漢字名=林振明　実業家, 元・外交官　シンガポール・テクノロジーズ・エア・スペース会長　元・駐日シンガポール大使, 元・シンガポール航空(SIA)副会長　国シンガポール　⊕1932年　🄻1992／1996／2004／2008

リム・テーヨン　Lim, Tae-young　ファッションデザイナー　国韓国　🄻2000

リム, フィリップ　Lim, Phillip　ファッションデザイナー　国米国　⊕1973年

リム・ユウ・ホック　Lim, Yew Hock　中国名=林有福　政治家　元・シンガポール首相, 元・シンガポール労働戦線党首　国シンガポール　⊗1984年11月30日　🄻1992

リムジャノフ, オラス　Rymzhanov, Oraz M.　映画監督, シナリオ作家, 政治家　カザフスタン最高会議員, カザフスタン映画製作者同盟第1書記　国ソ連　🄻1992／1996

リム・スウィキン　Liem Swie King　バドミントン選手　国インドネシア　⊕1956年　🄻2000

リメイ, ローラ　Lemay, Laura　著述家, コンピュータコンサルタント　🄻2000

リーメン, レイチェル・ナオミ　Remen, Rachel Naomi　医師, セラピスト　国米国　⊕1938年　🄻2000／2004

リモザン, ジャン・ピエール　Limosin, Jean-Pierre　映画監督　国フランス　⊕1949年　🄻1996／2000／2004

リモン, マーティン　Limón, Martin　作家, 元・軍人　国米国　🄻2004

リャオ, ジミー　Liao, Jimmy　中国名=據幾米　絵本作家, イラストレーター　国台湾　🄻2004(ジミー)／2008

リャザンスキー, ミハイル　宇宙科学者　⑭技術制御システム　国ソ連　⊕1987年8月5日　🄻1992

リャド, ホアキン・トレンツ　Lladó, J.Torrents　画家　国スペイン　⊕1946年　⊗1993年10月6日　🄻1996

リャネラス, ホアン　Llaneras, Joan　本名=リャネラス・ロセリョ, ホアン　元・自転車選手　シドニー五輪・北京五輪自転車男子ポイントレース金メダリスト　国スペイン　⊕1969年5月17日　🄻2004(リャネラス・ロセリョ, ホアン)／2008／2012

リャベフ, レフ　Ryabev, Lev D.　政治家　元・ソ連副首相　国ソ連　⊕1933年9月8日　🄻1992

リャボフ, ヤコフ　Ryabov, Yakov P.　政治家　元・駐仏ソ連大使　国ソ連　⊕1928年3月24日　🄻1992

リャボフ, ワレンチン　Ryabov, Valentin　モスクワ市検事局補佐官　国ソ連　⊕1940年　🄻1992／1996

リャマサーレス, フリオ　Llamazares, Julio　詩人, 作家　国スペイン　⊕1955年　🄻2012

リャン, エイミー　Leung, Amy S.P.　アジア開発銀行(ADB)水委員会委員長　国カナダ　🄻2012

リャン・キュサ　梁 圭史　Ryang, Gyu-sa　サッカーコーチ　国北朝鮮　⊕1978年6月3日　🄻2008

リャン・ツウンシャン　梁 春香　Liang, Chun-xiang　東洋大学国際地域学部国際観光学科教授　⑭観光学　国中国　⊕1952年　🄻1996(リョウ・シュンコウ)／2008

リュ・ウイク　柳 佑益　Yu, Woo-ik　地理学者, 外交官　元・韓国統一相, 元・駐中国韓国大使, 元・韓国大統領室長, 元・韓国国際戦略研究院院長　国韓国　⊕1950年1月6日　⊗2012(ユ・ウイク)

リュ・ウンギュ　柳 銀珪　Ryu, Eun-kyu　写真家　国韓国　⊕1962年　🄻2004／2012

リュ・シウォン　Ryu, Si-won　漢字名=柳時元　俳優, 歌手　国韓国　⊕1972年10月6日　🄻2008／2012

リュ・シファ　詩人, エッセイスト, 翻訳家　国韓国　⊕1959年　🄻2008

リュー, シャーマン　Lew, Sherman　教育コンサルタント　元・宇都宮大学助教授　⑭東西比較文化論, 日米比較文化論　国米国　🄻2004／2008／2012

リュ・スンボム　Ryoo, Seung-bum　俳優　国韓国　⊕1980年8月9日　🄻2008／2012

リュ・スンワン　Ryu, Seung-wan　映画監督, 俳優　国韓国　⊕1973年12月15日　🄻2008／2012

リュー・ソヨン　Ryu, So-yeon　漢字名=柳簫然　プロゴルファー　国韓国　⊕1990年6月29日　🄻2012(柳簫然 ユ・ソヨン)

リュ・ヒョンギョン　漢字名=柳賢慶　女優　国韓国　⊕1983年3月17日　🄻2004(ユー・ヒョンギョン)／2012

リュ・ミンファ　柳 政和　古代日本語・朝鮮語学者　釜山大学副教授　国韓国　⊕1963年5月　🄻2004／2008

リュー, ルーシー　Liu, Lucy　女優　国米国　⊕1968年12月2日　🄻2004／2008／2012

リューアマン, アンナ　Lührmann, Anna　政治家　ドイツ国会議員　国ドイツ　⊕1983年6月14日　🄻2004／2008

リュイエ, ジェローム　Ruillier, Jérôme　絵本作家　⊕1966年　🄻2004／2008

リュイテリ, アルノルド　Rüütel, Arnold　政治家, 農学者　元・エストニア大統領, 元・エストニア最高会議議長　国エストニア　⊕1928年5月10日　🄻1992／1996／2004／2008／2012

リューイン, フランク　Lewin, Frank　作曲家, 音楽学者　元・エール大学音楽学部教授　国米国　⊕1925年　🄻2004

リューイン, マイケル　Lewin, Michael Z.　作家　国米国　⊕1942年　🄻1992／1996

リューイン, ロジャー　Lewin, Roger　サイエンス・ライター　⊕1944年　🄻1996／2000

リュウ　Ryu　シンガー・ソングライター　国韓国　⊕1974年6月23日　🄻2008／2012

リュウ・アシュウ　劉 亜洲　作家　中国人民解放軍空軍政治部連絡部創作員　国中国　⊕1952年　🄻1996

リュウ・アヒ　劉 亜非　医師, 気功師　中国国家中医薬管理局医学気功教育基地主任, 河北省医療気功医院副院長・気功研究室主任　⊕1955年　🄻2004

リュウ・アンゲン　劉 安元　軍人　中国人民解放軍第二砲兵政治委員, 中将, 中国共産党中央委員　国中国　⊕1927年　🄻1996

リュウ, アンソニー　Liu, Anthony　中国名=劉月明　フィギュアスケート選手　国オーストラリア　⊕1974年7月4日　🄻2000／2008

リュウ・アンドレ　Rieu, André　バイオリニスト　ヨハン・シュトラウス・オーケストラ主宰　国オランダ　⊕1949年10月1日　🄻2000／2004／2008／2012

リュウ・イタツ　劉 以達　英語名=ラウ, タッツ　音楽プロデューサー, 作曲家　国香港　⊕1963年　🄻2000

リュウ・イチマン　劉 一曼　考古学者　中国社会科学院考古研究所副研究員　国中国　⊕1940年6月　🄻2004

リュウ・イメイ　劉 維明　Liu, Wei-ming　元・広東省副省長　国中国　⊕1938年10月　🄻2008

リュウ・イン　劉 寅　元・中国人民政治協商会議全国委員会(全国政協)常務委員　国中国　⊕1985年5月26日　🄻1992

リュウ・インキ　劉 允熙　写真家　国韓国　⊕1979年4月14日　🄻2008

リュウ・ウンザン　劉 雲山　Liu, Yun-shan　政治家　中国共産党政治局常務委員・中央宣伝部長　国中国　⊕1947年7月　🄻2004／2008／2012

リュウ・ウンショウ　劉 雲沼　中国人民政治協商会議吉林省委員会

主席　囯中国　⊕1926年　⊗1996

リュウ・エイ　劉 影　医師　未病医学研究センター代表,東京大学食の安全研究センター特任教授　⊕東洋医学,中医学,未病医学　囯中国　⊕1956年　⊗1996／2000／2004／2012

リュウ・エイゲン　劉 永言　実業家　希望集団(ホープ・グループ)設立者,コンチネンタル・ホープ経営者

リュウ・エイコウ　劉 永好　Liu, Yong-hao　実業家　新希望集団社長　囯中国　⊕1951年　⊗2004／2008／2012

リュウ・エイコウ　劉 永行　Liu, Youg-xing　実業家　東方希望集団(イースト・ホープ・グループ)会長　囯中国　⊕1948年6月　⊗2004／2008／2012

リュウ・エイショウ　劉 鋭紹　政治評論家,ジャーナリスト　囯香港　⊕1954年　⊗2000

リュウ・エイシン　劉 媖心　中国科学院蘭州沙漠研究所員　⊕砂漠研究　囯中国　⊕1919年　⊗2004

リュウ・エイビ　劉 永美　本名=チェンユーシン　実業家　希望集団(ホープ・グループ)設立者,チャイナ・ウエスト・ホープ経営者　囯中国　⊗2004／2008

リュウ・エンチュウ　劉 延柱　力学者　上海交通大学工程力学系主任,国務院学位委員会力学評議組メンバー　囯中国　⊕1936年　⊗1996

リュウ・エントウ　劉 延東　Liu, Yan-dong　政治家　中国副首相,中国共産党政治局員　囯中国　⊕1945年11月　⊗1996／2008／2012

リュウ・エンリョウ　劉 演良　硯作家　中国文房四宝協会副会長,広東省工芸美術協会副理事長　⊕端硯　囯中国　⊕1934年　⊗2004／2008

リュウ・オンラン　劉 恩蘭　地理学者,海洋学者　囯中国　⊗1986年7月15日　⊗1992

リュウ・カ　劉 霞　元・バドミントン選手　囯中国　⊕1955年　⊗1996

リュウ・カイゾク　劉 海粟　Liu, Hai-su　本名=劉槃　字=季芳　画家,美術教育家　元・南京芸術院名誉院長,元・上海美術専科学校創立者　囯中国　⊕1896年3月16日　⊗1994年8月7日　⊗1992／1996

リュウ・ガクシ　劉 学思　画家　⊕日本画　囯中国　⊗1992／1996

リュウ・カクショウ　劉 鶴章　中国会計検査署会計副検査長　囯中国　⊕1941年　⊗1996

リュウ・カシュウ　劉 華秋　Lin, Hua-qiu　中国国務院外事弁公室主任・外務次官,中国共産党中央外事指導小組弁公室主任・中央委員　囯中国　⊕1939年11月　⊗1996／2000

リュウ・カセイ　劉 華清　政治家,軍人　元・中国共産党中央軍事委員会第1副主席・政治局常務委員,元・中国国家中央軍事委員会主席,元・中国海軍司令員　囯中国　⊕1916年10月15日　⊗2011年1月14日　⊗1992／1996／2000

リュウ・カツサイ　劉 闊才　Liu, Kuo-tsai　弁護士　元・台湾立法院長　囯台湾　⊕1911年4月10日　⊗1993年5月21日　⊗1996

リュウ・カンゲン　劉 漢元　Liu, Han-yuan　実業家　四川通威集団総裁　囯中国　⊕1964年　⊗2004／2008

リュウ・キ　劉 毅　Liu, Yi　中国共産党中央委員　元・中国国家旅行局局長　囯中国　⊕1930年　⊗1996／2000／2004

リュウ・キ　劉 淇　Liu, Qi　政治家　元・北京市長,元・中国共産党政治局員,元・北京市党委員会書記　囯中国　⊕1942年11月1日　⊗2000／2004／2008／2012

リュウ・キゲン　劉 紀原　中国航空宇宙工業省次官,中国共産党中央委員　囯中国　⊕1933年　⊗1996

リュウ・キツ　劉 吉　中国国家体育委員会副主任　囯中国　⊕1937年　⊗1996

リュウ・キブン　劉 希文　Liu, Xi-wen　貿易専門家　元・中国対外貿易部副部長　囯中国　⊕1916年　⊗1992／1996

リュウ・キホ　劉 奇葆　政治家　中国共産党政治局員,四川省党委書記　囯中国　⊕1953年　⊗2012

リュウ・キュウジツ　劉 求実　清華大学21世紀発展研究院助教授・香港研究中心主任　⊕香港研究　囯中国　⊕1963年　⊗2000

リュウ・キョウ　劉 京　Liu, Jing　水泳選手(自由形)　競泳女子4×200メートルリレー世界記録保持者　囯中国　⊕1990年3月8日

リュウ・ギョウ　劉 暁　政治家　元・中国共産党中央顧問委員,元・中国人民政治協商会議全国委員会(全国政協)常務委員　囯中国　⊗1988年6月11日　⊗1992

リュウ・ギョウハ　劉 暁波　Liu, Xiao-bo　文芸評論家,作家,民主化活動家　元・北京師範大学中国文学系講師　囯中国　⊕1955年12月28日　⊗1996／2000／2012

リュウ・ギョウホウ　劉 暁峰　歴史学者　囯中国　⊕1962年11月　⊗2004

リュウ・ギョウミン　劉 暁民　厦門大学南洋研究所助教授　⊕日本語,中国語　囯中国　⊕1957年　⊗2000

リュウ・ギョクコ　劉 玉壷　Liu, Yu-hu　中国科学院華南植物研究所教授,華南珍稀瀕危植物繁殖センター所長　⊕植物学　囯中国　⊗1992

リュウ・キリン　劉 驥林　彫刻家　囯中国　⊗1992／1996

リュウ・キンジョ　劉 欣如　Liu, Xin-ru　中国社会科学院教授　⊕古代史　囯中国　⊕1951年　⊗1996

リュウ・キンヒョウ　劉 金標　実業家　巨大機械工業創業者　囯台湾　⊗2012

リュウ,クリケット　Liu, Cricket　コンピューター技術者　囯米国　⊗2004

リュウ・ケイチュウ　劉 慶柱　Liu, Qing-zhu　考古学者　中国社会科学院考古研究所西安研究室副主任・漢長安城考古工作隊隊長　囯中国　⊕1943年　⊗1996

リュウ・ケン　劉 堅　言語学者　中国社会科学院言語研究所所長,中国言語学会秘書長　囯中国　⊕1934年　⊗1996

リュウ・ゲン　劉 源　Liu, Yuan　政治家　中国人民武装警察部隊政治委員　元・河南省副省長　囯中国　⊕1951年　⊗1996

リュウ・ケンキ　劉 建輝　国際日本文化研究センター准教授　⊕近代日中文化交渉史　囯中国　⊕1961年　⊗1996／2004

リュウ・ケンホウ　劉 剣鋒　Liu, Jian-feng　政治家　中国共産党中央委員　元・中国民用航空総局局長　囯中国　⊕1936年6月　⊗1992／1996／2000／2004

リュウ・コウ　劉 抗　画家　囯シンガポール　⊗1992

リュウ・コウ　劉 江　元・中国農業相　囯中国　⊕1940年　⊗2000

リュウ・コウ　劉 江　本名=仏庵　号=湖岸　書家　浙江美術学院教授　⊕篆刻　囯中国　⊕1926年　⊗1996

リュウ・コウ　劉 宏宇　Liu, Hon-gyu　競歩選手　囯中国　⊕1975年1月11日　⊗2000

リュウ・コウシ　劉 康志　Liu, Kang-zhi　千葉大学大学院工学研究科准教授　⊕システム工学　囯中国　⊕1963年1月3日　⊗2004

リュウ・コウジュ　劉 鴻儒　中国国家経済体制改革委員会副主任,高級経済師　元・中国共産党中央委員候補　囯中国　⊕1930年　⊗1996

リュウ・コウテイ　劉 光鼎　地質学者　中国地質省海洋地質局副局長,中国科学院学部委員,高級技師　囯中国　⊕1929年　⊗1996

リュウ・コウテン　劉 浩天　軍人　元・中国人民解放軍海軍東海艦隊司令員　囯中国　⊗1984年1月9日　⊗1992

リュウ・コウトウ　劉 耕涛　画家　河北省工芸美術学校高級講師・教研室主任　⊕中国画(水墨画)　囯中国　⊕1943年　⊗1996

リュウ・コウレイ　劉 更另　旧名=劉廉麟　農学者　中国農業科学院副院長　囯中国　⊕1928年　⊗1996

リュウ・コクコウ　劉 国光　Liu, Guo-guang　経済学者　中国社会科学院副院長　元・中国共産党中央委員候補　囯中国　⊕1923年10月　⊗1996／2000

リュウ・コクショウ　劉 国昌　英語名=アモン,ローレンス,ラウ,ローレンス,アモン,ラウ　映画監督　囯香港　⊕1949年7月19日　⊗2012

リュウ・コクリョウ　劉 国梁　Liu, Guo-liang　卓球監督,元・卓球選手　卓球中国代表総監督　アトランタ五輪卓球男子シングルス・男子ダブルス金メダリスト　囯中国　⊕1976年1月10日　⊗2000／2004

リュウ・サイコウ　劉 再興　経済地理学者　中国人民大学経済系生産配置教育研究室主任,全国経済地理科学と教育研究会理事長

㊍経済地理の理論研究　㊐中国　㊌1926年　㊥1996

リュウ・サイヒン　劉 彩品　Liu, Cai-pin　天文学者　南京紫金山天文台教授,全人代台湾省代表　㊐中国　㊌1937年　㊥1996／2000

リュウ・サイフク　劉 再復　Liu, Zai-fu　文芸理論家　元・中国社会科学院哲学研究所所長　㊍中国文学　㊐中国　㊌1941年10月23日　㊥1992／1996

リュウ・サクラ　劉 索拉　Liu, Suo-la　作家,作曲家　㊐中国　㊌1955年　㊥2000

リュウ・ザンヨウ　柳 残陽　本名＝高見幾　作家　㊐台湾　㊌1941年　㊥2004

リュウ・シカ　劉 子歌　Liu, Zi-ge　水泳選手(バタフライ)　北京五輪競泳女子200メートルバタフライ金メダリスト　㊐中国　㊌1989年3月31日　㊥2012

リュウ・シガイ　劉 師艾　画家　河北美術理論研究会理事,「黄河動画」雑誌社社長・編集長　㊍水墨画　㊐中国　㊌1952年　㊥1996

リュウ・シギ　劉 志義　画家　保定市工芸美術社高級美術師,河北大学芸術系客員教授　㊍中国画,水墨画　㊐中国　㊌1932年　㊥1996／2000

リュウ・シキョウ　劉 志強　新華社香港分社経済副部長　㊍アジア経済　㊐中国　㊌1956年　㊥2000

リュウ・シッセイ　柳 瑟青　国際問題研究家　中国国際問題研究所所長　㊐中国　㊌1929年　㊥1992／1996

リュウ・シブン　劉 詩雯　Liu, Shi-wen　卓球選手　㊐中国　㊌1991年4月12日

リュウ・シボ　劉 思慕　元・中国社会科学院世界歴史研究所顧問　㊍日本史　㊐中国　㊌1985年2月21日　㊥1992

リュウ・シャ　劉 赦　画家　南京師範大学美術科講師　㊐中国　㊌1960年　㊥1996／2000

リュウ・ジャクエイ　劉 若英　英語名＝リウ,ルネ　女優,歌手　㊐台湾　㊥2000

リュウ・ジュウカン　柳 重堪　北京航空航天大学応用数学科教授　㊍数学　㊐中国　㊌1941年2月9日　㊥2000

リュウ・ジュシン　劉 樹森　生物学者　清華大学生物化学技術系教授,国務院学位委員会理科評議組メンバー　㊍生物化学,分子生物学　㊐中国　㊌1932年　㊥1996

リュウ・ジュセイ　劉 樹生　中国人民政治協商会議雲南省委員会主席　㊐中国　㊌1926年　㊥1996

リュウ・ジュツケイ　劉 述卿　外交官　元・中国人民外交学会会長　㊐中国　㊌1925年　㊥2000

リュウ・ジュツシュウ　劉 述周　元・中国科学技術協会副主席,元・上海市副市長　㊐中国　㊎1985年4月22日　㊥1992

リュウ・ジュユウ　劉 樹勇　写真家　㊐中国　㊌1962年　㊥2000

リュウ・シュンコウ　劉 春紅　Liu, Chun-hong　重量挙げ選手　アテネ五輪・北京五輪重量挙げ女子69キロ級金メダリスト　㊐中国　㊌1985年1月29日　㊥2008／2012

リュウ・ジョ　劉 恕　Liu, Shu　砂漠研究家　中国科学技術協会書記処書記・教授　㊐中国　㊌1935年　㊥1996

リュウ・ショウ　劉 翔　Liu, Xiang　陸上選手(障害)　アテネ五輪陸上男子110メートル障害金メダリスト　㊐中国　㊌1983年7月13日　㊥2004／2008／2012

リュウ・ショウコウ　劉 小光　Liu, Xiao-guang　棋士　囲碁9段(中国棋院)　㊐中国　㊌1960年3月20日　㊥1992／1996／2000

リュウ・ショウコウ　劉 肖光　画家　㊐中国　㊌1963年　㊥1996

リュウ・ショウトウ　劉 紹棠　Liu, Shao-tang　作家　元・中国作家協会理事　㊐中国　㊌1936年2月29日　㊎1997年3月12日　㊥1992／1996

リュウ・ショウトウ　劉 嘯東　金融家　上海証券取引所副社長　元・ニューヨーク州立大学助教授　㊐中国　㊌1960年　㊥2004

リュウ・ショウハン　劉 松藩　Liu, Sung-fan　政治家　台湾立法院院長,台湾国民党中央常務委員　㊐台湾　㊌1932年　㊥1996／2000

リュウ・ジョスリン　Lieu, Jocelyn　ジャーナリスト　㊐米国　㊌1958年　㊥1992

リュウ・シン　劉 震　Liu, Zhen　元・中国共産党中央顧問委員員,元・中国軍事科学院副院長　㊐中国　㊌1915年　㊎1992年8月20日　㊥1996

リュウ・シンウン　劉 震雲　作家　㊐中国　㊌1958年　㊥2008

リュウ・シンカ　劉 振華　旧名＝劉培一　軍人　上将　元・中国人民解放軍北京軍区政治委員,元・中国共産党中央委員　㊐中国　㊌1921年　㊥1996

リュウ・シンゲン　劉 振元　Liu, Zhen-yuan　上海夏普空調機器有限公司名誉会長　元・上海市副市長　㊐中国　㊌1934年2月　㊥1996

リュウ・ジンセイ　劉 仁静　元・国務院参事　中国共産党創立者の一人　㊐中国　㊌1902年　㊎1987年8月5日　㊥1992

リュウ・シンブ　劉 心武　Liu, Xin-wu　筆名＝劉瀏　作家　中国作家協会理事　元・「人民文学」編集長　㊐中国　㊌1942年6月4日　㊥1992／1996

リュウ・ズイギョク　劉 瑞玉　生物生態学者　中国科学院海洋研究所所長,中国海洋湖沼学会理事長,中国甲殻動物学会理事長　㊍甲殻動物学　㊐中国　㊌1922年　㊥1996

リュウ・ズイネン　柳 随年　Liu, Sui-nian　経済学者　中国物資流通学会会長　元・中国物質相　㊐中国　㊌1929年　㊥1996／2000／2004

リュウ・セイ　劉 正　中国人民政治協商会議湖南省委員会主席,中国共産党湖南省委員会副書記　㊐中国　㊌1929年　㊥1996

リュウ・セイ　劉 青　Liu, Qing　本名＝劉建偉　人権擁護運動家　中国人権主席　㊐中国　㊌1946年　㊥1996／2000

リュウ・セイイ　劉 正威　Liu, Zheng-wei　政治家　元・中国共産党貴州省委員会書記・中央委員　㊐中国　㊌1930年　㊎1995年4月　㊥1996

リュウ・セイショウ　劉 精松　Liu, Jing-song　軍人　中国軍事科学院院長,中国共産党中央委員　元・中国人民解放軍瀋陽軍区司令官・上将　㊐中国　㊌1933年7月　㊥1996／2000／2004

リュウ・セイセン　龍 清泉　Long, Qing-quan　重量挙げ選手　北京五輪重量挙げ男子56キロ級金メダリスト　㊐中国　㊌1990年12月3日　㊥2012

リュウ・セイテン　劉 生展　画家　張家口地区美術家協会名誉主席　㊍中国画,水墨画　㊐中国　㊌1938年10月　㊥1992／1996／2000

リュウ・セイホウ　劉 青峰　Liu, Qing-feng　作家　「21世紀」誌編集長　㊐中国　㊥1996

リュウ・セイユウ　劉 世熠　生理学者　中国科学院上海生理研究所研究員,中国睡眠研究会副主席　㊐中国　㊌1926年　㊥1996

リュウ・セキジン　劉 積仁　Liu, Ji-ren　実業家,コンピューター科学者　NEUSOFT総裁,中国東北大学副学長　㊐中国　㊌1955年　㊥2004／2008

リュウ・セキヒン　劉 積斌　中国国家国防科学技術工業委員会主任　㊐中国　㊌1938年　㊥2000

リュウ・セン　劉 璇　Liu, Xuan　元・体操選手　㊐中国　㊥2004

リュウ・センセキ　劉 千石　政治家　香港職工会連盟主席　㊐香港　㊥2000

リュウ・ソウ　劉 荘　旧名＝劉莉莉　作曲家　中央楽団1級作曲家　㊐中国　㊌1932年　㊥1996

リュウ・ソウ　劉 錚　Liu, Zheng　中国計画生育協会副会長,中国人民大学人口学部教授,中国人口学会会長　㊍人口学　㊐中国　㊥1992／1996

リュウ・ソウ　劉 錚　写真家　㊐中国　㊌1969年5月　㊥2000

リュウ・ソチョウ　劉 甦朝　北京大学国際政治学部助教授　㊍国際政治　㊐中国　㊌1950年10月2日　㊥2000

リュウ・ソンコウ　劉 巽浩　農学者　国務院農林開発研究センター研究員,『中国耕作制度研究』編集主幹　㊐中国　㊌1935年　㊥2000

リュウ・タイ　劉 岱　画家　保定画院画師,河北省美術学会理事　㊐中国　㊌1953年　㊥1996

リュウ・タイエイ　劉 泰英　Liu, Tai-ying　経済学者　元・台湾綜合研究院院長,元・中華開発工業銀行理事長　㊐台湾　㊌1936年5月14日　㊥1996／2000／2004／2012

リュウ・タイカ　柳 大華　棋士　中国将棋名人　㊐中国　㊌1950年　㊥1996

リュウ・タイキ　劉 大器　Liu, Ta-ch　漢方薬剤師　磐磐山太医院

リュウ・タイキン 劉 大鈞 農学者 南京農業大学学長、国務院学位委員会学科評議組メンバー、中国農業省学術委員会常務委員 ⑲植物の遺伝による育種及び細胞遺伝の研究 ⑮中国 ⑭1926年 ⑮1996

リュウ・タイコウ 劉 大鴻 Liu, Da-hong 画家 ⑮中国 ⑭1962年 ⑮1996

リュウ・タイジン 劉 大任 作家 ⑭1939年 ⑮1992(リュウ・ダイニン)/1996

リュウ・タイネン 劉 大年 Liu, Da-nian 歴史学者 元・中国社会科学院近代史研究所名誉所長、元・中国抗日戦争史学会会長 ⑲中国近代史 ⑮中国 ⑭1915年 ⑳1999年12月28日 ⑮1996

リュウ・タセン 劉 多荃 政治家 元・中国人民政治協商会議全国委員会(全国政協)委員、元・中国国民党革命委員会中央常務委員 ⑳1985年7月22日 ⑮1992

リュウ・タツリン 劉 達臨 社会学者 上海大学教授 ⑲性社会学 ⑮中国 ⑭1932年 ⑮2000/2004/2012

リュウ・チコウ 劉 致好 本名=劉致好 女優 ⑮台湾 ⑭1978年10月10日 ⑮1996

リュウ・チャーフイ 劉 家輝 Liu, Chia-hui 英語名=リュー、ゴードン 俳優、映画監督 ⑮中国 ⑭1950年 ⑮2008

リュウ・チュウトク 劉 忠徳 Liu, Zhong-de 中国文化相、中国共産党中央委員 ⑮中国 ⑭1933年 ⑮1996

リュウ・チュウレイ 劉 仲藜 Liu, Zhong-li 政治家 中国国務院経済体制改革弁公室主任、中国共産党中央委員 元・中国国務委員・中国財政相 ⑮中国 ⑭1934年 ⑮1996/2000

リュウ・チュンド 柳 春桃 作家、詩人、医師 ⑭1927年 ⑮2004

リュウ・チョウエン 劉 暢園 詩人、作家 ⑮中国 ⑭1932年 ⑮2000

リュウ・チョウガク 劉 長楽 Liu, Chan-gle 実業家 フェニックステレビ主席・行政総裁 ⑮中国 ⑭1951年11月 ⑮2004/2008/2012

リュウ・チョウゲン 劉 兆玄 Liu, Chao-shiuan 政治家、化学者 元・台湾行政院長(首相)、元・台湾清華大学学長、元・東呉大学学長 ⑮台湾 ⑭1943年5月10日 ⑮1996/2000/2012

リュウ・チョウジュン 劉 長順 画家 中国青年画会主席 ⑮中国 ⑭1955年9月19日 ⑮1992/1996

リュウ・テイ 劉 鼎 元・中国航空工業省顧問、元・中国人民政治協商会議全国委員会(全国政協)常務委員 ⑮中国 ⑳1986年7月25日 ⑮1992

リュウ・テイカン 劉 廷煥 中国工商銀行副行長、中国共産党中央委員候補 ⑮中国 ⑮2000

リュウ・テキラン 劉 適蘭 チェス選手 チェス国際名人 ⑮中国 ⑭1961年 ⑮1996

リュウ・デンシ 柳 伝志 Liu, Chuan-zhi 実業家、コンピュータ科学者 聯想集団(レノボ・グループ)創業者 ⑮中国 ⑭1944年4月29日 ⑮2004/2008/2012

リュウ・テンロク 劉 天禄 元・永昌貿易(日本)社長、元・日本華商総会顧問、元・台湾華僑救国連合会総会常務理事、元・中華民国国民党中央評議委員 ⑮台湾 ⑳1986年10月23日 ⑮1992

リュウ・トウセイ 劉 東生 地理学者 中国科学院地質研究所研究員 ⑲黄土の研究 ⑮中国 ⑭1917年 ⑮1996

リュウ・トクカイ 劉 徳海 琵琶演者 中央音楽学院副院長 ⑮中国 ⑭1937年 ⑮1996

リュウ・トクキン 劉 徳欣 パラシュート選手 中国四川省パラシュート・チーム監督 ⑮中国 ⑭1941年 ⑮1996

リュウ・トクジュン 劉 徳順 環境問題研究家 清華大学地球気候変動研究所副所長 ⑮中国 ⑮2004/2008

リュウ・トクユウ 劉 徳有 Liu, De-yon ジャーナリスト、翻訳家 元・中国文化部副部長 ⑮中国 ⑭1931年 ⑮1996/2000/2004/2012

リュウ・トシュウ 劉 渡舟 旧名=劉栄先 漢方医 北京中医学院教授、国務院学位委員会学科評議組メンバー ⑮中国 ⑭1917年 ⑮1996

リュウ・ネイイツ 劉 寧一 Liu, Ning-yi 政治家、労働運動指導者 元・中国全人代常務委員会副委員長、元・中華全国総工会主席 ⑮中国 ⑭1905年 ⑳1994年2月5日 ⑮1992/1996

リュウ・ネンシュン 劉 念春 民主活動家 ⑮中国 ⑮2000

リュウ・ハクウ 劉 白羽 Liu, Bai-yu 作家 元・中国作家協会副主席 ⑮中国 ⑭1916年9月2日 ⑳2005年8月24日 ⑮1992/1996

リュウ・ハクショウ 劉 伯承 Liu, Bo-cheng 軍人 元・中国人民解放軍中央軍事委員会副主席・元帥、元・中国共産党中央軍事委員会副主席・政治局員 ⑮中国 ⑭1892年 ⑳1986年10月7日 ⑮1992

リュウ・ハリン 劉 波林 中国国家版権局法律所調査研究員 ⑲著作権法 ⑮中国 ⑭1947年11月7日 ⑮2000

リュウ・ヒ 劉 飛 元・中国第4・5期政協全国委員、元南京軍区顧問 ⑮中国 ⑳1984年10月24日 ⑮1992

リュウ・ヒャクレイ 劉 百齢 道家気功家 劉百齢東方文化学院長 ⑮中国 ⑭1907年 ⑮2000

リュウ・ヒンガン 劉 賓雁 Liu, Bin-yan 作家、ジャーナリスト、民主化運動家 元・中国作家協会副主席 ⑮中国 ⑭1925年2月7日 ⑳2005年12月5日 ⑮1992/1996

リュウ・フウ 劉 楓 中国共産党浙江省委員会副書記 ⑮中国 ⑭1937年 ⑮1996

リュウ・フセイ 劉 夫生 湖南省人民代表大会常務委員会主任 ⑮中国 ⑭1931年 ⑮1996

リュウ・ブンエイ 劉 文英 南開大学教授 ⑲中国古代哲学 ⑮中国 ⑭1939年 ⑮1996/2000

リュウ・ブンカ 劉 文華 料理人 ⑮中国 ⑭1964年 ⑮2008

リュウ・ブンギョク 劉 文玉 上海億髪保健実業公司理事長 ⑲育毛、育毛剤 ⑮中国 ⑭1927年 ⑮2000

リュウ・ブンクン 劉 文君 教育学者 東京大学大学院教育学研究科研究員、華東師範大学職業教育研究所客員研究員 ⑮中国 ⑮2008

リュウ・ブンハク 劉 文璞 旧名=劉景山 農業経済学者 中国社会科学院農業経済研究所副所長 ⑮中国 ⑭1934年 ⑮1996

リュウ・ヘイギ 劉 秉義 歌手 中央楽団ソリスト ⑮中国 ⑭1935年 ⑮1996

リュウ・ヘイシン 劉 炳森 Liu, Bing-sen 書家 元・中国書法家協会副主席、元・中国全国政治協商会議常務委員 ⑮中国 ⑭1937年8月 ⑳2005年2月15日 ⑮1992/1996

リュウ・ホウ 劉 鵬 Liu, Peng 政治家 中国共産党中央宣伝部常務副部長 ⑮中国 ⑭1952年 ⑮2000

リュウ・ホンバイ 劉 本培 生物学者 中国地質大学教授、地質鉱産省全国地史教育指導委員会主任 ⑲古生物学、地史学 ⑮中国 ⑭1932年 ⑮1996

リュウ・メイコウ 劉 明康 Liu, Ming-kang 銀行家 中国銀行業監督管理委員会主席、中国共産党中央委員 元・中国銀行頭取・理事長、元・中国光大集団理事長 ⑮中国 ⑭1946年8月 ⑮2004/2008/2012

リュウ・モウカ 劉 孟喜 本名=劉模 山東師範大学体育学部講師 ⑲太極拳、古代健康法 ⑮中国 ⑭1952年 ⑮2000

リュウ・モサイ 劉 茂才 四川省社会科学院院長兼四川省科学技術協会副主席、研究員 ⑮中国 ⑭1934年 ⑮1996

リュウ・ヨウ 劉 洋 Liu, Yang ファッションデザイナー ⑮中国 ⑭1964年 ⑮1996

リュウ・ランホウ 劉 蘭芳 評書演出家 鞍山曲芸団団長、中国曲芸協会副主席 ⑮中国 ⑭1942年 ⑮1996

リュウ・リン 劉 林 天文学者 南京大学天文系主任、人工衛星動力学専門委員会主任 ⑲天体力学、人工衛星動力学 ⑮中国 ⑭1936年 ⑮1996

リュウ・リン 劉 麟 作曲家 中央民族楽団1級作曲家 ⑮中国 ⑭1943年 ⑮1996

リュウ・レイジ 劉 黎兒 Liu, Leh-er コラムニスト、ジャーナリスト 元・「中国時報」「工商時報」「中時晩報」東京支局長 ⑮台湾 ⑭1956年 ⑮1996/2000/2008/2012

リュウ・レイビン 劉 黎敏 Liu, Li-min 水泳選手 ⑮中国 ⑮1996

リュウ・レンマン 劉 蓮満 登山家 ⑮中国 ⑭1933年 ⑮1996

リュウ・ワケン 劉 和謙 Liu, He-chien 軍人 台湾参謀総長 ⓖ台湾 ⓑ1926年 ⓓ1996

リューエ, フォルカー Rühe, Volker 政治家 元・ドイツ国防相 ⓖドイツ ⓑ1942年9月25日 ⓦ1992／1996／2000

リューキン, ナスティア Liukin, Nastia 本名=Liukin,Anastasia 元・体操選手 北京五輪体操女子個人総合金メダリスト ⓖ米国 ⓑ1989年10月30日 ⓦ2012

リューキン, ワレリー Liukin, Valeri 元・体操選手 ⓑ1966年12月17日 ⓦ1992／1996／2012

リュクサン, ペテル Luccin, Peter サッカー選手(MF) ⓖフランス ⓑ1979年9月4日 ⓦ2004／2008

リュークマン, ノア Lukeman, Noah リテラリー・エージェント ⓖ米国 ⓦ2004

リュケン, ミカエル Lucken, Micael 日本美術研究家 フランス国立東洋言語文化研究院教授 ⓖフランス ⓑ1969年 ⓦ2004／2008／2012

リューサー, ローズマリー・ラドフォード Ruether, Rosemary Radford 神学者,歴史学者 ギャレット・エバンジェリカル神学校教授 ⓖ米国 ⓑ1936年11月2日 ⓓ1996

リュース, R.D. Luce, R.D. 本名=Luce,Robert Duncan 社会科学者 元・カリフォルニア大学アーバイン校名誉教授,元・ハーバード大学名誉教授 ⓗ社会学,認知学,心理学 ⓖ米国 ⓑ1925年5月16日 ⓓ2012年8月11日

リュタンス, セルジュ Lutens, Serge コスメティックイメージデザイナー, アクセサリーデザイナー 資生堂ビューティイメージ総責任者 ⓖフランス ⓑ1942年3月14日 ⓦ1996

リュツェラー, パウル・ミヒャエル Lützeler, Paul Michael ドイツ文学者 ワシントン大学教授 ⓗヘルマン・ブロッホ研究 ⓖ米国 ⓑ1943年 ⓦ2004

リュッチエン・ドゥレコール, E. Lütjen-Drecoll, Elke 医学者 エアランゲン大学教授 ⓦ2008

リュッベ, ヘルマン Lübbe, Hermann チューリヒ大学名誉教授 ⓗ哲学,政治哲学 ⓖドイツ ⓑ1926年12月31日 ⓦ2000

リュート, トーマス ボートコーチ, ソーシャルワーカー 東京工業大学ボート部コーチ, エッセン市福祉協会 ⓖドイツ ⓦ1992／1996

リュトン, ジャンマリ アリアンスペース社長・CEO ⓖフランス ⓑ1942年8月4日 ⓦ2000

リュビーモフ, アレクサンドル Lyubimov, Aleksandr ジャーナリスト, テレビ司会者・コメンテーター ⓖソ連 ⓦ1992／1996

リュビーモフ, アレクセイ Lubimov, Alexei 本名=Lubimov, Alexei Borisovich ピアニスト, チェンバロ奏者, フォルテピアノ奏者 ザルツブルク・モーツァルテウム教授 ⓖロシア ⓑ1944年9月16日 ⓦ2000／2004／2008／2012

リュビーモフ, ユーリー Lyubimov, Yurii Petrovich 演出家, 俳優 タガンカ劇場総監督 ⓑ1917年9月30日 ⓦ1992／1996／2000／2008／2012

リュファン, ジャン・クリストフ Rufin, Jean Christophe 作家, 医師 元・国境なき医師団(MSF)副団長 ⓑ1952年6月28日 ⓦ2000／2004／2008／2012

リュフォ, マルセル Rufo, Marcel 小児科医 サント・マルグリット病院小児精神科部長 ⓗ小児精神科 ⓖフランス ⓑ1944年12月31日 ⓦ2004

リューベル, アーサー Lewbel, Arthur ブランダイス大学教授 ⓗ経済学 ⓖ米国 ⓦ2000

リューベン, ヨーク・ファン Leeuwen, Joke van 児童文学作家 ⓖオランダ ⓑ1952年 ⓦ1996

リュムレー, アンリ・ド Lumley, Henry de 地質学者, 考古学者 フランス国立自然史博物館館長 ⓖフランス ⓑ1934年8月14日 ⓦ1992／2000

リューリック, ジーン Ruryk, Jean 作家 ⓖカナダ ⓑ1923年 ⓦ2000

リュルカ, アルヒプ 航空機エンジン技術者 ⓖソ連 ⓓ1984年 ⓦ1992

リュルサ, シモンヌ Lurçat, Simone 反核活動家 画家・タペストリー作家ジャン・リュルサの妻 ⓖフランス ⓦ2000

リョ・イセツ 呂 維雪 工学者 浙江大学研究生院院長, 中国国務院学位委員会学科評議組メンバー ⓖ中国 ⓑ1930年 ⓦ1996

リョ・エン 呂 遠 Lü, Yuan 作曲家, 詩人 中国音楽家協会常務理事 ⓖ中国 ⓑ1929年9月 ⓦ2000(ロ・エン)

リョ・ガイ 呂 凱 国立政治大学中国文学系研究所教授 ⓗ中国文学 ⓖ中国 ⓑ1936年 ⓦ1996

リョ・ガク 呂 楽 Lu, Yue 映画監督 ⓗドキュメンタリー ⓖ中国 ⓑ1957年 ⓦ1992(ロ・ガク)／1996

リョ・ガクブ 呂 学武 遼寧対外貿易集団公司副総経理 ⓖ中国 ⓦ1992(ロ・カクブ)／1996

リョ・キ 呂 毅 評茶師 ⓖ中国 ⓦ2008

リョ・ギョクシン 呂 玉新 Lu, Yu-xin セント・ジョンズ大学(米国)アジア研究所院生助手 ⓗ日本語,中国語 ⓖ中国 ⓑ1953年 ⓦ1996

リョ・キン 呂 欽 中国将棋名人 ⓖ中国 ⓑ1962年 ⓦ1996

リョ・ケイザン 呂 景山 中医師, 針灸医 ⓗ内科, 婦人科, 強直性脊椎炎, アレルギー疾患 ⓖ中国 ⓑ1934年 ⓦ2004

リョ・ケイジン 呂 敬人 挿絵画家, 装丁家 中国青年出版社編集長補佐(美術担当) ⓖ中国 ⓑ1947年 ⓦ1996

リョ・ゲンメイ 呂 元明 Lu, Yuan-ming 筆名=日月 日本文学研究者 中国東北師範大学教授 ⓗ中日文学交流史 ⓖ中国 ⓑ1925年 ⓦ2004／2008／2012

リョ・コウセイ 呂 鴻声 生物学者 中国農業科学院蚕研究所所長, 中国蚕学会副理事長, 『蚕業科学』編集主幹 ⓗ蚕の生理遺伝,生物化学 ⓖ中国 ⓑ1926年 ⓦ1996

リョ・シュウリキ 呂 宗力 ウィスコンシン大学東亜語文系講師 ⓗ中国秦漢史

リョ・シュウレン 呂 秀蓮 Lu, Hsiu-lien 英語名=Lu,Annette 政治家, 女性運動家 元・台湾副総統 ⓖ台湾 ⓑ1944年6月7日 ⓦ2000／2004／2008／2012

リョ・シュクショウ 呂 叔湘 言語学者 元・中国社会科学院語言研究所名誉所長, 元・中国全人代中日友好グループ副主席 ⓖ中国 ⓑ1904年 ⓓ1998年4月9日 ⓦ1996

リョ・ジュンガク 呂 遵諤 考古学者 北京大学考古系副主任 ⓖ中国 ⓑ1928年 ⓦ1996

リョ・ショウエン 呂 小燕 ⓗ地域文化研究 ⓖ中国 ⓦ2008

リョ・ショウグン 呂 小軍 Lu, Xiao-jun 重量挙げ選手 ロンドン五輪金メダリスト, 重量挙げ男子77キロ級世界記録保持者 ⓖ中国 ⓑ1984年7月27日

リョ・ショウチュウ 呂 勝中 Lu, Sheng-zhong 剪紙(切り絵)家 中国中央美術学院助教授 ⓖ中国 ⓑ1952年1月4日 ⓦ1996(ロ・ショウチュウ)

リョ・シンウ 呂 振羽 Lu, Zhen-yu 字=一清, 筆名=晨光, 何民魂, 柳崗 歴史学者 元・中国東北人民大学校長, 元・中国中央党学校教授 ⓗマルクス主義歴史学, 中国社会経済史 ⓖ中国 ⓑ1900年1月30日 ⓓ1980年7月17日 ⓦ1992(ロ・シンウ)

リョ・タイラク 呂 大楽 香港中文大学講師 ⓗ社会学 ⓖ香港 ⓑ1958年 ⓦ2000

リョ・バイケン 呂 培倹 中国共産党中央委員 元・中国審計署審計長 ⓖ中国 ⓑ1928年 ⓦ1996

リョ・ヒン 呂 彬 Lu, Bin 水泳選手 ⓖ中国 ⓑ1977年1月7日 ⓦ1996

リョ・フウ 呂 楓 中国共産党中央委員 元・中国共産党中央委員会組織部部長 ⓖ中国 ⓑ1927年 ⓦ1996／2000

リョ・リン 呂 林 卓球選手 ⓖ中国 ⓦ1996

リョ・レイヘイ 呂 麗萍 女優 上海映画製作所 ⓖ中国 ⓑ1960年4月 ⓦ1996

リョウ・イッキ 凌 一揆 漢方医 成都市人民代表大会常務委員会副主任 ⓖ中国 ⓑ1925年 ⓦ1996

リョウ・イトウ 梁 偉棠 Liang, Wei-tang 棋士 囲碁7段 ⓖ中国 ⓑ1963年10月2日 ⓦ1992／1996

リョウ・ウン 凌 雲 Ling, Yun 元・中国国家安全相 ⓖ中国 ⓑ1912年 ⓦ1992

リョウ・ウンギョク 廖 蘊玉 書家 中国書法家協会広東分会理事

⊛中国　⊕1927年　⊛1992／1996

リョウ・エン　凌焱　文化交流活動家　中国文化サロン設立者
⊛中国　⊕2008

リョウ・エン　梁艶　元・中国女子バレーボール・チーム選手　⊛中国　⊕1961年　⊛1996

リョウ・オンコン　梁穏根　Liang, Wen-gen　実業家　三一集団董事長　⊛中国　⊕1956年

リョウ・カイセイ　凌海成　Ling, Hai-cheng　歴史作家,中国仏教研究家　⊛中国　⊕1946年　⊛1996

リョウ・カリョウ　梁戈亮　元・中国卓球チームの選手　⊛中国　⊕1950年　⊛1996

リョウ・カンセイ　廖漢生　Liao, Han-sheng　元・軍人,政治家　元・中国全国人民代表大会(全人代)常務委員会副委員長,元・全人代解放軍代表　⊛中国　⊕1911年11月　⊕2006年10月5日　⊛1996

リョウ・カンヒョウ　梁寒冰　マルクス主義歴史学者　元・中国社会科学院歴史研究所副所長　⊕1989年8月9日　⊛1992

リョウ・キ　廖輝　Liao, Hui　重量挙げ選手　北京五輪重量挙げ男子69キロ級金メダリスト　⊛中国　⊕1987年10月5日　⊛2012

リョウ・ギョウギ　梁暁義　環境教育家　北京地球村環境文化センター代表　⊛中国　⊕1954年　⊛2000／2004

リョウ・ギョウセイ　梁暁声　Liang, Xiao-sheng　作家　⊛中国　⊕1949年9月　⊛1992／1996／2004／2008／2012

リョウ・キンショウ　梁錦松　Liang, Jin-song　英語名=リョン,アントニー　元・香港特別行政区財政官　⊛香港　⊕1952年1月　⊛2004／2008

リョウ・ケイコク　梁継国　茨城大学人文学部教授　⊛日本文学,中日文化比較,文化とコミュニケーション　⊛中国　⊕1955年　⊛2004

リョウ・ケイショウ　廖慶松　Liau, Ching-sown　映画編集者・監督　⊛台湾　⊛1992／1996

リョウ・ケイチン　廖慧珍　タレント　⊛台湾　⊕1970年12月29日　⊛2000

リョウ・ケンコン　梁建坤　元・アクロ体操選手　⊛中国　⊕1957年　⊛1996

リョウ・ケンリュウ　廖建龍　ジャーナリスト　⊛台湾　⊕1934年　⊛2000

リョウ・コウセイ　廖光生　台湾大学教授　⊛香港　⊛2000

リョウ・コウレツ　梁光烈　Liang, Guang-lie　軍人　元・中国国務委員・国防相,元・中国人民解放軍総参謀長　⊛中国　⊕1940年12月　⊛2004／2012

リョウ・コクジュ　梁国樹　Liang, Kuo-shu　元・台湾中央銀行総裁　⊛台湾　⊕1930年12月12日　⊕1995年7月31日　⊛1996

リョウ・シ　梁子　Liang, Zi　フォトジャーナリスト　⊛中国　⊕1961年9月3日　⊛2000

リョウ・シグン　凌志軍　ジャーナリスト　「人民日報」主任記者・主任編集員　⊛中国　⊕1953年　⊛2000

リョウ・シフウ　凌子風　Ling, Zi-feng　映画監督　⊛中国　⊕1917年3月　⊕1999年3月2日　⊛1996

リョウ・シャクリュウ　廖錫龍　Liao, Xi-long　軍人　中国共産党中央軍事委員,中国国家中央軍事委員,中国人民解放軍総後勤部長・上将　⊛中国　⊕1940年6月　⊛2004／2012

リョウ・ジュウカイ　梁従誡　Liang, Cong-jie　環境保護運動家,歴史家　元・自然の友創始者,元・中国文化書院副院長　⊛アメリカ現代史　⊛中国　⊕1932年　⊕2010年10月28日　⊛1996／2004

リョウ・シュクジュウ　梁粛戎　Liang, Su-jung　政治家　元・台湾立法院長,元・台湾国民党中央評議委員会主席団主席　⊛台湾　⊕1920年8月8日　⊕2004年8月27日　⊛1992(リョウ・シュクカイ)／1996／2004

リョウ・ショウ　梁湘　Liang, Xiang　元・海南省長　⊛中国　⊕1919年　⊕1998年　⊛1992／1996

リョウ・ショウシ　廖承志　Liao, Cheng-zhi　別名=何柳華,何承志　政治家　元・中国全国人民代表大会(全人代)常務委副委員長,元・中国共産党政治局員,元・中日友好協会会長　⊛中国　⊕1908年9月25日　⊕1983年6月10日　⊛1992

リョウ・ショウユウ　廖祥雄　Liao, Hsiang-hsiung　外交官,国際ジャーナリスト,元・映画監督　台北駐日経済文化代表事務所新聞広報部長　⊛台湾　⊕1933年　⊛1996

リョウ・ジョゴウ　梁如豪　プロ野球選手(投手)　⊛台湾　⊛2000

リョウ・シンエイ　梁振英　Leung, Chun-ying　別称=リョン,C.Y.　政治家,実業家　香港特別行政区行政長官　⊛香港　⊕1954年8月12日

リョウ・ジンキ　梁仁貴　元・スキー選手(距離)　台湾五輪委員会委員　⊛台湾　⊛2000

リョウ・シンクワン　凌星光　Ling, Xing-guang　旧名=凌定民　日中関係研究所長,中国社会科学院世界経済政治研究所研究員(教授),福井県立大学名誉教授　⊛中国経済,日中関係,北東アジア経済　⊛中国　⊕昭和8年2月15日　⊛1992(リョウ・セイコウ)／1996(リョウ・セイコウ)／2000(リョウ・セイコウ)／2004(リョウ・セイコウ)

リョウ・セイブン　廖静文　Liao, Jing-wen　徐悲鴻記念館館長,中国人民政治協商会議全国委員会(全国政協)委員,北京博物館学会常務理事　徐悲鴻未亡人　⊛中国　⊕1923年　⊛1992／1996

リョウ・ソウメイ　梁漱溟　Liang, Sou-ming　本名=梁煥鼎　哲学者,教育家　元・中国人民政治協商会議全国委員会(全国政協)常務委員　⊛中国　⊕1893年10月18日　⊕1988年6月23日　⊛1992

リョウ・チュウアン　廖仲安　北京師範大学中国文学系教授・中国古典文学研究室主任　⊛中国古典文学　⊛中国　⊕1925年　⊛1992／1996

リョウ・チュウジン　廖中仁　Liau, Chung-ren　ジャーナリスト,カメラマン　⊕1959年　⊛1996

リョウ・テツフ　梁哲夫　映画監督　⊛台湾　⊕1920年　⊕1992年9月7日　⊛1996

リョウ・トウザイ　梁棟材　生物学者　中国科学院生物物理研究所所長,中国生物物理学会理事長,中国科学院生物学部委員,中国共産党中央委員　⊛蛋白質結晶体学　⊛中国　⊕1932年　⊛1996

リョウ・ネンジ　梁念慈　広東医学院院長・教授　⊛バイオケミカル　⊛中国　⊛1996

リョウ・ヒ　凌飛　写真家　⊛中国　⊛2000

リョウ・ホテイ　梁歩庭　元・中国共産党山東省顧問委員会主任,元・中国共産党中央委員　⊛中国　⊕1921年　⊛1996

リョウ・マツサ　廖沫沙　Liao, Mo-sha　元・中国人民政治協商会議全国委員会(全国政協)委員　⊛中国　⊕1990年12月27日　⊛1992

リョウ・メイチョウ　廖明徴　生化学者　中国医薬学院教授,中国合肥永生製薬副社長　元・テキサス大学準教授　⊛台湾　⊕1935年　⊛2004

リョウ,レスリー　Liu, Lesley　本名=劉宗慧　イラストレーター　⊛台湾　⊕1960年　⊛1996

リョヴォチキナ,エレーナ　Levochkina, Elena　体操選手　⊛ソ連　⊕1975年7月22日　⊛1992(リョボチキナ,エレーナ)

リョウク　Ryeowook　グループ名=SUPER JUNIOR　歌手　⊛韓国　⊕1987年6月21日　⊛2012

リョウト　Lyoto　本名=カルヴァーリョ・マチダ,リョウト　格闘家　⊛ブラジル　⊕1978年5月30日　⊛2008

リョン,アーネスト　フィリピン蔵相　⊛フィリピン　⊛1996

リョン,ジジ　Leung, Gigi　中国名=梁詠琪　女優,歌手　⊛香港　⊕1976年3月25日　⊛2000／2004／2008／2012

リョン,ピンチョン　Leung, P.C.　医学者　香港中文大学教授　⊛中国　⊛2004／2008

リョング,ステファン　Leong, Stephen　元・マレーシア戦略国際問題研究所日本研究センター所長　⊛国際関係,対日関係,東アジア経済　⊛マレーシア　⊕1938年　⊛1996(リョン,ステファン)／2000／2012

リヨンズ,ウィリアム　元・ジャガー社(英国自動車メーカー)会長　⊛英国　⊕1985年2月8日　⊛1992

リーライト,ピーター　Lee-Wright, Peter　テレビプロデューサー　⊛英国　⊕1950年　⊛1996

リラク,ティーナ　Lillak, Tina　やり投げ選手　⊛フィンランド　⊕1961年4月15日　⊛1992

リラード, ダミアン　Lillard, Damian　バスケットボール選手　国米国　生1990年7月15日

リラード, マシュー　Lillard, Matthew　俳優　国米国　生1970年　掲2000／2004

リーランド, ジム　Leyland, Jim　本名＝Leyland, James Richard　大リーグ監督　国米国　生1944年12月15日　掲1996（レイランド, ジム）／2000／2008／2012

リーランド, デービッド　Leland, David　映画監督, 脚本家, 俳優　国英国　生1941年4月20日　掲2000

リリー, ジェームズ・ロデリック　Lilley, James Roderick　アジア問題専門家, 外交官　元・アメリカン・エンタープライズ研究所上級研究員, 元・駐中国米国大使, 元・駐韓国米国大使　生中国問題　国米国　生1928年1月15日　没2009年11月12日　掲1992／1996／2004

リリー, ジョン　Lilly, John C.　医学者　生意識の研究, イルカ研究　国米国　生1915年　掲1992／1996

リリー, ドリス　コラムニスト　国米国　没1991年10月9日　掲1992

リリー, ピーター　Lilley, Peter Bruce　政治家　元・英国社会保障相　国英国　生1943年8月23日　掲1992／1996／2000

リリアンソール, アルフレッド・M.　ジャーナリスト　「ミドルイースト・パースペクティブ」編集発行人　国米国　掲1992／1996

リリエンソール, デービッド　Lilienthal, David Eli　原子力行政家　元・米国原子力委員会委員長（初代）　国米国　生1899年7月8日　没1981年1月14日　掲1992

リリッチ, ゾラン　Lilić, Zoran　政治家　元・ユーゴスラビア連邦大統領　国ユーゴスラビア　生1953年8月27日　掲1996／2000

リリーフック, カタリーナ　Lilliehöök, Catarina　ジャーナリスト　国スウェーデン　生1964年　掲2008

リリャ, マックス　Lilja, Max　グループ名＝アポカリプティカ　チェロ奏者　国フィンランド　掲2004

リリング, ヘルムート　Rilling, Helmuth　指揮者, オルガン奏者　元・フランクフルト音楽大学教授　国ドイツ　生1933年5月29日　掲1992／2012

リリングス, ジェームス　Rillings, James H.　米国自動走行システム組合（NAHSC）プログラムマネジャー　国米国　掲2000

リール, アドルフ・フランク　Reel, Adolf Frank　弁護士　山下奉文裁判の弁護人　国米国　生1907年6月30日　没2000年4月　掲1996

リル, ジョン　Lill, John　ピアニスト　国英国　生1944年3月17日　掲1996

リール, ハーバート　Riehl, Herbert　気象学者　元・ベルリン自由大学気象学教授, 元・米国国立大気研究センター研究員　生熱帯気象学　国米国　生1915年3月30日　掲1992

リル・キム　Lil' Kim　本名＝ジョーンズ, キンバリー　ラップ歌手　国米国　掲2004／2008

リルゲ, J.E.　Lillge, J.E.　マイクロテック・リサーチ社（MRI）ソフトウェア・エンジニア　生コンピュータ・ソフト, TRON　国米国　掲1992

リルデ, ルック・ヴァン　Lierde, Luc Van　トライアスロン選手　国ベルギー　生1969年4月14日　掲2000

リルランク, ポール　Lillrank, Paul Martin　ヘルシンキ工科大学教授　生管理工学, 情報経済論　国フィンランド　生1955年8月23日　掲2000

リロイ, J.T.　LeRoy, J.T.　別筆名＝ターミネイター　作家　国米国　生1980年　掲2004

リロフ, アレクサンドル　Lilov, Alexander Vassilev　政治家　ブルガリア社会党最高評議会議長（党首）　国ブルガリア　生1933年8月31日　掲1992

リーロフ, イワン・P.　化学者　ソフィア大学化学科　国ブルガリア　生1932年　掲1992

リン, J.S.　Lim, Jae S.　マサチューセッツ工科大学電気工学コンピューター科学部教授　生通信工学　国米国　掲2000

リン, T.J.　Lin, T.J.　マーサー大学医療センター教授　生プロゲステロン代謝, ホルモン医学　国米国　掲1996

リン, アブラハム　Lin, Abraham　太平洋産業研究院首席顧問　生経済学　国韓国　生1943年　掲1992

リン・イクホウ　林郁方　台湾立法委員（新党）　元・淡江大学戦略研究所所長　国台湾　掲2000

リン・イネイ　Lin, Wei-ning　重量挙げ選手　国中国　生1979年3月15日　掲2004

リン・イーハウ　林羿豪　プロ野球選手（投手）　国台湾　生1991年1月2日

リン・イーフー　林毅夫　Lin, Yi-fu　経済学者　世界銀行上級副総裁・主任エコノミスト　元・北京大学中国経済研究センター所長・主任教授　生農業経済, 開発経済学　国中国　生1952年　掲2000（リン・キフ）／2012

リン・ウェイツウ　林威助　プロ野球選手（外野手）　国台湾　生1979年1月22日

リン・エイ　林瑛　バドミントン選手　元・中国国家女子バドミントン・チーム選手　国中国　生1963年　掲1996

リン・エイリョウ　林永樑　Lin, Yung-liang　政治家, 実業家　台湾国民党中央評議委員, 中日文化経済協会会長, 中華開発信託公司名誉理事長　国台湾　生1916年8月1日　掲1996

リン, エリザベス　Lynn, Elizabeth A.　SF作家　国米国　生1946年　掲1996

リン・エン　林艶　牡丹江華日高級中学理事長　国中国　掲2004／2008

リン, エンリケ　詩人　元・国立チリ大学文学部教授　国チリ　没1988年7月10日　掲1992

リン・オンユ　林恩宇　Lin, En-yu　プロ野球選手（投手）　国台湾　生1981年3月25日　掲2008／2012

リン・カイショウ　林海鐘　山水画家　中国美術学院中国絵画学部山水画教育研究室主任・国際培訓部教授　国中国　生1968年　掲2000

リン・カイホウ　林嘉峰　英語名＝ラム, ジャン, グループ名＝軟硬天師　映画監督, 俳優, ディスクジョッキー　国香港　掲2000

リン・カイミン　林懐民　Lin, Hwai-min　舞踏家, 作家　クラウド・ゲイト・ダンスシアター（雲門舞集）芸術監督　生コンテンポラリー・ダンス　国台湾　生1947年2月19日　掲2008／2012

リン・カヒン　林家彬　中国国務院発展研究センター研究員　生国土計画　国中国　生1957年　掲2000

リン・カンセン　林甘泉　歴史学者　郭沫若旧居館長, 郭沫若著作編纂委員会副主任, 中国秦漢史研究会顧問　国中国　生1931年　掲1996

リン・カンユウ　林漢雄　高級技師　元・中国建設相　国中国　生1929年　掲1996

リン・ギシュ　林義守　燁隆集団会長　国台湾　生1941年11月　掲1996

リン・キスイ　林其誰　生物化学者　中国科学院上海生物化学研究所所長, 中国生物化学会理事長, 『生物化学・生物物理学報』編集主幹　生生物化学, 生物膜　国中国　生1937年　掲1996

リン・ギユウ　林義雄　Lin, I-hsiung　政治家　元・台湾民主進歩党主席　国台湾　生1941年8月　掲1992／1996／2000／2004

リン・キョウ　林強　歌手　国台湾　掲2000／2004／2008

リン・ギョウコウ　林曉光　政治学者　中国社会科学院大学院教授　生国際関係学, 中国外交史　国中国　生1954年　掲2004／2008

リン・ギョクジュ　林玉樹　元・科技日報社長　国中国　生1941年　掲1996

リン・ギョクショウ　林鈺祥　Lin, Yü-hsiang　政治家　集思会（国民党主流派）会長　国台湾　生1948年6月23日　掲1992／1996

リン・キンケイ　林金莖　Lin, Chin-ching　字＝剛本　外交官　元・台湾総統府国策顧問, 元・亜東関係協会会長, 元・駐日台北経済文化代表事務所代表　国台湾　生1923年7月18日　没2003年12月10日　掲1996／2004

リン・キンシュウ　林鈞岫　光学者　大連理工大学応用物理研究所所長, 遼寧省現代光学学会副主任　生レーザーの研究　国中国　生1935年　掲1996

リン・キンゼン　林錦全　風水師, 気功師, 中国伝統医　掲2004

リン, ケアリー　Lynn, Cari　フリーライター　国米国　掲2004

リン・ケン　林憲　精神医学者　台湾大学名誉教授　国台湾　生1925年11月1日　掲2008

リン・ケンジン　林 建仁　Lin, Jian-ren　中国社会科学院研究員, 北京大学客員助教授　⊕中国　⊕1946年　⊕1992

リン・コウショウ　林 厚省　気功医師　元・上海中医学院中医研究所副所長　⊕中国　⊕1940年　⊕1992／1996

リン・コウチ　林 巧稚　医師　元・中国全国人民代表大会（全人代）常務委員, 元・中国協和医院産婦人科医師　⊕中国　⊕1901年12月23日　⊕1983年4月22日　⊕1992

リン・コク　林 克　Lin, Ke　元・中国社会科学院世界経済政治研究所先進国際経済総合研究室主任　毛沢東の元国際秘書兼英語教師　⊕中国　⊕1925年11月2日　⊕1996年12月　⊕1996

リン・コクホン　林 国本　Lin, Guo-ben　ジャーナリスト　北京周報社東京支局特派員　⊕中国　⊕1935年　⊕1992／1996

リン・コクユウ　林 国雄　英語名＝ラム, ポール　占い師　⊕風水学　⊕香港　⊕1992／1996

リン・コッキョウ　林 国強　日本画家　⊕中国　⊕1953年　⊕1996

リン・コンカン　林 琨瀚　プロ野球選手（内野手）　⊕台湾　⊕2000

リン・コンキ　林 根基　プロゴルファー　⊕台湾　⊕1966年7月1日　⊕2008

リン・コンハン　林 昆範　銘伝大学講師　⊕古典書物, 装飾文様　⊕台湾　⊕1967年　⊕2004

リン・ジェイムズ・ブルーム　Lynne, James Broom　別名＝クォーターメイン, ジェイムズ　作家, 劇作家, 工芸学校講師　⊕英国　⊕1992

リーン, ジェフ　Leen, Jeff　ジャーナリスト　「マイアミ・ヘラルド」紙記者　⊕麻薬取引　⊕米国　⊕1996

リン, ジェームズ　Lynn, James Thomas　政治家　元・米国行政管理予算局局長, 元・米国住宅年開発長官　⊕米国　⊕1927年2月27日　⊕1992

リン, シェルビィ　Lynne, Shelby　歌手　⊕米国　⊕2004／2008

リン, ジェレミー　Lin, Jeremy　バスケットボール選手　⊕米国　⊕1988年8月23日　⊕2012

リン・シエン　林 子淵　棋士　囲碁7段　⊕台湾　⊕1978年6月10日　⊕2004

リン・ジャク　林 若　Lin, Ruo　政治家　元・中国共産党広東省委員会書記　⊕中国　⊕1924年　⊕1992／1996

リン, ジャスティン　Lin, Justin　映画監督　⊕1973年　⊕2012

リン, ジャネット　Lynn, Janet Salomon　本名＝サロモン, ジャネット　旧名＝ノウィッキ, ジャネット　元・フィギュアスケート選手　⊕米国　⊕1953年4月6日　⊕1992／2000

リン・シュウカ　林 聚家　中国農業科学院科技文献信息中心研究員　⊕中国　⊕1954年　⊕1996

リン・シュウギ　林 宗義　Lin, Tsung-yi　世界精神衛生連盟名誉総裁, ブリティッシュ・コロンビア大学名誉教授, 北京医科大学名誉教授　⊕精神衛生学　⊕カナダ　⊕1920年　⊕1992（リン・ソウギ）／1996

リン・シュウサン　林 秋山　台湾監察委員　⊕台湾　⊕1936年　⊕2000

リン・シュウトウ　林 宗棠　中国航空宇宙工業相, 高級技師　⊕中国　⊕1926年　⊕1996

リン・ジョイ　林 汝為　映画・テレビ劇監督　北京テレビ芸術センター監督　⊕中国　⊕1932年　⊕1996

リン・ショウカ　林 少華　日本文学者, 翻訳家　⊕中国　⊕1952年　⊕2008／2012

リン・ショウギ　林 勝義　反原発運動家　台湾原住民族文化連盟代表　⊕台湾　⊕2004／2008

リン・ショウリ　林 小利　ジャーナリスト　「上海文匯報」東京支局長　⊕中国　⊕1950年　⊕1992／1996／2000

リン・ショウロウ　林 小樓　女優　⊕台湾　⊕1968年10月17日　⊕1992／1996

リン, ジョセフ　Lin, Joseph　バイオリニスト　⊕米国　⊕1978年　⊕2012

リン・シンギ　林 信義　Lin, Hsin-i　実業家　元・台湾行政院副院長（副首相）　⊕台湾　⊕1946年12月2日　⊕2004／2008／2012

リン・シンゴウ　林 振合　金龍旅遊軍公司（ハイヤー会社）代表　⊕香港　⊕1948年　⊕1992／1996

リン・スイフク　林 水福　文学者　台湾文学協会理事長, 国立高雄第一科技大学教授・外語学院院長　⊕日本文学　⊕台湾　⊕1953年　⊕2004／2008

リン・セイギ　林 正義　台湾中央研究院アメリカ文学研究所副研究員　⊕台湾　⊕1956年　⊕1996

リン・セイチュウ　林 盛中　旧名＝林政雄　鉱物学者　中国地質科学院鉱床地質研究所研究員, 欧米同窓会副会長　⊕中国　⊕1942年　⊕1996

リン・セイホウ　林 清峰　Lin, Qing-feng　重量挙げ選手　ロンドン五輪重量挙げ男子69キロ級金メダリスト　⊕中国　⊕1989年1月26日

リン・ソウセイ　林 蒼生　Lin, Tsang-sheng　実業家　統一企業グループ総裁・CEO　⊕台湾　⊕2012

リン, ダイアナ　Lynn, Dianna　アーク・インターナショナル・アメリカ副社長　⊕米国　⊕1992／1996

リン・ダイショウ　林 代昭　北京大学国際関係学院教授, 北京中日関係学会副会長, 北京社会科学院中日関係研究センター副主任　⊕中国現代史, 現代中日関係史　⊕中国　⊕1938年　⊕1996／2000

リン, ターニャ　Ling, Tanya　ファッション・イラストレーター　⊕1966年　⊕2004

リン・タン　林 丹　Lin, Dan　バドミントン選手　北京五輪・ロンドン五輪バドミントン男子シングルス金メダリスト　⊕中国　⊕1983年10月14日　⊕2012

リン・チェンシェン　Lin, Cheng-sheng　漢字名＝林正盛　映画監督, 俳優　⊕台湾　⊕1959年　⊕2000（林 正盛 リン・セイセイ）／2004（林 正盛 リン・セイセイ）／2008（林 正盛 リン・セイセイ）／2012

リン・チハ　林 治波　ジャーナリスト, コラムニスト　「人民日報」論説委員　⊕中国　⊕1963年　⊕2008

リン・チャー・イー　中国名＝林佳儀　歌手, 女優　⊕台湾　⊕1975年　⊕2000

リン・チュウシュウ　林 仲秋　プロ野球コーチ　⊕台湾　⊕2000／2012

リン・チュウヒン　林 中斌　軍事評論家　台湾行政院副主任委員　⊕中国軍事問題　⊕台湾　⊕2000

リン・チュウホウ　林 中鵬　Lin, Zhong-peng　中華気功進修学院院長　⊕気功法　⊕中国　⊕1937年　⊕1992／1996

リン・チョウカ　林 兆華　Lin, Zhao-hua　演出家　北京人民芸術劇院副院長　⊕中国　⊕1936年7月1日　⊕1996／2000／2012

リン, チョー・リャン　Lin, Cho-Liang　バイオリニスト　⊕米国　⊕1960年1月29日　⊕1992／1996／2000／2012

リン・チョンピン　ジョージタウン大学教授, AEI中国研究部副主任　⊕中国の政治・経済　⊕米国　⊕1996

リン・チーリン　Lin, Chi-ling　漢字名＝林志玲　女優, モデル　⊕台湾　⊕1974年11月29日　⊕2008（林 志玲 リン・シレイ）／2012

リーン, デービッド　Lean, David　映画監督　⊕英国　⊕1908年3月25日　⊕1991年4月16日　⊕1992

リン・トウ　林 棟　元・スピードスケート選手　スケート・ショートトラック中国ナショナルチームトレーニングドクター　⊕中国　⊕1996

リン・ドウシュン　林 同春　Lin, Tung-chun　元・神戸華僑総会名誉会長, 元・神戸中華同文学校名管理事長　⊕中国　⊕大正14年7月2日　⊕2009年11月19日　⊕1996／2000／2004

リン, トム　Lin, Tom　漢字名＝林書宇　映画監督　⊕台湾　⊕1976年2月8日　⊕2012

リン, トレイシー　女優　⊕米国　⊕1992

リン・ナン　林 南　リン・エンタープライズ社長　⊕中国　⊕1996／2000

リン・ニ　林 二　作曲家　⊕台湾　⊕1934年　⊕1996

リン・ニットウ　林 日東　Lin, Jin-tung　立命館大学法学部客員研究員　⊕法学　⊕台湾　⊕1955年　⊕2000

リン・ハイ　林 輝　医師　⊕漢方学　⊕中国　⊕1945年　⊕2000

リン・バイ　林白　Lin, Bai　作家　[国]中国　[生]1958年　[典]2004（リン・ハク）

リン・ハクゲン　林伯原　Lin, Bo-yuan　国際武道大学体育学部教授　[専]体育学　[国]中国　[生]1950年　[典]2008

リン・ハクリョウ　林柏樑　Lin, Po-liang　写真家　[国]台湾　[生]1951年　[典]1996

リン, ビクター　Ling, Victor　トロント大学医学・生物物理学科教授, オンタリオ・ガン研究所主任研究員　[専]生化学, がん　[国]カナダ　[典]1992

リン・ヒユウ　林丕雄　淡江大学教授・日本研究所長　[専]日本文学　[国]台湾　[生]1931年1月26日　[典]1996

リン, ブリジット　Lin, Brigitte　中国名=林青霞　女優　[国]米国　[生]1954年11月3日　[典]1996／2000

リン・ブンゲツ　林文月　Lin, Wen-yueh　台湾大学名誉教授　[専]比較文学（日中比較文学）　[国]台湾　[生]1933年　[典]1992／1996

リン・ブンテイ　林文程　中山大学大陸研究所副教授　[専]政治学　[国]台湾　[生]1956年　[典]2000

リン・ホウキ　林豊喜　Lin, Fong-shih　農民運動家　台湾農民権益促進会連盟主席　[国]台湾　[生]1950年　[典]1992

リン・ホウキョウ　林鳳嬌　女優　[国]台湾　[生]1953年　[典]1996

リン・ホウセイ　林豊正　Lin, Feng-cheng　政治家　台湾国民党秘書長　元・台湾交通部長　[国]台湾　[生]1940年3月20日　[典]2000／2004

リン, マヤ　Lin, Maya　建築家, 彫刻家　[国]米国　[生]1959年　[典]2000

リン・マンレイ　林曼麗　Lin, Mun-lee　台北教育大学教授　元・台北故宮博物院院長　[国]台湾　[生]1954年8月8日　[典]2008／2012

リン・ミョウカ　林妙可　Lin, Miao-ke　タレント　[国]中国　[典]2012

リン・メイセイ　林明成　Lin, Ming-cheng　実業家　台湾善美的有限公司設立者, 永埼東急百貨店社長　[国]台湾　[典]1992／1996

リン・ヤク　林躍　Lin, Yue　飛び込み選手　北京五輪男子シンクロ高飛び込み金メダリスト　[国]中国　[生]1991年7月24日　[典]2012

リン・ユーチュン　林育群　Lin, Yu-chun　愛称=小胖　歌手　[国]台湾　[生]1986年　[典]2012

リン・ヨウコウ　林洋港　Lin, Yang-kang　通称=Chih-hung　政治家　元・台湾国民党副主席, 元・台湾司法院院長　[国]台湾　[生]1927年6月10日　[没]2013年4月13日　[典]1992／1996／2000

リン・ライハン　林来梵　Lin, Lai-fan　香港城市大学中国法比較法研究センター専任研究員　[専]憲法学, 比較憲法学, 中国法学　[国]中国　[生]1963年　[典]2000

リン・リ　林莉　水泳選手　[国]中国　[生]1969年　[典]1996

リン・リン　林林　Lin, Lin　本名=林仰山　日本文学研究家, 詩人　元・中日友好協会副会長, 元・中国日本文学研究会会長, 元・中国作家協会理事, 元・中国人民対外友好協会副会長　[国]中国　[生]1910年9月27日　[没]2011年8月4日　[典]1992／1996／2000

リン・レイウン　林麗韞　Lin, Li-yun　政治家　中国全国人民代表大会常務委員　[国]中国　[生]1933年　[典]1992／1996／2000

リン, ロレッタ　Lynn, Loretta Webb　カントリー歌手　[国]米国　[生]1935年4月14日　[典]1992

リンガー, アンドレアス　Linger, Andreas　リュージュ選手　トリノ五輪・バンクーバー五輪リュージュ男子2人乗り金メダリスト　[国]オーストリア　[生]1981年5月31日　[典]2008／2012

リンガー, ウォルフガング　Linger, Wolfgang　リュージュ選手　トリノ五輪・バンクーバー五輪リュージュ2人乗り金メダリスト　[国]オーストリア　[生]1982年11月4日　[典]2008／2012

リンガード, ジョアン　Lingard, Joan　作家　[国]英国　[典]1992／2004

リンカーン, アビー　Lincoln, Abbey　本名=ウールドリッジ, アナ・マリー　別名=リー, ガビー　ジャズ歌手, 女優　[国]米国　[生]1930年8月6日　[没]2010年8月14日　[典]1996／2000／2004／2008

リンカーン, エドワード　Lincoln, Edward J.　経済学者　ニューヨーク大学教授　元・駐日米国大使特別補佐官（経済担当）　[専]日本経済, 日米経済関係　[国]米国　[生]1949年　[典]1992／1996／2000／2004／2008／2012

リンカーン, ハワード　マリナーズ会長・CEO　[国]米国　[生]1940年2月14日　[典]1996／2000／2004

リンカーン, ブランチ　Lincoln, Blanche　本名=Lincoln,Blanche Meyers Lambert　政治家　元・米国上院議員（民主党）　[国]米国　[生]1960年9月30日　[典]2004／2008／2012

リンカーン, ヘンリー　Lincoln, Henry　作家, 脚本家　[国]英国　[生]1930年　[典]2000

リンギ, シェリル　Sörensen-Ringi, Kjell　絵本作家　[国]スウェーデン　[生]1939年　[典]2008

リンギス, アルフォンソ　Lingis, Alphonso　哲学者　ペンシルベニア州立大学名誉教授　[生]1933年　[典]2008／2012

リング　Ring　本名=林楡涵　歌手　[国]台湾　[生]1984年10月31日　[典]2000

リンク, ウィリアム　Link, William　作家, 脚本家, テレビ映画プロデューサー　[国]米国　[生]1933年12月15日　[典]1992／1996

リンク, カート　Link, Kurt　医師　リッチモンド復員軍人庁（VA）医療センター副医院長　[専]後天性免疫不全症候群（AIDS）　[国]米国　[生]1937年　[典]2000

リンク, カロリーヌ　Link, Caroline　映画監督　[国]ドイツ　[生]1964年　[典]2000

リンク, ゲイル　Link, Gail　ロマンス作家　[典]2004

リンク, ケリー　Link, Kelly　作家　[国]米国　[生]1969年　[典]2008／2012

リンク, セルゲイ　Ling, Sergei Stepanovich　政治家　元・ベラルーシ首相　[国]ベラルーシ　[生]1937年5月7日　[典]2000／2004／2008

リンク, マックス　Link, Max　サンド・ファーマ社CEO・社長　[国]スイス　[典]1996

リング, マルビン　Ring, Malvin E.　歯科医　ニューヨーク州立大学歯科医史学准教授,「歯科医史学会雑誌」編集長　[専]歯科医学史　[国]米国　[典]1992

リングウッド, ウィリアム　Lingwood, William　写真家　[国]英国　[典]2004

リングバック, チャック　Ringbakk, Chuck Kjell-Arre　本名=リングバック, チェラーネ　経営コンサルタント　インターナショナルプランニング・アンド・ストラテジー（IPS）代表　[専]自動車問題　[国]米国　[生]1940年　[典]1996

リングル, リンダ　Lingle, Linda　政治家　元・ハワイ州知事　[国]米国　[生]1953年6月4日　[典]2004／2008／2012

リンクレーター, リチャード　Linklater, Richard　映画監督　[国]米国　[典]1996

リングレン, ジェーン　全米牛肉生産者婦人団体会長　[国]米国　[典]1992

リンケ, アルミン　Linke, Armin　写真家　[国]イタリア　[生]1966年　[典]2000

リンゲンフェルター, マイク　Lingenfelter, Mike　「介助犬ダコタの奇跡」の著者　[国]米国　[典]2008

リンコフスキー, シーペ　Lincovsky, Cipe　女優　[国]アルゼンチン　[生]1936年　[典]1992

リンコン　Lincoln　本名=マルチンス, アブラウン・リンコン　サッカー選手（FW）　[国]ブラジル　[生]1983年6月14日　[典]2008／2012

リンザー, ルイーゼ　Rinser, Luise　作家　[国]ドイツ　[生]1911年4月30日　[没]2002年3月17日　[典]1992

リンジー, デービッド　Lindsey, David L.　ミステリー作家　[国]米国　[生]1944年11月6日　[典]1996／2000／2004

リンシコム, ブリタニー　Lincicome, Brittany　プロゴルファー　[国]米国　[生]1985年9月19日　[典]2008（リンシカム, ブリタニー）／2012（リンシカム, ブリタニー）

リンス, イヴァン　Lins, Ivan　シンガー・ソングライター　[国]ブラジル　[生]1945年　[典]1992／2000／2012

リンス, ウルリヒ　Lins, Ulrich　ドイツ学術交流会ボン本部日本担当責任者　[専]日本学　[国]ドイツ　[生]1943年　[典]1996／2000

リンス, グスタボ　Lins, Gustavo　ファッションデザイナー　[典]2012

リンズ, ゲイル　Lynds, Gayle　作家　[国]米国　[典]2000

リンスカム, ティム　Lincecum, Tim　本名=Lincecum,Timothy LeRoy　大リーグ選手(投手)　⑩米国　⑭1984年6月15日　⑯2012

リンゼ, ウルリヒ　Linse, Ulrich　アナーキズム運動研究家　⑩ドイツ　⑭1939年　⑯1992

リンゼー, ギルバート　政治家　元・ロサンゼルス市議　⑩米国　⑮1990年12月28日　⑯1992

リンゼー, ジョン　Lindsay, John Vliet　政治家　元・ニューヨーク市長　⑩米国　⑭1921年11月24日　⑮2000年12月19日　⑯1992／1996／2000

リンゼイ, アート　Lindsay, Arto　旧グループ名=ラウンジ・リザース, DNA, アンビシャス・ラバーズ　作曲家,音楽プロデューサー　⑩米国　⑭1954年　⑯2000

リンゼイ, チャールズ　Lindsay, Charles　写真家　⑩カナダ　⑭1961年　⑯1996

リンゼイ, ポール　Lindsay, Paul　ミステリー作家　元・FBI捜査官　⑩米国　⑯2004／2012

リンゼイ, ローレンス　Lindsey, Lawrence B.　エコノミスト　リンゼイ・グループ社長・CEO　元・米国大統領補佐官(経済担当), 元・米国連邦準備制度理事会(FRB)理事　⑩米国　⑭1954年7月18日　⑯1992／1996／2000／2004／2008／2012

リンダムード, ジョージ　Lindamood, George　コンピュータ科学者　IBMプログラム・ディレクター(ラージ・コンピューター・マーケット担当)　⑩米国　⑯1992

リンダール, イェーラン　Lindahl Goran　実業家　ソニー社外取締役　元・アセア・ブラウン・ボベリ(ABB)社長・CEO　⑩スウェーデン　⑭1945年　⑯2000／2004／2008

リンチ, P.J.　Lynch, P.J.　イラストレーター　⑩アイルランド　⑭1962年　⑯2008

リンチ, ギャリー　シュリロ・トレーディング・カンパニー・リミテッド社長　⑩オーストラリア　⑭1947年　⑯1996

リンチ, ジェニファー　Lynch, Jennifer　映画監督,作家　⑩米国　⑯1992

リンチ, ジョン　Lynch, John Mary　政治家　元・アイルランド首相　⑩アイルランド　⑭1917年8月15日　⑮1999年10月20日　⑯1992

リンチ, スーザン　Lynch, Susan　女優　⑩英国　⑭1971年6月5日　⑯2004／2008

リンチ, ターニャ　Linch, Tanya　イラストレーター　⑩英国　⑭1968年　⑯2000

リンチ, ダン　Lynch, Dan　実業家　サイバーキャッシュ会長　⑩米国　⑭1941年8月16日　⑯1996／2000

リンチ, デービッド　Lynch, David　本名=リンチ,デービッド・キース　映画監督,画家　⑩米国　⑭1946年1月20日　⑯1992／1996／2000／2004／2008／2012

リンチ, パトリック　Lynch, Patrick J.　「Webサイトスタイルガイド―サイト構築のための基礎と原則」の著者　⑯2008

リンチ, ピーター　Lynch, Peter　証券アナリスト　フィデリティ・グループ理事会委員　⑩米国　⑭1944年　⑯1992／1996／2000

リンチ, ビル　Lynch, Bill　編集者　「セット・ダンシング・ニュース」編集長　⑯2004

リンチ, フィリップ　元・オーストラリア自由党元副党首　⑩オーストラリア　⑮1984年6月19日　⑯1992

リンチ, リチャード　Lynch, Richard　俳優　⑩米国　⑭1940年2月12日　⑮2012年6月19日

リンチェン, ナド　外交官　駐日ブータン大使　⑩ブータン　⑭1944年　⑯1996

リンツ, アレックス　Linz, Alex D.　俳優　⑩米国　⑯2000／2004

リンツ, キャシー　Linz, Cathie　作家　⑩米国　⑯1996

リンツ, マンフレート　Linz, Manfred　環境学者　⑩ドイツ　⑯2004

リンデ, アンドレイ　Linde, Andrei　スタンフォード大学物理学教授　素粒子論,宇宙論　⑩米国　⑯1996

リンデ, シャーリー　Linde, Shirley　科学ジャーナリスト　⑩米国　⑯1996

リンティカム, デービッド　Linthicum, David S.　コンピューターコンサルタント　SAGA SoftwareCTO　分散システム　⑯2004

リン・テイラー, テリー　Lynn Taylor, Terry　天使に気づく運動推進家　⑭1955年　⑯1992

リンデル, スタファン　Linder, Staffan B.　経済学者　ストックホルム・スクール・オブ・エコノミクス学長　⑩スウェーデン　⑭1931年　⑯1992

リンデン, トッド　Linden, Todd　プロ野球選手(外野手),元・大リーグ選手　⑩米国　⑭1980年6月30日　⑯2012

リンデン, ユージン　Linden, Eugene　評論家,ジャーナリスト　⑩米国　⑭1947年　⑯1996

リンデンバウム, ピヤ　Lindenbaum, Pija　絵本作家　⑩スウェーデン　⑭1966年　⑯1996

リンデンフィールド, ゲール　Lindenfield, Gael　心理療法士　⑩英国　⑯2008

リンド, アンナ　Lindh, Anna　本名=Lindh,Ylva Anna Maria　政治家　元・スウェーデン外相　⑩スウェーデン　⑭1957年6月19日　⑮2003年9月11日　⑯1996

リンド, エスペン　旧芸名=SWAY　歌手　⑩ノルウェー　⑯2000

リンド, ビョルン　Lind, Björn　元・スキー選手(距離)　トリノ五輪スキー距離男子個人スプリント・団体スプリント金メダリスト　⑩スウェーデン　⑭1978年3月22日　⑯2008／2012

リンド, ヒラリー　Lindh, Hilary　元・スキー選手(アルペン)　⑩米国　⑭1969年10月5日　⑯2000

リント, フィリップ・バン　Ljndot, Philippe van　作家　⑩カナダ　⑭1950年　⑯1992

リントゥ, ペッカ　Lintu, Pekka　本名=リントゥ,マッティ・ペッカ　外交官　駐日フィンランド大使　⑩フィンランド　⑯1996／2000

リンドクウィスト, ベンクト　Lindqvist, Bengt　政治家　元・スウェーデン家族問題及び高齢者・障害者問題担当相,元・全国身障者協会会長　⑩スウェーデン　⑭1936年6月3日　⑯1992／1996／2000

リンドグレーン, アストリッド　Lindgren, Astrid Anna Emilia　児童文学作家　⑩スウェーデン　⑭1907年11月14日　⑮2002年1月28日　⑯1992／1996／2000

リンドグレン, バルブロ　Lindgren, Barbro　作家　⑩スウェーデン　⑭1937年　⑯1996／2000

リンドステン, ヤン　カロリンスカ研究所教授・カロリンスカ病院院長, ノーベル医学・生理学賞選考委員会事務局長　臨床遺伝学　⑩スウェーデン　⑭1935年　⑯1992

リントナー, アレクシア　Lindner, Alexia　メラニー・ホリデイ・パーソナル・マネージャー　⑩オーストリア　⑭1972年　⑯2008

リントナー, ヴォルフ・ディーター　Lindner, Wolf Dieter　ドイツ経済連合会国際社会政策部長　⑩ドイツ　⑭1925年　⑯1996

リンドナー, カール　Lindner, Carl (Jr.)　本名=Lindner,Carl Henry,Jr.　実業家　元・アメリカン・ファイナンシャル・グループ会長・CEO,元・シンシナティ・レッズオーナー・CEO　⑩米国　⑭1919年4月22日　⑮2011年10月17日

リンドナー, ゲルノット　Lindner, Gernot　メガネデザイナー,実業家　ルノア社長・デザイナー　⑩ドイツ　⑭1941年　⑯2004／2008

リンドバーグ, アン　Lindbergh, Anne Morrow　作家　リンドバーグの妻　⑭1906年　⑮2001年2月7日　⑯1996

リンドバーグ, デービッド　Lindberg, David C.　ウィスコンシン大学教授　科学史　⑩米国　⑭1935年　⑯1996

リンドバーグ, ピーター　Lindbergh, Peter　写真家　⑭1944年　⑯2000

リンドバーグ, ペレ　Lindbergh, Pelle　プロアイスホッケー選手　⑩米国　⑮1985年11月10日　⑯1992

リンドバーグ, リーブ　Lindbergh, Reeve　作家　飛行家チャールズ・リンドバーグの娘　⑩米国　⑯2004／2008

リンドバル, アンジェラ　Lindvall, Angela　女優,モデル　⑩米国　⑭1979年1月14日　⑯2004

リンドフォース, ビベカ　Lindfors, Viveca　本名=Lindfors,Elsa Viveca Torstensdötter　女優　⑩米国　⑭1920年12月29日

[没]1995年10月25日　[典]1996

リンドベック, アサー　Lindbeck, Assar　経済学者　ストックホルム大学教授　[国]スウェーデン　[生]1930年1月26日　[典]1992

リンドベリー, マルガレータ　Lindberg, Margareta　児童文学作家　[国]スウェーデン　[生]1945年　[典]1996／2000

リンドベリ, ラーヴェ　Lindberg, Lave　実業家　ABB（日本法人）社長,ABBジャパングループ代表　[国]スウェーデン　[生]1946年　[典]2000

リンドベリ・ワダ, グニラ　ストックホルム大学日本研究科教授　[専]日本文学　[国]スウェーデン　[生]1947年　[典]2000

リンドベルイ, クリスティアン　Lindberg, Christian　トロンボーン奏者, 指揮者, 作曲家　ノルディック室内管弦楽団首席指揮者　[国]スウェーデン　[生]1958年　[典]2012

リンドベルイ, マグヌス　Lindberg, Magnus　作曲家　[国]フィンランド　[生]1958年　[典]2008

リンドベルイ, ヤーン　Lindberg, Jan　生物学者　ストックホルム大学講師, スウェーデン国立警察大学講師　[専]病理学, 法医学　[国]スウェーデン　[生]1935年　[典]1992

リントベルク, レオポルド　Lindberg, Leopold　映画・舞台監督　[国]スイス　[生]1902年6月1日　[没]1984年4月18日　[典]1992

リンドホルム, アンドレアス　Lindholm, Andreas　グラフィックデザイナー　[国]スウェーデン　[典]2004

リンドホルム, オーサ　Lindholm, Asa　写真家, 画家　[国]スウェーデン　[典]2004

リンドリー, デービッド　Lindley, David　「サイエンス」編集員　[国]英国　[典]2004／2008

リンドロス, エリック　Lindros, Eric　元・アイスホッケー選手　ソルトレークシティ五輪アイスホッケー男子金メダリスト　[国]カナダ　[生]1973年2月28日　[典]2000／2004／2008

リントン, スティーブン　Linton, Stephen W.　ユージンベル財団会長　元・コロンビア大学コリア研究所研究員　[専]韓国, 北朝鮮　[国]米国　[典]2004／2008

リンドン, ドンリン　Lyndon, Donlyn　建築家　カリフォルニア大学バークレー校教授　[国]米国　[生]1936年　[典]2000

リントン, パトリシア　Linton, Patricia　バレエ教師, 元・バレリーナ　ロイヤル・バレエ学校教師　[国]英国　[典]2004

リントン, マイケル　Linton, Michael　地域通貨LETSの創始者　[典]2004

リンナ, ヴァイニョ　Linna, Väinö Valtteri　作家　タンペレ大学名誉教授　[国]フィンランド　[生]1920年12月20日　[典]1992

リンバッハ, ユタ　Limbach, Jutta　裁判官　元・ドイツ連邦憲法裁判所長官　[国]ドイツ　[生]1934年3月27日　[典]2004

リンパニー, モーラ　Lympany, Moura　本名＝ジョンストン, メリー　ピアニスト　[国]英国　[生]1916年8月18日　[没]2005年3月28日　[典]1996

リーンハルト, グスタフ　Lienhard, Gustav E.　ダートマス大学医学部教授　[専]生化学　[典]1996

リンハルト, セップ　Linhart, Sepp　社会学者, 日本学者　元・ウィーン大学教授, 元・墺日学術交流会会長　[国]オーストリア　[生]1944年5月　[典]1996／2000／2008／2012

リンハルトヴァ, ヴェラ　美術史家, 詩人　パリ国立ギメ美術館　[国]フランス　[典]2000

リンフィールド, マーク　Linfield, Mark　映画監督　[国]英国　[生]1968年　[典]2012

リンフォード, ピーター　在大阪オーストラリア通商事務所所長　[国]オーストラリア　[生]1961年　[典]1996

リンボウ, ラッシュ　Limbaugh, Rush　ラジオ・パーソナリティ　[国]米国　[生]1951年　[典]1996／2008／2012

リンレイ, キャロル　Lynley, Carol　本名＝Jones,Carol Lee　女優　[国]米国　[生]1942年2月13日　[典]1992

【ル】

ルー・ウェイ　Lu, Wei　エッセイスト　[国]中国　[典]2000

ルー, エベリネ　Leu, Evelyne　元・スキー選手（フリースタイル）　トリノ五輪フリースタイルスキー女子エアリアル金メダリスト　[国]スイス　[生]1976年7月7日　[典]2008／2012

ルー, エマニュエル・ド　Roux, Emmanuel de　ジャーナリスト　「ル・モンド」記者　[国]フランス　[生]1944年　[典]2004

ルー, エレノア　Lew, Eleanor　テレビプロデューサー　キャピタル・シティーズ/ABC　[国]米国　[典]1992

ルー, ジェイコブ　Lew, Jacob J.　通称＝ルー, ジャック　米国財務長官　元・米国大統領首席補佐官, 元・米国行政管理予算局（OMB）長官　[国]米国　[生]1955年8月29日　[典]2012

ルー, ジェーン　Luu, Jane X.　ハーバード大学　[専]天文学　[国]米国　[典]2000

ルー, シャーリー　別名＝呂姉萋　女優, 中国琵琶奏者　[国]台湾　[典]2000

ルー・シュエチャン　Lu, Xue-chang　漢字名＝路学長　映画監督　[国]中国　[生]1964年　[典]2008／2012

ルー, ダグラス　Ruhe, Douglas F.　ジャーナリスト, ビジネスコンサルタント　[国]米国　[生]1944年　[典]1992

ルー・チュアン　Lu, Chu-an　漢字名＝陸川　映画監督, 脚本家　[国]中国　[生]1970年　[典]2004／2008／2012

ルー, ルシンダ　フィギュアスケート選手　[国]スイス　[典]2000

ルー, ロバート　Lue, Robert A.　分子細胞生物学者　ハーバード大学上席講師　[典]2008

ルー, ロルフ　エアバス中国社長　[国]英国　[典]2000

ルアク, タウル・マタン　Ruak, Taur Matan　本名＝バスコンセロス, ジョゼ・マリア　政治家, 軍人　東ティモール大統領　元・東ティモール国軍司令官　[国]東ティモール　[生]1956年10月10日

ルアーズ, ウェンディ　Luers, Wendy　ファウンデイション・フォー・シビル・ソサエティ会長　[国]米国　[生]1940年　[典]2000

ルーアズ, ジャネット　Luhrs, Janet　編集者　「シンプルリビング」発行者　[国]米国　[典]2004

ルアセン, フランク　Luerssen, Frank　インランド・スチール・インダストリーズ, 米国鉄鋼協会（AISI）会長　[国]米国　[典]1992

ルアード, イバン　Luard, Evan　本名＝Luard,David Evan Trant　政治家　元・英国下院議員（労働党）　[国]英国　[生]1926年10月31日　[没]1992年2月　[典]1996

ルアード, ニコラス　Luard, Nicholas　作家　[国]英国　[生]1937年　[典]1992

ルアーノ, アルフォンソ　Ruano, Alfonso　画家　[国]スペイン　[生]1949年　[典]1996

ルアノ・パスクアル, ビルヒニア　Ruano Pascual, Virginia　元・テニス選手　[国]スペイン　[生]1973年9月21日　[典]2008／2012

ルアレン, マシュー　Luallen, Matthew E.　コンピューター技術者　LLCオーナー　[国]米国　[典]2004

ルーアン, ブリジット　Rouan, Brigitte　女優, 映画監督, 脚本家　[国]フランス　[典]2000

ルアンゴ, アルド　Luongo, Aldo　画家, デザイナー　[国]アルゼンチン　[生]1940年　[典]1992／1996

ルイエンダイク, アリエ　Luyendyk, Arie　元・レーシングドライバー　[国]米国　[生]1953年9月21日　[典]2000

ルイ・コスタ　Rui Costa　本名＝ルイ・コスタ, セザール・マヌエル　元・サッカー選手　[国]ポルトガル　[生]1972年3月29日　[典]2000（コスタ, ルイ）／2004／2008／2012

ルイコワ, オリガ　「セーラームーン」ロシア語版の仕掛け人　[国]ロシア　[典]2000

ルイサダ, ジャン・マルク　Luisada, Jean-Marc　ピアニスト　[国]フランス　[生]1958年6月3日　[典]1996／2000／2004／2008／2012

ルイジ, ファビオ　Luisi, Fabio　指揮者　ドレスデン州立歌劇場音

楽総監督,パシフィック・ミュージック・フェスティバル(PMF)芸術監督　国イタリア　⊕1959年　卒1996／2000／2008／2012

ルイシコフ,ウラジーミル　Ryzhkov, Vladimir Aleksandrovich　政治家　元・ロシア副首相　国ロシア　⊕1966年9月3日　卒2000

ルイシコフ,ニコライ　Ryzhkov, Nikolai Ivanovich　政治家　ロシア下院第一副議長　元・ソ連首相　国ロシア　⊕1929年9月28日　卒1992／1996／2000

ルイ・シン　Louis-Shin　画家,パフォーマー　国米国　⊕1968年　卒2004

ルイーズ　Louise　本名＝バーンズ,ルイーズ　グループ名＝リリックス　ミュージシャン　国カナダ　⊕1985年11月14日　卒2008

ルイス　本名＝サントス,ルイス・デ・ロス　野球選手(内野手)　⊕1966年12月29日　卒2000

ルイス,B.R.　Lewis, Brenda Ralph　ライター　卒2004

ルイス,C.J.　レゲエ歌手　国英国　⊕1967年2月1日　卒1996

ルイス,J.パトリック　Lewis, J.Patrick　詩人,絵本作家　国米国　卒2000

ルイス,R.W.B.　Lewis, Richard Warrington Baldwin　エール大学教授　⊕1917年　卒2000

ルイス,アグスティーナ・ベッサ　Luís, Agustina Bessa　作家　国ポルトガル　⊕1922年　卒1992

ルイス,アンソニー　Lewis, Anthony　ジャーナリスト　元・「ニューヨーク・タイムズ」編集コラムニスト　国米国　⊕1927年3月27日　亡2013年3月25日　卒1996

ルイス,アンドルー(Jr.)　Lewis, Andrew Lindsay (Jr.)　政治家,実業家　元・米国運輸長官　国米国　⊕1931年11月3日　卒1992／1996／2000

ルイス,ウィリアム・アーサー　Lewis, William Arthur　経済学者　元・プリンストン大学名誉教授　国英国　⊕1915年1月23日　亡1991年6月15日　卒1992

ルイス,エドワード　Lewis, Edward B.　遺伝学者　元・カリフォルニア工科大学名誉教授　国米国　⊕1918年5月20日　亡2004年7月21日　卒1996／2000

ルイーズ,エマニエル　タレント　国米国　⊕1971年3月9日　卒2000

ルイス,エリオット　Lewis, Elliot　コンピューター・コンサルタント　net.worldシアトル支社コンサルティングマネージャー　国米国　卒2004

ルイス,エリック　Lewis, Eric　ジャズ・ピアニスト　国米国　⊕1973年5月12日　卒2012

ルイス,カール　Lewis, Carl　本名＝Lewis,Frederick Carlton　元・陸上選手(短距離),元・走り幅跳び選手　ロス五輪・ソウル五輪・バルセロナ五輪・アトランタ五輪金メダリスト　国米国　⊕1961年7月1日　卒1992／1996／2000／2004／2008／2012

ルイス,キム　Lewis, Kim　絵本作家　⊕1951年　卒2008／2012

ルイス,クリス　Lewis, Chris　本名＝ルイス,クリストファー・S.　エンジニア　ILX Systems副社長　卒2004

ルイス,ケネス　Lewis, Kenneth D.　銀行家　元・バンク・オブ・アメリカ会長・社長・CEO　国米国　⊕1947年4月9日　卒2008／2012

ルイス,コルビー　Lewis, Colby　大リーグ選手(投手),元・プロ野球選手　国米国　⊕1979年8月2日　卒2012

ルイス,ジェームズ・ビーバン　ピーター・ノートン・コンピューティング社国際業務担当　国米国　卒1992

ルイス,ジェリー　Lewis, Jerry　本名＝Levitch,Joseph　俳優,コメディアン　国米国　⊕1926年3月16日　卒1992／2000／2008／2012

ルイス,シェルダン　Lewis, Sheldon　ジャーナリスト　国米国　卒2004

ルイス,ジム　Lewis, Jim　実業家　ベルリッツ・グローバルネット社長・CEO　国米国　卒2004

ルイス,ジャネット　Lewis, Janet　詩人,作家　国米国　⊕1899年8月　卒1996

ルイス,ジュリア　Lewis, Julia M.　臨床心理学者　サンフランシスコ州立大学教授　卒2004

ルイス,ジュリエット　Lewis, Juliette　女優　国米国　⊕1973年6月21日　卒2000／2004／2008／2012

ルイス,ジョー　Louis, Joe　本名＝バロー,ジョセフ・ルイス　プロボクサー　元・世界ヘビー級チャンピオン　国米国　⊕1914年5月13日　亡1981年4月12日　卒1992

ルイス,ジョージ　Lewis, George　物理学者　マサチューセッツ工科大学安全保障プログラム副主任　国米国　卒2004

ルイス,ジョン　Lewis, John Aaron　旧グループ名＝モダン・ジャズ・カルテット　ジャズピアニスト　国米国　⊕1920年5月3日　亡2001年3月29日　卒1992／1996

ルイス,ジョン　Lewis, John　牧師　卒1992

ルイス,ジョン　Lewis, John　医師　⊕外科　国米国　⊕1916年　卒1996

ルイス,ジョン　Lewis, Jon E.　作家,評論家　⊕犯罪,戦争　国英国　⊕1961年　卒2000

ルイス,ジョン　Ruiz, John　プロボクサー　元・WBA世界ヘビー級チャンピオン　国米国　⊕1972年1月4日　卒2004／2008

ルイス,スチーブ　Lewis, S.　陸上選手　国米国　卒1992

ルイス,ステーシー　Lewis, Stacy　プロゴルファー　国米国　⊕1985年2月16日　卒2012

ルイス,チェリー　Lewis, Cherry　地質学者　国英国　卒2004／2008

ルイーズ,ティナ　Louise, Tina　本名＝ルイーズ・ブラッカー,ティナ　女優,歌手　国米国　⊕1934年2月11日　卒2000

ルイス,デーナ　Lewis, Dana　コラムニスト,翻訳家　「ニューズウィーク」コラムニスト　国米国　卒2004

ルイス,デニーズ　Lewis, Denise　七種競技選手　国英国　⊕1972年8月27日　卒2004／2008

ルイス,デーブ　Lewis, Dave　編集者　国英国　卒2004

ルイス,ドロシー　Lewis, Dorothy Otnow　精神科医　ニューヨーク・ベルビュー病院　国米国　卒2004

ルイス,ドン・ミゲル　Ruiz, Don Miguel　シャーマン　国メキシコ　卒2004

ルイス,ノーマン　Lewis, Norman　作家　国英国　⊕1908年6月28日　亡2003年7月22日　卒1992

ルイス,バイロン　Lewis, Byron A.　教育コンサルタント　メタ・トレーニング研究所所長　卒2008

ルイス,バーナード　Lewis, Bernard　歴史家　プリンストン大学名誉教授　⊕西アジア史,イスラム史,オスマン史　国米国　⊕1916年5月31日　卒2004／2012

ルイス,ヒューイ　Lewis, Huey　グループ名＝ヒューイ・ルイス＆ザ・ニュース　ロック歌手　国米国　⊕1951年7月5日　卒1992／1996／2012

ルイス,フィンレー　Lewis, Finlay　ジャーナリスト,コラムニスト　国米国　⊕1938年　卒1996

ルイス,ブラザー・アブドン　元・マンハッタン大学文理学部長　国米国　亡1989年11月5日　卒1992

ルイス,フローラ　Lewis, Flora　ジャーナリスト　元・「ニューヨーク・タイムズ」パリ支局長　⊕欧州問題　国米国　⊕1922年　亡2002年6月4日　卒1992／1996

ルイズ,ヘクター　Ruiz, Hector de Jesus　実業家　アドバンスト・マイクロ・デバイス(AMD)会長　国メキシコ　⊕1945年12月25日　卒2004／2008／2012

ルイス,ポール　Lewis, Paul　ピアニスト　国英国　卒2012

ルイス,ボーン　Lewis, Vaughan　政治家　元・セントルシア首相　国セントルシア　⊕1940年　卒2000

ルイス,マイケル　Lewis, Michael M.　作家　国米国　⊕1960年10月15日　卒1992／1996／2004／2012

ルイス,マーク　Lewis, Marc　コンサルタント　卒2008

ルイス,メル　Lewis, Mel　本名＝ソコロフ,メルビン　ジャズドラマー　国米国　⊕1929年5月10日　亡1990年2月2日　卒1992

ルイス,ラウル　Ruiz, Raoul　映画監督,脚本家　国チリ　⊕1941年7月25日　亡2011年8月19日　卒2004／2008／2012

ルイス, ラッセル　Lewis, Russell　ニューヨーク・タイムズ社社長・CEO　国米国　⊛1996／2000

ルイス, ラファエル　グループ名＝ロス・デル・リオ　歌手　国スペイン　⊛2000

ルイス, ラファエル　Ruiz, Rafael　スペイン語講師　国コロンビア　⊛2004／2008

ルイーズ, ランディ　Ruiz, Randy　プロ野球選手（内野手），元・大リーグ選手　国米国　⊕1977年10月19日　⊛2012

ルイス, リチャード　Lewis, Richard D.　言語教育家　国英国　⊛2008

ルイス, リチャード・O.　推理作家　国米国　⊕1904年　⊛1992

ルイス, リンダ　Louis, Linda　ソウル歌手　国英国　⊛1996／2000

ルイス, リンダ　Lewis, Linda　ロマンス作家，弁護士　国米国　⊛2004

ルイス, レイ　Lewis, Ray　元・プロフットボール選手　国米国　⊕1975年5月15日　⊛2004／2008

ルイス, レオナ　Lewis, Leona　本名＝Lewis,Leona Louise　歌手　国英国　⊕1985年4月3日　⊛2012

ルイス, レジー　Lewis, Reggie　バスケットボール選手　国米国　⊕1965年11月21日　⊗1993年7月27日　⊛1996

ルイス, レジナルド　実業家　元・TLCビートライス会長　国米国　⊗1993年1月19日　⊛1996

ルイーズ, レスター・エドウィン　Ruiz, Lester Edwin　神学者　「世界秩序構想プロジェクト」編集主任，フィリピン民主主義問題研究会主宰　国フィリピン　⊛1992

ルイス, レノックス　Lewis, Lennox　元・プロボクサー　WBC・IBF統一世界ヘビー級チャンピオン　国英国　⊕1965年9月2日　⊛1992／1996／2000／2004／2008

ルイス, ロジャー　Lewis, Roger K.　建築家　メリーランド大学建築学部教授　国米国　⊕1941年　⊛1992

ルイス, ロブ　Lewis, Rob　絵本作家　国英国　⊕1962年　⊛1992／1996／2000

ルイス, ロン　Louis, Ron　著述家，元・ミュージシャン　国米国　⊛2004

ルイス・アドリアーノ　Luiz Adriano　本名＝Luiz Adriano De Souza Da Silva　サッカー選手（FW）　国ブラジル　⊕1987年4月12日　⊛2012

ルイス・エンリケ　Luis Enrique　本名＝マルチネス・ガルシア，ルイス・エンリケ　サッカー選手（MF）　国スペイン　⊕1970年5月8日　⊛2000／2004／2008

ルイス・サフォン, カルロス　Ruiz Zafón, Carlos　脚本家，作家　国スペイン　⊕1964年　⊛2012

ルイス・ソトロンゴ, ミレーヤ　バレーボール選手　国キューバ　⊕1967年8月25日　⊛1992

ルイス・ドレイフス, ロベール　Louis-Dreyfus, Robert　本名＝Louis-Dreyfus,Robert Louis Maurice　実業家　元・アディダス社長　国フランス　⊕1946年6月14日　⊗2009年7月4日　⊛2000

ルイス・ファビアーノ　Luis Fabiano　本名＝Clemente,Luis Fabiano　サッカー選手（FW）　国ブラジル　⊕1980年11月8日　⊛2012

ルイス・フラビオ　Luis Flavio　本名＝リベイロ・フォンゲルミーノ，ルイス・フラビオ　サッカー・フィジカルコーチ　国ブラジル　⊕1949年6月8日　⊛2000／2004／2008

ルイセンコ, ウラジーミル　Lysenko, Vladimir Nikolaevich　ロシア共和党共同議長　国ロシア　⊕1956年　⊛1992／1996

ルイセンコ, タチアナ　Lysenko, Tatyana　ハンマー投げ選手　ロンドン五輪陸上女子ハンマー投げ金メダリスト　国ロシア　⊕1983年10月9日

ルイゾッティ, ニコラ　Luisotti, Nicola　指揮者，ピアニスト　サンフランシスコ・オペラ音楽監督，東京交響楽団首席客演指揮者　国イタリア　⊕1961年　⊛2012

ルイゾン　Luizao　本名＝ゴウラート，ルイス・カルロス　サッカー選手（FW）　国ブラジル　⊕1975年11月14日　⊛2000／2004／2008／2012

ルイテン, ジョセフ　Luyten, Joseph M.　サンパウロ・メソディスト大学教授　国ブラジル民衆文学　国ブラジル　⊕1941年　⊛2008

ルイトヘウ, ユリー　Rytkheu, Yurii　本名＝Rytkheu,Yurii Sergeevich　作家　国ロシア　⊕1930年3月8日　⊗2008年5月14日　⊛1992／1996／2000

ルイバコフ, アナトリー　Rybakov, Anatolii Naumovich　作家　国ロシア　⊕1911年1月14日　⊗1998年12月23日　⊛1992／1996

ルイバコワ, オリガ　Rypakova, Olga　三段跳び選手，走り幅跳び選手　ロンドン五輪陸上女子三段跳び金メダリスト　国カザフスタン　⊕1984年11月30日

ルイビン, ワレリー・I.　モスクワ大学教授，ロシア科学アカデミー経済研究所上級員　国経済学　国ロシア　⊛1992／1996

ルイブキン, イワン　Rybkin, Ivan Petrovich　政治家　元・ロシア副首相　国ロシア　⊕1946年10月20日　⊛1996／2000

ルーイン, パトリシア　Lewin, Patricia　「幼き逃亡者の祈り」の著者　⊛2008

ルインスキー, モニカ　Lewinsky, Monica　元・ホワイトハウス実習生　クリントン大統領女性疑惑の相手　国米国　⊛2000

ルヴァ, フレデリック　Rêvah, Frédéric　生物学者　国フランス　⊕1962年　⊛2004／2008

ルヴァイアン, フランソワーズ　Levaillant, Françoise　美術史家　フランス国立科学研究所（CNRS）研究ディレクター　国フランス　⊕1944年　⊛2000

ルヴィエ, ジャック　Rouvier, Jaques　ピアニスト　パリ音楽院教授　国フランス　⊕1947年　⊛2012

ルウィソーン, マーク　Lewisohn, Mark　ビートルズ研究家　国英国　⊛1992／1996

ルウィット, ソル　Lewitt, Sol　美術家　国コンセプチュアル・アート　国米国　⊕1928年9月9日　⊗2007年4月8日　⊛1992／1996

ルーウィン, ヒュー　Lewin, Hugh　童話作家　国南アフリカ　⊕1939年　⊛1992

ルヴェ, エヴリーヌ　Lever, Evelyne　歴史学者　フランス国立科学研究センター（CNRS）研究員　国アンシャン・レジーム，フランス革命，マリー・アントワネット研究　国フランス　⊛2012

ル・ウエラー, カイディン・モニク　Le Houelleur, Kaidin Monique　彫刻家，現代美術家　国フランス　⊕1937年　⊛2012

ルウェリン, グレイス　Llewellyn, Grace　教育者　⊛2004

ルウェリン, サム　Llewellyn, Sam　冒険小説家　国英国　⊕1948年　⊛1992／1996

ルヴェル, ジャン・フランソワ　Revel, Jean-François　ジャーナリスト，評論家　国フランス　⊕1924年1月19日　⊗2006年4月29日　⊛1992（ルベル，ジャン・フランソワ）／2000

ルウォフ, アンドレ　Lwoff, André Michel　微生物学者，生理学者　元・パスツール研究所微生物学生理学部長，元・パリ大学教授　国フランス　⊕1902年5月8日　⊗1994年9月30日　⊛1992／1996

ルエ, ベアトリス　Rouer, Bátrice　絵本作家　国フランス　⊕1957年　⊛1996

ルエット, ジャン・フランソワ　Louette, Jean-Francois　フランス文学者　国フランス　⊕1961年　⊛2004／2008

ルエラス, ガブリエル　プロボクサー　国米国　⊕1970年7月23日　⊛2000

ルエール, ダヴィッド　Ruelle, David Pierre　数学者，数理物理学者　フランス高等科学研究所（IHES）名誉教授　国カオス　国フランス　⊕1935年8月20日　⊛1996／2000／2004／2012

ルーエンバーガー, デービッド　Luenberger, David G.　経営学者　スタンフォード大学経営科学工学科教授　国最適化理論，ミクロ経済学，投資科学，金融工学　国米国　⊛2004

ルオー, ジャン　Rouaud, Jean　作家　国フランス　⊕1952年　⊛1996

ルオフ, ケネス　Ruoff, Kenneth J.　日本史研究家　ポートランド州立大学准教授・日本研究センター所長　国現代天皇制　国米国　⊕1966年　⊛2008／2012

ル・オロ　Lu Olo　本名＝グテレス，フランシスコ　政治家，独立運動家　東ティモール独立革命戦線（フレテリン）党首　元・東ティ

モール国会議長　[国]東ティモール　[典]2004／2008／2012

ルオン・ウン　Loung Ung　地雷廃絶運動家　ベトナム退役軍人米国基金（VVAF）スポークスパーソン　[国]米国　[生]1970年　[典]2004／2008

ルオンゴ, ロベルト　Luongo, Roberto　アイスホッケー選手（GK）　バンクーバー五輪アイスホッケー男子金メダリスト　[国]カナダ　[生]1979年4月4日　[典]2012

ルーガー, リチャード　Lugar, Richard Green　政治家　米国上院議員（共和党）　[国]米国　[生]1932年4月4日　[典]1992／1996／2000／2004／2008／2012

ルカ, ルス　Luca, Loes　女優　[国]オランダ　[生]1953年10月18日　[典]2008

ル・カイン, エロール　Le Cain, Errol　絵本作家　[国]英国　[生]1941年　[没]1989年　[典]1992

ルカウフ, カルロス　Ruckauf, Carlos Federico　政治家, 法律家　元・アルゼンチン副大統領, 元・アルゼンチン外相　[国]アルゼンチン　[生]1944年7月10日　[典]2004／2008／2012

ルカク, ロメル　Lukaku, Romelu　サッカー選手（FW）　[国]ベルギー　[生]1993年5月13日

ルカサー, スティーブ　Lukther, Steve　グループ名＝トト　ロック・ギタリスト　[国]米国　[生]1957年10月21日　[典]2000／2004／2008／2012

ルカシェンコ, アレクサンドル　Lukashenko, Aleksandr G.　政治家　ベラルーシ大統領　[国]ベラルーシ　[生]1954年8月30日　[典]1996／2000／2004／2008／2012

ルーカス　Lucas　本名＝セベリーノ, ルーカス　サッカー選手（FW）　[国]ブラジル　[生]1979年1月3日　[典]2008／2012

ルーカス, クレイグ　脚本家　[国]米国　[生]1951年　[典]1996

ルーカス, コリン　Lucas, Colin　オックスフォード大学副学長　[専]西洋史　[国]英国　[典]2000

ルーカス, ジョージ　Lucas, George　本名＝Lucas,George Walton, Jr.　映画監督, 映画プロデューサー　ルーカス・フィルム会長・CEO　[国]米国　[生]1944年5月14日　[典]1992／1996／2000／2004／2008／2012

ルーカス, ジョン　オリンピック研究家, 歴史学者　ペンシルベニア大学体育学部教授　[国]米国　[典]2000

ルーカス, ズデネク　ウィーン比較経済研究所研究員　[専]チェコスロバキア・ユーゴスラビア経済　[国]チェコスロバキア　[生]1949年　[典]1996

ルーカス, ゾー　Lucas, Zoe　[専]野生動植物, 野生馬　[国]カナダ　[生]1950年　[典]2004

ルーカス, デービッド　Lucas, David W.　トレーダー　アイランド・ビュー・ファイナンシャル・グループ・バイスプレジデント　[典]2008

ルーカス, ノーリン　Lucas, Noelene　彫刻家　西シドニー大学講師　[国]オーストラリア　[典]1992

ルーカス, ビル　Lucas, Bill　教育コンサルタント　[典]2008

ルーカス, ロバート　Lucas, Robert Emerson　経済学者　シカゴ大学経済学部教授　[国]米国　[生]1937年9月15日　[典]1996／2000／2008／2012

ルカーチ, エルヴィン　Lukács, Ervin　指揮者　元・ハンガリー国立交響楽団音楽監督　[国]ハンガリー　[生]1928年8月9日　[没]2011年2月18日

ルカーチ, ジョン　Lukacs, John　本名＝Lukacs,John Adalbert　歴史学者　[国]米国　[生]1924年　[典]1996／2012

ルカチク, コンスタンチン　Lukachik, Konstantin　射撃選手　[国]ベラルーシ　[典]1996

ルガニス, グレッグ　Louganis, G.　飛び込み選手　[国]米国　[典]1992／1996

ルカニュエ, ジャン　Lecanuet, Jean Adrien François　政治家　元・フランス上院議員, 元・ルーアン市長　[国]フランス　[生]1920年3月4日　[没]1993年2月21日　[典]1992／1996

ルカノフ, アンドレイ　Lukanov, Andrei　政治家　元・ブルガリア首相　[国]ブルガリア　[生]1938年9月26日　[没]1996年10月2日

[典]1992／1996

ル・ガリエンヌ, エバ　Le Gallienne, Eva　女優, 演出家　[国]米国　[生]1899年1月11日　[没]1991年6月3日　[典]1992

ル・カレ, ジョン　Le Carré, John　本名＝コーンウェル, デービッド・ジョン・ムア　スパイ小説家　[国]英国　[生]1931年10月19日　[典]1992／1996／2000／2004／2008／2012

ルカレッリ, カルロ　Lucarelli, Carlo　推理作家　[国]イタリア　[生]1960年　[典]2008／2012

ルガンスキー, ニコライ　Luganskii, Nikolai　ピアニスト　[国]ロシア　[生]1972年4月26日　[典]1996／2012

ルキア　Rukiah　本名＝シティ・ルキア　作家　[国]インドネシア　[生]1927年4月25日　[典]1992／1996

ルーキエ, ジョルジュ　Rouquier, Georges　映画監督　[国]フランス　[生]1906年6月23日　[没]1989年12月20日　[典]1992

ルキダス, マイク　Loukides, Mike　編集者　[専]コンピューター　[典]2008

ルキーニ, ファブリス　Luchini, Fabrice　俳優　[国]フランス　[生]1951年　[典]2000

ルキヤノフ, アナトリー　Lukyanov, Anatolii Ivanovich　政治家　ロシア国家会議（下院）議員　元・ソ連最高会議議長　[国]ロシア　[生]1930年5月7日　[典]1992／1996／2000／2004／2008

ル・ギユー, ジャン・クロード　Le Guillou, Jean Claude　美術史家, 城館絵本画家　[国]フランス　[生]1941年　[典]1996

ルギラ, A.M.　Lugira, Aloysius M.　宗教学者, 神学者　[典]2008

ルキン, ウラジーミル　Lukin, Vladimir Petrovich　政治家　ロシア人権委員会代表　元・ロシア下院議員・副議長, 元・駐米ロシア大使　[国]ロシア　[生]1937年7月13日　[典]1992／1996／2000／2004／2008／2012

ルーク, ケイ　Luke, Keye　俳優　[国]米国　[生]1904年　[没]1991年1月12日　[典]1992

ルーク, ロバート　Luke, Robert S.　外交官　在沖縄米国総領事　[国]米国　[典]2000

ル・グウィン, アーシュラ　Le Guin, Ursula Kroeber　旧名＝Kroeber　SF作家, ファンタジー作家　[国]米国　[生]1929年　[典]1992（ル・グィン, アーシュラ）／1996（ル・グィン, アーシュラ）／2000（ル・グィン, アーシュラ）／2004／2008／2012

ル・グエノ, バーナード　Le Guenno, Bernard　ウイルス学者　パスツール研究所出血熱ウイルスレファレンスセンター責任者　[国]フランス　[典]2000

ルグエン, ポール　Le Guen, Paul　サッカー監督, 元・サッカー選手　サッカー・オマーン代表監督　元・サッカー・カメルーン代表監督　[国]フランス　[生]1964年3月1日　[典]2012

ルクシッチ, イゴル　Lukšić, Igor　政治家　モンテネグロ首相　[国]モンテネグロ　[生]1976年6月14日　[典]2012

ルークス, コンラッド　Rooks, Conrad　元・映画監督　[国]米国　[生]1934年　[典]2000

ルークス, ステーブン・マイケル　Lukes, Steven Michael　ヨーロッパ大学教授　[専]政治学, 社会学　[国]英国　[生]1941年3月8日　[典]1996

ルクテンバーグ, ウィリアム　Leuchtenburg, William E.　歴史学者　ノース・カロライナ州立大学教授　[国]米国　[典]2008

ルグーニュ, マリレーヌ　Le Gougne, Marie-Reine　フィギュアスケート審判員, 元・フィギュアスケート選手　[国]フランス　[典]2004

ルクマナ, シティ・ハルディヤンティ　Rukmana, Siti Hardiyanti　通称＝トゥトゥット　政治家, 実業家　元・ゴルカル副総裁, 元・インドネシア社会相　[国]インドネシア　[生]1949年1月　[典]2000／2012

ルクマン, リルワヌ　Lukman, Rilwanu　政治家　元・石油輸出国機構（OPEC）事務局長, 元・ナイジェリア外相　[国]ナイジェリア　[生]1938年2月　[典]1992／1996

ルグラン, ジル　Legrand, Gilles　映画プロデューサー　[国]フランス　[典]2000

ルグラン, ミシェル　Legrand, Michel　作曲家, 編曲家, ジャズピアニスト　[国]フランス　[生]1932年2月24日　[典]1992／1996／2004／2008／2012

ルグリ, マニュエル　Legris, Manuel　本名＝Legris,Manuel

ル

Christophe　バレエダンサー　ウィーン国立バレエ団芸術監督　元・パリ・オペラ座バレエ団エトワール　国フランス　生1964年10月19日　受2000／2004／2008／2012

ルークル, A.　Rükl, Antonín　プラハ・プラネタリウム館長, チェコスロバキア天文学会惑星会部会長　天文学　国チェコ　生1932年　受2000

ルクール, ヴァンサン　Lecoeur Vincent　俳優　国フランス　生1974年8月19日　受2004

ル・クレジオ, J.M.G.　Le Clézio, Jean Marie Gustave　本名＝ル・クレジオ, ジャン・マリ・ギュスターヴ　作家　国フランス　生1940年4月13日　受1992／1996／2000／2004／2008／2012

ルクレール, エドアール　ルクレール・グループ総帥　国フランス　生1926年　受1992

ルクレール, ジネット　Leclerc, Ginette　本名＝ムニュ, ジュヌヴィエーヴ　女優　国フランス　生1912年2月9日　没1992年1月1日　受1996

ルクレール, パトリック　Leclercq, Patrick　政治家, 外交官　元・モナコ国務相, 元・駐スペイン・フランス大使　国フランス　生1938年8月2日　受2008／2012

ルクレール, フェリクス　詩人, シャンソン歌手　国カナダ　生1988年8月8日　受1992

ルクロス, チャド　Le Clos, Chad　水泳選手（バタフライ）　ロンドン五輪競泳男子200メートルバタフライ金メダリスト　国南アフリカ　生1992年4月12日

ルーゲ, ゲルト　Ruge, Gerd　ジャーナリスト, 著述家　国ドイツ　生1928年8月9日　受1992

ルゲー, ティエリー　Leguay, Thierry　作家　受2004

ルーケ, バイロン　Rourke, Byron P.　神経心理学者　ウィンザー大学教授　国米国　受1996

ル・ゲ, マリ・クレール　Le Guay, Marie-Claire　ピアニスト　国フランス　生1974年　受2012

ルゲイ, ギュイ　料理人　エスパドン総料理長　国フランス　生1939年　受2000

ル・ゲイ, フィリップ　Le Guay, Philippe　映画監督, 脚本家　国フランス　生1956年　受2004／2008

ルケシーニ, アンドレア　Lucchesini, Andrea　ピアニスト　国イタリア　生1965年　受2012

ルケシュ, ミラン　Lukeš, Milan　元・チェコ文化相, 元・カレル大学教授, 元・プラハ国立劇場芸術総監督　演劇　国チェコ　生1933年12月14日　没2007年9月22日　受1992

ルケッタ, アンドレア　バレーボール選手　国イタリア　受1996

ルケード, マックス　Lucado, Max　児童文学作家　国米国　受2004

ル・ケマン, パトリック　Le Quement, Patrick　カーデザイナー　元・ルノー副社長　国英国　生1945年　受2004／2008／2012

ルゴ, フェルナンド　Lugo, Fernando　本名＝ルゴ・メンデス, フェルナンド　政治家, 元・カトリック司教　元・パラグアイ大統領　国パラグアイ　生1951年5月30日　受2012

ルコック, ジャック　演劇指導者　元・ルコック国際演劇学校設立者　国フランス　生1921年　没1999年1月19日　受1996

ルゴッシー, マリア　ガラス工芸家, 装飾美術家　国ハンガリー　生1950年　受1992／1996／2000

ル・ゴフ, エルヴェ　Le Goff, Hervé　絵本作家　国フランス　生1971年　受2004

ル・ゴフ, ジャック　Le Goff, Jacques Louis　歴史学者　フランス社会科学高等研究院（EHESS）初代院長　中世史　国フランス　生1924年1月1日　受1992／1996／2000／2004／2008／2012

ルゴバ, イブラヒム　Rugova, Ibrahim　アルバニア系住民指導者　元・コソボ自治州大統領, 元・コソボ民主同盟党首　国セルビア・モンテネグロ　生1944年12月2日　没2006年1月21日　受2000／2004

ルーコフ, ティモシー　Reukauf, Timothy　スタイリスト, ファッション・エディター　国米国　生1970年　受2000

ルコント, ウニー　Leconte, Ounie　映画監督　国フランス　生1966年　受2012

ルコント, エリザベス　LeCompte, Elizabeth　演出家　ウースター・グループ芸術監督　国米国　受1992

ルコント, パトリス　Leconte, Patrice　映画監督　国フランス　生1947年11月12日　受1996／2000／2004／2008／2012

ルコンプ, ジョン　LeCompt, John　グループ名＝エヴァネッセンス　ロックギタリスト　国米国　受2008

ルーサー, フレデリック　物理学者　元・ローレンス・リバモア研究所員　核兵器　国米国　生1986年9月13日　受1992

ルサカ, Paul　Lusaka, Paul　国連総会（第39回）議長　国ザンビア　生1935年1月　受1992

ルサコフ, コンスタンチン　Rusakov, Konstantin Viktorovich　政治家　元・ソ連共産党書記　国ソ連　生1909年9月31日　受1992

ル・サージュ, エリック　Le Sage, Éric　ピアニスト　国フランス　生1964年　受2012

ルサージュ, フランソワ　刺しゅう作家　ルサージュ美術刺しゅう学校主宰　国フランス　生1929年　受2000

ルサール, レアル　Lesaard, Réal　画家　生1939年11月15日　受1996

ルシア　Lucía　本名＝ムニョス, ルシア　グループ名＝ラス・ケチャップ　歌手　国スペイン　受2004／2008

ルシア, アントワネット　Lucia, Anntoinette D.　コンサルタント　受2004／2008

ルシアー, リャチード　パーキンエルマージャパン・アプライドバイオシステムズ事業部代表取締役　国米国　受2000

ルシェ, エドワード　Ruscha, Edward　画家　ポップアート　国米国　生1937年　受1992／1996

ルーシェ, ジャック　Loussier, Jacques　グループ名＝プレイ・バッハ　ピアニスト, 作曲家　国フランス　生1934年10月26日　受1992

ルジェ, ナン　Legeai, Nan　セリーヌ社長　国フランス　受1992

ルジェービチ, タデウシ　Różewicz, Tadeusz　劇作家, 詩人　国ポーランド　生1921年10月9日　受1992

ルジェロ, レナート　Ruggiero, Renato　外交官　元・イタリア外相, 元・世界貿易機関（WTO）事務局長（初代）　国イタリア　生1930年4月9日　没2013年8月4日　受1996／2000／2004／2008／2012

ルシェンブルゴ, バンデルレイ　Luxemburgo, Wanderley　サッカー監督, 元・サッカー選手　元・サッカー・ブラジル代表監督　国ブラジル　生1952年5月10日　受2000／2004／2008／2012

ルシオ　Lúcio　本名＝フェレイラ, ルシマール・ダ・シウバ　サッカー選手（DF）　国ブラジル　生1978年5月8日　受2004／2008／2012

ルシコフ, ユーリー　Luzhkov, Yurii Mikhailovich　政治家　元・モスクワ市長　国ロシア　生1936年9月21日　受1996／2000／2004／2008／2012

ルーシー・スミス, エドワード　Lucie-Smith, Edward　美術史家, 批評家, フリーライター　国英国　生1933年　受1996

ルジツカ, ペーター　Ruzicka, Peter　オペラ監督, 指揮者, 作曲家　ザルツブルク音楽祭総監督　元・ハンブルク州立歌劇場総監督　国ドイツ　生1948年　受2000（ルチスカ, ペーター）／2004

ルシーノ, ジェームズ　Luceno, James　作家　受2004／2012

ルシノビッチ, マーク　Russinovich, Mark E.　コンピュータ技術者　Winternals Softwareチーフソフトウェアアーキテクト・共同設立者　国米国　受2004

ルジマートフ, ファルフ　Ruzimatov, Farukh　本名＝Ruzimatov, Farukh Sadulloevich　バレエダンサー　レニングラード国立バレエ団芸術顧問　国ロシア　生1963年6月26日　受1992／1996／2000／2004／2008／2012

ルシャイロ, ウラジーミル　Rushailo, Vladimir Borisovich　政治家　元・ロシア内相, 元・ロシア安全保障会議書記　国ロシア　生1953年7月28日　受2004／2008／2012

ル・ジャリュ, マリー・フランシーヌ　Le Jalu, Marie-Francine　映像作家　国フランス　受2012

ルシャン, ローレンス　LeShan, Lawrence　心理療法家　国米国　受2004

ルジャンドル, ピエール　Legendre, Pierre　法学者　国フランス　生1930年　受2000

ルーシュ, エド　Roush, Edd　本名＝Roush,Edd J.　大リーグ選手　国米国　生1893年5月8日　没1988年3月21日　載1992

ルーシュ, ジャン　Rouch, Jean　映画監督, 人類学者　国フランス　生1917年5月31日　没2004年2月18日　載1992

ルーシュ, バーバラ　Ruch, Barbara　日本文学研究者　コロンビア大学名誉教授・中世日本研究所長　分日本中世文学　国米国　載1992／1996／2000／2012

ルーシュ, マービン　Roush, Marvin L.　メリーランド大学教授　分信頼性工学　載2008

ルージュモン, ドニ・ド　Rougemont, Denis de　批評家　元・文化自由会議執行委員長　国スイス　生1906年9月8日　没1985年12月6日　載1992

ルシュール, ピエール　Lesieur, Pierre　画家　国フランス　生1922年　載1996

ルジュンヌ, フィリップ　Lejeune, Philippe　パリ第13大学助教授　分フランス文学　国フランス　生1938年　載1996

ルショフ, ピョートル　Lushev, Petr Georgievich　軍人　ソ連第1国防次官, ワルシャワ条約機構統一軍総司令官　国ソ連　生1923年10月18日　載1992／1996

ルシンチ, ハイメ　Lusinchi, Jaime　政治家　元・ベネズエラ大統領　国ベネズエラ　生1924年5月27日　載1992／1996

ルース, G.G.　Luce, Gay Gaer　サイエンス・ライター　国米国　載1992

ルース, ウィリアム　Luce, William　劇作家　国米国　生1931年　載2004

ルース, クレア・ブース　Luce, Clare Boothe　政治家, 劇作家, 編集者　元・米国下院議員(共和党), 元・駐イタリア大使, 元・「ヴォーグ」副編集長　国米国　生1903年4月10日　没1987年10月9日　載1992

ルース, ジュセリーノ・ノーブレガ・ダ　Luz, Jucelino Nobrega da　予言者　国ブラジル　生1960年3月　載2012

ルース, ジョルジュ　Rousse, Georges　アーティスト　国フランス　生1947年7月28日　載2000

ルース, ジョン　Roos, John　本名＝Roos,John Victor　弁護士　駐日米国大使　国米国　生1955年2月14日　載2012

ルース, スーザン　Roos, Susan H.　弁護士　ルース駐日米国大使夫人　国米国　載2012

ルース, デュアン　Loose, Duane　工業デザイナー, イラストレーター　載2004

ルスウール, ヴェロニック　Lesueur, Véronique　著述家　国フランス　生1967年　載2004

ルスカ, エルンスト　Ruska, Ernst　物理学者　国ドイツ　生1906年12月25日　没1988年5月27日　載1992

ルスキ, アウグスト　生物学者　元・リオデジャネイロ大学教授　国ブラジル　生1986年6月3日　載1992

ルスタン, ジャン　Restayn, Jean　画家, 軍事史研究家　載2004

ルスティク, アルノシュト　Lustig, Arnost　作家, 文学者　元・アメリカン大学名誉教授　国米国　生1926年12月21日　没2011年2月26日

ルスティケッリ, カルロ　Rustichelli, Carlo　作曲家　国イタリア　生1916年12月24日　載1992

ルスティジェ, ジャン・マリ・アーロン　Lustiger, Jean-Marie　カトリック枢機卿　元・パリ大司教　国フランス　生1926年9月17日　没2007年8月5日　載1996／2000

ルーズベルト, エリオット　Roosevelt, Elliott　著述家　国米国　生1910年　没1990年10月27日　載1992

ルーズベルト, カーミット(3世)　Roosevelt, Kermit (III)　法学者　ペンシルベニア大学ロー・スクール教授　分憲法, 抵触法　生1971年　載2012

ルーズベルト, ジェームズ　Roosevelt, James　政治家, ビジネスコンサルタント　国米国　没1991年8月13日　載1992

ルーズベルト, ジュリアン　Roosevelt, Julian　銀行家, 元・ヨット選手　元・国際オリンピック委員会(IOC)委員・理事　国米国　没1986年3月27日　載1992

ルーズベルト, フランクリン(2世)　Roosevelt, Franklin (II)　元・米国下院議員　ルーズベルト大統領の三男　国米国　没1988年8月17日　載1992

ルースラー, ソニア　Ruseler, Sonia　ジャーナリスト, テレビリポーター　インディペンデント・テレビジョン・ニューズ(ITN)東京特派員　国英国　生1963年　載2008

ルースラーティ, エルキ　Ruoslahti, Erkki　細胞生物学者, 免疫学者　バーナム研究所教授　国米国　生1940年2月16日　載2008／2012

ルスリ・ノール　外交官　アジア太平洋経済協力会議(APEC)事務局長　国インドネシア　生1927年　載1992／1996

ルースロ, ジャン　Rousselot, Jean　詩人　国フランス　生1913年　載1992

ルースロ, ピエール・フランソワ　Rousselot, Pierre-François　モータースポーツジャーナリスト　国フランス　載1992

ルセ, クリストフ　Rousset, Christophe　指揮者, チェンバロ奏者　国フランス　生1961年　載1996／2000／2012

ルゼク, ジョージ　Ruzek, George　システムコンサルタント　国米国　載2004

ルセサバギナ, ポール　Rusesabagina, Paul　映画「ホテル・ルワンダ」の主人公のモデル　生1954年6月15日　載2008

ルーゼドスキー, グレグ　Rusedski, Greg　テニス選手　国英国　生1973年9月6日　載2000／2008

ルセナ, ウンベルト・コウチニョ　Lucena, Humberto Coutinho de　弁護士, 政治家　ブラジル上院議員　国ブラジル　生1928年4月22日　載1992

ルセフ, ジルマ・バナ　Rousseff, Dilma Vana　政治家, 経済学者　ブラジル大統領　国ブラジル　生1947年12月14日　載2012

ルセルクル, ジャン・ジャック　Lecercle, Jean-Jacques　英文学者　パリ大学　生1946年　載2000

ルセーロ, ディエゴ　本名＝シュット, ルイス　ジャーナリスト, 元・サッカー選手　「クラリン」紙特派員　生1901年6月14日　載1996

ルソー, アラン・ジョン(Jr.)　実業家　エービーシー・ジャパン社長　国米国　載2004

ルソー, ヴァンサン　元・マラソン選手　国ベルギー　載1996／2000

ルゾー, ジャン・クロード　Rouzaud, Jean-Claude　ルイ・ロデレール社長　国フランス　載1996

ルゾー, スティーブン　ダナ・キャラン・インターナショナル社長・COO　国米国　載2000

ルソー, デニス　カーネギー・メロン大学教授　分組織心理学　国米国　載2000

ルソー, フランソワ・オリヴィエ　Rousseau, François-Olivier　ジャーナリスト, 作家, 脚本家　国フランス　載2004

ルソー, フロリアン　Rousseau, Florian　自転車選手　国フランス　生1970年2月3日　載2000／2004／2008

ルソ, ラファ　Russo, Rafa　作家, 詩人, ミュージシャン　国スペイン　載2000

ルーソルド, レイモンド　Leuthold, Raymond M.　イリノイ大学教授,「ジャーナル・オブ・フューチャーズ・マーケット」誌編集委員　分農業経済学　載2000

ルーダー, デービッド　Ruder, David　ノース・ウエスタン大学教授　元・米国証券取引委員会(SEC)委員長　分私法　国米国　生1928年5月25日　載1992／1996

ル・タコン, フランソワ　Le Tacon, Francois　フランス国立農学研究所主任研究官　国フランス　生1939年　載2004／2008

ルーダーズ, ピエール・フリッツ　Lueders, Pierre Fritz　ボブスレー選手　長野五輪ボブスレー男子2人乗り金メダリスト　国カナダ　生1970年9月26日　載2000／2008／2012

ルダル, ポーラ　Rudall, Paula　植物解剖学者　キュー植物園ジョドレル植物学研究所　分単子葉植物　国英国　載2008

ルチアーニ, ジョゼフ　Luciani, Joseph J.　臨床心理士　国米国　載2004

ルーチェ, バートン　Roueché, Berton　医学ジャーナリスト, 作家　国米国　生1911年4月16日　載1992／1996

ルチェスク, ミルセア　Lucescu, Mircea　サッカー監督　⑳ルーマニア　⑭1945年7月28日　㊞2000

ルチッチ, ミリヤナ　Lucic, Mirjana　テニス選手　⑳クロアチア　⑭1982年3月9日　㊞2000／2008

ルチョウ・ストンボロウスキー, カトリン　Rutschow-Stomporowski, Katrin　ボート選手　⑳ドイツ　⑭1975年4月2日　㊞2008

ルチンスキー, ピョートル　Luchinskii, Petr Kirillovich　政治家　元・モルドバ大統領　⑳モルドバ　⑭1940年1月27日　㊞1992／1996／2000／2004／2008

ルーツ, ウィリアム・ジェフリー　Rootes, William Geoffrey　元・英国クライスラー会長　ルーツグループ（自動車メーカー）最後のオーナー　⑳英国　⑭1917年6月14日　㊥1992年1月16日　㊞1996

ルツ, ウルリヒ　Luz, Ulrich　神学者　ベルン大学教授　⑳スイス　⑭1938年　㊞1992／2000

ルーツ, ジョー　Lutz, Joe　本名=Lutz,Rollin Joseph　元・プロ野球監督, 元・大リーグ選手　⑳米国　⑭1925年2月18日　㊥2008年10月20日　㊞

ルーツ, ハンス　Luz, von Hanz　ランドスケープアーキテクト　シュトゥットガルト工科大学名誉教授　⑳ドイツ　⑭1926年6月10日　㊞2000

ルーツィ, マリオ　Luzi, Mario　詩人, 評論家, 翻訳家　⑳イタリア　⑭1914年　㊥2005年2月28日　㊞1992

ルツィウス, フランツ　Lutzius, Franz　ジャーナリスト, 作家　⑳ドイツ　㊞1996

ルッカ, グレッグ　Rucka, Greg　作家　⑳米国　⑭1970年　㊞2000

ルッカリネン, マルユト　Lukkarinen, Marjut　スキー選手（距離）　⑳フィンランド　㊞1996

ルッキ, ミケーレ・デ　Lucchi, Michele De　デザイナー, 建築家　メンフィス・グループ主宰, オリベッティ社デザイン・コンサルタント　⑳イタリア　⑭1951年　㊞1992

ルッキーニ, フラヴィオ　Lucchini, Flavio　アートディレクター, メディアプロデューサー　元・「ルオモ・ヴォーグ」編集長　⑳イタリア　㊞2004／2008

ルック, フランク　Luck, Frank　バイアスロン選手　⑳ドイツ　⑭1967年12月5日　㊞2000／2004

ルックス, ジョージ　Rooks, George　英文学者　カリフォルニア大学デービス校教授　⑳米国　㊞1996

ルックマン, トーマス　Luckmann, Thomas　社会学者　フランクフルト大学　㊞2004／2008

ルッケ, ベルント　Lucke, Bernd　経済学者, 政治家　ハンブルク大学教授, ドイツのための選択肢（AfD）創設者　⑳ユーロ問題　⑳ドイツ　⑭1962年8月19日

ルツコイ, アレクサンドル　Rutskoi, Aleksandr Vladimirovich　政治家, 軍人　クルスク州知事　元・ロシア副大統領　⑳ロシア　⑭1947年9月16日　㊞1992／1996／2000

ルッサン, アンドレ　Roussin, André　劇作家　⑳フランス　⑭1911年1月22日　㊥1987年11月3日　㊞1992

ルッシー, ベルナルド　元・スキー選手, 滑降コース設計者　⑳スイス　⑭1948年　㊞1992

ルッシ, ベルンハルト　Russi, Bernhard　元・スキー選手　国際スキー連盟（FIS）委員　⑳スイス　㊞2000

ルッシャー, マックス　Lüscher, Max　バーゼル大学教授　⑳心理学　⑳スイス　⑭1923年　㊞1996

ルッソ, J.エドワード　Russo, J.Edward　経営学者　コーネル大学ジョンソン経営大学院教授　⑳マーケティング, 行動科学　⑳米国　㊞2004／2008

ルッソ, パトリシア　Russo, Patricia F.　実業家　元・アルカテル・ルーセントCEO　⑳米国　⑭1953年　㊞2004／2008／2012

ルッソ, マリサビーナ　Russo, Marisabina　絵本作家　⑳米国　⑭1950年　㊞1996

ルッソ, レネ　Russo, Rene　女優　⑳米国　⑭1954年2月17日　㊞1996／2000／2004／2008／2012

ルッター, バージニア　Rutter, Virginia　社会学者　⑳英国　㊞2004

ルッチ, ニコラ　Rucci, Nicola　指揮者　⑳イタリア　⑭1910年　㊥1992年7月24日　㊞1996

ルッツ, クリスチャン　アリアンツ火災海上保険社長　㊞2000

ルッツ, トム　Lutz, Tom　文化史学者　アイオワ大学教員　㊞2004／2008

ルッテ, マルク　Rutte, Mark　政治家　オランダ首相, オランダ自由民主党（VVD）党首　⑳オランダ　⑭1967年2月14日　㊞2012

ルッパン, ルイス　カヌー船長　ミクロネシア　㊞1992

ルップ, ハンス・カール　Rupp, Hans Karl　政治学者　マールブルク大学教授　⑳ドイツ　⑭1940年　㊞2004

ルップ, ライナー・W.　北大西洋条約機構（NATO）本部政治担当上級研究員　⑳政治　⑳ドイツ　⑭1945年9月　㊞1992／1996

ルーツ・マヌーバ　Roots Manuva　本名=スミス, ロドニー・ヒルトン　歌手　⑳英国　㊞2004

ルティ, クラウディオ　Luti, Claudio　実業家　カルテルオーナー・会長　⑳イタリア　⑭1946年　㊞2012

ルディエール, モニク　Loudières, Monique　バレリーナ　元・パリ・オペラ座バレエ団エトワール, 元・カンヌ・ロゼラ・ハイタワー・バレエ学校校長　⑳フランス　⑭1956年4月15日　㊞2008／2012

ルディシャ, デービッド　Rudisha, David　本名=ルディシャ, デービッド・レクタ　陸上選手（中距離）　ロンドン五輪金メダリスト, 陸上男子800メートル世界記録保持者　⑳ケニア　⑭1988年12月17日　㊞2012

ルディネスコ, エリザベート　Roudinesco, Elisabeth　精神分析家　パリ第7大学講師　⑳フランス　⑭1944年　㊞2004／2008／2012

ルディ・ハルトノ　Rudy Hartono　バドミントン選手　⑳インドネシア　⑭1949年　㊞2000

ルティリアーノ, トニー　Rutigliano, Tony　ビジネスコンサルタント　㊞2008

ルディング, オンノ　Ruding, Onno　本名=Ruding,Herman Onno C.R.　銀行家　シティコープ副会長　元・オランダ蔵相　⑳オランダ　⑭1939年8月15日　㊞1996

ルディング, クリスタ　Luding, Christa　旧名=ローゼンブルガー, クリスタ　元・スピードスケート選手, 元・自転車選手　⑳ドイツ　㊞1996

ルテステュ, アニエス　Letestu, Agnès　バレリーナ　パリ・オペラ座バレエ団エトワール　⑳フランス　㊞2004／2008／2012

ルテリ, フランチェスコ　Rutelli, Francesco　政治家　元・イタリア副首相・文化相, 元・ローマ市長, 元・イタリア下院議員　⑳イタリア　⑭1954年6月14日　㊞2004／2008／2012

ル・テリエ, エルベ　Le Tellier, Hervé　作家, ジャーナリスト, 数学者　⑳フランス　⑭1957年　㊞1996

ルテリエ, ピエール　Letellier, Pierre　画家　⑳フランス　⑭1928年8月23日　㊞1992

ルーデル, アンソニー　Rudel, Anthony　作家　㊞2008

ルテルム, イヴ　Leterme, Yves　本名=Leterme,Yves Camille Désiré　政治家　ベルギー首相　⑳ベルギー　⑭1960年10月6日　㊞2012

ルーデン, アルバート　Louden, Albert　画家　⑳英国　⑭1945年　㊞1996

ルデンコ, ロマン　Rudenko, Roman Andreevich　元・ソ連検事総長　⑳ソ連　⑭1907年7月17日　㊥1981年1月23日　㊞1992

ルデンコ, ワディム　Rudenko, Vadim　ピアニスト　⑳ロシア　⑭1967年　㊞2000／2004／2008

ルーデンスタイン, ニール　Rudenstine, Neil Leon　文学者　元・ハーバード大学学長　⑳ルネサンス期の文学　⑳米国　⑭1935年1月21日　㊞1992／2000／2004／2012

ルート, アラン　動物ドキュメンタリー製作者　バルーンサファリ・オーナー　⑳ケニア　㊞1992

ルト, エバンス　Rutto, Evans　マラソン選手　⑳ケニア　⑭1978年4月8日　㊞2008

ルート, ジェーン・ホール　Lute, Jane Holl　元・国連事務次長補（平和維持活動担当）　⑳米国　㊞2008／2012

1024

ルドー, ジョセフ　LeDoux, Joseph E.　ニューヨーク大学神経科学・心理学教授　⑩神経科学　国米国　典1996

ルート, バリー　Root, Barry　本名=Root,Barrett Voorhees　絵本作家　国米国　生1954年　典2008

ルドー, ファンシュ　Roudaut, Fañch　ブレスト大学教授　⑩ブルターニュ近代史　国フランス　生1942年　典2000

ル・ドアレ, エレーヌ　Le Doaré, Hélène　社会学者　国フランス　典2004

ルドウィグ, ダニエル　Ludwig, Daniel Keith　海運王　元・ナショナル・バルク・キャリアーズ社創設者　国米国　生1897年6月24日　没1992年8月27日　典1996

ルードウィック, オラフ　Ludwig, Olaf　自転車選手　国ドイツ　典1992／1996

ルドウィック, キャロル　Ludwig, Carol　元・USIAフォーリン・プレス・センター総所長,元・在日米国大使館広報部長　国米国　生1946年　典1992／2000

ルードウィック, ジョン　Ludwig, John　マイクロソフト社インターネット・プラットフォーム＆ツール部門担当副社長　国米国　典2000

ルードヴィックス, ハリー　Ludwigs, Harry D.　ウエラジャパン取締役　国ドイツ　生1945年　典1996（ルードビックス, ハリー）

ルートヴィヒ, クリスタ　Ludwig, Christa　メゾソプラノ歌手　国ドイツ　生1924年3月16日　典1992（ルートビヒ, クリスタ）／1996（ルートビヒ, クリスタ）／2004／2008

ルートヴィヒ, ペーター　Ludwig, Peter　美術品収集家,実業家　国ドイツ　生1925年7月9日　没1996年7月22日　典1992（ルートビヒ, ペーター）

ルドゥ・ウー・フラ　Ludu U Hla　本名=ウー・フラ　作家,ジャーナリスト　国ビルマ　生1910年2月10日　没1982年　典1992

ルトゥゲンホルスト, マヌエル　演出家　国ドイツ　典1992／1996

ルードゥ・ドー・アマー　Ludu Daw Ahmar　本名=ドー・アマー　作家,ジャーナリスト　国ミャンマー　生1915年11月29日　典1996

ルトキエビッチ, ワンダ　Rutkiewicz, Wanda　登山家,ドキュメンタリー製作者　国ポーランド　没1992年5月　典1992（ルトケビッチ, ワンダ）／1996

ルトコフスカ, エヴァ　ワルシャワ大学助教授　⑩日本近代史　国ポーランド　生1953年　典2000

ルドコフスカヤ, エレーナ　Rudkovskaya, Elena　水泳選手（平泳ぎ）　国ベラルーシ　典1996

ルトコフスキ, クシシュトフ　私立探偵　国ポーランド　典2000

ルトスワフスキ, ヴィトルト　Lutosławski, Witold　作曲家,指揮者　元・国際現代音楽協会委員　国ポーランド　生1913年1月25日　没1994年2月7日　典1992／1996

ルドニツキ, アドルフ　Rudnicki, Adolf　作家　国ポーランド　生1912年2月19日　没1990年11月15日　典1992／1996

ルドネ, マリー　Redonne, Marie　作家,詩人　国フランス　生1948年　典1996

ルートバック, E.　米国戦略問題研究所戦略問題コンサルタント　⑩ソ連・東欧問題　国米国　生1942年　典1992

ルドビック, マーティン　Rudwick, Martin J.S.　プリンストン大学教授　⑩科学史　国米国　生1932年　典1996

ルドフスキー, バーナード　Rudofsky, Bernard　建築家,評論家　国米国　生1905年　没1988年3月12日　典1992

ルードマン, デービッド　Roodman, David Malin　ワールドウォッチ研究所主任研究員　⑩環境と経済　国米国　生1968年　典2000

ルドラム, チャールズ　舞台俳優　元・劇団リディキュラス・シアター創設者　国米国　没1987年5月28日　典1992

ルートリッジ, ビクトリア　Routledge, Victoria　作家　国英国　生1974年　典2004

ル・トール, ビジョー　Le Tord, Bijou　絵本作家,イラストレーター　国フランス　典2000／2004

ルドルフ, F.　Rudolph, Frederick　歴史学者　ウィリアムズ・カレッジ名誉教授　国米国　典2004／2008

ルードルフ, アネット　Rudolph, Annet　画家, イラストレーター　国ドイツ　生1964年　典2000

ルドルフ, アラン　Rudolph, Alan　映画監督　国米国　生1948年　典1996／2000

ルドルフ, ウィルマ　Rudolph, Wilma　陸上選手　国米国　生1940年6月23日　没1994年11月12日　典1996

ルドルフ, クルト　Rudolph, Kurt　宗教学者　マールブルク大学教員　元・ライプツィヒ大学教員　⑩初期マンダ教　国ドイツ　生1929年　典2004

ルドルフ, マックス　Rudolf, Max　指揮者　国米国　生1902年6月15日　没1995年3月1日　典1996

ルドルフ, リチャード　Rudolf, Richard　経済分析家　マサチューセッツ大学ボストン校教授　国米国　典1992

ルトレッジ, リー　Rutledge, Leigh W.　作家　国米国　生1958年6月27日　典1996

ルドレール, シャルロット　イラストレーター　典2004

ルドワイヤン, ヴィルジニー　Ledoyen, Virginie　女優　国フランス　生1976年11月15日　典2000／2004

ルトワク, エドワード　Luttwak, Edward Nicolae　国際政治学者　戦略国際問題研究センター（CSIS）上級研究員　⑩国際軍事戦略問題,中東問題　国米国　生1942年11月4日　典1992（ルトワック, エドワード）／1996／2000／2004／2008／2012

ルドワラン, ニコル　Le Douarin, Nicole M.　フランス科学振興機構（CNRS）発生学研究所長　⑩発生工学　国フランス　生1930年8月20日　典1992

ルナ, エクトル　Luna, Hector R.　プロ野球選手（内野手）,元・大リーグ選手　国ドミニカ共和国　生1980年2月1日

ルナ, ディエゴ　Luna, Diego　俳優　生1979年　典2012

ルナ, ビガス　Luna, Bigas　映画監督　国スペイン　生1946年3月19日　没2013年4月6日　典1996

ルーナウ, ハインツ　Ruhnau, Heinz　元・ルフトハンザ・ドイツ航空社長　国ドイツ　生1929年3月5日　典1992／1996

ルナール, ジャン・クロード　Renard, Jean-Claude　詩人　国フランス　生1922年　典1992

ルーニー, アンディ　Rooney, Andy　本名=ルーニー, アンドルー　コラムニスト, テレビコメンテーター　国米国　生1919年1月14日　没2011年11月4日　典1992

ルーニー, ウェイン　Rooney, Wayne　サッカー選手（FW）　国英国　生1985年10月24日　典2004／2008／2012

ルーニー, ウォレス　Roney, Wallace　ジャズ・トランペット奏者　国米国　生1960年5月25日　典1996

ルーニー, ケビン　Rooney, Kevin　元・プロボクサー　国米国　生1956年5月6日　典1996

ル・ニ, ジャン・フランソワ　Le Ny, Jean-François　心理学者　フランス語圏心理科学会会長　⑩認知心理学,意味論　国フランス　生1924年5月17日　典1996

ルーニー, ミッキー　Rooney, Mickey　本名=ユール, ジョセフ　俳優　国米国　生1920年9月23日　没2014年4月6日　典1992／1996／2008／2012

ルネ, ノーマン　映画監督,演出家　ザ・プロダクション・カンパニー主宰者　国米国　生1951年　典1996

ルネ, フランス・アルベール　René, France Albert　政治家　元・セーシェル大統領,元・セーシェル人民進歩戦線（SPPF）党首　国セーシェル　生1935年11月16日　典1992／1996／2000／2004／2008／2012

ルネ, ベレ　在日フランス総領事　国フランス　典1992

ルネッリ, ジュリアーノ　Lunelli, Giuliano　画家　国イタリア　生1966年　典2004

ルーネルストロム, B.A.　Runnerström, Bengt-Arne　イラストレーター,絵本作家,子ども向けテレビ番組制作者　国スウェーデン　生1944年　典1992

ルノー, アラン　Renaut, Alain　哲学者　ソルボンヌ大学教授　国フランス　生1948年　典2000

ルノー, イザベル　Renault, Isabelle　女優　国フランス　生1966年

ルノー, セルジュ　フランス国立健康医学研究所所長　⑱健康医学　⑩フランス　㊙2000

ルノー, フランシス　Renaud, Francis　俳優　⑩フランス　㊕1967年9月27日　㊙2000

ルノー, マドレーヌ　Renaud, Madeleine-Lucie　女優　⑩フランス　㊕1900年2月21日　㊥1994年9月23日　㊙1992/1996

ルノー, ミッシェル　Renault, Michel　精神分析家　⑩フランス　㊕1929年　㊙2008

ルノー, リーヌ　Renaud, Line　本名＝アンテ, ジャクリーヌ　シャンソン歌手, 女優　⑩フランス　㊕1928年　㊙1992/1996

ルパージュ, クローディ　Lepage, Claudie　ジャーナリスト　⑱女性の健康　㊙2004

ルパージュ, ロベール　Lepage, Robert　演出家, 脚本家, 俳優　エクス・マキナ芸術監督　⑩カナダ　㊕1957年12月12日　㊙1996/2008/2012

ルバダン　Lebadang　画家　⑩ベトナム　㊕1922年　㊙1992

ルバチェフスキー, ミロスラフ　Lubachivskii, Myroslav Ivan　カトリック枢機卿　⑩ウクライナ　㊕1914年6月24日　㊥2000年12月14日　㊙1992（ルバチフスキー, ミロスラフ）/1996

ルバード, メレディス　Lebard, Meredith　ハリスバーグ・エリア・コミュニティ・カレッジ教師　⑱安全保障問題, 国際関係論　⑩米国　㊕1951年9月21日　㊙1992

ルバノフ, セミョーン　Rubanov, Semen A.　ドキュメント作家　⑩ロシア　㊕1923年7月　㊙1992/1996

ルバルー, ジュリアン　Leparoux, Julien　騎手　⑩フランス　㊕1983年7月15日　㊙2012

ルバルカバ, ゴンサロ　Rubalcaba, Gonzalo　グループ名＝グルーポ・プロジェクト　ジャズピアニスト　⑩キューバ　㊕1963年5月27日　㊙1992/1996/2012

ルバン, ヴィクトル　Ruban, Viktor　アーチェリー選手　北京五輪アーチェリー男子個人金メダリスト　⑩ウクライナ　㊕1981年5月24日　㊙2012

ルハン, ネストール　Lujan, Nestor　著述家, ジャーナリスト　カタロニアテレビ重役　⑩スペイン　㊕1922年　㊙1992

ルーハン, マニュエル(Jr.)　Lujan, Manuel (Jr.)　政治家　元・米国内務長官　㊕1928年5月12日　㊙1992/1996

ルパンネ, エミリ　Lepennec, Emilie　体操選手　⑩フランス　㊕1987年12月31日　㊙2008

ル・バン・ラン　Le Van Lanh　国立公園保護地域サブ協会事務総長　⑩ベトナム　㊕1955年　㊙2000

ルーピ, イタロ　Lupi, Italo　アートディレクター, グラフィックデザイナー　「アビターレ」編集責任者　⑩イタリア　㊙2000

ルビ, カリーヌ　Ruby, Karine　スノーボード選手　⑩フランス　㊕1978年1月4日　㊥2009年5月29日　㊙2000/2004

ルビア, カルロ　Rubbia, Carlo　物理学者　欧州合同原子核研究機関（CERN）所長　⑱素粒子実験物理学　⑩イタリア　㊕1934年3月31日　㊙1992/1996/2000

ルビエ, ジャンマルク　Loubier, Jean-Marc　実業家　エスカーダCEO　元・セリーヌCEO　⑩フランス　㊙2004/2008/2012

ルビオ, イングリッド　女優　⑩スペイン　㊕1975年　㊙2000

ルビオ, パウリナ　Rubio, Paulina　歌手　⑩メキシコ　㊕1971年6月17日　㊙2004

ルビオ, ビセンテ　Rubio, Vicente D.　画家　⑩スペイン　㊕1925年　㊙1992/1996

ルビオ, マルコ　Rubio, Marco Antonio　政治家　米国上院議員（共和党）　⑩米国

ルピカ, マイク　Lupica, Mike　スポーツ・コラムニスト　⑩米国　㊙1992/1996

ルピカール, ルイズ　Lepicard, Louise　日本名＝正子　「ルイズが正子であった頃」の著者　⑩フランス　㊕1928年3月　㊙2012

ルビクス, アルフレド　Rubiks, Alfred K.　政治家　元・ラトビア共和国共産党第1書記　⑩ラトビア　㊕1935年　㊙1992

ルピション, グサヴィエ　LePichon, Xavier　地質学者, 海洋学者　コレージュ・ド・フランス教授　⑱プレートテクニクス理論　⑩フランス　㊕1937年6月18日　㊙1992/1996/2000/2008/2012

ルビス, ズルキフリ　Lubis, Zulkifli　元・軍人　⑩インドネシア　㊕1923年　㊙1996

ルービック, エルノー　Rubjc, Erno　応用美術大学教授　ルービック・キュービック考案者　⑩ハンガリー　㊕1945年　㊙1992

ルビーニ, アレッサンドロ　Rubini, Alessandro　コンピューター技術者　㊙2004

ルピネク, ダーク　Lupinek, Derk　翻訳家, 英会話講師　⑩米国　㊙2004

ルピノ, アイダ　Lupino, Ida　女優, 映画監督　⑩米国　㊕1918年2月4日　㊥1995年8月3日　㊙1996

ルビーノ, ジョー　Rubino, Joe　パーソナル・リインベンション・センターCEO　⑩米国　㊙2004

ルピノ, ステファン　Lupino, Stephan　写真家　㊕1948年　㊙1992/1996

ルービン, アーサー　Lubin, Arthur　映画監督　⑩米国　㊕1995年5月11日　㊙1996

ルービン, ジェイ　Rubin, Jay　日本文学者, 翻訳家　ハーバード大学名誉教授　⑩米国　㊕1941年　㊙2008/2012

ルービン, ジェイソン　ゲームソフト・クリエーター　⑩米国　㊙2000

ルービン, ジェームズ　Rubin, James　本名＝Rubin, James Phillip　米国国務省報道官　⑩米国　㊙2000

ルービン, ジェームズ　Rubin, James H.　美術史家　ニューヨーク大学美術史教授　⑱フランス近代絵画史　㊙2008

ルービン, ジェリー　Rubin, Jerry　ベトナム反戦運動家　'60年代のイッピー運動推進者　⑩米国　㊥1994年11月28日　㊙1992/1996

ルービン, シーマ　Rubin, Cyma　舞台・映画・テレビプロデューサー　⑩米国　㊙2000

ルービン, ジュディス　Rubin, Judith Aron　医師　ピッツバーグ大学医学部学科助教授, ピッツバーグ精神分析研究所招聘教授　⑱精神医学, 精神分析　⑩米国　㊙2004

ルービン, セオドア・アイザック　Rubin, Theodore Isaac　医師, 作家　アメリカ精神分析学研究所所長　⑱精神科　㊕1923年　㊙2004

ルビン, チャンダ　Rubin, Chanda　テニス選手　⑩米国　㊕1976年2月18日　㊙2000/2008

ルービン, バーナード　Lubin, Bernard　ジャーナリスト　元・「星条旗」紙記者　⑩米国　㊙1996

ルービン, バーネット　Rubin, Barnett　国際政治学者　ニューヨーク大学教授　⑱アフガニスタン問題　⑩米国　㊙2004/2008

ルービン, バリー　Rubin, Barry R.　ジョージ・ワシントン大学政治管理大学院教官, ストラテジック・ソリューリョンズ代表, 20/20ビジョン理事長　⑱草の根運動, アドボカシー戦略トレーニング　⑩米国　㊙2004

ルービン, ハリエット　Rubin, Harriet　編集者, 著述家　ダブルデイ社編集長　⑩米国　㊕1952年　㊙2000

ルービン, ブルース・ジョエル　Rubin, Bruce Joel　脚本家, 映画監督　⑩米国　㊕1943年　㊙1996

ルビン, マイケル　ニューヨーク市教育委員会日本語・日本文化プログラム・アシスタントプロジェクト・ディレクター　⑩米国　㊙1992

ルヒン, モハマッド・ラヒム　外交官　駐日アフガニスタン臨時代理大使　⑩アフガニスタン　㊙1992

ルービン, リー・L.　アテナニューロサイエンス社主任研究員, コロンビア大学病理学部準教授　⑱脳血液関門　⑩米国　㊙1992

ルービン, ロバート　Rubin, Robert Edward　実業家, 政治家　元・米国財務長官, 元・ゴールドマン・サックス共同会長　⑩米国　㊕1938年8月29日　㊙1996/2000/2004/2008/2012

ルービン, ロン　Rubin, Ron　実業家　紅茶共和国共同経営者　⑩米国　㊙2008

ルビンシュタイン, アルトゥール　Rubinstein, Artur　ピアニスト　⑩米国　㊕1886年1月28日　㊥1982年12月20日　㊙1992

ルビンシュタイン, モシェ　Rubinstein, Moshe F.　経営工学者　カ

リフォルニア大学ロサンゼルス校工学応用科学部教授 [専]意思決定論, 組織創造論 [典]2004／2008

ルビンシュタイン, ヤーコフ Rubinstein, Yaakov バイオリニスト バンベルク交響楽団コンサートマスター [国]イスラエル [典]2000

ルビンスタイン, グレッグ Rubinstein, Gregg ノモス社副社長 [国]米国 [生]1949年5月12日 [典]1996

ルビンスタイン, ヘルガ Rubinstein, Helge 料理書執筆者 [国]英国 [典]1992

ルビンファイン, レオ Rubinfien, Leo 写真家 [国]米国 [生]1953年 [典]1996

ルーフ, ボウ Leuf, Bo コンピューターコンサルタント [国]スウェーデン [典]2004

ルプ, マリアン Lupu, Marian Ilie 政治家 モルドバ国会議長・大統領代行 [国]モルドバ [生]1966年6月20日 [典]2012

ルプー, ラドゥ Lupu, Radu ピアニスト [国]ルーマニア [生]1945年11月30日 [典]1996／2012

ルーファス, ハドレー ボクサー マイク・タイソンのスパーリングパートナー [国]米国 [典]1992

ルフェーヴル, アンリ Lefèbvre, Henri 哲学者, 社会学者 元・パリ大学教授 [専]都市社会学 [国]フランス [生]1901年 [没]1991年6月28日 [典]1992（ルフェーブル, アンリ）

ルフェーヴル, ダヴィッド Lefèvre, David バイオリニスト トゥールーズ・キャピトル国立管弦楽団ソロ・コンサートマスター [国]フランス [典]2000

ルフェーヴル, ブリジット Lefèvre, Brigitte バレエ監督, バレリーナ パリ・オペラ座バレエ団芸術監督 [国]フランス [生]1944年 [典]2012

ルフェーヴル, ルネ Lefèvre, René 作家, 俳優 [国]フランス [生]1898年3月6日 [没]1991年6月4日 [典]1992（ルフェーブル, ルネ）

ルフェーヴル, レーモン Lefèvre, Raymond 作曲家, 指揮者 [国]フランス [生]1929年11月20日 [没]2008年6月27日 [典]1992（ルフェーブル, レーモン）

ルフェブル, ガブリエル Lefèbvre, Gabriel イラストレーター [国]ベルギー [典]2004

ルフェーブル, ジャン・マリー 実業家 シャンパン・ポリメーCEO [国]フランス [生]1958年 [典]2000

ルフェーブル, ベアトリス ペネロップ会長 [国]フランス [典]2000

ルフェーブル, マルセル Lefebvre, Marcel カトリック大司教 [国]スイス [没]1991年3月25日 [典]1992

ルフェール, クレメント Lefert, Clement 水泳選手（自由形・バタフライ） ロンドン五輪競泳男子4×100メートルリレー金メダリスト [国]フランス [生]1987年9月26日

ルフォール, クロード Lefort, Claude フランス社会科学高等研究院研究指導教授 [専]政治哲学 [国]フランス [生]1924年 [典]1996

ルフォール, ジャック Lefort, Jacques 画家 [国]フランス [生]1927年 [典]1992

ルブサンチュルテム Luvsanchültem, Nyamin 外交官 モンゴル平和友好諸団体連合執行委員会（平和友好委）議長 [国]モンゴル [生]1916年 [典]1992

ルブサンワンダン, ソノミン Luvsanvandan, Sonomyn モンゴル文化省付属文化研究所長 [国]モンゴル [典]1992

ルーフス, ミラン Rúfus, Milan 詩人 [国]スロバキア [生]1928年12月10日 [没]2009年1月11日 [典]1992

ルブチェンコ, ジェーン Lubchenco, Jane 海洋生態学者 米国海洋大気局（NOAA）局長, 米国商務省次官 [国]米国 [生]1947年12月4日 [典]2012

ルフト, イルムガルト Lucht, Irmgard イラストレーター, グラフィックデザイナー [生]1937年 [典]1992

ルフト, クラウス 元・ニクスドルフ会長 [国]ドイツ [典]1992

ルブフ, フランク Leboeuf, Frank 元・サッカー選手 [国]フランス [生]1968年1月22日 [典]2008／2012

ルー・フー・フオク 作曲家 [国]ベトナム [没]1989年6月8日 [典]1992

ルフーブル, ルネ 出版ジャーナリスト [国]フランス [没]1988年7月3日 [典]1992

ル・フュール, J. Le Fur, Joë 画家 [国]フランス [生]1920年 [典]1992

ルブラン, アラン Leblanc, Alain 脚本家, 作家 [国]フランス [生]1951年8月31日 [典]2000

ルブーラン, ジャン 俳優, 演出家 [国]フランス [生]1924年9月24日 [没]1988年3月1日 [典]1992

ルブラン, セリーヌ Lebrun, Celine 元・柔道選手 シドニー五輪柔道女子78キロ級銀メダリスト [国]フランス [生]1976年8月25日 [典]2000／2004／2008／2012

ルブラン, デービッド LeBlanc, David コンピューター技術者 [国]米国 [典]2004

ルブラン, パトリス LeBlanc, Patrice カナダ環境アセスメント庁政策手続開発局長 [国]カナダ [典]2000

ルブラン, ミシェル Lebrun, Michel 推理作家 [国]フランス [生]1930年 [典]1992

ルブランク, ディーアン LeBlanc, Dee-Ann テクニカルライター, コンピュータートレーナー [典]2004

ルブランク, ロビン・M. ワシントン・アンド・リー大学政治学部助教授 [専]政治学, 地方自治 [国]米国 [生]1966年 [典]2000

ルーブル, ブレア Ruble, Blair Aldridge ウィルソン国際研究センター・ジョージ・ケナン研究所理事 [専]ソ連研究 [国]米国 [生]1949年12月 [典]1992

ルブレ, ロベール・ファーブル カンヌ国際映画祭の創設者 [没]1987年4月28日 [典]1992

ルプレヒト, ジークフリード Rupprecht, Siegfried P. 作家, 児童文学者 [国]ドイツ [生]1952年 [典]1992

ルフロック・プリジャン, ロイク LeFloch-Prigent, Loïk 元・フランス国鉄総裁 [国]フランス [生]1943年9月21日 [典]1996／2000／2004

ルブロング, ポール コネティカット大学大学院教授 元・サックス・フィフス・アベニュー社上級副社長 [専]経営学 [国]米国 [生]1928年 [典]1996

ルベイ, サイモン LeVay, Simon 脳神経学者 [国]米国 [生]1943年 [典]2004（ルヴェー, ジーモン）

ルヘイン, デニス Lehane, Dennis 作家 [国]米国 [典]2004（レヘイン, デニス）／2012（レヘイン, デニス）

ルベオ, ブルーノ Rubeo, Bruno 映画美術監督, プロダクション・デザイナー [国]イタリア [生]1946年 [没]2011年11月3日

ルペシンゲ, クマール Rupesinghe, Kumar インターナショナル・アラート事務局長, ICON（国内紛争解決委員会）委員長 [国]スリランカ [生]1943年 [典]1996／2000

ルベトキン, マリオ Lubetkin, Mario ジャーナリスト インター・プレス・サービス（IPS）総裁 [国]ウルグアイ [典]2008／2012

ルベリエ, ロジェ Leverrier, Roger 韓国名＝呂東贊 カトリック神父 韓国外国語大学教授 [専]韓国学, フランス語 [国]フランス [生]1928年 [典]1992

ルペール, ガース 政治学者 グローバル・ダイアログ研究所所長 [国]南アフリカ [典]2004／2008

ルーベル, フォルクマー 東京ベイヒルトン総支配人 [国]ドイツ [生]1943年 [典]1992

ルベルス, ルドルフス・フランス・マリー Lubbers, Rudolphus Frans Marie 政治家 元・オランダ首相, 元・国連難民高等弁務官 [国]オランダ [生]1939年5月7日 [典]1992／1996／2004／2008／2012

ルーベン, ヴィタリー Ruben, Vitalii Petrovich 政治家 ソ連最高会議民族会議議長・共産党中央委員 [国]ソ連 [生]1914年2月26日 [典]1992

ルーベン, サミュエル 水銀電池の発明者 [専]電気化学 [国]米国 [没]1988年7月16日 [典]1992

ルペン, ジャン・マリ Le Pen, Jean-Marie 政治家 フランス国民戦線（FN）名誉党首 [国]フランス [生]1928年6月20日 [典]1992／1996／2000／2004／2008／2012

ルーベン, ニコラス Ruben, Nicholas E. コンサルタント [典]2004

ルーペン, ブラッド Leupen, Brad コンピューター技術者 [国]米

ル

国 [典]2004

ルペン, マリーヌ　Le Pen, Marine　政治家　フランス国民戦線(FN)党首　[国]フランス　[生]1968年8月5日　[典]2012

ルーベンス, R.A.M.　ゼネカファーマ・フランス社長　[国]ベルギー　[典]1996／2000

ルーベンス, バーニス　Rubens, Bernice Ruth　作家　[国]英国　[生]1928年7月26日　[没]2004年10月13日　[典]1996／2000

ルボー, アモリ　Leveaux, Amaury　本名=Leveaux,Amaury Raymond　水泳選手(自由形)　ロンドン五輪競泳男子4×100メートルリレー金メダリスト　[国]フランス　[生]1985年12月2日

ルボー, チャールズ　Le Beau, Charles　トレーダー　アイランド・ビュー・ファイナンシャル・グループ社長　[国]米国　[典]2008

ルボー, デービッド　Leveaux, David　演出家　元・TPT(シアター・プロジェクト・東京)芸術監督, 元・リバーサイド・スタジオ主任演出家　[国]英国　[生]1957年12月13日　[典]1996／2000／2004／2008／2012

ルボー, ロブ　Lebow, Rob　ヒロイック・エンバイロンメンツ社最高経営責任者(CEO)　[国]米国　[典]1992

ルボイ, ミハイル　軍人, 政治家　ルーマニア軍大尉　元・ルーマニア観光相　[国]ルーマニア　[典]1992

ルボウスキー, アントン　弁護士　元・南西アフリカ人民機構(SWAPO)幹部　[国]ナミビア　[生]1952年　[没]1989年9月12日　[典]1992

ルーボディ, リュドヴィック　Roubaudi, Ludovic　著述家　[国]フランス　[生]1963年　[典]2008

ルボビッチ, ラー　振付家　ルボビッチ舞踊団主宰　[国]米国　[典]1992

ルボーフ, マイケル　LeBoeuf, Michael　経営学者　ニューオーリンズ大学名誉教授　[国]米国　[典]2004／2008

ルポフ, リチャード・アレン　Lupoff, Richard A.　作家, 編集者　[国]米国　[生]1935年2月21日　[典]1992／1996

ルボワイエ, フレデリック　Leboyer, Frédérick　医師　[専]産婦人科　[国]フランス　[生]1918年　[典]1992

ル・ボン, サイモン　Le Bon, Simon　本名=ル・ボン, サイモン・ジョン・チャールズ　グループ名=デュラン・デュラン　ロック歌手　[国]英国　[生]1958年10月7日　[典]2008

ルーマー　Rumer　歌手　[国]英国　[典]2012

ルマ　Ruma　画家　[国]ブラジル　[生]1956年　[典]2008

ルマーチャンド, エリザベス　Lemarchand, Elizabeth　ミステリー作家　[国]英国　[生]1906年　[典]1992

ルーマニエール, ジョン　Rousmaniere, John　ボーティング・ジャーナリスト　[専]ヨットの歴史　[国]米国　[生]1944年　[典]1992

ルマーニエール, ニコル・クーリッジ　Rousmaniere, Nicole Coolidge　日本文化研究家　セインズベリー日本芸術研究所所長　[専]日本陶芸史・工芸史　[国]英国　[典]2012

ルーマン, サルタン　Rehman, Sultan　コンピューター技術者　[典]2004

ルーマン, ニクラス　Luhmann, Niklas　社会学者, 法社会学者　元・ビーレフェルト大学社会学部正教授　[専]社会の理論, 社会分化論　[国]ドイツ　[生]1927年12月8日　[没]1998年11月6日　[典]1992／1996

ルミエール, ジャン　Lemierre, Jean　BNPパリバ特別顧問　元・欧州復興開発銀行(EBRD)総裁, 元・フランス大蔵省国庫局長　[国]フランス　[生]1950年6月6日　[典]2000／2004／2008／2012

ルーミス, ウィリアム　Loomis, William F.　生物学者　カリフォルニア大学遺伝学センター生物学教授　[専]遺伝学　[国]米国　[典]1992

ルーミス, クリスティーヌ　Loomis, Christine　作家, 編集者　[国]米国　[典]2008

ルーム, アネット　Roome, Annette　ミステリー作家　[国]英国　[典]1996

ルムラン, ロジェ　Lemelin, Roger　作家　[国]カナダ　[生]1919年4月7日　[没]1992年3月16日　[典]1992

ル・メ, キャサリン　Le Mée, Katharine W.　音楽研究家　[専]中世の単声・多声音楽　[国]米国　[典]2000

ルメー・ダイガク　ルメー 大岳　Rummé, Daigaku　本名=ルメー, デービッド　僧侶　曹洞宗北米国際布教総監部総監　[国]米国　[生]1950年11月　[典]2012

ルメイ, カーチス・エマーソン　LeMay, Curtis Emerson　軍人　元・米国空軍参謀総長　東京大空襲や広島・長崎原爆投下を指揮　[国]米国　[生]1906年11月15日　[没]1990年10月1日　[典]1992

ルメイ・ドーン, カトリオナ　Lemay-Doan, Catriona　スピードスケート選手　[国]カナダ　[生]1970年12月23日　[典]2000／2004

ルメット, ジェニー　Lumet, Jenny　脚本家　[国]米国　[生]1967年　[典]2012

ルメット, シドニー　Lumet, Sidney　映画監督　[国]米国　[生]1924年6月25日　[没]2011年4月9日　[典]1992／2000／2004／2008

ルメートル, ジェラール　舞踊家　ネザーランド・ダンス・シアターIII(NDTIII)　[国]フランス　[生]1936年　[典]2000

ルメートル, ジャン・ジャック　Lemêtre, Jean-Jacques　音楽家, 作曲家　太陽劇団(テアトル・デュ・ソレイユ)　[国]フランス　[生]1952年　[典]2004

ルメーヌ, ブリジット　Lemaine, Brigitte　映画監督　[国]フランス　[典]2000

ルメール, クリストフ　Lemaire, Christophe　ファッションデザイナー　ラコステ・クリエイティブディレクター　[国]フランス　[生]1965年　[典]2004／2008／2012

ルメール, クリストフ　Lemaire, Christophe　騎手　[国]フランス　[生]1979年5月20日　[典]2008／2012

ルメル, ジャック　Rummel, Jack　フリーライター, 伝記作家　[国]米国　[典]2004

ルメール, トマ　Lemaire, Thomas　弁護士　[国]フランス　[典]2004

ルメール, ロジェ　Lemerre, Roger　サッカー指導者, 元・サッカー選手　元・サッカー・フランス代表監督　[国]フランス　[生]1941年6月18日　[典]2004／2008／2012

ルメルシエ, ヴァレリー　Lemercier, Valérie　女優, 映画監督, 歌手　[国]フランス　[生]1964年　[典]2000／2004／2008

ルモニエ, メグ　女優　[国]フランス　[没]1988年6月13日　[典]1992

ルモール, マリアノ　Rumor, Mariano　政治家　元・イタリア上院議員, 元・イタリア首相　[国]イタリア　[生]1915年6月16日　[没]1990年1月22日　[典]1992

ルモワン, ジョルジュ　Lemoine, Georges　イラストレーター　[国]フランス　[典]1992／1996

ルモワンヌ, セルジュ　Lemoine, Serge　美術史家　オルセー美術館総裁　元・ソルボンヌ大学教授　[専]20世紀美術史　[国]フランス　[生]1943年　[典]2012

ルーヨ, ミシェル　小説家　久留米大学文学部教授　[国]フランス　[典]1992／1996

ルラ・ダ・シルバ, ルイス・イナシオ　Lula da Silva, Luiz Inácio　本名=ダ・シルバ, ルイス・イナシオ　政治家　元・ブラジル大統領, 元・ブラジル労働党(PT)名誉党首　[国]ブラジル　[生]1945年10月27日　[典]1996(ルーラ, ルイス・イナシオ)／2000(ルーラ, ルイス・イナシオ)／2004／2008／2012

ルーランド, ロブ　Reuland, Rob　作家　[国]米国　[生]1963年　[典]2008

ルーリー, アリソン　Lurie, Alison　作家　[国]米国　[生]1926年9月3日　[典]1992／1996

ルーリー, アントニー　Rooley, Anthony　リュート奏者, 古楽研究家　[国]英国　[生]1944年6月10日　[典]1996

ルーリー, ジョン　Lurie, John　グループ名=ラウンジ・リザース　俳優, ミュージシャン, 脚本家　[国]米国　[生]1952年　[典]1992／2000

ルーリー, モリス　Lurie, Morris　作家　[国]オーストラリア　[生]1938年10月　[典]1992

ルリー, ロバート・H.　実業家　元・エクイティ・グループ・インベストメント社長　富豪　[国]米国　[没]1990年6月22日　[典]1992

ルリア, サルバドール　Luria, Salvador Edward　分子生物学者　元・マサチューセッツ工科大学教授　[専]分子遺伝学　[国]米国　[生]1912年8月13日　[没]1991年2月6日　[典]1992

ル・リッシュ, ニコラ　Le Riche, Nicolas　バレエ・ダンサー　パリ・オペラ座バレエ団エトワール　[国]フランス　[生]1972年1月29日　[典]2000／2004／2008／2012

ル

ル・リデック, ジルダ　Le Lidec, Gildas　外交官　元・駐日フランス大使　⑯フランス　⑰1947年4月14日　⑱2008／2012

ルリュロン, チエリ　Le Luron, Thierry　喜劇俳優　⑯フランス　⑰1952年　㉑1986年11月13日　⑱1992

ルル　Lulu　本名＝ローリー,マリー・マクドナルト・マクロフリン　歌手　⑯英国　⑰1948年11月8日　⑱1996

ルール, アン　Rule, Ann　ノンフィクション作家　⑯米国　⑱2004

ルール, エルトン　ABC放送社長　⑯米国　㉑1990年5月5日　⑱1992

ルール, ジェームズ　Rule, James T.　歯学者　メリーランド大学歯学部教授　⑲小児歯科学　⑯米国　⑱2004

ルルー, フランソワ　Leleux, François　オーボエ奏者　ミュンヘン音楽大学教授　元・バイエルン放送交響楽団首席オーボエ奏者　⑯フランス　⑰1971年1月30日　⑱1996／2000／2012

ルル, ホセ　Lull, José　画家　⑯スペイン　⑰1933年　⑱1992／1996

ルルカー, マンフレート　Lurker, Manfred　象徴学研究家　元・象徴学研究所副会長　⑲宗教史　⑯ドイツ　⑰1928年　㉑1990年　⑱1992／1996／2000

ルルーシュ, クロード　Lelouch, Claude　映画監督　フィルム13設立者　⑯フランス　⑰1937年10月30日　⑱1992／1996／2000／2004／2008／2012

ルルーシュ, ピエール　Lellouche, Pierre　政治家,政治学者　フランス下院議員　⑲戦略論　⑯フランス　⑰1951年　⑱1996／2000

ルルツ, トーマス　Lurz, Thomas　本名＝Lurz,Thomas Peter　水泳選手（オープン・ウオーター）　ロンドン五輪オープン・ウオーター男子10キロ銀メダリスト　⑯ドイツ　⑰1979年11月28日

ルルフォ, フアン　Rulfo, Juan　作家　⑯メキシコ　⑰1918年5月16日　㉑1986年1月7日　⑱1992

ルレー, ジャン　Leray, Jean　数学者　元・コレージュ・ド・フランス教授　⑯フランス　⑰1906年11月7日　㉑1998年11月10日　⑱1992／1996

ルーレ, ドミニック　Roulet, Dominique　推理作家　⑯フランス　⑰1949年　⑱1992

ルレ, ユスフ　Lule, Yusuf Kironde　政治家　元・ウガンダ大統領　⑯ウガンダ　㉑1985年1月21日　⑱1992

ルロアール, リュイ　Leloir, Luis Federico　生化学者　元・ブエノスアイレス大学教授　⑯アルゼンチン　⑰1906年9月6日　㉑1987年12月3日　⑱1992

ルロイ, マービン　LeRoy, Mervin　映画監督　⑯米国　⑰1900年10月15日　㉑1987年9月13日　⑱1992

ルロール, フランソワ　Lelord, François　精神科医　⑱2004

ルロワ, アラン　Le Roy, Alain　外交官　国連事務次長　⑯フランス　⑰1953年2月5日　⑱2012

ルロワ, ジル　Leroy, Gilles　小説家　⑯フランス　⑱2008

ルロワ, ラルー・ビーズ　Leroy, Lalou Bize-　ルロワ社長　⑯フランス　⑰1933年　⑱1992／2012

ルロワ, ルネ　Leroy, René　画家　⑯フランス　⑰1931年　⑱1992／1996

ルロワ・グーラン, アンドレ　Leroi-Gourhan, André　先史学者,記号学者　⑯フランス　⑰1911年8月25日　㉑1986年2月19日　⑱1992

ルロワ・ボーリュー, フィリピーヌ　Leroy-Beaulieu, Philippine　女優　⑯フランス　⑰1963年4月25日　⑱2000

ル・ロワ・ラデュリ, エマニュエル　Le-Roy-Ladurie, Emmanuel　歴史学者　コレージュ・ド・フランス名誉教授　⑯フランス　⑰1929年7月19日　⑱2000／2004／2012

ルロン, クロード　Lelong, Claude　ビオラ奏者　東京音楽大学客員教授　元・ベルリン・ドイツ・オペラ管弦楽団第1主席ビオラ奏者　⑯フランス　⑰1937年　⑱2004／2008

ルロン, ピエール　Lelong, Pierre　画家　⑯フランス　⑰1908年　⑱1992

ルーワン, ジーン・バン　Leeuwen, Jean Van　児童文学作家,編集者　⑯米国　⑱2000

ルーン, ボリン・バン　Loon, Borin Van　イラストレーター,画家　⑱2004

ルンガ・ラーセン, リーザ　Lunge-Larsen, Lise　作家　⑱2008

ルンガルディア, ペーター　Runggaldier, Peter　スキー選手（アルペン）　⑯イタリア　⑰1968年12月29日　⑱1996／2000

ルンキナ, スヴェトラーナ　Lunkina, Svetlana　バレリーナ　ボリショイ・バレエ団プリンシパル　⑯ロシア　⑰1979年7月29日　⑱2000／2004／2008／2012

ルンギン, パーヴェル　Lungin, Pavel　映画監督　⑯ソ連　⑰1949年　⑱1992

ルンゲ, エッカート　Runge, Eckart　グループ名＝アルテミス・クァルテット　チェロ奏者　⑯ドイツ　⑰1967年　⑱2004

ルンス, ヨセフ　Luns, Joseph Marie Antoine Hubert　外交官,政治家　元・北大西洋条約機構（NATO）事務総長,元・オランダ外相　⑯オランダ　⑰1911年8月28日　㉑2002年7月16日　⑱1992／1996

ルンド, ニルス・オーレ　建築家　⑯デンマーク　⑰1930年　⑱1996

ルンド, ヤン　Lund, Jan　スポーツ記者　「モーゲンアビーセン・ユランス・ポステン」東京支局長　⑯デンマーク　⑰1949年　⑱2000

ルンドクイスト, スヴェンロベルト　Lundquist, Svenrobert　版画家　スウェーデン現代美術海外交流委員会（ヌンスク）会長　⑯スウェーデン　⑱1992

ルンドクヴィスト, アートゥル　Lundkvist, Artur　詩人,作家,批評家　⑯スウェーデン　⑰1906年3月3日　㉑1991年12月　⑱1992　（ルンドクビスト, アートゥル）

ルンドグレン, B.　Rundgren, B.　政治家　スウェーデン国会議員（穏健党）　元・スウェーデン財務相　⑯スウェーデン　⑱2000

ルンドグレン, クリスティーナ　Lundgren, Kristina　フリーライター　⑯スウェーデン　⑰1942年　⑱2000

ルンドバル, サム　Lundwall, Sam J.　SF作家,編集者,翻訳家,評論家,装幀家,シンガーソング・ライター　テルタ・フォーグラス創立者　⑯スウェーデン　⑰1941年2月　⑱1992

ルンドブラッド, ハリエット　Lundblad, Harriet　ストックホルム大学行政法学部教授　⑲政治学,社会福祉行政と地方自治　⑯スウェーデン　⑱1992

ルンベア, クヌーズ　Lundberg, Knud　ジャーナリスト　⑯デンマーク　⑱2000

ルンベルク, フレードボッレ　Lundberg, Fred Boerre　元・スキー選手（複合）　⑯ノルウェー　⑰1969年12月25日　⑱1996／2000

ルンメニゲ, カール・ハインツ　Rummenigge, Karl-Heinz　元・サッカー選手　バイエルン・ミュンヘン会長　⑯ドイツ　⑰1955年9月25日　⑱2000／2008／2012

【レ】

レー, アンリ・フランソワ　作家　⑯フランス　⑰1919年7月31日　㉑1987年7月22日　⑱1992

レ, マーク　Lé, Marc　照明デザイナー　⑱2004

レア, アンドレ　Lehr, André　実業家　カリヨン研究家　⑯オランダ　⑰1929年　⑱1996

レーア, ウルズラ・マリア　Lehr, Ursula Maria　旧名＝ライポルト　元・西ドイツ厚生相,元・ハイデルベルク大学教授　⑲老人学,心理学　⑯ドイツ　⑰1930年6月5日　⑱1992

レア, クリス　ミュージシャン　⑯英国　⑰1951年　⑱2000

レーア, ドメーニコ　Rea, Domenico　作家　⑯イタリア　⑰1921年　⑱1992／1996

レアード, ウォルター　Laird, Walter　ラテンダンス指導者,競技ダンス指導者,ダンサー　⑯英国　⑱1996

レアード, エリザベス　Laird, Elizabeth　作家　⑯英国　⑱2000

レアード, メルビン　Laird, Melvin Robert　政治家　元・米国国防長官,元・米国下院議員（共和党）　⑯米国　⑰1922年9月1日　⑱1992／1996／2004／2008

レアード, ロバート　Laird, Robert　小児科医, スポーツドクター　⑲米国⑮1992

レアリー, キャスリン　Leary, Kathryn　全米マイノリティー・ビジネス協会アドバイザー,「ジャパンウォッチ」発行者　⑲米国⑮1996

レアリ, クリスチアナ　女優　⑲フランス㊗1967年⑮1996

レアリー, ティモシー　Leary, Timothy　心理学者, 思想家, カウンターカルチャー運動家　⑲米国㊗1920年10月22日㊨1996年5月31日⑮1992（リアリー, ティモシー）／1996（リアリー, ティモシー）

レアリー, ドン　Leary, Don　テニス・コーチ　⑲米国㊗1940年⑮1992（リアリー, ドン）

レアン, ロドリゴ　Leão, Rodrigo　グループ名＝ロドリゴ・レアン＆ヴォックス・アンサンブル, 旧グループ名＝マドレデウス　作曲家　⑲ポルトガル⑮2000

レアンダー, ツァラー　Leander, Zarah　本名＝ヘドベルイ, ツァラー　女優　⑲スウェーデン㊗1907年3月15日㊨1981年6月23日⑮1992

レアンドロ　Leandro　本名＝Leandro Montera da Silva　サッカー選手（FW）　⑲ブラジル㊗1985年2月12日⑮2012

レアンドロ　Leandro　本名＝シミオニ, レアンドロ　中国名＝李安度　サッカー選手（FW）　⑲ブラジル㊗1974年9月29日⑮2004／2008

レアンドロ　Leandro　本名＝アセヴェド, レアンドロ・レッサ　愛称＝ゲレイロ　サッカー選手（FW）　⑲ブラジル㊗1980年8月13日⑮2012

レアンドロ・ドミンゲス　Leandro Domingues　本名＝Barbosa, Leandro Domingues　サッカー選手（MF）　⑲ブラジル㊗1983年8月24日⑮2012（ドミンゲス, レアンドロ）

レイ, アルド　Ray, Aldo　本名＝DaRe, Aldo　俳優　⑲米国㊗1926年9月25日㊨1991年3月27日⑮1992

レイ, アンヌ　Rey, Anne　音楽評論家㊗1944年⑮2008

レイ, イネイ　厲 以寧　Li, Yi-ning　北京大学光華管理学院院長　経済学, 外国経済史　⑲中国㊗1930年⑮1992／1996／2008

レイ, エリック　Ray, Erik T.　コンピューター技術者　⑲米国⑮2004

レイ, エンネイ　黎 遠寧　Li, Yuan-ning　甑江興業副社長　⑲中国㊗1957年⑮1996

レイ, キット　Wray, Kit　挿絵画家　⑲米国⑮2000

レイ, キンコウ　黎 錦光　作曲家　元・中国レコード総公司上海支社音響部門監督　「夜来香」の作曲者　⑲中国㊨1993年1月15日⑮1996

レイ, ケネス　Lay, Kenneth Lee　通称＝レイ, ケン　実業家　元・エンロン会長・CEO　⑲米国㊗1942年4月15日㊨2006年7月5日⑮2004

レイ, ケン　黎 堅　台北貿易センター理事長　⑲台湾⑮1996

レイ, コリーヌ・ベイリー　Rae, Corinne bailey　シンガーソングライター　⑲英国⑮2008／2012

レイ, サタジット　Ray, Satyajit　映画監督, 作家　⑲インド㊗1921年5月2日㊨1992年4月23日⑮1992／1996

レイ, ジェーン　Ray, Jane　絵本作家, 画家　⑲英国㊗1960年⑮1996

レイ, ショウイ　黎 昌意　Li, Chang-i　元・中華旅行社社長　⑲台湾㊗1941年12月17日⑮1996

レイ, ジョニー　Ray, Johnnie　ジャズ歌手　⑲米国㊗1927年1月10日㊨1990年2月24日⑮1992

レイ, シリュウ　黎 子流　元・広州市市長　⑲中国㊗1931年⑮2000

レイ, セイ　黎 青　Li, Qing　漫画家　⑲中国㊗1953年⑮1996／2000

レイ, ソーン　Lay, Thorne　カリフォルニア大学サンタクルーズ校教授, テクトニクス研究所所長　地球科学　⑲米国⑮1996

レイ, パトリック　Rey, Patrick　コンピューター技術者　ボストン大学テクニカルサポートアドバイザー　⑲米国⑮2004

レイ, フェルナンド　Rey, Fernando　本名＝Arambillet, Fernando Casado　俳優　⑲スペイン㊗1917年9月20日㊨1994年3月9日⑮1996

レイ, フランシス　Lai, Francis　作曲家　ポピュラー音楽　⑲フランス㊗1932年4月26日⑮1992

レイ, フランソワーズ　Rey, Françoise　作家　⑲フランス⑮1996

レイ, ホウエイ　黎 鋒英　Li, Feng-ying　重量挙げ選手　⑲台湾㊗1975年1月23日⑮2004／2008

レイ, マーサ　Raye, Martha　女優　⑲米国㊗1916年8月27日㊨1994年10月19日⑮1996

レイ, ムイ　厲 無畏　上海社会科学院部門経済研究所副所長　経済学　⑲中国㊗1942年11月⑮1992／1996

レイ, メアリー・リン　Ray, Mary Lyn　児童文学作家, 環境保護活動家　⑲米国㊗1946年⑮2004

レイ, ユウイ　厲 有為　Li, You-wei　政治家　元・中国共産党深圳市委員会書記　⑲中国㊗1938年⑮1996／2000

レイ, ヨウバイ　黎 葉梅　マラソン選手　⑲中国⑮1992／1996

レイ, レイチェル　Ray, Rachael Domenica　料理研究家　⑲米国㊗1968年8月25日⑮2008／2012

レイ, レベッカ　Ray, Rebbeca　作家　⑲英国㊗1980年⑮2004／2008

レイ, ロバータ　Leigh, Roberta　筆名＝リンゼイ, レイチェル　ロマンス作家　⑲英国⑮2008／2012

レイ, ロバート　Rae, Robert Keith　政治家　元・オンタリオ州首相　⑲カナダ㊗1948年8月2日⑮1992／1996／2000

レイア, ディック　Lehr, Dick　ジャーナリスト⑮2004

レイヴィスカ, ユハ　Leiviskä, Juha　建築家　⑲フィンランド㊗1936年⑮1996（レイビスカ, ユハ）／2000

レイエ, ジャン・マリー　Leye, Jean-Marie　本名＝Leye Lenelgau Manatawai, Jean-Marie　政治家　元・バヌアツ大統領　⑲バヌアツ㊗1933年5月5日⑮2000

レイエス, アリーナ　Reyes, Alina　作家　⑲フランス⑮1992

レイエス, エドガルド　Reyes, Edgardo M.　作家　⑲フィリピン㊗1938年⑮1992

レイエス, エフレン　ビリヤード選手　⑲フィリピン⑮1996

レイエス, コルネリオ　Reyes, Cornelio S.　作家, 編集者　⑲フィリピン㊗1911年⑮1992

レイエス, ナルシソ　Reyes, Narciso G.　ジャーナリスト, 外交官　元・国連代表, 元・駐中国フィリピン大使　⑲フィリピン㊗1914年2月6日㊨1996年5月7日⑮1992

レイエス, ニコラ　Reyes, Nicolas　グループ名＝ジプシー・キングス　歌手　⑲フランス⑮2004／2008

レイエス, ホセ　Reyes, Jose　本名＝Reyes, Jose Bernabe　大リーグ選手（内野手）　⑲ドミニカ共和国㊗1983年6月11日

レイエス・エロレス, ヘス　Reyes Heroles, Jesus　政治家　元・メキシコ文相　⑲メキシコ㊗1985年3月19日⑮1992

レイカ　麗花　本名＝邢双喜　女優, 歌手　⑲中国㊗1966年9月13日⑮1996

レイクル, マーカス　Raichle, Marcus E.　ワシントン大学医学部教授・マクダネル脳高次機能研究センター研究員　神経科学　⑲米国⑮1996

レイコブ, ミリアム　Lacob, Miriam　ジャーナリスト⑮2004

レイザー, デービッド　Layzer, David　ハーバード大学教授　天体物理学　⑲米国⑮1996

レイサム, クリス　Latham, Chris　元・プロ野球選手, 元・大リーグ選手　⑲米国㊗1973年5月26日⑮2004

レイサム・ケーニック, ジャン　Latham-Koenig, Jan　指揮者, ピアニスト　ストラスブール・フィルハーモニー首席指揮者　⑲英国㊗1953年⑮2000

レイシー　Lacey　本名＝イヴィン, レイシー・リー　グループ名＝リリックス　ミュージシャン　⑲カナダ㊗1983年9月27日⑮2008

レイシー, スチュアート　実業家　ケーブル・アンド・ワイヤレス・ジャパン社長　⑲英国⑮2000

レイシー, メグ　Lacey, Meg　別筆名=ミラー, リン　ロマンス作家　[国]米国　[典]2004

レイシェル, ケアリイ　Reichel, Kealii　シンガー・ソングライター, クム・フラ　[国]米国　[典]2000／2008／2012

レイジュー, ポール　Laseau, Paul　ボール州立大学アーキテクチャー・アンド・プランニング・カレッジ建築科教授　[専]建築学　[国]米国　[典]2000

レイジン, ポール　Reizin, Paul　作家　[典]2004

レイス, シモン　Leys, Simon　本名=リクマンス, ピエール　中国古典学者, 作家　[専]古代中国文学・美術　[国]ベルギー　[生]1935年9月28日　[典]2000

レイズ, デニス　Reyes, Dennis　大リーグ選手(投手)　[国]メキシコ　[生]1977年4月19日　[典]2000／2008

レイズマン, アレクサンドラ　Raisman, Alexandra　体操選手　ロンドン五輪体操女子ゆか・団体総合金メダリスト　[国]米国　[生]1994年5月25日

レイゼル, ポール　元・ビー・エム・ダブリュー社長　[国]英国　[典]1996／2000

レイソン, オーリー　Dyrason, Orri　グループ名=シガー・ロス　ミュージシャン　[国]アイスランド　[典]2004／2008／2012

レイター, スティーブン　Reiter, Stephen E.　コンサルタント　A.T.カーニー・コンサルティング・サービスシカゴ事務所　[国]米国　[典]2004

レイダー, ドーン　Rader, Dawn　テクニカルライター, 編集者, ネットワーク研究者　[典]2004

レイチェルZ　ピアニスト　[国]米国　[生]1965年　[典]1996

レイツェル, ウォルフガング　実業家　BMW取締役(研究開発・購買担当), ローバー会長　[国]ドイツ　[典]1996

レイット, ボニー　Raitt, Bonnie　歌手　[国]米国　[生]1950年　[典]1992／1996／2004／2008／2012

レイティ, ジョン　Ratey, John J.　精神医学者, 精神科医　ハーバード大学医学部精神科準教授　[専]脳の可塑性, 注意欠陥障害(ADD)　[国]米国　[典]2004

レイデン, ジョー　Layden, Joe　ライター　[国]米国　[典]2004

レイデンバッハ, R.エリック　Reidenbach, R.Eric　マーケティングコンサルタント　[国]米国　[典]2008

レイド, グラント　カイロプラクティック・インストラクター　[国]米国　[生]1958年　[典]2004

レイド, ケート　Reid, Kate　女優　[国]カナダ　[生]1930年11月4日　[没]1993年3月27日　[典]1996(リード, ケート)

レイド, ニール　Reid, Neil　「802.11(Wi‐Fi)無線LANネットワーク技術教本」の著者　[典]2008

レイド, ロバート　Reid, Robert Paul　英国シェル石油会長　[国]英国　[生]1934年5月1日　[典]1992／1996(リード, ロバート)

レイ・ドス, マリ・フランス　画家　[国]フランス　[生]1942年　[典]2000

レイトナー, ロン　Laytner, Ron　フォトジャーナリスト, 写真家　[国]カナダ　[生]1937年　[典]1992

レイドラー, キース　Laidler, Keith J.　物理化学者　オタワ大学名誉教授　[典]2008

レイドラー, デービッド　Laidler, David　経済学者　ウェスタン・オンタリオ大学教授　[専]マネタリズム　[国]英国　[生]1938年　[典]2004／2008

レイドロー, アレクサンダー　Laidlaw, Alexander Fraser　協同組合運動家　[国]カナダ　[生]1907年　[没]1980年　[典]1992

レイドロー, マーク　Laidlaw, Marc　SF作家　[国]米国　[生]1960年　[典]1996

レイトン, アービング・ピーター　Layton, Irving Peter　詩人　元・ヨーク大学英文学教授　[国]カナダ　[生]1912年　[典]1992

レイトン, エリオット　Leyton, Elliott　人類学者　メモリアル大学人類学教授　[国]カナダ　[典]1996

レイトン, エリック　Leighton, Eric　アニメーション監督　[国]米国　[典]2004

レイトン, ジョー　Layton, Joe　振付師　[国]米国　[生]1931年5月3日　[没]1994年5月5日　[典]1996

レイトン, ニール　Layton, Neal　イラストレーター　[典]2008

レイトン, ラルフ　Leighton, Ralph　児童文学作家　[国]米国　[生]1949年　[典]1992

レイナ　Raina　グループ名=AFTERSCHOOL　歌手　[国]韓国　[生]1989年5月7日　[典]2012

レイナー, アーバン　Lehner, Urban　ジャーナリスト　「ウォール・ストリート・ジャーナル」編集経営責任者,「アジアン・ウォール・ストリート・ジャーナル」発行人・総編集長　[国]米国　[生]1947年　[典]1996／2004

レイナ, カルロス・ロベルト　Reina, Carlos Roberto　本名=Reina Idiaquez,Carlos Roberto　政治家　元・ホンジュラス大統領　[国]ホンジュラス　[生]1926年3月26日　[没]2003年8月19日　[典]1996／2000

レイナー, デニス・アーサー　Rayner, Denys Arthur　冒険小説作家　[国]英国　[生]1908年　[典]1992

レイナー, マイケル　Raynor, Michael E.　コンサルタント　リチャード・アイビー・ビジネススクール教授　[典]2008

レイナー, マーク　Leyner, Mark　作家　[国]米国　[生]1956年　[典]1992

レイナー, リチャード　Rayner, Richard　作家　[国]英国　[典]2004

レイナウド　Reinaldo　本名=オリベイラ, レイナウド・ダ・クルズ　サッカー選手(FW)　[国]ブラジル　[生]1979年3月14日　[典]2008／2012

レイニー, ジェームズ　Laney, James Thomas　外交官　元・駐韓米国大使, 元・エモリー大学学長　[国]米国　[生]1927年12月24日　[典]2000

レイニー, ファティマ　Rainey, Fatima　歌手　[国]スウェーデン　[典]2000

レイニウス, カイ　Reinius, Kaj　外交官　在日スウェーデン大使館参事官　日本人ノーベル賞受賞者のアタッシェを務めた　[国]スウェーデン　[典]2012

レイノー, ジャン・ピエール　Raynaud, Jean-Pierre　芸術家　[国]フランス　[生]1939年4月20日　[典]2000

レイノルズ, アルバート　Reynolds, Albert　政治家　元・アイルランド首相, 元・アイルランド共和党党首　[国]アイルランド　[生]1935年11月3日　[典]1996／2000

レイノルズ, クレイ　Reynolds, Clay　作家　ラマー大学助教授　[専]文学　[国]米国　[生]1949年　[典]1996

レイノルズ, ケビン　Reynolds, Kevin　映画監督　[国]米国　[生]1952年1月17日　[典]1992／2000／2004／2008／2012

レイノルズ, ケビン　Reynolds, Kevin　フィギュアスケート選手　[国]カナダ　[生]1990年7月23日

レイノルズ, デビー　Reynolds, Debbie　本名=レイノルズ, デビー・メリー・フランシス　女優, 歌手　[国]米国　[生]1932年4月1日　[典]1996／2008／2012

レイノルズ, デービッド　Reynolds, David K.　文化人類学者, 精神療法指導者　建設的な生き方センター所長　元・東道研究所所長　[専]森田療法　[国]米国　[生]1940年　[典]1992／2000／2004

レイノルズ, デービッド・ウエスト　Raynolds, David West　考古学者, ライター　フェートン・グループ社長　[国]米国　[典]2004

レイノルズ, バート　Reynolds, Burt　本名=Reynolds,Burton Leon,Jr.　俳優, 映画監督　[国]米国　[生]1936年2月11日　[典]1992／1996／2000／2004／2008／2012

レイノルズ, バーバラ　Reynolds, Barbara　平和運動家　[国]米国　[生]1915年6月12日　[没]1990年2月11日　[典]1992

レイノルズ, ハロルド　Reynolds, Harold Craig　元・大リーグ選手　[国]米国　[生]1960年11月26日　[典]2000

レイノルズ, ピーター　Reynolds, Peter J.　実験考古学者　バッツァー古代実験農場所長　[国]英国　[典]2000

レイノルズ, ピーター　Reynolds, Peter H.　絵本作家, アニメーション作家　[国]カナダ　[生]1961年　[典]2008

レイノルズ, ブッチ　Reynolds, Butch　元・陸上選手　[国]米国　[生]1964年6月8日　[典]1992／1996／2000／2004

レイノルズ, ポーラ　Reynolds, Paula Rosput　実業家　セーフコ

社長・CEO 国米国 著2008／2012

レイノルズ, ロジャー Reynolds, Roger 作曲家 国米国 生1934年7月18日 著1992

レイノルズ, ロバート・ジェームズ Reynolds, Robert James 元・プロ野球選手 国米国 生1958年4月19日 著1996

レイノルズ・ハートル, ロビン Reynolds-Haertle, Robin A. コンピュータ技術者 国米国 著2004

レイバー, アン Raver, Anne 著述家 専ガーデニング 国米国 生1931年 著2000

レイバ, ダネル Leyva, Danell 本名=Leyva,Danell Johan 体操選手 ロンドン五輪体操男子個人総合銅メダリスト 国米国 生1991年10月30日

レイバーズ, クリス Lavers, Chris ノッティンガム大学地理学部講師 専動物生態学, 生物地理学 国英国 生1965年 著2004

レイビー, ピーター Raby, Peter 英文学者 ケンブリッジ大学ハマートン・カレッジ 専19世紀英文学, 19世紀英国文化 国英国 生1939年 著2004

レイフィール, デービッド Rayfiel, David 脚本家 国米国 生1923年9月9日 没2011年6月22日

レイフェルクス, セルゲイ Leiferkus, Sergei Petrovich バリトン歌手 国ロシア 生1946年4月4日 著2004／2008／2012

レイブロック, シンシア インテリアデザイナー 専バリアフリーデザイン 著2000

レイホール, ボビー Rahal, Bobby 元・レーシングドライバー ジャガーCEO 国米国 生1953年1月10日 著2004

レイボーン, ウィリアム(Jr.) Raborn, William F.(Jr.) 元・米国中央情報局(CIA)長官 潜水艦発射弾道ミサイル「ポラリス」開発責任者 国米国 生1905年6月8日 没1990年3月7日 著1992

レイミー, サミュエル バス歌手 国米国 生1940年 著1996

レイモン, カミーユ 女優 国フランス 生1976年12月8日 著1996

レイモン, カール Raymon, Carl 本名=レイモン, カール・ワイデル ハム・ソーセージ職人 元・レイモン・ハムソーセージ製造所創設者 国ドイツ 生1894年3月28日 没1987年12月1日 著1992

レイモン, リチャード Laymon, Richard 作家 国米国 生1947年 著2000

レイモンド, エリック Raymond, Eric ハンググライダー 国米国 著1992／1996

レイモンド, ジャン・ミシェル Raimond, Jean-Michel パリ第6大学教授 専物理学 国フランス 著1996

レイモンド, リー Raymond, Lee R. 実業家 元・エクソン会長・CEO 国米国 生1938年8月13日 著1996／2000／2008／2012

レイモンド, リサ Raymond, Lisa テニス選手 ロンドン五輪テニス混合ダブルス銅メダリスト 国米国 生1973年8月10日

レイヤー, メレディス・M. アメリカン・エキスプレス・カンパニー上級副社長(消費者関連部門担当) 国米国 生1946年 著1996

レイリー, ハロルド Reilly, Harold J. 物理療法士 レイリー健康研究所主宰 国米国 生1895年 著1996

レイローサ, ロドリゴ Rey Rosa, Rodrigo 作家 国グアテマラ 生1958年 著2004

レイン Rain 本名=チョンジフン 別名=ピ 歌手, 俳優 国韓国 生1982年6月25日 著2008(ピ)／2012

レイン, D.J. Raine, D.J. オックスフォード大学オリオル・カレッジ専任講師 専理論物理学 国英国 生1946年 著1996

レイン, キャスリン Raine, Kathleen Jessie 詩人 国英国 生1908年6月14日 没2003年7月6日 著1992／1996

レイン, クレイグ Raine, Craig Anthony 詩人 国英国 生1944年12月3日 著1992

レイン, ジェイニー Lane, Jani 本名=Oswald,John Kennedy グループ名=ウォレント ロック歌手 国米国 生1964年2月1日 没2011年8月11日

レイン, ジェリー Raine, Jerry 作家 国英国 著2004

レイン, ダイアン Lane, Diane 女優 国米国 生1965年1月22日 著1992／1996／2000／2004／2008／2012

レイン, トリーネ Rein, Trine 歌手 国ノルウェー 生1970年 著2000

レイン, ハーラン Lane, Harlan 言語心理学者 専聾教育史 国米国 著2004

レイン, ラウド 日本文学研究者, 作家 エストニア人文科学大学日本文学教授・学長 専日本の古典文学 国エストニア 生1961年 著1996

レイン, レイモンド 実業家 クライナー・パーキンス・コーフォールド・アンド・バイヤーズ(KPCB)ゼネラル・パートナー 元・オラクル社長・COO 国米国 著2000／2004

レイン, ロドリック Lane, Roderick 栄養士 国英国 著2008

レイン, ロナルド・デビッド Laing, Ronald David 精神医学者 国英国 生1927年10月7日 没1989年8月23日 著1992

レインウォーター, ジェームズ Rainwater, James 本名=Rainwater,Leo James 物理学者 元・コロンビア大学名誉教授 国米国 生1917年12月9日 没1986年5月31日 著1992

レインズ, シーロン Raines, Theron 作家 国米国 著1996

レインズ, ティム Raines, Tim 本名=Raines,Timothy 元・大リーグ選手 国米国 生1959年9月16日 著1996／2000／2004

レインズ, トニー Rayns, Tony 映画評論家 専アジア映画 国英国 著2008

レインズ, ハウエル Raines, Howell ジャーナリスト 「ニューヨーク・タイムズ」社説責任者 国米国 生1943年 著1996

レインズ, フランクリン Raines, Franklin 実業家 元・米国行政管理予算局(OMB)局長, 元・米国連邦住宅抵当金庫CEO 国米国 生1949年1月14日 著2000

レインズ, ロブ Rains, Rob スポーツライター 国米国 著2004

レインデルス, ディディエ Reynders, Didier 政治家 ベルギー財務相 国ベルギー 生1958年8月6日 著2012

レインビア, ビル Laimbeer, Bill 元・バスケットボール選手 国米国 生1957年3月19日 著1996

レインボウ, エドワード Rainbow, Edward L. コントラバス奏者 元・ノーステキサス大学音楽学部教授 専音楽教育, 音楽心理学, 生理学 国米国 著1996

レインワンド, アラン Leinwand, Allan コンピュータ技術者 テレジスネットワークス・エンジニアリング部門副社長 国米国 著2004

レヴ, エレナ サーカス芸人 国ロシア 著2000

レーヴ, ジャック Loew, Jacques カトリック司祭 シトー大修道院修道者 国フランス 生1908年8月31日 著1996(レーブ, ジャック)

レーヴ, ヨアヒム Löw, Joachim サッカー監督, 元・サッカー選手 サッカー・ドイツ代表監督 国ドイツ 生1960年2月3日 著2012

レーヴァンティ, ジョヴァンニ Levanti, Giovanni インテリアデザイナー 国イタリア 生1956年 著2000

レヴァンドフスキ, ロベルト Lewandowski, Robert サッカー選手(FW) 国ポーランド 生1988年8月21日

レヴィ, アラン Levy, Alain M. 実業家 元・EMIグループ会長 国フランス 生1946年12月19日 著1992(レビ, アラン)／2000／2008／2012

レヴィ, ジュスティーヌ Lévy, Justine 本名=レヴィ, ジュスティーヌ・ジュリエット 哲学者, 作家 国フランス 生1974年 著2012

レヴィ, ジョゼ Levy, Jose ファッションデザイナー 国フランス 生1963年 著2000

レヴィ, ダニー Levy, Dani 映画監督 国ドイツ 生1957年 著2012

レヴィ, ディディエ Lévy, Didier ジャーナリスト, 絵本作家 生1964年 著2008

レヴィ, ナタリー Levi, Natalie コンピュータ技術者 著2004

レーヴィ, プリーモ Levi, Primo 作家 国イタリア 生1919年7月 没1987年4月11日 著1992(レビ, プリーモ)

レヴィ, ベルナール・アンリ Lévy, Bernard-Henri 略称=BHL 哲学者 国フランス 生1948年11月5日 著1996(レビ, ベルナー

ル・アンリ)／2000／2004(アンリレビ，ベルナール／レヴィ，ベルナール・アンリ)／2012

レヴィ，マッシス Levy, Matthys 建築家 ワイドリンガー・アソシエイト・パートナー，サルバドリー・センター理事 ㉓2004

レヴィ，マルク Levy, Marc 作家,建築家 ⑳フランス ㊗1961年10月16日 ㉓2004／2012

レヴィ，ミシェル パリ国立科学研究センター(CNRS)社会学研究所所長,エスパース・マルクス理事 ⑭社会学,マルクス主義 ⑳フランス ㊗1938年 ㉓2000

レヴィ，ヨエル Levi, Yoel 指揮者 アトランタ交響楽団音楽監督 ⑳イスラエル ㊗1950年8月16日 ㉓2000

レヴィ，レイモン・ハイム Levy, Raymond Haim 実業家 ルノー公団名誉会長 ⑳フランス ㊗1927年6月28日 ㉓1992(レビ, レイモン・ハイム)／1996(レビ, レイモン・ハイム)／2000

レヴィ，ロレーヌ Lévy, Lorraine 映画監督,舞台演出家,脚本家 ⑳フランス ㊗1959年

レヴィ・ストロース，クロード Lévi-Strauss, Claude 文化人類学者 元・コレージュ・ド・フランス名誉教授 ⑭構造人類学,神話学 ⑳フランス ㊗1908年11月28日 ㊟2009年10月30日 ㉓1992(レビ・ストロース, クロード)／1996(レビ・ストロース, クロード)／2000／2004／2008

レヴィーチン，セルゲイ Levitin, Sergei バイオリニスト マリンスキー劇場管弦楽団コンサートマスター ⑳ロシア ㉓2000

レヴィツカ，マリーナ Lewycka, Marina 作家 ⑳英国 ㊗1946年 ㉓2012

レーヴィッシュ，マンフレート Löwisch, Manfred 法学者 フライブルク大学教授・学長 ⑳ドイツ ㊗1937年3月8日 ㉓1996(レービッシュ, マンフレート)

レヴィナス，エマニュエル Lévinas, Emmanuel 哲学者 ⑳フランス ㊗1906年 ㊟1995年12月25日 ㉓1992(レビナス, エマニュエル)／1996(レビナス, エマニュエル)

レヴィ・モンタルチーニ，リタ Levi-Montalcini, Rita 神経生理学者 元・ワシントン大学名誉教授,元・イタリア国立細胞生物学研究所所長 ⑳イタリア ㊗1909年4月22日 ㊟2012年12月30日 ㉓1992(レビ・モンタルチーニ, リタ)／1996(レビ・モンタルチーニ, リタ)／2000／2012

レヴィ・ラン，アンドレ Levy-Lang, André 銀行家 フィナンシエール・ド・パリバ会長 ⑳フランス ㉓1992(レビ・ラン, アンドレ)／2000

レヴィ・ルボワイエ，モーリス Lévy-Leboyer, Maurice パリ第10大学名誉教授 ⑭経済史 ⑳フランス ㊗1920年 ㉓2004

レヴィン，ボリス 映画プロダクション・デザイナー ⑳米国 ㊗1908年 ㊟1986年10月11日 ㉓1992(レビン, ボリス)

レヴィーン，ポール Levine, Paul A. 歴史学者 ウプサラ大学助教授 ⑭ホロコースト研究 ㊗1956年 ㉓2004

レヴィーン，レスリー Levine, Leslie 「「わたしの夢」をかなえる魔法のノート」の著者 ㉓2008

レヴィン，ワルター Levin, Walter バイオリニスト 元・ラサール四重奏団第1バイオリン奏者 ⑳ドイツ ㊗1924年12月6日 ㉓2004／2008

レヴィンソン，ピーター Lewinsohn, Peter M. オレゴン大学心理学教授・神経心理学研究所所長 ⑭精神医学 ⑳米国 ㉓1996

レウェリン，クレア Llewellyn, Claire 「わたしはどうしてうまれたの？」の著者 ㉓2008

レヴェンコ，グリゴリー Revenko, Grigorii I. 政治家 ソ連大統領府長官 ⑳ソ連 ㊗1936年4月29日 ㉓1992(レベンコ, グリゴリー)

レーヴェン・ザイフェルト，シグリット Lowen-Seifert, Sigrid ドイツ箱庭療法学会初代代表 ⑭箱庭療法 ⑳ドイツ ㉓2004

レヴェンターリ，ワレリー Levental, Valerii Yakovlevich 舞台美術家 ⑳ソ連 ㊗1942年8月17日 ㉓1992(レベンターリ, ワレリー)／1996(レベンターリ, ワレリー)／2000／2004

レウジンゲル，マリア・アリセ Leuzinger, Maria Alice 絵本作家 ⑳ブラジル ㉓2004

レヴリング，クリスチャン Levring, Kristian 映画監督 ⑳デンマーク ㊗1957年 ㉓2004／2008

レオ，ベロニカ Leo, Veronica さし絵画家 ⑳フィンランド ㊗1935年 ㉓1996

レオ，メリッサ Leo, Melissa 女優 ⑳米国 ㊗1960年9月14日

レオタール，フランソワ Léotard, François Gérard Marie 政治家 元・フランス国防相,元・フランス民主連合(UDF)議長 ⑳フランス ㊗1942年3月26日 ㉓1992／1996／2000

レオナス，キオレイキス ジャーナリスト 「クランクリス」誌編集長 ⑳リトアニア ㊗1927年5月 ㉓1992

レオナルド Leonardo 本名＝デ・アラウジョ,レオナルド・ナシメント サッカー指導者,元・サッカー選手 パリサンジェルマンGM ⑳ブラジル ㊗1969年9月5日 ㉓2004

レオナルド Leonardo 本名＝Leonardo Augusto Vieira Moreira サッカー選手(MF) ⑳ブラジル ㊗1986年2月4日 ㉓2008

レオナルド Leonardo サッカー選手(MF) ⑳ブラジル ㊗1983年3月9日 ㉓2004／2008

レオナルド Leonardo 本名＝Da Silva,Leonardo Henriques サッカー選手(DF) ⑳ブラジル ㊗1982年7月22日 ㉓2012

レオナルド，ドロシー Leonard, Dorothy 本名＝Leonard-Barton, Dorothy 経営学者 ハーバード大学ビジネス・スクール教授 ㉓2004

レオナルド，ヒュー Leonard, Hugh ビジネスコンサルタント ⑭アジア研究 ⑳米国 ㊗1940年 ㉓1996

レオナルド，ロドニー Leonard, Rodney E. コミュニティ栄養研究所所長 ⑳米国 ㊗1929年 ㉓1996

レオーニ，ティア Leoni, Tea 女優 ⑳米国 ㊗1966年 ㉓2000／2004

レオーニ，レオ Lionni, Leo 絵本作家,グラフィックデザイナー ⑳米国 ㊗1910年 ㊟1999年10月12日 ㉓1992

レオニダス・ダ・シルバ Leonidas da Silva サッカー選手 ⑳ブラジル ㊗1913年9月6日 ㊟2004年1月24日 ㉓2000

レオネ，ジャコモ Leone, Giacomo マラソン選手 ⑳イタリア ㊗1971年4月10日 ㉓2000

レオネ，ジョヴァンニ Leone, Giovanni 政治家,刑法学者 元・イタリア大統領,元・イタリア終身上院議員 ⑳イタリア ㊗1908年11月3日 ㊟2001年11月9日 ㉓1992

レオーネ，セルジオ Leone, Sergio 映画監督 ⑳イタリア ㊗1929年 ㊟1989年4月30日 ㉓1992

レオーノフ，レオニード Leonov, Leonid Maksimovich 作家 元・ソ連作家同盟書記,元・ソ連科学アカデミー附属ロシア文学研究所所長 ⑳ロシア ㊗1899年5月31日 ㊟1994年8月8日 ㉓1992／1996

レオノワ，アリョーナ Leonova, Alena 本名＝Leonova,Alena Igorevna フィギュアスケート選手 ⑳ロシア ㊗1990年11月23日

レオポルド3世 Leopold III 元・ベルギー国王 ⑳ベルギー ㊗1901年11月3日 ㊟1983年9月25日 ㉓1992

レオポルド，エステラ Leopold, Estella 本名＝レオポルド,エステラ・ベルゲレ 花粉学者,環境保全活動家 ワシントン大学生物学部名誉教授 ⑳米国 ㊗1927年1月8日 ㉓2012

レオポルド，トム Leopold, Tom 俳優,脚本家,作家 ⑳米国 ㉓1992／1996

レオン，エメルソン Leao, Emerson サッカー監督,元・サッカー選手 元・サッカー・ブラジル代表監督 ⑳ブラジル ㊗1949年7月11日 ㉓2004／2008／2012

レオン・カーファイ Leung, Ka-fai 漢字名＝梁家輝,英語名＝レオン,トニー 俳優 ⑳香港 ㊗1958年2月1日 ㉓1996(レオン・カーフェイ)／2000(レオン・カーフェイ)／2004(レオン・カーフェイ)／2008(レオン・カーフェイ)／2012

レオン，コーンチョイ ジャーナリスト ベルナマ通信社経済ニュース企業情報編集長 ⑳マレーシア

レオン，ドナ Leon, Donna M. ミステリー作家 メリーランド大学イタリア校 ⑳米国 ㊗1942年9月 ㉓1992／1996／2000

レオン，トニー Leung, Tony 本名＝Leung,Tony Chiu Wai 中国名＝梁朝偉 俳優 ⑳香港 ㊗1962年6月27日 ㉓1996／2000／

2004／2008／2012

レオン, ナラ　歌手　[国]ブラジル　[没]1989年6月7日　[典]1992

レオン, フアン　Leon, Juan　マヤの権利を守る会共同代表　[国]グアテマラ　[生]1955年　[典]1996

レオンスカヤ, エリザヴェータ　Leonskaya, Elizaveta　ピアニスト　[国]ソ連　[生]1945年11月23日　[典]1996

レオンティエフ, ワシリー　Leontief, Wassily W.　経済学者　元・ニューヨーク大学名誉教授, 元・ハーバード大学教授　[専]理論経済学, 計量経済学　[国]米国　[生]1906年8月5日　[没]1999年2月5日　[典]1992／1996

レオンハート, ジェイ　Leonhart, Jay　ジャズ・ベース奏者　[国]米国　[生]1940年12月6日　[典]2008／2012

レオンハルト, ウォルフガング　Leonhard, Wolfgang　ロシア問題専門家　元・エール大学教授　[専]ソ連史・ロシア史, 国際共産主義運動　[国]ドイツ　[生]1921年4月16日　[典]1992／2000

レオンハルト, グスタフ　Leonhardt, Gustav　チェンバロ奏者, オルガン奏者, 指揮者, 音楽学者　元・アムステルダム音楽院教授　[国]オランダ　[生]1928年5月30日　[没]2012年1月16日　[典]1996／2000／2012

レオンハルト, クルト　Leonhard, Kurt Ernst Albert　作家, 翻訳家, 編集人　[国]ドイツ　[生]1910年2月5日　[没]2005年10月10日　[典]2000

レオンハルト, フリッツ　Leonhardt, Fritz　元・シュトゥットガルト大学学長　[専]橋梁, コンクリート構造　[国]ドイツ　[生]1909年　[典]2000

レオン・ポルティーヤ, ミゲル　León-Portilla, Miguel　メキシコ国立自治大学教授　[国]メキシコ　[生]1926年　[典]1996

レ・カイン　女優　[国]ベトナム　[典]1996

レガシュ, ニコラス　Regush, Nicholas　ジャーナリスト　[典]2004

レガソフ, ワレリー　元・クルチャトフ原子力研究所第一副所長　[国]ソ連　[没]1988年4月29日　[典]1992

レガツォーニ, クレイ　Regazzoni, Clay　F1ドライバー　[国]スイス　[生]1939年9月5日　[没]2006年12月15日　[典]1992

レ・カ・フュー　Le Kha Phieu　政治家, 軍人　元・ベトナム共産党書記長, 元・ベトナム人民軍政治総局長　[国]ベトナム　[生]1931年12月27日　[典]2000／2004／2012

レガリ, ファルーク　Leghari, Farooq Ahmed Khan　政治家　元・パキスタン大統領　[国]パキスタン　[生]1940年5月29日　[没]2010年10月19日　[典]1996／2000

レガール, ロジェ　ラ・ヴィレット館長, 国際哲学大学長　[国]フランス　[典]1992

レガルタ, ローレン　Legarda, Loren　ニュースキャスター, ジャーナリスト　[国]フィリピン　[生]1960年　[典]1996（レガータ, ローレン）／2000

レーガン, チャールズ　Ragin, Charles C.　ノースウェスタン大学社会学部教授　[専]社会学　[国]米国　[生]1952年　[典]1996

レーガン, ティモシー　Reagan, Timothy G.　教育学者　コネティカット大学　[国]米国　[典]2004／2008

レーガン, ナンシー　Reagan, Nancy Davis　ナンシー・レーガン財団名誉会長, レブロン取締役　レーガン第40代米国大統領夫人　[国]米国　[生]1921年7月6日　[典]1992／1996／2008／2012

レーガン, モーリーン　Reagan, Maureen　フェミニズム運動家, 元・女優　元・米国共和党全国委員会副委員長, 元・国連女性の地位委員会米国代表, 元・全米アルツハイマー病協会理事　レーガン元大統領の長女　[国]米国　[生]1941年　[没]2001年8月8日　[典]1996

レーガン, ララ・ジョー　Regan, Lara Jo　写真家　[国]米国　[典]2004

レーガン, ロナルド　Reagan, Ronald Wilson　政治家　元・米国大統領（第40代）　[国]米国　[生]1911年2月6日　[没]2004年6月5日　[典]1992／1996／2000／2004

レギュラ, ラルフ　Regula, Ralph　政治家　米国下院議員（共和党）　[国]米国　[生]1924年12月3日　[典]1996

レーク, アンソニー　Lake, N.Anthony　ジョージタウン大学教授　元・米国大統領補佐官　[専]国際関係論　[国]米国　[生]1939年4月12日　[典]1996／2000

レーク, グレッグ　Lake, Greg　グループ名＝エマーソン・レーク＆パーマー, キング・クリムゾン　ロック歌手, ベース奏者　[国]英国　[生]1947年11月10日　[典]1996／2000／2008／2012

レーク, ジョン　Lake, Jon　ライター　[典]2008

レーク, チャールズ　Lake, Charles D.（II）　実業家, 弁護士　アフラック（日本法人）会長, 在日米国商工会議所名誉会頭　元・米国通商代表部（USTR）日本部長　[国]米国　[生]1962年1月8日　[典]2000（レイク, チャールズ）／2004／2008／2012

レーク, デービッド　Lake, David J.　SF作家　[国]オーストラリア　[生]1929年3月26日　[典]1996

レーク, ハリエット・ヴァン　Reek, Harriët van　絵本作家, 人形劇作家　[国]オランダ　[生]1957年11月21日　[典]1992

レ・クアン・ダオ　Le Quang Dao　政治家, 元・軍人　元・ベトナム祖国戦線議長, 元・ベトナム国会議長　[国]ベトナム　[生]1921年8月8日　[没]1999年7月24日　[典]1992／1996

レグイザモ, ジョン　Leguizamo, John　俳優, 脚本家　[国]米国　[生]1964年7月22日　[典]2004

レクスロス, ケネス　Rexroth, Kenneth　詩人, 評論家, 画家　[国]米国　[生]1905年12月22日　[没]1982年6月6日　[典]1992

レクスロート, ギュンター　Rexrodt, Günter　政治家　元・ドイツ経済相　[国]ドイツ　[生]1941年9月12日　[没]2004年8月19日　[典]1996／2000

レクセン, ベン　船舶設計家　[国]オーストラリア　[没]1988年5月1日　[典]1992

レクター, シャロン　Lechter, Sharon　経営コンサルタント　[国]米国　[典]2004

レクター, ブレント　Rector, Brent　コンサルタント　ワイズ・オウル・コンサルティング設立者　[典]2004

レクター, ヤコブ　Rekhter, Yakov　コンピューター技術者　[典]2004

レクタース, G.　フィリップ・ホルツマン常務　[国]ドイツ　[典]1992

レクトシャッフェン, ステファン　Rechtschaffen, Stephan　医学者, 内科医　オメガ・ホリスティック学研究所設立者　[典]2004

レグボルド, ロバート　Legvold, Robert　コロンビア大学教授, アベレル・ハリマン研究所理事　[専]米ソ関係, ソ連政治　[国]米国　[生]1940年　[典]1992／1996

レグミ, マヘシ・C.　Regumi, M.C.　著述家, ジャーナリスト　[専]ネパール経済史, ネパール社会史　[国]ネパール　[生]1929年　[典]2000

レクラー, シェーン　Lechler, Shane　プロフットボール選手（P）　[国]米国　[生]1976年8月7日

レクンコフ, アレクサンドル　Rekunkov, Aleksandr Mikhailovich　元・ソ連検事総長, 元・ソ連共産党中央委員　[国]ソ連　[生]1920年　[典]1992

レゲヴィー, クラウス　Leggewie, Claus　政治学者　ギーセン大学教授　[生]1950年　[典]2008

レゲヴィー, ヨヘン　Legewie, Joche　元・ドイツ日本研究所経済部長　[専]アジア経済　[典]2004

レゲット, アンソニー・ジェームズ　Leggett, Anthony James　理論物理学者　イリノイ大学教授　[専]超電導　[国]英国　[生]1938年　[典]1992／2004／2008／2012

レゲット, ジェレミー　Leggett, Jeremy　グリーンピース・インターナショナル科学部長　元・ロンドン大学準教授　[専]海洋地質学　[国]英国　[生]1954年3月16日　[典]1992／1996／2000

レゲット, トレバー　Leggett, Trevor　本名＝Legget,Trevor Pryce　日本研究家, 柔道家　元・BBC日本部長, 元・駐日英国大使館員　[国]英国　[生]1914年　[没]2000年8月1日　[典]1992／1996

レーケンス, ジョルジュ　Leekens, Georges　サッカー監督, 元・サッカー選手　元・サッカー・ベルギー代表監督　[国]ベルギー　[生]1949年5月18日　[典]2000／2004

レゴ, エマヌエル　Rego, Emanuel　本名＝Rego,Emanuel Fernando Scheffer　ビーチバレー選手　アテネ五輪ビーチバレー男子金メダリスト　[国]ブラジル　[生]1973年4月15日　[典]2008／2012

レコ, ステファン　Leko, Steffan　リングネーム＝ステファン・ブリッツ・レコ　格闘家　[国]クロアチア　[生]1974年6月3日　[典]2008

レゴ, ポーラ　画家　[国]英国　[生]1935年　[典]1992

レゴ, ポール　Lego, Paul Edward　ウエスチングハウス・エレクト

リック(WH)顧問・元会長 [国]米国 [生]1930年5月16日 [典]1996

レコタ, モシワ Lekota, Mosiuoa 本名=レコタ,モシワ・パトリック 政治家 元・南アフリカ国防相 [国]南アフリカ [生]1948年8月13日 [典]2012

レコバ, アルヴァロ Recoba, Alvaro 本名=レコバ・リベロ,アルバロ・アレサンドロ サッカー選手(FW) [国]ウルグアイ [生]1976年3月17日 [典]2000/2004/2008

レーコフ, ジョージ Lakoff, George 哲学者 カリフォルニア大学バークレー校教授 [専]言語学,心理学,哲学,コンピュータ科学,認知社会科学 [生]1941年 [典]2000

レコルビッツ, ヘレン Recorvits, Helen 作家 [国]米国 [典]2004

レゴレッタ, リカルド Legorreta, Ricardo 本名=Legorreta Vilchis,Ricardo 建築家 [国]メキシコ [生]1931年5月7日 [没]2011年12月30日 [典]2012

レザ RZA 別名=ボビー・デジタル グループ名=ウータン・クラン ミュージシャン,映画監督,俳優 [国]米国 [生]1969年

レザー, スティーブン Leather, Stephen ジャーナリスト,作家 [国]英国 [生]1956年 [典]1992/1996

レーサー, バーナード Leser, Bernard H. コンデ・ナスト出版社社長 [国]オーストラリア [生]1925年 [典]1996

レーザー, ハンス Leser, Hans O. マールブルク大学教授 [専]民法,会社法,比較法 [国]ドイツ [生]1928年11月25日 [典]1992

レザイ, モフセン イラン最高評議会事務局長 [国]イラン [典]2000

レザエ, グハセム Rezaei, Ghasem 本名=Rezaei,Ghasem Gholamreza レスリング選手(グレコローマン) ロンドン五輪レスリング男子グレコローマン96キロ級金メダリスト [国]イラン [生]1985年8月18日

レザザデ, ホセイン Rezazadeh, Hossein 重量挙げ選手 シドニー五輪・アテネ五輪重量挙げ男子105キロ超級金メダリスト [国]イラン [生]1978年5月12日 [典]2004(レザーデ, ホセイン)/2008

レザック, ジェイソン Lezak, Jason 水泳選手(自由形) シドニー五輪・アテネ五輪・北京五輪競泳男子4×100メートルメドレーリレー金メダリスト [国]米国 [生]1975年11月12日

レザ・ハタミ, モハマド Reza Khatami, Mohammad 政治家 イスラム・イラン参加党(IIPF)代表 元・イラン国会議員・副議長 [国]イラン [生]1959年 [典]2004/2008/2012

レシ Lleshi, Haxhi 政治家 元・アルバニア人民議会幹部会議長(元首) [国]アルバニア [生]1913年 [典]1992/2000

レーシー, ポール Lacy, Paul E. ワシントン大学医学部名誉教授 [専]病理学 [国]米国 [典]1996

レーシー, リチャード Lacey, Richard Westgarth 微生物学者 リーズ大学名誉教授 [専]狂牛病 [国]英国 [生]1940年10月11日 [典]2000/2004/2008/2012

レーシー, ロナルド Lacey, Ronald 俳優 [国]英国 [生]1935年9月28日 [没]1991年5月15日 [典]1992

レジェ, ジャック・アラン Léger, Jack-Alain 筆名=ヒディヤット,ダッシェル 作家 [国]フランス [生]1950年(?) [典]1992

レジェ, ポール・エミール Léger, Paul-Emile カトリック枢機卿 [国]カナダ [没]1991年11月13日 [典]1992

レージェス, マヌエル Reyes, Manuel フラメンコダンサー,振付師,サックス奏者 [国]スペイン [生]1974年2月5日 [典]2004

レジェノ, デーブ Legeno, Dave 俳優 [国]英国 [生]1963年10月12日 [没]2014年7月12日

レジェール, ラリー 元・軍人 元・NATO本部米代表部軍事顧問 [国]米国 [生]1919年 [典]1992

レジェン, ワルデマル Legien, Waldemar 柔道選手(86キロ級) [国]ポーランド [典]1992/1996

レジェンド, ジョン Legend, John 本名=スティーブンス,ジョン シンガー・ソングライター [国]米国 [生]1978年12月28日 [典]2008/2012

レジオ, ゴッドフリー Reggio, Godfrey 映画監督 [国]米国 [生]1940年 [典]2008

レジス, エド Regis, Ed サイエンスライター [国]米国 [典]1992/1996/2000

レジスター, リチャード Register, Richard アーティスト,デザイナー,建築家,教育者 [国]米国 [生]1943年 [典]1996

レジツキー, ウラジーミル Rezitskii, Vladimir ジャズアルトサックス奏者 アルハンゲリスク・リーダー [国]ソ連 [典]1992

レーシッチ, ゲーリー Rajsich, Gary 本名=Rajsich,Gary Louis 元・大リーグ選手,元・日本プロ野球選手 [国]米国 [生]1954年10月28日 [典]1992

レジニナ, ラリッサ Lezhnina, Larisa バレリーナ ヘット・ナショナル・バレエ [国]ロシア [生]1969年3月17日 [典]1992/2000

レジャー, ヒース Ladger, Heath 俳優 [生]1979年4月4日 [没]2008年1月22日 [典]2008

レシャック, カルロス 本名=レシャック・セルダ,カルロス サッカー監督,元・サッカー選手 [国]スペイン [生]1947年1月13日 [典]2000/2004

レシャンバック, フランソワ Reichenbach, François 映画監督 [国]フランス [生]1922年7月3日 [没]1993年2月2日 [典]1996

レジュネ, アントニー Lejeune, Anthony 作家,ジャーナリスト [国]英国 [生]1929年3月26日 [典]1996

レシュブルク, ヴィンフリート Löschburg, Winfried 歴史家 元・ベルリン・プロイセン文化財図書館新聞部長 [国]ドイツ [生]1932年 [典]2000

レジュロン, パトリック Légeron, Patrick 医師 「認知行動療法ジャーナル」編集長 [専]精神科学,認知行動療法 [国]フランス [典]2008

レーズ, アーウィン Raisz, Erwin 地図学者 米国ナショナル・アトラスの編集者 [国]米国 [生]1893年 [典]1992

レ・ズアン Le Duan 政治家,革命家 元・ベトナム共産党書記長 [国]ベトナム [生]1908年4月7日 [没]1986年7月10日 [典]1992

レー・スアン・トゥン Le Xuan Tung ハノイ市党委書記,ベトナム社会科学院世界経済研究所顧問 [専]経済学 [国]ベトナム [生]1936年 [典]1996/2000

レスク, アーサー Lesk, Arthur M. 医学者 ケンブリッジ大学大学院医学系研究科主任研究員 [国]英国 [典]2004/2008

レスクワ, ジョン Lescroart, John T. 作家 [国]米国 [生]1948年 [典]1996/2000

レスター, アリスン Lester, Alison 挿絵画家,絵本作家 [国]オーストラリア [生]1952年 [典]1992/1996

レスター, エイドリアン Lester, Adrian 本名=Lester,Adrian Anthony 俳優 [国]英国 [生]1968年8月14日 [典]2004/2008/2012

レスター, ジム Lester, Jim 本名=Lester,James Theodore 政治家 英国下院議員(保守党) [国]英国 [生]1932年5月23日 [典]1996

レスター, ジュリアス Lester, Julius 作家,音楽家,フォーク歌手,写真家 アマースト大学教授 [国]米国 [生]1939年 [典]1992/2000/2004/2008/2012

レスター, ジョン Lester, Jon 本名=Lester,Jonathan Tyler 大リーグ選手(投手) [国]米国 [生]1984年1月7日 [典]2008/2012

レスター, デービッド Lester, David 心理学者 リチャード・ストックトン大学教授,国際自殺予防学会会長 [専]自殺学,死生学 [国]米国 [生]1942年 [典]1996

レスター, ヘレン Lester, Helen 児童文学作家 [国]米国 [典]2000

レスター, リチャード Lester, Richard K. 原子力工学者 マサチューセッツ工科大学教授 [専]生産性・競争力研究 [国]米国 [生]1954年 [典]1992/1996/2004/2012

レスター, リチャード Lester, Richard 映画監督 [国]米国 [生]1932年1月19日 [典]2004/2008/2012

レスタック, リチャード Restak, Richard M. 精神科医 ジョージ・ワシントン大学薬学健康科学研究所臨床神経科学部教授 [国]米国 [生]1942年 [典]2004/2008

レスタニー, ピエール Restany, Pierre 美術評論家,美術ジャーナリスト 元・パレ・ド・トーキョー館長 [国]フランス [生]1930年 [没]2003年5月29日 [典]1996

レスツォワ, アンフィサ Restzova, Anfissa バイアスロン選手 [国]ウクライナ [典]1996

レ

レスティエンヌ, ヴォルドマール　Lestienne, Voldemar　作家, ジャーナリスト　「フランス・ディマンシュ」誌編編集長　国フランス　⊕1931年　⊗1992／1996

レスティーニ, マルク　Restellini, Marc　美術展監修者, 美術史家　ピナコテーク美術館館長　元・パリ大学講師　国フランス　⊕1964年　⊗2004／2012

レステル, グンダ　Röstel, Gunda　政治家　元・90年連合緑の党代表　国ドイツ　⊕1962年1月13日　⊗2000／2004

レストゥー, マリークレール　Restoux, Marie-Claire　柔道選手　国フランス　⊕1968年4月9日　⊗2000

レストレーポ, ラウラ　Restrepo, Laura　作家　国コロンビア　⊕1950年

レストン, ジェームズ　Reston, James Barrett　ジャーナリスト, 政治コラムニスト　元・ニューヨーク・タイムズ副社長　国米国　⊕1909年11月3日　⊗1995年12月6日　⊗1992／1996

レスナー, ステファン　Rössner, Stephan　医師, 医学者　国際肥満研究連合理事長　専肥満　国スウェーデン　⊗2004

レズナー, トレント　Reznor, Trent　ソロプロジェクト名＝ナイン・インチ・ネイルズ　ミュージシャン　国米国　⊕1965年5月17日　⊗2008／2012

レスナー, ブロック　Lesnar, Brock　本名＝Lesnar,Brock Edward　プロレスラー　国米国　⊕1977年7月12日　⊗2008／2012

レズニコー, ハーバート　Resnicow, Herbert　ミステリー作家　国米国　⊕1921年　⊗1996／2000

レズニチェンコ, ウラジーミル　ジャーナリスト　ノーボスチ通信（APN）政治評論員　国ソ連　⊕1945年　⊗1992／1996

レズニック, ジュディス　Resnik, Judy A.　宇宙飛行士　国米国　⊕1949年4月5日　⊗1986年1月28日　⊗1992

レズニック, スティーブン　Resnick, Stephen A.　マサチューセッツ州立大学アムハースト校経済学部教授　専マルクス経済学　国米国　⊕1938年　⊗1996

レズニック, マイク　Resnick, Mike　SF作家　国米国　⊕1942年　⊗1992／1996／2000

レズニック, ロバート　Resnick, Robert J.　臨床心理学者　ランドルフ・メイコン大学心理学科教授　国米国　⊗2004／2008

レスピーギ, エルザ・オリヴィエーリ・サンジャコモ　Respighi, Elsa　元・作曲家　作曲家オットリーノ・レスピーギ夫人　国イタリア　⊕1894年5月28日　⊗1996

レスラー, フィリップ　Rösler, Philipp　政治家, 医師　ドイツ副首相・経済技術相, ドイツ自由民主党（FDP）党首　国ドイツ　⊕1973年2月24日　⊗2012

レスラー, ロバート　Ressler, Robert K.　犯罪学者　司法行動学研究所（FBS）所長　元・FBI行動科学課主任プロファイラー　国米国　⊕1937年　⊗1996／2000

レズラズィ, エルモスタファ　Rezrazi, El-Mostafa　ジャーナリスト　アルジャジーラ東京支局長　国モロッコ　⊕1964年　⊗2008

レスリー, リサ　Leslie, Lisa　バスケットボール選手, ファッションモデル　アトランタ五輪・シドニー五輪・アテネ五輪・北京五輪金メダリスト　国米国　⊕1972年7月7日　⊗2000／2008／2012

レスリー, ロバート・フランクリン　Leslie, Robert Franklin　ナチュラリスト　専植物生態学　国米国　⊗1992

レーゼナー, ヴェルナー　Rösener, Werner　マックス・プランク歴史研究所研究員　専ドイツ中世の社会史・国制史　国ドイツ　⊕1944年　⊗1996

レセム, ジョナサン　Lethem, Jonathan　作家　国米国　⊕1964年　⊗2000／2004／2012

レーゼル, ペーター　Rösel, Peter　ピアニスト　ドレスデン音楽大学教授　国ドイツ　⊕1945年　⊗2012

レーダー, カール・ブルーノ　Leder, Karl Bruno　著述家, 翻訳家, 劇作家　国ドイツ　⊕1929年　⊗1992／1996

レダ, ジャック　Réda, Jacques　作家, 詩人　国フランス　⊕1929年　⊗2004

レーダー, デビッド　A・T・カーニー副社長　国米国　⊕1955年　⊗2000

レーダー, ドットソン　Rader, Dotson　作家　国米国　⊗1992

レーダー, ベン　Rehder, Ben　作家　国米国　⊗2008

レーダー, ミミ　Leder, Mimi　映画監督　国米国　⊕1952年　⊗2000／2004／2008／2012

レーダー, ローラ　Rader, Laura　イラストレーター, 挿絵画家　国米国　⊗2004

レーダーバーグ, ジョシュア　Lederberg, Joshua　分子遺伝学者　元・ロックフェラー大学名誉教授　専分子生物学, 微生物遺伝学, 細菌遺伝学　国米国　⊕1925年5月23日　⊗2008年2月2日　⊗1992／1996／2000／2004／2008

レーダーバーグ, マーガレット　Lederberg, Margaret　コーネル大学医学部教授　専精神医学　国米国　⊗2000

レーダーハンドラー, マーティー　Lederhandler, Marty　報道写真家　国米国　⊕1917年11月23日　⊗2010年3月25日

レターマン, デービッド　Letterman, David　コメディアン　国米国　⊕1947年4月12日　⊗2008／2012

レーダーマン, レオン　Lederman, Leon M.　物理学者　イリノイ工科大学教授　元・フェルミ国立加速器研究所所長　国米国　⊕1922年7月15日　⊗1992／1996／2000

レダラー, ミドリ　旧名＝島内　ソーシャルワーカー　日米ソーシャルサービス（JASSI）会長　国米国　⊕1923年　⊗1996

レタラック, ジョン　Retallack, John　演出家, 劇作家　オックスフォード・ステージ・カンパニー（OSC）芸術監督　国英国　⊗1996

レ・タン・ギ　Le Thanh Nghi　政治家　元・ベトナム国家評議会副議長, 元・ベトナム副首相, 元・ベトナム共産党政治局員　国ベトナム　⊕1911年　⊗1989年8月16日　⊗1992

レ・ダン・ゾアイン　経済学者　ベトナム中央経済管理研究所所長　国ベトナム

レ・タン・ハイ　ジャーナリスト　「ベトナム・エコノミック・タイムズ」記者　国ベトナム　⊗2000

レチェバ, ベセラ　射撃選手　国ブルガリア　⊗1992

レチッチ, エリーゼ　Rechichi, Elise　ヨット選手（470級）　北京五輪セーリング女子470級金メダリスト　国オーストラリア　⊕1986年1月11日　⊗2012

レ・チョン・タン　Le Trong Tan　軍人, 政治家　元・ベトナム人民軍参謀総長, 元・ベトナム共産党中央委員　国ベトナム　⊕1917年　⊗1986年12月5日　⊗1992

レツィエ3世　Letsie III　レソト国王　国レソト　⊕1963年7月17日　⊗1996／2000／2004／2008／2012

レッキー, スコット　Leckie, Scott　居住権擁護運動家　ハビタット国際連合メンバー　国米国　⊗2000

レック, スティーブン　シンガポール航空日本支社長　国シンガポール　⊗2000

レック, ベルント　Roeck, Bernd　歴史学者　チューリヒ大学教授　専ヨーロッパ近世史　⊕1953年　⊗2004／2008

レックス, ジョン　Rex, John Arderne　ウォリック大学名誉教授　専民族関係学　国英国　⊕1925年3月5日　⊗1996

レックスフォード, ジェニファー　Rexford, Jennifer　コンピューター科学者　AT&Tラボラトリーズ・リサーチ研究員　専IPネットワーキング, マルチメディアストリーミング　⊗2004

レッケルマン, ヨナス　Reckermann, Jonas　元・ビーチバレー選手　ロンドン五輪男子ビーチバレー金メダリスト　国ドイツ　⊕1979年5月26日

レッサ, オリジェネス　Lessa, Origenes　作家　国ブラジル　⊕1903年　⊗1992

レッサー, マイケル　Lesser, Michael　医師　国米国　⊗1992／1996

レッシェ, ペーター　Lösche, Peter　ゲッティンゲン大学教授　専政治学　国ドイツ　⊕1939年　⊗2000

レッシグ, ローレンス　Lessig, Lawrence　法学者　スタンフォード大学教授　国米国　⊗2004／2008

レッシャー, ペーター　Löscher, Peter　実業家　シーメンス社長・CEO　国オーストリア　⊕1957年9月17日　⊗2008／2012

レッシュ, アレクサンダー　Resch, Alexander　リュージュ選手　ソ

ルトレークシティ五輪リュージュ男子2人乗り金メダリスト　Ⓚドイツ　Ⓑ1979年4月5日　Ⓘ2004／2012

レッシュ，ウィリアム　Lesch, William　写真家　Ⓚ米国　Ⓑ1951年　Ⓘ1996

レッシュマン，ドロテア　Röschmann, Dorothea　ソプラノ歌手　Ⓚドイツ　Ⓑ1967年　Ⓘ2012

レッシング，ドリス　Lessing, Doris May　旧名＝テイラー，ドリス・メイ　作家　Ⓚ英国　Ⓑ1919年10月22日　Ⓓ2013年11月17日　Ⓘ1992／1996／2000／2004／2008／2012

レッタ，エンリコ　Letta, Enrico　政治家　元・イタリア首相　Ⓚイタリア

レッダ，ガヴィーノ　Ledda, Gavino　言語学者　Ⓖ方言研究　Ⓚイタリア　Ⓑ1938年　Ⓘ1996

レッタ，コッラード　Letta, Corrado G.M.　経済学者　Ⓚイタリア　Ⓑ1940年　Ⓘ2008

レッツ，ビリー　Letts, Billie　作家　Ⓚ米国　Ⓘ2000

レッディ，ナビーナ　アンナプルナ・トラベル社長　Ⓚインド　Ⓘ1996

レッデン，ジム　Redden, Jim　ジャーナリスト　Ⓚ米国　Ⓑ1952年　Ⓘ2008

レット，キャシー　Lette, Kathy　作家　Ⓚ米国　Ⓘ1992

レッド，マイケル　Redd, Michael　バスケットボール選手　Ⓚ米国　Ⓑ1979年8月24日

レッド，レイモンド　映像作家　Ⓚフィリピン　Ⓑ1965年　Ⓘ1996

レット，レオン　Lett, Leon　プロフットボール選手（DF）　Ⓚ米国　Ⓑ1968年10月12日　Ⓘ2000／2004／2008

レッドウィッジ，リンガン　Ledwidge, Ringan　CMディレクター　Ⓚ英国　Ⓘ2004／2008

レッドグレーブ，スティーブン　Redgrave, Steven　ボート選手　Ⓚ英国　Ⓘ2004

レッドグレーブ，バネッサ　Redgrave, Vanessa　女優　Ⓚ英国　Ⓑ1937年1月30日　Ⓘ1992／1996／2000／2004／2008／2012

レッドグレーブ，マイケル　Redgrave, Michael Scudamore　俳優　Ⓚ英国　Ⓑ1908年3月20日　Ⓓ1985年3月21日　Ⓘ1992

レッドグレーブ，リン　Redgrave, Lynn　女優　Ⓚ英国　Ⓑ1943年3月8日　Ⓓ2010年5月2日　Ⓘ1996／2000／2004／2008

レッドストーン，サムナー　Redstone, Sumner Murray　旧名＝Rothstein,Sumner Murray　法律家，実業家　バイアコム執行会長，CBS執行会長　Ⓚ米国　Ⓑ1923年5月27日　Ⓘ1996／2000／2012

レッドビーター，チャールズ　Leadbeater, Charles　ジャーナリスト　Ⓘ2008／2012

レッドファーン，エリザベス　Redfern, Elizabeth　作家　Ⓚ英国　Ⓑ1950年10月29日　Ⓘ2004

レッドファーン，ノーマン　Redfern, Norman　児童文学作家　Ⓘ2004

レッドファーン，ヨセフ　医師　Ⓖ分析心理学　Ⓚ米国　Ⓘ1992

レッドフィールド，ジェームズ　Redfield, James　作家　Ⓚ米国　Ⓘ2000

レッドフォード，ドロシー・スプルール　Redford, Drothy Spruill　「奴隷制の記憶—サマセットへの里帰り」の著者　Ⓚ米国　Ⓑ1943年　Ⓘ2004

レッドフォード，ロバート　Redford, Robert　本名＝レッドフォード，チャールズ・ロバート　俳優，映画監督　サンダンス・グループ社長　Ⓚ米国　Ⓑ1936年8月18日　Ⓘ1992／1996／2000／2004／2008／2012

レッドベター，デービッド　Leadbetter, David　ゴルフインストラクター　Ⓚ米国　Ⓑ1952年　Ⓘ2000／2004／2008／2012

レッドヘッド，マイケル　Redhead, Michael Logan Gonne　科学哲学者　ケンブリッジ大学フェロー　Ⓚ英国　Ⓑ1929年12月30日

レッドマン，ジョシュア　Redman, Joshua　ジャズサックス奏者　SFジャズ・コレクティブ主宰　Ⓖテナー・サックス　Ⓚ米国　Ⓑ1969年2月2日　Ⓘ1996／2000／2004／2008／2012

レットン，メアリ・ルー　Retton, Mary Lou　元・体操選手　Ⓚ米国　Ⓑ1968年1月24日　Ⓘ1992／1996／2000

レップ，マティ　Lepp, Mati　絵本作家，デザイナー　Ⓚスウェーデン　Ⓑ1947年　Ⓘ2004／2008

レンメンス，リスケ　Lemmens, Riske　イラストレーター　Ⓘ2004

レディー，ディー　Ready, Dee　ジャーナリスト，作家　Ⓘ2004

レディ，ヘレン　Reddy, Helen　歌手，女優　Ⓚ米国　Ⓑ1941年10月25日　Ⓘ1992

レティカ，スラベン　ザグレブ大学教授　元・クロアチア大統領府政治補佐官　Ⓖ経済学，バルカン政治　Ⓚクロアチア　Ⓑ1947年6月　Ⓘ1996

レディー・ガガ　Lady Gaga　本名＝Germanotta,Stefan Joanne Angelina　歌手　Ⓚ米国　Ⓑ1986年3月20日　Ⓘ2012

レディック，ジョシュ　Reddick, Josh　本名＝Reddick,William Joshua　大リーグ選手（外野手）　Ⓚ米国　Ⓑ1987年2月19日

レティネン，イエレ　Lehtinen, Jere　元・アイスホッケー選手　トリノ五輪アイスホッケー男子銀メダリスト　Ⓚフィンランド　Ⓑ1973年6月2日　Ⓘ2008

レティヒ，マルグレート　Rettich, Margret　児童文学作家，挿絵画家　Ⓚポーランド　Ⓑ1926年　Ⓘ1992／1996

レティヒ，ロルフ　Rettich, Rolf　イラストレーター，画家　Ⓚドイツ　Ⓑ1929年　Ⓘ1996

レディング，ジェイミー　Reding, Jamie　コンピューター・エンジニア　マイクロソフトSQL Serverチーム・パフォーマンスエンジニア　Ⓚ米国　Ⓘ2004

レデッキー，ケイティ　Ledecky, Katie　水泳選手　ロンドン五輪競泳女子800メートル自由形金メダリスト　Ⓚ米国　Ⓑ1997年3月17日

レテリエ，ルイ　Leterrier, Louis　映画監督　Ⓚフランス　Ⓑ1973年　Ⓘ2004／2008／2012

レーデル，カーリン・S.　Raeder, Karin Stjernholm　挿絵画家　Ⓚスウェーデン　Ⓑ1915年　Ⓘ2000

レーデル，クルト　Redel, Kurt　指揮者，フルート奏者　Ⓚドイツ　Ⓑ1918年10月8日　Ⓘ2004／2008

レデル，ドナ　レデル・トレーディング・エグゼクティブ・バイス・プレジデント，米国商品取引所（コメックス）会長　Ⓚ米国　Ⓘ1996

レート，J.J.　Lehto, J.J.　本名＝ヤルビレート，イルキ・ユハニ　レーシングドライバー，F1ドライバー　Ⓚフィンランド　Ⓑ1966年1月31日　Ⓘ1992／1996

レトー，ケビン　歌手　Ⓚ米国　Ⓘ1996／2000

レドウィッジ，マイケル　Ledwidge, Michael　作家　Ⓚ米国　Ⓑ1971年

レドガー，スチーブン　欧州通常戦力交渉（CFE）米国代表　Ⓚ米国　Ⓑ1929年　Ⓘ1992

レドキン，エフゲニー　バイアスロン選手　Ⓚロシア　Ⓘ1996

レ・ドク・アイン　Le Duc Anh　政治家，軍人　元・ベトナム大統領（国家主席），元・ベトナム国防相，元・ベトナム共産党政治局員　Ⓚベトナム　Ⓑ1920年12月1日　Ⓘ1992／1996／2000／2004／2012

レ・ドク・ト　Le Duc Tho　政治家　元・ベトナム共産党政治局員　Ⓚベトナム　Ⓑ1911年10月10日　Ⓓ1990年10月13日　Ⓘ1992

レドフスカヤ，タチアナ　Ledovskaya, Tatiyana　陸上選手（短距離・障害）　Ⓚソ連　Ⓑ1965年5月21日　Ⓘ1992／1996

レドフスカヤ，ナタリヤ　Ledovskaya, Nataliya　バレリーナ　モスクワ音楽劇場バレエ団シニア・プリンシパル　Ⓚロシア　Ⓘ2004／2008／2012

レドモン，アン　Redmon, Anne　作家　Ⓚ米国　Ⓑ1943年　Ⓘ1992

レドモンド，パトリック　Redmond, Patrick　作家　Ⓚ英国　Ⓑ1966年　Ⓘ2004

レドモンド，マイケル　Redmond, Michael　棋士　囲碁9段（日本棋院）　Ⓚ米国　Ⓑ1963年5月25日　Ⓘ2004

レドンド，フェルナンド　Redondo, Fernando　サッカー選手（MF）　Ⓚアルゼンチン　Ⓑ1969年6月6日　Ⓘ1996／2000／2004／2008

レナ　Lena　本名＝カティーナ，レナ　グループ名＝タトゥー　歌手

[国]ロシア　[生]1984年10月4日　[典]2004／2008

レナー, ジェレミー　Renner, Jeremy　俳優　[国]米国　[生]1971年1月7日

レーナー, マーク　Lehner, Mark　エジプト・アメリカ研究センター・フィールド・ディレクター　[典]2008

レナ, ユージン　Renna, Eugene A.　実業家　モービル社長・COO　[国]米国　[典]2000

レナチーニョ　Renatinho　本名=Martins Junior,Renato Carlos　サッカー選手（FW）　[国]ブラジル　[生]1987年5月14日　[典]2012

レナード, アンドルー　Renard, Andrew　ジャーナリスト　「インターナショナル・ヘラルド・トリビューン」紙ライター　[国]米国　[生]1949年　[典]1996

レナード, ウィリアム　Leonhard, William E.　ザ・パーソンズ・コーポレーション会長・社長　[国]米国　[典]1992

レナード, エリカ　Lennard, Erica　写真家　[典]2004

レナード, エルモア　Leonard, Elmore　本名=Leonard,Elmore John　作家, 脚本家　元・アメリカ推理作家協会（MWA）会長　[国]米国　[生]1925年10月11日　[没]2013年8月20日　[典]1992／1996／2000／2012

レナード, ジェイソン　Leonard, Jason　ラグビー選手　[国]英国　[生]1968年8月14日　[典]2008

レナード, ジャスティン　Leonard, Justin　プロゴルファー　[国]米国　[生]1972年6月15日　[典]2000／2008

レナード, シュガー・レイ　Leonard, Sugar Ray　本名=レナード, レイ・チャールズ　元・プロボクサー　元・WBC世界スーパーミドル級チャンピオン　[国]米国　[生]1956年5月17日　[典]1992／1996／2000

レナード, ジョージ　Leonard, George　ジャーナリスト, 作家　元・「ルック」誌編集長　[国]米国　[典]1992／1996

レナート, ダグラス　Lenat, Douglas B.　コンピュータ科学者　サイコープ社社長, スタンフォード大学コンピューター科学科教授　[専]知識ベースシステム　[国]米国　[典]1992／1996

レナード, トマス　Leonard, Thomas J.　コンサルタント　コーチ大学創設者　[国]米国　[典]2004／2008

レナード, マイク　Leonard, Mike　写真家　[国]オーストラリア　[生]1951年　[典]2000

レナード, ロバート・ショーン　俳優　[国]米国　[生]1969年　[典]1996

レナルズ, アレステア　Reynolds, Alastair　作家　[国]英国　[生]1966年　[典]2012

レナルド, オンドレイ　Lenard, Ondrej　指揮者　スロバキア放送交響楽団首席指揮者, 新星日本交響楽団首席指揮者　[国]スロバキア　[生]1942年　[典]1996

レナルト, ヨゼフ　Lenárt, Jozef　政治家　元・チェコスロバキア共産党幹部会員, 元・チェコスロバキア首相　[国]スロバキア　[生]1923年4月23日　[典]1992

レニー　本名=ブルイレ, イレーヌ　衣装デザイナー　[国]米国　[没]1992年6月23日　[典]1996

レニー, アンドルー　Rennie, Andrew　ラボ・バンク銀行ファイナンシャル・エンジニアリング責任者　[国]英国　[典]2004

レーニエ3世　Rainier III　本名=Rainier Louis Henri Maxence Bertrand de Grimaldi　元・モナコ公（元首）　[国]モナコ　[生]1923年5月31日　[没]2005年4月6日　[典]1992／1996／2000／2004

レニエ, ジェームズ　Renier, James J.　ハネウエル会長・CEO　[国]米国　[典]1996

レニエ, ジェラール　Regnier, Gérard　筆名=クレール, ジャン　美術史家, 美術評論家　ピカソ美術館館長　[国]フランス　[生]1940年　[典]2000

レニソン, ルイーズ　Rennison, Louise　作家　[国]英国　[生]1951年　[典]2004

レニック, ケビン　Renick, Kevin　歌手　[国]米国　[典]2012

レニーニ　Lenine　グループ名=レニーニ&スザーノ　ミュージシャン　[国]ブラジル　[生]1959年　[典]2000／2004／2008

レニハン, ブライアン・ジョセフ　Lenihan, Brian Joseph　政治家　元・アイルランド副首相　[国]アイルランド　[生]1930年11月17日　[没]1995年11月1日　[典]1992／1996

レニャーニ, イジノ　Legnaghi, Igino　彫刻家　[国]イタリア　[生]1936年　[典]1992

レニンガー, ケビン　Leininger, Kevin E.　ネオ・メディア・テクノロジーズ取締役　[国]米国　[典]2000

レヌカー・ムシカシントーン　旧名=秋山良子　レヌカー・カンパニー代表　[国]タイ　[生]1940年　[典]2000

レネ, アラン　Resnais, Alain　映画監督　[国]フランス　[生]1922年6月3日　[没]2014年3月1日　[典]1992／1996／2000／2008／2012

レネ, パスカル　Laine, Pascal　作家　[国]フランス　[生]1942年　[典]1996

レネップ, エミール・ファン　Lennep, Emile van　本名=Lennep, Jonkheer Emile van　財政・金融専門家　元・経済協力開発機構（OECD）事務総長　[国]オランダ　[生]1915年1月20日　[没]1996年10月3日　[典]1992／1996

レノ, ジェイ　Leno, Jay　本名=Leno,James Douglas Muir　コメディアン　[国]米国　[生]1950年4月28日　[典]2008／2012

レノ, ジャン　Reno, Jean　本名=Jederique y Jimenez,Juan Moreno　俳優　[国]フランス　[生]1948年7月30日　[典]1996／2000／2004／2008／2012

レノックス, アニー　Lennox, Annie　グループ名=ユーリズミックス　ロック歌手, 作詞家　[国]英国　[生]1954年12月25日　[典]1992／2004／2008／2012

レノックス, マリオン　Lennox, Marion　旧筆名=デービッド, トリシャ　ロマンス作家　[国]オーストラリア　[典]2004

レノビツァ, ミランコ　Renovica, Milanko　政治家　元・ユーゴスラビア共産主義者同盟幹部会議長（党首）　[国]ユーゴスラビア　[生]1928年10月　[典]1992

レノマ, モーリス　Renoma, Maurice　ファッションデザイナー　レノマ社創立者　[国]フランス　[生]1939年　[典]2000

レノルド, アルバート　生化学者　ジュネーブ大学臨床生化学教授　[国]米国　[生]1923年　[典]1996

レノレ, アンドレ　L'Hénoret, André　カトリック司祭　[国]フランス　[生]1935年　[典]1996

レノン, シャロン　Lennon, Sharron J.　「外見とパワー」の著者　[典]2008

レノン, ジュリアン　Lennon, Julian　本名=Lennon,John Charles Julian　ロック歌手　[国]英国　[生]1963年4月8日　[典]2000／2008／2012

レノン, ショーン　Lennon, Sean　本名=レノン, ショーン・タロウ・オノ　ミュージシャン　[生]1975年10月9日　[典]1992／2000／2012

レノン, ジョン　Lennon, John　本名=レノン, ジョン・オノ　旧名=レノン, ジョン・ウィンストン　旧グループ名=ビートルズ　シンガー・ソングライター　[国]英国　[生]1940年10月9日　[没]1980年12月8日　[典]1992

レーバー, クーノー　Raeber, Kuno　作家, 詩人　[国]スイス　[生]1922年　[典]1992

レバイン, ジェームズ　Levine, James　指揮者, ピアニスト　ボストン交響楽団音楽監督　元・メトロポリタン歌劇場音楽監督・首席指導者　[国]米国　[生]1943年6月23日　[典]1992／1996／2000／2004／2008／2012

レバイン, ジュディス　Levine, Judith　ジャーナリスト, 作家　[典]2008

レバイン, スティーブン　Levine, Stephen　詩人　[国]米国　[典]2004

レバイン, フィリップ　元・米国遺伝子学会会長　[専]血清・抗体研究　[国]米国　[没]1987年10月18日　[典]1992

レバイン, マージー　Levine, Margie　カウンセラー　[国]米国　[典]2004／2008

レバイン, リック　Levine, Rick　ソフトウェア開発者　マンカラ共同設立者・CTO　[典]2004

レバグリアティ, ロス　Rebagliati, Ross　スノーボード選手　[国]カナダ　[生]1971年7月14日　[典]2000

レーハーゲル, オットー　Rehhagel, Otto　サッカー監督, 元・サッカー選手　元・サッカー・ギリシャ代表監督　[国]ドイツ　[生]1938年

レ・バン・サン　経済学者　世界経済研究所副所長　国ベトナム　生1939年　典1996

レ・バンナ, ジェロム　Le Banner, Jerome　格闘家　国フランス　生1972年12月26日　典2000 (バンナ, ジェロム・レ) ／2004 (バンナ, ジェロム・レ) ／2008 (バンナ, ジェロム・レ) ／2012

レハンヤ, ジャスティン　Lekhanya, Justin　政治家　元・レソト軍事評議会議長　国レソト　生1946年　典1992

レビ, エリザベス　Levy, Elizabeth　児童文学作家　国米国　典1992

レビ, エリノア　Levy, Elinor　免疫学者　ボストン大学・ボストンメディカルセンター微生物学教授　典2008

レビ, ジェフリー　Levy, Jefery　映画監督　南カリフォルニア大学映画学科教授　国米国　生1958年　典1996

レビ, ジャニス　Levy, Janice　作家　国米国　典2004

レビ, ジョセフ・E.　映画プロデューサー　国米国　生1905年　没1987年7月31日　典1992

レビ, ショーン　Revy, Shawn　映画監督　生1968年

レビ, スチュアート　Levy, Stuart B.　生物学者　タフツ大学医学部教授, 抗生物質慎重使用連盟会長　分子生物学, 微生物学　国米国　典2000

レビ, スティーブン　Levy, Steven　ジャーナリスト　「ワイアード」シニアライター　国米国　生1951年　典1996／2000／2004／2012

レビ, ダニエル　Levy, Daniel S.　ジャーナリスト　「タイム」上級専任リポーター　国米国　生1959年　典2004

レビ, ダビド　Levy, David　政治家　ゲシェル党首　元・イスラエル外相　国イスラエル　生1937年12月21日　典1992／1996／2000／2004／2008

レビ, デービッド　Levy, David H.　天文学研究家, 著述家　「パレード」寄稿編集者　国米国　典2000

レビ, ニック　Levi, Nick　心理学者　典2004

レーヒー, パトリック　Leahy, Patrick　本名＝レーヒー, パトリック・ジョセフ　政治家　米国上院議員 (民主党)　国米国　生1940年3月31日　典1996／2000／2004

レビ, ハーラン　Levy, Harlan　文筆家, 元・検察官　元・マンハッタン地区検察局検事補　国米国　典2000

レビ, ピーター　Levi, Peter Chad Tigar　詩人, 古典学者　セント・キャサリン・カレッジ研究員　元・オックスフォード大学詩学教授　国英国　生1931年5月16日　典1992

レビ, ピーター　Levy, Peter　実業家　IMG副社長　国米国　典2012

レビ, マイケル　元・英国国立美術館館長　国英国　典2000

レビ, ミリアム　Levi, Miriam　特殊教育コンサルタント・インストラクター　典1992／1996

レヒアイス, ケーテ　Recheis, Käthe　作家　国オーストリア　典2000

レビット, アーサー (Jr.)　Levitt, Arther (Jr.)　金融家　カーライル・グループ上級顧問　元・米国証券取引委員会 (SEC) 委員長　国米国　生1931年2月3日　典1996／2000／2004／2008

レビット, ウィリアム　Levitt, William　住宅建設業者　国米国　生1907年2月11日　没1994年1月28日　典1992／1996

レビット, セオドア　Levitt, Theodore　経営学者　元・ハーバード・ビジネススクール名誉教授　マーケティング学　国米国　生1925年3月1日　没2006年6月28日　典1992

レービット, デービッド　Leavitt, David　作家　国米国　生1961年　典1992／1996

レビット, マイク　Leavitt, Mike　本名＝Leavitt, Michael Okerlund　政治家　元・米国厚生長官, 元・米国環境保護局 (EPA) 長官, 元・ユタ州知事　国米国　生1951年2月11日　典2000／2004／2008／2012

レビット, マイケル　Levit, Michael　化学者　スタンフォード大学医学部教授　国米国　生1947年5月9日

レビュファ, ガストン　Rébuffat, Gaston　登山家, 作家　国フランス　生1921年　没1985年5月31日　典1992

レビン, アイラ　Levin, Ira　本名＝レビン, アイラ・マービン　ミステリー作家　国米国　生1929年8月27日　没2007年11月12日　典1992／1996／2000／2004

レビーン, アダム　Levine, Adam　グループ名＝マルーン5, 旧グループ名＝カーラズ・フラワーズ　ミュージシャン　国米国　典2008／2012

レビン, カール　Levin, Carl　政治家　米国上院議員 (民主党)　国米国　生1934年6月28日　典1992／1996／2000／2004／2008／2012

レビン, カレン　Levine, Karen　テレビプロデューサー　国カナダ　典2004

レビン, ケネス　Levin, Kenneth V.　著述家　英語教育　国米国　典2000

レビン, サイモン・アッシャー　Levin, Simon Asher　生態学者　プリンストン大学教授　国米国　生1941年4月22日　典2008／2012

レビン, ジェラルド　Levin, Gerald Manuel　実業家　元・AOLタイム・ワーナーCEO　国米国　生1939年5月6日　典1996／2000／2004／2008／2012

レビーン, シェリー　Levine, Sherrie　美術家　国米国　生1947年　典2000

レビン, ジェリー　Levin, Jerry W.　実業家　元・レブロン社長・CEO　国米国　典1996／2000／2004

レビーン, ジャニス　Levine, Janice R.　臨床心理学者, 発達心理学者　典2004

レビン, ジョン　Levine, John R.　コンピューター技術者, テクニカルライター　国米国　典2004

レビン, ソル　Levine, Sol　レブロン社長　国米国　典1992

レビン, トニー　Levin, Tony　グループ名＝キング・クリムゾン　ベース奏者, スティック奏者　国米国　生1946年6月6日　典2000／2008／2012

レビン, ドロン　Levin, Doron P.　ジャーナリスト　「ニューヨーク・タイムス」紙デトロイト支局長　国米国　生1950年　典1992

レビン, ノーマン　ランド研究所上級研究員　国日米関係　国米国　生1946年　典1996

レビーン, バルトラウト　作家　国ドイツ　生1937年　典1992

レビン, ヒレル　Levine, Hillel　歴史家, 社会学者, 著作家　ボストン大学教授, ユダヤ研究所所長, ハーバード大学ロシアセンター理事　国米国　生1946年　典1996／2000

レビーン, マイケル　Levine, Michael　ハーバード大学ロー・スクール教授　元・ノースウェスト航空上級副社長　典2000／2004／2008

レビン, マイケル　Levine, Michael　ゲリラP.R.代表　国米国　典2000

レビン, マイケル　Levine, Michael S.　実業家　ニュービー・テクノロジーズ会長・CEO　国米国　典2004／2008

レビン, マーク　Levine, Mark　作家　典2004

レービン, マリリン・アロンバーグ　Lavin, Marilyn Aronberg　美学者　プリンストン大学講師　典2008

レビン, メイヤー　Levin, Meyer　作家, 劇作家　国米国　生1905年　没1981年　典1992

レビン, メル　Levine, Mel　医学者　ノースカロライナ大学医学部教授　小児医学　国米国　典2004／2008

レビーン, ラヒミール　医学者　マイケル・リーズ病院研究所 (シカゴ) 所長　生1910年　典1996

レビーン, ロバート　Levine, Robert　社会心理学者　カリフォルニア州立大学教授　国米国　生1945年　典2004／2008

レビン, ロバート・E.　シエラ・キャピタル・マネージメント社創業経営者　国米国　典1996

レーピン, ワディム　Repin, Vadim　本名＝Repin, Vadim Viktorovich　バイオリニスト　国ロシア　生1971年8月31日　典1992／1996／2000／2004／2008／2012

レビンスキー, ジョージ　Lewinski, Jorge　写真家　国英国　典1992／1996

レビンソール, チャールズ　Levinthal, Charles F.　ホーフストラ大学教授　心理学　国米国　生1945年　典1996

レビンソン, アーサー　Levinson, Arthur D.　実業家　アップル会長　元・ジェネンテック社長・CEO　⒃米国　⑭2012

レビンソン, ゲーリー　Levinsohn, Gary　映画プロデューサー　クラウドナイン・エンターテインメント代表　⒃米国　⑭2000

レビンソン, ジェイ・コンラッド　Levinson, Jay Conrad　マーケティング・コンサルタント　ゲリラ・マーケティング・インターナショナル社長　⒃米国　⑭2000

レビンソン, ダニエル　Levinson, Daniel J.　エール大学医学部教授　⑲心理学　⒃米国　⑫1920年　⑭1996

レビンソン, ナンシー・スマイラー　Levinson, Nancy Smiler　ジャーナリスト, 著述家　⒃米国　⑫1938年　⑭1996

レビンソン, バリー　Levinson, Barry　映画監督　⒃米国　⑫1942年4月6日　⑭1992／1996／2000／2004／2008／2012

レビンソン, ビル　Levenson, Bill　音楽プロデューサー　元・ユニバーサル・ミュージック副社長　⒃米国　⑭2012

レビンソン, マーク　Levinson, Mark　レッド・ローズ・ミュージックCEO　⒃米国　⑭2004

レビンソン, リチャード　Levinson, Richard　作家, 脚本家, テレビ映画プロデューサー　元・ユニバーサルテレビ・プロデューサー　⒃米国　⑫1934年8月7日　⑬1987年　⑭1992

レーブ, デービッド　Rabe, David　作家, 脚本家　⒃米国　⑭2000

レフィングウェル, ディーン　Leffingwell, Dean　実業家, 著述家　元・ラショナルソフトウェア上級副社長　⑭2004

レーフェルド, ジョン　Rehfeld, John E.　実業家　イータック(ETAK)社社長・CEO, セイコーインスツルメンツUSA社外役員　⒃米国　⑫1940年　⑭1996

レプカ, アッティラ　Repka, Attila　レスリング選手(グレコローマン)　⒃ハンガリー　⑭1996

レフキ, バーナード　Loeffke, Bernard　医師, 公衆衛生学者, 元・軍人　NOVAサウス・イースタン大学連合衛生学部教授　元・米陸軍中将　⒃米国　⑫1934年　⑭2004／2008

レブキン, アンドルー　Revkin, Andrew　科学ジャーナリスト　コロンビア大学大学院　⑲環境問題　⒃米国　⑭1996

レフコ, ヘレン　Lefco, Helen　ダンスセラピスト　⒃米国　⑫1922年　⑭1996

レフコウィッツ, ロバート　Lefkowitz, Robert J.　医学者　デューク大学教授　⑲生化学　⒃米国　⑫1943年4月15日

レフコート, ピーター　Lefcourt, Peter　作家, 映画プロデューサー, テレビプロデューサー　⒃米国　⑭1996／2000

レブジアク, アレクサンドル　Lebziak, Alexander　元・プロボクサー　⒃ロシア　⑭2004

レプシンガー, リチャード　Lepsinger, Richard　コンサルタント　⒃米国　⑭2004／2008

レプセ, エイナルス　Repše, Einars　政治家　元・ラトビア首相, 元・ラトビア中央銀行総裁　⒃ラトビア　⑫1961年12月9日　⑭2004／2008／2012

レフチェンコ, アナトリー　宇宙飛行士　⒃ソ連　⑬1988年8月6日　⑭1992

レフトアイ　LEFT EYE　本名=ロペス, リサ・ニコル　別称=ロペス, リサ・レフトアイ, グループ名=TLC　歌手　⒃米国　⑫1971年5月27日　⑬2002年4月25日　⑭2000

レフトウィッチ, フィル　Leftwich, Phil　元・プロ野球選手　⒃米国　⑫1969年5月19日　⑭2000

レフラー, ハインツ　Löffler, Heinz　オーストリア科学アカデミー陸水学研究所所長, 国際理論応用陸水学会会長　⑲陸水学　⒃オーストリア　⑭1992

レフラー, ロバート　Leflar, Robert B.　アーカンソー大学ロースクール教授　⑲医療分野の法律　⒃米国　⑫1951年　⑭1996／2008／2012

レーブル, ヨゼフ　チェコ投資庁副長官　⒃チェコ　⑫1940年　⑭2000

レフルカ, マリオ　Rehulka, Mario　オーストリア航空社長　⒃オーストリア　⑫1941年　⑭1996

レプレ, アウレリオ　Lepre, Aurelio　歴史学者　フェデリコ2世大学教授　⑲現代史　⒃イタリア　⑭2004

レブロフ, セルゲイ　Rebrov, Sergei　サッカー選手(MF)　⒃ウクライナ　⑫1974年6月3日　⑭2000／2008／2012

レプロン, カトリーヌ　Lépront, Catherine　作家, 音楽ジャーナリスト　⒃フランス　⑭1992

レベ, トーマス　Levet, Thomas　プロゴルファー　⒃フランス　⑫1968年9月5日　⑭2008／2012

レーベ, ベルントペーター　フンボルト大学平和・紛争問題研究所副所長　⑲欧州安全保障問題　⒃ドイツ　⑭1992

レベコ, ファン・カルロス　Reveco, Juan Carlos　プロボクサー　WBA世界フライ級チャンピオン　元・WBA世界ライトフライ級チャンピオン　⒃アルゼンチン　⑫1983年8月25日

レベジ, アレクサンドル　Lebed', Aleksander Ivanovich　政治家, 軍人　元・クラスノヤルスク地方知事, 元・ロシア国民共和党党首, 元・ロシア安全保障会議書記　⒃ロシア　⑫1950年4月20日　⑬2002年4月28日　⑭1996／2000

レベジェフ, アレクサンドル　Lebedev, Alexsander　本名=Lebedev,Alexsander Yevgenyevich　実業家　元・ソ連国家保安委員会(KGB)スパイ　⒃ロシア　⑫1960年12月16日　⑭2012

レベジェフ, ニコライ　Lebegev, Nikolai Georgievich　元・軍人　⑫1901年12月　⑭1996

レペタ, ローレンス　Repeta, Lawrence　弁護士　明治大学法学部特任教授　⑲アメリカ法特殊問題, 国際取引実務　⒃米国　⑫1951年　⑭1992／1996／2000／2004

レベック, J.(Jr.)　Rebek, Julius (Jr.)　マサチューセッツ工科大学教授　⑲化学　⒃米国　⑫1944年　⑭1996／2000

レベック, ジェラール・D.　政治家, 弁護士　ケベック州政府大蔵臣　⒃カナダ　⑫1926年　⑭1992

レベック, ルネ　Lévesque, René　政治家　元・ケベック州首相, 元・ケベック党党首　⒃カナダ　⑫1922年8月24日　⑬1987年11月1日　⑭1992

レーベデフ, ウラジーミル　Lebedev, Vladimir V.　民族学者　⒃ソ連　⑭1992(レベジェフ, ウラジーミル)

レーベデフ, ワレンチン　Lebedev, Valentin F.　インツーリスト総裁　⒃ソ連　⑫1927年　⑭1992(レベジェフ, ワレンチン)

レベデワ, タチアナ　Lebedeva, Tatyana　三段跳び選手, 走り幅跳び選手　アテネ五輪陸上女子走り幅跳び金メダリスト　⒃ロシア　⑫1976年7月21日　⑭2008／2012

レペニース, ヴォルフ　Lepenies, Wolf　社会学者　元・ベルリン高等研究所所長　⒃ドイツ　⑫1941年　⑭1996／2000／2004／2008

レベネ, グスタボ・ガブリエル　Levene, Gustavo Gabriel　作家　⑲アルゼンチン史　⒃アルゼンチン　⑫1912年　⑭2004

レベ・ヒメネス, オダリ　Reve Jimenez, Odalis　柔道選手　⒃キューバ　⑭1996

レベル, ロジャー　Revelle, Roger　海洋学者　元・カリフォルニア大学サンディエゴ校名誉教授　⒃米国　⑫1909年3月7日　⑬1991年7月15日　⑭1992

レベル, ワルター　Rebell, Walter　神学者　ジーゲン大学教授　⑲新約聖書学　⒃ドイツ　⑫1951年　⑭2004

レーベルト, ベンヤミン　Lebert, Benjamin　作家　⒃ドイツ　⑫1982年　⑭2004

レーベン, ピーター　Raven, Peter Hamilton　植物学者　ミズーリ植物園長　元・米国科学アカデミー事務局長　⒃米国　⑫1936年6月13日　⑭2004／2012

レベンクロン, スティーブン　Levenkron, Steven　心理学者, 著述家　⑲思春期やせ症　⒃米国　⑭1996／2000

レーベンサール, ポール　Leventhal, Paul　核管理研究所(NCI)所長　⒃米国　⑫1938年2月　⑭1992(リーベンサール, ポール)／1996

レーベンスブルク, ヴィクトリア　Rebensburg, Viktoria　スキー選手(アルペン)　バンクーバー五輪アルペンスキー女子大回転金メダリスト　⒃ドイツ　⑫1989年10月4日　⑭2012

レベンソン, トマス　Levenson, Thomas　科学ジャーナリスト　⒃米国　⑫1958年　⑭1996

レベンソン, マイケル　Levenson, Michael　英文学者　バージニア

大学教授 [国]米国 [典]2004

レベントール, ビック 実業家 ソリッドワークスCOO [国]米国 [典]2000

レーベンハルト, ジョン ライデン大学教授 [専]政治学 [国]オランダ [生]1947年 [典]1996

レ・ホアン Le Hoang 映画監督 ベトナム映画協会副事務局長 [国]ベトナム [典]2004／2008／2012

レボウィッツ, フラン Lebowitz, Fran 作家, 文化評論家 [国]米国 [典]2008

レマリー, ギー Leymarie, Guy 実業家 デビアスCEO 元・カルティエインターナショナル社長 [国]フランス [生]1956年 [典]2000／2004

レマリー, ジャン 美術史家 [国]フランス [生]1919年 [典]1992

レーマン, アーネスト Lehman, Ernest 脚本家, 作家 [国]米国 [生]1915年12月8日 [没]2005年7月2日 [典]1992／1996／2004

レーマン, イエンス Lehman, Jens 元・サッカー選手 [国]ドイツ [生]1969年11月10日 [典]2008／2012

レーマン, エルビーラ・ビグナ Lehman, Elvira Vigna 画家, イラストレーター [国]ブラジル [生]1947年 [典]1996

レーマン, ジャン・ピエール Lehmann, Jean-Pierre スイス経営開発国際研究所(IMD)教授 [専]日本研究, 東アジア [国]フランス [生]1945年 [典]2000

レーマン, ジョン Lehman, John Frederick 詩人, 編集者, 批評家 [国]英国 [生]1907年 [典]1992／1996

レーマン, ジョン(Jr.) Lehman, John F.(Jr.) 政治家 元・米国海軍長官 [国]米国 [生]1942年 [典]1992／1996

レーマン, デービッド Lehman, David 詩人, 文芸評論家 全米書評家協会副会長 [国]米国 [生]1948年 [典]1992

レマン, ニコラス Lemann, Nicholas 「アトランティック」紙通信員 [国]米国 [典]1996

レーマン, ハンス・ペーター Lehmann, Hans-Peter オペラ演出家 [国]ドイツ [典]2004／2008／2012

レーマン, ルート Rehman, Ruth 作家 [国]ドイツ [生]1922年 [典]1996

レーマン, ロザモンド Lehmann, Rosamond Nina 作家 [国]英国 [生]1901年2月3日 [没]1990年3月13日 [典]1992

レーマン, ロナルド Lehman, Ronald Frank 元・米国軍備管理軍縮局長 [国]米国 [生]1946年3月25日 [典]1992／1996／2000

レ・マン・ティック 国立ドキュメンタリー科学映画スタジオディレクター [国]ベトナム [典]1996

レミ, ピエール・ジャン Rémy, Pierre-Jean 作家 [国]フランス [生]1937年 [典]2004

レミー, マリアンヌ・デ Raemy, Marianne de 磁器絵付家 [典]2004

レミック, リー Remick, Lee 女優 [国]米国 [生]1935年12月14日 [没]1991年7月2日 [典]1992

レミュー, マリオ Lemioux, Mario アイスホッケー選手(FW) ピッツバーグ・ペンギンズ・オーナー [国]カナダ [生]1965年10月5日 [典]1996／2000／2004／2008

レミュー, ミシェル Lemieux, Michèle イラストレーター, 絵本作家 [国]カナダ [生]1955年 [典]2000

レーム, ヴォルフガング Rehm, Wolfgang 音楽学者 ザルツブルク国際モーツァルテウム財団 [国]ドイツ [生]1929年9月3日 [典]1992

レーム, カルメン Lerm, Carmen グラフィックデザイナー [生]1969年 [典]1996

レーム, クラウス・ハインリッヒ Röhm, Klaus-Heinrich 生化学者 マールブルク大学教授 [国]ドイツ [典]2000

レム, スタニスワフ Lem, Stanisław SF作家, 批評家 [国]ポーランド [生]1921年9月12日 [没]2006年3月27日 [典]1992／1996／2000／2004

レームクール, ドナルド Lehmkuhl, Donald ミステリー作家, ジャーナリスト [国]米国 [生]1933年 [典]1996

レムス, フアン Lemus Garcia, Juan Carlos ボクシング選手 [国]キューバ [典]1996

レムニツァー, ライマン Lemnitzer, Lyman L. 軍人 元・米国陸軍大将, 元・米国統合参謀本部議長 [国]米国 [生]1899年8月29日 [没]1988年11月12日 [典]1992

レムニック, デービッド Remnic, David J. ジャーナリスト, 作家 「ニューヨーカー」編集長 [国]米国 [生]1958年10月29日 [典]2004／2008／2012

レームブルッフ, ゲルハルト Lehmbruch, Gerhard 政治学者 コンスタンツ大学名誉教授 [国]ドイツ [生]1928年 [典]2008

レメス, ホルヘ Remes, Jorge 本名=レメス・レニコフ, ホルヘ 政治家, 経済学者 アルゼンチン経済財政相 [国]アルゼンチン [典]2004／2008

レーメル, トーマス Römer, Thomas 神学者 ローザンヌ大学神学部教授 [専]旧約聖書学 [国]スイス [典]2004／2008

レメンゲサウ, トミー Remengesau, Tommy 本名=Remengesau, Tommy Esang,Jr. 政治家 パラオ大統領 [国]パラオ [生]1956年2月28日 [典]2004／2008／2012

レモス, マリア・テレザ Lemos, Maria Tereza イラストレーター [国]ブラジル [典]2004／2008

レモワン, ジョルディー Lemoine, Jordy 歌手, 俳優 [国]フランス [生]1988年1月14日 [典]1996

レモン, ウィリアム Reymond, William 記者 [国]フランス [典]2008

レモン, キャサリン・ネウェル Lemon, Katherine Newell ボストン・カレッジ助教授 [専]マーケティング [国]米国 [典]2004

レモン, グレッグ LeMond, Greg 元・自転車選手 [国]米国 [生]1961年6月26日 [典]1992／1996(レモンド, グレグ)／2012

レモン, ジャック Lemmon, Jack 本名=レモン, ジョン・ユーラー 俳優 [国]米国 [生]1925年2月8日 [没]2001年6月27日 [典]1992／1996／2000

レモン, ジャン・ベルナール Raimond, Jean Bernard 政治家 元・フランス外相 [国]フランス [生]1926年2月6日 [典]1992

レモン, ドナルド Lemon, Donald 登録名=雷猛 プロ野球選手(投手), 元・大リーグ選手 [国]米国 [生]1967年6月2日 [典]2004

レモン, ベルナール Reymond, Bernard 建築史家 ローザンヌ大学名誉教授 [国]スイス [生]1932年 [典]2004／2008

レーモン, マルセル Raymond, Marcel 文芸評論家 元・ジュネーブ大学教授 [国]スイス [生]1897年12月20日 [没]1981年 [典]1992

レーヤー, ジム Loehr, Jim 本名=Loehr,James E. スポーツトレーナー LGEスポーツサイエンス研究所所長・CEO [専]スポーツ心理学 [国]米国 [生]1948年 [典]1992／1996／2000

レーヤ, マグダ Leja, Magda 作家 [国]ポーランド [生]1935年 [典]2004／2008

レーラー, クラウス Roehler, Klaus 作家, 陶芸家 [国]ドイツ [生]1929年 [典]1996

レーラー, ジム Lehrer, Jim 本名=Lehrer,James Charles ジャーナリスト, ニュースキャスター, 作家 「ニューズアワー」キャスター [国]米国 [生]1934年5月19日 [典]2004／2012

レリス, ミシェル Leiris, Michel 作家, 人類学者, 詩人 [国]フランス [生]1901年4月20日 [没]1990年9月30日 [典]1992

レリベルド, ジョゼフ Lelyveld, Joseph Salem ジャーナリスト 元・「ニューヨーク・タイムズ」専務 [国]米国 [生]1937年4月5日 [典]2004／2012

レ・リベレンド, フリオ Le Riverend, Julio 歴史学者 元・ハバナ大学人文学部教授 [国]キューバ [生]1959年1月4日 [没]1998年5月12日 [典]2004(リベレンド, フリオ・レ)

レ・リュー Le Luu 作家, ジャーナリスト [国]ベトナム [生]1942年 [典]2004

レーリング, ベルナルト Röling, Bernard V.A. 法律家 元・東京裁判判事, 元・フローニンゲン大学教授 [専]刑法 [国]オランダ [生]1906年12月26日 [没]1985年3月16日 [典]1992

レルー, アンソニー Lerew, Anthony Allen 大リーグ選手(投手) [国]米国 [生]1982年10月28日

レルケス, アンナ Lelkes, Anna ハープ奏者 ウィーン・フィル

ハーモニー管弦楽団ハープ奏者 ⊕1939年 ⊗2004／2008

レールス，ヘルマン Röhrs, Hermann 教育学者 マンハイム大学名誉教授 ⊕ドイツ ⊕1915年 ⊗1992／1996

レルチャック，アラン Lelchuk, Alan 作家 ⊕米国 ⊕1938年5月15日 ⊗1992

レルフ，エドワード Relph, Edward 地理学者 トロント大学スカボロー・カレッジ教授 ⊕現象学的地理学，人間主義的地理学 ⊕1944年 ⊗1992／2000

レルマ，ホアン Lerma, Joan 政治家 元・スペイン公共行政相 ⊕スペイン ⊗1992／1996／2000

レルミット，ティエリー Lhermitte, Thierry 俳優，映画プロデューサー ⊕フランス ⊕1957年11月 ⊗2000

レルン，ヴィヴェッカ Lärn, Viveca 作家 ⊕スウェーデン ⊕1944年 ⊗2000

レレ，オーカ Lele, Ouka 本名＝アジェンデ，バルバラ 写真家 ⊕スペイン ⊕1957年 ⊗1992

レレケ，ハインツ Rölleke, Heinz ヴッパータール大学教授 ⊕ドイツ中世文学，グリム童話 ⊕ドイツ ⊕1936年 ⊗1992

レーン，エリザベス Rehn, Elizabeth 政治家 旧ユーゴスラビア問題特別報告官 元・フィンランド国防相 ⊕フィンランド ⊗1992／1996

レン，クリストファー Wren, Christopher S. 「ニューヨーク・タイムズ」記者・編集者 ⊕米国 ⊗2004

レーン，ジェフリー スミス・バーニー副会長 ⊕米国 ⊕1942年 ⊗1996

レーン，ジャン・マリー・ピエール Lehn, Jean-Marie Pierre 生化学者 コレージュ・ド・フランス化学教授 ⊕フランス ⊕1939年9月30日 ⊗1992／1996／2000

レーン，ジョン Lane, John 「夏は再びやって来る―戦時下の神戸・オーストラリア兵捕虜の手記」の著者 ⊕オーストラリア ⊕1922年 ⊗2008

レン・セン 連戦 Lien, Chan 政治家，政治学者 台湾国民党名誉主席 元・台湾副総統，元・台湾行政院院長(首相) ⊕台湾 ⊕1936年8月27日 ⊗1992／1996／2000／2004／2008／2012

レン，ダニエル Wren, Daniel A. 経営史学者 オクラホマ大学名誉教授 ⊕米国 ⊕1932年1月8日 ⊗2008

レン・チンレイ 連珍羚 Lien, Chen-ling 柔道選手 ⊕台湾 ⊕1988年1月31日 ⊗2012

レーン，ニール・フランシス Lane, Neal Francis 物理学者 元・米国大統領補佐官(科学技術担当)，元・全米科学財団(NSF)総裁 ⊕米国 ⊕1938年8月22日 ⊗2000／2004／2008

レーン，ネーサン Lane, Nathan 本名＝Lane,Joseph 俳優 ⊕米国 ⊕1956年2月3日 ⊗2000(レイン，ネイサン)／2004／2008／2012

レーン，ブライアン Lane, Brian 犯罪研究家 殺人クラブ主宰者 ⊕英国 ⊗2000

レン，マイク Wrenn, Mike 作家，ジャーナリスト ⊕英国 ⊕1959年 ⊗1996

レーン，マーク Lane, Mark 弁護士，著述家 ⊕米国 ⊕1927年2月 ⊗1996(レイン，マーク)

レーン，ヨハン Löhn, Johann シュタインバイス財団理事長 ⊕ドイツ ⊕1936年 ⊗2000

レーン，リチャード Lane, Richard 日本美術研究者，日本文学研究者 元・ホノルル美術館学芸員 ⊕浮世絵 ⊕米国 ⊕1926年 ⊗2000

レン・レン 連蓮 経営コンサルタント ⊕中国 ⊗2008

レンウィック，フランク Renwick, Frank 文筆家，作家 ライブスター・スクール校長 ⊕英国 ⊕1937年 ⊗2000

レンキスト，ウィリアム Rehnquist, William H. 裁判官 元・米国最高裁長官 ⊕米国 ⊕1924年10月1日 ⊗2005年9月3日 ⊗1992／1996／2000／2004

レンク，クリストフ Lenk, Krzysztof グラフィックデザイナー ロードアイランド・デザインスクール教授 ⊕ポーランド ⊗2004

レング，ジャン・ピエール Leng, Jean-Pierre 外交官 駐ジュネーブEU代表部大使 元・駐日EU代表部大使 ⊕フランス ⊕1931年 ⊗1992／1996

レンク，ジルケ Renk, Silke やり投げ選手 ⊕ドイツ ⊕1967年6月30日 ⊗1996

レンク，ハンス Lenk, Hans Albert Paul 哲学者,元・ボート選手 カールスルーエ大学名誉教授 元・国際スポーツ哲学会会長 ローマ五輪ボート男子エイト金メダリスト ⊕スポーツ哲学 ⊕ドイツ ⊕1935年3月23日 ⊗2004／2008／2012

レンジ，ガブリエル Range, Gabriel 映画監督 ⊕英国 ⊗2012

レンジ，マギー Renzi, Maggie 映画プロデューサー，女優 ⊕米国 ⊗2000

レンジ，マーク Lenzi, Mark Edward 飛び込み選手 ⊕米国 ⊗1996／2000

レンジェル，ペーテル Lengyel, Péter 作家，編集者 ⊕ハンガリー ⊕1939年 ⊗1992

レンシオーニ，パトリック Lencioni, Patrick 経営コンサルタント テーブル・グループ社長 ⊕米国 ⊗2004

レンジャー，テレンス Ranger, Terence オックスフォード大学教授 ⊕アフリカ宗教史，アフリカ文化史 ⊕英国 ⊕1929年11月29日 ⊗1996

レンシュニック，ピエール Rentchnick, Pierre 医師 ジュネーブ大学医学部講師，「医学と衛生」誌主筆 ⊕内科 ⊕1923年 ⊗1996

レンショウ，モーリス 元・ワーナー・ランバート社長 ⊕オーストラリア ⊕1947年 ⊗1992

レンズコールド，ジェームズ Lenskold, James D. マーケティング・コンサルタント レンズコールド・グループ社長 ⊗2008

レンズーリ，ジョセフ Renzulli, Joseph S. 教育学者 コネティカット大学教育大学院教授・才能教育センター所長，米国国立英才能教育研究所(NRC/GT)所長 ⊕才能教育，教育評価 ⊕米国 ⊕1936年 ⊗2004／2008

レンセン，ニコラス Lenssen, Nicholas E-SOURCE社研究員 ⊕エネルギー政策，代替エネルギー，放射性廃棄物，気候変動問題 ⊕米国 ⊕1959年 ⊗2000

レンチ，トム Wrensch, Tom コンピュータ技術者 ⊗2008

レンチュ，ヴォルフガング Renzsch, Wolfgang 政治学者 マグデブルク大学教授 ⊕ドイツ財政 ⊕ドイツ ⊕1949年 ⊗2000

レンツ，イルゼ Lenz, Ilse ボッフム大学社会学部教授 ⊕社会学，女性学，日本学 ⊕ドイツ ⊕1948年 ⊗1996

レンツ，ウィドゥキント Lenz, Widukind 人類遺伝学者，医学者 元・ミュンスター大学教授 ⊕ドイツ ⊕1919年2月4日 ⊗1995年2月25日 ⊗1992／1996

レンツ，ジークフリート Lenz, Siegfried 作家，劇作家 ⊕ドイツ ⊕1926年3月17日 ⊗1992／1996

レンツ，ビッキー Lenz, Vickie 著述家，コンサルタント ⊕米国 ⊗2004

レンツ，ヘルマン Lenz, Hermann 作家 ⊕ドイツ ⊕1913年 ⊗1992

レンツ，マーサ Lentz, Martha J. 看護婦 ワシントン大学看護学部教員，シアトル山岳救助委員会メンバー ⊕整形外科，救急医学，登山者向けファーストエイド ⊕米国 ⊗2004

レンツィ，マッテオ Renzi, Matteo 政治家 イタリア首相 ⊕イタリア

レンテリア，エドガー Renteria, Edgar 本名＝Renteria,Edgar Enrique 大リーグ選手(内野手) ⊕コロンビア ⊕1975年8月7日 ⊗2000／2004／2008／2012

レンデル，ルース Rendell, Ruth 本名＝グレイスマン，ルース・バーバラ 別筆名＝パイン，バーバラ ミステリー作家 ⊕英国 ⊕1930年2月17日 ⊗1992／1996／2000／2004／2008／2012

レント，C.K. Lendt, C.K. ビジネスコンサルタント ニューヨーク大学助教授,マネジメント・インスティテュート助教授 元・グリックマン・マークス副社長 ⊕米国 ⊗2004

レント，ジェフリー Lent, Jeffrey 作家 ⊕米国 ⊗2004

レント，ブレア Lent, Blair 画家，版画家，絵本作家 ⊕米国 ⊕1930年 ⊗2009年1月27日 ⊗2004

レンドバイ, パウル Lendvai, Paul オーストリア国営放送(ORF)国際ラジオ放送総裁 [専]東欧問題 [国]オーストリア [生]1929年8月24日 [典]1992

レンドラ Rendra 本名=ウィリブロドゥス・スレンドラ・ブロト・レンドラ 詩人,劇作家,演出家 元・レンドラ・ベンケル劇団主宰 [国]インドネシア [生]1935年11月7日 [没]2009年8月6日 [典]1992/1996/2000

レントリッキア, フランク Lentricchia, Frank 英文学者 デューク大学教授 [典]2004

レンドル, イワン Lendl, Ivan 元・テニス選手 [国]米国 [生]1960年3月7日 [典]1992/1996/2000

レンパー, ウテ Lemper, Ute 歌手,女優 [国]ドイツ [生]1963年7月4日 [典]1992/1996/2004/2008/2012

レンハート, キャロリン Leonhart, Carlolyn ジャズ歌手 [国]米国 [生]1971年7月10日 [典]1996

レーンハルト, フォルカー Lenhart, Volker 教育学者 ハイデルベルク大学教育学教授 [専]学校教育学,教育史学,比較教育学 [国]ドイツ [生]1939年 [典]1996

レンフルー, グレン Renfrew, Glen 実業家 元・ロイター社長 [国]オーストラリア [生]1928年9月15日 [没]2006年6月29日 [典]1992(レンフリュー, グレン・M.)

レンフルー, コリン Renfrew, Colin 本名=Renfrew,Andrew Colin 別名=Renfrew of Kaimsthorn ケンブリッジ大学考古学教授 [専]考古学 [国]英国 [生]1937年7月25日 [典]1996/2000

レンフロ, ブラッド Renfro, Brad 俳優 [国]米国 [生]1982年7月25日 [没]2008年1月15日 [典]2000/2004/2008

【ロ】

ロー, アレックス Law, Alex 中国名=羅啓鋭 映画監督,映画プロデューサー [国]香港 [生]1953年8月19日 [典]1992(羅 啓鋭 ラ・ケイエイ)/1996(羅 啓鋭 ラ・ケイエイ)/2000(羅 啓鋭 ラ・ケイエイ)/2004/2012

ロー, アーレン Loe, Erlend 作家 [国]ノルウェー [生]1969年 [典]2004/2008

ロー, アンウェイ Law, Anwei IDEA(アイデア)コーディネーター [国]米国 [典]2000

ロー, アンディ Law, Andy 経営コンサルタント [国]英国 [典]2004

ロー, イアン・マクファーレン Lowe, Iain Macfarlane ゴルフコース研究家,写真家 [国]英国 [生]1949年6月4日 [典]2004

ロー, イスマエル Lo, Ismael シンガー・ソングライター,画家 [国]セネガル [生]1956年 [典]1992

ロ・エイケイ 盧 栄景 Lu, Rong-jing 中国共産党中央委員 元・中国共産党安徽省委員会書記 [国]中国 [生]1933年8月 [典]1996/2000

ロ・エイコン 盧 永根 農学者 華南農業大学学長,中国国務院学位委員会委員・学科評議組メンバー,オーストラリア国際農業研究センター理事 [専]作物遺転育種の研究 [国]中国 [生]1930年 [典]1996

ロ・カシャク 盧 嘉錫 Lu, Jia-xi 化学者 元・中国全国人民代表大会(全人代)常務委員会副委員長,元・中国科学院院長,元・中国農工民主党名誉首席 [専]構造化学 [国]中国 [生]1915年10月26日 [没]2001年6月4日 [典]1992/1996/2000/2004

ロ・カンキュウ 魯 冠球 Lu, Guan-qiu 実業家 万向集団会長 [国]中国 [生]1944年 [典]2008/2012

ロ・ギョウイツ 盧 暁逸 言語学者 北京語言大学教授 [国]中国 [典]2008

ロー, グスタフ Rau, Gustav 美術収集家,医師 ロー美術財団創始者 [国]ドイツ [生]1922年 [典]2004

ロー, クリスティン Loh, Christine 中国名=陸恭蕙 香港民権党代表,香港立法評議会議員 [国]香港 [生]1956年 [典]2000

ロ・ゲイ 魯 芸 文筆家 [国]中国 [生]1942年 [典]2004

ロ・ゲンガク 魯 元学 植物学者 [国]中国 [生]1968年 [典]2008

ロ・ゲンクン 盧 彦勲 Lu, Yen-hsun 愛称=Rendy テニス選手 [国]台湾 [生]1983年8月14日 [典]2012

ロ・ゲンシュウ 魯 彦周 Lu, Yanzhou 作家 中国作家協会安徽分会副主席,安徽戯劇家協会副主席 [国]中国 [生]1928年10月 [典]1992/1996

ロ・コウ 魯 光 ルポルタージュ作家 「中国体育報」社長 [国]中国 [典]1992

ロ・シー 盧 思 Lu, Si 京劇俳優 [国]中国 [典]2004

ロー, ジャニス Law, Janice 本名=ロー・トレッカー, ジャニス 推理作家 [国]米国 [生]1941年6月10日 [典]1992(ロウ, ジャニス)/2004

ロ・シンエン 盧 心遠 元・中国共産党員,元・中国新聞社理事,元・中華全国帰国華僑連合会常務委員 [国]中国 [没]1985年 [典]1992

ロー, スティーブン Law, Stephen 哲学者 ロンドン大学ヘイスロップ・カレッジ [国]英国 [典]2008

ロ・セイヘキ 盧 世璧 医学者 中国人民解放軍軍医進修学院教授,中国身体障害者快復協会理事長 [国]中国 [生]1930年 [典]1996

ロ・センケイ 盧 千恵 児童文学者 許世楷台北駐日経済文化代表処代表の妻 [国]台湾 [生]1936年 [典]2008/2012

ロー, タイ Law, Ty 元・プロフットボール選手 [国]米国 [生]1974年2月10日 [典]2008

ロー, テッサ・デ Loo, Tessa de 作家 [国]オランダ [生]1946年 [典]2012

ロー, デニス Law, Denis 元・サッカー選手 [国]英国 [生]1940年2月24日 [典]2004

ロー, デビー Law, Debbie コンピューター技術者 [国]英国 [生]1959年 [典]2004

ロー, デービッド Rohr, David ウェブデザイナー [典]2004

ロー, バーナード Lo, Bernard 医学者 カリフォルニア大学サンフランシスコ校医学部教授 [国]米国 [典]2004/2008

ロー, ブライアン・J. 元・軍人 英国防衛機器工業会理事長 [国]英国 [典]1996

ロ・ヘイ 魯 平 Lu, Ping 元・中国共産党中央委員,元・中国国務院香港マカオ弁公室主任 [国]中国 [生]1927年 [典]1996/2000

ロ・メイシ 呂 明賜 プロ野球コーチ,元・プロ野球選手 [国]台湾 [生]1964年10月30日 [典]1996(リョ・メイシ)/2000(リョ・メイシ)/2004/2008/2012

ロ・ヨウ 路 遙 Lu, Yao 歴史学者 山東大学歴史系教授 [専]中国近代史 [国]中国 [生]1927年12月 [典]1992/1996

ロ・ヨウ 路 遙 作家 陝西省作家協会副主席 [国]中国 [生]1949年 [典]1996

ロ・ヨウショウ 路 甬祥 Lu, Yong-xiang 機械工学者 中国科学院院長,中国共産党中央委員 [国]中国 [生]1942年4月28日 [典]1996/2000

ロ・レイ 路 翎 Lu, Ling 本名=徐嗣興 作家 [国]中国 [生]1923年 [典]1992/1996

ロア, ガブリエル Roy, Gabrielle 作家 [国]カナダ [生]1909年 [没]1983年 [典]1992

ロア, カルロス Roa, Carlos サッカー選手 [国]アルゼンチン [生]1969年8月15日 [典]2000/2004

ローアー, ピーター 映画プロデューサー,実業家 IMAR社長 [国]米国 [生]1968年 [典]2004

ローアイザー, エステバン Loaiza, Esteban 本名=Loaiza, Esteban Antonio Veyna 大リーグ選手(投手) [国]メキシコ [生]1971年12月31日 [典]2008

ロア・バストス, アウグスト Roa Bastos, Augusto Antonio 作家,ジャーナリスト,詩人 [国]パラグアイ [生]1917年 [没]2005年4月26日 [典]1992/1996

ロイ Roy 魔術師 [国]ドイツ [典]1992

ロイ, J.ステープルトン 外交官 元・駐中国米国大使 [国]米国 [典]1992/1996

ロイ, P.N. Roy, P.N. インド旭硝子(IAG)会長 [国]インド [生]1922年 [典]1992

ロ

ロイ, アルンダティ　Roy, Arundhati　本名＝Roy,Suzanna Arundhati　作家,脚本家,活動家　⒩インド　⒢1960年11月24日　⒭2000／2004

ローイ, イボンヌ・ファン　Riel, Ruud van　政治家　ティルブルフ大学理事長,蘭日交流400周年実行委員長　元・オランダ貿易相　⒩オランダ　⒢1951年　⒭2004

ロイ・チウ　Roy, Chiu　漢字名＝邱澤　俳優　⒩台湾　⒢1981年10月14日　⒭2008／2012

ロイ, パトリシア　Roy, Patricia E.　ビクトリア大学教授　⒩カナダ　⒭1996

ロイ, ブランドン　Roy, Brandon　バスケットボール選手　⒩米国　⒢1984年7月23日

ロイ, マイケル　Roy, Michel　野生動物保護・研究家　全米野生生物連盟北ロッキー自然資源センター職員　⒩米国　⒢1959年　⒭1996

ロイ, マーナ　Loy, Myrna　本名＝ウィリアムズ,マーナ　女優　⒩米国　⒢1905年8月2日　⒠1993年12月14日　⒭1992／1996

ロイ, ミゲル　Roig, Miguel　政治家,実業家　元・アルゼンチン蔵相,元・ブンゲ・イ・ボルン社重役　⒩アルゼンチン　⒠1989年7月14日　⒭1992

ロイエ, ロナルド　Rauhe, Ronald　カヌー選手　アテネ五輪カヌー男子カヤックペア500メートル金メダリスト　⒩ドイツ　⒢1981年10月3日　⒭2008／2012

ロイエンベルガー, モリツ　Leuenberger, Moritz　政治家　元・スイス大統領,元・スイス環境運輸エネルギー通信相　⒩スイス　⒢1946年9月21日　⒭2004／2008／2012

ロイコ, マイク　Royko, Mike　コラムニスト　元・「シカゴ・トリビューン」紙コラムニスト　⒩米国　⒢1932年9月19日　⒠1997年4月29日　⒭1992／1996

ロイ・シム・チェン　Loy Sim Chheang　カンボジア国会第1副議長　⒩カンボジア

ロイシュ, ジャーゲン　Reusch, Jurgen　カリフォルニア大学医学部教授　⒨精神医学　⒩米国　⒢1909年　⒭1992

ロイス, ケネス　Royce, Kenneth　作家　⒩英国　⒢1920年　⒭1992／1996／2000

ロイス, ヘンリー　Reuss, Henry S.　政治家　元・米国下院議員(民主党)　⒩米国　⒢1912年2月22日　⒭1992

ロイター, アンドレアス　Reuter, Andreas　コンピューター科学者　ドイツ国際大学IT学部長,ヨーロッパメディア研究所(EML)科学担当取締役　元・シュトゥットガルト大学学長　⒨トランザクション処理　⒩ドイツ　⒭2004／2008

ロイター, エツァルト　Reuter, Edzard　元・ダイムラー・ベンツ社長　⒩ドイツ　⒢1928年2月16日　⒭1992／1996／2000

ロイター, キャサリン　Reutter, Katherine　元・スピードスケート選手(ショートトラック)　バンクーバー五輪スピードスケート・ショートトラック女子1000メートル銀メダリスト　⒩米国　⒢1988年7月30日

ロイット, スアミ・アンタル　Rohit, Swami Antar　画家　⒨シルクペインティング　⒢1960年　⒭2008

ロイツル, ウォルフガング　Loitzl, Wolfgang　スキー選手(ジャンプ)　バンクーバー五輪スキー・ジャンプ団体金メダリスト　⒩オーストリア　⒢1980年1月13日　⒭2012

ロイテマン, カルロス　Reutemann, Carlos　元・F1ドライバー　⒩アルゼンチン　⒢1942年4月12日　⒭1992／1996

ロイド, P.J.　Lloyd, P.J.　メルボルン大学教授・経済学商学部長　⒨ミクロ経済学,国際貿易　⒩オーストラリア　⒭1996

ロイド, エミリー　Lloyd, Emily　本名＝ロイド・パック,エミリー　女優　⒩英国　⒢1970年　⒭2000

ロイド, クリストファー　Lloyd, Christopher　俳優　⒩米国　⒢1938年10月22日　⒭1992／1996

ロイド, クリストファー　Lloyd, Christopher　ジャーナリスト　元・「サンデー・タイムズ」記者　⒩英国　⒢1968年

ロイド, ケン　Lloyd, Kenneth L.　経営コンサルタント　⒩米国　⒭2004／2008

ロイド, コリン　Lloyd, Colin　「理工系のための英文手紙の書き方」の著者　⒢1944年　⒭1996

ロイド, ジェイク　Lloyd, Jake　俳優　⒩米国　⒢1989年　⒭2000

ロイド, ジェフリー　Lloyd, Geoffrey Ernest Richard　哲学者　ケンブリッジ大学古代哲学・科学教授,ダーウィン・カレッジ学寮長　⒩英国　⒢1933年1月25日　⒭1996／2000／2004

ロイド, ジェームズ・T.　元・USエアーグループ副社長　⒩米国　⒭2000

ロイド, ジョジー　Lloyd, Josie　作家　⒩英国　⒭2004

ロイド, スティーブ　Lloyd, Steve　コンピュータ技術コンサルタント　エントラスト・テクノロジーズ高度セキュリティ技術グループ主任コンサルタント　⒨ネットワーク・セキュリティ　⒭2004

ロイド, セス　Lloyd, Seth　マサチューセッツ工科大学教授　⒨量子力学,量子コンピューター　⒩米国　⒭2000

ロイド, チャールズ　Lloyd, Charles　ジャズ・サックス奏者　⒩米国　⒢1938年3月15日　⒭2012

ロイト, ラルフ・ゲオルグ　Reuth, Ralf-Georg　ジャーナリスト　「フランクフルター・アルゲマイネ」紙政治担当記者　⒩ドイツ　⒭2000

ロイトウィラー, フリッツ　Leutwiler, Fritz　銀行家　元・スイス中央銀行総裁　⒩スイス　⒢1924年7月30日　⒠1997年5月29日　⒭1992

ロイド・ウェバー, アンドルー　Lloyd Webber, Andrew　作曲家　リアリー・ユースフル・グループ会長,英国王立音楽院名誉会長　⒩英国　⒢1948年3月22日　⒭1992／1996／2000／2008／2012

ロイド・ウェバー, ジュリアン　Lloyd Webber, Julian　チェロ奏者　⒩英国　⒢1951年4月14日　⒭1992

ロイド・ジェニングス, アシュリー　Lloyd-Jennings, Ashley　アルフレッド・ダンヒル・クリエイティブディレクター　⒩英国　⒭2000

ロイド・ジョーンズ, バスター　Lloyd-Jones, Buster　本名＝ロイド・ジョーンズ,ウィリアム・レウェリン　動物文学作家,獣医　⒩英国　⒢1914年　⒠1980年　⒭1992

ロイトハルト, ドリス　Leuthard, Doris　政治家　スイス環境・交通・エネルギー・通信相　元・スイス大統領　⒩スイス　⒢1963年4月10日　⒭2012

ロイバル, ジェイ　Roybal, Jay　画家　⒩米国　⒢1945年　⒭2000

ロイヒー, アン・リチャードソン　作家　⒩米国　⒭1992

ロイピン, ヘルベルト　Leupin, Herbert　グラフィックデザイナー,イラストレーター,画家　⒩スイス　⒢1916年　⒭2000

ロイプレヒト, ペーター　Leuprecht, Peter　欧州評議会(CE)人権部長　⒩オーストリア　⒢1937年　⒭1992

ロイヤー, ポール　Royer, Paul S.　ITコンサルタント,経営コンサルタント　⒩米国　⒭2004

ロイヤース, フレッド　Royers, Fred　武道家,スポーツコメンテーター　⒩オランダ　⒢1955年3月15日　⒭2000

ロイヤル, リサ　Royal, Lissa　チャネラー　⒩米国　⒭2004

ロイン, ヘンリー　Loyn, Henry Royston　歴史学者　元・ロンドン大学名誉教授,元・ウェールズ大学名誉教授　⒨英国中世史　⒩英国　⒢1922年6月16日　⒠2000年10月9日　⒭2000

ロウ・イエ　婁燁　Lou, Ye　映画監督　⒩中国　⒢1965年3月15日　⒭2004(ロウ・ヨウ)／2008(ロウ・ヨウ)／2012

ロウ, イブリン　Lau, Evelyn　詩人　⒩カナダ　⒢1971年　⒭1996／2000

ロウ, ウィリアム・C.　ゼロックス副社長　⒭1992

ロウ・ウン　楼雲　体操選手　⒩中国　⒢1964年8月23日　⒭1992／1996

ロウ, カール　舞台・映画俳優　⒩米国　⒠1988年10月19日　⒭1992

ロウ・カン　労榦　Lao, Gan　字＝貞一　歴史学者　元・台湾大学教授　⒨漢代史　⒩台湾　⒢1907年2月25日　⒭1992／1996

ロウ, キース　Lowe, Keith　作家　⒩英国　⒢1971年　⒭2004

ロウ・キントク　労錦徳　⒨日本語,日本文学　⒩中国　⒢1954年　⒭1996

ロウ, クリス　Lowe, Chris　本名＝ロウ,クリストファー・ショーン

グループ名=ペット・ショップ・ボーイズ　ミュージシャン　[国]英国　[生]1959年10月4日　[典]2000／2004／2008

ロウ, クリスティン　Roug, Kristine　ヨット選手　[国]デンマーク　[生]1975年3月12日　[典]2000

ロウ, ジェイムズ　Rowe, James N.　作家, 元・軍人　[国]米国　[生]1938年　[典]1992

ロウ, ジェフ　Lowe, Jeff　登山家　[国]米国　[生]1950年9月13日　[典]2000

ロウ, C.K.　Raw, C.K.　中国名=羅祥国　証券アナリスト　BTプローカレッジエコノミック・リサーチ部門副ディレクター　[国]香港　[典]1992／1996

ロウ, ジャネット　Lowe, Janet　ジャーナリスト　[国]米国　[典]2004

ロウ, ジュード　Law, Jude　俳優, 映画監督　[国]英国　[生]1972年12月29日　[典]2000（ロー, ジュード）／2004（ロー, ジュード）／2008（ロー, ジュード）／2012

ロウ, ジョージ・M.　宇宙計画専門家　[国]米国　[没]1984年7月17日　[典]1992

ロウ, ジョン　Rowe, John　絵本作家　[国]オーストリア　[生]1949年　[典]2000／2004

ロウ, スティーブン　Rowe, Stephen C.　グランドバレー大学哲学科長　[専]哲学, 宗教　[国]米国　[典]2000

ロウ・セイコウ　婁 正綱　書家, 画家　[国]中国　[生]1967年5月20日　[典]1992／2000／2004／2008／2012

ロウ・セイサン　郎 静山　Lang, Ching-shan　写真家　元・中国写真家協会会長　[国]台湾　[没]1995年4月13日　[典]1996

ロウ, デボラ　Low, Deborah　運動療法士　[国]カナダ　[典]2004

ロウ, デレク　Lowe, Derek　本名=Lowe,Derek Christopher　元・大リーグ選手　[国]米国　[生]1973年6月1日　[典]2004／2008／2012

ロウ, トーマス　実業家　シグナ傷害火災保険社長　[国]米国　[典]2000

ロウ, ニコラス　Lowe, Nicholas　医学者　カリフォルニア大学ロサンゼルス校教授　[専]皮膚科学　[典]2008／2012

ロウ, ニック　Lowe, Nick　旧グループ名=ブリンズリー・シュウォーツ　ミュージシャン, 音楽プロデューサー　[生]1949年3月24日　[典]2012

ロウ, ネビル　Rowe, Neville　ヒプノセラピスト　[国]米国　[生]1940年　[没]1994年　[典]1996

ロウ, ピーター　Rowe, Peter G.　建築家　ハーバード大学都市計画デザイン学科長　[国]米国　[典]1992

ロウ, フレデリック　Loewe, Frederick　作曲家　[国]米国　[生]1904年6月10日　[没]1988年2月14日　[典]1992

ロウ・ヘイ　郎 平　Lang, Ping　バレーボール指導者, 元・バレーボール選手　元・バレーボール女子中国代表監督, 元・バレーボール女子米国代表監督　ロス五輪金メダリスト　[国]中国　[生]1960年12月10日　[典]1992／1996／2000／2012

ロウ, マルコム　Lowe, Malcolm　バイオリニスト　ボストン交響楽団コンサートマスター　[国]米国　[典]2000

ロウ・ヨウ　楼 杏　書家　保定市冀中書画大学書道系教授　[国]中国　[生]1919年　[典]1996

ロウ・レイシ　労 麗詩　Lao, Li-shi　飛び込み選手　[国]中国　[生]1987年12月12日　[典]2008

ロウ, レスリー　Law, Leslie　馬術選手　アテネ五輪総合馬術男子個人金メダリスト　[国]英国　[生]1965年5月5日　[典]2008（ロー, レスリー）

ロウ, ロブ　Lowe, Rob　俳優　[国]米国　[生]1964年3月17日　[典]1992

ロヴァース, ラースロー　Lovász, László　数学者　エトヴェシュ・ロラーンド大学数学研究所所長・教授　[国]ハンガリー　[生]1948年3月9日　[典]2012

ローウィー, アレックス　Lowy, Alex　情報技術コンサルタント　アライアンス・フォー・コンバージング・テクノロジーズ共同設立者　[典]2004

ローウィ, レイモンド　Loewy, Raymond Fernand　インダストリアル・デザイナー　元・レイモンド・ローウィ社創立者　[国]米国　[生]1893年11月5日　[没]1986年7月14日　[典]1992

ロウイッツ, リザ　Lowitz, Leza　詩人, 作家, 翻訳家　[国]米国　[生]1962年　[典]2012

ローウィット, ロクサーヌ　Lowit, Roxanne　写真家　[国]米国　[典]2004

ロヴィーン, イサベラ　Lovin, Isabella　政治家, ジャーナリスト　欧州議会議員　[国]スウェーデン　[生]1963年　[典]2012

ローウェ, ジョン　Rowe, John W.　医学者, 医師　マウント・サイナイ医科大学学長・病院長　[国]米国　[生]1944年　[典]2004

ローウェッダー, デトレフ　Rohwedder, Detlev　元・ドイツ信託公社総裁, 元・ヘッシュ社長　[国]ドイツ　[生]1932年10月16日　[没]1991年4月1日　[典]1992

ローウェル, エリザベス　Lowell, Elizabeth　別筆名=マックスウェル, アン　作家　[国]米国　[典]2004

ローウェル, マイク　Lowell, Mike　本名=Lowell,Michael Averett　元・大リーグ選手　[国]プエルトリコ　[生]1974年2月24日　[典]2008／2012

ローヴェルジョン, アンヌ　Lauvergeon, Anne Alice Marie　実業家　元・アレバ・グループ会長・CEO　[国]フランス　[生]1959年8月2日　[典]1992（ロウベルジォン, アンヌ）／1996（ローベルジョン, アンヌ）／2004／2008／2012

ローウェン, ヘンリー　経済学者　スタンフォード大学フーバー研究所上級フェロー　元・米国国防次官補（国際安全保障担当）　[国]米国　[典]1992／1996／2000

ローウェンスタイン, スティーブン　Lowenstein, Stephen　テレビプロデューサー, 映画監督　[国]英国　[典]2004

ローウェンスタイン, ネッティ　Lowenstein, Nettie　脚本家　[国]英国　[生]1922年　[典]2004

ロウエンスティン, ダグラス　インタラクティブ・デジタル・ソフトウェア・アソシエーション（IDSA）会長　[国]米国　[典]2000

ローウェンハーツ, デービッド　Lowenherz, David H.　手紙収集家　ライオン・ハート・オートグラフス社社主　[典]2008

ロウズ, ロバート　実業家　元・バーガーキング会長　[国]米国　[典]2000／2004

ロウタ, セイフ・エディーン　L'owta, Seif Eddeen　絵本作家　[国]スーダン　[生]1953年　[典]1996／2000

ロウチ, ダグラス　カナダ上院議員, カナダ・パグウォッシュ会議議長　元・カナダ軍縮大使　[国]カナダ　[典]2000

ロウニー, エドワード　Rowny, Edward L.　軍縮問題専門家　元・米国大統領軍縮問題特別顧問　[国]米国　[生]1917年4月3日　[典]1992

ロウノリス, アリスター　Low-Norris, Alistair G.　技術エディター, 技術コンサルタント　Microsoft U.K.エンタープライズプログラムマネージャー　[国]英国　[典]2004

ロウハニ, ハッサン　Rouhani, Hassan　政治家, 宗教学者　イラン大統領　[国]イラン　[生]1948年11月13日

ロウヒ, クリスティーナ　Louhi, Kristiina　イラストレーター, 絵本作家　[国]フィンランド　[生]1950年　[典]2000

ロウラー, ロバート　Lawlor, Robert　著述家　[国]米国　[生]1938年　[典]1996

ロウリー, グレン　Lowry, Glenn　ニューヨーク近代美術館（MoMA）館長　[専]イスラム美術　[国]米国　[生]1954年　[典]2000

ロウリー, ルイス　Lowrey, Louise R.　元・米国海兵隊カメラマン　[国]米国　[没]1987年4月15日　[典]1992

ロウル, ローレンス　Rawl, Lawrence G.　元・エクソン会長・CEO　[国]米国　[生]1928年5月　[典]1992／1996

ロウルズ, ルー　Rawls, Lou　歌手　[国]米国　[生]1935年12月1日　[没]2006年1月6日　[典]1992

ローエン, J.W.　Rohen, Johannes W.　医学者　エアランゲン大学名誉教授　[典]2008

ローエン, アレクサンダー　Lowen, Alexander　国際バイオエネルギー分析研究所所長　[専]バイオエナジェティックス　[国]米国　[生]1910年　[典]1996

ロカ, ブラス　元・キューバ国会議長　キューバ革命の理論的指導者　[国]キューバ　[没]1987年4月25日　[典]1992

ロ・カーショ, ルイジ　Lo Cascio, Luigi　俳優　[国]イタリア

ロ

ロカシン, イーゴリ　Loukachine, Igor　飛び込み選手　国ロシア　生1967年10月20日　没2008
ロカシン, イーゴリ　Loukachine, Igor　飛び込み選手　国ロシア　生1979年8月7日　没2004／2008
ロガチョフ, イーゴリ　Rogachev, Igor Alexeevich　外交官　元・駐中国ロシア大使,元・ソ連外務次官　国ロシア　生1932年3月1日　没2012年4月7日　没1992／1996
ロカテッリ, トマス　Locatelli, Tomas　サッカー選手(MF)　国イタリア　生1976年6月9日　没2008
ロカール, ミシェル　Rocard, Michel Louis Léon　政治家　元・フランス社会党第1書記,元・フランス首相　国フランス　生1930年8月23日　没1992／1996
ローガン, ジョシュア　Logan, Joshua　ミュージカル演出家,劇作家,映画監督　国米国　生1908年10月5日　没1988年7月12日　没1992
ローガン, スコット　Logan, Scott　コンピューター技術者　IBMトロント研究所上級開発アナリスト　没2004
ローガン, チャック　Logan, Chuck　作家　国米国　没2004
ローガン, トッド　Logan, Todd　コンピューターコンサルタント・トレーナー　trainAbility　没2004
ローガン, ネッダ・H.　女優　生1989年4月1日　没1992
ローガン, バジル　実業家　オプス・インターナショナル・コンサルタンツ会長,ニュージーランドY2K準備委員会委員長　国ニュージーランド　没2000
ローガン, バーバラ　Rogan, Barbara　作家　国米国　生1952年　没2000
ローガン, ロージー　Logan, Rosie　劇作家,作家　国英国　生1937年　没1996
ロギンス, ケニー　Loggins, Kenny　ロック歌手　国米国　生1948年1月7日　没1992
ローグ, ニコラス　Roeg, Nicholas　映画監督　国英国　生1928年8月15日　没1996
ローク, ミッキー　Rourke, Mickey　本名=ローク,フィリップ・アンドレ　俳優　国米国　生1956年9月16日　没1992／1996／2008／2012
ログヴィネンコ, マリーナ　Logvinenko, Marina　射撃選手　没1996(ログビネンコ,マリーナ)
ロクシン, レアンドロ　Locsin, Leandro V.　建築家　国フィリピン　生1928年　没1996
ログスドン, ジョン　Logsdon, John M.　ジョージ・ワシントン大学名誉教授　専政治学,国際問題,物理学,宇宙政策　国米国　没1992／2000／2012
ロクストン, マーガレット　Loxton, Margaret　画家　国英国　没1996
ロクスバーグ, ピーター　Roxburgh, Peter　コンピューター技術者　没2004
ロクテ, ライアン　Lochte, Ryan　水泳選手(背泳ぎ・個人メドレー)　北京五輪競泳男子200メートル背泳ぎ・4×200メートルリレー金メダリスト　生1984年8月3日　没2012
ロクティ, ディック　Lochte, Dick　作家　国米国　生1944年　没1992／1996
ログノフ, アナトリー　Logunov, Anatolii Alekseevich　物理学者　プロトビノ高エネルギー物理研究所所長　元・モスクワ大学総長　専量子論　国ロシア　生1926年12月30日　没1992／1996
ロクンベ, ハンニバル　本名=Peterson,Marvin Charles　愛称=ハンニバル,前名=ピーターソン,ハンニバル・マービン　ジャズトランペット奏者,作曲家　国米国　生1948年11月11日　没1996(ピーターソン,マービン)／2000
ロゲ, ジャック　Rogge, Jacques　整形外科医,元・ヨット選手　国際オリンピック委員会(IOC)名誉委員　元・国際オリンピック委員会(IOC)委員長(第8代)　国ベルギー　生1942年5月2日　没2004／2008／2012
ローゲ, ビョルン　政治家　フログン市長　国ノルウェー　生1946年　没2000
ロケ, ミキ　Roqué, Miki　本名=ロケ・ファレーロ,ミゲル　サッカー選手　国スペイン　生1988年7月8日　没2012年6月24日

ローケン, クリスタナ　Loken, Kristanna Sommer　女優,モデル　国米国　生1979年10月8日　没2004／2008
ロコ, マイク　機械工学者　全米科学財団(NSF)ナノテクノロジー研究プログラムディレクター,ホワイトハウス科学技術会議ナノスケール科学技術小委員会委員長　元・ケンタッキー大学教授　専ナノテクノロジー　生1947年11月2日　没2004／2008
ロゴウ, ロバータ　Rogow, Roberta　作家,司書　国米国　没2004
ロゴズ, アドリアン　Rogoz, Adrian　SF作家　国ルーマニア　生1921年　没1992
ロゴス, ズボニミル　俳優　国ユーゴスラビア　生1988年2月6日　没1992
ロゴビン, ミルトン　Rogovin, Milton　写真家　国米国　生1909年12月30日　没2011年1月18日　没1996
ロゴビン, リチャード　Rogovin, Richard D.　弁護士　ブリッカー・アンド・エクラー(BRICKER AND ECKLER=弁護士事務所)所属　国米国　生1939年　没1992
ロゴフ, ケネス　Rogoff, Kenneth S.　経済学者　ハーバード大学教授　元・国際通貨基金(IMF)経済担当顧問・調査局長　専国際金融　国米国　生1953年3月22日　没2004／2008／2012
ロゴフスカ, アンナ　Rogowska, Anna　棒高跳び選手　アテネ五輪陸上女子棒高跳び銅メダリスト　国ポーランド　生1981年5月21日
ロザ, エンリケ　Rosa, Henrique Pereira　政治家　元・ギニアビサウ暫定大統領　国ギニアビサウ　生1946年1月18日　没2013年5月15日　没2008
ローザ, ミクロス　Rózsa, Miklós　作曲家,指揮者　専映画音楽　国米国　生1907年4月18日　没1995年7月27日　没1992／1996
ローザ, ロバート　Roosa, Robert Vincent　経済専門家,銀行家　元・米国財務次官　国米国　生1918年6月21日　没1993年12月23日　没1992
ローザク, シオドア　Roszak, Theodore　文明批評家,ミステリー作家　カリフォルニア州立大学歴史学部教授　国米国　生1933年　没2011年7月5日　没1992／2004／2008
ロサス, セサル　Rosas, Cesar　グループ名=ロス・ロボス　ミュージシャン　国米国　没2012
ロサーダ, イザベル　Losada, Isabel　女優,ダンサー,歌手,テレビプロデューサー　国英国　没2004
ロザック, エルヴェ　Rozach, Herve　映画監督,脚本家　没2000
ロサティ, ダリウシュ　Rosati, Dariusz Kajetan　政治家　欧州議会議員　元・ポーランド外相　国ポーランド　生1946年8月8日　没2000／2004／2012
ロサート, ジーン　Rothert, Gene　園芸療法士　国米国　没2004
ロサーノ, コンラッド　Lozano, Conrad　グループ名=ロス・ロボス　ミュージシャン　国米国　没2012
ロザリオ, ルイーズ・ド　ジャーナリスト　「ファー・イースタン・エコノミック・レビュー」東京特派員　国香港　没1992／1996
ローザン, S.J.　Rozan, S.J.　作家　国米国　没2004／2008／2012
ロサン, ハイメ　Rosán, Jaime　画家　国ペルー　生1936年　没2000
ロサン, ヘオルヒーナ・デ　Rosán, Georgina de　画家　国ペルー　生1945年　没2000
ロサン・ガンワン　ラマ僧　ギュメ寺管長　国インド　生1937年　没1996／2004
ロザンスチエール, アニュエス　Rosenstiehl, Agnès　児童書作家・画家　国フランス　生1941年　没1996
ロザンタール, マニュエル　Rosenthal, Manuel　指揮者,作曲家　元・リエージュ管弦楽団常任指揮者　国フランス　生1904年6月18日　没2003年6月5日　没2000
ローサンダワ　Luosang-Dawa　漢字名=洛桑・達瓦　登山家　チベット自治区体育運動委主任,中国登山協会副主席,ナムチャバルワ日中登山隊中国側総隊長　国中国　没1992／1996
ロージー　Rosy　イラストレーター,絵本作家　生1927年　没1996
ロージー　Rosey　プロレスラー　国東サモア　生1970年4月7日　没2008／2012

ロージー, ウィリアム　実業家　ソフトバンク・エキスポ社社長・CEO　[国]米国　[典]2000

ロージー, ジョセフ　Losey, Joseph　映画監督　[国]米国　[生]1909年1月4日　[没]1984年6月22日　[典]1992

ロージ, フランチェスコ　Rosi, Francesco　映画監督　[国]イタリア　[生]1922年11月15日　[典]2000／2004／2008

ロジェ, アンドレ　Rosier, Andree　料理人　銀座三越レ・ロジェ・エギュスキロール・シェフ　[専]フランス料理　[国]フランス　[典]2012

ロジエ, ジャック　Rozier, Jacques　映画監督　[国]フランス　[生]1926年　[典]2012

ロジェ, ジャン・フランソワ　Rauger, Jean-François　映画批評家　シネマテーク・フランセーズ・プログラムディレクター　[国]フランス　[生]1959年　[典]2012

ロジェ, パスカル　Rogé, Pascal　ピアニスト　[国]フランス　[生]1951年4月6日　[典]2000／2012

ロジェ, モーリス　Roger, Maurice　パルファン・クリスチャン・ディオール社長　[国]フランス　[典]1992

ロシェ, ワルデック　Rochet, Waldeck　政治家　元・フランス共産党書記長　[国]フランス　[生]1905年4月5日　[没]1983年2月15日　[典]1992

ロシェク, イングーリト　モード・服飾史家　[国]オーストリア　[典]1992

ロジェストヴェンスキー, ゲンナジー　Rozhdestvenskii, Gennadii　本名=Rozhdestvenskii,Gennadii Nikolaevich　指揮者　読売日本交響楽団名誉指揮者　元・ボリショイ劇場芸術総監督　[国]ロシア　[生]1931年5月4日　[典]1992（ロジェストベンスキー, ゲンナジー）／1996（ロジェストベンスキー, ゲンナジー）／2000／2004／2008／2012

ロジェストヴェンスキー, ロベルト　Rozhdestvenskii, Robert Ivanovich　詩人　[国]ロシア　[生]1932年6月20日　[没]1994年8月20日　[典]1992（ロジェストベンスキー, ロベルト）／1996（ロジェストベンスキー, ロベルト）

ロシェット, ジョアニー　Rochette, Joannie　フィギュアスケート選手　バンクーバー五輪フィギュアスケート女子シングル銅メダリスト　[国]カナダ　[生]1986年1月13日　[典]2012

ロジオノフ, イーゴリ・ニコラエヴィチ　Rodionov, Igori Nikolaevich　政治家　元・ロシア国防相　[国]ロシア　[生]1936年12月1日　[典]2000

ロジオノフ, ワレンチン　Rodionov, Valentin　元・建築家　ロシア国立トレチャコフ美術館総館長　元・ロシア副文化相　[国]ロシア　[典]2012

ロシツキー, トマーシュ　Rosicky, Tomás　サッカー選手（MF）　[国]チェコ　[生]1980年10月4日　[典]2004／2008／2012

ロシディ, アイプ　作家, 翻訳家　大阪外国語大学外国語学部第一部インドネシア・フィリピン語学科外国人教師　[国]インドネシア　[生]1938年　[典]1996

ロジャー, アニアモイ　元・ムルロア環礁核実験施設労働者　[国]フランス　[典]2000

ロジャー, イアン　ジャーナリスト　「フィナンシャル・タイムズ」紙東京支局長　[生]1943年　[典]1992

ローシャ, グラウベル　Rocha, Glauber　映画監督　[国]ブラジル　[生]1938年3月14日　[没]1981年8月22日　[典]1992

ロージャ, ノルベルト　Rozsa, Norbert　元・水泳選手（平泳ぎ）　[国]ハンガリー　[生]1972年2月9日　[典]2000

ローシャ, パウロ　Rocha, Paulo　映画監督　元・在日ポルトガル大使館文化担当官　[国]ポルトガル　[生]1935年　[没]2012年12月29日　[典]2000

ローシャ, ペドロ　本名=ローシャ・フランシェッチ, ペドロ・ビルジレオ　元・サッカー監督　[国]ウルグアイ　[生]1942年12月3日　[典]2000

ロシャ, ルイス・フィリペ　Rocha, Luís Filipe　映画監督　[国]ポルトガル　[生]1947年　[典]2000

ロジャーズ, J.　サイリックス社長・CEO　[国]米国　[典]1996

ロジャース, T.J.　サイプレス・セミコンダクター社長・CEO　[国]米国　[典]1992／1996

ロジャーズ, アラン　Rogers, Alan　レディング大学成人教育客員教授　[専]中世史, 地方史, リンカンシャー地方史　[国]英国　[生]1933年　[典]1992

ロジャース, アーロン　Rodgers, Aaron　プロフットボール選手（QB）　[国]米国　[生]1983年12月2日　[典]2012

ロジャース, アン　日本語教師　[国]米国　[典]1992

ロジャーズ, ウィリアム　Rogers, William Pierce　政治家, 弁護士　元・米国国務長官　[国]米国　[生]1913年6月23日　[没]2001年1月2日　[典]1992

ロジャーズ, エベレット　Rogers, Everett M.　社会学者　元・南カリフォルニア大学教授　[専]普及学　[国]米国　[生]1931年　[没]2004年10月21日　[典]1992

ロシャス, エレーヌ　ロシャス代表者　[国]フランス　[典]1992

ロジャーズ, カール　Rogers, Carl Ransom　心理学者, 精神療法家　元・ウィスコンシン大学名誉教授　[専]臨床心理学　[国]米国　[生]1902年1月8日　[没]1987年2月4日　[典]1992

ロジャース, クリス　Rogers, Chris　作家　[国]米国　[生]1943年　[典]2000

ロジャース, ケニー　Rogers, Kenny　本名=Rogers,Kenneth Scott　元・大リーグ選手　[国]米国　[生]1964年11月10日　[典]1996／2000／2004／2008／2012

ロジャーズ, ジェニー　Rogers, Jenny　成人教育家　[国]英国　[典]2000

ロジャーズ, ジェームス・ビーランド(Jr.)　Rogers, James Beeland (Jr.)　通称=ロジャーズ, ジム　投資家　ロジャーズ持株会社会長　[国]米国　[生]1942年10月19日　[典]1996／2000／2012

ロジャーズ, シャーリー　Rogers, Shirley　ロマンス作家　[国]米国　[典]2004

ロジャーズ, ジョエル　Rogers, Joel　ウィスコンシン大学法学部教授　[専]政治学　[国]米国　[典]1992／1996

ロジャース, ショーティ　Rogers, Shorty　本名=ロジャース, ミルトン・マイケル　ジャズトランペット奏者, 作曲家　[国]米国　[生]1924年4月14日　[没]1994年11月7日　[典]1996

ロジャーズ, ジョン　Rogers, John　物理学者　ルーセント・テクノロジーズ・ベル研究所凝縮物理研究部長　[専]電子ペーパー　[国]米国　[生]1967年8月24日　[典]2004／2008

ロジャーズ, ジンジャー　Rogers, Ginger　本名=マクマース, バージニア・キャサリン　女優　[国]米国　[生]1911年7月16日　[没]1995年4月25日　[典]1992／1996

ロジャーズ, デービッド　Rogers, David J.　サービス・イノベーションズ社社長　[国]米国　[生]1941年　[典]1992

ロジャーズ, トッド　Rogers, Todd　ビーチバレー選手　北京五輪ビーチバレー男子金メダリスト　[国]米国　[生]1973年9月30日　[典]2012

ロジャース, ナイル　Rodgers, Nile　グループ名=シック　ギタリスト, 音楽プロデューサー　[国]米国　[生]1952年9月19日　[典]1996／2000／2012

ロジャーズ, パット　Rogers, Pat　英文学者　南フロリダ大学教授　[国]英国　[生]1938年　[典]2000

ロジャーズ, バディ　元・プロレスラー　[国]米国　[典]1992

ロジャーズ, バーナード　Rogers, Bernard William　軍人　元・北大西洋条約機構（NATO）軍最高司令官, 元・米国陸軍大将　[国]米国　[生]1921年7月16日　[没]2008年10月27日　[典]1992

ロジャース, バーバラ　作家, 政治活動家　ロンドン・イズリントン区労働委員　[国]英国　[典]1992

ロジャース, ヘレン　Rogers, Helene　写真家　[典]2004

ロジャース, ポール　Rodgers, Paul　グループ名=バッド・カンパニー, クイーン, 旧グループ名=フリー　ロック歌手　[国]英国　[生]1949年12月17日　[典]1996／2008／2012

ロジャース, ポール　Rogers, Paul　絵本作家　[典]2004

ロジャーズ, ポール　Rogers, Paul　平和学者　ブラッドフォード大学平和学部教授　[国]英国　[典]2004

ロジャーズ, マイケル　Rogers, Michael　作家, 評論家　[国]米国　[生]1950年　[典]1992

ロ

ロジャース, マイナー・リー　ワシントン・アンド・リー大学教授　⑩比較宗教学, 日本史　国米国　㊤1992

ロジャース, マーサ　Rogers, Martha　マネジメント・コンサルタント　ペパーズ・アンド・ロジャーズ・パートナー, デューク大学フクア・ビジネススクール教授　⑩顧客リレーションシップ・マネジメント, eコマース　㊤2004

ロジャース, リタ　Rogers, Rita　霊媒師　国英国　㊤1941年　㊤2004

ロジャーズ, リチャード　Rogers, Richard George　別名＝Rogers of Riverside　建築家　国英国　㊤1933年7月23日　㊤1992／1996／2000／2004／2008／2012

ロジャーズ, リラ　Rogers, Lilla　イラストレーター, 画家　パーソンズ・スクール・オブ・デザイン講師　国米国　㊤1955年　㊤1996

ロジャース, レオン　Rogers, Leon　住宅建設コンサルタント　⑩コンストラクションマネジメント　国米国　㊤2000

ロジャース, ロバート(Jr.)　元・三井デュポンフロロケミカル社長　国米国　㊤1939年5月29日　㊦1997年6月11日　㊤1992

ロジャース・クロマティ, ドミニク　Rodgers-Cromartie, Dominique　プロフットボール選手(CB)　国米国　㊤1986年4月7日　㊤2012

ロジャーソン, ジョン　Rogerson, John　神学者　シェフィールド大学名誉教授　⑩旧約聖書学　国英国　㊤1935年　㊤2004

ロシャン, エリック　Rochant, Eric　映画監督　国フランス　㊤1961年　㊤2000

ロシュコフ, アレクサンドル　Losyukov, Aleksandr Prokhorovich　外交官　元・ロシア外務次官, 元・駐日ロシア大使　国ロシア　㊤1943年11月15日　㊤1992／1996／2000／2004／2008／2012

ローシュテーター, イングリット　Lohstöter, Ingrid　女性運動家, 弁護士　国ドイツ　㊤1950年　㊤1996

ロシュフォール, クリスチアーヌ　Rochefort, Christiane　作家　国フランス　㊤1917年　㊦1998年4月24日　㊤1992

ロシュフォール, ジャン　Rochefort, Jean　俳優　国フランス　㊤1930年4月29日　㊤1996

ローション, レラ　Rochon, Lela　女優　㊤2000

ロションチ, パール　Losonczi, Pál　政治家　元・ハンガリー国民議会幹部会議長(元首)　国ハンガリー　㊤1919年9月18日　㊤1992

ロージング, ウエイン　Rosing, W.E.　サン・マイクロシステムズ副社長　国米国　㊤1992

ロス, アイリーン　Ross, Irene S.　弁護士　国米国　㊤2008

ローズ, アーウィン　Rose, Irwin　本名＝Rose,Irwin Ernie　分子生物学者　カリフォルニア大学アーバイン校医学部スペシャリスト　⑩たんぱく質分解　国米国　㊤1926年7月16日　㊤2008／2012

ローズ, アクセル　Rose, Axl　本名＝Bailey,William　グループ名＝ガンズ・アンド・ローゼズ　ロック歌手　国米国　㊤1962年2月6日　㊤2004／2008／2012

ローズ, アーサー　Rhodes, Arthur Lee(Jr.)　大リーグ選手(投手)　国米国　㊤1969年10月24日　㊤2004／2008／2012

ロス, アービン　Ross, Irwin　ジャーナリスト　㊤2004

ロス, アラン　ロックウェル・インターナショナル通信事業部門社長, 米国半導体工業会会長　国米国　㊤1996

ロス, アルビン　Roth, Alvin　本名＝Roth,Alvin Elliot　経済学者　スタンフォード大学教授, ハーバード大学名誉教授　⑩ゲーム理論, 実験経済学, マーケットデザイン　国米国　㊤1951年12月18日

ローズ, アレック　Rose, Alec　本名＝Rose,Alec Richrad　冒険家　単独ヨットによる世界一周成功者　国英国　㊤1908年7月13日　㊦1991年1月12日　㊤1992

ローズ, アン　Rose, Anne　アート・ディレクター, 児童文学者　国米国　㊤1992

ローズ, アントニー　Rhodes, Antony　英会話講師　「元をとる！英会話スクール120％活用法」の著者　国オーストラリア　㊤1964年　㊤2008

ロス, アンドルー　Roth, Andrew　ジャーナリスト, 評論家　国米国　㊤1919年4月23日　㊤1992／1996

ロス, イアン　Ross, Ian Munro　電気技師　AT&Tベル研究所名誉社長　国米国　㊤1927年8月15日　㊤1996

ローズ, ウィリアム　Rose, William Cumming　生化学者　元・イリノイ大教授　国米国　㊤1887年4月4日　㊦1985年9月25日　㊤1992

ロス, ウィリアム(Jr.)　Roth, William V.(Jr.)　政治家　元・米国上院議員(共和党), 元・米国上院財政委員長　国米国　㊤1921年7月22日　㊦2003年12月13日　㊤1992／1996／2000／2004

ロス, ウィルバー　Ross, Wilbur　投資家　WLロス&カンパニー会長・CEO　国米国　㊤1937年　㊤2004／2008／2012

ロス, エリザベット　Ros, Elisabet　バレリーナ　ベジャール・バレエ・ローザンヌプリンシパル　㊤1969年　㊤2012

ローズ, エリック　エクササイズ・トレーナー　ノーチラス・グループ・ジャパン社アカデミー・ディレクター　国米国　㊤1960年9月18日　㊤1992

ローズ, オーレン　Rose, Oren　投資コンサルタント　グローバルネットワークコンサルティング代表　国イスラエル　㊤1970年　㊤2004

ロス, カトリーン　ジャーナリスト　アンボン・インターナショナル社長　国米国　㊤1996

ローズ, キース　Rose, Keith　CMディレクター　㊤1957年　㊤2000

ロス, キャスリン　Ross, Kathryn　ロマンス作家, ビューティーセラピスト　国英国　㊤2004

ローズ, ギャリー　料理人　シティーローズ・エグゼクティブシェフ　国英国　㊤1960年　㊤2000

ロス, ギャリー　Ross, Gary　作家　国カナダ　㊤1948年　㊤1996

ローズ, キャロル　Rose, Carol　カンタベリー大学特別講師　⑩美術史, 心理学　国英国　㊤2008

ロス, キャロル　Roth, Carol　絵本作家, 児童文学作家　国米国　㊤2004

ロス, クラウス・フリードリッヒ　Roth, Klaus Friedrich　数学者　元・ロンドン大学教授　⑩数論　国英国　㊤1925年10月29日　㊤1992／1996／2000

ローズ, ゲイリー　Ross, Gary　脚本家, 映画監督　国米国　㊤1956年　㊤2000／2008

ローズ, コリン　Rose, Colin　教育コンサルタント　アクセラレイテット・ラーニング・システムズ社代表　国英国　㊤2000

ロス, コリン　Ross, Colin A.　精神科医　チャーター病院解離性障害治療部門総責任者　⑩解離性障害　国米国　㊤2000

ロス, ジェニーン　Roth, Geneen　セラピスト　国米国　㊤2000

ロス, ジェフリー　Ross, Jeffrey　ウィスコンシン大学マジソン校マックアードル・ガン研究所発ガン・病理学研究室教授　⑩発がん病理学　国米国　㊤1992

ロス, ジェームズ　Ross, James Hood　実業家　元・ケーブル・アンド・ワイヤレス(C&W)社長　国英国　㊤1938年9月13日　㊤1996／2000

ローズ, ジェリー　Rhodes, Jerry　ビジネスコンサルタント　国英国　㊤1992

ローズ, ジニー　「エッセンシャルオイル&ハーブウォーター375」の著者　㊤2008

ローズ, ジャスティン　Rose, Justin　プロゴルファー　国英国　㊤1980年7月30日　㊤2000／2004／2008／2012

ロス, シャンタル　Roos, Chantal　ボーテ・プレステージ・インターナショナル社長　国フランス　㊤1946年　㊤2000

ロス, ジョー　バンドリーダー　⑩ダンスミュージック　国英国　㊦1990年6月6日　㊤1992

ロス, ジョー　Roth, Joe　映画プロデューサー　レボリューション・ピクチャーズ創立者　元・ウォルト・ディズニー・スタジオ会長, 元・20世紀フォックス会長　国米国　㊤1948年6月13日　㊤1996／2000／2008／2012

ロス, ジョー　Ross, Joe　トレーダー　国米国　㊤2004

ローズ, ジョージ　ピアニスト, ミュージカル・ディレクター　国米国　㊦1985年12月25日　㊤1992

ロス, ジョージ　Roth, George S.　国立老化研究所(メリーランド州バルチモア)老年学研究センターMolecular Physiology and

ロス, ジョン　実業家　ノーザン・テレコム社長・CEO　⑱カナダ　⑳2000

ロス, ジョン　Ross, John F.　編集者, ライター　「スミソニアン・マガジン」シニアエディター・ライター　⑱米国　⑳2004

ローズ, ジリアン　Rose, Gillian　地理学者　オープン・ユニバーシティ　⑱英国　⑯1962年　⑳2000

ロス, スコット　Ross, Scott　クラブサン・オルガン奏者　⑱米国　⑯1951年3月1日　⑰1989年6月14日　⑳1992

ロス, スコット　Ross, Scott　特殊映像アーティスト　デジタル・ドメイン社長, 東京マルチメディア専門学校名誉校長　⑱米国　⑳2000

ロス, スタンリー　Roth, Stanly　米国国務省次官補　⑱米国　⑯1954年3月1日　⑳2000

ロス, スティーブ　Roth, Steve　映画プロデューサー　スティーブ・ロス・プロダクション会長　⑱米国　⑯1948年10月25日　⑳1992／1996

ローズ, スティーブン　Laws, Stephen　作家　⑱英国　⑯1952年　⑳1992／1996

ロス, スティーブン　Ross, Steven J.　元・タイム・ワーナー社長・CEO　⑱米国　⑯1927年9月17日　⑰1992年12月20日　⑳1992／1996

ロス, セシリア　Roth, Cecilia　女優　⑱アルゼンチン　⑳2004／2008

ロス, セス　Ross, Seth T.　テクニカルライター, 編集人　「NeXTWORLD」寄稿編集者　⑱米国　⑳2004

ローズ, ソーニャ　Rhodes, Sonya　サイコセラピスト　メンタルヘルス研究センター　⑲カップルセラピー, ファミリーセラピー　⑱米国　⑳1992

ロス, ダイアナ　Ross, Diana　グループ名＝シュープリームス　歌手, 女優　⑱米国　⑯1944年3月26日　⑳1992／1996／2000／2004／2008／2012

ロス, ダイアナ　Ross, Diana　児童文学作家　⑯1910年　⑳2004

ローズ, ダニエル　Rhodes, Daniel　陶芸家, 彫刻家, 著述家　元・アルフレッド大学陶芸科主任教授　⑱米国　⑳2000

ローズ, タフィー　Rhodes, Tuffy　本名＝ローズ, カール・デリック　プロ野球選手（外野手）, 元・大リーグ選手　⑱米国　⑯1968年8月21日　⑳2004／2008／2012

ローズ, ダン　Rhodes, Dan　作家　⑱英国　⑯1972年　⑳2004／2008

ロス, ティム　Roth, Tim　俳優, 映画監督　⑱英国　⑯1961年5月14日　⑳1992／1996／2000／2004／2008／2012

ロス, デニス　Ross, Dennis B.　政治家　米国大統領特別補佐官, 元・米国中東和平担当大統領特使　⑲中東外交　⑱米国　⑯1948年11月26日　⑳2000／2004／2008／2012

ロス, デービッド・J.　実業家　フェデラル・エクスプレス・ジャパン社長, フェデラル・エクスプレス北太平洋地区担当副社長　⑱オーストラリア　⑳2000

ロス, デービッド・リー　Roth, David Lee　旧グループ名＝バン・ヘーレン　ロック歌手　⑱米国　⑯1955年10月10日　⑳1992／1996／2008

ローズ, デボラ・バード　Rose, Deborah Bird　文化人類学者　オーストラリア国立大学資源環境研究所専任研究員　⑱オーストラリア　⑳2004／2008

ローズ, デリック　Rose, Derrick　バスケットボール選手　⑱米国　⑯1988年10月4日　⑳2012

ロス, トニー　Ross, Tony　絵本作家, アニメーション作家　マンチェスター工芸大学講師　⑱英国　⑯1938年　⑳1992／1996／2000

ロス, トーマス　Ross, Tomas　作家　オランダ・ミステリー作家協会会長　⑱オランダ　⑳1996

ローズ, トリーシャ　Rose, Tricia　ブラウン大学アフリカ研究学部教授　⑲アフリカ系アメリカ文化　⑱米国　⑳2012

ローズ, トレイシー　Lords, Traci　女優, 歌手　⑱米国　⑯1970年　⑳2000

ロス, ニッキー　Ross, Nikki　ファイナンシャル・プランナー　⑱米国　⑳2004

ローズ, ニック　Rhodes, Nick　本名＝ベイツ, ニコラス・ジェームズ　グループ名＝デュラン・デュラン　キーボード奏者　⑱英国　⑯1962年6月8日　⑳2008

ローズ, パスカル　Roze, Pascale　作家　⑱フランス　⑯1957年　⑳2000

ローズ, バーナード　Rose, Bernard　映画監督　⑱英国　⑳1996

ロス, ハーバート　Ross, Herbert　映画監督, 振付師　⑱米国　⑯1927年5月13日　⑰2001年10月9日　⑳1992

ローズ, ピート　Rose, Pete　本名＝Rose, Peter Edward, Sr.　元・大リーグ選手, 元・大リーグ監督　⑱米国　⑯1941年4月14日　⑳1992／2000／2008／2012

ローズ, ピート（Jr.）　Rose, Pete (Jr.)　大リーグ選手　⑱米国　⑳2000

ロス, ビル　Ross, Bill　WGNOテレビ副社長　⑱米国　⑳2004／2008

ローズ, ビンス　Rause, Vince　フリーライター, ジャーナリスト　⑳2004

ローズ, フィリス　Rose, Phyllis　作家　ウェズレイアン大学　⑱米国　⑳1992

ローズ, フィリップ　Rhodes, Philip　サザンプトン大学教授　⑲卒後医学教育　⑱英国　⑳1992

ロス, フィリップ　Roth, Philip　本名＝Roth, Philip Milton　作家　⑱米国　⑯1933年3月19日　⑳1992／1996／2000／2004／2008／2012

ローズ, フランク　Rose, Frank　ジャーナリスト　⑱米国　⑳1992

ロス, フランク　Ross, Frank　作家　⑯1938年　⑳1992

ローズ, ヘレン　Rose, Helen　衣装デザイナー　⑱米国　⑰1985年11月9日　⑳1992

ローズ, マイケル　Roads, Michael J.　著述家　⑱オーストラリア　⑯1937年　⑳2004

ロス, マイディ　Roth, Maidy　歌手, 女優　⑱フランス　⑯1970年　⑳2000

ローズ, マレー　Rose, Murray　水泳選手（自由形）　メルボルン五輪・ローマ五輪金メダリスト　⑱オーストラリア　⑯1939年1月6日　⑰2012年4月15日　⑳2000

ロス, モニカ　Rosu, Monica　体操選手　⑱ルーマニア　⑯1987年5月11日　⑳2008

ローズ, ラッセル　Rhodes, Russell　作家　⑳1992

ロス, ランドール　Roth, Randall W.　ハワイ大学ウィリアム・S・リチャードソン・ロースクール教授, グッドシル・アンダーソン・クイン・スティフェル税金顧問　⑲法学　⑱米国　⑳1996

ローズ, リー　映画衣裳デザイナー　⑱米国　⑰1986年10月17日　⑳1992

ローズ, リチャード　Rose, Richard　政治学者　ストラスクライド大学（英国）政治学部教授・公共政策研究センター所長　⑲公共政策, 現代イギリス政治　⑱米国　⑯1933年4月9日　⑳1992

ローズ, リチャード　Rhodes, Richard L.　ジャーナリスト, 作家　⑱米国　⑯1937年7月4日　⑳1996／2000

ロス, リリアン　Ross, Lillian　ライター　「ニューヨーカー」スタッフ・ライター　⑱米国　⑳2004

ローズ, リンダ・ジョイ　Rose, Linda Joy　全米催眠療法協会国際開発総監　⑲催眠療法　⑱米国　⑳2004／2008

ロス, ルイ　Loss, Louis　ハーバード大学名誉教授　⑲証券取引法　⑱米国　⑳1992

ローズ, レオ　Rose, Leo E.　カリフォルニア大学名誉教授　⑳2004

ローズ, レナード　Rose, Leonard　チェロ奏者　⑱米国　⑯1918年7月27日　⑰1984年11月16日　⑳1992

ロス・アンヘレス, ビクトリア・デ　Los Angeles, Victoria De　ソプラノ歌手　⑱スペイン　⑯1923年11月1日　⑰2005年1月15日　⑳1992／2000

ロズィエ, ジル　Rosier, Gilles　ファッションデザイナー　ジル・ロズィエ社長, ケンゾー婦人服デザイナー　⑱フランス　⑯1961年

[典]2004／2008

ロズウェル, シェイラ　ヘンレイ経営大学雇用政策研究センター理事　[専]労働問題, 女性の職業形態　[国]英国　[典]1992

ロスウェル, ナンシー　Rothwell, Nancy　生理学者　マンチェスター大学教授　[国]英国　[典]2000

ローズウォール, ケネス　Rosewall, Keness　テニス選手　[国]オーストラリア　[生]1934年11月2日　[典]1992／1996

ローズクランス, リチャード　Rosecrance, Richard　政治学者　カリフォルニア大学教授・ロナルド・バークレ国際関係センター所長　[国]米国　[典]2004／2008

ロスケ, ラインハルト　Loske, Reinhard　環境学者　[国]ドイツ　[典]2004

ロスジェン, ブライアン　Loesgen, Brian　コンピューター技術者　Stellcomシニアソフトウェアエンジニア　[典]2004

ロスシュタイン, ラリー　Rothstein, Larry　教育学者　[国]米国　[典]2004

ロスタン, ミッシェル　Rostang, Michel　料理人　[国]フランス　[典]2000

ロスタンド, ロバート　Rostand, Robert　作家　[国]米国　[典]1992

ロスチャイルド, ウィリアム　Rothschild, William E.　経営コンサルタント　[国]米国　[生]1933年　[典]1996

ロスチャイルド, エドマンド・レオポルド・ド　Rothschild, Edmund Leopold de　銀行家　元・N.M.ロスチャイルド・アンド・サンズ会長　[国]英国　[生]1916年1月2日　[没]2009年1月17日　[典]2000

ロスチャイルド, ジェイコブ　Rothschild, Jacob　本名＝ロスチャイルド, ナサニエル・チャールズ・ジェイコブ　銀行家　ファイブ・アローズ会長　[国]英国　[生]1936年4月29日　[典]2000

ロスチャイルド, シャーロット・ド　Rothchild, Charlotte de　ソプラノ歌手　[国]英国　[典]1992／2000

ロスチャイルド, ジョゼフ　Rothschild, Joseph　政治学者　元・コロンビア大学教授　[専]東欧の政治発展と多民族社会の比較政治　[国]米国　[生]1931年　[典]1996

ロスチャイルド, ジョン　Rothchild, John　金融コラムニスト　[典]2004

ロスチャイルド, ナサニエル・ビクター　Rothschild, Nathaniel Mayer Victor　銀行家　元・N.M.ロスチャイルド・アンド・サンズ会長, 元・英国情報局保安部部員　[国]英国　[没]1990年3月20日　[典]1992

ロスチャイルド, マイケル　Rothschild, Michael　アップライト・バイオノミックス社社長　[国]米国　[生]1952年　[典]2000

ロスチャイルド, ミリアム・ルイザ　Rothschild, Miriam　昆虫研究家　[国]英国　[典]2000

ロスチャイルド, ラリー　大リーグ監督　[国]米国　[典]2000／2004／2008

ローズデール, フィリップ　Rosedale, Philip　実業家　リンデンラボCEO　[国]米国　[典]2012

ロステン, ノーマン　Rosten, Norman　作家, 詩人　[国]米国　[生]1914年1月1日　[典]1992

ロステンコウスキ, ダン　Rostenkowski, Dan　政治家　元・米国下院議員（民主党）　[国]米国　[生]1928年1月2日　[典]1992／1996／2000

ロスト, アンドレア　Rost, Andrea　ソプラノ歌手　[国]ハンガリー　[生]1962年6月15日　[典]2000／2004／2008／2012

ロスト, ゴットフリート　Rost, Gottfried　ドイツ図書館館長　[国]ドイツ　[生]1931年　[典]1996

ロスト, マイケル　Rost, Michael　言語学者　[典]2004

ロストウ, ウォルト　Rostow, Walt Whitman　経済学者　元・米国大統領特別補佐官　[国]米国　[生]1916年10月7日　[没]2003年2月13日　[典]1992

ロストウ, ユージン　Rostow, Eugene V.　元・米国国務次官, 元・米国軍備管理軍縮局長　[国]米国　[生]1913年8月25日　[没]2002年11月25日　[典]1992

ロストウォロフスキ・デ・ディエス・カンセコ, マリア　Rostworowski De Diez Canseco, María　歴史学者　[典]2008

ロストリア, ジルベール　Laustriat, Gilbert　ルイ・パスツール大学学長　[国]フランス　[典]1992

ロストルップ, モルテン　Rostrup, Morten　医師　国境なき医師団（MSF）インターナショナル会長　[国]ノルウェー　[生]1958年　[典]2004／2008

ロストロポーヴィチ, ムスティスラフ　Rostropovich, Mstislav Leopoldovich　チェロ奏者, 指揮者, ピアニスト　元・ワシントン・ナショナル交響楽団音楽監督・首席指揮者　[国]ロシア　[生]1927年3月27日　[没]2007年4月27日　[典]1992（ロストロポービチ, ムスティスラフ）／1996（ロストロポービチ, ムスティスラフ）／2000／2004

ロズナー, エリザベス　Rosner, Elizabeth　詩人, 作家　[国]米国　[典]2004

ロスナー, ジュディス　Rossner, Judith　作家　[国]米国　[没]2005年8月9日　[典]1992

ロズナー, ボブ　Rosner, Bob　コンサルタント, コラムニスト　[国]米国　[典]2004

ロスナー, ロバート　Rossner, Robert　筆名＝ロス, イバン・T.　ミステリー作家　[国]米国　[典]1992

ローズナウ, ジェームズ　Rosenau, James N.　政治学者　元・ジョージ・ワシントン大学特任教授　[専]政治学, 国際関係論　[国]米国　[生]1924年11月25日　[没]2011年9月9日　[典]1996

ロスネス, リニー　Rosnes, Renee　ジャズ・ピアニスト　[国]カナダ　[生]1962年3月24日　[典]1992／2008／2012

ロズノー, ウェンディ　Rosnau, Wendy　ロマンス作家　[国]米国　[典]2008

ローズノア, ジョナサン　Rosenoer, Jonathan　コンピューター技術者　[国]米国　[典]2004

ロスバウト, パウル　Rosbaud, Paul　科学編集者　[国]オーストリア　[生]1896年11月　[典]1996

ロスバック, オーヴェ　Rosbak, Ove　作家　[国]ノルウェー　[生]1959年　[典]2000

ロスフェダー, ジェフリー　Rothfeder, Jeffrey　ジャーナリスト　「ビジネス・ウィーク」誌調査報道記者　[国]米国　[典]1996

ローズベリー, モニカ　Roseberry, Monica　マッサージ療法家　[典]2004

ロズベルグ, ケケ　Rosberg, Keke　F1ドライバー　[国]フィンランド　[生]1948年12月6日　[典]1992／1996

ロズベルグ, ニコ　Rosberg, Nico　F1ドライバー　[国]ドイツ　[生]1985年6月27日　[典]2008／2012

ロスボロー, ブライアン　Rosborough, Brian　アースウォッチ会長　[国]米国　[生]1940年　[典]1996

ロス・マーフィー, サイモン　Ross-Murphy, Simon B.　ロンドン大学キングスカレッジ教授　[専]高分子化学　[国]英国　[典]1996

ロスマン, アーネスト　Rothman, Ernest E.　数学者　Salve Regina大学助教授　[典]2004／2008

ロスマン, アラン　Rossmann, Alain　実業家　フォン・ドット・コム社長・CEO　[国]米国　[典]2004

ロスマン, キャロル　Rothman, Carole R.　臨床心理学者　[国]米国　[典]2004

ロスマン, ケネス　Rothman, Kenneth J.　「ロスマンの疫学—科学的思考への誘い」の著者　[典]2008

ロスマン, ジェームズ　Rothman, James E.　スローン・ケッタリング記念がんセンター細胞生化学細胞生物物理学プログラム主任　[専]生物化学　[国]米国　[典]2000

ロスマン, ジョン　ネットワーク・システムズ・ジャパン社長　[国]米国　[典]1996

ロスマン, トニー　Rothman, Tony　SF作家　[国]米国　[生]1953年　[典]1992

ロスマン, バーバラ　Rothman, Barbara Katz　ニューヨーク市立大学バルーチカレッジ教授　[専]社会学　[国]米国　[典]2000

ロズマン, マーシャ　Rozman, Masha　弁護士　[国]米国　[生]1945年　[典]1996

ローズマン, マリナ　Roseman, Marina　人類学者　インディアナ大学人類学部客員研究員　[専]マレーシア先住民　[国]米国　[典]2004

ローズマン, レイ　元・陸上選手　メイフィールド・カレッジ・オ

ロ

ブ・イングリッシュ校長　[国]英国　[生]1939年　[典]1996

ローズモンド, ジョン　Rosemond, John K.　心理学者, コラムニスト　子供のしつけセンターディレクター　[国]米国　[典]2004／2012

ロズラン, エマニュエル　Lozerand, Emmanuel　日本文学者　フランス国立東洋言語文化学院（INALCO）日本学科長　[国]フランス　[生]1960年　[典]2000／2008／2012

ロスリスバーガー, ベン　Roethlisberger, Ben　プロフットボール選手（QB）　[国]米国　[生]1982年3月2日　[典]2008／2012

ロスリン, ヴィクトル　Rothlin, Viktor　マラソン選手　[国]スイス　[生]1974年10月14日　[典]2012

ロスワイラー, ポール　Rothweiler, Paul R.　作家　[国]米国　[生]1931年　[没]1986年　[典]1992

ロセ, クレマン　Rosset, Clément　哲学者　ニース大学教授　[国]フランス　[生]1939年　[典]1992

ロゼー, ジョン・プライス　Losee, John Price　科学史家, 哲学史家　[生]1932年　[典]2004

ロゼ, フィリップ　Rosé, Philippe　ジャーナリスト　「ル・モンド・アンフォルマティック」記者　[生]1958年　[典]2004

ロセ, マルク　Rosset, Marc　テニス選手　[国]スイス　[典]1996

ローゼ, ライナー　ボッシュ社長　[国]ドイツ　[典]1992

ロゼアヌ, アンジェリカ　Rozeanu, Angelica　卓球選手　[国]イスラエル　[生]1921年　[没]2006年2月21日　[典]1996

ロセス, ホアキン・チノ　元・ザ・マニラ・タイムス紙社主　[国]フィリピン　[没]1988年9月30日　[典]1992

ロゼット, ルイス　「ワイアード」創業者　[国]米国　[典]2000

ロセフ, セルゲイ　Losev, Sergei A.　ジャーナリスト　元・タス通信社社長, 元・ソ連最高会議代議員　[国]ソ連　[生]1927年　[没]1988年10月3日　[典]1992

ローゼフィールデ, S.　経済学者　ノースカロライナ大学経済学部教授　[専]ロシア経済　[国]米国　[典]1996

ロゼル, ピート　米国ナショナル・フットボール・リーグ（NFL）コミッショナー　[国]米国　[典]1992

ローゼル, レニー　Roszel, Renee　ロマンス作家　[国]米国　[典]2008

ロセーロ, エベリオ　Rosero, Evelio　作家, 詩人, ジャーナリスト　[国]コロンビア　[生]1958年

ローゼン, アール　Rosen, Earl　オンタリオ州運輸通信省通信局政策開発課顧問　[専]メディア論　[国]カナダ　[典]1992

ローゼン, エマニュエル　Rosen, Emanuel　マーケティング研究家　[典]2004

ローゼン, シドニー　Rozen, Sydney Craft　作家, 編集者　[国]米国　[典]1992

ローゼン, シドニー　Rosen, Sidney　イリノイ大学天文学教授　[専]天文学　[国]米国　[典]1996

ローゼン, デービッド　Rosen, David H.　心理学者　テキサスA&M大学心理学部教授　[専]精神医学, ユング心理学　[国]米国　[生]1945年　[典]2004

ローゼン, ハービー　Rosen, Harvey S.　経済学者　プリンストン大学教授　元・米国大統領経済諮問委員会（CEA）委員長　[国]米国　[生]1949年　[典]2008／2012

ローゼン, ハロルド　ローゼン・モーターズ社長・CEO　[国]米国　[典]2000

ローゼン, ベンジャミン　Rosen, Benjamin M.　実業家　元・コンパック・コンピューター会長　[国]米国　[生]1933年3月　[典]1996／2000／2004

ローゼン, マイケル　Rosen, Michael　コンピューターコンサルタント　ジェネシス・デベロップメント・チーフ・エンタプライズ・アーキテクト　[典]2004

ローゼン, ラリー　Rosen, Larry　本名＝ローゼン, ローレンス・レスター　音楽プロデューサー, 元・ジャズドラマー　N2K・CEO　元・GRPレコード社社長　[国]米国　[生]1940年5月25日　[典]1996／2000

ローゼン, リチャード　Rosen, Richard Dean　ミステリー作家　[国]米国　[生]1949年　[典]1996

ローセン, ロバート　Rosen, Robert　ジャーナリスト　[国]米国　[生]1952年　[典]2004

ローゼンクイスト, ジェームズ　Rosenquist, James　画家　[国]米国　[生]1933年　[典]1992／2008／2012

ローゼンズウィーグ, アイリーン　Rosenzweig, Ilene　編集者　「ニューヨーク・タイムズ」日曜版スタイル・セクション編集補佐　[国]米国　[典]2004

ローゼンステイン・ロダン, ポール・N.　国際経済学者　元・ボストン大教授　[国]米国　[没]1985年4月28日　[典]1992

ローゼンストック, バリー・E.　オハイオ州東京事務所長　[国]米国　[典]1992

ローゼンストック, ヨーゼフ　Rosenstock, Joseph　指揮者　[国]米国　[生]1895年1月27日　[没]1985年10月17日　[典]1992

ローゼンストーン, ロバート　Rosenstone, Robert A.　カリフォルニア工科大学教授　[専]歴史学　[国]カナダ　[生]1936年　[典]2000

ローゼンタール, エイブラハム　Rosenthal, Abraham Michael　ジャーナリスト, コラムニスト　元・「ニューヨーク・タイムズ」編集局長　[国]米国　[生]1922年5月2日　[没]2006年5月10日　[典]1996／2004

ローゼンタール, ジェームズ　Rosenthal, James A.　法律専門家　マッキンゼー社アソシエート　[専]証券化技術　[国]米国　[典]1992

ローゼンダール, シモン　ジャーナリスト　「ハンデルスブラッド」誌編集長　[国]オランダ　[典]1992

ローゼンバウム, エドワード　Rosenbaum, Edward E.　医師　[国]米国　[生]1915年　[典]1996

ローゼンバウム, デービッド　Rosenbaum, David　作家, ジャーナリスト　[国]米国　[典]2000

ローゼンバウム, ロン　Rosenbaum, Ron　作家, 経済ジャーナリスト　[国]米国　[典]1992／1996

ローゼンバーガー, ジョゼフ　Rosenberger, Joseph　筆名＝リーチャン, Rosenfeld, Adames,Harry　ハードボイルド作家　[国]米国　[生]1925年5月22日　[典]1992

ローゼンバーグ, アラン　Rothenberg, Alan I.　弁護士　米国メジャーリーグ・サッカー（NASL）チェアマン　[国]米国　[生]1939年4月10日　[典]1996

ローゼンバーグ, ジェローム　翻訳家, 詩人　元・20世紀研究センター上級研究員　[典]1992

ローゼンバーグ, スティーブン　Rosenberg, Stephen A.　医師, 免疫学者　米国国立がん研究所（NCI）外科部長　[専]がん免疫療法　[国]米国　[生]1940年8月2日　[典]1996／2000

ローゼンバーグ, ダグ　Rosenberg, Doug　コンピューター技術者　ICONIX社長　[典]2004

ローゼンバーグ, ナンシー・テイラー　Rosenberg, Nancy Taylor　作家　[国]米国　[典]1996／2000／2012

ローゼンバーグ, ニール　Rosenberg, Neil V.　民俗学者, 音楽家　メモリアル大学民俗学科教授　[典]2004／2008

ローゼンバーグ, ヒラリー　Rosenberg, Hilary　ジャーナリスト　[国]米国　[典]2004

ローゼンバーグ, フィリップ　Rosenberg, Philip　作家　[国]米国　[典]1996

ローゼンバーグ, マーク　Rosenberg, Mark J.　ビジネスコンサルタント　ダイヤモンド・テクノロジー・パートナーズ会長　[国]米国　[典]2004

ローゼンバーグ, ラリー　Rosenberg, Larry　瞑想家　ケンブリッジ・インサイト・メディテーション・センター創設者　[国]英国　[典]2004

ローゼンバーグ, リチャード　Rosenberg, Richard Morris　銀行家　元・バンカメリカ会長　[国]米国　[生]1930年4月21日　[典]1992／1996／2000

ローゼンフィールド, ジョン　Rosenfield, John Max　日本美術研究者　ハーバード大学名誉教授, ハーバード大学附属美術館アジア美術名誉学芸員　[国]米国　[生]1924年10月9日　[典]2004／2008

ローゼンフェルド, アイリーン　Rosenfeld, Irene B.　実業家　クラフト・フーズ会長・CEO　[国]米国　[典]2008／2012

ローゼンフェルド, アルビン　Rosenfeld, Alvin　精神医学者　スタ

ロ

ンフォード小児精神医学トレーニングセンター長 ㊤小児精神医学 ㊳米国 ㊨2004

ローゼンフェルド, イサドア 医学者,医師 コーネル大学医学部附属病院教授 ㊳米国 ㊨2004

ローゼンフェルト, デービッド Rosenfelt, David 作家 ㊳米国 ㊨2008

ローゼンフェルド, ルイス Rosenfeld, Louis テクニカルライター Argus Associates社長 ㊤情報アーキテクチャ,情報検索 ㊳米国 ㊨2000

ローゼンブラット, ビル Rosenblatt, Bill GiantSteps社長,Media Technology Strategies社長 ㊨2008

ローゼンブラット, ロジャー Rosenblatt, Roger ジャーナリスト 「ライフ」編集委員 ㊳米国 ㊨2000

ローゼンブラム, ナオミ Rosenblum, Naomi 写真史家 ジョージ・イーストマン・ハウス収集部門委員 ㊳米国 ㊤1925年1月16日 ㊨2000

ローゼンブラム, マイケル Rosenblum, Michael ビデオジャーナリスト ビデオ・ニュース・インターナショナル(VNI)社長,コロンビア大学ビデオジャーナリズム科講師 ㊳米国 ㊨1996

ローゼンブラム, モート Rosenblum, Mort ジャーナリスト ㊳米国 ㊨1992

ローゼンブラム, リチャード Rosenblum, Richard 挿絵画家 ㊳米国 ㊨2004

ローゼンブラム, ロバート Rosenblum, Robert ニューヨーク大学教授 ㊤美術史 ㊳米国 ㊨1996

ローゼンブルース, ハル Rosenbluth, Hal F. ローゼンブルース・インターナショナル社長 ㊳米国 ㊨2004／2008

ローゼンブルス, フランシス カリフォルニア大学サンディエゴ校(UCSD)国際関係・太平洋研究大学院助教授 ㊤政治学,国際関係 ㊳米国 ㊨1992／1996

ローゼンブロック, ハワード・ハリー Rosenbrock, Howard Harry マンチェスター大学名誉教授 ㊤制御工学 ㊳英国 ㊤1920年12月16日 ㊨2000

ローゼンベルク, R. Rosenberg, Raben オーフス精神病院精神科部長,オーフス大学生物学的精神病学精神薬物学教授 ㊤精神医学 ㊳デンマーク ㊤1946年 ㊨2000

ローゼンマン, R.H. Rosenman, Ray H. 医師 ハロルド・ブラン研究所副所長 ㊤内科医学,心臓病 ㊤1920年 ㊨1996

ローソー, ジェローム Rosow, Jerome M. アメリカ労働研究所創設者・所長 ㊤労使関係,労働問題 ㊳米国 ㊨1992

ロソッティ, チャールズ Rossotti, Charles O. 実業家 元・米国内国歳入庁(IRS)長官 ㊳米国 ㊤1941年 ㊨2008／2012

ロソハ, ヴィエスワフ Rosocha, Wiesław 画家 ㊳ポーランド ㊤1945年 ㊨1996

ローゾフ, ヴィクトル Rozov, Viktor Sergeevich 劇作家 ㊳ロシア ㊤1913年8月21日 ㊛2004年9月28日 ㊨1992／1996／2004

ロソフスキー, ヘンリー Rosovsky, Henry 経済学者 ハーバード大学教授 ㊤経済史,日本の経済成長,高等教育 ㊳米国 ㊤1927年 ㊨1996

ロゾラン, アデリア 日本語通訳 ㊳フランス ㊤1904年5月 ㊨1992

ロソリーノ, マッシミリアーノ Rosolino, Massimiliano 水泳選手(個人メドレー・自由形) シドニー五輪競泳男子200メートル個人メドレー金メダリスト ㊳イタリア ㊤1978年7月11日 ㊨2004／2008

ローソン, アンドルー Lawson, Andrew 写真家 ㊳英国 ㊤1945年 ㊨2000

ローソン, イアン Lowson, Iain SF評論家 ㊳英国 ㊨2004

ローソン, ウェンディ Lawson, Wendy 「私の障害、私の個性。」の著者 ㊳オーストラリア ㊨2004

ローソン, サラ Lawson, Sarah ジャーナリスト ㊳英国 ㊨2004

ローソン, ジェシカ オックスフォード大学マートン・カレッジ学長 ㊤中国学 ㊳英国 ㊨2000

ローソン, ジョーン Lawson, Joan バレエ教師 ㊳英国 ㊤1907年 ㊨2004

ローソン, ナイジェル Lawson, Nigel 政治家 元・英国蔵相 ㊳英国 ㊤1932年3月11日 ㊨1992／1996／2000

ロソン, フアン・ホセ Rosón Pérez, Juan José 元・スペイン内相 ㊳スペイン ㊛1986年8月18日 ㊨1992

ローソン, フィリップ Rawson, Philip 東洋美術史家 ㊳英国 ㊤1924年 ㊨1996／2000

ローソン, ヤンク Lawson, Yank 本名=Lawson,John Rhea ジャズ・トランペット奏者 ㊳米国 ㊤1911年5月3日 ㊛1995年2月19日 ㊨1996

ローソン, ロバート Rowthon, Robert Eric 別名=ローソン,ボブ エコノミスト ケンブリッジ大学経済学部教授 ㊳英国 ㊤1939年 ㊨1992／1996

ローター, エド Lauter, Ed 俳優 ㊳米国 ㊤1938年10月30日 ㊛2013年10月16日

ローダー, エブリン Lauder, Evelyn 慈善活動家,実業家 元・ピンクリボン運動創設者,元・エスティローダー副社長 ㊳米国 ㊤1936年 ㊛2011年11月12日 ㊨1996

ローダー, ジェーン Loader, Jayne 映画監督,作家 ㊳米国 ㊤1951年 ㊨1992

ロタ, ジャン・カルロ Rota, Gian-Carlo 数学者 元・マサチューセッツ工科大学教授 ㊤応用数学 ㊳米国 ㊤1932年4月27日 ㊛1999年4月19日 ㊨1996／2000

ロター, スザンネ Lothar, Susanne 女優 ㊳ドイツ ㊤1960年11月15日 ㊛2012年7月25日

ローダー, ダニオン Loder, Danyon 元・水泳選手 ㊳ニュージーランド ㊤1975年1月21日 ㊨2000／2004

ローター, トーマス Rother, Thomas 作家,ジャーナリスト ㊳ドイツ ㊤1937年 ㊨2000

ローター, ライナー Rother, Rainer 歴史学者,映画研究者・評論家 ㊳ドイツ ㊤1956年 ㊨2004

ロタイ, ゲオルギー Rotai, Georgii Alekseevich 元・ソ連国家保安委員会(KGB)中佐 ㊳ロシア ㊤1935年6月28日 ㊨1996

ロータスティン, アンドリュー Lauterstein, Andrew 水泳選手(バタフライ・自由形) 北京五輪競泳男子4×100メートルメドレーリレー銀メダリスト ㊳オーストラリア ㊤1987年5月22日

ロタツ, ビート Lottaz, Beat 映画監督 ㊳ドイツ ㊤1955年 ㊨1992

ロダート, テッツィアーナ Lodato, Tiziana 女優 ㊳イタリア ㊤1976年11月10日 ㊨2000

ロータボーン, ロバート Lauterborn, Robert F. ノースカロライナ大学チャペルヒル校ジャーナリズム・マスコミュニケーション学科教授 ㊤マーケティング ㊨1996

ロダーリ, ジャンニ Rodari, Gianni 詩人,児童文学作家 ㊳イタリア ㊤1920年 ㊛1980年 ㊨1992

ロダル, ベビヨルン Rodal, Vebjoern 陸上選手(短距離) ㊳ノルウェー ㊤1972年9月16日 ㊨2000

ローチ, ケビン Roche, Kevin 本名=Roche,Eamonn Kevin 建築家 ケビン・ローチ ジョン・ティンケル アンド アソシエイツ アーキテクツ ㊳米国 ㊤1922年6月14日 ㊨1992／1996／2000

ローチ, ケン Loach, Ken 本名=ローチ,ケネス 映画監督 ㊳英国 ㊤1936年6月17日 ㊨1996／2000／2004／2008／2012

ローチ, ジェイ Roach, Jay 映画監督,映画プロデューサー エブリマン・ピクチャーズ社長 ㊳米国 ㊤1957年 ㊨2004／2008／2012

ローチ, ジム Loach, Jim 映画監督 ㊳英国 ㊤1969年

ローチ, ジョン(2世) Roach, John Vinson(II) タンディ会長・社長・CEO ㊳米国 ㊤1938年11月22日 ㊨1992／1996

ローチ, スティーブン Roach, Stephen S. エコノミスト モルガン・スタンレー・アジア会長 ㊤米国経済産業分析 ㊳米国 ㊤1945年 ㊨1992／2004／2012

ローチ, マックス Roach, Max 本名=Roach,Maxwell Lemuel ジャズ・ドラマー 元・マサチューセッツ大学音楽教授 ㊳米国 ㊤1924年1月10日 ㊛2007年8月16日 ㊨1992／1996／2004

ローチ, マリオン　Roach, Marion　シナリオライター,作家　国米国　⊕1954年　⊛1992

ローチ, モンセラー　Roig, Montserrat　作家,評論家　国スペイン　⊛1992

ローチ, ライナス　Roache, Linus　俳優　国英国　⊕1964年　⊛2000

ロチャナセナ, ノリコ　ロチャナセナ,規子　ファッションデザイナー　NORIKOオーナー・デザイナー　国タイ　⊕1934年4月　⊛2000

ローチャン・ユリコ　ローチャン由理子　画家　国インド　⊛2000

ロチン, ソノミィン　Lochin, Sonomyn　作家　国モンゴル　⊛1992

ロッカ, コンスタンチノ　Rocca, Constantino　プロゴルファー　国イタリア　⊕1956年12月4日　⊛1996／2008

ロッカー, サリ　Locker, Sari　パーソナリティー,作家　⊛2004

ロッカー, ジョン　Rocker, John Loy　大リーグ選手(投手)　国米国　⊕1974年10月17日　⊛2004／2008

ロッカート, ジョン　Rockart, John F.　マサチューセッツ工科大学(MIT)インフォメーション・システムズ・リサーチセンター所長　⊕情報科学　⊛1996

ロッキー, アンドルー　Lockie, Andrew　医学者　王立一般医科大学教授　⊕ホメオパシー　国英国　⊛2004

ロック, エドゥアール　Lock Edouard　振付師　国カナダ　⊕1954年　⊛2000

ロック, クリス　Rock, Chris　俳優,コメディアン　国米国　⊕1966年2月7日　⊛2004

ロック, クリストファー　Locke, Christopher　企業コンサルタント　⊛2004

ロック, K.C.　ジャーナリスト　「亜洲週刊」駐日新聞特派員　国香港　⊕1956年　⊛1996

ロック, ゲーリー　Locke, Gary　政治家,法律家　駐中国米国大使　元・米国商務長官,元・ワシントン州知事　国米国　⊕1950年1月21日　⊛2000／2004／2008／2012

ロック, ジョン　Rock, John　産婦人科医　ピルの発明者　国米国　⊕1890年3月24日　⊗1984年12月4日　⊛1992

ロック, スティーブン　Locke, Steven E.　医師　ハーバード大学医学校精神科助教授,ベス・イスラエル病院精神科センター副所長　⊕精神科,精神神経免疫学　国米国　⊕1945年　⊛1992

ロック, ソンドラ　Locke, Sondra　女優　国米国　⊕1950年5月28日　⊛1992／1996

ロック, デレク　Rock, Derek　本名=Smith,Derek Lee　グループ名=メイレイ　ミュージシャン　国米国　⊛2012

ロック, ボビー　プロゴルファー　国南アフリカ　⊕1987年3月9日　⊛1992

ロック, マーガレット　Lock, Margaret M.　マクギル大学人文学部人文社会学科教授　⊕医療人類学　国米国　⊛1992

ロック, ミック　Rock, Mick　写真家　国英国　⊛2004

ロック, リチャード　Locke, Richard M.　社会学者　マサチューセッツ工科大学スローンスクール教授　国米国　⊕1959年　⊛2008

ロック, ロイス　Rock, Lois　児童文学作家　⊛2004

ロックウェル, アレクサンダー　Rockwell, Alexander　映画監督　国米国　⊕1956年　⊛2000

ロックウェル, アン　Rockwell, Anne　児童文学作家　国米国　⊛2004／2008

ロックウェル, デービッド　Rockwell, David　自然保護活動家　国米国　⊕1955年　⊛2004

ロックウェル, トーマス　Rockwell, Thomas　児童文学作家　国米国　⊕1933年　⊛2008

ロックウッド, マーガレット　Lockwood, Margaret　女優　国英国　⊕1916年9月15日　⊗1990年7月15日　⊛1992

ロックウッド, ルイス　Lockwood, Lewis　音楽学者　ハーバード大学教授　⊕イタリア・ルネサンスの音楽,ベートーベン研究　国米国　⊕1930年12月16日　⊛2012

ロックハート, H.ユージン　マスターカードインターナショナルCEO　国米国　⊕1949年　⊛1996

ロックハート, キース　Lockhart, Keith　指揮者　ボストン・ポップス管弦楽団常任指揮者,ユタ交響楽団音楽監督　国米国　⊕1959年　⊛2000／2004／2008

ロックハート, クリスティ　Lockhart, Christy　本名=パチェイコー,クリスティン　ロマンス作家　国米国　⊛2004

ロックハート, ジョー　Lockhart, Joe　元・ジャーナリスト　元・米国大統領報道官　国米国　⊛2000／2004

ロックフェラー, ウィリアム　Rockefeller, William　弁護士　元・メトロポリタン・オペラ協会会長　国米国　⊗1990年3月16日　⊛1992

ロックフェラー, ジョン(4世)　Rockefeller, John Davison(IV)　別名=ロックフェラー,ジェイ　政治家　米国上院議員(民主党)　元・ウェスト・バージニア州知事　国米国　⊕1937年6月18日　⊛1992／1996／2000／2004／2008／2012

ロックフェラー, デービッド　Rockefeller, David　銀行家,慈善事業家　元・チェース・マンハッタン銀行会長・CEO,元・ジャパン・ソサエティ名誉会長　国米国　⊕1915年6月12日　⊛1992／1996／2000／2004／2008／2012

ロックフェラー, デービッド(Jr.)　Rockefeller, David(Jr.)　実業家　ロックフェラー・ファイナンシャル・サービス(RFS)会長　国米国　⊕1941年7月24日　⊛1996

ロックフェラー, ローランス　Rockefeller, Laurance Spelman　実業家,慈善事業家,自然保護運動家　元・ロックフェラー・ブラザーズ・ファンド会長,元・米国自然保護協会名誉会長　国米国　⊕1910年5月26日　⊗2004年7月11日　⊛1992／1996／2000／2004

ロックモア, トム　Rockmore, Tom　哲学者　デュケイン大学教授　国米国　⊕1942年　⊛2000

ロックリー, ロナルド　Lockley, Ronald Mathias　作家,博物学者　国英国　⊕1903年　⊛1992(ロックレイ,ロナルド)

ロックリン, ジョアン　Rocklin, Joanne　作家　国米国　⊛2004

ロックレイ, マーティン・ゴダン　Lockley, Martin G.　コロラド大学デンバー校地質学教室準教授　⊕地質学　国英国　⊕1950年　⊛1992／1996

ロッケル, ロバート　Rockell, Robert　ネットワーク技術者　スプリント・インターネット・サービス　⊛2004

ロッコ, ジョン　Rocco, John　編集者,ライター　国米国　⊛2004

ロッコ, マーク　Rocco, Marc　映画監督,脚本家　国米国　⊕1962年6月19日　⊗2009年5月1日　⊛1996

ロッサム, エミー　Rossum, Emmy　女優　国米国　⊕1986年9月12日　⊛2012

ロッシ　Rossi　本名=ロッシ,フリオ・エルナン　サッカー選手(FW)　国アルゼンチン　⊕1977年2月22日　⊛2000

ロッシ, アニェロ　Rossi, Agnelo　カトリック枢機卿　元・枢機卿会会長　国ブラジル　⊕1913年5月4日　⊗1995年5月21日　⊛1996

ロッシ, アルド　Rossi, Aldo　建築家　元・ベネチア建築大学教授　⊕現代建築理論　国イタリア　⊕1931年5月　⊗1997年9月4日　⊛1992／1996

ロッシ, アントニオ　Rossi, Antonio　カヌー選手(カヤック)　国イタリア　⊕1968年12月19日　⊛2000／2004

ロッシ, ヴァレンティーノ　Rossi, Valentino　オートバイライダー　国イタリア　⊕1979年2月16日　⊛2004／2008／2012

ロッシ, ジェシカ　Rossi, Jessica　射撃選手(クレー射撃)　ロンドン五輪射撃女子クレー・トラップ金メダリスト　国イタリア　⊕1992年1月7日

ロッシ, ジャック　Rossi, Jacques　本名=エイマン,フランソワ　作家　ソ連の強制収容所で約20年間を過ごした元コミンテルン諜報員　⊕1909年　⊗2004年6月30日　⊛2000

ロッシ, ジュゼッペ　Rossi, Giuseppe　サッカー選手(FW)　国イタリア;米国　⊕1987年2月1日　⊛2012

ロッシ, ジョン・デービス　政治家,外交官,元・俳優　元・コネティカット州知事,元・駐スイス米国大使　国米国　⊗1985年10月29日　⊛1992

ロッシ, ティノ　Rossi, Tino　本名=ロッシ,コンスタンタン　シャンソン歌手　国フランス　⊕1907年4月29日　⊗1983年9月26日

[典]1992
ロッジ, デービッド　Lodge, David John　作家, 批評家　バーミンガム大学名誉教授　[国]英国　[生]1935年1月28日　[典]1992／1996／2000／2004／2008／2012
ロッシ, パオロ　Rossi, Paolo　元・サッカー選手　[国]イタリア　[生]1956年9月23日　[典]1992／1996／2000／2004
ロッシ, パオロ　Rossi, Paolo　科学思想史家　フィレンツェ大学教授　[国]イタリア　[生]1923年　[典]1992／1996／2000
ロッジ, バーナード　Lodge, Bernard　作家　[国]英国　[典]2000
ロッシ, ピエトロ　Rossi, Pietro　トリノ大学教授　[専]哲学史, 歴史哲学　[国]イタリア　[生]1930年　[典]1996
ロッシ, ブルーノ　Rossi, Bruno Benedetti　物理学者　元・マサチューセッツ工科大学名誉教授　[国]米国　[生]1905年4月13日　[没]1993年11月21日　[典]1992／1996
ロッジ, ヘンリー・キャボット (Jr.)　Lodge, Henry Cabot (Jr.)　外交官, 政治家　元・国連大使, 元・駐南ベトナム米国大使, 元・米国上院議員 (共和党)　[国]米国　[生]1902年7月5日　[没]1985年2月27日　[典]1992
ロッシ, ルイス　Rossi, Louis R.　コンピューター技術者　[典]2004
ロッシ・スチュアート, キム　俳優　[国]イタリア　[生]1969年10月31日　[典]2000／2004
ロッシ・ドラーゴ, エレオノーラ　Rossi Drago, Eleonora　本名=Omiccioli,Palmira　女優　[国]イタリア　[生]1925年9月23日　[典]1992
ロッシュ, ドゥニ　Roche, Denis　詩人, 写真家　[生]1937年　[典]1992
ロッシュ, ポール・J.　米国ストレス研究所所長, ニューヨーク医科大学教授, メリーランド大学医学部教授　[専]精神医学, 内科学　[国]米国　[典]1992
ロッシュ, ロバータ　Roesch, Roberta　ライター　[典]2004／2008
ロッセ, スザンヌ　日本文学研究者, 翻訳家　[国]フランス　[典]2000
ロッセリーニ, イザベラ　Rosselini, Isabella　女優, モデル　ランカスター・ニューヨーク本社国際マーケティング副会長　[国]イタリア　[生]1952年6月18日　[典]1992／1996
ロッソ, ニニ　Rosso, Nini　トランペット奏者　[国]イタリア　[生]1926年　[没]1994年10月5日　[典]1996
ロッソ, レンツォ　Rosso, Renzo　ディーゼル社長　[国]イタリア　[生]1955年　[典]2008／2012
ロッソン, ハロルド　Rosson, Harold　映画カメラマン　[国]米国　[没]1988年9月6日　[典]1992
ロッダ, エミリー　Rodda, Emily　本名=ロウ, ジェニファー　児童文学作家　[国]オーストラリア　[生]1948年　[典]2004／2008／2012
ロッダム, フランク　Roddam, Franc　映画監督　[国]英国　[生]1946年4月29日　[典]1992
ロッチュ, ハンス・ヨアヒム　Rotzsch, Hans-Joachim　指揮者　モーツァルテウム音楽院客員教授　元・聖トーマス教会合唱団音楽監督　[国]ドイツ　[生]1929年4月25日　[典]2004
ロッツラー, ウィリアム　Rotsler, William　作家　[国]米国　[生]1926年7月3日　[典]1992／1996
ロッテラー, アンドレ　Lotterer, Andre　レーシングドライバー　[国]ドイツ　[生]1981年11月19日　[典]2012
ロッテルダム, ポール　Rotterdam, Paul　画家　[国]オーストリア　[生]1939年　[典]1992
ロッデンベリー, ジーン　Roddenbery, Gene　映画テレビプロデューサー, 脚本家　[国]米国　[生]1921年8月19日　[没]1991年10月24日　[典]1992
ロット, ティム　Lott, Tim　作家　[典]2004
ロット, トレント　Lott, Trent　政治家　元・米国上院議員 (共和党)　[国]米国　[生]1941年10月9日　[典]1996／2000／2004／2008／2012
ロット, バーニス　Lott, Bernice　ロードアイランド大学教授　[専]女性心理学　[国]米国　[典]2000
ロット, ピクシー　Lott, Pixie　歌手　[国]英国　[生]1991年10月4日
ロット, フェリシティ　Lott, Felicity　本名=Lott,Felicity Ann Emwhyla　ソプラノ歌手　[国]英国　[生]1947年5月8日　[典]2012
ロッド, ミッシェル　Rodde, Michel　画家　[国]フランス　[生]1913年　[典]1992／1996／2000
ロット, リン　Lott, Lynn　結婚家族セラピスト　[典]2004
ロッドベル, マーティン　Rodbell, Martin　生理学者　元・米国国立環境保健科学研究所部長　[専]生化学　[国]米国　[生]1925年　[没]1998年12月7日　[典]1996
ロットホーネン, パーヴォ　Lotjonen, Paavo　グループ名=アポカリプティカ　チェロ奏者　[国]フィンランド　[典]2004／2008
ロットマン, アイリーン　Lottman, Eileen　別名=Barney,Harry, Wills,Maud, Flute,Molly, Erans,Jessica, Mellors,Samantha　作家　[国]米国　[生]1927年8月15日　[典]1992
ロットマン, ジョセフ　Rotman, Joseph　数学者　イリノイ大学数学科　[典]2004
ロッドマン, デニス　Rodman, Dennis　本名=ロッドマン, デニス・キース　元・バスケットボール選手　[国]米国　[生]1961年5月13日　[典]1996／2000／2004／2008／2012
ロットマン, ハーバート　Lottman, Herbert R.　文化史家　[国]米国　[生]1927年　[典]2004／2008
ロッドマン, ピーター　元・米国国務省政策企画室長　[専]米ロ関係と中東　[国]米国　[典]2000
ロットロイトナー, フーベルト　Rottleuthner, Hubert　ベルリン自由大学教授　[専]法社会学　[国]ドイツ　[生]1944年　[典]1996
ロッフィ, モーリーン　Roffey, Maureen　絵本作家　[国]英国　[典]2000
ロップフェ, オットー　Loepfe, Otto　スイス航空社長　[国]スイス　[典]1992
ロッベン, アリエン　Robben, Arjen　サッカー選手 (MF)　[国]オランダ　[生]1984年1月23日　[典]2008／2012
ロッホ, フェリックス　Loch, Felix　リュージュ選手　バンクーバー五輪リュージュ男子1人乗り金メダリスト　[国]ドイツ　[生]1989年7月24日　[典]2012
ローディ, ウィリアム　Roedy, William H.　実業家　MTVネットワークインターナショナル社長　[国]米国　[典]2000
ロディ, シェーン　Roddie, Shen　絵本作家　[典]2004
ローディ, マリオ　Lodi, Mario　教育実践運動家　[国]イタリア　[生]1922年　[典]1992
ローティ, リチャード　Rorty, Richard Mckay　哲学者　元・スタンフォード大学教授　[国]米国　[生]1931年10月4日　[没]2007年6月8日　[典]1992／1996／2004
ロディエ, ジャン・ピエール　Rodier, Jean-Pierre　実業家　アルキャン・ペシネー・アルグループCOO・会長　[国]フランス　[生]1947年5月4日　[典]2000
ロディス・レヴィス, ジュヌヴィエーヴ　Rodis-Lewis, Geneviève　パリ・ソルボンヌ大学名誉教授　[専]近世哲学史　[国]フランス　[生]1919年　[典]1992 (ロディス・レビス, ジュヌビエーブ)
ロディック, アニータ　Roddick, Anita Lucia　実業家, 環境保護運動家　元・ボディショップ創業者　[国]英国　[生]1942年10月23日　[没]2007年9月10日　[典]1996／2000／2004
ロディック, アンディ　Roddick, Andy　元・テニス選手　[国]米国　[生]1982年8月30日　[典]2004／2008／2012
ロディッシュ, ハーベイ　Lodish, Harvey　生物学者　マサチューセッツ工科大学教授, ホワイトヘッド生物医科学研究所研究員　[国]米国　[典]2004
ロディノ, ピーター (Jr.)　Rodino, Peter Wallace (Jr.)　政治家　元・米国下院司法委員会委員長, 元・米国下院議員　[国]米国　[生]1909年6月7日　[没]2005年5月7日　[典]1992／1996／2000
ロデイロ, ニコラス　Lodeiro, Nicolás　本名=Lodeiro Benitez, Marcelo Nicolás　サッカー選手 (MF)　[国]ウルグアイ　[生]1989年3月21日　[典]2012
ローディング, マイケル　Rawding, Michael　実業家　マイクロソフトコーポレートバイスプレジデント　[国]米国　[生]1963年11月19日　[典]2004／2012
ローデス, ニール　Rhodes, Neil　コンピューター技術者　[典]2004
ローデス, リチャード　ジャーナリスト　[国]米国　[典]1992

ロデック, ジェフリー　Rodek, Jeffrey　フェデラル・エキスプレス社副社長　国米国　生1953年8月22日　掲1996

ロテッリ, フランコ　Rotelli, Franco　医師　トリエステ県精神保健部門最高責任者　専精神科　国イタリア　生1942年　掲1992

ローデマン, ユルゲン　Lodemann, Jürgen　作家, 劇作家, 文化映画・ドキュメンタリー映画制作者　ドイツ作家連盟副会長　国ドイツ　生1936年　掲1992／1996

ロデューカ, ポール　LoDuca, Paul　本名=LoDuca, Paul Anthony　元・大リーグ選手　国米国　生1972年4月12日　掲2004／2008／2012

ロデリック, ジョン　Roderick, John　ジャーナリスト　元・AP通信東京特派員, 元・日本外国特派員協会会長　国米国　生1914年　没2008年3月11日　掲1996（ロドリック, ジョン）

ロデリック, デービッド・ミルトン　Roderick, David Milton　実業家　元・USX会長・CEO　国米国　生1924年5月3日　没没年不詳　掲1992

ローデル, ジェームス　Loader, James Alfred　神学者　南アフリカ大学非人種的エキュメニカル神学部旧約聖書部長　専旧約聖書　国南アフリカ　生1945年7月12日　掲1996

ローテルムンド, ハルトムート　Rotermund, Hartmut O.　元・フランス国立科学研究センター日本文明研究所長　専日本宗教史, 民俗学　国フランス　生1939年　掲1996／2012

ローデンシュトック, ロルフ　ローデンシュトック社長　国ドイツ　掲1992

ローテンバーグ, フランク　Lautenberg, Frank R.　政治家　元・米国上院議員（民主党）　国米国　生1924年1月23日　没2013年6月3日　掲1996／2000／2004／2008

ローテンブルガー, クリスタ　スピードスケート選手, 自転車選手　国ドイツ　掲1992

ロード, M.G.　Lord, M.G.　コラムニスト　生1955年　掲2000

ロト, アルバート　Lotto, Albert　ピアニスト　国米国　生1946年　掲2008

ロート, アンリ　Lhote, Henri　民族学者, 考古学者　国フランス　生1903年　掲1992

ロード, ウィリアム　Rhode, William　作家　国英国　掲2004／2008

ロード, ウィンストン　Lord, Winston　外交官　元・米国国務次官補（東アジア・太平洋問題担当）, 元・駐中国米国大使　専安全保障問題　国米国　生1937年8月14日　掲1992／1996／2000

ロード, ウォルター　Load, Walter　作家　国米国　生1917年　没2002年5月19日　掲2000

ロート, ヴォルフガング　Roth, Wolfgang　政治家, エコノミスト　ドイツ連邦議会議員, ドイツ社会民主党（SPD）連邦幹部会役員・経済政策担当スポークスマン　国ドイツ　生1941年1月26日　掲1992／1996

ロード, キム　Rhode, Kim　本名=ロード, キンバリー・スーザン　射撃選手（クレー射撃）　アトランタ五輪・アテネ五輪・ロンドン五輪金メダリスト　国米国　生1979年7月16日　掲2000／2008

ロート, ゲルハルト　Roth, Gerhard　作家　国オーストリア　生1942年　掲2004

ロード, ジェフリー　Lord, Jeffrey　本名=エンジェル, ライル・ケニャン　SF作家, 編集者　国米国　掲1992

ロード, ジェームズ　Lord, James　美術評論家, エッセイスト　生1922年　掲2004／2008

ロード, ジョン　Lord, Jon　グループ名=ディープ・パープル　キーボード奏者　国英国　生1941年6月9日　没2012年7月16日　掲2000／2004

ロート, ダニエル　Roth, Daniel　時計師　ダニエル・ロート社社長　国スイス　生1945年　掲2000

ロード, デービッド　Rohde, David　ジャーナリスト　掲2000

ロート, ハインリッヒ　Roth, Heinrich　元・ザンクト・ガレン教育大学学長　専教育学　国スイス　生1906年　没1983年　掲1992

ロート, ブリギッタ　Roth, Brigitta　ジャーナリスト　ミュンヘン市議　国ドイツ　生1940年　掲2004／2008

ロード, ベティ・バオ　Lord, Bette Bao　作家　国米国　生1938年　掲1996

ロード, ポール　Roud, Paul C.　心理学者, カウンセラー　国米国　掲1992

ロード, メアリー　ジャーナリスト　「US News and World Report」誌主任編集委員　国米国　生1954年　掲1992

ロード, リチャード　Lord, Richard　映画・演劇ジャーナリスト, 脚本家　国米国　掲2004／2008

ロドウィック, トッド　Lodwick, Todd　スキー選手（複合）　バンクーバー五輪スキー・ノルディック複合4×5キロ団体銀メダリスト　国米国　生1976年11月21日

ロドヴィッチ, ヤドヴィガ　Rodozica, Jadwiga　日本研究者　駐日ポーランド大使　国ポーランド　掲2004／2012

ロトカ, ロックフォード　Lhotka, Rockford　コンピューター技術者　国米国　掲2004

ロドキン, ローリー　Rodkin, Loree　ジュエリーデザイナー　国米国　掲2000

ロートシルト, ギイ・ド　Rothschild, Guy de　本名=Rothschild, Guy Edouard Alphonse Paul de　銀行家　元・パリ・ロートシルト財閥総帥　国フランス　生1909年5月21日　没2007年6月12日　掲1992（ロスチャイルド, ギイ・ド）／1996（ロスチャイルド, ギイ・ド）

ロートシルト, デービッド・ルネ・ジェームズ・ド　Rothschild, David René James de　銀行家　ロートシルト銀行会長　国フランス　生1942年12月15日　掲2000

ロートシルト, ナディーヌ　Rothschild, Nadine de　エドモン・ド・ロートシルト男爵夫人　国フランス　生1932年　掲1996（ロスチャイルド, ナディーヌ）／2000

ロートシルト, フィリップ・ド　Rothschild, Philippe de　実業家　元・ラ・バロニー社（ボルドーワイン製造シャトー）オーナー　国フランス　生1988年1月20日　掲1992

ロートシルト, フィリピーヌ・ド　Rothschild, P.　芸名=パスカル, フィリピーヌ　実業家　ラ・バロニー社オーナー　国フランス　掲1992（ロスチャイルド, フィリピーヌ・ド）

ロドースキー, コルビー　Rodowsky, Colby　作家, 小学校教師　国米国　掲2004

ロート・ツィマーマン, マリー・ルイーズ　Roth-Zimmermann, Marie-Louise　ドイツ文学者　国際ムージル学会名誉会長　国ドイツ　生1926年　掲1992

ロドニー, ユージーン・B.　テレビ・プロデューサー　国米国　没1985年11月26日　掲1992

ロドニー, レッド　Rodney, Red　ジャズ・トランペット奏者　国米国　生1927年9月27日　没1994年5月27日　掲1996

ロドニナ, イリーナ　Rodnina, Irina　元・フィギュアスケート選手　国ソ連　生1949年　掲1992（ロドリナ, イリーナ）／1996

ロートバーレント, ダグマ　政治家　欧州議会議員　国ドイツ　掲1992

ロトフェルド, アダム　ストックホルム国際平和研究所長　国ポーランド　掲2000

ロートフス, ウリ　Rothfuss, Uli　作家　国ドイツ　生1961年　掲2000

ロートブラット, ジョセフ　Rotblat, Joseph　物理学者　元・パグウォッシュ会議会長, 元・ロンドン大学名誉教授　専核物理学, 放射線物理学　国英国　生1908年　没2005年8月31日　掲1992（ロットブラット, ジョセフ／ロートブラット, ジョセフ）／1996／2000

ロートマン, ユーリー　Lotman, Yurii Mikhailovich　文芸学者, 記号学者　元・タルトゥ大学ロシア文学科教授　国ソ連　生1922年2月28日　没1993年10月　掲1992／1996

ロートマン, ラルフ　Rothmann, Ralf　作家　国ドイツ　生1953年　掲2000

ロドラ, マルコ　Lodola, Marco　画家　国イタリア　生1955年　掲1996

ロドラ, ミカエル　Llodra, Michael　テニス選手　ロンドン五輪テニス男子ダブルス銀メダリスト　国フランス　生1980年5月18日

ロトランジェ, シルヴェール Lotoringer, Sylvere 哲学者 コロンビア大学教授,「セミオテクスト」誌編集長 ⓘ記号学,構造主義哲学 ⓒ1992

ロドリ, マルコ Lodori, Marco 作家 ⓝイタリア ⓑ1956年 ⓒ1996

ロドリゲス, アマリア Rodrigues, Amalia 歌手 ⓝポルトガル ⓑ1920年 ⓓ1999年10月6日 ⓒ1992/1996

ロドリゲス, アリ Rodríguez, Alí 政治家 PDVSA総裁 元・石油輸出国機構(OPEC)事務局長,元・ベネズエラ・エネルギー鉱業相 ⓝベネズエラ ⓒ2004/2008

ロドリゲス, アリシア・マルティ ソーシャルワーカー ⓝ米国 ⓑ1948年 ⓒ1996

ロドリゲス, アレックス Rodriguez, Alex 本名=Rodriguez, Alexander Emmanuel 通称=A・ロッド 大リーグ選手(内野手) ⓝ米国 ⓑ1975年7月27日 ⓒ2000/2004/2008/2012

ロドリゲス, アンドレス Rodrigues, Andrés 政治家,軍人 元・パラグアイ大統領 ⓝパラグアイ ⓑ1923年6月19日 ⓓ1997年4月21日 ⓒ1992/1996

ロドリゲス, イバン Rodriguez, Ivan 元・大リーグ選手 ⓑ1971年11月30日 ⓒ2000/2004/2008/2012

ロドリゲス, エディ Rodoriguez, Eddie ファッションデザイナー ウィルキー・ロドリゲス社長 ⓝ米国 ⓒ2000

ロドリゲス, エドゥアルド Rodriguez, Eduardo 本名=ロドリゲス・ベルツェー,エドゥアルド 政治家,法律家 元・ボリビア大統領,元・ボリビア最高裁判所長官 ⓝボリビア ⓑ1956年5月2日 ⓒ2008/2012

ロドリゲス, オスカル フィリピン公共事業道路省次官 ⓝフィリピン ⓒ1992

ロドリゲス, カルロス・ラファエル Rodriguez, Carlos Rafael 政治家,ジャーナリスト 元・キューバ閣僚評議会副議長・副首相,元・キューバ共産党政治局員 ⓝキューバ ⓑ1913年5月23日 ⓓ1997年12月8日 ⓒ1992/1996

ロドリゲス, セシリア Rodoriguez, Cecilia 民主自由正義のための全国組織代表 ⓝ米国 ⓒ2000

ロドリゲス, チチ Rodriguez, Chichi プロゴルファー ⓝ米国 ⓑ1935年10月23日 ⓒ2012

ロドリゲス, ディナ Rodrigues, Dina M. 歌手 ⓝペルー ⓒ1996

ロドリゲス, ナルシソ Rodriguez, Narciso ファッションデザイナー ⓝ米国 ⓑ1961年1月27日 ⓒ2000/2004/2012

ロドリゲス, ハイメ 愛称=チェローナ 元・サッカー選手 サッカー・エルサルバドル代表ゼネラル・マネジャー ⓝエルサルバドル ⓑ1960年1月17日 ⓒ2000

ロドリゲス, フランシスコ Rodriguez Poveda, Francisco 政治家 元・パナマ大統領 ⓝパナマ ⓑ1938年 ⓒ1992

ロドリゲス, フランシスコ Rodriguez, Francisco 愛称=K・ロッド 大リーグ選手(投手) ⓝベネズエラ ⓑ1982年1月7日 ⓒ2004/2008/2012

ロドリゲス, ヘンリー Rodriguez, Henry 大リーグ選手(外野手) ⓝ米国 ⓑ1967年11月8日 ⓒ2000

ロドリゲス, マエルス Rodriguez, Maels 本名=ロドリゲス・コラレス,マエルス 野球選手(投手) ⓑ1979年10月15日 ⓒ2004/2008

ロドリゲス, マキシ Rodríguez, Maxi 本名=Rodríguez, Maximiliano Rubén サッカー選手(MF) ⓝアルゼンチン ⓑ1981年1月2日 ⓒ2004/2008/2012

ロドリゲス, ミゲル・アンヘル Rodríguez, Miguel Angel 本名=Rodriguez Echeverría,Miguel Angel 政治家,経済学者 元・コスタリカ大統領 ⓝコスタリカ ⓑ1940年1月9日 ⓒ2000/2004/2008

ロドリゲス, ミシェル Rodriguez, Michelle 女優 ⓝ米国 ⓑ1978年7月12日 ⓒ2004

ロドリゲス, ラファエル Rodoriguez, Rafael 翻訳者,通訳 Pan International社長 ⓒ1992

ロドリゲス, ロバート Rodriguez, Robert 映画監督 ⓝ米国 ⓑ1968年7月20日 ⓒ2000/2004/2008/2012

ロドリゲスイスキエルド, フェルナンド 翻訳家 ⓘ日本文学,日本語 ⓝスペイン ⓑ1937年 ⓒ2000

ロドリゲス・サア, アドルフォ Rodriguez Saa, Adolfo 政治家 元・アルゼンチン暫定大統領,元・サンルイス州知事 ⓝアルゼンチン ⓑ1947年7月 ⓒ2004/2008

ロドリゲス・ハンター, スザンヌ Rodriguez-Hunter, Suzanne フリーライター ⓝ米国 ⓒ2004

ロドリゲス・ララ, ギレルモ Rodríguez Lara, Guillermo 軍人,政治家 元・エクアドル大統領 ⓝエクアドル ⓑ1923年11月4日 ⓒ1992

ロドリゴ Rodrigo 本名=メンデス,ロドリゴ・ファビアーノ サッカー選手(MF) ⓝブラジル ⓑ1975年8月9日 ⓒ2012

ロドリゴ Rodrigo 本名=ヌネス・デ・オリヴェイラ,ロドリゴ サッカー選手(FW) ⓝブラジル ⓑ1979年1月11日 ⓒ2004

ロドリーゴ, ホアキン Rodrigo, Joaquin 作曲家 ⓝスペイン ⓑ1902年11月12日 ⓓ1999年7月6日 ⓒ1996

ロドリゴ, ミゲル Rodrigo, Miguel 本名=Rodrigo,Miguel Conde Salazar フットサル監督 フットサル日本代表監督 ⓝスペイン ⓑ1970年7月15日 ⓒ2012

ロードン, ウェイド Rawdon, Wade 元・プロ野球選手 ⓝ米国 ⓑ1960年9月7日 ⓒ1996

ロートン, クライブ Lawton, Clive A. 教育者 ⓘホロコースト教育 ⓝ英国 ⓒ2004

ロートン, ジョン Lawton, John Hartley 生態学者 英国環境汚染委員会議長,ヨーク大学名誉教授,ロンドン大学名誉教授 元・英国自然環境研究会議(NERC)理事長 ⓘ生物多様性の保全 ⓝ英国 ⓑ1943年9月24日 ⓒ2008/2012

ロートン, ブライアン Loton, Brian Thorley 実業家 元・BHP会長 ⓝオーストラリア ⓑ1929年5月17日 ⓒ1992/1996/2012

ロトンディ, ビルジニオ 元・ローマ法王顧問 ⓑ1912年 ⓓ1990年4月13日 ⓒ1992

ロトンディ, マイケル Rotondi, Michael 旧グループ名=モーフォシス 建築家 南カリフォルニア建築大学学部長 ⓝ米国 ⓑ1949年 ⓒ1992/1996

ローナー, ビクトル スイス・スキー・プール理事 ⓝスイス ⓒ2000

ローナイ, ガブリエル Ronay, Gabriel ジャーナリスト,政治評論家 ⓝ英国 ⓑ1930年 ⓒ1996/2000

ロナウジーニョ Ronaldinho 本名=ジ・アシス・モレイラ,ロナウド サッカー選手(FW) 北京五輪サッカー男子銅メダリスト ⓝブラジル ⓑ1980年3月21日 ⓒ2000/2004/2008/2012

ロナウド Ronaldo 本名=ロドリゲス・デ・ジェズス,ロナウド 元・サッカー選手 ⓝブラジル ⓑ1965年6月19日 ⓒ1996/2000

ロナウド Ronaldo 本名=ルイス・ナザーリオ・ダ・リマ,ロナウド 元・サッカー選手 ⓝブラジル ⓑ1976年9月22日 ⓒ2000/2004/2008/2012

ロナーガン, トム Lonergan, Tom コンピューターエンジニア 「4回リストラされてもホームレスにならなかった私」の著者 ⓝ米国 ⓒ2004

ロナルド Ronaldo サッカー選手(FW) ⓝブラジル ⓒ1996

ロナルド, パメラ Ronald, Pamera C. 農学者 カリフォルニア大学デービス校教授 ⓘ植物病理学,イネ育種,遺伝子組み換え ⓝ米国 ⓒ2000/2004/2008/2012

ローナン, シアーシャ Ronan, Saoirse 女優 ⓑ1994年 ⓒ2012

ローナン, ショーン・ジェラルド Ronan, Sean Gerard 元・駐日アイルランド大使 ⓝアイルランド ⓒ1992/1996/2000

ローナン, リー Loughnane, Lee グループ名=シカゴ トランペット奏者 ⓝ米国 ⓑ1946年10月21日 ⓒ2004

ロニー Roni 本名=Ronielton,Pereira Santos サッカー選手(FW) ⓝブラジル ⓑ1977年4月28日 ⓒ2012

ロニー, カーリー Roney, Carley 結婚コンサルタント ノット設立者・編集長 ⓝ米国 ⓒ2004

ロニー, ケビン Loney, Kevin コンピューター技術者 ⓝオラクル ⓒ2004

ロニオン, ピエール　Rognon, Pierre　パリ第6大学教授　⑩自然地理学,第四紀学　国フランス　⊕1931年　⊛1996

ローニック, ジェレミー　Roenick, Jeremy　アイスホッケー選手（FW）　国米国　⊕1970年1月17日　⊛2008

ロニ・ディン　Loni Ding　漢字名=丁碧蘭　映画監督　国米国　⊛1992

ローニング, チェスター・アルビン　外交官　国カナダ　⊗1984年12月31日　⊛1992

ロニングスタム, エルザ　Ronningstam, Elsa F.　心理学者　⊛2008

ロニンゲン, ヨン　Ronningen, Jon　レスリング選手（グレコローマン52キロ級）　国ノルウェー　⊛1992／1996

ローネルト, ハンス　Rohnert, Hans　ソフトウェアエンジニア　シーメンス　国ドイツ　⊛2004

ロノ, ピーター　Rono, Peter　陸上選手　国ケニア　⊛1992

ロノウ, レーネ　Lonnov, Lene　学校教師　国デンマーク　⊕1936年10月10日　⊛1992

ロノフ, アレクサンドル　Ronov, Aleksandr Borisovich　地球化学者　地球化学分析化学ベルナツキー研究所研究員　国ソ連　⊕1913年　⊛1992

ロバ, エミリオ　アートフラワー・プロデューサー　国フランス　⊕1944年　⊛1992

ローバー, シンディ　Lauper, Cyndi　ロック歌手　国米国　⊕1953年6月20日　⊛1992／1996／2004／2008／2012

ローパー, デービッド　Loper, David　フロリダ州立大学物理学教授　⑩地球物理学　国米国　⊕1940年　⊛1996

ロバ, ニグシェ　マラソンコーチ　エチオピア・マラソン・ナショナル・チームコーチ　国エチオピア　⊛1992

ローバー, パトリシア　Lauber, Patricia　作家　国米国　⊛1996

ロバイナ, アレハンドロ　Robaina, Alejandro　タバコ農場主　国キューバ　⊗2010年4月17日

ロバイナ・ゴンサレス, ロベルト　Robaina González, Roberto　政治家　元・キューバ外相　国キューバ　⊕1956年3月3日　⊛1996／2000

ロハス, エロイ　Rojas, Eloy　プロボクサー　元・WBA世界フェザー級チャンピオン　国ベネズエラ　⊕1967年3月17日　⊛1992／1996／2000／2008

ロバーズ, カレン　Robards, Karen　ロマンス作家　国米国　⊛2004

ロバーズ, ジェーソン　Robards, Jason　本名=Robards,Jason Nelson,Jr.　通称=ロバーズ・ジュニア　俳優　国米国　⊕1922年7月26日　⊗2000年12月26日　⊛1992／1996

ロハス, ヘスス　Rojas, Jesus　プロボクサー　元・WBA世界スーパーフライ級チャンピオン　国ベネズエラ　⊕1964年1月31日　⊛2000／2004／2008

ロハス, マリア・テレサ　Roxas, Maria Teresa　フィリピン文化センター理事長　国フィリピン　⊛1992

ロハス・アバロス, フェルナンド　Rojas Avalos, Fernando　ハバナ大学学長　国キューバ　⊛1992

ロバーソン, ジェニファー　Roberson, Jennifer　作家　国米国　⊕1953年　⊛1996

ロバーソン, ブルース　Roberson, Bruce　マーケティング・コンサルタント　⊛2008

ロパタ, サム　Lopata, Sam　インテリアデザイナー　⊕1941年

ロバチ, マリーナ　Lobatch, Marina　体操選手　国ソ連　⊕1970年6月26日　⊛1992

ロパーチン, ウラジーミル　元・軍人　ソ連人民代議員　元・ソ連最高会議軍事改革構想作成委員会委員　国ソ連　⊛1992

ロバーツ, L.M.　Roberts, L.M.　ウォリック大学講師　⑩生物科学,遺伝子工学　国英国　⊛1992

ロバーツ, アリソン　Roberts, Alison　本名=ロバーツ,アリソン・ジーン　旅行業者　ジェズ・ホテル・ネットワーク　国オーストラリア　⊛2000

ロバーツ, ウィロー・デービス　Roberts, Willo Davis　作家　国米国　⊛2004

ロバーツ, ウェス　Roberts, Wess　教育訓練コンサルタント　⑩リーダーシップ　国米国　⊛1992／1996

ロバーツ, エリザベス　Roberts, Elizabeth　翻訳家, ライター　国英国　⊕1944年　⊛1992

ロバーツ, エリック　Roberts, Eric　俳優　国米国　⊕1956年4月18日　⊛1992／2000

ロバーツ, キース　Roberts, Keith　別名=ベヴァン, アリステア　SF作家, イラストレーター　国英国　⊕1935年9月20日　⊗2000年10月5日　⊛1996

ロバーツ, キース　Roberts, Keith　ダンサー　元・アメリカン・バレエ・シアター（ABT）プリンシパル　国米国　⊛2008／2012

ロバーツ, キャサリン　Roberts, Katherine　ファンタジー作家　国英国　⊕1962年　⊛2004

ロバーツ, キャシー　Roberts, Kathy　規格コンサルタント　サンライズ・コンサルティング社長　国米国　⊛2004

ロバーツ, ギリアン　Roberts, Gillian　別筆名=グレバー, ジュディス　作家　国米国　⊛1992／1996

ロバーツ, クリス　プロ野球選手（投手）　国米国　⊕1971年6月25日　⊛2004

ロバーツ, グリン　Roberts, Glyn　社会運動家　⑩開発援助　国英国　⊕1937年　⊛1992

ロバーツ, グレゴリー・デービッド　Roberts, Gregory David　作家　国オーストラリア　⊕1952年　⊛2012

ロバーツ, ケニー（Jr.）　Roberts, Kenny（Jr.）　元・オートバイライダー　国米国　⊕1973年7月25日　⊛2004／2008

ロバーツ, ケニー（Sr.）　Roberts, Kenny（Sr.）　元・オートバイライダー　マールボロ・ヤマハチーム・ロバーツオーナー　国米国　⊕1951年12月31日　⊛1992／1996／2000／2004

ロバーツ, サイモン　Roberts, Simon　コンピュータ技術者　⊛2004

ロバーツ, ザビエル　コレコ社長　キャベツ人形の生みの親　国米国　⊛1992

ロバーツ, ジェフリー　Roberts, Jeffrey W.　コーネル大学生化学教授　⑩分子生物学　国米国　⊛1992

ロバーツ, ジェームス　Roberts, James　キュレーター, 編集者　国英国　⊕1965年　⊛2008

ロバーツ, シェリル　Roberts, Cheryl　卓球選手, 反アパルトヘイト運動家　国南アフリカ　⊕1963年3月　⊛1996（ロバーツ, シェリル／ロバート, シェリル）

ロバーツ, ジュリア　Roberts, Julia　本名=Roberts,Julie Fiona　女優　国米国　⊕1967年10月28日　⊛1992／1996／2000／2004／2008／2012

ロバーツ, ジョン　Roberts, John　スタンフォード大学ビジネス・スクール教授　⑩産業組織論, ゲーム理論　⊕1945年　⊛2004

ロバーツ, ジョン　Roberts, John Peter Lee　オタワCBC本部顧問　元・カナダ音楽評議会会長, 元・グレン・グールド財団理事長　国カナダ　⊕1930年　⊛2000

ロバーツ, ジョン　Roberts, John Glover（Jr.）　法律家　米国連邦最高裁長官（第17代）　国米国　⊕1955年1月27日　⊛2008／2012

ロバーツ, ジョン・モリス　Roberts, John Morris　歴史学者　元・サウサンプトン大学副学長　国英国　⊕1928年4月14日　⊗2003年5月30日　⊛2004

ロバーツ, スーザン　Roberts, Susan B.　栄養学者　タフツ大学教授　国米国　⊛2004

ロバーツ, スーザン　Roberts, M.Susan　心理学者　ハーバード大学教授　国米国　⊛2004／2008

ロバーツ, チャルマーズ　Roberts, Chalmers McGeagh　通称=ロバーツ, チャル　ジャーナリスト, コラムニスト　元・「ワシントン・ポスト」コラムニスト　国米国　⊕1910年11月18日　⊗2005年4月8日　⊛1992

ロバーツ, デービッド　Roberts, David　イラストレーター　国英国　⊕1970年　⊛2008

ロバーツ, デーブ　Roberts, Dave　大リーグコーチ, 元・大リーグ選

手 国米国 ⊕1972年5月31日 ⓢ2004/2008/2012

ロバーツ, トニー Roberts, Tony 英語講師 国米国 ⊕1975年 ⓢ2004/2008

ロバーツ, ナイジェル Roberts, Nigel 医師 クイーン・エリザベス2世号(QE2)医療部門主任士官 国英国 ⊕1941年4月8日 ⓢ1992

ロバーツ, ノーラ Roberts, Nora 別名=ロブ,J.D. ロマンス作家 国米国 ⊕1950年10月10日 ⓢ1992/1996/2000/2004/2008/2012

ロバーツ, パット Roberts, Pat 本名=ロバーツ, チャールズ・パトリック 政治家, ジャーナリスト 米国上院議員(共和党) 国米国 ⊕1936年4月20日 ⓢ2000/2004/2012

ロバーツ, バート (Jr.) Roberts, Bert C.(Jr.) 実業家 元・MCIワールドコム会長 ⊕1942年 ⓢ2004

ロバーツ, バーバラ Roberts, Barbara K. 政治家 元・オレゴン州知事 国米国 ⓢ2008

ロバーツ, ブルーイ Roberts, Bluey 芸術家 国オーストラリア ⊕1948年 ⓢ1996

ロバーツ, ブレーン Roberts, Blaine 実業家 ザ・モゲージ・リサーチ・グループ社会長 国米国 ⓢ2000

ロバーツ, ポール・クレイグ (3世) Roberts, Paul Craig(III) エコノミスト CATO研究所(米国)研究員 国米国 ⊕1939年4月3日 ⓢ1992/1996

ロバーツ, マイケル Roberts, Michael 騎手 国英国 ⊕1954年5月17日 ⓢ1996/2000

ロバーツ, マーカス Roberts, Marcus ジャズ・ピアニスト, 作曲家 国米国 ⊕1963年8月7日 ⓢ1992/2000/2004/2008

ロバーツ, モンティ Roberts, Monty 調教師 国米国 ⊕1935年5月14日 ⓢ2000

ロバーツ, ユージン ジャーナリスト 「ニューヨーク・タイムズ」編集局長 国米国 ⓢ1996

ロバーツ, ラッセル Roberts, Russell 経済学者 ワシントン大学上級研究員 国米国 ⓢ2004/2008

ロバーツ, リチャード Roberts, Richard John 生物学者 ニューイングランド生物学研究所学術部長 ⊕1943年9月6日 ⓢ1996/2008/2012

ロバーツ, レス Roberts, Les ミステリー作家 国米国 ⓢ1996

ロバーツ, ローレン Roberts, Loren Lloyd プロゴルファー 国米国 ⊕1955年6月24日 ⓢ2004/2008

ローバック, J.A.(Jr.) Roebuck, John A.(Jr.) 工学者 ⓟ人体計測学 国米国 ⓢ2004/2008

ローバック, ビル Roorbach, Bill 作家 国米国 ⓢ2008

ロバーティ, ウィリアム ブルックス・ブラザーズCEO 国米国 ⊕1946年 ⓢ1996

ロハティン, フェリックス Rohatyn, Felix Goerge 銀行家 ラザール・フレール共同経営者 国米国 ⊕1928年5月29日 ⓢ1996/2000

ロバート Robert 本名=Wishnevski,Robert 元・プロ野球選手 国米国 ⊕1967年1月2日 ⓢ2000

ロバト, アルカディオ Lobato, Arcadio 絵本作家, イラストレーター 国スペイン ⊕1955年 ⓢ1992/1996/2000

ロバートキナ, ウリヤーナ Lopatkina, Ulyana 本名=Lopatkina, Ulyana Vyacheslavovna バレリーナ マリインスキー劇場バレエ団(キーロフ・バレエ)プリンシパル 国ロシア ⊕1973年10月23日 ⓢ2000/2004/2008/2012

ロバートソン, イアン Robertson, Ian オアシスのツアー・マネージャー兼セキュリティ・コーディネーター 国英国 ⓢ2000

ロバートソン, イアン Robertson, Ian 脳科学者 トリニティ大学心理学部教授 ⓢ2004/2008

ロバートソン, ウェイン スポーツ・マーケティング・エンタープライズ(SME)社長 国米国 ⓢ2000

ロバートソン, ギャビン 俳優 国英国 ⊕1962年 ⓢ1996

ロバートソン, クリストファー ニュージーランド環境庁自然保護官 国ニュージーランド ⓢ1992

ロバートソン, クリフ Robertson, Cliff 本名=ロバートソン, クリフォード・パーカー,3世 俳優 国米国 ⊕1923年9月9日 ⓓ2011年9月10日 ⓢ1992/1996

ロバートソン, ジェニファー Robertson, Jennifer E. 文化人類学者 ミシガン大学文化人類学部教授・副学部長 ⓟ日本の文化的植民政策 国米国 ⊕1953年 ⓢ2004

ロバートソン, ジェームズ Robertson, James コンピューターコンサルタント ⓢ2004

ロバートソン, シャーリー Robertson, Shirley ヨット選手 国英国 ⊕1968年7月15日 ⓢ2004/2008

ロバートソン, ジョージ Robertson, George Islay MacNeill 政治家 元・北大西洋条約機構(NATO)事務総長, 元・英国国防相 国英国 ⊕1946年4月12日 ⓢ2000/2004/2008/2012

ロバートソン, ジン・ギュ Robertson, Jin-Kyu 「希望─私はあきらめない!」の著者 ⊕1948年 ⓢ2004

ロバートソン, スコット Robertson, Scott コンピューター技術者 ⓢ2004

ロバートソン, スザンヌ Robertson, Suzanne コンピューターコンサルタント ⓢ2004

ロバートソン, デービッド Robertson, David オックスフォード大学セント・ヒューズ・カレッジ・フェロー ⓟ政治学 国英国 ⓢ2000

ロバートソン, デービッド Robertson, David 指揮者 リヨン管弦楽団音楽監督, リヨン市オーディトリアム芸術監督 元・アンサンブル・アンテルコンタンポラン音楽監督 国米国 ⊕1958年 ⓢ2004

ロバートソン, パット Robertson, Pat 本名=Robertson,Marion キリスト教布教活動家, テレビ伝道師 キリスト教連合会長, クリスチャン放送網(CBN)主宰, USメディア・コーポレーション社長 国米国 ⊕1930年3月22日 ⓢ1992/1996

ロバートソン, ブルース 画家 ⓟデッサン 国英国 ⓢ1996

ロバートソン, マイケル Robertson, Michael L. 実業家 MP3社CEO 国米国 ⓢ2004

ロバートソン, マリヨン Robertson, Mariyon 国際野球評論家 コリヤーズABR/コリヤーズインターナショナル副会長, メットプラン会長, オリックス・エグゼクティブ・アドバイザー 国米国 ⊕1951年 ⓢ2000/2008/2012

ロバートソン, ミランダ Robertson, Miranda サイエンスライター ニューサイエンスプレス取締役 ⓟ生物心理学 国英国 ⓢ2004

ロバートソン, メアリー Robertson, Mary 精神医学者 ロンドン大学名誉教授 ⓢ2004

ロバートソン, モーリー Robertson, Morley E. メディア・アーティスト 国米国 ⊕1963年1月12日 ⓢ1992

ロバートソン, レスリー Robertson, Leslie E. 建築家 国米国 ⊕1928年 ⓢ1996

ロバートソン, ロビー Robertson, Robbie 旧グループ名=ザ・バンド ロックミュージシャン 国カナダ ⊕1944年7月5日 ⓢ1992/2004/2008

ローハーニ, ラミン Rouhani, Ramine 元・ゴールドマン・サックス証券会社副社長 国米国 ⓢ1992

ロバーノ, ジョー Lovano, Joe ジャズサックス奏者 国米国 ⊕1952年 ⓢ1996

ロバノフ, パーヴェル Lobanov, Pavel Pavlovich 科学者 元・ソ連農学アカデミー総裁, 元・ソ連副首相 国ソ連 ⊕1902年1月15日 ⓓ1984年8月13日 ⓢ1992

ロバン, ジャック Robin, Jacques 元・医師 「Transversales Science/Culture」ディレクター 国フランス ⊕1919年 ⓢ1996

ロバン, ダニー Robin, Dany 女優 国フランス ⊕1927年4月14日 ⓓ1995年5月25日 ⓢ1996

ローハン, マイケル・スコット Rohan, Michael Scott 作家 国英国 ⊕1951年 ⓢ1996

ローハン, リンゼイ Lohan, Lindsay 女優, 歌手 国米国 ⊕1986年7月2日 ⓢ2008/2012

ロビ, カクラビ 打楽器奏者 国ガーナ ⓢ2000

ロビー, ジョー　アメリカンフットボールチーム・オーナー　元・マイアミ・ドルフィンズ(NFL)オーナー　国米国　没1990年1月7日　典1992

ロビアーノ, ドナ　米国女性スポーツ財団専務理事　国米国　典2000

ロビショー, ポール　Robichaux, Paul　コンピューター技術者, テクニカルライター　典2004

ロビソン, エミリー　Robison, Emily　グループ名＝ディキシー・チックス　カントリー歌手　国米国　生1972年8月16日　典2000／2004／2008／2012

ロビンソン, リン　Robinson, Lyn　ソフトウェア開発者　Webridge開発担当　典2004

ロービック, デービッド　Rorvik, David M.　科学ジャーナリスト　国米国　生1943年　典2000

ロビーニョ　Robinho　本名＝ソウザ, ロブソン・ジ　サッカー選手(FW)　国ブラジル　生1984年1月25日　典2008／2012

ロビネッティ, スコット　Robinette, Scott　ホールマーク・ロイヤルティ・マーケティング・グループ責任者　典2004

ロビラ, アレックス　Rovira, Alex　作家, ビジネスコンサルタント, 経済学者　国スペイン　典2008／2012

ロビラント, アンドレア・ディ　Robilant, Andrea di　ジャーナリスト　典2008

ロビン, レオ　作詞家　国米国　生1985年1月　典1992

ロビンス, L.ハンター　Lovins, L.Hunter　環境保護活動家　ロッキーマウンテン研究所(RMI)　国米国　典2000

ロビンス, アーノルド　Robbins, Arnold　プログラマー, テクニカルライター　典2004

ロビンス, アンソニー　Robbins, Anthony　ロビンズ・リサーチ・インスティテュート社長　国米国　典1992／1996／2000

ロビンス, エモリー　Lovins, Amory B.　エネルギー・コンサルタント　ロッキーマウンテン研究所理事長　専エネルギー問題(ソフト・エネルギー・パス)　国米国　生1947年　典1992／1996／2000／2008／2012

ロビンス, ケビン　Robins, Kevin　ロンドン大学ゴールドスミスカレッジ教授　専カルチュラル・スタディーズ　国英国　典2004／2008

ロビンス, ジェローム　Robbins, Jerome　舞踊家, 振付師, 演出家　国米国　生1918年10月11日　没1998年7月29日　典1992／1996

ロビンス, ジョン　Robbins, John　エコロジスト　アースセーブ・ファウンデーション主宰　国米国　典1996

ロビンス, ジョン　Robbins, John　技術コンサルタント　Wintellect創業者　専デバッグ　典2004

ロビンス, スティーブン　Robbins, Stephen P.　元・サンディエゴ州立大学教授　専マネジメント, 組織行動学　国米国　典2004

ロビンス, ティム　Robbins, Tim　俳優, 映画監督, 脚本家　国米国　生1958年10月16日　典1996／2000／2004／2008／2012

ロビンス, デービッド　Robbins, David L.　作家　国米国　生1954年3月10日　典2004

ロビンス, デービッド　Robins, David　社会学者　ミドルセックス大学客員教授　国英国　生1944年　典2004／2008

ロビンス, トム　Robbins, Tom　作家　国米国　生1936年　典1992

ロビンス, ハロルド　Robbins, Harold　作家　国米国　生1916年5月21日　没1997年10月14日　典1992

ロビンス, フィリップ　Robins, Philip　英国国際問題研究所主任研究員　専中東問題　国英国　生1958年　典1992／1996

ロビンス, フレデリック　Robbins, Frederick Chapman　ウイルス学者, 小児科医　元・ケースウエスタン・リザーブ大学名誉医学部長・名誉教授　国米国　生1916年8月25日　没2003年8月4日　典1992／1996

ロビンス, マシュー　Robbins, Mattew　映画監督, 脚本家　国米国　典1992

ロビンス, ライオネル　Robbins, Lionel Charles　経済学者　元・ロンドン・スクール・オブ・エコノミクス(LSE)教授　国英国　生1898年11月22日　没1984年　典1992

ロビンス, ラルフ　Robins, Ralph　ロールスロイス社会長　国英国　生1932年6月16日　典1996／2000

ロビンス, リサ　Robbins, Lisa A.　ミズーリ・ウェスタン州立大学助教授　国米国　典2008

ロビンス, リチャード　Robbins, Richard　作曲家　専映画音楽　国米国　生1940年12月4日　没2012年11月7日

ロビンスキー, クリスティン　Rovinski, Christine A.　サバンナ病院集中治療サービス・プログラムディレクター　専看護学, ホスピス　国米国　典2000

ロビンソン, B.W.　ナセル・D・ハリリ・コレクション名誉顧問　国英国　生1912年　典1996

ロビンソン, アーサー　Robinson, Arthur Howard　地図学者, 地理学者　元・国際地図学協会(ICA)会長, 元・ウィスコンシン大学名誉教授　国米国　生1915年1月5日　没2004年10月10日　典1992

ロビンソン, アール　Robinson, Earl　作曲家, 歌手　国米国　生1910年7月2日　没1991年7月20日　典1992

ロビンソン, ウィリアム　Robinson, William A.　ロビンソン・アンド・メイト社長　専セールス・プロモーション　国米国　典1996

ロビンソン, ウェンディ　Robinson, Wendy　看護婦, アロマセラピスト　国英国　典2004

ロビンソン, キム・スタンリー　Robinson, Kim Stanley　SF作家　国米国　典1996

ロビンソン, クラーク　Robinson, Clark　数学者　ノースウエスタン大学教授　国米国　典2004

ロビンソン, クリストファー　Robinson, Christopher　オルガン奏者　ケンブリッジ大学セント・ジョンズ聖歌隊音楽監督　生1936年　典2000

ロビンソン, グレン　Robinson, Glen M.　3M社ビデオ・オーディオ製品部上級研究員　専物理化学, 計算機解析干渉法　典1992／1996

ロビンソン, グレン　Robinson, Glenn　バスケットボール選手　国米国　生1973年1月10日　典1996／2000／2004／2008

ロビンソン, ジェイソン　Robinson, Jason　元・ラグビー選手　国英国　生1974年7月30日　典2008／2012

ロビンソン, ジェフリー　Robinson, Jeffrey　作家　国米国　典2000

ロビンソン, ジェームズ　Robinson, James G.　映画プロデューサー　典1996

ロビンソン, ジェームズ(3世)　Robinson, James Dixon(III)　J・D・ロビンソン社長　元・アメリカン・エキスプレス(アメックス)会長　国米国　生1935年11月19日　典1992／1996

ロビンソン, ジム　Robinson, Jim　経営コンサルタント　国米国　典2004

ロビンソン, シモン　Robinson, Simon　ライター, プログラマー　ランカスター大学環境科学部名誉研究員　専流体力学　国英国　典2004

ロビンソン, ジャスティン　Robinson, Justin　ジャズサックス奏者　アルトサックス　国米国　生1968年8月14日　典1996

ロビンソン, ジャネット　Robinson, Janet L.　新聞経営者　元・ニューヨーク・タイムズ社長・CEO　国米国　生1950年6月11日　典2000／2008／2012

ロビンソン, シャロン　Robinson, Sharon　作家　国米国　典2004

ロビンソン, ジャンシス　Robinson, Jancis　ジャーナリスト, ワインライター　国英国　生1950年　典2004

ロビンソン, シュガー・レイ　Robinson, Sugar Ray　本名＝ロビンソン, ウォーカー　プロボクサー　元・世界ミドル級チャンピオン　生1921年5月3日　没1989年4月12日　典1992

ロビンソン, ジョナサン　Robinson, Jonathan　「ムダな努力をしないで幸福になる方法」の著者　典2008

ロビンソン, ジョーン　Robinson, Joan Violet　旧名＝モーリス, ジョーン　経済学者　元・ケンブリッジ大学名誉教授　国英国　生1903年10月31日　没1983年8月5日　典1992

ロビンソン, ジョン　Robinson, John　ディスクジョッキー　国英国　典1996

ロビンソン, ジョーン・ゲイル　Robinson, Joan Gale　絵本作家　国英国　生1910年　没1988年　典1996

ロビンソン, ジーン　Robinson, Jeanne　モダン・ダンサー, SF作家　国米国　没1992

ロビンソン, スティーブン　実業家　日本ニューブリッジ・ネットワークス社長　国カナダ　没2000

ロビンソン, スパイダー　Robinson, Spider　SF作家　国米国　生1948年　没1992／1996

ロビンソン, スモーキー　Robinson, Smokey　ミュージシャン　国米国　生1940年2月19日　没1992

ロビンソン, ダナ　Robinson, Dana　経営コンサルタント　国米国　没2004

ロビンソン, デービッド　証券アナリスト　日興証券ヨーロッパ社員　国英国　没1992

ロビンソン, デービッド　Robinson, David　本名=Robinson,David Maurice　元・バスケットボール選手　国米国　生1965年8月6日　没1996／2000／2008／2012

ロビンソン, デービッド　Robinson, David Julien　映画評論家　国英国　生1930年8月6日　没1996

ロビンソン, デーブ　Robinson, Dave　哲学者　国英国　生1944年　没2004

ロビンソン, ドナルド・L.　スミス・カレッジ政治学部教授　国米国　憲法, 日本国憲法　国米国　生1936年　没1996

ロビンソン, トーマス　Robinson, Thomas W.　エンタープライズ研究所(AEI)中国部長, ジョージタウン大学教授　国際関係, 中国問題　国米国　没1992

ロビンソン, パトリック　Robinson, Patrick　ジャーナリスト, 作家　国英国　没2000

ロビンソン, バーバラ　Robinson, Barbara　児童文学作家　国米国　生1927年　没2004

ロビンソン, バリー　Robinson, Barry　全米退職者協会(AARP)コミュニケーション顧問　国米国　没1992／2000

ロビンソン, ハワード　Robinson, Howard T.　労働運動家　元・国際自由労連沖縄事務所所長　国米国　生1926年　没1992

ロビンソン, ピーター　Robinson, Peter　ミステリー作家　生1950年　没1996／2004／2008／2012

ロビンソン, ピーター　Robinson, Peter　本名=Robinson,Rt Hon. Peter David　政治家　北アイルランド自治政府首相　国英国　生1948年12月29日　没2012

ロビンソン, ビル　Robinson, Bill　元・プロレスラー　国英国　生1939年9月18日　没2008／2012

ロビンソン, フィル・アルデン　Robinson, Phil Arden　映画監督　国米国　生1950年　没1992

ロビンソン, フランク　Robinson, Frank M.　作家　国米国　没1992／1996

ロビンソン, フランク　Robinson, Frank　大リーグ監督, 元・大リーグ選手　国米国　生1935年8月31日　没1992／2000／2004／2008／2012

ロビンソン, ブルックス　Robinson, Brooks　本名=Robinson, Brooks Calbert　元・大リーグ選手　国米国　生1937年5月18日　没1992

ロビンソン, フレッド・ミラー　Robinson, Fred Miller　英語・英文学者　サンディエゴ大学英語英文学科教授　国米国　生1942年　没2004

ロビンソン, マックス　Robinson, Max　放送ジャーナリスト　国米国　没1988年12月20日　没1992

ロビンソン, メアリー　Robinson, Mary　旧名=Bourke　政治家　コロンビア大学教授, ダブリン大学名誉総長　元・アイルランド大統領, 元・国連人権高等弁務官　国アイルランド　生1944年5月21日　没1992／1996／2000／2004／2008／2012

ロビンソン, ユージン　Robinson, Eugene　元・プロフットボール選手　国米国　生1963年5月28日　没2000

ロビンソン, リチャード　Robinson, Richard　「おうちでできるかんたん, おもしろサイエンス・マジック」の著者　没2008

ロビンソン, レイ　Robinson, Ray　ジャーナリスト　国米国　没2008

ロビンソン, レイモンド　Robinson, Raymond　本名=Robinson, Arthur Napoleon Raymond　政治家　元・トリニダードトバゴ大統領　国トリニダードトバゴ　生1926年12月16日　没1992／2000／2004／2008／2012

ロビンソン, ロジャー　Robinson, Roger W.　評論家　米国国防総省コンサルタント　国米国　没2000

ロビンソン・ヴァレリー, ジュディス　Robinson-Valéry, Judith　ヴァレリー研究家　フランス国立科学研究センター附属現代テクスト草稿研究所(ITEM)主任研究員　国フランス　生1933年　没2000

ローブ, ウォルター　ウォルター・ローブ社社長　国米国　没2000

ローブ, カール　Rove, Karl　元・米国大統領次席補佐官　国米国　生1950年12月25日　没2004／2008／2012

ロブ, ゲオルゲ　ルーマニア検事総長　国ルーマニア　没1992

ロブ, ジョン　Robb, John Weddell　ウェルカム社最高経営責任者(CEO)　国英国　生1936年4月27日　没1996

ローブ, セバスチャン　Loeb, Sebastian　ラリードライバー　国フランス　生1974年2月26日　没2008／2012

ロブ, ダグラス　Robb, Douglas　通称=Robb,Doug　グループ名=フーバスタンク　ミュージシャン　没2012

ロブ, チャールズ　Robb, Charles Spittal　政治家　米国上院議員(民主党)　国米国　生1939年6月26日　没1992／1996／2000

ローフ, フレドリク　Lööf, Fredrik　ヨット選手(スター級)　ロンドン五輪セーリング男子スター級金メダリスト　国スウェーデン　生1969年12月13日

ローブ, リサ　Lobe, Lisa　シンガー・ソングライター　国米国　生1968年　没2000／2004／2012

ローフィンク, ヘアート　Lovink, Keert　メディア評論家　国オランダ　没2004／2008

ロフェ, ダイアン　Roffe, Diann　本名=ロフェ・スタインロッター, ダイアン　スキー選手(アルペン)　国米国　生1967年3月24日　没1996

ロフェール, グザヴィエ　Raufer, Xavier　パリ犯罪研究所教授　犯罪研究　国フランス　没1996

ローフェン, ピーター　Loeffen, Peter　「あなたの人生の鍵を握るのは誰?」の著者　没2008

ローフォード, ピーター　Lawford, Peter　俳優　国米国　生1923年9月7日　没1984年12月24日　没1992

ロブ・グリエ, アラン　Robbe-Grillet, Alain　作家, 脚本家, 映画監督　国フランス　生1922年8月18日　没2008年2月18日　没1992／1996／2000／2004／2008

ロブサン・センゲ　Lobsang Sangay　政治家, 国際法学者　チベット亡命政府首相　生1968年　没2012

ロブサン・ランパ, T.　Lobsang Rampa, T.　作家, ラマ僧　没2004／2008

ロブション, ジョエル　Robuchon, Joël　料理人　国フランス　生1945年4月7日　没1996(ロビュション, ジョエル)／2000／2004／2008／2012

ロープス, デービー　Lopes, Davey　本名=Lopes,David Earl　元・大リーグ監督, 元・大リーグ選手　国米国　生1945年5月3日　没2004

ロブソン, ジョン　Robson, John E.　元・米国輸出入銀行総裁, 元・米国民間航空委員会(CAB)委員長　国米国　没2002年3月20日　没1992

ロブソン, スーザン　Robeson, S.　ドキュメンタリーカメラマン　国米国　生1953年　没1996

ロブソン, デレク　Robson, Derek　元・軍人　オーストラリア退役兵士連盟事務局長　元・オーストラリア海軍中佐　国オーストラリア　生1947年　没2004

ロブソン, ノーマン　Robson, Norman　植物学者　リンネ協会植物学主任研究員　元・大英博物館植物部門主任科学研究官　国英国

ロブソン, フローラ　Robson, Flora McKenzie　女優　国英国　生1902年3月28日　没1984年7月7日　没1992

ロフタス, エリザベス　Loftus, Elizabeth F.　心理学者　ワシントン大学教授　㊗人間の記憶,目撃証言,法廷手続き　国米国　⊕2000／2004／2012

ロフツ, ノラ　Lofts, Norah　作家　国英国　⊕1904年　⊗1983年　⊕1992

ロフトン, ケニー　Lofton, Kenny　本名=Lofton,Kenneth　大リーグ選手(外野手)　国米国　⊕1967年5月31日　⊕2000／2004／2008

ロフヤティ・サリヒン　Rohyati Salihin　作家　国インドネシア　⊕1992

ロフランド, ドナルド　Lofland, Donald　物理学者　国米国　⊕2004

ロブリック, ミッシェル　Lovric, Michelle　作家　⊕2004

ローブル, ユージン　経済学者　元・チェコスロバキア外国貿易担当第1副首相　⊗1987年8月8日　⊕1992

ロブレス, エマニュエル　Roblès, Emmanuel　作家　国フランス　⊕1914年　⊗1995年2月22日　⊕1996

ロブレス, ダイロン　Robles, Dayron　陸上選手(障害)　北京五輪陸上男子110メートル障害金メダリスト　国キューバ　⊕1986年11月19日　⊕2012

ロー・ブーンシュウ　実業家　元・オリエンタル・ホールディングズ会長　国マレーシア　⊗1995年2月17日　⊕1996

ローベ, ミラ　Lobe, Mira　児童文学作家　国オーストリア　⊕1913年　⊗1995年　⊕1992

ロペス, E.　コスタリカ森林局次長　元・コスタリカ大学教授　㊗森林管理　国コスタリカ　⊕1996

ロペス, アレハンドロ　クリエイティブ・ディレクター　ビーコンコミュニケーションズ・チーフ・クリエイティブ・オフィサー　国米国　⊕2004

ロペス, アントニオ　ファッション・イラストレーター　国米国　⊕1944年　⊗1987年3月17日　⊕1992

ロペス, アントニオ　サッカー監督　サッカー・ブラジル代表テクニカル・ディレクター　国ブラジル　⊕2000／2004

ロペス, アンドルー　写真家　元・UPI通信カメラマン　国米国　⊕1986年10月30日　⊕1992

ロペス, アンリ　Lopes, Henri　作家　ユネスコ副事務総長　国ザイール　⊕1937年9月12日　⊕1996／2000

ロペス, イグナシオ　フォルクスワーゲン(VW)副社長　元・ゼネラル・モーターズ(GM)副社長　⊕1996

ロペス, イスラエル　Lopez, Israel　愛称=カチャーオ　ベース奏者　国米国　⊕1918年　⊗2008年3月22日　⊕2000(カチャーオ)

ロペス, オルランド　López, Orlando　愛称=カチャイート　ベース奏者　国キューバ　⊕1933年　⊗2009年2月9日　⊕2004(カチャイート・ロペス, オルランド)／2008(カチャイート・ロペス, オルランド)

ロペス, カルロス　Lopes, Carlos　マラソン選手　国ポルトガル　⊕1947年2月18日　⊕1992

ロペス, クラウディオ　López, Claudio　サッカー選手(FW)　国アルゼンチン　⊕1974年7月17日　⊕2004／2008

ロペス, サルバドル　Lopez, Salvador P.　元・フィリピン外相, 元・国立フィリピン大学学長　国フィリピン　⊗1993年10月19日　⊕1996

ロペス, ジェニファー　Lopez, Jennifer　女優, 歌手　国米国　⊕1970年7月24日　⊕2000／2004／2008／2012

ロペス, ジェラルド　Lopez, Gerard　サッカー選手(MF)　国スペイン　⊕1979年3月12日　⊕2004／2008

ロペス, ジェリー　Lopez, Gerry　サーファー　国米国　⊕1948年11月7日　⊕1996／2004

ロペス, ジョージ　Lopez, George C.　コメディアン, 俳優　国米国　⊕1961年4月23日　⊕2008／2012

ロペス, スティーブ　Lopez, Steve　コラムニスト　国米国　⊕2012

ロペス, スティーブン　Lopez, Steven　テコンドー選手　シドニー五輪・アテネ五輪テコンドー男子金メダリスト　国米国　⊕1978年11月9日　⊕2004／2008／2012

ロペス, セサル　Lopez, Cesar　ジャズ・サックス奏者　国キューバ　⊕1968年　⊕2012

ロペス, テンキー　Lópes, Tenky　版画家, 建築家　国アルゼンチン　⊕1958年　⊕2004／2008

ロペス, ナンシー　Lopez, Nancy　プロゴルファー　国米国　⊕1957年1月6日　⊕1992／1996／2000／2008

ロペス, ハビアー　Lopez, Javier　大リーグ選手(捕手)　国米国　⊕1970年11月5日　⊕2000／2008

ロペス, バリー　Lopez, Barry Holstun　作家, ジャーナリスト　国米国　⊕1945年　⊕1996／2000

ロペス, フェルナンド　Lopez, Fernando　政治家　元・フィリピン副大統領　国フィリピン　⊕1904年4月13日　⊗1993年5月26日　⊕1996

ロペス, フランシス　作曲家　国フランス　⊕1916年6月15日　⊗1995年1月5日　⊕1996

ロペス, ベゴーニャ　López, Begona　心理学者, 小説家　元・ハバナ大学教授　国キューバ　⊕1923年6月　⊗1989年1月　⊕1992

ロペス, ホセ　実業家　ネスレジャパンホールディング社長　国スペイン　⊕2008

ロペス, ホセ　López, José　本名=López,José Celestino　プロ野球選手(内野手), 元・大リーグ選手　国ベネズエラ　⊕1983年11月24日　⊕2012

ロペス, マリセル　グループ名=ロペス・ツインズ　歌手　国フィリピン　⊕1975年12月27日　⊕2000

ロペス, ミッシェル　グループ名=ロペス・ツインズ　歌手　国フィリピン　⊕1975年12月27日　⊕2000

ロペス, リカルド　Lopez, Ricardo　本名=ロペス・ナバ, リカルド　元・プロボクサー　元・WBA・WBC統一世界ミニフライ級チャンピオン, 元・IBF世界ライトフライ級チャンピオン　国メキシコ　⊕1967年7月25日　⊕1992／1996／2000／2004／2008

ロペス, ルイス　Lopez, Luis　元・プロ野球選手　国米国　⊕1964年9月1日

ロペス・アウスティン, アルフレド　人類学者　メキシコ自治大学教授　国メキシコ　⊕1936年　⊕1996

ロペス・キュルヴァル, ジュリー　Lopes-Curval, Julie　小説家, 脚本家, 映画監督　国フランス　⊕1972年9月24日　⊕2004／2012

ロペス・コボス, ヘスス　López-Cobos, Jesús　指揮者　元・マドリード王立劇場音楽監督　国スペイン　⊕1940年2月25日　⊕2012

ロペス・スベロ, マルティン　Lopez Zubero, Martin　水泳選手(背泳ぎ)　国スペイン　⊕1996

ロペス・ヌッサ, エルナン　Lopez-Nussa, Ernan　ジャズピアニスト　国キューバ　⊕2000

ロペス・ハビブ, アルベルト　Lopez Habib, Alberto　外交官　在日メキシコ大使館参事官　国メキシコ　⊕1950年　⊕2008

ロペス・ポルティーヨ, ホセ　López Portillo, José　本名=López-Portillo y Pacheco,José　政治家　元・メキシコ大統領　国メキシコ　⊕1920年6月16日　⊗2004年2月17日　⊕1992(ロペス, ホセ)／1996(ロペス, ホセ)

ロベツ, プリシラ　女優　国米国　⊕1996

ロベット, ロバート　Lobett, Robert A.　元・米国国防長官　国米国　⊗1986年5月7日　⊕1992

ローベドウ, デービッド　Rowe-Beddoe, David　ウェールズ・ミレニアム・センター会長　元・英国ウェールズ開発庁長官　国英国　⊕2000／2008／2012

ロペバ, ネシュカ　新体操コーチ　元・ブルガリア代表チームヘッドコーチ　国ブルガリア　⊕2008

ローベル, アニタ　Lobel, Anita　絵本作家, 挿絵画家, 女優, 歌手　国米国　⊕1934年　⊕1992／1996／2000

ロベール, アラン　Robert, Alain　登山家　国フランス　⊕1962年8月7日　⊕2000／2008／2012

ロベール, イヴ　Robert, Yves　映画監督, 俳優, 映画プロデューサー　国フランス　⊕1920年6月19日　⊗2002年5月10日　⊕1992

ロベール, ヴェロニック　Robert, Véronique　「セリーヌ」の共著者　国フランス　⊕2004／2008

ロベール, カール・ヘンリク　Robèrt, Carl Henrik　環境運動家, 医師　イェーテボリ大学教授, ナチュラル・ステップ創設者　[専]環境対策, 資源学, 腫瘍学　[国]スウェーデン　[生]1947年10月1日　[典]2000／2004／2008

ロベール, ジャン・ノエル　Robert, Jean-Noël　フランス国立高等研究院教授　[専]日本仏教史, 天台教学　[国]フランス　[生]1949年　[典]1992／1996／2000／2012

ロベール, ジョスリン　Robert, Jocelyne　性教育カウンセラー　モントリオール性教育センター(CCCS)所属相談員　[国]カナダ　[生]1948年　[典]1996

ロベール, シルヴィ　Robert, Sylvie　映像作家　[国]フランス　[生]1956年　[典]2000

ロベール, ダニエル　Robert, Daniel　映画製作者, 著述家, 元・広告ディレクター　[国]フランス　[典]2000

ロベール, ドゥニ　経済ジャーナリスト　[典]2004

ロベール, ピエール　中国専門家　アムネスティ・インターナショナル事務局東アジア部主任調査員　[国]フランス　[典]2000

ロベール, マルト　Robert, Marthe　批評家　[国]フランス　[生]1914年　[典]1992

ロベール皇太子　Robert, Prince　本名＝プリンス・ロベール・ド・ルクセンブルク　ルクセンブルク皇太子, ドメーヌ・クラレンス・ディロン会長・CEO　[国]ルクセンブルク　[生]1968年　[典]2000／2004／2012

ロベルト, ホールデン　Roberto, Holden Alvaro　民族解放運動指導者　元・アンゴラ民族解放戦線(FNLA)議長　[国]アンゴラ　[生]1923年1月12日　[典]1992／2004／2008

ロベルト・カルロス　Roberto Carlos　本名＝シウバ, ロベルト・カルロス・ダ　元・サッカー選手　[国]ブラジル　[生]1973年4月10日　[典]2000(カルロス, ロベルト)／2004／2008／2012

ローベンハイム, ピーター　Lovenheim, Peter　ジャーナリスト　[典]2008

ロホ, タマラ　Rojo, Tamara　バレリーナ　英国ロイヤル・バレエ団プリンシパル　[国]スペイン　[生]1974年5月17日　[典]2008／2012

ロボ, ポルフィリオ　Lobo, Porfirio　本名＝ロボ・ソサ, ポルフィリオ　別名＝Lobo,Pepe　政治家　ホンジュラス大統領　[国]ホンジュラス　[生]1947年12月22日　[典]2012

ロボ, リカルド　Lobo, Ricardo　サッカー選手(FW)　[国]ブラジル　[生]1984年5月20日　[典]2012

ロボフ, ウラジーミル　Robov, Vladimir Nikolaevich　軍人　元・ソ連軍参謀総長, 元・ワルシャワ条約機構統一軍参謀長　[国]ソ連　[生]1935年7月　[典]1992／1996

ロボフ, オレグ　Lobov, Oleg Ivanovich　政治家　元・ロシア副首相　[国]ロシア　[生]1937年9月7日　[典]1996／2000

ローマ, アラーナ・ディ　Roma, Alana de　女優, 歌手　[国]オーストラリア　[生]1989年1月　[典]2000

ローマー, キース　Laumer, Keith　本名＝ローマー, ジョン・キース　作家　[国]米国　[生]1925年6月9日　[没]1993年1月22日　[典]1992／1996

ローマー, ケネス　Roemer, Kenneth M.　文学者　テキサス大学アーリントン校英文科教授　[専]アメリカインディアン文学, ユートピア文学, アメリカ学　[国]米国　[生]1945年　[典]2004

ローマー, ジョン　Roemer, John E.　理論経済学者　カリフォルニア大学デービス校教授　[国]米国　[生]1945年2月1日　[典]2000

ローマー, リチャード　Rohmer, Richard H.　作家, 弁護士　中部カナダ開発会議議長　[国]カナダ　[生]1924年　[典]1992

ローマー, ロイ　Romer, Roy R.　政治家　元・コロラド州知事(民主党)　[国]米国　[生]1928年10月31日　[典]1996／2000

ロマイケ, ヘンリッヒ　Romeike, Hinrich　本名＝Romeike,Hinrich Peter　馬術選手(総合馬術)　北京五輪総合馬術個人・団体金メダリスト　[国]ドイツ　[生]1963年5月26日　[典]2012

ロマクス, アラン　Lomax, Alan　民謡研究家, 民族音楽学者　[国]米国　[生]1915年1月31日　[没]2002年7月19日　[典]1992／1996／2000

ローマクス, エリック　Lomax, Eric　軍人　旧日本軍通訳との和解を著書で描いた元英軍将校　[国]英国　[生]1919年5月30日　[没]2012年10月8日

ロマシナ, スベトラーナ　Romashina, Svetlana　シンクロナイズドスイミング選手　ロンドン五輪シンクロナイズドスイミングデュエット・チーム金メダリスト　[国]ロシア　[生]1989年9月21日

ロマチェンコ, ワシル　Lomachenko, Vasyl　ボクシング選手　北京五輪・ロンドン五輪金メダリスト　[国]ウクライナ　[生]1988年2月17日　[典]2012

ロマネク, マーク　Romanek, Mark　映画監督, 脚本家, ミュージック・ビデオ・ディレクター　[国]米国　[生]1959年9月18日　[典]2004／2008／2012

ロマーノ, アルド　Romano, Aldo　ジャズドラマー, 作曲家　[国]フランス　[生]1941年1月16日　[典]1996

ロマノ, ドナルド・ジェームズ　実業家　元・興亜石油社長　[国]米国　[生]1944年9月18日　[典]2000

ローマーノ, フィル　Romano, Phil　実業家, コンセプトメーカー　イーチーズ社長　[国]米国　[生]1939年10月　[典]2000

ロマノ, レイ　Romano, Ray　本名＝ロマノ, レイモンド　俳優, コメディアン　[国]米国　[生]1957年12月21日　[典]2008／2012

ロマノネス, アーリーン　Romanones, Aline　元・米国戦略情報事務局(OSS)諜報員　[国]米国　[生]1923年　[典]1992

ロマノービッチ, ベアタ　クラクフ国立博物館学芸員　[国]ポーランド　[典]2000

ロマノフ, ウラジーミル　Romanov, Vladimir Kirillovich　ロシア皇帝ニコライ2世の正統継承者　[生]1917年8月　[没]1992年4月21日　[典]1996

ロマノフ, グリゴリー　Romanov, Grigorii Vasilievich　政治家　元・ソ連共産党政治局員・書記　[国]ロシア　[生]1923年2月7日　[没]2008年　[典]1992／1996

ロマノフ, セミョーン　Romanov, Semen　軍人　元・ソ連防空軍参謀長　[国]ソ連　[没]1984年5月22日　[典]1992

ロマノフ, ナターシャ　Romanov, Natasha　女優　旧ロシア帝国ロマノフ王家の一族　[国]米国　[没]1989年3月28日　[典]1992

ロマノフ, ワシリー　Romanov, Vasilii　旧ロシア帝国ロマノフ王家の一族　[没]1989年6月24日　[典]1992

ロマノワ, エレーナ　Romanova, Elena　旧名＝マリキナ　陸上選手(長距離)　バルセロナ五輪金メダリスト　[国]ロシア　[生]1963年3月20日　[没]2007年1月28日　[典]1996

ロマーリオ　Romário　本名＝ファリア, ロマーリオ・デ・ソウザ　政治家, 元・サッカー選手　ブラジル下院議員　[国]ブラジル　[生]1966年1月29日　[典]1996／2000／2004／2008／2012

ローマン, アリソン　Lohman, Alison　女優　[国]米国　[生]1979年9月18日　[典]2004／2008

ローマン, エド　Roman, Ed　コンピューター技術者　[典]2004

ローマン, エリック　Rohmann, Eric　画家, 版画家, 絵本作家　[生]1957年　[典]2008／2012

ロマン, オーランド　Roman, Orlando　プロ野球選手(投手)　[国]プエルトリコ　[生]1978年11月28日

ロマーン, クリスティーン　Roman, Christine　社会学者　ウップサーラ大学准教授　[国]スウェーデン　[典]2004

ロマン, ジル　Roman, Gil　バレエダンサー, 振付師　ベジャール・バレエ・ローザンヌ芸術監督　[国]フランス　[生]1960年11月29日　[典]2004／2008／2012

ローマン, ヒルベルト　プロボクサー　元・WBCジュニアバンタム級チャンピオン　[国]メキシコ　[生]1961年11月29日　[没]1990年6月27日　[典]1992

ロマン, ベアトリス　Romand, Beatrice　女優　[国]フランス　[生]1952年　[典]2000

ロマン, ペトレ　Roman, Petre　政治家　ルーマニア民主党党首　元・ルーマニア首相　[国]ルーマニア　[生]1946年7月22日　[典]1992／1996／2000／2004／2008

ロマンツェフ, オレグ　Romantsev, Oleg　サッカー監督, 元・サッカー選手　スパルタク・モスクワ会長　元・サッカー・ロシア代表監督　[国]ロシア　[生]1954年1月4日　[典]2004／2008

ロミ　Romi　本名＝ミケル, ロベール　作家, ジャーナリスト　[国]フランス　[生]1906年　[没]1995年　[典]1996

ロ

ロミティ, チェザーレ　Romiti, Cesare　実業家　RCS会長　国イタリア　生1923年6月24日　掲2000

ローミン・ステイモス, レベッカ　Romijn-Stamos, Rebecca　女優, ファッションモデル　国米国　生1972年11月6日　掲2004／2008

ロムー, ジョナ　Lomu, Jonah　本名=Lomu,Jonah Tali　元・ラグビー選手　国ニュージーランド　生1975年5月12日　掲2000／2008／2012

ローム, ハロルド　Rome, Harold　作曲家　国米国　生1908年5月27日　没1993年10月26日　掲1996

ローム, マーガレット　Rome, Margaret　ロマンス作家　掲2004

ロムニー, ミット　Romney, Mitt　本名=Romney,Willard Mitt　政治家,実業家　元・マサチューセッツ州知事,元・ソルトレークシティ五輪組織委員会(SLOC)会長　国米国　生1947年3月12日　掲2004／2008／2012

ロムバッハ, ハインリッヒ　Rombach, Heinrich　哲学者　元・ビュルツブルク大学教授　国ドイツ　生1923年6月10日　掲2000

ロムロ, カルロス　Romulo, Carlos Pena　政治家,ジャーナリスト,作家　元・フィリピン外相　国フィリピン　生1899年1月14日　没1985年12月15日　掲1992

ロムロ, ロベルト　Romulo, Roberto R.　実業家　e-ASEAN特別委員会委員長　元・フィリピン外相,元・IBMフィリピン社長　国フィリピン　生1938年12月9日　掲1996／2000

ロメ, ジャンニ　Romme, Gianni　スピードスケート選手　国オランダ　生1973年2月12日　掲2000／2004

ローメ, マノン　Rheaume, Manon　アイスホッケー選手(GK)　国カナダ　生1972年2月24日　掲2000

ロメイ, フランチェスカ　Romei, Francesca　美術史家　イタリア美術研究所　国イタリア　掲2000

ロメイコ, ナタリア　バイオリニスト　国ロシア　掲2004／2008

ロメイン, スザーン　Romaine, Suzanne　社会言語学者　オックスフォード大学教授　国米国　掲2000

ロメイン, デボラ　Romaine, Deborah S.　ライター　国米国　掲2004

ロメイン, トレバー　Romain, Trevor　児童文学作家,イラストレーター　国米国　掲2004

ロメオ, アンジェロ　Lomeo, Angelo　写真家　国米国　掲2008

ロメッティ, バージニア　Rometty, Virginia M.　実業家　IBM社長・CEO　国米国　生1957年　掲2012

ロメナート, ギュンター　元・柔道選手　ドイツ柔道連盟理事,柔道ドイツ代表チーム・ゼネラルマネージャー,国際相撲連盟副会長　国ドイツ　生1940年12月16日　掲2004

ロメリ, K.　Lomelí, Kyle　コンピューター技術者　掲2004

ロメリ, ルスマリア　バンコメル銀行主席ディーラー・為替センター副部長　掲1992

ロメル, アンジェイ・タデウシュ　日本ポーランド関係研究家　生1921年　掲2000

ロメール, エリック　Rohmer, Eric　本名=シェレール、モーリス・アンリ　映画監督,映画批評家　国フランス　生1920年3月21日　没2010年1月11日　掲1992／1996／2000／2004／2008

ロメロ, アントニオ　グループ名=ロス・デル・リオ　歌手　国スペイン　掲1996

ロメロ, クーロ　Romero, Curro　闘牛士　国スペイン　生1935年　掲1996

ロメロ, シーザー　Romero, Cesar　俳優　国米国　生1907年2月15日　没1994年1月2日　掲1996

ロメロ, ジョージ・A.　Romero, George A.　映画監督,作家　国米国　生1940年2月4日　掲1992／1996／2004／2008／2012

ロメロ, ジョーダン　Romero, Jordan　登山家　7大陸最高峰制覇の最年少記録を更新した　国米国　生1996年7月12日

ロメロ, ぺぺ　Romero, Pepe　ギタリスト　掲クラシックギター　国米国　生1944年8月3日　掲2004

ロメロ, マイクロ　Romero, Maikro　ボクシング選手　国キューバ　掲2000／2004

ロメーロ, ラファエル　フラメンコ歌手　国スペイン　生1911年　没1991年1月3日　掲1992

ロメロ, レビ　Romero, Levi　プロ野球選手(投手)　国ベネズエラ　生1984年4月12日　掲2012

ロメロ, レベッカ　Romero, Rebecca　本名=Romero,Rebecca Jayne　自転車選手(トラックレース),元・ボート選手　北京五輪自転車女子個人追い抜き金メダリスト　国英国　生1980年1月24日　掲2012

ロモ, トニー　Romo, Tony　本名=Romo,Antonio Ramiro　プロフットボール選手(QB)　国米国　生1980年4月21日　掲2012

ローモニエ, F.　フランス技術産業経済協力事業団(ACTIM)理事長　国フランス　掲1992

ロモング, ロペス　Lomong, Lopez　旧名=ロペペ　陸上選手(中距離)　国米国　生1985年1月1日　掲2012

ロヤック, クリストファー　Loeak, Christopher Jorebon　政治家　マーシャル諸島大統領　国マーシャル諸島　生1952年11月11日

ロヤンドヤン, オミ　EPIC事務局長　国フィリピン　掲1992

ロヨ　Royo　画家　国スペイン　生1945年　掲2004／2008

ローラ　Lola　本名=ムニョス、ローラ　グループ名=ラス・ケチャップ　歌手　国スペイン　掲2004／2008

ローラー, エドワード・E.(3世)　南カリフォルニア大学経営大学院経営組織担当教授　掲経営学　国米国　掲2000

ローラー, ジョーニー　Laurer, Joanie　女子プロレスラー　国米国　生1969年12月27日　掲2004

ローラー, ハインリッヒ　Rohrer, Heinrich　物理学者　元・東北大学金属材料研究所客員教授　国スイス　生1933年6月6日　掲1992／1996／2000／2004／2008

ローラー, ファビアン　Rohrer, Fabien　スノーボード選手　国スイス　生1975年9月1日　掲2000

ローラー, レイ　Lawler, Ray　劇作家　国オーストラリア　生1921年　掲1992

ローラーソン, ラッセル　オーストラリア海外援助評議会専務理事　元・国際ボランタリー団体協議会(ICVA)会長　国オーストラリア　掲1996

ローラン, イヴ・マリ　Laulan, Yves Marie　エコノミスト　クレディ・ミュニシパル・ド・パリ総裁　掲安全保障問題　国フランス　生1934年　掲1996

ローラン, エリック　Laurent, Eric　国際政治ジャーナリスト,作家　国フランス　生1947年　掲2008／2012

ローラン, ジネット　振付師　オベルティゴ・ダンスカンパニー　国カナダ　掲1996

ローラン, ジャック　Laurent, Jacques　本名=Laurent-Cély, Jacques　筆名=サン・ローラン、セシル　作家,ジャーナリスト,脚本家　国フランス　生1919年1月5日　没2000年12月29日　掲1992(サン・ローラン、セシル)

ローラン, モニック　Laurent, Monique　フランス国立美術連合主任研究員　元・ロダン美術館長　掲ロダン研究　国フランス　掲1992

ローラン, リュシアン　Laurent, Lucien　サッカー選手　国フランス　生1907年12月10日　没2005年4月11日　掲2000

ロランジュ, ピーター　Lorange, Peter　スイス経営開発国際研究所(IMD)学長　掲経営学　国ノルウェー　生1943年　掲2000

ロランス, カミーユ　Laurens, Camille　文学者,作家　国フランス　生1957年11月6日　掲2004／2008

ローランズ, ジーナ　Rowlands, Gena　本名=ローランズ、バージニア・キャスリン　女優　国米国　生1930年6月19日　掲1996／2000／2004／2012

ローランズ, トム　Rowlands, Tom　グループ名=ケミカル・ブラザーズ　ミュージシャン　国英国　掲2004／2008／2012

ローランズ, ペネロピー　Rowlands, Penelope　ライター　掲2004

ローランド, ギルバート　Roland, Gilbert　本名=Damaso De Alonso,Luis Antonio　俳優　国米国　生1905年12月11日　没1994年5月15日　掲1996

ローランド, ケリー　Rowland, Kelly　旧グループ名=デスティニーズ・チャイルド　歌手　国米国　生1981年2月11日　掲2004／2008

ローランド, ジョン　Rowland, John Grosvenor　政治家　コネティカット州知事　⒩米国　⒝1957年5月24日　⒨1996／2000／2004／2008

ローランド, デービッド　Rowland, David　銀行家　ナショナル・ウエストミンスター銀行会長・CEO　⒩英国　⒝1933年8月10日　⒨2000

ローランド, ピーター　Rowland, Peter　作家　⒩英国　⒝1938年　⒨1996

ローランド, フランク・シャーウッド　Rowland, Frank Sherwood　大気化学者　元・カリフォルニア大学アーバイン校教授　⒮ホットアトム化学,気相反応機構,フロンガス研究　⒩米国　⒝1927年6月28日　⒟2012年3月10日　⒨1992／1996／2008／2012

ローランド, ロランド　Rowland, Roland W.　本名＝ファーロップ, ローランド　別名＝ローランド, タイニー　実業家　元・ロンロー社長　⒩英国　⒝1917年　⒟1998年7月24日　⒨1992／1996

ローリー, アントニー　Rowley, Anthony　編集者, 評論家, 歴史家　パリ政治学院　⒩フランス　⒨2000

ロリ, ジャン・ピエール　Lorit, Jean-Pierre　俳優　⒩フランス　⒨2004／2008

ローリー, シンシア　Rowley, Cynthia　ファッションデザイナー　シンシア・ローリーINC.　⒩米国　⒨2000／2004／2008

ローリー, ドナルド　Laurie, Donald L.　コンサルタント　ローリー・インターナショナル・マネージング・ディレクター　⒨2004

ローリー, ニック　Rowley, Nic　料理研究家　⒨2008

ローリー, パイパー　Laurie, Piper　女優　⒩米国　⒝1932年1月22日　⒨1996

ローリー, ピーター　Lorie, Peter　サイエンスライター　⒩英国　⒨1992／1996

ローリー, ピーター　Laurie, Peter　ジャーナリスト　⒨2008

ローリー, ヒュー　Laurie, Hugh　本名＝Laurie,James Hugh Callum　俳優　⒩英国　⒝1959年6月11日　⒨2012

ローリー, ベン　Laurie, Ben　プログラマー　⒨2008

ローリー, ポール　Lawrie, Paul　本名＝ローリー, ポール・スチュワート　プロゴルファー　⒩英国　⒝1969年1月1日　⒨2000／2008

ローリ, ポール　Lowrie, Paul　作家, デザイナー　⒨2004

ローリ, マイケル　Raleigh, Michael　作家　トルーマン大学教師　⒩米国　⒨2000

ローリー, リッチー　Lowry, Ritchie P.　ボストン大学社会学部教授, グッド・マネー出版社主宰　⒮社会学　⒩米国　⒝1926年　⒨1996

ローリー, ロイス　Lowry, Lois　児童文学作家　⒩米国　⒝1937年　⒨1992（ロウリー, ロイス）／1996（ロウリー, ロイス）／2012

ローリアー, ジム　Laurier, Jim　イラストレーター　⒨2004

ローリア, フランク　Lauria, Frank　作家, ソングライター　⒩米国　⒨2004

ローリア, ルカ　Loria, Luca　「テアトリ」編集者　⒩イタリア　⒝1960年　⒨2000

ローリイ, クリストファー　Rowley, Christopher　SF作家　⒩米国　⒝1948年　⒨1996

ロリウー, ブリュノ　Laurioux, Bruno　歴史学者　パリ大学助教授　⒩フランス　⒨2008

ロリウス, クロード　Lorius, Claude　フランス科学研究センター名誉主任研究員　⒩フランス　⒝1932年2月25日　⒨2012

ローリッチ, ミッキー　Lolich, Mickey　元・大リーグ選手　⒩米国　⒝1940年9月12日　⒨2000

ロリニカイテ, マリア　Rolinikaite, Mariya　著述家　⒩リトアニア　⒝1927年　⒨1992／1996

ロリマー, マーク　Lorimer, Mark W.　実業家　オートバイテル・ドット・コム社長・CEO　⒩米国　⒝1959年　⒨2004

ロリマン, ジョン　Lorriman, John A.　企業内教育コンサルタント　⒩英国　⒝1947年　⒨1996

ロ・リヨング, タバン　Lo-Liyong, Taban　作家　⒩ウガンダ　⒝1938年　⒨1992／1996

ローリング, J.K.　Rowling, J.K.　本名＝Rowling,Joanne Kathleen　児童文学作家　⒩英国　⒝1965年7月31日　⒨2000／2004／2008／2012

ローリング, ウォレス　Rowling, Wallace Edward　政治家　元・ニュージーランド首相, 元・ニュージーランド労働党党首　⒩ニュージーランド　⒝1927年11月15日　⒟1995年10月31日　⒨1992／1996

ローリングス, アンドルー　Rollings, Andrew　技術コンサルタント　⒨2004

ローリングス, ジェリー　Rawlings, Jerry John　政治家, 軍人　元・ガーナ大統領　⒩ガーナ　⒝1947年6月22日　⒨1992／1996／2000／2004／2008

ローリングス, ナナ　Rawlings, Nana　本名＝ローリングス, ナナ・コナドゥ・アギエマン　婦人運動家　12月31日運動総裁　ローリングス・ガーナ元大統領夫人　⒩ガーナ　⒨1992／2000／2004／2008

ロリンズ, ケビン　Rollins, Kevin B.　実業家　元・デルコンピュータCEO　⒩米国　⒨2000／2004／2012

ロリンズ, ジミー　Rollins, Jimmy　本名＝Rollins,James Calvin　大リーグ選手（内野手）　⒩米国　⒝1978年11月27日　⒨2012

ロリンズ, ソニー　Rollins, Sonny　本名＝Rollins,Theodore Walter　ジャズ・テナーサックス奏者　⒩米国　⒝1930年9月7日　⒨1992／1996／2000／2004／2008／2012

ロリンズ, デビー　Rawlins, Debbi　ロマンス作家　⒩米国　⒨2004

ロリンズ, ブリアナ　Rollins, Brianna　陸上選手（ハードル）　⒩米国　⒝1991年8月18日

ロリンズ, ヘンリー　グループ名＝ロリンズ・バンド　ロック歌手, 詩人　⒩米国　⒝1961年2月13日　⒨1996／2000

ローリンソン, ビル　インターネット・ショッピング・ネットワーク（ISN）副社長　⒩米国　⒨1996

ローリンソン, マイケル　Rowlinson, Michael　社会学者　ノッティンガム大学ビジネス・スクール上級講師　⒮産業社会学, 経済社会学　⒩英国　⒨2008

ロール, ウィリアム　Roll, William G.　ウエスト・ジョージア・カレッジ心理学教授, 霊現象研究財団（PRF）研究部長　⒮超心理学　⒝1926年　⒨2000

ロルカ, ダニエル　Lorca, Daniel　グループ名＝ナダ・サーフ　ミュージシャン　⒩米国　⒨2012

ロルシー, ジュリアン　Lorcy, Julien　プロボクサー　元・WBA世界ライト級チャンピオン　⒩フランス　⒝1972年4月12日　⒨2004

ロルジュ, ベルナール　Lorjou, Bernard　画家　⒩フランス　⒝1908年9月9日　⒟1986年1月26日　⒨1992

ロールズ, エリザベス　Rolls, Elizabeth　ロマンス作家　⒩英国　⒨2008

ロールズ, ジョン　Rawls, John　哲学者　元・ハーバード大学哲学部終身教授　⒩米国　⒝1921年2月21日　⒟2002年11月24日　⒨1992／1996

ロールス, バウミール　Louruz, Valmir　サッカー監督　⒩ブラジル　⒝1944年3月12日　⒨2000

ロールス, マイク　Roles, Mike　彫刻家　⒩英国　⒝1941年　⒨2000

ロルッソ, ジュリア　Lorusso, Julia　透視家　⒩米国　⒨2000

ロルフ, ジョン　Rolfe, John　「ウォールストリート投資銀行残酷日記」の共著者　⒩米国　⒨2004

ロルフ, ペーター　Lorf, Peter　元・東ドイツ文化省副大臣　⒩ドイツ　⒨1992

ロルフ, マイク　Rolph, Mic　イラストレーター　⒩英国　⒝1945年　⒨1996

ロルフス, ジョン・R.　ザ・リッツ・カールトン大阪総支配人　⒩米国　⒨2000

ロルーペ, テグラ　Loroupe, Tegla　マラソン選手　⒩ケニア　⒝1973年5月9日　⒨2000／2004／2008

ロールミ, ジョルジョ　オペラ歌手　ミラノ・スカラ座専属歌手　国イタリア　典1992

ロールワーゲン, ジョン　Rollwagen, J.A.　元・クレイ・リサーチ社会長　国米国　生1940年　典1992／1996

ローレス, ジュリア　Lawless, Julia　アロマセラピスト　国英国　典2008

ロレット, マリア　Lloret, Maria　新体操選手　国スペイン　生1971年6月4日　典1992

ローレル, ブレンダ　Laurel, Brenda　インターバル・リサーチ社研究員　職コンピューター　国米国　典1996

ローレン, アラン　元・アップルUSA社長　国米国　典1992

ローレン, スコット　Rolen, Scott　本名=Rolen,Scott Bruce　大リーグ選手(内野手)　国米国　生1975年4月4日　典2008／2012

ローレン, ソフィア　Loren, Sophia　本名=シコローネ, ソフィア・ヴィラーニ　女優　国イタリア　生1934年9月20日　典1992／1996／2000／2004／2008／2012

ローレン, トーマス　Rohlen, Thomas Payne　元・スタンフォード日本センター(京都)所長　職文化人類学　国米国　生1940年　典1992／1996

ローレン, ヘイリー　Loren, Halie　シンガー・ソングライター　国米国　典2012

ローレン, ポール・ゴードン　Lauren, Paul Gordon　モンタナ大学教授・マンスフィールド・センター所長　職歴史学, 政治学　国米国　典1996

ローレン, ラルフ　Lauren, Ralph　本名=リフシッツ, ラルフ　ファッションデザイナー　ポロ・ラルフ・ローレン会長　国米国　生1939年10月14日　典1992／1996／2008／2012

ローレンス, アシュレイ　Lawrence, Ashley　指揮者　職バレエ　国英国　生1934年6月5日　没1990年5月7日　典1992

ローレンス, イアン　Lawrence Iain　作家　国カナダ　典2004

ローレンス, キム　Lawrence, Kim　ロマンス作家　国英国　典2004

ローレンス, キャロライン　Lawrence, Caroline　作家　国英国　典2004／2008

ロレンス, クラウディア　Lowrence, Claudia　ジャーナリスト　生1966年　典2004

ローレンス, ジェニファー　Lawrence, Jennifer　女優　国米国　生1990年8月15日

ロレンス, ジャンディラ　Lorenz, Jandira　イラストレーター　国ブラジル　生1947年　典2004

ローレンス, ジョン　Lawrence, John Hundale　医学者　職放射線治療医学　国米国　生1904年1月7日　没1991年9月7日　典1992

ローレンス, ジョン　Lawrence, John Wilfred　挿絵画家, 木版画家　国英国　生1933年9月15日　典1996

ローレンス, ヒルダ　Lawrence, Hilda　作家　国米国　生1906年(？)　典2000

ローレンス, マイケル　Lawrence, Michael　絵本作家　典2004

ローレンス, マーガレット　Laurence, Margaret　作家　国カナダ　生1926年　没1987年　典1992

ローレンス, マーク　Lawrence, Marc　映画監督, 脚本家　国米国　生1959年　典2008／2012

ローレンス, マーティン　Lowrence, Martin　俳優　国米国　典2000／2004

ローレンス, リンゼイ　Lawrence, Lyndsey　「ファットレディス・クラブ」の共著者　国英国　典2004／2008

ローレンス, ルース　数学者　ハーバード大学ジュニア・フェロー　国英国　生1971年8月2日　典1992

ローレンス, ロバート　Lawrence, Robert Swan　ジョンズ・ホプキンズ大学教授　職公衆衛生学　国米国　生1938年2月6日　典2000

ローレンス, ロバート・Z.　経済学者　ハーバード大学ケネディ行政大学院教授, クリントン大統領経済諮問委員会委員　職日米経済問題, 日本経済　国米国　生1949年　典1992／1996／2000

ローレンス, ローレンス　Lawrence, Lawrence D.H.　宝石商　「ヘロデの呪い—暴かれたユダヤ古写本」の共著者　国ロシア　典2004

ロレンゾー, アラン　パルファム・ジバンシー社長　国フランス　生1956年　典2000

ロレンソ, ホルヘ　Lorenzo, Jorge　オートバイライダー　国スペイン　生1987年5月4日

ローレンツ, アーサー　Laurents, Arthur　劇作家, 脚本家　国米国　生1917年7月14日　没2011年5月5日　典1992

ロレンツ, ウィム　Roelandts, Wim　本名=Roelandts,Willem P.　実業家　ザイリンクス社長・CEO　国ベルギー　生1945年1月4日　典2004

ローレンツ, エドワード　Lorenz, Edward N.　本名=ローレンツ, エドワード・ノートン　気象学者　元・マサチューセッツ工科大学名誉教授　国米国　生1917年5月23日　没2008年4月16日　典1992／1996

ロレンツ, クリストファー　Lorenz, Christopher　「ファイナンシャル・タイムズ」マネジメント・エディター　職デザイン・マネージメント　国英国　典1992

ローレンツ, コンラート　Lorenz, Konrad Zacharias　動物行動学者　元・ケーニヒスベルク大学教授, 元・マックス・プランク行動生理学研究所長　国オーストリア　生1903年11月7日　没1989年2月27日　典1992

ローレンツ, ダグラス・W.　元・プロ野球選手　マスターカード・インターナショナル在日代表　国米国　生1954年　典2000

ローレンツ, ハンス・ヴァルター　Lorenz, Hans-Walter　経済学者　フリードリッヒ・シラー大学経済学部教授　国ドイツ　生1951年　典2004

ロレンツ, マーク　Lorenz, Mark　ハッテラス・ソフトウェア社長　国米国　典1996

ロレンツ, ロバート　Lorenz, Robert　映画監督, 映画プロデューサー　国米国

ロレンツェン, ウォルフラム　ピアニスト　国ドイツ　生1952年　典1992

ローレント, サイモン・セイント　Laurent, Simon St.　ネットワーク技術者, ウェブ開発者　典2004

ロロ, ジム　英国王立国際問題研究所国際経済部長　国英国　生1946年　典1996

ロロー, パスカル　フランス国際関係研究所主任研究員, パリ政治学院教授　職東欧・ソ連経済　国フランス　生1960年　典1992

ロロ・ピアーナ, セルジオ　Loro Piana, Sergio　実業家　ロロ・ピアーナ会長・CEO　国イタリア　生1948年　典2004／2008

ロロフ, ステファン　美術家　国米国　生1953年　典1996

ロロフ, ヨハネス　Roloff, Johannes　ピアニスト　国ドイツ　生1957年　典1996

ロロブリジーダ, ジーナ　Lollobrigida, Gina　本名=Lollobrigida, Luigina　女優, 写真家　国イタリア　生1927年7月4日　典1992／1996／2000

ロワ, クロード　Roy, Claude　詩人, 作家, 評論家　国フランス　生1915年8月28日　没1997年12月13日　典1992／2004

ロワ, ジュール　Roy, Jules　作家　国フランス　生1907年10月22日　没2000年6月15日　典1992／1996

ロワ, パトリック　Roy, Patrick　元・アイスホッケー選手　国カナダ　生1965年10月5日　典2000／2004／2008

ロワイエ, レジス　Royer, Régis　俳優　国フランス　生1970年　典2000

ロワイエ・ジュルヌー, クロード　詩人　国フランス　典1992

ロワイヤル, セゴレーヌ　Royal, Ségolène　旧名=ロワイヤル, マリーゼゴレーヌ　政治家　元・フランス家庭担当相　国フランス　生1953年9月22日　典2000(ロワヤル, セゴレーヌ)／2008／2012

ロワース, ヤン　Lauwers, Jan　パフォーミング・アーティスト　ニード・カンパニー主宰　国ベルギー　典2008／2012

ロワゾー, ベルナール　Loiseau, Bernard　料理人　元・コート・ドール・オーナーシェフ　国フランス　生1951年　没2003年2月24日　典1996／2000

ロワゾウ, ジャック　Loiseau, Jacques　画家, 元・実業家　元・トータル会長　国フランス　生1920年　典2000

ロワーチ, マーティン　元・ブリティッシュ・スチール(BS)社長　国英国　拠1992

ロワラン, モーリス　Loirand, Maurice　画家　国フランス　生1922年7月24日　没2008年2月　拠1992／1996

ロワレット, アンリ　Loyrette, Henri　学芸員　ルーブル美術館館長　国フランス　生1952年　拠2004／2008／2012

ローワン, ダン　コメディアン　国米国　没1987年9月22日　拠1992

ローワン, ハワード　Roughan, Howard　作家　国米国　生1966年1月　拠2004

ローワン, ピーター　Rowan, Peter　別名=ローワン, ピート　医師, 作家　国英国　拠2000

ローン, カレル・フラストラ・ファン　Loon, Karel Glastra van　作家　国オランダ　生1962年　拠2004

ローン, シャロン　Roan, Sharon L.　サイエンス・ライター　「オレンジ・カウンティ・レジスター」紙　国米国　拠1992

ローン, ジョン　Lone, John　中国名=尊龍　俳優, 歌手　国米国　生1952年10月13日　拠1992／1996／2000／2004／2008／2012

ロン・ション　漢字名=郎雄　俳優　国台湾　生1930年12月　没2002年5月2日　拠2000(ラン・シャン)

ローン, デービッド　Lorne, David　作家　国米国　拠2000

ローン, リチャード　Lawn, Richard M.　スタンフォード大学心血管内科学教授　専分子生物学　国米国　拠1996

ロン・ウォンサワン　本名=ナロン・ウォンサワン　作家　国タイ　生1932年　拠2000

ロンカイネン, ヤーナ　柔道選手　国フィンランド　生1965年　拠1992

ロンギ, デービッド　Lange, David　政治家　元・ニュージーランド首相　国ニュージーランド　生1942年8月4日　没2005年8月13日　拠1992／1996／2000

ロンギノット, キム　記録映画監督　国英国　拠1996

ロング, A.A.　Long, Anthony A.　カリフォルニア大学バークレー校教授　専西洋古典学　国英国　生1937年　拠2004／2008

ロング, オリヴィエ　Long, Olivier　外交官　元・GATT事務局長　国スイス　生1915年　拠1992

ロング, ジェームズ　Long, James　スリラー作家　元・BBC記者　国英国　拠2004

ロング, ジェームス・R.　ノーザンテレコムアジア／パシフィック社長　拠1996

ロング, ジャスティン　Long, Justin　俳優　国米国　生1978年6月2日　拠2004／2008

ロング, スーザン　Long, Susan　ジョン・キャロル大学助教授　専医療人類学　国米国　拠2000

ロング, ニコラス　Long, Nicholas　心理学者　アーカンソー大学医学部児童心理学科教授, アーカンソー小児病院院長　国米国　拠2004／2008

ロング, ビル　Long, Bill　経済協力開発機構(OECD)環境局長　国米国　拠1992

ロング, フランク・ベルナップ　Long, Frank Belknap　怪奇作家, SF作家　国米国　生1903年4月27日　没1994年1月5日　拠1992／1996

ロング, リチャード　Long, Richard　ジャーナリスト　「ドミニオン」紙編集長　国ニュージーランド　生1941年　拠1996

ロング, リチャード　Long, Richard　彫刻家　国英国　生1945年6月2日　拠2000／2012

ロングショー, アンディ　Longshaw, Andy　コンピュータ技術者　拠2004

ロングマン, ジェレ　Longman, Jere　ジャーナリスト　「ニューヨーク・タイムズ」記者　拠2004／2008

ロングリー, ルーク　Longley, Luc　元・バスケットボール選手　国オーストラリア　生1969年1月19日　拠2000／2004

ロングレン, シグ　Lonegren, Sig　アース・ミステリー研究家　国米国　拠1992／2000

ロンゲア, マルコム　Longair, Malcolm S.　ケンブリッジ大学自然哲学教授　専宇宙論, 理論物理学　国英国　生1941年　拠1992

ロンゲーナ, マリア　Longhena, Maria　歴史学者　専メソアメリカ文明学, マヤ学　拠2004

ロンゲネッカー, クリントン　Longenecker, Clinton O.　経営学者　トレド大学経営学部教授　国米国　拠2004

ロンゴ, ヴィンセント　メイクアップ・アーティスト　国イタリア　拠2000

ロンゴ, ドミニク　自動車ディーラー　国米国　生1985年10月　拠1992

ロンゴ, ルイジ　Longo, Luigi　政治家　元・イタリア共産党書記長・議長　ガリバルディ旅団総司令官　国イタリア　生1900年3月15日　没1980年10月16日　拠1992

ロンゴ, ロバート　画家　国米国　生1953年　拠1996

ロンゴ・シプレリ, ジャニー　Longo-Ciprelli, Jeannie　自転車選手　国フランス　生1958年10月31日　拠1992(ロンゴ, ジャニー)／2000(ロンゴ, ジャニー)／2004／2008

ロンコーニ, ルーカ　Ronconi, Luca　演出家　国イタリア　生1933年　拠2004／2008

ロンゴバルディ, ニノ　Longobardi, Nino　画家　国イタリア　生1953年　拠1992／1996

ロンゴリア, エバン　Longoria, Evan　本名=Longoria,Evan Michael　大リーグ選手(内野手)　国米国　生1985年10月7日　拠2012

ロンコローニ, ステファノ　Roncoroni, Stefano　テレビ映画プロデューサー, 映画評論家　国イタリア　生1940年　拠1996

ロンゴワル, ハルチャンド・シン　Longowal, Harchand Singh　元・アカリ・ダル(シーク教徒穏健派政党)総裁　国インド　生1932年1月2日　没1985年8月20日　拠1992

ロンシュタット, リンダ　Ronshtadt, Linda　歌手　国米国　生1946年7月15日　拠1992／1996

ローンシュトック, カトリン　Rohnstock, Katrin　ジャーナリスト　国ドイツ　生1960年　拠2000

ロンソン, ミック　ロックギタリスト　国英国　没1993年4月30日　拠1996

ローンダス, ロバート・A.W.　怪奇作家　拠1992

ロンチャル, ブディミール　Loncar, Budimir　政治家, 外交官　元・ユーゴスラビア外相　国ユーゴスラビア　生1924年　拠1992

ロンドー, ジャン　カーレーサー　ルマン(フランスの自動車24時間耐久レース)優勝者　国フランス　没1985年12月27日　拠1992

ロンドー, ダニエル　Rondeau, Daniel　ジャーナリスト, 作家　国フランス　生1948年　拠2004／2008

ロンド, ラジョン　Rondo, Rajon　バスケットボール選手　国米国　生1986年2月22日

ロンドン, アルツール　作家, 元・レジスタンス闘士　元・外務次官　国チェコスロバキア　生1915年　没1986年11月7日　拠1992

ロンドン, ケイト　London, Cait　別名=ローガン, ケイト　ロマンス作家　国米国　拠1996

ロンドン, ジュリー　London, Julie　本名=ペック, ジュリー　ジャズ歌手, 女優　国米国　生1926年9月26日　没2000年10月18日　拠2000

ロンドン, ハーバート　London, Herbert I.　社会学者, 社会評論家　ハドソン研究所所長, ニューヨーク大学社会学部教授　専高等教育, 都市政策, 文化政策, 社会理論

ロンネフェルト, レナーテ　Ronnefeld, Renate　世界国際音楽コンクール連盟委員長, ミュンヘン国際音楽コンクール事務局長　国ドイツ　拠1996／2000

ロン・ノル　Lon Nol　政治家, 軍人　元・カンボジア大統領・首相, 元・カンボジア国軍参謀長　国カンボジア　生1913年11月13日　没1985年11月17日　拠1992

ロンバーグ, アラン　Romberg, Alan D.　米国平和研究所研究部長　元・米国国務省副報道官　専外交問題, 安全保障問題(北東アジア)　国米国　生1938年　拠1992／1996

ロンバード, トーマス　Lombardo, Thomas Joseph　心理学者, 哲学者　未来学研究所所長　国米国　拠2004

ロンブロム, アンダース　Rönnblom, Anders F.　アートディレクター, ミュージシャン　[国]スウェーデン　[典]2004

ロンベルク, ワルター　政治家　元・東ドイツ蔵相　[国]ドイツ　[生]1928年12月27日　[典]1992

ロンボルグ, ビョルン　Lomborg, Bjorn　統計学者　コペンハーゲンビジネススクール准教授　[国]デンマーク　[生]1965年　[典]2004／2008／2012

ロンメル, ギュンター　Rommel, Günter　マッキンゼー・アンド・カンパニーディレクター・日本支社長　[典]2000

ロンメル, マンフレート　Rommel, Manfred　政治家　シュトゥットガルト市長　[国]ドイツ　[生]1928年12月24日　[典]1996

ロンロン　栄栄　Rong Rong　本名=盧志栄　ユニット名=栄栄&映里　写真家　[国]中国　[生]1968年8月　[典]2000（エイ・エイ）／2004（エイ・エイ）／2012

【ワ】

ワ・リキミン　和 力民　He, Li-min　雲南省社会科学院東巴研究所副研究員　[専]言語文学　[国]中国　[生]1955年　[典]2000

ワァーン, スティーブン　Juan, Stephen　人類学者, コラムニスト　シドニー大学教育学部　[典]2004

ワイ・カーファイ　Wai, Ka-fai　漢字名=韋家輝　映画監督, 脚本家, 映画プロデューサー　[国]香港　[生]1962年　[典]2004／2012

ワイ, トレバー　Wye, Trevor　フルート奏者　ロイヤル・ノーザン音楽大学名誉研究員　[国]英国　[典]2012

ワイアー, ニッキー　Wire, Nicky　グループ名=マニック・ストリート・プリーチャーズ　ロック・ベース奏者　[国]英国　[生]1969年1月20日　[典]2004／2008／2012

ワイアット, ルパート　Wyatt, Rupert　映画監督, 脚本家　[国]英国　[生]1972年　[典]2012

ワイアット, ロバート　Wyatt, Robert　グループ名=ソフト・マシーン, マッチング・モウル　ミュージシャン　[国]英国　[生]1945年1月28日　[典]2008／2012

ワイエス, アンドルー　Wyeth, Andrew　本名=ワイエス, アンドルー・ニューウェル　画家　[専]風景, 静物　[国]米国　[生]1917年7月12日　[没]2009年1月16日　[典]1992／1996／2004／2008

ワイエス, ジェームズ　Wyeth, James　画家　[国]米国　[生]1946年　[典]1992

ワイエス, ナサニエル・C.　化学者　デュポン社コンサルタント　[国]米国　[典]1992

ワイカー, ローエル（Jr.）　Weicker, Lowell Palmer（Jr.）　政治家　元・コネティカット州知事（無所属）　[国]米国　[生]1931年5月16日　[典]1992／1996／2000

ワイガンド, ジェフリー　Wigand, Jeffrey　ハーバード大学客員教授　元・B&W科学担当副社長　たばこ被害告発者　[国]米国　[典]2004／2008

ワイク, R.アレン　Wyke, R.Allen　コンピューター技術者　[国]米国　[典]2004

ワイク, カール　Weick, Karl E.　心理学者　ミシガン大学ビジネススクール教授　[専]組織行動論　[国]米国　[典]2004／2008

ワイク, ケネス・R.ヴァン　Wyk, Kenneth R.van　情報セキュリティ専門家　[典]2008

ワイクル, ベルント　Weikl, Bernd　バリトン歌手　[国]オーストリア　[生]1942年7月29日　[典]1992／1996／2008

ワイゲル, テオドール　Waigel, Theodor　通称=ワイゲル, テオ　政治家　元・ドイツ蔵相, 元・キリスト教社会同盟（CSU）党首　[国]ドイツ　[生]1939年4月22日　[典]1992／1996／2000

ワイザー, オットー　Weisser, Ottor R.　写真家　[国]スイス　[生]1937年　[典]1996

ワイシャンペル, デービッド　Weishampel, David B.　医学者　ジョンズ・ホプキンズ医科大学　[国]米国　[典]2004

ワイジレスキー, エリック　Wasileski, Eric　平和運動家, 元・軍人　[国]米国　[典]2004

ワイス, イーディス・ブラウン　Weiss, Edith Brown　ジョージタウン大学ローセンター教授　元・米国国際法学会会長　[専]国際法, 国際環境法　[国]米国　[典]2000／2004

ワイズ, カーク　Wise, Kirk　アニメーション監督　[国]米国　[生]1963年　[典]1996／2000

ワイス, ゲアハルト　Weiss, Gerhard　元・東ドイツ副首相, 元・経済援助相互会議（コメコン）常任代表　[国]ドイツ　[生]1919年7月　[没]1986年1月7日　[典]1992

ワイス, ジェーソン　Weiss, Jason　作家　[国]米国　[生]1955年　[典]1996

ワイス, ジュリアン　Weiss, Julian　ジャーナリスト　ヘリテージ財団研究員　[国]米国　[生]1952年　[典]1996／2000

ワイス, テッド　Weiss, Ted　政治家　元・米国下院議員（民主党）　[国]米国　[生]1927年9月17日　[没]1992年9月14日　[典]1996

ワイズ, デービッド　Wise, David　ジャーナリスト, 作家　[国]米国　[典]1996

ワイズ, デービッド　Wise, David A.　政治経済学者　ハーバード大学ケネディスクール教授　[国]米国　[生]1937年　[典]2004

ワイズ, デービッド　Wise, David　スキー選手（フリースタイル）　[国]米国　[生]1990年6月30日

ワイス, ドナルド　軍人　在日米国海軍司令官　[国]米国　[典]2000

ワイズ, ニコル　Wise, Nicole　ジャーナリスト　[国]米国　[典]2004

ワイズ, ノーマ　Wyse, Norma E.　医師　ハーバード・コミュニティ・ヘルス・プラン　[専]内科　[国]米国　[典]2000

ワイス, ハインリッヒ　Weiss, Heinrich　実業家　SMS・AG会長　[国]ドイツ　[典]1996

ワイズ, ピーター　弁護士　核兵器に反対する国際法律家協会共同議長　[国]米国　[典]2000

ワイス, ブライアン　Weiss, Brian L.　精神科医　ワイス研究所代表　[国]米国　[生]1944年　[典]2004

ワイス, ペーター　Weiss, Peter　本名=Weiss,Peter Ulrich　劇作家, 小説家, 画家　[国]スウェーデン　[生]1916年11月8日　[没]1982年5月10日　[典]1992

ワイズ, ボブ　Wise, Bob　本名=ワイズ, ロバート　政治家　元・ウェストバージニア州知事, 元・米国下院議員（民主党）　[国]米国　[生]1948年1月6日　[典]2004／2008／2012

ワイス, ポール　Weiss, Paul Alfred　動物発生学者　元・ロックフェラー大学名誉教授　[国]米国　[生]1898年3月21日　[没]1989年9月8日　[典]1992

ワイス, マイケル　Weiss, Michael J.　ジャーナリスト　[国]米国　[生]1952年　[典]1996

ワイス, マイケル　Weiss, Michael　フィギュアスケート選手　[国]米国　[生]1976年8月2日　[典]2000／2008

ワイス, マーガレット　Weis, Margaret　作家　[国]米国　[典]1992／1996

ワイズ, リチャード　Wise, Richard　経営コンサルタント　マーサー・マネジメント・コンサルティング・マネージング・ディレクター　[典]2008

ワイス, リン　Weiss, Lynn　心理療法士　[国]米国　[典]2004

ワイズ, レイチェル　Weisz, Rachel　女優　[国]英国　[生]1971年3月7日　[典]2000／2004／2008／2012

ワイズ, レナード　Wise, Leonard　作家, シナリオ作家　[生]1944年　[典]1992

ワイズ, ロバート　Wise, Robert　映画監督　元・映画芸術アカデミー会長, 元・全米監督協会会長　[生]1914年9月10日　[没]2005年9月14日　[典]1992／1996

ワイスガード, レナード　Weisgard, Leonard　挿絵画家　[国]米国　[生]1916年　[没]2000年1月14日　[典]1996

ワイスコッター, ティム　Wieskoetter, Tim　カヌー選手　アテネ五輪カヌー男子カヤックペア500メートル金メダリスト　[国]ドイツ　[生]1979年3月12日　[典]2008／2012

ワイスコップ, ビクトール・フレデリック　Weisskopf, Victor Frederik　核物理学者　元・マサチューセッツ工科大学（MIT）名

誉教授,元・ヨーロッパ核物理研究センター(CERN)所長 ⑱原子炉理論 ⑯米国 ⑭1908年9月19日 ⑳2002年4月21日 ⑲1992/1996

ワイスート, ピーター・J. 元・アクゾノーベル社長 ⑯オランダ ⑲1996/2000

ワイスバーガー, エリザベス Weisburger, Elizabeth K. 米国国立衛生研究所国立がん研究所がん疫学部化学発がん副部長 ⑱がん研究 ⑯米国 ⑲1992

ワイスバーガー, ローレン Weisberger, Lauren ライター ⑯米国 ⑲2008

ワイスバーグ, デービッド Weisberg, David 脚本家 ⑯米国 ⑲2000

ワイスバーグ, ロバート Weisberg, Robert W. 心理学者 テンプル大学教授 ⑱創造性 ⑯米国 ⑲1992

ワイスバック, ルー 実業家 ヘイ・ロー・インダストリーズ会長・CEO ⑯米国 ⑭1948年 ⑲2000

ワイス・バッシュ, クロード Weisbuch, Claude 画家 サント・エチエンヌ国立芸術大学教授 ⑯フランス ⑭1927年 ⑲2000

ワイスバッハ, クロード Weisbuch, Claud 版画家 ⑯フランス ⑭1927年 ⑲1992

ワイスフェルド, マット Weisfeld, Matt コンピューター技術者 ⑯米国 ⑲2004

ワイスブロッド, スティーブン Weisbrod, Steven R. 金融コンサルタント ワイズブロッド・グループ代表 ⑯米国 ⑲1992

ワイスベッカー, フィリップ Weisbecker, Philippe イラストレーター ⑲2004

ワイスマン, S. ジャーナリスト ニューヨーク・タイムズ東京支局長 ⑯米国 ⑲1992

ワイスマン, アービング Weissman, Irving L. スタンフォード大学教授 ⑱病理学,発生生物学,生物学 ⑯米国 ⑲1996

ワイスマン, アリンナ Weisman, Arinna 宗教家 ⑲2004/2008

ワイスマン, エーブリー Weisman, Avery D. 精神科医 ハーバード大学医学部名誉上級精神科医・精神科名誉教授 ⑯米国 ⑭1913年 ⑲1996

ワイスマン, ジェラルド Weissmann, Gerald ニューヨーク大学医学校医学部教授・医療センターリウマチ学科科長 ⑱炎症の分子生物学,リウマチ学 ⑯米国 ⑲1992

ワイスマン, ジョン Weisman, John 作家,ジャーナリスト ⑯米国 ⑲1992

ワイスマン, ジョン Wiseman, John サバイバル・インストラクター,元・軍人 元・英国陸軍特殊部隊(SAS)主任指導教官 ⑯英国 ⑲2000

ワイスマン, チャールズ Wiseman, Charles 経営コンサルタント コンペティティブ・アプリケーションズ社社長,コロンビア大学ビジネススクール講師 ⑱戦略的情報システム(SIS) ⑯米国 ⑲1992

ワイスマン, ディック 旧グループ名=ジャーニーマン ミュージシャン,作曲家 ⑯米国 ⑲2004/2008

ワイスマン, トマス Wiseman, Thomas 作家 ⑭1931年 ⑲1992

ワイスマン, フレデリック Wiseman, Frederick ドキュメンタリー映画監督 ⑯米国 ⑭1930年1月1日 ⑲2000/2004/2012

ワイスマン, フレドリック・R. 実業家,コンテンポラリー・アート収集家 フレドリック・ワイズマン・カンパニー経営 ⑯米国 ⑲1992

ワイスマン, リチャード Wiseman, Richard 心理学者,ビジネスコンサルタント ⑯英国 ⑲2008/2012

ワイスミュラー, ジョニー Weissmuller, Johnny 本名=Weissmuller,Peter John 映画俳優,水泳選手 ターザン役者 ⑯米国 ⑭1904年6月2日 ⑳1984年1月21日 ⑲1992

ワイセル, マルガレータ アジア先住民族の支援(ATCA)代表 ⑯ドイツ ⑲2000

ワイゼンバウム, ジョセフ マサチューセッツ工科大学名誉教授 ⑱コンピュータ科学,人工知能(AI) ⑯米国 ⑭1923年 ⑲1996

ワイセンベルク, アレクシス Weissenberg, Alexis 本名=Weissenberg,Alexis Sigismond ピアニスト ⑯フランス

⑭1929年7月26日 ⑳2012年1月8日 ⑲1992/1996/2000/2004/2008

ワイソッキ, ロバート Wysocki, Robert K. ベントレー大学MBAプログラム主任・コンピュータ情報システム教授 ⑱コンピュータ情報システム ⑯米国 ⑲1996

ワイダ, アンジェイ Wajda, Andrzej 映画監督,演出家 ⑯ポーランド ⑭1926年3月6日 ⑲1992/1996/2000/2004/2008/2012

ワイダ, ウィリアム Weida, William J. コロラド大学経済学部教授・学部長 ⑱経済政策,産業構造論,軍縮の経済学,安全保障論 ⑯米国 ⑲1996

ワイ・チャモーンマーン Wai Chamornmarn タマサート大学東アジア研究所副所長 ⑱経済学 ⑯タイ ⑲2000

ワイツ, クリス Weitz, Chris 映画プロデューサー,映画監督,脚本家 ⑯米国 ⑭1969年 ⑲2004(ウェイツ,クリス)/2012(ウェイツ,クリス)

ワイツ, グレテ Waitz, Grete 旧名=アンデルセン,グレテ マラソン選手 ロス五輪マラソン女子銀メダリスト ⑯ノルウェー ⑭1953年10月1日 ⑳2011年4月19日 ⑲1992/2000

ワイツ, ジョン Weits, John ファッションデザイナー,作家 ⑯米国 ⑭1923年 ⑳2002年10月3日 ⑲1992/2000

ワイツ, ポール Weitz, Paul 映画監督,脚本家 ⑯米国 ⑭1966年 ⑲2004(ウェイツ,ポール)/2012(ウェイツ,ポール)

ワイツァー, ロナルド Weitzer, Ronald 社会学者 ジョージ・ワシントン大学社会学助教授 ⑲2008

ワイツゼッカー, エルンスト・ウルリッヒ・フォン Weizsäcker, Ernst Ulrich Freiherr von 物理学者,政治家 ヴッパータール気候環境エネルギー問題研究所長,ドイツ連邦議会議員 ⑱生物学 ⑯ドイツ ⑭1939年6月25日 ⑲1996/2000

ワイツゼッカー, カール・フリードリヒ・フォン Weizsäcker, Carl-Friedrich von 物理学者,哲学者 元・ミュンヘン大学名誉教授 ⑯ドイツ ⑭1912年6月28日 ⑳2007年4月28日 ⑲1992/1996/2000/2004

ワイツゼッカー, リヒャルト・フォン Weizsäcker, Richard von 政治家 元・ドイツ大統領 ⑯ドイツ ⑭1920年4月15日 ⑲1992/1996/2000/2004/2012

ワイツマン, エゼル Weizman, Ezer 政治家,軍人 元・イスラエル大統領 ⑯イスラエル ⑭1924年6月15日 ⑳2005年4月24日 ⑲1992/1996/2000/2004

ワイデン, ロイ Wyden, Roy 本名=ワイデン,ロナルド・リー 政治家 米国上院議員(民主党) ⑯米国 ⑭1949年5月3日 ⑲2000/2004/2012

ワイデンバック, リサ Weidenbach, Lisa マラソン選手,元・水泳選手 ⑯米国 ⑭1961年12月13日 ⑲1996

ワイデンボーム, マレー Weidenbaum, Murray Lew 経済学者 元・米大統領経済諮問委員会(CEA)委員長 ⑯米国 ⑭1927年2月10日 ⑲1992/2000/2004

ワイト, カレン Wight, Karen イラストレーター ⑯米国 ⑲2004

ワイドナー, テリー Weidner, Teri イラストレーター ⑯米国 ⑲2004

ワイドマン, ジェローム Weidman, Jerome 作家,劇作家 ⑯米国 ⑭1913年 ⑳1998年10月6日 ⑲1992

ワイドマン, ジョン Weidman, John ミュージカル脚本家 米国劇作家協会代表 ⑯米国 ⑲2004/2008/2012

ワイナー, アラン Weiner, Alan M. 生化学者 エール大学教授 ⑱分子生物物理学 ⑯米国 ⑲1992

ワイナー, ジョナサン Weiner, Jonathan 科学ジャーナリスト ⑯米国 ⑭1953年11月26日 ⑲1992/1996

ワイナー, ティム Weiner, Tim ジャーナリスト 「ニューヨーク・タイムズ」記者 ⑯米国 ⑭1956年 ⑲2012

ワイナー, デービッド・エイブラハム Weiner, David Avraham 哲学者 ⑯イスラエル ⑲2004/2008

ワイナー, リチャード Winer, Richard 映画制作者,作家 ⑯米国 ⑲1992

ワイナイナ, エリック　Wainaina, Eric　マラソン選手　シドニー五輪男子マラソンの銀メダリスト　[国]ケニア　[生]1973年12月19日　[典]2012

ワイマン, カール　Wieman, Carl E.　物理学者　コロラド大学教授　[国]米国　[生]1951年3月26日　[典]2004／2008／2012

ワイマン, ジェーン　Wyman, Jane　本名＝フォークス, サラ・ジェーン　女優　[国]米国　[生]1917年1月4日　[没]2007年9月10日　[典]1992／1996／2004

ワイマン, ビル　Wyman, Bill　本名＝Wyman,William George　旧グループ名＝ローリング・ストーンズ　ロック・ベーシスト　[国]英国　[生]1936年10月24日　[典]1992／1996／2000／2004／2008

ワイマント, ロバート　Whymant, Robert　ジャーナリスト　元・「タイムズ」東京支局長, 元・東京国際大学教授　[国]英国　[没]2004年12月26日　[典]1996／2000／2004

ワイヤー, ロバート・バン・デ　Weyer, Robert Van de　英国国教司祭　ケンブリッジ大学　[専]経済学　[国]英国　[典]1992

ワイラー, ウィリアム　Wyler, William　映画監督　[国]米国　[生]1902年7月1日　[没]1981年7月27日　[典]1992

ワイラー, ポール　Weiler, Paul C.　法学者　ハーバード大学法学大学院教授　[典]2004

ワイリー, T.S.　Wiley, T.S.　医学者, 人類学者　サンサム・メディカル・リサーチ・インスティテュート研究者　[専]内分泌学, 進化生物学　[国]米国　[典]2004

ワイリー, ソニヤ・D.　ジャーナリスト　B・E・Tテレビ局フリーランス記者　[国]米国　[典]1992

ワイリー, ノア　Wyle, Noah　俳優　[国]米国　[生]1971年6月4日　[典]2000／2004

ワイリー, メレディス　Wiley, Meredith S.　弁護士　オレゴン州議会議長首席補佐　[国]米国　[典]2004

ワイリック, ハインツ　Weihrich, Heinz　サンフランシスコ大学教授　[専]経営管理　[国]米国　[典]1992

ワイル, アンドルー　Weil, Andrew　医師　アリゾナ大学医学校教授・統合医学プログラム部長　[専]ニューサイエンス, ホリスティック医学, 代替医学　[国]米国　[生]1942年　[典]1992／1996／2000

ワイル, サンフォード　Weill, Sanford I.　銀行家　シティグループ名誉会長　[国]米国　[生]1933年3月16日　[典]1996／2000／2004／2008／2012

ワイル, ダーク　Wyle, Dirk　作家, 医学者　[国]米国　[典]2008

ワイル, ピーター　Weill, Peter　経営学者　マサチューセッツ工科大学スローン・スクール・オブ・マネジメント教授　[典]2004／2008

ワイル, ブルーノ　Weil, Bruno　指揮者　[国]ドイツ　[生]1949年11月24日　[典]2012

ワイルズ, アンドリュー　Wiles, Andrew　数学者　プリンストン大学教授　[国]米国　[典]1996／2000

ワイルズ, ドミニ　Wiles, Domini　作家, 詩人, アナウンサー　[国]英国　[典]1992

ワイルズ, ハリー・エマーソン　Wildes, Harry Emerson　著述家, 日本研究家　元・GHQ民間歴史局社会・政治課長　[国]米国　[生]1890年4月3日　[典]1996

ワイルダー, J.ウエルズ(Jr.)　Wilder, J.Welles (Jr.)　トレーダー　[国]米国　[典]2004

ワイルダー, ジェヒー　韓国名＝在姫　ユニセフ駐日代表事務所長　[国]韓国　[生]1935年　[典]1996

ワイルダー, ジーン　Wilder, Gene　本名＝Silverman,Jerry　コメディアン, 映画プロデューサー, 脚本家, 映画監督　[国]米国　[生]1935年6月11日　[典]1992

ワイルダー, ステファン　Wilder, Stephen M.　アメリカ・カナダ・リスク及び保険管理協会(RIMS)理事長, ウォルト・ディズニー副社長　[国]米国　[典]2000

ワイルダー, ダグラス　Wilder, Douglas　本名＝Wilder,Lawrence Douglas　政治家　元・バージニア州知事(民主党)　[国]米国　[生]1931年1月17日　[典]1992／1996

ワイルダー, デービッド　Wilder, David A.　心理学者　[専]発達障害　[国]米国　[典]2004

ワイルダー, ビリー　Wilder, Billy　本名＝ワイルダー, サミュエル　映画監督, 脚本家, 映画製作者　[国]米国　[生]1906年6月22日　[没]2002年3月27日　[典]1992／1996

ワイルダー, ビル　Wilder, Bill　実業家　日興アセットマネジメント社長・CIO　元・フィデリティ投信社長　[国]米国　[生]1950年　[典]2008／2012

ワイルディング, マイケル　Wilding, Michael　作家, 編集者　シドニー大学英文科助教授, ワイルド&ウーリー出版社社長　[国]オーストラリア　[生]1942年　[典]1992

ワイルド, キム　Wild, Kim　歌手　[国]英国　[典]1992／1996

ワイルド, コーネル　Wilde, Cornel　本名＝Wilde,Cornelius Louis　映画監督, 俳優　[国]米国　[生]1915年10月13日　[没]1989年10月16日　[典]1992

ワイルド, ジョン・ジュリアン　Wild, John Julian　がん研究者　元・ミネアポリス医療技術研究所所長　[専]超音波画像医学　[国]米国　[生]1914年8月11日　[没]2009年9月18日　[典]1992／1996／2008

ワイルド, ダニー　グループ名＝レンブランツ　歌手　[国]米国　[典]1996

ワイルド, デビッド　「フレンズオフィシャル・ガイド—『フレンズ』10年間のすべて」の著者　[典]2008

ワイルド, ビック　スノーボード選手　ソチ五輪スノーボード男子パラレル大回転金メダリスト　[国]ロシア

ワイルド, マーガレット　Wild, Margaret　絵本作家　[典]2004

ワイルド, ラリー　Wilde, Larry　コメディアン, 著述家　[国]米国　[典]1992

ワイルドウッド, クリシー　Wildwood, Chrissie　アロマセラピスト　[国]英国　[生]1951年　[典]2000

ワイルドスミス, ブライアン　Wildsmith, Brian　画家, 絵本作家　[国]英国　[生]1930年　[典]1992／1996／2000

ワイルドスミス, レベッカ　Wildsmith, Rebecca　グラフィックデザイナー　[国]英国　[生]1959年　[典]2000

ワイレンマン, パウル　Weilenmann, Paul　チューリヒ大学教授　[専]経営経済学　[国]スイス　[生]1925年5月14日　[典]1992

ワインガーズ, ジョン　Wijngaards, John　神学者　[国]オランダ　[生]1935年　[典]1996

ワインガルテン, ドナルド　Weingarten, Donald H.　IBMワトソン研究センター　[専]理論物理学　[国]米国　[典]2000

ワインガルトナー, ハンス　Weingartner, Hans　映画監督　[国]ドイツ　[典]2008／2012

ワインズ, ジェームズ　Wines, James　彫刻家, 環境デザイナー　パーソンズ・デザイン・スクール(ニューヨーク)美術環境デザイン学科長　[国]米国　[典]2000

ワインスタイン, ジェフ　Weinstein, Jeff　批評家　[国]米国　[生]1947年　[典]1992

ワインスタイン, スタン　Weinstein, Stan　トレーダー　「プロフェッショナル・テープ・リーダー」編集長・発行人　[国]米国　[典]2004

ワインスタイン, デービッド　Weinstein, David A.　弁護士　米国著作権協会編集委員　[専]著作権法　[国]米国　[典]1992

ワインスタイン, デービッド　Weinstein, David E.　経済学者　コロンビア大学経済学部教授　[専]国際貿易, 日本経済論　[国]米国　[生]1964年　[典]2004／2008／2012

ワインスタイン, ブルース　Weinstein, Bruce　コンサルタント　[国]米国　[典]2004

ワインスタイン, マット　Weinstein, Matt　経営コンサルタント　[典]2004

ワインスタイン, マーティン　Weinstein, Martin E.　モンタナ大学教授　[国]米国　[生]1934年　[典]1992(ウェインステイン, マーティン)／1996

ワインスタイン, リチャード　Weinstein, Richard S.　環境保護運動家　ネイチャー・コンサーバンシー理事長　[国]米国　[生]1925年　[典]1996

ワインド, オズワルド　Wynd, Oswald　作家　[国]英国　[生]1913年　[典]1992／1996

ワ

ワイントラウブ, スタンリー　Weintraub, Stanley　ペンシルベニア州立大学教授・芸術人文科学研究所所長　国米国　生1929年　歴1992

ワイントラウブ, ボニー　Weintraub, Bonnie S.　ライター　国米国　歴2004

ワインハウス, エイミー　Winehouse, Amy　歌手　国英国　生1983年9月14日　没2011年7月23日

ワインバーガー, キャスパー　Weinberger, Casper Willard　政治家, 出版人　元・米国国防長官, 元・フォーブス会長　国米国　生1917年8月18日　没2006年3月28日　歴1992／1996／2000／2004

ワインバーガー, デービッド　Weinberger, David　マーケティングコンサルタント　歴2004

ワインバーガー, マービン　Weinberger, Marvin I.　テレベース・システムズ社副社長　国米国　歴1992

ワインバーグ, アンドルー　Weinberg, A.D.　メディカルディレクター　マサチューセッツ医学会老年医学部副会長, マサチューセッツ老年医学会会長　元・米国保健福祉機構認定合同委員会委員, 元・コネティカット州医師会老年医学部会長　専老年医学, 介護サービス　国米国　歴2004

ワインバーグ, サマンサ　Weinberg, Samantha　「DNAは知っていた」の著者　歴2008

ワインバーグ, ジェラルド　Weinberg, Gerald M.　システムコンサルタント　歴2004

ワインバーグ, ジョン　Weinberg, John.L　元・ゴールドマン・サックス上級会長　国米国　生1925年1月25日　没2006年8月7日　歴1996

ワインバーグ, スティーブン　Weinberg, Steven　物理学者　テキサス大学教授　専素粒子論, 場の理論, 宇宙論　国米国　生1933年5月3日　歴1992／1996／2000／2004／2008／2012

ワインバーグ, チャールズ　Weinberg, Charles B.　ブリティッシュ・コロンビア大学商経大学院教授　歴1992（ウェインバーグ, チャールズ）／1996

ワインバーグ, マーク　Weinberg, Mark　レーガン元米国大統領スポークスマン　国米国　生1957年4月26日　歴1992

ワインバーグ, ロバート　Weinberg, Robert A.　マサチューセッツ工科大学生物学部教授, ホワイトヘッド研究所研究員　専分子生物学, がん遺伝学　国米国　歴1992／1996／2000

ワインバーグ, ロバート　Weinberg, Robert E.　作家　国米国　歴2004／2008

ワインバック, ローレンス　Weinbach, Lawrence A.　実業家　ユニシス会長　国米国　生1940年1月8日　歴2000／2004／2008／2012

ワインブレヒト, ドナ　Weinbrecht, Donna　スキー選手（フリースタイル）　国米国　歴1996

ワインベルク, ミェチスワフ　作曲家　国ロシア　生1919年2月26日　歴1996

ワインマン, アービング　Weinman, Irving　ミステリー作家　国米国　生1937年　歴1996

ワインマン, リンダ　Weinman, Lynda　ウェブ・インストラクター・デザイナー　国米国　歴2004

ワインランド, デービッド　Wineland, David　本名=Wineland, David Jeffrey　物理学者　米国国立標準技術研究所（NIST）フェロー　専量子情報科学　国米国　生1944年2月24日

ワインロッド, ブルース　弁護士　戦略国際問題研究所（CSIS）研究員　国米国　生1947年　歴1992／1996

ワーウィック, ケビン　Warwick, Kevin　電子工学者　レディング大学教授　専人工知能　国英国　生1954年　歴2004／2008

ワーウィック, ディオンヌ　Warwick, Dionne　歌手　国米国　生1941年12月12日　歴1996／2004／2008／2012

ワーウィック, ディレック　Warwick, Derek　F1ドライバー　国英国　生1954年8月27日　歴1992／1996

ワーウィック, ベン　Warwick, Ben　投資コンサルタント　国米国　歴2004

ワウリンカ, スタニスラス　Wawrinka, Stanislas　テニス選手　北京五輪テニス男子ダブルス金メダリスト　国スイス　生1985年3月28日　歴2012

ワーガ, ウェイン　Warga, Wayne　ミステリー作家　国米国　歴1996

ワカバヤシ, ボブ　Wakabayashi, Bob Tadashi　日本史研究家　ヨーク大学教授　国米国　生1950年　歴2004

ワカマツ, ドン　Wakamatsu, Don　本名=Wakamatsu,Wilbur Donald　大リーグコーチ, 元・大リーグ監督　国米国　生1963年2月22日　歴2012

ワキウリ, ダグラス　Wakiihuri, Douglas　マラソン選手　国ケニア　生1963年9月26日　歴1992／1996／2004／2008

ワキサカ, ジェニ　Wakisaka, Geny　日本文学研究家　元・サンパウロ大学教授　専万葉集　国ブラジル　生1926年12月7日　歴2012

ワキル, アブドル　Wakil, Abdul　政治家　元・アフガニスタン外相　国アフガニスタン　生1945年　歴1992／1996

ワグスティル, ステファン　Wagstyl, Stefan　ジャーナリスト　「フィナンシャルタイムス」日本支局長　国英国　生1957年　歴1992／1996

ワークター, ポール　Waaktaar, Paul　本名=ワークター・サヴォイ, ポール　グループ名=a-ha　ギタリスト　国ノルウェー　生1961年9月6日　歴2004／2008

ワグナー, C.ピーター　Wagner, C.Peter　神学者　フラー神学校世界宣教学部教授　専教会成長学　歴1992／1996

ワグナー, H.A.　Wagner, H.A.　エア・プロダクツ・アンド・ケミカルズ会長・CEO　国米国　歴1996

ワグナー, アンドレス　ドイツ風力エネルギー推進協会代表　国ドイツ　歴2004

ワーグナー, ウィーラント　Wagner, Wieland　ジャーナリスト　「シュピーゲル」極東特派員　国ドイツ　生1959年　歴1996／2000

ワーグナー, ウォルフガンク　Wagner, Wolfgang　オペラ演出家・舞台監督　元・バイロイト音楽祭総監督　国ドイツ　生1919年8月30日　没2010年3月21日　歴1992／1996／2000／2004／2008

ワグナー, ウラー　Wagner, Ulla　スウェーデン国立民族学博物館長　専民族学　国スウェーデン　歴1992

ワグナー, エーブ　Wagner, Abe　経営コンサルタント　エーブ・ワグナー・アンド・アソシエーツ所長　国米国　歴1992

ワーグナー, カタリーナ　Wagner, Katharina　オペラ演出家　バイロイト音楽祭総監督　国ドイツ　生1978年5月　歴2008／2012

ワグナー, カール・エドワード　Wagner, Karl Edward　作家, 編集者　カルコサ・ハウス創立者　国米国　生1945年　歴1996

ワグナー, クリスチャン　映画監督　国ドイツ　歴2000

ワーグナー, ゲラルト　Wagner, Gerard　画家　国ドイツ　生1906年　歴2000

ワーグナー, ゴットフリート　Wagner, Gottfried　オペラ演出家　国ドイツ　生1947年　歴1996／2000

ワグナー, ビリー　Wagner, Billy　本名=Wagner,William Edward　大リーグ選手（投手）　国米国　生1971年7月25日　歴2000／2008／2012

ワグナー, ビル　Wagner, Bill　コンピュータ技術者　歴2004

ワーグナー, ヘルベルト　Wagner, Herbert　航空工学者　元・ベルリン工業大学教授・航空技術研究所長　国ドイツ　生1900年5月22日　歴1992

ワーグナー, ヘルマン　Wagner, Hermann　ウルム大学教授・医学微生物学免疫学部長　専医学微生物学, 免疫学　国ドイツ　歴1992

ワグナー, マースデン　Wagner, Marsden　小児科医　世界保健機構（WHO）顧問　国米国　生1930年　歴1996／2004

ワグナー, リンジー　Wagner, Linsay　女優　国米国　生1949年6月22日　歴2000

ワグナー, ロジャー　Wagner, Roger　指揮者　元・ロジャー・ワグナー合唱団指揮者　国米国　生1914年1月16日　没1992年9月17日　歴1996

ワグナー, ロバート　Wagner, Robert　本名=Wanger,Robert John　俳優　国米国　生1930年2月10日　歴2000／2004／2012

ワグナー, ロバート・フェルディナンド（Jr.）　Wagner, Robert Ferdinand（Jr.）　政治家, 外交官　元・ニューヨーク市長　国米国

ワーグナー・トレンクウィツ, クリストフ　Wagner-Trenkwitz, Christoph　ウィーン国立歌劇場文芸部チーフ　国オーストリア　生1962年　歴2004

ワーグナー・パスキエ, エヴァ　Wagner-Pasquier, Eva　オペラ演出家　国ドイツ　生1945年　歴2008／2012

ワグノリュス, ゲディミナス　Vagnorius, Gediminas　政治家, 経済学者　元・リトアニア首相　国リトアニア　生1957年6月10日　歴2000

ワグホーン, テリー　Waghorn, Terry　コンサルタント　歴2004

ワグラ, アスンタ　Wagura, Asunta　ケニア・エイズとともに生きる女性たちのネットワーク（KENWA）執行責任者, ケニア国家エイズ委員会委員　国ケニア　生1965年　歴2004／2008

ワケナゲル, マティス　Wackernagel, Mathis　グローバル・フットプリント・ネットワーク代表　国スイス　生1962年11月20日

ワーゴ, ロバート　Wargo, Robert　明星大学人文学部教授　異文化コミュニケーション　国米国　生1936年　歴2008

ワゴナー, リチャード　Wagoner, G.Richard（Jr.）　本名＝Wagoner,G.Richard,Jr.　実業家　元・ゼネラル・モーターズ（GM）会長・CEO　国米国　生1953年2月9日　歴1996／2000／2004／2008／2012

ワゴン, スタン　Wagon, Stan　マカレスター大学教授,「American Mathematical Monthly」誌編集委員　数学, 計算機科学　国米国　歴1996

ワーザー, ウイリアム（Jr.）　Werther, William B.（Jr.）　経営コンサルタント, 経営学者　マイアミ大学ビジネススクール教授　国米国　歴1996／2004

ワーザム, アン　社会学者　イリノイ州立大学助教授　国米国　生1941年　歴1996

ワザン, シャフィク　Wazzan, Chafiq al-　政治家, 法律家　元・レバノン首相　国レバノン　生1925年　没1999年7月8日　歴1992

ワサンティ　Vaasanthi　作家　国インド　生1941年　歴1996

ワージー, カール　Worthy, Carl Pace　ビジネス・コンサルタント　マイクロテック・グローバル・ダイナミクス事業部特別顧問　国米国　生1947年11月5日　歴2000

ワジーエフ, マハールベク　Vaziev, Makharbek　バレエダンサー　マリインスキー劇場バレエ団芸術監督　国ロシア　生1961年6月16日　歴2004／2008／2012

ワシクイ, アブデュル　マラソン選手　国アフガニスタン　歴2000

ワシコウスカ, ミア　Wasikowska, Mia　女優　国オーストラリア　生1989年　歴2012

ワーシック, ビンセント　Wasik, Vincent　ナショナル・カー・レンタル社社長・最高経営責任者　国米国　生1944年　歴1992

ワジナー, アン　Wojner, Anne W.　医学者　テキサス大学ヒューストン校医学部助教授　救急ケア, クリティカルケア　国米国　生1956年　歴2004／2008

ワーシャブスキー, セス　実業家　インターネット・エンターテインメント・グループ社長　国米国　歴2004

ワシュカ, ラリー　Waschka, Larry　ワシュカ・キャピタル・インベストメンツオーナー　国米国　歴2004

ワシリエフ, アレクセイ　Vasiliev, Aleksei Mikhailovich　ロシア科学アカデミー・アフリカ研究所副所長・アラブ・アフリカ・イスラム研究センター所長　中東問題　国ロシア　生1939年　歴2008

ワシリエフ, イワン　Vasiliev, Ivan　バレエダンサー　ボリショイ・バレエ団プリンシパル　国ロシア　生1989年　歴2012

ワシーリエフ, ウラジーミル　Vasiliev, Vladimir Viktorovich　バレエ振付師・演出家,元・バレエダンサー　元・ボリショイ劇場芸術総監督　国ロシア　生1940年4月18日　歴1996／2000／2004／2008／2012

ワシーリエフ, ゲオルギー　実業家, ミュージカル製作者, シンガー・ソングライター　ビー・ライン創立者　国ロシア　歴2004／2008

ワシリエフ, ユーリー　Vasiliev, Yurii Vasilievich　画家　国ソ連　生1925年4月7日　没1990年10月29日　歴1992

ワシリエフ, ワレリー　Vasiliev, Valerii　挿画家, イラストレーター, 商業デザイナー　国ソ連　生1949年　歴1992／1996

ワシリエワ, スヴェトラーナ　Vasilieva, Svetlana　映画監督　国ソ連　歴1992／1996

ワシリエワ, タチアナ　女優　マヤコフスキー劇団　国ロシア　生1947年　歴1996

ワシリエワ, タチアナ　Wassiliewa, Tatiana　通称＝タニヤ　作家　国ロシア　生1928年1月12日　歴2000

ワシリョーフ, ウラジーミル　振付師　モスクワ・クラシック・バレエ芸術監督　国ロシア　生1931年　歴1996

ワジール, インティサール　Wazir, Intissar　政治家　パレスチナ自治政府社会問題相　国パレスチナ　歴2000／2004／2008

ワシントン　Washington　本名＝セルケイラ, ワシントン・ステカネラ　元・サッカー選手　国ブラジル　生1975年4月1日　歴2008／2012

ワシントン, アンソニー　Washington, Anthony　円盤投げ選手　国米国　生1966年1月16日　歴2000

ワーシントン, クレイグ　元・プロ野球選手　歴2000

ワシントン, グローバー（Jr.）　Washington, Grover（Jr.）　ジャズサックス奏者　国米国　生1943年12月12日　没1999年12月17日　歴1996

ワーシントン, サム　Worthington, Sam　本名＝Worthington, Samuel　俳優　国オーストラリア　生1976年8月2日　歴2012

ワシントン, デンゼル　Washington, Denzel　本名＝Washington, Denzel Hayes,Jr.　俳優, 映画監督　国米国　生1954年12月28日　歴1992／1996／2000／2004／2008／2012

ワシントン, トム　Washington, Tom　元・全米ライフル協会（NRA）会長　国米国　生1995年12月5日　歴1996

ワシントン, ハロルド　元・シカゴ市長　国米国　没1987年11月25日　歴1992

ワシントン, マラビーヤ　Washington, MaliVai　テニス選手　国米国　生1969年6月20日　歴2000

ワース, ジェイソン　Werth, Jayson　本名＝Werth,Jayson Richard　大リーグ選手（外野手）　国米国　生1979年5月20日　歴2012

ワース, ジャック　Werth, Jacques　セールスコンサルタント　ハイ・プロバビリティ社長　国米国　歴2004／2008

ワース, ティモシー　Wirth, Timothy Endicott　政治家　国連財団理事長　元・米国国務次官, 元・米国上院議員（民主党）　国米国　生1939年9月22日　歴2000／2004／2008／2012

ワース, ドン　写真家, 音楽家　国米国　生1924年　歴1992

ワース, バリー　Werth, Barry　サイエンス・ライター　国米国　歴2004

ワーズウィック, クラーク　古写真収集家　国米国　歴2004

ワズゲン1世　本名＝パルチャン, レウォン・カラベト　元・アルメニア正教会総主教　国アルメニア　生1908年　没1994年8月17日　歴1996

ワスコム, D.G.　東燃ゼネラル石油会長　国米国　生1956年4月17日　歴2008

ワズディン, ジョン　Wasdin, John Truman　大リーグ選手（投手）, プロ野球選手　国米国　生1972年8月5日　歴2004／2012

ワースバ, バーバラ　Wersba, Barbara　作家　国米国　歴1992

ワスマー, クリスチャン　テニス選手　国ドイツ　歴2000

ワスモシ, フアン・カルロス　Wasmosy, Juan Carlos　政治家, 実業家　元・パラグアイ大統領　国パラグアイ　生1938年12月15日　歴1996／2000

ワズワース, ジンジャー　Wadsworth, Ginger　環境保護運動家　国米国　生1945年　歴2000

ワズワース, スーザン　音楽プロデューサー　ヤング・コンサート・アーティスツ（YCA）代表　歴2000

ワセージュ, ロベール　Waseige, Robert　サッカー監督, 元・サッカー選手　元・サッカー・ベルギー代表監督　国ベルギー　生1939年8月26日

ワセフ, マグダ　Wassef, Magda　映画祭コーディネーター　パリ・アラブ世界研究所（IMA）映画部部長　国エジプト　歴2004

ワーゼン, ジョン　Worthen, John　ノッティンガム大学英語英文学研究科主任教授　[専]D.H.ローレンス伝記研究　[国]英国　[典]2000

ワソー, トーマス　Wasow, Thomas　言語学者　スタンフォード大学教授　[専]言語処理, 統語理論, 言語学方法論　[国]米国　[典]2004

ワダ, フレッドイサム　和田, フレッド・イサム　Wada, Fred Isamu　日本名=和田勇　元・日系引退者ホーム理事会会長, 元・ロサンゼルス敬老ホーム会長, 元・ロス五輪組織委理事　[国]米国　[生]1907年9月18日　[没]2001年2月12日　[典]1992／1996／2000

ワタナベ, テレサ　ジャーナリスト　「ロサンゼルス・タイムズ」東京特派員　[国]米国　[生]1957年　[典]1996

ワタラ, アラサン　Ouattara, Alassane Dramane　政治家　コートジボワール大統領　元・コートジボワール首相　[国]コートジボワール　[生]1942年1月1日　[典]2004／2008／2012

ワタン, ジョルジュ　小説「ジャッカルの日」のモデル　[国]フランス　[生]1923年　[没]1994年2月19日　[典]1996

ワタンバサール　人権活動家, ジャーナリスト　台湾公共電視記者・研究員　[専]台湾先住民問題　[国]台湾　[生]1954年　[典]2004／2008

ワーチ, ジェームズ　Wertsch, James V.　教育学者　ワシントン大学教授　[国]米国　[典]2004

ワチェスバーガー, ケン　Wachsberger, Ken　ジャーナリスト, 編集者, 作家　[国]米国　[典]2008

ワチャン・バジオベラック・ベガ　グループ名=パチャトゥサン・インカリ　作曲家　[国]ペルー　[典]2000

ワチラロンコン, マハ　Vajiralongkorn, Maha　タイ皇太子　[国]タイ　[生]1952年7月28日　[典]1992／1996／2000／2004／2008／2012

ワーツェル, エリザベス　Wurtzel, Elizabeth　ジャーナリスト　[国]米国　[生]1967年　[典]2004

ワックス　WAX　本名=チョウヘリ　歌手　[国]韓国　[典]2008／2012

ワックスマン, キオニ　Waxman, Keoni　映画監督　[国]米国　[生]1967年　[典]2000

ワッサー, ティエリー　Wasser, Thierry　調香師　ゲラン調香師　[国]スイス　[典]2012

ワッサースタイン, ブルース　Wasserstein, Bruce　実業家　元・ラザード会長・CEO　[国]米国　[生]1947年12月25日　[没]2009年10月14日　[典]2000

ワッサーマン, デール　Wasserman, Dale　脚本家　[国]米国　[生]1914年11月2日　[没]2008年12月21日　[典]2000

ワッサーマン, ルー　Wasserman, Lew R.　実業家　元・ユニバーサル・スタジオ名誉会長, 元・MCA会長・CEO　[国]米国　[生]1913年3月15日　[没]2002年6月3日　[典]1996

ワッセルマン, ミッシェル　Wasserman, Michel　オペラ演出家　立命館大学国際関係学部教授　元・関西日仏学館館長　[国]フランス　[生]1948年8月3日　[典]2008

ワッツ, アンドレ　Watts, André　ピアニスト　[国]米国　[生]1946年6月20日　[典]1996／2000／2012

ワッツ, ウィリアム　Watts, William　世論調査専門家　ポトマック・アソシエイツ所長　[専]日米関係　[国]米国　[典]1992／1996／2000

ワッツ, クリフ　Watts, Cliff　写真家, 元・モデル　[国]米国　[生]1960年　[典]1996

ワッツ, チャーリー　Watts, Charlie　本名=Watts,Charles Robert　グループ名=ローリング・ストーンズ　ロック・ドラム奏者　[国]英国　[生]1941年6月2日　[典]1992／1996／2000／2004／2008／2012

ワッツ, デービッド　Watts, David V.　ソフトウェア技術者　ヒルトン・コンピューター・ストラテジーズ　[典]2004

ワッツ, ナオミ　Watts, Naomi　女優　[生]1968年9月28日　[典]2004／2008／2012

ワッツ, バーナデット　Watts, Bernadette　絵本作家, イラストレーター　[国]英国　[生]1942年　[典]1992／1996／2000

ワッツ, フィル　Watts, Philip Beverley　実業家　元・ロイヤル・ダッチ・シェル会長　[国]英国　[生]1945年6月25日　[典]2000／2004／2008／2012

ワッツ, ブライアン　Watts, Brian　プロゴルファー　[国]米国　[生]1966年3月18日　[典]1996／2000／2004／2008

ワッテンベルク, ウルリッヒ　ベルリン独日協会事務局長　元・ドイツ国立情報処理研究所東京事務所設立・運営担当者　[国]ドイツ　[生]1937年　[典]2004

ワット, J.J.　Watt, J.J.　本名=Watt,Justin James　プロフットボール選手（DE）　[国]米国　[生]1989年3月22日

ワッド, アブドゥラエ　Wade, Abdoulaye　政治家, 法律学者, 経済学者　元・セネガル大統領　[国]セネガル　[生]1926年5月29日　[典]2004／2008／2012

ワット, アラン　Watt, Alan　作家　[国]英国　[典]2004

ワット, ウィンストン　Watt, Winston A.　ボブスレー選手　[国]ジャマイカ　[生]1967年12月8日　[典]2000／2004

ワット, サラ　Watt, Sarah　本名=Watt,Sarah Ann　アニメーター, 映画監督　[国]オーストラリア　[没]2011年11月4日

ワット, ジェームズ　Watt, James G.　政治家　元・米国内務長官　[国]米国　[生]1938年1月31日　[典]1992

ワット, トム　Watt, Tom　作家, スポーツ記者　[典]2008

ワット, モンゴメリー　Watt, William Montgomery　イスラム学者　元・エディンバラ大学教授　[国]英国　[生]1909年3月14日　[没]2006年　[典]2004

ワット・エバンズ, ローレンス　Watt Evans, Lawrence　作家　[国]米国　[生]1954年　[典]1996

ワットリング, R.D.　Wotring, R.D.　エッソ石油取締役　元・エクソン化学社長　[国]米国　[生]1937年6月10日　[典]1996

ワット・ワンラヤーンクーン　作家　[国]タイ　[生]1955年　[典]1992／1996

ワッブ, マリー　Wabbes, Marie　絵本作家　[国]ベルギー　[生]1934年10月21日　[典]2004

ワップナー, シーモア　Wapner, Seymour　心理学者　クラーク大学心理学部ハインツ・ウェルナー発達分析研究所所長　[専]環境心理学, 発達心理学　[国]米国　[生]1917年　[典]1996

ワップリントン, ニック　Waplington, Nick　写真家　[国]英国　[生]1965年　[典]2000

ワツラウィック, ポール　Watzlawick, Paul　心理療法家　元・スタンフォード大学教授　[専]ブリーフ・セラピー　[国]オーストリア　[生]1921年7月25日　[没]2007年3月31日　[典]1992／1996／2000

ワディントン, デービッド　Waddington, David　政治家　元・英国国璽尚書, 元・英国上院院内総務　[国]英国　[生]1929年8月2日　[典]1992／1996／2000

ワテン, ジュダ　Waten, Judah　作家　[国]オーストラリア　[生]1911年　[典]1992／1996

ワーデン, ジョン　戦略コンサルタント, 元・軍人　ベンチュリスト社代表　元・米国国防総省高官　[国]米国　[典]2000

ワード, アイバン　精神分析学者　ロンドン・フロイト博物館教育部長　[国]英国　[典]2004

ワード, アンドレ　Ward, Andre　プロボクサー　WBA・WBC世界スーパーミドル級チャンピオン　アテネ五輪ボクシング・ライトヘビー級金メダリスト　[国]米国　[生]1984年2月23日　[典]2008

ワード, チャーリー　フットボール選手, バスケットボール選手　[国]米国　[典]1996

ワード, ナタリー　Ward, Natalie　ソフトボール選手（内野手）　アテネ五輪ソフトボール銀メダリスト　[国]オーストラリア　[生]1975年12月24日　[典]2004／2008

ワード, ハインズ　Ward, Hines　元・プロフットボール選手　[国]米国　[生]1976年3月8日　[典]2008（ウォード, ハインズ）／2012（ウォード, ハインズ）

ワード, ピーター　ラジオプロデューサー, 作家　BBCスクール・ラジオ・チーフプロデューサー　[国]英国　[生]1943年　[典]1992

ワード, メアリー・ジェーン　Ward, Mary Jane　作家　[国]米国　[生]1905年　[典]1992

ワード, ラルフ　Ward, Ralph D.　編集者　「Corporate Board」編集出版者　[国]米国　[典]2004

ワード, ロイド　Ward, Lloyd　実業家　メイタグ会長・CEO　[国]米国　[典]2004

ワード, ロバート　政治学者　元・スタンフォード大学フーバー研究所上級研究員　[専]比較政治学, 日本政治　[国]米国　[典]1992

ワドゥワ, ディーパ・ゴパラン　Wadhwa, Deepa Gopalan　外交官　駐日インド大使　国インド

ワトキンス, アンナ　Watkins, Anna　本名＝Watkins,Anna Rose　ボート選手　ロンドン五輪ボート女子ダブルスカル金メダリスト　国英国　生1983年2月13日

ワトキンズ, エバン　Watkins, Evan　カリフォルニア大学デービス校英語学部教授　専カルチュラル・スタディーズ　国米国　歴2008

ワトキンズ, グレアム　Watkins, Graham　作家　国米国　生1944年　歴2000

ワトキンズ, ジェームズ　Watkins, James David　政治家,元・軍人　元・米国エネルギー長官　国米国　生1927年3月7日　歴1992／1996

ワトキンス, シェロン　Watkins, Sherron　エンロン事件の内部告発者　歴2008

ワトキンス, シドニー　医師　FIA（国際自動車連盟）救急医療委員長　専神経外科　国英国　生1937年　歴1992／2000

ワトキンス, ジョン　Watkins, John William Neville　元・ロンドン・スクール・オブ・エコノミクス哲学教授,元・英国科学哲学会会長　専科学哲学　国英国　生1924年　歴1996

ワトキンス, デレク　Watkins, Derek　本名＝Watkins,Derek Roy　トランペット奏者　国英国　生1945年3月2日　没2013年3月22日

ワトキンス, ピーター　映画監督　国英国　生1935年　歴1996

ワトキンス, マイケル　Watkins, Michael　経営学者　ハーバード大学ロー・スクール教授・ビジネス・スクール准教授　専ビジネス管理　歴2004

ワトキンス, モンセ　Watkins, Montse　翻訳家,文筆家　元・ルナ・ブックス　国スペイン　生1955年8月　没2000年11月25日　歴1996／2000

ワドキンス, ラニー　Wadkins, Lanny　プロゴルファー　国米国　生1949年12月5日　歴1992／1996／2008

ワトキンス・ピッチフォード, D.J.　Watkins Pitchford, D.J.　ペンネーム＝BB　絵本作家,画家　国英国　生1905年　没1992

ワトキンソン, デービッド　Watkinson, David　歴史学者,考古学者　カーディフ大学上級講師　国英国　歴2004

ワトキンソン, マイク　Watkinson, Mike　ロック・ジャーナリスト,伝記作家　歴2004

ワードスミス, A.N.　Wordsmith, A.N.　小説「彼女」の作者　国米国　歴1996

ワトソン, アラン・ジョン　Watson, Alan John　テレゴコメンテーター,元・政治家　ウエストミンスター大学,ロイベン大学（ベルギー）,ロイヤル・テレビジョン・ソサエティー理事　元・英国自由党党首　国英国　生1941年2月3日　歴1996

ワトソン, アルバート　Watson, Albert　写真家　歴2000

ワトソン, イアン　Watson, Ian　SF作家　国英国　生1943年　歴1992／1996／2004／2008／2012

ワトソン, エマ　Watson, Emma　本名＝Watson,Emma Charlotte Duerre　女優　国英国　生1990年4月15日　歴2004／2008／2012

ワトソン, エミリー　Watson, Emily　女優　国英国　生1967年1月14日　歴2000／2004／2008／2012

ワトソン, カーリ　Watson, Karli　テクニカルライター　歴2004

ワトソン, キース　Watson, Keith　実業家　シリコングラフィックス（SGI）上席副社長　国米国　歴2000

ワトソン, ケネス　Watson, Kenneth W.　ガンプス社長・最高経営責任者　国米国　生1942年　歴1992

ワトソン, ジェームズ　Watson, James Dewey　分子生物学者　元・コールド・スプリング・ハーバー研究所長,元・米国立衛生研究所（NIH）ヒューマンゲノム研究センター所長　専遺伝子DNA（デオキシリボ核酸）　国米国　生1928年4月6日　歴1992／1996／2000／2004／2008／2012

ワトソン, ジェームズ　Watson, James L.　ハーバード大学教授　専文化人類学　国米国　生1943年　歴1996

ワトソン, ジェーン・ワーナー　Watson, Jane Werner　作家　国米国　生1915年　歴2008

ワトソン, ジム　Watson, Jim　超能力者　メタフィジカルESPセンター主宰　国米国　生1937年11月12日　歴1996／2008

ワトソン, シンシア・マービス　Watson, Cynthia Mervis　南カリフォルニア大学医学部家族療科臨床学科専任講師　国米国　生1950年　歴1996

ワトソン, スティーブン　Watson, Stephen Roger　ランカスター大学経営大学院校長　国英国　生1943年　歴2000

ワトソン, トーマス・ジョン(Jr.)　Watson, Thomas John (Jr.)　元・IBM名誉会長　国米国　生1914年1月8日　没1993年12月31日　歴1992／1996

ワトソン, トム　Watson, Tom　本名＝Watson,Thomas Sturges　プロゴルファー　国米国　生1949年9月4日　歴1992／1996／2000／2004／2008／2012

ワトソン, バッバ　Watson, Bubba　プロゴルファー　国米国　生1978年11月5日

ワトソン, ビクター　Watson, Victor　文学者　専18世紀英文学,児童文学,絵本学　国英国　歴2004

ワトソン, ピーター　Watson, Peter　ジャーナリスト,作家　国英国　歴1996

ワトソン, ポール・マリー　靴デザイナー　国英国　生1969年　歴2004／2008

ワトソン, ライアル　Watson, Lyall　生命科学者,動物学者,作家　国英国　生1939年4月12日　没2008年6月25日　歴1992／1996／2000／2004／2008

ワトソン, ラッセル　Watson, Russell　歌手　国英国　生1972年　歴2004／2008／2012

ワトソン, ラリー　Watson, Larry　作家,詩人　国米国　生1947年　歴2000

ワトソン, リチャード　Watson, Richard　哲学者,探検家　ワシントン大学教授　専デカルト研究　国米国　生1931年　歴2004

ワトソン, リンダ　Watson, Linda　ソプラノ歌手　国米国　歴2004／2008

ワトソン, ロバート　Watson, Robert　化学者　英国環境食糧農村地域省チーフ科学アドバイザー,イーストアングリア大学教授　元・IPCC議長　国英国　生1948年　歴2012

ワトチェンコ, アレクセイ　Vatchenko, Aleksei Fedoseevich　政治家　元・ウクライナ共和国最高会議幹部会議長,元・ソ連最高会議幹部会副議長　国ソ連　生1914年　没1984年11月22日　歴1992

ワドラー, ジョイス　Wadler, Joyce　ライター　国米国　生1948年　歴1996

ワトリー, ジョディ　Watley, Jody　歌手　国米国　生1959年　歴1992／1996／2012

ワードレイゴー, バナード・レデア　草の根運動組織指導者　国ブルキナファソ

ワーナー, E.E.　Werner, Emmy E.　カリフォルニア大学デービス校教授　専人間発達論,児童心理調査　国米国　歴1992

ワーナー, ウィリアム　ワイルドファイア・コミュニケーションズCEO　国米国　歴2000

ワーナー, カート　Warner, Kurt　元・プロフットボール選手　国米国　生1971年6月22日　歴2000／2004（ウォーナー，カート）／2008（ウォーナー，カート）／2012

ワーナー, デービッド　Werner, David　生物学者　ヘルス・ライツ代表　専地域保健,障害　国米国　生1934年　歴2000／2012

ワーナー, ドグ　Werner, Doug　スポーツライター　国米国

ワーナー, ロバート　Werner, Robert J.　全米音楽大学協会会長,シンシナチ音楽大学学長　元・国際音楽教育会議議長　国米国　生1932年　歴1992

ワナメーカー, サム　Wanamaker, Sam　俳優,映画監督　国米国　生1919年6月14日　没1993年12月18日　歴1996

ワナンディ, ソフヤン　Wanandi, S.　実業家　グマラ・グループ会長　国インドネシア　生1941年3月　歴1996／2000

ワナンディ, ユスフ　Wanandi, Jusuf　「THE JAKARTA POST」社長　元・インドネシア戦略国際問題研究所理事長　国インドネシア　生1937年　歴1996／2000

ワーノック, ジョン　Warnock, John E.　実業家　アドビシステムズ共同会長　㊥2000／2004／2012

ワーノック, メアリー　Warnock, Mary Helen　倫理学者　元・ケンブリッジ大学ガートン・カレッジ学寮長　㊨英国　㊤1924年4月14日　㊥1996／2000

ワーバートン, デービッド　心理学者　レディング大学教授,ARISE会長　㊥2000

ワーバートン, ホリー　写真家　㊨英国　㊤1957年　㊥1996

ワパリア, ベンジャミン　Waparia, Benjamin　サバンテ族(インディオ)大酋長　熱帯林保護運動　㊨ブラジル　㊤1946年　㊥1992

ワヒド, アブドゥルラフマン　Wahid, Abdurrahman　通称＝グス・ドゥル　政治家,イスラム教指導者　元・インドネシア大統領,元・ナフダトゥル・ウラマ(NU)総裁　㊨インドネシア　㊤1940年8月4日　㊦2009年12月30日　㊥1996／2000／2004／2008

ワーフェル, デービッド　Wurfel, David　ウィンザー大学名誉教授　㊥政治学,アジア学　㊨カナダ　㊤1926年　㊥2000

ワホノ　Wahono　政治家　インドネシア国民協議会(MPR)議長　元・ゴルカル総裁　㊨インドネシア　㊤1925年　㊥1992

ワーマン, リチャード　Wurman, Richard Saul　建築家,グラフィックデザイナー　アクセス・プレス社経営,アンダースタンディング・ビジネス社会長　㊨米国　㊤1935年　㊥1992／1996

ワミ, ゲテ　Wami, Gete　マラソン選手,陸上選手(長距離)　シドニー五輪陸上女子1万メートル銀メダリスト　㊨エチオピア　㊤1974年12月11日　㊥2000／2004／2008／2012

ワーミントン, ヴァレリー　Warmington, Valerie　人道援助活動家　マインズ・アクション・カナダ(MAC)代表　㊨カナダ　㊥2000

ワームリンガー, ハインツ　Wermelinger, Heinz B.　実業家　ビー・オー・エル・ドット・コム社長・CEO　㊨ドイツ　㊥2004

ワヤン・ケンチャン　Wayan Kencan　彫刻家　㊨インドネシア　㊤1927年　㊥1992

ワーラー, ヨナス　Warrer, Jonas　ヨット選手(49er級)　北京五輪セーリング49er級金メダリスト　㊨デンマーク　㊤1979年3月22日　㊥2012

ワラック, スタンリー・S.　ブランダイス大学教授　㊥医療経済　㊨米国　㊥1992

ワリア, シェリー　Walia, Shelley　パンジャブ大学準教授　㊥ポストコロニアル理論　㊨インド　㊥2008

ワーリック, ジェニファー　Worick, Jennifer　編集者,作家　㊥2004

ワルーエフ, ニコライ　Valuev, Nikolay　政治家,プロボクサー　ロシア下院議員　元・WBA世界ヘビー級チャンピオン　㊨ロシア　㊤1973年8月21日　㊥2000(バロエフ, ニコライ／ワルーエフ, ニコライ)

ワルガ, ミロスラフ　Varga, Miroslav　射撃選手　㊨チェコスロバキア　㊥1992

ワールクヴィスト, ホーカン　国立民族学博物館アジア部長,ヘディン財団理事長　㊥社会人類学　㊨スウェーデン　㊤1946年　㊥1996(ワールクビスト, ホーカン)

ワルサー, ヴォルフ　ホテルマネージャー　エセックス・ハウス・ジェネラルマネージャー　㊤1948年　㊥1996

ワルサー, スティーブ　Walther, Steve　コンピューター技術者　㊥2004

ワルザー, マルティン　Walser, Martin　作家,劇作家　㊨ドイツ　㊤1927年3月24日　㊥1992／1996／2000／2004／2008／2012

ワルジーナ　Waljinah　歌手　㊨インドネシア　㊤1943年11月7日　㊥1996／2000

ワルシャフスキ, ダビッド　ジャーナリスト　㊥国際問題　㊨ポーランド　㊥1992

ワルター, ノルベルト　Walter, Norbert　エコノミスト　ドイツ銀行調査研究所長　㊨ドイツ　㊤1944年9月23日　㊥1996／2000

ワルター, ヘンドリックス　雅号＝遍弘　生化学者,生け花(池坊)教授　ライプツィヒ民族博物館日本文化担当官　㊨ドイツ　㊥1992／1996

ワルター, ミヒャエル　Walter, Michael　音楽史家　ボーフム大学音楽学研究所講師　㊥19・20世紀オペラ史・音楽史,中世音楽史　㊨ドイツ　㊤1958年　㊥2004

ワルダウスキーバーガー, アービング　IBMインターネット・ディビジョン・ゼネラルマネージャー　㊨米国　㊥2000

ワルダナ, アリ　Wardhana, Ali　政治家　元・インドネシア経済財政工業調整相　㊨インドネシア　㊤1928年5月6日　㊥1992

ワルツァー, ティナ　歴史学者　ウィーン大学非常勤講師　㊥ユダヤ史　㊨オーストリア　㊥2004

ワルディ, モハンメド　Wardi, Mohammed　歌手　㊨スーダン　㊤1932年　㊥1996

ワルテル, フィリップ　グルノーブル第3大学教授　㊥神話　㊨フランス　㊤1952年　㊥2004

ワルド, カロリン　Waldo, C.　シンクロナイズドスイミング選手　㊨カナダ　㊥1992

ワルドナー, ヤンオーベ　Waldner, Jan-Ove　卓球選手　㊨スウェーデン　㊤1965年10月3日　㊥1996／2000／2004／2008

ワルトハイム, クルト　Waldheim, Kurt　政治家,外交官　元・オーストリア大統領,元・国連事務総長　㊨オーストリア　㊤1918年12月21日　㊦2007年6月14日　㊥1992／1996／2000／2004

ワールドピース, メッタ　Worldpeace, Metta　旧名＝アーテスト, ロナルド・ウィリアム,Jr.　旧通称＝アーテスト, ロン　バスケットボール選手　㊨米国　㊤1979年11月13日　㊥2012(アーテスト, ロン)

ワールドロップ, M.ミッチェル　Waldrop, M.Mitchell　サイエンス・ジャーナリスト　㊨米国　㊥2000

ワルブールド, ジョン　Walvoord, John F.　ダラス神学大学総長　㊥聖書予言学　㊨米国　㊥1996

ワールマン, フリエタ　Warman, Julieta V.　版画家　㊨アルゼンチン　㊤1975年　㊥2004

ワルマン, ワルター　Wallman, Walter　政治家　元・ヘッセン州首相　㊨ドイツ　㊤1932年9月24日　㊥1992／2000

ワルヤティ　Walujati　作家　㊨インドネシア　㊤1924年12月5日　㊥1992

ワルラフ, ギュンター　Wallraff, Günter　ジャーナリスト　㊨ドイツ　㊤1942年10月　㊥1992

ワレサ, レフ　Walesa, Lech　政治家,労働組合運動家　ワレサ研究所主宰,ポーランド第三共和国キリスト教民主党(ChDTRP)名誉議長　元・ポーランド大統領,元・連帯議長　㊨ポーランド　㊤1943年9月29日　㊥1992／1996／2000／2004／2008／2012

ワレス, ガリー　Wallace, Gary　元・ラグビー選手　ラグビー日本代表コーチ,クイーンズランド・レッズ専属フィットネス・ディフェンスコーチ　㊨オーストラリア　㊥2004／2008

ワレス, ロバート・キース　Wallace, Robert Keith　マハリシ国際大学教授　㊥生理学　㊨米国　㊥1992／1996(ウォレス, ロバート・キース)

ワレフスカ, クリスティーヌ　Walevska, Christina　チェロ奏者　㊨米国　㊤1945年　㊥1996／2012

ワレンシュテイン, マルセラ　Walenstein, Marcela　女優　㊨フランス　㊤1968年　㊥1996

ワレンニコフ, ワレンチン　Varennikov, Valentin Ivanovich　軍人,政治家　元・ソ連地上軍総司令官・国防次官,元・ロシア下院議員　㊨ロシア　㊤1923年12月15日　㊦2009年5月6日　㊥1996

ワーロウ, アンソニー　声楽家,俳優　㊨オーストラリア　㊥2000

ワーロック, デービッド　Worlock, David R.　エレクトロニック・パブリッシング・サービス社会長,欧州情報産業会会長　㊨英国　㊥1992

ワン, アレキサンダー　Wang, Alexander　ファッションデザイナー　㊨米国　㊤1983年12月26日　㊥2012

ワン・イイゼン　王溢正　Wang, I-cheng　プロ野球選手(投手)　㊨台湾　㊤1985年10月9日　㊥2012(オウ・イッセイ)

ワン・イングン　王仁謹　ソウル大学農経済学科教授,国際農村社会学会副会長,アフリカ学会副会長　㊨韓国　㊤1931年6月6日　㊥1996

ワン, ウェイン　Wang, Wayne　中国名＝王穎　映画監督　㊨米国　㊤1949年　㊥1996／2000／2004／2008

ワン, キチュン　Wang, Ki-Chun　漢字名＝王己春　柔道選手　北京五輪柔道男子73キロ級銀メダリスト　㊨韓国　㊤1988年9月13日

ワン・クァンリー　漢字名=王光利　映画監督　[国]中国　[生]1966年　[典]2004／2008

ワン, ケビン　Wang, Kevin D.　経営コンサルタント　[典]2004／2008

ワン, ジェームズ　Wang, James J.　編集者　[国]米国　[典]2000

ワン, ジェームズ　Wang, James C.　生化学者　ハーバード大学教授　[典]2008

ワン・シャオシュアイ　Wang, Xiao-shuai　漢字名=王小帥　映画監督, 脚本家　[国]中国　[生]1966年　[典]1996（王 小帥 オウ・ショウスイ）／2004（王 小帥 オウ・ショウスイ）／2008（王 小帥 オウ・ショウスイ）／2012

ワン, ジャン　Wang, Jian　チェロ奏者　[国]中国　[生]1969年　[典]2000／2004／2012

ワン, シュンジン　スタンフォード大学経営大学院教授　[専]経営情報工学　[典]2000

ワン, スタンレー　Wang, Stanley　漢字名=王建隆　俳優　[国]台湾　[生]1982年10月11日　[典]2008／2012

ワン, スティーブ　映画監督　[国]米国　[生]1966年　[典]1996

ワン, スティーブ　中国名=王戲箎　映画監督　[国]台湾　[生]1955年　[典]2000

ワン・スヨン　王 秀英　Wang, Su-young　詩人, 作家　[国]韓国　[生]1937年　[典]2004

ワン・チーミン　Wang, Qi-min　バレリーナ　中国国立バレエ団プリマ　[国]中国　[生]1981年

ワン, チャールズ　実業家　コンピュータ・アソシエーツCEO　[国]米国　[典]1996

ワン・チャン　Wang, Qiang　画家　[国]中国　[生]1971年7月23日　[典]2004

ワン・チュアンアン　Wang, Quan-an　漢字名=王全安　映画監督, 脚本家　[国]中国　[典]2012

ワン・ビン　王 兵　Wang, Bing　映画監督, ドキュメンタリー映画作家　[国]中国　[生]1967年　[典]2008（オウ・ヘイ）／2012（オウ・ヘイ）

ワン・フイ　汪 暉　Wang, Hui　思想家　清華大学人文社会科学学院教授　[専]中国近代文学, 中国近代思想史　[国]中国　[生]1959年　[典]2000（オウ・キ）／2004（オウ・キ）／2012

ワン, ユジャ　Wang, Yuja　ピアニスト　[国]中国　[生]1987年　[典]2012

ワン・リーホン　Wang, Lee-hom　漢字名=王力宏　ミュージシャン, 俳優　[国]台湾　[生]1976年5月17日　[典]2004／2008／2012

ワン・アジザ・ワン・イスマイル　Wan Azizah Wan Ismail　政治家, 改革運動指導者　マレーシア国民正義党党首, マレーシア下院議員　アンワル元マレーシア副首相夫人　[国]マレーシア　[生]1952年　[典]2000

ワンギェル, ロプサン　Wangyal, Lobsang　医師　メンツィーカン（ダラムサラ）学院長, ダライ・ラマ14世主治医　[生]1921年　[典]1996

ワンギラ, ロバート　Wangila, Robert　ボクシング選手　[国]ケニア　[典]1992

ワング, アン　Wang, An　元・ワング・ラボラトリーズ社創設者　[国]米国　[没]1990年3月24日　[典]1992

ワンク, アンドレアス　Wank, Andreas　スキー選手（ジャンプ）　ソチ五輪スキー・ジャンプ男子団体金メダリスト　[国]ドイツ

ワング, ジョン　Wang, John X.　技術者　[典]2008

ワング, ロニカ　実業家　元・エイボン・プロダクツ社長　[国]カナダ　[生]1962年12月17日　[典]2008

ワンケ, D.　Wanke, Daouda Mallam　政治家, 軍人　元・ニジェール国家和解評議会議長　[国]ニジェール　[没]2004年9月15日　[典]2004

ワンジェリン, ウォルター（Jr.）　Wangerin, Walter (Jr.)　ファンタジー作家, 牧師, 神学者　[国]米国　[典]1996／2000

ワンジル, サムエル　Wanjiru, Samuel　マラソン選手　北京五輪陸上男子マラソン金メダリスト　[国]ケニア　[生]1986年11月10日　[没]2011年5月15日　[典]2008

ワーンズ, ティム　Warnes, Tim　画家, 絵本作家　[国]英国　[生]1971年　[典]2000

ワンダー, スティービー　Wonder, Stevie　本名=モリス, スティーブランド・ジャトキンス　シンガーソングライター, キーボード奏者　[国]米国　[生]1950年5月13日　[典]1992／1996／2000／2004／2008

ワンダーリック, ハーバート　Wunderlich, Herbert J.　元・南フロリダ大学副学長　[専]教育学　[国]米国　[生]1906年5月9日　[典]2000

ワンチャイ・クナナンタクン　実業家　サイアム・スチール・グループ社長　[国]タイ　[典]1996

ワンチュク, ケサン・チョゼン　Wangchuck, Kesang Choden　ブータン王女　[国]ブータン

ワンチュク, ジグメ・ケサル・ナムゲル　Wangchuck, Jigme Khesar Namgyel　ブータン国王（第5代）　[国]ブータン　[生]1980年2月21日　[典]2008／2012

ワンチュク, ジグメ・シンゲ　Wangchuck, Jigme Singye　元・ブータン国王（第4代）　[国]ブータン　[生]1955年11月11日　[典]1992／1996／2000／2004／2008／2012

ワンチョペ, パウロ　Wanchope, Paulo　本名=ワンチョペ・ワトソン, パウロ・セサル　元・サッカー選手　[国]コスタリカ　[生]1976年7月31日　[典]2008／2012

ワンディー・シンワンチャー　Wandee Singwancha　別名=ワンディ・チョー・チャレオン　プロボクサー　元・WBC世界ミニマム級チャンピオン　[国]タイ　[生]1980年2月5日　[典]2000（ワンディ・チャレオン）／2008（ワンディ・チョー・チャレオン）

ワンドレイ, ドナルド　ポエム・ファンタジー作家　[生]1908年　[典]1992

ワンバック, アビー　Wambach, Abby　本名=ワンバック, メアリー・アビゲイル　サッカー選手（FW）　アテネ五輪・ロンドン五輪サッカー女子金メダリスト　[国]米国　[生]1980年6月2日

ワンプラー, ロバート　Wampler, Robert A.　ジョージ・ワシントン大学ナショナル・セキュリティ・アーカイブ日米プロジェクト主任　[典]2004

【ン】

ン, サンドラ　Ng, Sandra　中国名=呉君如　女優, 歌手　[国]香港　[生]1965年8月12日　[典]2000（呉 君如 ゴ・クンジョ）／2004（呉 君如 ゴ・クンジョ）／2008（呉 君如 ゴ・クンジョ）／2012

ン, フランシス　Ng, Franees　中国名=呉鎮宇　俳優　[国]香港　[生]1961年12月21日　[典]2004／2008／2012

ン, ユーリ　振付師, 元・バレエダンサー　[専]バレエ, コンテンポラリーダンス　[国]カナダ　[典]2004

ンケティア, クヮベナ　Nketia, Joseph H.Kwabena　音楽学者　ガーナ大学アフリカ研究所所長　[専]アフリカ音楽　[国]ガーナ　[典]1992

ンゲマ, ムボンゲニ　Ngema, Mbongeni　脚本家, 演出家　コミッティドアーティスツ主宰　[国]南アフリカ　[生]1955年6月1日　[典]1996／2000

ンゴイ, チロンボ（Jr.）　Ngoi, Tshilombo (Jr.)　汎アフリカ青年会議議長　[国]ザイール　[典]1992／1996

ンコーシ, ルイス　Nkosi, Lewis　作家, ジャーナリスト　[国]南アフリカ　[生]1936年　[典]1992／1996

ンジャイ・ママドウ　大真社長　[国]セネガル　[生]1956年　[典]1996

ンディアイ, マリー　NDiaye, Marie　作家　[国]フランス　[生]1967年　[典]2012

ンデベレ, ンジャブロ　Ndebele, Njabulo S.　作家　ノース大学副総長　[国]南アフリカ　[生]1948年　[典]1996

ンドロ, W　Ndoro, Webber　ジンバブエ大学文学部歴史学科講師　[専]文化財保護, グレート・ジンバブエ遺跡研究　[国]ジンバブエ　[典]2000

ンペポ, フランシス　Mphepo, Franciss　ルサカ商工会議所会長　[国]ザンビア　[典]1992

ンワーパ, フローラ　Nwapa, Flora　筆名=Nwakuche,Flora　作家, 出版人　[国]ナイジェリア　[生]1931年1月13日　[没]1996年10月16日　[典]1992

現代世界人名総覧

2015年1月25日　第1刷発行

発　行　者／大高利夫
編集・発行／日外アソシエーツ株式会社
　　　　　　〒143-8550 東京都大田区大森北 1-23-8 第3下川ビル
　　　　　　電話 (03)3763-5241(代表)　FAX(03)3764-0845
　　　　　　URL http://www.nichigai.co.jp/
発　売　元／株式会社紀伊國屋書店
　　　　　　〒163-8636 東京都新宿区新宿 3-17-7
　　　　　　電話 (03)3354-0131(代表)
　　　　　　ホールセール部(営業)　電話 (03)6910-0519

電算漢字処理／日外アソシエーツ株式会社
印刷・製本／株式会社平河工業社

不許複製・禁無断転載　　　　　《中性紙三菱クリームエレガ使用》
〈落丁・乱丁本はお取り替えいたします〉
ISBN978-4-8169-2520-7　　　Printed in Japan,2015

本書はディジタルデータでご利用いただくことができます。詳細はお問い合わせください。

翻訳書原題邦題事典

B5・1,850頁　定価（本体18,000円＋税）　2014.12刊

古今の名著から最近の書籍まで、翻訳出版された図書（小説を除く）の原題12万件から邦題を引ける事典。カナ表記の原著者ごとに、原題、邦題、翻訳者、出版社を記載、同一書籍について時代による出版状況や邦題の変遷もわかる。「邦題索引」付き。

国際比較統計索引

B5・940頁　定価（本体25,000円＋税）　2010.1刊

2005～2009年に国内で刊行された国際統計集・白書に収載された統計表やグラフ2,581点を国名から探すことができる索引。201の国名見出しの下に「人口」「国際協力・政府開発援助」「環境」など17種のテーマ見出しを設け、該当する統計資料が載っている統計集・白書名と掲載頁が一目でわかる。「事項名索引」付き。

現代外国人名録2012

B5・1,320頁　定価（本体48,000円＋税）　2012.1刊

政治家、経営者、学者、芸術家、スポーツ選手など、21世紀の世界各国・各界で活躍中の人物10,455人を収録。職業、肩書、国籍、生年月日、学歴、受賞歴など詳細なプロフィールがわかる。世界の動きに対応した最新データを掲載。アルファベットから引ける「人名索引（欧文）」付き。

日本著者名・人名典拠録
新訂増補第3版―75万人収録

B5・4分冊　定価（本体95,000円＋税）　2012.5刊

明治以降の著名人、昭和元年から平成23年までに刊行された図書の著者、および現在活躍中の人物75万人を収録、漢字表記・人名読みを確認できる国内最大規模の人名典拠録。各人物には生(没)年・職業・肩書、別名、著書・出版者・出版年などを記載。ネット検索では調査が難しい人物の確認、同名異人の識別に役立つ。姓名の漢字、画数から引ける別冊「画数順索引」付き。

東洋人名・著者名典拠録

B5・2分冊　定価（本体66,000円＋税）　2010.10刊

古代から現代までの東洋人名32,500人を収録した国内最大の典拠録。漢字文化圏（中国、韓国、北朝鮮、台湾、香港など）や世界各国の漢字で表記される人名を収録。生没年・時代、国・地域、職業・肩書、専門分野、近著など人物同定に必要な項目を記載。漢字の「画数順索引」（別冊）付き。

データベースカンパニー
日外アソシエーツ

〒143-8550　東京都大田区大森北1-23-8
TEL.(03)3763-5241　FAX.(03)3764-0845　http://www.nichigai.co.jp/